Prismas engelska ordbok

ENGELSK-SVENSK/SVENSK-ENGELSK

En ordbok skyddas enligt lagen (1960:729) om upphovsrätt till litterära och konstnärliga verk. Skyddet gäller hela och delar av denna bok enligt lagens bestämmelser om upphovsrätt till verk, 2§, samt de särskilda bestämmelserna i 49§ om skydd för sammanställningar av ett stort antal uppgifter eller ett arbete som är resultatet av en väsentlig investering.

Att mångfaldiga, skriva av eller på annat sätt kopiera innehållet i denna bok, helt eller delvis, annat än för rent privat bruk, är förbjudet utan tillstånd av Norstedts Ordbok. Man får ej heller använda ordboken eller delar av den som utgångspunkt för andra produkter.

Typografi Ingmar Rudman
Omslag Arne Öström/Ateljén

Första upplagan, första tryckningen
ISBN 91-7227-393-3
© 2004, Norstedts Ordbok
www.prismasordbocker.com

Norstedts Ordbok ingår i P.A. Norstedt & Söner, grundat 1823
Tryckt hos AIT Gjøvik AS, Norge 2004

FÖRORD

Prismas engelska ordbok är en ny ordbok till och från engelska. Den innehåller ca 90 000 ord och fraser från brittisk och amerikansk engelska. Den viktigaste principen i arbetet har varit att skapa ett innehållsrikt och samtidigt lättanvänt redskap för dig som på olika sätt kommer i kontakt med engelska. Ordboksartiklarna är tydligt uppdelade med siffror och förklaringar som leder fram till rätt översättning. De många fraserna och exemplen ger ytterligare upplysningar om hur orden fungerar i språket. Uttal visas för alla uppslagsord i den engelsk-svenska delen.
Vi hoppas att du ska känna att denna ordbok ger den information du har nytta av.

Stockholm i april 2004
Norstedts Ordbok

Ordboken innehåller ett litet antal inregistrerade varumärken o.d. Detta får inte feltolkas så, att ordens förekomst här och sättet att förklara dem skulle ändra deras karaktär av skyddade kännetecken eller kunna anföras som giltigt skäl att beröva innehavarna deras lagligen skyddade ensamrätt till de ifrågavarande beteckningarna

TILL ANVÄNDAREN

Uppslagsorden står i strikt alfabetisk ordning. Tänk på att V och W betraktas som skilda bokstäver i engelskan.

Om ett ords uppslagsform består av två eller flera ord, eller innehåller bindestreck eller andra tecken, räknas det som en rak bokstavsföljd:

combination
combination lock
combine

snabel
snabel-a
snack

Den stavningsform som visas som utgångspunkt är den brittiska engelskans, men många amerikanska varianter anges också. Ord som är specifikt amerikanska är skrivna med amerikansk stavning.

Ordboksartiklarna indelas av olika anledningar ibland med hjälp av siffror:

Ord som stavas lika men har olika ursprung och betydelse står som olika uppslagsord med arabisk siffra före:

1 rappa t.ex. vägg plaster
2 rappa skynda, vard. ~ *på* get a move on
3 rappa mus. rap

Romerska siffror, **I II** etc, delar upp efter ordklass:

hetta **I** *s* heat **II** *itr* vara het be hot

Arabiska siffror, **1 2** etc, delar upp i betydelser:

surfa 1 sport. go surfing **2** data., ~ *på nätet* surf the Net

Om ytterligare indelning behövs används små bokstäver, a b etc.

Nedan följer en förteckning över de tecken som används i ordboken och en lista över använda förkortningar. Till sist finns en uppställning av fonetiska tecken som används i uttalsangivelser till engelska uppslagsord.

ORDBOKSTECKEN

Krok ~
Kroken ersätter hela uppslagsordet i oförändrad form:

arm: ~ *in* ~ (= *arm in arm*); *at* ~*'s length* (= *at arm's length*)
angelägenhet: *inre* ~*er* (= *inre angelägenheter*)

Om begynnelsebokstaven ändras från liten till stor bokstav eller tvärtom visas detta:

big: *the B~ Apple* (= *the Big Apple*)

Bindestreck -
Bindestreck används för att ersätta orddelar som står till vänster om ett lodstreck:

bar|man: (pl. *-men*) (= pl. *barmen*)

Lodstreck |
Angående användning av lodstreck se ovan under "Bindestreck".

Rund parentes ( )
Rund parentes används runt t.ex. böjningsuppgifter och vid ord eller ordgrupper som kan ersätta det närmast föregående:

flee: (fled fled)
surf: ~ *the Internet* (*Net*) (= *surf the Internet, surf the Net*)

Hakparentes [ ]
Hakparentes används runt uttalsbeteckning och vid ord eller orddelar som kan utelämnas:

bärbar: ~ *dator* laptop [computer] (=laptop computer, laptop)

Piggparentes {　}
Piggparentes används runt vissa konstruktionsuppgifter, samt i den engelsk-svenska delen
a) vid oöversatta språkexempel:
glaring bländande {~ *light*, ~ *sunshine*}

b) i språkexempel runt engelska ord som inte översätts till svenska, och som motsvaras av punkter i översättningen
rock: {*whisky*} *on the ~s* ...med is

Punkter ...
Punkter används
a) vid avbrutna exempel:
ack: ~ *om jag vore*... if only I were...
b) som motsvarighet till engelska ord som inte översätts till svenska. (Jämför ovan under "Piggparentes")

FÖRKORTNINGAR

Här följer en förteckning över förkortningar som används i ordboken, t.ex. beteckningar för ämnesområde eller stilnivå. Beteckningar för grammatiska kategorier kan förekomma både i *kursiv stil* utan punkt och i <small>liten stil</small> med punkt. Vissa vanliga och lättförståeliga förkortningar har inte tagits med i listan.

I KONSTRUKTIONSMÖNSTER

a p. a person	ngn någon (personobjekt)
a p.´s a person´s	ngns någons
a th. a thing	ngt något (sakobjekt)
a th.´s a thing´s	ngst någots

ORDKLASS, ÄMNESOMRÅDE M.M.

absol.	absolut
abstr.	abstrakt
ack.	ackusativ
adj	adjektiv
adv	adverb; adverbiell
allm.	allmän betydelse
Amer.	i Amerika (USA)
amer.	amerikansk [engelska]
anat.	anatomi
anm.	anmärkning
antik.	i antiken
anv.	användning; används
arkeol.	arkeologi
arkit.	arkitektur
art.	artikel
astrol.	astrologi
astron.	astronomi
attr.	attribut; attributivt
attr adj	attributivt adjektiv
attr s	attributivt substantiv

austral.	australisk (engelska)
avs.	avseende; avser
bakteriol.	bakteriologi
bank.	bankväsen
barnspr.	barnspråk
befintl.	befintlighet
bem.	bemärkelse
benämn.	benämning
bergbest.	bergbestigning
best.	bestämd; bestämning
best art	bestämd artikel
bet.	betydelse
beteckn.	betecknar; beteckning
beton.	betonad; betoning
betr.	beträffande
bibl.	i Bibeln
bibliot.	biblioteksväsen
bil.	biltrafik, bilteknik
bildl.	bildligt
bilj.	biljard
biol.	biologi
bokb.	bokbinderi
bokf.	bokföring
boktr.	boktryckeri
bot.	botanik
boxn.	boxning
brand.	brandväsen
britt.	brittisk (engelska)
brottn.	brottning
bryggeri.	bryggeriterm
byggn.	byggnadsterm
börs.	börsväsen
dans.	dansterm
dat.	dativ
data.	databehandling
demonstr pron	demonstrativt pronomen
dep.	deponens

determ pron	determinativt pronomen
dets.	detsamma
dial.	dialektalt
dipl.	diplomati
d.o.	detta ord, dessa ord
e.d.	eller dylikt
eg.	egentligen; i egentlig betydelse
egenn.	egennamn
ekon.	ekonomi
elektr.	elteknik
ellipt.	elliptiskt
eng.	engelsk(a)
Engl.	England
etnogr.	etnografi
eufem.	eufemism
ex.	exempel
f.	för
fackspr.	fackspråk
farmakol.	farmakologi
fem.	femininum
film.	filmkonst
filos.	filosofi
fiske.	fisketerm
flyg.	flygterm
fonet.	fonetik
fort.	fortifikation
fotb.	fotboll
foto.	fotografering
fr.	fransk(a)
fys.	fysik
fysiol.	fysiologi
fäktn.	fäktning
färg.	färgeriteknik
följ.	följande (ord)
förb.	förbindelse
fören.	förenat
förh.	förhållanden

förk.	förkortning
förstärk.	förstärkningsord
försäkr.	försäkringsväsen
garv.	garveriterm
gen.	genitiv
geogr.	geografi
geol.	geologi
geom.	geometri
gm	genom
golf.	golfterm
graf.	grafisk teknik
gram.	grammatik
grek.	grekisk(a)
gruv.	gruvdrift
gymn.	gymnastik
hand.	handel
herald.	heraldik
hist.	historia; företeelse som inte längre existerar
hjälpvb	hjälpverb
huvudvb	huvudverb
högtidl.	högtidlig stil
ibl.	ibland
imper.	imperativ
imperf.	imperfekt
ind.	indisk; i Indien
indef pron	indefinit pronomen
inf.	infinitiv
interj	interjektion
interr adv	interrogativt adverb
interr pron	interrogativt pronomen
irl.	irländsk; i Irland
iron.	ironiskt
isht	i synnerhet
it.	italiensk(a)
itr	intransitivt
jak.	jakande
jakt.	jaktterm

jap.	japansk(a)
jfr	jämför
jud.	judisk
jur.	juridik
järnv.	järnvägsterm
kapplöpn.	kapplöpning
katol.	katolsk
kelt.	keltisk(a)
kem.	kemi
kir.	kirurgi
kok.	kokkonst
koll.	kollektivt
komp.	komparativ
konj	konjunktion
konkr.	konkret
konst.	konstterm
konstr.	konstruktion; konstrueras
kortsp.	kortspel
kricket.	kricketterm
kyrkl.	kyrklig
kärnfys.	kärnfysik
lantbr.	lantbruk
lantmät.	lantmäteri
lat.	latin
likn.	liknande
litt.	litterär stil; litteratur
logik.	logikterm
m.	med
mask.	maskulinum
matem.	matematik
med.	medicin
mek.	mekanik
meteor.	meteorologi
metrik.	metrik, verslära
mil.	militärterm
miner.	mineralogi
mkt	mycket

motor.	motorteknik
mots.	motsats
motsv.	motsvaras av; motsvarighet
mur.	mureriteknik
mus.	musik
myntv.	myntväsen
mytol.	mytologi
mål.	måleri
n.	neutrum
naturv.	naturvetenskap
ned.	nedan
neds.	nedsättande
nek.	nekande
neutr.	neutrum
nordam.	nordamerikansk
nordeng.	nordengelsk
obest art	obestämd artikel
obeton.	obetonad
obj.	objekt
o.d.	och dylikt
oegentl.	i oegentlig betydelse
omskrivn.	omskrivning
opers.	opersonlig
optik.	optikterm
ordn.tal	ordningstal
ordspr.	ordspråk
ordst.	ordstäv
oreg.	oregelbunden
oövers.	oöversatt
parl.	parlamentariskt
part.	partikel
pass.	passiv
ped.	pedagogik.
perf.	perfekt
perf p	perfekt particip
pers.	person
pers pron	personligt pronomen

pl.	plural
poet.	poetiskt
polis.	polisväsen
polit.	politik
poss pron	possessivt pronomen
post.	postväsen
pred.	predikativt
pred adj	predikativt adjektiv
predf.	predikatsfyllnad
prep	preposition
pres.	presens
pres p	presens particip
pron	pronomen
prot.	protestantisk
psykol.	psykologi
pyrotekn.	pyroteknik, fyrverkeri
®	inregistrerat varumärke
radar.	radarteknik
radio.	radioteknik
recipr.	reciprok
reg.	regelbunden
rel	relativ
rel adv	relativt adverb
rel pron	relativt pronomen
relig.	religion
resp.	respektive
retor.	retorik
rfl	reflexivt
rfl pron	reflexivt pronomen
ridn.	ridning
rodd.	roddsport
rom.	romersk
rugby.	rugbyterm
rymd.	rymdteknik
räkn	räkneord
s	substantiv
sammansättn.	sammansättning(ar)

samtl.	samtliga
sb.	substantiv
schack.	schackterm
sg.	singular
simn.	simning
självst.	självständigt
sjö.	sjöterm
skeppsbygg.	skeppsbyggnad
skidsport.	i skidsport
skog.	skogsbruk
skol.	skolväsen
skom.	skomakeri
skotsk., Skottl.	skotsk, i Skottland
skämts.	skämtsamt
sl.	slang
slakt.	slakteriterm
smeks.	smeksamt, som smeknamn
snick.	snickeri
sociol.	sociologi
sp.	spansk[a]
spec.	speciellt
spel.	i sällskapsspel
s pl	substantiv i plural
spirit.	spiritism
sport.	sportterm
språkv.	språkvetenskap
stark.	starkare
statist.	statistik.
stavn.	stavning.
subj.	subjekt
subst.	substantiv
subst adj	substantiverat adjektiv
superl.	superlativ
sv.	svensk[a]
svag.	svagare
sydafr.	sydafrikansk
sydeng.	sydengelsk

sälls.	sällsynt, sällan
särsk.	särskilt
sömnad.	sömnadsterm
tandläk.	tandläkarterm
teat.	teater
tekn.	teknik
tele.	teleteknik
tennis.	tennisterm
teol.	teologi
textil.	textilteknik
tidn.	tidningsspråk.
tr	transitivt
trafik.	trafikväsen
trädg.	trädgårdsskötsel
TV.	television
ty.	tysk[a]
typogr.	typografi
ung.	ungefär
univ.	universitetsväsen
urspr.	ursprungligen
utt.	uttal; uttalas
uttr.	uttryck; uttrycker
vanl.	vanligen
vard.	vardagligt
vb	verb
vb itr	intransitivt verb
vb rfl	reflexivt verb
vb tr	transitivt verb
vetensk.	vetenskapligt
vet.med.	veterinärmedicin
vid.	vidare
vulg.	vulgärt, tabuord
vävn.	vävnadsteknik
zool.	zoologi
åld.	ålderdomligt
äv.	även
övers.	översättning; översättes

UTTAL

VOKALER

Långa
[iː] steel
[ɑː] father
[ɔː] call
[uː] too
[ɜː] girl

Korta
[ɪ] ring
[e] pen
[æ] back
[ʌ] run
[ɒ] top
[ʊ] put
[ə] about

KONSONANTER

Tonande
[b] back
[d] drink
[g] go
[v] very
[ð] there
[z] freeze
[ʒ] usual
[dʒ] job
[j] you

[m] my
[n] next
[ŋ] ring
[l] long
[r] red
[w] win

Tonlösa
[p] people
[t] too
[k] call
[f] fish
[θ] think
[s] strike
[ʃ] shop
[tʃ] check

[h] here
[x] loch
ach-ljud i skotska ord (som i tyska *machen*)

DIFTONGER

[eɪ] name
[aɪ] line
[ɔɪ] boy
[əʊ] phone
[aʊ] now
[ɪə] here
[eə] there
[ʊə] tour

BETONING

Accenttecken står före den betonade stavelsen.
Tecken i överkant anger *huvudtryck*: **about** [əˈbaʊt].
Tecken i nederkant anger *bitryck*: **academic** [ˌækəˈdemɪk].
Variantuttal som enbart innebär *ändrad accent* visas med accentecken och bindestreck. Varje bindestreck representerar då en stavelse: **benzene** [ˈbenziːn, -ˈ-].
Ljud som *kan utelämnas* i uttalet står inom rund parentes: **change** [tʃeɪn(d)ʒ].

A, a [eɪ] (pl. *A's* el. *a's* [eɪz]) **1** A, a; *A road* ung. riksväg, huvudväg **2** mus., *A major* A-dur; *A minor* A-moll
a el. **an** [ə resp. ən, n; beton. eɪ resp. æn] **1** en, ett; någon [*this is not a hotel*] **2** samma; *they are of a size* de är av [en och] samma storlek **3** per; *twice a day* äv. två gånger om dagen; *two at a time* två i taget (åt gången)
AA förk. för *Automobile Association*
AB amer. = *BA* förk. för *Bachelor of Arts*
aback [ə'bæk], *be taken ~* bildl. baxna, häpna
abandon [ə'bændən] I *vb tr* **1** ge upp [*~ an attempt*], avstå från [*~ one's right*] **2** överge, lämna [*he has ~ed his wife; the sailors ~ed the ship*] II *s* otvungenhet; frigjordhet
abandoned [ə'bændənd] **1** lössläppt; utsvävande **2** övergiven [*~ property*]
abase [ə'beɪs] förnedra
abate [ə'beɪt] I *vb tr* **1** minska **2** sänka, slå av på [*~ the price*] II *vb itr* avta; lägga sig
abbess ['æbes] abbedissa
abbey ['æbɪ] **1** abbotskloster **2** klosterkyrka
abbot ['æbət] abbot
abbreviate [ə'briːvɪeɪt] förkorta
abbreviation [ə,briːvɪ'eɪʃ(ə)n] förkortning; kortform
ABC [,eɪbiː'siː] abc; *the ~ of gardening* trädgårdsskötselns abc (grunder, elementa)
abdicate ['æbdɪkeɪt] I *vb itr* abdikera II *vb tr* avsäga sig [*the throne*]
abdication [,æbdɪ'keɪʃ(ə)n] abdikation
abdomen ['æbdəmən] anat. abdomen, buk; [*lower*] *~* underliv
abdominal [æb'dɒmɪnl] anat. abdominal, underlivs-
abduct [æb'dʌkt] röva (föra) bort
abduction [æb'dʌkʃ(ə)n] bortrövande, bortförande, enlevering
aberration [,æbə'reɪʃ(ə)n] **1** villfarelse; avvikelse **2** [*mental*] *~* sinnesförvirring
abet [ə'bet] medverka till isht ngt brottsligt; [*aid and*] *~ a p.* vara ngns medhjälpare i brott

abeyance [ə'beɪəns], *be in ~* vila, ligga nere, få anstå
abhor [əb'hɔː, ə'bɔː] avsky, hata
abhorrence [əb'hɒr(ə)ns, ə'bɒr-] avsky, fasa
abhorrent [əb'hɒr(ə)nt, ə'bɒr-] motbjudande
abide [ə'baɪd] (*abode abode* el. *~d ~d*) I *vb itr* **1** end. regelb., *~ by* stå fast vid [*~ by a promise*]; hålla sig till [*~ by the law*]; stå för [*~ by the consequences*]; foga sig efter [*~ by a p.'s decision*] **2** poet. dröja; förbli II *vb tr* **1** i nek. o. fråg. satser tåla [*I can't ~ him*] **2** foga sig efter [*~ a decision*]
abilit|y [ə'bɪlətɪ] **1** förmåga; skicklighet, duglighet; *to the best of my ~* efter bästa förmåga **2** begåvning; mest pl. *-ies* själsgåvor, anlag, talanger; *a man of ~* en begåvad man; *pool of ~* begåvningsreserv
abject ['æbdʒekt] **1** usel; *~ poverty* yttersta misär **2** ynklig [*~ surrender*]
ablaze [ə'bleɪz] **1** i brand, i lågor **2** starkt (klart) upplyst
able ['eɪbl] **1** skicklig, duktig, kunnig; *be ~ to do a th.* kunna (vara i stånd att, lyckas) göra ngt **2** hand. vederhäftig **3** *~ seaman* matros
able-bodied [,eɪbl'bɒdɪd, attr. '--,--] **1** stark **2** *~ seaman* matros
ably ['eɪblɪ] skickligt etc., jfr *able*
ABM [,eɪbiː'em] förk. för *anti-ballistic missile*
abnormal [æb'nɔːm(ə)l] abnorm
abnormality [,æbnɔː'mælətɪ] abnormitet äv. konkr.; avvikelse [från det normala]; missbildning
aboard [ə'bɔːd] ombord [på] båt, flygplan, tåg; *be ~* äv. ha kommit ombord
abode [ə'bəʊd] I *s* **1** litt. boning **2** vistelse; hemvist; *place of ~* jur. hemvist II imperf. o. perf. p. av *abide*
abolish [ə'bɒlɪʃ] avskaffa; utplåna
abolition [,æbə(ʊ)'lɪʃ(ə)n] avskaffande; utplånande
A-bomb ['eɪbɒm] atombomb
abominable [ə'bɒmɪnəbl] förhatlig, avskyvärd, vederstygglig; vard. urusel [*~ weather (food)*]; *the A~ Snowman* snömannen i Himalaya
abominate [ə'bɒmɪneɪt] avsky
aboriginal [,æbə'rɪdʒənl] I *adj* **1** ursprunglig; *~ tribes* urfolk **2** vanl. *A~* aboriginer-, som hör till aboriginerna II *s* urinvånare, isht aboriginer [äv. *A~*]
aborigin|e [,æbə'rɪdʒɪn|ɪ] (pl. *-es* [-iːz]) **1** urinvånare, inföding; *the ~s* äv. urbefolkningen **2** vanl. *A~* aboriginer

abort [əˈbɔːt] **I** vb itr **1** få missfall, abortera **2** misslyckas **II** vb tr **1** nedkomma för tidigt med **2** a) framkalla missfall hos; göra abort på b) avlägsna genom abort [~ *a baby*] **3** avbryta äv. data.; hejda; komma att misslyckas

abortion [əˈbɔːʃ(ə)n] **1** abort; *criminal ~* illegal abort; *have an ~* göra abort **2** *spontaneous ~* med. missfall, spontan abort **3** misslyckande; misslyckat försök

abortive [əˈbɔːtɪv] **1** förkrympt, hämmad i sin utveckling; steril **2** felslagen [*plans that proved ~*]; misslyckad [*an ~ rebellion*], fruktlös **3** med. abortiv

abound [əˈbaʊnd] **1** finnas i överflöd, överflöda **2** *~ in* ha i överflöd, överflöda av

about [əˈbaʊt] **I** *prep* **1** i rumsbet. omkring (runt) i (på) [*walk ~ the town*]; [runt]omkring [*the fields ~ Oxford*], om [*tie a rope ~ him*]; *somewhere ~ here* här någonstans **2** på sig [*I have no money ~ me*]; hos [*there is something ~ him I don't like*], med, över; *what (how) ~...?* hur är (blir, går) det med...?, ska vi...? [*what (how) ~ going to the cinema?*] **3** om [*tell me all ~ it*], angående; i, i fråga om [*careless ~ his personal appearance* (sitt yttre)]; över; *he was very nice ~ it* han tog det mycket fint, han var mycket förstående **4** sysselsatt med; *while you are ~ it* medan du [ändå] håller på **5** i måtts- och tidsuttryck omkring [*for ~ five miles, ~ 6 o'clock*], jfr äv. *II 5*; *he is ~ your size* han är ungefär lika lång som du **II** *adv* **1** omkring [*rush ~*], runt [*go ~ in circles*]; runtomkring; hit och dit [*order a p. ~*]; i omkrets [*a wheel two inches ~*]; *all ~* på alla sidor, runtomkring **2** om åt motsatt (annat) håll; *right ~!* höger om!; *it's* [*quite*] *the other way ~* det är precis tvärtom **3** ute, i rörelse; liggande framme; *be ~* äv. finnas [att få] **4** *take turns ~* tura[s] om **5** ungefär [*~ as high as that tree*]; [*Are you ready to go?*] *Just ~* ...Så gott som, ...Nästan **6** *be ~ to* + inf. stå i begrepp att, ska [just] [*he was ~ to leave*]

about-turn [əˌbaʊtˈtɜːn] **I** *s* helomvändning; bildl. äv. kovändning **II** *vb itr* göra helt om; bildl. göra en helomvändning (kovändning)

above [əˈbʌv] **I** *prep* över högre än; ovan[för]; mer än; jämte; *~ all* framför allt; *over and ~* utöver, förutom **II** *adv* **1** ovan [*the statement ~*]; ovanför; upptill; *as was mentioned ~* såsom [här] ovan nämndes; *from ~* uppifrån, ovanifrån; bildl. från högre ort **2** över;

[*books of 100 pages*] *and ~* ...och mer **III** *adj* o. *s* ovanstående; *the ~* ovannämnda [person]; [det] ovanstående

above-board [əˌbʌvˈbɔːd] **I** *adv* öppet, ärligt **II** *pred adj* öppen, ärlig

above-mentioned [əˌbʌvˈmenʃ(ə)nd] ovannämnd

abracadabra [ˌæbrəkəˈdæbrə] abrakadabra, ss. trolleriformel äv. hokuspokus

abrasion [əˈbreɪʒ(ə)n] avskavning; slitning

abrasive [əˈbreɪsɪv, -zɪv] **I** *s* slipmedel **II** *adj* **1** avskrapande, slip- [*~ paper*] **2** bildl. a) skrovlig, sträv [*an ~ voice*] b) påstridig, oresonlig, aggressiv [*an ~ personality*]

abreast [əˈbrest] i bredd, sida vid sida; *~ of* (*with*) i jämnhöjd med, jämsides med, inte efter i utveckling etc.; *keep ~ with a p.* hålla jämna steg med ngn

abridge [əˈbrɪdʒ] förkorta

abroad [əˈbrɔːd] **1** utomlands [*live* (*go*) *~*]; *from ~* från utlandet, utifrån **2** litt. i farten [*few people were ~*]; *get ~* komma ut, sprida sig [*a rumour has got ~*]

abrupt [əˈbrʌpt] **1** abrupt **2** ryckig isht om stil; tvär **3** brant

ABS [ˌeɪbiːˈes] (förk. för *antilock brake system* el. *antilock braking system*) ABS-bromsar

abscess [ˈæbses, -sɪs] böld, abscess

abscond [əbˈskɒnd] avvika, rymma

absence [ˈæbs(ə)ns] **1** frånvaro, bortovaro **2** brist; avsaknad **3** *~ of mind* själsfrånvaro, se vid. *absent-mindedness*

absent [ss. adj. ˈæbs(ə)nt, ss. vb æbˈsent] **I** *adj* **1** frånvarande; *be ~ from* äv. utebli från **2** obefintlig **II** *vb rfl*, *~ oneself* hålla sig borta

absentee [ˌæbs(ə)nˈtiː] frånvarande; skolkare

absenteeism [ˌæbs(ə)nˈtiːɪz(ə)m] [ogiltig] frånvaro från arbetet; skolk; frånvarofrekvens

absent-minded [ˌæbs(ə)ntˈmaɪndɪd] tankspridd, förströdd

absent-mindedness [ˌæbs(ə)ntˈmaɪndɪdnəs] tankspriddhet, förströddhet

absolute [ˈæbs(ə)luːt, -ljuːt] **1** absolut [*~ majority*], fullständig [*~ freedom*], full [*~ certainty*]; total; ren [*an ~ fool*], riktig [*an ~ genius*]; *it's the ~ truth* det är absolut sant **2** enväldig [*~ power*], absolut [*~ monarchy*] **3** fackspr. absolut [*~ alcohol* (*temperature*)] **4** gram. absolut [*~ comparative*]

absolutely [ˈæbs(ə)luːtlɪ, -ljuː-, i bet. *2*

,--'--] **1** absolut, fullständigt etc., jfr *absolute*; helt [och hållet] **2** vard., *~!* [ja] absolut!, så klart!, alla gånger!
absolve [əb'zɒlv] **1** frikänna; lösa **2** teol. ge absolution åt
absorb [əb'sɔ:b, əb'z-] **1** absorbera, fånga upp; *be ~ed by (into)* införlivas med, uppgå i **2** uppsluka, helt uppta; *be ~ed in* gå upp i, vara försjunken (helt engagerad) i
absorbent [əb'sɔ:bənt, əb'z-] **I** *adj* absorberande; *~ cotton* isht amer. bomull, vadd **II** *s* absorberande medel
absorbing [əb'sɔ:bɪŋ, əb'z-] absorberande; bildl. allt uppslukande
abstain [əb'steɪn, æb-] **1** avstå; avhålla sig; vara avhållsam **2** ~ [*from voting*] lägga ned sin röst
abstainer [əb'steɪnə, æb-] **1** avhållsman; *total ~* absolutist, helnykterist **2** valskolkare
abstemious [əb'sti:mjəs, æb-] återhållsam, måttlig isht i mat o. dryck
abstention [əb'stenʃ(ə)n, æb-] **1** ~ [*from voting*] röstnedläggelse; röstskolkning **2** återhållsamhet
abstinence ['æbstɪnəns] avhållelse; avhållsamhet; isht med. abstinens
abstinent ['æbstɪnənt] avhållsam
abstract [ss. adj. o. subst. 'æbstrækt, ss. vb i bet. III **1** -'-, III **2** '--] **I** *adj* abstrakt i olika bet.: teoretisk; svårfattlig; *~ mathematics* ren matematik **II** *s* **1** abstrakt begrepp; gram. abstrakt ord; *the ~* det abstrakta; *in the ~* teoretiskt, i princip (teorin) **2** abstrakt konstverk **3** sammandrag **III** *vb tr* **1** abstrahera; ta bort **2** sammanfatta
abstruse [æb'stru:s] svårfattlig
absurd [əb'sɜ:d] orimlig; dum
absurdity [əb'sɜ:dətɪ] o. **absurdness** [əb'sɜ:dnəs] orimlighet; dumhet
abundance [ə'bʌndəns] **1** överflöd; [stor] mängd **2** rikedom [*an ~ of information*]
abundant [ə'bʌndənt] **1** överflödande **2** rik
abuse [ss. subst. ə'bju:s, ss. vb ə'bju:z] **I** *s* **1** missbruk; missförhållande; *it is open to ~* det kan lätt missbrukas **2** utan pl. ovett [*a stream of ~*], otidigheter; skäll **II** *vb tr* **1** missbruka **2** skymfa **3** misshandla
abusive [ə'bju:sɪv] ovettig; smädlig
abysmal [ə'bɪzm(ə)l] avgrundsdjup isht bildl. [*~ ignorance*]; urusel [*the food was ~*]
abyss [ə'bɪs] avgrund; ofantligt djup
academic [ˌækə'demɪk] **I** *adj* akademisk; teoretisk; orealistisk; *~ ability* studiebegåvning **II** *s* akademiker; teoretiker

academy [ə'kædəmɪ] **1** akademi; högre undervisningsanstalt med specialinriktning; [hög]skola; *~ of music* musikhögskola **2** lärt (vittert, konstidkande) samfund [*The Royal A~* [*of Arts*]]; *A~ award* Oscar amerikanska filmakademins utmärkelse
accede [æk'si:d], *~ to* a) instämma i; biträda åsikt; gå med på; villfara [*~ to a request*] b) tillträda [*~ to a post*]; komma på [*~ to the throne*]
accelerate [ək'seləreɪt] **I** *vb itr* accelerera **II** *vb tr* påskynda, accelerera
acceleration [əkˌselə'reɪʃ(ə)n] acceleration äv. astron.; påskyndande; tilltagande hastighet; *~ lane* trafik. accelerationsfält, påfartssträcka
accelerator [ək'seləreɪtə] gaspedal; fys. el. kem. accelerator
accent [ss. subst. 'æks(ə)nt, ss. vb æk'sent] **I** *s* **1** accent; tonfall; uttal **2** vard. tonvikt; *with the ~ on* med tonvikt på **II** *vb tr* betona
accentuate [æk'sentjʊeɪt] betona [*the dress ~s her figure*], accentuera
accept [ək'sept, æk-] **1** anta, motta; *~ an invitation (offer)* äv. tacka ja till en inbjudan (ett anbud) **2** godta [*~ an excuse*]; erkänna [*~ defeat*], godkänna, gå med på [*~ a p.'s terms*]; finna sig i [*I won't ~ such conditions*]; acceptera; *be widely ~ed* vinna stor anslutning **3** hand. acceptera växel; *~* [*delivery of*] *goods* erkänna mottagandet av varor
acceptable [ək'septəbl, æk-] antagbar, acceptabel; välkommen
acceptance [ək'sept(ə)ns, æk-] **1** antagande etc., jfr *accept 1* **2** godtagande; erkännande; bifall; *gain wide ~* accepteras i vida kretsar **3** hand. växelacceptering; accept **4** *without ~ of persons* utan anseende till person
access ['ækses] **1** tillträde; tillgång; tillgänglighet; umgängesrätt [*~ to* (med) *one's children*]; *right of common ~* allemansrätt **2** anfall; *in a new ~ of strength* med nyfunnen styrka (kraft) **3** data. åtkomst, access; *~ time* accesstid
accessible [ək'sesəbl, æk-] tillgänglig
accession [æk'seʃ(ə)n, ək-] **1** tillträde; tillträdande av ämbete; inträdande; *~* [*to the throne*] tronbestigning **2** tillskott
accessor|y [ək'sesərɪ, æk-] **I** *adj* **1** åtföljande, som kommer till, bidragande; *~ part* reservdel **2** (end. pred.) jur. medbrottslig, delaktig [*to* i] **II** *s* **1** mest pl. *-ies* tillbehör, bihang, bisaker, accessoarer **2** jur. medhjälpare, medbrottsling

accidence ['æksɪd(ə)ns] språkv. formlära
accident ['æksɪd(ə)nt] **1** tillfällighet; *by ~ av en händelse* (slump), tillfälligtvis **2** olycksfall, olycka; *~ insurance* olycksfallsförsäkring
accidental [ˌæksɪ'dentl] **I** *adj* **1** tillfällig; [*a verdict of*] *~ death* ...död genom olyckshändelse **2** oväsentlig **II** *s* bisak
accidentally [ˌæksɪ'dent(ə)lɪ] av en händelse; oavsiktligt
accident-prone ['æksɪd(ə)ntprəʊn], *he is ~* han råkar lätt ut för olyckor, han är en olycksfågel
acclaim [ə'kleɪm] **I** *vb tr* hälsa med jubel [*~ the winner*]; hälsa såsom [*they ~ed him king*] **II** *s* bifallsrop; bifall
acclamation [ˌæklə'meɪʃ(ə)n] **1** vanl. pl. *~s* bifallsrop, hälsningsjubel **2** acklamation; *by ~* med acklamation, utan votering
acclimatize [ə'klaɪmətaɪz] **I** *vb tr* acklimatisera; anpassa; *become* (*get*) *~d* acklimatisera (anpassa) sig **II** *vb itr* acklimatisera (vänja) sig
accolade ['ækə(ʊ)leɪd, -lɑːd] **1** dubbning till riddare; riddarslag **2** hyllning [*the ~s of the literary critics*]
accommodate [ə'kɒmədeɪt] **1** inhysa, logera, ge husrum; rymma **2** a) lämpa, passa in, jämka, rätta; ställa in b) optik. ackommodera **3** sammanjämka, förena [*~ the interests of different groups*] **4** tillgodose; hjälpa med (låna ngn) pengar [*he asked the bank to ~ him*]; *~ a p. with a loan* förstäcka ngn ett lån
accommodating [ə'kɒmədeɪtɪŋ] tillmötesgående, tjänstvillig, foglig
accommodation [əˌkɒmə'deɪʃ(ə)n] **1** a) (amer. vanl. pl. *~s*) bostad; logi, inkvartering b) utrymme [*~ for 30 people*] **2** a) anpassning b) ögats ackommodation[sförmåga] **3** visat tillmötesgående **4** uppgörelse **5** lån
accompaniment [ə'kʌmpənɪmənt] **1** ackompanjemang [*to the ~ of a march*] **2** tillbehör
accompan|y [ə'kʌmp(ə)nɪ] **1** beledsaga, låta åtföljas [*with* av; *he -ied his words with a bang on the table*] **2** åtfölja [*-ied by his son*], följa med, göra sällskap med; *-ied with* bildl. åtföljd av, förbunden (förenad) med **3** mus. ackompanjera [*~ a p. at the piano*]
accomplice [ə'kʌmplɪs, -'kɒm-] medbrottsling
accomplish [ə'kʌmplɪʃ, -'kɒm-] **1** utföra [*~ a task*], uträtta, åstadkomma **2** fullborda; tillryggalägga

accomplished [ə'kʌmplɪʃt, -'kɒm-] fulländad; fint bildad
accomplishment [ə'kʌmplɪʃmənt, -'kɒm-] **1** utförande; fullbordande **2** resultat **3** fulländning, utbildning; isht pl. *~s* talanger; färdigheter
accord [ə'kɔːd] **I** *vb tr* bevilja **II** *vb itr* mest om saker vara i överensstämmelse, stämma överens **III** *s* **1** samstämmighet; *in ~ with* i överensstämmelse (enlighet) med **2** a) överenskommelse b) förlikning **3** *of one's own ~* självmant, av sig själv
accordance [ə'kɔːd(ə)ns] överensstämmelse; *in ~ with* i överensstämmelse (enlighet) med, enligt
according [ə'kɔːdɪŋ] **1** ss. prep. *~ to* enligt, i enlighet med, efter; alltefter [*~ to circumstances*], med [*the heat varies ~ to the latitude*] **2** ss. konj. *~ as* i den mån som, alltefter som **3** ss. adv. *it's all ~* vard. det beror på
accordingly [ə'kɔːdɪŋlɪ] **1** i enlighet därmed **2** således
accordion [ə'kɔːdɪən] dragspel, handklaver
accost [ə'kɒst] **1** [gå fram till och] tilltala **2** antasta
account [ə'kaʊnt] **I** *vb tr* o. *vb itr* **1** *~ for* a) redovisa [för]; svara för; *everyone was ~ed for* ingen saknades b) tjäna som förklaring på; *that ~s for it* det förklarar saken; *there's no ~ing for tastes* om tycke och smak skall man inte diskutera **2** betrakta såsom **II** *s* **1** räknande, beräkning (jfr av. 5 ex.); pl. *~s* handelsräkning **2** a) räkning; pl. *~s* räkenskaper; bokföringsavdelningen, bokföringen; *current ~* löpande räkning; med checkhäfte checkkonto; *keep ~s* föra räkenskaper (böcker); *put down to a p.'s ~* sätta upp på ngns konto b) bildl. *settle* (*square*) *~s with a p.* göra upp [räkningen] med ngn, ge ngn betalt för gammal ost; *on a p.'s ~* för ngns skull; *on that ~* för den (sakens) skull; *on no ~* el. *on ~ of* på grund av, med anledning av **3** fördel, nytta; *turn* (*put*) *to ~* dra nytta av, använda till sin fördel **4** redovisning; *call* (*bring*) *a p. to ~* ställa ngn till svars **5** vikt, anseende; *leave out of ~* lämna ur räkningen, bortse ifrån; *take into ~* ta med i beräkningen; ta hänsyn till **6** berättelse; *give an ~ of* redogöra för; *by* (*from*) *all ~s* efter vad man har hört, efter vad som sägs
accountable [ə'kaʊntəbl] ansvarig
accountancy [ə'kaʊntənsɪ] räkenskapsföring
accountant [ə'kaʊntənt] revisor; *chartered*

(amer. *certified public*) ~ auktoriserad revisor
accredit [ə'kredɪt] ackreditera; befullmäktiga; *~ed* äv. allmänt erkänd, officiellt godkänd
accretion [ə'kriːʃ(ə)n, æ'k-] **1** tillväxt; tillskott, tillsats **2** anhopning, avlagring [*~s of dirt*]
accrue [ə'kruː] **1** tillkomma; tillfalla **2** växa till isht om kapital; *~d interest* upplupen ränta
accumulate [ə'kjuːmjʊleɪt] **I** *vb tr* hopa; lagra [upp] **II** *vb itr* hopa sig, samlas
accumulation [ə,kjuːmjʊ'leɪʃ(ə)n] anhopning; samlande; hop, samling
accumulator [ə'kjuːmjʊleɪtə] fys. el. data. ackumulator; ~ *battery* ackumulatorbatteri
accuracy ['ækjʊrəsɪ] exakthet; noggrannhet
accurate ['ækjʊrət] exakt; noggrann
accusation [,ækjuː'zeɪʃ(ə)n] anklagelse; *bring an ~ against* framföra (rikta) en anklagelse mot
accusative [ə'kjuːzətɪv] gram. ackusativ[-]; *the ~* [*case*] ackusativ[en]
accuse [ə'kjuːz] **1** anklaga; beskylla; *the ~d* den anklagade; *be* (*stand*) *~d of* vara (stå) anklagad för **2** klandra [*he ~s the system*]
accustom [ə'kʌstəm] vänja [sig]
accustomed [ə'kʌstəmd] **1** van **2** [sed]vanlig
ace [eɪs] **I** *s* **1** ess, äss; etta på tärning etc.; ~ *of hearts* hjärteress; *have an ~ up one's sleeve* bildl. ha trumf på hand **2** *within an ~ of* ytterst nära, en hårsmån från [*within an ~ of victory*] **3** pers. ess **4** i tennis serveess **II** *attr adj*, *~ reporter* stjärnreporter
acerbic [ə'sɜːbɪk] **1** sur [*~ apples*], bitter **2** bildl. syrlig, bitter
acetate ['æsɪteɪt, -tət] acetat [*~ fibre*]; *~ silk* acetatsilke, acetatsiden
acetone ['æsɪtəʊn] aceton
acetylsalicylic [,æsɪtaɪlsælə'sɪlɪk, ,æsɪtɪl-] kem., *~ acid* acetylsalicylsyra
ache [eɪk] **I** *vb itr* värka; *I'm aching all over* det värker i hela kroppen; *~ for* (*to get*) längta [intensivt] efter (efter att få) **II** *s* värk; *have ~s and pains all over* ha ont i hela kroppen
achieve [ə'tʃiːv] **1** utföra; åstadkomma [*he will never ~ anything*], prestera **2** [upp]nå [*~ one's aims*]
achievement [ə'tʃiːvmənt] **1** utförande **2** insats; prestation; gärning, verk **3** ped. färdighet

Achilles [ə'kɪliːz] mytol. Akilles; *~' heel* akilleshäl
acid ['æsɪd] **I** *adj* sur; bitter äv. bildl. **II** *s* **1** syra **2** sl. LSD narkotika **3** vard., *come the ~* vara snorkig (sarkastisk)
acidification [ə,sɪdɪfɪ'keɪʃ(ə)n] försurning; förvandling till syra
acidity [ə'sɪdətɪ] **1** aciditet; försurning; syrlighet **2** magsyra
acid rain [,æsɪd'reɪn] surt regn
acknowledge [ək'nɒlɪdʒ, æk-] **1** erkänna [*~ oneself beaten*; *~ a child*; *~ one's mistake*], tillstå **2** uttrycka sin erkänsla för [*~ a p.'s services*] **3** *~ a p.* kännas vid ngn; genom hälsning visa att man känner [igen] ngn
acknowledgement [ək'nɒlɪdʒmənt, æk-] **1** erkännande; bekräftelse **2** erkänsla; *in ~ of* [*your help*] som tack för...
acme ['ækmɪ] höjd[punkt]; högsta grad
acne ['æknɪ] med. akne
acorn ['eɪkɔːn] ekollon
acoustic [ə'kuːstɪk] o. **acoustical** [ə'kuːstɪk(ə)l] akustisk; *acoustic feedback* akustisk återkoppling, rundgång
acoustics [ə'kuːstɪks] **1** (konstr. ss. pl.) akustik i en lokal o.d. **2** (konstr. ss. sg.) akustik läran om ljudet
acquaint [ə'kweɪnt] **1** *~ oneself with* bekanta sig (göra sig bekant) med; sätta sig in i, lära känna; *be ~ed with* vara bekant med; känna [till] **2** *~ a p. with a th.* underrätta ngn om ngt
acquaintance [ə'kweɪnt(ə)ns] **1** bekantskap; kännedom; *make a p.'s ~* (*the ~ of a p.*) göra ngns bekantskap; *a nodding* (*bowing* ['baʊɪŋ]) *~* en flyktig bekantskap **2** bekant, umgängesvän; *circle of ~s* bekantskapskrets
acquiesce [,ækwɪ'es] samtycka; foga sig
acquire [ə'kwaɪə] förvärva, skaffa [sig]; vinna; perf. p. *~d* inlärd; som man har lagt sig till med [*an ~d habit*]; *~d characteristics* (*characters*) förvärvade egenskaper; *it's an ~d taste* det är något man måste vänja sig vid
acquirement [ə'kwaɪəmənt] **1** förvärvande **2** isht pl. *~s* färdigheter, talanger; kunskaper
acquisition [,ækwɪ'zɪʃ(ə)n] **1** förvärvande, tillägnande **2** förvärv, akvisition
acquisitive [ə'kwɪzɪtɪv] förvärvslysten; hagalen; *the ~ society* ung. prylsamhället, konsumtionssamhället
acquit [ə'kwɪt] **1** frikänna **2** *~ oneself well* (*ill* etc.) sköta sig (göra sin sak) bra (dåligt etc.)

acquittal [əˈkwɪtl] **1** frikännande; *sentence of ~* friande dom **2** fullgörande av plikt

acre [ˈeɪkə] ytmått 'acre' (4 047 m^2); ung. tunnland

acreage [ˈeɪkərɪdʒ] antal 'acres'; areal

acrid [ˈækrɪd] bitter, skarp; kärv, frän äv. bildl.

acrimonious [ˌækrɪˈməʊnjəs] bitter {*~ dispute*}

acrobat [ˈækrəbæt] akrobat

acrobatics [ˌækrə(ʊ)ˈbætɪks] (konstr. ss. pl.) akrobatik, akrobatkonster

across [əˈkrɒs] **I** *adv* **1** över; på tvären; i korsord vågrätt; *~ from* amer. mittemot **2** över {*come ~ to my office tomorrow*}, på (till) andra sidan {*swim ~*} **3** i kors **II** *prep* **1** över, tvärsöver; *come* (*run*) *~* komma över ngt; stöta (råka) på ngt (ngn) **2** över {*~ the river*}; *~ the board* bildl. allmänt, generellt, jfr *across-the-board* **3** *you can't put that ~ me* det kan du inte lura i mig

across-the-board [əˌkrɒsðəˈbɔːd] allmän, över hela linjen {*an ~ wage increase*}

acrylic [əˈkrɪlɪk] **I** *adj*, *~ acid* akrylsyra **II** *s* akryl; akrylfiber

act [ækt] **I** *s* **1** handling; *the Acts* {*of the Apostles*} bibl. Apostlagärningarna; *~ of faith* troshandling, hjärtesak; *~ of God* jur. force majeure; *I was in the* {*very*} *~ of doing it, when...* jag var i full färd med att göra det när...; *get one's ~ together* vard. få det att funka; rycka upp sig **2** parl. beslut {*A~ of Parliament, A~ of Congress*}; lag, laga stadga **3** teat. akt; nummer {*a circus ~*}; *put on an ~* göra sig till, spela teater **II** *vb itr* **1** handla; agera {*he's ~ing strangely*}; ingripa {*they ~ed to prevent it*}; bete sig **2** fungera, tjänstgöra; verka; göra tjänst; *~ for a p.* representera (företräda) ngn {äv. *~ on behalf of a p.*} **3** [in]verka **4** teat. spela; bildl. spela [teater] {*she's not really crying, she's only ~ing*} **5** vard., *~ up* ställa till besvär (trassel); {*my bad leg*} *is ~ing up again* ...gör sig påmint (krånglar) igen **III** *vb tr* uppföra pjäs; uppträda som; spela {*~* {*the part of*} *Hamlet*}, agera; *~ the hero* spela hjälte

acting [ˈæktɪŋ] **I** *adj* [för tillfället] tjänstgörande {*~ consul, ~ headmaster*} **II** *s* **1** handlande, handling **2** teat. spel, spelsätt; *choose ~ as a career* välja teaterbanan, bli skådespelare

action [ˈækʃ(ə)n] **1** handling; handlande; agerande; *~!* film. tystnad, tagning!; *take ~* ingripa, handla, vidta åtgärder; *take industrial ~* ta till stridsåtgärder **2** inverkan {*by the ~ of the air*}; verkan {*the ~ of the drug*} **3** funktion {*the ~ of the heart*}, sätt att fungera; gång hos maskin o.d.; *call into ~* sätta i funktion; *put out of ~* sätta ur funktion; mil. försätta ur stridbart skick; friare [för]sätta ur spel **4** konkr. mekanism **5** a) handling i pjäs, roman etc. b) vard., *that's where the ~ is* det är där som saker och ting (stora saker) händer; *get a piece of the ~* vara med på ett hörn **6** jur. rättsliga åtgärder; rättegång; åtal; *bring* (*enter*) *an ~ against* väcka åtal mot, åtala, stämma **7** mil. strid {*killed in ~*}, aktion {*go into ~, come out of ~*}; *~ station* anvisad stridsställning

activate [ˈæktɪveɪt] **1** göra aktiv (verksam); *~d carbon* aktivt kol **2** fys. göra radioaktiv

active [ˈæktɪv] **I** *adj* **1** aktiv äv. mil.; verksam; flitig, livlig; rörlig; *~ capital* rörligt kapital **2** gram., *the ~ voice* aktiv form, aktiv **II** *s* gram., *the ~* aktiv

activist [ˈæktɪvɪst] aktivist {*~ group*}

activity [ækˈtɪvətɪ] **1** aktivitet; kraftutveckling **2** energi **3** pl. *activities* verksamhet, verksamhetsfält; verkande krafter; strävanden, aktiviteter {*leisure-time activities*} **4** {*trade*} *~* [affärs]omsättning

actor [ˈæktə] skådespelare, aktör

actress [ˈæktrəs] skådespelerska

actual [ˈæktʃʊəl, -tjʊəl] **1** faktisk; själv[a]; effektiv {*~ working-hours*}; *during the ~ ceremony* under själva ceremonin; *in ~ fact* i själva verket; *~ sin* verksynd **2** nuvarande {*the ~ position of the moon*}, nu rådande, aktuell {*the ~ situation*}

actually [ˈæktʃʊəlɪ, -tjʊəlɪ] **1** egentligen, i själva verket **2** faktiskt {*I don't know ~*}, verkligen; *we ~ did it!* tänk att vi klarade det! **3** för tillfället

actuary [ˈæktjʊərɪ] försäkringsstatistiker, aktuarie

actuate [ˈæktjʊeɪt] **1** sätta i rörelse **2** driva {*be ~d by love of one's country*}, driva på, påverka

acuity [əˈkjuːətɪ] skärpa; skarpsinne

acumen [ˈækjʊmən, -men, isht amer. əˈkjuːmen] skarpsinnighet, skarpsinne; *business ~* utpräglat sinne för affärer

acupuncture [ˈækjʊpʌŋktʃə] med. **I** *s* akupunktur **II** *vb tr* behandla med akupunktur

acupuncturist [ˌækjʊˈpʌŋktʃərɪst] akupunktör

acute [əˈkjuːt] **1** spetsig, skarp; *~ angle* spetsig vinkel **2** skarp **3** hög, gäll **4** skarpsinnig; {*dogs have*} *an ~ sense of*

smell ...ett väl utvecklat luktsinne **5** akut [~ *disease*; ~ *accent*]
AD [ˌeɪ'diː, ˌænə(ʊ)'dɒmɪnaɪ] (förk. för *Anno Domini*) e. Kr.
ad [æd] vard. kortform för *advertisement*
adamant ['ædəmənt] orubblig
adapt [ə'dæpt] **1** lämpa, anpassa; adaptera; använda; ~ *oneself to* anpassa (foga, ställa om) sig efter **2** bearbeta; [*the play*] *has been skilfully ~ed from the novel* ...är en skicklig omarbetning av romanen
adaptation [ˌædæp'teɪʃ(ə)n] **1** anpassning; fysiol. el. biol. adaptation **2** bearbetning
ADC [ˌeɪdiː'siː] förk. för *aide-de-camp*
add [æd] **I** *vb tr* **1** tillägga; tillfoga; tillsätta, blanda (hälla) i **2** addera, summera; ~ *2 and* (*to*) *2* äv. lägga ihop 2 och 2 **II** *vb itr* **1** addera **2** ~ *to* öka, bidra till, förhöja; bygga till (på); *to* ~ *to it all* till råga på allt **3** ~ *up* om siffror stämma; *it doesn't* ~ *up* vard. det stämmer inte, det går inte ihop
added ['ædɪd] ökad
adder ['ædə] zool. huggorm; giftorm
addict [ss. vb ə'dɪkt, ss. subst. 'ædɪkt] **I** *vb tr*, ~ *oneself to* ägna (hänge) sig åt, hemfalla åt; *be ~ed to* a) vara begiven på (hemfallen åt) b) missbruka t.ex. narkotika **II** *s* slav under narkotika o.d.; missbrukare; *drug* (*dope*) ~ narkoman, knarkare, narkotikamissbrukare
addiction [ə'dɪkʃ(ə)n] begivenhet, hängivenhet; missbruk [~ *to* (av) *drugs* (*alcohol*)]
addition [ə'dɪʃ(ə)n] **1** tilläggande; tillsättning; tillägg, tillsats; *an* ~ *to the family* tillökning i familjen; *in* ~ *there will be*... härtill (därtill) kommer..., dessutom tillkommer... **2** matem. addition; ~ *sign* additionstecken
additional [ə'dɪʃənl] ytterligare; ny; förhöjd; extra; återstående
additive ['ædɪtɪv] tillsats[ämne] [*new chemical ~s*]; *food* ~ livsmedelstillsats
address [ə'dres, ss. subst. amer. äv. 'ædres] **I** *vb tr* **1** rikta [~ *words* (*a request*) *to* (till)] **2** vända sig till; tala (hålla tal) till **3** titulera; ~ *a p. as* [*'Colonel'*] titulera ngn... **4** adressera; skriva adress på; [*the letter is*] *wrongly addressed* ...feladresserat **5** golf., ~ *the ball* adressera bollen **II** *vb rfl*, ~ *oneself to* a) vända (rikta) sig till i ord b) inrikta sig på, ta itu med uppgift **III** *s* **1** på brev o.d. adress; *notify change of* ~ meddela adressändring **2** data. adress **3** offentligt tal riktat till ngn; anförande **4** gott omdöme; skicklighet
addressee [ˌædre'siː] adressat, mottagare

adduce [ə'djuːs] anföra, åberopa [~ *reasons*]
adenoids ['ædənɔɪdz] polyper i näsa och svalg
adept ['ædept, isht ss. adj. äv. ə'dept] **I** *adj* skicklig, erfaren; invigd **II** *s* mästare, kännare
adequate ['ædɪkwət] **1** tillräcklig; tillräckligt (nog) med [~ *food*]; lagom; lämplig; ~ *to* avpassad efter, passande för **2** fullgod, giltig [*an* ~ *reason*]; täckande [*an* ~ *definition*]
adhere [əd'hɪə], ~ *to* a) sitta (klibba) fast vid, fastna på b) hålla fast vid c) ansluta sig till
adhesion [əd'hiːʒ(ə)n] **1** vidhäftning[sförmåga]; fasthållande **2** anslutning
adhesive [əd'hiːsɪv] **I** *adj* som fastnar (fäster); självhäftande [~ *plaster*]; gummerad [~ *envelope*]; klibbig; ~ *tape* tejp, klisterremsa **II** *s* bindemedel; klister; lim; häftplåster
ad hoc [ˌæd'hɒk] lat. ad hoc, special-; ~ *committee* ad hoc-utskott, utskott för visst uppdrag
ad infinitum [ˌædɪnfɪ'naɪtəm] lat. i det oändliga
adjacent [ə'dʒeɪs(ə)nt] angränsande; grann- [~ *farm* (*country*)]; ~ *angle* matem. närliggande vinkel
adjective ['ædʒɪktɪv] adjektiv; *possessive* (*indefinite*) ~ förenat possessivt (indefinit) pronomen
adjoin [ə'dʒɔɪn] **I** *vb tr* stöta (gränsa) till **II** *vb itr* stöta (gränsa) till varandra
adjoining [ə'dʒɔɪnɪŋ] angränsande; vidstående
adjourn [ə'dʒɜːn] **I** *vb tr* ajournera [~ *a meeting*] **II** *vb itr* **1** ajournera sig [*the court ~ed*]; om parlament ta ferier **2** flytta sig till annan [mötes]lokal; ngt skämts. förflytta sig [*shall we ~ to the sitting-room?*]
adjournment [ə'dʒɜːnmənt] ajournering
adjudicate [ə'dʒuːdɪkeɪt] **I** *vb tr* **1** döma [~ *a competition*] **2** tilldöma [~ *a prize to a p.*] **II** *vb itr* sitta till doms, döma; ~ [*up*]*on a matter* avkunna dom i en sak
adjust [ə'dʒʌst] **I** *vb tr* **1** ordna, rätta till [~ *one's tie*]; sätta (lägga) till rätta; reglera; justera [~ *the brakes*]; rucka klocka; ställa in [~ *the TV* (*telescope*)] **2** avpassa, lämpa; bringa i samklang (överensstämmelse); ~ *oneself* anpassa (inrätta) sig **3** bilägga **4** försäkr. värdera skada **II** *vb itr* **1** anpassa sig äv. psykol. [*a child who cannot ~*] **2** vara justerbar (reglerbar, inställbar)

adjustable [əˈdʒʌstəbl] inställbar, flyttbar; ~ *spanner* skiftnyckel
adjustment [əˈdʒʌs(t)mənt] **1** ordnande; reglering; justering; ruckning **2** avpassning **3** biläggande, förlikning; uppgörelse **4** försäkr. skadevärdering **5** isht psykol. anpassning[sförmåga]
adjutant [ˈædʒʊt(ə)nt] adjutant
ad-lib [ˌædˈlɪb] vard. **I** *vb itr* o. *vb tr* improvisera **II** *adj* improviserad [*an ~ speech*]
adman [ˈædmæn] (pl. **admen** [ˈædmen]) vard. reklamman; författare av annonstext[er], copywriter
administer [ədˈmɪnɪstə] **I** *vb tr* **1** sköta **2** skipa rättvisa **3** kyrkl. förrätta; utdela [*~ the sacrament*] **4** ge [*~ a severe blow to the enemy*] **5** med. ge [*~ medicine to a p.*] **6** *~ an oath to a p.* förestava en ed för ngn **II** *vb itr*, *~ to* sörja för, bidra till, förhöja
administration [ədˌmɪnɪˈstreɪʃ(ə)n] **1** skötsel, administrering; administrativa göromål **2** förvaltning; styrelse **3** regering [i USA *the A~*], ministär **4** skipande; *~ of justice* rättskipning **5** givande, användning av läkemedel **6** förestavande av ed
administrative [ədˈmɪnɪstrətɪv, -treɪt-] förvaltnings-; administrativ [*an ~ post*]
admirable [ˈædm(ə)rəbl] beundransvärd
admiral [ˈædm(ə)r(ə)l] amiral
admiration [ˌædməˈreɪʃ(ə)n] beundran
admire [ədˈmaɪə] beundra
admission [ədˈmɪʃ(ə)n] **1** tillträde [*have ~ to*]; inträde [*apply for* (söka) *~ into*]; intagning, upptagning; *~ fee* inträde[savgift], entré; *~ free* fritt inträde **2** medgivande; *it would be an ~ of defeat* (*guilt*) det vore att erkänna sig besegrad (skyldig)
admit [ədˈmɪt] **I** *vb tr* **1** släppa in [*he ~ted me into* (i) *the house*]; ta in [*only one hundred boys are ~ted to* (vid) *the school every year*]; uppta [*~ as a partner*]; *children not ~ted* barn äger ej tillträde; *this ticket ~s two persons* biljetten gäller [för inträde] för två personer **2** erkänna **II** *vb itr* **1** *~ of* tillåta, medge, lämna rum för **2** *~ to* a) om biljett gälla (berättiga) till b) erkänna [*he ~ted to murder*]
admittance [ədˈmɪt(ə)ns] inträde; *no ~* tillträde förbjudet, obehöriga äger ej tillträde
admittedly [ədˈmɪtɪdlɪ] erkänt; obestridligen; visserligen
admonish [ədˈmɒnɪʃ] förmana; tillrättavisa
admonition [ˌædməˈʊnɪʃ(ə)n] förmaning; råd; tillrättavisning

ad nauseam [ædˈnɔːsɪəm] lat. [ända] till leda
ado [əˈduː] ståhej, väsen; *much ~ about nothing* mycket väsen för ingenting; *without further ~* utan vidare spisning
adolescence [ˌædəˈʊlesns] uppväxttid ungefär mellan 13 och 19 år; tonår
adolescent [ˌædəˈʊlesnt] **I** *s* ung människa ungefär mellan 13 och 19 år; ungdom **II** *adj* uppväxande
adopt [əˈdɒpt] **1** adoptera; *have a baby ~ed* adoptera bort ett barn **2** anta åsikt, vana; införa metod; uppta [*~ a new word into the language*] **3** ta i bruk [*~ new machinery* (*weapons*)] **4** anta [*Congress ~ed the new measure*]
adoption [əˈdɒpʃ(ə)n] (jfr *adopt*) **1** adoption; *the country of his ~* hans nya hemland **2** antagande; val; införande; upptagande
adoptive [əˈdɒptɪv] adoptiv- [*~ father, ~ child*]
adorable [əˈdɔːrəbl] dyrkansvärd; vard. förtjusande
adoration [ˌædəˈreɪʃ(ə)n] tillbedjan, dyrkan
adore [əˈdɔː] dyrka; vard. avguda
adorn [əˈdɔːn] pryda
adornment [əˈdɔːnmənt] **1** prydande **2** prydnad, dekoration
ADP [ˌeɪdiːˈpiː] (förk. för *automatic data processing*) ADB
adrenaline [əˈdrenəlɪn] adrenalin; *~ secretion* adrenalinavsöndring
Adriatic [ˌeɪdrɪˈætɪk, ˌæd-] geogr.; *the ~* [*Sea*] Adriatiska havet
adrift [əˈdrɪft] på (i) drift; bildl. på glid (drift) [*morally ~*]; *be ~* driva vind för våg
adroit [əˈdrɔɪt] skicklig
adult [ˈædʌlt, isht amer. əˈdʌlt] **I** *adj* [full]vuxen; [avsedd] för vuxna; *~ education* vuxenundervisning **II** *s* **1** [full]vuxen människa **2** *~s only* endast för vuxna, barnförbjuden
adulterate [əˈdʌltəreɪt] [försämra genom att] tillsätta tillsatser till livsmedel o.d.; spä[da] ut [*~ milk with water*]
adultery [əˈdʌltərɪ] äktenskapsbrott
adulthood [ˈædʌlthʊd, əˈdʌlthʊd] mogen ålder
advance [ədˈvɑːns] **I** *vb tr* **1** flytta (föra) fram[åt]; sträcka (skjuta, sätta) fram **2** befordra; upphöja **3** ställa upp [*~ a theory*], framställa **4** förskottera lån **5** tekn., *~ the ignition* höja tändningen **6** tidigarelägga **II** *vb itr* **1** gå framåt (vidare), tränga (rycka) fram; närma sig;

~ *on the last bidder* bjuda över det sista budet **2** göra framsteg **3** stiga i pris **4** avancera, bli befordrad **III** *s* **1** framryckning; framflyttning **2** framsteg; ökning **3** närmande; *make ~s* göra närmanden [*to* till] **4** förskott; försträckning **5** höjning, stegring i pris **6** attr.: ~ *booking* förhandsbeställning, förköp **7** *in* ~ före, framför, förut; på förhand, i förväg; i förskott [*pay in* ~]
advanced [əd'vɑ:nst] **1** [långt] framskriden [*at an* ~ *age*], långt kommen; ~ *in years* ålderstigen, till åren kommen **2** framskjuten isht mil. [~ *positions*] **3** avancerad [~ *ideas*], försigkommen; långtgående; ~ *instruction* kvalificerad (högre) undervisning **4** tekn., ~ *ignition* förtändning
advancement [əd'vɑ:nsmənt] **1** befordran **2** [be]främjande
advantage [əd'vɑ:ntɪdʒ] fördel äv. i tennis; företräde; övertag; nytta; *have the* ~ *of* ha övertaget över, ha en fördel framför; *take* ~ *of* utnyttja [*take* ~ *of a p.*], dra fördel av; *be to a p.'s* ~ vara till fördel för ngn
advantageous [ˌædvən'teɪdʒəs, -vɑ:n-] fördelaktig, förmånlig, nyttig
adventure [əd'ventʃə] **I** *s* äventyr, vågstycke; *love of* ~ äventyrslust[a] **II** *vb tr* o. *vb itr* våga; riskera; äventyra
adventurer [əd'ventʃ(ə)rə] äventyrare
adventurous [əd'ventʃ(ə)rəs] **1** äventyrslysten, dristig **2** äventyrlig [*an* ~ *voyage*], rik på äventyr; riskabel
adverb ['ædvɜ:b] adverb
adverbial [əd'vɜ:bjəl] **I** *adj* adverbiell; ~ *modifier* adverbial **II** *s* adverbial
adversary ['ædvəs(ə)rɪ] motståndare; fiende; motspelare
adverse ['ædvɜ:s] **1** fientlig [~ *forces*], fientligt inställd; motståndar- [~ *party*], kritisk [~ *comments*], kritiskt inställd **2** mot- [~ *wind*]; ogynnsam [~ *weather conditions*], skadlig; ~ *circumstances* olyckliga omständigheter
adversity [əd'vɜ:sətɪ] motgång, motighet; *be cheerful in* ~ bära sina motgångar med jämnmod
advert ['ædvɜ:t] vard. kortform för *advertisement*
advertise ['ædvətaɪz] **I** *vb tr* annonsera; göra reklam för; tillkännage; ~ *one's presence* dra uppmärksamheten till sig **II** *vb itr* annonsera; ~ *for* annonsera efter
advertisement [əd'vɜ:tɪsmənt, -tɪzm-, amer. äv. ˌædvə'taɪzmənt] **1** annons i en tidning o.d. **2** reklam [~ *helps to sell goods*]; annonsering; attr. annons- [~ *department* (*page*)]
advertiser ['ædvətaɪzə] annonsör
advertising ['ædvətaɪzɪŋ] annonsering; reklambranschen [*a career in* ~]; ~ *agency* annonsbyrå, reklambyrå
advice [əd'vaɪs] **1** utan pl. råd; yttrande[n]; *a piece* (*bit, word*) *of* ~ ett [litet] råd **2** hand. meddelande
advisable [əd'vaɪzəbl] tillrådlig; välbetänkt
advise [əd'vaɪz] **1** råda, tillråda, förorda [*the doctor* ~*d a complete rest*]; ~ *against* varna för, avråda från **2** underrätta; hand. meddela; avisera [*as* ~*d*]
advisedly [əd'vaɪzɪdlɪ] överlagt, med full vetskap; avsiktligt
adviser [əd'vaɪzə] rådgivare; konsulent
advisory [əd'vaɪz(ə)rɪ] rådgivande
advocate [ss. subst. 'ædvəkət, -keɪt, ss. vb 'ædvəkeɪt] **I** *s* förespråkare, förkämpe **II** *vb tr* förespråka
aegis ['i:dʒɪs] [be]skydd [*under the* ~ *of*]; egid
aeon ['i:ən, 'i:ɒn] eon; evighet
aerial ['eərɪəl] **I** *adj* **1** luft-; gasformig **2** luft-; flyg-; ~ *ladder* amer. maskinstege; ~ *map* [flyg]fotokarta; ~ *photograph* flygfoto, flygbild; ~ *photography* flygfotografering; ~ *view* flygbild **II** *s* tekn. antenn
aerobatics [ˌeərə(ʊ)'bætɪks] (konstr. ss. sg.) konstflygning; avancerad flygning
aerobics [eə'rəʊbɪks] (konstr. ss. sg.) aerobics
aerodrome ['eərədrəʊm] flygfält, flygplats
aerodynamic [ˌeərə(ʊ)daɪ'næmɪk] aerodynamisk
aeronautics [ˌeərə'nɔ:tɪks] (konstr. ss. sg.) flygkonst, flygteknik; luftfarts-
aeroplane ['eərəpleɪn] flygplan
aerospace ['eərə(ʊ)speɪs] rymd inom rymdtekniken; rymd- [~ *medicine*]
aesthetic [i:s'θetɪk] estetisk
afar [ə'fɑ:] litt. fjärran; *from* ~ ur fjärran, fjärran ifrån; på långt håll; ~ *off* långt borta, i fjärran
affable ['æfəbl] förbindlig, vänlig
affair [ə'feə] **1** angelägenhet; sak; åliggande; pl. ~*s* affärer, angelägenheter; *current* ~*s* aktuella frågor (problem); *foreign* ~*s* utrikesärenden[a]; *mind your own* ~*s* sköt dina egna angelägenheter; *public* ~*s* offentliga angelägenheter **2** händelse, affär; tillställning; *have an* ~ *with a p.* ha ett förhållande (en kärleksaffär) med ngn **3** vard. sak [*her dress was a décolleté* ~]

1 affect [əˈfekt] **1** beröra, inverka på; drabba; ta på [*it ~s my health (nerves)*]; *some plants are ~ed by the cold* en del växter är känsliga för kyla **2** göra intryck på; *be ~ed by the sight* bli rörd vid (gripen av) åsynen **3** med. angripa [*his left lung is ~ed*]
2 affect [əˈfekt] **1** låtsas vara (ha, känna); förege [*~ illness*] **2** låtsa[s]; lägga sig till med
affectation [ˌæfekˈteɪʃ(ə)n] **1** tillgjordhet **2** *~ of ignorance* låtsad okunnighet
1 affected [əˈfektɪd] **1** angripen **2** upprörd, gripen **3** påverkad, försämrad
2 affected [əˈfektɪd] tillgjord, konstlad [*~ manners*]; låtsad; *be ~* göra sig till
affection [əˈfekʃ(ə)n] **1** ömhet, kärlek, tillgivenhet [*have ~ for (feel ~ towards) one's children*; ofta pl. *~s: gain a p.'s ~[s]*; *the object of his ~s*] **2** affekt **3** sjukdom, åkomma
affectionate [əˈfekʃ(ə)nət] tillgiven
affectionately [əˈfekʃ(ə)nətlɪ] tillgivet; *Yours ~* i brev Din (Er) tillgivne
affidavit [ˌæfɪˈdeɪvɪt] jur. edlig skriftlig försäkran, affidavit
affinity [əˈfɪnɪtɪ] **1** släktskap; frändskap mellan djur, språk etc.; släktdrag **2** samhörighet[skänsla]; *~ group* intressegrupp **3** kem. el. matem. affinitet [*the ~ of salt for water*]
affirm [əˈfɜːm] **1** försäkra, bestämt påstå; intyga **2** bejaka
affirmative [əˈfɜːmətɪv] bekräftande; *answer (reply) in the ~* svara jakande, svara ja
affix [ss. vb əˈfɪks, ss. subst. ˈæfɪks] **I** *vb tr* **1** fästa [*~ a stamp to (on) an envelope*] **2** tillägga; *~ a seal (one's signature) to a document* sätta ett sigill (sin namnteckning) under ett dokument **II** *s* **1** bihang **2** språkv. affix; förstavelse; ändelse
afflict [əˈflɪkt] drabba, hemsöka
affliction [əˈflɪkʃ(ə)n] **1** bedrövelse; lidande; krämpa [*the ~s of old age*] **2** hemsökelse; olycka
affluence [ˈæfluəns] rikedom
affluent [ˈæfluənt] rik
afford [əˈfɔːd] **1** *I can ~ it* a) det har jag råd med b) det kan jag tillåta (kosta på) mig **2** ge [*~ shade*], bereda [*~ great pleasure*]
affray [əˈfreɪ] slagsmål på allmän plats; tumult
affront [əˈfrʌnt] **I** *vb tr* **1** skymfa, förolämpa, förnärma **2** möta, trotsa **II** *s* skymf, förolämpning

Afghan [ˈæfgæn] **I** *s* **1** afghan invånare **2** afghanhund **II** *adj* afghansk
Afghanistan [æfˈgænɪstæn, æfˌgænɪˈstɑːn] geogr.
afield [əˈfiːld], *far ~* långt bort[a] [*go (travel) far ~*]; bildl. långt från ämnet; *farther (further) ~* längre bort; bildl. vidare, längre från ämnet
afloat [əˈfləʊt] **1** flytande; flott [*get a boat ~*] **2** vattenfylld **3** fri från ekonomiska bekymmer [*to keep oneself ~*] **4** i [full] gång; i omlopp; *get a newspaper ~* starta en tidning
afoot [əˈfʊt] i rörelse; i (på) gång [*plans are ~*]; i görningen
afraid [əˈfreɪd] rädd; *~ about (for)* orolig för; *I'm ~ I can't* äv. jag kan [nog] tyvärr inte; *I'm ~ not* tyvärr inte; *I'm ~ so!* jag är rädd för det!
afresh [əˈfreʃ] ånyo
Africa [ˈæfrɪkə] geogr. Afrika
African [ˈæfrɪkən] **I** *s* afrikan; afrikanska **II** *adj* afrikansk; *~ lily* bot. kärlekslilja; *~ violet* bot. saintpaulia
Afro [ˈæfrəʊ] (pl. *~s*) afrofrisyr [äv. *~ hairdo*]
Afro-American [ˌæfrəʊəˈmerɪkən] **I** *s* afroamerikan **II** *adj* afroamerikansk
Afro-Asian [ˌæfrəʊˈeɪʃ(ə)n] **I** *s* afroasiat **II** *adj* afroasiatisk
aft [ɑːft] sjö. **I** *adv* akter ut (över); *fore and ~* från för till akter, långskepps **II** *adj* aktre
after [ˈɑːftə] **I** *adv* **1** rum efter **2** tid efter[åt] [*long ~, soon ~, a day ~*]; *the day ~* dagen efter (därpå) **II** *prep* **1** om o. tid efter; bakom, mest; amer. över [*a quarter ~ two*]; *~ all* när allt kommer omkring, ändå; egentligen; *~ that* efter detta, därefter; sedan **2** uttr. syftemål efter; *be ~ a th.* sträva efter (söka) ngt; vara ute efter ngt **3** efter, i jämförelse med; enligt; i likhet med; *~ a fashion (manner)* på sätt och vis; [*a painting*] *~ Rubens* ...i Rubens stil, ...à la Rubens **III** *konj* sedan, efter det att; *~ he went (had gone)* sedan han hade gått **IV** *adj* senare, [efteråt] följande; *in ~ years* senare [i livet], längre fram
aftercare [ˈɑːftəkeə] med. eftervård
after-effect [ˈɑːftərɪˌfekt] efterverkan; pl. *~s* äv. sviter [*suffer from the ~s of*]
afterlife [ˈɑːftəlaɪf] **1** liv efter detta [*believe in an ~*] **2** *in ~* senare i livet
aftermath [ˈɑːftəmæθ, -mɑːθ] efterdyningar, [efter]verkningar [*the ~ of war*], följder; *in the ~ of war* äv. i krigets spår, efter kriget
afternoon [ˌɑːftəˈnuːn, attr. ˈ---]

1 eftermiddag; ~*!* vard. för *good* ~*!*; se äv. *morning* för ex. **2** eftermiddags- [~ *tea*]
afters ['ɑːftəz] vard. efterrätt
afterthought ['ɑːftəθɔːt] **1** vidare (annan) tanke **2** tanke som man kommer på efteråt; *as an* ~ efteråt (i efterhand) **3** vard. sladdbarn
afterwards ['ɑːftəwədz] efteråt, sedermera
again [ə'gen, ə'geɪn] **1** igen, åter, ånyo, en gång till; *don't do that* ~*!* äv. gör inte om det!; *never* ~ aldrig mer; *over* ~ omigen, en gång till **2** vidare; åter[igen]; å andra sidan; *then* ~, *I am*... men å andra sidan (däremot) är jag...
against [ə'genst, ə'geɪnst] **1** mot, emot; uttr. läge äv. vid, mitt för [*put a cross* ~ *a p.'s name*]; *run up* ~ *a p.* stöta (råka) på ngn **2** för; uttr. tidsförh. i avvaktan på; *warn* ~ varna för; *as* ~ mot, i jämförelse med
agaric ['ægərɪk, ə'gærɪk] bot. skivling
age [eɪdʒ] **I** *s* **1** ålder; *old* ~ ålderdom[en]; *what is your* ~*?* hur gammal är du?; *he is my* ~ han är lika gammal som jag; *be (come) of* ~ vara (bli) myndig; *he is ten years of* ~ han är tio år gammal; *over* ~ överårig, för gammal; *under* ~ a) omyndig, minderårig b) underårig **2** tid [*the Ice A~*]; tidevarv, period; *the atomic* ~ atomåldern **3** lång tid; *for ~s* i (på) evigheter **II** *vb itr* åldras **III** *vb tr* göra gammal [*such work ~s people*]
aged [i bet. *1* eɪdʒd, i bet. *2* 'eɪdʒɪd] **1** i en ålder av; *a man* ~ *forty* fyrtioårig man **2** åldrig; *the* ~ de gamla
ageing ['eɪdʒɪŋ] åldrande
ageism ['eɪdʒɪz(ə)m] åldersdiskriminering
ageless ['eɪdʒləs] som aldrig åldras; tidlös
agency ['eɪdʒ(ə)nsɪ] **1** agentur; byrå **2** medverkan [*through (by) the* ~ *of friends*] **3** makt [*an invisible* ~] **4** verksamhet; förrättning; verkan **5** organ inom FN o.d.; instans
agenda [ə'dʒendə] föredragningslista, program
agent ['eɪdʒ(ə)nt] **1** agent; förvaltare **2** medel [*chemical* ~]; [verkande] kraft; orsak; kem. agens **3** handlande (verksam) person; *secret* ~ hemlig agent
aggrandize [ə'grændaɪz] förstora persons el. stats makt, rang, rikedom
aggravate ['ægrəveɪt] **1** försvåra **2** vard. reta, förarga
aggravating ['ægrəveɪtɪŋ] **1** försvårande [~ *circumstances*] **2** vard. retsam
aggravation [ˌægrə'veɪʃ(ə)n] **1** försvårande **2** vard. förtret, förargelse
aggregate [ss. adj. o. subst. 'ægrɪgət, ss. vb -eɪt] **I** *adj* förenad[e] till ett helt; sammanlagd, total [~ *amount*]; samfälld **II** *s* **1** summa; *in* [*the*] ~ totalt [sett], taget som ett helt; *on* ~ sammanlagt, taget tillsammans **2** massa **III** *vb tr* **1** hopa **2** vard. sammanlagt uppgå till **IV** *vb itr* hopas
aggression [ə'greʃ(ə)n] aggression äv. psykol.; *war of* ~ anfallskrig
aggressive [ə'gresɪv] **1** aggressiv **2** angripande; anfalls- [~ *weapons*] **3** energisk
aggressiveness [ə'gresɪvnəs] aggressivitet
aggressor [ə'gresə] angripare, angripande part
aggrieved [ə'griːvd] **1** sårad, kränkt; bedrövad **2** jur. förfördelad [*the* ~ *party*]
aghast [ə'gɑːst] förskräckt
agile ['ædʒaɪl, amer. 'ædʒəl] snabb; vig
agility [ə'dʒɪlətɪ] snabbhet; vighet
agitate ['ædʒɪteɪt] **I** *vb tr* **1** uppröra; uppvigla **2** röra **II** *vb itr* agitera
agitation [ˌædʒɪ'teɪʃ(ə)n] **1** [sinnes]rörelse; oro **2** rörelse **3** agitation
agitator ['ædʒɪteɪtə] agitator; uppviglare
AGM [ˌeɪdʒiː'em] förk. för *annual general meeting*
ago [ə'gəʊ] för...sedan [*long* ~, *two years* ~]; [*he did it*] *years* ~ ...för flera (många) år sedan
agog [ə'gɒg] ivrig; i spänd förväntan; *be* ~ *for news* ivrigt vänta på nyheter
agonize ['ægənaɪz] **I** *vb tr* pina **II** *vb itr* **1** lida svåra kval; våndas [~ *over a decision*] **2** kämpa förtvivlat
agonizing ['ægənaɪzɪŋ] hjärtslitande; ~ *reappraisal* plågsam omprövning
agon|y ['ægənɪ] vånda; svåra plågor; ~ *aunt* hjärtespaltsredaktör; *the* ~ *column* i tidningen hjärtespalten; *suffer* (*be in*) ~ (*-ies*) *with toothache* ha en fruktansvärd tandvärk; *suffer -ies of doubt* plågas av tvivel; *pile on* (*up*) *the* ~ bre på, göra det värre än det är
agree [ə'griː] **1** samtycka; säga 'ja'; ~ *to* äv. gå med på **2** komma överens; ~ [*up*]*on* äv. avtala; ~ [*on*] *a verdict* enas om en dom **3** vara överens (ense); instämma; *you must* ~ *that*... håll med om att... **4** passa, stämma; ~ *with* stämma [överens] med; gram. rätta sig efter, överensstämma med [*the verb ~s with the subject*]
agreeable [ə'griːəbl] **1** angenäm; älskvärd; *if it's* ~ *to you* om det passar er **2** vard. villig, hågad; *be* ~ *to* gå med på
agreement [ə'griːmənt] **1** överenskommelse, avtal; förlikning;

make (*come to*, *reach*) *an* ~ *with a p.* komma överens (träffa avtal) med ngn **2** överensstämmelse; enighet i åsikter; *be in* ~ *with* vara ense (överens) med **3** gram. kongruens
agricultural [ˌægrɪˈkʌltʃ(ə)r(ə)l] jordbrukande, jordbruks-
agriculture [ˈægrɪkʌltʃə] jordbruk
aground [əˈɡraʊnd] på grund
ahead [əˈhed] före; i förväg; framåt; bildl. framför en [*trouble* ~], förestående; *full speed* ~ sjö. full fart framåt; *straight* ~ rakt fram; *go* ~! sätt i gång!; fortsätt!; *plan* ~ planera för framtiden (i förväg)
aid [eɪd] **I** *vb tr* hjälpa; underlätta, befordra [~ *the digestion*] **II** *s* **1** hjälp, bistånd; hjälpmedel [*visual* ~]; *by the* ~ *of* med hjälp av, medelst **2** biträde, medhjälpare
aide [eɪd] **1** se *aide-de-camp* **2** medhjälpare, rådgivare
aide-de-camp [ˌeɪddəˈkɒŋ] (pl. *aides-de-camp* [ˌeɪdzdəˈkɒŋ]) mil. adjutant
Aids o. **AIDS** [eɪdz] med. (förk. för *acquired immune deficiency syndrome* förvärvat immunbristsyndrom) aids
ail [eɪl], *be* ~*ing* vara krasslig (sjuk)
ailment [ˈeɪlmənt] krämpa, sjukdom
aim [eɪm] **I** *vb tr* måtta, sikta med; ~ *a pistol at* rikta en pistol mot **II** *vb itr* sikta; syfta; sträva; ~ *high* sikta (sätta målet) högt **III** *s* **1** sikte; *miss one's* ~ skjuta miste, förfela målet; *accuracy of* ~ träffsäkerhet **2** mål [*his* ~ *in life*], målsättning; syfte[mål]; avsikt, ändamål
aimless [ˈeɪmləs] utan mål
ain't [eɪnt] ovårdat el. dial. för *am* (*are*, *is*) *not*; *have not*, *has not*
1 air [eə] **I** *s* **1** luft; atmosfär; ~ *cleaner* (med filter *filter*) luftrenare; ~ *pollution* luftförorening[ar]; *the open* ~ fria luften; *clear the* ~ rensa luften; *by* ~ per (med) flyg; *go by* ~ flyga; *it was in the* ~ det låg i luften; *on the* ~ i radio (tv), i sändning **2** fläkt, drag **3** ofta flyg-, luft- (jfr. äv. sammansättn. m. *air* nedan); *the Royal A~ Force* (förk. *RAF*) brittiska flygvapnet; ~ *defence warning system* luftbevakningssystem **II** *vb tr* **1** vädra, lufta **2** bildl. briljera (lysa) med
2 air [eə] **1** utseende; prägel **2** min; *put on an* ~ *of innocence* ta på sig en oskyldig min, spela oskyldig **3** mest pl. ~*s* förnäm (viktig) min; *give oneself* (*put on*) ~*s* göra sig märkvärdig
3 air [eə] melodi
airbag [ˈeəbæɡ] krockkudde säkerhetsanordning i bil

air base [ˈeəbeɪs] flygbas
air bed [ˈeəbed] luftmadrass
airborne [ˈeəbɔːn] flygburen, luftburen; *be* ~ äv. vara [uppe] i luften, ha lämnat marken
air-conditioned [ˈeəkənˌdɪʃ(ə)nd] luftkonditionerad
air-conditioning [ˈeəkənˌdɪʃ(ə)nɪŋ] luftkonditionering
aircraft [ˈeəkrɑːft] (pl. lika) flygplan; ~ *carrier* hangarfartyg
air-cushion [ˈeəˌkʊʃ(ə)n] **1** uppblåsbar kudde **2** tekn. luftkudde; ~ *vehicle* svävare, svävfarkost
airdrop [ˈeədrɒp] **I** *vb tr* släppa ned proviant o.d. [med fallskärm] från luften **II** *s* proviant (materiel o.d.) som släpps ned med fallskärm
airfield [ˈeəfiːld] flygfält
airflow [ˈeəfləʊ] luftström[ning]
air force [ˈeəfɔːs] flygvapen
airgun [ˈeəɡʌn] **1** luftgevär **2** tandläk. bläster
air hostess [ˈeəˌhəʊstɪs] flygvärdinna
airily [ˈeərəli] luftigt etc., jfr *airy*
airing [ˈeərɪŋ] **1** vädring; torkning; ~ *cupboard* torkskåp **2** promenad; åktur
air letter [ˈeəˌletə] aerogram
airlift [ˈeəlɪft] luftbro
airline [ˈeəlaɪn] **1** flyglinje **2** flygbolag [i flygbolags namn vanl. ~*s*] **3** luftledning **4** isht amer., *by* ~ fågelvägen
airliner [ˈeəˌlaɪnə] trafik[flyg]plan
airlock [ˈeəlɒk] tekn. **1** luftblåsa i en ledning o.d.; luftlås **2** luftsluss
airmail [ˈeəmeɪl] flygpost
air|man [ˈeə|mən] (pl. -*men* [-mən]) flygare, menig (anställd) i flygvapnet
airplane [ˈeəpleɪn] isht amer. flygplan
air pocket [ˈeəˌpɒkɪt] luftgrop
airport [ˈeəpɔːt] flygplats
airproof [ˈeəpruːf] lufttät
air-raid [ˈeəreɪd] flygräd; ~ *shelter* skyddsrum; ~ *warning* flyglarm
air route [ˈeəruːt] flygväg
airship [ˈeəʃɪp] luftskepp
air-sick [ˈeəsɪk] flygsjuk
airstrip [ˈeəstrɪp] start- och landningsbana isht tillfällig för t.ex. militära ändamål
air terminal [ˈeəˌtɜːmɪnl] flygterminal
airtight [ˈeətaɪt] lufttät; *an* ~ *alibi* ett vattentätt alibi
airway [ˈeəweɪ] **1** flyg. luftled **2** flygbolag [i flygbolags namn vanl. ~*s*]
airy [ˈeəri] **1** luftig [*an* ~ *room*] **2** tunn [~ *gossamer*] **3** nonchalant [~ *manner*], lättvindig [~ *promises*], ytlig
airy-fairy [ˌeərɪˈfeərɪ]

1 verklighetsfrämmande [~ *views*] **2** luftig, lätt
aisle [aɪl] **1** kyrkl. a) sidoskepp b) mittgång; *walk down the* ~ vard. gifta sig **2** i flygplan, buss etc. mittgång; gång mellan bänkrader på teater (mellan diskar, hyllor i affär) **3** isht amer. korridor på tåg
ajar [əˈdʒɑː] på glänt
akimbo [əˈkɪmbəʊ], *with arms* ~ med händerna i sidan
akin [əˈkɪn] släkt
alacrity [əˈlækrətɪ] glad iver
alarm [əˈlɑːm] **I** *s* **1** larm[signal] [äv. ~ *signal*], alarm; *state of* ~ larmberedskap **2** oro **3** väckarklocka; alarmapparat **II** *vb tr* **1** alarmera **2** oroa
alarm clock [əˈlɑːmklɒk] väckarklocka
alarming [əˈlɑːmɪŋ] oroande [~ *news*]; betänklig
alarmist [əˈlɑːmɪst] **I** *s* panikmakare **II** *adj* som sprider panik (oro)
alas [əˈlæs, əˈlɑːs] **I** *interj*, ~! ack! **II** *adv* tyvärr; ~ *for us if...* stackars (så mycket värre för) oss om...
alatomist [əˈlætəmɪst] *s* alatomiker
Albania [ælˈbeɪnjə] geogr. Albanien
Albanian [ælˈbeɪnjən] **I** *s* **1** alban; albanska kvinna **2** albanska [språket] **II** *adj* albansk
albeit [ɔːlˈbiːɪt] om än; låt vara
albino [ælˈbiːnəʊ] (pl. ~*s*) albino
album [ˈælbəm] **1** album [*photograph* (*stamp*) ~] **2** album cd, kassett, skiva
albumen [ˈælbjʊmɪn, isht amer. ælˈbjuːmən] **1** äggvita i ägg **2** enkelt äggviteämne **3** frövita
alchemy [ˈælkəmɪ] alkemi
alcohol [ˈælkəhɒl] alkohol
alcoholic [ˌælkəˈhɒlɪk] **I** *adj* alkoholhaltig; alkohol- **II** *s* alkoholist
alcoholism [ˈælkəhɒlɪz(ə)m] alkoholism
alcove [ˈælkəʊv] **1** alkov; *dining* ~ matvrå **2** lövsal
alderman [ˈɔːldəmən, ˈɒl-] 'ålderman' inom kommunfullmäktige ibl., isht i USA, med dömande funktion
ale [eɪl] öl; *pale* ~ ljust öl
alert [əˈlɜːt] **I** *adj* **1** vaken, beredd, uppmärksam **2** pigg; snabb i vändningarna **II** *s* **1** larm[beredskap]; isht flyglarm **2** *on the* ~ på utkik; på vakt, på spänn, skärpt **III** *vb tr* försätta i beredskap [~ *the police*], varna [~ *the people to the dangers of smoking*]
alfresco [ælˈfreskəʊ] utomhus, i det fria [~ *lunch*]; friluft-
algal [ˈælgəl] alg-; ~ *bloom* algblomning
algebra [ˈældʒɪbrə] algebra
Algeria [ælˈdʒɪərɪə] geogr. Algeriet

Algerian [ælˈdʒɪərɪən] **I** *s* algerier **II** *adj* algerisk
Algiers [ælˈdʒɪəz] geogr. Alger
alias [ˈeɪlɪæs] **I** *adv* alias **II** *s* alias, [tillfälligt] antaget namn; *under an* ~ under falskt namn
alibi [ˈælɪbaɪ] alibi; vard. ursäkt; *prove an* ~ bevisa sitt alibi
alien [ˈeɪljən] **I** *adj* **1** en annans, andras **2** utländsk **3** främmande; olik; oförenlig; motbjudande **II** *s* **1** främling; [inte naturaliserad] utlänning; *enemy* ~ främling som tillhör fientlig nation **2** rymdvarelse i science fiction [~ *from another planet*]
alienate [ˈeɪljəneɪt] göra främmande, fjärma [~ *a p. from his friends*]; stöta bort; sociol. el. psykol. alienera
alienation [ˌeɪljəˈneɪʃ(ə)n] främlingskap, utanförskap, likgiltighet; sociol. el. psykol. alienation
1 alight [əˈlaɪt] **1** stiga av (ned, ur); gå ner [*the bird ~ed on a branch*]; ~ *from* [*a bus*] stiga av (ur, ned från)... **2** falla ner ur luften; slå ner, hamna **3** bildl., ~ *on* komma 'på, finna
2 alight [əˈlaɪt] [upp]tänd; i eld och lågor; *catch* ~ ta eld
align [əˈlaɪn] göra rak, ställa upp (bringa) i rät linje; mil. rätta; *they ~ed themselves with us* bildl. de ställde sig på vår sida, de lierade sig med oss
alignment [əˈlaɪnmənt] **1** placering i [rak] linje; utstakning; rätning; inriktning; trimning; *be in* (*out of*) ~ stå (inte stå) i rät linje **2** [dragande av] rät linje; rad av ordnade saker **3** mil. uppställning på linje; formationslinje i eskader; bildl. allians [*a new ~ of European powers*]
alike [əˈlaɪk] **I** *pred adj* lik[a]; *be very much* ~ vara mycket lika varandra, likna varandra mycket **II** *adv* lika[ledes], på samma sätt; [*she helps*] *enemies and friends* ~ ...fiender lika väl (såväl) som vänner
alimony [ˈælɪmənɪ] isht amer. underhåll
alive [əˈlaɪv] **1** i livet, vid liv [*keep a claim* ~]; levande [*be buried* ~]; som finns; *come* ~ bildl. vakna till liv, få liv [*only then did the play come* ~] **2** livlig, rask; ~ *and kicking* vid full vigör; pigg och nyter; *be* ~ *with* myllra (vimla) av **3** *be* ~ *to* vara medveten om [*be ~ to the risks*], vara på det klara med
alkali [ˈælkəlaɪ] (pl. ~[*e*]*s*) kem. alkali
alkaline [ˈælkəlaɪn] kem. alkalisk
all [ɔːl] **I** *adj* o. *pron* **1** all; ~ *at once* alla (allt) på en gång; *it's not ~ that good* vard.

'så bra är det då [verkligen] inte; *three* ~ tre lika; *at* ~ alls, ens, på något sätt, över huvud; ~ *in* ~ a) allt som allt, allt b) på det hela taget **2** hela [~ *the*, ~ *my* etc.] **3** hel- [~ *wool*] **II** *s* allt[ihop]; alla **III** *adv* alldeles; *she has gone* ~ *artistic* hon har blivit sådär konstnärlig av sig; *go* ~ *out* göra sitt yttersta, ta ut sig helt; ~ *over* a) prep. över hela b) adv. över (i) hela kroppen; ~ *right!* klart!, kör för det!, gärna för mig!; *he'll come* ~ *right* det är klart att han kommer; *he is* ~ *right* han mår bra (är oskadd); det är ingen fara med honom; han är OK; *it will be* ~ *right* det ordnar sig nog; ~ *the more* (*worse*) så mycket (desto) mera (värre)

allay [əˈleɪ] **1** undertrycka, stilla **2** mildra, dämpa, lindra, minska

all clear [ˌɔːlˈklɪə] faran över

allegation [ˌælɪˈgeɪʃ(ə)n] **1** anklagelse; påstående isht utan bevis; *false* ~*s* falska beskyllningar **2** isht jur. utsaga att bevisa; bestämt påstående **3** jur. anklagelse[punkt]

allege [əˈledʒ] **1** andraga, uppge som ursäkt m.m. **2** påstå; ~*d* påstådd, förment, utpekad

allegedly [əˈledʒɪdlɪ] efter vad som påstås (uppgivits)

allegiance [əˈliːdʒ(ə)ns] undersåtlig tro och lydnad; lojalitet

allegory [ˈælɪgərɪ] litt. allegori

allergenic [ˌælədˈʒənɪk] med. allergiframkallande

allergic [əˈlɜːdʒɪk] allergisk äv. bildl.; ~ *person* äv. allergiker

allergy [ˈælədʒɪ] allergi

alleviate [əˈliːvɪeɪt] lätta, lindra, mildra

alleviation [əˌliːvɪˈeɪʃ(ə)n] lättnad, lindring, minskning

1 alley [ˈælɪ] **1** gränd; isht amer. bakgata; ~ *cat* isht amer. strykarkatt; *blind* ~ återvändsgränd äv. bildl. **2** allé isht i park el. trädgård **3** [*bowling*] ~ kägelbana, bowlingbana **4** vard., *that's* [*right*] *up my* ~ det passar mig precis, det är min specialitet

2 alley [ˈælɪ] stor kula för kulspel

alliance [əˈlaɪəns] **1** äkta förbund; förbindelse; släktskap **2** förbund [*enter into an* ~; *the Holy A*~]

allied [əˈlaɪd, attr. ˈælaɪd] **1** släkt **2** förbunden [*the* ~ *armies*]

alligator [ˈælɪgeɪtə] **1** zool. alligator **2** alligatorskinn **3** bot., ~ *pear* avocado

all-in [ˌɔːlˈɪn] **1** allomfattande, hel-; ~ *insurance* 'försäkringspaket' **2** vard. slutkörd, dödstrött

all-mains [ˌɔːlˈmeɪnz] [som drivs] med allström [~ *receiver* (*motor*)]

allocate [ˈæləʊkeɪt] tilldela [~ *duties to a p.*], fördela [~ *a sum of money among several persons*], anslå [~ *a sum of money to education*], allokera

allocation [ˌæləʊˈkeɪʃ(ə)n] tilldelning, fördelning; anslag

allot [əˈlɒt] **1** fördela [genom lottning] **2** tilldela; anvisa, anslå; beskära

allotment [əˈlɒtmənt] **1** fördelning **2** [jord]lott **3** tilldelning; andel

allow [əˈlaʊ] **I** *vb tr* **1** tillåta; *be* ~*ed in* bli insläppt; *be* ~*ed to do a th.* äv. få göra ngt; *no dogs* ~*ed* hundar får ej medtagas **2** bevilja, anslå; *be* ~*ed* få, få ha [*be* ~*ed £80* (*one visitor*) *a week*] **3** godkänna [~ *a claim*]; erkänna [~ *that he is a genius*] **4** anslå [~ *an hour for* (till) *lunch*], beräkna [~ *150 grammes per person*], räkna in (från); *we* ~ *5 per cent for cash* vi lämnar 5% kassarabatt **II** *vb rfl*, ~ *oneself* a) låta sig [*I* ~*ed myself to be persuaded*] b) tillåta sig [~ *oneself luxuries*] **III** *vb itr* **1** ~ *for* a) ta i betraktande, räkna med [~ *for unexpected expenses*] b) hand. göra avdrag för; *it will take five hours,* ~*ing for train delays* det tar fem timmar med marginal för eventuella tågförseningar **2** ~ *of* medge, tillåta [*the situation* ~*s of no delay*]

allowance [əˈlaʊəns] **1** underhåll; lön, traktamente [*daily* ~]; anslag [*entertainment* ~], understöd [*unemployment* ~]; *weekly* ~ veckopeng **2** ranson **3** hand. m.m. avdrag; ersättning; [skatte]avdrag **4** *make* ~[*s*] *for* ta hänsyn till som förmildrande omständighet [*make* ~[*s*] *for his youth*] **5** ung. spelrum, mån

alloy [ˈælɔɪ, əˈlɔɪ] **1** legering; ~ *rims* (*wheels*) bil. lättmetallfälgar, aluminiumfälgar **2** tillsats av sämre metall el. ngt dåligt; *without* ~ oblandad **3** gulds o.d. halt

all-round [ˌɔːlˈraʊnd, attr. adj. ˈ--] **I** *adv* runt omkring **II** *adj* mångsidig; allround; över hela linjen; *have an* ~ *education* äv. vara allmänbildad

allspice [ˈɔːlspaɪs] kryddpeppar

all-time [ˈɔːltaɪm] vard. rekord-; *an* ~ *low* ett bottenrekord; *reach an* ~ *high* nå högre än någonsin [förr]

allude [əˈluːd, əˈljuːd]; ~ *to* hänsyfta (anspela, alludera) på; åsyfta; mena; nämna

allure [əˈlʊə, əˈljʊə] **I** *vb tr* **1** locka, fresta **2** tjusa, fängsla; snärja **II** *s* se *allurement*

allurement [ə'lʊəmənt, ə'ljʊə-] **1** lockelse [*the ~s of a big city*], dragningskraft; tjusning, behag **2** bildl. lockbete
allusion [ə'luːʒ(ə)n, ə'ljuː-] hänsyftning, anspelning; *in ~ to* med hänsyftning på
ally [ss. vb ə'laɪ, 'ælaɪ, ss. subst. 'ælaɪ] **I** *vb tr* förena **II** *s* bundsförvant, allierad; *the Allies* a) de allierade under andra världskriget b) de allierade, ententemakterna under första världskriget
almanac ['ɔːlmənæk] almanacka
almighty [ɔːl'maɪtɪ] **I** *adj* **1** allsmäktig [*A~ God*; *the A~*]; *God A~!* herregud!, du min skapare! **2** vard. allhärskande, dominerande [*the ~ dollar*] **3** vard. väldig [*an ~ crash*; *an ~ fool*] **II** *adv* vard. väldigt
almond ['ɑːmənd] mandel; *~ paste* mandelmassa
almost ['ɔːlməʊst, -ɒl-] nästan, nära [*nog*]; närmare; *he ~ fell* han var nära (höll på) att falla
alms [ɑːmz] (konstr. vanl. ss. pl.; pl. *alms*) allmosa
aloft [ə'lɒft] **1** högt upp **2** upp[åt], till väders
alone [ə'ləʊn] **I** *pred adj* ensam, för sig själv; på egen hand; *not be ~ in thinking that...* inte vara ensam om att tycka att... **II** *adv* endast [*he ~ knows*]; *that ~ was enough* bara det var nog
along [ə'lɒŋ] **I** *prep* längs, nedåt; *~ the street* äv. gatan fram **II** *adv* **1** framåt; *far ~* amer. långt borta **2** med [sig (mig etc.)] [*he had his guitar ~*]; *come ~!* kom nu!, kom så går vi!, raska på!; *are you coming ~?* följer du med? **3** *~ with* tillsammans med, jämte **4** *all ~* hela tiden [*he knew all ~*] **5** *I'll be ~ later* jag kommer [dit] senare
alongside [ss. adv. ə͵lɒŋ'saɪd, ss. prep. ə'lɒŋsaɪd] **I** *adv* vid sidan; sjö. långsides; *~ of* längs, långsides med, bredvid, utefter; jämsides med, utmed **II** *prep* vid sidan av; sjö. långsides med; längs etc., jfr *~ of* under *I*
aloof [ə'luːf] reserverad; *keep* (*hold*) [*oneself*] *~* hålla sig på sin kant
aloofness [ə'luːfnəs] reserverad hållning; högdragenhet
aloud [ə'laʊd] högt
alpaca [æl'pækə] alpacka zool. o. tyg
alphabet ['ælfəbet] alfabet; *~ book* abc-bok
alphabetical [͵ælfə'betɪk(ə)l] alfabetisk; *~ order* bokstavsordning, alfabetisk ordning
alpine ['ælpaɪn] alpin; alpinsk, fjäll-, berg-; *A~ race* alpin ras
already [ɔːl'redɪ] redan

Alsatian [æl'seɪʃjən] **I** *adj* elsassisk **II** *s* **1** elsassare **2** schäfer[hund]
also ['ɔːlsəʊ] också, även; dessutom [*~, he had never seen it before*]
altar ['ɔːltə] altare
alter ['ɔːltə] **I** *vb tr* ändra; *~ed circumstances* ändrade förhållanden **II** *vb itr* förändras; *~ for the worse* isht om personer förändras till det sämre; försämras
alteration [͵ɔːltə'reɪʃ(ə)n] ändring
alternat|e [ss. adj. ͵ɔːl'tɜːnət, ss. vb 'ɔːltəneɪt] **I** *adj* omväxlande, alternerande **II** *vb tr* växelvis ordna (utföra); låta växla, växla om med; *~ crops* lantbr. tillämpa växelbruk **III** *vb itr* alternera; omväxla [*wet days ~d with fine days*], växla [*~ between study and writing*]; svänga; tura[s] om; *-ing current* växelström
alternately [ɔːl'tɜːnətlɪ] omväxlande
alternation [͵ɔːltə'neɪʃ(ə)n] växling; *~ of crops* lantbr. växelbruk
alternative [ɔːl'tɜːnətɪv] **I** *adj* alternativ [*the ~ society*; *~ energy*]; som medger val mellan två möjligheter **II** *s* alternativ, [annan] möjlighet; *I had no* [*other*] *~* äv. jag hade inget [annat] val (ingen annan utväg)
although [ɔːl'ðəʊ] fastän
altitude ['æltɪtjuːd] **1** höjd över havet el. horisonten [*at an ~ of 10,000 feet*]; altitud; *the plane lost ~ rapidly* planet förlorade snabbt höjd **2** isht pl. *~s* höjd[er] [*mountain ~s*] **3** höghet
alto ['æltəʊ] mus. **I** (pl. *~s*) *s* alt; altstämma **II** *adj* alt- [*~ clarinet* (*saxophone*)]
altogether [͵ɔːltə'geðə] **I** *adv* **1** helt [och hållet] **2** sammanlagt; på det hela taget **II** *s* vard., *in the ~* spritt naken, näck
altruistic [͵æltrʊ'ɪstɪk] altruistisk äv. zool.; oegennyttig
alum ['æləm] kem. alun [äv. *potash ~*]
aluminium [͵ælə'mɪnjəm, -jʊ'm] aluminium; *~ foil* aluminiumfolie
aluminum [ə'luːmənəm] amer., se *aluminium*
always ['ɔːlweɪz, -wəz, -wɪz] alltid; *it's ~ a change* vard. det är alltid lite omväxling
Alzheimer's disease ['æltshaɪməzdɪ͵ziːz] med. Alzheimers sjukdom
AM [͵eɪ'em] amer. förk. för *Master of Arts*
am [æm, obet. əm, m] 1 pers. sg. pres. av *be*
a.m. [͵eɪ'em] **1** (förk. för *ante meridiem*) lat. [på] förmiddagen, fm. **2** (förk. för *anno mundi*) lat. år
amalgam [ə'mælgəm] **1** kem. amalgam

2 blandning, formbar massa av olikartade beståndsdelar
amalgamate [ə'mælgəmeɪt] **I** *vb tr* **1** kem. amalgamera **2** blanda; förena t.ex. två företag **II** *vb itr* blanda sig; slås (gå) samman
amaryllis [ˌæmə'rɪlɪs] bot. amaryllis
amass [ə'mæs] hopa, lägga på hög [~ *a fortune*]
amateur ['æmətə, -tjʊə, ˌæmə'tɜː] **1** amatör; amatörspelare; ~ *athletics* amatöridrott **2** älskare, beundrare
amateurish ['æmət(ə)rɪʃ, ˌæmə'tɜːrɪʃ, ˌæmə'tjʊərɪʃ] amatörmässig
amaze [ə'meɪz] förbluffa; ~*d at* (*by*) förvånad (förbluffad etc.) över
amazement [ə'meɪzmənt] häpnad; *he looked at her in* ~ han såg förvånad (förvånat) på henne; *much to my* ~ till min stora förvåning
amazing [ə'meɪzɪŋ] häpnadsväckande
ambassador [æm'bæsədə] ambassadör [*the British A*~ *to* (i) *Sweden*], sändebud
amber ['æmbə] **I** *s* **1** bärnsten, bärnstensfärg **2** trafik. gult [ljus]; *at the* ~ trafik. vid gult [ljus] **II** *adj* **1** av bärnsten; bärnstensfärgad **2** gul om trafikljus
ambidextrous [ˌæmbɪ'dekstrəs] **1** ambidexter **2** mycket skicklig **3** bildl. falsk
ambience ['æmbɪəns] miljö [*the country provides a colourful* ~ *for this novel*], atmosfär, stämning
ambiguity [ˌæmbɪ'gjuːətɪ] tvetydighet; otydlighet
ambiguous [æm'bɪgjʊəs] tvetydig, oklar, dunkel
ambition [æm'bɪʃ(ə)n] **1** ärelystnad **2** ambition[er]; framåtanda; strävan; *achieve one's* ~[*s*] nå målet för sin strävan, nå sitt mål
ambitious [æm'bɪʃəs] **1** ärelysten **2** ambitiös, framåt; ~ *plans* äv. högtflygande planer
ambivalent [æm'bɪvələnt] isht psykol. ambivalent
amble ['æmbl] **I** *vb itr* **1** gå i passgång **2** gå (rida) i sakta mak **II** *s* **1** passgång **2** maklig gång; *at an* ~ i sakta mak
ambulance ['æmbjʊləns] ambulans
ambush ['æmbʊʃ] **I** *s* bakhåll, försåt **II** *vb tr* locka i ett bakhåll; överfalla från bakhåll
ameliorate [ə'miːljəreɪt] **I** *vb tr* förbättra **II** *vb itr* bli bättre, förbättras
amen [ˌɑː'men, ˌeɪ'men] **I** *interj*, ~! amen! **II** *s*, *say* ~ *to* säga ja och amen till
amenable [ə'miːnəbl] mottaglig, foglig, medgörlig; *he is* ~ *to* [*new ideas*] han är öppen för…, han lyssnar gärna till…
amend [ə'mend] **I** *vb tr* **1** rätta **2** göra en ändring (ett tillägg) i lagförslag m.m.; ändra **3** förbättra **II** *vb itr* bättra sig, förbättras
amendment [ə'men(d)mənt] **1** rättelse **2** ändring i lagförslag m.m.; ändringsförslag; motförslag; *the first* ~ i USA första tillägget i den amerikanska konstitutionen som stadgar yttrande-, religions- o. mötesfrihet **3** [för]bättring
amends [ə'mendz] (konstr. ss. sg. el. pl.) vederlag; *make* ~ *for a th.* gottgöra ngt, ersätta ngt
amenit|y [ə'miːnətɪ, -'men-] **1** behag, behaglighet [*the* ~ *of the climate*]; *the* -*ies of town life* stadslivets lockelser (tjusning, behag); *a town with many* -*ies* en stad där det är väl sörjt för invånarnas trivsel; *cultural* -*ies* kulturutbud **2** bekvämlighet; *every* ~ alla moderna bekvämligheter (faciliteter); *labour-saving* -*ies* arbetsbesparande anordningar **3** tjänst, facilitet; *the* -*ies* [*offered by a bank*] äv. den service… **4** pl. -*ies* angenämt (trevligt) sätt; artigheter [*an exchange of* -*ies*]
America [ə'merɪkə] geogr. Amerika
American [ə'merɪkən] **I** *adj* amerikansk; ~ *cloth* vaxduk; ~ *English* amerikansk engelska, amerikanska [språket]; ~ *Indian* infödd amerikan, indian **II** *s* amerikan[are], amerikanska kvinna
amethyst ['æməθɪst] miner. ametist
amiable ['eɪmjəbl] vänlig
amicable ['æmɪkəbl] vänskaplig; ~ *settlement* uppgörelse i godo
amid [ə'mɪd] **1** mitt i (uti) **2** under [~ *general applause*]
amidst [ə'mɪdst] se *amid*
amino-acid [əˌmiːnəʊ'æsɪd] kem. aminosyra
amiss [ə'mɪs] på tok, galen; illa; förfelad, orätt; *take it* ~ ta illa upp
amity ['æmətɪ] vänskap[lighet], vänskapligt förhållande, samförstånd; samhörighet
ammonia [ə'məʊnjə] ammoniak; [*liquid*] ~ flytande ammoniak
ammonium [ə'məʊnjəm] kem. ammonium
ammunition [ˌæmjʊ'nɪʃ(ə)n] ammunition äv. bildl.; ~ *belt* patronbälte
amnesia [æm'niːzjə] psykol. amnesi minnesförlust
amnesty ['æmnəstɪ] amnesti
amok [ə'mɒk], *run* ~ löpa amok
among [ə'mʌŋ] o. **amongst** [ə'mʌŋst]

16

bland; mellan flera; ~ *themselves* (*yourselves* etc.) sinsemellan, inbördes
amoral [ə'mɒrəl] amoralisk
amorous ['æmərəs] amorös, kärleksfull [~ *looks*]; älskande
amorphous [ə'mɔːfəs] amorf äv. kem.; formlös
amortization [ə‚mɔːtaɪ'zeɪʃ(ə)n] amortering
amount [ə'maʊnt] I *vb itr*, ~ *to* **a)** belöpa sig till, uppgå till **b)** vara detsamma som [*it ~s to a refusal*], innebära, betyda [*it ~s to this that...*]; [*his arguments*] *do not ~ to much* ...är inte mycket värda; *you will never ~ to anything* det blir aldrig något av dig; *it ~s to the same thing* det går (kommer) på ett ut; *a probability ~ing almost to a certainty* en till visshet gränsande sannolikhet II *s* **1** belopp, [slut]summa; storlek **2** mängd, massa; kvantitet; *any ~ of* en hel massa [med], massvis med, i massor [*he has any ~ of money*]; [*I can sleep*] *any ~* ...hur mycket (länge) som helst; *the ~ of trouble involved* det besvär detta medför (medförde osv.) **3** kontenta [*the ~ of his remarks was this*]; värde [*the information is of little ~*]
amp [æmp] förk. för *ampere*[*s*], *amplifier*
ampere ['æmpeə] ampere
ampersand ['æmpəsænd] tecknet &
amphetamine [‚æm'fetəmaɪn] med. amfetamin
amphibian [æm'fɪbɪən] I *adj* amfibisk II *s* **1** zool. amfibie **2** amfibiefordon
amphibious [æm'fɪbɪəs] amfibisk; ~ *operation* mil. amfibieoperation, landstigningsoperation; ~ *vehicle* amfibiefordon
amphitheatre ['æmfɪ‚θɪətə] **1** amfiteater **2** teat., *the ~* andra raden **3** bildl. arena
ample ['æmpl] **1** stor, rymlig; vid, vidsträckt **2** fyllig, yppig **3** riklig; utförlig [~ *description*]; väl tilltagen; *we have ~ time* vi har gott om tid; *have ~ resources* ha mycket goda resurser (tillgångar) **4** [fullt] tillräcklig, lagom [*£500 will be ~*]
amplifier ['æmplɪfaɪə] elektr. förstärkare; *power ~* effektförstärkare
amplify ['æmplɪfaɪ] **1** utvidga **2** utveckla [~ *a story*]; ge en utförligare framställning av; precisera **3** elektr. förstärka
amply ['æmplɪ] rikligt, mer än nog; jfr äv. *ample*
ampoule ['æmpuːl] ampull
amputate ['æmpjʊteɪt] amputera

amputation [‚æmpjʊ'teɪʃ(ə)n] amputering
amuck [ə'mʌk] se *amok*
amulet ['æmjʊlət] amulett
amuse [ə'mjuːz] roa, underhålla; ~ *oneself* roa sig [[*by*] *doing a th.* med att göra ngt]; *be ~d by* vara road av
amusement [ə'mjuːzmənt] nöje; förströelse; munterhet; ~ *arcade* spelhall med spelautomater o.d.; ~ *park* (*ground*) nöjesfält, tivoli; *places of ~* nöjeslokaler, nöjen biografer, teatrar etc.
amusing [ə'mjuːzɪŋ] rolig
an [ən, n, beton. æn] se *a*
anabolic [‚ænə'bɒlɪk] fysiol., ~ *steroids* anabola steroider
anachronism [ə'nækrənɪz(ə)m] anakronism
anaemia [ə'niːmjə] blodbrist, anemi
anaemic [ə'niːmɪk] blodfattig, anemisk; bleksiktig
anaesthesia [‚ænəs'θiːzjə] **1** med. bedövning, anestesi **2** bildl. känslelöshet
anaesthetic [‚ænəs'θetɪk] I *s* bedövningsmedel; bedövning; pl. ~*s* bedövningsmedel, anestetika; *local ~* lokalbedövning II *adj* anestetisk; bedövnings-
anaesthetist [æ'niːsθɪtɪst] anestesiolog, narkosläkare
anal ['eɪn(ə)l] anal [~ *fin*; ~ *eroticism*]; ~ *orifice* (*opening*) analöppning
analgesic [‚ænæl'dʒiːsɪk, -'dʒe-] I *adj* smärtstillande II *s* smärtstillande medel; ~*s* äv. analgetika
analogue ['ænəlɒg] **1** motsvarighet; parallell[fall] **2** analog [~ *data*]; ~ *computer* analogdator **3** *meat ~* köttersättning vanligen framställd av sojabönor
analogy [ə'nælədʒɪ] analogi äv. matem.; [viss] likhet; jämförelse [*draw an ~ between*]
analyse ['ænəlaɪz] **1** analysera; noga undersöka **2** ta ut satsdelarna i **3** psykoanalysera
analys|is [ə'næləs|ɪs] (pl. -*es* [-iːz]) **1** analys; undersökning; *in the last* (*final*) *~* när allt kommer omkring, när det kommer till kritan **2** satslösning **3** psykoanalys
analyst ['ænəlɪst] **1** analytiker **2** kemist **3** psykoanalytiker
analytic [‚ænə'lɪtɪk] o. **analytical** [‚ænə'lɪtɪk(ə)l] analytisk
anarchist ['ænəkɪst] anarkist
anarchy ['ænəkɪ] anarki
anathema [ə'næθəmə] **1** bannlysning,

anatema **2** *he was* ~ han var avskydd (hatad)
anatomical [ˌænəˈtɒmɪk(ə)l] anatomisk
anatomy [əˈnætəmɪ] anatomi
ancestor [ˈænsəstə] stamfader; pl. *~s* förfäder
ancestral [ænˈsestr(ə)l] som tillhört förfäderna; fäderneärvd; fäderne- [*~ home*]; familje- [*~ portraits*]; *~ estate* stamgods
ancestry [ˈænsəstrɪ] **1** börd, anor **2** förfäder
anchor [ˈæŋkə] **I** *s* **1** ankare; *drop (cast) ~* kasta ankar; *ride (lie, be) at ~* ligga för ankar; *come to ~* ankra **2** bildl. ankare, stöd **II** *vb tr* förankra; stadigt fästa **III** *vb itr* ankra
anchorage [ˈæŋkərɪdʒ] **1** ankring **2** ankarplats **3** bildl. [ankar]fäste **4** ankringsavgift
anchorman [ˈæŋkəmæn] **1** sport. a) ankare i dragkampslag b) slutman i stafettlag **2** radio. el. TV. programledare
anchovy [ˈæntʃəvɪ, ænˈtʃəʊvɪ] sardell; zool. [äkta] ansjovis
ancient [ˈeɪnʃ(ə)nt] **I** *adj* **1** forntida, gammal **2** skämts. [ur]gammal **II** *s, the ~s* antikens folk, greker och romare
ancillary [ænˈsɪlərɪ] underordnad; bi-, sido- [*~ roads*], extra- [*~ tent*]; hjälp- [*~ science*]; stöd- [*~ course*; *~ troops*]
and [ənd, ən, beton. ænd] och; *~ so on* [ənˈsəʊɒn] och så vidare (osv.); *for hours ~ hours* i timmar, i timtal
Andorra [ænˈdɒrə] geogr.
anecdote [ˈænɪkdəʊt] anekdot
anemia [əˈniːmjə] se *anaemia*
anemone [əˈnemənɪ] **1** bot. anemon; [*wild*] *~ sippa* **2** zool., *sea ~* havsanemon
anew [əˈnjuː] ånyo; om igen
angel [ˈeɪn(d)ʒ(ə)l] ängel
angelic [ænˈdʒelɪk] änglalik; ängla-
anger [ˈæŋgə] **I** *s* vrede; *in* [*a moment of*] *~* i [plötsligt] vredesmod, i [ett anfall av] ilska **II** *vb tr* reta upp; hetsa upp
1 angle [ˈæŋgl] **I** *s* vinkel; hörn; synvinkel, synpunkt; tendens, inriktning [*give the story a special ~*]; *at right ~s to* i rät vinkel mot, vinkelrät mot; *~ of elevation* höjdvinkel, elevationsvinkel; *~ of reflection* reflexionsvinkel **II** *vb tr* vinkla [*~ the news*]
2 angle [ˈæŋgl] meta med krok; *~ for* bildl. fiska (vara ute) efter
angler [ˈæŋglə] **1** metare **2** zool., *~* [*fish*] marulk
Anglican [ˈæŋglɪkən] **I** *adj* anglikansk, som tillhör anglikanska kyrkan **II** *s* medlem (anhängare) av anglikanska kyrkan

angling [ˈæŋglɪŋ] metning
Anglo- [ˈæŋgləʊ] i sammansättn. engelsk-
Anglo-American [ˌæŋgləʊəˈmerɪkən] **I** *s* angloamerikan **II** *adj* **1** angloamerikansk **2** engelsk-amerikansk [*~ relations*]
Anglo-Saxon [ˌæŋgləʊˈsæks(ə)n] **I** *adj* **1** anglosaxisk **2** fornengelsk **II** *s* **1** anglosaxare **2** anglosaxiska [språket]
Anglo-Swedish [ˌæŋgləʊˈswiːdɪʃ] engelsk-svensk
Angola [æŋˈgəʊlə] geogr.
Angolan [æŋˈgəʊlən] **I** *s* angolan **II** *adj* angolansk
angrily [ˈæŋgrəlɪ] argt, vredgat
angry [ˈæŋgrɪ] ond, arg, vredgad
anguish [ˈæŋgwɪʃ] pina, kval, ångest; beklämning; *be in ~* våndas, lida svåra kval
angular [ˈæŋgjʊlə] vinkel-; vinkelformad; kantig; bildl. stel, tafatt
aniline [ˈænɪliːn] anilin; *~ dye* anilinfärg
animal [ˈænəm(ə)l, -nɪm-] **I** *s* djur äv. bildl.; levande varelse **II** *adj* **1** animal[isk]; fysisk; *~ heat* kroppsvärme **2** animalisk, djurisk, sinnlig [*~ desires*]; *~ spirits* livsglädje, livslust; livsandar
animate [ss. adj. ˈænɪmət, -meɪt, ss. vb ˈænɪmeɪt] **I** *adj* **1** levande **2** livlig **II** *vb tr* **1** ge liv åt **2** liva upp, animera; *a smile ~d* [*her face*] ett leende lyste upp... **3** påverka, sporra **4** *~d cartoon* tecknad (animerad) film
animation [ˌænɪˈmeɪʃ(ə)n] **1** upplivande [verkan] **2** livlighet, liv **3** animation framställning av tecknad film
animosity [ˌænɪˈmɒsətɪ] [personlig] ovilja; hat
aniseed [ˈænɪsiːd] anis
ankle [ˈæŋkl] vrist, fotled
annex [ss. vb əˈneks, ss. subst. ˈæneks] **I** *vb tr* **1** tillägga; bifoga **2** förena **3** annektera, införliva **II** *s* **1** tillägg [*~ to a document*]; bilaga **2** isht amer., se *annexe*
annexation [ˌænekˈseɪʃ(ə)n] **1** tillägg; förening **2** annektering, införlivande
annexe [ˈæneks] annex; tillbyggnad
annihilate [əˈnaɪəleɪt] tillintetgöra, förinta
annihilation [əˌnaɪəˈleɪʃ(ə)n, əˌnaɪɪˈl-] tillintetgörelse, förintelse
anniversary [ˌænɪˈvɜːs(ə)rɪ] **I** *s* årsdag; årlig ihågkomsedag; årsfest; [*wedding*] *~* bröllopsdag årsdag **II** *adj* års-
annotation [ˌænə(ʊ)ˈteɪʃ(ə)n] anteckning; [förklarande] not; kommentar
announce [əˈnaʊns] **1** tillkännage **2** anmäla; annonsera, avisera [*~ one's arrival*]; bebåda **3** radio. el. TV. annonsera
announcement [əˈnaʊnsmənt]

tillkännagivande, kungörelse; meddelande; anmälan; annons om födelse etc.; ~s i tidning, ung. familjesidan
announcer [əˈnaʊnsə] radio. el. TV. hallåman, programannonsör
annoy [əˈnɔɪ] förarga; besvära; ~ed at a th. (with a p.) förargad över ngt (på ngn)
annoyance [əˈnɔɪəns] **1** förargelse, irritation; a look of ~ en förargad (irriterad) blick **2** förarglighet, olägenhet
annoying [əˈnɔɪɪŋ] förarglig; besvärlig
annual [ˈænjʊəl] **I** adj **1** årlig; ordinarie {~ general meeting}; ~ report årsberättelse, verksamhetsberättelse **2** som varar ett år; ettårig **II** s **1** årsbok; boys' (girls') ~ ung. pojkarnas (flickornas) julbok **2** ettårig växt
annually [ˈænjʊəlɪ] årligen; årsvis
annuity [əˈnjuːətɪ] **1** årligt underhåll (anslag) **2** livränta; tidsränta
annul [əˈnʌl] annullera {~ a contract}, upplösa {~ a marriage}; återkalla
annulment [əˈnʌlmənt] **1** annullering etc., jfr annul **2** tillintetgörelse, utplåning
anode [ˈænəʊd] elektr. anod
anoint [əˈnɔɪnt] **1** smörja; the ~ing of the sick rom. katol. de sjukas smörjelse **2** fukta
anomalous [əˈnɒmələs] oregelbunden; abnorm
anomaly [əˈnɒməlɪ] avvikelse från regeln; abnormitet; missförhållande
anonymity [ˌænəˈnɪmətɪ] anonymitet
anonymous [əˈnɒnɪməs] anonym
anorak [ˈænəræk] anorak
anorexia [ˌænəˈreksɪə] psykol., ~ {nervosa} anorexia nervosa, anorexi
another [əˈnʌðə] **1** en annan; {one says one thing} and ~ says ~ ..., den andre ett annat **2** en till, ännu en; ~ Hitler en ny Hitler; you're ~ vard. du är inte bättre själv, det kan du vara själv **3** one ~ reciprokt varandra **4** A.N. Other a) N.N. b) i kricket ännu inte utsedd spelare
answer [ˈɑːnsə] **I** s **1** svar; a plain ~ klart besked; in ~ to som svar på **2** lösning, svar; pl. ~s äv. facit **II** vb tr **1** svara; besvara {~ a question}; bemöta; gengälda; ~ the bell (door) gå och öppna [dörren]; ~ the telephone svara i (passa) telefonen **2** lyda, följa; ~ the helm lyda roder **3** motsvara, svara mot, uppfylla förväntningar el. syfte; stämma med; he ~s the description beskrivningen passar in på (stämmer på) honom **III** vb itr **1** svara; ~ back svara (käfta, käbbla) emot **2** lystra; ~ to äv. lyda **3** ~ for [an]svara för {to inför}; stå till svars för **4** ~ to motsvara, svara mot, stämma med

answerable [ˈɑːns(ə)rəbl] ansvarig
answering machine [ˈɑːnsərɪŋməˌʃiːn] telefonsvarare
ant [ænt] myra; have ~s in one's pants sl. ha myror i baken, vara rastlös
antagonism [ænˈtæɡənɪz(ə)m] motstånd; fiendskap; antagonism
antagonistic [ænˌtæɡəˈnɪstɪk] antagonistisk
antagonize [ænˈtæɡənaɪz] **1** reta (hetsa) [mot varandra]; stöta bort {~ one's friends} **2** amer. motarbeta
antarctic [æntˈɑːktɪk] **I** adj antarktisk; sydlig; the A~ Circle södra polcirkeln **II** geogr.; the A~ Antarktis
ant-eater [ˈæntˌiːtə] myrslok
antecedent [ˌæntɪˈsiːd(ə)nt] **I** adj föregående; tidigare **II** s **1** föregångare **2** gram. korrelat **3** pl. ~s antecedentia **4** pl. ~s förfäder {a person of unknown ~s}
antechamber [ˈæntɪˌtʃeɪmbə] förrum
antelope [ˈæntɪləʊp] antilop
antenatal [ˌæntɪˈneɪtl] **I** adj före födelsen (födseln); ~ clinic mödravårdscentral; ~ exercises mödragymnastik före förlossningen **II** s vard. kontroll på mödravårdscentral
antenn|a [ænˈtenǀə] **1** (pl. -ae [-iː]) zool. antenn, [känsel]spröt **2** (pl. -as) tekn. isht amer. antenn
anterior [ænˈtɪərɪə] **1** föregående; ~ to äldre än; före **2** främre
anthem [ˈænθəm] hymn; national ~ nationalsång
ant-hill [ˈænthɪl] myrstack
anthology [ænˈθɒlədʒɪ] antologi
anthropologist [ˌænθrəˈpɒlədʒɪst] antropolog, isht kulturantropolog
anthropology [ˌænθrəˈpɒlədʒɪ] antropologi, isht kulturantropologi
anti [ˈæntɪ] **I** s motståndare **II** adj oppositionell {an ~ group}; be ~ vara motståndare (fientligt stämd)
anti-abortionist [ˌæntɪəˈbɔːʃənɪst] abortmotståndare
anti-aircraft [ˌæntɪˈeəkrɑːft] luftvärns-; ~ gun luftvärnskanon
antibiotic [ˌæntɪbaɪˈɒtɪk] med. **I** s antibiotikum **II** adj antibiotisk
antibody [ˈæntɪˌbɒdɪ] fysiol. antikropp
antic [ˈæntɪk]; vanl. pl. ~s upptåg; krumsprång
anticipate [ænˈtɪsɪpeɪt] förutse; vänta sig; se fram emot {~ great pleasure}; förekomma {be ~d by a p.}, gå ngt i förväg {~ events}; antecipera
anticipation [ænˌtɪsɪˈpeɪʃ(ə)n] förväntan; aning, förkänsla; anticipation; in ~ a) i

förväg, på förhand [*thanking you in* ~]
b) i [spänd] förväntan
anticlimax [ˌæntɪˈklaɪmæks] **1** antiklimax **2** bakslag; rak motsats
anticlockwise [ˌæntɪˈklɒkwaɪz] moturs
anticyclone [ˌæntɪˈsaɪkləʊn] meteor. anticyklon
antidote [ˈæntɪdəʊt] motgift, bildl. äv. medel mot
antifreeze [ˈæntɪfriːz] kylarvätska, antifrysmedel
antihistamine [ˌæntɪˈhɪstəmɪn, -miːn] med. antihistamin
antipathy [ænˈtɪpəθɪ] motvilja [~ *between two persons*]
antipollution [ˌæntɪpəˈluːʃ(ə)n], ~ *campaign* miljövårdskampanj, kampanj mot föroreningar
antiquarian [ˌæntɪˈkweərɪən] **I** *adj* antikvarisk, som rör forntiden, forn- **II** *s* antikvarie; samlare av antikviteter
antiquated [ˈæntɪkweɪtɪd] föråldrad
antique [ænˈtiːk] **I** *adj* **1** antik; gammal **2** gammaldags **3** ålderdomlig **II** *s* antikvitet; ~ *dealer* antikvitetshandlare
antiquit|y [ænˈtɪkwətɪ] **1** uråldrighet, ålderdomlighet **2** antiken; forntiden **3** vanl. pl. -*ies* fornlämningar, fornminnen; antikviteter [*Roman* -*ies*]
antiracism [ˌæntɪˈreɪsɪzm] antirasism
antirust [ˌæntɪˈrʌst] rosthindrande
anti-Semite [ˌæntɪˈsiːmaɪt] **I** *s* antisemit **II** *adj* antisemitisk
anti-Semitism [ˌæntɪˈsemɪtɪz(ə)m] antisemitism
antiseptic [ˌæntɪˈseptɪk] med. **I** *adj* antiseptisk **II** *s* antiseptiskt medel
antisocial [ˌæntɪˈsəʊʃ(ə)l] **1** asocial **2** osällskaplig
anti-virus software [ˌæntɪˈvaɪərəsˌsɒftweə] data. antivirusprogram
antler [ˈæntlə] horn på hjortdjur; tagg (gren) på dylikt horn
anus [ˈeɪnəs] anus
anvil [ˈænvɪl] städ
anxiety [æŋˈzaɪətɪ, -ŋgˈzʼ-] **1** ängslan; spänning **2** [ivrig] önskan [*to do a th.*]; iver [~ *to please*] **3** psykol. ångest [~ *neurosis*]
anxious [ˈæŋ(k)ʃəs] **1** ängslig [*an* ~ *glance*], orolig [*about* (för) *a p.'s health*; ~ *for* (för) *a p.'s safety*], rädd **2** angelägen, ivrig; ~ *to* angelägen (mån) om att, ivrig (otålig) att få [*I'm* ~ *to go there*] **3** bekymmersam
any [ˈenɪ] **I** *indef pron* **1** någon, några [*have you* ~ *money?*; *have you got* ~ *brothers?*]; *not* ~ äv. ingen, inget, inga [*I haven't* ~ *money*]; *our losses, if* ~ våra eventuella förluster **2** vilken (vilket, vilka) som helst [*you can have* ~ *of these books*], varje [~ *child knows that*], all [*he needs* ~ *help he can get*], alla [~ *who wish may go*]; ~ *costs that may arise* eventuella kostnader **3** ~ [*considerable*] någon nämnvärd **4** ~ *one* vilken som helst men endast en [*you can have* ~ *one of these books*]; en enda; **II** *adv* **1** något el. vanl. utan svensk motsvarighet: *do you want* ~ *more tea?* vill du ha mera te?; *I can't stay* ~ *longer* jag kan inte stanna längre **2** isht amer. vard. alls, ett dugg [*he can't help me* ~]
anybody [ˈenɪˌbɒdɪ, ˈenɪbədɪ] **1** någon; *he will never be* ~ det blir aldrig något av honom **2** vem som helst [~ *can understand that*]; ~ *who* den (var och en) som
anyhow [ˈenɪhaʊ] **1** på något [som helst] sätt [*I couldn't get in* ~]; på vilket sätt som helst, hur som helst **2** i alla (varje) fall [*it's too late now,* ~]; alltnog; ändå [*I have got a lot to do* ~]; egentligen **3** lite hur som helst [*the books were placed* ~]; *I have felt a bit* ~ det har varit lite si och så med hälsan
anyone [ˈenɪwʌn] se *anybody*
anyplace [ˈenɪpleɪs] amer. vard., se *anywhere*
anything [ˈenɪθɪŋ] **1** något, någonting [*I can't see* ~]; [*was it good?*] - ~ *but!* verkligen inte!, nej minsann! **2** vad som helst; allt; ~ *but pleasant* allt annat än trevlig **3** ~ *like* el. *like* ~ se under *1 like II 3*
anyway [ˈenɪweɪ] se *anyhow*
anywhere [ˈenɪweə] **1** någonstans; ~ *else* någon annanstans **2** var som helst
apart [əˈpɑːt] **1** åt sidan, avsides; *joking* (*jesting*) ~ skämt åsido, allvarligt talat; *that* ~ bortsett från detta **2** för sig [själv]; ~ *from* bortsett från, frånsett, oavsett, utom **3** isär, med...mellanrum [*two metres* ~; *far* ~]; *they are poles* (*worlds*) ~ det är en enorm skillnad mellan dem
apartheid [əˈpɑːtheɪt, -haɪt] apartheid rasåtskillnad o. friare
apartment [əˈpɑːtmənt] **1** enstaka rum; pl. ~*s* möblerad våning **2** amer. våning, [bostads]lägenhet; ~ *house* hyreshus; ~ *hotel* familjehotell, kollektivhus
apathetic [ˌæpəˈθetɪk] apatisk; likgiltig; slö
apathy [ˈæpəθɪ] apati; likgiltighet; slöhet
ape [eɪp] **I** *s* stor svanslös apa; *go* ~ amer. vard. a) bli galen, löpa amok b) bli tänd entusiastisk **II** *vb tr* apa efter

Apennines ['æpənaɪnz] geogr.; *the ~* Apenninerna
aperitif [ə'perɪtɪf] o. **aperitive** [ə'perɪtɪv] aperitif
aperture ['æpətjʊə, -tʃʊə] **1** öppning; glugg; hål; slits **2** foto. bländare
apex ['eɪpeks] (pl. *~es* el. *apices* ['eɪpɪsiːz]) spets, topp
aphid ['eɪfɪd, 'æfɪd] o. **aphi|s** ['eɪfɪ|s, 'æfɪ|s] (pl. *-des* [-diːz]) bladlus
aphrodisiac [ˌæfrə(ʊ)'dɪzɪæk] **I** *s* afrodisiakum **II** *adj* sexuellt uppeggande
apiece [ə'piːs] per styck, stycket [*a pound ~*]; per man; var för sig; i sänder
aplomb [ə'plɒm] [själv]säkerhet
apocalypse [ə'pɒkəlɪps] **1** [profetisk] uppenbarelse **2** bibl., *the A~* Uppenbarelseboken, Apokalypsen
apolitical [ˌeɪpə'lɪtɪk(ə)l] opolitisk
apologetic [əˌpɒlə'dʒetɪk] **1** ursäktande [*an ~ letter*]; urskuldande; *be ~* vara full av ursäkter **2** apologetisk, försvarande
apologize [ə'pɒlədʒaɪz] be om ursäkt [*for doing* (att ha gjort) *a th.*]; *~ to a p.* be ngn om ursäkt
apology [ə'pɒlədʒɪ] **1** ursäkt; *make an ~* (*apologies*) [*to a p.*] be [ngn] om ursäkt [*for* för] **2** apologi
apoplectic [ˌæpə(ʊ)'plektɪk] med. **1** apoplektisk; *~ fit* (*stroke*) slaganfall, stroke **2** hetlevrad; högröd i ansiktet
apoplexy ['æpə(ʊ)pleksɪ] med. apoplexi, slag; *fit of ~* slaganfall, stroke
apostle [ə'pɒsl] **1** apostel äv. bildl. **2** förkämpe, förespråkare
apostrophe [ə'pɒstrəfɪ] apostrof[tecken]
appal [ə'pɔːl] förfära; perf. p. *~led* äv. bestört [*at, by* över]; *~ling* skrämmande, förfärlig
apparatus [ˌæpə'reɪtəs, amer. äv. -'rætəs] (pl. *~es* el. *pieces of ~*) apparat; apparatur; maskineri [*the political ~*]; anordning; *heating ~* värmeanläggning
apparel [ə'pær(ə)l] poet. el. amer. dräkt; amer. äv. kläder
apparent [ə'pær(ə)nt] **1** synbar, märkbar; uppenbar **2** skenbar [*more ~ than real*]
apparently [ə'pær(ə)ntlɪ] till synes, uppenbarligen
apparition [ˌæpə'rɪʃ(ə)n] syn, spökbild; spöke
appeal [ə'piːl] **I** *vb itr* **1** vädja [*to a p. for* (om) *a th.* (*to do a th.*)]; *~ to* äv. appellera till, [hän]vända sig till **2 a**) jur. vädja; *~ against* (*from*) överklaga, anföra besvär mot **b**) parl., *~ to the country* utlysa nyval **3** *~ to* tilltala [*the idea ~s to the imagination*], falla i smaken [*the book doesn't ~ to me*], locka **4** *~ to* åberopa [sig på], vädja (hänvisa) till **II** *s* **1** vädjan; upprop; *the book has a wide ~* boken vänder sig till en bred läsekrets **2** jur. överklagande, besvär, vad; *enter* (*file, lodge*) *an ~* överklaga, anföra besvär **3** lockelse, attraktion; dragningskraft; *sex ~* sex appeal
appealing [ə'piːlɪŋ] **1** lockande [*an ~ smile*], tilltalande [*an ~ dress*], sympatisk **2** vädjande [*an ~ look*]
appear [ə'pɪə] **1 a**) bli (vara) synlig, visa sig, uppträda; anlända **b**) framträda offentligt; uppträda, figurera [*he didn't want his name to ~ in the newspapers*] **c**) inställa sig [*~ before the* (*in*) *court*] **d**) om bok komma ut; om artikel publiceras, stå [att läsa] **2 a**) vara tydlig, kunna ses **b**) förefalla; framstå som, ge intryck av att vara [*I don't want to ~ a fool*]; *it ~s to me...* det förefaller mig..., jag tycker...
appearance [ə'pɪər(ə)ns] **1 a**) framträdande, ankomst [*the unannounced ~ of guests*]; anblick; *make one's ~* uppträda, visa sig **b**) offentligt uppträdande, framträdande **c**) inställelse; *put in a personal ~* inställa sig personligen **d**) utgivning, utkommande [*the ~ of the book*] **2 a**) utseende, persons äv. apparition; yttre; isht pl. *~s* [yttre] sken; *~s are against him* han har skenet emot sig; *give* (*have*) *the ~ of being...* se ut att (verka) vara...; *to* (*by, from*) *all ~*[*s*] efter utseendet (av allt) att döma, till synes **b**) tecken
appease [ə'piːz] stilla [*~ a p.'s curiosity, ~ one's hunger*], lugna; isht polit. vara undfallande mot
appeasement [ə'piːzmənt] stillande, lugnande; *policy of ~* eftergiftspolitik
append [ə'pend] vidhänga, fästa; bifoga, foga [*~ a clause to a treaty*]
appendage [ə'pendɪdʒ] bihang
appendicitis [əˌpendɪ'saɪtɪs] med. blindtarmsinflammation, appendicit [*acute ~*]
append|ix [ə'pend|ɪks] (pl.: anat. o. mindre formellt *-ixes*, tekn. o. mera formellt *-ices* [-ɪsiːz]) **1** bihang, bilaga, tillägg, appendix **2** anat., *the ~* maskformiga bihanget, appendix, blindtarmen
appetite ['æpətaɪt] **1** aptit [*that gave him a good ~*] **2** lust, håg; begär
appetizing ['æpətaɪzɪŋ] aptitretande; aptitlig
applaud [ə'plɔːd] **I** *vb tr* applådera äv. friare [*~ a decision*] **II** *vb itr* applådera, klappa [i] händerna

applause [əˈplɔːz] applåd[er]; *loud ~* en kraftig applåd
apple [ˈæpl] **1** äpple; *the Big A~* se *big I 1* **2** äppelträd
appliance [əˈplaɪəns] **1** anordning; apparat, hjälpmedel; *fire-fighting ~s* brandredskap; *hearing ~* hörapparat **2** användning, tillämpning
applicable [əˈplɪkəbl, ˈæplɪk-] tillämplig, användbar
applicant [ˈæplɪkənt] sökande
application [ˌæplɪˈkeɪʃ(ə)n] **1** ansökan, anmälan, hänvändelse; *~ form* anmälningsblankett; *on ~* på begäran **2** anbringande; *for external ~ only* endast för utvärtes bruk **3** tillämpning, applicering; tillämplighet **4** användning; *the ~s of plastics* plastens användningsområden **5** träget arbete; flit **6** omslag [*hot and cold ~s*], förband
applied [əˈplaɪd] praktisk[t använd], tillämpad [*~ linguistics (mathematics)*]
apply [əˈplaɪ] **I** *vb tr* **1** anbringa, applicera, lägga (sätta, stryka) [på] [*~ a bandage* [*to* (på) *a wound*]; *~ paint to a wall*] **2 a)** använda **b)** tillgripa [*~ sanctions against*] **c)** [praktiskt] tillämpa [*~ a rule to* (på)] **d)** ägna; *~ one's mind to* se *~ oneself to* under *II 2* **II** *vb rfl* **1** *~ oneself* göra sitt bästa, lägga manken till **2** *~ oneself to* [ivrigt] ägna sig åt, inrikta (koncentrera) sig på [[*doing*] *a th.* [att göra] ngt] **III** *vb itr* **1** [kunna] tillämpas, gälla **2** ansöka, [hän]vända sig; *~ for a post* söka en plats
appoint [əˈpɔɪnt] **1** bestämma, fastställa [*~ a day for the meeting*; *at the ~ed time*] **2** utnämna; tillsätta [*~ a committee*] **3** *~ed* utrustad [*well ~ed*], möblerad, inredd [*beautifully ~ed*]
appointee [əpɔɪnˈtiː] utnämnd (tillsatt, förordnad) [person]
appointment [əˈpɔɪntmənt] **1** [avtalat] möte, träff; *have an ~ with* (*to see*) *the doctor* ha [beställt] tid hos doktorn **2** utnämning; *by ~ to HM the King* (*Queen*) om firma kunglig hovleverantör **3** tjänst, anställning, befattning; pl. *~s* äv. lediga tjänster
apportion [əˈpɔːʃ(ə)n] fördela [proportionellt], skifta; tilldela; utmäta
appraisal [əˈpreɪz(ə)l] isht officiell värdering, uppskattning; bedömning, utvärdering
appraise [əˈpreɪz] värdera; bedöma [värdet av]
appreciable [əˈpriːʃəbl, -ʃjəbl] **1** uppskattbar **2** märkbar; avsevärd

appreciate [əˈpriːʃieɪt] **I** *vb tr* **1** uppskatta, sätta värde på; *I would ~ it if you...* jag skulle vara tacksam om du... **2** [fullt] inse **3** höja [i värde], höja värdet av; appreciera, skriva upp valutas värde **II** *vb itr* stiga (gå upp) [i värde]
appreciation [əˌpriːʃɪˈeɪʃ(ə)n] **1** uppskattning; *as a token of my ~* som ett bevis på min uppskattning **2** uppfattning; förståelse [*she showed no ~ of* (för) *my difficulties*] **3** värdering; omdöme **4** värdestegring; appreciering, uppskrivning av valutas värde
appreciative [əˈpriːʃjətɪv] uppskattande
apprehend [ˌæprɪˈhend] **1** gripa, anhålla [*~ a thief*] **2** uppfatta, begripa **3** frukta
apprehension [ˌæprɪˈhenʃ(ə)n] **1** gripande, anhållande **2** fattande, begripande; fattningsförmåga **3** uppfattning, mening **4** farhåga; oro; *be under some ~s about* hysa vissa farhågor beträffande
apprehensive [ˌæprɪˈhensɪv] rädd; misstänksam; *be ~ that* misstänka (frukta) att
apprentice [əˈprentɪs] **I** *s* **1** lärling, elev **2** nybörjare **II** *vb tr* sätta i lära; *be ~d to* gå i lära hos
approach [əˈprəʊtʃ] **I** *vb itr* närma sig, förestå; *~ing* äv. annalkande **II** *vb tr* **1** närma sig [*they ~ed the shore*] **2** gå upp mot, mäta sig med [*few writers can ~ Tolstoy*] **3** göra vissa trevare hos, söka [ta] kontakt med; få träffa; söka påverka; *he is rather difficult to ~* han är rätt svårtillgänglig **4** ta itu med [*~ a problem*] **III** *s* **1** närmande; flyg. inflygning; *~ ramp* uppfartsväg; *~ road* tillfartsväg **2** tillträde **3** [tillvägagångs]sätt; taktik; *~ to* [*a problem*] sätt att gripa sig an med..., sätt att behandla..., grepp på... **4** inställning, syn; *~ to* äv. sätt att se på; *his whole ~ to life* hela hans livsinställning **5** första steg (försök); *this is the nearest ~ to the truth* det kommer sanningen närmast **6** pl. *~es* närmanden [*make ~es to a p.*]
approbation [ˌæprə(ʊ)ˈbeɪʃ(ə)n] gillande, godkännande; samtycke
appropriate [ss. adj. əˈprəʊprɪət, ss. vb əˈprəʊprɪeɪt] **I** *adj* lämplig [*an ~ remark*], välvald [*an ~ name*], riktig, tillbörlig; *the ~ authority* vederbörande myndighet **II** *vb tr* **1** anslå, bevilja [*~ money for* (*to*) *a th.*], anvisa; perf. p. *~d* bestämd för visst ändamål **2** tillägna sig; lägga beslag på
appropriation [əˌprəʊprɪˈeɪʃ(ə)n] **1** anslående etc., jfr *appropriate II 1*;

bevillning; anslag[sbelopp] **2** beslag[tagande]
approval [ə'pruːv(ə)l] gillande; godkännande; *on ~* till påseende, på prov
approve [ə'pruːv] **I** *vb itr, ~ of* gilla, samtycka (ge sitt samtycke) till, uttrycka sympati för **II** *vb tr* **1** godkänna [*~ a decision*], stadfästa; tillstyrka; *~ the minutes* justera protokollet **2** gilla etc., jfr *I*
approximate [ss. adj. ə'prɒksɪmət, ss. vb ə'prɒksɪmeɪt] **I** *adj* **1** approximativ, ungefärlig; *what's the ~ time?* vad är klockan på ett ungefär? **2** *~ to* närmande sig **3** i stort sett riktig; likartad **II** *vb tr* ungefärligen beräkna **III** *vb itr, ~ to* närma sig, komma nära
approximately [ə'prɒksɪmətlɪ] approximativt, ungefärligen, cirka; tillnärmelsevis; i stort sett
apricot ['eɪprɪkɒt] aprikos
April ['eɪpr(ə)l, -rɪl] april; *~ fool!* april, april!
apron ['eɪpr(ə)n] **1** förklä[de] **2** teat. plattform framför ridån; avantscen **3** platta på flygplats
apt [æpt] **1** lämplig; träffande [*an ~ quotation* (*remark*)] **2** böjd; *be ~ to do a th.* ha en benägenhet att göra ngt, lätt (ofta) göra ngt; *~ to forget* glömsk **3** duktig [*an ~ pupil*], skicklig, begåvad **4** amer. sannolikt; *he is ~ to be late* han kan komma (kommer troligen) för sent
aptitude ['æptɪtjuːd] skicklighet; fallenhet [*~ for languages*]; *~ test* ped. anlagsprov, anlagsprövning
aquari|um [ə'kweərɪ|əm] (pl. *-ums* el. *-a* [-ə]) akvarium
Aquarius [ə'kweərɪəs] astrol. Vattumannen; *he is* [*an*] *~* han är vattuman; *the Age of ~* Vattumannens tidsålder som anses kännetecknas av fred o. harmoni
aquatic [ə'kwætɪk] **I** *adj* som växer (lever) i (nära) vatten **II** *s*, pl. *-s* vattensport
aquavit ['ækwəvɪt] akvavit, [kummin]brännvin
aqueduct ['ækwɪdʌkt] akvedukt; vattenledning
Arab ['ærəb] **I** *s* **1** arab äv. om häst; arabiska kvinna **2** [*street*] *~* gatpojke, gatunge; rännstensunge **II** *adj* arabisk [*an ~ child* (*woman*)], arab- [*the ~ world*]
Arabian [ə'reɪbjən] **I** *s* arab **II** *adj* arabisk [*~ architecture* (*philosophy*)]; *~ bird* [fågel] Fenix; *the ~ Nights* Tusen och en natt
Arabic ['ærəbɪk] **I** *adj* arabisk [*an ~ word*];

~ numerals arabiska siffror **II** *s* arabiska [språket]
arable ['ærəbl] **I** *adj* odlingsbar [*~ land*]; uppodlad **II** *s* odlingsbar mark
arbiter ['ɑːbɪtə] **1** domare; *~ of taste* smakdomare **2** skiljedomare
arbitrary ['ɑːbɪtrərɪ] **1** godtycklig; nyckfull **2** egenmäktig; despotisk
arbitrate ['ɑːbɪtreɪt] **I** *vb tr* avdöma (avgöra) genom skiljedom **II** *vb itr* tjänstgöra som skiljedomare
arbitration [,ɑːbɪ'treɪʃ(ə)n] **1** skiljedom[sförfarande]; medling **2** ekon., *~ of exchange* [valuta]arbitrage
arbitrator ['ɑːbɪtreɪtə] jur. skiljedomare, medlare, förlikningsman
arbour ['ɑːbə] berså
arc [ɑːk] **1** cirkelbåge **2** tekn. båge
arcade [ɑː'keɪd] rad av valvbågar; arkad; passage täckt butiksgata
1 arch [ɑːtʃ] **I** *s* **1** [valv]båge, valv **2** hålfot; *~ support* hålfotsinlägg **II** *vb tr* **1** betäcka med valv **2** välva; kröka; *~ one's back* om katt skjuta rygg **III** *vb itr* välva sig; bilda ett valv
2 arch [ɑːtʃ] skälmaktig; tjuvpojks- [*an ~ glance* (*smile*)]
archaeologist [,ɑːkɪ'ɒlədʒɪst] arkeolog
archaeology [,ɑːkɪ'ɒlədʒɪ] arkeologi
archaic [ɑː'keɪɪk] ålderdomlig; arkaisk; arkaiserande, arkaistisk
archangel ['ɑːk,eɪn(d)ʒ(ə)l] ärkeängel
archbishop [,ɑːtʃ'bɪʃəp] ärkebiskop
arched [ɑːtʃt] välvd; bågformig
arch-enemy [,ɑːtʃ'enɪmɪ] ärkefiende
archer ['ɑːtʃə] bågskytt
archery ['ɑːtʃərɪ] bågskytte
archetype ['ɑːkɪtaɪp] urtyp
archipelago [,ɑːkɪ'peləgəʊ] (pl. *~s* el. *~es*) skärgård; ögrupp; örikt hav
architect ['ɑːkɪtekt] **1** arkitekt **2** skapare
architectural [,ɑːkɪ'tektʃ(ə)r(ə)l] arkitektonisk; byggnads-
architecture ['ɑːkɪtektʃə] **1** arkitektur; byggnadskonst **2** [upp]byggnad
archives ['ɑːkaɪvz] arkiv; arkivalier
archway ['ɑːtʃweɪ] valvport
arctic ['ɑːktɪk] **I** *adj* arktisk; nordpols-; nordlig; *the A~ Circle* norra polcirkeln; *A~ fox* fjällräv, polarräv **II** *s*, *the A~* Arktis, Nordpolsområdet
ardent ['ɑːd(ə)nt] **1** ivrig, varm [*an ~ admirer*], brinnande [*an ~ desire, an ~ patriot*], glödande **2** brännande
ardour ['ɑːdə] **1** glöd, iver **2** passion
arduous ['ɑːdjʊəs] mödosam, svår, ansträngande [*an ~ task*]
1 are [ɑː] ar ytmått

2 are [beton. ɑː, obeton. ə] pl. o. 2 pers. sg. pres. av *be*

area ['eərɪə] **1** yta, areal; ytinnehåll; area; *be 15 square metres in* ~ ha en yta av 15 kvadratmeter **2** a) område; kvarter [*shopping* ~], distrikt [*postal* ~], zon b) plats [*dining* ~], utrymme [*play* ~]; ~ *manager* distriktschef **3** gård utanför källarvåningen mellan hus och trottoar; ~ *steps* trappa [från trottoaren] ned till gården **4** bildl. område; ~*s of agreement* avtalsområden

arena [əˈriːnə] arena; ~ *stage* arenascen

aren't [ɑːnt] = *are not*; ~ *I?* vard. = *am I not?*

Argentina [ˌɑːdʒ(ə)nˈtiːnə] geogr.

Argentine [ˈɑːdʒ(ə)ntaɪn, -tiːn] **I** *adj* argentinsk **II** *s* **1** argentinare **2** *the* ~ Argentina

Argentinian [ˌɑːdʒ(ə)nˈtɪnjən] **I** *adj* argentinsk **II** *s* argentinare; argentinska

arguable [ˈɑːgjʊəbl] **1** som kan hävdas; *it is* ~ *that...* man skulle kunna påstå (hävda) att... **2** omtvistlig

arguably [ˈɑːgjʊəblɪ] ung. enligt mitt (mångas) förmenande; *it is* ~ [*the best in its field*] jag vågar påstå (man kan nog hävda) att det är...

argue [ˈɑːgjuː] **I** *vb itr* **1** anföra skäl, argumentera; resonera; ~ *for* äv. plädera för, förorda **2** tvista, bråka [*with a p. about (over) a th.*] **3** döma **II** *vb tr* **1** bevisa; visa **2** påstå **3** dryfta, diskutera; framlägga [skälen för]; [*several things*] ~ *against the proposal* ...talar emot förslaget

argument [ˈɑːgjʊmənt] **1** argument, anfört skäl; ~ *against* äv. invändning mot; *knock holes in an* ~ slå sönder ett argument **2** bevis[föring]; resonemang **3** dispyt; diskussion **4** huvudinnehåll i bok o.d.

argumentative [ˌɑːgjʊˈmentətɪv] **1** diskussionslysten; trätgirig **2** argumenterande, bevisande

aria [ˈɑːrɪə] mus. aria

arid [ˈærɪd] **1** torr; ofruktbar **2** bildl. andefattig [~ *textbook*] **3** geogr. arid [~ *climate*]

aridity [æˈrɪdətɪ] **1** torrhet, torka; ofruktbarhet **2** andefattigdom

Aries [ˈeəriːz] astrol. Väduren; *he is* [*an*] ~ han är vädur

arise [əˈraɪz] (*arose arisen*) **1** uppstå [*problems have arisen*], uppkomma; *a storm of protest arose* det blev en proteststorm; *arising out of...* i samband med..., med anledning av... **2** härröra [*from*] **3** litt. el. amer. stiga (stå) upp **4** poet. uppstå [från de döda]

arisen [əˈrɪzn] perf. p. av *arise*

aristocracy [ˌærɪˈstɒkrəsɪ] aristokrati

aristocrat [ˈærɪstəkræt, əˈrɪs-] aristokrat

aristocratic [ˌærɪstəˈkrætɪk] o.

aristocratical [ˌærɪstəˈkrætɪk(ə)l] aristokratisk

arithmetic [əˈrɪθmətɪk] räkning; aritmetik; *my* ~ *is poor* jag är dålig i räkning

ark [ɑːk] ark [*Noah's* ~]

1 arm [ɑːm] **1** arm; *at* ~*'s length* a) på rak (sträckt) arm b) på en arms avstånd c) bildl. på avstånd; *within* ~*'s reach* inom räckhåll; ~ *in* ~ arm i arm **2** ärm **3** karm **4** stor [träd]gren **5** bildl. arm [*the* ~ *of the law*], makt, myndighet

2 arm [ɑːm] **I** *s* **1** vanl. pl. ~*s* vapen; i kommando gevär; ~*s race* kapprustning; ~*s reduction* nedrustning; ~*s limitation* vapenbegränsning; *be up in* ~*s against (about, over)* vara på krigsstigen mot; vara upprörd över; *take up* ~*s* gripa till vapen **2** försvarsgren; truppslag; *the air* ~ flygvapnet **3** herald. pl. ~*s* vapen [*the* ~*s of a town*] **II** *vb tr* [be]väpna äv. bildl. [~*ed forces*, ~*ed with patience*]; [ut]rusta; förse [~*ed with tools (equipment)*]; ~*ed robbery* väpnat rån **III** *vb itr* väpna sig; gripa till vapen

armada [ɑːˈmɑːdə] stor flotta, armada

armadillo [ˌɑːməˈdɪləʊ] (pl. ~*s*) zool. bältdjur, bälta

armament [ˈɑːməmənt] **1** [krigs]rustning; pl. ~*s* äv. krigsmateriel; ~[*s*] *race* kapprustning; *reduction of* ~*s* nedrustning **2** abstr. beväpning äv. bildl.

armband [ˈɑːmbænd] armbindel; ärmhållare; *black* ~ sorgband

armchair [ˈɑːmtʃeə, pred. äv. ˌ-ˈ-] fåtölj; ~ *critic* skrivbordskritiker utan erfarenhet av det han kritiserar

Armenia [ɑːˈmiːnjə] geogr. Armenien

Armenian [ɑːˈmiːnjən] **I** *adj* armenisk **II** *s* **1** armenier; armeniska kvinna **2** armeniska [språket]

armful [ˈɑːmfʊl] (pl. ~*s* el. *armsful*) famn, fång

armistice [ˈɑːmɪstɪs] vapenstillestånd

armlet [ˈɑːmlət] armbindel; ärmhållare

armour [ˈɑːmə] **I** *s* **1** [vapen]rustning[ar]; pansar; armering äv. sjö. **2** dykardräkt **II** *vb tr* [be]pansra; armera; ~*ed car* pansarbil; ~*ed forces* pansartrupper

armour-plate [ˈɑːməpleɪt] **I** *s* pansarplåt **II** *vb tr* pansra

armoury [ˈɑːmərɪ] vapenförråd; arsenal äv. bildl.

armpit ['ɑːmpɪt] armhåla
armrest ['ɑːmrest] armstöd
army ['ɑːmɪ] **1** armé; *~ boots* marschkängor; *~ chaplain* fältpräst **2** stor hop, härskara [*~ of officials*]
aroma [ə'rəʊmə] arom, doft
aromatic [ˌærə(ʊ)'mætɪk] aromatisk, väldoftande
arose [ə'rəʊz] imperf. av *arise*
around [ə'raʊnd] **I** *adv*, [*all*] *~* runt [omkring], omkring; överallt; åt alla håll; *be ~* a) finnas, vara här (där) [*there weren't any girls ~*]; finnas i närheten [*he's somewhere ~*] b) vara med [i svängen] [*I know, I've been ~*], vara i ropet [*some pop stars are ~ for only a few years*] c) komma, infinna sig [*I'll be ~ by nine o'clock*]; *he has been ~ a lot* han har sett sig omkring [i världen] en hel del; *stand ~* stå och hänga **II** *prep* runtom; *~ the clock* dygnet runt
arousal [ə'raʊz(ə)l] uppväckande; bildl. uppryckning; upphetsning [*sexual ~*]
arouse [ə'raʊz] [upp]väcka mest bildl. [*~ suspicion*]; rycka upp; *be ~d* äv. bli upphetsad
arrack ['ærək] arrak
arrange [ə'reɪn(d)ʒ] **I** *vb tr* **1** ordna; arrangera; disponera [*the book is well ~d*] **2** mus. arrangera **3** göra upp [*~ disputes (differences)*] **4** ordna med; avtala, komma överens om [*what did you ~ with him?*] **II** *vb itr* göra upp [*~ with a p.*]; *~ for* [an]ordna, planera, ombesörja
arrangement [ə'reɪn(d)ʒmənt] **1** ordnande **2** ordning; anordning; uppställning; disposition; arrangemang **3** mus. arrangemang **4** åtgärd; förberedelse [*~s for a party (journey)*]; *make ~s for somebody to meet you* ordna så att någon möter dig **5** uppgörelse [*come to an ~*]
array [ə'reɪ] **I** *vb tr* **1** ställa upp i stridsordning; ordna; *they ~ed themselves against...* bildl. de gjorde front (reste sig) mot... **2** kläda, styra ut **II** *s* **1** stridsordning [äv. *battle ~*] **2** uppbåd **3** samling; skara; *a fine ~ of* äv. en imponerande samling (uppsättning)... **4** litt. dräkt
arrear [ə'rɪə]; pl. *~s* resterande skulder; rest; *~s of work* arbete som släpar efter
arrest [ə'rest] **I** *vb tr* **1** anhålla **2** hejda, hämma [*~ the growth*], hindra **3** bildl. fängsla, fånga [*~ a p.'s attention*] **II** *s* **1** anhållande; arrest; *be under ~* vara arresterad **2** hejdande; avbrott; hinder; *cardiac ~* med. hjärtstillestånd

arresting [ə'restɪŋ] fängslande [*an ~ painting (personality)*], spännande
arrival [ə'raɪv(ə)l] **1** ankomst; *on ~* vid ankomsten (framkomsten) **2** nyanländ (nykommen) person (sak); *a new ~* en nykomling; en ny familjemedlem **3** trafik., pl. *~s* ankommande passagerare (flyg, tåg etc.); *~ lounge* ankomsthall
arrive [ə'raɪv] anlända, ankomma, komma [fram]
arrogance ['ærəɡəns] arrogans, övermod
arrogant ['ærəɡənt] arrogant, övermodig
arrow ['ærəʊ] pil
arse [ɑːs] vulg. **I** *s* arsle, arsel **II** *vb itr*, *~ about* (*around*) larva omkring
arsehole ['ɑːshəʊl] vulg. rövhål; ss. skällsord arsel
arsenal ['ɑːsənl] arsenal
arsenic ['ɑːsnɪk] kem. arsenik
arson ['ɑːsn] mordbrand
1 art [ɑːt] åld., 2 pers. sg. pres. av *be* [*thou ~*]
2 art [ɑːt] **1** konst, konst- [*~ critic (gallery, museum)*]; *~ student* konststuderande; *the fine ~s* de sköna konsterna; *work of ~* konstverk **2** *the ~s* vissa ämnen inom humanistiska fakulteten, humaniora [*history and literature are among the ~s*]; *Bachelor (Master) of Arts* ung. filosofie kandidat[examen] efter ungefär tre års studier (vid vissa universitet är Master of Arts en högre examen)
artefact ['ɑːtɪfækt] **1** konstprodukt; arkeol. artefakt **2** tekn. el. med. artefakt
arterial [ɑː'tɪərɪəl] hörande till pulsådrorna, pulsåders- [*~ blood*]; *~ road* huvudtrafikled
arteriosclerosis [ɑːˌtɪərɪəʊsklɪə'rəʊsɪs] med. arterioskleros
artery ['ɑːtərɪ] pulsåder
artful ['ɑːtf(ʊ)l] slug, listig
arthritis [ɑː'θraɪtɪs] med. ledinflammation, artrit; *rheumatoid ~* ledgångsreumatism
artichoke ['ɑːtɪtʃəʊk], [*globe*] *~* kronärtskocka; *~ hearts* kronärtskockshjärtan
article ['ɑːtɪkl] **I** *s* **1** sak; hand. artikel; persedel; *~ of clothing* klädesplagg, klädespersedel **2** artikel; *leading ~* ledare i tidning **3** gram. artikel [*the definite ~*] **4** pl. *~s* kontrakt, villkor, bestämmelser, stadgar **II** *vb tr* anställa genom kontrakt
articulate [ss. adj. ɑː'tɪkjʊlət, ss. vb -leɪt] **I** *adj* **1** tydlig [*~ speech*], klar **2** talför; vältalig **II** *vb tr* o. *vb itr* **1** artikulera, uttala, tala [tydligt] **2** *~d bus* ledbuss
articulation [ɑːˌtɪkjʊ'leɪʃ(ə)n] artikulation, artikulering; tal

artifice ['ɑ:tɪfɪs] **1** påhitt, knep **2** konst[färdighet]
artificial [,ɑ:tɪ'fɪʃ(ə)l] **1** konstgjord [~ *flowers (respiration)*], konst- [~ *silk*], artificiell [~ *light*]; konstlad; ~ *insemination* [artificiell] insemination, konstgjord befruktning **2** jur., ~ *person* juridisk person
artificiality [,ɑ:tɪfɪʃɪ'ælətɪ] o. **artificialness** [,ɑ:tɪ'fɪʃ(ə)lnəs] konstgjordhet; förkonstling
artillery [ɑ:'tɪlərɪ] artilleri; *light* ~ fältartilleri
artisan [,ɑ:tɪ'zæn, 'ɑ:tɪz-] hantverkare
artist ['ɑ:tɪst] artist; isht målare
artiste [ɑ:'ti:st] **1** artist scenkonstnär, sångare, dansare o.d. **2** skicklig yrkesutövare kock, frisör m.m.
artistic [ɑ:'tɪstɪk] konstnärlig, artistisk; konstnärs- [~ *talent*]
artistry ['ɑ:tɪstrɪ] konstnärskap
artless ['ɑ:tləs] **1** konstlös **2** troskyldig
as [æz, obeton. əz] **I** *adv* så [*this bag is twice ~ heavy*], lika [*I'm ~ tall as you*] **II** *rel adv* o. *konj* **1** a) som [*do ~ you like!*], liksom; *he is a hard worker, ~ you are* han arbetar hårt, [precis] som du b) som; [*hold the tennis racket*] ~ *I do* ...som jag c) som, i egenskap av [*she worked ~ a journalist*]; [*Mary is pretty,*] ~ *is her sister* ...och det är hennes syster också **2** såsom **3** hur...än [*absurd ~ it sounds, it is true*], hur mycket...än; *try ~ he might (would)* hur [mycket] han än försökte **4** tid just då, [just] när (som); medan; allteftersom; ~ *need arises* i mån av behov **5** orsak då, eftersom **III** *rel pron* som [*such (the same) ~*]; såsom **IV** särskilda uttryck: *according ~* allteftersom; ~ *for* vad beträffar; ~ *if* [lik]som om; *I thought ~ much* jag kunde väl tro det; ~ *to* vad beträffar, med avseende på, angående, om; ~ *yet* ännu [så länge], hittills åtminstone
asbestos [æz'bestɒs] asbest
ascend [ə'send] **I** *vb tr* bestiga [~ *the throne*], fara (gå, klättra, stiga) uppför (upp i el. på) **II** *vb itr* stiga [uppåt]; höja sig; gå uppför
ascendancy [ə'sendənsɪ] överlägsenhet [*military ~*], herravälde [~ *in the air*]; övertag [*gain ~ over one's rivals*], inflytande, makt
ascendant [ə'sendənt] **I** *adj* **1** uppstigande **2** härskande **II** *s* **1** överlägsenhet, inflytande; övervälde; *be in the ~* vara på väg uppåt (i stigande, i uppåtgående); ha (få) övertaget **2** astrol. ascendent

ascension [ə'senʃ(ə)n] **1** uppstigande äv. flyg. **2** *the A~* Kristi himmelsfärd; *A~ Day* Kristi Himmelsfärdsdag
ascent [ə'sent] **1** bestigning; uppstigning [~ *in a balloon*]; uppfärd **2** stigande; upphöjelse **3** sluttning; höjd **4** *in direct line of* ~ i rakt uppstigande [släkt]led
ascertain [,æsə'teɪn] förvissa sig om [~ *that the news is true*]; utröna [~ *the facts*; ~ *whether it is true*]; fastställa
ascetic [ə'setɪk] **I** *adj* asketisk **II** *s* asket
asceticism [ə'setɪsɪz(ə)m] askes
ascribe [ə'skraɪb] tillskriva
1 ash [æʃ] ask[träd]; *mountain* ~ rönn
2 ash [æʃ] **1** vanl. pl. ~*es* aska **2** pl. ~*es* stoft
ashamed [ə'ʃeɪmd] skamsen; *be (feel)* ~ äv. skämmas, blygas [*of* för, över]; *you ought to be ~ of yourself* du borde skämmas; vet skäms!; *make* ~ skämma ut; komma att skämmas
ash-blond [,æʃ'blɒnd] **I** *adj* ljusblond, askblond **II** *s, she is an* ~ hon är ljusblond (askblond)
ash can ['æʃkæn] amer. soptunna
ashen ['æʃn] askgrå, askblek; ask-
ashore [ə'ʃɔ:] i land; på land; *cast* ~ kasta upp på land, spola i land
ashtray ['æʃtreɪ] askkopp, askfat
Ash Wednesday [,æʃ'wenzdɪ] askonsdag
Asia ['eɪʃə, 'eɪʒə] geogr. Asien; ~ *Minor* Mindre Asien
Asian ['eɪʃ(ə)n, 'eɪʒən] **I** *adj* asiatisk; ~ *flu* vard. asiat[en] slags influensa **II** *s* asiat
Asiatic [,eɪʃɪ'ætɪk, ,eɪzɪ-, ,eɪʒɪ-] se *Asian*
aside [ə'saɪd] **I** *adv* **1** avsides; *joking* ~ skämt åsido **2** i enrum **II** *s* sidoreplik; teat. avsidesreplik
asinine ['æsɪnaɪn] åsnelik; enfaldig
ask [ɑ:sk] **I** *vb tr* **1** fråga; höra efter; ~ *one's way* fråga sig fram; [*he is a bit nuts,*] *if you ~ me* ...om jag får säga min mening **2** begära; be, bedja; ~ *a p.'s advice* fråga ngn till råds; *that's ~ing a lot* det är mycket begärt; ~*ed price (quotation)* börs. säljkurs **3** [in]bjuda; ~ *a p. in* bjuda ngn att (be ngn) stiga in; ~ *a p. to dance* bjuda upp ngn **II** *vb itr* **1** fråga; ställa frågor; ~ *after a p.* fråga hur det står till med ngn; ~ *for* fråga efter **2** be; *you ~ed for it* vard. du får skylla dig själv; *you're ~ing for it* vard. du kommer att få besvär; du tigger stryk va!
askance [ə'skæns, -'skɑ:ns], *look ~ at a p.* snegla misstänksamt på ngn
askew [ə'skju:] **I** *pred adj* sned **II** *adv* snett; *have one's hat [on]* ~ ha hatten på sned
asleep [ə'sli:p] i sömn; [av]domnad; *be ~*

sova; vara domnad; *fall* ~ somna [in], falla i sömn
asocial [eɪ'səʊʃ(ə)l, ə's-] asocial
asparagus [ə'spærəgəs] sparris
aspect ['æspekt] **1** aspekt äv. språkv.; sida [*there are different ~s of the problem*]; synpunkt **2** läge; utsikt **3** utseende [*a man of* (med) *fierce ~*]
aspen ['æspən] asp[träd]; *tremble* (*shake, quiver*) *like an ~ leaf* darra (skälva) som ett asplöv
asphalt ['æsfælt] **I** *s* asfalt **II** *vb tr* asfaltera, belägga med asfalt
asphyxiate [æs'fɪksɪeɪt] kväva
aspiration [ˌæspə'reɪʃ(ə)n] **1** [ivrig] önskan, ambition [*social ~s*] **2** andning **3** fonet. aspiration
aspire [ə'spaɪə] längta
aspirin ['æsp(ə)rɪn] farmakol. aspirin
1 ass [æs, isht som skällsord äv. ɑːs] **I** *s* åsna; *make an ~ of oneself* skämma ut sig, göra sig löjlig **II** *vb itr* vard., *~ about* (*around*) larva omkring
2 ass [æs] amer. vulg. **1** arsle, arsel, röv **2** *piece of ~* a) knull samlag b) sexig brud
assail [ə'seɪl] **1** angripa, anfalla, överfalla **2** ansätta [*be ~ed with* (av) *doubts*]
assailant [ə'seɪlənt] angripare; våldsman
assassin [ə'sæsɪn] [lönn]mördare
assassinate [ə'sæsɪneɪt] **1** lönnmörda **2** bildl. svärta ned, förtala
assassination [əˌsæsɪ'neɪʃ(ə)n] **1** lönnmord **2** bildl. nedsvärtning, förtal
assault [ə'sɔːlt, ə'sɒlt] **I** *s* **1** anfall, angrepp **2** stormning **3** överfall; jur. [personligt] övervåld inbegripet hotelser; olaga hot; *~ and battery* övervåld och misshandel; *child ~* sedlighetsbrott mot minderårig **II** *vb tr* **1** anfalla **2** storma [*~ a stronghold*] **3** överfalla, öva våld mot; [försöka] våldta; [*he was arrested*] *for ~ing a policeman* ...för våld mot polisman
assemble [ə'sembl] **I** *vb tr* **1** församla; samla [*~ troops*] **2** montera, sätta ihop **II** *vb itr* komma tillsammans
assembly [ə'semblɪ] **1** sammanträde; sammankomst, möte; skol. morgonsamling; *freedom of ~* mötesfrihet **2** [för]samling; sällskap **3** representantförsamling lagstiftande isht i vissa stater i USA [äv. *General A~*]; *the UN General A~* FN:s generalförsamling **4** montering
assembly line [ə'semblɪlaɪn] löpande band
assembly room [ə'semblɪruːm] **1** festsal; pl. *~s* äv. festvåning **2** tekn. monteringsrum
assent [ə'sent] **I** *vb itr* samtycka **II** *s*

1 samtycke; *give a nod of ~* nicka bifall **2** gillande, instämmande
assert [ə'sɜːt] **1** hävda, påstå; bedyra [*~ one's innocence*] **2** göra anspråk på; *~ oneself* hävda sig; hålla sig framme; stå på sig
assertion [ə'sɜːʃ(ə)n] **1** [bestämt] påstående, försäkran **2** hävdande
assertive [ə'sɜːtɪv] bestämt försäkrande; bestämd [*an ~ tone* (*voice*)]
assess [ə'ses] **1** fastställa belopp **2** beskatta, taxera **3** uppskatta, bedöma; analysera
assessment [ə'sesmənt] **1** beskattning **2** uttaxerad summa **3** uppskattning, bedömning; utvärdering; analys
assessor [ə'sesə] taxeringsman
asset ['æset] **1** vanl. pl. *~s* jur. el. hand. tillgångar isht i dödsbo och konkursmassa; kvarlåtenskap **2** tillgång
asset-stripping ['æsetˌstrɪpɪŋ] försäljning av lätt realiserbara tillgångar i uppköpt företag
asshole ['æshəʊl] amer. vulg., se *arsehole*
assiduity [ˌæsɪ'djuːətɪ] trägenhet, nit
assiduous [ə'sɪdjʊəs] trägen, nitisk; outtröttlig
assign [ə'saɪn] **1** tilldela; *~ a p. to do a th.* ge ngn i uppdrag (sätta ngn [till]) att göra ngt; *~ a room to a p.* tilldela (anvisa) ngn ett rum; *~ work to a p.* äv. förelägga ngn ett arbete **2** avträda egendom **3** jur. utse **4** bestämma tid, gräns **5** utpeka; anföra skäl **6** *~ to* hänföra till, tillskriva
assignment [ə'saɪnmənt] **1** tilldelning **2** uppgift; isht amer. skol. äv. beting
assimilate [ə'sɪmɪleɪt] **1** assimilera[s] äv. fonet.; införliva[s]; uppta[s] **2** *~ to* (*with*) *a th.* göra (bli) lik ngt
assist [ə'sɪst] **I** *vb tr* **1** hjälpa, assistera, bistå; *~ed area* stödområde **2** ishockey passa till **II** *vb itr* hjälpa till, medverka **III** *s* ishockey assist
assistance [ə'sɪstəns] hjälp, bistånd; *give* (*render*) *~ to a p.* äv. hjälpa (assistera etc.) ngn
assistant [ə'sɪstənt] **I** *adj* assisterande, biträdande [*~ librarian*], extra[-]; *~ master* skol., ung. adjunkt **II** *s* medhjälpare; expedit [äv. *shop ~*]
associate [ss. adj. o. subst. ə'səʊʃɪət, ss. vb ə'səʊʃɪeɪt] **I** *adj* förbunden; associerad; åtföljande; *~ member* associerad medlem; *~ professor* amer., ung. docent **II** *s* **1** delägare; kollega; kamrat; [*business*] *~* affärsbekant, affärsförbindelse **2** bundsförvant **III** *vb tr* **1** förena, förbinda; *be ~d with* äv. stå i samband med **2** associera **3** upptaga i sällskap, bolag etc.;

be ~d with [*a company*] vara knuten till... **4** *~ oneself with* associera sig med, ansluta sig till **IV** *vb itr* umgås
association [ə͵səʊsɪ'eɪʃ(ə)n, -əʊʃɪ-] **1** förenande; förening; associering; förbund, samfund; *A~ football* vanlig fotboll i motsats till rugby el. amerikansk fotboll **2** förbindelse; umgänge **3** association, tankeförbindelse; samband, anknytning
assorted [ə'sɔːtɪd] klassificerad; sorterad; [ut]vald; passande; *ill ~* omaka om par
assortment [ə'sɔːtmənt] **1** sortering **2** sort **3** hand. sortiment [*an ~ of gloves* (*of goods*)]; blandning t.ex. av karameller; urval **4** samling [*an odd ~ of guests*]
assuage [ə'sweɪdʒ] lindra; stilla
assume [ə'sjuːm, -'suːm] **1** anta, ponera; *assuming this to be true* förutsatt att detta är sant **2** anta [*~ a new name*]; inta [*~ a pose*]; anlägga [*~ an air of innocence*]; *~d* låtsad, spelad [*~d cheerfulness*] **3** tillträda [*~ an office* (tjänst)]; överta, åta sig [*~ the direction of a business*]; ta på sig [*~ a responsibility*]; *~ command* [över]ta befälet **4** tillskansa sig [*~ power*]
assumption [ə'sʌm(p)ʃ(ə)n] **1** antagande; *on* (*under*) *the ~ that* under förutsättning att **2** antagande av gestalt; tillträdande av befattning etc.; övertagande **3** övermod **4** *the A~* Marie himmelsfärd
assurance [ə'ʃʊər(ə)ns] **1** försäkran; garanti **2** säkerhet, tillförsikt; *to make ~ doubly sure* för att vara på den säkra sidan **3** [själv]säkerhet **4** livförsäkring
assure [ə'ʃʊə] **1** försäkra **2** säkerställa, trygga **3** livförsäkra
assured [ə'ʃʊəd] **1** säker; tryggad **2** dristig; självsäker
aster ['æstə] aster
asterisk ['æst(ə)rɪsk] **I** *s* asterisk, stjärna **II** *vb tr* utmärka med en asterisk
astern [ə'stɜːn] akter ut (över); bakåt; *~ of* akter om
asteroid ['æstərɔɪd] astron. asteroid
asthma ['æsmə, 'æsθ-] astma
asthmatic [æs'mætɪk, æsθ-] **I** *adj* astmatisk; *be ~* äv. lida av astma **II** *s* astmatiker
astigmatic [͵æstɪg'mætɪk] *adj* **I** astigmatisk **II** *s* astigmatiker
astigmatism [æ'stɪgmətɪz(ə)m] astigmatism
astir [ə'stɜː] i rörelse; på benen; *the whole village was ~* [*when they heard the news*] det blev allmän uppståndelse i byn...

astonish [ə'stɒnɪʃ] förvåna; *be ~ed at* äv. förvåna sig över
astonishment [ə'stɒnɪʃmənt] förvåning; *he looked at her in ~* han såg förvånad (förvånat) på henne
astound [ə'staʊnd] slå med häpnad
astounding [ə'staʊndɪŋ] häpnadsväckande
astray [ə'streɪ] vilse [*go ~*]; på avvägar; *be led ~* bli vilseledd
astride [ə'straɪd] **I** *adv* med utspärrade ben; grensle **II** *prep* grensle över
astringent [ə'strɪn(d)ʒ(ə)nt] **I** *adj* **1** adstringerande; blodstillande **2** kärv, sträng **II** *s* adstringerande medel
astrologer [ə'strɒlədʒə] astrolog; stjärntydare
astrology [ə'strɒlədʒɪ] astrologi
astronaut ['æstrənɔːt] astronaut
astronomer [ə'strɒnəmə] astronom
astronomic [͵æstrə'nɒmɪk] se *astronomical*
astronomical [͵æstrə'nɒmɪk(ə)l] astronomisk äv. bildl. [*~ figures*]
astronomy [ə'strɒnəmɪ] astronomi
astrophysics [͵æstrə(ʊ)'fɪzɪks] (konstr. ss. sg.) astrofysik
astute [ə'stjuːt] skarpsinnig; knipslug
asunder [ə'sʌndə] **1** isär **2** ifrån varandra; *they were driven ~* äv. de blev åtskilda
asylum [ə'saɪləm] **1** asyl; *~ seeker* asylsökande **2** *lunatic ~* vard. dårhus
asymmetric [͵æsɪ'metrɪk] o. **assymetrical** [͵æsɪ'metrɪkəl] asymmetrisk; osymmetrisk
at [æt, obeton. ət] **1** uttr. befintlighet, plats på [*~ the hotel*]; vid [*~ my side*]; i [*~ Oxford*]; genom [*enter ~ the door*]; till [*arrive ~ Bath*]; *~ my aunt's* hos min faster (moster); *~ home* hemma; *live ~ No. 5 John Street* bo på John Street 5 **2** uttr. riktning, mål på [*look ~*]; åt [*shout ~*]; mot [*smile ~*] **3** uttr. tid, tillfälle vid [*~ midnight*]; på [*~ the same time*]; i [*~ the last moment*]; *~* [*the age of*] *sixty* vid sextio [års ålder] **4** uttr. sysselsättning, sätt, tillstånd i [*~ rest, ~ war*]; på [*~ one's own risk*]; med [*~ a speed of*]; *~ full speed* med (i, för) full fart **5** på; å; *sell ~ a loss* sälja med förlust **6** uttr. anledning över [*astonished ~*]; åt [*laugh ~ a p.*]; vid [*bitter ~ the thought*] **7** *~ that* dessutom, till på köpet
ate [et, isht amer. eɪt] imperf. av *eat*
atheism ['eɪθɪɪz(ə)m] ateism
atheist ['eɪθɪɪst] ateist
Athens ['æθɪnz] geogr. Aten
athlete ['æθliːt] [fri]idrottsman; *~'s foot* med. fotsvamp

athletic [æθˈletɪk] **1** idrotts- [~ *association*]; idrottslig **2** spänstig; atletisk
athletics [æθˈletɪks] **1** (konstr. ss. pl.) friidrott **2** (konstr. ss. sg.) idrott[ande]
at-home [ətˈhəʊm, əˈtəʊm] mottagning [hemma], öppet hus
Atlantic [ətˈlæntɪk] **I** *adj* atlantisk; atlant- [*the ~ Pact*]; *the ~ Ocean* Atlanten, Atlantiska oceanen; *~ Standard Time* normaltid (tidszon) i östra Canada **II** geogr.; *the ~* Atlanten
atlas [ˈætləs] atlas
ATM [ˌeɪtiːˈem] (förk. för *automated* el. *automatic teller machine*) bankautomat
atmosphere [ˈætməˌsfɪə] atmosfär, bildl. äv. stämning
atmospheric [ˌætməˈsferɪk] o.
atmospherical [ˌætməˈsferɪk(ə)l] atmosfärisk; *atmospheric pressure* lufttryck
atmospherics [ˌætməˈsferɪks] [atmosfäriska] störningar
atoll [ˈætɒl, əˈtɒl] atoll; ringformig korallö
atom [ˈætəm] **1** atom; *~ bomb* atombomb **2** dugg, uns [*not an ~ of truth in the allegations*]
atomic [əˈtɒmɪk] atom- [~ *bomb* (*energy, weight*)]; atomisk; atomär; *A~ Energy Authority* i Storbritannien o. *A~ Energy Commission* i USA Atomenergikommissionen; *~ pile* atomreaktor
atomizer [ˈætə(ʊ)maɪzə] sprej[flaska]; rafräschissör
atone [əˈtəʊn], *~ for* sona, lida för; gottgöra
atonement [əˈtəʊnmənt] gottgörelse; relig. försoning; *the Day of A~* försoningsdagen
atrocious [əˈtrəʊʃəs] **1** ohygglig **2** vard. gräslig
atrocity [əˈtrɒsətɪ] **1** ohygglighet; illdåd **2** vard., [*that painting*] *is an ~* ...är gräslig
atrophy [ˈætrəfɪ] **I** *s* förtvining, atrofi **II** *vb tr* komma att förtvina; bildl. trubba av **III** *vb itr* förtvina; bildl. gå tillbaka; trubbas av
at sign [ˈætsaɪn] data. snabel-a @-tecknet
attach [əˈtætʃ] **I** *vb tr* **1** fästa; bifoga; *~ed* äv. vidhängande, tillhörande; byggn. hopbyggd; *~ed please find...* hand. (i brev) ...bifogas **2** fästa [*~ conditions to* (vid)], foga; *~ credit to* sätta tro till **3** *~ oneself to* ansluta sig till; åtfölja **4** bildl. binda; knyta; *be ~ed to* a) vara fäst vid, tycka om b) vara knuten (ansluten) till **5** mil. placera, kommendera **6** ta i beslag **II** *vb itr*, *~ to* a) vara förknippad med b) häfta vid; *the blame ~es to him* skulden vilar (faller) på honom
attaché [əˈtæʃeɪ] attaché; *military ~* militärattaché
attaché case [əˈtæʃɪkeɪs] attachéväska
attachment [əˈtætʃmənt] **1** fastsättning **2** fästanordning **3** tillsats **4** tillgivenhet, tycke **5** beslagtagning **6** mil. placering
attack [əˈtæk] **I** *s* **1** anfall; angrepp; attack [*a heart ~*]; *~ is the best method of defence* anfall är bästa försvar; *a personal ~* ett personangrepp, ett påhopp **2** mus. ansats **II** *vb tr* anfalla; ge sig i kast med [*~ a problem*]
attacker [əˈtækə] angripare; sport. anfallsspelare
attain [əˈteɪn], *~* [*to*] [upp]nå [*~ one's object*]; vinna, förvärva; komma upp till
attainment [əˈteɪnmənt] **1** uppnående; *easy of ~* lätt att [upp]nå **2** vanl. pl. *~s* kunskaper, färdigheter, insikter; *standard of ~* kunskapsnivå
attempt [əˈtem(p)t] **I** *vb tr* försöka; försöka att göra; försöka (ge) sig på [*~ a difficult task*]; *~ed escape* flyktförsök **II** *s* **1** försök; bemödande **2** angrepp; attentat; *an ~* [*up*]*on a p.'s life* ett attentat mot (mordförsök på) ngn
attend [əˈtend] **I** *vb tr* **1** bevista [*~ school*]; *well ~ed* talrikt besökt; *the lectures were well ~ed* äv. det var [rätt] mycket folk på föreläsningarna **2** vårda; om läkare behandla; betjäna kunder o.d. **3** ledsaga; *be ~ed by* [*risks*] medföra... **4** uppvakta [*~ed by bridesmaids*] **II** *vb itr* **1** vara med **2** vara uppmärksam [*Bill, you're not ~ing!*]; *~ to* ge akt på, lyssna till; se till; sköta om, ombesörja **3** expediera [*~ to a customer*]; *are you being ~ed to?* i affär är (var) det tillsagt? **4** *~* [*up*]*on* passa upp på; uppvakta **5** *~* [*up*]*on* åtfölja, vara en följd av
attendance [əˈtendəns] **1** närvaro, deltagande; *~* [*at school*] skolgång, deltagande i undervisningen; *~ register* närvarolista **2** antal närvarande (deltagare); publik; *there was a good* (*large*) *~ at the concert* det var mycket folk (stor publik) på konserten **3** betjäning; uppvaktning; skötsel; vård; *medical ~* läkarvård; *in ~* tjänstgörande, uppvaktande [*upon hos*]
attendant [əˈtendənt] **I** *s* **1** vaktmästare [*~ in* (på) *a theatre*]; uppsyningsman [*park ~*]; serviceman; skötare **2** följeslagare, tjänare **II** *adj* åtföljande; närvarande
attention [əˈtenʃ(ə)n] **I** *s* **1** uppmärksamhet äv. psykol.; kännedom [*bring a th. to a p.'s*

~]; omtanke, passning; *attract* ~ tilldra sig uppmärksamhet, väcka uppseende; *pay* ~ *to* a) ägna uppmärksamhet åt, vara uppmärksam på b) lägga märke till, uppmärksamma c) ta hänsyn till **2** mil. givakt; *stand at* ~ stå i givakt **II** *interj* **1** mil. givakt! **2** ~, *please!* i högtalare o.d. hallå, hallå!

attentive [ə'tentɪv] uppmärksam; omsorgsfull; påpasslig

attenuate [ə'tenjʊeɪt] **1** göra smal **2** förtunna **3** [för]minska i kraft el. värde; försvaga; dämpa

attest [ə'test] **I** *vb tr* **1** vittna om; intyga; bevittna [~ *a signature*]; attestera **2** gå ed (svära) på **II** *vb itr*, ~ *to* vittna om; bekräfta

attic ['ætɪk] vind, vindsrum

attire [ə'taɪə] **I** *vb tr* kläda, skruda **II** *s* klädsel, kläder, skrud

attitude ['ætɪtjuːd] **1** ställning; *strike an* ~ inta en pose, posera **2** bildl. [in]ställning, attityd; *if that's your* ~ om du tar det på det viset, om det är så du vill ha det

attorney [ə'tɜːnɪ] **1** [befullmäktigat] ombud **2** amer. advokat; *district (prosecuting)* ~ allmän åklagare **3** *power of* ~ fullmakt befogenhet

Attorney-General [ə,tɜːnɪ'dʒen(ə)r(ə)l] (pl. *Attorneys-General* el. *Attorney-Generals*) **1** kronjurist engelska kronans förnämste rådgivare, motsv. ung. justitiekansler **2** amer. justitieminister; i delstat ung. statsåklagare

attract [ə'trækt] dra till sig, attrahera, locka; väcka [~ *attention*]; *light* ~ *moths* nattfjärilar dras till ljus; *feel ~ed to* känna sig dragen till

attraction [ə'trækʃ(ə)n] **1** dragning[skraft], bildl. äv. lockelse, charm **2** attraktion, dragplåster; pl. ~*s* äv. nöjen, sevärdheter

attractive [ə'træktɪv] attraktiv; lockande, tilltalande [*an* ~ *proposal*]; attraktions- [~ *force (power)*]

attribute [ss. subst. 'ætrɪbjuːt, ss. vb ə'trɪbjuːt] **I** *s* attribut; gram. äv. bestämning; utmärkande drag; kännetecken **II** *vb tr* tillskriva

attrition [ə'trɪʃ(ə)n] **1** nötning; skavning; *war of* ~ utnötningskrig **2** naturlig avgång av arbetskraft

aubergine ['əʊbəʒiːn] aubergine

auburn ['ɔːbən] kastanjebrun [~ *hair*]

auction [ˈɔːkʃ(ə)n] **I** *s* **1** auktion; *sell by* ~ **2** kortsp., ~ [*bridge*] auktionsbridge **II** *vb tr*, ~ [*off*] auktionera bort

auctioneer [,ɔːkʃə'nɪə] auktionsförrättare

audacious [ɔː'deɪʃəs] **1** djärv **2** fräck, oförskämd

audacity [ɔː'dæsətɪ] **1** djärvhet **2** fräckhet, oförskämdhet

audibility [,ɔːdə'bɪlətɪ] hörbarhet

audible ['ɔːdəbl, 'ɔːdɪbl] hörbar

audience ['ɔːdjəns] **1** publik; i radio äv. lyssnare; i tv äv. tittare, tittarskara; författares äv. läsare, läsekrets; ~ *measurement (rating)* radio. el. TV. publikmätning; *there was a large* ~ *at the theatre* det var mycket folk på teatern **2** audiens; *obtain an* ~ *with* [*the King*] få audiens hos...

audiovisual [,ɔːdɪəʊ'vɪzjʊəl, -ʒʊəl] audivisuell; ~ *aids* audivisuella hjälpmedel

audit ['ɔːdɪt] **I** *s* revision, granskning av räkenskaper **II** *vb tr* **1** revidera, granska **2** amer. univ. följa undervisning som åhörare

audition [ɔː'dɪʃ(ə)n] provsjungning, prov för engagemang o.d.

auditor ['ɔːdɪtə] **1** revisor; ~'*s report* revisionsberättelse **2** amer. univ. åhörare

auditorium [,ɔːdɪ'tɔːrɪəm] **1** hörsal; [teater]salong; åskådarplatser **2** teaterbyggnad, konserthus

aught [ɔːt] **1** *for* ~ *I care* gärna för mig; *for* ~ *I know* såvitt jag vet **2** vard. noll, nolla

augment [ɔːg'ment] **I** *vb tr* öka ['på] **II** *vb itr* öka[s]

augur ['ɔːgə] **I** *s* augur **II** *vb tr* o. *vb itr* **1** varsla [om] **2** förespå; ~ *a th.* [*of a p.*] förespå [ngn] ngt, vänta sig ngt [av ngn]

August ['ɔːgəst] augusti

august [ɔː'gʌst] upphöjd, majestätisk; vördnadsvärd [~ *personage*]

aunt [ɑːnt] faster, moster; barns tilltal till kvinnlig vän till familjen tant; *my* ~*!* ngt åld. vard. kors!, du store!

auntie o. **aunty** ['ɑːntɪ] smeks. för *aunt*; ~ *May* tant May

au pair [,əʊ'peə] **I** *adj* o. *s* au pair[flicka] **II** *adv* som au pair

aura ['ɔːrə] aura

auspicious [ɔː'spɪʃəs, ɒs-] **1** gynnsam [*an* ~ *beginning*] **2** lycklig, glädjande [*on this* ~ *occasion*], lyckosam

austere [ɒ'stɪə, ɔː's-] **1** sträng **2** spartansk **3** sober

austerity [ɒ'sterətɪ, ɔːs-] **1** stränghet **2** spar-, åtstramnings- [~ *policy (programme)*]; enkel

Australia [ɒ'streɪljə, ɔː'st-] geogr. Australien

Australian [ɒ'streɪljən, ɔː'st-] **I** *adj* australisk **II** *s* australier, australiensare

Austria ['ɒstrɪə, 'ɔ:s-] geogr. Österrike
Austrian ['ɒstrɪən, 'ɔ:s-] **I** *adj* österrikisk **II** *s* österrikare
authentic [ɔ:'θentɪk] **1** tillförlitlig **2** autentisk
authenticate [ɔ:'θentɪkeɪt] bevisa äktheten av; bestyrka, verifiera
authenticity [ˌɔ:θen'tɪsətɪ] tillförlitlighet; äkthet
author ['ɔ:θə] **1** författare; skriftställare **2** upphov; upphovsman
authoress ['ɔ:θərəs] författarinna, kvinnlig författare
authoritarian [ˌɔ:θɒrɪ'teərɪən] auktoritär
authoritative [ɔ:'θɒrɪtətɪv] **1** auktoritativ **2** officiell **3** befallande
authority [ɔ:'θɒrɪtɪ] **1** myndighet, [laga] makt, maktbefogenhet; *be in* ~ ha befälet (ledningen); *those in* ~ de makthavande; *on one's own* ~ på eget bevåg **2** bemyndigande [*have* ~ *to do a th.*]; fullmakt **3** myndighet; styrelse [*the port* ~]; *the authorities* vanl. myndigheterna, de styrande **4** auktoritet; pondus; *carry* ~ väga tungt, vara av stor betydelse **5** stöd [*what is your* ~ *for that statement?*]; källa [*you should quote your authorities*]; sagesman; [*I have it*] *on good* ~ ...från säker källa **6** auktoritet, fackman, expert; *she's an* ~ *on...* hon är expert på (en auktoritet i fråga om)...
authorization [ˌɔ:θ(ə)raɪ'zeɪʃ(ə)n, -rɪ'z-] **1** bemyndigande **2** attest
authorize ['ɔ:θəraɪz] **1** auktorisera, ge fullmakt åt, bemyndiga **2** godkänna; *~d* stadfäst **3** rättfärdiga; berättiga [till]
authorship ['ɔ:θəʃɪp] författarskap
autistic [ɔ:'tɪstɪk] psykol. autistisk [~ *children*]
auto ['ɔ:təʊ] amer. vard. **I** *s* bil; ~ *parts* bildelar **II** *vb itr* bila
autobiographical ['ɔ:tə(ʊ)ˌbaɪə(ʊ)'græfɪk(ə)l] självbiografisk
autobiography [ˌɔ:tə(ʊ)baɪ'ɒgrəfɪ] självbiografi
autocratic [ˌɔ:tə(ʊ)'krætɪk] o. **autocratical** [ˌɔ:tə(ʊ)'krætɪk(ə)l] enväldig
autograph ['ɔ:təgrɑ:f, -græf] **I** *s* autograf; ~ *hunter* autografjägare **II** *vb tr* skriva sin autograf i (på), signera
automate ['ɔ:təmeɪt] automatisera
automatic [ˌɔ:tə'mætɪk] **I** *adj* **1** automatisk [~ *data processing*; ~ *reflex*]; automat- [~ *weapon*]; självgående, självreglerande; själv- [~ *steering*]; ~ [*vending*] *machine* [varu]automat **2** automatisk **II** *s* automat; bil med automatlåda; automatvapen

automatically [ˌɔ:tə'mætɪk(ə)lɪ] automatiskt; av sig själv
automation [ˌɔ:tə'meɪʃ(ə)n] automation; automatisering; automatik
automatize [ɔ:'tɒmətaɪz] automatisera
automobile ['ɔ:təmə(ʊ)bi:l, ˌ---'-] **I** *s* isht amer. bil **II** *vb itr* amer. åka (köra) bil
autonomous [ɔ:'tɒnəməs] autonom, självstyrande
autonomy [ɔ:'tɒnəmɪ] **1** autonomi, självstyre; självbestämmanderätt **2** självstyrande samhälle
autopilot ['ɔ:tə(ʊ)ˌpaɪlət] tekn. autopilot, styrautomat
autopsy ['ɔ:təpsɪ, ɔ:'tɒp-] obduktion, autopsi
autumn ['ɔ:təm] höst, för ex. jfr *summer*
autumnal [ɔ:'tʌmnəl] höst-; höstlik
auxiliar|y [ɔ:g'zɪljərɪ, ɔ:k'sɪl-] **I** *adj* hjälp- [~ *verb* (*troops*)]; ~ *branch* filial **II** *s* **1** hjälpare **2** pl. *-ies* hjälptrupper **3** hjälpverb
AV förk. för *audiovisual*
avail [ə'veɪl] **I** *vb tr* o. *vb itr* **1** ~ *oneself of* begagna sig av, använda, utnyttja **2** gagna, hjälpa **II** *s* nytta; [*working*] *to no* ~ ...förgäves
availability [əˌveɪlə'bɪlətɪ] **1** tillgång, tillgänglighet; anträffbarhet **2** biljetts giltighet
available [ə'veɪləbl] **1** tillgänglig, disponibel; anträffbar; till buds stående; användbar; *be* ~ äv. stå till förfogande, finnas till hands; finnas [att få] **2** giltig; *the ticket is* ~ *for a month* äv. biljetten gäller en månad
avalanche ['ævəlɑ:nʃ] lavin, bildl. äv. störtskur
avant-garde [əˌvɑ:ŋ'gɑ:d] avantgarde
avarice ['ævərɪs] girighet; snikenhet
avaricious [ˌævə'rɪʃəs] girig; sniken
avenge [ə'ven(d)ʒ] hämnas; ~ *oneself* (*be ~d*) *on* hämnas (ta hämnd) på
avenue ['ævənju:] **1** allé; trädkantad uppfartsväg; bred gata **2** bildl. väg [~ *to success*]
average ['æv(ə)rɪdʒ] **I** *s* **1** genomsnitt, snitt; *above* [*the*] ~ över genomsnittet (det normala); *on* [*an* (*the*)] ~ i [genom]snitt, i medeltal **2** hand. el. sjö. haveri; sjöskada **II** *adj* **1** genomsnittlig **2** ordinär, vanlig **III** *vb tr* **1** beräkna medeltalet av **2** i genomsnitt (medeltal) uppgå till (väga, kosta o.d.) **3** fördela **IV** *vb itr*, ~ *out* jämna ut sig, fördela sig jämnt
averse [ə'vɜ:s], *be* ~ *to* ogilla, tycka illa om [*be* ~ *to hard work*], vara avogt inställd till

aversion [ə'vɜːʃ(ə)n] motvilja, aversion
avert [ə'vɜːt] **1** vända bort; avleda [*~ suspicion*] **2** avvärja, avstyra, förhindra [*~ a revolt*]
aviary ['eɪvjərɪ] voljär, aviarium
aviation [ˌeɪvɪ'eɪʃ(ə)n] **1** flygning; flygsport; flygväsen **2** flyg-
aviator ['eɪvɪeɪtə] flygare; pilot
avid ['ævɪd] **1** ivrig [*an ~ reader*] **2** glupsk; ~ *for* (*of*) lysten efter
avocado [ˌævə(ʊ)'kɑːdəʊ] (pl. ~s); ~ [*pear*] avocado
avoid [ə'vɔɪd] undvika; undgå
avoidable [ə'vɔɪdəbl] som kan undvikas; *it was* ~ det hade kunnat undvikas
avoidance [ə'vɔɪd(ə)ns] undvikande; *tax ~* skattesmitning, skatteplanering
await [ə'weɪt] **1** invänta, vänta [på], avvakta, emotse; *~ing your reply* i avvaktan på Ert svar **2** vara i beredskap för, vänta [*death ~s us all*]
awake [ə'weɪk] **I** (*awoke awoke*[*n*], ibl. *awaked awaked*) *vb itr* **1** vakna isht bildl. **2** *~ to* bli medveten om **II** (för tema se *I*) *vb tr* väcka äv. bildl. **III** *pred adj* vaken; *be ~ to* vara medveten om
awaken [ə'weɪk(ə)n] **I** *vb tr* väcka isht bildl.; *~ to* väcka till medvetande (insikt) om **II** *vb itr* vakna
awakening [ə'weɪknɪŋ] **I** *adj* väckande äv. bildl.; vaknande **II** *s* [upp]vaknande äv. bildl.
award [ə'wɔːd] **I** *vb tr* tilldela, tillerkänna; belöna med [*the film was ~ed an Oscar*]; ge; bevilja **II** *s* **1** [tillerkänt] pris; belöning; stipendium **2** [skilje]dom **3** [tilldömt] skadestånd
aware [ə'weə] medveten; uppmärksam; *be ~* [*that*] äv. känna till..., inse (märka)...
awareness [ə'weənəs] medvetenhet; uppmärksamhet
away [ə'weɪ] **I** *adv* **1** bort [*run ~*]; undan, åt sidan [*put a th. ~*]; ur vägen; ~ [*with*]*!* bort [med]! **2** bort[a] [*far ~*]; *the sea is* [*two miles*] *~* det är...till havet, havet ligger...bort (härifrån) **3** borta, sport. äv. på bortaplan; ute, frånvarande, inte här (där) **4** vidare [*work ~*; *scrub ~*] **5** *straight* (*right*) *~* med detsamma, genast; *far and ~* långt, vida **II** *adj* sport. borta- [*~ match* (*ground*)] **III** *s* sport. bortamatch
awe [ɔː] **I** *s* vördnad; fruktan **II** *vb tr* inge vördnad (fruktan)
awe-inspiring ['ɔːɪnˌspaɪərɪŋ] respektinjagande
awful ['ɔːfʊl, 'ɔːfl] **1** ohygglig **2** vard. hemsk, förstärk. äv. väldig [*an ~ lot*]

awfully ['ɔːfʊlɪ, förstärk. 'ɔːflɪ] ohyggligt etc., jfr *awful*; *thanks ~* vard. tack så hemskt mycket
awhile [ə'waɪl] en stund; en tid [bortåt]
awkward ['ɔːkwəd] **1** tafatt [*an ~ fellow*; *~ efforts*]; fumlig, bakvänd; *the ~ age* slyngelåldern, slynåldern **2** generad; osäker, bortkommen [*feel ~*] **3** svårhanterlig; obekväm [*an ~ size*] **4** besvärlig [*an ~ problem*], kinkig; obehaglig [*an ~ situation*], pinsam [*an ~ pause*]; *he is an ~ customer* han är inte lätt att tas med
awl [ɔːl] syl, ål verktyg
awning ['ɔːnɪŋ] solsegel; markis
awoke [ə'wəʊk] imperf. o. perf. p. av *awake*
awoken [ə'wəʊk(ə)n] perf. p. av *awake*
awry [ə'raɪ] **I** *pred adj* sned **II** *adv* **1** snett **2** galet; *our plans have gone ~* våra planer har slagit fel (slint)
ax [æks] isht amer., se *axe*
axe [æks] **I** *s* **1** yxa; *broad ~* bila **2** vard., *apply the ~* [*to*] göra kraftiga nedskärningar [i]; *get the ~* få sparken **II** *vb tr* vard. skära ned [*~ expenditure*]; dra in [*200 posts were ~d*]; avskeda; [*200 employees*] *were ~d* äv. ...fick sparken, ...fick gå
axes ['æksɪz] pl. av *ax* o. *axe*
axiom ['æksɪəm] axiom
axiomatic [ˌæksɪə(ʊ)'mætɪk] axiomatisk
ax|is ['æks|ɪs] (pl. *-es* [-iːz]) matem., fys. el. polit. axel; *the A~* [*Powers*] hist. axelmakterna
axle ['æksl] [hjul]axel
1 ay [aɪ] **I** *adv* o. *interj* dial. ja; *~ ~, Sir* sjö. ska ske, kapten (styrman o.d.) **II** *s* jaröst; jaröstare; *the ~es have it* jarösterna är i majoritet
2 ay [aɪ], *~ me!* poet. ack!, ve mig!
1 aye [aɪ], se *1 ay*
2 aye [eɪ] skotsk. el. nordeng., i övrigt end. poet., alltid; *for ~* för alltid
azalea [ə'zeɪljə] bot. azalea
azure ['æʒə, 'eɪʒə] **I** *s* azur **II** *adj* azurblå [äv. *azure-blue*]

B, b [biː] (pl. *B's* el. *b's* [biːz]) **1** B, b; *B road* ung. länsväg **2** mus., *B* h; *B major* H-dur; *B minor* H-moll
BA [ˌbiːˈeɪ] förk. för *Bachelor of Arts, British Airways*
babble [ˈbæbl] **I** *vb itr* **1** babbla, pladdra **2** om spädbarn jollra **3** sorla [*the stream ~d*] **II** *s* **1** babbel **2** spädbarns joller **3** sorlande
babe [beɪb] **1** litt. spenabarn, [späd]barn **2** *~ in arms* (*in the wood*) bildl. aningslöst offer **3** isht amer. sl. tjej; i tilltal sötnos
baboon [bəˈbuːn] zool. babian
baby [ˈbeɪbɪ] **1** [litet] barn; familjens yngsta [medlem]; *~ rabbit* kaninunge; *~ sister* lillasyster; *throw the ~ out* (*away*) *with the bathwater* (*bath*) bildl. kasta ut barnet med badvattnet **2** liten sak; liten; *~ car* minibil, småbil **3** sl. tjej; i tilltal sötnos **4** isht amer. vard. **a)** [hårdkokt] typ (kille); *listen ~!* hörru pysen! **b)** favoritgrej [*this car is my ~*]
baby boy [ˌbeɪbɪˈbɔɪ] gossebarn
baby buggy [ˈbeɪbɪˌbʌgɪ] paraplyvagn; amer. barnvagn
baby girl [ˌbeɪbɪˈgɜːl] flickebarn
babyhood [ˈbeɪbɪhʊd] [späd] barndom
babyish [ˈbeɪbɪʃ] barnslig
baby-minder [ˈbeɪbɪˌmaɪndə] dagmamma
baby-sit [ˈbeɪbɪsɪt] (*baby-sat baby-sat*) sitta barnvakt
baby-sitter [ˈbeɪbɪˌsɪtə] barnvakt
baccy [ˈbækɪ] vard. tobak
bachelor [ˈbætʃ(ə)lə] **1** ungkarl; *~ flat* (vard. *den, pad*) ungkarlsvåning, vard. ungkarlslya; *~ girl* ungkarlsflicka **2** univ., ung. kandidat; *B~ of Arts* (*Science*) se *2 art 2* o. *science 1*
back [bæk] **I** *s* **1** rygg; *break a p.'s ~* bildl. ta knäcken på ngn; *put one's ~ into it* lägga manken till; *put* (*get*) *a p.'s ~ up* vard. reta upp ngn; *go* (*do things*) *behind a p.'s ~* gå bakom ryggen på ngn; *with one's ~ to the wall* bildl. ställd mot väggen, hårt ansatt **2** baksida; bakre del (ända); ryggstöd; *~ of the head* nacke, bakhuvud; *know a th. like the ~ of one's hand* kunna ngt på sina fem fingrar **3** sport. back **II** *adj*

1 på baksidan [*~ street*]; *~ page* sista sida av tidning; *~ seat* baksäte **2** omvänd, gående bakåt [*~ current*] **3** resterande; *~ pay* retroaktiv lön **III** *adv* **1** bakåt; tillbaka; *~ and forth* fram och tillbaka **2** tillbaka; åter, igen; i gengäld; *go ~ [up]on one's word* bryta sitt ord **3** avsides **4** *~ of* amer. bakom **IV** *vb tr* **1** dra (skjuta o.d.) tillbaka; backa bil, båt etc. **2** *~ up* **a)** underbygga, styrka [*~ up a statement*] **b)** backa upp, stödja, gynna **c)** backa fram [*~ up a car in front of the garage*] **V** *vb itr* **1** *~ [away]* röra sig bakåt, gå (träda) tillbaka; backa; rygga **2** *~ down* stiga ned baklänges; bildl. retirera, backa ur
backache [ˈbækeɪk] ryggsmärtor
backbencher [ˌbækˈbentʃə] parl. icke-minister
backbite [ˈbækbaɪt] (*backbit backbitten*) *vb itr* tala illa om folk
backbiting [ˈbækˌbaɪtɪŋ] förtal
backbone [ˈbækbəʊn] **1** ryggrad; *to the ~* helt igenom, ut i fingerspetsarna [*British to the ~*] **2** bildl. grundstomme [*the ~ of the nation*] **3** bildl. styrka [*he has no ~*]
backbreaking [ˈbækˌbreɪkɪŋ] hård, slitsam [*a ~ job*]
backchat [ˈbæktʃæt] vard. skämtsam replikväxling; näsvishet, uppkäftighet
backcloth [ˈbækklɒθ] teat. fond[kuliss]
backcomb [ˈbækkəʊm] tupera
backdate [ˌbækˈdeɪt] **1** ge retroaktiv verkan; *~d* retroaktiv **2** antedatera
backdrop [ˈbækdrɒp] **1** teat. fond[kuliss] **2** bildl. bakgrund [*the hills form a ~ to the town*]
backer [ˈbækə] **1** hjälpare, stöd[jare]; gynnare [*financial ~*] **2** vadhållare isht på häst
backfire [ˌbækˈfaɪə, ˈ--] **I** *s* bil. baktändning **II** *vb itr* **1** bil. baktända **2** bildl. slå slint
backgammon [ˈbækˌgæmən, ˌbækˈg-] backgammon
background [ˈbækgraʊnd] **1** bakgrund; miljö i film o.d.; *~ effects* ljudeffekter **2** bildl. bakgrund; erfarenhet[er] [*she has a ~ in computers*]
backhand [ˈbækhænd] **I** *s* backhand i tennis o.d. **II** *adj* se *backhanded*
backhanded [ˌbækˈhændɪd] **1** med handryggen; backhand- **2** bildl. oväntad; tvetydig, spydig [*~ compliment*]
backhander [ˈbækˌhændə] **1** slag med handryggen; sport. backhand[slag] **2** bildl. sidohugg; tillrättavisning **3** sl. muta
backing [ˈbækɪŋ] **1** bil. backning; *~ light* backljus **2** [under]stödjande; stöd [*financial ~*] **3** mus. ackompanjemang

4 rygg, baksida; foder **5** hand.
a) endossering b) täckning
backlash ['bæklæʃ] **1** bakslag; [häftig] motreaktion [*the white ~*] **2** tekn. spelrum
backlog ['bæklɒg] **1** hand.: inte effektuerade inneliggande order **2** eftersläpande arbete
back number [,bæk'nʌmbə] **1** gammalt nummer av tidning **2** vard. [hopplöst] gammalmodig person (metod); *he is a ~* äv. han har spelat ut sin roll
backpack ['bækpæk] ryggsäck
backpacker ['bæk,pækə] ryggsäcksresenär, backpacker
backside [,bæk'saɪd] **1** baksida **2** vard. ända, rumpa
backslide ['bækslaɪd] (*backslid backslid*) [gradvis] återfalla till (i) [*~ into dishonesty* (*sin*)]
backspace ['bækspeɪs] **I** *s*, *~ key* backstegstangent **II** *vb itr* backa i dator el. på skrivmaskin
backstage [,bæk'steɪdʒ] **I** *adv* bakom scenen; i kulisserna **II** *adj* [som sker] bakom kulisserna
backstroke ['bækstrəʊk] simn. ryggsim
backtrack ['bæktræk] gå tillbaka; bildl. äv. backa ur [*~ out of a deal*]
backup ['bækʌp] **1** backning; *~ light* isht amer. backljus **2** stöd; förstärkning **3** isht amer. reserv; ersättning; reserv- [*~ supplies*]
backward ['bækwəd] **I** *adj* **1** bakåtriktad, bak[åt]vänd, baklänges-; *a ~ glance* en blick tillbaka **2** underutvecklad [*a ~ child*] **II** *adv* se *backwards*
backwards ['bækwədz] bakåt; *~ and forwards* fram och tillbaka, hit och dit
backwash ['bækwɒʃ] **1** svallvåg[or] **2** bildl. följder, efterverkningar, efterdyningar [*the ~ of the crisis*]
backwater ['bæk,wɔːtə] **1** bakvatten **2** uppdämt flodvatten; stillastående vatten isht av bakström från flod **3** bildl. avkrok; dödvatten; intellektuell torka
backwoods ['bækwʊdz] **1** isht amer. avlägsna skogstrakter, obygd[er] **2** se *backwater 3*
backyard [,bæk'jɑːd] bakgård; amer. trädgård på baksidan av huset
bacon ['beɪk(ə)n] bacon; *bring home the ~* vard. tjäna till brödfödan; klara skivan; *save one's ~* vard. rädda sitt skin
bacteriological [bæk,tɪərɪə'lɒdʒɪk(ə)l] bakteriologisk [*~ warfare*]
bacteriology [bæk,tɪərɪ'ɒlədʒɪ] bakteriologi

bacteri|um [bæk'tɪərɪ|əm] (pl. *-a* [-ə]) bakterie
bad [bæd] **I** (*worse worst*) *adj* **1** dålig **2** a) onyttig, skadlig [*it's ~ for one's eyes*] b) rutten, skämd [*these eggs are ~*] **3** a) svag [*he's ~ at mathematics*], dålig [*a ~ painter*] b) sjuk [*feel ~*]; skadad [*my ~ hand*], svår [*a ~ cold* (*headache*)] **4** tråkig, sorglig [*~ news*]; *that's too ~!* vard. vad tråkigt!, så synd! **5** ångerfull, illa till mods [*feel ~ about a th.*] **6** a) omoralisk b) elak, stygg; busig [*a ~ boy*] c) *~ language* svordomar, grovt språk **7** felaktig [*a ~ pronunciation*] **8** a) oäkta [*a ~ coin*] b) ogiltig [*a ~ cheque*] c) oindrivbar [*a ~ debt* (fordran)] **9** isht amer. sl. jättebra, häftig **10** *~ luck* otur; *~ news* sl. olycka, pest om person **II** *s* **1** *take the ~ with the good* ta det onda med det goda **2** *I'm £90 to the ~* jag har förlorat (har en brist på) 90 pund
bade [bæd, beɪd] imperf. o. perf. p. av *bid*
badge [bædʒ] **1** märke; hederstecken, ordenstecken; *policeman's ~* polisbricka **2** bildl. [känne]tecken
badger ['bædʒə] **I** *s* **1** grävling **2** pensel av grävlingshår **II** *vb tr* plåga; tjata på; trakassera; *~ a p.* [*for a th.*] tjata på ngn [om att få ngt]
badly ['bædlɪ] (*worse worst*) **1** dåligt, illa [*behave* (*treat*) *~*]; svårt; *be ~ off* ha det dåligt ställt **2** *want* (*need*) *~* behöva i högsta grad
badminton ['bædmɪntən] sport. badminton
bad-tempered [,bæd'tempəd] [som är] på dåligt humör, vresig
baffle ['bæfl] **I** *vb tr* **1** förvirra **2** trotsa [*it ~s description*] **II** *s* radio. baffel
baffling ['bæflɪŋ] förvirrande, förbryllande, oförklarlig [*a ~ noise*]; svårlöst [*a ~ problem*]
bag [bæg] **I** *s* **1** påse; säck; bag; väska; *~ of bones* vard. benget; *he's got ~s under his eyes* vard. han har påsar under ögonen; *in the ~* vard. klar, säker [*his promotion is in the ~*], som i en liten ask [*we've got it in the ~*] **2** a) jaktväska b) jaktbyte, fångst; *make a good ~* få bra jaktbyte, ha jaktlycka **3** pl. *~s* sl. massor [*~s of money* (*room*)] **4** sl. käring [*that old ~*] **II** *vb tr* **1** fånga; fälla, skjuta **2** vard. knycka; *~s I* (*~s*) [*that chair*]*!* pass (pax, tjing) för...!
bagatelle [,bægə'tel] **1** bagatell **2** fortuna[spel]
baggage ['bægɪdʒ] **1** bagage, resgods vid flyg- el. sjöresa **2** skämts. stycke, snärta [*saucy ~*]
baggy ['bægɪ] påsig, säckig

1 bail [beɪl] **I** *vb tr,* ~ [*out*] ösa [ut] [~ *water* [*out*]]; ösa [läns], länsa [~ [*out*] *a boat*] **II** *vb itr* **1** ~ [*out*] ösa **2** ~ *out* flyg. isht amer., se *2 bale*

2 bail [beɪl] jur. **I** *s* borgen för anhållens inställelse inför rätta; *admit to* ~ el. *let out on* ~ försätta på fri fot mot borgen **II** *vb tr,* ~ [*out*] utverka frihet åt anhållen genom att ställa borgen för honom

bailiff [ˈbeɪlɪf] exekutionsbiträde; delgivningsman

bait [beɪt] **I** *vb tr* **1** hetsa djur **2** reta, plåga; mobba **3** agna krok; sätta [ut] bete på (i) **II** *s* agn; *rise to* (*swallow*) *the* ~ nappa på kroken äv. bildl.

baize [beɪz] **1** boj tyg **2** klädd med boj, filtklädd [~ *door*]

bake [beɪk] **I** *vb tr* ugnssteka, ugnsbaka; baka; bränna tegel; ~*d beans* vita bönor i tomatsås; ~*d wind* amer. tomt skryt **II** *vb itr* stekas; torka, hårdna; *be baking in the sun* [ligga och] steka sig i solen **III** *s* utomhusfest där ugnsstekt mat serveras

baker [ˈbeɪkə] bagare; ~*'s dozen* tretton [stycken]

bakery [ˈbeɪkərɪ] bageri

baking powder [ˈbeɪkɪŋˌpaʊdə] bakpulver

baking tin [ˈbeɪkɪŋtɪn] bakform, kakform

balance [ˈbæləns] **I** *s* **1** våg; vågskål; *hang* (*be*) *in the* ~ hänga på en tråd, stå och väga **2** motvikt **3** balans äv. bildl. [*lose one's* ~]; jämvikt; jämviktsläge; avvägning [*a delicate* ~ *between the two*]; *throw a p. off his* ~ få ngn att tappa balansen, få ngn ur balans; ~ *of power* maktbalans **4** *the* ~ det mesta, den övervägande delen **5** hand. balans; saldo, behållning; tillgodohavande [*bank* ~]; återstod; ~ *brought forward* ingående saldo; ~ *carried forward* utgående saldo **6** vard., *the* ~ resten **7** oro i ur **II** *vb tr* **1** [av]väga [mot varandra]; jämföra; överväga **2** balansera; bringa (hålla) i jämvikt; ~ *oneself* balansera; gå balansgång **3** motväga; utjämna **4** hand. avsluta böcker; balansera; ~ *the books* göra bokslut **III** *vb itr* balansera; vara i jämvikt; jämna ut sig

balance sheet [ˈbælənsʃiːt] **1** balans[räkning] **2** budgetsammandrag **3** bokslut

balcony [ˈbælkənɪ] **1** balkong; altan **2** *the* ~ a) teat., vanl. andra raden; amer. första raden b) på biograf balkongen

bald [bɔːld] **I** *adj* **1** [flint]skallig [*go* ~]; kal; ~ *as a coot* kal (slät) som en biljardboll **2** bildl. torr [*a* ~ *statement of the facts*]; torftig, slät **II** *vb itr* bli skallig

baldness [ˈbɔːldnəs] [flint]skallighet etc., jfr *bald*

1 bale [beɪl] **I** *s* bal **II** *vb tr* packa i balar

2 bale [beɪl], ~ *out* hoppa med (rädda sig i) fallskärm

baleful [ˈbeɪlf(ʊ)l] fördärvlig [*a* ~ *influence*]; ondskefull [*a* ~ *stare*]

balk [bɔːk, bɔːlk] **I** *s* **1** balk, bjälke **2** hinder **II** *vb tr* **1** blunda för; dra sig för, undvika [~ *a topic*]; försumma [~ *an opportunity*] **2** hejda, hindra ngns planer; gäcka, svika [*his hopes were* ~*ed*] **III** *vb itr* om häst tvärstanna; bildl. stegra sig

1 ball [bɔːl] **1** bal, dans[tillställning] **2** sl., *have* [*oneself*] *a* ~ ha kul (skoj)

2 ball [bɔːl] **I** *s* **1** boll; klot; ~ *control* (*sense*) bollkontroll, bollbehandling, bollsinne; *have the* ~ *at one's feet* bildl. ha chansen **2** kula; ~ *joint* tekn. el. anat. kulled **3** nystan [~ *of wool*] **II** *vb tr* vulg. knulla

ballad [ˈbæləd] ballad

ballast [ˈbæləst] **I** *s* barlast **II** *vb tr* barlasta, ballasta

ball bearing [ˌbɔːlˈbeərɪŋ] kullager

ball cock [ˈbɔːlkɒk] flottörventil

ballerina [ˌbæləˈriːnə] ballerina

ballet [ˈbæleɪ, -ˈ-] balett

ballet-dancer [ˈbæleɪˌdɑːnsə, -lɪˌd-] balettdansör

ballistics [bəˈlɪstɪks] (konstr. ss. sg.) ballistik

balloon [bəˈluːn] **I** *s* **1** ballong; ~ *glass* konjakskupa; *now the* ~ *goes up!* vard. nu brakar det löst **2** pratbubbla **II** *vb itr* stiga i höjden [*costs* ~*ed*] **III** *vb tr* **1** trissa upp [~ *prices*] **2** ~ *a ball* [*into the air*] sparka en boll högt upp i luften, sparka en boll högt upp i luften

ballot [ˈbælət] **I** *s* **1** röstsedel, valsedel **2** sluten omröstning; omröstningsresultat; *take a* ~ företa en sluten omröstning **II** *vb itr* **1** företa en sluten omröstning **2** dra lott

ballot box [ˈbælətbɒks] valurna

ballot paper [ˈbælətˌpeɪpə] röstsedel

ball pen [ˈbɔːlpen] kulpenna

ballpoint [ˈbɔːlpɔɪnt], ~ [*pen*] kul[spets]penna

ballroom [ˈbɔːlruːm] balsal; danssalong; ~ *dance* (*dancing*) sällskapsdans

ballyhoo [ˌbælɪˈhuː] **I** *s* vard. **1** braskande reklam; jippon; skryt, bluff, humbug **2** ståhej, uppståndelse **II** *vb tr* uppreklamera

balm [bɑːm] **1** balsam **2** bildl. tröst, lindring

balmy [ˈbɑːmɪ] **1** balsamisk; doftande

2 lindrande, vederkvickande; mild om väder
balsa ['bɔːlsə, 'bælsə] balsaträd; balsaträ
balsam ['bɔːlsəm] **1** balsam **2** balsamin; *garden* ~ vanlig balsamin
Baltic ['bɔːltɪk] **I** *adj* baltisk; östersjö-; ~ *herring* strömming; *the* ~ *Sea* Östersjön; *the* ~ *States* Baltikum **II** geogr.; *the* ~ Östersjön
balustrade [ˌbælə'streɪd] balustrad
bamboo [ˌbæm'buː] (pl. *~s*) bambu; bamburör; bambu-; ~ *shoots* bot. el. kok. bambuskott
bamboozle [bæm'buːzl] vard. lura, locka; ~ *a p. out of a th.* lura av ngn ngt
ban [bæn] **I** *s* officiellt förbud [*travel* ~]; kyrkl. bann; *driving* ~ körförbud; *lift the* ~ [upp]häva förbudet **II** *vb tr* förbjuda; bannlysa
banal [bə'nɑːl] banal
banana [bə'nɑːnə] banan; bananplanta; ~ *oil* sl. prat, strunt; ~ *plug* tekn. banankontakt
1 band [bænd] **I** *s* **1** band, snöre; bindel; bildl.: förenande band **2** skärp; på cigarr maggördel **3** remsa; bård; linning **4** radio. band [*19-metre* ~] **5** mek. [drag]rem [äv. *endless* ~]; ~ *conveyor* **6** platt ring **7** pl. *~s* prästkrage; advokats ämbetskrage **II** *vb tr* sätta band (etc., jfr *I 1-3*) på
2 band [bænd] **I** *s* **1** trupp; band [~ *of robbers*], gäng **2** mindre orkester, musikkår; *brass* ~ mässingsorkester **II** *vb tr* o. *vb itr*, ~ [*oneself*] *together* förena sig, sluta sig samman, gadda ihop sig
bandage ['bændɪdʒ] **I** *s* bandage, bindel; *triangular* ~ mitella **II** *vb tr* förbinda; binda för; *~d* för'bunden, i bandage; *~d eyes* 'förbundna ögon
bandit ['bændɪt] bandit, bov
bandmaster ['bæn(d)ˌmɑːstə] kapellmästare
bandstand ['bæn(d)stænd] musikestrad
bandwagon ['bændˌwægən], *climb* (*jump*, *get*) *on to the* ~ polit. ansluta sig till de framgångsrika (vinnarsidan)
bandy ['bændɪ] **I** *vb tr* **1** kasta fram och tillbaka [ofta ~ *about*]; *his name was bandied about* det pratades om honom **2** dryfta **3** växla ord, hugg; ~ *words* äv. gräla, munhuggas **II** *s* sport. **1** bandy **2** bandyklubba **III** *adj* om ben krokig; hjulbent; *have* ~ *legs* vara hjulbent
bane [beɪn] fördärv; förbannelse
bang [bæŋ] **I** *vb tr* o. *vb itr* **1** banka, slå; knalla; dunka; dänga **2** sl. slå **3** vard. göra av med **4** vulg. knulla **II** *s* **1** slag, knall, duns; brak; *sonic* ~ bang, överljudsknall

2 amer. vard. fart, kläm [*there's no* ~ *in him*]; *with a* ~ bums, tvärt [*he fell for her with a* ~] **3** amer. sl. spänning; *I get a* ~ *out of it* jag tycker det är jäkla spännande (kul) **4** vulg. knull, ligg **III** *interj* o. *adv* bom, pang; tvärt, bums; ~ *in the middle* precis i mitten (mitt i); mitt i prick; ~ *on time* vard. precis, punktligt
banger ['bæŋə] **1** vard. korv; ~*s and mash* korv och mos **2** pyrotekn. rysk smällare
bangle ['bæŋgl] armring; ankelring
banish ['bænɪʃ] **1** landsförvisa, förvisa **2** slå ur tankarna, slå bort [~ *cares*]; avlägsna
banishment ['bænɪʃmənt] [lands]förvisning; *go into* ~ gå i landsflykt
banister ['bænɪstə] **1** ledstångsstolpe, baluster, balustradpelare **2** vanl. *~s* (konstr. ss. sg. el. pl.; pl. *~s*) trappräcke, ledstång
banjo ['bændʒəʊ] (pl. *~s* el. *~es*) banjo
1 bank [bæŋk] **I** *s* **1** strand[sluttning] vid flod el. kanal **2** [sand]bank **3** bank [~ *of clouds*], vall; driva; [dikes]ren; sluttning **4** flyg. bankning **5** dosering av kurva **II** *vb tr* **1** ~ [*up*] dämma för [~ *up a river*]; dämma upp **2** lägga upp i en vall [~ *earth*]; ~ [*up*] packa ihop, torna upp i drivor (vallar) [~ [*up*] *snow*] **3** dosera en kurva **III** *vb itr* **1** flyg. banka, skeva; om bil luta i doserad kurva **2** ~ *up* hopa sig, packa ihop sig [*the snow has ~ed up*]
2 bank [bæŋk] rad av t.ex. tangenter på tangentbord; ~ *of cylinders* cylinderrad i motor
3 bank [bæŋk] **I** *s* **1** bank[inrättning]; *the B~* [*of England*] Englands [riks]bank (centralbank); ~ *statement* kontoutdrag **2** spel. [spel]bank **II** *vb itr* **1** ~ *with* ha bankkonto hos **2** ~ [*up*]*on* vard. lita (räkna) på **III** *vb tr* sätta in pengar [på banken]
banker ['bæŋkə] **1** bankir; bankdirektör; ~*'s card* checklegitimation utfärdat av bank för täckning av check **2** spel. bankör **3** på tipskupong säker match
bank holiday [ˌbæŋk'hɒlədeɪ, -dɪ] bankfridag, allmän helgdag
banking ['bæŋkɪŋ] bankrörelse
banknote ['bæŋknəʊt] sedel
bankrupt ['bæŋkrʌpt] **I** *s* person som har gjort konkurs **II** *adj* **1** bankrutt; *go* ~ göra konkurs **2** bildl. ~ *of* [*ideas*] i total avsaknad av... **III** *vb tr* försätta i konkurs
bankruptcy ['bæŋkrəp(t)sɪ] konkurs; bankrutt; *be on the verge of* ~ vara konkursmässig

banner ['bænə] baner isht bildl. [*the ~ of freedom*]
banns [bænz] lysning
banquet ['bæŋkwɪt] **I** *s* bankett; festmåltid, kalas **II** *vb tr* ge en bankett för **III** *vb itr* delta i en bankett; kalasa
bantamweight ['bæntəmweɪt] sport. **1** bantam[vikt] **2** bantamviktare
banter ['bæntə] **I** *s* skämt; godmodig drift **II** *vb itr* skämta
baptism ['bæptɪz(ə)m] dop; *~ of fire* elddop
baptize [bæp'taɪz] döpa
1 bar [bɑː] **I** *s* **1 a)** stång, spak; ribba; tacka [*gold ~*]; bjälke; *~ of chocolate* chokladkaka **b)** bom, tvärslå; regel; pl. *~s* äv. galler; *behind* [*prison*] *~s* bakom lås och bom **2** sandbank, sandrev **3** hinder, spärr **4 a)** bar [*I had a drink at the ~*], [bar]disk **b)** avdelning på en pub [*the saloon ~*] **5** mus. taktstreck; takt [*the opening* (inledande) *~s of the sonata*] **6** i juridiska sammanhang **a)** skrank i rättssal; domstol; *be tried* (*appear*) *at the ~* [för]höras (inställa sig) inför domstol **b)** *the B~* advokaterna, 'advokatsamfundet'; advokatyrket **II** *vb tr* **1 a)** bomma till (för, igen) **b)** stänga in[ne] (ute) **c)** spärra [av] [*~ the way*]; *~red to the public* avstängd (inte tillgänglig) för allmänheten **2** bildl. **a)** [för]hindra [*this ~red his chances of success*], utesluta **b)** avstänga [*~ a p. from a race*] **c)** förbjuda [*she ~s smoking in her house*] **3** förse med stänger etc., jfr *I* **III** *prep* vard. utom [*~ one*]; *~ one* äv. en undantagen
2 bar [bɑː] meteor. bar
barbarian [bɑː'beərɪən] **I** *s* barbar **II** *adj* barbarisk, barbar- [*~ peoples*]
barbaric [bɑː'bærɪk] barbarisk [*~ customs*]
barbarism ['bɑːbərɪz(ə)m] **1** barbari **2** barbarisk handling [äv. *act of ~*]
barbarous ['bɑːb(ə)rəs] barbarisk [*~ customs* (seder)]
barbecue ['bɑːbɪkjuː] **I** *s* **1** utomhusgrill; stekspett **2** helstekt djur (isht oxe, gris) **3** grillfest, barbecue **II** *vb tr* grilla [på en utomhusgrill]; helsteka
barber ['bɑːbə] **I** *s* barberare; *~'s shop* frisersalong **II** *vb tr* raka; klippa
barbiturate [bɑː'bɪtjʊrət] farmakol. barbiturat
bar chart ['bɑːtʃɑːt] stapeldiagram
bar-code ['bɑːkəʊd] streckkod; *~ scanner* streckkodsläsare
bare [beə] **I** *adj* **1** bar [*fight with ~ hands*], naken; kal **2** fattig, tom; *~ of* äv. utan **3** blott och bar, blott[a] [*the ~ idea*]; knapp [*a ~ majority*]; *the ~st chance* den minsta lilla chans **4** luggsliten **II** *vb tr* göra bar (kal); blotta; *~ one's heart* öppna sitt hjärta
bareback ['beəbæk] **I** *adv* barbacka **II** *adj*, *~ rider* en barbackaryttare
barefaced ['beəfeɪst] skamlös [*a ~ lie*]
barefoot ['beəfʊt] o. **barefooted** [ˌbeə'fʊtɪd] barfota
bareheaded [ˌbeə'hedɪd] barhuvad
barely ['beəlɪ] **1** nätt och jämnt, knappt [*I had ~ time to have breakfast*] **2** sparsamt [*a ~ furnished room*]
bargain ['bɑːgɪn] **I** *s* **1** köp; uppgörelse; *a ~'s a ~* sagt är sagt; *into* (*in*) *the ~* [till] på köpet **2** bra köp; kap **3** *~ price* reapris, fyndpris, vrakpris **II** **1** köpslå **2** förhandla, göra upp; *~ing power* [stark] förhandlingsposition **3** vard., *~ for* räkna med (på), vänta [sig]; *he got more than he ~ed for* äv. han fick så han teg **III** *vb tr* förhandla sig till; *~ away* schackra bort, göra sig av med
barge [bɑːdʒ] **I** *s* [kanal]pråm; skuta **II** *vb itr* vard. **1** stöta, törna **2** *~ in* tränga sig på, avbryta
baritone ['bærɪtəʊn] mus. **I** *s* baryton **II** *adj* baryton-
1 bark [bɑːk] **I** *s* bark **II** *vb tr* **1** barka [av] **2** skrapa [skinnet av]
2 bark [bɑːk] **I** *vb itr* **1** om djur skälla, ge skall; *you're ~ing up the wrong tree* vard. du är inne på fel spår (villospår) **2** om person ryta, skälla **3** hosta [skrällande]; knalla [*the big guns ~ed*] **II** *vb tr*, *~* [*out*] ryta [*~* [*out*] *one's orders*] **III** *s* **1** skall **2** rytande; *his ~ is worse than his bite* han är inte så farlig som han låter **3** knall[ande] [*the ~ of a gun*]
barley ['bɑːlɪ] korn sädesslag; *pearl ~* pärlgryn
barley sugar ['bɑːlɪˌʃʊgə] bröstsocker
barmaid ['bɑːmeɪd] barflicka, kvinnlig bartender
bar|man ['bɑːmən] (pl. *-men* [-mən]) bartender
barmy ['bɑːmɪ] sl. knasig; *be ~ about a p.* vara tokig i ngn
barn [bɑːn] lada; amer. **a)** ladugård **b)** spårvagnsstall; sl. lokstall; *~ dance* logdans
barnacle ['bɑːnəkl] **1** zool., *~ goose* vitkindad gås **2** zool. långhals fastsittande kräftdjur **3** bildl. (om pers.) igel
barometer [bə'rɒmɪtə] barometer; bildl. äv.

mätare [~ *of opinion*]; *the ~ is falling (rising)* barometern faller (stiger)
baron [ˈbær(ə)n] **1** baron; friherre **2** vard. baron, magnat {*newspaper (film)* ~}
baroness [ˈbærənəs] baronessa; friherrinna
baroque [bəˈrɒk, -ˈrəʊk] **I** *s* barock **II** *adj* barock-; bildl. barock
1 barrack [ˈbærək] **I** *s*, ofta ~*s* (konstr. vanl. ss. sg.; pl. ~*s*) kasern; barrack; hyreskasern; ~ *square* kaserngård **II** *vb tr* inkvartera (förlägga) i en kasern (barack), kasernera
2 barrack [ˈbærək] sport. bua (vissla) ut
barrage [ˈbærɑːʒ, bæˈrɑːʒ] mil. spärreld; ~ *balloon* spärrballong
barrel [ˈbær(ə)l] **1** fat, tunna; *scrape* [*the bottom of*] *the ~* isht bildl. göra en bottenskrapning **2** tekn. a) trumma, cylinder b) [gevärs]pipa **3** vard., *a ~ of* en massa [*a ~ of fun*] **4** vard., *over a ~* i knipa, i underläge
barrel organ [ˈbær(ə)lˌɔːgən] mus. positiv
barren [ˈbær(ə)n] **1** ofruktbar [~ *soil* (*land*)]; ~ *speculations*], karg; ofruktsam; steril **2** torftig; tom **3** andefattig **4** resultatlös [*a ~ effort*]
barricade [ˌbærɪˈkeɪd] **I** *s* barrikad **II** *vb tr* barrikadera; ~ *oneself in* barrikadera sig
barrier [ˈbærɪə] **1** barriär; skrank, bom; avspärrning; spärr; tullbom **2** bildl. gräns, barriär, spärr; hinder [*a ~ to progress*]
barrier cream [ˈbærɪəkriːm] skyddande hudkräm
barring [ˈbɑːrɪŋ] utom; bortsett från; ~ *accidents* [*we should arrive at 9 a.m.*] om inga olyckor inträffar...
barrister [ˈbærɪstə] **1** [överrätts]advokat medlem av engelska advokatsamfundet och rätt att föra parters talan vid överrätt **2** amer. vard. advokat
barrow [ˈbærəʊ] **1** skottkärra **2** handkärra, dragkärra
bartender [ˈbɑːˌtendə] bartender
barter [ˈbɑːtə] **I** *vb itr* **1** idka (driva) byteshandel **2** [försöka] pruta **II** *vb tr* byta; ~ [*away*] schackra bort [~ *away one's freedom*] **III** *s* byteshandel; byte
1 base [beɪs] **1** moraliskt låg **2** usel [~ *imitation*]; tarvlig; ~ *metals* oädla metaller **3** med låg halt av ädla metaller [~ *coin*]
2 base [beɪs] **I** *s* **1** bas i olika bet.; äv. kem., matem. el. mil. [*naval* ~]; grundval; sockel; ~ [*lending*] *rate* bank. basränta **2** sport. startlinje; mål i vissa spel; i baseball bas, bo; ~ *hit* slag genom vilket en spelare når första basen; *get to first* ~ amer. a) nå (hinna till) första basen i baseball b) bildl.

komma ett stycke på väg **II** *vb tr* **1** basera, stödja; bygga [~ *one's hopes on a th.*] **2** mil. basera
baseball [ˈbeɪsbɔːl] baseball
basement [ˈbeɪsmənt] källarvåning bottenplan, nedre plan i t.ex. varuhus
1 bases [ˈbeɪsɪz] pl. av *2 base I*
2 bases [ˈbeɪsiːz] pl. av *basis*
bash [bæʃ] **I** *vb tr* vard. slå, drämma [till]; klå upp; ~ [*in*] slå in (sönder) **II** *s* **1** vard. våldsamt slag **2** sl. försök; *have a ~* [*at a th.*] försöka [sig på ngt]
bashful [ˈbæʃf(ʊ)l] blyg; försagd
basic [ˈbeɪsɪk] **I** *adj* grund-, bas-, grundläggande; ~ *capital* begynnelsekapital; ~ *industries* basindustrier, stapelindustrier **II** *s* vanl. pl. *get back to ~s* ta ngt från grunden
basically [ˈbeɪsɪk(ə)lɪ] i grund och botten; i stort sett; vard. egentligen
basil [ˈbæzl, amer. ˈbeɪsl, ˈbæzl] bot. el. kok. basilika[ört]
basin [ˈbeɪsn] **1** fat; skål **2** hamnbassäng **3** flodområde
bas|is [ˈbeɪs|ɪs] (pl. -*es* [-iːz]) bas, basis, grundval
bask [bɑːsk] värma (gassa) sig; ~ *in the sun* (*sunshine*) sola [sig], gassa sig i solen, lapa sol
basket [ˈbɑːskɪt] korg; i sammansättn. korg-, flät-; bildl. paket[-] [~ *purchase*]; ~ *of currencies* valutakorg
basketball [ˈbɑːskɪtbɔːl] sport. basket[boll]
1 bass [bæs] zool. bass; havsabborre
2 bass [beɪs] mus. **I** *s* bas [*play* ~]; basröst, basstämma **II** *adj* bas-; låg, djup
bassoon [bəˈsuːn] mus. fagott
bastard [ˈbɑːstəd, ˈbæs-] **I** *s* **1** utomäktenskapligt (oäkta) barn **2** sl. knöl; jäkel äv. skämts. [*you lucky* ~] **3** sl. fanskap om sak, handling o.d.; [*this job's*] *a real* ~ ...ett jäkla slitgöra **II** *adj* **1** oäkta, falsk äv. t.ex. bot.; bastard-; ~ *file* grovfil **2** sl. förbannad
1 baste [beɪst] tråckla [ihop]; tråckla [fast]
2 baste [beɪst] kok. ösa stek
bastion [ˈbæstɪən] bastion
1 bat [bæt] **1** fladdermus; läderlapp; *as blind as a* ~ blind som en nyfödd kattunge **2** sl. käring [*old* ~]
2 bat [bæt] **I** *s* **1** slagträ; racket; [*right*] *off the* ~ amer. på stående fot, omedelbart **2** sl. fart; *at a fair (rare)* ~ med en himla fart **II** *vb itr* i kricket o.d. vara inne [som slagman], slå
3 bat [bæt] vard., *without ~ting an eyelid* utan att blinka (förändra en min)
batch [bætʃ] **1** bak av samma deg; sats

[*baked in* ~*es of twenty*] **2** hop, omgång [*a* ~ *of letters*]; portion; *the whole* ~ hela bunten (högen); *in* ~*es* högvis, buntvis
bate [beɪt] **1** minska; *with* ~*d breath* med återhållen andedräkt; med dämpad röst **2** dra av; slå av på
bath [bɑ:θ; i pl. (ss. subst.) bɑ:ðz] **I** *s* **1** bad; *have* (*take*) *a* ~ ta sig ett bad, bada inomhus el. vid badanstalt **2** badkar **3** badrum **4** ~*s* a) badhus, badinrättning [*there is a* [*public*] ~*s over there*; *those* ~*s are*...]; bad [*Turkish* ~*s*] b) kuranstalt, kurort **II** *vb tr* bada **III** *vb itr* bada
bathe [beɪð] **I** *vb tr* o. *vb itr* **1** bada; placera (blöta) i vatten **2** badda [på] [~ *one's eyes*] **II** *s* bad i det fria; *go for a* ~ gå och bada
bather ['beɪðə] badare; badgäst
bathing ['beɪðɪŋ] badning, bad; ~ *accident* drunkningsolycka
bathing cap ['beɪðɪŋkæp] badmössa
bathing costume ['beɪðɪŋˌkɒstju:m] baddräkt
bathing hut ['beɪðɪŋhʌt] badhytt; badhus vid strand
bathing pool ['beɪðɪŋpu:l] badbassäng
bathing trunks ['beɪðɪŋtrʌŋks] badbyxor
bathrobe ['bɑ:θrəʊb] badkappa; amer. äv. morgonrock
bathroom ['bɑ:θru:m, -rʊm] badrum; amer. äv. toalett; ~ *cabinet* badrumsskåp; ~ *scale*[*s*] badrumsvåg
bath towel ['bɑ:θˌtaʊəl] större badhandduk, badlakan
bathtub ['bɑ:θtʌb] badkar; badbalja
batik [bə'ti:k] batik metod o. tyg
Batman ['bætmæn] Läderlappen seriefigur
batman ['bætmən] mil. uppassare, kalfaktor
baton ['bætɒn] **1** [polis]batong **2** taktpinne **3** kommandostav [*marshal's* ~] **4** stafett[pinne]
batsman ['bætsmən] slagman i kricket o. baseball
battalion [bə'tæljən] bataljon; [artilleri]division
batten ['bætn] **I** *s* **1** smalare planka **2** sjö. latta **II** *vb tr* **1** beslå (förstärka) med plank **2** sjö., ~ *down* skalka [~ *down the hatches*]
1 batter ['bætə] **I** *vb tr* **1** slå [kraftigt]; slå [in (ned)] [äv. ~ *down* (*in*)]; gå lös (bulta, hamra) på; bildl. krossa, slå ned på **2** misshandla, illa tilltyga; knöla till, buckla; nöta ut **II** *vb itr* hamra [~ *at the door*]
2 batter ['bætə] kok., vispad smet; ~ *pudding* ung. ugnspannkaka

3 batter ['bætə] slagman i kricket o. baseball
battered ['bætəd] sönderslagen [*a* ~ *old hat*]; skamfilad; som har utsatts för misshandel [*a* ~ *baby* (*wife*)]; ~ *baby syndrome* barnmisshandelssyndrom
battering ram ['bæt(ə)rɪŋræm] mil. (hist.) murbräcka
battery ['bætərɪ] **1** mil. el. fys. batteri **2** uppsättning av kärl o.d.; servis; samling [*a* ~ *of press cameras*] **3** jur., [*assault and*] ~ övervåld och misshandel **4** mus. batteri, slagverk
battle ['bætl] **I** *s* strid, slag [*the* ~ *of Waterloo*]; *fight a losing* ~ kämpa förgäves; ~ *fatigue* mil. psykol. stridströtthet; krigsneuros **II** *vb itr* kämpa **III** *vb tr*, ~ *one's way* kämpa sig fram
battle-axe ['bætl-æks] **1** hist. stridsyxa **2** vard. ragata
battle cry ['bætlkraɪ] stridsrop; bildl. äv. [kamp]paroll
battledress ['bætldres] fältuniform
battlefield ['bætlfi:ld] slagfält; litt. valplats
battleship ['bætlʃɪp] slagskepp
batty ['bætɪ] vard. knasig
bauble ['bɔ:bl] grannlåt; struntsak; leksak
bauxite ['bɔ:ksaɪt] miner. bauxit
Bavaria [bə'veərɪə] geogr. Bayern
Bavarian [bə'veərɪən] **I** *adj* bayersk **II** *s* bayrare
bawdy ['bɔ:dɪ] **I** *adj* oanständig [~ *song* (*story*)] **II** *s* obscenitet
bawl [bɔ:l] **I** *vb itr* **1** vråla, skråla **2** storgråta, böla **II** *vb tr* **1** ryta, vråla [~ *commands*] **2** ~ *a p. out* vard. skälla ut ngn **III** *s* vrål; bölande
1 bay [beɪ] lagerträd; pl. ~*s* lager[krans]
2 bay [beɪ] [havs]vik [*the B*~ *of Biscay*]
3 bay [beɪ] **1** avdelning; avbalkning, bås **2** arkit. skepp; burspråk; ~ *window* burspråksfönster **3** flyg. stagfält; bombrum
4 bay [beɪ] **I** *s* **1** jakt. skall; ståndskall **2** nödställt läge; *keep* (*hold*) *at* ~ hålla stånd mot, hålla stången **II** *vb itr* skälla, yla **III** *vb tr* skälla på
5 bay [beɪ] **I** *adj* brun om häst **II** *s* brun häst
bayonet ['beɪənət, 'beən-, -nɪt] **I** *s* bajonett; ~ *socket* bajonettsockel **II** *vb tr* sticka med bajonett
bazaar [bə'zɑ:] basar
bazooka [bə'zu:kə] mil. bazooka, raketgevär
BBC [ˌbi:bi:'si:] (förk. för *British Broadcasting Corporation*) BBC
BC [ˌbi:'si:] **1** (förk. för *before Christ*) f. Kr. **2** förk. för *British Columbia*
be [bi:, bɪ] (imperf. ind. *was*, 2 pers. sg. samt

pl. *were*; imperf. konj. *were*; perf. p. *been*; pres. ind. *am, are, is*, pl. *are*) *vb itr* **I** *huvudvb* **1 a)** vara; bli [*the answer was...*] **b)** *there is, there are* ss. formellt subjekt det är, det finns **2 a)** vara (finnas) till **b)** äga rum, ske [*when is the wedding to ~?*] **c)** kosta [*the fare is £2*] **d)** må [*how is the patient today?*] **e)** ligga [*the book is on the table*], sitta [*he is in prison*] **f)** vara lika med [*three threes are nine*]; *he is dead, isn't he?* han är död, eller hur? **3** gå [*we were at school together*]; stå [*the verb is in the singular*] **4** med prep. o. adv. isht med spec. betydelse ~ **about a)** handla om **b)** hålla på med; *there are a lot of rumours about* det går en massa rykten; *he was about to...* han skulle just...
~ **at a)** ha för sig **b)** sätta åt ngn; vara på ngn
~ **for** förorda, vara för [*I am all for that method*]; *now you are* [*in*] *for it!* det kommer du att få för!, nu smäller det!
~ **in on** *a th.* vara med om ngt
~ **into** *a th.* vard. vara intresserad av ngt; gilla (digga) ngt
~ **off** ge sig i väg (av)
II *hjälpvb* **1** tillsammans med perf. p.: **a)** passivbildande: bli **b)** vara; *he was saved* han räddades, han blev räddad
2 tillsammans med pres. p.: *they are building a house* de håller på och bygger ett hus; *the house is being built* huset håller på att byggas **3** tillsammans med inf.: **a)** *am* (*are, is*) *to* ska, skall [*when am I to come back?*] **b)** *was* (*were*) *to* skulle [*he was never to come back again*; *if I* (*he*) *were to tell you...*]; kunde [*the book was not to ~ found*]
beach [bi:tʃ] **I** *s* strand; havsstrand, sandstrand; badstrand; ~ *ball* badboll **II** *vb tr* sätta (jaga) på land; dra upp [~ *a boat*]
beachcomber ['bi:tʃ,kəʊmə] strandgodssökare
beacon ['bi:k(ə)n] **1** mindre fyr; sjömärke; prick; flygfyr **2** signaleld, vårdkas **3** [globformigt] trafikmärke, trafikljus som markerar övergångsställe [*flashing* ~]
bead [bi:d] **1** pärla av glas, trä etc.; pl. ~*s* äv. pärlhalsband **2** pl. ~*s* radband **3** droppe; ~*s of sweat* svettpärlor **4** korn på gevär
beady ['bi:dɪ] pärlformig; om ögon små [och] lysande
beagle ['bi:gl] beagle hundras
beak [bi:k] **1** näbb **2** sl. kran näsa **3** sl. polisdomare
beaker ['bi:kə] **1** mugg **2** glasbägare för laboratorieändamål

beam [bi:m] **I** *s* **1** bjälke **2** sjö. däcksbalk; *on the starboard* (*port*) ~ tvärs om styrbord (babord) **3** stråle, strålknippe; riktad radiosignal; radiokurs; *low* ~ bil. halvljus **II** *vb tr* utstråla strålar, radiovågor o.d. **III** *vb itr* stråla [~ *with happiness*]
bean [bi:n] **1** böna; *in the* ~ omalet om kaffe **2** åld. vard. gosse [*old* ~*!*] **3** vard. rött öre [*I haven't a* ~; *not worth a* ~] **4** vard. skalle
1 bear [beə] **I** *s* **1** björn; ~ *hug* björnkram, väldig kram **2** bildl. brumbjörn [*a good-natured* ~ *of a man*]; *be like a* ~ *with a sore head* vara vresig (butter) **3** astron., *the Great* (*Lesser* el. *Little*) *B~* Stora (Lilla) björn[en] **4** börs. baissespekulant; ~ *market* baisse **II** *vb tr* börs. spekulera i kursfall (baisse) **III** *vb tr* börs. försöka pressa ned kursen (priset) på
2 bear [beə] (*bore borne* äv. *born*; se d.o.) **I** *vb tr* (se äv. under *III*) **1 a)** högtidl. el. poet. bära **b)** bildl. i en del uttr.: ~ *testimony* (*witness*) vittna; ~ *in mind* komma ihåg **2** bildl. bära [~ *arms*; ~ *a name*]; äga, ha [~ *some resemblance to*]; inneha [~ *a title*] **3** ~ *oneself* [upp]föra sig, uppträda [~ *oneself with dignity*] **4** hysa [~ *a grudge against a p.*; *the love she bore him*] **5** bära [upp] [~ *the weight of the roof*; ~ *the responsibility*] **6** uthärda; tåla **7** bära [~ *fruit*]; frambringa; föda [~ *a child*]; ~ *5 per cent interest* ge 5% ränta **II** *vb itr* (se äv. under *III*) **1** bära, hålla [*the ice doesn't* ~ *yet*] **2** tynga **3** *bring to* ~ sätta i gång; göra gällande [*bring one's influence to* ~]; applicera, tillämpa, utöva [*bring pressure to* ~] **4** bana sig fram; föra, gå [~ *to the right*]; isht sjö. bära, segla [~ *west*] **5** bära [frukt] **6** ~ *with a p.* fördra (tåla, ha tålamod med) ngn **III** *vb tr* o. *vb itr* med adv. isht i specialbet.:
~ **down:** tynga (trycka) ned; slå ner [~ *down all resistance*], övervädliga
~ **out** [under]stödja; bekräfta; *you will* ~ *me out that...* du kan intyga att...; *be borne out by events* **a)** vara (bli) sannspådd **b)** besannas genom händelsernas utveckling
~ **up** hålla uppe; hålla modet uppe; ~ *up!* tappa inte modet!
bearable ['beərəbl] uthärdlig
beard [bɪəd] **I** *s* **1** skägg **2** bot. agn **3** sl. skägg, skäggprydd person **II** *vb tr* djärvt möta; ~ *the lion in his den* bildl. uppsöka lejonet i dess kula
bearded ['bɪədɪd] skäggig, med skägg
bearer ['beərə] **1** bärare **2** bud **3** innehavare; ~ *bonds* innehavarpapper
bearing ['beərɪŋ] **1** hållning **2** betydelse;

förhållande; syftning; *have ~ [up]on* äv. stå i samband med **3** bärande; hysande; uthärdande etc., jfr *2 bear* **4** riktning i vilken plats ligger; läge; orientering; sjö. pejling, bäring; *have lost one's ~s* inte veta var man är, ha tappat orienteringen **5** tekn. lager

beast [biːst] **1** djur; isht fyrfota djur; best **2** ~ *[of burden]* lastdjur, dragdjur **3** [nöt]kreatur, göddjur **4** bildl. a) odjur b) skämts. usling *[you ~!]*

beastly ['biːs(t)lɪ] **I** *adj* djurisk; snuskig; vard. avskyvärd, gräslig; *what ~ weather!* vilket busväder! **II** *adv* vard. förfärligt

beat [biːt] **I** (*beat beaten* el. ibl. *beat*) *vb tr* **1** slå; piska; bulta; driva; slå med; *the attack was ~en off* anfallet slogs tillbaka **2** vispa *[~ eggs]*, vispa ihop **3** slå *[~ a record]*, besegra; amer. sl. lura; *that ~s the band* sl. det slår alla rekord; *can you ~ it (that)?* vard. har du hört på maken?; *it ~s me how* vard. jag fattar inte hur **4** trampa, gå upp väg; *~ a way (path)* bana [sig] väg **5** slå i buskar o.d. efter vilt; avdriva *[~ the woods (bush)]* **6** ~ *it* sl. kila, sticka **7** med adv. isht i specialbet.:
~ down the price pruta ned priset
~ out a) smida, hamra ut b) trampa upp *[~ out a path]*
~ up vispa *[~ up cream]*, vispa upp, röra till; driva upp villebråd; *~ a p. up* vard. klå upp (misshandla) ngn
II (*beat beaten* el. ibl. *beat*) *vb itr* **1** slå; om regn äv. trumma **2** slå *[his heart was still ~ing]* **3** ~ *[down]* gassa om solen
III *s* **1** [taktfast (regelbundet)] slag (ljud); takt; bultande etc., jfr *I* o. *II* **2** rond; pass; polismans patrulleringsområde; *that's off (out of) my ~* bildl. det ligger utanför mitt område **3** fys. svävning; radio. svängning *[~ frequency]*
IV *adj* vard. utmattad, slagen

beaten ['biːtn] (av *beat*) **1** slagen; piskad; hamrad; vispad **2** besegrad; vard. utmattad, uttröttad **3** tilltrampad, utnött; *the ~ track* de gamla hjulspåren

beater ['biːtə] **1** slagverktyg ss. klubba, stöt; [matt]piskare **2** visp **3** drevkarl

beating ['biːtɪŋ] **1** slående etc., jfr *beat I* o. *II*; slag **2** a) stryk; bildl. äv. nederlag b) misshandel; *get a ~* få stryk

beautician [bjuːˈtɪʃ(ə)n] kosmetolog

beautiful ['bjuːtəf(ə)l, -tɪf-] skön, vacker

beautify ['bjuːtɪfaɪ] försköna, pryda

beauty ['bjuːtɪ] **1** skönhet; *~ queen* skönhetsdrottning; *~ treatment* skönhetsbehandling; *B~ and the Beast* ung. prinsessan och trollet, skönheten och odjuret **2** förträfflighet; *that's the ~ of it* det är just det som är bra (det fina) **3** pl. *beauties* attraktioner, sevärdheter *[the beauties of Rome]*

beauty spot ['bjuːtɪspɒt] **1** musch **2** naturskön plats

beaver ['biːvə] **I** *s* bäver; bäverskinn; *as busy as (work like) a ~* flitig (arbeta flitigt) som en myra **II** *vb itr*, *~ away* arbeta (jobba) flitigt *[at med]*

became [bɪˈkeɪm] imperf. av *become*

because [bɪˈkɒz, bəˈkɒz, vard. äv. kɒz, kəz] **I** *konj* därför att, emedan **II** *adv*, *~ of* för...skull, på grund av

beck [bek], *be at a p.'s ~ and call* lyda ngns minsta vink

beckon ['bek(ə)n] **I** *vb itr* göra tecken **II** *vb tr* göra tecken åt; vinka till sig

become [bɪˈkʌm] (*became become*) **I** *vb itr* **1** bli; *~ a habit* bli [till] en vana **2** *what has ~ of it?* vart har det tagit vägen?; *what has ~ of him?* vad har det blivit av honom? **II** *vb tr* passa

becoming [bɪˈkʌmɪŋ] passande, tillbörlig; klädsam

bed [bed] **I** *s* **1** bädd; säng; bolster *[feather ~]*; strö; *~ and board* kost och logi; *~ and breakfast* rum inklusive frukost; *make the ~[s]* bädda; *you've made (as you make) your ~ so you must lie on it* som man bäddar får man ligga; *be in ~ with [the] flu* ligga [sjuk] i influensa; *get out of ~ on the wrong side* vard. vakna på fel sida; *get to ~* komma i säng; *put to ~* lägga, stoppa i säng **2** [trädgårds]säng **3** [flod]bädd **II** *vb tr* **1** plantera *[~ out]* **2** bädda in (ned) fixera **III** *vb itr*, *~ down* gå till sängs

bedbug ['bedbʌɡ] vägglus

bedclothes ['bedkləʊðz] sängkläder

bedding ['bedɪŋ] **1** sängkläder **2** strö

bedevil [bɪˈdevl] **1** komplicera *[problems that ~ racial relations]*, försvåra **2** pina

bedfellow ['bed,feləʊ] **1** sängkamrat **2** kamrat, medhjälpare

bedlam ['bedləm] tumult, kaos, kalabalik

bedpan ['bedpæn] [stick]bäcken

bedridden ['bed,rɪdn] fjättrad vid sängen, sängliggande

bedrock ['bedrɒk] **1** berggrund **2** bildl. grundval, hörnsten; *get down to ~* bildl. (ung.) gå till botten

bedroom ['bedruːm, -rʊm] sovrum, sängkammare; *~ suburb (town)* amer. sovstad

bedside ['bedsaɪd], *at the ~* vid sängkanten; *~ book* sänglektyr; *~ table* nattduksbord

bedsitter [ˌbedˈsɪtə] [möblerad] enrummare
bedsore [ˈbedsɔː] liggsår
bedspread [ˈbedspred] sängöverkast
bedstead [ˈbedsted] sängstomme, säng själva möbeln
bedtime [ˈbedtaɪm] sängdags [*it's ~ now!*]; *~ story* godnattsaga
1 bee [biː] bi; *have a ~ in one's bonnet* ha en fix idé
2 bee [biː] **1** isht amer. träff [för gemensamt arbete (nöje)]; syförening; *sewing ~* amer. syjunta, syförening **2** *spelling ~* stavningstävling
beech [biːtʃ] bot. bok; *~ nut* bokollon
beef [biːf] **I** *s* **1** oxkött; *~ cube* buljongtärning **2** (pl. *beeves* el. isht amer. äv. *~s*) oxe isht gödd; biffdjur; *~ cattle* biffdjur **3** sl. styrka; muskler **4** (pl. *~s*) sl. klagomål **II** *vb itr* sl. gnälla, knota **III** *vb tr* sl. förstärka
beefburger [ˈbiːfˌbɜːgə] se *hamburger*
beefeater [ˈbiːfˌiːtə] populär benämning på a) livgardist b) vaktare i Towern
beefsteak [ˈbiːfsteɪk] biff[stek]; *~ tomato* bifftomat
beefy [ˈbiːfɪ] **1** [som är] lik oxkött **2** fast, kraftig, stark **3** trög; fet
beehive [ˈbiːhaɪv] bikupa
bee-keeper [ˈbiːˌkiːpə] biodlare
beeline [ˈbiːlaɪn], *make a ~ for* ta närmaste (raka) vägen till, gå raka spåret fram till
been [biːn, bɪn] perf. p. av *be*
beep [biːp] **I** *s* tut äv. signal **II** *vb itr* tuta
beer [bɪə] öl; maltdryck
beet [biːt] bot. beta; amer. äv. rödbeta; *red ~* rödbeta
beetle [ˈbiːtl] **I** *s* skalbagge; vard. kackerlacka **II** *vb itr* sl. rusa, kila [*~ out*]
beetroot [ˈbiːtruːt] rödbeta
befall [bɪˈfɔːl] (*befell befallen*) litt. **I** *vb tr* hända, ske; *what has ~en him?* vad har hänt med (har det blivit av) honom? **II** *vb itr* hända
before [bɪˈfɔː] **I** *prep* framför; före; *~ long* inom kort; *~ the wind* sjö. för vinden **II** *adv* framför; förut; förr **III** *konj* innan
beforehand [bɪˈfɔːhænd] på förhand; i förväg
befriend [bɪˈfrend] bli vän med; vara vänlig mot; gynna
beg [beg] **I** *vb tr* **1** tigga **2** be (tigga) om [*~ a cigarette*]; [tigga och] be [*~ a p. to do*]; *~ to* be att få [*~ to do a th.*] **3** *~ the question* svara undvikande, kringgå [sak]frågan **II** *vb itr* **1** tigga [*~ of a p.*; *~ for* (om) *alms*]; om hund sitta vackert; *go ~ging* a) gå och tigga b) vara ledig [*there is a job going ~ging*] **2** [tigga och] be, anhålla

began [bɪˈgæn] imperf. av *begin*
beggar [ˈbegə] **I** *s* **1** tiggare; fattig stackare; *~s cannot* (*can't*) *be choosers* man får ta vad man kan få **2** vard. kanalje; gynnare; *the little* (*young*) *~* skämts. den lille rackaren **II** *vb tr* **1** göra till tiggare **2** *~ description* trotsa all beskrivning
begin [bɪˈgɪn] (*began begun*) **I** *vb itr* börja; *to ~ with* a) för det första b) till att börja med, först **II** *vb tr* börja [med] [*when did you ~ English?*]; börja på [*he has begun a new book*]; *~ to do a th.* el. *~ doing a th.* börja [att] göra ngt
beginner [bɪˈgɪnə] nybörjare; person som börjar
beginning [bɪˈgɪnɪŋ] **1** början, begynnelse; ursprung; *now we can see the ~ of the end* nu kan vi äntligen skönja slutet **2** pl. *~s* första början, begynnelsestadium; upprinnelse
begonia [bɪˈgəʊnɪə] bot. begonia
begrudge [bɪˈgrʌdʒ] se *grudge I 1*
beguile [bɪˈgaɪl] **1** lura, narra [*~ a p. into* (till) *doing a th.*], bedra[ga]; *~ a p.* [*out*] *of a th.* lura av ngn ngt; lura (bedra) ngn på ngt **2** roa **3** fördriva, få tid o.d. att gå
begun [bɪˈgʌn] perf. p. av *begin*
behalf [bɪˈhɑːf], *on* (amer. äv. *in*) *a p.'s ~* i ngns ställe, för ngns skull (räkning); *act on* (amer. äv. *in*) *~ of* vara ombud för
behave [bɪˈheɪv] **I** *vb itr* **1** uppföra sig [*~ well* (*badly*)]; bära sig åt; fungera; *~ towards* (*to*) handla [gent]emot, behandla **2** uppföra sig ordentligt (väl), sköta sig **II** *vb rfl*, *~ oneself* a) uppföra sig ordentligt (väl) isht om o. till barn [*~ yourself!*] b) uppföra (bete) sig
behaviour [bɪˈheɪvjə] **1** uppförande; beteende äv. psykol.; sätt, hållning; uppträdande; sätt att reagera; *be on one's best ~* uppföra (sköta) sig så väl som möjligt; om barn vara riktigt snäll **2** sätt att arbeta (fungera)
behead [bɪˈhed] halshugga
beheld [bɪˈheld] imperf. o. perf. p. av *behold*
behind [bɪˈhaɪnd] **I** *prep* bakom; *his hands ~ his back* [med] händerna på ryggen; *try to put it ~ you!* försök att glömma det! **II** *adv* bakom; bakpå; bakåt; efter sig; efter; kvar [*stay* (*remain*) *~*]; *be ~* *with* (*in*) *one's payments* (*work*) ligga efter (ha kommit på efterkälken) med betalningarna (arbetet) **III** *s* vard. bak
behindhand [bɪˈhaɪndhænd] efter [*~ with* (*in*) *one's work*]; efterbliven, efter sin tid; sen; för sen[t]

behold [bɪ'həʊld] (*beheld beheld*) litt. skåda
beholder [bɪ'həʊldə] åskådare
beige [beɪʒ] *s* o. *adj* beige [färg]
being ['biːɪŋ] I *adj*, *for the time* ~ för närvarande (tillfället); tillsvidare II *s* 1 tillvaro; liv; *come into* ~ bli till, skapas 2 [innersta] väsen 3 väsen[de]; varelse [*man is a rational* ~] 4 människa [äv. *human* ~]
Belarus [ˌbelə'ruːs] Vitryssland
Belarussian [ˌbelə'rʌʃ(ə)n] I *s* vitryss II *adj* vitrysk
belated [bɪ'leɪtɪd] försenad; uppehållen; senkommen; förlegad
belch [beltʃ] I *vb itr* rapa II *vb tr* spy ut eld o.d. III *s* rap[ning]
belfry ['belfrɪ] 1 klocktorn 2 vard., *have bats in the* ~ ha tomtar på loftet
Belgian ['beldʒ(ə)n] I *adj* belgisk II *s* belgare
Belgium ['beldʒəm] Belgien
Belgrade [bel'greɪd] Belgrad
belie [bɪ'laɪ] motsäga; handla i strid mot
belief [bɪ'liːf] tro; övertygelse; tilltro; *a man of strong* ~*s* en man med bestämda åsikter
believable [bɪ'liːvəbl] trolig
believe [bɪ'liːv] I *vb itr* tro; ~ *in* tro på [~ *in God* (*a doctrine*)], ha förtroende för, ha tilltro till; tro på [nyttan av] II *vb tr* tro; tro på; *would you* ~ *it!* kan man tänka sig!; *make a p.* ~ *that* inbilla ngn att; *make* ~ låtsas
believer [bɪ'liːvə] 1 troende [person] 2 *a* ~ *in* en som tror på, en anhängare av
belittle [bɪ'lɪtl] minska; förringa
bell [bel] I [ring]klocka; bjällra; sjö. glas halvtimme; boxn. gonggong; *clear as a* ~ klockren; *does that ring a* ~? vard. säger det dig något? 2 [blom]klocka 3 klockstycke på blåsinstrument
belle [bel] skönhet; *the* ~ *of the ball* balens drottning
belligerent [bə'lɪdʒər(ə)nt] I *adj* 1 krigförande 2 stridslysten II *s* krigförande makt; *the* ~*s* äv. de stridande
bellow ['beləʊ] I *vb itr* 1 böla; skrika 2 ryta; dåna, dundra II *vb tr*, ~ [*out*] ryta
bellows ['beləʊz] (konstr. ss. sg. el. pl.; pl. *bellows*) [blås]bälg; *a pair of* ~ en [blås]bälg
belly ['belɪ] I *s* buk; mage [*with an empty* ~]; underliv II *vb itr*, ~ [*out*] bukta sig, svälla [ut] om t.ex. segel
belly-ache ['belɪeɪk] I *s* magknip; *have a* ~ äv. ha ont i magen II *vb itr* vard. gnälla, knota

belly button ['belɪbʌtn] vard. navel
belong [bɪ'lɒŋ] 1 ha sin plats; ~ *among* räknas bland (till); ~ *here* höra hit 2 ~ *to* tillhöra; höra till; höra hemma i; vara medlem av (i) 3 passa in [i miljön]; *he felt he didn't* ~ han kände sig utanför
belonging [bɪ'lɒŋɪŋ] 1 pl. ~*s* tillhörigheter; grejer 2 samhörighet
Belorussia [ˌbeləʊ'rʌʃə] Vitryssland
beloved [bɪ'lʌvd, attr. o. ss. subst. äv. -vɪd] I *adj* älskad II *s* älskling; *my* ~ äv. min älskade
below [bɪ'ləʊ] nedanför; nedan; inunder [*in the rooms* ~]; sjö. under däck; *it is* ~ *me* bildl. det är under min värdighet
belt [belt] I *s* 1 bälte i olika bet.; zon [*wheat* ~]; skärp, livrem, svångrem; *green* ~ grönbälte; *hit below the* ~ ge ett slag under bältet äv. bildl. 2 mil. ammunitionsgördel; gehäng 3 [driv]rem; ~ *pulley* remskiva II *vb tr* 1 förse (fästa) med bälte etc.; omgjorda; ~*ed tyre* bältdäck 2 prygla med rem 3 ~ *out* vard. sjunga med hög hes röst, vråla III *vb itr* sl. 1 kuta; ~ *along* flänga (susa) i väg 2 ~ *up!* håll klaffen!
beltway ['beltweɪ] amer. kringfartsled
bemoan [bɪ'məʊn] begråta
bench [ben(t)ʃ] 1 bänk äv. sport.; säte 2 *the* ~ domarkåren, domarna 3 arbetsbord
bend [bend] I (*bent bent*, dock ~*ed* i *on* ~*ed knees*) *vb tr* 1 böja; tekn. äv. bocka, vika; *on* ~*ed knees* på sina bara knän, bönfallande 2 luta [ner] II (*bent bent*) *vb itr* 1 böja (kröka) sig; svikta 2 luta (böja) sig [*down* (*forward*)]; stå (sitta) nedlutad 3 böja av 4 böja sig, [ge] vika III *s* 1 böjning; böjd del; krök; kurva; *Bends* [*for One Mile*] trafik. kurvig väg...; *he drives me round the* ~ vard. han gör mig galen 2 *the* ~*s* (konstr. ss. sg. el. pl.) dykarsjuka 3 sl., *go* (*be*) *on the* ~ vara ute och festa (slå runt)
beneath [bɪ'niːθ] nedanför; nedan; *he is* ~ *contempt* han är under all kritik; *it is* ~ *him* det är under hans värdighet
benediction [ˌbenɪ'dɪkʃ(ə)n] välsignelse
benefactor ['benɪfæktə] välgörare
beneficial [ˌbenɪ'fɪʃ(ə)l] välgörande, hälsosam
beneficiary [ˌbenɪ'fɪʃərɪ] förmånstagare; testamentstagare; betalningsmottagare
benefit ['benɪfɪt] I *s* 1 förmån, fördel, nytta, utbyte; understöd; *for the* ~ *of a p.* till förmån (gagn) för ngn; för ngns skull; *give a p. the* ~ *of* låta ngn dra nytta av 2 ~ *performance* välgörenhetsföreställning II *vb tr* göra ngn gott (nytta), vara till

nytta för **III** *vb itr*, *~ by* (*from*) ha (dra) nytta av, ha behållning (utbyte) av, fara väl av, vinna på
benevolence [bɪ'nevələns] välvilja
benevolent [bɪ'nevələnt] **1** välvillig **2** välgörenhets- [*~ society*]; *~ fund* understödsfond
Bengal [beŋ'gɔ:l, attr. '--] **I** geogr. Bengalen **II** *attr adj* bengalisk [*~ tiger*]; *~ light* bengalisk eld
benign [bɪ'naɪn] **1** välvillig, godhjärtad **2** gynnsam [*~ climate*]; välgörande **3** med. godartad [*~ tumour*]; lindrig
bent [bent] **I** *s* **1** böjelse [*follow one's ~*]; anlag [*have a ~ for painting*], inriktning **2** *to the top of one's ~* så mycket man kan (förmår), till det yttersta **II** imperf. av *bend* **III** *perf p* o. *adj* **1** böjd etc., jfr *bend I*; rynkad [*~ brow*] **2** *be ~* [*up*]*on* ha föresatt sig [*doing a th.* att göra ngt] **3** vard. korrumperad
benzine ['benzi:n, -'-] tvättbensin
bequeath [bɪ'kwi:ð, -kwi:θ] testamentera lösegendom; efterlämna, lämna i arv
bequest [bɪ'kwest] **1** testamente **2** testamentarisk gåva, legat
bereave [bɪ'ri:v] (*bereft bereft* el. *~d ~d*) beröva; perf. p. *~d* lämnad ensam; ss. attr. äv. efterlämnad, sörjande [*the ~d husband*]
bereavement [bɪ'ri:vmənt] smärtsam förlust [genom dödsfall]; dödsfall [*a ~ in the family*]
bereft [bɪ'reft] imperf. o. perf. p. av *bereave*
beret ['bereɪ, 'berɪ] basker[mössa]
Berlin [stad i Tyskland o. tonsättare bɜ:'lɪn, attr. äv. '--] **I** Berlin **II** *attr adj* berlinsk, berliner-
Bermuda [bə'mju:də] geogr. Bermuda; *the ~s* Bermudaöarna
berry ['berɪ] **I** *s* **1** bär **2** [*coffee*] *~* kaffeböna; *brown as a ~* chokladbrun, brunbränd **II** *vb itr* **1** om buske o.d. få bär **2** plocka bär [*go ~ing*]
berserk [bə'sɜ:k] **I** *s* bärsärk **II** *adj*, *go* (*run*) *~* gå bärsärkagång
berth [bɜ:θ] **1** koj[plats]; hytt; *lower ~* underkoj, underbädd; *upper ~* överkoj, överbädd **2** kajplats; ankarplats **3** sjörum för båt; *give* [*a p.* (*a th.*)] *a wide ~* hålla sig på avstånd från..., undvika...
beseech [bɪ'si:tʃ] (*besought besought*) litt. bönfalla
beset [bɪ'set] (*beset beset*) **1** belägra **2** bildl. ansätta; *be ~ with* vara förenad med (full av) [*be ~ with difficulties*]
besetting [bɪ'setɪŋ] outrotlig, inrotad; *~ sin* skötesynd

beside [bɪ'saɪd] **1** bredvid; nära **2** *~ oneself* utom (ifrån) sig [*with* av]
besides [bɪ'saɪdz] **I** *adv* dessutom; för resten **II** *prep* [för]utom, jämte; *no one ~ you* ingen utom (mer än, annan än) du
besiege [bɪ'si:dʒ] **1** belägra **2** bildl. bestorma
besotted [bɪ'sɒtɪd] **1** bedårad; betagen **2** omtöcknad; berusad
besought [bɪ'sɔ:t] imperf. o. perf. p. av *beseech*
bespoke [bɪ'spəʊk] [mått]beställd [*a ~ suit*]; beställnings- [*~ tailoring*]
best [best] **I** *adj* o. *adv* (superl. av *good* o. *2 well*) bäst; ss. adv. äv. mest; helst; *~ boy* film. el. TV. passarassistent, elektrikerassistent; *the ~ part of* äv. största delen (det mesta) av; *~ room* finrum; *as ~ he could* så gott han kunde **II** *s* **1** det, den, de bästa; fördel; *all the ~* ha det så bra!, lycka till!; *look one's ~* vara [som mest] till sin fördel; *get* (*have*) *the ~ of it* avgå med segern, få (ha) övertaget; *at ~* i bästa fall, på sin höjd; *it is all for the ~* det är bäst som sker; *to the ~ of one's power* (*ability*) efter bästa förmåga, så gott man kan **2** bästa kläder; *dressed in one's Sunday ~* söndagsklädd **3** vard., *get six of the ~* få sex rapp, få stryk **4** vard., *he is one of the ~* han är en hygglig karl **III** *vb tr* vard.; få övertaget över
bestial ['bestjəl] djurisk
bestow [bɪ'stəʊ] **1** skänka, tilldela **2** använda
best-seller [,bes(t)'selə] bestseller
bet [bet] **I** *s* vad; *a heavy ~* ett högt vad; *he* (*it*) *is a safe ~* han (det) är ett säkert kort; *make a ~* slå vad **II** (*bet bet* ibl. *~ted ~ted*) *vb tr* o. *vb itr* **1** slå vad [om]; *I ~ you a fiver that...* jag slår vad om fem pund [med dig] att...; *~ on* [*a horse*] hålla (satsa, sätta) på... **2** vard., *you ~!* var så säker!, det kan du skriva upp!, bergis!
betray [bɪ'treɪ] **1** förråda [*~ one's country*], svika [*~ one's ideals*; *~ a p.'s confidence*]; bedra **2** röja [*~ a secret*], avslöja **3** förleda
betrayal [bɪ'treɪəl] **1** förrådande; förräderi, svek **2** avslöjande
1 better ['betə] **I** *adj* o. *adv* (komp. av *good* o. *2 well*) bättre; ss. adv. äv. mera; hellre; *his ~ half* hans äkta (bättre) hälft; *the ~ part of* äv. större delen (det mesta) av; *the ~ part of an hour* nära nog en timme; *be ~ off* ha det bättre ställt; ha det (klara sig) bättre; *think ~ of it* komma på bättre (andra) tankar; *you had ~ try* det är bäst att du försöker **II** *s*, *one's ~s* folk som är

förmer [än man själv]; *the sooner the ~ ju förr dess hellre* (bättre); *get the ~ of* få övertaget över; [lyckas] få sista ordet i [*she always gets the ~ of these quarrels*] **III** *vb tr* **1** förbättra; bättra på [*~ a record*]; överträffa **2** *~ oneself* få det bättre ställt, komma fram (sig upp) **2 better** ['betə] vadhållare
betting ['betɪŋ] vadhållning; *~ office* (*shop*) vadhållningsbyrå
between [bɪ'twi:n] **I** *prep* **1** [e]mellan; *something ~* [*a sofa and a bed*] någonting mitt emellan..., ett mellanting mellan...; *~ you and me* el. *~ ourselves* oss emellan [sagt] **2 a)** *~ us* (*you, them*) tillsammans, gemensamt; med förenade krafter **b)** *~ writing and lecturing* [*my time is fully taken up*] eftersom jag både skriver och föreläser... **II** *adv* emellan; *in ~* dessemellan, däremellan
bevel ['bev(ə)l] **I** *s* **1** smygvinkel; kon **2** fas **II** *vb tr* snedhugga; snedda; fasa [av]
beverage ['bevərɪdʒ] dryck isht tillagad, ss. te, kaffe etc.
bevy ['bevɪ] flock; hop; *a ~ of beauties* en samling skönheter
bewail [bɪ'weɪl] **I** *vb tr* klaga (sörja) över [*~ one's lot*] **II** *vb itr* klaga, sörja
beware [bɪ'weə], *~ of* akta sig för, ta sig till vara för; *~ of pickpockets!* varning för ficktjuvar!
bewilder [bɪ'wɪldə] förvirra, förvilla, förbrylla
bewitch [bɪ'wɪtʃ] **1** förhäxa **2** förtrolla, tjusa
beyond [bɪ'jɒnd, bɪ'ɒnd] **I** *prep* **1** bortom, på andra sidan [om] [*~ the bridge*]; längre än till **2** senare än, efter **3** utom, utöver [*he has nothing ~ his pension*], med undantag av; över [*live ~ one's means*]; *it's ~ belief* det är otroligt (obegripligt); *it is ~ me* a) det går över mitt förstånd b) det är mer än jag förmår (kan, orkar) c) det är mer än jag vet; *I would not put it ~ him* vard. det skulle jag gott kunna tro om honom **II** *adv* **1** bortom [*what is ~?*]; längre [*not a step ~*] **2** därutöver, mera [*nothing ~*] **3** [*prepare for the changes of the next five years*] *and ~* ...och framöver **III** *s* **1** *the ~* det okända, livet efter detta **2** [*at*] *the back of ~* bortom all ära och redlighet
biannual [baɪ'ænjʊəl] **I** *adj* **1** halvårs-; inträffande två gånger om året [*a ~ journal* (*review*)] **2** se *biennial I*
bias ['baɪəs] **I** *s* **1 a)** förutfattad mening; fördom[ar] [*he has a ~ against foreigners*]; partiskhet; *he is without ~*

han är fördomsfri (objektiv) **b)** benägenhet **2** på tyg diagonal; *cut on the ~* klippt på snedden, snedskuren **3** ensidig belastning på bowlsklot **4** på t.ex. kassettdäck bias, förmagnetisering **II** (*biased biased* el. *biassed biassed*) *vb tr* **1** göra partisk (fördomsfull); inge fördomar; inge förkärlek **2** förse med sidotyngd
biased o. **biassed** ['baɪəst] partisk; fördomsfull; *be ~* äv. ha fördomar, ha en förutfattad mening
bib [bɪb] haklapp; bröstlapp på förkläde
bible ['baɪbl] bibel; *the* [*Holy*] *B~* Bibeln
biblical ['bɪblɪk(ə)l] biblisk; bibel- [*~ quotation*]; *~ style* bibliskt språkbruk
bibliography [,bɪblɪ'ɒɡrəfɪ] bibliografi
bicarbonate [baɪ'kɑ:bənət], *~* [*of soda*] bikarbonat
bicentenary [,baɪsen'ti:nərɪ, baɪ'sentɪn-] tvåhundraårsdag, tvåhundraårsjubileum
biceps ['baɪseps] (pl. lika el. ibl. *~es*) anat. biceps
bicker ['bɪkə] gnabbas
bicycle ['baɪsɪkl] **I** *s* cykel **II** *vb itr* cykla
bicyclist ['baɪsɪklɪst] cyklist
bid [bɪd] **I** (*bid bid*; i bet. *2-4*: imperf. *bade, bid*; perf. p. *bidden, bid, bade*) *vb tr* **1** bjuda på auktion o. i kortspel; [*two hundred*] *~!* ...bjudet! **2** i högre stil befalla; *do as you are ~* gör som du är tillsagd **3** *~ defiance to* litt. utmana, trotsa **4** säga [*~ farewell to a p.*], hälsa [*~ a p. good morning*]; *~ a p. welcome* hälsa ngn välkommen **II** (*bid bid*) *vb itr* **1** bjuda på auktion; *~ against a p.* bjuda över ngn; tävla med ngn [*for* om]; *~ for* [*popularity*] vara ute efter... **2** *~ fair to* ha goda utsikter att, se ut (arta sig till) att **III** *s* **1** bud på auktion o. i kortspel; försök, satsning; *no ~* kortsp. pass **2** isht amer. anbud **3** amer. vard. inbjudan
bidden ['bɪdn] perf. p. av *bid*
bidder ['bɪdə] person som bjuder på auktion o. i kortspel; anbudsgivare; *the highest* (*best*) *~* den högstbjudande
bidding ['bɪdɪŋ] **1** bud på auktion; anbud; budgivning i kortspel **2** befallning, påbud [*at his ~*]; *do* (*follow*) *a p.'s ~* lyda ngn
bide [baɪd], *~ one's time* bida sin tid
bidet ['bi:deɪ, amer. bɪ'deɪ] bidé
biennial [baɪ'enɪəl] **I** *adj* **1** tvåårig; bot. biennn **2** inträffande [en gång] vartannat år **II** *s* tvåårig (bienn) växt
bier [bɪə] likbår; bildl. grav
big [bɪɡ] **I** *adj* **1** stor [*a ~ horse*; *the ~ issue* (frågan); *when I am ~*], storväxt; stor- [*~ toe*]; *great ~* vard. jättestor [*a great ~*

bear], stor stark [*a great ~ man*]; *the B~ Apple* vard., beteckn. för *New York*; *~ brother* storebror; *football has become ~ business* fotboll handlar numera om stora pengar; *B~ Dipper* berg-och-dal-bana; *the B~ Dipper* amer. vard. (astron.) Karlavagnen; [*great*] *~ headlines* [stora] feta rubriker; *~ noise* (*shot, cheese*) sl. a) storpamp, höjdare b) bas, boss; *the B~ Smoke* vard., beteckn. för *London* **2** litt., *~ with child* i grossess **II** *adv* vard. malligt [*act ~*]; *talk ~* vara stor i orden
bigamist ['bɪgəmɪst] bigamist
bigamy ['bɪgəmɪ] bigami
bighead ['bɪghed] vard. viktigpetter
bigheaded [ˌbɪg'hedɪd] vard. uppblåst
bighearted [ˌbɪg'hɑːtɪd] generös
bigot ['bɪgət] bigott person; *he's a ~* han är bigott
bigoted ['bɪgətɪd] bigott; trångsynt
bigotry ['bɪgətrɪ] bigotteri; trångsynthet
bigwig ['bɪgwɪg] sl. högdjur, höjdare, pamp
bike [baɪk] vard. förk. för *bicycle* **I** *s* cykel; *on your ~!* sl. stick! **II** *vb itr* cykla
bikini [bɪˈkiːnɪ] bikini
bilateral [baɪˈlæt(ə)r(ə)l] bilateral, ömsesidig [*a ~ agreement*]
bilberry ['bɪlb(ə)rɪ] blåbär
bile [baɪl] fysiol. galla; bildl. äv. ilska; *~ acid* gallsyra; *~ duct* gallgång
bilingual [baɪˈlɪŋgw(ə)l] tvåspråkig
bilious ['bɪlɪəs] med. a) gall- b) som lider av gallsten c) full av galla; *~ attack* gallstensanfall
1 bill [bɪl] **I** *s* näbb **II** *vb itr*, *~* [*and coo*] näbbas isht om duvor; *~ and coo* kyssas och smekas
2 bill [bɪl] **I** *s* **1** lagförslag; bill; proposition [eg. *Government B~*]; motion; *bring in* (*introduce*) *a ~* framlägga en proposition, väcka motion **2** räkning [*put it down in* (*on*) *the ~*; *the ~, please!*]; *foot the ~* vard. betala kalaset (räkningen) **3** anslag; *post a ~* sätta upp en affisch (ett anslag) **4** bank. växel [äv. *~ of exchange*]; *~ at sight* avistaväxel **5** amer. sedel [*a ten-dollar ~*] **6** i vissa uttryck: förteckning, intyg; *~ of fare* matsedel; teat. o.d. vard. program; *get a clean ~ of health* bli friskförklarad **II** *vb tr* **1** affischera **2** *~ a p. for a th.* debitera ngn för ngt
billboard ['bɪlbɔːd] amer. affischtavla
billet ['bɪlɪt] isht mil. **I** *s* **1** (civil) inkvartering; *be* (*live*) *in ~s* vara civilt inkvarterad **2** vard. jobb **II** *vb tr* inkvartera [i det civila]
billiards ['bɪljədz] (konstr. ss. sg.) biljard [*play ~*]; biljardspel

billion ['bɪljən] miljard
billionaire [ˌbɪljəˈneə] miljardär
billow ['bɪləʊ] **I** *s* litt. stor våg **II** *vb itr* bölja; *~ out* välla ut
billy ['bɪlɪ] amer. klubba; [polis]batong
billy goat ['bɪlɪgəʊt] getabock
bin [bɪn] lår; låda; [bröd]burk; fack
binary ['baɪnərɪ] binär [*~ system*]; dubbel- [*~ star*]; *~ digit* binär siffra
bind [baɪnd] **I** (*bound bound*; se äv. *1 bound*) *vb tr* **1** binda [fast], fästa; binda ihop; kok. reda; *~ together* binda ihop (bildl. förena) [med varandra] **2** binda om; *~* [*up*] förbinda sår **3** binda [in] [*~ books*] **4** förbinda; *~ oneself to* förbinda sig att; *~ a p. to secrecy* ta tysthetslöfte av ngn; *be bound over* jur. få villkorlig dom **5** [*some kinds of food*] *~ the bowels* ...förstoppar **6** sl. tråka ut **II** (*bound bound*) *vb itr* **1** hålla (sitta) ihop **2** fastna **3** vara bindande [*a contract ~s*] **4** sl. kvirra **III** *s* sl. tråkmåns; gnällspik; *it's a ~* det är dötrist
binder ['baɪndə] **1** band **2** [lösblads]pärm **3** tekn. förbindning; bindemedel **4** bokbindare
binding ['baɪndɪŋ] **I** *s* **1** bindning, bindande etc., jfr *bind I* o. *II* **2** förband; binda **3** boktr. [bok]band **II** *adj* bindande
binge [bɪndʒ] vard. **I** *s* supkalas, [sprit]fest; *be* (*go*) *on a ~* vara ute och svira (rumla) **II** *vb tr* festa
bingo ['bɪŋgəʊ] bingo
binocular [bɪˈnɒkjʊlə] *s*, pl. *~s* [teater]kikare, fältkikare; *a pair of ~s* en kikare
biochemistry [ˌbaɪə(ʊ)ˈkemɪstrɪ] biokemi
biodegradable [ˌbaɪə(ʊ)dɪˈgreɪdəbl] biol. biologiskt nedbrytbar
biographer [baɪˈɒgrəfə] levnadstecknare
biography [baɪˈɒgrəfɪ] biografi
biological [ˌbaɪə(ʊ)ˈlɒdʒɪk(ə)l] biologisk; *~ clock* biologisk klocka; *~ warfare* biologisk krigföring
biologist [baɪˈɒlədʒɪst] biolog
biology [baɪˈɒlədʒɪ] biologi
biotechnology [ˌbaɪə(ʊ)tekˈnɒlədʒɪ] bioteknik
birch [bɜːtʃ] **1** björk **2** [björk]ris
bird [bɜːd] **1** fågel; *~ of paradise* paradisfågel; *~ of prey* rovfågel; *a little ~ told me* en [liten] fågel viskade i mitt öra **2** vard. typ [*a queer ~*]; *an old ~* en gammal räv **3** sl. brud
birdcage ['bɜːdkeɪdʒ] fågelbur
bird cherry ['bɜːdˌtʃerɪ] bot. hägg
bird nest ['bɜːdnest] se *bird's-nest*

bird's-eye view [ˌbɜːdzaɪˈvjuː]
1 fågelperspektiv **2** överblick, översikt
bird's-nest [ˈbɜːdznest] **I** s fågelbo **II** vb itr
leta [efter] (plundra) fågelbon
bird-watcher [ˈbɜːdˌwɒtʃə] fågelskådare
Biro [ˈbaɪərəʊ] (pl. ~s) ® kul[spets]penna
birth [bɜːθ] **1** födelse; bildl. äv. uppkomst; födsel; ~ *pill* P-piller; *it was a difficult ~* det var en svår förlossning; *give ~ to* föda **2** ursprung; börd; *by ~* till börden; född [*Swedish by ~*]
birth certificate [ˈbɜːθsəˌtɪfɪkət] födelseattest
birth control [ˈbɜːθkənˌtrəʊl] födelsekontroll
birthday [ˈbɜːθdeɪ] födelsedag; *happy ~* [*to you*]*!* har den äran på födelsedagen!
birthmark [ˈbɜːθmɑːk] födelsemärke
birthplace [ˈbɜːθpleɪs] födelseort
birthrate [ˈbɜːθreɪt] nativitet, födelsetal
biscuit [ˈbɪskɪt] **1** kex; skorpa; amer. slät bulle; *fancy ~* [små]kaka **2** biskvi oglaserat porslin
bisect [baɪˈsekt] dela i två [lika] delar
bishop [ˈbɪʃəp] **1** biskop **2** schack. löpare
bison [ˈbaɪsn] (pl. lika) **1** bison[oxe] **2** visent
1 bit [bɪt] **1** borrande el. skärande del av verktyg: egg; borr[järn]; hyveljärn e.d. **2** bett på betsel; *take the ~ between one's teeth* a) ta i, bita ihop tänderna b) sätta sig på bakhasorna
2 bit [bɪt] **1** bit; stycke; *a ~* vard. litet, något, en smula (aning) [*a ~ tired, a ~ too small*]; ett tag (slag) [*wait a ~*]; *not a ~* vard. inte ett dugg [*not care a ~ for*; *not a ~ afraid*]; *it's a ~ much!* det var väl magstarkt!; *not the least little ~* inte det allra ringaste; *for a ~* ett [litet] tag; *~ by ~* bit för bit; undan för undan; *do one's ~* vard. göra sitt (sin plikt), dra sitt strå till stacken; *go* (*come*) *to ~s* gå i [små]bitar; *~s and pieces* småsaker, [små]prylar **2** litet mynt; *two* (*four*) *~s* amer. vard. 25 (50) cent
3 bit [bɪt] imperf. av *bite*
4 bit [bɪt] data. bit
bitch [bɪtʃ] **I** s **1** hynda, tik; rävhona [äv. ~ *fox*], varghona **2** sl. satkäring; slyna **II** vb itr sl. **1** gnälla, tjata **2** vara spydig
bite [baɪt] **I** (*bit bitten*; se äv. *bitten*) vb tr **1** bita; bita i (på); bita sig i [~ *one's lip*]; ~ *the dust* vard. bita i gräset, [få] stryka på foten; *what is biting you?* vad är det med dig? **2** svida (sticka, bränna, bita) i (på) **3** fräta på (in i) **4** om hjul o.d. få grepp i **II** (*bit bitten*) vb itr **1** bita; bitas; sticka[s]; *get something to ~ on* få någonting att

bita i **2** nappa; nappa på kroken **3** fräta; bita sig in **III** s **1** bett; stick **2** napp **3** munsbit; bit [mat]
biting [ˈbaɪtɪŋ] bitande, stickande; om vind äv. snål; om svar o.d. äv. svidande
bitten [ˈbɪtn] (av *bite*) **1** biten; ~ *with* biten (besatt) av **2** *be ~* bli lurad
bitter [ˈbɪtə] **I** adj **1** bitter, besk äv. bildl.; ~ *almond* bittermandel **2** skarp [*a ~ wind*; ~ *criticism*]; bitande kall **II** s **1** bitterhet **2** slags beskt öl [äv. ~ *beer*] **3** pl. *~s* bitter alkoholhaltig dryck [*gin and ~s*]; besk; bitter medicin **III** adv bitande [*it was ~ cold*]
bitterness [ˈbɪtənəs] bitterhet; förbittring
bitter-sweet [ˈbɪtəswiːt] adj bitterljuv, bittersöt
bitty [ˈbɪtɪ] plockig; osammanhängande
bitumen [ˈbɪtjʊmɪn, bɪˈtjuː-] miner. bitumen
bivouac [ˈbɪvʊæk] **I** s bivack **II** vb itr o. vb tr bivackera, gå (ligga) i bivack
bizarre [bɪˈzɑː] bisarr
blab [blæb] **I** vb itr sladdra; babbla **II** vb tr, ~ [*out*] sladdra om, babbla om
black [blæk] **I** adj svart; mörk båda äv. bildl.; ~ *art* svartkonst, svart magi; ~ *book* vard. anmärkningsbok; ~ *box* tekn. svart låda förseglad registreringsapparat, isht flyg. äv. färdskrivare; *the B~ Death* svarta döden, digerdöden på 1300-talet; ~ *grapes* blå druvor; *a ~ look* en mörk blick; ~ *magic* svart magi, svartkonst; [*the*] *B~ Maria* vard. (hist.) Svarta Maja polisens piketbil; ~ *pudding* blodkorv; ~ *velvet* beteckn. för drink av champagne och porter; [*beat*] *a p. ~ and blue* [slå] ngn gul och blå; *have a th. down in ~ and white* ha svart på vitt (ha papper, ha skriftligt) på ngt; *he is not as ~ as he is painted* han är bättre än sitt rykte; *everything went ~* det svartnade för ögonen på mig (honom *etc.*) **II** s **1** svart, svart färg **2** svart; *the Blacks* ibl. neds. de svarta den svarta befolkningen **3** vard., *in the ~* med överskott (vinst) **III** vb tr o. vb itr **1** svärta; blanka **2** ~ *a p.'s eye* ge ngn ett blått öga **3** ~ *out* a) stryka [ut] b) mörklägga
blackberry [ˈblækb(ə)rɪ] björnbär
blackbird [ˈblækbɜːd] koltrast
blackboard [ˈblækbɔːd] svart tavla; ~ *jungle* skola med stora ordningsproblem
blackcurrant [ˌblækˈkʌr(ə)nt] svart vinbär; ~ *jam* svartvinbärssylt, svartvinbärsmarmelad
blacken [ˈblæk(ə)n] **I** vb tr svärta [ned] **II** vb itr svartna
blackguard [ˈblægɑːd] skurk

blackhead ['blækhed] pormask
blacking ['blækɪŋ] [sko]svärta
blackleg ['blækleg] **I** *s* svartfot, strejkbrytare **II** *vb itr* vara strejkbrytare
blacklist ['blæklɪst] svartlista
blackmail ['blækmeɪl] **I** *s* utpressning **II** *vb tr* utöva utpressning mot
blackmailer ['blæk͵meɪlə] utpressare
black-marketeer ['blæk͵mɑːkɪ'tɪə] svartbörshaj
blackout ['blækaʊt] **1** mörkläggning äv. bildl. [*news* ~] **2** strömavbrott **3** med. blackout; *mental* ~ känslomässig kortslutning
blacksmith ['blæksmɪθ] [grov]smed; hovslagare
bladder ['blædə] blåsa; anat. [urin]blåsa
blade [bleɪd] **1** blad på kniv, åra, propeller, såg, till rakhyvel m.m.; klinga; [skridsko]skena **2** skulderblad **3** bot.: smalt blad, [gräs]strå
blame [bleɪm] **I** *vb tr* klandra; förebrå [~ *oneself* [*for*]]; lägga skulden på; *I have myself to* ~ jag får skylla mig själv; *I am not to* ~ det är inte mitt fel, jag rår inte för det **II** *s* skuld; *lay* (*put*) *the* ~ [*up*]*on a p.* lägga skulden på ngn, ge ngn skulden
blameless ['bleɪmləs] oskyldig
blameworthy ['bleɪm͵wɜːði] klandervärd
blanch [blɑːn(t)ʃ] **I** *vb tr* göra vit (blek); bleka; kok. blanchera; ~ *almonds* skålla mandel **II** *vb itr* vitna, blekna
blancmange [blə'mɒn(d)ʒ, -'mɑːn(d)ʒ] [majsena]pudding; blancmangé gjord på mjölk; ~ *powder* puddingpulver
bland [blænd] **1** förbindlig; blid; lugn och behärskad **2** mild [~ *air*], skonsam [*a* ~ *medicine*], len
blank [blæŋk] **I** *adj* **1 a)** ren, blank, oskriven; *a* ~ *cheque* (amer. *check*) en blankocheck; ~ *signature* underskrift in blanko **b)** ~ *cartridge* lös patron **2** tom; *look* ~ se oförstående (frågande) ut **3** pur [~ *despair*] **4** orimmad; ~ *verse* blankvers **II** *s* **1** tomrum äv. bildl.; tom yta, lucka; oskrivet ställe på papper; händelselös tid [*a* ~ *in our history*]; *his mind* (*memory*) *was a complete* ~ det stod alldeles stilla i huvudet på honom **2** rent (oskrivet) blad; amer. blankett **3** nit i lotteri; *draw a* ~ dra en nit, bildl. äv. kamma noll **4** lös patron; *fire* ~*s* skjuta med lös ammunition
blanket ['blæŋkɪt] **1** filt; hästtäcke; *toss a p. in a* ~ ung. hissa ngn **2** ~ *of clouds* molntäcke, molnbank **3** *wet* ~ vard. glädjedödare
blare [bleə] **I** *vb itr* smattra [som en trumpet] [äv. ~ *forth*]; *the band was blaring away* orkestern brassade (skrällde) på för fullt **II** *vb tr* **1** tuta våldsamt med [~ *the car horn*] **2** ~ [*out*] **a)** skrälla fram, brassa på med [*the band* ~*d out a march*] **b)** ropa, skrika [*he* ~*d out a warning*] **III** *s* [trumpet]stöt; smatter
blarney ['blɑːnɪ] vard. fagert tal; skrävel
blasé ['blɑːzeɪ] blasé, uttråkad
blaspheme [blæs'fiːm] häda
blasphemous ['blæsfəməs] hädisk
blasphemy ['blæsfəmɪ] hädelse
blast [blɑːst] **I** *s* **1** [stark] vindstöt; [starkt] luftdrag; *a* ~ *of hot air* en het luftström **2 a)** tryckvåg[or], lufttryck vid explosion **b)** explosion, sprängskott **c)** sprängsats; ~ *effect* sprängkraft, sprängverkan, verkan av tryckvågor[na] **3** [trumpet]stöt, signal från t.ex. fartygssiren, bilhorn; tjut; *the ref gave a* ~ *on his whistle* domaren blåste i pipan **II** *vb tr* **1** spränga **2** skövla, förinta; krossa [*my hopes were* ~*ed*] **3** vard. skälla ut [*be* ~*ed by one's boss*]
blasted ['blɑːstɪd] vard. förbaskad
blatant ['bleɪt(ə)nt] **1** skränig **2** skriande [~ *poverty*]; flagrant [*a* ~ *mistake*]; uppenbar [*a* ~ *lie*]
blaze [bleɪz] **I** *s* **1** [stark] låga; flammande eld; *in a* ~ i ljusan låga; *burst into a* ~ slå ut i full låga **2** brand **3** vard., *go to* ~*s!* dra åt helskota (skogen)!; [*he ran*] *like* ~*s* ...som bara den; *what the* ~*s!* vad tusan! **4** starkt sken (ljus), skarp (full) belysning; *a* ~ *of light*[*s*] ett ljushav; *a* ~ *of colour* ett hav av glödande färger **II** *vb tr* **1** flamma, blossa, låga; ~ *up* slå ut i full låga [äv. bildl. *the old conflict* ~*d up again*] **2** vara klart upplyst; skina klart (starkt); lysa äv. bildl.; ~ *with colour* spraka av färg, vara färgsprakande **3** ~ *away* vard. brassa på [*at* mot]; gå på [*at* med]
blazer ['bleɪzə] [klubb]jacka; blazer
bleach [bliːtʃ] **I** *vb tr* bleka **II** *vb itr* blekas, blekna **III** *s* blekmedel
1 bleak [bliːk] **1** kal [*a* ~ *landscape*] **2** kylig, kulen; råkall **3** trist [~ *prospects*]
2 bleak [bliːk] löja
bleat [bliːt] **I** *vb itr* bräka **II** *vb tr*, ~ [*out*] bildl. klämma (få) fram; bräka **III** *s* bräkning
bled [bled] imperf. o. perf. p. av *bleed*
bleed [bliːd] **I** (*bled bled*) *vb itr* blöda; ~ *at the nose* blöda (ha) näsblod **II** (*bled bled*) *vb tr* **1** åderlåta **2** vard. pungslå, plocka **3** tekn. lufta [~ *brakes*] **III** *s* blödning; *nose* ~ näsblod
bleeding ['bliːdɪŋ] **I** *adj* **1** blödande; ~ *heart*

bot. löjtnantshjärta[n] **2** sl. jäkla **II** *adv* jäkligt; *I don't ~ care!* det ger jag fan i! **III** *s* blödning; *nose ~* näsblod
bleep [bli:p] **I** *s* pip signal **II** *vb itr* pipa
bleeper ['bli:pə] personsökare elektr. mottagaranordning
blemish ['blemɪʃ] **I** *vb tr* vanställa **II** *s* fläck, skönhetsfläck; *without* [*a*] ~ äv. felfri, fläckfri
blend [blend] **I** *vb tr* blanda [*~ tea*]; förena; blanda samman **II** *vb itr* blanda sig [med varandra]; *these two colours ~ perfectly* dessa två färger går (passar) utmärkt ihop **III** *s* blandning [*~ of tea* (*tobacco, whisky*)]
blender ['blendə] mixer hushållsapparat
bless [bles] (*blessed blessed*); (jfr *blessed*) **1** välsigna; [*God*] *~ you!* a) Gud bevare (välsigne, vare med) dig! b) prosit!; *~ me!* el. *well, I'm ~ed!* kors i alla mina dar! **2** *~ oneself* korsa sig, göra korstecknet; *he hasn't a penny to ~ himself with* han har inte ett korvöre
blessed [ss. adj. 'blesɪd, ss. perf. p. blest] **I** *adj* **1** välsignad **2** lycklig; salig [*~ are the poor*] **3** helig [*the B~ Virgin* (*Sacrament*)] **4** vard. förbaskad; *every ~ day* vareviga dag **II** *perf p* se *bless*
blessing ['blesɪŋ] **1** välsignelse **2** nåd; välsignelse [*it was a ~ he didn't come*]; *a mixed ~* ett blandat nöje
blew [blu:] imperf. av *1 blow*
blight [blaɪt] **I** *s* **1** bot. mjöldagg, rost, brand **2** bildl. pest; *be a ~ on a p.'s hopes* gäcka ngns förhoppningar **II** *vb tr* skada, spoliera, härja
blighter ['blaɪtə] sl. rackare [*you ~!*], typ; [*you*] *lucky ~!* lyckans ost!
blimey ['blaɪmɪ] sl., *~!* jösses!
blimp [blɪmp] vard. stockkonservativ (reaktionär) typ
blind [blaɪnd] **I** *adj* **1** blind [*~ in* (ibl. *of*) *one eye* (på ena ögat)]; *~ school* blindskola; *~ spot* a) dödvinkel b) bildl. *he has a ~ spot there* han är som blind på den punkten **2** bildl. blind [*~ to* (för) *a p.'s faults*; *~ faith*; *~ forces*]; besinningslös [*~ haste*]; *turn a ~ eye to a th.* blunda för ngt, inte låtsas se ngt **3** dunkel **4** dold; osynlig [*a ~ ditch*]; undangömd; *~ curve* kurva med skymd sikt **5** utan öppning[ar] (fönster, utgång) vägg; *~ alley* återvändsgränd äv. bildl. **6** *he did not take a ~ bit of notice of it* han brydde sig inte ett dugg om det **7** vard., *~* [*to the world*] döfull, stupfull, plakat **II** *adv*, *~ drunk* vard. döfull **III** *s* **1** rullgardin; markis; *Venetian ~* persienn, spjäljalusi **2** svepskäl; täckmantel **IV** *vb tr* **1** göra blind; blända; *be ~ed* äv. bli blind, förlora synen **2** bildl. förblinda; bedra
blindfold ['blaɪn(d)fəʊld] **I** *vb tr* binda för ögonen på **II** *adj* o. *adv* **1** med förbundna ögon; *~ test* blindtest **2** besinningslös[t] **III** *s* ögonbindel
blindman's buff [,blaɪn(d)mænz'bʌf] blindbock [*play ~*]
blindness ['blaɪndnəs] blindhet; förblindelse
blink [blɪŋk] **I** *vb itr* **1** blinka; plira; blinka förvånat **2** blänka till, skimra **3** *~ at* bildl. sluta ögonen (blunda) för **II** *vb tr* **1** blinka med [*~ the eyes*] **2** blunda för [*~ the fact*] **III** *s* **1** glimt **2** blink **3** *be on the ~* sl. vara trasig, ha pajat [*the fridge is on the ~*]
blinking ['blɪŋkɪŋ] sl. förbaskad
bliss [blɪs] lycksalighet [*heavenly ~*]; lycka [*married* (*matrimonial*) *~*]; [*the holiday*] *was sheer ~* ...var helt underbar
blissful ['blɪsf(ə)l] lycksalig; lycklig; *be in ~ ignorance of* sväva i lycklig okunnighet om
blister ['blɪstə] **I** *s* blåsa; blemma **II** *vb tr* åstadkomma (bilda, få) blåsor på (i, under) [*~ one's hands* (*feet*)] **III** *vb itr* få (bli tjockt av) blåsor; *my hands ~ easily* jag får lätt blåsor i händerna
blithe [blaɪð] **1** mest poet. glad **2** bekymmerslös [*~ disregard*]
blithering ['blɪð(ə)rɪŋ] vard. jäkla, jädrans [*that ~ idiot* (*radio*)]
blitz [blɪts] vard. **I** *s* blixtanfall, blixtkrig; bombräd[er]; *the B~* blitzen flygoffensiven mot Storbritannien 1940-1941 **II** *vb tr* rikta blixtanfall mot; bomba
blizzard ['blɪzəd] [häftig] snöstorm
bloated ['bləʊtɪd] uppsvälld; uppblåst äv. bildl. [*~ with* (av) *pride*]; däst
bloater ['bləʊtə] lätt saltad rökt sill
blob [blɒb] droppe; klick [*a ~ of paint*]; liten klump; plump
bloc [blɒk] polit. block, sammanslutning
block [blɒk] **I** *s* **1** kloss, block av sten, trä; [slakt]bänk **2** stock, form för hatt; *barber's ~* perukstock **3** [lyft]block; *~ and tackle* talja **4** [skriv]block **5** [byggnads]komplex, [hus]block; kvarter; *tower ~* punkthus, höghus; *~ of flats* hyreshus; *it's just around the ~* det är bara runt hörnet (kvarteret) **6** [motor]block **7** hinder; stopp; blockering; [väg]spärr; *traffic ~* trafikstockning **8** vard. skalle; *knock a p.'s ~ off* klippa till ngn **9** *~ calendar* blockalmanacka, väggalmanacka; *~ letter* tryckbokstav **II** *vb tr* **1** blockera äv. sport.;

spärra [av], stänga av [äv. ~ *up*], hindra; stoppa; skymma [äv. ~ *out*] **2** ~ *out* (*in*) göra utkast till, skissera **3** stötta [under] **4** ekon. blockera; *~ed account* spärrat konto
blockade [blɒ'keɪd] **I** *s* blockad; *raise* (*run*) *a ~* häva (bryta) en blockad **II** *vb tr* **1** blockera **2** stänga för; stänga in[ne]; stoppa, hindra
blockage ['blɒkɪdʒ] stopp; blockering
blockbuster ['blɒk,bʌstə] vard. **1** kraftig bomb **2** knallsuccé
blockhead ['blɒkhed] vard. dumhuvud
bloke [bləʊk] vard. karl
blond [blɒnd] **I** *adj* blond, ljuslagd **II** *s* blond (ljuslagd) person; *he's a ~* han är blond
blonde [blɒnd] **I** *adj* blond [*a ~ girl*] **II** *s* blondin
blood [blʌd] **I** *s* blod; *his ~ ran cold* [*when he heard it*] blodet isades i hans ådror...; *in cold ~* [helt] kallblodigt, med berått mod; *he has ~ on his hands* hans händer är besudlade med blod; *related by ~* [*to*] släkt genom blodsband [med] **II** *vb tr* **1** ge hundar smak på blod; *he has been ~ed* ung. han har gjort sina första lärospån **2** åderlåta
blood count ['blʌdkaʊnt] **1** blodkroppsräkning **2** blodvärde
blood-curdling ['blʌd,kɜːdlɪŋ] bloddrypande; hårresande [*a ~ sight*]
blood-donor ['blʌd,dəʊnə] blodgivare
blood group ['blʌdgruːp] blodgrupp
blood heat ['blʌdhiːt] normal kroppstemperatur
bloodhound ['blʌdhaʊnd] blodhund; bildl. äv. spårhund
bloodless ['blʌdləs] **1** blodlös; blodfattig **2** oblodig [*a ~ victory*] **3** bildl. a) blodlös b) känslolös, hjärtlös
blood-letting ['blʌd,letɪŋ] **1** blodavtappning; åderlåtning äv. bildl. **2** blodsutgjutelse
blood-poisoning ['blʌd,pɔɪznɪŋ] blodförgiftning
bloodshed ['blʌdʃed] o. **bloodshedding** ['blʌd,ʃedɪŋ] blodsutgjutelse
bloodshot ['blʌdʃɒt] blodsprängd
bloodstained ['blʌdsteɪnd] **1** blodfläckad **2** bildl. blodbesudlad [*~ hands*]
bloodstream ['blʌdstriːm] blodomlopp; *he has got it in his ~* bildl. han har det i blodet
blood test ['blʌdtest] blodprov
bloodthirsty ['blʌd,θɜːstɪ] blodtörstig
blood transfusion ['blʌdtræns,fjuːʒ(ə)n] blodtransfusion

blood vessel ['blʌd,vesl] blodkärl
bloody ['blʌdɪ] **I** *adj* **1** blodig [*a ~ handkerchief*; *~ battles*]; *get oneself* [*all*] *~* bloda ner sig **2** om pers. mordisk **3** sl. förbannad [*~ fool*]; *it's a ~ miracle* [*we weren't killed*] det var ett jävla under... **II** *adv* sl. förbannat, jävligt [*he does it ~ fast*]; *~ good* jävla bra; *not ~ likely!* i helvete heller!, jag gör så fan heller!; *what do you ~ well think you're doing?* vad fan tror du att du gör? **III** *vb tr* blodbefläcka
bloody-minded [,blʌdɪ'maɪndɪd] vard. trilsk, motsträvig, tvär; *he did it just to be ~* han gjorde det bara för att jäklas
bloom [bluːm] **I** *s* **1** a) blomma; blomning; koll. blom[mor]; *be in ~* stå i blom **b)** bildl. blomstring[stid]; *in the ~ of youth* i blomman av sin ungdom **2** a) [fint] stoft på plommon, druvor o.d.; dagg, fjun **b)** bildl. friskhet, fägring; blomstrande (varm) färg **3** om vin bouquet **II** *vb itr* **1** blomma **2** bildl. blomstra; se strålande ut
bloomer ['bluːmə] vard. tabbe
blooming ['bluːmɪŋ] **I** *adj* **1** blommande **2** vard. sabla **II** *adv* sabla, jäkla; *not ~ likely!* i helsicke heller!
blossom ['blɒsəm] **I** *s* blomma isht på fruktträd; koll. blom[mor]; blomning; *be in ~* stå i blom **II** *vb itr* **1** slå ut i blom **2** bildl. *~ forth* (*out*) blomma upp
blot [blɒt] **I** *s* **1** plump **2** fläck; skamfläck; skönhetsfläck; *be a ~ on* sv. vanpryda, skämma **3** fel **II** *vb tr* **1** bläcka (plumpa) ner [i]; *~ one's copybook* vard. få en prick på sig, fördärva sitt goda rykte, göra bort sig **2** läska, torka med läskpapper **3** *~ out* a) stryka ut (över), sudda över b) dölja, fördunkla, skymma c) utplåna, utrota fiender etc.; *~ out the memory of a th.* utplåna ngt ur minnet
blotch [blɒtʃ] större, oregelbunden fläck, plump
blotting-paper ['blɒtɪŋ,peɪpə] läskpapper
blouse [blaʊz, amer. vanl. blaʊs] **1** blus; jacka **2** uniformsjacka, vapenrock
1 blow [bləʊ] (*blew blown*, i bet. *5 a: blowed*) **1** blåsa; blåsa i [*~ one's whistle*]; *~ kisses* kasta slängkyssar; *~ one's nose* snyta sig; *~ one's own trumpet* (amer. *horn*). bildl. slå på [stora] trumman för sig själv; *he ~s hot and cold* han velar hit och dit **2** a) spränga [i luften] b) elektr., *the fuse has ~n* proppen har gått **3** a) flåsa b) göra andfådd **4** ljuda [*the whistle ~s at noon*] **5** sl. a) *~ it* (*him*)*!* etc., se *damn I 1* b) slänga ut [*~ £100 on a dinner*]

c) sumpa [~ *a chance*] d) sticka, kila, dunsta 6 med adv. isht i spec. bet.
~ **away** blåsa bort; om t.ex. moln äv. dra bort
~ **off: a)** ~ *off steam* släppa ut ånga; bildl. ge luft åt sina känslor, avreagera sig **b)** *he had two fingers ~n off* han fick två fingrar avskjutna (bortsprängda)
~ **out: a)** rfl. slockna [*the fire blew itself out*], bedarra om vind **b)** släcka [~ *out a candle*] **c)** explodera om däck
~ **over: a)** blåsa omkull **b)** bildl. om t.ex. oväder dra förbi, gå över
~ **up: a)** blåsa upp [~ *up a tyre*] **b)** explodera äv. bildl., flyga i luften **c)** spränga i luften **d)** vard. brusa upp, tappa tålamodet **e)** foto. (vard.) förstora [upp] [~ *up a photograph*] **f)** vard. blåsa upp **g)** *a storm is ~ing up* det drar ihop sig till oväder
2 blow [bləʊ] **1** slag; *at a* ~ i ett slag **2** bildl. [hårt] slag; *strike a* ~ *for* slå ett slag för
blow-dry ['bləʊdraɪ] föna håret
blowlamp ['bləʊlæmp] blåslampa
blown [bləʊn] perf. p. av *1 blow*
blowout ['bləʊaʊt] **1** explosion **2** punktering **3** elektr., propps smältning; *there's been a* ~ en propp har gått **4** sl. skiva, partaj
blowtorch ['bləʊtɔːtʃ] amer. blåslampa
blow-up ['bləʊʌp] **1** explosion; [vredes]utbrott **2** foto. (vard.) förstoring
blow-wave ['bləʊweɪv] föna håret
blowzy ['blaʊzɪ] vanl. om kvinna **1** sjaskig, rufsig **2** rödmosig, rödbrusig
blub [blʌb] vard. lipa
blubber ['blʌbə] **I** *s* **1** späck hos valdjur o.d. **2** vard. gråt, böl **II** *vb itr* vard. [stor]gråta, böla
bludgeon ['blʌdʒ(ə)n] **I** *s* [knöl]påk **II** *vb tr* **1** slå **2** bildl. [med våld] tvinga
blue [bluː] **I** *adj* **1** blå; ~ *baby* med. blue baby spädbarn med blåaktig hud p.g.a. hjärtfel; *once in a* ~ *moon* sällan eller aldrig, en gång på hundra år **2** vard. deppig, dyster **3** amer. sträng [~ *laws*] **4** vard. oanständig [*a* ~ *movie* (*story*)]; ~ *joke* äv. fräckis **II** *s* **1** blått **2** blåa kläder [*dressed in* ~] **3** *the* ~ poet. **a)** [den blå] himlen **b)** [det blå] havet; *a gift from the* ~ en skänk från ovan; *appear* (*come*) *out of the* ~ komma helt oväntat, komma nerdimpande som från himlen **4** konservativ [*a true* ~], blå **5** [*the*] *~s* mus. blues; *the ~s* deppighet **III** *vb tr* **1** göra (färga) blå **2** sl. slösa [~ *one's money*]
bluebell ['bluːbel] **1** engelsk klockhyacint **2** skotsk. liten blåklocka

blueberry ['bluːb(ə)rɪ, isht amer. -ˌberɪ] amerikanskt blåbär
bluebottle ['bluːˌbɒtl] **1** spyfluga **2** blåklint
blue-chip ['bluː-tʃɪp] ledande [~ *organizations*]
blue-collar ['bluːˌkɒlə], ~ *worker* industriarbetare, ibl. kroppsarbetare
blueprint ['bluːprɪnt] **I** *s* **1** blåkopia **2** plan; planritning; *at the* ~ *stage* på skrivbordsstadiet **II** *vb tr* **1** göra en blåkopia av **2** göra upp en plan till, skissera
blue tit ['bluːtɪt] zool. blåmes
1 bluff [blʌf] **I** *vb tr* o. *vb itr* bluffa; ~ *one's way through* bluffa sig igenom; *make one's way by ~ing* bluffa sig fram **II** *s* **1** bluff; *call a p.'s* ~ få ngn att visa sina kort, testa (avslöja) om ngn bluffar **2** bluff[makare]
2 bluff [blʌf] **I** *adj* **1** tvärbrant **2** burdus, rättfram **II** *s* [bred och] brant udde (klippa)
blunder ['blʌndə] **I** *vb itr* **1** drumla; stövla; ~ [*up*]*on* råka stöta på **2** dabba sig, göra en tabbe **II** *vb tr* vansköta **III** *s* blunder, tabbe
blunt [blʌnt] **I** *adj* **1** slö **2** trög; okänslig; avtrubbad **3** rättfram, burdus **II** *vb tr* göra slö, trubba av äv. bildl.
bluntly ['blʌntlɪ] **1** trubbigt **2** rent ut; helt kort
blur [blɜː] **I** *s* **1** sudd[ighet]; suddiga konturer; *a* ~ äv. något suddigt; *my mind was a* ~ mina tankar var dimmiga (höljda i ett töcken) **2** [bläck]fläck, plump; smutsfläck **II** *vb tr* **1** göra suddig (otydlig, dimmig) [~ *one's sight*]; sudda ut [~ [*out*] *distinctions*] **2** fläcka (smeta) ner **III** *vb itr* bli suddig (otydlig); gå i varandra, flyta ihop [*the colours* ~]
blurred [blɜːd] o. **blurry** ['blɜːrɪ] suddig, oskarp; *become blurred* äv. flyta ihop
blurt [blɜːt], ~ *out* låta undfalla sig, slänga (vräka) ur sig
blush [blʌʃ] **I** *vb itr* rodna; blygas [*at the thought of*]; vara (bli) röd **II** *s* **1** rodnad; *without a* ~ utan att rodna, ogenerat **2** rosenskimmer; skär (rosig) färg **3** *at first* ~ vid första påseendet
bluster ['blʌstə] **I** *vb itr* **1** om vind o.d. brusa, storma **2** domdera; gorma och svära; skrävla **II** *s* **1** om vind o.d. raseri **2** gormande, skrän; skrävel
BMA [ˌbiːemˈeɪ] förk. för *British Medical Association*
BO [ˌbiːˈəʊ] vard. (förk. för *body odour*) kroppslukt
boa ['bəʊə] **1** boa[orm] **2** [dam]boa

boar [bɔː] galt; *wild* ~ vildsvin
board [bɔːd] **I** *s* **1** bräde; [golv]tilja **2** anslagstavla **3** kost [*free* ~]; [*full*] ~ *and lodging* kost och logi, mat och husrum, [hel]inackordering; *full* ~ helpension **4** råd, styrelse; nämnd; departement; ~ *of appeal* ung. besvärsnämnd; ~ *of directors* styrelse, direktion för t.ex. bolag; ~ *of governors* styrelse, direktion för t.ex. institution **5** sjö. o.d. bord[läggning]; *on* ~ ombord [på fartyg, flygplan; amer. äv. tåg] **6** pl.: *the ~s* tiljan, teatern **7** [pärm]papp; *in ~s* i styva pärmar, kartonnerad, i pappband **8** bildl., *across the* ~ över hela linjen **II** *vb tr* **1** brädfodra, [be]klä med bräder; ~ [*over*] täcka med bräder **2** ~ *a p.* ha ngn i maten, ha ngn [hel]inackorderad; ~ [*out*] *a p.* ackordera ut (bort) ngn **3** sjö. o.d. borda; gå ombord på; stiga på; lägga till långsides med; äntra fartyg **III** *vb itr*, ~ *with a p.* (*at a p.'s place*) vara inneboende (inackorderad) hos ngn
boarder [ˈbɔːdə] **1** inackordering; pensionatsgäst; matgäst **2** skol. o.d. intern **3** sjö. äntergast
boarding house [ˈbɔːdɪŋhaʊs] pensionat
boarding school [ˈbɔːdɪŋskuːl] internat
boardroom [ˈbɔːdrʊm] styrelserum
boast [bəʊst] **I** *s* skryt; stolthet [*the* ~ *of the town*]; *it was his* ~ *that* han skröt med att **II** *vb itr* skryta; ~ *of* äv. berömma sig av **III** *vb tr* kunna skryta med [att ha]
boaster [ˈbəʊstə] [stor]skrytare
boastful [ˈbəʊstf(ʊ)l] skrytsam
boat [bəʊt] **I** *s* **1** båt; *be* [*all*] *in the same* ~ bildl. sitta (vara) i samma båt **2** skål för sås **II** *vb itr* åka båt, segla; *go ~ing* fara ut och ro (segla), ta (göra) en båttur (isht roddtur)
boater [ˈbəʊtə] **1** roddare **2** styv platt halmhatt
boat race [ˈbəʊtreɪs] kapprodd
boatswain [ˈbəʊsn] båtsman; på örlogsfartyg däcksunderofficer; ~*'s mate* vakthavande däcksunderofficer
boat train [ˈbəʊttreɪn] båttåg tåg med anslutning till fartyg[slinje]
1 bob [bɒb] isht sport. bob; amer. äv. [timmer]kälke
2 bob [bɒb] **I** *s* **1** knyck **2** knix **II** *vb itr* **1** guppa, hoppa, dingla **2** bocka; knixa; ~ *and curtsy* niga och knixa **3** ~ *up* dyka upp [äv. vard.: *that question often ~s up*], sticka upp **III** *vb tr* **1** smälla (stöta) [till] **2** knycka på [~ *the head*]; hastigt stoppa [*he ~bed his head into the room*] **3** ~ *a curtsy* knixa

3 bob [bɒb] (pl. lika) åld. vard. = shilling
bobbin [ˈbɒbɪn] **1** spole; [tråd]rulle **2** [knyppel]pinne
bode [bəʊd] [före]båda; ~ *ill for* äv. inte båda (lova) gott för, vara illavarslande för
bodice [ˈbɒdɪs] **1** [klännings]liv, bluliv till folkdräkt **2** slags midjekorsett
bodily [ˈbɒdəlɪ] **I** *adj* kroppslig; *grievous ~ harm* jur. grov misshandel **II** *adv* **1** kroppsligen **2** helt och hållet; *the audience rose* ~ åhörarna reste sig som en man
body [ˈbɒdɪ] **I** *s* **1** kropp; lekamen; [*he earns scarcely*] *enough to keep ~ and soul together* ...tillräckligt för att klara livhanken **2** lik; *over my dead* ~ vard. över min döda kropp **3** kroppens bål **4** [klännings]liv; body plagg **5** huvuddel; av bok inlaga; *the ~ of a concert hall* salongen i ett konserthus **6** koll. massa [*the ~ of the people*]; *the ~ of public opinion* den övervägande folkmeningen **7 a**) organ, organisation; *governing ~* styrande organ, direktion, styrelse; *the student* ~ studenterna koll. **b**) huvudstyrka [*the main ~ of the troops*], avdelning; skara; *in a* ~ i sluten (samlad) trupp, mangrant **8** [befintlig] samling; *a large ~ of evidence* ett stort bevismaterial **9** ~ *of water* vattenmassa **10** kropp; ämne [*a compound* ~]; *foreign* ~ med. främmande föremål **11** styrka; must [*wine of good ~*; *want of ~*]; kärna **12 a**) ngt åld. vard. människa, person b) jur., *heir of the* ~ bröstarvinge **II** *vb tr*, ~ *forth* förkroppsliga; gestalta, utforma
bodyguard [ˈbɒdɪɡɑːd] livvakt
body odour [ˈbɒdɪˌəʊdə] kroppslukt
bodysuit [ˈbɒdɪsuːt] body plagg
bodywork [ˈbɒdɪwɜːk] kaross
boffin [ˈbɒfɪn] sl. vetenskapare, toppforskare isht inkopplad på militära projekt
bog [bɒɡ] **I** *s* **1** mosse, moras **2** kloakbrunn **3** sl. dass [*go to the* ~] **II** *vb tr* **1** sänka ned i ett kärr (i dy) **2** *be* (*get*) *~ged down* vard. ha kört (köra) fast **III** *vb itr*, ~ *down* vard. köra fast, stranda
boggle [ˈbɒɡl] **1** haja till; *the mind ~s* [*at it*] tanken svindlar **2** tveka; *he ~s at it* han drar sig för det
bogie [ˈbəʊɡɪ] järnv. **1** boggi **2** tralla
bogus [ˈbəʊɡəs] fingerad, falsk, sken- [~ *marriage*], bluff-
Bohemian [bə(ʊ)ˈhiːmjən] **I** *s* bohem **II** *adj* bohemisk
1 boil [bɔɪl] böld, varböld, spikböld
2 boil [bɔɪl] **I** *vb itr* o. *vb tr* koka, sjuda båda

äv. bildl.; *~ed beef* kokt [ox]kött, 'pepparrotskött'; *~ down* **a)** koka ihop **b)** koka av **c)** bildl. dra ihop; [kunna] dras ihop; *it all ~s down to...* det hela inskränker sig till (går i korthet ut på)...; *~ over* koka över äv. bildl. **II** *s* kokning; kokpunkt; *be off the ~* ha slutat koka; *bring a th. to the ~* låta ngt koka upp
boiler ['bɔɪlə] **1** kokkärl, kokare **2** [ång]panna; *~ room* pannrum; *~ suit* overall **3** varmvattensberedare **4** bykkittel **5** kokhöns
boiling point ['bɔɪlɪŋpɔɪnt] kokpunkt äv. bildl.
boisterous ['bɔɪst(ə)rəs] **1** bullrande [*~ laughter*], bullersam **2** stormig, hård [*~ winds*]
bold [bəʊld] **1** djärv; vågad; *make ~ (so ~ as) to* tillåta sig att, drista sig [till] att **2** framfusig; *as ~ as brass* fräck som bara den **3** typogr. halvfet; *extra ~ type* fetstil
Bolivia [bə'lɪvɪə]
Bolivian [bə'lɪvɪən] **I** *s* bolivian **II** *adj* boliviansk
bollard ['bɒlɑːd] **1** sjö. pollare **2** trafik. låg stolpe
Bolshevik ['bɒlʃəvɪk] **I** *s* bolsjevik **II** *adj* bolsjevikisk, bolsjevistisk
bolster ['bəʊlstə] **I** *s* **1** lång underkudde; dyna **2** tekn. underlag, stöd, fäste **II** *vb tr,* *~ [up]* **1** stödja [*~ [up] a theory*]; öka [*~ morale (confidence)*] **2** komplettera [*~ one's supplies*] **3** stötta (proppa) upp [med dynor etc.] [*~ed up in bed*] **4** stoppa [*~ [up] a mattress*]
bolt [bəʊlt] **I** *s* **1** bult; nagel; stor spik; stor skruv **2** låskolv; slutstycke i skjutvapen **3** [armborst]pil med bred spets; *have shot one's [last]* *~* vard. ha uttömt sina [sista] krafter, ha förbrukat allt sitt krut **4** åskvigg; *a ~ from the blue* en blixt från klar himmel **5** rulle tyg **6** *make a ~ for* rusa mot, störta i väg till **II** *vb itr* **1** rusa [i väg]; skena; vard. kila i väg, sticka, sjappa **2** reglas [*the door ~s on the inside*] **III** *vb tr* **1** vard. svälja utan att tugga; kasta i sig **2** fästa med bult[ar] **3** regla; *~ in (out)* stänga (låsa) in (ute) **IV** *adv, ~ upright* kapprak, käpprak
bomb [bɒm] **I** *s* bomb; *{my car} goes like a ~* vard.. *...got fort som sjutton; it cost a ~* vard. det kostade skjortan **II** *vb tr* bomba, bombardera; *~ out* bomba ut [*they were ~ed out during the war*] **III** *vb itr* **1** bomba **2** sl., *~ [out]* gå i stöpet, göra fiasko; paja **3** vard., *~ along (down)* komma kutande; köra i hög fart
bombard [bɒm'bɑːd] bombardera

bombardment [bɒm'bɑːdmənt] bombardemang
bombastic [bɒm'bæstɪk] bombastisk, svulstig
bomb-disposal ['bɒmdɪsˌpəʊz(ə)l] desarmering (omhändertagande) av blindgångare; *~ squad* desarmeringsgrupp
bomber ['bɒmə] **1** bombare **2** bombfällare
bombproof ['bɒmpruːf] bombsäker [*~ shelter*], bombskyddad
bombshell ['bɒmʃel] **1** granat **2** vard. **a)** knalleffekt; *it came like (as) a ~* det slog ner som en bomb **b)** *a blonde ~* ett blont bombnedslag
bomb site ['bɒmsaɪt] [sönder]bombat område (kvarter)
bona fide [ˌbəʊnə'faɪdɪ] (lat.) bona fide, [som handlar] i god tro, ärlig[t]; verklig
bonanza [bə'nænzə] **1** guldgruva; lyckträff **2** rikt givande; *a ~ year* ett mycket framgångsrikt (lyckosamt) år
bond [bɒnd] **I** *s* **1** band [*~[s] of friendship*]; pl. *~s* äv. bojor, förpliktelser **2** förbindelse; [bindande] överenskommelse; borgen; *his word is as good as his ~* ung. han står vid sitt ord **3** obligation [*~ loan*]; skuldsedel, revers **4** tullnederlag; *in ~* [liggande] i tullnederlag **5** mur. förband **6** litt., pl. *~s* bojor [*in ~s*] **II** *vb tr* **1** fästa (limma) ihop; binda; länka (foga) samman **2** lägga upp i tullnederlag **III** *vb itr, ~ together* sitta (hålla) ihop [*these two substances won't ~ together*]
bondage ['bɒndɪdʒ] träldom
bone [bəʊn] **I** *s* **1** ben; [ben]knota; *~ china* benporslin; *~ of contention* tvistefrö, stridsäpple; *be chilled (frozen) to the ~* frysa ända in i märgen; *have a ~ to pick with a p.* vard. ha en gås oplockad med ngn **2** pl.: *~s* **a)** kastanjetter **b)** vard. tärningar **c)** dominobrickor **II** *vb tr* **1** bena fisk; bena ur **2** sl. knycka **III** *vb itr* sl., *~ [up]* plugga
bone-dry [ˌbəʊn'draɪ] vard. snustorr, uttorkad
bonfire ['bɒnˌfaɪə] bål, brasa
bonnet ['bɒnɪt] **1** hätta för barn; huvu; förr bahytt; skotsk mössa **2** skyddshuv **3** motorhuv
bonny ['bɒnɪ] **1** söt [*a ~ lass*] **2** isht om barn blomstrande; knubbig, bamsig **3** god, fin [*a ~ fighter*] **4** ofta iron. *my ~ lad* min lilla vän
bonus ['bəʊnəs] bonus; gratifikation; [premie]återbäring
bony ['bəʊnɪ] **1** benig; ben- **2** bara skinn och ben

boo [bu:] **I** *interj*, ~*!* bu!, uh!, fy!, pytt! **II** *s* bu[rop] **III** *vb itr* o. *vb tr* bua, bua ut, skräna

1 boob [bu:b] **I** *s* **1** åsna, idiot; drummel **2** tabbe, blunder **II** *vb itr* klanta (dabba, dumma) sig

2 boob [bu:b] sl., pl. ~*s* tuttar bröst

1 booby ['bu:bɪ] **1** åsna; drummel, tölp **2** *the* ~ den sämste i t.ex. klassen; jumbo **3** zool. havssula

2 booby ['bu:bɪ] sl., pl. *boobies* tuttar bröst

booby prize ['bu:bɪpraɪz] jumbopris

booby trap ['bu:bɪtræp] **1** fälla **2** mil. minförsåt

boohoo [ˌbu'hu:] **I** *vb itr* böla **II** *s* (pl. ~*s*) böl[ande]

book [bʊk] **I** *s* **1** bok; häfte; ~ *review* bokrecension, bokanmälan, litteraturanmälan; *throw the* ~ *at a p.* ge ngn en riktig utskällning; anklaga ngn för alla upptänkliga brott; sätta dit ngn; *by the* ~ efter reglerna; *in my* ~ bildl. enligt min mening; *be in a p.'s good (bad, black)* ~*s* ligga bra (dåligt) till hos ngn **2** telefonkatalog [*he is* (står) *in the* ~] **3** libretto **4** [lista över] ingångna vad; *make a* ~ vara (fungera som) bookmaker **II** *vb tr* **1 a)** notera **b)** föra in i register o.d.; skriva upp [*be* ~*ed for an offence*] **c)** sport., *be* ~*ed* få en varning **2** boka, beställa biljett, plats, rum; *the hotel is fully* ~*ed up* hotellet är fullbokat **3** vard. engagera; *he is* ~*ed* vard. han är upptagen [äv. *he is* ~*ed up*]

bookcase ['bʊkkeɪs] bokhylla

booking ['bʊkɪŋ] **1** [förhands]beställning; bokning [*hotel* ~*s*]; förköp; biljettförsäljning **2** sport. varning [*get a* ~]

booking-office ['bʊkɪŋˌɒfɪs] biljettkontor, biljettlucka

bookkeeper ['bʊkˌkiːpə] bokhållare

bookkeeping ['bʊkˌkiːpɪŋ] bokföring

booklet ['bʊklət] liten bok, broschyr

bookmaker ['bʊkˌmeɪkə] bookmaker vadförmedlare vid kapplöpningar

bookmark ['bʊkmɑːk] o. **bookmarker** ['bʊkˌmɑːkə] bokmärke

bookmobile ['bʊkməʊˌbiːl] amer. bokbuss, mobilbibliotek

bookseller ['bʊkˌselə] bokhandlare; ~*'s* [*shop*] bokhandel

bookshelf ['bʊkʃelf] bokhylla enstaka hylla

bookshop ['bʊkʃɒp] bokhandel

bookstall ['bʊkstɔːl] bokstånd; tidningskiosk

bookstore ['bʊkstɔː] bokhandel

book token [bʊktəʊk(ə)n] presentkort på böcker

bookworm ['bʊkwɜːm] bokmal; person äv. bokälskare

1 boom [bu:m] **1** sjö. bom; ~ *sail* bomsegel **2** [*derrick*] ~ kranarm

2 boom [bu:m] **I** *vb itr* dåna, dundra **II** *vb tr*, ~ [*out*] låta dåna etc. fram, uttala med dånande röst **III** *s* dån, dunder; [djup] klang av klocka o.d.; *sonic* ~ [ljud]bang överljudsknall

3 boom [bu:m] **I** *s* **1** [kraftig] hausse; högkonjunktur; uppsving; *a* ~ *town* en stad i snabb utveckling **2** [våldsam] reklam **II** *vb tr* göra reklam för, haussa upp **III** *vb itr* häftigt stiga; blomstra [*business is* ~*ing*], få ett uppsving

boomerang ['bu:məræŋ] **I** *s* bumerang äv. bildl. **II** *vb itr* bildl. slå tillbaka

1 boon [bu:n] **1** välsignelse [*this dictionary is a great* ~], förmån **2** litt. ynnest

2 boon [bu:n], ~ *companion* glad broder, stallbroder

boor [bʊə] **1** bonde **2** tölp, [bond]lurk

boorish ['bʊərɪʃ] bondsk, bufflig

boost [bu:st] **I** *vb tr* **1** hjälpa upp (fram), skjuta fram, knuffa upp [äv. ~ *up*] **2** höja, öka [äv. ~ *up*]; ~ *morale* stärka moralen **3** reklamera upp, haussa upp **II** *s* **1** höjning; uppsving **2** reklam; puff (knuff) uppåt

booster ['bu:stə] **1** reklamman; gynnare **2** tekn. **a)** hjälpmotor, servomotor, servoanordning **b)** startraket [äv. ~ *rocket*] **3** radio. booster, förstärkare **4** ~ [*injection* (*shot*)] omvaccinering för att stärka immunitetsskyddet

1 boot [bu:t], *to* ~ dessutom, [till] på köpet

2 boot [bu:t] **I** *s* **1** känga; pl. ~*s* äv. *boots*; *skiing* ~ pjäxa; *get* (*give a p.*) *the* ~ vard. få (ge ngn) sparken; *too big for one's* ~*s* vard. stöddig, mallig **2** bagagelucka i bil **II** *vb tr* **1** förse med kängor (stövlar) **2** sparka; ~ *out* a) eg. sparka ut b) vard. ge sparken, sparka

booth [bu:ð, bu:θ] **1** [salu]stånd; skjul **2** bås avskärmad plats; på t.ex. restaurang alkov; hytt [*telephone* ~]

bootleg ['bu:tleg] **I** *vb tr* o. *vb itr* **1** smuggla isht sprit; langa; bränna [hemma] **2** tillverka illegalt (svart) **II** *adj* **1** isht om sprit smuggel-; langar-; hembränd [~ *whisky*] **2** illegal, pirat-

bootlegger ['bu:tˌlegə] **1** [sprit]smugglare; langare; hembrännare **2** illegal tillverkare

booty ['bu:tɪ] byte

booze [bu:z] vard. **I** *vb itr* supa **II** *s* **1** sprit

2 fylla; fylleskiva; *have a ~* få (ta) sig en fylla
boozer ['buːzə] vard. **1** fyllbult, fylltratt **2** pub
booze-up ['buːzʌp] vard. supkalas
bophanostic [ˌbəʊfæ'nɒstɪk] *adj* relig. bofanostisk
border ['bɔːdə] **I** *s* **1** kant; av t.ex. fält utkant; rand **2** gräns; *~ state* randstat **3** bård, bräm; list, infattning; kantrabatt **II** *vb tr* **1** kanta, begränsa, infatta **2** gränsa till [*an airport ~s the town*] **III** *vb itr, ~ on (upon)* gränsa till äv. bildl.; stå på gränsen till, närma sig [*it ~s on the ridiculous*]
borderline ['bɔːdəlaɪn] gränslinje; *~ case* gränsfall äv. psykol.
1 bore [bɔː] imperf. av *2 bear*
2 bore [bɔː] **I** *s* **1** borrhål **2** rör; kaliber; cylinderdiameter **II** *vb tr* borra; holka ur; tränga igenom **III** *vb itr* **1** borra [*~ for* (efter) *oil*] **2** tränga (knuffa, armbåga) sig fram [*we ~d through the crowds*]
3 bore [bɔː] **I** *s* **1** *he* (*the film*) *is a ~* han (filmen) är urtråkig (urtrist); *what a ~!* vad tråkigt (trist)! **2** tråkmåns **II** *vb tr* tråka ut; *be ~d* ha [lång]tråkigt
boredom ['bɔːdəm] **1** [lång]tråkighet **2** leda
boring ['bɔːrɪŋ] [ur]tråkig
born [bɔːn] (av *2 bear*) **1** född; boren [*a ~ poet*]; ss. efterled i sammansättn. -född [*American-born*; *new-born*]; *be a ~ loser* vara född till förlorare; *he is a ~* [*teacher*] han är som skapt till...; *he was ~ with it* det är medfött hos honom **2** *never in* [*all*] *my ~ days* aldrig i livet
borne [bɔːn] (av *2 bear*) **1** buren etc.; burit etc. **2** född [endast före agent; *~ by Eve*]; fött [*she has ~ him two sons*]
borough ['bʌrə] **1** stad (ibl. stadsdel) som administrativt begrepp; *~ council* kommunfullmäktige, stadsfullmäktige **2** *parliamentary ~* stadsvalkrets
borrow ['bɒrəʊ] låna
borrower ['bɒrəʊə] låntagare; *neither a ~ nor a lender be* ordst. man skall varken låna eller låna ut
bosh [bɒʃ] vard. **I** *s* strunt[prat] **II** *interj, ~!* [strunt]prat!, nonsens!, sånt prat!
Bosnia ['bɒznɪə] geogr. Bosnien
Bosnian ['bɒznɪən] **I** *adj* bosnisk **II** *s* bosnier
bosom ['bʊzəm] **1** barm; famn; sköte bildl. [*in the ~ of one's family*]; bildl. hjärta, själ; *~ friend* (*pal*) hjärtevän, intim[aste] vän **2** amer. skjortbröst
1 boss [bɒs] vard. **I** *s* **1** boss, bas, förman; pamp **2** amer. partistrateg **II** *vb tr* leda [*~ a job*], dirigera, sköta, ordna; kommendera [*~ a p.*]; *~ a p. about* köra med ngn **III** *vb itr, ~ about* domdera, köra med folk
2 boss [bɒs] **1** buckla utbuktning, äv. på sköld; knöl; knopp för prydnad **2** nav på propeller
bossy ['bɒsɪ] vard. dominerande; kaxig; *be ~* äv. domdera, köra med folk
botanist ['bɒtənɪst] botaniker
botany ['bɒtənɪ] **1** botanik **2** *~ wool* fin australisk ull från Botany Bay
botch [bɒtʃ] **I** *vb tr* **1** sabba, schabbla bort; *a ~ed piece of work* ett fuskverk **2** laga (reparera) dåligt; lappa ihop **II** *vb itr* fuska **III** *s* fuskverk; mischmasch
both [bəʊθ] **I** *pron* båda [två], bägge [två]; *~* [*the*] *books* båda (bägge) böckerna; *~ of us* både du och jag (dig och mig), oss båda **II** *adv, ~...and* både...och, såväl...som
bother ['bɒðə] **I** *vb tr* **1** plåga, störa; *don't ~ me!* låt mig [få] vara i fred!; *~ oneself* (*one's head*) *about* bry sin hjärna (sitt huvud) med; *I can't be ~ed* [*to do it*] a) jag orkar (gitter) inte [göra det] b) jag ska be att få slippa [göra det] **2** *~* [*it*]*!* jäklar!, tusan också! **II** *vb itr* **1** göra sig besvär; oroa sig; *not ~ about* strunta i; *don't ~ to* [*lock the door*] bry dig inte om att... **2** vara besvärlig, bråka **III** *s* **1** besvär, omak; tjafs; bråk [*they were looking for ~*]; *a spot of ~* lite trassel (bråk) **2** plåga, irritationsmoment; *isn't it a ~?* är det inte förargligt?
bothersome ['bɒðəsəm] besvärlig
Bothnia ['bɒθnɪə] geogr.; *the Gulf of ~* Bottniska viken
bottle ['bɒtl] **I** *s* **1** butelj, flaska; bibl. el. bildl. lägel; *empty ~* tombutelj, tomflaska, tomglas; *lose one's ~* förlora självbehärskningen; *go on* (*hit*) *the ~* vard. ta till flaskan; *a slave to the ~* slav under flaskan (sitt spritbegär) **2** sl. kurage; fräckhet **II** *vb tr* **1** buteljera; *~d beer* flasköl **2** lägga (koka) in på glas; konservera **3** *~ up* a) spärra av, stänga av; stänga inne b) hålla tillbaka, undertrycka [*~ up one's anger*]
bottle bank ['bɒtlbæŋk] [glas]igloo för glasavfall
bottleneck ['bɒtlnek] flaskhals isht bildl.
bottle-opener ['bɒtlˌəʊp(ə)nə] kapsylöppnare
bottom ['bɒtəm] **I** *s* **1** botten, fot [*~ of a glass* (*a hill*)]; underdel; [stol]sits; *at the ~ of* nederst (nedtill) på [*at the ~ of the page*]; *the tenth line from the ~* tionde raden nerifrån **2** botten av hav m.m.; djup

3 flodbassäng, sänka **4** nederända, slut; *the ~ of the table* nedre ändan av bordet **5** vard. ända, stjärt **6** sjö. skrov, botten, köl **7** grundval; *at ~* i grund och botten, i själ och hjärta **II** *attr adj* **1** lägsta, sista, understa; *the ~ boy of the class* den sämste pojken i klassen; *bet one's ~ dollar* satsa sitt sista öre **2** grund- **III** *vb tr* **1** förse med botten etc., jfr *I 1* **2** stödja **3** nå botten på; gå till botten med

bottomless ['bɒtəmləs] **1** utan botten; bottenlös; *the B~ Pit* avgrunden **2** outgrundlig [*a ~ mystery*] **3** outtömlig [*his wealth seemed ~*]

bough [baʊ] isht större trädgren; lövruska

bought [bɔːt] imperf. o. perf. p. av *buy*

boulder ['bəʊldə] [sten]block, rullstensblock; *erratic ~* flyttblock; *~ clay* moränlera

bounce [baʊns] **I** *vb itr* **1** studsa; hoppa; *~ about* a) hoppa upp och ned b) hoppa (fara) omkring isht om barn **2** störta **3** vard. avvisas om check utan täckning **II** *vb tr* **1** knuffa, kasta; studsa [*~ a ball*] **2** vard. ej godkänna, nobba om check utan täckning **3** vard. kasta ut **III** *s* **1** duns, [tungt] slag **2** studs[ning], hopp **3** gåpåaranda; fart, kläm **4** vard. skryt, skrävel

bouncer ['baʊnsə] vard. **1** hejare **2** vard. utkastare **3** vard. ej godkänd (nobbad) check

1 bound [baʊnd] **I** imperf. av *bind* **II** *perf p* o. *adj* bunden etc., jfr *bind I*; [in]bunden [*~ books*]; *~ up in* upptagen av; *be ~ to* vara skyldig (tvungen) att; *he is ~ to* han måste [nödvändigt]; *you are ~ to notice it* du kan inte undgå att märka det

2 bound [baʊnd] destinerad, på väg; *homeward ~* på hemgående, på väg hem

3 bound [baʊnd] **I** *vb itr* studsa; skutta; hoppa [med långa skutt]; spritta; *his heart ~ed with joy* hjärtat hoppade av glädje **II** *s* skutt, språng; *at one (a) ~* a) i ett språng b) med ens

4 bound [baʊnd] **I** *s*, vanl. pl. *~s* gräns[er]; skrankor; *beyond the ~s of human knowledge* bortom gränsen för det mänskliga vetandet **II** *vb tr* **1** begränsa; *be ~ed by* äv. gränsa till **2** utgöra gräns för

boundary ['baʊnd(ə)rɪ] gräns[linje]

boundless ['baʊndləs] gränslös

bountiful ['baʊntɪf(ʊ)l] **1** givmild **2** riklig

bounty ['baʊntɪ] **1** välgörenhet **2** gåva; pl. *bounties* rika håvor **3** ekon. premie [*export ~*]

bouquet [bʊˈkeɪ, ˈbuːkeɪ, bəʊˈkeɪ] **1** bukett **2** om vin bouquet

bourbon ['bɜːbən, 'bʊə-] bourbon amerikansk whisky

bourgeois ['bʊəʒwɑː] **I** (pl. lika) *s* medelklassare; [*petty*] *~* småborgare, kälkborgare **II** *adj* medelklass-; [*petty*] *~* småborgerlig, kälkborgerlig

bourgeoisie [ˌbʊəʒwɑːˈziː] bourgeoisie, medelklass; *the petty ~* småborgerligheten

bout [baʊt] **1** dust [*wrestling ~*] **2** ryck [*~ of activity*], släng [*~ of influenza*]; *~ of coughing* hostattack

boutique [buːˈtiːk] boutique

1 bow [baʊ] **I** *vb tr* **1** böja [*~ one's head*]; kröka; *be ~ed down with* a) vara nertyngd av b) digna av **2** nicka [*he ~ed his assent*] **3** *~ a p. in* (*out*) under bugningar visa ngn in (följa ngn ut) **II** *vb tr* **1** buga [sig]; hälsa med en böjning på huvudet **2** böja sig [*~ to* (för) *a p.'s opinion*]; underkasta sig; *~ down before* böja knä för **III** *s* bugning; *take a ~* ta emot applåderna; buga och tacka

2 bow [baʊ] sjö.; ofta pl. *~s* bog; för, stäv

3 bow [bəʊ] **I** *s* **1** rundning, krökning; båge **2** [pil]båge **3** stråke; stråkdrag **4** knut **5** sadelbom **6** amer. [glasögon]båge; [glasögon]skalm **II** *vb tr* spela med stråke på

bower ['baʊə] **1** berså; lusthus **2** poet. boning; gemak

1 bowl [bəʊl] **1** skål, spilkum **2** bål dryck och skål **3** [sked]blad **4** [pip]huvud **5** amer., skålformat stadion

2 bowl [bəʊl] **I** *s* **1** klot, boll **2** *~s* (konstr. ss. sg.) bowls spel **3** sport. kast **II** *vb itr* o. *vb tr* **1** spela bowls; spela bowling **2** kasta (rulla) längs marken; rulla; *~ along* rulla fram; gå undan **3** *~ out* vard. slå ut; *~ over* vard. a) slå [ned], slå omkull b) göra häpen

bow-legged ['bəʊlegd, -ˌlegɪd] hjulbent

1 bowler ['bəʊlə] sport. bowlare; isht i kricket kastare

2 bowler ['bəʊlə], *~* [*hat*] kubb, plommonstop

bowling ['bəʊlɪŋ] **1** bowling **2** bowls isht attr. [*the English B~ Association*] **3** i kricket sätt att kasta [bollen]

bowling alley ['bəʊlɪŋˌælɪ] bowlingbana; bowlinghall

bow tie [ˌbəʊˈtaɪ] rosett

bow window [ˌbəʊˈwɪndəʊ] utbyggt rundat fönster; rundat burspråksfönster

bow-wow [ss. interj. o. vb ˌbaʊˈwaʊ, ss. subst. '--] barnspr. **I** *interj*, *~!* vov [vov]! **II** *s* vovve **III** *vb itr* skälla

1 box [bɒks] buxbom träslag och träd

2 box [bɒks] **I** *s* **1** låda, skrin; ask; bössa för pengar; kartong; koffert; gymn. plint [äv. ~ *horse*]; ~ *of bricks* byggláda **2** avbalkning; fack; spilta; *loose* ~ lös spilta, box för obunden häst; kätte **3** post. fack **4** jur. vittnesbås; *be in the* ~ äv. höras som vittne **5** loge på teater **6** tekn. hylsa **7** ruta i bok, tidning o.d. **8** vard., *the* ~ burken tv:n **9** sport. vard., *the* ~ straffområdet **II** *vb tr* **1** lägga (stoppa, gömma) i (förse med) en låda etc.; ~ *in* klämma (stänga) in om bil; klä in om t.ex. badkar **2** ~ *the compass* a) sjö. repa (läsa) upp kompassens streck b) bildl. röra sig i en cirkel i diskussion etc.
3 box [bɒks] **I** *s* slag med handen; ~ *on the ear*[*s*] örfil **II** *vb tr* o. *vb itr* boxa[s]; ~ *a p.'s ears* ge ngn en örfil
1 boxer ['bɒksə] boxare
2 boxer ['bɒksə] boxer hundras
boxing ['bɒksɪŋ] boxning
Boxing Day ['bɒksɪŋdeɪ] annandag jul; om annandag jul infaller på en söndag följande dag, d.v.s. tredjedag jul
box office ['bɒks,ɒfɪs] biljettkontor för teater o.d.; *be a* ~ *success* (*draw*)
boxwood ['bɒkswʊd] buxbom träslag
boy [bɔɪ] pojke, grabb; pojkvän, kille; ~*!* jösses!, å (för) sjutton!; ~, *isn't it hot*! himmel vad det är varmt!; *jobs for the* ~*s* ung. rena svågerpolitiken (myglet)
boycott ['bɔɪkɒt, -kət] **I** *vb tr* bojkotta **II** *s* bojkott; *put a p.* (*a th.*) *under a* ~ förklara ngn (ngt) i bojkott
boyfriend ['bɔɪfrend] pojkvän
boyhood ['bɔɪhʊd] **1** pojkår; *in his* ~ [redan] som pojke **2** pojkar [*the nation's* ~]
boyish ['bɔɪɪʃ] **1** pojkaktig; pojk- **2** barnslig
BR förk. för *British Rail*
bra [brɑː] vard. (kortform för *brassiere*) bh
brace [breɪs] **I** *s* **1** a) spänne; krampa; band b) pl. ~*s* hängslen [*a pair of* ~*s*] c) hängrem, fjäderrem d) sträva, snedstötta; stag; stöd e) tandlåk. tandställning **2** borrsväng; ~ *and bit* borrsväng med tillhörande borr **3** sjö. brass **4** (pl. lika) par isht av djur som jagas [*a* ~ *of ducks*] **II** *vb tr* **1** binda om (ihop); dra till (åt); [för]stärka; stötta **2** bildl. a) ~ *oneself* [*up*] samla krafter, ta sig samman, stärka (bereda) sig b) ~ [*up*] stärka, pigga upp c) ~ [*up*] moraliskt stödja **3** sjö. brassa **III** *vb itr* **1** sjö. brassa; ~ *up* brassa bidevind **2** ~ *up* vard. rycka upp sig
bracelet ['breɪslət] **1** armband; klockarmband **2** sl. handboja
bracken ['bræk(ə)n] bot. bräken; ormbunke
bracket ['brækɪt] **I** *s* **1** konsol, vinkeljärn; konsolhylla; ~ *lamp* lampett **2** a) parentes[tecken] [äv. *round* ~*s*]; *square* ~ hakparentes b) klammer, sammanfattningstecken **3** grupp, klass [*income* ~ ~]; *the 20 to 30 age* ~ gruppen mellan 20 och 30 år **II** *vb tr* **1** a) sätta inom parentes; ~*ed* som står (är satt) inom parentes b) förena med klammer **2** ~ [*together*] jämställa
brackish ['brækɪʃ] bräckt om vatten
brag [bræg] **I** *vb itr* skryta, bravera **II** *s* skryt
braggart ['bræɡət, -ɡɑːt] **I** *s* skrävlare **II** *adj* skrävlande
braid [breɪd] **I** *s* **1** [hår]fläta **2** hårband **3** garneringsband, kantband **II** *vb tr* **1** fläta isht hår; sno **2** sätta upp hår med hårband **3** [band]kanta
braille [breɪl] brailleskrift
brain [breɪn] **I** *s* **1** anat. hjärna; pl. ~*s* hjärnmassa, hjärnsubstans; *blow one's* ~*s out* skjuta sig [en kula] för pannan **2** mest pl. ~*s* hjärna, förstånd, vett, huvud, begåvning; *have a good* ~ ha gott huvud; *pick* (*suck*) *a p.'s* ~*s* utnyttja ngns vetande; stjäla (hugga) ngns idéer; ~ *power* intelligens **II** *vb tr* slå in skallen på
brain|**child** ['breɪn|tʃaɪld] (pl. -*children* [-,tʃɪldrən]) idé; *that's his* ~ det är han som har kläckt idén [till det]
brain drain ['breɪndreɪn] vard. forskarflykt, begåvningsflykt
brainless ['breɪnləs] obegåvad
brainstorm ['breɪnstɔːm] **1** vard. våldsamt [känslo]utbrott; plötslig sinnesförvirring **2** idékläckning
brainstorming ['breɪn,stɔːmɪŋ] idékläckning
brainwash ['breɪnwɒʃ] **I** *s* hjärntvätt **II** *vb tr* hjärntvätta
brainwashing ['breɪn,wɒʃɪŋ] hjärntvätt
brainwave ['breɪnweɪv] snilleblixt
brainy ['breɪnɪ] vard. begåvad, klyftig
braise [breɪz] kok. bräsera
1 brake [breɪk] **I** *s* broms [~ *pedal*]; *apply* (*put on*) *the* ~ bromsa **II** *vb tr* o. *vb itr* bromsa [in]; *braking distance* bromssträcka; ~ *system* bromssystem
2 brake [breɪk] busksnår
brake disc ['breɪkdɪsk] bromsskiva
brake fluid ['breɪkfluːɪd] bromsvätska
brake light ['breɪklaɪt] bromsljus
brake lining ['breɪk,laɪnɪŋ] bromsbelägg
bramble ['bræmbl] **1** taggig buske; isht björnbärsbuske **2** björnbär
bran [bræn] kli
branch [brɑːn(t)ʃ] **I** *s* **1** gren, kvist **2** a) förgrening; gren [~ *of industry*]; arm

[~ *of a river*] b) bildl. avdelning; område 3 filial; avdelningskontor; ~ *bank* bankfilial; ~ *line* järnv. bibana, sidolinje II *vb itr* skjuta grenar; ~ [*off*] el. ~ *out* [för]grena (grena ut, dela) sig
brand [brænd] I *s* 1 sort [~ *of coffee; a new* ~ *of politics*], märke [~ *of cigarettes*]; ~ *image* visst märkes image; bildl. egen profil 2 bildl. stämpel; skamfläck; *the* ~ *of Cain* kainsmärket 3 brännjärn; brännmärke II *vb tr* 1 bränna in [ett märke på] med brännjärn [~ *cattle*] 2 bildl. a) brännmärka, stämpla [~ *as an aggressor*] b) ~*ed upon a p.'s memory* outplånligt inristad i ngns minne
brandish ['brændɪʃ] svänga vapen o.d.
brand-new [ˌbræn(d)'njuː] splitt[er] ny
brandy ['brændɪ] konjak
brash [bræʃ] 1 framfusig 2 prålig, skrikig [*a* ~ *suit*] 3 förhastad
brass [brɑːs] 1 mässing; litt. brons; *sounding* ~ bibl. ljudande malm 2 minnesplåt av mässing i kyrka 3 *the* ~ mus. a) mässingsinstrumenten, bleckblåsinstrumenten i en orkester b) om orkestermedlemmarna blecket, bleckblåsarna; ~ *band* mässingsorkester 4 vard. kosing, stålar 5 vard. fräckhet
brassiere o. **brassière** ['bræsɪə, -sɪeə, 'bræzɪə, amer. brə'zɪə] bysthållare
brat [bræt] barnunge
bravado [brə'vɑːdəʊ] skryt
brave [breɪv] I *adj* 1 modig 2 litt. fin; *it made a* ~ *show* det var en grann syn II *s* krigare i nordamerikanska indianstammar III *vb tr* trotsa; ~ *it out* inte låta sig bekomma
bravery ['breɪv(ə)rɪ] mod, tapperhet
bravo [ˌbrɑː'vəʊ, i bet. *II 2* '--] I *interj*, ~*!* bravo! II (pl. ~*s*, i bet. *2* äv. ~*es*) *s* 1 bravo[rop] 2 lejd mördare; bandit
brawl [brɔːl] I *vb itr* bråka, gräla högljutt II *s* bråk, gruff
brawn [brɔːn] 1 [välutvecklade] muskler; muskelstyrka 2 kok. sylta
brawny ['brɔːnɪ] muskulös
bray [breɪ] I *vb itr* om åsna skria II *vb tr*, ~ [*out*] skalla, skrika ut III *s* skri[ande], skall
brazen ['breɪzn] I *adj* 1 av mässing (brons, malm) 2 skränig [*a* ~ *voice*]; fräck, skamlös [*a* ~ *lie*] II *vb tr*, ~ *it out* skamlöst (fräckt) sätta sig över, klara sig med fräckhet
1 brazier ['breɪzjə, -ʒjə] mässingsslagare
2 brazier ['breɪzjə, -ʒjə] 1 fyrfat 2 amer. [liten] utomhusgrill
Brazil [brə'zɪl] Brasilien

Brazilian [brə'zɪljən] I *adj* brasiliansk; ~ *rosewood* palisander II *s* brasilian[are]
brazil nut [brə'zɪlnʌt] paranöt
breach [briːtʃ] I *s* 1 brytning; brytande; brott; överträdelse; ~ *of contract* kontraktsbrott; ~ *of discipline* disciplinbrott, brott mot ordningen; ~ *of duty* tjänstefel; ~ *of the peace* jur. brott mot (störande av) den allmänna ordningen; ~ *of promise* [*of marriage*] jur. (hist.) brutet äktenskapslöfte 2 bräsch; hål; rämna; bildl. klyfta; *step into* (*fill*) *the* ~ bildl. rycka in [och hjälpa till] 3 brottsjö II *vb tr* göra (slå) en bräsch i; bryta [sig] igenom
bread [bred] I *s* 1 bröd; matbröd; ~ *and butter* a) smör och bröd b) smörgås[ar] c) brödföda 2 bröd [*one's daily* ~], levebröd, uppehälle; *make* (*earn*) *one's* ~ förtjäna sitt [leve]bröd (uppehälle) 3 sl. stålar II *vb tr* bröa
breadbin ['bredbɪn] brödburk, brödskrin
breadboard ['bredbɔːd] skärbräda; bakbord
breadcrumb ['bredkrʌm] I *s* 1 [bröd]inkråm 2 isht pl. ~*s* rivebröd, brödsmulor, ströbröd II *vb tr* bröa
breadline ['bredlaɪn] 1 utspisningskö 2 existensminimum, svältgräns [*live below* (*on*) *the* ~]
breadth [bredθ] 1 bredd; utrymme 2 ~ *of mind* vidsynthet, tolerans
breadwinner ['bredˌwɪnə] familjeförsörjare
break [breɪk] (*broke broken*) I *vb tr* 1 bryta [av], knäcka; ha (slå) sönder [~ *a vase*]; spränga [~ *a blood vessel*]; ~ *open* bryta upp, spränga [~ *open a door*] 2 krossa [~ *a p.'s heart*], bryta [~ *a p.'s will*]; knäcka, ruinera; bryta ner 3 bryta mot [~ *the law*] 4 avbryta; bryta [~ *the silence*], göra slut på; dämpa [~ *the force of a blow*]; ~ *a journey* göra uppehåll i en resa 5 dressera; ~ *a horse* rida in en häst 6 ~ *a p. of* vänja ngn av med, få ngn att lägga bort 7 i spec. förb.: ~ *the back of the work* göra undan det värsta av arbetet; ~ *the ice* bildl. bryta isen; ~ *the news to a p.* meddela ngn nyheten; ~ *and enter* [*a house*] bryta sig in i...
II *vb itr* 1 gå sönder [*the glass broke*], brytas (slås) sönder; brista; gå av [*the rope broke*], bräckas, knäckas; sprängas [*a blood vessel broke*]; *her waters broke* vattnet har gått vid födsel 2 om röst a) brytas; *her voice broke* hennes röst bröts b) *his voice is beginning to* ~ han börjar komma i målbrottet 3 bryta sig lös (fri); ~*!* boxn. bryt! 4 *the storm broke* ovädret bröt lös[t] 5 gry; *dawn is* ~*ing* det

gryr **6** om knoppar o.d. spricka ut **7** om våg o.d. bryta [sig] **8** ljuda [*a cry broke from her lips*]; bryta fram **9** ~ *even* vard. få det att gå ihop **10** ~ *into* **a)** bryta ut i [~ *into laughter*] **b)** börja begagna [~ *into one's capital*] **c)** gå över till [~ *into a gallop*] **d)** ~ *into a house* bryta sig in i ett hus **III** *vb tr* o. *vb itr* med adv. isht med spec. övers.:
~ **away** slita sig lös (loss); göra sig fri; ~ *away from* äv. bryta med
~ **back** i tennis o.d. bryta tillbaka
~ **down: a)** bryta ner; knäcka ngns hälsa **b)** bryta ihop (samman); få ett sammanbrott **c)** dela (lösa) upp; analysera **d)** slå in t.ex. dörr; störta samman **e)** gå sönder [och stanna] **f)** komma av sig; stranda, bryta samman [*the negotiations broke down*] **g)** svikta [*his health broke down*]; bli nedbruten (förkrossad)
~ **in: a)** träna upp; tämja, rida in [~ *in a horse*] **b)** röka in [~ *in a pipe*] **c)** bryta [sig] in **d)** avbryta; ~ *in* [*up*]*on* plötsligt störa (avbryta)
~ **off: a)** [plötsligt] avbryta; ~ *off an engagement* slå upp (bryta) en förlovning **b)** brytas av; lösgöra sig **c)** avbryta sig
~ **out: a)** utbryta [*war* (*a fire*) *has broken out*] **b)** rymma [~ *out of jail*], frigöra sig från **c)** brista ut; ~ *out laughing* brista ut i skratt **d)** ~ *out in spots* få utslag på huden
~ **up: a)** bryta upp [~ *up a lock*]; bryta (hugga, slå) sönder **b)** upplösa [*the police broke up the crowd*] **c)** dela upp [~ *up a word into syllables*], lösa upp; stycka **d)** sluta [*school* ~*s up today*] **e)** gå skilda vägar [*she and her boyfriend broke up after a year*]
IV *s* **1** brytande, brytning; brott **2** spricka; avbrott; paus; omslag i t.ex. vädret; *it makes a* ~ det är ett [välkommet] avbrott; *without a* ~ utan avbrott, i ett kör **3** *at* ~ *of day* vid dagens inbrott, i gryningen **4** sport., *on the* ~ i fotb. o.d. på en kontring **5** vard., *a bad* ~ otur; *a lucky* ~ tur **6** vard. chans; *give me a* ~! ge mig en chans!, lägg av! **7** utbrytning ur t.ex. fängelse; rymning; *make a* ~ *for it* vard. försöka fly (rymma)
breakable ['breɪkəbl] **I** *adj* brytbar, bräcklig **II** *s*, pl. ~s sköra saker
breakage ['breɪkɪdʒ] **1** sönderbrytning **2** pl. ~*s* [ersättning för] sönderslaget gods
breakaway ['breɪkəweɪ] brytande, brytning; utbrytning äv. sport.; sport. kontring; ~ *group* utbrytargrupp
breakdown ['breɪkdaʊn] **1** sammanbrott [*the* ~ *of the negotiations*];

sammanstörtande; fall; nedbrytning av hälsa; ~ *of a* (*the*) *marriage* ung. djup och varaktig söndring **2** stopp [på grund av maskinskada]; motorstopp; ~ *car* (*lorry*, *van*) bärgningsbil **3** sönderdelning, analys [*a* ~ *of the figures* (*report*)]; klassificering; uppdelning i mindre enheter
breaker ['breɪkə] **1** bränning; ~*s ahead* bildl. fara å färde **2** elektr. strömbrytare; ~ *point* i strömfördelare [av]brytarspets **3** bilskrotare; ~'*s yard* bilskrotningfirma
breakfast ['brekfəst] **I** *s* frukost; ~ *food* (*cereals*) flingor o.d.; ~ *things* frukostservis **II** *vb itr* äta frukost, frukostera
break-in ['breɪkɪn] inbrott
breakneck ['breɪknek] halsbrytande [~ *speed*]
breakthrough ['breɪkθruː] genombrott äv. bildl.
break-up ['breɪkʌp] **1** upplösning [*the* ~ *of a marriage*]; brytning [*a* ~ *between Charles and Diana*]; splittring [*the* ~ *of a political party*]; förfall [*the* ~ *of an empire*]; slut; sammanbrott **2** avslutning t.ex. i skolan; uppbrott **3** uppdelning [*the* ~ *of large estates*]
breakwater ['breɪk,wɔːtə] vågbrytare
bream [briːm] zool. braxen
breast [brest] **I** *s* bröst äv. bildl.; barm; bringa; *make a clean* ~ *of it* lätta sitt samvete, bekänna alltsammans **II** *vb tr*, ~ *the tape* sport. spränga målsnöret
breast-fed ['brestfed] uppfödd på bröstmjölk; ~ *baby* bröstbarn
breast-feed ['brestfiːd] (*breast-fed breast-fed*) amma
breaststroke ['bres(t)strəʊk] bröstsim
breath [breθ] **1** andedräkt; anda; andning; *catch one's* ~ kippa efter andan; hämta andan; *hold one's* ~ hålla andan; *save your* ~! var (håll) tyst!; *waste one's* ~ tala förgäves, tala för döva öron; *out of* ~ el. *short of* ~ andfådd **2** andetag; pust; *a* ~ *of fresh air* **a)** en nypa frisk luft **b)** en frisk fläkt; *take a deep* ~ ta ett djupt andetag, andas djupt
breathalyser o. **breathalyzer** ['breθəlaɪzə] alkotestapparat; ~ *test* alkotest
breathe [briːð] **I** *vb itr* **1** andas; leva; ~ *down a p.'s neck* bildl. hänga över ngns axel, vara på ngn **2** andas ut; ~ *again* (*freely*) andas (pusta) ut **II** *vb tr* **1** andas; ~ *fire* om drake spruta eld **2** bildl. andas [~ *joy*; ~ *simplicity*]; ~ *a word of* knysta om **3** låta andas (pusta) ut **4** *he was* ~*d* han hade tappat andan
breather ['briːðə] **1** vilopaus,

andhämtningspaus; avkoppling; *take a ~* äv. pusta ut ett slag **2** *a ~* en stunds motion
breathing ['bri:ðɪŋ] andning, andhämtning
breathing-space ['bri:ðɪŋspeɪs] andningspaus, andrum båda äv. bildl.
breathless ['breθləs] andfådd; andlös äv. bildl.
breathtaking ['breθˌteɪkɪŋ] nervkittlande, nervpirrande; hisnande
bred [bred] imperf. o. perf. p. av *breed*
breeches ['brɪtʃɪz] knäbyxor; ibl. byxor; *she wears the ~* det är hon som bestämmer var skåpet ska stå
breed [bri:d] **I** (*bred bred*) *vb tr* **1** föda upp djur; förädla; odla; avla **2** bildl. frambringa, alstra; väcka [*~ bad blood*], leda till [*war ~s misery*] **3** [upp]fostra, utbilda **II** (*bred bred*) *vb itr* **1** få (föda) ungar; föröka sig; fortplanta sig; häcka **2** uppstå, uppkomma, sprida sig **III** *s* **1** ras; *~ of cattle* kreatursstam **2** sort, slag [*men of the same ~*], släkte; [*artists*] *are an odd ~* ...är ett släkte för sig **3** amer. neds. halvblodsindian
breeder ['bri:də] **1** djur (växt) som förökar sig; *rabbits are rapid ~s* kaniner förökar sig snabbt **2** uppfödare [*horse ~*]; förädlare [*plant ~*] **3** avelsdjur **4** tekn., *~* [*reactor*] bridreaktor
breeding ['bri:dɪŋ] **1** alstring; uppfödning; förädling av djur o. växter **2** [upp]fostran; fostrande **3** fortplantning; häckning
breeze [bri:z] **I** *s* **1** a) bris, fläkt, [lätt] vind b) sjö. bris 2-6 grader Beaufort; *light* (*slight*) *~* lätt bris; *gentle* (*moderate*) *~* god (frisk) bris; *fresh* (*strong*) *~* styv (hård) bris **2** vard. bråk; gräl **3** vard. lätt match [*the test was a ~*] **4** sl., *get* (*have*) *the ~ up* bli (vara) skraj (byxis); *put the ~ up ap.* göra ngn skraj (byxis) **5** isht amer. sl., *take* (*hit*, *split*) *the ~* sticka, dra, smita **6** isht amer. sl., *shoot the ~* snacka **II** *vb itr* vard., *~ along* susa (rusa) iväg
breeze block ['bri:zblɒk] byggn. slaggbetongblock
breezy ['bri:zɪ] **1** blåsig, luftig; sval, frisk **2** glad[lynt]
brethren ['breðrən] se *brother*
Breton ['bret(ə)n] **I** *adj* bretonsk **II** *s* breton
brevity ['brevətɪ] korthet; koncishet; *~ is the soul of wit* ung. det korta är det mest träffande; i begränsningen visar sig mästaren
brew [bru:] **I** *vb tr* **1** brygga [*~ beer*]; *~* [*up*] *tea* koka te **2** bildl. koka ihop [*the boys are ~ing mischief*] **II** *vb itr* **1** bryggas; stå och dra [*let the tea ~*]

2 vard., *~ up* koka te **3** bildl. vara i görningen (faggorna) [*there is something ~ing*]; *a storm is ~ing* det drar ihop sig till oväder **III** *s* brygd; *a strong ~* [*of tea*] starkt te
brewer ['bru:ə] bryggare; *~'s yeast* öljäst
brewery ['bru:ərɪ] bryggeri
1 briar ['braɪə] **1** bot. briar, ljungträ vars rot används till pipor **2** briarpipa
2 briar ['braɪə] se *2 brier*
bribe [braɪb] **I** *s*, *a ~* el. pl. *~s* mutor, en muta **II** *vb tr* muta **III** *vb itr* ge (använda sig av) mutor
bribery ['braɪbərɪ] bestickning; tagande av mutor (muta); *be open to ~* vara mutbar
brick [brɪk] **I** *s* **1** tegel[sten]; *~ wall* tegelmur, tegelvägg; *like a ton of ~s* vard. med förkrossande tyngd **2** tegelstensformat stycke, bit [*~ of soap*], block [*~ of frozen fish*]; brikett **3** byggkloss; *box of ~s* bygglåda **4** vard. hedersprick; *be a ~* äv. vara bussig **II** *vb tr* **1** mura (bekläda) med tegel **2** *~ up* (*in*) mura igen (till); *~ in* äv. mura in
bricklayer ['brɪkˌleɪə] murare
bridal ['braɪdl] brud- [*~ gown*], bröllops- [*~ preparations*]; *~ train* brudfölje
bride [braɪd] brud; nygift (ung) fru
bridegroom ['braɪdgru:m, -grʊm] brudgum
bridesmaid ['braɪdzmeɪd] brudtärna
1 bridge [brɪdʒ] kortsp. bridge [*auction ~*; *contract ~*]
2 bridge [brɪdʒ] **I** *s* **1** bro; brygga; övergång över järnväg etc.; *we'll cross the ~ when we come to it* ung. den dagen den sorgen **2** *~ of the nose* näsrygg **3** stall på stråkinstrument **II** *vb tr* slå en bro över; bildl. överbrygga [*~ the gap*]; *~ over difficulties* övervinna (bemästra) svårigheter
bridgehead ['brɪdʒhed] mil. brohuvud
bridle ['braɪdl] **I** *s* **1** betsel; *give a horse the ~* ge en häst fria tyglar **2** bildl. tygel **II** *vb tr* **1** betsla **2** bildl. tygla; lägga band på [*~ one's temper*]
bridle path ['braɪdlpɑ:θ] ridväg, ridstig
brief [bri:f] **I** *s* **1** sammandrag; *I hold no ~ for him* jag har ingenting till övers för honom, jag försvarar honom inte **2** jur. resumé (föredragning) av fakta etc. i ett mål **3** pl. *~s* [dam]trosor; [herr]kalsonger **II** *adj* kort, kortvarig; *be ~* fatta sig kort; *in ~* kort sagt; *the news in ~* nyheterna i sammandrag **III** *vb tr* **1** sammanfatta, ge en resumé (sammanfattning) av **2** orientera, briefa, ge direktiv [*the pilots were ~ed about the operation*];

informera; preparera; ~ *a p. about the work* sätta ngn in i arbetet
briefcase ['bri:fkeɪs] portfölj
briefing ['bri:fɪŋ] orientering
1 brier ['braɪə] se *1 briar*
2 brier ['braɪə] törnbuske; isht nyponbuske
brigade [brɪ'geɪd] **1** mil. brigad **2** kår
brigadier [ˌbrɪgə'dɪə] brigadgeneral; motsv. överste av 1. graden inom armén; brigadör inom frälsningarmén
bright [braɪt] **I** *adj* **1** klar, ljus; blank, glänsande, skinande; ~ *intervals* meteor. tidvis uppklarnande [väder] **2** glad [*a ~ face*], lycklig [*feel ~*], ljus [*~ prospects*]; *look on the ~ side* [*of things*] se det från den ljusa sidan; *things are looking ~er* det börjar se ljusare (hoppfullare) ut **3** vaken [*a ~ child*]; *a ~ idea* en ljus idé, ett kvickt infall; iron. [just] ett fint påhitt; *a ~ spark* a) ett ljushuvud b) en lustigkurre; en glad lax **II** *adv* klart [*shine ~*]
brighten ['braɪtn] **I** *vb tr* **1** göra ljus[are], göra klar[are]; lysa upp [*~ a p.'s life*] **2** muntra upp [äv. *~ up*] **II** *vb itr*, *~* [*up*] bli ljus[are]; klarna [upp], skina upp, ljusna; lysa upp [*his face ~ed up*], livas upp
brilliance ['brɪljəns] o. **brilliancy** ['brɪljənsɪ] **1** glans; lysande sken **2** briljans, begåvning
brilliant ['brɪljənt] **I** *adj* **1** strålande [*~ sunshine*], glänsande [*~ jewels*] **2** briljant; strålande [*a ~ idea*]; lysande [*a ~ career*]; genialisk; mästerlig **II** *s* briljant
brim [brɪm] **I** *s* **1** brädd, rand [*the ~ of a cup*] **2** brätte **II** *vb tr* fylla till brädden **III** *vb itr* vara bräddad (bräddfull, fylld till brädden); *~ over* rinna över, flöda över äv. bildl. [*with av*]
brimfull [ˌbrɪm'fʊl, 'brɪmfʊl] bräddfull, rågad; bildl. sprängfylld [*~ of ideas*]
brine [braɪn] **I** *s* saltvatten; saltlösning; salt- **II** *vb tr* lägga i (behandla med) saltlake; salta [in]
bring [brɪŋ] (*brought brought*) *vb tr* **1** komma med; ha (ta) med sig; hämta; inbringa [*his writings ~ him £30,000 a year*]; [för]skaffa; *~ me...* ta hit (hämta)... **2** a) framkalla; medföra; orsaka b) förmå, bringa, få **3** lägga fram; *~ an action against a p.* väcka åtal mot ngn **4** med adv. isht med spec. övers.:

~ about få till stånd, förorsaka [*~ about a crisis*]
~ along ha med sig
~ back ta (ha) med sig tillbaka; väcka [*~ back many memories*]; återinföra; *~ a p.*

back to health återge ngn hälsan; *~ a p. back to life* återuppliva ngn
~ down skjuta ner [*~ down a plane*]; störta [*~ down a tyrant*]; få ner [*~ down prices*]; föra fram [*~ down a history to modern times*]; *~ one's fist down on the table* slå näven i bordet; *~ down upon* dra [ner] över
~ forth frambringa; lägga fram [*~ forth a proposal*]; *~ forth young* få ungar
~ forward: a) föra fram; flytta fram [*~ forward a meeting*]; anföra [*~ forward proof*] b) bokf. transportera; *amount brought forward* transport från ngt; *balance brought forward* ingående saldo
~ in föra in; inbringa [*~ in money*]; väcka [*~ in a bill*]; införa; kalla in [*~ in experts*]; *the jury brought in a verdict of guilty* juryns utslag löd på 'skyldig'
~ off klara av [*it was difficult, but they brought it off*]
~ on förorsaka [*an illness brought on by...*], medföra
~ out framhäva [*~ out a contrast*], bringa i dagen; uppföra [*~ out a play*], ge ut [*~ out a new book*]; *~ out the best in a p.* få fram det bästa hos ngn
~ round få att kvickna till, återställa; ta med [sig]; *~ a p. round to one's point of view* omvända ngn till sin åsikt
~ to väcka till medvetande [igen]
~ up a) uppfostra, utbilda b) kasta upp [*~ up one's dinner*] c) ta (dra) upp [*~ up a question*], föra (bringa) på tal; föra (lyfta, hämta) upp; föra fram till en viss tidpunkt **II** *vb itr*, *~ to* sjö. dreja (lägga) bi
brink [brɪŋk] rand; *be on the ~ of doing a th.* vara nära (på vippen) att göra ngt; *on the ~ of ruin* på ruinens brant
brisk [brɪsk] **I** *adj* **1** livlig [*a ~ demand for cotton goods*], rask [*at a ~ pace*] **2** uppiggande [*~ air, a ~ wind*]; munter [*a ~ fire*] **II** *vb tr*, *~* [*up*] liva upp, pigga upp; påskynda
bristle ['brɪsl] **I** *s* borst[hår]; skäggstrå [*his face was covered with ~s*], styvt hår[strå]; vanl. pl.: *~s* koll. borst [*a toothbrush with stiff ~s*] **II** *vb itr* **1** *~* [*up*] resa sig, stå på ända [*his hair ~d* [*up*]] **2** *~* [*up*] resa borst (ragg, kam); *~* [*with anger*] bli tvärarg **3** *~ with* bildl. vimla av [*~ with difficulties*] **III** *vb tr* **1** resa [*the cock ~d its crest*] **2** sätta borst i
bristly ['brɪslɪ] borstig [*a ~ moustache*], borstlik; sträv [*a ~ chin*]
Brit [brɪt] vard. britt, engelsman
Britain ['brɪtn] **1** [*Great*] *~* Storbritannien; ibl. England **2** hist. Britannien

British ['brɪtɪʃ] **I** adj brittisk; engelsk **II** s, the ~ britterna, engelsmännen
Briton ['brɪtn] britt äv. hist.
Brittany ['brɪtənɪ] geogr. Bretagne
brittle ['brɪtl] spröd
broach [brəʊtʃ] **I** s **1** [stek]spett **2** tekn. syl; skärborr **II** vb tr **1** slå upp vinfat, ölfat **2** komma fram med [~ a subject] **3** tekn. borra med skärborr; brotscha
broad [brɔːd] **I** adj **1** bred; vid[sträckt]; ~ beans bondbönor; it's as ~ as it's long det kommer på ett ut **2** full; in ~ daylight mitt på ljusa dagen **3** öppen, tydlig [a ~ hint] **4** grov, huvudsaklig [the ~ features of a th., ~ outline[s]]; allmän, generell [a ~ rule, ~ principles]; in a ~ sense i stort sett, i stora (grova) drag **II** s isht amer. sl. fruntimmer, brud; fnask
broadband ['brɔːdbænd] tekn. el. data. **I** s bredband **II** adj bredbands-
broadcast ['brɔːdkɑːst] **I** (broadcast broadcast, ibl. ~ed ~ed) vb tr **1** sända [i radio (tv)] [~ a concert] **2** lantbr. så för hand, bredså **3** basunera ut **II** (för tema se I) vb itr uppträda (tala) i radio, uppträda i tv **III** s **1** [radio]utsändning **2** lantbr., ~ [sowing] bredsåning, bredsådd **IV** adj radio-; radio- och tv- [~ news]
broadcasting ['brɔːdˌkɑːstɪŋ] radio[utsändning]; the British B~ Corporation brittiska icke-kommersiella radion och televisionsbolaget, BBC
broaden ['brɔːdn] **I** vb tr göra bred[are] (vid[are]); vidga [ut] [äv. ~ out]; ~ one's mind vidga sin horisont (synkrets) **II** vb itr bli bred[are], vidga [ut] sig
broadly ['brɔːdlɪ] brett etc., jfr broad I; i största allmänhet; [i] friare [betydelse]; ~ speaking i stort sett
broad-minded [ˌbrɔːdˈmaɪndɪd] vidsynt, tolerant
broad-shouldered [ˌbrɔːdˈʃəʊldəd] bredaxlad
broccoli ['brɒkəlɪ] broccoli
brochure ['brəʊʃə, -ʃʊə] broschyr; prospekt över resor o.d.
1 brogue [brəʊg] broguesko; sportsko
2 brogue [brəʊg] dialekt[uttal]; isht irländskt uttal
broil [brɔɪl] **I** vb tr steka **II** vb itr stekas; steka sig [sit ~ing in the sun]
broiler ['brɔɪlə] **1** halster, rost **2** broiler gödkyckling **3** vard. stekhet dag
broiling ['brɔɪlɪŋ] brännhet, glödhet; it's ~ [hot] äv. det gassar (steker)
broke [brəʊk] **I** imperf. o. perf. p. av break **II** adj vard. pank; go for ~ satsa allt man har

broken ['brəʊk(ə)n] **1** bruten, knäckt etc., jfr break; sönder, trasig [a ~ marriage], splittrad [a ~ home], förfallen **2** [ned]bruten [a ~ man]; förkrossad; ruinerad **3** tämjd [ofta ~ in]; amer. inkörd; disciplinerad **4** [ofta] avbruten [~ sleep] **5** in ~ tones med osäker stämma, stammande
broken-down [ˌbrəʊkənˈdaʊn] **1** utnött, förfallen **2** trasig, som har gått sönder **3** nedbruten; avtynad
broken-hearted [ˌbrəʊk(ə)nˈhɑːtɪd] nedbruten av sorg
broker ['brəʊkə] **1** mäklare; agent, mellanhand **2** utmätningsman; put in the ~s göra utmätning
brokerage ['brəʊkərɪdʒ] **1** mäkleri **2** mäklararvode, courtage
brolly ['brɒlɪ] vard. paraply
bronchitis [brɒŋˈkaɪtɪs] bronkit, luftrörskatarr
bronze [brɒnz] **I** s **1** brons; the B~ Age bronsåldern **2** bronsfärg **3** brons[föremål] **II** vb tr **1** bronsera **2** göra brun (solbränd); ~d solbränd **III** vb itr bli brun (solbränd)
brooch [brəʊtʃ] brosch; bröstnål
brood [bruːd] **I** s **1** kull **2** yngel, avkomma **II** vb itr **1** ligga på ägg **2** vila, ruva [the night ~ed over the town] **3** bildl. grubbla **III** vb tr **1** ruva [fram] **2** bildl. ruva (grubbla) på (över)
broody ['bruːdɪ] **1** liggsjuk om höna **2** grubblande; missmodig
1 brook [brʊk] bäck
2 brook [brʊk] tåla; medge; they will ~ no interference de tål inte någon inblandning
broom [bruːm, brʊm] **1** kvast; [långskaftad] sopborste; a new ~ sweeps clean nya kvastar sopar bäst **2** bot. ginst
broomstick ['bruːmstɪk] kvastskaft
broth [brɒθ] [kött]spad, buljong; köttsoppa; too many cooks spoil the ~ ju flera kockar, dess sämre soppa
brothel ['brɒθl] bordell
brother ['brʌðə] (pl. ~s, i bet. 3 ofta brethren) **1** bror; Smith Brothers Bröderna Smith firmanamn; they are ~[s] and sister[s] de är syskon **2** medbroder; ämbetsbroder, yrkesbroder; ~s in arms vapenbröder **3** relig. [tros]broder **4** isht amer. sl. polare; kompis; ~, can you spare a dime? ung. hörru, har du en krona [till en kopp kaffe]?
brotherhood ['brʌðəhʊd] broderskap; brödraskap; the ~ of man den mänskliga gemenskapen

brother-in-law [ˈbrʌð(ə)rɪnlɔː] (pl. *brothers-in-law* [ˈbrʌðəzɪnlɔː]) svåger
brotherly [ˈbrʌðəlɪ] broderlig
brought [brɔːt] imperf. o. perf. p. av *bring*
brow [braʊ] **1** ögonbryn; *knit one's ~s* rynka pannan (ögonbrynen) **2** panna; bildl. min **3** utsprång, kant av bråddjup; krön; *~ of a hill* backkrön
browbeat [ˈbraʊbiːt] (*browbeat browbeaten*) spela översittare mot, hunsa [med]
brown [braʊn] **I** *adj* **1** brun; *~ bread* ung. mörkt bröd, fullkornsbröd; *~ rice* råris; *~ sugar* rårörsocker, farinsocker **2** mörkhyad; brun, solbränd **II** *s* **1** brunt; brun färg **2** flygande svärm (flock) av fågelvilt **III** *vb tr* **1** brunsteka, bryna **2** *be ~ed off* sl. vara utled på allting, vara uttråkad (deppig) **IV** *vb itr* bli brun
browse [braʊz] **I** *vb tr* data., *~ the Web* söka på nätet **II** *vb itr* **1** gå (strosa) runt och titta **2** bläddra [*~ through a newspaper*], ögna igenom; *~ among (through)* [*a p.'s books*] botanisera bland...
browser [ˈbraʊzə] data. webbläsare
bruise [bruːz] **I** *s* blåmärke; stöt, fläck på frukt o.d. **II** *vb tr* **1** ge blåmärken (krossår); stöta frukt; *he fell and ~d his leg* han ramlade och fick blåmärken på benet **2** mala (stöta) sönder, krossa **III** *vb itr, ~ easily* lätt få blåmärken
brunch [brʌn(t)ʃ] (bildat av *breakfast* o. *lunch*) brunch, frukost-lunch
brunette [bruːˈnet] brunett
brunt [brʌnt] [våldsamt] angrepp; *bear the ~* bildl. stå i skottgluggen, få ta emot stötarna; *bear the ~ of the blame* bära (ha) största skulden
brush [brʌʃ] **I** *s* **1** borste; kvast; pensel **2** [av]borstning; *give a p. a ~* borsta av ngn **3** [räv]svans **4** elektr. [kol]borste; strålknippe **5** sammandrabbning; nappatag **6** småskog, snårskog; ris **II** *vb tr* **1** borsta [*~ one's hair (teeth)*], borsta av [*~ one's coat*]; sopa; skrubba; stryka [*~ back one's hair*]; *~ed nylon* borstad nylon; *~ away* stryka bort [*~ away a tear*]; *~ off* vard. nobba, avspisa; *~ up* piffa upp, friska (fräscha) upp [sina kunskaper i] **2** snudda vid; stryka förbi **III** *vb itr* **1** *~ against (by, past)* snudda vid; stryka förbi **2** *~ off* gå att borsta bort [*the mud will ~ off when it dries*] **3** *~ up on* amer. friska upp [sina kunskaper i]
brushwood [ˈbrʌʃwʊd] småskog, snårskog; ris ss. bränsle
brusque [brʊsk, bruːsk, brʌsk] tvär

Brussels [ˈbrʌslz] geogr. Bryssel, bryssel- [*~ lace*]
Brussels sprouts [ˌbrʌslzˈspraʊts] brysselkål
brutal [ˈbruːtl] brutal; djurisk; grov
brutality [bruːˈtælətɪ] brutalitet
brute [bruːt] **I** *adj* **1** om djur oskälig **2** djurisk; rå; brutal; *~ force* rå styrka **II** *s* **1** oskäligt djur **2** brutal (rå) människa; vard. odjur, kräk
brutish [ˈbruːtɪʃ] djurisk, rå
B.Sc. [ˌbiːesˈsiː] förk. för *Bachelor of Science*
BSI förk. för *British Standards Institution*
BST förk. för *British Standard Time, British Summer Time*
bubble [ˈbʌbl] **I** *s* **1** bubbla; bubblande; *blow ~s* blåsa såpbubblor **2** bildl. [luft]bubbla [*the ~ burst at last*]; humbug; humbugs- **3** pratbubbla **II** *vb itr* bubbla; sprudla; *~ over* bildl. sprudla [*with* av]
bubble bath [ˈbʌblbɑːθ] skumbad
buccaneer [ˌbʌkəˈnɪə] sjörövare; äventyrare
1 buck [bʌk] **I** *s* **1** bock av dovhjort, ren, hare, kanin m. fl.; *~ teeth* utstående framtänder i överkäken; 'hästtänder' **2** åld. sprätt **3** amer. sl. (neds.) ung neger (indian) **4** isht amer. sl. [såg]bock; gymn. bock **II** *vb itr* o. *vb tr* **1** om häst hoppa med krökt rygg [och slå (sparka) bakut] för att kasta av ryttare; stånga **2** *~ up* vard. raska på; pigga (gaska) upp [sig]
2 buck [bʌk] amer. sl. dollar; *a fast ~* snabba pengar (stålar)
bucket [ˈbʌkɪt] **I** *s* **1** pyts, ämbar; *a drop in the ~* en droppe i havet; *kick the ~* sl. kola av **2** mudderskopa **II** *vb itr, ~* [*down*]
a) ösregna, hällregna [*it is ~ing* [*down*]]
b) ösa ner [*the rain is ~ing down*]
bucketful [ˈbʌkɪtfʊl] (pl. *~s* el. *bucketsful*) ss. mått spann
buckle [ˈbʌkl] **I** *s* spänne; buckla **II** *vb tr* **1** fästa med spänne; *~ on* äv. spänna på (om) sig **2** *~* [*up*] buckla (till), böja **III** *vb itr* **1** *~ to* (*down*) hugga i, lägga manken till **2** *~* [*up*] böja (kröka, vika) sig, bågna, ge vika
1 bud [bʌd] **I** *s* knopp; öga på växt; *nip* [*a plot*] *in the ~* kväva...i sin linda **II** *vb itr* knoppas, slå ut **III** *vb tr* trädg. okulera
2 bud [bʌd] isht amer. sl., se *buddy*
Buddhism [ˈbʊdɪz(ə)m, amer. ˈbuː-] buddism
budding [ˈbʌdɪŋ] knoppande; bildl. spirande
buddy [ˈbʌdɪ] isht amer. sl. kompis, kamrat; i tilltal hörru [kompis (polarn)] [*listen, ~!*]

budge [bʌdʒ] vanl. med negation **I** *vb itr* röra sig ur fläcken äv. bildl. [*he wouldn't ~ an inch*]; *he won't ~ on that point* han är orubblig på den punkten **II** *vb tr* röra ur fläcken
budgerigar [ˈbʌdʒərɪgɑː] undulat
budget [ˈbʌdʒɪt] **I** *s* budget; statsbudget; lågpris- [*~ travel*; *~ meal*]; *~ deficit* budgetunderskott **II** *vb itr* göra upp en budget [*~ for the coming year*] **III** *vb tr* budgetera [*~ed cost*]; planera [*~ one's time*]
budgie [ˈbʌdʒɪ] vard., se *budgerigar*
buff [bʌf] **I** *s* **1** buffelläder; sämskskinn **2** mattgul färg **3** vard. entusiast [*film (theatre, history) ~*] **4** vard., *in the ~* spritt naken **II** *adj* mattgul **III** *vb tr* polera med sämskskinn
buffalo [ˈbʌfələʊ] (pl. *~es* el. koll. lika) buffel, buffel- [*~ calf (hide)*]; bisonoxe
1 buffer [ˈbʌfə] buffert; *~ state* buffertstat
2 buffer [ˈbʌfə] sl. (neds.) karl; *old ~* gammal stofil
3 buffer [ˈbʌfə] polerverktyg; nagelpolerare
1 buffet [ˈbʌfɪt] **I** *s* knuff, knytnävsslag; bildl. slag **II** *vb tr* **1** slå [till] isht med handen; knuffa [omkring] **2** brottas med
2 buffet [ˈbʊfeɪ, amer. bəˈfeɪ, ˌbʊˈfeɪ] **1** möbel buffé **2** [serverings]disk; buffé restaurang; *~ car* järnv. buffévagn, cafévagn **3** mål buffé [*cold ~*]; *~ supper* gående supé
buffoon [bəˈfuːn] **I** *s* pajas; *play the ~* spela pajas **II** *vb itr* spela pajas
bug [bʌg] **I** *s* **1** vägglus **2** isht amer. [liten] insekt, skalbagge **3** vard. bacill **4** sl., *big ~* pamp, högdjur **5** isht amer. sl. fix idé **6** amer. vard. entusiast, dåre [*a hi-fi ~*] **7** vard. dold mikrofon **8** vard. [fabrikations]fel, defekt; data. lus programfel **II** *vb tr* **1** vard. bugga **2** isht amer. sl. reta
bugbear [ˈbʌgbeə] **1** orosmoment **2** [hjärn]spöke; buse
bugger [ˈbʌgə] **I** *s* **1** jur. sodomit **2** sl. jävel, knöl, sate **3** sl. jäkel [äv. smeksamt: *that sweet little ~*] **4** sl., *it's a ~* det är för jävligt; *I don't give (care) a ~ if...* jag ger fan i om... **II** *vb tr* sl. **1** begå sodomi med; *~ about* se *muck about* under *muck II* **2** *~ it!* fan [också]!; ge fan i det! **3** *I'm ~ed if I know* ta mig fan om jag vet!, det vete fan! **III** *vb itr* sl., *~ about* se *muck about* under *muck III*
buggy [ˈbʌgɪ] **1** lätt enspännare **2 a)** [*baby*] *~* paraplyvagn **b)** amer. barnvagn
bugle [ˈbjuːgl] **I** *s* [jakt]horn; mil. signalhorn **II** *vb itr* blåsa i horn **III** *vb tr* blåsa
build [bɪld] **I** (*built built*) *vb tr* bygga; förfärdiga; uppföra; anlägga väg; friare forma; bildl. bygga; *~ a fire* göra upp en brasa; *~ up a business* bygga (arbeta) upp ett företag **II** (för tema se *I*) *vb itr* **1** bygga **2** *~ up* ökas, hopa sig; stegras; byggas upp **3** bildl. lita [*don't ~ upon his promises*] **III** *s* [kropps]byggnad; konstruktion; struktur; snitt på kläder
builder [ˈbɪldə] byggare; byggmästare; *~'s estimate* byggnadskalkyl
building [ˈbɪldɪŋ] **1** byggande, byggnation, byggnadsverksamhet **2** byggnad **3** *~ and loan association* amer. hypotekskassa; *~ licence* byggnadstillstånd
building society [ˈbɪldɪŋsəˌsaɪətɪ] hypotekskassa
build-up [ˈbɪldʌp] **1** utbyggnad [*the ~ of the nation's heavy industry*] **2** uppbyggande, förarbete; omsorgsfull bearbetning; gradvis intensifiering [*the ~ of suspense in the film*] **3** uppmuntran **4** förhandsreklam; *give a p. a ~* ung. lansera ngn **5** mil. gradvis koncentration [*a ~ of forces*]
built [bɪlt] imperf. o. perf. p. av *build*
built-up [ˈbɪltʌp] [tät]bebyggd [*~ area*]
bulb [bʌlb] **1** [blom]lök; knopplök; *~ plants* lökväxter **2** elektrisk [glöd]lampa; kula på termometer o.d.
bulbous [ˈbʌlbəs] lök-; lökformig[t uppsvälld]; tjock
Bulgaria [bʌlˈgeərɪə, bʊl-] Bulgarien
Bulgarian [bʌlˈgeərɪən, bʊl-] **I** *s* **1** bulgar **2** bulgariska [språket] **II** *adj* bulgarisk
bulge [bʌldʒ] **I** *s* **1** bula, buckla; utbuktning; rundning; ansvällning **2** [temporär] ökning, uppgång i priser o.d.; puckel i t.ex. åldersfördelning; *the [birthrate] ~* vard., ung. de stora årskullarna **II** *vb itr* bukta (svälla) ut, vara bukig, stå (puta) ut; digna; *-ing* äv. bukig, kupig; *-ing eyes* utstående ögon; *-ing pockets* putande fickor
bulimia [bjuːˈlɪmɪə, bʊ-] med. bulimi
bulk [bʌlk] **1** volym; omfång; fyllnad; om papper m.m. grovlek i förhållande till vikt **2** skeppslast; helt parti; *~ buying (orders)* uppköp av (order på) stora (hela) partier **3** *the ~* det mesta, huvuddelen; de flesta, huvudstyrkan [*of* av] **4** kostfibrer
bulkhead [ˈbʌlkhed] **1** sjö. skott [*watertight ~*]; *~ deck* skottdäck **2** skiljevägg
bulky [ˈbʌlkɪ] skrymmande
1 bull [bʊl] [påve]bulla

2 bull [bʊl] **I** s **1** tjur [*take the ~ by the horns*]; *like a ~ at a* [*five-barred*] *gate* burdust, hetsigt; buffligt; *like a ~ in a china shop* som en elefant i en porslinsbutik, klumpig[t] **2** hanne av elefant, val m. fl. stora djur; han-; *~ elephant* elefanthanne **3** börs. haussespekulant; *~ market* hausse **4** amer. sl. snut **5** sl. mil. överdriven nit **6** sl. skitsnack; *shoot the ~* a) prata skit b) skrävla, överdriva **II** *vb tr* börs. försöka pressa upp kursen (priset) på; *~ the market* spekulera i hausse (kurshöjningar) **III** *vb itr* börs. spekulera i hausse

bulldog ['bʊldɒg] **1** bulldogg; *with ~ tenacity* med en bulldoggs envishet **2** britt. univ. sl. 'bulldogg' ordningsvakt som åtföljer *the proctor*

bulldoze ['bʊldəʊz] **1** schakta **2** vard. tyrannisera, tvinga [*~ a p. into doing* (att göra) *a th.*]

bulldozer ['bʊl,dəʊzə] **1** bulldozer **2** vard. översittare

bullet ['bʊlɪt] kula till gevär o.d.; *get the ~* sl. få sparken

bulletin ['bʊlətɪn] bulletin; rapport [*weather ~*]; *~ board* amer. anslagstavla

bulletproof ['bʊlɪtpruːf] skottsäker

bullfight ['bʊlfaɪt] tjurfäktning

bullfighting ['bʊl,faɪtɪŋ] tjurfäktning

bullfinch ['bʊlfɪn(t)ʃ] zool. domherre

bullion ['bʊljən] omyntat (oförarbetat) guld (silver); guldtacka

bullock ['bʊlək] stut, oxe

bullring ['bʊlrɪŋ] tjurfäktningsarena

bull's-eye ['bʊlzaɪ] **1** skottavlas prick; centrum; fullträff äv. bildl.; *~!* mitt i prick! **2** runt glas, rund lins i lykta o.d.; blindlykta

bullshit ['bʊlʃɪt] vard. **I** s **1** skitsnack, nonsens **2** mil. överdriven nit **II** *vb tr* o. *vb itr* **1** prata skit (svamla) [om] **2** mil. hålla strikt ordning [på]

bully ['bʊlɪ] **I** s översittare, tyrann **II** *vb tr* spela översittare mot, mobba; med hot tvinga **III** *vb itr* domdera, spela översittare **IV** *adj* o. *interj* isht amer. vard. finfin, utmärkt; jättekul; *~ for you!* bravo!, det var fint!; din lyckans ost!

bulrush ['bʊlrʌʃ] bot. **1** säv **2** kaveldun

bulwark ['bʊlwək, -wɜːk] **1** bålverk äv. bildl.; [skyddande] vall (mur) **2** vågbrytare **3** sjö., ~[s] brädgång, reling

bum [bʌm] **I** s **1** vulg. rumpa, häck, bak **2** amer. vard. luffare; nolla [*he called the umpire a ~*]; *be on the ~* a) vard. gå på luffen b) sl. vara på dekis; gå på bommen, snylta sig fram c) sl., om sak vara kaputt, ha gått åt fanders **II** *adj* vard. [ur]dålig; trasig [*a ~ fuse* (*screw*)]; falsk; *~'s rush* amer. sl. a) handgripligt utkastande (bortkörande) b) snabbt avfärdande, nobben **III** *vb itr* amer. vard. **1** *~* [*around*] stryka (luffa) omkring **2** snylta **IV** *vb tr* amer. vard. bomma, tigga [*~ a cigarette*]

bumble-bee ['bʌmblbiː] humla

bumf [bʌmf] sl. toapapper

bump [bʌmp] **I** s **1** törn **2** bula; svulst, knöl ofta i frenologi **3** ojämnhet på väg; [litet] gupp **4** flyg. luftgrop; vindstöt; studs **5** amer. sl. a) befordran; [löne]förhöjning b) degradering **6** sl. juckande med höfterna, se äv. *III 2* nedan **II** *vb tr* **1** stöta, törna, köra [*~ one's head on the ceiling*]; *~ a p. off* sl. fixa mörda ngn **2** amer., *~ up* höja (driva upp) pris o.d. **III** *vb itr* **1** stöta; *I ~ed into him* äv. jag stötte ihop med (råkade) honom **2** sl. jucka, knycka med höfterna; *~ and grind* jucka och rotera med höfterna

bumper ['bʌmpə] **1** stötfångare på bil; fender; amer. buffert **2** attr. riklig, rekord- [*~ crop*, *~ year*]; *a ~ week of films* en bra (fin) filmvecka **3** bräddfullt glas, bräddad bägare

bumptious ['bʌm(p)ʃəs] viktig, dryg

bumpy ['bʌmpɪ] om väg o.d. ojämn, guppig; om luft gropig

bun [bʌn] **1** bulle; *hot cross ~* bulle med kors på som äts varm på långfredagen **2** [hår]knut

bunch [bʌn(t)ʃ] **I** s **1** klase [*~ of grapes*]; bukett [*~ of flowers*], knippa [*~ of keys*], bunt [*~ of papers*]; tofs [*~ of hair* (*grass*)] **2** vard. samling, hop, klunga; massa; *the best of the ~* den bästa av hela bunten **II** *vb tr*, *~* [*up*] göra en knippa av; samla (bunta) ihop; vecka, drapera **III** *vb itr*, *~* [*up*] fastna (sitta) ihop; dra ihop sig; skocka sig

bundle ['bʌndl] **I** s **1** bunt, knippe; *a ~ of energy* ett energiknippe **2** sl. jättesumma [pengar]; *do* (*go*) *a ~ on* vara (bli) tokig i **II** *vb tr* **1** stuva; *~ up* a) bunta ihop b) bylta på **2** fösa [*~ a p. away* (*off, out*)] **III** *vb itr*, *~ away* (*off*, *out*) packa sig i väg

bun fight ['bʌnfaɪt] vard. tebjudning; barnkalas

bung [bʌŋ] **I** s propp; tapp **II** *vb tr* **1** sätta tappen i [ofta *~ up*]; *~ up a p.'s eyes* sl. mura igen ögonen på ngn **2** sl. slänga [*~ stones*]; slå

bungalow ['bʌŋgələʊ] bungalow; enplansvilla, enplanshus; småstuga till uthyrning

bungle ['bʌŋgl] **I** *vb tr* förfuska, göra

pannkaka av **II** *vb itr* fumla **III** *s* fuskverk; schabbel; röra
bunion ['bʌnjən] öm inflammerad knöl på stortån
1 bunk [bʌŋk] **I** *s* koj; sovhytt; *~ bed* våningssäng **II** *vb itr* gå till kojs; sova
2 bunk [bʌŋk] sl. **I** *vb itr* smita, sjappa; skolka **II** *s*, *do a ~* smita, sjappa
bunker ['bʌŋkə] **I** *s* **1** fartygs kolbox **2** mil. bunker **3** golf. bunker; bildl. hinder **II** *vb itr* bunkra; *~ing station* bunkringsstation
bunny ['bʌnɪ] **1** barnspr. kanin **2** sl. pangbrud; *~ [girl]* bunny nattklubbsvärdinna med kanindräkt
1 bunting ['bʌntɪŋ] sparv
2 bunting ['bʌntɪŋ] koll. flaggor
buoy [bɔɪ] **I** *s* **1** boj; prick **2** se *lifebuoy* **II** *vb tr* **1** sjö. pricka ut med boj[ar] [*~ a channel* (*wreck*)] **2** *~ up* hålla flott (uppe) **3** bildl. *~ [up]* hålla uppe, bära upp; inge mod
buoyancy ['bɔɪənsɪ] **1** flytförmåga; bärkraft; flyt- [*~ garments*] **2** viktförlust genom nedsänkning i vätska **3** om pers. glatt lynne; spänst **4** om pris o.d. tendens att stiga [igen]
buoyant ['bɔɪənt] **1** som lätt flyter (stiger, håller sig uppe), flytande **2** om vätska bärande, i stånd att hålla saker flytande **3** elastisk, spänstig [*with a ~ step*]; om pers. livlig **4** börs. stigande
burbot ['bɜːbət] zool. lake
burden ['bɜːdn] **I** *s* börda, last; ansvar [*the main ~*]; *be a ~ to* [*the State*] ligga...till last; *~ of taxation* skattetryck **II** *vb tr* belasta, belamra; tynga [ner]
bureau ['bjʊərəʊ, bjʊə'rəʊ] (pl. *~x* [-z] el. *~s* [-z]) **1** sekretär; skrivbord **2** ämbetsverk; byrå [*information* (*tourist*) *~*] **3** amer. byrå möbel
bureaucracy [bjʊ(ə)'rɒkrəsɪ] byråkrati
bureaucrat ['bjʊərə(ʊ)kræt] byråkrat
bureaucratic [ˌbjʊərə(ʊ)'krætɪk] byråkratisk
burgeon ['bɜːdʒ(ə)n] poet. **I** *s* knopp **II** *vb itr* knoppas
burglar ['bɜːglə] inbrottstjuv; *~ alarm* tjuvlarm
burglary ['bɜːglərɪ] inbrott
burgle ['bɜːgl] föröva (göra) inbrott [i]; *~ a p.'s house* sl. bryta sig in hos ngn
Burgundy ['bɜːg(ə)ndɪ] **I** geogr. Bourgogne; hist. Burgund **II** *s*, *b~* bourgogne[vin]
burial ['berɪəl] begravning
burlesque [bɜː'lesk] **I** *adj* burlesk, parodisk; amer. äv. varieté- **II** *s* burlesk pjäs, fars **III** *vb tr* parodiera, travestera

burly ['bɜːlɪ] **1** stor och kraftig [*a ~ man*] **2** rakt på sak, burdus [*~ manner*]
Burma ['bɜːmə] geogr. (hist.)
Burmese [ˌbɜː'miːz] **I** (pl. lika) *s* **1** burman, burmes; burmanska kvinna; burmanska [språket] **2** burma[katt] **II** *adj* burmansk
burn [bɜːn] **I** (*burnt burnt*, äv. isht bildl. *burned burned*) *vb tr* **1** bränna; sveda; bränna (elda) upp); elda med [*~ oil*]; *~ one's boats* (*bridges*) bränna sina skepp; *~ the candle at both ends* bildl. bränna sitt ljus i båda ändarna; *~ out* bränna upp allt i; bränna ner huset för; smälta ner med elektrisk ström **II** (för tema se *I*) *vb itr* **1** brinna; lysa, glöda äv. bildl.; hetta, svida; bli bränd; *her skin ~s easily* hon blir lätt bränd av solen; *~ away* a) brinna [*the fire was ~ing away cheerfully*] b) brinna ner (upp) [*half the candle had ~t away*]; *~ up* a) brinna upp b) flamma upp, ta sig c) amer. sl. brusa upp, bli förbannad **2** *~ for* bildl. längta efter **3** brännas vid [äv. *~ to*] **4** brännas **III** *s* **1** brännskada [*first-degree* (*second-degree*, *third-degree*) *~*], brännsår **2** vard., *do a slow ~* långsamt ilskna till
burner ['bɜːnə] brännare; låga på gasspis
burning ['bɜːnɪŋ] **I** *adj* brännande; brinnande, glödande; *a ~ question* en brännande (aktuell) fråga; *a ~ shame* en evig (stor) skam **II** *s* [för]bränning; *there is a smell of ~* det luktar bränt
burnish ['bɜːnɪʃ] **I** *vb tr* göra blank **II** *vb itr* bli blank **III** *s* glans; polering
burnt [bɜːnt] **I** imperf. o. perf. p. av *burn* **II** *adj* bränd [*~ almonds*]; *~ lime* bränd (osläckt) kalk
burp [bɜːp] vard. **I** *s* rapning; *~ gun* amer. kulsprutepistol **II** *vb tr* o. *vb itr* [få att] rapa
burrow ['bʌrəʊ] **I** *s* kanins m. fl. djurs håla **II** *vb itr* **1** göra (bo i) en håla (hålor) **2** gräva sig fram (ner); gräva ner sig **III** *vb tr* gräva; *~ one's way* gräva sig fram (ner)
bursar ['bɜːsə] skattmästare isht univ.
burst [bɜːst] **I** (*burst burst*) *vb itr* **1** brista; rämna; springa sönder; explodera; om knopp slå ut; om moln upplösa sig i regn; *he was ~ing* [*to tell us the news*] han höll på att spricka av iver...; *~ with laughing* skratta sig fördärvad **2** *~ open* flyga upp [*the door ~ open*] **3** störta, komma störtande [*he ~ into the room*]; bryta fram [*the sun ~ through the clouds*]; välla [*the oil ~ out of* (fram ur) *the ground*]; *~ in* a) störta [sig] in b) avbryta; *~ in* [*up*]*on a conversation* avbryta (blanda sig i) ett samtal; *~ out* a) störta

[sig] ut, bryta sig ut b) bryta ut (fram) c) brista [ut]; ~ *out laughing* brista i skratt; ~ *into flames* flamma upp, ta eld; *the horse ~ into a gallop* hästen föll [in] i galopp; ~ *into laughter (tears)* brista i skratt (gråt); ~ *upon* kasta sig över **II** (*burst burst*) *vb tr* spränga [~ *a balloon*], spräcka, slita sönder; ~ *a tyre* få en ringexplosion **III** *s* **1** bristning **2** explosion; krevad; salva; ~ *of gunfire* skottsalva, eldskur **3** plötsligt utbrott [*a* ~ *of energy*]; storm [*a* ~ *of applause*]; ström [*a* ~ *of tears*]; *a* ~ *of laughter* en skrattsalva; *a* ~ *of speed* [en] spurt

bur|y ['berɪ] **1** begrava [~ *alive*], jorda; *she has -ied three husbands* hon har blivit änka tre gånger **2** begrava, gräva ner [~ *oneself in the country* (*in one's books*)]; gömma, dölja; perf. p. *-ied* äv. försjunken, försänkt [~ *in thoughts*]

bus [bʌs] **I** (pl. *-es* el. *-ses*) *s* **1** buss britt. endast stadsbuss, amer. äv. långfärdsbuss **2** åld. sl., om bil o. flygplan kärra **3** data. buss **II** *vb itr* **1** åka buss **2** amer. arbeta som diskplockare **III** *vb tr* vard. **1** transportera i buss; amer. skol. bussa **2** ~ *it* åka buss

1 bush [bʊʃ] **1** buske; busksnår; *the ~ telegraph* djungeltelegrafen; *beat about* (*around*) *the* ~ gå som katten kring het gröt **2** ~ [*of hair*] [hår]buske, kalufs **3** murgrönskvist gammal vinhandlarskylt; *good wine needs no* ~ god sak talar för sig själv **4** [räv]svans **5** skogsland; urskog; vildmark; *the* ~ äv. bushen, vischan; *take to the* ~ dra till skogs, bli stråtrövare

2 bush [bʊʃ] tekn. **I** *s* hylsa; [hjul]bössa; lagerpanna; bussning **II** *vb tr* bussa; förse med lagerpanna

bushel ['bʊʃl] bushel rymdmått för spannmål o.d. = 8 *gallons* a) britt. = 36,368 l. b) amer. = 35,238 l. ung. skäppa; *hide one's light under a* ~ sätta sitt ljus under en skäppa

bushy ['bʊʃɪ] buskrik; buskig [~ *eyebrows*]; yvig [~ *tail*]

business ['bɪznəs] **1** (utan pl.) affär[er]; affärsliv[et]; *a piece of* ~ en affär; ~ *hours* affärstid, kontorstid; ~ *management* (*administration*) a) [företags]administration b) företagsledning; *he is in* ~ *for himself* han är egen företagare; *on* ~ i affärer **2** (med pl. *-es*) affär; butik; *open a* ~ *of one's own* öppna egen affär **3** (med pl. *-es*) bransch [*he is in the oil* ~ (*in show* ~)] **4** (utan pl.) uppgift, sak; syssla; ärende [*I asked him his* ~]; [verkligt] arbete [~ *before pleasure*]; [*any*] *other* ~ (förk.

AOB) övriga ärenden på dagordningen; *I made it my* ~ *to* jag gjorde det till min uppgift (åtog mig) att; *get down to* ~ ta itu med uppgiften o.d.; komma till saken **5** (utan pl.) angelägenhet[er], sak; vard. svår sak [*he did not know what a* ~ *it was*]; *a bad* (*queer*) ~ en sorglig (underlig) historia; *have no* ~ *to* inte ha någon rätt (anledning) att; *mind your own* ~ *!* vard. sköt du ditt!, lägg dig inte i det här!; *send a p. about his* ~ köra bort (avfärda) ngn; *sick of the whole* ~ led på alltsammans (hela historien); *attend to* (*go about*) *one's* ~ sköta sina [egna] angelägenheter

businesslike ['bɪznɪslaɪk] affärsmässig; systematisk; rutinerad

business|man ['bɪznɪs|mæn] (pl. *-men* [-mən]) affärsman; näringsidkare

busker ['bʌskə] gatumusikant isht en som underhåller kö utanför teater

bus stop ['bʌstɒp] busshållplats

1 bust [bʌst] **1** byst skulptur **2** byst, barm **3** bystmått

2 bust [bʌst] vard. **I** (*bust bust* el. *-ed -ed*) *vb tr* **1** spränga [~ *a safe*; ~ *a gang*], spräcka, bryta [~ *an arm*]; bryta upp [~ [*open*] *a door* (*lock*)]; slå sönder [~ *one's watch*]; *I nearly ~ myself laughing* jag höll på att spricka av skratt **2** ~ *up* slå sönder, spränga; upplösa [~ *up a meeting*] **3** klippa till; ~ *a p. on the nose* äv. ge ngn en smocka **4** göra en razzia i [*the police -ed the place*], haffa [*he was -ed for possession of drugs*] **5** göra bankrutt **II** (*bust bust* el. *-ed -ed*) *vb itr* **1** sprängas, krevera; gå sönder [*my watch bust*]; *I laughed fit to* ~ jag höll på att spricka av skratt **2** ~ *up* falla ihop, spricka **III** *s* **1** slag [*a* ~ *on the nose*] **2** razzia **3** bankrutt, krasch **4** röjarskiva; *go on the* (*have a*) ~ festa, dricka (supa) till **IV** *adj* bankrutt; *go* ~ a) gå sönder, spricka b) göra bankrutt (fiasko)

1 bustle ['bʌsl] hist. turnyr

2 bustle ['bʌsl] **I** *vb itr* gno [~ *about*]; skynda sig, få (ha) bråttom **II** *vb tr* sätta fart i, jäkta **III** *s* brådska, larm; *be in a* ~ ha bråttom, flänga omkring

bust-up ['bʌstʌp] vard. **1** stormgräl; sammanbrott; separation; krasch **2** röjarskiva

busy ['bɪzɪ] **I** *adj* **1** sysselsatt; *be* ~ äv. ha fullt upp att göra; *be ~ packing* hålla på att packa; *the line is* ~ tele. upptaget **2** flitig; ~ *as a bee* (*beaver*) flitig som en myra **3** ivrig **4** bråd [~ *season*], livlig; ~ *street* livligt trafikerad gata **II** *vb tr*

sysselsätta; ~ *oneself with* (*in, about*) sysselsätta sig med **III** *s* sl. snok[are]
busybody [ˈbɪzɪˌbɒdɪ] beskäftig människa; *he is such a* ~ han lägger sig i allting
but [bʌt, obeton. bət] **I** *konj* **1** men; dock; vard., ofta efter utrop: *God!* ~ *I am tired!* Gud, vad jag är trött!; ~ *of course!* ja naturligtvis!; *not only...* ~ [*also*] inte bara...utan också; ~ *then* men så...också **2** (äv. *prep*) **a**) utom [*all* (*no one*) ~ *he*]; mer än [*I cannot* ~ *regret*]; om inte [*whom should he meet* ~ *me?*]; *all* ~ [*unknown*] nästan... **b**) ~ *for* [*that*] bortsett från... **c**) ~ [*that* (*what* vard.)] utan att [*never a week passes* ~ [*that* (*what*)] *she comes to see me*]; som inte [*not a man* ~ *what likes her*]; *not* ~ *that* (*what* vard.) *he...* inte för att han inte...; *no man is so old* ~ *that he may learn* ingen är för gammal för att lära; *I don't doubt* (*deny*) ~ *that* jag tvivlar inte på (förnekar inte) att **d**) *first* ~ *one* (*two*) [som] tvåa (*resp.* trea), [som] den andra (*resp.* tredje) i ordningen; *the last* ~ *one* (*two*) den näst sista (*resp.* den näst näst sista, den tredje från slutet); *the next* ~ *one* (*two*) den andra (*resp.* tredje) härifrån (i ordningen, uppifrån osv.) **3** än [*nothing else* ~ *laziness*] **II** *adv* bara [*he is* ~ *a child*; *if I had* ~ *known*], blott; först; ~ *now* alldeles nyss **III** *s* men; aber
butane [ˈbjuːteɪn, -ˈ-] kem. butan[gas]
butcher [ˈbʊtʃə] **I** *s* **1** slaktare; bildl. äv. bödel; ~'*s meat* färskt slaktkött utom vilt, fågel o.d. **2** amer. försäljare av gott, tidningar m.m. bland publik, på tåg o.d. [*candy* ~] **II** *vb tr* **1** slakta; mörda urskillningslöst **2** bildl. förstöra, misshandla [*the pianist* ~*ed the piece*]
butler [ˈbʌtlə] hovmästare, förste betjänt i privatfamilj
1 butt [bʌt] tunna för regnvatten o.d.
2 butt [bʌt] **I** *s* **1** tjockända; rotända på trädstam; handtag; bas; [gevärs]kolv **2** rest, stump; cigarrstump; fimp; isht amer. sl. cigarett **3** isht amer. sl. häck, ända **II** *vb tr* isht amer. fimpa [~ *a cigarette*]
3 butt [bʌt] bildl. skottavla
4 butt [bʌt] **I** *vb tr* o. *vb itr* **1** stöta [till] med huvud el. horn; knuffa; boxn. skalla[s]; ~ *one's head into a stone wall* bildl. köra huvudet i väggen **2** skjuta ut (fram) **3** ~ *in* vard. tränga sig på **II** *s* puff
butter [ˈbʌtə] **I** *s* smör; *melted* (*drawn*) ~ skirat smör **II** *vb tr* **1** bre[da] smör på; steka i (laga med) smör; smöra **2** ~ *up* vard. smickra, smöra för

butter bean [ˈbʌtəbiːn] stor [torkad] limaböna
buttercup [ˈbʌtəkʌp] bot. smörblomma; ranunkel
butterfingers [ˈbʌtəˌfɪŋɡəz] (konstr. ss. sg.; pl. *butterfingers*) fumlig (klumpig) person; ~*!* vad du är klumpig!, din klumpedun!
butterfly [ˈbʌtəflaɪ] **1** fjäril; ~ [*bow*] butterfly, fluga rosett; *I have butterflies* [*in my stomach*] vard. det pirrar i magen på mig, jag har fjärilar i magen **2** nöjeslysten person; rastlös person
buttermilk [ˈbʌtəmɪlk] kärnmjölk
buttock [ˈbʌtək] anat. skinka; pl. ~*s* äv. bak[del], ända
button [ˈbʌtn] **I** *s* knapp **II** *vb tr* **1** förse med knappar **2** knäppa; ~ *up* knäppa ihop (igen, till om sig) **III** *vb itr* knäppas [med knappar]; *it* ~*s at the side* (*down the back*) den knäpps i sidan (i ryggen)
buttonhole [ˈbʌtnhəʊl] **I** *s* **1** knapphål **2** vard. knapphålsblomma **II** *vb tr* bildl. [hejda och,] uppehålla med prat
buttress [ˈbʌtrəs] **I** *s* arkit. strävpelare **II** *vb tr* förse med strävpelare
buxom [ˈbʌksəm] mest om kvinna frodig, mullig
buy [baɪ] **I** (*bought bought*) *vb tr* o. *vb itr* köpa äv. bildl. = gå med på; ~ *a p. a drink* bjuda ngn på en drink; *he won't* ~ *it* vard. a) han tror inte på det b) han går inte med på det; ~ *off* friköpa, lösa ut; mot betalning bli kvitt, köpa sig fri från; ~ *up* köpa upp **II** *s* vard. köp; *it's a good* ~ äv. det är billigt
buyer [ˈbaɪə] köpare; firmas inköpare; ~*'s* (~*s'*) *market* köparnas marknad
buzz [bʌz] **I** *s* **1** surr[ande] av insekt el. maskin **2** sorl, ivrigt pratande; tissel och tassel, prat **3** vard. [telefon]påringning; *give a p. a* ~ slå en signal till ngn **II** *vb itr* **1** surra; ~ *about* (*around*) flyga (snurra) omkring **2** sl., ~ [*off*] kila [iväg], sticka, dunsta, ge sig iväg; ~ *off!* stick!
buzzard [ˈbʌzəd] **1** zool. vråk; isht ormvråk **2** [*old*] ~ vard. gubbstrutt
buzzer [ˈbʌzə] **1** ångvissla **2** elektr. o.d. summer; vard. a) ringklocka b) telefon **3** signal **4** vard. signalist
buzz word [ˈbʌzwɜːd] vard. slagord, modeord
by [baɪ] **I** *prep* **1** befintlighet: vid [*come and sit* ~ *me*]; ~ *land and sea* till lands och sjöss; ~ *itself* ensamt, jfr *3* nedan; ~ *oneself* ensam, för sig själv, jfr *3* nedan **2** riktning el. rörelse: **a**) till [*come here* ~ *me*] **b**) längs, utmed, utefter; förbi [*he*

went ~ me]; genom [*enter ~ a side door*]; över [*~ Paris*]; *travel ~ land* resa till lands; *~ the way* apropå; förresten **3** medel el. orsak: med [*send ~ post; he had two sons ~ her*], genom; vid, i [*lead ~ the hand*]; på [*live ~ one's pen*]; *~ itself* av sig själv; *~ oneself* själv, på egen hand, utan hjälp **4** i tidsuttryck: **a)** till, senast [om], strax före [*I must be home ~ six*]; vid [*~ the end of the day*]; *~ this time tomorrow* i morgon så här dags **b)** om; *~ night* om natten, nattetid **c)** per; *~ the hour* i timmen, per timme **d)** *day ~ day* dag för dag **e)** *miss the train ~ two minutes* komma två minuter för sent till tåget **5** av [*a portrait ~ Zorn*] **6** i måttsuttryck: **a)** *longer ~ two metres* två meter längre **b)** i, efter; *sell ~ retail* sälja i minut **c)** *three metres long ~ four metres broad* tre meter lång och fyra meter bred **d)** efter; *bit ~ bit* bit för bit; *one ~ one* en och (efter) en **7** enligt [*~ his accent; ~ my watch*]; *it's OK ~ me* gärna för mig **8 a)** mot [*he did his duty ~ his parents*] **b)** till [*a lawyer ~ profession*], genom; *Brown ~ name* vid namn Brown **II** *adv* **1** i närheten [*close (hard, near) ~*] **2** förbi [*pass ~*]; *the years went ~* åren gick **3** undan, i reserv [*put (lay) money ~*]; åt sidan [*he put his tools ~*] **4** *~ and ~* så småningom, längre fram, [litet] senare **5** *~ and large* i stort sett, på det hela taget **III** *s, by the ~* i förbigående [sagt], apropå

1 bye [baɪ] bi- [*~ effects*]; underordnad; som går vid sidan om saken [*a ~ consideration*]

2 bye [baɪ] vard., *~!* ajö!, hej!

1 bye-bye [ˌbaɪˈbaɪ] vard., *~!* hejdå!, ajö, ajö!

2 bye-bye [ˈbaɪbaɪ] barnkammarord för sömn, sängdags, säng; *now you are going to ~*[*s*] nu ska du sussa (nanna)

by-election [ˈbaɪɪˌlekʃ(ə)n] fyllnadsval

Byelorussia [bɪˌeləʊˈrʌʃə] geogr. Vitryssland

Byelorussian [bɪˌeləʊˈrʌʃ(ə)n] **I** *s* vitryss **II** *adj* vitrysk

bygone [ˈbaɪɡɒn] **I** *adj* [för]gången, svunnen **II** *s,* isht pl. *~s* det förflutna; isht gamla oförrätter; *let ~s be ~s* låta det skedda vara glömt; glömma och förlåta

by-law [ˈbaɪlɔː] lokal myndighets, bolags o.d. reglemente

bypass [ˈbaɪpɑːs] **I** *s* **1** *~* [*road*] förbifartsled **2** elektr. o.d. shuntledning; *~ valve* shuntventil **3** kir. bypass **II** *vb tr* gå (leda) förbi; avleda; undvika

by-product [ˈbaɪˌprɒdʌkt] biprodukt; sidoeffekt

bystander [ˈbaɪˌstændə] person som står vid sidan om; åskådare; *the ~s* äv. de kringstående

byte [baɪt] data. bitgrupp, byte

by-way [ˈbaɪweɪ] **1** biväg; stig; genväg **2** bildl. outforskat område [*~s of history*]

byword [ˈbaɪwɜːd] **1** visa; *the place was a ~ for iniquity* platsen var ökänd för sin syndfullhet **2** ordstäv; favorituttryck

C, c [si:] (pl. *C's* el. *c's* [si:z]) **1** C, c **2** mus., *C major* C-dur; *C minor* C-moll
C förk. för *Celsius, Centigrade, Centum* (romersk siffra = 100), *century, Conservative, coulomb*
cab [kæb] **1** taxi[bil] **2** förarhytt i lok, buss o.d.
cabaret ['kæbəreɪ], ~ *show*] kabaré
cabbage ['kæbɪdʒ] **1** kål, isht vitkål; kålhuvud **2** vard. a) hösäck slö o. hållningslös person b) kolli genom sjukdom o.d. helt hjälplös person
cab-driver ['kæb,draɪvə] [taxi]chaufför
cabin ['kæbɪn] **1** stuga **2** sjö. hytt; kajuta; [akter]salong; ~ *luggage* (*baggage*) handbagage **3** flyg. kabin, kabin- [~ *crew*] **4** bil. kupéutrymme
cabinet ['kæbɪnət] **1** skåp med lådor el. hyllor; skrin med fack för värdesaker; låda, hölje till tv el. radio; *filing* ~ dokumentskåp **2** polit. kabinett; ~ *crisis* regeringskris; ~ *meeting* kabinettssammanträde
cabinet-maker ['kæbɪnət,meɪkə] möbelsnickare
cable ['keɪbl] **I** s **1** kabel, ledning; ~ *breakdown* (*fault*) kabelbrott, kabelfel **2** kabel, vajer; ~ *suspension bridge* kabelbro **3** ankarkätting; *slip one's* ~ sl. kola [av] dö **4** vard. kabel-tv **5** åld. [kabel]telegram [~ *address*] **II** *vb tr* åld. telegrafera [till] **III** *vb itr* åld. telegrafera
cable car ['keɪblkɑ:] **1** linbanevagn **2** linbana
cable TV [,keɪbl'ti:vi:] vard. kabel-tv
cache [kæʃ] **1** gömställe för proviant, vapen m.m.; *arms* ~ vapengömma **2** gömd proviant, hemligt lager (förråd) av vapen m.m.
cackle ['kækl] **I** *vb itr* **1** kackla **2** pladdra **3** skrocka **II** s **1** kackel **2** pladder; *cut the* ~! vard. håll babblan! **3** flatskratt
cact|us ['kækt|əs] (pl. *-uses* el. *-i* [-aɪ]) kaktus
cad [kæd] ngt åld. vard. bracka; knöl
caddie ['kædɪ] golf. caddie; ~ *car* (*cart*) golfvagn
1 caddy ['kædɪ] teburk
2 caddy ['kædɪ] se *caddie*

cadet [kə'det] kadett; officersaspirant
cadge [kædʒ] **I** *vb itr* **1** snylta; ~ *on* snylta på, vara snyltgäst hos **2** [gå och] tigga **II** *vb tr* snylta till sig
cadger ['kædʒə] snyltare, snyltgäst; tiggare
cadmium ['kædmɪəm] kem. kadmium [~ *red* (*yellow*)]; ~ *cell* elektr. kadmiumelement
cadre ['kɑ:də, 'keɪdə; amer. vanl. 'kædri:] **1** mil. el. polit. kader **2** kadermedlem
café ['kæfeɪ, 'kæfɪ] kafé; [liten] restaurang; ~ *proprietor* kaféidkare, kaféinnehavare
cafeteria [,kæfə'tɪərɪə] cafeteria
caffeine ['kæfi:n, amer. äv. -'-] koffein
cage [keɪdʒ] **I** s **1** bur **2** huv, hylsa, foder; förtimring **3** hisskorg; gruv. uppfordringskorg **4** sport. korg; [mål]bur **II** *vb tr* sätta i bur; spärra in; *a ~d bird* en fågel i bur
cagey ['keɪdʒɪ] vard. **1** förtegen **2** på sin vakt; slug
cajole [kə'dʒəʊl] lirka med; ~ *a p. into* (*out of*) *doing a th.* lirka med ngn för att få honom att (att inte) göra ngt
cake [keɪk] **I** s **1** tårta; mjuk kaka t.ex. sockerkaka; finare, ofta mjuk småkaka; *~s and ale* gammaldags festande; sötebrödsdagar; *sell like hot ~s* gå åt som smör [i solsken]; *a piece of* ~ vard. en enkel match; *you cannot have your ~ and eat it* (*eat your ~ and have it*) ordspr. man kan inte både äta kakan och ha den kvar **2** kok. plätt; krokett [*fish ~, potato* ~] **3** kaka kakformig sak; *a ~ of soap* en tvål[bit] **II** *vb itr* baka ihop sig **III** *vb tr* forma till en kaka (kakor); bilda skorpa på; perf. p.: *~d* hopbakad, hårdnad, tät
calamitous [kə'læmətəs] olycklig, olycksbringande; olycks- [~ *prophecy*]
calamity [kə'læmətɪ] katastrof, stor olycka, elände; ~ *howler* (~ *Jane* om kvinna) isht amer. vard. olyckskorp, olycksprofet
calcium ['kælsɪəm] kalcium; ~ *chloride* kalciumklorid, klorkalcium; ~ *phosphate* kalciumfosfat
calculate ['kælkjʊleɪt] **I** *vb tr* beräkna, kalkylera **II** *vb itr* **1** räkna äv. på maskin; göra beräkningar **2** ~ [*up*]*on* räkna med, lita på **3** amer. dial. tro; tänka
calculating ['kælkjʊleɪtɪŋ] beräknande; ~ *machine* räknemaskin
calculation [,kælkjʊ'leɪʃ(ə)n] beräkning, uträkning, kalkyl; *I'm out in my ~s* jag har räknat fel
calculator ['kælkjʊleɪtə] **1** räknare; *pocket* ~ miniräknare **2** räknetabell
calcul|us ['kælkjʊl|əs] (pl. *-uses* el. *-i* [-aɪ])

1 med. sten, grus; *biliary* ~ gallsten; *renal* ~ njursten **2** matem. kalkyl [*differential (integral)* ~]
calendar ['kæləndə] **1** kalender **2** almanack[a] **3** datumvisare på klocka **4** univ. katalog
1 calf [kɑːf] (pl. *calves*) **1** kalv **2** unge av elefant, säl, val m.fl. **3** kalvskinn; *bound in* ~ [bunden] i kalvskinn (franskt band)
2 calf [kɑːf] (pl. *calves*) vad kroppsdel
calibrate ['kælɪbreɪt] kalibrera
calibre ['kælɪbə] **1** kaliber **2** bildl. värde; förmåga; format; kvalitet
calico ['kælɪkəʊ] (pl. ~*es* el. ~*s*) kalikå; kattun
California [ˌkælɪ'fɔːnjə] geogr. egenn. Kalifornien; ~ *poppy* bot. sömntuta
Californian [ˌkælɪ'fɔːnjən] **I** *adj* kalifornisk **II** *s* kalifornier
call [kɔːl] **I** *vb tr* (med adv. se *III*) **1** kalla [för]; uppkalla [*after*]; ~ *a p. names* kasta glåpord efter ngn; *be* ~*ed* heta **2** kalla [på]; ringa efter [~ *the police (a taxi)*]; larma [~ *the police*]; anropa; isht amer. telefonera; *don't* ~ *us, we'll* ~ *you* Vi hör av oss vanl. iron. (vid provfilmning o.d.); ~ *attention to* fästa uppmärksamheten på **3** utropa; ~ *a general election* utlysa nyval **4** väcka **5** om Gud, plikt o.d. bjuda **6** kortsp. a) bjuda b) syna
II *vb itr* (med adv. se *III*) **1** ropa; ~ *for* a) ropa på (efter), ropa in teat. b) be om; efterlysa c) mana till; påkalla, kräva, [er]fordra; *feel* ~*ed upon to* känna sig manad (uppfordrad) att **2** göra visit, komma på besök, hälsa 'på; ~ *at* besöka, titta in på (till); om tåg o.d. stanna vid; ~ *on* (*upon*) hälsa 'på, besöka **3** ringa, telefonera **4** kortsp. a) bjuda b) syna
III *vb tr* o. *vb itr* med adv.:
~ **back**: a) ropa tillbaka b) återkalla c) tele. ringa upp igen (senare)
~ **forth**: a) framkalla, locka (mana) fram b) uppbjuda, samla [~ *forth all your energy*]
~ **in**: a) kalla (ropa) in b) inkalla, tillkalla c) dra in [~ *in banknotes*] d) titta in till ngn
~ **off**: a) dra bort, avleda [~ *off a p.'s attention*] b) inställa, avlysa [~ *off a meeting*], avblåsa [~ *off a strike*] c) bryta [*the engagement has been* ~*ed off*] d) ropa tillbaka [~ *your dog off!*]
~ **out**: a) kalla ut b) kalla in [~ *out a large force of police*], larma c) framkalla [~ *out the best in* (hos) *a p.*] d) ropa ut [~ *out*

the winners] e) ta ut i strejk [~ *out the metalworkers*] f) [ut]ropa
~ **over** ropa upp
~ **up**: a) kalla fram (upp) b) frammana; återkalla [i minnet] [~ *up scenes of childhood*] c) tele. ringa upp [*my brother* ~*ed me up*] d) mil. inkalla
IV *s* **1** rop; ~ *for help* rop på hjälp **2** läte **3** anrop äv. radio.; signal; påringning; telefonsamtal; [*can you*] *give me a* ~ *at 6?* på hotell o.d. ...väcka mig klockan 6? **4** upprop; mil. appell **5** kallelse äv. inre; maning, uppfordran; inkallelse; teat. inropning; bildl. röst; *he feels the* ~ *of the sea* han känner sig dragen till sjön **6** krav, fordran, rätt; *have the first* ~ *on* ha företrädesrätt till **7** skäl [*there is no* ~ *for you to worry*] **8** hand. efterfrågan **9** besök; *port* (*place*) *of* ~ anlöpningshamn **10** kortsp. a) bud b) syn
callbox ['kɔːlbɒks] **1** [*telephone*] ~ telefonhytt, telefonkiosk **2** [polis]larmskåp; brandskåp
call girl ['kɔːlgɜːl] callgirl prostituerad som kontaktas per telefon
calling ['kɔːlɪŋ] **1** [levnads]kall, yrke **2** skrå, klass
calling card ['kɔːlɪŋkɑːd] amer. visitkort
callous ['kæləs] **I** *adj* **1** valkig, hård om hud **2** känslolös; [känslo]kall **II** *s* se *callus* **III** *vb tr* göra valkig (hård); ~*ed hands* valkiga händer
call-over ['kɔːlˌəʊvə] **1** [namn]upprop **2** kapplöpn. upprop [av startnummer och odds] vid vadhållning
callow ['kæləʊ] **1** fjäderlös **2** bildl. omogen, grön [*a* ~ *youth*]
call-up ['kɔːlʌp] mil. inkallelse; *notice of* ~ inkallelseorder
callus ['kæləs] **I** *s* med. kallus **II** *vb tr* göra valkig (hård)
calm [kɑːm] **I** *adj* **1** lugn, stilla **2** vard. ogenerad **II** *s* lugn; vindstilla **III** *vb tr* lugna, stilla; ~ *a p. down* lugna [ner] ngn
IV *vb itr*, ~ *down* lugna sig, bli lugn; bedarra, stilla [av]
calmness ['kɑːmnəs] stillhet; ro
Calor gas ['kæləgæs] ® gasol
calorie ['kælərɪ] kalori
calve [kɑːv] kalva äv. om isberg
1 calves [kɑːvz] pl. av *1 calf*
2 calves [kɑːvz] pl. av *2 calf*
camber ['kæmbə] **I** *s* lätt välvning, dosering av väg o.d.; krökning, böjning **II** *vb tr* göra krum; lätt svänga uppåt; dosera
Cambodia [kæm'bəʊdjə] geogr. Cambodja
Cambodian [kæm'bəʊdjən] **I** *adj* cambodjansk **II** *s* cambodjan

camcorder ['kæm,kɔːdə] videokamera med inbyggd bandspelare
1 came [keɪm] imperf. av *come*
2 came [keɪm] blyspröjs för infattning av fönsterglas
camel ['kæm(ə)l] kamel
camellia [kə'miːljə, -'mel-] bot. kamelia
cameo ['kæmɪəʊ] (pl. ~s) **1** kamé **2** litterär el. dramatisk karaktärsstudie, porträtt
camera ['kæm(ə)rə] kamera
cameraman ['kæm(ə)rəmæn] kameraman
camomile ['kæmə(ʊ)maɪl] bot. kamomill [~ *tea*]
camouflage ['kæməflɑːʒ] **I** *s* kamouflage, maskering **II** *vb tr* kamouflera
1 camp [kæmp] **I** *s* läger äv. bildl.; förläggning; koloni [*summer* ~]; *pitch a (make)* ~ slå läger; *break* [*up*] ~ bryta upp från ett läger; bildl. rycka upp sina bopålar **II** *vb itr* **1** slå läger; ligga i läger; tälta; ~ *out* bo i tält (i det fria), campa **2** vard. kampera; slå sig ned
2 camp [kæmp] **I** *s* 'camp' ngt föråldrat och komiskt överdrivet som ändå uppfattas som moderiktigt och tilltalande **II** *adj* 'camp', jfr *I*
campaign [kæm'peɪn] **I** *s* kampanj [*an advertising* ~; *the* ~ *against smoking*], kamp; fälttåg [*plan of* ~] **II** *vb itr* delta i (organisera) en kampanj
campaigner [kæm'peɪnə] **1** förkämpe **2** *old* ~ veteran
camp bed [,kæmp'bed] fältsäng
camper ['kæmpə] **1** campare **2** campingbuss av enklare typ
camping ['kæmpɪŋ] camping; *go on a* ~ *trip* åka ut och campa (tälta)
camping ground ['kæmpɪŋgraʊnd] o.
camping site ['kæmpɪŋsaɪt] campingplats, tältplats
camp site ['kæmpsaɪt] se *camping ground*
campus ['kæmpəs] **1** univ. universitetsområde, collegeområde, campus **2** college; *live on* ~ amer. bo på studenthem på universitetsområdet **3** universitetsvärld
camshaft ['kæmʃɑːft] mek. kamaxel
1 can [kæn, kən] (nek. *cannot*, *can't*; imperf. *could*, jfr d.o.) pres. **1** kan; orkar **2** kan [få] [*you* ~ *take my key*]
2 can [kæn] **I** *s* **1** kanna; burk [*a* ~ *of beer (peaches)*]; dunk [*petrol (gasolene)* ~]; *carry the* ~ el. *take the* ~ *back* vard. bära hundhuvudet, få (ta på sig) skulden, rädda situationen åt ngn; *be in the* ~ om film o.d. vara inspelad och klar **2** amer. [sop]tunna **3** isht amer. sl., *the* ~ buren, finkan fängelse **4** amer. sl., *the* ~ mugg, toa toalett **5** amer. sl. ända, rumpa **6** ~*s* sl. hörlurar **II** *vb tr* (se äv. *canned*) **1** lägga in **2** amer. sl. sparka avskeda **3** amer. sl. lägga av med; ~ *it!* lägg av!, håll käften! **4** amer. sl. slänga (hyva) ut
Canada ['kænədə] geogr. egenn.; ~ *Day* Kanadensiska Nationaldagen 1 juli
Canadian [kə'neɪdjən] **I** *adj* kanadensisk **II** *s* kanadensare; kanadensiska
canal [kə'næl] anlagd kanal [*the Suez C*~]; *the alimentary* ~ matsmältningskanalen
canalize ['kænəlaɪz] kanalisera
canapé ['kænəpeɪ] **1** stekt el. rostat bröd med pålägg kanapé **2** amer. kanapé slags soffa
canary [kə'neərɪ] **I** *adj* kanarie-; kanariegul [äv. ~ *yellow*] **II** *s* **1** *the Canary Islands* el. *the Canaries* Kanarieöarna **2** kanariefågel **3** amer. sl. tjallare
cancel ['kæns(ə)l] **I** *vb tr* **1** stryka ut (över), korsa över; stämpla [över] [~ *stamps*] **2** annullera; upphäva; inställa [*the meeting was* ~*led*]; avbeställa [~ *an order*; ~ *a reservation*], säga upp ett abonnemang; lämna återbud till [~ *an engagement*]; makulera tryck **3** matem. eliminera **4** neutralisera, motverka; *they* ~ *each other out* de tar ut varandra **II** *vb itr*, ~ *out* upphäva (ta ut) varandra
cancellation [,kænsə'leɪʃ(ə)n] **1** överstrykning etc., jfr *cancel I 1* **2** annullering etc., jfr *cancel I 2* **3** försäkr. ristorno
cancer ['kænsə] **1** med. cancer; bildl. kräftsvulst; ~ *stick* sl. giftpinne cigarett **2** astrol. kräftan
cancerous ['kæns(ə)rəs] cancer- [~ *ulcer*], cancerartad; bildl. kräft- [*a* ~ *growth* (svulst)]
candelabra [,kændɪ'lɑːbrə, -'læb-] kandelaber
candid ['kændɪd] öppen, uppriktig; frispråkig; ~ *camera* dold kamera; *to be quite* ~ om jag ska vara riktigt ärlig, sanningen att säga
candidate ['kændɪdət] kandidat, sökande; ~ *for confirmation* konfirmand
candied ['kændɪd] kanderad [~ *fruit*]; ~ *peel* kok. suckat
candle ['kændl] ljus av stearin, talg, vax o.d.; levande ljus; *burn the* ~ *at both ends* bränna sitt ljus i båda ändar; *he can't (is not fit to) hold a* ~ *to* han kan inte på långt när mäta sig med
candlegrease ['kændlgriːs] stearin
candlelight ['kændllaɪt] levande ljus; eldsljus [*by* (vid) ~]; ~ *dinner* middag med levande ljus
candlestick ['kændlstɪk] ljusstake vanl. för ett ljus

candour ['kændə] uppriktighet, frispråkighet
candy ['kændɪ] **I** s kandisocker; kanderad frukt; amer. äv. karamell[er], godis; ~ *store* amer. godisaffär **II** *vb tr* koka in med socker; kandera **III** *vb itr* kristallisera[s]; sockra sig
candy floss ['kændɪflɒs] sockervadd
cane [keɪn] **I** s **1** rör; sockerrör **2** [spatser]käpp, spanskrör **3** rotting [~ *furniture*] **II** *vb tr* **1** prygla, ge stryk **2** sätta rör (rotting) i
canine ['keɪnaɪn, 'kænaɪn] **I** *adj* **1** hund- **2** ~ *teeth* hörntänder, ögontänder **II** s **1** hörntand, ögontand **2** hunddjur; skämts. hund
caning ['keɪnɪŋ] prygel; *get a sound* ~ få smaka rottingen, få ett ordentligt kok stryk
canister ['kænɪstə] kanister; bleckdosa
cannabis ['kænəbɪs] bot. o. narkotika cannabis
canned [kænd] **1** konserverad [~ *beef*, ~ *fruit*], på burk [~ *peas*]; ~ *food* burkmat; ~ *meat* konserverat kött, köttkonserv[er]; ~ *music* vard. burkad inspelad musik **2** sl. packad berusad
cannibal ['kænɪb(ə)l] **I** s kannibal **II** *adj* kannibalisk
cannon ['kænən] **I** s **1** (pl. ~s el. lika) kanon; koll. artilleri[pjäser] **2** (pl. vanl. lika) automatkanon i flygplan **3** bilj. karambolage **II** *vb itr* **1** bilj. karambolera **2** ~ *into* törna (köra) emot (rakt på, in i) **3** skjuta med kanon[er]
cannonball ['kænənbɔːl] **1** kanonkula **2** i tennis o.d. ~ [*service*] kanon[serve]
cannon fodder ['kænənˌfɒdə] vard. kanonmat
cannot ['kænɒt] kan etc. inte, jfr *1 can*
canny ['kænɪ] försiktig [i affärer], förståndig, som vet vad han gör; slug; illmarig
canoe [kə'nuː] **I** s kanot **II** *vb itr* kanota
1 canon ['kænən] **1** kyrkligt påbud; ~ *law* kanonisk lag **2** 'kanon, rättesnöre **3** mus. kanon
2 canon ['kænən] kanik, kanonikus; domkyrkopräst och ledamot av domkapitlet
canonize ['kænənaɪz] kanonisera
can-opener ['kænˌəʊp(ə)nə] konservöppnare, burköppnare
canopy ['kænəpɪ] **I** s baldakin; ~ *bed* himmelssäng **II** *vb tr* förse med baldakin
1 cant [kænt] **I** s **1** förbrytarspråk, tjuvspråk [äv. *thieves*' ~]; slang, rotvälska **2** gruppjargong; *a* ~ *phrase* en kliché **II** *vb itr* **1** hyckla **2** använda jargong (floskler)

2 cant [kænt] **I** s **1** snedslipad kant **2** sluttning **II** *vb tr* **1** snedslipa [ofta ~ *off*] **2** ställa på kant (sned) [~ *a boat for repairs*]; ~ *over* vända upp och ned på, stjälpa omkull **III** *vb itr* **1** stjälpa, kantra [äv. ~ *over*]; luta [*a* ~*ing deck*], hälla **2** sjö. vända
can't [kɑːnt] se *cannot*
cantankerous [kæn'tæŋk(ə)rəs] grälsjuk
canteen [kæn'tiːn] **1** marketenteri; kantin; lunchrum **2** fältkök **3** fältflaska **4** schatull [med bordssilver] **5** kantin mat- o. servislåda i fält; soldats matkärl
canter ['kæntə] **I** s samlad (kort) galopp; [*he was running*] *at a* ~ ...i galopp **II** *vb itr* rida i kort galopp
cantilever ['kæntɪliːvə] byggn. kantilever, utskjutande stöd, konsol; ~ *bridge* konsolbro
canvas ['kænvəs] **1** a) [segel-, pack]duk b) kanvas; [grovt] linne; brandsegel; ~ [*for needlework*] stramalj **2** koll. segel; *under* [*full*] ~ för [fulla] segel **3** tält; *under* ~ i tält **4** målning; [målar]duk **5** boxn. ringgolv; *be on the* ~ vara golvad
canvass ['kænvəs] **I** *vb tr* **a)** [gå runt och] bearbeta [~ *a district* (*people*) *for* (för att få) *votes*], värva röster i (av) **b)** ~ *support* [*for*] värva (skaffa) röster [för] **II** *vb itr* **1** agitera; ~ [*for votes*] värva röster **2** ~ *for* [*a firm*] vara försäljare för... **III** s röstvärvning
canvasser ['kænvəsə] **1** röstvärvare, valarbetare **2** försäljare
canyon ['kænjən] kanjon djup trång floddal
1 cap [kæp] **I** s **1** mössa; keps; barett; ~ *and gown* akademisk dräkt; ~ *in hand* med mössan i hand[en]; bildl. äv. underdånigt; *set one's* ~ *at* (*for* amer.) vard., om kvinna lägga sina krokar för **2** kapsyl, lock; hylsa äv. på svamp **3** [*percussion*] ~ tändhatt; knallhatt; pl. ~ *pistol* knallpulverpistol **4** hatt på svamp **5** [*Dutch*] ~ med. pessar **6** sport. lagmössa ss. utmärkelse; *obtain* (*win*) *a* ~ bli uttagen till landslaget **II** *vb tr* **1** a) sätta mössa (kapsyl, lock etc.) på b) sport. ge ngn lagets mössa ss. utmärkelse; *be* ~*ped* [*for England*] bli uttagen till [engelska] landslaget **2** sätta tak för skatt **3** [be]täcka **4** kröna **5** slå, överglänsa [~ *a story*]; ~ *it all* gå utanpå allt, slå alla rekord; *to* ~ *it all* till råga på allt **6** tandläk., ~ *a tooth* sätta en jacketkrona på en tand
2 cap [kæp] stor bokstav [*this should be written in* ~s]; *small* ~s kapitäler
capability [ˌkeɪpə'bɪlətɪ] **1** förmåga;

duglighet, skicklighet; möjlighet **2** isht pl. *-ies* [utvecklings]möjligheter, anlag
capable ['keɪpəbl] **1** duglig; duktig **2** ~ *of* i stånd (kapabel) till; mäktig t.ex. en känsla
capacious [kə'peɪʃəs] **1** rymlig [*a* ~ *bag*]; omfattande **2** vidsynt, öppen [*a* ~ *mind*]
capacit|y [kə'pæsətɪ] **1** [möjlighet att bereda] plats (utrymme) [*of* för], kapacitet; *the hotel has a large* ~ (*a* ~ *of 200 people*) hotellet kan ta emot mycket folk (har plats för 200 personer); [*the hall*] *has a seating* ~ *of 500* ...har (rymmer) 500 sittplatser; *filled to* ~ fylld till sista plats, fullsatt; fylld till brädden **2** kapacitet: **a**) fys. rymd, volym; *measure of* ~ rymdmått **b**) förmåga, möjlighet [*to do, of doing*]; kraft, prestationsförmåga; effekt; effektivitet; *carrying* ~ last[nings]förmåga, bärkraft; ~ *for work* arbetskapacitet, arbetsförmåga; *work to* ~ arbeta med fullt pådrag (för fullt) **c**) förmåga, duglighet [ofta pl. *-ies*]; *he is a man of great* ~ han är en stor kapacitet **3** jur. bemyndigande, kompetens, befogenhet **4** egenskap, ställning; *in the* ~ *of* i egenskap av, såsom varande; *in my* ~ *as* i min egenskap av (ställning som) **5** ss. attr., ~ *house* (*audience*) fullsatt (fullt) hus; ~ *production* topproduktion, högsta produktion; *there was a* ~ *crowd* det var fullt till sista plats
1 cape [keɪp] **1** udde **2** *the C*~ **a**) Godahoppsudden **b**) Kapprovinsen
2 cape [keɪp] cape
1 caper ['keɪpə] kaprisbuske; pl. *~s* kapris krydda
2 caper ['keɪpə] **I** *s* glädjesprång; påhitt **II** *vb itr* göra glädjesprång, hoppa och skutta
1 capital ['kæpɪtl] **I** *adj* **1** jur. belagd med dödsstraff [~ *crime* (*offence*)]; döds- [~ *sentence*]; ~ *punishment* dödsstraff; *on a* ~ *charge* anklagad för brott som medför dödsstraff **2** ödesdiger [*a* ~ *error*] **3** huvudsaklig; förnämst; störst [*of* ~ *importance*]; ~ *city* huvudstad **4** utmärkt **5** stor [~ *letter,* ~ *S*] **II** *s* **1** huvudstad **2** stor bokstav; *small ~s* kapitäler **3** kapital; förmögenhet; kapital- [~ *investments*]; *C*~ *and Labour* storfinansen och arbetarna; ~ *account* kapitalräkning; ~ *assets* fast egendom
2 capital ['kæpɪtl] byggn. kapitäl
capitalism ['kæpɪtəlɪz(ə)m] kapitalism
capitalize ['kæpɪtəlaɪz] **I** *vb tr* **1** kapitalisera **2** använda [som kapital]; förvandla till kapital **3** finansiera **4** bildl. utnyttja **5** skriva med stor

[begynnelse]bokstav **II** *vb itr,* ~ *on* utnyttja, dra fördel av
capitulate [kə'pɪtjʊleɪt] kapitulera
capitulation [kə,pɪtjʊ'leɪʃ(ə)n] kapitulation
caprice [kə'priːs] nyck; nyckfullhet
capricious [kə'prɪʃəs] nyckfull
Capricorn ['kæprɪkɔːn] **1** astrol. Stenbocken **2** *he is* [*a*] ~ han är Stenbock; *the Tropic of* ~ Stenbockens vändkrets
capsize [kæp'saɪz] **I** *vb itr* kapsejsa **II** *vb tr* komma att kantra
capstan ['kæpstən] **1** sjö. ankarspel **2** drivrulle på bandspelare **3** ~ *lathe* supportsvarv
capsule ['kæpsjuːl] **1** kapsel i olika bet.: t.ex. rymd., med. el. bot.; hölje **2** kapsyl, hylsa
captain ['kæptɪn] **I** *s* **1 a**) kapten inom armén (amer. äv. inom flyget) **b**) inom flottan kommendör; *C*~ *of the Fleet* flaggadjutant, flaggkapten **2 a**) [sjö]kapten, befälhavare **b**) [flyg]kapten **3** anförare; sport. [lag]kapten **4** amer. **a**) poliskommissarie **b**) [brand]kapten **5** amer. hovmästare; [*bell*] ~ portier, övervaktmästare på hotell **II** *vb tr* leda
caption ['kæpʃ(ə)n] **I** *s* rubrik; [film]titel; bildtext **II** *vb tr* rubricera
captivate ['kæptɪveɪt] fängsla
captive ['kæptɪv] **I** *adj* fången, fängslad [*hold a p.* ~]; ~ *market* marknad där kunden inte har någon valmöjlighet **II** *s* **1** fånge **2** slav
captivity [kæp'tɪvətɪ] fångenskap
captor ['kæptə] tillfångatagare, erövrare
capture ['kæptʃə] **I** *s* **1** tillfångatagande; gripande; erövring [*the* ~ *of the town*]; kapning av fartyg **2** fångst **3** *data* ~ data. datafångst **II** *vb tr* **1** ta till fånga; gripa; ta, erövra pjäs i schack; ta som byte; kapa **2** bildl. fånga [*it* ~*d my imagination*]
car [kɑː] **1** bil; poet. vagn **2** spårvagn [äv. *tramcar*]; *front* ~ motorvagn **3** isht amer. järnvägsvagn; godsfinka **4** [last]kärra **5** flyg. gondol **6** amer. hisskorg
carafe [kə'ræf, -'rɑːf] karaff[in]
car alarm [kɑːrə'lɑːm] billarm
caramel ['kærəmel] **1** bränt socker; ~ *custard* brylépudding **2** kola **3** ljusbrun färg
carat ['kærət] karat [*18* ~ *gold*]
caravan ['kærəvæn, ,kærə'v-] **I** *s* **1** husvagn; ~ *site* campingplats [för husvagnar] **2** karavan **II** *vb itr* bo i (resa omkring med) husvagn
caraway ['kærəweɪ] kummin[ört]

carbohydrate [ˌkɑːbə(ʊ)'haɪdreɪt] kolhydrat
carbon ['kɑːbən] **1** kem. kol; ~ *dioxide* koldioxid, kolsyra; ~ *monoxide* koloxid **2** se *carbon paper*; ~ [*copy*] [genomslags]kopia **3** elektr. kolspets **4** tekn. sot; ~ *black* kimrök
carbon paper ['kɑːbənˌpeɪpə] karbonpapper
carburettor [ˌkɑːbjʊ'retə] förgasare
carcass ['kɑːkəs] **1** kadaver **2** djurkropp utan huvud, ben o. inälvor; ~ *meat* färskt (inte konserverat) kött **3** vard. lekamen; liv[hank] [*save one's* ~] **4** bildl. [tomt] skal
carcinogenic [ˌkɑːsɪnə'dʒenɪk] med. karcinogen, cancerframkallande
1 card [kɑːd] **I** *s* karda **II** *vb tr* karda
2 card [kɑːd] **1** kort; ~*s* äv. kortspel [*win at* (i) ~*s*]; ~ *vote* fullmaktsröstning i fackförening; *get one's* ~*s* vard. få sparken; *have a* ~ *up one's sleeve* ha något i bakfickan (i reserv); *it's on* (amer. *in*) *the* ~*s* det är mycket möjligt; *it's off the* ~*s* det är inte troligt **2** vard. företag [*a dubious* ~]; *it's a safe* (*sure*) ~ det är verkligen någonting att satsa på, det är ett säkert kort **3** program; lista **4** amer. skylt, affisch **5** karta med knappar, spännen o.d. **6** vard. original; *queer* ~ konstig prick
cardamom o. **cardamum** ['kɑːdəməm] bot. el. kok. kardemumma
cardboard ['kɑːdbɔːd] papp; ~ *box* [papp]kartong
cardiac ['kɑːdɪæk] med. **I** *adj* hjärt- [~ *patient*]; ~ *arrest* hjärtstillestånd; ~ *insufficiency* hjärtinsufficiens **II** *s* **1** hjärtpatient **2** hjärtstärkande medicin
cardigan ['kɑːdɪgən] cardigan
cardinal ['kɑːdɪnl] **I** *adj* **1** huvud-; avgörande [*of* ~ *importance*]; ~ *number* grundtal, kardinaltal; ~ *vowel* kardinalvokal **2** högröd, purpurröd; ~ *red* högröd (purpurröd) färg, högrött, purpurrött **II** *s* kardinal
cardsharp ['kɑːdʃɑːp] o. **cardsharper** ['kɑːdˌʃɑːpə] falskspelare; bondfångare
care [keə] **I** *s* **1** bekymmer **2** omsorg; noggrannhet; ~ *instructions* på plagg skötselanvisningar, skötselråd **3** vård, omvårdnad [*have the* ~ *of*; *be under* (*in*) *the* ~ *of*]; ~ *attendant* hemvårdare; *take* ~ *of* ta hand om; vara rädd om **II** *vb itr* **1** bry sig om [det] [*he doesn't seem to* ~]; ~ *about* bry sig om, intressera sig för, bekymra sig om; *for all I* ~ vad mig beträffar; *I couldn't* ~ *less* vard. det struntar jag i; *would you* ~ *for an ice*

cream? vill du ha en glass? **2** ~ *to* ha lust att, [gärna] vilja [*would you* ~ *to go for a walk?*]
careen [kə'riːn] sjö. **I** *vb tr* kölhala; [komma att] kränga **II** *vb itr* kränga, ligga över
career [kə'rɪə] **I** *s* **1** [levnads]bana [*choose a* ~]; karriär; utveckling; *choose a commercial* (*military*) ~ välja ett yrke inom handel (välja den militära banan) **2** [full] fart **II** *vb itr* ila, rusa [*about, along, past*]
careerist [kə'rɪərɪst] karriärmänniska, karriärist
carefree ['keəfriː] **1** bekymmerslös **2** lättsinnig
careful ['keəf(ʊ)l] **1** försiktig; aktsam; omtänksam; sparsam; *be* ~ äv. akta sig [*not to do a th.* för att göra ngt]; *be* ~ *with* äv. akta, vara aktsam (rädd) om **2** omsorgsfull; om arbete o.d. äv. noggrant utförd, grundlig; noga; *he was* ~ *to explain* han var noga med att förklara
careless ['keələs] **1** slarvig, vårdslös; obetänksam, oförsiktig **2** obekymrad, likgiltig **3** sorglös
caress [kə'res] **I** *vb tr* smeka **II** *s* smekning
caretaker ['keəˌteɪkə] **1** vaktmästare, uppsyningsman; fastighetsskötare **2** ~ *government* expeditionsministär, övergångsregering **3** tillsynsman, förvaltare
cargo ['kɑːgəʊ] (pl. ~*es*) [skepps]last; ~ *steamer* lastångare
Caribbean [ˌkærɪ'biːən] **I** *adj* karibisk [*the* ~ *Sea*] **II** *s* **1** *the* ~ Karibiska havet **2** *the* ~ Västindien [*the arts of the* ~]
caricature ['kærɪkəˌtʃʊə] **I** *s* karikatyr; parodi **II** *vb tr* karikera
caring ['keərɪŋ] som visar omtanke [*a* ~ *society*]
carnage ['kɑːnɪdʒ] blodbad
carnal ['kɑːnl] köttslig [~ *desires* (*pleasures*)]; *have* ~ *knowledge of* ha sexuellt umgänge med
carnation [kɑː'neɪʃ(ə)n] **I** *s* **1** [trädgårds]nejlika **2** ljusröd (skär) färg **II** *adj* ljusröd, skär
carnival ['kɑːnɪv(ə)l] **1** karneval[stid] **2** amer. [kringresande] tivoli, nöjesfält
carnivorous [kɑː'nɪv(ə)rəs] köttätande; ~ *animal* äv. karnivor, köttätare
carol ['kær(ə)l] **I** *s* lovsång, jubelsång; [*Christmas*] ~ julsång **II** *vb itr* **1** jubla; drilla **2** gå från hus till hus och sjunga julsånger
carouse [kə'raʊz] **I** *vb itr* rumla, festa, pokulera **II** *s* rumlande, festande; dryckeslag

carousel [ˌkærəˈsel, -zel] **1** foto. karusellmagasin **2** bagageband på flygplats **3** isht amer. karusell
1 carp [kɑ:p] (pl. lika) zool. karp
2 carp [kɑ:p] gnata; ~ *at* hacka (klanka) på, häckla
car park [ˈkɑ:pɑ:k] bilparkering
Carpathians [kɑ:ˈpeɪθjənz] geogr.; *the* ~ pl. Karpaterna
carpenter [ˈkɑ:pəntə] **I** *s* [byggnads-, grov]snickare; ~*'s bench* hyvelbänk **II** *vb itr* o. *vb tr* snickra
carpentry [ˈkɑ:pəntrɪ] **1** snickaryrke, timmermansyrke; träslöjd **2** snickeri[arbete]
carpet [ˈkɑ:pɪt] **I** *s* större mjuk matta äv. bildl.; *be on the* ~ a) vara på tapeten b) bli åthutad; *have a p. on the* ~ ge ngn en skrapa; *pull the* ~ *from under a p.* bildl. rycka undan marken under ngns fötter **II** *vb tr* mattbelägga, täcka [liksom] med en matta
carpet-sweeper [ˈkɑ:pɪtˌswi:pə] mattsopare redskap
carriage [ˈkærɪdʒ] **1** transport, fraktande, fraktning; fraktfart; *water* ~ sjötransport **2** frakt[kostnad] isht på järnväg; ~ *forward* frakten ej betald (betalas vid framkomsten); ~ *free* fraktfritt; ~ *paid* fraktfritt **3** hållning, sätt att föra sig **4** antagande av motion o.d. **5** järnv. [person]vagn; ekipage **7** på skrivmaskin m.m. vagn; ~ *release* vagnfrigörare
carriageway [ˈkærɪdʒweɪ] körbana; *dual* ~ tvåfilig väg med skilda körbanor
carrier [ˈkærɪə] **1** a) bärare; [stads]bud; åkare b) transportföretag; *road* ~*s* åkeri **2** amer., [*mail*] ~ brevbärare, postiljon **3** transportfordon; ~ *cycle* paketcykel, transportcykel **4** [*aircraft*] ~ hangarfartyg **5** pakethållare **6** se *carrier pigeon* **7** smittbärare, bacillbärare **8** fackspr. bärare; ~ [*wave*] radio. bärvåg
carrier bag [ˈkærɪəbæg] [bär]kasse
carrier pigeon [ˈkærɪəˌpɪdʒɪn] brevduva
carrion [ˈkærɪən] kadaver
carrion-crow [ˌkærɪənˈkrəʊ] zool. svartkråka
carrot [ˈkærət] morot
carry [ˈkærɪ] **I** *vb tr* (se äv. *III*) **1** bära; bära på; ha med (på) sig; gå [omkring] med; ~ *the sense of* ha betydelsen [av] **2** frambära brev, nyhet o.d.; om tidning innehålla, publicera **3** forsla **4** föra sv. bildl. [*that would* ~ *us too far*]; driva [~ *the joke too far*]; om vind driva [fram]; leda t.ex. vatten, ljud **5** ha plats för, rymma, [kunna] ta; ~*ing capacity* lastförmåga, lastkapacitet **6** erövra; hemföra pris o.d.; driva (få) igenom åtgärd, kandidat o.d.; segra i val; ~ *everything* (*all*) *before one* genomdriva allt; ha en oerhörd framgång **7** hålla kropp, huvud; *she carries her clothes well* hon bär upp sina kläder väl **8** medföra [~ *responsibility*] **9** föra (flytta) över; bokf. transportera
II *vb itr* (se äv. *III*) **1** utföra transporter **2** om ljud äv. [kunna] höras
III *vb tr* o. *vb itr* i spec. förb. med adv.
~ **along** [lyckas] övertyga; *he carried* [*the audience*] *along with him* han fick...med sig (på sin sida)
~ **away**: a) bära (föra) bort b) bildl. hänföra; *be carried away by* ryckas med av; bli upptänd av c) sjö., om vind, vågor bryta, rycka bort
~ **back** föra tillbaka [i tiden] [*the music carried him back to his childhood*]
~ **forward** bokf. transportera; [*amount*] *carried forward* transport till ngt; *balance* [*to be*] *carried forward* utgående saldo
~ **off**: a) bära (föra) bort b) hemföra [~ *off a prize*] c) bära upp d) uppväga; släta över e) klara av [~ *off a situation*]; ~ *it off* [*well*] sköta (klara) sig bra
~ **on**: a) föra [~ *on a conversation*], [be]driva b) fortsätta; ~ *on* [*with*] fortsätta [med], fullfölja c) vard. bära sig [illa] åt
~ **out** utföra; genomföra; tillämpa; uppfylla [~ *out a promise*]
~ **over**: a) bära (föra, ta) över b) hand. överföra; bokf. transportera; [*amount*] *carried over* transport c) föra vidare; *that will* ~ *you over* på det kan du klara dig
~ **through**: a) genomföra; driva igenom b) klara (föra) igenom
carryall [ˈkærɪɔ:l] amer. **1** slags enspänd landå **2** bil (buss) med två mot varandra vända sidosäten **3** rymlig bag (väska)
carrycot [ˈkærɪkɒt] babylift bärkasse för spädbarn
carry-on [ˈkærɪɒn] **I** *adj* flyg., ~ *baggage* handbagage; ~ *case* (*bag*) kabinväska **II** *s* vard. ståhej; bråk
cart [kɑ:t] **I** *s* **1** tvåhjulig kärra; [arbets]vagn; skrinda; *be in the* ~ vard. vara i knipa, sitta i klistret; *put the* ~ *before the horse* bära sig bakvänt åt, börja i galen ända **2** lätt tvåhjulig enspännare **II** *vb tr* **1** köra **2** släpa [på], kånka på
carte blanche [ˌkɑ:tˈblɑ:nʃ] fr. blankofullmakt, carte blanche
cartel [kɑ:ˈtel] ekon. el. polit. kartell
carter [ˈkɑ:tə] åkare
cartilage [ˈkɑ:təlɪdʒ] anat. brosk

cartographer [kɑːˈtɒgrəfə] kartograf
cartography [kɑːˈtɒgrəfɪ] kartografi
carton [ˈkɑːt(ə)n] kartong, pappask; *a ~ of [cornflakes]* ett paket...; *a ~ of [cigarettes]* en limpa...
cartoon [kɑːˈtuːn] **1** [skämt]teckning; [politisk] karikatyr **2** [tecknad] serie **3** *[animated]* ~ tecknad (animerad) film **4** konst. kartong utkast på styvt papper till målning o.d.
cartoonist [kɑːˈtuːnɪst] skämttecknare; karikatyrtecknare
cartridge [ˈkɑːtrɪdʒ] **1** patron i olika bet. *[film ~; ink ~]* **2** pickup **3** kassett
carve [kɑːv] (imperf. *~d*; perf. p. *~d*, poet. *~n*) **I** *vb tr* **1** skära; skära (rista) in; skära ut; hugga [in (ut)]; skulptera; sticka, gravera **2** skära för (upp) kött **3** *~ out* a) hugga (skära) ut b) tillkämpa sig; vinna, förvärva, skapa sig [*~ out a fortune*] **4** *~ up* a) vard. dela [upp] [*~ up the booty*] b) sl. knivskära **II** *vb itr* **1** skära i trä; skulptera; hugga i marmor **2** skära för [steken]
carver [ˈkɑːvə] **1** [trä]snidare; bildhuggare; gravör **2** förskärare, förskärarkniv; *[pair of] ~s* trancherbestick
carving [ˈkɑːvɪŋ] **1** [ut]skärande etc., jfr *carve I 1* **2** tranchering, förskärande; *~ set* trancherbestick **3** [trä]snideri
carving-knife [ˈkɑːvɪŋnaɪf] förskärare, förskärarkniv, trancherkniv
cascade [kæsˈkeɪd] **I** *s* **1** kaskad; *~ of applause* applådåska, storm av applåder **2** lös drapering, svall [*a ~ of lace*] **II** *vb itr* falla som en kaskad
1 case [keɪs] **1** fall; förhållande; händelse; sak, fråga; läge; *this (such) being the ~* eftersom det förhåller sig så; *as the ~ may be* alltefter omständigheterna; *[take it] just in ~ ...* ...för säkerhets skull, ...för alla eventualiteter; *in ~ of* i händelse av, vid [*in ~ of fire*]; *in the ~ of* i fråga om, när det gäller (rör sig om), för; *in that ~* i så fall **2 a)** jur. [rätts]fall; mål; process [*lose a ~*], ärende; affär **b)** jur. el. friare bevis[material]; argument; *the ~ for the defendant (prosecution)* försvarets (åklagarsidans) sakframställning; *put a p.'s ~* föra ngns talan **3** [sjukdoms]fall **4** gram. kasus **5** vard. original
2 case [keɪs] **I** *s* **1** låda; ask; skrin; fodral; [pack]lår **2** väska **3** hölje; [kudd]var; boett **4** [glas]monter **5** fack **6** boktr. [stil]kast **II** *vb tr* lägga (packa) in [i en låda (ask etc., jfr *I*)]
case history [ˌkeɪsˈhɪst(ə)rɪ] med. sjukdomshistoria, anamnes

casement [ˈkeɪsmənt] [sidohängt] fönster
cash [kæʃ] **I** *s* kontanter, reda pengar [äv. *hard ~, ready ~*]; pengar [*be rolling in ~*]; kassa; *~ purchase* kontantköp; *~ down* mot kontant betalning; *pay [in] ~* betala kontant **II** *vb tr* lösa in [*~ a cheque*], lösa (kvittera, ta) ut [*~ a money order*], få pengar på, förvandla (omsätta) i kontanter; *~ in* amer. kassera in **III** *vb itr*, *~ in on* dra växlar på, slå mynt av
cash-and-carry [ˌkæʃən(d)ˈkærɪ] **I** *adj* hämtköps- [*~ depots*]; *~ prices* hämtpriser **II** *s*, *~ [store]* hämtköp; [storköps]cash **III** *adv* på hämtköp
cashbox [ˈkæʃbɒks] kassaskrin
cashdesk [ˈkæʃdesk] kassa där man betalar
cash discount [ˌkæʃˈdɪskaʊnt] kassarabatt
cash dispenser [ˈkæʃdɪsˌpensə] bankautomat
cash flow [ˈkæʃfləʊ] ekon., ung. kassaflöde, betalningsflöde
1 cashier [kæˈʃɪə] kassör
2 cashier [kəˈʃɪə] **1** mil. avskeda **2** kassera
cash machine [ˈkæʃməˌʃiːn] se *cash dispenser*
cashmere [kæʃˈmɪə] cashmere
cashpoint [ˈkæʃpɔɪnt] **1** kassa i snabbköp, varuhus **2** se *cash dispenser*
cash price [ˌkæʃˈpraɪs] kontantpris
cash register [ˈkæʃˌredʒɪstə] kassaapparat
casing [ˈkeɪsɪŋ] **1** beklädnad; hylsa **2** ram på dörr, fönster
casino [kəˈsiːnəʊ, -ˈziː-] (pl. *~s*) kasino
cask [kɑːsk] fat, tunna
casket [ˈkɑːskɪt] **1** skrin; [ask]urna **2** amer. [lik]kista
Caspian [ˈkæspɪən], *the ~ Sea* Kaspiska havet
casserole [ˈkæsərəʊl] **1** eldfast form (gryta) som maten tillagas och serveras i **2** gryta maträtt [*chicken ~*]
cassette [kəˈset] **I** *s* kassett för bandspelare, video, film; *~ deck* kassettdäck **II** *vb tr* spela in på kassett [*~ a film*]
cast [kɑːst] **I** (*cast cast*) *vb tr* **1** kasta isht bildl. [*~ a glance (a shadow)*; *~ new light on* (över) *a problem*]; *~ lots* kasta (dra) lott; *~ into the shade* bildl. ställa i skuggan **2** kasta omkull (ner); brottn. kasta **3** kasta av; fälla fjädrar, löv o.d.; ömsa skinn om orm **4** gjuta, stöpa, forma äv. bildl. **5** räkna [ner (ut)], addera [ihop]; *~ figures* addera **6** teat. tilldela; utse; fördela [*~ the parts*]; besätta (fördela) rollerna i [*~ a play*] **7** astrol. beräkna, ställa [*~ a p.'s horoscope*] **8** med adv.:
~ aside kasta bort; lägga av (bort)

~ **away** kasta (slänga) bort, slösa bort, förspilla; *be ~ away* sjö. lida skeppsbrott ~ **in** *one's lot with* göra gemensam sak med ~ **off**: kasta bort (av), kassera; lägga av kläder o.d.; lämna ~ **out** fördriva; köra bort **II** (*cast cast*) *vb itr* **1** räkna; addera **2** kasta **3** med adv.: ~ **about** söka, se sig om; fundera på; ~ *about for* äv. försöka hitta (komma) på [~ *about for an answer* (*an excuse*)] ~ **off**: sjö. göra (kasta) loss **III** *s* **1** kast[ande]; *a ~ of the dice* ett tärningskast **2** a) avgjutning b) gjutform; [*plaster*] ~ med. gipsförband **3** teat. a) rollfördelning b) ensemble; *the ~* äv. personerna, de medverkande **4** anstrykning **5** *have a ~ in one's eye* skela [på ena ögat]
castanets [ˌkæstəˈnets] mus. kastanjetter
castaway [ˈkɑːstəweɪ] *s* **1** skeppsbruten [person] **2** utstött varelse
caste [kɑːst] **1** kast; bildl. äv. ståndsklass; *lose* (*renounce*) *~* sjunka socialt; förlora sin position **2** kastväsen
casting vote [ˌkɑːstɪŋˈvəʊt] utslagsröst
cast-iron [ˌkɑːstˈaɪən, attr. ˈ-ˌ--] **1** gjutjärn **2** gjutjärns-; bildl. järn- [~ *will*], järnhård; säker [~ *alibi*]
castle [ˈkɑːsl] **I** *s* **1** slott; *~s in the air* (*in Spain*) luftslott **2** schack. torn **3** ~ *nut* tekn. kronmutter **II** *vb tr* o. *vb itr* schack. rockera
cast-off [ˈkɑːstɒf] **I** *adj* kasserad **II** *s* **1** kasserad sak; pl. *~s* avlagda kläder (skor etc.) **2** ratad (försmådd) person
castor [ˈkɑːstə] **1** [svängbart] hjul på rullbord o.d. **2** ströare [*sugar ~*]; ~ *sugar* [fint] strösocker
castor oil [ˌkɑːstərˈɔɪl] ricinolja
castrate [kæˈstreɪt, ˈ--] kastrera
casual [ˈkæʒjʊəl, -zjʊəl] **I** *adj* **1** tillfällig; flyktig; ~ *customer* strökund; ~ *sex* tillfälliga sexuella förbindelser **2** planlös **3** nonchalant, ogenerad; otvungen, ledig; ~ *dress* ledig klädsel; fritidskläder **II** *s* **1** tillfällighetsarbetare, tillfälligt anställd **2** strökund **3** lätt bekväm sko **4** pl. *~s* fritidskläder
casually [ˈkæʒjʊəlɪ, -zjʊəl-] tillfälligt osv., jfr *casual I*; tillfälligtvis
casualty [ˈkæʒjʊəltɪ, -zjʊəl-] **1** olycksfall; ~ *insurance* olycksfalls- och skadeförsäkring; ~ *ward* (*department*) olycksfallsavdelning, akutmottagning på sjukhus **2** offer i krig, olyckshändelse o.d.; pl.

-ies äv. [förluster i] döda och sårade, förolyckade; ~ *list* förlustlista
1 cat [kæt] **1** katt; katta; *it's raining* (*coming down*) *~s and dogs* regnet står som spön i backen, det regnar småspik; *the ~ is out of the bag* det (hemligheten) har sipprat (kommit) ut; *look like something the ~ brought in* vard. se urvissen ut; *be like a ~ on hot bricks* (amer. *on a hot tin roof*) vard. inte ha någon ro i kroppen, sitta som på nålar; *it's the ~'s pyjamas* (*whiskers*) vard. det är toppen (kalas, alla tiders) **2** kattdjur **3** neds. om kvinna apa, markatta **4** isht amer. kille
2 cat [kæt] (vard. kortform för *catalytic converter*) kat [~ *car*]
catalogue [ˈkætəlɒg] **I** *s* katalog; lista **II** *vb tr* katalogisera; göra upp en förteckning över
catalyst [ˈkætəlɪst] kem. katalysator äv. bildl.
catalytic [ˌkætəˈlɪtɪk] kem. katalytisk; ~ *converter* katalytisk avgasrenare, katalysator
catapult [ˈkætəpʌlt] **I** *s* **1** katapult; ~ *take-off* katapultstart **2** slangbåge **II** *vb tr* **1** flyg. starta (skjuta ut) med katapult **2** skjuta (slunga) iväg som med en katapult **3** skjuta [iväg] med slangbåge
cataract [ˈkætərækt] **1** katarakt, vattenfall; fors äv. bildl. **2** med. grå starr
catarrh [kəˈtɑː] katarr
catastrophe [kəˈtæstrəfɪ] katastrof
catcall [ˈkætkɔːl] **I** *s* **1** protestvissling **2** slags visselpipa **II** *vb itr* vissla [till protest]
catch [kætʃ] **I** (*caught caught*) *vb tr* **1** fånga; fånga in (upp), få tag i; ta (få) fast; om eld antända, fatta [tag] i; ~ *hold of* ta (fatta, gripa) tag i, ta fast i **2** hinna [i tid] till [~ *the train*]; ~ *the post* hinna lägga posten på lådan **3** ertappa; ~ *a p. out* avslöja (ertappa) ngn **4** träffa [*I caught him on the nose*]; slå **5** få, ådra sig; smittas av; ~ [*a*] *cold* bli förkyld, förkyla sig; *you'll ~ it from me* a) du kommer att bli smittad av mig b) vard. du ska få med mig att göra **6** uppfånga; fatta; ~ *sight of* få syn på, få se **7** fånga [~ *a p.'s attention*]; fängsla; hejda; ~ *one's breath* flämta till, kippa efter andan; *it caught my eye* det fångade min blick **8** fastna med [*she caught her dress in the door*]; haka i [*the nail caught her dress*]; *get caught* fastna, komma i kläm **9** lura; snärja **10** ~ *up* hinna ifatt, hinna upp [*he caught me up*]; *caught up in* a) inblandad

i b) fångad (gripen, medryckt) av **II** (*caught caught*) *vb itr* **1** fastna, haka (häkta, hänga) upp sig **2** fatta (ta) eld; ta sig [*the fire took a long time to* ~] **3** smitta, vara smittsam **4** ~ *at* gripa [efter] **5** ~ *on* vard. a) slå [an (igenom)], göra lycka [*the play never caught on*] b) fatta galoppen, vara med på noterna **6** ~ *up* ta igen vad man försummat **III** *s* **1** [fångad] lyra; *that was a good* ~ det var snyggt taget (fångat) **2** fångst; notvarp **3** kap, fynd **4** ~ *question* kuggfråga **5** *there was a* ~ *in her voice* hennes röst stockade sig **6** spärr[anordning]; klinka; knäppe, lås

catching ['kætʃɪŋ] **1** smittande äv. bildl. **2** anslående; tilldragande, lockande

catchphrase ['kætʃfreɪz] slagord, inneuttryck

catchword ['kætʃwɜːd] **1** slagord **2** rubrikord

catchy ['kætʃɪ] klatschig, effektfull [*a* ~ *title*]

catechism ['kætəkɪz(ə)m] **1** relig. katekes äv. bildl. **2** [katekes]förhör; *put a p. through his* ~ korsförhöra ngn

categorical [ˌkætəˈgɒrɪk(ə)l] **1** kategorisk; bestämd **2** [indelad] i kategorier

categorize ['kætəgəraɪz] kategorisera, indela i kategorier (klasser)

category ['kætəg(ə)rɪ] kategori; klass

cater ['keɪtə] **I** *vb itr* **1** leverera mat (måltider); ~ *for* [*parties*] äv. arrangera (ordna)... **2 a)** ~ *for* servera [mat till], hålla med mat **b)** ~ *for* (*to*) sörja för [underhållning åt], underhålla; sköta om, ordna för; leverera till **II** *vb tr* amer. leverera mat (måltider) till, arrangera [~ *parties*]

catering ['keɪt(ə)rɪŋ] **1** servering (tillhandahållande) av måltider (mat); förplägnad **2** ~ *business* restaurangrörelse; ~ *company* a) firma som arrangerar måltider, cateringföretag b) uthyrningsfirma för möbler, dukar, glas och porslin m.m.

caterpillar ['kætəpɪlə] **1** bot. [fjärils]larv; kålmask, lövmask **2** tekn. [driv]band, larvband **3** ~ [*tank*] stridsvagn, tank; ~ *treads* larvfötter

cathedral [kəˈθiːdr(ə)l] katedral

cathode ['kæθəʊd] fys. katod; ~ *ray* katodstråle

catholic ['kæθəlɪk] **I** *adj* **1** universell **2** [all]omfattande; vidsynt **3** kyrkl., *C~* katolsk [*the Roman C~ Church*] **II** *s*, *C~* katolik [*a Roman C~*]

Catholicism [kəˈθɒlɪsɪz(ə)m] katolicism[en]

cattle ['kætl] **1** nötkreatur [*twenty head of* ~], boskap **2** vard. fähundar

catty ['kætɪ] vard. spydig

Caucasian [kɔːˈkeɪzjən, -keɪʒ-] **I** *adj* kaukasisk; *the* ~ *race* den europida (kaukasiska, vita) rasen **II** *s* kaukasier, vit

Caucasus ['kɔːkəsəs] geogr.; *the* ~ Kaukasus

caucus ['kɔːkəs] **1** i USA förberedande valmöte; nomineringsmöte **2** i Storbritannien inflytelserik lokal politisk valorganisation; *the* ~ ofta neds. [den politiska] organisationen ss. makt; partiapparaten

caught [kɔːt] imperf. o. perf. p. av *catch*

cauldron ['kɔːldr(ə)n] stor kittel

cauliflower ['kɒlɪflaʊə] blomkål; ~ *cheese* kok. [kokt] blomkål med ostsås

cause [kɔːz] **I** *s* **1** orsak, grund, anledning [*there is no* ~ *for complaint*]; ~ *and effect* orsak och verkan **2** jur. el. friare sak [*make common* ~ *with a p.*], jur. äv. rättsfråga; ideal att kämpa för [*pacifism as a political* ~; *the* ~ *of freedom*; *work for (in) a good* ~] **II** *vb tr* [för]orsaka, föranleda [~ *trouble to a p.*; *this has* ~*d us a lot of trouble*]; få [~ *a p.'s resolution to waver*]; förmå, låta

causeway ['kɔːzweɪ] **1** [väg på] vägbank över sankmark **2** upphöjd gångbana bredvid väg

caustic ['kɔːstɪk, 'kɒs-] **I** *adj* **1** brännande; kaustik [~ *soda*]; ~ *lime* bränd kalk **2** skarp; bitande, sarkastisk [~ *remarks*] **II** *s* frätmedel; med. kaustikum

caution ['kɔːʃ(ə)n] **I** *s* **1** försiktighet; *use* ~ iaktta försiktighet **2** varning; tillrättavisning [*dismissed with a* ~] **3** skotsk. el. amer. kaution, säkerhet; ~ *money* borgen pengar som deponeras som säkerhet för uppfyllande av ett åtagande **4** sl., *you're a* ~*!* du är en rolig en du! **II** *vb tr* varna, råda, förmana

cautious ['kɔːʃəs] försiktig, varsam

cavalcade [ˌkæv(ə)lˈkeɪd] kavalkad äv. bildl.; procession

cavalier [ˌkævəˈlɪə] **I** *s* hist. **1** ryttare **2** riddare **3** kavaljer i olika bet.; *the C~ poets* diktargrupp på 1600-talet vid Karl I:s hov i England **II** *adj* **1** kavaljers-; fri; flott **2** stolt, övermodig, överlägsen [~ *attitude*]; självrådig [~ *treatment*]

cavalry ['kæv(ə)lrɪ] (konstr. vanl. ss. pl.) kavalleri

cavalryman ['kævəlrɪmən] kavallerist

cave [keɪv] **I** *s* håla; källare **II** *vb itr*, ~ *in*

a) störta in, rasa, falla ihop b) ge efter, ge vika; ge sig c) vard. säcka ihop
caveman ['keɪvmən] **1** grottmänniska **2** grobian; driftmänniska
cavern ['kævən] håla, jordkula; grotta
caviare ['kævɪɑː, ˌkævɪ'ɑː] kaviar; ~ *to the general* pärlor för svin
cavity ['kævətɪ] hålighet; tandläk. kavitet; *oral* ~ munhåla
cavort [kə'vɔːt] vard. hoppa (flyga) omkring, göra krumsprång
caw [kɔː] I *vb itr* o. *vb tr* kraxa; ~ *out* kraxa fram II *s* kraxande III *interj*, ~! kra kra!
cayenne [keɪ'en, attr. 'keɪen] kajennpeppar [äv. *C~ pepper*]
CB [ˌsiː'biː] förk. för *Citizens' Band*
CBE [ˌsiːbiː'iː] förk. för *Commander of* [*the Order of*] *the British Empire*
CBI (förk. för *Confederation of British Industry*) Brittiska arbetsgivarföreningen
c.c. [ˌsiː'siː] förk. för *cubic centimetre*[s], *cubic contents*
1 CD [ˌsiː'diː] (förk. för *compact disc*) cd-skiva; ~ *player* cd-spelare; ~ *recorder* el. ~ *writer* cd-brännare, cd-skrivare
2 CD förk. för *Civil Defence, Corps Diplomatique*
CD-ROM [ˌsiːdiː'rɒm] (förk. för *compact disc read-only memory*) cd-rom
cease [siːs] I *vb itr* upphöra, sluta upp II *vb tr* sluta; ~ *fire!* mil. eld upphör!; ~ *work* lägga ned arbetet III *s, without* ~ oupphörligt, oavbrutet
cease-fire [ˌsiːs'faɪə] eldupphör[order]; kort vapenvila
ceaseless ['siːsləs] oupphörlig
cedar ['siːdə] ceder; cederträ
cede [siːd] avträda [~ *territory*], överlåta[s]
cedilla [sə'dɪlə] språkv. cedilj
ceiling ['siːlɪŋ] **1** innertak, tak i rum **2** flygv. maximihöjd **3** bildl. högsta gräns (nivå) [*price* ~], topp; *the glass* ~ glastaket den osynliga övre gränsen för en kvinnas karriärmöjligheter
celebrate ['seləbreɪt] I *vb tr* **1** fira **2** lovsjunga II *vb itr* **1** fira en [minnes]högtid **2** vard. festa
celebrated ['seləbreɪtɪd] berömd; ryktbar
celebration [ˌselə'breɪʃ(ə)n] **1** firande, högtidlighållande **2** fest
celebrity [sə'lebrətɪ] berömdhet, ryktbarhet, celebritet äv. konkr.; kändis
celeriac [sə'lerɪæk, 'selərɪæk] rotselleri
celery ['selərɪ] bot. selleri; [*blanched*] ~ blekselleri
celestial [sə'lestjəl] himmelsk
celibacy ['selɪbəsɪ] celibat

celibate ['selɪbət] I *adj* ogift; *he leads* (*lives*) *a* ~ *life* se II II *s, he is a* ~ han lever i celibat
cell [sel] **1** biol. o.d. cell; ~ *biology* cellbiologi; ~ *division* celldelning **2** cell i t.ex. kloster, fängelse **3** elektr. element **4** polit. [propaganda]cell **5** ~ *radio* se *cellular 3*
cellar ['selə] I *s* källare; vinkällare II *vb tr* förvara (lagra) i källare
cellist ['tʃelɪst] [violon]cellist
cello ['tʃeləʊ] (pl. ~*s*) cello
Cellophane ['seləʊfeɪn] ® cellofan
cellphone ['selfəʊn] vanl. amer. mobiltelefon
cellular ['seljʊlə] **1** cell- [~ *tissue*]; cellformig; cellulär **2** porös [~ *material*], [som är] gles i strukturen, glesvävd [~ *shirt*] **3** tele., ~ *radio* mobil radio; ~ *telephone* mobiltelefon
cellulose ['seljʊləʊs] cellulosa; ~ *acetate* cellulosaacetat; textil. acetat
Celsius ['selsjəs] egenn.; ~ *thermometer* celsiustermometer
Celt [kelt] kelt
Celtic ['keltɪk, fotbollslag 'seltɪk] I *adj* keltisk; ~ *cross* latinskt kors med bred ring kring skärningspunkten; *the* ~ *fringe* neds. befolkningen i Skottland, Wales, Cornwall och Irland II *s* **1** keltiska språket **2** namn på skotskt fotbollslag
cement [sɪ'ment] I *s* **1** cement; kitt; ~ *mixer* cementblandare **2** bildl. föreningsband II *vb tr* **1** cementera; kitta **2** bildl. fast förena [~ *a friendship*] III *vb itr* sammanfogas; hänga samman
cemetery ['semətrɪ] kyrkogård som ej ligger vid kyrka; begravningsplats
censor ['sensə] I *s* **1** censor [*film* ~]; granskare **2** kritiker; häcklare **3** psykol. censur II *vb tr* censurera äv. psykol., stryka; förbjuda pjäs o.d.
censorship ['sensəʃɪp] censur
censure ['senʃə] I *s* **1** omild kritik, ogillande; *pass* ~ *on* rikta kritik mot, kritisera **2** censur II *vb tr* kritisera
census ['sensəs] folkräkning, ung. mantalsskrivning; *traffic* ~ trafikräkning
cent [sent] **1** *per* ~ procent **2** cent mynt
centenary [sen'tiːnərɪ, -'ten-] I *s* **1** hundraårsperiod **2** hundraårsdag, hundraårsjubileum II *adj* hundraårs-
centennial [sen'tenjəl] hundraårsdag, hundraårsjubileum
center ['sentə] isht amer., se *centre* o. sammansättn.
centigrade ['sentɪɡreɪd] hundragradig;

celsius- [~ *thermometer*]; *20 degrees ~ 20 grader Celsius*
centigramme ['sentɪgræm] centigram
centilitre ['sentɪˌliːtə] centiliter
centimetre ['sentɪˌmiːtə] centimeter
centipede ['sentɪpiːd] mångfoting, tusenfoting insekt
central ['sentr(ə)l] I *adj* central i olika bet.; central- [~ *station*; *the ~ government*], huvud- [*the ~ figures in a novel*]; center-; mellerst; *C~ Africa* Centralafrika; *C~ Intelligence Agency* federala underrättelsetjänsten i USA, CIA; *~ processing unit* data. centralenhet II *s* amer. telefonstation
centre ['sentə] I *s* 1 centrum äv. mil., sport. el. polit.; mitt[punkt]; central för verksamhet; sport. äv. inlägg; om pers. organisatör; *arts ~* konstmuseum; [*business and shopping*] *~* [affärs]centrum, city; *~ of gravity* tyngdpunkt; *the ~ of the stage* a) scenens centrum b) bildl. centrum för uppmärksamheten 2 i choklad o.d. fyllning; *chocolates with hard* (*soft*) *~s* choklad med hård (mjuk) fyllning, fylld choklad II *vb tr* 1 ställa (samla) i mittpunkten 2 centrera 3 koncentrera; *our thoughts are ~d* [*up*]*on one idea* våra tankar kretsar kring en [enda] idé 4 fotb. spela (lägga) in mot mitten III *vb itr* 1 ha sin medelpunkt (tyngdpunkt, styrka); koncentreras 2 fotb. göra inlägg mot mitten
centrefold ['sentəfəʊld] mittuppslag
centrepiece ['sentəpiːs] 1 bordsuppsats 2 mittpunkt; huvudattraktion
centrifugal [ˌsentrɪ'fjuːg(ə)l] tekn. centrifugal[-] [*~ force*]; *~ machine* centrifug
centrifuge ['sentrɪfjuːdʒ] tekn. centrifug
century ['sen(t)ʃ(ə)rɪ] 1 århundrade, sekel; *in the 20th ~* på 1900-talet, i tjugonde århundradet (seklet) 2 hundra[tal]; i kricket hundra 'runs' poäng [*make* (*score*) *a ~*]
cep [sep] bot. stensopp
ceramic [sə'ræmɪk, kə'r-] keramisk; *~ hob* keramikhäll på spis
ceramics [sə'ræmɪks, kə'r-] 1 (konstr. ss. sg.) keramik hantverk 2 (konstr. ss. pl.) keramik
cereal ['sɪərɪəl] I *adj* säd[es]- II *s* sädesslag; pl. *~s* äv. flingor, rostat ris o.d. isht som morgonmål [*breakfast ~s*]; amer. äv. gröt
cerebral ['serəbr(ə)l] fysiol. hjärn-; *~ haemorrhage* hjärnblödning
ceremonial [ˌserə'məʊnjəl] I *adj* ceremoniell, högtidlig, högtids- [*~ dress*] II *s* ceremoniel
ceremonious [ˌserə'məʊnjəs] 1 se *ceremonial I* 2 ceremoniös; kruserlig, avmätt; omständlig
ceremony ['serəmənɪ] 1 ceremoni; högtidlighet; akt [*~ of baptism*]; *Master of Ceremonies* ceremonimästare, klubbmästare; isht amer. programledare, programvärd 2 utan pl. ceremonier, ceremoniel; formalitet[er]; krusande
cerise [sə'riːz, -'riːs] I *adj* körsbärsröd, cerise[röd] II *s* körsbärsrött, cerise[rött]
ceritium [se'rɪtɪəm, -zɪəm] *s* geol. cerit
1 cert [sɜːt] vard. 1 *a* [*dead*] *~* [något] absolut säkert, en given sak; *his victory is a ~* hans seger är given; *we knew it for a ~* vi var bergsäkra på det 2 kapplöpn. säker vinnare [*bet on a ~*]
2 cert [sɜːt] vard. betyg [*get one's school ~*]; jfr *certificate I 2*
certain ['sɜːt(ə)n] 1 säker [*this much* (så mycket) *is ~ that...*]; *face a ~ death* gå en säker död till mötes 2 viss ej närmare bestämd [*feel a ~ reluctance*; *on ~ conditions*]; *a ~ Mr. Jones* en viss herr (en herre vid namn) Jones
certainly ['sɜːt(ə)nlɪ] 1 säkert, med visshet (säkerhet) 2 säkerligen; nog 3 visserligen 4 som svar ja visst, ja då, [jo] gärna [det]; *~ not!* absolut inte!, nej visst inte!, nej för all del!
certainty ['sɜːt(ə)ntɪ] säkerhet, visshet; *a ~* någonting säkert, en given sak; [*prices have gone up ~*] *that's a ~* ...det är säkert; *we can have no ~ of success* vi kan inte vara säkra på framgång (att lyckas); *I can't say with any ~* [*where...*] jag kan inte med säkerhet säga...
certificate [ss. subst. sə'tɪfɪkət, ss. vb -keɪt] I *s* 1 skriftligt intyg; kvitto; certifikat; *health ~* friskintyg; *share ~* aktiebrev 2 betyg; diplom; *General C~ of Education* (*GCE*) *Advanced Supplementary Level* (*A/S level*) avgångsexamen från *Secondary School* införd 1989 i syfte att bredda elevernas ämnesval; *General C~ of Secondary Education* (*GCSE*) avgångsexamen (med sjugradig skala A-G) från *Secondary School* efter fem års utbildning II *vb tr* förse med (tilldela) intyg etc., jfr *I*, utfärda intyg etc. åt; perf. p.: *~d* äv. examinerad; formellt behörig [*~d nurse*, *~d teacher*]
certify ['sɜːtɪfaɪ] 1 attestera handling; intyga, betyga, bestyrka; auktorisera [*-ied translator*]; garantera; bekräfta, konstatera dödsfall o.d.; *this is to ~ that*

härmed intygas att; *-ied cheque* bekräftad check; *-ied mail* amer., ung. rekommenderade försändelser **2** ~ [*as insane*] sinnessjukförklara; *he ought to be -ied* vard. han är ju färdig för dårhuset
cervical ['sɜːvɪk(ə)l] anat. el. fysiol. cervikal, hals-; livmoderhals-; ~ *smear* cytologprov (cellprov) från livmoderhalsen
cessation [se'seɪʃ(ə)n] upphörande
cesspit ['sespɪt] **1** latringrop **2** bildl. dypöl
cf. [kəm'peə; kən'fɜː; ˌsiː'ef] (förk. för *confer* lat. imper. = *compare*) jfr
CFC (förk. för *chlorofluorocarbon*) klorfluorkolförening, freon
chafe [tʃeɪf] **I** *vb tr* **1** gnida (gnugga) [varm] **2** gnida sönder (på); skrapa, skrubba **3** bildl. reta **II** *vb itr* **1** gnida sig **2** bildl. bli irriterad, reta upp sig, rasa [~ *under insults*] **III** *s* **1** skavsår **2** irritation
1 chaff [tʃɑːf] **I** *s* **1** agnar **2** hackelse djurföda **3** skräp **II** *vb tr* skära hackelse av
2 chaff [tʃɑːf] vard. **I** *s* drift; skoj **II** *vb itr* skoja, retas **III** *vb tr* skoja (retas) med
chaffinch ['tʃæfɪn(t)ʃ] zool. bofink
chagrin ['ʃægrɪn, ss. vb äv. ʃə'griːn] **I** *s* förtret, harm **II** *vb tr* förtreta
chain [tʃeɪn] **I** *s* **1** kedja; kätting **2** pl. ~*s* bojor **3** bildl. kedja; följd [~ *of events*]; ~ *of mountains* bergskedja **4** lantmätarkedja; ss. mått = 22 *yards* 20,1 m (motsv. i Sverige av mätarband) **II** *vb tr* **1** kedja fast; fjättra; lägga bojor (kedjor) på; ~ *up* kedja fast, binda **2** mäta med [lantmätar]kedja (i Sverige mätarband)
chain reaction [ˌtʃeɪnrɪ'ækʃ(ə)n] kedjereaktion
chain saw ['tʃeɪnsɔː] kedjesåg, motorsåg
chain-smoker ['tʃeɪnˌsməʊkə] kedjerökare
chain store ['tʃeɪnstɔː] filial[affär]; pl. ~*s* butikskedja
chair [tʃeə] **I** *s* **1** stol; *take a ~!* var så god och sitt ner!, tag plats! **2** lärostol, kateder; professur; *C~ of Philosophy* professur i filosofi **3** ordförandestol, talmansstol; ordförandeskap, ordförande; presidium vid festmiddag o.d.; *~! ~!* till ordningen! protest mot oordning under debatt o.d.; *be in (hold) the ~* sitta [som] (vara) ordförande, föra ordet; *take the ~* inta ordförandeplatsen **4** *the ~* amer. elektriska stolen **II** *vb tr* **1** vara ordförande i [~ *a committee*], vara (sitta som) ordförande (presidera) vid [~ *a meeting*] **2** bära i [gull]stol (triumf)
chair lift ['tʃeəlɪft] sittlift
chair|man ['tʃeəmən] (pl. *-men* [-mən]) ordförande; styrelseordförande; *~'s report* verksamhetsberättelse

chairperson ['tʃeəˌpɜːsn] ordförande; styrelseordförande
chalet ['ʃæleɪ, -lɪ] **1** chalet äv. om chaletliknande villa **2** stuga i stugby o.d.
chalice ['tʃælɪs] **1** bägare **2** [nattvards]kalk **3** [blom]kalk
chalk [tʃɔːk] **I** *s* **1** krita; *a piece of ~* en krita (kritbit, bit krita) **2** kritstreck; spel. äv. poäng; *not by a long ~* vard. inte på långa vägar **II** *vb tr* **1** krita, bestryka med krita **2** skriva (rita, märka) med krita **3** ~ *out* staka ut, göra (skissera) upp **4** ~ *up* skriva upp [*against a p.* på ngns räkning]
challenge ['tʃælən(d)ʒ] **I** *s* **1** utmaning; sporrande (stimulerande) uppgift **2** anrop av vaktpost o.d.; anropssignal **II** *vb tr* **1** utmana [~ *a p. to a duel*]; trotsa [~ *a p.'s power*]; *I ~ you to do it* försök att göra (med) det om du kan **2** uppfordra, uppmana [~ *a p. to fight (to try)*] **3** om vaktpost o.d. anropa **4** jur. jäva [~ *a witness*] **5** bestrida [~ *a p.'s right to a th.*]
challenging ['tʃælən(d)ʒɪŋ] utmanande, sporrande, stimulerande; manande; tankeväckande, fängslande
chamber ['tʃeɪmbə] **1** poet. kammare **2** pl. ~*s* juristkontor, juristbyrå i *Inn of Court* **3** pl. ~*s* ungkarlslägenhet **4** parl. kammare; *the Lower C~* a) andra kammaren b) i USA representanthuset; *the Upper C~* a) första kammaren b) i USA senaten
chambermaid ['tʃeɪmbəmeɪd] städerska på hotell; husa
chamber pot ['tʃeɪmbəpɒt] nattkärl
chameleon [kə'miːljən] zool. kameleont; äv. bildl.
chamois ['ʃæmwɑː] (pl. *chamois* [utt. -z el. som sg.]) **1** stenget **2** ['ʃæmɪ, pl. -z] se *chamois leather*
chamois leather ['ʃæmɪleðə] sämskskinn
champagne [ˌʃæm'peɪn] champagne
champers ['ʃæmpəz] vard. skumpa champagne
champion ['tʃæmpjən] **I** *s* **1** mästare [*tennis (world) ~*] **2** förkämpe; försvarare **II** *adj* **1** rekord-; premierad; *the ~ team* mästarlaget, segrarlaget **2** vard. el. skämts. första klassens, jubel- [~ *idiot*]; ~ *liar* storljugare **III** *vb tr* kämpa för
championship ['tʃæmpjənʃɪp] **1** mästarskap, titel i idrott o.d.; mästerskapstävling; *win a world swimming ~* vinna ett världsmästerskap (VM) i simning **2** försvar, strid som förkämpe
chance [tʃɑːns] **I** *s* **1** tillfällighet; slump; *by*

~ händelsevis, av en slump **2** chans; gynnsamt tillfälle; möjlighet; *run the ~ of getting lost* löpa risk att komma bort; *take ~s* ta chanser (risker) **3** isht pl. *~s*: *the ~s are that* allting talar för att; *the ~s are against it* allting talar mot det **II** *adj* tillfällig [*~ likeness*], oförutsedd; förlupen [*~ bullet*]; *~ customer* strökund, tillfällig kund **III** *vb itr* hända (slumpa) sig; råka [*I ~d to be out when...*]; *~ [up]on* råka (träffa) på, ramla över, råka finna [*~ upon a solution*] **IV** *vb tr* vard. riskera; *~ it* chansa, ta chansen (risken)
chancel ['tʃɑːns(ə)l] kyrkl. [hög]kor
chancellor ['tʃɑːns(ə)lə] kansler äv. vid universitet; i Tyskland förbundskansler; *Lord* [*High*] *C~* el. *C~ of England* lordkansler; *C~ of the Exchequer* i Storbritannien finansminister
chancy ['tʃɑːnsɪ] vard. chansartad
chandelier [ˌʃændə'lɪə] ljuskrona
change [tʃeɪn(d)ʒ] **I** *vb tr* **1** ändra; ändra på [*~ the rules*]; lägga om [*~ the system*]; förvandla; *~ front (face)* bildl. göra en helomvändning; *~ one's mind* ändra sig **2** byta; byta ut; skifta [*~ colour*]; *~ one's clothes* byta [kläder], byta om; *~ places* byta plats **3** växla pengar **II** *vb itr* **1** byta [kläder] **2** byta [tåg (båt, plan)] **3** ändras, förvandlas **4** bil. växla [*~ down (up)*] **III** *s* **1** [för]ändring [*~ for* (till) *the better*]; omkastning; svängning [*a sudden ~*]; växling; skifte; *~ of life* klimakterium **2** ombyte; omväxling; *~ of address* adress[för]ändring; *~ of air* luftombyte; *for a ~* för omväxlings skull; iron. för en gångs skull **3** ombyte [*a ~ of clothes*] **4** pl. *~s* växlingar vid växelringning; *ring the ~s* a) ringa alla växlingar b) bildl. vrida och vända **5** *C~* börsen [*on C~*] **6** växel [äv. *small ~*]; pengar tillbaka [*I didn't get any ~*]; *exact ~* jämna pengar
changeable ['tʃeɪn(d)ʒəbl] **1** föränderlig **2** som kan ändras (bytas)
change-over ['tʃeɪn(d)ʒˌəʊvə] **1** omkoppling; *~ switch* omkopplare **2** bildl. övergång; omställning; omslag **3** sport. sidbyte vid halvtid
changing-room ['tʃeɪn(d)ʒɪŋruːm, -rʊm] omklädningsrum
channel ['tʃænl] **I** *s* **1** kanal, brett sund; *the* [*English*] *C~* Engelska kanalen; *the C~ Islands* Kanalöarna **2** flodbädd **3** strömfåra; segelränna [*navigable ~*] **4** ränna för vätskor, gaser o.d.; rännsten **5** radio. el. TV. kanal; *C~ four* TV 4 namn på engelsk tv-kanal med seriöst innehåll **6** fåra; medium; väg; instans; *secret ~s of information* hemliga informationskanaler; *through* [*the*] *official ~s* tjänstevägen **II** *vb tr* **1** göra kanaler i **2** leda genom kanal o.d.; kanalisera
chant [tʃɑːnt] *vb tr* o. *vb itr* **1** poet. sjunga; besjunga; *~ a p.'s praises* sjunga ngns lov **2** kyrkl. sjunga liturgiskt; mässa **3** skandera [*they kept ~ing 'We want Bobby'*]; rabbla [upp]; mässa
chanterelle [ˌʃɑːntə'rel] bot. kantarell
chaos ['keɪɒs] kaos
chaotic [keɪ'ɒtɪk] kaotisk
1 chap [tʃæp] **I** *vb tr* göra narig **II** *vb itr* bli narig **III** *s* spricka isht i huden
2 chap [tʃæp] vard. karl; kille [*a nice little ~*]; kurre; *old ~!* gamle gosse (vän)!
3 chap [tʃæp]; pl. *~s* käft; käkar
chapel ['tʃæp(ə)l] **1** kapell; kyrka; gudstjänstlokal, bönhus; *are you church or ~?* tillhör ni statskyrkan eller någon frikyrka?; *~ of ease* annexkyrka **2** gudstjänst [i kapellet etc.] [*attend ~*]
chaperon ['ʃæpərəʊn] **I** *s* bildl. förkläde **II** *vb tr* vara förkläde åt
chaplain ['tʃæplɪn] [hus]kaplan; präst, pastor ofta regements-, sjömans- o.d.
chapter ['tʃæptə] **1** kapitel; *a ~ of accidents* en rad olyckor (olyckliga omständigheter) **2** domkapitel; ordenskapitel
1 char [tʃɑː] **I** *vb itr* städa **II** *s* **1** vard. städhjälp **2** se *chore 1*
2 char [tʃɑː] **I** *vb tr* bränna till kol; komma att förkolna **II** *vb itr* förkolna
3 char [tʃɑː] vard. te [*a cup of ~*]
4 char [tʃɑː] röding; bäckröding
character ['kærəktə] **1** karaktär; natur; egenart; beskaffenhet; *distinctive ~* särprägel **2** [god (fast)] karaktär [*a man of* (med) *~*], karaktärsfasthet; *strength of ~* karaktärsstyrka **3** person[lighet] [*public ~*]; vard. individ; underlig (lustig) kurre; *quite a ~* något av ett original **4** a) [diktad] person, figur; roll; typ b) karaktärsskildring; *in ~* rollenligt, i stil; karakteristiskt; naturligt; *act out of ~* falla ur rollen **5** [skrift]tecken [*Chinese ~s*], bokstav [*Greek ~s*]; data. tecken
characteristic [ˌkærəktə'rɪstɪk] **I** *adj* karakteristisk, betecknande **II** *s* kännemärke, kännetecken, karaktärsdrag; pl. *~s* äv. karakteristika
characterize ['kærəktəraɪz] karakterisera, beteckna; känneteckna
charade [ʃə'rɑːd] **1** charad; *~s* (konstr. ss. sg.) [levande] charad lek **2** bildl. parodi

charcoal ['tʃɑːkəʊl] **1** träkol; benkol; ~ *drawing* kolteckning **2** grillkol
charge [tʃɑːdʒ] **I** *vb tr* **1** anklaga; ~ *a p. with a th.* beskylla (anklaga) ngn för ngt **2** ta [betalt] [*how much do you ~ for it?*]; notera; *they ~ high (stiff) prices* [*at that hotel*] de tar bra betalt (håller höga priser)...; *he ~d me two pounds for it* han tog två pund för den **3** hand. debitera; ~ *a th. to a p.'s account* (*against a p., up to a p.*) debitera (belasta) ngns konto med ngt **4** ladda [~ *a gun* (*an accumulator*)]; fylla [i (på)]; mätta; gruv. uppsätta; *the atmosphere was ~d* atmosfären var laddad **5** ~ *a p. with doing a th.* ge ngn i uppdrag att göra ngt **6** mil. o.d. anfalla; rusa (gå) 'på; fotb. tackla
II *vb itr* **1** storma (rusa) fram, rusa [in] [äv. ~ *in*]; *he ~d in* han kom inrusande (instörtande) **2** ta betalt [~ *extra for a seat*]; vard. ta bra betalt
III *s* **1** anklagelse, beskyllning; *on a ~ of* [såsom] anklagad för; *ha faces serious ~s* han står åtalad för grova brott **2** pris; skatt; debitering; konto; *what is your ~ for...?* vad tar ni för...?; ~ *account* amer. kundkonto i t.ex. varuhus; *free of ~* gratis **3** fast utgift; bekostnad [*at his own ~*]; ersättning; pl. *~s* ofta omkostnader **4** elektr. laddning **5** uppdrag; befattning **6** vård; uppsikt [*put* (ställa) *under a p.'s ~*]; [*man*] *in ~* vakthavande, jourhavande, t.f. [chef]; *be in ~* ha hand om (stå för) det hela, ha ansvaret (vakten); *take ~ of a th.* ta hand om ngt, ta ngt i sin vård, ta sig an ngt **7** anförtrodd sak; skyddsling; prästs hjord, församling **8** [fängsligt] förvar; *give a p. in ~* låta arrestera ngn **9** mil. o.d. anfall [*The C~ of the Light Brigade*], chock; anfallssignal [*a trumpet ~*]; fotb. tackling
charger ['tʃɑːdʒə] **1** stridshäst; isht officershäst **2** laddningsapparat **3** patronram på gevär; löst magasin till maskingevär
charisma [kəˈrɪzmə] karisma
charitable ['tʃærɪtəbl] **1** medmänsklig; välgörande, välgörenhets- [~ *institution*] **2** mild [*a ~ interpretation of...*]
charity ['tʃærətɪ] **1** barmhärtighet; välgörenhet [~ *bazaar* (*concert*)]; allmosor; *live on a p.'s* ~ leva på nåder hos ngn **2** välgörenhetsorganisation **3** mildhet [i omdömet] **4** människokärlek, [kristlig] kärlek [*faith, hope and ~*], kärlek till nästan, medmänsklighet; tillgivenhet, vänlighet; pl. *-ies* bevis på kärlek o.d.; ~ *begins at home* ung. man bör först hjälpa sina närmaste
charlady ['tʃɑːˌleɪdɪ] städhjälp
charlatan [ˈʃɑːlət(ə)n] charlatan
charm [tʃɑːm] **I** *s* **1** charm, tjuskraft; förtrollning; tjusning; pl. *~s* behag, skönhet [*her ~s*]; *her ~ of manner* hennes charmerande sätt (väsen) **2** trollformel; trollmedel; trolldom; *it worked like a ~* det hade en mirakulös verkan; det gick som smort **3** amulett **4** berlock **II** *vb tr* **1** charmera, förtrolla; fängsla **2** trolla [~ *away*], förtrolla; *~ed circle* trollkrets **3** ~ *a th. out of a p.* locka av ngn ngt
charming ['tʃɑːmɪŋ] förtjusande; charmfull
charred [tʃɑːd] förkolnad
chart [tʃɑːt] **I** *s* **1** tabell; grafisk framställning; diagram, kurva; karta [*weather ~*] **2** väggplansch [äv. *wall ~*] **3** sjökort **4** popmusik o.d. *the ~s* topplistorna; *top of the ~* etta på topplistan **II** *vb tr* **1** kartlägga; bildl. äv. dra upp linjerna för **2** visa med en tabell o.d. **3** lägga (sätta) ut en kurs o.d. på ett [sjö]kort
charter ['tʃɑːtə] **I** *s* **1 a)** kungligt brev; urkund, kontrakt; *the Great C~* Magna Charta **b)** stiftelseurkund, koncession **c)** privilegium, rättighet[er] **2** *the Atlantic C~* Atlantdeklarationen **3 a)** charter; *a ~ flight* en charterresa, en chartrad flygning **b)** certeparti; befraktning, chartring [~*s of oil tankers*] **II** *vb tr* **1** bevilja (ge) ngn rättigheter (privilegier, koncession) **2** chartra
chartered ['tʃɑːtəd] **1** upprättad genom ett kungligt brev etc., jfr *charter I 1*; auktoriserad [~ *accountant*]; med särskilda privilegier **2** chartrad [~ *aircraft*]
char|woman ['tʃɑːˌwʊmən] (pl. *-women* [-ˌwɪmɪn]) städerska, städhjälp
chary ['tʃeərɪ] **1** varsam; skygg; *be ~ of* a) akta sig för [*be ~ of catching cold*] b) vara rädd (mån) om [*be ~ of one's reputation*] **2** sparsam, snål [~ *of praise*] **3** kräsen
1 chase [tʃeɪs] **I** *vb tr* jaga; förfölja; springa efter [~ *girls*] **II** *vb itr* vard. springa [*a girl who ~s after boys*], rusa [~ *about*]; ~ *off* rusa iväg **III** *s* **1** jakt; förföljande; *the ~* jakt[en] ss. sport el. yrke **2** jagat djur; villebråd
2 chase [tʃeɪs] **1** ciselera **2** gänga **3** infatta i guld o.d.

chasm ['kæz(ə)m] [bred] klyfta, avgrund; lucka
chassis ['ʃæsɪ] (pl. *chassis* ['ʃæsɪz]) bil., flyg., radio. m.m. chassi; underrede
chaste [tʃeɪst] kysk
chastise [tʃæ'staɪz] **1** skälla ut **2** litt. tukta
chastity ['tʃæstətɪ] kyskhet, renhet äv. bildl.; *~ belt* kyskhetsbälte
chat [tʃæt] **I** *vb itr* **1** prata **2** data. chatta **II** *vb tr* sl., *~ up* snacka med, snacka in sig hos; flirta med **III** *s* prat, kallprat; pratstund [*have a nice (cosy)* ~]; *~ show* radio. el. TV. pratshow intervju med kändisar
chattel ['tʃætl]; vanl. pl. *~s* lösöre, lösegendom, tillhörigheter [äv. *goods and ~s*]
chatter ['tʃætə] **I** *vb itr* **1** pladdra **2** skallra; *his teeth ~ed with cold* hans tänder skallrade av köld **3** om apor o. fåglar snattra; om skator skratta **II** *s* pladder, snattrande etc.
chatterbox ['tʃætəbɒks] o. **chatterer** ['tʃætərə] pratkvarn
chatty ['tʃætɪ] **1** pratsam, pratig **2** kåserande
chauffeur ['ʃəʊfə, ʃə(ʊ)'fɜ:] [privat]chaufför
chauvinism ['ʃəʊvɪnɪz(ə)m] chauvinism; *male ~* manschauvinism
chauvinist ['ʃəʊvɪnɪst] chauvinist; *male ~* manschauvinist
cheap [tʃi:p] **I** *adj* **1** billig; billighets- [*~ edition*]; gottköps- [*~ articles*]; *it's ~ at the price* det är billigt för vad man får **2** lättköpt; värdelös; tarvlig; billig [*~ jokes*]; amer. äv. snål; *feel ~* vard. känna sig billig; *make oneself ~* skämma ut sig, bära sig tarvligt åt **II** *adv* billigt [*get* (*sell*) ~] **III** *s, on the ~* vard. [för] billigt [pris]
cheapen ['tʃi:p(ə)n] **I** *vb tr* **1** göra billig[are] **2** bildl. klassa ner; göra tarvlig; *you mustn't ~ yourself* du får inte skämma ut dig (bära dig tarvligt åt) **II** *vb itr* bli billig[are]
cheapskate ['tʃi:pskeɪt] sl. **1** snåljåp **2** ynkligt kräk
cheat [tʃi:t] **I** *vb tr* lura äv. friare [*~ death*]; narra, bedra; *~ a p. out of a th.* lura av ngn ngt, bedra ngn på ngt **II** *vb itr* **1** fuska [*~ in an examination*]; fiffla; *~ at cards* fuska i kortspel **2** *~ on a p.* vard. vara otrogen mot, bedra [*he was ~ing on his wife*] **III** *s* svindlare, skojare; fuskare
check [tʃek] **I** *s* **1** stopp; spärr; broms; bakslag [*meet with a ~*], motgång; *act as a ~ on* verka som broms på **2** tygel bildl.; *keep* (*hold*) *in ~* hålla i schack (styr), tygla; *keep* (*put*) *a ~ on* lägga band på; hålla i schack (styr) **3** kontroll [*make a ~*], prov; *keep a ~ on* kontrollera, ha koll på **4 a)** kontramärke, pollett **b)** amer. polletteringsmärke **5** [restaurang]nota **6** amer. check, jfr *cheque* **7** spelmark; *cash* [*in*] (*hand in, pass in*) *one's ~s* sl. lämna in, kola av dö **8** rutigt mönster; rutigt tyg; rutig; *~ pattern* rutmönster, rutigt mönster **9** schack. schack **II** *interj, ~!* schack!
III *vb tr* **1** hejda, hämma; sport. hindra **2** tygla [*he ~ed himself*] **3** kontrollera, kolla; undersöka, gå igenom; *~ out* amer. **a)** kvittera ut **b)** kontrollera **4** amer. **a)** pollettera **b)** lämna i garderoben t.ex. på teatern [*have you ~ed your coat?*] **5** amer. **a)** ställa ut en check på **b)** lyfta (ta ut) på check [äv. *~ out*] **6** ruta, göra rutig **7** schack. schacka
IV *vb itr* **1** om hund, häst hejda sig, stanna **2** amer., *~* [*up*] stämma [*with*] **3** amer. lyfta (ta ut) pengar på check **4** *~ in* isht amer. **a)** boka in sig [*~ in at a hotel*], checka in **b)** anmäla (infinna) sig, stämpla [in] på arbetsplats; *~ into a hotel* isht amer. ta in på ett hotell **5** kontrollera [äv. *~ up*]; *~ up on a p.* (*a th.*) kontrollera (göra en undersökning om) ngn (ngt)
checkbook ['tʃekbʊk] amer. checkhäfte
checked [tʃekt] rutig [*~ material*]
checklist ['tʃeklɪst] kontrollista; minneslista
checkmate ['tʃekmeɪt, tʃek'm-] **I** *s* **1** schack och matt **2** avgörande nederlag **II** *interj, ~!* schack och matt!, schackmatt! **III** *vb tr* **1** göra [schack och] matt (schackmatt) **2** bildl. schacka, omintetgöra
check-out ['tʃekaʊt] **1** slutkontroll **2** [utgångs]kassa [äv. *~ counter* (*point*)]; *express ~* snabbkassa **3** instämpling av varor i utgångskassa **4** utcheckning från hotell; *~ is at 12 noon* motsv. gästen ombeds lämna rummet senast kl. 12 avresedagen
checkpoint ['tʃekpɔɪnt] kontroll[ställe]; vägspärr
check-up ['tʃekʌp] kontroll, undersökning
cheek [tʃi:k] **I** *s* **1** kind; *dance ~ to ~* dansa kind mot kind **2** bildl., vard. fräckhet; *what ~!* vad fräckt!, vilken fräckhet!; *I like your ~!* iron. du är inte lite fräck du! **II** *vb tr* vard. vara fräck mot
cheekbone ['tʃi:kbəʊn] kindben
cheeky ['tʃi:kɪ] vard. fräck, uppnosig
cheep [tʃi:p] **I** *vb itr* o. *vb tr* om små fåglar pipa **II** *s* pip
cheer [tʃɪə] **I** *s* **1** bifallsrop, hurra[rop];

hejaramsa; *give a p. a* ~ utbringa ett leve för ngn, hurra för ngn; *three ~s for* ett [trefaldigt (sv. motsv. fyrfaldigt)] leve för **2** ~*s!* vard. a) skål! b) hej då! **3** *words of* ~ litt. uppmuntrande ord **4** *be of good* ~ litt. vara vid gott mod (hoppfull) **5** litt. undfägnad; mat **II** *vb tr* **1** muntra upp, trösta [*I felt a bit ~ed*], glädja; ~ *up* pigga (liva) upp **2** ~ [*on*] heja på, uppmuntra med tillrop **3** hurra för, jubla bifall åt **III** *vb itr* **1** ~ *up* bli gladare (lättare) till sinnes, lysa upp, gaska upp sig **2** hurra
cheerful ['tʃɪəf(ʊ)l] **1** glad [av sig], glättig [*a ~ smile*]; villig [*~ workers*]; *a ~ giver* en glad givare **2** glädjande; ljus och glad [*a ~ room*]
cheerio [ˌtʃɪəri'əʊ] **1** vard., *~!* hej [då]!, ajö! **2** ngt åld., *~!* skål!
cheerleader ['tʃɪəˌliːdə] isht amer. sport. o.d. klackanförare
cheerless ['tʃɪələs] glädjelös
cheery ['tʃɪəri] **1** glad, munter [*a ~ smile*], glättig, gemytlig **2** upplivande
1 cheese [tʃiːz] **1** ost; ostlik massa; *~ spread* smältost, bredbar ost **2** sl., *big ~* se *big I 1*
2 cheese [tʃiːz], *be ~d off* sl. vara utled på allting, vara deppig
cheeseboard ['tʃiːzbɔːd] ostbricka
cheesecake ['tʃiːzkeɪk] **1** a) ung. ostkaka b) ostpaj mördegsform med fyllning av ostmassa, ägg m.m. **2** sl. [sexiga bilder av] pinuppor
cheetah ['tʃiːtə] zool. gepard
chef [ʃef] köksmästare på restaurang; kock i privathus
chemical ['kemɪk(ə)l] **I** *adj* kemisk; *~ engineering* kemiteknik; *~ warfare* kemisk krigföring **II** *s* kemikalie
chemist ['kemɪst] **1** kemist **2** apotekare; *~'s* [*shop*] ung. apotek som äv. säljer kosmetika, film m.m.
chemistry ['kemɪstri] kemi
cheque [tʃek] check [*a ~ for* (på) *£90*]; *~ account* checkkonto; *~ forgery* checkbedrägeri
cheque book ['tʃekbʊk] checkhäfte
cherish ['tʃerɪʃ] **1** hysa [*~ a hope*; *~ illusions*], nära en känsla; omhulda **2** vårda
cheroot [ʃə'ruːt] cigarill
cherry ['tʃeri] **I** *s* **1** a) körsbär; bigarrå b) körsbärsträd; bigarråträd c) körsbärsstrå; *take two bites at the ~* göra ett nytt försök; lyckas först efter andra försöket **2** körsbärsrött **3** sl. mödis mödom **II** *adj* [körsbärs]röd

cherub ['tʃerəb] **1** (pl. *~im* [-ɪm]) relig. kerub **2** konst. el. bildl. kerub
cherubic [tʃə'ruːbɪk] kerubisk; änglalik
cherubim ['tʃerəbɪm, 'ker-] pl. av *cherub 1*
chervil ['tʃɜːvɪl] bot. körvel; *wild ~* hundkäx, hundloka
chess [tʃes] schack[spel]
chessboard ['tʃesbɔːd] schackbräde
chest [tʃest] **I** *s* **1** kista, låda; *~ of drawers* byrå **2** bröst[korg]; bringa; *a weak ~* klent bröst, känsliga luftrör (lungor) **II** *vb tr, ~ a ball* [*down*] sport. brösta [ned] en boll
chestnut ['tʃesnʌt] **I** *s* **1** a) kastanj b) kastanj[eträd] **2** kastanjebrunt **3** fux häst; *liver ~* svettfux **4** vard. [gammal] anekdot (historia) **II** *adj* kastanjebrun; om häst fuxfärgad
chew [tʃuː] **I** *vb tr* **1** tugga; *~ the fat* (*rag*) vard. snacka (babbla) [i det oändliga]; gnata, knorra **2** bildl. grubbla (fundera) på **II** *vb itr* **1** tugga **2** tugga tobak (tuggummi) **III** *s* **1** tuggning **2** buss; tugga
chewing-gum ['tʃuːɪŋɡʌm] tuggummi
chic [ʃiːk, ʃɪk] **I** *s* stil, elegans; schvung **II** *adj* chic, elegant; korrekt
Chicago [ʃɪ'kɑːɡəʊ] geogr.
chick [tʃɪk] **1** [nykläckt] kyckling **2** fågelunge **3** sl. tjej, brud
chicken ['tʃɪkɪn] **I** *s* **1** kyckling; isht amer. äv. höna; höns; *count one's ~s before they are hatched* ung. sälja skinnet innan björnen är skjuten **2** sl. feg stackare, fegis **II** *adj* **1** kyckling- **2** vard. feg **III** *vb itr* vard. bli rädd; *~ out* backa (dra sig) ur
chickenfeed ['tʃɪkɪnfiːd] **1** vard. struntsummor, småpotatis [*it's just ~*] **2** kycklingfoder
chicken pox ['tʃɪkɪnpɒks] med. vatt[en]koppor
chicken run ['tʃɪkɪnrʌn] hönsgård
chickpea ['tʃɪkpiː] kikärt
chicory ['tʃɪkəri] **1** endiv; amer. chicorée frisée, frisésallat **2** cikoria; cikoriarot
chide [tʃaɪd] (imperf.: *chided* el. *chid*; perf. p.: *chided*, *chid* el. *chidden*) mest litt. banna; klandra
chief [tʃiːf] **I** *s* **1** chef; huvudman [*the ~ of a clan*], hövding; styresman; *~ of staff* stabschef; i USA äv. försvarsgrenschef; *~ of state* statsöverhuvud **2** *in ~* ss. efterled i sammansättn. [*-in-chief*]; t.ex. *commander-in-chief*], över-, chef[s]-, huvud-, förste, överste **II** *adj* **1** i titlar chef[s]- [*~ editor*], över-; *~ executive* se *executive II 2* **2** huvud-, förnämst, viktigast; [mest] framstående; *~ friends* närmaste vänner; *C~ Justice of the*

United States president (ordförande) i USA:s högsta domstol; *Lord C~ Justice* president i Högsta domstolen
chiefly ['tʃi:flɪ] framför allt, först och främst; huvudsakligen, i synnerhet
chieftain ['tʃi:ftən] **1** ledare **2** hövding
chiffon ['ʃɪfɒn] chiffong
chilblain ['tʃɪlbleɪn] frostknöl, kylskada
child [tʃaɪld] (pl. *children* ['tʃɪldr(ə)n]) **1** barn äv. bildl.; *it's ~ 's play* det är en barnlek (en enkel match); *children's party* barnkalas; *children's [swimming] pool* barnbassäng; *when [quite] a ~* [redan] som barn, i barndomen **2** idé; skapelse [*the ~ of his imagination*]
childbearing ['tʃaɪld‚beərɪŋ] **1** barnafödande **2** amer. havandeskap
child benefit ['tʃaɪld‚benɪfɪt] barnbidrag
childbirth ['tʃaɪldbɜ:θ] förlossning; barnsäng [*die in ~*]
childhood ['tʃaɪldhʊd] barndom; *be in one's second ~* vara barn på nytt, gå i barndom
childish ['tʃaɪldɪʃ] barnslig, enfaldig
childless ['tʃaɪldləs] barnlös
childlike ['tʃaɪldlaɪk] barnslig [*~ innocence*], lik ett barn, barnasinnad; *~ mind* barnasinne
childminder ['tʃaɪld‚maɪndə] dagmamma
childproof ['tʃaɪldpru:f] barnsäker [*~ locks*]
children ['tʃɪldr(ə)n] pl. av *child*
child-welfare ['tʃaɪld‚welfeə] barnavård; *~ centre* barnavårdscentral; *~ officer* ung. socialsekreterare, barnavårdsman
Chile ['tʃɪlɪ] geogr.
Chilean ['tʃɪlɪən] **I** *s* chilen **II** *adj* chilensk
chill [tʃɪl] **I** *s* kyla äv. bildl.; köld; köldrysning; *there is a ~ in the air* det är kyligt i luften **II** *vb tr* kyla [av]; bildl. kyla av, dämpa; *be ~ed to the bone (marrow)* vara genomfrusen
chilli ['tʃɪlɪ] chili spansk peppar; *~ con carne* [kɒn'kɑ:nɪ] kok. chile con carne
chilly ['tʃɪlɪ] **1** kylig äv. bildl.; kall **2** frusen [av sig]
1 chime [tʃaɪm] snick. kant på laggkärl; ibl. kim
2 chime [tʃaɪm] **I** *s* **1** klockspel [äv. *~ of bells*]; klockor slaginstrument **2** [klockspels]ringning [ofta pl. *~s*] **II** *vb itr* **1** a) ringa [*the bells are chiming*]; klinga harmoniskt b) ringa [klockspel] **2** *~ in* infalla ['*of course,' he ~d in*], inflicka; instämma, samtycka **3** *~ [in] with* harmoniera med, stå i samklang med; stämma [överens] med **III** *vb tr* **1** ringa i [*~ the bells*]; kalla med ringning; *the*

clock ~d midnight klockan slog tolv på natten **2** [fram]sjunga entonigt; läsa rytmiskt (i talkör)
chimney ['tʃɪmnɪ] skorsten; rökfång
chimney pot ['tʃɪmnɪpɒt] **1** skorsten ovanpå taket **2** vard. cylinderhatt
chimney-sweep ['tʃɪmnɪswi:p] o. **chimney-sweeper** ['tʃɪmnɪ‚swi:pə] skorstensfejare
chimpanzee [‚tʃɪmpæn'zi:, -pən-] schimpans
chin [tʃɪn] **I** *s* **1** haka; *double ~* dubbelhaka, isterhaka; *keep one's ~ up* vard. hålla humöret uppe **2** sl. snack **II** *vb itr* sl. prata **III** *vb tr* sl. klippa till
China ['tʃaɪnə] Kina; *~ tea* kinesiskt te
china ['tʃaɪnə] porslin
China|man ['tʃaɪnə|mən] (pl. *-men* [-mən]) **1** neds. kinaman, kines **2** sjö. kinafarare
Chinatown ['tʃaɪnətaʊn] kineskvarter[et]
Chinese [‚tʃaɪ'ni:z] **I** *s* **1** (pl. lika) kines **2** kinesiska [språket] **II** *adj* kinesisk; *~ chequers* (*checkers* amer.) kinaschack; *~ lantern* kulört lykta
1 chink [tʃɪŋk] **1** spricka; *a ~ in one's armour* bildl. en svag (sårbar) punkt **2** springa; titthål; *a ~ of light* ljusstrimma
2 chink [tʃɪŋk] **I** *s* klirrande av mynt o.d. **II** *vb itr* om mynt o.d. klirra, klinga **III** *vb tr* klirra (klinga) med
chip [tʃɪp] **I** *s* **1** a) flisa; skärva; bit; pl. *~s* äv. avfall, spånor, träflis b) se *chip basket; he is a ~ off (of) the old block* vard. han är sin far upp i dagen, han brås på släkten **2** tunn skiva frukt, potatis o.d.; pl. *~s* a) pommes frites [*fish and ~s*] b) amer. [potatis]chips **3** hack i t.ex. porslinsyta **4** sl. a) spelmark; *hand (pass, cash) in one's ~s* lämna in, kola av dö; *he's had his ~s* det är slut (ute) med honom; han har missat chansen; *when the ~s are down* när det kommer till kritan b) pl. *~s* flis, stålar pengar [*buy* (placera) *~s*] **5** data. chip **II** *vb tr* **1** spänta, hugga [sönder]; *~ped potatoes* pommes frites **2** slå sönder (en flisa ur, ett hack i); slå (hugga, bryta) av (ur) en bit (flisa, skärva), skava av (sönder); *~ped* äv. kantstött **3** vard. reta **III** *vb itr* **1** gå [sönder] i flisor (små stycken); om porslin o.d. [lätt] bli kantstött; *~ away at a th.* nagga ngt i kanten **2** *~ in* vard. a) sticka emellan med en anmärkning o.d.; göra ett inpass (inlägg) b) satsa i spel c) ge ett bidrag till en fond o.d.
chip basket ['tʃɪp‚bɑ:skɪt] **1** spånkorg **2** korg för fritering av pommes frites
chipboard ['tʃɪpbɔ:d] slags träflismaterial; *a sheet of ~* en spånskiva

chipmunk ['tʃɪpmʌŋk] nordamerikansk jordekorre
chiropodist [kɪ'rɒpədɪst] fotvårdsspecialist
chiropractor [ˌkaɪərə(ʊ)'præktə] med. kiropraktor; vard. kotknackare
chirp [tʃɜːp] **I** *vb itr* o. *vb tr* kvittra; knarra **II** *s* kvitter; knarr
chirpy ['tʃɜːpɪ] glad; livlig
chisel ['tʃɪzl] **I** *s* mejsel; stämjärn, huggjärn **II** *vb tr* **1** mejsla **2** sl. skörta upp; *he ~led me out of* [*£50*] han lurade mig på...
1 chit [tʃɪt] barnunge; jänta; *~ of a girl* flicksnärta, jäntunge
2 chit [tʃɪt] **1** skuldsedel; påskriven [restaurang]nota (räkning) **2** kvitto; intyg **3** lapp
chit-chat ['tʃɪttʃæt] **I** *s* [små]prat; småskvaller **II** *vb itr* småprata; småskvallra
chivalrous ['ʃɪv(ə)lrəs] hövisk, chevaleresk
chivalry ['ʃɪv(ə)lrɪ] **1** höviskhet, chevalereskhet **2** ridderskap; riddarväsen[de]; *the age of ~* riddartiden
chlamydia [klə'mɪdɪə] med. klamydia
chloride ['klɔːraɪd] kem. klorid; *~ of lime* klorkalk
chlorinate ['klɔːrɪneɪt] klorera
chlorine ['klɔːriːn] kem. klor
chlorofluorocarbon ['klɔːrəʊˌflɔːrə(ʊ)'kɑːb(ə)n] kem. klorfluorkolförening
chloroform ['klɒrəfɔːm] kem. **I** *s* kloroform **II** *vb tr* kloroformera
chlorophyll ['klɒrəfɪl, 'klɔːr-] kem. klorofyll
chock [tʃɒk] **I** *s* kil att stötta med; sjö. [båt]klamp **II** *vb tr* stötta [med klossar]; sjö. ställa en båt på klamparna; *~ up* a) kila fast b) vard. belamra [*a room ~ed up with furniture*]
chock-a-block [ˌtʃɒkə'blɒk] **1** fullpackad, proppfull **2** sjö. block mot block
chock-full [ˌtʃɒk'fʊl] fullpackad, proppfull
chocolate ['tʃɒk(ə)lət] **1** choklad; *a ~* en fylld chokladbit, en chokladpralin **2** chokladbrunt
choice [tʃɔɪs] **I** *s* **1** val; *take* (*make*) *one's ~* göra (träffa) sitt val, välja; *of ~* som man först (helst) väljer, som är att föredra **2** [fritt] val; *he is a possible ~* han är ett möjligt alternativ, han kan komma i fråga; *at ~* efter behag **3** urval **II** *adj* utsökt; prima [*~ apples*]
choir ['kwaɪə] **1** [sång]kör **2** kor i kyrka
choirboy ['kwaɪəbɔɪ] korgosse
chok|e [tʃəʊk] **I** *vb tr* **1** kväva; hålla på att kväva; strypa; *~ the life out of a p.* strypa (kväva) ngn; *the garden is ~d with weeds* trädgården är igenvuxen med ogräs **2** bildl. kväva, förkväva, undertrycka, hålla tillbaka [äv. *~ back* (*down*); *~ back one's tears*] **3** täppa (stoppa) till; spärra [av] [äv. *~ up*]; bil. choka **4** stoppa (proppa) full [äv. *~ up*] **5** *~ off* vard. få att avstå, avskräcka; täppa till munnen på, få att tiga **II** *vb itr* [hålla på att] kvävas [*~ with* (av) *rage*]; storkna; *~ on a th.* sätta ngt i halsen, få ngt i vrångstrupen; *-ing voice* kvävd röst **III** *s* **1** kvävning, kvävningsanfall **2** bil. choke; tekn. [luft]spjäll
cholera ['kɒlərə] kolera
cholesterol [kə'lestərɒl] kem. el. fysiol. kolesterol
choose [tʃuːz] (*chose chosen*) **I** *vb tr* **1** välja; välja ut; *they chose him as* (*to be*) *their leader* de valde honom till [sin] ledare **2** föredra **3** vilja, behaga; gitta [*I don't ~ to work*] **II** *vb itr* **1** välja; *we cannot ~ but* vi kan inte [göra] annat än **2** ha lust, vilja [*do just as you ~*], behaga
choosey ['tʃuːzɪ] vard. kinkig
1 chop [tʃɒp] **I** *vb tr* hugga [*~ off* (*away, down*)]; hugga (hacka) [sönder] [äv. *~ small*]; *~ a ball* sport. skära en boll; *~ wood* hugga ved **II** *s* **1** hugg; sport. skärande slag **2** avhugget stycke **3** kotlett med ben **4** sjö. krabb sjö **5** vard., *get the ~* få sparken; *give a th. the ~* spola ngt
2 chop [tʃɒp]; pl. *~s* käft; käkar
3 chop [tʃɒp] **I** *vb tr* o. *vb itr* **1** *~ logic* använda spetsfundigheter, ägna sig åt ordklyverier **2** *~ and change* a) tr. ideligen ändra (byta) b) itr. vara fram och tillbaka, ideligen ändra sig **II** *s*, *~s and changes* tvära kast, ständiga ändringar
chopper ['tʃɒpə] **1** huggare [*wood ~*] **2** köttyxa; *get the ~* sl. a) kola vippen dö b) bli inställd, läggas ned **3** elektr. hackare **4** vard. helikopter **5** chopper motorcykel med högt styre o. lång framgaffel **6** cykel med högt styre **7** amer. sl. maskingevär **8** sl. kuk penis
choppy ['tʃɒpɪ] **1** sjö. krabb [*a ~ sea*] **2** om vind växlande
choral ['kɔːr(ə)l] sjungen i kör; sång-; med körsång, kor-; *~ speaking* (*speech*) deklamation i kör, talkör
1 chord [kɔːd] **1** poet. sträng; *strike a ~* väcka ett minne, jfr *2 chord*; *touch the right ~* slå an den rätta strängen **2** geom. korda
2 chord [kɔːd] mus. ackord; *common ~* treklang; *strike a ~* slå [an] ett ackord, jfr *1 chord 1*
chore [tʃɔː] **1** tillfälligt arbete, syssla; pl. *~s*

[husliga] småsysslor, hushållsbestyr, daglig rutin **2** svårt (obehagligt) jobb; grovgöra

chorister ['kɒrɪstə] **1** korgosse **2** amer. körledare

chortle ['tʃɔːtl] **I** s [kluckande] skratt **II** vb itr skratta kluckande

chorus ['kɔːrəs] **I** s **1** korus; körsång; a ~ of protest en kör av protester **2** teat. o.d. kör **3** refräng; litt. omkväde **II** vb tr o. vb itr sjunga (ropa, säga) i kör

chorus girl ['kɔːrəsgɜːl] balettflicka; flicka i kören i revy o.d.

chose [tʃəʊz] imperf. av choose

chosen ['tʃəʊzn] perf. p. av choose

chowder ['tʃaʊdə] chowder tjock soppa av musslor, fisk, skinka, grönsaker

Christ [kraɪst] Kristus; ~! Herre Gud!, jösses!

christen ['krɪsn] **1** döpa **2** döpa (kristna) till [they ~ed her Mary]; kalla

Christendom ['krɪsndəm] kristenhet[en]

christening ['krɪsnɪŋ] dop; ~ robe dopklänning

Christian ['krɪstʃ(ə)n, -tjən] **I** adj kristen, kristlig; ~ burial kyrklig begravning **II** s kristen

Christianity [ˌkrɪstɪ'ænətɪ] **1** kristendom[en] **2** kristenhet[en] **3** kristlighet

Christmas ['krɪs(t)məs] **I** s jul[en]; juldagen; ~ box julpengar, julklapp till brevbärare m.fl.; ~ Day juldag[en]; ~ Eve julafton[en]; ~ carol julsång; ~ tree julgran **II** vb itr vard. jula

chrome [krəʊm] krom; kromgult [äv. ~ yellow]; ~ steel kromstål

chromium ['krəʊmjəm] kem. krom metall

chromium-plated [ˌkrəʊmjəm'pleɪtɪd] förkromad

chromosome ['krəʊməsəʊm] kromosom

chronic ['krɒnɪk] **1** kronisk; inrotad; ständig **2** vard. hemsk; he swore something ~ han svor [något] alldeles förskräckligt

chronicle ['krɒnɪkl] **I** s krönika; [the] Chronicles bibl. Krönikeböckerna **II** vb tr uppteckna

chronological [ˌkrɒnə'lɒdʒɪk(ə)l, ˌkrəʊnə-] kronologisk [in ~ order]

chrysanthemum [krɪ'sænθ(ə)məm] krysantemum

chubby ['tʃʌbɪ] **I** adj knubbig [a ~ child]; trind [~ cheeks] **II** s vard. kortskaftat paraply

1 chuck [tʃʌk] **I** vb tr **1** klappa [~ under the chin] **2** vard. slänga, kasta; kassera [~ an old suit]; strunta i; ~ one's money about

strö pengar omkring sig; ~ away kasta bort [~ away rubbish] **II** s **1** klapp under hakan **2** vard. kast; knyck

2 chuck [tʃʌk] **1** tekn. chuck **2** kok., ~ [steak] halsrev; grytkött

chucker-out [ˌtʃʌkər'aʊt] (pl. chuckers-out [ˌtʃʌkəz'aʊt]) vard. utkastare

chuckle ['tʃʌkl] **I** vb itr skrocka; [små]skratta **II** s skrockande [skratt]; kluckande skratt

chug [tʃʌg] **I** vb itr puttra; tuffa **II** s puttrande; tuffande

chum [tʃʌm] vard. **I** vb itr hålla ihop; ~ up with bli god vän med **II** s kamrat [they are great ~s]

chump [tʃʌmp] **1** vard., off one's ~ alldeles knäpp (vrickad) **2** vard. knäppskalle

chunk [tʃʌŋk] [tjockt (stort)] stycke [~ of bread (cheese); a ~ of the profit]

chunky ['tʃʌŋkɪ] **1** om person satt och kraftig **2** bylsig [a ~ sweater] **3** i (med) stora bitar [~ dog food]

church [tʃɜːtʃ] **I** s kyrka; kyrk[o]-; the C~ of England el. the English (Anglican) C~ engelska statskyrkan, anglikanska kyrkan; go into (enter) the C~ bli präst **II** vb tr kyrktaga

churchgoer ['tʃɜːtʃˌgəʊə] kyrkobesökare; kyrksam person; pl. ~s äv. kyrkfolk

churchgoing ['tʃɜːtʃˌgəʊɪŋ] **I** s kyrkobesök **II** adj kyrksam

churchyard ['tʃɜːtʃjɑːd] kyrkogård kring kyrka

churlish ['tʃɜːlɪʃ] ohyfsad, drumlig, rå

churn [tʃɜːn] **I** s **1** [smör]kärna **2** mjölkkanna för transport av mjölk **II** vb tr **1** kärna **2** ~ [up] piska (röra, skvalpa) upp **3** ~ out spotta fram (ur sig) [he ~s out a dozen articles a week]; **III** vb itr **1** kärna [smör] **2** kärna sig **3** snurra [the propeller ~ed round]; his stomach was ~ing hans mage var i uppror **4** skumma

chute [ʃuːt] **1** tekn. rutschbana; störtränna, glidbana **2** rutschkana på lekplats o.d. **3** [refuse (rubbish, amer. garbage)] ~ sopnedkast **4** rutschduk för snabb utrymning **5** kälkbacke **6** vattenfall **7** vard. (kortform för parachute) fallskärm

chutney ['tʃʌtnɪ] chutney slags indisk pickles

CIA [ˌsiːaɪ'eɪ] (förk. för Central Intelligence Agency) CIA den federala underrättelsetjänsten i USA

CID [ˌsiːaɪ'diː] förk. för Criminal Investigation Department

cider ['saɪdə] **1** [amer. hard] ~ cider **2** amer., ojäst äppeljuice [äv. sweet ~]

cig [sɪg] vard. cig[g] cigarett; cigarr

cigar [sɪ'gɑː] cigarr

cigarette [ˌsɪɡəˈret, ˈ---] cigarett
cigarette end [ˌsɪɡəˈretend] cigarettstump, fimp
cigarette holder [ˌsɪɡəˈretˌhəʊldə] cigarettmunstycke
cigarette lighter [ˌsɪɡəˈretˌlaɪtə] cigarettändare
ciggy [ˈsɪɡɪ] vard. cig[g] cigarett
cinch [sɪntʃ] **1** sadelgjord **2** amer. vard. fast grepp (tag) **3** sl., *it's a* ~ a) det är en enkel match b) det är bergsäkert; *he is a ~ to win* han vinner bergis
cinder [ˈsɪndə] **1** slagg; sinder; *the ~s* sport. kolstybben **2** pl. *~s* isht aska; *be burnt to a ~* förbrännas till aska; bli alldeles uppbränd
Cinderella [ˌsɪndəˈrelə] Askungen
cinecamera [ˈsɪnɪˌkæm(ə)rə] filmkamera, smalfilmskamera
cinema [ˈsɪnəmə, -mɑː] bio; *go to the ~* gå på bio; *the ~* äv. a) filmkonsten b) filmindustrin c) filmen
cinnamon [ˈsɪnəmən] *s* **1** kanel **2** kanelträd
cipher [ˈsaɪfə] **I** *s* **1** siffra **2** chiffer[skrift] [*in* ~]; ~ [*key*] chiffernyckel **3** monogram; firmamärke **4** nolla äv. neds. om pers. **II** *vb tr* chiffrera
circa [ˈsɜːkə] lat. cirka
circle [ˈsɜːkl] **I** *s* **1** cirkel i olika bet.; ring; krets; [*traffic*] ~ amer. cirkulationsplats, rondell **2** [full] serie (omgång); period; *come full ~* gå varvet runt, sluta där man börjat; *reason in a ~* göra ett cirkelbevis felslut **3** krets [*family ~*]; *in business ~s* i affärskretsar; *~ of friends* vänkrets **4** teat. rad **II** *vb tr* **1** omge **2** gå runt (fara, svänga) omkring (runt); kretsa (cirkla) runt (över) [*the aircraft ~d the landing-field*] **3** ringa [in], göra en ring runt **III** *vb itr* kretsa [*the aircraft ~d over the landing-field*], cirkla; cirkulera
circuit [ˈsɜːkɪt] **I** *s* **1** kretsgång, varv, rond; rutt; *make a ~ of* gå runt, göra en rond kring **2** omkrets **3** jur., ung. a) domsaga, domstolsdistrikt b) tingsresa domares resa i domsaga **4** elektr. [ström]krets; *short ~* kortslutning; *printed ~ card* (*board*) kretskort **5** a) kedja av teatrar, biografer o.d. under samma regim b) turnéväg, turnérutt **6** sport. a) racerbana b) mästerskap, turnering [*golf ~*]; *~ training* sport. cirkelträning **II** *vb tr* gå runt [omkring]
circuitous [səˈkjuːɪtəs] **1** kringgående; *~ road* (*route*) omväg **2** omständlig
circular [ˈsɜːkjʊlə] **I** *adj* cirkelrund; cirkel-; kretsformig; roterande; kringgående; *~ letter* cirkulär; *~ saw* cirkelsåg; *~ ticket* rundresebiljett **II** *s* cirkulär [skrivelse]

circularize [ˈsɜːkjʊləraɪz] skicka cirkulär till
circulate [ˈsɜːkjʊleɪt] **I** *vb tr* låta cirkulera, sätta i omlopp; skicka omkring; låta gå runt; dela ut **II** *vb itr* cirkulera, gå runt; vara utbredd (gångbar, gängse)
circulation [ˌsɜːkjʊˈleɪʃ(ə)n] **1** cirkulation; omlopp; *the ~ of the blood* blodomloppet; *be back in ~* vard. vara i farten igen **2** avsättning; omsättning [*~ of books*]; upplaga av tidning
circumcise [ˈsɜːkəmsaɪz] omskära
circumcision [ˌsɜːkəmˈsɪʒ(ə)n] omskärelse
circumference [səˈkʌmf(ə)r(ə)ns] omkrets äv. geom.; periferi
circumflex [ˈsɜːk(ə)mfleks] språkv., *~* [*accent*] cirkumflex [accent]
circumscribe [ˈsɜːkəmskraɪb, ˌsɜːkəmˈskraɪb] **1** begränsa; kringskära **2** rita en ring (cirkel) kring; geom. omskriva
circumspect [ˈsɜːkəmspekt] försiktig; förtänksam; varsam
circumstance [ˈsɜːkəmstəns, -stæns] **1** omständighet; [faktiskt] förhållande; *in* (*under*) *the ~s* under sådana (dessa) omständigheter (förhållanden) **2** pl. *~s* [ekonomiska] förhållanden, omständigheter, villkor; *in reduced* (*straitened*) *~s* i knappa omständigheter **3** krus [*without ~*], ståt [*pomp and ~*] **4** amer., *not a ~ to* vard. ingenting jämfört med
circumstantial [ˌsɜːkəmˈstænʃ(ə)l] **1** beroende på omständigheterna; *~ evidence* jur. indicier **2** utförlig, detaljerad [*a ~ account*]; omständlig
circumvent [ˌsɜːkəmˈvent, ˈ---] **1** omringa [*~ed by the enemy*] **2** kringgå [*~ the rules* (*law*)], undvika [*~ a difficulty*]; omintetgöra
circus [ˈsɜːkəs] **1** cirkus; *~ performer* cirkusartist; *bread and ~es* bröd och skådespel **2** [runt] torg, [rund] plan [isht i namn: *Piccadilly C~*]; rundel **3** bråkig tillställning, cirkus [*a proper ~*]
CIS (förk. för *Commonwealth of Independent States*), *the ~* OSS
cissy [ˈsɪsɪ] vard., se *sissy*
cistern [ˈsɪstən] cistern; behållare; reservoar
citadel [ˈsɪtədl, -del] citadell
citation [saɪˈteɪʃ(ə)n, sɪˈt-] **1** åberopande; citat **2** jur. stämning, kallelse **3** hedersomnämnande
cite [saɪt] **1** åberopa; anföra; *in the place ~d* på anfört ställe **2** jur. [in]stämma; kalla; *be ~d to appear in court* instämmas

till domstol **3** isht mil. ge hedersomnämnande; *~d in dispatches* omnämnd i dagordern
citizen ['sıtızn] **1** medborgare; invånare; *~ of the world* världsmedborgare **2** borgare i stad; stadsbo **3** amer. civilperson **4** *C~s' band* privatradio
citizenship ['sıtıznʃıp] [med]borgarrätt; medborgaranda [*good ~*]
city ['sıtı] stor stad, eg. stad med vissa privilegier, isht stiftsstad; *the C~* City Londons finans- och bankcentrum; *in the C~* a) i *Londons* City b) i affärsvärlden
civic ['sıvık] medborgerlig; kommunal; *~ centre* kommunalhus, kommunalt centrum; kulturhus
civics ['sıvıks] (konstr. ss. sg.) samhällslära, medborgarkunskap
civil ['sıvl] **1** medborgerlig, medborgar- [*~ spirit*]; *~ rights* medborgerliga rättigheter, medborgarrätt; *~ unrest* inre (inrikespolitiska) oroligheter; *~ war* inbördeskrig **2** hövlig, artig **3** civil; *~ aviation* civilflyg; *~ disturbances* oroligheter, upplopp, kravaller; *~ engineer* väg- och vattenbyggare, vägoch vattenbyggnadsingenjör; *~ engineering* väg- och vattenbyggnad; *~ servant* statstjänsteman, tjänsteman inom civilförvaltningen **4** civiliserad **5** jur. a) civil[rättslig]; *~ action (case)* civilmål; *~ law* a) civilrätt, privaträtt b) romersk rätt; *~ suit* civilprocess b) juridisk mots. naturlig **6** parl., *~ list* civillista, hovstat[en]
civilian [sı'vıljən] **I** *s* civil[ist] **II** *adj* civil [*~ life*]; *in ~ life* i det civila
civilization [ˌsıvəlaı'zeıʃ(ə)n, -vəlı'z-] **1** civiliserande **2** civilisation, kultur [*the Egyptian ~*] **3** den civiliserade världen
civilize ['sıvəlaız] civilisera; bilda, hyfsa
clad [klæd] **I** poet. imperf. o. perf. p. av *clothe* **II** *adj* klädd; *poorly ~* fattigt klädd
claim [kleım] **I** *vb tr* **1** fordra [*the accident ~ed many victims*], påkalla [*this matter ~s our attention*]; kräva **2** göra anspråk på [att få (ha)]; *~ to* göra anspråk på att, påstå sig [*~ to be the owner*] **3** [vilja] göra gällande; hävda, påstå; försäkra **4** avhämta **5** *~ing race* amer. försäljningslöpning där hästarna säljs till avtalade priser efter löpningen **II** *s* **1** fordran; begäran; yrkande; [rätts]anspråk [*to (on, for)*]; påstående; *substantial ~* grundat anspråk; *lay ~ to* göra anspråk på; *make good a ~* bevisa giltigheten av ett anspråk; bevisa ett påstående **2** försäkr. skadeståndskrav; *~s adjuster (agent)* skadereglerare; *~s department* avdelning för skaderegleringar **3** rätt; *there are many ~s on my time* jag är mycket upptagen **4** *baggage ~* flyg. o.d. bagageutlämning **5** jur. tillgodohavande **6** jordlott, gruvlott
claimant ['kleımənt] person som gör anspråk, pretendent; fordringsägare; *~ to the throne* tronpretendent
clairvoyant [kleə'vɔıənt] **I** *adj* klärvoajant, synsk **II** *s* klärvoajant (synsk) person
clam [klæm] **1** ätlig mussla; vard. mussla tillknäppt person **2** amer. sl. dollar
clamber ['klæmbə] klättra, kravla, klänga
clammy ['klæmı] fuktig (kall) och klibbig
clamour ['klæmə] **I** *s* rop; larm; *~ for* rop på [*~ for revenge*], högljudda krav på **II** *vb itr* larma, ropa; protestera; högljutt klaga; *~ for* ropa på [*~ for revenge*], kräva [högljutt]
1 clamp [klæmp] **I** *s* **1** krampa; klämma; kloss till förstärkning **2** skruvtving **II** *vb tr* **1** spänna (klämma) fast; förstärka **2** *~ controls on* införa kontroll över (på) **III** *vb itr* vard., *~ down on* slå ner på, klämma åt
2 clamp [klæmp] **I** *s* klamp **II** *vb itr* klampa
clan [klæn] **1** skotsk. klan; stam **2** bildl. klan **3** kotteri
clandestine [klæn'destın] hemlig[hållen] [*~ marriage*], som sker i smyg
clang [klæŋ] **I** *s* skarp metallisk klang, klämtande, skrällande [*the ~ of an alarm-bell*], skrammel **II** *vb itr* o. *vb tr* klinga, skalla; *the door ~ed* dörren slog igen med en skräll
clanger ['klæŋə] sl. klavertramp; fadäs; *drop (make) a ~* trampa i klaveret; göra en dundertabbe
clank [klæŋk] **I** *s* rassel med kedjor, pytsar o.d. **II** *vb itr* o. *vb tr* rassla (skramla) [med]
clans|man ['klænz|mən] (pl. *-men* [-mən]) klanmedlem
1 clap [klæp] **I** *vb tr* **1** slå ihop, klappa [i] [*~ one's hands*]; slå med [*~ one's wings*]; smälla [med]; *~ one's hands* äv. klappa händer, applådera **2** applådera **3** klappa [*~ a p. on the shoulder*], dunka [*~ a p. on (i) the back*] **4** vard., hastigt el. kraftigt sätta, sticka, köra [*~ a piece of chocolate in[to] one's mouth*]; *~ a p. in[to] prison* sätta ngn i finkan, bura in ngn; *~ eyes on* få syn på, se **II** *vb itr* **1** klappa [i händerna] **2** braka; *the door ~ped shut (to)* dörren smällde igen **3** *~ out* paja, gå sönder **III** *s* **1** skräll [*~ of thunder*], small **2** handklappning **3** klapp [*a ~ on the shoulder*], dunk [*a ~ on (i) the back*]
2 clap [klæp] sl., *the ~* dröppel, gonorré

claptrap ['klæptræp] [publikfriande] klyschor
claret ['klærət] **1** rödvin av bordeauxtyp **2** vinrött
clarification [ˌklærɪfɪ'keɪʃ(ə)n] **1** klargörande **2** klarning, renande; skirning
clarify ['klærɪfaɪ] **I** *vb tr* **1** klargöra **2** göra klar, klara; rena, skira **II** *vb itr* klarna
clarinet [ˌklærɪ'net] mus. klarinett
clarinettist [ˌklærɪ'netɪst] mus. klarinettist
clarity ['klærətɪ] klarhet; skärpa [*the ~ of the picture*]
clash [klæʃ] **I** *vb itr* **1** slå ihop med en skräll; skrälla **2** kollidera; inte stämma; *the colours ~* färgerna skär sig [mot varandra]; [*the two concerts*] ~ ...krockar, ...kolliderar **3** drabba (braka) samman [äv. *~ together*], komma ihop sig **4** rusa, störta [*against, into, upon*] **II** *vb tr* skramla med; ställa (sätta, slå) med en skräll **III** *s* **1** skräll **2** sammanstötning; sammandrabbning, strid; disharmoni; *cultural ~* kulturkrock; *~ of interests* intressekonflikt
clasp [klɑːsp] **I** *s* **1** knäppe, spänne; lås [*~ of a handbag*] **2** omfamning; handslag; grepp **II** *vb tr* **1** knäppa [fast] **2** omfamna, omsluta; trycka, sluta; hålla [i ett fast (hårt) grepp]
clasp knife ['klɑːspnaɪf] fällkniv
class [klɑːs] **I** *s* **1** klass i samhället; klassväsende; kastväsende; *~ struggle* (*warfare*) klasskamp **2** klass äv. biol.; grupp **3** skol. klass; lektion; [läro]kurs; *evening ~es* kvällskurs[er]; *take a ~* om lärare ha (undervisa i) en klass **4** klass, kvalitet; första rangens (klassens) [*he is a ~ tennis player*], kvalitets-; *it has no ~* vard. den har ingen stil; *they are not in the same ~* de håller inte samma klass, de går inte att jämföra [på samma dag] **5** amer. årgång; *the ~ of 1993* skol. årgång (avgångsklassen) 1993 **II** *vb tr* klassa; inordna; klassificera; *~ among* räkna bland (till), hänföra till
class-conscious [ˌklɑːs'kɒnʃəs] klassmedveten
class distinction [ˌklɑːsdɪ'stɪŋ(k)ʃ(ə)n] klasskillnad
classic ['klæsɪk] **I** *adj* klassisk [*~ style, ~ taste*], ren, tidlös **II** *s* **1** klassiker i olika bet.; pl. *~s* klassiska språk (studier, författare) **2** klassiskt evenemang, isht klassisk hästkapplöpning
classical ['klæsɪk(ə)l] klassisk [*~ art (literature, style)*]; traditionell [*~ scientific ideas*]; *~ education* klassisk bildning
classification [ˌklæsɪfɪ'keɪʃ(ə)n] klassifikation
classified ['klæsɪfaɪd] **1** klassificerad; systematisk; *~ advertisement* (*ad* vard.) rubrikannons; *~ results* sport. fullständiga [match]resultat **2** hemligstämplad [*~ information*]
classify ['klæsɪfaɪ] (jfr äv. *classified*) **1** klassificera; rubricera; systematisera **2** hemligstämpla
classmate ['klɑːsmeɪt] klasskamrat
classroom ['klɑːsruːm, -rʊm] klassrum
classy ['klɑːsɪ] vard. flott; högklassig
clatter ['klætə] **I** *vb itr* slamra, skramla **II** *vb tr* slamra (skramla) med **III** *s* **1** slammer [*~ of cutlery*], klapprande [*~ of hoofs*] **2** oväsen; larm
clause [klɔːz] **1** gram. sats; [*subordinate* (*dependent*)] *~* bisats; *main ~* huvudsats **2** klausul, bestämmelse; moment i paragraf; artikel
claustrophobia [ˌklɔːstrə'fəʊbjə, ˌklɒs-] psykol. klaustrofobi
claw [klɔː] **I** *s* klo i olika bet.; tass, ram; *show one's ~s* bildl. visa klorna **II** *vb tr* **1** klösa **2** riva (rycka) till sig **III** *vb itr* klösa, riva
clay [kleɪ] **1** lera [äv. *~ soil*]; *~ court* tennis. grusbana **2** om människan stoft [och aska]
clean [kliːn] **I** *adj* **1** ren [*~ hands, ~ air;* ej radioaktiv *~ bomb*]; renlig [*~ animal*] **2 a)** ren, fläckfri; anständig; *keep the party ~* vard. hålla det hela på ett anständigt plan **b)** grön, godkänd **3** ren, tom; klar; *show a ~ pair of heels* lägga benen på ryggen; *come ~!* vard. ut med sanningen! **4** slät; jämn [*a ~ edge*] **5** ren [*a ship with ~ lines*], nätt **6** skicklig; ren; *a ~ stroke* i tennis o.d. ett rent slag **7** fullständig [*a ~ break with the past*]; *make a ~ sweep* göra rent hus [*of med*] **8** amer. sl. pank **II** *adv* alldeles [*I ~ forgot*], rent, rakt **III** *vb tr* rengöra; snygga upp; putsa; borsta [*~ shoes*]; [kem]tvätta; städa [i]; rensa; rensa upp **2** tömma [*~ one's plate*]
3 med adv.:
~ away (*off*) rensa (putsa) bort
~ down borsta (torka, tvätta) av [grundligt]
~ out: a) rensa [upp]; städa [i] b) vard. pungslå c) länsa [*the tourists ~ed out the shops*]
~ up: a) rensa upp [i]; göra rent [i] b) länsa [*~ up one's plate*] **IV** *vb itr* **1** rengöras; bli ren **2** *~ up* a) städa, göra

rent [efter sig] b) snygga till sig **V** *s* vard. rengöring, städning

clean-cut [ˌkliːnˈkʌt, attr. '--] skarpt skuren (tecknad); bildl. klar; ~ *features* rena drag

cleaner [ˈkliːnə] **1** städare, rengörare **2** rensare [*pipe-cleaner*], renare **3** *send one's clothes to the* [*dry*] ~*s* skicka kläderna på kemtvätt **4** rengöringsmedel **5** *take* (*send*) *a p. to the* ~*s* sl.
a) barskrapa ngn b) ge ngn en bakläxa

cleanliness [ˈklɛnlɪnəs] renlighet, snygghet; renhet; ~ *is next to godliness* ung. renlighet är en dygd

cleanly [adv. ˈkliːnlɪ, ss. adj. ˈklɛnlɪ] **I** *adv* rent etc., jfr *clean I* **II** *adj* ren [av sig]

cleanse [klɛnz] **1** rengöra; befria; rensa; *cleansing lotion* ansiktsvatten **2** mest bildl. rena

cleanser [ˈklɛnzə] rengöringsmedel, putsmedel; rengörare; *skin* ~ ansiktsvatten, ansiktstvätt

clean-shaven [ˌkliːnˈʃeɪvn, attr. '-,--] slätrakad

clean-up [ˈkliːnʌp] **1** [grundlig] rengöring, upprojning; sanering; *give a th. a good* ~ göra ren ngt ordentligt **2** bildl. [upp]rensning

clear [klɪə] **I** *adj* **1** klar, ljus; ren, frisk [~ *complexion*] **2** klar, tydlig; *make* ~ klargöra **3** redig [*a* ~ *head*] **4** säker; *I want to be quite* ~ *on this point* äv. jag vill inte att det ska bli något missförstånd på den punkten **5** fläckfri; oskyldig; *with a* ~ *conscience* med rent samvete **6** fri; klar, öppen [~ *for traffic*]; tom; frigjord; *all* ~*!* faran över! **7** hand. ren, netto- [~ *loss* (*profit*)] **8** hel, full [*six* ~ *days*] **II** *s, in the* ~ a) frikänd, rentvådd b) utom fara c) skuldfri **III** *adv* **1** klart [*shine* ~], ljust; tydligt **2** alldeles, fullständigt **3** *get* ~ *of* komma lös från, bli fri från **IV** *vb tr* **1** göra klar; klara; ~ *the air* rensa luften **2** frita [från skuld]; ~ *oneself of suspicion* rentvå sig från misstankar **3** befria; göra (ta) loss; reda ut; röja, tömma [~ *your pockets*]; röja av [~ *a desk*]; utrymma, lämna; ~ *the decks* [*for action*] sjö. göra klart till drabbning (klart skepp); bildl. göra sig klar (redo); ~ *the table* duka av; ~ *the way* bana väg **4** klara komma förbi (över) [*can your horse* ~ *that hedge?*] **5** sjö. klarera fartyg, varor i tullen; ~ *through the customs* förtulla, [låta] tullbehandla **6** hand. o.d.: a) betala, göra sig kvitt [~ *one's debts*]; klara [~ *expenses*] b) förtjäna netto c) utförsälja d) cleara **7** förelägga för godkännande; godkänna [*the article was* ~*ed for publication*]; ~ *a* *p.* säkerhetskontrollera ngn **8** klargöra, förklara **9** med adv.:
~ *away* röja undan; duka av (ut) [~ *away the tea things*]
~ *off* göra sig kvitt (av med); klara av [~ *off a debt*]
~ *out*: rensa ut (bort); tömma, rensa [*the police* ~*ed out the streets*]; slutförsälja
~ *up*: a) ordna [~ *up the mess*], städa, göra rent i (på) b) klargöra [~ *up a mystery*], reda upp (ut)
V *vb itr* **1** klarna **2** skingra sig [*the clouds* (*the crowd*) ~*ed*], lätta **3** med adv.:
~ *away*: a) duka av b) dra bort [*the clouds have* ~*ed away*], lätta [*the fog has* ~*ed away*], försvinna
~ *off* (*out*) vard. sticka; ~ *off* (*out*)*!* stick!
~ *up* klarna

clearance [ˈklɪər(ə)ns] **1** undanröjande; sanering, rensning; tömning av t.ex. brevlåda; *slum* ~ slumsanering **2** [tull]klarering; tullklareringssedel **3** ~ [*sale*] utförsäljning, lagerrensning; utskottsförsäljning **4** starttillstånd **5** tillstånd; [*security*] ~ intyg om verkställd säkerhetskontroll **6** spelrum, frigående; säkerhetsmarginal [*a* ~ *of two feet*]

clear-cut [ˌklɪəˈkʌt, attr. '--] skarpt skuren, ren [~ *features*]; klar, entydig [~ *decision*]

clearing [ˈklɪərɪŋ] **1** klarnande; klargörande; fritagande etc., jfr *clear IV* o. *V* **2** undanröjande; röjning; röjt land **3** glänta **4** clearing

clearing-bank [ˈklɪərɪŋbæŋk] clearingbank

clearly [ˈklɪəlɪ] **1** klart **2** tydligen; säkert

clear-sighted [ˌklɪəˈsaɪtɪd, attr. '-,--] klarsynt

clearway [ˈklɪəweɪ] **1** trafik. väg med stoppförbud **2** flyg. clearway hinderfritt område i anslutning till en startbana

cleavage [ˈkliːvɪdʒ] **1** klyvning; spaltning; splittring; klyfta [*a growing* ~ *between the two groups*] **2** springa mellan brösten, djup urringning

1 cleave [kliːv], ~ *to* a) klibba fast (låda) vid b) hålla (hänga) fast vid

2 cleave [kliːv] (imperf. *cleft, cleaved* el. *clove*; perf. p. *cleft*, ss. adj. äv. *cloven*)
1 klyva [sönder] [ofta ~ *asunder* (*in two*)]; bildl. splittra [sönder]; *cleft chin* kluven haka **2** bilda en klyfta mellan (i) **3** ta sig fram genom [äv. ~ *one's way through*]; hugga [~ *a path through the jungle*]

cleaver [ˈkliːvə] hackkniv

clef [klɛf] mus. klav; *C* ~ c-klav

cleft [kleft] **I** imperf. o. perf. p. av *2 cleave* **II** *s* klyfta

clemency [ˈklemənsɪ] mildhet; förbarmande, nåd

clementine [ˈkleməntaın, -tiːn] clementin frukt

clench [klen(t)ʃ] **I** *vb tr* bita ihop (om), pressa hårt samman; gripa hårt om; spänna [*~ the body*]; *~ one's fist* knyta näven **II** *s* tag

clergy [ˈklɜːdʒɪ] (konstr. ss. pl.) prästerskap, präster

clergy|man [ˈklɜːdʒɪ|mən] (pl. *-men* [-mən]) präst isht inom engelska statskyrkan

clerical [ˈklerɪk(ə)l] **1** klerikal; prästerlig [*~ duties*]; *~ collar* prästs rundkrage **2** kontors-; skriv-; *~ error* skrivfel

clerk [klɑːk, amer. klɜːk] **1** kontorist; tjänsteman; bokhållare [äv. *commercial ~*], sekreterare, kanslist; [post]expeditör; *bank ~* banktjänsteman **2** jur. o.d. sekreterare, notarie [äv. *recording ~*]; *town ~* ung. stadsjurist **3** amer. a) expedit b) portier

clever [ˈklevə] **1** begåvad **2** slipad, smart **3** skicklig, duktig **4** behändig [*a ~ device*]

cliché [ˈkliːʃeɪ] **1** typogr. kliché **2** klyscha

click [klɪk] **I** *vb itr* **1** knäppa [till], klicka [till] **2** data. klicka **3** vard. a) lyckas b) gå hem [*that film really ~s with* (hos) *young people*], bli (vara) en succé **4** vard. klaffa; *~ with* klaffa (stämma) med **5** vard. a) passa (funka) ihop b) tända [på varandra] [*they ~ed at their first meeting*] **6** vard. säga klick [*something ~s*] **II** *vb tr* **1** knäppa med, klappra med; *one's heels* slå ihop klackarna **2** data. klicka på **III** *s* **1** knäppning etc., jfr *I* **2** data. klickning **3** smackande; fonet. smackljud, klickljud

clickable [ˈklɪkəbl] data. klickbar, som det går att klicka på

client [ˈklaɪənt] klient; kund

clientele [ˌkliːɒnˈtel] klientel; kundkrets

cliff [klɪf] [brant] klippa; stup isht vid havsstrand

cliffhanger [ˈklɪfˌhæŋə] vard. rysare; nervpirrande historia

climacteric [klaɪˈmæktərɪk, ˌklaɪmækˈterɪk] **I** *adj* **1** klimakterisk, övergångs- **2** kritisk **II** *s* klimakterium

climate [ˈklaɪmət] **1** klimat; *change of ~* klimatombyte **2** bildl. klimat [*intellectual* (*political*) *~*], atmosfär; *the ~ of opinion* opinionsklimatet

climax [ˈklaɪmæks] **I** *s* klimax **II** *vb tr* **1** stegra **2** bringa till en höjdpunkt **III** *vb itr* **1** stegras **2** nå en (sin) höjdpunkt

climb [klaɪm] **I** *vb itr* **1** klättra; bildl. äv. arbeta sig upp; klänga; kliva; *~ down* kliva (stiga) ner [från]; bildl. stämma ner tonen, slå till rerätt; *~ up* klättra (etc.) upp **2** höja sig, stiga [*the aircraft ~ed suddenly*; *prices have ~ed a little*] **3** slutta uppåt **II** *vb tr* klättra (klänga, kliva, komma, gå) uppför (upp på, upp i) [*~ a ladder* (*hill, tree*)], bestiga **III** *s* klättring; stigning; *rate of ~* flyg. stighastighet

climber [ˈklaɪmə] **1** klättrare [*mountain ~*] **2** zool. klätterfågel **3** bot. klängväxt, klätterväxt **4** vard. streber [äv. *social ~*]

clinch [klɪn(t)ʃ] **I** *s* **1** nitning; krampa **2** boxn. clinch; vard. våldsam omfamning; *go* (*fall*) *into a ~* gå i clinch boxn. o. vard. **3** sjö. ankarstek **II** *vb itr* **1** a) boxn. gå i clinch b) vard. kramas och kyssas våldsamt, 'gå i clinch' **2** om stukad nit o.d. fästa **III** *vb tr* **1** nita; stuka [*~ a nail*] **2** avgöra [slutgiltigt] [*~ an argument*], göra definitiv, fastslå; klara upp tvist o.d.; bekräfta [*that ~ed his suspicions*]; göra upp [*~ a sale*]; vinna slutgiltigt [*~ a basketball title*]; *that ~ed the matter* (*thing*) det avgjorde saken **3** boxn. blockera låsa genom clinch **4** sjö. fästa [med ankarstek]

cling [klɪŋ] (*clung clung*) klänga sig [fast] [*~ [on] to one's possessions*]; hålla sig [tätt]; fastna; om kläder o.d. smita åt; *~ to a doctrine* hålla fast vid en lära; *~ together* hålla ihop, inte gå isär

clingfilm [ˈklɪŋfɪlm] plastfolie

clinic [ˈklɪnɪk] klinik

clinical [ˈklɪnɪk(ə)l] **1** klinisk; *~ thermometer* febertermometer **2** [strängt] objektiv [*~ analysis* (*examination*) *of a problem*]

1 clink [klɪŋk] **I** *vb itr* o. *vb tr* klirra (klinga, skramla, pingla) [med]; *~ glasses* skåla, klinga med glasen **II** *s* klirr, klingande

2 clink [klɪŋk] sl. finka fängelse; *be put in ~* bli satt i finkan

1 clip [klɪp] **I** *vb tr*, *~* [*together*] fästa (klämma, hålla) ihop [med gem etc., jfr *II 1*] **II** *s* **1** gem, hållare, klämma; clip[s]; *trouser ~* cykelklämma för byxben **2** mil. patronknippe

2 clip [klɪp] **I** *vb tr* **1** klippa [*~ tickets*]; *~ a bird's* (*a p.'s*) *wings* vingklippa en fågel (ngn) **2** stympa **3** *~ed form* språkv. ellips, elliptisk ordform **4** sl. slå till **II** *s* **1** klippning **2** klatsch **3** amer. fart [*going at quite a ~*]

clique [kliːk] klick, kotteri

clit [klɪt] sl. klitta klitoris

clitoris ['klɪtərɪs] anat. klitoris
cloak [kləʊk] I s 1 [släng]kappa 2 bildl. täckmantel; täcke; *under the ~ of darkness* i skydd av mörkret II *vb tr* 1 svepa in, hölja 2 bildl. dölja
cloakroom ['kləʊkruːm, -rʊm] 1 a) kapprum b) effektförvaring; *~ attendant* rockvaktmästare, garderobiär 2 toalett
clock [klɒk] I s 1 klocka, [vägg]ur; *beat the ~* bildl. bli färdig före [utsatt tid]; *work against the ~* arbeta i kapp med klockan (tiden); *round (around) the ~* dygnet runt; utan uppehåll; 12 (24) timmar i sträck 2 vard. mätare, hastighetsmätare; taxameter 3 sl. nylle ansikte II *vb tr* 1 sport. ta tid på, klocka 2 vard., *~ [up]* a) klockas för, få noterat en tid på b) uppnå, komma upp i [*we ~ed 100 m.p.h.*], registrera 3 sl. klippa till III *vb itr*, *~ in (on)* stämpla in på stämpelur; *~ out (off)* stämpla ut
clocking-in [,klɒkɪŋ'ɪn], *~ card* stämpelkort
clockwise ['klɒkwaɪz] medurs
clockwork ['klɒkwɜːk] I s urverk; *like ~* bildl. som ett urverk, som smort II *adj* som ett urverk
clod [klɒd] 1 jordklump 2 jord 3 vard. bondlurk; tjockskalle
clog [klɒɡ] I s 1 träsko 2 klamp på djur 3 bildl. hämsko II *vb tr* 1 fjättra; hindra, hämma; klibba fast vid, fastna på [*snow ~ged my ski boots*] 2 täppa till; spärra; *my nose is ~ged* jag är täppt i näsan III *vb itr* 1 klibba fast; täppas till; klumpas ihop; *my fountain pen ~s* min reservoarpenna har torkat ihop 2 *~ along* klampa i väg
cloister ['klɔɪstə] I s 1 kloster 2 arkit. klostergång, korsgång II *vb tr* sätta (stänga in) i kloster; bildl. spärra in
clone [kləʊn] I s 1 biol. klon 2 vard. dubbelgångare 3 vard. robot om person II *vb tr* 1 biol. klona 2 vard. göra en exakt kopia av
1 close [kləʊz] I *vb tr* 1 stänga [*~ the door*]; slå igen [*~ a book*]; sluta [till (ihop)]; stänga av; lägga ner [*~ a factory*]; *~ one's eyes to* bildl. blunda för; *~ the ranks (files)* mil. sluta leden; *~ up* sluta till; fylla; bomma igen 2 sluta, avsluta [*~ a deal* (en affär)] 3 sjö. komma nära (inpå) 4 minska [*~ the distance*] II *vb itr* 1 stängas, slutas [till]; sluta sig [*certain flowers ~ at night*]; gå att stänga [*this box doesn't ~ properly*]; minskas [*the distance between us ~d*]; *~ [up]on* gripa om, sluta sig om, omsluta 2 sluta [*he ~d with this remark*]; avslutas; läggas ned [*the play ~d after two weeks*]; stänga 3 förenas; närma sig; *~ about (round)* omringa; sluta sig kring 4 drabba samman 5 med adv.: *~ down* om affär o.d. stänga[s], upphöra, läggas ner; radio. o.d. sluta sända (sändningen); *~ in* komma närmare, falla [på]; om dagarna bli kortare; *~ in [up]on* sluta sig omkring; omringa; kasta sig över III *s* (jfr *2 close III*) 1 slut [*the ~ of day*], avslutning; *draw (bring) a th. to a ~* föra ngt till ett slut 2 mus. kadens
2 close [kləʊs] I *adj* 1 nära [*a ~ relative*]; intim, förtrolig; omedelbar; *~ combat* närstrid, handgemäng; *run a p. a ~ second* ligga hack i häl på ngn 2 kort [*a ~ haircut*], slät [*a ~ shave*] 3 tät [*~ thicket*]; fast [*~ texture*]; hoptträngd [*~ handwriting*] 4 ingående [*~ investigation*]; noggrann [*~ analysis*]; nära [*a ~ resemblance*], trogen [*a ~ translation*]; följdriktig [*~ reasoning*]; uppmärksam [*a ~ observer*]; *~ attention* stor (spänd) uppmärksamhet 5 strängt bevakad [*a ~ prisoner*]; strängt bevarad [*a ~ secret*]; *~ arrest* rumsarrest; mil. vaktarrest 6 inte öppen för alla [*~ scholarship*] 7 a) gömd; *keep (lie) ~* hålla sig (ligga) gömd b) hemlig; hemlighetsfull 8 kvav [*~ air*] 9 snål 10 mycket jämn [*~ contest (finish)*] 11 fonet. sluten [*a ~ vowel*] II *adv* tätt, nära; tätt ihop [ofta *~ together*]; *~ at hand* strax i närheten (intill); nära förestående; *~ [up]on* prep. inemot, uppemot [*~ on 100*] III *s* (jfr *1 close III*) 1 [återvänds]gränd 2 domkyrkoplats
closed [kləʊzd] (jfr äv. *1 close I*), stängd; spärrad, avstängd [*~ to* (för) *traffic*]; sluten [*a ~ circle, a ~ society*]; *a ~ car* en täckt bil; *~ shop* a) företag (yrke) öppet endast för fackligt organiserad arbetskraft b) fackföreningstvång; *he is a ~ book* han är svår att lära känna (att förstå)
close-fitting [,kləʊs'fɪtɪŋ, attr. '-,--] tätt åtsittande, snäv [*~ skirt*]
close-knit [,kləʊs'nɪt, attr. '--] bildl. fast sammanhållen (sammansvetsad) [*~ family*]
closely ['kləʊslɪ] 1 nära [*~ related*], intimt 2 tätt [*~ packed*] 3 ingående [*question a p. ~*], noggrant etc., jfr *2 close I 4*
close-shaven [,kləʊs'ʃeɪvn, attr. '-,--] slätrakad
closet ['klɒzɪt] I s 1 a) åld. [litet] enskilt rum b) *~ play (drama)* läsdrama c) *come out of the ~* vard. komma ut, börja uppträda öppet som homosexuell 2 amer.

garderob **3** isht amer. skåp **4** klosett **II** *adj* hemlig [*~ homosexual* (*racist*)] **III** *vb tr* **1** *be ~ed together* [*with*] vara (tala) i enrum [med] **2** stänga in
close-up ['kləʊsʌp] film. o. bildl. närbild
closing ['kləʊzɪŋ] **I** *pres p* o. *adj* stängande etc., se *1 close I 1*; avslutnings-; *the ~ date for applications is April 1* 1 april är sista ansökningsdagen; *~ prices* börs. slutkurser **II** *s* **1** stängning [*Sunday ~*]; *~ time* isht stängningsdags för pubar **2** slut
closure ['kləʊʒə] **1** tillslutning; nedläggning [*the ~ of a factory*] **2** avslutning
clot [klɒt] **I** *s* **1** klimp, kluns; klunga av personer **2** *~* [*of blood*] klump levrat blod, blodkoagel, [blod]propp **3** sl. idiot **II** *vb itr* bilda klimpar; klumpa [ihop], (klimpa) sig; tova ihop sig; löpna; skära sig; om sås m.m. stelna **III** *vb tr* [låta] koagulera; få att klumpa sig (tova sig); klibba ned (ihop); sitta i klumpar på
cloth [klɒθ] **1** tyg; kläde **2** trasa för putsning, skurning o.d. **3** duk; *lay the ~* lägga 'på duken; duka **4** bokb. klot [*~ binding*]; *in ~* i klotband
clothe [kləʊð] (*clothed clothed,* poet. *clad clad*) klä; täcka, hölja
clothes [kləʊðz, kləʊz] kläder
clothes hanger ['kləʊðz‚hæŋə] klädgalge
clothes line ['kləʊðzlaɪn] klädstreck, klädlina
clothes peg ['kləʊðzpeg] **1** klädnypa **2** klädhängare
clothespin ['kləʊðzpɪn] amer. klädnypa
clothing ['kləʊðɪŋ] beklädnad; kläder; *men's ~* herrkonfektion
cloud [klaʊd] **I** *s* **1** moln båda äv. bildl.; *be* [*up*] (*have one's head*) *in the ~s* vara helt i det blå, sväva bland molnen; *on ~ nine* (*seven*) vard. i sjunde himlen **2** bildl. svärm [*a ~ of insects* (*arrows*)], moln [*a ~ of dust*]; skugga [*a ~ on a p.'s reputation*]; *under a ~* i onåd **II** *vb tr* **1** hölja i (täcka med) moln **2** bildl. fördunkla; skymma; ställa i skuggan; grumla; göra oklar **III** *vb itr* höljas i moln, mulna [ofta *~ up* (*over*)]; fördunklas; bli oklar (ogenomskinlig); *the sky ~ed over* det mulnade [på]
cloudberry ['klaʊdb(ə)rɪ, -‚berɪ] hjortron
cloudburst ['klaʊdbɜːst] skyfall
cloud-cuckoo-land [‚klaʊd'kʊkuːlænd] sagolandet; drömvärlden
cloudy ['klaʊdɪ] **1** molnig; mulen **2** grumlig [*~ liquid*] **3** bildl. oklar [*~ ideas*]
clout [klaʊt] **I** *s* **1** vard. [kraftigt] slag **2** trasa, [tyg]bit **3** vard. inflytande [*carry* (*ha*) *a lot of ~*], slagkraft **II** *vb tr* vard. slå till, klå
1 clove [kləʊv] klyfta av vitlök o.d.
2 clove [kləʊv] kryddnejlika; *~ pink* nejlika
3 clove [kləʊv] imperf. av *2 cleave*
cloven ['kləʊvn] (eg. perf. p. av *2 cleave*) kluven; *~ foot* (*hoof*) klöv; *show the ~ foot* visa bockfoten
clover ['kləʊvə] klöver; *be in ~* leva i överflöd, vara på grön kvist, ha goda dagar
clown [klaʊn] **I** *s* clown **II** *vb itr, ~* [*about* (*around*)] spela pajas, spexa
club [klʌb] **I** *s* **1** klubba; grov påk **2** kortsp. klöverkort; pl. *~s* klöver **3 a**) klubb; klubbhus **b**) *be in the* [*pudding*] *~* sl. vara på smällen gravid **c**) *join the ~* vard. det är du inte ensam om!; kom med i gänget! **II** *vb tr* **1** klubba [till (ned)] **2** använda som klubba (tillhygge) [*~ a rifle*] **3** samla [ihop] till en klump; slå samman [ofta *~ together*] **4** skjuta samman [äv. *~ up* (*together*)] **III** *vb itr, ~ together* slå sig ihop; dela kostnaderna lika; lägga ihop, sala [*for* till]
clubhouse ['klʌbhaʊs] klubblokal[er]
cluck [klʌk] **I** *vb itr* skrocka **II** *s* **1** skrockande **2** vard. dumskalle [äv. *dumb ~*]
clue [kluː] **I** *s* ledtråd, nyckel; [röd] tråd i berättelse; *~s across* (*down*) i korsord vågräta (lodräta) [nyckel]ord; *I haven't a ~* vard. det har jag ingen aning om **II** *vb tr* sl., *~ a p. in* (*up*) ge ngn en ledtråd; informera ngn
clump [klʌmp] **I** *s* **1** klunga; tät [träd]grupp **2** klump **3** klamp, tramp **II** *vb tr* klumpa ihop **III** *vb itr* **1** klampa; *~ about* klampa omkring **2** klumpa ihop sig
clumsy ['klʌmzɪ] klumpig, otymplig; tafatt
clung [klʌŋ] imperf. o. perf. p. av *cling*
cluster ['klʌstə] **I** *s* klunga, klase, knippa, skock, anhopning; svärm; *a ~ of curls* ung. tjocka hårslingor **II** *vb tr* samla i en klunga **III** *vb itr* växa i (samlas i, bilda) en klunga (klungor etc.)
1 clutch [klʌtʃ] **I** *vb tr* gripa tag i (om); hålla fast [omsluten]; trycka [*she ~ed her doll to her breast*] **II** *vb itr* gripa **III** *s* **1** [hårt] grepp; *make a ~ at* [ivrigt] gripa efter **2** tekn. **a**) koppling [*the ~ is in* (*out*)]; kopplingspedal; *~ plate* kopplingslamell **b**) kona **c**) klo **3** pl. *~es* bildl. klor [*get into a p.'s ~es*]
2 clutch [klʌtʃ] **1** äggrede **2** [kyckling]kull
clutter ['klʌtə] **I** *vb tr, ~* [*up*] belamra,

skräpa ned i (på) **II** *vb itr* slamra, väsnas **III** *s* **1** virrvarr, röra **2** slammer
cm. förk. för *centimetre[s]*
CO förk. för *Commanding Officer, conscientious objector*
Co. 1 [kəʊ, 'kʌmp(ə)nɪ] förk. för *Company* [*Smith & Co.*] **2** förk. för *County*
c/o 1 (förk. för *care of*) på brev c/o, adress [*c/o Smith*] **2** förk. för *carried over*
coach [kəʊtʃ] **I** *s* **1 a)** turistbuss, [långfärds]buss **b)** järnv. personvagn; amer., ung. andraklassvagn; *travel* ~ amer., ung. åka andraklass; flyg. åka turistklass **c)** [gala]vagn, kaross [*the Lord Mayor's* ~]; ~ *and four* vagn [förspänd] med fyra hästar, fyrspann **2 a)** [privat]lärare **b)** sport. tränare, instruktör; ibl. lagledare **II** *vb itr* **a)** arbeta som privatlärare (handledare); ge [privat]lektioner **b)** arbeta som tränare (instruktör, coach) **III** *vb tr* **1** plugga i ngn en examenskurs **2** träna, vara tränare (instruktör, coach) för
coagulate [kəʊ'ægjʊleɪt] **I** *vb tr* få att koagulera (levra sig) **II** *vb itr* koagulera, levra sig
coal [kəʊl] kol; isht stenkol
coalbin ['kəʊlbɪn] o. **coalbox** ['kəʊlbɒks] kolbox
coalface ['kəʊlfeɪs] kolfront; *the* ~ friare kolgruvorna
coalfield ['kəʊlfiːld] kolfält
coalfish ['kəʊlfɪʃ] zool. gråsej
coalition [ˌkəʊə'lɪʃ(ə)n] koalition, samling; ~ *government* koalitionsregering, samlingsregering
coalmine ['kəʊlmaɪn] kolgruva
coalmining ['kəʊlˌmaɪnɪŋ] kolbrytning
coalpit ['kəʊlpɪt] **1** kolgruva **2** amer. kolmila
coal tit ['kəʊltɪt] zool. svartmes
coarse [kɔːs] **1** grov [~ *cloth* (*sand*)] **2** grovkornig [~ *jokes*], grov [~ *language*], rå, ohyfsad, opolerad; plump
coast [kəʊst] **I** *s* **1** kust; *the* ~ *is clear* bildl. kusten är klar **2** amer. kälkbacke; kälkbacksåkning **II** *vb tr* segla längs (utmed) **III** *vb itr* **1** segla längs (utmed) kusten **2** gå i kustfart, idka kusthandel **3 a)** på cykel: åka (rulla) nedför utan att trampa; åka (rulla) på frihjul **b)** bil: rulla (åka) [nedför] med kopplingen ur **c)** ~ [*along*] bildl. driva (låta allt gå) vind för våg **d)** sport. leda överlägset **e)** amer. åka i kälkbacke
coastal ['kəʊstl] kust-; ~ *waters* kustfarvatten
coaster ['kəʊstə] **1** kustfarare; isht

kustfartyg 2 [silver]bricka ibl. på hjul; underlägg för vinglas o.d. **3** amer., slags kälke
coastguard ['kəʊs(t)gɑːd] **1** medlem av sjöräddningen (kustbevakningen) **2** *the* ~ sjöräddningen, kustbevakningen
coastline ['kəʊs(t)laɪn] kustlinje
coat [kəʊt] **I** *s* **1 a)** rock; kappa **b)** kavaj; [dräkt]jacka; ~ *of arms* vapensköld, vapen **2** på djur päls **3** [yttre] lager; beläggning t.ex. på tungan; *apply a* ~ *of paint to* ge en strykning [med färg] **II** *vb tr* **a)** täcka med [skyddande] lager; belägga, dra över; dragera [~ *pills with sugar*]; [be]kläda; ~ *the pill* bildl. sockra det beska pillret **b)** täcka som [skyddande] lager
coated ['kəʊtɪd] täckt, belagd [~ *tongue*] etc., jfr *coat II*; antireflexbehandlad, reflexfri [~ *lens*]
coat hanger ['kəʊtˌhæŋə] rockhängare
coating ['kəʊtɪŋ] **1** beläggning, beslag; hinna; bestrykning; lager; överdrag **2** rocktyg
coax [kəʊks] **I** *vb tr* lirka med; narra, lura; truga; ~ *a p. into a th.* använda [list och] lämpor för att få (locka) ngn till ngt **II** *vb itr* använda lämpor, lirka
cob [kɒb] **1** svanhane [äv. ~ *swan*] **2** [lågbent kraftig] häst **3** majskolv
cobbler ['kɒblə] **1** skomakare **2** amer. kobbel drink
cobblestone ['kɒblstəʊn] kullersten
cobra ['kəʊbrə, 'kɒ-] kobra; *Indian* ~ glasögonorm; *King* ~ kungskobra
cobweb ['kɒbweb] spindelnät; *blow away the* ~*s* bildl. få lite (sig en nypa) frisk luft
Coca-Cola [ˌkəʊkə'kəʊlə] ® coca-cola
cocaine [kəʊ'keɪn] kokain
cock [kɒk] **I** *s* **1** tupp **2** isht i sammansättn. han[n]e av fåglar **3** morkulla **4** överkucku; *the* ~ *of the school* skolans stjärna i idrott o.d.; *the* ~ *of the walk* (*roost*) högsta hönset [i korgen], herre på täppan **5** kran; *turn the* ~ öppna (vrida på) kranen **6** hane på gevär; *at full* ~ [med hanen] på helspänn **7** sl. skitsnack; *a load of old* ~ [en] massa skitsnack **8** vulg. kuk **9** *it's all to* ~! sl. det är åt helsicke! **II** *vb tr* **1** sätta (ställa, sticka) rätt upp, resa; sätta (sticka) t.ex. näsan i vädret; ~ [*up*] *one's ears* spetsa öronen; ~ *one's leg* lyfta på benet **2** spänna hanen på [~ *the gun*]; ~ *the trigger* spänna hanen, osäkra vapnet (geväret m.m.) **3** sl., ~ *up* soppa (trassla) till
cock-a-doodle-doo ['kɒkəˌduːdl'duː] (pl. ~*s*) **I** *s* o. *interj* kuckeliku **II** *vb itr* säga kuckeliku, gala

cock-a-hoop [ˌkɒkə'huːp] mallig; överlycklig
cockerel ['kɒk(ə)r(ə)l] tuppkyckling
cock-eyed ['kɒkaɪd] **1** skelögd **2** sl. sned, vind; på sniskan [*the picture is* (hänger) ~] **3** sl. knäpp; *it's all* ~ det är uppåt väggarna [galet] **4** sl. dragen berusad
cockle ['kɒkl] **1** a) hjärtmussla b) musselskal **2** nötskal liten bräcklig båt **3** *it warmed the ~s of my heart* det gjorde mig varm ända in i själen
cockney ['kɒknɪ] **I** *s* **1** cockney infödd londonbo som talar den speciella londondialekten **2** cockney londondialekten **II** *adj* cockney-; ~ *accent* cockneyuttal
cockpit ['kɒkpɪt] flyg. cockpit
cockroach ['kɒkrəʊtʃ] zool. kackerlacka
cock sparrow [ˌkɒk'spærəʊ] sparvhane
cocksure [ˌkɒk'ʃʊə] tvärsäker; självsäker
cocktail ['kɒkteɪl] cocktail; ~ *cabinet* barskåp
cocky ['kɒkɪ] vard. mallig
cocoa ['kəʊkəʊ] kakao; choklad som dryck
coconut ['kəʊkənʌt] **1** kokosnöt **2** kokospalm
cocoon [kə'kuːn] **I** *s* zool. kokong **II** *vb tr* täcka med en plasthinna
COD [ˌsiːəʊ'diː] **1** (förk. för *cash* (amer. *collect*) *on delivery*) [mot] efterkrav **2** förk. för *Concise Oxford Dictionary*
cod [kɒd] torsk; *dried* ~ kabeljo
coddle ['kɒdl] klema bort; klema med
code [kəʊd] **I** *s* **1** kodex; lagsamling; allmänna regler; ~ *of honour* hederskodex **2** kod [~ *name*]; chiffer; data. programmeringskod; *the Morse* ~ morsekoden **3** *dialling* (amer. *area*) ~ riktnummer **II** *vb tr* **1** koda **2** kodifiera
codeine ['kəʊdiːn] kem. el. med. kodein
codfish ['kɒdfɪʃ] se *cod*
codicil ['kəʊdɪsɪl, 'kɒd-] jur. kodicill tillägg till testamente m.m.
codify ['kəʊdɪfaɪ, 'kɒd-] kodifiera
cod-liver oil [ˌkɒdlɪvər'ɔɪl] fiskleverolja
co-ed ['kəʊed, -'-] isht amer. vard. **I** *s* **1** kvinnlig samskoleelev **2** samskola **II** *adj* samskole-; ~ *school* samskola
coeducation ['kəʊˌedjʊ'keɪʃ(ə)n] samundervisning
coeducational ['kəʊˌedjʊ'keɪʃənl] samskole-; ~ *school* samskola
coerce [kəʊ'ɜːs] **1** [med våld] betvinga **2** tvinga
coercion [kəʊ'ɜːʃ(ə)n] tvång, betvingande
coexistence [ˌkəʊɪg'zɪst(ə)ns] samtidig förekomst; samlevnad [*peaceful* ~]
coffee ['kɒfɪ] kaffe; ~ *substitute*
kaffesurrogat; *black* ~ kaffe utan grädde (mjölk); *two ~s please!* två kaffe, tack!
coffee bar ['kɒfɪbɑː] cafeteria
coffee break ['kɒfɪbreɪk] kafferast
coffee-grinder ['kɒfɪˌgraɪndə] kaffekvarn
coffee pot ['kɒfɪpɒt] kaffekanna; kaffepanna
coffee-table ['kɒfɪˌteɪbl] soffbord
coffin ['kɒfɪn] likkista; *a nail in a p.'s* ~ bildl. en spik i ngns likkista
cog [kɒg] **I** *s* kugge; *a* [*small*] ~ *in a big wheel* bildl. en [liten] kugge i det hela **II** *vb tr* förse med kuggar
cogent ['kəʊdʒ(ə)nt] bindande, övertygande, stark [*a* ~ *reason*]
cogitate ['kɒdʒɪteɪt] **I** *vb itr* tänka **II** *vb tr* **1** tänka ut **2** filos. tänka sig [till]
cognac ['kɒnjæk, 'kəʊn-] cognac
cogwheel ['kɒgwiːl] kugghjul
cohabit [kəʊ'hæbɪt] sammanbo, bo ihop
coherence [kə(ʊ)'hɪər(ə)ns] o. **coherency** [kə(ʊ)'hɪər(ə)nsɪ] sammanhang
coherent [kə(ʊ)'hɪər(ə)nt] sammanhängande; med sammanhang i; följdriktig
cohesion [kə(ʊ)'hiːʒ(ə)n] kohesion[skraft]; sammanhang
cohesive [kə(ʊ)'hiːsɪv] kohesions-; sammanhängande
coiffure [kwɑː'fjʊə] frisyr, koaffyr, håruppsättning
coil [kɔɪl] **I** *vb tr* lägga i ringlar; rulla (ringla) ihop [ofta ~ *up*] **II** *vb itr* ringla (slingra) sig; ~ *up* rulla (ringla) ihop sig **III** *s* **1** rulle **2** rörspiral; elektr. induktionsrulle; ~ *spring* spiralfjäder **3** spiral livmoderinlägg **4** slinga
coin [kɔɪn] **I** *s* slant; koll. pengar; *pay a p. back in his own* (*the same*) ~ betala ngn med samma mynt **II** *vb tr* **1** mynta; ~ *money* (*it*) vard. tjäna pengar som gräs **2** prägla, hitta på, mynta, [ny]bilda, skapa [~ *a word*]; [*it takes all sorts to make a world,*] *to* ~ *a phrase* ...för att använda en klyscha (uttrycka sig banalt)
coinage ['kɔɪnɪdʒ] **1** myntning, [mynt]prägling **2** koll. mynt **3** myntsystem; *decimal* ~ decimalmyntsystem **4** prägling isht av ord; nybildat ord, nybildning
coincide [ˌkəʊɪn'saɪd] **1** sammanfalla; bildl. äv. kollidera [*programmes which* ~] **2** stämma överens
coincidence [kəʊ'ɪnsɪd(ə)ns] **1** sammanträffande, slump [*what a ~!*] **2** sammanfallande **3** överensstämmelse
coitus ['kəʊɪtəs] lat. med. coitus, samlag; ~

interruptus [ˌɪntəˈrʌptəs] lat. avbrutet samlag preventivmetod
1 Coke [kəʊk] ® vard. förk. för *Coca-Cola*
2 coke [kəʊk] sl. kokain
3 coke [kəʊk] koks; *go and eat ~!* vard. dra åt skogen!
colander [ˈkʌləndə, ˈkɒl-] durkslag grov sil
cold [kəʊld] **I** *adj* kall, frusen; bildl. kallsinnig, likgiltig, känslolös; *~ buffet* kallskänk, kallskuret; *get ~ feet* a) bli kall om fötterna b) vard. få kalla fötter, dra öronen åt sig; *throw* (*pour*) *~ water on* [*a proposal*] behandla...kallsinnigt, ställa sig avvisande till...; *it leaves me ~* det lämnar mig kall (helt oberörd) **II** *s* **1** köld äv. bildl.; *come in from the ~* bildl. komma in från kylan, bryta sin isolering; komma till heders igen **2** förkylning; *~ in the head* snuva; *catch* [*a*] *~* el. *get a ~* bli förkyld **III** *adv* amer. vard. helt
cold-blooded [ˌkəʊldˈblʌdɪd, attr. ˈ-ˌ--] kallblodig; bildl. äv. grym
cold storage [ˌkəʊldˈstɔːrɪdʒ] **1** [förvaring i] kylrum (kylskåp, kylhus); kyl- **2** bildl. *put a th. into ~* lägga ngt på is
coleslaw [ˈkəʊlslɔː] vitkålssallad med majonnäsdressing
colic [ˈkɒlɪk] kolik
collaborate [kəˈlæbəreɪt] **1** samarbeta; *~ on a book with a p.* arbeta på en bok tillsammans med ngn **2** isht polit. neds. samarbeta, kollaborera; *~ with* äv. ha samröre med
collaborator [kəˈlæbəreɪtə] **1** medarbetare **2** polit. (neds.) samarbetsman
collage [kɒˈlɑː3, ˈ--] konst. collage
collapse [kəˈlæps] **I** *s* **1** med. kollaps **2** hopfallande, instörtning, ras **3** bildl. sammanbrott, krasch, fall; ruin; fiasko; *the ~ of the plans* det totala misslyckandet med planerna **II** *vb itr* **1** kollapsa; *~ with laughter* förgås av skratt **2** falla (ramla) ihop [*the table ~d*], störta in; rasa [*the price of steel ~d*] **3** 'spricka' [*our plans ~d*] **4** vara hopfällbar
collapsible [kəˈlæpsəbl] hopfällbar [*~ boat*]; *~ chair* äv. fällstol
collar [ˈkɒlə] **I** *s* **1** krage **2** halsband t.ex. på hund; halsring **3** tekn. stoppring, ring; förenande hylsa; fläns **II** *vb tr* **1** ta (fatta) i kragen; gripa [*~ a thief*] **2** vard. knycka
collar bone [ˈkɒləbəʊn] nyckelben
collateral [kəˈlæt(ə)r(ə)l, kɒˈl-] **I** *adj* **1** belägen (löpande) sida vid sida; kollateral **2** indirekt, bi- [*~ circumstance*], sido-; *~ security* realsäkerhet, kompletterande säkerhet, säkerhet för belåning **3** på sidolinjen; *~ branch* sidolinje **II** *s* **1** släkting på sidolinjen **2** se *~ security* ovan
colleague [ˈkɒliːg] kollega
1 collect [ˈkɒlekt] kyrkl. kollekta, kollektbön
2 collect [kəˈlekt] **I** *vb tr* **1** samla, plocka ihop; samla på **2** kassera in, uppbära, indriva; ta upp **3** *~ oneself* hämta sig från t.ex. överraskning; samla sig, ta sig samman **4** hämta [*~ a child from school*] **II** *vb itr* **1** samlas; hopas, hopa sig **2** samla [böcker, frimärken, mynt m.m.] **III** *adv* isht amer. mot efterkrav, mot postförskott [*send a parcel ~*]; *...sent ~* ...som betalas av mottagaren; *call sb ~* tele. ringa till ngn och mottagaren betalar samtalet
collection [kəˈlekʃ(ə)n] **1** samlande **2** a) insamling [*~ box*]; avhämtning [*ready for ~*] b) post. [brevlåds]tömning, tur [*2nd ~*] **3** kyrkl. kollekt; *make a ~* ta upp kollekt **4** inkassering, uppbörd; *~ order* inkassouppdrag **5** samling [*~ of books* (*coins*)], kollektion; anhopning; hop
collective [kəˈlektɪv] **I** *adj* **1** samlad **2** kollektiv äv. gram. [*~ noun*]; sammanfattande; gemensam; *~ agreement* kollektivavtal **II** *s* **1** kollektiv[t substantiv] **2** kollektiv[jordbruk] **3** kollektiv, grupp
collector [kəˈlektə] samlare; *~'s item* samlarobjekt
college [ˈkɒlɪdʒ] **1** college: a) läroanstalt som är knuten till ett universitet b) internatskola [*Eton C~, Winchester C~*] c) amer. slags [internat]högskola d) collegebyggnad **2** [fack]högskola; *~ of education* lärarhögskola **3** skola, institut; *~ of further education* skola för vidareutbildning, yrkesskola, fackskola på alla nivåer; *the Royal Naval C~* sjökrigsskolan **4** kollegium
collide [kəˈlaɪd] kollidera; vara oförenlig; *~ with* äv. a) stöta emot b) stå i strid med, strida mot
collie [ˈkɒlɪ] collie hundras
collier [ˈkɒlɪə] **1** kolgruv[e]arbetare **2** sjö. kolfartyg
colliery [ˈkɒljərɪ] kolgruva
collision [kəˈlɪʒ(ə)n] kollision äv. bildl.; sammanstötning, krock; *come into ~ with* kollidera (krocka) med
colloquial [kəˈləʊkwɪəl] vardags- [*~ expression*]; talspråklig
collusion [kəˈluːʒ(ə)n, -ˈljuː-] jur. maskopi; bedrägligt hemligt samförstånd [*act in ~ with*]; hemlig överenskommelse

Cologne [kə'ləʊn] **I** Köln **II** s, c~ [eau-de-]cologne
Colombia [kə'lɒmbɪə]
Colombian [kə'lɒmbɪən] **I** s colombian **II** adj colombiansk
1 colon ['kəʊlən] grovtarm
2 colon ['kəʊlən] kolon skiljetecken
colonel ['kɜ:nl] överste
colonial [kə'ləʊnjəl] **I** adj **1** kolonial; kolonialvaru-; ~ *empire* kolonialvälde **2** amer. från [den brittiska] kolonialtiden [*a ~ house*] **II** s **1** koloniinvånare, kolonisoldat **2** kolonialvara
colonize ['kɒlənaɪz] **I** vb tr **1** kolonisera **2** placera i kolonierna (i en koloni) **3** amer. polit. plantera ut väljare i **II** vb itr anlägga nybyggen; slå sig ned i en koloni
colonizer ['kɒlənaɪzə] kolonisatör
colony ['kɒlənɪ] **1** koloni; nybygge **2** zool. samhälle
color amer., se *colour*; ~ *line* se *colour bar*
colossal [kə'lɒsl] kolossal, jättelik
coloss|us [kə'lɒs|əs] (pl. -*i* [-aɪ] el. -*uses*) **1** koloss[alstaty] **2** koloss
colour ['kʌlə] **I** s **1 a)** färg, kulör; kolorit **b)** färg- [~ *film*, ~ *filter*, ~ *television*]; *the* ~ *magazines* ung. den kolorerade [vecko]pressen **2** [ansikts]färg, hy; frisk färg; *change* ~ skifta (ändra) färg, bli blek (röd); *lose* ~ bli blek **3** pl. ~*s* i spec. betydelser: **a)** sport.: band, dräkt o.d. i t.ex. ett lags färger; klubbdräkt; *get* (*win*) *one's* ~*s* komma med i [idrotts]laget **b)** flagg[a]; *desert one's* ~*s* rymma från sitt regemente, desertera; *join the* ~*s* ta värvning, bli soldat; *serve the* ~*s* tjäna sitt land **c)** *show one's* ~*s* visa (bekänna) färg; *paint a th. in bright* (*dark*) ~*s* skildra (framställa, utmåla) ngt i ljusa (mörka) färger; *see a th. in its true* ~*s* se ngt i dess rätta ljus **4** utseende; viss dager; sken av rätt o.d.; svepskäl; *give* (*lend*) ~ *to a th. ge* ngt ett visst sken av sannolikhet; *give a false* ~ *to* framställa i falsk dager **5** mus. klangfärg **6** ton, karaktär **II** vb tr **1** färga, färglägga; ge färg åt **2** bildl. färga; framställa i falsk dager; prägla **III** vb itr få färg; skifta färg; rodna [äv. ~ *up*]
colour bar ['kʌləbɑ:] rasdiskriminering på grund av hudfärg; rasbarriär
colour-blind ['kʌləblaɪnd] färgblind
coloured ['kʌləd] **I** adj **1** färgad, kulört **2** neds. färgad av inte vit härkomst **3** bildl. färgad [~ *account* (*description*)] **4** ss. efterled i sammansättn. -färgad [*cream-coloured*]; med...färg (hy) [*fresh-coloured*] **II** s **1** pl. ~*s* neds. färgade [människor] **2** *the* ~*s* kulörtvätten

colourful ['kʌləf(ʊ)l] färgrik, färgstark [~ *style*], brokig [~ *life*]
colouring ['kʌlərɪŋ] **1** färg[lägg]ning **2** om ansikte o.d. färg[er] **3** falskt sken **4** färgbehandling; kolorit **5** ton, karaktär **6** färgmedel; ~ *matter* färgämne
colour scheme ['kʌləski:m] färg[samman]sättning
1 colt [kəʊlt] **1** föl **2** novis isht sport.; reservlagsspelare
2 colt [kəʊlt] (äv. *C*~) Colt[-revolver]
coltsfoot ['kəʊltsfʊt] (pl. -*s*) bot. hästhov
columbine ['kɒləmbaɪn] **I** adj duvlik **II** s bot. akleja
column ['kɒləm] **1** kolonn byggn. el. mil.; pelare äv. bildl.; *spinal* ~ anat. ryggrad **2** kolumn; spalt; ~ *of figures* lodrät sifferrad **3 a)** rattstång; ~ *shift* rattväxel **b)** *control* ~ [flyg]spak
columnist ['kɒləmnɪst] [ofta politisk] kåsör, kolumnist
coma ['kəʊmə] med. koma medvetslöshet
comb [kəʊm] **I** s **1** kam **2** karda **II** vb tr **1** kamma; rykta; ~ [*out*] bildl. finkamma [*for* för att få tag i] **2** karda
combat ['kɒmbæt, 'kʌm-] **I** s kamp, drabbning; *single* ~ tvekamp, envig; ~ *fatigue* mil. psykol. stridströtthet; krigsneuros **II** vb tr bekämpa **III** vb itr kämpa
combatant ['kɒmbət(ə)nt, 'kʌm-] **I** adj stridande **II** s stridande, [front]soldat, kombattant
combination [ˌkɒmbɪ'neɪʃ(ə)n] **1** kombination; serie, rad **2** sammanslutning; förening äv. kem. **3** förbindelse, association; kombinationsförmåga **4** [*motorcycle*] ~ motorcykel med sidvagn **5** kombination i ett kombinationslås
combination lock [ˌkɒmbɪ'neɪʃ(ə)nlɒk] kombinationslås
combine [ss. vb kəm'baɪn, ss. subst. 'kɒmbaɪn] **I** vb tr ställa samman; förena [~ *business with pleasure*]; slå ihop; kombinera, sätta ihop; sammanfatta; ~*d operations* mil. kombinerade operationer **II** vb itr **1** förena sig; sluta sig samman; samverka; *everything* ~*d against him* allting sammangaddade sig mot honom **2** ingå kemisk förening **III** s **1** sammanslutning i polit. el. ekon. syfte, syndikat **2** ~ [*harvester*] skördetröska
combustible [kəm'bʌstəbl] **I** adj brännbar **II** s brännbart ämne; bränsle
combustion [kəm'bʌstʃ(ə)n] förbränning; ~ *chamber* brännkammare; *spontaneous* ~ självantändning, självförbränning

100

come [kʌm] (*came come*) *vb* **I** *itr*
1 komma; komma hit (dit); resa; ~ *apart* (*to pieces*) gå sönder **2** sträcka sig, räcka **3** ske; ~ *what may* hända vad som hända vill, vad som än händer **4** kunna fås [*it ~s in packets*] **5** sl., *he* (*she*) *came* det gick för honom (henne), han (hon) kom fick orgasm **6** spec. användningar av vissa former av 'come': **a)** imper. ~ *again?* vard. va [sa]?, vadå? **b)** inf. *to* ~ kommande, blivande, framtida **c)** pres. konj.: ~ vard. nästkommande; om **7** ~ *to* inf. **a)** komma för att [*he has* ~ *here to work*] **b)** [småningom] komma att [*I've* ~ *to hate this*], ha hunnit; ~ (*when one ~s*) *to think of it* när man tänker efter (på saken) **8** *how ~?* hur kommer det sig? **9 a)** med adj. bli; ~ *easy to a p.* gå (falla sig) lätt för ngn; ~ *expensive* bli (ställa sig) dyr **b)** med perf. p. el. adj. med förstavelsen 'un-' ~ *undone* (*untied* etc.) gå upp, lossna
II med adv. o. prep. isht i spec. betydelser:
~ *about* inträffa, hända [sig]
~ *across:* **a)** komma över äv. bildl; hitta [*I came across it in Rome*]; råka på **b)** ~ *across* ge intryck av [att vara] [*it ~s across as a good film, but mustn't be taken too seriously*]
~ *along:* **a)** komma (följa, gå) med; ~ *along!* kom nu!, skynda på!; försök igen! **b)** visa sig **c)** klara sig [*you are coming along fine*]; ta sig [*the garden is coming along nicely*], arta sig
~ *at:* **a)** komma åt **b)** gå lös på
~ *by:* **a)** komma förbi **b)** få tag i [*he did not ~ by it honestly*]
~ *down:* **a)** komma (gå) ner **b)** sträcka sig (gå) [ner] **c)** störta samman (ner) **d)** *they have* ~ *down in the world* det har gått utför med dem **e)** lämnas i arv **f)** ~ *down handsome*[*ly*] vard. vara verkligt flott **g)** ~ *down on* slå ner på, fara ut mot **h)** ~ *down to* kunna reduceras till [*it all ~s down to this*]; se äv. ex. under ~ *to g*) o. *h*) nedan **i)** ~ *down in favour of* gå in för, ta ställning för
~ *forward* träda fram; anmäla sig, erbjuda sig; ~ *forward with a proposal* lägga fram ett förslag
~ *from:* **a)** komma (vara) från; *coming from you* [*that's a compliment*] för att komma från dig... **b)** komma [sig] av [*that ~s from your being so impatient*]
~ *in:* **a)** komma in; komma i mål **b)** komma till makten **c)** bli modernt **d)** infalla, börja **e)** ~ *in handy* (*useful*) komma väl (bra) till pass **f)** *where do I ~ in?* var kommer jag in [i bilden]? **g)** ~ *in for* få del av, få [sig]
~ *into:* **a)** få ärva [~ *into a fortune*], tillträda **b)** ~ *into blossom* gå i blom; ~ *into play* träda i funktion; spela in; ~ *into the world* komma till världen
~ *of:* **a)** komma sig av [*this ~s of carelessness*]; *no good will* ~ *of it* det kommer inte att leda till något gott; *that's what ~s of your lying!* där har du för att du ljuger! **b)** härstamma från; *he ~s of a good family* han är av god familj
~ *off:* **a)** gå ur; gå bort (ur) om fläck; [*this lipstick*] *doesn't* ~ *off* ...smetar inte **b)** ramla av (ner) [från] **c)** ~ *off it!* försök inte!; lägg av! **d)** äga rum [*the party won't* ~ *off*] **e)** lyckas [*if my plan ~s off*]; avlöpa [*did everything* ~ *off all right?*] **f)** klara sig [*he came off best*] **g)** sl. få orgasm
~ *on:* **a)** komma [efter] **b)** träda fram (på scenen) **c)** bryta in [*night came on*]; *autumn is coming on* det börjar bli höst **d)** ta sig; repa sig; *how are you coming on?* hur går det för dig?; *I feel a cold coming on* jag känner att jag börjar bli förkyld **e)** ~ *on!* kom nu!, skynda på!; kom om du törs!
~ *out:* **a)** komma ut äv. om bok o.d. **b)** ~ *out* [*on strike*] gå i strejk **c)** gå ur [*these stains won't* ~ *out*] **d)** *he came out third* han kom trea; ~ *out the winner* sluta som segrare **e)** komma fram; bli synlig; om blomma slå ut; *he always ~s out well in photographs* han blir (gör sig) alltid bra på kort **f)** komma i dagen, komma ut [*when the news came out*] **g)** visa sig [vara] [~ *out all right*] **h)** debutera **i)** rycka ut [~ *out in defence of a p.*] **j)** ~ *out at* bli, uppgå till [*the total ~s out at 200*] **k)** ~ *out in spots* få utslag
~ *over:* **a)** komma över **b)** vard. känna sig [*she came over queer*] **c)** *what had* ~ *over her?* vad gick (kom) det åt henne?
~ *round:* **a)** komma över; ~ *round and see a p.* komma och hälsa på ngn **b)** *Christmas will soon* ~ *round* snart är det jul igen **c)** kvickna till; hämta sig **d)** komma på andra tankar; ~ *round to a p.* bli vänligare stämd mot ngn
~ *through:* **a)** klara sig; klara sig igenom **b)** komma [in] [*a report has just* ~ *through*]
~ *to:* **a)** komma till; *whatever are we coming to?* vad ska det bli av oss?, var ska det sluta?; *I hope he gets what's coming to him* jag hoppas han får vad han förtjänar; *you've got it coming to you* du får skylla dig själv **b)** kvickna till

c) drabba; *no harm will ~ to you* det ska inte hända dig något ont **d)** få ärva; tillfalla genom arv o.d.; *~ to the throne* komma på tronen **e)** belöpa sig till, komma (gå) på; *how much does it ~ to?* äv. hur mycket blir det? **f)** leda till; *~ to nothing* gå om intet **g)** gälla; *when it ~s [down] to it* när det kommer till kritan, när allt kommer omkring **h)** betyda; *it ~s [down] to this - if we are to…* saken är helt enkelt den - om vi ska… **i)** *~ to that* för den delen, för resten **j)** sjö. stanna **k)** sjö. lova
~ under komma (höra) under
~ up: **a)** komma upp; komma fram; dyka upp; [*two meat pies*] *coming up!* t.ex. på restaurang …klara! **b)** komma på tapeten **c)** *my lottery ticket came up* jag vann (har vunnit) på lotteri **d)** *the shirt ~s up white with…* skjortan blir vit [när den tvättas] med… **e)** *~ up against* kollidera med; råka ut för [*~ up against a difficulty*] **f)** *~ up to* nå (räcka) upp till; uppgå till; motsvara, uppfylla **g)** *~ up with* komma med [*~ up with a new suggestion*]
III *tr* vard. spela; *~ the the great lady* spela fin dam **2** *~ a cropper* se *cropper* **3** *~ it strong* se *strong II*
comeback ['kʌmbæk] **1** [lyckad] comeback; återkomst **2** vard. svar [på tal] **3** amer. anledning att klaga (till klagomål)
comedian [kəˈmiːdjən] **1** komiker; komediskådespelare **2** komediförfattare
comedienne [kəˌmiːdɪˈen] komedienn
come-down ['kʌmdaʊn] steg nedåt isht socialt
comedy ['kɒmədɪ] **1** komedi; *low ~* fars, slapstick **2** komik
comer ['kʌmə] **1** *all ~s* alla som ställer upp, alla som kommer, vem som helst **2** isht amer. kommande (lovande) man (politiker m.m.)
comet ['kɒmɪt] komet
come-uppance [ˌkʌmˈʌpəns] vard., *get one's ~* få vad man förtjänar, få sitt straff
comfort ['kʌmfət] **I** *s* **1** tröst [*a few words of ~*; *he was a great ~ to me*]; lättnad; *it's a ~ to know that…* det känns skönt att veta att… **2 a)** *~* el. pl. *~s* komfort, bekvämligheter **b)** komfort; trevnad; välstånd; *live in ~* äv. leva ett bekymmerslöst liv **II** *vb tr* trösta; *be ~ed* låta trösta sig
comfortable ['kʌmf(ə)təbl] **1** bekväm, komfortabel, behaglig; *be ~* ha det [lugnt och] skönt, sitta etc. bekvämt (bra), trivas **2** som har det bra; *be in ~ circumstances* ha det bra ställt, vara i goda omständigheter **3** tillräcklig [*a ~ income*]; *with a ~ margin* med god marginal **4** väl till mods
comfortably ['kʌmf(ə)təblɪ] bekvämt etc., jfr *comfortable*; *be ~ off* ha det bra ställt
comforter ['kʌmfətə] **1** tröstare **2** yllehalsduk **3** napp, tröst[napp]
comic ['kɒmɪk] **I** *adj* komisk, rolig, lustig; komedi-; *~ author* [klassisk] komediförfattare; *it provided ~ relief* det kom som ett befriande inslag [i det hela] **II** *s* **1** vard. skämttidning; *the ~s* serierna, seriesidan, seriesidorna i tidning **2** komiker på varieté
comical ['kɒmɪk(ə)l] komisk, festlig
coming ['kʌmɪŋ] **I** *adj* **1** kommande, stundande; annalkande **2** kommande; *~ man* framtidsman, pålägsskalv **II** *s* **1** ankomst; annalkande; bibl. tillkommelse; *at the ~ of night* vid nattens inbrott **2** pl. *~s and goings* **a)** spring ut och in, folk som kommer och går **b)** saker som händer
comma ['kɒmə] komma[tecken]; *inverted ~s* anföringstecken, citationstecken
command [kəˈmɑːnd] **I** *vb tr* **1** befalla [*a p. to do*; *that…*]; bjuda, anbefalla [*~ silence*] **2** föra befälet (ha befäl) över (på, i), kommendera; *~ a vessel* äv. föra ett fartyg **3** vara herre över **4** förfoga över, disponera [över] [*~ vast sums of money*], uppbringa **5** inge [*he ~s our respect (our sympathy)*]; *~ respect* ha respekt med sig **6** isht mil. behärska [*the castle ~s the town*], erbjuda (ha) utsikt över **7** inbringa; betinga ett pris **II** *vb itr* befalla; härska; föra befäl[et], kommendera **III** *s* **1** befallning; bud; mil. order [*at his ~*]; *word of ~* kommando[ord] **2 a)** mil. befäl [*under the ~ of*], kommendering; *take ~ of* ta befälet över **b)** herravälde; *he has complete ~ of the situation* han behärskar fullständigt situationen **c)** behärskande av språk etc.; *have a good ~ of a language* behärska ett språk bra **3** förfogande; *all the money at his ~* alla pengar som står till hans förfogande (disposition) **4** mil. kommando, truppavdelning; befälsområde; *Bomber C~* bombflyget; *Coastal C~* kustflyget **5** data. kommando [*~ file (language)*]
commandant [ˈkɒməndænt, -dɑːnt, ˌ--ˈ-] kommendant; befälhavare
commandeer [ˌkɒmənˈdɪə] ta ut ([tvångs]utskriva, kommendera) till militärtjänst; rekvirera, beslagta för militärt bruk eller för statliga ändamål

commander [kəˈmɑːndə] **1** befälhavare; härförare **2** inom flottan kommendörkapten **3** polis., ung. polisintendent **4** i orden ung. kommendör av andra klassen; *knight* ~ ung. kommendör av första klassen
commander-in-chief [kəˌmɑːnd(ə)rɪnˈtʃiːf] (pl. *commanders-in-chief* [-dəzɪn-]) överbefälhavare
commanding [kəˈmɑːndɪŋ] **1** befälhavande **2** vördnadsbjudande [~ *appearance*]; befallande; överlägsen; ~ *presence* ung. pondus **3** med dominerande läge, dominerande; omfattande; ~ *position* dominerande läge
commandment [kəˈmɑːn(d)mənt] bud[ord]; *the ten ~s* tio Guds bud
command module [kəˈmɑːndˌmɒdjuːl] mil. kommandomodul
commando [kəˈmɑːndəʊ] (pl. ~*s*)
a) kommandotrupp [äv. ~ *unit*]
b) kommandosoldat
commemorate [kəˈmeməreɪt] fira (hedra) minnet av, fira
commemoration [kəˌmeməˈreɪʃ(ə)n] åminnelse [*in* (till) ~ *of*]; minnesfest; årshögtid
commemorative [kəˈmemərətɪv] *adj* minnes- [~ *exhibition*], åminnelse-; jubileums- [~ *stamp*]; ~ *of* till minnet av
commence [kəˈmens] **I** *vb itr* börja, inledas **II** *vb tr* [på]börja, inleda
commencement [kəˈmensmənt] **1** början, begynnelse **2** a) univ. (isht Cambridge, Dublin o. i USA) ung. promotion[sfest]
b) skol. amer. avslutning
commend [kəˈmend] **1** lovorda, prisa, berömma, rosa **2** anbefalla, rekommendera; *it ~ed itself to him* det tilltalade honom **3** anförtro, överantvarda; ~ *one's soul to God* relig. anbefalla sin själ åt Gud
commendable [kəˈmendəbl] lovvärd
commendation [ˌkɒmenˈdeɪʃ(ə)n] rekommendation
commensurate [kəˈmenʃ(ə)rət] sammanfallande; proportionell; *be ~ with* a) stå i [rimlig] proportion till, motsvara b) vara samma som
comment [ˈkɒment] **I** *s* kommentar[er], [förklarande (kritiserande)] anmärkning; kritik; utläggning; förklaring, belysning; *no ~!* inga kommentarer! **II** *vb itr*, ~ *on* (*upon, about*) kommentera; uttala sig om, yttra sig i en fråga; kritisera
commentary [ˈkɒmənt(ə)rɪ] **1** kommentar; redogörelse; uttalande; anmärkningar **2** referat

commentate [ˈkɒmenteɪt], ~ *on* kommentera; referera
commentator [ˈkɒmenteɪtə] kommentator
commerce [ˈkɒməs] **1** handel[n]; *Secretary of C~* amer. handelsminister **2** umgänge
commercial [kəˈmɜːʃ(ə)l] **I** *adj* kommersiell, handels-; affärsmässig; lönande; ~ *artist* reklamtecknare; ~ *television* reklam-tv, kommersiell (reklamfinansierad) tv; ~ *traffic* nyttotrafik, yrkestrafik; ~ *vehicles* fordon som går i yrkestrafik **II** *s* i radio o. tv reklaminslag
commercialize [kəˈmɜːʃəlaɪz] kommersialisera; *everything has become ~d* äv. det har gått business (pengar) i allting
commiserate [kəˈmɪzəreɪt] **I** *vb tr* hysa (ha) medlidande med, ömka **II** *vb itr*, ~ *with a p.* kondolera ngn, visa ngn sitt deltagande
commission [kəˈmɪʃ(ə)n] **I** *s* **1** a) uppdrag; ärende; beställning [*written on ~*]
b) bemyndigande; anförtroende av befogenhet etc.; befogenhet; *in ~* a) sjö., om fartyg i beredskap, i [aktiv] tjänst b) vard. i tjänst, i gång [*be in ~*] **2** kommission; [offentlig] kommitté; nämnd; ~ *of inquiry* undersökningskommission, haverikommission **3** fullmakt; isht mil. officersfullmakt; befälsbefattning; *get one's ~* få officersfullmakt, bli officer **4** hand. a) kommission b) provision **II** *vb tr* **1** bemyndiga; förordna; ge fullmakt (isht officersfullmakt); *~ed officer* officer **2** sjö. **a)** tilldela fartygsbefäl **b)** överta befälet på; försätta fartyg i beredskap **3 a)** uppdra åt [~ *an artist to paint a portrait*]; *be ~ed to* få i uppdrag att **b)** ge beställning på [~ *a portrait*]; *~ed work* beställningsarbete
commissionaire [kəˌmɪʃəˈneə] vaktmästare, dörrvakt på t.ex. biograf, varuhus
commissioner [kəˈmɪʃ(ə)nə] **1** kommitterad **2** kommissionsmedlem; medlem av en statlig o.d. styrelse (nämnd); pl. ~*s* äv. styrelse **3** chef för viss förvaltningsgren; [general]kommissarie; ~ *of police* el. *police ~* polismästare, polischef **4** *High C~* överkommissarie ung. ambassadör inom Brittiska samväldet **5** guvernör i brittiskt protektorat o.d. **6** kommendör i Frälsningsarmén
commit [kəˈmɪt] **1** föröva [~ *a crime*], begå, göra [~ *an error*]; ~ *arson* anstifta mordbrand; ~ *murder* mörda, begå mord **2** anförtro, överlämna; ~ *to memory* lägga på minnet, lära sig utantill **3** jur., ~ *to prison* skicka i fängelse **4** binda,

förpliktiga [~ *a p. to do a th.*]; *be ~ed to* vara uppbunden av **5** ~ *oneself* a) kompromettera sig, blottställa sig b) ta ställning, fatta ståndpunkt; binda sig [*to* för, vid], engagera sig [*to* i, för]; förbinda sig [*to do a th.*]

commitment [kəˈmɪtmənt] **1** åtagande, förpliktelse **2** polit. o.d. engagemang **3** överlämnande **4** förövande [*the ~ of a crime*]

committee [kəˈmɪtɪ] **1** utskott; kommitté; *joint ~* sammansatt utskott; *select ~* särskilt (tillfälligt) utskott **2** styrelse i en förening o.d.

commodit|y [kəˈmɒdətɪ] [handels]vara, artikel; *household -ies* hushållsartiklar, husgeråd

commodore [ˈkɒmədɔː] **1** sjö. kommendör av 1. graden **2** kommendör

common [ˈkɒmən] **I** *adj* **1** gemensam; *make ~ cause* göra gemensam sak **2** allmän; *it is ~ knowledge that* det är en [allmänt] känd sak att, det är allmänt känt att; *~ law* jur., den del av anglosaxisk rätt som skapas och utvecklas genom rättspraxis **3** a) vanlig, gängse b) vanlig [enkel]; *the ~ man* den enkle medborgaren; *the ~ people* gemene (menige) man, den stora massan; *~ stock* amer. stamaktier; *~ or garden* vard. vanlig enkel, helt vanlig [*a ~ or garden business man*], banal **4** sämre [*a ~ make of goods*]; vulgär [*~ manners*; *the girl looks ~*], billig **II** *s* **1** allmänning **2** *in ~* gemensamt, tillsammans

commoner [ˈkɒmənə] icke adlig (ofrälse) person

common-law [ˈkɒmənlɔː], *~ husband* (*wife*) sambo; *~ marriage* samvetsäktenskap

commonly [ˈkɒmənlɪ] **1** vanligen; *very ~* mycket ofta **2** enkelt **3** vanligt

commonplace [ˈkɒmənpleɪs] **I** *s* **1** banalitet; pl. ~*s* äv. trivialiteter **2** vardaglig företeelse; [*air travel is now*] *a ~* ...vardagsmat **II** *adj* alldaglig [*a ~ man*], vardaglig, trivial

common room [ˈkɒmənrʊm] kollegierum; samlingsrum t.ex. för lärare o. studenter vid college

commons [ˈkɒmənz] **1** *the C~* (konstr. ss. pl.) el. *the House of C~* underhuset **2** *short ~* klen kost, ransonering

commonsense [ˌkɒmənˈsens] förnuftig

commonwealth [ˈkɒmənwelθ], *the British C~* [*of Nations*] el. *the C~* Brittiska samväldet; *the C~ of Independent States* (förk. *CIS*) Oberoende Staters Samvälde (förk. OSS)

commotion [kəˈməʊʃ(ə)n] tumult, rabalder [*a great ~ about nothing*], uppståndelse; oordning

communal [ˈkɒmjʊnl, kəˈmjuːnl] **1** gemensam; *~ aerial* (amer. *antenna*) centralantenn; *~ family* storfamilj; *~ kitchen* soppkök, kollektiv utspisning **2** som rör en folkgrupp (folkgrupper); *~ disturbances* inre oroligheter mellan olika folkgrupper **3** kommunal, jfr *commune I 1*

commune [ss. subst. ˈkɒmjuːn, ss. vb kəˈmjuːn, ˈkɒmjuːn] **I** *s* **1** kommun i vissa länder utanför den engelsktalande världen **2** kollektiv, storfamilj **II** *vb itr* litt. umgås förtroligt

communicable [kəˈmjuːnɪkəbl] **1** som lätt kan meddelas **2** smittsam [*~ disease*]

communicate [kəˈmjuːnɪkeɪt] **I** *vb tr* **1** meddela, vidarebefordra [*~ the news to a p.*]; tillställa [*~ a document to a p.*] **2** överföra [*~ a disease to a p.*] **3** utdela nattvarden till **II** *vb itr* **1** meddela sig [med varandra], *~ with* sätta sig i förbindelse med, kommunicera med **2** stå i förbindelse med varandra, hänga samman (ihop); *~ with* stå i förbindelse med

communication [kəˌmjuːnɪˈkeɪʃ(ə)n] **1** meddelande [*this ~ is confidential*] **2** överförande [*the ~ of a disease*] **3** kommunikation[er] i olika bet.; förbindelse[r] [*telegraphic ~s*; *be in ~ with*], förbindelsed; umgänge [*~ with neighbours*]; pl. ~*s* äv. samfärdsel; *~ cord* nödbromslina; *~s satellite* kommunikationssatellit, telesatellit

communicative [kəˈmjuːnɪkətɪv] **1** meddelsam **2** kommunikativ

communion [kəˈmjuːnjən] **1** gemenskap; inbördes samband **2** [*Holy*] *C~* nattvard, nattvardsgång; *go to C~* gå till (begå) nattvarden

communiqué [kəˈmjuːnɪkeɪ] kommuniké

Communism [ˈkɒmjʊnɪz(ə)m] kommunism[en]

Communist [ˈkɒmjʊnɪst] **I** *s* kommunist **II** *adj* kommunistisk [*the ~ Party*]

community [kəˈmjuːnətɪ] **1** *the ~* det allmänna, staten, samhället [*the interests of the ~*] **2** samhälle [*a civilized ~*]; samfund [*a religious ~*]; koloni [*the Jewish ~ in London*]; gemenskap; brödraskap [*a ~ of monks*]; [folk]grupp; *the C~* se under *European I* **3** gemenskap [*~ of property*]; gemensam besittning [*~*

of goods]; ~ *of interests* intressegemenskap; *sense of* ~ gemensamhetskänsla **4** umgänge **5** ~ *aerial* (*antenna*) centralantenn för ett område; ~ *radio* närradio; ~ *singing* ung. allsång; ~ *spirit* samhällsanda
commute [kəˈmjuːt] **I** *vb tr* byta ut; förvandla [~ *the death sentence to imprisonment for life*] **II** *vb itr* trafik. pendla
commuter [kəˈmjuːtə] trafik. pendlare; ~ *belt* bälte av förorter [som betjänas av pendeltrafik]
1 compact [ss. subst. ˈkɒmpækt, ss. adj. o. vb kəmˈpækt] **I** *s* **1** [liten] puderdosa **2** kompaktbil **II** *adj* **1** kompakt; fast **2** ~ *disc* kompaktskiva, cd-skiva **III** *vb tr* fast foga (pressa) samman
2 compact [ˈkɒmpækt] pakt, fördrag
1 companion [kəmˈpænjən] sjö. **1** [kajut]kapp **2** [kajut]trappa
2 companion [kəmˈpænjən] **1** följeslagare; kamrat; sällskap [*he is a pleasant* ~]; ~*s in arms* vapenbröder **2** motstycke, make **3** sällskapsdam **4** handbok [*The Gardener's C~*] **5** riddare i orden; *knight* ~ riddare i orden med endast en klass
companionship [kəmˈpænjənʃɪp] kamratskap; sällskap
companion way [kəmˈpænjənweɪ] sjö. [kajut]trappa
company [ˈkʌmp(ə)nɪ] **1** sällskap, teat. o.d. äv. ensemble; umgänge; lag; *he is such good* ~ han är sådant trevligt sällskap; *in* ~ i sällskap, tillsammans **2** främmande, gäster [*expect* ~]; *see a great deal of* ~ ha mycket främmande **3** hand. bolag; företag, firma; ~ *law* jur. bolagsrätt **4** mil. kompani; *A* ~ 1. kompaniet **5** *the ship's* ~ sjö. [fartygets] befäl och besättning
comparable [ˈkɒmp(ə)rəbl] jämförlig, jämförbar
comparative [kəmˈpærətɪv] **I** *adj* **1** komparativ äv. gram.; jämförande [~ *philology*]; *the* ~ *degree* gram. komparativ **2** relativ [*they are living in* ~ *comfort*]; *he is a* ~ *stranger* han är på sätt och vis en främling **II** *s* gram. komparativ
comparatively [kəmˈpærətɪvlɪ] jämförelsevis, förhållandevis, relativt, proportionsvis
compare [kəmˈpeə] **I** *vb tr* **1** jämföra; ~...*with* jämföra...med; ~ *to* jämföra med, likna vid [*the heart may be ~d to a pump*], likställa med, jämställa med; ~ *notes* jämföra sina intryck, utbyta erfarenheter [*on* om] **2** gram. komparera **II** *vb itr* [kunna] jämföras; *it ~s*

favourably with det tål en jämförelse med, det kan mäta sig med **III** *s, beyond* (*past, without*) ~ a) utan jämförelse, makalös [*her beauty is beyond* ~] b) makalöst [*she is lovely beyond* ~]
comparison [kəmˈpærɪsn] **1** jämförelse; *bear* (*stand*) ~ *with* tåla [en] jämförelse med, tävla med **2** gram. komparation
compartment [kəmˈpɑːtmənt] **1** avdelning äv. sjö. [*watertight* ~] **2** järnv. kupé; *driver's* ~ förarhytt
compass [ˈkʌmpəs] **I** *s* **1** kompass; *mariner's* ~ skeppskompass, sjökompass; *point of the* ~ kompasstreck, väderstreck; *take a* ~ *bearing* ta bäring[en] **2** pl. ~*es* passare; *a pair of ~es* en passare **3** omkrets; område, yta; gräns; omfång äv. mus. **II** *vb tr* **1** omge, omringa, innesluta [äv. ~ *about* (*round, in*)] **2** gå (segla etc.) runt **3** uppnå
compassion [kəmˈpæʃ(ə)n] medlidande; *have* ~ *on* (*for*) ha medlidande med
compassionate [kəmˈpæʃ(ə)nət] medlidsam; ~ *leave* tjänstledighet för personlig angelägenhet; mil. permission av särskilda skäl (i trängande fall)
compatibility [kəmˌpætəˈbɪlətɪ] **1** förenlighet **2** tekn. el. data. kompatibilitet
compatible [kəmˈpætəbl] **1** förenlig; *they aren't* ~ de passar inte ihop **2** tekn. el. data. kompatibel
compatriot [kəmˈpætrɪət] landsman
compel [kəmˈpel] **1** tvinga, förmå **2** framtvinga; tvinga till sig
compendium [kəmˈpendɪ|əm] (pl. *-ums* el. *-a* [-ə]) kompendium, sammandrag; handbok
compensate [ˈkɒmpenseɪt] **I** *vb tr* **1** ~ *a p.* [*for*] kompensera (ersätta, gottgöra) ngn [för] **2** kompensera äv. fys. el. psykol.; uppväga **II** *vb itr*, ~ *for* kompensera, uppväga, ersätta [*nothing can* ~ *for the loss of one's health*]
compensation [ˌkɒmpenˈseɪʃ(ə)n] **1** kompensation, ersättning, gottgörelse; skadestånd **2** kompensation äv. fys. el. psykol.; utjämning
compete [kəmˈpiːt] **1** tävla [~ *against* (*with*) *other countries in trade*], rivalisera **2** delta, ställa upp [~ *in a race*]
competence [ˈkɒmpət(ə)ns] **1** kompetens, skicklighet [*his* ~ *in handling money*], duglighet, förmåga **2** jur. kompetens
competent [ˈkɒmpət(ə)nt] **1** kompetent [*she is very* ~ *in her work*], skicklig **2** tillräcklig [*a* ~ *knowledge of French*] **3** behörig
competition [ˌkɒmpəˈtɪʃ(ə)n]

1 konkurrens; *be in ~ with* konkurrera (tävla) med **2** tävling, match
competitive [kəm'petətɪv]
1 konkurrenskraftig [*~ prices*]
2 konkurrens-, konkurrensbetonad, tävlingsbetonad; tävlingslysten; *he is very ~ äv.* han är en tävlingsmänniska
competitor [kəm'petɪtə] [tävlings]deltagare; medtävlare, medsökande, rival; konkurrent
compile [kəm'paɪl] ställa samman [*~ an anthology*], utarbeta [*~ a dictionary*], kompilera
complacent [kəm'pleɪsnt] självbelåten [*a ~ smile*], egenkär; nöjd (tillfreds) [med sig själv]
complain [kəm'pleɪn] beklaga sig
complaint [kəm'pleɪnt] **1** klagan; hand. reklamation; *lodge a ~ against* klaga på; jur. inge (anföra) klagomål mot **2** åkomma; pl. *~s* äv. krämpor
complement [ss. subst. 'kɒmplɪmənt, ss. vb 'kɒmplɪment, ˌkɒmplɪ'ment] **I** *s* **1** komplement **2** fullt antal [äv. *full ~*]; *the ship's ~* [fartygets] befäl och besättning **3** gram. bestämning [till verbet; isht predikatsfyllnad **II** *vb tr* komplettera [*~ each other*]; göra fulltalig, fullständiga
complementary [ˌkɒmplɪ'ment(ə)rɪ] komplement- [*~ colour, ~ angles*], fyllnads-; fullständigande
complete [kəm'pliːt] **I** *adj* komplett [*~ control*], absolut, fullkomlig [*a ~ stranger*], full [*to my ~ satisfaction*], hel; avslutad, färdig [*when will the work be ~?*]; *as a ~ surprise* som en fullständig (total) överraskning **II** *vb tr* **1** avsluta, fullfölja; fullgöra; perf. p.: *~d* färdig **2** komplettera [*this ~s my happiness*], göra fulltalig **3** fylla i [*~ a form*]
completion [kəm'pliːʃ(ə)n] **1** avslutning etc., jfr *complete II* **2** komplettering **3** ifyllande [*~ of a form*]
complex ['kɒmpleks] **I** *adj* **1** sammansatt; *~ sentence* sammansatt sats (mening) **2** komplicerad [*a ~ situation*] **II** *s* **1** komplex äv. psykol.; *have a ~ about* ha komplex för **2** anläggning, komplex [*a sports ~*]
complexion [kəm'plekʃ(ə)n] **1** hy **2** bildl. utseende; prägel [*it changed the ~ of the war*]; *political ~* politisk färg; *put a false ~ on* ställa i [en] falsk dager
complexity [kəm'pleksətɪ] komplexitet
compliance [kəm'plaɪəns] **1** tillmötesgående; *in ~ with* i enlighet (överensstämmelse) med **2** eftergivenhet

compliant [kəm'plaɪənt] eftergiven, medgörlig, undfallande, foglig
complicate ['kɒmplɪkeɪt] komplicera, trassla till
complicated ['kɒmplɪkeɪtɪd] komplicerad, krånglig
complication [ˌkɒmplɪ'keɪʃ(ə)n] komplikation äv. med.; förveckling; pl. *~s* äv. krångel
complicity [kəm'plɪsətɪ] delaktighet; *~ in crime* medbrottslighet; jur. medverkan till brott
compliment [ss. subst. 'kɒmplɪmənt, ss. vb 'kɒmplɪment, ˌkɒmplɪ'ment] **I** *s* **1** komplimang; *pay a p. a ~* [*on*] ge ngn en komplimang [för] **2** pl. *~s* hälsning[ar]; *my ~s to your wife* hälsa din hustru; *with the ~s of the season* med önskan om en god jul och ett gott nytt år; *with the author's ~s* [med hälsning] från författaren **II** *vb tr* komplimentera; gratulera
complimentary [ˌkɒmplɪ'ment(ə)rɪ] **1** berömmande [*a ~ review*], smickrande [*~ remarks*], hyllnings- [*a ~ poem*], artighets-; artig; *~ close* avslutningsfras i brev **2** fri-, gratis- [*~ ticket*]; *~ copy* friexemplar, gratisexemplar
comply [kəm'plaɪ] ge efter, lyda; *~ with* lyda, rätta sig efter, iaktta [*~ with* [*the*] *regulations*]; gå med på, samtycka till
component [kəm'pəʊnənt] **I** *adj* del- [*two ~ republics of the union*]; *~ part* [beståndsdel **II** *s* **1** komponent, [beståndsdel]; ingrediens **2** matem. el. fys. komposant
compose [kəm'pəʊz] **I** *vb tr* **1** [tillsammans] bilda; *be ~d of* bestå (utgöras) av **2** utarbeta [*~ a speech*], författa; komponera, tonsätta; [artistiskt] ordna (arrangera) [*~ the figures in a picture*]; ställa samman **3** boktr. sätta **4** bilägga [*~ a quarrel*] **5** lugna; *~ one's thoughts* samla tankarna; *~ oneself* lugna (samla) sig, ta sig samman **II** *vb itr* komponera; skriva
composed [kəm'pəʊzd] lugn, samlad
composer [kəm'pəʊzə] komponist
composite ['kɒmpəzɪt, -zaɪt] **I** *adj* sammansatt **II** *s* sammansättning
composition [ˌkɒmpə'zɪʃ(ə)n] **1** komposition; komponerande; utarbetande; [*he played a piano piece*] *of his own ~* ...som han själv komponerat **2** skol. uppsatsskrivning; uppsats **3** boktr. sättning **4** bildning; blandning, förening **5** hand. **a)** *~* [*with one's creditors*]

ackord[suppgörelse] **b)** ackordsumma; kompensation
compost ['kɒmpɒst] **I** *s* kompost; *~ heap* komposthög **II** *vb tr* **1** kompostera **2** gödsla med kompost
composure [kəm'pəʊʒə] fattning; *lose one's ~* tappa fattningen
1 compound [ss. vb kəm'paʊnd, ss. adj. o. subst. 'kɒmpaʊnd] **I** *vb tr* **1** blanda [tillsammans] [*~ a medicine*] **2** bilägga, göra upp [i godo]; *~ a quarrel* bilägga en tvist **3** göra upp om skuld **4** ordna (gottgöra) genom skadestånd (skadeersättning) **II** *vb itr* **1** träffa överenskommelse (avtal) **2** hand., *~ with one's creditors* göra (ingå) ackord [med sina fordringsägare] **III** *adj* **1** sammansatt; *~ interest* ränta på ränta **2** med. komplicerad [*~ fracture*] **IV** *s* **1** sammansättning; sammansatt ämne; [*chemical*] *~* [kemisk] förening **2** gram. sammansatt ord, sammansättning
2 compound ['kɒmpaʊnd] inhägnat (avspärrat) område
comprehend [ˌkɒmprɪ'hend] **1** fatta, begripa, förstå **2** inbegripa
comprehensible [ˌkɒmprɪ'hensəbl] begriplig, förståelig, fattbar
comprehension [ˌkɒmprɪ'henʃ(ə)n] **1** fattningsförmåga; förstånd; *be slow of ~* ha svårt [för] att fatta **2** [riktig] uppfattning; *reading ~* läsförståelse **3** inbegripande; omfattning
comprehensive [ˌkɒmprɪ'hensɪv] **I** *adj* **1** [vitt]omfattande; uttömmande [*a ~ description*]; rikhaltig; allsidig; *~ insurance* (*policy*) ung. allriskförsäkring **2** *~ school* ung. grund- och gymnasieskola för elever över 11 år **II** *s* se *I 2*
compress [ss. vb kəm'pres, ss. subst. 'kɒmpres] **I** *vb tr* **1** pressa ihop (samman); komprimera; *~ed air* tryckluft, komprimerad luft **2** bildl. tränga ihop [*he ~ed it into one sentence*] **II** *s* kompress; [vått] omslag [*cold* (*hot*) *~*]
compression [kəm'preʃ(ə)n] **1** sammantryckning; press, tryck; hoptryckthet; tekn. kompression **2** koncentration i uttryck m.m.
comprise [kəm'praɪz] omfatta, innefatta; inbegripa
compromise ['kɒmprəmaɪz] **I** *s* kompromiss **II** *vb itr* kompromissa, dagtinga [*~ with one's conscience*] **III** *vb tr* **1** kompromettera **2** bilägga (avgöra) genom [en] kompromiss (genom förlikning) **3** äventyra [*~ national security*]

compromising ['kɒmprəmaɪzɪŋ] komprometterande; som utgör en kompromiss
compulsion [kəm'pʌlʃ(ə)n] tvång; *under ~* under (av) tvång
compulsive [kəm'pʌlsɪv] **1** tvångsmässig [*~ action*]; tvingande; *be a ~ eater* ung. hetsäta; tröstäta; *he is a ~ gambler* ung. han är gripen av speldjävulen **2** fängslande [*a ~ book*]
compulsory [kəm'pʌls(ə)rɪ] obligatorisk; tvångs-; tvingande; *~ military service* allmän värnplikt; *~ subject* obligatoriskt [skol]ämne
compunction [kəm'pʌŋ(k)ʃ(ə)n] samvetsbetänkligheter; ånger
compute [kəm'pju:t] **I** *vb tr* beräkna, bestämma [*~ one's losses at* (till) *£5000*] **II** *vb itr* räkna
computer [kəm'pju:tə], [*electronic*] *~* dator; *digital ~* digitaldator; *~ run* datakörning; *~ science* datavetenskap, datalogi; *be* (*put*) *on ~* ligga (lägga) på data
computerization [kəmˌpju:tərəɪ'zeɪʃ(ə)n] **1** datorisering; databehandling **2** utrustande med datorer
computerize [kəm'pju:təraɪz] **1** datorisera; databehandla; perf. p.: *~d* dator-, data-, datorstyrd **2** utrusta med datorer, datautrusta
comrade ['kɒmreɪd, 'kʌm-] kamrat äv. polit. o.d.; *~s in arms* vapenbröder
concave [ˌkɒn'keɪv, 'kɒnkeɪv] konkav; *~ lens* konkav lins, spridningslins
conceal [kən'si:l] dölja, förtiga; skymma; *~ed lighting* indirekt belysning; *~ed turning* avtagsväg med skymd sikt
concealment [kən'si:lmənt] döljande, hemlighållande
concede [kən'si:d] **1** medge, gå med på [*~ an increase in wages*]; erkänna [riktigheten av]; *~ defeat* erkänna sig besegrad; *~ a point* [*in an argument*] göra ett medgivande på en punkt... **2** erkänna förlusten av; avträda [*~ part of one's territory*]; *~ the election* erkänna sig besegrad i valet; *~ a game* förlora (släppa) ett game i t.ex. tennis; *Arsenal ~d a goal* [*in the first minute*] Arsenal släppte in ett mål...
conceit [kən'si:t] inbilskhet
conceited [kən'si:tɪd] inbilsk, fåfäng
conceivable [kən'si:vəbl] **1** begriplig, fattbar **2** tänkbar, möjlig
conceive [kən'si:v] **I** *vb tr* **1** tänka ut [*~ a plan*], komma på [*~ an idea*]; bilda sig en föreställning o.d. **2** tänka (föreställa) sig

3 fatta [~ *a friendship* (*dislike*) *for* (för)] **4** avfatta [~*d in plain terms*] **5** bli gravid (dräktig) med; avla **II** *vb itr* **1** bli gravid; bli dräktig **2** ~ *of* föreställa (tänka) sig, fatta

concentrate ['kɒns(ə)ntreɪt] **I** *vb tr* **1** koncentrera; samla; mil. dra samman; tränga samman; inrikta [~ *all one's attention* (*power*) [*up*]*on*] **2** tekn. anrika **II** *vb itr* koncentreras; koncentrera sig **III** *s* koncentrat [*orange juice* ~]

concentration [ˌkɒns(ə)n'treɪʃ(ə)n] **1** koncentration; ~ *camp* koncentrationsläger; uppsamlingsläger **2** tekn. anrikning; ~ *plant* anrikningsverk

concentric [kɒn'sentrɪk] koncentrisk

concept ['kɒnsept] begrepp [*a new* ~ *in technology*]; koncept; idé; princip [*the* ~ *of the balance of power*]

conception [kən'sepʃ(ə)n] **1** föreställning; begrepp [*he had little* ~ *of the problems involved*] **2** tanke [*a bold* ~]; vard. aning [*I had no* ~ *that...*] **3** konception, befruktning; bildl. skapelse

concern [kən'sɜːn] **I** *vb tr* (se äv. *concerned*) **1** angå, röra, gälla; *to whom it may* ~ till den (dem) det vederbör, till vederbörande **2** bekymra, oroa; ~ *oneself with* (*about*) bekymra (bry) sig om, befatta sig med **II** *s* **1 a**) angelägenhet, affär [*mind your own* ~*s*], sak; intresse; *it is no* ~ *of mine* det angår (rör) inte mig, det är inte min sak; *what* ~ *is it of yours?* vad har du med det att göra? **b**) *of* ~ av vikt (betydelse) **2** hand. företag; koncern; pl. ~*s* äv. affärsförbindelser **3** bekymmer, oro; omsorg; *with growing* ~ med växande oro **4** delaktighet, andel [*have a* ~ *in the business*]

concerned [kən'sɜːnd] **1** bekymrad [*about*] **2** intresserad, engagerad; inblandad; berörd; *be* ~ *with* **a**) ha att göra med **b**) handla om [*the story is* ~ *with conditions in the slum ghettos*]; *as far as I am* ~ vad mig beträffar (anbelangar), för min del; gärna för mig

concerning [kən'sɜːnɪŋ] angående, beträffande

concert ['kɒnsət, i bet. *2* o. *3* äv. 'kɒnsɜːt] **1** konsert; ~ *tour* konsertturné **2** samklang, korus **3** överenskommelse

concerted [kən'sɜːtɪd] **1** gemensam [~ *action*], samlad **2** flerstämmig

concertgoer ['kɒnsətˌgəʊə] konsertbesökare

concert grand [ˌkɒnsət'grænd] konsertflygel

concertina [ˌkɒnsə'tiːnə] concertina litet dragspel

concert|o [kən'tʃeət|əʊ] (pl. äv. -*i* [-ɪ]) konsert musikstycke för soloinstrument och orkester [*piano* ~]

concession [kən'seʃ(ə)n] **1** medgivande, eftergift; beviljande **2** förmån; rabatt **3** upplåtelse av jord o.d. **4** koncession [*oil* ~*s*; ~ *for a railway*]

concessionaire [kənˌseʃə'neə] o. **concessionary** [kən'seʃ(ə)n(ə)rɪ] koncessionsinnehavare; generalagent

conciliate [kən'sɪlɪeɪt] **1** blidka **2** medla mellan; förena, få att stämma [överens] [~ *discrepant theories*]

conciliation [kənˌsɪlɪ'eɪʃ(ə)n] **1** förlikning [*court of* ~], medling; förenande **2** försonlighet

conciliatory [kən'sɪlɪət(ə)rɪ] försonande, försonlig, konciliant; ~ *spirit* försonlig anda

concise [kən'saɪs] koncis

conclave ['kɒnkleɪv, 'kɒŋk-] **1** kyrkl. konklav; kardinalsförsamling **2** bildl. [enskild] överläggning; *sit in* ~ hålla rådplägning

conclude [kən'kluːd, kəŋ'k-] **I** *vb tr* **1** avsluta, slutföra [~ *a speech,* ~ *a meeting*] **2** sluta [~ *a pact,* ~ *a treaty*]; göra upp **3** komma fram till; konkludera **II** *vb itr* **1** sluta; avsluta; *he* ~*d by saying* han slutade med att säga **2** dra en slutsats (slutsatser)

conclusion [kən'kluːʒ(ə)n, kəŋ'k-] **1** slut, avslutning; *in* ~ slutligen, till sist **2** slutande [*the* ~ *of a peace treaty*] **3** *try* ~*s with* mäta sig (sin styrka) med **4** slutledning; slutresultat; *come to the* ~ *that...* komma till den slutsatsen (det resultatet) att...; *jump to* ~*s* dra förhastade slutsatser

conclusive [kən'kluːsɪv, kəŋ'k-] **1** slutlig **2** avgörande, fullt bindande [~ *evidence*]

concoct [kən'kɒkt, kəŋ'k-] **1** koka ihop; blanda till [~ *a cocktail*] **2** hitta på [~ *an excuse*], koka (dikta, sätta) ihop [~ *a story*]

concoction [kən'kɒkʃ(ə)n, kəŋ'k-] **1** tillagning; tillblandning; hopkok, brygd **2** påhitt

concord ['kɒŋkɔːd, 'kɒnk-] **1** endräkt **2** samljud **3** överenskommelse, avtal **4** gram. kongruens, överensstämmelse [i böjning]

concourse ['kɒŋkɔːs, 'kɒnk-] **1** tillströmning **2** folkmassa **3** isht [mötes]plats där gator el. människor strålar samman

concrete ['kɒnkriːt, 'kɒŋk-] I *adj*
1 konkret; verklig; påtaglig; saklig 2 fast; stelnad; sammanvuxen 3 av betong, betong- II *s* betong [*~ mixer*]

concur [kən'kɜː, kəŋ'k-] 1 sammanfalla, inträffa samtidigt 2 samverka, medverka [*everything ~red to* (till att) *produce good results*] 3 instämma [*I ~ with the speaker*], vara ense

concussion [kən'kʌʃ(ə)n, kəŋ'k-] 1 häftig skakning; stöt 2 med., ~ [*of the brain*] hjärnskakning

condemn [kən'dem] 1 döma [*~ed to death*]; fördöma [*we ~ cruelty to* (mot) *children*], brännmärka; fälla; *the ~ed cell* dödscellen, de dödsdömdas cell 2 kassera, utdöma [*the meat was ~ed as unfit for human consumption*]; *~ed houses* utdömda hus, rivningshus

condemnation [ˌkɒndem'neɪʃ(ə)n]
1 [fällande] dom; fördömelse; förkastelsedom 2 kasserande, utdömning

condensation [ˌkɒnden'seɪʃ(ə)n]
1 kondensering; förtätning äv. psykol.; imma 2 hopgyttring; sammanträngning isht om stil; nedskärning, förkortning

condense [kən'dens] I *vb tr* 1 kondensera isht gas till flytande form; förtäta; *~d milk* kondenserad mjölk 2 tränga samman, hopa (samla) tätt; koncentrera; skära ned, förkorta II *vb itr* kondenseras; förtätas

condescend [ˌkɒndɪ'send] nedlåta sig; *she did not ~ to give him a look* hon bevärdigade honom inte med en blick

condition [kən'dɪʃ(ə)n] I *s* 1 villkor, betingelse; pl. *~s* äv. förhållanden, omständigheter [*under* (*in*) [*the*] *present ~s*]; *on ~ that* på (med) villkor att, under förutsättning att 2 tillstånd [*in good ~*]; isht sport. kondition; *have a heart ~* lida av hjärtbesvär (en hjärtåkomma) 3 samhällsställning [*people of every ~*]
II *vb tr* (se äv. *conditioned*) 1 [upp]ställa som villkor (krav) 2 göra beroende (avhängig); *be ~ed by* bero på, bestämmas av 3 betinga äv. psykol.

conditional [kən'dɪʃ(ə)nl] I *adj* 1 villkorlig; beroende, gällande under vissa förutsättningar 2 gram. konditional [*~ clause*] II *s* gram. 1 konditionalis
2 villkorsbisats 3 konditional konjunktion

conditioned [kən'dɪʃ(ə)nd] betingad; *~ reflex* (*response*) psykol. betingad reflex (respons)

condolence [kən'dəʊləns] beklagande, deltagande

condom ['kɒndɒm, -dəm] kondom

condominium [ˌkɒndə'mɪnɪəm]
1 kondominat, gemensam överhöghet 2 amer. ung. a) andelsfastighet
b) andelslägenhet

condone [kən'dəʊn] överse med

conducive [kən'djuːsɪv], *~ to* som bidrar till; *be ~ to* bidra till, [be]främja, befordra

conduct [ss. subst. 'kɒndʌkt, ss. vb kən'dʌkt] I *s* 1 uppförande; hållning; vandel 2 skötsel II *vb tr* 1 föra, leda [äv. fys.: *~ heat, ~ electricity*], ledsaga; *~ed party* turistgrupp, guidad grupp 2 anföra, leda [*~ a business enterprise*]; handha
3 mus. dirigera 4 förrätta 5 *~ oneself* uppföra (sköta) sig III *vb itr* mus. dirigera

conductor [kən'dʌktə] 1 ledare, ledsagare
2 mus. dirigent 3 konduktör på buss el. spårvagn; amer. äv. konduktör på tåg; tågmästare 4 fys. a) ledare; konduktor; *~ rail* kontaktskena, strömskena
b) åskledare [äv. *lightning-conductor*]
5 amer. stuprör

conduit ['kɒndɪt, 'kɒndjʊɪt, amer. -d(j)ʊət] [vatten]ledning; kanal; elektr. [lednings]rör, skyddsrör

cone [kəʊn] *s* 1 kon; *~ of rays* ljuskägla
2 kotte 3 strut [*ice-cream ~*]

confectioner [kən'fekʃ(ə)nə], *~'s* [*shop*] godsaksaffär, konfektaffär; *~s' sugar* amer. florsocker

confectionery [kən'fekʃnərɪ] 1 sötsaker, konfekt 2 konfektaffär, konditori
3 godsakstillverkning, konfekttillverkning

confederacy [kən'fed(ə)rəsɪ] 1 allians
2 sammansvärjning, maskopi
3 konfederation

confederate [ss. subst. o. adj. kən'fed(ə)rət, ss. vb kən'fedəreɪt] I *s* 1 förbundsmedlem
2 medbrottsling II *adj* förbunden, förenad
III *vb tr* förena, uppta i ett förbund IV *vb itr* sluta sig samman

confederation [kənˌfedə'reɪʃ(ə)n] statsförbund; förbund

confer [kən'fɜː] I *vb tr* 1 förläna [*~ a degree* (*a title*) *on a p.*], skänka [*~ power on a p.*], dela ut; *~ a doctorate on a p.* promovera ngn [till doktor] 2 lat. imper. jämför, se *cf.* II *vb itr* konferera, rådslå

conference ['kɒnf(ə)r(ə)ns] konferens; *be in ~* sitta i sammanträde

confess [kən'fes] I *vb tr* 1 bekänna, erkänna [*she ~ed herself* [*to be*] *guilty*]
2 bikta [*~ one's sins*], skrifta [*~ oneself*]
II *vb itr* 1 erkänna; *~ to* vidgå, medge, erkänna [*~ to a crime*] 2 bikta sig

confession [kən'feʃ(ə)n] 1 bekännelse
2 bikt

confessional [kən'feʃ(ə)nl] **I** *adj* **1** ~ *box* biktstol **2** konfessionell **II** *s* biktstol; bikt
confetti [kən'fetɪ] (it. pl.; konstr. ss. sg.) konfetti
confidant [ˌkɒnfɪ'dænt] (om kvinna äv. *confidante* samma utt.) förtrogen vän[inna], rådgivare
confide [kən'faɪd] **I** *vb itr*, ~ *in* lita (förlita sig, tro) på **II** *vb tr* anförtro
confidence ['kɒnfɪd(ə)ns] **1** förtroende; tillit; *have ~ in* ha förtroende för, tro på; *take a p. into one's* ~ göra ngn till sin förtrogne; *vote of no* ~ misstroendevotum; ~ *man* (*trickster*) bondfångare; solochvårare; ~ *trick* (*game* amer.) bondfångarknep **2** tillförsikt
confident ['kɒnfɪd(ə)nt] **1** tillitsfull; säker, viss; *be ~ that* vara säker på att, lita [helt] på att **2** säker; säker av sig, självsäker
confidential [ˌkɒnfɪ'denʃ(ə)l] förtrolig; i förtroende given (sagd, berättad)
configuration [kənˌfɪgjʊ'reɪʃ(ə)n] **1** gestalt; gestaltning, form, kontur[er] **2** astron., data. el. fys. konfiguration
confine [ss. subst. 'kɒnfaɪn, ss. vb kən'faɪn] **I** *s*, pl. ~*s* gräns[er], gränsområde; begränsningar **II** *vb tr* **1** hålla fängslad, sätta in; *be* ~*d to barracks* mil. ha (få) kasernförbud (permissionsförbud) **2** begränsa [*I must ~ myself to a few remarks*]; *be* ~*d for space* vara trångbodd
confinement [kən'faɪnmənt] **1** fångenskap, fängsligt förvar; inspärrning; ~ *to barracks* mil. kasernförbud, permissionsförbud **2** barnsäng, förlossning **3** inskränkning, begränsning
confirm [kən'fɜːm] (jfr *confirmed*) **1** bekräfta [~ *a rumour* (*a p.'s suspicions*)], ge stöd åt; stadfästa [~ *a treaty*], ratificera; konfirmera; godkänna; ~ *the minutes of the last meeting* justera protokollet från föregående möte **2** befästa, styrka **3** kyrkl. konfirmera
confirmation [ˌkɒnfə'meɪʃ(ə)n] **1** bekräftelse; stadfästelse **2** befästande, styrkande **3** kyrkl. konfirmation
confirmed [kən'fɜːmd] **1** bekräftad etc., jfr *confirm*; konstaterad [*25 ~ cases of polio*] **2** inbiten [~ *bachelor*]; inrotad; obotlig [~ *invalid*]; ohjälplig, oförbätterlig [~ *drunkard*]
confiscate ['kɒnfɪskeɪt] konfiskera, beslagta
confiscation [ˌkɒnfɪ'skeɪʃ(ə)n] konfiskering, konfiskation; indragning [av egendom]
conflagration [ˌkɒnflə'greɪʃ(ə)n] storbrand; *world* ~ världsbrand

conflict [ss. subst. 'kɒnflɪkt, ss. vb kən'flɪkt] **I** *s* konflikt; sammanstötning, kamp; motsats; motsättning; motsägelse; pl. ~*s* äv. stridigheter **II** *vb itr* **1** drabba samman, strida, kämpa **2** bildl. gå isär [*the two versions of the story* ~]; råka i strid (konflikt); ~ *with* äv. strida mot
conflicting [kən'flɪktɪŋ] motstridande [~ *evidence*]; motsatt [~ *views*]; stridande
conform [kən'fɔːm] **I** *vb tr* anpassa, forma; få att överensstämma **II** *vb itr* **1** rätta sig, anpassa sig **2** vara förenlig, överensstämma
conformity [kən'fɔːmətɪ] **1** överensstämmelse, likhet; konformitet; likriktning; *in ~ with* i överensstämmelse (enlighet) med **2** anpassning
confound [kən'faʊnd] **1** förvirra; förbrylla **2** röra ihop **3** vard., ~ *it!* jäklar!, tusan också!
confounded [kən'faʊndɪd] **1** förvirrad etc., jfr *confound* **2** vard. förbaskad [~ *nuisance*]
confront [kən'frʌnt] **1** konfrontera; ~ *with* äv. ställa inför [*they* ~*ed him with evidence of his crime*] **2** möta [*the difficulties that ~ us seem insuperable*]; *be* ~*ed by* (*with*) *a new problem* ställas (bli ställd, stå) inför ett nytt problem **3** [modigt] möta [~ *danger*]; stå ansikte mot ansikte med [*the two men* ~*ed each other angrily*]
confrontation [ˌkɒnfrʌn'teɪʃ(ə)n] konfrontation
confuse [kən'fjuːz] **1** förvirra, förbrylla **2** röra ihop (till); förväxla, blanda ihop
confused [kən'fjuːzd] (adv. *confusedly* [kən'fjuːzɪdlɪ]) **1** förvirrad, förbryllad; konfunderad, konfys; *the ~ elderly* förvirrade åldringar i behov av vård **2** oordnad, rörig
confusion [kən'fjuːʒ(ə)n] **1** förvirring, oordning; *it made ~ worse confounded* det trasslade till (förvirrade) begreppen ännu mer **2** förväxling **3** förvirring; förlägenhet
congeal [kən'dʒiːl] stelna; isa[s]
congenial [kən'dʒiːnjəl] **1** sympatisk [~ *surroundings*], behaglig; ~ *task* arbete som passar en **2** [natur]besläktad; kongenial; samstämd **3** lämplig
congenital [kən'dʒenɪtl] medfödd, kongenital [~ *defect*]; *be a ~ liar* vara en obotlig lögnare
conger ['kɒŋgə] o. **conger eel** [ˌkɒŋgər'iːl] zool. havsål
congestion [kən'dʒestʃ(ə)n] **1** med. blodstockning; *nasal ~* nästäppa

2 stockning i trafik o.d.; överbelastning; överbefolkning; ~ *charges* trafik. trängselavgifter
conglomerate [ss. adj. o. subst. kənˈglɒmərət, ss. vb kənˈglɒməreɪt] **I** *adj* hopgyttrad **II** *s* **1** hopgyttring, massa; konglomerat **2** ekon. el. geol. konglomerat **III** *vb itr* gyttra ihop sig, samlas
conglomeration [kənˌglɒməˈreɪʃ(ə)n] gytter, samling, anhopning
Congo [ˈkɒŋgəʊ] geogr.; *the ~* Kongofloden; *the Democratic Republic of the ~* Folkrepubliken Kongo (Kongo-Kinshasa); *the Republic of the ~* Republiken Kongo (Kongo-Brazzaville)
Congolese [ˌkɒŋgə(ʊ)ˈliːz] **I** (pl. lika) *s* kongoles **II** *adj* kongolesisk
congratulate [kənˈgrætjʊleɪt] gratulera [*~ a p.* [*up*]*on* (till) *his success*]; *~ oneself on* lyckönska sig till, skatta sig lycklig över
congratulation [kənˌgrætjʊˈleɪʃ(ə)n] gratulation, lyckönskning, lyckönskan; *Congratulations!* [jag (vi)] gratulerar!, har den äran [att gratulera]!
congregate [ˈkɒŋgrɪgeɪt] samlas, [för]samla sig
congregation [ˌkɒŋgrɪˈgeɪʃ(ə)n] **1** samling **2** församling äv. kyrkl.; menighet
congress [ˈkɒŋgres] **1** kongress **2** [ibl. *the*] *C~* kongressen lagstiftande församlingen i USA
Congress|man [ˈkɒŋgres|mən] (pl. *-men* [-mən]) amer. medlem av kongressens representanthus
conifer [ˈkɒnɪfə, ˈkəʊn-] barrträd
coniferous [kə(ʊ)ˈnɪfərəs, kɒ-] kottbärande, barrträds- [*~ tree*]
conjecture [kənˈdʒektʃə] **I** *s* gissning[ar], förmodan; hypotes **II** *vb itr* gissa
conjugal [ˈkɒn(d)ʒʊg(ə)l] äktenskaplig [*~ happiness*]
conjugate [ˈkɒn(d)ʒʊgeɪt] **I** *vb tr* gram. konjugera **II** *vb itr* para sig
conjugation [ˌkɒn(d)ʒʊˈgeɪʃ(ə)n] gram. konjugation; böjning, böjningsklass
conjunction [kənˈdʒʌŋ(k)ʃ(ə)n] **1** förening; kombination; sammanträffande [*~ of events*]; *in ~* tillsammans **2** astron. el. gram. konjunktion
conjunctivitis [kənˌdʒʌŋ(k)tɪˈvaɪtɪs] med. konjunktivit
conjure [ˈkʌn(d)ʒə, i bet. *I 2* kənˈdʒʊə] **I** *vb tr* **1** trolla fram [*~ a rabbit out of* (ur) *a hat*]; *~ up* a) trolla fram [*~ up a meal*] b) frambesvärja [*~ up the spirits of the dead*], frammana [*~ up visions of the past*] **2** besvärja **II** *vb itr* **1** trolla; *a name to ~ with* ett namn med fin klang **2** frambesvärja andar
conjurer [ˈkʌn(d)ʒ(ə)rə] trollkarl, taskspelare
conjuring [ˈkʌn(d)ʒ(ə)rɪŋ] trolldom, trolleri, taskspeleri; *~ tricks* trollkonster
conker [ˈkɒŋkə] vard. **1** [häst]kastanj frukten **2** *~s* (konstr. ss. sg.) slags lek med kastanjer
connect [kəˈnekt] **I** *vb tr* förbinda, anknyta; foga (länka, koppla) samman; förknippa; tekn. koppla [ihop (in, om, till)]; *~ up* isht tekn. ansluta, sammanbinda, förena; *be ~ed with* äv. stå i samband med; vara lierad med **II** *vb itr* hänga ihop; stå i samband (förbindelse); ha anknytning [*the train ~s with another at B.*]
connected [kəˈnektɪd] **1** sammanhängande [*~ rooms*] **2** besläktad; lierad; *be well (influentially) ~* ha försänkningar
connection [kəˈnekʃ(ə)n] **1** förbindelse; sammanhang; förknippning; anslutning; *miss one's ~* inte hinna med anslutande båt (flyg m.m.) **2** personlig förbindelse; umgänge med ngn; befattning med ngt; *have good ~s* ha försänkningar **3** [släkt]förbindelse; släktskap; släkt; släkting **4** krets; klientel; praktik **5** tekn. koppling; kontakt; ledning; skarv
conning-tower [ˈkɒnɪŋˌtaʊə] sjö. stridstorn på ubåt
connive [kəˈnaɪv], *~ at* se genom fingrarna med, blunda för, överse med; *~ with* spela under täcket med, vara i maskopi med
connoisseur [ˌkɒnəˈsɜː, -ˈsjʊə] kännare, konnässör
connotation [ˌkɒnə(ʊ)ˈteɪʃ(ə)n] bibetydelse; konnotation
connubial [kəˈnjuːbjəl] äktenskaplig
conquer [ˈkɒŋkə] **I** *vb tr* erövra; vinna; besegra **II** *vb itr* segra; *~ing* äv. segerrik
conqueror [ˈkɒŋkərə] erövrare; segrare; [*William*] *the C~* Vilhelm Erövraren
conquest [ˈkɒŋkwest] erövring; seger; *make a ~ of* bildl. erövra; vinna
conscience [ˈkɒnʃ(ə)ns] samvete [*a good (clear, bad, guilty) ~*]; *~ money* samvetspengar t.ex. i efterhand inbetalade av skattebedragare
conscientious [ˌkɒnʃɪˈenʃəs] samvetsgrann; pliktrogen; hederlig; *~ objector* vapenvägrare
conscious [ˈkɒnʃəs] **1** medveten; *be ~ of* äv. veta [med sig], märka, känna **2** vid medvetande (sans) [*he was ~ to the last*]
consciousness [ˈkɒnʃəsnəs] medvetande; medvetenhet
conscript [ss. adj. o. subst. ˈkɒnskrɪpt, ss. vb

kən'skrɪpt] **I** *adj* värnpliktig **II** *s* värnpliktig (inskriven) [soldat] **III** *vb tr* ta ut till militärtjänst (värnplikt)
conscription [kən'skrɪpʃ(ə)n] värnplikt, uttagning (rekrytering) till militärtjänst
consecrate ['kɒnsɪkreɪt] inviga; helga; ägna, viga; *~d earth* vigd jord
consecutive [kən'sekjʊtɪv] på varandra följande [*several ~ days*]; fortlöpande
consensus [kən'sensəs] samstämmighet
consent [kən'sent] **I** *s* samtycke; *by common (general) ~* enhälligt, enstämmigt **II** *vb itr* samtycka; gå med på det; *~ to* [*the proposal*] gå med på...; *~ing adult* jur. person som är i stånd att ta ansvar för egna handlingar isht sexuella; vard. homosexuell
consequence ['kɒnsɪkwəns] **1** följd; slutsats; *in ~* som en följd av detta, följaktligen; *play ~s* lek skriva långkatekes **2** vikt [*a th. of ~*]; *it is of no ~* det har ingen betydelse, det spelar ingen roll
consequent ['kɒnsɪkwənt] följande, som följer; *be ~* [*up*]*on* vara en följd av
consequently ['kɒnsɪkwəntlɪ] följaktligen
conservation [ˌkɒnsə'veɪʃ(ə)n] **1** bibehållande; bevarande; konservering **2** skydd; vård av naturtillgångar; naturvård; miljövård; *~ area* naturvårdsområde
conservationist [ˌkɒnsə'veɪʃənɪst] naturvårdare
conservatism [kən'sɜːvətɪz(ə)m] konservatism
conservative [kən'sɜːvətɪv] **I** *adj* **1** konservativ [*~ tendencies*; *the C~ Party*] **2** vard. försiktig; *at a ~ estimate* enligt (vid) en försiktig beräkning, lågt räknat **3** bevarande, skyddande **II** *s* konservativ person; *C~* konservativ, högerman
conservatory [kən'sɜːvətrɪ] **1** drivhus; orangeri; vinterträdgård **2** [musik]konservatorium
conserve [kən'sɜːv] **I** *vb tr* **1** bevara; vidmakthålla; förvara; spara på **2** koka in frukt **II** *s*, vanl. pl. *~s* inlagd frukt, sylt; fruktkonserv[er]
consider [kən'sɪdə] **I** *vb tr* (jfr *considering*) **1** tänka (fundera, reflektera) på, överväga, betrakta; betänka; *~ing that he is...* med tanke på (med hänsyn till) att han är... **2** ta hänsyn till [*~ the feelings of other people*] **3** [hög]akta; uppskatta [*not highly ~ed*] **4** anse [*I ~ it* [*to be*] *best*], anse som (för) **II** *vb itr* tänka; betänka sig
considerable [kən'sɪd(ə)rəbl] betydande; betydlig, avsevärd [*a ~ sum of money*]; *~ trouble* åtskilligt besvär
considerably [kən'sɪd(ə)rəblɪ] betydligt [*~ worse*], avsevärt
considerate [kən'sɪd(ə)rət] hänsynsfull, omtänksam
consideration [kənˌsɪdə'reɪʃ(ə)n] **1** övervägande; hänsynstagande, avseende; *take a th. into ~* ta hänsyn till ngt; *on* [*further*] *~* vid närmare eftertanke **2** hänsyn; faktor [*time is an important ~ in this case*]; *a ~* äv. något som man får ta hänsyn till **3** ersättning, betalning; *for a ~* mot ersättning, mot kontant vederlag **4** hänsyn
considering [kən'sɪd(ə)rɪŋ] **I** *prep* med tanke på, med hänsyn till [*~ the circumstances*] **II** *konj* med tanke på **III** *adv* vard. efter omständigheterna [*that's not so bad, ~*]
consign [kən'saɪn] **1** överlämna [*~ to the flames*], överantvarda [*~ one's soul to God*] **2** hand. avsända, översända varor med båt, tåg o.d.; konsignera
consignee [ˌkɒnsaɪ'niː, -sɪ'niː] [varu]mottagare
consignment [kən'saɪnmənt] **1** utlämnande, överlämnande **2** hand. avsändning av varor, isht till agent **3** varusändning
consignor [kən'saɪnə] [varu]avsändare, leverantör
consist [kən'sɪst] bestå
consistency [kən'sɪst(ə)nsɪ] **1** konsistens **2** fasthet; stadga **3** konsekvens; följdriktighet; överensstämmelse
consistent [kən'sɪst(ə)nt] **1** överensstämmande, förenlig; *be ~ with* äv. stämma [överens] med **2** konsekvent; följdriktig **3** fast; jämn [*the team has been very ~*]
consolation [ˌkɒnsə'leɪʃ(ə)n] tröst; *~ prize* tröstpris
1 console [kən'səʊl] trösta
2 console ['kɒnsəʊl] **1** konsol **2** manöverbord äv. data. **3** spelbord till orgel **4** *~* [*model*] golvmodell av radio, tv o.d.
consolidate [kən'sɒlɪdeɪt] **I** *vb tr* **1** konsolidera **2** slå samman, sammanföra bolag, områden etc. **3** konsolidera en skuld; fondera; *~d annuities* consols slags statsobligationer **II** *vb itr* **1** konsolideras; om betong sätta sig **2** gå samman [*the two companies have ~d*]
consols ['kɒnsəlz] se *consolidated annuities* under *consolidate I 3*

consommé [kən'sɒmeɪ, 'kɒnsəmeɪ] kok. (fr.), klar [kött]buljong, consommé
consonant ['kɒnsənənt] I *adj* harmonisk, överensstämmande II *s* konsonant
consort [ss. subst. 'kɒnsɔːt, ss. vb kən'sɔːt] I *s* 1 make, gemål; *prince ~* prinsgemål 2 sjö. konvojfartyg II *vb itr* 1 förena sig; *~ with* äv. hålla till hos (bland) 2 stämma överens; passa
consortium [kən'sɔːtjəm] konsortium av företag
conspicuous [kən'spɪkjuəs] 1 iögonfallande; lätt att se, synlig [vida omkring] 2 framstående; *make oneself ~* ådra sig uppmärksamhet, göra sig bemärkt; *be ~ by one's absence* lysa med sin frånvaro
conspiracy [kən'spɪrəsɪ] konspiration, komplott
conspirator [kən'spɪrətə] konspiratör
conspiratorial [kən‚spɪrə'tɔːrɪəl] konspiratorisk
conspire [kən'spaɪə] 1 konspirera 2 om händelse samverka; bidra
constable ['kʌnstəbl, 'kɒn-] polis; *Chief C~* polismästare för stad el. grevskap
constabulary [kən'stæbjʊlərɪ] I *s* poliskår; gendarmeri II *adj* polis- [*~ force*]
Constance ['kɒnst(ə)ns] 1 kvinnonamn 2 staden Konstanz; *the Lake of ~* el. *Lake ~* Bodensjön
constant ['kɒnst(ə)nt] I *adj* 1 ständig; beständig, konstant 2 stadig; fast, ståndaktig; trofast II *s* matem. el. fys. konstant
constantly ['kɒnst(ə)ntlɪ] [jämt och] ständigt, konstant
constellation [‚kɒnstə'leɪʃ(ə)n] konstellation äv. bildl.; stjärnbild
consternation [‚kɒnstə'neɪʃ(ə)n] bestörtning; *flee in ~* fly i panik (förfäran)
constipat|e ['kɒnstɪpeɪt] vålla förstoppning [hos]; *be -ed* ha förstoppning, vara hård i magen; *milk is -ing* mjölk verkar förstoppande
constipation [‚kɒnstɪ'peɪʃ(ə)n] förstoppning, trög mage; med. konstipation, obstipation
constituency [kən'stɪtjʊənsɪ] valkrets; valmanskår
constituent [kən'stɪtjʊənt] I *adj* 1 bestånds-, integrerande [*~ part*] 2 konstituerande [*~ assembly*] 3 väljande, val-; *~ body* valkorporation II *s* 1 beståndsdel 2 valman, väljare
constitute ['kɒnstɪtjuːt] 1 utgöra [*it ~s the only method that…*], bilda; *what ~s the difference?* vad består skillnaden i?

2 konstituera, grunda; upprätta [*~ a provisional government*]; tillsätta [*~ a committee*] 3 utse ngn till [*the meeting ~d him chairman*]
constitution [‚kɒnstɪ'tjuːʃ(ə)n] 1 [stats]författning; grundlag; *written ~* skriven författning; *Great Britain has an unwritten ~* Storbritannien saknar författning (har en oskriven författning) 2 a) [kropps]konstitution, fysik b) sinnesförfattning; temperament 3 sammansättning [*the ~ of the council*]; struktur [*the ~ of the solar spectrum*], beskaffenhet 4 konstituerande etc., jfr *constitute 2* 5 utseende, jfr *constitute 3*
constitutional [‚kɒnstɪ'tjuːʃənl] I *adj* konstitutionell; medfödd; grundlagsenlig II *s* vard., stärkande promenad [*take a ~*]
constrain [kən'streɪn] 1 tvinga; *be ~ed to* vara (bli) tvungen att, nödgas 2 fängsla, lägga band på 3 begränsa; inskränka, hindra rörelse
constraint [kən'streɪnt] 1 tvång; tvångsmedel; bundenhet, ofrihet; *under ~* a) under tvång b) internerad, inspärrad 2 känsla av tvång; tvunget sätt 3 restriktion
constrict [kən'strɪkt] dra samman; få att dra ihop sig
constriction [kən'strɪkʃ(ə)n] sammandragning, hopsnörning; insnörning; förträngning
construct [ss. vb kən'strʌkt, ss. subst 'kɒnstrʌkt] I *vb tr* konstruera [fram (upp)]; uppföra; bygga upp II *s* 1 tankeskapelse isht som del av teori 2 språkv. konstruktion
construction [kən'strʌkʃ(ə)n] 1 konstruktion; uppförande [*the new railway is under ~*]; tillverkning; *~ kit* byggsats 2 byggnad; uppbyggnad 3 gram. el. matem. konstruktion 4 tolkning, utläggning; [*the sentence*] *does not bear such a ~* …kan inte tolkas så
constructive [kən'strʌktɪv] konstruktiv
constructor [kən'strʌktə] konstruktör
construe [kən'struː, 'kɒnst-] I *vb tr* 1 tolka [*his remarks were wrongly ~d*], tyda 2 gram. konstruera 3 analysera en sats o.d.; översätta ordagrant [*~ a passage from Homer*] II *vb itr* 1 gå att översätta; *this sentence doesn't ~* äv. meningen är felkonstruerad 2 göra en [sats]analys
consul ['kɒns(ə)l] konsul
consulate ['kɒnsjʊlət] konsulat
consult [kən'sʌlt] I *vb tr* rådfråga, konsultera; se efter i (på) [*~ a map*], slå upp i [*~ a dictionary*]; *~ a p.* äv. rådgöra

med ngn; ~ *one's watch* se på klockan **II** *vb itr* överlägga
consultant [kən'sʌltənt] **1** konsulterande läkare **2** konsulent; *special ~* ämnesspecialist
consultation [ˌkɒns(ə)l'teɪʃ(ə)n] **1** överläggning; samråd [*in ~ with*]; *be in ~ over* konferera om **2** konsultation
consume [kən'sju:m, -'su:m] **1 a)** om eld m.m. förtära **b)** bildl. *~d with* förtärd av, brinnande av [*~d with desire*], uppfylld av **2 a)** förbruka; isht hand. konsumera **b)** förtära; *the time ~d in reading the proofs* den tid som gått åt för att läsa korrektur
consumer [kən'sju:mə, -'su:-] konsument; *~ guidance* konsumentupplysning; *~ price index* amer. konsumentprisindex
consumerism [kən'sju:mərɪz(ə)m, -'su:-] **1** konsumentpolitik **2** hög konsumtion i samhället som grund för en sund ekonomi **3** köpgalenskap [*mindless ~*]
consummate [ss. adj. kən'sʌmət, ss. vb 'kɒnsəmeɪt] **I** *adj* fulländad **II** *vb tr* **1** fullkomna **2** fullborda [*the marriage was never ~d*]
consumption [kən'sʌm(p)ʃ(ə)n] **1** förtäring; *unfit for human ~* otjänlig som människoföda **2** konsumtion; *petrol* (*gasoline*) *~* bensinförbrukning **3** åld. lungsot äv. *~ of the lungs*]
contact ['kɒntækt, ss. vb äv. kən'tækt] **I** *s* **1** kontakt, beröring [*come in* (*into*) *~ with*]; känning; bekantskap; *~* [*man*] kontakt[man]; *make ~ with* få kontakt med **2** med. eventuell smittbärare **II** *vb tr* komma (stå) i kontakt med, kontakta
contagious [kən'teɪdʒəs] smittsam; smittoförande; [*her laughter* (*enthusiasm*)] *is ~* äv. ...smittar av sig
contain [kən'teɪn] **1** innehålla **2** behärska; *~ oneself* behärska sig, tiga **3** mil. hålla, hindra en fientlig styrka
container [kən'teɪnə] **1** behållare **2** container
contaminate [kən'tæmɪneɪt] [för]orena; smitta ner; kontaminera belägga med radioaktivt stoft; bildl. besmitta; *~d clothing* kontaminerade kläder, kläder med radioaktiv beläggning
contamination [kənˌtæmɪ'neɪʃ(ə)n] **1** förorening äv. konkr.; nedsmutsning; nedsmittning; radioaktiv kontamination **2** språkv. kontamination
contemplate ['kɒntəmpleɪt] **I** *vb tr* **1** betrakta **2** fundera över (på) [*~ a problem*], begrunda **3** räkna med [såsom möjligt] [*I do not ~ any opposition from him*] **4** ha för avsikt [*~ buying a new car*], överväga; perf. p.: *~d* äv. tilltänkt, eventuell **II** *vb itr* fundera, meditera
contemplation [ˌkɒntəm'pleɪʃ(ə)n] **1** betraktande; begrundande; kontemplation **2** avsikt; avvaktan [*in ~ of*]; *be in ~* vara under övervägande
contemporarly [kən'temp(ə)rərɪ] **I** *adj* samtidig [*with* med]; jämnårig; samtida; nutida; modern [*~ art* (*style*)]; aktuell [*~ events*] **II** *s* samtida [*of* till]; *we were -ies at college* vi gick på college ungefär samtidigt
contempt [kən'tem(p)t] förakt, ringaktning; *hold in ~* hysa förakt för, förakta
contemptible [kən'tem(p)təbl] föraktlig; usel
contemptuous [kən'tem(p)tjʊəs] föraktfull
contend [kən'tend] **I** *vb itr* **1** strida [*~ with difficulties*]; *the ~ing parties* de stridande parterna **2** sträva; tävla [*~ for* (om) *a prize*] **3** tvista, disputera **II** *vb tr* [vilja] hävda
contender [kən'tendə] **1** sport. tävlande; utmanare [*~ for the heavyweight title*] **2** sökande, kandidat [*~ for the post* (*job*)]
1 content ['kɒntent] **1** innehåll ofta i motsats mot form [*the ~ of the essay*]; innebörd; halt; jfr *contents* **2** rymlighet; *cubic ~* kubikinnehåll
2 content [kən'tent] **I** *s* belåtenhet; *to one's heart's ~* av hjärtans lust; så mycket man vill **II** *adj* nöjd, belåten **III** *vb tr* tillfredsställa; *~ oneself* nöja sig [*with* med]
contented [kən'tentɪd] nöjd, belåten; förnöjsam
contention [kən'tenʃ(ə)n] **1** strid; tvist; tävlan **2** påstående; åsikt [*his ~ was that...*]
contentious [kən'tenʃəs] **1** stridslysten **2** tvistig; omtvistad [*a ~ clause in a treaty*]; tviste-; *~ issue* stridsfråga, tvistefråga
contentment [kən'tentmənt] belåtenhet
contents ['kɒntents] innehåll [*the ~ of a glass* (*book*)]; *table of ~* innehållsförteckning
contest [ss. subst. 'kɒntest, ss. vb kən'test] **I** *s* **1** strid **2** tävling [*a speed ~*], tävlan **II** *vb itr* strida, tävla **III** *vb tr* **1** bekämpa; bestrida [*~ a point* (*will*)] **2** kämpa om, försvara [*~ every inch of ground*]; tävla om [*~ a prize*]; *~ the election* parl. ställa upp som motkandidat
contestant [kən'testənt] stridande [part]; tävlande; konkurrent

context ['kɒntekst] **1** sammanhang; kontext; *quotations out of* ~ lösryckta citat **2** omgivning[ar]; ram
continent ['kɒntɪnənt] **I** *adj* återhållsam; måttlig; avhållsam **II** *s* **1** kontinent; *the C*~ kontinenten Europas fastland **2** världsdel
continental [ˌkɒntɪ'nentl] **I** *adj* **1** kontinental, kontinental-; fastlands-; ~ *breakfast* kontinental frukost (kaffefrukost) med bröd, smör och marmelad **2** amer. på (tillhörande) det nordamerikanska fastlandet [*the* ~ *United States does not include Hawaii*] **II** *s* fastlandseuropé i motsats mot britt
contingenc|y [kən'tɪn(d)ʒ(ə)nsɪ] **1 a)** eventualitet [*be prepared for all -ies*] **b)** oförutsedd händelse [*supplies for every* ~]; *should a* ~ *arise* om något oförutsett inträffar **2** tillfällighet [*a result that depends upon -ies*] **3 a)** pl. *-ies* oförutsedda utgifter; extra omkostnader **b)** ~ *fund* fond för oförutsedda utgifter **4** ~ *plan* beredskapsplan
contingent [kən'tɪn(d)ʒ(ə)nt] **I** *adj* **1** eventuell **2** villkorlig inte nödvändig i och för sig; betingad; oväsentlig **3** tillfällig **4** ~ *to* medföljande, som hör till (är en följd av) **II** *s* kontingent isht av trupper; grupp
continual [kən'tɪnjʊəl] ständig; ihållande [~ *rain*]; idelig
continuation [kənˌtɪnjʊ'eɪʃ(ə)n] fortsättning, återupptagande; förlängning; ~ *classes* fortsättningskurser; ~ *school* fortsättningsskola; fackskola
continue [kən'tɪnjʊ] **I** *vb tr* **1** fortsätta [~ *doing* (*to do*) *a th.*]; [*to be*] ~*d* fortsättning [följer] **2** förlänga; låta bestå **3** [bi]behålla, låta kvarstå **II** *vb itr* **1** fortsätta **2** förbli [~ *in office*]; fortfarande vara [~ *ill*] **3** fortleva
continuity [ˌkɒntɪ'njuːətɪ] **1** kontinuitet **2** film.: **a)** ung. scenario; scenföljd, kontinuitet **b)** i för- el. eftertexter scripta; ~ *girl* (isht amer. *clerk*) scripta **3** radio. el. TV. programmanuskript; sammanbindande kommentar
continuous [kən'tɪnjʊəs] kontinuerlig, fortlöpande; ständig; ~ *performance* nonstopföreställning[ar]
continuously [kən'tɪnjʊəslɪ] kontinuerligt etc.; oavbrutet; fortlöpande
contort [kən'tɔːt] förvrida; förvränga
contortion [kən'tɔːʃ(ə)n] förvridning av ansikte el. kropp; grimas; förvrängning
contortionist [kən'tɔːʃənɪst] ormmänniska
contour ['kɒntʊə] **I** *s* kontur; ytterlinje isht mellan olikfärgade delar av bild o.d.; omkrets; grunddrag; ~ *line* nivåkurva på karta; ~ *map* höjdkarta **II** *vb tr* visa (dra upp) konturerna av, konturera
contraband ['kɒntrəbænd] **I** *s* kontraband [~ *of war*]; smuggelgods; kontrabandstrafik **II** *adj* kontrabands-
contraception [ˌkɒntrə'sepʃ(ə)n] [användning av] preventivmedel
contraceptive [ˌkɒntrə'septɪv] **I** *adj* preventiv[-] **II** *s* preventivmedel
contract [ss. subst. 'kɒntrækt, ss. vb kən'trækt] **I** *s* **1** avtal, överenskommelse; kontrakt äv. kortsp. **2** hand. kontrakt [*that is not in the* ~]; entreprenad, ackord [*by* (på) ~]; *place a* ~ *for* lämna på entreprenad **II** *vb tr* **1** avtala, avsluta genom kontrakt; teckna avtal (kontrakt) om [*to do*]; ~ *oneself out of* [genom överenskommelse] göra sig fri från **2** ingå [~ *a marriage*], sluta [~ *an alliance with another country*], knyta [~ *a friendship* (vänskapsband) *with*], ådra sig [~ *a disease*], åsamka sig [~ *debts*] **3** dra samman (ihop); rynka [~ *the brows*] **III** *vb itr* **1** dra ihop sig, krympa **2** ~ *out* dra sig ur spelet; hoppa av [*of a th.* från ngt]; anmäla sitt utträde [*of a th.* ur ngt]; ~ *out of a th.* äv. dra sig ur ngt
contraction [kən'trækʃ(ə)n] **1** sammandragning; hopdragning; kontraktion; förkortning; minskning; krympning **2** *the* ~ *of debts* (*an infection*) att ådra sig skulder (en infektion)
contractor [kən'træktə] leverantör; entreprenör; *builder and* ~ byggnadsentreprenör
contractual [kən'træktʃʊəl, -tj-] kontrakts-, av kontraktsnatur
contradict [ˌkɒntrə'dɪkt] **I** *vb tr* säga emot; bestrida **II** *vb itr* säga emot
contradiction [ˌkɒntrə'dɪkʃ(ə)n] motsägelse; bestridande; ~ *in terms* självmotsägelse; *be in* ~ *with* stå i strid med
contradictory [ˌkɒntrə'dɪkt(ə)rɪ] motsägande; rakt motsatt; motsägelsefull, kontradiktorisk
contralto [kən'træltəʊ] (pl. ~*s*) mus. **1** alt; altstämma **2** kontraalt; kontraaltstämma
contraption [kən'træpʃ(ə)n] vard. apparat, manick
contrar|y ['kɒntrərɪ, i bet. *I 3* kən'treərɪ] **I** *adj* **1** motsatt; stridande [*to* mot]; ~ *to* äv. [tvärt]emot, i strid mot (med) **2** motig; ogynnsam [~ *weather*], mot- [~ *winds*] **3** vard. motsträvig, motspänstig, enveten **II** *adv*, ~ *to* [tvärt]emot, i strid mot (med)

[*act* ~ *to the rules*] **III** *s* motsats [*the direct* ~ *of* (till) *a th.*]; *rather the* ~ snarare tvärtom; *on the* ~ tvärtom; däremot; [*unless I hear*] *anything to the* ~ ...någonting i motsatt riktning, ...något annat; *proof to the* ~ bevis på motsatsen; motbevis; *all reports to the* ~ trots alla rykten

contrast [ss. subst. 'kɒntrɑːst, ss. vb kən'trɑːst] **I** *s* kontrast, motsättning; *in* ~ däremot, å andra sidan **II** *vb tr* ställa [upp] som motsats, jämföra; *as ~ed with* i motsats mot, i jämförelse med **III** *vb itr* kontrastera, sticka av; *~ing colours* kontrastfärger, kontrasterande färger

contravene [ˌkɒntrə'viːn] **1** kränka; handla mot **2** strida mot

contravention [ˌkɒntrə'venʃ(ə)n] överträdelse; *in* ~ *of* i strid (motsats) mot

contribute [kən'trɪbjuːt, 'kɒntrɪbjuːt] **I** *vb tr* **1** bidra med, ge (lämna) [som bidrag] [~ *money*] **2** ~ *articles to* [*a paper*] medarbeta (medverka) i..., bidra med artiklar i... **II** *vb itr* **1** ge (lämna) bidrag **2** ~ *to a paper* medverka (vara medarbetare) i en tidning **3** bidra

contribution [ˌkɒntrɪ'bjuːʃ(ə)n] bidrag [*the smallest* ~*s will be thankfully received*]; inlägg i diskussion o.d.; insats; tillskott

contributor [kən'trɪbjʊtə] bidragsgivare; medarbetare i tidskrift o.d.

contributory [kən'trɪbjʊt(ə)rɪ] bidragande [~ *factors*]; som finansieras genom ömsesidiga bidrag [*a* ~ *pension scheme*]

contrite ['kɒntraɪt] ångerfull

contrivance [kən'traɪv(ə)ns] anordning; apparat

contrive [kən'traɪv] **1** tänka ut, uppfinna; planera **2** finna medel (utvägar) till [äv. ~ *a means of*], finna på ett sätt, ordna till med

control [kən'trəʊl] **I** *s* **1** kontroll [*he lost* ~ *of* (över) *his car*], makt, myndighet; övervakning; uppsikt [*parental* ~]; reglering [*import* ~]; behärskning; *arms* ~ vapenkontroll; *circumstances beyond one's* ~ omständigheter som man inte råder över; *the situation was getting out of* ~ man började tappa kontrollen över situationen; *keep within one's* ~ behålla herraväldet (kontrollen) över **2** ~ [*group*] kontroll[grupp] **3** kontrollanordning, styranordning; pl. ~*s* kontrollinstrument, reglage; flyg. roder, styrorgan, kontroller **II** *vb tr* kontrollera, bestämma över; övervaka [~ *the accounts*]; dirigera; sköta; reglera; bemästra; hålla ordning (styr) på [~ *a class*]; ~ *oneself* behärska sig

controller [kən'trəʊlə] kontrollant; *air-traffic* ~ flygledare

control tower [kən'trəʊl,taʊə] flyg. trafiktorn

controversial [ˌkɒntrə'vɜːʃ(ə)l] **1** omtvistad, kontroversiell [*a* ~ *issue* (fråga)] **2** polemisk [~ *pamphlet*] **3** stridslysten

controversy [kən'trɒvəsɪ, 'kɒntrəvɜːsɪ] **1** kontrovers, polemik; [tidnings]debatt; *beyond* (*without*) ~ obestridlig[t] **2** amer. jur. tvistemål

conurbation [ˌkɒnɜː'beɪʃ(ə)n] storstadsregion

convalesce [ˌkɒnvə'les] tillfriskna

convalescence [ˌkɒnvə'lesns] tillfrisknande

convalescent [ˌkɒnvə'lesnt] **I** *adj* **1** som håller på att tillfriskna **2** konvalescent-; ~ *home* konvalescenthem **II** *s* konvalescent

convene [kən'viːn] **I** *vb itr* komma samman, sammanträda, samlas **II** *vb tr* **1** sammankalla **2** instämma [~ *a p. before a tribunal*]

convener [kən'viːnə] sammankallande [ledamot]

convenience [kən'viːnjəns] **1** lämplighet; bekvämlighet; *flag of* ~ bekvämlighetsflagg; [*I can come*] *when it suits your* ~ ...när det passar dig; *do it at your* [*own*] ~ gör det när det passar dig **2** förmån; *a great* ~ en stor fördel, mycket förmånligt (bekvämt) **3** [*public*] ~ offentlig toalett; *modern* ~*s* moderna bekvämligheter **4** *make a* ~ *of a p.* utnyttja ngn

convenient [kən'viːnjənt] lämplig; bekväm; praktisk [*a* ~ *tool*]; välbelägen; *if it is* ~ *to* (*for*) *you* om det passar (lämpar sig för) dig

conveniently [kən'viːnjəntlɪ] bekvämt; lämpligen; *be* ~ *near* [*the bus-stop*] ligga nära till (på bekvämt avstånd från)...

convent ['kɒnv(ə)nt] [nunne]kloster; ~ *school* klosterskola

convention [kən'venʃ(ə)n] **1 a)** konvent [*national* ~]; sammankomst **b)** amer. polit. [parti]konvent **2** överenskommelse, konvention [*the Geneva C*~]; uppgörelse; fördrag **3** konvention[en]; konvenans[en]

conventional [kən'venʃ(ə)nl] konventionell [~ *clothing*; ~ *weapons*]; sedvanlig

converge [kən'vɜːdʒ] löpa (stråla) samman; sträva mot (mötas i) samma punkt

conversant [kən'vɜːs(ə)nt], ~ *with* insatt (hemmastadd) i, förtrogen med

conversation [ˌkɒnvə'seɪʃ(ə)n] konversation; *make ~ kallprata,* konversera
conversational [ˌkɒnvə'seɪʃ(ə)nl] samtals- [*in a ~ tone*]; kåserande [*~ style*]
conversationalist [ˌkɒnvə'seɪʃ(ə)nəlɪst] [riktig] konversatör; *he is a good ~* han är bra på att konversera
1 converse [kən'vɜːs] konversera
2 converse ['kɒnvɜːs] I *adj* omvänd, motsatt II *s* omvänt förhållande; motsats
conversely [ˌkɒn'vɜːslɪ] omvänt
conversion [kən'vɜːʃ(ə)n] **1** omvandling, ombyggnad; omställning [*~ to war production*]; *~ of flats into offices* kontorisering av lägenheter **2** teol. el. psykol. m.m. omvändelse, konvertering; övergång **3** ekon. el. data. m.m. konvertering; omräkning; omsättning till andra värden; *~ table* förvandlingstabell, omräkningstabell **4** jur. förskingring [äv. *fraudulent ~*] **5** rugby. el. amer. fotb. mål efter 'försök'
convert [ss. subst. 'kɒnvɜːt, ss. vb kən'vɜːt] I *s* omvänd; proselyt; konvertit; *be a ~ to* [*Catholicism*] ha gått över (konverterat) till... II *vb tr* **1** omvandla, förvandla; ställa (lägga) om; omsätta [*~ ideas into* (i) *deeds*]; *the building was ~ed into a hotel* huset gjordes (byggdes) om till hotell **2** relig. m.m. omvända **3** ekon. el. data. m.m. konvertera; omsätta [*~ into cash*]; räkna om **4** jur., *~ to one's own use* använda (tillägna sig) för eget bruk **5** rugby. el. amer. fotb., *~ a try* göra mål efter ett 'försök' III *vb itr* **1** [kunna] förvandlas [*a sofa that ~s into a bed*] **2** ställa (lägga) om [*the factory is ~ing to car production*] **3** relig. m.m. omvändas **4** rugby. el. amer. fotb. göra mål [efter ett 'försök']
convertible [kən'vɜːtəbl] I *adj* **1** som kan omvandlas (förvandlas etc. jfr *convert II*); omsättlig **2** bil. med fällbart tak **3** utbytbar; isht ekon. konvertibel II *s* **1** cabriolet bil **2** båt med kapell
convex [kən'veks, isht attr. 'kɒnv-] konvex utåt.; *~ lens* konvex lins, samlingslins
convey [kən'veɪ] **1** befordra, transportera, forsla; medföra [*this train ~s both passengers and goods*]; överbringa [*~ a message to a p.*]; framföra hälsning o.d. **2** leda vatten o.d.; överföra **3** meddela; uttrycka [*I can't ~ my feelings in words*]; *it ~s nothing* (*no meaning*) *to me* det säger mig ingenting **4** jur. överlåta
conveyance ['kən'veɪəns] **1** befordran, transport; överförande **2** fortskaffningsmedel **3** jur. överlåtelse[handling]
conveyer o. **conveyor** [kən'veɪə] **1** överbringare **2** tekn. [band]transportör, transportband [äv. *~ band (belt)*]; *~ belt* äv. löpande band; *on the ~ principle* enligt löpandebandsprincipen
convict [ss. vb kən'vɪkt, ss. subst. 'kɒnvɪkt] I *vb tr* fälla, förklara (döma) skyldig; överbevisa; *the evidence ~ed him* bevismaterialet fällde honom II *s* straffånge; förbrytare; *~ colony* straffkoloni
conviction [kən'vɪkʃ(ə)n] **1** brottslings fällande; [fällande] dom; överbevisande; *he had three* (*no*) *previous ~s* han var straffad tre gånger (var inte straffad) tidigare; *~ for drunkenness* [dom för] fylleriförseelse **2** övertygande; övertygelse; *carry ~* verka övertygande; övertyga [*to a p.* ngn]; *act up to one's ~s* handla efter sin övertygelse; *a man of* (*with*) *strong ~s* en man med mycket bestämda åsikter
convince [kən'vɪns] övertyga, överbevisa; isht amer. äv. övertala
convivial [kən'vɪvɪəl] **1** festlig [*~ evening*] **2** sällskaplig
convoluted ['kɒnvəluːtɪd, -ljuːt-] **1** full av vindlingar; spiralformig **2** bildl. invecklad [*~ reasoning*], snirklad
convoy ['kɒnvɔɪ] I *vb tr* konvojera; eskortera II *s* konvoj; eskort [*the ships sailed under ~*]; eskortfartyg; kolonn av fordon
convulse [kən'vʌls] **1** [våldsamt] skaka (uppröra), sätta i skakning **2** framkalla krampryckning[ar] (paroxysmer) hos; få att vrida sig
convulsion [kən'vʌlʃ(ə)n] **1** mest pl. *~s* konvulsion[er], kramp, krampanfall, krampryckning[ar]; paroxysm[er] [*~s of laughter*]; [*the story was so funny that we*] *were all in ~s* ...vred oss av skratt allihop **2** isht polit. el. sociol. omvälvning [*social* (*political*) *~s*]
1 coo [kuː] I *vb itr* o. *vb tr* kuttra äv. bildl. II *s* kuttrande
2 coo [kuː] vard. el. dial., *~!* oh!, åh!, oj! [*~, isn't it lovely!*; *~, what an evening!*]
cook [kʊk] I *s* kock; kokerska; *she is a good ~* hon lagar god mat, hon är duktig i matlagning II *vb tr* **1** laga till, laga mat; koka **2** vard., *~ up* koka ihop, hitta på [*~ up a story*] **3** vard. förfalska [*~ed accounts* (*figures*)], fiffla med, stuva om; *~ the books* fiffla med (förfalska) böckerna (bokföringen) **4** sl. spoliera; *~ed*

utmattad, slut **5** sl. koka upp narkotika **III** *vb itr* **1** laga mat **2** koka[s] [*the potatoes must ~ longer*], steka[s]; tillagas; [*these apples*] *~ well* ...är lämpliga som matfrukt **3** vard. stå på, vara i görningen; *what's ~ing?* vad står på?
cookbook [ˈkʊkbʊk] kokbok
cooker [ˈkʊkə] **1** spis; kokkärl; kokare **2** matäpple; pl. *~s* äv. matfrukt
cookery [ˈkʊkərɪ] kokkonst
cookery book [ˈkʊkərɪbʊk] kokbok
cookie [ˈkʊkɪ] **1** amer. [små]kaka; kex; pl. *~s* äv. småbröd; *that's the way the ~ crumbles* vard. så är det, så kan det gå **2** amer. vard. sötnos; pangbrud **3** amer. sl. kille [*a smart* (*tough*) *~*] **4** amer. sl., *toss one's ~s* kasta upp, spy
cooking [ˈkʊkɪŋ] **1** tillagning; kokning, stekning; *do the ~* laga maten, sköta matlagningen **2** vard. fiffel [*the ~ of* (med) *the books*]
cool [kuːl] **I** *adj* **1** sval; *~ cupboard* (*larder*) sval i t.ex. kök **2** kylig; kallsinnig **3** kallblodig, lugn, kall; *keep ~!* ta det lugnt!; *~, calm and collected* lugn och sansad **4** oberörd; *a ~ customer* en fräck en (typ) **5** vard., *a ~ thousand* hela (sina modiga) tusen pund e.d. **6** isht amer. sl. jättebra; jättesnygg; *it's not ~* det är inget vidare; *it's ~ with me* det går bra för min del, inte mig emot **7** isht amer. sl., *~ jazz* cool jazz avspänd o. intellektualiserad, ej utpräglat rytmisk jazz **II** *adv* vard., *play it ~* ta det lugnt, ha is i magen **III** *s* **1** svalka [*in the ~ of the evening*]; sval luft **2** sval plats **3** vard., *lose one's ~* tappa huvudet; *keep one's ~* hålla huvudet kallt, behålla fattningen **IV** *vb tr* **1** göra sval[are] [*the rain has ~ed the air*]; svala av, kyla äv. bildl.; lugna ner [äv. *~ down*; *I tried to ~ her down*]; svalka; *~ing system* kylsystem **2** sl., *~ it!* ta det lugnt! **V** *vb itr* svalna äv. bildl.; *~ down* (*off*) a) svalna [*her friendship for me has ~ed down* (*off*)]; kylas av b) vard. lugna ner sig
coolness [ˈkuːlnəs] **1** svalka **2** lugn **3** kallsinnighet
coop [kuːp] **I** *s* **1** bur för ligghöns, gödhöns o.d. el. för transport av smådjur **2** amer. sl. finka, kurra **II** *vb tr* sätta i bur; stänga in, bura in [äv. *~ up* (*in*)]
co-op [ˈkəʊɒp] vard. **1** (kortform för *co-operative society* el. *shop* el. *store*) konsum **2** amer., se *co-operative apartment* under *co-operative I 2*
co-operate [kəʊˈɒpəreɪt] samarbeta; samverka, bidra

co-operation [kəʊˌɒpəˈreɪʃ(ə)n] **1** samarbete; samverkan **2** kooperation
co-operative [kəʊˈɒp(ə)rətɪv] **I** *adj* **1** samverkande; samarbetsvillig **2** kooperativ [*~ society*]; *~ apartment* amer. ung. bostadsrätt[slägenhet], insatslägenhet; *the C~ Wholesale Society* ung. Kooperativa förbundet **II** *s* kooperativ förening
co-opt [kəʊˈɒpt] **1** välja in **2** absorbera **3** utnämna **4** amer. ta över verksamhet o.d.
co-ordinate [ss. adj. o. subst. kəʊˈɔːdənət, ss. vb kəʊˈɔːdɪneɪt] **I** *adj* likställd; samordnad äv. gram. [*~ clause*]; koordinerad; matem. koordinat- **II** *s* **1** likställd person (myndighet e.d.) **2** matem. m.m. koordinat[a] **III** *vb tr* koordinera, samordna
co-ordination [kəʊˌɔːdɪˈneɪʃ(ə)n] **1** samordning, koordination **2** fysiol. samverkan
coot [kuːt] zool. sothöna [äv. *bald ~*]; *bald as a ~* vard. kal (slät) som en biljardboll
cop [kɒp] **I** *s* **1** vard. snut; *~s and robbers* lek tjuv och polis **2** sl. kap; byte; *it's a fair ~* a) jag ger mig! b) han etc. har tagits på bar gärning; *no* [*great*] (*not much*) *~* inte mycket att hurra för **II** *vb tr* sl. haffa brottsling; *be ~ped* äv. åka dit, åka fast
1 cope [kəʊp] **1** kyrkl. korkåpa **2** valv
2 cope [kəʊp] klara det; klara sig, stå pall; *~ with* klara [*~ with difficulties*], gå i land med, orka med; vard. palla för
Copenhagen [ˌkəʊpnˈheɪg(ə)n] Köpenhamn
copier [ˈkɒpɪə] **1** kopieringsapparat **2** efterapare
co-pilot [ˌkəʊˈpaɪlət] flyg. andrepilot
copious [ˈkəʊpjəs] riklig [*~ amounts*]
1 copper [ˈkɒpə] sl. snut polis
2 copper [ˈkɒpə] **I** *s* **1** koppar **2** [koppar]slant **3** stor kopparkittel, bykkittel **4** koppar[rött] **5** sl., *hot ~s* dageneftertörst **II** *vb tr* förkoppra
coppice [ˈkɒpɪs] småskog som periodiskt hugges till bränsle m.m.; slyskog; skogsdunge
copulate [ˈkɒpjʊleɪt] kopulera; ha samlag
cop|y [ˈkɒpɪ] **I** *s* **1** kopia, avbild **2** kopia, reproduktion, avskrift, genomslagskopia; *fair* (*clean*) *~* renskrift, renskrivet exemplar; *make a fair ~ of a th.* skriva rent ngt; *rough* (*foul*) *~* koncept, kladd; *top ~* original maskinskrivet huvudexemplar; *true ~* [*certified*] kopians överensstämmelse med originalet intygas, rätt avskrivet intygas **3** exemplar, nummer av bok, tidning o.d.; *single ~*

lösnummer **4 a)** manuskript till sättning [*supply the press with ~*] **b)** copy, annonstext, [reklam]text **c)** stoff, material för journalister o.d.; *make good* ~ vara bra nyhetsmaterial (tidningsstoff) **II** *vb tr* kopiera, efterbilda; ta [en] kopia av; ~ [*down*] skriva av; ~ *out* skriva ut (ren), efterlikna, ta efter, imitera; apa efter, härma **III** *vb itr* skol. skriva av [*from a p. efter ngn*], fuska
copycat ['kɒpɪkæt] **I** *s* vard. härmapa, efterapare; attr. liknande **II** *vb tr* efterapa
copyright ['kɒpɪraɪt] **I** *s* copyright; ~ *reserved* eftertryck förbjudes **II** *vb tr* förvärva (få) copyright på
copywriter ['kɒpɪˌraɪtə] copywriter
coquettish [kɒˈketɪʃ, kə(ʊ)ˈk-] kokett
coral ['kɒr(ə)l] **I** *s* **1** korall; ~ *island* korallö **2** korallrött **II** *adj* korallröd
cord [kɔːd] **I** *s* **1** rep, snöre, lina, streck, snodd, stropp; amer. elektr. sladd **2** anat. sträng; *spinal* ~ ryggmärg **3** tyg med upphöjda ränder; isht cord, manchester; pl. ~*s* manchesterbyxor **II** *vb tr* binda [om] med rep (snöre); binda fast
cordial ['kɔːdjəl] **I** *adj* **1** hjärtlig [*a ~ smile*] **2** hjärtstärkande, stimulerande **II** *s* **1** hjärtstärkande (stimulerande) preparat; styrkedryck **2** fruktvin; [frukt]saft
cordiality [ˌkɔːdɪˈælətɪ] hjärtlighet; älskvärdhet
cordon ['kɔːdn] **I** *s* **1** kordong; *police* ~ poliskedja, polisspärr; *form a* ~ äv. bilda häck **2 a)** ordensband **b)** kordong, snodd med tofs **3** byggn. murkrans **4** kordong spaljéträd **II** *vb tr*, ~ [*off*] spärra av
corduroy ['kɔːdərɔɪ]
1 manchester[sammet]; manchester- [~ *jacket*]; pl. ~*s* manchesterbyxor **2** ~ *road* kavelbro väg över träsk o.d.
core [kɔː] **I** *s* **1** kärnhus **2** bildl. kärna [*a ~ of resistance*], kärnpunkt; ~ *storage* data. kärnminne; *to the* ~ helt och hållet, alltigenom **3** tekn. kärna, innersta del; *the* ~ äv. det inre, stommen **4** fys. härd **II** *vb tr* ta ut kärnhuset ur
coriander [ˌkɒrɪˈændə] bot. koriander
cork [kɔːk] **I** *s* kork; ~ *jacket* **a)** korkbälte **b)** flytväst [av kork] **II** *vb tr* korka; ~ *up* **a)** sätta en kork (korken) i, korka igen **b)** bildl. undertrycka, hålla tillbaka [~ *up one's feelings*]
corkage ['kɔːkɪdʒ] **1 a)** tillkorkning **b)** uppkorkning **2** korkpengar avgift för förtäring av medhavt vin på restaurang
corked [kɔːkt] **1** om vin med korksmak **2** vard. packad berusad
corkscrew ['kɔːkskruː] **I** *s* korkskruv; ~

staircase spiraltrappa **II** *vb tr* vard. vrida (sno) i spiral; lirka **III** *vb itr* vard. slingra (skruva) sig
corm [kɔːm] rotknöl; [blomster]lök
cormorant ['kɔːm(ə)r(ə)nt] zool. **a)** skarv **b)** storskarv
1 corn [kɔːn] **I** *s* **1** säd äv. växande; spannmål **2 a)** i större delen av Storbritannien isht vete **b)** skotsk. el. irl. havre **c)** amer. el. austral., [*Indian*] ~ majs; ~ *on the cob* [kokta] majskolvar ss. maträtt **3** [sädes]korn; pepparkorn **4** sl. banal (sentimental) smörja **II** *vb tr* salta, konservera [~*ed beef*]
2 corn [kɔːn] liktorn
corncob ['kɔːnkɒb] majskolv; ~ [*pipe*] majskolvspipa
cornea ['kɔːnɪə, kɔːˈniːə] anat. hornhinna
corner ['kɔːnə] **I** *s* **1 a)** hörn [*in a ~ of the room*], hörna; ~ *seat* hörnplats **b)** [gat]hörn [*there is a shop on* (*at*) *the ~*] **c)** flik, snibb; *cut* [*off*] *a ~* ta en genväg; inte ta ut svängen kring ett hörn (i en kurva) **2** vinkel; *the ~s of her mouth* hennes mungipor **3** friare: **a)** hörn [*the four ~s of the earth*] **b)** vrå **c)** skamvrå [*put a boy in the ~*] **d)** kantighet [*knock* (*rub*) *off a p.'s ~s*] **4** sport.: **a)** fotb. hörna; *take a* ~ lägga en hörna **b)** boxn. hörna; *be in a p.'s* ~ vara ngns sekond **5** börs. corner; *make a* ~ *in* köpa upp i spekulationssyfte **II** *vb tr* **1** perf. p.: ~*ed* i sammansättn. -vinklig, -kantig [*three-cornered*] **2** tränga in i ett hörn; bildl. sätta i knipa, sätta fast; göra ställd (förlägen) [*the question ~ed me*] **3** börs. [genom en corner] behärska [~ *the market*] **III** *vb itr* **1** ta kurvor[na] [*the car can ~ very fast*] **2** börs. bilda en corner
corner kick ['kɔːnəkɪk] fotb. hörnspark, hörna
cornerstone ['kɔːnəstəʊn] hörnsten, bildl. äv. grundval
cornet ['kɔːnɪt] **1** mus. kornett **2 a)** [pappers]strut **b)** glasstrut
cornflakes ['kɔːnfleɪks] cornflakes, majsflingor
cornflour ['kɔːnflaʊə] **1** majsmjöl, majsena **2** finsiktat mjöl
cornflower ['kɔːnflaʊə] bot. **1** blåklint **2** [åker]klätt
cornice ['kɔːnɪs] kornisch; taklist
Cornish ['kɔːnɪʃ] **I** *adj* från (i) Cornwall; cornisk **II** *s* corniska [språket] nu utdött
cornucopia [ˌkɔːnjʊˈkəʊpjə] **1** ymnighetshorn **2** överflöd
corny ['kɔːnɪ] vard. **1** banal och

sentimental, tårdrypande [~ *music*] **2** fånig, töntig [~ *jokes*]
corollary [kə'rɒləri, amer. 'kɒrə͵leri] **1** filos. följdsats, korollarium **2** naturlig följd
coronary ['kɒrən(ə)ri] **I** *adj*, ~ *artery* kransartär **II** *s* vard. hjärtinfarkt
coronation [͵kɒrə'neiʃ(ə)n] kröning
coroner ['kɒrənə] jur. coroner ämbetsman som utreder orsaken till dödsfall vid misstanke om mord o.d.; ~*'s inquest* [av coroner och jury anställt] förhör om dödsorsaken
coronet ['kɒrənət] [furstlig el. adlig] krona
1 corporal ['kɔːp(ə)r(ə)l] mil. **1** britt. furir gruppbefäl inom armén o. flyget; yngre: korpral gruppbefäl inom flyget **2** amer. korpral gruppbefäl inom armén
2 corporal ['kɔːp(ə)r(ə)l] kroppslig; lekamlig; personlig [~ *possession*]; ~ *punishment* kroppsaga, kroppsstraff
corporate ['kɔːp(ə)rət] **1** gemensam [~ *responsibility*]; kår- [~ *spirit*] **2** korporativ [~ *state*]; tillhörande en korporation; ~ *body* korporation; jur. äv. juridisk person
corporation [͵kɔːpə'reiʃ(ə)n] **1** korporation; samfund **2 a)** [statligt] bolag [*British Broadcasting C*~] **b)** amer. [aktie]bolag **c)** bolags- [~ *taxes*] **3 a)** styrelse; [*municipal*] ~ kommunstyrelse **b)** kommunal [~ *tramways*]; ~ *houses* kommunala bostadshus **4** vard. kalaskula
corps [kɔː] (pl. *corps* [kɔːz]) kår; *army* ~ armékår
corpse [kɔːps] lik
corpulent ['kɔːpjʊlənt] korpulent
corpuscle ['kɔːpʌsl, kɔː'pʌsl] **1** anat. kropp; [*blood*] ~ blodkropp **2** korpuskel, partikel; fys. elektron
corral [kə'rɑːl] isht amer. **I** *s* fålla, inhägnad för djur **II** *vb tr* **1** stänga (driva) in i en fålla **2** vard. få tag i
correct [kə'rekt] **I** *vb tr* **1** rätta; rätta till, korrigera; ändra; ~ *proofs* läsa korrektur **2** tillrättavisa; tukta **3** avhjälpa; hjälpa upp **II** *adj* **1** rätt, korrekt; exakt; sann; *be* ~ **a)** vara rätt (riktig), stämma **b)** ha rätt; *the* ~ *amount* [*of money*] rätt summa, jämna pengar **2** korrekt [till sättet]; regelrätt; passande, riktig; *be* ~ *for* passa (lämpa sig) för
correction [kə'rekʃ(ə)n] **1** rättning, rättelse; korrigering; ändring; ~*!* Fel [av mig]!, Mittåt! **2** tillrättavisning; bestraffning
correlate ['kɒrəleit] **I** *s* korrelat [*height and depth are* ~*s*] **II** *vb tr* o. *vb itr* sätta (stå) i [växel]förhållande (relation), korrelera
correlation [͵kɒrə'leiʃ(ə)n] korrelation
correspond [͵kɒri'spɒnd] **1** motsvara varandra; stämma överens; ~ *to* (*with*) motsvara, svara mot, utgöra motsvarighet till [*the American Congress* ~*s to the British Parliament*], vara likvärdig med **2** brevväxla, korrespondera
correspondence [͵kɒri'spɒndəns] **1** motsvarighet [*to*]; överensstämmelse [*with*] **2** brevväxling [*do* (sköta) *the* ~; *carry on* (*keep up*) *a* ~ *with*]; ~ *clerk* hand. korrespondent; ~ *school* korrespondensinstitut, brevskola
correspondent [͵kɒri'spɒndənt] **I** *s* **1** brevskrivare **2** tidn. **a)** korrespondent **b)** insändare; *our special* ~ vår utsände medarbetare **3** hand. **a)** korrespondent **b)** affärsförbindelse **II** *adj* motsvarande; *be* ~ *with* (*to*) motsvara
corresponding [͵kɒri'spɒndiŋ] **1** motsvarande **2** korresponderande [~ *member*]
corridor ['kɒridɔː] korridor
corroborate [kə'rɒbəreit] bestyrka, bekräfta
corroboration [kə͵rɒbə'reiʃ(ə)n], *in* ~ *of* till bestyrkande av, som bekräftelse på
corrode [kə'rəʊd] **I** *vb tr* fräta [på]; fräta bort (sönder) **II** *vb itr* **1** fräta [sig] [*into*, *through*] **2** frätas sönder (bort)
corrosion [kə'rəʊʒ(ə)n] korrosion; frätning; sönderfrätande
corrosive [kə'rəʊsiv] **I** *adj* korrosions-; frätande; etsnings- **II** *s* frätande ämne
corrugate ['kɒrəgeit] **I** *vb tr* räffla; korrugera [~*d iron* (järnplåt)]; ~*d cardboard* (*paper*) wellpapp **II** *vb itr* rynka (vecka) sig
corrupt [kə'rʌpt] **I** *adj* **1** korrumperad; korrupt [~ *system*]; ~ *practices* bedrägligt förfarande; muta **2** [moraliskt] fördärvad **3** förvrängd **II** *vb tr* **1** [moraliskt] fördärva **2** korrumpera **3** förvränga; förvanska text **III** *vb itr* **1** [moraliskt] fördärvas **2** ruttna, bli skämd **3** verka korrumperande, korrumpera
corruption [kə'rʌpʃ(ə)n] **1** korruption; mutsystem **2** fördärvande; sedefördärv **3** förvrängning
corset ['kɔːsit] **I** *s* **1** korsett äv. med.; snörliv **2** bildl. tvångströja [*a bureaucratic* ~] **II** *vb tr* **1** korsettera **2** bildl. strängt kontrollera; sätta tvångströja på
Corsica ['kɔːsikə] geogr. Korsika

Corsican ['kɔːsɪkən] I *adj* korsikansk II *s* korsikan
cortisone ['kɔːtɪzəʊn] farmakol. cortison
cosh [kɒʃ] sl. I *s* [gummi]batong med inlagd blyklump II *vb tr* slå [till] med en batong
cosiness ['kəʊzɪnəs] [hem]trevlighet etc., jfr *cosy*
cosmetic [kɒz'metɪk] I *adj* 1 kosmetisk 2 bildl. a) utan praktisk betydelse b) förskönande; ~ *surgery* kosmetisk kirurgi skönhetsoperation II *s* 1 skönhetsmedel; pl. ~*s* äv. kosmetika 2 bildl. [förskönande] utanverk
cosmic ['kɒzmɪk] kosmisk [~ *rays*]
cosmonaut ['kɒzmənɔːt] kosmonaut
cosmopolitan [,kɒzmə'pɒlɪt(ə)n] I *adj* kosmopolitisk II *s* kosmopolit
cosmos ['kɒzmɒs], *the* ~ kosmos, världsalltet
Cossack ['kɒsæk] kosack
cosset ['kɒsɪt] klema med
cost [kɒst] I (*cost cost*, i bet. 2 ~*ed* ~*ed*) *vb itr* o. *vb tr* 1 kosta; ~ *a p. dear*[*ly*] stå ngn dyrt 2 hand. göra kostnadsberäkningar [för] [*the job was* ~*ed at £850*], bestämma pris [på] II *s* 1 kostnad[er]; bekostnad; pl. ~*s* omkostnad[er], kostnad[er]; ~, *insurance,* [*and*] *freight* som transportklausul fraktfritt och assuransfritt, cif; *the* ~ *of living* levnadskostnaderna; *count the* ~ beräkna kostnaderna; bildl. tänka på följderna; *at* ~ [*price*] till inköpspris (självkostnadspris); *at all* ~*s* till varje pris 2 jur., pl. ~*s* rättegångskostnader [*he had to pay £150 fine* (i böter) *and £50* ~*s*]
co-star ['kəʊstɑː] I *s* person som spelar ena huvudrollen; motspelare II *vb tr* o. *vb itr, he* ~*red* (*was* ~*red*) *with her* han spelade mot henne
cost-effective [,kɒstɪ'fektɪv] lönande, kostnadseffektiv
costermonger ['kɒstə,mʌŋgə] ngt åld. frukt- och grönsaksmånglare på gatan
costly ['kɒstlɪ] dyrbar; dyr
cost price [,kɒst'praɪs] inköpspris
costume ['kɒstjuːm] I *s* 1 dräkt, nationaldräkt; klädedräkt; [*tailored*] ~ [promenad]dräkt 2 teat. kostym; ~ *piece* (*play*) kostympjäs II *vb tr* kostymera; leverera kostymer till
cosy ['kəʊzɪ] I *adj* 1 [hem]trevlig, mysig; bekväm; gemytlig 2 självbelåten; trångsynt II *s* huv, huva
cot [kɒt] barnsäng, babysäng; säng på barnsjukhus; ~ *death* med. plötslig spädbarnsdöd
coterie ['kəʊtərɪ] kotteri

cottage ['kɒtɪdʒ] 1 [litet] hus; stuga; *country* ~ [litet] landställe 2 ~ *cheese* keso®, kvark, kvarg; ~ *industry* hemindustri
cotton ['kɒtn] I *s* 1 bot. bomull 2 a) bomull tyg b) [bomulls]tråd 3 bomulls-; av bomull II *vb itr* 1 ~ [*on*] *to* bli god vän med, fatta tycke för; vara (gå) med på, gilla, fastna för 2 vard., ~ *on* [*to it*] haja, fatta [galoppen]
cotton wool [,kɒtn'wʊl] råbomull; bomull
1 couch [kaʊtʃ] bot. kvickrot
2 couch [kaʊtʃ] I *s* dyscha, schäslong; bänk för massage o.d.; ~ *potato* vard. tv-freak, soffpotatis II *vb tr* uttrycka, avfatta [~*ed in insolent terms*]; dölja, innefatta mening, tanke o.d. III *vb itr* böja (huka) sig [ned] äv. bildl.
couchette [kuː'ʃet] fr. järnv. liggvagnsplats; ~ [*car*] liggvagn
cough [kɒf] I *vb itr* o. *vb tr* hosta; ~ *up* hosta upp äv. bildl. II *s* hosta; hostning
cough drop ['kɒfdrɒp] 1 halstablett 2 sl. kuf
cough mixture ['kɒf,mɪkstʃə] hostmedicin
could [kʊd, obeton. kəd] (imperf. av *1 can*) 1 kunde; skulle kunna; orkade [*how* ~ *he carry that heavy case?*]; ~ *be!* kanske det!, det är mycket möjligt; *he is as nice as* ~ *be* han är det snällaste som finns (man kan tänka sig) 2 kunde (skulle kunna) få [~ *I speak to Mr. Smith?*]
couldn't ['kʊdnt] = *could not; you* ~ *help me, could you?* skulle du kunna (vilja vara snäll och) hjälpa mig?
council ['kaʊnsl, -sɪl] 1 råd; rådsförsamling; *town* (*city*) ~ kommunfullmäktige, stadsfullmäktige 2 styrelse
councillor ['kaʊnsələ] rådsmedlem; [*town* (*city*)] ~ kommunfullmäktig, stadsfullmäktig
counsel ['kaʊns(ə)l] I *s* 1 rådplägning; *take* ~ rådgöra [*together* med varandra] 2 a) råd b) rådslut c) plan; *a piece of* ~ ett råd; *keep one's own* ~ behålla sina tankar (planer) för sig själv 3 (pl. lika) advokat som biträder part vid rättegång; rättegångsbiträde; ~ *for the defence* el. *defence* ~ försvarsadvokat[en], svarandesidans advokat II *vb tr* 1 råda ngn 2 tillråda, förorda; mana till [~ *patience*]
counsellor ['kaʊnsələ] 1 rådgivare; [*student*] ~ studierådgivare, studievägledare 2 ~ [*of embassy*] ambassadråd 3 irl. el. amer. advokat (ofta i tilltal)
1 count [kaʊnt] icke-brittisk greve

2 count [kaʊnt] **I** vb tr **1** a) räkna b) räkna till [~ *three*] c) räkna in (ihop, samman) d) räkna upp e) beräkna [~ *one's profits*]; *stand up and be ~ed* bildl. göra sin röst hörd, ta ställning **2** inberäkna; *six, ~ing the driver* sex, föraren medräknad (med föraren) **3** anse (räkna) som (för) [äv. ~ *as*]; *~ oneself fortunate* (*lucky*) skatta sig lycklig **4** gälla [för] [*the ace ~s 10*] **5** med adv. *~ in* inberäkna, räkna med; *~ up* räkna (summera) ihop **II** vb itr **1** räkna [*~ up to* ([ända] till) *ten*] **2** ~ [*up*]*on* räkna (lita) på, räkna med **3** a) räknas, spela en roll b) räknas med, tas med i beräkningen; *~ against a p.* vara en nackdel (ett minus) för ngn, ligga ngn i fatet; *~ among* räknas bland, höra till **4** *~ down* räkna ner t.ex. inför start **III** s **1** [samman]räkning; slutsumma; *~* [*of votes*] rösträkning **2** boxn. räkning; *take the ~* gå ner för räkning äv. bildl.; *be out for the ~* boxn. vara uträknad; bildl. vara väck (borta) **3** a) jur. anklagelsepunkt b) fall [*on* (i) *two ~s*], punkt **4** med. värde [*blood ~*] **5** *~ noun* se *countable II*
countable ['kaʊntəbl] **I** adj som kan räknas; gram. äv. pluralbildande [*~ noun*] **II** s gram. räknebart (pluralbildande) substantiv
countdown ['kaʊntdaʊn] nedräkning vid t.ex. start
countenance ['kaʊntənəns] **I** s **1** ansikte **2** ansiktsuttryck, uppsyn; min [*change ~*] **3** uppmuntran, [moraliskt] stöd **II** vb tr uppmuntra; tillåta, tolerera
1 counter ['kaʊntə] **1** räknare; räkneverk **2** [spel]mark; pjäs, jetong **3** pollett **4** i butik o.d. disk [*sell under the ~*]; bardisk; kassa; *lunch ~* lunchbar **5** amer. arbetsbänk
2 counter ['kaʊntə] **I** adj mot-; kontra-; motsatt; stridig; *be ~ to* strida mot, vara oförenlig med **II** adv i motsatt riktning; *~ to* tvärt emot, stick i stäv mot [*act ~ to a p.'s wishes*] **III** vb tr **1** motsätta sig **2** bemöta [*they ~ed our proposal with one of their own*] **3** a) schack. besvara [med motdrag] b) boxn., *~ a p.* ge ngn ett kontraslag **IV** vb itr boxn. kontra **V** s **1** motsats **2** boxn. kontraslag
counteract [,kaʊntər'ækt] motverka, hindra; neutralisera; *~* [*the effects of*] *a th.* förta verkningarna av ngt
counterattack ['kaʊnt(ə)rə,tæk] **I** s motanfall **II** vb tr göra motanfall mot **III** vb itr göra motanfall
counterbalance ['kaʊntə,bæləns, ss. vb ,--'--] **I** s motvikt **II** vb tr motväga

counterclockwise [,kaʊntə'klɒkwaɪz] amer. moturs
counterespionage [,kaʊntər'espɪənɑ:ʒ] kontraspionage
counterfeit ['kaʊntəfɪt, -fi:t] **I** adj **1** förfalskad; falsk **2** hycklad, spelad **II** s efterapning, förfalskning **III** vb tr förfalska
counterfoil ['kaʊntəfɔɪl] talong på biljetthäfte o.d.; kupong
counterintelligence [,kaʊntərɪn'telɪdʒ(ə)ns] **1** kontraspionage **2** ung. säkerhetstjänst
countermand [,kaʊntə'mɑ:nd, '---] **I** vb tr **1** annullera, upphäva **2** ge kontraorder om **II** s **1** annullering, upphävande **2** kontraorder
countermeasure ['kaʊntə,meʒə] motåtgärd
counteroffensive [,kaʊntərə'fensɪv] motoffensiv
counterpane ['kaʊntəpeɪn] ngt åld. sängöverkast
counterpart ['kaʊntəpɑ:t] **1** motstycke, motbild **2** motsvarighet; om pers. äv. kollega **3** dubblett[exemplar]; **4** motspelare
counterproductive [,kaʊntəprə'dʌktɪv] kontraproduktiv; *be ~* äv. motverka sitt eget syfte
counter-revolution ['kaʊntərevə,lu:ʃ(ə)n, -və,lju:-] kontrarevolution
countersign ['kaʊntəsaɪn] kontrasignera; *~ for payment* attestera
countess ['kaʊntəs, -tes] **1** icke-brittisk grevinna **2** *countess* earls maka el. änka
countless ['kaʊntləs] otalig
countrified ['kʌntrɪfaɪd] lantlig; bondsk
country ['kʌntrɪ] **1** land; fosterland; *all the ~* hela landet (folket); *in this ~* här i landet, i vårt land; *appeal* (*go*) *to the ~* utlysa [ny]val, vädja till folket i val **2** landsbygd; landsort; *in the ~* a) på landet b) i landsorten; *go into the ~* fara ut på landet **3** område äv. bildl. [*this is new ~ to me*]; land, nejd; terräng; *flat ~* slättland, slättbygd **4** lantlig [*~ food*]; lant- [*~ shop*]; *~ gentleman* lantjunkare, godsägare; *~ place* sommarställe, hus på landet
country-and-western [,kʌntrɪən(d)'westən], *~* [*music*] country and western[musik]
country house [,kʌntrɪ'haʊs] **1** herrgård, [lant]gods **2** hus (villa) på landet
country|man ['kʌntrɪ|mən] (pl. *-men* [-mən]) **1** landsman **2** lantman; lantbo
countryside ['kʌntrɪsaɪd] landsbygd; trakt, landskap; natur; *the ~* äv. landet
county ['kaʊntɪ] **I** s grevskap; grevskaps-;

motsv. läns-; *administrative* ~ grevskap som förvaltningsområde; motsv. län; *the Home Counties* grevskapen närmast London **2** amer., ung. [stor]kommun i vissa delstater; ~ *seat* centralort i storkommun **II** *adj* ung. av godsägarfamilj [*they are* ~], [herrgårds]förnäm, ståndsmässig [*it was all very* ~]
county town [ˌkaʊntɪˈtaʊn] grevskapshuvudstad; motsv. residensstad
coup [kuː] kupp; *bring (pull) off a* ~ göra en [lyckad] kupp
coupe [kuːp] [glass]coupe
coupé [ˈkuːpeɪ] **1** kupé bil och vagn **2** järnv. halvkupé med en bänkrad i slutet av vagn
couple [ˈkʌpl] **I** *s* **1** par; *a* ~ *of* ett par [stycken] **2** par man och kvinna; *a married* ~ ett gift (äkta) par, två äkta makar **3** jakt. koppel två hundar **II** *vb tr* **1** koppla; koppla ihop; bildl. äv. förena; *~d with* äv. i förening med, tillsammans med **2** para **3** gifta ihop
couplet [ˈkʌplət] rimmat verspar
coupling [ˈkʌplɪŋ] **1** [hop]koppling **2** kopplingsanordning
coupon [ˈkuːpɒn] kupong; på t.ex. postanvisning äv. mottagardel; börs. [ränte]kupong; rabattkupong; [*football*] *pools* ~ tipskupong
courage [ˈkʌrɪdʒ] mod, tapperhet; *have the* ~ *of one's convictions* [våga] stå för sin övertygelse
courageous [kəˈreɪdʒəs] modig, tapper
courgette [kʊəˈʒet] bot. el. kok. courgette, zucchini slags mindre pumpa
courier [ˈkʊrɪə] **1** kurir äv. i tidningsnamn; ilbud **2** reseledare
course [kɔːs] **1** lopp; bana [*the planets in their* ~*s*]; *the* ~ *of the river* a) flodens lopp b) flodfåran **2** riktning; sjö. el. flyg. kurs [*hold (keep, change) one's* ~] **3** [för]lopp [*the* ~ *of events*]; vederbörlig ordning; *take a normal* ~ få (ta) ett normalt förlopp, förlöpa normalt; *in the* ~ *of* under (inom) [loppet av]; *in the natural* ~ *of events* under normala förhållanden, i normala fall; *in due* ~ i sinom tid **4** *of* ~ naturligtvis, givetvis, ju [förstås], självklart **5** bildl. väg [*what are the* ~*s open to us?*]; ~ *of action* handlingssätt, tillvägagångssätt; förehavande[n] **6** serie; räcka [*for a* ~ *of years*]; ~ *of lectures* föreläsningsserie; ~ *of study* studieplan **7** [läro]kurs, studiegång [*complete a certain* ~ *in order to graduate*] **8** med. kur; ~ *of treatment* [behandlings]kur **9** rätt vid en måltid [*three* ~*es*]; *first* ~ äv. förrätt, entrérätt **10** [golf]bana, [kapplöpnings]bana; *stay the* ~ om häst löpa loppet till slut; bildl. vara uthållig, hålla ut **11** hand. kurs [~ *of exchange*]
court [kɔːt] **I** *s* **1** kringbyggd gård, gårdsplan [*in* (på) *the* ~]; borggård; bildl. förgård; *across the* ~ över gården **2** ljusgård på museum o.d. **3** liten tvärgata **4** sport. plan [*tennis* ~]; *service* ~ serveruta i tennis **5** hov; hovstat; mottagning vid hovet, cour [*hold a* ~]; *at* ~ vid (på) hovet [*be presented at* ~] **6** uppvaktning **7** jur. a) ~ [*of law (justice)*] domstol, rätt b) rättegångsförhandlingar [*hold a* ~; *open the* ~] c) rättssal; *the* ~ äv. domstolens (rättens) ledamöter; *inferior* ~ underrätt; *superior* ~ överrätt; *people's* ~ folkdomstol; *in* ~ inför rätta; i rätten; *in open* ~ inför sittande rätt; *bring (take) a th. to* ~ dra ngt inför rätta (domstol) **II** *vb tr* **1** försöka ställa sig in hos, fjäska för **2** uppvakta, fria till **3** söka vinna [~ *a p.'s approval*]; fria till [~ *the voters*]; tigga [~ *applause*] **4** ~ *disaster* utmana ödet, dra olycka över sig **III** *vb itr* **1** vara på friarfärd **2** ha (gå i) sällskap
courteous [ˈkɜːtjəs, ˈkɔːt-] artig, hövlig; hövisk
courtesan [ˌkɔːtɪˈzæn] kurtisan
courtesy [ˈkɜːtəsɪ, ˈkɔːt-] artighet; tillmötesgående; höviskhet; *by* ~ av artighet, som en artighet, för artighets skull; [*by*] ~ *of* a) med benäget tillstånd av b) på grund av, tack vare; ~ *call (visit)* artighetsvisit, hövlighetsvisit
courtier [ˈkɔːtjə] hovman; pl. ~*s* äv. hovfolk
court-martial [ˌkɔːtˈmɑːʃ(ə)l] **I** (pl. *courts-martial* el. *court-martials*) *s krigsrätt* **II** *vb tr* ställa inför krigsrätt
courtroom [ˈkɔːtruːm, -rʊm] rättssal, domsal
courtship [ˈkɔːtʃɪp] **1** uppvaktning; *a brief* ~ en kort tids uppvaktning **2** parningslek **3** bildl. frieri
courtyard [ˈkɔːtjɑːd] gård
cousin [ˈkʌzn] kusin; *second* ~ syssling
1 cove [kəʊv] **1** liten vik **2** skyddad plats, vrå, håla **3** byggn. välvning, konkav fris
2 cove [kəʊv] ngt åld. sl. jeppe [*a queer* ~]
covenant [ˈkʌvənənt] avtal, kontrakt; fördrag; jur. klausul
Coventry [ˈkɒv(ə)ntrɪ] geogr. egenn.; *send a p. to* ~ bildl. frysa ut (bojkotta) ngn
cover [ˈkʌvə] **I** *vb tr* **1** täcka [över]; översålla; klä [över]; belägga; ~ *a book* sätta papper (omslag) om en bok **2** dölja, skyla; skyla över **3** skydda; sport. täcka; mil., om fästning o.d. behärska; ~ *oneself*

with... vid tippning gardera med... **4** utgöra betäckning (skydd, reserv) för **5** ~ [*with a rifle*] ha under kontroll (hålla i schack) [med ett gevär] **6** sträcka sig (spänna) över [~ *a wide field* äv. bildl.]; täcka [*that ~s the meaning*]; innefatta; avse; isht hand. (om brev) innehålla; ~ *thoroughly* utförligt behandla **7** tidn., radio. o.d. bevaka; täcka; referera **8** hand. täcka behov, kostnad, förlust o.d.; ersätta, betala; försäkra; *be ~ed* a) ha täckning för belopp o.d. b) försäkr. ha försäkringsskydd c) om lån vara fulltecknad **9** tillryggalägga [~ *a distance*]; klara av, hinna med [*that's all I could ~ today*] **10** betäcka sto **11** kortsp. ta (sticka) över **12** ~ *in* täcka (fylla) igen; täcka till; bygga tak på (till); ~ *up* dölja, skyla över; tysta ner; ~ *up one's tracks* sopa igen spåren efter sig **II** *vb itr*, ~ *up* [försöka] släta (skyla) över, sopa igen spåren **III** *s* **1** täcke, överdrag; omslag; fodral; huv; hylsa; däck; sjö. kapell; *under* ~ under tak **2** lock **3** pärm[ar]; *from* ~ *to* ~ från pärm till pärm **4** kuvert; *under plain* ~ [med] diskret (privat) avsändare; *under registered* ~ i rekommenderat kuvert **5** skydd; betäckning äv. mil.; gömställe, bildl. täckmantel, förevändning; *take* ~ ta skydd (betäckning); *under* [*the*] ~ *of* a) i skydd av b) under täckmantel av **6** a) hand. täckning; likvid b) försäkring; ~ *note* försäkringsintyg **7** [bords]kuvert; ~*s were laid for six* det var dukat för sex **8** se *coverage 3*
coverage ['kʌvərɪdʒ] **1** hand. täckning **2** utförlig (uttömmande) behandling **3** tidn., radio. o.d. bevakning; täckning; reportage **4** spridning [*an advertisement with wide* ~]
cover charge ['kʌvətʃɑːdʒ] kuvertavgift på restaurang
cover girl ['kʌvəɡɜːl] omslagsflicka
coverlet ['kʌvəlɪt] [säng]överkast, [säng]täcke
covert ['kʌvət] **I** *adj* förstulen; förtäckt, maskerad [~ *threat*] **II** *s* **1** skydd, gömställe **2** snår ss. skydd för vilt; lya, remis **3** täckfjäder
covet ['kʌvɪt, -vət] trakta efter, åtrå, åstunda; bibl. begära, ha begärelse (lust) till
covetous ['kʌvɪtəs, -vət-] lysten; begärlig
1 cow [kaʊ] **1** a) ko b) hona av vissa större djur; ~ *elephant* elefanthona; *till the ~s come home* vard. i det oändliga **2** vard. (neds.), om kvinna kossa; apa, markatta
2 cow [kaʊ] skrämma, kujonera; kuva

coward ['kaʊəd] **I** *s* feg stackare, kruka **II** *adj* feg
cowardice ['kaʊədɪs] feghet
cowardly ['kaʊədlɪ] **I** *adj* **1** feg **2** gemen [*a* ~ *lie*] **II** *adv* **1** fegt **2** gement
cowboy ['kaʊbɔɪ] **1** cowboy; *play* [*at*] ~*s and Indians* leka indianer och vita **2** amer. sl. våghals, tuffing, i tilltal [hörru] du
cower ['kaʊə] krypa ihop
cowhouse ['kaʊhaʊs] ladugård
cowl [kaʊl] **1** munkkåpa **2** huva på kåpa; ~ *neck*[*line*] vid polokrage **3** rökhuv **4** torped i bil
co-worker [ˌkəʊˈwɜːkə] medarbetare
cowshed ['kaʊʃed] ladugård
cowslip ['kaʊslɪp] bot. gullviva
coxswain ['kɒkswein, sjömansuttal 'kɒksn] **1** styrman i kapproddbåt; cox **2** rorsman; kapten på mindre båt
coy [kɔɪ] **1** vanl. om kvinna blyg; tillgjord **2** *be* ~ *about* svara undvikande
coyote [kɔɪˈəʊtɪ, amer. vanl. kaɪˈəʊtɪ] zool. koyot, prärievarg
1 crab [kræb] **1** a) krabba b) kräftdjur **2** vard. flatlus **3** sjö., *catch a* ~ vid rodd ta ett för djupt årtag, 'fånga [en] krabba'
2 crab [kræb] vildapel; vildäpple
3 crab [kræb] vard. **I** *vb itr* kvirra, gnälla **II** *s* surkart
crack [kræk] (se äv. *cracked*) **I** *vb itr* (jfr *III*) **1** knaka; braka; knalla, smälla **2** spricka **3** kollapsa [~ *under the strain*] **4** om röst brytas
II *vb tr* (jfr *III*) **1** klatscha (knäppa, smälla) med; få att knaka [~ *the joints of one's fingers*] **2** spräcka; knäcka [~ *nuts*] **3** knäcka [~ *a problem*], forcera [~ *a code*] **4** slå (klappa) till [~ *a p. over* (i) *the head*] **5** spränga [~ *a safe*] **6** spräcka röst **7** ~ *a bottle of wine* knäcka en flaska vin; ~ *jokes* vitsa, skämta
III *vb tr* o. *vb itr* med adv. o. adj.:
~ *down on* vard. slå ner på
~ *open* [*a safe*] bryta upp (spränga)...
~ *up* vard. a) klappa ihop b) krascha [med], kvadda c) *he's not all* (*not what*) *he's ~ed up to be* så värst bra är han inte, han är överreklamerad
IV *s* **1** knakande, knall; *till the* ~ *of doom* bildl. till domedag **2** spricka **3** skavank; spricka [*a* ~ *in the façade*] **4** vard. smäll, klatsch; hårt slag [*give a p. a* ~ *on* (i) *the head*] **5** *at the* ~ *of dawn* vard. i gryningen **6** vard. spydighet; *make a* ~ *at a p.* ge ngn en känga **7** vard., *have a* ~ *at a th.* försöka [sig på] ngt **8** vard. toppman **9** sl. crack narkotika
V *adj* vard. förstklassig, finfin; mäster- [*a*

~ shot]; elit- [a ~ player], topp- [a ~ team]
cracked [krækt] **1** knäckt, spräckt **2** om röst sprucken; *his voice is ~* äv. han har kommit (är) i målbrottet **3** vard. vrickad **4** kem. krackad [~ *petrol*]
cracker ['krækə] **1** pl. *~s* knäckare, knäppare [*nut-crackers*] **2** pyrotekn. smällare; [*Christmas*] *~* smällkaramell **3** tunt [smörgås]kex; amer. kex i allm. **4** sl. baddare, panggrej; pangtjej **5** kem. tekn. kracker, krackningsanläggning
crackers ['krækəz] vard. knäpp, galen
crackle ['krækl] **I** *vb itr* knastra, knattra **II** *s* knaster, knatter
crackling ['kræklɪŋ] **1** knastrande, knattrande **2** knaprig svål på ugnstekt skinka **3** sl. pangbrud
crackpot ['krækpɒt] vard. **I** *adj* tokig [*~ ideas*] **II** *s* knäppskalle, knasboll
cradle ['kreɪdl] **I** *s* **1** vagga äv. bildl.; *rob the ~* begå barnarov gifta sig med någon som är mycket yngre än man själv **2** tele. klyka **3** med. **a)** sängbåge **b)** benspjäla **4** ställning; rörlig plattform vid byggnadsarbete **II** *vb tr* **1 a)** lägga i vagga[n] **b)** vagga **2** *~ the telephone receiver* lägga på luren
craft [krɑːft] **I** *s* **1** skicklighet **2** hantverk, konst; slöjd [*metal ~*]; *arts and ~s* pl. konsthantverk **3** list **4** (pl. lika) fartyg, skuta, båt **II** *vb tr* snitsa (snickra) till
craftsman ['krɑːftsmən] hantverkare; [skicklig] yrkesman; konstnär
craftsmanship ['krɑːftsmənʃɪp] hantverk; hantverksskicklighet, yrkesskicklighet; *a piece of fine ~* ett exempel på utsökt konsthantverk (hantverksskicklighet)
crafty ['krɑːftɪ] listig, slug
crag [kræg] brant (skrovlig) klippa; klippspets
cram [kræm] **I** *vb tr* **1** proppa (packa) [full]; pressa ned; [*a room*] *~ed with people* ...fullproppad med folk **2** proppa mat i; *~ oneself with food* proppa sig full med mat **3** plugga med [*~ pupils*]; drilla [*~ a p. in a subject*]; *~ a p. with* [*facts*] plugga (slå) i ngn...; *~* [*up*] plugga (slå) i sig, plugga in **II** *vb itr* **1** proppa i sig mat **2** plugga **III** *s* plugg[ande]
cramp [kræmp] **I** *s* **1** med. kramp; *writer's ~* skrivkramp **2** tekn. krampa; klämmer; skruvtving **II** *vb tr* (se äv. *cramped*) **1** förorsaka kramp i; knipa ihop **2** bildl. inskränka, förlama; kringskära; *~ a p.'s style* vard. hämma ngn, platta till ngn **III** *adj* **1** krånglig, svårläst, gnetig el.o.d. **2** hopdragen, trång; stel

cramped [kræmpt] **1** alltför trång; instängd; bildl. begränsad; *be ~ for room* (*space*) ha trångt [om plats], vara trångbodd **2** hopträngd, gnetig handstil
crampon ['kræmpən] **1** lyftsax **2** isbrodd
cranberry ['krænb(ə)rɪ] bot. tranbär
crane [kreɪn] **I** *s* **1** trana **2** [lyft]kran; *overhead ~* travers **II** *vb tr* **1** flytta med [lyft]kran **2** sträcka på [*~ one's neck*]
crane fly ['kreɪnflaɪ] zool. harkrank
crank [kræŋk] **1** vev; startvev; *turn the ~* dra veven, veva **2** vard. excentrisk individ; fantast [*a food ~*] **3** amer. vard. surkart
crankshaft ['kræŋkʃɑːft] vevaxel
cranky ['kræŋkɪ] **1** excentrisk, vriden **2** amer. sur
cranny ['krænɪ] springa; trångt hål; vrå; *every nook and ~* alla vinklar och vrår
crap [kræp] **I** *vb itr* vulg. skita **II** *s* sl. **1** skit; *have a ~* vulg. skita **2** smörja; skitsnack
crash [kræʃ] **I** *vb itr* **1** braka, skrälla; gå i kras **2** braka iväg (fram); *~ into* [*a car*] smälla ihop (krocka) med... **3** flyg. störta **4** bildl. falla **II** *vb tr* **1** slå i kras; kvadda, krascha [med]; flyg. äv. störta med **2** vard. tränga sig på, våldgästa [*~ a party*] **III** *s* **1** brak [*a ~ of thunder*], dunder **2** olycka [*killed in a car ~*]; flyg. äv. störtning; kollision, smäll; finansiell krasch **IV** *adj* forcerad, intensiv [*~ job*], snabb- [*~ course*]; *~ programme* katastrofplan **V** *interj* o. *adv* krasch!; *go* (*fall*) *~* fara (falla) med [ett] brak
crash barrier ['kræʃˌbærɪə] motor. vägräcke
crash helmet ['kræʃˌhelmɪt] störthjälm
crash-land ['kræʃlænd] kraschlanda [med]
crash-landing ['kræʃˌlændɪŋ] kraschlandning
crass [kræs] grov [*~ ignorance*]; enorm, kolossal [*~ stupidity*]; dum
crate [kreɪt] spjällåda; stor packkorg; [tom]back; *~ of beer* back [med] öl
crater ['kreɪtə] krater
cravat [krə'væt] kravatt
crave [kreɪv] **1** be om **2** *~* [*for*] längta (törsta) efter, åtrå; ha behov av **3** kräva, erfordra; *craving appetite* glupande aptit
craving ['kreɪvɪŋ] åtrå, längtan
crawl [krɔːl] **I** *vb itr* **1 a)** krypa äv. om barn; kräla, åla [sig]; smyga **b)** släpa (hasa) sig [fram] **c)** krypköra **d)** bildl. fjäska **2** myllra; *the ground is ~ing with ants* det kryllar av myror på marken **3** simn. crawla **II** *s* **1** krypande etc.; *~ lane* trafik. amer. krypfil; *go at a ~* bildl. krypa [fram] **2** crawl[sim] [äv. *~ stroke*]; *do the ~* crawla
crayfish ['kreɪfɪʃ] zool. el. kok. **1** kräfta **2** langust

crayon ['kreɪən, 'kreɪɒn] I *s* **1** [färg]krita **2** kritteckning II *vb tr* rita med färgkrita; bildl. skissera

craze [kreɪz] I *vb tr* göra [sinnes]rubbad (tokig); *~d about* tokig i II *s* mani; modefluga; *the latest ~* sista skriket (modet), det allra senaste

crazy ['kreɪzɪ] **1** tokig, galen äv. bildl.; vansinnig [*~ ideas*], förryckt; *it drives me ~* det gör mig galen **2** *~ pavement* (*paving*) [beläggning med] oregelbundet lagda plattor **3** *~ bone* amer., se *funny-bone*

creak [kriːk] I *vb itr* **1** knarra, knaka, gnissla **2** bildl. knaka i fogarna II *s* knarr[ande], knakande, gnissel

creaky ['kriːkɪ] **1** knarrande etc., jfr *creak I* **2** amer. förfallen [*a ~ old house*]

cream [kriːm] I *s* **1** grädde; *double ~* vispgrädde; *single ~* kaffegrädde **2** a) kräm som efterrätt o. tårtfyllning; *butter ~* smörkräm b) crème redd soppa; *~ of tomato soup* redd tomatsoppa c) chokladpralin fylld med kräm **3** kräm för hud, skor m.m.; *furniture ~* möbelpolityr i krämform **4** bildl. grädda [*the ~ of society*], elit; *the ~ of* äv. det bästa av (i) **5** *~ of tartar* kem. renad vinsten, cremor tartari **6** kräm[färg] **7** cream kvalitetsbeteckning för whisky o. sherry [*C~ Sherry, Bristol C~*] II *adj* krämfärgad, gräddfärgad III *vb itr* **1** gräddsättas **2** fradga sig IV *vb tr* **1** skumma [grädden av]; *~* [*off*] bildl. ta ut det bästa av **2** kok. tillaga med grädde [*~ed spinach*]; *~ed potatoes* potatispuré, finare potatismos **3** röra, vispa t.ex. smör o. socker; *~ed butter* rört smör **4** smörja in med [hud]kräm

cream cheese [,kriːmˈtʃiːz] mjuk gräddost; [*fresh*] *~* keso ®; kvark, kvarg

creamery ['kriːm(ə)rɪ] mejeri; mjölkbutik

creamy ['kriːmɪ] a) gräddaktig; krämig b) gräddrik c) gräddfärgad

crease [kriːs] I *s* **1** veck, pressveck; skrynkla, rynka **2** sport. a) i kricket gränslinje; gränsområde b) i ishockey målområde II *vb tr* a) pressa [veck på] b) skrynkla [ned] III *vb itr* bli skrynklig

creaseproof ['kriːspruːf] o. **crease-resistant** ['kriːsrɪˌzɪst(ə)nt] skrynkelfri

create [krɪˈeɪt] I *vb tr* **1** skapa äv. data.; frambringa; inrätta, upprätta [*~ a new post*]; göra [*~ a sensation*]; ställa till [med] [*~ a scene*]; kreera en roll **2** utnämna II *vb itr* sl. bråka [*don't ~ about it*]

creation [krɪˈeɪʃ(ə)n] **1** skapande etc., jfr *create I 1*; skapelse; *the story of the C~* skapelseberättelsen **2** skapelse; verk; skapad varelse; värld **3** utnämning **4** kreation

creative [krɪˈeɪtɪv] skapande [*a ~ artist*], kreativ; skapar- [*~ power*]; meningsfylld, konstruktiv

creativity [,kriːeɪˈtɪvətɪ, ˌkriːə-] kreativitet

creator [krɪˈeɪtə] skapare; upphov; *the C~* skaparen

creature ['kriːtʃə] **1** [levande] varelse; människa [*a good* (*lovely*) *~*]; neds. individ, stycke, typ [*that horrid ~*], kräk; *poor ~* stackars krake, feg stackare; *that ~* neds. den där typen **2** om pers. kreatur, redskap [*the ~ of his boss*] **3** djur [*dumb ~s*]; amer. isht [nöt]kreatur **4** skapelse **5** *~ comforts* detta livets goda

credence ['kriːd(ə)ns] [till]tro; *give* (*attach*) *~ to* sätta [till]tro till; *lend ~ to* göra trovärdig

credibility [,kredəˈbɪlətɪ] trovärdighet; *~ gap* trovärdighetsklyfta, förtroendeklyfta

credible ['kredəbl] trovärdig; trolig

credit ['kredɪt] I *s* **1** tilltro; *give ~ to* tro [på], sätta tro till; *lend ~ to* bestyrka, stöda riktigheten av **2** ära [*get* (*give a p.*) *the ~ for a th.*], förtjänst, erkännande; heder, beröm [*I may say to his ~*]; *be a ~ to* vara en heder för **3** film. el. TV., *~s* tekniska och konstnärliga medverkande **4** hand. a) kre'dit; *on ~* på kredit (räkning) b) tillgodohavande [äv. *~ balance*]; 'kredit; *letter of ~* kreditiv, remburs; *on the ~ side* på plussidan; *to our ~* oss tillgodo **5** amer. skol. el. univ. poäng II *vb tr* **1** tro [på] **2** hand. kreditera [*~ an account with*]

creditable ['kredɪtəbl] hedrande [*a ~ attempt*], förtjänstfull

credit card ['kredɪtkɑːd] kreditkort, kontokort

creditor ['kredɪtə] **1** kreditor, borgenär, fordringsägare **2** *C~* bokföringsrubrik kredit

credulity [krəˈdjuːlətɪ] lättrogenhet

credulous ['kredjʊləs] lättrogen

creed [kriːd] trosbekännelse; troslära, tro äv. icke-religiös [*political ~*]

creek [kriːk] **1** liten vik (bukt); flodarm **2** amer. å; [bi]flod **3** *up the ~* sl. a) i knipa b) galen, tokig; [alldeles] uppåt väggarna

creel [kriːl] **1** flätkorg; fiskkorg **2** mjärde; hummertina

creep [kriːp] I (*crept crept*) *vb itr* a) krypa amer. äv. om barn; kräla b) smyga [sig] c) krypköra, köra långsamt d) om växter klänga; *it crept out* det kröp (kom) fram; *it makes my flesh ~* det får det att krypa i mig, det får mig att rysa **II** *s* **1** krypande; *move at a ~* bildl. krypa [fram] **2** kryphål; låg öppning **3** *it gives me the ~s* vard. det får det att krypa i mig, det får mig att rysa **4** sl. kryp

creeper ['kri:pə] **1** krypväxt **2** zool. trädkrypare **3** *~ lane* trafik. (amer.) krypfil **4** liten plattform på hjul **5** pl. *~s* a) slags skor med mjuk sula b) amer. krypbyxor

creepy ['kri:pɪ] **1** krypande **2** vard. läskig; skräck- [*a ~ film*]

creepy-crawly [,kri:pɪ'krɔ:lɪ] **I** *s* vard. kryp insekt, mask o.d. **II** *adj* krypande

cremate [krɪ'meɪt] kremera, bränna isht lik

cremation [krɪ'meɪʃ(ə)n] kremering

crematori|um [,kremə'tɔ:rɪ|əm] (pl. -*a* [-ə])

crematory ['kremət(ə)rɪ] krematorium

creosote ['krɪəsəʊt] **I** *s* kem. kreosot ur boktjära; [*coal-tar*] *~* kreosot [ur stenkolstjära] **II** *vb tr* stryka (behandla) med kreosot

crepe o. **crêpe** [kreɪp] **1** kräpp[tyg] **2** *~ paper* kräppapper; hushållspapper; *~ shoes* rågummiskor **3** kok. crêpe

crept [krept] imperf. o. perf. p. av *creep*

crescent ['kreznt, 'kresnt] **I** *s* **1** månskära **2** månens tilltagande **3** svängd husrad (gata) **4** giffel **II** *adj* **1** halvmånformig **2** astron., *~ moon* månskära

cress [kres] bot. krasse; [*garden*] *~* [krydd]krasse

crest [krest] **I** *s* **1** kam på tupp; tofs på djurs huvud; mankam på häst **2** hjälmbuske; hjälmkam **3** ätts vapen [*family ~*] **4** krön, topp; bergskam; vågkam; övre kant; bildl. höjdpunkt; *be* [*riding*] *on the ~ of the wave* stå på sitt livs höjdpunkt, ha fått vind i seglen **II** *vb tr* förse med kam etc., se *I*

crestfallen ['krest,fɔ:l(ə)n] nedslagen, slokörad, snopen, stukad

cretonne [kre'tɒn, 'kretɒn] kretong

crevasse [krə'væs] spricka isht i glaciär

crevice ['krevɪs] skreva

1 crew [kru:] imperf. av *1 crow I 1*

2 crew [kru:] **1** sjö. el. flyg. besättning; sjö. äv. manskap; *ground ~* markpersonal **2** [arbets]lag; roddarlag; *the stage ~* scenarbetarna **3** vard. (vanl. neds.) gäng; *a motley ~* en brokig skara

crew cut ['kru:kʌt] snagg[ning]; *have a ~* vara snaggad

crewneck [,kru:'nek, '--] rund hals[ringning]; *~ sweater* tröja med rund hals

crib [krɪb] **I** *s* **1** a) krubba; bås; kätte b) julkrubba **2** [baby]korg; vagga; amer. babysäng; *~ death* med. (amer.) plötslig spädbarnsdöd **3** amer. binge **4** vard. plagiat [*from*]; skol. sl. lathund; fusklapp **II** *vb tr* **1** stänga in liksom i bås **2** vard. knycka; planka, skriva av **III** *vb itr* vard. fuska, skriva av

cribbage ['krɪbɪdʒ] cribbage slags kortspel

crick [krɪk] **I** *s* sendrag [*a ~ in the neck*] **II** *vb tr*, *~ one's neck* få sendrag i nacken (ibl. nackspärr)

1 cricket ['krɪkɪt] zool. syrsa

2 cricket ['krɪkɪt] sport. **I** *s* **1** kricket **2** *not ~* ngt åld. vard. inte juste, inte rent spel **II** *vb itr* spela kricket

cricketer ['krɪkɪtə] sport. kricketspelare

crime [kraɪm] brott äv. friare; förbrytelse; brottslighet, kriminalitet [*prevent ~*]; *it's a ~* äv. det är brottsligt (oförsvarligt), det är synd och skam

Crimea [kraɪ'mɪə] geogr.; *the ~* Krim

crime passionel [,kri:mpæsjə'nel, -ʃə'nel] fr. svartsjukedrama

criminal ['krɪmɪnl] **I** *adj* **1** brottslig; straffbar; förbrytar- [*~ quarter*] **2** kriminal-; brottmåls-; brott-; *take ~ action against* vidtaga rättsliga åtgärder mot; *~ court* brottmålsdomstol; *~ law* straffrätt; *the C~ Investigation Department* kriminalpolisen i Storbr. **II** *s* brottsling, förbrytare, gärningsman

crimson ['krɪmzn] **I** *s* karmosin[rött] **II** *adj* karmosinröd [*she went ~*], karmosin- [*~ red*] **III** *vb tr* o. *vb itr* färga (bli) högröd

cringe [krɪn(d)ʒ] **1** krypa ihop liksom av rädsla; huka sig [ned] **2** krypa, svansa

crinkle ['krɪŋkl] **I** *vb itr* vecka (rynka, krusa, skrynkla) sig **II** *vb tr* rynka; kräppa; *~d paper* kräppapper **III** *s* veck; bukt; våg i hår

crinkly ['krɪŋklɪ] skrynklig; krusig

crinoline ['krɪnəlɪn, ,krɪnə'li:n] krinolin

cripple ['krɪpl] **I** *s* krympling; invalid **II** *vb tr* **1** göra till krympling **2** bildl. lamslå, förlama

crippled ['krɪpld] [svårt] handikappad; invalidiserad; bildl. lamslagen; obrukbar

cris|is ['kraɪs|ɪs] (pl. *-es* [-i:z]) kris, krisläge; vändpunkt; *bring things to a ~* bringa saken till [ett] avgörande

crisp [krɪsp] **I** *adj* **1** knaprig, mör [*~ biscuits*], frasig [*~ lettuce*] **2** frisk och kylig om luft o.d.; fräsch **3** bildl. fast; kort och koncis [*a ~ manner of speaking*]; skarp [*~ features*] **4** vard., om sedel prasslande; ny **5** krusig **II** *s*, [*potato*] *~s* [potatis]chips **III** *vb tr* o. *vb itr* **1** göra (bli) knaprig etc., jfr *I 1* **2** krusa (krulla) [sig]

crispy ['krɪspɪ] **1** krusig **2** frasig [*~ biscuits (wafers)*], spröd

criss-cross ['krɪskrɒs] **I** *adj* [löpande] i kors; korsmönstrad [~ *design*]; ~ *pattern* korsmönster **II** *adv* i kors, kors och tvärs; korsvis **III** *s* kors[mönster] **IV** *vb tr* korsa med linjer; genomkorsa **V** *vb itr* korsa varandra

criteri|on [kraɪ'tɪərɪ|ən] (pl. vanl. *-a* [-ə]) kriterium, kännetecken; måttstock, rättesnöre, norm

critic ['krɪtɪk] kritiker; *music* ~ äv. musikrecensent

critical ['krɪtɪk(ə)l] **1** kritisk; kritiklysten **2** kritisk avgörande; krisartad; riskfylld; ~ *state* äv. krisläge **3** livsviktig

criticism ['krɪtɪsɪz(ə)m] a) kritik, bedömning b) kritik, [kritisk] anmärkning; *pass ~ on a p.* (*a th.*) kritisera (anmärka på) ngn (ngt)

criticize ['krɪtɪsaɪz] a) bedöma b) kritisera

croak [krəʊk] **I** *vb itr* **1** kraxa i olika bet.; bildl. äv. spå olycka; knorra; om groda kväka **2** sl. kola [av] dö **II** *vb tr* **1** kraxa fram **2** sl. ta kål på döda **III** *s* kraxande; kväkande

Croat ['krəʊæt] kroat

Croatia [krəʊ'eɪʃə] Kroatien

Croatian [krəʊ'eɪʃ(ə)n] kroatisk

crochet ['krəʊʃeɪ, -ʃɪ] **I** *s* **1** virkning; virkgarn **2** arkit. krabba ornament **II** *vb tr* o. *vb itr* virka

1 crock [krɒk] **1** vard. skrälle; vrak; *old ~* bil. bilskrälle **2** gammal hästkrake

2 crock [krɒk] **1** lerkärl **2** lerskärva

crockery ['krɒkərɪ] porslin; lerkärl [äv. *crockery ware*]

crocodile ['krɒkədaɪl] **1** krokodil; krokodilskinn **2** elektr., ~ *clip* krokodilklämma

crocus ['krəʊkəs] bot. krokus

croft [krɒft] **1** jordlapp, täppa **2** isht skotsk. torp[ställe]

crofter ['krɒftə] isht skotsk. torpare

croissant ['krwɑːsãː(ŋ), 'krwæs-] kok. (fr.) giffel

crone [krəʊn] gammal käring (häxa)

crony ['krəʊnɪ] [gammal] god vän

crook [krʊk] **I** *s* **1** krok, hake; krycka på käpp **2** herdestav; kräkla **3** böjning, krok **4** vard. bedragare, svindlare **II** *vb tr* kröka; *the ~ of the* (*one's*) *arm* armvecket

crooked ['krʊkɪd, i bet. 5 krʊkt] **1** krokig; slingrande **2** sned [*a ~ smile*]; *the picture is* [*hung*] ~ tavlan hänger snett (på sned) **3** vanskapt **4** ohederlig [*~ ways*]; fördärvad; förvänd, skev; ~ *dealings* äv. fiffel, mygel **5** a) med krycka (krok) [på] [*a ~ stick*] b) böjd i en krok

croon [kruːn] *vb tr* o. *vb itr* **1** nynna, gnola **2** sjunga nynnande

crop [krɒp] **I** *s* **1** a) skörd [*the potato ~*]; friare äv. årsproduktion i allm. b) gröda [*the main ~s of the country*]; *standing ~s* växande gröda, gröda på rot **2** samling [*a ~ of questions* (*lies*)]; *a new ~ of students* en ny studentkull **3** zool. kräva **4** a) piskskaft b) kort [rid]piska med ögla **5 a**) stubbning av hår; snagg[ning]; *wear one's hair in a ~* ha håret kortklippt (stubbat, snaggat) **b**) *a luxuriant ~ of hair* yppig hårväxt, ett ymnigt hårsvall **II** *vb tr* skära (hugga) av [topparna (kanterna) på]; beskära; snagga, stubba **III** *vb itr* **1** bära (ge) skörd **2** ~ *out* a) gruv. gå [upp] i dagen b) visa sig, uppträda, röjas; ~ *up* a) dyka upp, komma på tal b) gruv. gå [upp] i dagen

cropper ['krɒpə] vard. fall; fiasko; *come* [*down*] *a ~* a) stå på näsan, trilla [av hästen] b) köra, spricka i examen; misslyckas, göra fiasko

croquet ['krəʊkeɪ, -kɪ, amer. krəʊ'keɪ] **I** *s* krocket[spel]; ~ *set* krocketspel konkr. **II** *vb tr* krockera

croquette [krɒ'ket, krə(ʊ)-] kok. krokett

cross [krɒs] **I** *s* **1** kors; kryss; bildl. äv. plåga; [*sign of the*] ~ korstecken **2** bomärke i form av ett kors; *make one's ~* sätta sitt bomärke **3** korsning äv. biol.; mellanting [*the taste is a ~ between strawberry and raspberry*] **4** *on the ~* diagonalt, snett, på snedden **5** fotb. inlägg **II** *adj* **1** kors-; kryss- äv. sjö.; ~ *reference* [kors]hänvisning i bok o.d. **2** vard. ond; vresig **III** *vb tr* **1** lägga i kors [*~ one's arms* (*legs*)]; korsa över; *keep one's fingers ~ed* hålla tummen (tummarna) **2** göra korstecknet över (på); ~ *oneself* korsa sig, göra korstecknet **3** sätta tvärstreck på [*~ one's t's*]; ~ *a cheque* korsa en check; ~ *one's* (*the*) *t's* [*and dot one's* (*the*) *i's*] vara ytterst noggrann **4** stryka; ~ *out* korsa över, stryka över (ut) **5** fara (gå) [tvärs] över (genom) [*~ the sea* (*the desert*)]; gå [tvärs] över [*~ the street*]; passera, ta sig över [*~ the frontier*]; skära, korsa [*the streets ~ each other*]; komma över, överbrygga [*social barriers*]; *it ~ed my mind* det slog mig; ~ *a p.'s path* komma i (korsa) ngns väg; komma (gå) i vägen för ngn **6** gå om [*your letter ~ed mine*] **7** bildl. korsa, förhindra; göra (gå) emot [*he ~es me in everything*] **8** biol. korsa **IV** *vb itr* **1** ligga i kors; korsa (skära) varandra **2** gå om (korsa) varandra [*the letters ~ed*] **3** ~ [*over*] fara (gå) över; *do not ~!* övergång förbjuden!; vänta! **4** biol. korsa sig **5** fotb. göra ett inlägg

crossbar ['krɒsbɑ:] tvärbom, tvärstycke; rigel; stång på herrcykel; sport. [mål]ribba
crossbreed ['krɒsbri:d] **I** *s* korsning, korsningsprodukt; blandras; hybrid **II** (*crossbred crossbred*) *vb tr* korsa
cross-check [ˌkrɒs'tʃek] **I** *vb tr* **1** dubbelkontrollera **2** i ishockey crosschecka **II** *s* dubbelkontroll
cross-country [ˌkrɒs'kʌntrɪ] **I** *adj* **1** [som går] genom terrängen; terräng- [~ *race* (*runner*)]; ~ *skiing* längdåkning (längdlöpning) [på skidor] **2** [som går] över hela landet [*a* ~ *tour*] **II** *adv* genom terrängen **III** *s* terränglöpning
cross-examination ['krɒsɪgˌzæmɪ'neɪʃ(ə)n] korsförhör
cross-examine [ˌkrɒsɪg'zæmɪn] [kors]förhöra
cross-eyed ['krɒsaɪd] vindögd
crossfire ['krɒsfaɪə] korseld äv. bildl.
crossing ['krɒsɪŋ] **1** överresa **2** a) korsning; gatukorsning b) övergång vid järnväg o.d.; [*pedestrian*] ~ övergångsställe [för fotgängare]; *level* (*grade* amer.) ~ järnvägskorsning [i plan] **3** korsning äv. biol. o.d.; korsande etc., jfr *cross III* o. *IV*; ~ *out* [över]strykning, överkorsning
cross-question [ˌkrɒs'kwestʃ(ə)n] **I** *vb tr* korsförhöra **II** *s* fråga i korsförhör
cross-reference [ˌkrɒs'refr(ə)ns] [kors]hänvisning i bok o.d.
crossroad ['krɒsrəʊd] **1** korsväg; tvärväg; biväg **2** ~*s* (konstr. ss. sg.; pl. ~*s*) vägkorsning, korsväg [*we came to a* ~*s*]; *be at the* ~*s* bildl. stå vid skiljevägen
cross-section [ˌkrɒs'sekʃ(ə)n] i genomskärning, tvärsnitt äv. bildl.
crosstalk ['krɒstɔ:k] **1** tele. el. radio. överhörning **2** vard. snabb replikväxling, bollande med repliker
crosswalk ['krɒswɔ:k] amer. övergångsställe
crosswind ['krɒswɪnd] sidvind
crosswise ['krɒswaɪz] **1** i kors **2** på tvären, tvärs [över]
crossword ['krɒswɜ:d] korsord; ~ *puzzle* korsord[sgåta]
crotch [krɒtʃ] **1** klyka [~ *of a tree*]; klykformig stötta **2** skrev
crotchet ['krɒtʃɪt] **1** mus. fjärdedelsnot **2** typogr. klammer, hake **3** [konstig] idé; nyck
crotchety ['krɒtʃətɪ] vard. knarrig, vresig
crouch [kraʊtʃ] **I** *vb itr* **1** ~ [*down*] huka sig [ned], krypa ihop, ligga (sitta, stå) hopkrupen **2** bildl. krypa **II** *s* hopkrupen ställning

1 croup [kru:p] med. krupp; *true* ~ äkta krupp
2 croup [kru:p] anat. kruppa isht på häst
1 crow [krəʊ] **I** *vb itr* **1** (imperf. äv. *crew*) gala [*the cock crew*] **2** om småbarn jollra **3** a) jubla högt [*over*] b) stoltsera; *don't* ~ *too soon* man ska inte ropa hej förrän man är över bäcken **II** *s* tupps galande
2 crow [krəʊ] kråka; *carrion* ~ svart kråka; *as the* ~ *flies* fågelvägen
crowbar ['krəʊbɑ:] kofot
crowd [kraʊd] **I** *s* **1** folkmassa, folksamling; [folk]trängsel [*push one's way through the* ~]; *a large* ~ [*of people*] *collected* en massa människor (folk) samledes, det blev stor folksamling **2** *the* ~ [den stora] massan **3** vard. gäng; *the usual* ~ de gamla vanliga, samma personer som vanligt **II** *vb itr* trängas; tränga sig; strömma i skaror; [*memories*] ~*ed in upon me* ...trängde sig på (strömmade emot) mig; *people* ~*ed round* folk strömmade till **III** *vb tr* (se äv. *crowded*) a) packa (proppa) [full] [~ *a bus with children*]; fylla till trängsel; överlasta, överhopa [~ *the memory*] b) packa (pressa, köra) ihop [~ *children into a bus*] c) trängas i (på, kring) [*they* ~*ed the hall* (*the floor, the players*)]; trängas med [*they* ~*ed each other*]; ~ *out* tränga ut (undan)
crowded ['kraʊdɪd] a) [full]packad etc., jfr *crowd III*; full [av folk] [*a* ~ *bus*], myllrande [~ *streets*] b) överbefolkad [*a* ~ *valley*] c) späckad [*a* ~ *programme*]; [innehålls]rik [*a* ~ *life*]; *the streets were* ~ [*with people*] äv. folk trängdes (det myllrade av folk) på gatorna
crown [kraʊn] **I** *s* **1** krona isht kunglig, äv. ss. emblem; *the C*~ kronan, staten **2** krans [*laurel* ~]; *martyr's* ~ martyrgloria **3** krona [*a Swedish* ~] **4** a) topp, krön; hjässa äv. av berg o. valv b) [träd]krona c) [tand]krona; *drive on the* ~ *of the road* köra mitt i körbanan **5** [hatt]kulle **6** bildl. höjdpunkt [*the* ~ *of the day*] **II** *vb tr* **1** a) kröna b) bekransa; ~ *a p. king* kröna ngn till konung **2** bildl. kröna [*be* ~*ed with success*]; prisbelöna verk; ~*ed with victory* segerkrönt **3** a) bilda krönet på b) värdigt avsluta; *to* ~ [*it*] *all* som kronan på verket **4** tandläk. sätta en krona på [~ *a tooth*] **5** i damspel förvandla en bricka till dam **6** sl. slå ngn i skallen
crow's-nest ['krəʊznest] sjö. mastkorg; utkik
crucial ['kru:ʃ(ə)l] avgörande [*a* ~ *case*; *a* ~ *test*], central; kritisk; mycket svår; prövande

crucifix ['kruːsɪfɪks] krucifix
crucifixion [ˌkruːsɪ'fɪkʃ(ə)n] korsfästelse; bildl. lidande, hemsökelse
crucify ['kruːsɪfaɪ] **1** korsfästa; bildl. trakassera, förfölja, pina; *~ oneself* plåga sig **2** undertrycka lidelse, begär o.d.
crude [kruːd] **I** *adj* **1** rå; obearbetad, rå-; *~ material* råämne, råmaterial; *~ oil* råolja **2** grovt tillyxad [*a ~ log cabin*]; primitiv [*~ methods* (*ideas*)], grov, enkel [*a ~ mechanism*]; outvecklad, omogen **3** grov [*~ jokes*] **4** gräll [*~ colours*]; *the ~ facts* kalla fakta, den nakna (osminkade) sanningen **II** *s* råolja
cruel [krʊəl, kruːl] grym; blodtörstig; blodig; elak; vard. gräslig
cruelty ['krʊəltɪ, 'kruːltɪ] grymhet; äktenskaplig misshandel; *~ to animals* djurplågeri
cruet ['kruːɪt] flaska till bordställ
cruise [kruːz] **I** *vb itr* **1** kryssa [omkring]; ligga till sjöss; vara på (delta i) kryssning **2** köra i lagom fart; om taxi köra långsamt (runt) [på jakt efter körning]; *~ at* [*70 miles an hour*] ha (köra med) en marschfart av (på)...; *cruising level* flyg. marschhöjd **3** sl. vara ute och ragga isht homosexuellt **II** *s* **1** kryssning **2** mil., *~ missile* kryssningsrobot **3** bil., *~ control* automatisk farthållare
cruiser ['kruːzə] **1** kryssare **2** *~* [*weight*] boxn. a) lätt tungvikt b) lätt tungviktare **3** amer. polisbil, radiobil; *~ light* blinkande varningsljus på utryckningsfordon
crumb [krʌm] **I** *s* **1** smula av bröd m.m. **2** bildl. [små]smula, gnutta; *a few ~s of comfort* en liten smula tröst **3** inkråm i bröd **II** *vb tr* **1** smula sönder **2** kok. beströ (blanda) med skorpmjöl **3** vard. borsta bort smulor från
crumble ['krʌmbl] **I** *vb tr* smula sönder **II** *vb itr* falla sönder; förfalla [*a crumbling edifice*] **III** *s* smulpaj [äv. *fruit ~*]
crummy ['krʌmɪ] sl. **1** [ur]kass värdelös **2** sjabbig
crumpet ['krʌmpɪt] **1** slags mjuk tekaka som rostas och äts varm **2** sl., *a bit of ~* en pangbrud
crumple ['krʌmpl] **I** *vb tr*, *~* [*up*] krama (knöla) ihop, skrynkla, knyckla [till (ihop)]; tufsa till **II** *vb itr*, *~* [*up*] a) skrynkla sig, bli skrynklig; krossas [*the wings of the aircraft ~d up*] b) bildl. falla, duka under, svikta
crunch [krʌn(t)ʃ] **I** *vb tr* **1** knapra i sig **2** trampa på; knastra mot **II** *vb itr* **1** knapra **2** knastra; om snö knarra **III** *s* **1** knaprande; knastrande **2** vard., *that's*

the ~! det är det som är kruxet; *when it comes to the ~* när det kommer till kritan, när det verkligen gäller
crunchy ['krʌn(t)ʃɪ] knaprig; knastrande
crusade [kruː'seɪd] **I** *s* korståg; bildl. äv. kampanj **II** *vb itr* börja (delta i) ett korståg (en kampanj)
crusader [kruː'seɪdə] korsfarare; bildl. [för]kämpe
crush [krʌʃ] **I** *vb tr* **1** krossa; mala (stampa, klämma) sönder illa **2** pressa; *he ~ed his hat over his eyes* han tryckte ned hatten över ögonen **3** skrynkla till **4** bildl. krossa, kuva; *our hopes have been ~ed* våra förhoppningar har grusats (krossats) **II** *vb itr* **1** krossas **2** skrynkla sig **III** *s* **1** krossande; kläm, pressning **2** trängsel; massa folk **3** vard., *have a ~ on* svärma för **4** fruktdryck, fruktdrink
crush barrier ['krʌʃˌbærɪə] [järn]barriär avspärrning vid folksamling o.d.; kravallstaket
crust [krʌst] **I** *s* **1** skorpa, kant på bröd o.d. **2** skorpa på sår **II** *vb itr* täckas av (få, bilda) [en] skorpa
crustacean [krʌ'steɪʃjən] **I** *s* kräftdjur **II** *adj* kräftdjurs-, skaldjurs-
crusty ['krʌstɪ] vard. sur; vresig
crutch [krʌtʃ] **1** krycka; bildl. stöd **2** sjö. stävband akterut; klyka **3** skrev
crux [krʌks] krux; *the ~ of the matter* den springande punkten; sakens kärna
cry [kraɪ] **I** *vb itr* **1** ropa; utropa **2** gråta **3** med adv. o. prep.: *~ for* ropa på (efter), kräva; gråta efter (för att få); skrika (gråta) av [*~ for joy*]; *~ out* ropa högt, skrika till **II** *vb tr* **1** ropa, skrika; *~ out* utropa **2** gråta [*~ oneself to sleep*] **3** med adv.: *~ down* fördöma, göra ner **III** *s* **1** rop, skrik; ropande; *a far* (*long*) *~* lång väg, långt äv. bildl. [*from* ifrån] **2** gråtstund; *have a good ~* gråta ut **3** ramaskri; [opinions]storm [*raise a ~ against*]; allmän opinion **4** stridsrop; lösen[ord]; slagord **5** djurs skri; skall
cry-baby ['kraɪˌbeɪbɪ] lipsill; gnällmåns
crying ['kraɪɪŋ] [himmels]skriande [*~ evil*]; uppenbar; trängande [*~ need*]; *it's a ~ shame* det är en evig skam (synd och skam)
crypt [krɪpt] krypta; gravvalv
cryptic ['krɪptɪk] kryptisk; dunkel
crystal ['krɪstl] **I** *s* **1** kristall [*salt ~s*] **2** *~* [*glass*] kristall, kristallglas **3** klockglas **II** *adj* kristall-, kristallklar; *~ ball* kristallkula
crystal-clear [ˌkrɪst(ə)l'klɪə] kristallklar
crystallize ['krɪstəlaɪz] **I** *vb tr*

1 kristallisera 2 bildl. utkristallisera, ge form åt **3** kok. kandera [~ *fruit*[*s*]] **II** *vb itr* kristallisera[s]; bildl. utkristallisera sig

cub [kʌb] **I** *s* **1** zool. unge isht av räv, varg, björn, lejon, tiger, val **2** vard. [pojk]valp, spoling **3** gröngöling, nybörjare [äv. ~ *reporter*] **4** ~ [*scout*] miniorscout; tidigare benämning vargunge **II** *vb tr* föda **III** *vb itr* yngla

Cuba [ˈkjuːbə] Kuba

Cuban [ˈkjuːbən] **I** *s* kuban **II** *adj* kubansk; ~ *heel* halvhög klack, militärklack

cube [kjuːb] **I** *s* **1** kub; tärning; ~ *sugar* kubformat bitsocker **2** matem. kub; ~ *root* kubikrot **II** *vb tr* **1** upphöja till tre (till tredje potensen, i kub); dra kubikroten ur **2** skära i tärningar

cubic [ˈkjuːbɪk] kubisk; kubik-; tredimensionell; ~ *capacity* volym; bil. o.d. cylindervolym, slagvolym; ~ *measure* rymdmått, kubikmått; ~ *metre* kubikmeter, m³

cubicle [ˈkjuːbɪkl] **1** hytt, bås, avbalkning **2** sovcell i skola o.d.

cuckoo [ˈkʊkuː, interj. vanl. ˌkʊˈkuː] **I** *s* **1** zool. gök **2** galande; kuku **3** vard. dumskalle **II** *vb itr* gala **III** *interj* barnspr., ~! kuku!; tittut! **IV** *adj* sl. tokig, tossig

cuckoo clock [ˈkʊkuːklɒk] gökur

cucumber [ˈkjuːkʌmbə] gurka; *cool as a* ~ vard. lugn som en filbunke

cud [kʌd] boll av idisslad föda; *chew the* ~ idissla; bildl. fundera länge, [gå (sitta) och] grunna

cuddle [ˈkʌdl] **I** *vb tr* omfamna **II** *vb itr*, ~ [*up*] krypa tätt tillsammans (ihop); ligga hopkrupen, kura ihop sig **III** *s* omfamning, kram

cuddly [ˈkʌdlɪ] kelig, smeksam; kramgo[d]; ~ *doll* kramdocka

cudgel [ˈkʌdʒ(ə)l] **I** *s* [knöl]påk; *take up the* ~*s* kraftigt ingripa [*for* till försvar för], bryta en lans [*for* för] **II** *vb tr* klå

1 cue [kjuː] **I** *s* **1** teat. stickreplik, slutord i replik; signal; infallstecken äv. mus.; vink, antydning; *miss a* ~ a) missa en stickreplik (entré) b) vard. missa (inte förstå) poängen; *take one's* ~ *from a p.* rätta sig efter ngn, följa ngns exempel **2** roll **3** ~ *button* på bandspelare o.d. framspolningsknapp **II** *vb tr* tekn., ~ *in* sätta (lägga) in [~ *in a sound effect*]

2 cue [kjuː] **1** [biljard]kö **2** åld. stångpiska

1 cuff [kʌf] **I** *vb tr* slå till med knytnäven el. flata handen; örfila upp **II** *s* örfil

2 cuff [kʌf] **1** ärmuppslag; amer. äv. byxuppslag **2** manschett **3** *off the* ~ vard. på stående fot, på rak arm, improviserat

cuff link [ˈkʌflɪŋk] manschettknapp

cuisine [kwɪˈziːn] kök

cul-de-sac [ˌkʊldəˈsæk, ˈkʌldəsæk] (pl. *culs-de-sac* [utt. som sg.] el. *cul-de-sacs* [-s]) återvändsgränd

culinary [ˈkʌlɪnərɪ, ˈkjuːl-] kulinarisk; köks-, mat-

culminate [ˈkʌlmɪneɪt] kulminera

culmination [ˌkʌlmɪˈneɪʃ(ə)n] kulmen, höjdpunkt; kulmination äv. astron.

culottes [kjʊˈlɒts] byxkjol

culpable [ˈkʌlpəbl] straffvärd; skyldig; klandervärd

culprit [ˈkʌlprɪt] missdådare; *the* ~ äv. den skyldige, boven i dramat

cult [kʌlt] **1** kult; dyrkan **2** sekt **3** modefluga; ~ *word* modeord

cultivable [ˈkʌltɪvəbl] odlingsbar

cultivate [ˈkʌltɪveɪt] **1** bruka, bearbeta jord; odla **2** odla [~ *one's mind* (själ)], förfina; öva

cultivated [ˈkʌltɪveɪtɪd] **1** kultiverad **2** [upp]odlad; ~ *mushroom* odlad champinjon

cultivation [ˌkʌltɪˈveɪʃ(ə)n] **1** brukning av jord; kultur; odling; *bring land into* ~ odla upp mark **2** bildl. odling, utveckling **3** bildning, själskultur

cultural [ˈkʌltʃ(ə)r(ə)l] kulturell; ~ *clash* kulturkrock, kulturkollision

culture [ˈkʌltʃə] **I** *s* **1** kultur [*Greek* ~]; bildning [*universities should be centres of* ~]; [andlig] odling; *a man of* ~ en kultiverad (bildad) människa **2** biol. o.d. odling; kultur [~ *of bacteria*] **II** *vb tr* **1** odla, förfina [~*d taste*]; ~*d people* kultiverade (bildade) människor **2** odla [~ *bacteria*, ~*d pearls*]

cumbersome [ˈkʌmbəsəm] hindersam; ohanterlig; tung; klumpig

cumulative [ˈkjuːmjʊlətɪv, -leɪt-] som hopar sig, [ac]kumulativ, växande; hopad, ackumulerad [*the* ~ *wealth of generations*], ökad; bekräftande [~ *evidence*]; upprepad [~ *offences*]

cunning [ˈkʌnɪŋ] **I** *adj* **1** slug **2** amer. vard. söt, lustig **II** *s* slughet

cunt [kʌnt] vulg. fitta

cup [kʌp] **I** *s* **1** kopp äv. ss. mått ung. ¼ liter [*two* ~*s of sugar*]; bägare äv. bildl.; kalk äv. bildl. [*the* ~ *of a flower*; *the* ~ *of humiliation*]; [liten] skål äv. bot.; *the* ~ *was full* måttet var rågat; *in one's* ~*s* [på väg att bli] berusad (glad); *drain the* ~ *of bitterness* tömma den bittra kalken **2** [pris]pokal; *challenge* ~ vandringspokal, vandringspris **3** anat. ledskål **4** kupa på behå **5** bål dryck

[*claret-cup*] **II** *vb tr* kupa [*~ one's hand*]; *he ~ped his ear with his hand* han höll (kupade) handen bakom örat
cupboard ['kʌbəd] skåp; skänk
cupful ['kʌpfʊl] (pl. ~s el. *cupsful*) kopp ss. mått
Cupid ['kju:pɪd] **I** Cupido, Kupido; *~'s bow* amorbåge **II** *s* amorin
cupidity [kjʊ'pɪdətɪ] **1** snikenhet **2** åld. lystnad
cupola ['kju:pələ] kupol; lanternin
cup tie ['kʌptaɪ] fotb. cupmatch
cur [kɜ:] **1** bondhund, byracka **2** ynkrygg; usling
curable ['kjʊərəbl] botlig, botbar
curate ['kjʊərət] [kyrko]adjunkt; *it's like the ~'s egg* det är varken bra eller dåligt (varken det ena eller det andra)
curator [ˌkjʊə'reɪtə] **1** intendent vid museum o.d.; [avdelnings]chef **2** tillsyningsman; vaktmästare
curb [kɜ:b] **I** *s* **1** kindkedja på stångbetsel **2** bildl. band, tygel; bromsande effekt; kontroll [*~ on* (över) *rising prices*]; *put* (*keep*) *a ~ on* lägga band på, hålla i schack **3** amer., se *kerb* **II** *vb tr* hindra, hålla i styr [*~ one's impatience*], tygla
curbstone ['kɜ:bstəʊn] amer., se *kerbstone*
curd [kɜ:d] **1** vanl. pl. *~s* ostmassa **2** slags smörkräm med smaktillsats, jfr *lemon curd*
curdle ['kɜ:dl] **I** *vb tr* ysta; *~d milk* filbunke, filmjölk **II** *vb itr* löpna, ysta sig, koagulera; stelna; *it made my blood ~* det kom blodet att isas i ådrorna på mig
cure [kjʊə] **I** *s* **1** botemedel äv. bildl. **2** kur; bot; botande; tillfrisknande **3** själavård [äv. *~ of souls*] **II** *vb tr* **1** bota, läka **2** konservera genom saltning, rökning, torkning o.d.; göra hållbar
curettage [kjʊə'retɪdʒ, ˌkjʊərə'tɑ:ʒ] med. kyrettage, skrapning
curfew ['kɜ:fju:] **1** [signal för] utegångsförbud; *lift a ~* häva ett utegångsförbud **2** hist. aftonringning
curio ['kjʊərɪəʊ] (pl. *~s*) kuriositet konstsak
curiosity [ˌkjʊərɪ'ɒsətɪ] **1** vetgirighet; nyfikenhet; *~ killed the cat* ordst. nyfiken i en strut **2** märkvärdighet; kuriositet, antikvitet
curious ['kjʊərɪəs] **1** vetgirig; nyfiken [*~ to* ([på] att) *know*] **2** egendomlig, underlig
curl [kɜ:l] **I** *vb tr* krulla, locka; krusa äv. vattenyta, läppar; kröka [*he ~ed his lips in a sneer*]; sno [*~ one's moustache*; *~ one leg around the other*]; slå knorr på svansen; *~ up one's legs* dra upp benen under sig **II** *vb itr* **1** locka (krusa, kröka,

ringla, slingra) sig; *her hair ~s naturally* hon har självlockigt hår **2** *it made my hair ~* det fick håret att resa sig [på huvudet] på mig **III** *s* **1** [hår]lock; *in ~* lockig, krusig **2** ring, bukt; pl. *~s* äv. ringlar **3** krusning; lockighet
curler ['kɜ:lə] **1** [hår]spole **2** curlingspelare
curlew ['kɜ:lju:] zool. spov; isht storspov; *~ sandpiper* spovsnäppa, spovvipa
curling ['kɜ:lɪŋ] **1** lockande (krusande) etc., jfr *curl II* **2** sport. curling
curly ['kɜ:lɪ] lockig, krusig
currant ['kʌr(ə)nt] **1** korint **2** vinbär [*black* (*red*) *~s*]
currency ['kʌr(ə)nsɪ] **1 a)** utbredning, spridning [*give ~ to* (åt) *a report*]; allmänt gehör; *words in common ~* allmänt gängse (brukade) ord **b)** livstid [*many slang words have short ~s*], gångbarhet; giltighetstid [*during the entire ~ of the lease*] **2** valuta; pengar i omlopp; sedlar [*coin and ~*], betalningsmedel; *paper ~* papperspengar
current ['kʌr(ə)nt] **I** *adj* **1** gångbar; bildl. gängse, allmän [*~ opinions*]; aktuell [*~ fashions*], rådande [*the ~ crisis*]; *words that are no longer ~* ord som inte används längre; *be ~* a) gälla b) vara allmänt godtagen (erkänd) **2** innevarande, löpande; dagens, denna veckas (månads osv.) [*the ~ issue of the magazine*]; aktuell; [nu] gällande; *at the ~ rate of exchange* till gällande kurs, till dagskurs; *~ account* **II** *s* **1** ström; strömdrag **2** [elektrisk] ström; strömstyrka **3** strömning, tendens
currently ['kʌr(ə)ntlɪ] **1** just nu **2** obehindrat, flytande
curricul|um [kə'rɪkjʊl|əm] (pl. *-a* [-ə] el. *-ums*) läroplan, kursplan, undervisningsplan
curriculum vitae [kəˌrɪkjʊləm'vi:taɪ, -'vaɪti:] (pl. *curricula vitae* [-lə'v-]) lat., ung. kort levnadsbeskrivning, meritförteckning vid platsansökan o.d.
1 curry ['kʌrɪ] **I** *s* **1** curry[pulver] **2** curryrätt; *chicken ~* höns i curry[sås], currystuvat höns **II** *vb tr* tillaga (krydda) med curry[pulver]
2 curry ['kʌrɪ] **1** rykta **2** bereda läder **3** *~ favour* ställa sig in [*with* hos], fjäska [*with* för] **4** vard. klå, prygla
curse [kɜ:s] **I** *s* **1** förbannelse; svordom; *not worth a ~* vard. inte värd ett jäkla dugg **2** gissel, förbannelse **3** kyrkans bann **II** *vb tr* **1** förbanna, fördöma; *~ you!* sl. tusan också! **2** hemsöka; *be ~d with* ha fått för sina synders skull, ha blivit drabbad av

III *vb itr* svära; ~ *and swear* svära och domdera (gorma)
cursed ['kɜ:sɪd] förbannad
cursor ['kɜ:sə] data. markör
cursory ['kɜ:s(ə)rɪ] hastig [~ *glance*], ytlig
curt [kɜ:t] **1** kort [till sättet], brysk [~ *answer*], tvär **2** kort[fattad]
curtail [kɜ:'teɪl] korta av, förkorta, knappa av (in) på; inskränka; minska
curtain ['kɜ:tn] **I** *s* **1** gardin; draperi, förhänge; [säng]omhänge; skynke; bildl. slöja; *draw the ~s* dra för gardinerna **2** ridå [*the ~ rises (falls)*]; *~ speech* teat. tal till publiken från scenen; *~!* tablå! **3** sl., pl. *~s* slutet **II** *vb tr* sätta upp gardiner i [*~ a window*]; förse (skyla) med ett draperi (förhänge); *~ off* dela (skärma) av med ett draperi (förhänge)
curtain call ['kɜ:tnkɔ:l] teat. inropning
curtain rod ['kɜ:tnrɒd] gardinstång
curtsey ['kɜ:tsɪ] **I** *s* nigning, knix; *make (drop) a ~* göra en nigning, niga **II** *vb itr* niga
curvaceous [kɜ:'veɪʃəs] vard., om kvinna kurvig
curvature ['kɜ:vətʃə] krökning, buktning; bågform
curve [kɜ:v] **I** *s* kurva äv. matem.; krok[linje]; pl. *~s* äv. kvinnas runda former, kurvor **II** *vb tr* böja **III** *vb itr* böja (kröka) sig
curved [kɜ:vd] böjd
cushion ['kʊʃ(ə)n] **I** *s* **1** kudde; underlägg under matta o.d.; *~ [sole]* mjuk inläggssula **2** valk under hår el. kjol **3** bilj. vall **4** a) tekn. luftkudde [äv. *~ of air*]; stötdämpande [ång]tryck b) bildl. buffert **II** *vb tr* **1** förse (skydda) med kuddar; madrassera, stoppa [*~ed seats*] **2** i tysthet undertrycka **3** dämpa [*~ the effects of the crisis*]; utjämna; underlätta; *be ~ed against...* skyddas mot... **4** bilj. dubblera
cushy ['kʊʃɪ] vard. lätt och välbetald, bekväm, latmans- [*~ job*]
cuss [kʌs] vard. **I** *s* **1** förbannelse; *I don't give (care) a ~* det skiter jag i, det bryr jag mig inte ett dugg om **2** individ [*a mean ~*] **II** *vb tr* o. *vb itr* förbanna; svära; *~ out* amer. svära över
cussed ['kʌsɪd] vard. **1** fördömd **2** envis, omöjlig; *be in a ~ mood* vara på trotshumör
custard ['kʌstəd] slags [ägg]kräm; vaniljsås; *baked ~* slags äggkaka
custodian [kʌ'stəʊdjən] **1** förmyndare; vårdare **2** väktare; tillsyningsman; intendent
custody ['kʌstədɪ] **1** förmynderskap; vård **2** [fängsligt] förvar; *take into ~* arrestera, anhålla
custom ['kʌstəm] **I** *s* **1** sed[vänja], bruk, vana [*do not be a slave to* (under) *~*]; skick och bruk; kutym; *it has become the ~ for people to...* det har blivit vanligt [bland folk] att... **2** jur. gammal hävd **3** pl. *~s* tull[ar], tullavgift[er]; *the Customs* tullen **4** hand.: a) *give one's ~ to* bli kund hos b) kundkrets, kunder **II** *adj* isht amer. gjord på beställning; beställnings- [*~ tailors*]; *~ clothes* skräddarsydda (måttbeställda) kläder
customary ['kʌstəm(ə)rɪ] vanlig, sedvanlig; jur. hävdvunnen
custom-built ['kʌstəmbɪlt] specialbyggd [*~ limousine*]
customer ['kʌstəmə] **1** kund; gäst på restaurang **2** vard. individ; *he is an awkward ~* han är inte god att tas med
custom-made ['kʌstəmmeɪd] gjord på beställning (efter mått); måttbeställd [*~ clothes*]
cut [kʌt] **A** (*cut cut*) *vb* **I** *tr* **1** skära [i] äv. bildl. [*it ~ me to* (i) *the heart*] **2** skära (hugga, klippa) [av (sönder)]; klippa; fälla [*~ timber*]; *have one's hair ~* [låta] klippa håret; *~ to pieces* skära (klippa) sönder (i stycken); bildl. slå i spillror; nedgöra **3** skära [för] kött o.d.; *~ it fine* vard. komma i sista sekunden, nätt och jämnt klara det **4** skära (bryta) igenom; gå genom **5** *~ one's teeth* få tänder **6** skära ner, knappa in på, minska; korta av **7** bryta filmning, del av radioprogram o.d.; stryka [*~ a scene*]; stoppa [ofta *~ off*]; sluta med [*~ [out] that noise!*]; *~ a p. short* avbryta ngn [tvärt] **8** tillverka genom skärning o.d.; göra [*~ a key*], skära (hugga) [till (ut, in)]; snida; gravera; slipa sten, glas; gräva (hugga) [ut] **9** kortsp. a) kupera [*~ the cards*] b) dra [*~ a card*] **10** vard., *~ a p.* [*dead*] behandla ngn som luft **11** vard. ge upp, skolka från [*~ a lecture*], skippa; *~ one's losses* avveckla en förlustbringande affär, dra sig ur spelet

II *itr* **1** skära, hugga; bita [*the knife ~s well*]; bryta; *it ~s both ways* bildl. det är på både gott och ont; det verkar i bägge riktningarna **2** kortsp. kupera **3** vard. kila; smita; *~ and run* sticka **4** *~ loose* a) slita sig loss b) slå sig lös c) sjö. kapa förtöjningarna

III *tr* o. *itr* med prep. o. adv. isht med spec. övers.:
~ across: a) skära igenom b) bildl. skära

[tvärs]över ([tvärs]igenom) [~ *across all party lines*] **c)** ta en genväg
~ **at: a)** slå (hugga) på **b)** bildl. drabba hårt
~ **away** skära (hugga) bort (av)
~ **back** skära ner; bildl. skära ner [på], göra inskränkningar [i]
~ **down: a)** hugga ner, meja ner **b)** knappa in på, minska [~ *down expenses*]
~ **in: a)** skära (hugga) in; gravera **b)** blanda sig i (avbryta) samtalet **c)** ~ *in* [*on a p.*] i dans ta ngns partner **d)** trafik. tränga sig in i [bil]kön, göra en snäv omkörning **e)** ~ *a p. in on the profit* låta ngn få vara med och dela vinsten
~ **into: a)** göra ett ingrepp i **b)** skära in i **c)** inkräkta på
~ **off: a)** hugga (skära, kapa) av (bort) **b)** skära av äv. bildl.; isolera, avstänga **c)** göra slut på, dra in [~ *off an allowance*] **d)** [av]bryta [~ *off an engine; ~ off the gas supply*] **e)** avspisa; ~ *a p. off with a shilling* skämts. göra ngn arvlös
~ **out: a)** skära (hugga) ut; ~ *out a path* hugga sig en stig, hugga (bana) sig väg **b)** klippa (skära) till; *be ~ out for* vara som klippt och skuren för (till) **c)** vard. skära bort [~ *out unimportant details*]; sluta upp med [~ *out tobacco*]; slopa [~ *out afternoon tea*]; ~ *it out!* lägg av!
d) tränga ut [~ *out all rivals*], peta **e)** elektr. koppla (slå) ifrån **f)** om motor koppla ur [*one of the engines ~ out*] **g)** ~ *out of* beröva [~ *a p. out of his share*] **h)** skymma [~ *out the view*]
~ **over** ta en genväg [över]
~ **through** ta en genväg [över (genom)]
~ **under** hand. vard. bjuda under
~ **up: a)** skära [sönder (upp)], stycka; hugga sönder, dela [~ *up timber*]
b) klippa (skära) till [~ *up cloth*] **c)** vard. såra djupt, stöta [*she was ~ up by his remark*] **d)** bedröva [*she was very ~ up after the funeral*] **e)** ~ *up rough* (*nasty*) börja bråka, ilskna till **f)** ~ *up well* (*fat*) vard. lämna efter sig en vacker slant
B *adj*, ~ *flowers* lösa blommor, snittblommor; *at ~ price* till underpris
C *s* **1** skärning; genomskärning; klippning **2** hugg; rapp [*a ~ with a whip*], slag; snitt [*a ~ of the knife*], klipp [*a ~ of the scissors*]; ~ *and thrust* **a)** hugg och stöt, närkamp **b)** bildl. ordväxling, hugg och mothugg **3** skåra, rispa; *a ~ above me* vard. **a)** ett pinnhål högre än jag **b)** lite för svårt (för fint) för mig **4** nedsättning [~ *in prices*], nedskärning [~ *in salaries*], minskning **5** gliring [*that remark was a ~ at me*] **6** stycke; skiva [*a ~ off the joint*]
7 strykning [~*s in the play*], klipp **8** snitt [*the ~ of a suit*] **9** [*short*] ~ genväg **10** kupering av kort **11** sl. andel i vinsten
cutaway ['kʌtəweɪ] **I** *s* **1** jackett **2** genomskuren bild (modell); sprängteckning **II** *adj* **1** avskuren; ~ *coat* jackett **2** genomskuren så att man kan se det inre; i genomskärning [~ *model*]
cute [kju:t] vard. **1** fyndig; smart [*a ~ businessman*] **2** söt, rar, näpen; trevlig **3** amer. konstlad
cuticle ['kju:tɪkl] **1** ytterhud; hinna **2** nagelband
cutlery ['kʌtlərɪ] **1** knivsmide **2** koll. matbestick; knivar, eggverktyg
cutlet ['kʌtlət] **1** kotlett; [kött]skiva **2** [pann]biff
cut-price ['kʌtpraɪs, ˌ-'-], ~ *shop* ung. lågprisaffär
cutthroat ['kʌtθrəʊt] **I** *s* **1** mördare **2** = II 2 **II** *adj* **1** mordisk; bildl. mördande [~ *competition*] **2** ~ *razor* vard. rakkniv **3** ~ *bridge* trehandsbridge
cutting ['kʌtɪŋ] **I** *adj* **1** skärande; ~ *angle* skärvinkel **2** bitande, sårande [~ *remark*], skarp **3** bitande, snål [~ *wind*] **II** *s* **1 a)** skärande, huggning, klippning etc., jfr *cut A I* o. *II* **b)** vard. ignorerande av bekanta **c)** hand. vard. undersäljning, försäljning till underpris **2** avskuret stycke; urklipp [*press ~*] **3** trädg. stickling **4** ~ *flowers* snittblommor
cuttlefish ['kʌtlfɪʃ] bläckfisk
cyanide ['saɪənaɪd] kem. cyanid; *potassium ~* cyankalium
cybernetics [ˌsaɪbə'netɪks] (konstr. ss. sg.) cybernetik
cyberspace ['saɪbəspeɪs] data. cyberspace, cyberrymden
cyclamen ['sɪkləmən, saɪk-] bot. cyklamen; alpviol
cycle ['saɪkl] **I** *s* **1** cykel; krets[lopp], omloppstid; period; takt i förbränningsmotor; *~s per second* svängningar per sekund **2** serie; *the Arthurian ~* Artursagan **3** cykel; ibl. motorcykel; ~ *helmet* cykelhjälm; ~ *lane* cykelbana **II** *vb itr* **1** cykla **2** kretsa
cyclist ['saɪklɪst] cyklist; *Cyclists' Touring Club* eng. Cykelförbundet
cyclone ['saɪkləʊn] cyklon, virvelvind
cygnet ['sɪɡnət] ung svan
cylinder ['sɪlɪndə] **1** cylinder, rulle; ~ *block* bil. cylinderblock, motorblock; ~ *head gasket* bil. topplockspackning **2** lopp i eldvapen
cynic ['sɪnɪk] cyniker
cynical ['sɪnɪk(ə)l] cynisk

cynicism ['sɪnɪsɪz(ə)m] **1** cynism; människoförakt **2** filos. (hist.), *C~* kynism
cypress ['saɪprəs] bot. cypress
Cypriot ['sɪprɪət] **I** *adj* cypriotisk **II** *s* cypriot, invånare på Cypern
Cyprus ['saɪprəs] Cypern
cyst [sɪst] med. **1** cysta **2** [urin]blåsa
cystitis [sɪ'staɪtɪs] med. blåskatarr, cystit
czar [zɑː, tsɑː-] **1** hist. tsar **2** amer. magnat
Czech [tʃek] **I** *s* tjeck **II** *adj* tjeckisk; *the ~ Republic* Tjeckiska republiken, Tjeckien
Czechoslovakia [ˌtʃekə(ʊ)slə(ʊ)'vækɪə, -'vɑːkɪə] geogr. (hist.) Tjeckoslovakien
Czechoslovakian [ˌtʃekə(ʊ)slə(ʊ)'vækɪən, -'vɑːkɪən] **I** *adj* tjeckoslovakisk **II** *s* tjeckoslovak

D, d [diː] (pl. *D's* el. *d's* [diːz]) **1** D, d **2** mus., *D major* D-dur; *D minor* D-moll
d- [diː] = *damn* o. *damned* ss. svordom
'd [d] = *had*; *would*, *should* {*he'd* = *he had* el. *he would*; *I'd* äv. = *I should*}; = *did* {*where'd he go?*}
DA [ˌdiːˈeɪ] amer. förk. för *District Attorney*
1 dab [dæb] zool. sandskädda; plattfisk i allm.
2 dab [dæb] I *vb tr* slå (klappa) till lätt; torka; badda {*~ a sore with disinfectant*} II *s* lätt slag; lätt tryckning, beröring
dabble [ˈdæbl] **1** plaska **2** amatörmässigt syssla litet, fuska; *~ with the idea of doing a th.* leka med tanken på att göra ngt
dabbler [ˈdæblə] klåpare; amatör
dachshund [ˈdæksənd] zool. tax
dad [dæd] vard. pappa
daddy [ˈdædɪ] vard. pappa
daddy-longlegs [ˌdædɪˈlɒŋlegz] (konstr. ss. sg. el. pl.; pl. lika) zool. pappa långben harkrank
daffodil [ˈdæfədɪl] påsklilja
daft [dɑːft] vard. tokig, fånig
dagger [ˈdægə] dolk; *they are at ~s drawn* de tål inte varandra
dahlia [ˈdeɪljə, amer. vanl. ˈdæljə] bot. dahlia
daily [ˈdeɪlɪ] I *adj* daglig; *~ dozen* ung. morgongymnastik II *adv* dagligen III *s* **1** daglig tidning, dagstidning **2** daglig städhjälp (hemhjälp)
dainty [ˈdeɪntɪ] I *s* läckerbit II *adj* **1** läcker **2** utsökt, täck; skör, bräcklig {*~ china*} **3** kräsen
dairy [ˈdeərɪ] **1** mejeri **2** mjölkaffär
dairy cattle [ˈdeərɪˌkætl] mjölkboskap
dairy farm [ˈdeərɪfɑːm] gård med mjölkdjur (mejeri[rörelse])
dairymaid [ˈdeərɪmeɪd] [kvinnlig] mejerist
dais [ˈdeɪɪs, deɪs] podium; estrad
daisy [ˈdeɪzɪ] **1** bot. tusensköna; *pushing up* [*the*] *daisies* sl. död och begraven **2** sl. fin grej
dale [deɪl] isht nordeng. [liten] dal äv. poet.; *the* [*Yorkshire*] *D~s* dalarna i Yorkshire
dally [ˈdælɪ] **1** *~ with* leka med, inte ta på allvar {*~ with a p.'s feelings*} **2** flörta, kurtisera; smekas **3** förspilla tiden; söla
1 dam [dæm] om djur moder
2 dam [dæm] I *s* damm II *vb tr*, *~* [*up*] dämma av (för, till, upp) {*~* [*up*] *a river*}; bildl. hålla inne med, hålla tillbaka {*~ up one's feelings* (*tears*)}
damage [ˈdæmɪdʒ] I *s* **1** (utan pl.) skada {*the storm did great ~ to* (på) *the crops*}; förlust **2** pl. *~s* jur. skadeersättning, skadestånd; {*he claimed £1,000*} *~s* …i (som) skadestånd **3** vard. kostnad; *what's the ~?* vad kostar kalaset? II *vb tr* o. *vb intr* skada {*~ one's cause*}; tillfoga skada; vara skadlig [för]; skadas {*soft wood ~s easily*}
dame [deɪm] **1** poet., *D~ Fortune* fru Fortuna **2** Dame titel på [kvinnlig] riddare av vissa ordnar (motsv. *Knight* med titeln *Sir*) {*D~ Edith* [*Evans*]} **3** isht amer. sl. fruntimmer
damn [dæm] I *vb tr* **1** vard. förbanna; *~ it!* tusan (jäklar, sablar) också!; *~ you* (*him*), *you've* (*he's*) *lost it again!* fan ta dig (honom), nu har du (han) tappat den igen! **2** förkasta, döma ut {*~ a play*}; *~ a p. with faint praise* klandra ngn genom halvhjärtat beröm II *vb itr* svära III *s* vard., *I don't care* (*give*) *a ~ if…* jag ger sjutton i om…; *I don't care* (*give*) *a ~* det ger jag sjutton (tusan) i IV *adv* vard. förbaskat {*~ good*} V *adj* vard. förbaskad {*~ fool!*} VI *interj* vard., *~!* tusan (jäklar, sablar) också!
damnation [dæmˈneɪʃ(ə)n] I *s* fördömelse {*eternal ~*} II *interj* vard., *~!* tusan också!
damned [dæmd] I *adj* **1** fördömd **2** vard. förbaskat, jäkla {*~ fool*}; *I'll see you ~ first!* tusan heller! II *adv* vard. förbaskat {*~ hot*}; *I should ~ well think so!* tacka fan för det!
damp [dæmp] I *s* fukt II *adj* fuktig III *vb tr* **1** fukta **2** dämpa ljud, vibrationer o.d. **3** bildl., *~* [*down*] dämpa, lägga sordin på, kyla av {*~ a p.'s enthusiasm*}
dampen [ˈdæmp(ə)n] I *vb tr* se *damp* III 1 o. 3 II *vb itr* **1** bli fuktig **2** bildl. dämpas
damper [ˈdæmpə] **1** dämpare äv. bildl. **2** mus. dämmare; sordin {*~ pedal*}; *put a* (*the*) *~ on* bildl. dämpa, lägga sordin på
damson [ˈdæmz(ə)n] krikon plommonsort
dance [dɑːns] I *vb itr* o. *vb tr* dansa {*~ to* (efter, till) *music*}; *he ~d her round the floor* han dansade runt med henne på dansgolvet; *~ to a p.'s tune* (*pipe*) dansa efter ngns pipa II *s* **1** dans; dansstycke; *D~ of Death* dödsdans **2** dans[tillställning], bal
dance hall [ˈdɑːnshɔːl] dansställe

dancer ['dɑ:nsə] **1** dansande [*the ~s*] **2** dansare; dansör; dansös; *be a good ~* dansa bra
D and C [ˌdi:ənd'si:] (förk. för *dilatation and curettage*) med. skrapning
dandelion ['dændɪlaɪən] maskros
dandruff ['dændrʌf] mjäll
dandy ['dændɪ] dandy, [kläd]snobb
Dane [deɪn] **1** dansk; danska kvinna **2** grand danois [äv. *Great ~*]
danger ['deɪn(d)ʒə] fara; *~ area* (*zone*) farligt område; *~ money* risktillägg; *~ spot* trafikfälla; *out of ~* utom fara
dangerous ['deɪn(d)ʒ(ə)rəs] farlig, riskfull; *~ driving* vårdslös (ovarsam) körning; *play a ~ game* spela ett högt spel
dangl|e ['dæŋgl] dingla [med]; *~ a th. before a p.* fresta ngn med ngt; *keep a p. -ing* hålla ngn på sträckbänken
Danish ['deɪnɪʃ] **I** *adj* dansk; *~ blue* danablu ostsort **II** *s* danska [språket]
Danish pastry [ˌdeɪnɪʃ'peɪstrɪ] wienerbröd
dank [dæŋk] fuktig, rå
Danube ['dænju:b] geogr. egenn.; *the ~* Donau
dapper ['dæpə] **1** [liten och] prydlig; pimpinett **2** [liten och] rask (flink)
dare [deə] **I** (imperf. dared, ibl. *dare*; perf. p. *dared* jfr ex.) *vb itr* o. *hjälpvb* **1** våga [*he ~ not* (*he does not ~* [*to*]) *come*; *he did not ~* [*to*] (*he ~*[*d*] *not*) *come*; *he has not ~d* [*to*] *come*]; understå sig; [*just*] *you ~!* du skulle bara våga! **2** *I ~ say you know* du vet nog (troligtvis, förmodligen); *I ~ say he is right, but...* det kan väl hända han har rätt, men... **II** (*~d ~d*) *vb tr* utmana; *I ~ you to strike me!* slå mig om du törs! **III** *s* utmaning
daredevil ['deəˌdevl] **I** *s* våghals, friskus, dumdristig person **II** *adj* våghalsig, dumdristig
daren't [deənt] = *dare not*
daresay [ˌdeə'seɪ] se *dare say* under *dare* I 2
daring ['deərɪŋ] **I** *adj* **1** djärv **2** vågad [*a ~ book*] **II** *s* djärvhet
dark [dɑ:k] **I** *adj* **1** mörk; *~ blue* a) mörkblått b) (attr. *dark-blue*) mörkblå; *~ glasses* mörka glasögon, solglasögon; *~ weather* mulet väder **2** bildl. dunkel, svårbegriplig [*a ~ passage in the text*]; förtäckt [*~ threats*]; skum [*~ designs* (planer)] **3** hemlig [*keep a th. ~*]; tyst[låten]; *a ~ secret* en väl bevarad hemlighet **4** *~ horse* om pers. dark horse, oskrivet blad, okänd förmåga; otippad segrare **II** *s* **1** mörker; *at ~* i skymningen;

before (*after*) *~* före (efter) mörkrets inbrott **2** bildl. dunkel; okunnighet
darken ['dɑ:k(ə)n] **I** *vb itr* bli mörk[are]; bildl. förmörkas **II** *vb tr* **1** förmörka; göra mörk[are] t.ex trä; mörklägga; skymma, göra skum; *~ a p.'s door* sätta foten innanför ngns dörr [*don't ever ~ my door*[*s*] *again!*] **2** bildl. fördystra; fördunkla
darkness ['dɑ:knəs] mörker
darkroom ['dɑ:kru:m] foto. mörkrum
darling ['dɑ:lɪŋ] **I** *s* älskling [*my ~!*], raring; *do be a ~ and...* vill du vara så rar och... **II** *adj* älsklings-; gullig [*a ~ hat*]
1 darn [dɑ:n] (eufem. för *damn*), *~ it!* förbaskat (katten) också!
2 darn [dɑ:n] **I** *vb tr* stoppa [*~ socks*] **II** *s* stopp[ning]
darned [dɑ:nd] vard. eufem. för *damned* **I** *adj* förbaskad **II** *adv* förbaskat
darning-needle ['dɑ:nɪŋˌni:dl] stoppnål
dart [dɑ:t] **I** *s* **1** pil; ibl. kastspjut **2** *~s* (konstr. ss. sg.) lek dart, pilkastning; *play ~s* spela dart, kasta pil **3** plötslig snabb rörelse; *make a sudden ~* äv. plötsligt rusa **II** *vb tr* kasta [*~ a spear*; *~ a glance*]; slunga; skjuta [*~ flashes*] **III** *vb itr* pila
dash [dæʃ] **I** *vb tr* **1** kraftigt slå; stöta ngt mot ngt; *~ out a p.'s brains* slå in skallen på ngn **2** *~ a th. to pieces* slå sönder ngt, slå ngt i kras, krossa ngt **3** *~ down* (*off*) kasta ned, rafsa ihop [*~ down* (*off*) *a few letters*] **4** krossa; *~ a p.'s hopes* grusa ngns förhoppningar **5** (eufem. för *damn*), *~ it!* förbaskat (katten) också! **II** *vb itr* **1** stöta, törna **2** störta [sig]; *I've got to ~!* jag måste kila! **III** *s* **1** rusning, anlopp; blixtvisit; *make a ~* äv. rusa, springa **2** sport. sprinterlopp **3** *a ~ of* en anstrykning (släng) av; en tillsats (spets) av [*a ~ of lemon juice*], en skvätt, några droppar [*a ~ of brandy*] **4** tankstreck [*within ~es*] **5** hurtighet, bravur; *cut a ~* briljera, slå på stort, uppträda vräkigt (flott)
dashboard ['dæʃbɔ:d] instrumentbräda på bil, flygplan
dashing ['dæʃɪŋ] **1** hurtig; livlig; *at a ~ rate* i flygande fart (fläng) **2** elegant; stilig
DAT (förk. för *digital audio tape*) DAT
data [deɪtə, ibl. 'dɑ:tə] (konstr. vanl. ss. sg.) data; *~ processing centre* datacentral
data base ['deɪtəbeɪs] databas
1 date [deɪt] **1** dadel **2** dadelpalm
2 date [deɪt] **I** *s* **1** datum; årtal; tid; *at a later ~* vid senare tidpunkt; *to ~* hittills, [fram] till i dag; till dags dato; *be* (*keep*) *up to ~* hålla sig à jour, följa med sin tid

2 vard. träff; avtalat möte; om pers. sällskap **II** *vb tr* **1** datera, dagteckna; *the letter is ~d from London, 24th May* brevet är daterat [i] London den 24 maj **2** datera, tidsbestämma [*~ old coins*] **3** vard. stämma träff med; uppvakta [*~ a girl*] **III** *vb itr* **1** *~ from* (*back to*) datera sig från (till) **2** bli (vara) gammalmodig [*his books ~*] **3** vara daterad (skriven) [*the letter ~s from* (i) *London*]

dated ['deɪtɪd] gammalmodig

dateline ['deɪtlaɪn] **1** datumgräns **2** tidsgräns; *when is the ~?* när löper fristen ut?

dative ['deɪtɪv] gram. dativ[-]; *the ~* [*case*] dativ[en]

daub [dɔːb] **I** *vb tr* **1** bestryka; stryka, smeta **2** smörja (smeta, kludda) ner **3** mål. kludda ihop **II** *vb itr* mål. kludda **III** *s* **1** smet, smörja; [färg]klick **2** mål. kludd[eri]

daughter ['dɔːtə] dotter

daughter-in-law ['dɔːt(ə)rɪnlɔː] (pl. *daughters-in-law* ['dɔːtəzɪnlɔː]) svärdotter, sonhustru

daunt [dɔːnt] skrämma; *nothing ~ed* lika oförfärad, utan att låta sig bekomma

dauntless ['dɔːntləs] oförfärad

dawdle ['dɔːdl] söla

dawn [dɔːn] **I** *vb itr* dagas äv. bildl.; bryta fram; *~* [*up*]*on* a) gry (dagas) över b) bildl. gå upp för **II** *s* gryning, dagning, bildl. äv. början [*the ~ of a new era*]; *at ~* i gryningen

day [deɪ] **1** dag; *the ~ after tomorrow* i övermorgon; *one of these* [*fine*] *~s* endera dagen, en vacker dag; *this ~ week* (*fortnight*) i dag [om åtta (fjorton) dagar; *let's call it a ~* vard. nu räcker det för i dag, nu lägger vi av; *name the ~* bestämma dag [vanl. för bröllopet]; *~ off* ledig dag, fridag; *pay by the ~* betala per dag; *by ~* om (på) dagen **2** dygn [äv. *~ and night*] **3** ofta pl. *~s* tid; tidsålder; [glans]period; *it has had its ~* den har spelat ut sin roll; *in the old ~s* förr i världen (tiden)

daybreak ['deɪbreɪk] gryning, dagning [*at ~*]

daycare ['deɪkeə] dagsjukvård; daglig barntillsyn; *~ centre* daghem

daydream ['deɪdriːm] **I** *s* dagdröm **II** *vb itr* dagdrömma

daylight ['deɪlaɪt] **1** dagsljus; gryning; *in broad ~* mitt på ljusa dagen; *see ~* bildl. a) se en ljusning (resultat) b) komma ut, se dagens ljus **2** vard., *beat* (*knock*) *the* [*living*] *~s out of a p.* göra mos av ngn

day nursery ['deɪˌnɜːs(ə)rɪ] **1** daghem **2** barnkammare

day release [ˌdeɪrɪ'liːs] utbildning (fortbildning) på betald arbetstid

day return [ˌdeɪrɪ'tɜːn] tur och returbiljett för återresa samma dag

daytime ['deɪtaɪm] dag i mots. till natt; *in* (*during*) *the ~* på dagtid, om (på) dagen, om (på) dagarna

daze [deɪz] **I** *vb tr* bedöva; förvirra **II** *s*, *in a ~* omtumlad

dazzl|e ['dæzl] **I** *vb tr* blända [*the driver was ~d by the approaching headlights*]; förblinda; förvirra; *a ~ing display* en bländande uppvisning **II** *vb itr* blända[s] **III** *s* bländande ljus, skimmer, glitter

DC [ˌdiː'siː] förk. för *direct current*, *District of Columbia* [*Washington ~*]

DD (förk. för *Doctor of Divinity*) teol. dr

deacon ['diːk(ə)n] diakon

dead [ded] **I** *adj* **1** död äv. bildl., livlös; torr [*~ leaves*]; *~ and gone* vard. död och begraven; *~ letter* a) död bokstav om lag som ej längre efterlevs b) post. obeställbart brev **2** dödsliknande; *in a ~ faint* helt avsvimmad **3** stel, utan känsel; okänslig **4** sport. m.m., *~ heat* dött (oavgjort) lopp **5** jämn; *on a ~ level* precis på samma plan (nivå); precis jämsides **6** vard. tvär; absolut [*~ certainty*], ren [*~ loss*]; *he's* (*it's*) *a ~ loss* vard. han (den) är värdelös, han (den) är inget att ha; *~ silence* dödstystnad **II** *s* **1** *the ~* de döda **2** *in the* (*at*) *~ of night* mitt i natten **III** *adv* **1** vard. död- [*~ certain*], döds- [*~ tired*]; *~ drunk* vard. döfull; *~ hungry* jättehungrig; *~ lousy* skitdålig **2** rakt; *~ against* rakt emot

deaden ['dedn] **1** bedöva; döva, lindra t.ex. smärta; dämpa, försvaga; minska t.ex. fart **2** göra okänslig

deadline ['dedlaɪn] tidsgräns, deadline; *when is the ~?* när löper fristen ut?, när är sista dagen (tidpunkten)?

deadlock ['dedlɒk] dödläge, baklås, återvändsgränd, stopp

deadly ['dedlɪ] **I** *adj* **1** dödlig; giftig; *~ nightshade* bot. belladonna **2** dödligt förbittrad, döds- [*~ enemies*] **3** dödslik **4** vard. dödtråkig; dödtrist; urdålig **II** *adv* dödligt, döds- [*~ tired*]

deadpan ['dedpæn] vard. **I** *s* uttryckslöst ansikte, pokeransikte **II** *adj* **1** gravallvarlig **2** uttryckslös, stel; *~ face* pokeransikte

deaf [def] döv äv. bildl.; *~ and dumb* dövstum; *my words fell on ~ ears* jag talade för döva öron

deaf aid ['defeɪd] hörapparat

138

deafen ['defn] **1** göra döv; bedöva; överrösta; *~ing* öronbedövande **2** ljudisolera t.ex. vägg

deaf-mute [ˌdef'mjuːt] dövstum [person]

1 deal [diːl] **1** bredare granplanka, furuplanka; pl. *~s* koll. plank **2** virke gran, furu

2 deal [diːl] **I** *s* **1** *a great (good) ~* [ganska] mycket, en hel del (massa, mängd, hop), åtskilligt, betydligt; *a great (good) ~ of money* [ganska] mycket etc. (åtskilligt med) pengar **2** affär; spekulationsaffär; uppgörelse; köpslående; politisk kohandel; *make (do) a ~* göra [upp] en affär; göra upp, komma fram till en uppgörelse; *that's a ~!* då säger vi det!, kör till!, saken är klar! **3** vard., *get a raw ~* bli orättvist (hårt) behandlad **4** kortsp. giv; *whose ~ is it?* vem ska ge? **II** *(dealt dealt) vb tr* utdela, fördela [äv. *~ out*]; tilldela [*~ a p. a blow*]; kortsp. dela ut, ge **III** *(dealt dealt) vb itr* **1** handla, göra affärer [*~ with* (hos, med) *a p.*; *~ in an article*] **2** *~ with* a) ha att göra med [*he is easy to ~ with*]; umgås med b) behandla; förfara med; handla mot, uppträda mot c) ta itu med, gripa sig an [*~ with a problem*]; handlägga, bereda ärende d) handla om, behandla [*the book ~s with new problems*] **3** kortsp. ge **4** sl. langa (sälja) narkotika (knark)

dealer ['diːlə] **1** handlande; ofta ss. efterled i sammansättn. -handlare [*car-dealer*] **2** kortsp. givare, giv

dealing ['diːlɪŋ] **1** vanl. pl. *~s* affärer; förbindelse[r]; *underhand ~[s]* fiffel, mygel **2** vanl. pl. *~s* uppförande, uppträdande; handlande

dealt [delt] imperf. o. perf. p. av *2 deal II* o. *III*

dean [diːn] **1** domprost; *rural ~* kontraktsprost **2** univ. dekan[us] **3** doyen [*~ of the diplomatic corps*]

dear [dɪə] **I** *adj* **1** kär; rar, gullig; hälsningsfras i brev äv. bäste [*D~ Mr. Brown*]; *D~ Sir (Madam)* i formella brev: utan motsvarighet i sv. **2** dyr, kostsam i förhållande till värdet; *~ money* dyra pengar med hög ränta **II** *s* **1** isht i tilltal [*my*] *~* kära du; [*carry this for me,*] *there's (that's) a ~* vard. ...så är du snäll **2** raring [*they are such ~s!*]; *old ~* neds. gammal tant **III** *adv* dyrt; *it cost him ~* det stod honom dyrt **IV** *interj*, *~ me!* uttr. förvåning o.d. kors!, nej men!; *oh ~!* uttr. missnöje, förvåning det var katten!; aj, aj!; oj då!

dearly ['dɪəlɪ] **1** innerligt [*love ~*]; ivrigt; högeligen **2** mest bildl. dyrt [*sell one's life ~*]; *he will pay ~ for this* detta kommer att stå honom dyrt

dearth [dɜːθ] **1** brist, knapphet **2** hungersnöd

death [deθ] död; frånfälle; dödsfall; pl. *~s* äv. döda [*births and ~s*]; *D~* döden, liemannen; *~ certificate* dödsattest, dödsbevis; *it will be the ~ of me* det blir min död, det kommer att ta livet av mig; *be at ~'s door* ligga för döden; vara nära döden; *be in at the ~* a) jakt. vara med vid villebrådets dödande b) bildl. vara med i slutskedet; *be frightened (scared) to ~ of a th. (a p.)* vara dödsrädd för ngt (ngn); *be sick (bored, tired) to ~ of a th. (a p.)* vara utled på ngt (ngn); *the song has been done to ~* vard. sången är uttjatad [till förbannelse]; *look like ~ warmed up* vard. se ut som sju svåra år; *put to ~* ta livet av, avliva, avrätta; *till ~ do us part* till döden skiljer oss åt

deathbed ['deθbed] dödsbädd; *be on one's ~* äv. ligga för döden

deathblow ['deθbləʊ] dödande slag; bildl. dödsstöt

death duties ['deθˌdjuːtɪz] olika slags arvsskatt

deathly ['deθlɪ] **I** *adj* dödlig; dödslik, döds- **II** *adv* dödligt, döds-

death rate ['deθreɪt] dödstal, dödlighet, mortalitet; dödlighetsprocent

death trap ['deθtræp] dödsfälla

death warrant ['deθˌwɒr(ə)nt] underskriven dödsdom äv. bildl.

debacle o. **débâcle** [deɪ'bɑːkl, de'b-, dɪ'b-] **1** vild flykt; katastrof; stort nederlag **2** islossning **3** geol. störtflod

debar [dɪ'bɑː] **1** utesluta [*from*] **2** förhindra; förbjuda

debase [dɪ'beɪs] **1** försämra **2** degradera; förnedra

debatable [dɪ'beɪtəbl] diskutabel, omtvistlig

debate [dɪ'beɪt] **I** *vb itr* o. *vb tr* **1** diskutera, debattera, dryfta, avhandla [*~ [on (upon)] a question*]; *-ing point* debattinlägg; diskussionsämne; *-ing society* diskussionsklubb **2** fundera [på], överväga [med sig själv] [äv. *~ with oneself*] **II** *s* debatt, diskussion

debater [dɪ'beɪtə] debattör

debauchery [dɪ'bɔːtʃ(ə)rɪ] omåttlighet

debenture [dɪ'ben(t)ʃə] debenture; *~ stock* obligationsfond

debilitate [dɪ'bɪlɪteɪt] försvaga

debility [dɪ'bɪlətɪ] svaghet äv. bildl.

debit ['debɪt] **I** *s* debet **II** *vb tr* debitera; *~ a p.'s account* debitera ngns konto

debonair [ˌdebəˈneə] vanl. om man charmig; glad[lynt]
debrief [ˌdiːˈbriːf] utfråga; *be ~ed* äv. rapportera, avlägga rapport
debris [ˈdeɪbriː, ˈdeb-, amer. äv. dəˈbriː] **1** spillror; skräp **2** geol. sönderfallna klippstycken
debt [det] skuld; *bad ~s* osäkra fordringar; *National D~* statsskuld; *~ collector* inkasserare; *I owe you a ~ of gratitude* jag står i tacksamhetsskuld till er; *be in a p.'s ~* stå i skuld hos (till) ngn; bildl. stå i tacksamhetsskuld till ngn
debtor [ˈdetə] gäldenär, debitor
debug [diːˈbʌg] sl. **1** data. m.m. korrigera **2** avlägsna [dolda] mikrofoner i [*~ a room*]
debunk [diːˈbʌŋk] vard. avslöja
decade [ˈdekeɪd, -kəd, dɪˈkeɪd] decennium
decadence [ˈdekəd(ə)ns] dekadans
decadent [ˈdekəd(ə)nt] dekadent
decamp [dɪˈkæmp] **1** bryta upp [från lägret] **2** plötsligt (i hemlighet) ge sig i väg
decant [dɪˈkænt] dekantera
decanter [dɪˈkæntə] karaff vanl. med propp
decarbonize [diːˈkɑːbənaɪz] sota motor; tekn. befria från kol
decathlete [dɪˈkæθliːt] sport. tiokampare
decathlon [dɪˈkæθlɒn, -ən] sport. tiokamp
decay [dɪˈkeɪ] **I** *vb itr* **1** förfalla; förstöras; försvagas **2** multna, murkna **3** vara angripen av karies (röta) **II** *vb tr* **1** fördärva, tära på **2** röta; orsaka karies (röta) i tänder **III** *s* **1** förfall, upplösning; avtynande; *fall into ~* råka i förfall **2** förmultning **3** karies[angrepp]; angripen vävnad; *~ in a tooth* karies, tandröta
decayed [dɪˈkeɪd] **1** förfallen; förstörd; avsigkommen; fallfärdig **2** skämd, murken; [karies]angripen [*~ tooth*]
decease [dɪˈsiːs] **I** *s* frånfälle **II** *vb itr* avlida
deceased [dɪˈsiːst] **I** *adj* avliden **II** *s, the ~* den avlidne (avlidna); de avlidna
deceit [dɪˈsiːt] **1** bedrägeri; svek, list **2** bedräglighet
deceive [dɪˈsiːv] bedra; lura; *be ~d* äv. missräkna (misstaga) sig [*in på*]
deceiver [dɪˈsiːvə] bedragare
decelerate [diːˈseləreɪt] minska hastigheten (farten) [på]
December [dɪˈsembə] december
decenc|y [ˈdiːsnsɪ] **1** anständighet; ärbarhet; det passande (tillbörliga); *observe the -ies* hålla på konvenansen; *in [common] ~* el. *in all ~* anständigtvis, för

anständighetens (skams) skull **2** vard. hygglighet
decent [ˈdiːsnt] **1** passande, tillbörlig; anständig; städad; ordentlig; ärbar **2** vard. hygglig [*a ~ fellow*; *he was very ~ to me*] **3** vard. hygglig [*write ~ English*]
decently [ˈdiːsntlɪ] passande etc., jfr *decent*; anständigtvis, gärna
decentralization [diːˌsentrəlaɪˈzeɪʃ(ə)n] decentralisering
decentralize [diːˈsentrəlaɪz] decentralisera
deception [dɪˈsepʃ(ə)n] bedrägeri; list, knep
deceptive [dɪˈseptɪv] bedräglig; *appearances are ~* skenet bedrar
decibel [ˈdesɪbel] fys. decibel
decide [dɪˈsaɪd] **I** *vb tr* **1** avgöra; bestämma [sig för]; *that ~d me* det fick mig att bestämma mig **2** inse **II** *vb itr* **1** bestämma sig [*she ~d on* (för) *the yellow hat*]; *~ on* äv. fastna för, välja **2** välja **3** avgöra
decided [dɪˈsaɪdɪd] **1** bestämd [*~ opinion* (uppfattning)], avgjord, utpräglad [*a ~ difference*] **2** bestämd, resolut [*in a ~ voice*]
decidedly [dɪˈsaɪdɪdlɪ] bestämt; resolut; *most ~!* absolut!
deciduous [dɪˈsɪdjʊəs] **1** periodvis avfallande om håd, horn o.d. **2** årligen lövfällande [*~ trees*]; *~ forest* lövskog
decimal [ˈdesɪm(ə)l] **I** *adj* decimal- [*~ system*]; *~ fraction* decimalbråk; *~ point* mots. på sv. decimalkomma [*0.261* läses vanl. *point two six one*] **II** *s* decimal; decimalbråk; pl. *~s* äv. decimalräkning
decimate [ˈdesɪmeɪt] decimera
decipher [dɪˈsaɪfə] dechiffrera; tyda [ut]
decision [dɪˈsɪʒ(ə)n] avgörande; beslut; utslag äv. sport.; *make (come to, arrive at) a ~* fatta ett beslut
decisive [dɪˈsaɪsɪv] **1** avgörande; avgjord **2** fast; beslutsam
deck [dek] **I** *s* **1** sjö. däck [*on ~*]; *officer of the ~* vakthavande officer **2** våning i buss o.d. **3** isht amer. kortlek; talong **4** kassettdäck [äv. *cassette ~*] **II** *vb tr* **1** mest poet. smycka [äv. *~ out*]; *~ oneself out* klä upp sig; styra ut sig **2** sjö. däcka **3** vard. däcka, golva
deckchair [ˈdektʃeə] däcksstol; fällstol
deckhand [ˈdekhænd] sjö. jungman; däckskarl
declaration [ˌdekləˈreɪʃ(ə)n] **1** förklaring [*~ of love, ~ of war*], tillkännagivande [*~ of the poll* (valresultatet)]; *the D~ of Independence* amer. hist. oavhängighetsförklaringen av 1776 **2** deklaration, uppgift; *customs ~*

tulldeklaration; ~ *of income* inkomstdeklaration
declare [dɪˈkleə] **I** *vb tr* **1** förklara; ~ *a dividend* fastställa en utdelning; ~ *a p.* [*to be*]... förklara ngn vara...; *they ~d him the winner* de förklarade honom för (som) vinnare; ~ *war on* (*against*) förklara krig mot **2** deklarera; [*have you*] *anything to ~?* i tullen ...något att förtulla? **3** kortsp. bjuda **II** *vb rfl,* ~ *oneself* förklara (uttala) sig [~ *oneself for* (*against*) *a th.*] **III** *vb itr* förklara (uttala) sig [~ *for* (*against*) *a th.*]
declassify [ˌdiːˈklæsɪfaɪ] offentliggöra [~ *information*]
declension [dɪˈklenʃ(ə)n] gram. deklination; [kasus]böjning
declin|e [dɪˈklaɪn] **I** *vb itr* **1** slutta nedåt, luta; böja sig ned **2** om sol o.d. dala, sjunka **3** bildl. gå utför (tillbaka), avta, minska; *-ing birth-rate* sjunkande födelsetal; *-ing health* avtagande hälsa **4** avböja, tacka nej **II** *vb tr* **1** böja ned, luta **2** avböja, tacka nej till **3** gram. böja, deklinera **III** *s* **1** avtagande, tillbakagång, nedgång, dalande; förfall; fallande, sjunkande **2** nedgång, minskning, [pris]fall; *a ~ in* (*of*) *prices* [ett] prisfall **3** sluttning
declutch [ˌdiːˈklʌtʃ] bil. koppla (trampa) ur
decode [ˌdiːˈkəʊd] dechiffrera; tolka; data. avkoda; radio. el. TV. dekoda
decoder [ˌdiːˈkəʊdə] data. avkodare; radio. el. TV. dekoder
décolletage [ˌdeɪkɒlˈtɑːʒ] fr. dekolletage, urringning
decompose [ˌdiːkəmˈpəʊz] **I** *vb tr* lösa upp, sönderdela **II** *vb itr* lösas upp; vittra; ruttna
decomposition [ˌdiːkɒmpəˈzɪʃ(ə)n] upplösning; förruttnelse
decompression [ˌdiːkəmˈpreʃ(ə)n] tekn. dekompression
decontaminate [ˌdiːkənˈtæmɪneɪt] sanera
décor o. **decor** [ˈdeɪkɔː, ˈdekɔː] teat. o.d. dekor; inredning; utsmyckning
decorate [ˈdekəreɪt] **1** dekorera; pryda, smycka [~ *the Christmas tree*] **2** måla och tapetsera; inreda **3** dekorera tilldela en orden o.d.
decoration [ˌdekəˈreɪʃ(ə)n] **1** dekorering; *interior* ~ heminredning **2** dekoration, prydnad [*Christmas ~s*]; pl. *~s* äv. pynt **3** dekoration, orden
decorator [ˈdekəreɪtə] **1** dekoratör; dekorationsmålare **2** [*painter and*] ~ målare hantverkare; *interior* ~ inredningsarkitekt
decorous [ˈdekərəs] anständig
decorum [dɪˈkɔːrəm] anständighet

decoy [ss. subst. ˈdiːkɔɪ, ss. vb dɪˈkɔɪ] **I** *s* **1** lockfågel äv. bildl.; lockbete, lockmedel, lockelse; bulvan **2** jakt. a) vette b) andkoja **II** *vb tr* **1** fånga med lockfågel **2** bildl. locka [i fällan]; lura, narra
decrease [ss. vb vanl. dɪˈkriːs, ss. subst. ˈdiːkriːs, dɪˈkriːs] **I** *vb itr* o. *vb tr* [för]minska[s] **II** *s* [för]minskning, nedgång; *on the ~* i avtagande
decree [dɪˈkriː] **I** *s* **1** dekret; förordning, [kunglig] kungörelse **2** jur., ~ *absolute* slutgiltig äktenskapsskillnad **II** *vb tr* påbjuda
decrepit [dɪˈkrepɪt] orkeslös; fallfärdig [*a ~ house*]; utsliten
decry [dɪˈkraɪ] nedvärdera, fördöma
dedicate [ˈdedɪkeɪt] **1** tillägna, dedicera **2** ägna [~ *one's time to a th.*]; ~ *oneself to* ägna (hänge) sig åt, djupt engagera sig i **3** sätta undan [~ *money*] **4** inviga, öppna
dedicated [ˈdedɪkeɪtɪd] hängiven [*a ~ lexicographer*], målmedveten; trofast, troende; *be ~ to a th.* vara ngt hängiven
dedication [ˌdedɪˈkeɪʃ(ə)n] **1** hängivenhet; engagemang **2** tillägnan **3** invigning; helgande
deduce [dɪˈdjuːs] sluta sig till, dra [den] slutsatsen; härleda
deduct [dɪˈdʌkt] dra av, dra (räkna, ta) ifrån; *be ~ed from* avgå från summa
deductible [dɪˈdʌktəbl] som kan dras av (ifrån); avdragsgill isht vid självdeklaration
deduction [dɪˈdʌkʃ(ə)n] **1** avdrag **2** härledning; slutledning; deduktion; slutsats
deed [diːd] **1** handling; gärning; *by* (*in*) *word and ~* med (i) råd och dåd, i ord och gärning **2** bragd **3** jur. a) överlåtelsehandling [äv. ~ *of conveyance*] b) dokument, urkund
deejay [diːˈdʒeɪ] vard. diskjockey, skivpratare
deem [diːm] litt. anse, [för]mena; tro
deep [diːp] **I** *adj* **1** djup nedåt el. inåt; bred; *go off the ~ end* vard. bli rasande, brusa upp; ~ *fat* flottyr; *the D~ South* den djupa Södern i USA; *be in* (*get into*) ~ *water*[*s*] bildl. vara ute (komma ut) på djupt vatten, befinna sig (råka) i svårigheter **2** ~ *in* djupt invecklad i [~ *in trouble*], djupt inne (försjunken) i [~ *in a book*] **3** djupsinnig; *a ~ one* en djuping; en listig rackare **II** *adv* djupt äv. bildl. [*go* (*sink*) *~*]; långt [~ *into* (in på) *the night*]; ~ *down* [*in his* (*her*) *heart*] innerst inne, i grund och botten **III** *s* djup [plats] i hav; havsdjup; *the ~* poet. havet, djupet

deepen ['di:p(ə)n] fördjupa[s]; göra (bli) djupare; skärpa[s]; stämma ton lägre; sänka sig; *the crisis ~ed* krisen förvärrades

deep-freeze [ˌdi:p'fri:z] **I** (*deep-froze deep-frozen* el. *~d ~d*) *vb tr* djupfrysa; *deep-frozen meat* djupfryst kött **II** *s* frys[box]

deep-fry [ˌdi:p'fraɪ] fritera

deep-sea ['di:psi:] djuphavs- [*~ fishing*], djup- [*~ diving*]; *~ sounding* djuplodning

deep-seated [ˌdi:p'si:tɪd, attr. '-,--] djupt liggande [*~ causes*]; djupt [in]rotad [*~ traditions*]

deer [dɪə] (pl. lika) hjort; rådjur; *fallow ~* dovhjort; *red ~* kronhjort

deer-stalker ['dɪəˌstɔ:kə] **1** gångskytt **2** vard. jägarmössa av Sherlock Holmes-typ

deface [dɪ'feɪs] **1** vanställa, vanpryda **2** göra oläslig

defamation [ˌdefə'meɪʃ(ə)n] ärekränkning

defamatory [dɪ'fæmət(ə)rɪ] ärekränkande

default [dɪ'fɔ:lt, -'fɒlt] **I** *s* **1** försummelse; försummad inställelse inför rätta; uraktlåtenhet att betala; *~ of payment* utebliven betalning **2** sport., *win* (*lose*) *a game by ~* vinna (förlora) en match på walkover genom att motspelarna (man själv) uteblir **II** *vb itr* tredskas; inte fullgöra sin[a] skyldighet[er]; brista i betalning; bryta kontrakt

defaulter [dɪ'fɔ:ltə, -'fɒltə] försumlig person; inför rätta utebliven (tredskande) part; försumlig betalare; bankruttör

defeat [dɪ'fi:t] **I** *s* **1** nederlag [*suffer* [*a*] *~*], sport. äv. förlust; besegrande **2** omintetgörande [*the ~ of the plan*]; förkastande [*the ~ of the bill* (lagförslaget)] **II** *vb tr* **1** besegra; göra ned; slå tillbaka [*~ an attack*]; *be ~ed* äv. lida nederlag, förlora **2** kullkasta; *~ a bill* förkasta ett lagförslag

defeatist [dɪ'fi:tɪst] defaitist

defect [ss. subst. 'di:fekt, dɪ'fekt, ss. vb dɪ'fekt] **I** *s* brist [*~s in the system*]; defekt; fel, felaktighet; *speech ~* talfel **II** *vb itr* avfalla från parti o.d.; polit. äv. hoppa av

defection [dɪ'fekʃ(ə)n] avfall från parti, religion o.d.; polit. äv. avhopp

defective [dɪ'fektɪv] bristfällig; defekt; ofullständig; felaktig; *the brakes are ~* det är fel på bromsarna

defector [dɪ'fektə] polit. avfälling, avhoppare

defence [dɪ'fens] **1** försvar; skydd [*~ against the cold*]; *~ mechanism* psykol. försvarsmekanism **2** jur., *the ~* svarandesidan **3** pl. *~s* a) mil. försvarsverk b) kroppens försvarsmekanism

defenceless [dɪ'fensləs] försvarslös

defend [dɪ'fend] **I** *vb tr* **1** försvara; värja **2** jur. a) *~ the suit* bestrida käromålet b) *~ oneself* föra sin egen talan c) *~ a p.* föra ngns talan **II** *vb itr* jur. försvara sig

defendant [dɪ'fendənt] jur. svarande [person]

defender [dɪ'fendə] försvarare; sport. försvarsspelare

defense [dɪ'fens] amer., se *defence*

defensive [dɪ'fensɪv] **I** *adj* defensiv [*a ~ war*, *~ warfare*]; skyddande **II** *s*, *be* (*stand*, *act*) *on the ~* hålla sig på defensiven

1 defer [dɪ'fɜ:] skjuta upp; *~red payment* uppskjuten betalning

2 defer [dɪ'fɜ:], *~ to* böja sig (falla undan) för, foga sig efter

deference ['def(ə)r(ə)ns] hänsyn; aktning

defiance [dɪ'faɪəns] utmaning; trots; *an act of ~* en utmanande handling

defiant [dɪ'faɪənt] utmanande; trotsig

deficiency [dɪ'fɪʃ(ə)nsɪ] **1** bristfällighet, ofullständighet; brist [*vitamin ~*]; *~ disease* bristsjukdom **2** hand. deficit, brist; *make up* (*good*) *a ~* ersätta felande belopp

deficient [dɪ'fɪʃ(ə)nt] bristande; bristfällig, ofullständig; underhaltig; *~ in vitamins* vitaminfattig; *be ~ in* sakna

deficit ['defɪsɪt] hand. underskott

defile [dɪ'faɪl] förorena; orena; besudla

definable [dɪ'faɪnəbl] definierbar

define [dɪ'faɪn] **1** bestämma [gränserna för], begränsa, avgränsa; [klart] ange, precisera [*~ a p.'s duties*]; fastställa **2** definiera, bestämma

definite ['defɪnət] avgränsad; fastställd; avgjord; klar, uttrycklig [*a ~ answer*]; exakt, bestämd äv. gram. [*the ~ article*]; definitiv

definitely ['defɪnətlɪ] absolut

definition [ˌdefɪ'nɪʃ(ə)n] **1** bestämmande etc., jfr *define*; bestämning **2** definition [*~ of a word*]; skärpa på tv-bild, foto m.m.

definitive [dɪ'fɪnətɪv] **1** definitiv [*a ~ answer*] **2** föredömlig [och auktoritativ], vederhäftig [*a ~ edition*]

deflate [dɪ'fleɪt] **I** *vb tr* **1** släppa luften ur [*~ a tyre*], tömma på luft **2** ekon. sänka [*~ prices*]; åstadkomma en deflation av **3** bildl. stuka [till]; gäcka **II** *vb itr* **1** tömmas på luft **2** ekon. åstadkomma (undergå) en deflation

deflation [dɪ'fleɪʃ(ə)n] ekon. deflation

deflationary [dɪ'fleɪʃn(ə)rɪ] ekon. deflationistisk

deflect [dɪ'flekt] **I** *vb tr* få ngt att böja (vika) av **II** *vb itr* böja sig [åt sidan]
deform [dɪ'fɔːm] deformera, vanställa; vanpryda
deformed [dɪ'fɔːmd] vanställd; vanskapt
deformity [dɪ'fɔːmətɪ] vanskapthet; deformitet, missbildning
defraud [dɪ'frɔːd] bedra, svekligt beröva
defray [dɪ'freɪ] bestrida, bära [~ *the costs*]
defrost [ˌdiː'frɒst] **I** *vb tr* tina upp fruset kött o.d.; frosta av t.ex. kylskåp, vindruta **II** *vb itr* tina om fruset kött o.d.
defroster [ˌdiː'frɒstə] defroster
deft [deft] flink, skicklig
defunct [dɪ'fʌŋ(k)t] **1** avliden **2** inte längre förekommande (gällande)
defuse [ˌdiː'fjuːz] desarmera
defy [dɪ'faɪ] **1** trotsa [~ *the law,* ~ *description*]; gäcka; *the problem defied solution* problemet gick inte att lösa **2** utmana; *I* ~ *you to do it* gör det om du törs
degenerate [ss. adj. o. subst. dɪ'dʒen(ə)rət, ss. vb dɪ'dʒenəreɪt] **I** *adj* degenererad, urartad **II** *s* degenererad individ **III** *vb itr* degenerera[s]
degradation [ˌdegrə'deɪʃ(ə)n] **1** degradering; avsättande **2** förnedring; försämring
degrade [dɪ'greɪd] **1** degradera; avsätta **2** förnedra; försämra; fördärva
degree [dɪ'griː] **1** grad; *by* ~*s* gradvis, stegvis, efter hand, så småningom **2** [släkt]led **3** rang [*a man of high* ~] **4** matem., gram., univ. m.fl. grad; univ. äv. examen [*study for a* ~, *take the* ~ *of BA*]; ~ *of comparison* komparationsgrad; *honours* ~ se *honour I 5*; *the third* ~ jur. tredje graden hänsynslös förhörsmetod; *murder in the first* ~ isht amer. mord av första graden
dehydrate [diː'haɪdreɪt, ˌ--'-] **1** torka; ~*d eggs* äggpulver; ~*d soup* pulversoppa **2** kem. dehydratisera; med. dehydrera, torka ut
dehydration [ˌdiːhaɪ'dreɪʃ(ə)n] uttorkning; med. dehydrering; kem. dehydratisering, avvattning
de-ice [ˌdiː'aɪs] förhindra isbildning på; isa av
deign [deɪn] **I** *vb itr,* ~ *to* nedlåta sig [till] att, värdigas, täckas, behaga **II** *vb tr* litt. värdigas ge [~ *an answer*]
deity ['deɪətɪ, 'diː-] gudom; gudomlighet; gud, gudinna
dejection [dɪ'dʒekʃ(ə)n] nedslagenhet, förstämning
delay [dɪ'leɪ] **I** *vb tr* **1** skjuta upp, dröja med [~ *doing* (att göra) *a th.*] **2** fördröja; ~*ing tactics* förhalningstaktik **II** *vb itr* dröja **III** *s* fördröjning; dröjsmål; försening
delayed-action [dɪˌleɪd'ækʃ(ə)n] tidsinställd [~ *bomb* (fuse)]
delectable [dɪ'lektəbl] nöjsam
delegate [ss. subst. 'delɪgət, -geɪt, ss. vb 'delɪgeɪt] **I** *s* delegat, ombud **II** *vb tr* delegera
delegation [ˌdelɪ'geɪʃ(ə)n] **1** delegering; befullmäktigande **2** delegation, deputation
delete [dɪ'liːt] stryka [ut], ta bort, radera äv. data.
deliberate [ss. adj. dɪ'lɪb(ə)rət, ss. vb dɪ'lɪbəreɪt] **I** *adj* **1** överlagd, avsiktlig **2** försiktig **II** *vb tr* överväga **III** *vb itr* **1** överväga **2** rådslå, överlägga
deliberately [dɪ'lɪb(ə)rətlɪ] **1** avsiktligt, medvetet **2** betänksamt, försiktigt; sävligt
deliberation [dɪˌlɪbə'reɪʃ(ə)n] **1** moget övervägande **2** överläggning; debatt
delicacy ['delɪkəsɪ] **1** finhet i t.ex. vävnad, utförande, utseende **2** spädhet **3** känslighet **4** finess **5** finkänslighet; takt **6** delikatess
delicate ['delɪkət] **1** fin [~ *features,* ~ *lace*]; mild, skir [*a* ~ *colour*] **2** späd, klen [*a* ~ *child,* ~ *health*], skör **3** delikat [*a* ~ *situation*]; vansklig [*a* ~ *operation*] **4** känslig [~ *instruments*] **5** finkänslig; taktfull **6** läcker [~ *food*]
delicatessen [ˌdelɪkə'tesn] **1** delikatessaffär **2** (konstr. ss. pl.) färdiglagad mat, charkuterivaror; delikatesser
delicious [dɪ'lɪʃəs] **1** härlig **2** läcker [~ *fruit*]
delight [dɪ'laɪt] **I** *s* nöje, glädje, [väl]behag [*the* ~*s of country life*], fröjd; njutning; förtjusning; pl. ~*s* äv. härligheter **II** *vb tr* glädja **III** *vb itr,* ~ *in* finna nöje (behag) i, njuta av [*he* ~*s in teasing me*]
delighted [dɪ'laɪtɪd] glad, förtjust
delightful [dɪ'laɪtf(ʊ)l] förtjusande [trevlig], ljuvlig [*a* ~ *place*]
delineate [dɪ'lɪnɪeɪt] **1** teckna [konturerna av]; göra utkast till, skissera **2** beskriva
delinquency [dɪ'lɪŋkwənsɪ], *juvenile* ~ ungdomsbrottslighet
delinquent [dɪ'lɪŋkwənt], *juvenile* ~ ungdomsbrottsling
delirious [dɪ'lɪrɪəs, -'lɪər-] yrande; [tillfälligt] sinnesförvirrad; rasande; yr
delirium [dɪ'lɪrɪəm, -'lɪər-] delirium; yra äv. bildl.
deliver [dɪ'lɪvə] **1** lämna av, lämna ut; hand. leverera; dela ut, bära ut [~ *letters*]; framföra [~ *a message to a p.*]; *have a th.*

~ed to one's home få ngt hemburet
2 befria [*from*]; frälsa [*~ us from evil*]
3 framföra [*~ a speech*]; *~ judgement* avkunna dom **4** förlösa; *be ~ed of a child* nedkomma med (föda) ett barn
5 överlämna, ge upp; utlämna; *stand and ~!* pengarna eller livet! **6** rikta, dela ut [*~ a blow*]; avlossa [*~ a shot*]; kasta [*~ a ball*]
deliverance [dɪˈlɪv(ə)r(ə)ns] befrielse, räddning
delivery [dɪˌlɪv(ə)rɪ] **1** avlämnande, utlämnande [*~ of goods*]; utdelning [*~ of letters*]; utsändning [*parcels' ~*]; [post]tur [*by the first ~*]; *~ date* leveransdatum; *~ man* varubud; *~ note* följesedel; *on ~* vid leverans; *cash* (amer. *collect*) *on ~* [mot] efterkrav
2 framförande [*~ of a speech*]; framställningssätt [*he has an excellent ~*] **3** med. förlossning
delphinium [delˈfɪnɪəm] bot. riddarsporre
delta [ˈdeltə] **1** grekiska bokstaven delta; *~ rays* deltastrålar **2** delta[land] [*the Nile D~*]
delude [dɪˈluːd, -ˈljuːd] lura, narra, vilseleda; *~ oneself* bedra (lura) sig själv
deluge [ˈdeljuːdʒ] **I** *s* **1** översvämning; häftigt regn **2** bildl. störtflod **II** *vb tr* översvämma äv. bildl.; dränka
delusion [dɪˈluːʒ(ə)n, -ˈljuː-] [själv]bedrägeri, villa, illusion, inbillning; vanföreställning; *~s of grandeur* storhetsvansinne
de luxe [dəˈlʌks, -ˈlʊks] luxuös, lyx- [*a ~ edition*]
delve [delv], *~ into* forska (gräva) i [*~ into old books* (*a p.'s past*)]
demagogue [ˈdeməɡɒɡ] demagog, folkuppviglare
demand [dɪˈmɑːnd] **I** *vb tr* **1** begära, kräva [*~ an apology from* (av) *a p.*] **2** begära (yrka på) att få veta; myndigt fråga efter [*the policeman ~ed my name and address*] **II** *s* **1** begäran, krav; anspråk; *make ~s on a p.* ställa fordringar (anspråk) på ngn **2** efterfrågan; *~ and supply* tillgång och efterfrågan; *in ~* efterfrågad, eftersökt
demanding [dɪˈmɑːndɪŋ] krävande
demarcation [ˌdiːmɑːˈkeɪʃ(ə)n] avgränsning; *line of ~* demarkationslinje, gränslinje
demean [dɪˈmiːn], *~ oneself* nedlåta sig
demeanour [dɪˈmiːnə] uppträdande, uppförande; *a friendly ~* ett vänligt sätt
demented [dɪˈmentɪd] sinnessjuk, mentalsjuk; vard. heltokig

demilitarize [ˌdiːˈmɪlɪtəraɪz] demilitarisera
demise [dɪˈmaɪz] **1** frånfälle **2** upphörande; fall
demist [diːˈmɪst] ta bort imman från
demister [diːˈmɪstə] isht bil. defroster
demo [ˈdeməʊ] (pl. *~s*) vard. **1** kortform för *demonstration 2* **2** demoskiva
demob [ˌdiːˈmɒb] mil. vard. **I** *vb tr, be* (*get*) *~bed* mucka **II** *s* muck; *get one's ~* mucka
demobilization [diːˌməʊbɪlaɪˈzeɪʃ(ə)n] demobilisering; hemförlovning
demobilize [diːˈməʊbɪlaɪz] demobilisera; hemförlova
democracy [dɪˈmɒkrəsɪ] demokrati
democrat [ˈdeməkræt] demokrat; *D~* polit. (i USA) demokrat
democratic [ˌdeməˈkrætɪk] demokratisk; *the D~ Party* polit. (i USA) demokratiska partiet; *~ republic* äv. folkrepublik
demolish [dɪˈmɒlɪʃ] **1** demolera, riva [ned] **2** bildl. förstöra; kullkasta [*~ arguments*]
demolition [ˌdeməˈlɪʃ(ə)n] **1** demolering **2** bildl. förstörelse; kullkastning **3** mil., *~ squad* sprängpatrull
demon [ˈdiːmən] **1** demon äv. bildl.; ond ande; djävul [*the D~*] **2** vard. överdängare
demonstrate [ˈdemənstreɪt] **I** *vb tr* **1** bevisa; visa, uppvisa **2** demonstrera, visa [*~ one's gratitude*] **3** demonstrera, förevisa **II** *vb itr* demonstrera
demonstration [ˌdemənˈstreɪʃ(ə)n] **1** bevisande; uppvisande; *a ~ of affection* en ömhetsbetygelse **2** demonstration
demonstrative [dɪˈmɒnstrətɪv] **I** *adj* **1** demonstrativ, öppen **2** gram. demonstrativ, utpekande **II** *s* gram. demonstrativt pronomen
demonstrator [ˈdemənstreɪtə] demonstrant
demoralize [dɪˈmɒrəlaɪz] demoralisera
demote [dɪˈməʊt] degradera; flytta ned
demotion [dɪˈməʊʃ(ə)n] degradering; nedflyttning
demur [dɪˈmɜː] göra invändningar
demure [dɪˈmjʊə] vanl. om kvinna **1** blyg[sam] **2** tillgjort allvarlig
den [den] **1** djurs håla **2** tillhåll [*thieves' ~*], håla [*an opium ~*]; kyffe; vard. lya
denial [dɪˈnaɪ(ə)l] **1** [för]nekande **2** dementi **3** avslag [*~ of* (på) *a request*]; tillbakavisande **4** självförnekelse
denier [ˈdenɪə, ˈdenɪeɪ] textil. denier
denigrate [ˈdenɪɡreɪt] tala nedsättande om
denim [ˈdenɪm] **1** denim jeanstyg **2** vard., pl. *~s* jeans; snickarbyxor
denizen [ˈdenɪzn] mest poet. invånare
Denmark [ˈdenmɑːk] Danmark
denomination [dɪˌnɒmɪˈneɪʃ(ə)n]

1 benämning **2** valör; myntenhet **3** denomination, kyrkosamfund
denominator [dɪˈnɒmɪneɪtə] matem., *lowest (least) common* ~ minsta gemensamma nämnare
denote [dɪˈnəʊt] beteckna; ange
denounce [dɪˈnaʊns] **1** peka ut [~ *a p. as a spy*]; brännmärka, fördöma, [skarpt] kritisera **2** ange brottsling
dense [dens] **1** tät [*a* ~ *crowd*, *a* ~ *forest*], tjock, oigenomtränglig; kompakt **2** bildl. dum [*he's quite* ~]
densely [ˈdenslɪ] tätt [~ *populated*]
density [ˈdensətɪ] **1** täthet etc., jfr *dense 1* **2** fys. densitet
dent [dent] **I** *s* **1** buckla **2** bildl. hål [*a* ~ *in the budget*] **II** *vb tr* göra märken i; perf. p. ~*ed* tillbucklad, bucklig
dental [ˈdentl] **I** *adj* **1** ~ *care* tandvård **2** fonet. dental [~ *sound*] **II** *s* fonet. dental
dentifrice [ˈdentɪfrɪs] tandpulver, tandkräm
dentist [ˈdentɪst] tandläkare
dentistry [ˈdentɪstrɪ] tandläkekonst[en]; tandläkararbete; tandläkaryrket
denture [ˈden(t)ʃə] tandprotes, tandgarnityr; ~*s* löständer
denunciation [dɪˌnʌnsɪˈeɪʃ(ə)n] **1** fördömande **2** angivelse av brottsling
deny [dɪˈnaɪ] **1** neka till; förneka; dementera; *there is no* ~*ing the fact that...* det kan inte förnekas att..., man kan inte komma ifrån att... **2** neka; avvisa; avslå; *he is not to be denied* han låter inte avvisa sig **3** ~ *oneself* neka sig, försaka
deodorant [dɪˈəʊdər(ə)nt] deodorant
depart [dɪˈpɑːt] **1** avresa; avlägsna sig; om tåg o.d. avgå **2** ~ *from* avvika (skilja sig) från; frångå [~ *from routine*]
departed [dɪˈpɑːtɪd] högtidl., *the* ~ den avlidne (avlidna), de avlidna
department [dɪˈpɑːtmənt] **1** avdelning; bildl. område; fack, gren; *the D*~ *of English* el. *the English D*~ vid univ. o.d. engelska institutionen
2 [regerings]departement, ministerium isht amer.; britt. äv. avdelning inom departement; *the State D*~ i USA utrikesdepartementet
departmental [ˌdiːpɑːtˈmentl] avdelnings-; departements-; ~ *minister* departementschef, fackminister
department store [dɪˈpɑːtməntstɔː] varuhus
departure [dɪˈpɑːtʃə] **1** avresa; *point of* ~ utgångspunkt; ~ *hall* (*lounge*) t.ex. på flygplats avgångshall; ~ *platform* avgångsplattform **2** avgående tåg (båt, flyg) [*arrivals and* ~*s*; *next* ~] **3** bildl. avvikelse; avsteg; vändning i samtal; *a new* ~ en ny idé, ett nytt initiativ **4** litt. bortgång, död
depend [dɪˈpend] **1** bero [*on*, *upon* på]; vara beroende [*on*, *upon* av]; *that* (*it* [*all*]) ~*s* vard. det beror 'på **2** lita; ~ *on it* vard. det kan du lita på, var lugn för det
dependable [dɪˈpendəbl] pålitlig; driftsäker
dependant [dɪˈpendənt] beroende person; *he has many* ~*s* det är många som är beroende av honom, han har många att försörja
dependence [dɪˈpendəns] **1** beroende **2** tillit, förtröstan
dependent [dɪˈpendənt] **I** *adj* beroende; underordnad; ~ *clause* gram. bisats **II** *s* se *dependant*
depict [dɪˈpɪkt] **1** avbilda; teckna av **2** skildra
depilatory [dɪˈpɪlət(ə)rɪ] **I** *adj* hårborttagande **II** *s* hårborttagningsmedel
deplorable [dɪˈplɔːrəbl] beklagansvärd; sorglig, bedrövlig; eländig
deplore [dɪˈplɔː] djupt beklaga; begråta
deploy [dɪˈplɔɪ] **I** *vb tr* **1** mil. sprida [på bred front]; gruppera; utplacera [~ *missiles*] **2** utveckla, utnyttja **II** *vb itr* mil. sprida sig; gruppera sig
depopulate [diːˈpɒpjʊleɪt] avfolka
depopulation [diːˌpɒpjʊˈleɪʃ(ə)n] avfolkning
deport [dɪˈpɔːt] **I** *vb tr* deportera, förvisa **II** *vb rfl*, ~ *oneself* uppföra (skicka) sig
deportation [ˌdiːpɔːˈteɪʃ(ə)n] deportation, förvisning
deportment [dɪˈpɔːtmənt] uppförande; hållning
depose [dɪˈpəʊz] **I** *vb tr* **1** avsätta t.ex. kung **2** jur., isht skriftligt vittna [under ed] om **II** *vb itr* jur., isht skriftligt vittna [under ed]
deposit [dɪˈpɒzɪt] **I** *vb tr* **1** lägga (sätta) ned; lägga ägg **2** deponera, lämna i förvar, [låta] förvara [*with* (hos) *a p.*, *in a p.'s hands*, *in a museum*], anförtro; sätta in [~ *money in a bank*] **3** lämna som (i) säkerhet; lämna (betala) i handpenning **4** avsätta; utfälla bottensats **II** *s* **1** deposition; insättning [*savings-bank's* ~*s*], insatta pengar; tillgodohavande; förvar; ~ *account* inlåningskonto; kapitalkonto; kapitalsamlingskonto **2** pant; handpenning; förskott; depositionsavgift; *no* ~ på engångsflaska ingen retur **3** fällning; avlagring; lager; fyndighet [*ore* ~]
depositor [dɪˈpɒzɪtə] deponent; ~'*s book* sparbanksbok, bankbok

depository [dɪˈpɒzɪt(ə)rɪ] förvaringsställe; nederlag; *night* ~ amer. servicebox, nattfack

depot [ˈdepəʊ, amer. äv. ˈdiːpəʊ] **1** depå, förråd; nederlag **2** spårvagnshall; bussgarage **3** bangård **4** amer. busstation; järnvägsstation; flygterminal

depravity [dɪˈprævətɪ] depravation; lastbarhet

deprecat|e [ˈdeprəkeɪt] ogilla, beklaga; *a -ing gesture* en avvärjande gest

depreciate [dɪˈpriːʃɪeɪt] **I** *vb tr* **1** skriva ned valuta **2** bildl. nedvärdera **3** hand. skriva av **II** *vb itr* falla (sjunka, minska) i värde

depreciation [dɪˌpriːʃɪˈeɪʃ(ə)n] **1** värdeminskning, nedvärdering; depreciering av valuta **2** bildl. nedvärdering, förringande **3** hand. avskrivning för slitage o.d.

depress [dɪˈpres] **1** trycka ned; slå an tangent **2** deprimera, göra nedslagen

depressant [dɪˈpres(ə)nt] farmakol. lugnande [medel]; *cardiac* ~ [*drug*] hjärtlugnande medel

depressed [dɪˈprest] **1** nedstämd, deprimerad [*he looked rather* ~] **2** ~ *area* krisdrabbat område där arbetslöshet råder

depressing [dɪˈpresɪŋ] deprimerande; dyster

depression [dɪˈpreʃ(ə)n] **1** depression; nedstämdhet **2** nedtryckning **3** sänka **4** depression, lågkonjunktur **5** meteor. lågtryck; lågtryckscentrum [äv. *centre of* ~]

deprive [dɪˈpraɪv] beröva; undandra

depth [depθ] djup äv. bildl.; djuphet; bredd; djupsinnighet [äv. ~ *of thought*]; *the* ~*s* isht poet. djupet [*be lost in the* ~*s*; *from the* ~*s of my heart*]; *in the* ~ *of winter* mitt i [den kallaste] vintern

deputation [ˌdepjʊˈteɪʃ(ə)n] deputation

deputy [ˈdepjʊtɪ] **1** deputerad; fullmäktig, ombud; *the Chamber of Deputies* deputeradekammaren i vissa länder **2** ställföreträdare; *by* ~ genom ombud **3** i titlar vice-, sous-; ~ *landlord* vicevärd

derail [dɪˈreɪl] [få att] spåra ur; *the train was* ~*ed* tåget spårade ur

derange [dɪˈreɪn(d)ʒ] bringa i oordning; *mentally* ~*d* mentalsjuk

Derby [ˈdɑːbɪ, amer. ˈdɜːbɪ] **I** geogr. egenn. **II** *s* **1** Derby årlig hästkapplöpning i Epsom **2** sport. derby **3** amer., *d*~ plommonstop, kubb

deregulate [diːˈregjʊleɪt] avreglera

derelict [ˈderɪlɪkt] [övergiven och] förfallen; öde- [*a* ~ *house*]

deride [dɪˈraɪd] skratta åt, håna

derision [dɪˈrɪʒ(ə)n] hån

derisive [dɪˈraɪsɪv, -ˈraɪzɪv, -ˈrɪzɪv] o. **derisory** [dɪˈraɪsərɪ, -ˈraɪzərɪ] **1** hånfull **2** löjlig

derivative [dɪˈrɪvətɪv] **I** *adj* **1** härledd **2** föga originell **II** *s* kem. derivat; gram. avledning

derive [dɪˈraɪv] **I** *vb tr* **1** dra; *be* ~*d from* äv. härleda sig från **2** derivera, avleda **II** *vb itr* härleda sig

dermatitis [ˌdɜːməˈtaɪtɪs] med. dermatit

derogatory [dɪˈrɒgət(ə)rɪ] **1** förklenande [~ *remarks*] **2** skadlig; inkräktande

derrick [ˈderɪk] **1** slags lyftkran; sjö. hissbock, hissbom, lastbom **2** borrtorn över oljebrunn

derv [dɜːv] (eg. förk. för *Diesel Engined Road Vehicle*) dieselolja

desalination [ˌdiːsælɪˈneɪʃ(ə)n] avsaltning

descend [dɪˈsend] **I** *vb itr* **1** gå (komma, fara o.d.) ned; stiga ned; sjunka **2** slutta [nedåt] **3** gå i arv [~ *from father to son*] **4** ~ [*up*]*on* överrumpla; slå ned på; [oväntat] titta in hos; hemsöka **5** ~ *to* a) gå in (inlåta sig) på [~ *to particulars* (detaljer)] b) sänka (förnedra, nedlåta) sig till c) genom arv tillfalla; nedärvas till, övergå på **6** härstamma **II** *vb tr* **1** stiga (gå) nedför [~ *a hill*, ~ *the stairs*], fara utför [~ *a river*] **2** *be* ~*ed from* härstamma från

descendant [dɪˈsendənt] ättling

descent [dɪˈsent] **1** nedstigande, nedstigning; nedgående; nedgång äv. konkr.; nedfärd, färd utför **2** sluttning **3** plötsligt överfall **4** bildl. sjunkande **5** härstamning, härkomst; *by* ~ äv. till börden

describe [dɪˈskraɪb] **1** beskriva; framställa **2** beteckna [*he* ~*s himself as a scientist*], benämna

description [dɪˈskrɪpʃ(ə)n] **1** beskrivning; skildring; signalement; beteckning **2** slag, sort

descriptive [dɪˈskrɪptɪv] beskrivande [*a* ~ *catalogue*]; skildrande; deskriptiv; berättar- [~ *power*]

desecrate [ˈdesɪkreɪt] vanhelga

1 desert [dɪˈzɜːt], vanl. pl. ~*s* förtjänst; förtjänt lön, vedergällning; *get one's* ~*s* få vad man förtjänar

2 desert [ss. adj. o. subst. ˈdezət, ss. vb dɪˈzɜːt] **I** *adj* öde, ödslig; öken-; kal **II** *s* öken äv. bildl.; ödemark **III** *vb tr* överge; svika; avfalla från; desertera (rymma) från; perf. p. ~*ed* äv. folktom, öde **IV** *vb itr* desertera, rymma

deserter [dɪˈzɜːtə] desertör; överlöpare

desertion [dɪˈzɜːʃ(ə)n] **1** övergivande **2** desertering
deserve [dɪˈzɜːv] förtjäna, vara (göra sig) förtjänt av
deservedly [dɪˈzɜːvɪdlɪ] välförtjänt; med rätta
deserving [dɪˈzɜːvɪŋ] förtjänstfull, förtjänt; *a ~ case* om pers. ett ömmande fall; *a ~ cause* ett behjärtansvärt ändamål
design [dɪˈzaɪn] **I** *vb tr* **1** formge; teckna [konturerna av]; göra en ritning till [*~ a building*]; skapa, konstruera **2** planera **3** avse [*the room was ~ed for* (för) *the children*], bestämma **II** *vb itr* formge; teckna; rita [mönster] **III** *s* **1** form[givning], design; planläggning; skiss; ritning [*a ~ for* (till) *a building*]; konstruktion; typ **2** mönster **3** plan; avsikt; *have ~s against a p.* hysa onda avsikter (planer) mot ngn
designate [ss. vb ˈdezɪɡneɪt, ss. adj. ˈdezɪɡnət, -neɪt] **I** *vb tr* **1** beteckna, benämna **2** designera, utse; avse **II** *adj* designerad, utnämnd [*minister ~*]
designation [ˌdezɪɡˈneɪʃ(ə)n] **1** betecknande **2** beteckning, benämning **3** utnämning
designer [dɪˈzaɪnə] **1** formgivare; modetecknare [äv. *fashion ~*], märkes- [*~ jeans*]; gravör; *stage ~* scenograf, dekoratör; *~ drug* syntetiskt narkotikapreparat **2** planerare, planläggare
desirable [dɪˈzaɪərəbl] **1** önskvärd **2** åtråvärd **3** *~ residence* i bostadsannons attraktivt objekt
desire [dɪˈzaɪə] **I** *vb tr* **1** önska [sig]; *leave much (a great deal) to be ~d* lämna mycket övrigt att önska **2** begära, be **II** *s* **1** önskan; längtan **2** anmodan [*at* el. *by* (på) *your ~*] **3** önskning, önskemål
desirous [dɪˈzaɪərəs], *be ~ of a th.* (*to do a th.*) önska ngt (att [få] göra ngt)
desist [dɪˈzɪst, dɪˈsɪst] avstå; upphöra; *~ from doing a th.* äv. låta bli att göra ngt
desk [desk] **1** [skriv]bord; [skol]bänk; pulpet; *teacher's ~* kateder **2** kassa i butik [*pay at the ~*]; reception på hotell; *~ clerk* amer. portier, receptionist **3** *the city ~* handelsredaktionen på tidning
desktop [ˈdesktɒp] skrivbords-; *~ computer* skrivbordsdator; *~ publishing* data. desktoppublishing, [datoriserat] sidredigeringssystem
desolate [ss. adj. ˈdesələt, ss. vb ˈdesəleɪt] **I** *adj* **1** ödslig; kal; övergiven; enslig **2** tröstlös; bedrövad **II** *vb tr* **1** avfolka; ödelägga **2** göra bedrövad (förtvivlad, tröstlös)
desolation [ˌdesəˈleɪʃ(ə)n] **1** ödeläggelse **2** enslighet; ödslighet **3** övergivenhet; förtvivlan; tröstlöshet
despair [dɪˈspeə] **I** *s* förtvivlan, misströstan; hopplöshet; *be in ~* vara förtvivlad; misströsta [*of* om] **II** *vb itr* förtvivla
despatch [dɪˈspætʃ] se *dispatch*
desperado [ˌdespəˈrɑːdəʊ] (pl. *~es* el. *~s*) desperado
desperate [ˈdesp(ə)rət] **1** desperat; hopplös; *~ remedies* drastiska botemedel **2** vard. desperat, fruktansvärd [*a ~ hurry* (*need*)]
desperation [ˌdespəˈreɪʃ(ə)n] förtvivlan; desperation; *it drives me to ~* vard. det gör mig vansinnig
despicable [dɪˈspɪkəbl] föraktlig, ömklig
despise [dɪˈspaɪz] förakta
despite [dɪˈspaɪt] trots
despondent [dɪˈspɒndənt] missmodig
despot [ˈdespɒt, -pət] despot
despotic [deˈspɒtɪk, dɪs-] despotisk
dessert [dɪˈzɜːt] dessert, efterrätt
dessertspoon [dɪˈzɜːtspuːn] dessertsked
destination [ˌdestɪˈneɪʃ(ə)n] destination; bestämmelseort
destine [ˈdestɪn] bestämma, ämna; destinera [*the ship was ~d for* (till) *Hull*]; *he was ~d never to see her again* han skulle aldrig träffa henne igen
destiny [ˈdestɪnɪ] **1** [livs]öde; bestämmelse **2** ödesgudinna
destitute [ˈdestɪtjuːt] [ut]blottad; utfattig; *be ~ of* äv. sakna, vara helt utan, vara tom på
destroy [dɪˈstrɔɪ] förstöra; tillintetgöra, förinta; ödelägga [*the town was completely ~ed*]; krossa; avliva [*have a cat ~ed*]
destroyer [dɪˈstrɔɪə] **1** förstörare **2** sjö. jagare
destruction [dɪˈstrʌkʃ(ə)n] **1** förstörande; tillintetgörelse, förintelse; ödeläggelse; destruktion **2** fördärv
destructive [dɪˈstrʌktɪv] destruktiv; förstörande; *~ criticism* nedgörande kritik
desultory [ˈdesəlt(ə)rɪ] ostadig; osammanhängande; planlös [*~ reading*]; flyktig [*~ remarks*]
detach [dɪˈtætʃ] **1** lösgöra **2** mil. detachera, avdela
detachable [dɪˈtætʃəbl] löstagbar
detached [dɪˈtætʃt] **1** avskild, fristående; spridd [*~ clouds*]; *~ house* villa

2 opartisk, objektiv [*a ~ view (outlook)*]; oengagerad
detachment [dɪ'tætʃmənt] **1** lösgörande, lossnande **2** avskildhet; opartiskhet; objektivitet **3** mil. detachering; detachement
detail ['di:teɪl, isht amer. dɪ'teɪl] **I** *vb tr* **1** i detalj redogöra för **2** mil. ta ut **II** *s* detalj[er]; enskildhet; oväsentlighet; *give the ~s* förklara närmare
detain [dɪ'teɪn] **1** uppehålla, hindra **2** hålla [kvar] i häkte; internera
detainee [ˌdi:teɪ'ni:] häktad (internerad) [person]
detect [dɪ'tekt] upptäcka; uppdaga; spåra
detection [dɪ'tekʃ(ə)n] upptäckt; uppdagande, uppklarande [*the ~ of crime*]; uppspårning
detective [dɪ'tektɪv] **I** *adj* detektiv- [*a ~ story*]; *~ constable* kriminalare **II** *s* detektiv
detector [dɪ'tektə] tekn., radio. m.m. detektor; *sound ~* ljuddetektor
détente o. **detente** [deɪ'tɑ:nt, deɪ'tɒnt] polit. (fr.) avspänning; *policy of ~* avspänningspolitik
detention [dɪ'tenʃ(ə)n] **1** uppehållande **2** kvarhållande [i häkte]; internering; arrest; *~ camp* mil. fångläger, interneringsläger **3** kvarsittning efter skolans slut; *be kept in ~* få sitta kvar
deter [dɪ'tɜ:] avskräcka, hindra [*from*]
detergent [dɪ'tɜ:dʒ(ə)nt] **I** *adj* renande **II** *s* tvättmedel, diskmedel, rengöringsmedel
deteriorate [dɪ'tɪərɪəreɪt] försämras; urarta; falla (sjunka) i värde; förfalla
deterioration [dɪˌtɪərɪə'reɪʃ(ə)n] försämring; urartning; förfall
determination [dɪˌtɜ:mɪ'neɪʃ(ə)n] **1** beslutsamhet **2** bestämmande; fastställande **3** beslut
determine [dɪ'tɜ:mɪn] **I** *vb tr* **1** bestämma; fastställa; beräkna; avgöra **2** besluta (bestämma) [sig för]; föresätta sig **3** få (komma) ngn att bestämma sig **II** *vb itr* besluta [sig]; *~ on a th.* bestämma (besluta) sig för ngt
determined [dɪ'tɜ:mɪnd] **1** bestämd; fastställd **2** bestämd, [fast] besluten; beslutsam; *be ~ to do a th.* vara [fast] besluten att göra ngt
deterrent [dɪ'ter(ə)nt, isht amer. -'tɜ:r-] **I** *adj* avskräckande **II** *s* avskräckningsmedel; *act as a ~* verka avskräckande
detest [dɪ'test] avsky
detestable [dɪ'testəbl] avskyvärd

dethrone [dɪ'θrəʊn] störta från tronen; detronisera
detonat|e ['detə(ʊ)neɪt] **I** *vb tr* få att detonera (explodera); spränga **II** *vb itr* detonera, explodera; *-ing cap* knallhatt
detonation [ˌdetə(ʊ)'neɪʃ(ə)n] detonation; knall
detonator ['detə(ʊ)neɪtə] detonator; sprängkapsel; tändhatt; tändrör
detract [dɪ'trækt], *~ from* [vilja] förringa
detractor [dɪ'træktə] förtalare, belackare
detriment ['detrɪmənt] skada, men [*without ~ to* (för), *to the ~ of* (för)]; nackdel
detrimental [ˌdetrɪ'mentl] skadlig
1 deuce [dju:s] **1** spel. tvåa **2** i tennis fyrtio lika **3** amer. sl. tvådollarsedel
2 deuce [dju:s] vard. tusan; *what (who) the ~...?* vad (vem) tusan...?
devaluation [ˌdi:væljʊ'eɪʃ(ə)n] devalvering av valuta
devalue [ˌdi:'vælju:] devalvera valuta
devastating ['devəsteɪtɪŋ] ödeläggande; förödande
devastation [ˌdevə'steɪʃ(ə)n] ödeläggelse, förödelse
develop [dɪ'veləp] **I** *vb tr* **1** utveckla; utbilda, öva upp; utarbeta [*~ a theory*]; arbeta upp; bygga ut; exploatera [*~ an area*] **2** få [*~ a fever, ~ engine trouble* (motorkrångel)] **3** foto. framkalla **II** *vb itr* utveckla sig; framträda; göra framsteg; *~ing country* utvecklingsland, u-land
developer [dɪ'veləpə] **1** *property ~* ung. byggherre; neds. tomtjobbare **2** foto. framkallare; framkallningsvätska **3** *be a late ~* vara sent utvecklad
development [dɪ'veləpmənt] **1** utveckling; uppövning; utarbetning; [till]växt; utbyggnad; exploatering; *~ area* lokaliseringsområde, stödområde **2** [*housing*] *~* bostadsområde, bebyggelse **3** foto. framkallning
deviate ['di:vɪeɪt] avvika, göra en avvikelse
deviation [ˌdi:vɪ'eɪʃ(ə)n] **1** avvikelse; avsteg; projektils avdrift; *standard ~* statistik. standardavvikelse **2** sjö. deviation; missvisning
device [dɪ'vaɪs] **1** plan; påhitt; knep [*a man full of ~s*]; konstgrepp [*a stylistic ~*] **2** anordning, apparat, uppfinning, påhitt [*an ingenious ~*] **3** mönster **4** devis **5** pl., *leave a p. to his own ~s* låta ngn sköta (klara) sig själv
devil ['devl] **I** *s* **1** djävul, satan ofta bildl. [*poor ~*]; *the D~* djävulen; *a (the) ~ of a...* en tusan till..., en (ett) jäkla (satans)...; *go to the ~* deka ner sig; *go to the ~!* dra åt

helsike!; *play the ~ with* ta kål på, gå illa (hårt) åt; *talk of the ~ [and he will appear]* när man talar om trollen[, så står de i farstun] **2** vard. sathumör, fart, ruter **II** *vb tr* **1** starkt krydda och grilla (steka) [*~led eggs*] **2** amer. plåga, oroa
devilish ['dev(ə)lɪʃ] **I** *adj* **1** djävulsk, satanisk **2** vard. förbaskad **II** *adv* vard. djävulskt
devious ['diːvjəs] **1** slingrande; irrande; villsam; *~ ways (paths)* omvägar, avvägar, smygvägar **2** bedräglig, försåtlig
devise [dɪ'vaɪz] hitta på; planera
devoid [dɪ'vɔɪd], *~ of* blottad (tom) på, saknande, utan
devolution [ˌdiːvə'luːʃ(ə)n, -və'ljuː-] överlåtande [*the ~ of property*]; delegering
devolve [dɪ'vɒlv] **I** *vb tr* överlåta **II** *vb itr* överlåtas; *~ [up]on* tillfalla, åligga, falla på ngn (ngns lott)
devote [dɪ'vəʊt] ägna; inviga; [upp]offra; *~ oneself to* ägna (hänge) sig åt
devoted [dɪ'vəʊtɪd] **1** hängiven; tillgiven, trogen [*a ~ friend*]; *be ~ to a p.* vara [varmt] fäst vid (förtjust i) ngn, vara ngn hängiven (tillgiven) **2** helgad, bestämd
devotee [ˌdevə(ʊ)'tiː] **1** dyrkare; *~ of sport* äv. sportfantast, sportentusiast **2** varmt (fanatiskt) troende
devotion [dɪ'vəʊʃ(ə)n] **1** tillgivenhet; kärlek; hängivenhet **2** pl. *~s* andaktsövning, [förrättande av] bön
devour [dɪ'vaʊə] sluka äv. bildl. [*~ a p. with one's eyes*]; uppsluka
devout [dɪ'vaʊt] from; innerlig
dew [djuː] dagg
dexterity [dek'sterətɪ] fingerfärdighet, händighet
dexterous ['dekst(ə)rəs] **1** fingerfärdig, händig **2** högerhänt
dextrose ['dekstrəʊz] druvsocker
diabetes [ˌdaɪə'biːtiːz] med. diabetes
diabetic [ˌdaɪə'betɪk, -'biːt-] **I** *s* diabetiker, sockersjuk [patient] **II** *adj* diabetisk; diabetiker- [*~ food*]
diabolical [ˌdaɪə'bɒlɪk(ə)l] vard. förfärlig [*~ weather*], avskyvärd [*his ~ treatment of his wife*]; starkare jäkla [*what a ~ nerve he's got!*]
diagnose ['daɪəgnəʊz] med. diagnostisera
diagnosis [ˌdaɪəg'nəʊsɪs] (pl. *-es* [-iːz]) diagnos
diagonal [daɪ'ægənl] diagonal
diagram ['daɪəgræm] diagram; schematisk teckning; geom. figur
dial ['daɪ(ə)l] **I** *s* **1** urtavla **2** visartavla **3** radio. [inställnings]skala **4** tele. fingerskiva, nummerskiva; radio. el. tekn. [manöver]knapp; *~ [tele]phone* automattelefon; *~ tone* isht amer. kopplingston, svarston **5** solur, solvisare **6** sl. nylle **II** *vb tr* **1** ringa [upp]; slå telefonnummer **2** radio. ta in station **III** *vb itr* slå på fingerskivan; slå ett nummer (numret)
dialect ['daɪəlekt] dialekt
dialectal [ˌdaɪə'lektl] dialektal
dialogue ['daɪəlɒg] dialog; dialogform
dialysis [daɪ'æləsɪs] (pl. *-es* [-iːz]) kem. el. med. dialys
diameter [daɪ'æmɪtə] diameter; tvärsnitt
diamond ['daɪəmənd] **1 a)** diamant i olika bet.; ibl. briljant; *cut (uncut) ~* slipad (oslipad) diamant; *rough ~* a) oslipad (rå) diamant b) bildl. ohyfsad (barsk) men godhjärtad människa [amer. vanl. *~ in the rough*] **b)** diamant- [*~ ring (wedding)*] **2** kortsp. ruterkort; pl. *~s* ruter; *the ten of ~s* ruter tio **3** i baseball diamond
diaper ['daɪəpə] **I** *s* **1** dräll **2** isht amer. blöja **II** *vb tr* isht amer. sätta (byta) blöja på baby
diaphragm ['daɪəfræm] **1** anat. mellangärde, diafragma äv. bot. el. fys.; membran **2** skiljevägg av olika slag **3** foto. bländare **4** pessar
diarrhoea [ˌdaɪə'rɪə] diarré
diary ['daɪərɪ] dagbok [*keep a ~*]; almanacka
diatribe ['daɪətraɪb] diatrib; häftig och bitter kritik
dice [daɪs] **I** *s pl* (av *1 die 1*) tärningar; tärning[sspel]; *play ~* spela tärning **II** *vb itr* spela tärning **III** *vb tr* kok. skära i tärningar
dicey ['daɪsɪ] vard. knepig [*a ~ question*]; riskabel
dichotomy [daɪ'kɒtəmɪ] delning; klyfta; filos. dikotomi
dictate [ss. subst. 'dɪkteɪt, ss. vb dɪk'teɪt] **I** *s* diktat, befallning, föreskrift [*follow the ~s of fashion*]; maktspråk; rättesnöre; ofta [inre] röst **II** *vb tr* o. *vb itr* diktera; föreskriva; förestava; *I won't be ~d to* jag låter mig inte kommenderas
dictation [dɪk'teɪʃ(ə)n] **1** diktamen [*write from (at) a p.'s ~*] **2** föreskrift, order [*at his ~*]
dictator [dɪk'teɪtə] diktator
dictatorial [ˌdɪktə'tɔːrɪəl] diktatorisk; befallande, härskar- [*~ nature*]
dictatorship [dɪk'teɪtəʃɪp] diktatur
diction ['dɪkʃ(ə)n] sätt att uttrycka sig, språk; diktion
dictionary ['dɪkʃ(ə)nrɪ] ordbok; *a walking (living) ~* ett levande lexikon

did [dɪd] imperf. av *2 do*
didactic [daɪˈdæktɪk, dɪˈd-] didaktisk; docerande
didn't [ˈdɪdnt] = *did not*
1 die [daɪ] **1** (pl. *dice*, se d.o.) tärning; *as straight as a ~* a) rak som en pinne (spik) b) bildl. genomhederlig **2** (pl. *~s*) präglingsstämpel; matris, stans
2 die [daɪ] **1** dö äv. bildl., avlida [*~ from* (av) *overwork* (*a wound*); *~ of* (*with*) (av) *anxiety* (*curiosity, laughter* etc.)]; *I'm dying for a cup of coffee* jag är [hemskt] sugen på en kopp kaffe (kaffesugen) **2** dö ut **3** *~ down* (*away*) dö bort, slockna; *~ off* dö en efter en, dö bort
die-hard [ˈdaɪhɑːd] **I** *adj* seglivad [*~ optimism*]; orubblig **II** *s* mörkman, reaktionär
1 diet [ˈdaɪət] församling; icke-engelsk riksdag
2 diet [ˈdaɪət] **I** *s* diet [*put a p. on a ~*]; föda; *be on a ~* hålla diet; banta; *go on a ~* [börja] banta **II** *vb tr* sätta på diet; *~ oneself* hålla diet; banta **III** *vb itr* hålla diet; banta
dietary [ˈdaɪət(ə)rɪ] **I** *adj* diet- [*~ foods, ~ habits*], dietetisk **II** *s* **1** diet[föreskrift] **2** mathållning, matordning isht på sjukhus o.d.
dietician o. **dietitian** [ˌdaɪəˈtɪʃ(ə)n] dietist
differ [ˈdɪfə] **1** vara olik[a]; skilja sig, avvika **2** vara av olika mening [*about* (*on*) *a th.*]; *~ from* (*with*) *a p.* inte dela ngns uppfattning, vara oense med ngn
difference [ˈdɪfr(ə)ns] **1** olikhet; [åt]skillnad; mellanskillnad; avvikelse; differens; *all the ~ in the world* en oerhörd (himmelsvid) skillnad; *it makes no ~ to me* det gör mig detsamma; *with a ~* på annat sätt [*they do it with a ~*] **2** meningsskiljaktighet [äv. *~ of opinion*]; tvist; tvistepunkt; gräl [*they have had a ~*]
different [ˈdɪfr(ə)nt] olik[a], skild [*everything would have been quite ~*], annorlunda beskaffad, [helt] annan, ny [*I feel a ~ man now*]; speciell; vard. ovanlig; *~ from* (*to*, amer. äv. *than*)... olik..., annorlunda (annan) än...
differential [ˌdɪfəˈrenʃ(ə)l] **I** *adj* **1** differentiell, differential- [*~ calculus*] **2** tekn., *~ gear* differentialväxel **3** åtskiljande, särskiljande, utmärkande **II** *s* **1** matem. el. tekn. differential **2** se *I 2* **3** skillnad [*wage ~*]
differentiate [ˌdɪfəˈrenʃɪeɪt] **1** skilja [sig]; differentiera[s] **2** [sär]skilja; hålla i sär; skilja mellan (på)

differently [ˈdɪfr(ə)ntlɪ] annorlunda
difficult [ˈdɪfɪk(ə)lt, -fək-] **1** svår; *~ of access* svårtillgänglig **2** besvärlig
difficulty [ˈdɪfɪk(ə)ltɪ, -fək-] **1** svårighet[er]; *have* [*some*] *~ in understanding* ha svårt att förstå; *~ in breathing* andnöd **2** trassel, missförstånd **3** vanl. pl. *-ies* [penning]förlägenhet, [penning]knipa **4** betänklighet, invändning [*raise* (*make*) *-ies*]
diffidence [ˈdɪfɪd(ə)ns] **1** brist på självförtroende, osäkerhet **2** [överdriven] blygsamhet, blyghet
diffident [ˈdɪfɪd(ə)nt] **1** utan självförtroende, osäker **2** försagd; *be ~ about doing a th.* tveka (dra sig för) att göra ngt
diffuse [ss. adj. dɪˈfjuːs, ss. vb dɪˈfjuːz] **I** *adj* utspridd; diffus äv. bildl. **II** *vb tr* o. *vb itr* sprida[s] [ut (omkring)]; sprida sig; *~d lighting* indirekt belysning
dig [dɪg] **I** (*dug dug*) *vb tr* **1** gräva; gräva i; böka i; gräva upp (ut, fram); leta (få) fram [*~ facts from books*]; *~ potatoes* ta upp potatis; *~ in* gräva ned; *~ up* gräva upp äv. bildl.; gräva fram **2** stöta [*~ one's fork into the pie*], hugga [*~ one's spurs into one's horse*]; borra [*~ one's nails into*]; *~ a p. in the ribs* se *rib I 1* **3** sl. a) digga lyssna på [*~ modern jazz*] b) digga, gilla c) haja [*do you ~ what I'm saying?*] d) kolla [in] titta på [*~ those shoes*] **II** (*dug dug*) *vb itr* **1** gräva; böka; gräva sig **2** *~ away at* [*one's work*] jobba [på] med..., slita med...; *~ into* [*one's work* (*a meal*)] hugga in på..., kasta sig över... **3** vard. bo **4** mil., *~ in* gräva ned sig **III** *s* vard. stöt, puff; bildl. pik [*that remark was a ~ at* (åt) *me*]
digest [ss. subst. ˈdaɪdʒest, ss. vb daɪˈdʒest, dɪˈdʒ-] **I** *s* sammandrag **II** *vb tr* **1** smälta mat, kunskaper o.d.; befordra smältningen av; bildl. äv. tillägna sig **2** tänka över (igenom) plan **3** ordna; sammanfatta **4** tåla; smälta **5** tekn. koka **III** *vb itr* smälta; smälta maten
digestible [daɪˈdʒestəbl, dɪˈdʒ-] smältbar
digestion [daɪˈdʒestʃ(ə)n, dɪˈdʒ-] [mat]smältning; matspjälkning; digestion
digestive [daɪˈdʒestɪv, dɪˈdʒ-] **I** *adj* **1** matsmältningsbefordrande **2** matsmältnings- [*~ complaint* (*organs*)]; *~ system* matsmältningsapparat **II** *s* matsmältningsbefordrande medel
digit [ˈdɪdʒɪt] **1** ensiffrigt tal; *a number of three ~s* ett tresiffrigt tal **2** anat. finger; tå
digital [ˈdɪdʒɪtl] **1** digital [*~ signature*],

digital-, siffer-; ~ *audio tape* DAT-band; ~ *camera* digitalkamera; ~ *television* digital-tv; ~ *watch* digitalur **2** finger-
dignified ['dɪgnɪfaɪd] värdig; förnäm; högtidlig
dignify ['dɪgnɪfaɪ] **1** göra värdig **2** hedra med ett finare namn
dignitary ['dɪgnɪt(ə)rɪ] dignitär; hög [isht kyrklig] ämbetsman
dignity ['dɪgnətɪ] värdighet; [sant] värde, höghet; ädelhet; *stand on one's* ~ hålla på sin värdighet
digress [daɪ'gres, dɪ'g-] avvika [~ *from the subject*], göra en utvikning; komma från ämnet
digression [daɪ'greʃ(ə)n, dɪ'g-] avvikelse (utvikning, digression) [från ämnet]
digs [dɪgz] vard. [hyres]rum
dilapidated [dɪ'læpɪdeɪtɪd] förfallen
dilatation [ˌdaɪleɪ'teɪʃ(ə)n, -lə't-, ˌdɪl-] uttänjning; fys., bot. el. med. dilatation
dilate [daɪ'leɪt, dɪ'l-] **I** *vb tr* [ut]vidga [~ *the nostrils* (*pupils*)], tänja ut; ~*d eyes* uppspärrade ögon **II** *vb itr* **1** [ut]vidga sig **2** bildl. breda ut sig
dilatory ['dɪlət(ə)rɪ] **1** långsam **2** förhalnings- [~ *policy*], avsedd att förhala tiden
dilemma [dɪ'lemə, daɪ'l-] dilemma; *on the horns of a* ~ i ett dilemma, i valet och kvalet
diligent ['dɪlɪdʒ(ə)nt] flitig; omsorgsfull [*a* ~ *search*]
dill [dɪl] bot. dill; ~ *pickle* gurka i dillag
dilly-dally ['dɪlɪˌdælɪ] vard. vackla; [gå och] söla
dilute [daɪ'luːt, -'ljuːt] späd [ut], blanda [ut], förtunna; bildl. försvaga; perf. p. ~*d* äv. urvattnad äv. bildl.
dim [dɪm] **I** *adj* **1** dunkel [~ *memories*], matt; skum; svag [*his eyesight is getting* ~]; oklar, vag; omtöcknad; mörk [*a* ~ *future*]; *her eyes grew* ~ det svartnade för hennes ögon **2** vard. korkad **II** *vb tr* **1** fördunkla äv. bildl.; skymma [bort]; dämpa [~ *the light*]; omtöckna; ställa i skuggan **2** amer. bil., ~ *the* [*head*]*lights* blända av **III** *vb itr* fördunklas; blekna; dämpas
dime [daɪm] amer. tiocentare; *not worth a* ~ vard. inte värd ett nickel (ett ruttet lingon)
dimension [daɪ'menʃ(ə)n, dɪ'm-] **I** *s* **1** dimension; pl. ~*s* äv. storlek, omfång, vidd, mått **2** aspekt [*the ecological* ~*s of this policy*] **II** *vb tr* dimensionera
dimensional [daɪ'menʃənl, dɪ'm-] dimensionell

diminish [dɪ'mɪnɪʃ] **I** *vb tr* [för]minska; försvaga; ~*ed responsibility* jur. förminskad tillräknelighet **II** *vb itr* [för]minskas; försvagas; avta
diminutive [dɪ'mɪnjʊtɪv] **I** *adj* diminutiv äv. gram. [~ *ending*]; mycket liten **II** *s* gram. diminutiv[form]
dimmer ['dɪmə] **1** dimmer; isht teat. avbländningsanordning **2** isht amer. bil. avbländare; pl. ~*s* parkeringsljus
dimple ['dɪmpl] **I** *s* smilgrop **II** *vb itr* o. *vb itr* bilda gropar (små fördjupningar) [i]
dimwit ['dɪmwɪt] vard. pundhuvud
din [dɪn] **I** *s* dån, buller **II** *vb tr* **1** bedöva med larm, dåna i ngns öron **2** ~ *a th. into a p.'s head* hamra (banka) in ngt i huvudet på ngn
dine [daɪn] **I** *vb itr* äta middag, dinera; ~ *out* äta middag ute (borta); vara bortbjuden på middag **II** *vb tr* bjuda på middag, ge middag för
diner ['daɪnə] **1** middagsgäst; uteätare **2** järnv. restaurangvagn **3** isht. amer. bar[servering], matställe
dinghy ['dɪŋɡɪ] jolle; [uppblåsbar] räddningsbåt; [uppblåsbar] gummibåt
dingy ['dɪn(d)ʒɪ] **1** smutsig; grådaskig; sjaskig, sjabbig **2** mörk
dining-car ['daɪnɪŋkɑː] järnv. restaurangvagn
dining-hall ['daɪnɪŋhɔːl] matsal
dining-room ['daɪnɪŋruːm, -rʊm] matsal
dinner ['dɪnə] middag[småltid]; officiell middag, bankett [äv. *public* ~]; *be at* ~ äta middag, hålla på att äta; *sit down to* ~ sätta sig till bords
dinner jacket ['dɪnəˌdʒækɪt] smoking
dinner party ['dɪnəˌpɑːtɪ] **1** middag[sbjudning] **2** middagssällskap
dinner plate ['dɪnəpleɪt] stor flat tallrik
dinosaur ['daɪnə(ʊ)sɔː] dinosaurie
dint [dɪnt], *by* ~ *of* i kraft av; med hjälp av, genom
diocese ['daɪəsɪs, -siːs] stift, biskopsdöme
dioxide [daɪ'ɒksaɪd] kem. dioxid
dip [dɪp] **I** *vb tr* **1** doppa **2** bil., ~ *the* [*head*]*lights* blända av **II** *vb itr* **1** dyka [ned]; ~ *in!* ta för dig (er)! **2** om solen m.m. sänka sig **3** ~ *into* bläddra (titta) i, 'lukta på' [~ *into a book* (*subject*)] **4** om t.ex. terräng luta (sträcka sig, slutta) nedåt; om magnetnål o.d. peka nedåt **III** *s* **1** doppning, [ned]sänkning **2** vard. dopp, bad [*have you had* (*taken*) *a* ~?] **3** kok. dip **4** titt i bok o.d. **5** lutning [*a* ~ *in the road*]; sänka; svacka, nedgång [*a* ~ *in the polls*]; dalning [*the* ~ *of the horizon*]; magnetnåls inklination

diphtheria [dɪfˈθɪərɪə, dɪpˈθ-] difteri
diphthong [ˈdɪfθɒŋ, ˈdɪpθ-] fonet. diftong
diploma [dɪˈpləʊmə] diplom
diplomacy [dɪˈpləʊməsɪ] diplomati
diplomat [ˈdɪpləmæt] diplomat äv. bildl.
diplomatic [ˌdɪpləˈmætɪk] diplomatisk äv. bildl. [*the ~ corps*; *a ~ answer*]; *~ service* diplomatisk tjänst, utrikestjänst
dipper [ˈdɪpə] **1** doppare **2** skopa **3** bil. avbländare **4** zool. strömstare **5** *Big D~* el. *big ~* [-ˈ--] berg-och-dal-bana **6** astron., amer. vard., *the Big D~* el. *the D~* Karlavagnen; *the Little D~* Lilla Karlavagnen
dipstick [ˈdɪpstɪk] bil. olje[mät]sticka
dipswitch [ˈdɪpswɪtʃ] bil. avbländare
dire [ˈdaɪə] **1** förfärlig, ödesdiger [*~ consequences*] **2** *~ necessity* tvingande nödvändighet
direct [dɪˈrekt, dəˈr-, daɪˈr-, ss. attr. adj. äv. ˈdaɪr-] **I** *vb tr* **1** rikta; vända blick; ställa, styra [*~ one's steps towards home*] **2** styra; leda, dirigera [*~ an orchestra*]; [väg]leda [*the foreman ~s the workmen*]; instruera; regissera [*~ a film*] **3** [an]visa, visa vägen [*can you ~ me to the station?*] **4** befalla, säga till [*~ a th. to be done* (att ngt skall göras)]; föreskriva; anordna; *as ~ed* enligt föreskrift (order) **II** *vb itr* **1** dirigera; regissera **2** befalla **III** *adj* **1** direkt i olika bet. [*~ tax*]; rak [*the ~ opposite*], rät; omedelbar; *~ broadcasting* [*by*] *satellite* direktsändande [med] satellit; *~ current* likström; *~ distance dialing* amer. tele. automatkoppling; *~ object* gram. direkt objekt, ackusativobjekt; *~ question* gram. direkt fråga; *~ speech* (amer. *discourse*) gram. direkt tal (anföring) **2** rakt på sak, rättfram; tydlig **3** i rakt nedstigande led [*a ~ descendant*] **IV** *adv* direkt; rakt
direction [dɪˈrekʃ(ə)n, dəˈr-, daɪˈr-] **1** riktning; håll [*in* (åt) *which ~ did he go?*], led; bildl. område, sfär; inriktning; *~ finder* [radio]pejlanläggning, [radio]pejlare **2** [väg]ledning; överinseende **3** ofta pl. *~s* anvisning[ar]; föreskrift[er], direktiv; regi; *~s* [*for use*] bruksanvisning; *by ~* enligt uppdrag
directive [dɪˈrektɪv, dəˈr-, daɪˈr-] direktiv, föreskrift
directly [dɪˈrektlɪ, dəˈr-, daɪˈr-] **I** *adv* **1** direkt; rakt; omedelbart; precis **2** rakt på sak **3** genast **II** *konj* så snart som
directness [dɪˈrektnəs, dəˈr-, daɪˈr-] riktning rakt fram; omedelbarhet; rättframhet
director [dɪˈrektə, dəˈr-, daɪˈr-] **1** direktör; chef; ledare; styresman **2** film. el. teat. regissör **3** mus. dirigent **4** handledare; [andlig] rådgivare för vissa fackskolor o. institut **5** styrelsemedlem; *board of ~s* [bolags]styrelse
directory [dɪˈrekt(ə)rɪ, dəˈr-, daɪˈr-] **I** *s* adressförteckning; *telephone ~* telefonkatalog; *~ inquiries* (amer. *assistance*) tele. nummerupplysningen, nummerbyrå[n] **II** *adj* [väg]ledande
dirt [dɜːt] **1** smuts; snusk; vard. skit äv. bildl.; *~ bike* liten motorcykel; *treat a p. like ~* behandla ngn som lort **2** vard. [lös] jord; *~ farmer* amer. vard. bonde som sköter arbetet själv **3** oanständigt tal (språk) **4** sl. skitsnack skvaller
dirt-cheap [ˌdɜːtˈtʃiːp, attr. adj. ˈ--] jättebillig[t]
dirty [ˈdɜːtɪ] **I** *adj* **1** smutsig; *your hands are ~* du är smutsig (inte ren) om händerna **2** bildl. snuskig [*a ~ story*]; lumpen; ful, ojuste [*a ~ foul*]; ruskig; *~ dog* vard. fähund; *~ old man* vard. snuskhummer; *~ word* fult ord; ord med dålig klang **II** *vb tr* smutsa ner; vard. skita ner; fläcka
disability [ˌdɪsəˈbɪlətɪ, ˌdɪzə-] **1** handikapp, invaliditet; *~ benefit* invaliditetsersättning; *~ pension* invaliditetspension; förtidspension **2** oduglighet, oförmåga; svaghet
disable [dɪsˈeɪbl, dɪˈzeɪ-] **1** handikappa, invalidisera **2** göra oduglig (oförmögen), sätta ur stånd
disabled [dɪsˈeɪbld, dɪˈzeɪ-] **1** handikappad, invalidiserad; *~ soldier* (*ex-serviceman*) krigsinvalid **2** oduglig, obrukbar; mil. stridsoduglig; sjö., om fartyg redlös, sjöoduglig
disadvantage [ˌdɪsədˈvɑːntɪdʒ] nackdel [*I know nothing to his ~*], olägenhet; avigsida
disadvantageous [ˌdɪsædvənˈteɪdʒəs, -vɑː-] ofördelaktig, ogynnsam
disaffected [ˌdɪsəˈfektɪd] missnöjd; avogt sinnad
disaffection [ˌdɪsəˈfekʃ(ə)n] missnöje; avog stämning; avoghet
disagree [ˌdɪsəˈɡriː] **1** inte samtycka; *I ~* äv. det håller jag inte med om, det tycker inte jag **2** inte vara (komma) överens [*with a p.*; *about* (*on*) *a th.*], vara av olika mening; ha en annan mening (åsikt) **3** inte stämma överens **4** *~ to* inte samtycka till, inte gå med på, ogilla **5** *garlic ~s with me* jag tål inte vitlök
disagreeable [ˌdɪsəˈɡriːəbl, -ˈɡrɪəbl] **I** *adj*

obehaglig; vresig **II** *s*, isht pl. *~s* obehag[ligheter]
disagreement [ˌdɪsə'griːmənt] **1** meningsskiljaktighet, tvist **2** oenighet, misshällighet **3** bristande överensstämmelse
disallow [ˌdɪsə'laʊ] vägra att erkänna; döma bort [*~ a goal*]; tillbakavisa [*~ a claim*]
disappear [ˌdɪsə'pɪə] försvinna
disappearance [ˌdɪsə'pɪər(ə)ns] försvinnande
disappoint [ˌdɪsə'pɔɪnt] **1** göra besviken; *be ~ed* vara (bli) besviken [*in* (*with*) *a p.* på ngn; *with a th.* på ngt] **2** svika [*~ a p.'s expectations*]
disappointing [ˌdɪsə'pɔɪntɪŋ] misslyckad; [*the film*] *was ~* ...var en besvikelse
disappointment [ˌdɪsə'pɔɪntmənt] besvikelse, missräkning; sviken (grusad) förhoppning; motgång; förtret
disapproval [ˌdɪsə'pruːv(ə)l] ogillande
disapprove [ˌdɪsə'pruːv], *~* [*of*] ogilla, förkasta, avslå, inte gå med på, inte bifalla
disarm [dɪs'ɑːm, dɪ'zɑːm] **1** nedrusta **2** oskadliggöra [*~ a mine*] **3** mil. avväpna äv. bildl. [*a ~ing smile*]
disarmament [dɪs'ɑːməmənt, dɪ'zɑːm-] nedrustning; *~ policy* nedrustningspolitik
disarrange [ˌdɪsə'reɪn(d)ʒ] ställa till oreda (förvirring) i; rubba [*~ a p.'s plans*]; ställa (rufsa) till
disarray [ˌdɪsə'reɪ] oreda
disaster [dɪ'zɑːstə] [svår] olycka; katastrof äv. friare; *~ film* (*movie*) katastroffilm
disastrous [dɪ'zɑːstrəs] olycksbringande, olycksalig äv. friare
disband [dɪs'bænd] **I** *vb tr* upplösa [*~ a theatrical company*]; mil. hemförlova **II** *vb itr* upplösa sig, skingras
disbelief [ˌdɪsbɪ'liːf] betvivlande; misstro, tvivel; [*he looked at me*] *in ~* ...misstroget (med misstro)
disbelieve [ˌdɪsbɪ'liːv], *~* [*in*] inte tro [på], tvivla [på]
disc [dɪsk] **1** [rund] skiva; lamell; bricka; trissa; anat. broskskiva; *parking ~* trafik. P-skiva, parkeringsskiva; *~ brake* skivbroms **2** grammofonskiva **3** data., se *disk 2*
discard [ss. vb dɪs'kɑːd, ss. subst. '--, -'-] **I** *vb tr* **1** kasta [bort]; förkasta; lägga av (bort); överge [*~ a theory*]; kassera, mönstra ut **2** kortsp. kasta [bort], saka **3** avskeda **II** *s* **1** kortsp. kastkort **2** skräp
discern [dɪ'sɜːn] **1** urskilja; skönja **2** särskilja

discernible [dɪ'sɜːnəbl] urskiljbar, märkbar
discerning [dɪ'sɜːnɪŋ] omdömesgill, insiktsfull; *a ~ person* äv. en person med urskillningsförmåga
discharge [dɪs'tʃɑːdʒ, ss. subst. äv. '--] **I** *vb tr* **1** lasta av; lossa [*~ a ship, ~ cargo*]; sätta av [*~ passengers*]; lyfta av [*~ a burden*] **2** [av]lossa, fyra av [*~ a shot*]; *be ~d* om gevär gå (brinna) av **3** elektr. ladda ur **4** tömma [ut] [*~ polluted matter into the sea*]; med. avsöndra; *the river ~s itself into* [*the North Sea*] floden mynnar (rinner ut) i... **5** släppa [lös (ut)], frige [*~ a prisoner*]; skriva ut [*~ a patient*]; avskeda; mil. avföra (stryka) ur rullorna **6** avbörda sig [*~ a debt*]; fullgöra [*~ one's duties*] **7** befria, lösa **II** *vb itr* **1** lossa[s] **2** elektr. ladda ur sig **3** om böld vara sig **4** mynna (rinna) ut **III** *s* **1** avlastning; lossning [*port of ~*] **2** avlossande; skott **3** elektr. el. fys. urladdning **4** a) uttömning; utsläpp; mynning; avlopp b) med. flytning; avgång; avsöndring, utsöndring **5** befrielse; ansvarsfrihet; frikännande; frigivning [*~ of a prisoner*]; utskrivning [*~ of a patient*]; avsked[ande]; isht mil. hemförlovning; *conditional ~* villkorlig frigivning **6** betalning, klarering [*the ~ of a debt*] **7** fullgörande, uppfyllande [*the ~ of one's duties*] **8** kvitto; intyg om ansvarsbefrielse
disciple [dɪ'saɪpl] lärjunge; anhängare
discipline ['dɪsɪplɪn] **I** *s* **1** disciplin, [god] ordning [*enforce* (*keep, maintain*) *~*]; *breach of ~* disciplinbrott **2** skolning; övning; fostran **3** disciplin, vetenskapsgren **II** *vb tr* disciplinera
disc jockey ['dɪskˌdʒɒkɪ] vard. diskjockey, skivpratare
disclaim [dɪs'kleɪm] frånsäga sig [*~ responsibility for a th.*]; förneka, dementera; förkasta
disclaimer [dɪs'kleɪmə] **1** dementi **2** jur. avstående [från anspråk]; friskrivningsklausul
disclose [dɪs'kləʊz] **1** blotta, visa **2** uppenbara [*~ a secret to* (för) *a p.*]
disclosure [dɪs'kləʊʒə] avslöjande
disco ['dɪskəʊ] (pl. *~s*) vard. disco
discolour [dɪs'kʌlə] **I** *vb tr* bleka ur; missfärga **II** *vb itr* bli urblekt (missfärgad)
discomfort [dɪs'kʌmfət] **I** *s* obehag **II** *vb tr* förorsaka obehag; oroa
disconcert [ˌdɪskən'sɜːt] **1** bringa (få) ur fattningen; perf. p. *~ed* isht förlägen **2** bringa oordning i
disconnect [ˌdɪskə'nekt] avbryta förbindelsen mellan; skilja; ta (rycka)

loss; koppla av (ur, loss); koppla ifrån [~ *a railway carriage*]; *I must have been ~ed* jag måste ha blivit bortkopplad på telefonen
disconnected [ˌdɪskə'nektɪd]
 1 osammanhängande, virrig [~ *speech*]
 2 skild, utan samband (sammanhang, förbindelse); lösryckt; fristående
disconsolate [dɪs'kɒns(ə)lət] otröstlig
discontent [ˌdɪskən'tent] **I** *s* missnöje, missbelåtenhet **II** *adj* missnöjd, missbelåten
discontented [ˌdɪskən'tentɪd] missnöjd, missbelåten
discontinue [ˌdɪskən'tɪnjʊ] **I** *vb tr* avbryta; sluta med; inställa [~ *the work*]; dra in [~ *a bus line*] **II** *vb itr* sluta
discord ['dɪskɔːd] **1** missämja, split, tvedräkt **2** mus. dissonans; mus. el. bildl. missljud
discordant [dɪs'kɔːd(ə)nt] **1** oenig **2** disharmonisk; skärande; *strike a ~ note* bildl. skorra (rimma) illa
discotheque ['dɪskə(ʊ)tek] diskotek
discount ['dɪskaʊnt, ss. vb äv. -'-] **I** *s*
 1 rabatt; *~ house* (*store*) isht amer. lågprisaffär, lågprisvaruhus; *~ for cash* kassarabatt **2** ekon. diskontering **3** [vederbörlig] reservation [*make a ~*]; *you must take it at a ~* du ska inte tro [blint] på det **4** *at a ~* under pari, till underkurs; stående lågt i värde (kurs äv. bildl.) **II** *vb tr* **1** dra av; [något] minska värde, fördel; bortse ifrån **2** ekon. diskontera
discourage [dɪs'kʌrɪdʒ] **1** göra modfälld **2** inte uppmuntra [till]; avskräcka [~ *a p. from doing a th.*]; motarbeta
discouragement [dɪs'kʌrɪdʒmənt]
 1 modfälldhet **2** åtgärd för att hindra; motarbetande
discouraging [dɪs'kʌrɪdʒɪŋ] **1** nedslående [*a ~ result*]; avskräckande **2** motverkande
discourteous [dɪs'kɜːtjəs] ohövlig
discover [dɪs'kʌvə] upptäcka; finna
discovery [dɪs'kʌv(ə)rɪ] upptäckt
discredit [dɪs'kredɪt] **I** *s* **1** vanrykte; *be a ~ to* vara en skam för; *bring* (*throw*) *~* [*up*]*on* bringa i vanrykte, misskreditera **2** misstro, tvivel **II** *vb tr* **1** misskreditera **2** misstro
discreditable [dɪs'kredɪtəbl] vanhedrande
discreet [dɪs'kriːt] diskret
discrepancy [dɪs'krep(ə)nsɪ] avvikelse; diskrepans; *if there is a ~* om något inte stämmer
discretion [dɪ'skreʃ(ə)n]
 1 urskillning[sförmåga], klokhet;

diskretion; *reach the age of ~* nå mogen (stadgad) ålder, bli vuxen
 2 handlingsfrihet; *I leave it to your ~* det överlåter jag åt dig [att avgöra]; *at one's* [*own*] *~* efter behag, efter [eget] godtycke
discretionary [dɪ'skreʃən(ə)rɪ] godtycklig; *~ powers* diskretionär myndighet
discriminate [dɪ'skrɪmɪneɪt] **1** skilja, åtskilja; urskilja **2** göra skillnad, diskriminera; *~ against* diskriminera
discriminating [dɪ'skrɪmɪneɪtɪŋ]
 1 särskiljande **2** omdömesgill [~ *critic*]; nogräknad, kräsen [*a ~ taste*]
discrimination [dɪˌskrɪmɪ'neɪʃ(ə)n]
 1 diskriminering [*radical ~*], skiljande; åtskillnad [*without ~*] **2** urskillning, omdöme; skarpsinne
discus ['dɪskəs] sport. diskus
discuss [dɪ'skʌs] diskutera, dryfta
discussion [dɪ'skʌʃ(ə)n] diskussion, dryftande; *bring a th. up for ~* ta upp ngt till diskussion
disdain [dɪs'deɪn] **I** *s* förakt **II** *vb tr* förakta, ringakta
disease [dɪ'ziːz] sjukdom; koll. sjukdomar; bildl. ont; *~ carrier* smittobärare
diseased [dɪ'ziːzd] **1** sjuk **2** fördärvad
disembark [ˌdɪsɪm'bɑːk] **I** *vb tr* landsätta **II** *vb itr* landstiga, gå i land, debarkera
disembarkation [ˌdɪsembɑː'keɪʃ(ə)n]
 1 landstigning **2** urstigning
disembowel [ˌdɪsɪm'baʊəl] ta inälvorna ur
disengage [ˌdɪsɪn'geɪdʒ] **I** *vb tr* **1** lösgöra, lossa, befria **2** tekn. koppla ifrån (ur); utlösa **3** mil. dra ur striden **II** *vb itr* frigöra sig
disengagement [ˌdɪsɪn'geɪdʒmənt] lösgörande
disentangle [ˌdɪsɪn'tæŋgl] **I** *vb tr* **1** göra loss (fri), lösgöra ur trassel, förvecklingar o.d. **2** reda ut härva o.d. **II** *vb itr* **1** bli fri **2** reda ut sig
disfavour [ˌdɪs'feɪvə] misshag [*incur* (ådra sig) *a p.'s ~*], motvilja; ogillande [*regard a th. with ~*]; onåd [*fall into ~*]
disfigure [dɪs'fɪgə] vanställa, vanpryda
disgorge [dɪs'gɔːdʒ] **1** spy ut ofta bildl. [*the train ~d its passengers*] **2** *the river ~s itself into* [*the sea*] floden mynnar (flyter) ut i...
disgrace [dɪs'greɪs] **I** *s* **1** ogunst, onåd [*be in* (*fall into*) *~*] **2** vanära; skam[fläck] [*the slums are a ~ to* (för) *the city*]; skandal; *bring ~ on one's family* dra vanära över familjen (släkten) **II** *vb tr* vanhedra; skämma ut; *be ~d* vara i onåd, ha fallit (råkat) i onåd
disgraceful [dɪs'greɪsf(ʊ)l] vanhedrande;

skamlig [~ *behaviour*]; skandalös; *you are ~!* du borde skämmas!

disgruntled [dɪs'grʌntld] missnöjd; sur

disguise [dɪs'gaɪz] I *vb tr* 1 förkläda; *~d as a beggar* förklädd till tiggare 2 förställa, förvränga [*~ one's voice (writing)*] II *s* 1 förklädnad; mask; kamouflage; *in ~* förklädd; *in the ~ of* förklädd till; *throw off one's ~* kasta masken 2 förställning; maskering

disgust [dɪs'gʌst] I *s* avsky, avsmak, motvilja; äckel; *much to my ~* till min stora harm (förtret) II *vb tr* väcka avsky (avsmak etc.) hos; *be ~ed* vara (bli) upprörd (äcklad), äcklas [*at* (över) *a p.'s behaviour*; *by* (av, över) *a sight*; *with* (över) *a p.*]

disgusting [dɪs'gʌstɪŋ] äcklig, vämjelig; otäck, vidrig; motbjudande, osmaklig

dish [dɪʃ] I *s* 1 fat; karott; flat skål; assiett [*butter ~*]; [*dirty*] *~es* odiskad disk; *wash up* (isht amer. *do* el. *wash*) *the ~es* diska 2 [mat]rätt; *hot ~* varmrätt 3 [*satellite*] *~* parabolantenn II *vb tr* 1 *~ out* (*up*) lägga upp [*~ out* (*up*) *the food*]; sätta fram, servera [*~ out* (*up*) *the dinner*] 2 vard. lura överlista; knäcka besegra [*~ one's opponents*]

dishabille [‚dɪsə'biːl], *in ~* i negligé

dishcloth ['dɪʃklɒθ] disktrasa; kökshandduk

dishearten [dɪs'hɑːtn] göra modfälld (modlös, nedslagen); *~ing* nedslående, beklämmande [*a ~ing sight*]

dishevelled [dɪ'ʃev(ə)ld] ovårdad [*~ hair (clothes)*], oordnad; rufsig [i håret]

dishonest [dɪs'ɒnɪst, dɪ'zɒ-] ohederlig, oärlig

dishonesty [dɪs'ɒnɪstɪ, dɪ'zɒ-] ohederlighet, oärlighet

dishonour [dɪs'ɒnə, dɪ'zɒ-] I *s* vanära II *vb tr* 1 a) vanära b) behandla skymfligt 2 hand. inte honorera (godkänna)

dishonourable [dɪs'ɒn(ə)rəbl, dɪ'zɒ-] vanhedrande; skymflig

dishwasher ['dɪʃˌwɒʃə] diskmaskin

dishwater ['dɪʃˌwɔːtə] diskvatten; vard. blask; *as dull as ~* vard. urtråkig, dödtråkig

disillusion [‚dɪsɪ'luːʒ(ə)n, -'ljuː-] I *s* desillusion[ering] II *vb tr* desillusionera

disinfect [‚dɪsɪn'fekt] desinficera

disinfectant [‚dɪsɪn'fektənt] I *adj* desinficerande II *s* desinfektionsmedel

disinherit [‚dɪsɪn'herɪt] göra arvlös

disintegrate [dɪs'ɪntɪgreɪt] lösa[s] upp i beståndsdelar; sönderdela[s]

disinterested [dɪs'ɪntrəstɪd] 1 oegennyttig,

osjälvisk; opartisk [*a ~ decision*] 2 vard. ointresserad

disk [dɪsk] 1 isht amer., se *disc 1* o. *2* 2 data. [minnes]skiva, disk; *~ storage* skivminne

diskette [dɪ'sket] data. diskett

dislike [dɪs'laɪk, i bet. *II 2* '--] I *vb tr* tycka illa om; inte vilja [*I ~ showing it*] II *s* 1 motvilja, antipati; misshag; *take a ~ to* få (fatta) motvilja mot (för) 2 *likes and ~s* sympatier och antipatier

dislocate ['dɪslə(ʊ)keɪt] 1 med. vrida ur led 2 bildl. förrycka, rubba [*~ a p.'s plans*]; *the traffic was badly ~d* det var svåra störningar i trafiken

dislodge [dɪs'lɒdʒ] driva bort (ut); [för]flytta; rycka (sparka) loss

disloyal [dɪs'lɔɪ(ə)l] illojal; otrogen

disloyalty [dɪs'lɔɪ(ə)ltɪ] illojalitet; otrohet

dismal ['dɪzm(ə)l] dyster; hemsk; olycklig; vard. usel [*a ~ effort*]

dismantle [dɪs'mæntl] demontera, ta isär [*~ an engine*]; bildl. nedrusta; sjö. avrusta

dismay [dɪs'meɪ, dɪz'm-] I *s* bestörtning [*fill with ~*]; *much to my ~* till min bestörtning II *vb tr* göra bestört (förfärad); avskräcka

dismiss [dɪs'mɪs] I *vb tr* 1 avskeda 2 skicka (sända) bort (iväg); låta gå [*the teacher ~ed his class*]; upplösa församling etc.; avtacka, hemförlova [*~ troops*]; släppa [ut] [*~ a patient from hospital*] 3 slå bort [*~ thoughts of revenge*]; slå ur tankarna (hågen); avfärda; avföra; avslå [*~ a petition*]; lämna [*~ a subject*]; jur. avslå [*~ a complaint*]; *~ the case* avskriva målet 4 i kricket slå ut [*~ a batsman*] II *vb itr* mil., *~!* höger och vänster om marsch!

dismissal [dɪs'mɪs(ə)l] 1 avsked[ande] 2 bortskickande; upplösning; frigivande; hemförlovning 3 bildl. avvisande; avslag; jur. ogillande

dismount [‚dɪs'maʊnt] I *vb itr* stiga av (ned, ur) II *vb tr* 1 kasta av (ur sadeln) 2 demontera [*~ a gun*] 3 *~ one's horse* stiga av hästen, sitta av

disobedience [‚dɪsə'biːdjəns] olydnad, ohörsamhet

disobedient [‚dɪsə'biːdjənt] olydig, ohörsam

disobey [‚dɪsə'beɪ] inte lyda, vara olydig [mot]; överträda [*~ the law*]

disorder [dɪs'ɔːdə] 1 oordning; förvirring; *throw into ~* ställa till oreda (förvirring) i 2 orolighet [*political ~s*] 3 med. rubbning, störning

disorderly [dɪs'ɔːdəlɪ] 1 oordentlig; oordnad; oredig 2 bråkig; störande [*~*

behaviour]; ~ *conduct* jur. förargelseväckande beteende
disorganize [dɪs'ɔ:gənaɪz, dɪ'z-] desorganisera; ställa till oreda (förvirring) i [~ *the traffic*]
disown [dɪs'əʊn] inte kännas vid; ta avstånd från, förneka [~ *a statement*]; förkasta
disparage [dɪ'spærɪdʒ] nedvärdera; förklena; ringakta; *in disparaging terms* i förklenande ordalag
disparate ['dɪspərət] olikartad
disparity [dɪs'pærətɪ] olikhet, skillnad
dispassionate [dɪs'pæʃ(ə)nət] lidelsefri; lugn; opartisk, objektiv, saklig
dispatch [dɪ'spætʃ] I *vb tr* **1** [av]sända [~ *a letter*] **2** klara av, expediera [~ *a task*]; avsluta **3** göra av med, likvidera II *s* **1** avsändning; expediering; spedition; *by ~* med ilbud **2** undanstökande [*the prompt ~ of a matter*] **3** dödande, likviderande **4** skyndsamhet [*with all ~*] **5** rapport; *be mentioned in ~es* mil. få hedersomnämnande i krigsrapporterna
dispatch box [dɪ'spætʃbɒks] dokumentskrin
dispatch rider [dɪ'spætʃ,raɪdə] mil. [motorcykel]ordonnans
dispel [dɪ'spel] förjaga, skingra [*the wind ~led the fog*; *~ a p.'s doubts and fears*]
dispensary [dɪ'spens(ə)rɪ] apotek på sjukhus, fartyg o.d.; officin i apotek
dispens|e [dɪ'spens] I *vb tr* **1** dela ut, fördela, ge [~ *alms*] **2** tillreda och lämna ut, dispensera [~ *medicines*]; *-ing chemist* apotekare; *-ing chemists* äv. apotek **3** skipa [~ *justice*] II *vb itr*, *~ with* **a)** avvara, undvara, [kunna] vara utan, reda (klara) sig utan [~ *with a p.'s services*] **b)** göra onödig (obehövlig, överflödig) [*the new machinery ~s with manual labour*] **c)** bortse från; underlåta att tillämpa
dispersal [dɪ'spɜ:s(ə)l] [ut]spridning; skingring
disperse [dɪ'spɜ:s] I *vb tr* skingra [*the police ~d the meeting; the sun ~d the clouds*]; sprida; kem. el. tekn. dispergera II *vb itr* skingra sig [*the crowd ~d*]; sprida sig, spridas
displace [dɪs'pleɪs] **1** flytta [på] sak ur dess läge; förskjuta äv. psykol.; undanröja **2** ersätta [*automation will ~ many workers*] **3** tränga undan (ut) **4** *~d person* polit. tvångsförflyttad, flykting
displacement [dɪs'pleɪsmənt] **1** omflyttning; förskjutning äv. psykol. **2** ersättande; undanträngande **3** sjö.

deplacement **4** bil., [*piston*] *~ cylindervolym*, slagvolym
display [dɪ'spleɪ] I *vb tr* **1** förevisa; skylta med [~ *goods in the window*] **2** visa [prov på] [~ *courage*], röja [~ *one's ignorance*] **3** veckla (bre) ut **4** stoltsera (ståta) med [~ *one's knowledge*]; demonstrera [~ *one's affection*] II *s* **1** förevisning, uppvisning [*a fashion ~*]; utställning; skyltning [*a ~ of goods*]; *window ~* [fönster]skyltning; *~ window* skyltfönster **2** uttryck, prov [*a fine ~ of* (på) *courage*] **3** stoltserande; *be fond of ~* vara svag för ståt [och prakt]; *make a ~ of one's affection* demonstrera sina känslor **4** tekn. **a)** radar. bildskärm **b)** data. display; *~ panel* avläsningstavla
displease [dɪs'pli:z] misshaga; stöta; *be ~d* vara missnöjd (missbelåten)
displeasure [dɪs'pleʒə] missnöje, misshag, ogillande; onåd; *incur a p.'s ~* ådra sig (väcka) ngns missnöje
disposable [dɪ'spəʊzəbl] **1** disponibel **2** slit-och-släng; engångs- [~ *paper plates*]; *~ napkin* (*nappy*) [engångs]blöja
disposal [dɪ'spəʊz(ə)l] **1** bortskaffande; undangörande; *bomb ~ squad* bombröjningsgrupp, desarmeringsgrupp **2** avyttrande, försäljning; överlämnande, överlåtelse; placering **3** [fritt] förfogande, användning; *be at* (*be left to*) *a p.'s ~* stå till ngns förfogande (disposition), stå ngn till buds **4** ordnande
dispose [dɪ'spəʊz] I *vb itr* **1** *~ of* **a)** skaffa undan, kasta (slänga) bort [~ *of rubbish*]; kassera [~ *of old clothes*]; bringa ur världen [~ *of a problem*]; klara av; skämts. sätta i sig [~ *of a meal*] **b)** avyttra, göra sig av med; finna avsättning för [~ *of one's goods*] **c)** [fritt] förfoga över, disponera [över], förordna om [*be free to ~ of one's property*]; [*they didn't know*] *how to ~ of them* ...vad de skulle göra med dem **2** bestämma; *Man proposes, God ~s* människan spår, [men] Gud rår II *vb tr* [an]ordna, ställa upp [~ *troops in a long line*]; placera
disposed [dɪ'spəʊzd] **1** böjd, benägen [*to do*] **2** *~ of* såld; upptagen
disposition [,dɪspə'zɪʃ(ə)n] **1** anordning [*the ~ of furniture in a room*]; uppställning **2** förberedelse; ordnande **3** läggning [*have a domineering ~*], sinnelag; lynne [*be of a cheerful ~*]; böjelse; [*hereditary*] *~* [ärftliga] anlag **4** benägenhet **5** förfogande[rätt] [*the ~ of* (över) *the property*]; *at a p.'s ~* till ngns förfogande (disposition)

dispossess [ˌdɪspə'zes] **1** ~ *a p. of a th.* fråntaga (beröva, avhända) ngn ngt **2** driva bort ägare; fördriva

disproportion [ˌdɪsprə'pɔːʃ(ə)n] **I** *s* disproportion, brist på proportion **II** *vb tr* göra oproportionerlig

disproportionate [ˌdɪsprə'pɔːʃ(ə)nət] oproportionerlig, illa avvägd (avpassad)

disprove [ˌdɪs'pruːv] vederlägga; motbevisa

dispute [dɪ'spjuːt] **I** *vb itr* disputera, diskutera, tvista **II** *vb tr* **1** dryfta **2** bestrida [~ *a claim*]; ifrågasätta, dra (sätta) i tvivelsmål [~ *a statement*] **3** kämpa (strida, tävla) om [~ *a territory*] **III** *s* dispyt, [ord]strid, meningsbyte; tvist, kontrovers; konflikt [*labour* ~]

disqualification [dɪsˌkwɒlɪfɪ'keɪʃ(ə)n] diskvalifikation, diskvalificering; jur. jäv

disqualify [dɪs'kwɒlɪfaɪ] diskvalificera, diska [*for* för, till; *from* från, för]; perf. p. **-ied** jur. jävig, obehörig

disquiet [dɪs'kwaɪət] **I** *vb tr* oroa **II** *s* oro

disquieting [dɪs'kwaɪətɪŋ] oroande

disregard [ˌdɪsrɪ'gɑːd] **I** *vb tr* inte fästa avseende vid, nonchalera [~ *a warning*], förbise [~ *a p.'s wishes*], förbigå, lämna ur räkningen [~ *unimportant details*]; ringakta **II** *s* nonchalerande [~ *of a rule*]; *in* ~ *of a th.* utan att beakta (ta hänsyn till) ngt; *with a* ~ *of truth* på sanningens bekostnad

disrepair [ˌdɪsrɪ'peə] dåligt skick [*the house was in bad* (mycket) ~], förfall

disreputable [dɪs'repjʊtəbl] **1** illa beryktad **2** vanhedrande

disrepute [ˌdɪsrɪ'pjuːt] vanrykte [*fall into* ~]; vanheder

disrespect [ˌdɪsrɪ'spekt] **I** *s* respektlöshet, brist på (bristande) aktning (respekt), ringaktning **II** *vb tr* inte respektera, ringakta

disrespectful [ˌdɪsrɪ'spektf(ʊ)l] respektlös

disrupt [dɪs'rʌpt] splittra [*the party was* ~*ed*]; avbryta [~ *a meeting*]; *traffic was* ~*ed* det blev avbrott i trafiken

disruption [dɪs'rʌpʃ(ə)n] **1** splittring; avbrott; rubbning[ar] **2** upplösning [*the state was in* ~]; sönderfall [*the* ~ *of an empire*]

disruptive [dɪs'rʌptɪv] splittrande, upplösande; nedbrytande, omstörtande [~ *forces*]; ~ *elements* oroselement

dissatisfaction [ˌdɪ(s)sætɪs'fækʃ(ə)n] missnöje, otillfredsställelse

dissatisfied [ˌdɪ(s)'sætɪsfaɪd] missnöjd

dissect [dɪ'sekt] anat. el. bildl. dissekera; ~*ing table* dissektionsbord

disseminate [dɪ'semɪneɪt] sprida [~ *information* (*knowledge*)], utbreda

dissension [dɪ'senʃ(ə)n] meningsskiljaktighet; missämja

dissent [dɪ'sent] **I** *vb itr* **1** ha en annan mening; avvika; reservera sig **2** isht gå ur statskyrkan **II** *s* **1** avvikelse i åsikter, meningsskiljaktighet **2** frikyrklighet

dissenter [dɪ'sentə] **1** oliktänkande [person] **2** dissenter, frikyrklig [äv. *D~*]

dissertation [ˌdɪsə'teɪʃ(ə)n] [doktors]avhandling

disservice [ˌdɪ(s)'sɜːvɪs] otjänst [*do a p. a* ~]; skada; *of* ~ *to* till skada för

dissident ['dɪsɪd(ə)nt] **I** *adj* oliktänkande; avvikande [~ *opinions*] **II** *s* dissident

dissimilar [ˌdɪ'sɪmɪlə] olik[a]; ~ *to* (*from*) *a th.* olik ngt

dissimilarity [ˌdɪsɪmɪ'lærətɪ] olikhet, skillnad

dissipate ['dɪsɪpeɪt] **1** skingra [~ *a p.'s fears*]; upplösa **2** förslösa [~ *one's fortune*]; splittra [~ *one's forces*]

dissipated ['dɪsɪpeɪtɪd] **1** utsvävande [~ *life*], lättsinnig **2** härjad [*look* ~]

dissipation [ˌdɪsɪ'peɪʃ(ə)n] **1** skingrande; upplösning **2** förslösande; ~ *of one's energy* slöseri med krafterna **3** utsvävningar

dissociate [dɪ'səʊʃɪeɪt, -sɪeɪt] skilja; hålla isär [~ *two ideas*]; dissociera äv. kem.; söndra; upplösa; ~ *oneself from* ta avstånd från

dissolute ['dɪsəluːt, -ljuːt] utsvävande, liderlig

dissolution [ˌdɪsə'luːʃ(ə)n, -'ljuː-] upplösning [*the* ~ [*of Parliament*]]

dissolve [dɪ'zɒlv] **I** *vb tr* **1** smälta, lösa upp [*water* ~*s sugar*]; sönderdela; ~*d in tears* upplöst i tårar **2** upplösa [~ *a partnership*, ~ *Parliament*] **II** *vb itr* upplösa sig; lösa sig; försvinna; förtona; *Parliament* ~*d* parlamentet upplöstes

dissuade [dɪ'sweɪd] avråda

distaff ['dɪstɑːf] **1** slända; spinnrockshuvud **2** *on the* ~ *side* på kvinnolinjen (spinnsidan)

distance ['dɪst(ə)ns] **I** *s* **1** avstånd; distans; sträcka; stycke väg; *go the* ~ **a)** boxn. gå alla ronder **b)** hålla ut, hålla stånd; *at a* ~ på avstånd (håll); ett stycke (en bit) bort; *in the* ~ i fjärran, på [långt] avstånd; *it is within walking* ~ det är på promenadavstånd; [*he lives*] *a short* ~ *away* ...ett litet stycke härifrån, ...en liten bit bort **2** bildl. kyla [*there was a certain* ~ *in his manner*]; *keep a p. at a* ~ bildl. hålla ngn på distans, vara reserverad mot ngn **II** *vb tr* **1** lämna [långt] bakom sig **2** hålla på [visst] avstånd [*~ oneself from a th.*]

distant ['dɪst(ə)nt] **1** avlägsen, fjärran i rum o. tid **2** avlägsen i fråga om släktskap [*a ~ cousin*] **3** avlägsen, obetydlig [*a ~ resemblance*] **4** reserverad [*be ~ with* el. *to* (mot) *a p.*], oåtkomlig

distaste [ˌdɪs'teɪst] avsmak; motvilja, olust

distasteful [dɪs'teɪstf(ʊ)l] osmaklig, motbjudande, oangenäm

1 distemper [dɪs'tempə] **I** *s* limfärg; tempera[färg] **II** *vb tr* limfärga; måla med (i) temperafärg

2 distemper [dɪ'stempə] valpsjuka

distend [dɪ'stend] **I** *vb tr* [ut]vidga, spänna (tänja, spärra) ut; blåsa upp **II** *vb itr* svälla [ut], spännas (spärras) ut

distil [dɪ'stɪl] **I** *vb tr* **1** destillera; bränna; rena äv. bildl. **2** [låta] droppa **3** bildl. renodla **II** *vb itr* **1** destillera[s] **2** sippra; droppa

distillation [ˌdɪstɪ'leɪʃ(ə)n] **1** destillering **2** destillat

distillery [dɪ'stɪlərɪ] bränneri; spritfabrik

distinct [dɪ'stɪŋ(k)t] **1** tydlig, distinkt [*a ~ voice*] **2** olik[a]; skild [*two ~ groups*]; särskild; *be ~ from...* vara olik..., skilja sig från...

distinction [dɪ'stɪŋ(k)ʃ(ə)n] **1** [åt]skillnad; [sär]skiljande; distinktion; *draw a ~* göra skillnad [*between* på, mellan]; dra en gräns; *without ~* utan åtskillnad **2** särmärke, särdrag **3** utmärkelse; *she passed with ~* univ. hon fick VG i betyg

distinctive [dɪ'stɪŋ(k)tɪv] särskiljande, distinktiv äv. fonet.; utmärkande

distinctly [dɪ'stɪŋ(k)tlɪ] tydligt [*speak ~*]; klart och tydligt, uttryckligen [*he ~ told you what to do*]

distinguish [dɪ'stɪŋgwɪʃ] **I** *vb tr* **1** tydligt skilja [åt]; *be ~ed from* skilja sig från **2** urskilja [*~ objects at a distance*] **3** känneteckna, karakterisera; *be ~ed by* utmärka sig genom, kännas igen på **4** utmärka; *~ oneself* äv. göra sig bemärkt **II** *vb itr* göra skillnad

distinguished [dɪ'stɪŋgwɪʃt] **1** framstående; berömd; utmärkt; förnämlig, lysande [*a ~ career*] **2** distingerad, förnäm

distort [dɪ'stɔːt] **1** förvrida [*a face ~ed by pain*], förvränga; *~ing mirror* skrattspegel **2** snedvrida, förvanska [*~ facts; ~ the truth*]

distortion [dɪ'stɔːʃ(ə)n] **1** förvridning; förvrängning; tekn. el. med. distorsion **2** vrångbild

distract [dɪ'strækt] **1** dra bort [*~ a p.'s attention* (*mind*) *from a th.*]; distrahera **2** vara en avkoppling för **3** söndra **4** förvirra

distracted [dɪ'stræktɪd] **1** förvirrad **2** vansinnig, tokig [*it's enough to drive* (göra) *one ~*]

distraction [dɪ'strækʃ(ə)n] **1** förvirring **2** avkoppling, distraktion **3** vanvett; *to ~* vanvettigt, vansinnigt

distraught [dɪ'strɔːt] förvirrad; ifrån sig [*~ with* (av) *grief*]

distress [dɪ'stres] **I** *s* **1** trångmål; nödställdhet; nöd [*relieve* (lindra) *the ~ among the poor*]; hemsökelse; sjö. [sjö]nöd [*a ship in ~*]; *~ call* (*signal*) nödrop; sjö. nödsignal **2** smärta **3** utmattning **4** jur. utmätning **II** *vb tr* **1** ansätta; utmatta, uttrötta **2** plåga; oroa, bekymra [*don't ~ yourself about* (för, över, om) *this*]

distressed [dɪ'strest] **1** nödställd, svårt betryckt (ansatt); *~ area* krisdrabbat område, krisområde där arbetslöshet råder **2** olycklig; bedrövad

distressing [dɪ'stresɪŋ] plågsam; beklämmande, bedrövlig, sorglig [*a ~ case*]; oroande [*~ news*]

distribute [dɪ'strɪbjuːt, 'dɪstrɪbjuːt] **1** dela ut; fördela; distribuera **2** sprida [ut]; utbreda **3** dela in, fördela [*~ into* (i) *classes*]

distribution [ˌdɪstrɪ'bjuːʃ(ə)n] **1** utdelning [*prize ~*]; fördelning äv. statist.; distribution **2** utbredning; spridning

distributor [dɪ'strɪbjʊtə] **1** distributör; spridare; [ström]fördelare i t.ex. bil; *~ cap* fördelarlock **2** hand. distributör; återförsäljare

district ['dɪstrɪkt] **1** område, distrikt i allm.; bygd **2** distrikt, del av grevskap el. socken; stadsdel; *~ attorney* amer., se *attorney*; *~ heating power plant* fjärrvärmeverk **3** *The D~ of Columbia* Columbia Förenta staternas förbundsdistrikt med huvudstaden Washington

distrust [dɪs'trʌst] **I** *s* misstro; tvivel **II** *vb tr* misstro, tvivla på

distrustful [dɪs'trʌstf(ʊ)l] misstrogen, klentrogen

disturb [dɪ'stɜːb] **1** störa [*~ a p. in his work*; *~ the peace*]; *don't let me ~ you* låt inte mig störa [dig] **2** oroa, ofreda; uppröra; ställa till oreda i; rubba; perf. p. *~ed* äv. orolig

disturbance [dɪ'stɜːb(ə)ns] **1** störande **2** upprört tillstånd; störning **3** oordning; tumult, orolighet [*student ~s*], bråk [*a political ~*]; *create a ~* uppträda störande

158

disuse [ˌdɪs'ju:s] obruklighet; *fall into ~* komma ur bruk, falla i glömska
disused [ˌdɪs'ju:zd] avlagd, bortlagd; outnyttjad; obruklig; nedlagd [*a ~ gravel pit*]
ditch [dɪtʃ] **I** *s* dike; grav; vattendrag; *the last ~* sista utvägen (chansen) **II** *vb tr* **1** dika [ut] **2** omge med dike[n] (grav[ar]) **3** vard. köra i diket med [*~ a car*]; isht amer. få att spåra ur [*~ a train*] **4** vard. kasta av (ut); skaka av sig **5** sl. krascha (nödlanda) [på havet] med [*~ a plane*]
ditchwater ['dɪtʃˌwɔ:tə] dikesvatten; [*as*] *dull as ~* vard. urtråkig, dödtråkig
dither ['dɪðə] **I** *vb itr* **1** vackla **2** isht amer. vara nervös (darrig) **3** isht amer. darra **II** *s* vard. förvirring; *be in (all of) a ~* darra som ett asplöv av nervositet
ditto ['dɪtəʊ] hand. el. vard. dito; *~!* jag med!
ditty ['dɪtɪ] [liten] visa (sång); enkel dikt
diva ['di:və] diva
divan [dɪ'væn, daɪ'v-] divan soffa
dive [daɪv] **I** (imperf. *dived,* amer. äv. *dove*; perf. p. *dived*) *vb itr* **1** dyka; *~ in* hoppa 'i **2** flyg. dyka, göra brant glidflykt **3** sticka ned (dyka ned med) handen [*into* i], gräva **4** försvinna **II** (för tema se *I*) *vb tr* sticka (köra) ned [*~ a hand into* (i) *one's pocket*] **III** *s* **1** dykning; huvudhopp; sport. [sim]hopp; flyg. äv. brant glidflykt; *make a ~ for* dyka ned efter, försöka kasta sig (komma) över **2** vard. spelhåla; sylta
diver ['daɪvə] **1** dykare **2** zool. dykarfågel i allm.; isht lom; *black-throated ~* storlom; *red-throated ~* smålom **3** sl. ficktjuv
diverge [daɪ'vɜ:dʒ] gå åt olika håll, skilja sig åt; avvika, komma på avvägar
divergence [daɪ'vɜ:dʒ(ə)ns] o. **divergency** [daɪ'vɜ:dʒ(ə)nsɪ, dɪ'v-] avvikelse, motsättning [*~ of opinion*]; divergens
divergent [daɪ'vɜ:dʒ(ə)nt] **1** avvikande [*~ views*]; isärgående **2** fys. el. matem. divergent
diverse [daɪ'vɜ:s, '--] olik[a], olikartad; skild; mångfaldig
diversification [daɪˌvɜ:sɪfɪ'keɪʃ(ə)n] **1** differentiering **2** omväxling av former
diversify [daɪ'vɜ:sɪfaɪ] göra olik; ge omväxling åt
diversion [daɪ'vɜ:ʃ(ə)n] **1** avledande [*the ~ of a river*; *the ~ of a p.'s attention*]; omläggning [*traffic ~*], förbifart; avstickare [*a ~ from the main road*] **2** tidsfördriv, förströelse, avkoppling
diversity [daɪ'vɜ:sətɪ] mångfald; olikhet; olika slag, skild form; *~ of opinion* meningsskiljaktighet
divert [daɪ'vɜ:t] **1** avleda [*~ the course of a river*; *~ a p.'s thoughts from a th.*]; dra [*~ water from a river into the fields*]; dirigera (lägga) om [*~ the traffic*] **2** roa
divest [daɪ'vest] avhända; *~ oneself of* avstå från, avhända sig; frigöra sig från
divide [dɪ'vaɪd] **I** *vb tr* **1** dela [upp] [*~ into* (i) *different parts*]; avstava [*~ words*] **2** matem. dividera, dela [*~ 8 by* (med) *4*] **3** dela in **4** [åt]skilja [*the river ~s my land from his*] **5** dela [i partier], göra oense [*~ friends*], söndra; *a country ~d against itself* ett splittrat land; *opinions are ~d on [this question]* det råder delade meningar om (i)... **6** fördela [äv. *~ up*]; skifta; utdela [*~ profits*] **II** *vb tr* **1** dela upp sig **2** skilja sig **3** vara (bli) oense **4** matem. gå att dividera (dela); gå jämnt upp [*3 ~s into* (i) *9*] **III** *s* **1** geol. vattendelare; *the Great D~* Klippiga bergens vattendelare; bildl. döden **2** bildl. skiljelinje; klyfta
dividend ['dɪvɪdend] **1** matem. dividend **2** utdelning på aktier o.d., äv. bildl.; dividend; återbäring
divine [dɪ'vaɪn] **I** *adj* **1** gudomlig; guds-; teologisk; *~ right* gudomlig rätt **2** vard. gudomlig, underbar, härlig [*~ weather*]; förtjusande [*a ~ hat*] **II** *s* vard. teolog; präst[man] **III** *vb tr* **1** förutsäga, sia om **2** ana (gissa) sig till [*~ a p.'s intentions*] **IV** *vb itr* **1** sia **2** gå (leta) med slagruta
diving-board ['daɪvɪŋbɔ:d] trampolin
divinity [dɪ'vɪnətɪ] **1** gudom[lighet] **2** gud; *the D~* Gud, Den Högste **3** teologi; *Bachelor of D~* ung. teologie kandidat
division [dɪ'vɪʒ(ə)n] **1** delning; uppdelning, indelning; fördelning; *~ of labour* arbetsfördelning **2** matem. division; *~ sign* divisionstecken **3** a) avdelning b) krets, område; distrikt **4** a) inom armén division, motsv. sv. fördelning b) amer. (inom flottan) division c) amer. (inom flyget) eskader d) sport. division e) inom polisen rotel **5** skiljelinje; gräns [*the ~s between various classes of society*] **6** bildl. skiljaktighet; isht pl. *~s* splittring, oenighet, söndring [*bring ~ into* (i) *a family*; *stir up ~s in a nation*] **7** parl. [om]röstning, votering [*demand a ~*]
divisive [dɪ'vaɪsɪv] skiljande, splittrande [*~ policy*]
divorce [dɪ'vɔ:s] **I** *s* jur. skilsmässa; [dom på] äktenskapsskillnad; *a ~ suit* en skilsmässoprocess; *start (institute) ~ proceedings* söka (begära) skilsmässa **2** bildl. skiljande, skilsmässa **II** *vb tr* **1** [låta] skilja sig från [*~ one's wife*]; skilja makar **2** skilja [åt] [*~ church and*

state; *be ~d from reality*], skingra, avlägsna; söndra **III** *vb itr* skilja sig
divorcée [dɪˌvɔːˈsiː, dɪˌvɔːˈseɪ] fr. frånskild kvinna
divulge [daɪˈvʌldʒ, dɪˈv-] avslöja, förråda [*~ a secret*]
dizziness [ˈdɪzɪnəs] yrsel, svindel
dizzy [ˈdɪzɪ] **1** yr i huvudet; yr **2** svindlande [*~ heights; a ~ speed*] **3** förvirrad; virrig, snurrig
DJ förk. för *dinner jacket*, *disc jockey*
dl förk. för *decilitre*[*s*]
DNA [ˌdiːenˈeɪ] (förk. för *deoxyribonucleic acid*) kem. DNA [*~ technology*]
1 do [dəʊ] mus. do
2 do [duː] **A** (*did done*; 3 pers. sg. pres. *does*) *vb* **I** *tr* (se äv. *III*) **1** göra [*~ one's duty (best)*]; utföra [*~ repairs*]; framställa; ta; *what can I ~ for you?* vad kan jag stå till tjänst med?; till kund i butik vad får det lov att vara?; *that did it* bildl. det gjorde susen; då var det klippt **2** sköta [om] [*~ the correspondence*] **3** syssla med [*~ painting*]; arbeta på (med) [*we are ~ing a dictionary*] **4 a)** ordna; *~ a room* städa ett rum; *~ the windows* tvätta fönstren **b)** utföra; *~ sums* (*arithmetic*) räkna **c)** ta [hand om] [*I'll ~ you next*] **5** läsa, studera [*~ science at the university*]; *~ one's homework* läsa (göra) sina läxor **6** avverka, göra; köra [*we did 80 miles today*]; vard. se [*we did Spain in* (på) *a week*] **7** spela [*he did Hamlet*] **8** lösa [*~ a crossword*]; *we can't ~ the size* vi har inte storleken **9** vard. avtjäna [*~ five years in prison*] **10** anrätta, laga till **11** vard. lura **12** vard., *they ~ you very well at the hotel* man bor och äter mycket bra på hotellet **13** vard. vara lagom för [*three pieces will ~ me*]; passa [*this room will ~ me*] **14** vard. ta kål på [*that game did me*]; sl. råna; överfalla **15** vulg. dra över [*~ a woman*]
II *itr* (se äv. *III*) **1** göra [*~ as you are told*]; handla [*you did right*]; bära sig åt; *oh, ~!* gör det [du]! **2** *there is nothing ~ing* det händer ingenting, hand. det görs inga affärer; *nothing ~ing!* vard. aldrig i livet! **3** klara (sköta) sig [*how is he ~ing at school?*]; må [*she is ~ing better now*]; *~ or die* segra eller dö, vinna eller försvinna; *how do you ~?* hälsningsformel god dag **4** passa; gå an [*it doesn't ~ to offend him*], räcka (till), vara nog (lagom); *that'll ~* det är bra; *we'll have to make it ~* det får lov att duga (räcka)

III *tr* o. *itr* med adv. el. prep. isht med spec. övers.:
~ **away with:** a) avskaffa b) ta livet av
~ **by** behandla [*~ well by a p.*]; *hard done by* illa behandlad
~ **for: a)** duga till (som) [*the room will ~ for a kitchen*] **b)** vard. hushålla för; *he does for himself* han klarar sig (hushållet) själv **c)** klara sig med [*how will you ~ for water?*] **d)** ta kål på; *he is done for* han är slut; det är slut (ute) med honom
~ **in** sl.: **a)** fixa mörda **b)** ta kål på; *be done in* äv. vara utmattad (slut) **c)** lura
~ **out: a)** städa [upp i]; måla [och tapetsera] **b)** *~ a p. out of a th.* lura av ngn ngt; *~ a p. out of his job* ta jobbet ifrån ngn
~ **over** a) snygga upp, bättra på b) vard. klå upp
~ **up: a)** reparera **b)** slå (packa) in [*~ up a parcel*] **c)** knäppa [*~ up one's coat*]; knyta **d)** *be done up* vara slut (tröttkörd)
~ **with: a)** göra (ta sig till) med [*what am I to ~ with him?*] **b)** *have to ~ with* ha att göra med, hänga ihop med **c)** *I can ~ with two* jag klarar mig med två; jag behöver två; *I could ~ with a drink* det skulle smaka bra med en drink **d)** *be done with* vara över (slut); *let's have done with it* låt oss få slut (komma ifrån) det; [*buy the car*] *and have done with it* ...först som sist, ...så är det gjort
~ **without** klara (reda) sig utan
IV *hjälpvb* **1** ss. ersättningsverb göra; [*do you know him?*] *yes, I ~* ...ja, det gör jag **2** förstärkande (alltid beton.) i jak. sats, t.ex.: *I ~ wish I could help you* jag önskar verkligen att jag kunde hjälpa dig; *~ come!* kom för all del! **3** omskrivande: **a)** i frågesats t.ex.: *~ you like it?* tycker du om det? **b)** i nekande sats med *not* t.ex.: *I don't dance* jag dansar inte **c)** i satser inledda med nekande adv. el. dyl., t.ex.: *only* (*not until*) *then did he come* först (inte förrän) då kom han

B *s* vard. **1** fest **2** *~'s and don'ts* regler och förbud
1 doc [dɒk] vard. doktor
2 doc [dɒk] vard. kortform för *document*
docile [ˈdəʊsaɪl, amer. ˈdɒsl] **1** foglig, lätthanterlig **2** läraktig
1 dock [dɒk] **1** kupera **2** korta av; [för]minska; dra av på [*~ a p.'s wages*], dra av; *get one's salary ~ed* få avdrag på lönen
2 dock [dɒk] förhörsbås i rättssal; *be in the ~* sitta på de anklagades bänk
3 dock [dɒk] **I** *s* **1** [skepps]docka;

hamnbassäng; *floating* ~ flytdocka; *be in* ~ vard. a) vara på reparation b) ligga på sjukhus **2** ofta pl. *~s hamn, hamnanläggning;* varv; kaj **3** amer. lastkaj, lastningsplats **4** dock- [*~ gate*], hamn- [*~ area* (*district*)] **II** *vb tr* o. *vb itr* docka äv. om rymdskepp; ta[s] in (gå) i docka
docker ['dɒkə] hamnarbetare
docket ['dɒkɪt] **I** *s* **1** adresslapp på paket o.d. **2** tullbevis på erlagd tull **II** *vb tr* **1** förse dokument o.d. med innehållsförteckning (påskrift); rubricera **2** etikettera
dockyard ['dɒkjɑː d] [skepps]varv; *naval* ~ örlogsvarv
doctor ['dɒktə] **I** *s* **1** univ. doktor; *D~ of Philosophy* filosofie doktor **2** läkare; *family* ~ husläkare **II** *vb tr* vard. **1** sköta (plåstra) om [*~ a child*], kurera [*~ a cold*] **2** kastrera [*~ a cat*] **3** lappa ihop **4** blanda upp (i); blanda i gift (narkotika) i [*~ a drink*] **5** bättra på (upp), fiffla (manipulera) med
doctorate ['dɒkt(ə)rət] doktorsgrad, doktorat
doctrine ['dɒktrɪn] doktrin [*the Monroe D~*], lära; trossats; dogm
document [ss. subst. 'dɒkjʊmənt, ss. vb 'dɒkjʊment] **I** *s* dokument, handling **II** *vb tr* **1** dokumentera **2** förse med dokument (bevis)
documentary [ˌdɒkjʊ'ment(ə)rɪ] **I** *adj* dokumentarisk; urkunds-; dokumentär- [*a ~ film*]; *~ evidence* skriftligt bevis **II** *s* reportage i tv o. radio; dokumentärfilm, reportagefilm
documentation [ˌdɒkjʊmen'teɪʃ(ə)n, -mən-] dokumentering, dokumentation
docusoap ['dɒkjuːsəʊp] TV. dokusåpa
dodge [dɒdʒ] **I** *vb itr* **1** vika undan, hoppa åt sidan; smita [*~ behind a tree*]; kila (sno) fram och tillbaka [*~ about*] **2** göra undanflykter **II** *vb tr* vika (väja) undan för [*~ a blow*]; undvika [*~ a question*]; kringgå [*~ the issue*]; smita från [*~ taxes*]; *~ the traffic* klara sig (hålla undan) i trafiken; undvika (slippa undan) trafiken **III 1** språng (hopp) åt sidan **2** vard. knep
dodger ['dɒdʒə] a) filur, skojare b) person som slingrar sig; *tax ~* skattesmitare
doe [dəʊ] **1** hind isht av dovhjort **2** harhona, kaninhona
does [dʌz, obeton. dəz, dz] 3 pers. sg. pres. av *2 do*
doesn't ['dʌznt] = *does not*
dog [dɒg] **I** *s* **1** hund; hanhund; i sammansättn. -hane [*dog-fox*]; *the ~s* vard. hundkapplöpning[en],

hundkapplöpningar[na]; *let sleeping ~s lie* väck inte den björn som sover; *lead a ~'s life* vard. leva ett hundliv, ha ett helvete; *take a hair of the ~* [*that bit you*] vard. ta [sig] en återställare; *the country is going to the ~s* vard. det går åt pipan med landet; *a ~ in the manger* en missunnsam person som inte ens unnar andra vad han inte själv kan ha nytta av **2** vard. karl, gynnare; *dirty ~* fähund; *sly ~* filur, lurifax **II** *vb tr* förfölja äv. bildl. [*~ged by misfortune*]; följa efter; *~ a p.* (*a p.'s steps*) följa ngn i hälarna (hack i häl)
dog collar ['dɒgˌkɒlə] **1** hundhalsband **2** sl. rundkrage prästkrage **3** vard. flerradigt tättsittande halsband
dogged ['dɒgɪd] envis, seg; hårdnackad [*~ opposition*]
doggy ['dɒgɪ] **I** *s* vard. vovve **II** *adj* **1** hund- [*~ smell*]; *~ bag* påse för (med) överbliven mat som en restauranggäst får med sig hem **2** hundälskande [*~ people*] **3** sl., *in the ~* [*position*] bakifrån samlagsställning
dog kennel ['dɒgˌkenl] hundkoja
dogma ['dɒgmə] (pl. *~s* el. *~ta* [-tə]) **1** dogm; trossats **2** dogmatik, dogmsystem
dogmatic [dɒg'mætɪk] dogmatisk
do-gooder [ˌduː'gʊdə] vard. välgörenhetsfantast
dogsbody ['dɒgzˌbɒdɪ] sl. passopp
dog-tired [ˌdɒg'taɪəd] dödstrött
doing ['duːɪŋ] **1** handling, gärning; utförande; *it is all his ~* det är helt och hållet hans verk; det är hans fel alltsammans **2** pl. *~s* förehavanden; uppförande; tilltag, påhitt [*some of his ~s*]; *tell me about your ~s* berätta vad du har (hade) för dig
do-it-yourself [ˌduːɪtjə'self] gör-det-själv-; *~ book* praktisk handbok; *~ kit* byggsats; *~ store* byggmarknad
doldrums ['dɒldrəmz] **1** stiltje; *in the ~* om skepp som hamnat i stiltje; bildl. nedstämd, dyster; utan liv, flau **2** geogr. stiltjeområden; *the ~* ofta stiltjebältet
dole [dəʊl] **I** *s* **1** utdelning av mat el. pengar **2** vard., *be* (*go*) *on the ~* leva på arbetslöshetsunderstöd, gå och stämpla **II** *vb tr*, *~ out* dela ut [i småportioner]
doleful ['dəʊlf(ʊ)l] **1** sorglig **2** sorgsen
doll [dɒl] **I** *s* **1** docka leksak; *~'s house* dockskåp **2** pers. a) docka b) sl. brud, snygging **II** *vb tr* o. *vb itr* vard., *all ~ed up* uppsnofsad, snofsigt klädd
dollar ['dɒlə] dollar [*five ~s*]
dolphin ['dɒlfɪn] **1** zool. delfin **2** sjö. dykdalb

domain [də(ʊ)'meɪn] **1** domän **2** bildl. område, sfär
dome [dəʊm] **1** kupol **2** poet. ståtlig byggnad **3** sl. skalle
domestic [də'mestɪk] **I** adj **1** hus-, hem-; enskild; ~ *appliances* hushållsapparater; husgeråd; ~ *quarrel* familjegräl **2** huslig **3** inrikes {~ *policy* (*trade*)}; inhemsk {~ *goods*}; hemgjord **4** tam; ~ *animal* husdjur; tamdjur **II** s hembiträde; tjänare
domesticate [də'mestɪkeɪt] **1 a)** *she is not ~d* hon är inte huslig av sig **b)** naturalisera **2** civilisera; tämja {~d *animals*}
domesticity [ˌdəʊme'stɪsətɪ, ˌdɒm-] **1** hemliv; hematmosfär **2** huslighet **3** tamt tillstånd {äv. *state of ~*}
domicile ['dɒmɪsaɪl, 'dəʊm-, -əsɪl] **I** s isht jur., [*place of*] ~ hemort, hemvist, [fast] bostad **II** vb tr **1** göra bofast; ~d bosatt, hemmahörande, med fast bostad **2** hand. domiciliera växel
dominance ['dɒmɪnəns] herravälde, härskarställning; dominans äv. biol.
dominant ['dɒmɪnənt] **I** adj härskande; förhärskande; dominerande {~ *position*}; dominant; ~ *character* biol. dominerande egenskap **II** s mus. dominant
dominate ['dɒmɪneɪt] **I** vb tr behärska; dominera; härska (dominera) över **II** vb itr härska, dominera; vara förhärskande
domination [ˌdɒmɪ'neɪʃ(ə)n] herravälde
domineer [ˌdɒmɪ'nɪə] dominera
dominion [də'mɪnjən] **1** herravälde; makt **2** välde, rike, besittning; område
domino ['dɒmɪnəʊ] (pl. ~*es* el. ~*s*) **1 a)** dominobricka **b)** ~*es* (konstr. ss. sg.) domino[spel] {*play* ~*es*} **2** bildl., ~ *effect* kedjereaktion
1 don [dɒn] litt. ikläda sig; bildl. anlägga
2 don [dɒn] **1** don spansk titel före förnamn {*D~ Juan*}; spansk herre; spanjor **2** univ. universitetslärare; äldre collegemedlem; akademiker
donate [də(ʊ)'neɪt] ge; donera
donation [də(ʊ)'neɪʃ(ə)n] **1** [bidrags]givande **2** gåva, bidrag {*make* (ge) *a ~ to the Red Cross*}; donation
done [dʌn] **1** gjort etc., jfr *2 do A; be ~* äv. **a)** vara avslutad (färdig, fullbordad) {*the work is ~*} **b)** ske, gå till {*how was it ~?*}; *well ~!* bravo!, det gjorde du bra!; *it can't be ~* det går inte, det låter sig inte göra[s]; *that's ~ it!* nu är det klippt (färdigt, förkylt)!; *I wish they would come and have ~* om de bara ville komma nån gång!; *get a th. ~* få ngt gjort, klara av ngt, hinna med ngt **2** vard. lurad **3** kok.

[färdig]kokt; *lightly ~* lättstekt **4** *it isn't ~* det är inte passande (god ton, comme-il-faut)
donkey ['dɒŋkɪ] åsna äv. bildl.; ~ *work* slavgöra
donor ['dəʊnə, -ɔː] donator; givare {*blood ~*}
don't [dəʊnt, ss. vb obeton. äv. dən, dn] **I** vb = *do not*; ~! låt bli! **II** s skämts. förbud {*a long list of ~s*}
doodle ['duːdl] **I** vb itr [förstrött] klottra **II** s klotter
doom [duːm] **I** s **1** ont öde; undergång; högre makters dom **2** *the day of ~* domens dag **II** vb tr om högre makter, ödet o.d. döma, [förut]bestämma
doomed [duːmd] dömd {~ *to die* (*to inactivity*)}; dödsdömd äv. bildl., dömd att misslyckas; *he's ~ to disappointment* han kommer säkert att bli besviken; ~ *to failure* dömd att misslyckas
doomsday ['duːmzdeɪ] domedag {*till ~*}
door [dɔː] dörr; port; ingång; lucka till ugn o.d.; dörröppning; *next ~* se *next I 1; close the ~ against* (*on*) bildl. stänga dörren (möjligheten) för; *the car is at the ~* bilen är framkörd; *be at death's ~* ligga för döden; vara nära döden; *lay a th. at a p.'s ~* ge ngn skulden för ngt, anklaga ngn för ngt; *from ~ to ~* från dörr till dörr; från hus till hus; *the taxi came to the ~* taxin körde fram [till porten]; *within ~s* inne, inomhus
doorbell ['dɔːbel] ringklocka på dörr
doorknob ['dɔːnɒb] runt dörrhandtag
doorknocker ['dɔːˌnɒkə] portklapp
door|man ['dɔːˌmən, -mæn] (pl. -*men* [-mən]) dörrvakt, vaktmästare, portier på hotell, institutioner o.d.
doormat ['dɔːmæt] dörrmatta, bildl. äv. strykpojke
doorstep ['dɔːstep] **1** [dörr]tröskel; {*we have them*} *on* (*at*) *our ~* ...inpå knutarna **2** ofta pl. ~*s* yttertrappa, farstutrappa **3** vard. jättetjock [bröd]skiva
door-to-door [ˌdɔːtə'dɔː], ~ *salesman* dörrknackare
doorway ['dɔːweɪ] dörr[öppning]; port[gång]; *a ~ to* {*success*} en väg (möjlighet, nyckel) till...
dope [dəʊp] **I** s **1** vard. knark, narkotika vanl. hasch el. marijuana; dopingmedel; *take ~* vanl. röka hasch **2** sl. [förhands]tips; *have all the ~ on* sitta inne med alla uppgifter om **3** vard. dummer **II** vb tr **1** vard. ge knark (narkotika); dopa; bedöva; ~*d* äv. knarkpåverkad, narkotikapåverkad **2** [försämra genom att] tillsätta

162

tillsatsämne i livsmedel, späda [ut]; blanda i gift (narkotika) i [~*d wine*] **III** *vb itr* vard. knarka
dopey ['dəʊpɪ] vard. **1** omtöcknad, påverkad **2** fånig
dormant ['dɔ:mənt] **1** sovande **2** bildl. slumrande [~ *faculties*]; inaktiv [*a ~ volcano*]; vilande
dormer ['dɔ:mə], ~ [*window*] vindskupefönster, mansardfönster
dormitory ['dɔ:mətrɪ] **1** sovsal **2** amer. studenthem **3** ~ [*suburb*] sovstad
dor|mouse ['dɔ:|maʊs] (pl. -*mice* [-maɪs]) zool. sjusovare, sovmus; hasselmus
dorsal ['dɔ:s(ə)l] a) anat. dorsal, rygg- [~ *fin*] b) fonet. dorsal
dosage ['dəʊsɪdʒ] med. dosering; dos; stråldos
dose [dəʊs] **I** *s* dos, bildl. äv. dosis, portion, mått; släng [*a ~ of flu*]; *have one's ~* äv. få sin beskärda del **II** *vb tr* **1** ge medicin; ~ *oneself* medicinera; ~ *a p.* (oneself) *with* [*quinine*] ge ngn (ta) [en dos]... **2** dosera [~ *a medicine*] **3** blanda upp; förskära
doss-house ['dɒshaʊs] sl. ungkarlshotell, slafis
dossier ['dɒsɪeɪ] dossier
dot [dɒt] **I** *s* punkt äv. mus.; prick [*the ~ over an i*]; bildl. äv. liten fläck; *~s and dashes* punkter och streck t.ex. i morsealfabetet; *on the ~* vard. punktligt, prick, på slaget **II** *vb tr* (se äv. *dotted*) **1** pricka [~ *a line*]; markera (märka) med prick[ar]; sätta prick över [~ *one's i's*]; ~ *the* (*one's*) *i's* [*and cross the* (*one's*) *t's*] vara ytterst noggrann **2** ligga [ut]spridd (utströdd) på (över); strö omkring (ut) **3** sl., ~ *a p. one* klippa (smocka) till ngn
dote [dəʊt] **1** ~ [*up*]*on* avguda, dyrka, vara mycket svag för (kär i) **2** vara barn på nytt
dotted ['dɒtɪd] (se äv. *dot II*) **1** prickad [~ *line*]; prickig; *sign on the ~ line* a) signera, skriva under b) bildl. tiga och samtycka **2** översållad; [*a landscape*] ~ *with small houses* ...med små hus [ut]spridda (utströdda) överallt
1 dotty ['dɒtɪ] vard. fnoskig, vrickad; tokig
2 dotty ['dɒtɪ] prickig
double ['dʌbl] **I** *adj* dubbel, dubbel- [~ *bed*]; tvåfaldig; ~ *chin* dubbelhaka; ~ *entry* dubbel bokföring; ~ *figures* tvåsiffriga tal; ~ *room* dubbelrum, rum med dubbelsäng **II** *adv* dubbelt [~ *as dear; see ~*]; två gånger **III** *s* **1** *the ~* det dubbla; dubbelt så mycket (många) **2** exakt kopia; avbild; dubbelgångare **3** mil. språngmarsch; *at* (*on*) *the ~* i språngmarsch; friare i fyrsprång; fortare än kvickt **4** i tennis o.d., ~*s* (konstr. ss. sg.) dubbel, dubbelmatch **IV** *vb tr* **1** fördubbla **2** vika (lägga, böja) dubbel; ~ *up* böja (vika) ihop **3** sjö. runda [~ *a cape*] **4** teat., ~ *parts in a play* spela dubbla roller i en pjäs **V** *vb itr* **1** fördubblas **2** ~ *up* vika sig [dubbel], vrida sig [~ *up with laughter*] **3** mil. gå i hastig marsch; ~ *up!* kommando språngmarsch!, vard. raska på!
double-barrelled [ˌdʌbl'bær(ə)ld, attr. '--,--] **1** tvåpipig **2** bildl. dubbel-; ~ *name* dubbelnamn
double bass [ˌdʌbl'beɪs] mus. kontrabas
double-breasted [ˌdʌbl'brestɪd, attr. '--,--] om plagg dubbelknäppt
double-check [ˌdʌbl'tʃek] **I** *vb tr* **1** dubbelkontrollera **2** schack. dubbelschacka **II** *s* dubbelkontroll, extra kontroll
double-click [ˌdʌbl'klɪk] data. dubbelklicka [på]
double cream [ˌdʌbl'kri:m] tjock grädde, vispgrädde
double-cross [ˌdʌbl'krɒs] vard. **I** *vb tr* spela dubbelspel med, lura **II** *s* dubbelspel
double-decker [ˌdʌbl'dekə] **1** dubbeldäckare [om buss äv. ~ *bus*]; flyg. äv. biplan **2** ~ [*sandwich*] dubbeldäckare, tredubbel smörgås
double Dutch [ˌdʌbl'dʌtʃ] vard. rotvälska
double-glazed [ˌdʌbl'gleɪzd, attr. '---], ~ *window* tvåglasfönster, dubbelfönster
double-glazing [ˌdʌbl'gleɪzɪŋ] koll. tvåglasfönster
double-quick [ˌdʌbl'kwɪk] **I** *adj* snabb; ~ *time* (*pace*) hastig marsch, snabb takt **II** *adv* hastigt; vard. kvickt som tanken, på direkten
double standard [ˌdʌbl'stændəd] **1** dubbelmoral **2** dubbel myntfot
doubly ['dʌblɪ] dubbelt [*be ~ careful*]
doubt [daʊt] **I** *s* tvivel; ovisshet; tvekan; *no ~* utan tvivel, otvivelaktigt, nog, väl [*you won, no ~*]; *there is no ~ about it* det råder ingen tvekan om det; *give a p. the benefit of the ~* [i tveksamt fall] hellre fria än fälla ngn; *throw ~* [*up*]*on* dra i tvivelsmål, betvivla, ifrågasätta; *without* [*a*] ~ utan tvivel (tvekan), tveklöst; otvivelaktigt **II** *vb itr* tvivla; tveka; ~*ing Thomas* tvivlande Tomas, skeptiker **III** *vb tr* betvivla [~ *the truth of a th.*]; inte tro [~ *one's senses*], misstro; *I ~ whether* (*if*) jag tvivlar på att
doubtful ['daʊtf(ʊ)l] **1** tvivelaktig [*a ~ case* (*pleasure*)]; oviss [*a ~ fight*], osäker [*a ~ claim*]; problematisk **2** om pers. tveksam, villrådig; *be ~ about* (*of*) tvivla på

doubtless ['daʊtləs] utan tvivel (tvekan)
dough [dəʊ] **1** deg **2** sl. kulor pengar
doughnut ['dəʊnʌt] kok., slags munk
doughy ['dəʊɪ] degig; kladdig, mjuk
dour [dʊə] sträng [~ *looks*]; envis, ihärdig [~ *silence*]; trumpen; kärv
douse [daʊs] **1** doppa [i vatten] **2** släcka [~ *a candle*]
1 dove [dʌv] duva ofta bildl., äv. polit. [*~s and hawks*]; ~ *of peace* fredsduva
2 dove [dəʊv] amer., imperf. av *dive*
dovetail ['dʌvteɪl] **I** *s* snick. laxstjärt, sinka **II** *vb tr* **1** laxa (sinka) [ihop] **2** bildl. passa in [i varandra] **III** *vb itr* [noga] passa ihop, sammanfalla [*my plans ~ with his*]
dowager ['daʊədʒə] änkefru som ärvt titel el. egendom efter sin man; änkenåd; vard. äldre nåd (högreståndsdam); *queen ~* änkedrottning
dowdy ['daʊdɪ] sjaskig [*a ~ dress*]; sjaskigt (gammalmodigt) klädd
1 down [daʊn] höglänt kuperat hedland
2 down [daʊn] dun äv. bot.; fjun; ~ *quilt* duntäcke
3 down [daʊn] **I** *adv* o. *pred adj* **1** ned, ner; nedåt, utför; i korsord lodrätt; *go ~ south* resa söderut **2** nere [~ *in the cellar*; *he looks ~ today*]; *live ~ south* bo söderut **3** kontant [*pay £10 ~*]; *cash ~* kontant **4** back, minus; *be one ~* sport. ligga under med ett mål **5** *note* (*write*) *~* anteckna, skriva upp **6** specialbet. i förb. med vb, *be ~* a) vara nere äv. bildl.; ha kommit ner från sovrummet; ha gått ner [*the moon is ~*; *prices are ~*] b) vara neddragen [*the blinds were ~*] c) vara urladdad [*the battery is ~*] d) *hit a man who is ~* slå en redan slagen **7** specialbet. i förb. med prep.: a) *be ~ for* ha tecknat sig för; *he is ~ for that job* [det är meningen att] han ska göra det jobbet b) *~ from* [*the Middle Ages*] ända från... c) *~ in the mouth* vard. nedslagen, moloken d) *be ~ on a p.* ogilla (vilja åt) ngn; hacka på ngn [*he is always ~ on me*] e) *~ to* [*our time*] ända (fram) till... f) *~ with* [*the tyrant*]*!* ned (bort) med...!; *be ~ with* [*the flue*] ligga [sjuk] i... **8** *~ under* vard. på andra sidan jordklotet isht i Australien el. Nya Zeeland **II** *attr adj* **1** sjunkande [*a ~ tendency*] **2** nedåtgående [*the ~ traffic*]; *~ platform* plattform för södergående (avgående) tåg **3** kontant [*~ payment*]; *~ payment* äv. handpenning **III** *prep* nedför; [ner] i [*throw a th. ~ the sink*]; nedåt; nedigenom [*~ the ages*]; [där] borta i [*~ the hall*], nere i; längs med, utefter [*~ the street*]; [*there's a pub*] *~ the street*

...längre ner på gatan **IV** *vb tr* vard. lägga ifrån sig; tömma [*~ a glass of beer*]; *~ tools* lägga ned arbetet, strejka
down-and-out [,daʊnən'aʊt] **1** ensam och utblottad **2** sport. [ut]slagen
downbeat ['daʊnbi:t] **I** *s* mus. nedslag **II** *adj* **1** vard. dämpad; *~ mood* deppighet **2** avspänd
downcast ['daʊnkɑ:st] nedslagen; *~ eyes* nedslagna ögon
downer ['daʊnə] vard. **1** lugnande (dämpande) medel; nedåttjack **2** deprimerande upplevelse (situation); *be on a ~* vara nere, deppa
downfall ['daʊnfɔ:l] **1** häftigt regn (snöfall) **2** fall [*the ~ of an empire*], fördärv [*drink was his ~*]
downgrade ['daʊngreɪd] **I** *s* **1** vägs o.d. lutning **2** *be on the ~* vara på tillbakagång **II** *vb tr* **1** degradera **2** förringa, underskatta
downhearted [,daʊn'hɑ:tɪd] nedstämd; *are we ~?* ingen rädder här!
downhill [,daʊn'hɪl, attr. '--] **I** *s* **1** nedförsbacke, utförsbacke äv. bildl. **2** sport. störtlopp **II** *adj* sluttande; *~ race* sport. störtlopp; *~ run* (*skiing*) utförsåkning **III** *adv* nedför [backen]; *go ~* bildl. förfalla, gå tillbaka
Downing Street ['daʊnɪŋstri:t] **I** gata i London med bl.a. premiärministerns ämbetsbostad på 10 Downing Street **II** *s* [brittiska] regeringen
downmarket ['daʊn,mɑ:kɪt] massproducerad [*~ goods*]
downpour ['daʊnpɔ:] störtregn
downright ['daʊnraɪt] **I** *adj* **1** ren [*a ~ lie, ~ nonsense*], fullständig **2** rättfram, uppriktig **II** *adv* riktigt; fullkomligt
downstairs [,daʊn'steəz] nedför trappan (trapporna), ner [*go ~*]; i nedre våningen [*wait ~*]; i våningen under [*our neighbours ~*]
downstream [,daʊn'stri:m, attr. '--] [som går] med strömmen; nedåt floden
down-to-earth [,daʊntʊ'ɜ:θ] realistisk, verklighetsbetonad; jordnära
downtown [,daʊn'taʊn, ss. adj. '--] isht amer. **I** *adv* o. *adj* in till (ner mot) stan (centrum); i centrum (city) [*the ~ streets*]; *~ Los Angeles* Los Angeles centrum **II** *s* [affärs]centrum
downtrodden ['daʊn,trɒdn] kuvad, förtryckt
downward ['daʊnwəd] **I** *adj* sluttande; nedåtgående, sjunkande [*a ~ tendency*]; *~ slope* nedförsbacke **II** *adv* se *downwards*
downwards ['daʊnwədz] **1** nedåt, utför;

nedför strömmen; *from the waist* ~ från midjan och nedåt **2** framåt [*from the Middle Ages and* ~]
dowry ['daʊ(ə)rɪ] **1** hemgift **2** gåva [av naturen]
doyen ['dɔɪən] dipl. doyen
doze [dəʊz] **I** *vb itr* dåsa; ~ *off* slumra (dåsa) till **II** *s* lätt slummer; tupplur
dozen ['dʌzn] (pl. lika efter adjektiviska ord som betecknar antal, se ex.) dussin [*two* (*a few*) ~ *knives*; *some* ~*s of knives*], dussintal [*in* ~*s*]; ~*s* [*and* ~*s*] *of* [*cars*] dussintals..., dussinvis med...; *baker's* ~ tretton [stycken]; [*I've been there*] ~*s of times* ...hundra gånger
dozenth ['dʌznθ] tolfte; *for the* ~ *time* för femtielfte gången
Dr o. **Dr.** ['dɒktə] förk. för *Doctor*
drab [dræb] **1** gråbrun, smutsgul **2** trist
draft [drɑ:ft] (äv. amer. stavn. för *draught*, se d.o.) **I** *s* **1** isht mil. uttagning [av manskap], kommendering; för specialuppdrag uttaget manskap; amer. äv. a) inkallelse [till militärtjänst] b) inkallad grupp; ~ *dodger* (*evader*) amer. a) värnpliktsvägrare b) desertör **2** plan, utkast, koncept **3** hand. tratta [*for* (på) *a sum*]; bildl. krav; *banker's* (*bank*) ~ post[remiss]växel **II** *vb tr* **1** ta ut för särskilt uppdrag el. ändamål; detachera [äv. ~ *off*]; amer. äv. kalla in [till militärtjänst] **2** göra (skriva) utkast till, avfatta; skissera
drag [dræg] **I** *vb tr* **1** släpa; ~ *a th. through the mud* dra (släpa) ngt i smutsen, bildl. äv. smutskasta ngt; ~ [*her* (*its*)] *anchor* sjö. driva för ankare[t], dragga **2** ~ [*out* (*on*)] dra ut på, förlänga [~ *out a parting* (*speech*)], förhala **3** ~ *oneself away* slita sig [*from*] **4** dragga på (i) [~ *the lake for* (efter) *the body*]; muddra [upp] **5** sl. tråka ut
II *vb itr* **1** släpa; röra sig (gå) långsamt [ofta ~ *on* (*along*); *the time seemed to* ~]; bli (sacka) efter; vara långdragen [*the performance* ~*ged* [*on*]] **2** dragga
III *s* **1** släpande, släpning; *he had a* ~ *in his walk* han hade en släpande gång **2** hämsko äv. bildl.; motstånd; hinder **3** vard. bloss på cigarett o.d.; amer. äv. klunk **4** sl. tagg cigarett; joint marijuanacigarett **5** sl. [manlig] transvestit [äv. ~ *queen*]; transvestitkläder [*in* ~]; ~ *show* dragshow **6** amer. sl. strög huvudgata **7** sl. torrboll; *it's a* ~ det är dötrist **8** sl. kärra bil
dragnet ['drægnet] **1** dragnät, släpnot **2** stort polispådrag
dragon ['dræg(ə)n] **1** drake **2** vard., vanl. om kvinna drake, ragata [äv. ~ *lady*] **3** zool. draködla
dragonfly ['dræg(ə)nflaɪ] zool. trollslända
dragoon [drə'gu:n] **I** *s* **1** mil. dragon **2** vildsint sälle **II** *vb tr*, ~ *into* [genom övervåld] tvinga till
drain [dreɪn] **I** *vb tr* **1** ~ [*off* (*away*)] låta rinna av, avleda [~ *liquid*]; tappa ut **2** dränera; avvattna [*the river* ~*s a large territory*]; dika av (ut), torrlägga [~ *land*]; sjö. länsa **3** tömma [i botten]; dricka ur; ~ *the cup of bitterness* tömma den bittra kalken **4** filtrera **5** bildl. utblotta, [ut]tömma **II** *vb itr* avvattnas; ha avlopp; torka; ~ *off* (*away*) rinna av (bort) **III** *s* **1** dräneringsrör, avlopp; kloak[ledning]; *it has gone down the* ~ vard. det har gått åt pipan; *throw* (*pour*, *chuck*) *money down the* ~ vard. kasta pengarna i sjön **2** avrinning; sipprande; bildl. åderlåtning; *it is a great* ~ *on his purse* (*strength*, *resources*) det tar (tär) på hans kassa (krafter, resurser) **3** med. kanyl
drainage ['dreɪnɪdʒ] **1** dränering, avvattning; torrläggning; avdikning **2** avrinnande, avrinning **3** en trakts vattenavlopp; avloppsledningar; avloppssystem; täckdiken **4** avloppsvatten
draining-board ['dreɪnɪŋbɔ:d] lutande torkbräda på diskbänk; plats att stjälpa disk [på]
drainpipe ['dreɪnpaɪp] **I** *s* **1** avloppsrör; täckdikesrör **2** pl. ~*s* vard. stuprörsbyxor **II** *adj* stuprörs- [~ *trousers*]
drake [dreɪk] ankbonde
dram [dræm] **1** medicinalvikt: 60 grains (1/8 ounce, 3,888 g); handelsvikt: 27,344 grains (1/16 ounce, 1,772 g) **2** hutt, sup; *take a* ~ äv. ta sig ett glas **3** smula, uns
drama ['drɑ:mə] drama, skådespel; ~ *critic* teaterkritiker
dramatic [drə'mætɪk] dramatisk; teatralisk; ~ *critic* teaterkritiker
dramatist ['dræmətɪst] dramatiker
dramatization [ˌdræmətaɪ'zeɪʃ(ə)n] dramatisering
dramatize ['dræmətaɪz] dramatisera
drank [dræŋk] imperf. av *drink*
drape [dreɪp] **I** *vb tr* **1** drapera; skruda [~ *in black*]; smycka **2** vard. slänga, vräka [*he* ~*d his legs* (*himself*) *over the arm of his chair*]; ~ *oneself round a th.* klamra sig runt ngt **II** *s* amer. **1** draperi; förhänge **2** drapering; fall
draper ['dreɪpə] klädeshandlare
drapery ['dreɪpərɪ] **1** klädesvaror [äv. ~

goods] **2** klädeshandel **3** a) drapering b) draperi; tjock gardin

drastic ['dræstɪk, 'drɑː-] drastisk [*~ remedy*]; *~ cure* äv. hästkur

draught [drɑːft] **I** *s* **1** dragande, dragning; *~ animal* dragdjur **2** notvarp; drag; fångst [*a ~ of fish*] **3** klunk; [ande]drag; dos **4** fartygs djupgående **5** [luft]drag; *feel the ~* känna draget; vard. få känning av det, få känna 'på **6** tappning av våtvaror ur kärl; *beer on ~* el. *~* [*beer*] öl från fat, fatöl **II** *vb tr* se *draft II 2*

draught beer [ˌdrɑːft'bɪə] fatöl

draughts|man ['drɑːfts|mən] (pl. *-men* [-mən]) **1** ritare, tecknare [*he is a good ~*] **2** damspelsbricka

draughty ['drɑːftɪ] dragig [*a ~ room*]

draw [drɔː] **I** (*drew drawn*) *vb tr* (se äv. *III*) **1** dra i olika bet.; dra till (åt, med) sig; föra **2** förvrida [*a face ~n with pain*] **3** dra åt (till); *~ a curtain* a) dra för en gardin b) dra undan (upp) en gardin; *~ a tooth* dra ut en tand **4** rita **5** spänna [*~ a bow*] **6** andas in **7** dra [till sig], attrahera [*~ large crowds; feel ~n to a p.*]; *he drew my attention to...* han fäste min uppmärksamhet på... **8** *~ a chicken* ta ur en kyckling **9** pumpa (dra) upp [*~ water from a well*], hämta upp; *~ it mild* vard. ta det försiktigt, inte slå på [för] stort **10** *~ the winner* få en vinst; vinna på kapplöpning **11** spela oavgjort; *the game (match) was ~n* matchen slutade oavgjort **12** hämta [*~ an example from an author*]; dra upp [*~ distinctions*] **13** locka fram [*~ tears; ~ applause*], framkalla; *he would not be ~n* vard. a) han ville inte yttra sig b) han lät sig inte provoceras **14** förtjäna, ha [*~* [*a salary of*] *£10,000 a month*]; lyfta [*~ one's salary (pay)*] **15** hand. dra, trassera [*~ a bill (cheque, draft) on a p.*]

II (*drew drawn*) *vb itr* (se äv. *III*) **1** dra; om te o.d. [stå och] dra **2** rita **3** ha dragningskraft, dra [*the play is still ~ing well*] **4** *~ near* närma sig, nalkas **5** samlas [*~ round the fire*] **6** dra lott **7** sport. spela oavgjort [*the teams drew*]

III (*drew drawn*) *vb tr* o. *vb itr* med prep o. adv., isht med spec. översättn.:

~ a p. **aside** ta ngn avsides

~ **away** dra [sig] tillbaka (undan); dra ifrån i lopp

~ **back** dra [sig] tillbaka (undan)

~ **forth** dra (släpa) fram; framkalla, väcka

~ **in** dra (ta) in (ihop); om dagar bli kortare

~ **on:** a) dra på sig [*~ the enemy on*] b) driva på c) locka [med] d) hand. trassera (dra) på; bildl. dra växlar på [*~ on a p.'s credulity*] e) nalkas [*winter is ~ing on*] f) *~ on one's imagination* låta fantasin spela

~ **out:** a) dra (ta) ut b) dra ut [på] [*~ out a meeting*], förlänga c) locka fram [*~ out latent talents*] d) om dagar bli längre

~ **to:** a) dra för [*~ the curtain to*] b) *~ to a close* (*an end*) närma sig slutet

~ **together:** a) dra ihop (samman) b) förena [sig]

~ **up:** a) dra upp (närmare) b) mil. o.d. ställa upp [sig] c) avfatta [*~ up a document* (*a programme*)] d) stanna e) *~ oneself up* räta (sträcka) på sig

IV *s* **1** drag[ning]; *be quick on the ~* vara färdig att ta till vapen, dra snabbt **2** vard. attraktion, dragplåster, teat. äv. kassapjäs **3** [resultat av] lottdragning **4** oavgjord match; schack. remi; *it ended in a ~* det slutade (blev) oavgjort

drawback ['drɔːbæk] nackdel, olägenhet, avigsida

drawbridge ['drɔːbrɪdʒ] klaffbro; vindbrygga

drawer ['drɔːə, i bet. *5* drɔː] **1** person som drar etc., jfr *draw*; dragare **2** ritare, tecknare **3** författare till dokument **4** hand. trassent, utställare **5** [byrå]låda; *chest of ~s* byrå

drawers [drɔːz] [under]byxor

drawing ['drɔːɪŋ] **I** *adj* dragande, drag- **II** *s* ritning, teckning; utkast; ritkonst

drawing-board ['drɔːɪŋbɔːd] ritbräde; *back to the ~* bildl. tillbaka till där vi började

drawing-pin ['drɔːɪŋpɪn] häftstift; arkitektstift

drawing-room ['drɔːɪŋruːm, -rʊm] salong, förmak; *~* [*car*] amer., ung. salongsvagn

drawl [drɔːl] **I** *vb itr* dra (släpa) på orden, tala släpigt **II** *vb tr* dra (släpa) på [äv. *~ out*] **III** *s* släpigt [ut]tal

drawn [drɔːn] **1** dragen; uppdragen etc., jfr *draw*; *~ butter* smält smör; *~ chicken* urtagen kyckling **2** oavgjord [*~ battle* (*game*)]; *~ game* schack. äv. remiparti

dread [dred] **I** *vb tr* frukta [*~ dying* (*to die*)]; gruva sig för; *I ~ to think* [*what may happen*] jag fasar för... **II** *s* [stark] fruktan; skräck [*live in ~ of* (för) *a th.*], bävan; fasa äv. konkr. **III** *adj* litt. el. skämts. fruktad

dreadful ['dredf(ʊ)l] förskräcklig [*a ~ disaster*]

dream [driːm] **I** *s* dröm; *bad ~* mardröm, otäck dröm; *sweet* (*pleasant*) *~s!* sov gott!; *the ~ girl* idealflickan; *the girl of my ~s* min drömflicka **II** (*dreamt dreamt*

[dremt] el. *dreamed dreamed* [dremt el. mera valt dri:md]) *vb tr* o. *vb itr* drömma; *I never ~t of it* jag hade inte en tanke på det, jag hade aldrig drömt om det
dreamt [dremt] imperf. o. perf. p. av *dream*
dreamy ['dri:mɪ] **1** drömmande **2** drömlik
dreary ['drɪərɪ] dyster; tråkig; hemsk
1 dredge [dredʒ] **I** *s* släpnät; mudderverk; grävmaskin **II** *vb tr* o. *vb itr* **1** fiska (skrapa) upp [äv. *~ up (out)*] **2** bottenskrapa; muddra [upp], gräva
2 dredge [dredʒ] beströ, pudra över; strö socker m.m.
1 dredger ['dredʒə] **1** grävmaskinist **2** mudderverk
2 dredger ['dredʒə] ströburk för mjöl o.d.
drench [dren(t)ʃ] genomdränka; perf. p. *~ed* genomdränkt, genomvåt, dyblöt
dress [dres] **I** *vb tr* **1** klä; *~ oneself* klä sig, klä om [sig] [*~ oneself for dinner*] **2** smycka, pryda (förgylla) [upp]; *~ the shopwindow* skylta, ordna (arrangera) skyltfönstret **3** bearbeta [*~ furs (leather)*]; appretera tyg; anat. preparera; häckla lin **4** tillreda [*~ a salad*]; rensa, göra i ordning [*~ a chicken*] **5** förbinda, lägga om [*~ a wound*] **6** vard., *~ down* skälla ut, ge på huden (en omgång) **II** *vb itr* klä sig [*~ well*]; klä på sig; klä om [sig] [*~ for dinner*]; *~ up* a) klä sig fin b) klä ut sig, maskera sig [*he ~ed up as a pirate*] **III** *s* dräkt; klänning; toalett; dress; *full ~* gala, paraduniform, högtidsdräkt
dress circle [,dres'sɜ:kl] teat., *the ~* första raden; amer. äv. balkongen, läktaren på bio
dresser ['dresə] **1** köksskåp av buffétyp med öppna överhyllor; amer. byrå ofta med spegel; toalettbord **2** person (verktyg) som bearbetar etc., jfr *dress I 3* **3** teat. påklädare **4** *he is a careful ~* han klär sig med stor omsorg
dressing ['dresɪŋ] **1** påklädning; omklädning [*~ for dinner*] **2** smyckande etc., jfr *dress I 2-3* **3** kok. [sallads]sås, dressing [*salad ~*]; fyllning **4** gödsel; *top ~* övergödslingsmedel **5** omslag, förband
dressing-gown ['dresɪŋgaʊn] morgonrock; nattrock
dressing-room ['dresɪŋruːm] omklädningsrum; påklädningsrum, toalettrum; teat. o.d. klädloge
dressing-table ['dresɪŋˌteɪbl] toalettbord
dressmaker ['dresˌmeɪkə] sömmerska
dress rehearsal [,dresrɪ'hɜːs(ə)l, '--,--] teat. generalrepetition
dress shirt [,dres'ʃɜːt] frackskjorta, smokingskjorta

dressy ['dresɪ] vard. **1** om sak stilig, fin **2** road av kläder; stiligt klädd
drew [druː] imperf. av *draw*
dribble ['drɪbl] **I** *vb itr* **1** droppa, drypa; sippra **2** dregla **3** sport. dribbla **II** *vb tr* **1** droppa, drypa; låta sippra (rinna) **2** sport. dribbla **III** *s* **1** droppe **2** sport. dribbling
drier ['draɪə] **1** torkare; torkmaskin; torkställning; hårtork **2** torkmedel
drift [drɪft] **I** *s* **1** drivande; strömning [*the ~ of population from country to city*]; glidning [*wage ~*] ofta driv- [*~ net*] **2** driva [*a ~ of snow*], hög [*a ~ of dead leaves*]; drivgods **3** tendens [*the general ~*]; mening; *I caught the ~ of what he said* jag fattade i huvudsak vad han menade **II** *vb itr* **1** driva [fram] liksom med strömmen; glida; släntra; *let things ~* a) låta det ha sin gång b) låta det gå på lösa boliner (vind för våg); *~ apart* komma längre och längre (glida) ifrån varandra **2** flotta [timmer]
drifter ['drɪftə] kringdrivande person; dagdrivare; hoppjerka
driftwood ['drɪftwʊd] drivved
1 drill [drɪl] **I** *vb tr* **1** drilla, borra; genomborra; *~ a tooth* borra i (upp) en tand **2** exercera, drilla äv. bildl. [*~ a p. in grammar*]; öva [upp] **II** *vb itr* **1** drilla, borra; borra sig **2** exercera, öva **III** *s* **1** [drill]borr; borrmaskin **2** exercis; gymnastik; träning; *know the ~* vard. vara inne i (kunna) rutinen, behärska metoderna
2 drill [drɪl] zool. drill babianart
3 drill [drɪl] kyprat bomullstyg, twills
drily ['draɪlɪ] torrt etc., jfr *dry*
drink [drɪŋk] **I** (*drank drunk*) *vb tr* o. *vb itr* **1** dricka; supa [upp]; tömma [*~ the cup of sorrow*]; *~ oneself to death* supa ihjäl sig; *~ deep* ta en djup klunk; *~ out of (~ from) a bottle* dricka ur (halsa) en flaska; *~ [to] a p.'s health* dricka ngns skål, skåla med ngn; *~ to a p.'s success* dricka (skåla) för ngns framgång; *~ [to] the ladies* dricka damernas skål; *what are you ~ing?* vad vill du ha att dricka? **2** a) *~ [in (up)]* suga upp [*a plant ~s in (up) moisture*] b) bildl., *~ in* insupa, sluka, njuta [av] i fulla drag [*~ in the music*] **II** *s* **1** dryck [*food and ~*; *refreshing ~*] **2** dryckesvaror; [*strong*] *~* starka drycker, spritdryck[er] **3** drickande; *be the worse for ~* vara full; *have a ~ problem* ha alkoholproblem; *take to ~* börja dricka **4** klunk; glas, drink [*have a ~!*]; *a ~ of water* ett glas (en klunk) vatten, lite

vatten **5** sl., *the* ~ drickat, spat havet, vattnet
drinkable ['drɪŋkəbl] drickbar
drink-driver [ˌdrɪŋk'draɪvə] rattfyllerist
drink-driving [ˌdrɪŋk'draɪvɪŋ] rattfylleri
drinker ['drɪŋkə] person som dricker (super); *heavy* (*hard*) ~ storsupare
drip [drɪp] **I** *vb itr* o. *vb tr* drypa [~ *with* (av) *perspiration*]; droppa **II** *s* **1** drypande; dropp; takdropp **2** med. dropp **3** sl. tråkmåns **4** sl. smörja; svammel
drip-dry [ˌdrɪp'draɪ] **I** *vb itr* o. *vb tr* dropptorka[s] **II** *adj* som kan dropptorka[s]
dripping ['drɪpɪŋ] **I** *adj* drypande våt **II** *adv*, ~ *wet* drypande våt **III** *s* **1** dropp[ande]; pl. ~*s* dropp **2** fett som dryper från stek; steksky; [stek]flott
drive [draɪv] **I** (*drove driven*) *vb itr* **1** driva [*the machine is* ~*n by steam*]; driva på (fram) [äv. ~ *on*]; ~ *logs* isht amer. flotta timmer **2** fösa, driva [~ *cattle*]; tränga [~ *a p. into a corner*]; söka igenom [~ *the woods for* (efter) *game*] **3** köra; skjutsa; ~ *one's own car* ha (hålla sig med) egen bil **4** driva (mana) på; pressa [*be hard* ~*n*], tröttköra **5** förmå; ~ *a p. out of his senses* göra ngn galen **6** sport. slå [~ *a ball*] **7** slå (driva, köra) in [~ *a nail into* (i) *the wall*]; driva ner [~ *a pile*] **8** [be]driva; genomföra; ~ *a good bargain* göra en god affär **II** (*drove driven*) *vb itr* **1** driva[s] [fram]; trycka (pressa) 'på; ~ *ashore* driva i land **2** köra; ~ *up* ([*up*] *to the door*) köra fram om bil, chaufför m.m. **3** sport. slå [*he drove long*], golf. äv. slå en drive **4** ~ *at* sikta efter (på, till); syfta på, mena; *what are you driving at?* vart vill du komma?; ~ *away at* vard. knoga på med, fortsätta [med] **III** *s* **1** åktur; bilresa; körning; *go for* (*take*) *a* ~ ta (ge sig ut på) en åktur **2** körväg; privat uppfartsväg; ofta i gatunamn [*Crescent D*~] **3** tekn. drift [*electric* ~]; bil. styrning; *four-wheel* ~ fyrhjulsdrift **4** sport. drive slag **5** energi [*plenty of* ~], kraft, kläm **6** kampanj, satsning, drive; kraftig attack, offensiv **7** psykol. drift **8** jakt. drev
drive-in ['draɪvɪn] **I** *s* drive-in-bank m.m. **II** *adj* drive-in- [~ *bank*]
drivel ['drɪvl] **I** *vb itr* **1** dilla **2** dregla **II** *vb tr* **1** prata; pladdra **2** ~ *away* plottra bort **III** *s* **1** dravel **2** dregel
driven ['drɪvn] (av *drive*) driftig
driver ['draɪvə] **1** förare; ~*'s licence* körkort **2** pådrivare; oxdrivare **3** tekn. drivhjul; drev **4** radio. drivsteg **5** driver slags golfklubba

driving ['draɪvɪŋ] **I** *perf p* o. *adj* drivande etc., jfr *drive*; driv-; bildl. drivande; tvingande; medryckande; ~ *force* drivande kraft, drivkraft; ~ *rain* slagregn, piskande regn **II** *s* körning, åkning; borrning [*tunnel* ~]; drivande etc., jfr *drive*; ~ *offence* trafikförseelse med motorfordon; brott mot vägtrafikförordningen
drizzle ['drɪzl] **I** *vb itr* dugga **II** *s* duggregn
droll [drəʊl] **I** *adj* lustig; underlig **II** *s* narr
dromedary ['drɒməd(ə)rɪ, 'drʌm-] dromedar
drone [drəʊn] **I** *s* **1** zool. drönare **2** bildl. drönare **3** surr; entonigt tal **4** a) bordun entonig basstämma i säckpipa b) säckpipa **II** *vb itr* surra; mumla; tala (sjunga) entonigt; ~ *on* mala på [*about a th.*] **III** *vb tr* **1** mumla [fram]; sjunga entonigt [äv. ~ *out*] **2** ~ *away* dröna (slöa) bort
drool [druːl] **1** se *drivel I* **2** bildl. dregla av lystnad
droop [druːp] **I** *vb itr* **1** sloka; börja vissna; sänka sig [*her heavy eyelids* ~*ed*]; slutta **2** tyna av, falla ihop; bli modlös; sjunka [*his spirits* ~*ed*] **II** *vb tr* hänga (sloka) med, sänka **III** *s* slokande (hängande) ställning
drop [drɒp] **I** *s* **1** droppe; *a* ~ *in the bucket* (*ocean*) en droppe i havet **2** vard. tår [*take a* ~], droppe **3** slags karamell [*acid* ~*s*] **4** a) örhänge [äv. *ear* ~] b) prisma i ljuskrona **5** fall[ande], nedgång; sjunkande; *at the* ~ *of a hat* [som] på en given signal **6** amer. [brevlåds]öppning **II** *vb itr* **1** droppa [ned]; drypa **2** falla, sjunka; sjunka ned [~ *into a chair*] **3** falla [ned]; stupa [~ *with fatigue*]; ~ *dead!* sl. dra åt helsike! **4** lägga sig, mojna [*the wind* ~*ed*] **5** sluta; *let the matter* ~ låta saken falla **III** *vb tr* **1** a) tappa [~ *the teapot*; ~ *a stitch*], släppa; spilla b) fälla [~ *anchor*; ~ *bombs*]; släppa ner [*supplies were* ~*ped by parachute*] c) låta undfalla sig, fälla; ~ *a p. a hint* ge ngn en vink **2** drypa **3** låta falla bort; tappa [bort] [*the printer has* ~*ped a line*] **4** överge [~ *a bad habit*]; avstå ifrån; avbryta; sluta umgås med; isht sport. peta [~ *a player*]; ~ *it!* låt bli! **5** släppa (sätta, lämna) av [*shall I* ~ *you* (*the luggage*) *at the station?*] **IV** *vb itr* o. *vb tr* med adv. o. prep. med spec. bet.:

~ **away** falla ifrån, gå bort
~ **back** falla tillbaka
~ **behind** sacka (komma) efter
~ **by** titta in [*I'll* ~ *by tomorrow*]
~ **down** *on* vard. slå ned på

~ **in** titta 'in [*~ in at a pub*]; *~ in on a p.* titta in till (hälsa 'på) ngn apropå, komma förbi
~ **into:** a) titta 'in i (på) b) falla in i [*~ into a habit*], övergå till [*~ into verse*]
~ **off:** a) falla av b) avta, minska [*business has ~ped off*], falla bort c) somna in (till) [äv. *~ off to sleep*]
~ **out:** a) falla ur (bort) b) dra sig ur, gå ur tävling, hoppa av
~ **over** titta 'över, hälsa 'på
~ **round** komma förbi
~ **through** falla igenom
droplet ['drɒplət] liten droppe; *~ infection* droppinfektion
dropout ['drɒpaʊt] **1** avhoppare från studier o.d.; *~ rate* bortfallsprocent, bortfall **2** socialt utslagen [person]; *the* [*social*] *~s* äv. A-laget **3** rugby. utspark
droppings ['drɒpɪŋz] spillning av djur
dropsy ['drɒpsɪ] **1** med. vattusot **2** sl. mutor
dross [drɒs] **1** [slagg]skum på smält metall **2** orenlighet; slagg; skräp äv. bildl.
drought [draʊt] torka, regnbrist
drove [drəʊv] **I** imperf. av **drive II** *s* **1** hjord på vandring; kreatursdrift, kreatursskock; stim **2** massa människor; mängd
drown [draʊn] **I** *vb itr* drunkna [*save a p. from ~ing*] **II** *vb tr* dränka; *be ~ed* drunkna [*he fell overboard and was ~ed*] **2** översvämma **3** bildl. överväldiga [*the noise ~ed his voice; ~ one's sorrows*], överrösta
drowse [draʊz] dåsa
drowsy ['draʊzɪ] sömnig; dåsig
drudge [drʌdʒ] **I** *s* arbetsträl, arbetsslav **II** *vb itr* slava
drudgery ['drʌdʒ(ə)rɪ] slit [och släp]; pressande (hårt) rutinarbete; *it's pure ~* det är rena slavgörat
drug [drʌg] **I** *s* **1** drog; sömnmedel; pl. *~s* äv. narkotika **2** *a ~ on* (*in*) *the market* en svårsåld (osäljbar) vara, en lagersuccé **II** *vb tr* **1** blanda sömnmedel (narkotika) i [*~ the wine*], förgifta **2** droga; ge sömnmedel (narkotika); bedöva, söva
drug abuse ['drʌgə,bju:s] drogmissbruk
drug addict ['drʌg,ædɪkt] narkotikamissbrukare, narkoman
drug dealer ['drʌg,di:lə] narkotikalangare
druggist ['drʌgɪst] **1** försäljare av medicinalvaror; kemikaliehandlare **2** isht amer. apotekare; apoteksbiträde; drugstoreinnehavare
drugstore ['drʌgstɔ:] amer. drugstore ofta med enklare servering, tidningsförsäljning m.m.
drum [drʌm] **I** *s* **1** trumma [*beat* (slå på) *the ~*]; *big* (*bass*) *~* stortrumma, bastrumma **2** mil. trumslagare **3** trumljud **4** a) tekn. trumma; vals b) cylinderkärl, fat **5** i örat: a) trumhinna b) trumhåla **II** *vb itr* **1** trumma; bildl. dunka **2** isht amer. värva kunder (anhängare) **III** *vb tr* **1** trumma [*~ a rhythm*]; trumma med [*he began to ~ his heels against the wall*]; banka på [*~ the door*] **2** värva, kalla; *~ up* trumma ihop, samla, värva; slå på trumman för
3 *~ a th. into a p.* (*into a p.'s head*) slå (trumfa) i ngn ngt
drummer ['drʌmə] **1** trumslagare **2** isht amer. vard. handelsresande
drumstick ['drʌmstɪk] **1** trumpinne **2** stekt kycklingben (fågelben) nedanför låret; kycklingklubba
drunk [drʌŋk] **I** perf. p. av **drink II** vanl. *pred adj* drucken, berusad äv. bildl. [*~ with joy* (*success*)]; full [*~ and disorderly*]; *get ~* bli berusad (full), berusa sig **III** *s* sl. fyllo, berusad [person]
drunkard ['drʌŋkəd] fyllo
drunken ['drʌŋk(ə)n] vanl. **1** full; *~ driver* rattfyllerist **2** supig **3** fylleri-, fylle- [*~ quarrel*]
drunkenness ['drʌŋk(ə)nnəs] **1** rus, fylla; berusat tillstånd **2** dryckenskap
dry [draɪ] **I** (adv. *drily* el. *dryly*) *adj* **1** torr; uttorkad; *run* (*go*) *~* om källa, djur m.m. torka ut, sina, bli utsinad; *mainly ~* i prognos huvudsakligen uppehållsväder **2** torr[lagd] utan rusdrycksförsäljning [*the country went ~*] **3** tråkig, torr **4** ironisk; spetsig [*a ~ smile*] **II** *vb tr* **1** torka; *dried milk* torrmjölk, mjölkpulver **2** torka ut **3** *~ up* torka upp (bort); göra slut på; torka ut **III** *vb itr* torka; förtorka[s]; *hang* [*up*] *to ~* hänga på tork; *~ out* sluta dricka, sitta på torken
dry-clean [,draɪ'kli:n] kemtvätta
dry-dock [,draɪ'dɒk, '--] **I** *s* torrdocka **II** *vb tr* lägga i torrdocka
dryer ['draɪə] se **drier**
dry ice [,draɪ'aɪs] kolsyreis
dryness ['draɪnəs] **1** torka; torrhet **2** bildl. tråkighet; torrhet; torr humor; strävhet, stelhet
dry rot [,draɪ'rɒt, '--] **1** torröta; *~* [*fungus*] svamp som angriper trä m.m. **2** moraliskt, socialt förfall
dual ['dju:əl] **1** som gäller två; gram. dual; *~ number* gram. dualis **2** bestående av två delar, tvåfaldig, dubbel; *~ carriageway* tvåfilig väg med skilda körbanor
1 dub [dʌb] **1** dubba **2** ofta skämts. döpa till; göra till **3** smörja läder
2 dub [dʌb] film. o.d. **I** *vb tr* dubba [*a ~bed*

version]; eftersynkronisera **II** *s* dubbning; dubbat tal
dubious ['dju:bjəs] **1** tvivelaktig [~ *compliment*]; tvetydig **2** tveksam, tvivlande [~ *reply*]; *feel ~ about* tveka om; tvivla på, ha sina dubier (tvivel) om
duchess ['dʌtʃəs] hertiginna
1 duck [dʌk] **I** *s* **1** anka; and [*wild ~*]; *like water off a ~'s back* ordst. som vatten på en gås **2** vard. raring; *she's a sweet old ~* hon är en rar gammal dam (tant) **3** i kricket ~ el. *~'s egg* noll inget lopp för slagmannen under hans inneomgång **4** *play ~s and drakes* kasta smörgås **5** a) hastig dykning b) duckning; bock, bockning, nick **II** *vb itr* **1** dyka ned och snabbt komma upp igen **2** böja sig hastigt; väja undan, ducka; bocka sig; bildl. böja sig [äv. *under to* (för)] **3** vard. dra sig undan, smita [äv. ~ *out on* (från)] **III** *vb tr* **1** doppa **2** hastigt böja [ned] [~ *one's head*]; ducka för **3** vard. smita ifrån (undan) [~ *a responsibility*]
2 duck [dʌk] segelduk
duckling ['dʌklɪŋ] ankunge
duct [dʌkt] **1** rörledning; tekn. äv. trumma **2** anat. gång [*biliary ~*], kanal
dud [dʌd] vard. **I** *s* **1** blindgångare **2** fiasko **3** falskt mynt **II** *adj* skräp-; falsk; *a ~ cheque* en check utan täckning; en falsk check
dude [dju:d, du:d] isht amer. vard. **1** snobb **2** stadsbo isht från östra staterna **3** person, typ
due [dju:] **I** *adj* **1** som skall betalas; förfallen [till betalning]; *debts ~ to us* våra fordringar; *be* (*become, fall*) *~* förfalla [till betalning] **2** vederbörlig, behörig [*in ~ form*; *with ~ care*; *with ~ respect*]; *after ~ consideration* efter moget övervägande **3** ~ *to* beroende på; vard. på grund av **4** som skall (skulle) vara (komma) enl. avtal, tidtabell o.d.; väntad; *the train is ~ at 6* tåget skall komma (kommer, beräknas ankomma) kl. 6; [*the last train*] *was ~ to leave at 10* ...skulle gå kl 10 **5** *he is ~ for promotion* han står i tur för befordran **II** *adv* rakt, precis; *~ north* rätt (rakt) i norr (norrut), rakt nordligt **III** *s* **1** *a p.'s ~* ngns rätt (del, andel), vad som tillkommer ngn [*give a p. his ~*]; *to give him his ~* [*he is very clever*] i rättvisans namn måste man medge att... **2** vad man är skyldig, skuld [*pay one's ~s*] **3** pl. *~s* tull; avgift[er] [*harbour ~s*]
duel ['dju:əl] **I** *s* duell **II** *vb itr* duellera

duet [djʊ'et] duett, duo; *play ~s* spela duetter; spela fyrhändigt (à quatre mains)
1 duff [dʌf] sl. **1** piffa upp dåliga varor, mat m.m.; fiffla (fuska) med, förfalska, förfuska **2** lura **3** sl., ~ *up* klå upp, ge stryk
2 duff [dʌf] slags ångkokt pudding med russin
3 duff [dʌf] usel; vard. skruttig, kass
duffer ['dʌfə] vard. oduglig stackare; dumbom; *he is a ~ at maths* han är urdålig i matte
1 dug [dʌg] juver; spene
2 dug [dʌg] imperf. o. perf. p. av *dig*
dug-out ['dʌgaʊt] **1** underjordiskt skyddsrum **2** avbytarbänk (reservbänk) med vindskydd **3** kanot urholkad trädstam
duke [dju:k] **1** hertig **2** sl., vanl. pl. *~s* nävar, händer
dull [dʌl] **I** *adj* **1** matt [~ *light*, *~ gold*], glanslös; matt belyst [~ *landscape*]; grå, mulen; *~ weather* gråväder **2** [lång]tråkig [~ *life*, *~ book*]; tyst [~ *town*] **3** långsam i uppfattning; trög [~ *brain* (*mind*), *~ pupil*]; om skum, svag [~ *eyes*]; obestämd [~ *ache*, *~ crash*], molande [~ *pain*]; *~ of hearing* lomhörd **5** slö [~ *razor*], trubbig **6** hand. a) trög, matt; död [~ *season*] b) om vara o.d. svårsåld **II** *vb tr* förslöa, göra slö [~ *the edge of the razor*], trubba av [~ *one's senses*]; matta, dämpa; fördunkla
duly ['dju:lɪ] vederbörligen, tillbörligt; som sig bör; i rätt tid
dumb [dʌm] **I** *adj* **1** stum äv. bildl.; mållös [~ *with* (av) *astonishment*]; *~ animals* oskäliga djur **2** vard. dum [*a ~ blonde*]; *~ cluck* dumskalle **3** vard. fånig **II** *vb tr* förstumma
dumbbell ['dʌmbel] **1** hantel **2** sl. idiot
dumbfound [dʌm'faʊnd] göra mållös (av häpnad); perf. o. *~ed* äv. häpen
dummy ['dʌmɪ] **I** *s* **1** attrapp; dummy; skyltfigur; modell; utkast; [mål]gubbe att skjuta på o.d.; buktalares docka; [*tailor's*] *~* a) provdocka b) [kläd]snobb **2** bildl. bulvan **3** statist utan repliker; nolla **4** [tröst]napp **5** kortsp. träkarl **6** sl. stum [person] **7** sl. dumhuvud, fårskalle **II** *adj* falsk; *~ cartridge* blindpatron
dump [dʌmp] **I** *vb tr* **1** stjälpa av [~ *the coal outside the house*], dumpa; tömma; slänga **2** hand. dumpa **II** *s* **1** avfallshög; slagghög; [sop]tipp **2** vard. håla, ställe **3** mil. m.m.: tillfällig förrådsplats, förråd, upplag [*ammunition ~*]
dumpling ['dʌmplɪŋ] **1** kok., slags klimp som vanl. kokas i soppa o.d.; äppelknyte; *pork ~*

ung. kroppkaka med fläsk 2 vard. [liten] tjockis
dumpy [ˈdʌmpɪ] I *adj* kort och tjock, undersätsig II *s* vard. kortskaftat paraply
dunce [dʌns] dumhuvud, dummerjöns
dune [djuːn] [sand]dyn
dung [dʌŋ] I *s* dynga, gödsel; lort II *vb tr* gödsla
dungeon [ˈdʌn(d)ʒ(ə)n] underjordisk fängelsehåla
dunghill [ˈdʌŋhɪl] gödselhög, gödselstack; bildl. sophög; smuts; attr. äv. feg, mesig; *cock on his own ~* [hus]tyrann, kaxe
dunk [dʌŋk] doppa [*~ doughnuts in coffee*]
duo [ˈdjuːəʊ] (pl. *~s*) **1** mus. duo **2** duo, par
duodenal [ˌdjuːəˈ(ʊ)diːnl] med. duodenal-; *~ ulcer* sår på tolvfingertarmen, magsår
dupe [djuːp] I *s* lättlurad (godtrogen) person; [lättlurat] offer II *vb tr* lura, dupera
duplex [ˈdjuːpleks] I *adj* tvåfaldig; tekn. duplex-; *~ apartment* (*house*) se *II* II *s* amer. etagevåning [äv. *~ apartment*]; tvåfamiljshus, parvilla [äv. *~ house*]
duplicate [ss. adj. o. subst. ˈdjuːplɪkət, ss. vb ˈdjuːplɪkeɪt] I *adj* dubbel; dubblett- [*~ copy*; *~ key*]; om avskrift i två [likalydande] exemplar; likadan II *s* dubblett; kopia; *in ~* i två [likalydande] exemplar; III *vb tr* **1** fördubbla **2** duplicera; utfärda i två [likalydande] exemplar; mångfaldiga, ta kopia (kopior) av
duplicator [ˈdjuːplɪkeɪtə] dupliceringsapparat
duplicity [djʊˈplɪsətɪ] dubbelhet; dubbelspel
durability [ˌdjʊərəˈbɪlətɪ] varaktighet; hållbarhet
durable [ˈdjʊərəbl] I *adj* varaktig; hållbar II *s*, pl. *~s* varaktiga konsumtionsvaror
duration [djʊ(ə)ˈreɪʃ(ə)n] varaktighet [*be of long ~*], fortvaro; hand. löptid; *the average ~ of life* medellivslängden; *for the ~ of* så länge den (det) varar (pågår) [*for the ~ of the war*]
duress [djʊ(ə)ˈres] **1** [olaga] tvång **2** fängsligt förvar, fångenskap
during [ˈdjʊərɪŋ, ˈdjɔːr-, ˈdʒ-] under [*~ the war*, *~ my absence*], under loppet av, medan ngt pågår (varar resp. pågick, varade) [*~ the negotiations*]; på; [*he usually comes*] *~ the summer* ...på (om) sommaren (somrarna)
dusk [dʌsk] skymning; dunkel; *at ~* i skymningen
dusky [ˈdʌskɪ] **1** dunkel **2** svartaktig, mörkhyad **3** bildl. mörk, dyster

dust [dʌst] I *s* **1** damm; *a ~* ett dammoln; *raise* (*make*, *kick up*) *a ~* vard. ställa till bråk **2** sopor **3** fint (finstött) pulver av olika slag; puder; spån; frömjöl; borrmjöl **4** bildl. a) stoft, jord b) *bite the ~* vard. bita i gräset, stupa II *vb tr* **1** damma ner; göra dammig **2** beströ **3** damma [av] [äv. *~ off*]; borsta dammet ur kläder; *~ a p.'s jacket* vard. damma 'på ngn, ge ngn på pälsen
dustbin [ˈdʌs(t)bɪn] soptunna, soplår
dustcart [ˈdʌstkɑːt] sopbil
dust cover [ˈdʌstˌkʌvə] skyddsomslag på bok
duster [ˈdʌstə] dammtrasa, dammvippa
dust jacket [ˈdʌstˌdʒækɪt] skyddsomslag på bok
dust|man [ˈdʌs(t)|mən] (pl. *-men* [-mən]) vard. sophämtare, sopgubbe
dustpan [ˈdʌs(t)pæn] sopskyffel
dusty [ˈdʌstɪ] dammig; lik damm (pulver); *it's ~* det dammar
Dutch [dʌtʃ] I *adj* **1** holländsk, nederländsk; *~ courage* konstlat mod; brännvinskurage; *talk to a p. like a ~ uncle* läsa lagen (hålla förmaningstal) för ngn, mästra ngn; *go ~* vard. betala var och en sin andel (för sig) **2** amer. sl. tysk II *s* **1** nederländska (holländska) [språket]; [*Cape*] *~* kapholländska, afrikaans **2** *the ~* holländarna, nederländarna; amer. sl. äv. tyskarna
Dutch|man [ˈdʌtʃ|mən] (pl. *-men* [-mən]) holländare, nederländare; amer. sl. äv. tysk; *he's guilty or I'm a ~* om inte han är skyldig så vill jag vara skapt som en nors
dutiable [ˈdjuːtjəbl] tullpliktig; avgiftsbelagd
dutiful [ˈdjuːtɪf(ʊ)l] **1** plikttrogen, lydig **2** pliktskyldig [*~ attention*]
duty [ˈdjuːtɪ] **1** plikt **2** tjänst; åliggande; uppdrag; göromål; mil. äv. vakt; pl. *duties* äv. plikter; tjänst, tjänstgöring; *~ officer* dagofficer; *the officer on ~* dagofficeren, jourhavande officeren **3** hand. pålaga, avgift [*customs ~*], skatt på vara; accis, tull [*pay ~ on an article*; *export ~*, *import ~*], tullsats
duty-free [ˌdjuːtɪˈfriː, attr. ˈ---] tullfri; *~ shop* affär med tullfria varor
duvet [ˈdjuːveɪ, -ˈ-] ejderdunstäcke, duntäcke
DVD [ˌdiːviːˈdiː] TV. el. data. (förk. för *digital video disc*) dvd, digital videoskiva; *~ player* dvd-spelare
dwarf [dwɔːf] I (pl. *~s* el. *dwarves*) *s* dvärg äv. djur el. växt; dvärgträd, dvärgväxt II *adj* dvärg- [*~ birch*; *~ star*], dvärglik III *vb tr*

1 hämma i växten (utvecklingen), förkrympa **2** komma (få) att verka mindre (liten); ställa i skuggan; *be ~ed by* verka liten (obetydlig) vid sidan av

dwell [dwel] (*dwelt dwelt*, ibl. *dwelled dwelled*) litt. **1** a) vistas; dväljas b) ligga [*the poem's main interest ~s in...*] **2** *~ on* (*upon*) uppehålla sig vid, bre[da] ut sig över, älta [*~ on a subject*]; hålla ut [*~ upon a note* (ton)]

dweller ['dwelə] inbyggare, invånare [*town-dweller*]

dwelling ['dwelɪŋ] **1** litt. boning **2** bostadsenhet

dwelt [dwelt] imperf. o. perf. p. av *dwell*

dwindle ['dwɪndl] **I** *vb itr* smälta (krympa) ihop, försvinna; reduceras, förminskas [äv. *~ away* (*down*)] **II** *vb tr* komma (få) att krympa ihop, reducera

dye [daɪ] **I** *s* färg; färgämne; färgmedel; bildl. slag, sort **II** *vb tr* färga **III** *vb itr* gå att färga

dying ['daɪɪŋ] **I** *s* döende (död) [person]; döds- [*~ bed, ~ day*]; *~ wish* sista önskan **II** *adj* döende; *in the ~ seconds of* [*the match*] i de skälvande slutsekunderna av...

dyke [daɪk] sl. flata lesbisk kvinna

dynamic [daɪ'næmɪk, dɪ'n-] dynamisk

dynamics [daɪ'næmɪks, dɪ'n-] **1** (konstr. ss. sg.) fys. dynamik **2** (konstr. vanl. ss. pl.) bildl. dynamik

dynamite ['daɪnəmaɪt] **I** *s* dynamit äv. bildl. **II** *vb tr* spränga med dynamit

dynamo ['daɪnəməʊ] (pl. *~s*) generator

dynasty ['dɪnəstɪ, 'daɪn-] dynasti

dysentery ['dɪsntrɪ] med. dysenteri

dyslexia [dɪs'leksɪə] med. dyslexi

dyspepsia [dɪs'pepsɪə] med. dyspepsi, dålig mage

dystrophy ['dɪstrəfɪ] med. dystrofi

E

E, e [i:] (pl. *E's* el. *e's* [i:z]) **1** E, e **2** mus., *E major* E-dur; *E minor* E-moll
E förk. för *east*; *Eastern* postdistrikt i London
each [i:tʃ] **1 a)** var [för sig]; självst. var och en [för sig] [äv. ~ *one*]; *we ~* [*took a big risk*] var och en av oss... **b)** adverbiellt var[dera]; [*he gave them*] *one pound ~* ...ett pund var[dera] (per man), ...var sitt pund; [*they cost*] *one pound ~* ...ett pund [per] styck **2** *~ other* varandra
eager ['i:gə] ivrig; otålig; häftig [*~ passion*]; *~ beaver* arbetsmyra; streber; *~ to* angelägen om att
eagle ['i:gl] zool. örn; *golden ~* kungsörn
1 ear [ɪə] [sädes]ax; *be in the ~* stå i ax
2 ear [ɪə] **1** öra; mus. äv. gehör; *my ~s are* (*I feel my ~s*) *burning* det hettar i öronen på mig; bildl. jag känner på mig att man (någon) talar om mig; *give a p. a thick ~* klappa till ngn, ge ngn en rejäl örfil; *have an ~ for music* ha musiköra; *turn a deaf ~ to* slå dövörat till för; *play* (*sing*) *by ~* spela (sjunga) efter gehör; *play* [*it*] *by ~* **a)** spela efter gehör **b)** vard. känna sig för, handla på känn; *a word in your ~* ett ord i all förtrolighet **2** öra, grepe; ögla
earache ['ɪəreɪk] öronvärk; örsprång; *have* [*an*] *~* äv. ha ont i öronen
eardrum ['ɪədrʌm] trumhinna
earl [ɜ:l] brittisk greve
early ['ɜ:lɪ] **I** *adv* tidigt, i god tid; för tidigt [*the train arrived an hour ~*]; *~ on* vard. tidigt, i ett tidigt skede **II** *adj* **1** tidig; för tidig [*you are an hour ~*]; snar [*reach an ~ agreement*]; första [*the ~ days of June*]; *he's an ~ bird* han är morgonpigg (morgontidig) av sig, han är uppe med tuppen; *it's ~ days yet* **a)** det är lite för tidigt [ännu] att uttala sig (säga) etc. **b)** det är fortfarande gott om tid; *in the ~ days of the cinema* i filmens barndom; *in the ~ forties* i början av (på) fyrtiotalet; *at an ~ opportunity* vid första bästa tillfälle; *~ tomorrow morning* i morgon bitti **2** forn, äldst [*the ~ Church*]
earmark ['ɪəmɑ:k] **I** *s* märke i örat på djur; ägarmärke; bildl. kännetecken **II** *vb tr* **1** märka djur i örat; märka för identifiering **2** anslå, sätta av, öronmärka [*~ a sum of money for research*]; *~ed for* äv. avsedd för
earn [ɜ:n] tjäna [*~£30,000 a year*]; göra sig förtjänt av; vinna; förvärva; förskaffa
1 earnest ['ɜ:nɪst] **1** handpenning **2** bevis [*an ~ of* (på) *my good intentions*]
2 earnest ['ɜ:nɪst] **I** *adj* allvarlig [*an ~ attempt; an ~ man*]; ivrig; enträgen **II** *s, in* [*real* (*dead*)] *~* på [fullt] allvar
earnings ['ɜ:nɪŋz] förtjänst, inkomst[er]; *all his ~* allt han förtjänar
earphone ['ɪəfəʊn] hörlur; hörtelefon; hörpropp
earplug ['ɪəplʌg] öronpropp ss. skydd; antifon
earring ['ɪərɪŋ] örhänge; örring
earshot ['ɪəʃɒt] hörhåll [*within ~, out of ~*]
ear-splitting ['ɪəˌsplɪtɪŋ] öronbedövande
earth [ɜ:θ] **I** *s* **1** jord [*the ~ is a planet; a lump of ~*], jordklot; mull; jordart [äv. *sort of ~*]; mark [*fall to* [*the*] *~*]; *~ to ~,* [*ashes to ashes,*] *dust to dust* av jord är du kommen, jord skall du åter varda; *promise the ~* lova guld och gröna skogar; *how* (*what, why*) *on ~...?* hur (vad, varför) i all världen (i Herrans namn)...? **2** jakt. lya, gryt **3** elektr. jord; *~ connection* jordning, jordanslutning, jordkontakt; *~ satellite* rymd. jordsatellit **II** *vb tr* elektr. jorda
earthen ['ɜ:θ(ə)n, 'ɜ:ð-] **1** jord- [*~ floor*]; ler- [*an ~ jar*] **2** jordisk
earthenware ['ɜ:θ(ə)nweə, 'ɜ:ð-] lergods; lerkärl
earthly ['ɜ:θlɪ] **1** jordisk [*~ existence*], världslig; timlig [*~ possessions*] **2** vard., *not an ~* [*chance*] inte skuggan av en chans; *it's no ~* [*use*] det tjänar inte det ringaste (ett dugg) till
earthquake ['ɜ:θkweɪk] jordskalv, jordbävning
earthworm ['ɜ:θwɜ:m] daggmask
earthy ['ɜ:θɪ] **1** [som består] av jord, jord-; jordaktig **2** jordnära; jordbunden
earwig ['ɪəwɪg] zool. tvestjärt
ease [i:z] **I** *s* **1 a)** välbefinnande **b)** lugn; sysslolöshet **c)** ledighet, naturlighet; *at ~* el. *at one's ~* **a)** bekvämt, i lugn och ro **b)** väl till mods, lugn **c)** obesvärad, ogenerad **d)** makligt, i sakta mak, sakta och lugnt **2** lätthet; *with ~* med lätthet, lätt [och ledigt]; ledigt, otvunget **II** *vb tr* **1** lindra [*~ the pain*]; *~ one's mind* lugna sig **2** lätta [på] [*~ the pressure*]; underlätta; minska, sakta [ner] [*~* [*down*] *the speed*]; moderera; *~ down* sakta ner

maskinen **3** lossa litet på [*~ the lid*], lätta på; få att inte kärva (att gå lättare) [*~ the drawer*]; *~ the helm* lätta på rodret; *~ nature* el. *~ oneself* förrätta sina behov **4** *~ a p. of* befria ngn från äv. skämts. [*~ a p. of his money*] **III** *vb itr* **1** *~* [*off*] lätta, minska [*the tension is easing off*] **2** *~* [*up*] sakta farten

easel ['i:zl] staffli

easily ['i:zəlɪ] lätt; ledigt; mycket väl [*it may ~ happen*], gott och väl; *it comes ~ to him* han har lätt för det; *~ the best* (*most difficult*) den avgjort (absolut) bästa (svåraste)

easiness ['i:zɪnəs] **1** lätthet **2** lugn; ledighet; maklighet

east [i:st] **I** *s* **1** öster [*the sun rises in the ~*], öst; *the ~ of England* östra [delen av] England; *the wind is in* (*comes from*) *the ~* vinden är ostlig, det är (blåser) östlig vind; *on the ~ of* på östsidan (östra sidan) av, öster om; *to* (*towards*) *the ~* mot (åt) öster, österut, i ostlig riktning; sjö. ostvart; *to the ~ of* öster om, på östsidan av (om) **2** *the E~* a) Östern, Österlandet, Orienten b) i USA Östern, öststaterna mellan Alleghenybergen och Atlanten; *the Middle E~* Mellersta Östern, Mellanöstern **II** *adj* östlig, ostlig, öst-, ost- [*on the ~ coast*], öster-; *E~ Anglia* Östangeln motsv. ung. Norfolk o. Suffolk; *the E~ Side* östra delen av Manhattan i New York; **III** *adv* mot (åt) öster [*go* (*travel*) *~*]; *north by ~* nord till ost; *due ~* rakt österut

eastbound ['i:stbaʊnd] östgående

Easter ['i:stə] påsk[en]; *last ~* i påskas; *~ Day* (*Sunday*) påskdag[en]; *~ Eve* (*Saturday*) påskafton[en]

easterly ['i:stəlɪ] **I** *adj* östlig, ostlig [*an ~ wind*], från öster; mot (åt) öster **II** *adv* östligt, ostligt; mot (åt) öster; från öster **III** *s* ostlig vind

eastern ['i:stən] **1** östlig, östra, öst-; *~ Europe* Östeuropa **2** *E~* österländsk, orientalisk; *the E~ Church* den grekisk-katolska kyrkan

eastward ['i:stwəd] **I** *adj* östlig, ostlig [*in an ~ direction*], östra **II** *adv* mot (åt) öster [*travel ~*]; sjö. ostvart [*sail ~*]; *~ of* öster om

eastwards ['i:stwədz] se *eastward II*

easy ['i:zɪ] **I** *adj* **1** lätt; *I'm ~!* det gör mig detsamma!, det gör mig inte något!; *it comes ~ to him* han har lätt för det **2** bekymmerslös [*lead an ~ life*], lugn [*feel ~ about* (inför) *the future*], obekymrad, sorglös; *be in* (*on*) *E~ Street* vard. vara på grön kvist **3** bekväm; *at an ~ pace* i sakta mak **4** ledig [*an ~ style*; *~ manners*], otvungen **5** mild; *on ~ terms* på förmånliga villkor, på avbetalning **6** *he is ~ game* (*~ meat* el. *an ~ mark*) han är ett lätt byte (en lättlurad stackare); *she is a woman of ~ virtue* hon är lätt på foten **7** *come in* (*be*) *an ~ first* komma in som god etta; *that's an ~ two hours' work* det är minst två timmars arbete **8** *she is ~ on the eye* vard. hon är en fröjd för ögat, hon är något att vila ögonen på **II** *adv* vard. **1** lätt [*easier said than done*]; *~ come, ~ go* lätt fånget, lätt förgånget **2** bekvämt; *~ does it!* sakta i backarna!, ta det lugnt!; [*go*] *~!* sakta!, försiktigt!; *stand ~!* mil. lediga!; *take it ~!* ta det lugnt!

easy chair ['i:zɪtʃeə, ˌi:zɪ'tʃeə] länstol

easy-going ['i:zɪˌgəʊɪŋ] bekväm [av sig], maklig äv. om fart [*at an ~ pace*]; sorglös; hygglig; *he is ~* äv. han tar lätt på saker och ting

eat [i:t] (imperf. : *ate* [et isht amer. eɪt], perf. p.: *eaten* ['i:tn]) **I** *vb tr* **1** äta; förtära; *~ one's heart out* gräma sig, vara otröstlig, längta ihjäl sig; *~ your heart out!* känn dig blåst!, där fick du så du teg! **2** bildl. tära (nöta) på; *what's ~ing you?* vard. vad är det med dig?, vad går du och deppar för? **3** *~ up* äta upp, förtära; sluka [*the car was ~ing up the miles*]; fullständigt göra slut på; *be ~en up with curiosity* vara nära (hålla på) att förgås av nyfikenhet **II** *vb itr* **1** äta; *he ~s out of my hand* bildl. han äter ur handen på mig **2** bildl. fräta; *~ into* fräta sig in i; *~ into one's fortune* [börja] tära på sin förmögenhet

eatable ['i:təbl] **I** *adj* ätbar njutbar **II** *s*, pl. *~s* mat[varor], livsmedel

eaten ['i:tn] perf. p. av *eat*

eau-de-Cologne [ˌəʊdəkə'ləʊn] eau-de-cologne

eaves [i:vz] takfot, takskägg

eavesdrop ['i:vzdrɒp] **I** *s* takdropp **II** *vb itr* tjuvlyssna **III** *vb tr* tjuvlyssna på

eavesdropper ['i:vzˌdrɒpə] tjuvlyssnare

ebb [eb] **I** *s* ebb; bildl. nedgång; *~ and flow* ebb och flod; bildl. uppgång och nedgång; *be at a low ~* stå lågt; om pers. vara nere **II** *vb itr* **1** om tidvatten o.d. dra sig tillbaka, sjunka tillbaka **2** bildl. ebba ut

ebony ['ebənɪ] ebenholts; ebenholtssvart

ebullient [ɪ'bʌljənt, -'bʊl-] översvallande, sprudlande

e-business ['i:ˌbɪznəs] data. el. hand. e-handel, näthandel, handel via Internet

EC [ˌi:'si:] **1** (förk. för *East Central*) postdistrikt i London **2** (förk. för *the*

European Communities Europeiska gemenskaperna) hist. EG
eccentric [ɪk'sentrɪk] **I** *adj* excentrisk; originell, [sär]egen **II** *s* excentrisk människa; original, kuf
ecclesiastic [ɪ,kliːzɪ'æstɪk, -ɪ'ɑːs-] *s* präst
ECG [,iːsiː'dʒiː] (förk. för *electrocardiogram*) EKG
echo ['ekəʊ] **I** (pl. *~es*) *s* eko; *there is an ~ here* det ekar här **II** *vb itr* eka, återskalla, återkastas **III** *vb tr* **1** återkasta [äv. *~ back*] **2** mekaniskt upprepa [*they ~ed every word of their leader*]; vara ett eko av
éclair [ɪ'kleə, eɪ'k-, 'eɪkleə] eclair bakelse; *~ bun* petit-chou
eclipse [ɪ'klɪps] **I** *s* **1** förmörkelse; *lunar ~* el. *~ of the moon* månförmörkelse **2** bildl. tillbakagång, nedgångsperiod; *suffer an ~* falla i glömska, vara bortglömd **II** *vb tr* **1** förmörka **2** bildl. fördunkla, överglänsa, undanskymma
ecofreak ['iːkəʊfriːk, 'ek-] vard. miljöaktivist
ecofriendly ['iːkəʊ,frendlɪ, 'ek-] miljövänlig
ecological [,iːkəʊ'lɒdʒɪk(ə)l, ,ek-] ekologisk [*~ balance* (jämvikt)]
ecologist [iː'kɒlədʒɪst, e'k-] ekolog
ecology [iː'kɒlədʒɪ, e'k-] ekologi
e-commerce ['iː,kɒməs] data. el. hand. e-handel, näthandel, handel via Internet
economic [,iːkə'nɒmɪk, ,ek-] ekonomisk [*~ policy*], nationalekonomisk; *~ crime* ekobrott; *minister of ~ affairs* ekonomiminister
economical [,iːkə'nɒmɪk(ə)l, ,ek-] **1** a) ekonomisk [*an ~ woman*] b) ekonomisk, dryg [*this coffee is very ~*], billig i drift [*our car is ~*]; *be ~ with (of)* vara sparsam med, hushålla med, vara rädd om **2** se *economic*
economics [,iːkə'nɒmɪks, ,ek-] **1** (konstr. ss. sg.) nationalekonomi; ekonomi; *school of ~* ung. handelshögskola **2** (konstr. ss. pl.) ekonomiska aspekter [*what are the ~ of this project?*]
economist [ɪ'kɒnəmɪst] ekonom; nationalekonom [äv. *political ~*]
economize [ɪ'kɒnəmaɪz] **I** *vb itr* spara, hushålla, vara sparsam (ekonomisk), ekonomisera, snåla; inskränka sig **II** *vb tr* spara på, hushålla med
economy [ɪ'kɒnəmɪ] **1** sparsamhet, ekonomi; hushållning, hushållande [*~ of* (med) *time*]; klokt utnyttjande [*of* av]; besparing, besparingsåtgärd [*various -ies*]; *~ class* isht på flygplan ekonomiklass, turistklass; *~ drive* sparkampanj; *~ size*

ekonomiförpackning; *practise* [*strict*] *~* iaktta [den största] sparsamhet; *with a view to ~* i besparingssyfte **2** ekonomi, hushållning; näringsliv [*the whole ~ will suffer if there are strikes*]; ekonomiskt system; *planned ~* planhushållning, planekonomi; *the public* (*national*) *~* statshushållningen
ecstas|y ['ekstəsɪ] **1** extas, hänryckning; *be in -ies* vara i extas; *go into -ies over* råka i extas över **2** sl. ecstasy narkotika
ecstatic [ek'stætɪk, ɪk-] extatisk; hänryckt, hänförd; hänryckande; *in an ~ fit* i extas
Ecuador ['ekwədɔː, ,ekwə'dɔː]
Ecuadorian [,ekwə'dɔːrɪən] **I** *s* ecuadorian **II** *adj* ecuadoriansk
ecumenical [,iːkjʊ'menɪk(ə)l] kyrkl. ekumenisk [*the ~ movement*]
eczema ['eksəmə] med. eksem
eddy ['edɪ] **I** *s* liten strömvirvel; virvel av luft, rök o.d. **II** *vb itr* virvla, kretsa
edge [edʒ] **I** *s* **1** egg [*the ~ of a knife*], skarp kant, tekn. skär; bildl. skärpa, udd; *give an ~ to* slipa egg på, skärpa; *the knife has no ~* kniven är slö; *take the ~ off* a) göra en kniv o.d. slö b) döva aptiten; ta udden av argument; förslöa, försvaga; *it set my nerves on ~* det gick mig på nerverna **2** kant [*the ~ of a table*], rand [*the ~ of a precipice*], bryn [*the water's ~*; *the ~ of a forest*]; *he needs his ~s rubbing off* han behöver slipas av **3** ås, kam **4** fördel; *have an* (*the*) *~ on a p.* ha övertag[et] över ngn **II** *vb tr* **1** kanta [*houses ~d the road*]; infatta **2** vässa, slipa **3** maka [*~ one's chair nearer the fire*]; tränga [*~ a p. into the background*]; lirka; *~ oneself* (*~ one's way*) *through the crowd* tränga sig fram genom folkmassan **III** *vb itr* röra sig i sidled [*he ~d towards the door*]; maka (lirka) sig
edgeways ['edʒweɪz] o. isht amer. **edgewise** ['edʒwaɪz] med kanten (sidan) först (överst); om två saker kant i kant; *I couldn't get a word in edgeways* jag fick inte en syl i vädret
edging ['edʒɪŋ] kant [*an ~ of lace*]
edgy ['edʒɪ] [lätt]retlig [*~ temper*], stingslig
edible ['edəbl] **I** *adj* ätlig, ätbar ej giftig; *snail* vinbergssnäcka **II** *s*, vanl. pl. *~s* mat[varor], livsmedel
edict ['iːdɪkt] edikt
edifice ['edɪfɪs] större el. ståtlig byggnad; bildl. uppbyggnad
edifying ['edɪfaɪɪŋ] uppbygglig
Edinburgh ['edɪnb(ə)rə, -bʌrə] geogr.
edit ['edɪt] redigera, vara redaktör för, ge

ut tidskrift, uppslagsverk o.d.; klippa [ihop] film
edition [ɪˈdɪʃ(ə)n] upplaga
editor [ˈedɪtə] **1** redaktör; utgivare; [*chief*] ~ chefredaktör, huvudredaktör **2** film. klippbord
editorial [ˌedɪˈtɔːrɪəl] **I** *adj* redaktörs-, redaktionell [~ *work*]; utgivar-; *he is on the ~ staff* han hör till redaktionen (redaktionspersonalen) **II** *s* [tidnings]ledare; ~ *writer* ledarskribent
EDP (förk. för *electronic data processing* elektronisk databehandling) EDB
educate [ˈedjʊkeɪt, -dʒʊ-] utbilda; undervisa; ~*d guess* kvalificerad gissning
education [ˌedjʊˈkeɪʃ(ə)n, -dʒʊ-] **1** undervisning, utbildning [*commercial* ~, *technical* ~]; uppfostran; bildning [*classical* ~]; fostran [*intellectual* ~]; utbildningsväsen[det], skolväsen[det]; ~ *act* skollag **2** pedagogik [*history of* ~]
educational [ˌedjʊˈkeɪʃənl, -dʒʊ-] undervisnings-, utbildnings-; bildande, fostrande; pedagogisk [*an* ~ *magazine*]; ~ *aids* hjälpmedel i undervisningen; ~ *books* läroböcker
EEA (förk. för *European Economic Area* Europeiska ekonomiska samarbetsområdet) EES
EEC [ˌiːiːˈsiː] hist. (förk. för *European Economic Community* Europeiska ekonomiska gemenskapen) EEC, se *EC 2*
EEG [ˌiːiːˈdʒiː] (förk. för *electroencephalogram*) EEG
eel [iːl] ål [*as slippery as an* ~]
eerie o. **eery** [ˈɪərɪ] kuslig [*an* ~ *feeling*], hemsk [*an* ~ *shriek*]; trolsk, sällsam
efface [ɪˈfeɪs] **1** utplåna **2** ställa i skuggan; ~ *oneself* hålla sig i bakgrunden
effect [ɪˈfekt] **I** *s* **1** effekt äv. mek., verkan [*cause and* ~], verkning [*the* ~*s of the hurricane*], inverkan [*the* ~ *of heat upon metals*], påverkan, inflytande [*have a bad* ~ *on*]; följd [*one* ~ *of the war was that...*]; *take* ~ a) träda i kraft b) göra verkan; *in* ~ a) i själva verket b) praktiskt taget; *with* ~ *from today* med verkan (räknat) från [och med] i dag **2** effekt, intryck; *the general* ~ helhetsintrycket; *sound* ~*s* ljudeffekter, ljudkuliss **3** innebörd, innehåll; *a statement to the* ~ *that...* ett påstående som går ut på att... **4** pl. ~*s* effekter, tillhörigheter, lösöre[n] **II** *vb tr* åstadkomma [~ *changes*], genomföra [~ *a reform*]; ~ *an order* verkställa (expediera, effektuera) en order
effective [ɪˈfektɪv] **1** effektiv [~ *measures*], verksam [~ *assistance*], kraftig [*an* ~ *blow*] **2** effektfull [*an* ~ *photograph*], verkningsfull **3** faktisk [*the* ~ *membership of a society*], faktiskt förefintlig; verklig [*the* ~ *strength of an army*] **4** i kraft [*this rule has been* ~ *since...*]; *be* ~ äv. gälla
effectively [ɪˈfektɪvlɪ] **1** effektivt; eftertryckligt; i grund **2** i sak, i själva verket
effeminate [ss. adj. ɪˈfemɪnət, ss. vb ɪˈfemɪneɪt] **I** *adj* feminin; klemig **II** *vb tr* förveklia
effervescent [ˌefəˈvesnt] brusande; bildl. upprymd
efficacious [ˌefɪˈkeɪʃəs] effektiv, verksam isht om läkemedel o.d. [*an* ~ *cure*]; *be* ~ äv. göra avsedd verkan
efficiency [ɪˈfɪʃ(ə)nsɪ] **1** a) effektivitet, duglighet b) effektivitet **2** ~ [*apartment*] amer. enrummare med kokvrå och badrum
efficient [ɪˈfɪʃ(ə)nt] **1** effektiv [~ *work, an* ~ *organization*]; verksam **2** effektiv, kompetent, duktig [*an* ~ *secretary*]
effigy [ˈefɪdʒɪ] bild isht på mynt el. minnesvård; avbildning
effort [ˈefət] **1** ansträngning, kraftansträngning, insats[er] [*the military* ~ *of the country*]; kraft[resurser] [*the country had now spent* (uttömt) *her* ~]; bemödande, strävan, försök [*his* ~*s at clearing up the mystery failed*], ansats; *the war* ~ krigsinsatsen; *make an* ~ *to* anstränga sig [för] att, göra en [kraft]ansträngning [för] att; *by our united* (*combined*) ~*s* med förenade krafter, med gemensamma ansträngningar **2** isht konstnärlig el. litterär prestation ibl. iron.
effortless [ˈefətləs] lätt [och ledig]; obesvärad; *an* ~ *smile* ett otvunget leende
effrontery [ɪˈfrʌntərɪ] fräckhet
effusive [ɪˈfjuːsɪv] översvallande [~ *thanks*], flödande; demonstrativ i sina känsloyttringar
EFL förk. för *English as a Foreign Language*
e.g. [ˌiːˈdʒiː, f(ə)rɪgˈzɑːmpl] t.ex.
egalitarian [ɪˌgælɪˈteərɪən] **I** *adj* jämlikhets-, egalitär **II** *s* jämlikhetsförkämpe
1 egg [eg], ~ *a p. on* egga [upp] ngn [*to* till; *to* ([till] att) *do a th.*], driva (mana) på ngn
2 egg [eg] ägg [*fresh* ~*s; boil the* ~*s soft or hard*]; *bad* ~ a) skämt. (dåligt) ägg b) bildl. rötägg; *as sure as* ~*s* [*is* ~*s*] vard. så säkert som amen i kyrkan, så säkert som aldrig det; *have* (*get*) ~ *on one's face* vard. få stå

där som ett fån; få på nöten, få bära hundhuvudet [*over a th.* för ngt]
egg cup ['egkʌp] äggkopp
egghead ['eghed] vard. intelligenssnobb
egg plant ['egplɑːnt] äggplanta, aubergine
eggshell ['egʃel] äggskal
ego ['iːgəʊ, 'eg-] **1** filos. el. psykol. jag; *the ~ jaget* **2** fåfänga [*it hurt my ~*]; egoism
egocentric [ˌiːgə(ʊ)'sentrɪk, ˌeg-] **I** *adj* egocentrisk **II** *s* egocentriker
egoism ['iːgəʊɪz(ə)m, 'eg-] **1** egoism **2** självupptagenhet
egoist ['iːgəʊɪst, 'eg-] egoist
egotism ['iːgə(ʊ)tɪz(ə)m, 'eg-] **1** egotism **2** egenkärlek, inbilskhet **3** egoism, självviskhet
egotist ['iːgə(ʊ)tɪst, 'eg-] **1** självupptagen (inbilsk) person; egocentriker **2** egoist
Egypt ['iːdʒɪpt] geogr. Egypten
Egyptian [ɪ'dʒɪpʃ(ə)n] **I** *adj* egyptisk **II** *s* **1** egyptier **2** egyptiska [språket]
eh [eɪ], *~?* a) va?, vadå? b) eller hur? [*nice, ~?*] c) uttryckande överraskning va nu då?
eider ['aɪdə] **1** zool. ejder **2** ejderdun
eiderdown ['aɪdədaʊn] **1** ejderdun **2** ejderdunstäcke
eight [eɪt] (jfr *five* m. ex. o. sammansättn.) **I** *räkn* åtta; *have had one over the ~* sl. ha tagit sig ett glas (järn) för mycket **II** *s* **1** åtta **2** [*figure of*] *~* åtta skridskofigur
eighteen [ˌeɪ'tiːn, attr. '--] arton; jfr *fifteen* m. sammansättn.; med siffror: *18* film. åldersgräns arton år
eighteenth [ˌeɪ'tiːnθ, attr. '--] artonde; arton[de]del, aderton[de]del; jfr *fifth*
eighth [eɪtθ] åttonde; åtton[de]del; jfr *fifth*; *~ note* amer. åtton[de]delsnot
eightieth ['eɪtɪɪθ, -tɪəθ] **1** åttionde **2** åttion[de]del
eighty ['eɪtɪ] (jfr *fifty* m. sammansättn.) **I** *räkn* åtti[o] **II** *s* åtti[o]; åtti[o]tal
Eire ['eərə] geogr.
either ['aɪðə, isht amer. 'iːðə] **I** *indef pron* **1 a)** endera, vilken[dera] (vilket[dera]) som helst; *~ of them* (*~ one*) *will do* det går bra med vilken som helst **b)** någon[dera]; *I don't know ~ of them* jag känner inte någon[dera] (känner ingen[dera]) av dem **2** vardera; båda; *in ~ case* i båda fallen, i vilket fall som helst **II** *adv* heller [*if you do not come, he will not come ~*] **III** *konj*, *~...or* a) antingen (endera) ...eller [*he must be ~ mad or drunk*] b) både...och [*he is taller than ~ you or me*] c) i nek. sats vare sig...eller, varken...eller [*he did not come ~ yesterday or today*]
ejaculate [ɪ'dʒækjʊleɪt] **I** *vb tr* **1** utropa

['*No!*', *he ~d*], utstöta **2** ejakulera sädesvätska **II** *vb itr* **1** ropa **2** fysiol. ejakulera
ejaculation [ɪˌdʒækjʊ'leɪʃ(ə)n] **1** ivrigt utrop **2** ejakulation; ejakulat
eject [ɪ'dʒekt] **1** kasta ut, köra bort [*the police ~ed the agitator from the meeting*], driva ut, fördriva **2** vräka [*they were ~ed because they had not paid their rent*]; avsätta
ejection [ɪ'dʒekʃ(ə)n] utkastande, bortkörande; vräkning; avsättning
eke [iːk] **1** *~ out* fylla ut, fullständiga, komplettera [*~ out one's knowledge*]; dryga ut [*~ out one's wages*]; få att räcka till **2** *~ out a livelihood* (*subsistence*) nödtorftigt (med nöd och näppe) dra sig fram (förtjäna sitt [livs]uppehälle)
elaborate [ss. adj. ɪ'læb(ə)rət, ss. vb ɪ'læbəreɪt] **I** *adj* **1** i detalj genomförd (utarbetad) [*an ~ design*], [väl] genomtänkt; [ytterst] noggrann **2** utsirad; utstuderad, raffinerad; komplicerad **II** *vb tr* [noga och i detalj] utarbeta [*~ a plan*], i detalj utforma [*~ a theory*] **III** *vb itr* uttala sig närmare, gå in på detaljer [*he refused to ~*]
elapse [ɪ'læps] förflyta, gå [*two years had ~d*]
elastic [ɪ'læstɪk] **I** *adj* **1** elastisk äv. bildl. [*~ rules*]; spänstig [*~ gait*], fjädrande; tänjbar [*~ principles*], töjbar; smidig; *an ~ conscience* ett rymligt samvete **2** resår-, gummi- [*~ bands*] **II** *s* resår[band], gummisnodd; *a piece of ~* ett resårband (gummiband)
elasticity [ɪlæ'stɪsətɪ, ˌiːl-] elasticitet; spänst[ighet]; tänjbarhet
elated [ɪ'leɪtɪd] upprymd [*~ at* (över) *the news*]
elation [ɪ'leɪʃ(ə)n] upprymdhet
elbow ['elbəʊ] **I** *s* **1** armbåge; *at one's ~* alldeles vid sidan, strax bredvid sig, tätt intill; till hands **2** knä på t.ex. ett rör; skarp böjning, krök[ning] [*~ of a road*, *~ of a river*] **II** *vb tr* **1** *~ one's way into the room* armbåga (tränga) sig in i rummet **2** knuffa (skuffa) [med armbågen] [*~ a p. out of the way*]
elbow room ['elbəʊruːm, -rʊm] svängrum
1 elder ['eldə] **I** *adj* (komp. av *old*) **1** äldre isht om släktingar [*his ~ brother*]; *which is the ~?* vilken är äldst? **2** *~ statesman* äldre statsman erfaren (vanl. pensionerad) politiker o.d. som fungerar som rådgivare åt yngre kolleger **II** *s* **1** vanl. pl., *my ~s* de som är äldre än jag **2** ung. [församlings]äldste
2 elder ['eldə] bot. fläder

177

elderberry ['eldə‚berɪ] bot. fläderbär
elderly ['eldəlɪ] äldre [*an ~ gentleman*], rätt gammal
eldest ['eldɪst] (superl. av *old*) äldst isht om släktingar
elect [ɪ'lekt] **I** *adj* efterställt [ny]vald men ännu inte installerad [*the bishop ~*]; utsedd; *the president ~* den tillträdande presidenten **II** *vb tr* **1** välja genom röstning; utse [*~ a p. to an office*]; *they ~ed him to (~ed him [a] member of) the club* de valde in honom i klubben **2** välja, föredra [*he ~ed to stay at home; ~ a th.*]
election [ɪ'lekʃ(ə)n] val isht inget genom röstning; inval; *a general ~* allmänna val; *~ canvasser* (*worker*) valarbetare; *~ forecast* valprognos
elective [ɪ'lektɪv] **I** *adj* **1** som tillsätts genom val, vald [*senators are ~ officials*] **2** som besätts genom val [*an ~ office* (ämbete)] **3** med rätt att välja [*an ~ assembly*], väljande **4** valfri, frivillig, tillvals- [*~ subjects*] **II** *s* amer. tillvalsämne
elector [ɪ'lektə] väljare, valman; elektor i USA isht medlem av elektorskollegiet som förrättar presidentvalet
electoral [ɪ'lekt(ə)r(ə)l] val- [*~ law, ~ success*], valmans-; *the E~ College* elektorskollegiet i USA (som förrättar presidentvalet); *~ committee* valnämnd; *~ franchise* rösträtt, valrätt
electorate [ɪ'lekt(ə)rət] väljarkår; *the ~* äv. väljarna, de valberättigade
electric [ɪ'lektrɪk] **I** *adj* **1** elektrisk [*~ current, ~ light, ~ wire*]; *~ blanket* [elektrisk] värmefilt; *~ bulb* glödlampa; *~ motor* elmotor; *~ plant* elanläggning, [mindre] elverk; *~ shock* [elektrisk] stöt, elstöt; *~ shock treatment* med. elchockbehandling; *~ sign* ljusskylt **2** bildl. laddad [*the atmosphere was ~*] **II** *s* elkraft
electrical [ɪ'lektrɪk(ə)l] elektrisk; *~ energy* elenergi
electrician [ɪlek'trɪʃ(ə)n] elektriker, elmontör; elektrotekniker; [*firm of*] *~s* elfirma
electricity [ɪlek'trɪsətɪ] **1** elektricitet, ström; *~ bill* elräkning **2** elektricitetslära
electrify [ɪ'lektrɪfaɪ] **1** elektrifiera **2** elektrisera, göra elektrisk **3** bildl. elektrisera, elda
electrocardiogram [ɪ‚lektrə(ʊ)'kɑ:djəʊgræm] med. elektrokardiogram
electrocute [ɪ'lektrəkju:t] **1** avrätta i elektriska stolen **2** döda med elektrisk ström

electrode [ɪ'lektrəʊd] elektrod
electroencephalogram [ɪ‚lektrə(ʊ)ɪn'sefələ(ʊ)græm] med. elektroencefalogram
electrolysis [ɪ‚lek'trɒləsɪs] elektrolys
electron [ɪ'lektrɒn] elektron
electronic [ɪlek'trɒnɪk] elektronisk [*~ data processing; ~ keyboard; ~ music; ~ publishing*]; elektron-; *~ computer* dator; *~ game* dataspel
electronics [ɪlek'trɒnɪks] (konstr. ss. sg.) elektronik
electrostatic [ɪ‚lektrə(ʊ)'stætɪk] elektrostatisk [*~ loudspeaker, ~ microphone*]
elegance ['elɪgəns] elegans; smakfullhet; förfining
elegant ['elɪgənt] **1** elegant [*~ clothes*], smakfull **2** [fin och] förnäm [*~ society*]
element ['elɪmənt] **1** kem. grundämne **2** element [*the four ~s*], urämne; rätt element; *be in one's ~* vara i sitt rätta element, vara i sitt esse **3** [viktig] beståndsdel, ingrediens; element; moment [*an important ~ of military training*]; inslag [*an ~ of irony*]; faktor; [grund]drag [*an ~ in his style*]; *criminal ~[s]* kriminella element **4** grundvillkor; *the book has all the ~s of success* boken har alla förutsättningar att bli en succé **5** *the ~s* a) elementen, elementerna [*the fury of the ~s*]; väder och vind b) [de] första grunderna [*the ~s of economics*]
elementary [‚elɪ'ment(ə)rɪ] **1** elementär [*~ arithmetic*], enkel; grund- [*~ knowledge*]; elementar-, nybörjar- [*~ books*]; *~ mathematics* lägre matematik; *~ school* a) britt. (hist.) folkskola b) amer., ung. grundskola omfattande årskurserna 1-6 eller 1-8 **2** kem. enkel [*~ substance*]; *~ particle* fys. elementarpartikel
elephant ['elɪfənt] elefant; *calf ~* elefantunge
elevate ['elɪveɪt] **1** lyfta upp **2** upphöja [*an archbishop ~d to cardinal*], befordra **3** höja, lyfta moraliskt, kulturellt o.d.; *an elevating book* en upplyftande bok
elevation [‚elɪ'veɪʃ(ə)n] **1** [upp]höjande; [för]höjning **2** konkr. upphöjning [*an ~ in the ground*], kulle **3** upphöjelse [*~ to the throne*] **4** höjd över havsytan (marken), äv. astron.
elevator ['elɪveɪtə] elevator, paternosterverk; isht amer. hiss
eleven [ɪ'levn] (jfr *fifteen* m. sammansättn.) **I** *räkn* elva **II** *s* **1** elva **2** sport. elva[mannalag]

elevenses [ɪˈlevnzɪz] vard. elvarast; förmiddagskaffe
eleventh [ɪˈlevnθ] elfte; elftedel; jfr *fifth*; *at the ~ hour* i elfte timmen
elf [elf] (pl. *elves*) mytol. alf; troll
elicit [ɪˈlɪsɪt, eˈl-] locka fram [*~ a reply*], få fram [*~ the truth*]; framkalla [*~ a protest*]
eligibility [ˌelɪdʒəˈbɪlətɪ] valbarhet; kvalifikation[er], lämplighet [*his ~ for* (för) *the post*]; berättigande
eligible [ˈelɪdʒəbl] **1** valbar [*~ for* (to) *an office*]; berättigad [*~ for* (till) *a pension*], kvalificerad [*~ for membership in a society*], lämplig; antagbar; tänkbar **2** passande [*an ~ spot*] **3** *an ~ young man* en eftertraktad ungkarl
eliminate [ɪˈlɪmɪneɪt, eˈl-] eliminera; få (ta) bort, rensa bort [*~ slang words from an essay*]; avskilja; utelämna, gå förbi [*~ a possibility*]; avskaffa, likvidera [*he ~d his opponents with ruthless cruelty*; *~ a debt*]; *~d* sport. utslagen
elimination [ɪˌlɪmɪˈneɪʃ(ə)n, eˌl-] **1** eliminering etc., jfr *eliminate* **2** sport. utslagning; *~ competition* utslagningstävling
élite [ɪˈliːt, eɪ-] elit; *the ~ of society* gräddan av societeten
elixir [ɪˈlɪksə] elixir; universalmedel
Elizabethan [ɪˌlɪzəˈbiːθ(ə)n] **I** *adj* elisabetansk från (under) Elisabet I:s tid **II** *s* elisabetan
elk [elk] **1** [europeisk] älg **2** nordam. kanadahjort, nordamerikansk vapiti
ellipse [ɪˈlɪps] geom. ellips
elliptical [ɪˈlɪptɪk(ə)l] **1** språkv. elliptisk, ellips- **2** geom. elliptisk
elm [elm] alm
elocution [ˌeləˈ(ʊ)ˈkjuːʃ(ə)n] talarkonst; diktion; recitation
elongate [ˈiːlɒŋɡeɪt] **I** *vb tr* förlänga; *~d* äv. långsträckt **II** *vb itr* förlängas; bli långsträckt
elope [ɪˈləʊp] rymma för att gifta sig
elopement [ɪˈləʊpmənt] rymning, jfr *elope*
eloquence [ˈelə(ʊ)kw(ə)ns] vältalighet
eloquent [ˈelə(ʊ)kw(ə)nt] vältalig; bildl. äv. uttrycksfull [*an ~ gesture*]
else [els] **1** annars [*I shouldn't have done it ~*]; [*or*] *~* annars (eljest) [så], för annars (eljest) [*run* [*or*] *~ you'll be late*], eller också [*he must be joking, or ~ he is mad*], i annat (motsatt) fall **2** (i gen.-förb. *~'s* [ˈelsɪz]) efter isht vissa pron. annan [t.ex. *anybody ~* (*~'s*)], annat [t.ex. *anything ~*; *much* (*a good deal*) *~*], andra [*everybody* (alla) *~*; *who* (vilka) *~?*], annars [*who* (vem) *~?*]; *everywhere ~* på alla andra ställen, överallt annars; *nowhere* (*somewhere, anywhere*) *~* ingen (någon) annanstans; *who ~ was there?* vem mer var där?

elsewhere [ˌelsˈweə] någon annanstans
elucidate [ɪˈluːsɪdeɪt, -ˈljuː-] klargöra, illustrera
elude [ɪˈluːd, -ˈljuːd] undkomma, undslippa [*~ one's pursuers*], undfly [*~ a danger*], [lyckas] väja undan för [*~ a blow*]
elusive [ɪˈluːsɪv, -ˈljuː-] svårfångad [*an ~ criminal*]; oåtkomlig, gäckande [*~ shadow*]; ogripbar; obestämbar [*~ rhythm*]; flyktig [*an ~ pleasure*]
elves [elvz] pl. av *elf*
emaciate [ɪˈmeɪʃɪeɪt, -ˈmeɪsɪ-] utmärgla; suga ut [*~ the soil*]
e-mail [ˈiːmeɪl] **I** *s* (förk. för *electronic mail*) e-post, elektronisk post, mejl **II** *vb tr* **1** skicka e-post (mejla) till **2** e-posta, skicka med e-post, mejla
emanate [ˈeməneɪt], *~ from* emanera från, komma från, utgå från [*letters emanating from headquarters*], härröra från, ha sitt ursprung i
emancipate [ɪˈmænsɪpeɪt, eˈm-] frige [*~ the slaves*], frigöra, emancipera; *an ~d woman* en emanciperad (frigjord) kvinna
emancipation [ɪˌmænsɪˈpeɪʃ(ə)n, eˌm-] frigivning, emancipation, frigörelse [*the ~ of women*]
emasculate [ɪˈmæskjʊleɪt] **1** förveklinga; stympa; urvattna **2** kastrera
embalm [ɪmˈbɑːm, em-] balsamera
embankment [ɪmˈbæŋkmənt, em-] **1** invallning, indämning **2** fördämning, [järnvägs]bank; kaj[anläggning] **3** i namn på gator längs Temsen i London [*the Victoria E~*]
embargo [ɪmˈbɑːɡəʊ, em-] **I** (pl. *~es*) *s* **1** a) embargo; på fartyg äv. kvarstad, handelsbojkott b) handelsförbud c) förbud, stopp, spärr; *~ on exports* exportförbud; *lift* (*raise, take off*) *an ~* häva ett embargo **2** blockad **II** *vb tr* **1** a) lägga embargo på b) införa förbud mot **2** beslagta, konfiskera
embark [ɪmˈbɑːk, em-] **I** *vb tr* inskeppa, ta ombord [*the ship* (*the airliner*) *~ed passengers and cargo*] **II** *vb itr* **1** embarkera **2** *~ on* inlåta sig i (på) [*~ on speculations*], inveckla sig i; ge sig in på [*~ on a difficult undertaking*], ge sig ut på [*~ on new adventures*]
embarkation [ˌembɑːˈkeɪʃ(ə)n] inskeppning, ilastning

embarrass [ɪm'bærəs, em-] göra förlägen (generad) [*the question ~ed him*]; förvirra
embarrassed [ɪm'bærəst, em-] **1** förlägen, generad [*feel ~*] **2** ~ [*by lack of money*] i penningknipa
embarrassing [ɪm'bærəsɪŋ, em-] pinsam [*an ~ situation*], genant
embarrassment [ɪm'bærəsmənt, em-] **1** förlägenhet **2** *financial ~s* ekonomiska problem (svårigheter) **3** besvär, svårighet; *a political ~* en politisk belastning
embassy ['embəsɪ] ambassad
embed [ɪm'bed, em-] **1** bädda in; mura in; bildl. lagra [*facts ~ded in one's memory*], inpränta **2** omge, omsluta
embellish [ɪm'belɪʃ] **1** försköna, [ut]smycka **2** bildl. brodera ut
ember ['embə] glödande kol[stycke]; pl. *~s* äv. glöd, glödande aska
embezzle [ɪm'bezl, em-] försnilla, förskingra
embezzlement [ɪm'bezlmənt, em-] försnillning, förskingring
embitter [ɪm'bɪtə, em-] göra bitter [*the loss of all his money ~ed the old man*], göra bittrare; förvärra; *~ a p.'s life* förbittra livet för ngn
emblem ['embləm, -lem] emblem, sinnebild, symbol [*an ~ of peace*], tecken
embodiment [ɪm'bɒdɪmənt, em-] **1** förkroppsligande; konkr. inkarnation; *an ~ of evil* det onda personifierat **2** utformning **3** införlivande; inbegripande
embody [ɪm'bɒdɪ, em-] **1** ge konkret form (uttryck) åt [*~ one's views in a speech*]; vara ett uttryck för; *be embodied in* ta form i, få uttryck i, vara uttryckt (sammanfattad) i **2** a) införliva b) inbegripa [*~ many new features*]
embolden [ɪm'bəʊld(ə)n, em-] göra djärv (djärvare); [in]ge mod
embolism ['embəlɪz(ə)m] med. emboli, blodpropp
embrace [ɪm'breɪs, em-] **I** *vb tr* **1** omfamna, krama **2** anta [*~ an offer*]; gripa [*~ an opportunity*]; gå över till [*~ Christianity*], anamma; hylla [*~ a principle*] **3** omfatta, innehålla; *it ~s every possibility* det täcker (innefattar) alla möjligheter **II** *vb itr* omfamna varandra, kramas **III** *s* omfamning, kram; *locked in an ~* tätt omslingrade
embroider [ɪm'brɔɪdə, em-] **1** brodera **2** bildl. brodera ut [*~ a story*]
embroidery [ɪm'brɔɪd(ə)rɪ, em-] **1** broderi; brodering; *~ frame* broderbåge **2** bildl. utbrodering
embroil [ɪm'brɔɪl, em-] dra in [*~ a nation in a war*]; *~ oneself in* bli invecklad (inblandad) i
embryo ['embrɪəʊ] (pl. *~s*) **1** embryo; bot. äv. växtämne; ofullgånget foster **2** bildl. frö; *in ~* outvecklad, i vardande, i sin linda, blivande [*a poet in ~*], in spe [*a diplomat in ~*]
emend [ɪ'mend] o. **emendate** ['i:mendeɪt, -mən-] emendera, korrigera text
emerald ['emər(ə)ld] smaragd; smaragd- [*~ green*], smaragdfärgad; *the E~ Isle* den gröna ön Irland
emerge [ɪ'mɜ:dʒ] **1** dyka upp [*~ from* (ur) *the sea*]; komma fram (ut); utveckla sig **2** uppstå [*a new situation has ~d*], komma upp, inställa sig [*a new problem has ~d*]; visa sig, komma fram [*it ~d that...*]; *emerging nations* nationer under utveckling
emergence [ɪ'mɜ:dʒ(ə)ns] uppdykande [*the ~ of new states*]
emergency [ɪ'mɜ:dʒ(ə)nsɪ] **1** nödläge, tvångsläge, kris, kritiskt (svårt) läge, kritisk (svår) situation; oförutsedd händelse; *against* (*for*) *an ~* för alla eventualiteter; *proclaim a state of ~* proklamera undantagstillstånd **2** reserv-; nöd- [*~ landing*]; tvångs- [*~ situation*]; provisorisk; *~ brake* nödbroms; *~ ward* akutmottagning, olycksfallsavdelning på sjukhus
emergent [ɪ'mɜ:dʒ(ə)nt] uppdykande; frambrytande [*~ rays*], framträngande; som är under utveckling [*the ~ countries of Africa*]
emery board ['emərɪbɔ:d] sandpappersfil
emery paper ['emərɪ,peɪpə] smärgelpapper
emetic [ɪ'metɪk] med. **I** *adj* som framkallar kräkning **II** *s* kräkmedel
emigrant ['emɪgr(ə)nt] **I** *s* utvandrare **II** *adj* utvandrar-; utvandrande
emigrate ['emɪgreɪt] utvandra
emigration [ˌemɪ'greɪʃ(ə)n] utvandring
émigré ['emɪgreɪ] [politisk] emigrant, flykting
eminence ['emɪnəns] **1** högt anseende, berömmelse [*win ~ as a scientist*]; framstående skicklighet **2** *His* (*Your*) *E~* Hans (Ers) Eminens om (till) en kardinal
eminent ['emɪnənt] **1** framstående [*an ~ lawyer*]; hög, högtstående; utomordentligt skicklig **2** om egenskaper, tjänster o.d. utomordentlig [*~ sagacity*; *~ services*], enastående [*~ success*], utmärkt

eminently ['emɪnəntlɪ] i högsta grad [~ *qualified*]; särdeles, synnerligen
emirate ['em(ə)rət] emirvärdighet; emirat
emissary ['emɪs(ə)rɪ] emissarie
emission [ɪ'mɪʃ(ə)n, iː'm-] **1** utsändande; utstrålning [~ *of light*], avgivande [~ *of heat*] **2** emission [~ *of shares*], utgivning [~ *of bank notes*]
emit [ɪ'mɪt, iː'm-] **1** sända ut, avge [~ *heat*], sprida [~ *light*], ge ifrån sig [~ *an odour*], spy ut [*a volcano ~s smoke and ashes*]; avsöndra **2** utstöta [~ *a cry*] **3** emittera, ge ut [~ *shares*], släppa ut [~ *bank notes*]
emolument [ɪ'mɒljʊmənt, e'm-] [extra] löneförmån [*salary £20,000 with no ~s*], [bi]inkomst
emotion [ɪ'məʊʃ(ə)n] **1** [sinnes]rörelse **2** [stark] känsla [~ *of joy* (*hatred, fear*)]; psykol. emotion; [känslo]stämning
emotional [ɪ'məʊʃənl] **1** känslo- [~ *life*; ~ *thinking*], känslomässig, emotionell **2** lättrörd [*an ~ woman*]; känslosam
emotive [ɪ'məʊtɪv] känslobetonad
empathy ['empəθɪ] psykol. empati
emperor ['emp(ə)rə] **1** kejsare **2** ~ [*moth*] zool. påfågelspinnare
emphas|is ['emfəs|ɪs] (pl. *-es* [-iːz]) eftertryck [*with ~*], emfas; tonvikt, betoning [*on* på]; betonande [*on* av], insisterande [*on* på]; *put* (*lay*) ~ *on* el. *give ~ to* lägga tonvikt[en] (huvudvikten) på
emphasize ['emfəsaɪz] med eftertryck (starkt, särskilt) betona, framhäva, poängtera
emphatic [ɪm'fætɪk, em-] **1** eftertrycklig, bestämd [*an ~ no*; *an ~ protest*], emfatisk; uttrycklig [*an ~ guarantee*]; kraftfull [*an ~ speech*]; definitiv [*an ~ success*] **2** starkt (kraftigt) betonad [*an ~ word*]; *be ~ about* trycka på, betona
emphatically [ɪm'fætɪk(ə)lɪ, em-] eftertryckligt etc., jfr *emphatic*; eftertryckligen, med eftertryck; alldeles särskilt [*in this case it was ~ so*]
empire ['empaɪə] a) kejsardöme, kejsarrike [*the Roman ~*] b) imperium [äv. friare: *an oil ~*], världsvälde, världsrike; *the* [*British*] *E~* hist. Brittiska imperiet; *the E~ State Building* känd skyskrapa i New York
empirical [em'pɪrɪk(ə)l] empirisk
employ [ɪm'plɔɪ, em-] **I** *vb tr* **1** sysselsätta; anställa, anlita [~ *a lawyer*]; *be ~ed by* vara anställd (ha arbete) hos; *the ~ed* de anställda, löntagarna **2** använda [sig av]; *his time is fully ~ed in...* han ägnar all sin tid åt [att]... **II** *s, in a p.'s ~* el. *be in the ~ of* äv. ha arbete hos; *take a p. into one's ~* anställa ngn
employee [ˌemplɔɪ'iː, em'plɔɪiː] arbetstagare, löntagare; *~s* äv. personal
employer [ɪm'plɔɪə, em-] arbetsgivare; chef; företagare
employment [ɪm'plɔɪmənt, em-] **1** sysselsättning äv. ekon. [*full ~*]; arbete [*when I could get ~*]; anställning [*seek* (*look* [*out*] *for*) *~*]; anställande; *~ office* (privat *agency*) arbetsförmedling[sbyrå]; *Secretary of State for E~* britt., ung. arbetsmarknadsminister **2** användning, användande
empower [ɪm'paʊə, em-] **1** bemyndiga **2** göra det möjligt för
empress ['emprəs] kejsarinna
emptiness ['em(p)tɪnəs] **1** tomhet; brist [~ *of* (på) *content*] **2** bildl. innehållslöshet; fåfänglighet, intighet [*the ~ of earthly things*]
empty ['em(p)tɪ] **I** *adj* **1** tom i div. bet.; folktom [~ *streets*]; *on an ~ stomach* på fastande mage; *~ vessels make the greatest noise* (*sound*) tomma tunnor skramlar mest **2** bildl. a) tom [~ *words*], ihålig [~ *phrases*, ~ *compliments*], innehållslös b) om pers. enfaldig **II** *s* tomglas, tomflaska; tomkärl; tomlåda **III** *vb tr* **1** a) tömma [~ *a bucket*]; länsa; lasta av [~ *a lorry*]; evakuera [~ *a city*] b) hälla [~ *the water into* (i) *the bucket*]; ~ [*out*] a) tömma [ur] [~ [*out*] *a drawer*], hälla ur b) tömma (hälla, slå) ut [~ [*out*] *the contents*] **2** ~ *oneself* om flod falla ut [*into* i] **IV** *vb itr* **1** om flod falla ut **2** a) tömmas [*the cistern empties slowly*; *the room emptied quickly*], bli tom b) rinna ut [*the water empties slowly*]
empty-handed [ˌem(p)tɪ'hændɪd] tomhänt
empty-headed [ˌem(p)tɪ'hedɪd] dum, enfaldig
emulate ['emjʊleɪt] tävla med, ta efter
emulsion [ɪ'mʌlʃ(ə)n] kem. emulsion
enable [ɪ'neɪbl, e'n-], ~ *a p. to* göra det möjligt (möjliggöra) för ngn att, ge ngn möjlighet (rätt) att, tillåta ngn att [*this legacy ~d him to retire*], befullmäktiga (bemyndiga) ngn att
enact [ɪ'nækt, e'n-] **1** anta [~ *a new tax law*]; stadga [*as by law ~ed*], föreskriva **2** teat. spela; uppföra ett stycke **3** utspela [*the murder was ~ed in...*]; utföra en ceremoni
enamel [ɪ'næm(ə)l] **I** *s* **1** emalj; glasyr; [*dental*] ~ [tand]emalj **2** konst. emaljarbete **3** lackfärg [äv. ~ *paint*];

[färgat] nagellack **II** *vb tr* **1** emaljera; glasera lerkärl; ge ngt en glansig yta genom överdragning med emaljliknande ämne **2** måla med lackfärg; lackera

enamoured [ɪˈnæməd, eˈn-] förälskad, betagen

encampment [ɪnˈkæmpmənt, en-] **1** lägerplats; läger **2** förläggande i läger [*the ~ of the troops*]; kamperande

encase [ɪnˈkeɪs, en-] **1** innesluta **2** omge

enchant [ɪnˈtʃɑːnt, en-] **1** förhäxa; förtrolla [*the ~ed palace*] **2** tjusa; *be ~ed with* (*by*) vara förtjust i (över), vara hänförd över

enchanting [ɪnˈtʃɑːntɪŋ, en-] bedårande, förtrollande

enchantment [ɪnˈtʃɑːntmənt, en-] **1** förtrollning, förhäxning **2** trollkraft **3** tjusning **4** förtjusning

encircle [ɪnˈsɜːkl, en-] **1** omge [*a lake ~d by trees*], inneslut, omsluta; omringa [*~d by enemy forces*] **2** kretsa kring

enclose [ɪnˈkləʊz, en-] **1** inhägna; *~d with walls* kringbyggd med murar **2** i brev o.d. bifoga, inneslut [*I'll ~ your letter with* (i samma kuvert som) *mine*]; *we ~* (*beg to ~* el. *are sending you ~d*) [*a price list*] härmed översändes...; *~d please find* (*~d is*) [*a price list*] härmed bifogas; *the ~d* [*letter*] bifogade (bilagda, medföljande) brev, inneliggande [brev] **3** stänga in [*~ an army*] **4** omge [*the house was ~d on all sides by tall blocks of flats*]

enclosure [ɪnˈkləʊʒə, en-] **1** bilaga till brev **2** inhägnad; gård; på kapplöpningsbana ung. sadelplats

encompass [ɪnˈkʌmpəs, en-] **1** omge [*~ed by his faithful guard*], omringa; omsluta **2** omfatta, omspänna; *~ing* äv. övergripande

encore [ɒŋˈkɔː, ss. subst. o. vb äv. ˈ--] **I** *interj*, *~!* dakapo!, om igen!, en gång till!, mera! **II** *vb tr* **1** begära dakapo av [*the audience ~d the song*] **2** ropa dakapo åt [*the audience ~d the singer*] **III** *s* **1** extranummer [*give* (*sing*) *an ~*], dakapo[nummer]; upprepning **2** inropning; *he got an ~* han blev inropad för att ge (han fick ge) ett extranummer

encounter [ɪnˈkaʊntə, en-] **I** *vb tr* **1** råka [*I ~ed an old friend on the train*] **2** möta [*~ resistance*], stöta på [*~ problems*], råka ut för [*~ difficulties*] **3** träffa på [och angripa] [*enemy patrols were ~ed and driven back*], drabba samman med **II** *s* **1** [kort] möte **2** sport. o.d. möte; mil. sammanstötning, drabbning **3** *~ group* psykol. encountergrupp, sensi[tivitets]träningsgrupp

encourage [ɪnˈkʌrɪdʒ, en-] uppmuntra; egga, animera; gynna [*~ commerce*], [under]stödja, främja

encouragement [ɪnˈkʌrɪdʒmənt, en-] uppmuntran; eggelse; främjande; *I gave him no ~* jag uppmuntrade honom inte

encroach [ɪnˈkrəʊtʃ, en-] inkräkta [*~ on a p.'s time* (*rights*)]; *the sea is ~ing* [*up*]*on the land* havet erövrar mer och mer land

encumber [ɪnˈkʌmbə, en-] **1** tynga [ner], belasta; besvära, hindra [*be ~ed with* (av) *a long cloak*]; [*she was*] *~ed with parcels* ...överlastad med paket **2** *~ed with debts* tyngd av skulder, skuldsatt **3** belamra [*a room ~ed with furniture*]; överhopa, överfylla

encyclopaedia [enˌsaɪklə(ʊ)ˈpiːdjə, ɪnˌsaɪk-] encyklopedi; *a walking ~* ett levande lexikon

end [end] **I** *s* **1** slut; avslutning; ände; *go off the deep ~* vard. bli rasande, brusa upp; *no ~ of trouble* vard. en förfärlig massa besvär; *make* [*both*] *~s meet* få det att gå ihop
be at an ~ vara slut; vara förbi (ute) [*all hope is at an ~*]; *at the ~* vid (i, på) slutet; till sist, till slut; *I am at the ~ of* [*my patience*] det är slut med...
in the ~ till slut; i längden; när allt kom[mer] omkring
on ~ a) på ända b) i sträck [*two hours on ~*], i ett kör; [*it rained*] *for days on ~* ...flera dagar i rad; *his hair stood on ~* håret reste sig på hans huvud
to the bitter ~ till det bittra slutet, in i det sista; *to the very ~* ända till slutet; *bring to an ~* avsluta, sluta, få (göra) slut på **2** [sista] bit, stump; ända av garn o.d. **3** mål [*with this ~ in view*], ändamål, syfte; *an ~ in itself* ett självändamål; *the ~ justifies the means* ändamålet helgar medlen **II** *vb tr* sluta; göra slut på [*~ the dispute*] **III** *vb itr* sluta [*the road ~s here*], avslutas; avlöpa [*the affair ~ed* [*up*] *happily*]; *all's well that ~s well* slutet gott, allting gott

endanger [ɪnˈdeɪn(d)ʒə, en-] utsätta för fara, äventyra [*~ one's chances of success*], blottställa; *~ one's life* utsätta sig för livsfara, riskera livet

endear [ɪnˈdɪə, en-] göra omtyckt; *he ~ed himself to them* han vann deras tillgivenhet

endearing [ɪnˈdɪərɪŋ, en-] vinnande [*an ~ smile*; *~ qualities*; *~ ways* (väsen)], älskvärd

endearment [ɪnˈdɪəmənt, en-]

ömhetsbetygelse; *term of* ~ smeksamt uttryck, smekord
endeavour [ɪn'devə, en-] **I** *vb itr* sträva, bemöda sig, försöka **II** *s* strävan [*to do*]; *make every* ~ *to* anstränga sig på alla sätt för att
endemic [en'demɪk] **I** *adj* med., bot. el. zool. endemisk **II** *s* med. endemi
ending ['endɪŋ] **1** slut, avslutning; avslutningsfras; *happy* ~ lyckligt slut, happy end **2** gram. ändelse
endive ['endɪv, isht amer. -daɪv] **1** frisésallat, chicorée frisée **2** amer. endiv **3** cikoria[rot]
endless ['endləs] ändlös, gränslös [~ *patience*], utan slut; oupphörlig
endorse [ɪn'dɔːs, en-] **1** skriva sitt namn på baksidan av, skriva på, endossera [~ *a cheque*], göra en anteckning på baksidan av; teckna på [~ *a bill*]; skriva [*he* ~*d his name on the cheque*] **2** *his driving licence was* ~*d* han fick en anteckning om trafikförseelse (han fick en prickning) i körkortet **3** bildl. skriva under på [*I* ~ *everything you said*], stödja [~ *a plan*, ~ *a statement*], bekräfta **4** uttala sig gillande om
endorsement [ɪn'dɔːsmənt, en-] **1** hand. endossering; anteckning på baksidan av en handling o.d.; påskrift; endossement **2** anteckning i körkort om trafikförseelse; prickning **3** bildl. stöd, bekräftelse **4** godkännande; reklam
endow [ɪn'daʊ, en-] **1** förse med inkomster genom donationer, donera driftskapital till [~ *a school*], donera pengar till **2** bildl. begåva [*be* ~*ed by nature with great talents*]
endowment [ɪn'daʊmənt, en-] **1** donerande **2** donation **3** kapitalbelopp vid försäkring; ~ *insurance* kapitalförsäkring **4** begåvning; pl. ~*s* anlag [*natural* ~*s*], [natur]gåvor
end product ['end,prɒdʌkt] slutprodukt; bildl. äv. resultat
endurable [ɪn'djʊərəbl, en-] uthärdlig, dräglig
endurance [ɪn'djʊər(ə)ns, en-] **1** uthållighet [äv. *power*[*s*] *of* ~]; *show* ~ äv. vara uthållig; ~ *test* uthållighetsprov **2** uthärdande; *it is beyond* (*past*) ~ det är mer än man kan stå ut med, det är outhärdligt **3** hållbarhet; varaktighet
endure [ɪn'djʊə, en-] **I** *vb tr* uthärda [~ *pain*], [få] utstå [~ *hardships*], lida [~ *a loss*], få tåla; stå emot slitningar o.d.; *I can't* ~ *him* jag tål honom inte **II** *vb itr* **1** räcka; stå sig, bestå [*his work will* ~]

2 hålla ut [*we must* ~ *to the end*]; *I can't* ~ *much longer* jag står inte ut länge till **3** vara hållbar
enduring [ɪn'djʊərɪŋ, en-] **1** varaktig [*an* ~ *peace*], bestående [~ *value*] **2** tålmodig
enema ['enəmə] med. **1** lavemang **2** ~ [*syringe*] lavemangsspruta
enemy ['enəmɪ] **I** *s* fiende; *make an* ~ *of* bli ovän med, få en ovän (fiende) i **II** *attr adj* fientlig [~ *aircraft*]
energetic [,enə'dʒetɪk] energisk [*an* ~ *leader*]; eftertrycklig; ~ *measures* kraftåtgärder
energy ['enədʒɪ] energi äv. fys.; kraft; handlingskraft; ork; eftertryck; pl. *energies* energi, kraft[er] [*devote all one's energies to a task*]; ~ *forest* energiskog
energy-saving ['enədʒɪ,seɪvɪŋ] energisparande
enervate [ss. vb 'enəveɪt, ss. adj. ɪ'nɜːvət] försvaga [*heat* ~*s people*]
enforce [ɪn'fɔːs, en-] **1** upprätthålla (vidmakthålla) respekten för [~ *law and order*], [med maktmedel] upprätthålla [~ *discipline*], göra gällande; driva igenom [~ *one's principles*]; ~ *the rules* se till (övervaka) att reglerna efterlevs **2** tvinga fram [*the situation has* ~*d restrictions*]; tilltvinga sig; ~ *a th.* [*up*]*on a p.* påtvinga ngn ngt
enforcement [ɪn'fɔːsmənt, en-] **1** upprätthållande [*the* ~ *of law and order*], genomdrivande [*the* ~ *of one's principles*], tillämpning [~ *of a law*] **2** framtvingande [~ *of an action*]
engage [ɪn'geɪdʒ, en-] **I** *vb tr* (jfr *engaged*) **1 a)** anställa [~ *a servant*, ~ *a clerk*], anta [i sin tjänst] **b)** beställa [~ *a room at a hotel*], reservera [~ *seats*], tinga **2** i pass. *be* ~*d* förlova sig [*they were* ~*d last week*]; jfr *engaged 2* **3** sysselsätta [*the repair job* ~*d him all day*] **4** uppta [*work* ~*s much of his time*], ta i anspråk **5** mil.: **a)** sätta in [i strid] **b)** ta upp kampen med, anfalla [*our army* ~*d the enemy*] **6** tekn. koppla ihop (in) kugghjul; ~ *the clutch* släppa upp koppling[spedal]en; ~ [*the*] *first gear* lägga i ettan[s växel] **II** *vb itr* **1** åta (förbinda, utfästa, förplikta) sig [*he* ~*d to provide the capital*] **2** ~ *in* engagera sig i [*he* ~*s in politics*], ägna sig åt [*he* ~*s in business*], inlåta sig i (på), ge (kasta) sig in i; delta i **3** ~ *with* inlåta sig i (börja) strid med (mot) **4** tekn., om kugghjul o.d. gripa in i varandra; gripa (passa) in [*the teeth* (kuggarna) *of one wheel* ~ *with those of the other*]
engaged [ɪn'geɪdʒd, en-] **1 a)** upptagen

183

[*he is ~ at the moment; the rooms are all ~*; tele.: *the number (line) is ~*]; ~ på t.ex. toalettdörr upptaget **b)** *be ~ in* delta i **2** förlovad; [*two ~ couples*]; *be ~* a) vara förlovad b) förlova sig, ingå förlovning [äv. *become ~*]

engagement [ɪn'geɪdʒmənt, en-] **1** förbindelse, förpliktelse; engagemang; avtal; [avtalat] möte; *~ diary* noteringskalender; planeringskalender **2** förlovning; *~ ring* förlovningsring ofta med diamant **3** anställning [*~ as secretary*], engagemang [*a lucrative ~*]

engaging [ɪn'geɪdʒɪŋ, en-] vinnande [*an ~ smile*; *~ manners*], sympatisk

engender [ɪn'dʒendə, en-] föda [*hatred ~s violence*], framkalla [*~ fear*], avla

engine ['en(d)ʒɪn] **1** motor [*motor-car ~, petrol ~*], maskin; *aircraft ~* flygmotor **2** lok[omotiv]; *~ shed* lokstall

engine-driver ['en(d)ʒɪn,draɪvə] lokförare

engineer [,en(d)ʒɪ'nɪə] **I** *s* **1** ingenjör; tekniker; mekaniker; maskiningenjör [äv. *mechanical ~*]; *hydraulic ~* vattenbyggnadsingenjör **2 a)** sjö. maskinist; *chief ~* maskinchef **b)** amer. lokförare **3** anstiftare, upphovsman **II** *vb tr* **1** som ingenjör vara med om att bygga (anlägga) **2** vard. genomföra, göra upp [*~ a scheme*], anstifta [*~ a plot*], skickligt leda [*~ an election campaign*], manövrera

engineering [,en(d)ʒɪ'nɪərɪŋ] **1** ingenjörsvetenskap [äv. *science of ~*], ingenjörskonst [*a triumph of* (för) *~*], teknik; maskinindustri, verkstadsindustri [äv. *~ industry*]; maskinteknik, maskinbygge [äv. *mechanical ~*]; *~ workshop* mekanisk verkstad; *Master of E~* ung. civilingenjör **2** vard. manövrerande

engine room ['en(d)ʒɪnruːm] maskinrum; maskin- [*~ telegraph*]

England ['ɪŋglənd, -ŋl-] England Skottland, Nordirland och Wales ingår inte

English ['ɪŋglɪʃ, -ŋl-] **I** *adj* engelsk; *~ breakfast* engelsk frukost ofta med bacon och ägg m.m. **II** *s* **1** engelska [språket]; *the King's (Queen's) ~* ung. riktig (korrekt) engelska **2** *the ~* engelsmännen

English|man ['ɪŋglɪʃ|mən, -ŋl-] (pl. *-men* [-mən]) engelsman

English|woman ['ɪŋglɪʃ|,wʊmən, -ŋl-] (pl. *-women* [-,wɪmɪn]) engelska

engrave [ɪn'greɪv, en-] **1** [in]gravera **2** bildl. inprägla; *his words are ~d on my mind (memory)* hans ord står outplånligt inristade i mitt minne

engraving [ɪn'greɪvɪŋ, en-] **1** [in]gravering äv. konkr. **2** gravyr, stick

engross [ɪn'grəʊs, en-] **1** uppta [*this work ~ed him completely*], ta i anspråk, lägga beslag på; *be ~ed in* vara försjunken i, vara helt upptagen av, gå helt upp i; *~ing* adj. fängslande, spännande [*an ~ing novel*] **2** pränta

engulf [ɪn'gʌlf, en-] **1** [upp]sluka [*a boat ~ed in* (av) *the sea (waves)*] **2** *~ oneself in* begrava sig i [*he ~ed himself in his studies*]

enhance [ɪn'hɑːns, en-, -'hæns] höja, öka [*~ the value of a th.*], förhöja [*the light ~d her beauty*]

enigma [ɪ'nɪgmə, e'n-] gåta; mysterium

enigmatic [,enɪg'mætɪk] o. **enigmatical** [,enɪg'mætɪk(ə)l] gåtfull, dunkel

enjoy [ɪn'dʒɔɪ, en-] **1** njuta av [*~ a good dinner; ~ the fine weather*], tycka om [*he ~s good food*]; finna nöje i; ha roligt (trevligt) på [*did you ~ the party?*]; *I am ~ing it here* jag trivs här, jag tycker det är trevligt (roligt) här; *I ~ed my food* jag tyckte maten var god, jag tyckte om maten **2** åtnjuta [*~ good health*], ha [*~ a good income*], äga, vara i besittning av **3** *~ oneself* ha trevligt (roligt) [*did you ~ yourself at the party?*], roa sig; ha det skönt (härligt); *~ yourself!* ha det så trevligt!, mycket nöje!

enjoyable [ɪn'dʒɔɪəbl, en-] njutbar [*a very ~ film*], behaglig

enjoyment [ɪn'dʒɔɪmənt, en-] **1** njutning; nöje [*hunting is his greatest ~*], glädje **2** åtnjutande

enlarge [ɪn'lɑːdʒ, en-] **I** *vb tr* förstora [upp] [*~ a photo*], [ut]vidga [*~ a hole*], utöka; bygga ut, bygga till (ut) [*~ one's house*]; vidga [*~ one's mind* (sina vyer)] **II** *vb itr* **1** förstoras; växa sig större; *will this print ~ well?* blir det bra om man förstorar den här bilden? **2** *~ [up]on* orda vitt och brett om, breda ut sig över [*~ [up]on a subject*]

enlargement [ɪn'lɑːdʒmənt, en-] förstorande äv. konkr. [*make an ~ from a negative*]; utvidgning

enlighten [ɪn'laɪtn, en-] upplysa, ge [närmare] upplysningar [*~ a p. on a subject*]; ge information [*television should ~ people*], göra upplyst

enlightenment [ɪn'laɪtnmənt, en-] upplysning, insikt; *the [Age of] E~* upplysningstiden

enlist [ɪn'lɪst, en-] **I** *vb tr* **1** mil. värva [*~ recruits*], enrollera; *~ed man* amer. menig

2 bildl. söka få [~ *a p.'s help*], ta i anspråk **II** *vb itr* mil. ta värvning
enlistment [ɪn'lɪstmənt, en-] mil. värvning; inskrivning
enliven [ɪn'laɪvn, en-] liva [upp]
enmity ['enmətɪ] fiendskap; fientlig inställning, illvilja
ennoble [ɪ'nəʊbl, e'n-] adla; bildl. äv. förädla
enormity [ɪ'nɔ:mətɪ], *the ~ of* det oerhörda (avskyvärda, ohyggliga) i [*the ~ of the crime*]
enormous [ɪ'nɔ:məs] enorm [*~ length*], jättelik [*~ profits*]
enough [ɪ'nʌf, ə'nʌf] (ss. adv. endast efter det ord det bestämmer) **1** nog, tillräckligt; *~ money* el. *money ~* nog (tillräckligt) med pengar, pengar nog, pengar så det räcker; *just ~* alldeles lagom [med]; *that's ~!* nu får det [verkligen] vara nog; *~ of* nog (tillräckligt) av [*have ~ of everything*], nog (tillräckligt) med; *will you be kind ~ to...* vill du vara vänlig och... **2** ganska, riktigt [*a good ~ man in his way*]; *he is clever ~* han är inte dum, det är huvud på honom **3** *oddly ~* egendomligt nog; *sure ~* alldeles säkert; mycket riktigt [*it was Mr. A., sure ~*], minsann
enquire [ɪn'kwaɪə, en-] se *inquire*
enquiry [ɪn'kwaɪərɪ, en-, amer. äv. 'ɪŋkwərɪ] se *inquiry*
enrage [ɪn'reɪdʒ, en-] göra rasande (ursinnig)
enraged [ɪn'reɪdʒd, en-] rasande, ursinnig
enrich [ɪn'rɪtʃ, en-] **1** göra rik[are]; berika [*many foreign words have ~ed the English language*] **2** göra fruktbar[are] [*compost ~es the soil*], göda **3** berika livsmedel; *~ed with vitamins* vitaminberikad **4** anrika [*~ed uranium*]
enrichment [ɪn'rɪtʃmənt, en-] **1** berikande **2** anrikning
enroll [ɪn'rəʊl, en-] **I** *vb tr* **1** isht mil. enrollera; sjö. mönstra på; värva; föra in (upp), skriva upp [*the secretary ~ed our names*], skriva in [*he was ~ed for military service*]; ta emot (in) [*the university has ~ed 20,000 students*] **2** ta in, uppta t.ex. i ett sällskap [*~ a p. in* (*~ a p. as a member of*) *a society*]; *~ oneself* skriva in sig, gå in [*in* i] **II** *vb itr* [låta] enrollera sig; skriva in sig
enrolment [ɪn'rəʊlmənt, en-] **1** enrollering; påmönstring; inskrivning **2** register; urkund
ensemble [ɑ:n'sɑ:mbl] **1** helhet; helhetsintryck **2** om kläder ensemble **3** mus. el. teat. ensemble

enshrine [ɪn'ʃraɪn, en-] lägga [ned] en relik o.d. i ett skrin; förvara; innesluta, omsluta
ensign ['ensaɪn; i bet. *1* inom brittiska flottan o. i bet. *3* 'ensn] **1** [national]flagga; fana; baner, standar; vimpel **2** märke; symbol [*an ~ of authority*] **3** amer. (sjö.) fänrik
enslave [ɪn'sleɪv, en-] förslava ofta bildl.; göra till [en] slav (till slavar); underkuva; *be ~d by one's passions* vara slav under sina passioner
ensue [ɪn'sju:, en-] **1** följa [därpå (därefter)]; inträda; *ensuing* [på]följande [*the ensuing week*]; *the ensuing ages* eftervärlden **2** bli följden, följa; uppstå
ensure [ɪn'ʃʊə, en-] **1** tillförsäkra; säkerställa, trygga [*~ victory, ~ peace*]; *~ that...* se till att... **2** garantera, [an]svara för **3** skydda [*~ oneself against loss*]
entail [ɪn'teɪl, en-, ss. subst. äv. 'enteɪl] *vb tr* **1** medföra, vara förenad med [*your plans ~ great expense*], nödvändiggöra [*this will ~ an early start*] **2** *~ a th. on a p.* pålägga ngn ngt
entangle [ɪn'tæŋgl, en-] **1** trassla (snärja) in [*the cow ~d its horns in the branches*]; *be* (*get* [*oneself*]) *~d* äv. trassla (snärja, sno) in sig **2** trassla ihop; *be* (*get*) *~d* äv. trassla [ihop] sig, sno sig [*threads are easily ~d*] **3** trassla till [*the kitten ~d the ball of wool*] **4** snärja; *get ~d in* bli invecklad (indragen) i [*he got ~d in a lawsuit* (process)]
enter ['entə] **I** *vb itr* **1** gå in, komma in **2** anmäla sig; ställa upp [*two days before the race he decided not to ~*] **3** *~ into*:
a) gå (tränga) in i [*we ~ed into the forest*]
b) ge sig in i (på) [*~ into a discussion*], ta upp [*~ into business relations*], påbörja [*~ into negotiations*], öppna [*~ into a correspondence with a p.*] **c)** gå in på (i) [*~ into details*] **d)** ingå i [*this did not ~ into our plans*] **4** *~* [*up*]*on*: **a)** slå in på [*~* [*up*]*on a new career* (bana)]; *~* [*up*]*on one's duties* tillträda tjänsten **b)** inlåta sig i (på) [*~* [*up*]*on an undertaking*], gå (komma) in på [*~* [*up*]*on a discussion*]; påbörja, börja [*~* [*up*]*on negotiations*] **c)** ingå, träffa [*~* [*up*]*on an agreement*]
II *vb tr* **1** gå in i, träda in i [*~ a house*], stiga in i [*~ a room*]; mil. tåga (rycka) in i [*~ a town*]; fara (resa) in i; köra in i [*the train ~ed a tunnel*]; tränga in i [*the bullet ~ed the flesh*]; stiga upp i (på), stiga på [*~ a bus*; *~ a train*]; gå in vid [*~ the army*], skriva in sig i [*~ a club*]; *it never ~ed my head* (*mind*) det föll mig aldrig in **2** anteckna, skriva upp (in) [*~ a name on a list*]; bokföra **3** inge [*~ a*

protest]; anmäla [*~ a horse for* (till) *a race*]; *~ oneself* (*one's name*) *for* anmäla sig till

enteritis [ˌentə'raɪtɪs] med. enterit

enterprise ['entəpraɪz] **1** [svårt (djärvt)] företag **2** [affärs]företag **3** företagsamhet [*private ~*]; företagaranda, driftighet; *he is a man of great ~* han är mycket företagsam (initiativrik, driftig)

enterprising ['entəpraɪzɪŋ] företagsam

entertain [ˌentə'teɪn] **I** *vb tr* **1** ha ngn [hemma] som gäst; bjuda, förpläga; *~ some friends to* (at amer.) *dinner* ha några vänner [hemma] på middag **2** underhålla [*~ the company with card tricks*] **3** ta under övervägande [*~ a proposal*]; *~ favourably* uppta gynnsamt (positivt) **4** hysa [*~ hopes, ~ designs* (planer)], nära, umgås med **II** *vb itr* ha gäster [*she loved to talk, dance and ~*], ha bjudningar; *they ~ a good deal* de har ofta (mycket) gäster (bjudningar)

entertainer [ˌentə'teɪnə] entertainer, underhållare; *he is a great ~ at parties* ung. han är en stor sällskapstalang

entertaining [ˌentə'teɪnɪŋ] underhållande

entertainment [ˌentə'teɪnmənt] **1** a) förplägnad, traktering; härbärgerande b) representation; *~ allowance* representationskonto **2** underhållning; offentlig [nöjes]tillställning; *~ tax* nöjesskatt **3** övervägande [*the ~ of the proposal*]; dryftande av en fråga; hysande av planer

enthrall [ɪn'θrɔːl, en-] **1** hålla trollbunden [*~ one's audience*], trollbinda, fängsla [*enthralled by the story*]

enthralling [ɪn'θrɔːlɪŋ, en-] fängslande

enthuse [ɪn'θjuːz, en-] **I** *vb itr* bli entusiastisk (begeistrad), bli eld och lågor **II** *vb tr* entusiasmera

enthusiasm [ɪn'θjuːzɪæz(ə)m, en-] entusiasm, hänförelse, iver; passion [*hunting is his latest ~*]

enthusiast [ɪn'θjuːzɪæst, en-] entusiast [*a sports ~*]

enthusiastic [ɪnˌθjuːzɪ'æstɪk, en-] entusiastisk, begeistrad

entice [ɪn'taɪs, en-] locka, lura

enticement [ɪn'taɪsmənt, en-] lockelse, frestelse; lockmedel

entire [ɪn'taɪə, en-] **1** hel [*the ~ day*; *the ~ responsibility*], fullständig [*have the ~ control of a th.*], total, odelad [*he enjoys our ~ confidence*], oavkortad; hel och hållen, i sin helhet [*reprint the article ~*]; [*I have read*] *the ~ works of Shakespeare* ...Shakespeares samtliga verk **2** hel

entirely [ɪn'taɪəlɪ, en-] helt [och hållet]

entirety [ɪn'taɪərətɪ, ɪn'taɪətɪ, en-] helhet [*in its ~*]; fullständighet

entitle [ɪn'taɪtl, en-] **1** betitla; rubricera; titulera; *a book ~d...* en bok med titeln... **2** berättiga [*~ a p. to [do] a th.*]; *~ a p. to* äv. ge ngn rätt till (att); *be ~d to* vara berättigad till (att), ha rätt till (att)

entity ['entətɪ] **1** enhet [*political ~*] **2** [enhetligt] begrepp **3** väsen

entrails ['entreɪlz] **1** inälvor **2** inre [delar] [*the ~ of a machine*]

1 entrance ['entr(ə)ns] **1** ingång [*the ~ to the house*], entré [*the main ~*]; uppgång; infart[sväg]; sjö. inlopp [*the ~ to* (*of*) *the harbour*]; [flod]mynning; början; *separate* (*private*) *~* egen ingång **2** inträde [*her ~ into the room*], inträdande; entré; intåg [*the ~ of the army into the city*]; sjö. inlöpande; *an impressive ~* en imponerande entré; *make one's ~* a) träda in, göra sin entré b) hålla sitt intåg **3** inträde [*~ into a club*]; *~ free* fritt inträde

2 entrance [ɪn'trɑːns, en-] hänföra, överväldiga [*~d with* (av) *joy*]

entrance fee ['entr(ə)nsfiː] **1** inträdesavgift **2** anmälningsavgift; inskrivningsavgift

entrance hall ['entr(ə)nshɔːl] hall, entré

entrant ['entr(ə)nt] **1** inkommande (inkommen) person [*every ~ was handed a card*]; nytillträdande **2** [anmäld] deltagare; aspirant

entreat [ɪn'triːt, en-] bönfalla [*~ a p. to do a th.*]

entreaty [ɪn'triːtɪ, en-] enträgen bön (begäran, anhållan) [*at my ~*], ivrig bön

entrecôte ['ɑːntrəkəʊt, ɒn-] kok. (fr.) entrecote

entrée ['ɑːntreɪ, ɒn-] kok. (fr.) a) entréerätt, förrätt b) rätt vid finare middag som serveras mellan fisk- och kötträtten c) isht amer. huvudrätt

entrepreneur [ˌɑːntrəprə'nɜː, ɒn-] **1** företagare; entreprenör **2** mellanhand

entrust [ɪn'trʌst, en-], *~ a th. to a p.* el. *~ a p. with a th.* anförtro ngn ngt (ngt åt ngn)

entry ['entrɪ] **1** inträde [*the ~ of China into* (i) *world politics*], inträdande; intåg [*the ~ of the troops into* (i) *the town*], inresa [*~ into* (till) *a country*]; inträngande; tillträde [*gain* (få) *~ to the club*]; *No E~* tillträde förbjudet!; trafik. förbud mot infart **2** isht amer. a) ingång [*the ~ to* (*of*) *a house*]; infart[sväg] [*the entries to* (*of*) *the city*] b) farstu **3** anteckning, notering [*an ~ in one's*

diary}, införande; [infförd] post; notis; **double** (*single*) ~ dubbel (enkel) bokföring **4** [insänt] tävlingsbidrag [äv. *competition* ~] **5** uppslagsord; artikel i lexikon el. uppslagsverk; **main** ~ huvudartikel **6** tulldeklaration; *port of* ~ tullhamn **7 a**) lista över [anmälda] deltagare (ekipage), deltagarlista [*the* ~ *for the race*], antal anmälda, deltagande [*there was a large* ~ *for the race*] **b**) anmäld deltagare; tävlande; *entries close* [*19th May*] anmälningstiden utgår...
entwine [ɪnˈtwaɪn, en-] **1** fläta (tvinna) ihop (samman) **2** vira om [~ *a th. round* (*about*) *another*]
enumerate [ɪˈnjuːməreɪt] **1** räkna upp [*he* ~*d all the counties of England*]; nämna **2** räkna
enunciate [ɪˈnʌnsɪeɪt, -nʃɪeɪt] **I** *vb tr* **1** uttala [*he* ~*s his words distinctly*] **2** formulera [~ *a new theory*], uppställa [~ *principles*]; uttrycka **II** *vb itr* artikulera; ~ *clearly* ha ett tydligt uttal
envelop [ɪnˈveləp, en-] svepa in [*a baby* ~*ed in a shawl*]; hölja [*hills* ~*ed in mist*]
envelope [ˈenvələʊp, ˈɒn-] kuvert
enviable [ˈenvɪəbl] avundsvärd
envious [ˈenvɪəs] avundsjuk; avundsam; missunnsam
environment [ɪnˈvaɪər(ə)nmənt, en-] **1** miljö, levnadsförhållanden, livsvillkor; förhållanden [*social, moral and religious* ~]; ~ *conference* miljövårdskonferens **2** omgivning[ar]
environmental [ɪnˌvaɪər(ə)nˈmentl, en-] miljöbetingad; miljö- [~ *changes*; ~ *problems*]; ~ *control* (*protection*) miljövård (miljöskydd); ~ *pollution* miljöförstöring
environmentalist [ɪnˌvaɪər(ə)nˈmentəlɪst, en-] miljövårdare
environs [ɪnˈvaɪər(ə)nz, en-] omgivningar
envisage [ɪnˈvɪzɪdʒ, en-] **1** betrakta [*I had not* ~*d the matter in that light*]; tänka sig **2** förutse
envoy [ˈenvɔɪ] sändebud; ~ [*extraordinary and plenipotentiary*] [extraordinär och befullmäktigad] envoyé, minister
envy [ˈenvɪ] **I** *s* avund, avundsjuka; missunnsamhet; *his new car is the* ~ *of all his friends* alla hans vänner avundas honom hans nya bil **II** *vb tr* avundas
enzyme [ˈenzaɪm] kem. enzym
ephemeral [ɪˈfemər(ə)l, -ˈfiːm-] efemär, kortlivad
epic [ˈepɪk] **I** *adj* **1** litt. episk **2** enorm; storslagen **II** *s* litt. epos, episk dikt; *national* ~ nationalepos
epicentre [ˈepɪsentə] o. **epicentr|um** [ˈepɪsentr|əm, ˌ--ˈ--] (pl. -*ums* el. -*a* [-ə]) geol. epicentrum
epidemic [ˌepɪˈdemɪk] **I** *adj* epidemisk; *become* ~ bildl. sprida sig som en epidemi **II** *s* epidemi [*an influenza* ~], farsot
epigram [ˈepɪɡræm] epigram
epilepsy [ˈepɪlepsɪ] med. epilepsi
epileptic [ˌepɪˈleptɪk] **I** *adj* epileptisk **II** *s* epileptiker
epilogue [ˈepɪlɒɡ] epilog
Epiphany [ɪˈpɪfənɪ, eˈp-], [*the*] ~ trettondagen, trettondag jul
episcopal [ɪˈpɪskəp(ə)l, eˈp-] biskops-; episkopal
episode [ˈepɪsəʊd] **1** episod **2** episod, avsnitt av film, tv- el. radiopjäs [*a TV series of 10* ~*s*]
epistle [ɪˈpɪsl] epistel äv. skämts. om brev; brev [*the E*~ *of Paul to the Romans*]
epitaph [ˈepɪtɑːf, -tæf] gravskrift, epitaf[ium]
epithet [ˈepɪθet, -θɪt] **1** epitet [*in 'Alfred the Great' the* ~ *is 'the Great'*] **2** skymford, skällsord
epitome [ɪˈpɪtəmɪ, eˈp-] **1** sammandrag; kortfattad redogörelse (skildring), resumé **2** *be the* ~ *of* vara typisk (ett typiskt uttryck) för, personifiera
epitomize [ɪˈpɪtəmaɪz, eˈp-] utgöra en sammanfattning av; vara typisk (urtypen) för, personifiera, representera
epoch [ˈiːpɒk] epok; *mark an* ~ (*a new* ~) bilda epok
epoch-making [ˈiːpɒkˌmeɪkɪŋ] epokgörande
equable [ˈekwəbl, ˈiːk-] jämn [*an* ~ *climate* (*temper*)]; lugn [*an* ~ *temperament*]; enhetlig om stil; likformig
equal [ˈiːkw(ə)l] **I** *adj* **1** lika [*two and two are* (*is*) ~ *to* (med) *four*; *all men are* ~ *before the law*]; lika stor [*in* ~ *parts*]; samma [*of* ~ *size* (*value*)]; jämlik; jämställd, jäm[n]god [*to* (*with*) med]; jämn [*an* ~ *match*]; likvärdig; lika fördelad; *be on an* ~ *footing with* stå på jämlik fot med, vara jämställd (likställd) med; *the principle of* ~ *pay for* ~ *work* likalönsprincipen **2** *be* ~ *to* bildl. a) motsvara [*the supply is* ~ *to the demand*] b) [kunna] gå i land med, klara av, bemästra, vara duktig nog för [*he is* ~ *to the job*], vara vuxen [*he is* ~ *to the task*] **II** *s* like, make; jämlike; pl. ~*s* äv. lika [stora] saker **III** *vb tr* vara (bli) lik, komma upp till, tangera [~ *the world record*];

matem. vara lika med [*two times two ~s four*]
equality [ɪˈkwɒlətɪ] **1** likhet; *sign of ~* likhetstecken **2** jämlikhet; likställighet; likformighet; *~ [of rights]* likaberättigande
equalize [ˈiːkwəlaɪz] **I** *vb tr* utjämna; göra likformig (enhetlig); göra (ställa) lika; likställa **II** *vb itr* sport. utjämna, kvittera
equally [ˈiːkwəlɪ] lika [*they did it ~ well*; *divide it ~ between them*]; jämnt [*spread ~ over the country*]; likaså [*~, we may see that there are real differences*]; *~ [as] important* lika viktig
equal sign [ˈiːkwəlsaɪn] o. **equals sign** [ˈiːkwəlzsaɪn] likhetstecken
equanimity [ˌekwəˈnɪmətɪ, ˌiːk-] jämnmod, jämvikt
equate [ɪˈkweɪt, iːˈk-] **1** jämställa; *~ with* äv. sätta likhetstecken mellan...och, anse...vara liktydig med [*~ freedom with happiness*] **2** göra lika, få att överensstämma
equation [ɪˈkweɪʒ(ə)n, -eɪʃ(ə)n] **1** vanl. matem. ekvation **2** jämvikt[stillstånd]; *the human ~* den mänskliga faktorn
equator [ɪˈkweɪtə] ekvator
equatorial [ˌekwəˈtɔːrɪəl, ˌiːk-] ekvatorial [*~ belt*], ekvators- [*~ region*]
equestrian [ɪˈkwestrɪən, eˈk-] **I** *adj* rid- [*~ skill*]; ryttar- [*an ~ statue*]; *~ sports* hästsport **II** *s* ryttare, ryttarinna; konstberidare
equilateral [ˌiːkwɪˈlæt(ə)r(ə)l] liksidig
equilibri|um [ˌiːkwɪˈlɪbrɪ|əm] (pl. *-a* [-ə] el. *-ums*) jämvikt, jämviktsläge äv. bildl.
equinox [ˈiːkwɪnɒks, ˈek-], *autumnal ~* höstdagjämning; *vernal* (*spring*) *~* vårdagjämning
equip [ɪˈkwɪp] **1** utrusta [*with*]; *~ with* äv. förse med; *be ~ped with* äv. ha, äga [*he is ~ped with common sense*] **2** styra ut; *~ oneself in* äv. klä sig i **3** göra rustad [*~ a p.* (*oneself*) *for a task*]
equipment [ɪˈkwɪpmənt] **1** utrustande **2** utrustning äv. bildl. [*intellectual ~*]; nödiga tillbehör (persedlar), förnödenheter; mil. mundering; materiel; artiklar [*sports ~*]; anläggning [*hi-fi ~*]
equitable [ˈekwɪtəbl] om handling o.d. rättvis; skälig
equity [ˈekwətɪ] **1** [rätt och] billighet **2** jur. sedvanerätt som kompletterar *common law*; *court of ~* domstol som tillämpar sedvanerätt **3** pl. *equities* hand. stamaktier **4** *E~* (*Actors' E~ Association*) ung. Skådespelarförbundet
equivalent [ɪˈkwɪvələnt] **I** *adj* **1** likvärdig, överensstämmande; av samma värde; fys. el. kem. ekvivalent **2** likbetydande, synonym **II** *s* **1** motsvarande värde **2** motsvarighet, ekvivalent; *be the ~ of* äv. motsvara **3** kem., fys. el. elektr. ekvivalent
equivocal [ɪˈkwɪvək(ə)l] dubbeltydig
equivocate [ɪˈkwɪvəkeɪt] avsiktligt uttrycka sig tvetydigt; slingra sig; sväva på målet
equivocation [ɪˌkwɪvəˈkeɪʃ(ə)n] **1** tvetydigt uttryckssätt för att vilseleda; undanflykt **2** dubbeltydighet
ER (förk. för *Eduardus Rex* lat.) konung Edvard VII o. VIII; (förk. för *Elizabeth Regina* lat.) drottning Elisabet II
era [ˈɪərə, amer. äv. ˈerə] **1** era, epok; tidevarv, tidsålder; tid [*the Victorian ~*] **2** tideräkning
eradicate [ɪˈrædɪkeɪt] utrota, lyckas bekämpa (få bukt med) [*~ crime*]
eradication [ɪˌrædɪˈkeɪʃ(ə)n] utrotning
erase [ɪˈreɪz] radera äv. ljudband; radera (sudda, stryka) ut (bort); utplåna äv. bildl. [*~ a th. from one's* (*the*) *memory*]
eraser [ɪˈreɪzə] radergummi; raderkniv
erect [ɪˈrekt] **I** *adj* upprätt [*walk ~*], [upprätt]stående [*~ position*]; [upp]rest; upplyft om hand; högburen [*with one's head ~*]; fysiol. erigerad **II** *vb tr* **1** resa [*~ a statue*], uppföra [*~ a building*]; bygga [upp]; ställa upp; montera **2** resa [upp] **3** upprätta, inrätta, grunda
erection [ɪˈrekʃ(ə)n] **1** uppförande, byggande; uppställande; montering **2** [upp]resande **3** upprättande **4** fysiol. erektion **5** konkr. byggnad [*a wooden ~*]
ergonomics [ˌɜːgəˈnɒmɪks] (konstr. vanl. ss. sg.) ergonomi
ermine [ˈɜːmɪn] **1** zool. hermelin **2** hermelin[sskinn]
erode [ɪˈrəʊd, eˈr-] **I** *vb tr* **1** fräta (nöta) bort; nöta på; geol. erodera [*water ~s the rocks*]; holka ur **2** bildl. fräta (tära, nöta) på; undergräva **II** *vb itr* **1** frätas [bort (sönder)], eroderas **2** bildl. undergrävas
erosion [ɪˈrəʊʒ(ə)n, eˈr-] frätning äv. bildl.; bortfrätande; nötning; geol. erosion; urholkande äv. bildl.; *soil ~* jorderosion
erotic [ɪˈrɒtɪk, eˈr-] **I** *adj* erotisk **II** *s* erotiker
eroticism [ɪˈrɒtɪsɪz(ə)m, eˈr-] o. **erotism** [ˈerətɪz(ə)m] **1** erotisk natur (läggning) **2** erotiskt inslag [*the ~ in his poetry*] **3** erotisk drift; *anal ~* analerotik
err [ɜː] **1** missta sig, ta fel (miste) **2** fela [*to ~ is human*]; *~ on the side of caution* vara alltför (överdrivet) försiktig; vara försiktig i överkant
errand [ˈer(ə)nd] ärende, uppdrag; *run*

(*go*) [*on*] ~s springa (gå) ärenden; *go* (*be sent*) *on a fool's* ~ gå (skickas) förgäves (i onödan) i ett ärende
errand boy ['er(ə)n(d)bɔɪ] springpojke äv. bildl.
erratic [ɪ'rætɪk, e'r-] **1** oregelbunden; planlös; ryckig [~ *driving*] **2** oberäknelig
erroneous [ɪ'rəʊnjəs, e'r-] felaktig, oriktig
error ['erə] fel; misstag; villfarelse; jur. formfel; [*do a th.*] *in* ~ ...av misstag; *be in* ~ a) ta fel, misstta sig b) vara fel, inte stämma [*the map is in* ~]; ~ *of* (*in*) *judgement* a) felbedömning b) missgrepp, omdömesfel
erudite ['erʊdaɪt, -rjʊ-] lärd; bildl. äv. akademisk; boklärd
erupt [ɪ'rʌpt, e'r-] **1** ha (få) utbrott [*the volcano ~ed*; ~ *with* (av) *anger*] **2** med. slå ut [*pimples ~ed all over his skin*]
eruption [ɪ'rʌpʃ(ə)n, e'r-] **1** utbrott; geol. äv. eruption; *the volcano is in* [*a state of*] ~ vulkanen har utbrott **2** med., [*skin*] ~ [hud]utslag
escalate ['eskəleɪt] trappa[s] upp, eskalera; öka[s], växa
escalation [,eskə'leɪʃ(ə)n] upptrappning
escalator ['eskəleɪtə] rulltrappa
escapade [,eskə'peɪd, '---] snedsprång, eskapad; upptåg
escape [ɪ'skeɪp, e-] **I** *vb itr* **1** [lyckas] fly, rymma; undkomma [~ *with one's life*]; *an ~d convict* en förrymd straffånge **2** om vätskor, gas o.d. rinna (strömma, läcka) ut **II** *vb tr* **1** undgå [~ *punishment*]; undkomma [~ *the police*]; ~ *observation* (*being seen*) undgå att bli sedd **2** undgå [*ngns* uppmärksamhet]; *it ~d me* (*my notice*) det undgick mig (min uppmärksamhet), jag märkte (hörde, såg) det inte; *his name ~s me* jag kan inte komma på vad han heter **III** *s* **1** rymning; räddning [~ *from the shipwreck*]; tillflykt; *have a narrow* ~ [*from a th.*] slippa (komma) undan [ngt] med knapp nöd; *that was a narrow* ~! det var nära ögat! **2** utströmning av vatten, gas o.d.; läcka [*there is an* ~ *of gas*]
escape clause [ɪ'skeɪpklɔ:z] undantagsklausul; kryphål i kontrakt o.d.
escapism [ɪ'skeɪpɪz(ə)m] eskapism, verklighetsflykt
escapist [ɪ'skeɪpɪst] eskapist
escapologist [,eskə'pɒlədʒɪst] utbrytarkung
escarpment [ɪ'skɑ:pmənt] brant sluttning
eschew [ɪs'tʃu:] undvika, avhålla sig från [~ *wine* (*evil*)], undfly
escort [ss. subst. 'eskɔ:t, ss. vb ɪ'skɔ:t, e-]

I *s* **1** eskort [*police* ~; *travel under* ~ (*under the* ~ *of*)]; [väpnat] följe; hedersvakt; vaktare [*he eluded his* ~], skyddsvakt **2** kavaljer [*her* ~ *for* (på) *the dance tonight*] **3** ss. attr. eskort-; ~ *carrier* eskorthangarfartyg **II** *vb tr* **1** eskortera **2** vara kavaljer åt
Eskimo ['eskɪməʊ] (pl. ~s el. lika) **1** eskimå; ~ *dog* grönlandshund, eskimåhund **2** eskimåiska språk
esoteric [,esə(ʊ)'terɪk, ,i:s-] o. **esoterical** [,esə(ʊ)'terɪk(ə)l, ,i:s-] esoterisk om lära o.d.; om möte, motiv o.d. hemlig; svårbegriplig
espalier [ɪ'spæljə, -'spælɪeɪ] **1** spaljé **2** spaljéträd
especial [ɪ'speʃ(ə)l, e-] särskild, speciell [*of* ~ *value*]; synnerlig; *in* ~ i synnerhet, framför allt
especially [ɪ'speʃ(ə)lɪ, e-] särskilt, speciellt; i synnerhet; synnerligen; ~ *as* äv. allra helst som
espionage [,espɪə'nɑ:ʒ, '----] spioneri
esplanade [,esplə'neɪd, -'nɑ:d] [strand]promenad
espouse [ɪ'spaʊz, e-] omfatta [~ *a principle*], ansluta sig till [~ *a p.'s opinion*]; ~ *a p.'s cause* ta sig an (stödja) ngns sak
espresso [e'spresəʊ] (pl. -s) **1** espresso[kaffe]; *two ~s* två espresso **2** ~ [*bar*] espressobar
Esq. [ɪ'skwaɪə, e-] (förk. för *Esquire*) herr [i brevadress *John Miller* ~]; *John Miller*, ~, *Ph.D.* Fil. dr John Miller
esquire [ɪ'skwaɪə, e-] herr, se *Esq.*
essay [ss. subst. 'eseɪ, ss. vb e'seɪ, 'eseɪ] **I** *s* essä; kort avhandling **II** *vb tr* försöka sig på [~ *a task*]
essence ['esns] **1** [innersta] väsen [*the* ~ *of Socialism*]; väsentlig egenskap, grunddrag; *the* ~ äv. det väsentliga (centrala) [*of i*], kontentan, andemeningen [*the* ~ *of a lecture*] **2** essens; extrakt
essential [ɪ'senʃ(ə)l, e's-] **I** *adj* **1** väsentlig, nödvändig **2** verklig, egentlig; inre [*the* ~ *man*]; inneboende [*his* ~ *selfishness*]; ~ *difference* väsensskillnad **II** *s* väsentlighet [*concentrate on ~s*]; grunddrag; *the ~s of* äv. det väsentliga i; *in all ~s* ngt så alla väsentliga punkter, i allt väsentligt
essentially [ɪ'senʃ(ə)lɪ, e's-] **1** väsentligen; i huvudsak; i själva verket **2** väsentligt [*contribute* ~ *to...*]
establish [ɪ'stæblɪʃ, e-] **1** upprätta, grundlägga, bilda [~ *a new state*] **2** engagera; installera; etablera; ~ *oneself*

a) skapa sig en ställning (ett namn) [*as som*] b) etablera sig [*as som*] **3** skapa [*~ a custom*], införa [*~ a rule*], upprätta, knyta [*~ relations*], åstadkomma; stadfästa [*~ a law*]; *~ law and order* upprätthålla lag och ordning **4** fastställa
establishment [ɪ'stæblɪʃmənt, e-] **1** (jfr *establish*) a) upprättande etc.; tillkomst b) etablerande c) skapande etc. d) fastställande e) erkännande som statskyrka **2** mil. el. sjö. styrka [*be on* (ha) *full ~*]; *naval ~* flotta; *on a war ~* på krigsfot **3** [offentlig] institution, anstalt [*an educational ~*] **4** företag; fabrik, verk **5** hushåll; *keep* [*up*] *a large ~* föra stort hus **6** *the E~* det etablerade (bestående) samhället, etablissemanget; *the* [*Church*] *E~* statskyrkan
estate [ɪ'steɪt, e-] **1** gods; *~ agent* a) fastighetsmäklare b) godsförvaltare; *~ car* herrgårdsvagn, kombi[bil] **2** [*housing*] *~* bostadsområde, bebyggelse **3** jur. egendom; tillgångar; *personal ~* [personlig] lösegendom, lösöre **4** jur. a) dödsbo, kvarlåtenskap; förmögenhet; *wind up an ~* göra boutredning; *~ duty* förr arvsskatt b) konkursbo **5** [riks]stånd; pl. *~s* äv. ständer; *the three ~s* [*of the realm*] britt. de tre stånden [dvs. *the Lords Spiritual, the Lords Temporal, the Commons*]
esteem [ɪ'stiːm, es-] **I** *vb tr* **1** [hög]akta, värdera **2** anse (betrakta) som **II** *s* [hög]aktning; *hold a p. in* [*high*] *~* högakta (sätta stort värde på) ngn
estimable ['estɪməbl] aktningsvärd; förtjänstfull
estimate [ss. vb 'estɪmeɪt, ss. subst. 'estɪmət, -meɪt] **I** *vb tr* **1** [upp]skatta, värdera, taxera, beräkna [*the amount was ~d at £1000*]; *an ~d £2 million* uppskattningsvis 2 miljoner pund **2** bedöma **II** *s* **1** [upp]skattning, värdering; kalkyl; beräknad summa; *~* [*of cost* (*costs*)] kostnadsberäkning, kostnadsförslag **2** bedömning; omdöme
estimation [ˌestɪ'meɪʃ(ə)n] **1** uppskattning, aktning **2** uppskattning, värdering **3** omdöme, uppfattning; *in popular ~* enligt den allmänna meningen
Estonia [e'stəʊnjə] geogr. Estland
Estonian [e'stəʊnjən] **I** *adj* estländsk **II** *s* **1** est[ländare] **2** estniska språk
estrange [ɪ'streɪn(d)ʒ, e-] göra främmande, fjärma; stöta bort [*~ one's friends*]; *become ~d* komma ifrån varandra, glida isär
estrangement [ɪ'streɪn(d)ʒmənt, e-] avlägsnande, fjärmande; brytning; kyligt förhållande; främlingskap
estuary ['estjʊərɪ, -tʃʊərɪ] **1** bred [flod]mynning påverkad av tidvattnet **2** havsfjord
ET [ˌiː'tiː] förk. för *extraterrestrial* II
etc. [et'setrə, ɪt-, ət-] ibl. skrivet *&c*, förk. för *et cetera*
et cetera [et'setrə, ɪt-, ət-] etcetera (etc.)
etch [etʃ] etsa
etching ['etʃɪŋ] **1** etsning **2** ss. ets- [*~ needle*]
eternal [ɪ'tɜːnl] **1** evig [*~ life*]; oföränderlig; oändlig [*the ~ wastes of the desert*]; *the E~* den Evige **2** vard. evig [*these ~ strikes*]; *the ~ triangle* [det klassiska] triangelförhållandet (triangeldramat)
eternity [ɪ'tɜːnətɪ] evighet; *~ ring* alliansring
ether ['iːθə] kem. el. radio. m.m. eter
ethereal [ɪ'θɪərɪəl] **1** eterisk; lätt; skir; översinnlig **2** kem. eter-; eterartad, eterhaltig
ethic ['eθɪk] etik [*the Christian ~*]; moral[inställning] [*personal ~*]
ethical ['eθɪk(ə)l] **1** etisk, sedlig **2** receptbelagd [*~ drugs*]
ethics ['eθɪks] (konstr. ss. sg. el. pl.) etik, etiska principer
Ethiopia [ˌiːθɪ'əʊpjə] geogr. Etiopien
Ethiopian [ˌiːθɪ'əʊpjən] **I** *s* etiopier **II** *adj* etiopisk
ethnic ['eθnɪk] etnisk; ras-, folk- [*~ minorities*; *~ groups*]; *~ Germans* personer tillhörande den tyska (tysktalande) folkgruppen, tyska invandrare; *~ joke* ung. norgehistoria skämt som bygger på fördomar om viss nationalitet etc.
ethnology [eθ'nɒlədʒɪ] etnologi
etiquette ['etɪket, ˌetɪ'ket] etikett, konvenans
e-trade ['iːtreɪd] data. el. hand. e-handel, näthandel, handel via Internet
etymology [ˌetɪ'mɒlədʒɪ] etymologi
eucalyptus [ˌjuːkə'lɪptəs, jʊk-] bot. eukalyptus; *~ oil* eukalyptusolja
eulogy ['juːlədʒɪ] **1** lovtal **2** beröm
euphemism ['juːfəmɪz(ə)m] eufemism
euphemistic [ˌjuːfə'mɪstɪk] eufemistisk
euphoria [jʊ'fɔːrɪə] eufori
Eurasian [jʊ(ə)'reɪʒən, -reɪʃ(ə)n] **I** *adj* eurasisk **II** *s* eurasier
euro ['jʊərəʊ] (pl. *~s*) myntenhet euro
Eurocrat ['jʊərə(ʊ)kræt] EG-byråkrat
Europe ['jʊərəp] Europa; ibl. kontinenten
European [ˌjʊərə'piːən] **I** *adj* europeisk;

the ~ *Communities* (el. ibl. *Community*) (förk. *EC*) Europeiska gemenskaperna (förk. EG); *the* ~ *Defence Community* Europeiska försvarsgemenskapen; ~ *Union* (förk. *EU*) Europeiska unionen **II** *s* europé

Eurovision ['jʊərə(ʊ),vɪʒ(ə)n, ,--'--] TV. Eurovision

euthanasia [,ju:θə'neɪzjə, -eɪʒjə] eutanasi

evacuate [ɪ'vækjʊeɪt, i:'v-] **1** evakuera [~ *children*; ~ *an area*]; utrymma [~ *a fort*] **2** tömma [~ *the bowels*]

evacuation [ɪ,vækjʊ'eɪʃ(ə)n, i:,v-] **1** evakuering; utrymning **2** tömning; uttömning; ~ [*of the bowels*] avföring

evacuee [ɪ,vækjʊ'i:, i:,v-] evakuerad person

evade [ɪ'veɪd] **1** undvika [~ *difficulties*], undgå; försöka slippa (komma) undan (ifrån) [~ *a duty*]; kringgå [~ *the law*], slingra sig ifrån [~ *a question*]; smita från [~ *taxes*] **2** gäcka, trotsa

evaluate [ɪ'væljʊeɪt] utvärdera, bedöma

evaluation [ɪ,vælju'eɪʃ(ə)n] utvärdering

evangelist [ɪ'væn(d)ʒəlɪst] evangelist

evanistic [ɪvæ'nɪstɪk] *adj* filos. evanistisk

evaporate [ɪ'væpəreɪt] **I** *vb itr* **1** dunsta [av (bort)] **2** bildl. försvinna **II** *vb tr* **1** komma att (få att, låta) dunsta bort [*heat* ~*s water*]; förvandla till ånga (gas) **2** torka genom avdunstning [~ *fruit*]; avdunsta; ~*d milk* evaporerad mjölk, kondenserad osötad konserverad mjölk

evaporation [ɪ,væpə'reɪʃ(ə)n] avdunstning; bortdunstning

evasion [ɪ'veɪʒ(ə)n] **1** undvikande; försök att slingra sig undan (slippa ifrån); kringgående **2** undanflykt[er]

evasive [ɪ'veɪsɪv] undvikande, svävande [*an* ~ *answer*]; *be* ~ äv. komma med undanflykter

eve [i:v] **1** mest poet. afton **2** [helgdags]afton; *Christmas E*~ julafton **3** *on the* ~ *of* kvällen (dagen) före [*on the* ~ *of the wedding*]; strax (kort, omedelbart) före

even ['i:v(ə)n] **I** *adj* **1** jämn i olika bet.: a) slät, plan [*an* ~ *surface*]; tekn. grad; vågrät b) enhetlig [~ *in colour* (*quality*)] c) lugn [*an* ~ *mind* (*temper*)] d) lika [*in* ~ *shares*] e) jämn [~ *and odd* (udda) *numbers* (*pages*)]; rund [*an* ~ *sum*]; ~ *money* jämna pengar; vid vadhållning dubbla summan mot insatsen; *be* ~ bildl. stå (väga) lika [*the chances are* ~]; vara jämspelt [*they are* ~]; *keep* ~ *with* hålla jämna steg med **2** *get* ~ *with a p.* a) bli kvitt med ngn b) göra upp (ha en uppgörelse) med ngn **II** *adv* **1** även, redan; i nek. o. fråg. sats ens; *not* ~ inte ens (en gång); ~ *as* a) i samma stund som, just som b) medan ännu **2** förstärkande ja [till och med] [*all the competitors*, ~ *our own, are very fit*]; rent av [*perhaps you have* ~ *lost it*]; själva [~ *the king*] **3** vid komp. ännu [~ *better*], till och med [~ *more stupid than usual*] **III** *vb tr* **1** ~ *out* jämna ut (till) [~ *out the soil*]; utjämna [~ *out the differences*]; fördela jämnt [~ *out the supply*] **2** ~ *up* utjämna

even-handed ['i:v(ə)n,hændɪd] opartisk

evening ['i:vnɪŋ] **1** kväll, afton äv. bildl. [*the* ~ *of life*]; ~! vard. för *good* ~! (se *good I 10*) **2** kvälls-, afton- [*the* ~ *star*]; ~ *classes* (*school*) kvällskurser

evenly ['i:v(ə)nlɪ] **1** jämnt; lika [*divide the money* ~]; likformigt; ~ *matched* jämspelt **2** lugnt

evensong ['i:v(ə)nsɒŋ] aftonsång, aftonbön, kvällsandakt [*at* (*after*) ~]

event [ɪ'vent] **1** händelse; evenemang, begivenhet; företeelse; *in the natural course* (*run*) *of* ~*s* under normala förhållanden, i normala fall **2** fall, händelse; *at all* ~*s* i alla händelser, i varje fall, åtminstone **3** sport. tävling; [tävlings]gren; *three-day* ~ ridn. fälttävlan **4** *wise after the* ~ efterklok

eventful [ɪ'ventfʊl, -f(ə)l] **1** händelserik **2** betydelsefull

eventual [ɪ'ventʃʊəl, -tjʊəl] **1** slutlig, slutgiltig [*he predicted the* ~ *decay of the system*]; som kom (kommer) till slut [*his* ~ *success*] **2** möjlig, möjligen inträffande **3** därav följande [*the drought and* ~ *famine*]

eventuality [ɪ,ventʃʊ'ælətɪ, -tjʊ-] möjlighet

eventually [ɪ'ventʃʊəlɪ, -tjʊəlɪ] slutligen; omsider

ever ['evə] **1** någonsin [*better than* ~]; *did you* ~? vard. har man nånsin sett (hört) på maken?; *hardly* (*scarcely*) ~ nästan aldrig, knappast någonsin; *seldom, if* ~ sällan eller aldrig **2** a) spec. förb.: *as* ~ som alltid, som vanligt [*he came late - as* ~]; *England for* ~! leve England!; ~ *and again* då och då, tid efter annan b) i brevslut: *Yours* ~ Din (Er) tillgivne **3** vard., *who* (*why, how, where*) ~ vem (varför, hur, var) i all världen (i all sin dar) **4** vard., förstärkande a) *as quickly as* ~ *I can* så fort jag någonsin kan; ~ *so* hemskt, jätte- [*I like it* ~ *so much*] b) efter superl. som någonsin funnits; *the greatest film* ~ äv. alla tiders största film **5** a) framför komp.

allt; *an ~ greater amount* en allt (ständigt) större mängd **b)** se sammansättn. med *ever-*

evergreen ['evəgri:n] **I** *adj* vintergrön **II** *s* **1** vintergrön (ständigt grön) växt (buske) **2** evergreen, örhänge

everlasting [,evə'lɑ:stɪŋ, attr. '--,--] **I** *adj* evig [*~ fame* (*snow*)]; [be]ständig; varaktig; evinnerlig [*~ complaints*]; *~ flower* eternell **II** *s* bot. eternell

evermore [,evə'mɔ:] **1** evigt, städse; *for ~* för evigt, i evighet **2** i nek. sats någonsin igen, vidare

every ['evrɪ] varje, varenda; all; i nek. sats äv. vilken som helst [*not ~ child can do that*]; all [tänkbar] [*I wish you ~ success*]; *I have ~ reason to...* jag har all anledning (alla skäl) att...; *~ other* (*second*) *day* varannan dag; *~ three days* var tredje dag; *~ bit as* [*good*] fullt ut (precis) lika...; *~ now and then* då och då, allt emellanåt; *~ which way* amer. vard. åt alla [möjliga] håll; huller om buller

everybody ['evrɪ,bɒdɪ, 'evrɪbədɪ] var och en [*there is a chair for ~*], en var, varje människa [*~ has a right to...*], alla [*has ~ seen it?*], alla människor [*~ knows that*]; i nek. sats äv. vem som helst; *~ else* alla andra

everyday ['evrɪdeɪ] daglig [*in ~ speech*]; vardags- [*~ clothes*]; vardaglig

everyone ['evrɪwʌn] se *everybody*

everything ['evrɪθɪŋ] allt, allting; var (varenda) sak; alltsammans; i nek. sats äv. vad som helst; *~ but* allt möjligt utom

everywhere ['evrɪweə] överallt; allmänt [*it is accepted ~*]; i nek. sats äv. var som helst

evict [ɪ'vɪkt] vräka, avhysa; fördriva

eviction [ɪ'vɪkʃ(ə)n] vräkning, avhysning

evidence ['evɪd(ə)ns] **I** *s* **1** bevis, belägg, stöd [*have you any ~ for this statement?*]; tecken, vittnesbörd; spår, märke; *bear* (*give*) *~ of* vittna om, bevisa **2** jur. bevis, vittnesbörd; inför rätta giltigt vittnesmål; *the ~* de protokollförda vittnesmålen i ett mål; *turn King's* (*Queen's*, amer. *State's*) *~* uppträda som kronvittne mot medbrottslingar **3** *be in ~* synas, märkas, visa sig, vara synlig; [före]finnas **II** *vb tr* bevisa; bestyrka; visa

evident ['evɪd(ə)nt] tydlig, uppenbar

evidently ['evɪd(ə)ntlɪ] tydligen, uppenbarligen

evil ['i:vl, 'i:vɪl] **I** *adj* **1** ond [*~ deeds* (*dreams*)], elak, ondskefull [*an ~ countenance* (uppsyn)]; otäck [*an ~ smell*]; syndig [*live an ~ life*] **2** skadlig [*an ~ influence*] **II** *s* ont [*a necessary ~*], det onda [*the origin of ~*]; [svårt] missförhållande [*social ~s*]; *social ~* samhällssont

evince [ɪ'vɪns] **1** visa [*~ a tendency to*], visa prov på, röja **2** utgöra bevis för, bevisa

evocative [ɪ'vɒkətɪv] stämningsmättad, associationsrik [*~ words*], minnesväckande; *be ~ of* kunna framkalla (frammana, väcka); påminna om

evoke [ɪ'vəʊk, i:'v-] väcka [*~ protest*], framkalla [*~ a smile*]; frammana; *~ memories* väcka minnen [till liv]

evolution [,i:və'lu:ʃ(ə)n, ,ev-, -'lju:-] utveckling; framväxande; *theory of ~* utvecklingslära, evolutionsteori

evolve [ɪ'vɒlv, i:'v-] **I** *vb tr* **1** utveckla [*~ a theory*]; framlägga [*~ a plan*] **2** utveckla, frambringa [*~ a new and improved variety of a plant*], framställa; ge upphov till; arbeta (tänka) ut [*~ a solution*] **II** *vb itr* utveckla sig

ewe [ju:] zool. tacka; *~ lamb* tacklamm

ewer ['ju:ə] vattenkanna till tvättställ

ex [eks] **I** *prep* **1** från, ur; hand. [såld] från [*~ store*], [lossad] från [*~ ship*] **2** exklusive; *~ dividend* (förk. *ex div.* el. *x.d.*) börs. ex kupong, exklusive utdelning **II** *s* vard., *my* (*her*) *~* min (hennes) före detta man, fru

ex- [eks] förutvarande [*ex-husband*; *ex-president*]

exacerbate [ek'sæsəbeɪt, ɪg'zæs-] **1** reta upp; förbittra **2** förvärra [*~ the pain*]

exact [ɪg'zækt, eg-] **I** *adj* exakt; noggrann; riktig, precis **II** *vb tr* **1** kräva, fordra [*~ obedience from* (*of*) (av) *a p.*] **2** indriva [*~ payment from* (*of*)]

exacting [ɪg'zæktɪŋ, eg-] fordrande, krävande; sträng

exactitude [ɪg'zæktɪtju:d, eg-] noggrannhet; exakthet

exactly [ɪg'zæk(t)lɪ, eg-] **1** exakt; noga räknat; just [*you are ~ the man I want*]; alldeles; egentligen [*what is your plan ~?*]; *~!* ja, just det!, just precis! **2** noggrant, noga

exaggerate [ɪg'zædʒəreɪt, eg-] överdriva; förstora [upp]

exaggeration [ɪg,zædʒə'reɪʃ(ə)n, eg-] överdrift; förstoring

exalt [ɪg'zɔ:lt, eg-, -'zɒlt] (jfr *exalted*) upphöja [*he was ~ed to the position of President*]; förädla; höja, stärka [*~ed by that thought*]

exaltation [,egzɔ:l'teɪʃ(ə)n, ,eks-, -ɒl-] **1** upphöjelse; lyftning **2** hänförelse; exaltation

exalted [ɪgˈzɔːltɪd, eg-, -ˈzɒlt-] **1** högt uppsatt [*an ~ personage*] **2** upphöjd, hög [*an ~ literary style*] **3** överdrivet hög [*an ~ opinion of his own worth*] **4** hänförd

exam [ɪgˈzæm, eg-] vard. (kortform för *examination*) examen

examination [ɪgˌzæmɪˈneɪʃ(ə)n, eg-] **1** undersökning, prövning; besiktning; *customs' ~* tullvisitering **2** tentamen; examen; jur. förhör; *fail in an ~* bli underkänd (kuggad) i ett prov (en tentamen)

examine [ɪgˈzæmɪn, eg-] **1** undersöka [*~ the question*; *the doctor ~d him*], pröva [*~ an object*]; besiktiga, inspektera; *you need to have your head ~d* vard. du är inte [riktigt] klok **2** examinera, pröva, förhöra äv. jur. [*~ a witness (criminal)*; *~ a candidate in (on) a subject*]

examiner [ɪgˈzæmɪnə, eg-] **1** undersökare; besiktningsman **2** examinator; *board of ~s* examenskommission; examensnämnd

example [ɪgˈzɑːmpl, eg-] **1** exempel; varning [*let this be an ~ to you*]; *make an ~ of a p.* straffa ngn för att statuera ett exempel; *set (give) a p. a good ~* vara ett [gott] föredöme för ngn **2** [övnings]exempel, uppgift **3** mönster, prov, provbit; exemplar [*~ of a rare book (butterfly)*]

exasperate [ɪgˈzæsp(ə)reɪt, eg-, -ˈzɑːs-] göra förbittrad (förtvivlad); reta [upp]; *~d by (at)* förbittrad (uppretad, förtvivlad) över

exasperation [ɪgˌzæspəˈreɪʃ(ə)n, eg-, -ˌzɑːs-] förbittring, stark irritation; ursinne

excavate [ˈekskəveɪt] gräva [*~ a trench (tunnel)*]; gräva ut [*~ an ancient city*; *~ a tomb*]; schakta [bort]

excavation [ˌekskəˈveɪʃ(ə)n] grävning; utgrävning; schaktning

excavator [ˈekskəveɪtə] **1** grävare; utgrävare **2** tekn. grävmaskin

exceed [ɪkˈsiːd, ek-] **1** överskrida [*~ a certain age*; *~ the speed limit*]; överstiga [*the cost must not ~ £500*]; *not ~ing* inte överstigande, under **2** överträffa [*it ~ed our (all) expectations*]

exceedingly [ɪkˈsiːdɪŋlɪ, ek-] ytterst

excel [ɪkˈsel, ek-] **I** *vb itr* vara främst (bäst) **II** *vb tr* överträffa [*he ~s all of us at tennis*]; *~ oneself* överträffa sig själv

excellence [ˈeks(ə)ləns] **1** förträfflighet, ypperlighet **2** framstående (utmärkt) egenskap; överlägsenhet **3** se *excellency*

excellency [ˈeks(ə)lənsɪ] titel excellens [*Your (His, Her) E~*]

excellent [ˈeks(ə)lənt] utmärkt

except [ɪkˈsept, ek-] **I** *vb tr* undanta, göra undantag för; [*the*] *present company ~ed* de närvarande givetvis undantagna **II** *prep* utom, undantagendes; *~ for* bortsett från, så när som på; *om inte...hade varit*, utan [*~ for your presence I would...*]; frånsett **III** *konj* **1** utom att [*I can do everything ~ cook*]; *~ to* annat än för att [*he never opened his mouth ~ to shout*] **2** vard. men [*I'd have come earlier, ~ I lost my way*]

excepting [ɪkˈseptɪŋ, ek-] undantagen

exception [ɪkˈsepʃ(ə)n, ek-] **1** undantag [*an ~ to the rule*]; *with the ~ of* med undantag av (för) **2** *take ~ to* ta avstånd ifrån; ta illa upp

exceptional [ɪkˈsepʃənl, ek-] [ytterst] ovanlig, exceptionell [*the warm weather was ~ for January*]

excerpt [ss. subst. ˈeksɜːpt, ɪkˈsɜːpt, ˈegzɜːpt; ss. vb ekˈsɜːpt, ɪk-] **I** *s* utdrag [*~ from* (ur) *a book*] **II** *vb tr* excerpera

excess [ɪkˈses, ek-, **1** ˈekses] överskridande; ofta pl. *~es* övergrepp, våldsamheter **2** omåttlighet [i mat och dryck]; *~es* utsvävningar, excesser **3** överdrift; övermått; ytterlighet; *an ~ of enthusiasm* överdriven (alltför stor) entusiasm **4** överskott; merbelopp; självrisk; *~ fare* pris på tilläggsbiljett, tilläggsavgift; *~ luggage (weight)* övervikt bagage

excessive [ɪkˈsesɪv, ek-] överdriven [*~ demands*]; omåttlig [*~ drinker*]; häftig [*~ rainfall*]; *~ price* överpris

exchange [ɪksˈtʃeɪn(d)ʒ, eks-] **I** *s* **1** byte [*lose by* (på, vid) *the ~*], utbyte; [ut]växling; varuutbyte [äv. *~ of commodities*]; ombyte; bytesföremål; *~ student* utbytesstudent; *in ~* i stället, i (som) ersättning **2** hand. a) växling av pengar; växelkontor; [växel]kurs; *~ control* valutakontroll b) växel [äv. *bill of ~*] c) börs [*the Stock E~*]; *the Royal E~* fondbörsen [i London] **3** [telefon]växel [äv. *telephone ~*]; *~ area* riktnummerområde; *private manual branch ~* (förk. *PMBX*) manuell företagsväxel **II** *vb tr* byta [ut] [*he ~d his old car for a motorbike*]; växla [*~ words*], utbyta [*~ glances*], skifta; utväxla [*~ prisoners*; *~ blows*]

exchangeable [ɪksˈtʃeɪn(d)ʒəbl, eks-] som kan bytas; som kan utväxlas

exchequer [ɪksˈtʃekə, eks-], *Chancellor of the E~* i Storbritannien finansminister

1 excise [ˈeksaɪz, ɪkˈsaɪz] accis

2 excise [ekˈsaɪz, ɪk-] skära bort (ut); stryka [~ *a passage from* (i) *a book*]

excitable [ɪkˈsaɪtəbl, ek-] lättretlig [~ *temperament*]; nervös; lättrörd

excite [ɪkˈsaɪt, ek-] **1** egga [upp], elda, hetsa upp; uppröra **2** väcka [~ *interest in* (hos) *a p.*], upptända; framkalla **3** fysiol. reta

excited [ɪkˈsaɪtɪd, ek-] uppeggad, upphetsad; uppjagad

excitement [ɪkˈsaɪtmənt, ek-] **1** sinnesrörelse, rörelse [*feverish* ~]; uppståndelse; upprördhet **2** *the* ~*s of the journey* det (allt) spännande under resan

exciting [ɪkˈsaɪtɪŋ, ek-] spännande [~ *events* (*news, story*)]; eggande, upphetsande

exclaim [ɪkˈskleɪm, ek-] **I** *vb itr* **1** skrika [ˈtill] **2** ~ *against* fara ut (protestera) mot **II** *vb tr* utropa

exclamation [ˌekskləˈmeɪʃ(ə)n] **1** utrop; ~ *mark* (*sign*) utropstecken **2** skrik; högljudd protest

exclud|e [ɪkˈskluːd, ek-] utesluta [~ *all possibility of doubt*], utestänga; undanta; -*ing packing* el. *packing* -*ed* exklusive emballage

exclusion [ɪkˈskluːʒ(ə)n, ek-] uteslutande

exclusive [ɪkˈskluːsɪv, ek-] **1** exklusiv, sluten [~ *club*, ~ *social circles*]; förnäm, avvisande [~ *attitude*] **2** uteslutande; odelad [*giving the question his* ~ *attention*]; särskild, speciell [~ *privileges of the citizens of a country*]; ensam-; exklusiv [*an* ~ *piece of news*]; *mutually* ~ som utesluter varandra

exclusively [ɪkˈskluːsɪvlɪ, ek-] uteslutande, endast

excommunicate [ˌekskəˈmjuːnɪkeɪt] kyrkl. bannlysa; utesluta

excrement [ˈekskrəmənt] exkrement

excursion [ekˈskɜːʃ(ə)n, ek-] **1** utflykt [*make* (*go on*) *an* ~] **2** ~ *ticket* billigare utflyktsbiljett, rundtursbiljett; ~ [*train*] utflyktståg, extratåg, billighetståg **3** resegrupp

excusable [ekˈskjuːzəbl, ɪk-] förlåtlig; försvarlig

excuse [ss. vb ɪkˈskjuːz, ek-, ss. subst. ɪkˈskjuːs, ek-] **I** *vb tr* **1** förlåta; urskulda [*he* ~*d himself by saying...*], rättfärdiga [*nothing can* ~ *such rudeness*]; ~ *me* förlåt, ursäkta, jag ber om ursäkt; *please* ~ *my coming late* förlåt att jag kommer [för] sent **2** befria, frita; låta slippa; efterskänka [~ *a debt*]; ~ *oneself* be att få slippa, skicka återbud, tacka nej **II** *s* **1** ursäkt; försvar; bortförklaring, svepskäl;

förevändning [*on some* ~ *or other*], föregivande; [giltig] anledning; *make* ~*s* komma med undanflykter (bortförklaringar) **2** befrielse, fritagande från förpliktelse; [anmälan om] förhinder; intyg [äv. *written* ~]; *absent without* [*good*] ~ frånvarande utan giltigt förfall **3** vard. surrogat; *an* ~ *for a breakfast* något som ska (skulle etc.) föreställa en frukost

ex-directory [ˌeksdɪˈrekt(ə)rɪ], ~ *number* hemligt telefonnummer

execute [ˈeksɪkjuːt] **1** avrätta **2** utföra [~ *a plan*, ~ *orders*], verkställa [~ *a p.'s commands*]; effektuera [~ *an order*]; ~ *a will* a) verkställa ett testamente, övervaka ett testamentes efterlevnad b) upprätta ett testamente **3** spela [~ *a violin concerto*], utföra [~ *a dance step*; ~ *a painting*]

execution [ˌeksɪˈkjuːʃ(ə)n] **1** avrättning **2** utförande; verkställighet; uppfyllande [~ *of one's duties*]; *carry into* (*put in*) ~ verkställa, utföra, sätta i verket, bringa i verkställighet **3** utförande; mus. äv. föredrag; skicklighet

executioner [ˌeksɪˈkjuːʃ(ə)nə] **1** bödel; skarprättare **2** lönnmördare

executive [ɪgˈzekjʊtɪv, eg-] **I** *adj* **1** utövande, verkställande [*the* ~ *power*]; administrativ; ~ *ability* (*power, talent*) ung. praktisk organisationsförmåga; ~ *committee* a) styrelse i fackförening o.d. b) förvaltningsutskott; exekutivkommitté; arbetsutskott **2** aktiv **II** *s* **1** *the* ~ den verkställande myndigheten **2** företagsledare; chef; chefstjänsteman; *chief* ~ a) verkställande direktör b) statsöverhuvud c) amer., delstats guvernör **3** a) styrelse; förvaltningsutskott; exekutivkommitté b) verkställande medlem[mar] av styrelse etc.

executor [i bet. *1* ˈeksɪkjuːtə, i bet. *2* ɪgˈzekjʊtə, eg-] **1** verkställare; utövare **2** testamentsexekutor

exemplary [ɪgˈzemplərɪ, eg-] exemplarisk, föredömlig [~ *behaviour*]

exemplify [ɪgˈzemplɪfaɪ, eg-] exemplifiera, vara [ett] exempel på

exempt [ɪgˈzem(p)t, eg-] **I** *adj* fritagan, undantagen [*goods* ~ *from execution* (utmätning)], fri, frikallad [~ *from military service*]; ~ *from* äv. förskonad från **II** *vb tr* frita, undanta [~ *from taxes* (*military service*)], ge dispens

exemption [ɪgˈzem(p)ʃ(ə)n, eg-] befrielse, frikallelse [~ *from military service*];

förskoning; frihet; undantag; dispens; amer. [skatte]avdrag på grund av försörjningsplikt; *be granted an ~* få dispens

exercise ['eksəsaɪz] **I** *s* **1** utövande [*the ~ of authority*], bruk; utövning [*the ~ of one's duties*]; utvecklande [*the ~ of all one's patience*] **2** övning [*the ~ of mental faculties*]; kroppsövning; motion [*physical (bodily) ~*], kroppsrörelse; idrott; pl. *~s* äv. övning[ar], manöver [*military ~s*], exercis **3** övningsuppgift [äv. *written ~*], stil; mus. övning; *five-finger ~s* mus. övningar för en hand (fem fingrar) **II** *vb tr* **1** utöva [*~ a function, ~ an influence, ~ power*]; begagna, använda [*~ one's authority (influence, intelligence)*]; förvalta; visa [*~ caution (patience)*] **2** träna [*~ the muscles*]; öva in; exercera, drilla [*~ soldiers*], öva soldater[na] i bruket av vapen; motionera [*~ a horse*] **III** *vb itr* **1** öva sig; exercera **2** motionera, skaffa sig motion

exercise book ['eksəsaɪzbʊk] skrivbok

exert [ɪg'zɜːt, eg-] **1** utöva [*~ influence; ~ pressure on a p.*]; göra gällande, använda, bruka [*~ all one's influence*]; uppbjuda, utveckla [*~ all one's strength; ~ one's willpower*] **2** *~ oneself* bemöda (anstränga) sig, sträva

exertion [ɪg'zɜːʃ(ə)n, eg-] **1** utövande [*~ of authority*], användning; uppbjudande [*with the ~ of all his strength*]; *~ of power* maktutövning **2** ansträngning [*it requires your utmost ~s*]

exhale [eks'heɪl, eg'zeɪl] **I** *vb tr* andas ut [*~ air from the lungs*] **II** *vb itr* **1** andas ut **2** avdunsta

exhaust [ɪg'zɔːst, eg-] **I** *vb tr* (jfr *exhausted*) **1** uttömma [*~ one's patience (strength)*], förbruka; suga ut [*~ the soil*]; utblotta **2** utmatta [*the war ~ed the country*]; *~ oneself* bli utmattad; slita ut sig **3** uttömma [*~ a subject*] **II** *s* **1** utblåsning, utströmning [av förbränningsprodukter el. avloppsånga], avlopp **2** avgas[er]; avloppsånga **3** avgasrör

exhausted [ɪg'zɔːstɪd, eg-] **1** utmattad [*feel ~*] **2** uttömd; förbrukad; utsugen [*~ soil*]; slutsåld om bok; tom

exhaustion [ɪg'zɔːstʃ(ə)n, eg-] **1** utmattning **2** uttömning, förbrukning; utsugning [*~ of the soil*]

exhaustive [ɪg'zɔːstɪv, eg-] uttömmande, ingående [*~ inquiries (studies)*]

exhibit [ɪg'zɪbɪt, eg-] **I** *vb tr* **1** förevisa [*~ a film*]; ställa ut [*~ paintings*], skylta [med] [*~ goods in a shop*] **2** visa [*~ prudence*] **II** *vb itr* ställa ut, ha utställning **III** *s* **1** jur. [bevis]föremål; företett dokument som åberopas i vittnesinlaga **2** utställningsföremål [*do not touch the ~s*]

exhibition [ˌeksɪ'bɪʃ(ə)n] **1** utställning; förevisande; demonstration; uppvisning [*an ~ of* (i) *bad manners*]; *make an ~ of oneself* skämma ut sig, göra sig till ett åtlöje **2** ådagaläggande, [fram]visande **3** stipendium vid universitet el. skola

exhibitionist [ˌeksɪ'bɪʃ(ə)nɪst] exhibitionist

exhibitor [ɪg'zɪbɪtə, eg-] utställare

exhilarate [ɪg'zɪləreɪt, eg-] liva (pigga, muntra) upp; göra upprymd (glad)

exhilaration [ɪgˌzɪlə'reɪʃ(ə)n, eg-] **1** upplivande **2** munterhet

exhort [ɪg'zɔːt, eg-] uppmana; uppmuntra [*~ a p. to [do] a th.*]

exile ['eksaɪl, 'egz-] **I** *s* **1** landsförvisning; exil äv. bildl. [*go into ~*] **2** landsförvisad **II** *vb tr* [lands]förvisa

exist [ɪg'zɪst, eg-] (jfr *existing*) existera; vara till; förekomma, förefinnas

existence [ɪg'zɪst(ə)ns, eg-] tillvaro; förekomst; liv; bestånd; *come (spring) into ~* uppkomma, uppstå, bli till

existentialism [ˌegzɪ'stenʃəlɪz(ə)m] filos. existentialism

existing [ɪg'zɪstɪŋ, eg-] **1** existerande, nu levande **2** nuvarande, dåvarande, nu (då) gällande

exit ['eksɪt, 'egzɪt] **I** *vb itr* **1** teat. [han el. hon] går [ut] [*E~ Falstaff*] **2** gå ut; göra [sin] sorti **II** *s* **1** sorti äv. teat. [*make one's ~*] **2** utgående; frihet (möjlighet) att gå [ut]; utresa; *~ permit* utresetillstånd; *~ visa* utresevisum **3** utgång [*no ~, the main ~*]; avfart; *~ road (way)* avfart[sväg] från motorväg

exodus ['eksədəs] **1** [mass]utvandring [*general ~*], folkvandring [*the summer ~ to the country and the sea*]; uttåg[ande] **2** *E~* Andra mosebok

ex officio [ˌeksə'fɪʃɪəʊ, -'fɪs-] lat. **I** *adv* ex officio **II** *adj* officiell; självskriven i kraft av sitt ämbete

exonerate [ɪg'zɒnəreɪt, eg-] frita [*~ from blame (from a charge)*]

exorbitant [ɪg'zɔːbɪt(ə)nt, eg-] omåttlig, oerhörd, orimlig [*~ prices (taxes)*]

exorcize ['eksɔːsaɪz, 'egz-] besvärja; genom besvärjelse driva ut [*~ an evil spirit from (out of) a p.*]

exotic [ɪg'zɒtɪk, ek's-, eg'z-] exotisk

expand [ɪkˈspænd, ek-] **I** *vb tr* **1** vidga, utvidga [*heat ~s metals*; *~ one's business*] **2** utbreda, breda ut [*a bird ~s its wings*] **3** utveckla [*~ an idea*], behandla mera utförligt; vidga **II** *vb itr* **1** [ut]vidga sig, [ut]vidgas, expandera [*our foreign trade has ~ed*], växa ut **2** breda ut (utveckla, öppna) sig; bildl. öppna sitt hjärta

expanse [ɪkˈspæns, ek-] vidd

expansion [ɪkˈspænʃ(ə)n, ek-] **1** utbredande **2** expansion äv. fys.; *territorial ~* landvinning, territoriell expansion

expatriate [i bet. *I* eksˈpætrɪeɪt, -ˈpeɪtr-, i bet. *II* o. *III* eksˈpætrɪət, -ˈpeɪtr-, -eɪt] **I** *vb tr* landsförvisa **II** *s* **1** utvandrare; landsflykting **2** person som bor (är stationerad) utomlands **III** *adj* **1** utvandrad; landsflyktig **2** som bor (är stationerad) utomlands [*~ Americans*]

expect [ɪkˈspekt, ek-] **I** *vb tr* **1** vänta, förvänta, emotse, räkna med [*England ~s every man to do his duty*]; *they ~ed him* (*he was ~ed*) *to...* man väntade [sig] att han skulle... **2** vard. anta [*I ~ so* (det)]; [*he'll come,*] *I ~* ...förmodligen, ...skulle jag tro **II** *vb itr* **1** vard., *be ~ing* vänta barn **2** vänta [och hoppas]

expectancy [ɪkˈspekt(ə)nsɪ, ek-] förväntan; förväntning; *life ~* sannolik livslängd; medellivslängd; *a look of ~* en förväntansfull blick

expectant [ɪkˈspekt(ə)nt, ek-] **1** väntande, förväntansfull **2** gravid; *~ mothers* blivande mödrar, havande kvinnor

expectation [ˌekspekˈteɪʃ(ə)n] **1** väntan, förväntan, förväntning; pl. *~s* förväntningar [*great ~s*], framtidsutsikter; utsikter att få ärva **2** sannolikhet för ngt; väntevärde [äv. *mathematical ~*]; *~ of life* försäkr. sannolik livslängd; medellivslängd

expectorant [ekˈspektər(ə)nt, ɪk-] med. **I** *adj* slemlösande **II** *s* slemlösande medel

expedience [ɪkˈspiːdjəns, ek-] o. **expediency** [ɪksˈpiːdjənsɪ, eks-] **1** lämplighet **2** egoistiska hänsyn, egennytta; opportunism

expedient [ɪkˈspiːdjənt, ek-] **I** *adj* ändamålsenlig; fördelaktig **II** *s* medel, hjälpmedel, utväg

expedite [ˈekspɪdaɪt] **1** expediera, uträtta [*~ a piece of business*]; avsända **2** påskynda

expedition [ˌekspɪˈdɪʃ(ə)n] **1 a)** expedition **b)** *shopping ~* shoppingtur, shoppingrond **2** mil. expedition, fälttåg **3** litt. skyndsamhet, snabbhet [*with great ~*]

expeditious [ˌekspɪˈdɪʃəs] litt. snabb; hastig

expel [ɪkˈspel, ek-] **1** driva (köra, kasta) ut, fördriva [*~ the enemy from a town*] **2** förvisa; utestänga; univ. relegera **3** om organ o.d. stöta ut

expend [ɪkˈspend, ek-] lägga ner, använda, offra [*~ money, time and care*]; förbruka; [*after the wind had*] *~ed itself* ...dött ut

expendable [ɪkˈspendəbl, ek-] som kan förbrukas; som kan offras

expenditure [ɪkˈspendɪtʃə, ek-] **1** åtgång [*~ of ammunition*] **2** utgift; *~[s]* utgifter

expense [ɪkˈspens, ek-] utgift [*household ~s*]; utlägg; [om]kostnad [*heavy ~s*]; bekostnad äv. bildl. [*be funny at a p.'s ~*]; *travelling ~s* resekostnader; *put a p. to ~* (*to the ~ of a th.*) förorsaka ngn kostnader (kostnader för ngt)

expensive [ɪkˈspensɪv, ek-] dyr [*an ~ restaurant*], dyrbar

experience [ɪkˈspɪərɪəns, ek-] **I** *s* **1** erfarenhet; egen erfarenhet; praktik; vana; *office ~* kontorspraktik **2** upplevelse, händelse, erfarenhet [*an unpleasant ~*] **II** *vb tr* **1** uppleva, erfara; röna; få pröva på [*~ great hardship*]; finna [*~ pleasure*]; *~ a loss* lida en förlust **2** *~ religion* amer. bli omvänd

experienced [ɪkˈspɪərɪənst, ek-] **1** erfaren, rutinerad; beprövad **2** upplevd, känd; som vunnits genom erfarenhet

experiment [ɪkˈsperɪmənt, ek-, ss. vb -ment] **I** *s* försök; rön [*~s made by a p.*]; *by way of ~* försöksvis, på försök **II** *vb itr* experimentera

experimental [ekˌsperɪˈmentl, ɪk-] **1** försöks- [*~ animals*; *~ station*], experiment- [*~ theatre*], experimentell [*~ method*], experimental- [*~ physics*] **2** trevande [*~ attempt*]

expert [ˈekspɜːt] **I** *adj* **1** sakkunnig [*~ advice*], fackmanna-, specialist- [*~ work*] **2** kunnig, tränad, övad **II** *s* expert, sakkunnig [*at* (*in, on*) på, i]; *~s* äv. expertis

expertise [ˌekspɜːˈtiːz] **1** expertutlåtande, expertis **2** sakkunskap, expertis

expire [ɪkˈspaɪə, ek-] **1** gå ut [*his licence* (*passport*) *has ~d*], löpa ut [*the period has ~d*], upphöra att gälla [*his patents have ~d*] **2** andas ut **3** uppge andan; litt. slockna [*our hopes ~d*]

expiry [ɪkˈspaɪərɪ, ek-] utlöpande [*~ of a contract* (*lease*)], upphörande; *~ date* utgångsdatum, förfallodatum; sista förbrukningsdag

explain [ɪk'spleɪn, ek-] förklara [*he ~ed why he was late*]; reda ut [*~ a problem*], ge en förklaring till; *~ away* bortförklara; *that will take some ~ing* det blir inte så lätt att förklara

explanation [ˌekspləˈneɪʃ(ə)n] förklaring; *by way of ~* till (som) förklaring

explanatory [ɪk'splænət(ə)rɪ, ek-] förklarande [*~ notes, ~ additions*], upplysande

explicable [ek'splɪkəbl, ɪk-, 'eksplɪkəbl] förklarlig

explicit [ɪk'splɪsɪt, ek-] **1** tydlig [*~ statement, ~ instruction*], bestämd [*~ knowledge, ~ belief*]; i detalj uppfattad; uttrycklig [*~ promise*], explicit **2** om person, tal m.m. öppen; *be ~* uttrycka sig tydligt

explode [ɪk'spləʊd, ek-] **I** *vb tr* **1** få att (låta) explodera **2** misskreditera; *~d theories* vederlagda (förlegade) teorier **II** *vb itr* explodera; brinna av; *~ with laughter* explodera av skratt

1 exploit ['eksplɔɪt] bedrift

2 exploit [ɪk'splɔɪt, ek-] **1** exploatera, bearbeta [*~ a mine*], utnyttja [*~ the natural resources; ~ one's talents*] **2** exploatera, egennyttigt utnyttja [*~ one's friends*]

exploitation [ˌeksplɔɪ'teɪʃ(ə)n] exploatering

exploration [ˌeksplɔ:'reɪʃ(ə)n, -plə'r-] utforskning, utforskande; med. exploration

explor|e [ɪk'splɔ:, ek-] **I** *vb tr* utforska; genomforska [*~ archives*]; undersöka [*~ the possibilities*]; pejla; med. explorera; *-ing expedition* forskningsresa, forskningsexpedition **II** *vb itr*, *~ for* forska (leta) efter

explorer [ɪk'splɔ:rə, ek-] forskningsresande; utforskare

explosion [ɪk'spləʊʒ(ə)n, ek-] **1** explosion; knall; *the population ~* befolkningsexplosionen **2** bildl. [våldsamt] utbrott [*~ of laughter (anger, passion)*]

explosive [ɪk'spləʊsɪv, ek-] **I** *adj* **1** explosiv; explosions-; *~ charge* sprängladdning **2** bildl. a) explosionsartad; häftig [*~ temper*] b) explosiv [*an ~ issue*] **II** *s* **1** sprängämne **2** fonet. klusil, explosiva

expo ['ekspəʊ] (pl. *~s*) (kortform för *exposition 3*) expo

exponent [ek'spəʊnənt, ɪk-] **1** exponent, bärare av idé o.d.; tolk; mus. exekutör **2** matem. exponent

export [ss. subst. 'ekspɔ:t, ss. vb ek'spɔ:t, ɪk-, 'ekspɔ:t] **I** *vb tr* exportera, föra ut [ur landet]; skeppa ut; *~ing country* äv. exportland **II** *s* **1** exportvara; pl. *~s* äv. export[en] [*the ~s exceed the imports*] **2** export, utförsel [*the ~ of goods*]; export- [*~ control, ~ restrictions, ~ surplus*]; *~ permit (licence)* exportlicens, exporttillstånd, utförseltillstånd

exportation [ˌekspɔ:'teɪʃ(ə)n] export, utförsel [*products for ~*]

exporter [ek'spɔ:tə, ɪk-] exportör

expose [ɪk'spəʊz, ek-] **1** utsätta [*~ to* (för) *danger (criticism, the winds, the weather)*], lämna oskyddad [*~ one's head to* (mot) *the rain*], exponera; blottställa; utsätta för fara [*~ the troops*], sätta i fara **2** exponera, ställa ut [*~ goods in a shop window*]; visa; *~ oneself* [*indecently*] blotta sig sedlighetssårande **3** yppa, röja [*~ a secret (one's intentions)*] **4** avslöja [*~ a swindler (fraud, villain)*], uppdaga [*~ a plot*], demaskera, blotta **5** foto. exponera [*~ a film*]

exposition [ˌekspə(ʊ)'zɪʃ(ə)n] **1** framställning i ord [*a clear ~*]; redogörelse [*an ~ of* (för) *his views*], utredning, översikt **2** utläggning, förklaring; kommentar; skildring **3** utställning, exposition **4** mus. exposition

exposure [ɪk'spəʊʒə, ek-] **1** utsättande; blottställande **2** utsatthet; [*one must avoid*] *~ to infection* ...att utsätta sig för smitta, ...att bli (vara) utsatt för smitta; *on ~ to the air* då det (den osv.) utsätts för luftens inverkan, vid kontakt med luften **3 a)** exponering; *indecent ~* jur., sedlighetssårande blottande **b)** foto. exponering; tagning; exponeringstid [*different ~s*]; bild, kort [*I've 3 ~s left on this film*]; *~ meter* exponeringsmätare **4** utställande [*~ of goods in a shop-window*] **5** avslöjande [*the ~ of a fraud (their plans)*] **6** läge med avseende på vindar, sol, väderstreck; *with a southern ~* med söderläge

expound [ɪk'spaʊnd, ek-] **I** *vb tr* **1** förklara, lägga ut [*~ a text*] **2** utveckla, framställa [*~ a theory*] **II** *vb itr* förklara [sig] närmare; *~ on* utbreda sig över

express [ɪk'spres, eks-] **I** *adj* **1** uttrycklig, tydlig, bestämd, direkt [*~ command*] **2** särskild; *for the ~ purpose of...* enkom för [det syftet] att... **3** express-; *~ company* amer. expressbyrå; transportfirma; *~ letter* expressbrev **II** *adv* med ilbud (snälltåg), express [*send a th. ~*] **III** *s* **1** expressbefordran; *send a th. by (per) ~* skicka ngt express (som express) **2** expresståg; snälltåg **3** amer. expressbyrå, budcentral; transportfirma **4** ilbud pers. o. budskap **IV** *vb tr* **1** uttrycka [*~ one's surprise*; *he cannot ~ himself*], ge uttryck åt, säga [*~ one's meaning*]; framställa; *~ oneself strongly on* yttra (uttala) sig skarpt om **2** skicka express (som expressbrev o.*d.*); skicka med expressbud (ilbud) **3** pressa ut [*juice ~ed from grapes*]

expression [ɪkˈspreʃ(ə)n, ek-] **1** yttrande, uttalande; *~ of sympathy* sympatiyttring, sympatiuttalande **2** språkligt, algebraiskt o.d. uttryck; uttryckssätt **3** uttryck [*an ~ of sadness on her face*], ansiktsuttryck; känsla [*play (read, sing) with ~*]

expressionism [ɪkˈspreʃənɪz(ə)m, ek-] konst. expressionism

expressive [ɪkˈspresɪv, ek-] **1** *~ of* som uttrycker (ger uttryck åt) **2** uttrycksfull [*an ~ face (gesture)*], talande [*an ~ look (silence)*]

expressly [ɪkˈspreslɪ, ek-] **1** uttryckligen; tydligt, bestämt **2** enkom, särskilt, speciellt

expressway [ɪkˈspreswɛɪ, ek-] amer. motorväg

expropriate [ekˈsprəʊprɪeɪt] expropriera [*~ land*]; bildl. lägga beslag på

expulsion [ɪkˈspʌlʃ(ə)n, ek-] utdrivande [*~ of air*]; uteslutning [*~ from a political party*]; utvisning; univ. relegering

exquisite [ekˈskwɪzɪt, ɪk-, ˈekskwɪzɪt] **1** utsökt, fin [*~ taste (workmanship)*] **2** utomordentlig [*~ pleasure*] **3** fin, skarp [*~ sensibility*], känslig

extemporize [ɪkˈstempəraɪz, ek-] improvisera

extend [ɪkˈstend, ek-] **I** *vb tr* **1** sträcka ut [*~ one's body*; *~ one's arm horizontally*], sträcka (räcka) fram, räcka ut **2** utsträcka [*~ one's domains*], förlänga [*~ one's visit*], dra ut [*~ a line*; *~ a railway*]; [ut]vidga [*~ the city boundaries*; *~ one's knowledge*]; flytta fram; mil. sprida i skyttelinje; hand. förlänga, prolongera [*~ a loan*] **3** bygga till (ut) [*~ a house*] **4** bildl. ge [*~ financial aid*], visa [*~ mercy*], bjuda [*~ a cordial welcome*] **5** *~ oneself* ta ut sig (alla sina krafter), anstränga sig till det yttersta **II** *vb itr* **1** sträcka sig [*a road that ~s for miles and miles*; *the hills ~ to the sea*]; breda ut sig [*a vast plain ~ed before us*]; räcka, vara [*the occupation ~ed from 1940 to 1945*] **2** utsträckas; utvidgas, öka[s] [*his influence is ~ing*]

extension [ɪkˈstenʃ(ə)n, ek-] **1** utsträckande, utvidgning [*~ of one's knowledge*]; sträckning; förlängning [*an ~ of my holiday*], prolongation [*~ of a bill*], utsträckt tid [*an ~ till 11 o'clock*] **2** utbredning [*the ~ of Islam*]; utsträckning **3 a)** tillbyggnad [*build an ~ to a house*]; utbyggnad [*~ of a railway*], förlängning; skarvstycke; utdragsskiva [*drop-leaf ~*] **b)** attr.: **~** [*flex* (amer. *cord*)] förlängningssladd; *~ ladder* utskjutningsstege; slags brandstege **4** tele. anknytning; *~ number* anknytning[snummer] **5** *University E~* utanför universitetet anordnade universitetskurser [för icke-studenter], kurser på universitetsnivå; folkuniversitet

extensive [ɪkˈstensɪv, ek-] vidsträckt [*~ farm*, *~ lands*, *~ view*], omfångsrik; omfattande [*~ preparations*], rikhaltig, betydande; extensiv [*~ farming (reading)*]; utförlig; *make ~ use of a th.* använda ngt i stor utsträckning

extensively [ɪkˈstensɪvlɪ, ek-] i stor utsträckning (omfattning, skala); vitt och brett

extent [ɪkˈstent, ek-] **1** utsträckning, omfattning [*of considerable ~*; *the ~ of the danger*]; [*we were able to see*] *the full ~ of the park* ...parken i hela dess utsträckning; *to a great ~* i stor utsträckning (skala), i hög grad, till stor del; *to what ~...?* i vilken utsträckning (skala)...? **2** sträcka

exterior [ekˈstɪərɪə, ɪk-] **I** *adj* yttre [*~ diameter*], ytter- [*~ angle*; *~ wall*; *the ~ world*], utvändig [*the ~ surface of a ball*], utvärtes; utomhus- [*~ aerial*; *~ paint*]; utanför liggande [*the ~ territories of a country*] **II** *s* **1** yttre [*a good man with a rough ~*]; utsida, exteriör [*the ~ of a building*]; *the house has an old ~* huset ser gammalt ut utanpå (utifrån) **2** utomhusscen i film o. tv

exterminate [ɪkˈstɜːmɪneɪt, ek-] utrota

extermination [ɪkˌstɜːmɪˈneɪʃ(ə)n, ek-] utrotande, förintande; *war of ~* utrotningskrig

external [ɪkˈstɜːnl, ek-] **I** *adj* yttre [*~ signs*; *~ circumstances*; *~ factors*]; ytter- [*~ angle*; *~ ear*]; extern; utvärtes [*for ~ use only!*], för utvärtes bruk [*an ~ lotion*]; utvändig [*an ~ surface*]; ytlig [*her gaiety was of an ~ kind*]; synbar, gripbar [*the ~ qualities of his style*]; utrikes- [*~ commerce*, *~ policy*]; *~ degree* akademisk grad avlagd utanför universitetet vid av detta erkänd institution **II** *s* **1** yttre, utsida **2** pl. *~s* yttre, yttre former (drag, förhållanden)

extinct [ɪk'stɪŋ(k)t, eks-] **1** slocknad [~ *volcano*; *all hope was* ~], utslocknad **2** utdöd [~ *race*, ~ *species*], död; utslocknad [~ *family*]

extinction [ɪk'stɪŋ(k)ʃ(ə)n, ek-] **1** [ut]släckande [*the* ~ *of a fire*; *the* ~ *of a p.'s hopes*] **2** utdöende [*the* ~ *of a species*], [ut]slocknande, upphörande **3** utplånande [*the* ~ *of all life*], förintelse

extinguish [ɪk'stɪŋgwɪʃ, ek-] **1** släcka [ut] [~ *a fire*; ~ *a light*]; [för]kväva [~ *the flames*] **2** tillintetgöra, undertrycka; utrota [~ *a species*]

extinguisher [ɪk'stɪŋgwɪʃə, ek-] eldsläckare

extol [ɪk'stəʊl, ek-, -'stɒl] höja till skyarna [äv. ~ *to the skies*], lovprisa

extort [ɪk'stɔːt, ek-] pressa ut [~ *money from* (av) *a p.*], avtvinga [~ *a confession from a p.*], framtvinga

extortion [ɪk'stɔːʃ(ə)n, ek-] utpressning; framtvingande

extortionate [ɪk'stɔːʃ(ə)nət, ek-] **1** rövar-, ocker- [~ *prices*; ~ *interest*] **2** utpressar- [~ *methods*]

extra ['ekstrə] **I** *adv* extra **II** *adj* extra [~ *pay*, ~ *work*], ytterligare; ~ *postage* portotillägg, straffporto; ~ *time* fotb. förlängning **III** *s* **1** extra ting (sak); *the little* ~*s* [*that make life pleasant*] det lilla extra..., den lilla lyx... **2** extraavgift [*no* ~*s*]; extrakostnad **3** extrahjälp, extrabiträde o.d.; film. o.d. statist **4** extrablad

extract [ss. vb ɪk'strækt, ek-, ss. subst. 'ekstrækt] **I** *vb tr* **1** dra (ta) ut [~ *teeth* ; matem. ~ *the root of* (ur) *a number*], dra upp (ur) [~ *a cork from* (ur) *a bottle*] **2** extrahera [~ *an essence*], pressa [ut] [~ *the juice of* (ur) *apples*; ~ *oil from* (ur) *olives*], utvinna; kem. lösa ut; slunga [~ *honey*] **3** tvinga (pressa) fram [~ *information* (*money, the truth*) *from a p.*], avlocka **4** hämta, finna [~ *pleasure* (*happiness*) *from* (ur, i) *a th.*] **5** skriva av **II** *s* **1** extrakt [*meat* ~] **2** utdrag [~ *from* (ur) *a book* (*long poem*)]

extraction [ɪk'strækʃ(ə)n, ek-] **1** utdragning; extraherande **2** börd, härkomst

extracurricular [ˌekstrəkə'rɪkjʊlə] utanför schemat; ~ *activities* fritidsaktiviteter

extradite ['ekstrədaɪt] **1** utlämna brottsling till annan stat **2** få utlämnad

extradition [ˌekstrə'dɪʃ(ə)n] utlämning; ~ *treaty* utlämningstraktat

extramarital [ˌekstrə'mærɪtl], ~ *relations* utomäktenskapliga förbindelser

extramural [ˌekstrə'mjʊər(ə)l] extramural, som sker (ligger) utanför stadens (universitetets m.m.) område (murar); ~ *department* univ. avdelning för kursverksamhet utanför universitetet

extraneous [ek'streɪnjəs] **1** yttre [~ *circumstances*]; [som kommer] utifrån [~ *light*; ~ *influence*]; [av] främmande [ursprung] **2** ovidkommande

extraordinary [ɪk'strɔː(d(ə)nərɪ] **I** *adj* **1** särskild, tillfällig; ~ *meeting* [*of shareholders*] extra [bolags]stämma **2** extraordinär [~ *powers* (befogenheter)], utomordentlig; märkvärdig, förvånande; *how* ~*!* det var [då] besynnerligt (märkvärdigt)! **II** *s*, pl. *extraordinaries* ting utöver det vanliga; mil. tillfälliga (extra) utgifter

extrapolation [ˌekstrəpə(ʊ)'leɪʃ(ə)n] matem. el. statistik. extrapolering

extraterrestrial [ˌekstrətə'restrɪəl] **I** *adj* utomjordisk; ~ *being* rymdvarelse, utomjording i science fiction **II** *s* se ~ *being* under *I*

extravagance [ɪk'strævəgəns, ek-] **1** extravagans, onödig lyx **2** [våldsam] överdrift; omåttlighet

extravagant [ɪk'strævəgənt, ek-] **1** extravagant, slösaktig, överdådig [*an* ~ *new musical*] **2** [våldsamt] överdriven [~ *opinion*; ~ *praise*]; omåttlig [~ *demand*]

extreme [ɪk'striːm, ek-] **I** *adj* **1** ytterst [*the* ~ *Left*]; längst bort (fram, ut) [*the* ~ *edge of the field*]; *at the* ~ *right* längst [ut] till höger **2** ytterst (utomordentligt) stor [~ *peril*], ytterlig, utomordentlig, intensiv [~ *joy*]; avsevärd; extrem; ytterst sträng (drastisk) [~ *measures*] **3** ytterlighets-, extrem [*an* ~ *case*; *an* ~ *socialist*] **II** *s* ytterlighet; *carry matters* (*push it*) *to an* ~ (*to* ~*s*) driva saken (det) till sin spets; *go from one* ~ *to the other* gå från den ena ytterligheten till den andra; *go to* ~*s* gå till ytterligheter (överdrift), tillgripa en sista utväg

extremely [ɪk'striːmlɪ, ek-] ytterst, oerhört [~ *irritating*; ~ *dangerous*], högst [~ *satisfactory*], i högsta grad; extremt

extremism [ɪk'striːmɪzm, ek-] extremism

extremist [ɪk'striːmɪst, ek-] **I** *s* extremist **II** *adj* extremistisk, extrem [~ *views*]

extremit|y [ɪk'stremətɪ, ek-] **1** yttersta del (punkt, ände, gräns) **2** anat., pl. *-ies* extremiteter **3** högsta grad, höjdpunkt **4** ytterlighet; pl. *-ies* äv. ytterlighetsåtgärder, förtvivlade åtgärder; *go to -ies* gå till ytterligheter **5** nödläge, tvångsläge

extricate ['ekstrɪkeɪt] lösgöra, lösa [~ *a p. (oneself) from* (ur) *a difficult situation*], dra (plocka) fram

extrovert ['ekstrə(ʊ)vɜ:t] psykol. **I** *s* utåtvänd (extrovert) person **II** *adj* utåtvänd, extrovert

exuberance [ɪgˈzju:b(ə)rəns, eg-, -ˈzu:-] **1** översvallande; strålande (sprudlande) vitalitet **2** överflöd, ymnighet

exuberant [ɪgˈzju:b(ə)rənt, eg-, -ˈzu:-] **1** sprudlande [~ *joy*], översvallande [~ *praise, ~ zeal*]; strålande [~ *health*]; levnadsglad **2** överflödande; ymnig

exude [ɪgˈzju:d, egˈz-, ekˈs-] **I** *vb itr* sippra (svettas) ut, avsöndras [*gum* ~*s in thick drops*]; utgå **II** *vb tr* ge ifrån sig [~ *an odour*], avsöndra, utsöndra; bildl. utstråla [~ *confidence*]

exult [ɪgˈzʌlt, eg-] jubla, fröjdas [*at* el. *in* (över) *a success*; ~ *over a defeated rival*]

exultant [ɪgˈzʌlt(ə)nt, eg-] jublande; skadeglad

exultation [ˌegzʌlˈteɪʃ(ə)n, ˌeks-] jubel, triumf; skadeglädje

eye [aɪ] **I** *s* **1** öga; syn[förmåga]; blick [*he has an artist's* ~]; uppsikt [*be under the* ~ *of a p.*] **a)** i vissa uttryck: *the naked* ~ blotta ögat; *an ~ for colours* färgsinne; *that's all my* ~ [*and Betty Martin*]! vard. i helsicke heller!, det är bara skitsnack! **b)** ss. obj. till verb: *close* (*shut*) *one's* ~*s to* blunda för, se genom fingrarna med; *have one's* ~*s about one* ha ögonen med sig; *have an* ~ *for* ha blick (sinne, öga) för; *make* ~*s at* flörta med; *run one's* ~[*s*] *over* titta över, ögna igenom **c)** med prep.: *before* (*under*) *the very* ~*s of a p.* a) inför ngns ögon b) mitt för näsan (ögonen) på ngn; *an* ~ *for an* ~ öga för öga; *in the* ~[*s*] *of the law* i lagens mening, enligt lagen; *see* ~ *to* ~ *with a p.* komma överens med ngn, kunna samsas med ngn, se på saken på samma sätt som ngn **2** [nåls]öga [*the* ~ *of a needle*]; ögla; bot. öga [*the* ~*s of a potato*] **II** *vb tr* betrakta, mönstra [*they* ~*d her with suspicion*], syna

eyeball ['aɪbɔ:l] ögonglob

eyebrow ['aɪbraʊ] ögonbryn; ~ *pencil* ögonbrynspenna

eye-catching [ˈaɪˌkætʃɪŋ] som fångar ögat (verkar som blickfång), slående

eyeful ['aɪfʊl] vard. **1** *they got* (*had*) *a real* ~ de fick verkligen se mycket (åtskilligt, en hel del) **2** *she is an* ~ hon är något att vila ögonen på (en fröjd för ögat) **3** *get an* ~ *of dust* få damm (sand) i ögat

eyeglass ['aɪglɑ:s] **1** monokel **2** pl. ~*es* isht amer. glasögon, pincené[er]

eyelash ['aɪlæʃ] ögonfrans

eyelid ['aɪlɪd] ögonlock; *hang on by the* ~*s* hänga på en tråd, sitta löst

eye-opener [ˈaɪˌəʊpnə] tank[e]ställare [*it was a real* ~]; verklig överraskning; 'väckarklocka'

eyeshadow [ˈaɪˌʃædəʊ] ögonskugga

eyesight ['aɪsaɪt] syn [*have a good* ~], synförmåga; *his* ~ *is failing* hans syn börjar bli dålig; *spoil one's* ~ förstöra ögonen (synen)

eyesore ['aɪsɔ:] anskrämlig sak, skamfläck, skönhetsfläck; *it is an* ~ *in the landscape* det skämmer hela landskapet

eyewash ['aɪwɒʃ] **1** farmakol. ögonvatten **2** vard. humbug; bluff

eyewitness [ˈaɪˌwɪtnəs, -ˈ--] **I** *s* ögonvittne **II** *vb tr* vara ögonvittne till

eyrie o. **eyry** ['ɪərɪ, 'eər-, 'aɪ(ə)r-] **1** högt beläget [rovfågels]näste; bildl. 'örnnäste' **2** rovfågels kull

F, f [ef] (pl. *F's* el. *f's* [efs]) **1** F, f **2** mus., *F major* F-dur; *F minor* F-moll
F 1 förk. för *Fahrenheit, farad, Fellow, France, French* **2** (förk. för *fine*) mediumhård om blyertspenna
FA [ˌefˈeɪ] förk. för *Football Association*
fable [ˈfeɪbl] **1** fabel **2** saga; sagovärld [*the heroes of Greek ~*]
fabric [ˈfæbrɪk] **1** tyg [*silk ~s*], väv, vävnad [äv. *textile ~*]; fabrikat; stoff; *~ gloves* tygvantar **2** [upp]byggnad; stomme, konstruktion [*the ~ of the roof*]; *the social ~* samhällsstrukturen **3** struktur, textur [*cloth of a beautiful ~*]
fabricate [ˈfæbrɪkeɪt] **I** *vb tr* **1** bildl. sätta (dikta, smida, ljuga) ihop, hitta på [*~ a story*]; förfalska [*~ a document*] **2** a) sätta ihop [*~ a house*] b) tillverka isht delar el. halvfabrikat; perf. p. *~d* i (av) halvfabrikat; i (av) färdiga element; [byggd] av färdiga sektioner [*~d ship*] **II** *vb itr* ljuga ihop något [*I had to ~*]
fabrication [ˌfæbrɪˈkeɪʃ(ə)n] **1** a) bildl. hopdiktande; lögn, påhitt [*rumours founded on mere ~*] b) förfalskning **2** hopsättning
fabulous [ˈfæbjʊləs] **1** fabelns, fabel- [*~ animal*] **2** fabulös; vard. fantastisk
face [feɪs] **I** *s* **1** a) ansikte b) uppsyn [*a sad ~*]; *full ~* en face, rakt framifrån; *have the ~ to* ha fräckheten (mage) att; *lose ~* förlora ansiktet (anseendet); *pull a long ~* bli lång i ansiktet, se snopen ut; *shut (slam) the door in a p.'s ~* slå igen dörren mitt framför näsan på ngn; *to a p.'s ~* mitt (rakt) [upp] i ansiktet på ngn, rent ut [*I'll tell him so to his ~*] **2** a) yta [*disappear from (off) the ~ of the earth*]; *on the ~ of it (things)* bildl. vid första påseendet, ytligt sett b) framsida, på byggnad äv. fasad, på mynt o.d. bildsida; rätsida; utsida; [klipp]vägg c) [ur]tavla d) tekn. slagyta **II** *vb tr* **1** a) [modigt] möta [*~ dangers (the enemy)*]; se i ögonen (vitögat) [*~ death*] b) vara beredd på, räkna med [*we will have to ~ that*]; ha ögonen öppna för, inte blunda för [*~ reality*; *~ the facts*]; *let's ~ it - he is...*

man (vi) måste erkänna att han är..., man kan inte komma ifrån att han är... **2** a) stå inför [*~ ruin*] b) möta [*the problem that ~s us*]; *a crisis ~d us* vi stod inför en kris; *be ~d with* stå (vara ställd) inför **3** vända ansiktet mot, stå (vara) vänd mot; stå ansikte mot ansikte med; befinna sig (ligga) mitt emot; ligga (vetta) mot (åt); *the picture ~s page 10* bilden står mot sidan 10 **4** lägga med framsidan upp spelkort, brev o.d. **5** förse med [upp]slag **6** beklä[da], klä [*~ a building with brick*] **III** *vb itr* **1** vara (stå) vänd; vetta **2** *~ up to* a) [modigt] möta b) ta itu med [*~ up to the problem*]; böja sig för [*~ up to the fact that...*] **3** mil. göra vändning; *about ~!* helt om! **4** *~ off* ishockey göra nedsläpp
face cloth [ˈfeɪsklɒθ] tvättlapp
face-lift [ˈfeɪslɪft] ansiktslyftning äv. bildl.
facet [ˈfæsɪt] **1** fasett **2** bildl. sida [*a ~ of a problem*], aspekt; moment
facetious [fəˈsiːʃəs] skämtsam, lustig [*a ~ remark (young man)*]; dumkvick; *he tried to be ~* han försökte göra sig lustig
face towel [ˈfeɪsˌtaʊ(ə)l] toaletthandduk, ansiktshandduk
face value [ˈfeɪsˌvæljuː] nominellt värde; *take a th. at its ~* bildl. ta ngt för vad det är (är värt)
facia [ˈfeɪʃə] se *fascia*
facial [ˈfeɪʃ(ə)l] **I** *adj* ansikts- [*~ angle (expression, nerve, treatment)*]; *~ tissue* ansiktsservett **II** *s* ansiktsbehandling
facile [ˈfæsaɪl, -sɪl, amer. ˈfæsl] **1** lätt[vunnen] [*~ victory*], enkel [*~ method*] **2** flyhänt; flink [*~ fingers*], rapp [*~ tongue*], habil, ledig
facilitate [fəˈsɪlɪteɪt] underlätta
facility [fəˈsɪlətɪ] **1** lätthet, ledighet; färdighet; flinkhet, rapphet; [*he can do both*] *with equal ~* ...lika lätt (ledigt) **2** pl. *-ies* möjligheter, resurser; faciliteter, hjälpmedel; lättnader [*-ies for* (i) *payment*]; toalett [*the -ies are on the left*]; *bathing -ies* badmöjligheter, möjligheter (tillgång) till bad; *modern -ies* moderna bekvämligheter (hjälpmedel)
facing [ˈfeɪsɪŋ] **I** *s* **1** byggn. fasadbeklädnad; *~ bricks* fasadtegel **2** a) kantgarnering; infodring b) pl. *~s* mil. krage och uppslag av annan färg på uniformsjacka [*a brown jacket with green ~s*]; revärer **II** *pres p* [som vetter] mot (åt) [*a window ~ north*]; *the man ~ me* mannen mitt emot mig
facsimile [fækˈsɪməlɪ] **I** *s* **1** faksimil **2** *~*

F – facsimile

[*transmission*] telefax **II** *vb tr* **1** faksimilera **2** överföra genom telefax
fact [fækt] **1 a)** faktum [*it's a ~ that...*], realitet [*poverty and crime are ~s*]; [sak]förhållande **b)** [sak]uppgift [*he doubted the author's ~s*] **c)** verklighet, sanning; *~ and fiction* fantasi (dikt) och verklighet, saga och sanning; *it's a ~* (*an actual ~*) det är ett faktum, det är faktiskt sant; *the ~* [*of the matter*] *is that...* saken är den att..., det är (förhåller sig) [nämligen] så att..., faktum är att...; *in spite of the ~ that* trots [det] att, trots det faktum att; *a matter of ~* ett faktum; *as a matter of ~* i själva verket, i verkligheten (realiteten); faktiskt, uppriktigt talat; egentligen **2** jur. **a)** sakförhållande, omständighet **b)** *after the ~* efter brottet (brottets begående) [*accessory* (medverkande) *after the ~*], i efterhand
faction ['fækʃ(ə)n] **1** isht polit. fraktion, falang **2** partikäbbel; splittring **3** (sammandraget ord av *fact* o. *fiction*) TV., film. el. litt. dramadokumentär
factor ['fæktə] **1** faktor, omständighet; *the human ~* den mänskliga faktorn **2** matem. faktor
factory ['fækt(ə)rɪ] fabrik, fabriksanläggning, verk; *run a ~* driva en fabrik; *~ inspector* yrkesinspektör
factual ['fæktʃʊəl, -tjʊəl] **1** saklig, objektiv [*a ~ account* (*statement*)]; baserad på fakta; *~ material* faktamaterial **2** verklig; *~ error* sakfel
facult|y ['fæk(ə)ltɪ] **1** förmåga [*administrative* (*critical*) *~*]; *~ for* förmåga till, fallenhet (talang) för, sinne för; *he has a great ~ for learning languages* han har mycket lätt för språk, han är mycket språkbegåvad; *~ of hearing* hörsel[förmåga]; *mental -ies* själsförmögenheter; *be in possession of all one's -ies* vara vid sina sinnens fulla bruk **2** isht amer. skicklighet, duglighet **3** univ. **a)** fakultet; *the ~ of Law* (*Medicine*) juridiska (medicinska) fakulteten **b)** fakultetsmedlemmar, fakultet; *~ meeting* fakultetssammanträde **4** vard., *the F~* läkarkåren; advokatkåren; teologerna **5** amer. lärarkollegium, lärarstab, lärarkår
fad [fæd] **1** [mode]fluga **2** nyck
fade [feɪd] **I** *vb itr* **1** vissna **2** blekna, bildl. äv. förblekna; blekas, bli urblekt; mattas; avta [*the light was fading*]; bli suddig (otydlig) [*the outlines ~d*]; *~* [*away* (*out*)] så småningom försvinna, dö bort; tona bort, förtona; tyna av (bort), vissna

bort; *~ away* (*out*) vard. dunsta, smita **3** film. m.m., *~ in* bli tydligare (klarare, starkare); *~ out* tona bort **4** bil. tappa bromsförmågan **II** *vb tr* **1** bleka **2** film. m.m., *~ in* tona in (upp)
faeces ['fiːsiːz] **1** exkrementer; med. feces **2** bottensats
Faeroe ['feərəʊ] geogr.; *the ~s* pl. Färöarna
1 fag [fæg] **I** *vb itr* slita **II** *vb tr* trötta ut [äv. *~ out*]; *~ged out* utsjasad, utmattad, utpumpad **III** *s* **1** slit[göra]; *it's too much* [*of a*] *~* det är för jobbigt (slitigt) **2** eng. skol. passopp [åt äldre elev] **3** vard. cigg cigarett
2 fag [fæg] isht amer. sl. bög homofil
fag-end ['fægend] **1** tamp, ända; sluttamp **2** [värdelös] rest, stump **3** vard. fimp
1 faggot ['fægət] **1** risknippe; bunt [av] stickor **2** knippa **3** sl. kärring
2 faggot ['fægət] isht amer. sl. bög homofil
Fahrenheit ['fær(ə)nhaɪt, 'fɑːr-] Fahrenheit med fryspunkten vid 32° och kokpunkten vid 212°
fail [feɪl] **I** *vb itr* **1 a)** misslyckas **b)** stranda [*the conference ~ed*] **c)** om skörd o.d. slå fel **d)** kuggas [*~ in mathematics*] **e)** falla igenom [*~ in an election*] **2** strejka [*the engine ~ed*; *his heart ~ed*] **3** hand. göra bankrutt, gå omkull **4** tryta [*our supplies ~ed*]; inte räcka till [*if his strength ~s*] **5** avta, försämras [*his health* (*eyesight*) *is ~ing*]; om ljus o. ljud försvinna; *he has been ~ing in health lately* han har varit sjuklig sista tiden **6** *~ in* **a)** sakna, brista i [*~ in respect*] **b)** svika, inte fullgöra [*~ in one's duty*] **II** *vb tr* **1** svika, lämna i sticket [*I will not ~ you*]; *his courage ~ed him* modet svek honom; *words ~ me* jag saknar ord **2** *~ to* **a)** försumma (underlåta) att [*he ~ed to inform us*] **b)** undgå att [*he could not ~ to notice it*] **c)** misslyckas med (i) att, inte lyckas att **3** vard. **a)** kugga [*the teacher ~ed me*] **b)** bli kuggad (underkänd) i [*~ an exam*]
failing ['feɪlɪŋ] **I** *s* fel, svaghet [*we all have our little ~s*]; pl. *~s* äv. fel och brister, skavanker **II** *adj* strejkande; trytande; sviktande; avtagande [*~ eyesight*], vacklande [*~ health*] **III** *prep* i brist på; om det inte finns (blir); *~ an answer* då (om) inget svar inkommit; *~ good weather* om det inte blir bra väder
fail-safe ['feɪlseɪf] **I** *adj* idiotsäker **II** *s* automatisk säkerhetsanordning
failure ['feɪljə] **1 a)** misslyckande; strandning [*the ~ of the peace conference*] **b)** misslyckad person; misslyckat försök (företag), misslyckande;

be (*prove*) a ~ vara misslyckad [*he is* (*has proved*) *a ~ as a teacher*], bli (göra) fiasko, slå fel; *his ~ to answer the questions* [*made him suspicious*] att han inte kunde (lyckades) svara på frågorna...; *court ~* utmana olyckan (ödet); *end in ~* misslyckas **2** underlåtenhet [*~ to obey orders*], försummelse; brist; *his ~ to appear* hans uteblivande **3** strejkande; sinande [*the ~ of supplies*], brist [*~ of* (på) *rain*]; avtagande, försämring [*~ of eyesight*]; fel; *crop ~* felslagen skörd **4** bankrutt; krasch [*bank ~s*]

faint [feɪnt] **I** *adj* **1** svag, matt [*a ~ attempt* (*voice*)] **2** svag [*a ~ hope, ~ breathing, a ~ taste*]; otydlig [*~ traces*], dunkel [*a ~ recollection*]; *~ colours* svaga (bleka) färger; *I haven't the ~est idea* (vard. *I haven't the ~est*) jag har inte den ringaste (blekaste) aning [om det] **3** svimfärdig [*I feel ~ with* (av) *hunger*] **4** kväljande; kvalmig [*a ~ atmosphere*] **II** *s* svimning; *in a dead ~* avsvimmad **III** *vb itr* a) svimma [*from* (av) *hunger*] b) bli svimfärdig (matt) [*be ~ing with* (av) *hunger*]; *~ away* svimma av

faint-hearted [ˌfeɪntˈhɑːtɪd, attr. ˈ-ˌ--] klenmodig, försagd, rädd

1 fair [feə] **1** marknad; *a* (*the*) *day after the ~* för sent, post festum **2** hand. mässa **3** nöjesfält **4** [välgörenhets]basar **5** marknads- [*~ booth* (stånd)]; mäss- [*~ stall* (stånd)]

2 fair [feə] **I** *adj* **1** a) rättvis, just b) sport. just, regelmässig c) skälig, rimlig [*a ~ reward*]; *~'s ~* rätt ska vara rätt; *all's ~ in love and war* i krig och kärlek är allt tillåtet; *it is only ~* det är inte mer än rätt; *~ enough* kör till, för all del; *by ~ means or foul* med ärliga eller oärliga medel, med rätt eller orätt; *~ play* fair play, rent (ärligt) spel; *give a p. a ~ trial* a) ge ngn en chans b) låta ngn få en rättvis rättegång **2** a) ganska (rätt) stor (bra); ansenlig; *have one's ~ share of a th.* få sin beskärda del av ngt b) hygglig [*~ prices* (*terms*)]; *~ ss.* betyg godkänd **3** meteor. klar [*a ~ day* (*sky*)]; *~* [*weather*] uppehållsväder, ganska vackert väder **4** lovande [*~ prospects*], gynnsam; *have a ~ chance* (*of success*) ha goda utsikter (stora chanser) [att lyckas] **5** ljus[lagd], blond [*a ~ girl*; *~ hair*] **6** vacker, som låter bra [*~ words* (*promises*)]; *~ speeches* fagert tal **7** ren[skriven]; tydlig; *~ copy* renskrift, renskrivet exemplar **8** oförvitlig **9** poet., litt. fager [*a ~ maiden*]; *the ~ sex* det täcka könet **II** *adv*

1 rättvist, just **2** *write* (*copy*) *a th. out ~* skriva rent ngt **3** *bid ~ to* ha goda utsikter att **4** *~* [*and square*] vard. a) rätt, rakt [*the ball hit him ~* [*and square*] *on the chin*] b) öppet [och ärligt]

fairground [ˈfeəɡraʊnd] nöjesplats, marknadsplats; mässområde

fairly [ˈfeəlɪ] **1** a) rättvist [*treat a p. ~*] b) ärligt, hederligt; på ärligt sätt, med ärliga medel [*win a th. ~*]; *answer ~ and squarely* svara öppet och ärligt **2** tämligen, relativt [*~ good*], någorlunda **3** alldeles [*he was ~ beside himself*] **4** lämpligen **5** klart

fair-minded [ˌfeəˈmaɪndɪd, attr. ˈ-ˌ--] rättvis; rättsinnig, rättänkande, ärlig

fairness [ˈfeənəs] **1** a) rättvisa b) ärlighet c) rimlighet; *in* [*all*] *~* i rättvisans (ärlighetens) namn, för att vara rättvis (ärlig), rimligen **2** ljuslagdhet; blondhet; *the ~ of her skin* hennes ljusa hy **3** fagert utseende, skönhet

fair-sized [ˈfeəsaɪzd, pred. ˌ-ˈ-] ganska stor

fairway [ˈfeəweɪ] **1** sjö. farled **2** golf. fairway klippt del av spelfält

fairy [ˈfeərɪ] **I** *s* **1** fe; älva; vätte **2** sl. (neds.) fikus homofil **II** *adj* felik; fe- [*~ queen*]; sago- [*~ prince*]; trolsk

fairy godmother [ˌfeərɪˈɡʊdˌmʌðə] god fé äv. bildl.

fairyland [ˈfeərɪlænd] **1** älvornas rike **2** sagoland; sagolik

fairy story [ˈfeərɪˌstɔːrɪ] o. **fairy tale** [ˈfeərɪteɪl] **1** [fe]saga **2** saga, amsaga

faith [feɪθ] **1** a) tro äv. relig. b) förtroende, tillit c) förtröstan; *have ~ in* tro (lita) på, ha förtroende för; *pin one's ~* [*up*]*on* (*to*) sätta sin lit till, lita (tro) blint på **2** tro, troslära [*the Christian ~*] **3** hedersord; *break ~* [*with*] bryta sitt löfte [till], vara trolös (illojal) [mot]; *keep ~* [*with*] hålla sitt löfte (ord) [till], vara trogen (lojal) [mot] **4** trohet; *in good ~* i god tro; på heder och ära

faithful [ˈfeɪθf(ʊ)l] **1** trogen [*long and ~ service*; *~ to one's wife* (*husband*)], trofast; plikttrogen **2** trovärdig; verklighetstrogen; *it is a ~ likeness* det är porträttlikt **3** exakt, noggrann [*a ~ account* (*copy*)] **4** *the ~* relig. de rättrogna äv. friare

faithfully [ˈfeɪθfʊlɪ, -f(ə)lɪ] **1** troget etc., jfr *faithful 1* o. *2*; uppriktigt; *deal ~ with a p.* (*a th.*) vara fullt uppriktig mot ngn (i fråga om ngt); *promise ~* vard. lova säkert; *Yours ~* i brevslut Högaktningsfullt, Med utmärkt högaktning **2** exakt [*represent ~*]

faithless ['feɪθləs] **1** trolös; pliktförgäten; opålitlig **2** vantrogen, utan tro

fake [feɪk] **I** *vb tr* **1 a)** bättra på [*~ a report*], fiffla (fuska) med, fejka [äv. *~ up*] **b)** förfalska [*~ an oil painting*]; *~d cards* märkta kort för falskspel **2** hitta på, dikta ihop (upp) [*~ the news* (*a story*); äv. *~ up*] **3** simulera [*~ illness*] **II** *vb itr* **1** fiffla; göra en förfalskning (förfalskningar) **2** hitta på, dikta **3** simulera **III** *s* **1 a)** förfalskning [*the picture was a ~*] **b)** påhittad (uppdiktad) historia, hopkok **c)** bluff **d)** attrapp; *be a ~* äv. vara påhittad (uppdiktad, gjord) **2** bluff[makare] **3** förfalskad [*a ~ picture*]; påhittad; falsk, sken- [*a ~ marriage*]

falcon ['fɔːlkən, 'fɒlk-, 'fɔːk-] [jakt]falk

fall [fɔːl] **I** (*fell fallen*) *vb itr* **1** falla; falla omkull [*he fell and broke his leg*]; gå ned, sjunka [*the price has ~en*]; stupa [*he fell in the war*]; störtas [*the government fell*]; infalla [*Easter Day ~s on the first Sunday in April this year*]; *his face fell* han blev lång i ansiktet **2** slutta [nedåt] **3** avta [*the wind fell*] **4 a)** bli [*~ lame*]; *~ ill* bli sjuk, insjukna **b)** *~ asleep* somna [in], falla i sömn **5** med prep. o. adv.:

~ across stöta (råka) på, träffa på

~ among råka in i (in bland)

~ apart **a)** falla sönder (isär) **b)** rasa samman (ihop)

~ astern sjö. sacka akterut

~ away **a)** falla ifrån **b)** falla bort; vika undan **c)** falla (tackla) av

~ back **a)** dra sig (vika) tillbaka **b)** *~ back* [*up*]*on* bildl. falla tillbaka på, ta till

~ behind bli efter; *have ~en behind with* vara efter med, vara på efterkälken med

~ below understiga, inte gå upp till beräkning o.d.

~ down falla (ramla) ned; falla [omkull]; falla ihop; *~ down on* vard. misslyckas med, stupa på

~ for **a)** falla för [*~ for a p.'s charm*] **b)** gå 'på

~ from **a)** falla [ned] från [*he fell from a tree*] **b)** störtas från [*~ from power*]; *~ from favour* (*grace*) falla (råka) i onåd

~ in **a)** falla (ramla, störta) in **b)** mil. falla in i ledet; *~ in!* uppställning! **c)** *~ in with* råka träffa, bli bekant med; gå (vara) med på, gilla; foga sig efter [*~ in with a p.'s wishes*]

~ into **a)** falla [ned] i; bildl. försjunka i [*~ into a reverie* (drömmar)], falla i [*~ into a deep sleep*]; råka i [*~ into disgrace*] **b)** förfalla till [*~ into bad habits*] **c)** kunna indelas i [*it ~s into three parts*]

~ off **a)** falla (ramla) av **b)** avta [*sales have ~en off*], försämras [*the novel ~s off towards the end*] **c)** falla ifrån; svika

~ on (**upon**) **a)** falla på [*this duty ~s* [*up*]*on me*] **b)** anfalla, överfalla; kasta sig över [*they fell* [*up*]*on the food*] **c)** komma (råka) på [*~ upon a theme*]

~ out **a)** falla (ramla) ut, om hår falla av **b)** utfalla; falla sig [så] **c)** mil. gå ur (lämna) ledet **d)** bli osams

~ over falla (ramla) omkull, falla över ända; *~ over oneself* bildl. anstränga sig till det yttersta

~ through gå om intet

~ to **a)** falla på [*the cost ~s to me*], åligga, tillkomma [*this duty ~s to me*] **b)** tillfalla **c)** sätta i gång; börja [på]; *~ to blows* råka i slagsmål

~ under **a)** falla (komma, höra) under; höra (räknas) till, sortera under **b)** råka ut för, bli föremål för; *~ under suspicion* bli misstänkt

II *s* **1** fall; sjunkande; nedgång; *~ in prices* prisfall **2** amer. höst **3** isht pl. *~s* [vatten]fall [*the Niagara Falls*] **4** brottn. fall; *try a ~ with a p.* försöka få fall på ngn; bildl. ta ett [nappa]tag med ngn

fallacy ['fæləsɪ] **1** vanföreställning; villfarelse **2** falsk slutledning **3** bedräglighet; *the ~ of* det bedrägliga (falska, vilseledande) i

fallen ['fɔːl(ə)n] (av *fall*) fallen äv. bildl. [*a ~ woman*]; nedfallen, kullfallen [*~ trees*]; störtad [*~ kings*]; *the ~* pl. de fallna, de stupade; *have ~ arches* vara plattfot[ad]

fallible ['fæləbl] **1** felbar, ofullkomlig [*human and ~*] **2** felaktig, bedräglig

falling-off [ˌfɔːlɪŋ'ɒf] avtagande; försämring, tillbakagång

Fallopian [fə'ləʊpɪən] anat., *~ tube* äggledare

fallout ['fɔːlaʊt] **1** [*radio-active*] *~* [radioaktivt] nedfall **2** bildl. biverkningar

1 fallow ['fæləʊ] **I** *s* träda **II** *adj* [som ligger] i träda [*~ land*]; obrukad; *lie ~* ligga i träda äv. bildl. **III** *vb tr* plöja och harva; lägga i träda

2 fallow ['fæləʊ] [blekt] brunaktig

false [fɔːls, fɒls] **1** falsk [*a ~ alarm; a ~ analogy; ~ hopes; a ~ note* (ton)]; osann; felaktig [*a ~ conclusion* (*idea, statement, quantity*)]; ogrundad; *~ scent* villospår **2** falsk [*a ~ friend*], bedräglig [*a ~ medium* (*mirror*)]; *under ~ colours* under falsk flagg **3** falsk, förfalskad [*a ~ coin*]; oäkta [*~ diamonds*]; lös- [*~ hair*

(*teeth*)]; sken- [*a ~ attack*]; låtsad, hycklad; *~ bottom* dubbelbotten, lösbotten
falsehood ['fɔːlshʊd, 'fɒls-] **1** lögn [*tell a gross ~*] **2** ljugande, lögnaktighet
falsely ['fɔːlslɪ, 'fɒls-] falskt etc., jfr *false*; falskeligen, med orätt [*~ accused*]
falsetto [fɔːl'setəʊ, fɒl-] **I** (pl. *~s*) *s* falsett **II** *adj* falsett- [*~ note*] **III** *adv* i falsett [*sing ~*]
falsify ['fɔːlsɪfaɪ, 'fɒls-] förfalska; förvränga
falsity ['fɔːlsətɪ, 'fɒls-] **1** oriktighet; *the ~ of a th.* det falska (oriktiga) i ngt **2** falskhet, lögnaktighet
falter ['fɔːltə, 'fɒl-] **1** stappla [*with ~ing steps*], gå ostadigt **2** sväva på målet; staka sig; *her voice ~ed* hennes röst stockade sig
fame [feɪm] ryktbarhet, berömmelse [*acquire ~*]; rykte
famed [feɪmd] **1** ryktbar [*~ for their courage*] **2** *he is ~ to be...* han påstås vara...
familiar [fə'mɪljə] **I** *adj* **1** förtrolig [*on a ~ footing*], förtrogen [*~ friends*]; bekant; *be ~ with* äv. känna till, vara insatt i, vara bevandrad i **2** [väl]bekant [*the ~ voices of one's friends*], vanlig [*a ~ sight*]; inte främmande; *that seems ~* [*to me*] det förefaller [mig] bekant **3** ledig, otvungen [*~ style*]; *in ~ conversation* i dagligt tal **4** familjär, påflugen; *get* (*become*) *too ~ with a p.* ta sig friheter mot ngn **II** *s* **1** förtrogen (nära) vän **2** tjänande ande
familiarity [fə,mɪlɪ'ærətɪ] **1** nära (förtrogen) bekantskap, förtrogenhet **2** förtrolighet; *on terms of ~* på förtrolig fot; *~ breeds contempt* ung. man förlorar respekten för den man känner för väl **3** närgångenhet
familiarize [fə'mɪljəraɪz] **1** göra bekant (förtrogen); *~ oneself with a th.* äv. sätta sig in i ngt, orientera sig i ngt **2** ge allmän spridning åt [*the newspapers have ~d the word*]
famil|y ['fæm(ə)lɪ] **1** a) familj äv. zool., bot. el. kem.; hushåll, hus b) familjs barn, barnskara; *a wife and ~* hustru och barn; *the cat ~* familjen kattdjur; *be* (*put*) *in the ~ way* vard. vara (göra) med barn; *~ butcher* ung. kvartersslaktare; *~ circle* familjekrets; *~ counsellor* äktenskapsrådgivare; *~ doctor* husläkare; *~ guidance* familjerådgivning; *~ hotel* hotell lämpligt för (som tar emot) barnfamiljer; *~ hour* TV. (i USA) sändningstid med program som är lämpliga för hela familjen; *~ man* a) familjefar b) hemmatyp, hemkär man; *~ name* efternamn, tillnamn, familjenamn; *~ planning* familjeplanering, barnbegränsning **2** a) släkt, ätt; släktlinje; *it runs in the ~* det ligger i släkten, det är ett arv i släkten; *~ estate* familjegods, släktgods, fädernegods, stamgods; *~ likeness* släkttycke; *~ tree* stamträd b) börd, extraktion; *a man of* [*good*] *~* en man av god (fin) familj

famine ['fæmɪn] **1** hungersnöd **2** [stor] brist **3** svält, hunger
famished ['fæmɪʃt] utsvulten; *I'm* [*simply*] *~* vard. jag håller på att dö av hunger
famous ['feɪməs] **1** berömd, [mycket] omtalad **2** vard. utmärkt, jättefin; strålande
famously ['feɪməslɪ] vard. utmärkt [*we get on ~*]
1 fan [fæn] **I** *s* **1** solfjäder **2** tekn. fläkt [*electric ~*] **II** *vb tr* fläkta på [*~ the fire to make it burn*]; bildl. få att flamma upp, underblåsa [*~ the flames* (glöden); *~ the passions*]; *~ oneself* fläkta sig [med en solfjäder]
2 fan [fæn] vard. fan, supporter [*baseball ~*], entusiast [*Bach ~*]; *~ club* fanklubb; *~ mail* beundrarpost, beundrarbrev
fanatic [fə'nætɪk] **I** *adj* fanatisk **II** *s* fanatiker
fanatical [fə'nætɪk(ə)l] fanatisk
fanaticism [fə'nætɪsɪz(ə)m] fanatism
fan belt ['fænbelt] fläktrem
fanciful ['fænsɪf(ʊ)l] **1** fantasifull; svärmisk **2** fantastisk [*a ~ scheme*], underlig [*~ drawings*]; nyckfull **3** inbillad, fantasi-
fanc|y ['fænsɪ] **I** *s* **1** fantasi, inbillningsförmåga; uppfinningsrikedom **2** fantasi[bild], föreställning; inbillning [*did I hear someone or was it only a ~?*] **3** infall, [förflugen] idé; nyck [*a passing* (övergående) *~*] **4** lust; tycke, förkärlek; böjelse, smak; svärmeri [*passing* (flyktiga) *-ies*]; *it caught* (*struck, took*) *my ~* det föll mig i smaken **II** *attr adj* **1** konstnärligt framställd (prydd), prydligt utsirad, ornerad; om tyger mönstrad, fasonerad; *~ dress* maskeraddräkt, fantasikostym; *~ goods* a) ung. prydnadssaker, galanterivaror, fantasiartiklar, lyxartiklar; finare modeartiklar b) fasonerade tyger (mönster); *~ waistcoat* fantasiväst, *fin* uddaväst; *~ work* finare handarbeten, broderi **2** fantastisk, nyckfull, godtycklig; *~ price* fantasipris **3** av högsta kvalitet,

speciellt utvald [~ *crabs*] **4** fantasi-, gjord efter fantasin [*a* ~ *picture* (*piece, portrait, sketch*)] **5** favorit- **6** ~ *man* sl. a) älskare b) hallick; ~ *woman* sl. a) älskarinna b) glädjeflicka **III** *vb tr* **1** föreställa sig, tänka sig, göra sig en bild av [*can you* ~ *me as an actor?*]; tycka sig finna; *just* ~*!* el. ~ *that!* kan man tänka sig!, tänk bara!, tänk dig!; ~ *his believing it!* tänk att han trodde det! **2** inbilla sig, tycka [*I -ied I heard footsteps*]; vara benägen att tro [*I rather* ~ [*that*] *he won't come*]; förmoda **3** vard., ~ *oneself* ha höga tankar om sig själv, tro att man är något [*he -ies himself as an actor*] **4** tycka om, vara förtjust i, gilla [*I don't* ~ *this place*]; ha lust att, vara pigg på [*I don't* ~ *doing* (att göra) *it*]; fatta tycke för; önska sig, vilja ha [*what do you* ~ *for* (till) *your dinner?*]
fancy-dress [ˌfænsɪˈdres, attr. ˈ---], ~ *ball* maskerad[bal], kostymbal
fanfare [ˈfænfeə] **1** fanfar **2** ståt; stora gester
fang [fæŋ] **1** bete **2** orms gifttand **3** pl. ~*s* vard. gaddar tänder
fanlight [ˈfænlaɪt] solfjädersformat fönster över dörr
fantasize [ˈfæntəsaɪz] **I** *vb itr* fantisera; ~ *about* äv. föreställa sig, tänka sig in i **II** *vb tr* föreställa sig, utmåla för sig
fantastic [fænˈtæstɪk] fantastisk, underlig [~ *dreams*], befängd [~ *ideas*], orimlig [*a* ~ *scheme*], otrolig [~ *proportions*], vidunderlig; nyckfull [*a* ~ *creature*]; *trip* (*do*) *the light* ~ [*toe*] svänga sig i dansen
fantasy [ˈfæntəsɪ, -əzɪ] **1** fantasi; fantasibild; illusion **2** fantastiskt påhitt (infall) **3** mus. fantasi
FAQ [ˌefeɪˈkjuː] data. (förk. för *Frequently Asked Questions*) lista med vanliga frågor och svar på dessa
far [fɑː] (*farther farthest* el. *further furthest*) **I** *adj* **1** fjärran; *the F~ East* Fjärran Östern **2** bortre [*the* ~ *end* (del) *of the room*]; *at the* ~ *end of* vid bortersta ändan av **II** *adv* **1** långt [*how* ~ *is it from here to…?*]; långt bort[a]; ~ *and wide* vida omkring, vitt och brett; ~ *be it from me to…* det vore mig fjärran att…, jag vill ingalunda…; *as* (*so*) ~ *as* a) prep. ända (så långt som)] till [*as* ~ *as the station*] b) konj. så vitt [*as* (*so*) ~ *as I know*]; *so* ~ *so good* så långt är (var) allt gott och väl; *in so* ~ *as* i den mån [som] **2** vida, mycket [~ *better* (*more*)]; ~ *too much* alldeles för mycket; ~ *and away the best* den ojämförligt bästa

far-away [ˈfɑːrəweɪ] **1** avlägsen [~ *countries* (*times*)] **2** bildl. frånvarande [*a* ~ *look* (*expression*)]
farce [fɑːs] fars, bildl. äv. gyckelspel
farcical [ˈfɑːsɪk(ə)l] farsartad; komisk
fare [feə] **I** *s* **1** [passagerar]avgift, biljett[pris] [*pay one's* ~], taxa [*the* ~ *from London to Oxford*]; [biljett]pengar; *half* ~ halv biljett; ~ *meter* taxameter **2** en el. flera passagerare [*he drove his* ~ *home*]; körning [*the taxi-driver got a* ~] **3** kost; kosthåll, mat [*the* ~ *at a hotel*]; *good* (*simple*) ~ god (enkel) kost **II** *vb itr* ha det [~ *well*]; gå [~ *badly*]; *how did you* ~*?* hur hade du det?, hur blev du behandlad?; hur gick det för dig?
farewell [ˌfeəˈwel, ss. attr. subst. ˈ--] **I** *interj*, ~*!* farväl! [~ *all hope!*], adjö! **II** *s* **1** farväl; *bid* ~ säga (ta) farväl (adjö), ta avsked **2** pl. ~*s* avskedsföreställningar, avskedskonserter [*give* ~*s*] **3** avskeds- [*a* ~ *gift* (*performance*)]
far-fetched [ˌfɑːˈfetʃt, attr. ˈ--] [lång]sökt
farm [fɑːm] **I** *s* **1** lantbruk, bondgård; större farm isht i USA; ~ *worker* lantarbetare **2** farm för djuruppfödning; [fiske]odling **II** *vb tr* **1** bruka [~ *land* (jorden)]; odla [*he* ~*s 200 acres*]; ~ *one's own land* bruka sin jord själv; sitta på egen gård **2** arrendera syssla, inkasseringsuppdrag o.d. **3** arrendera ut [äv. ~ *out*]; hyra ut arbetskraft
farmer [ˈfɑːmə] a) lantbrukare; isht i USA farmare b) djuruppfödare farmare [*fox-farmer*], uppfödare [*pig-farmer*], odlare [*fish-farmer*] c) arrendator
farmhand [ˈfɑːmhænd] lantarbetare
farmhouse [ˈfɑːmhaʊs] man[gårds]byggnad på gård; bondgård
farming [ˈfɑːmɪŋ] **1** jordbruk **2** uppfödning [*pig-farming*], odling [*fish-farming*]
farmstead [ˈfɑːmsted] bondgård
farmyard [ˈfɑːmjɑːd] [kringbyggd] gård vid bondgård; ~ *animals* djur på bondgård
far-off [ˌfɑːˈɒf, attr. ˈ--] **1** avlägsen [~ *places*] **2** bildl. frånvarande [*a* ~ *look*], förströdd [~ *thoughts*]; reserverad
far-reaching [ˌfɑːˈriːtʃɪŋ, attr. ˈ-ˌ--] långtgående [~ *consequences*], omfattande [~ *reforms*]
far-sighted [ˌfɑːˈsaɪtɪd, attr. ˈ-ˌ--] **1** framsynt, förutseende **2** långsynt
fart [fɑːt] vulg. **I** *s* **1** prutt **2** *old* ~ gammal gubbstrutt (stöt) **II** *vb itr* prutta, fjärta
farther [ˈfɑːðə] (komp. av *far*, för ex. se äv. *further*) **I** *adj* **1** bortre [*the* ~ *bank of the river*] **2** sälls. ytterligare **II** *adv* längre [*we can't go any* ~ *without a rest*], längre

bort; mera avlägset; ~ *on* längre bort (fram)
farthest ['fɑ:ðɪst] (superl. av *far*) **I** *adj* borterst **II** *adv* längst; längst bort
fascia ['feɪʃɪə] **1** band **2** motor., ~ *[panel (board)]* instrumentbräda
fascinate ['fæsɪneɪt] **I** *vb tr* **1** fascinera **2** hypnotisera **II** *vb itr* fascinera
fascination [ˌfæsɪ'neɪʃ(ə)n] tjusning; lockelse; *in (with)* ~ hänfört, fascinerat
Fascism ['fæʃɪz(ə)m, -æsɪ-] fascism[en]
Fascist ['fæʃɪst, -æsɪ-] **I** *s* fascist **II** *adj* fascistisk
fashion ['fæʃ(ə)n] **I** *s* **1** sätt, vis [*in* (på) *this* ~]; *after the* ~ *of a p.* i ngns stil, på samma sätt som (à la) ngn; *in a strange* ~ på ett egendomligt sätt, egendomligt **2 a)** [kläd]mode; *it is all (quite) the* ~ det är toppmodernt (sista skriket) **b)** mode- [~ *drawing*]; ~ *designer* modetecknare; ~ *house* modehus; ~ *parade (show)* modevisning, mannekänguppvisning **II** *vb tr* **1 a)** forma, fasonera; formge, rita [~ *a dress*] **b)** göra, gestalta; *fully ~ed* formstickad, fasonstickad **2** avpassa
fashionable ['fæʃ(ə)nəbl] **1** modern [~ *clothes*], mode- [*a* ~ *word*]; nymodig **2** fashionabel; [som är] inne [*a* ~ *designer*]; elegant
1 fast [fɑ:st] **I** *s* **1** fasta [*break one's* ~] **2** fastetid **II** *vb itr* fasta
2 fast [fɑ:st] **I** *adj* **1** fast[sittande]; [stadigt] fästad; hårt knuten; stark; [tvätt]äkta [~ *colours*], färgäkta; djup [~ *sleep*]; bildl. trofast [*a* ~ *friend*]; *make* ~ göra (binda, surra) fast; regla, säkra **2** snabb [*a* ~ *horse (runner, game, film)*], hastig [*a* ~ *trip*]; snabbgående; ~ *food* snabbmat; ~ *lane* trafik. omkörningsfil; *my watch is* ~ min klocka går före (för fort) **3** sport. snabb [*a* ~ *cricket pitch (tennis court)*] **4** vidlyftig, nöjeslysten; *lead a* ~ *life* leva om (rullan), föra ett utsvävande liv **II** *adv* **1** fast [*stand* ~]; stadigt, starkt; *play* ~ *and loose with a th.* handskas lättsinnigt (godtyckligt, vårdslöst) med ngt; *shut* ~ ordentligt stängd; *be* ~ *asleep* sova djupt (tungt) **2** fort [*run (speak)* ~]; snabbt, raskt, i snabb följd
fasten ['fɑ:sn] **I** *vb tr* **1** fästa; göra fast; regla [~ *a door*], knyta [till]; knäppa; spänna fast [~ *your seat belts!*], sätta på; sjö. surra; ~ *a th. on to* sätta fast (fästa) ngt på (vid); ~ *together* sätta (fästa) ihop; ~ *up* fästa (knyta, binda) ihop (igen, till); slå in [~ *up a parcel*]; sluta igen (till), spika igen [~ *up a box*]; stänga in **2** bildl. fästa; ~ *one's eyes (a steady eye)* [*up*]*on*

hålla ögonen stadigt fästade på; fastna med ögonen på **II** *vb itr* **1** fastna; gå igen [*the door will not* ~], gå att stänga; fästas [*it* ~*s round the neck with...*]; *the dress* ~*s down the back* klänningen knäpps i ryggen (har knäppning[en] bak) **2** ~ [*up*]*on* bemäktiga sig; störta sig på (över); ta fasta på [*he* ~*ed* [*up*]*on the idea*], hänga upp sig på, fästa sig vid [~ *on a small error*]
fastener ['fɑ:snə] fäste; knäppe; hållare; hake [*door (window)* ~]; spänne, lås; *paper* ~ [prov]påsklämma
fast-food ['fɑ:stfu:d] snabbmats- [~ *restaurant*]
fastidious [fə'stɪdɪəs, fæs-] kräsen, granntyckt
fat [fæt] **I** *adj* **1** tjock [*a* ~ *child (book)*], fet, korpulent; späckad [*a* ~ *wallet*]; [väl]gödd; slakt-; *grow* ~ bli fet (tjock), fetma, lägga på hullet **2** fet [~ *food*] **3** bördig, fruktbar **4** givande [*a* ~ *job*], fet; ~ *cat* isht amer. sl. rik kändis; *a* ~ *chance* vard. (iron.) inte stor chans **5** plussig [*a* ~ *face*] **II** *s* **1** fett; fettämne; *cooking* ~ matfett; *deep* ~ flottyr **2** *the* ~ det fetaste av ngt; det bästa **III** *vb tr* göda [*kill the* ~*ted calf*]
fatal ['feɪtl] **1** dödlig, dödande [*a* ~ *blow (dose, wound)*]; med dödlig utgång; livsfarlig, livshotande; *be (prove)* ~ äv. få dödlig utgång **2** olycksbringande, ödesdiger [~ *consequences*]; fördärvlig, olycklig, fatal [*a* ~ *mistake*]; *be (prove)* ~ *to* äv. omintetgöra, kullkasta [*his illness was* ~ *to our plans*]
fatalism ['feɪtəlɪz(ə)m] fatalism
fatality [fə'tælətɪ] **1 a)** svår (förödande) olycka [*floods, earthquakes and other* -*ies*] **b)** dödsolycka, olyckshändelse med dödlig utgång **c)** [döds]offer; *many drowning* -*ies* många drunkningsolyckor **2** dödlighet [*the* ~ *of* (i) *certain diseases*]
fatally ['feɪtəlɪ] dödligt [~ *wounded*], livsfarligt [~ *injured*]; [högst] olyckligt; *end* ~ få dödlig utgång, sluta med döden
fate [feɪt] **1** ödet [*F*~ *had decided otherwise*]; *as sure as* ~ vard. så säkert som amen i kyrkan **2** öde; bestämmelse, lott, fördärv, död, undergång
fateful ['feɪtf(ʊ)l] **1** ödesdiger, avgörande [*a* ~ *decision*] **2** ödesbestämd
father ['fɑ:ðə] **I** *s* **1** fader äv. ss. personifikation [*F*~ *Thames*]; far; *F*~'*s Day* farsdag den tredje söndagen i juni i Storbritannien o. USA; *Our F*~ [, *which art in heaven*] Fader vår...; *like* ~, *like son* äpplet faller inte långt från trädet **2** fader,

upphovsman 3 katol., *F~* titel Fader, pater [*F~ Doyle*]; *~ confessor* biktfader **4** doyen, äldste medlem i kår o.d.; *the F~ of the House* [*of Commons*] ålderspresidenten i underhuset **5** pl. *~s* a) [för]fäder b) fäder, ledande män; *the Fathers of the Church* kyrkofäderna **II** *vb tr* **1** avla; vara far till [*he ~ed five sons*]; vara upphovsman till **2** erkänna faderskapet till äv. bildl.; erkänna sig vara far (upphovsman) till **3** *~ a child* [*up*]*on a p.* ange (utpeka) ngn som far till ett barn

fatherhood ['fɑːðəhʊd] faderskap

father-in-law ['fɑːð(ə)rɪnlɔː] (pl. *fathers-in-law* ['fɑːðəzɪnlɔː]) **1** svärfar **2** vard. styvfar

fatherland ['fɑːðəlænd] fädernesland

fatherly ['fɑːðəlɪ] faderlig [*~ love*]; öm

fathom ['fæðəm] **I** *s* famn mått (= 6 *feet* ung. = 1,83 m) **II** *vb tr* **1** utforska [*~ a mystery*], förstå [*I cannot ~ what he means*] **2** loda [djupet av]

fatigu|e [fəˈtiːg] **I** *s* **1** trötthet, utmattning; *school ~* skolleda, skoltrötthet; *drop with ~* stupa av trötthet **2** tekn. utmattning av metaller **3** mil. handräckning **II** *vb tr* trötta ut, utmatta; *-ing* tröttande, tröttsam, ansträngande

fatness ['fætnəs] fetma

fatten ['fætn] **I** *vb tr* göda **II** *vb itr* bli fet

fattening ['fæt(ə)nɪŋ] **1** göd- [*~ calf*] **2** fettbildande; *~ food* äv. mat som man blir fet av

fatty ['fætɪ] **I** *adj* **1** fetthaltig, fet [*~ bacon*]; fett- [*~ content*]; *~ tissue* anat. fettvävnad **2** oljig **3** [sjukligt] fet; *~* [*degeneration of the*] *heart* fetthjärta **II** *s* vard. tjockis

fatuous ['fætjʊəs] dum

faucet ['fɔːsɪt] isht amer. [vatten]kran, tappkran

fault [fɔːlt, fɒlt] **I** *s* **1** fel; brist, skavank; felsteg; misstag; *find ~* anmärka, klaga, klandra, kritisera **2** skuld, fel [*it is his ~ that we are late*]; *it is not his ~* äv. han rår inte för det **3** tennis. o.d. fel[serve]; [*serve a*] *double ~* [göra ett] dubbelfel **4** geol. förkastning **II** *vb tr* anmärka på

faultless ['fɔːltləs, 'fɒlt-] felfri; oklanderlig

faulty ['fɔːltɪ, 'fɒltɪ] felaktig; bristfällig; oriktig; dålig [*~ workmanship*]

faun|a ['fɔːn|ə] (pl. äv. *-ae* [-iː]) fauna, djurvärld

faux pas [ˌfəʊˈpɑː] (pl. *faux pas* [ˌfəʊˈpɑːz]) fr. fadäs, blamage; taktlöshet; felsteg

favour ['feɪvə] **I** *s* **1** gunst [*win a p.'s ~*]; gillande; *find* (*gain*) *~* bli populär, vinna insteg (gehör); *be out of ~* a) vara i onåd [*with a p.* hos ngn] b) inte vara populär längre **2** a) gunst, ynnest [*I regard it as a ~*], ynnestbevis b) tjänst [*can you do me a ~?*]; *do me a ~!* lägg av! c) förmån; *in ~ of* till förmån för; *all in ~* [*of the plan*] *will raise their hands* alla som röstar 'för [planen] räcker upp händerna; *in our ~* till vår förmån (favör), oss till godo **3** *treat with ~* favorisera, ge företräde [åt] **4** [band]rosett; [kotiljongs]märke **II** *vb tr* **1** gilla [*~ a scheme*] **2** gynna [*~ tourism*], förorda [*~ strong measures*]; vara gynnsam för; perf. p. *~ed* gynnad, understödd **3** favorisera [*~ one's own pupils*], ta parti för **4** *~ with* hedra med, förära

favourable ['feɪv(ə)rəbl] **1** välvillig; *be ~ to a p.* äv. vara ngn bevågen **2** gynnsam [*~ circumstances* (*reports, weather*)], fördelaktig

favourably ['feɪv(ə)rəblɪ] välvilligt; med välvilja; *he impressed me ~* jag fick ett gott (fördelaktigt) intryck av honom

favourite ['feɪv(ə)rɪt] **I** *s* favorit äv. sport.; gunstling; neds. kelgris; *this book is a great ~ of mine* jag är mycket förtjust i den här boken **II** *adj* favorit-, älsklings- [*a ~ child* (*dish*)]

favouritism ['feɪv(ə)rɪtɪz(ə)m] favoritsystem, favorisering

1 fawn [fɔːn] **I** *s* **1** hjortkalv; [rådjurs]kid **2** ljust gulbrun färg **II** *vb itr* o. *vb tr* om hjortdjur kalva

2 fawn [fɔːn] **1** bildl. svansa **2** om hund visa tillgivenhet, vifta på svansen

fax [fæks] **I** *s* [tele]fax **II** *vb tr* faxa

FBI [ˌefbiːˈaɪ] förk. för *Federal Bureau of Investigation* i USA

FD (förk. för *Fidei Defensor* lat. = *Defender of the Faith*) trons försvarare

fear [fɪə] **I** *s* **1** fruktan; *the ~ of God* gudsfruktan; *put the ~ of God into a p.* sätta skräck i ngn; *for ~* [*that*] a) av fruktan (rädsla) [för] att b) så (för) att inte **2** farhåga [*my worst ~s were confirmed* (besannades)], ängslan; *be in ~ of one's life* frukta för sitt liv **3** anledning till fruktan [*cancer is a common ~*], fara; *no ~* det är ingen fara, det är inte troligt; *there is no ~ of that* det är ingen fara (risk) för det **II** *vb tr* frukta [*~ God* (*the worst*)]; vara rädd för; befara **III** *vb itr* vara rädd; *~ for a p.* vara orolig för ngn[s skull]

fearful ['fɪəf(ʊ)l] **1** rädd [*of* för]; rädd av sig **2** fruktansvärd [*a ~ accident*]; vard. förskräcklig [*have a ~ time*]

fearless [ˈfɪələs] oförfärad, utan fruktan
fearsome [ˈfɪəsəm] förskräcklig, ryslig; överväldigande [*a ~ task*]
feasibility [ˌfiːzəˈbɪlətɪ] utförbarhet, genomförbarhet
feasible [ˈfiːzəbl] **1** utförbar, genomförbar [*a ~ plan*], görlig **2** a) användbar, som duger [*~ for travel*] b) sannolik, trolig, plausibel [*a ~ theory (story)*]
feast [fiːst] **I** *s* **1** isht kyrklig fest, högtid, helg, helgdag [*movable and immovable ~s*] **2** festmåltid **3** a) kalas; undfägnad b) bildl. njutning [*a ~ for the eyes*] **II** *vb tr* hålla kalas för; förnöja; *~ one's eyes on (upon)* låta ögat njuta av, njuta av anblicken av **III** *vb itr* festa, kalasa
feat [fiːt] **1** bragd **2** kraftprov [*mountaineering ~s*], konststycke; *a ~ of strength* en kraftprestation
feather [ˈfeðə] **I** *s* fjäder; *fine ~s make fine birds* kläderna gör mannen; *they are birds of a ~* de är av samma skrot och korn **II** *vb tr* **1** [be]fjädra, förse med fjäder (fjädrar) [*~ an arrow*]; klä (pryda med) fjädrar; sätta [en] fjäder i; *~ one's [own] nest* sko sig **2** rodd. skeva [med] [*~ one's oar*]
featherweight [ˈfeðəweɪt] **1** sport. fjäder[vikt] **2** sport. a) boxn. el. brottn. fjäderviktare b) ridn. jockey i lägsta viktklassen
feature [ˈfiːtʃə] **I** *s* **1** a) ansiktsparti; *her eyes are her best ~* ögonen är det vackraste hos henne b) pl. *~s* [anlets]drag [*a man of* (med) *handsome ~s*]; ansiktsbildning c) min [*without changing a ~*] **2** drag; kännetecken, kännemärke [*geographical ~s*]; inslag [*unusual ~s in the programme*]; del i ngt; *the most noticeable ~ of the week* det märkligaste under veckan **3** a) långfilm, huvudfilm; spelfilm [äv. *~ film (picture)*] b) specialartikel [äv. *~ article (story)*] c) radio. el. TV. feature, dramadokumentär d) huvudnummer [*the ~ of tonight's programme*], stort nummer; *a regular ~* ett stående inslag (nummer) **II** *vb tr* demonstrera, visa [upp], presentera ss. huvudsak, nyhet el. särskild attraktion
featureless [ˈfiːtʃələs] **1** formlös; utan bestämda (markerade) drag **2** enformig
February [ˈfebruərɪ, -rər-, ˈfebjuərɪ] februari
feckless [ˈfekləs] hjälplös, försagd; fåfäng [*~ attempts*], gagnlös
fed [fed] imperf. o. perf. p. av *feed*
federal [ˈfed(ə)rəl] förbunds- [*~ republic*], federal [*the F~ Government of the U.S.*], förbundsstats-; förbundsvänlig; i USA (1861-1865) nordstats-; *the F~ Bureau of Investigation* [den] federala polisen i USA, FBI
federation [ˌfedəˈreɪʃ(ə)n] **1** sammanslutning, federation; *national ~* riksförbund **2** statsförbund
fee [fiː] **I** *s* **1** honorar [*lawyer's (doctor's) ~*] **2** avgift [*application ~; entrance ~; school ~s*] **II** *vb tr* betala [arvode till], honorera [*~ a barrister*]
feeble [ˈfiːbl] **1** svag, klen; matt [*a ~ attempt*] **2** om intryck, färger o.d. matt
feeble-minded [ˌfiːblˈmaɪndɪd] **1** svagsint; psykol. debil **2** klenmodig, svag
feed [fiːd] **I** (*fed fed*) *vb tr* **1** a) [ut]fodra [*~ the pigs*], ge mat (att äta) [*~ the dog*] b) bespisa c) föda [*he has a big family to ~*] d) [kunna] föda [*~ 100 head of cattle*] e) mata [*~ the baby*] f) ge näring åt [*~ a plant*] g) bildl., *~ a p.'s vanity* smickra någons fåfänga **2** förse, mata äv. sport. [*~ a furnace with coal*; *~ a forward with passes*]; *~ a fire* lägga [mer] bränsle på en eld, hålla en eld vid liv; *the lake is fed by two rivers* sjön får sitt vatten från två floder **3** tillföra [*~ coal to (into) a furnace*]; *~ information into a computer* mata in information i en dator **II** (*fed fed*) *vb itr* **1** a) om djur äta; beta [*the cows were ~ing in the meadow*] b) skämts., om pers. äta, käka **2** *~ on* livnära sig (leva) på (av), äta [*cattle ~ chiefly on grass*] **III** *s* **1** utfodring; matande; *out at ~* ute på bete **2** foder; [foder]ranson; [grön]bete; *~ bag* fodertornister **3** vard. mål [mat]; *have a good ~* få (ta sig) ett riktigt skrovmål **4** amer. vard. mat, käk [*I love good ~*] **5** tekn. a) matning b) laddning, påfyllning[smaterial] c) matar- [*~ pump, ~ tank*]; *~ mechanism* foto. frammatningsmekanism, matarverk
feedback [ˈfiːdbæk] tekn., data. el. psykol. återkoppling, feedback; friare äv. gensvar; *acoustic[al] ~* akustisk återkoppling, rundgång
feeder [ˈfiːdə] **1** matare **2** ätare; *be a large (gross) ~* vara storätare, vara stor i maten **3** boskapsuppfödare **4** tekn. a) [in]matare b) elektr. matare; *~ horn* matarhorn **5** trafik. matarväg; *~ bus* matarbuss
feel [fiːl] **I** (*felt felt*) *vb tr* **1** känna [*~ pain*], märka; ha en känsla av; känna på; känna av, lida av [*~ the cold*], ha känning av; *~ in one's bones that* känna på sig att, ha på känn att **2** sondera; *~ one's ground* känna sig för, sondera terrängen **3** tycka, anse; inse; *I ~ it my duty to go* jag känner det

som min plikt att gå **II** (*felt felt*) *vb itr* **1** känna [efter] [*~ in one's purse*]; *~ for* treva (leta) efter **2** känna; känna sig [*how do you ~?*]; *how do you ~ about that?* vad tycker du om det?; *~ for* känna (ömma) för; *~ sorry for* tycka synd om; *~ ashamed* skämmas **3** kännas [*your hands ~ cold*]; *make oneself felt* göra sig kännbar (gällande); sätta sin prägel [*on på*] **III** (*felt felt*) *vb rfl* **1** *~ oneself* känna sig, tycka att man är [*she felt herself slighted*] **2** *~ oneself* känna sig i form, vara sig själv [*she doesn't ~ herself today*] **IV** *s* **1** känsel **2** *let me have a ~* låt mig känna [på det] **3** känselförnimmelse; *have a soft ~* kännas mjuk
feeler ['fi:lə] **1** zool. känselspröt **2** bildl. trevare
feeling ['fi:lɪŋ] **I** *adj* kännande; känslig; sympatisk **II** *s* **1** känsel [*the arm has lost all ~*]; [känsel]förnimmelse **2** känsla [*a ~ of joy*]; medkänsla; *bad* (*ill*) *~* missämja, osämja; misstämning; *no hard ~s, I hope!* jag hoppas du inte tar illa upp!; *have strong ~s against* ha (känna) stark motvilja mot; *I have a ~ that* jag har en känsla av att, jag känner på mig (har på känn) att **3** uppfattning; inställning; *the general ~ was against it* stämningen (den allmänna meningen) var emot det **4** *~ for* känsla (sinne) för [*he has a ~ for music*] **5** uppståndelse, förtrytelse, förbittring [*his speech aroused strong ~[s]*]; *~[s] ran high* känslorna råkade i svallning, stridens vågor gick höga **6** atmosfär, stämning [*the ~ of the place*]
feet [fi:t] pl. av *foot*
feign [feɪn] **I** *vb tr* **1** hitta på [*~ an excuse*], dikta upp **2** låtsa[s]; förege [*~ illness*], hyckla **II** *vb itr* förställa sig; låtsas
1 feint [feɪnt] **I** *s* **1** skenmanöver, krigslist; isht sport. fint **2** list **II** *vb itr* isht sport. finta
2 feint [feɪnt] **I** *adj*, *~ lines* svaga linjer att följa på skrivpapper **II** *adv*, *ruled ~* svagt linjerad, jfr *I*
felicitous [fə'lɪsɪtəs] välfunnen [*~ words and images*], väl (lyckligt) vald, träffande
1 fell [fel] imperf. av *fall*
2 fell [fel] **I** *vb tr* fälla [*he ~ed the deer with a single shot*], slå till marken [*~ a tree*] **II** *s* avverkning antal träd som avverkats under en säsong
3 fell [fel] fäll isht med håret på
fellow ['feləʊ, i bet. *1* (vard. utt.) äv. 'felə]
1 vard. karl, prick [*he's a pleasant ~*], kille, människa; *the ~* neds. karl'n, han [*the ~ must be mad*]; *my dear ~!* kära (snälla) du!; *poor ~!* stackars karl (han)!, stackare!; *what a ~!* en sån en!; *well, ~ me lad!* nå, min gosse! **2** vanl. pl. *~s* kamrater [*his ~s at school*], kolleger [*the doctor conferred with his ~s*]; följeslagare **3** medlem, ledamot av ett lärt sällskap [*F~ of the British Academy*] **4** univ. o.d. **a)** ledamot av styrelsen för ett college (ett universitet) **b)** ung. docent[stipendiat] **5** motstycke, pendang [*this vase is the exact ~ to the one on the shelf*] **6** med- [*~ prisoner, ~ passenger*]; *~ actor* **a)** medspelare **b)** skådespelarkollega; *~ being* (*creature*) medmänniska; *~ citizen* (*countryman*) landsman; *~ student* studiekamrat; *~ traveller* **a)** reskamrat, medresenär **b)** polit. medlöpare
fellow-feeling [ˌfeləʊ'fi:lɪŋ] medkänsla
fellowship ['feləʊʃɪp] **1** kamratskap; gemenskap; likställdhet; samhörighet; *good ~* gott kamratskap, kamratlighet; kamratanda, god sammanhållning **2** brödraskap **3** univ., ung. docentur; universitetsstipendium, docentstipendium
felon ['felən] jur. (hist. el. amer.) brottsling som har begått ett grövre (urbota) brott; [grov] förbrytare
felony ['felənɪ] jur. hist. (el. amer.), ung. grövre (urbota) brott; svårare förbrytelse
1 felt [felt] imperf. o. perf. p. av *feel*
2 felt [felt] **1** filt tyg; *roofing ~* takpapp; *~ pen* filtpenna, tuschpenna **2** filthatt [äv. *~ hat*]
female ['fi:meɪl] **I** *adj* kvinno-, kvinnlig [*a ~ pilot*]; biol. el. bot. honlig; hon- [*~ flower*], av honkön [*~ animal*]; *~ elephant* elefantshona; *~ elk* älgko **II** *s* **1** neds. fruntimmer, kvinnsperson **2** statistik. o.d. kvinna [*males and ~s*] **3** zool. hona; bot. honblomma
feminine ['femɪnɪn] **I** *adj* **1** kvinnlig [*the eternal ~*], kvinno- [*~ logic*], feminin [*~ features*], om man äv. feminiserad **2** gram. feminin [*a ~ noun, the ~ gender*] **II** *s* gram. **1** *the ~* [genus] femininum **2** femininit ord
femininity [ˌfemɪ'nɪnətɪ] kvinnlighet
feminism ['femɪnɪz(ə)m] **1** kvinnosaken **2** feminism[en], kvinnorörelse[n]
feminist ['femɪnɪst] feminist; *the ~ movement* kvinnorörelsen
fen [fen] kärr
fence [fens] **I** *s* **1** stängsel, staket, gärdsgård; hinder; *come down on one side or the other of the ~* bildl. välja sida, ta ställning; *come down on the right side of the ~* bildl. hålla på rätt häst **2** fäktning **3** sl. **a)** hälare **b)** tjuv[gods]gömma **II** *vb tr*

1 inhägna [äv. ~ *in (round, up)*]; ~ *off* avskilja med ett stängsel (staket) **2** sl. handla med (köpa, sälja) tjuvgods **III** *vb itr* **1** fäkta; parera; bildl. slingra sig **2** sätta upp (laga) inhägnader **3** sl. vara hälare

fencer ['fensə] fäktare

fencing ['fensɪŋ] **1** fäktning; parerande **2** inhägnande [äv. ~ *in*] **3** koll. a) stängsel b) stängselmaterial **4** sl. häleri

fend [fend] **I** *vb tr*, ~ [*off*] avvärja, parera [~ *off a blow*]; hålla undan (tillbaka) [*from* från] **II** *vb itr* vard., ~ *for* sörja för

fender ['fendə] **1** avvärjare; skydd; buffert; på lok o.d. kofångare **2** eldgaller framför eldstad **3** amer. flygel, stänkskärm på bil; stänkskärm på cykel

fennel ['fenl] bot. fänkål

ferment [ss. subst. 'fɜ:ment, ss. vb fə'ment] **I** *s* **1** jäsningsämne, jäsämne **2** jäsning, bildl. äv. [jäsande] oro; *in a* [*state of*] ~ el. *in* ~ bildl. i jäsning, i uppror **II** *vb itr* jäsa äv. bildl.; fermentera **III** *vb tr* **1** bringa i jäsning, få att jäsa; *be ~ed* jäsa **2** hetsa [upp]; underblåsa

fermentation [ˌfɜ:men'teɪʃ(ə)n] jäsning äv. bildl.

fern [fɜ:n] bot. ormbunke; koll. ormbunkar

ferocious [fə'rəʊʃəs] vildsint [*a ~ attack*]; våldsam [*a ~ thirst (headache)*], glupande [*a ~ appetite*]

ferocity [fə'rɒsətɪ] **1** vild[sint]het; våldsamhet **2** [utbrott av] grymhet

ferret ['ferət] **I** *s* jaktiller, frett tam form av illern; ~ *eyes* vessleögon, skarpa ögon **II** *vb itr* **1** jaga med jaktiller (frett) [*go ~ing*] **2** snoka [äv. ~ *about*]; ~ *about for* snoka efter **III** *vb tr* **1** jaga (driva ut) kaniner o.d. med jaktiller (frett) **2** bildl. jaga [äv. ~ *about*]; ~ *out* snoka (spåra) upp, snoka (luska) reda (rätt) på, gräva fram [~ *out the facts*]

ferry ['ferɪ] **I** *s* **1** färja båt o. flygplan; ~ *service* färjtrafik, färjförbindelse **2** färjställe, färjplats, färjläge **3** färjförbindelse **II** *vb tr* **1** färja [~ *a p. across (over) the river*; ~ *supplies out to the island*], transportera **2** flyga [*aircraft ~ing cars between England and France*], transportera [med flyg]

fertile ['fɜ:taɪl, amer. 'fɜ:tl] **1** bördig [~ *fields*], fruktbar, fet [~ *soil*] **2** fruktsam, fertil [*women of ~ age*]; fortplantningsduglig **3** bildl. givande [*a ~ subject*]; rik; *a ~ imagination* en rik (frodig) fantasi

fertility [fɜ:'tɪlətɪ] bördighet [~ *cult (rite)*]; fruktsamhet, fertilitet; ~ *pill* fruktsamhetspiller

fertilize ['fɜ:tɪlaɪz] **1** gödsla, göda; göra fruktbar (produktiv) **2** biol. befrukta

fertilizer ['fɜ:tɪlaɪzə] gödningsmedel, gödningsämne; isht konstgödsel

fervent ['fɜ:v(ə)nt] bildl. glödande [~ *hatred*, ~ *love*, ~ *zeal*], eldig [*a ~ lover*], het, brinnande [~ *prayers*], varm [*a ~ admirer*], innerlig [*a ~ advocate* (förespråkare) *of*]

fervour ['fɜ:və] glöd

fester ['festə] **I** *vb itr* **1** vara [sig]; *a ~ing sore* a) ett varigt sår b) bildl. en kräftsvulst, en kräfthärd **2** bildl. gnaga **II** *vb tr* orsaka varbildning i, fräta på

festival ['festəv(ə)l, -tɪv-] **1** fest [*harvest ~*], helg; relig. högtid [*Christmas and Easter are Church ~s*] **2** festival [*the Salzburg F~*] **3** årsfest; fest[lig tillställning] **4** fest- [~ *march*], högtids- [~ *day*]

festive ['festɪv] festlig [*on ~ occasions*], fest- [~ *mood*, ~ *atmosphere* (stämning)]; *the ~ season* julen

festivit|y [fe'stɪvətɪ] **1** feststämning [äv. *air of ~*], festglädje, festivitas; glädje **2** ofta pl. *-ies* festligheter [*the -ies end with a fireworks display*], högtidligheter [*wedding -ies*]

festoon [fe'stu:n] **I** *s* girland **II** *vb tr* smycka med girlander

1 fetch [fetʃ] gengångare; varsel

2 fetch [fetʃ] **I** *vb tr* **1** hämta [äv. *go (run) and ~*], skaffa [*a p. a th.*; *a th. for a p.*]; ha (ta) med sig [*the souvenirs he ~ed back from Japan*]; om hund apportera; ~ *it!* till hund apport! **2** framkalla; ~ *tears from the eyes* locka fram tårar i ögonen **3** inbringa [*it ~ed £600*]; betinga [*the pictures ~ed a high price*] **4** vard. göra intryck på [*that dress will ~ him*], imponera på, knipa **5** vard. ge [~ *a p. a blow*] **II** *vb itr*, ~ *and carry* a) om hund apportera b) vara passopp (springpojke), springa ärenden [*for*]

fetching ['fetʃɪŋ] vard. tilltalande, tilldragande, vinnande [*a ~ smile*]; förtjusande, näpen [*a ~ girl*]

fetid ['fetɪd, 'fi:tɪd] stinkande

fetish ['fi:tɪʃ, 'fetɪʃ] fetisch äv. friare

fetter ['fetə] **I** *s* **1** boja; tjuder **2** bildl., vanl. pl. *~s* bojor, fjättrar, band, tvång; fångenskap **II** *vb tr* **1** fjättra **2** bildl. binda [~*ed by convention*], lägga band på

fettle ['fetl] kondition; *in fine (good) ~* a) i fin (god) form b) på gott humör

fetus ['fi:təs] isht amer., se *foetus*

feud [fju:d] fejd

feudal ['fju:dl] läns-; ~ *system* feodalväsen

feudalism ['fju:dəlɪz(ə)m] feudalism, feodalväsen
fever ['fi:və] feber; febersjukdom; bildl. feberaktigt tillstånd; *a high* ~ hög feber
feverish ['fi:v(ə)rɪʃ] **1** feber- [*a ~ condition* (*dream*)]; febrig; *he is ~* äv. han har feber **2** bildl. het [~ *desire*], feberaktig [~ *excitement*], febril [~ *activity*]
few [fju:] [bara] få [~ *people* (människor) *live to be 100*], inte [så] många [*I have ~ cigarettes left*], lite[t] [*there are very ~ people* (folk) *here*; *we are one too ~*]; *a ~* några få, några [stycken], lite[t] [*would you like a ~ strawberries?*], ett par [tre] [*in a ~ days*]; *a chosen ~* några få utvalda; *not a ~* el. *a good ~* inte så få, ganska (rätt) många, inte så lite[t], en hel del, ganska (rätt) mycket [*not a* (*a good*) *~ faults*]; *the* (*what*) *~ people I have met* de få människor jag har träffat; *~ in number*[s] fåtaliga
fewer ['fju:ə] (komp. av *few*) färre; mindre [*one month ~*]; *no ~ than* inte mindre än
fewest ['fju:ɪst] (superl. av *few*) fåtaligast; *the ~* ytterst få; *at the ~* minst
fiancé [fɪ'ɒnseɪ, -'ɑ:ns-] fästman
fiancée [fɪ'ɒnseɪ, -'ɑ:ns-] fästmö
fiasc|o [fɪ'æskəʊ] (pl. *-os*) fiasko, misslyckande
fib [fɪb] vard. **I** *s* liten (oskyldig) lögn; *that's a ~* det var lögn **II** *vb itr* småljuga
fibre ['faɪbə] **1** fiber äv. i kost; tråd i t.ex. kött, nerv; tåga av t.ex. lin; *~ optics* fiberoptik **2** koll. fiber[massa] isht ss. textilt råmaterial **3** bildl. halt, virke [*of solid* (gott) *~*; *a man of tough* (segt) *~*], väsen, natur
fibreboard ['faɪbəbɔ:d] [trä]fiberplatta; koll. [trä]fiberplattor
fibreglass ['faɪbəglɑ:s] glasfiber
fickle ['fɪkl] ombytlig, flyktig och obeständig [*a ~ woman*]
fiction ['fɪkʃ(ə)n] **1** [ren] dikt; saga; osann historia; fiktion ofta jur.; [ren] konstruktion; *fact and ~* fantasi (dikt) och verklighet, saga och sanning **2** skönlitteratur på prosa; romaner och noveller [*prefer history to ~*]; *school of ~* skönlitterär skola; *work of ~* skönlitterärt verk, isht roman **3** uppdiktande
fictional ['fɪkʃ(ə)nl] uppdiktad, dikt-; skönlitterär
fictitious [fɪk'tɪʃəs] påhittad, uppdiktad [*the characters in the book are entirely ~*]; sken- [*a ~ agreement*; *a ~ firm*]; falsk, fingerad, antagen [*the criminal used a ~ name*]; simulerad
fiddle ['fɪdl] **I** *s* **1** vard. fiol; [*as*] *fit as a ~* frisk som en nötkärna, pigg som en mört **2** sl. fuffens, fiffel [*a little ~*]; *he's always on the ~* han har alltid något fuffens (fiffel) för sig **II** *vb itr* vard. **1** spela fiol **2 a)** *~* [*about*] *with* fingra (pilla) på, leka (plocka) med [*he was fiddling* [*about*] *with a piece of string*], smussla (fiffla) med **b)** knåpa, pyssla [~ *with painting*]; mixtra [*don't ~ with the lock*] **c)** fjanta [*~ about doing nothing*] **III** *vb tr* **1** vard. spela på fiol [*~ a tune*] **2** vard., *~ away* plottra (slösa) bort, förspilla [*~ away one's time*] **3** sl. fiffla (fuska) med [*~ one's income-tax return* (självdeklaration)]; fiffla till sig
fiddler ['fɪdlə] **1** fiolspelare **2** sl. fifflare, skojare
fidelity [fɪ'delətɪ, faɪ'd-] **1** trohet [*~ to one's country* (*principles*)], trofasthet **2** trohet, texttrohet; naturtrogen återgivning av ljud m.m.; fidelitet; jfr *high-fidelity*
fidget ['fɪdʒɪt] **I** *s* **1** *it gives me* (*I get*) *the ~s* det gör mig nervös, jag blir otålig **2** nervös (rastlös) människa; *he's a ~* han kan aldrig sitta (vara) stilla, han har ingen ro i kroppen **II** *vb itr* inte kunna sitta (vara) stilla [äv. *~ about*; *~ in one's chair*]; vara (bli) nervös (orolig, otålig), oroa sig [*~ about* (för) *one's health*]; *~ with* nervöst fingra på (leka med, pilla med)
fidgety ['fɪdʒətɪ] nervös; som inte kan sitta stilla [*a ~ child*]
field [fi:ld] **I** *s* **1** fält [*a ~ of wheat*]; åker[fält]; mark; hage; land [*potato ~*] **2** ss. efterled i sammansättn. ofta -fält [*airfield*] **3** område [*he is eminent in* (på) *his ~*], gebit [*a new ~ of research*], fack; *in the ~ of politics* på det politiska området; *that is outside my ~* det ligger utanför mitt område, det är inte mitt fack **4** fys. o.d. fält; *magnetic ~* magnetfält; *~* [*of vision*] synfält, synkrets **5** mil. [slag]fält; [fält]slag **6** sport. **a)** plats, plan [*football ~*]; *sports ~* idrottsplats **b)** koll. fält deltagare i tävling, jakt o.d.; *a good ~* kapplöpn. ett fint fält **7** herald., konst. o.d. fält; botten [*a gold star on a ~ of blue*]; [bak]grund **II** *vb tr* **1** i kricket o. baseboll stoppa och skicka tillbaka bollen **2** sport. ställa upp ett lag, spelare **III** *vb itr* i kricket o. baseboll ta bollen
field glasses ['fi:ld,glɑ:sɪs] fältkikare; *a pair of ~* en fältkikare
field marshal [,fi:ld'mɑ:ʃ(ə)l] mil. fältmarskalk
fieldwork ['fi:ldwɜ:k] **1** fältarbete till

skillnad från skrivbordsarbete **2** arbete ute på fälten (ägorna, åkern)

fiend [fi:nd] **1** djävul; ond ande **2** odjur [*he is a ~ in human shape* (gestalt)]; plågoande [*these children are little ~s*]; om barn äv. satunge **3** vard. fantast, entusiast; *football ~* fotbollsdåre; *be a golf ~* vara golfbiten

fiendish ['fi:ndɪʃ] djävulsk

fierce [fɪəs] **1** vild, [folk]ilsken [*~ dogs*] **2** våldsam, häftig [*~ anger, ~ storms (winds)*]

fiery ['faɪərɪ] **1** brännande [*~ heat*], glödande; eldröd; [bränn]het, glödhet [*~ desert sands*]; flammande [*a ~ sky, ~ eyes*] **2** eldig [*a ~ horse*], livlig; hetsig [*a ~ temper*], hetlevrad

fifteen [ˌfɪf'ti:n, attr. '--] (jfr *five* o. sammansättn.) **I** *räkn* femton **II** *s* **1** femton [*a total of ~*]; femtontal [*for each (every) ~*] **2** rugby. femtonmannalag **3** med siffror: *15* film. åldersgräns femton år

fifteenth [ˌfɪf'ti:nθ, attr. '--] femtonde; femton[de]del; jfr *fifth*

fifth [fɪfθ] **I** *räkn* femte; *the ~ century* 400-talet, femte århundradet; *the ~ commandment* motsv. fjärde budet; *the ~ floor* [våningen] fem (amer. fyra) trappor upp **II** *adv, the ~ largest town* den femte staden i storlek **III** *s* **1** femtedel; *one ~ of a litre* en femtedels liter **2** *the ~ of April (on the ~ of April* ss. adverbial) den femte april **3** mus. kvint **4** motor. femmans växel; *put the car in ~* lägga in femman

fiftieth ['fɪftɪɪθ, -tɪəθ] **1** femtionde **2** femtion[de]del

fifty ['fɪftɪ] **I** *räkn* femti[o] **II** *s* femti[o] [*a total of ~*]; femti[o]tal [*for each (every) ~*]; *in the fifties (*'fifties) på femtiotalet av ett århundrade; *in the fifties* om temperatur mellan femtio och sextio grader (någonting på femtio grader) Fahrenheit ung. 10-15 grader Celsius

fifty-fifty [ˌfɪftɪ'fɪftɪ] fifty-fifty [*the chances are ~*]; *~ allegiance* delad lojalitet; *on a ~ basis* på lika basis; *go ~ [with a p.]* dela lika (jämnt, fifty-fifty) [med ngn]

fig [fɪg] **1** fikon; *green ~s* färska fikon **2** fikonträd **3** dugg; *I don't care a ~ for* jag struntar blankt i, jag bryr mig inte ett dugg (ett dyft) om

fight [faɪt] **I** (*fought fought*) *vb itr* slåss, kämpa, strida, gräla [*~ about* (om) *money*]; fäkta; duellera; boxas; *he fought back* han bet ifrån sig, han slog tillbaka **II** (*fought fought*) *vb tr* **1** bekämpa [*~ the enemy; ~ disease*], kämpa mot; *~ back*

one's tears kämpa mot (med) gråten **2** utkämpa [äv. *~ out; ~ a battle, ~ a war*] **3** kämpa för vid rättegång o.d.; kämpa (konkurrera) om [*~ a seat in Parliament against a p.*]; *~ a case* processa om en sak, dra en sak inför domstol; föra en process **4** *~ one's way* kämpa sig fram, slå sig igenom; slå sig fram **III** *s* **1** slagsmål [*the ~ against disease*], strid; fäktning; duell; boxningsmatch; *make a ~ for it* slåss; *put up a good ~* kämpa tappert, klara sig bra **2** stridslust, stridshumör; mod

fighter ['faɪtə] **1** slagskämpe; kämpe, fighter **2** boxare **3** mil. jakt[flyg]plan, strids[flyg]plan

fighting ['faɪtɪŋ] **I** *adj* stridande; stridsberedd; strids- [*~ patrol*] **II** *s* strid [*street ~*], kamp; slagsmål; *we have a ~ chance* vi har en liten chans [om vi verkligen bjuder till]

figment ['fɪgmənt] påfund; *~ [of the imagination]* fantasifoster, hjärnspöke

figurative ['fɪgjʊrətɪv, -gər-] **1** bildlig [*a ~ expression*], figurlig, överförd [*in a ~ sense*] **2** bildrik stil o.d. **3** symbolisk [*baptism is a ~ ceremony*] **4** figurativ [*~ art*]

figure ['fɪgə] **I** *s* **1 a)** siffra; pl. *~s* äv. uppgifter, statistik [*according to the latest ~s*] **b)** vard. belopp; *name your ~!* säg vad du ska ha för det (den, dem)! **2** figur [*she has a good* (snygg) *~*]; skepnad [*a ~ moving slowly in the dusk*]; bildl. gestalt [*one of the greatest ~s in history*], person [*a public* (offentlig) *~*]; *she is a fine ~ of a woman* hon är en stilig (parant) kvinna **3** figur [*geometrical ~s; see ~* (förk. *fig.*) *31*], illustration **4** figur [*rhetorical ~s*], bild; *~ of speech* bildligt uttryck, bild **5** i dans figur, tur **II** *vb tr* **1 a)** beräkna, kalkylera **b)** *~ out* räkna ut; fundera ut; förstå **2** amer. anta, förmoda **III** *vb itr* **1** *~ on* isht amer. vard. räkna med [*they ~d on your arriving early*]; lita på; räkna (spekulera) på **2** *it ~s out at £45* det blir 45 pund **3** framträda, förekomma; spela en [viss] roll **4** amer. anta [*he's going to lose, I ~*] **5** amer. vard., *~ that (it) ~s* det stämmer

figure-skating ['fɪgəˌskeɪtɪŋ] konståkning på skridsko

filament ['fɪləmənt] **1** fin tråd (tåga, fiber) **2** tråd i glödlampa; glödtråd

filch [fɪltʃ] knycka, sno

1 file [faɪl] **I** *s* **1** [samlings]pärm, brevpärm, mapp; arkiv; kartotek; dokumentskåp **2** data. fil

3 [dokument]samling, kortsystem; dossier; [tidnings]lägg; *on our ~s* i vårt register **II** *vb tr* **1** sätta in [i pärm] [*please ~* [*away*] *these letters*], arkivera i en samling; sätta upp [på hållare]; [in]registrera **2** jur. o.d. lämna in skrivelse

2 file [faɪl] **I** *s* fil verktyg **II** *vb tr* fila

3 file [faɪl] **I** *s* a) rad av personer el. saker efter varandra; led b) mil. rote; *in ~* a) i följd, i rad b) mil. i rotar, på två led **II** *vb itr* gå (komma, marschera) i en lång rad (en efter en)

filial ['fɪljəl] sonlig [*~ affection*]

filibuster ['fɪlɪbʌstə] **I** *s* amer. polit. filibuster, maratontalare som med obstruktionstaktik söker hindra votering **II** *vb itr* amer. polit. filibustra, maratontala för att förhindra votering; göra obstruktion

filings ['faɪlɪŋz] filspån

fill [fɪl] **I** *vb tr* **1** fylla; plombera en tand; komplettera; *~ the bill* vard. a) hålla måttet, duga b) motsvara behovet; *~ a pipe* stoppa en pipa **2** tillfredsställa; mätta **3** beklä[da], inneha en tjänst; besätta en tjänst; *~ a p.'s place* inta ngns plats, efterträda ngn **II** *vb itr* fyllas **III** *vb tr* o. *vb itr* med adv.:
~ in: a) fylla i [*~ in a form* (blankett)]; fylla ut; fylla igen; stoppa (sätta, skriva) i (in) b) *~ a p. in on a th.* vard. sätta ngn in i ngt [*~ me in on the latest news*]
~ out: a) tr. fylla ut [*it will ~ out your cheeks*]; fylla i; *~ out the details* fylla på med detaljerna b) itr. bli fylligare (rundare) [*her cheeks had ~ed out*], lägga på hullet
~ up: a) tr. fylla [upp]; fylla till brädden [*~ up the glass*]; fylla i [*~ up a form* (blankett)]; fylla igen [*~ up a pond* (damm)]; komplettera; *~ up the tank* [*with petrol*] fylla tanken, tanka b) itr. fyllas [igen], bli full; fylla på bensin, tanka **IV** *s* **1** lystmäte; *eat one's ~* äta sig mätt **2** fyllning; *a ~ of tobacco* en stopp, en pipa tobak

fillet ['fɪlɪt] **I** *s* **1** hårband; bindel **2** kok. filé **II** *vb tr* filea

filling ['fɪlɪŋ] **I** *adj* **1** mättande; fyllande **2** fyllnads- [*~ material*], fyllnings- **II** *s* **1** fyllande etc., jfr *fill I*; ifyllning, ilastning; igensättning **2** konkr. fyllnad, fyllning [*a custard ~ for a pie*], plomb [*a gold ~*]

filling station ['fɪlɪŋˌsteɪʃ(ə)n] bensinstation

fillip ['fɪlɪp] **I** *s* **1** knäpp [med fingrarna] [*give a p. a ~ on the nose*] **2** bildl. stimulans **II** *vb tr* knäppa ngn (ngt) med fingret, knäppa till

filly ['fɪlɪ] stoföl; ungsto

film [fɪlm] **I** *s* **1** hinna, tunt skikt (lager) [*a ~ of dust*], film [*a ~ of oil*], tunt överdrag; beläggning på tänder **2** film äv. foto.; filmrulle [äv. *roll* (amer. *spool*) *of ~*]; pl. *~s* äv. filmföreställning, bioföreställning; *~ director* filmregissör; *~ library* filmarkiv; *~ studio* filmateljé, studio **II** *vb tr* **1** filma [*~ a play*]; filmatisera [*~ a novel*]; spela in [*~ a scene*]; *a ~ed version* äv. en filmatisering **2** täcka med en hinna etc., jfr *I 1*

filter ['fɪltə] **I** *s* **1** filter, filtrum; sil **2** trafik., *~* [*signal*] grön pil för svängande trafik **II** *vb tr* filtrera; sila; brygga kaffe [genom filter] **III** *vb itr* **1** filtreras; silas **2** trafik. svänga [av] från stillastående fil **3** *~ into* söka sig [väg] (tränga sig, ta sig) in i, långsamt vinna insteg i [*new ideas ~ing into people's minds*]; *~ out* (*through*) söka sig [väg] (etc.) ut (igenom)

filter tip ['fɪltətɪp] filter[munstycke]; filtercigarett

filth [fɪlθ] **1** smuts, lort; snusk **2** snusk; porr **3** vard. smörja

filthy ['fɪlθɪ] **I** *adj* **1** smutsig, lortig; oren, snuskig; oanständig [*~ talk*]; *~ lucre* snöd vinning; skämts. pengar **2** vard. urusel, jäkla [*he is in a ~ temper this morning*] **3** vard., *~ with money* nerlusad med pengar **II** *adv* vard., *~ rich* stenrik

fin [fɪn] **1** fena äv. på flygplan m.m. **2** sl. tass; labb

final ['faɪnl] **I** *adj* **1** slutlig, slut- [*the ~ goal is world peace*], sista [*the ~ date for payment*]; avgörande [*the ~ result*], definitiv; sport. final- [*~ match*]; *~ settlement* slutuppgörelse, slutlikvid; *and that's ~!* och därmed basta! **2** fonet. final, slut- [*the ~ 't' in 'bit' and 'bite'*] **3** gram. avsikts- [*~ clause*] **II** *s* **1** sport., *~*[*s pl.*] final [*the Cup F~*; *enter* (gå till) *the ~s*], sluttävlan **2** *~*[*s pl.*] isht univ. slutexamen [*take one's ~s*]

finale [fɪ'nɑːlɪ] **1** mus. final **2** bildl. final, slut, slutnummer

finalist ['faɪnəlɪst] finalist

finalize ['faɪnəlaɪz] fatta det avgörande beslutet om; fullborda [*~ one's plans*], slutföra; slutgiltigt godkänna [*~ a list*]; *before the decision is ~d* innan det avgörande beslutet fattas

finally ['faɪnəlɪ] slutligen, till slut; slutgiltigt [*settle a matter ~*]

finance ['faɪnæns, fɪ'n-, faɪ'næns] **I** *s* **1** finans; finansväsen; finans-; *Minister of F~* finansminister **2** pl. *~s* a) stats finanser

[*are the country's ~s sound?*] b) enskilds ekonomi **II** *vb tr* finansiera
financial [faɪ'nænʃ(ə)l, fɪ'n-] finansiell [*a ~ centre*], ekonomisk [*~ aid; ~ loss*]; *~ difficulties* ekonomiska svårigheter
financier [faɪ'nænsɪə, fɪ'n-] finansman, finansiär
finch [fɪn(t)ʃ] zool. fink
find [faɪnd] **I** (*found found*) *vb tr* **1** finna i div. bet. ss.: **a)** hitta, påträffa; se, upptäcka [*no trace could be found*]; finna ngt vara [*I ~ it useless*]; *be found* finnas, påträffas, förekomma **b)** söka (leta, ta) reda (rätt) på [*help Mary to ~ her hat*], hitta; få isht tid, tillfälle o.d.; söka ut [åt]; skaffa [*~ a p. work*], hitta på [*I can ~ nothing new to say*]; *I can't ~ time to read* jag hinner aldrig läsa **c)** nå, träffa [*the bullet found its mark*] **d)** anse [*I ~ it absurd*], tycka ngn (ngt) vara; inse [*I found that I was mistaken*]; *be found* befinnas [*he was found guilty*] **2** jur. döma, besluta; *~ a p. guilty* förklara ngn skyldig; *~ a p. not guilty* frikänna ngn **3** skaffa; bekosta; underhålla; *~ the expenses* bestrida kostnaderna **4** *~ out* leta reda (rätt) på, ta reda på; söka upp; upptäcka; finna ut, tänka ut, hitta (komma) på **II** (*found found*) *vb rfl*, *~ oneself* [be]finna sig; finna sig vara, känna sig [*how do you ~ yourself?*]; sörja för sig själv **III** (*found found*) *vb itr* **1** jur. avkunna utslag **2** *~ out* [*about it*] ta reda på det **IV** *s* fynd, upptäckt
finder ['faɪndə] **1** upphittare [*the ~ will be rewarded*]; upptäckare; *~s keepers* vard., ung. den som hittar en sak får behålla den **2** astron. sökare i stjärnkikare; foto. sökare
finding ['faɪndɪŋ] **1** finnande, upphittande; *~s* [*are*] *keepings* vard., ung. den som hittar en sak får behålla den **2** jur. utslag, beslut **3** slutsats; *the ~s of the committee* resultatet av kommitténs undersökningar **4** fynd; rön
1 fine [faɪn] **I** *s* böter [*sentence a p. to a ~*], bötesbelopp, bot; *impose a ~ of £100 on a p.* döma ngn till 100 punds böter; *he was let off with a ~* han slapp undan med böter **II** *vb tr* bötfälla; *they ~d him £100* han fick böta 100 pund
2 fine [faɪn] **I** *adj* fin i div. bet. ss.: **a)** utmärkt [*that was a ~ performance*]; skicklig [*he is a ~ musician*]; *~!* ofta bra!, utmärkt! **b)** vacker [*a ~ garden* (*poem*)]; stilig [*a ~ woman*]; *it makes a ~ show* det ser prydligt ut **c)** om väder vacker; *one ~ day* en vacker dag, en gång avseende förfluten tid eller framtid; *one of these ~ days* en vacker dag, endera dagen avseende framtid **d)** elegant [*~ clothes*]; *~ manners* fint (bildat) sätt, belevenhet **e)** utsökt [*a ~ taste*], förfinad; *the ~ arts* de sköna konsterna **f)** iron. skön, snygg; *you're a ~ one to talk!* ska du säga! **g)** ej grov o.d. [*~ dust; ~ sand*], finkornig; tunn [*~ thread*], spetsig **h)** om metaller o.d. ren [*~ gold*] **i)** om skillnad o.d. [*a ~ distinction; ~ nuances*], subtil **II** *adv* fint etc.; *~ cut* finskuren [*~ cut tobacco*]; *I'm doing ~* vard. jag klarar mig fint; jag mår bra; *that will suit me ~* vard. det passar mig utmärkt
finery ['faɪnərɪ] finkläder, stass [*young ladies in their Sunday ~*]; skrud, prakt [*the garden in its summer ~*]; grannlåt, prål, bjäfs
finesse [fɪ'nes] fin urskillning, takt [*show ~ in dealing with people*], finess; förfining
fine-tooth-comb [ˌfaɪntuːθ'kəʊm] finkamma
finger ['fɪŋɡə] **I** *s* **1** finger; *first ~* pekfinger; *middle ~* långfinger; *second ~* långfinger; *third ~* ringfinger; *he has it at his ~s'* (*~*) *ends* han har (kan) det på sina fem fingrar; *his ~s are all thumbs* han har tummen mitt i handen; *work one's ~s to the bone* arbeta som en slav, slita ihjäl sig; *twist* (*turn, wind*) *a p. round* (amer. *around*) *one's* [*little*] *~* kunna linda ngn kring (runt) sitt [lill]finger, kunna få ngn vart man vill; *let a chance slip through one's ~s* låta en chans gå sig ur händerna; *look through one's ~s at* se genom fingrarna med, blunda för **2** visare på klocka **3** fingersbredd; liten skvätt [*a ~ of whisky*] **II** *vb tr* fingra (tumma) på, plocka med (på), [idelige]n ta i; känna på [*~ a piece of cloth*]; sysselsätta (befatta) sig med
fingermark ['fɪŋɡəmɑːk] märke efter ett [smutsigt] finger
fingernail ['fɪŋɡəneɪl] fingernagel; *to one's ~s* [ända] ut i fingerspetsarna
fingerprint ['fɪŋɡəprɪnt] fingeravtryck
fingerstall ['fɪŋɡəstɔːl] fingertuta
fingertip ['fɪŋɡətɪp] fingerspets; *have a th. at one's ~s* **a)** ha (kunna) ngt på sina fem fingrar **b)** ha ngt lätt åtkomligt (till hands)
finish ['fɪnɪʃ] **I** *vb tr* **1** sluta [*have you ~ed reading* ([att] läsa) *now?*], avsluta [*when he had ~ed his speech*], fullfölja [*~ the race* (loppet)]; göra färdig [*~ the letter*], läsa färdig, läsa ut [*~ the book*]; göra slut på [*we have ~ed* [*off* (*up*)] *the pie*], dricka

upp, dricka ur; ~ *eating* äta färdigt **2** i div. tekn. bet. ytbehandla, polera; ge en finish; finputsa äv. bildl.; förädla; bearbeta **3** vard., ~ [*off*] ta död på [*that long climb almost ~ed me*], expediera [*I ~ed him with a single blow*], ta kål på [*this fever nearly ~ed him off*], göra slut på **II** *vb itr* **1** sluta [äv. ~ *off*, ~ *up*]; *they ~ed by singing* [*a few songs*] de slutade med att sjunga..., som avslutning (till sist) sjöng de... **2** sport. fullfölja tävlingen [*three boats did not ~*], fullfölja loppet; komma i mål i viss kondition etc.; sluta; *he ~ed third* han kom [i mål som] trea, han slutade som trea **III** *s* **1** slut; slutspurt, finish; mål [*from start to ~*]; slutscen; *be in at the ~* vara med om slutet (slutkampen); vara med i slutskedet; sport. vara med på upploppet äv. bildl.; *bring to a ~* avsluta, få (göra) färdig, utagera **2** sista (slutlig) behandling äv. bildl., finish, polering **3** fulländning [in i detalj]

finished ['fɪnɪʃt] **1** färdig; fulländad [*a ~ performance*]; [*the car*] *is perfectly ~* ...har en perfekt finish; äv. ...är fulländad in i minsta detalj; ~ *product* helfabrikat **2** vard. slut [*I'm ~, I can't go on*], färdig äv. berusad; förlorad; *we're ~* äv. det är ute med oss

finishing ['fɪnɪʃɪŋ] **I** *adj* fulländande, slut-; ~ *line* sport. mållinje; ~ *post* sport. (ung.) mål; *the ~ stroke* nådestöten; *supply the ~ touch* sätta kronan på verket, sätta pricken över i **II** *s* **1** avslutning; fulländande, färdigställande; slutbehandling **2** sport. avslutning; *his ~ is deadly* han är giftig i avslutningarna, han är riktigt målfarlig

finite ['faɪnaɪt] **1** begränsad; ändlig äv. matem. [*a ~ quantity* (storhet)]; inskränkt **2** gram. finit

Finland ['fɪnlənd] geogr. egenn.; *the Gulf of ~* Finska viken

Finn [fɪn] **1** finne; finska kvinna **2** sjö. finnjolle

Finnish ['fɪnɪʃ] **I** *adj* finsk **II** *s* finska [språket]

fiord [fjɔːd] fjord

fir [fɜː] **1** bot. gran; isht ädelgran; oegentl. äv. tall, fur[uträd]; barrträd; *Scotch ~* tall **2** granvirke; oegentl. furuvirke

fire ['faɪə] **I** *s* **1** eld[en] i allm.; *catch* (*take*) *~* fatta (ta) eld, råka i brand, börja brinna, antändas; flamma upp **2** a) eld i eldstad [*put the kettle on the ~*]; brasa [*sit by the ~*; *stir* (*poke*) (röra om i) *the ~*]; bål; låga; *light the ~* tända brasan b) *electric ~*

elkamin **3** eldsvåda, brand [*the Great F~ of London in 1666*]; ~*!* elden är lös! **4** mil. eld; ~*!* ge fyr!, eld! **5** bildl. flamma, hetta, glöd [*a speech that lacks ~*], entusiasm [*hearts filled with ~*], eld; inspiration; *eyes full of ~* flammande ögon
II *vb tr* **1** avskjuta, fyra av, avlossa, bränna av [ofta ~ *off*; ~ [*off*] *a shot at* (mot) *the enemy*]; spränga [~ *a charge of dynamite*]; bildl. fyra av [*he ~d off questions*]; ~ *questions at a p.* bombardera ngn med frågor **2** antända [~ *a haystack*] **3** vard. sparka avskeda **4** steka; bränna tegel; torka [~ *tea*] **5** elda en ångpanna o.d. **6** bildl. elda [upp], stimulera [~ *a p.'s imagination*]; sätta i brand [*that ~d his passions*]; fylla [~ *a p. with enthusiasm*]
III *vb itr* ge eld, skjuta; om skjutvapen brinna av; börja skjuta äv. bildl.; ~ *away* (*ahead*) bildl. sätta i gång

fire alarm ['faɪərəˌlɑːm] **1** brandalarm **2** brandalarm[anläggning]; ~ [*box*] brandskåp; ~ *post* brandpost

firearm ['faɪərɑːm], mest pl. *~s* skjutvapen, eldvapen

fire brigade ['faɪəbrɪˌgeɪd] brandkår

fire engine ['faɪərˌen(d)ʒɪn] brandbil

fire escape ['faɪərɪˌskeɪp] **1** brandstege **2** reservutgång

fire-extinguisher ['faɪərɪkˌstɪŋgwɪʃə] [hand]brandsläckare

fireguard ['faɪəgɑːd] **1** brasskärm **2** amer. brandvakt; brandman

fire|man ['faɪə|mən] (pl. *-men* [-mən]) **1** brandman, brandsoldat **2** gruv. eldvakt **3** eldare

fireplace ['faɪəpleɪs] eldstad, [öppen] spis; eldrum, härd i eldstad

fireproof ['faɪəpruːf] brandsäker; eldfast; ~ *curtain* teat. järnridå

fireside ['faɪəsaɪd] **1** *the ~* platsen kring [den öppna] spisen, härden; spiselvrån; bildl. hemlivet, hemmet **2** hem-; *a ~ chat* (*talk*) ett informellt tal i radio eller tv

fire station ['faɪəˌsteɪʃ(ə)n] brandstation

firewall ['faɪəwɔːl] **1** brandmur **2** data. brandvägg

firewood ['faɪəwʊd] ved; hand. splitved

firework ['faɪəwɜːk] fyrverkeripjäs; *~s* a) pl. eg. fyrverkeripjäser; fyrverkeri b) (konstr. ss. pl. el. sg.) bildl. ett utbrott av vrede o.d.; [*don't irritate him*] *or there'll be ~s* ...annars så smäller det

firing-squad ['faɪərɪŋskwɒd] exekutionspluton

1 firm [fɜːm] [handels]firma; *a ~ of solicitors* en advokatfirma

2 firm [fɜ:m] **I** *adj* **1** fast [~ *flesh*, ~ *muscles*], hård, tät; *be on ~ ground* bildl. ha (känna) fast mark under fötterna **2** fast, säker; bildl. fast, ståndaktig, bestämd [~ *decision*, ~ *man*, ~ *opinion*]; trofast; *prices were* ~ kurserna var fasta **II** *adv* fast; *stand* ~ stå fast, inta en fast hållning
firmly ['fɜ:mlɪ] fast etc., jfr *2 firm*; ~ *believe* tro fullt och fast
first [fɜ:st] **I** *adj* o. *räkn* första; förnämsta; hand. bäst, prima; *the ~ two* de två första; *~ cousin* [första] kusin; *he got a ~ class* univ., se *he got a ~* under *III 4* nedan; *the ~ floor* [våningen] en trappa upp; amer. bottenvåningen; *F~ Lady* amer. presidentens el. en delstatsguvernörs hustru; *~ name* förnamn; *~ principles* grundprinciper; *at ~ sight (view, blush)* vid första anblicken (påseendet, ögonkastet [*love at ~ sight*]); *~ string* a) förstahandsalternativ b) sport. ordinarie spelare; [*the*] *~ thing* vard. det första [*the ~ thing you should do*], så fort som möjligt [*I'll do it ~ thing*]; *I don't know the ~ thing about him* vard. jag vet inte det minsta om honom **II** *adv* **1** först; ibl. hellre; *~ of all* allra först; först och främst **2** [i] första klass [*travel ~*] **3** *when ~ he saw me* genast då (så fort) han såg mig; *when we were ~ married I earned* [*£280 a week*] när vi var nygifta tjänade jag... **III** *s* **1** *at ~* först, i början **2** första; *the ~* den första i en månad **3** sport.: a) förstaplats, vinnarplats b) etta; *come* [*in*] (*finish*) ~ komma på första plats **4** univ., *he got (is) a ~* ung. han fick (har) högsta betyget i examen för *honours degree* (jfr *honour I 5*) **5** motor. ettans växel; *put the car in* ~ lägga in ettan
first-aid [,fɜ:st'eɪd, '--], *~ classes* pl. samaritkurs; *~ kit* förbandslåda; *~ post (station)* hjälpstation
first-class [,fɜ:s(t)'klɑ:s, attr. '--] **I** *adj* **1** förstaklass- [~ *passengers*]; förstklassig, första klassens [*a ~ hotel*], prima; *a ~ row* vard. ett ordentligt uppträde (gräl) **2** ~ *mail* a) britt. förstaklasspost snabbefordrad post b) amer. brevpost **II** *adv* [i] första klass [*travel ~*]
first-hand [,fɜ:st'hænd, attr. '--] **I** *adj* förstahands-, direkt- [~ *information*] **II** *adv* i första hand [*learn* (få veta) *a th. ~*], direkt
firstly ['fɜ:stlɪ] för det första
first-night [,fɜ:st'naɪt], *~ nerves* premiärnerver, rampfeber

first-rate [,fɜ:st'reɪt, attr. '--] första (högsta) klassens, förstklassig, utmärkt [*Oh, thank you I'm* (jag mår) *~*]; *it's ~!* vard. äv. det är toppen!
firth [fɜ:θ] fjord; smal havsarm; smal flodmynning
fiscal ['fɪsk(ə)l] fiskal, skatte~ [~ *system*], finans-
fish [fɪʃ] **I** (pl. *~es* el. lika isht koll.) *s* **1** fisk; vard. vattendjur i allm.; *~ and chips* friterad fisk och pommes frites köps ofta för omedelbar förtäring; *I have* [*got*] *other ~ to fry* jag har annat (viktigare saker) att göra (stå i, tänka på) **2** vard., *be a big ~ in a little pond* ung. vara en stor stjärna i en liten värld; *odd* (*queer*) ~ underlig typ (prick), kuf **II** *vb itr* fiska; *~ for* a) eg. fiska [*~ for trout*] b) bildl. fiska (fika, leta) efter [*~ for trout*] **III** *vb tr* a) fiska [*~ trout*] b) fiska i [*~ a river*]; *~ out* a) fiska upp, dra upp [ur vattnet] [äv. *~ up*] b) bildl. fiska upp [*~ out a coin from* (ur) *one's pocket*], leta (vaska) fram [äv. *~ up*]; locka fram
fisher|man ['fɪʃə|mən] (pl. *-men* [-mən]) [isht yrkes]fiskare
fishery ['fɪʃərɪ] **1** fiskeri; fiske **2** fiskevatten
fish finger [,fɪʃ'fɪŋgə] kok. fiskpinne
fish hook ['fɪʃhʊk] metkrok
fishing ['fɪʃɪŋ] **I** *adj* använd vid fiske, fiske- **II** *s* fiskande, fiske; fiskevatten
fishing-line ['fɪʃɪŋlaɪn] metrev
fishing-rod ['fɪʃɪŋrɒd] metspö
fishknife ['fɪʃnaɪf] fiskkniv
fishmonger ['fɪʃ,mʌŋgə] fiskhandlare; *~'s* fiskaffär
fishslice ['fɪʃslaɪs] fiskspade
fishy ['fɪʃɪ] **1** fisklik [*a ~ smell* (*taste*)]; *~ eyes* fiskögon **2** skum, tvivelaktig; *there's something ~ about it* det är något lurt med det
fission ['fɪʃ(ə)n] klyvning äv. fys.; biol. delning; *nuclear ~* fys. fission, kärnklyvning
fissure ['fɪʃə] klyfta, spricka
fist [fɪst] **I** *s* **1** knytnäve, knuten näve; vard. näve, labb; *he shook his ~ at me* (*in my face*) han hötte åt mig [med näven] **2** vard. handstil [*I know his ~*] **II** *vb tr* slå med knytnävarna, boxa [*the goalkeeper ~ed the ball away* (*out*)], hugga tag i
1 fit [fɪt] **1** anfall av sjukdom o.d.; krampanfall, konvulsioner; *~ of coughing* hostanfall, hostattack **2** ryck [*a ~ of activity* (verksamhetslusta)]; utbrott [*~ of anger*]; *~ of laughter* skrattanfall, skrattparoxysm; *in a ~ of generosity* i ett anfall av ädelmod (frikostighet); *by ~s* [*and starts*] ryckvis, stötvis, oregelbundet

2 fit [fɪt] **I** *adj* **1** lämplig, duglig; passande, värdig [*you are not ~ to...*]; *be ~ for* äv. lämpa sig för, duga till, passa för [*he is not ~ for the position*]; *think (see) ~ to* anse lämpligt att, finna för gott att **2** färdig, redo; vard. färdig, nära [*so angry that he was ~ to burst*] **3** spänstig; kry; *keep ~* hålla sig i form **II** *vb tr* **1 a)** om kläder passa; *how does it ~ me?* hur sitter den [på mig]? **b)** allm. passa i (till) [*the description ~s him*], svara mot; *~ the bill* vara lämplig **2 a)** göra lämplig (passande) **b)** anpassa, avpassa [*~ a shoe to the foot*] **3 a)** passa in, sätta in, montera [in], sätta på [*~ a new tyre on to* (på) *a car*], sätta upp **b)** prova; *he was ~ted* [*for a new suit*] man tog mått på honom... **4** utrusta [*~ a p. with clothes*]; *~ out* utrusta, ekipera; sjörusta och bemanna fartyg **III** *vb itr* passa, om kläder äv. sitta; *~ in with* passa ihop (stämma) med **IV** *s* passform; [*these shoes*] *are just your ~* ...passar dig precis

fitful [ˈfɪtf(ʊ)l] ryckig, ryckvis [påkommande]; ojämn, ostadig; nyckfull [*a ~ breeze*]

fitness [ˈfɪtnəs] **1** kondition [*the physical ~ of people*]; *~ test* konditionstest, konditionsprov **2** lämplighet, duglighet, riktighet

fitted [ˈfɪtɪd] **1** lämpad, lämplig, rustad [*to be*]; avpassad, anpassad; *~ by nature for* enkom skapad för **2** inpassad etc., jfr *2 fit II 3*; *~ carpet* heltäckande matta, heltäckningsmatta

fitter [ˈfɪtə] **1** montör, installatör **2** [av]provare; tillskärare

fitting [ˈfɪtɪŋ] **I** *adj* **1** passande **2** ss. efterled i sammansättn. -sittande [*badly-fitting*] **II** *s* **1 a)** avpassning; utrustning; tekn. [in]montering **b)** provning [*go to the tailor's for a ~*]; *~ room* provrum **c)** om kläder storlek; om skor läst [*you need a broader ~*] **2** pl. *~s* tillbehör, inredning [*~s for an office*], innanrede; beslag på dörrar, fönster o.d.; maskindelar; armatur [*electric* [*light*] *~s; boiler ~s*]

five [faɪv] **I** *räkn* fem [*~ and ~ make*[*s*] *ten*]; *an income of ~ figures* en femsiffrig inkomst; *~ to one* fem mot ett om chanser **II** *s* femma; femtal [*for each* (*every*) *~*]; *the ~ of diamonds* ruter fem, ruterfemman

fiver [ˈfaɪvə] vard. fempundssedel; amer. femdollarssedel; *a ~* äv. fem pund (dollar)

five-year-old [ˈfaɪvjərəʊld, -jɪər-] **I** *adj* femårig, fem års **II** *s* femåring

fix [fɪks] **I** *vb tr* **1** fästa, sätta fast; sätta upp [*~ a shelf to* (på) *the wall*] **2** fästa, rikta [*he ~ed his eyes* (blicken) *on me*; *~ one's attention on a th.*] **3** fastställa, bestämma [*~ a limit; ~ a time*], fastslå; *~ed by law* i lag bestämd **4** ge fasthet (stadga) åt; befästa [*a custom is ~ed by tradition*]; foto. o.d. fixera **5** sätta [in] [äv. *~ up*]; leda in; etablera; *~ up* äv. skaffa rum åt, ta emot; *~ a p. up with a th.* ordna (fixa) ngt åt ngn **6** vard. (äv. *~ up*) **a)** isht amer. fixa [till] [*I'll ~ it for you*], göra i ordning [*~ one's clothes*]; sätta ihop, laga [*~ a broken lock*], laga till [*~ lunch*]; *how are you ~ed?* hur har du det?; *~ed up* äv. upptagen [*I'm already ~ed up for* (på) *Saturday*] **b)** ordna (klara) upp **c)** fixa [*the match was ~ed*]; muta [*~ the jury*]; fiffla med [*~ a race-horse*] **d)** *I'll ~ him!* han ska få! **II** *vb itr* **1** fastna **2** *~* [*up*]*on* bestämma sig (fastna) för **III** *s* knipa [*be in an awful ~*]

fixation [fɪkˈseɪʃ(ə)n] **1** fästande etc., jfr *fix I 1 2* fastställande **3** psykol. fixering [*father* (*mother*) *~*]

fixed [fɪkst] **1** fix, fästad, bildl. äv. rotfast; inrotad; stadig[varande]; *~ capital* realkapital, fast kapital maskiner m.m. **2** orörlig; *~ look* (*stare*) stel (stirrande) blick **3** fast[ställd] [*~ day* (*price, charge*)]; fast, som infaller på bestämt datum [*~ holiday*] **4** amer., *be well ~* vara välsituerad

fixer [ˈfɪksə] **1** foto. fixeringsmedel **2** vard. fixare **3** amer. försäkr. värderingsman

fixture [ˈfɪkstʃə] **1** fast tillbehör (inventarium, föremål); iron. el. vard. [gammalt] inventarium, stamgäst [*he is a ~*]; pl. *~s* väggfasta inventarier, [väggfast] inredning **2** sport. [fastställd (fastställande av) dag för en] tävling (match, jakt); *the autumn ~s* tävlingarna (matcherna, evenemangen, programmen) bestämda (fastställda) för hösten

fizz [fɪz] **I** *vb itr* väsa, fräsa; om kolsyrad dryck brusa, skumma, moussera **II** *s* **1** väsning; surr; brus, mousserande **2** vard. skumpa champagne; läsk kolsyrad dryck; *fizz drink* [*gin ~*]

fizzle [ˈfɪzl] **1** väsa svagt **2** *~* [*out*] **a)** spraka till och slockna **b)** vard. rinna ut i sanden, gå i stöpet

fizzy [ˈfɪzɪ] fräsande; brusande; *~ water* kolsyrat vatten

fjord [fjɔːd] fjord

flabby [ˈflæbɪ] **1** slapp [*~ muscles*], fet och slapp [*~ cheeks*], lös [i köttet], sladdrig; blekfet **2** bildl. slapp [*a ~ will* (*character*)]

1 flag [flæg] **1** stenplatta till golv o.d.;

trottoarsten **2** pl. ~s stenläggning; trottoar
2 flag [flæg] **I** *s* flagga; fana; *~ of convenience* sjö. bekvämlighetsflagg **II** *vb tr* **1** hissa flagg på **2** signalera med flaggor [till] **3** ~ [*down*] stoppa genom att vinka med en flagga (med handen), hejda [*~ a taxi*]
3 flag [flæg] **1** om segel, vingar o.d. hänga slappt ner, sloka **2** om växter vissna, hänga **3** slappna, sjunka [*their morale ~ged*], [börja] mattas [av] [*his enthusiasm ~ged*], bli matt [*the conversation ~ged*]; *his strength was ~ging* hans krafter började sina (ta slut)
flagon ['flægən] vinkrus
flagpole ['flægpəʊl] flaggstång
flagrant ['fleɪgr(ə)nt] flagrant, uppenbar [*~ violation of a treaty*]; skriande, skändlig [*a ~ crime*]
flagstaff ['flægstɑːf] flaggstång
flagstone ['flægstəʊn] se *1 flag*
flair [fleə] väderkorn, bildl. äv. [fin] näsa, sinne; stil [*their window display has no ~ at all*]
flak [flæk] **1** luftvärn; luftvärnseld; luftvärns- **2** vard. hård kritik [*get a lot of ~*]
flake [fleɪk] **I** *s* flaga [*~s of old paint* (*of soot*)]; flinga [*~s of snow; soapflakes*]; flak [*~s of ice*]; flisa, skiva; fjäll; lager; ~ [*tobacco*] flake **II** *vb tr* flisa, flaga; ta (skära) av i flagor (flisor) [äv. *~ away* (*off*)]; dela sönder i skivor [*~ fish*] **III** *vb itr* flaga (skiva) sig; ~ [*away* (*off*)] flagna, lossna i flagor [*the paint ~d off*]
flaky ['fleɪkɪ] flagig, skivig, fjällig; flingliknande; *~ pastry* [bladig] smördeg
flamboyant [flæm'bɔɪənt] **1** praktfull, grann [*~ colours*] **2** bombastisk; överdriven, översvallande [*~ manner*]
flame [fleɪm] **I** *s* **1** flamma; *be in ~s* stå i lågor **2** vard. flamma **II** *vb itr* flamma; lysa; *~ up* a) flamma upp, bildl. äv. brusa upp b) bli blossande röd
flamingo [flə'mɪŋgəʊ] (pl. ~s el. ~es) zool. flamingo
flammable ['flæməbl] brännbar
flan [flæn] mördegsbotten; pajdegsbotten; *fruit ~* frukttårta
Flanders ['flɑːndəz] geogr. Flandern
flange [flæn(d)ʒ] tekn. fläns, [utstående] list
flank [flæŋk] **I** *s* **1** flank; slakt. slaksida **2** flank; flygel; sida **II** *vb tr* **1** flankera **2** mil. anfalla (bestryka, hota, ta) i flanken
flannel ['flænl] **I** *s* **1** ylleflanell, flanell **2** flanelltrasa; tvättlapp **3** pl. ~s flanellbyxor; flanellkläder **4** sl. a) båg b) fjäsk c) flum **II** *vb itr* sl. a) båga b) fjäska
flap [flæp] **I** *vb tr* **1** klappa, smälla [till]; *the wind ~ped the sails* vinden fick seglen att slå **2** slå med [*the bird ~ped its wings; the fish ~ped its tail*], flaxa (klippa) med; vifta med [*~ a towel*] **II** *vb itr* **1** flaxa **2** om dörr m.m. stå och slå (smälla); hänga och slänga (slå), dingla; fladdra; sjö., om segel slå **3** sl., *don't ~!* ingen panik! **III** *s* **1** dask, smäll **2** vingslag **3** flugsmälla **4** flik [*the ~ of an envelope*]; lock [*the ~ of a desk* (*pocket*)]; klaff [*the ~ of a table* (*valve*)]; läm **5** sl., *get into a ~* få stora skälvan
flapjack ['flæpdʒæk] **1** kok. a) slags [havre]snittkaka b) amer., slags [liten] pannkaka **2** vard. puderdosa
flare [fleə] **I** *vb itr* **1** om låga fladdra; blossa; skimra; flamma upp; *~ up* flamma upp, blossa upp, bildl. äv. brusa upp **2** bukta ut, vidga sig; vara utsvängd [*the skirt ~s from the waist*], pösa; om fartygssida falla ut **II** *s* fladdrande låga, ostadigt sken; sjö. bloss; signalljus, mil. äv. lysgranat, flyg. äv. fallskärmsljus
flash [flæʃ] **I** *vb itr* **1** lysa till [*a ray of light ~ed through the room*], blinka; blixtra [*lightning ~ed in the sky; her eyes ~ed*]; *~ing light* sjö. blinkfyr **2** fara som en blixt; forsa (strömma) fram; *a car ~ed by* en bil susade förbi **3** sl. blotta sig visa könsorganen
II *vb tr* **1** låta lysa (blixtra) [*~ a light*]; skjuta (kasta) [ut] blixtar, eld o.d.; lysa med [*~ a torch*]; blinka med [*the driver ~ed his headlights*]; *~ a lantern in a p.'s face* plötsligt lysa ngn i ansiktet med en lykta **2** bildl. blixtsnabbt sprida (sända) [*the message was ~ed across the Atlantic*] **3** vard. lysa (briljera) med, vifta med [*~ a few banknotes*]
III *s* **1** plötsligt sken, stråle [*~ of light*]; blixt äv. foto.; blink från fyr, signallampa o.d.; bildl. anfall, utbrott [*a ~ of anger* (*joy*)]; *~ of lightning* blixt; *~ in the pan* a) kortlivad succé, engångssuccé b) person som gör en kortlivad succé (som luften snabbt går ur); *in a ~* i en blink, på ett ögonblick (kick); som en blixt **2** ytlig glans **3** se *newsflash* **4** film. glimt
IV *adj* vard. **1** [tras]grann, prålig [*~ jewellery, ~ people*]; vräkig [*a ~ hotel, a ~ guy*] **2** efterapad, falsk [*~ money*] **3** slang-; tjuv-, förbrytar- [*~ language*]
flashback ['flæʃbæk] tillbakablick i berättelse el. film

flashbulb ['flæʃbʌlb] foto. blixtljuslampa
flashcube ['flæʃkju:b] foto. blixtkub
flasher ['flæʃə] **1** blinker på bil; blinkljus på trafikfyr o.d.; rotationsljus på utryckningsfordon; *headlamp* ~ ljustuta **2** sl. blottare
flashlamp ['flæʃlæmp] **1** ficklampa; signallampa **2** foto. blixtljuslampa
flashlight ['flæʃlaɪt] **1** blinkfyr, blänkfyr; blinkljus **2** foto. blixtljus **3** isht amer. ficklampa
flashpoint ['flæʃpɔɪnt] **1** fys. flampunkt, antändningstemperatur för eldfarliga oljor **2** bildl. krutdurk {*one of the ~s of the Middle East*}
flashy ['flæʃɪ] **1** lysande men tom, ytlig {*~ rhetoric*} **2** prålig, skrikig; vräkig
flask [flɑ:sk] **1** [långhalsad] flaska ofta bastomspunnen; fickflaska; fältflaska **2** [laboratorie]kolv
1 flat [flæt] lägenhet; *block of ~s* hyreshus
2 flat [flæt] **I** *adj* **1** plan, platt {*~ roof*}; horisontell **2** liggande raklång {*~ on the ground*}; *fall* ~ falla raklång; bildl. falla platt till marken, misslyckas **3** flack, platt {*~ as a pancake*}; slät; ~ *plates* flata tallrikar; ~ *tyre* (amer. *tire*) punktering **4** enhetlig {*~ price*}; ~ *rate* enhetlig taxa (lönesättning), enhetstaxa **5** platt {*a ~ joke*} **6** slapp **7** hand. matt, flau {*~ market*} **8** fadd, avslagen {*~ beer*} **9** mus. a) sänkt en halv ton; med b-förtecken b) en halv ton för låg; [lite] falsk; *A ~* m.fl., se under resp. bokstav **10** direkt; ~ *refusal* blankt (rent) avslag; *and that's ~!* och därmed punkt (basta)! **II** *adv* **1** precis {*in* (på) *ten seconds ~*}; rent ut {*he told me ~ that...*}; ~ *out* a) rent ut, rakt i ansiktet b) för fullt, i full fart **2** plant etc., jfr *I*; *lie ~ out* ligga utsträckt **III** *s* **1** flackt land; låg slätt; *salt ~s* saltmarker **2** platta; flata av hand, svärd m.m. **3** teat. kuliss, dekoration **4** mus. ♭-förtecken, ♭; *sharps and ~s* svarta tangenter på t.ex. piano **5** vard. punktering, punka {*I had a ~*}
flatfooted [ˌflæt'fʊtɪd, attr. '---] **1** plattfotad **2** vard. bestämd {*a ~ refusal*} **3** klumpig **4** vard., *catch a p. ~* ta ngn på sängen
flatly ['flætlɪ] **1** uttryckligen, absolut; ~ *refuse* säga bestämt (blankt) nej, vägra blankt (uttryckligen) **2** plant etc., jfr *2 flat I*
flatten ['flætn] **I** *vb tr* **1** göra plan (platt, flack, jämn); platta till; platta ut; hamra ut {äv. ~ *out*}; trycka platt {~ *one's nose against the window*}; slå ned {*a field of wheat ~ed by storms*}; sl. golva **2** mus.

sänka {*ett halvt tonsteg*}; sätta b för **II** *vb itr*, ~ {*out*} bli plan (platt), plattas till, jämnas ut; stabiliseras
flatter ['flætə] **1** smickra; ~ *oneself that one is* (*on being*)... inbilla sig (våga påstå) att man är... **2** smickra {*the portrait ~s her*}; vara smickrande (fördelaktig) för {*the black dress ~ed her figure*}
flatterer ['flætərə] smickrare
flattery ['flætərɪ] smicker
flatulence ['flætjʊləns] väderspänning[ar]; med. flatulens
flaunt [flɔ:nt] **1** briljera (stoltsera) med {*~ one's riches*} **2** nonchalera
flavour ['fleɪvə] **I** *s* smak {*ice creams with different ~s* (*a strawberry ~*)}; arom; krydda, bildl. äv. aning; {*the soup*} *has a ~ of onion* ...smakar lök **II** *vb tr* sätta smak (piff) på, krydda; *~ed with* smaksatt (kryddad) med
flavouring ['fleɪvərɪŋ] **1** smaksättning **2** krydda, smakämne; ~ *essence* smaktillsats
flaw [flɔ:] **I** *s* **1** spricka **2** fel; fläck {*~s in a jewel*}; blåsa {*~s in a metal*}; brist {*~s in a p.'s character*}; [form]fel {*a ~ in a will*}, svag punkt {*a ~ in his reasoning*} **II** *vb tr* spräcka; skämma, fördärva **III** *vb itr* spricka
flawless ['flɔ:ləs] utan sprickor; felfri {*in ~ condition*}; fläckfri {*a ~ reputation*}; fulländad {*a ~ technique*}
flax [flæks] lin; *dress ~* bereda lin
flaxen ['flæks(ə)n] **1** lin- {*the ~ trade*} **2** linartad; lingul {*~ hair*}
flay [fleɪ] **1** flå; skala; barka av; avhåra och rena {*~ hides*}; dra av hud **2** bildl. skinna **3** bildl. hudflänga
flea [fli:] loppa; ~ *market* loppmarknad
fleck [flek] **I** *s* **1** fläck {*~s of colour* (*light*)}; prick **2** korn {*~s of dust*} **II** *vb tr* göra fläckig (prickig); *~ed with clouds* lätt molnig
fled [fled] imperf. o. perf. p. av *flee*
flee [fli:] (*fled fled*) **I** *vb itr* **1** fly {*~ before* (*för*) *an enemy*} **2** fly sin kos **II** *vb tr* **1** fly från (ur) {*~ the country; he fled his antagonists*} **2** fly, undfly, undvika {*~ temptation*}
fleece [fli:s] **I** *s* fårs ull[beklädnad], päls; [får]skinn; klippull **II** *vb tr* **1** klippa får **2** vard. plundra; skörta upp; ~ *a p.* äv. skinna ngn in på bara kroppen **3** beströ liksom med ull[tappar] {*a sky ~d with clouds*}
fleecy ['fli:sɪ] ullig; ullrik; ulliknande; mjuk [och ullig] {*a ~ snowfall*}; ~ *clouds* ulliga moln

220

1 fleet [fli:t] flotta; flottstyrka; *Admiral of the F~* (amer. *F~ Admiral*) storamiral; *the F~ Air Arm* brittiska marinflyget; *~ of cars* bilpark, vagnpark

2 fleet [fli:t] **1** hastig, snabb; *~ of foot* snabbfotad **2** flyktig

fleeting ['fli:tɪŋ] snabb *[a ~ visit]*; flyktande, kort *[~ happiness]*

Flemish ['flemɪʃ] **I** *adj* flamländsk **II** *s* **1** flamländska [språket] **2** *the ~* flamländarna

flesh [fleʃ] kött äv. bildl. *[his own ~ and blood, the ~ is weak]*; hull; hud *[suntanned ~]*; [frukt]kött; *it makes my ~ creep* det gör att det kryper i mig, det får mig att rysa; *more than ~ and blood can stand* mera än en människa (vanlig dödlig) kan stå ut med; *proud ~* svallkött, dödkött

flesh-coloured ['fleʃˌkʌləd] hudfärgad

flesh wound ['fleʃwu:nd] köttsår

flew [flu:] imperf. av *1 fly*

flex [fleks] **I** *s* elektr. sladd **II** *vb tr* böja, leda [på] *[~ one's arms]*; spänna muskel **III** *vb itr* böja sig

flexibility [ˌfleksə'bɪlətɪ] böjlighet etc., jfr *flexible*; elasticitet; flexibilitet

flexible ['fleksəbl] **1** böjlig, smidig *[a ~ material]*, elastisk **2** bildl. **a)** flexibel *[a ~ system]*, anpassbar *[a ~ language]*, följsam *[a ~ voice]*; *~ working hours* flexibel arbetstid, flextid **b)** lättledd

flexitime ['fleksɪtaɪm] o. **flextime** ['flekstaɪm] flextid

1 flick [flɪk] **I** *vb tr* **1** snärta till, ge ett lätt slag; *~ away (off)* slå (knäppa) bort **2** slänga (svänga) med *[the horse ~ed its tail]*, flaxa med **3** *~ through* snabbt bläddra igenom *[~ through the pages of a book]* **II** *s* lätt slag; klatsch; knäpp

2 flick [flɪk] film; *go to the ~s* gå på bio

flicker ['flɪkə] **I** *vb itr* flämta, fladdra *[the candle ~ed]*, flimra; skälva *[a faint hope ~ed in her breast]*; dansa *[~ing shadows]*; *~ out* blåsas ut, slockna **II** *s* flämtande etc., jfr *I*; glimt *[a ~ of hope]*

flick knife ['flɪknaɪf] (pl. *-knives* [-naɪvz]) stilett

1 flight [flaɪt] **I** *s* **1 a)** flykt *[~ of a bird]* **b)** flygning *[a solo ~]*, flygtur, flyg *[which ~ did you come on?]*, flyg- *[~ instruments, ~ safety]* **c)** bana väg *[the ~ of an arrow]* **d)** bildl. flykt *[the ~ of time]*; *~ attendant* flygvärdinna **2** mil. [flyg]grupp; *~ deck* **a)** flygdäck på hangarfartyg **b)** förarkabin i flygplan **3** flock *[a ~ of swallows]*, svärm; [fågel]sträck; skur *[a ~ of arrows]* **4** trappa *[äv. ~ of stairs]*; *two ~s up* två trappor upp **II** *vb tr* **1** skjuta sjöfågel i flykten (uppflog) **2** sätta styrfjäder på pil

2 flight [flaɪt] flykt, flyende; *~ of capital* kapitalflykt

flighty ['flaɪtɪ] **1** kokett *[a ~ young woman]* **2** flaxig

flimsy ['flɪmzɪ] tunn *[a ~ wall]*, sladdrig *[soft ~ silk]*; bräcklig *[a ~ cardboard box]*, skröplig; ohållbar *[a ~ argument]*

flinch [flɪn(t)ʃ] **1** rygga tillbaka; svikta; *~ from one's duty* undandra sig (svika) sin plikt **2** rycka till av smärta; *without ~ing* utan att blinka (knysta)

fling [flɪŋ] **I** *(flung flung) vb tr* **1** kasta, slunga, slänga *[~ a stone at a bird; ~ one's head back]*; slå *[~ one's arms about a p.]*, slänga ut i förbifarten *[he flung a greeting in passing]*; utslunga; kasta (sätta) in *[~ all one's resources into...]*; brottn. kasta; slå omkull; om häst kasta av; *~ open* slå (slänga, rycka) upp *[~ a door open]* **2** med adv.:
~ about slänga omkring *[~ things about]*; *~ one's arms about* slå ut (fäkta) med armarna
~ away slänga (kasta) bort (ifrån sig) *[~ a th. away]*; köra iväg
~ off **a)** om häst kasta av *[~ a rider off]* **b)** jakt., bildl. skaka av sig *[~ off one's pursuers]*, leda på villospår, göra sig kvitt
~ on slänga på sig *[~ one's clothes on]*
~ to slänga igen *[~ a door to]*
II *(flung flung) vb itr* rusa *[~ off without saying goodbye]*
III *s* **1** kast **2** försök; attack; hugg, gliring; *have (take) a ~ at* **a)** ge sig i kast med **b)** ge ngn en släng (gliring) **3** släng; hästs kast[ning] **4** *have a (one's) ~* slå runt, festa om

flint [flɪnt] flinta äv. bildl.; stift i tändare

flip [flɪp] **I** *vb tr* **1** knäppa iväg *[~ a coin; ~ a ball of paper]*; slänga; *~ a coin* singla slant **2** snärta (slå, knäppa) till *[~ a p. on the ear]* **3** vifta (slå, smälla, snärta) med *[~ a whip]*; kasta [med] *[~ a fishing-fly]*; *~ through* bläddra igenom **4** amer. sl., *~ one's lid (top, wig)* **a)** bli urförbannad, smälla av, flippa över **b)** bli alldeles salig; flippa ut **II** *vb itr* **1** *~ [up]* singla slant **2** sl., *~ [out]* se *~ one's lid* under *I 4* **III** *s* **1** knäpp, snärt; ryck **2** vard., kort flygtur; kort flygning **3** volt, kullerbytta

flippant ['flɪpənt] nonchalant *[a ~ remark]*, lättsinnig; näsvis

flipper ['flɪpə] **1** grodmans, säls m.m. simfot; fenlik vinge hos pingvin **2** sl. labb

flirt [flɜ:t] **I** *vb itr* flörta; bildl. äv. leka *[~*

with an idea]; kokettera; ~ *with* äv. kurtisera **II** *s* flört äv. pers.; flörtis [*she is a real* ~]
flirtation [flɜːˈteɪʃ(ə)n] flört, kurtis
flirtatious [flɜːˈteɪʃəs] o. **flirty** [ˈflɜːtɪ] flörtig
flit [flɪt] **I** *vb itr* **1** fladdra, flyga **2** flacka **II** *s, do a moonlight* ~ vard. dunsta under natten och smita från hyran
flitter [ˈflɪtə] fladdra omkring, flaxa
float [fləʊt] **I** *vb itr* **1** flyta [*wood ~s on water*], simma; driva på vattnet **2** sväva [*dust ~ing in the air*; ~ *on* (bland); *she ~ed down the stairs*]; vaja **3** flacka; driva; *a rumour is ~ing around the town* det är ett rykte i omlopp (går ett rykte) i stan **II** *vb tr* **1** hålla flytande; vara segelbar (trafikabel) för båtar [*the canal will* ~ *big ocean steamers*]; göra (hålla) flott [*the tide ~ed the ship*], låta flyta **2** flotta [~ *logs*]; driva [*the stream ~ed the logs on to a sandbar*] **3** sätta i gång [~ *a company*, ~ *a scheme*]; bjuda (släppa) ut [~ *a loan*]; sätta i omlopp [~ *a rumour*] **4** ekon. låta flyta [~ *the dollar (pound)*] **III** *s* **1** flotte **2** flöte; flottör; simdyna; flyg. ponton **3** slags låg kärra; öppen kortegevagn i festtåg
floating [ˈfləʊtɪŋ] **1** flytande; svävande; rörlig; ~ *anchor* drivankare; ~ *bridge* flottbro, flottbrygga; pontonbro; linfärja, dragfärja **2** fluktuerande, obestämd; rörlig [~ *population*]; ~ *decimal* flytande [decimal]komma; *the* ~ *vote* marginalväljarna, de osäkra väljarna (rösterna) **3** ekon. flytande, rörlig [~ *capital*]; svävande [~ *debt*]; ~ *assets* likvida medel
1 flock [flɒk] **I** *s* **1** flock [~ *of geese*]; hjord av mindre djur [~ *of sheep (goats)*] **2** om pers. skara; hjord **II** *vb itr* flockas, skocka sig
2 flock [flɒk] **1** tapp av ull, bomull o.d. **2** ~[*s* pl.] flockull, avfallsull
floe [fləʊ] isflak
flog [flɒɡ] **1** prygla, piska [~ *with a birch (cane)*] **2** driva på med piskrapp; pressa [~ *an engine*]; kricket. slå hårt **3** sl. sälja under hand, ofta olovligt **4** sl. klå, stuka
flogging [ˈflɒɡɪŋ] prygel, smörj; *a* ~ ett kok stryk
flood [flʌd] **I** *s* **1** högvatten **2** översvämning; flöde äv. bildl. [*a* ~ *of tears (visitors)*]; *the F*~ bibl. syndafloden **II** *vb tr* översvämma äv. bildl. [~ *the market*]; sätta under vatten med vatten[massor]; bevattna; fylla över bräddarna; få att (låta) svämma över;

flöda [~ *the carburettor*]; *be ~ed* översvämmas, vara översvämmad äv. bildl.; stå under vatten; om flod ha svämmat över; ~*ed with light* badande i (dränkt av) ljus; *thousands of people were ~ed out* översvämningen gjorde tusentals människor hemlösa **III** *vb itr* flöda över sina bräddar; bli översvämmad
floodlight [ˈflʌdlaɪt] **I** *s* **1** strålkastare **2** pl. ~*s* strålkastarbelysning, strålkastarljus, flodljus; fasadbelysning **II** (*floodlighted floodlighted* el. *floodlit floodlit*) *vb tr* **1** belysa med strålkastare; fasadbelysa **2** bildl. sätta strålkastarljus på
floor [flɔː] **I** *s* **1** golv; golvbeläggning; botten [*the* ~ *of the ocean*]; sjö. durk; *double* ~ trossbotten **2** slät mark (yta) **3** våning våningsplan; *the first* ~ [våningen] en trappa upp; amer. bottenvåningen **4** *the* ~ *of the House* sessionssalen med undantag för åhörarläktarna; *cross the* ~ gå över till motståndarsidan i debatt; *take the* ~ få ordet, ta till orda **II** *vb tr* **1** lägga golv i; golvbelägga **2** kasta (slå) omkull boxare; vard. göra ställd; *be ~ed* äv. bli kuggad
floorboard [ˈflɔːbɔːd] golvbräde, golvplanka
flooring [ˈflɔːrɪŋ] **1** [golv]beläggning **2** golv[yta]; *double* ~ trossbotten **3** golvbräder
floorshow [ˈflɔːʃəʊ] kabaré; krogshow
flop [flɒp] **I** *vb itr* **1** [hänga och] slänga, flaxa; ~ *about* a) om sko kippa, glappa b) om pers. gå (stå, sitta) och hänga, slappa **2** sprattla [*the fish ~ped helplessly in the bottom of the boat*] **3** röra sig ovigt; plumsa; slänga (vältra) sig [*he ~ped over on his other side*]; ~ [*down*] dimpa (dunsa) ner [~ [*down*] *into a chair*] **4** vard. göra fiasko, spricka, falla med dunder och brak **5** amer. sl. lägga sig **II** *s* **1** flaxande; smäll[ande]; plums; klatsch **2** vard. misslyckande, fiasko, flopp [*the new plan was a* ~ *from the very beginning*]; fall; *he was a* ~ *as a reporter* han var helt misslyckad som reporter **3** amer. sl. slaf på ungkarlshotell **III** *adv* o. *interj* pladask
floppy [ˈflɒpɪ] som hänger och slänger, flaxig; svajig; hållningslös; ~ *disk* data. diskett, flexskiva
flora [ˈflɔːrə] flora
floral [ˈflɔːr(ə)l] blom- [~ *design*], blomster- [~ *decoration*]; ~ *clock* blomsterur
florid [ˈflɒrɪd] **1** bildl. blomstrande [~ *style*], yppig; utsirad, snirklad [~

carving] **2** rödlätt, rödblommig [*~ complexion*]

florist ['flɒrɪst] blomsterhandlare, blomsterodlare; blomsterkännare; *~'s* [*shop*] blomsteraffär

floss [flɒs] **1** avfallssilke **2** flocksilke **3** [*dental*] ~ tandtråd för rengöring av tänder

1 flounce [flaʊns] **I** *s* volang, kappa på kjol; garnering **II** *vb tr* garnera med volanger

2 flounce [flaʊns] **1** rusa, störta [*~ away (off, out)*; *she ~d out of the room in a rage*] **2** sprattla

1 flounder ['flaʊndə] zool. flundra; skrubba; amer. äv. rödspätta

2 flounder ['flaʊndə] **1** kava sig fram; sprattla, tumla omkring liksom i dy; *~ about* fara hit och dit, irra (famla) omkring **2** krångla (trassla) in sig; stå och hacka; *~ about* prata hit och dit, prata strunt

flour ['flaʊə] **I** *s* (sikt)mjöl; isht vetemjöl **II** *vb tr* beströ (pudra) med mjöl, mjöla

flourish ['flʌrɪʃ] **I** *vb itr* blomstra; florera [*the system ~ed for centuries*]; leva och verka [*he ~ed about 400 BC*] **II** *vb tr* **1** svänga, svinga [*~ a sword*] **2** pryda med snirklar (slängar) **3** demonstrera [*~ one's wealth*] **III** *s* **1** snirkel, släng på bokstäver; krumelur blomsterspråk, floskler **3** elegant sväng (svängning) [*he took off his hat with a ~*], flott gest [*do a th. with a ~*]; svingande av vapen o.d.; salut med värja **4** ståtande, prål **5** mus. fanfar [*sound* (*blåsa*) *a ~*], touche; improviserat preludium; *~ of trumpets* trumpetfanfar

flout [flaʊt] **I** *vb tr* visa förakt för, trotsa [*~ the law*]; nonchalera [*~ a p.'s wishes*]; håna **II** *vb itr* håna; *~ at* håna, förlöjliga

flow [fləʊ] **I** *vb itr* **1** flyta; flöda [*his speech ~ed*]; om vers o.d. flyta [lätt]; *~ freely* rinna i strömmar, flöda [fritt]; *the river ~s into...* floden rinner ut (mynnar) i... **2** bildl. härröra [*wealth ~s from industry and economy*] **3** om hår o.d. bölja; falla [*her dress ~ed in artistic lines*] **4** stiga [*the river ~ed over its banks*]; *ebb and ~* om tidvattnet falla och stiga **5** *~ with* överflöda (flyta) av [*~ with milk and honey*] **II** *s* **1** rinnande; flöde; tillströmning [*the ~ of people into industry*]; genomströmning **2** överflöd; [rikt] tillflöde **3** hårs svall; dräkts o.d. fall, sätt att falla; våglinjer **4** tidvattnets stigande; *ebb and ~* ebb och flod **5** [*menstrual*] ~ menstruation, menstruationsblödning

flowchart ['fləʊtʃɑːt] flödesschema

flower ['flaʊə] **I** *s* **1** blomma växtdel o. växt [*pick ~s*]; *no ~s* [*by request*] vid begravning blommor undanbedes **2** blom; *be in ~* stå i blom (sitt flor), blomma **3** bildl., *the ~ of the nation's manhood* blomman (kärnan) av nationens män **4** retorisk blomma; *~s of speech* ofta iron. granna fraser, stilblommor **5** kem., *~s of sulphur* svavelblomma **II** *vb itr* blomma; bildl. blomstra, utvecklas

flowerbed ['flaʊəbed] [blom]rabatt

flowerpot ['flaʊəpɒt] blomkruka; *hanging ~* [blomster]ampel

flower show ['flaʊəʃəʊ] blomsterutställning

flowery ['flaʊərɪ] **1** blomrik **2** blomsterprydd; blommig [*a ~ carpet*] **3** bildl. blomsterrik [*~ language*], blomstrande [*~ style*]

flown [fləʊn] perf. p. av *1 fly*

flu [fluː] vard., [*the*] ~ influensa, flunsan

fluctuate ['flʌktjʊeɪt] **1** fluktuera, gå upp och ned, växla [*fluctuating prices*] **2** vackla [*~ between hope and despair*], skifta

fluctuation [,flʌktjʊ'eɪʃ(ə)n] **1** växling, stigande och sjunkande, ostadighet; *~ of the market* konjunkturväxling **2** vacklan

flue [fluː] **1** rökfång **2** varmluftsrör i vägg; ångpannetub

fluency ['fluːənsɪ] ledighet i uttryckssätt, uttal m.m.; ledigt uttryckssätt; *his ~ in German* [*was astonishing*] hans förmåga att tala tyska flytande...

fluent ['fluːənt] ledig [*~ verse*]; flytande [*speak ~ French*]; som har lätt att uttrycka sig; talför; graciös [*~ motion*; *~ curves*]; *be ~ in three languages* tala tre språk flytande

fluently ['fluːəntlɪ] flytande [*speak English ~*]

fluff [flʌf] **I** *s* **1** löst ludd; dun **2** vard. felsägning, felspelning o.d.; miss **II** *vb tr* **1** ludda upp, förvandla till en dunig (luddig, luftig) massa **2** *~ up* (*out*) burra (fluffa, skaka) upp **3** vard. staka sig på; fördärva t.ex. slag i spel; *~ one's lines* teat. staka sig på sina repliker; säga fel

fluffy ['flʌfɪ] **1** a) luddig; dunig; om hår lent och burrigt b) luftig **2** luddig [*~ policies*]

fluid ['fluːɪd] **I** *adj* **1** flytande; i flytande form; *~ clutch* (*drive*) vätskekoppling **2** flytande [*the limits are ~*]; ledig [*~ style*]; instabil [*~ market conditions*] **3** likvid; disponibel [*~ capital*] **II** *s* **1** fys. icke fast kropp [*liquids and gases are ~s*] **2** vätska; *drink plenty of ~s* dricka

mycket, tillföra kroppen mycket vätska; ~ *balance* vätskebalans
1 fluke [fluːk] **1** zool. levermask isht hos får **2** zool. flundra fisk
2 fluke [fluːk] **1** sjö. [ankar]fly **2** hulling på harpun
3 fluke [fluːk] vard. **1** lyckträff, flax **2** bilj. lyckträff
flummox [ˈflʌməks] vard. bringa ur fattningen
flung [flʌŋ] imperf. o. perf. p. av *fling*
flunk [flʌŋk] skol. el. univ. isht amer. vard. **I** *vb itr* **1** spricka **2** dra sig ur spelet **II** *vb tr* **1** spricka (köra) i (på) [~ *an examination*] **2** kugga [~ *a student*]; ~ *out* isht kugga, köra **III** *s* kuggning
fluorescent [flɔːˈresnt] fluorescerande [~ *light*]; ~ *lighting* lysrörsbelysning
fluoride [ˈfluəraɪd] kem. **1** fluorid; ~ *toothpaste* fluortandkräm **2** fluorförening
fluorine [ˈfluəriːn, ˈflɔːr-] kem. fluor
flurry [ˈflʌrɪ] **I** *s* **1** [kast]by; snöby **2** nervös oro, nervositet, uppståndelse; spring; hets; *a ~ of activity* [en] febril aktivitet; *be in a ~* vara nervös (jäktad); *in a ~ of excitement* i nervös upphetsning **II** *vb tr* uppröra, förvirra
1 flush [flʌʃ] **I** *vb itr* flyga upp [och bort] **II** *vb tr* skrämma upp fåglar; jaga bort
2 flush [flʌʃ] **I** *vb itr* **1** forsa [fram]; rusa [*the blood ~ed into* (till) *her cheeks*] **2** blossa upp [äv. ~ *up*] **II** *vb tr* **1** spola [ren] [~ *the* [*lavatory*] *pan*]; sätta under vatten; ~ *the pan* äv. spola [på WC] **2** göra [blossande] röd, komma att glöda; *~ed with wine* het (blossande röd) av vin **3** egga (hetsa, liva) upp; *~ed with joy* rusig av glädje **III** *s* **1** häftig ström, fors **2** tillströmning **3** [ren]spolning **4** [känslo]svall; uppblossande [*a ~ of passion*]; rus [*in the first ~ of victory*] **5** [häftig] rodnad [*a ~ of shame*]; glöd; feberhetta; *hot ~* med. blodvallning
3 flush [flʌʃ] **I** *adj* **1** full, stigande om flod **2** vid kassa; rik [*he was feeling ~ on pay day*] **3** jämn, slät [*a ~ door*], grad; *~ against* tätt intill (mot) [*the table was ~ against the wall*] **4** om slag rak [*a ~ blow on the chin*] **II** *adv* **1** rakt **2** jämnt
4 flush [flʌʃ] kortsp. flush antal kort (vanl. 5) i samma färg; *straight ~* straight flush 5 kort i svit i samma färg
fluster [ˈflʌstə] **I** *vb tr* förvirra, göra nervös; *become* (*get*) *~ed* bli förvirrad (nervös) **II** *s* nervositet; *all in a ~* nervös och orolig
flute [fluːt] **I** *s* **1** flöjt; flöjtstämma **2** räffla;

på kolonn äv. kannelyr; hålkäl **3** pipa i goffrering **II** *vb itr* blåsa flöjt
flutter [ˈflʌtə] **I** *vb itr* **1** fladdra [*~ing butterflies*; *curtains ~ing in the breeze*], flaxa; vaja [*the flag ~ed in the wind*] **2** flaxa (flänga) omkring [äv. ~ *about*] **3** om hjärta o. puls fladdra **II** *vb tr* **1** fladdra (flaxa) med; komma (få) att fladdra; röra upp vatten **2** bildl. jaga upp, oroa **III** *s* **1** fladdrande etc., jfr *I*; fladder; med. [hjärt]fladder **2** uppståndelse, förvirring, nervositet, ängslig brådska; virrvarr; *be [all] in a ~* vara alldeles uppjagad (förvirrad), vara nervös (orolig, yr i mössan), ha [riktig] hjärtklappning **3** vard. spekulation [*a ~ in mining shares*]; [hasard]spel; *have a little ~* [*at the races*] spela lite..., satsa lite pengar...
flux [flʌks] **1** [ständig] förändring; *in a state of ~* stadd i omvandling **2** omlopp [~ *of money*] **3** flod; flöde äv. bildl. [*a ~ of words*] **4** med. flytning **5** fys. strömhastighet
1 fly [flaɪ] **I** (*flew flown,* i bet. *I* 4 o. *II* 4 vanl. *fled fled,* eg. av *'flee'*) *vb itr* **1** flyga; ~ *high* bildl. sikta högt, ha högtflygande planer **2** ila; rusa, störta; ~ *open* om dörr flyga (springa) upp; *send a p. ~ing* a) slå omkull ngn b) slå ngn på flykten; *send things ~ing* slänga saker omkring sig (åt alla håll) **3** fladdra [*the flags were ~ing*] **4** fly [*they fled before* (för) *the enemy*] **5** med adv.: *~ about* flyga omkring; om vind kasta; *the hat flew away* hatten blåste bort; ~ *off* flyga bort, rusa i väg; om sak flyga av (ur), gå av **II** (för tema se *I*) *vb tr* **1** låta flyga **2** flyga [*~ a plane*]; flyga [med] [*~ passengers*]; flyga över [*~ the Atlantic in a plane*] **3** föra, hissa flagg; *~ the colours* flagga **4** fly [från (ur)] [*~ the country*]; undvika **III** *s* **1** gylf **2** [*tent*] *~* a) tältdörr b) yttertält **3** pl. *flies* scenvind; utrymme över scenen
2 fly [flaɪ] fluga; [fiske]fluga [*artificial ~*]; *~ agaric* [röd] flugsvamp; *a ~ in the ointment* bildl. smolk i mjölken, ett streck i räkningen, ett aber
3 fly [flaɪ] sl. vaken, smart, skarp
flying [ˈflaɪɪŋ] **I** *s* flygning **II** *adj* o. *attr s* **1** flygande; flyg-, flygar- [~ *suit*]; ~ *field* flygfält; ~ *fox* zool. flygande hund **2** fladdrande, vajande **3** flygande, snabb; flyktig, snabb [~ *trip*]; provisorisk; ~ *jump* sport. hopp med ansats (anlopp); väldigt hopp; ~ *start* flygande start, rivstart **4** rörlig, lätt [~ *artillery*]; ~ *squad* rörlig polisstyrka **5** ~ *buttress* arkit. strävbåge [med strävpelare]

flyleaf ['flaɪliːf] bokb. försättsblad
flyover ['flaɪˌəʊvə] **1** a) planskild korsning b) vägbro **2** amer., se *flypast*
flypast ['flaɪpɑːst] förbiflygning
flysheet ['flaɪʃiːt] **1** reklambroschyr; flygblad; löpsedel **2** yttertält
fly-swatter ['flaɪˌswɒtə] flugsmälla
flyweight ['flaɪweɪt] sport. **1** flugvikt **2** flugviktare
flywheel ['flaɪwiːl] mek. svänghjul
FM 1 förk. för *Field Marshal* **2** (förk. för *frequency modulation*) radio. FM
FO förk. för *Foreign Office*
foal [fəʊl] **I** s föl; *in* (*with*) ~ dräktig **II** *vb itr* föla **III** *vb tr* föda föl
foam [fəʊm] **I** s skum; ~ *bath* skumbad **II** *vb itr* skumma; *he ~ed at the mouth* han tuggade fradga, bildl. äv. han skummade av raseri
1 fob [fɒb] **1** urficka nedanför byxlinningen; liten ficka **2** nyckelring [med emblem]
2 fob [fɒb] lura; ~ *off a th. on a p.* pracka på ngn ngt
focal ['fəʊk(ə)l] foto. fokal-, brännpunkts-; ~ *distance* (*length*) brännvidd
fo|cus ['fəʊkəs] **I** s (pl. -*ci* [-saɪ el. -kiː] el. -*cuses*) **1** fokus, brännpunkt; *the object is in* (*out of*) ~ skärpan är inställd (inte inställd) på föremålet; *bring into* ~ a) ställa in skärpan på b) bildl. ställa i brännpunkten; *the picture is out of* ~ bilden är oskarp **2** bildl. medelpunkt, blickfång; *the* ~ *of attention* centrum för uppmärksamheten **II** *vb tr* o. *vb itr* **1** fokusera[s], samla [sig] i en brännpunkt, samla[s]; bildl. koncentrera[s]; ~ *on* rikta (sikta) in sig på; ~ *one's attention on* koncentrera sin uppmärksamhet på **2** ställa in [~ *the eye*; ~ *the lens of a microscope*]; ställa in skärpan (avståndet)
fodder ['fɒdə] [torr]foder
foe [fəʊ] poet. fiende, motståndare
foetus ['fiːtəs] anat. foster
fog [fɒg] **I** s dimma, tjocka, mist [*a London* ~; *dense* (*black, yellow*) ~]; töcken; *in a* ~ bildl. a) omtöcknad b) villrådig **II** *vb tr* hölja [in] i dimma; göra dimmig (immig); ~ *the issue* bildl. virra till (skymma) problemet
fogbound ['fɒgbaʊnd] **1** lamslagen av dimma, uppehållen på grund av dimma **2** höljd i dimma
fogey ['fəʊgɪ], *old* ~ vard. gammal stofil, träbock
foggy ['fɒgɪ] **1** dimmig; töcknig **2** bildl. dunkel [~ *idea*]; suddig, vag; virrig; *I*

haven't the foggiest [*idea*] jag har inte den blekaste [aning]
fog lamp ['fɒglæmp] bil. dimstrålkastare
foible ['fɔɪbl] [mänsklig] svaghet [*his* ~]; pl. ~*s* äv. småfel
1 foil [fɔɪl] folie; foliepapper; *be* (*serve as*) *a* ~ *to* [tjäna till att] framhäva, ge relief åt
2 foil [fɔɪl] omintetgöra
3 foil [fɔɪl] fäktn. florett; *fencing at* ~ florettfäktning
foist [fɔɪst] **1** smussla (smuggla) in [äv. ~ *in*] **2** ~ *a th.* [*off*] *on a p.* lura (pracka) på ngn ngt
1 fold [fəʊld] **1** [får]fålla, inhägnad **2** [fåra]hjord **3** bildl. fålla, fadershus [*return to the* ~], församling
2 fold [fəʊld] **I** *vb tr* **1** vika [ihop]; vecka; ~ *back* vika tillbaka (undan); ~ *up* lägga (vika, veckla) ihop [~ *up a map*] **2** fälla ihop [äv. ~ *up*; ~ *up a chair*; *the bird ~ed its wings*]; ~ *one's arms* lägga armarna i kors; *with ~ed arms* med korslagda armar **3** ~ *one's arm about* (*round*) slå (lägga) armen om **4** svepa [in], slå in [äv. ~ *up*; ~ [*up*] *in paper*], hölja [in] **5** kok., ~ *in* vända ner (blanda 'i) försiktigt [~ *in the egg-whites*] **II** *vb itr* **1** vikas; vecka sig; kunna vikas; ~ *up* [kunna] fällas (vikas) ihop **2** ~ [*up*] vard. a) om företag etc. slå igen, sluta b) gå omkull (åt pipan) [*the business ~ed*] c) klappa ihop, falla ihop **III** s **1** veck; lager **2** vindning; hoprullad [orm]ring; krök av dal; sänka i berg **3** vikning; veckning äv. geol.
folder ['fəʊldə] **1** samlingspärm; mapp **2** folder; broschyr; hopvikbar tidtabell (karta m.m.)
folding ['fəʊldɪŋ] **I** s vikning; veckning äv. geol.; tekn. falsning **II** *adj* [hop]vikbar, [hop]fällbar; ~ *bed* fällsäng, tältsäng; ~ *chair* fällstol; ~ *table* fällbord, klaffbord
foliage ['fəʊlɪɪdʒ] löv
folk [fəʊk], ~[*s*] (konstr. ss. pl.) folk, människor; *hello* ~*s!* hej gott folk!
folklore ['fəʊklɔː] folklore; folkloristik
follow ['fɒləʊ] **I** *vb tr* **1** följa [bakom, på, efter i rum el. tid], komma efter; efterträda; följa [~ *a road*]; ~ *my* (amer. *the*) *leader* ung. 'följa John' lek; ~ *one's nose* gå dit näsan pekar **2** förfölja, skugga [*we are being ~ed*] **3** följa med [*disease often ~s malnutrition*] **4** följa [~ *his advice*, ~ *the fashion*, ~ *a plan*]; ~ *suit* kortsp. bekänna (följa) färg; bildl. följa exemplet, göra likadant **5** ägna sig åt yrke; ~ *the sea* vara (bli) sjöman, vara (gå) till sjöss **6** följa [med ögonen (i tankarna)] [*they ~ed her movements*] **7** följa [med]

[*he spoke so fast that I couldn't ~ him*], förstå; *do you ~ me?* är (hänger) du med?, förstår du vad jag menar? **8** *~ out* fullfölja, genomföra **II** *vb itr* **1** följa; komma efter [*go on ahead and I'll ~*]; *as ~s* på följande sätt; som följer, följande; *letter to ~* brev följer; *~ on* (adv.) a) följa (fortsätta) efter b) kricket., om lag gå in på nytt omedelbart efter en 'innings', fortsätta utan avbrott; *~ through* (adv.) sport. ta ut (fullfölja) slaget helt, gå igenom **2** [*because he is good*] it does not *~ that he is wise* ...behöver han för den skull inte vara klok

follower ['fɒləʊə] **1** följeslagare **2** anhängare

following ['fɒləʊɪŋ] **I** *adj* följande [*the ~ story*]; *the ~ morning* följande morgon, morgonen därpå **II** *s* följe, anhang; anhängarskara [*his ~ was very small*] **III** *prep* **1** till följd av **2** [omedelbart] efter [*~ the lecture the meeting was open to discussion*]

follow-up ['fɒləʊʌp] uppföljning; efterbehandling; efterkontakt vid yrkesvägledning; med. [efter]kontroll

folly ['fɒlɪ] dåraktighet, tokeri

foment [fə(ʊ)'ment] **1** underblåsa [*~ rebellion*] **2** badda

fond [fɒnd] **1** *be ~ of* tycka om, vara förtjust i, vara fäst vid, vara kär i, hålla av, älska; vara begiven på; *be ~ of dancing* tycka om att dansa, gärna dansa **2** öm [*~ looks*] **3** fåfäng [*~ hope, ~ wish*]; *it exceeded our ~est hopes* det överträffade våra djärvaste förväntningar

fondle ['fɒndl] kela med

fondly ['fɒndlɪ] **1** ömt **2** *I ~ believe* (*hope*) jag vill [så] gärna tro (hoppas)

fondness ['fɒndnəs, 'fɒnnəs] tillgivenhet, ömhet; svaghet; förkärlek

fondue ['fɒndju:] kok. fondue

font [fɒnt] dopfunt; vigvattenskål

food [fu:d] mat [*~ and drink*]; föda, näring äv. bildl. [*mental ~*]; livsmedel; födoämne [*animal ~, vegetable ~*]; *articles of ~* matvaror

food processor ['fu:dˌprəʊsesə] matberedare

foodstuff ['fu:dstʌf] födoämne

fool [fu:l] **I** *s* **1** dåre; narr, tok[a], fåne; *a ~ and his money are soon parted* ung. det är lätt att plocka en dumbom på pengar **2** narr, fjant; förr hovnarr; *~'s cap* narrhuva, narrmössa av papper; *make a ~ of oneself* göra sig löjlig, göra bort sig **II** *vb tr* skoja (driva) med; lura [*~ a p. out of* (lura av ngn) *his money, ~ a p. into doing* ([till] att göra) *a th.*]; spela ngn ett spratt; *you can't ~ me* mig lurar du inte **III** *vb itr* bära sig åt som en stolle; *~* [*about* (*around*)] a) gå och driva (dra), slå dank b) [vänster]prassla [*with a p.* med ngn]

foolery ['fu:lərɪ] **1** dårskap **2** gyckel, skämt

foolhardy ['fu:lˌhɑ:dɪ] dumdristig

foolish ['fu:lɪʃ] dåraktig; narraktig; löjlig [*cut* (göra) *a ~ figure*]

foolproof ['fu:lpru:f] idiotsäker

foolscap [i bet. *1* 'fu:lzkæp, i bet. *2* äv. 'fu:lskæp] **1** se *fool's cap* under *fool I 2* **2** folio pappersformat, ung. 4 x 3 dm; skrivpapper

foot [fʊt] **I** (pl. *feet* [fi:t]) *s* **1** fot; *my ~!* vard. sällan!, struntprat!; *carry a p. off his feet* a) kasta omkull ngn b) bildl. lägga ngn för sin fötter c) bildl. överväldiga ngn; *put one's ~ down* säga bestämt ifrån, protestera, slå näven i bordet; *be run off one's feet* vard. ha fullt upp att göra; *stand on one's own two feet* stå på egna ben; *by ~* till fots; *on ~* a) till fots b) på fötter, i rörelse c) i gång, i verket **2** fot [*at the ~ of the mountain*]; fotända [*~ of the bed*], nederdel [*~ of a sail*] **3** fot, sockel **4** fot mått (= 12 *inches* ung. = 30,48 cm); *five ~* (ibl. *feet*) *six* 5 fot 6 [tum] **II** *vb tr* **1** *~ it* a) gå till fots, traska b) tråda dansen **2** *~ the bill* vard. betala kalaset (räkningen)

footage ['fʊtɪdʒ] **1** längd i fot räknat, antal fot **2** film. [ett] antal fot (meter) film, filmmetrar

foot-and-mouth disease [ˌfʊt(ə)n'maʊðdɪˌzi:z] vetensk. mul- och klövsjuka

football ['fʊtbɔ:l] fotboll; *the F~ Association* engelska fotbollsförbundet; *the F~ Association Cup* (förk. *FA Cup*) engelska cupen; *~ jersey* fotbollströja; *~ shirt* fotbollströja; *~ shorts* (*knickers*) fotbollsbyxor; *American ~* amerikansk fotboll i motsats till vanlig fotboll

footballer ['fʊtbɔ:lə] fotbollsspelare

footbridge ['fʊtbrɪdʒ] gångbro, spång

footfall ['fʊtfɔ:l] steg

foothold ['fʊthəʊld] fotfäste; *secure* (*gain, get*) *a ~* få fotfäste, bildl. äv. få in en fot, komma in

footing ['fʊtɪŋ] **1** fotfäste, bildl. äv. säker ställning; *gain* (*get*) *a ~* få fotfäste, bildl. äv. få fast fot, vinna (få) insteg **2** bildl. grund; *put a business on a sound ~* konsolidera ett företag **3** bildl. fot, förhållande; läge; *be on an equal ~ with* vara jämställd (likställd) med; *place on the same ~ as* jämställa med

footlights ['fʊtlaɪts] teat. **1** [golv]ramp; rampljus **2** *the* ~ scenen, skådespelaryrket
foot|man ['fʊt|mən] (pl. *-men* [-mən]) [livréklädd] betjänt, lakej
footnote ['fʊtnəʊt] [fot]not nederst på sida
footpath ['fʊtpɑ:θ] gångstig
footprint ['fʊtprɪnt] fotspår; fotavtryck
footstep ['fʊtstep] **1** steg **2** fotspår
footstool ['fʊtstu:l] pall, fotpall
footwear ['fʊtweə] fotbeklädnad
fop [fɒp] snobb
foppish ['fɒpɪʃ] sprättig
for [fɔ:, obeton. fə] **I** *prep* **1** a) för [*work ~ money*] b) [i utbyte] mot [*new lamps ~ old*]; *E ~ elephant* E som i elefant **2** a) till [*here's a letter ~ you*] b) åt [*I can hold it ~ you*] c) för, för ngns räkning [*he acted ~ me*]; *there's friendship ~ you!* vard. det kan man kalla vänskap!, iron. och det ska kallas vänskap! **3** för att få [*go to a p. ~ help*], efter [*ask ~ a p.*], om [*ask ~ help*], på [*hope ~*]; till [*dress ~ dinner*]; *now you're ~ it!* vard. det kommer du att få för!, nu åker du fast!; *what's this ~?* vard. a) vad är det här till? b) vad är det här bra för? **4** till [*the train ~ London*] **5** för [*bad ~ the health*]; *it's good ~ colds* det är bra mot förkylningar **6** *lydande* på; till ett belopp av; *a bill ~ £100* en räkning på 100 pund **7** med anledning av; av [*cry ~ joy*]; *~ this reason* av den anledningen **8** trots; *he is a good man ~ all that* han är en bra människa trots allt **9** vad beträffar, i fråga om [*the worst year ever ~ accidents*], angående; *~ all I care* vad mig beträffar, gärna för mig; [*he is dead*] *~ all I know* ...vad jag vet; *as ~* vad beträffar; *be hard up ~ money* ha ont om pengar **10** såsom; som [*they chose him ~ their leader*]; *~ instance* (*example*) till exempel; *I ~ one* jag för min del; *~ one thing* för det första **11** för [att vara] [*not bad ~ a beginner*] **12** a) i tidsuttr. på [*I haven't seen him ~ a long time*]; [*be away*] *~ a month* ...[i] en månad b) i rumsuttr., *~ kilometres* på (under) flera kilometer **13** *it is ~ you to decide* det är du som ska bestämma; *here is a book ~ him to read* här har han en bok att läsa **II** *konj* för; [*I asked her to stay,*] *~ I had something to tell her* äv. ...jag hade nämligen något att säga henne
forage ['fɒrɪdʒ] **I** *s* **1** foder åt hästar o. boskap; furage **2** furagering **II** *vb itr* **1** furagera; söka efter (skaffa) föda **2** leta, rota [äv. *~ about* (*round*)]
foray ['fɒreɪ] **I** *s* **1** plundringståg; *make* (*go on*) *a ~* ge sig ut på plundringståg **2** bildl.

strövtåg **II** *vb itr* ge sig ut på plundringståg
forbade [fə'bæd, fɔ:'b-, -'beɪd] imperf. av *forbid*
1 forbear ['fɔ:beə], vanl. pl. *~s* förfäder
2 forbear [fɔ:'beə] (*forbore forborne*) avhålla sig från, låta bli, underlåta; upphöra med
forbearance [fɔ:'beər(ə)ns] fördrag[samhet] [*show* (ha)]
forbid [fə'bɪd, fɔ:'b-] (imperf. *forbade*, ibl. *forbad*, perf. p. *forbidden*) **1** förbjuda [*a p. a th.*; *a p. to do a th.*]; *God ~!* det (vilket) Gud förbjude!; *God ~ that...* Gud förbjude att... **2** utestänga från; förvisa från **3** utesluta, [för]hindra
forbidden [fə'bɪdn] perf. p. av *forbid*
forbidding [fə'bɪdɪŋ, fɔ:'b-] frånstötande [*a ~ appearance* (yttre)], osympatisk [*a ~ person*]; avskräckande; anskrämlig; avvisande, ogästvänlig, otillgänglig [*a ~ coast*]
forbore [fɔ:'bɔ:] imperf. av *2 forbear*
forborne [fɔ:'bɔ:n] perf. p. av *2 forbear*
force [fɔ:s] **I** *s* **1** styrka, kraft äv. bildl. [*the ~ of an argument* (*a blow*)]; makt; *social ~s* sociala krafter; *by ~ of* i kraft av; *in* [*great*] *~* mil. i stort antal **2** styrka [*a ~ of 8,000 men*]; *the F~* polisen; pl. *armed ~s* väpnade styrkor, krigsmakt **3** våld [*use ~*]; *brute ~* [fysiskt] våld **4** [laga] kraft; *be in ~* äga (vara i) kraft, gälla; *put in*[*to*] *~* sätta i kraft **5** verklig innebörd, exakt mening [*the ~ of a word*] **6** fys. kraft; *electric* (*magnetic*) *~* elektrisk (magnetisk) fältstyrka **II** *vb tr* **1** tvinga **2** pressa [upp]; forcera; *~ the pace* driva upp farten (tempot) **3** bryta upp [*~ a lock*]; *~ a passage* (*one's way*) [med våld] bana sig väg, tränga sig [*in*[*to*] in i (till)] **4** a) tvinga fram, tvinga sig till, pressa fram b) *~ a th.* [*up*]*on a p.* tvinga (truga) på ngn ngt **5** spec. förbindelser med adv.: *~ down* pressa (tvinga) ner, tvinga ner; trycka ner; *~ through* driva (trumfa) igenom
forced [fɔ:st] **1** tvingad, tvungen; påtvingad, tvångs- [*~ feeding, ~ labour*]; *~ landing* nödlandning **2** forcerad; *~ march* äv. ilmarsch **3** ansträngd [*a ~ style* (*manner*), *a ~ smile*]
force-feed ['fɔ:sfi:d] **I** *vb tr* tvångsmata äv. bildl. **II** *s*, *~* [*lubrication*] trycksmörjning
forceful ['fɔ:sf(ʊ)l] **1** kraftfull [*a ~ personality, a ~ style*] **2** se *forcible 2*
forcemeat ['fɔ:smi:t] kok. färs till fyllning av kyckling, fisk o.d.; köttbullssmet
forceps ['fɔ:seps] (konstr. ss. sg. el. pl.; pl.

forceps) isht kirurgisk tång, pincett; *a* [*pair of*] ~ en tång (pincett)
forcible ['fɔːsəbl, -sɪbl] **1** [som sker] med våld (tvång), tvångs- [~ *feeding*] **2** eftertrycklig [*in the most* ~ *manner*]; effektfull
forcibly ['fɔːsəblɪ, -sɪb-] **1** med våld; mot min (din etc.) vilja; godtyckligt **2** med eftertryck (myndighet, kraft)
ford [fɔːd] **I** *s* vad[ställe] **II** *vb tr* vada över (genom); korsa **III** *vb itr* vada
fore [fɔː] **I** *adj* framtill belägen; framförvarande; främre **II** *s* främre del; sjö. för; *at the* ~ sjö. i fockmastens topp; *to the* ~ a) på platsen, till hands; tillgänglig, lätt åtkomlig; fullt synlig b) aktuell [*the question is much to the* ~] **III** *adv,* ~ *and aft* i för och akter; från för till akter
1 forearm ['fɔːrɑːm] underarm
2 forearm [ˌfɔːr'ɑːm] beväpna [på förhand]
forebear ['fɔːbeə] se *1 forbear*
foreboding [fɔː'bəʊdɪŋ] **1** [ond] aning **2** förebud; förutsägelse
forecast [ss. vb 'fɔːkɑːst, fɔː'kɑːst, ss. subst. 'fɔːkɑːst] **I** (*forecast forecast* el. *~ed ~ed*) *vb tr* **1** på förhand beräkna, förutse **2** förutsäga; *what weather do they* ~ *for tomorrow?* vad sa de om vädret i morgon [i väderrapporten]? **3** varsla **II** *s* [förhands]beräkning [*a* ~ *of next year's trade*]; prognos; förkänning; *weather* ~ väderrapport
forecourt ['fɔːkɔːt] **1** [ytter]gård **2** del av tennisbana mellan servelinje o. nät
forefather ['fɔːˌfɑːðə] förfader, stamfader
forefinger ['fɔːˌfɪŋɡə] pekfinger
forefront ['fɔːfrʌnt] främsta del (led); förgrund; *in the* ~ *of the battle* i främsta stridslinjen; *be in the* ~ bildl. vara högaktuell, stå i förgrunden
foregoing [fɔː'gəʊɪŋ] föregående
foregone ['fɔːgɒn] **1** [för]gången **2** *a* ~ *conclusion* a) en förutfattad mening b) en given sak
foreground ['fɔːgraʊnd] förgrund
forehand ['fɔːhænd] i tennis o.d. forehand
forehead ['fɒrɪd, 'fɔːhed] panna
foreign ['fɒrən] **1** utländsk; utrikes[-]; främmande; *minister for* (*of*) ~ *affairs* utrikesminister; *the F~ and Commonwealth Office* utrikesdepartementet i London; ~ *trade* utrikeshandel, handel med utlandet **2** på annan ort [belägen]; utsocknes, från annan ort (annat grevskap o.d.) [kommande], främmande [~ *labour*] **3** ~ *matter* främmande föremål
foreigner ['fɒrənə] utlänning
foreleg ['fɔːleg] framben
fore|man ['fɔːˌmən] (pl. *-men* [-mən]) **1** [arbets]förman, [arbets]bas; verkmästare; arbetsledare; boktr. faktor; *working* ~ arbetsledare som själv deltar i arbetet **2** ordförande i jury
foremost ['fɔːməʊst] **I** *adj* främst; förnämst **II** *adv* främst [*first and* ~], först; *head* ~ huvudstupa, på huvudet, med huvudet före
forenoon ['fɔːnuːn] förmiddag
forensic [fə'rensɪk] juridisk, rättslig, rätts-; kriminalteknisk; ~ *laboratory* kriminalteknisk anstalt
foreplay ['fɔːpleɪ] förspel till sexuellt umgänge
forerunner ['fɔːˌrʌnə] förelöpare; föregångare
foresee [fɔː'siː] (*foresaw foreseen*) förutse; veta på förhand
foreseeable [fɔː'siːəbl] förutsebar; *in the* ~ *future* inom överskådlig framtid
foreshadow [fɔː'ʃædəʊ] bebåda; ställa i utsikt
foresight ['fɔːsaɪt] **1** förutseende **2** omtänksamhet
foreskin ['fɔːskɪn] anat. förhud
forest ['fɒrɪst] [stor] skog äv. bildl. [*a* ~ *of masts in the harbour*]; skogstrakt; ~ *land* skogsmark
forestall [fɔː'stɔːl] förekomma; föregripa [~ *criticism*]
forester ['fɒrəstə] **1** jägmästare **2** skogvaktare
forestry ['fɒrəstrɪ] skogsvetenskap; skogsvård
foretaste ['fɔːteɪst] försmak
foretell [fɔː'tel] (*foretold foretold*) förutsäga; förebåda
forethought ['fɔːθɔːt] omtänksamhet
forever [fə'revə] för alltid; jämt [och ständigt]
forewarn [fɔː'wɔːn] varsko, förvarna
foreword ['fɔːwɜːd] förord
forfeit ['fɔːfɪt] **I** *s* **1** bötessumma, böter; pris; pant i lek **2** förverkande **3** *~s* (konstr. ss. sg.) pantlek **II** *vb tr* **1** förverka, få plikta med [~ *one's life*] **2** mista, förlora [~ *the good opinion of one's friends*]
forgave [fə'geɪv] imperf. av *forgive*
1 forge [fɔːdʒ], ~ *ahead* kämpa (arbeta, pressa) sig fram (förbi)
2 forge [fɔːdʒ] **I** *s* **1** smedja, smidesverkstad **2** smidesugn **3** järnverk; metallförädlingsverk **II** *vb tr* **1** smida **2** förfalska, efterapa [~ *a cheque,* ~ *a signature*] **3** utforma, skapa [~ *a new Constitution*] **III** *vb itr* förfalska

forger ['fɔ:dʒə] förfalskare
forgery ['fɔ:dʒ(ə)rɪ] **1** förfalskning[sbrott] **2** konkr. förfalskning, efterapning [*a literary ~*] **3** jur. urkundsförfalskning
forget [fə'get] (*forgot forgotten*, poet. *forgot*) **I** *vb tr* glömma [bort], inte minnas (komma ihåg); *not ~ting* inte att förglömma, för att inte glömma **II** *vb itr*, *~ about a th.* glömma bort ngt
forgetful [fə'getf(ʊ)l] glömsk; försumlig; *be ~* vara glömsk av sig
forgetfulness [fə'getf(ʊ)lnəs] glömska; försumlighet
forget-me-not [fə'getmɪnɒt] bot. förgätmigej
forgive [fə'gɪv] (*forgave forgiven*) **I** *vb tr* förlåta; ursäkta [*~ my ignorance*]; *not to be ~n* oförlåtlig **II** *vb itr* förlåta
forgiven [fə'gɪvn] perf. p. av *forgive*
forgiveness [fə'gɪvnəs] förlåtelse; överseende
forgo [fɔ:'gəʊ] (*forwent forgone*) avstå från [*~ one's advantage*], försaka [*~ pleasures*]
forgot [fə'gɒt] imperf. av *forget*
forgotten [fə'gɒtn] perf. p. av *forget*
fork [fɔ:k] **I** *s* **1** gaffel; *~ luncheon (dinner)* gående lunch (middag), enkel lunch (middag) **2** grep, tjuga **3** [gaffelformig] förgrening; *~ [junction]* vägskäl, skiljeväg; korsväg **4** anat. gren, skrev **5** [*tuning*] *~* stämgaffel **6** framgaffel på cykel **II** *vb tr* **1** lyfta (ta, kasta, bära, gräva m.fl.) med grep (gaffel) **2** vard., *~ out* (isht amer. *up, over*) punga ut [med], langa fram [*~ out (up, over) a lot of money*] **III** *vb itr* **1** [för]grena (dela) sig; *~ left (right)* ta (vika) av till vänster (höger) **2** vard., *~ out* (isht amer. *up, over*) punga ut med stålarna [*he wouldn't ~ out (up, over)*]
forked [fɔ:kt] [för]grenad
forlorn [fə'lɔ:n] **1** [ensam och] övergiven; ödslig **2** förtvivlad [*a ~ attempt (cause)*] **3** bedrövlig, eländig [*his ~ appearance*] **4** *~ hope* a) sista förtvivlat försök b) svagt (fåfängt) hopp
form [fɔ:m] **I** *s* **1** form i olika bet.; *the plural ~* gram. pluralform[en], pluralis; *be in (on) ~* t.ex. sport. vara i [fin] form (i god kondition), vara i slag, vara tränad **2** gestalt; figur; gestaltning; slag, form; *take ~* ta form (gestalt) **3** etikett[sak]; *it is bad ~* det passar sig inte, det är obelevat (inte fint) **4** formulär, blankett [*a ~ for a contract; fill up a ~*]; formel; *~ letter* standardbrev **5** [lång] bänk utan rygg; skolbänk **6** [skol]klass; årskurs [*first*

~] **II** *vb tr* **1** bilda [*~ a Government*]; forma, dana; [an]ordna; grunda; *~ a coalition* ingå (bilda) en koalition **2** utbilda, fostra, forma [*~ a child's character*] **3** skaffa sig [*~ a habit*]; stifta [*~ an acquaintance*] **4** utforma [*~ a plan*]; fatta [*~ a resolution*]; bilda (göra) sig [*~ a judgement (an opinion)*] **5** utgöra [*~ part* (en del) *of*] **III** *vb itr* formas, forma sig; bildas [*ice had ~ed*]
formal ['fɔ:m(ə)l] **1** formell; formenlig **2** formlig **3** högtidlig [*a ~ occasion*], ceremoniös; formell [*a ~ bow*]; *~ dress* högtidsdräkt **4** stel; formalistisk
formality [fɔ:'mælətɪ] **1** formenlighet; formbundenhet; formalism, stelhet **2** konventionalism, formalism **3** formalitet [*customs -ies*]; formsak; *a mere ~* en ren formalitet (formsak) **4** stelhet; formellt uppträdande
formalize ['fɔ:məlaɪz] formalisera
formally ['fɔ:məlɪ] **1** formellt; för formens skull; helt formellt [*they never met, except ~*] **2** uttryckligen **3** i vederbörlig form (ordning) **4** högtidligt
format ['fɔ:mæt] boks format, utseende
formation [fɔ:'meɪʃ(ə)n] **1** formande; utformning; bildning äv. konkr.; daning; gestaltning **2** mil. el. sport. formering; gruppering **3** [berg]formation
formative ['fɔ:mətɪv] formande, utvecklings- [*~ stage*]; utbildnings-; formbar; *the ~ years of a child's life* äv. utvecklingsåren under ett barns liv
former ['fɔ:mə] **1** föregående [*my ~ students*]; förgången; *in ~ times* fordom, förr i världen **2** förra, förre [*the ~ prime minister*] **3** *the ~* den förre (förra), det (de) förra [*the ~...the latter...*]
formerly ['fɔ:məlɪ] förut; fordom, förr [i världen]; *~ ambassador in* f.d. ambassadör i
formidable ['fɔ:mɪdəbl, fɔ:'mɪd-] **1** fruktansvärd; skräckinjagande; respektingivande **2** formidabel, väldig [*a ~ task*]
formula ['fɔ:mjʊl|ə] (pl. äv. *-ae* [-i:]) **1** formel; formulering; formulär; teol. bekännelseformel **2** matem. el. kem. formel **3** recept **4** isht amer. modersmjölksersättning **5** i bilsport formel [*F~ 1*]
formulate ['fɔ:mjʊleɪt] formulera
fornicate ['fɔ:nɪkeɪt] mest jur. bedriva otukt
forsake [fə'seɪk, fɔ:'s-] (*forsook forsaken*) **1** överge [*~ one's friend*] **2** ge upp [*~ an idea*], avstå från

forger – forsake

229

forsaken [fəˈseɪk(ə)n, fɔːˈs-] perf. p. av *forsake*
forsook [fəˈsʊk, fɔːˈs-] imperf. av *forsake*
fort [fɔːt] fort; skans; *hold the* ~ bildl. hålla ställningarna; sköta det hela
1 forte [ˈfɔːteɪ, -tɪ, isht amer. fɔːt] stark sida, styrka [*singing is not my* ~]
2 forte [ˈfɔːtɪ] mus. (it.) **I** s o. adv forte **II** adj forte-
forth [fɔːθ] **1** framåt; vidare; *back and* ~ fram och tillbaka; *from this time* ~ hädanefter **2** fram [*bring* (*come*) ~]
forthcoming [fɔːθˈkʌmɪŋ] **1** kommande, utkommande; stundande; ~ *events* kommande program t.ex. på bio **2** vard. tillmötesgående
forthright [ˈfɔːθraɪt] **I** adj rättfram, öppen [~ *approach*] **II** adv rakt fram (ut)
forthwith [ˌfɔːθˈwɪθ, -ˈwɪð] genast; skyndsamt
fortieth [ˈfɔːtɪɪθ, -tɪəθ] **1** fyrtionde **2** fyrtion[de]del
fortification [ˌfɔːtɪfɪˈkeɪʃ(ə)n] **1** mil. fortifikation; befästande **2** befästning; isht pl. ~s [be]fästningsverk
fortif|y [ˈfɔːtɪfaɪ] **I** vb tr **1** mil. befästa **2** [för]stärka; beväpna; uppmuntra; ~ *oneself with a glass of rum* styrka sig med ett glas rom **3** förskära blanda vin med alkohol; berika; *-ied wine* vanl. starkvin **II** vb itr uppföra befästningar
fortitude [ˈfɔːtɪtjuːd] mod isht i lidande o. motgång; tålamod
fortnight [ˈfɔːtnaɪt] fjorton dagar (dar); *every* ~ el. *once a* ~ var fjortonde dag, varannan vecka
fortnightly [ˈfɔːtˌnaɪtlɪ] [som äger rum (utkommer) o.d.] var fjortonde dag
fortress [ˈfɔːtrəs] fästning; [starkt] befäst ort (stad); bildl. fäste, värn
fortuitous [fɔːˈtjuːɪtəs] tillfällig; slumpartad
fortunate [ˈfɔːtʃ(ə)nət] **1** lycklig; lyckad; *be* ~ ha tur **2** lyckosam
fortunately [ˈfɔːtʃ(ə)nətlɪ] lyckligtvis, som tur var (är); lyckligt
fortune [ˈfɔːtʃuːn, -tjuːn, -tʃ(ə)n] **I** s **1** lycka [*when* ~ *changed*]; öde; omständighet [*his* ~*s varied*]; tur; *Dame F*~ fru Fortuna; *I had the good* ~ *to* el. *it was my good* ~ *to* jag hade lyckan (turen) att; *seek one's* ~ söka lyckan (sin lycka); *try one's* ~ pröva lyckan, försöka sin lycka **2** förmögenhet; rikedom, välstånd; stor hemgift; *come into a* ~ ärva en förmögenhet, få ett stort arv **II** vb itr åld. hända [sig] [*it* ~*d that*]; ~ *upon* råka finna

fortune-hunter [ˈfɔːtʃuːnˌhʌntə, -tʃ(ə)n-] lycksökare
fortune-teller [ˈfɔːtʃuːnˌtelə, -tʃ(ə)n-] spåman; spåkvinna
forty [ˈfɔːtɪ] (jfr *fifty* m. sammansättn.) **I** *räkn* fyrti[o]; ~ *winks* vard. [en] liten tupplur [*have* el. *take* (ta sig) ~ *winks*; *I want my* ~ *winks*] **II** s fyrti[o]; fyrti[o]tal
forward [ˈfɔːwəd, sjö. ˈfɒrəd] **I** adj **1** främre [~ *ranks*], framtill (framför) belägen; sjö. för- **2** framåtriktad; framryckande; ~ *gear* växel [för gång framåt] **3** försigkommen; brådmogen [*a* ~ *child*] **4** framfusig [*a* ~ *young man*]; indiskret **II** s sport. forward, anfallsspelare, kedjespelare **III** adv **1** framåt, framlänges; sjö. förut inombords; i förgrunden; ~ *march!* framåt marsch! **2** fram [*rush* ~] **IV** vb tr **1** [be]främja [~ *a p.'s interests*] **2** vidarebefordra; *please* ~ på brev eftersändes **3** skicka; befordra; spediera
forwards [ˈfɔːwədz] framåt; *backwards and* ~ fram och tillbaka, hit och dit
fossil [ˈfɒsl, -sɪl] **I** adj fossil [~ *bones*, ~ *ferns*], förstenad; ~ *fuel* fossilt bränsle **II** s fossil; *an old* ~ bildl. om pers. en gammal stofil
foster [ˈfɒstə] **1** ta sig an [~ *the sick*] **2** utveckla [~ *musical ability*]; befordra [~ *trade*]; bildl. fostra, uppamma
fought [fɔːt] imperf. o. perf. p. av *fight*
foul [faʊl] **I** adj **1** illaluktande, dålig [~ *smell*] **2** äcklig [*a* ~ *taste*]; vard. usel, gräslig **3** smutsig [~ *linen*], förorenad, grumlig [~ *water*]; ~ *air* förpestad luft **4** belagd [*a* ~ *tongue*]; *a* ~ *pipe* en sur pipa **5** *fall* (*run*) ~ *of* a) kollidera med; segla (törna) på, driva emot b) komma (råka) i konflikt med [*fall* ~ *of the law*] **6** gemen, skamlig [*a* ~ *deed*]; rå, oanständig [~ *language*]; vard. otäck **7** ojust; ~ *means* olagliga medel **II** s ojust spel; boxn. foul; *commit a* ~ ruffa **III** vb itr sport. spela ojust (mot reglerna) **IV** vb tr **1** smutsa ned; bildl. fläcka; vanställa **2** täppa till [~ *a drain*] **3** sjö. m.m. göra oklar; kollidera med **4** sport. spela (vara) ojust mot
1 found [faʊnd] imperf. o. perf. p. av *find*
2 found [faʊnd] gjuta, stöpa
3 found [faʊnd] **1** grunda [~ *a colony* (*school, town*)], [in]stifta **2** bildl. grunda [~*ed on fact*]; *well* ~*ed* välgrundad, berättigad
foundation [faʊnˈdeɪʃ(ə)n] **1** grundande, [in]stiftande **2** stiftelse; donation; [donations]fond **3** grund; grundval, bas; fundament; *the* ~[*s*] *of a building*

grunden till en byggnad; *the report has no ~* ryktet saknar grund **4** underlag; *~ cream* puderunderlag
foundation stone [faʊn'deɪʃ(ə)nstəʊn] grundsten
1 founder ['faʊndə] gjutare
2 founder ['faʊndə] grundare
3 founder ['faʊndə] **1** om häst snava och falla, stupa av trötthet **2** sjö. [vattenfyllas och] sjunka, förlisa **3** om t.ex. hus, mark sjunka; störta in, rasa **4** bildl. stupa; gå under, slå fel; stranda
foundry ['faʊndrɪ] **1** gjuteri; järnbruk **2** gjutning; gjutarkonst
1 fount [faʊnt] poet. källa
2 fount [faʊnt, fɒnt] boktr. [stil]sats; stil
fountain ['faʊntən] **1** fontän; kaskad; [*water*] *~* dricksfontän **2** bildl. källa; ursprung
fountain pen ['faʊntənpen] reservoarpenna
four [fɔː] (jfr *five* m. ex. o. sammansättn.) **I** *räkn* fyra; *~ bits* amer. sl. 50 cent; *~ eyes* vard. [din] glasögonorm person med glasögon **II** *s* fyra; fyrtal; *on all ~s* på alla fyra
four-cylinder ['fɔːˌsɪlɪndə] fyrcylindrig
four-dimensional [ˌfɔːdaɪ'menʃənl, -dɪ'm-] fyrdimensionell
fourfold ['fɔːfəʊld] **I** *adj* fyrdubbel **II** *adv* fyrdubbelt
four-letter [ˌfɔː'letə], *~ word* runt ord svordom som i engelskan oftast består av 4 bokstäver
four-poster [ˌfɔː'pəʊstə] himmelssäng [äv. *~ bed*]
foursome ['fɔːsəm] **1** golf. foursome **2** två par, sällskap på fyra personer
fourteen [ˌfɔː'tiːn, attr. '--] fjorton; jfr *fifteen* m. sammansättn.
fourteenth [ˌfɔː'tiːnθ, attr. '--] fjortonde; fjorton[de]del; jfr *fifth*
fourth [fɔːθ] (jfr *fifth*) **I** *räkn* fjärde **II** *adv*, *the ~ largest town* den fjärde staden [i storlek] **III** *s* **1** fjärdedel **2** *the F~* [*of July*] fjärde juli Förenta staternas nationaldag **3** mus. kvart **4** fjärde man; *make a ~* vara (bli) fjärde man **5** motor. fyrans växel, fyran; *put the car in ~* lägga in fyran
fowl [faʊl] **I** *s* **1** höns[fågel]; fjäderfä **2** koll. fågel, fåglar **II** *vb itr* jaga (fånga) fågel
fox [fɒks] **I** *s* **1** zool. räv **2** rävskinn **3** bildl. räv **4** isht amer. sl. sexig tjej (brud), pangbrud **II** *vb tr* vard. lura; förbrylla
foxglove ['fɒksɡlʌv] bot. fingerborgsblomma
foxhunting ['fɒksˌhʌntɪŋ] **I** *s* rävjakt **II** *adj* intresserad av rävjakt [*~ man*]
foyer ['fɔɪeɪ] foajé

fracas ['frækɑː, amer. 'freɪkəs] (pl. *fracas* ['frækɑːz], amer. *fracases* [-kəsɪz]) stormigt uppträde
fraction ['frækʃ(ə)n] **1** [bråk]del [*~s of an inch*]; gnutta, dugg [*not a ~ better*], [litet] stycke; fragment **2** matem. bråk **3** polit. o.d. fraktion
fractious ['frækʃəs] **1** bråkig, oregerlig **2** grinig, besvärlig, kinkig [*a ~ child* (*old man*)]
fracture ['fræktʃə] **I** *s* **1** brytning, spricka **2** kir. [ben]brott, fraktur **II** *vb tr* o. *vb itr* bryta[s]
fragile ['frædʒaɪl, amer. -dʒ(ə)l] bräcklig [*~ health*; *~ china*], skör, spröd; om pers. klen
fragment [ss. subst. 'frægmənt, ss. vb fræg'ment] **I** *s* [avbrutet] stycke, skärva, splitter [*~ of glass*, *~ of a shell*]; fragment, brottstycke [*overhear ~s of a conversation*] **II** *vb itr* gå sönder **III** *vb tr* slå sönder
fragmentary ['frægmənt(ə)rɪ, fræg'mentərɪ] fragmentarisk; lösryckt
fragrance ['freɪɡr(ə)ns] välluktt, doft
fragrant ['freɪɡr(ə)nt] **1** välluktande **2** ljuvlig [*~ memories*]
frail [freɪl] **1** bräcklig [*~ support*], skör [*a ~ child*, *a ~ constitution*], skröplig; förgänglig [*~ happiness*] **2** svag, lätt förledd
frame [freɪm] **I** *vb tr* **1** bygga [upp], inrätta **2** tänka ut [*~ a plan*, *~ a plot*]; utarbeta; bilda [*~ words*] **3** rama in **4** vard. a) *~* [*up*] koka (dikta, sätta) ihop [*~ a charge*] b) *~* [*up*] fixa [på förhand] t.ex. match; fiffla (fuska) med [resultatet av] t.ex. val, match c) sätta dit; sätta fast genom en falsk anklagelse **II** *s* **1** stomme; bjälklag; skrov; underrede; ram t.ex. på cykel o. bilchassi; stativ; [bärande] konstruktion ([trä]ställning); mes till ryggsäck; sjö. spant **2** ram [*~ of a picture*], karm [*~ of a window*]; [glasögon]bågar; [sy]båge; *~ aerial* radio. ramantenn **3** kropp; kroppsbyggnad [*his powerful ~*] **4** drivbänk **5** *~* [*of mind*] [sinnes]stämning **6** ram, system, struktur [*the ~ of society*]; *~ of government* regim, författning **7** bild[ruta] på filmremsa o.d.; [tv-]bild
framework ['freɪmwɜːk] **1** stomme; skelett; konstruktion **2** bildl. stomme; ram, struktur; disposition; *within the ~ of* inom ramen för
franc [fræŋk] franc
France [frɑːns] Frankrike
franchise ['fræn(t)ʃaɪz] **I** *s* **1** *the ~*

rösträtt[en], valrätt[en] **2** medborgarrätt **3** ensamrätt; isht amer. koncession, tillstånd; ekon. franchise **II** *vb tr* ekon. bevilja franchise
frank [fræŋk] **I** *adj* öppen, rättfram, uppriktig [*be ~ with* (mot) *a p.*]; *to be quite ~* för att säga det rent ut (säga som det är), sanningen att säga **II** *vb tr* frankera; *~ing machine* frankeringsmaskin
frankfurter ['fræŋkfɜːtə] frankfurterkorv
frankly ['fræŋklɪ] öppet etc., jfr *frank I*; uppriktigt sagt; *speak ~* tala rent ut
frantic ['fræntɪk] **1** ursinnig, vild [*~ attempts*], utom (ifrån) sig [*~ with* (av) *anxiety* (*joy, pain*)]; rasande, vanvettig; hektisk [*a ~ search*] **2** vard. förfärlig [*be in a ~ hurry*]
fraternal [frə'tɜːnl] broderlig
fraternity [frə'tɜːnətɪ] **1** broderskap [*liberty, equality, ~*], broderlighet **2** broderskap; samfund; *the medical ~* läkarkåren **3** amer. manlig studentförening vid college, ofta med hemlig ritual; *~ house* föreningshus
fraternize ['frætənaɪz, -tɜːn-] fraternisera isht neds.; förbrödra sig
fraud [frɔːd] **1** bedrägeri [*get money by ~*]; svek; svindel; bluff; falsarium [*a literary ~*]; *~ squad* polis. bedrägerirotel **2** vard. bedragare
fraudulent ['frɔːdjʊlənt] bedräglig [*~ bankruptcy*; *~ proceedings* (förfarande)], svekfull; olaglig
fraught [frɔːt], *~ with* åtföljd (full, uppfylld) av, laddad med; *~ with danger* (*peril*) farofylld
1 fray [freɪ], *eager for the ~* stridslysten äv. bildl.
2 fray [freɪ] **I** *vb tr* nöta (slita) [ut], nöta [ut] i kanten; göra trådsliten; skrubba; *~ed cuffs* trasiga (fransiga) manschetter; *~ed nerves* trasiga nerver **II** *vb itr* bli nött ([tråd]sliten)
freak [friːk] **I** *s* **1** *~* [*of nature*] naturens nyck, kuriositet; missfoster **2** vard. original, excentriker; udda person **3** sl. knarkare; i sammansättn. -missbrukare [*acid ~*], -ätare [*pill ~*]; *speed ~* pundare **4** sl., vanl. i sammansättn. -älskare, -fantast [*football ~*]; *health ~* friskspörtare, hurtbulle, hälsofreak **II** *adj* **1** nyckfull; onormal [*a ~ storm*] **2** abnorm, monstruös; egenartad **3** vard. originell **III** *vb itr* sl., *~ out* a) bli (vara) hög (påtänd) av narkotika; snedtända b) smälla av, flippa ut

freakish ['friːkɪʃ] nyckfull; underlig; abnorm
freckle ['frekl] **I** *s* fräkne; liten fläck, prick **II** *vb tr* o. *vb itr* göra (bli) fräknig (fläckig); få fräknar
freckled ['frekld] o. **freckly** ['freklɪ] fräknig; fläckig
free [friː] **I** *adj* **1** fri; frivillig; oförtjänt [*the ~ grace of God*]; *he is ~ to* det står honom fritt att; *go ~* röra sig fritt, gå lös; *leave a p. ~ to* ge ngn frihet (fria händer) att; *~ agent* människa med full handlingsfrihet, fritt handlande väsen; *have* (*give a p.*) *a ~ hand* ha (ge ngn) fria händer; *~ speech* det fria ordet **2** fri, upptagen, ledig [*have a day ~*]; tillgänglig; *~ fight* allmänt slagsmål **3** befriad; *~ from* äv. utan **4** [kostnads]fri, gratis [äv. *~ of charge*; vard. *for ~*]; franko; *~ library* offentligt bibliotek; *~ alongside* [*ship*] (förk. *f.a.s.*) hand. fritt [vid] fartygs sida; *~ from alongside* (förk. *f.f.a.*) hand. fritt från fartygs sida; *~ on board* (förk. *f.o.b.*) hand. fritt ombord **5 a)** ogenerad, ledig [*~ movements, a ~ gait*] **b)** frispråkig, öppen[hjärtig] **c)** alltför fri, oanständig [*be ~ in one's conversation*]; *make ~ with a p.* ta sig friheter med (gentemot) ngn **d)** fördomsfri; *~ and easy* otvungen, naturlig; vårdslös; ogenerad **II** *adv* fritt i olika bet.; isht gratis [*the gallery is open ~ on Fridays*] **III** *vb tr* befria
freebie ['friːbɪ] vard. fribiljett, fri måltid m.m.; [*the show*] *was a ~* ...var gratis
freedom ['friːdəm] **1** frihet; *~ of movement* rörelsefrihet **2** ledighet [*~ of movements*]; djärvhet; *take ~s with* ta sig friheter med (gentemot) **3** privilegium; fri- och rättighet; nyttjanderätt
free-for-all ['friːfərˌɔːl] **I** *adj* **1** öppen för alla **2** oreglerad, regellös **II** *s* **1** allmänt (öppet) slagsmål (gräl o.d.) **2** huggsexa
freehold ['friːhəʊld] [egendom med] full besittningsrätt; egen mark (tomt)
freelance ['friːlɑːns, ˌ-'-] **I** *s* frilans inte fast anställd **II** *vb itr* arbeta som frilans
freeloader ['friːˌləʊdə] vard. matfriare, snyltgäst
freely ['friːlɪ] **1** fritt [*think ~, translate ~*]; obehindrat **2** frivilligt [*~ grant a th.*] **3** öppet, oförbehållsamt; ogenerat **4** rikligt, i mängd
freemason ['friːˌmeɪsn] frimurare
free-range ['friːreɪn(d)ʒ], *~ hens* höns som går fria, sprätthöns
freesia ['friːzjə] bot. fresia

freestyle ['fri:staɪl] sport. fristil; ~ [*swimming*] frisim, fritt simsätt
free trade [,fri:'treɪd] frihandel
freeway ['fri:weɪ] amer. [vanl. tullfri] motorväg
freewheel [,fri:'wi:l] åka (köra) på frihjul
free-will [,fri:'wɪl] **I** *s* fri vilja; frivillighet **II** *adj* frivillig
freeze [fri:z] **I** (*froze frozen*) *vb itr* **1** frysa [*the water froze*]; frysa till; frysa fast; bildl. isa sig [*the blood froze in his veins*]; ~*!* isht amer. stå still!, stanna!; [*raspberries*] ~ *well* ...går bra att frysa **2** frysa, vara iskall [*I am freezing*]; stelna av köld; rysa; ~ *to death* frysa ihjäl **II** (*froze frozen*; se äv. *frozen*) *vb tr* **1** [komma (få) att] frysa, förvandla till is; frysa [ned (in)], djupfrysa [~ *meat*]; lokalbedöva genom frysning [~ *a tooth*]; bildl. isa **2** *be frozen up* om fartyg frysa fast **3** vard., ~ *out* frysa ut [*of* ur, från], bli (göra sig) kvitt, bojkotta; konkurrera ut **4** hand. förbjuda; spärra [~ *a bank account*]; maximera, fixera [~ *prices*, ~ *wages*]; ~ *prices* (*wages*) äv. införa prisstopp (lönestopp) **5** film. el. TV. frysa en bild **III** *s* **1** frost; köldknäpp **2** bildl. frysning; *wage* ~ lönestopp
freeze-dry [,fri:z'draɪ] frystorka
freezer ['fri:zə] frys, frysbox, frysfack; kylvagn; glassmaskin; ~ *bag* fryspåse
freezing ['fri:zɪŋ] **I** *adj* bitande kall äv. bildl. [~ *politeness*] **II** *s* djupfrysning; fryspunkt [*above* ~] **III** *adv*, ~ *cold* iskall
freezing-compartment ['fri:zɪŋkəm,pɑ:tmənt] frysfack
freezing-point ['fri:zɪŋpɔɪnt] fryspunkt [*above* (*at, below*) ~]
freight [freɪt] **I** *s* **1** frakt[avgift] till sjöss, amer. äv. med järnväg; ~ *rates* (*charges*) fraktsatser, fraktskalor **2** fraktgods i mots. till ilgods [äv. *goods on* (*in*) ~] **3** frakt; skeppslast **4** amer., ~ *car* godsvagn; ~ *depot* (*yard*) amer. godsstation **II** *vb tr* **1** lasta [~ *a ship*] **2** befrakta [~ *a ship for* (till, på)] **3** frakta
freighter ['freɪtə] **1** fraktbåt; fraktflygare, transportflygplan **2** befraktare; godsavsändare; speditör
French [fren(t)ʃ] **I** *adj* fransk; ~ *bean* skärböna; haricot vert; ~ *fried* [*potatoes*] (vard. ~ *fries*) isht amer. pommes frites; ~ *horn* mus. valthorn; *take* ~ *leave* vard. smita [utan att säga adjö], avdunsta; handla (agera) utan lov; ~ *letter* vard. gummi kondom; ~ *window* (amer. *door*) till trädgård o.d. glasdörr **II** *s* **1** franska [språket] **2** *the* ~ fransmännen

French|man ['fren(t)ʃ|mən] (pl. *-men* [-mən]) fransman
frenetic [frə'netɪk] frenetisk
frenzy ['frenzɪ] **I** *s* [utbrott av] ursinne; vanvett [*he was almost driven to* ~]; vansinne; *in a* ~ *of* [*enthusiasm*] vild av... **II** *vb tr* göra vanvettig (vild, ursinnig)
Freon ['fri:ɒn] ® freon
frequency ['fri:kwənsɪ] frekvens äv. fys.; täthet; ~ *count* frekvensundersökning; *high* ~ (förk. *HF*) radio. höga frekvenser
frequent [ss. adj. 'fri:kwənt, ss. vb frɪ'kwent] **I** *adj* ofta förekommande, vanlig [*a* ~ *happening, a* ~ *practice, a* ~ *sight*]; tät [~ *service of trains,* ~ *visits*]; frekvent; *a* ~ *caller* en flitig besökare; *make* ~ *use of* göra flitigt bruk av **II** *vb tr* ofta besöka [~ *a café*], ofta bevista
frequently ['fri:kwəntlɪ] ofta, titt och tätt
fresco ['freskəʊ] (pl. ~*es* el. ~*s*) freskomåleri; *paint in* ~ måla al fresco
fresh [freʃ] **1** ny [*break* ~ *ground,* ~ *information, a* ~ *paragraph,* ~ *supplies*]; *make a* ~ *start* börja om från början (på nytt) **2** färsk [~ *bread* (*vegetables, water*); ~ *footprints*; ~ *memories*]; frisk [~ *water*], fräsch [~ *colours* (*flowers*)] **3** frisk, uppfriskande, sval [~ *air* (*breeze, wind*)]; ~ *breeze* sjö. styv bris **4** nygjord; nyss erhållen; nyss utkommen (utsläppt); ~ *arrivals* nyanlända [personer] **5** grön oerfaren; färsk **6** frisk [och kry]; pigg; [*as*] ~ *as a daisy* fräsch som en nyponros **7** fräck; *don't get* ~*!* var inte så fräck!
freshen ['freʃn] **I** *vb tr,* ~ [*up*] friska upp [~ *up one's English*], fräscha upp **II** *vb itr* **1** bli frisk[are]; ljusna **2** ~ [*up*] snygga upp (till) sig
freshly ['freʃlɪ] friskt etc., jfr *fresh*; isht nyligen; ~ *painted* nymålad
freshness ['freʃnəs] nyhet etc., jfr *fresh*; fräschör
freshwater ['freʃ,wɔ:tə] sötvattens- [~ *fish*]
1 fret [fret] **I** *vb itr* **1** [gå omkring och] vara sur, gräma sig; ~*ting* otålig, retlig, grinig **2** gnaga; fräta **II** *vb tr* **1** reta [upp]; oroa; gräma; ~ *oneself* gräma (oroa) sig [*to death* till döds] **2** om små djur gnaga [på] **III** *s* förargelse, harm, förtret; *be in a* ~ vara på dåligt humör, gå omkring och gräma sig
2 fret [fret] pryda med snidserier (inläggningar); pryda i allm.; perf. p. ~*ted* rikt snidad (skulpterad), i genombrutet arbete
fretful ['fretf(ʊ)l] sur
fretsaw ['fretsɔ:] lövsåg

Freudian ['frɔɪdjən] **I** *adj* freudiansk; ~ *slip* freudiansk felsägning **II** *s* freudian
friar ['fraɪə] [tiggar]munk; *Black F~* svartbroder dominikan
friction ['frɪkʃ(ə)n] **1** friktion; gnidning **2** bildl. friktion, slitningar
Friday ['fraɪdeɪ, -dɪ isht attr.] fredag; jfr *Sunday*; *Black ~* olycksdag, tykobrahedag; *man* (*girl*) *~* ngns allt i allo, högra hand
fridge [frɪdʒ] vard. kyl[skåp]
friend [frend] vän, väninna; kamrat; bekant; *be ~s with* vara [god] vän med; *be bad ~s* vara ovänner; *make ~s* skaffa sig (få) vänner, bli [goda] vänner; *make a ~ of a p.* få en god vän i ngn, vinna ngns vänskap; *lady ~* kvinnlig vän, väninna vanl. till man
friendliness ['frendlɪnəs] vänlighet
friendl|y ['frendlɪ] **I** *adj* **1** vänlig, vänskaplig [*to, with* mot]; *in a ~ manner* (*way*) äv. vänligt, vänskapligt; *~ match* sport. vänskapsmatch **2** ss. efterled i sammansättn. -vänlig [*user-friendly, customer-friendly*] **II** *s* sport. vänskapsmatch
friendship ['fren(d)ʃɪp] vänskap; vänskapsförhållande
frieze [fri:z] **1** arkit. fris **2** textil. fris
frigate ['frɪɡət] **1** hist. fregatt[skepp] **2** fregatt snabbt eskortfartyg
fright [fraɪt] **1** skräck; fruktan; *get* (*have*) *a ~* **2** vard. spöke, fågelskrämma; fasa; [*her new hat*] *is a ~* ...är förskräcklig (fasansfull)
frighten ['fraɪtn] **I** *vb tr* skrämma, förfära; *~ a p. into doing a th.* skrämma ngn [till] att göra ngt; *~ a p. to death* skrämma ihjäl ngn, skrämma livet ur ngn **II** *vb itr* bli skrämd (rädd)
frightful ['fraɪtf(ʊ)l] förskräcklig; otäck
frigid ['frɪdʒɪd] **1** [is]kall **2** bildl. kall[sinnig] [*a ~ welcome*] **3** fysiol. frigid
frigidity [frɪ'dʒɪdətɪ] **1** köld **2** bildl. kallsinnighet **3** fysiol. frigiditet
frill [frɪl] **I** *s* **1** krås **2** pl. *~s* vard. krusiduller; choser; *there are no ~s on him* det är inga krumbukter med honom **II** *vb tr* förse med krås; bilda krås till; rynka, krusa, plissera
frilly ['frɪlɪ] **1** krusad, plisserad; snirklad **2** luftig [*~ clothes*]; ytlig [*a ~ book*]
fringe [frɪn(d)ʒ] **I** *s* **1** a) frans; koll. fransar; bård b) lugg hårfrisyr **2** [ut]kant; [skogs]bryn **3** marginal, periferi; *~ benefit* extraförmån utöver lön; tjänsteförmån, fringis; *~ group* marginalgrupp, yttergrupp i politik o.d. **II** *vb tr* förse med frans[ar], fransa, kransa

frisk [frɪsk] **I** *vb itr*, *~* [*about*] hoppa ystert; skutta **II** *vb tr* sl. muddra leta igenom
frisky ['frɪskɪ] yster, sprallig, lustig, livlig [*~ children*]
1 fritter ['frɪtə] kok. beignet; *bread ~s* ung. fattiga riddare
2 fritter ['frɪtə], *~ away* plottra bort, slösa (kasta) bort [*~ away one's time* (*energy*)]
frivolity [frɪ'vɒlətɪ] **1** lättsinne **2** trams **3** nöje
frivolous ['frɪvələs] **1** om saker obetydlig [*a ~ book, ~ work*], liten; futtig; grundlös [*a ~ complaint*]; bagatellartad; okynnes- [*a ~ prosecution*] **2** om pers. lättsinnig; tanklös
1 frizzle ['frɪzl] steka
2 frizzle ['frɪzl] **I** *vb tr* krusa, krulla, locka [*~ hair*] **II** *vb itr* krusa (krulla) sig **III** *s* krusad hårlock; krusat (krullat) hår
fro [frəʊ] biform till *from*; *to and ~* fram och tillbaka, av och an, hit och dit
frock [frɒk] **I** *s* **1** ngt åld. [lätt vardags]klänning; flickklänning **2** munkkåpa **II** *vb tr* bekläda med prästerlig värdighet
frock coat [,frɒk'kəʊt] bonjour
frog [frɒɡ] **1** groda; *have a ~ in the* (*one's*) *throat* få en tupp i halsen **2** *F~* neds. fransos, fransman
frog|man ['frɒɡmən] (pl. *-men* [-mən]) grodman, röjdykare
frogmarch ['frɒɡmɑ:tʃ] **1** släpa (föra) bort med tvång genom att t.ex. bryta upp armarna bakom ryggen **2** bära i armar och ben med ansiktet nedåt [*~ a prisoner*]
frolic ['frɒlɪk] **I** *s* skoj, muntert upptåg; glad tillställning **II** *vb itr* leka; ha upptåg (konster) för sig; roa sig, ha skoj
from [frɒm, obeton. frəm] **1** från; ur: **a)** om rum, utgångspunkt [*start ~ London*] **b)** om härkomst, ursprung o.d. [*people ~ London; derived ~ Latin; deduce ~*] **c)** om tid, *~ a child* ända från barndomen, från barnsben, redan som barn **d)** om skillnad [*separate* (*refrain, differ*) *~*]; *know an Englishman ~ a Swede* [kunna] skilja en engelsman från en svensk **2** om material av [*steel is made ~ iron*], ur **3** om orsak, motiv m.m. på grund av [*absent ~ illness*]; av [*do a th. ~ curiosity* (*politeness*)]; att döma av [*~ his dress I should say...*], efter [*~ what I have heard he is a scoundrel*] **4** om mönster, förebild efter; *named ~* uppkallad efter; *painted ~ nature* målad efter naturen **5** för; *safe* (*secure*) *~* säker för **6** tillsammans med prep. o. adv.: *~ above* ovanifrån; *~ afar* ur fjärran, fjärran ifrån; på långt håll; *~*

behind bakifrån; ~ *below* (*beneath*) nedifrån; från undersidan [av]; ~ *without* utifrån

frond [frɒnd] bot. ormbunksblad

front [frʌnt] **I** *s* **1** framsida; fasad; *in* ~ framtill, i spetsen, före [*walk in* ~]; ~ *of* amer. framför, utanför, inför **2** mil. front [*be at* (vid) *the* ~; *on the* ~], stridslinje; krigsskådeplats **3** meteor. front [*cold* ~] **4** *the* ~ [strand]promenaden på en badort **5 a)** uppsyn, hållning, uppträdande; *show* (*present, put on*) *a bold* ~ hålla god min; [fräckt] låtsas som ingenting **b)** fräckhet [*have the* ~ *to do a th.*] **6 a)** [yttre] sken, fasad **b)** täckmantel, kamouflage; bulvan [äv. ~ *man*] **7** skjortbröst [*a false* (*loose*) ~] **II** *adj* framtill belägen, front-; *the* ~ *bench* ministerbänken, exministerbänken resp. oppositionsledarbänken på varsin sida om talmansbordet; ~ *door* ytterdörr, port, framdörr på bil; ~ *man* a) galjonsfigur bildl. b) bulvan; ~ *organization* täckorganisation; ~ *page* förstasida av tidning; *in the* ~ *rank* bildl. i främsta (första) ledet; ~ *room* rum åt gatan; ~ *tooth* framtand; ~ *vowel* fonet. främre vokal **III** *vb itr* vetta, ligga **IV** *vb tr* **1** vetta [*windows* ~*ing the street*], vara vänd (vända sig) mot **2** bekläda (förse) framsidan av [~ *a house with stone*]

frontal ['frʌntl] frontal; front-; fasad-; [sedd] framifrån; ~ *attack* frontattack

frontier ['frʌntɪə, amer. -'-] stats gräns; gränsområde äv. bildl.

frontispiece ['frʌntɪspiːs] titelplansch

front-page ['frʌntpeɪdʒ], ~ *news* (*stuff*) förstasidesnyheter, förstasidesstoff

front-runner ['frʌnt,rʌnə] ledare i tävling o.d.; främsta kandidat

frost [frɒst] **I** *s* **1** frost; tjäle; köld under fryspunkten, äv. bildl.; köldperiod; *ten degrees of* ~ Celsius tio grader kallt; *Jack F*~ frosten personifierad **2** rimfrost [*the grass was covered with* ~] **II** *vb tr* **1** frostskada **2** bekläda (betäcka) [liksom] med rimfrost; ~*ed windowpanes* fönsterrutor med rimfrost på **3** glasera med socker [~*ed cake*] **III** *vb itr*, ~ *over* (*up*) täckas av rimfrost

frostbite ['frɒs(t)baɪt] **I** *s* köldskada; förfrysning **II** (*frostbit* el. *frostbitten*) *vb tr* köldskada, frostskada

frostbitten ['frɒs(t),bɪtn] frostbiten, frostskadad; [för]frusen

frosting ['frɒstɪŋ] **1** glasyr på bakverk **2** matt yta på glas, silver m.m.

frosty ['frɒstɪ] frost- [~ *nights*], frostig äv. bildl.

froth [frɒθ] **I** *s* **1** fradga, skum [~ *on the beer*] **2** bildl. svammel **II** *vb itr* fradga [sig], skumma; ~ *at the mouth* tugga fradga **III** *vb tr* göra (vispa) till skum; bringa (få) att skumma [ofta ~ *up*]

frothy ['frɒθɪ] fradgande, skummande

frown [fraʊn] **I** *vb itr* **1** rynka pannan (ögonbrynen); visa en hotfull (bister) uppsyn **2** ~ *at* ([*up*]*on*) se ogillande (hotande, dystert) på; ~ [*up*]*on* äv. ogilla, fördöma **II** *s* rynkad panna; bister uppsyn; sura miner; [*he had*] *a deep* ~ *on his brow* ...djupa rynkor i pannan

froze [frəʊz] imperf. av *freeze*

frozen ['frəʊzn] **I** perf. p. av *freeze* **II** *adj* djupfryst [~ *food*]; ofta om tillgångar [fast]frusen, bunden [~ *credits*, ~ *assets*]; maximerad [~ *prices*, ~ *wages*]

frugal ['fruːg(ə)l] sparsam; måttlig; enkel, frugal [*a* ~ *fare* (*meal*)], billig

fruit [fruːt] **1** frukt, bär äv. koll. [*every kind of* ~; *bear* ~; *he feeds on* ~]; ätbar växt[produkt] i allm. [*the* ~*s of the earth*]; bot., ~*s* vanl. fruktsorter **2** frukt, produkt [*the* ~*s of industry*], avkastning; resultat [*the* ~ *of long study*]; behållning; *bear* ~ bära frukt ge resultat

fruit drop ['fruːtdrɒp], pl. ~*s* syrliga karameller med olika fruktsmak

fruiterer ['fruːtərə] frukthandlare; ~*'s* [*shop*] fruktaffär

fruitful ['fruːtf(ʊ)l] **1** fruktbar; fruktbringande **2** bildl. givande, fruktbar [*a* ~ *subject*]; lönande [*a* ~ *career*], fördelaktig

fruition [fruː'ɪʃ(ə)n] åtnjutande av ngt önskat; njutning (nöje) av ngt; förverkligande; *come to* ~ förverkligas, realiseras

fruitless ['fruːtləs] fruktlös, resultatlös [~ *efforts*]

fruit machine ['fruːtmə,ʃiːn] spelautomat

frump [frʌmp] vard. tantaktigt fruntimmer, nucka

frustrate [frʌ'streɪt, '--] **1** omintetgöra [~ *a p.'s plans*], gäcka [~ *a p.'s hopes*] **2** göra besviken (otillfredsställd); frustrera äv. psykol.; perf. p. ~*d* äv. lurad på konfekten

frustration [frʌ'streɪʃ(ə)n] **1** omintetgörande, gäckande **2** frustrering; missräkning; *sense of* ~ [känsla av] vanmakt (maktlöshet)

1 fry [fraɪ] **I** *vb tr* steka i panna; bryna; ~ *up* steka (värma) upp **II** *vb itr* stekas; [*the sausages*] *are* ~*ing* ...håller på att stekas, ...står och steker **III** *s* **1** stekt [mat]rätt

2 innanmäte **3** amer. vard. stekafton utomhus [*a fish ~*]
2 fry [fraɪ] (pl. lika) **1** småfisk; yngel av fisk, grodor m.m.; *salmon ~* unglax på 2:a året
2 small ~ vard. småglin, småungar; obetydligt folk
frying-pan [ˈfraɪɪŋpæn] stekpanna; *out of the ~ into the fire* ur askan i elden
ft. [fʊt, resp. fiːt] förk. för *foot* resp. *feet*
fuchsia [ˈfjuːʃə] bot. fuchsia
fuck [fʌk] vulg. **I** *vb tr* o. *vb itr* **1** knulla [med] **2 ~** [*it*]*!* fan [också]!; *~ off!* stick för helvete!, dra åt helvete!; *~ you!* fan ta dig!, dra åt helvete! **II** *s* **1** knull samlag o. person **2** *I don't care* (*give*) *a ~* jag bryr mig inte ett jävla dugg om det, det ger jag fan i
fucking [ˈfʌkɪŋ] vulg. jävla, satans; *~ hell!* jävlar!, fy fan!
fuddy-duddy [ˈfʌdɪˌdʌdɪ] vard. **I** *s* [gammal] stofil **II** *adj* mossig; stockkonservativ
fudge [fʌdʒ] **I** *s* fudge slags mjuk kola **II** *vb tr*, *~* [*up*] lappa (fuska) ihop; fiffla (fuska) med
fuel [fjʊəl] **I** *s* bränsle, drivmedel; bildl. näring; *~ gauge* bensinmätare, bränslemätare; *liquid* (*solid*) *~* flytande (fast) bränsle **II** *vb tr* **1** förse med bränsle; mata, driva [*~led by uranium*]; lägga på eld **2** bildl. underblåsa; understödja **III** *vb itr* skaffa bränsle; fylla på [bensin (olja)], tanka; *~ling station* bunkringsstation
fug [fʌg] vard. instängdhet, kvalm[ighet]
fugitive [ˈfjuːdʒətɪv] **I** *adj* flyende; förrymd [*a ~ slave*] **II** *s* flykting, flyende; rymling
fulfil [fʊlˈfɪl] **I** *vb tr* **1** uppfylla, infria [*~ a p.'s hopes*], tillfredsställa; fullgöra [*~ one's duties*]; motsvara [*~ a purpose*]; fylla [*~ a need*] **2** fullborda [*~ a task*] **II** *vb rfl*, *~ oneself* förverkliga sig själv; nå full utveckling
fulfilment [fʊlˈfɪlmənt] **1** uppfyllelse etc., jfr *fulfil* **2** fullbordan
full [fʊl] **I** *adj* **1** full, fylld; fullsatt [vard. äv. *~ up*]; *I'm ~* [*up*] vard. jag är mätt **2** *be ~ of* vara helt upptagen av, bara tänka på [och tala om], helt gå upp i [*he is ~ of himself* (*his subject*)] **3** rik, riklig [*a ~ meal*], ymnig; rikhaltig [*a ~ programme*] **4** full[ständig]; hel [*a ~ dozen*]; fulltalig [*a ~ jury*]; fullstämmig; *~ beard* helskägg; *~ board* på pensionat o.d. helpension; *~ cream* tjock grädde **5** fyllig, rund [*a ~ bust* (*face*, *figure*); *~ lips*]; rik **II** *adv* **1** fullt; drygt [*~ six miles*]; alldeles; rakt, rätt [*the light fell ~ upon him*] **2** mycket; *I know it ~ well* det vet jag mycket väl **III** *s*, *in ~* fullständigt, i sin helhet, till fullo [*the newspaper printed the story in ~*]; *to the ~* fullständigt, till fullo; i [allra] högsta grad

full-blooded [ˌfʊlˈblʌdɪd, attr. ˈ-ˌ--] **1** fullblods- [*a ~ horse*] **2** kraftfull; varmblodig; verklig [*a ~ personality*, *~ enjoyment*]
full-bodied [ˌfʊlˈbɒdɪd, attr. ˈ-ˌ--] fyllig [*a ~ wine*], stark; mustig äv. bildl. [*a ~ novel*]
full-fledged [ˌfʊlˈfledʒd] **1** fullfjädrad **2** bildl. färdig[utbildad] [*a ~ engineer*], mogen, fullfjädrad [*a ~ artist*]
full-grown [ˌfʊlˈgrəʊn, attr. ˈ--] fullväxt; fullvuxen
full-length [ˌfʊlˈleŋθ, attr. ˈ--] hellång [*a ~ skirt*]; hel; av normal längd [*a ~ novel*]; *a ~ film* en långfilm; *a ~ portrait* en helbild, ett porträtt i helfigur
full-scale [ˈfʊlskeɪl] **1** i naturlig skala (storlek), i skala 1:1 [*a ~ drawing*], fullskale- [*~ model*] **2** omfattande, total [*a ~ war*]; *~ debate* generaldebatt
full-time [ˈfʊltaɪm] **I** *adj* heltids- [*a ~ employee*] **II** *adv* [på] heltid; *work ~* arbeta [på] heltid
fully [ˈfʊlɪ] **1** fullt, helt [*capital ~ paid up*]; utförligt; *~ automatic* helautomatisk **2** drygt [*~ two days*]
fully-fashioned [ˌfʊlɪˈfæʃ(ə)nd] formstickad, fasonstickad
fulsome [ˈfʊlsəm] **1** överdriven [*~ politeness*], grov [*~ flattery*] **2** äcklig
fumble [ˈfʌmbl] **I** *vb itr* fumla [*~ at* (med) *a lock*]; famla [*~ about* (omkring) *in the dark*]; treva [*~ in one's pockets for* (efter) *one's matches*]; *a fumbling attempt* ett fumligt (trevande, klumpigt) försök **II** *vb tr* fumla med, [stå och] fingra tafatt på; missa [*~ a chance* (*ball*)], tappa [*~ a ball*]; *~ one's way* treva sig fram **III** *s* fumlande; sport. miss
fume [fjuːm] **I** *s* **1** oftast pl. *~s* rök [*~s of a cigar*]; utdunstning[ar]; gaser, ånga, ångor [*~s of petrol*]; stank, lukt **2** *be in a ~* rasa, skälva, darra [*be in a ~ of impatience*] **II** *vb itr* **1** ryka; ånga **2** vara rasande **III** *vb tr* röka trä o.d.
fumigate [ˈfjuːmɪgeɪt] **1** desinficera [genom rökning] **2** röka trä
fun [fʌn] **1** nöje; skämt; *for ~* för skojs (ro) skull **2** vard. rolig [*a ~ party*], skojig, lustig; *~ run* välgörenhetslopp
function [ˈfʌŋ(k)ʃ(ə)n] **I** *s* **1** funktion [*the ~*[*s*] *of the heart*], uppgift [*the ~ of education*], verksamhet; åliggande [*the ~s of a magistrate*]; syssla **2** [offentlig] ceremoni; fest[lighet]; bjudning [*social*

~s] **3** matem. m.m. funktion **II** *vb itr* fungera; verka
functional ['fʌŋ(k)ʃənl] **1** funktionell, funktions-; ämbetsmässig, officiell **2** fysiol., matem. el. psykol. funktionell **3** *~ food* mervärdesmat, funktionella livsmedel mat med hälsosamma tillsatser, t.ex. fibrer, enzymer
functionary ['fʌŋ(k)ʃ(ə)nərɪ] **I** *s* funktionär; lägre ämbetsman, tjänsteman **II** *adj* **1** ämbets- **2** fysiol. funktionell
fund [fʌnd] **I** *s* **1** fond; [grund]kapital; kassa; insamling; *raise ~s* samla in pengar, göra en penninginsamling **2** vard., pl. *~s* tillgångar, [penning]medel, pengar; *be short of (low in) ~s* ha ebb i kassan **3** bildl. fond, stor tillgång [*a ~ of experience*], [stort] förråd [*a ~ of amusing stories*] **II** *vb tr* **1** fondera **2** betala, finansiera
fundamental [ˌfʌndə'mentl] **I** *adj* fundamental; grund- [*~ colour, ~ principle*]; grundläggande, väsentlig; principiell **II** *s*, vanl. pl. *~s* grundprinciper, grunddrag, grundlagar; grundläggande fakta; *agree on ~s* vara enig[a] (nå enighet) i huvudsak (princip)
fundamentalist [ˌfʌndə'mentəlɪst] polit. el. relig. fundamentalist
fundamentally [ˌfʌndə'mentəlɪ] fundamentalt; i grunden
funeral ['fju:n(ə)r(ə)l] **1** begravning [*officiate at a ~*]; *that's his ~* vard. det blir hans sak att fixa, det är hans huvudvärk **2** begravningståg, begravningsprocession **3** begravnings-; *~ director* begravningsentreprenör; *~ parlour* (amer. parlor el. *home*) begravningsbyrå; bårhus; *~ pile (pyre)* [likbrännings]bål; *~ service* jordfästning
funereal [fjʊ'nɪərɪəl] **1** begravnings- **2** dyster, sorglig
funfair ['fʌnfeə] vard. nöjesfält
fungus ['fʌŋgəs] (pl. *fungi* ['fʌŋgiː, -gaɪ, 'fʌn(d)ʒaɪ] el. *~es*) svamp
funicular [fjʊ'nɪkjʊlə, fə'n-] **I** *adj* rep-, tåg-; kabel-; *~ railway* bergbana **II** *s* se *~ railway*
funk [fʌŋk] vard. **I** *s* **1** rädsla; *be in a [blue] ~* vara skraj (byxis), ha byxångest **2** fegis **3** mus. funk **II** *vb itr* vara skraj **III** *vb tr* **1** vara skraj för **2** smita ifrån; *~ it* smita, dra sig undan
funnel ['fʌnl] **I** *s* **1** tratt **2** skorsten på båt el. lok; rökfång **II** *vb tr* o. *vb itr* koncentrera[s]
funny ['fʌnɪ] *adj* **1** rolig; komisk; skämtsam; *~ business (stuff)* skämt, lustighet[er], skoj [*don't try any ~ business!*]; *the ~ farm* vard. hispan, dårhuset; *the ~ page* seriesidan, skämtsidan i tidning **2** konstig [*it's ~ he hasn't answered your letter*]; löjlig [*that ~ little shop*]; *I feel ~* jag känner mig [lite] konstig
funny-bone ['fʌnɪbəʊn] tjuvsena armbågsnerv; *hit one's ~* få en änkestöt
fur [fɜː] **I** *s* **1** päls[hår] på vissa djur; *make the ~ fly* ställa till bråk **2** skinn av vissa djur; ~ el. pl. *~s* päls, pälsverk ss. klädesplagg [*wear a ~ (~s)*]; pl. *~s* äv. pälsvaror, pälsverk koll.; *~ coat* päls herr o. dam **3** pälsartat överdrag m.m.: a) beläggning på tungan b) pannsten **II** *vb tr* **1** pälsfodra **2** belägga **III** *vb itr* bli belagd med grums o.d.
furious ['fjʊərɪəs, 'fjɔː-r-] rasande, ursinnig [*be ~ with* (på) *a p.; be ~ at* (över, för) *a th.*]; våldsam [*a ~ gale*], vild [*~ driving*]; *fast and ~* uppsluppen, bullersam, vild
furl [fɜːl] **I** *vb tr* rulla ihop; fälla ihop [*~ an umbrella*]; sjö. beslå [*~ a sail*] **II** *vb itr* rullas (fällas) ihop
furlong ['fɜːlɒŋ] 1/8 engelsk mil 201,17 m
furlough ['fɜːləʊ] **I** *s* mil. permission [*he is home on ~*] **II** *vb tr* mil. ge permission; hemförlova
furnace ['fɜːnɪs] **1** masugn äv. bildl. **2** värme[lednings]panna
furnish ['fɜːnɪʃ] **1** förse [*a p. with a th.*]; leverera, anskaffa; *~ed with* [försedd] med **2** bildl. lämna, ge bevis, exempel o.d. **3** inreda; *~ed apartments (rooms)* möblerade rum, möblerad våning
furniture ['fɜːnɪtʃə] (utan pl.) möbler; möblemang, bohag, inventarier; *a piece (an article) of ~* en möbel t.ex. soffa; *~ van* flyttbil
furore [fjʊ(ə)'rɔːrɪ, 'fjʊərɔː] vild hänförelse, begeistring [*create* (göra) *a ~*], sensation
furrier ['fʌrɪə] körsnär; päls[varu]handlare
furrow ['fʌrəʊ] **I** *s* **1** [plog]fåra **2** bildl. fåra äv. i ansiktet; ränna; spår **II** *vb tr* plöja; fåra; räffla
furry ['fɜːrɪ] **1** päls-; pälsbetäckt; pälsklädd **2** grumsig **3** belagd [*a ~ tongue*]
further ['fɜːðə] **I** (komp. av *far*) **1** bortre [*the ~ end of the room*], avlägsnare **2** vidare; *without ~ consideration* utan närmare övervägande **II** *adv* (komp. av *far*) **1** längre [*we can see ~ from here*], längre bort, mera avlägset; *~ on* längre fram; *it will (shall) go no ~* det stannar oss emellan **2** vidare, ytterligare; dessutom;

närmare; *inquire* (*go*) ~ *into the matter* närmare undersöka saken **III** *vb tr* [be]främja; hjälpa [fram]; befordra
furthermore [ˌfɜːðə'mɔː] vidare, dessutom
furthermost ['fɜːðəməʊst] avlägsnast, borterst
furthest ['fɜːðɪst] (superl. av *far*) **I** *adj* borterst, ytterst; *this is the ~ I can go* det (detta) är det längsta jag kan sträcka mig (gå) **II** *adv* längst [bort], vidast
furtive ['fɜːtɪv] förstulen [*a ~ glance*], [gjord] i smyg; lömsk
fury ['fjʊərɪ] **1** raseri [*in a ~*]; våldsamhet; raserianfall; *like ~* vard. vanvettigt, fruktansvärt; av bara katten (den), i rasande fart **2** bildl. furie [*she is a little ~*]; hämndeande, plågoande **3** *F~* mytol. furie
1 fuse [fjuːz] **I** *vb tr* o. *vb itr* **1** smälta; smälta samman äv. bildl.; gjuta[s] samman; slå samman t.ex. bolag; fusionera; bildl. förena[s] **2** slockna om elektr. ljus på grund av att en propp har gått; *the bulb* (*lamp*) *had ~d* proppen hade gått **II** *s* säkring, [säkerhets]propp [äv. *safety ~* el. *~ plug*; *a ~ has blown* (gått)]; *~ wire* smälttråd, smältsäkring; tänd[nings]kabel
2 fuse [fjuːz] **I** *s* tändrör; stubintråd; *time ~* mil. tidrör; *have a short ~* vard. ha kort stubin, tända lätt **II** *vb tr* förse krut o.d. med en lunta
fuselage ['fjuːzɪlɑːʒ, -lɪdʒ] [flyg]kropp
fusillade [ˌfjuːzɪ'leɪd] gevärseld, gevärssalva; beskjutning; *a ~* [*of questions*] en korseld...
fusion ['fjuːʒ(ə)n] **1** [samman]smältning; smält massa **2** sammanslagning av företag o.d.; fusion [*~ into one*] **3** kärnfys. fusion [*nuclear ~*]
fuss [fʌs] **I** *s* bråk, väsen; tjafs[ande]; fjäsk; *make a ~* göra (föra) väsen, ställa till bråk, bråka **II** *vb itr* göra mycket väsen, tjafsa; fjanta [omkring] [*she ~ed about in the kitchen*]; *~ over a th.* göra väsen (stor affär) av ngt **III** *vb tr* plåga, irritera
fussy ['fʌsɪ] **1** beskäftig, bråkig; tjafsig; fjäskig; petig; ivrig; nervös [*a ~ man, ~ manners*] **2** utstyrd [*~ clothes*]; sirlig [*~* [*hand*]*writing*]
fusty ['fʌstɪ] **1** unken [*~ bread*]; *the room smells ~* rummet luktar instängt **2** förlegad [*a ~* [*old*] *professor*]
futile ['fjuːtaɪl, amer. 'fjuːtl] **1** fåfäng, meningslös [*~ anger, a ~ effort, a ~ idea*], onyttig, gjord förgäves **2** innehållslös [*a ~ book*]
futility [fjʊ'tɪlətɪ] fåfänglighet; värdelöshet, futtighet; *the ~ of* äv. det fåfänga i
future ['fjuːtʃə] **I** *adj* framtida, [till]kommande; senare [*a ~ chapter*]; *his ~ life* hans framtid **II** *s* **1** framtid; *the immediate ~* [den] närmaste framtiden; *near ~* nära (överskådlig) framtid **2** gram., *the ~* futurum[et]
futuristic ['fjuːtjʊərɪstɪk] futuristisk
fuzz [fʌz] **I** *s* **1** fjun; stoft **2** sl., mest koll. *the ~* snuten **3** mus., *~ box* fuzzbox elektronisk anordning som används med gitarr **II** *vb tr*, *~* [*up*] göra oklar, röra ihop
fuzzy ['fʌzɪ] **1** fjunig **2** suddig **3** krusig [*~ hair*] **4** sl. lurvig berusad

G, g [dʒiː] (pl. *G's* el. *g's* [dʒiːz]) **1** G, g **2** mus., *G flat* gess; *G major* G-dur; *G minor* G-moll

1 G [dʒiː] (pl. *G's* el. *Gs* [dʒiːz]) amer. sl. lakan, långsjal 1000 dollar

2 G [dʒiː] (förk. för *general*) amer. barntillåten [film] [*a ~ movie*]

g. förk. för *gramme*[*s*], isht amer. *gram*[*s*]

gab [gæb] vard. **I** *s* prat, gafflande; *have the gift of the ~* vara slängd i käften; *stop your ~!* håll käften! **II** *vb itr* babbla

gabble ['gæbl] **I** *vb itr* **1** babbla, pladdra **2** om gäss o.d. snattra **II** *vb tr* rabbla **III** *s* **1** babbel, pladder **2** snatter

gaberdine [ˌgæbə'diːn, '---] textil. gabardin

gable ['geɪbl] triangulär gavel; [hus]gavel; *~ roof* sadeltak

gad [gæd] vard., *~ about* stryka (driva) omkring

gadabout ['gædəbaʊt] vard. dagdrivare

gadget ['gædʒɪt] vard. **1** apparat **2** tillbehör, finess

Gaelic ['geɪlɪk, 'gæl-] **I** *adj* gaelisk **II** *s* gaeliska [språket]

gaffe [gæf] vard. tabbe

gag [gæg] **I** *vb tr* **1** lägga munkavle på; bildl. äv. sätta munkorg på; täppa till [munnen på] **II** *vb itr* teat. el. film. komma med gags (komiska inslag), skämta **III** *s* **1** munkavle; bildl. äv. munkorg **2** teat. el. film. komiskt inslag, gag **3** sl. skämt

gaga ['gɑːgɑː] vard. **1** gaggig, senil; tokig **2** betuttad

gaiety ['geɪətɪ] **1** glädje, munterhet **2** festligt intryck (utseende) [*flags that gave a ~ to the scene*]

gaily ['geɪlɪ] glatt; lustigt

gain [geɪn] **I** *s* **1 a)** vinst i allm.; förvärv; vunnen förmån **b)** [snöd] vinning **2** pl. *~s* isht affärsvinst, inkomst[er] **3** ökning [*a ~ in weight*] **II** *vb tr* **1** vinna [*~ experience (time, a prize)*], [lyckas] skaffa sig [*~ permission*], få [*~ speed*], erhålla; förvärva; tillvinna sig [*~ confidence (sympathy)*]; *~ 2 kilos* öka (gå upp) 2 kilo **2** [för]tjäna [*~ one's living*] **3** vinna för sin sak (över till sin sida) [äv. *~ over*] **4** om klocka forta sig [*~ a minute a day*]

III *vb itr* **1** vinna; öka, gå upp [*~ in weight*]; tillta **2** *~* [*up*]*on* **a)** vinna (ta in) på [*~ on the other runners in a race*] **b)** öka försprånget framför, dra ifrån [*~ on one's pursuers*] **3** om klocka forta sig

gainful ['geɪnf(ʊ)l] vinstgivande, inkomstbringande [*~ trade*]; *~ employment* förvärvsarbete

gainsay [geɪn'seɪ] (*gainsaid gainsaid* [geɪn'sed el. -'seɪd]) litt. **1** bestrida, förneka **2** motsäga [*I dare not ~ him*]

gait [geɪt] gång [*limping ~*]

gala ['gɑːlə, 'geɪlə] **1** stor fest; gala; *swimming ~* simuppvisning **2** gala-, fest- [*~ performance*]; *in ~ dress* i galadräkt, i [full] gala

galaxy ['gæləksɪ] **1** astron. galax; *the G~* Vintergatan **2** bildl. lysande samling [*a ~ of famous people*]

1 gale [geɪl] **1** [hård] vind, storm; poet. mild vind **2** sjö. kuling 7-10 grader Beaufort; *~ warning* stormvarning **3** *~s of laughter* skrattsalvor

2 gale [geɪl] bot., [*sweet*] *~* pors

1 gall [gɔːl] bitterhet; galla

2 gall [gɔːl] **I** *vb tr* **1** skava [sönder], skrubba **2** bildl. plåga, irritera **II** *s* **1** skavsår, skrubbsår **2** bildl. oro

gallant ['gælənt] **1** tapper; i parl. stående epitet för militära ledamöter [*the honourable and ~ member*] **2** ståtlig, präktig [*a ~ ship (horse, show)*] **3** galant, artig

gallantry ['gæləntrɪ] **1** mod, hjältemod **2** artighet [mot damer], galanteri

gall bladder ['gɔːlˌblædə] anat. gallblåsa

galleria [ˌgælə'riːə] galleria inbyggt köpcentrum

gallery ['gælərɪ] **1** galleri, [konst]museum; *art ~* konstgalleri, konstsalong **2** läktare inomhus; teat. översta (tredje, ibl. fjärde) rad [*in* (på) *the ~*]; *the ~* äv. läktarna **3** läktarpublik i allm.; åskådare; *play to the ~* spela för gallerierna, fria till publiken **4** arkit. galleri i olika bet.; loftgång; balkong; upphöjd veranda; [smal] gång; pelargång **5** täckt bana [*shooting-gallery*] **6** *rogues' ~* förbrytaralbum, förbrytargalleri

galley ['gælɪ] **1** sjö. (hist.) galär **2** stor roddbåt; isht örlogsfartygs slup; lustbåt **3** sjö. kabyss, kök

Gallic ['gælɪk] gallisk; fransk

gallivant ['gælɪvænt, -vɑːnt] gå och driva (dra), flanera; *be ~ing about* äv. vara ute på vift

gallon ['gælən] gallon rymdmått för isht våta varor: **a)** britt., [*imperial*] *~* = 4,546 liter **b)** amer. = 3,785 liter

G – gallon

239

gallop ['gæləp] **I** *vb itr* galoppera; bildl. rasa, jaga [*~ through one's work* (*a book*)] **II** *s* **1** galopp; *ride at a* (*at full*) *~* rida i galopp (i full galopp) **2** ridtur i galopp [*let's go for a ~*]
gallows ['gæləʊz] (vanl. konstr. ss. sg.; pl.; *~*[*es*]) galge [*a ~ was set up*]; *send a p. to the ~* döma ngn till galgen; *~ humour* galghumor
gallstone ['gɔːlstəʊn] med. gallsten
galore [gə'lɔː] i massor; *whisky ~* äv. massor (mängder) av whisky
galosh [gə'lɒʃ] **1** galosch **2** amer. pampusch
galvanize ['gælvənaɪz] **1** galvanisera **2** bildl. egga, sporra [*~ a p. into doing a th.*]; väcka, uppliva
gambit ['gæmbɪt] **1** schack. spelöppning **2** bildl. utspel; inledning; knep; [*opening*] *~* spelöppning
gamble ['gæmbl] **I** *vb itr* spela hasard; spela [*~ on the Stock Exchange*], spekulera [*~ in shares*]; *~ on* vard. slå vad om, tippa [*~ on the result of a race*] **II** *vb tr* sätta på spel, satsa; *~ away* spela bort [*~ away all one's fortune*] **III** *s* [hasard]spel; bildl. hasard; lotteri [*marriage is a ~*], vågspel; chansning
gambler ['gæmblə] [hasard]spelare
gambling ['gæmblɪŋ] hasardspel; *~ machine* spelautomat
gambling-den ['gæmblɪŋden] spelhåla
gambling-house ['gæmblɪŋhaʊs] spelkasino
gambol ['gæmb(ə)l] **I** *s* **1** hopp, skutt **2** isht pl. *~s* upptåg, lustigheter **II** *vb itr* göra glädjesprång
1 game [geɪm] **I** *s* **1** spel; lek [*children's ~s*]; pl. *~s* äv. sport, idrott; *the Olympic Games* [de] olympiska spelen, olympiaden; *give the ~ away* vard. prata bredvid mun; *play a good ~* [*of tennis*] spela [tennis] bra; *two can play at that ~* bildl. den ene är inte sämre än den andre, det där kan jag också göra **2** a) match [*let's play another ~*] b) [spel]parti; *a ~ of chess* ett parti schack **3** vunnet spel; game i tennis; set i bordtennis o. badminton; *~ point* i tennis gameboll; i bordtennis setboll **4** a) förehavande, plan b) knep c) lek; gyckel; *so that's your little ~?* jaså, det är det du har i kikarn (håller på med)?; *it was only a ~* det var bara skämt (på skoj) **5** spel [*they sell toys and ~s*] **6** vard. bransch [*he is in the advertising ~*] **7** a) vilt b) byte; bildl. lovligt byte; mål; *big ~* storvilt **II** *adj*, *be ~ for* ha lust med, ställa upp på
2 game [geɪm] ofärdig [*a ~ arm* (*leg*)]

gamekeeper ['geɪmˌkiːpə] skogvaktare, jaktvårdare
gamely ['geɪmlɪ] modigt, beslutsamt
gamesmanship ['geɪmzmənʃɪp] vard. [konsten att vinna genom] psykning
gaming-table ['geɪmɪŋˌteɪbl] spelbord
gammon ['gæmən] **I** *s* saltad o. rökt skinka **II** *vb tr* salta och röka skinka
gamut ['gæmət] **1** mus. tonskala; [ton]omfång **2** bildl. skala, register; *the whole ~ of emotion* (*feeling*) hela känsloskalan (känsloregistret)
gander ['gændə] **1** gåskarl, gåshanne **2** sl. titt [*take a ~ at*]
gang [gæŋ] **I** *s* **1** [arbets]lag **2** liga, band; *a ~ of thieves* en tjuvliga **3** vard. gäng, sällskap [*don't get mixed up with that ~*] **II** *vb itr*, *~ up* slå sig ihop, samarbeta [*with* med]; gadda ihop sig (sig samman) [*on, against* mot]; *~ up on* äv. mobba
gangling ['gæŋglɪŋ] gänglig
gangplank ['gæŋplæŋk] landgång
gangrene ['gæŋgriːn] **I** *s* kallbrand; med. gangrän **II** *vb itr* angripas av kallbrand
gangster ['gæŋstə] gangster
gangway ['gæŋweɪ] **I** *s* **1** gång, passage isht mellan bänkrader **2** sjö. landgång; gångbord; fallrep; spång; *~ ladder* fallrepstrappa **II** *interj*, *~!* ge plats!
gantry ['gæntrɪ] **1** kranportal; traversbana; lastningsbrygga **2** järnv. signalbrygga; film. o.d. strålkastarbrygga
gaol [dʒeɪl] **I** *s* fängelse; häkte; jfr äv. *jail* **II** *vb tr* sätta i fängelse
gaoler ['dʒeɪlə] fångvaktare
gap [gæp] **1** öppning, gap; bräsch; blotta [*there is no ~ in our defences*]; klyfta i bergskedja **2** bildl. a) lucka [*a ~ in his knowledge* (*memory*)], brist; mellanrum, tomrum, hål; avbrott [*a ~ in the conversation*], hopp b) klyfta [*the generation ~*]
gape [geɪp] **1** gapa; om spricka o.d. öppna sig vitt **2** stå och gapa, glo
gaping ['geɪpɪŋ] gapande [*a ~ hole* (*wound*)]
garage ['gærɑːʒ, -rɑːdʒ, -rɪdʒ, isht amer. gə'rɑːʒ] **I** *s* garage; [bil]verkstad; *~ mechanic* bilmekaniker **II** *vb tr* ställa in (ha) i garage
garb [gɑːb] **1** dräkt [*clerical ~*]; *in the ~ of* [*a sailor*] äv. klädd som... **2** bildl. sken; mask; *in the ~ of* under sken (täckmantel) av
garbage ['gɑːbɪdʒ] **1** avskräde; amer. äv. sopor; *~ can* amer. soptunna; sophink; *~ chute* amer. sopnedkast; *~* [*removal*]

truck amer. sopbil **2** bildl. smörja **3** data. irrelevanta data, sopor
garble ['gɑ:bl] förvanska
garden ['gɑ:dn] **I** *s* **1** trädgård; [villa]tomt; *the G~ of Eden* Edens lustgård **2** vanl. pl. *~s* offentlig park med trädgårdsanläggningar [*Kensington Gardens*] **II** *adj* trädgårds- [*~ plants*] **III** *vb itr* arbeta i trädgården; driva (ägna sig åt) trädgårdsskötsel
garden centre ['gɑ:dn‚sentə] trädgårdscenter
garden city [‚gɑ:dn'sɪtɪ] trädgårdsstad
gardener ['gɑ:dnə] trädgårdsmästare; *landscape ~* trädgårdsarkitekt
gardenia [gɑ:'di:njə] bot. gardenia
gardening ['gɑ:dnɪŋ] **1** trädgårdsskötsel; trädgårdsarbete [*he is fond of ~*] **2** trädgårds- [*~ tools*]
gargle ['gɑ:gl] **I** *vb tr* gurgla [sig i] [*~ one's throat*] **II** *vb itr* gurgla sig **III** *s* **1** gurgelvatten **2** gurgling
gargoyle ['gɑ:gɔɪl] **1** arkit. vattenkastare ofta i form av grotesk figur **2** vard. fågelskrämma
garish ['geərɪʃ] **1** prålig [*~ dress*], grann **2** bländande; gräll [*~ colours*]
garland ['gɑ:lənd] **I** *s* **1** krans av blommor, blad o.d. **2** segerkrans [*carry* [*away*] (vinna) *the ~*] **II** *vb tr* pryda med krans[ar]; bilda en krans omkring
garlic ['gɑ:lɪk] vitlök; *~ salt* vitlökssalt
garment ['gɑ:mənt] **1** klädesplagg isht ytterplagg **2** pl. *~s* kläder
garner ['gɑ:nə] litt. **I** *s* spannmålsbod, spannmålsmagasin **II** *vb tr* magasinera; förvara; samla, bärga [*in*]
garnet ['gɑ:nɪt] **1** miner. granat **2** granatrött
garnish ['gɑ:nɪʃ] **I** *vb tr* kok. garnera [*fish ~ed with parsley*] **II** *s* kok. garnering
garret ['gærət, -rɪt] vindskupa
garrison ['gærɪsn] **I** *s* **1** garnison **2** garnisonsort **II** *vb tr* **1** förse med garnison [*~ a province*]; förlägga garnison i [*~ a fort*] **2** förlägga i garnison; *be ~ed* äv. ligga i garnison
garrulous ['gærʊləs, -rjʊl-] pratsam
garter ['gɑ:tə] **1** a) [knä]strumpeband runt benet b) amer. strumpeband; ärmhållare [äv. *arm* (*sleeve*) *~*]; *~ belt* amer. strumpebandshållare **2** [*the Order of*] *the G~* strumpebandsorden
gas [gæs] **I** *s* **1** gas i allm. **2** gas[bränsle], stadsgas **3** a) [gift]gas [*tear gas, nerve gas, poison gas*] b) lustgas [äv. *laughing-gas*] **4** vard. gaslåga **5** vard. snack; skrävel **6** a) amer. vard. (kortform för *gasoline*) bensin b) isht amer., *step on the ~* trampa på gasen, gasa på; bildl. sätta fart, skynda på **7** sl., *it's a real ~* det är dökul (jättehäftigt) **II** *vb itr* **1** vard. snacka; skrävla **2** *~ up* amer. tanka, fylla på bensin **III** *vb tr* **1** gasa, anfalla (bedöva, döda) med gas; gasförgifta; *~ oneself* gasa ihjäl sig **2** förse (lysa upp) med gas **3** *~ up* amer. tanka [*~ up the car*]
gasbag ['gæsbæg] vard. pratmakare
gas cooker ['gæs‚kʊkə] gasspis
gaseous ['gæsjəs, 'geɪz-] gasformig; *~ form* gasform
gas fire ['gæsfaɪə] gaskamin
gash [gæʃ] **I** *vb tr* skära (hugga) djupt i; *~ed* gapande **II** *s* [lång och] djup skåra
gasket ['gæskɪt] tekn. packning; [*cylinder head*] *~* topplockspackning
gas mask ['gæsmɑ:sk] gasmask
gas meter ['gæs‚mi:tə] gasmätare apparat
gasoline ['gæsəli:n, -lɪn, --'-] **1** kem. gasolin **2** amer. [motor]bensin; *~ truck* a) bensindriven lastbil b) tankbil
gasometer [gæ'sɒmɪtə] **1** gasklocka **2** kem. gasometer, gasbehållare
gasp [gɑ:sp] **I** *vb itr* dra efter andan, flämta; *make a p. ~* bildl. göra ngn fullkomligt stum, ta andan ur ngn; *~ for breath* kippa efter andan (luft) **II** *vb tr, ~* [*out*] flåsa (flämta) fram, yttra flämtande **III** *s* flämtning; *at one's* (*the*) *last ~* nära att ge upp andan, döende; utpumpad
gas station ['gæs‚steɪʃ(ə)n] amer. bensinstation
gassy ['gæsɪ] full av gas; gas-; *~ beer* öl med mycket kolsyra
gastric ['gæstrɪk] mag- [*~ disease* (*pains*)]; *~ juice* magsaft; *~ ulcer* magsår
gastritis [gæ'straɪtɪs] magkatarr; med. gastrit [*acute* (*chronic*) *~*]
gastroenteritis [‚gæstrəʊ(ʊ)ente'raɪtɪs] med. gastroenterit, mag-tarminflammation
gastronomy [gæ'strɒnəmɪ] gastronomi
gasworks ['gæswɜ:ks] (konstr. vanl. ss. sg.; pl. *gasworks*) gasverk
gate [geɪt] **1** port äv. skidsport.; grind; järnv. äv. bom; järnv. el. vid flygplats spärr **2** bildl. inkörsport **3** [damm]lucka; [sluss]port **4** sport. a) publiksiffra [*TV has affected ~s*], publiktillströmning [*a big ~*] b) biljettintäkter
gateau o. **gâteau** ['gætəʊ, gæ'təʊ] (pl. *~x* [-z]) fr. kok. tårta
gatecrash ['geɪtkræʃ] vard., *~* [*into*] objuden ta sig in i [*~* [*into*] *a party*]; planka (smita) in på [*~ into a football match*]; tränga sig in på [*~ into the American market*]

gatecrasher ['geɪtˌkræʃə] vard. objuden gäst, snyltgäst, inkräktare; plankare
gateway ['geɪtweɪ] **1** port[gång]; ingång, utgång, utgångsport **2** bildl. [inkörs]port; väg, nyckel [*a ~ to fame (knowledge)*]
gather ['gæðə] **I** *vb tr* **1** [för]samla [*~ a crowd*] **2** a) samla [ihop] [*~ sticks for a fire*] b) plocka [*~ flowers (mushrooms)*] c) samla (hämta) in [äv. *~ in*] d) ta upp [*~ the ball*]; *~ a shawl about one's shoulders* svepa en sjal om axlarna **3** a) få, vinna [*~ experience*] b) skaffa sig [*~ information*] c) förvärva; *~ speed* få (sätta) fart **4** sluta sig till; *I ~ he has left* han har visst rest, det sägs att han har rest **5** a) dra ihop, rynka [*~ one's brows*] b) sömnad. rynka **6** *~ up* a) ta (lyfta) upp från marken o.d. b) samla ihop [*~ up one's books*], samla upp c) dra ihop till mindre omfång **II** *vb itr* **1** [för]samlas **2** samla (dra ihop) sig [*the clouds are ~ing*]; [till]växa; *a storm is ~ing* det drar ihop sig till oväder
gathering ['gæð(ə)rɪŋ] **I** *s* **1** samling [*we were a great ~*] **2** sammankomst **3** varsamling, böld **4** [för]samlande, plockning, skörd[ande] etc., jfr *gather I* **II** *adj* annalkande [*~ storm*]
GATT [gæt] (förk. för *General Agreement on Tariffs and Trade*) GATT
gauche [gəʊʃ] klumpig; ofin
gaudy ['gɔːdɪ] [färg]grann, prålig [*~ decorations*], skrikig [*~ colours*]
gauge [geɪdʒ] **I** *vb tr* **1** a) mäta rymd, kaliber, storlek b) justera mått o. vikter; kalibrera c) gradera **2** bildl. bedöma [*~ a p.'s character*], mäta, uppskatta **II** *s* **1** [standard]mått; dimension[er], kaliber; tråds o.d. grovlek; *take the ~ of* bedöma, ta mått på **2** spårvidd **3** tekn. mätare [*oil (petrol) ~, wind ~*], mätinstrument; precisionsmått; tolk; *pressure ~* manometer, tryckmätare **4** bildl. mätare [*~ of* (på) *intellect*], måttstock
gaunt [gɔːnt] mager, tanig
1 gauntlet ['gɔːntlət] **1** kraghandske **2** järnhandske; *pick (take) up the ~* ta upp stridshandsken (den kastade handsken)
2 gauntlet ['gɔːntlət], *run the ~* löpa gatlopp
gauze [gɔːz] **1** gas[väv]; *~ bandage (roller)* gasbinda **2** lätt [dim]slöja
gave [geɪv] imperf. av *give A*
gavel ['gævl] ordförandeklubba
gawky ['gɔːkɪ] tafatt
gawp [gɔːp] vard. [stå och] glo
gay [geɪ] (adv. *gaily*, isht. amer. *gayly*) **I** *adj* **1** sl. gay, homosexuell; bög- **2** glad [*~ voices (laughter)*]; lustig **3** sprittande [*~ music*], grann **II** *s* sl. bög
gaze [geɪz] **I** *vb itr* stirra, blicka (se, titta) intensivt (oavvänt), spana [*~ at the stars*] **II** *s* intensivt (oavvänt) betraktande (tittande); blick [*with a bewildered ~*], spänd blick
gazelle [gəˈzel] zool. gasell
gazette [gəˈzet] **I** *s* officiell tidning [*the London G~*]; *be in the ~* stå i [den officiella] tidningen ss. befordrad, i konkurs o.d. **II** *vb tr* kungöra i den officiella tidningen
gazetteer [ˌgæzɪˈtɪə] geografiskt namnregister till kartbok; geografisk uppslagsbok
GB [ˌdʒiːˈbiː] förk. för *Great Britain*
GCE [ˌdʒiːsiːˈiː] förk. för *General Certificate of Education*
GCSE [ˌdʒiːsiːesˈiː] förk. för *General Certificate of Secondary Education*
GDP [ˌdʒiːdiːˈpiː] (förk. för *gross domestic product*) BNP
GDR [ˌdʒiːdiːˈɑː] (förk. för *German Democratic Republic*) DDR (hist.)
gear [gɪə] **I** *s* **1** redskap, utrustning, grejor [*fishing-gear*], apparat **2** a) kugghjul, drev; sammankopplade drivhjul; *train of ~s* hjulverk; löpverk b) mekanism, inrättning [*steering-gear*]; flyg. ställ [*landing-gear*] **3** kopplingsmekanism, utväxling; motor. växel; *change (*isht amer. *shift) ~*[*s*] växla; *high (low) ~* stor (liten) utväxling; hög (låg) växel; *reverse ~* back[växel]; *put a car in third ~* lägga i trean (treans växel) [på en bil]; *move into low ~* sakta av, varva ner **4** sjö. löpande gods, tackel **5** seldon; *riding ~* ridtyg **6** persedlar, tillhörigheter **II** *vb tr* **1** *~ down* växla ner [*~ down the car*] **2** *~ to* rätta (lämpa, anpassa) efter [*~ production to the demand*]; *be ~ed to* äv. vara inriktad på
gearbox ['gɪəbɒks] o. **gearcase** ['gɪəkeɪs] motor. växellåda
gearlever ['gɪəˌliːvə] växelspak
gee [dʒiː] isht amer., *~* [*whizz*]*!* jösses!, nej men!, oj [då]! [*~ what a surprise!*]
geese [giːs] pl. av *goose*
gel [dʒel] **I** *s* **1** kem. gel **2** [*hair*] *~* hårgelé **II** *vb itr* **1** bilda gel, gelatisera; stelna **2** vard. lyckas [*that new idea ~led*]
gelignite ['dʒelɪgnaɪt] spränggelatin
gem [dʒem] **1** ädelsten ofta mindre o. isht slipad o. polerad; juvel **2** bildl. a) klenod b) litet konstverk

Gemini ['dʒemɪnaɪ, -ni:] astrol. Tvillingarna
gen [dʒen] sl., *the ~ info*[n], upplysningar[na] [*they'll give you all the ~ about it*], nyheter[na]; *what's the ~?* vad nytt?, hur är läget?
gender ['dʒendə] kön isht gram., genus; *~ gap* könsklyfta, klyfta mellan könen
gene [dʒi:n] biol. gen, arvsanlag; *~ manipulation* genmanipulation
genealogical [,dʒi:njə'lɒdʒɪk(ə)l] genealogisk; *~ table* stamtavla, släkttavla
genealogy [,dʒi:nɪ'ælədʒɪ] **1** genealogi **2** härstamning; släktledning; stamtavla
general ['dʒen(ə)r(ə)l] **I** *adj* **1** allmän; generell; vanlig, genomgående [*it's a ~ mistake*]; ungefärlig [*I can only give you a ~ idea of it*]; helhets-, total- [*the ~ impression of it is good*]; *in ~* i allmänhet, på det hela taget, för det mesta; *~ anaesthetic* allmän bedövning (anestesi), narkos; *~ degree* lägre akademisk examen utan specialisering (mots. *honours*); *a ~ election* allmänna val; *~ practitioner* allmänpraktiker, allmänpraktiserande läkare; *the ~ public* den stora allmänheten; *~ store* lanthandel, diverseaffär; *in ~ terms* i allmänna (allmänt hållna) ordalag **2** general- [*~ programme*]; *the UN G~ Assembly* FN:s generalförsamling; *~ strike* storstrejk, generalstrejk; allmän strejk **3** i titlar efterställt huvudordet general- [*consul-general, major-general*], över- [*inspector-general*] **4** mil. general[s]- [*~ rank*]; *~ officer commanding* kommenderande general **II** *s* **1** mil. general **2** härförare
generalization [,dʒen(ə)rəlaɪ'zeɪʃ(ə)n] generalisering; allmän slutsats; allmän sats
generalize ['dʒen(ə)rəlaɪz] generalisera
generally ['dʒen(ə)rəlɪ] **1** i allmänhet, vanligen **2** allmänt [*the new plan was ~ welcomed*] **3** i allmänhet; *~ speaking* i stort sett
generat|e ['dʒenəreɪt] alstra, frambringa, framställa, utveckla, generera [*~ electricity (gas, heat, power)*], framkalla; *-ing station* kraftstation
generation [,dʒenə'reɪʃ(ə)n] **1** alstring, skapande; åstadkommande; framställning [*~ of electricity (gas)*] **2** generation i olika bet.; släktled; mansålder [*a ~ ago*]; *the rising ~* det uppväxande släktet
generator ['dʒenəreɪtə] tekn. generator
generic [dʒɪ'nerɪk, dʒe'n-] generisk äv. med.; släkt- [*~ characters (name)*]; allmän; *~ term for* sammanfattande benämning på, samlingsnamn för
generosity [,dʒenə'rɒsətɪ] **1** storsinthet **2** generositet, givmildhet
generous ['dʒen(ə)rəs] **1** storsint **2** generös, frikostig; *be ~ with one's money* vara flott [av sig], vara spendersam **3** riklig, stor [*a ~ helping (portion)*]; rik [*a ~ harvest*]; [*it is*] *planned on a ~ scale* ...stort upplagd **4** fyllig [*a ~ wine*] **5** bördig [*~ soil*]
genesis ['dʒenəsɪs] **1** uppkomst [*the ~ of the movement (idea)*] **2** *G~* Första mosebok
genetic [dʒə'netɪk] genetisk [*~ code, ~ damage*]; ärftlighets- [*~ research*]; *~ engineering* genteknik
genetics [dʒə'netɪks] (konstr. ss. sg.) genetik, ärftlighetslära
Geneva [dʒə'ni:və] geogr. Genève
genial ['dʒi:njəl] **1** [glad och] vänlig, gemytlig **2** mild, gynnsam [*a ~ climate*], behaglig [*~ heat*], skön [*~ sunshine*] **3** litt. genialisk [*~ vision*]
genital ['dʒenɪtl] genital-, köns- [*~ parts*]
genitals ['dʒenɪtlz] genitalier, könsdelar
genitive ['dʒenətɪv] gram. genitiv[-]; *the ~* [*case*] genitiv[en]
genius ['dʒi:njəs] (pl. i bet. *1 ~es*, i bet. *3* o. *4 genii* ['dʒi:nɪaɪ]) **1** a) geni [*he is a mathematical ~*] b) [speciell] begåvning, [naturlig] fallenhet [*find out in which way one's children's ~ lies*]; genialitet; *a flash of ~* en snilleblixt **2** anda [*the ~ of* (som präglade) *that age*], kynne [*the French ~*] **3** genius; *his good ~* hans goda ande (genius) **4** ande, genie
genocide ['dʒenə(ʊ)saɪd] folkmord
gent [dʒent] (förk. för *gentleman*) **1** vard. herre; skämts. fin karl, gentleman **2** hand., *~s'* herr- [*~s' pyjamas*] **3** vard., *gents* (konstr. ss. sg.) herrtoalett; på skylt äv. herrar
genteel [dʒen'ti:l] iron. fin [*~ manners (persons)*]
gentile ['dʒentaɪl] **I** *adj* icke-judisk; bibl. hednisk **II** *s* icke-jude; bibl. hedning
gentle ['dʒentl] **1** mild [*~ manner*], mjuk, ljuv, vänlig [*her ~ nature* (väsen)], saktmodig; vek [*a ~ heart*]; stilla, låg [*~ music (tone, voice)*], diskret [*a ~ hint*], lätt [*a ~ tap (touch)*], varsam; behaglig, lagom [*~ heat (speed)*]; sakta [sluttande] [*a ~ slope*], sakta framflytande [*a ~ stream*] **2** om pers. mild, blid [*a ~ lady*]; *the ~ sex* det svaga könet

gentlefolk ['dʒentlfəʊk] (konstr. ss. pl.) herrskap, fint folk [äv. ~s]

gentleman ['dʒentlmən] (pl. *gentlemen* ['dʒentlmən]) **1** herre [*there is a ~ waiting for you*]; *gentlemen!* mina herrar! **2** gentleman [*a fine old ~*]; *a true ~* en sann gentleman, en verkligt fin man; *gentlemen's agreement* muntlig överenskommelse som baserar sig på ömsesidigt förtroende

gentleness ['dʒentlnəs] mildhet; mjukhet etc., jfr *gentle*

gently ['dʒentlɪ] **1** sakta, stilla [*close the door ~*], varsamt [*hold it ~*], svagt [*the road slopes ~*]; *~ [does it]!* sakta i backarna! **2** milt, vänligt [*speak ~, reprimand a p. ~*], mjukt etc., jfr *gentle*

gentry ['dʒentrɪ] **1** *the ~* (konstr. vanl. ss. pl.) a) lågadeln b) den högre medelklassen **2** (konstr. ss. pl.) vard. (skämts. el. neds.) människor, individer [*these ~*], folk

genuine ['dʒenjʊɪn] äkta [*~ pearls (Persian carpets)*]; autentisk [*a ~ manuscript*]; sann, riktig [*a ~ cause for satisfaction*]

geographer [dʒɪ'ɒgrəfə] geograf

geographical [dʒɪə'græfɪk(ə)l] geografisk; *~ mile* nautisk mil, distansminut

geography [dʒɪ'ɒgrəfɪ] geografi

geological [dʒɪə'lɒdʒɪk(ə)l] geologisk

geologist [dʒɪ'ɒlədʒɪst] geolog

geology [dʒɪ'ɒlədʒɪ] geologi

geometric [dʒɪə'metrɪk] o. **geometrical** [dʒɪə'metrɪk(ə)l] geometrisk; *~ progression* geometrisk talföljd

geometry [dʒɪ'ɒmətrɪ] geometri

geranium [dʒə'reɪnjəm] bot. **1** pelargon[ia] **2** geranium

geriatric [ˌdʒerɪ'ætrɪk] **I** *adj* geriatrisk [*~ hospitals*]; *~ care* åldringsvård **II** *s* **1** åldring **2** vard. gamling

geriatrics [ˌdʒerɪ'ætrɪks] (konstr. ss. sg.) o. **geriatry** ['dʒerɪətrɪ] med. geriatri

germ [dʒɜːm] **1** embryo **2** bakterie; mikrob isht sjukdomsalstrande; *~ warfare* bakteriologisk krigföring **3** bildl. frö, upprinnelse

German ['dʒɜːmən] **I** *adj* tysk; *the ~ Democratic Republic* hist. DDR **II** *s* **1** tysk; tyska **2** tyska [språket]

Germanic [dʒɜː'mænɪk] **I** *adj* germansk **II** *s* urgermanska [språket]

Germany ['dʒɜːm(ə)nɪ] Tyskland

germicide ['dʒɜːmɪsaɪd] bakteriedödande (mikrobdödande) medel (ämne)

germinate ['dʒɜːmɪneɪt] **I** *vb itr* gro, spira [upp]; skjuta knopp; bildl. spira **II** *vb tr* få att gro (spira [upp]); bildl. framkalla

germination [ˌdʒɜːmɪ'neɪʃ(ə)n] groning, uppspirande; knoppning

gestation [dʒe'steɪʃ(ə)n] havandeskap; dräktighet; fosterstadium; bildl. ung. tankemöda

gesticulate [dʒe'stɪkjʊleɪt] gestikulera

gesture ['dʒestʃə] **I** *s* **1** gest, [hand]rörelse [*he uses lots of ~s*]; *a ~ of refusal* en avböjande gest **2** bildl. gest [*it is merely a ~*] **II** *vb tr* o. *vb tr* göra ett tecken (en gest) [åt], visa med en gest

get [get] (*got got*, perf. p. amer. ofta äv. *gotten*) **I** *vb tr* (se äv. *III*) **1** få [*~ permission*]; *I've got it from him* a) jag har fått den (det) av honom b) jag har hört det av honom **2** [lyckas] få, skaffa sig [*~ a job*]; inhämta [*~ information*] **3** få [*~ the measles; ~ a shock*]; *he'll ~ it!* vard. han ska få [så han tiger]! **4** fånga, få **5** fånga, få fram [*the painter got her expression well*] **6** få tag i, nå [*I got him on the phone*] **7** radio. el. TV. få (ta) in [*can you ~ France?*] **8** vard. fast [*they got the murderer*], knäppa skjuta **9** vard. uppfatta [*I didn't ~ your name*]; märka; fatta [*do you ~ what I mean?*] **10** vard. a) sätta fast (dit); *you've got me there!* äv. nu är jag ställd!; *got you!* nu har jag dig [allt]! b) ta [*narcotics will ~ him*] **11** vard. a) *it ~s me* [*how the can be so stupid*] jag fattar inte... b) reta [*his arrogance ~s me*]; *don't let it ~ you* ta det inte så hårt, var inte ledsen för det c) tända, påverka; *that got them* det tände dom på **12** a) *have got* ha b) *have got to* vara (bli) tvungen att; *I've got to* jag måste gå **13** skaffa [*~ a p. a job*], ordna [med] [*~ tickets for* (åt) *a p.*], hämta **14** a) komma med [*did you ~ the bus?*] b) *that won't ~ us anywhere* det kommer vi ingen vart med **15** a) göra [*~ a p. angry*]; *one's feet wet* bli våt om fötterna b) *~ a th. done* se till att ngt blir gjort; få ngt gjort, låta göra ngt c) *~ a p.* (*a th.*) *going* få (sätta) i gång ngn (ngt) **16** *~ a p.* (*a th.*) *to* få (förmå) ngn (ngt) att

II *vb itr* (se äv. *III*) **1** komma [*I got home early*]; *~ there* komma (ta sig) dit; *he's not ~ting anywhere* han kommer ingen vart **2** a) *~ to* + inf. [småningom] komma att + inf., lära sig att + inf. [*I got to like him*]; *~ to be* [komma att] bli [*they got to be friends*] b) *~* + pres. p. börja + inf. [*~ talking*] **3** bli [*~ better* (*dirty*)]; *~ married* gifta sig

III *vb tr* o. *vb itr* med prep. o. adv. isht med spec. övers.:

~ about: a) ta itu med [*let's ~ about the*

job] **b)** resa omkring; vara uppe och ute om sjukling **c)** komma ut om rykte
~ across bildl., vard. gå in [*their ideas never got across to* (hos) *others*]
~ along: a) klara (reda) sig [*we can't ~ along without money*] **b)** komma vidare (framåt, längre) **c)** *I must be ~ting along* jag måste ge mig i väg; *~ along with you!* vard. ge dig i väg!; snack! **d)** se *~ on* **e)** *~ at*: **a)** komma åt, nå [*I can't ~ at it*]; komma över; få tag i **b)** komma på **c)** syfta på; *what are you ~ting at?* vart är det du vill komma? **d)** vard. hacka på [*he was ~ting at me*]
~ away: a) komma i väg; sport. starta **b)** komma undan, rymma; *there is no ~ting away from the fact that...* man kan inte komma ifrån att...
~ back: a) få igen (tillbaka) [*~ one's money back*]; skaffa igen (tillbaka) [*I'll ~ it back*] **b)** komma (gå) tillbaka **c)** *~ one's own back on a p.* ta revansch på ngn
~ behind komma (bli) efter
~ by: a) komma (ta sig) förbi **b)** klara sig [*she can't ~ by without him*]; passera, duga
~ down: a) få ned [*he couldn't ~ the medicine down*] **b)** anteckna, skriva (ta) ned **c)** göra nedstämd [*worries ~ you down*]; *don't let it ~ you down* ta inte vid dig så hårt för det **d)** gå (komma, stiga) ned (av); *~ down on one's knees* falla på knä **e)** *~ down to* ta itu med
~ in: a) få (ta) in i olika bet.: få under tak [*~ in the harvest*]; sätta in [*~ in a blow*]; *~ a word in* [*edgeways*] få en syl i vädret **b)** *~ a p. in* [*to repair the TV*] få hem (skicka efter) ngn... **c)** komma in, ta sig in [*I got in through the window*] **d)** komma in, bli vald [*he got in by a large majority*] **e)** *~ in with* komma ihop med, bli vän med
~ into: a) stiga (komma) in i (upp på) [*~ into a bus*] **b)** komma i, få på sig [*~ into one's clothes*] **c)** råka (komma) i [*~ into danger* (*difficulties*)], komma in i, få [*~ into bad habits*] **d)** *~ a p. into* få (skaffa) in ngn i [*~ a p. into a firm*] **e)** komma (sätta sig) in i [*you'll soon ~ into the job*] **f)** sätta sig i [*the pain ~s into the joints*]; *what has got into him?* vad har det flugit i honom?
~ off: a) få (ta) av (upp, loss) [*I can't ~ the lid off*] **b)** få i väg [*~ the children off to school*] **c)** få frikänd; gå fri; slippa (klara sig) undan [*he got off lightly* (lindrigt)] **d)** lämna [*they got off the subject*] **e)** ge sig av, komma i väg; *~ off to bed* gå och lägga sig; *~ off to sleep* somna in **f)** gå (stiga) av [*he got off* [*the train*]]; gå bort (ner) från [*~ off the chair*]; *~ off it!* vard. äh, lägg av!; försök inte! **g)** *~ off* [*work*] bli ledig [från arbetet] **h)** *~ off with* vard. stöta på, få ihop det med
~ on: a) få (sätta) på [*I can't ~ the lid on*], ta (få, sätta) på sig [*I got my coat on*] **b)** öka fart **c)** gå (stiga) på [*he got on* [*the train*]]; sätta sig [upp] på; *~ on one's feet* **a)** stiga (komma) upp; resa sig för att tala **b)** bildl. komma på fötter **d)** gå vidare; lyckas; trivas; *how is he ~ting on?* hur har han det?, hur står det till med honom?; hur går det för honom? **e)** dra jämnt, komma [bra] överens; *he is easy to ~ on with* han är lätt att umgås med **f)** *be ~ting on* [*in years* (*life*)] [börja] bli gammal; *time is ~ting on* tiden går **g)** *be ~ting on for* närma sig, gå mot [*he is ~ting on for 70*] **h)** *~ on to* komma upp på (med) [*he couldn't ~ on to the bus*]; få tag i i telefon, [få] tala med
~ out: a) få fram [*he got out a few words*], ta (hämta) fram [*he got out a bottle of wine*]; få (ta) ut (ur); *~ a th out of a p.* (locka) ur (av) ngn ngt **b)** ge ut [*they got out an anthology*] **c)** gå (komma, stiga, ta sig) ut, komma upp; gå (stiga) av (ur); komma (sippra) ut [*the secret got out*]; *~ out of* äv. komma ifrån (ur) [*~ out of a habit*]
~ over: a) komma (ta sig) över; bildl. komma över i olika bet.: övervinna [*~ over one's shyness*], hämta sig från [*~ over an illness*], glömma **b)** *~ a th. over with* få ngt undanstökat (avklarat)
~ round: a) kringgå [*~ round a law*]; komma ifrån [*you can't ~ round the fact that...*] **b)** lyckas övertala; *she knows how to ~ round him* hon vet hur hon ska ta honom **c)** *~ round to* få tillfälle till, få tid med
~ through: a) få (driva) igenom [i] [*~ a bill through Parliament*] **b)** gå igenom; *he got through* [*his examination*] han klarade sig [i examen]; *the bill got through* lagförslaget gick igenom **c)** komma (klara sig) igenom; bli färdig med **d)** komma fram äv. i telefon **e)** göra slut på [*he got through all his money*]
~ to: a) komma [fram] till; *~ to bed* komma i säng **b)** sätta (komma) i gång med [*~* [*down*] *to work*] **c)** *where has it got to?* vard. vart har det tagit vägen?
~ together: a) få ihop [*~ a team together*], samla (plocka) ihop [*~ your things*

together]; skaffa ihop **b)** träffas [*let's ~ together sometime*]
~ up: a) få upp; få att stiga upp (resa sig); lyfta upp **b)** gå (stiga) upp [*~ up early in the morning*]; resa sig, ställa sig upp **c)** [an]ordna [*~ up a party*] **d)** styra ut [*the book was beautifully got up*]; klä ut **e)** få [*~ up an appetite*], få upp [*~ up steam*] **f)** lära (läsa, plugga) in **g)** **~ up to** komma till; komma (hinna) ifatt; hitta på, ställa till [med] [*~ up to mischief*] **~ with it** sl. hänga med i svängen
getaway ['getəweɪ] **1** start **2** rymning; *make a ~* rymma, fly, smita
get-together ['getəgeðə] vard. träff
get-up ['getʌp] vard. **1** utstyrsel [*the book has an elaborate ~*] **2** klädsel; utstyrsel, rigg
geyser [i bet. *1* 'giːzə, amer. 'gaɪ-] **1** gejser, varm springkälla **2** varmvattenberedare
ghastly ['gɑːstlɪ] **I** *adj* **1** hemsk, ohygglig **2** vard. gräslig [*a ~ dinner (failure)*] **3** spöklik [*~ paleness*], likblek [*a ~ face*], spökaktig [*a ~ light*] **II** *adv* hemskt; *~ pale* likblek
gherkin ['gɜːkɪn] liten [inläggnings]gurka
ghetto ['getəʊ] (pl. ~s) getto
ghost [gəʊst] **I** s **1** spöke; döds ande, gast; gengångare; *lay a ~* besvärja (fördriva) en ande; *raise a ~* frambesvärja (mana fram) en ande **2** *give up the ~* **a)** ge upp andan **b)** ge upp, lägga av [för gott] **3** *the Holy G~* den Helige Ande **4** skugga [*he is the ~ of his former self* (jag)]; vard. aning, spår, tillstymmelse; skymt [*the ~ of a smile*] **5** vard., se *ghostwriter* **6** TV., *~* [*image*] spökbild **II** *vb itr* o. *vb tr* vara spökskrivare [åt, av]
ghostly ['gəʊstlɪ] spöklik [*a ~ figure*], spök- [*~ hour*]
ghostwriter ['gəʊstˌraɪtə] spökskrivare
ghoul [guːl] **1** likplundrare, gravskändare **2** bildl. person med pervers dragning åt det makabra
ghoulish ['guːlɪʃ] **1** demonisk, hemsk, djävulsk **2** makaber [*~ humour*]
GHQ [ˌdʒiːeɪtʃˈkjuː] förk. för *General Headquarters*
GI [ˌdʒiːˈaɪ, attr. '--] amer. mil. vard. (av *Government Issue*) menig [soldat], värnpliktig
giant ['dʒaɪənt] **I** s jätte; gigant **II** *adj* jätte- [*~ cactus; ~ panda*], jättelik, jättestor
gibber ['dʒɪbə] **I** *vb itr* pladdra; sluddra **II** s pladder; sludder
gibberish ['dʒɪbərɪʃ, 'gɪb-] pladdrande; rotvälska
gibe [dʒaɪb] **I** *vb itr, ~ at* håna, pika, ge gliringar [*~ at a p.*], göra sig lustig över [*~ at a p.'s mistakes*] **II** *vb tr* se *~ at* ovan **III** s gliring, stickord
giblets ['dʒɪbləts] kok. [fågel]krås
giddiness ['gɪdɪnəs] yrsel [*a fit of ~*]
giddy ['gɪdɪ] **1** yr [i huvudet] [*be (turn) ~*]; *I feel ~* [*when I look down*] jag blir yr i huvudet..., jag får svindel... **2** svindlande [*~ height (precipice)*], virvlande [*~ motion*] **3** bildl. tanklös
gift [gɪft] **I** s **1** gåva; givande; gåvorätt; *~ token (voucher)* ung. presentkort **2** talang, begåvning; *she has a ~ for languages* hon har lätt för språk, hon är språkbegåvad **II** *vb tr* begåva
gifted ['gɪftɪd] begåvad, talangfull
gigabyte ['gɪgəbaɪt, 'dʒɪg-] data. gigabyte
gigantic [dʒaɪˈgæntɪk] gigantisk; väldig
giggle ['gɪgl] **I** *vb itr* fnissa **II** s fniss
gigolo ['dʒɪgələʊ, 'ʒɪg-] (pl. ~s) gigolo
gild [gɪld] förgylla; guldfärga; bildl. förgylla [upp] [äv. *~ over*], ge glans åt
1 gill [gɪl] **1** gäl **2** *white (pale) about the ~s* vard. blek om nosen **3** bot. skiva under svamps hatt
2 gill [dʒɪl] mått för våta varor, vanl. 1/4 *pint* 1,42 dl (amer. 1,18 dl)
gilt [gɪlt] **I** *adj* förgylld **II** s förgyllning själva metallen
gimlet ['gɪmlət] **1** tekn. handborr, vrickborr, spetsborr, navare **2** drink gin el. vodka o. limejuice
gimmick ['gɪmɪk] vard. **1** [lustig] grej; gimmick, jippo [*a ~ to attract customers*] **2** manick, grunka
1 gin [dʒɪn] **1** gin [*~ and tonic*]; genever; enbärsbrännvin; *pink ~* gin smaksatt med angostura **2** *~* [*rummy*] gin rummy kortspel
2 gin [dʒɪn] **I** s **1** snara, dona **2** tekn. [bomulls]rensningsmaskin **II** *vb tr* **1** snara, snärja **2** rensa [*~ cotton*]
ginger ['dʒɪn(d)ʒə] **I** s **1** ingefära **2** vard. ruter, kläm; *~ group* mest polit. aktivistgrupp **3** ljust rödgul färg **4** vard. person med rödblont hår **II** *vb tr* **1** krydda med ingefära **2** *~* [*up*] bildl. vard. elda upp; pigga upp **III** *adj* vard. rödgul [*~ hair*]
gingerbread ['dʒɪn(d)ʒəbred] pepparkaka; *take the gilt off the ~* bildl. ta bort det roliga (kryddan, glansen) från det hela; *~ man* pepparkaksgubbe
gingerly ['dʒɪn(d)ʒəlɪ] [ytterst] försiktigt; ängsligt
gingham ['gɪŋəm] gingham bomullstyg
ginseng ['dʒɪnseŋ] bot. el. med. ginseng[rot]
gipsy ['dʒɪpsɪ] se *gypsy*
giraffe [dʒɪˈrɑːf, -ˈræf] zool. giraff

girder ['gɜ:də] byggn. bärbjälke ofta av järn; bindbjälke

girdle ['gɜ:dl] **I** s **1** gördel äv. anat., höfthållare **2** bälte äv. bildl. *[a ~ of green fields round the town]*; skärp **II** vb tr **1** omgjorda, omge **2** ringbarka *[~ trees]*

girl [gɜ:l] **1** flicka äv. flickvän *[Mary is his ~]*; *girls' school* flickskola **2** tjänsteflicka **3** *~ scout* amer. flickscout

girlfriend ['gɜ:lfrend] flickvän

girlhood ['gɜ:lhʊd] **1** flicktid; *in her ~* [redan] som flicka **2** flickor *[the nation's ~]*

girlish ['gɜ:lɪʃ] flick-; flickaktig

giro ['dʒaɪrəʊ] (pl. ~s) [post]giro; [bank]giro; *by ~* per giro; *~ account* girokonto

girth [gɜ:θ] omfång; omkrets *[a tree 10 metres in ~]*

gist [dʒɪst] kärnpunkt, kärna *[the ~ of the matter]*; *the ~ of* äv. kontentan av, det väsentliga i

give [gɪv] **A** *(gave given)* vb **I** tr (se äv. *III*) **1 a)** ge, skänka; förläna; bevilja; avge *[~ one's vote* (röst)*]*; *be ~n* få [i present] **b)** ge frist; *I'll ~ you until tonight* jag ger dig frist till i kväll **c)** *~ me...[any day (every time)]!* tacka vet jag...!; *~ or take* vard. på ett ungefär **2** ge mot ersättning, betala; *~ as good as one gets* ge [lika gott] igen; *I'll ~ it [to] him!* jag ska ge honom!, han ska minsann få! **3** ge, räcka, överlämna; erbjuda; framföra hälsning; *~ my compliments (love) to* hälsa så mycket till, [hjärtliga] hälsningar till; *~ way:* a) retirera b) ge vika *[the ice (rope) gave way]*, svikta; om priser vika c) ge (lämna) plats, vika [undan], lämna företräde *[~ way to traffic coming [in] from the right]* d) hemfalla, hänge sig; ge efter *[~ way to grief]*, ge vika **4** offra tid, kraft o.d.; *he gave his life to the cause of peace* han ägnade sitt liv åt fredens sak; *~ one's mind (oneself) to* ägna (hänge) sig åt **5** frambringa ss. produkt, resultat *[a lamp ~s light]*; framkalla, väcka *[~ offence* (anstöt)*]*, vålla *[~ a p. pain]* **6** lägga fram, framställa; ange *[he gave no reason for...]*; *don't ~ me that!* vard. kom inte med det där! **7** a) framföra, hålla *[~ a lecture]*; teat. ge *[they are giving Hamlet]* b) utbringa *[~ a toast* (skål) *for; ~ three cheers for]* **8** utfärda *[~ a command]*; avge *[~ an answer]*; fälla, avkunna *[~ judgement]* **9** *~ a cry (scream)* skrika till, ge till ett skri[k]; *~ a jump* hoppa till

II *itr* (se äv. *III*) **1** ge; *~ and take* ge och ta, kompromissa **2** ge vika *[the branch gave]*; svika; slappna **3** vetta

III *tr* o. *itr* m. adv.:
~ away: a) ge bort b) dela ut *[~ away the prizes]* c) vard.: oavsiktligt förråda, avslöja *[~ away a secret]*
~ back ge (lämna) tillbaka, återställa *[~ a th. back to its owner]*
~ forth ge ifrån sig; sända ut
~ in: a) lämna in *[~ in your examination papers]* b) *~ in one's name* anmäla sig c) ge sig, ge vika *[I ~ in]*; falla till föga
~ off avge *[this coal ~s off a lot of smoke]*, sända ut; utdunsta
~ out: a) dela ut *[~ out tickets]* b) [låta] tillkännage c) avge *[~ out heat]*, sända ut gas o.d. d) tryta, ta slut; svika *[his strength gave out]* e) krångla, strejka
~ over: a) överlämna, överlåta b) överge c) *~ oneself over to* hänge sig åt
~ up: a) lämna ifrån sig, avlämna *[tickets must be ~n up at the entrance]*, överlämna; avstå från *[~ up one's seat to a lady]*; överge *[~ up a theory]*; *~ oneself up* överlämna sig, anmäla sig [för polisen] b) ge upp *[~ up the attempt]*; ge upp hoppet om *[the doctors have ~n him up]* c) *~ oneself up to* hänge sig åt d) upphöra [med]; *he gave up smoking* han slutade röka

B s, *~ and take* ömsesidiga eftergifter, kompromisser, kompromissvilja

giveaway ['gɪvəweɪ] **1** oavsiktligt förrådande **2** presentartikel som reklam **3** *~ price* vrakpris, struntsumma

given ['gɪvn] **I** *adj* o. *perf p* (av *give*) **1** given etc., jfr *give A*; *~ name* isht amer. förnamn **2** *~ to* begiven på; fallen för *[~ to boasting* (skryt)*]*; lagd för; hemfallen åt **3** bestämd, given *[a ~ time, the ~ conditions]* **II** *prep* o. *konj* **1** givet [att] **2** förutsatt [att], under förutsättning att man har *[~ common sense it can be done]*; med hänsyn till

glacial ['gleɪsjəl, 'gleɪʃjəl, 'glæsɪəl] **1** is-, glaciär-; *the ~ period (epoch, era)* istiden **2** isig, iskall äv. bildl. *[a ~ smile]*

glacier ['glæsjə, 'gleɪs-] glaciär

glad [glæd] **1** end. glad, [för]nöjd; *~ of* glad att få, tacksam för *[~ of a few tips as to how to do it]*; *[I'm] ~ to see you!* det var roligt att [få] träffa dig!; välkommen! **2** glädjande *[~ tidings* (budskap)*]*, glad *[a ~ occasion]*; *give a p. the ~ eye* vard. flörta [vilt] med ngn; *~ rags* vard. [fest]blåsa; stass, finkläder

gladden ['glædn] glädja; liva upp

glade [gleɪd] glänta

gladiator ['glædɪeɪtə] gladiator
gladly ['glædlɪ] med glädje, gärna [*I would ~ help you*]
gladness ['glædnəs] glädje
glamorous ['glæmərəs] glamorös, förtrollande, tjusig [*~ film stars*]
glamour ['glæmə] glamour; romantiskt skimmer
glance [glɑːns] **I** *vb itr* **1** titta [hastigt (flyktigt)], ögna [*~ over (through) a letter*] **2** snudda [*the blow only ~d on the bone*]; studsa [äv. *~ aside (off)*]; *bullets ~d off* (mot, bort från) *his helmet*] **3** blänka [till] [*their helmets ~d in the sunlight*], glimta [till] **II** *vb tr*, *~ one's eye over* ögna igenom **III** *s* **1** [hastig (flyktig)] blick, titt [*a ~ at these figures will convince you*]; ögonkast [*at* (vid) *the first ~*]; påseende [*at a cursory* (flyktigt) *~*]; *loving ~s* kärleksfulla blickar; *at a ~* med en enda blick; med detsamma **2** [ljus]glimt, skimmer **3** anspelning
gland [glænd] anat. körtel
glandular ['glændjʊlə] anat. körtel-, körtelartad
glare [gleə] **I** *vb itr* **1** lysa med ett bländande sken **2** glo [argt], stirra [vilt], blänga [ilsket] **II** *s* **1** [bländande (starkt)] ljussken **2** bildl. glans; prål; *in the full ~ of publicity* inför öppen ridå, i rampljuset **3** ilsken blick; vild glans
glaring ['gleərɪŋ] **1** bländande [*~ light, ~ sunshine*], skarpt (grällt) lysande [*~ neon signs*], glänsande **2** vild [*~ eyes, ~ look*] **3** skrikande, bjärt, gräll [*~ colours*], [alltför] påfallande [*a ~ dress*]; påtaglig [*~ defects*], iögon[en]fallande [*~ faults*], flagrant, grov, uppenbar [*a ~ mistake; ~ indiscretion*]
Glasgow ['glɑːzɡəʊ, 'glɑːsɡ-]
glass [glɑːs] **1** ämnet glas [*made of ~*] **2** a) [dricks]glas äv. om innehållet [*a ~ of wine*; *have a ~ too much*] b) spegel c) barometer [*the ~ is rising*] d) pl. *~es* glasögon; äv. pincené **3** koll. glassaker, glas [*~ and china* (porslin)] **4** sjö. glas halvtimme
glassful ['glɑːsfʊl] glas ss. mått [*a ~ of brandy*]
glasshouse ['glɑːshaʊs] **1** växthus, drivhus **2** glashus; *people who live in ~s should not throw stones* man skall inte kasta sten när man [själv] sitter i glashus
glassware ['glɑːsweə] glasvaror, glas
glassy ['glɑːsɪ] **1** glas-, glasartad **2** bildl. glatt; *a ~ stare* en stel blick
glaucoma [glɔːˈkəʊmə] med. glaukom, grön starr

glaze [gleɪz] **I** *vb tr* **1** sätta glas i, glasa [*~ a window*]; *~ in* glasa in [*~ in a veranda*], sätta glas (fönster) i **2** glasera [*~ cakes*]; *~d earthenware* fajans; *~d tiles* kakel **3** mål. lasera **4** polera, glätta **II** *vb itr* om blick bli glasartad, stelna [äv. *~ over*] **III** *s* **1** glasyr **2** mål. lasyr **3** glans; glansig yta
glazier ['gleɪzjə, 'gleɪʒjə, -ʒə] glasmästare
gleam [gliːm] **I** *s* glimt äv. bildl. [*a ~ of humour*]; stråle äv. bildl.; svagt skimmer; [svagt] ljussken (blinkande) [*the ~ of a distant lighthouse*]; *a ~ of hope* en strimma (stråle) av hopp, en ljusglimt **II** *vb itr* glimma [*a cat's eyes ~ing in the darkness*], skimra svagt; glänsa
glean [gliːn] *vb tr* **1** plocka [*~ ears* (ax)] **2** samla [ihop] [*~ materials*], plocka (skrapa) ihop [*~ bits of information*], snappa upp
glee [gliː] **1** uppsluppen glädje [*shout with* (av) *~*], munterhet **2** glee flerstämmig sång
gleeful ['gliːf(ʊ)l] glad
glen [glen] trång dal spec. i Skottl. o. Irl.; klyfta
glib [glɪb] lätt och ledig [*~ manners*]; talför [*a ~ talker*]; lättvindig [*~ excuses*]; *have a ~ tongue* vara slängd i käften
glide [glaɪd] **I** *vb itr* **1** glida [*a boat ~d past* (förbi); *time ~d by* (i väg)], glida fram **2** smyga sig, **3** flyg. flyga i glidflykt; glida [*~ down to the landing-field*] **II** *vb tr* låta glida **III** *s* **1** glidning **2** flyg. glidflykt; *~ path* (*slope*) glidbana
glider ['glaɪdə] glid[flyg]plan; segelflygare
gliding ['glaɪdɪŋ] glidning; glidflykt; segelflygning
glimmer ['glɪmə] **I** *vb itr* glimma; blänka **II** *s* **1** svagt (ostadigt) sken; *a ~ of light* ett svagt ljussken, en ljusglimt **2** glimt, skymt; aning [*not the least ~ of intelligence*]; *a ~ of hope* en strimma av hopp
glimpse [glɪm(p)s] **I** *s* skymt; *catch* (*get*) *a ~ of* [få] se en skymt av **II** *vb itr* **1** kasta en flyktig blick **2** skymta [fram] **III** *vb tr* [få] se (uppfånga) en skymt av, skymta
glint [glɪnt] **I** *vb itr* glittra **II** *s* glimt [*there is an ironical ~ in his eye*[*s*]]; glitter [*~s of gold in her hair*]
glisten ['glɪsn] glittra [*~ing dew-drops*], tindra, glänsa [*eyes ~ing with* (av) *tears*]
glitter ['glɪtə] **I** *vb itr* **1** glittra [*~ing eyes*], blänka [*a ~ing sword*], gnistra [*~ing diamonds*], tindra [*stars ~ing in the sky*]; glimma; *all that ~s is not gold* det är inte guld allt som glimmar **2** bildl. glänsa; *~ing prizes* lockande belöningar **II** *s*

glitter äv. konkr.; glittrande ljus [*the ~ of the Christmas tree decorations*]
glitz [glɪts] vard. prål, glitter
gloat [gləʊt], *~ over* ([*up*]*on*) glo (stirra) skadeglatt (triumferande, lystet, girigt) på, frossa i (njuta av) [anblicken av] [*~ over every detail of the murder*]; ruva på (över) [*~ on one's money*]; vara skadeglad över [*~ over a p.'s misfortunes*]
global ['gləʊb(ə)l] **1** global [*~ strategy, ~ warfare*], världsomspännande; *~ warming* global uppvärmning **2** total [*the ~ output* (produktion) *of a factory*]
globe [gləʊb] **1** klot, kula **2** *the ~* jordklotet **3** [*terrestrial*] *~* [jord]glob **4** *~ artichoke* kronärtskocka **5** anat., *~* [*of the eye*] ögonglob **6** globformig [lamp]kupa
globetrotter ['gləʊbˌtrɒtə] globetrotter
globular ['glɒbjʊlə] klotformig
globule ['glɒbjuːl] [litet] klot, [liten] rund kula
gloom [gluːm] **1** isht dystert dunkel; djup skugga **2** dysterhet, förstämning [*the delegates departed in ~*]; svårmod; *cast a ~ on* (*over*) kasta en mörk skugga över
gloomy ['gluːmɪ] **1** mörk, skum [*~ light* (belysning)] **2** dyster; beklämmande [*a ~ spectacle*]; beklämd; *~ atmosphere* förstämning, dyster stämning
glorification [ˌglɔːrɪfɪ'keɪʃ(ə)n] förhärligande; lovprisande; glorifiering
glorify ['glɔːrɪfaɪ] förhärliga; lovprisa; glorifiera
glorious ['glɔːrɪəs] **1** strålande, underbar [*a ~ sunset*]; vard. [ur]tjusig, överdådig, [ur]flott [*a ~ dinner*] **2** ärorik
glory ['glɔːrɪ] **I** *s* **1** ära [*win ~ on the field of battle*], ryktbarhet **2** [förnämsta] prydnad [*the chief ~ of the district is the old castle*] **3** lov och pris [*~* [*be*] *to* (vare) *God*] **4** lysande härlighet, prakt; *the glories of the country* landets härligheter **5** glanstid, glansdager; *bask* (*bathe*) *in the reflected ~* of sola sig i glansen från (av); *in* [*all*] *one's ~* a) på sin höjdpunkt, på höjden av sin makt, i all sin glans b) i extas, i sitt esse [*when he's teaching, he's in his ~*] **6** gloria **II** *vb itr, ~ in* vara stolt över, glädja sig åt
1 gloss [glɒs] **I** *s* **1** glans [*the ~ of silk*], glänsande yta **2** bildl. [bedrägligt] sken [*a ~ of legality*] **II** *vb tr* **1** göra glansig; glätta **2** förgylla upp, ge ett skenfagert utseende; *~ over* släta över [*~ over a p.'s faults*], skyla över
2 gloss [glɒs] **I** *s* **1** glossa, not **2** glossar; kommentar **II** *vb tr* **1** glossera;

kommentera **2** bortförklara [äv. *~ away* (*over*)]
glossary ['glɒsərɪ] ordlista, ordförteckning
glossy ['glɒsɪ] **I** *adj* glansig [*~ silk*], blank [*old worn-out clothes get ~*], blankpolerad; *~ magazine* elegant tidskrift (isht modejournal) på högglättat papper **II** *s* vard., se *glossy magazine* ovan
glove [glʌv] handske; boxhandske; *~ locker* (*compartment*) handskfack i bil; *fit like a ~* passa som hand i handske, sitta som gjuten, passa precis; *with the ~s off* bildl. stridslystet; på fullt allvar; *handle* (*treat*) *a p. with* [*kid*] *~s* behandla ngn med silkesvantar
glow [gləʊ] **I** *vb itr* glöda äv. bildl. [*~ with* (av) *enthusiasm*]; blossa [*~ with* (av) *anger*], brinna; *~ing with health* strålande av hälsa **II** *s* glöd [*the ~ of* (från) *his cigar; the ~ of sunset*]; frisk rodnad [*a ~ of health*]; *in a ~ of enthusiasm* med glödande entusiasm
glower ['glaʊə] blänga (glo) ilsket
glowing ['gləʊɪŋ] glödande äv. bildl. [*~ metal, ~ colours, ~ enthusiasm*]; blossande [*~ cheeks*]; entusiastisk [*a ~ account* (skildring)]
glow-worm ['gləʊwɜːm] zool. lysmask
glucose ['gluːkəʊs] kem. glukos
glue [gluː] **I** *s* lim [*fish ~*] **II** *vb tr* limma [vanl. *~ on*], limma ihop [vanl. *~ together*]; bildl. fästa hårt; kitta fast, trycka; *be ~d to the TV* vara (sitta) [som fast]klistrad vid tv:n
glum [glʌm] trumpen; dyster
glut [glʌt] **I** *vb tr* **1** översvämma [*~ the market* [*with fruit*]] **2** överlasta **3** bildl. mätta lystnad; tillfredsställa till det yttersta el. till leda **II** *s* överflöd, uppsjö [*a ~ of pears in the market*]
glutinous ['gluːtɪnəs] glutinös
glutton ['glʌtn] storätare; *he is a ~ for work* han är en riktig arbetsnarkoman
gluttonous ['glʌtənəs] frossande; omättlig
gluttony ['glʌtənɪ] frosseri
GMT [ˌdʒiːemˈtiː] förk. för *Greenwich Mean Time*
gnarled [nɑːld] o. **gnarly** ['nɑːlɪ] knotig [*a ~ old oak*], knölig, kvistig; krokig
gnash [næʃ] **I** *vb tr* **1** om tänder gnissla **2** om person gnissla [med tänderna], skära tänder **II** *vb tr, ~ one's teeth* gnissla med tänderna, skära tänder
gnat [næt] mygga; knott; pl. *~s* äv. koll. mygg
gnaw [nɔː] (*~ed ~ed*, perf. p. ibl. *gnawn*) **I** *vb tr* **1** gnaga på [*~ a bone*]; tugga på [*he was ~ing his fingernails*], gnaga [*rats*

~ed a hole in the floor]; plåga [~ed with (av) anxiety] **2** fräta på, tära på **II** vb itr gnaga äv. bildl. [~-ing hunger]
gnome [nəʊm] gnom; skattbevarande jordande; grotesk dvärg; trädgårdstomte
GNP [ˌdʒiːenˈpiː] (förk. för gross national product) internationell BNP
go [gəʊ] **A** (went gone; 3 pers. sg. pres. goes) vb (se äv. going) **I** itr (med adv. o. prep., se isht II) **1** fara, resa, åka; ge sig av, ge sig i väg; gå; I must be ~ing jag måste [ge mig] i väg; look where you are ~ing! se dig för! **2** om tid gå; to ~ kvar [there is only five minutes to ~] **3** utfalla, gå [how did the voting ~?]; how goes it? vard. hur går det?, hur står det till?; how's your new job ~ing? hur går det med ditt nya arbete? **4 a)** vara i gång, gå [the clock won't ~] **b)** vara i farten; she can really ~ some hon kan verkligen sätta fart **c)** sätta i gång; [ready, steady,] ~! ...gå! **5** gå till väga; [when you draw (spänner) a bow] you ~ like this ...gör man så här **6** bli [~ bad (blind)] **7 a)** försvinna, ryka [there went all my money]; upphöra [I wish this pain would ~]; avskedas **b)** gå [sönder]; gå i stöpet [there ~ all my plans] **c)** säljas, gå [the house went cheap] **d)** gå [åt] [his money went on books] **8 a)** ha sin plats, bruka vara [where do the cups (does the picture) ~?]; ligga b) få plats (rum), rymmas [they will ~ in the bag] **9** ljuda [the siren went]; låta; säga [ˈbang!' went the gun]; how does the tune ~? hur låter (går) melodin? **10** betr. ordalydelse o.d. lyda; om sång gå [it goes to the tune of (melodin)...]; as the phrase goes som man brukar säga **11** gälla [what he says goes] **12 a)** räcka **b)** nå **13** [i allmänhet] vara; as things ~ som förhållandena (läget) nu är, i stort sett **14** ~ far el. ~ a long (great) way: **a)** fara etc. långt **b)** gå (komma) långt [he will no doubt ~ far] **c)** räcka långt (länge) **d)** gå (sträcka sig) långt; that's ~ing too far det är att gå för långt **15** ~ to + inf.: **a)** bidra till att, tjäna till att; it goes to prove (show) that... det bevisar att... **b)** behövas för att; the qualities that ~ to make a teacher de egenskaper som är nödvändiga för en lärare **c)** om pengar o.d. gå (användas) till att **d)** ~ to see gå (fara etc.) och hälsa på, besöka, söka
II med adv. o. prep. isht med spec. övers.:
~ **about: a)** fara etc. omkring **b)** om rykte gå **c)** ~ a long (great) way about göra en lång omväg **d)** ta itu med [~ about one's work]

~ **against: a)** strida (vara) emot [it goes against my principles], bjuda ngn emot **b)** gå ngn emot **c)** motsätta sig [~ against a p.'s wishes]
~ **ahead: a)** sätta i gång; fortsätta; ~ ahead! äv. kör [igång]! **b)** gå [raskt] framåt **c)** gå (rycka) fram[åt]; gå före [you ~ ahead and say we're coming] **d)** ta ledningen isht sport., gå om äv. bildl.
~ **along: a)** fara etc. [vidare], fortsätta **b)** [he makes up stories] as he goes along ...alleftersom **c)** ~ along with fara etc. tillsammans med, följa med; instämma med, hålla med [I can't ~ along with you on (i) that] **d)** ~ along with you! vard. struntprat!; i väg med dig!
~ **at: a)** rusa på [he went at him with his fists] **b)** ta itu med, gripa sig an med [~ at it the right way]
~ **away** gå bort, försvinna
~ **back: a)** fara etc. tillbaka; träda tillbaka; gå tillbaka **b)** ~ back on undandra sig; bryta [~ back on one's word], svika [~ back on one's promise]
~ **before: a)** fara etc. före; gå före [pride (högmod) goes before a fall] **b)** tas upp i, föreläggas [the question will ~ before a committee] **c)** träda (komma) inför
~ **beyond** gå utöver, överskrida
~ **by: a)** passera [förbi]; förflyta [time went by slowly] **b)** fara över (via) [~ by Paris to Italy]; fara etc. med [~ by boat]; ~ **by air** flyga; ~ **by car** åka bil **c)** gå (rätta sig) efter [that's nothing to ~ by], döma (gå) efter [you can't ~ by people's faces] **d)** ~ by the name of... gå (vara känd) under namnet...
~ **down: a)** gå ner; falla, sjunka; he has gone down in the world det har gått utför med honom **b)** gå under äv. bildl. **c)** minska [~ down in weight]; försämras [~ down in quality], om vind o. vågor lägga sig **d)** sträcka sig fram till en [tid]punkt, gå [ända] fram [the first volume goes down to 1988] **e)** ~ down in history gå till historien (eftervärlden) **f)** slå an [the speech went down with (på) the audience], göra lycka [~ down on the stage], gå in (hem) **g)** insjukna [~ down with (i) malaria]
~ **for: a)** ~ for a walk göra (ta [sig]) en promenad, gå ut och gå **b)** gå efter, hämta **c)** gå lös på, kasta sig över [the dog went for him] **d)** gälla [för] [that goes for you too!] **e)** vard. gilla; I rather ~ for that jag gillar det skarpt **f)** he's got a lot ~ing for him vard. a) han har det väl förspänt b) det är mycket som talar för honom

~ **in: a)** gå in; gå 'i [*the cork won't ~ in*]; gå in i [*the key won't ~ in the lock*] **b)** om solen gå i moln **c)** delta i tävling o.d. **d)** ~ *in for* gå in för, satsa på, lägga an på, sträva efter, ägna sig åt [~ *in for farming*], slå sig på [~ *in for golf*]; tycka om [*she goes in for dress* (kläder)]; vara 'för, verka för [*they ~ in for his policy*]; hänge sig åt; gå upp i [~ *in for an examination*]

~ **into: a)** gå in i (på); gå in vid [~ *into the army*]; gå med i; slå sig på [~ *into politics*] **b)** gå in på [~ *into details*; *I won't ~ into that now*]; noggrant undersöka [~ *into the matter* (*problem*)] **c)** klä sig i [~ *into mourning*] **d)** falla i, gripas av, råka i [~ *into ecstasies*]; ~ *into hysterics* bli hysterisk

~ **off: a)** ge sig i väg **b)** explodera, om skott o. eldvapen gå av, brinna av, om väckarklocka [börja] ringa, om t.ex. siren [börja] ljuda **c)** bli dålig; falla av; bli sämre **d)** ~ *off* [*to sleep*] falla i sömn, somna, slockna **e)** gå [*how did the play ~ off?*] **f)** ~ *off into* brista ut i

~ **on: a)** fara etc. vidare, fortsätta; ~ *on about* tjata om, köra med [*he went on about his theories*] **b)** göra [~ *on a journey* (*an outing, a trip*)] **c)** ~ *on to* gå över till, fortsätta med **d)** fortgå, pågå [*the talks went on all day*] **e)** försiggå, stå 'på [*what's ~ing on here?*]; vara på (i) gång **f)** bära sig åt; bråka, tjata [*he always goes on at* (på) *me about that*] **g)** om kläder gå på **h)** teat. komma in [på scenen] **i)** ~ *on* [*with you*]*!* vard. äsch!, nä hör du!, larva dig inte! **j)** klara sig; *I've got enough to ~ on with* jag har så det räcker **k)** tändas [*the lights went on*] **l)** 'gå efter [*the only thing we have to ~ on*], hålla sig till [*what evidence have we to ~ on?*], bygga på **m)** *I don't ~ much on that* vard. det ger jag inte mycket för

~ **out: a)** gå (fara etc.) ut; *out you ~!* ut med dej! **b)** strejka, gå i strejk [äv. ~ *out on strike*] **c)** slockna [*my pipe has gone out*] **d)** försvinna, dö ut **e)** ~ *all out* sätta in alla sina krafter, göra sitt yttersta, ta ut sig helt, ge järnet **f)** ~ *out of* gå ur, komma ur [~ *out of use*] **g)** ~ *out with* vard. sällskapa med

~ **over: a)** gå över till ett annat parti o.d. **b)** stjälpa **c)** ~ *over* [*big*] vard. slå an [kolossalt], göra [enorm] succé **d)** gå igenom, granska [~ *over the accounts* (räkenskaperna)], se över [*the mechanic went over the engine*], besiktiga [~ *over the house before buying it*]; läsa igenom; retuschera **e)** sl. klå upp

~ **round: a)** fara etc. runt (omkring) **b)** gå runt [*wheels ~ round*]; *it makes my head ~ round* det gör mig yr i huvudet **c)** räcka [till] för alla [*the glasses will never ~ round*] **d)** ~ *round to* gå över till, [gå (ta) och] hälsa på

~ **through: a)** gå igenom i div. bet.: söka (rota) igenom [~ *through the whole room*], muddra [~ *through a p.'s pockets*]; [detalj]granska; utföra, genomföra; genomgå [~ *through an operation*], gå i lås [*the deal did not ~ through*] **b)** göra av med [*he went through all his money*] **c)** ~ *through with* genomföra, fullfölja

~ **to: a)** gå i [~ *to school* (*to church*)]; gå på [~ *to the theatre*]; gå till [~ *to bed*] **b)** vända sig till **c)** om pengar o.d. anslås till [*all his money went to charity*] **d)** svara mot; *three feet ~ to one yard* det går tre fot på en yard **e)** ta på sig [~ *to a great deal of trouble*] **f)** ~ *to blazes* (*hell*)*!* dra åt helsike! **g)** ~ '*to it* vard. sätta i gång, sätta fart

~ **together: a)** fara etc. tillsammans **b)** vard. vara tillsammans **c)** [bruka] följas åt, gå väl ihop

~ **under: a)** gå under, förlisa **b)** gå (duka) under, gå omkull [*the firm has gone under*] **c)** ~ *under the name of...* gå (vara känd) under namnet...

~ **up: a)** gå upp, stiga [*prices went up*] **b)** fara etc. upp; resa [in] [~ *up to town* (*London*)] **c)** om rop höjas **d)** tändas [*the lights went up*] **e)** ~ *up for* gå upp i [~ *up for an examination*] **f)** gå (fara) uppför; gå (klättra) upp i

~ **with: a)** fara etc. med [*I'll ~ with you*] **b)** vard. vara ihop med [*he's ~ing with her*] **c)** följa 'med [~ *with the times* (tiden)] **d)** höra till [*it goes with the profession*]; höra ihop med; *and everything that goes with it* med allt vad därtill hör **e)** passa (gå) till

~ **without: a)** bli (vara) utan **b)** *it goes without saying* det säger sig självt

III *tr,* ~ *it* vard. **a)** leva om **b)** gå 'på, köra 'på; ~ *it!* sätt i gång bara! **c)** hålla i, inte ge sig **d)** ~ *it alone* handla på egen hand

B (pl. ~*es*) *s* **1** gående, gång; *it's no ~* vard. det går inte, det är ingen idé **2** vard. **a)** *a rum ~* se *2 rum* **b)** *it was a near ~* det var nära ögat **3** vard. fart, ruter, go [*there's no ~ in him*], liv, kläm; *full of ~* schvungfull **4** vard. försök; tag; *have a ~* [*at it*] försöka, göra ett försök; *it's your ~* det är din tur; *at one ~* på en gång **5** vard. succé; *make a ~ of a th.* lyckas med ngt, ha framgång

med ngt **6** *from the word* ~ från första stund (början)
goad [gəʊd] **I** *s* **1** pikstav för att driva på dragdjur **2** bildl. sporre; tagg **II** *vb tr* **1** driva på (sticka) med en pikstav **2** bildl. egga; ~ *a p. into doing a th.* sporra (reta) ngn att göra ngt; ~ *a p. on* driva på ngn
go-ahead ['gəʊəhed] **I** *adj* framåt [av sig] [*he is very* ~], rivig; gåpåaraktig; framåtsträvande [*a* ~ *nation*]; *give the* ~ *signal* ge klarsignal **II** *s* vard. klarsignal [*give the* ~]
goal [gəʊl] sport. el. i allm. mål [*win by* (med) *3* ~*s to* (mot) *1*; *the* ~ *of his ambition*; *reach one's* ~]; *play* (*be*) *in* (*keep*) ~ stå i mål
goalkeeper ['gəʊlˌkiːpə] målvakt
goalkick ['gəʊlkɪk] fotb. inspark; *take a* ~ göra inspark
goalless ['gəʊlləs] sport. mållös, utan mål; *the match was a* ~ *draw* matchen slutade oavgjort 0-0
goalpost ['gəʊlpəʊst] målstolpe på fotbollsplan o.d.
goat [gəʊt] get; *get a p.'s* ~ vard. gå ngn på nerverna, reta (förarga) ngn
goatee [gəʊˈtiː, attr. äv. ˈgəʊtiː] bockskägg [äv. ~ *beard*]
gob [gɒb] sl. **I** *s* gap; *shut your* ~! håll käften! **II** *vb itr* spotta
1 gobble ['gɒbl] **I** *vb tr* **1** ~ [*up* (*down*)] glufsa i sig, sörpla i sig, sluka **2** vard., ~ [*up*], hugga, lägga beslag på, uppsluka **II** *vb itr* glufsa, sörpla
2 gobble ['gɒbl] **I** *vb itr* klucka om el. som kalkon **II** *s* kluck[ande]
go-between ['gəʊbɪˌtwiːn] mellanhand, medlare
goblet ['gɒblət] glas på fot; remmare
goblin ['gɒblɪn] elakt troll, nisse
god [gɒd] **1** *G*~ Gud **2** gud [*the* ~ *of love*]; avgud; *My G*~! Gode Gud!; *for God's sake!* för guds skull! **3** pl., *in the* ~*s* teat. på hyllan (översta raden)
god|child ['gɒd|tʃaɪld] (pl. *-children* [-ˌtʃɪldrən]) gudbarn, fadderbarn
goddamn ['gɒdæm] isht amer. vard. **I** *interj*, ~! djävlar!, fan också! **II** *adj* djävla
goddaughter ['gɒdˌdɔːtə] guddotter
goddess ['gɒdɪs] gudinna
godfather ['gɒdˌfɑːðə] **1** gudfar; manlig fadder **2** gudfader maffiaboss
God-fearing ['gɒdˌfɪərɪŋ] gudfruktig
godforsaken ['gɒdfəseɪkn] gudsförgäten [*that* ~ *place*], eländig; gudlös; *at this* ~ *hour in the morning* vid denna okristliga tid på morgonen

godmother ['gɒdˌmʌðə] gudmor; kvinnlig fadder
godsend ['gɒdsend] gudagåva; evig lycka (tur) [*it was a* ~ *that he didn't recognize me*]
godson ['gɒdsʌn] gudson
go-getter ['gəʊˌgetə, ˌ-ˈ--] vard. handlingsmänniska; neds. gåpåare
goggle ['gɒgl] **I** *vb itr* **1** rulla med ögonen; glo **2** rulla [*with goggling eyes*] **II** *vb tr*, ~ *one's eyes* rulla med ögonen
goggles ['gɒglz] **1** skyddsglasögon, solglasögon **2** sl. brillor **3** (konstr. ss. sg.) sl. 'glasögonorm' person med glasögon **4** skygglappar
going ['gəʊɪŋ] **I** *s* **1** gående, gång **2** före [*heavy* ~], väg[lag] [*the* ~ *was bad*]; *it's heavy* ~ bildl. det går trögt **3** [*50 miles an hour*] *is good* ~ ...är en bra [medel]fart **II** *adj* o. *pres p* i spec. bet. **1 a)** väl inarbetad (upparbetad) [*a* ~ *concern*] **b)** *get* ~ komma i gång; sätta i gång [*get* ~!] **c)** *get a th.* ~ få i gång ngt **2 a)** som finns [att få], som står att få [*the best coffee* ~]; [*the biggest fool*] ~ ...som går på två ben **b)** hand. [nu] gällande, dags- [*the* ~ *price*] **3** ~, ~, *gone!* vid auktion första, andra, tredje [gången]! **4** *be* ~ *on for* närma sig [*she is* ~ *on for forty*] **5** *be* ~ *to* + inf. isht. skola, tänka [*what are you* ~ *to do?*], ämna; just skola [till att] [*he was* ~ *to say something when…*], stå i begrepp att
goings-on [ˌgəʊɪŋzˈɒn] vard. förehavanden isht neds. [*I've heard of your* ~]
goitre ['gɔɪtə] med. struma
go-kart ['gəʊkɑːt] go-kart liten tävlingsbil
gold [gəʊld] **1** guld [*worth one's* (*its*) *weight in* ~; *it is* [*of*] *real* (äkta) ~]; *as good as* ~ mest om barn förfärligt gullig (snäll), god som guld; *a heart of* ~ bildl. ett hjärta av guld **2** guld- [*a* ~ *watch*], gyllene
golden ['gəʊld(ə)n] **1** guld- [~ *earrings*], av guld **2** guldrik **3** guldgul, guldglänsande, gyllene [~ *hair*] **4** bildl. guld-; gyllene, utomordentlig **5** i div. förb.: ~ *hamster* zool. guldhamster; ~ *oldie* gammal favorit (goding); mus. äv. evergreen; *a* ~ *opportunity* ett gyllene tillfälle; ~ *parachute* ekon. (vard.) fallskärmsavtal; ~ *rain* **a)** pyrotekn. guldregn **b)** bot. gullregn; ~ *syrup* [ljus] sirap
goldfinch ['gəʊldfɪn(t)ʃ] zool. steglits[a]
goldfish ['gəʊldfɪʃ] guldfisk
gold leaf [ˌgəʊldˈliːf] bladguld
gold mine ['gəʊldmaɪn] guldgruva äv. bildl.
gold plate ['gəʊldpleɪt, ˌ-ˈ-] gulddoublé

gold-plated ['gəʊld‚pleɪtɪd] guldpläterad
goldsmith ['gəʊldsmɪθ] guldsmed
golf [gɒlf] **I** *s* golf[spel] **II** *vb itr* spela golf
golf club ['gɒlfklʌb] **1** golfklubba **2** golfklubb
golf course ['gɒlfkɔ:s] golfbana
golfer ['gɒlfə] golfspelare
golf links ['gɒlflɪŋks] (konstr. ofta ss. sg.) golfbana
Goliath [gə(ʊ)'laɪəθ] bibl. **I** Goljat **II** *s* jätte [*business ~s*]; *~ crane* åkbar bockkran
golliwog ['gɒlɪwɒg] **1** trasdocka med svart ansikte **2** pers., ung. fågelskrämma
golly ['gɒlɪ], [*by*] *~!* vard. kors [i alla mina dar]!, o, du store [tid]!
gondola ['gɒndələ] gondol äv. i butik; *~ car* amer. öppen godsvagn
gondolier [‚gɒndə'lɪə] gondoljär
gone [gɒn] (av *go*) **1** borta [*the book is ~*]; slut [*my money is ~*]; ute [*all hope is ~*]; [bort]gången **2** förlorad; död; *be far ~* a) vara starkt utmattad; vara svårt sjuk (döende) b) vara långt framskriden [*the work is far ~*], vara [mycket] avancerad **3** förgången, gången [*~ ages* (tider)]; förbi; *it is past and ~* det tillhör det förflutna; *she is six month ~* [*with child*] vard. hon är i [slutet av] sjätte månaden **4** *she is ~ on him* vard. hon är tokig i (helt tänd på) honom
gong [gɒŋ] **I** *s* **1** gonggong; mus. äv. gong **2** mil. sl. medalj **II** *vb tr* vard. om polis stoppa [*~ a motorist*]
gonorrhoea [‚gɒnə'rɪə] med. gonorré
goo [gu:] isht amer. vard. **1** gegga[moja]; kladd **2** [sliskig] sentimentalitet
good [gʊd] **I** (*better best*) *adj* **1** god, bra [*a ~ knife*]; [*very*] *~!* bra!, fint!, skönt! **2 a)** nyttig, bra; *~ for you!* skönt!, fint!; grattis!; så bra då! **b)** färsk inte skämd, frisk **c)** *is it ~ to eat?* duger det att äta? **3** duktig, styv, bra [*he is ~ at mathematics*]; *he is ~ with children* han har bra hand med barn **4** angenäm, god [*~ news*]; [*it's*] *~ to see you* [det var] roligt att se dig **5** vänlig, hygglig; snäll [*be a ~ boy!*] **6 a)** ordentlig [*a ~ beating* (kok stryk)]; bastant; *have a ~ wash* tvätta sig ordentligt **b)** rätt stor, rätt lång [*we've come a ~ way*]; *a ~ while* en bra stund **c)** dryg [*a ~ hour*]; *a ~ two hours* dryga (drygt) två timmar **d)** adverbiellt framför adj. rätt, riktigt [*a ~ long walk (time)*] **7** rolig, bra [*a ~ joke*] **8** tillförlitlig, bra [*a car with ~ brakes*]; ekonomiskt solid; *I have it on ~ authority* jag har det från säker källa **9** moraliskt god [*a ~ and holy man*], bra **10** i hälsnings- och avskedsfraser: *~ afternoon* god middag; god dag; adjö; *~ day* adjö; god dag; *~ evening* god afton; god dag; adjö **11** i förb. m. subst. i spec. bet.: *a ~ fellow* en trevlig (hygglig) karl; *I know a ~ thing when I see it* jag förstår mig på vad som är bra; *all in ~ time* i lugn och ro **12** i förb. m. vb i spec. bet.: *make ~* a) gottgöra [*make ~ a loss*], ersätta [*make ~ the damage*], täcka [*make ~ a deficiency*], betala; ta igen något försummat, hämta in t.ex. tid; reparera b) utföra [*make ~ one's retreat*]; hålla [*make ~ a promise*] c) vard. lyckas **II** *adv* **1** *as ~ as* så gott som [*as ~ as settled*] **2** vard. väl; *they beat us ~ and proper* de klådde upp oss ordentligt **III** *s* **1** gott [*~ and evil* (ont)]; det goda [*prefer ~ to evil* (det onda)]; nytta; *it is* [*all*] *for your own ~* det är för ditt eget bästa; *it is no ~* det är inte lönt, det tjänar ingenting till; *do ~* göra gott [*to* mot]; *it does you ~* det är bra (nyttigt) för dig **2** *for ~* för gott, för alltid *3 I am £100 to the ~* jag har vunnit (har ett överskott på) 100 pund **4** goda [människor] [*~ and bad alike respected him*] **5** se *goods*
goodbye [ss. subst. gʊd'baɪ, isht ss. interj. gʊ'baɪ] adjö [*say ~ to, bid ~*]
good-for-nothing ['gʊdfə‚nʌθɪŋ] odåga, odugling; *a ~ boy* en odåga till pojke
good-humoured [‚gʊd'hju:məd] gladlynt
good-looking [‚gʊd'lʊkɪŋ] snygg
goodly ['gʊdlɪ] [rätt] stor, betydande, betydlig [*a ~ number* (sum)], riklig, rikligt tilltagen
good-natured [‚gʊd'neɪtʃəd] godmodig; beskedlig
goodness ['gʊdnəs] **1** godhet; *have the ~ to* ha godheten att **2** *the ~* det goda (bästa) [*of* i], musten [*the ~ of the meat (coffee)*] **3** vard. i st.f. *God*: *~ knows* a) [det] vete Gud (gudarna) b) Gud ska veta [*~ knows I've tried hard*]; *thank ~!* gudskelov!; *~ gracious* [*me*]! du milde!, du store [tid]!, kors!, milda makter!
goods [gʊdz] **1** [*and chattels*] lösöre[n], lösegendom, tillhörigheter [*half his ~ were stolen*]; *worldly ~* jordiska ägodelar **2** varor; frakt på järnväg; fraktgods; *~ train* godståg **3** vard., *the ~* (konstr. ibl. ss. sg.) vad som behövs, det nödvändiga; det riktiga, äkta vara; *deliver the ~* bildl. göra vad som ska göras, göra sitt, hålla sitt ord **4** vard., *piece (bit) of ~* [flick]snärta; riktig goding
good-tempered [‚gʊd'tempəd] godlynt, godmodig
goodwill [‚gʊd'wɪl, -'-] **1** hand. goodwill;

kundkrets vid affärsöverlåtelse **2** god vilja, välvilja **3** medgivande; [bered]villighet; iver
goody ['gʊdɪ] **I** *s* **1** isht pl. *goodies* vard. godbitar **2** vard. hjälte i film o.d. [*goodies and baddies*] **II** *interj*, *~!* smaskens!, godis!, alla tiders!
goody-goody [‚gʊdɪ'gʊdɪ] **I** *s* hymlande (skenhelig) person **II** *adj* hymlande, skenhelig
gooey ['gu:ɪ] vard. **1** geggig **2** sentimental; sliskig [*~ sentimentality*]
goof [gu:f] sl. **I** *s* **1** fjant, klantskalle **2** tabbe **II** *vb itr* göra en tabbe; soppa till det **III** *vb tr* amer. fuska bort
goofy ['gu:fɪ] **I** *adj* sl. **1** dum, fånig **2** galen **II** *s*, *G~* Jan Långben seriefigur
goose [gu:s] (pl. *geese* [gi:s]) **1** gås; *kill the ~ that lays the golden eggs* döda hönan som värper guldägg **2** bildl. gås
gooseberry ['gʊzb(ə)rɪ, gu:z-] **1** krusbär **2** *play ~* vard. vara femte hjulet under vagnen, vara i vägen
gooseflesh ['gu:sfleʃ] gåshud på huden
goose step ['gu:sstep] mil. **1** [stram] paradmarsch med sträckta ben; noggrann marsch **2** på stället marsch
1 gore [gɔ:], *a horror film full of ~* en bloddrypande skräckfilm
2 gore [gɔ:] stånga [ihjäl]; genomborra
gorge [gɔ:dʒ] **I** *s* **1** trång klyfta mellan branta klippor; hålväg **2** strupe; *his ~ rose at it* el. *it made his ~ rise* bildl. det äcklade (kväljde) honom **3** vard. skrovmål **II** *vb tr* **1** proppa full; *~ oneself with* proppa i sig, frossa på **2** sluka, svälja glupskt **III** *vb itr* frossa, smörja kråset
gorgeous ['gɔ:dʒəs] **1** praktfull [*a ~ sunset*], kostbar [*a ~ gown*], prunkande **2** vard. underbar, härlig, läcker; *hello, ~!* hej snygging!
gorilla [gə'rɪlə] **1** zool. gorilla **2** sl. gorilla livvakt o.d. **3** sl. torped lejd mördare
gormless ['gɔ:mləs] vard. dum, knasig
gorse [gɔ:s] bot. ärttörne
gory ['gɔ:rɪ] blodig, blodbesudlad; bloddrypande
gosh [gɒʃ], *~!* kors [i alla mina dar]!, jösses!
go-slow [‚gəʊ'sləʊ] maskning som kampmetod vid arbetskonflikt [*the ~ at the factory continues*]; *~ policy* maskningstaktik
gospel ['gɒsp(ə)l] evangelium i olika bet., äv. bildl. [*the ~ of health*]; evangelie-; *the G~ according to St. Luke* evangelium enligt Lukas, Lukasevangeliet; *it is* [*the*] *~ truth*

det är säkert som amen i kyrkan, det är dagsens sanning
gossamer ['gɒsəmə] **1** [tunn] spindelväv **2** ytterst tunn gasväv; flor [*as light as ~*; *a ~ veil*]
gossip ['gɒsɪp] **I** *s* **1** a) skvaller, sladder b) prat om ditt och datt c) ung. kåserande; *~ column* skvallerspalt **2** skvallerbytta; skvallerkärring **II** *vb itr* skvallra, sladdra; prata om ditt och datt; kåsera
got [gɒt] imperf. o. perf. p. av *get*
Gothic ['gɒθɪk] **I** *adj* gotisk äv. byggn. **II** *s* **1** gotiska [språket] **2** gotik byggnadsstil
gotten ['gɒtn] se *get*
gouge [gaʊdʒ] **I** *s* **1** håljärn **2** urholkning, ränna gjord med håljärn **II** *vb tr* **1** urholka (gräva ut) [liksom] med håljärn **2** *~* [*out*] trycka ut [*~ out a p.'s eye with one's thumb*]
goulash ['gu:læʃ, -la:ʃ] kok. gulasch
gourd [gʊəd] bot. kurbits; kalebass
gourmand ['gʊəmənd] gourmand
gourmet ['gʊəmeɪ] gourmé, finsmakare
gout [gaʊt] **1** gikt **2** droppe [*~s of blood*]
govern ['gʌv(ə)n] **I** *vb tr* **1** styra, regera [över] [*~ a people (a country)*] **2** leda, bestämma [*be ~ed by other factors*], styra **3** gram. styra [*German prepositions that ~ the dative*] **4** jur. gälla [för], reglera [*the law ~ing the sale of spirits*], vara tillämplig på; utgöra prejudikat för **II** *vb itr* styra, härska
governess ['gʌvənəs] guvernant
governing ['gʌvənɪŋ] regerande; styrande; härskande [*the ~ classes*]; ledande [*the great ~ principle*]; *~ body* (*council*) direktion, styrelse
government ['gʌvnmənt, 'gʌvəmənt] **1** styrande; ledning; [regerings]makt [*what the country needs is strong* (en stark) *~*] **2** [*form* (*mode*) *of*] *~* styrelsesätt, styrelseform, regeringsform, statsskick **3** regering [*His* (*Her*) *Majesty's G~*; *the British G~*], ministär; *the G~* äv. kabinett **4** regerings- [*in G~ circles*]; stats- [*G~ finances*, *G~ loan*], statlig; *G~ Issue* amer. mil., vard. menig [soldat], värnpliktig
governmental [‚gʌv(ə)n'mentl] regerings-
governor ['gʌvənə] **1** styresman **2** ståthållare; guvernör t.ex. i delstat i USA [*the G~ of New York State*] **3** kommendant i fästning **4** a) direktör [*~ of a prison*]; chef [*the G~ of the Bank of England*] b) styrelsemedlem; [*board of*] *~s* styrelse, direktion **5** tekn. regulator
governor-general [‚gʌvənə'dʒen(ə)r(ə)l] (pl. *governors-general* el. *governor-generals*) generalguvernör

gown [gaʊn] **1** finare klänning [*dinner* ~] **2** talar, kappa ämbetsdräkt för akademiker, domare, präst m.fl.; *cap and* ~ akademisk ämbetsdräkt

GP [ˌdʒiːˈpiː] förk. för *general practitioner*

GPO [ˌdʒiːpiːˈəʊ] förk. för *General Post Office*

grab [græb] **I** *vb tr* hugga; rycka till sig; roffa (grabba) åt sig; ~ [*hold of*] hugga (grabba) tag i **II** *vb itr* gripa; ~ *at* äv. nappa på [~ *at an opportunity*] **III** *s* hastigt grepp; *make a* ~ *at* försöka gripa [tag i]; *it's up for* ~*s* vard. det står öppet för vem som helst [bara man försöker]

grace [greɪs] **I** *s* **1** behag, charm **2** älskvärdhet; takt; *with* [*a*] *good* ~ [på ett] älskvärt [sätt]; med bibehållen fattning (värdighet); gärna, [god]villigt **3** [tilltalande] drag; *a saving* ~ *of humour* ett försonande drag av humor **4** mytol., *the Graces* gracerna **5** mus., pl. ~*s* prydnadsnoter, ornament; utsmyckningar **6** ynnest, gunst [*enjoy a p.'s* ~]; välvilja; ynnestbevis; *be in a p.'s bad* ~*s* vara i onåd hos ngn **7** nåd straffbefrielse; anstånd, frist **8** teol. nåd [*God's* ~]; *by the* ~ *of God* [, *King of Great Britain*] med Guds nåde... **9** bordsbön [*say* ~] **10** *His* (*Her*, *Your*) *G*~ Hans (Hennes, Ers) nåd om el. till hertig, hertiginna, ärkebiskop **II** *vb tr* **1** pryda; *he* ~*s his profession* han är en prydnad för sin kår **2** hedra [~ *a p. with a visit*]

graceful [ˈɡreɪsf(ʊ)l] **1** behagfull, graciös [~ *movements*] **2** charmerande; älskvärd

graceless [ˈɡreɪsləs] **1** charmlös, klumpig **2** taktlös [~ *behaviour*]

gracious [ˈɡreɪʃəs] **1** nådig, vänlig [*a* ~ *reply* (*smile*)]; iron. nedlåtande **2** *good* ~*!* el. *my* ~*!* **3** behaglig; ~ *living* vällevnad, välstånd **4** artig, förekommande [*a* ~ *host*]

gradation [ɡrəˈdeɪʃ(ə)n] **1** gradering; skala **2** pl. ~*s* övergångar, [mellan]stadier, grader; nyanser **3** språkv. avljud [äv. *vowel* ~]

grade [ɡreɪd] **I** *s* **1** grad; steg; rang; nivå, dignitet; lönegrad, löneklass; *high* ~ *of intelligence* hög intelligensnivå **2** amer. [skol]klass, årskurs; ~ *school* ung. grundskola lägre stadier **3** isht amer. betyg **4** kvalitet [*of high* (*low*) ~], sort; ~ *A* klass A, bästa sorten; attr. bästa sortens; bildl. förstklassig, prima **5 a)** vägs o.d. stigning, lutning; konkr. stigning, backe; sluttning **b)** *make the* ~ vard. nå toppen, lyckas, bestå provet, klara sig **6** amer. höjdläge, plan; ~ *crossing* amer.

järnvägskorsning [i plan], plankorsning **II** *vb tr* **1** gradera; sortera; dela in (upp) i kategorier; klassificera **2** amer. skol. o.d. betygsätta, sätta betyg på, rätta **3** jämna väg o.d.; reducera backe **III** *vb itr* **1** graderas **2** omärkligt övergå **3** amer. skol. o.d. sätta betyg

gradient [ˈɡreɪdjənt] vägs o.d. stigning, stigningsgrad; konkr. stigning, backe; *steep* (*easy*) ~ stark (svag) stigning

gradual [ˈɡrædʒʊəl, -djʊəl] gradvis; jämn; långsam; ~ *slope* svag lutning

gradually [ˈɡrædʒʊəlɪ, -djʊəlɪ] gradvis

graduate [ss. subst. o. adj. ˈɡrædʒʊət, -djʊət, -djʊeɪt, ss. vb ˈɡrædjʊeɪt, -dʒʊeɪt] **I** *s* akademiker, person med akademisk examen; amer. äv. elev som fullgjort sin skolgång; *a high school* ~ amer. en som gått ut (har avgångsbetyg från) *high school*; *he is a London* ~ han har tagit sin [akademiska] examen vid universitetet i London **II** *adj* **1** med akademisk examen; ~ *student* forskarstuderande, doktorand **2** examinerad, utbildad [~ *nurse*] **III** *vb itr* avlägga (ta) [akademisk] examen, utexamineras; amer. äv. avsluta sina studier; ~ *in law* ta juridisk kandidatexamen **IV** *vb tr*, ~*d glass* mätglas

graduation [ˌɡrædjʊˈeɪʃ(ə)n, -dʒʊ-] **1** [avläggande av] akademisk examen; amer. äv. avgång från skola i allm.; [avgångs]examen **2** gradering [*the* ~ *of a thermometer*]; pl. ~*s* gradindelning; skala

1 graft [ɡrɑːft] **I** *s* **1** ymp, ympkvist **2** med. transplanterad vävnad, transplantat **3 a)** ympning **b)** med. transplantation **II** *vb tr* **1** ympa; ympa in **2** med. transplantera **3** bildl. omplantera, tillföra

2 graft [ɡrɑːft] **I** *s* vard. korruption **II** *vb itr* **1** vard. mygla **2** sl. jobba hårt

grain [ɡreɪn] **I** *s* **1** [sädes]korn [*a* ~ *of wheat* (*maize*)], gryn [*a* ~ *of rice*], frö **2** [bröd]säd, spannmål; ~ *elevator* spannmålsmagasin, spannmålssilo **3** korn [~*s of sand* (*salt*, *gold*)], gryn; bildl. grand, korn, gnutta [*not a* ~ *of truth*] **4** gran minsta eng. vikt = 0,0648 g **5 a)** ytas kornighet, [grad av] skrovlighet, gräng; narv på läder; lugg b) ådrighet äv. konstgjord; fiber; fibrernas [längd]riktning i trä o.d.; skiktning **c)** inre struktur som den framträder i tvärsnitt o.d.; gry i sten **d)** bildl. natur, kynne; *against the* ~ **a)** mot luggen **b)** mot fibrernas längdriktning **II** *vb tr* **1** göra kornig, korna; narva läder **2** mål. ådra

gram [græm] isht amer., se *gramme*
grammar ['græmə] **1** grammatik [*study ~*] **2** språk[behandling] **3** bok grammatik, språklära [*a ~ of English*]
grammarian [grə'meərɪən] grammatiker
grammar school ['græməskuːl] **1** i Storbritannien, motsv. (hist.), läroverk för elever mellan 11 och 18 år **2** i USA, treårig skola för elever mellan 9 och 12 år
grammatical [grə'mætɪk(ə)l] grammatisk [*~ rule, ~ error*]; grammatikalisk, grammatiskt riktig [*~ sentence*]; *~ subject* a) grammatiskt subjekt b) formellt subjekt
gramme [græm] gram
gramophone ['græməfəʊn] grammofon; *~ record* grammofonskiva, grammofonplatta
granary ['grænərɪ] spannmålsmagasin
grand [grænd] **I** *adj* **1** stor, pampig; storartad, storslagen [*a ~ view*], ståtlig, lysande; förnäm, fin [*a ~ lady, ~ people*], distingerad; iron. fin [*he is too ~ to speak to his old friends*]; upphöjd; *~ opera* [stor] opera seriös o. utan talpartier; *live in ~ style* leva på stor fot, leva flott **2** stor, störst, förnämst; högste; *G~ Duke* storhertig, storfurste **3** slutgiltig, slut- [*~ result*]; *~ finale* stort slutnummer; stor avslutning; *~ total* slutsumma **4** vard. utmärkt, härlig [*~ weather*], förträfflig [*~ condition*]; [*that's*] *~!* fint!, utmärkt! **II** *s* **1** mus. flygel **2** sl. tusen dollar (pund); *five ~* femtusen dollar (pund)
grand|child ['græn(t)ʃaɪld] (pl. *-children* [-ˌtʃɪldr(ə)n]) barnbarn
granddad ['grændæd] vard. farfar; morfar
granddaughter ['græn(d)ˌdɔːtə] sondotter; dotterdotter
grandeur ['græn(d)ʒə, -djʊə, -djə] **1** storslagenhet, majestät [*the solemn ~ of this church*], storvulenhet **2** prakt, pomp, elegans
grandfather ['græn(d)ˌfɑːðə] farfar; morfar; *~'s clock* golvur
grandiose ['grændɪəʊs] **1** storslagen; högtflygande [*~ plans*] **2** bombastisk [*~ speech*]
grandma ['grænmɑː] o. **grandmam[m]a** ['grænməˌmɑː] vard. farmor; mormor
grandmother ['græn(d)ˌmʌðə] farmor; mormor
grandpa ['grænpɑː] o. **grandpapa** ['grænpəˌpɑː] vard. farfar; morfar
grandson ['græn(d)sʌn] sonson; dotterson
grandstand ['græn(d)stænd] **I** *s* **1** huvudläktare, åskådarläktare vid tävlingar o.d. **2** publik på huvudläktaren (åskådarläktaren) **II** *adj*, *~ finish* spurt på upploppet (framför läktaren); rafflande slut **III** *vb itr* amer. vard. spela för galleriet; göra en ren uppvisning
grange [greɪn(d)ʒ] lantgård; utgård
granite ['grænɪt] granit
granny ['grænɪ] **1** vard. farmor; mormor **2** vard. gumma; *~'s chin* käringhaka
grant [grɑːnt] **I** *vb tr* **1** tillmötesgå [*~ a request*]; tillerkänna [*he was ~ed a pension*]; *~ a child his wish* uppfylla ett barns önskan **2** bevilja, ge [*~ permission, ~ a privilege*], anslå pengar; förläna, skänka; jur. överlåta [*~ property*]; *God ~ that* Gud give att **3** medge; *~* (*~ed* el. *~ing*) *that* förutsatt att; låt oss anta att, även om (så vore att]; *~ed!* a) må så vara!, medges! b) för all del! ss. svar på ursäkt **II** *s* anslag, bidrag, stipendium; förläning; koncession; oktroj; *direct ~ school* skola med statsanslag
granulate [ss. vb 'grænjʊleɪt, ss. adj. 'grænjʊlət] **I** *vb tr* **1** göra kornig, korna; *~d sugar* strösocker **2** göra knottrig på ytan **II** *vb itr* korna (gryna) sig **III** *adj* kornig; knottrig
granule ['grænjuːl] [litet] korn
grape [greɪp] [vin]druva; vin[ranka]; *a bunch of ~s* en druvklase, en vindruvsklase
grapefruit ['greɪpfruːt] grapefrukt
grapevine ['greɪpvaɪn] **1** vinranka **2** grundlöst rykte; 'anka'; *the ~* djungeltelegrafen
graph [grɑːf, græf] grafisk framställning; matem. graf, kurva; språkv. graf; *bar ~* stapeldiagram
graphic ['græfɪk] **1** grafisk [*~ industry*], skriv- [*~ symbols*]; *~ arts* a) teckning, målning och grafik b) grafik, grafisk konst **2** [framställd] i diagram, grafisk [*~ method, ~ record, ~ representation*] **3** bildl. målande, åskådlig [*a ~ description*]
graphics ['græfɪks] (konstr. ss. sg.) grafik
graphite ['græfaɪt] miner. grafit
grapple ['græpl] brottas; *~ together* brottas [med varandra], ta livtag
grasp [grɑːsp] **I** *vb tr* **1** fatta [tag i], gripa; *~ the nettle* bildl. ta tjuren vid hornen **2** gripa om, hålla i **3** fatta [*~ the point*], sätta sig in i [*~ the situation*] **II** *vb itr*, *~ at* gripa efter, försöka gripa (få tag i, uppnå); nappa på, ta emot med uppräckta händer [*~ at a proposal*] **III** *s* **1** grepp; räckhåll; *beyond* (*within*) *his ~* utom (resp. inom) räckhåll för honom **2** uppfattning; fattningsförmåga; grepp på

ämne; vidsyn; andlig bredd; *have a good ~ of the subject* ha ett bra grepp om (behärska) ämnet **3** handtag
grasping ['grɑːspɪŋ] vinningslysten, sniken
grass [grɑːs] **I** *s* **1** gräs; *he does not let the ~ grow under his feet* han låter inte gräset gro under fötterna, han förspiller inte sin tid; *the ~ is [always] greener on the other side [of the fence (hill)]* bildl. gräset är alltid grönare på andra sidan [staketet]; *~ court* tennis gräsbana **2** [gräs]bete [*half of the farm is ~*]; gräsbeväxt mark; gräsmatta [*keep off (beträd ej) the ~!*]; *put (send, turn) out to ~* a) släppa (driva) ut på [grön]bete b) vard. pensionera **3** sl. tjallare **4** sl. gräs marijuana **II** *vb itr*, *~ on a p.* sl. tjalla på ngn
grasshopper ['grɑːsˌhɒpə] zool. gräshoppa; *green ~* vårtbitare
grass roots [ˌgrɑːsˈruːts] **I** *s pl*, *the ~* bildl. a) gräsrötterna, det enkla folket b) roten, [själva] grunden **II** *attr adj* (*grass-roots*) gräsrots- [*at ~ level*], på gräsrotsnivå [*a ~ movement*]; *~ democracy* närdemokrati
grass snake ['grɑːsneɪk] zool. snok
grass widow [ˌgrɑːsˈwɪdəʊ] gräsänka; frånskild [kvinna]
grass widower [ˌgrɑːsˈwɪdəʊə] gräsänkling; frånskild [man]
grassy ['grɑːsɪ] **1** gräsbevuxen; gräs- [*~ bank (plain)*] **2** [gräs]grön; gräslik
1 grate [greɪt] **I** *vb tr* **1** riva **2** gnissla med; *~ one's teeth* skära tänder, gnissla med tänderna **II** *vb itr* **1** gnissla, gnälla, raspa **2** skorra (låta) illa; *~ [up]on* skära (skorra) i [*~ on the ear*]
2 grate [greɪt] [eld]rist; rost; öppen spis (häll)
grateful ['greɪtf(ʊ)l] **1** tacksam [*to* (mot) *a p., for* (för) *a th.*] **2** litt. angenäm [*~ news*], behaglig, välgörande [*~ shade*]; tacknämlig
grater ['greɪtə] rivjärn; skrapare
gratification [ˌgrætɪfɪˈkeɪʃ(ə)n] **1** tillfredsställande [*~ of a desire*] **2** tillfredsställelse [*the ~ of knowing* (av att veta) *that I've done my duty*], glädje; nöje, njutning
gratify ['grætɪfaɪ] tillfredsställa [*~ one's desire, ~ a p.'s curiosity*]; göra belåten (nöjd, glad), glädja [*it has gratified me highly*]
gratifying ['grætɪfaɪɪŋ] tillfredsställande, glädjande
1 grating ['greɪtɪŋ] **I** *adj* **1** rivande **2** gnisslande etc., jfr *1 grate II*; skärande,

hård; irriterande, obehaglig **II** *s* **1** rivande; *~s of carrots* rivna morötter **2** gnisslande etc., jfr *1 grate II*
2 grating ['greɪtɪŋ] galler, gallerverk; sjö. trall
gratitude ['grætɪtjuːd] tacksamhet [*to* (mot) *a p. for a th.*]
gratuitous [grəˈtjuːɪtəs] **1** kostnadsfri, avgiftsfri [*~ admission, ~ instruction*] **2** ogrundad [*~ assumption*], omotiverad; oberättigad, oförtjänt [*a ~ insult*]; opåkallad, onödig [*a ~ lie*]
gratuity [grəˈtjuːɪtɪ] **1** drickspengar; dusör, handtryckning; *no gratuities!* drickspengar undanbedes! **2** gratifikation
1 grave [greɪv] **1** om pers. allvarlig; dyster **2** om sak allvarlig, grav [*a ~ error*], allvarsam, svår [*~ illness*]
2 grave [greɪv] grav; gravvård; *dig one's own ~* gräva sin egen grav
grave-digger ['greɪvˌdɪɡə] dödgrävare
gravel ['græv(ə)l] **I** *s* **1** grus **2** med. [njur]grus **II** *vb tr* grusa
gravestone ['greɪvstəʊn] gravsten
graveyard ['greɪvjɑːd] kyrkogård äv. bildl. [*a ~ of cars*]; begravningsplats
gravitate ['grævɪteɪt] **1** gravitera **2** bildl., *~ towards (to)* dras mot (till), luta åt
gravitation [ˌgrævɪˈteɪʃ(ə)n] **1** gravitation; *the law of ~* tyngdlagen, gravitationslagen **2** bildl. dragning
gravity ['grævətɪ] **1** allvar, värdighet [*the ~ of a judge*] **2** a) allvar, betydelse [*the ~ of an occasion* (*a question, a matter*)] b) allvarlig (betänklig) karaktär, allvar [*the ~ of an offence*]; *the ~ of the situation* situationens allvar **3** tyngd, vikt; *centre of ~* tyngdpunkt **4** tyngdkraft; *the law of ~* tyngdlagen, gravitationslagen
gravy ['greɪvɪ] **1** köttsaft; sky; [kött]sås **2** sl. stålar; storkovan; *climb on (ride, get on, board) the ~ train* komma sig [upp] i smöret, skära guld med täljknivar
gravy boat ['greɪvɪbəʊt] såsskål
1 gray [greɪ] isht amer., se *grey*
2 gray [greɪ] fys. gray enhet
1 graze [greɪz] **I** *vb tr* **1** snudda vid; skrapa mot **2** skrapa [*~ one's knee*], skava **II** *vb itr*, *~ against* snudda vid, skrapa mot **III** *s* skråma
2 graze [greɪz] **I** *vb itr* beta; *grazing ground* (*land*) betesmark **II** *vb tr* **1** [låta] beta, valla [*~ sheep*] **2** låta kreaturen beta [på] [*~ a field*]; beta [av]
grease [ss. subst. griːs, ss. vb äv. griːz] **I** *s* **1** fett äv. smält; talg, ister, flott **2** tekn. smörjmedel, [konsistens]fett **II** *vb tr* **1** smörja med fett; [rund]smörja bil o.d.;

valla skidor; *like ~d lightning* som en oljad blixt, blixtsnabbt; *~ a p.'s palm* smörja (muta) ngn **2** smörja ned **3** vard. smörja, muta

greasepaint ['griːspeɪnt] teat. smink

greaseproof ['griːspruːf], *~ [paper]* smörgåspapper, smörpapper

greasy ['griːzɪ, 'griːsɪ] **1** fet [*~ food*]; oljig, talgig; hal [*a ~ road*; *a ~ footboll pitch*]; *~ pole* såpad stång att klättra upp på **2** flottig [*~ fingers*, *~ clothes*]; oljig [*a ~ smile*]; *~ spoon* isht amer. sl. sjaskig sylta billig restaurang

great [greɪt] **I** *adj* **1** stor; *the G~ Bear* astron. Stora björn[en]; *G~ Britain* Storbritannien, ibl. England **2** stor, viktig [*a ~ occasion*; *no ~ matter*]; *the ~ attraction* glansnumret, huvudnumret **3** stor, framstående, betydande [*a ~ painter*; *a ~ statesman*]; storsint, ädel [*a ~ deed*] **4** mäktig, stor; hög [*a ~ lady*]; *Alfred the G~* Alfred den store **5** om tid lång [*a ~ interval*]; hög [*a ~ age*]; *a ~ while* en lång stund **6** stor; ivrig [*a ~ reader*]; *~ friends* mycket goda vänner **7** vard. härlig [*it was a ~ sight*]; utmärkt; [*that's*] *~!* fint!, utmärkt!; *we had a ~ time* vi hade jättetrevligt; *wouldn't it be ~ if...!* vore det inte underbart om...! **II** *adv* vard. utmärkt; *things are going ~* det (allt) går utmärkt (väldigt bra, fint) **III** *subst adj*, *the ~* de stora, ässen [*the golf ~s*]; de mäktiga

greatcoat ['greɪtkəʊt] överrock; militärs kappa

great-grand|child [ˌgreɪt'græn|tʃaɪld] (pl. *-children* [-,tʃɪldr(ə)n]) barnbarnsbarn

great-granddaughter [ˌgreɪt'græn,dɔːtə] sons (dotters) sondotter (dotterdotter); barnbarnsbarn

great-grandfather [ˌgreɪt'græn(d),fɑːðə] farfars (farmors) far; morfars (mormors) far

great-grandmother [ˌgreɪt'græn(d),mʌðə] farfars (farmors) mor; morfars (mormors) mor

great-grandson [ˌgreɪt'græn(d)sʌn] dotters (sons) dotterson (sonson); barnbarnsbarn

greatly ['greɪtlɪ] mycket, i hög grad [*~ disappointed*]; *be ~ mistaken* ta grundligt (alldeles) fel

greatness ['greɪtnəs] **1** storlek i omfäng, grad **2** storhet

grebe [griːb] zool. dopping; *great crested ~* skäggdopping

Grecian ['griːʃ(ə)n] grekisk i stil [*~ nose*, *~ profile*]

Greece [griːs] Grekland

greed [griːd] glupskhet; snikenhet

greedy ['griːdɪ] **1** glupsk [*a ~ boy*] **2** lysten; girig

greedy-guts ['griːdɪgʌts] sl. matvrak

Greek [griːk] **I** *s* **1** grek; grekinna **2** grekiska [språket]; *it is ~ to me* vard. jag förstår inte ett dugg, det är rena grekiskan för mig **II** *adj* grekisk; *the ~ Church* den grekisk-katolska kyrkan

green [griːn] **I** *adj* **1** grön; grönskande; *~ belt* grönt bälte, grönområden kring stad; *have ~ fingers* (amer. *a ~ thumb*) vard. ha gröna fingrar, ha hand med blommor; vara trädgårdsmänniska; *give a p. the ~ light* vard. ge ngn grönt ljus (klarsignal, klartecken); *the G~ Party* polit. de Gröna, Miljöpartiet **2** färsk om matvaror, sår m.m. **3** omogen; naiv; *a ~ hand* en otränad (oerfaren) arbetare **4** frisk, spänstig; *keep a p.'s memory ~* hålla ngns minne levande **5** blek, med en sjuklig färg **II** *s* **1** grönt; grön färg; grön nyans **2** allmän gräsplan; plan [isht i sammansättn. *bowling-green*]; golf. green; *the village ~* byallmänningen, gräsplanen i byn **3** grönska **4** pl. *~s* vard. [blad]grönsaker **III** *vb itr* bli grön, grönska; *~ out* skjuta gröna (nya) skott **IV** *vb tr* **1** göra (måla, färga) grön; klä i grönska [äv. *~ over*] **2** sl. lura

greenery ['griːnərɪ] **1** grönska **2** [prydnads]grönt

greenfly ['griːnflaɪ] zool. [grön] bladlus, isht persikbladlus

greengage ['griːngeɪdʒ, 'griːŋg-] renklo slags plommon

greengrocer ['griːn,grəʊsə] [frukt- och] grönsakshandlare; *~'s [shop]* frukt- och grönsaksaffär

greengrocery ['griːn,grəʊs(ə)rɪ] **1** [frukt- och] grönsaksaffär **2** frukt och grönsaker ss. handelsvaror

greenhorn ['griːnhɔːn] bildl. gröngöling

greenhouse ['griːnhaʊs] växthus; *~ effect* växthuseffekt, drivhuseffekt

Greenland ['griːnlənd] geogr. Grönland; *~ shark* zool. håkäring; *~ whale* zool. grönlandsval

Greenwich ['grenɪdʒ, 'griːn-, -ɪtʃ] geogr. egenn.; *~ Mean Time* [ˌ--'--] Greenwichtid

greet [griːt] **1** hälsa **2** välkomna gäst o.d. **3** om syn, ljud, lukt möta [*a surprising sight ~ed us* (*our eyes*)]; [*a smell of coffee*] *~ed us* äv. ...slog emot oss

greeting ['griːtɪŋ] hälsning [*Christmas ~s*]; hälsningsfras; välkomnande; *~s card* gratulationskort

gregarious [grɪ'geərɪəs, grə'g-] **1** som

lever i flock; bildl. mass-; *be ~* uppträda i flock **2** sällskaplig
grenade [grɪ'neɪd, grə'n-] mil., liten granat, handgranat
grenadier [ˌgrənə'dɪə] grenadjär
grew [gruː] imperf. av *grow*
grey [greɪ] **I** *adj* grå; om tyg ofta oblekt; *~ eminence* grå eminens; *G~ Friar* gråbroder franciskanmunk; *~ matter* grå hjärnsubstans; vard. grå celler, intelligens **II** *s* grått; grå färg; grå nyans **III** *vb tr* göra grå **IV** *vb itr* gråna
greyhound ['greɪhaʊnd] vinthund; *~ racing* sport. hundkapplöpning; *ocean ~* snabbgående oceanångare, oceanfartyg
grid [grɪd] **1** galler; rist **2** [kraft]ledningsnät **3** elektr. el. radio. galler; gitter **4** rutor, rutsystem på karta **5** [*starting*] *~* startplats i motorsport **6** sl. båge, hoj cykel [*old ~*] **7** se *gridiron*
griddle ['grɪdl] **1** [pannkaks]lagg för gräddning ovanpå spisen **2** grill
gridiron ['grɪdˌaɪən] **1** halster; grill; rost **2** nät[verk] **3** amer. vard. fotbollsplan
grief [griːf] sorg; smärta; *good ~!* vard. bevare mig väl!, kors!
grievance ['griːv(ə)ns] missnöjesanledning; klagomål; *have a ~* ha något att klaga (beklaga sig) över
grieve [griːv] högtidl. **I** *vb tr* bedröva, vålla sorg (smärta) [*~ one's parents*], smärta ofta opers. [*it ~s me*]; *be ~d at* (*about, over*) vara sorgsen (bedrövad, förkrossad) över **II** *vb itr* sörja [*at* (*for, over, about*) över; *to* + inf. över att]
grievous ['griːvəs] **1 a)** sorglig, smärtsam, svår [*~ loss, ~ injury, ~ decision*]; bitter klagan **b)** litt. svår [*~ pain, sin*]; farlig [*~ error, ~ folly*] **c)** ngt åld. grov [*~ crime*]; *a ~ injustice* (*wrong*) en blodig orätt **2** åld. sorgsen [*a ~ cry*]
grill [grɪl] **I** *vb tr* **1** grilla **2** bildl. ansätta hårt [i korsförhör], grilla **II** *s* **1** grillrätt m.m. **2** grill, halster; rost
grille [grɪl] **1** galler omkring el. framför ngt; gallergrind; [gallerförsedd] lucka **2** grill på bil
grillroom ['grɪlruːm] grill [rum i] restaurang
grim [grɪm] **1** hård, obeveklig, fast [*~ determination*] **2** barsk, bister [*~ expression*]; dyster plats o.d.; *~ humour* bister humor, galghumor **3** vard. otrevlig
grimace [grɪ'meɪs, 'grɪməs] **I** *s* grimas **II** *vb itr* grimasera
grime [graɪm] **I** *s* ingrodd svart smuts, sot **II** *vb tr* smutsa (sota) ned; *~d* smutsig, sotig
grimy ['graɪmɪ] smutsig, sotig

grin [grɪn] **I** *vb itr* flina; visa tänderna; *~ and bear it* hålla god min i elakt spel, bita ihop tänderna i svår situation **II** *s* flin; grin
grind [graɪnd] **I** (*ground ground*) *vb tr* **1** mala [*~ corn into* (till) *flour*]; *~* [*to pieces*] mala (smula) sönder, krossa **2** bildl. förtrycka; krossa; *~ the faces of the poor* förtrycka (utarma) de fattiga **3** slipa; vässa; polera; *ground glass* matt (mattslipat) glas **4** skrapa [med]; *~ one's teeth* [*together*] skära tänder[na] **5** veva; *~ out a tune* veva fram en melodi **6** vard. plugga [*~ French*] **II** (*ground ground*) *vb itr* **1** mala; gå att mala **2** [stå och] veva (mala) **3** skrapa, skava [*a ship ~ing on* (*against*) *the rocks*], gnissla; *~ to a halt* stanna med ett gnissel; bildl. stanna av, köra fast **4** vard. sträva och slita; plugga; *~* [*away*] *at one's studies* plugga, knoga med sina studier **5** utmanande rotera med (vicka på) höfterna i dans; *bump and ~* jucka och rotera med höfterna **III** *s* **1** malning; skrap, skrapande ljud; *fine ~* finmalning **2** vard. knog, slitgöra **3** amer. sl. plugghäst
grinder ['graɪndə] **1** malare; slipare **2** kvarn [*coffee-grinder*]; [övre] kvarnsten; slipmaskin **3** kindtand; pl. *~s* vard. tänder
grindstone ['graɪn(d)stəʊn] slipsten; *keep* (*hold*) *a p.'s nose to the ~* bildl. hålla ngn i ständigt arbete, låta ngn slita hund
grip [grɪp] **I** *s* **1** grepp, [fast] tag, fattning; *have a ~ of* ha grepp på (om) ämne; behärska; *lose* [*one's*] *~ on* förlora greppet om, förlora kontrollen (herraväldet) över **2** handtag på vapen, väska m.m.; fäste, koppling; gripklo **3** hårklämma **4** pl. *~s* nappatag **5** teat. vard. scenarbetare; film. el. TV. passare **II** *vb tr* **1** gripa [om] [*~ the railing*] **2** bildl. gripa, fängsla **III** *vb itr* **1** fatta (få) fast tag; ta [*the brakes failed to ~* (tog inte)] **2** bildl. göra starkt intryck
gripe [graɪp] **1** pl. [*the*] *~s* magknip, kolik **2** vard. gnäll
gripping ['grɪpɪŋ] gripande
grisly ['grɪzlɪ] hemsk, gräslig
grist [grɪst] **1** mäld; *~ to the mill* bildl. välkommet bidrag (tillskott), vinst, fördel; *everything* (*all*) *is ~ that comes to my mill* alla bidrag mottas med tacksamhet, jag har användning för allt **2** mald säd
gristle ['grɪsl] brosk isht i kött
grit [grɪt] **I** *s* **1** hård partikel; sandkorn; sand **2** vard. gott gry **II** *vb tr* **1** gnissla med;

~ *one's teeth* a) skära tänder b) bita ihop tänderna **2** sanda [~ *the roads*]
grits [grɪts] (konstr. ss. sg. el. pl.) **1** [kross]gryn **2** gröpe
gritty ['grɪtɪ] grusig
grizzle ['grɪzl] vard., mest om barn gnälla; skrika
grizzled ['grɪzld] grå; gråsprängd
grizzly ['grɪzlɪ] **I** *adj* grå; gråhårig; ~ *bear* grizzlybjörn, stor nordamerikansk gråbjörn **II** *s* se ~ *bear* under *I*
groan [grəʊn] **I** *vb itr* stöna [~ *with* (av) *pain*]; sucka [*for* efter]; digna; om trä o.d. knaka; *the table ~ed with food* bordet dignade av mat **II** *s* **1** stön, suck **2** [missnöjt] mummel
grocer ['grəʊsə] specerihandlare; ~'*s* [*shop* (isht amer. *store*)] speceriaffär, livsmedelsaffär
grocery ['grəʊs(ə)rɪ] **1** mest pl. *groceries* specerier **2** speceriaffär [amer. äv. ~ *store*]; ~ *chain* livsmedelskedja
grog [grɒg] sjö. toddy på rom, whisky el. konjak
groggy ['grɒgɪ] vard. ostadig [på benen]; isht sport. groggy
groin [grɔɪn] anat. ljumske; vard. skrev [*kick a p. in the* ~]
groom [gruːm, grʊm] **I** *s* **1** stalldräng, ridknekt **2** brudgum **II** *vb tr* **1** sköta; rykta **2** göra fin (snygg) **3** vard. träna, trimma [~ *a political candidate*]
groove [gruːv] **I** *s* **1** fåra, skåra; spår i t.ex. grammofonskiva; fals; not; gänga på skruv **2** bildl. [hjul]spår, gängor [*fall into the old* ~]; *get into a* ~ fastna i slentrian **II** *vb tr* holka ur; skära [ut] ränna o.d.; nota; ~ *and tongue* sponta
groovy ['gruːvɪ] **1** slentrianmässig **2** ngt åld. sl. toppen; mysig; jättesnygg; maffig
grope [grəʊp] **I** *vb itr* treva **II** *vb tr* **1** ~ *one's way* treva sig fram **2** sl. tafsa på; kåta upp
gross [grəʊs] **I** *adj* **1** grov, simpel [~ *language*, ~ *jests*] **2** grov [~ *carelessness*, ~ *exaggeration*], krass [~ *materialism*]; ~ *negligence* jur. grov oaktsamhet (vårdslöshet) **3** total-, brutto- [~ *price*, ~ *income*, ~ *profit*, ~ *weight*]; ~ *domestic product* (förk. *GDP*) bruttonationalprodukt **II** *s* (pl. lika) gross 12 dussin [*two* ~ *pens*]; *by* [*the*] ~ grossvis, i gross **III** *vb tr* [för]tjäna (ta in) brutto [~ *two thousand pounds*]
grossly ['grəʊslɪ] grovt [~ *exaggerated*]
grotesque [grə(ʊ)'tesk] **I** *s* **1** konst. grotesk[ornamentik] **2** grotesk figur **II** *adj*

1 konst. [i] grotesk [stil] **2** grotesk; barock [*that is quite* ~]
grotto ['grɒtəʊ] (pl. ~*s* el. ~*es*) grotta
grotty ['grɒtɪ] vard. **1** urusel, vissen; kass **2** ful; snuskig
grouch [graʊtʃ] vard. **I** *vb itr* knota, sura **II** *s* **1** surhet, grinighet; *have a* ~ *against a p.* vara sur på ngn **2** surpuppa
1 ground [graʊnd] imperf. o. perf. p. av *grind*
2 ground [graʊnd] **I** *s* **1** mark; jord; grund; *break fresh* (*new*) ~ a) bryta (odla upp) ny mark b) bildl. bryta nya vägar (ny mark) **2** mark; område; plan [*cricket* (*football*) ~]; [idrotts]anläggning, stadion; *we have covered a lot of* ~ *today* vi har hunnit långt i dag; *go over the* ~ *again* bildl. gå igenom saken (materialet, problemet) igen; *lose* ~ förlora terräng, gå tillbaka, avta **3** pl. ~*s* inhägnat område, [stor] tomt **4** persons jord, ägor **5** botten isht sjö. o. bildl., havsbotten; *break* ~ lyfta ankar **6** pl. ~*s* bottensats, sump [*coffee grounds*]; drägg **7** isht amer. jord[kontakt], jordledning **8** grund; botten [*pink roses on a white* ~] **9** anledning, grund, motiv, [giltigt] skäl; *give* ~[*s*] *for* ge anledning till; *have good* ~[*s*] *for believing* ha goda skäl (all anledning) att tro
II *vb tr* **1** grunda; *well* ~*ed* [väl]grundad, motiverad **2** ~ *oneself in a subject* lära sig grunderna i ett ämne; *be well* ~*ed in* ha goda grunder (kunskaper) i **3** flyg. a) tvinga att landa b) förbjuda (hindra) att flyga; ge pilot marktjänst; *all aircraft are* ~*ed* inga plan kan (får) starta
ground control [ˌgraʊn(d)kən'trəʊl] **1** flyg. markkontroll **2** markutrustning; ~ *approach* markstationerad landningsradar, GCA
ground floor [ˌgraʊn(d)'flɔː, isht attr. '--] bottenvåning; *on the* ~ äv. på nedre botten; *get in on the* ~ bildl. a) komma in i bolag med samma rättigheter som stiftarna b) vara med från starten c) komma i en fördelaktig position
grounding ['graʊndɪŋ] **1** grundande **2** grundkunskaper [*a good* ~ *in grammar*]
groundless ['graʊndləs] grundlös
groundnut ['graʊn(d)nʌt] bot. jordnöt
ground rent ['graʊndrent] jordränta, tomthyra
groundsheet ['graʊn(d)ʃiːt] markskydd mot fukt; tältunderlag
grounds|man ['graʊn(d)z|mən] (pl. -*men* [-mən el. -men]) planskötare för kricketplan o.d.
ground swell ['graʊndswel]

1 grunddyning; lång svår dyning **2** bildl. underström

groundwork ['graʊndwɜːk] **1** grundval, grund [~ *for* el. *of* (till, för) *a good education*], basis; grunddrag; grundprincip **2** grundläggande (förberedande) arbete

group [gruːp] **I** *s* **1** grupp, grupp- [~ *psychology*, ~ *sex*, ~ *therapy*]; klunga; sammanslutning; avdelning; ~ [*life*] *insurance* grupplivförsäkring **2** koncern **3** mil. [flyg]eskader; amer. ung. [flyg]flottilj; ~ *captain* överste vid brittiska flygvapnet **II** *vb tr* gruppera, ordna (samla) i grupp[er], föra samman (indela) [i grupper] [äv. ~ *together*]

1 grouse [graʊs] **I** (pl. lika) *s* skogshöns; populärt mest moripa, skotsk ripa [äv. *red* ~]; *black* ~ orre; *red* ~ moripa **II** *vb itr* jaga skogsfågel; gå (vara ute) på ripjakt

2 grouse [graʊs] vard. **I** *s* knot **II** *vb itr* knota, gruffa

grove [grəʊv] **1** skogsdunge; lund [*orange* ~], plantering **2** klunga [*a* ~ *of little tents*]

grovel ['grɒvl] **1** kräla i stoftet, krypa [äv. ~ *in the dust* (*dirt*)] **2** bildl. förnedra sig; vältra sig [~ *in sentimentality*]

grovelling ['grɒvlɪŋ] **I** *adj* lismande **II** *s* lismande

grow [grəʊ] (*grew grown*) **I** *vb itr* **1** växa; gro, spira [*plants* ~ *from seeds*]; växa till; bli större; utvecklas; utvidgas; tillta, öka [*his influence has* ~*n*]; ~ *into a habit* [så småningom] bli till (övergå till) en vana; ~ *up* växa upp, bli fullvuxen, bli stor; *be* ~*n up* vara vuxen (fullvuxen, stor) **2** ~ *on* a) hota (hålla på) att bli ngn övermäktig, bli allt djupare rotad hos [*the habit grew on him*] b) mer och mer tilltala (imponera på) ngn **3** [småningom] bli [~ *better*, ~ *rich*]; ~ *big and strong* växa sig stor och stark; *be* ~*ing* börja bli [*be* ~*ing late* (*old*)] **4** ~ *to* inf. mer och mer börja [att], lära sig att, komma att [*I grew to like it*] **II** *vb tr* **1** odla [~ *potatoes*]; producera **2** låta växa, anlägga; ~ *a beard* anlägga (lägga sig till med) skägg, låta skägget växa **3** *be* ~*n* [*over*] vara beväxt (bevuxen, övervuxen) [*with weeds*]

grower ['grəʊə] **1** *it is a rapid* (*fast*) ~ om växt den växer fort **2** odlare

growl [graʊl] **I** *vb itr* **1** morra **2** mullra **3** knota **II** *s* morrande etc., jfr *I*; argt (missnöjt) mummel

grown [grəʊn] **I** perf. p. av *grow* **II** *adj* **1** fullvuxen, vuxen, 'stor' **2** grodd [~ *wheat*]

grown-up ['grəʊnʌp, ˌ-'-] **I** *adj* vuxen [*a* ~ *son*] **II** *s* vuxen [person]; *two* ~*s* två vuxna

growth [grəʊθ] **1** växt; tillväxt [*the* ~ *of the city*]; utveckling [*the* ~ *of trade*]; utvidgning, stigande, tilltagande; ~ *rate* ekon. tillväxttakt **2** odling **3** växt, växtlighet [*a thick* ~ *of weeds*], bestånd; *a week's* ~ *of beard* en veckas skäggväxt **4** skörd isht av vin; alster, produkt; vinsort; *French* ~*s* franska viner

grub [grʌb] **I** *vb itr* gräva, rota äv. bildl.; ~ *about* gå och rota (böka) **II** *vb tr*, ~ [*up*] gräva i, gräva upp land; rensa (röja) upp mark; befria från rötter o.d. **III** *s* **1** zool. larv **2** vard. käk mat; ~ *up!* käket är klart!

grubby ['grʌbɪ] smutsig; snuskig, sjaskig

grudge [grʌdʒ] **I** *vb tr* **1** knorra (klaga) över; ~ *the cost* dra sig för kostnaderna **2** missunna [*they* ~*d him his success*] **II** *s*, *bear* (*owe*) *a p. a* ~ hysa agg (ha ett horn i sidan) till ngn

grudging ['grʌdʒɪŋ] motsträvig, motvillig; missunnsam; *a* ~ *admission* ett motvilligt medgivande

gruel [grʊəl] välling; havresoppa

gruelling ['grʊəlɪŋ] vard. **I** *adj* mycket ansträngande [*a* ~ *motor race*], het; sträng [*a* ~ *cross-examination*], skarp **II** *s* ordentlig omgång; svår (hård) pärs

gruesome ['gruːsəm] hemsk

gruff [grʌf] **1** grov; sträv [*a* ~ *manner*], butter **2** skrovlig [*a* ~ *voice*]

grumble ['grʌmbl] **I** *vb itr* knota, klaga, muttra [*about* (*at*, *over*) över] **II** *vb tr*, ~ [*out*] muttra fram **III** *s* muttrande; knot

grumpy ['grʌmpɪ] knarrig

grunt [grʌnt] **I** *vb itr* grymta; knorra **II** *vb tr* grymta fram **III** *s* grymtning

G-string ['dʒiːstrɪŋ] **1** stringtrosa **2** mus. g-sträng

guarantee [ˌgær(ə)n'tiː] **I** *s* **1** garanti äv. bildl.; säkerhet; borgen; ~ *certificate* (*warrant*) garantibevis, garantisedel **2** garant; borgensman; *be* ~ *for* äv. gå i god för, garantera **II** *vb tr* **1** garantera [~ *peace*]; gå i borgen för; tillförsäkra [~ *a p. immunity*]; ge ngn garantier **2** bädda för [*good planning* ~*s success*]

guarantor [ˌgær(ə)n'tɔː, gə'ræntɔː] garant; borgensman; ~ *powers* polit. garantimakter

guard [gɑːd] **I** *vb tr* **1** bevaka [~ *prisoners*], hålla vakt vid [~ *the frontiers*], vakta [över], övervaka **2** skydda; gardera äv. schack. el. kortsp.; ~ *oneself against* gardera (skydda, säkra) sig mot **II** *vb itr* hålla vakt; vara på sin vakt, akta sig [~

against (*för*) *temptations*]; fäktn. gardera sig; ~ *against* äv. a) gardera (skydda) sig mot [~ *against disease* (*suspicion*)] b) vara ett skydd mot **III** *s* **1** vakt, bevakning, skydd; *keep* ~ hålla vakt, stå (gå) på vakt; *be on one's* ~ vara på sin vakt [*against* mot]; akta sig [*against* för] **2** skydd; försvar **3** försvarsställning i fäktning o.d. **4** fångvaktare; vakt; väktare **5** isht mil. vakt, vaktmanskap **6** pl. ~*s* garde [*Horse Guards*] **7** konduktör på tåg; bromsare; amer. spärrvakt **8** skydd, skyddsanordning av olika slag; skärm på cykel

guarded ['gɑːdɪd] **1** bevakad, vaktad, garderad **2** försiktig; reserverad

guardian ['gɑːdjən] **1** väktare [~ *of the law*]; bevakare [~ *of public interests*]; skydds- [~ *angel*] **2** jur. förmyndare; vårdnadshavare, målsman

guardroom ['gɑːdruːm] mil. vaktrum; arrestrum

guards|man ['gɑːdz|mən] (pl. *-men* [-mən]) **1** gardesofficer; gardist **2** amer. nationalgardist

Guatemala [ˌgwɑːtəˈmɑːlə, ˌgwæt-]

Guernsey ['gɜːnzɪ] geogr.

guerrilla [gəˈrɪlə] **1** ~ *war*[*fare*] gerillakrig[föring] **2** gerillasoldat; pl. ~*s* äv. gerillatrupper, gerilla

guess [ges] **I** *vb tr* **1** gissa [~ *the truth*]; uppskatta **2** isht amer. vard. tro, anta; *I* ~ *you are hungry* äv. du är väl hungrig?; *I* ~ *I'll go now* jag tänker gå nu, jag tror jag går nu; *I* ~*ed as much* jag tänkte mig just det, var det inte det jag trodde; *I* ~ *so* äv. antagligen; ~ *what!* vet du vad?, har du hört? **II** *vb itr* gissa [~ *right* (*wrong*)]; *keep a p.* ~*ing* hålla ngn i ovisshet, hålla ngn på sträckbänken **III** *s* gissning; *it's anybody's* ~ det vete fåglarna; *your* ~ *is as good as mine* jag vet inte mer om det än du, det är mer än jag vet; *give* (*have, make*) *a* ~ gissa [*at a th.* [på] ngt]; *by way of a* ~ gissningsvis

guesswork ['geswɜːk] gissning[ar], [rena] spekulationer

guest [gest] **1** gäst, gäst- [~ *conductor* (*lecture*)]; främmande [*we're expecting* ~*s to dinner*]; *be my* ~*!* vard. var så god!, ta för dig bara!; ofta iron. genera dig inte!; det bjuder jag på! **2** bot. el. zool. parasit

guest-house ['gesthaʊs] [finare] pensionat, gästhem

guffaw [gʌˈfɔː] **I** *s* gapskratt **II** *vb itr* gapskratta

guidance ['gaɪd(ə)ns] ledning; anförande; ciceronskap; vägledning [*we need* ~ *on this point*], orientering; rådgivning [*marriage* ~]; rättesnöre

guide [gaɪd] **I** *vb tr* **1** visa vägen [*he will* ~ *us*], [väg]leda [*the blind man was* ~*d by his dog*], visa; ledsaga; guida **2** styra [~ *the State*], leda [~ *a horse*]; vara vägledande för; *be* ~*d by* låta sig vägledas (styras) av; ~*d missile* (*weapon*) [fjärrstyrd] robot, robotvapen **II** *s* **1** vägvisare; guide; rådgivare [*her religious* ~]; rättesnöre; ledning [*serve as a* ~]; vägledning; ledtråd **2** handbok [*a* ~ *to* (i) *English conversation*], resehandbok [*a* ~ *to* (över) *Italy*], guide, katalog [*a* ~ *to* (över) *the museum*]; nyckel [*a* ~ *to* (till) *the pronunciation*]; *railway* ~ tågtidtabell **3** flickscout **4** tekn. ledare, löpskena [äv. ~ *rail*], gejd

guidebook ['gaɪdbʊk] vägvisare, resehandbok; katalog

guide dog ['gaɪ(d)dɒg] ledarhund för blinda, blindhund

guideline ['gaɪdlaɪn] riktlinje; ~*s* äv. anvisningar

guild [gɪld] gille; sällskap

guildhall [ˌgɪldˈhɔːl] **1** gilleshus **2** rådhus, stadshus; [*the*] *G*~ rådhuset i City i London

guile [gaɪl] svek, falskhet, förräderi; [argan] list

guileless ['gaɪlləs] sveklös; öppen; aningslös

guillotine [ˌgɪləˈtiːn, ˈgɪləˈtiːn] **I** *s* giljotin **II** *vb tr* giljotinera

guilt [gɪlt] **1** skuld [*proof of his* ~]; skuldkänsla; ~ *complex* skuldkomplex, skuldkänsla **2** brottslighet [*lead a life of* (i) ~]

guilty ['gɪltɪ] **1** skyldig [~ *of* (till) *murder*]; *find a p.* ~ (*not* ~) förklara ngn skyldig (inte skyldig); *plead not* ~ neka **2** skuldmedveten [*a* ~ *look*]; ~ *conscience* dåligt samvete

guinea ['gɪnɪ] guinea förr mynt om 21 shilling

guinea pig ['gɪnɪpɪg] **1** zool. marsvin **2** försökskanin

guise [gaɪz] utseende, yttre; sken, mask; *in the* ~ *of* a) i form (gestalt) av b) klädd som; *under the* ~ *of* under sken (en mask) av [*under the* ~ *of friendship*]

guitar [gɪˈtɑː] gitarr; *rhythm* ~ kompgitarr

guitarist [gɪˈtɑːrɪst] gitarrist; *rhythm* ~ kompgitarrist

gulch [gʌltʃ] amer. [smal] bergsklyfta

gulf [gʌlf] **1** golf, [havs]bukt; vik [*the G*~ *of Bothnia*]; *the G*~ *Stream* Golfströmmen **2** bildl. svalg

gull [gʌl] zool. mås; trut; *common* ~ fiskmås

gullet ['gʌlɪt] matstrupe; strupe
gullible ['gʌləbl] lättlurad
gully ['gʌlɪ] **1** ränna, klyfta, åbädd **2** [djupt] dike
gulp [gʌlp] **I** *vb tr*, ~ [*down*] svälja häftigt, stjälpa (slänga) i sig [~ *down a cup of tea*], sluka **II** *s* **1** sväljning; *at one* ~ i ett tag (drag), på en gång **2** munfull, klunk, tugga
1 gum [gʌm] anat., mest pl. ~*s* tandkött
2 gum [gʌm] vard. (förvrängning av *God*); *by* ~*!* för tusan!
3 gum [gʌm] **I** *s* **1** gummi; kåda **2** slags hård genomskinlig gelékaramell **3** tuggummi **4** pl. ~*s* amer. vard. galoscher; gummistövlar **II** *vb tr* **1** fästa (klistra upp) med gummi [ofta ~ *down* (*in*, *up*)] **2** ~ *up* sl. förstöra; stoppa
gumboil ['gʌmbɔɪl] med. tandböld
gumption ['gʌm(p)ʃ(ə)n] vard. sunt förnuft; *he has no* ~ han saknar framåtanda, han är alldeles bortkommen (bakom)
gun [gʌn] **I** *s* **1** mil. kanon; bössa, gevär; *heavy* ~*s* tungt artilleri **2** vard. revolver; pistol **3** spruta; tryckspruta; insektsspruta; *grease* ~ smörjspruta, fettspruta **4** spec. uttr.: *big* ~ sl. stor (verklig) höjdare; pamp, storgubbe; högdjur; *son of a* ~ vard. rackare, skojare, kanalje; *stick* (*stand*) *to one's* ~*s* bildl. stå fast, stå på sig **II** *vb itr* **1** skjuta (jaga) med gevär [*go* ~*ning*] **2** ~ *for* vard. a) vara på jakt efter b) vara ute efter, kämpa för, försöka få (nå) [*be* ~*ning for a rise*] **III** *vb tr* **1** vard. skjuta [på] **2** vard., ~ [*down*] skjuta ner
gunboat ['gʌnbəʊt] **1** sjö. kanonbåt; ~ *diplomacy* kanonbåtsdiplomati diplomati med stöd av [hot om] militärt våld **2** pl. ~*s* amer. sl. stora bla'n skor, fötter
gun dog ['gʌndɒg] jakthund
gunfire ['gʌn,faɪə] skottlossning; mil. artillerield
gunge [gʌndʒ] vard. gegga[moja]
gun|man ['gʌn|mən] (pl. -*men* [-mən]) gangster, revolverman; beväpnad man
gunner ['gʌnə] mil. kanonjär; artillerist; riktare; [kulsprute]skytt äv. på flygplan
gunpoint ['gʌnpɔɪnt], *at* ~ under pistolhot (gevärshot)
gunpowder ['gʌn,paʊdə] krut
gunrunning ['gʌn,rʌnɪŋ] vapensmuggling
gunshot ['gʌnʃɒt] skottvidd [*out of* (*within*) ~]
gunwale ['gʌnl] sjö. reling
gurgle ['gɜ:gl] **I** *vb itr* **1** klunka, klucka; porla **2** skrocka [~ *with laughter*], gurgla **II** *s* **1** klunk[ande], kluck[ande]; porlande **2** skrockande (gurglande) ljud
guru ['gʊru:, 'gu:ru:] ind. guru äv. bildl.
gush [gʌʃ] **I** *vb itr* **1** välla [fram] [*the oil* ~*ed from the well*], forsa [ut] [*the blood* ~*ed from the wound*], strömma [ut] **2** vard. vara översvallande [i sitt tal]; ~ *about* (*over*) tala med hänförelse om **II** *s* **1** framvällande; ström [*a* ~ *of water*] **2** bildl. häftigt utbrott (anfall) [*a* ~ *of anger* (*energy*)]; vard. sentimentalt svammel
gusset ['gʌsɪt] kil i klädesplagg
gust [gʌst] **1** häftig vindstöt, kastvind, stormby; by, regnby **2** bildl. storm, [häftigt] utbrott [*a* ~ *of anger*]
gusto ['gʌstəʊ], *with* [*great*] ~ med stort välbehag, med stor förtjusning
gusty ['gʌstɪ] byig
gut [gʌt] **I** *s* **1** tarm; tarmkanal; *blind* ~ blindtarm **2** tarmsträng, kattgut **3** tafs till metrev **II** *vb tr* **1** rensa fisk **2** tömma, rensa; ~*ted by fire* urblåst (utbränd) av eld
III *adj*, ~ *feeling* (*reaction*) instinktiv känsla (reaktion); känsla i magen
guts [gʌts] vard. **1** inälvor; innanmäte, bildl. äv. innehåll; *I hate his* ~ jag avskyr honom som pesten **2** mage [*stick a bayonet into a man's* ~] **3** kurage; *he's got no* ~ a) det är ingen ruter i honom b) han är [för] feg **4** amer. mage, fräckhet
gutsy ['gʌtsɪ] isht amer. sl. **1** modig **2** kraftfull; utmanande
gutter ['gʌtə] **1** rännsten; ~ *press* skandalpress **2** avloppsränna **3** takränna
guttersnipe ['gʌtəsnaɪp] **1** rännstensunge **2** vard. knöl, tölp
guttural ['gʌt(ə)r(ə)l] **I** *adj* strup-; strupljuds-; isht fonet. guttural **II** *s* strupljud; gutturalt ljud
1 guy [gaɪ] gaj
2 guy [gaɪ] **I** *s* **1** Guy-Fawkes-docka som till minnet av Guy Fawkes, aktiv i krutkonspirationen 1605, bärs omkring på gatorna och bränns 5 nov. **2** bildl. fågelskrämma, löjlig figur **3** vard. karl, kille; tjej; *he's a bad* ~ han är en buse (skurk) **II** *vb tr* driva (skoja) med
guzzle ['gʌzl] **I** *vb itr* supa, pimpla; vräka (glufsa) i sig **II** *vb tr* supa, pimpla; vräka (glufsa) i sig; sluka [~ *energy*]
gymkhana [dʒɪm'kɑ:nə] **1** idrottsplats **2** gymkhana
gymnasi|um [dʒɪm'neɪzj|əm] (pl. -*ums* el. -*a* [-ə]) **1** gymnastiksal; gymnastiklokal, idrottslokal **2** om icke-anglosaxiska förhållanden gymnasium
gymnast ['dʒɪmnæst] gymnast

gymnastic [dʒɪm'næstɪk] gymnastisk
gymnastics [dʒɪm'næstɪks] (konstr. ss. sg. utom i bet. 'gymnastiserande') gymnastik, gymnastik- [*a ~ lesson (teacher)*]; *do ~* göra gymnastik, gympa, gymnastisera; *mental ~* hjärngymnastik
gym slip ['dʒɪmslɪp] o. **gym suit** ['dʒɪmsuːt] gymnastikdräkt [för flickor]
gynaecological [ˌgaɪnɪkə'lɒdʒɪk(ə)l, ˌdʒaɪ-] gynekologisk
gynaecologist [ˌgaɪnɪ'kɒlədʒɪst, ˌdʒaɪ-] gynekolog
gynaecology [ˌgaɪnɪ'kɒlədʒɪ, ˌdʒaɪ-] gynekologi
gypsy ['dʒɪpsɪ] ngt neds. zigenare, zigenar- [*~ orchestra*], zigensk; *~ caravan* zigenarvagn
gyrate [ˌdʒaɪ(ə)'reɪt, ˌdʒɪ-] rotera
gyrocompass ['dʒaɪərə(ʊ)ˌkʌmpəs] gyrokompass
gyroscope ['dʒaɪərəskəʊp] tekn. gyroskop

H, h [eɪtʃ] (pl. *H's* el. *h's* ['eɪtʃɪz]) H, h
H förk. för *hard, hardness* (på blyertspenna), *hydrogen*
ha [hɑ:] *interj, ~!* ha ha!, ah!, åh!
habeas corpus [ˌheɪbjəs'kɔ:pəs], [*writ of*] *~ ung.* åläggande om prövning [inför rätta] av det berättigade i ett frihetsberövande
haberdashery ['hæbədæʃərɪ, ˌ--'---]
1 sybehör; amer. herrekiperingsartiklar
2 sybehörsaffär, kortvaruaffär; amer., mindre herrekipering[saffär]
habit ['hæbɪt] 1 vana [*be the slave of ~*]; pl. *~s* äv. levnadsvanor; *get out (break oneself) of the ~ of* [*smoking*] vänja sig (lägga) av med att..., sluta...; *force of ~* vanans makt 2 dräkt [*monk's ~, nun's ~*], klädnad; [munk]kåpa
habitable ['hæbɪtəbl] beboelig
habitat ['hæbɪtæt] naturv. naturlig miljö
habitation [ˌhæbɪ'teɪʃ(ə)n] 1 boende; *not fit for ~* obeboelig 2 högtidl. boning [*a human ~*]
habit-forming ['hæbɪtˌfɔ:mɪŋ] vanebildande
habitual [hə'bɪtjʊəl] 1 invand, inrotad [*a ~ practice*]; vanemässig 2 inbiten, vane- [*a ~ drunkard*] 3 vanlig [*a ~ sight*], sedvanlig
habitually [hə'bɪtjʊəlɪ] jämt, för jämnan [*he is ~ late*]
1 hack [hæk] **I** *vb tr* 1 hacka [i], göra hack i; hacka (hugga, skära) sönder 2 sport. sparka motspelare på smalbenet (skenbenet) 3 data. sl. hacka (bryta) sig in i illegalt ta sig in i [*~ a computer system*] **II** *vb itr* 1 hacka 2 sport. sparka motspelare på smalbenet (skenbenet) 3 hacka [och hosta]; *~ing cough* hackhosta 4 data. hacka illegalt ta sig in i datasystem; hacka (bryta) sig in [*~ into* (i) *a computer system*]
2 hack [hæk] 1 [enklare] ridhäst; uthyrningshäst, åkarhäst; neds. åkarkamp, hästkrake 2 a) *~* [*journalist*] [tidnings]murvel; *~* [*writer*] dussinförfattare b) medelmåtta i arbetslivet; klåpare

hacker ['hækə] hacker, isht person som illegalt tar sig in i datasystem
hackneyed ['hæknɪd] [ut]sliten
hacksaw ['hæksɔ:] tekn. bågfil metallsåg
had [hæd, obeton. həd, əd, d] imperf. o. perf. p. av *have*
haddock ['hædək] kolja [*finnan* (rökt) *~*]
hadn't ['hædnt] = *had not*
haemoglobin [ˌhi:mə(ʊ)'gləʊbɪn] kem. hemoglobin
haemophilia [ˌhi:mə(ʊ)'fɪlɪə] med. blödarsjuka
haemorrhage ['hemərɪdʒ] med. blödning; *cerebral ~* hjärnblödning
haemorrhoids ['hemərɔɪdz] med. hemorrojder
haft [hɑ:ft] handtag på dolk, kniv, verktyg
hag [hæg] 1 häxa 2 ful gammal käring
haggard ['hægəd] utmärglad, tärd, härjad; vild till utseendet; stirrande [*~ eyes*]
haggis ['hægɪs] isht skotsk., ung. fårpölsa
haggle ['hægl] pruta; köpslå, ackordera; *~ about* (*over*) *the price of a th.* pruta (pruta ned priset) på ngt
Hague [heɪg] geogr.; *The ~* Haag
1 hail [heɪl] **I** *s* hagel; bildl. regn [*a ~ of blows*]; *a ~ of lead* ett kulregn **II** *vb itr* hagla **III** *vb tr* bildl. låta hagla
2 hail [heɪl] **I** *vb tr* 1 hälsa [*~ a p.* [*as*] *leader*]; välkomna 2 kalla på; ropa till sig; hejda; sjö. preja; *within ~ing distance* inom prejningshåll (hörhåll) **II** *vb itr, ~ from* vara (komma) från, höra hemma i [*he ~s from Boston*] **III** *interj, ~!* hell!, var hälsad! **IV** *s* hälsning; rop; *within ~* inom prejningshåll (hörhåll)
hailstone ['heɪlstəʊn] hagel[korn]
hailstorm ['heɪlstɔ:m] hagelby
hair [heə] hår; hårstrå; *a fine head of ~* [ett] vackert hår; *keep your ~ on!* sl. ta't lugnt!; *let one's ~ down* vard. koppla (slappna) av; slå sig lös, släppa loss; *split ~s* ägna sig åt hårklyverier, hänga upp sig på struntsaker; *a ~ of the dog* [*that bit you*] vard. en återställare
hairbrush ['heəbrʌʃ] hårborste
hair curler ['heəˌkɜ:lə] hårspole
haircut ['heəkʌt] 1 [hår]klippning; *have* (*get*) *a ~* klippa sig 2 klippning, frisyr
hairdo ['heədu:] vard. frisyr
hairdresser ['heəˌdresə] [hår]frisör; hårfrisörska; *~'s* frisersalong; raksalong
hairdrier o. **hairdryer** ['heəˌdraɪə] hårtork
hairgrip ['heəgrɪp] hårklämma
hair lotion ['heəˌləʊʃ(ə)n] hårvatten
hairpiece ['heəpi:s] postisch; tupé
hairpin ['heəpɪn] hårnål; *~ bend* hårnålskurva

hair-raising ['heə,reızıŋ] vard.
1 hårresande **2** spännande
hairslide ['heəslaıd] hårspänne
hairsplitting ['heə,splıtıŋ] **I** *s* hårklyveri[er] **II** *adj* hårklyvande, spetsfundig
hairstyle ['heəstaıl] frisyr
hairy ['heərı] **1** hårig; hårbevuxen, hårbeväxt; luden; hår- **2** sl. a) otäck, hårresande b) kinkig **3** sl. gammal, mossig [*a ~ joke*]
hake [heık] zool. kummel
halcyon ['hælsıən] stilla; *~ days* lugna fridfulla dagar; sötebrödsdagar
hale [heıl] isht om gamla spänstig; *~ and hearty* frisk och kry
half [hɑ:f] **I** (pl. *halves*) *s* **1** halva; *I'll go halves with you* jag delar lika med dig; *too clever by ~* lite väl (lite för) slipad; *cut in ~* (*into halves*) skära itu, klyva **2** sport. halvlek; halvback **II** *adj* halv [*~ my time, ~ the year, ~ this year*]; *~ an hour* en halvtimme, en halv timme **III** *adv* **1** halvt, halv- [*the potatoes were ~ cooked; ~ dead*]; halvt om halvt; *~ as much* (*many*) *again* en halv gång till så mycket (många), en och en halv gång så mycket (många); *at ~ past five* (vard. [*at*] *~ five*) [klockan] halv sex **2** *not ~:* a) vard. inte alls; *not ~ bad* inte så illa, inte så tokig; riktigt hygglig b) vard. el. iron., *not ~!* om!, det kan du slå dig i backen på (skriva upp)!, jaja män!; *he was not ~ good!* gissa om han (akta dig vad han) var bra!; *he didn't ~ swear* han svor som bara den
half-back ['hɑ:fbæk] sport. halvback
half-baked [,hɑ:f'beıkt] **1** halvstekt **2** bildl. halv[-]; halvfärdig; ogenomtänkt; omogen; grön; *~ measure* halvmesyr **3** vard. knasig [*~ idea* (*scheme*)]
half-brother ['hɑ:f,brʌðə] halvbror
half-caste ['hɑ:fkɑ:st] halvblod isht avkomling av europé och indier
half-hearted [,hɑ:f'hɑ:tıd, 'hɑ:f,h-] halvhjärtad, ljum; klenmodig
half-mast [,hɑ:f'mɑ:st] **I** *s*, [*at*] *~* på halv stång **II** *vb tr* hissa flagga på halv stång
halfpenny ['heıpnı, -pənı] hist. halvpenny[mynt]
half-term [,hɑ:f't3:m], *~* [*holiday* (*vacation*)] mitterminslov
half-timbered [,hɑ:f'tımbəd, attr. '-,--] av korsvirke
half-time [ss. attr. adj. 'hɑ:ftaım, ss. pred. adj., adv. o. subst. ,-'-] **I** *adj* halvtids- [*~ work*] **II** *adv* [på] halvtid (deltid) [*work ~*] **III** *s* halvtid äv. sport.; *be on ~* arbeta halvtid

halfway [,hɑ:f'weı, attr. '--] **I** *adj* som ligger halvvägs (på halva vägen); bildl. halv[-]; *a ~ house* a) ett värdshus (rastställe o.d.) på halva vägen [mellan två orter] b) ett mellanstadium, ett övergångsstadium, någonting mitt emellan [*a ~ house between the two systems*] **II** *adv* halvvägs; *meet ~* bildl. mötas på halva vägen; *meet trouble ~* göra sig onödiga bekymmer
half-wit ['hɑ:fwıt] **1** fån, idiot, dumbom **2** sinnessvag person
half-yearly [,hɑ:f'jıəlı, -'j3:lı] **I** *adj* halvårs- **II** *adv* varje halvår
halibut ['hælıbət] zool. hälleflundra
halitosis [,hælı'təusıs] med. dålig andedräkt
hall [hɔ:l] **1** entré, [för]hall, farstu **2** sal för banketter o.d.; hall; aula, [samlings]lokal [*assembly ~*] **3** samlingshus, samlingslokal; *concert ~* konserthus **4** univ.: a) [college]matsal b) mindre college c) studentlokal, studentbyggnad; *~ of residence* studenthem
hallelujah [,hælı'lu:jə] halleluja
hallmark ['hɔ:lmɑ:k] **I** *s* **1** kontrollstämpel **2** kännetecken, hallstämpel [*the ~ of success*]; *the ~s of a gentleman* det utmärkande för en gentleman **II** *vb tr* kontrollstämpla
hallo [hə'ləu, ,hʌ'ləu, ,hæ'ləu] se *hello*
hallow ['hæləu, i perf. p. kyrkl. ofta -ləuıd] helga [*~ed be thy name*], göra (hålla) helig
Hallowe'en [,hæləu'i:n] isht skotsk. el. amer. (amer. äv. *Halloween*) allhelgonaafton 31 okt.
hallucination [hə,lu:sı'neıʃ(ə)n, -,lju:-] hallucination, synvilla
hallway ['hɔ:lweı] isht amer. **1** entré **2** korridor
hallo ['heıləu] (pl. *-oes* el. *-os*) **1** gloria, nimbus, strålglans; bildl. äv. aura **2** solgård, månggård, ljusgård, halo[fenomen] **3** foto. ljusgård
1 halt [hɔ:lt, hɒlt] **I** *s* halt; rastställe; järnv. anhalt; busshållplats; *call a ~* a) mil. kommendera halt b) bildl. säga stopp; sätta stopp [*to* för]; *come to* (*make*) *a ~* göra halt (uppehåll), stanna **II** *vb itr* o. *vb tr* [låta] stanna, [låta] göra halt
2 halt [hɔ:lt, hɒlt] halta om vers, jämförelse etc.; vackla; *~ing delivery* hackigt framställningssätt
halter ['hɔ:ltə, 'hɒl-] **1** grimma **2** [galg]rep
halve [hɑ:v] **1** halvera **2** minska till (med) hälften
halves [hɑ:vz] pl. av *half*

1 ham [hæm] **1** skinka [*a slice of* ~]; lår på djur **2** pl. ~**s** skinkor, bak[del] **3** has; förr knäled
2 ham [hæm] vard. **I** *s* **1** ~ [*actor*] buskisaktör **2** [*radio*] ~ radioamatör **II** *vb itr* spela över, spela buskis
hamburger ['hæmbɜːgə] kok. hamburgare [äv. ~ *steak*]
ham-fisted [ˌhæm'fɪstɪd] o. **ham-handed** [ˌhæm'hændɪd] fumlig, klumpig
hamlet ['hæmlət] liten by isht utan kyrka
hammer ['hæmə] **I** *s* **1** hammare äv. i piano o. anat.; slägga; *steak* ~ köttklubba; *go at it* ~ *and tongs* vard. slåss (gräla) för fullt; ta i på skarpen (av alla krafter) **2** auktionsklubba; *come* (*go*) *under the* ~ gå under klubban **3** sport. slägga; ~ *throw* släggkastning ss. tävlingsgren **II** *vb tr* **1** hamra på; spika fast (upp), slå (bulta) in [ofta ~ *up* (*down*)]; bearbeta; ~ *a nail home* slå in en spik ordentligt **2** ~ [*out*] a) hamra [ut], hamra till, smida b) bildl. [mödosamt] utarbeta, utforma; fundera ut; utjämna **3** ~ *a th. into a p.'s head* (*into a p.*) slå (få, dunka) i ngn ngt **4** vard. klå grundligt, ge stryk i t.ex. spel **III** *vb itr* **1** hamra, bulta [~ *at* (*on*) *the door*] **2** ~ [*away*] *at* arbeta på, slita (knoga) med
hammock ['hæmək] hängmatta, hängkoj; *garden* ~ hammock
1 hamper ['hæmpə] större korg vanl. m. lock [*a luncheon* ~]; *Christmas* ~ julkorg, julpaket med matvaror
2 hamper ['hæmpə] hindra, hämma [*it* ~*ed my movements*; ~ *progress*]; genera; binda [händerna på], klavbinda, vara (ligga) i vägen för; belamra; besvära
hamster ['hæmstə] zool. hamster
hamstring ['hæmstrɪŋ] **I** *s* knäsena; hassena **II** (*hamstrung hamstrung* el. ~*ed* ~*ed*) *vb tr* bildl. lamslå [*hamstrung by lack of money*], undertrycka
hand [hænd] **I** *s* **1** hand; pl. ~**s** fotb. hands regelbrott; [*win*] ~**s** *down* ...med lätthet; *wait on a p.* ~ *and foot* passa upp [på] ngn; *force a p.'s* ~ bildl. tvinga ngn att bekänna färg; *hold* (*stay*) *one's* ~ vänta och se, ge sig till tåls; *hold* (*stay*) *a p.'s* ~ hejda (hålla tillbaka) ngn; *lay* [*one's*] ~**s** *on* a) lägga beslag (vantarna) på; få tag i b) bära hand på ngn c) välsignande lägga händer[na] på; *make money* ~ *over fist* vard. skära guld med täljknivar, håva in massor med pengar **2** i vissa fastare prep. förb.:
close (*near*) *at* ~ nära; till hands; [nära] förestående; *the hour was at* ~ timmen närmade sig
by ~ för hand [*done by* ~]; *send by* ~ sända med bud
from ~: *from* ~ *to* ~ ur hand i hand, från man till man; *from* ~ *to mouth* ur hand i mun, för dagen [*live from* ~ *to mouth*]
in ~ a) i hand[en]; till sitt förfogande [*have some money in* ~]; på lager; föreliggande [*the matter in* ~]; resterande [*the copies still in* ~] b) i sin hand [*keep* [*well*] *in* ~] c) för händer [*whatever he has in* ~], på gång; *one game in* ~ sport. en match mindre spelad; *go* ~ *in* ~ *with* bildl. gå hand i hand med, hålla jämna steg med
fall into a p.'s ~**s** falla (råka) i händerna på ngn
off ~ på rak arm; *get a th. off one's* ~**s** slippa (komma) ifrån ngt
on ~ a) till hands [*I'll be on* ~ *when you come*] b) i sin ägo; i (på) lager [*a stock of goods on* ~]; *on one's* ~**s** på sitt ansvar, i sin vård
out of ~ a) genast b) ur kontroll, oregerlig; *the children have got out of* ~ *lately* barnen har blivit omöjliga (oregerliga) på sistone
to ~: *your letter has come to* ~ Ert brev har kommit mig (oss) till handa
3 visare på ur [*second* ~] **4** sida, håll; *on all* ~**s** på alla håll (händer); *on the right* ~ på höger hand, till höger **5** hand; källa; *learn a th. at first* ~ få veta ngt i första hand **6** arbetare [*how many* ~**s** *do you employ?*]; [sjö]man; *all* ~**s** hela besättningen, alle man; *a bad* (*good*) ~ *at* dålig (duktig) i **7** handlag; *get one's* ~ *in* träna upp sig; komma i slag; *try one's* ~ *at* försöka (ge) sig på **8** handstil **9** i formell stil namnteckning **10** kortsp. a) parti, spel b) [kort på] hand; *declare one's* ~ bjuda [på sina kort]
II *vb tr* räcka, lämna, ge [*a th. to a p.*]; ~ *back* lämna tillbaka; ~ *round* servera; låta gå [laget] runt; dela ut
handbag ['hæn(d)bæg] **1** handväska; ~ *snatcher* väskryckare **2** [mindre] resväska (kappsäck)
handball ['hæn(d)bɔːl] sport. handboll
handbook ['hæn(d)bʊk] handbok; resehandbok
handbrake ['hæn(d)breɪk] handbroms
handclap ['hæn(d)klæp] handklappning
handful ['hæn(d)fʊl] (pl. ~**s** el. ibl. *handsful*) **1** handfull; litet antal; *a* ~ *of*... en handfull (näve)..., ett litet antal...
2 vard. besvärlig individ (uppgift)
handicap ['hændɪkæp] **I** *s* **1** belastning **2** fysiskt o. psykiskt handikapp;

rörelsehinder **3** sport. handikapp **II** *vb tr* **1** belasta, handikappa **2** fysiskt handikappa; perf. p. *~ed* handikappad, rörelsehindrad **3** sport. ge (belasta med) handikapp
handicraft ['hændɪkrɑːft] **1** hantverk, [hem]slöjd **2** hantverksskicklighet
handiwork ['hændɪwɜːk] **1** [händärs] verk; verk [*the whole trouble is his ~*] **2** praktiskt arbete; slöjd
handkerchief ['hæŋkətʃɪf] **1** näsduk **2** huvudduk; sjalett
handle ['hændl] **I** *vb tr* **1** ta i, beröra [*do not ~ the fruit*], plocka (röra, bläddra) i **2** hantera [*~ tools*]; begagna, handha, handskas (umgås) med [*nasty stuff to ~*]; utnyttja [*~ colour*], göra något av **3** sköta [om]; ta, handskas med [*~ a p. gently (with discretion)*]; klara [av] [*~ a situation*], gå i land med; ha hand om [*he ~s large sums of money*]; manövrera [*~ a ship*] **4** behandla [*~ a subject, ~ a problem*] **II** *vb itr, this car ~s well* den här bilen känns bra att köra **III** *s* handtag; vev; grepp; *dead man's ~* järnv. m.m. säkerhetsgrepp, död mans grepp; *fly off the ~* vard. bli rasande, brusa upp
handlebar ['hændlbɑː] **1** ofta pl. *~s* styrstång, styre på cykel **2** *~ moustache* cykelstyre, knävelborrar slags mustasch
handling ['hændlɪŋ] **1** beröring, hantering m.m., jfr *handle I*; *his ~ of...* hans sätt att handskas med..., hans sätt att klara (gå i land med)...; *he takes some ~* han är svår att få bukt med (handskas med) **2** fotb. hands regelbrott
handmade [ˌhæn(d)'meɪd, attr. '--] handgjord
handout ['hændaʊt] vard. **1** pressmeddelande; stencil som delas ut **2** gratisprov; reklamlapp **3** allmosa t.ex. mat, kläder till dörrknackare
handpick [ˌhænd'pɪk] plocka för hand; handplocka äv. bildl.
handrail ['hændreɪl] ledstång
handshake ['hæn(d)ʃeɪk] handslag
handsome ['hænsəm] **I** *adj* **1** vacker; *~ man* stilig (snygg) man (karl) **2** ädelmodig, generös [*~ conduct, ~ treatment, a ~ present*] **3** ansenlig, nätt [*a ~ sum of money*]; ordentlig avbasning **4** amer. skicklig; vacker [*a ~ speech*] **II** *adv*, *handsome is as (that) ~ does* vacker är som vackert gör
handstand ['hæn(d)stænd] gymn., *do a ~* stå på händerna
handwriting ['hændˌraɪtɪŋ] handstil; skrift
handwritten ['hændˌrɪtn] handskriven

handy ['hændɪ] **1** händig, skicklig, flink **2** till hands [*have a th. ~*]; [*he took*] *the first towel ~* ...första bästa handduk **3** lätthanterlig [*a ~ volume*]; bekväm **4** nära [till hands]
handyman ['hændɪmæn] (pl. *handymen* ['hændɪmen]) allt i allo; hantlangare
hang [hæŋ] **I** *vb tr* (*hung hung*, i bet. *I 2* mest *~ed ~ed*) **1** hänga [upp] [äv. *~ up*]; *~ wallpaper* tapetsera, sätta upp tapeter **2 a)** hänga [*~ oneself*], avliva medelst hängning **b)** vard., *~! el. ~ the expense!* strunta i vad det kostar!; *I'll see you ~ed first!* katten (tusan) heller! **3** hänga [med] [*~ one's head*] **4** behänga, pryda; *~ a room with pictures* hänga upp tavlor i ett rum **5** *~ fire* **a)** om skjutvapen vara hårdtryckt **b)** bildl. gå trögt, dra ut på tiden **II** *vb itr* **1** hänga **2** hänga[s] i galgen, bli hängd **3** sväva, tveka; *~ in the balance* vara oviss, hänga på en tråd **III** *vb tr* o. *vb itr* med prep. o. adv. i spec. bet.:
~ about el. *~ around* gå och driva; stå och hänga; hänga i (på)
~ back dra sig, tveka
~ behind släpa efter; dröja sig kvar
~ on: **a)** hänga (bero) på **b)** hänga (hålla) [sig] fast **c)** hålla 'i [*~ on to your hat*] **d)** *time ~s heavy on my hands* tiden släpar sig fram **e)** *~ on* [*a moment (minute)*]! vard. vänta lite!, stopp ett tag!, dröj ett ögonblick!
~ out: **a)** hänga ut (fram) t.ex. kläder **b)** om t.ex. tunga hänga ut[e]; *let it all ~ out* vard. slappna av **c)** vard. hålla till
~ over: **a)** hänga [hotande] över [*my exams are ~ing over me*] **b)** vard. hänga med, vara kvar
~ together hänga (hålla) ihop
~ up: **a)** skjuta åt sidan; fördröja [*the work was hung up by the strike*] **b)** tele. lägga på [luren]; *~ up on a p.* slänga på luren, lägga på i örat på ngn **IV** *s* **1** fall [*the ~ of a gown*] **2** vard., *get the ~ of* komma på det klara (underfund) med, få grepp på **3** vard., *I don't give (care) a ~* det struntar jag blankt i
hangar ['hæŋə, -ŋgə] hangar
hangdog ['hæŋdɒg] **I** *s* galgfågel **II** *adj* skyldig; slokörad
hanger ['hæŋə] **1** upphängare isht i sammansättn. [*paper-hanger*] **2** hängare i o. till kläder; [kläd]galge
hanger-on [ˌhæŋər'ɒn] (pl. *hangers-on*) vard. påhäng, snyltgäst
hang-gliding ['hæŋˌglaɪdɪŋ] hängflyg[ning]
hanging ['hæŋɪŋ] **I** *adj* **1** hängande, häng-; utskjutande; lutande; *~ garden* hängande

trädgård, terrassträdgård **2** häng- **II** *s*
1 [upp]hängning; ~ *committee*
upphängningskommitté som bestämmer
tavlornas plats på en utställning **2** hängning
straff **3** oftast pl. ~*s* förhängen, draperier,
gobelänger; tapeter
hang|man ['hæŋ|mən] (pl. *-men* [-mən])
bödel
hangout ['hæŋaʊt] vard. **1** [stam]tillhåll
2 lya bostad
hangover ['hæŋˌəʊvə] **1** kvarleva, rest
2 vard. baksmälla, kopparslagare; *have a* ~
äv. vara bakis
hangup ['hæŋʌp] vard. **1** komplex
2 a) betänklighet [*I've no* ~*s about it*]
b) hinder; stötesten
hanker ['hæŋkə], ~ *after* (*for*) [gå och]
längta (tråna) efter, åtrå
hanky-panky [ˌhæŋkɪ'pæŋkɪ] vard.
1 smussel; fuffens; spel bakom kulisserna
2 hokuspokus **3** vänsterprassel
haphazard [ˌhæp'hæzəd] tillfällig,
slumpartad [*a* ~ *remark*]; *in a* ~ *manner*
[liksom] på en höft, på måfå
hapless ['hæpləs] olycklig
happen ['hæp(ə)n] **1** hända, ske, inträffa;
falla (slumpa) sig; komma sig; ~ *what*
may hända vad som hända vill; *it* [*so*] ~*ed*
that det föll (slumpade) sig så att; *these*
things will ~ så kan det gå **2** råka [*to do*
[att] göra]; *I* ~*ed to know* av en händelse
(händelsevis) visste jag, jag råkade veta
3 ~ [*up*]*on* [händelsevis] komma på
(över), råka på **4** vard., ~ *by* (*along*, *past*)
råka komma förbi; ~ *into a theatre* slinka
in på en teater
happening ['hæp(ə)nɪŋ] **I** *s* **1** händelse,
tilldragelse **2** teat. o.d. happening **II** *adj*
trendig [~ *place* (*scene*); ~ *clothes*]
happily ['hæpəlɪ] **1** lyckligt **2** lyckligtvis
happiness ['hæpɪnəs] lycka, glädje
happy ['hæpɪ] **1** lycklig; glad, belåten; ~
hour vard. 'happy hour' på krog o.d.; [*do a*
th.] *to keep a p.* ~ ...för att hålla ngn på
gott humör **2** lycklig [*be in the* ~ *position*
(ställningen) *of having*...], av ödet gynnad;
framgångsrik; glädjande; *a* ~ *event* vard.
en lycklig tilldragelse; [*A*] *H*~ *New Year!*
Gott nytt år! **3** lyckad, lyckligt funnen;
fyndig; ~ *medium* gyllene medelväg **4** ss.
efterled i sammansättn. -glad
[*trigger-happy*]
happy-go-lucky [ˌhæpɪgə(ʊ)'lʌkɪ] sorglös;
he has a ~ *way of doing the job* han tar
lätt på arbetet
harangue [hə'ræŋ] **I** *s* [lång] harang, tirad;
skränigt (långrandigt) tal; våldsamt utfall

II *vb tr* harangera; predika för **III** *vb itr*
hålla tal; predika
harass ['hærəs, isht amer. hə'ræs] plåga,
jäkta; trakassera; svårt hemsöka; trötta
ut; oroa [~ *the enemy*]; härja
harassment ['hærəsmənt, isht amer.
hə'ræs-] **1** plågande etc., jfr *harass*;
trakasseri; förtret; *police* ~
polisövergrepp, trakasserier från polisens
sida **2** oro
harbour ['hɑːbə] **I** *s* hamn äv. bildl. **II** *vb tr*
1 härbärgera, ta emot [~ *refugees*];
gömma [~ *smuggled goods*]; bereda fartyg
hamn **2** bildl. hysa [~ *designs*
(*suspicions*)], nära **III** *vb itr* gå i hamn;
söka skydd [i hamn]
harbour master ['hɑːbəˌmɑːstə]
hamnkapten
hard [hɑːd] **I** *adj* **1** hård, fast; ~ *court* tennis
hardcourt bana av asfalt, betong etc.; ~
shoulder trafik. vägren **2** hård, häftig [*a* ~
fight], kraftig; ihärdig [*a* ~ *worker*], seg;
~ *drinker* storsupare; ~ *drugs* tung
narkotika; ~ *labour* jur. straffarbete **3** svår
[*a* ~ *question*]; *he has learnt it the* ~ *way*
han har fått slita hårt för att lära sig det;
han har gått den långa vägen; *it is* ~
going det är svårt (tufft) **4** hård[hjärtad];
sträng [*a* ~ *master*]; tung [*a* ~ *life*],
tryckande; om klimat sträng, hård [~
weather; *a* ~ *winter*]; *drive a* ~ *bargain*
pressa priset till det yttersta; ~ *lines*
(*luck*) vard. otur, osis; *it is* ~ [*lines*] *on*
him det är synd om honom **5** om pris [hög
och] fast **II** *adv* **1** hårt, intensivt [*look* ~
at], kraftigt [*it is raining* ~]; strängt;
ivrigt [*study* ~]; *try* ~ verkligen försöka,
anstränga sig **2** illa; med svårighet [*the*
victory was ~ *won*]; svårt **3** nära; sjö. dikt;
~ *by* strax bredvid, alldeles intill **III** *s* sl.
straffarbete [*five years* ~]
hard-and-fast [ˌhɑːd(ə)n'fɑːst] fastslagen,
järnhård, benhård [~ *rules*]
hardback ['hɑːdbæk] **I** *adj* inbunden om
bok **II** *s* inbunden bok
hardboard ['hɑːdbɔːd] hardboard,
hårdpapp
hard-boiled [ˌhɑːd'bɔɪld, attr. '--]
1 hårdkokt [~ *eggs*] **2** vard. hårdkokt,
hårdhudad [*a* ~ *politician*; *a* ~ *official*]
hardcore (ss. subst. ˌhɑːd'kɔː, ss. adj. '--] **I** *s*
kärntrupp, kärna i t.ex. parti **II** *adj*
1 hårdnackad; orubblig; övertygad **2** svår,
obotlig **3** ~ *porno*[*graphy*] hårdporr
hard disk [ˌhɑːd'dɪsk] data. hårddisk
harden ['hɑːdn] **I** *vb tr* **1** göra hård[are];
bildl. äv. skärpa, [för]stärka **2** härda [~
children; ~ *steel*]; vänja; stålsätta [~

oneself against]; ~ *oneself to* härda sig mot, vänja sig vid **3** förhärda; ~ *one's heart* förhärda sig; perf. p. *~ed* förhärdad [*a ~ed criminal*], luttrad [*he is ~ed after 25 years in the business*] **II** *vb itr* **1** hårdna; härdas; förhärdas **2** om pris bli fast[are]

hard-headed [ˌhɑːdˈhedɪd] kall, beräknande [*a ~ businessman*]

hard-hearted [ˌhɑːdˈhɑːtɪd] hård[hjärtad]; obarmhärtig

hardliner [ˈhɑːdˌlaɪnə] vard. hårding

hardly [ˈhɑːdlɪ] **1** knappt [*I need ~ say*], näppeligen; inte gärna; *~ had he sat down when* (before, ibl. than) [*the door opened*] han hade knappt satt sig förrän... **2** med möda (svårighet) [*hardly-earned*]

hardness [ˈhɑːdnəs] hårdhet etc., jfr *hard*; *the ~ of* det fasta (svåra etc.) i

hardship [ˈhɑːdʃɪp] vedermöda; lidande; umbärande; *suffer great ~s* slita mycket ont, utstå svåra umbäranden

hardware [ˈhɑːdweə] **1** järnvaror, metallvaror; *~ store* amer. järnaffär **2** data. hårdvara **3** sl. a) vapen koll.; skjutjärn koll.; ammunition b) isht amer. glitter medaljer o.d.

hardwearing [ˌhɑːdˈweərɪŋ] slitstark; motståndskraftig

hardwood [ˈhɑːdwʊd] lövträ; hårt träslag av lövträd, isht ek och ask; *~ tree* lövträd

hard-working [ˈhɑːdˌwɜːkɪŋ, pred. ˌ-ˈ--] arbetsam, hårt arbetande, ihärdig

hardy [ˈhɑːdɪ] härdad [*a ~ mountaineer*], motståndskraftig, härdig [*~ plants*]

hare [heə] **I** *s* hare; *~ and hounds* lek snitseljakt till fots **II** *vb itr* vard. rusa, springa

harebell [ˈheəbel] bot. **1** blåklocka **2** engelsk klockhyacint

harelip [ˌheəˈlɪp, ˈ--] harmynthet

harelipped [ˈheəlɪpt] harmynt

harem [ˈhɑːriːm, hɑːˈriːm, ˈheərəm] harem

haricot [ˈhærɪkəʊ], *~* [*bean*] trädgårdsböna; isht skärböna, brytböna pl.

hark [hɑːk] **1** lyssna; *~ to* lyssna till (på) **2** *~ back* bildl. återvända [*~ back to the old days*]

harlot [ˈhɑːlət] hora, sköka

harm [hɑːm] **I** *s* skada, ont; *do more ~ than good* göra mera skada än nytta; *I meant no ~* jag menade inget illa, det var inte så illa ment **II** *vb tr* skada; *he wouldn't ~ a fly* han gör inte en fluga förnär

harmful [ˈhɑːmf(ʊ)l] skadlig

harmless [ˈhɑːmləs] oskadlig; oförarglig, beskedlig; *render ~* oskadliggöra

harmonic [hɑːˈmɒnɪk] **I** *adj* harmonisk **II** *s* [harmonisk] överton

harmonica [hɑːˈmɒnɪkə] munspel

harmonious [hɑːˈməʊnjəs] **1** bildl. harmonisk; endräktig, vänskaplig **2** harmonisk, melodisk

harmonium [hɑːˈməʊnjəm] [orgel]harmonium

harmonize [ˈhɑːmənaɪz] **I** *vb itr* harmoniera, stämma överens, passa (gå) ihop [*colours that ~ well with each other*] **II** *vb tr* **1** harmonisera melodi; göra harmonisk **2** bildl. bringa i samklang

harmony [ˈhɑːm(ə)nɪ] **1** mus. harmoni; samklang, samspel; välljud **2** bildl. harmoni [*in ~*]; samförstånd; *be in ~ with* äv. harmoniera med

harness [ˈhɑːnɪs] **I** *s* sele äv. bildl.; seldon; *in ~* i arbete[t], i tjänst[en], i selen, i tagen **II** *vb tr* **1** sela [på]; spänna för; bildl. binda **2** utnyttja, utbygga t.ex. vattenfall; tämja [*~ nuclear power*]

harp [hɑːp] **I** *s* mus. harpa **II** *vb itr* **1** spela [på] harpa **2** *~ on* [jämt] tjata (mala) om [*he is always ~ing on his misfortunes*]

harpist [ˈhɑːpɪst] harpist

harpoon [hɑːˈpuːn] **I** *s* harpun **II** *vb tr* harpunera

harpsichord [ˈhɑːpsɪkɔːd] mus. cembalo

harrow [ˈhærəʊ] **I** *s* harv **II** *vb tr* **1** harva **2** bildl. plåga [*~ a p.'s mind*]

harry [ˈhærɪ] **1** härja **2** plåga

harsh [hɑːʃ] **1** hård, sträv [*a ~ towel*] **2** skarp [*a ~ flavour*] **3** skärande **4** grov, hård [*a ~ expression (face)*] **5** ogästvänlig [*a ~ climate*] **6** hård, sträng

hart [hɑːt] zool. [kron]hjort hanne

harvest [ˈhɑːvɪst] **I** *s* **1** skörd [*ripe for ~*]; skördetid **2** bildl. skörd **II** *vb tr* skörda äv. bildl.

harvester [ˈhɑːvɪstə] **1** skördeman **2** skördemaskin; självbindare

has [hæz, obeton. həz, əz, z, s] 3 pers. sg. pres. av *have*

has-been [ˈhæzbɪn] vard. fördetting

1 hash [hæʃ] **I** *vb tr* hacka sönder t.ex. kött [äv. *~ up*] **II** *s* **1** kok., slags stuvad pyttipanna **2** bildl. hackmat; *settle (fix) a p.'s ~* vard. göra hackmat (slarvsylta) av ngn **3** bildl. uppkok (hopkok) av gammalt material

2 hash [hæʃ] vard. hasch

3 hash [hæʃ] *s* fyrkant, brädstapel tecken på tangentbord; *press the ~ button* tele. tryck fyrkant

hashish [ˈhæʃiːʃ, -ʃɪʃ] haschisch

hasn't [ˈhæznt, ˈhæzn] = *has not*

hasp [hɑːsp, hæsp] **I** *s* **1** [dörr]hasp; klinka

2 spänne på bok **II** *vb tr* haspa, stänga med klinka

hassle ['hæsl] *vard.* **I** *s* käbbel; kiv; kurr slagsmål; virrvarr; krångel, strul **II** *vb itr* käbbla, kivas; slåss **III** *vb tr* trakassera; kivas med

hassock ['hæsək] **1** knäkudde; mjuk knäpall; fotkudde **2** [gräs]tuva

haste [heɪst] hast; brådska; förhastande; *make ~* raska på, skynda sig; *in ~* i [en] hast, hastigt; förhastat

hasten ['heɪsn] **I** *vb tr* påskynda **II** *vb itr* skynda [sig]

hastily ['heɪstəlɪ] skyndsamt; i största (all) hast

hasty ['heɪstɪ] **1** brådskande, skyndsam [*a ~ glance*] **2** förhastad [*a ~ conclusion, ~ words*], överilad **3** häftig [*a ~ temper*]

hat [hæt] hatt; ibl. mössa; *bad ~* vard. rötägg, slyngel; *old ~* adj., vard. ute, omodern, förlegad [*that song is old ~*]; *opera ~* chapeau-claque; *soft felt ~* mjuk hatt, filthatt; *~s off [to...]!* hatten av [för...]!; *talk through one's ~* vard. prata i nattmössan; bluffa, skryta; *keep a th. under one's ~* hålla tyst om ngt, inte föra ngt vidare

1 hatch [hætʃ] **1** [serverings]lucka; lucköppning; nedre dörrhalva av delad dörr **2** sjö. [skepps]lucka **3** *down the ~!* vard. skål!, botten opp!

2 hatch [hætʃ] **I** *vb tr* **1** kläcka [äv. *~ forth (out)*] **2** bildl. kläcka, koka ihop [*~ a plot*] **II** *vb itr* **1** kläckas äv. bildl.; krypa fram ur ägg **2** ruva **III** *s* **1** [ägg]kläckning; ruvande **2** kull

hatchback ['hætʃbæk] bil. halvkombi

hatchet ['hætʃɪt] [hand]yxa; *~ man* vard. a) yrkesmördare b) hantlangare, hejduk; *do a ~ job on* vard. sabla ner, kritisera sönder

hate [heɪt] **I** *s* hat, ovilja **II** *vb tr* hata; inte tåla, avsky [*to do, doing*]; *I'd ~ you to get burnt* det vore hemskt om du skulle bränna dig

hateful ['heɪtf(ʊ)l] **1** förhatlig; avskyvärd **2** hatfull, hätsk

hatrack ['hætræk] hatthylla

hatred ['heɪtrɪd] hat, avsky [*bear* (hysa) *~ to a p.*]

hatter ['hætə] hattmakare; *~'s* hattaffär

hat trick ['hættrɪk] hat trick t.ex.: a) i fotb.: tre mål av samma spelare i en match b) i kricket: att slå ut tre slagmän med tre bollar i rad c) allm. tre segrar (framgångar) etc.

haughty ['hɔːtɪ] högdragen, högmodig

haul [hɔːl] **I** *vb tr* **1** isht sjö. hala [*~ in the anchor*], dra **2** transportera **3** *~ [up]* föra [*be ~ed [up] before a magistrate*] **II** *vb itr* **1** hala **2** sjö. ändra kurs (riktning) äv. bildl.; segla [*~ south* (söderut)] **III** *s* **1** halning, tag i halning; drag **2** notvarp; fångst **3** kap [*get a fine ~*]; byte vid inbrott o.d.

haulage ['hɔːlɪdʒ] **1** halande; transport; *~ contractor* åkare, åkeriägare **2** transportkostnader

haulier ['hɔːljə] **1** åkare; [*firm of*] *~s* åkeri **2** långtradarchaufför

haunch [hɔːn(t)ʃ] höft; kok. lår[stycke]; *sit on one's ~es* sitta på huk; om hund sitta på bakbenen

haunt [hɔːnt] **I** *vb tr* **1** spöka i (på, hos); hemsöka; *this room is ~ed* det spökar i det här rummet **2** om tankar o.d. förfölja [*the recollection ~ed him*]; ansätta **3** ofta besöka **II** *s* tillhåll; vistelseort; favoritställe

haunting ['hɔːntɪŋ] oförglömlig [*its ~ beauty*]; som förföljer en [*~ memories*], efterhängsen [*a ~ melody*]

have [hæv, ss. vb obeton. həv] **I** (*had had*; 3 pers. sg. pres. *has*) tempusbildande *hjälpvb* ha [*I ~ (had) done it*]; [*it's the first time*] *I ~ been here* ...jag är här
II (för tema se *I*) *vb tr* **1** ha, äga; [*if you add on insurance, heating*] *and (or) what ~ you* vard. ...och det ena med det andra, ...eller vad du vill **2** hysa, ha [*~ a special liking* (förkärlek) *for*]; visa; *he had no fear* han kände ingen fruktan **3** göra, ta [*~ a walk; ~ a bath*] **4** få [*I had a letter from him*]; äta [*I am having my dinner*], dricka [*we had a cup of tea*]; *let a p. ~ a th.* låta ngn få ngt **5** få, föda [*~ a baby*] **6** vard. ha [fått] ngn fast; lura; *you had me there!* a) nu har du mig fast! b) jag vet inte, jag har ingen aning **7** *~ it* i mera spec. bet.: **a)** *as Byron has it* som det står hos Byron **b)** *the ayes ~ it* jarösterna är i majoritet **c)** vard. få [på pälsen]; *let him ~ it [good and proper]!* ge honom bara! **d)** *he's had it* sl. det är slut med honom; han har missat chansen; *you've had it!* sl. där rök din sista chans!, nu är det klippt!; *~ it made* ha sitt på det torra, ha lyckats **e)** *~ it your own way!* gör som du vill!; *~ it made* ha sitt på det torra, ha lyckats **f)** med prep. o. adv.: *I didn't think he had it in him* jag trodde inte att han var så duktig; *~ it out with a p.* göra upp (tala ut) med ngn **8 a)** tillåta; *I won't ~ it* jag tänker inte finna mig i det **b)** *I'm not having any!* vard. det går jag inte med på!
9 *~ to* + inf. vara (bli) tvungen att, få lov att, behöva [*he had to pay £100; he did not ~ to wait long*]; *I ~ to go* äv. jag måste gå **10** *~ a th. done* se till att ngt blir gjort;

få ngt gjort; *he is having his house repaired* han håller på och reparerar huset (får huset reparerat) **11** ~ *a p. do* etc. *a th.* låta ngn göra ngt [*~ your doctor examine her*]; ~ *a p. doing* etc. *a th.* få se (råka ut för) att ngn gör ngt [*we shall soon ~ them calling every day*]; *what would you ~ me do?* vad vill ni att jag ska göra? **12** med prep. o. adv. isht med spec. betydelser: ~ *on* ha kläder på sig [*he had nothing on*]; ~ *a p. on* vard. driva med ngn; *I ~ nothing on this evening* vard. jag har inget för mig i kväll; ~ *a toothout* [låta] dra ut en tand; ~ *a p.up* stämma ngn [inför rätta]; *be had up* åka fast [*he was had up for drunken driving*] **III** *vb itr* imperf. *had* i spec. användning: *you had better* (ibl. *best*) *ask him* det är bäst att du frågar honom
IV *s, the ~s and the have-nots* [de] bemedlade och [de] obemedlade, [de] rika och [de] fattiga

haven ['heɪvn] **1** hamn **2** bildl. tillflykt[sort], fristad
haven't ['hævnt, 'hævn] = *have not*
haversack ['hævəsæk] axelväska, ryggsäck
havoc ['hævək] **I** *s* förstörelse, ödeläggelse; *make* (*work*) ~ anställa förödelse, härja, husera **II** *vb tr* o. *vb itr* ödelägga, härja
Hawaii [hɑ:'waɪi:]
1 hawk [hɔ:k] **1** zool. hök; falk **2** polit. hök
2 hawk [hɔ:k] **I** *vb tr* **1** bjuda ut isht varor på gatan [äv. ~ *about* (*around*)] **2** ~ *about* sprida [ut] rykten o.d. **II** *vb itr* sälja (bjuda ut) varor
3 hawk [hɔ:k] **I** *vb itr* harkla sig **II** *vb tr*, ~ [*up*] harkla upp
hawker ['hɔ:kə] gatuförsäljare; gårdfarihandlare
hawthorn ['hɔ:θɔ:n] bot. hagtorn
hay [heɪ] hö; *the mowing of ~* [hö]slåttern; *hit the ~* vard. krypa till kojs, gå och knyta sig; *make ~* bärga hö
hay fever ['heɪˌfi:və, ˌ-'--] med. hösnuva
haystack ['heɪstæk] höstack
haywire ['heɪwaɪə] vard. **1** trasslig; *go ~* a) trassla till sig b) paja, gå sönder **2** knasig; *go ~* äv. få spader
hazard ['hæzəd] **I** *s* **1** slump **2** risk[fylldhet]; ~ *lights* bil. varningsblinkers; *health ~* hälsorisk **II** *vb tr* **1** riskera [*~ one's reputation*] **2** våga [sig på] [*~ a guess*], våga framkasta [*~ an opinion*]
hazardous ['hæzədəs] **1** riskfylld **2** slumpartad, tillfällig
haze [heɪz] **1** dis[ighet], töcken; tunn dimma **2** bildl. [lätt] förvirring; dimmighet; töcken
hazel ['heɪzl] **I** *s* **1** bot. a) hassel b) hasselnöt **2** nötbrun (ljusbrun) färg **II** *adj* nötbrun [*~ eyes*]
hazel nut ['heɪzlnʌt] hasselnöt
hazy ['heɪzi] **1** disig luft; töckenhöljd **2** bildl. dunkel, suddig [*a ~ recollection*]; oredig; villrådig
H-bomb ['eɪtʃbɒm] vätebomb
HE förk. för *His Eminence, His Excellency, high explosive*
1 he [hi:, obeton. hɪ, ɪ] **I** (objektsform *him*) *pron* **1** pers. han; om djur äv. den, det; om människan hon [*modern man has made enormous scientific advances and yet ~...*]; *who is ~?* äv. vem är det? **2** determ. den om pers. i allm. bet., mest i sentenser o.d. [*~ who lives will see*] **II** (pl. *~s*) *s* han[n]e [*our dog is a ~*]; *~s and shes* män och kvinnor; han[n]ar och honor **III** *adj* ss. förled i sammansättn. vid djurnamn han- [*he-dog*]; -han[n]e [*he-fox*]
2 he [hi:], *play ~* leka kull (sistan, tafatt)
head [hed] **I** *s* **1** a) huvud b) i förb. m. annat subst.: ~ *over ears* (*heels*) *in debt* (*in love*) upp över öronen skuldsatt (förälskad) c) ss. subj.: *~s will roll* bildl. huvuden kommer att rulla; *his ~ has been turned by this success* den här framgången har stigit honom åt huvudet d) ss. obj.: *give a p. his ~* ge ngn fria tyglar (händer); *he has a good* (*poor*) ~ *for figures* han är bra (dålig) på att räkna; *keep one's ~ above water* hålla sig flytande äv. bildl.; *laugh one's ~ off* vard. skratta ihjäl sig e) med. prep. o. adv.: *he is taller than Tom by a ~* han är huvudet längre än Tom; ~ *first* (*foremost*) huvudstupa; *off one's ~* vard. knasig, knäpp **2** a) chef [*the ~ of the firm*], ledare; huvudman; rektor; *the ~ of the family* familjens överhuvud, ättens huvudman b) ledarställning, spets [*be* (stå) *at the ~ of a th.*]; front äv. mil.
3 a) person, individ; *a* (*per*) ~ per man (skaft), vardera [*they paid £20 a ~*]
b) *twenty ~ of cattle* tjugo [stycken] nötkreatur c) antal [*a large ~ of game*]
4 a) övre ända [*the ~ of a ladder*], topp; knopp; [kolonn]huvud; huvudända [*the ~ of a bed*]; källa [*the ~ of a river*]; *the ~ of the table* övre ändan av bordet, hedersplatsen b) huvud [*the ~ of a nail*], krona; *a ~ of cabbage* ett kålhuvud c) *~s or tails?* krona eller klave? d) skum [*the ~ on a glass of beer*]; grädde på mjölk
e) bildl. höjdpunkt; *bring matters to a ~* driva saken till sin spets **5** a) rubrik,

överskrift, titel; *under the ~ of...* under rubriken... **b)** huvudpunkt; moment; kategori **6 a)** framdel [*the ~ of a plough*]; spets [*arrow-head*] **b)** [hög] udde [ofta i egennamn: *Beachy H~*] **7** *give a p. ~* vulg. suga av ngn **II** *adj* **1** huvud- [*~ office*]; främsta; *~ boy* ung. förste ordningsman i skola **2** mot- [*~ wind*] **III** *vb tr* **1** anföra [*~ a procession*]; stå i spetsen för; *~ the list* stå överst på listan **2** *~ off* [komma förbi och] mota tillbaka; genskjuta; stoppa; bildl. avvärja, förhindra **3** fotb. nicka **4** förse med huvud (rubrik, överskrift, titel) **5** vända, rikta, styra [*~ one's ship for* (mot) *the harbour*]; *~ed for* på väg mot (till), destinerad till **IV** *vb itr* **1** stäva, styra [kosan] [*~ south* (sydvart)] **2** bildl. *be ~ing for* gå till mötes
headache ['hedeɪk] **1** huvudvärk; *have a ~* ha huvudvärk, ha ont i huvudet **2** vard. huvudbry; *that's not my ~* det är inte min huvudvärk (sak)
headband ['hedbænd] huvudbindel
headdress ['heddres] huvudbonad; huvudprydnad[er]; hårklädsel
header ['hedə] **1** dykning; fall [på huvudet] **2** fotb. nick
headgear ['hedgɪə] huvudbonad
head-hunter ['hed‚hʌntə] **1** huvudjägare **2** 'headhunter', chefsrekryterare
heading ['hedɪŋ] **1** rubrik, överskrift, titel **2** anförande [*the ~ of a procession*] **3** avdelning, stycke **4** riktning, kurs [*her ~ was westerly*] **5** huvud på brevpapper o.d.; överstycke; framdel **6** fotb. nickning
headlamp ['hedlæmp] **1** bil. strålkastare **2** pannlampa vid t.ex. gruvarbete
headland ['hedlənd] **1** hög udde **2** åkerren
headlight ['hedlaɪt] strålkastare; *drive with ~s on* bil. köra på helljus
headline ['hedlaɪn] **I** *s* **1** rubrik; *hit (make) the ~s* bli (vara) rubrikstoff (förstasidesstoff) **2** pl. *~s* radio. el. TV. rubriker, [nyhets]sammandrag **II** *vb tr* förse med rubrik, rubriksätta
headlong ['hedlɒŋ] **I** *adv* **1** på huvudet [*fall ~*] **2** besinningslöst [*rush ~ into danger*]; brådstörtat **II** *adj* brådstörtad, plötslig [*a ~ decision*]
headmaster [‚hed'mɑːstə] rektor
headmistress [‚hed'mɪstrəs] kvinnlig rektor
head-on [‚hed'ɒn] **I** *adj* frontal; *~ collision* frontalkrock **II** *adv* med huvudet (framsidan, bogen) före, rakt på (in i)
headquarters [‚hed'kwɔːtəz, '-,--] (konstr. ss. sg. el. pl.; pl. *headquarters*) högkvarter[et]; huvudkontor[et] [*the ~ of a company*]
headrest ['hedrest] huvudstöd; nackstöd i bil
headroom ['hedruːm] trafik. fri höjd
headscarf ['hedskɑːf] (pl. *-s* el. *-scarves* [-skɑːvz]) sjalett
headset ['hedset] hörlurar med mikrofon
head start ['hedstɑːt] försprång
headstone ['hedstəʊn] **1** byggn. slutsten **2** gravsten [vid huvudändan]
headstrong ['hedstrɒŋ] halsstarrig
head waiter [‚hed'weɪtə] hovmästare
headway ['hedweɪ] **1** fart [framåt]; framsteg; *make ~* skjuta fart; komma framåt (vidare), göra framsteg **2** trafik. fri höjd
headwind ['hedwɪnd] motvind
headword ['hedwɜːd] uppslagsord
heady ['hedɪ] **1** som stiger åt huvudet [*~ wine (perfume)*]; bildl. berusande **2** förhastad [*a ~ decision*]
heal [hiːl] **I** *vb tr* **1** bota; läka; *time ~s all wounds* tiden läker alla sår **2** återställa; *~ a quarrel* bilägga en tvist **II** *vb itr* läka[s] [*the wound ~s slowly*]; botas
healer ['hiːlə] **1** helbrägdagörare **2** botemedel; *time is a great ~* tiden är den bästa läkaren
health [helθ] **1** hälsa, sundhet **2** hälsotillstånd, hälsa [*good ~*], välstånd [*economic ~*]; *bad (ill) ~* dålig (svag) hälsa, ohälsa, sjuklighet; *~ hazard (risk)* hälsorisk; *he is in a low state of ~* hans hälsotillstånd är dåligt **3** skål [*drink a ~ to* (för)]; *drink [to] a p.'s ~* dricka ngns skål, skåla med ngn; *your ~!*
health centre ['helθ‚sentə] vårdcentral; läkarhus
health-food ['helθfuːd] hälsokost
health resort ['helθrɪ‚zɔːt] kurort
healthy ['helθɪ] **1** frisk [*be ~*; *of a ~ constitution*; *a ~ appetite*]; vid god hälsa [*be ~*]; sund [*~ judgement, ~ views*] **2** hälsosam, sund
heap [hiːp] **I** *s* **1** hög; *all in a ~* i en enda hög; *be struck (knocked) all of a ~* vard. bli alldeles paff **2** vard., *a ~ of* en hel hög, en hop, en massa; *it did me ~s of good* det gjorde mig förfärligt (hemskt) gott **II** *vb tr* **1** *~ [up (together)]* hopa, lägga i en hög [*~ [up] stones*], stapla [upp]; lägga på hög, samla [ihop] [*~ [up] riches*] **2** fylla [*~ a plate with food*]; råga [*a ~ed spoonful (measure)*] **3** överösa, överhopa
hear [hɪə] (*heard heard*) **I** *vb tr* **1** höra **2** lyssna på (till); åhöra; [*you're not going,*] *do you ~ me!* ...uppfattat?, ...hör

du det!; *~ me out!* låt mig få tala till punkt! **3** få höra (veta) **4** jur. [för]höra [*~ the accused, ~ a witness*]; pröva, behandla [*~ a case*] **II** *vb itr* **1** höra; uppfatta; *~!, ~!* utrop av bifall ja!, [ja!], bravo!, instämmer!; iron. hör på den! **2** få höra; *have you ~d about my sister?* har du hört vad som har hänt min syster?; *let me ~ from you soon* låt snart höra av dig!, hör av dig snart!; *~ of* höra talas om [*I've never ~d of her*]
heard [hɜːd] imperf. o. perf. p. av *hear*
hearer ['hɪərə] åhörare
hearing ['hɪərɪŋ] **1** hörsel; *~ dog* hund som specialtränats som hjälp åt hörselskadade; *~ spectacles* hörglasögon **2** hörhåll; *in a p.'s ~* i ngns närvaro, så att ngn hör (kan höra) **3** utfrågning, hearing; jur. förhör; prövning, behandling [*the ~ of the case*]; *preliminary ~* förundersökning
hearing aid ['hɪərɪŋeɪd] o. **hearing appliance** ['hɪərɪŋəˌplaɪəns] hörapparat
hearsay ['hɪəseɪ] hörsägen, rykte[n]; attr. grundad på hörsägner [*~ evidence* (vittnesmål)], andrahands- [*~ rumours*]
hearse [hɜːs] likvagn
heart [hɑːt] **1** anat. hjärta; *~ attack* hjärtattack; *a ~ condition* hjärtbesvär; *~ transplantation* hjärttransplantation; *~ trouble* hjärtbesvär **2** hjärta [*he lost his ~ to her*]; sinne [*a man after my* [*own*] *~*]; själ; mod; *change of ~* sinnesförändring; *break a p.'s ~* krossa ngns hjärta; *he had his ~ in his mouth* han hade hjärtat i halsgropen; *have one's ~ in the right place* ha hjärtat på rätta stället; *have one's ~ in one's work* arbeta med liv och lust, känna arbetsglädje; *put one's ~* [*and soul*] *into one's work* lägga ned hela sin själ i arbetet; *set one's ~ at rest* slå sig till ro; bli lugn; *take ~* fatta (repa) mod; *at the bottom of one's ~* innerst inne; *by ~* utantill, ur minnet; *with all one's ~* av hela sitt hjärta **3** hjärta [*in the ~ of the city*], centrum; *the ~ of the matter* hjärtpunkten, pudelns kärna **4** kortsp. hjärterkort; pl. *~s* hjärter
heartache ['hɑːteɪk] hjärtesorg
heartbeat ['hɑːtbiːt] hjärtslag pulsslag
heartbreak ['hɑːtbreɪk] hjärtesorg
heartbreaking ['hɑːtˌbreɪkɪŋ] förkrossande, hjärtskärande; hjärtknipande; vard. förskräckligt tråkig [*a ~ task*]
heartbroken ['hɑːtˌbrəʊk(ə)n] med krossat (brustet) hjärta, förtvivlad
heartburn ['hɑːtbɜːn] halsbränna

hearten ['hɑːtn] uppmuntra [*~ing news*]
heart failure ['hɑːtˌfeɪljə] med. hjärtsvikt
heartfelt ['hɑːtfelt] djupt känd [*~ thanks*]
hearth [hɑːθ] **1** härd äv. tekn.; eldstad, spisel **2** [hemmets] härd [*~ and home*]
heartily ['hɑːtəlɪ] **1** hjärtligt, av hjärtat, varmt **2** tappert, friskt; ivrigt, med entusiasm [*fight ~ for one's cause*] **3** med god aptit **4** innerligt, ordentligt [*~ sick* (led) *of a th.*], grundligt
heartless ['hɑːtləs] hjärtlös
heart-to-heart [ˌhɑːttəˈhɑːt] förtrolig, öppen
heart-warming ['hɑːtˌwɔːmɪŋ] glädjande
hearty ['hɑːtɪ] **I** *adj* **1** hjärtlig [*a ~ welcome*], varm; uppriktig; ivrig [*a ~ supporter of a cause*] **2** kraftig [*a ~ blow*]; hurtfrisk [*a ~ type*] **3** matfrisk **4** kraftig, riklig [*a ~ meal*]; *a ~ appetite* [en] frisk (stor, god) aptit **II** *s* sl., ung. hurtbulle, friskus
heat [hiːt] **I** *s* **1** hetta; värme äv. fys. [*~ is a form of energy*]; *~ treatment* värmebehandling **2** bildl. hetta, iver [*speak with some ~*]; *in the ~ of the battle* (*struggle, combat*) i stridens hetta **3** sport. heat, [enkelt] lopp; *dead ~* dött lopp **4** brunst; *in* (*on, at*) *~* brunstig **5 a**) vard. press, tryck; *put* (*turn*) *the ~ on a p.* dra åt tumskruvarna på ngn, öka trycket på ngn **b**) sl., *the ~* snuten, snutarna **c**) sl., *on ~* kåt **II** *vb tr*, *~* [*up*] upphetta äv. bildl. [*cool a p.'s ~ed brain*]; värma [upp] [*~* [*up*] *some water, ~ up the leftovers*]; elda [i] [*~ a stove*]; hetsa [*be ~ed into fury*]
heated ['hiːtɪd] upphettad etc., jfr *heat II*; het, animerad [*a ~ discussion*]
heater ['hiːtə] värmeelement, kamin [*electric ~*]; varmvattensberedare
heath [hiːθ] hed
heathen ['hiːð(ə)n] **1** hedning; *the ~* koll. hedningarna **2** vard. vilde [*he grew up as a young ~*]
heather ['heðə] bot. ljung
heating ['hiːtɪŋ] upphettning, uppvärmande; *central ~* centralvärme
heatstroke ['hiːtstrəʊk] med. värmeslag
heat wave ['hiːtweɪv] **1** värmebölja **2** fys. värmevåg
heave [hiːv] **I** (*~d ~d*, isht sjö. *hove hove*) *vb tr* **1** lyfta [ofta *~ up*]; komma att hävas **2** dra [*~ a sigh*], utstöta; *~ a groan* stöna **3** sjö. el. vard. hiva, kasta [*~ a th. overboard, ~ a brick through* (*out of*) *a window*] **4** sjö. hiva, vinda [upp]; hissa [*~ a sail*]; *~ the anchor* lätta ankar **5** geol. förkasta **II** (*~d ~d*, isht sjö. *hove hove*) *vb*

itr **1** höja sig; ~ *in sight* sjö. vard. komma i sikte, dyka upp äv. om pers. **2** hävas [och sänkas], svalla [*the heaving billows* (vågorna)] **3** flämta, kippa **4** försöka (vilja) kräkas; kräkas, spy; äcklas **5** sjö. hiva; ~ *ho!* hi å hå! **III** *s* **1** hävning; tag [*a mighty ~*] **2** höjning; svallning; dyning **3** sjö. hivande **4** geol. [horisontell] förkastning

heaven ['hevn] **1** vanl. pl. *~s* himmel, himlavalv **2** vard., i utrop himmel[en]; himmelrike[t]; Gud [*H~'s will*]; *H~ forbid!* [vilket] Gud förbjude!, Gud bevare oss (mig) [för det]!; *move ~ and earth* göra sitt yttersta (allt man kan); *go to ~* komma till himlen

heavenly ['hevnlɪ] **1** himmelsk; gudomlig; överjordisk; från himlen [*a ~ angel*]; *~ choir* änglakör **2** himla-; *~ bodies* himlakroppar **3** vard. gudomlig

heavily ['hevəlɪ] **1** tungt [*~ loaded*], hårt [*~ taxed* (beskattad)], strängt [*~ punished*]; kraftigt [*it rained ~*]; högt [*~ insured*]; tätt [*~ populated*]; mödosamt; trögt, långsamt; jfr f.ö. *heavy I* **2** i hög grad, mycket [*~ dependent on* (beroende av)]

heavy ['hevɪ] **I** *adj* **1** tung, grov; om tyg tjock; *~ traffic* a) tung trafik b) stark (livlig) trafik **2** mil. tung [*a ~ bomber; ~ weapons*] (artilleri) tungt beväpnad; *~ guns* (*artillery*) tungt (grovt) artilleri **3** stor [*~ expenses*], svår [*a ~ loss* (*defeat*)], dryg [*~ taxes*], omfattande [*a ~ building programme*]; stark [*~ demand* (efterfrågan)]; våldsam [*a ~ blow* (*storm*)]; *open ~ fire*; tät [*~ snowfall*]; stadig [*a ~ meal*]; *a ~ buyer* en storköpare; *he's a ~ drinker* han dricker (super) mycket, han har alkoholproblem; *a ~ sea* sjö. grov sjö; *a ~ smoker* en storrökare; *be ~ on* använda (förbruka) massor av [*the car is ~ on oil; don't be so ~ on the butter*] **4** tyngd, laddad **5** allvarlig, värdig isht teat. [*play the ~ father*]; *a ~ part* en allvarlig roll **6** tung [*with a ~ heart*], betryckt; sorglig [*~ news*] **II** *s*, pl. *the heavies* de stora (tunga) tidningarna, [tidnings]drakarna **III** *adv* tungt; *time hangs* (*lies*) *~* [*on my hands*] tiden kryper fram (blir lång) [för mig]

heavy-duty [,hevɪ'djuːtɪ] motståndskraftig, tålig [*~ gloves*]; tekn. tung; *~ oil* HD-olja

heavy-handed [,hevɪ'hændɪd] hårdhänt; handfast; klumpig

heavy-hearted [,hevɪ'hɑːtɪd] tungsint

heavyweight ['hevɪweɪt] isht sport.
1 tungvikt; tungvikts- [*~ title*], tung
2 tungviktare

Hebrew ['hiːbruː] **I** *s* **1** hebré; [*the Epistle to the*] *~s* (konstr. ss. sg.) Hebréerbrevet **2** hebreiska [språket] **II** *adj* hebreisk

heck [hek] vard. för *hell*; *what the ~!* vad i helsike!

heckle ['hekl] **1** häckla lin o.d. **2** bildl. häckla

hectare ['hektɑː, -teə] hektar

hectic ['hektɪk] hektisk [*lead a ~ life*]

hector ['hektə] **I** *vb tr* tyrannisera; *a ~ing tone* [en] mästrande ton, [en] skolmästarton **II** *vb itr* spela översittare; skrävla

he'd [hiːd] = *he had*; *he would*

hedge [hedʒ] **I** *s* **1** häck äv. bildl. [*a ~ of police*]; inhägnad **2** bildl. skrank, mur; skydd [*a ~ against inflation*]; undanflykt **3** vid vadslagning [hel]gardering **II** *vb tr* inhägna [med en häck]; omgärda, kringgärda, inringa; spärra av (till) [ofta *~ up*]; *~ in* (*round, about*) omringa, inringa; omgärda, kringgärda; bildl. äv. omge, omsluta

hedgehog ['hedʒ(h)ɒg] zool. igelkott

hedgerow ['hedʒrəʊ] häck av buskar el. träd

hedonism ['hiːdə(ʊ)nɪz(ə)m] filos. hedonism; vard. njutningslystnad

heed [hiːd] **I** *vb tr* bry sig om [*~ a warning*], ta hänsyn till **II** *s*, *give* (*pay*) *~ to* ta hänsyn till, lyssna till, fästa avseende vid, bry sig om

heedless ['hiːdləs] **1** *~ of* obekymrad om, som inte fäster avseende vid **2** bekymmerslös

1 heel [hiːl] **I** *s* **1** häl; bakfot; fot; klack [*wear high ~s*]; bakkappa på sko; *kick* (*cool*) *one's ~s* [få (stå och)] vänta; slå dank; *take to one's ~s* lägga benen på ryggen, ta till benen (sjappen) **2** slut äv. om tid [*the ~ of a session*]; rest; *a ~ of cheese* en ostkant **3** isht amer. sl. knöl **II** *vb tr* **1** klacka [*~ shoes*] **2** fotb. klacka [*~ the ball*] **3** *~ in a plant* jordslå en växt

2 heel [hiːl] sjö., *~* [*over*] kränga, få slagsida

hefty ['heftɪ] vard. **1** stöddig, bastant; ordentlig; kraftig [*a ~ push*] **2** tung

heifer ['hefə] kviga

height [haɪt] **1** höjd [*the ~ of a mountain*]; *200 feet in ~* 200 fot hög **2** längd [*draw oneself up* (sträcka på sig) *to one's full ~*], storlek; *what is your ~?* hur lång är du? **3** höjd; kulle; topp [*mountain ~s*] **4** höjdpunkt, högsta grad; höjd [*the ~ of his ambition*]; *the ~ of fashion* högsta mode[t]; *the ~ of perfection* fullkomligheten själv; *at its ~* på sin höjdpunkt

heighten ['haɪtn] **I** *vb tr* **1** göra hög[re] **2** bildl. [för]höja [*~ an effect*], öka;

förstärka [~ *the contrast*]; underblåsa [~ *suspicions* (*jealousy*)] **II** *vb itr* mest bildl. [för]höjas
heinous ['heɪnəs] skändlig, avskyvärd [*a ~ crime*], fruktansvärd
heir [eə] [laglig] arvinge, arvtagare; ~ *apparent* (pl. *~s apparent*) närmaste (obestridlig) arvinge till ännu levande; ~ *to the throne* tronarvinge
heiress ['eərɪs] arvtagerska
heirloom ['eəluːm] släktklenod
heist [haɪst] isht amer. sl. **I** *s* stöt, rån **II** *vb tr* knycka, råna; göra en stöt mot (på)
held [held] imperf. o. perf. p. av *I hold*
helicopter ['helɪkɒptə] helikopter
heliport ['helɪpɔːt] helikopterflygplats
helium ['hiːljəm] kem. helium
hell [hel] a) helvete[t] b) ofta i slangartade uttryck: *oh, ~!* jäklar [också]!; det var [som] fan!; *a* (starkare *one*) *~ of* [*a mess*] en jäkla (himla)…; *a ~ of a noise* ett jäkla (jädrans) oväsen; *we had a ~ of a time* a) vi hade ett helvete, vi hade det för djävligt b) vi hade jäkligt kul (roligt); *what the ~* [*do you want*]? vad i helvete…?, vad fan…?; *get the ~ out of here!* dra åt helvete!; *give a p. ~* låta ngn få se på fan, låta ngn få sina fiskar varma; skälla ut ngn; *make a p.'s life ~* göra livet till ett helvete för ngn
he'll [hiːl] = *he will* (*shall*)
hellish ['helɪʃ] helvetisk, djävulsk[t elak]
hello [ˌhe'ləʊ, hə'ləʊ] hallå; ss. hälsning hej!; uttr. förvåning äv. jaså [minsann]!; ~ *there!* a) hej[san]!, tjänare! b) hör du du!
helm [helm] **I** *s* roder; rorkult; *be at the ~* sitta vid rodret äv. bildl.; stå (sitta) till rors **II** *vb tr* styra vid bildl.
helmet ['helmɪt] hjälm; kask
helmsman ['helmzmən] rorsman
help [help] **I** *vb tr* **1** a) hjälpa [~ *a p.* [*to*] *do* ([med] att göra) *a th.*], bistå b) [be]främja, underlätta [*this did not ~ the negotiations*]; *so ~ me God* så sant mig Gud hjälpe; *God ~ you if…!* Gud nåde dig om…!; ~ *a p. on* (*off*) *with his coat* hjälpa ngn på (av) med rocken; ~ *out* hjälpa ngn ur knipan, hjälpa ngn till rätta, vara till hjälp för ngn [*will* (kan) *100 ~ you out?*]; ~ *up* (*down*) hjälpa ngn upp (ned) el. uppför (nedför) **2** ~ *a p. to a th.* servera (lägga för) ngn ngt [*may I ~ you to some meat?*]; ~ *yourself!* var så god [och ta]!, ta för dig (er)! **3** låta bli; *I can't ~ it* jag kan inte låta bli, jag rår inte för det, jag kan inte hjälpa det; *I can't ~ laughing* jag kan inte låta bli att skratta, jag kan inte hålla mig för skratt, jag måste skratta **II** *vb itr* **1** hjälpa [till]; ~ *to* hjälpa till att, göra sitt till att, bidra till att [*this ~s to explain why it was never done*] **2** servera **III** *s* **1** hjälp; *be of ~* [*to a p.*] vara [ngn] till hjälp **2** hjälp, botemedel; *there is no ~ for it* det är ingenting att göra åt det **3** hjälp[medel] [*books are a ~ to knowledge*] **4** pers. [hem]hjälp
helper ['helpə] hjälpare; medhjälpare
helpful ['helpf(ʊ)l] hjälpsam
helping ['helpɪŋ] portion; [*do you want*] *another ~ of fish?* …en portion fisk till?
helpless ['helpləs] hjälplös
helpmate ['helpmeɪt] kamrat och hjälp isht om maka el. make
Helsinki ['helsɪŋkɪ, -'-] Helsingfors
helter-skelter [ˌheltə'skeltə] **I** *adv* huller om buller; hals över huvud **II** *adj* hastig [*a ~ flight*]
1 hem [hem] **I** *s* fåll; [neder]kant **II** *vb tr* **1** fålla; kanta **2** ~ *in* (*about, round*) stänga inne, omringa
2 hem [ss. interj. hm, ss. vb hem] **I** *interj*, ~! hm! **II** *vb itr* säga hm; tveka; ~ *and haw* (*ha*) humma, stamma, dra på orden; knota
he-|man ['hiː|mæn] (pl. *-men* [-men]) vard. he-man, karlakarl
hemisphere ['hemɪˌsfɪə] halvklot, hemisfär; *the Western ~* västra halvklotet
hemline ['hemlaɪn] nederkant, fåll på kjol o.d.
hemlock ['hemlɒk] bot. odört
hemp [hemp] bot. hampa
hen [hen] **1** höna **2** isht i sammansättn. hon-, -hona, -höna
hence [hens] **1** härav [~ *it follows that…*] **2** följaktligen [*and ~…*] **3** härefter; *five years ~* om fem år; fem år härefter **4** åld. el. poet. härifrån; [*get thee*] ~! [vik] hädan!
henceforth [ˌhens'fɔːθ] o. **henceforward** [ˌhens'fɔːwəd] hädanefter, framdeles
hench|man ['hentʃ|mən] (pl. *-men* [-mən]) hejduk, hantlangare
hen party ['henˌpɑːtɪ] vard. fruntimmersbjudning
henpecked ['henpekt] vard. som står under toffeln; *be ~* stå under toffeln
hepatitis [ˌhepə'taɪtɪs] med. hepatit
her [hɜː, obeton. äv. ɜː, hə, ə] **I** *pers pron* (objektsform av *she*) **1** henne vanl. äv. om fartyg; om tåg, bil, land m.m. den **2** vard. hon [*it's ~*] **3** sig [*she took it with ~*] **II** *fören poss pron* hennes [*it is ~ hat*]; sin [*she sold ~ house*]; dess [*England and ~ sons*]; jfr *my*
herald ['her(ə)ld] **I** *s* **1** hist. härold

2 heraldiker **3** budbärare **4** bildl. härold, förebud **II** *vb tr* förebåda, inleda [*~ a new era*]
heraldic [he'rældɪk] heraldisk
heraldry ['her(ə)ldrɪ] heraldik
herb [hɜːb] **1** ört; växt [*collect ~s*]; kryddväxt; läkeört, medicinalväxt **2** örtkrydda
herbaceous [hɜːˈbeɪʃ(ə)s] örtartad; ört-; *~ border* kantrabatt
herbal ['hɜːb(ə)l] ört- [*~ medicine* (*tea*)]
herbicide ['hɜːbɪsaɪd] växtgift
1 herd [hɜːd] **I** *s* **1** hjord [*a ~ of cattle*], flock **2** neds. hop; *follow the ~* bildl. följa med strömmen, gå i flock **II** *vb itr* gå i hjord[ar]; gå i flock; *~ together* flockas, samlas; gå i flock (hjord[ar])
2 herd [hɜːd] vakta [*~ sheep*]; driva
here [hɪə] **1** här [*I live ~*]; hit; *~!* vid upprop ja!; *~'s how!* [din] skål!; *~'s to...* en skål för...; *~ today, [and] gone tomorrow* i dag röd, i morgon död; *~ you are!* här har du!, var så god!; se här!; [*still*] *~* [ännu] här, kvar **2** här nere på jorden [äv. *~ below*] **3** här[i], härvidlag [*~ we agree*] **4** nu; *~ goes!* vard. ja, då sätter (kör) vi (jag) i gång!
hereabouts ['hɪərəˌbaʊt, -s] häromkring, här i (på) trakten
hereafter [hɪərˈɑːftə] **I** *adv* litt. el. jur. **1** härefter **2** här nedan **3** i det tillkommande **II** *s* litt., *the ~* livet efter detta (döden)
hereby [ˌhɪəˈbaɪ, '--] härmed [*I ~ beg to inform you...*]
hereditary [hɪˈredɪt(ə)rɪ] arv- [*~ prince, ~ foe*]; arvs- [*~ character* (anlag)]; ärftlighets- [*~ principle*]; ärftlig [*~ disease*]; [ned]ärvd [*~ customs*]; medfödd [*~ talent*]
heredity [hɪˈredətɪ] ärftlighet; nedärvande; arv [*~ and environment*]
heresy ['herəsɪ] kätteri; irrlära
heretic ['herətɪk] kättare
heretical [hɪˈretɪk(ə)l] kättersk
heritage ['herɪtɪdʒ] **1** arv; arvedel **2** kulturarv; *~ coast* kuststräcka officiellt förklarad som naturminne; *Minister of the H~* i Storbritannien kulturminister
hermit ['hɜːmɪt] eremit; enstöring
hernia ['hɜːnjə] (pl. äv. *herniae* ['hɜːnɪiː]) med. bråck
hero ['hɪərəʊ] (pl. *~es*) **1** hjälte; *the ~ of the hour* (*day*) dagens hjälte, hjälten för dagen **2** [manlig] huvudperson i bok o.d.; hjälte [*the ~ of the play*]
heroic [hɪˈrəʊɪk] **I** *adj* heroisk; hjälte- [*~ deeds*]; hjältemodig **II** *s*, pl. *~s*

högtravande språk (stil, ton), poser, hjältefasoner
heroin ['herəʊɪn] heroin; *~ addict* heroinist, heroinmissbrukare
heroine ['herəʊɪn] **1** hjältinna **2** [kvinnlig] huvudperson i bok o.d.; hjältinna [*the ~ of the film*]
heroism ['herəʊɪz(ə)m] hjältemod
heron ['her(ə)n] zool. häger; *night ~* natthäger
hero-worship ['hɪərəʊˌwɜːʃɪp] **I** *s* hjältedyrkan **II** *vb tr* dyrka som hjälte
herpes ['hɜːpiːz] med. herpes; *~ zoster* bältros
herring ['herɪŋ] zool. sill
hers [hɜːz] hennes [*is that book ~?*]; sin [*she must take ~*]; *a friend of ~* en vän till henne; jfr *1 mine*
herself [həˈself] sig [*she dressed ~*], sig själv [*she helped ~*; *she is not ~ today*]; hon själv [*nobody but ~*], själv [*she can do it ~*]; *her brother and ~* hennes bror och hon [själv]; *the queen ~* drottningen själv; själva[ste] drottningen, drottningen i egen hög person; jfr *myself*
Herzegovina [ˌhɜːtsəɡəʊˈviːnə] geogr. Hercegovina
he's [hiːz, hɪz] = *he is* o. *he has*
hesitant ['hezɪt(ə)nt] tvekande, tveksam
hesitate ['hezɪteɪt] **1** tveka; vara villrådig; *he who ~s is lost* ung. den intet vågar, han intet vinner **2** hacka i talet; *~ for words* leta efter orden
hesitation [ˌhezɪˈteɪʃ(ə)n] tvekan, villrådighet; betänkligheter; *have no ~ in doing a th.* inte tveka att göra ngt
heterogeneous [ˌhetərə(ʊ)ˈdʒiːnjəs] heterogen, olik[artad]; brokig [*a ~ collection*]
heterosexual [ˌhetərə(ʊ)ˈseksjʊəl] heterosexuell
hew [hjuː] (*~ed ~ed* el. *~n*) **1** hugga [i] ngt; hugga sönder [vanl. *~ to pieces, ~ asunder*]; *~ one's way* hugga sig väg (fram) **2** hugga (yxa) till; släthugga
hewn [hjuːn] perf. p. av *hew*
hexagon ['heksəɡən] geom. hexagon, sexhörning
hexagonal [hekˈsæɡənl] geom. hexagonal, sexkantig, sexvinklig, sexhörnig
hey [heɪ] *~!* hej! för att påkalla uppmärksamhet; hallå [där]!; hurra!; åh!, oh!; va?; hör nu!
heyday ['heɪdeɪ] höjd[punkt]; glansperiod, glansdagar, bästa dagar (tid); blomstringstid
hi [haɪ] **1** *~!* hallå där! **2** *~* [*there*]*!* isht amer. hej!, hejsan!, tjänare!

hiatus [haɪ'eɪtəs] lucka t.ex. i manuskript
hibernate ['haɪbəneɪt] övervintra; gå (ligga) i ide äv. bildl.
hibernation [ˌhaɪbə'neɪʃ(ə)n] **1** övervintring; djurs vinterdvala; *go into* ~ gå i ide **2** bildl. dvala
hibiscus [hɪ'bɪskəs] bot. hibiskus
hiccough ['hɪkʌp] se *hiccup*
hiccup ['hɪkʌp] **I** *s* hickning; *have the* ~*s* ha hicka **II** *vb itr* hicka
hid [hɪd] imperf. o. perf. p. av *2 hide*
hidden ['hɪdn] **I** perf. p. av *2 hide* **II** *adj* [undan]gömd; [för]dold [~ *motives*]
1 hide [haɪd] **1** [djur]hud; skinn **2** vard. skinn [*save one's* ~]; *have a thick* ~ ha hård (tjock) hud, vara tjockhudad; *tan a p.'s* ge ngn på huden, klå upp ngn
2 hide [haɪd] **I** (*hid hidden* el. *hid*) *vb tr* gömma, dölja; hålla gömd; ~ *oneself* gömma sig, hålla sig gömd; *I didn't know where to* ~ *myself* jag visste inte var jag skulle göra av mig **II** (*hid hidden* el. *hid*) *vb itr* gömma sig, hålla sig gömd (dold); ~ *out* vard. hålla sig undan (gömd)
hide-and-seek [ˌhaɪdən(d)'siːk] kurragömma
hideous ['hɪdɪəs] otäck; anskrämlig
hide-out ['haɪdaʊt] vard. gömställe för förbrytare, gerilla o.d.; tillhåll
1 hiding ['haɪdɪŋ] stryk; *a* [*good*] ~ ett [ordentligt] kok stryk
2 hiding ['haɪdɪŋ] **1** gömmande **2** *be in* ~ hålla sig gömd (undan); *come out of* ~ komma fram, dyka upp igen **3** gömställe
hiding-place ['haɪdɪŋpleɪs] gömställe
hierarchy ['haɪərɑːkɪ] hierarki; rangordning
hieroglyphic [ˌhaɪərə(ʊ)'glɪfɪk] **I** *adj* **1** hieroglyfisk **2** symbolisk **II** *s* **1** hieroglyf[tecken] **2** hemligt tecken, symbol
hi-fi [ˌhaɪ'faɪ] (vard. för *high-fidelity*) **I** *s* **1** hi-fi naturtrogen ljudåtergivning **2** hi-fi-anläggning **II** *adj* hi-fi- [*a* ~ *set* (anläggning)]
higgledy-piggledy [ˌhɪgldɪ'pɪgldɪ] **I** *adv* huller om buller **II** *adj* rörig **III** *s* virrvarr
high [haɪ] **I** *adj* **1** hög; högt belägen; *the tide is* ~ det är flod **2** hög, högre [*a* ~ *official*]; fin [*of* ~ *family*]; ~ *life* [livet i] den förnäma världen **3** förnämst; i titlar över- [*H*~ *Commissioner*]; *H*~ *Admiral* storamiral **4** hög [~ *fever*], stark; intensiv; ~ *colour* (*complexion*) hög (stark) [ansikts]färg **5** *at* ~ *noon* precis kl. 12 på dagen, när solen står (stod) som högst; *the* ~ *season* högsäsongen; ~ *summer* högsommar **6** högdragen; *be* ~

and mighty vard. vara hög [av sig], vara dryg (överlägsen) **7** extrem, ultra- [*a* ~ *Tory*]; kyrkl. ortodox, högkyrklig **8** upprymd; (pred.) vard. uppspelt; full berusad, på snusen; sl. hög narkotikaberusad **9** lyxig, flott [~ *living*] **10** om kött ankommen; om vilt vanl. välhängd, med stark viltsmak **II** *adv* **1** högt [~ *in the air*; ~ *up*]; *search* (*hunt, look*) ~ *and low* leta överallt, söka med ljus och lykta **2** högt, i högt tonläge **3** starkt [*the wind was blowing* ~], häftigt; *feelings ran* ~ känslorna svallade (råkade i svallning) **4** *as* ~ *as* så högt som **III** *s* **1** vard. topp; *hit* (*reach*) *a new* ~ nå nya rekordsiffror **2** *on* ~ i (mot) höjden (himmelen); *from on* ~ från höjden (ovan) **3** vard. kick
high-and-mighty [ˌhaɪən(d)'maɪtɪ] vard. högdragen
highball ['haɪbɔːl] isht amer. grogg
highbrow ['haɪbraʊ] vard. **I** *s* intelligensaristokrat; neds. intelligenssnobb **II** *adj* intellektuell [av sig]; neds. intelligenssnobbig, kultursnobbig
high chair [ˌhaɪ'tʃeə] hög barnstol
high-class [ˌhaɪ'klɑːs, attr. '--] högklassig; förstklassig [*a* ~ *hotel*], kvalitets- [~ *article*]
highfalutin [ˌhaɪfə'luːtɪn] o. **highfaluting** [ˌhaɪfə'luːtɪŋ] vard. högtravande [~ *language*], högtflygande [~ *ideas*]
high-fidelity [ˌhaɪfɪ'delətɪ, -faɪ'd-] **I** *s* high fidelity naturtrogen ljudåtergivning **II** *adj* high fidelity- [*a* ~ *set* (anläggning)]
highflown ['haɪfləʊn] högtravande
high-flying [ˌhaɪ'flaɪɪŋ] högtflygande; högt strävande
high-handed [ˌhaɪ'hændɪd, attr. '-,--] egenmäktig; överlägsen [*he has a* ~ *manner*], myndig
high-heeled ['haɪhiːld, pred. ˌ-'-] högklackad
high jump ['haɪdʒʌmp] **1** sport. höjdhopp **2** sl., *he's for the* ~ han kommer att åka dit (få det hett)
highland ['haɪlənd] **I** *s* högland; *the Highlands* Skotska högländerna **II** *adj* höglands-
high-level ['haɪˌlevl] på hög nivå [~ *conference*]
highlight ['haɪlaɪt] **I** *s* **1** höjdpunkt; clou; pl. ~*s* mus. urval [av kända partier] **2** pl. ~*s* [blekta] slingor i håret **II** *vb tr* bildl. framhäva
highly ['haɪlɪ] **1** högt [~ *esteemed*]; starkt [~ *seasoned*]; ~ *paid* högavlönad **2** högst, i högsta grad [~ *interesting* (*surprised*)];

~ *recommend* varmt rekommendera **3** berömmande, uppskattande [*speak ~ of a p.*]; *think ~ of a p.* ha höga tankar om ngn, sätta ngn högt
highly-strung [ˌhaɪlɪˈstrʌŋ] nervös [av sig]; överspänd; ~ *nerves* spända nerver
high-minded [ˌhaɪˈmaɪndɪd], attr. '-ˌ--] högsint; ädel [~ *purpose*]
highness [ˈhaɪnəs] **1** höjd; *the ~ of prices* de höga priserna **2** *His (Her, Your) H~* Hans (Hennes, Ers) Höghet titel för furstlig person
high-octane [ˌhaɪˈɒkteɪn], ~ *petrol (gasoline)* högoktanig bensin
high-pitched [ˌhaɪˈpɪtʃt], attr. '--] hög [*a ~ sound*]; gäll [*a ~ voice*]
high-powered [ˌhaɪˈpaʊəd] **1** högeffektiv, driftig [~ *executives*] **2** energisk, intensiv [*a ~ political campaign*] **3** stark [*a ~ engine*]; starkt förstorande [*a ~ microscope*]; *a ~ car* en bil med stark motor
high-pressure [ˌhaɪˈpreʃə, attr. '-ˌ--] **I** *adj* **1** högtrycks- [~ *cylinder*] **2** påträngande [~ *advertising (selling)*], som övar påtryckning **II** *vb tr*, ~ *a p. into doing a th.* pressa ngn att göra ngt
high-ranking [ˈhaɪˌræŋkɪŋ] högt uppsatt, med hög rang; *a ~ officer* äv. en högre officer
high-rise [ˈhaɪraɪz] **I** *attr adj* höghus- [~ *area*]; ~ *building* höghus **II** *s* höghus
highroad [ˈhaɪrəʊd] **1** huvudväg **2** bildl., *the ~ to success* [den säkra] vägen till framgång
high school [ˈhaɪskuːl] **1** hist. läroverk **2** i USA **a)** 4-årig skola för elever mellan 14 och 18 år **b)** *junior ~* 3-årig skola för elever mellan 12 och 15 år; *senior ~* 3-årig skola för elever mellan 15 och 18 år
high-spirited [ˌhaɪˈspɪrɪtɪd] oförskräckt, morsk; livlig; eldig [*a ~ horse*]
high street [ˈhaɪstriːt] storgata, huvudgata
highway [ˈhaɪweɪ] **1** huvudväg, [stor] landsväg; *divided (dual) ~* amer. väg med skilda körbanor; *the H~ Code* britt., regelsamling för vägtrafikanter **2** [huvud]stråk, led äv. till sjöss
highwayman [ˈhaɪweɪmən] stråtrövare isht till häst
hijack [ˈhaɪdʒæk] vard. **I** *vb tr* **1** kapa t.ex. flygplan; [preja och] råna (plundra, stjäla) under transport [~ *goods from a train*] **2** amer., ~ *a p. into doing a th.* tvinga (pressa) ngn att göra ngt **II** *vb itr* företa kapning[ar]; plundra; stjäla **III** *s* kapning
hijacker [ˈhaɪˌdʒækə] vard. [flygplans]kapare; rånare, plundrare

hike [haɪk] vard. **I** *s* **1** [fot]vandring **2** höjning [*a ~ in wages*] **II** *vb itr* **1** [fot]vandra; [motions]promenera **2** ~ *up* om kläder åka (glida) upp **III** *vb tr* **1** dra [~ *up one's socks*] **2** släpa [*they ~d him out*] **3** höja [~ *the price of milk*]
hiker [ˈhaɪkə] [fot]vandrare
hilarious [hɪˈleərɪəs] **1** uppsluppen [*a ~ party*]; munter, lustig **2** festlig
hilarity [hɪˈlærətɪ] uppsluppenhet; munterhet
hill [hɪl] **1** kulle; backe; *as old as the ~s* gammal som gatan, urgammal **2** hög, kupa av jord, sand o.d.; stack [*ant-hill*]
hillbilly [ˈhɪlˌbɪlɪ, ˌ-ˈ--] amer. vard. **1** lantis isht från bergstrakterna i södra USA **2** lantlig; ~ *music* folkmusik från södra USA
hillock [ˈhɪlək] mindre kulle; hög
hillside [ˈhɪlsaɪd] bergssluttning, backe
hilly [ˈhɪlɪ] bergig [~ *country*], backig [~ *road*]; brant
hilt [hɪlt] fäste på svärd, dolk o.d.; [*up*] *to the ~* helt och hållet, till fullo
him [hɪm, obeton. äv. ɪm] (objektsform av *I* he) **I** *pers pron* **1** honom **2** vard. han [*it's ~*] **3** sig [*he took it with ~*] **II** *determ pron* den [*the prize goes to ~ who wins*]
himself [hɪmˈself] sig [*he brushed ~*], sig själv [*he helped ~*; *he is not ~ today*]; han själv [*nobody but ~*], själv [*he can do it ~*]; *his father and ~* hans far och han [själv]
1 hind [haɪnd] bakre [~ *wheel*]; ~ *leg* bakben; *he can talk the ~ leg[s] off a donkey* vard. han är en riktig pratkvarn
2 hind [haɪnd] zool. hind
1 hinder [ˈhaɪndə] bakre [~ *end*, ~ *part*]
2 hinder [ˈhɪndə] hindra [~ *a p. in his work*]; förhindra [~ *a crime*]; avhålla; vara (stå) i vägen för
hindrance [ˈhɪndr(ə)ns] hinder; *be more of a ~ than a help* vara mera till besvär än till nytta
hindsight [ˈhaɪndsaɪt] efterklokhet
Hindu [ˌhɪnˈduː, attr. '--] **I** *s* hindu **II** *adj* hinduisk; indisk
hinge [hɪn(d)ʒ] **I** *s* **1** gångjärn; *be off the ~s* vard. vara rubbad (vrickad) **2** [*stamp*] ~ [frimärks]fastsättare **3** bildl. central (springande) punkt **II** *vb itr*, ~ *on (upon)* bildl. hänga (bero) på [*everything ~s* [*up*]*on what happens next*], röra sig om (kring) [*the argument ~d on this point*]
hint [hɪnt] **I** *s* **1** vink, antydan; anspelning; pl. *~s* äv. råd [*~s for housewives*], tips [*a few ~s on* (om) *how to do it*] **2** aning, gnutta [*gin with a ~ of vermouth*]; *there was no ~ of malice* [*in his words*] det

fanns inte ett spår (en skymt) av elakhet... **II** *vb tr* antyda; låta ana **III** *vb itr*, ~ *at* antyda, göra (kasta fram) en antydan om; anspela (syfta) på

1 hip [hɪp], [*rose*] ~ nypon frukt

2 hip [hɪp], ~, ~, *hurrah* (*hurray*)*!* hipp hipp hurra!

3 hip [hɪp] ngt åld. sl. hip, inne modern

4 hip [hɪp] höft; länd; *he stood with his hands on his* ~*s* han stod med händerna i sidan

hippie ['hɪpɪ] hippie

hippo ['hɪpəʊ] (pl. ~*s*) vard. flodhäst

hippopotam|us [ˌhɪpə'pɒtəm|əs] (pl. -*uses*, ibl. -*i* [-aɪ]) zool. flodhäst

hippy ['hɪpɪ] se *hippie*

hire ['haɪə] **I** *s* **1** hyra, [hyres]avgift för tillfälligt bruk av ngt; *for* ~ till uthyrning, att hyra; på taxibil ledig; *let out on* ~ hyra ut; ~ *car* hyrbil; *car* ~ *service* biluthyrning **2** tjänstefolks lön **3** bildl. lön **II** *vb tr* **1** hyra [~ *a car* (*a restaurant*)]; ~*d bus* äv. abonnerad buss **2** isht amer. anställa **3** leja [~ *a murderer*] **4** ~ *out* hyra ut [~ *out cars*]

hire-purchase [ˌhaɪə'pɜːtʃəs] avbetalningsköp ss. system; avbetalnings- [~ *system*]; *buy* (*pay for*) *on* ~ köpa på avbetalning

his [hɪz, obeton. ɪz] hans [*it's* ~ *car*; *the car is* ~]; hennes [*man* (människan) *and* ~ *future*]; sin [*he sold* ~ *car*]; jfr *my* o. *1 mine*

hiss [hɪs] **I** *vb itr* väsa; brusa; vissla **II** *vb tr* **1** vissla åt; ~ *an actor off the stage* vissla ut en skådespelare **2** väsa fram **III** *s* väsning; brusande; i t.ex. radio brus; [ut]vissling

historian [hɪ'stɔːrɪən] historiker; ~ *of literature* litteraturhistoriker

historic [hɪ'stɒrɪk] historisk märklig, minnesvärd; *within* ~ *times* i historisk tid

historical [hɪ'stɒrɪk(ə)l] historisk som tillhör (bygger på) historien [*a*[*n*] ~ *document* (*novel*)]; historie- [~ *writing*]; *the* ~ *present* gram. historiskt presens

history ['hɪst(ə)rɪ] **1** historia; historien [*for the first time in* ~], historie- [*a* ~ *play*]; *ancient* (*mediaeval, modern*) ~ forntidens (medeltidens, nyare tidens) historia; ~ *of art* konsthistoria; *natural* ~ naturhistoria **2** berättelse, historia

hit [hɪt] **I** (*hit hit*) *vb tr* **1** slå [till]; träffa [*he did not* ~ *me*]; ~ *the mark* (*target*) träffa prick (rätt) **2** slå, stöta **3** köra (ränna, stöta, törna) mot [*the car* ~ *a tree*], träffa [*the ball* ~ *the post*] **4** komma på, finna [~ *a happy medium*], träffa [~ *the right note*] **5** drabba (träffa) [kännbart] [*feel* [*oneself*] ~]; *that* ~ *him hard* det tog honom hårt **6** vard. nå [~ *a new high*]; komma [upp] på [~ *the front page*]; ~ *the hay* (*sack*) vard. krypa till kojs, gå och knyta sig; ~ *the road* (*trail*) vard. a) ge sig ut på luffen, lifta b) ge sig i väg **7** ~ *it off* vard. komma [bra] överens **II** (*hit hit*) *vb itr* **1** slå; ~ *back* slå tillbaka; bildl. bita ifrån sig **2** träffa; ta; stöta; ~ *and run* smita [från olycksplatsen] om bilförare **III** *s* **1** slag, stöt isht i spel, fäktning o.d.; *direct* ~ fullträff **2** gliring **3** [*lucky*] ~ lyckokast; lyckträff **4** [publik]succé, braksuccé; slagnummer; schlager, hit **5** sl. mord på uppdrag; rån

hitch [hɪtʃ] **I** *vb tr* **1** rycka, dra [*I* ~*ed my chair nearer*], rycka på; ~ *up* dra (hala) upp [~ *up one's trousers*] **2** binda fast [~ *a horse to* (vid) *a tree*], haka (göra) fast [~ *a trailer to a car*], häkta fast; ~ *one's wagon to a star* ställa upp ett högt ideal för sig, sikta mot stjärnorna; vard. skaffa sig inflytelserika förbindelser **3** vard., ~ *a lift* (*a ride*) lifta, få lift **II** *s* **1** ryck, dragning; stöt **2** sjö. stek **3** tillfälligt avbrott, stopp; hinder, aber; *there's a* ~ *somewhere* det finns en hake någonstans, det har hakat upp sig någonstans

hitchhike ['hɪtʃhaɪk] **I** *vb itr* lifta **II** *s* lift

hither ['hɪðə] litt. **I** *adv* hit; ~ *and thither* hit och dit **II** *adj* hitre [*the* ~ *end*]

hitherto [ˌhɪðə'tuː, '---] hit[in]tills

hit man ['hɪtmæn] vard. torped lejd mördare

hit parade ['hɪtpəˌreɪd] mus. topplista, hitlista

HIV [ˌeɪtʃaɪ'viː] med. (förk. för *human immunodeficiency virus*) HIV

hive [haɪv] **I** *s* **1** a) bikupa b) bisamhälle [i en kupa] **2** bildl. a) svärm b) myrstack; *what a* ~ *of industry!* vilka arbetsmyror! **II** *vb tr* **1** stocka bin; ta in [~ *a swarm*] **2** hysa **3** samla i förråd, samla in **4** ~ *off* avskilja, bryta ut; knoppa av, stycka av **III** *vb itr*, ~ *off* a) flyga (bryta sig) ut, frigöra sig b) knoppa av (lägga över en del av produktionen på) dotterföretag

HM [ˌeɪtʃ'em] förk. för *His* (*Her*) *Majesty*

HMS [ˌeɪtʃem'es] förk. för *His* (*Her*) *Majesty's Ship*

HMSO [ˌeɪtʃemes'əʊ] förk. för *His* (*Her*) *Majesty's Stationery Office*

hoard [hɔːd] **I** *s* **1** samlat förråd; undangömd skatt [*a miser's* ~] **2** arkeol. depåfynd **II** *vb tr* samla (skrapa) ihop, samla på hög (i förråd) [ofta ~ *up*]; hamstra [~ *food*] **III** *vb itr* hamstra

hoarder ['hɔːdə] samlare; hamstrare; girigbuk
1 hoarding ['hɔːdɪŋ] samling, [upp]lagring; hamstring
2 hoarding ['hɔːdɪŋ] **1** plank kring bygge o.d. **2** affischplank
hoarfrost [ˌhɔːˈfrɒst, '--] rimfrost
hoarse [hɔːs] hes *[he shouted himself ~]*, skrovlig
hoary ['hɔːrɪ] **1** grå; gråhårig **2** urgammal
hoax [həʊks] **I** *vb tr* lura, narra; spela ngn ett spratt **II** *s* skämt; upptåg; bluff; [tidnings]anka
hob [hɒb] [spis]häll
hobble ['hɒbl] **I** *vb itr* halta; stappla [fram]; vagga i gången **II** *vb tr* **1** komma (få) att halta **2** binda ihop fötterna på häst; binda ihop fötterna **III** *s* haltande; stapplande
hobby ['hɒbɪ] hobby *[gardening is her pet ~]*
hobby-horse ['hɒbɪhɔːs] **1** gunghäst; käpphäst **2** bildl. käpphäst, favorittema, älsklingsämne; *ride one's ~* köra med (älta) sin käpphäst
hobnob ['hɒbnɒb] **I** *vb itr* umgås intimt (förtroligt), fraternisera; *~ with* äv. frottera (beblanda) sig med **II** *s* pratstund
hobo ['həʊbəʊ] (pl. *~s* el. *~es*) isht amer. **1** vagabond **2** kringvandrande arbetare
1 hock [hɒk] på djur has
2 hock [hɒk] rhenvin
3 hock [hɒk] vard., *in ~* på stampen (pantbanken)
hockey ['hɒkɪ] sport. **1** landhockey [amer. äv. *field ~*]; *~ stick* landhockeyklubba **2** amer. hockeyklubba **3** se *ice hockey*
hocus-pocus [ˌhəʊkəsˈpəʊkəs] **1** hokuspokus äv. ss. trolleriformel; knep, fiffel **2** trollkonst[er]
hoe [həʊ] **I** *s* hacka **II** *vb tr* o. *vb itr* hacka; rensa med hacka
hog [hɒg] **I** *s* **1** svin; isht slaktsvin **2** bildl. svin; matvrak; krass egoist; drulle **3** *go the whole ~* ta steget fullt ut; löpa linan ut **II** *vb tr* vard. hugga för sig (av); *~ it* hugga för sig; *~ down* glupa i sig
hoist [hɔɪst] **I** *vb tr* hissa [*~ a flag, ~ sail; ~ goods aboard*]; hissa (lyfta) upp; hala (vinda) upp [äv. *~ up*]; gruv. uppfordra; släpa [*~ oneself out of bed*]; *be ~ with one's own petard* fångas i sin egen fälla, själv gå i fällan **II** *s* **1** hissning; lyft **2** hissverk
1 hold [həʊld] **I** (*held held*) *vb tr* **1** hålla, hålla i [*~ the ladder for me!*]; hålla fast (kvar); *~ my arm* håll (ta) mig under armen; *~ one's head high* hålla huvudet högt **2** bära (hålla) upp [*this pillar ~s the platform*] **3** hålla för, tåla; *he can ~ his liquor* han tål en hel del sprit **4** innehålla; rymma [*the theatre ~s 500 people*]; *what does the future ~ for us?* vad kommer framtiden att föra med sig [åt oss]? **5** inneha [*~ a record*], ha, äga [*~ shares*], bekläda [*~ an office (a post)*]; inta [*~ a high position*], ligga på [*~ second place*]; *~ office* sitta vid makten, regera **6** hålla sig kvar på (i) [*~ a job*]; hålla [*~ a fortress*]; *~ the line, please* tele. var god och vänta (dröj); *~ it!* vänta ett tag!; *the car ~s the road well* bilen ligger bra på vägen **7** behålla, hålla kvar; hålla fången [*~ a p.'s attention*]; uppta; mus. hålla ut [*~ a note*] **8** hålla [*~ a meeting (a debate)*], anordna, ställa till med; föra, hålla i gång [*~ a conversation*]; fullfölja kurs **9** hejda; hålla [*~ one's breath*] **10 a)** anse; *~ [the view] that* anse att **b)** ha, hysa [*~ an opinion*], hylla [*~ a theory*]; *~ a p. in contempt* hysa förakt för ngn; *~ a th. against a p.* lägga ngn ngt till last **d)** *~ a th. over a p.* låta ngt hänga över ngn som ett hot **11** med adv.:

~ against lägga till last [*I won't ~ it against you*]

~ back hålla tillbaka; dölja; hålla inne med [*~ back information*]; *~ a th. back from a p.* äv. undanhålla ngn ngt

~ down **a)** hålla ner [*~ one's head down*], hålla fast; hålla nere **b)** vard. behålla, stanna kvar i (på) [*he can't ~ down a job*]

~ in hålla in [*~ in one's horse*]; behärska, lägga band på, hålla tillbaka [*~ in one's temper; ~ oneself in*]

~ off hålla på avstånd [*~ the enemy off*]; skjuta upp

~ on hålla fast

~ out hålla (räcka) ut (fram) [*he held out his hand*]; erbjuda [*~ out many opportunities*]; *~ out hopes (expectations) to a p.* inge ngn hopp, väcka förväntningar hos ngn

~ together hålla ihop (samman) [*he ~s the nation together*]; binda

~ up: **a)** hålla (räcka, sträcka) upp [*~ up your hand*]; *~ up one's head* bildl. hålla huvudet högt **b)** hålla (visa) fram; bildl. framhålla [*~ up as a model*]; *~ up to* utsätta för, utlämna åt [*~ a p. up to contempt*] **c)** hålla uppe, stödja **d)** uppehålla [*we have been held up by fog*], hejda [*~ up the traffic*], hålla tillbaka **e)** överfalla [och plundra], råna **II** (*held held*) *vb itr* **1** hålla [*the rope held*], hålla ihop **2** behålla (inte släppa)

taget **3** hålla i sig, hålla (stå) sig [*will the fine weather ~?*] **4** ~ [*good*] stå fast [*my promise still ~s* [*good*]], gälla, vara giltig (tillämplig), hålla streck, stå sig [*the rule ~s* [*good*]] **5** ~ *to* (*by*) hålla (stå) fast vid [*~ to* (*by*) *one's opinion*], vidhålla, hålla sig till **6** ~ *with* vard. gilla [*~ with a method*], hålla med
7 med adv.:
~ **back** dra sig undan, dröja
~ **forth** orera, hålla låda
~ **off**: a) hålla sig på avstånd b) *if the rain ~s off* om det håller upp, om det inte blir regn
~ **on**: a) hålla [sig] fast [*~ on to the rope*], klamra sig fast [*~ on to office* (makten)] b) hålla ut [*~ on to the end*] c) *~ on!* vänta ett tag!; sakta i backarna!
~ **out**: a) hålla ut, hålla stånd; *~ out for* a) stå fast vid sitt krav på b) avvakta, vänta tills man får b) räcka [*will the food ~ out?*] c) hålla till [*a gang who ~s out there*] vard., *~ out on a p.* a) hålla inne med (dölja) något för ngn b) strunta i ngns önskan (krav)
~ **together** hålla ihop (samman)
~ **up**: a) hålla sig uppe; hålla ut b) stå (hålla i) sig [*if the wind ~s up*]; hålla upp, vara uppehållsväder c) vard. hejda sig
III *s* **1** tag; fäste; bildl. hållhake, grepp, herravälde [*maintain one's ~ over a p.* (*a th.*)]; *catch* (*take, lay, seize*) *~ of* ta (fatta, gripa) tag i, gripa; *have a ~ on* ha en hållhake på **2** brottn. grepp; boxn. fasthållning; *no ~s barred* alla grepp är tillåtna **3** *put* (*keep*) *a th. on ~* låta ngt vänta
2 hold [həʊld] sjö. el. flyg. lastrum; *~ cargo* rumslast
holdall [ˈhəʊldɔːl] rymlig bag (väska)
holder [ˈhəʊldə] **1** innehavare [*~ of a championship*], upprätthållare [*~ of a post*]; arrendator, ägare av land o.d.: i sammansättn. -hållare [*record-holder*]; *~ of a scholarship* stipendiat **2** hållare ofta i sammansättn.; handtag; behållare; munstycke [*cigarette-holder*]; ställ [*bottle-holder*]
holding [ˈhəʊldɪŋ] **1** hållande; innehav[ande]; besittning
2 arrende[gård]; lantegendom; *large ~* storjordbruk **3** pl. *~s* [innehav av] värdepapper; banks portfölj [*the bank's ~s of bonds*]; andel; bestånd [*the ~s of American libraries*]
hold-up [ˈhəʊldʌp] **1** rånöverfall; *a bank ~* ett [väpnat] bankrån **2** avbrott [*a ~ in the work*]; [trafik]stopp **3** vard. uppskörtning

hole [həʊl] **I** *s* **1** hål **2** håla äv. bildl. [*he lives in a wretched little ~*]; djurs kula, lya [*the ~ of a fox*] **3** vard. knipa [*I was in a ~*]
II *vb tr* slå (spela) boll i hål i golf o.d. **III** *vb itr* **1** göra hål; få hål; om strumpor gå sönder **2** golf., *~ in one* gå i hål med ett slag, göra hole in one
holiday [ˈhɒlədeɪ, -dɪ] **I** *s* **1** helgdag; fridag, lovdag; *bank ~* bankfridag **2** ledighet [*a week's ~*]; *~s* pl. ferier, lov [*the school ~s, Christmas ~s*], semester, semestrar **3** helgdags- [*~ clothes*]; semester- [*~ pay*]; ferie- [*~ course*]; *~ camp*
a) semesteranläggning, semesterby
b) feriekoloni, barnkoloni; *~ cottage* fritidshus, sommarstuga; *~ flats* (*apartments*) lägenhetshotell, semestervåningar; *in a ~ mood* i feststämning, i en glad stämning **II** *vb itr* semestra, fira semester [*~ at the seaside*]
holiday-maker [ˈhɒlədeɪˌmeɪkə, -dɪ-] semesterfirare
holiness [ˈhəʊlɪnəs] helighet; *His H~* Hans helighet påven
Holland [ˈhɒlənd] geogr.
holler [ˈhɒlə] vard. ropa, gasta
hollow [ˈhɒləʊ] **I** *adj* **1** ihålig **2** hålig; urholkad, konkav; insjunken, infallen [*~ cheeks*] **3** ihålig, intetsägande [*~ words*] **II** *adv* vard. fullständigt [*beat a p. ~*] **III** *s* **1** [i]hålighet **2** håla, urholkning; grop; sänka i marken; bäcken; *in the ~ of one's hand* i sin kupade hand **IV** *vb tr* göra ihålig (konkav), holka ur
holly [ˈhɒlɪ] bot. järnek
hollyhock [ˈhɒlɪhɒk] bot. stockros
holocaust [ˈhɒləkɔːst] stor förödelse, förintelse; *the H~* judeutrotningen i Tyskland under andra världskriget
holster [ˈhəʊlstə] pistolhölster
holy [ˈhəʊlɪ] **I** *adj* **1** helig; *the H~ Bible* bibeln **2** helig, gudfruktig **II** *s* helgedom; *the H~ of Holies* det allra heligaste äv. bildl.
homage [ˈhɒmɪdʒ] vördnad; *pay* (*do*) *~ to* hylla, bringa sin hyllning, betyga sin vördnad
home [həʊm] **I** *s* **1** hem; bostad; hemvist; hemort; *my ~ is my castle* mitt hem är min borg; *there is no place like ~* borta bra men hemma bäst; *at ~*: a) hemma [*stay at ~*], i hemmet; i hemlandet [*at ~ and abroad*] b) hemmastadd äv. bildl.; *feel at ~* känna sig som hemma, finna sig till rätta c) sport. på hemmaplan d) *be at ~* [*to a p.*] ha mottagning [för ngn], ta emot [ngn] **2** hem; anstalt; *maternity ~* mödrahem **3** a) i spel mål; i lekar bo

b) hemmamatch [2 ~s and 2 aways] **II** adj **1** hem- [~ *life*], hemmets [~ *comforts*]; hemma-; för hemmabruk; hemgjord; hemlagad **2** [som ligger] i hemorten (nära hemmet); hem- **3** sport. hemma- [~ *match (team)*]; ~ *run* i baseboll 'home run' rundning av spelfält **4** inhemsk [~ *products*], inländsk; inrikes- [~ *news*]; ~ *affairs* inre angelägenheter **5** ~ *truths* obehagliga (beska) sanningar **III** adv **1** hem [*come (go)* ~; *welcome* ~], hemåt; *it's nothing to write ~ about* vard. det är ingenting att hurra för (hänga i julgran) **2** hemma; framme; i (vid) mål; *be ~ and dry* vara helt säkrad (säker); [*the treaty*] *was now ~ and dry* ...hade nu förts i hamn **3** i (in) ordentligt (så långt det går) [*drive a nail* ~], i botten [*press a pedal* ~]; *bring a th. ~ to a p.* a) fullt klargöra ngt för ngn, få ngn att klart inse ngt b) lägga skulden på ngn för ngt
homecoming ['həʊmˌkʌmɪŋ] hemkomst
home economics [ˌhəʊmiːkəˈnɒmɪks] (konstr. ss. sg.) skol. hemkunskap
home-grown [ˌhəʊmˈgrəʊn, attr. '--] av inhemsk skörd [~ *tomatoes*]
home help [ˌhəʊmˈhelp, '--] **1** hemhjälp inom hemtjänsten; *trained ~* hemvårdare **2** hemvård; ~ *service* hemtjänst
homeland ['həʊmlænd] hemland
homeless ['həʊmləs] hemlös; bostadslös
homely ['həʊmlɪ] **1** enkel [*live in a ~ manner*], okonstlad; tarvlig; ~ *fare* husmanskost **2** hemlik, hemtrevlig [*a ~ atmosphere*] **3** amer. alldaglig [*a ~ face*]
home-made [ˌhəʊmˈmeɪd, attr. '--] hemgjord äv. bildl.; hembakad; inhemsk, av inhemskt fabrikat [~ *cars*]
home page ['həʊmpeɪdʒ] data. hemsida startsida på webbplats
Home Secretary [ˌhəʊmˈsekrətrɪ] i Storbritannien inrikesminister
homesick ['həʊmsɪk] som lider av hemlängtan; *be (feel) ~* längta hem, ha hemlängtan
homestead ['həʊmsted] **1** [bond]gård **2** isht i USA [nybyggar]hemman som staten upplåtit till nyodling
homeward ['həʊmwəd] **I** adv hemåt; mot hemmet (hemlandet); *be ~ bound* vara på hemväg (hemgående) **II** adj hem- [~ *voyage*]; destinerad hem [~ *cargo*]
homewards ['həʊmwədz] se *homeward I*
homework ['həʊmwɜːk] hemarbete; skol. äv. hemuppgifter, [hem]läxor; *a piece of ~* en läxa
homicidal [ˌhɒmɪˈsaɪdl] mordisk [~ *tendencies*]; dråp-; ~ *lunatic* sinnessjuk mördare
homicide ['hɒmɪsaɪd] **1** dråpare, mördare **2** dråp; *the ~ squad* vard. mordkommissionen
homing ['həʊmɪŋ] **1** hemvändande; ~ *pigeon* brevduva **2** målsökande [~ *torpedo*]; ~ *device* målsökare, målsökningsanordning
homo ['həʊməʊ] (pl. ~s) homo, fikus
homoeopathy [ˌhəʊmɪˈɒpəθɪ] homeopati
homogeneous [ˌhɒməˈdʒiːnjəs] homogen, likartad
homogenize [hɒˈmɒdʒənaɪz] homogenisera äv. mjölk; göra enhetlig
homosexual [ˌhəʊməˈsekʃʊəl] **I** adj homosexuell **II** s homosexuell [person]
homosexuality [ˌhəʊməseksjʊˈælətɪ] homosexualitet
homy ['həʊmɪ] isht amer. hemlik, hemtrevlig; gästvänlig; intim
honest ['ɒnɪst] **I** adj ärlig, hederlig [~ *man (people)*, ~ *labour*]; uppriktig [~ *opinion*; *an ~ face*]; ärligt vunnen [~ *profits*]; ~ *to God (goodness)!* det ska gudarna veta! **II** adv se *honestly*
honestly ['ɒnɪstlɪ] **1** ärligt, hederligt; på ärligt sätt **2** uppriktigt sagt [*I don't think I can, ~*]
honesty ['ɒnɪstɪ] **1** ärlighet; heder; uppriktighet; ~ *is the best policy* ärlighet varar längst **2** bot. judaspengar; månviol
honey ['hʌnɪ] **1** honung **2** vard. raring **3** vard. toppensak, urtjusig sak
honeycomb ['hʌnɪkəʊm] **I** s **1** vaxkaka i bikupa **2** vaxkakemönster **II** vb tr göra hålig (porig, porös, cellformig), genomborra [*a rock ~ed with passages*]
honeymoon ['hʌnɪmuːn] **I** s smekmånad; bröllopsresa [*they went to England for* (på) *their ~*] **II** vb itr fira [sin] smekmånad; vara på bröllopsresa
honeysuckle ['hʌnɪˌsʌkl] bot. kaprifol; try
honk [hɒŋk] **I** s **1** skrik, snattrande av vildgäss **2** bils tut; tutande **II** vb itr om bil, chaufför tuta
honor o. **honorable** amer., se *honour* o. *honourable*
honorary ['ɒn(ə)rərɪ] **1** heders-, äre- [~ *gift*] **2** heders- [~ *member*], honorär- [~ *consul*]; ~ *doctorate* hedersdoktorat; ~ *secretary* sekreterare i förening o.d., utan arvode
honour ['ɒnə] **I** s **1** ära, heder [*it is a great ~ to* (för) *me*]; *in ~ of* för att hedra (fira), med anledning av [*a party in ~ of his arrival*], för att hedra minnet av [*a ceremony in ~ of those killed in battle*];

table of ~ honnörsbord **2** heder, hederskänsla; *there is* ~ *among thieves* det finns hederskänsla (hedersbegrepp) även bland tjuvar; ~ *killing* hedersmord; *on my* ~ på hedersord, på min ära; *code of* ~ hederskodex; *word of* ~ hedersord **3** *Your H*~ Ers Nåd, Ers Höghet nu mest till vissa domare **4** mest pl. *~s* hedersbetygelser; utmärkelser; [*with*] *military ~s* [under] militära hedersbetygelser **5** univ., *~s* [*degree*] 'honours' kvalificerad examen med tre bedömningsgrader **II** *vb tr* **1** hedra, ära; utmärka; ~ *a p. with* äv. göra ngn äran av [*will you* ~ *me with a visit?*] **2** hand. honorera, infria växel **3** anta inbjudan
honourable ['ɒn(ə)rəbl] **1** hedervärd **2** ärofull [~ *peace*], hedrande, hedersam [~ *burial* (*terms*)]; äre- [~ *monument*]; ~ *mention* hedersomnämnande **3** redbar, ärlig [~ *conduct* (*intentions*)] **4 a**) ärad epitet som tillkommer underhusets (i USA kongressens) medlemmar [*the* ~ *member for Islington North*] **b**) *the H*~ (förk. *Hon.*) välborna, välborne titel som tillkommer yngre söner till *earls*, barn till *viscounts* o. *barons* samt hovdamer, medlemmar av högsta domstolen och vissa andra högre ämbetsmän; *the Right H*~ (förk. *Rt. Hon.*) högvälborne titel som tillkommer *earls*, *viscounts* o. *barons*, medlemmar av *Privy Council*, borgmästaren i London m.fl.
hood [hʊd] **1** kapuschong; huva, luva **2** univ. krage löst hängande på akademisk ämbetsdräkt och vars färger utmärker grad, fakultet o. universitet **3 a**) huv; skydd; spiskåpa **b**) sufflett **c**) amer. motorhuv
hoodlum ['huːdləm, 'hʊd-] vard. gangster; ligist
hoodwink ['hʊdwɪŋk] föra bakom ljuset
hoof [huːf] **I** (pl. *~s*, ibl. *hooves*) *s* **1** hov; [*cloven*] ~ klöv **2** skämts. fot, klöv [*take your ~s off my sofa*] **II** *vb tr* **1** sparka [med hoven] **2** sl., ~ [*out*] sparka, avskeda
hook [hʊk] **I** *s* **1** hake; hängare, hank i kläder; dörrhake; klädhängare; [met]krok; [virk]nål; [telefon]klyka; [*swallow a story*] ~, *line and sinker* ...med hull och hår, ...utan vidare; *sling one's* ~ sl. sticka, sjappa **2** bildl. krok, bete; *get* (*get el. let a p.*) *off the* ~ vard. ta sig (hjälpa ngn) ur knipan **3** boxn. krok[slag], hook **II** *vb tr* **1** häkta [ihop (igen)], knäppa [med hakar och hyskor] [~ *a dress*] **2** fånga med hake (krok); bildl. fånga, få på kroken [~ *a rich husband*] **3** ~ *up* **a**) haka (häkta) ihop; hänga upp; spänna för **b**) koppla in, ansluta **III** *vb itr* **1** häktas [ihop (igen)], knäppas [med hakar och hyskor] [*the dress ~s at the back*] **2** ~ *on* haka sig fast [*to* vid]
hooked [hʊkt] **1** böjd, krokig [~ *nose*] **2** försedd med krok[ar] [~ *stick*] **3** sl. fast; *be* ~ *on* **a**) sitta fast i, vara slav under **b**) vara tänd på (tokig i)
hooker ['hʊkə] isht amer. sl. fnask
hooky ['hʊkɪ] amer. vard., *play* ~ skolka [från skolan]
hooligan ['huːlɪgən] huligan, ligist
hooliganism ['huːlɪgənɪz(ə)m] ligistfasoner; busliv; *football* ~ äv. läktarvåld
hoop [huːp] **1** tunnband äv. leksak; band, beslag **2** ring [spänd med papper] som cirkusryttare hoppar genom; *go through the ~*[*s*] vard. gå igenom (ha) ett litet helvete
hooray [hʊ'reɪ], *~!* hurra!
hoot [huːt] **I** *vb itr* **1** bua **2** skrika, hoa om uggla **3** tjuta om t.ex. ångvissla; tuta om t.ex. signalhorn **II** *vb tr* bua åt; ta emot med buanden (skrän) **III** *s* **1** buande; vrål [*~s of rage*] **2** ugglas skrik, hoande **3** ångvisslas tjut; signalhorns tut **4** vard., *I don't care* (*give*) *a* ~ (*two ~s*) det bryr jag mig inte ett dugg om, det struntar jag blankt i
hooter ['huːtə] ångvissla; tuta
Hoover ['huːvə] **I** egenn. **II** *s* ® **a**) varumärke för dammsugare, tvättmaskiner m.m. **b**) vard., *h*~ dammsugare **III** *vb tr* ® vard., *h~* dammsuga
hooves [huːvz] pl. av *hoof*
1 hop [hɒp] **I** *vb itr* **1** hoppa **2** vard. dansa [och skutta] **3** vard. kila [~ *over the road*], sticka, flyga [~ *down to Rome*]; kliva, hoppa [~ *into* (in i) *a car*; *on* (på) *a bus*] **II** *vb tr* sl., ~ *it* sticka, försvinna **III** *s* **1** hopp, hoppande isht på ett ben; skutt; *be on the* ~ vara i farten (om sig och kring sig); *catch a p. on the* ~ **a**) ta ngn på sängen **b**) ertappa (ta) ngn på bar gärning **2** vard. skutt dans **3** vard. flygtur; [flyg]etapp [*from Berlin to Tokyo in three ~s*]
2 hop [hɒp] humle[planta]; pl. *~s* humle ss. ämnesnamn
hope [həʊp] **I** *s* hopp; pl. *~s* hopp, förhoppningar; *live in* ~ leva på hoppet **II** *vb itr* hoppas; ~ *for the best* hoppas [på] det bästa **III** *vb tr* hoppas [på] [*I* ~ *to see* (få se) *it*]; *I* ~ *not* det hoppas jag inte
hopeful ['həʊpf(ʊ)l] **I** *adj* hoppfull, full av hopp [*be* (*feel*) ~ *about* (inför, med tanke på) *the future*] **II** *s*, *a* [*young*] ~ en lovande förmåga
hopefully ['həʊpfʊlɪ] **1** hoppfullt **2** förhoppningsvis

hopeless ['həʊpləs] hopplös, tröstlös; ohjälplig; obotlig [*a ~ idiot*]
hopscotch ['hɒpskɒtʃ] hoppa hage lek; *play ~* hoppa hage
horde [hɔːd] hord i olika bet. [*~s of Tartars; a ~ of tourists*]; nomadstam; svärm [*a ~ of locusts*]
horizon [həˈraɪzn, hʊˈr-] horisont äv. bildl. [*on* (vid) *the ~*; *it is above my ~*]; nivå
horizontal [ˌhɒrɪˈzɒntl] I *adj* horisontal [*~ line* (*surface*)]; *~ bar* gymn. räck II *s* horisontallinje
hormone ['hɔːməʊn] hormon, hormon- [*~ secretion* (*avsöndring*)]
horn [hɔːn] **1** horn äv ss. ämne; insekts antenn, spröt **2** signalhorn **3** mus. horn; vard., jazz blåsinstrument; *English ~* engelskt horn; *French ~* valthorn **4** lur; tratt på gammaldags grammofon **5** kok. strut [*cream ~*] **6** vulg. ståkuk [*the ~*] **7** *~ of plenty* ymnighetshorn; *draw* (*pull*) *in one's ~s* bildl. a) dra åt svångremmen b) ta det lugnare, slå av på takten c) stämma ned tonen
horned [hɔːnd] försedd med horn (hornlika utsprång); behornad; *~ cattle* hornboskap
hornet ['hɔːnɪt] zool. bålgeting; bildl. getingbo; *stir up a ~'s nest* el. *bring* (*raise*) *a ~'s nest about one's ears* bildl. sticka sin hand i ett getingbo
horny ['hɔːnɪ] **1** horn-; hornartad **2** hård som horn; om hand valkig **3** sl. kåt; sexgalen
horoscope ['hɒrəskəʊp] horoskop; *cast a p.'s ~* ställa ngns horoskop
horrendous [hɒˈrendəs] fasansfull, förfärlig
horrible ['hɒrəbl] fasansfull; vard. förskräcklig, hemsk [*~ noise* (*weather*)]
horrid ['hɒrɪd] avskyvärd, vidrig [*~ spectacle* (*war*)]; otäck; vard. gräslig
horrific [hɒˈrɪfɪk] vard. fasansfull
horrify ['hɒrɪfaɪ] slå med fasa (skräck); uppröra; perf. p. *horrified* skräckslagen
horrifying ['hɒrɪfaɪɪŋ] skräckinjagande; upprörande
horror ['hɒrə] **1** fasa, skräck, avsky [*have a ~ of publicity*] **2** a) fasa [*the ~s of war*]; *chamber of ~s* skräckkammare, skräckkabinett b) skräck- [*~ film* (*story*)] **3** pl. *the ~s* vard. a) deppighet; *it gives me the ~s* jag får stora skälvan av det b) delirium
horror-stricken ['hɒrəˌstrɪk(ə)n] o.
horror-struck ['hɒrəstrʌk] skräckslagen
hors-d'oeuvre [ɔːˈdɜːvr] (pl. lika el. *~s* [utt. som sg.]) hors d'oeuvre; pl. *~s* smårätter, assietter
horse [hɔːs] I *s* **1** häst; hingst; hästdjur; *~s for courses* vard. man ska göra det man är lämpad för, rätt man på rätt plats; *hold your ~s!* vard. ha inte så bråttom!, lugn i stormen!; *I have got it* [*straight*] *from the ~'s mouth* jag har det från säkert (pålitligt) håll; det är ett stalltips **2** (konstr. ss. pl.) mil. kavalleri; kavallerister **3** gymn. häst **4** ställning ss. stöd; torkställning för kläder [äv. *clothes ~*]; bock; sågbock II *vb itr*, *~ around* amer. sl. skoja, busa; spexa, spela pajas
horseback ['hɔːsbæk], *on ~* till häst, på hästryggen, ridande; *be on ~* sitta till häst
horse chestnut [ˌhɔːsˈtʃesnʌt] bot. hästkastanj
horsefly ['hɔːsflaɪ] zool. broms
horseman ['hɔːsmən] [skicklig] ryttare
horsemanship ['hɔːsmənʃɪp] **1** ryttarskicklighet **2** ridkonst[en]
horseplay ['hɔːspleɪ] skoj; spex
horsepower ['hɔːsˌpaʊə] (pl. lika) fys. hästkraft [*an engine of* (på) *70 ~, a 70-horsepower engine*]; *how much ~?* hur många hästkrafter?
horse-race ['hɔːsreɪs] [häst]kapplöpning
horseradish ['hɔːsˌrædɪʃ, ˌ-ˈ--] bot. pepparrot
horseshoe ['hɔːʃʃuː, 'hɔːsʃuː] hästsko; hästsko- [*~ magnet*], i hästskoform
horse-trade ['hɔːstreɪd] bildl. I *s* kohandel II *vb itr* kohandla
horse-trading ['hɔːsˌtreɪdɪŋ] bildl. kohandel
horsewhip ['hɔːswɪp] I *s* [rid]piska II *vb tr* piska
horsewoman ['hɔːsˌwʊmən] [skicklig] ryttarinna
horticulture ['hɔːtɪkʌltʃə] trädgårdsodling, trädgårdskonst, hortikultur
hose [həʊz] I *s* **1** slang för bevattning, dammsugare o.d. **2** (konstr. ss. pl.) hand. [lång]strumpor [*six pair of ~*] II *vb tr* vattna [med slang]; *~ down* spola av (över) [*~ down a car*]
hosiery ['həʊzɪərɪ, 'həʊʒə-, -ʒə-] strumpvaror
hospice ['hɒspɪs] 'hospice', vårdhem för obotligt sjuka (döende)
hospitable [hɒˈspɪtəbl, '----] **1** gästfri, gästvänlig [*a ~ house*], hjärtlig **2** *~ to* öppen (mottaglig) för [*~ to new ideas*]
hospital ['hɒspɪtl] sjukhus, lasarett; *~ nurse* sjuksköterska
hospitality [ˌhɒspɪˈtælətɪ] gästfrihet
hospitalize ['hɒspɪt(ə)laɪz] lägga in på (föra till) sjukhus
1 host [həʊst] massa [*a ~ of details*; *~s of friends*], svärm [*a ~ of admirers*]
2 host [həʊst] I *s* **1** värd; pl. *~s* äv. värdfolk

2 värdshusvärd **3** biol. värd, värddjur **II** *vb tr* vara värd (TV. programledare) för
3 host [həʊst] katol., *the H~* hostian
hostage ['hɒstɪdʒ] gisslan; *as a ~* el. *as ~s* som gisslan; *all the ~s* hela gisslan, alla i gisslan
hostel ['hɒst(ə)l] **1** hospits; härbärge; *youth ~* vandrarhem **2** univ. studenthem
hostess ['həʊstɪs] **1** värdinna äv. ss. yrkesutövare [*air hostess*] **2** a) nattklubbsvärdinna b) lyxfnask
hostile ['hɒstaɪl, amer. -tl] fiende-; fientlig; ovänlig
hostilit|y [hɒ'stɪlətɪ] fientlighet, fientlig inställning, fiendskap; ovänlighet; *feel ~ towards* hysa ovänskap mot; *-ies* fientligheter; *suspend -ies* inställa fientligheterna
hot [hɒt] **I** *adj* **1** het, varm [*~ milk*]; *be ~ and bothered* el. *be ~ under the collar* vara upphetsad (arg, irriterad); *a ~ meal* el. *~ meals* lagad (varm) mat; *we had a ~ time* (*it was ~ work* vard.) *there* det gick hett till där; *give it him ~* [*and strong*] vard. ge honom efter noter, gå hårt åt honom **2** om krydda stark; om smak äv. skarp; kryddstark [*~ food*]; *the pepper is ~ on the tongue* pepparn bränner (svider) på tungan **3** hetsig, het [*a ~ temper*]; eldig [*~ youth*]; *be ~ for* ivra för, vara entusiastisk för [*be ~ for a reform*], vara tänd på; *be ~ on* gilla skarpt [*he's ~ on sports cars*] **4** häftig, het [*a ~ struggle*], vild [*a ~ chase*]; hård [*~ pace*] **5** svår; farlig; *the place is becoming too ~ for him* marken börjar bränna under hans fötter **6** nära; *~ on the track* (*trail, heels*) *of a p.* hack i häl efter ngn **7** sl. kåt; sexig **8** sl. a) het; *~ goods* tjuvgods; smuggelgods b) efterlyst (jagad) [av polisen] **9** sl. häftig, ball; *it's pretty ~* det är inte så tokigt (oävet), det är inga dåliga grejor **10** sl. trimmad, hottad [*a ~ car*]; *~ rod* amer. hotrod trimmad äldre bil **II** *adv*, *~ off the press* vard. direkt från pressarna **III** *vb tr* vard., *~ up* a) hetsa (reta) upp b) dramatisera; sätta fart på; *~ it up for a p.* sl. göra det hett för ngn c) trimma bil; hotta upp **IV** *vb itr*, *~ up* vard. ta fart, bli livligare
hotbed ['hɒtbed] **1** drivbänk **2** bildl. härd [*a ~ of* (för) *vice* (*crime*)]
hot-blooded [ˌhɒt'blʌdɪd, '-ˌ--] hetlevrad; varmblodig; passionerad
hot dog [ˌhɒt'dɒg] varm korv; *~!* amer. vard. finemang!
hotel [hə(ʊ)'tel, ə(ʊ)'t-] hotell; *~ car* amer. restaurang- och sovvagn; *~ proprietor* hotellägare
hotelier [hə(ʊ)'telɪeɪ] o. **hotel-keeper** [hə(ʊ)'telˌkiːpə, ə(ʊ)'t-] hotellvärd
hot-headed [ˌhɒt'hedɪd, attr. '-ˌ--] hetsig (häftig, hetlevrad) [av sig]; som lätt brusar upp
hothouse ['hɒthaʊs] drivhus, växthus; *~ atmosphere* drivhusklimat äv. bildl.
hot line [ˌhɒt'laɪn] polit., *the ~* heta linjen
hotplate ['hɒtpleɪt] [elektrisk] kokplatta; värmeplatta
hotpot ['hɒtpɒt] kok. köttgryta
hot-tempered [ˌhɒt'tempəd, attr. '-ˌ--] hetlevrad
hot-wire [ˌhɒt'waɪə] bil. vard. tjuvkoppla [*~ the engine*]
hound [haʊnd] **I** *s* **1** [jakt]hund **2** fähund [*a lazy ~*] **3** amer. sl. fantast, entusiast [*movie ~*]; *be a movie ~* äv. vara filmbiten **II** *vb tr* jaga [liksom] med hundar; bildl. jaga [*~ed by one's creditors*], förfölja; *~ down* fånga in
hour ['aʊə] **1** timme; tidpunkt; pl. *~s* äv. [arbets]tid [*school ~s*]; *after ~s* efter arbetstid; när skolan slutat [för dagen]; efter stängningsdags; *at* [*such*] *a late ~* [så] sent; *by the ~* a) timvis, i timmar b) per (efter) timme; *in the small ~s* fram på (framåt) småtimmarna; [*he came*] *on the ~* ...på slaget **2** stund [*the ~ has come*]; *the man of the ~* mannen för dagen, dagens hjälte
hourglass ['aʊəglɑːs] timglas
hour hand ['aʊəhænd] timvisare
hourly ['aʊəlɪ] **I** *adj* **1** som ngn går (inträffar, upprepas m.m.)] varje timme [*two ~ doses*]; tim- **2** ständig [*in ~ expectation of*] **II** *adv* **1** i timmen [*two doses ~*] **2** ständigt; vilken timme som helst [*we are expecting news ~*]
house [ss. subst. haʊs, i pl. 'haʊzɪz, ss. vb haʊz] **I** *s* **1** hus; vard. kåk; villa; fastighet, lägenhet; bostad; boning; *it's on the ~* vard. det är huset (värden på stället) som bjuder [på det] **2** parl. hus; *the Lower H~* a) andra kammaren b) i Storbritannien underhuset; *the H~ of Lords* i Storbritannien överhuset **3** teat. a) salong; *there was a full ~* det var utsålt (fullt hus); *play to an empty ~* spela för tomma bänkar b) föreställning [*the second ~ starts at 9 o'clock*] **4** handelshus, firma; *publishing ~* [bok]förlag; *~ language* koncernspråk **5** skol. hus, elevhem på internatskola **6** hushåll; *keep ~* ha eget hushåll; hushålla; *set up ~* sätta bo, bilda eget hushåll **7** släkt, ätt [*an ancient ~*],

hus II *vb tr* **1** skaffa bostad (tak över huvudet) åt; hysa in; härbärgera; *the club is ~d there* klubben har sina lokaler där **2** förvara; få under tak **3** rymma, innehålla

house agent ['haʊsˌeɪdʒənt] fastighetsmäklare

house arrest [ˌhaʊsə'rest], *under ~* i husarrest

houseboat ['haʊsbəʊt] husbåt

house-bound ['haʊsbaʊnd] tvungen att stanna hemma (inne); bunden vid hemmet, låst

housebreaking ['haʊsˌbreɪkɪŋ] **1** jur., åld. el. amer. inbrott [i hus] [*be arrested for ~*] **2** rivning [av hus]

household ['haʊs(h)əʊld] **I** *s* hushåll [*we are a ~ of six* (på sex personer)], hus **II** *adj* hushålls-; vardags-; husbehovs-; *~ duties* hushållsgöromål, hushållsbestyr; *~ remedy* huskur; *his name is a ~ word* hans namn är på allas läppar

householder ['haʊsˌ(h)əʊldə] husinnehavare, lägenhetsinnehavare

house-hunting ['haʊsˌhʌntɪŋ], *go ~* gå och se på hus, gå på jakt efter hus

housekeeper ['haʊsˌkiːpə] hushållerska; husfru på hotell

housekeeping ['haʊsˌkiːpɪŋ] hushållning, hushållsskötsel; vard. hushållspengar; *~ money* (*allowance*) hushållspengar; *do the ~* hushålla, sköta hushållet

housemaid ['haʊsmeɪd] husa; *~'s knee* med. skurknä, skurknöl

houseman ['haʊsmən] ung. underläkare

house-owner ['haʊsˌəʊnə] villaägare

house-proud ['haʊspraʊd] överdrivet huslig

housetrained ['haʊstreɪnd] rumsren [*a ~ dog*]

house-warming ['haʊsˌwɔːmɪŋ], *~* [*party*] inflyttningsfest i nytt hem

housewife ['haʊswaɪf] (pl. *-wives* [-waɪvz]) hemmafru

housework ['haʊswɜːk] hushållsarbete, hushållsgöromål

housing ['haʊzɪŋ] **1** inhysande, härbärgering; hand. magasinering **2** bostäder [*modern ~*]; byggnader; bostadsförhållanden; *~ accommodation* a) bostad, bostäder; bostadsbestånd b) logi **3** bostadsbyggande; *~ agency* bostadsförmedling; fastighetsförmedling; *be on the ~ list* stå i bostadskön **4** skydd; löst täckning över båt o.d. **5** tekn. hus

hove [həʊv] imperf. o. perf. p. av *heave*

hovel ['hɒv(ə)l, 'hʌv-] **1** [öppet] skjul **2** ruckel, kyffe

hover ['hɒvə, 'hʌv-] **1** om fåglar, flygplan o.d. sväva, kretsa **2** vänta [äv. *~ about*]; *~ about* äv. kretsa omkring, slå sina lovar omkring **3** bildl. sväva [*~ between life and death*]; pendla [*~ between two extremes*]

hovercraft ['hɒvəkrɑːft] (pl. lika) svävare

how [haʊ] **1** hur; *~ do you do?* god dag! vid presentation; ibl. hur står det till?; *~ is it that...?* hur kommer det sig att...?; *~'s that?* a) hur kommer det sig?, vad beror det på? b) vad tycker (säger) du om det?; *that's ~ he got it* det var så (på så sätt) han fick det; *I'll show you ~* [*to do it*] jag ska visa dig [hur man gör]; *here's ~!* skål! **2** i utrop så; *~ kind you are!* så snäll du är!, vad du är snäll!

however [haʊ'evə] **I** *adv* hur...än [*~ rich he may be*]; *~ you like* hur ni vill, hur som helst **II** *konj* emellertid [*later ~, he decided to go*]

howitzer ['haʊɪtsə] mil. haubits

howl [haʊl] **I** *vb itr* **1** tjuta [*the wind ~ed through* (i) *the trees*]; yla [*a wolf ~s*] **2** tjuta; *~ with laughter* tjuta av skratt **II** *vb tr* skrika ut; *~ down* överrösta, tysta ned [med skrik] **III** *s* **1** tjut; ylande **2** tjut, vrål; ramaskri

howler ['haʊlə] vard. groda; grovt fel

HQ förk. för *Headquarters*

HRH förk. för *His* (*Her*) *Royal Highness*

hrs. förk. för *hours*

hub [hʌb] **1** [hjul]nav **2** centrum [*a ~ of commerce*]

hubbub ['hʌbʌb] larm, stoj[ande]; bråk; ståhej

hubby ['hʌbɪ] vard. (förk. för *husband*); *my ~* min man (gubbe)

hub-cap ['hʌbkæp] navkapsel

huddle ['hʌdl] **I** *vb tr* vräka (stuva, bylta, gyttra) ihop [äv. *~ together* (*up*)]; slänga (kasta, vräka, stuva, proppa) huller om buller [*~ clothes into* (ner i) *a trunk*]; *the children were ~d together* barnen satt (låg) tätt tryckta intill varandra **II** *vb itr* [äv. *~ together* (*up*)] skocka [ihop] sig; trycka sig intill varandra [*the children ~d together to keep warm*], kura ihop sig; *~ up against a p.* krypa (trycka sig) tätt intill ngn **III** *s* **1** massa [*a ~ of large stones*], bråte; samling **2** oordning, virrvarr; *all in a ~* i en enda röra **3** vard., *be in a ~* ha en privat (hemlig) överläggning, diskutera i enrum

hue [hjuː] **1** färg [*the ~s of the rainbow*] **2** färgton, [färg]skiftning; bildl. schattering [*political parties of every ~*]

huff [hʌf] **I** *vb itr*, *~ and puff* flåsa och stöna **II** *vb tr* förnärma **III** *s* [utbrott av] dåligt humör [*he went away in a ~*]; *be in (get into) a ~* vara (bli) förnärmad (kränkt, stött) [*at över*]

huffy ['hʌfɪ] **1** butter, tjurig [*in a ~ mood*]; *get ~* bli förnärmad (stött) **2** lättstött

hug [hʌg] **I** *vb tr* **1** omfamna, krama **2** hylla [*~ an opinion*]; hålla fast vid [*~ a belief*] **3** hålla nära [*~ the shore*]; *~ the land* kära (hålla tätt intill) land; *the car ~s the road* bilen har mycket bra väghållning[sförmåga] **II** *s* omfamning, kram

huge [hjuːdʒ] väldig, mycket stor, enorm [*~ mountains (waves), a ~ army (sum)*]

hulk [hʌlk] **1** holk, hulk gammalt avriggat fartygsskrov **2** vrak; ruin, skal [*the fire reduced the building to an empty ~*] **3** bildl. åbäke [*you* (ditt) *great ~*], hulk

hulking ['hʌlkɪŋ] vard. stor och tung; lunsig; klumpig; *a big ~ fellow* en riktig bjässe (hulk), ett stort åbäke

hull [hʌl] sjö. el. flyg. [fartygs]skrov; [flygbåts]skrov

hullabaloo [ˌhʌləbə'luː] ståhej; *make a great ~ about a th.* ställa till ett himla väsen om ngt

hullo [ˌhʌ'ləʊ, hʌ'l-] se *hello*

hum [hʌm] **I** *vb itr* **1** surra [*~ like a bee*]; mus., radio. el. TV., samt om t.ex. humla brumma; om trafik brusa **2** gnola **3** mumla, humma **4** sorla; vard. vara i liv och rörelse; *things are beginning to ~* vard. nu börjar det hända saker och ting, det börjar röra [på] sig **5** sl. lukta [pyton (apa)] [*this ham is beginning to ~*] **II** *vb tr* **1** gnola [på] [*~ a song*]; *~ a child to sleep* nynna ett barn till sömns **2** mumla [fram] **III** *s* **1** surrande [*the ~ of bees*]; brum[mande], jfr *I 1*; [svagt] sorl [*a ~ of voices from the next room*], [svagt] brus [*the ~ of distant traffic*] **2** gnolande **3** mummel

human ['hjuːmən] **I** *adj* mänsklig [*a ~ voice*; *he has become more ~ lately*; *to err is ~*], människo- [*the ~ body*], human- [*~ biology (ecology)*]; *~ being* mänsklig varelse, människa; *the ~ race* människosläktet, människorna **II** *s* människa [*we ~s, all ~s*]

humane [hjʊ'meɪn] **1** human [*~ treatment*], mänsklig, barmhärtig **2** humanistisk [*~ studies*]

humanism ['hjuːmənɪz(ə)m] **1** mänsklighet, humanitet **2** humanism

humanitarian [hjʊˌmænɪ'teərɪən, ˌhjuːmæn-] **I** *s* **1** humanitetsförkämpe **2** människovän **II** *adj* humanitär [*for ~ reasons*], människovänlig

humanity [hjʊ'mænətɪ] **1** mänskligheten [*crimes against ~*], människosläktet **2** den mänskliga naturen; mänsklighet **3** människokärlek; [*treat people and animals*] *with ~* ...humant **4** *the humanities* humaniora isht klassiska språk o.d.

humanly ['hjuːmənlɪ] mänskligt; *all that is ~ possible* allt som står i mänsklig makt

humble ['hʌmbl] **I** *adj* **1** ödmjuk [*a ~ attitude*], underdånig [*he is very ~ towards his superiors*], undergiven; *eat ~ pie* [få] svälja förödmjukelsen; krypa till korset **2** låg [*a ~ post*], ringa, blygsam [*a ~ income*], enkel [*a man of ~ origin*; *my ~ home*], oansenlig, tarvlig; *in my ~ opinion* enligt min ringa mening **II** *vb tr* göra ödmjuk; kväsa [*~ a p.'s pride*]; förödmjuka [*~ one's enemies*]; förnedra

humbug ['hʌmbʌg] **I** *s* **1** humbug, svindel **2** skojare **3** slags pepparmyntskaramell **II** *interj*, *~!* [strunt]prat!, snack!, nonsens! **III** *vb tr* lura **IV** *vb itr* bluffa

humdrum ['hʌmdrʌm] enformig; vardaglig

humid ['hjuːmɪd] fuktig [*~ air, ~ ground*], våt

humidifier [hjʊ'mɪdɪfaɪə], [*air*] *~* luftfuktare

humidity [hjʊ'mɪdətɪ] fukt

humiliate [hjʊ'mɪlɪeɪt] förödmjuka

humiliation [hjʊˌmɪlɪ'eɪʃ(ə)n, ˌhjuːmɪl-] förödmjukelse; förnedring

humility [hjʊ'mɪlətɪ] ödmjukhet; anspråkslöshet

humorous ['hjuːm(ə)rəs] humoristisk [*a ~ writer*]; skämtsam [*~ remarks*]

humour ['hjuːmə] **I** *s* **1** humor; *he has no sense of ~* han har inget sinne för humor (ingen humor) **2** a) humör, lynne b) sinnelag, temperament; *in a bad (good) ~* på dåligt (gott) humör **II** *vb tr* blidka [*you should try to ~ him when he is in a bad temper*]; *~ a p.* äv. låta ngn få sin vilja fram, göra ngn till viljes, låta ngn få som han vill

hump [hʌmp] **I** *s* **1** puckel **2** mindre, rund kulle **3** sl., *it gives me the ~* a) det gör mig deppig (nere) b) det får mig på dåligt humör **II** *vb tr* **1** kuta med [äv. *~ up*; *~ up one's shoulders*]; [*up*] *one's back* a) kuta, skjuta rygg [*the cat ~ed* [*up*] *her back when she saw the dog*] b) bildl. bli arg, tjura **2** göra deppig **3** vard. kånka på (med)

humpback ['hʌmpbæk] **1** puckelrygg person o. rygg; *~ whale* zool. knölval, puckelval **2** *~ bridge* trafik. valvbro

humus ['hjuːməs] humus, mylla

hunch [hʌn(t)ʃ] **I** *vb tr*, ~ [*up*] kröka, [böja och] dra upp [*he was sitting at the table with his shoulders ~ed up*] **II** *s* **1** puckel **2** tjockt stycke [*a ~ of bread*] **3** vard. aning; *I have a ~ that* jag har på känn att, jag har en föraning [om] (känsla [av]) att
hunchback ['hʌn(t)ʃbæk] puckelrygg
hunchbacked ['hʌn(t)ʃbækt] puckelryggig
hundred ['hʌndrəd, -drɪd] hundra; hundratal [*in ~s*]; *a* (*one*) *~* [ett] hundra; *a ~ to one* hundra mot ett; *a ~ per cent* a) ss. adj. hundraprocentig, fullständig b) ss. adv. hundraprocentigt, fullständigt; *~s and thousands* kok. strössel
hundredfold ['hʌndrədfəʊld, -drɪd-] **I** *adv*, *a ~* hundrafalt, hundrafaldigt **II** *s*, *a ~* hundrafalt
hundredth ['hʌndrədθ, -drɪdθ] **I** *räkn* hundrade; *~ part* hundra[de]del **II** *s* hundra[de]del; *a ~ of a second* en hundradels sekund
hundredweight ['hʌndrədweɪt, -drɪd-] (pl. vanl. lika) ung. centner a) britt. = 50,802 kg b) amer. = 45,359 kg
hung [hʌŋ] **I** imperf. o. perf. p. av **hang** **II** *adj* **1** polit., *a ~ parliament* ett parlament där inget parti har egen majoritet **2** jur., *a ~ jury* en oenig jury
Hungarian [hʌŋ'ɡeərɪən] **I** *adj* ungersk **II** *s* **1** ungrare; ungerska kvinna **2** ungerska [språket]
Hungary ['hʌŋɡərɪ] Ungern
hunger ['hʌŋɡə] **I** *s* **1** hunger; *~ is the best sauce* hungern är den bästa kryddan **2** bildl. hunger [*~ for knowledge*], längtan [*~ for love*] **II** *vb itr* **1** vara hungrig; svälta **2** bildl. hungra, längta [*for efter*]
hunger-strike ['hʌŋɡəstraɪk] **I** *s* hungerstrejk **II** (*hunger-struck hunger-struck*) *vb itr* hungerstrejka
hungry ['hʌŋɡrɪ] **1** hungrig **2** bildl. hungrande, törstande, längtande, girig; *be ~ for* hungra (törsta) efter [*be ~ for knowledge*], längta efter [*be ~ for affection*], vara sugen på
hunk [hʌŋk] vard. **1** tjockt (stort) stycke [*a ~ of bread*] **2** *a ~* [*of a man*] en sexig kille
hunt [hʌnt] **I** *vb tr* **1** jaga [*~ big game* (*tigers*)] **2** jaga (leta) [ivrigt] efter, vara på jakt (språng) efter, jaga; *~ the slipper* lek smussla sko **3** driva, jaga [*~ the neighbour's cat out of the garden*] **4** m. adv., *~ down* jaga (hetsa) till döds, förfölja till det yttersta; infånga, [jaga och] få fast [*~ down a criminal* (*an escaped prisoner*)] **II** *vb itr* **1** jaga britt. isht om hetsjakt med hund; *be out* (*go*) *~ing* vara [ute] på (gå på) jakt **2** snoka, leta; *be ~ing for* vara på jakt efter **III** *s* **1** jakt; britt. isht hetsjakt till häst med hundar som dödar räven **2** letande [*find a th. after a long ~*], jakt [*the ~ for* (på) *the murderer*]; *be on the ~ for* vara på jakt efter, leta efter **3** jaktsällskap, jaktklubb
hunter ['hʌntə] **1** jägare äv. bildl. ss. efterled i sammansättn. [*fortune-hunter*] **2** jakthund
hunting ['hʌntɪŋ] jakt ss. näringsgren el. sport [*~ and fishing*; *he is fond of ~*]; britt. isht jakt [till häst], jfr **hunt III 1**
hunting-ground ['hʌntɪŋɡraʊnd] jaktmark; *the happy ~s* de sälla jaktmarkerna
hunts|man ['hʌnts|mən] (pl. *-men* [-mən]) jägare
hurdle ['hɜːdl] **I** *s* **1** sport.: i häcklöpning häck; i hästsport hinder; *~s* (konstr. ss. sg.) häcklöpning, häck [*110 metres ~s*] **2** bildl. hinder, svårighet **II** *vb tr* kapplöpn. hoppa över ett hinder **III** *vb itr* löpa häck; ta hinder
hurdler ['hɜːdlə] sport. häcklöpare
hurdy-gurdy [,hɜːdɪ'ɡɜːdɪ] mus. **1** positiv **2** vielle
hurl [hɜːl] **I** *vb tr* **1** slunga **2** utslunga [*~ threats at* (mot)], fara ut i [*~ invective* (smädelser) *at*], kasta [*~ furious glances at*]; *~ defiance at* trotsa **II** *s* kraftigt kast, slungning
hurly-burly ['hɜːlɪ,bɜːlɪ, ,--'--] oväsen
hurrah [hʊ'rɑː] o. **hurray** [hʊ'reɪ] **I** *interj*, *~!* hurra! **II** *s* hurra **III** *vb itr* hurra **IV** *vb tr* hurra för
hurricane ['hʌrɪkən, -keɪn] orkan, svår storm
hurry ['hʌrɪ] **I** *vb tr* **1** snabbt föra [*~ troops to the front*]; driva [på]; *~ a p. along* få ngn att skynda sig, skynda på ngn **2** skynda på, jäkta [*it's no use ~ing her*]; påskynda [ofta *~ on*, *~ up*; *~ dinner*] **II** *vb itr* skynda sig, jäkta [*don't ~, there's plenty of time*]; skynda, ila [*~ away* (*off*); *they hurried to the station*]; brådska; *~ on* skynda vidare **III** *s* brådska, jäkt; hast; *be in a ~* ha (få) bråttom [*to* [med] att; *he was in a ~ to leave*]
hurt [hɜːt] **I** (*hurt hurt*) *vb tr* **1** skada, göra illa; *~ oneself* göra sig illa, slå sig [*did you ~ yourself?*]; *get* (*be*) *~* bli skadad, komma till skada, skada sig, göra sig illa **2** skada, vålla skador på **3** *my foot ~s me* jag har ont i foten, det gör ont (värker) i foten [på mig] **4** bildl.: a) skada [*it ~ his reputation*]; *that won't ~ him* det tar han ingen skada av b) såra [*his tone ~ me*]; perf. p. ~ sårad [*in a ~ tone*; *feel ~*]; stöta, kränka **II** (*hurt hurt*) *vb itr* **1** vålla skada; *it won't ~* det skadar inte **2** göra ont [*it*

~s *terribly*] **III** *s* **1** kroppslig skada; isht slag **2** skada förfång [*what ~ can it do you?*]; men, oförrätt; *it was a ~ to his pride* det sårade hans stolthet

hurtful ['hɜːtf(ʊ)l] **1** sårande [~ *remarks*] **2** skadlig, farlig [~ *to* (för) *the health*]

hurtle ['hɜːtl] **I** *vb tr* slunga **II** *vb itr* **1** susa [fram] [*the car ~d down the road*], rusa **2** rasa [*tons of snow ~d down the mountain*]

husband ['hʌzbənd] **I** *s* man [*her future* (blivande) ~], äkta man, make; *~ and wife* man och hustru, äkta makar **II** *vb tr* hushålla med [~ *one's resources*], spara på [~ *one's strength* (krafterna)]

husbandry ['hʌzbəndrɪ] **1** jordbruk **2** hushållning [*good* (*bad*) ~] **3** sparsamhet

hush [hʌʃ, interj. vanl. ʃːː] **I** *vb tr* **1** hyssja åt (på); tysta [ner] [~ *your dog!*], få att tiga [äv. *~ up*, *~ down*]; *~ a baby to sleep* vyssa ett barn till sömns **2** ~ [*up*] tysta ner [~ *up a scandal*], hemlighålla, lägga locket på **II** *vb itr* **1** tystna; tiga **2** hyssja **III** *s* tystnad, stillhet [*in the ~ of night*] **IV** *interj*, ~*!* sch!, hyssj!, tyst!

hush-hush [ˌhʌʃ'hʌʃ, '--] vard. **I** *adj* hemlig, topphemlig [*a ~ investigation*] **II** *s* hysch-hysch, hemlighetsmakeri

husk [hʌsk] **I** *s* **1** skal, hylsa, skida **2** bildl. [värdelöst] yttre skal **II** *vb tr* skala

1 husky ['hʌskɪ] **1** torr [i halsen]; hes [*a ~ voice*] **2** vard. stor och stark

2 husky ['hʌskɪ] zool. eskimåhund

hussar [hʊ'zɑː] husar

hussy ['hʌzɪ, 'hʌsɪ] skämts. jäntunge [*little ~*] **2** slinka

hustings ['hʌstɪŋz] (konstr. vanl. ss. sg.) valrörelse, valkampanj

hustle ['hʌsl] **I** *vb tr* **1** knuffa [till], skuffa till; driva [~ *a p. out of the room*], tvinga, pressa [*into doing a th.* [till] att göra ngt] **2** vard. påskynda [~ *the work*] **3** sl. lura på pengar; *~ a p. out of a th.* lura av ngn ngt, blåsa ngn på ngt **II** *vb itr* **1** knuffas; tränga sig; pressa sig [*someone ~d against him in the crowd*]; tränga (armbåga) sig fram **2** isht amer. sl. fixa pengar (grejer) på olika, oftast olagliga sätt; sno stjäla; gno, gå på gatan om prostituerad; langa narkotika; spela [hasard] **III** *s* **1** knuffande, skuffande **2** jäkt; *~ and bustle* liv och rörelse, fart och fläng **3** amer. vard. gåpåaranda, fart, krut [*they haven't got any ~ in them*], rivighet **4** isht amer. sl. blåsning; bondfångeri; sätt att fixa stålar, jfr *II 2*

hustler ['hʌslə] **1** rivig karl **2** isht amer. sl. a) fixare; skojare; tjuv b) hallick c) fnask

hut [hʌt] **I** *s* **1** hydda, koja; hytt [*bathing-hut*]; *mud ~* lerhydda **2** mil., provisorisk [trä]barack **II** *vb tr* förlägga i barack

hutch [hʌtʃ] bur [*rabbit ~*]

hyacinth ['haɪəs(ɪ)nθ] bot. el. miner. hyacint

hyaena [haɪ'iːnə] se *hyena*

hybrid ['haɪbrɪd] **I** *s* **1** biol. hybrid, korsning **2** språkv. hybridord **3** bildl. blandprodukt **II** *adj* hybrid; bastard-; bland- [~ *race, ~ form*], blandnings-

hydrangea [haɪ'dreɪn(d)ʒə] bot. [vanlig] hortensia

hydrant ['haɪdr(ə)nt] vattenpost; *fire ~* brandpost[huvud]

hydraulic [haɪ'drɔːlɪk] hydraulisk

hydraulics [haɪ'drɔːlɪks] (konstr. vanl. ss. sg.) hydraulik; vattenbyggnad[slära]

hydrochloric [ˌhaɪdrə(ʊ)'klɒrɪk, -'klɔːr-] kem. klorväte-; *~ acid* saltsyra

hydroelectric [ˌhaɪdrə(ʊ)ɪ'lektrɪk], *~ power* vattenkraft

hydrofoil ['haɪdrə(ʊ)fɔɪl] **1** flyg. bärplan **2** bärplansbåt [äv. *~ vessel*]

hydrogen ['haɪdrədʒ(ə)n] kem. väte; *~ bomb* vätebomb

hydrophobia [ˌhaɪdrə(ʊ)'fəʊbjə] med. rabies

hydroplane ['haɪdrə(ʊ)pleɪn] planande racerbåt

hydroxide [haɪ'drɒksaɪd] kem. hydroxid

hyena [haɪ'iːnə] zool. hyena

hygiene ['haɪdʒiːn] **1** hygien, hälsovårdslära, hälsolära **2** hygien [*bad and lack of food*], hälsovård **3** *mental ~* mentalhygien

hygienic [haɪ'dʒiːnɪk] hygienisk

hymen ['haɪmən] anat. mödomshinna

hymn [hɪm] **1** hymn **2** psalm i psalmbok

1 hype [haɪp] vard. **I** *s* **1** reklam[kampanj], [reklam]jippo **2** bedrägeri, blåsning **II** *vb tr* **1** haussa upp [äv. *~ up*] **2** manipulera; lura **3** tända anspiasmera [äv. *~ up*]

2 hype [haɪp] sl. **I** *s* **1** a) sil injektion b) kanyl **2** knarkare **II** *vb itr* sila narkotika

hyperactive [ˌhaɪpər'æktɪv] hyperaktiv

hypermarket ['haɪpəˌmɑːkɪt] stormarknad

hypersensitive [ˌhaɪpə'sensɪtɪv] **1** hyperkänslig, lättsårad; lättstött **2** överkänslig

hypertension [ˌhaɪpə'tenʃ(ə)n] med. hypertoni

hyphen ['haɪf(ə)n] **I** *s* bindestreck **II** *vb tr* se *hyphenate*

hyphenate ['haɪfəneɪt] skriva (avdela, förena, förse) med bindestreck

hypnos|is [hɪp'nəʊs|ɪs] (pl. *-es* [-iːz]) hypnos

hypnotic [hɪpˈnɒtɪk] **I** *adj* **1** hypnotisk äv. friare **2** mottaglig för hypnos **II** *s* **1** sömnmedel **2** hypnotiserad [person]; person som är mottaglig för hypnos
hypnotism [ˈhɪpnətɪz(ə)m] **1** hypnotism **2** hypnos
hypnotist [ˈhɪpnətɪst] hypnotisör
hypnotize [ˈhɪpnətaɪz] hypnotisera
hypochondriac [ˌhaɪpə(ʊ)ˈkɒndriæk, ˌhɪp-] psykol. **I** *s* hypokonder **II** *adj* hypokondrisk
hypocrisy [hɪˈpɒkrəsɪ] hyckleri
hypocrite [ˈhɪpəkrɪt] hycklare
hypocritical [ˌhɪpə(ʊ)ˈkrɪtɪk(ə)l] hycklande
hypodermic [ˌhaɪpə(ʊ)ˈdɜːmɪk] **I** *adj* införd (liggande) under huden; subkutan [~ *injection*]; ~ *syringe* injektionsspruta för injektion under huden **II** *s* spruta injektion under huden
hypothes|is [haɪˈpɒθəs|ɪs] (pl. -*es* [-iːz]) hypotes, antagande, tankeexperiment; förutsättning
hypothetical [ˌhaɪpə(ʊ)ˈθetɪk(ə)l] hypotetisk
hysterectomy [ˌhɪstəˈrektəmɪ] med. hysterektomi, bortopererande av livmodern
hysteria [hɪˈstɪərɪə] hysteri; friare äv. hysterisk upphetsning
hysterical [hɪˈsterɪk(ə)l] hysterisk
hysterics [hɪˈsterɪks] (konstr. vanl. ss. sg.) hysteri; hysteriskt anfall; *go* [*off*] *into* ~ få ett hysteriskt anfall, bli hysterisk
Hz förk. för *hertz*

I, i [aɪ] (pl. *I's* el. *i's* [aɪz]) I, i
I [aɪ] (objektsform *me*) jag
Iberian [aɪˈbɪərɪən] **I** *adj* iberisk; *the ~ Peninsula* Pyreneiska (Iberiska) halvön **II** *s* **1** iber **2** iberiska [språket]
ibex [ˈaɪbeks] (pl. äv. *ibices*) zool. stenbock
ice [aɪs] **I** *s* **1** is; *dry ~* kolsyresnö, torris; *cut no (little) ~* vard. inte göra något intryck, inte imponera [*with* på]; *be (be treading* el. *be skating) on thin ~* bildl. vara ute (ha kommit ut) på hal is **2** glass; *an ~* en glass **3** sl. glitter diamanter, juveler **II** *vb tr* **1** kyla [ner] [*~ a bottle of beer*]; bildl. äv. frysa [*~ relations with that country*]; *~d tea* iste **2** *~* [*over*] täcka (belägga) med is **3** isa [*weather that ~d his breath*] **4** glasera [*~ cakes*] **III** *vb itr* **1** *~* [*over*] frysa till [*the pond ~d over*] **2** *~ up* bli nedisad [*the wings of the aircraft had ~d up*], frysa
ice age [ˈaɪseɪdʒ] istid
ice axe [ˈaɪsæks] isyxa
iceberg [ˈaɪsbɜːg] **1** isberg; *~ lettuce* isbergssallad **2** bildl. isbit
ice-bound [ˈaɪsbaʊnd] **1** isblockerad [*an ~ harbour*] **2** fastfrusen [*an ~ ship*]; *be (become) ~* bli (vara) inisad
icebox [ˈaɪsbɒks] **1** isskåp **2** frysfack **3** amer. kylskåp **4** amer. sl. isoleringscell
icebreaker [ˈaɪsˌbreɪkə] isbrytare
ice cream [ˌaɪsˈkriːm, attr. ˈ--] glass; *~ cone* glasstrut
ice cube [ˈaɪskjuːb] iskub, istärning, isbit
ice hockey [ˈaɪsˌhɒkɪ] ishockey; *~ skate* ishockeyrör
Iceland [ˈaɪslənd] geogr. Island; *~ moss* islandslav
Icelander [ˈaɪsləndə, -lændə] islänning; isländska kvinna
Icelandic [aɪsˈlændɪk] **I** *adj* isländsk **II** *s* isländska [språket]
ice lolly [ˈaɪsˌlɒlɪ] isglass[pinne]; glasspinne
ice pack [ˈaɪspæk] **1** packis **2** isblåsa, isomslag
ice pick [ˈaɪspɪk] isklyvare
ice rink [ˈaɪsrɪŋk] skridskobana, isbana

ice skate [ˈaɪsskeɪt] **I** *s* skridsko **II** *vb itr* åka skridsko[r]
icicle [ˈaɪsɪkl] istapp, ispigg
icily [ˈaɪsɪlɪ] isande, iskallt äv. bildl.
iciness [ˈaɪsɪnəs] iskyla, isande köld äv. bildl.
icing [ˈaɪsɪŋ] **1** nedisning isht flyg. [äv. *~ down*]; isbildning **2** kok. glasyr; *~ sugar* florsocker, pudersocker **3** i ishockey icing
icon [ˈaɪkɒn, -kən] kyrkl. el. data. ikon
icy [ˈaɪsɪ] **1** iskall [*an ~ wind*]; *~ cold* iskyla **2** isig [*~ roads*] **3** bildl. iskall [*in an ~ tone, an ~ stare*], isande [*~ silence*]
ID [ˌaɪˈdiː] (förk. för *identity*); *~* [*card*] ID-kort, leg; *~ disc* ID-bricka
I'd [aɪd] = *I had, I would* o. *I should*
idea [aɪˈdɪə] idé; begrepp, syn [*his ~ of the matter*], åsikt [*you shouldn't force your ~s on other people*]; avsikt [*the ~ of* (med) *this arrangement is...*]; infall; uppslag [*that gave me the ~ for* (till) *my new book*; *that man is full of ~s*]; *the* [*very*] *~!* el. *what an ~!* ett sånt påhitt!, vilken idé!, hur kan man komma på en så'n tanke?; *what's the big ~?* vad är meningen (vitsen) med det [här] egentligen, vad ska det vara bra för?; *I have no ~* det har jag ingen aning om; *you can have no ~ of how...* du kan inte ana (föreställa dig) hur...
ideal [aɪˈdɪəl, -ˈdiːəl] **I** *adj* **1** idealisk [*~ weather*], ideal- [*an ~ woman*]; fulländad [*~ beauty*]; mönstergill [*~ behaviour*] **2** inbillad; drömd [*~ happiness*] **II** *s* ideal; *a man of ~s* en idealist
idealism [aɪˈdɪəlɪz(ə)m, aɪˈdiːəl-] idealism äv. filos.
idealist [aɪˈdɪəlɪst, aɪˈdiːəl-] idealist äv. filos.
idealistic [aɪˌdɪəˈlɪstɪk, aɪˌdiːəˈl-] idealistisk
idealize [aɪˈdɪəlaɪz, -ˈdiːəl-] **I** *vb tr* idealisera; försköna **II** *vb itr* idealisera; skapa ideal
ideally [aɪˈdɪəlɪ] idealiskt
identical [aɪˈdentɪk(ə)l] **1** identisk, alldeles likadan, likvärdig, likalydande [*in two ~ copies*]; helt ense [*we are ~ in our views*]; *~ twins* enäggstvillingar **2** *the* [*very*] *~* precis samma
identification [aɪˌdentɪfɪˈkeɪʃ(ə)n] **1** identifiering; igenkännande; *~ mark* igenkänningstecken **2** associering, uppgående **3** legitimation[spapper] [*he carries ~ with him at all times*]; *~ disc (tag)* mil. identitetsbricka; *~ papers* legitimationshandlingar; *~ plate* nummerplåt

identify [aɪ'dentɪfaɪ] **I** *vb tr* **1** identifiera; känna igen; uppfatta som identisk **2** ~ *oneself* legitimera sig [*can you ~ yourself?*] **II** *vb itr*, ~ *with* identifiera sig med

identity [aɪ'dentətɪ] identitet äv. matem.; ~ *card* identitetskort, legitimation; ~ *disc* mil. identitetsbricka; ~ *papers* legitimationshandlingar

ideological [ˌaɪdɪə'lɒdʒɪk(ə)l] ideologisk

ideology [ˌaɪdɪ'ɒlədʒɪ] **1** polit. o.d. ideologi [*Marxist ~*] **2** filos. idélära[n]

idiocy ['ɪdɪəsɪ] idioti

idiom ['ɪdɪəm] idiom

idiomatic [ˌɪdɪə'mætɪk] idiomatisk

idiosyncrasy [ˌɪdɪə'sɪŋkrəsɪ] egenhet

idiot ['ɪdɪət, 'ɪdjət] idiot

idiotic [ˌɪdɪ'ɒtɪk] idiotisk

idle ['aɪdl] **I** *adj* **1** sysslolös, ledig; arbetslös; oanvänd; *lie* ~ ligga oanvänd **2** tekn. stillastående; på tomgång **3** lat **4** gagnlös, fruktlös [~ *speculations*], resultatlös [~ *efforts*]; ~ *gossip* (*tales*) löst skvaller; *an* ~ *threat* ett tomt (bara ett) hot **II** *vb itr* **1** slösa bort tiden, slöa; gå och driva **2** tekn. gå på tomgång **III** *vb tr*, ~ [*away*] slösa bort [*don't ~ away your time*] **IV** *s* tekn. tomgång; *change the ~ speed* ändra på tomgången

idleness ['aɪdlnəs] **1** sysslolöshet; ~ *is the parent of all vices* lättjan är alla lasters moder, fåfäng gå lärer mycket ont **2** lättja **3** gagnlöshet etc., jfr *idle I 4*

idler ['aɪdlə] **1** dagdrivare; flanör **2** tekn. a) mellanhjul b) tomgångsskiva

idol ['aɪdl] **1** avgud; avgudabild; gudabild **2** bildl. idol

idolatry [aɪ'dɒlətrɪ] **1** avgudadyrkan **2** bildl. måttlös (gränslös) beundran, idoldyrkan

idolize ['aɪdə(ʊ)laɪz] avguda, idolisera, göra till sin gud; dyrka

idyll ['ɪdɪl, 'aɪd-] idyll äv. dikt

idyllic [ɪ'dɪlɪk, aɪ'd-] idyllisk; ~ *spot* äv. idyll

i.e. [ˌaɪ'iː, ˌðæt'ɪz] (förk. för *id est*) lat., se *that is* under *that I 2*

if [ɪf] **I** *konj* **1** om; även om [~ *he is little, he is strong*], om...så [*I'll do it ~ it kills me* (ska bli min död)!]; *as* ~ som om, liksom om; *as* ~ *to* liksom för att; *it isn't as* ~ *he doesn't know the rules* det är inte så att han inte kan reglerna; ~ *only because* om inte för annat så bara för att; ~ *only to* om inte annat så för att [*I'll do it, ~ only to annoy him*]; ~ *so* om så är, i så fall; ~ *I were you* om jag vore [som] du, om jag vore i ditt ställe; *he's fifty* [*years of age*] ~ *he's a day* han är femti

[år] så säkert som aldrig det; *well,* ~ *it isn't John!* ser man på, är det inte John?; ~ *it had not been for him* om inte han hade varit **2** om, huruvida; *I doubt ~ he will come* jag tvivlar på att han kommer **II** *s* villkor, förbehåll [*there are too many ~s in the contract*], om [*the future is full of ~s*]; *without ~s and buts* (*ands*) utan om och men, utan omsvep

igloo ['ɪgluː] (pl. ~s) igloo

ignite [ɪg'naɪt] **I** *vb tr* [an]tända **II** *vb itr* tändas

ignition [ɪg'nɪʃ(ə)n] tändning; upphettning; brand; tändningslås; ~ *coil* tändspole; ~ *switch* tändningslås

ignoble [ɪg'nəʊbl] gemen [*an ~ action*], ovärdig, tarvlig [*an ~ man*], skamlig

ignominious [ˌɪgnə(ʊ)'mɪnɪəs] vanhedrande [*an ~ peace*], neslig, skymflig [*an ~ defeat*]

ignominy ['ɪgnəmɪnɪ, -nɒm-] **1** vanära **2** neslighet, skamlig gärning

ignoramus [ˌɪgnə'reɪməs] dumhuvud

ignorance ['ɪgn(ə)r(ə)ns] okunnighet [*be kept in ~ of* (om) *the facts*], ovetskap

ignorant ['ɪgn(ə)r(ə)nt] **I** *adj* okunnig, ovetande **II** *s* ignorant

ignore [ɪg'nɔː] ignorera, nonchalera

ikon ['aɪkɒn, -kən] se *icon*

ileus ['ɪlɪəs] med. tarmvred

ill [ɪl] **I** (*worse worst*) *adj* **1** mest pred. sjuk, dålig [*be* (*feel*) ~; *seriously ~ patients*]; *be* ~ vara sjuk; *be taken* ~ bli sjuk, insjukna [*with* i] **2** dålig; ~ *fame* (*repute*) dåligt rykte, vanrykte **3** illvillig, dålig [~ *temper*] **II** *s* **1** ont **2** skada; *do* ~ göra illa (orätt) **3** vanl. pl. ~*s* olyckor, motgångar [*the ~s of life*], missförhållanden [*social ~s*] **III** (*worse worst*) *adv* **1** illa; dåligt [*they were ~ provided with ammunition*]; *go* ~ *with* gå illa för [*things* (det) *are going ~ with the Government*] **2** litt. svårligen, knappast [*I can ~ afford it*]

I'll [aɪl] = *I will* o. *I shall*

ill-advised [ˌɪləd'vaɪzd] mindre välbetänkt, oförnuftig [*an ~ step* (*measure*)]

ill-bred [ˌɪl'bred] ouppfostrad

ill-concealed [ˌɪlkən'siːld] illa dold [~ *satisfaction*]

ill-considered [ˌɪlkən'sɪdəd] mindre välbetänkt

ill-disposed [ˌɪldɪ'spəʊzd] **1** illvillig, illasinnad **2** ogynnsamt stämd, avogt (ovänligt) sinnad, illvilligt inställd **3** obenägen [*to do a th.*] **4** illa disponerad

illegal [ɪ'liːg(ə)l] illegal, lagstridig

illegible [ɪ'ledʒəbl] oläslig

illegitimate [ˌɪlɪ'dʒɪtɪmət] **I** *adj* **1** illegitim, olaglig [*an ~ action*], orättmätig; jur. obehörig [*~ gain* (vinst)]; ogiltig **2** illegitim, utomäktenskaplig [*an ~ child*] **II** *s* utomäktenskapligt (illegitimt) barn

ill-fated [ˌɪl'feɪtɪd] **1** olycklig, olycksalig [*an ~ voyage*], olycksförföljd [*an ~ ship*] **2** ödesdiger [*an ~ scheme*]

ill-favoured [ˌɪl'feɪvəd] ful [*an ~ old man*]

ill-feeling [ˌɪl'fiːlɪŋ] agg; avoghet [*without any ~*]; misstämning; *I bear him no ~* jag hyser inget agg mot (till) honom

ill-gotten [ˌɪl'ɡɒtn] orättmätigt erhållen; *~ gains* orättfånget gods; skämts. lättförtjänta pengar

ill-humoured [ˌɪl'hjuːməd] på dåligt humör; misslynt, vresig; med dåligt humör

illicit [ɪ'lɪsɪt] olovlig, otillåten; smyg- [*~ trade*], lönn- [*~ distillery* (bränneri)]; *~ sexual relations* utomäktenskapliga förbindelser

illiteracy [ɪ'lɪt(ə)rəsɪ] **1** analfabetism **2** brist på bildning

illiterate [ɪ'lɪt(ə)rət] **I** *adj* **1** inte läs- och skrivkunnig [*a largely ~ population*]; *~ person* analfabet **2** illitterat, olärd **II** *s* **1** analfabet **2** illitterat (obildad) person

ill-luck [ˌɪl'lʌk] olycka, otur; *as ~ would have it* olyckligtvis, till all olycka

ill-mannered [ˌɪl'mænəd] ohyfsad, ouppfostrad

ill-natured [ˌɪl'neɪtʃəd] elak [av sig], ondskefull [*~ gossip*]; vresig [av sig]

illness ['ɪlnəs] sjukdom [*suffer from an ~*]; *suffer from ~* vara sjuklig

illogical [ɪ'lɒdʒɪk(ə)l] ologisk

ill-timed [ˌɪl'taɪmd] oläglig; illa beräknad; malplacerad [*~ jokes*]

ill-treatment [ˌɪl'triːtmənt] dålig behandling; misshandel

illuminate [ɪ'luːmɪneɪt, ɪ'ljuː-] **1** upplysa [*poorly ~d rooms*], belysa **2** illuminera [*~d streets*]; *~d advertisement* (*sign*) ljusreklam

illuminating [ɪ'luːmɪˌneɪtɪŋ, ɪ'ljuː-] bildl. upplysande, belysande

illumination [ɪˌluːmɪ'neɪʃ(ə)n, ɪˌljuː-] **1** upplysning, belysning **2** vanl. pl. *~s* illuminering[ar], illumination[er]

illusion [ɪ'luːʒ(ə)n, ɪ'ljuː-] **1** illusion, fantasifoster; självbedrägeri; [falsk] förhoppning, vanföreställning; *cherish the ~ that...* leva i den föreställningen att... **2** illusion, [sinnes]villa; sken [av verklighet]; bländverk; *optical ~* synvilla, optisk villa

illusionist [ɪ'luːʒənɪst, ɪ'ljuː-] illusionist

illusive [ɪ'luːsɪv, ɪ'ljuː-] o. **illusory** [ɪ'luːs(ə)rɪ, ɪ'ljuː-] illusorisk, bedräglig, gäckande

illustrate ['ɪləstreɪt] **1** illustrera, åskådliggöra; förklara **2** illustrera [*the book is very well ~d*]; *~ with pictures* förse med bilder

illustration [ˌɪlə'streɪʃ(ə)n] **1** illustration genom exempel o.d.; förklaring; belysande exempel [*that was a bad ~*]; *in ~ of* för att illustrera (belysa), som illustration till **2** illustration, bild; illustrering

illustrator ['ɪləstreɪtə] illustratör

illustrious [ɪ'lʌstrɪəs] lysande [*an ~ career*], [vida] berömd; frejdad [*~ heroes*]

ill-will [ˌɪl'wɪl] illvilja, agg; *bear a p. ~* hysa illvilja mot ngn, bära (hysa) agg till (mot) ngn

I'm [aɪm] = *I am*

image ['ɪmɪdʒ] **1 a)** bild, avbildning; bildstod **b)** spegelbild; optik. bild [både äv. *reflected ~*] **c)** avbild äv. bibl.; kopia; *he is the very* (*spitting*) *~ of his father* han är sin far upp i dagen **d)** avgudabild [*worship ~s*], helgonbild **2 a)** [sinne]bild; föreställning; psykol. efterbild **b)** språklig bild [*speak in ~s*], metafor **c)** image; *the party ~* partiets image, partiets ansikte [utåt]

imagery ['ɪmɪdʒ(ə)rɪ] bilder, bildspråk [*Shakespeare's ~*]

imaginable [ɪ'mædʒɪnəbl] tänkbar [*his influence was the greatest ~*], som tänkas kan

imaginary [ɪ'mædʒɪn(ə)rɪ] inbillad [*~ dangers*], inbillnings- [*~ illness*], fantasi- [*~ picture*], fingerad

imagination [ɪˌmædʒɪ'neɪʃ(ə)n] **1** fantasi, föreställningsförmåga; *in ~* i tankarna (fantasin) **2** inbillning [*it is only ~*]; *that's only your ~* det är bara som du tror (inbillar dig)

imaginative [ɪ'mædʒɪnətɪv] fantasirik; uppfinningsrik; fantasi-; *~ faculty* (*power*) föreställningsförmåga

imagine [ɪ'mædʒɪn] **1** föreställa sig; [*just*] *~!* kan man tänka sig! **2** gissa [*I ~ it will rain*] **3** inbilla sig, få för sig

imbalance [ɪm'bæləns] obalans

imbecile ['ɪmbəsiːl, -saɪl] **I** *adj* imbecill **II** *s* imbecill person; friare idiot

imbibe [ɪm'baɪb] **1** suga upp [*the sponge ~s water*] **2** bildl. insupa [*~ knowledge*] **3** skämts. dricka [*~ beer*]

imbue [ɪm'bjuː] **1** genomsyra [*~d with* (av) *hatred*]; *~ a p. with courage* intala (inge) ngn mod, ingjuta mod hos ngn

294

2 genomdränka; impregnera med färg; starkt färga
IMF [ˌaɪɛmˈef] (förk. för *International Monetary Fund*) Internationella Valutafonden
imitate [ˈɪmɪteɪt] imitera, efterlikna, efterbilda; härma
imitation [ˌɪmɪˈteɪʃ(ə)n] **1** imitation, efterbildning; *worthy of* ~ efterföljansvärd **2** imitation; förfalskning **3** attr. oäkta, imiterad [~ *tortoise-shell*], falsk, konst- [~ *leather*]
imitator [ˈɪmɪteɪtə] imitatör; efterföljare
immaculate [ɪˈmækjʊlət] **1** obefläckad, perfekt [*an* ~ *rendering of the sonata*], ren; oklanderlig [~ *conduct; an* ~ *appearance* (*white suit*)]; *the I~ Conception* den obefläckade avlelsen **2** biol. inte fläckig
immaterial [ˌɪməˈtɪərɪəl] **1** oväsentlig, oviktig [*that is quite* ~ *to* (för) *me*], likgiltig; *it is* ~ *whether*... det är likgiltigt om... **2** immateriell, andlig
immature [ˌɪməˈtjʊə] vanl. bildl. omogen
immaturity [ˌɪməˈtjʊərətɪ] omogenhet isht bildl.
immeasurable [ɪˈmeʒ(ə)rəbl] omätlig, omätbar [~ *damage*]
immediacy [ɪˈmiːdjəsɪ] **1** omedelbarhet, omedelbar närhet **2** aktualitet [*many of these topics have lost their* ~]
immediate [ɪˈmiːdjət] **1** omedelbar [~ *help*], omgående [~ *delivery*]; överhängande [*there is no* ~ *danger*]; *take* ~ *action* vidta omedelbara åtgärder, handla snabbt; *in the* ~ *future* inom den närmaste (fram)tiden **2** närmaste [*the* ~ *heir to the throne*]
immediately [ɪˈmiːdjətlɪ] **I** *adv* **1** omedelbart, genast **2** närmast, omedelbart [*the time* ~ *before the war*]; direkt [*be* ~ *affected by the strike*] **II** *konj* så snart [som]
immense [ɪˈmens] **I** *adj* **1** ofantlig, oerhörd **2** vard. storartad **II** *s* oändlighet
immensity [ɪˈmensətɪ] väldig omfattning [*the* ~ *of the disaster*]; ofantlighet; oerhörd (väldig) mängd (massa)
immerse [ɪˈmɜːs] **1** sänka (lägga) ner, doppa [ner] [~ *one's head in the water*]; döpa genom nedsänkande i vatten **2** bildl. ~ *oneself in* fördjupa (engagera) sig i
immigrant [ˈɪmɪɡr(ə)nt] **I** *s* immigrant **II** *adj* invandrande, invandrad; immigrant-
immigrate [ˈɪmɪɡreɪt] immigrera
immigration [ˌɪmɪˈɡreɪʃ(ə)n] immigration
imminent [ˈɪmɪnənt] hotande [*an* ~ *danger*], nära (omedelbart) förestående; *be* ~ äv. närma sig [*a storm is* ~], förestå, hota [*a strike is* ~]
immobile [ɪˈməʊbaɪl, -biːl, amer. vanl. -b(ə)l] orörlig, immobil
immobilize [ɪˈməʊbɪlaɪz] göra orörlig; med. immobilisera; sätta ur funktion; perf. p. ~*d* handlingsförlamad
immoderate [ɪˈmɒd(ə)rət] omåttlig [~ *eating*], överdriven [~ *demands*; ~ *zeal*], hejdlös
immodest [ɪˈmɒdɪst] oblyg [~ *claims*], oförsynt, fräck [~ *boast*]; oanständig
immoral [ɪˈmɒr(ə)l] omoralisk; osedlig
immorality [ˌɪməˈrælətɪ] omoral, osedlighet
immortal [ɪˈmɔːtl] odödlig [~ *fame* (*poetry*)]
immortality [ˌɪmɔːˈtælətɪ] odödlighet
immortalize [ɪˈmɔːtəlaɪz] odödliggöra
immovable [ɪˈmuːvəbl] **I** *adj* **1** orörlig; ~ *feasts* kyrkl. fasta helgdagar **2** bildl. orubblig; obeveklig; känslolös **3** fast isht jur., om egendom **II** *s*, pl. ~*s* jur. fast egendom
immune [ɪˈmjuːn] immun; okänslig, oemottaglig [*he is* ~ *to flattery*]; skyddad
immunity [ɪˈmjuːnətɪ] **1** med. immunitet **2** parl. el. dipl. immunitet; isht jur. undantagsrätt
immunize [ˈɪmjʊnaɪz] med. immunisera
immunodeficiency [ˌɪmjʊnə(ʊ)dɪˈfɪʃ(ə)nsɪ] med. immundefekt; *human* ~ *virus* (förk. *HIV*) humant immundefektvirus
imp [ɪmp] **1** smådjävul **2** satunge; [bus]frö; rackarunge
impact [ˈɪmpækt] **1** stöt isht mek.; sammanstötning; om projektil anslag [*force of* ~], nedslag [*point of* ~]; kraft [*the terrific* ~ *of the blow*] **2** inverkan [*the* ~ *of modern science* [*up*]*on society*]; intryck [*the speech made little* ~ *on the audience*]
impair [ɪmˈpeə] försämra [~ *one's health by overwork*]; försvaga, sätta ner [~*ed eyesight*], minska [~ *the usefulness of a th.*]; *have* ~*ed hearing* (*vision*) ha nedsatt hörsel (syn), vara hörselskadad (synskadad)
impale [ɪmˈpeɪl] spetsa; nagla fast
impart [ɪmˈpɑːt] **1** ge [~ *authority to*]; överföra [*motion is* ~*ed to* (till) *the wheels*] **2** meddela, vidarebefordra [~ *information* (*news*)], tala om [*she* ~*ed her plans to* (för) *him*]; ~ *knowledge to a p.* meddela (bibringa) ngn kunskaper
impartial [ɪmˈpɑːʃ(ə)l] opartisk
impartiality [ɪmˌpɑːʃɪˈælətɪ] opartiskhet

impassable [ɪmˈpɑːsəbl] oframkomlig, ofarbar [~ *roads*]; oöverstiglig [~ *mountains*]

impasse [æmˈpɑːs, -ˈpæs, ɪm-] isht. bildl. återvändsgränd, död punkt

impassioned [ɪmˈpæʃ(ə)nd] lidelsefull

impassive [ɪmˈpæsɪv] känslolös, kall; likgiltig; okänslig; uttryckslös, livlös [*an ~ face (look)*]

impatience [ɪmˈpeɪʃ(ə)ns] otålighet; irritation

impatient [ɪmˈpeɪʃ(ə)nt] otålig; häftig, ivrig; ~ *about* otålig när det gäller (i fråga om) [*don't get ~ about a trivial thing like that*]

impeach [ɪmˈpiːtʃ] **1** jur. anklaga isht ämbetsman [~ *a judge for* el. *of* (för) *taking bribes*] **2** jur. ställa inför riksrätt åtala inför amerikanska senaten (förr äv. brittiska överhuset) [~ *the President*] **3** ifrågasätta [*do you ~ my motives?*], dra i tvivelsmål; nedsätta

impeachment [ɪmˈpiːtʃmənt] **1** åtal, anklagelse **2** riksrättsåtal, jfr *impeach 2*

impeccable [ɪmˈpekəbl] **1** oklanderlig [~ *manners*, ~ *clothes*], otadlig [~ *character*], felfri **2** om pers. ofelbar

impecunious [ˌɪmpɪˈkjuːnjəs] medellös, utan pengar

impede [ɪmˈpiːd] hindra [~ *the traffic*], hämma

impediment [ɪmˈpedɪmənt] hinder; svårighet; förhinder; äktenskapshinder; *speech ~* talfel

impel [ɪmˈpel] **1** driva [*he had been ~led to crime by poverty*], förmå, egga [~ *a p. to greater efforts*], tvinga [~ *a p. to tolerate a th.*] **2** [fram]driva

impending [ɪmˈpendɪŋ] överhängande [*an ~ danger, the ~ crisis*]; annalkande [*the ~ storm*], nära förestående [*their ~ marriage*]

impenetrable [ɪmˈpenɪtrəbl] **1** ogenomtränglig, tät [~ *darkness*] **2** bildl. ogenomtränglig [*an ~ mystery*] **3** otillgänglig [~ *to reason*]

imperative [ɪmˈperətɪv] **I** *adj* **1** absolut nödvändig [*it is ~ that he should come* (kommer)] **2** gram. imperativ; *the ~ mood* imperativ[en] **II** *s* **1** gram. el. filos. imperativ **2** oavvisligt krav; tvingande nödvändighet

imperceptible [ˌɪmpəˈseptəbl] oförnimbar; omärklig; *by ~ degrees* omärkligt

imperfect [ɪmˈpɜːfɪkt] **I** *adj* **1** ofullständig **2** ofullkomlig, bristfällig **3** gram. imperfektiv[isk]; progressiv form; ~ *tense* se *II* **II** *s* gram. progressiv (pågående) form isht i imperfekt

imperfection [ˌɪmpəˈfekʃ(ə)n] **1** ofullständighet **2** ofullkomlighet; bristfällighet, skavank; skönhetsfel

imperial [ɪmˈpɪərɪəl] **1** kejserlig [*His I~ Majesty*], kejsar- [~ *crown*] **2** hist. som gäller [brittiska] imperiet **3** gällande i Storbritannien [~ *weights and measures*] **4** bildl. kejserlig, furstlig [*with ~ generosity*]; majestätisk [~ *gestures*]

imperialism [ɪmˈpɪərɪəlɪz(ə)m] imperialism

imperious [ɪmˈpɪərɪəs] befallande [~ *looks* (min)]; högdragen; övermodig

impersonal [ɪmˈpɜːsənl] **I** *adj* **1** opersonlig **2** gram. a) om verb opersonlig b) om pronomen obestämd; opersonlig [*the ~ 'it'*] **II** *s* gram. a) opersonligt verb b) obestämt pronomen; opersonligt pronomen

impersonate [ɪmˈpɜːsəneɪt] **1** imitera [~ *famous people*], efterlikna; föreställa [*they ~d animals*] **2** uppträda som [*he was caught when trying to ~ an officer*] **3** personifiera, förkroppsliga **4** framställa, gestalta [*he has ~d Hamlet on the stage*]

impersonation [ɪmˌpɜːsəˈneɪʃ(ə)n] (jfr *impersonate*) **1** imitation [~*s of famous people*] **2** uppträdande **3** personifiering **4** framställning, gestaltning [*his ~ of Hamlet*]

impersonator [ɪmˈpɜːsəneɪtə] imitatör

impertinence [ɪmˈpɜːtɪnəns] **1** näsvishet, impertinens; oförskämdhet **2** brist på relevans

impertinent [ɪmˈpɜːtɪnənt] **1** näsvis; oförskämd; påflugen **2** irrelevant

imperturbable [ˌɪmpəˈtɜːbəbl] orubblig; orubbligt lugn

impervious [ɪmˈpɜːvjəs] **1** ogenomtränglig, otillgänglig; ~ *to light* ogenomskinlig **2** oemottaglig [~ *to* (för) *reason* (*criticism*)]

impetuous [ɪmˈpetjʊəs] **1** impulsiv; förhastad [*an ~ remark*], gjord i hastigt mod **2** häftig

impetus [ˈɪmpɪtəs] **1** rörelseenergi hos kropp i rörelse; levande kraft; fart; *with great ~* med våldsam kraft, med stor fart **2** *give an ~ to* sätta fart på (i), ge [ökad] kraft åt, driva på

impinge [ɪmˈpɪn(d)ʒ] **1** stöta; ~ [*up*]*on* (*against*) träffa [*if a strong light ~s on the eye*], kollidera med **2** bildl. ~ [*up*]*on* göra intryck på, påverka **3** inkräkta [~ *on other people's rights*]

impish ['ɪmpɪʃ] okynnig, busig; ~ *tricks* sattyg

implacable [ɪm'plækəbl] oförsonlig [*an* ~ *enemy*; ~ *hatred*], obeveklig, oblidkelig

implant [ss. vb ɪm'plɑːnt, ss. sb. 'ɪmplɑːnt] **I** *vb tr* inplanta [~ *ideas in a p.*], inympa [~ *good habits in children*], inprägla, inskärpa [*in a p.'s mind* (hos ngn)]; med. implantera t.ex. medicin; transplantera t.ex. vävnad **II** *s* med. **1** implantat; om vävnad äv. transplantat **2** implantation av t.ex. medicin; transplantation av t.ex. vävnad

implausible [ɪm'plɔːzəbl] osannolik; oantaglig

implement [ss. sb. 'ɪmplɪmənt, ss. vb -ment] **I** *s* verktyg, redskap; pl. *~s* äv. grejer **II** *vb tr* realisera, genomföra [~ *a plan* (*policy*)], fullgöra, uppfylla [~ *a promise* (*an agreement*)]

implicate ['ɪmplɪkeɪt] blanda in, implicera [~ *a p. in a crime*]; *be ~d in* äv. vara delaktig i, bli invecklad i

implication [ˌɪmplɪ'keɪʃ(ə)n] **1** inblandning [~ *in a conspiracy*] **2** innebörd; [naturlig] slutsats (följd); *by* ~ underförstått, indirekt, antydningsvis

implicit [ɪm'plɪsɪt] **1** underförstådd [*an* ~ *threat*; ~ *in the contract*], inte klart utsagd; tyst [*an* ~ *agreement*], stillatigande; inbegripen **2** obetingad, blind [~ *faith*]

implicitly [ɪm'plɪsɪtlɪ] underförstått etc., jfr *implicit*; i förtäckta ordalag

implore [ɪm'plɔː] **I** *vb tr* bönfalla, tigga och be [*a p. to do a th.*]; **II** *vb itr* bönfalla; ~ *for mercy* tigga [och be] om nåd

imply [ɪm'plaɪ] **1** innebära [*this right implies certain obligations*]; betyda [*do you realize fully what your words ~?*]; förutsätta; *as the name implies* som namnet antyder **2** antyda, låta påskina

impolite [ˌɪmpə'laɪt] oartig

imponderable [ɪm'pɒnd(ə)rəbl] *adj* ovägbar; ouppskattbar

import [ss. sb. 'ɪmpɔːt, ss. vb ɪm'pɔːt] **I** *s* **1** import; import- [~ *duty* (tull), ~ *goods*, ~ *quota*, ~ *trade*]; införsel; vanl. pl. *~s* importvaror, importartiklar; totalimport[en] [*~s of raw cotton*], import[en] [*food ~s*; *the ~s exceed the exports*] **2** innebörd **3** vikt, betydelse [*questions of great ~*], betydenhet **II** *vb tr* **1** importera, föra in **2** innebära, betyda; *what does the word ~?* äv. vad ligger i ordet?

importance [ɪm'pɔːt(ə)ns] vikt, betydelse, angelägenhet; *attach* [*great*] ~ *to* lägga (fästa) [stor] vikt vid, fästa [stort] avseende vid, sätta [stort] värde på, bry sig [mycket] om, tillmäta ngt [stor] betydelse; *with an air of* ~ med en viktig min; *of no* ~ utan betydelse (vikt)

important [ɪm'pɔːt(ə)nt] viktig, betydelsefull [*an* ~ *person*]

importantly [ɪm'pɔːt(ə)ntlɪ] **1** viktigt nog [*but, ~ in this case, there is...*]; *more* ~ vad som är viktigare **2** huvudsakligen, i första hand

importation [ˌɪmpɔː'teɪʃ(ə)n] **1** import[erande], införsel, införande **2** importvara, importartikel

importer [ɪm'pɔːtə] importör

impose [ɪm'pəʊz] **I** *vb tr* **1** lägga på [~ *taxes*], lägga [~ *a burden* [*up*]*on*]; införa [~ *a speed limit*]; ~ *a fine* [*up*]*on a p.* döma ngn till (ådöma ngn) böter, bötfälla ngn; ~ *a task* [*up*]*on a p.* lägga en uppgift på ngn, ålägga ngn en uppgift **2** ~ *a th.* [*up*]*on a p.* tvinga (pracka, lura) på ngn ngt **II** *vb itr*, ~ [*up*]*on* a) lura, bedra [~ *on a p. to do a th.*], föra bakom ljuset b) dra fördel av, begagna sig av [~ [*up*]*on a p.'s credulity* (godtrogenhet)]; vara till besvär [*I don't want to* ~ [*on you*]*, but...*]

imposing [ɪm'pəʊzɪŋ] imponerande; vördnadsbjudande, ståtlig

imposition [ˌɪmpə'zɪʃ(ə)n] **1** påläggande [*the* ~ *of new taxes*] etc., jfr *impose I 1*; påbud **2** pålaga **3** a) börda b) skol. straffläxa **4** lurande, bedrägeri **5** ~ *of hands* kyrkl. handpåläggning

impossibility [ɪmˌpɒsə'bɪlətɪ, -sɪ'b-] omöjlighet; *ask for -ies* begära det omöjliga

impossible [ɪm'pɒsəbl, -sɪb-] omöjlig; *ask for the* ~ begära det omöjliga **2** vard. outhärdlig [*it's an* ~ *situation!*]

impossibly [ɪm'pɒsəblɪ, -sɪb-] **1** hopplöst [~ *lazy*]; otroligt [*the sky was* ~ *blue*], vansinnigt [~ *expensive*] **2** *not* ~ möjligtvis, möjligen; kanske

impostor [ɪm'pɒstə] bedragare

impotence ['ɪmpət(ə)ns] **1** maktlöshet, vanmakt; oförmåga, impotens **2** fysiol. impotens

impotent ['ɪmpət(ə)nt] **1** maktlös; oförmögen **2** fysiol. impotent

impoverish [ɪm'pɒv(ə)rɪʃ] **1** utarma; *he is ~ed* han har blivit utfattig **2** göra kraftlös (improduktiv, ofruktbar), utarma [~ *the soil*]; försämra

impracticable [ɪm'præktɪkəbl] **1** ogenomförbar [*an* ~ *plan*], outförbar; oanvändbar [*an* ~ *method*] **2** ofarbar

impractical [ɪm'præktɪk(ə)l] **1** opraktisk **2** se *impracticable*

imprecise [ˌɪmprɪˈseɪs] inexakt; obestämd; ofullständig
impregnable [ɪmˈpregnəbl] **1** ointaglig [*an ~ fortress*]; ogenomtränglig [*~ defence*] **2** oangriplig; ovedersäglig, obestridlig
impregnate [ˈɪmpregneɪt, -ˈ--] **1** befrukta äv. bildl.; göra havande **2** impregnera [*~ wood*]; mätta [*water ~d with salt*]; genomdränka **3** bildl. genomtränga, genomsyra [*~d with* (av) *socialistic ideas*]
impresario [ˌɪmprəˈsɑːrɪəʊ] (pl. *~s*) impressario
1 impress [ss. sb. ˈɪmpres, ss. vb ɪmˈpres] **I** *s* avtryck; märke, prägel äv. bildl.; *bear the ~ of* vara präglad av, bära [en] prägel av **II** *vb tr* **1 a)** trycka på ett märke o.d.; *~ a mark on* sätta ett märke på **b)** stämpla, prägla **2** inprägla en idé o.d.; *~ a th.* [*up*]*on one's mind* inprägla (inpränta) ngt i minnet; *~ oneself on* sätta sin prägel på **3** göra intryck på [*the book did not ~ me at all*], imponera på; *be favourably ~ed with* få ett fördelaktigt (gott) intryck av
2 impress [ɪmˈpres] mil. tvångsvärva, tvångsmönstra [*~ sailors*], tvångskommendera
impression [ɪmˈpreʃ(ə)n] **1** intryck; verkan; *make a deep ~ on a p.* göra [ett] djupt intryck på ngn **2** intryck, förnimmelse, känsla av ngt; *have an ~ that* ha ett intryck av att, känna på sig att **3** imitation [*he gave several ~s of TV personalities*] **4** märke, stämpel, prägel äv. bildl. **5** tryckning [*a first ~ of 5,000 copies*], omtryckning
impressionable [ɪmˈpreʃ(ə)nəbl] mottaglig för intryck; [*children who are*] *at the ~ age* ...i den lättpåverkade (känsliga) åldern
impressionist [ɪmˈpreʃənɪst] **1** konst. o.d. impressionist **2** imitatör
impressive [ɪmˈpresɪv] effektfull, verkningsfull, slående; gripande [*an ~ ceremony*]
imprint [ss. sb. ˈɪmprɪnt, ss. vb ɪmˈprɪnt] **I** *s* **1** avtryck [*the ~ of a foot*], intryck, prägel; bildl. äv. stämpel **2** typogr., [*publisher's* (*printer's*)] *~* tryckort, tryckår och förläggarens (boktryckarens) namn **II** *vb tr* **1** trycka på, märka; sätta [*~ a postmark on a letter*] bildl. inprägla, inpränta [*~ a th. on* (in) *one's mind*], inskärpa [*~ on* (hos) *a p. the importance of a th.*]
imprison [ɪmˈprɪzn] sätta i fängelse; spärra in
imprisonment [ɪmˈprɪznmənt] fängslande; inspärrning; fångenskap [*during his long ~*], frihetsstraff, frihetsberövande [*two years' ~*]; *~ for life* el. *life ~* livstids fängelse
improbable [ɪmˈprɒbəbl] osannolik, otrolig
impromptu [ɪmˈprɒm(p)tjuː] **I** *adv* [helt] improviserat **II** *s* improvisation; mus. impromptu **III** *adj* oförberedd [*an ~ speech*]
improper [ɪmˈprɒpə] **1** oegentlig; oriktig, felaktig [*~ diagnosis*]; orättmätig [*make ~ use* (bruk) *of a th.*]; *~ fraction* matem. oegentligt bråk **2** opassande [*~ conduct*], oanständig [*~ language*]
impropriet|y [ˌɪmprəˈpraɪətɪ] **1** oanständighet [*of it*]; *-ies* oanständigheter, fräckheter **2** oegentlighet; oriktighet, felaktighet **3** olämplighet; *the ~ of* det olämpliga i
improve [ɪmˈpruːv] **I** *vb tr* förbättra, utveckla [*~ a method*; *~ one's mind*], fullkomna; hjälpa upp; stärka [*~ one's health*]; *that did not ~ matters* det gjorde inte saken bättre **II** *vb itr* **1** förbättras, bli bättre; gå framåt; *he ~s on acquaintance* han vinner vid närmare bekantskap **2** repa sig efter sjukdom; bli bättre (starkare) **3** om pris stiga
improvement [ɪmˈpruːvmənt] förbättring etc., jfr *improve*; upprustning av bostäder
improvisation [ˌɪmprəvaɪˈzeɪʃ(ə)n, -prɒv-] mus. el. friare improvisation
improvise [ˈɪmprəvaɪz] **I** *vb tr* improvisera [*an ~d speech; an ~d meal*]; mus. äv. fantisera; *an ~d bed* en provisorisk bädd (säng) **II** *vb itr* improvisera; mus. äv. fantisera
imprudence [ɪmˈpruːd(ə)ns] oklokhet, obetänksamhet
imprudent [ɪmˈpruːd(ə)nt] oklok, obetänksam
impudence [ˈɪmpjʊd(ə)ns] oförskämdhet, fräckhet; *none of your ~!* vet hut!
impudent [ˈɪmpjʊd(ə)nt] oförskämd, fräck
impugn [ɪmˈpjuːn] ifrågasätta [*~ a p.'s integrity* (hederlighet)], bestrida [*~ a statement* (*a claim*)]
impulse [ˈɪmpʌls] **1** stöt; *give an ~ to* sätta fart på (i), rycka upp, stimulera, aktivera **2** impuls [*my first ~ was to run away*], ingivelse; *~ purchase* impulsköp; [*acting*] *on an ~* [*he turned to the left*] lydande en plötslig ingivelse... **3** elektr. el. fysiol. impuls
impulsive [ɪmˈpʌlsɪv] **1** impulsiv **2** framdrivande; stötvis verkande
impunity [ɪmˈpjuːnətɪ] straffrihet; trygghet; *with ~* ostraffat, saklöst, opåtalt; utan fara (risk)

impure [ɪm'pjʊə] oren
impurity [ɪm'pjʊərətɪ] **1** orenhet **2** förorening
in [ɪn] **I** *prep* **1** uttr. befintlighet: i [~ *a box;* ~ *politics*], på [~ *the fields;* ~ *the street*], vid [*the house is* ~ *a street near the centre; he is* ~ *the police*]; *there is something* ~ *it* det ligger någonting i det **2** klädd o.d. i [*dressed* ~ *mourning (white)*] **3 a)** i i ngn (ngts) väsende (karaktär o.d.) [*there is no great harm* (inte mycket ont) ~ (äv. hos) *him*]; *what's* ~ *a name?* vad betyder väl ett namn? **b)** hos i en författares verk o.d. [~ *Shakespeare*] **4** i tidsuttr. o.d.: **a)** om den period under vilken något sker: i [~ *April*], om el. på [~ *the morning;* ~ [*the*] *summer*]; under [~ *my absence*]; ~ [*the year*] *2000* [år] 2000; ~ *the 18th century* på 1700-talet **b)** om tid som åtgår för något på [*I did it* ~ *five minutes*] **c)** efter (inom) viss tid om [*she will be back* ~ *a month*] **d)** före *ing*-form el. verbalsubstantiv vid [*be careful* ~ *using* (användningen av) *it*]; *she slipped* ~ *crossing the street* hon halkade när (då) hon gick över gatan **5** i uttr. som anger sätt, medel, språk o.d. på; ~ *earnest* på allvar **6** i uttr. som betecknar urval, proportion, antal på [*not one* ~ *a hundred*], till [*seven* ~ *number*] **7** [i anseende] till, i fråga om; *blind* ~ *one eye* blind på ena ögat **8** i uttr. som anger ett tillstånd vid [~ *good health*] **9** angivande avsikt till, som; ~ *memory of* till minne av; ~ *reply to* [*your letter*] som (till) svar på... **10** särskilda fall: enligt [~ *my opinion*]; under [~ *these circumstances*]; *there is nothing* ~ *it* vard. det är hugget som stucket
II *adv* **1** in [*come* ~]; *day* ~, *day out* dag ut och dag in **2** inne [*he wasn't* ~ *when I called*]; framme; *the train is* ~ tåget är inne, tåget har kommit **3** i vissa uttr.: *be* ~ *for:* **a)** kunna vänta sig [*we're* ~ *for bad weather*]; *be* ~ *for it* äv. vara illa ute, få det hett om öronen **b)** vara anmäld (ha anmält sig) till [*be* ~ *for a competition*] **c)** vara uppe (gå upp) i [*be* ~ *for an examination*]; *have it* ~ *for a p.* vard. ha ett horn i sidan till ngn; *be* ~ *on* vard. a) vara med i (om), ha del i [*if there's any profit, I want to be* ~ *on it*], delta i b) ha reda på; *be* (*keep*) [*well*] ~ *with* vard. ha tumme med [*he was well* ~ *with the boss*], stå på god fot med
III *s, all the* ~*s and outs* alla konster och knep; *know the* ~*s and outs of a th.* känna [till] ngt utan och innan
IV *adj* **1** vard. inne modern o.d. [*turbans are* ~ *this year*]; *it's the* ~ *thing to...* det är inne att... **2** inkommande [*the* ~ *train*]
in. förk. för *inch*[*es*]
inability [ˌɪnə'bɪlətɪ] **1** oförmåga; oduglighet; [*he regretted*] *his* ~ *to help* ...att han inte var i stånd att hjälpa **2** ~ [*to pay*] oförmåga att betala, insolvens
inaccessible [ˌɪnæk'sesəbl] otillgänglig äv. bildl.; oåtkomlig; ouppnåelig
inaccuracy [ɪn'ækjʊrəsɪ] **1** bristande noggrannhet (precision) **2** felaktighet, oriktighet
inaccurate [ɪn'ækjʊrət] **1** inte [tillräckligt] noggrann; slarvig **2** felaktig, oriktig
inaction [ɪn'ækʃ(ə)n] overksamhet; slöhet
inactive [ɪn'æktɪv] **1** overksam; inaktiv **2** slö
inactivity [ˌɪnæk'tɪvətɪ] **1** overksamhet; inaktivitet **2** slöhet
inadequacy [ɪn'ædɪkwəsɪ] otillräcklighet, bristfällighet; bristande (brist på) motsvarighet; olämplighet
inadequate [ɪn'ædɪkwət] inadekvat; olämplig; otillräcklig, bristfällig
inadmissible [ˌɪnəd'mɪsəbl] otillåtlig, otillåten; oantaglig; jur. oacceptabel, inte godtagbar [~ *evidence*]
inadvertent [ˌɪnəd'vɜ:t(ə)nt] **1** ouppmärksam **2** oavsiktlig
inadvertently [ˌɪnəd'vɜ:t(ə)ntlɪ] ouppmärksamt; av misstag (slarv)
inadvisable [ˌɪnəd'vaɪzəbl] inte tillrådlig
inalienable [ɪn'eɪljənəbl] omistlig [~ *rights*], oavhändlig
inane [ɪ'neɪn] **1** tom, innehållslös **2** meningslös [~ *remark*]
inanimate [ɪn'ænɪmət] inte levande, död [~ *nature*]; själlös
inapplicable [ɪn'æplɪkəbl, ˌɪnə'plɪk-] oanvändbar, inte tillämpbar (passande)
inappropriate [ˌɪnə'prəʊprɪət] olämplig, malplacerad
inapt [ɪn'æpt] **1** olämplig, malplacerad [~ *remark*], inadekvat **2** oskicklig, tafatt [~ *attempt*]
inarticulate [ˌɪnɑ:'tɪkjʊlət] **1** oartikulerad, otydlig; stapplande; oklar, oredig; *he is always so* ~ han har alltid så svårt att uttrycka sig **2** mållös [~ *rage;* ~ *with rage*], stum [~ *despair*] **3** utan leder, oledad [*an* ~ *body*]
inasmuch [ɪnəz'mʌtʃ], ~ *as* konj.: a) eftersom, emedan b) försåvitt; såtillvida som
inattention [ˌɪnə'tenʃ(ə)n] ouppmärksamhet; brist på omtanke
inattentive [ˌɪnə'tentɪv] ouppmärksam, inte uppmärksam

inaudible [ɪn'ɔːdəbl] ohörbar
inaugural [ɪ'nɔːgjʊr(ə)l] **I** adj invignings- [~ *speech* (*address*)]; installations- [~ *lecture*] **II** s **1** inträdestal; öppningsanförande **2** invigningshögtidlighet
inaugurate [ɪ'nɔːgjʊreɪt] **1** inviga, öppna [~ *a new air route*; ~ *an exhibition*]; avtäcka staty o.d. **2** installera [~ *a president*] **3** inleda, inaugurera [~ *a new era*], införa
inauguration [ɪˌnɔːgjʊ'reɪʃ(ə)n] **1** invigning, öppnande; avtäckning **2** installation [*the* ~ *of the President of the USA*]; *I~ Day* amer. installationsdagen 20 jan. då en nyvald president tillträder sitt ämbete **3** inledning
inauspicious [ˌɪnɔː'spɪʃəs, -ɒs-] **1** olycksbådande **2** ogynnsam; inte lyckosam
inbred [ˌɪn'bred, attr. 'ɪnb-] **1** medfödd, naturlig **2** uppkommen genom (föremål för) inavel
inbreeding [ˌɪn'briːdɪŋ] inavel
Inc. (förk. för *Incorporated* isht amer.) ung. AB
incalculable [ɪn'kælkjʊləbl] **1** oräknelig [~ *quantities*] **2** omöjlig att förutse; oöverskådlig [~ *consequences*]
incapability [ɪnˌkeɪpə'bɪlətɪ] oduglighet, inkompetens; oförmåga
incapable [ɪn'keɪpəbl] **1** oduglig; inkompetent; oskicklig; kraftlös **2** ~ *of* oförmögen (ur stånd, inkapabel) till [~ *of such an action*]
incapacitate [ˌɪnkə'pæsɪteɪt] göra [tillfälligt] arbetsoförmögen; mil. sätta ur stridbart skick; ~ *a p. for work* (*from working*) göra ngn oduglig (oförmögen) till arbete
incapacity [ˌɪnkə'pæsətɪ] oförmåga; arbetsoduglighet; ~ *for work* arbetsoförmåga, oförmåga att arbeta
incarcerate [ɪn'kɑːsəreɪt] fängsla
incarnate [ss. adj. ɪn'kɑːnət, -neɪt, ss. vb 'ɪnkɑːneɪt, ɪn'kɑːneɪt] **I** adj förkroppsligad [*Liberty* ~]; *a devil* ~ en djävul i människohamn, en ärkeskurk **II** vb tr förkroppsliga; levandegöra; förverkliga
incarnation [ˌɪnkɑː'neɪʃ(ə)n] inkarnation, förkroppsligande
incautious [ɪn'kɔːʃəs] oförsiktig
incendiary [ɪn'sendjərɪ] **1** mordbrands-; ~ *bomb* brandbomb **2** uppviglande, upphetsande; ~ *speech* brandtal
1 incense ['ɪnsens] rökelse
2 incense [ɪn'sens] reta upp

incentive [ɪn'sentɪv] **I** adj eggande; sporrande; *be* ~ *to* sporra (stimulera) till; ~ *pay* (*wage*) prestationslön **II** s drivfjäder, sporre, motivation
inception [ɪn'sepʃ(ə)n] påbörjande; början; *from its* ~ från [första] början
incessant [ɪn'sesnt] oavbruten
incessantly [ɪn'sesntlɪ] oavbrutet; utan avbrott; i det oändliga
incest ['ɪnsest] incest
inch [ɪn(t)ʃ] **I** s tum 2,54 cm; bildl. smula; *3 ~es* 3 tum; *I don't trust him an* ~ jag litar inte ett dugg (ett skvatt) på honom; *by ~es* a) lite i sänder, sakta men säkert, gradvis b) nätt och jämnt **II** vb tr, ~ *one's way* (*oneself*) *forward* flytta sig framåt tum för tum (mycket långsamt) **III** vb itr, ~ *forward* krypa framåt (fram) [bit för bit]
incidence ['ɪnsɪd(ə)ns] förekomst [*the increasing* ~ *of road accidents*], utbredning [*the* ~ *of a disease*]
incident ['ɪnsɪd(ə)nt] **I** s händelse, incident; *they regretted the* ~ de beklagade det inträffade **II** adj, ~ *to* som följer med, som hör till
incidental [ˌɪnsɪ'dentl] **1** tillfällig; oväsentlig; bi-; ~ *expenses* tillfälliga (oförutsedda) utgifter **2** ~ *to* (*upon*) som följer (är förbunden) med, som brukar följa med
incidentally [ˌɪnsɪ'dent(ə)lɪ] **1** tillfälligtvis, i förbigående, [helt] apropå **2** för övrigt, förresten [~, *why did you come so late?*]; inom parentes, i förbigående
incinerate [ɪn'sɪnəreɪt] **1** förbränna till aska **2** amer. bränna, kremera
incinerator [ɪn'sɪnəreɪtə] **1** förbränningsugn t.ex. för sopor **2** amer. krematorieugn
incipient [ɪn'sɪpɪənt] begynnande, begynnelse-; gryende
incision [ɪn'sɪʒ(ə)n] inskärning; skåra, snitt; *make an* ~ kir. göra (lägga) ett snitt
incisive [ɪn'saɪsɪv] **1** skärande; ~ *teeth* framtänder **2** bildl. skarp [~ *criticism*], genomträngande [~ *voice*]
incisor [ɪn'saɪzə] framtand
incite [ɪn'saɪt] egga [upp]
inclement [ɪn'klemənt] om väder el. klimat omild, bister, kylig
inclination [ˌɪnklɪ'neɪʃ(ə)n] **1** lutning; böjning [~ *of* (på) *the head*]; fys. inklination; *angle of* ~ fys. inklinationsvinkel, lutningsvinkel **2** benägenhet, lust, böjelse; tendens; förkärlek, tycke
incline [ɪn'klaɪn, ss. subst. äv. 'ɪnklaɪn] **I** vb

tr **1** luta ned (fram); böja [på] [~ *one's head*] **2** göra böjd (benägen) **II** *vb itr* **1** luta **2** vara böjd (benägen); visa tendens **III** *s* lutning, sluttning; stigning; lutande plan
inclined [ɪn'klaɪnd] **1** lutande; sned riktning; ~ *plane* fys. lutande plan **2** benägen, böjd; *I am* ~ *to think that...* jag är benägen att tro (lutar [snarast] åt den åsikten) att...
include [ɪn'klu:d] omfatta; inkludera; räkna med; ~ *a th. in one's programme* ta med (upp) ngt på sitt program
including [ɪn'klu:dɪŋ] omfattande; inklusive [~ *all expenses*], däribland [*fifty maps* ~ *six of North America*]
inclusion [ɪn'klu:ʒ(ə)n] inbegripande; medräknande; medtagande [~ *in* (på) *the list*]; *with the* ~ *of...* inklusive..., ...medräknad
inclusive [ɪn'klu:sɪv] **1** inberäknad; [*from Monday*] *to Saturday* ~ ...t.o.m. lördag **2** som inkluderar allt [*an* ~ *fee*], med allt inberäknat; fullständig [*an* ~ *list*]; ~ *terms* t.ex. på hotell: fast pris med allt inberäknat (inklusive allt) **3** [all]omfattande
incognito [ˌɪnkɒg'ni:təʊ, ɪn'kɒgnɪtəʊ] **I** *adv* inkognito **II** *adj* [som reser (uppträder)] inkognito **III** (pl. ~*s*) *s* inkognito
incoherence [ˌɪnkə(ʊ)'hɪər(ə)ns] brist på sammanhang; oförenlighet; motsägelse
incoherent [ˌɪnkə(ʊ)'hɪər(ə)nt] osammanhängande [~ *speech*; ~ *ideas*]; oförenlig; motsägande; inkonsekvent
income ['ɪnkʌm, 'ɪŋk-, -kəm] inkomst, avkastning; persons samtliga (vanligen årliga) inkomster; ~ *gap* inkomstklyfta; lönegap; *he has a very large* ~ han har mycket stora inkomster
income tax ['ɪnkʌmtæks, 'ɪŋk-, -kəm-] inkomstskatt: *income-tax return* självdeklaration
incoming ['ɪnˌkʌmɪŋ] inkommande [~ *letters*], ankommande [~ *trains*, ~ *post* (*mail*)]; ~ *call* tele. ingående samtal
incommunicado ['ɪnkəˌmju:nɪ'kɑ:dəʊ] isolerad [*the prisoner was held* ~]
incomparable [ɪn'kɒmp(ə)rəbl] **1** ojämförlig **2** oförliknelig, utomordentlig [~ *artist*; ~ *beauty*], enastående
incompatible [ˌɪnkəm'pætəbl] **1** oförenlig; oförsonlig; ~ *colours* färger som skär mot varandra **2** tekn. el. data. inkompatibel
incompetence [ɪn'kɒmpət(ə)ns]

1 inkompetens **2** jur. obehörighet, jävighet
incompetent [ɪn'kɒmpət(ə)nt] **I** *adj* **1** inkompetent [~ *at* (för, i) *one's job*; ~ *for teaching* (att undervisa)] **2** jur. obehörig, jävig **II** *s* inkompetent person
incomplete [ˌɪnkəm'pli:t] ofullständig; ofullbordad; inkomplett
incomprehensible [ɪnˌkɒmprɪ'hensəbl] obegriplig
inconceivable [ˌɪnkən'si:vəbl] obegriplig; vard. otrolig
inconclusive [ˌɪnkən'klu:sɪv] inte avgörande, inte bindande [~ *evidence*], inte beviskraftig; resultatlös [~ *discussion*]; ofullständig
incongruous [ɪn'kɒŋgrʊəs] **1** oförenlig, inkongruent **2** omaka, avvikande; olämplig **3** motsägande
inconsiderable [ˌɪnkən'sɪd(ə)rəbl] obetydlig
inconsiderate [ˌɪnkən'sɪd(ə)rət] **1** tanklös [~ *children*], obetänksam **2** taktlös [~ *behaviour*], ofinkänslig
inconsistency [ˌɪnkən'sɪst(ə)nsɪ] **1** oförenlighet **2** inkonsekvens; motsägelse
inconsistent [ˌɪnkən'sɪst(ə)nt] **1** oförenlig **2** inkonsekvent; ologisk; [själv]motsägande, osammanhängande
inconsolable [ˌɪnkən'səʊləbl] otröstlig [~ *grief*]
inconspicuous [ˌɪnkən'spɪkjʊəs] föga iögonenfallande (framträdande); [nästan] omärklig; obemärkt; tillbakadragen; oansenlig; [*she tried to make herself*] *as* ~ *as possible* ...så osynlig (liten) som möjligt; ~ *colours* diskreta färger
inconstant [ɪn'kɒnst(ə)nt] vankelmodig; ombytlig
incontinence [ɪn'kɒntɪnəns] **1** hämningslöshet; liderlighet **2** med. inkontinens
incontinent [ɪn'kɒntɪnənt] **1** hämningslös; liderlig **2** ohämmad [*an* ~ *flow of talk*] **3** med. inkontinent
incontrovertible [ˌɪnkɒntrə'vɜ:təbl] obestridlig [~ *fact*], ovederläglig; odiskutabel
inconvenience [ˌɪnkən'vi:njəns] **I** *s* olägenhet; obekvämlighet; besvär, omak; obehag; *put a p. to* ~ vålla ngn besvär osv. **II** *vb tr* besvära, förorsaka besvär, störa
inconvenient [ˌɪnkən'vi:njənt] oläglig; olämplig; obekväm; besvärlig; *it's a bit* ~ *just at the moment* äv. det passar inte så bra just nu
incorporate [ɪn'kɔ:pəreɪt] **1** införliva,

inkorporera; lägga till, arbeta in [*~ changes into a text*]; omfatta [*the book ~s all the newest information on the subject*]; samla [*he ~d his ideas in a book*] **2** blanda [upp]; legera **3** uppta [som medlem] **4** göra till (konstituera som) korporation (ett bolag); *~d company* isht amer. aktiebolag

incorrect [ˌɪnkəˈrekt, ˌɪŋk-] inte fullt riktig (korrekt); oriktig, inkorrekt; orättad

incorrigible [ɪnˈkɒrɪdʒəbl] oförbätterlig

incorruptible [ˌɪnkəˈrʌptəbl] **1** som inte kan fördärvas, oförstörbar; oförgänglig **2** omutlig, obesticklig

increase [ss. vb ɪnˈkriːs, ˈɪnkriːs, ss. subst. ˈɪnkriːs, ɪnˈkriːs] **I** *vb itr* öka[s] [*the population has ~d by* (med) *2,000 to 50,000*], stiga [*the birthrate is increasing*], växa [ˈtill]; tillta; föröka sig **II** *vb tr* öka [på], öka ut; höja [*~ the price*] **III** *s* ökning; [för]höjning; tilltagande; *get an ~ in pay* få löneförhöjning (höjd lön); *crime is on the ~* brottsligheten är i tilltagande (ökar, stiger)

increasing [ɪnˈkriːsɪŋ, ˈɪnkriːsɪŋ] ökande etc., jfr *increase* I; *an ~ number of people* äv. ett allt större antal människor; *to an ever ~ extent* i allt större utsträckning (högre grad)

increasingly [ɪnˈkriːsɪŋlɪ, ˈɪnkriːsɪŋlɪ] mer och mer, alltmer; *~ complicated* äv. allt krångligare

incredible [ɪnˈkredəbl] otrolig; vard. ofattbar, fantastisk

incredulous [ɪnˈkredjʊləs] klentrogen, skeptisk

increment [ˈɪnkrɪmənt] tillväxt; tillägg

incriminate [ɪnˈkrɪmɪneɪt] anklaga för brott; rikta misstankarna mot; binda vid brottet

incubate [ˈɪnkjʊbeɪt] **I** *vb tr* ruva [på]; kläcka **II** *vb itr* ruva; kläckas

incubation [ˌɪnkjʊˈbeɪʃ(ə)n] **1** ruvande; äggkläckning **2** med. inkubation; *period of ~* el. *~ period* inkubationstid

incubator [ˈɪnkjʊbeɪtə] **1** äggkläckningsmaskin **2** med. kuvös

inculcate [ˈɪnkʌlkeɪt, ɪnˈkʌlkeɪt] inskärpa

incumbent [ɪnˈkʌmbənt] **1** kyrkoherde **2** innehavare av post (ämbete)

incur [ɪnˈkɜː] ådra sig [*~ a p.'s hatred*], åsamka sig [*~ great expense*], utsätta sig för [*~ risks*]

incurable [ɪnˈkjʊərəbl] **1** obotlig **2** bildl. oförbätterlig [*an ~ optimist*]

incursion [ɪnˈkɜːʃ(ə)n] plötsligt anfall (angrepp); bildl. intrång

indebted [ɪnˈdetɪd] **1** skuldsatt; *be ~ to a p.* vara skyldig ngn pengar, stå i skuld till (hos) ngn **2** tack skyldig; *be ~ to a p. for a th.* äv. stå i tacksamhetsskuld till ngn för ngt

indecency [ɪnˈdiːsnsɪ] oanständighet; otillbörlighet

indecent [ɪnˈdiːsnt] **1** oanständig; otillbörlig; ekivok; sedlighetssårande; *~ assault* jur. våldtäktsförsök, misshandel vid sexualbrott; *~ exposure* jur., sedlighetssårande blottande, exhibitionism **2** vard. opassande [*leave a party in ~ haste*]

indecision [ˌɪndɪˈsɪʒ(ə)n] obeslutsamhet, vankelmod; tvekan

indecisive [ˌɪndɪˈsaɪsɪv] **1** obestämd [*~ answer*] **2** obeslutsam, vacklande; tveksam

indeed [ɪnˈdiːd] **I** *adv* **1** verkligen, faktiskt; ja, verkligen; riktigt; *thank you very much ~!* hjärtligt (tusen) tack!, tack så hemskt mycket!; [*who is this woman? -*] *who is she, ~?* a) …ja, den som visste det! b) …vet du verkligen inte det? **2** visserligen, förvisso **3** i svar ja (jo) visst; *yes, ~!* el. *~, yes!* ja visst!, ja absolut!, oh ja! **II** *interj, ~!* verkligen!, är det möjligt?, ser man på!, jo pytt!

indefatigable [ˌɪndɪˈfætɪgəbl] outtröttlig, oförtruten

indefensible [ˌɪndɪˈfensəbl] omöjlig att försvara, ohållbar; oförsvarlig [*~ conduct*]

indefinable [ˌɪndɪˈfaɪnəbl] odefinierbar; *an ~ something* något odefinierbart, något - jag vet inte vad

indefinite [ɪnˈdefɪnət] obestämd, vag [*an ~ reply*; *~ promises*]; inte närmare bestämd, obegränsad; *~ article* gram. obestämd artikel

indefinitely [ɪnˈdefɪnətlɪ] obestämt, vagt, svävande; på obestämd tid; obegränsat

indelible [ɪnˈdeləbl] outplånlig äv. bildl.; *~ pencil* ung. anilinpenna

indelicate [ɪnˈdelɪkət] **1** ogrannlaga, ofinkänslig, taktlös **2** grov, simpel, plump

indemnify [ɪnˈdemnɪfaɪ] **1** skydda [*~ a p. from* el. *against* (mot) *harm* (*loss*)] **2** hålla skadeslös, gottgöra [*a p. for* (för) *a th.*]

indemnity [ɪnˈdemnətɪ] **1** skadeslöshet; strafflöshet **2** gottgörelse, skadeersättning, skadestånd

indent [ɪnˈdent] **I** *vb tr* **1** tanda kanten av ngt; göra inskärning (snitt, hack) i **2** typogr. o.d. göra [ett] indrag på [*~ the first line of each paragraph*] **II** *vb itr* rekvirera

indentation [ˌɪndenˈteɪʃ(ə)n] **1** tandning; inskärning **2** typogr. o.d. indrag

indenture [ɪn'dentʃə] kontrakt; isht lärlingskontrakt
independence [ˌɪndɪ'pendəns] oberoende; frihet; *I~ Day* amer. 4 juli, självständighetsdagen firas till minne av oavhängighetsförklaringen
independent [ˌɪndɪ'pendənt] **I** *adj* **1** oberoende, oavhängig [*the I~ Labour Party*], självständig [*an ~ thinker*; *~ research*]; fri [*~ church*]; independent; av varandra oberoende [*two ~ witnesses*], utan förbindelse med varandra; *~ school* fristående skola utan statligt ekonomiskt stöd **2** ekonomiskt oberoende, självförsörjande; *~ means* privat förmögenhet, egna pengar **3** enskild, särskild; om ingång egen **II** *s* independent; partilös
independently [ˌɪndɪ'pendəntlɪ] oberoende etc., jfr *independent I*; på egen hand; var för sig
indescribable [ˌɪndɪ'skraɪbəbl] obeskrivlig
indestructible [ˌɪndɪ'strʌktəbl] **1** oförstörbar; outslitlig **2** outplånlig
indeterminate [ˌɪndɪ'tɜːmɪnət] obestämd; oviss; oavgjord
ind|ex ['ɪnd|eks] **I** *s* (pl. *-exes*, i bet. *2* o. *3* vanl. *-ices* [-ɪsiːz]) **1** alfabetisk förteckning, register, ordregister; kartotek; index; katalog; *card ~* kortregister; *~ card* kartotekskort; *subject ~* ämneskatalog på bibliotek; ämnesregister **2** indicium, tecken, mätare [*of* på] **3** matem. o.d. a) index b) exponent **4** [pris]index, indextal **II** *vb tr* **1** förse med register (index), indexera; katalogisera, registrera **2** ekon. indexreglera
index-finger ['ɪndeksˌfɪŋɡə] **1** pekfinger **2** visare
index-linked ['ɪndekslɪŋkt] o. **index-related** ['ɪndeksrɪˌleɪtɪd] ekon. indexreglerad
India ['ɪndjə] geogr. Indien
Indian ['ɪndjən] **I** *adj* indisk [*the ~ Ocean*]; neds. indiansk; *~ corn* majs; *~ wrestling* a) armbrytning b) slags brottning **II** *s* **1** indier **2** åld. neds. indian
India rubber o. **india rubber** [ˌɪndjə'rʌbə] kautschuk; suddgummi
indicate ['ɪndɪkeɪt] ange, utvisa, markera på karta o.d.; tillkännage, visa (peka) på, tyda på [*everything ~d the opposite*]; isht tekn. indikera [*~d horsepower*]; *be ~d* vara önskvärd (på sin plats)
indication [ˌɪndɪ'keɪʃ(ə)n] **1** angivande, utvisande; tillkännagivande [*an ~ of one's intentions*]; antydan [*did he give you any ~ of* (om) *his feelings?*] **2** tecken; symptom äv. med.; *the ~s are that* allt tyder (pekar) på att
indicative [ɪn'dɪkətɪv, i bet. *I 1* äv. 'ɪndɪkeɪtɪv] **I** *adj* **1** *be ~ of* tyda på, visa, vittna om **2** gram. indikativ [*~ verb form*]; *the ~ mood* indikativ[en] **II** *s* gram. **1** *the ~* indikativ[en] **2** indikativform
indicator ['ɪndɪkeɪtə] **1** visare; nål; *~* el. *direction ~* bil. blinker **2** tekn. indikator **3** tecken **4** anslagstavla; skylt; signaltavla; nummertavla; *arrival ~* järnv., flyg. o.d. ankomsttavla
indict [ɪn'daɪt] åtala
indictable [ɪn'daɪtəbl] åtalbar
indictment [ɪn'daɪtmənt] åtal [för brott]
indifference [ɪn'dɪfr(ə)ns] likgiltighet
indifferent [ɪn'dɪfr(ə)nt] **1** likgiltig [*~ to* (för) *danger*]; kallsinnig; okänslig **2** betydelselös
indigenous [ɪn'dɪdʒɪnəs] **1** infödd; inhemsk **2** medfödd
indigestible [ˌɪndɪ'dʒestəbl] osmältbar äv. bildl.; svår att smälta
indigestion [ˌɪndɪ'dʒestʃ(ə)n] dålig matsmältning; matsmältningsbesvär
indignant [ɪn'dɪɡnənt] indignerad [*an ~ protest*], kränkt, uppbragt
indignation [ˌɪndɪɡ'neɪʃ(ə)n] indignation
indignity [ɪn'dɪɡnətɪ] kränkande behandling
indigo ['ɪndɪɡəʊ] **I** (pl. *~s*) *s* **1** indigo[blått] [äv. *~ blue*] **2** indigo[växt] **II** *adj* indigoblå [äv. *~ blue*]
indirect [ˌɪndɪ'rekt, -daɪ'r-] indirekt [*~ answer*; *~ taxes*], medelbar; sekundär [*~ effect*]; *~ lighting* indirekt belysning; *~ object* gram. indirekt objekt, dativobjekt; *~ speech* indirekt tal (anföring)
indirectly [ˌɪndɪ'rektlɪ, -daɪ'r-] indirekt; på omvägar (krokvägar, bakvägar)
indiscipline [ɪn'dɪsɪplɪn] brist på disciplin
indiscreet [ˌɪndɪ'skriːt] **1** obetänksam, oförsiktig **2** indiskret
indiscretion [ˌɪndɪ'skreʃ(ə)n] **1** a) obetänksamhet, oförsiktighet b) felsteg; snedsprång **2** indiskretion
indiscriminate [ˌɪndɪ'skrɪmɪnət] **1** utan åtskillnad; godtycklig **2** urskillningslös
indiscriminately [ˌɪndɪ'skrɪmɪnətlɪ] **1** godtyckligt; utan åtskillnad [*they were punished ~*] **2** urskillningslöst
indispensable [ˌɪndɪ'spensəbl] oundgänglig, oumbärlig
indisposed [ˌɪndɪ'spəʊzd] **1** indisponerad; obenägen **2** indisponerad, opasslig
indisposition [ˌɪndɪspə'zɪʃ(ə)n] **1** obenägenhet **2** indisposition, opasslighet

indisputable [ˌɪndɪˈspjuːtəbl, ɪnˈdɪspjʊtəbl] obestridlig
indistinct [ˌɪndɪˈstɪŋ(k)t] otydlig, oklar; dunkel
indistinguishable [ˌɪndɪˈstɪŋgwɪʃəbl] **1** omöjlig att [sär]skilja; obestämbar **2** som inte kan urskiljas
individual [ˌɪndɪˈvɪdjʊəl] **I** *adj* individuell [*~ teaching*], enskild, särskild; egenartad, personlig [*~ style*] **II** *s* individ, enskild; vard. person, typ [*a peculiar ~*]
individualist [ˌɪndɪˈvɪdjʊəlɪst] individualist
individuality [ˈɪndɪˌvɪdjʊˈælətɪ] individualitet, särprägel
individually [ˌɪndɪˈvɪdjʊəlɪ] individuellt
indivisible [ˌɪndɪˈvɪzəbl] odelbar
Indo-China [ˌɪndəʊˈtʃaɪnə] geogr. hist. Indokina
indoctrinate [ɪnˈdɒktrɪneɪt] indoktrinera
indoctrination [ɪnˌdɒktrɪˈneɪʃ(ə)n] indoktrinering
indolent [ˈɪndələnt] indolent, loj
indomitable [ɪnˈdɒmɪtəbl] okuvlig [*~ courage (will)*], oövervinnelig
Indonesia [ˌɪndə(ʊ)ˈniːzjə, -ˈniːʒə, -ˈniːʃə] geogr. Indonesien
Indonesian [ˌɪndə(ʊ)ˈniːzjən, -ˈniːʒ(ə)n, -ˈniːʃ(ə)n] **I** *adj* indonesisk **II** *s* **1** indones **2** indonesiska [språket]
indoor [ˈɪndɔː] inomhus- [*~ arena (games)*]
indoors [ˌɪnˈdɔːz] inomhus; *go ~* äv. gå in
indubitable [ɪnˈdjuːbɪtəbl] otvivelaktig
induce [ɪnˈdjuːs] **1** förmå, föranleda, förleda, få [*what ~d you to do such a thing?*] **2** medföra, [för]orsaka [*illness ~d by overwork*], framkalla [*~d abortion*] **3** inducera
inducement [ɪnˈdjuːsmənt] bevekelsegrund; motivation; anledning; medel; lockbete; sporre
induct [ɪnˈdʌkt] **1** installera; introducera **2** amer. mil. inkalla; *~ into the army* kalla in till militärtjänst [i armén]
induction [ɪnˈdʌkʃ(ə)n] **1** filos., fys. el. matem. induktion; framkallande [*~ of the hypnotic state*]; *~ coil* induktionsapparat, induktionsrulle, gnistinduktor **2** installation; introduktion **3** amer. mil. inkallelse; *~ paper* inkallelseorder
indulge [ɪnˈdʌldʒ] **I** *vb tr* **1** ge efter för; skämma bort [*~ a p. (oneself) with the best food*]; *~ oneself* äv. a) hänge sig [*~ oneself in* (åt) *nostalgic memories*] b) slå sig lös **2** ge fritt utlopp åt [*~ one's inclinations*], tillfredsställa **II** *vb itr*, *~ in* hänge sig åt, tillåta sig [njutningen av], tillfredsställa sitt begär efter, unna sig [*~ in* [*the luxury of*] *a holiday (a cigar)*]
indulgence [ɪnˈdʌldʒ(ə)ns] **1** överseende **2** eftergivenhet; släpphänthet **3** tillfredsställande; hängivet uppgående; *his only ~s* det enda (den enda lyx) han unnar sig **4** kyrkl. avlat; pl. *~s* avlatsbrev
indulgent [ɪnˈdʌldʒ(ə)nt] **1** överseende **2** alltför eftergiven; släpphänt
industrial [ɪnˈdʌstrɪəl] industriell, industri- [*~ diamond*; *~ product*; *~ society*]; *~ action* strejkaktioner, stridsåtgärder; *~ disease* yrkessjukdom; *~ relations* förhållandet mellan (förhållanden som rör) arbetsmarknadens parter
industrialism [ɪnˈdʌstrɪəlɪz(ə)m] industrialism
industrialist [ɪnˈdʌstrɪəlɪst] industriman
industrialize [ɪnˈdʌstrɪəlaɪz] industrialisera
industrious [ɪnˈdʌstrɪəs] flitig, strävsam
industry [ˈɪndəstrɪ] **1** flit, idoghet **2** industri; näringsliv; industrigren [*agriculture and other industries*]; *industries fair* industrimässa
inebriate [ss. adj. o. subst. ɪˈniːbrɪət, -brɪeɪt, ss. vb ɪˈniːbrɪeɪt] **I** *adj* berusad **II** *s* alkoholist **III** *vb tr* rusa, berusa äv. bildl.
inedible [ɪnˈedəbl] oätlig
ineffective [ˌɪnɪˈfektɪv] ineffektiv; oduglig [*an ~ salesman*]; verkningslös [*an ~ remedy*]
ineffectual [ˌɪnɪˈfektʃʊəl, -tjʊəl] **1** utan effekt [*~ measures*], verkningslös [*~ remedy*], fruktlös [*~ efforts*]; *an ~ gesture* ett slag i luften **2** om pers. ineffektiv
inefficiency [ˌɪnɪˈfɪʃ(ə)nsɪ] ineffektivitet; brist på driftighet (framåtanda), oduglighet
inefficient [ˌɪnɪˈfɪʃ(ə)nt] **1** ineffektiv [*~ measures*, *~ organization*] **2** om pers. ineffektiv
inelegant [ɪnˈelɪgənt] utan elegans
ineligible [ɪnˈelɪdʒəbl] **1** inte valbar **2** olämplig, inte kvalificerad [*~ for the position (office)*]
inept [ɪˈnept] **1** orimlig; dum **2** oduglig; olämplig
ineptitude [ɪˈneptɪtjuːd] **1** orimlighet; dumhet **2** oduglighet; olämplighet
inequality [ˌɪnɪˈkwɒlətɪ] **1** olikhet [*social ~*] **2** otillräcklighet, inkompetens
inequitable [ɪnˈekwɪtəbl] orättfärdig
ineradicable [ˌɪnɪˈrædɪkəbl] outrotlig, ingrodd [*~ habits*]
inert [ɪˈnɜːt] trög; overksam, död [*~ mass*

(*matter*)]; inaktiv; kem. neutral; ~ *gases* inerta gaser, ädelgaser
inertia [ɪˈnɜːʃjə] tröghet; slöhet; inaktivitet
inertia-reel [ɪˈnɜːʃjəriːl], ~ [*seat-*]*belt* bil. rullbälte
inescapable [ˌɪnɪˈskeɪpəbl] oundviklig, ofrånkomlig
inestimable [ɪnˈestɪməbl] ovärderlig, oskattbar; oändlig
inevitable [ɪnˈevɪtəbl] I *adj* oundviklig, ofrånkomlig; vard. äv. vanlig [*the* ~ *happy ending*], evig [*the tourist with his* ~ *camera*] II *s, bow to the* ~ finna sig i det oundvikliga (ofrånkomliga)
inevitably [ɪnˈevɪtəblɪ] oundvikligt, ofrånkomligen
inexact [ˌɪnɪɡˈzækt] inexakt, inte [fullt] riktig; onöjaktig; inadekvat; otillförlitlig
inexcusable [ˌɪnɪkˈskjuːzəbl] oförlåtlig; oförsvarlig
inexhaustible [ˌɪnɪɡˈzɔːstəbl] **1** outtömlig, outsinlig [~ *supply*; ~ *subject*] **2** outtröttlig [~ *patience*]
inexorable [ɪnˈeks(ə)rəbl] obeveklig, ofrånkomlig, obönhörlig; obarmhärtig
inexpensive [ˌɪnɪkˈspensɪv] [pris]billig
inexperience [ˌɪnɪkˈspɪərɪəns] oerfarenhet, brist på rutin
inexperienced [ˌɪnɪkˈspɪərɪənst] oerfaren, orutinerad
inexplicable [ˌɪnekˈsplɪkəbl, ɪnˈeksplɪkəbl] oförklarlig
inexpressible [ˌɪnɪkˈspresəbl] outsäglig, obeskrivlig; obeskrivbar; outsägbar
inextricable [ˌɪnɪkˈstrɪkəbl, ɪnˈekstrɪkəbl] olöslig [*an* ~ *dilemma*]; oupplöslig [*an* ~ *knot*]
infallibility [ɪnˌfæləˈbɪlətɪ] ofelbarhet
infallible [ɪnˈfæləbl] **1** ofelbar [*none of us is* ~] **2** osviklig, ofelbar [~ *remedies* (*methods*)]
infamous [ˈɪnfəməs] **1** illa beryktad **2** vanhedrande; tarvlig, skändlig, skamlig [~ *lie*]
infamy [ˈɪnfəmɪ] **1** vanära **2** skändlighet; nidingsdåd
infancy [ˈɪnfənsɪ] **1** spädbarnsålder; [tidiga] barnaår; [tidig] barndom **2** bildl. barndom; *when socialism was in its* ~ i socialismens barndom
infant [ˈɪnfənt] I *s* **1** spädbarn **2** skol. barn [under 7 år] II *adj* barn- [~ *voices*; ~ *years*], spädbarns-; ~ *mortality* barnadödlighet; spädbarnsdödlighet
infantile [ˈɪnfəntaɪl] barn-; barnslig [~ *pastimes*]; neds. barnslig, infantil äv. med.

infantry [ˈɪnf(ə)ntrɪ] infanteri; ~ *regiment* infanteriregemente
infant school [ˈɪnf(ə)ntskuːl] skola för elever mellan 5 - 7 år inom den obligatoriska skolan
infatuated [ɪnˈfætjʊeɪtɪd] förblindad [~ *with* (av) *love* (*pride*)]; besatt [*he was* ~ *by her*]; passionerad [~ *love*]; ~ *with* (*about*) *a p.* blint förälskad (vansinnigt kär) i ngn
infatuation [ɪnˌfætjʊˈeɪʃ(ə)n] dårskap; [blind] förälskelse
infect [ɪnˈfekt] infektera, smitta äv. bildl. o. data. [~*ed with* (av)]; smitta ner; smitta av sig på
infection [ɪnˈfekʃ(ə)n] med. infektion; smittämne; smittosam sjukdom
infectious [ɪnˈfekʃəs] smitt[o]sam; med. infektiös; bildl. äv. smittande [~ *laugh*]; ~ *disease* smittosam sjukdom, infektionssjukdom
infer [ɪnˈfɜː] **1** sluta sig till [*you may* ~ *the rest*]; *he* ~*red that* han drog den slutsatsen att **2** innebära [*democracy* ~*s freedom*] **3** antyda
inference [ˈɪnf(ə)r(ə)ns] slutledning; slutsats; *draw an* ~ *from a th.* dra en slutsats av ngt
inferior [ɪnˈfɪərɪə] I *adj* lägre i rang o.d.; underlägsen; sämre, sekunda, dålig [~ *quality*] II *s* underordnad; *his* ~*s* hans underordnade; *I am his* ~ jag är underordnad honom; jag är honom underlägsen
inferiority [ɪnˌfɪərɪˈɒrətɪ] underlägsenhet; lägre samhällsställning (värde osv.); ~ *complex* mindervärdeskomplex
infernal [ɪnˈfɜːnl] **1** som hör till underjorden (dödsriket, helvetet) **2** infernalisk, djävulsk; vard. jäkla, förbannad [*it's an* ~ *nuisance*]
inferno [ɪnˈfɜːnəʊ] (pl. ~*s*) inferno, helvete
infertile [ɪnˈfɜːtaɪl, amer. -tl] ofruktbar, ofruktsam, steril
infertility [ˌɪnfəˈtɪlətɪ] ofruktbarhet, ofruktsamhet; sterilitet
infest [ɪnˈfest] hemsöka; härja på (i); *be* ~*ed with* vara hemsökt (angripen, nedlusad, översvämmad) av
infidelity [ˌɪnfɪˈdelətɪ] **1** relig. otro **2** [fall av] otrohet [*conjugal* ~], trolöshet; trolös handling **3** brist på överensstämmelse vid översättning, avbildning o.d.
infighting [ˈɪnˌfaɪtɪŋ] närkamp i boxning
infiltrate [ˈɪnfɪltreɪt, -ˈ--] I *vb tr* infiltrera; [oförmärkt] nästla sig (tränga) in i II *vb itr* tränga in i vävnader o.d.; mil. [oförmärkt] nästla sig (tränga) in

inertia – infiltrate

infiltration [ˌɪnfɪl'treɪʃ(ə)n] infiltration äv. med.; infiltrering; mil. äv. innästling
infiltrator ['ɪnfɪltreɪtə] infiltratör
infinite ['ɪnfɪnət, mat. o. gram. äv. 'ɪnfaɪnaɪt] **I** *adj* oändlig, ändlös [~ *number*]; isht gram. infinit; ~ *harm* oerhört stor skada **II** *s, the* ~ oändligheten
infinitely ['ɪnfɪnətlɪ] oändligt; i det oändliga; ~ *better* oändligt mycket bättre
infinitesimal [ˌɪnfɪnɪ'tesɪm(ə)l] oändligt liten
infinitive [ɪn'fɪnɪtɪv] gram. **I** *adj* infinitiv-; *the* ~ *mood* infinitiv[en] **II** *s, the* ~ infinitiv[en]; ~ *marker* infinitivmärke
infinity [ɪn'fɪnətɪ] **1** oändlighet, ändlöshet **2** oändligheten
infirm [ɪn'fɜːm] klen, skröplig
infirmity [ɪn'fɜːmətɪ] skröplighet, [ålderdoms]svaghet; pl. *infirmities* krämpor [*the infirmities of old age*], skavanker
inflame [ɪn'fleɪm] **1** tända, upptända [~*d with* (av) *passion*]; hetsa upp **2** inflammera [~*d eyes*] **3** underblåsa
inflammable [ɪn'flæməbl] lättantändlig äv. bildl.; eldfarlig [*highly* (mycket) ~]
inflammation [ˌɪnflə'meɪʃ(ə)n] **1** med. inflammation **2** upphetsning
inflammatory [ɪn'flæmət(ə)rɪ] **1** upphetsande; provocerande; ~ *speech* äv. brandtal **2** inflammatorisk [~ *condition* (tillstånd)]
inflatable [ɪn'fleɪtəbl] **I** *adj* uppblåsbar **II** *s* uppblåsbart föremål
inflate [ɪn'fleɪt] **1** blåsa upp, fylla med luft (gas) **2** göra uppblåst [~ *a p. with* (av) *pride*] **3** ekon. inflatera, öka på ett inflationsdrivande sätt; driva upp över verkliga värdet [~ *prices*]
inflated [ɪn'fleɪtɪd] **1** uppblåst, bildl. äv. inbilsk; pumpad, luftfylld; *a vastly* ~ *opinion of oneself* en starkt överdriven föreställning om sig själv **2** svulstig [~ *language*] **3** ekon. inflations- [~ *prices*]
inflation [ɪn'fleɪʃ(ə)n] **1** uppblåsning; uppsvälldhet **2** ekon. inflation; *rate of* ~ inflationstakt
inflationary [ɪn'fleɪʃn(ə)rɪ] inflationsdrivande; inflatorisk [~ *effects* (*tendencies*)]; inflationistisk [~ *policy*]; inflations-; ~ *gap* inflationsgap; ~ *spiral* inflationsspiral
inflect [ɪn'flekt] **1** gram. böja **2** modulera [~ *one's voice*]
inflection [ɪn'flekʃ(ə)n] **1** gram. böjning; böjd form; böjningsändelse **2** röstens modulation; tonfall

inflexible [ɪn'fleksəbl] isht bildl. oböjlig; orörlig, stel; orubblig
inflexion [ɪn'flekʃ(ə)n] se *inflection*
inflict [ɪn'flɪkt] pålägga, ålägga [~ *a penalty*], lägga på [~ *heavy taxes*], vålla, tillfoga [~ *suffering*], tilldela [~ *a blow*], påtvinga
infliction [ɪn'flɪkʃ(ə)n] **1** påläggande etc., jfr *inflict* **2** lidande, hemsökelse
inflight ['ɪnflaɪt], ~ *meals* (*movies*) måltider (filmvisning) ombord under flygning
inflow ['ɪnfləʊ] inströmmande; tillströmning; tillflöde; tillförsel; ~ *pipe* tilloppsrör
influence ['ɪnflʊəns] **I** *s* inflytande; inverkan, påverkan; *have* ~ *with a p.* äga inflytande hos ngn; *a man of* ~ en inflytelserik man (person); *under the* ~ *of drink* (vard. *under the* ~) [sprit]påverkad; *driving under the* ~ [*of drink*] rattfylleri **II** *vb tr* ha inflytande på; influera; förmå
influential [ˌɪnflʊ'enʃ(ə)l] som har (utövar) [stort] inflytande
influenza [ˌɪnflʊ'enzə] influensa
influx ['ɪnflʌks] **1** inströmning, inflöde [~ *of water*] **2** tillströmning, tillflöde [~ *of visitors*; ~ *of wealth*]; riklig tillförsel, uppsjö
inform [ɪn'fɔːm] **I** *vb tr* meddela, underrätta, upplysa, informera **II** *vb itr* **1** ge information **2** ~ *against* (*on*) uppträda som angivare mot, ange, anklaga
informal [ɪn'fɔːml] informell; ~ *dress* på bjudningskort kavaj, vardagsklädsel
informality [ˌɪnfɔː'mælətɪ] informell karaktär, enkelhet
informally [ɪn'fɔːməlɪ] informellt; utan formaliteter (ceremonier)
informant [ɪn'fɔːmənt] sagesman, källa; meddelare
information [ˌɪnfə'meɪʃ(ə)n] **1** (utan pl.) meddelande[n]; underrättelse[r], upplysning[ar], information[er]; ~ *bureau* informationsbyrå; ~ *desk* informationen [*ask at* (i, vid) *the* ~ *desk*]; ~ *technology* informationsteknik; *thank you for that piece* (*bit*) *of* ~ tack för upplysningen; *for your* ~ för din (er) kännedom, jag (vi) kan upplysa dig (er) om **2** jur. angivelse
informative [ɪn'fɔːmətɪv] **1** upplysande; upplysnings-; informativ; ~ *label* varudeklaration **2** lärorik
informed [ɪn'fɔːmd] **1** välunderrättad, välorienterad; initierad; *keep a p.* ~ *as to* hålla ngn à jour med **2** kultiverad

informer [ɪnˈfɔːmə] angivare
infra dig [ˌɪnfrəˈdɪg] vard. (förk. för *infra dignitatem* lat.) under ens värdighet, opassande [*it's a bit ~ to go there*]
infrared [ˌɪnfrəˈred] infraröd [*~ rays*]; *~ lamp* värmelampa
infrastructure [ˈɪnfrəˌstrʌktʃə] mil. el. ekon. infrastruktur
infrequent [ɪnˈfriːkwənt] ovanlig
infrequently [ɪnˈfriːkwəntlɪ] sällan
infringe [ɪnˈfrɪn(d)ʒ] **I** *vb tr* överträda [*~ a law*, *~ a rule*], kränka [*~ the rights of other people*]; göra intrång i [*~ a copyright*, *~ a patent*] **II** *vb itr*, *~ against* överträda, bryta mot
infringement [ɪnˈfrɪn(d)ʒmənt] brott, överträdelse; intrång
infuriate [ɪnˈfjʊərɪeɪt] göra rasande (ursinnig)
infuriating [ɪnˈfjʊərɪeɪtɪŋ] fruktansvärt irriterande
infuse [ɪnˈfjuːz] **I** *vb tr* **1** ingjuta, inge, bibringa; genomsyra **2** göra infusion på; laka ur med hett vatten; låta stå och dra [*~ the tea*] **II** *vb itr* [stå och] dra [*let the tea ~*]
infusion [ɪnˈfjuːʒ(ə)n] **1** ingjutande; tillförsel **2** infusion; dekokt **3** tillsats
ingenious [ɪnˈdʒiːnjəs] fyndig, påhittig; genial; sinnrik [*~ machine*]
ingenuity [ˌɪn(d)ʒɪˈnjuːətɪ] fyndighet, påhittighet; genialitet; sinnrikhet
ingenuous [ɪnˈdʒenjʊəs] öppen [*~ smile*], uppriktig [*~ confession*]; naiv
ingot [ˈɪŋgət, -gɒt] tacka av guld, silver el. stål
ingrained [ɪnˈgreɪnd] **1** genomfärgad; genomdränkt **2** bildl. ingrodd [*~ with dirt*], inrotad [*~ prejudices*]; oförbätterlig [*~ liar*]; tvättäkta; nedärvd
ingratiate [ɪnˈgreɪʃɪeɪt], *~ oneself with (into the favour of) a p.* ställa (nästla) sig in hos ngn, smila in sig hos ngn
ingratiating [ɪnˈgreɪʃɪeɪtɪŋ], *~ smile* insmickrande (inställsamt) leende
ingratitude [ɪnˈgrætɪtjuːd] otacksamhet
ingredient [ɪnˈgriːdjənt] ingrediens; komponent; inslag
ingrowing [ˈɪnˌgrəʊɪŋ] invuxen [*~ toenail*]
inhabit [ɪnˈhæbɪt] bebo; bo i; perf. p. *~ed* bebodd, befolkad
inhabitable [ɪnˈhæbɪtəbl] beboelig
inhabitant [ɪnˈhæbɪt(ə)nt] invånare [*~ of a town (country)*]
inhale [ɪnˈheɪl] **I** *vb tr* andas in, dra in [*~ cigarette smoke*] **II** *vb itr* andas in; dra halsbloss

inherent [ɪnˈher(ə)nt, -ˈhɪər-] inneboende; konstitutiv; naturlig, medfödd
inherently [ɪnˈher(ə)ntlɪ, -ˈhɪər-] i sig; i och för sig [*it is ~ impossible*]
inherit [ɪnˈherɪt] **I** *vb tr* ärva äv. bildl.; få i arv **II** *vb itr* ärva
inheritance [ɪnˈherɪt(ə)ns] arv; arvedel; *~ tax* arvsskatt
inheritor [ɪnˈherɪtə] arvinge
inhibit [ɪnˈhɪbɪt] hämma [*an ~ed person*]; undertrycka [*~ one's natural impulses*]; hindra
inhibition [ˌɪn(h)ɪˈbɪʃ(ə)n] **1** hämmande **2** psykol. hämning
inhospitable [ɪnhɒˈspɪtəbl, ɪnˈhɒsp-] ogästvänlig [*an ~ person*]; karg [*~ coast*]
inhuman [ɪnˈhjuːmən] **1** omänsklig, grym, inhuman **2** inte mänsklig; övermänsklig
inhumane [ˌɪnhjuˈmeɪn] se *inhuman 1*
inimitable [ɪˈnɪmɪtəbl] oefterhärmlig; oförliknelig
iniquity [ɪˈnɪkwətɪ] **1** orättfärdighet; ondska; syndfullhet **2** synd
initial [ɪˈnɪʃ(ə)l] **I** *adj* begynnelse- [*~ stage*], inledande [*~ position*], första [*the ~ symptoms of a disease*], initial-; *~ capital* a) startkapital b) stor begynnelsebokstav **II** *s* **1** begynnelsebokstav; anfang; initial **2** initial, signatur **III** *vb tr* **1** signera [med initialer] **2** märka [med initialer]
initially [ɪˈnɪʃ(ə)lɪ] i början
initiate [ss. vb ɪˈnɪʃɪeɪt, ss. subst. ɪˈnɪʃɪət, -ʃɪeɪt] **I** *vb tr* **1** börja, ta initiativet till **2** inviga [*~ a p. into* (i) *a secret*], inviga, göra förtrogen **3** uppta (ta in) [som medlem] [*~ a p. into* (i) *a society*]; initiera [*~ a p. into a secret sect*] **II** *s* [nyligen] invigd (initierad) [person]; nybörjare
initiation [ɪˌnɪʃɪˈeɪʃ(ə)n] **1** påbörjande, begynnelse **2** införande, invigning **3** upptagande; initiation; *~ ceremony* invigningsceremoni, intagningsceremoni
initiative [ɪˈnɪʃɪətɪv] **1** initiativ; *on* (*of*) *one's own ~* på eget initiativ, av egen drift **2** initiativkraft, företagsamhet [*have* (*lack*) *~*]
inject [ɪnˈdʒekt] **1** spruta in, injicera **2** bildl. ingjuta [*~ new life into a th.*], lägga in
injection [ɪnˈdʒekʃ(ə)n] **1** injektion äv. bildl.; spruta; insprutning äv. konkr. **2** mek. insprutning [*fuel ~*]; *~ pump* insprutningspump
injudicious [ˌɪndʒʊˈdɪʃəs] omdömeslös, oklok [*~ remark*]
injunction [ɪnˈdʒʌŋ(k)ʃ(ə)n]

1 förständigande, åläggande; befallning, tillsägelse **2** jur., [*court*] ~ domstolsföreläggande

injure ['ɪn(d)ʒə] **1** skada [~ *one's arm*; ~ *a p.'s reputation*], såra **2** göra ngn orätt, förorätta; såra; *~d party* jur. målsägare, målsägande

injurious [ɪn'dʒʊərɪəs] **1** skadlig [~ *to health* (för hälsan)] **2** kränkande [~ *statement*], skymflig

injury ['ɪn(d)ʒ(ə)rɪ] **1** skada; men; ~ *time* fotb. o.d. förlängning på grund av skada **2** oförrätt

injustice [ɪn'dʒʌstɪs] orättvisa; *do a p. an* ~ göra ngn orätt, [be]döma ngn orättvist

ink [ɪŋk] **I** *s* **1** bläck; *Chinese* (*India*[*n*]) ~ tusch **2** trycksvärta [äv. *printer's* ~] **II** *vb tr* bläcka ned; ~ *in* (*over*) fylla 'i (märka) med bläck (tusch)

inkling ['ɪŋklɪŋ] **1** aning **2** vink

inkpad ['ɪŋkpæd] färgdyna, stämpeldyna

inky ['ɪŋkɪ] bläckig; bläcksvart

inlaid [,ɪn'leɪd, attr. äv. 'ɪnleɪd] inlagd, mosaik-; ~ *linoleum* genomgjuten linoleummatta

inland [ss. subst. o. adj. 'ɪnlənd, -lænd, ss. adv. ɪn'lænd] **I** *s* inland; *the* ~ äv. det inre av landet **II** *adj* **1** belägen (som ligger) inne i landet; inlands- **2** inländsk, inrikes; ~ *revenue* statens inkomster av direkta och indirekta skatter **III** *adv* inne i landet; inåt landet, in i landet

inlet ['ɪnlet] **1** sund, gatt, havsarm; liten vik **2** ingång; öppning; inlopp; insläpp, intag [*air* ~]; inströmning; ~ *pipe* inloppsrör, inströmningsrör; insugningsrör

inmate ['ɪnmeɪt] intern på institution; pensionär; patient; invånare [*all the ~s of the house*]

inmost ['ɪnməʊst] innerst; *in the* ~ *depths of the forest* djupast (längst) inne i skogen

inn [ɪn] **1** värdshus; gästgivargård **2** *the Inns of Court* de fyra juristkollegierna i London, advokatsamfund för utbildning av *barristers*

innate [,ɪ'neɪt, '--] medfödd

inner ['ɪnə] inre; invändig; inner-; bildl. äv. dunkel, hemlig

innermost ['ɪnəməʊst] innerst

innings ['ɪnɪŋz] (pl. lika, vard. äv. *~es* [-ɪz]) **1** i kricket o.d. [inne]omgång, tur att vara inne **2** bildl. tur, chans; [glans]period; *I have had my* ~ jag har haft min tid (gjort mitt)

innkeeper ['ɪn,kiːpə] värdshusvärd; gästgivare

innocence ['ɪnə(ʊ)sns] **1** oskuldsfullhet, troskyldighet **2** oskuld

innocent ['ɪnə(ʊ)snt] **I** *adj* **1** oskuldsfull, troskyldig [*an ~ young girl*] **2** oskyldig [*he is ~ of the crime*] **3** oförarglig; oskyldig [~ *amusements*] **II** *s* **1** oskuldsfull person isht barn **2** lättrogen (enfaldig) person

innocuous [ɪ'nɒkjʊəs] oskadlig [~ *drugs*], ofarlig [~ *snakes*]; bildl. blek

innovation [,ɪnə(ʊ)'veɪʃ(ə)n] förnyelse; innovation

innovator ['ɪnə(ʊ)veɪtə] förnyare, innovatör

innuendo [,ɪnjʊ'endəʊ] (pl. *~s* el. *~es*) [förtäckt] antydning; gliring

innumerable [ɪ'njuːm(ə)rəbl] oräknelig

inoculate [ɪ'nɒkjʊleɪt] **1** med. ympa in smittämne; inokulera; ~ *a p. against* [skydds]ympa (vaccinera) ngn mot **2** trädg. okulera, ympa träd

inoculation [ɪ,nɒkjʊ'leɪʃ(ə)n] **1** med. [in]ympning, inokulation **2** trädg. okulering

inoffensive [,ɪnə'fensɪv] oförarglig

inopportune [ɪn'ɒpətjuːn, ,ɪnɒpə't-] oläglig [*at an ~ time*], inopportun

inordinate [ɪ'nɔːdɪnət] **1** omåttlig, överdriven [~ *demands*, ~ *expectations*], ohämmad **2** oregelbunden [~ *hours* (tider)], oordnad

inorganic [,ɪnɔː'gænɪk] oorganisk [~ *chemistry*]; ostrukturerad, planlös

in-patient ['ɪn,peɪʃ(ə)nt] sjukhuspatient

input ['ɪnpʊt] **1** insats; tillförsel; intag **2** elektr. el. radio. ineffekt; data. input, indata [äv. ~ *data*]; inmatning, ofta in- [~ *capacitance*], ingångs- [~ *impedance*]

inquest ['ɪnkwest] rättslig undersökning; förhör om dödsorsaken

inquire [ɪn'kwaɪə] **I** *vb itr* **1** fråga, höra sig för, höra efter; hänvända sig; ~ *after a p.* fråga hur det står till med ngn **2** ~ *into* undersöka, forska i, utreda **II** *vb tr* **1** fråga om (efter) [~ *the way*; ~ *a p.'s name*]; fråga [*he ~d what I wanted* (*how to do it*)] **2** ta reda på

inquiry [ɪn'kwaɪərɪ, amer. äv. 'ɪnkwərɪ] **1** a) förfrågan [*about* (*after*, *for*) om] b) efterforskning, undersökning c) förhör; sjö. sjöförhör; *judicial* ~ rättslig undersökning; *court of* ~ undersökningsdomstol; mil. undersökningsnämnd **2** fråga; *a look of* ~ en frågande (spörjande) blick

inquisition [,ɪnkwɪ'zɪʃ(ə)n] **1** jur. [rättslig] undersökning **2** *the I~* hist. inkvisitionen

inquisitive [ɪn'kwɪzɪtɪv] **1** frågvis **2** vetgirig

insane [ɪn'seɪn] sinnessjuk, mentalsjuk; vansinnig [*an ~ idea* (*attempt*)], galen

insanitary [ɪn'sænɪt(ə)rɪ] hälsovådlig; ohälsosam; ohygienisk

insanity [ɪn'sænətɪ] sinnessjukdom, mentalsjukdom; vansinne

insatiable [ɪn'seɪʃjəbl] omättlig; osläcklig [*~ thirst*]

inscribe [ɪn'skraɪb] **1** skriva [in], rista [in] **2** skriva in, enrollera **3** hand. inregistrera aktieägare o.d.; *~d share* aktie ställd till viss person **4** *~d copy* dedikationsexemplar

inscription [ɪn'skrɪpʃ(ə)n] **1** inskrift [*~ on a medal* (*monument*)], påskrift **2** dedikation

inscrutable [ɪn'skru:təbl] **1** outgrundlig [*an ~ face* (*smile*)], mystisk [*the ~ ways of God*], oförklarlig **2** ogenomtränglig [*~ fog*]

insect ['ɪnsekt] insekt; neds., om person kryp

insecticide [ɪn'sektɪsaɪd] insektsdödande medel

insecure [ˌɪnsɪ'kjʊə] osäker [*~ footing* (*hold*); *~ foundation*], otrygg [*feel ~*]; vansklig [*be in an ~ position*], utsatt för fara

insecurity [ˌɪnsɪ'kjʊərətɪ] osäkerhet

insensible [ɪn'sensəbl] **1** medvetslös **2** okänslig [*~ to* (för) *pain*]; otillgänglig, omedveten; slö; känslolös **3** omärklig; *by ~ degrees* omärkligt

insensitive [ɪn'sensətɪv] okänslig

inseparable [ɪn'sep(ə)rəbl] **I** *adj* oskiljaktig **II** *s*, pl. *~s* oskiljaktiga vänner

insert [ss. vb ɪn'sɜ:t, ss. subst. 'ɪnsɜ:t] **I** *vb tr* sätta (föra, skjuta, sticka, passa, rycka) in, infoga; *~ a key in a lock* sticka [in] en nyckel i ett lås **II** *s* **1** inlägg **2** a) inlaga, bilaga i tidning b) insticksblad i bok **3** annons **4** film. el. TV. inklippt stillbild

insertion [ɪn'sɜ:ʃ(ə)n] **1** insättande, införande etc., jfr *insert I* **2** a) inlägg b) tillägg i skrift o.d. c) inlaga, bilaga i tidning

in-service ['ɪn,sɜ:vɪs], *~ training* internutbildning inom offentlig förvaltning

inshore [ˌɪn'ʃɔ:, 'ɪnʃ-] **1** in mot land (kusten); *~ wind* pålandsvind **2** inne under (inne vid, nära) land (kusten); *~ fisheries* kustfiske

inside [ˌɪn'saɪd, ss. adj. '--] **I** *s* **1** insida; *the ~* insidan, innersidan [*the ~ of the hand*; *the ~ of a curve*], den inre sidan; det inre (innersta); innandömet; *~ out* ut och in; med avigsidan (insidan) ut; *know a th. ~ out* känna [till] (kunna) ngt utan och innan **2** vard. mage; pl. *~s* inälvor **II** *adj* inre, inner- [*~ pocket*]; invärtes; intern; *~ information* inside information; förhandstips, stalltips; *~ job* sl. insidejobb, internt jobb stöld med hjälp av någon inifrån **III** *adv* inuti; inåt; [där] inne; in [*walk ~!*]; bildl. inombords; *he has been ~* vard. han har suttit inne i fängelse **IV** *prep* inne i; in i; på insidan av

insider [ˌɪn'saɪdə] person ur (som tillhör) den inre kretsen, insider

insidious [ɪn'sɪdɪəs] försåtlig [*~ disease*]

insight ['ɪnsaɪt] insikt[er]; förståelse; skarpsinne; insyn

insignia [ɪn'sɪgnɪə] (pl. lika el. *~s*) insignier; tecken [*an ~ of* (på) *mourning*]; mil. gradbeteckning[ar], utmärkelsetecken

insignificant [ˌɪnsɪg'nɪfɪkənt] **1** obetydlig, oansenlig; utan [all] betydelse; betydelselös **2** meningslös; intetsägande

insincere [ˌɪnsɪn'sɪə] inte uppriktig, hycklande

insincerity [ˌɪnsɪn'serətɪ] bristande (brist på) uppriktighet, hyckleri

insinuate [ɪn'sɪnjʊeɪt] **1** insinuera, låta påskina; antyda **2** [oförmärkt (gradvis)] smyga (föra) in; så [*~ doubt into the minds of* (tvivel hos) *the people*]

insinuation [ɪn,sɪnjʊ'eɪʃ(ə)n] **1** insinuation **2** insmygande

insipid [ɪn'sɪpɪd] **1** utan smak; *it's ~* det smakar ingenting **2** ointressant, intetsägande

insist [ɪn'sɪst] **1** insistera [*don't, unless he ~s*]; *~ on* (*upon*) insistera på, [bestämt] yrka på, kräva, fordra **2** vidhålla sin ståndpunkt; *~ on* (*upon*) a) stå fast vid, vidhålla, hålla fast vid, hävda [bestämt], hålla på [*he ~s on punctuality*] b) [ständigt] understryka (betona, framhålla, uppehålla sig vid)

insistence [ɪn'sɪst(ə)ns] **1** hävdande, hållande, fasthållande, [ständigt] understrykande; envishet **2** yrkande

insistent [ɪn'sɪst(ə)nt] **1** envis, enträgen; ihärdig **2** ihållande

insole ['ɪnsəʊl] innersula; iläggssula

insolence ['ɪnsələns] oförskämdhet; förmätenhet

insolent ['ɪnsələnt] oförskämd; förmäten

insoluble [ɪn'sɒljʊbl] **1** olöslig [*~ salts*], oupplöslig **2** oförklarlig, olöslig [*an ~ problem*]

insolvency [ɪn'sɒlv(ə)nsɪ] insolvens; obestånd

insolvent [ɪn'sɒlv(ə)nt] **I** *adj* insolvent, oförmögen att betala **II** *s* insolvent gäldenär

insomnia [ɪnˈsɒmnɪə] med. sömnlöshet
insomniac [ɪnˈsɒmnɪæk] sömnlös [person]
inspect [ɪnˈspekt] syna, granska; ta en överblick över; bese; inspektera, besiktiga
inspection [ɪnˈspekʃ(ə)n] granskning, synande; inspektion; *tour (journey) of* ~ inspektionsresa; *on close*[*r*] ~ vid närmare granskning
inspector [ɪnˈspektə] **1** inspektör, inspektor; granskare; kontrollant; uppsyningsman; *I~ of Taxes* ung. taxeringsinspektör **2** *police* ~ ung. polisinspektör; högre [polis]kommissarie [äv. *chief* ~]
inspiration [ˌɪnspəˈreɪʃ(ə)n, -spɪˈr-] inspiration; inspirationskälla; *draw one's ~ from* hämta sin inspiration från
inspire [ɪnˈspaɪə] inspirera; fylla [~ *a p. with enthusiasm*]; inge [*he ~s confidence*]
inspiring [ɪnˈspaɪərɪŋ] inspirerande
instability [ˌɪnstəˈbɪlətɪ] instabilitet; ostadighet
installation [ˌɪnstəˈleɪʃ(ə)n] **1** installation; tillträdande; invigning (insättning) i ämbete **2** installation; montering
instalment [ɪnˈstɔːlmənt] **1** avbetalning; amortering; avbetalningstermin; *by ~s* avbetalningsvis, genom avbetalningar (amorteringar), på avbetalning; *purchase on the ~ system* köpa på avbetalning, göra avbetalningsköp **2** [små]portion; avsnitt; häfte; *the story will appear in 10 ~s* berättelsen kommer att publiceras i 10 avsnitt; *by ~s* portionsvis; litet i sänder; i flera avsnitt; häftesvis
instance [ˈɪnstəns] **I** *s* **1** exempel; belägg; fall; *for* ~ till exempel; *in this* ~ i detta fall **2** *at the* ~ *of a p.* på ngns yrkande (begäran, anmodan) **3** isht jur. instans **II** *vb tr* **1** anföra (ge) som exempel **2** exemplifiera
instant [ˈɪnstənt] **I** *adj* **1** ögonblicklig, omedelbar [~ *relief*] **2** enträgen; trängande [~ *need of help*] **3** snabb-; ~ *coffee* snabbkaffe, pulverkaffe; ~ *food* snabbmat; ~ *replay* TV. repris [i slow-motion] **II** *s* ögonblick; *this* [*very*] ~ nu genast, nu med detsamma, nu på ögonblicket; *on the* ~ el. *in an* ~ ögonblickligen, genast
instantaneous [ˌɪnst(ə)nˈteɪnjəs] ögonblicklig; isht tekn. momentan
instantly [ˈɪnstəntlɪ] **I** *adv* ögonblickligen **II** *konj* i samma ögonblick [som] [*he ran ~ he saw me*]
instead [ɪnˈsted] i stället; ~ *of* i stället för

instep [ˈɪnstep] a) [fot]vrist b) ovanläder på sko c) överdel av strumpfot
instigate [ˈɪnstɪgeɪt] **1** egga, sporra; [upp]mana **2** anstifta, uppvigla till [~ *a strike*]
instigation [ˌɪnstɪˈgeɪʃ(ə)n] tillskyndan; uppmaning; anstiftan, uppvigling; *at* (*by*) *the ~ of a p.* på tillskyndan (anstiftan) av ngn
instigator [ˈɪnstɪgeɪtə] tillskyndare; anstiftare; upphovsman
instil [ɪnˈstɪl] inge, ingjuta
instinct [ss. subst. ˈɪnstɪŋ(k)t, ss. adj. ɪnˈstɪŋ(k)t] **I** *s* instinkt; ingivelse; instinktiv känsla [*an ~ for art*], intuitiv förmåga; *act* [*up*]*on* ~ handla instinktivt **II** *pred adj,* ~ *with* fylld (besjälad, mättad) av
instinctive [ɪnˈstɪŋ(k)tɪv] instinktiv [~ *behaviour*], oreflekterad
institute [ˈɪnstɪtjuːt] **I** *vb tr* **1** inrätta, upprätta, grunda; införa [~ *restrictions* (*rules*)] **2** sätta i gång [med], anställa [~ *an inquiry into* (i, angående) *the matter*], vidta [~ *legal proceedings*] **II** *s* institut äv. konkr.; högskola; institution; samfund; ~ *of education* ung. lärarhögskola
institution [ˌɪnstɪˈtjuːʃ(ə)n] **1** inrättande etc., jfr *institute I* **2** institution äv. konkr.; anstalt; stiftelse, samfund; institut
institutional [ˌɪnstɪˈtjuːʃənl] **1** institutions-; ~ *care* anstaltsvård; sjukhusvård; sluten psykiatrisk vård **2** amer., ~ *advertising* goodwillreklam, prestigereklam **3** instiftelse-
instruct [ɪnˈstrʌkt] **1** undervisa **2** instruera, ge anvisning[ar]; visa **3** informera **4** ge instruktioner, beordra
instruction [ɪnˈstrʌkʃ(ə)n] **1** undervisning **2** pl. ~s instruktioner, föreskrift[er]; upplysning[ar]; ~s [*for use*] bruksanvisning[ar]
instructive [ɪnˈstrʌktɪv] instruktiv, lärorik
instructor [ɪnˈstrʌktə] **1** lärare, instruktör, handledare **2** amer., ung. extra högskolelektor (universitetslektor)
instrument [ss. subst. ˈɪnstrʊmənt, -trəm-, ss. vb -ment] **I** *s* **1** instrument, redskap; [hjälp]medel; styrmedel [*economic ~s*]; apparat; ~ *panel* bil. el. flyg. instrumentbräda, instrumentpanel **2** mus. instrument **II** *vb tr* instrumentera musik
instrumental [ˌɪnstrʊˈmentl, -trəˈm-] **1** verksam, *be ~ in* äv. [kraftigt] bidra (medverka) till, hjälpa till med **2** instrument- [~ *navigation*]; instrumentell **3** mus. instrumental

instrumentalist [ˌɪnstrʊˈmentəlɪst, -trəˈm-] mus. instrumentalist
insubordinate [ˌɪnsəˈbɔːd(ə)nət] olydig [mot överordnad]
insubordination [ˈɪnsəˌbɔːdɪˈneɪʃ(ə)n] olydnad; isht mil. insubordination
insufferable [ɪnˈsʌf(ə)rəbl] odräglig [~ *insolence*; *an ~ child*], olidlig [~ *heat*], outhärdlig
insufficient [ˌɪnsəˈfɪʃ(ə)nt] otillräcklig, bristande [~ *evidence*], bristfällig; med. insufficient
insular [ˈɪnsjʊlə] **1** insulär, öliknande **2** karakteristisk för öbor [~ *mentality*], insulär; isht trångsynt
insulate [ˈɪnsjʊleɪt] **1** fys. el. tekn. isolera; *insulating tape* isoler[ings]band **2** isolera, avskilja
insulation [ˌɪnsjʊˈleɪʃ(ə)n] **1** fys. el. tekn. isolation, isolering **2** isolering; avskiljande
insulin [ˈɪnsjʊlɪn] med. insulin; ~ *shock (reaction)* insulinchock
insult [ss. subst. ˈɪnsʌlt, ss. vb ɪnˈsʌlt] **I** *s* förolämpning, kränkning; *add ~ to injury* göra ont värre, lägga sten på börda (lök på laxen); *sit down under an ~* [stillatigande] finna sig i (svälja) en förolämpning **II** *vb tr* förolämpa, kränka
insuperable [ɪnˈsjuːp(ə)rəbl] oöverstiglig isht bildl. [~ *barriers*]; oövervinnelig [~ *difficulties*]
insurance [ɪnˈʃʊər(ə)ns] försäkring [*life ~*], assurans; försäkringspremie[r]; ~ *agent* försäkringsagent; ~ *fraud* försäkringsbedrägeri; ~ *against accidents* olycksfallsförsäkring; ~ *against fire* brandförsäkring
insure [ɪnˈʃʊə] försäkra; ~ *oneself (one's life)* livförsäkra sig
insurer [ɪnˈʃʊərə] försäkringsgivare
insurgent [ɪnˈsɜːdʒ(ə)nt] **I** *adj* upprorisk **II** *s* upprorsman; amer. äv. partipolitisk frondör
insurmountable [ˌɪnsəˈmaʊntəbl] oöverstiglig äv. bildl. [~ *difficulties*]; oövervinnelig
insurrection [ˌɪnsəˈrekʃ(ə)n] resning, revolt, uppror
intact [ɪnˈtækt] orörd, intakt; hel; obruten [*the seal was ~*]
intake [ˈɪnteɪk] **1** a) intag för vatten o.d.; inlopp b) insugning; påfyllning; inmatning; tillförsel; ~ *manifold* insugnings[gren]rör **2** intagning [*the ~ of new students*], rekrytering [*an annual ~ of 100,000 men*]; *order ~* orderingång
intangible [ɪnˈtæn(d)ʒəbl] **1** inte påtaglig; obestämd; ofattbar **2** som man inte kan ta på, ogripbar; ~ *assets* immateriella tillgångar
integral [ˈɪntɪgr(ə)l, ss. adj. i bet. *1* o. *2* äv. ɪnˈtegr(ə)l] **I** *adj* **1** integrerande, nödvändig [~ *part*] **2** hel, odelad; *an ~ whole* ett [samlat] helt **3** matem. integral-; ~ *calculus* integralkalkyl, integralräkning **II** *s* matem. integral
integrate [ˈɪntɪgreɪt] **I** *vb tr* **1** fullständiga **2** förena, sammansmälta; införliva, integrera; *an ~d personality* en hel (harmonisk) människa **3** matem. integrera **4** elektr., ~*d circuit* integrerad krets **II** *vb itr* **1** bli integrerad om skola, område o.d. **2** anpassa sig [~ *into* (till) *the community*]; ~ *into* äv. växa in i
integration [ˌɪntɪˈgreɪʃ(ə)n] **1** sammansmältning; införlivande, integrering **2** matem. integration
integrity [ɪnˈtegrətɪ] **1** redbarhet; *a man of ~* en redbar (hederlig) man **2** fullständighet, orubbat (oskadat) tillstånd **3** integritet [*the ~ of a country*]
intellect [ˈɪntəlekt] intellekt; pers. äv. begåvning
intellectual [ˌɪntəˈlektʃʊəl, -tjʊəl] **I** *adj* intellektuell; ~ *faculties* själsförmögenheter; ~ *snob* intelligenssnobb **II** *s* pers. intellektuell
intelligence [ɪnˈtelɪdʒ(ə)ns] **1** intelligens; skarpsinne; ~ *quotient* intelligenskvot; ~ *test* intelligenstest **2** (utan pl.) underrättelse[r], meddelande[n]; ~ [*service*] underrättelsetjänst, underrättelseväsen
intelligent [ɪnˈtelɪdʒ(ə)nt] intelligent, begåvad
intelligible [ɪnˈtelɪdʒəbl] förståelig; tydlig
intemperate [ɪnˈtemp(ə)rət] omåttlig [med starka drycker]
intend [ɪnˈtend] **1** ämna, ha för avsikt; mena; *I ~ed no harm* jag menade ingenting illa (hade inga onda avsikter) **2** avse, ämna; *this book is ~ed for you* det är (var) meningen att du ska (skulle) få den här boken
intended [ɪnˈtendɪd] **I** *adj* **1** tillämnad, avsedd, tilltänkt; vard. blivande [*his ~ bride*] **2** avsiktlig **II** *s* vard., *his (her) ~* hans (hennes) tillkommande
intense [ɪnˈtens] intensiv; stark [~ *heat*], häftig [~ *passion*], våldsam [~ *pain*; ~ *hatred*], sträng [~ *cold*]; djup [~ *disappointment*]; innerlig [~ *longing*], livlig [~ *interest*]
intensely [ɪnˈtenslɪ] intensivt etc., jfr *intense*

intensify [ɪn'tensɪfaɪ] **I** *vb tr* intensifiera, göra intensiv[are], stegra, öka **II** *vb itr* intensifieras, stegras, öka[s]
intensity [ɪn'tensətɪ] **1** intensitet, kraft, häftighet, våldsamhet; om känsla äv. innerlighet **2** fys. o.d. styrka
intensive [ɪn'tensɪv] **1** intensiv, koncentrerad [~ *bombardment*; ~ *study*], kraftig [~ *efforts*]; ~ *care* med. intensivvård **2** gram. förstärkande [~ *adverb*]
intent [ɪn'tent] **I** *adj* spänt uppmärksam, spänd [~ *look*]; ~ *on* (*upon*) helt inriktad (inställd) på; ivrigt upptagen av (fördjupad i) **II** *s* isht jur. syfte, uppsåt [*with* ~ *to steal*]; *to all ~s and purposes* praktiskt taget, faktiskt, i allt väsentligt, så gott som
intention [ɪn'tenʃ(ə)n] avsikt; mål; föresats; mening; *I have no ~ of doing so* jag har ingen tanke på (avsikt) att göra det
intentional [ɪn'tenʃ(ə)nl] avsiktlig
intently [ɪn'tentlɪ] med spänd uppmärksamhet; ivrigt; oavlåtligt
inter [ɪn'tɜː] begrava, gravsätta
interact [ˌɪntər'ækt] påverka varandra, växelverka
interaction [ˌɪntər'ækʃ(ə)n] ömsesidig påverkan, växelspel, interaktion
interactive [ˌɪntər'æktɪv] *adj* interaktiv, som påverkar varandra, växelverkande; ~ *multimedia* interaktiv multimedia
intercede [ˌɪntə'siːd] lägga sig ut; göra förbön [*he ~d with* (hos) *the governor for* el. *on behalf of* (för) *the condemned man*]; medla
intercept [ˌɪntə'sept] **1** snappa upp på vägen [~ *a letter*, ~ *a message from the enemy*]; fånga upp [~ *the light*] **2** genskjuta, hejda [~ *the enemy's bombers*], spärra [vägen för] **3** matem. skära av
interception [ˌɪntə'sepʃ(ə)n] uppsnappande etc., jfr *intercept*; avbrytande; ingrepp; motåtgärd
interchange [ss. vb ˌɪntə'tʃeɪn(d)ʒ, ss. subst. 'ɪntətʃeɪn(d)ʒ] **I** *vb tr* **1** utbyta [sinsemellan] [~ *views*], byta [med varandra] [~ *gifts*]; byta ut [mot varandra] [~ *two things*] **2** låta omväxla [~ *work with play*] **II** *vb itr* alternera **III** *s* a) [ömsesidigt] utbyte [~ *of gifts* (*ideas*)], utväxling b) replikskifte c) handelsutbyte; ~ *of ideas* äv. tankeutbyte
interchangeable [ˌɪntə'tʃeɪn(d)ʒəbl] utbytbar

intercity ['ɪntəˌsɪtɪ] **I** *adj* intercity-; ~ *train* intercitytåg **II** *s* se ~ *train*
intercom ['ɪntəkɒm] vard., ~ [*telephone*] snabbtelefon, interntelefon
interconnect [ˌɪntəkə'nekt] sammanbinda, sammanlänka
intercontinental ['ɪntəˌkɒntɪ'nentl] interkontinental
intercourse ['ɪntəkɔːs] **1** umgänge; gemenskap; förbindelse **2** [*sexual*] ~ sexuellt umgänge, samlag
interdependent [ˌɪntədɪ'pendənt] beroende av varandra
interest ['ɪntrəst, 'ɪnt(ə)rest] **I** *s* **1** intresse [*arouse* (väcka) *great* ~]; *feel* (*take*, *have*) *an* ~ *in* intressera sig för, finna intresse i, ha (hysa, fatta) intresse för; *feel* (*take*) *no* ~ *in* inte intressera sig för, sakna intresse för **2** intresse, bästa; egen fördel; *look after one's own* (*attend to one's*) ~s bevaka sina egna intressen **3** intresse, engagemang [*American ~s in Asia*]; andel [*have an ~ in a brewery*], insats; anspråk, rätt; *controlling* ~ aktiemajoritet **4** ~[s pl.] intresserade kretsar; *the business* ~s affärsvärlden **5** ränta äv. bildl.; räntor; *compound* ~ ränta på ränta **II** *vb tr* **1** intressera; göra intresserad; ~ *oneself in* intressera sig för **2** angå [*the fight for peace ~s all nations*]
interesting ['ɪntrəstɪŋ, -t(ə)rest-] intressant, intresseväckande; underhållande; tänkvärd
interface ['ɪntəfeɪs] **1** data. gränssnitt **2** fys. gränsyta; bildl. beröringspunkt, samspel [*the ~ between man and machine*] **3** konkr. kontakt
interfere [ˌɪntə'fɪə] **1** om pers. ingripa; *don't ~!* lägg dig inte i det [här (där)]! **2** ~ *with* a) hindra, vara ett hinder för, störa b) kollidera med, komma i kollision (konflikt) med; ~ *with each other* kollidera [med varandra]
interference [ˌɪntə'fɪər(ə)ns] **1** ingripande [*without ~ from the police*]; inblandning **2** hinder, störning **3** radio. o.d. störningar; *free from* ~ störningsfri
interfering [ˌɪntə'fɪərɪŋ] som lägger sig i [andras angelägenheter]; störande
interim ['ɪntərɪm] lat. **I** *adj* interims-; ~ *receipt* interimskvitto **II** *s* mellantid; *in the* ~ under tiden
interior [ɪn'tɪərɪə] **I** *adj* **1** inre; invändig; inomhus-; ~ *angle* geom. innervinkel; ~ *decorator* inredningsarkitekt **2** inlands- **3** inrikes **II** *s* **1** inre; insida; interiör; foto. inomhusbild; *the* ~ äv. inlandet, det inre av landet **2** [departement för]

inrikesärenden; *the Department of the I~* i USA o. vissa andra länder inrikesdepartementet; *Minister* (amer. *Secretary*) *of the I~* inrikesminister
interjection [ˌɪntə'dʒekʃ(ə)n] **1** inkast **2** utrop **3** gram. interjektion
interlock [ˌɪntə'lɒk] **I** *vb itr* gripa (gå [in], klaffa) i varandra; vara sammankopplad (synkroniserad) **II** *vb tr* spärra, låsa; fläta ihop; synkronisera
interloper ['ɪntələʊpə] inkräktare
interlude ['ɪntəluːd, -ljuːd] mellanspel äv. bildl. o. mus.; uppehåll, paus; intervall; *~s of bright weather* tidvis uppklarnande [väder]
intermarriage [ˌɪntə'mærɪdʒ] **1** giftermål[sförbindelse] mellan personer av olika religion, familj, ras o.d.; blandäktenskap **2** ingifte giftermål mellan nära släktingar
intermarry [ˌɪntə'mærɪ] **1** om familjer, raser o.d. förenas genom giftermål, gifta sig med varandra **2** praktisera ingifte
intermediary [ˌɪntə'miːdjərɪ] **I** *adj* **1** förmedlande; mäklar- **2** mellanliggande, mellan- **II** *s* **1** mellanhand; mäklare; förmedlare **2** medel; mellanled
intermediate [ˌɪntə'miːdjət] mellanliggande; som utgör ett övergångsstadium; mellan-; *~ heat* sport. mellanheat
interment [ɪn'tɜːmənt] begravning, gravsättning
interminable [ɪn'tɜːmɪnəbl] oändlig; som aldrig tycks vilja ta slut
intermission [ˌɪntə'mɪʃ(ə)n] **1** uppehåll, avbrott [*without ~*] **2** teat. mellanakt
intermittent [ˌɪntə'mɪt(ə)nt] intermittent; ojämn [*~ pulse*]; som kommer och går [*~ pain*]
intermittently [ˌɪntə'mɪt(ə)ntlɪ] ryckvis, stötvis; ojämnt; periodiskt; emellanåt
1 intern [ɪn'tɜːn] internera
2 intern ['ɪntɜːn] amer. **I** *s* **1** ung. allmäntjänstgörande läkare som bor på sjukhuset **2** lärarkandidat **II** *vb itr* ha sjukhustjänstgöring
internal [ɪn'tɜːnl] inre; invärtes; inner- [*~ ear*]; för invärtes bruk [*an ~ remedy*]; inhemsk, inrikes[-]; inneboende i ngt; andlig; subjektiv; intern; *~ combustion engine* förbränningsmotor; *~ evidence* inre bevis; *~ revenue* amer., se *inland revenue* under *inland* II 2
internally [ɪn'tɜːnəlɪ] i det inre; i sitt inre
international [ˌɪntə'næʃ(ə)nl] **I** *adj* internationell; världsomfattande, världs-;

utrikes [*~ call*]; sport. lands- [*~ team*] **II** *s* sport. a) internationell tävling; landskamp b) deltagare i internationella tävlingar; landslagsspelare
internecine [ˌɪntə'niːsaɪn] förödande för alla parter [*~ war*]; inbördes [*~ struggle*]
internee [ˌɪntɜː'niː] internerad person; *the ~s* de internerade, internerna, fångarna
Internet ['ɪntənet] data., *the ~* Internet; *order off the ~* beställa på (från, via) Internet; *surf the ~* surfa på Internet
internment [ɪn'tɜːnmənt] internering; *~ camp* interneringsläger
interplay ['ɪntəpleɪ] samspel; växelverkan; skiftning [*~ of* (mellan) *light and shade*]
Interpol ['ɪntəpɒl] (förk. för *International Criminal Police Organization*) Interpol
interpolistic [ˌɪntəpə'lɪstɪk] *adj* interpolistisk
interpose [ˌɪntə'pəʊz] **I** *vb tr* **1** sätta (anbringa) emellan; komma hindrande emellan med; inlägga [*~ a veto*] **2** skjuta in [*~ a question*] **II** *vb itr* **1** gå (träda) emellan, medla [*~ in a quarrel*] **2** avbryta [*'what do you mean?' he ~d*]
interpret [ɪn'tɜːprɪt] **I** *vb tr* tolka; förklara **II** *vb itr* tjänstgöra som (vara) tolk
interpretation [ɪnˌtɜːprɪ'teɪʃ(ə)n] tolkning; förklaring; interpretation; *put a wrong ~ on a th.* tolka ngt på fel sätt (fel)
interpreter [ɪn'tɜːprɪtə] **1** tolk; uttolkare; *~ of dreams* drömtydare **2** interpret, framställare [*~ of a role*]
interrail [ˌɪntə'reɪl] tågluffa
interrogate [ɪn'terə(ʊ)geɪt] fråga ut; förhöra [*~ a witness*]
interrogation [ɪnˌterə(ʊ)'geɪʃ(ə)n] **1** utfrågning, förhör **2** fråga; *mark of ~* el. *~ mark* frågetecken
interrogative [ˌɪntə'rɒɡətɪv] **I** *adj* frågande [*an ~ look*]; gram. äv. fråge- **II** *s* gram. frågeord
interrogator [ɪn'terə(ʊ)geɪtə] förhörsledare, utfrågare
interrupt [ˌɪntə'rʌpt] **I** *vb tr* avbryta [*~ the speaker*; *~ one's work*]; förorsaka avbrott i; störa; skymma [*~ the view*] **II** *vb itr* avbryta [*don't ~!*]
interruption [ˌɪntə'rʌpʃ(ə)n] avbrytande; [störande] avbrott; uppehåll
intersect [ˌɪntə'sekt] **I** *vb tr* skära; *~ed with* (*by*) genomskuren (genomkorsad) av **II** *vb itr* skära varandra
intersection [ˌɪntə'sekʃ(ə)n] **1** skärning; genomskärning **2** isht geom. skärningspunkt **3** gatukorsning, vägkorsning

intersperse [ˌɪntəˈspɜːs] blanda in; blanda upp [*a speech ~d with witty remarks*]
intertwine [ˌɪntəˈtwaɪn] **I** *vb tr* fläta samman **II** *vb itr* slingra (sno) ihop sig
interval [ˈɪntəv(ə)l] **1** mellanrum i tid o. rum; intervall; mellantid, avbrott; teat. o.d. mellanakt; paus, rast; *bright ~s* tidvis uppklarnande [väder]; *at long ~s* med långa mellanrum **2** mus. intervall **3** *~ training* sport. intervallträning
intervene [ˌɪntəˈviːn] **1** komma emellan (i vägen) [*if nothing ~s*], inträffa under tiden, tillstöta **2** intervenera; ingripa [*~ in the debate*], inskrida; gå (träda) emellan, medla; *~ between* medla mellan, gå emellan **3** infalla
intervention [ˌɪntəˈvenʃ(ə)n] intervention; inskridande, medling
interview [ˈɪntəvjuː] **I** *s* intervju; samtal; *obtain an ~ with* a) få företräde hos b) få en intervju med **II** *vb tr* ha en intervju (ett samtal) med [*~ all applicants for the job*], fråga ut, intervjua
interviewee [ˌɪntəvjuːˈiː] intervjuobjekt; *the ~* äv. den intervjuade
interviewer [ˈɪntəvjuːə] intervjuare
intestate [ɪnˈtestət] **I** *adj* **1** *die ~* dö utan att efterlämna testamente **2** otestamenterad [*~ property*] **II** *s* person som avlidit utan att efterlämna testamente
intestinal [ɪnˈtestɪnl] tarm- [*~ canal*], inälvs- [*~ worm*]; *~ disorders* tarmbesvär
intestine [ɪnˈtestɪn] anat., vanl. pl. *~s* tarmar; inälvor; *the large ~* tjocktarmen
intimacy [ˈɪntɪməsɪ] **1** förtrolighet; förtroligt (nära) förhållande; intim bekantskap; umgänge; intimitet **2** intimt (sexuellt) förhållande
intimate [ss. adj. o. subst. ˈɪntɪmət, ss. vb ˈɪntɪmeɪt] **I** *adj* **1** förtrolig, intim [*~ friend[ship]*]; [mycket] nära [*~ connection*]; ingående, djup [*an ~ knowledge of*]; *be on ~ terms with* a) vara god vän med, stå på förtrolig fot med b) ha ett förhållande med **2** *be ~* ha intimt (sexuellt) umgänge **II** *s* förtrogen [vän] **III** *vb tr* **1** tillkännage, meddela **2** antyda
intimation [ˌɪntɪˈmeɪʃ(ə)n] **1** tillkännagivande, meddelande **2** antydan; tecken
intimidate [ɪnˈtɪmɪdeɪt] skrämma, injaga fruktan (skräck) hos; avskräcka, trakassera; terrorisera
intimidation [ɪnˌtɪmɪˈdeɪʃ(ə)n] skrämsel; hotelser
into [ˈɪntʊ, framför konsonantljud äv. ˈɪntə]
1 om rörelse, riktning o.d. in i [*come ~ the house*]; ned i [*jump ~ the boat*]; upp i [*get ~ the upper berth*]; ut i [*come ~ the garden*]; fram i [*come ~ the light*]; i [*look ~ the box*]; in på [*go ~ a restaurant*]; ut på [*rush ~ the street*; *go ~ the country*] **2** bildl. **a)** i; *fall ~ disgrace* råka (falla) i; *get ~ conversation* komma i samspråk (samtal); *get ~ difficulties* råka i svårigheter **b)** till [*change ~*; *alter ~*; *turn water ~ wine*]; *develop ~* utveckla [sig] till; *translate ~ English* översätta till engelska **c)** in på [*get ~ details*]; *far [on] ~ the night* [till] långt in på natten; *he's ~ his thirties* han är över (drygt) trettio **3** *~ the bargain* [till] på köpet, dessutom, till yttermera visso **4** vard., *be ~ a th.* vara intresserad av ngt, syssla med ngt
intolerable [ɪnˈtɒl(ə)rəbl] outhärdlig, olidlig [*~ pain*]
intolerance [ɪnˈtɒlər(ə)ns] intolerans; överkänslighet [*~ to* (för) *drugs*]
intolerant [ɪnˈtɒlər(ə)nt] intolerant; oförmögen att uthärda (fördraga)
intonation [ˌɪntə(ʊ)ˈneɪʃ(ə)n] fonet. el. mus. intonation
intoxicate [ɪnˈtɒksɪkeɪt] berusa äv. bildl.
intoxicating [ɪnˈtɒksɪkeɪtɪŋ] [be]rusande; *~ liquor* rusdryck
intoxication [ɪnˌtɒksɪˈkeɪʃ(ə)n] **1** berusning äv. bildl.; rus **2** med. förgiftning
intractable [ɪnˈtræktəbl] motspänstig, obändig; omedgörlig; oregerlig
intransigent [ɪnˈtrænsɪdʒ(ə)nt, -ˈtrɑːn-] omedgörlig
intransitive [ɪnˈtrænsətɪv, -ˈtrɑːns-] gram. **I** *adj* intransitiv **II** *s* intransitivt verb
intravenous [ˌɪntrəˈviːnəs] med. intravenös
intrepid [ɪnˈtrepɪd] oförskräckt, modig [*an ~ explorer*], orädd
intricacy [ˈɪntrɪkəsɪ, -ˈ---] invecklad beskaffenhet, krånglighet, trasslighet; virrvarr
intricate [ˈɪntrɪkət] **1** bildl. invecklad [*an ~ piece of machinery*], intrikat **2** tilltrasslad äv. bildl. [*an ~ plot*]; hoptrasslad
intrigue [ɪnˈtriːɡ] **I** *s* intrig[erande], [onda] anslag **II** *vb itr* intrigera **III** *vb tr* väcka intresse (nyfikenhet) hos [*the news ~d us*]; försätta i spänning; fängsla [*the puzzle ~d her*]; förbrylla
intriguer [ɪnˈtriːɡə] intrigmakare
intriguing [ɪnˈtriːɡɪŋ] **1** intrigant **2** fängslande; underfundig

intrinsic [ɪn'trɪnsɪk] inre [*the ~ power*]; egentlig, reell [*the ~ value of a coin*]
introduce [ˌɪntrə'dju:s] **1** införa, introducera, föra in; lansera [*~ a new product*]; foga [*~ amendments into* (till) *a bill*]; *be ~d* äv. komma i bruk, börja användas **2** föra in [*~ a tube into a wound*] **3** inleda **4** presentera; introducera; *~ oneself* presentera sig **5** göra bekant
introduction [ˌɪntrə'dʌkʃ(ə)n] **1** introduktion [*the ~ of a new fashion*] **2** introduktion, inledning; *An I~ to Phonetics* ss. boktitel Inledning till fonetiken, Handledning i fonetik **3** presentation, introduktion; *letter of ~* rekommendationsbrev, introduktionsbrev **4** förspel, introduktion; upptakt
introductory [ˌɪntrə'dʌkt(ə)rɪ] inledande, introduktions- [*~ course*]
introspection [ˌɪntrə(ʊ)'spekʃ(ə)n] psykol. introspektion
introspective [ˌɪntrə(ʊ)'spektɪv] psykol. introspektiv, inåtvänd
introvert ['ɪntrə(ʊ)vɜ:t] **I** *adj* inåtvänd [*an ~ person*]; psykol. introvert **II** *s* psykol. inåtvänd (introvert) person
intrud|e [ɪn'tru:d] **1** tränga (truga) sig på [[*up*]*on a p.* ngn]; inkräkta; komma objuden (oläglig); *I hope I'm not -ing* jag hoppas jag inte [kommer och] stör, jag stör väl inte **2** tränga in [*into i*]
intruder [ɪn'tru:də] inkräktare
intrusion [ɪn'tru:ʒ(ə)n] **1** inkräktande, intrång; inträngande **2** påflugenhet
intrusive [ɪn'tru:sɪv] **1** inkräktande; inträngande **2** påflugen
intuition [ˌɪntjʊ'ɪʃ(ə)n] **1** intuition **2** ingivelse
intuitive [ɪn'tju:ɪtɪv] intuitiv; i besittning av intuition; *be ~* äv. ha intuition
inundate ['ɪnʌndeɪt] översvämma äv. bildl.; *be ~d with letters* äv. [hålla på att] drunkna i brev
inure [ɪ'njʊə, -jɔ:] vänja; härda
invade [ɪn'veɪd] **I** *vb tr* **1** invadera, tränga (marschera) in i; *an invading army* en invasionsarmé **2** kränka [*~ a p.'s rights*], inkräkta på **II** *vb itr* tränga (marschera) in
invader [ɪn'veɪdə] inkräktare
1 invalid [ss. subst. o. adj. 'ɪnvəlɪd, 'ɪnvəli:d, -lɪd, ss. vb 'ɪnvəli:d, -lɪd] **I** *s* sjukling; [kroniskt] sjuk; invalid **II** *attr adj* sjuklig [*an ~ aunt*]; sjuk- [*~ diet*]; handikappad; invalid-; mil. oduglig till aktiv tjänst (krigstjänst) [*~ soldiers*]; *~ car* invalidbil **III** *vb tr* o. *vb itr* göra (bli) sjuklig (kroniskt sjuk); invalidisera[s]

2 invalid [ɪn'vælɪd] ogiltig [*an ~ cheque; declare ~*], utan laga kraft [*an ~ claim*]; som inte gäller (duger) [*an ~ argument* (*excuse*)]
invalidate [ɪn'vælɪdeɪt] göra ogiltig, ogiltigförklara, upphäva; kullkasta [*~ arguments*]
invaluable [ɪn'væljʊ(ə)bl] ovärderlig
invariable [ɪn'veərɪəbl] oföränderlig; ständig
invariably [ɪn'veərɪəblɪ] oföränderligt; ständigt
invasion [ɪn'veɪʒ(ə)n] **1** invasion äv. bildl. [*an ~ of tourists*] **2** inkräktande [*~ of a right*], kränkning; *~ of privacy* kränkning av privatlivets helgd
invective [ɪn'vektɪv] **1** (utan pl.) invektiv, skymford **2** pl. *~s* förbannelser, svordomar, kraftuttryck
inveigle [ɪn'veɪgl, ɪn'vi:gl] locka
invent [ɪn'vent] **1** uppfinna **2** hitta på; dikta upp
invention [ɪn'venʃ(ə)n] **1** uppfinning [*Edison's ~s*]; påfund, [ren] lögn; *it is pure ~* det är rena [rama] fantasierna **2** uppfinnande [*the ~ of the telephone*]; *necessity is the mother of ~* nöden är uppfinningarnas moder **3** mus. invention
inventive [ɪn'ventɪv] **1** uppfinningsrik **2** uppfinnings- [*~ power*]; uppfinnar- [*~ genius* (förmåga)]
inventor [ɪn'ventə] uppfinnare
inventory ['ɪnvəntrɪ] **1** inventarieförteckning, inventarium; bouppteckning; *make* (*take, draw up*) *an ~ of a th.* upprätta [en] [inventarie]förteckning över ngt, inventera ngt **2** inventering **3** inventarier; lager
inverse [ˌɪn'vɜ:s] omkastad; motsatt; *in ~ proportion* (*ratio*) *to* omvänt proportionell mot
invert [ɪn'vɜ:t] vända upp och ned [på] [*~ a glass*]; kasta (vända, flytta) om [*~ the word order*]; spegelvända; invertera
invertebrate [ɪn'vɜ:tɪbrət, -breɪt] zool. **I** *s* ryggradslöst djur **II** *adj* ryggradslös
inverted [ɪn'vɜ:tɪd] upp och nedvänd; omvänd; spegelvänd; inverterad; *~ commas* anföringstecken, citationstecken
invest [ɪn'vest] **I** *vb tr* **1** investera, placera [*~ money in* (i) *stocks*], satsa äv. bildl. [*~ time and energy in a project*] **2** installera [*~ a p. in an office*] **3** *~ with* utrusta med, förse med [*~ a p. with power* (*full authority*)] **II** *vb itr* investera [*~ in stocks*]; satsa [*a failure to ~ in new*

talents]; vard. lägga ut (ner) pengar; ~ *in* vard. äv. kosta på sig [~ *in a new coat*]
investigate [ɪn'vestɪgeɪt] utforska, undersöka; utreda [~ *a crime*]
investigation [ɪn,vestɪ'geɪʃ(ə)n] undersökning, utredning
investigative [ɪn'vestɪgeɪtɪv] [ut]forskande, forsknings-; utrednings-; ~ *journalism* (*reporting*) undersökande journalistik
investigator [ɪn'vestɪgeɪtə] forskare; undersökare; utredare; *private* ~ privatdetektiv
investiture [ɪn'vestɪtʃə] **1** ordensutdelning ceremonin **2** insättande (installerande) [i ämbete]
investment [ɪn'ves(t)mənt] investering, investerings- [~ *fund*], placering [~ *of money in stocks*], satsning äv. bildl. [~ *of time and energy*]; kapitalplacering
investor [ɪn'vestə] investerare; aktieägare
inveterate [ɪn'vet(ə)rət] inrotad [*an ~ habit*, ~ *prejudices*]; inbiten [*an ~ smoker*]
invidious [ɪn'vɪdɪəs] olycklig, betänklig; orättvis; förhatlig, förargelseväckande; *make ~ distinctions* (*comparisons*) göra åtskillnad (orättvisa jämförelser)
invigilate [ɪn'vɪdʒɪleɪt] vakta vid examensskrivning
invigilator [ɪn'vɪdʒɪleɪtə] skol. o.d. skrivvakt
invigorat|e [ɪn'vɪɡəreɪt] stärka, styrka, liva [upp]; friska upp; *an -ing climate* ett stärkande klimat
invincible [ɪn'vɪnsəbl] oövervinnlig äv. bildl.
inviolate [ɪn'vaɪələt] **1** okränkt, oantastad **2** okränkbar
invisible [ɪn'vɪzəbl] osynlig; ~ *ink* osynligt bläck; ~ *mending* konststoppning
invitation [,ɪnvɪ'teɪʃ(ə)n] **1** inbjudan; ~ *card* inbjudningskort **2** kallelse; invit, uppmaning [*his sneer was an ~ to a fight*]; anmodan **3** lockelse
invite [ss. vb ɪn'vaɪt, ss. subst. 'ɪnvaɪt] **I** *vb tr* **1** [in]bjuda [~ *a p. to* (till, på) *dinner*]; ~ *a p. to one's house* bjuda hem ngn **2** a) be, uppmana [~ *a p. to negotiations*]; anmoda b) be om; inbjuda (locka) till, fresta; framkalla, ge anledning till **II** *s* vard. inbjudning
inviting [ɪn'vaɪtɪŋ] inbjudande; lockande, frestande; attraktiv
invoice ['ɪnvɔɪs] **I** *s* faktura; *as per* ~ enligt faktura **II** *vb tr* fakturera
invoke [ɪn'vəʊk] åkalla [~ *God*], anropa; framkalla
involuntary [ɪn'vɒlənt(ə)rɪ] **1** ofrivillig;

oavsiktlig **2** oberoende av viljan [~ *muscles*]
involve [ɪn'vɒlv] **1** inveckla, dra in [~ *a p. in trouble*], involvera; blanda in [~ *a p. in a nasty business*]; [*people who are*] ~*d* ...inblandade (berörda); ~*d in* äv. engagerad i **2** medföra, dra med sig [*it would ~ my living abroad*]; innefatta, innebära; gälla
involvement [ɪn'vɒlvmənt] inblandning; relation; ~ *in* äv. engagemang i
invulnerable [ɪn'vʌln(ə)rəbl] **1** osårbar **2** oangriplig, oantastlig [~ *arguments*]
inward ['ɪnwəd] **I** *adj* inre [~ *nature*; ~ *happiness*; ~ *organs*]; invändig, invärtes, själslig; in[åt]gående, inåtriktad [*an ~ movement*] **II** *adv* inåt äv. bildl.; in i själen; ~ *bound* sjö. på ingående
inwardly ['ɪnwədlɪ] invärtes; i sitt inre (hjärta) [*grieve ~*]
inwards ['ɪnwədz] inåt
iodine ['aɪə(ʊ)diːn, 'aɪədaɪn] kem. jod
ion ['aɪən, 'aɪɒn] fys. el. kem. jon
iota [aɪ'əʊtə] **1** grekiska bokstaven iota **2** bildl. jota [*there is not an ~ of truth in it*]
IOU [,aɪəʊ'juː] (= *I owe you*) skuldsedel
IOW förk. för *Isle of Wight*
IQ [,aɪ'kjuː] (pl. ~*s*) (förk. för *intelligence quotient*) IQ
IRA [,aɪɑː'reɪ] (förk. för *Irish Republican Army*) I.R.A.
Iran [ɪ'rɑːn]
Iranian [ɪ'reɪnjən, aɪ'r-] **I** *adj* iransk **II** *s* **1** iranier; iranska kvinna **2** iranska [språket]
Iraq [ɪ'rɑːk] Irak
Iraqi [ɪ'rɑːkɪ] **I** *adj* irakisk **II** *s* irakier
irascible [ɪ'ræsɪbl, ,aɪ'r-] hetsig, hetlevrad
irate [aɪ'reɪt] vred, ilsken
Ireland ['aɪələnd] Irland
iris ['aɪərɪs] (pl. äv. *irides* ['aɪrɪdiːz]) **1** anat. iris, regnbågshinna **2** bot. iris
Irish ['aɪ(ə)rɪʃ] **I** *adj* irländsk; ~ *coffee* Irish coffee kaffe med whisky, socker och grädde i **II** *s* **1** irländska (iriska) [språket] **2** *the* ~ irländarna; isht hist. irerna
Irish|man ['aɪ(ə)rɪʃ|mən] (pl. -*men* [-mən]) irländare; isht hist. irer
irk [ɜːk] trötta, irritera
irksome ['ɜːksəm] tröttsam
iron ['aɪən] **I** *s* **1** järn äv. bildl.; *have* [*too*] *many ~s in the fire* ha [för] många järn i elden **2** strykjärn **3** brännjärn **4** golf. järn[klubba] **5** med. järn[preparat] **6** pl. ~*s* järn, bojor [*put a man in ~s*] **7** sl. järn skjutvapen **II** *attr adj* **1** järn- [*an ~ mine* (*plate*)]; järngrå, stålgrå; *I~ age* arkeol.

järnålder; ~ *constitution* järnhälsa, järnfysik **2** järnhård, oböjlig; järn- [*an* ~ *grip*]; *rule with an* ~ *hand* styra med järnhand **3** isht mil., ~ *ration* reservproviant, nödranson **III** *vb tr* **1** stryka [~ *a shirt*], pressa **2** slå i järn (bojor) **3** järnbeslå **4** ~ *out* a) bildl. utjämna [~ *out difficulties*], bringa (få) ur världen [~ *out misunderstandings* (*a disagreement*)] b) släta (pressa) ut [~ *out wrinkles*] **IV** *vb itr* **1** gå att stryka; *clothes* ~ *more easily* [*when they are damp*] äv. kläder är mera lättstrukna... **2** [stå och] stryka

ironic [aɪˈrɒnɪk] o. **ironical** [aɪˈrɒnɪk(ə)l] ironisk; *make* ~ *remarks* äv. ironisera [*about* över]

ironing [ˈaɪənɪŋ] **1** strykning med strykjärn; pressning **2** stryktvätt

ironing-board [ˈaɪənɪŋbɔːd] strykbräde

ironmonger [ˈaɪənˌmʌŋɡə] järnhandlare; ~'s [*shop*] järnaffär, järnhandel

ironware [ˈaɪənweə] järnvaror

irony [ˈaɪərənɪ] ironi; *one of life's ironies* en ödets ironi

irrational [ɪˈræʃənl] irrationell äv. matem.; oförnuftig; förnuftsvidrig; ogrundad; utan förnuft

irreconcilable [ɪˌrekənˈsaɪləbl] **1** oförsonlig [~ *enemies*] **2** oförenlig [~ *ideas*]

irredeemable [ˌɪrɪˈdiːməbl] **1** hand. ouppsägbar [*an* ~ *debt* (*loan*)]; oinlösbar, oinlöslig [~ *paper money*] **2** oersättlig [*an* ~ *loss*] **3** oförbätterlig [*an* ~ *sinner*]

irrefutable [ˌɪrɪˈfjuːtəbl, ɪˈrefjʊt-] ovedersäglig [*an* ~ *argument*]

irregular [ɪˈreɡjʊlə] **I** *adj* **1** oregelbunden [*an* ~ *pulse* (*plural*)]; ojämn [*an* ~ *surface*] **2** oegentlig, oriktig, reglementsvidrig [~ *conduct* (*proceedings*)]; ogiltig [*an* ~ *marriage*] **3** oordentlig [~ *behaviour*] **4** irreguljär [~ *troops*] **II** *s*, pl. ~*s* irreguljära trupper, friskaror

irregularit|y [ɪˌreɡjʊˈlærətɪ] oregelbundenhet; oriktighet; oordentlighet i levnadssätt; ojämnhet [-*ies in the surface*]

irrelevance [ɪˈreləvəns] o. **irrelevancy** [ɪˈreləvənsɪ] irrelevans; brist på (bristande) samband

irrelevant [ɪˈreləvənt] irrelevant, omotiverad; ej hörande; ej tillämplig

irreligious [ˌɪrɪˈlɪdʒəs] irreligiös; gudlös [~ *acts*]

irreparable [ɪˈrep(ə)rəbl] irreparabel [~ *damage*]; ohjälplig [~ *injury*]; oersättlig [~ *loss*]

irreplaceable [ˌɪrɪˈpleɪsəbl] oersättlig

irrepressible [ˌɪrɪˈpresəbl] okuvlig; obetvinglig [~ *desire*]; uppsluppen [~ *high spirits* (humör)]

irreproachable [ˌɪrɪˈprəʊtʃəbl] oförvitlig [~ *conduct*]; oklanderlig [~ *elegance*]

irresistible [ˌɪrɪˈzɪstəbl] oemotståndlig; förtjusande

irresolute [ɪˈrezəluːt, -ljuːt] obeslutsam; vankelmodig, vacklande

irrespective [ˌɪrɪˈspektɪv], ~ *of* utan hänsyn till, oavsett [~ *of the consequences*]

irresponsible [ˌɪrɪˈspɒnsəbl] oansvarig; ansvarslös [~ *behaviour*]

irretrievable [ˌɪrɪˈtriːvəbl] oersättlig [*an* ~ *loss*]; obotlig, ohjälplig

irreverent [ɪˈrev(ə)r(ə)nt] vanvördig

irrevocable [ɪˈrevəkəbl] oåterkallelig

irrigate [ˈɪrɪɡeɪt] [konst]bevattna

irrigation [ˌɪrɪˈɡeɪʃ(ə)n] **1** [konst]bevattning, irrigation **2** med. spolning

irritable [ˈɪrɪtəbl] [lätt]retlig, irritabel äv. fysiol.; på dåligt humör [äv. *in an* ~ *mood*]

irritate [ˈɪrɪteɪt] irritera äv. fysiol.; reta upp, förarga

irritating [ˈɪrɪteɪtɪŋ] irriterande, retande äv. fysiol.; retsam; ret- [*an* ~ *cough*]

irritation [ˌɪrɪˈteɪʃ(ə)n] irritation äv. fysiol.; [upp]retad sinnesstämning

is [beton. ɪz, obeton. z, s] 3 pers. sg. pres. av *be*

ISBN (förk. för *international standard book number*) ISBN

Islam [ˈɪzlɑːm, -læm, ˈɪs-] **1** islam **2** den islamiska världen (kulturen)

Islamic [ɪzˈlæmɪk, -ˈlɑːm-] islamisk

island [ˈaɪlənd] **1** ö äv. bildl. o. anat. **2** refug [äv. *traffic* ~]

islander [ˈaɪləndə] öbo

isle [aɪl] poet. o. i vissa egennamn ö [*the I*~ *of Wight*; *the British Isles*]

isn't [ˈɪznt] = *is not*

isolate [ˈaɪsəleɪt] isolera; bakteriol. äv. renodla

isolated [ˈaɪsəleɪtɪd] isolerad; avskild; ensam; enstaka

isolation [ˌaɪsə(ʊ)ˈleɪʃ(ə)n] isolering; ~ *block* (*ward*) epidemiavdelning, isoleringsavdelning; ~ *hospital* epidemisjukhus

isolationism [ˌaɪsə(ʊ)ˈleɪʃ(ə)nɪz(ə)m] isolationism, isoleringspolitik

isotope [ˈaɪsə(ʊ)təʊp] kem. isotop

Israel [ˈɪzreɪ(ə)l, -rɪəl]

Israeli [ɪzˈreɪlɪ] **I** *adj* israelisk **II** *s* israel

issue [ˈɪʃuː, ˈɪsjuː] **I** *vb itr* **1** komma [ut],

strömma ut [*smoke issuing from the chimneys*]; utgå, gå ut **2** stamma; jur. härstamma **3** sändas ut **4** ~ *in* sluta (resultera) i **II** *vb tr* **1** låta utgå, sända ut [*~ a decree (an order)*]; avge [*~ a report*]; tilldela, lämna (dela) ut [*~ rations*]; utfärda [*~ an order; ~ a certificate*]; sälja [*~ cheap tickets*] **2** släppa ut [i marknaden], ge ut [*~ new stamps*]; emittera [*~ banknotes (shares)*]; publicera **3** mil. utrusta **4** om bibliotek låna ut **III** *s* **1** utströmmande; utsläpp **2** utgång [*a happy ~ of the affair*], utfall [*the ~ of the war*], följd, resultat **3** utgivande [*the ~ of new stamps*]; utlämnande [*the ~ of rations*]; utfärdande [*the ~ of orders (a certificate)*]; utsläppande [i marknaden], emission äv. konkr. [*the ~ of new shares (banknotes)*]; *day of ~* a) ekon. emissionsdatum; utgivningsdag b) bibliot. utlåningsdag **4** upplaga [*the ~ of a newspaper*], utgåva, nummer [*an ~ of a magazine*]; publikation **5** isht jur. barn, avkomma [*die without male ~*] **6** mil. ranson; utrustning **7** fråga [*political ~s*]; frågeställning [äv. *question at ~*]; jur. [tviste]mål, rättsfråga; *confuse the ~* förvirra begreppen; trassla till det
isthmus ['ɪsməs, -sθm-, -stm-] näs
IT [ˌaɪ'tiː] förk. för *information technology*
1 it [ɪt] **I** *pers pron* **1** den [*where's the cat? - it's in the garden*], det [*~ is (~'s) six miles to Oxford; ~ was three days ago*]; sig [*the engine pushed the waggons in front of ~*]; *~ must not be believed that...* man får inte tro att...; *be 'it* se flott ut; *for impudence he really is 'it* han är något av det fräckaste [man sett]; *that's probably 'it* det är [det som är] förklaringen; *now you've done ~!* nu har du minsann (verkligen) ställt till det! **2** utan direkt motsvarighet i sv.: **a)** *bus ~* vard. ta bussen, åka buss; *lord ~ over* spela herre över; regera; tyrannisera; *I take ~ that...* jag antar (förmodar) att... **b)** efter prep., *run for ~* vard. sticka, kila; skynda (sno) sig **II** *s* vard. **1** *be 'it* 'ha den' i sistan o.d. lekar **2** sex appeal; *she's got 'it ('It)* hon har 'det
2 it [ɪt] vard. vermut [*gin and 'it*]
Italian [ɪ'tæljən] **I** *adj* italiensk **II** *s* **1** italienare; italienska kvinna **2** italienska [språket]
italic [ɪ'tælɪk] **I** *adj* typogr. kursiv [*~ type*] **II** *s*, pl. *~s* kursiv[ering], kursivstil; *print in ~s* kursivera
italicize [ɪ'tælɪsaɪz] kursivera
Italy ['ɪtəlɪ] geogr. Italien

itch [ɪtʃ] **I** *s* **1** klåda; *have an ~* ha klåda **2** obetvinglig längtan (lust), starkt begär [*have an ~ for* (efter) *money; have an ~ to do a th.*]; *have an ~ to write* ha skrivklåda **II** *vb itr* **1** klia; känna klåda; *I am ~ing all over* det kliar överallt [på mig] **2** bildl., *my fingers ~ (I am ~ing) to...* det kliar i fingrarna på mig att [få]...
itchy ['ɪtʃɪ] kliande [*an ~ disease*]; *~ stockings* stickiga strumpor
item ['aɪtəm] **I** *s* **1** punkt [*the first ~ on the agenda*]; nummer [*the first ~ on the programme*]; post [*an ~ on a list, an ~ in a bill* (på en räkning)]; moment; sak, artikel [*the ~s in a catalogue*], ingrediens **2** *~* [*of news*] el. *news ~* notis, nyhet i tidning **II** *vb tr* föra upp, notera
itemize ['aɪtəmaɪz] specificera
itinerant [aɪ'tɪn(ə)r(ə)nt, ɪ't-] [kring]resande [*~ musicians, an ~ preacher*], rese-
itinerary [aɪ'tɪn(ə)rərɪ, ɪ't-] **1** resväg **2** resebeskrivning **3** resehandbok, [rese]guide; resplan
it'll ['ɪtl] = *it will*
ITN [ˌaɪtiː'en] förk. för *Independent Television News*
its [ɪts] dess [*I like Wales and ~ green hills*]; sin [*the dog obeys ~ master*]; jfr *my*
it's [ɪts] = *it is*
itself [ɪt'self] sig [*the dog scratched ~*], sig själv [*the child dressed ~; the child is not ~ today*]; själv [*the thing ~ is not valuable*]; *he is honesty ~* han är hederligheten (hedern) själv; *by ~* äv. av sig själv, automatiskt
ITV [ˌaɪtiː'viː] förk. för *Independent Television*
IUCD (förk. för *intra-uterine* [*contraceptive*] *device*) IUP intrauterint preventivmedel; spiral
I've [aɪv] = *I have*
ivory ['aɪv(ə)rɪ] a) elfenben b) elfenbensvitt; elfenbens-, elfenbensvit; *~ tower* bildl. elfenbenstorn [*live in one's ~ tower*]
ivy ['aɪvɪ] bot. murgröna

J, j [dʒeɪ] (pl. *J's* el. *j's* [dʒeɪz]) J, j
jab [dʒæb] I *vb tr* sticka [~ *a needle into* (i) *one's arm*], stöta [*he ~bed his elbow into* (i) *my side*]; slå [till], smocka till II *vb itr* stöta (slå) [till]; boxn. jabba III *s* 1 stöt; slag; boxn. jabb 2 vard. stick injektion
jabber ['dʒæbə] I *vb itr* o. *vb tr* pladdra, babbla II *s* pladder, babbel
jack [dʒæk] I *s* 1 *every man ~ (J~)* [*of them*] vard. vareviga en [av dem], varenda kotte (själ) 2 kortsp. knekt 3 tele. jack; elektr. grenuttag; *~ plug* jackpropp 4 domkraft; vinsch 5 stövelknekt II *vb tr* 1 *~* [*up*] hissa (lyfta) [upp] med domkraft e.d. 2 vard., *~ up* a) höja [~ *up prices*] b) karska upp, stärka [*he had a drink to ~ up his courage*]
jackal ['dʒækɔ:l, -k(ə)l] 1 zool. sjakal 2 bildl. sjakal; underhuggare, hantlangare
jackass [i bet. *1* o. *3* 'dʒækæs, i bet. *2* vanl. 'dʒækɑ:s] 1 åsnehingst 2 bildl. åsna 3 skrattfågel [äv. *laughing ~*]
jackdaw ['dʒækdɔ:] zool. kaja
jacket ['dʒækɪt] 1 jacka; kavaj, blazer; grövre kofta; *dust his ~* [*for him*] vard. damma till honom, klå (spöa) upp honom 2 tekn. fodral, beklädnad, kappa; *water ~* vattenmantel 3 omslag; skyddsomslag till bok 4 skal på potatis, frukt o.d.; [*baked*] *~ potatoes* ugnsbakad potatis; [*potatoes baked (boiled)*] *in their ~s* ...med skalen på
jack-in-the-box ['dʒækɪnðəbɒks] gubben i lådan äv. bildl.
jack-knife ['dʒæknaɪf] stor fällkniv
jackpot ['dʒækpɒt] spel. jackpot; *hit the ~* vard. a) vinna jackpoten, få en jackpot; kamma hem en storvinst b) ha stor framgång (tur)
Jacuzzi [dʒə'ku:zɪ] ® bubbelpool
1 jade [dʒeɪd] I *s* 1 utsläpad hästkrake 2 neds. fruntimmer, käring, slyna 3 skämts. jänta II *vb tr* trötta ut, tröttköra
2 jade [dʒeɪd] miner. jade [*jade-green*]
jaded ['dʒeɪdɪd] 1 tröttkörd, utsliten, utmattad [*~ from overwork*] 2 avtrubbad [*~ taste*], nedsatt [*~ appetite*] 3 trött, blaserad

jagged ['dʒægɪd] 1 ojämn [*a ~ edge*], [såg]tandad [*a ~ knife*], spetsig [*~ rocks*], uddad; avbruten 2 bildl. skarp, gäll [*a ~ voice*]; skarpt markerad [*~ rhythm*]
jaguar ['dʒægjʊə] 1 zool. jaguar 2 *J~* Jaguar bilmärke
jail [dʒeɪl] I *s* fängelse; häkte II *vb tr* sätta i fängelse
jailbird ['dʒeɪlbɜ:d] fängelsekund; fånge
jaloppy [dʒə'lɒpɪ] sl. rishög
1 jam [dʒæm] 1 sylt 2 en lätt match; [*a bit of*] *~* a) tur, flax b) ett nöje, en förnöjelse
2 jam [dʒæm] I *s* 1 kläm, press 2 [folk]trängsel; [trafik]stockning [*traffic ~*]; anhopning; *~ of logs* timmerbråte i flottled 3 stopp i maskin o.d.; låsning; sjö. beknip; radio. störning 4 sl. knipa; klammeri; *be in (get into) a ~* vara i (råka i) knipa (klämma, klistret) II *vb tr* 1 klämma, pressa; *~ on the brakes* slå till bromsarna, bromsa hårt 2 fylla, blockera [*~ a passage*]; perf. p. *~med* packad [*~med with people*], proppfull 3 sätta ur funktion, stoppa [*~ a machine*]; sjö. beknipa; radio. störa [*~ a transmission*]; *~ up* bromsa [upp], stoppa äv. bildl. III *vb itr* 1 råka i kläm, bli fastkilad; fastna; blockeras 2 sättas ur funktion, låsa sig [*the brakes ~med*]
Jamaica [dʒə'meɪkə] I geogr. egenn. II *s*, *~* [*rum*] jamaicarom
Jamaican [dʒə'meɪkən] I *s* jamaican II *adj* jamaicansk
jamb [dʒæm] sidopost, sidokarm i dörr el. fönster
jamboree [,dʒæmbə'ri:, '---] 1 vard. skiva, hippa, glad (uppsluppen) tillställning 2 jamboree scoutmöte
jam jar ['dʒæmdʒɑ:] syltburk
jampacked ['dʒæmpækt] vard. proppfull
jangl|e ['dʒæŋgl] I *vb itr* rassla, skramla [*-ing keys*]; skrälla [*-ing phones*]; dåna [*-ing bells*]; låta illa, skära [i öronen] II *vb tr* föra oljud med; rassla med [*~ one's keys*] etc. III *s* oljud; rassel, skrammel, skrällande, klirr[ande]
janitor ['dʒænɪtə] dörrvakt; isht amer. äv. portvakt
January ['dʒænjʊ(ə)rɪ] januari
Jap [dʒæp] vard. (neds.) jappe
Japan [dʒə'pæn] I geogr. egenn. II *s*, *j~* a) japanlack b) japanskt [lack]arbete III *vb tr*, *j~* lackera, svärta med japanlack
Japanese [,dʒæpə'ni:z] I *adj* japansk II *s* 1 (pl. lika) japan; japanska 2 japanska [språket]
japonica [dʒə'pɒnɪkə] bot. [liten] rosenkvitten

1 jar [dʒɑ:] kruka; burk; *a ~ of jam* en burk sylt
2 jar [dʒɑ:] **I** *vb itr* **1** låta illa; gnissla; skorra, skära {[*up*]*on* (i) *the ears*} **2** skramla, skallra; skaka, vibrera **3** bildl. ~ *on* stöta, irritera; *it ~red on my nerves* det gick mig på nerverna **4** vara oförenlig, ej gå ihop **II** *s* **1** skorrande **2** skrammel; vibration, skallrande, skakning **3** bildl. chock {*a nasty ~*}
jargon ['dʒɑ:gən] **1** jargong {*medical ~*}, fikonspråk **2** pladder
jasmine ['dʒæzmɪn, -æsm-] bot. jasmin
jaundice ['dʒɔ:ndɪs] **1** med. gulsot **2** bildl. missunnsamhet, avundsjuka; fördomsfullhet
jaunt [dʒɔ:nt] **I** *s* utflykt; [nöjes]resa **II** *vb itr* göra en utflykt
jaunty ['dʒɔ:ntɪ] **1** lätt och ledig {*a ~ step*}, sorglös; hurtig **2** käck {*a ~ little hat*}
javelin ['dʒævlɪn] [kast]spjut äv. sport.; *~ throw* spjutkastning ss. tävlingsgren
jaw [dʒɔ:] **I** *s* **1** käke; hakparti; *lower ~* underkäke **2** pl. *~s* mun, gap; käft äv. på skruvstäd o.d.; bildl. käftar {*the ~s of death*} **3** vard. käft; *hold* (*stop*) *your ~!* håll klaffen! **4** vard. käftande, gafflande **II** *vb itr* vard. gaffla; *~ at* skälla (tjata) på
jawbone ['dʒɔ:bəʊn] käkben
jay [dʒeɪ] zool. [nöt]skrika
jay-walker ['dʒeɪ,wɔ:kə] vard. oförsiktig fotgängare
jazz [dʒæz] **I** *s* **1** jazz {*~ ballet, ~ band*} **2** {*responsibilities, duties*} *and all that ~* sl. ...och allt det där (det där snacket) **II** *vb tr, ~ up* a) jazzifiera; jazza upp b) piffa upp c) sätta fart på, pigga upp
jazzy ['dʒæzɪ] jazzig
jealous ['dʒeləs] **1** svartsjuk; avundsjuk, missunnsam **2** mån {*~ of* (om) *one's prestige* (*rights*)} **3** misstänksamt vaksam; *keep a ~ eye on* misstroget bevaka
jealousy ['dʒeləsɪ] svartsjuka; avundsjuka; utbrott av (bevis på) svartsjuka; *from* (*out of*) *~* av svartsjuka
jeep [dʒi:p] jeep; *~ carrier* amer. sjö. eskorthangarfartyg
jeer [dʒɪə] **I** *vb itr* göra narr, driva, skoja; hånskratta; *~ at* äv. håna, vara spydig mot **II** *vb tr* håna, skratta hånfullt åt **III** *s* gliring
Jekyll ['dʒi:kɪl, 'dʒekɪl] egenn.; *~ and Hyde* [vanl. 'dʒekɪl] doktor Jekyll och mister Hyde dubbelnatur, efter Stevensons roman
jell|y ['dʒelɪ] **I** *s* gelé; fruktgelé; *beat a p. into a ~* vard. slå ngn sönder och samman, mörbulta (mosa) ngn **II** *vb itr* bli [till] (stelna till) gelé, gelatineras **III** *vb tr* göra gelé av; koka in i gelé; *-ied eels* ål i gelé
jellyfish ['dʒelɪfɪʃ] **1** zool. manet **2** bildl. ynkrygg
jemmy ['dʒemɪ] kofot
jeopardize ['dʒepədaɪz] äventyra, våga {*~ one's life*}
jeopardy ['dʒepədɪ] fara {*be in ~ of* (för) *one's life*}, våda
jerk [dʒɜ:k] **I** *s* **1** ryck {*the train stopped with a ~*}; stöt, puff {*he gave me a ~*} **2** *physical ~s* vard. [ben]sprattel gymnastik **3** i tyngdlyftning stöt **4** amer. vard. sodamixare {äv. *soda ~*} **5** isht amer. sl. tokstolle; tönt; odåga **II** *vb tr* **1** ~ {*out*} kasta [med en knyck], slänga [i väg]; göra ett kast med (ryck i); rycka {*he ~ed the fish out of the water*}; stöta (puffa, vrida) till; stamma (stappla) fram {*~ out words in a broken way*} **2** amer. vard. mixa {*~ sodas*} **III** *vb itr* **1** rycka [till]; fara upp; *~ along* a) rycka igång {*the train ~ed along*} b) stappla (stamma) 'på {*she ~ed along through her story*} **2** amer. vard. arbeta (servera) i en glassbar **3** *~ off* vulg. runka onanera
jerkin ['dʒɜ:kɪn] långväst
jerky ['dʒɜ:kɪ] ryckig; krampaktig
jerry-built ['dʒerɪbɪlt] dåligt (uselt) byggd, uppsmälld; *a ~ house* äv. ett fuskbygge
Jersey ['dʒɜ:zɪ] **I** geogr. egenn. **II** *s* **1** *j~* [jersey]tröja **2** *j~* textil. jersey **3** jerseyko {äv. *~ cow*}
Jerusalem [dʒə'ru:s(ə)ləm] geogr. egenn.; *~ artichoke* jordärtskocka
jest [dʒest] **I** *s* skämt; lustighet, lustigt infall; drift; *in ~* på skämt (skoj) **II** *vb itr* skämta, skoja, driva
jester ['dʒestə] skämtare; spefågel; kvickhuvud
Jesus ['dʒi:zəs] egenn.; *~!* vard. Herre Gud!, jösses!; *the Society of ~* jesuit[er]orden
1 jet [dʒet] **1** stråle {*a ~ of water* (*steam*)}; ström {*a ~ of gas* (*blood*)}; låga {*a ~ of gas*}; *a ~ of flame* en eldstråle **2** isht flyg. jet reaktionsdrift; jet- {*~ fighter, ~ plane, ~ propulsion*} **3** jetplan; jetflyg {*go by ~*} **4** *the ~ set* vard. jetsetet, innekretsarna **5** pip, rör; tekn. munstycke
2 jet [dʒet] **I** *s* miner. jet, gagat **II** *adj* jet-; jetsvart
jet-black [,dʒet'blæk, attr. '--] jetsvart
jet-lag ['dʒetlæg] **I** *s* jet-lag, rubbad dygnsrytm efter längre flygning; tidsförskjutning **II** *vb tr, be ~ged* ha jet-lag (rubbad dygnsrytm)
jetsam ['dʒetsəm, -sæm] överbordkastat

(utkastat) gods; ilandflutet vrakgods; bildl., om person vrak

jettison ['dʒetɪsn, -tɪzn] **1** kasta överbord [*~ goods in order to lighten a ship*]; göra sig av med [*the plane ~ed its bombs*] **2** [om]kullkasta, omintetgöra [*~ a plan*]

jetty ['dʒetɪ] **1** pir **2** utskjutande [angörings]brygga

Jew [dʒuː] jude

jewel ['dʒuːəl, dʒʊːl] **I** *s* juvel, ädelsten; [juvel]smycke; bildl. pärla, juvel [*his wife is a ~*]; pl. *~s* ofta smycken **II** *vb tr* besätta (pryda) med juveler; *~led fingers* juvelprydda fingrar; *a ~led ring* en juvelbesatt ring

jewel case ['dʒuːəlkeɪs, 'dʒʊːl-] juvelskrin

jeweller ['dʒuːələ, 'dʒʊːlə] juvelerare; *~'s* [*shop*] guldsmedsaffär

jewellery ['dʒuːəlrɪ, 'dʒʊːl-] smycken; *a piece of ~* ett smycke

Jewess ['dʒuːes, dʒuːˈes] judinna

Jewish ['dʒuːɪʃ] judisk

jew's-harp [ˌdʒuːzˈhɑːp] mungiga

1 jib [dʒɪb] sjö. **I** *s* **1** klyvare **2** kranarm **II** *vb tr* skifta segel; flytta över bom **III** *vb itr* gip[p]a

2 jib [dʒɪb] **1** om t.ex. häst vara (bli) istadig, vägra [att gå vidare]; rygga, skygga **2** dra sig ur spelet; protestera; *~ at* skygga (rygga) för, streta emot; *~ at doing a th.* vara ovillig (vägra) att göra ngt

jibe [dʒaɪb] se *gibe*

jig [dʒɪg] **I** *s* **1** jigg slags dans; jiggmelodi **2** fiske. pimpel, pilk **3** tekn. jigg vid borrning o.d. **II** *vb itr* **1** jigga; skutta **2** fiske. pimpla; *~ for cod* pilka torsk **III** *vb tr* låta (få att) skutta (hoppa, gunga) [upp och ned]; gunga [upp och ned]

jiggle ['dʒɪgl] vard. vicka (vippa) [med (på)]; ruska (skaka) [på]; dingla (svänga, gunga) [med]

jigsaw ['dʒɪgsɔː] figursåg; *~* [*puzzle*] pussel

jilt [dʒɪlt] överge

jimmy ['dʒɪmɪ] isht amer., se *jemmy*

jingle ['dʒɪŋgl] **I** *vb itr* klinga; skramla, rassla [*the keys ~d in his pocket*]; klirra [*the glasses ~d*] **II** *vb tr* klinga (pingla) med; skramla (rassla) med [*he ~d his keys*]; klirra med [*~ the glasses*] **III** *s* **1** klingande, pinglande **2** ramsa; reklamramsa i t.ex. reklam; neds. nonsensvers; slagdänga

jingoism ['dʒɪŋgəʊɪz(ə)m] krigshets

jinx [dʒɪŋks] isht amer. sl. olycksfågel, olycka; olycksbringande sak; trolldom; *there's a ~ on* [*this job*] det har gått troll i...

jittery ['dʒɪtərɪ] vard. skakis, nervis

Jnr. o. **jnr.** ['dʒuːnjə] förk. för *junior*

job [dʒɒb] **I** *s* **1** arbete; *~ analysis* arbetsanalys, arbetsstudie[r]; *he always does a fine ~ of work* han gör alltid ett fint arbete **2 a)** jobb anställning [*he has a good ~*]; arbetstillfälle; *~s for the boys* ung. rena svågerpolitiken (myglet) **b)** arbetsplats **3** arbete, produkt [*the new model is a fine ~*] **4** vard. jobb; fasligt besvär (sjå), slit [*what a ~!*]; göra; *he had quite a ~ getting* (*to get*) [*the things in order*] han hade ett fasligt sjå [med] att få... **5** vard. sak; fall; affär, historia; *a bad ~* en sorglig historia, en tråkig situation; *he gave it up as a bad ~* han gav spelet förlorat, han gav upp spelet; *it's a good ~* det var tur (bra); [*he went,*] *and a good ~, too!* ...och väl var det!, ...och gudskelov för det! **6** vard. stöt; skum affär **II** *vb itr* **1** göra tillfällighetsjobb; arbeta på ackord (beting) **2** hand. jobba; spekulera [*~ in stocks*] **3** fiffla, svindla; mygla

jobber ['dʒɒbə] **1** tillfällighetsarbetare; ackordsarbetare **2** hand. mellanhand; grossist; mäklare **3** skojare, svindlare

jobcentre ['dʒɒbˌsentə] arbetsförmedling lokal

jobless ['dʒɒbləs] arbetslös; arbetslöshets- [*~ insurance*]

job lot ['dʒɒblɒt] hand. [blandat] varuparti

jockey ['dʒɒkɪ] **I** *s* jockey **II** *vb tr* lura; genom intriger omintetgöra, störta [*~ an enterprise*]; manövrera; *~ a p. into a th.* lura ngn att göra ngt; *~ a p. out of a th.* lura av ngn ngt **III** *vb itr* begagna knep, manövrera; *~ for position* **a)** kapplöpn. tränga [medtävlare] för att få bättre position **b)** bildl. försöka att manövrera sig in i (på) en [fördelaktig] position

jockstrap ['dʒɒkstræp] suspensoar

jocular ['dʒɒkjʊlə] skämtsam, munter, lustig, humoristisk

jodhpurs ['dʒɒdpəz, -pɜːz] **1** jodhpurs, långa ridbyxor [*a pair of ~*] **2** jodhpurs slags kängor

jog [dʒɒg] **I** *vb tr* **1** stöta (puffa) till ofrivilligt el. för att påkalla uppmärksamhet [*he ~ged my elbow*]; [lätt] knuffa (till); få att skumpa (guppa) [*the horse ~ged its rider up and down*] **2** bildl. sätta (få) [lite] fart på (liv i) [*couldn't you ~ him a little?*]; *~ a p.'s memory* [*for him*] friska upp ngns minne; ge ngn en påstötning, stöta 'på ngn [*about a th.* om ngt] **II** *vb itr* **1** skaka; dunsa, dunka [*his head ~ged against the side of the car*] **2** lunka; sport. jogga; [*we must try to*] *~ along* (*on*)

somehow ...komma (knega) vidare [på något sätt] **III** *s* knuff, stöt, puff
jogger [ˈdʒɒɡə] sport. joggare
joggle [ˈdʒɒɡl] **I** *vb tr* skaka, ruska **II** *vb itr* skaka; skumpa
join [dʒɔɪn] **I** *vb tr* **1** förena [~ *one thing to* (med) *another*]; förbinda [~ *an island to* (med) *the mainland*]; föra tillsamman, bringa i beröring [med varandra]; slå samman; foga samman, sätta ihop [~ *the pieces*]; koppla; ~ *battle* drabba samman, öppna (börja) striden; ~ *efforts* göra förenade ansträngningar; ~ *together* (*up*) foga samman, sätta ihop **2** förena sig med; flytta ihop med; följa med; komma över (gå in) till; gå in i (vid) [~ *a society* (*union*)], ansluta sig till [~ *a party*]; göra gemensam sak med; träffa [~ *one's friends*]; hinna upp; ~ *the army* gå in i (vid) armén, ta värvning; *won't you ~ us?* vill du inte göra oss sällskap?; *I'll join you in a minute* jag kommer efter (vi ses) strax **3** gränsa till **II** *vb itr* **1** förenas; förena sig; sluta sig tillsammans; ~ *in* a) ss. adv. vara (komma, bli) med [*I won't ~ in*; *may I ~ in?*], delta, falla (stämma) in [*here the violin ~s in*] b) ss. prep. delta i, blanda sig i [~ *in the conversation*], stämma (falla) in i [*they all ~ed in the song* (*laughter*)]; ~ *in an undertaking* gå (vara) med på ett företag **2** gränsa till varandra **III** *s* skarv, fog, hopfogning
joiner [ˈdʒɔɪnə] **1** [inrednings]snickare **2** amer. klubbmänniska
joinery [ˈdʒɔɪnərɪ] snickeri
joint [dʒɔɪnt] **I** *s* **1** sammanfogning[sställe], föreningspunkt; tekn. fog **2** bot., biol. o. friare led; *out of* ~ ur led, ur gängorna; i olag **3** kok. stek; [styckad] bit; ~ *of lamb* lammstek **4** sl. a) sylta; sämre nattklubb (kafé); [lönn]krog; spelhåla b) kyffe **5** isht amer. sl. joint **II** *attr adj* förenad, med-; gemensam, sam-; ~ *account* gemensamt konto, gemensam räkning; ~ *owner* a) medägare b) partredare; ~ *ownership* jur. samäganderätt; ~ *stock* aktiekapital **III** *vb tr* foga ihop (samman)
jointly [ˈdʒɔɪntlɪ] gemensamt, i gemenskap; ~ *and separately* en för alla och alla för en
joist [dʒɔɪst] tvärbjälke; golvbjälke; takbjälke
joke [dʒəʊk] **I** *s* **1** skämt; kvickhet, lustighet; puts; skoj; *practical* ~ practical joke handgripligt skämt; spratt, skoj; *crack* (*make*) ~*s* säga (kläcka ur sig) kvickheter, skämta; *it's getting beyond a* ~ det börjar gå för långt; *by way of a* ~ på skämt (skoj) **2** föremål för skämt (drift) [*a standing ~*], driftkucku **II** *vb itr* skämta, skoja
joker [ˈdʒəʊkə] **1** skämtare, lustigkurre; spefågel; kvickhuvud **2** sl. kille **3** kortsp. joker; ~ *in the pack* joker i leken person **4** vard. hake
joking [ˈdʒəʊkɪŋ] **I** *adj* skämtsam [~ *remarks*] **II** *s* skämt; drift; *this is no ~ matter* den här saken är inte att skämta med, det här är ingenting att skämta om
jollity [ˈdʒɒlətɪ] **1** gladlynthet **2** skoj; fest, festlighet; festlig samvaro; festande
jolly [ˈdʒɒlɪ] **I** *adj* glad, skojig, kul, livad; lite på snusen; *a ~ fellow* en glad gosse (prick) **II** *adv* vard. mycket, förbaskat [*he knows ~ well that...*]; *that's ~ good* det var riktigt bra (jättebra); *a ~ good fellow* en hedersknyffel, en förbaskat bra karl; *he knows ~ well* han vet [det] nog [alltför väl]
jolt [dʒəʊlt] **I** *vb itr* om åkdon o.d. skaka [till], skumpa; ~ *along* skumpa (skaka) iväg **II** *vb tr* skaka [om]; ge en chock; kullkasta **III** *s* skakning, stöt äv. bildl.; bildl. slag
Jordan [ˈdʒɔːdn] geogr. **1** *the ~* Jordan[floden] **2** Jordanien
jostle [ˈdʒɒsl] **I** *vb itr* knuffa [till]; ränna (stöta) emot; ~ *one's way* armbåga sig fram **II** *vb itr* knuffas, trängas
jot [dʒɒt] **I** *s* jota, dugg, dyft; *not a ~* äv. inte det ringaste **II** *vb tr*, ~ *down* krafsa (kasta) ned, anteckna, notera; skiss[er]a
jotter [ˈdʒɒtə] anteckningsbok
journal [ˈdʒɜːnl] **1** tidskrift isht teknisk el. vetenskaplig; journal; [dags]tidning **2** journal, dagbok; liggare; sjö. loggbok; *keep a ~* föra dagbok (journal)
journalese [ˌdʒɜːnəˈliːz] neds. tidningsjargong
journalism [ˈdʒɜːnəlɪz(ə)m] journalistik
journalist [ˈdʒɜːnəlɪst] journalist
journey [ˈdʒɜːnɪ] **I** *s* resa isht till lands o. bildl. [*make* (*go on, start on, set out on*) *a ~*] **II** *vb itr* resa
Jove [dʒəʊv] mytol. Jupiter; *by ~* (*j~*)*!* du store!
jovial [ˈdʒəʊvjəl] jovialisk [*a ~ fellow*], fryntlig; gemytlig [*in a ~ mood*]
jowl [dʒaʊl] **1** käbben; [under]käke **2** kind
joy [dʒɔɪ] **I** *s* glädje; glädjekälla, glädjeämne; pl. ~*s* fröjder, glädjeämnen; ~ *of life* livsglädje **II** *vb itr* o. *vb tr* glädja[s]
joyful [ˈdʒɔɪf(ʊ)l] **1** [jublande] glad, förtjust **2** glädjande [~ *news*]; lycklig [*a ~ event*]

joyous ['dʒɔɪəs] **1** glad [*a ~ melody (temper)*] **2** glädjande [*~ news*]; fröjdefull

joyride ['dʒɔɪraɪd] **1** nöjestur **2** vard. buskörning (vansinnesfärd) i lånad stulen bil

joystick ['dʒɔɪstɪk] **1** flyg. vard. styrspak **2** data. styrspak, joystick **3** vulg. kuk

JP [ˌdʒeɪ'piː] förk. för *Justice of the Peace*

Jr. o. **jr.** ['dʒuːnjə] förk. för *junior*

jubilant ['dʒuːbɪlənt] jublande, triumferande

jubilation [ˌdʒuːbɪ'leɪʃ(ə)n] jubel; segerjubel

jubilee ['dʒuːbɪliː, -eɪ, dʒuːbɪ'liː] jubileum; jubileums- [*~ edition, ~ exhibition*]

Judaism ['dʒuːdeɪɪz(ə)m] judendom[en]; judaism[en]

Judas ['dʒuːdəs] bibl. egenn.; bildl. judas; *~ kiss* judaskyss

judder ['dʒʌdə] **I** *vb itr* skaka, vibrera **II** *s* skakning, vibration

judge [dʒʌdʒ] **I** *s* domare; bedömare, kännare [*a good ~ of horses*], sakkunnig [*he is no ~*]; [*the Book of*] *Judges* bibl. Domareboken; *be a good ~ of* förstå sig bra på, känna väl till **II** *vb tr* **1** döma; avgöra; bestämma; *~ a case* döma i (avdöma) ett mål **2** bedöma [*I can't ~ whether he was right or wrong*], döma; *as far as I can ~* såvitt jag kan [be]döma **3** anse [för] [*I ~d him to be about 50*]; förmoda **III** *vb itr* **1** tjänstgöra (sitta) som domare; avkunna dom, döma, fälla utslag; medla **2** döma, fälla omdöme; *~ for yourself!* döm själv!; *to ~ from* el. *judging by (from)* att döma av

judgement ['dʒʌdʒmənt] **1** jur. dom, utslag isht i civilmål; *give* (*pass, pronounce*) *~* avkunna (fälla) dom, fälla utslag [*against, for, on* över] **2** dom; *sit in ~ on a p.* sätta sig till doms över ngn **3** bedömande, bedömning; omdömesförmåga; gott omdöme; uppfattning; *error of ~* felbedömning; *in* (*according to*) *my ~* efter min mening, enligt min uppfattning **4** relig., *the Last J~* yttersta domen

judicial [dʒuː'dɪʃ(ə)l] **1** rättslig, juridisk [*on ~ grounds*], domstols-; rätts- [*a ~ act*]; domar- [*~ duties*]; doms-; ådömd; dömande; *~ murder* justitiemord; *~ separation* av domstol ålagd hemskillnad **2** opartisk [*a ~ investigation*]; kritisk

judiciary [dʒuː'dɪʃɪərɪ, -ʃə-] **I** *adj* se *judicial* **II** *s, the ~* domarkåren, domarna; domstolarna

judicious [dʒuː'dɪʃəs] förståndig; omdömesgill, rationell

judo ['dʒuːdəʊ] sport. judo

jug [dʒʌg] **1** kanna, tillbringare [*a milk ~; a ~ of milk*]; stånka [*a ~ of beer*] **2** sl. kåk fängelse; häkte; *be in ~* sitta i häkte (på kåken)

juggle ['dʒʌgl] **I** *vb itr* **1** jonglera **2** bildl. leka [*~ with ideas*]; bolla, trolla [*~ with figures*]; fiffla **II** *vb tr* lura [*~ a p. into* (till) *a th.*]; fiffla med [*the manager ~d his figures*]

juggler ['dʒʌglə] jonglör

Jugoslavia [ˌjuːgə(ʊ)'slɑːvjə] se *Yugoslavia*

jugular ['dʒʌgjʊlə] **I** *adj* strup-, hals-; med. jugular; *~ vein* se *II* **II** *s* halsblodåder, halsven; *go for the ~* vard. sätta kniven på strupen på ngn

juice [dʒuːs] **1** saft vätska, sav o.d.; juice; *~ extractor* saftpress **2** vard. a) soppa bensin b) el[ström] **3** amer. sl. stålar **4** amer. sl. dricka sprit

juicy ['dʒuːsɪ] **1** saftig; såsig [*a ~ pipe*] **2** vard. saftig, pikant [*~ gossip*] **3** läcker, sexig **4** isht amer. lönsam, fördelaktig [*a ~ contract*]

ju-jitsu [dʒuː'dʒɪtsuː] sport. jiujitsu

jukebox ['dʒuːkbɒks] jukebox

July [dʒʊ'laɪ] juli

jumble ['dʒʌmbl] **I** *vb tr, ~* [*up* (*together*)] blanda (röra, vräka) ihop utan ordning; *be ~d* [*up together*] ligga (vara) i en enda röra **II** *s* virrvarr; sammelsurium [*a ~ of words*]; *a ~ of* [*different things*] en [enda] röra av..., ett [enda] virrvarr av...; *~ sale* loppmarknad på välgörenhetsbasar

jumbo ['dʒʌmbəʊ] (pl. *~s*) **1** vard. jumbo elefant **2** bjässe; klumpeduns äv. bildl. **3** flyg., *~* [*jet*] jumbojet

jump [dʒʌmp] **I** *vb itr* hoppa; skutta; guppa; hoppa till; *~ at a chance* (*an opportunity*) gripa en chans (ett tillfälle); *~ in* hoppa in i vagn o.d.; *it made him ~* det kom (fick) honom att hoppa högt av t.ex. förskräckelse **II** *vb tr* **1** hoppa över äv. bildl. [*~ a fence* (*chapter*)]; *~ the* [*traffic*] *lights* vard. köra mot rött ljus; *~ the gun* vard. tjuvstarta; ta ut ngt i förväg, förhasta sig; *~ the queue* vard. tränga sig (smita) före [i kön]; *~ rope* amer. hoppa [hopp]rep **2** *~ a train* a) tjuvåka med [ett] tåg b) amer. hoppa på ett tåg [i farten]; ta tåget i all hast **3** förmå (få) att hoppa [*~ one's horse over a fence*]; *~ a child on one's knee* ung. låta ett barn rida ranka **III** *s* **1** hopp; skutt; *high ~* höjdhopp; *long ~* längdhopp **2** [plötslig] stegring (höjning) [*a ~ in prices*]

jumped-up ['dʒʌmptʌp] vard. parvenyaktig,

stöddig; *they are a ~ lot* de är en samling uppkomlingar
jumper ['dʒʌmpə] **1** hoppare; *high ~* höjdhoppare **2** plagg jumper; sjö. bussarong; amer. äv. slags förkläde **3** *~ cable* (*lead*) bil. startkabel
jumpsuit ['dʒʌmpsuːt, -sjuːt] overall
jumpy ['dʒʌmpɪ] **1** hoppig; hoppande **2** vard. skärrad
junction ['dʒʌŋ(k)ʃ(ə)n] **1** förenande; förbindelse **2** knutpunkt; mötesplats **3** järnvägsknut [*Clapham J~*]; vägkors[ning] **4** elektr. koppling
juncture ['dʒʌŋ(k)tʃə] **1** föreningspunkt; fog **2** kritiskt ögonblick; avgörande tidpunkt [*at this ~*]
June [dʒuːn] **I** *s* juni **II** kvinnonamn
jungle ['dʒʌŋgl] djungel; bildl. äv. snårskog; *asphalt* (*concrete*) *~* storstadsdjungel, stenöken
junior ['dʒuːnjə] **I** *adj* yngre äv. i tjänsten o.d.; den yngre, junior [*John Smith, J~*]; junior- [*a ~ team*]; lägre i rang; underordnad [*~ minister* i regeringen]; *~ college* amer. förberedande college som ger lägre universitetsexamen; *~ high school* se *high school* **II** *s* **1** [person som är] yngre äv. i tjänsten o.d.; yngre medlem; yngre kompanjon; *my ~s* de som är yngre än jag [i tjänsten], mina yngre kolleger **2** isht sport. junior **3** amer. tredjeårsstudent vid college; junior[student]; tredjeårselev vid fyraårig 'high school'; junior[elev] **4** amer. vard. grabb[en] [*take it easy, ~!*]; [*I bought it*] *for ~* ...åt grabben (min pojke)
juniper ['dʒuːnɪpə] **1** bot. en; *~ berry* enbär **2** envirke, ene
1 junk [dʒʌŋk] skräp [*an attic full of ~*], skrot, sopor; bildl. smörja, skräp [*talk ~*]; *~ art* skrotskulpturer o.d.; *~ food* skräpmat, snabbmat; *~ mail* skräpreklam, direktreklam; *~ shop* lumpbod, affär för begagnade prylar (kläder etc.)
2 junk [dʒʌŋk] djonk kinesiskt segelfartyg
junket ['dʒʌŋkɪt] **I** *s* **1** sötad mjölk som bringats att stelna genom löpe, slags kvarg **2** kalas, fest; utflykt **II** *vb itr* kalasa
junkie o. **junky** ['dʒʌŋkɪ] sl. pundare
junta ['dʒʌntə, 'hʊntə] polit. junta
jurisdiction [,dʒʊərɪs'dɪkʃ(ə)n] jurisdiktion; rättskipning
jurisprudence [,dʒʊərɪs'pruːd(ə)ns, ,--'--] juridik, rättsvetenskap
juror ['dʒʊərə] juryman, juryledamot äv. friare
jury ['dʒʊərɪ] **1** jur. jury grupp av edsvurna; *grand ~* amer. åtalsjury; *be on a ~* vara med i en jury, vara utsedd till juryman;

serve (*sit*) *on a ~* sitta i en jury **2** [tävlings]jury
jury box ['dʒʊərɪbɒks] jurybås
just [dʒʌst, adv. äv. dʒəst] **I** *adj* **1** rättvis [*a ~ decision* (*teacher*)]; rättrådig [*a ~ man*] **2** rätt, riktig [*~ conduct*], väl avvägd **3** välförtjänt [*~ punishment* (*reward*)] **4** skälig [*the payment is ~*] **5** berättigad, välgrundad [*~ suspicions*] **II** *adv* **1** just [*this is ~ what I wanted*]; alldeles, exakt [*it's ~ two o'clock*]; *it's ~ as well* det är lika [så] bra (gott); *that's ~ it* just [precis] det ja; *he is ~ the man* [*for the post*] han är rätte mannen... **2** just [*they have ~ left*], nyss **3** genast, strax; *it's ~ on six* klockan (hon, den) är snart (nästan) sex **4** nätt och jämnt; *I ~ managed to* jag lyckades med knapp nöd (med nöd och näppe) att **5** bara [*~ a moment* (*minute*)*!*; *she is ~ a child*; *I ~ looked at him*]; *~ fancy!* tänk bara! **6** vard. fullkomligt, alldeles [*he's ~ crazy*]; *not ~ yet* inte riktigt än **7** vard. **a)** förstärkande minsann, verkligen [*I'll ~ give it to you* (ge dig)*!*]; verkligt [*that's ~ fine!*]; [*did she laugh? -*] *didn't she ~!* ...jo, det kan du tro (skriva upp) att hon gjorde! **b)** i frågor, *~'who owns* [*this place*]*?* vem äger egentligen...?
justice ['dʒʌstɪs] **1** rättvisa, rätt; *law and ~* lag och rätt; *fall into the hands of ~* falla i rättvisans händer **2** rätt [och billighet]; berättigande; riktighet; rimlighet; *in ~* rätteligen; med skäl **3** domare isht i *Supreme Court of Judicature*, ung. justitieråd; *Lord J~* domare i *Court of Appeal*; *J~ of the Peace* fredsdomare
justifiable [,dʒʌstɪ'faɪəbl, '-----] försvarlig; rättfärdig [*a ~ action*]; *~ homicide* dråp i nödvärn
justification [,dʒʌstɪfɪ'keɪʃ(ə)n] försvar; berättigande; urskuldande; *in ~ of* till försvar för
justify ['dʒʌstɪfaɪ] **1** försvara; rättfärdiga; urskulda [*nothing can ~ such an action*]; *I was justified in doing so* jag var i min fulla rätt (hade all rätt) att göra det **2** bevisa [*~ a statement*], bestyrka
justly ['dʒʌstlɪ] rättvist [*treat a p. ~*]; med rätta [*~ indignant*]
justness ['dʒʌstnəs] rättvisa; rättmätighet; riktighet; *the ~ of a th.* det rättvisa (rättmätiga, berättigade) i ngt
jut [dʒʌt] **I** *vb itr*, *~ out* (*forth*) skjuta ut, sticka fram (ut) **II** *vb tr* skjuta [fram]
jute [dʒuːt] bot. el. textil. jute; *~ cloth* juteväv
juvenile ['dʒuːvənaɪl, amer. -n(ə)l] **I** *s*

tonåring; pl. ~s äv. minderåriga; ungdomar; *for ~s* äv. barntillåten **II** *adj* **1** ungdoms- [*~ books*], barn-; *~ court* ungdomsdomstol; *~ delinquency* ungdomsbrottslighet **2** litt. ungdomlig **3** omogen, naiv, juvenil

juxtapose ['dʒʌkstəpəʊz] placera intill varandra, placera sida vid sida

juxtaposition [ˌdʒʌkstəpə'zɪʃ(ə)n] plats (läge) intill varandra, placering sida vid sida

K, k [keɪ] (pl. *K's* el. *k's* [keɪz]) K, k
K förk. för *kelvin*
kale [keɪl] grönkål, kruskål
kaleidoscope [kəˈlaɪdəskəʊp] kalejdoskop; *a ~ of colours* bildl. ett mångskiftande färgspel
kangaroo [ˌkæŋgəˈruː] zool. känguru
kaput [kæˈpʊt] sl. kaputt; kass
karate [kəˈrɑːtɪ] sport. karate; *~ chop* karateslag
Kazakhstan [ˌkæzækˈstɑːn] geogr. Kazakstan
KC förk. för *King's Counsel*
kebab [kɪˈbæb, kə-] kok. kebab grillspett
keel [kiːl] **I** s köl; *on an even ~* a) sjö. på rät köl b) bildl. på rätt köl; i balans **II** *vb tr*, *~ [over]* vända upp och ned på, välta båt **III** *vb itr*, *~ over* a) sjö. kantra; vända upp kölen b) vard. tuppa av
keen [kiːn] **1** eg. bet. skarp, vass [*a ~ edge*, *a ~ razor*] **2** bildl. skarp, intensiv; genomträngande, isande [*a ~ wind*], bitande [*~ satire (sarcasm)*] **3** om känslor m.m. intensiv; häftig [*a ~ pain*]; stark [*a ~ sense of duty*]; levande [*a ~ interest*]; frisk [*a ~ appetite*]; hård [*~ competition*] **4** om sinnen, förstånd skarp [*~ sight*, *~ hearing*; *a ~ eye* (blick) *for*]; fin [*a ~ nose for*]; skarpsinnig, klipsk **5** ivrig [*I am ~ on going again*]; entusiastisk [*a ~ sportsman*]; passionerad [*a ~ lover of music*]; *be ~* äv. ha lust; *~ on* pigg på [*a th.* ngt; *doing a th.* att göra ngt]; *~ on travelling* reslysten
keenness [ˈkiːnnəs] skärpa äv. bildl.; intensitet etc., jfr *keen*
keep [kiːp] **I** (*kept kept*) *vb tr* (se äv. *III*) **1** hålla, hålla kvar; uppehålla; *~ alive* hålla vid liv **2** behålla; hålla på, spara [på] [*~ for future needs*]; låta stå; ha; förvara; bevara [*~ a secret*] **3** ha, äga, hålla sig med [*~ a car*; *~ a dog*]; hand. föra [*we don't ~ that brand* (märke)] **4** underhålla, försörja [*wife and children to ~*] **5** hålla [*~ a (one's) promise*] **6** föra [*~ a diary*], sköta [*~ accounts*] **7** sköta, vårda **8** skydda; *~ goal* stå i mål
II (*kept kept*) *vb itr* (se äv. *III*) **1** hålla sig [*~ awake*; *~ silent*]; förbli; *how are you ~ing?* hur står det till [med dig]? **2** stå (hålla) sig [*will the meat ~?*] **3** fortsätta [*~ straight on* (rakt fram)]; *~ left!* håll (kör, gå) till vänster! **4** [*on*] *doing a th.* fortsätta (fortfara) [med] att göra ngt; *she ~s* [*on*] *talking* hon bara pratar och pratar
III *vb tr* o. *vb itr* med adv. el. prep. med spec. övers.:
~ at it a) hålla i arbete b) ligga i
~ away hålla på avstånd (borta)
~ back hålla tillbaka; dölja
~ down hålla nere [*~ down prices*]; undertrycka, hålla tillbaka [*~ down a revolt*]
~ from avhålla från; dölja för; *~ a p. from doing a th.* hindra ngn (avhålla ngn) från att göra ngt
~ in hålla inne [med]; hålla med [*~ a p. in pocket money*]; hålla sig inne; *~ [well] in with* vard. hålla sig väl med
~ off hålla på avstånd; avvärja; stänga ute; hålla sig undan; undvika [*I kept off the subject*]; *~ off the grass!* beträd ej gräsmattan!
~ on a) behålla [på] [*~ one's hat on*] b) hålla i sig [*if the rain ~s on*]; fortsätta med; *~ on at* vard. tjata på; hålla efter ngn
~ out hålla ute; *~ out of* hålla sig borta ifrån, hålla sig utanför (ifrån)
~ to hålla sig till; hålla fast vid [*~ to one's plans*]; stå fast vid [*~ to one's promise*]; *~ a th. to oneself* [be]hålla ngt för sig själv, tiga med ngt; *~ [oneself] to oneself* hålla sig för sig själv
~ together hålla ihop (tillsammans); *enough to ~ body and soul together* tillräckligt för att uppehålla livet
~ under hålla nere; *~ the fire under* hålla elden under kontroll
~ up hålla uppe, uppehålla äv. bildl. [*they kept me up all night*; *~ up a correspondence*]; vidmakthålla, hålla i stånd; fortsätta [med]; hålla vid liv [*~ up a conversation*]; hålla sig uppe äv. bildl.; hålla i sig; *~ it up* fortsätta [med det], hänga i, inte ge tappt
IV s **1** underhåll; uppehälle [*earn one's ~*] **2** *for ~s* vard. för alltid, för gott
keeper [ˈkiːpə] **1** vårdare, [mental]skötare; skogvaktare; vakt; [djur]skötare; uppsyningsman; intendent vid museum; sport. målvakt **2** ss. efterled i sammansättn. -innehavare [*shopkeeper*], -hållare [*bookkeeper*], -vakt [*goalkeeper*], -vaktare
keep-fit [ˌkiːpˈfɪt], *~ campaign*

'håll-i-form-kampanj', motionskampanj; ~ *movement* frisksport[rörelse]
keeping ['ki:pɪŋ] **1** förvar; *in safe* ~ i säkert (gott) förvar **2** samklang; *be in* ~ *with* gå ihop (i stil) med, stämma överens med; *be out of* ~ *with* inte gå ihop (stämma överens, harmoniera) med, inte passa in i
keepsake ['ki:pseɪk] minne; *for (as) a* ~ som minne
keg [keg] kagge
Kelvin ['kelvɪn] **I** egenn. **II** *s* fys., *k*~ kelvin enhet för temperatur
kennel ['kenl] *s* **1** hundkoja **2** vanl. pl. ~*s* kennel, hundgård; ~ *club* kennelklubb **3** rävs lya **4** kyffe, ruckel **5** koppel [hundar]
kept [kept] imperf. o. perf. p. av *keep*; ~ *woman* hålldam, älskarinna
kerb [kɜ:b] trottoarkant; ~ *drill* [fotgängares] trafikvett
kerbstone ['kɜ:bstəʊn] kantsten i trottoarkant
kerchief ['kɜ:tʃɪf] sjalett, halsduk; huvudduk
kernel ['kɜ:nl] **1** kärna i nöt, fruktsten o. säd; [sädes]korn **2** bildl. kärna
kerosene o. **kerosine** ['kerəsi:n] **1** isht amer. fotogen **2** flyg., [*aviation*] ~ flygfotogen
kestrel ['kestr(ə)l] zool. tornfalk; *lesser* ~ rödfalk
ketchup ['ketʃəp] ketchup [*tomato* ~]; *mushroom* ~ svampsoja
kettle ['ketl] **1** kanna för tevatten, [kaffe]panna; *electric* ~ elektrisk vattenkokare **2** [fisk]kittel; *a fine (pretty, nice)* ~ *of fish* en skön röra
kettle-drum ['ketldrʌm] mus. puka
key [ki:] **I** *s* **1** nyckel äv. bildl. [~ *figure (man)*; ~ *industry*]; lösning, facit; *master* ~ huvudnyckel **2** urnyckel; nyckel öppnare till t.ex. sardinburk **3** facit[bok], nyckel **4** tangent på piano, tangentbord m.m.; klaff på blåsinstrument; nyckel på telegraf **5** mus. tonart [*the* ~ *of C*]; bildl. ton[art]; färgton; *speak in a high* ~ tala med hög (gäll) röst; *all in the same* ~ monotont, uttryckslöst **II** *vb tr* **1** mus. stämma; ~ *up* bildl. jaga upp, skruva upp; mus. stämma högre **2** ~ [*in*] skriva (knappa, koda) in på t.ex. dator
keyboard ['ki:bɔ:d] **I** *s* klaviatur; manual på orgel; tangentbord på piano, tangentbord m.m.; ~*s* keyboards, synt **II** *vb tr* **1** skriva (knappa) in på t.ex. dator **2** registrera i t.ex. dator
keyboarder ['ki:ˌbɔ:də] data. inskrivare, inkodare
keyhole ['ki:həʊl] nyckelhål; ~ *surgery* kir. titthålskirurgi

keynote ['ki:nəʊt] **1** mus. grundton **2** bildl. grundton; grundtanke [*the* ~ *of his speech (policy)*]
keypad ['ki:pæd] knappsats på telefon, fjärrkontroll m.m.; [litet] tangentbord
keyphone ['ki:fəʊn] knapp[sats]telefon
key-ring ['ki:rɪŋ] nyckelring
keystone ['ki:stəʊn] byggn. slutsten i valv; bildl. grundval; grundprincip
kg. förk. för *kilogram[s], kilogramme[s]*
khaki ['kɑ:kɪ] **I** *s* kaki tyg o. färg **II** *adj* kakifärgad
kHz förk. för *kilohertz*
kibbutz [kɪ'bʊts] (pl. *kibbutzim* [ˌkɪbʊt'si:m]) kibbutz
kick [kɪk] **I** *vb tr* (se äv. *III*) **1** sparka [till]; ~ *the bucket* sl. kola [av] dö; *I could* ~ *myself for missing the chance* Gud vad det retar (grämer) mig att jag inte tog chansen **2** stöta till; om skjutvapen rekylera mot
II *vb itr* (se äv. *III*) **1** sparka[s]; om häst slå bakut **2** bildl. protestera [~ *against (at) a decision*]; bråka **3** om skjutvapen rekylera
III *vb tr* o. *vb itr* med prep. o. adv. isht med spec. övers.:
~ **against** *the pricks* spjärna mot [udden]; jfr *II 2*
~ **off** a) sparka av sig skorna b) sparka i gång [~ *off a campaign*]; göra avspark i fotboll
~ **out** sparka ut; kasta ut; slå bakut; *be* ~*ed out* vard. få sparken (kicken)
~ **over** sparka omkull; ~ *over the traces* bildl. hoppa över skaklarna; göra sig fri, revoltera
~ **up** sparka (riva) upp t.ex. damm; vard. ställa till; ~ *up a row (fuss, dust, shindy)* ställa till bråk (oväsen) [*about, over* om, för...skull]
IV *s* **1** spark; *free* ~ frispark; *penalty* ~ straffspark **2** vard. a) nöje, spänning; kick b) mani; *he gets a big* ~ *out of (gets his* ~*s by) skiing* han tycker det är helskönt (kul, spännande) att åka skidor **3** vard. styrka, krut i dryck; *a cocktail with a* ~ *in it* en cocktail som river bra, en cocktail med krut i **4** rekyl av skjutvapen **5** sl., *get (give a p.) the* ~ få (ge ngn) kicken (sparken)
kickback ['kɪkbæk] vard. **1** a) våldsam reaktion, motreaktion b) rekyl **2** ung. olaglig provision **3** mutor
kick-off ['kɪkɒf] **1** avspark i fotboll **2** bildl. igångsparkande [*the* ~ *of a campaign*]
kick-start ['kɪkstɑ:t] **I** *vb tr* trampa igång, kickstarta **II** *s, give the economy a* ~ sätta fart på ekonomin, ge ekonomin en skjuts

1 kid [kɪd] **1** zool. killing **2** getskinn; chevreau; pl. ~s glacéhandskar [äv. ~ *gloves*]; *treat a p. with ~ gloves* bildl. behandla ngn med silkesvantar **3** vard. barn, unge; grabb; isht amer. äv. ungdom [*college ~s*]; ~ *brother* lillebror; ~ *sister* lillasyster

2 kid [kɪd] **I** *vb tr* lura, narra; skoja (retas) med; *you're ~ding* [*me*]*!* nu skojar du med mig!, du skämtar! **II** *vb itr* skämta; retas; *I'm not ~ding!* el. *no ~ding!* jag lovar!, det är säkert!, jag skämtar (skojar) inte!

kiddy ['kɪdɪ] vard. litet barn; pl. *kiddies* äv. småttingar

kidnap ['kɪdnæp] **I** *vb tr* kidnappa **II** *s* kidnapp[n]ing

kidney ['kɪdnɪ] **1** njure **2** bildl. art, sort [*a man of the right ~*]; natur

kidney bean ['kɪdnɪbiːn] bot. **1** trädgårdsböna; isht skärböna; rosenböna **2** isht amer. [röd] kidneyböna

kidney machine ['kɪdnɪməˌʃiːn] med. konstgjord njure

kill [kɪl] **I** *vb tr* **1** döda, mörda, slå ihjäl; slakta; ta död på; ta kål på; *be ~ed* äv. dö, omkomma [*he was ~ed in an accident*], slå ihjäl sig; *that won't ~ him* det dör han inte av; ~ *oneself* a) ta livet av sig, ta död på sig b) förta sig äv. iron. [*don't ~ yourself!*]; ~ *two birds with one stone* slå två flugor i en smäll; ~ *a p. with kindness* klema (dalta) för mycket med ngn; *it is a case of ~ or cure* ung. det må bära eller brista, går det så går det **2** vard. överväldiga, förkrossa; *you're ~ing me!* a) jag dör av skratt! b) iron. dödskul, vad! **3** fotb. döda, dämpa boll; ~ *the ball* i tennis slå en dödande boll **II** *vb itr* **1** döda, dräpa [*thou shalt not ~*], mörda **2** vard. göra ett överväldigande intryck; göra susen; *got up* (*dressed*) *to ~* ursnyggt klädd, uppklädd till tusen **III** *s* jakt., villebrådets dödande; [jakt]byte; *be in at the ~* vara på plats när något händer

killer ['kɪlə] **1** mördare; slaktare **2** något livsfarligt; utrotningsmedel; *the disease is a ~* sjukdomen är dödlig **3** amer. sl. pangsak fin sak **4** zool., ~ [*whale*] späckhuggare **5** fysiol., ~ *cell* mördarcell

killing ['kɪlɪŋ] **I** *s* **1** dödande etc., jfr *kill I*; mord **2** vard., *make a ~* göra ett fint kap (ett klipp) **II** *adj* **1** dödande; bildl. mördande [*a ~ pace* (tempo)], isande [*a ~ arrogance*] **2** vard. oemotståndlig; fantastisk; dödskul

kill-joy ['kɪldʒɔɪ] glädjedödare

kiln [kɪln, yrkesspråk kɪl] **I** *s* brännugn för kalk, tegel o.d.; torkugn; kölna **II** *vb tr* bränna (torka) i brännugn (torkugn, kölna)

kilo ['kiːləʊ] (pl. ~s) förk. för *kilogram*[*me*]

kilo- ['kɪlə(ʊ)] kilo-

kilocycle ['kɪlə(ʊ)ˌsaɪkl] kilocykel

kilogramme ['kɪlə(ʊ)græm] kilogram

kilohertz ['kɪlə(ʊ)hɜːts] kilohertz

kilometre ['kɪlə(ʊ)ˌmiːtə, kɪˈlɒmɪtə] kilometer

kiloton ['kɪlə(ʊ)tʌn] kiloton

kilowatt ['kɪlə(ʊ)wɒt] kilowatt

kilt [kɪlt] **I** *s* kilt **II** *vb tr* **1** skörta upp fästa upp **2** vecka, plissera

kimono [kɪˈməʊnəʊ] (pl. ~s) kimono

kin [kɪn] **I** *s* **1** (konstr. ss. pl.) släkt[ingar] **2** släktskap; *of* ~ släkt, besläktad **3** familj ätt **II** *pred adj* släkt, besläktad

1 kind [kaɪnd] **1** slag; *nothing of the ~* ingenting ditåt (sådant, dylikt), inte alls så; ss. svar äv. visst inte!, inte alls!; *they are two of a ~* de (båda två) är likadana (lika goda); ~ *of*: a) slags, sorts; *a ~ of* ett slags, något slags; *a different ~ of* ett annat slags; *every ~ of* el. *all ~s of* alla slags, alla möjliga; *what ~ of trees are those?* vad är det där för slags träd? b) adverbiellt, vard. liksom, på sätt och vis [*I ~ of expected it*] **2** *in* ~ in natura [*pay in ~*]

2 kind [kaɪnd] vänlig, snäll, älskvärd, hygglig [~ *people*]; ~ *regards* hjärtliga hälsningar

kind-hearted [ˌkaɪndˈhɑːtɪd, attr. '-ˌ--] godhjärtad

kindle ['kɪndl] **I** *vb tr* **1** antända **2** lysa upp **3** bildl. upptända, väcka [~ *the interest of the audience*]; egga upp; underblåsa **II** *vb itr* **1** tända, fatta eld **2** bildl. upptändas; lysa upp

kindling ['kɪndlɪŋ] **1** antändning etc., jfr *kindle* **2** tändved, stickor att tända eld med; tändmaterial

kindly ['kaɪndlɪ] **I** *adj* **1** vänlig **2** bildl. mild [*a ~ climate*]; gynnsam; välgörande, värmande, angenäm **3** åld. infödd [*a ~ Scot*] **II** *adv* vänligt etc., jfr *2 kind*; ~ *shut the door at once!* befallande var snäll och stäng dörren genast!; ~ *meant* välment

kindness ['kaɪndnəs] vänlighet, snällhet; *do a p. a ~* visa ngn en vänlighet

kindred ['kɪndrəd] **I** *s* **1** släktskap genom födsel **2** (konstr. ss. pl.) släkt[ingar] [*his ~ live abroad*] **II** *attr adj* besläktad, befryndad äv. bildl.; liknande; *a ~ likeness* släkttycke

kinetic [kɪˈnetɪk, kaɪˈn-] fys. kinetisk; ~ *energy* kinetisk energi, rörelseenergi

king [kɪŋ] **I** *s* **1** kung äv. bildl. [*the ~ of*

beasts (birds); oil ~]; *Kings* bibl. Konungaböckerna; *the ~ of soaps* i reklam världens bästa tvål **2** kung i kortlek, schack m. fl. spel; dam i damspel; *~'s pawn* schack. kungsbonde **II** *vb tr* **1** göra till kung **2** *~ it* uppträda som (spela) kung, härska

kingdom ['kɪŋdəm] **1** kungarike, konungarike; kungadöme; *the ~ of Sweden* kungariket Sverige **2** bildl. rike, välde; område; *the ~ of God* Guds rike **3** naturv. rike; *the animal, vegetable, and mineral ~s* djur-, växt- och mineralriket

kingfisher ['kɪŋ,fɪʃə] zool. kungsfiskare

kingpin ['kɪŋpɪn] **1** i bowling mittenkägla; i kägelspel kung **2** bildl. ledare; stöttepelare [*he (it) is the ~ of the whole system*] **3** tekn. spindelbult

king-size ['kɪŋsaɪz] jättestor, extra stor; king-size [*a ~ cigarette*]

kink [kɪŋk] **1** knut på tråd; sjö. kink; krullad (lagd) [hår]lock **2** egenhet; egendomlighet; hugskott **3** vard. sexuell avvikelse, perversitet

kinky ['kɪŋkɪ] **1** tovig; krusig; *a ~ rope* ett rep fullt med knutar, ett knutigt rep **2** krullig [*~ hair*] **3** vard. bisarr [*~ clothes*] **4** pervers, sexuellt avvikande

kinsfolk ['kɪnzfəʊk] (konstr. ss. pl.) litt. släkt[ingar]

kinship ['kɪnʃɪp] **1** släktskap; blodsband **2** bildl. frändskap; *~ in spirit* själsfrändskap

kins|man ['kɪnz|mən] (pl. *-men* [-mən]) litt. [manlig] släkting, frände

kiosk ['kiːɒsk] kiosk

kip [kɪp] sl. **I** *s* **1** pang ungkarlshotell, härbärge; slaf säng **2** sömn; *get some ~* kvarta ett tag **II** *vb itr*, *~ [down]* gå och kvarta, knyta sig lägga sig; slafa sova

kipper ['kɪpə] **I** *s* 'kipper' slags fläkt, saltad o. röktorkad fisk, isht sill **II** *vb tr* fläka fisk [*~ed herring*]

kiss [kɪs] **I** *vb tr* kyssa äv. bildl.; pussa; *~ the dust (ground)* a) krypa i stoftet b) bita i gräset; *I'll ~ it better* till barn jag ska blåsa på det [så går det över] **II** *vb itr* kyssas, pussas; *~ and tell* skryta med sina erövringar **III** *s* kyss; *the ~ of death* dödsstöten; *give a p. the ~ of life* behandla ngn med mun-mot-mun-metoden

kissproof ['kɪspruːf] kyssäkta

kit [kɪt] **I** *s* **1** utrustning av kläder m.m.; grejor [*golfing (skiing) ~*]; persedlar; mundering [*battle ~*], utstyrsel [*ski ~*]; sats, byggsats; *first-aid ~* förbandslåda **2** kappsäck; mil. packning **II** *vb tr*, *~ out (up)* utrusta, ekipera

kitbag ['kɪtbæg] **1** sportbag **2** mil. ränsel, ryggsäck

kitchen ['kɪtʃɪn, -tʃ(ə)n] **I** *s* kök **II** *attr adj* köks- [*~ fan (machine)*]; *~ utensils* husgeråd, köksgeråd

kitchenette [,kɪtʃɪ'net] kokvrå, litet kök, pentry

kitchen garden [,kɪtʃɪn'gɑːdn] köksträdgård

kitchen range ['kɪtʃɪnreɪn(d)ʒ] köksspis

kitchen sink [,kɪtʃɪn'sɪŋk] diskbänk; *everything but the ~* vard. allt möjligt, rubbet

kite [kaɪt] **1** zool. glada **2** drake av papper o.d.; *fly a ~* a) sända upp en drake b) bildl. släppa upp en försöksballong, göra (skicka ut) en trevare, pejla opinionen

kith [kɪθ], *~ and kin* vänner och fränder; släktingar

kitsch [kɪtʃ] vard. (ty.) smörja, kitsch

kitten ['kɪtn] **1** kattunge; *have (be having) ~s* vard. sitta som på nålar; få spader **2** flicksnärta

1 kitty ['kɪtɪ] kattunge

2 kitty ['kɪtɪ] **1** spel. pott **2** vard. kassa, fond

kiwi ['kiːwiː] **1** zool. kivi **2** kiwi[frukt] **3** *K~* vard. nyzeeländare utom i Nya Zeeland

Kleenex ['kliːneks] ® ansiktsservett, pappersnäsduk

kleptomania [,kleptə(ʊ)'meɪnjə] kleptomani

kleptomaniac [,kleptə(ʊ)'meɪnɪæk] kleptoman

km. förk. för *kilometre*[*s*]

knack [næk] **1** skicklighet att göra ngt; [gott] handlag; *get the ~ of a th.* få kläm på ngt, få in det rätta greppet på ngt; *there's a ~ in it* det finns ett knep med det **2** liten vana, benägenhet

knapsack ['næpsæk] ryggsäck, ränsel, axelväska, persedelpåse

knave [neɪv] **1** kanalje, bedragare **2** knekt i kortlek; *~ of hearts* hjärter knekt

knavery ['neɪvərɪ], *piece of ~* skurkstreck

knavish ['neɪvɪʃ] skurkaktig, samvetslös; *~ trick* skurkstreck

knead [niːd] **I** *vb tr* knåda äv. massera; älta **II** *vb itr* om katt karda

knee [niː] **I** *s* knä äv. tekn. el. byggn.; *bend (bow, crook) the (one's) ~[s]* böja knä, knäböja äv. bildl.; *his trousers are torn (gone) at the ~s* hans byxor har hål på knäna; *on one's bended ~s* på sina bara knän **II** *vb tr* beröra med knä[e]t, knäa

kneecap ['niːkæp] **I** *s* **1** knäskål **2** knäskydd **II** *vb tr* skadskjuta ngn i knät som hämnd el. dyl., krossa knät på

knee-deep [ˌniːˈdiːp] knädjup; *the snow was ~* snön gick [upp] till knäna
kneel [niːl] (*knelt knelt* el. *~ed ~ed*) knäböja; *~ down* falla på knä; lägga sig på knä
knee-length [ˌniːˈleŋθ, attr. '--] knäkort; *~ stocking* knästrumpa
kneepad [ˈniːpæd] knäskydd
knell [nel] själaringning; klämtning; bildl. dödsklocka; olyckligt förebud; dödsstöt; *toll the ~* ringa själaringning
knelt [nelt] imperf. o. perf. p. av *kneel*
knew [njuː] imperf. av *know*
knickers [ˈnɪkəz] **1** knickers slags byxor **2** [dam]underbyxor [med ben], benkläder; mamelucker; *get one's ~s in a twist* sl. bli upprörd, hetsa upp sig
knick-knack [ˈnɪknæk] prydnadsföremål, småsak; pl. *~s* äv. krimskrams, krafs, grannlåt
knife [naɪf] **I** (pl. *knives* [naɪvz]) *s* kniv; *~ pleat* sömnad. efterveck **II** *vb tr* knivhugga, knivskära
knight [naɪt] **I** *s* **1** medeltida riddare; bildl., ngns riddare **2** riddare av en orden; *~ bachelor* (pl. *~s bachelors* el. *~s bachelor*) riddare av lägsta rang utan ordenstillhörighet **3** knight adelsman av lägsta rang (titeln ej ärftlig) **4** schack. springare **II** *vb tr* dubba till riddare; utnämna till knight
knighthood [ˈnaɪthʊd] **1** (jfr *knight I 1-3*) riddarvärdighet, knightvärdighet; *confer a ~ [up]on* förläna riddarvärdighet åt; utnämna till knight, adla **2** koll. ridderskap
knit [nɪt] **I** (*~ted ~ted* el. *knit knit*, i bet. *1* vanl. *~ted ~ted*) *vb tr* **1** sticka t.ex. strumpor **2** dra ihop, rynka; *~ one's brows* rynka pannan (ögonbrynen) **3** *~ together* [fast] förena, knyta (binda) [samman] äv. bildl. [*to* med]; få att växa ihop [*~ broken bones*] **II** (*~ted ~ted* el. *knit knit*, i bet. *1* vanl. *~ted ~ted*) *vb itr* **1** sticka **2** växa ihop; [fast] förenas äv. bildl.; knytas till varandra **3** rynka sig, rynkas [*his brows ~*]
knitting [ˈnɪtɪŋ] stickning äv. konkr.; stickat arbete; *stick to one's ~* hålla sig till saken, sköta sitt
knitting-needle [ˈnɪtɪŋˌniːdl] [strump]sticka
knitwear [ˈnɪtweə] trikåvaror; stickade plagg
knives [naɪvz] pl. av *knife*
knob [nɒb] **1** knopp; ratt på t.ex. radio; runt handtag, vred [*door-knob*]; knöl **2** liten bit [*a ~ of sugar*]; klick [*a ~ of butter*]

3 [rund] kulle **4** *with ~s on* sl. och mer därtill, så det förslår; alla gånger; *the same to you with ~s on!* tack detsamma!, det kan du vara själv!
knock [nɒk] **I** *vb tr* (se äv. *III*) **1** slå [hårt]; bulta, knacka; *~ a p. cold* (*into the middle of next week*) a) slå ngn medvetslös b) slå ngn med häpnad **2** vard. slå med beundran (häpnad) **3** vard. racka ner på
II *vb itr* (se äv. *III*) **1** knacka äv. om motor, bulta [*~ at the door*], knacka **2** stöta (slå) ihop, krocka
III *vb tr* o. *vb itr* med adv. el. prep. med spec. övers.:
~ about: a) slå (kasta) hit och dit; våldsamt misshandla b) vard. driva (flacka) omkring [i] c) vard., om saker ligga och skräpa
~ against stöta (slå) emot; *~ one's head against a stone* (*brick*) *wall* bildl. köra huvudet i väggen
~ back: a) vard. svepa, stjälpa i sig [*~ back five beers*] b) *that ~ed me back ten pounds* vard. jag åkte på en smäll på tio pund
~ down: a) knocka, slå ned; riva ned (omkull) b) riva; montera ned t.ex. maskin för transport c) på auktion klubba d) vard. pressa ned [*~ down the price of*]
~ in slå in (i); bryta upp
~ a th. into shape få fason på ngt
~ off: a) slå av b) slå av på [*~ ten pounds off the price*] c) sluta [med] [*~ off work at five*], sluta arbetet, lägga av d) vard. klara av; smälla ihop [*~ off an article*] e) sl. knycka f) sl. knäppa mörda g) *~ a p.'s head off* bildl. slå in skallen på ngn; *~ it off!* sl. lägg av!
~ on slå mot (i) [*~ one's head on a wall*]; *~ on the head* slå ngn i skallen; bildl. sätta p (stopp) för
~ out: a) slå ut; knacka ur [*~ out one's pipe*]; *~ the bottom out of* bildl. slå hål på, kullkasta [*~ the bottom out of a theory*] b) knocka, slå boxare knockout, besegra; slå medvetslös; bildl. överväldiga
~ over: a) slå (stöta) omkull b) överrumpla, göra paff
~ to pieces slå i bitar (sönder) äv. bildl.
~ together sätta ihop i en hast, smälla ihop
~ up: a) kasta upp; knacka upp, väcka genom att knacka b) vard. [hastigt] ställa till med; sno ihop [*~ up a meal*], rafsa ihop; skramla ihop c) vard. göra poäng i kricket d) trötta ut; perf. p. *~ed up* utmattad, utsjasad e) sl. göra på smällen göra gravid f) *~ up against* vard. stöta på (ihop med) [*~ up against a friend*]

IV *s* **1** slag; knackning äv. i motor; smäll; *there is a ~ at the door* det knackar [på dörren] **2** vard. [inne]omgång i kricket **3** vard. smäll; kritik; prickning; *take a ~* få en knäck, bli ruinerad

knock-down ['nɒkdaʊn] **I** *adj* **1** bildl. bedövande; *a ~ blow* ett dråpslag **2** om pris nedsatt; på auktion minimi- [*a ~ price*] **3** isärtagbar, nedmonterbar; *~ furniture* byggmöbler, monterbara möbler **II** *s* **1** dråpslag; boxn. nedslagning **2** amer. [pris]nedsättning

knocker ['nɒkə] **1** a) portklapp b) person (sak) som knackar (bultar, slår) **2** amer. sl. gnällspik, häcklare **3** sl., pl. *~s* pattar bröst

knock-kneed [ˌnɒk'niːd] **1** kobent **2** bildl. haltande; tafatt

knock-out ['nɒkaʊt] **I** *adj* knockout- [*a ~ blow*]; *~ competition (contest)* utslagstävling **II** *s* **1** knockout[slag] i boxning **2** vard. pangsuccé; toppengrej; pangbrud

knoll [nəʊl] [rund] kulle

1 knot [nɒt] zool. kustsnäppa

2 knot [nɒt] **I** *s* **1** knut; knop; *make (tie) a ~* göra (knyta, slå) en knut [*in* på] **2** [band]rosett, kokard **3** skärningspunkt, föreningspunkt **4** bildl. svårighet, problem; *the* [*very*] *~* själva knuten [*of* i]; *tie oneself* [*up*] *in*[*to*] *~s* el. *get into ~s* bildl. a) trassla in sig b) trassla till det för sig **5** knöl; ledknut; kvist i trä; knopp **6** klunga [*people were standing about in ~s*] **7** sjö. knop i timmen; *do 20 ~s* göra 20 knop **8** garnhärva, garndocka **II** *vb tr* **1** knyta en knut; knyta om [*~ a parcel firmly*]; knopa; *~ together* knyta ihop **2** bildl. a) knyta samman, förena b) veckla in, trassla till

knotty ['nɒtɪ] **1** knutig; knölig, knotig **2** bildl. kvistig, kinkig

know [nəʊ] **I** (*knew known*) *vb tr* o. *vb itr* **1** veta; ha reda på, känna till; [*he's a bit stupid,*] *you ~* ...vet du, ...förstår du; *you never ~* man kan aldrig veta; *I wouldn't ~* vard. inte vet jag, jag har ingen aning; *what do you ~* [*about that*]*!* vard. vad säger du om det då!, nej men ser man på!; *~ of* känna till, veta [*I ~ of a place that would suit you*]; ha hört talas om [*I ~ of him*]; *not that I ~ of* inte såvitt (vad) jag vet **2** kunna; *he ~s his business* han kan sin sak; *he ~s all about cars* han kan [allt om] bilar; *I ~ nothing about paintings* jag förstår mig inte alls på tavlor **3** *~ how to* kunna [konsten att], förstå sig på att; veta att **4** känna [*I don't ~ him*]; *get to ~* lära känna, bli bekant med; [*he will do it*] *if I*

~ him ...om jag känner honom rätt **5** känna igen; identifiera; [kunna] skilja; *~ a good thing when one sees it* kunna skilja på bra och dåligt, veta vad som är bra **6** vara med om [*he knew poverty in his early life*], se [*he has ~n better days*]; *it has never been ~n to happen* det har veterligen aldrig hänt; *she has never been ~n to tell a lie* man har aldrig hört henne ljuga **II** *s, in the ~* vard. initierad, invigd

know-all ['nəʊɔːl] vard. besserwisser; allvetare

know-how ['nəʊhaʊ] vard. know-how

knowing ['nəʊɪŋ] **I** *adj* **1** kunnig **2** medveten **3** [knip]slug [*a ~ fellow*], illmarig; menande [*a ~ glance*] **II** *s* vetande; *there is no ~ where that will end* man kan inte veta var det ska sluta

knowingly ['nəʊɪŋlɪ] **1** medvetet **2** menande

knowledge ['nɒlɪdʒ] (utan pl.) **1** kunskap[er]; vetskap, kännedom; erfarenhet; vetande, lärdom; *a thorough ~ of English* grundliga kunskaper (insikter) i engelska; *get ~ of* få vetskap om, få veta, få reda på; *to* [*the best of*] *my ~* såvitt (vad) jag vet **2** *carnal ~* jur. könsumgänge

knowledgeable ['nɒlɪdʒəbl] kunnig; klyftig; välunderrättad

known [nəʊn] (av *know*) känd, bekant; *be ~ by* a) vara känd av [*he is ~ by all*] b) kännas igen på [*he is ~ by his voice*]; *as is well ~* som bekant

knuckle ['nʌkl] **I** *s* **1** knoge; led **2** på vissa djur knäled; kok. lägg på kalv o. svin; *~ of veal* äv. kalvkyl **3** [*a bit*] *near the ~* vard. på gränsen till oanständig **II** *vb tr* slå (gnida) med knogarna **III** *vb itr*, *~ under (down)* falla till föga, böja sig [*to* för]

knuckle-duster ['nʌklˌdʌstə] knogjärn

KO [ˌkeɪ'əʊ] boxn., sl. = *knock out* o. *knock-out*

koala [kəʊ'ɑːlə] zool., *~* [*bear*] koala, pungbjörn

kook [kuːk] isht amer. sl. knasboll

Koran [kɒ'rɑːn], *the ~* Koranen

Korea [kə'rɪə] geogr., *North ~* Nordkorea

Korean [kə'rɪən] **I** *s* **1** korean **2** koreanska [språket] **II** *adj* koreansk

kosher ['kəʊʃə] **I** *adj* **1** jud., om mat o.d. koscher ritualenlig [*~ food*] **2** vard. äkta **II** *s* koscher mat, jfr *I 1*

kowtow [ˌkaʊ'taʊ] **I** *s* **1** djup bugning kinesisk vördnadsbetygelse med pannan mot marken **2** bildl. kryperi **II** *vb itr* **1** buga sig [till marken] **2** krypa, svansa

k.p.h. förk. för *kilometres per hour*

Kremlin ['kremlɪn] geogr., *the* ~ Kreml
kudos ['kjuːdɒs] vard. beröm, ära, heder
Kuwait [kʊ'weɪt, -'waɪt]
kW (förk. för *kilowatt*[*s*]) kW

L, l [el] (pl. *L's* el. *l's* [elz]) L, l
1 L (förk. för *Learner*) övningsbil, övningskörning skylt på bil; ~ *driver* övningsförare
2 L (förk. för *elevated railroad*) amer. vard. högbana; ~ *train* L-tåg
LA [,el'eɪ] förk. för *Los Angeles*
lab [læb] **1** (vard. kortform för *laboratory*) labb **2** (vard. förk. för *low-alcohol beer*) lättöl
label ['leɪbl] **I** *s* **1** etikett äv. data.; märke; adresslapp; påskrift **2** [sigill]band **3** bildl. etikett, stämpel [*attach a ~ to* (på) *people*], beteckning **4** skivmärke grammofonbolag **II** *vb tr* etikettera äv. data.; förse med påskrift (adresslapp); sätta etikett på äv. bildl.; rubricera; beteckna; ~ *a p. as a reactionary* stämpla ngn som reaktionär
labia ['leɪbjə] blygdläppar
labor ['leɪbə] amer. **I** *s* se *labour I*; *L~ Day* ung. 'arbetarklassens dag' i USA o. Canada fridag 1:a måndagen i september; ~ *union* fackförening **II** *vb itr* o. *vb tr* se *labour II* o. *III*
laboratory [lə'bɒrət(ə)rɪ, amer. 'læbrətɔːrɪ] laboratorium; verkstad äv. bildl.
laborious [lə'bɔːrɪəs] **1** mödosam [~ *task*]; tung [~ *style*] **2** strävsam
labour ['leɪbə] **I** *s* **1** arbete, möda, ansträngning; *hard ~* straffarbete; *~ of love* (pl. *labours of love*) kärt besvär (arbete) **2** ekon. a) arbete b) arbetskraft; arbetare koll.; *skilled ~* se *skilled 2*; ~ *force* arbetsstyrka, arbetskraft; ~ *legislation* arbetslagstiftning; *International L~ Organization* internationella arbetsorganisationen **3** polit., *L~* arbetarna, arbetarklassen; *L~* el. *the L~ Party* arbetarpartiet; *L~ leader* a) ledare för arbetarpartiet, arbetarledare b) fackföreningsledare **4** förlossningsarbete; värkar [äv. ~ *pains*]; ~ *ward* förlossningsavdelning **II** *vb itr* **1** arbeta [hårt] [~ *at* (på, med) *a task*; ~ *in* (för) *the cause of peace*] **2** bemöda sig, anstränga sig, sträva **3** ~ *under* ha att dras (kämpa) med [~ *under a difficulty*] **4** arbeta (kämpa) sig [fram] **III** *vb tr* breda ut sig över; lägga [för] stor vikt vid [~ *a point* (*the obvious*)]
laboured ['leɪbəd] **1** överarbetad, ansträngd, tvungen, krystad [~ *style*] **2** besvärad, tung [~ *breathing*]
labourer ['leɪbərə] arbetare; isht grovarbetare; *agricultural* (*farm*) ~ jordbruksarbetare, lantarbetare
labour-intensive ['leɪbərɪn,tensɪv] arbetsintensiv
labour-saving ['leɪbə,seɪvɪŋ] arbetsbesparande; ~ *devices* (*appliances*) arbetsbesparande hjälpmedel (apparater)
laburnum [lə'bɜːnəm] bot. gullregn
labyrinth ['læbərɪnθ] labyrint äv. anat. o. bildl.
lace [leɪs] **I** *s* **1** snöre; snodd **2** galon[er] [*gold ~, silver ~*] **3** spets[ar]; *Brussels ~* brysselspets[ar] **II** *vb tr* **1** snöra; ~ [*up*] [*one's shoes*] snöra... **2** trä **3** ~*d* a) galonerad b) garnerad med spetsar **4** vard. a) klå [upp] b) klå, besegra **5** vard. spetsa [~ *coffee with brandy*]; ~*d coffee* ung. kaffegök, kaffekask **III** *vb itr* **1** snöra sig i korsett; ~ [*up*] snöras [*it ~s* [*up*] *at the side*] **2** ~ *into* vard. a) klå upp b) skälla ut
laceration [,læsə'reɪʃ(ə)n] **1** sönderslitning **2** rivsår, skärsår; med. laceration
lack [læk] **I** *s* brist; fattigdom; m. fl. ex. *for* (*through*) ~ *of* av brist på; *be in ~ of* sakna **II** *vb tr* sakna [~ *courage*], lida brist på **III** *vb itr* **1** ~ *for* sakna [*they ~ed for nothing*] **2** *be ~ing* fattas, saknas [*for* för; *from* i (hos)]; *nothing is ~ing* det fattas (saknas) ingenting **3** *be ~ing in* sakna [*he is ~ing in courage*], vara utan
lackadaisical [,lækə'deɪzɪk(ə)l] nonchalant [~ *manner*]
lackey ['lækɪ] lakej äv. bildl.
lacklustre ['læk,lʌstə] glanslös, matt
laconic [lə'kɒnɪk] lakonisk, ordknapp
lacquer ['lækə] **I** *s* **1** lackfernissa **2** lack [*Japanese ~*] **3** lackarbete[n] **4** [*hair*] ~ hårsprej **5** nagellack **II** *vb tr* lackera
lacy ['leɪsɪ] spetslik
lad [læd] **1** pojke; *my ~* i tilltal min vän; [*stable*] ~ stallpojke **2** vard. karl, kille
ladder ['lædə] **I** *s* **1** stege; sjö. lejdare; [fisk]trappa; *the ~ of success* karriärstegen **2** [löp]maska på strumpa o.d.; *repair a ~* maska upp en löpmaska **II** *vb itr, my stocking has ~ed* det har gått en maska (maskor) på min strumpa; *tights that won't ~* masksäkra strumpbyxor **III** *vb tr* riva upp en maska (maskor) på

L – ladder

ladderproof ['lædəpruːf] masksäker [~ *stockings*]
laden ['leɪdn] **1** lastad [*a ~ mule*]; *trees ~ with apples* träd dignande av äpplen **2** bildl. mättad; fylld [*~ with* (med, av) *moisture*] **3** bildl. tyngd [*~ with* (av) *sorrow* (*grief*)]
la-di-dah [ˌlɑːdɪˈdɑː] vard. **I** *adj* tillgjord, snobbig **II** *s* tillgjord (snobbig) person
ladle ['leɪdl] **I** *s* slev [*soup ~*]; tekn. skopa; skovel på vattenhjul **II** *vb tr* ösa med slev; sleva; *~ out* ösa upp, servera
lady ['leɪdɪ] **1** dam; *ladies and gentlemen* mina damer och herrar **2 a)** *~'s* el. *ladies'* ofta dam- [*ladies' hairdresser* (*tailor*)]; *ladies' doubles* i tennis damdubbel **b)** *ladies* el. *Ladies'* (konstr. ss. sg.) vard. damtoalett **3** kvinnlig [*~ principal*]; *~ author* författarinna, kvinnlig författare **4** fru; härskarinna; *the ~ of the house* frun i huset, värdinnan **5** *L~* Lady adelstitel **6** vard., *my* (*your* etc.) *~* frun; *the old ~* a) frugan b) morsan
ladybird ['leɪdɪbɜːd] zool. [Maria]nyckelpiga [äv. *~ beetle*]
ladybug ['leɪdɪbʌg] amer., se *ladybird*
Lady Day ['leɪdɪdeɪ] vårfrudagen 25 mars
lady-in-waiting [ˌleɪdɪɪnˈweɪtɪŋ] (pl. *ladies-in-waiting*) [uppvaktande] hovdam [*~ to* (hos) *the Queen*]
lady-killer ['leɪdɪˌkɪlə] vard. kvinnotjusare, kvinnojägare
ladylike ['leɪdɪlaɪk] **1** som (lik) en lady **2** feminin
ladyship ['leɪdɪʃɪp] **1** ladys rang **2** *Her* (*Your*) *L~* Hennes (Ers) nåd, grevinnan m.fl. adelstitlar enl. ladyns rang
1 lag [læg] **I** *vb itr* **1** ligga (halka, sacka) efter [äv. *~ behind*] **2** mattas [*interest ~s*] **II** *s* försening [*~ of the tide*]; förskjutning; eftersläpning; tekn. retardation
2 lag [læg] värmeisolera, klä in i (med) värmeisolerande material
lager ['lɑːgə] [ljus] lager [äv. *~ beer*]
lagging ['lægɪŋ] tekn. isolering äv. material
lagoon [ləˈguːn] lagun
laid [leɪd] imperf. o. perf. p. av *4 lay*
lain [leɪn] perf. p. av *2 lie*
lair [leə] **1** vilda djurs läger **2** bildl. lya; tillhåll
laity ['leɪətɪ] (konstr. ss. pl.), *the ~* lekmännen
1 lake [leɪk] lackfärg; [*crimson*] *~* röd lackfärg, lackrött
2 lake [leɪk] sjö; bildl. äv. hav [*surrounded by a ~ of flowers*]; *the* [*English*] *Lakes* el. *the L~ District* sjödistriktet i nordvästra England; *the Great Lakes* Stora sjöarna mellan USA o. Canada
lamb [læm] **I** *s* **1** lamm äv. bildl.; *poor ~!* stackars krake! **2** kok. lamm[kött]; *roast ~* lammstek **II** *vb itr* lamma
lambskin ['læmskɪn] lammskinn
lame [leɪm] **I** *adj* **1** halt; ofärdig; *his arm was ~* han var ofärdig i armen; *~ duck* vard. a) hjälplös person; invalid b) insolvent börsspekulant, dålig betalare c) polit. övergångs-, som sitter kvar under en övergångsperiod [*a ~-duck president*] **2** bildl. bristfällig, otillfredsställande; haltande [*~ verses*]; lam [*a ~ excuse*] **II** *vb tr* göra halt (ofärdig)
lamely ['leɪmlɪ] lamt; tamt
lament [ləˈment] **I** *vb itr* klaga, jämra [sig] **II** *vb tr* beklaga; begråta; sörja [*~ a p.*]; perf. p. *~ed* äv. djupt saknad; *your late ~ed father* din [djupt saknade] bortgångne far **III** *s* **1** [ve]klagan **2** klagosång
lamentable ['læməntəbl, ləˈment-] **1** beklaglig [*a ~ mistake*] **2** bedrövlig [*a ~ performance*], ynklig
lamp [læmp] lampa; lykta; bildl. ljus
lampoon [læmˈpuːn] **I** *s* pamflett, smädeskrift **II** *vb tr* skriva en pamflett (pamfletter) mot; smäda i skrift
lamppost ['læmppəʊst] **1** lyktstolpe; *between you and me and the ~* vard. i förtroende (oss emellan) [sagt] **2** sl., pers. lång räkel (drasut)
lampshade ['læmpʃeɪd] lampskärm
lance [lɑːns] **I** *s* **1** lans; *break a ~ with* bildl. bryta en lans med, ta en dust med **2** lansiär **3** fisk. spjut; ljuster **4** lansett **II** *vb tr* med. öppna med lansett; *~ a boil* öppna (sticka hål på) en böld
lance corporal [ˌlɑːnsˈkɔːp(ə)r(ə)l] korpral gruppbefäl inom armén
lancer ['lɑːnsə] mil. lansiär
lancet ['lɑːnsɪt] med. lansett; *the L~* ansedd britt. läkartidskrift
land [lænd] **I** *s* **1** land i mots. till hav, vatten; *see* (*find out*) *how the ~ lies* sondera terrängen; *on ~* a) på [torra] land b) till lands **2** litt. o. bildl. land; *the ~ of dreams* drömmarnas land (rike) **3** ägd mark; pl. *~s* [jord]egendomar; marker, ägor; *work on the ~* vara lantarbetare **4** jord, mark [*arable ~*; *stony ~*] **II** *vb tr* **1** landsätta [*~ passengers*], föra i land, lossa [*~ goods*]; landa fiskfångst **2 a)** dra i land, dra upp [*~ a fish*] **b)** vard. fånga, få tag i [*~ a husband*; *~ a job*]; ta (kamma) hem, vinna [*~ the prize*] **3** *~ a plane* gå ned med (landa med) ett flygplan **4** *~ oneself in great trouble* råka in i en mycket

besvärlig situation; *they were ~ed in a strange town [without money]* de befann sig mitt i en främmande stad...; *be ~ed with* få (ha fått) på halsen (på sig) 5 vard. pricka in [*~ a punch*]; *~ a p. one [in the eye]* klippa till ngn [i synen] **III** *vb itr* **1** landa, lägga till; landstiga [*we ~ed at Bombay*] **2** landa [*the plane ~ed*], gå ned; ta mark; *~ on one's feet* komma ned på fötterna äv. bildl. **3** hamna [äv. *~ up; ~ in the mud*], råka in; sluta; *~ up in* hamna (sluta) i, råka rakt in i **4** vard., om slag träffa, gå in

landed ['lændɪd] **1** jordägande, besutten; *the ~ interest[s]* godsägarna **2** jord-; *~ estate* jordegendom, gods

landing ['lændɪŋ] **1** landning; landstigning; landsättning etc., jfr *land II* o. *III*; *~ operation* landstigningsföretag **2** landningsplats; kaj; landgång **3** trappavsats **4** sport. nedslag

landing-craft ['lændɪŋkrɑːft] mil. landstigningsbåt

landing-gear ['lændɪŋgɪə] flyg. landställ, landningsställ

landing-stage ['lændɪŋsteɪdʒ] sjö., isht flytande [landnings]brygga

landing-strip ['lændɪŋstrɪp] flyg. landningsbana isht tillfällig för t.ex. militära ändamål

landlady ['læn(d),leɪdɪ] **1** [hyres]värdinna; [kvinnlig] husägare; [värdshus]värdinna **2** [kvinnlig] godsägare som arrenderar ut jord

landlocked ['læn(d)lɒkt] instängd (omgiven) av land [*a ~ country*]

landlord ['læn(d)lɔːd] **1** [hyres]värd; husägare; [värdshus]värd **2** jordägare som arrenderar ut jord

landlubber ['læn(d),lʌbə] sjö. vard. landkrabba

landmark ['læn(d)mɑːk] **1** gränsmärke, råmärke **2** landmärke; sjö. riktmärke; orienteringspunkt **3** bildl. hållpunkt; milstolpe

landmine ['læn(d)maɪn] mil. **1** landmina **2** vard. bomb från fallskärm

landowner ['lænd,əʊnə] jordägare

landscape ['læn(d)skeɪp] **1** landskap; *~ architecture* landskapsarkitektur; landskapsvård; *~ gardener* trädgårdsarkitekt; *~ window* panoramafönster **2** konst. landskap; landskapsmåleri; *~ painter* landskapsmålare

landslide ['læn(d)slaɪd] **1** jordskred **2** polit. jordskred; jordskredsseger [äv. *~ victory*]

lane [leɪn] **1** a) smal väg mellan häckar o.d.; stig b) trång gata; ofta bakgata; *it is a long ~ that has no turning* allting har en ända hur tröstlöst det än ser ut **2** häck av militär o.d.; passage mellan led o.d.; *form a ~* bilda häck **3** körfält [äv. *traffic ~*] **4** farled för oceanfartyg; segelled; flyg. luftled **5** råk; isränna **6** sport. bana; bowlingbana

language ['læŋgwɪdʒ] **1** språk; tungomål; *~ laboratory* (vard. *lab*) inlärningsstudio, språklaboratorium; *~ learning* språkinlärning **2** språk [*his ~ was dreadful*]; framställning; [*bad*] *~* rått (grovt) språk, svordomar; *strong ~* a) kraftiga ordalag b) kraftuttryck, grovheter

languid ['læŋgwɪd] **1** slapp, matt äv. bildl. [*~ gesture (voice)*] **2** slö; likgiltig; trög, långsam [av sig]; hand. matt **3** tråkig

languish ['læŋgwɪʃ] **1** avmattas, tyna av äv. bildl.; försmäkta **2** tråna; se trånsjuk ut

languor ['læŋgə] **1** slapphet, svaghet **2** slöhet; likgiltighet **3** vemod, trängtan; tristess **4** dåsighet; tryckande stillhet [*the ~ of a summer day*]

lank [læŋk] **1** om hår långt och rakt, stripigt **2** [lång och] gänglig; [lång och] mager; slankig; spenslig **3** skrumpen

lanky ['læŋkɪ] [lång och] gänglig, skranglig

lanolin ['lænə(ʊ)lɪn] o. **lanoline** ['lænə(ʊ)liːn, -lɪn] lanolin

lantern ['læntən] **1** lykta; lanterna; lanternin; *Chinese ~* kulört lykta, papperslykta; *~ jaws* infallna kinder **2** [*magic*] *~* laterna magica; skioptikon

1 lap [læp] **1** knä; sköte äv. bildl. [*in the ~ of the gods*]; [kjol]fång; *live in the ~ of luxury* leva lyxliv **2** skört

2 lap [læp] **I** *vb tr* **1** linda, svepa; linda (svepa) in **2** lägga kant över kant (om lott) **3** sport. a) varva komma ett el. flera varv före b) avverka [*they ~ped the course in 3 minutes*] **II** *vb itr* skjuta (gå, nå) ut; *~ over* överlappa varandra, ligga om lott **III** *s* **1** sport. varv; *~ time* varvtid; *~ of honour* ärevarv **2** etapp [*the first ~ of the journey*]

3 lap [læp] **I** *vb tr* **1** lapa [äv. *~ up*]; sörpla i sig [äv. *~ up* (*down*)]; *he ~s up everything you say* vard. han slickar i sig (suger i sig, sväljer) allt vad du säger **2** om vågor skvalpa mot [*waves ~ped the shore*] **II** *vb itr* om vågor skvalpa

lapdog ['læpdɒg] knähund äv. bildl.

lapel [lə'pel] slag på kavaj o.d.

Lapland ['læplænd] Lappland, Lappmark[en]

Laplander ['læplændə] o. **Lapp** [læp] same

lapse [læps] **I** *s* **1** lapsus; *it was a ~ of* [*the*] *memory* det var ett minnesfel; *~ of the pen* skrivfel **2** felsteg; avfall {*~ from true belief*}, avsteg {*~ from one's principles*} **3** nedsjunkande, fall **4** om tid [för]lopp; tid[srymd]; *a ~ of a hundred years* [en tidsrymd av] hundra år **II** *vb itr* **1 a)** sjunka ned [äv. *~ back*]; *he ~d into silence* han försjönk i tystnad **b)** *~ from* avfalla (avvika) från, göra avsteg från **2** upphöra

laptop ['læptɒp], ~ [*computer* (*portable*)] portföljdator

larceny ['lɑːsənɪ, -snɪ] jur. tillgrepp; stöld; *grand ~* amer. grov stöld; *petit* (*petty*) *~* åld. el. amer. snatteri

larch [lɑːtʃ] bot. lärk[träd] [äv. *~ tree*]

lard [lɑːd] **I** *s* isterflott **II** *vb tr* späcka äv. bildl. {*~ed with quotations*}

larder ['lɑːdə] skafferi; visthus[bod]

large [lɑːdʒ] **I** *adj* **1** stor i div. mera eg. bet., t.ex. a) rymlig {*a ~ flat*} b) ansenlig {*a ~ sum*}, betydande {*a ~ number* (*quantity*)} c) riklig {*a ~ supply*}; *as ~ as life* a) i kroppsstorlek, i naturlig storlek b) vard. livslevande, i egen hög person {*here he is, as ~ as life*} **2** frikostig, liberal **II** *s, at ~* **a)** fri; *set a p. at ~* försätta ngn på fri fot, försätta ngn i frihet, frige ngn **b)** utförligt, detaljerat {*write at ~*}; vidlyftigt; vitt och brett **c)** i stort; *the public at ~* den stora allmänheten; folk i allmänhet; *society at ~* samhället i stort (sin helhet) **III** *adv, by and ~* i stort sett, på det hela taget **IV** *vb itr* sjö. slöra

largely ['lɑːdʒlɪ] till stor (övervägande) del; i [tämligen] hög grad; i stor utsträckning

large-scale ['lɑːdʒskeɪl] i stor skala {*~ map*}; omfattande {*~ reforms*}, stor {*~ project*}; stor- {*~ consumer*}; mass- {*~ production*}

largish ['lɑːdʒɪʃ] ganska stor; *a ~ sum of money* en större summa pengar

1 lark [lɑːk] zool. lärka

2 lark [lɑːk] **I** *s* vard., *have a ~ with* skoja med **II** *vb itr* skoja, leka; *~ about* skoja, bråka, stoja **III** *vb tr* skoja med

laryngitis [ˌlærɪnˈdʒaɪtɪs] med. laryngit

larynx ['lærɪŋks] (pl. *larynges* [læˈrɪndʒiːz] el. *~es*) struphuvud

lascivious [ləˈsɪvɪəs] lysten, liderlig {*~ thoughts*; *a ~ old man*}, lasciv; obscen

laser ['leɪzə] fys. laser {*~ memory* (*surgery*)}; *~ beam* laserstråle; *~ printer* laserskrivare

1 lash [læʃ] **I** *vb tr* **1** piska; piska (klatscha) 'på; prygla; gissla; om vågor, regn [ursinnigt] piska mot; slå; kasta; piska med {*the tiger ~ed its tail angrily*} **2** bildl. gissla; komma med våldsamma utfall mot **II** *vb itr* **a)** piska; om orm göra [ett] utfall **b)** störta [sig]; *~ at* slå [efter], piska (ge) 'på, snärta till; *~ out* **a)** slå vilt omkring sig, bråka, rasa; om häst slå bakut {*at* mot} **b)** vard. slå på stort, slösa, spendera **III** *s* **1** snärt, tafs på piska **2** [pisk]rapp äv. bildl. **3** spörapp **4** ögonfrans

2 lash [læʃ] surra; sjö. äv. naja; *~ down* surra (naja) fast {*on* på}

1 lashing ['læʃɪŋ] **1** piskande, piskning etc., jfr *1 lash I* o. *II*; *get a ~* få prygel **2** pl. *~s of* vard. massor (massvis) av

2 lashing ['læʃɪŋ] surrning

lass [læs] flicka, tös

lasso [ləˈsuː, ˈlæsəʊ] **I** (pl. *~s* el. *~es*) *s* lasso **II** *vb tr* fånga med lasso

1 last [lɑːst] **I** *s* skomakares läst; *stick to one's ~* bli vid sin läst, inte lägga sig i det man inte begriper **II** *vb tr* lästa [ut]

2 last [lɑːst] **I** *adj* **1** sist; ytterst; enda återstående; slutlig; *~ name* efternamn; *~* [*but*] *not least* sist men inte minst **2** sist; förra; *~ evening* i går kväll; *~ year* i fjol, förra året; *~ Monday week* i måndags åtta dagar sedan, åtta dagar i måndags; *in* (*for, during*) *the ~ few days* [under] de sista (senaste) dagarna; sedan några dagar [tillbaka] **3** allra störst, ytterst; *to the ~ degree* i högsta grad

II *adv* **1** sist {*who came ~?*}; i sista rummet, sist- {*last-mentioned*}; *~ of all* allra sist **2** senast, sist, sista gången {*when did you see him ~?*} **3** [och] slutligen (till sist)

III *s* **1** sista; *the ~* **a)** den sista; det sista; *the ~ but one* den näst sista **b)** den föregående (andra); den sistnämnda; {*a row of girls*} *each prettier than the ~* ...den ena sötare än den andra **2** sista stund; slut; *breathe* (*gasp*) *one's ~* utandas sin sista suck **3** *I shall never hear the ~ of that* det där kommer jag att få höra (äta upp) många gånger (så länge jag lever) **4** *at ~* till slut, slutligen, äntligen

3 last [lɑːst] **I** *vb itr* **1** vara, hålla på {*how long did the programme ~?*}, räcka; förslå; hålla i sig; leva vidare; *~ for ever* räcka (vara) i evighet **2** hålla {*the coat will ~ the year out*}; hålla sig; om färg sitta i **3** hålla ut [äv. *~ out*]; klara sig; leva **II** *vb tr* räcka [till] för ngn {*it will ~ me a month*}; *~ out the winter* **a)** räcka vintern över (ut) **b)** klara (kämpa igenom) vintern

lasting ['lɑːstɪŋ] **1** bestående, varaktig; ihållande **2** hållbar

lastly ['lɑːstlɪ] till sist, slutligen; avslutningsvis

latch [lætʃ] I s 1 [dörr]klinka; *the door is on the ~* låset [på dörren] är uppställt 2 [säkerhets]lås 3 spärrhake II *vb tr* stänga med klinka; låsa, smälla igen III *vb itr* 1 låsa sig 2 *~ on to* vard. a) få, komma över b) få tag i (på)

latchkey ['lætʃkiː] portnyckel; *~ child* nyckelbarn

late [leɪt] I (komp. *later* el. *latter,* superl. *latest* el. *last,* jfr dessa ord) *adj* 1 sen; för sen; långt framskriden; *in ~ August* i slutet av augusti; *in the ~ forties* i slutet av (på) fyrtiotalet; *he is in his ~ forties* han är närmare femtio; *~ summer* sensommar[en], eftersommar[en]; *be ~* vara sen (försenad), komma sent, komma för sent [*be ~ for* (till) *dinner*]; *make ~* försena; *it is getting ~* det börjar bli sent, klockan är mycket 2 endast attr. a) [nyligen] avliden, framliden b) förre; före detta (förk. f.d.), förutvarande [*~ director of the company*]; *my ~ husband* min avlidne (salig) man 3 nyligen avslutad (inträffad o.d.); senaste tidens [*the ~ political troubles*], senaste; *of ~ years* på (under) senare år[en], på (under) [de] sista åren
II (komp. *later,* superl. *latest* el. *last,* jfr dessa ord) *adv* 1 sent; för sent; *better ~ than never* bättre sent än aldrig; *sit* [*up*] *~* el. *be up ~* sitta (vara) uppe länge om kvällarna; *sit ~ at dinner* sitta länge till bords; *~ at night* sent på natten; *~ into the night* till långt in på natten; *as* (*so*) *~ as 1990* [ännu] så sent som 1990, ännu 1990 2 poet. nyligen

latecomer ['leɪtˌkʌmə] person som kommer för sent

lately ['leɪtlɪ] på sista tiden; för inte så länge sedan

lateness ['leɪtnəs], *the ~ of his arrival* hans sena ankomst

latent ['leɪt(ə)nt] latent [*~ disease* (*germs*)], dold [*~ talent*], förborgad; *~ energy* bunden energi

later ['leɪtə] I *adj* senare; nyare, yngre II *adv* senare; efteråt; *sooner or ~* förr eller senare; *not ~ than Friday* senast på (inte senare än [på]) fredag; *see you ~!* ajö (hej) så länge!, vi ses [snart igen]!

lateral ['læt(ə)r(ə)l] sido- [*~ bud*; *~ branch of a family*]; sidoställd

latest ['leɪtɪst] I *adj* senast, sist [*the ~ fashion*]; *the ~* [*thing*] det senaste [i modeväg]; *at the ~* senast, inte senare än; *by Monday at the ~* senast om (på) måndag II *adv* senast, sist [*latest-born*]

latex ['leɪteks] bot. mjölksaft; latex

lath [lɑːθ, ss. subst. pl. äv. lɑːðz] I s ribba, latta; *~ and plaster* putsning, rappning II *vb tr* spika ribbor (lattor) på

lathe [leɪð] I s svarv; svarvstol 2 drejskiva

lather ['lɑːðə, 'læðə] I s 1 lödder äv. på häst 2 vard., *be* [*all*] *in a ~* vara uppjagad (upphetsad) II *vb tr* tvåla in; täcka med lödder

lathery ['lɑːðərɪ, 'læð-] 1 löddrig 2 lös

Latin ['lætɪn] I *adj* latinsk; *~ America* Latinamerika II s 1 latin [*classical ~, late ~*]; *Low ~* icke-klassiskt latin, senlatin 2 a) latinamerikan b) sydeuropé

latitude ['lætɪtjuːd] 1 geogr. el. astron. latitud, bredd; geogr. äv. breddgrad [äv. *degree of ~*]; pl. *~s* äv. delar av världen, trakter [*warm ~s*] 2 handlingsfrihet, [rörelse]frihet [*don't allow the boy too much ~*]; spelrum, utrymme, latitud

latrine [lə'triːn] latrin[grop]

latter ['lætə] 1 *the ~* den (det, de) senare [*the former...the ~...*]; denne [*my brother asked the landlord but the ~ wouldn't allow it*], denna, dessa 2 sista, senare [*the ~ half* (*part*)]

latter-day ['lætədeɪ] modern; *the Latter-day Saints* de sista dagarnas heliga mormonerna

latterly ['lætəlɪ] på sista tiden

lattice ['lætɪs] 1 galler[verk] 2 gallerfönster; fönster med blyinfattade rutor [äv. *~ window*]

Latvia ['lætvɪə] Lettland

Latvian ['lætvɪən] I *adj* lettisk II s 1 lett; lettiska kvinna 2 lettiska [språket]

laudable ['lɔːdəbl] lovvärd, berömvärd

laudatory ['lɔːdət(ə)rɪ] prisande, berömmande

laugh [lɑːf] I *vb itr* skratta; *don't make me ~!* och det ska man tro på!, lägg av!; *~ at* skratta åt, ha roligt åt, göra narr av, förlöjliga; *~ at difficulties* skratta åt (ta lätt på) svårigheter II *vb tr* skratta; *~ away* (*off*) slå bort med ett skratt III s skratt; *a hearty ~* ett hjärtligt skratt; *the ~ was on him* det var han som fick tji

laughable ['lɑːfəbl] skrattretande; löjlig

laughing ['lɑːfɪŋ] I *adj* skrattande; *~ jackass* skrattfågel, jättekungsfiskare II s skratt, skrattande; *it is no ~ matter* det är ingenting att skratta åt

laughing-gas ['lɑːfɪŋɡæs] lustgas

laughing-stock ['lɑːfɪŋstɒk] [föremål för] åtlöje; driftkucku; *make a ~ of oneself* göra sig löjlig (till ett åtlöje)

laughter ['lɑːftə] skratt, munterhet [*cause ~*]; *burst into ~* brista ut i skratt

1 launch [lɔːn(t)ʃ] **I** *vb tr* **1** sjösätta fartyg; sätta i sjön **2** slunga [ut] [*~ a spear*], skjuta av, sända i väg [*~ a torpedo*], skjuta (sända) upp [*~ a rocket*] **3** lansera; starta [*~ a campaign*]; sätta i gång [med], ge fart åt, ge en start åt, hjälpa fram; *~ an attack* börja ett anfall **II** *vb itr* sätta i gång, starta; *~ into* a) kasta sig in i (på); dra på sig [*~ into expense*] b) brista ut i

2 launch [lɔːn(t)ʃ] **1** barkass **2** större motorbåt för passagerartrafik; färja; ångslup

launder ['lɔːndə] **I** *vb tr* **1** tvätta [och stryka] **2** bildl. tvätta svarta pengar o.d. **II** *vb itr* gå att tvätta

Launderette [ˌlɔːndəˈret, ˌlɔːnˈdret] ® självtvätt[inrättning]

laundress ['lɔːndrəs] tvätterska

Laundromat ['lɔːndrəmæt] ® isht amer., se *Launderette*

laundry ['lɔːndrɪ] **1** tvättinrättning; tvättstuga **2** tvätt [*has the ~ come back yet?*], tvättkläder; *~ basket* tvättkorg **3** tvätt [och strykning (mangling)]

Laurel ['lɒr(ə)l] egenn.; *~ and Hardy* komikerpar Helan Hardy och Halvan Laurel

laurel ['lɒr(ə)l] **1** lager; lagerträd **2** bildl., *gain* (*reap*, *win*) *~s* skörda lagrar

lav [læv] (vard. kortform för *lavatory*) toa

lava ['lɑːvə] lava; *~ flow* (*stream*) lavaström

lavatory ['lævət(ə)rɪ] toalett[rum]; *~ humour* kissochbajshumor

lavender ['lævəndə] **1** lavendel [*~ bag* (*oil*)] **2** lavendel[blått] [äv. *~ blue*]

lavish ['lævɪʃ] **I** *adj* **1** slösaktig, frikostig [*~ of* (med) *praise*], flott **2** slösande [*~ praise*], överflödande; påkostad **II** *vb tr* slösa [med]

law [lɔː] **1** lag; regel; *~ and justice* lag och rätt; *the ~s of cricket* kricketreglerna; *the ~ of self-preservation* självbevarelsedriften; *the* [*long*] *arm of the ~* lagens [långa] arm; *make ~s* stifta lagar; *take the ~ into one's own hands* ta lagen i egna händer; *beyond the ~* utom räckhåll för lagen; *go beyond the ~* bryta mot lagen; *by* (*according to*) *~* enligt lag[en]; i lag **2** samling rättsregler rätt; lag **3** juridik, lagfarenhet; *~ student* juris studerande; *~ school* juridisk fakultet; *doctor of ~*[*s*] juris doktor; *the faculty of ~* juridiska fakulteten **4** *the ~* a) juristyrket b) vard. polisen **5** process; *go to ~ about a th.* börja process om ngt, dra ngt inför rätta

law-abiding ['lɔːəˌbaɪdɪŋ] laglydig

law court ['lɔːkɔːt] domstol; rådhus

lawful ['lɔːf(ʊ)l] **1** laglig, tillåten i lag **2** laglig, erkänd av lagen; *~ age* (*years*) myndig (laga) ålder; *reach ~ age* bli myndig; *~ heir* rättmätig arvinge; *~ wife* lagvigd hustru

lawless ['lɔːləs] laglös; lagstridig

lawmaker ['lɔːˌmeɪkə] lagstiftare

1 lawn [lɔːn] fint linne, batist

2 lawn [lɔːn] gräsmatta, gräsplan; gräsmark; *croquet ~* krocketplan

lawnmower ['lɔːnˌməʊə] gräsklippningsmaskin; *power*[*ed*] *~* motorgräsklippare

lawn tennis ['lɔːnˌtenɪs] tennis på gräsplan, men äv. den formella beteckningen på tennis

lawsuit ['lɔːsuːt, -sjuːt] process; mål; *bring a ~ against* öppna process mot

lawyer ['lɔːjə, 'lɔɪə] jurist; advokat

lax [læks] **1** slapp [*~ discipline*], löslig; vag; släpphänt; slarvig **2** fonet. slapp [*~ vowel*] **3** lös, slak [*~ cord*]; porös; *~ bowels* med. lös mage

laxative ['læksətɪv] **I** *adj* med. lösande, laxer- **II** *s* laxermedel, laxativ

laxity ['læksətɪ] o. **laxness** ['læksnəs] **1** slapphet, löslighet; obestämdhet; *~ of morals* moralisk slapphet, slapp moral **2** löshet

1 lay [leɪ] poet. kväde; ballad, visa

2 lay [leɪ] lekmanna- [*~ preacher* (*opinion*)]; *~ brother* lek[manna]broder

3 lay [leɪ] imperf. av *2 lie*

4 lay [leɪ] **I** (*laid laid*) *vb tr* (se äv. *III*) **1** lägga; placera; *~ bricks* mura; *~ eggs* lägga ägg, värpa; *~ hold of* fatta (få) tag i, ta på, gripa; utnyttja, begagna förevändning **2** få (komma) att lägga sig; *~ a ghost* fördriva en ande **3** duka [*~ the table*], duka fram **4** täcka [*~ a floor with a carpet*]; lägga 'på [*~ a carpet*]; belägga **5** lägga [på] [*~ a tax* (*a burden*) *on*], kasta [*~ the blame on*]; *~ a th. at a p.'s door* ge ngn skulden för ngt **6** anlägga [*~ a road*]; bygga, dra [*~ a pipeline*]; *~ a cable* lägga ner (ut) en kabel; slå (dra) en kabel **7** vid vadhållning sätta, hålla [*~ ten to* (mot) *one*]; *~ a bet* slå (hålla) vad **8** förlägga [*~ the scene* (*story*) *in* (till)] **9** lägga fram [*~ facts before* (för)] **10** sl., *get laid* få sig ett ligg (nyp) **11** med adj. lägga; *~ bare* blottlägga; *~ open* öppna; blottställa, utsätta [*to* för]

II (*laid laid*) *vb itr* (se äv. *III*) **1** värpa **2** slå vad **3** sjö. lägga sig [*~ close to the wind*] **4** i ovårdat språk i st. för *2 lie*

III *vb tr* o. *vb itr* med adv. o. prep. isht med spec. övers.:

~ aside: a) lägga av (undan), spara [*~ aside money for one's old age*] b) lägga bort (ifrån sig) [*~ aside the book*]

~ by sjö. lägga bi

~ down: a) lägga ner [*~ down a book*]; *~ oneself down* lägga sig b) lägga ner, nedlägga [*~ down one's office*], ge upp c) offra [*~ down one's life*] d) lägga på bordet; deponera e) [börja] bygga [*~ down a new ship*], anlägga f) fastställa, uppställa [*~ a th. down as a rule*]; hävda; *~ down the law* a) uttala sig auktoritativt b) vard. lägga ut texten, uttala sig dogmatiskt c) vard. domdera, tala om hur saker och ting ska vara g) göra upp, utarbeta [*~ down a plan*]

~ off: a) friställa [*~ off workmen*] b) vard. sluta upp med [*~ off!*] c) vard. ta ledigt, vila d) fotb. passa

~ on: a) lägga (dra, leda) in, installera [*~ on electricity (water)*] b) vard. ordna c) lägga på [*~ on taxes*] d) lägga 'på [*~ on paint*], anbringa, applicera; *~ it on* [*thick (with a trowel)*] bildl. bre 'på [för tjockt], överdriva e) sätta på spåret [*~ on the hounds (the police)*]

~ out: a) lägga ut; lägga fram [*~ out one's clothes*]; duka fram; breda ut b) vard. slå ut (sanslös) c) lägga ut, göra av med [*~ out one's money*] d) planera, anlägga [*~ out a garden*]; staka ut väg o.d.; göra upp [*~ out plans*]; göra layouten till [*~ out a page*] e) *~ oneself out* bemöda sig, göra sig besvär [*to att*]

~ together lägga (slå) ihop; *they laid* [*their*] *heads together* de slog sina kloka huvuden ihop

~ up: a) lägga upp [*~ up provisions*], lägga undan b) sjö. lägga upp [*the ship is laid up*] c) vard., *be laid up* ligga sjuk [*with the flu* i influensa]

IV *s* **1** läge; ställning, riktning; *know the ~ of a land* veta hur landet ligger **2** sl. a) ligg kvinnlig samlagspartner b) ligg, skjut samlag

layabout ['leɪəbaʊt] vard. dagdrivare, arbetsskygg individ

lay-by ['leɪbaɪ] parkeringsplats vid landsväg; rastplats

layer ['leɪə] **1** lager, skikt [*~ of clay*] **2** bot. avläggare **3** läggare; värphöna [*a good ~*]

layette [leɪ'et] babyutstyrsel

lay|man ['leɪ|mən] (pl. **-men** [-mən]) lekman; icke-fackman; *among laymen* äv. på lekmannahåll

lay-off ['leɪɒf] **1** friställning **2** a) ofrivillig ledighet; arbetslöshetsperiod b) paus; lugn (tyst) period (årstid); uppehåll

layout ['leɪaʊt] **1** planering äv. konkr.; utstakning av väg **2** layout; plan; arrangemang, uppställning

laze [leɪz] **I** *vb itr* lata sig, slöa; slå dank; dåsa; *~ around* gå och slå dank, driva omkring **II** *vb tr*, *~ away one's time* dåsa bort tiden **III** *s* latstund, siesta

laziness ['leɪzɪnəs] lättja; dåsighet

lazy ['leɪzɪ] **I** *adj* **1** lat; dåsig **2** som rör sig långsamt **II** *vb itr* o. *vb tr* se *laze I* o. *II*

lazybones ['leɪzɪˌbəʊnz] (konstr. ss. sg.; pl. *lazybones*) vard. latmask

lb. [paʊnd, pl. paʊndz] (förk. för *libra, librae* lat. = *pound*[*s*]) [skål]pund

lbs. [paʊndz] pl. av *lb.*

LCD 1 (förk. för *liquid crystal display*, se *liquid I 1*) LCD **2** förk. för *lowest* (*least*) *common denominator*

LEA [ˌeli:'eɪ] förk. för *Local Education Authority*

1 lead [led] **I** *s* **1** bly; *~ poisoning* blyförgiftning **2** a) blyerts b) blyertsstift **3** kula; kulor, bly; poet. lod **4** sjö. [sänk]lod; *swing the ~* sl. skolka, smita, simulera; spela sjuk, maska **5** plomb blysigill **6** pl. *~s* blytak; blyinfattning i fönster **II** *adj* av bly [*~ pipes*] **III** *vb tr* **1** täcka (belasta; blanda) med bly; infatta i bly **2** plombera med blysigill **3** boktr. slå emellan [äv. *~ out*]

2 lead [li:d] **I** (*led led*) *vb tr* (se äv. *III*) **1** leda; vägleda; anföra; dirigera; vara ledare för [*~ an undertaking*]; *~ the way* gå i spetsen, visa vägen **2** föranleda; *do not let this ~ you to* låt inte detta förleda dig att **3** a) föra [*~ a miserable existence* (tillvaro)], leva [*~ a quiet life*]; *~ a double life* leva ett dubbelliv b) *~ a p. a dance* ställa till besvär för (köra med) ngn **4** kortsp. [ha förhand och] spela ut, dra [*~ the ace of trumps*]

II (*led led*) *vb itr* (se äv. *III*) **1** leda; anföra, vara ledare; ange tonen; ligga i täten; sport. leda **2** om väg o.d. gå, föra; *all roads ~ to Rome* ordspr. alla vägar bär till Rom **3** *~ to* leda till, medföra, resultera i **4** kortsp. ha förhand

III *vb tr* o. *vb itr* med adv. o. prep. med spec. övers.:

~ astray föra vilse isht bildl.; föra på avvägar

~ away föra bort; *be led away by* bildl. låta sig ryckas med (förledas) av

~ off: a) föra bort b) öppna c) börja [*he led off by saying that...*]; kortsp. spela ut

~ a p. on locka (uppmuntra; förleda) ngn;

he is just ~ing you on han bara driver med dig
~ **up to** föra (leda) [upp (fram)] till, resultera i
IV *s* **1 a)** ledning; anförande **b)** ledande plats (ställning); försprång; tät **c)** ledtråd; tips; *follow (take) a p.'s* ~ följa ngns exempel; *give the* ~ ange tonen **2** kortsp. utspel äv. bildl., förhand **3** teat. a) huvudroll b) huvudrollsinnehavare **4** elektr. ledning; ledare; kabel **5** koppel rem

leaden ['ledn] **1** bly-; blyaktig **2** tung [*~ heart*; *~ sleep*; *~ steps*], blytung; tryckande; blygrå [*~ clouds*]; matt

leader ['li:də] **1** ledare; anförare; föregångsman, främste man; *follow my* (amer. äv. *the*) ~ lek o. bildl., ung. 'följa John' **2** amer. mus. dirigent; konsertmästare **3** ledare i tidning

leadership ['li:dəʃɪp] **1** ledarskap; ledning **2** ledarförmåga

leading ['li:dɪŋ] ledande; förnämst; tongivande; *~ actor (actress)* manlig (kvinnlig) huvudrollsinnehavare; *~ light* a) sjö. ledfyr b) bildl. drivande kraft; *~ part* huvudroll

leaf [li:f] **I** (pl. *leaves*) *s* löv; lövverk; *be in* [*full*] ~ vara utsprucken (lövad); *shake like a* ~ darra som ett asplöv **2** blad i bok; *take a* ~ *out of a p.'s book* bildl. följa ngns exempel **3** folie, folium **4** [dörr]halva, [dörr]flygel; [fönster]lucka; sektion av skärm **5** klaff till bord o.d. **II** *vb itr* **1** lövas **2** *~ through* bläddra i (igenom)

leaflet ['li:flət] flygblad; folder, cirkulär

leafy ['li:fɪ] **1** lövad; bladbeklädd **2** bladliknande

1 league [li:g] förr: längdmått, ung. 5 km; poet. mil

2 league [li:g] **1** förbund; *be in* ~ *with* stå i förbund med; vara i komplott med **2** sport. serie; *the L~* [engelska] ligan

leak [li:k] **I** *s* läcka äv. elektr. o. bildl.; otäthet; läckage äv. bildl.; *there is a ~ in the roof* taket läcker (är otätt), det läcker genom taket; *have (do, take) a* ~ sl. kissa **II** *vb itr* läcka, inte hålla tätt; vara läck (otät); bildl. äv. låta nyheten (uppgiften) läcka ut; *the roof ~s* taket läcker (är otätt), det läcker genom taket; *~ out* sippra (läcka) ut äv. bildl.; dunsta ut, komma ut **III** *vb tr* låta läcka (sippra) ut (in), släppa igenom (in) [*this camera ~s light*]; bildl. äv. läcka [*~ news to the press*]

leakage ['li:kɪdʒ] **1** läckande; läcka; läckage **2** bildl. läckage; [mystiskt] försvinnande [*~ of money*]

leaky ['li:kɪ] läckande, läck

1 lean [li:n] **I** *adj* smal; mager [*a ~ man (face)*; *~ cattle (meat)*; *~ crops (soil)*], torftig [*~ diet*]; *~ years* magra år **II** *s* magert kött

2 lean [li:n] **I** (*leaned leaned* [lent el. li:nd] el. *leant leant* [lent]) *vb itr* **1** luta sig [*~ out (forwards, over, against* osv.)]; stödja sig; *~ on (upon)* bildl. förlita sig på **2** stå snett, luta [äv. *~ over*] **II** (för tema se *I*) *vb tr* luta, stödja, ställa

leaning ['li:nɪŋ] **1** lutning **2** böjelse, sympati, tendens; *have literary ~s* ha litterära intressen

leant [lent] imperf. o. perf. p. av *2 lean*

leap [li:p] **I** (*leapt leapt* [lept] el. *leaped leaped* [lept el. li:pt]) *vb itr* hoppa, för ex. jfr *jump I*; *my heart ~s with joy* hjärtat (mitt hjärta) spritter av glädje, jag är överlycklig; *~ up* slå upp [*flames were ~ing up*] **II** (för tema se *I*) *vb tr* hoppa över [*~ a wall*]; sätta över **III** *s* **1** hopp; plötslig övergång; hinder; *a great ~ forward* ett stort steg (språng) framåt; *by ~s and bounds* med stormsteg **2** [fisk]trappa

leapfrog ['li:pfrɒg] gymn. **I** *s*, *play* ~ hoppa bock **II** *vb itr* o. *vb tr* hoppa bock [över]

leapt [lept] imperf. o. perf. p. av *leap*

leap year ['li:pjɜ:, -jɪə] skottår

learn [lɜ:n] **I** *vb tr* (*learnt learnt* [lɜ:nt] el. *learned learned* [lɜ:nt el. lɜ:nd]) **1** lära sig; läsa på (över); *~ by heart* lära sig utantill **2** få veta, [få] höra **3** ovårdat el. dial. för *teach* **II** (för tema se *I*) *vb itr* **1** lära [sig] [*he ~s fast*], skaffa sig kunskaper **2** [få] höra [*I've ~t of his illness*]

learned [i bet. *I* lɜ:nt, lɜ:nd, i bet. *II* 'lɜ:nɪd] **I** imperf. o. perf. p. av *learn* **II** *adj* lärd; bevandrad; *my ~ friend* min ärade kollega

learner ['lɜ:nə] lärjunge; nybörjare; volontär; *~ car* övningsbil; *she is a fast ~* hon lär sig snabbt; *the ~ of a language* den (en) som lär sig ett språk

learning ['lɜ:nɪŋ] **1** inlärande, studium; inlärning **2** vetande; bildning; *a man of* [*great*] ~ en [grund]lärd man

learnt [lɜ:nt] imperf. o. perf. p. av *learn*

lease [li:s] **I** *s* arrende; arrende[tid]; arrendekontrakt; *have a long ~ of life* ha ett långt liv, vara långlivad; *get* (take [*on*]) *a new ~ of life* få nytt liv, leva upp igen **II** *vb tr* **1** arrendera, överta (inneha) arrendet på **2** arrendera ut, hyra ut [äv. *~ out*]; leasa

leasehold ['li:s(h)əʊld] **I** *s* arrende **II** *attr adj* arrenderad, arrende-

leaseholder ['li:s,(h)əʊldə] arrendator

leash [li:ʃ] **I** *s* [hund]koppel; *give full ~ to*

bildl. ge fria tyglar åt; *keep a p. on a tight* ~ hålla ngn hårt, hålla efter ngn ordentligt **II** *vb tr* koppla; föra i koppel
least [li:st] (superl. av *little*) **I** *adj* o. *adv* minst; *without the* ~ *hesitation* utan [den] minsta (ringaste) tvekan **II** *pron, the* ~ det minsta; *to say the* ~ [*of it*] minst sagt, milt talat; *at* ~ a) åtminstone; i varje fall, i alla händelser b) [allra] minst, åtminstone [äv. *at the very* ~]
leather ['leðə] **1** läder; ~ *upholstery* skinnklädsel **2** föremål av läder t.ex. läderrem; [sämsk]skinn; vard. läder[kula] fotboll; pl. ~*s* skinnbyxor; ridbyxor; skor
leathery ['leðərı] läderartad, seg [~ *meat*]
1 leave [li:v] **I** (*left left*) *vb tr* **1** lämna; lämna kvar; lämna efter sig; glömma [kvar]; låta ligga [kvar]; lägga; uppskjuta [*don't* ~ *it too late* (för länge)]; ~ *it at that* låta det vara, lämna det därhän; *the illness had left him a wreck* sjukdomen hade gjort honom till ett vrak; ~ *well* (amer. *enough*) *alone* ordspr. låt det vara som det är; väck inte den björn som sover; *be left* a) lämnas kvar b) finnas (bli) kvar **2** testamentera **3** lämna; överge; ~ *school* sluta (lämna) skolan **4** överlåta; låta; ~ *to chance* lämna åt slumpen; ~ *it to me!* låt mig sköta det här!; *I'll* ~ *it to you to...* jag överlåter åt dig att...
5 spec. förb. med adv.:
~ **about**: ~ *the books* [*lying*] *about* låta böckerna ligga kringströdda (ligga framme)
~ **aside** lämna utan avseende
~ **behind** lämna [kvar], lämna efter sig; ställa kvar, glömma [kvar]; *be left behind* hamna på efterkälken, bli efter
~ **off** sluta [med], avbryta [~ *off work* (*reading*)]; sluta upp med [~ *off a bad habit*]; ~ *off smoking*]; lägga av [~ *off one's winter clothes*]
~ **out** a) utelämna; förbigå; inte inbjuda b) låta ligga framme; *feel left out of things* känna sig utanför
II (*left left*) *vb itr* **1** [av]resa; lämna sin plats **2** ~ *off* sluta [*we left off at page 10*] **III** *s* **1** lov, tillåtelse; *by* (*with*) *your* ~ a) med er tillåtelse b) ofta iron. med förlov sagt **2** permission, [tjänst]ledighet [äv. ~ *of absence*], lov; *be on* ~ [*of absence*] ha permission; vara [tjänst]ledig **3** avsked, farväl; *take one's* ~ säga adjö, ta farväl
2 leave [li:v] lövas, spricka ut
leaven ['levn] **I** *s* **1** surdeg **2** bildl. [positivt] inslag **II** *vb tr* **1** jäsa med surdeg **2** bildl. genomsyra; blanda [upp]; omdana
leaves [li:vz] pl. av *leaf*

leave-taking ['li:v‚teɪkɪŋ] avsked; avskedstagande
Lebanese [‚lebə'ni:z] **I** (pl. lika) *s* libanes **II** *adj* libanesisk
Lebanon ['lebənən] geogr. Libanon
lecherous ['letʃ(ə)rəs] liderlig; vällustig
lechery ['letʃərɪ] liderlighet, lusta; otukt
lectern ['lektən] **1** läspulpet i kyrka **2** kateder
lecture ['lektʃə] **I** *s* **1** föreläsning, föredrag; ~ *hall* (*room*) föreläsningssal **2** straffpredikan; *give* (*read*) *a p. a* ~ läsa lagen för ngn, läxa upp ngn **II** *vb itr* föreläsa **III** *vb tr* **1** föreläsa för **2** läxa upp
lecturer ['lektʃ(ə)rə] **1** föreläsare, föredragshållare **2** univ., ung. högskolelektor
led [led] imperf. o. perf. p. av *2 lead*
ledge [ledʒ] **1** [utskjutande] list; fönsterbräde **2** [klipp]avsats, klipphylla **3** klipprev
ledger ['ledʒə] hand. huvudbok
lee [li:] **I** *s* lä; läsida **II** *attr adj* lä- [~ *side*], i lä
leech [li:tʃ] **1** zool. blodigel **2** bildl. a) igel [*he hangs on like a* ~] b) blodsugare
leek [li:k] purjolök äv. nationalemblem för Wales
leer [lɪə] **I** *s* sneglande; lömsk (hånfull; lysten) blick **II** *vb itr* snegla, kasta lömska etc. blickar
lees [li:z] drägg äv. bildl.; fällning; *drain* (*drink*) *to the* ~ bildl. tömma till sista droppen (ända till dräggen)
leeward ['li:wəd, sjö. 'lu:əd, 'lju:əd] **I** *adj* lä- **II** *adv* i lä; lävart **III** *s* lä; *to* ~ ner i lä, åt läsidan
leeway ['li:weɪ] **1** sjö. avdrift; *make* ~ göra avdrift, driva **2** bildl. *have much* ~ *to make up* ha mycket att ta igen av vad man försummat o.d. **3** vard. spelrum; andrum; *give a p. plenty of* ~ ge ngn stor frihet (fritt spelrum)
1 left [left] imperf. o. perf. p. av *1 leave*
2 left [left] **I** *adj* vänster äv. polit.; ~ *turn* vänstersväng **II** *adv* till vänster, åt vänster; ~ *turn!* mil. vänster om!; *turn* ~ svänga (gå, köra) till vänster, ta av åt vänster **III** *s* vänster sida (hand), vänster flygel; *the L* ~ polit. vänstern; *a straight* ~ boxn. en rak vänster; *on your* ~ till vänster om dig, på din vänstra sidan; *in England you keep to the* ~ det är vänstertrafik i England
left-hand ['lefthænd] vänster, vänster- [~ *side*; ~ *traffic*], med vänster hand [~ *blow*]
left-handed [‚left'hændɪd] **1** vänsterhänt; med vänster hand [~ *blow*]; avsedd för

vänster hand **2** tafatt; ~ *compliment* tvetydig (ironisk, klumpig) komplimang
left-hander [ˌlefthændə] **1** vänsterhänt person; sport. vänsterhandsspelare **2** vänsterslag
leftist [ˈleftɪst] polit. **I** *s* vänsteranhängare **II** *adj* vänsterorienterad [~ *supporters*]
left-luggage [ˌleftˈlʌɡɪdʒ] järnv. o.d., ~ [*office*] effektförvaring, resgodsinlämning
left-off [ˈleftɒf] vard. **I** *adj*, ~ *clothes* (*clothing*) avlagda kläder **II** *s*, pl. ~*s* avlagda kläder
left-over [ˈleftˌəʊvə] **I** *adj* överbliven; ledig **II** *s* **1** pl. ~*s* [mat]rester **2** kvarleva
left-wing [ˈleftwɪŋ] [som befinner sig] på vänsterkanten (vänstra sidan el. flygeln); vänstervriden, radikal
left-winger [ˌleftˈwɪŋə] **1** vänsteranhängare **2** sport. vänsterytter
lefty [ˈleftɪ] vard. **1** vänsterradikal **2** isht amer. vänsterhänt person
leg [leg] **I** *s* **1** ben lem; *wooden* ~ träben; *pull a p.'s* ~ vard. driva (skoja) med ngn [*you're pulling my* ~]; *stretch one's* ~*s* [få] sträcka på benen; röra på sig; *be on one's last* ~*s* vard. a) vara nära slutet (alldeles utmattad) b) vara så gott som ruinerad c) sjunga på sista versen; *get* [*up*] *on one's* ~*s* (skämts. *hind* ~*s*) a) resa sig isht för att hålla tal; ta till orda b) komma på benen igen efter sjukdom c) om häst stegra sig d) skämts. bli jättearg; *get* (*set, put*) *a p. on his* ~*s* a) få ngn på benen igen b) hjälpa ngn på fötter; *stand on one's own* ~*s* stå på egna ben, vara oberoende **2** kok. lägg; ~ *of mutton* fårstek, fårlår, kyl **3** [byx]ben; skaft på strumpa el. stövel **4** ben, fot på möbel o.d.; *be on its last* ~*s* ha vingliga (vacklande) ben, vara nära att falla ihop **5** i kricket: 'legsidan' del av planen till vänster räknat från slagmannen **6** sport. omgång av matcher o.d. [*first* (*second*) ~] **7** etapp av distans, resa o.d. **II** *vb tr*, ~ *it* vard. lägga benen på ryggen, skynda sig [iväg], lägga iväg
legacy [ˈleɡəsɪ] legat, testamentarisk gåva (donation); bildl. arv; *a* ~ *of hatred* ett nedärvt hat
legal [ˈliːɡ(ə)l] laglig, laga, lag-; lagenlig; rättslig; *take* ~ *action* vidta laga åtgärder, dra saken inför rätta, gå till domstol; *take* ~ *advice* rådfråga en advokat; ~ *offence* lagbrott, straffbar handling; *without* ~ *rights* rättslös; ~ *separation* av domstol ålagd hemskillnad
legality [lɪˈɡælətɪ] laglighet, legalitet
legalize [ˈliːɡəlaɪz] göra laglig, legalisera
legation [lɪˈɡeɪʃ(ə)n] legation

legend [ˈledʒ(ə)nd] **1** legend, helgonberättelse; [folk]saga **2** inskrift på mynt el. medalj; legend; inskription
legendary [ˈledʒ(ə)nd(ə)rɪ] legend-; legendarisk [~ *heroes*], legendartad; sagoomspunnen; sagolik, otrolig
leggy [ˈleɡɪ] **1** långbent, gänglig; med skrangliga ben **2** vard. med smäckra (snygga) ben
legibility [ˌledʒɪˈbɪlətɪ] läslighet
legible [ˈledʒəbl] läslig; tydlig
legion [ˈliːdʒ(ə)n] legion; bildl. här[skara], [stor] skara; *the Foreign L*~ främlingslegionen
legislate [ˈledʒɪsleɪt] lagstifta
legislation [ˌledʒɪsˈleɪʃ(ə)n] lagstiftning
legislative [ˈledʒɪslətɪv, -leɪt-] lagstiftande; lagstiftnings- [~ *reforms*]; legislativ; ~ *body* (*assembly*) lagstiftande församling
legislator [ˈledʒɪsleɪtə] lagstiftare
legislature [ˈledʒɪsleɪtʃə, -lətʃə] lagstiftande församling, legislatur
legitimacy [lɪˈdʒɪtɪməsɪ] legitimitet; rättmätighet; äkta börd
legitimate [ss. adj. lɪˈdʒɪtɪmət, ss. vb lɪˈdʒɪtɪmeɪt] **I** *adj* **1** legitim, laglig, rättmätig [*the* ~ *king*]; lagligt berättigad **2** legitim, född inom äktenskapet [*a* ~ *child*], äkta, [inom]äktenskaplig [*of* ~ *birth*] **3** befogad, rimlig [*a* ~ *reason*]; berättigad [~ *claims*] **II** *vb tr* **1** legitimera **2** stadfästa; göra laglig, legalisera **3** berättiga
leg-pulling [ˈleɡˌpʊlɪŋ] vard. skämt[ande]
legroom [ˈleɡruːm] plats för benen
leisure [ˈleʒə, amer. vanl. ˈliːʒə] **I** *s* ledighet; lägligt tillfälle; ~ *clothes* (*wear*) fritidskläder; *at* ~ a) ledig, inte upptagen b) utan brådska, i lugn och ro [*do a th. at* ~]; *at your* ~ när du får tid, när det passar dig [bra]; efter behag **II** *attr adj* ledig, fri; ~ *hours* (*time*) lediga stunder, fritid
leisured [ˈleʒəd, amer. vanl. ˈliːʒəd] ledig, som förfogar över sin tid; lugn; *the* ~ *classes* de [klasser] som inte behöver arbeta, de rika, överklassen
leisurely [ˈleʒəlɪ, amer. vanl. ˈliːʒəlɪ] **I** *adj* lugn, maklig; ledig; *at a* ~ *pace* i lugn och ro, i lugn (maklig) takt **II** *adv* utan brådska; i lugn och ro
lemon [ˈlemən] **I** *s* **1** a) citron b) citronträd c) citronfärg **2** sl. torrboll **3** sl. fiasko; otur; *the answer is a* ~ där kammar du noll **II** *adj* citronfärgad, citrongul
lemonade [ˌleməˈneɪd] lemonad, läskedryck; sockerdricka

lemon curd [ˌlemən'kɜːd] citronkräm
lemon soda [ˌlemən'səʊdə] se *lemon squash*
lemon sole [ˌlemən'səʊl] zool. el. kok. bergtunga
lemon squash [ˌlemən'skwɒʃ] lemon squash citronsaft och vatten el. sodavatten
lemon-squeezer ['lemənˌskwiːzə] citronpress
lend [lend] (*lent lent*) **1** låna [~ *a th. to a p.*; ~ *a p. a th.*], låna ut; ~ *at interest* låna [ut] mot ränta **2** ~ *oneself to* a) låna sig till, gå med på, samtycka till; förnedra sig till [att använda] b) om sak lämpa sig (passa, vara lämplig) för **3** ge [~ *aid*; ~ *enchantment*], förläna [~ *dignity* (*glory*)]; ~ *an ear* (*one's ears*) lyssna, höra [*to* på], låna ett [välvilligt] (sitt) öra [*to* åt]; ~ *a helping hand* räcka en hjälpande hand
lender ['lendə] långivare
lending-library ['lendɪŋˌlaɪbr(ə)rɪ] lånebibliotek
length [leŋθ] **1** längd; om tid äv. varaktighet, långvarighet; sträcka; *a ~ of pipe* ett rörstycke (stycke rör); *go the whole ~* bildl. ta steget fullt ut **2** *at ~:* a) slutligen; äntligen b) länge [*speak at ~*] c) utförligt; *at great ~* mycket utförligt (detaljerat, ingående), länge och väl
lengthen ['leŋθ(ə)n] **I** *vb tr* förlänga, göra [ännu] längre; dra ut på, töja [äv. ~ *out*]; ~ *a skirt* lägga ned en kjol **II** *vb itr* förlängas, bli längre
lengthiness ['leŋθɪnəs] långrandighet
lengthy ['leŋθɪ] [väl] lång; [för] utförlig; långdragen; långrandig
lenience ['liːnjəns] o. **leniency** ['liːnjənsɪ] mildhet, överseende, eftergivenhet
lenient ['liːnjənt] mild, överseende, eftergiven
lens [lenz] **1** fys. el. anat. lins **2** foto. lins; objektiv; ~ *aperture* bländaröppning; ~ *louse* vard. linslus **3** [*contact*] ~ kontaktlins
Lent [lent] fasta[n]
lent [lent] imperf. o. perf. p. av *lend*
lentil ['lentl] bot. el. kok. lins
Leo ['liːəʊ] **I** mansnamn **II** *s* astrol. Lejonet; *he's* [*a*] ~ han är Lejon
leopard ['lepəd] zool. leopard; *a ~ never changes* (*cannot change*) *its spots* ränderna går aldrig ur
leper ['lepə] spetälsk; bildl. utstött
leprosy ['leprəsɪ] spetälska, lepra
lesbian ['lezbɪən] **I** *adj* lesbisk **II** *s* lesbisk kvinna

lesion ['liːʒ(ə)n] **1** med. lesion, organskada **2** [yttre] skada; skavank
less [les] **I** *adj* o. *adv* o. *s* (komp. av *little*) mindre; ~ *and* ~ [allt] mindre och mindre, allt mindre; *none the* ~ = *nevertheless*; *little* ~ *than* föga mindre än, nästan; *in* ~ *than no time* i en handvändning, på nolltid; *I could do no* ~ det var det minsta jag kunde göra; *it's no* (*nothing*) ~ *than a scandal* det är ingenting mindre än en skandal **II** *prep* minus [*5 ~ 2 is 3*], med avdrag av (för) [*£300 a week ~ rates and taxes*], så när som på [*a year ~ three days*]
lessee [leˈsiː] arrendator; hyresgäst
lessen ['lesn] **I** *vb tr* **1** [för]minska, reducera [~ *the effect* (*speed*)] **2** förringa **II** *vb itr* minskas; avta
lesser ['lesə] mindre [*the ~ prophets*]
lesson ['lesn] **1** lektion; [undervisnings]timme; *English ~* engelsklektion; engelsktimme **2** läxa; *do* (*learn, prepare*) *one's ~s* lära sig läxorna, läsa på läxorna; *set the ~* ge läxa [till nästa gång] **3** bildl. läxa; tillrättavisning, skrapa; *I learnt a* (*my*) ~ jag fick en läxa (en tankeställare); jag blev nu äv skadan; *I have learnt a ~ never to...* jag har lärt mig att aldrig...; *teach a p. a ~* ge (lära) ngn en läxa **4** kyrkl. bibeltext
lessor [ˌleˈsɔː] utarrenderare; hyresvärd
lest [lest] isht litt. **1** för (så) att inte ngt skulle hända **2** efter ord för fruktan, oro o.d. [för] att [kanske]
1 let [let] **I** (*let let*) *vb tr* (se äv. *III*) **1** (äv. ss. hjälpvb) låta, tillåta; *won't you ~ me help you?* får jag inte hjälpa dig?; *yes, ~'s!* ja, det gör vi!; *~'s have a drink!* ska vi ta [oss] en drink?; *L~ there be light!* bibl. Varde ljus! **2** släppa in [*my shoes ~ water*]
II (*let let*) *vb tr* o. *vb itr* (se äv. *III*) hyra ut [*she has ~ her house to* (åt) *us*], arrendera ut; hyras ut [*the flat ~s for £50 a month*]; *to ~* att hyra
III *vb tr* o. *vb itr* i vissa förb. **1** med adj.: ~ *alone:* a) låta vara [i fred], inte bry sig om [~ *those problems alone*]; ~ *well alone!* låt det vara som det är! b) ännu (mycket) mindre [*he can't look after himself, ~ alone others*]
~ **loose** släppa [~ *that dog loose*]; ge fritt lopp åt
2 med verb
~ **be** låta vara [i fred] [~ *me be*]
~ **fall:** a) låta falla; tappa b) fälla [~ *fall a remark*]
~ **go:** a) låta fara; släppa [~ *me go!*; ~ *go a*

p.'s hand], släppa lös (fri); släppa ifrån sig; släppa taget; sjö. låta gå, fälla [*~ go the anchor*]; slå bort [tanken på]; *~ go of* släppa [*~ go of a p.'s hand*] **b)** *~ it go at that!* låt gå för det!; låt det vara [som det är]! **c)** *~ oneself go* låta sig ryckas med [*he ~ himself go on* (av) *the subject*], slå (släppa) sig lös; missköta sig, slarva med sitt utseende

~ slip: **a)** försitta, missa [*~ slip an opportunity*] **b)** låta undfalla sig, fälla [*~ slip a remark*]

3 med adv. o. prep.:

~ down: **a)** släppa (dra, sänka, fira) ner; *~ down one's hair* se *hair* **b)** sömnad. lägga (släppa) ner **c)** bildl. lämna i sticket, svika [*~ down a friend*]; förödmjuka

~ in: **a)** släppa in [*~ in a p.*; *~ in light and air*]; *~ oneself in* ta sig in själv **b)** fälla (lägga, foga) in **c)** *~ in the clutch* bil. släppa upp kopplingen **d)** *~ a p. in for* [*a lot of trouble*] dra (blanda) in ngn i..., förorsaka ngn...; *you're ~ting yourself in for a lot of work* du får bara en massa arbete på halsen **e)** *~ a p. in on* vard. inviga ngn i

~ into: **a)** släppa in i; *be ~ into* släppas (slippa) in i **b)** sätta in i [*we must ~ another window into the wall*] **c)** inviga i, låta få veta [*~ a p. into a secret*]

~ off: **a)** avskjuta, bränna av [*~ off fireworks*], fyra av äv. bildl. **b)** släppa, låta slippa undan [*~ off with* (med) *a fine*]; *be ~ off* släppas, slippa [undan (ifrån)] **c)** släppa ut t.ex. ånga, tappa av; släppa upp t.ex. en ballong; *~ off steam* vard. avreagera sig **d)** släppa av [*~ me off at 12th Street!*] **e)** släppa sig fjärta

~ on vard. skvallra [*I won't ~ on*]; förråda; låtsas, låtsas om [*don't ~ on that you are annoyed*]

~ out: **a)** släppa ut; släppa lös; *be ~ out* släppas (slippa) ut (lös) **b)** sömnad. lägga (släppa) ut **c)** sjö. sticka ut rev **d)** avslöja [*~ out a secret*], tala 'om **e)** vard. fria (rentvå) [från misstankar] **f)** *~ out* [*on lease*] hyra (arrendera) ut **g)** utstöta, ge ifrån sig [*~ out a shriek*]

~ through släppa igenom (fram)

~ up: **a)** avta, minska; sluta **b)** *~ up on* ta lite lättare på; behandla mildare

2 let [let] **1** jur., *without ~ or hindrance* utan minsta hinder **2** sport. nätboll vid serve

let-down ['letdaʊn] **1** besvikelse; bakslag **2** minskning, nedgång [*a ~ in sales*]

lethal ['liːθ(ə)l] dödlig, dödande; letal; *~ weapon* dödligt (livsfarligt) vapen, mordvapen

lethargy ['leθədʒɪ] letargi; sjukligt slöhetstillstånd, dvala äv. bildl.

let's [lets] = *let us*

1 letter ['letə] uthyrare [*~ of rooms*]

2 letter ['letə] **1** bokstav äv. bildl. [*keep to* (*abide by*) *the ~ of the law*]; bildl. äv. ordalydelse; *capital* (*small*) *~s* stora (små) bokstäver; *use capital ~s* äv. texta; *to the* (*down to the last*) *~* bokstavligt; till punkt och pricka [*carry out an order to the ~*] **2** brev; *~ of credit* hand. kreditiv **3** *~s* (konstr. ss. sg. el. pl.) litteratur, vitterhet; litterär bildning, lärdom

letter bomb ['letəbɒm] brevbomb

letterbox ['letəbɒks] brevlåda

letter card ['letəkɑːd] postbrev; kortbrev

letterhead ['letəhed] **1** brevhuvud **2** firmabrevpapper med brevhuvud

lettering ['letərɪŋ] bokstäver, [in]skrift [*~ on a gravestone*]; textning

letterpress ['letəpres] **1** *~* [*printing*] boktryck **2** [tryckt] text i motsats till illustrationer

lettuce ['letɪs] bot. [huvud]sallat; salladshuvud

letup ['letʌp] **1** avbrott [*it rained a whole week without ~*] **2** avtagande

leukaemia [luˈkiːmɪə, ljuː-] med. leukemi

level ['levl] **I** *s* **1** nivå äv. bildl. [*a conference at the highest ~*]; höjd [*the water rose to a ~ of 10 metres*]; *the ~ of the water* vattenståndet; *above the ~ of the sea* över havsytan (havet); [*the lecture*] *was above my ~* ...låg över min horisont (nivå) **2** vard., *on the ~* uppriktigt, ärligt sagt, schysst **3** vattenpass **II** *adj* **1** jämn, slät, plan **2** vågrät; på samma plan, i jämnhöjd; likformig; jämn; *~ crossing* plankorsning; järnvägskorsning [i plan]; *draw ~ with* hinna upp **3** *have a ~ head* vara redig (klar) i huvudet **4** stadig [*a ~ look* (*gaze*)] **III** *tr* **1** jämna, planera [*~ a lawn* (*road*)] **2** göra vågrät med t.ex. ett vattenpass; nivellera; jämna ut, utplåna olikheter o.d. [äv. *~ out*]; jämna till; göra likställd; *~ down* sänka [till en lägre nivå]; jämna **3** *~* [*with* (*to*) *the ground*] jämna med marken, rasera **4** avpassa; *~ oneself to* anpassa sig efter **5** rikta [*~ an accusation at a p.*]; *~ one's gun at* rikta (höja) geväret mot **IV** *itr* **1** bli jämn[are] **2** flyg., *~ off* plana ut

level-headed [ˌlevlˈhedɪd] balanserad, nykter

lever ['liːvə, amer. vanl. 'levə] **I** *s* **1** hävstång; spak; handtag; spett **2** bildl.

påtryckningsmedel [*a ~ to force him to resign*], tillhygge **II** *vb tr* lyfta (flytta) med [en] hävstång; baxa [undan]; bända [upp]; *~ oneself up* häva sig upp
leverage ['liːv(ə)rɪdʒ, amer. vanl. 'lev-] **1** hävstångsverkan **2** bildl. makt
levity ['levətɪ] lättsinne
levy ['levɪ] **I** *s* **1** uttaxering; [tvångs]upptagande (utskrivning) [av skatt]; uppbörd **2** utskrivning, uppbåd äv. konkr.; utskrivet manskap **II** *vb tr* **1** uttaxera, lägga på [*~ a tax*]; *~ a tax (a fine) on a p.* påföra ngn en skatt (böter) **2** utskriva; sätta upp [*~ an army*]
lewd [luːd, ljuːd] liderlig, vällustig; oanständig [*a ~ joke (person)*]
lexicographer [ˌleksɪ'kɒgrəfə] lexikograf
lexicography [ˌleksɪ'kɒgrəfɪ] lexikografi
liabilit|y [ˌlaɪə'bɪlətɪ] **1** ansvar, skadeståndsskyldighet, ansvarsskyldighet; skyldighet; betalningsskyldighet, [ekonomisk] förpliktelse, engagemang; *limited ~* begränsad ansvarighet; *~ for (to) military service* värnplikt; *~ to pay taxes* el. *tax ~* skatteplikt **2** mottaglighet [*~ to* (för) *certain diseases*], benägenhet [*to* för, till] **3** pl. *-ies* hand. skulder, skuldförbindelser, passiva; *meet one's -ies* infria sina [skuld]förbindelser **4** bildl. belastning, handikapp; olägenhet, nackdel
liable ['laɪəbl] **1** ansvarig **2** förpliktad, skyldig [*be ~ to serve on a jury*]; *~ to* belagd med straff, skatt o.d.; underkastad; *be ~ to a fine* kunna bötfällas **3** mottaglig; benägen; *~ to abuse* som lätt kan missbrukas
liaise [liː'eɪz] etablera (upprätthålla) kontakt
liaison [lɪ'eɪzən, -zɒn] **1** a) förbindelse b) [fritt] förhållande, [kärleks]förbindelse **2** mil. samband; *~ officer* sambandsofficer **3** *in ~ with* i förbund (maskopi) med
liana [lɪ'ɑːnə] o. **liane** [lɪ'ɑːn] bot. lian
liar ['laɪə] lögnare, lögnhals
libel ['laɪb(ə)l] **I** *s* **1** ärekränkning isht i skrift; smädeskrift, libell **2** skymf **II** *vb tr* ärekränka; smäda
libellous ['laɪbələs] ärekränkande, ärerörig, smäde- [*a ~ poem*]
liberal ['lɪb(ə)r(ə)l] **I** *adj* **1** frikostig [*a ~ giver*], givmild **2** liberal, vidsynt **3** *a ~ education* [högre] allmänbildning, [en] god uppfostran **4** *L~* polit. liberal **II** *s*, *L~* polit. liberal
liberalize ['lɪb(ə)rəlaɪz] liberalisera
liberate ['lɪbəreɪt] **1** befria; frige; bildl. frigöra [*a ~d woman*] **2** kem. frigöra

liberation [ˌlɪbə'reɪʃ(ə)n] **1** befrielse; frigivning, frigivande; frigörelse, frigörande; *~ movement* befrielserörelse; frihetsrörelse **2** kem. frigörelse
liberator ['lɪbəreɪtə] befriare
liberty ['lɪbətɪ] frihet; pl. *liberties* äv. fri- och rättigheter, privilegier; *~ of action* handlingsfrihet; *~ of speech* yttrandefrihet; *what a ~!* vard. vad fräckt!; *set at ~* a) försätta på fri fot, frige [*set prisoners at ~*] b) frigöra kapital
Libra ['liːbrə, 'lɪb-] astrol. Vågen; *he is* [*a*] *~* han är Våg
librarian [laɪ'breərɪən] bibliotekarie
library ['laɪbr(ə)rɪ] bibliotek; film. arkiv; *mobile ~* bokbuss; *public ~* offentligt bibliotek, folkbibliotek; *record ~* diskotek samling grammofonskivor
librettist [lɪ'bretɪst] librettoförfattare
Libya ['lɪbɪə] geogr. Libyen
Libyan ['lɪbɪən] **I** *adj* libysk **II** *s* libyer
lice [laɪs] pl. av *louse I*
licence ['laɪs(ə)ns] **I** *s* **1** a) licens [*radio ~*], tillståndsbevis; privilegium; tillstånd, lov, rätt; dispens; *~ fee* licens[avgift]; *driving (driver's) ~* körkort b) [sprit]rättigheter c) [*pilot's*] *~* [flyg]certifikat **2** a) tygellöshet b) lättfärdighet **3** [handlings]frihet; konst. frihet; *poetic ~* poetisk frihet, licentia poetica **II** *vb tr* se *license I*
license ['laɪs(ə)ns] **I** *vb tr* bevilja (ge) ngn licens (tillstånd, [sprit]rättigheter), utfärda tillståndsbevis för, licensera; auktorisera; *shops ~d* [*to sell tobacco*] affärer som har rätt (tillstånd)... **II** *s* amer., se *licence I*; *~ plate* nummerplåt, registreringsskylt
licensed ['laɪs(ə)nst] isht med [sprit]rättigheter; *be fully ~* ha vin- och spriträttigheter, ha fullständiga rättigheter
licensee [ˌlaɪs(ə)n'siː] licensinnehavare; person som har [sprit]rättigheter
licentious [laɪ'senʃəs] tygellös
lichen ['laɪkən, 'lɪtʃən] bot. lav
lick [lɪk] **I** *vb tr* **1** slicka äv. om eld o. vågor; slicka på [*~ a lolly*]; *~ a p.'s boots (shoes)* vard. krypa [i stoftet] (krusa) för ngn; *~ into shape* sätta (få) fason (hyfs) på, sätta pli på, göra folk av; *~ up* slicka i sig, slicka upp; om eld förtära **2** vard. klå upp [*~ a p. at tennis*], övertrumfa; *get ~ed* få stryk (smörj) **II** *s* **1** slickning; *give one's face a cat's ~* vaska av sig i ansiktet; *give a th. a ~ and a promise* gå över (tvätta, rengöra) ngt rätt slarvigt (hafsigt) **2** vard. klick, skvätt [*a ~ of paint*] **3** vard. fräs fart;

at a great (*at full*) ~ i full fräs (speed) **4** vard., *not a ~ of work* inte ett skvatt (smack), grand **5** hårvirvel; tjusarlock [äv. *cowlick*]
licomosa [ˌlɪkəˈməʊsə] *s* bot. vattenros
licorice [ˈlɪkərɪs] isht amer., se *liquorice*
lid [lɪd] **1** lock; *put the ~ on* vard. a) sätta stopp för [*put the ~ on gambling*] b) göra slut på [*that put the ~ on their friendship*] c) lägga på locket [*the government managed to put the ~ on before the affair became public*] **2** ögonlock [äv. *eyelid*] **3** vard. kanna hatt
lido [ˈliːdəʊ] (pl. *~s*) friluftsbad
1 lie [laɪ] **I** *s* lögn; *give a p. the ~* beslå ngn med lögn; *tell a ~* (*~s*) ljuga, tala osanning; *it was just a pack of ~s* det var bara lögn alltsammans (en massa lögner) **II** *vb itr* o. *vb tr* ljuga; *he ~d to my face* han ljög mig mitt upp i ansiktet
2 lie [laɪ] **I** (*lay lain*) *vb itr* **1** a) ligga [*~ motionless*]; *~* (*be lying*) *awake* ligga vaken b) ligga begraven, vila; *here ~s* här vilar **2** a) utbreda sig, ligga [*know how the land ~s*], vara belägen, befinna sig b) om väg o.d. gå, leda **3** sjö. ligga an viss kurs **4** med adv. o. prep. i spec. bet.:
~ about (*around*) a) ligga och skräpa, ligga kringspridd[a]; *leave money lying about* låta pengar ligga framme b) slöa
~ at sjö., *~ at anchor* ligga för ankar
~ back luta (lägga) sig tillbaka
~ down: a) lägga sig [och vila] b) *take an insult lying down* finna sig i en förolämpning; *take it lying down* ge sig utan vidare
~ in: a) ligga i [*the difficulty ~s in the pronunciation*], bestå i; *everything that ~s in my power* allt som står i min makt b) ligga kvar i sängen c) ligga i barnsäng
~ on: a) ligga på; *~ hard* (*heavy*) *on* ligga tung över; vila tungt på, tynga [på] [*it lay heavy on his conscience*] b) åligga
~ under ligga under; vara utsatt för; tyngas av; *~ under an obligation to a p.* stå i tacksamhetsskuld till ngn; *~ under suspicion* vara misstänkt
~ up om fartyg läggas upp
~ with ligga på, åvila [*the burden of proof ~s with you*], ligga hos [*the fault ~s with the Government*]; *it ~s with you to* det är din sak att
II *s* läge, belägenhet; riktning, sträckning [*the ~ of the valley*]; *know the ~ of the land* bildl. veta hur landet ligger
lie-detector [ˈlaɪdɪˌtektə] lögndetektor
lie-down [laɪˈdaʊn] **1** *go and have a ~* lägga sig och vila **2** liggdemonstration

lie-in [laɪˈɪn, ˈ--] vard. **1** *have a nice ~* ligga och dra sig i sängen **2** liggdemonstration
lieu [ljuː, luː], *in ~ of* i stället för
lieutenant [lefˈtenənt, amer. luːˈtenənt] **1** löjtnant inom armén; kapten inom flottan; *flight ~* kapten inom flyget; *first ~* i USA löjtnant inom armén o. flyget; *second ~* fänrik inom armén (i USA äv. inom flyget) **2** ställföreträdare, högra hand **3** i USA a) ung. polisinspektör b) biträdande brandkapten
life [laɪf] (pl. *lives*) **1** a) liv [*how did ~* (*livet*) *begin?*] b) livstid, liv [*a cat has nine lives*], levnad, levnadslopp; varaktighet c) tillvaro [*lead* (*föra*) *a quiet ~*]; [*he told me his*] *~ story* ...livs historia; *early ~* ungdom[en]; *how's ~?* hur lever livet med dig?, hur är läget?; *great loss of ~* stora förluster i människoliv, stor manspillan; *it is a matter of ~ and death* det är en fråga om liv eller död, det gäller livet; *for ~* a) för [att rädda] livet b) för livet [*friends for ~*], på livstid [*imprisonment for ~*]; *take a p.'s ~* ta livet av ngn; [*they ran*] *for dear ~* ...för brinnande livet; *not on your ~* aldrig i livet **2** levnadsteckning, levnadsbeskrivning, biografi [*the lives of* (*över*) *great men*] **3** konst. natur; *from* (*after*) [*the*] *~* efter naturen, efter levande modell
lifebelt [ˈlaɪfbelt] livbälte; räddningsbälte
lifeblood [ˈlaɪfblʌd] **1** hjärtblod **2** bildl. livsnerv, hjärteblod
lifeboat [ˈlaɪfbəʊt] livbåt; livräddningsbåt; *~ operation* bildl. räddningsaktion
lifebuoy [ˈlaɪfbɔɪ] livboj, frälsarkrans
lifeguard [ˈlaɪfgɑːd] **1** livvakt **2** pl. *~s* livgarde **3** livräddare, strandvakt, badvakt
life jacket [ˈlaɪfˌdʒækɪt] flytväst
lifeless [ˈlaɪfləs] livlös, död, friare äv. utan liv, trög; andefattig
lifelike [ˈlaɪflaɪk] livslevande, naturtrogen, levande
lifeline [ˈlaɪflaɪn] **1** livlina **2** räddningslina, räddningstross **3** livslinje i handen **4** livsviktig förbindelse [med omvärlden]
lifelong [ˈlaɪflɒŋ] livslång [*~ friendship*], livstids-; *~ friends* vänner för livet
life raft [ˈlaɪfrɑːft] sjö. räddningsflotte
life-saver [ˈlaɪfˌseɪvə] **1** se *lifeguard 3* **2** vard. räddare i nödens stund
life-saving [ˈlaɪfˌseɪvɪŋ] livräddnings-
life-size [ˌlaɪfˈsaɪz, attr. ˈ--] o. **life-sized** [ˌlaɪfˈsaɪzd, attr. ˈ--] i kroppsstorlek, i naturlig storlek [*a ~ portrait*]
lifestyle [ˈlaɪfstaɪl] livsstil

lifetime ['laɪftaɪm] livstid; *a ~* ett helt liv; hela livet [*it'll last a ~*]
lift [lɪft] **I** *vb tr* **1** lyfta äv. sport. [*~ a ball*]; lyfta på [*~ one's hat (the lid)*], höja äv. bildl.; *have one's face ~ed* genomgå en ansiktslyftning; *~ up* lyfta upp, upplyfta, höja; *~ a word out of its context* bryta ut ett ord ur sitt sammanhang **2** häva [*~ a blockade*], upphäva **3** ta upp rotfrukter **4** vard. knycka, snatta **II** *vb itr* **1** lyfta; höja sig; *~ off* rymd. el. flyg. starta, lyfta, lätta **2** lätta [*the fog ~ed*], lyfta **III** *s* **1** lyft[ande]; tyngd **2** bildl. [gratis]skjuts, lift; befordran **3** hiss; lyftverk; [skid]lift
ligament ['lɪgəmənt] **1** anat. ligament **2** [förenings]band
1 light [laɪt] **I** *s* **1** ljus; belysning; dagsljus; lampa; pl. *~s* ofta trafikljus; *~ year* ljusår; [*shining*] *~* [klart skinande] ljus, snille; *have the ~s on* ha ljuset på (tänt) på t.ex. bil; *put on (put out) the ~* tända (släcka) [ljuset]; *see the ~* a) se dagens ljus, komma till världen [äv. *see the ~ of day*] b) relig. bli frälst (väckt); *place a th. in a good (favourable) ~* [fram]ställa ngt i en gynnsam (fördelaktig) dager; *I don't see the matter in that ~* jag ser inte saken så **2** sjö. a) fyr b) lanterna **3** pl. *~s* förstånd, vett; *according to one's ~s* efter bästa förstånd **4** ljusöppning; fönster[ruta] **5** konst. ljusparti på tavla, dager; *~ and shade* skuggor och dagrar **6** pl. *~s* teat. rampljus **II** *adj* ljus; belyst, upplyst; [*it's beginning to*] *get* (*grow*) *~* ...bli ljust **III** (*lit lit* el. *lighted lighted*) *vb tr* **1** tända [äv. *~ up*; *~ a candle* (*a cigarette, the gas*)], få eld (fyr) i (på); *~ a fire* tända (elda) en brasa **2** belysa; *~ up* lysa upp äv. bildl., belysa; tända [ljus] i **3** lysa ngn [på väg] **IV** (*lit lit* el. *lighted lighted*) *vb itr* **1** tändas; ta eld **2** *~ up* a) tända [ljuset] [*it's time to ~ up*] b) vard. tända cigaretten (pipan, cigarren) [*he struck a match and lit up*] c) bildl. lysa upp [*~ up with delight* (av förtjusning)]
2 light [laɪt] **I** *adj* **1** lätt [*a ~ burden*]; lätt- med låg halt av fett, kolesterol m.m. [*~ beer (margarine)*]; *a ~ meal* en lätt måltid; *~ programme* lättare program, underhållningsprogram; *~ reading* nöjesläsning **2** mil. lätt [*~ bomber; ~ infantry*], lättbeväpnad **3** lös [*~ soil* (jord)]; om dimma o.d. lätt **4** oviktig; obetydlig; lindrig, lätt [*a ~ attack of illness*]; *this is no ~ matter* det här är ingen småsak (bagatell) **5** lättsinnig; flyktig; lätt[färdig] [*a ~ woman*] **II** *adv* lätt [*sleep ~*]; *get off ~* slippa lindrigt undan
3 light [laɪt] (*lit lit* el. *lighted lighted*); *~ [up]on* råka (stöta, träffa) på, [oförmodat] hitta
light bulb ['laɪtbʌlb] glödlampa
1 lighten ['laɪtn] **I** *vb tr* lätta [*~ a ship of* (från) *her cargo*], göra lättare, bildl. äv. lindra **II** *vb itr* lätta [*his worries seem to have ~ed somewhat*], bli lättare
2 lighten ['laɪtn] **1** ljusna **2** blixtra
1 lighter ['laɪtə] **1** tändare [*cigarette ~*]; *~ fluid* tändarvätska till cigarettändare **2** [lykt]tändare
2 lighter ['laɪtə] läktare
light-fingered ['laɪtˌfɪŋgəd, ˌ-'--] **1** långfingrad, långfingrig **2** fingerfärdig
light-headed [ˌlaɪt'hedɪd] **1** yr i huvudet [*after two drinks she began to feel ~*], virrig **2** tanklös
light-hearted [ˌlaɪt'hɑːtɪd, '---] lätt om hjärtat (till sinnes)
lighthouse ['laɪthaʊs] fyr
lighting ['laɪtɪŋ] lyse; *~ effects* ljuseffekter
lightly ['laɪtlɪ] **1** lätt; försiktigt [*eat ~*]; flyktigt; *~ clad* lättklädd, tunnklädd; *~ done* lättstekt; *take a th. ~* ta lätt på ngt **2** sorglöst **3** ytligt; utan vägande skäl [*the prize is not given ~*]
lightness ['laɪtnəs] **1** ljus[styrka], klarhet, jfr *1 light* **2** lätthet m.m., jfr *2 light I* 1 o. 4; lättnad; *~ of heart* sorglöshet
lightning ['laɪtnɪŋ] **1** blixtrande; *a flash of ~* en blixt; *sheet ~* ytblixt[ar]; *summer* (*heat*) *~* kornblixt[ar] **2** blixt- [*~ strike (visit, war*)]; *like* [*greased*] *~* som en [oljad] blixt, blixtsnabbt
lightning conductor ['laɪtnɪŋkənˌdʌktə] åskledare
light-pen ['laɪtpen] data. ljuspenna
lightship ['laɪt-ʃɪp] fyrskepp
lightweight ['laɪtweɪt] **1** lättvikt; lättvikts- [*~ bicycle*], lätt; *~ entertainment* äv. underhållning i den lättare genren **2** sport. el. bildl. lättviktare
light year ['laɪtjɪə] astron. ljusår äv. bildl.
likable ['laɪkəbl] sympatisk; tilltalande, behaglig
1 like [laɪk] **I** *adj* **1** (jfr *II*) lik; *be ~* vara lik, likna [*she is ~ him*], se ut som [*she was ~ a witch*]; *what's it ~?* a) hur[dan] är den? b) hur ser den ut? c) hur smakar den (det)? d) hur känns det?, hur är det?; *what...is ~* vad...vill säga [*learn what skiing is ~*] **2** (litt.) liknande [*hospitals and ~ institutions*]; samma; *~ father, ~ son* äpplet faller inte långt från trädet
II *prep* **1** som [*if I were to behave ~ you*],

som t.ex.; *he speaks French ~ a native* han talar franska som en infödd; *a book ~ this* en sådan [här] bok; *just ~ that* [så där] utan vidare **2** likt, typiskt [för]; *that is just ~ him!* det är [just (så)] likt honom! **3** i spec. förb.:
~ anything vard. som bara den [*he ran ~ anything*], så in i vassen; i högan sky [*cry ~ anything*], av hela sitt hjärta [*he wanted ~ anything to go there*]; *anything ~* någorlunda, någotsånär [*if the weather is anything ~ fine*]
nothing ~, vard. inte alls; inte på långt när, inte tillnärmelsevis [*nothing ~ as* (*so*) *old*]; *there is nothing ~ sailing* det finns inget som går upp mot att segla
something ~: a) vard. omkring [*something ~ £100*] **b)** något liknande [*feel something ~ anger*], något i stil med; *something ~ that* något i den stilen, något sådant **c)** *that's something ~!* det låter bra!, så ska det se ut!
III konj vard.: **a)** som [*pronounce the word ~ I do*], såsom **b)** som om [*he behaved ~ he was the only one*] **IV** adv **1** *as ~ as not* högst sannolikt **2** vard. liksom, så att säga [*they encouraged us ~*] **V** s **1** *the ~* något liknande (dylikt, sådant) **2** vard., *the ~s of me* såna som jag

2 like [laɪk] **I** vb tr o. vb itr tycka [bra] om; [gärna] vilja [*I don't ~ troubling* (*to trouble*) *him*], vilja [*do as you ~*], ha lust; vilja ha [*I ~ my tea strong*]; *whenever he ~s* när han vill (har lust), när det faller honom in, när det passar honom; *how do you ~ it?* vad tycker du om det?; hur smakar det?; hur vill du ha det? t.ex. teet; hur trivs du?; *I ~ his impudence* (*cheek*)! iron. han är inte lite fräck han!; *what would you ~?* vad skulle du vilja ha?, vad får det lov att vara? **II** s, pl. *~s and dislikes* sympatier och antipatier

likeable [ˈlaɪkəbl] se *likable*
likelihood [ˈlaɪklɪhʊd] sannolikhet, rimlighet
likely [ˈlaɪklɪ] **I** adj **1** sannolik, rimlig; *he is the most ~ person to know* han är nog den som har bäst reda på saken; *not bloody ~!* vard. i helvete heller!, jag gör så fan heller! **2** lämplig [*I couldn't find a ~ house*], passande; ägnad; lovande [*a ~ young man*]; tänkbar [*he called at every ~ house*] **II** adv, very (*most*) *~* el. *as ~ as not* [högst] sannolikt, troligen, troligtvis, antagligen
like-minded [ˌlaɪkˈmaɪndɪd] likasinnad
liken [ˈlaɪk(ə)n] litt. likna

likeness [ˈlaɪknəs] **1** likhet; *family ~* släkttycke **2** skepnad [*assume* (anta) *the ~ of a swan*]; form **3** porträtt; avbild; beläte; [*the portrait*] *is a good ~* ...är mycket likt
likewise [ˈlaɪkwaɪz] **1** på samma sätt, sammaledes; *say* (*do*) *~* säga (göra) detsamma **2** också, därtill, dessutom [*she is ~ our chairman*]
liking [ˈlaɪkɪŋ] tycke, böjelse; [*special*] *~* förkärlek
lilac [ˈlaɪlək] **I** s **1** syren **2** lila, gredelint **II** adj syrenfärgad, lila, gredelin
Lilliputian [ˌlɪlɪˈpjuːʃ(ə)n] **I** s lilleputt invånare i Lilleputt o. friare **II** adj lilleputt[s]-; friare lilleputtaktig, pytteliten
lilt [lɪlt] **I** s **1** glad visa (melodi), trall **2** [fast (vacker)] rytm **II** vb tr o. vb itr sjunga (spela, tala) glatt (rytmiskt)
lily [ˈlɪlɪ] lilja; näckros; *African ~* kärlekslilja
lily of the valley [ˌlɪlɪəvðəˈvælɪ] (pl. *lilies of the valley*) liljekonvalj
limb [lɪm] **1** lem, ben [*rest one's tired ~s*]; *stretch one's ~s* sträcka på armar och ben **2** [stor] gren; *be out on a ~* vard. vara illa ute, vara i [en] knipa; vara ute på farliga vägar
limber [ˈlɪmbə] **I** adj böjlig **II** vb tr o. vb itr, *~ up* mjuka upp [*~ up one's muscles*]
1 limbo [ˈlɪmbəʊ] (pl. *~s*) teol. limbo; *be in ~* sväva i ovisshet
2 limbo [ˈlɪmbəʊ] (pl. *~s*) limbo dans
1 lime [laɪm] bot. lime frukt
2 lime [laɪm] bot. lind
3 lime [laɪm] **I** s **1** kalk; *slaked ~* släckt kalk **2** fågellim **II** vb tr **1** kalka vägg, jord, hudar **2** bestryka med fågellim
limelight [ˈlaɪmlaɪt] bildl. rampljus; *be* (*appear*) *in the ~* stå (träda fram) i rampljuset, stå (träda) i förgrunden
limestone [ˈlaɪmstəʊn] geol. kalksten
limit [ˈlɪmɪt] **I** s gräns, yttersta gräns äv. bildl.; pl. *~s* gränser, skrankor, begränsning; *he's the ~!* vard. han är alldeles hopplös!; *that's the ~!* vard. det är [då] höjden!, det var det värsta!; *off ~s* amer. isht skol. el. mil. [på] förbjudet område, förbjudet **II** vb tr begränsa; inskränka; hand. limitera
limitation [ˌlɪmɪˈteɪʃ(ə)n] **1** begränsning, inskränkning; gräns; *he has his ~s* han har sin begränsning **2** jur. preskription; [*period of*] *~* preskriptionstid, fatalietid; giltighetstid
limited [ˈlɪmɪtɪd] begränsad, inskränkt; knapp; snäv; *~* [*liability*] *company* aktiebolag med begränsad ansvarighet
limitless [ˈlɪmɪtləs] obegränsad

limo ['lɪməʊ] (pl. ~s) vard. kortform för *limousine*

limousine [ˌlɪmə'ziːn, '---] limousine äv. om trafikbil mellan flygterminal och flygplats; lyxbil

1 limp [lɪmp] mjuk; slapp [*a ~ hand*], kraftlös, lealös; hängig; *~ cloth* (*binding*) mjukt band på bok

2 limp [lɪmp] **I** *vb itr* linka äv. bildl. **II** *s* haltande [gång]; *walk with a ~* halta

limpet ['lɪmpɪt] **1** zool. skålsnäcka **2** person som klamrar sig fast

limpid ['lɪmpɪd] klar äv. bildl. [*a ~ style*]; genomskinlig, kristallklar

linchpin ['lɪn(t)ʃpɪn] **1** axelsprint **2** bildl. stöttepelare

linden ['lɪndən] bot. lind [äv. *~ tree*]

1 line [laɪn] **I** *s* **1** a) lina; [met]rev; [kläd]streck; mätlina b) elektr. el. tele. ledning [*telephone ~s*], linje **2** a) linje, streck b) kontur, linje c) linje i handen o.d., rynka d) strimma; linje i tv-bild **3** gräns[linje] [*cross the ~ into Canada*] **4** geogr. el. sjö., *the L~* linjen ekvatorn [*cross the L~*] **5** mil. el. sjö. linje i div. bet. [äv. t.ex. *the Maginot ~*]; *the ~* a) linjen, linjetrupperna b) fronten **6** linje äv. bolag [*a bus ~*]; rutt; järnv. linje [*the train stopped on* (ute på) *the ~*], bana, spår **7** rad [*a ~ of chairs*], linje; fil; isht amer. kö; *single ~ of traffic* enkelt körfält **8** i skrift: **a)** rad [*page 10 ~ 5*; *drop* (skriv) *me a ~*; *read between the ~s*]; vers[rad] **b)** teat., vanl. pl. *~s* replik [*the actor had forgotten his ~s*], roll [*he knew his ~s*] **c)** vard., pl. *~s* vigselattest **9** [släkt]gren [*in a direct* (direkt nedstigande) *~*]; ätt [*the last of his ~*] **10** riktning [*the ~ of march*], kurs, bildl. äv. linje [*follow the party ~*], handlingssätt [*what ~ would you recommend?*] **11** a) fack, bransch [*what ~ is he in?*] **b)** *it's not in my ~* [*of country*] det är inte mitt fack (min bransch, mitt gebit) **12** hand. vara, sortiment [*a cheap ~ in hats*], [varu]slag; modell, typ [*a new ~ of computer printers*] **13** div. fraser o. uttryck: **a)** i förb. med 'of': *~ of action* förfaringssätt, handlingssätt; *the end of the ~* slutet [*it'll be the end of the ~ for him*] **b)** i förb. med vb: *be in ~* (*on a ~*) *with* ligga helt i linje med; *be out of ~* göra ngt olämpligt, gå sin egen väg; *draw the ~* bildl. dra gränsen [*at* vid], säga stopp, säga ifrån [*at* när det gäller]; *~ engaged* (amer. *busy*)! tele. upptaget!; *fall into ~* a) mil. falla in i ledet b) bildl. inta samma ståndpunkt; *hold the ~, please!* tele. var god och vänta!; *lay a th. on the ~* a) tala klarspråk b) sätta ngt på spel c) lägga pengarna på bordet; *shoot a ~* sl. skryta **c)** andra förb. med prep. el. förb. med adv.: *all along the ~* bildl. över ([ut]efter) hela linjen, till alla delar; *don't step* (*do anything*) *out of ~!* gör inte något olämpligt! **II** *vb tr* **1** dra linjer (en linje) på **2** ordna i linje, rada upp; mil. ställa upp [på linje] [äv. *~ up*] **3** stå utefter [*many people ~d the streets*] **4** göra rynkig, fåra pannan o.d. **III** *vb itr* bilda linje; *~ up* ställa upp [sig]; ställa sig i kö, köa

2 line [laɪn] **1** fodra, bekläda [invändigt] **2** fylla, stoppa full [*~ one's stomach*], späcka; *~ one's pocket* (*purse*) tjäna mycket pengar; sko sig [*at a p.'s expense* på ngns bekostnad]

lineage ['lɪnɪɪdʒ] **1** härstamning **2** ättlingar

linear ['lɪnɪə, -njə] linje-, lineär; längd-; bestående av linjer

1 lined [laɪnd] **1** randig; strimmig; *~ paper* linjerat papper **2** rynkad, fårad

2 lined [laɪnd] fodrad etc., jfr *2 line*; *~ envelope* fodrat kuvert

linen ['lɪnɪn] **I** *s* **1** linne[väv] **2** koll. linne [*bed linen*]; underkläder; *dirty* (*soiled*) *~* smutskläder, smutstvätt; *wash one's dirty ~ in public* bildl. tvätta sin smutsiga byk offentligt **II** *adj* linne-

line printer ['laɪnˌprɪntə] data. radskrivare

1 liner ['laɪnə] a) linjefartyg b) trafik[flyg]plan

2 liner ['laɪnə] **1** a) [löstagbart] foder b) tekn. foder; mellanlägg; insats **2** fodral till grammofonskiva; skivalbum

linesman ['laɪnzmən] **1** sport. linjedomare **2** linjesoldat **3** banvakt **4** amer. linjearbetare; kabelläggare

line-up ['laɪnʌp] **1** uppställning; sport. äv. startfält; bildl. gruppering [*a new ~ of Afro-Asian powers*] **2** uppsättning; isht radio. el. TV. program[utbud] **3** konfrontation isht misstänkta uppställda för identifiering

linger ['lɪŋgə] **I** *vb itr* **1** a) dröja [sig] kvar, stanna [kvar] [*we ~ed for a while after the party*] b) släntra [*~ homewards*] **2** *~* [*on*] fortleva, [ännu] leva kvar [*the custom ~s on*] **3** tveka; söla; *~ on* (*over*) bildl. dröja vid, uppehålla sig länge vid [*~ on* (*over*) *a subject*] **II** *vb tr*, *~ away* slösa bort, förspilla [*~ away a lot of time*]

lingerie ['lænʒərɪ, 'lɒn-] damunderkläder

lingo ['lɪŋgəʊ] (pl. *~es* el. *~s*) neds. el. skämts. språk; fikonspråk; [yrkes]jargong

linguist ['lɪŋgwɪst] **1** språkkunnig person;

he is a good ~ han är mycket språkbegåvad **2** lingvist, språkforskare
linguistic [lɪŋˈgwɪstɪk] lingvistisk; språklig, språk- [~ *theory*]; ~ *ability* språkbegåvning
linguistics [lɪŋˈgwɪstɪks] (konstr. ss. sg.) lingvistik
liniment [ˈlɪnəmənt] med. liniment
lining [ˈlaɪnɪŋ] foder, invändig klädsel [*a jewel case with a velvet* ~]; brädfodring; tekn. foder [*cylinder* ~], belägg [*brake* ~]; *every cloud has a silver* ~ ingenting ont som inte har något gott med sig, efter regn kommer solsken
link [lɪŋk] **I** *s* **1** a) länk i kedja; maska b) länkstång c) [hår]länk d) manschettknapp e) ss. mått 7,92 tum = 20,1 cm **2** bildl. länk [*a* ~ *in a chain of evidence*]; [mellan]led; förbindelseled, förbindelse[länk] [*the* ~ *between the past and the future*], föreningslänk; anknytning; *connecting* ~ förbindelseled; föreningsband; anknytning **II** *vb tr* länka (koppla) ihop (samman), förbinda [äv. ~ *together* (*up*); *two towns* ~*ed by a canal*], knyta; ~ *arms* gå arm i arm **III** *vb itr*, ~ [*up*] länkas (kopplas) ihop (samman), förena sig, vara förenad[e], stå i förbindelse med varandra; mil. nå samband
links [lɪŋks] (konstr. ofta ss. sg.) golfbana
link-up [ˈlɪŋkʌp] **1** sammanlänkning; sammanträffande; samband, förbindelseled **2** tele. gruppsamtal **3** rymd. dockning
linnet [ˈlɪnɪt] zool. hämpling
lino [ˈlaɪnəʊ] vard. för *linoleum*
linoleum [lɪˈnəʊljəm] linoleum; linoleummatta
linseed [ˈlɪnsiːd] linfrö
linseed oil [ˈlɪnsiːdɔɪl] linolja
lint [lɪnt] förbandsgas
lintel [ˈlɪntl] överstycke på dörr el. fönster
lion [ˈlaɪən] **1** lejon; *the* ~*'s share* lejonparten, brorslotten **2** bildl.: berömdhet, celebritet **3** astrol., *the L*~ Lejonet
lioness [ˈlaɪənes] lejoninna
lionize [ˈlaɪənaɪz] fira
lip [lɪp] **1** läpp; pl. ~*s* läppar, mun [*put the glass to one's* ~*s*]; *lower* (*under*) ~ underläpp; *upper* ~ överläpp **2** kant, rand, brädd; pip
lip gloss [ˈlɪpglɒs] läppglans
lip-reading [ˈlɪpˌriːdɪŋ] läppavläsning
lipsalve [ˈlɪpsælv, -sɑːv] cerat
lip service [ˈlɪpˌsɜːvɪs] tomma ord, munväder; *pay* (*give*) ~ *to* låtsas hålla med om (stödja), tjäna med läpparna
lipstick [ˈlɪpstɪk] läppstift
liquefy [ˈlɪkwɪfaɪ] smälta; kondensera; anta vätskeform; *liquefied petroleum gas* gasol, kondenserad petroleumgas
liqueur [lɪˈkjʊə] likör; ~ *brandy* benämning på finare konjak
liquid [ˈlɪkwɪd] **I** *adj* **1** flytande, i vätskeform; poet. vatten-, våt; ~ *crystal display* flytande kristaller i t.ex. armbandsur **2** klar [*a* ~ *sky*], genomskinlig; ~ *eyes* blanka (klara, ibl. tårfyllda) ögon **3** om ljud o.d. mjuk, smekande **4** hand. likvid [~ *assets* (tillgångar)], disponibel **II** *s* vätska; spad
liquidate [ˈlɪkwɪdeɪt] **I** *vb tr* **1** likvidera, betala [~ *a debt*] **2** likvidera, avveckla [~ *a firm*] **3** bildl. likvidera **II** *vb itr* träda i likvidation
liquidation [ˌlɪkwɪˈdeɪʃ(ə)n] **1** likvidering, betalning **2** likvidation, avveckling; administration; *go into* ~ träda i likvidation, gå i konkurs **3** likvidering
liquidize [ˈlɪkwɪdaɪz] göra flytande; mosa
liquor [ˈlɪkə] spritdryck, rusdryck; *alcoholic* (*spirituous*) ~*s* alkoholhaltiga (starka) drycker, spritdrycker; *hard* ~ [stark]sprit
liquorice [ˈlɪkərɪs] **1** bot. lakritsrot **2** lakrits; ~ *allsorts* engelsk lakritskonfekt
Lisbon [ˈlɪzbən] geogr. Lissabon
lisp [lɪsp] **I** *vb itr* läspa **II** *vb tr* läspa [fram] [äv. ~ *out*] **III** *s* läspning, läspande; *have* (*speak with*) *a* ~ läspa
lissome [ˈlɪsəm] smidig, mjuk, graciös; vig
1 list [lɪst] **1** stad[kant]; remsa; list, kant **2** *enter the* ~*s* ge sig in i striden, ta upp kampen [*against*, *with* mot; *for* för]
2 list [lɪst] **I** *s* lista, förteckning; mil. rulla; ~ *price* katalogpris, listpris **II** *vb tr* **1** a) ta upp (ta med, sätta upp, föra upp, skriva upp) på listan (en lista osv.) [~ *a p.'s name*]; lista; ta (föra) upp [*the dictionary* ~*s many technical terms*]; ~*ed building* kulturminnesmärke, rivningsskyddad byggnad b) göra upp en lista (förteckning) på (över) [~ *all one's engagements*] **2** hand. a) notera b) prissätta
3 list [lɪst] isht sjö. **I** *vb itr* ha (få) slagsida **II** *s* slagsida; ~ *to port* (*to starboard*) babords (styrbords) slagsida
listen [ˈlɪsn] *vb itr* lyssna, höra efter [*now* ~ *carefully!*]; ~ [*out*] *for* lyssna efter [~ *for a p.'s footsteps*]; ~ *to* a) lyssna på (till), höra [på] [~ *to music*], avlyssna, höra efter b) bildl. höra på, lyssna till,

lyda, ge efter för, följa; *~ in on* avlyssna, tjuvlyssna på
listener ['lɪsnə] åhörare; lyssnare [*a good ~*]; *The L~* radio o. tv-tidning
listless ['lɪstləs] håglös, liknöjd, likgiltig; slapp, slö
lit [lɪt] **I** imperf. o. perf. p. av *1 light III, IV* o. *3 light II adj* sl., *~ [up]* upprymd berusad
litany ['lɪtənɪ] kyrkl. litania äv. bildl.
liter ['liːtə] isht amer., se *litre*
literacy ['lɪt(ə)rəsɪ] läs- och skrivkunnighet
literal ['lɪt(ə)r(ə)l] **1** ordagrann [*~ translation*], exakt [*a ~ copy of an old manuscript*]; bokstavstrogen **2** bokstavlig [*in the ~ sense of the word*]; vard. fullkomlig, verklig
literally ['lɪt(ə)rəlɪ] **1** ordagrant **2** bokstavligt [*carry out orders too ~*], bokstavligen; i egentlig betydelse; vard. bokstavligt talat, formligen [*the children were ~ starving*]
literary ['lɪt(ə)rərɪ] litterär; vitter; litteratur- [*~ history*]; författar- [*the ~ profession*]; *~ career* karriär som författare
literate ['lɪtərət] **1** läs- och skrivkunnig **2** litterat
literature ['lɪt(ə)rətʃə, -tjʊə] litteratur
lithe [laɪð] smidig; böjlig
lithograph ['lɪθə(ʊ)grɑːf, -græf] **I** *s* litografi **II** *vb tr* o. *vb itr* litografera
lithography [lɪ'θɒɡrəfɪ] litografi
Lithuania [ˌlɪθjʊ'eɪnjə] Litauen
Lithuanian [ˌlɪθjʊ'eɪnjən] **I** *adj* litauisk **II** *s* **1** litauer; litauiska kvinna **2** litauiska [språket]
litigate ['lɪtɪɡeɪt] **I** *vb itr* processa **II** *vb tr* processa om; tvista om
litigation [ˌlɪtɪ'ɡeɪʃ(ə)n] rättstvist
litmus ['lɪtməs] lackmus [*~ paper*]
litre ['liːtə] liter [*two ~s of milk*]
litter ['lɪtə] **I** *s* **1** skräp, avfall **2** bår för sjuka **3** strö t.ex. under kreatur; gödsel; [*cat*] *~* kattsand **4** kull [*a ~ of pigs (puppies)*]
II *vb tr* **1** *~ [up]* **a)** skräpa ner [i, på], stöka till i (på) [*~ up the room (the table)*]
b) strö omkring sig [*he ~ed his things all over the room*], kasta huller om buller
c) ligga kringströdda (och skräpa) i (på) [*papers ~ed the room (the table)*], belamra **2** föda (få) en kull ungar **III** *vb itr* föda [en kull] ungar
litterbin ['lɪtəbɪn] papperskorg på allmän plats; papperspelle
litterbug ['lɪtəbʌɡ] isht amer. vard. o.
litterlout ['lɪtəlaʊt] vard. person som skräpar ner på allmän plats

little ['lɪtl] (komp. *less* el. *lesser*, superl. *least*) **I** *adj* (se äv. *II*) **1** liten, pl. små; lill- [*~ finger*; *~ toe*], lilla- [*my ~ sister*], lille- [*my ~ brother*], små- [*~ children*]; *L~ Italy* de italienska kvarteren i storstad; *the ~ man* ofta den vanliga människan; *the ~ woman* skämts. frugan **2** småsint; futtig; *little things please ~ minds* ordspr. litet roar barn **II** *adj* o. *adv* o. *pron* **1** lite; föga [*of ~ value*]; ringa [*of ~ importance*], obetydlig [*~ damage*]; *~ by ~* litet i sänder, [så] småningom, gradvis; *I have ~ left to say* jag har inte mycket att tillägga; *he ~ imagined that* el. *~ did he imagine that* föga anade han att; *make ~ of* bagatellisera, inte göra mycket väsen av; *no ~* inte ringa, inte [så] litet [*it takes no ~ courage to do that*]; *the ~* det lilla [*the ~ of his work I have seen*] **2** *a ~* **a)** lite, litet [*he had a ~ money left*], en smula **b)** *not a ~* inte så litet, ganska mycket; ganska, rätt [så] [*I was not a ~ surprised*]
liturgy ['lɪtədʒɪ] liturgi
1 live [laɪv] **I** *adj* **1** levande; *~ bait* levande bete **2** glödande; *~ coal* glödande kol[stycke], glöd **3** inte avbränd, oanvänd [*a ~ match*]; inte exploderad [*a ~ shell (bomb)*]; laddad [*a ~ cartridge*]; skarp [*~ ammunition*]; ström-; *~ wire*
a) strömförande (spänningsförande) ledning **b)** vard. energiknippe, eldsjäl **4** radio. el. TV. direkt-, direktsänd; *~ broadcast (coverage transmission)* direktsändning **II** *adv* radio. el. TV. direkt [*they broadcast it ~*]
2 live [lɪv] **I** *vb itr* **1** leva; fortleva, leva kvar [*his memory will always ~*]; *we ~ and learn* man lär så länge man lever; *~ well*
a) leva (äta) gott, ha det bra **b)** leva ett rättskaffens liv; *~ up to* **a)** leva ända till [*he ~d up to that period*] **b)** uppfylla, infria löfte **c)** leva upp till, motsvara [*~ up to one's reputation*], göra skäl för **d)** leva enligt [*~ up to one's principles*] **2** bo [*~ in the country*; *~ with* (hos) *one's parents*], vara bosatt [*~ in London*]; vistas; *~ in* **a)** bo på arbetsplatsen **b)** sammanbo, sambo **II** *vb tr* leva [*~ a happy (double) life*]; *~ a lie* leva på en lögn; *~ it up* vard. leva livet (livets glada dagar)
livelihood ['laɪvlɪhʊd] [livs]uppehälle, levebröd [*deprive a p. of his ~*]; *means of ~* födkrok; *earn (gain, get, make) one's ~* förtjäna sitt uppehälle, försörja sig [*by på*]
liveliness ['laɪvlɪnəs] livlighet; naturtrogenhet; liv i framställning o.d.

lively ['laɪvlɪ] **1** livlig; *look ~!* raska på!, snabba på! **2** livlig, levande [*a ~ description*], naturtrogen **3** om färg glad

liven ['laɪvn] **I** *vb tr*, *~ up* liva (pigga) upp **II** *vb itr*, *~ up* bli livlig[are] (uppiggad), livas (piggas) upp

1 liver ['lɪvə], *a fast (loose) ~* en rucklare, person som för ett vidlyftigt liv

2 liver ['lɪvə] lever anat. el. kok.; *~ paste* paté, finare leverpastej

liverish ['lɪvərɪʃ] **1** vard. leversjuk **2** vard. retlig; ur gängorna

livery ['lɪvərɪ] **1** livré **2** [särskild] dräkt som bärs av medlemmar av vissa sammanslutningar; gilledräkt

lives [laɪvz] pl. av *life*

livestock ['laɪvstɒk] kreatursbesättning; boskap, husdjur

livid ['lɪvɪd] **1** blygrå; blå[blek], likblå [*~ with cold*]; askgrå, vit [*~ with rage*] **2** vard. rasande

living ['lɪvɪŋ] **I** *adj* **1** levande [*~ beings*]; i livet [*are your parents ~?*]; nu (då) levande [*no man* (ingen) *~ could do (could have done) better*], samtida; *the ~* de levande **2** glödande om kol o.d. **II** *s* **1** liv, att leva [*~ is expensive these days*]; vistelse, att vistas [*~ in the same house became impossible*], att bo; levnadssätt [*luxurious ~*]; *be fond of good ~* tycka om god mat och god dryck **2** livsuppehälle, levebröd; *earn (make) a ~* förtjäna sitt uppehälle, tjäna sitt levebröd; *what does he do for a ~?* vad försörjer han sig på? **3** livs- [*~ conditions*]; *~ quarters* bostad

living room ['lɪvɪŋruːm, -rʊm] vardagsrum

lizard ['lɪzəd] zool. ödla

'll [l] = *will* o. *shall* [*I'll = I will, I shall*]

llama ['lɑːmə] zool. lama[djur]

LL B [,elel'biː] (förk. för *Legum Baccalaureus*) lat. = *Bachelor of Laws* ung. jur. kand.

LL D [,elel'diː] (förk. för *Legum Doctor*) lat. = *Doctor of Laws* jur. dr

load [ləʊd] **I** *s* last; lass; börda äv. bildl.; *a teaching ~ of [30 hours a week]* en undervisningsskyldighet på...; *a ~ was lifted from my heart* en sten (tyngd) föll från mitt bröst **2** tekn. belastning **3** vard., pl. *~s* massor **4** sl., *get a ~ of* lyssna på, höra på; kolla in **5** vulg., *shoot one's ~* satsa, spruta ejakulera **II** *vb tr* **1** lasta [*~ a ship*; *~ coal*], lassa; fylla [*~ the washing-machine*] **2** a) belasta tekn. o. friare [*~ one's memory with*] b) tynga ner, komma att digna [ofta *~ down*; *grapes ~ down the vines*], överlasta, lasta full [ofta *~ down*; *~ a p. down with parcels*]; *~ [down] one's stomach [with food]* proppa i sig **3** överhopa [*~ a p. with gifts*; *~ed with debts*], överösa [*~ a p. with abuse*] **4** ladda [*~ a camera (film)*] **5** *~ dice* förfalska tärningar genom att göra en sida tyngre; *~ the dice against a p.* ligga ngn i fatet [*lack of education ~ed the dice against him*]; *the dice are heavily ~ed against us* vi har alla oddsen emot oss; *~ the dice in favour of* gynna **III** *vb itr* **1** lasta [äv. *~ up*] **2** ladda [*~ quickly!*] **3** vard., *~ up* ladda in, proppa i sig

loaded ['ləʊdɪd] **1** lastad etc., jfr *load II 1-5*; *~ dice* falska tärningar **2** bildl. [värde]laddad, känsloladdad [*a ~ word*] **3** sl. packad berusad **4** vard. tät

1 loaf [ləʊf] (pl. *loaves*) **1 a)** limpa [äv. *~ of bread*; *[tin] ~* formbröd; *half a ~ is better than none (no bread)* små smulor är också bröd, något är bättre än inget **b)** *meat ~* köttfärs i ugn, kött[färs]limpa **2** sl., *use your ~!* använd knoppen (förståndet)!

2 loaf [ləʊf] **1** stå och hänga [*they were ~ing at street corners*]; *~ [about]* slå dank, [sitta och] slöa **2** släntra [*he ~ed across the room*]; *~ [about]* gå och driva (dra), driva (loda, strosa) omkring

loafer ['ləʊfə] **1** dagdrivare; flanör **2** loafer slags lågsko

loam [ləʊm] **1** formlera **2** bördig lerjord

loan [ləʊn] **I** *s* lån; kredit; pl. *~s* äv. kreditgivning, utlåning **II** *vb tr* isht amer. låna [ut]

loath [ləʊθ] obenägen

loathe [ləʊð] avsky; äcklas av

loathing ['ləʊðɪŋ] avsky; leda; vämjelse; *have a ~ for* hysa (känna) avsky för, känna äckel för

loathsome ['ləʊðsəm, 'ləʊθs-] avskyvärd, vidrig, äcklig, vämjelig

loaves [ləʊvz] pl. av *1 loaf I*

lob [lɒb] **I** *s* sport. lobb **II** *vb tr* sport. lobba

lobby ['lɒbɪ] **I** *s* **1** hall, vestibul, entréhall i hotell o.d.; [teater]foajé; korridor; tambur **2** parl. **a)** förhall där allmänheten kan komma till tals med medlemmar av lagstiftande församling; [*division*] *~* voteringskorridor, omröstningskorridor vid sidan av underhusets sessionssal **b)** påtryckningsgrupp, intressegrupp **II** *vb itr* arbeta som påtryckningsgrupp **III** *vb tr* öva påtryckningar på medlem av lagstiftande församling

lobbyist ['lɒbɪɪst] medlem av påtryckningsgrupp (intressegrupp)

lobe [ləʊb] lob [~ *of the brain* (*lung*)], flik [~ *of an oak leaf*]; ~ *of the ear* örsnibb
lobelia [lə(ʊ)'biːljə] bot. lobelia
lobster ['lɒbstə] hummer; *red as a* ~ röd som en kräfta, illröd
lobsterpot ['lɒbstəpɒt] hummertina
local ['ləʊk(ə)l] **I** *adj* lokal [~ *time*], lokal- [~ *call* (samtal), ~ *radio*], [här] på platsen [*the* ~ *doctor*; *a* ~ *firm*], plats-, orts- [~ *population*]; kommun-; *the* ~ *authority* (*authorities*, amer. *government*) de lokala (kommunala) myndigheterna; ~ *education authority* ung. länsskolnämnd; ~ *government* kommunal självstyrelse **II** *s* **1** ortsbo [*I met one of the* ~*s*]; *he is a* ~ han är härifrån, han bor här **2** sport., *the* ~*s* ortslaget, ortens eget lag **3** vard., *the* ~ kvarterspuben, bykrogen, ortens pub
locality [lə(ʊ)'kælətɪ] **1** lokalitet, ställe; fyndplats; trakt, ort **2** läge **3** *sense of* ~ lokalsinne, orienteringsförmåga
locally ['ləʊkəlɪ] lokalt; med hänsyn till platsen
locate [lə(ʊ)'keɪt, amer. '--] **1** lokalisera [~ *the enemy's camp*; ~ *the disease*], leta reda på [*I* ~*d the town on the map*], spåra; pejla [med hjälp av radio] **2** förlägga [~ *the headquarters in* (till) *Paris*], lokalisera; placera; *be* ~*d* förläggas etc.; ligga, sitta [*the switch is* ~*d above the light*]
location [lə(ʊ)'keɪʃ(ə)n] **1** lokalisering; [*radio*] ~ [radio]pejling **2** läge, belägenhet [*a suitable* ~ *for a factory*]; *on* ~ på ort och ställe **3** film. inspelningsplats utanför studion; *shoot films on* ~ spela in (filma) på platsen dvs. ej i studio
loch [lɒk, lɒx] skotsk. **1** insjö **2** havsvik, fjord
1 lock [lɒk] lock av hår; pl. ~*s* äv. hår
2 lock [lɒk] **I** *s* **1** lås; *under* ~ *and key* inom lås och bom, under (inom) lås, inlåst; *put a th. under* ~ *and key* låsa in (ner, undan) ngt på gevär o.d. säkring; ~, *stock, and barrel* rubb och stubb, hela rubbet **3** spärr **4** sluss; *air* ~ luftsluss **5** årklyka **6** bil. vändradie **II** *vb tr* **1** låsa [igen] med lås; ~ *away* låsa undan [~ *away the jewellery*]; ~ *a p.* (*oneself*) *in* låsa (stänga) in ngn (sig), låsa om ngn (sig); ~ *up* a) låsa (stänga) till [~ *up a room*] b) låsa in (ner, undan) [~ *up the jewellery*] c) låsa in, stänga in [~ *oneself up in* (på) *one's room*]; spärra in [~ *up a prisoner*] **2** innesluta; omsluta, [om]slingra; ~*ed in an embrace* tätt omslingrade **III** *vb itr* gå i lås [*the door* ~*s automatically*], gå att låsa [*does this trunk* ~?]; ~ *up* låsa [dörren (dörrarna)] [efter sig]
locker ['lɒkə] [låsbart] skåp (fack); förvaringsbox; ~ *room* omklädningsrum [med låsbara skåp]
locket ['lɒkɪt] medaljong
lockjaw ['lɒkdʒɔː] med. käkläsa, munläsa; vard. stelkramp
lockout ['lɒkaʊt] lockout; ~ *notice* lockoutvarsel
locksmith ['lɒksmɪθ] låssmed, klensmed
lock-up ['lɒkʌp] **I** *s* **1** arrest, finka **2** *se* ~ *garage* under *II* **II** *adj* låsbar; ~ *garage* ung. hyrt garage utan anslutning till bostaden
locomotive [ˌləʊkə'məʊtɪv, '----] **I** *adj* [utrustad] med rörelseförmåga; rörlig **II** *s* lokomotiv
locust ['ləʊkəst] **1** a) zool. gräshoppa från Asien o. Afrika som uppträder i svärmar b) bildl. parasit **2** bot., ~ [*tree*] a) falsk akacia b) johannesbröd[träd]
lodge [lɒdʒ] **I** *s* **1** grindstuga [äv. *gate-keeper's* ~], [trädgårdsmästar]bostad **2** [jakt]hydda, [jakt]stuga; isht amer. sportstuga, sommarstuga **3** portvaktsrum [äv. *porter's* ~] **II** *vb tr* **1** inkvartera äv. friare; hyra ut rum åt; *board and* ~ *a p.* ge ngn kost och logi (helinackordering) **2** isht jur. anföra, framföra [~ *a complaint* (klagomål)], inlägga [~ *a protest*], lämna in [~ *an application*] **3** placera, sätta **4** deponera [~ *money in the bank*] **5** driva (sticka) in vapen o.d.; *a bullet* ~*d in the brain* en kula som har fastnat (sitter [kvar]) i hjärnan **III** *vb itr* **1** hyra [rum], bo **2** ta in **3** slå ned, hamna; sätta sig fast, fastna [*the bullet* ~*d in his jaw*]
lodger ['lɒdʒə] inneboende, hyresgäst; [*make a living*] *by taking* [*in*] ~*s* ...genom att hyra ut rum
lodging ['lɒdʒɪŋ] **1** husrum, logi **2** pl. ~*s* hyresrum, uthyrningsrum, rum i privatfamilj, möblerade rum; [hyres]lägenhet, bostad
lodging house ['lɒdʒɪŋhaʊs] enklare [privat]hotell
loft [lɒft] **I** *s* **1** vind; [hö]skulle **2** i kyrka o.d. läktare **3** duvslag **II** *vb tr* sport., ~ *the ball* lyfta bollen; slå en hög boll
lofty ['lɒftɪ] **1** hög [*a* ~ *tower* (*mountain*)], ståtlig; om rum hög i taket **2** bildl. hög [~ *ideals*], upphöjd [~ *sentiments*, ~ *style*], ädel
1 log [lɒɡ] **I** *s* **1** [timmer]stock; vedträ; [trä]kubb; *sleep like a* ~ sova som en stock **2** sjö. a) logg b) *se* *logbook* **3** data. logg **II** *vb tr* **1** föra in i loggboken **2** data.,

~ *in* el. ~ *on* logga in (på); ~ *off* el. ~ *out* logga av (ut)
2 log [lɒg] förk. för *logarithm*
logarithm ['lɒgərɪð(ə)m] matem. logaritm
logbook ['lɒgbʊk] **1** sjö. el. flyg. loggbok **2** resejournal
log cabin ['lɒgˌkæbɪn] timmerstuga
loggerhead ['lɒgəhed], *be at ~s* vara osams (oense) [*with* med]
logic ['lɒdʒɪk] logik; bildl. äv. beviskraft
logical ['lɒdʒɪk(ə)l] logisk, följdriktig; *carry* (*push*) *a th. to its ~ conclusion* ung. driva ngt till sin spets
login ['lɒgɪn] data. inloggning[s-], påloggning[s-]
logistics [lə(ʊ)'dʒɪstɪks] (konstr. ss. sg. el. pl.) **1** mil. underhållstjänst **2** allm. logistik
logoff ['lɒgɒf] data. avloggning[s-], utloggning[s-]
logon ['lɒgɒn] data. inloggning[s-], påloggning[s-]
logotype ['lɒgə(ʊ)taɪp] logotyp
logout ['lɒgaʊt] data. avloggning[s-], utloggning[s-]
loin [lɔɪn] **1** pl. ~*s* länder; *the* ~*s* äv. njurtrakten **2** kok. njurstek
loincloth ['lɔɪnklɒθ] höftskynke
loiter ['lɔɪtə] **I** *vb itr* söla, dra benen efter sig; stå och hänga [~ *outside a house*]; ~ [*about*] dra (driva) omkring, gå och driva, slå dank **II** *vb tr*, ~ *away* söla (slösa, slarva) bort [~ *away one's time*]
loll [lɒl] **1** ligga och dra sig [~ *in bed all morning*]; sitta och hänga [~ *in a chair*]; lättjefullt luta sig; ~ [*about*] gå och driva, [gå omkring och] lata sig **2** ~ *out* hänga ut ur munnen [*the dog's tongue was ~ing out*]
lollipop ['lɒlɪpɒp] **1** klubba, slickepinne **2** klubbliknande skylt; ~ *man* (*lady*) vard. trafikvakt med sådan skylt vid övergångsställe för skolbarn
lolly ['lɒlɪ] **1** vard. klubba, slickepinne; *ice* ~ isglass[pinne] **2** sl. stålar, kosing pengar
London ['lʌndən] geogr.
Londoner ['lʌndənə] londonbo
lone [ləʊn] **1** enslig, ensligt belägen [*a ~ house*] **2** ensam; ensamstående om ogift el. änka **3** *a ~ wolf* bildl. en ensamvarg
loneliness ['ləʊnlɪnəs] ensamhet; enslighet; övergivenhet
lonely ['ləʊnlɪ] ensam; enslig, ensligt belägen [*a ~ house*], öde; ensam och övergiven [*feel ~*], dyster
loner ['ləʊnə] **1** enstöring **2** ensamvarg
lonesome ['ləʊnsəm] se *lonely*
1 long [lɒŋ] längta; *I'm ~ing to see you* jag längtar [efter] att träffa (få träffa) dig

2 long [lɒŋ] **I** *adj* (se äv. *IV*) lång i rum o. tid; långvarig; långdragen; längd- [~ *jump*]; *drink* vard. drink i högt glas; *a ~ time ago* m.fl. fraser, se under *time I 1 d* **II** *s* (se äv. *IV*) **1** *the ~ and short of it* summan av kardemumman, kontentan **2** lång [signal] i morsealfabetet **III** *adv* (se äv. *IV*) **1** länge; ~ *live the King!* leve kungen! **2** efter tidsuttr. hel; *an hour ~* en hel timme **IV** *adj* o. *s* o. *adv* i div. spec. förb. **1** med verb: *I shan't* (*won't*) *be* ~ jag är strax tillbaka, jag blir inte länge [borta]; *be ~ about a th.* hålla på länge (dröja) med ngt; *it was not ~ before he came* det dröjde inte länge förrän han kom; *take* ~ ta lång tid **2** med adv., konjv. el. prep.: ~ *ago* för länge sedan; *as* (*so*) ~ *as* a) så länge [som] [*stay* [*for*] *as ~ as you like*], lika länge som b) om...bara [*you may borrow the book so ~ as you keep it clean*]; *as ~ as...ago* redan för...sedan; ~ *since* för länge sedan
long-distance [ˌlɒŋ'dɪst(ə)ns] långdistans- [~ *flight*], fjärr- [~ *train*]; ~ *call* isht amer. rikssamtal
longevity [lɒn'dʒevətɪ] långt liv; livslängd; hög ålder
longhand ['lɒŋhænd] vanlig skrift i motsats till stenografi; långskrift; *write in* ~ skriva för hand
longing ['lɒŋɪŋ] **I** *adj* längtande; begärlig **II** *s* längtan; begär
longitude ['lɒn(d)ʒɪtjuːd, 'lɒŋgɪ-] geogr. el. astron. longitud, längd; geogr. äv. längdgrad [äv. *degree of ~*]
long-lived [ˌlɒŋ'lɪvd] långlivad; långvarig
long-range [ˌlɒŋ'reɪn(d)ʒ, attr. äv. '--] långskjutande [~ *gun*], med stor räckvidd; långdistans- [~ *flight*]; långtids- [~ *forecast* (prognos)], på lång sikt, långsiktig [~ *plans* (*planning*)]; ~ *ballistic missile* långdistansrobot
longshore|man ['lɒnʃɔː|mən] (pl. *-men* [-mən]) hamnarbetare, stuveriarbetare, stuvare, sjåare
long-sighted [ˌlɒŋ'saɪtɪd, '-ˌ--] **1** långsynt; översynt **2** bildl. skarpsynt, förutseende
long-standing ['lɒŋˌstændɪŋ] gammal; långvarig
long-suffering [ˌlɒŋ'sʌf(ə)rɪŋ] långmodig
long-term ['lɒŋtɜːm] lång [~ *loans*]; långsiktig [~ *policy*], långtids- [~ *planning* (*memory*)]; ~ *parking* långtidsparkering
long-winded [ˌlɒŋ'wɪndɪd] mångordig, omständlig, långrandig
loo [luː] vard., *the* ~ toa, dass[et]
look [lʊk] **I** *vb itr* o. *vb tr* **1** se; ~ [*here*]! a) titta [här]! b) hör nu (du)!, vet du!; ~

before you leap! tänk först och handla sen! **2** leta; ~ [*and see*] se (titta) efter **3** se ut, tyckas; se ut som; ~ *like* se ut som, likna [*it ~s like gold*]; *what does he ~ like?* hur ser han ut?; *it ~s very like him* det är mycket likt honom; *he ~s* [*like*] *it* det ser han ut för; *he ~s himself* (*his old self*) *again* han är sig lik igen; *he ~ed the part* han var som skapt för rollen **4** ha utsikt, ligga [*the window ~s north* (åt el. mot norr)] **5** ~ *daggers* ha mord i blicken; *he ~ed daggers at me* han gav mig en mördande blick
6 med adv. el. prep.:
~ **about** se sig om[kring]; ~ *about for* [*a job*] se sig om efter..., söka...
~ **after**: a) se efter, se till, passa på; sköta om, vårda; sköta [om] [~ *after one's health*]; tillvarata, bevaka [~ *after one's interests*]; ~ *after oneself* klara (sköta) sig själv, sköta om sig b) se (titta) efter; leta (söka) efter
~ **around** se sig om[kring]
~ **at** se (titta) på (åt); ~ *at every penny* se (vända) på slantarna; *she is the sort of person you wouldn't ~ twice at* hon är inte en sådan som man vänder sig om efter
~ **away** se (titta) bort
~ **back**: a) se sig om b) se (tänka) tillbaka c) *from then on he never ~ed back* från och med då gick det stadigt framåt för honom
~ **down** se (titta) ned [[*up*]*on*]; ~ *down* [*up*]*on a p.* bildl. se ned på ngn
~ **for**: a) leta (titta, söka) efter b) vänta [sig], hoppas på
~ **forward** se framåt; ~ *forward to* se fram emot, längta efter; emotse
~ **in** titta in, hälsa på
~ **into**: a) se (titta) in i b) undersöka [*I'll ~ into the matter*]
~ **on**: a) se (titta) 'på, [bara] vara åskådare b) se ~ *upon*
~ **out**: a) se (titta) ut [~ *out of* (genom) *the window*] b) se sig för; ~ *out!* se upp!, se dig för!, akta dig! c) ~ *out on* (*over*) ha utsikt över, vetta mot
~ **over**: a) se över b) se igenom; se på, inspektera [~ *over a house before buying it*]; granska; undersöka
~ **round**: a) se sig om[kring] [~ *round the town* (i staden)] b) se (titta, vända) sig om c) se ~ *around*
~ **through**: a) se (titta) igenom; titta i [~ *through a telescope*] b) se (titta, gå) igenom [~ *through some letters*]; undersöka c) låtsas inte se

~ **to**: a) bildl. se på (till) b) sköta (se) om; sörja för; ~ *to it that...* se till (laga så, sörja för) att... c) räkna med (på), vänta [sig]; ~ *to a p. for a th.* vänta [sig] ngt av ngn
~ **up**: a) se (titta) upp; ~ *up to a p.* se upp till ngn, respektera ngn b) *things are ~ing up* bildl. det ljusnar, det tar sig igen c) ta reda på, slå upp [~ *up a word in a dictionary*]; vard. söka upp, hälsa på d) ~ *a p. up and down* mönstra ngn [från topp till tå], mäta ngn med blicken
~ **upon**: a) bildl. betrakta [~ *upon a p. with distrust*]; ~ *upon a th. with favour* se på ngt med gillande b) ~ *upon as* betrakta som, anse som (för)
II *s* **1** blick; titt; ögonkast; *let me have a ~* får jag se (titta); *have* (*take*) *a ~ at* titta på, ta [sig] en titt på **2** a) utseende b) uttryck [*an ugly ~ on* (i) *his face*] c) min [*angry ~s*], uppsyn d) pl. ~*s* persons utseende [*she has her mother's ~s*]; *by the ~ of it* av utseendet att döma
look-alike ['lʊkəlaɪk] dubbelgångare
looker-on [ˌlʊkər'ɒn] (pl. *lookers-on* [ˌlʊkəz'ɒn]) åskådare
look-in ['lʊkɪn] vard. **1** titt; *give a p. a ~* titta in till ngn, hälsa på [hos] ngn **2** chans [*I didn't even get a ~*]
looking-glass ['lʊkɪŋglɑːs] spegel; spegelglas
lookout ['lʊkaʊt] **1** utkik i alla bet.; ~ *man* utkiksman; *be on the ~ for* hålla utkik efter, försöka få tag i **2** utsikt; bildl. utsikter **3** *that's my* (*his*) ~ det är min (hans) sak (ensak); det angår ingen annan
1 loom [luːm] **1** vävstol **2** lom på åra
2 loom [luːm] [hotfullt] dyka fram (upp) [*the ship ~ed* [*up*] *through the fog*], framträda; ~ *ahead* bildl. hota, vara i annalkande
loony ['luːnɪ] vard. **I** *adj* galen; idiotisk [~ *idea*]; hispig; ~ *bin* dårhus **II** *s* galning, dåre, tokstolle
loop [luːp] **I** *s* **1** ögla; slinga; stropp; träns; hälla; knut; handrem på skidstav; båge i krocket; ~ *aerial* radio. ramantenn **2** spiral livmoderinlägg **3** järnv. slingspår; vändslinga **4** cirkelbana; flyg. looping **5** liten ring; rund hylsa **II** *vb tr* **1** lägga i en ögla (öglor) **2** göra (slå) en ögla (öglor) på **3** vira [i öglor] [~ *a rope round a th.*] **4** flyg., ~ *the loop* göra en looping **III** *vb itr* **1** bilda en ögla (öglor); gå i en ögla (båge) **2** cirkla, flyga i cirkel [*come ~ing through the air*]; flyg. göra loping
loophole ['luːphəʊl] **1** bildl. kryphål,

smyghål [*a ~ in the law*] **2** skottglugg; titthål; ljusspringa

loose [luːs] **I** *adj* **1 a)** lös [*~ flowers*; *a ~ knot*; *~ sand*]; slapp [*~ skin*], slak [*a ~ rope*]; lucker [*~ soil*]; gles [*a ~ material*]; vid [*~ clothes*]; *~ cash* småpengar, löspengar; *be* (*feel*) *at a ~ end* vard. vara sysslolös, inte ha något för sig **b)** lös [*a ~ tooth*]; loss [*break a th. ~*]; glapp; *be ~* äv. glappa; *get ~* lossna; komma lös, slita sig [loss] **2** slankig, ledlös [*~ limbs*] **3** löslig [*~ thinking*], fri [*a ~ translation*], slapp [*a ~ style*]; vag **4** lösaktig, lättfärdig [*a ~ life* (*woman*)]; *~ living* lösaktigt leverne **II** *s*, *be* [*out*] *on the ~* vard. **a)** föra ett utsvävande liv **b)** vara ute på vift **c)** vara på fri fot, springa lös **III** *vb tr* **1** lösa, släppa lös **2** sjö. lossa

loose-fitting [ˈluːsˌfɪtɪŋ] löst sittande; ledig, vid

loose-leaf [ˈluːsliːf] lösblads- [*~ book* (*system*)], med lösa blad [*~ notebook*]

loosely [ˈluːslɪ] löst etc., jfr *loose I*

loosen [ˈluːsn] **I** *vb tr* **1** lossa [på] [*~ a screw*], lösa upp [*~ a knot*]; släppa efter på; bildl. äv. lätta på [*~ discipline*] **2** göra lös[are], luckra [upp]; *~ up* mjuka upp [*~ up one's muscles*] **3** bildl. lösa, frigöra; *it ~ed his tongue* det löste (lossade) hans tungas band **II** *vb itr* **1** lossna; om knut gå upp **2** lösas upp; bli lös[are] **3** *~ up* vard. **a)** tina upp, bli mera meddelsam **b)** värma (mjuka) upp musklerna etc.

loot [luːt] **I** *s* **1** byte, rov äv. bildl. **2** sl. [mycket] stålar pengar **II** *vb tr* **1** plundra [*~ a city*] **2** föra bort som byte **3** amer. råna **III** *vb itr* plundra

looter [ˈluːtə] plundrare; tjuv

lop [lɒp] **I** *s* [avhuggna] grenar **II** *vb tr* **1** kvista träd; kvista upp **2** hugga av; *~ off* **a)** hugga av, kapa [*~ off branches*] **b)** bildl. kapa, skära (ta) bort

lope [ləʊp] **I** *vb itr* gå med långa kliv; om djur skutta **II** *s* långt kliv; långt skutt

lop-sided [ˌlɒpˈsaɪdɪd] **1** som lutar (hänger över) åt ena sidan; sned; *be ~* äv. luta åt ena sidan, hänga snett **2** bildl. skev; med slagsida

lord [lɔːd] **I** *s* **1** herre; poet. ägare; *the ~ of the manor* godsherren, godsägaren **2** magnat [*press ~s*] **3** poet. el. skämts. gemål; *her ~* [*and master*] hennes herre och man **4** teol., *the L~* Herren, Gud; *in the year of our L~ 1500* år 1500 efter Kristi födelse; *the Lord's Prayer* fadervår, Herrens bön **5** lord; *live like a ~* leva furstligt (som en prins) **6** *the* [*House of*] *Lords* överhuset **7** *L~* Lord adelstitel före namn **8** *L~* ss. ämbetstitel [*L~ Chancellor, L~ Chief Justice* m.fl.] se under *chancellor, chief* m.fl. **9** *My Lord* [mɪˈlɔːd, till domare äv. mɪˈlʌd] i tilltal till: **a)** högre adelsmän Ers nåd, greven, baron etc. **b)** högre domare, biskopar m.fl. Ers nåd, herr domare etc. **II** *vb tr*, *~ it over* spela herre över

lordly [ˈlɔːdlɪ] **1** högdragen; befallande; nonchalant **2** förnäm, värdig; ståtlig

lordship [ˈlɔːdʃɪp] **1** herravälde **2** *Your* (*His*) *L~* Ers (Hans) nåd etc., jfr *My Lord* under *lord I 9* **3** lordvärdighet

lore [lɔː] kunskap, kännedom, lära [*the ~ of herbs*]; [folk]kultur [*Irish ~*]; *bird ~* läran om fåglarna

lorgnette [lɔːˈnjet] **1** lornjett **2** teaterkikare [med skaft]

lorry [ˈlɒrɪ] **1** lastbil [äv. *motorlorry*]; i sammansättn. -bil [*coal-lorry*] **2** flakvagn; öppen godsvagn

lose [luːz] (*lost lost*) **I** *vb tr* **1** förlora, mista [*~ one's money* (*leg*); *he has lost his wife*]; tappa [*~ one's hair*]; bli av med [*I've lost my cold*]; gå miste om, missa [*I lost part of what he said*]; *~ 2 kilos* magra (gå ned) 2 kilo; *~ courage* (*heart*) tappa modet, bli modfälld **2** förlora [*~ a war* (*an election*)], bli slagen i **3** tappa bort: **a)** slarva bort, förlägga [*I've lost my key*] **b)** komma ifrån [*I lost him in the crowd*]; *~ sight of* förlora ur sikte, bildl. äv. bortse från, glömma [bort]; *~ one's* (*the*) *way* gå (råka, köra o.d.) vilse, tappa bort (förirra) sig, gå bort sig **4** missa, komma för sent till [*~ the bus* (*train*)] **5** förspilla, sätta (kasta) bort [*~ time*], försumma, försitta [*~ the chance*]; *there's no time to ~* det är ingen tid att förlora **6** om klocka sakta sig, dra sig [efter] [*my watch has lost 3 minutes*]; *~ time* sakta sig, dra sig [efter] **II** *vb rfl*, *~ oneself* tappa bort (förirra) sig [*I lost myself in the city*]; förlora sig [*~ oneself in details*], försjunka, fördjupa sig [*he lost himself in a book*]; *~ oneself in one's work* helt gå upp i sitt arbete **III** *vb itr* **1** förlora [*you won't ~ by* (på) *it*; *~ by* (med) *five points*], tappa; misslyckas, bli slagen; *~ heavily* göra stora förluster **2** om klocka sakta sig **3** *~ out* misslyckas; förlora; dra det kortaste strået

loser [ˈluːzə] förlorare [*be a bad* (*good*) *~*]; *be the ~ by* vara den som förlorar (blir lidande) på

loss [lɒs] **1** förlust; skada; *the ~ of the game* (*the opportunity*) [*depressed him*] att han förlorade spelet (missade chansen)...; *one man's ~ is another man's gain* den enes död är den andres bröd; *feel the ~ of* känna saknad (avsaknad) efter, sakna; *sell at a ~* sälja med förlust **2** *be at a ~* vara villrådig (handfallen); *he is never at a ~* [*what to do*] han vet alltid råd; *he is never at a ~ for an answer* han är aldrig svarslös; *be at a ~ to know what to say* inte veta vad man ska säga

loss-leader [ˈlɒsˌliːdə] hand. lockvara

lost [lɒst] **I** imperf. av *lose* **II** *adj* o. *perf p* (av *lose*) **1** förlorad; borttappad, förkommen; försvunnen; *it is ~* äv. den är borta, den har försvunnit (kommit bort); *get ~!* sl. dra åt helsike!, stick!; *be ~ in* a) försvinna (drunkna) i [*he was ~ in the crowd*] b) bildl. vara försjunken (fördjupad) i [*be ~ in thought* (tankar)] **2** a) vilsegången, vilsekommen [*a ~ child*] b) bildl. bortkommen [*I felt ~*] c) [helt] hjälplös, förlorad [*I'm ~ without my glasses*]; *I am ~* jag har gått (kört) vilse, jag har tappat bort mig **3** sjö. förlist; *the crew was ~* besättningen omkom; *the ship was ~* fartyget förliste (gick under) **4** förtappad [*a ~ soul*] **5** förspilld [*~ time*]; försutten [*~ opportunities*]; *be ~* [*up*]*on* bildl. vara bortkastad på, inte göra verkan på; gå förlorad för, gå ngn förbi **6** *be ~ to* bildl. vara helt renons på, ha förlorat (tappat) [*he is ~ to all sense of duty*]

lot [lɒt] **I** *s* **1** lott; *cast* (*draw*) *~s* kasta (dra) lott; *cast* (*throw*) *in one's ~ with* förena sitt öde med, göra gemensam sak med **2** a) lott, andel, del b) lott, öde; *fall to a p.'s ~* a) falla på ngns lott, komma ngn till del b) bli ngns lott (öde) **3** a) film. inspelningsområde b) isht amer. tomt [*building ~*], plats [*burial ~*], område [*wood ~*] **4** lott, nummer på auktion **5** vard. sällskap; anhang [*he and his ~*]; *that ~* [*ought to be shot*] såna där [typer]...; *they are a bad ~* de är ett riktigt pack; *they are a queer ~* de är ena konstiga ena (typer) **6** vard., *the ~* a) allt, alltihop [*that's the ~*], rubbet b) allihopa [*she is the best of the ~*] **7** vard. massa; *a ~* mycket [*that's a ~*; *he is a ~ better*]; till stor del, i hög grad [*it looks a ~ like it used to*]; *a ~ of* [*things*] el. *~s of* [*things*] en massa..., en hel hop (hög)..., [väldigt] mycket (många)...; *~s and ~s* [*of*] massvis [med], massor [med (av)]; *quite a ~* en hel del, ganska (rätt) mycket, inte så litet [*he knows quite a ~*] **II** *vb tr*, *~* [*out*] stycka jord i lotter

lotion [ˈləʊʃ(ə)n] vätska, lösning

[*antiseptic ~*]; lotion, tinktur; vatten [*hair ~*]; *hand ~* handbalsam; *rubbing ~* liniment; *suntan ~* solkräm

lottery [ˈlɒtərɪ] lotteri äv. bildl. [*marriage is a ~*]; *~ list* dragningslista; *~ ticket* lott[sedel]

lotto [ˈlɒtəʊ] lotto[spel]

lotus [ˈləʊtəs] lotus[blomma]

loud [laʊd] **I** *adj* **1** hög [*~ voice*], kraftig, stark [*~ sound*]; högljudd; bullersam; *in a ~ voice* med hög röst **2** bildl. skrikig [*a ~ tie*], skrikande [*~ colours*], grann, prålig; tarvlig [*~ manners*] **II** *adv* högt [*don't speak so ~!*]; *out ~* högt, med hög röst [*laugh* (*read, say, think*) *out ~*]

loud-hailer [ˌlaʊdˈheɪlə] megafon

loudly [ˈlaʊdlɪ] **1** högt; högljutt etc., jfr *loud I 1* **2** bildl. skrikigt etc., jfr *loud I 2*

loudmouth [ˈlaʊdmaʊθ] gaphals

loud-mouthed [ˈlaʊdmaʊθt, -maʊðd] högljudd [av sig]; skränig

loudspeaker [ˌlaʊdˈspiːkə] högtalare

lounge [laʊn(d)ʒ] **I** *vb itr* **1** släntra; *~* [*about*] gå och driva (dra), strosa [omkring], gå och strosa, flanera **2** stå (sitta) och hänga; slöa **II** *vb tr*, *~ away* slöa bort [*~ away an hour*], fördriva i sysslolöshet **III** *s* **1** a) i bostad vardagsrum; 'finare' salong b) på hotell sällskapsrum, salong, vestibul c) på flygplats vänthall; *cocktail ~* cocktailbar; *TV ~* tv-rum **2** slöande; *have a ~ in a chair* sitta och slöa [och ha det skönt] i en stol

lounger [ˈlaʊn(d)ʒə] **1** dagdrivare **2** vilstol; solsäng

lounge suit [ˌlaʊn(d)ʒˈsuːt, -ˈsjuːt, ˈ--] kostym

lour [ˈlaʊə] se bister (ond, hotfull) ut; blänga; om himlen mörkna

louse [ss. subst. laʊs, ss. vb laʊz, laʊs] **I** *s* **1** (pl. *lice* [laɪs]) lus **2** (pl. *~s*) vard. äckel, kräk **II** *vb tr* **1** avlusa **2** vard., *~ up* sabba

lousy [ˈlaʊzɪ] **1** lusig, full med löss **2** vard., *~ with* nedlusad med [*he is ~ with money*] **3** vard. urdålig, urusel [*a ~ dinner* (*player*), *feel ~*], vidrig [*~ weather*], jäkla [*you ~ swine*]; gemen

lout [laʊt] slyngel; drummel; tölp

loutish [ˈlaʊtɪʃ] drumlig, tölpig

lovable [ˈlʌvəbl] älsklig

love [lʌv] **I** *s* **1** kärlek; förälskelse; tillgivenhet; lust; passion [*music is one of the great ~s of his life*]; *there is no ~ lost between them* de tål inte varandra, de är inga vänner precis; *make ~* älska, ligga med varandra; *make ~ to* älska (ligga) med; *for the ~ of God!* för Guds skull!; *in ~* förälskad, kär [*with* i]; *fall in ~ with*

förälska sig i, bli kär (förälskad, förtjust) i; *he has fallen out of ~ with her* han är inte kär i henne längre **2** hälsning[ar]; *send a p. one's* ~ hälsa till ngn **3** älskling, raring; lilla vän; till främmande person snälla du (ni) el. utan motsvarighet på sv.; *my ~!* äv. min älskade **4** vard. rar (förtjusande) människa [*he is a ~*], raring, sötnos; förtjusande (tjusig) sak **5** i tennis o.d. noll; *fifteen* ~ femton - noll; ~ *all* noll - noll **II** *vb tr* o. *vb itr* älska; tycka [mycket] om, vara förtjust i [*she ~s dancing* (*to dance*)]; hålla [mycket] av; ~ *a p. dearly* älska ngn högt (innerligt, ömt); *she* (*he*) *~s me, she* (*he*) *~s me not* älskar, älskar inte ramsa; *yes, I'd ~ to* ja, mycket (hemskt) gärna, ja, med förtjusning
love affair ['lʌvəˌfeə] kärleksaffär, kärlekshistoria
love game ['lʌvgeɪm] blankt game i tennis o.d.
love letter ['lʌvˌletə] kärleksbrev
lovely ['lʌvlɪ] **1** förtjusande, söt [*a ~ girl*], ljuvlig **2** vard. härlig, underbar [*we had a ~ holiday*]; festlig, rolig [*a ~ joke*]; *it's ~ and warm here* det är varmt och skönt (gott) här
love-making ['lʌvˌmeɪkɪŋ] **I** *s* samlag **II** *adj* älskande [*~ couples*] **III** *pres p, be ~* älska ha samlag
love match ['lʌvmætʃ] giftermål av kärlek
lover ['lʌvə] **1** älskare; tillbedjare; ~ *boy* snygging; kvinnojägare, donjuan **2** [varm] vän; *be a ~ of* äv. älska, tycka om
lovesick ['lʌvsɪk] kärlekskrank; smäktande
loving ['lʌvɪŋ] kärleksfull, öm [~ *parents* (*words*)], älskande; tillgiven [*a ~ friend*]; *a ~ couple* ett älskande par, ett kärlekspar
1 low [ləʊ] **I** *vb itr* råma **II** *s* råmande
2 low [ləʊ] **I** *adj* **1** låg i olika bet.; låglänt [*~ ground*], djup [*a ~ bow* (baʊ)]; urringad [*a ~ dress*]; *the L~ Countries* Nederländerna, Belgien och Luxemburg; ~ *current* svagström; ~ *pulse* låg (långsam) puls **2** ringa [*~ rainfall* (nederbörd)], låg [*~ birth* (börd)], oansenlig; lågt stående, lägre [*~ forms of life*]; *high and* ~ hög[a] och låg[a] **3** simpel [*~ manners*; *~ company*], gemen, nedrig [*a ~ trick*]; ~ *comedy* buskis, fars **4** klen, kraftlös [*feel ~ and listless*] **5** knapp [*~ diet*]; ~ *in protein* fattig på protein, proteinfattig **6** nästan slut [*our supply is very ~*]
II *adv* **1** lågt; djupt [*bow ~*]; lågmält [*speak ~*]; svagt [*burn ~*]; billigt, till lågt pris [*buy ~*]; ~ [*down*] *on* (*in*) *the list* långt ner på listan **2** knappt **3** *as* ~ *as* [ända] ner till [*temperature as ~* [*down*] *as to...*] **4** i förb. med vissa verb:
bring ~ a) sätta ned [krafterna hos], försvaga b) förnedra [*be brought ~*] c) ruinera
lay ~ a) kasta omkull (till marken), döda; begrava b) tvinga att ligga till sängs [*influenza has laid him ~*]
lie ~ a) ligga kullslagen (slagen till marken) b) vard. hålla sig gömd (undan) c) vard. ligga lågt, förhålla sig avvaktande; kortsp. lurpassa
III *s* **1** botten[läge] [*the recent ~ in the stock market*], bottennotering; *this is a new* (*an all-time*) ~ *in tastelessness* det är bottenrekord i (absoluta botten av) smaklöshet **2** meteor. lågtryck, lågtrycksområde
low-alcohol [ˌləʊˈælkəhɒl], ~ *beer* lättöl
lowbrow ['ləʊbraʊ] vard. (ofta neds.) **I** *adj* ointellektuell, obildad; enklare [*~ entertainment*] **II** *s* ointellektuell (obildad) person
low-class [ˌləʊˈklɑːs, attr. '--] enklare [*a ~ pub*]
low-cut [ˌləʊkʌt, attr. '--] urringad
low-down ['ləʊdaʊn] **I** *adj* **1** nedrig [*a ~ trick*] **2** avsigkommen, förfallen **II** *s* (*lowdown*) vard., *get* (*give a p.*) *the ~ on a th.* bli tipsad (tipsa ngn) om ngt
lower ['ləʊə] **I** *adj* lägre etc., jfr *2 low I*; undre; nedre [*L~ Austria*]; under- [*~ bed, ~ lip* (jaw)]; *the ~ class* (*classes*) de lägre klasserna, underklassen; ~ *deck* sjö. a) undre däck; trossdäck b) trossbotten c) underofficerare och manskap; ~ *limit* undre (lägre) gräns, minimigräns **II** *adv* lägre etc., jfr *2 low II*; ~ *down* längre ner **III** *vb tr* sänka; sätta ned äv. bildl. [*~ resistance* (motståndskraften)]; göra lägre; dämpa äv. bildl. [*~ a p.'s pride*]; skruva ned [*~ the gas* (radio)], minska [på]; sänka (hissa) ned, hala (ta) ned [*~ a flag*]; sjö. fira [ner], sätta ut [*~ a boat*]; ~ *oneself* a) sänka (fira, hala) sig ned b) bildl. förödmjuka sig; nedlåta (sänka) sig [*to* till [att]] **IV** *vb itr* **1** sjunka, gå ned [*it ~ed in value*]; bli lägre; dämpas **2** minska[s]
lower-case ['ləʊəkeɪs] typogr., ~ *letter* gemen, liten bokstav
lowermost ['ləʊəməʊst, -məst] lägst; underst
low-key [ˌləʊˈkiː, attr. '--] o. **low-keyed** [ˌləʊˈkiːd] lågmäld äv. bildl.
lowland ['ləʊlənd] **I** *s* lågland; *the*

Lowlands Skotska lågländerna II *adj* låglands-; ~ *plain* lågslätt
low-lying [ˌləʊˈlaɪɪŋ, attr. ˈ-ˌ--] låglänt
low-minded [ˌləʊˈmaɪndɪd, attr. ˈ-ˌ--] lågsinnad, gemen; simpel, vulgär
low-necked [ˌləʊˈnekt, attr. ˈ--] låghalsad
low-paid [ˌləʊˈpeɪd, attr. ˈ--] lågavlönad
low-pitched [ˌləʊˈpɪtʃt, attr. ˈ--] låg, som har lågt tonläge [*a* ~ *sound*]; lågmäld [*a* ~ *voice*]
low-rise [ˈləʊraɪz] låghus- [~ *area*]; ~ *building* låghus
loyal [ˈlɔɪ(ə)l] lojal, trofast [*a* ~ *friend*]; [plikt]trogen
loyalist [ˈlɔɪəlɪst] regeringstrogen person; regeringstrogen [*the* ~ *troops*]
loyalty [ˈlɔɪ(ə)ltɪ] lojalitet; trofasthet; [plikt]trohet
lozenge [ˈlɒzɪn(d)ʒ] **1** ruta; geom. romb **2** pastill [*throat* ~]
LP förk. för *Labour Party*
1 LSD [ˌelesˈdiː] LSD narkotiskt medel
2 LSD o. **£.s.d.** [ˌelesˈdiː] (förk. för *pounds, shillings, and pence*) vard. pengar; *it is only a matter of* ~ det är bara en penningfråga
Ltd. [ˈlɪmɪtɪd] (förk. för *Limited*) AB; *Black and White* ~ AB Black and White
lubricant [ˈluːbrɪkənt, ˈljuː-] smörjmedel; glidmedel
lubricate [ˈluːbrɪkeɪt, ˈljuː-] **1** [rund]smörja; olja; smörja (olja) in; bildl. göra smidigare, få att gå (löpa) lättare (smidigare) **2** vard. muta
lubrication [ˌluːbrɪˈkeɪʃ(ə)n, ˌljuː-] [rund]smörjning; insmörjning; smörj- [~ *instructions*]
lucid [ˈluːsɪd, ˈljuː-] **1** klar, lättförståelig [*a* ~ *explanation*] **2** fullt normal; ~ *intervals* ljusa [mellan]stunder
lucidity [luːˈsɪdətɪ, ljuː-] o. **lucidness** [ˈluːsɪdnəs, ˈljuː-] klarhet, tydlighet isht bildl.
luck [lʌk] lycka; slump; *any* ~? lyckades det?, blev (gav) det något resultat?; *bad* ~ otur, olycka; motgång; *good* ~ lycka, tur; framgång, medgång; *ill* ~ se *ill-luck*; *just my* ~*!* iron. det är min vanliga tur (mitt vanliga öde)!; *no such* ~*!* så väl är (var) det inte!; *the best of* ~*!* lycka till [och ha det så bra]!; *a wonderful piece* (*slice, stroke*) *of* ~ en underbar tur; *as* ~ *would have it, I was...* det slumpade sig så att...; *push one's* ~ vard. utmana ödet
luckily [ˈlʌkəlɪ] lyckligtvis; ~ *for me* till min lycka, som tur var för mig
lucky [ˈlʌkɪ] som har tur, med tur [*a* ~ *man*]; lyckad [*a* ~ *escape* (*guess*)];

lyckosam, lycklig; lyckobringande [*a* ~ *charm* (amulett)]; lycko- [*it's my* ~ *day* (*number, star*)]; *be* ~ a) ha tur [*you are* ~ *to be* (som är) *there*], vara lyckligt lottad b) vara tur [*it's* ~ *for him*] c) bringa lycka, ha lycka (tur) med sig [*a horseshoe is* ~]; *by a* ~ *chance* genom en lycklig slump, av en [ren] lyckträff; ~ *you!* tur för dig!; [din] lyckans ost!
lucrative [ˈluːkrətɪv, ˈljuː-] lukrativ [~ *business* (*employment*)], räntabel [~ *investments*]
ludicrous [ˈluːdɪkrəs, ˈljuː-] löjlig; skrattretande
ludo [ˈluːdəʊ] ung. fia[spel]
lug [lʌg] I *vb tr* **1** släpa, kånka [*he* ~*ged it up the stairs*], dra; släpa (kånka, knoga) på ~ [*in*] dra (blanda, sticka) in [*into* i; ~ *anecdotes into a conversation*] **3** rycka, dra [~ *a p. by* (i) *the ear*] II *vb itr* rycka III *s* släpande, kånkande; ryck
luggage [ˈlʌgɪdʒ] resgods, reseffekter; *a piece of* ~ ett kolli
luggage label [ˈlʌgɪdʒˌleɪbl] adresslapp
luggage rack [ˈlʌgɪdʒræk] bagagehylla
luggage van [ˈlʌgɪdʒvæn] resgodsvagn
lugubrious [luːˈguːbrɪəs, ljuːˈg-] dyster
lukewarm [ˈluːkwɔːm, ˈljuːk-] **1** ljum [~ *tea*] **2** bildl. halvhjärtad [~ *support*], ljum [~ *friendship*]
lull [lʌl] I *vb tr* **1** vyssja, lulla **2** bildl. söva [~ *a p.'s suspicions*], lugna, stilla [~ *a p.'s fears*]; ~ *a p. into a false sense of security* invagga ngn i en falsk känsla av säkerhet **3** *be* ~*ed* lugna sig, lägga sig [*the wind* (*sea*) *was* ~*ed*] II *vb itr* lugna sig, lägga sig; om storm äv. bedarra III *s* paus [*a* ~ *in the conversation*]; bildl. stiltje; *the* ~ *before the storm* lugnet före stormen äv. bildl.
lullaby [ˈlʌləbaɪ] vaggvisa
lumbago [lʌmˈbeɪgəʊ] med. ryggskott, lumbago
1 lumber [ˈlʌmbə] lufsa
2 lumber [ˈlʌmbə] I *s* **1** [gammalt] skräp, bråte, bildl. äv. smörja, barlast **2** isht amer. timmer II *vb tr,* ~ [*up*] belamra, fylla [med skräp] [*the room is all* ~*ed up with rubbish*]; belasta, tynga [*a mind* ~*ed* [*up*] *with useless facts*]; få ta på sig, bli fast med
lumberyard [ˈlʌmbəjɑːd] amer. brädgård
luminous [ˈluːmɪnəs, ˈljuː-] lysande; självlysande [~ *paint*]; strålande [~ *eyes*]; ljus- [~ *intensity*]; ~ *tape* reflexband
1 lump [lʌmp] zool. stenbit
2 lump [lʌmp] vard., *if you don't like it you*

can ~ it passar det inte (om du inte vill ha det) så får det vara!
3 lump [lʌmp] **I** *s* **1** klump; stycke; klimp, klick; *~ sugar* bitsocker; *pay down a ~ sum* betala en klumpsumma, betala på en gång (på ett bräde); *a ~ of coal* ett kol **2** vard. massa; hög [*the articles were piled in a great ~*] **3** bula **4** vard. trögmåns **II** *vb tr* slå ihop [*they ~ed their expenses*]; *~ together* slå ihop [i klump] [*~ items together*], bunta ihop; bildl. behandla i klump, skära över en kam **III** *vb itr* klumpa sig
lumpy ['lʌmpɪ] **1** full av klumpar [*~ sauce*]; knölig [*a ~ bed*], ojämn **2** klumpig [*a ~ gait*]
lunacy ['lu:nəsɪ, 'lju:-] vansinne, vanvett
lunar ['lu:nə, 'lju:-] mån- [*~ landscape*], lunar; *~ month* synodisk månad; månvarv
lunatic ['lu:nətɪk] **I** *adj* vansinnig, vanvettig [*a ~ proposal*] **II** *s* **1** galning, dåre [*work like a ~*] **2** *certified ~* jur. sinnessjukförklarad person
lunch [lʌn(t)ʃ] **I** *s* lunch; i USA äv. lätt måltid, mellanmål; *have* (*take*) *~* äta lunch; *~ box* matlåda **II** *vb itr* äta lunch; *we ~ed on salmon* vi åt lax till lunch
luncheon ['lʌn(t)ʃ(ə)n] (formellt för *lunch*) **I** *s* lunch; *~ meat* konserverat fläskkött blandat med säd **II** *vb itr* luncha
lunch hour ['lʌn(t)ʃ,aʊə] lunchrast, lunchtimme; frukostrast; *in* (*during*) *the ~* äv. på (under) lunchen
lunchtime ['lʌn(t)ʃtaɪm] lunchtid; *~ recess* amer. lunchrast
lung [lʌŋ] lunga äv. bildl.; lung- [*~ cancer*]
lunge [lʌndʒ] **I** *s* **1** fäktn. utfall äv. bildl.; boxn. rakt slag **2** häftig rörelse [framåt]; *with a ~ he grabbed the ball* han kastade sig på bollen **II** *vb itr* **1** göra [ett] utfall [äv. *~ out*]; *he ~d out suddenly* han gjorde ett plötsligt utfall **2** boxn. slå ett rakt (raka) slag **3** rusa; göra ett plötsligt (hastigt) ryck [*the car ~d forward*] **III** *vb tr* stöta, sticka t.ex. vapen; slå slag
lupin ['lu:pɪn, 'lju:-] bot. lupin
1 lurch [lɜ:tʃ] **I** *s* överhalning; vard. raglande **II** *vb itr* kränga; vard. ragla
2 lurch [lɜ:tʃ], *leave in the ~* lämna i sticket, svika; strandsätta
lure [ljʊə, lʊə] **I** *s* **1** lockbete; fisk. drag; bete; vid falkjakt lockfågel, bulvan **2** lockelse, dragningskraft [*the ~ of the sea*], frestelse [*the ~[s] of the metropolis*] **II** *vb tr* locka
lurid ['ljʊərɪd, 'lʊə-] **1** brandröd, flammande [*a ~ sky* (*sunset*)]; skrikig, gräll [*paperbacks in ~ covers*] **2** hotande,

hotfull [*~ thunderclouds*]; kuslig, hemsk, spöklik [*a ~ atmosphere*], ohygglig, makaber
lurk [lɜ:k] **1** [stå och] lura [*a man ~ing in the shadow*], stå (ligga) på lur; hålla sig dold **2** bildl. lura [*dangers were ~ing*]; dölja sig
luscious ['lʌʃəs] **1** läcker, delikat [*~ peaches*]; ljuvlig [*a ~ feeling*]; *~ lips* sensuella läppar, [en] generös mun **2** bildl. överlastad [*a ~ style*] **3** vard. yppig [och sexig] [*a ~ blonde*]
lush [lʌʃ] **1** frodig [*a ~ growth of vegetation*], saftig [*~ grass*]; grönskande [*~ meadows*] **2** flott, lyxig [*~ surroundings*], överdådig [*a ~ dinner*], läcker
lust [lʌst] **I** *s* lusta; kättja; åtrå, begär; *the ~s of the flesh* köttets lustar; *~ for life* livsaptit **II** *vb itr*, *~ for* (*after*) åtrå, eftertrakta, längta efter; törsta efter
lustful ['lʌstf(ʊ)l] lysten [*~ eyes*], vällustig, kättjefull
lustre ['lʌstə] **1** glans; lyster **2** bildl. glans, ära; strålande skönhet; *add fresh ~ to* skänka ny glans åt
lustrous ['lʌstrəs] glänsande; skimrande [*~ pearls*]; strålande [*~ eyes*]
lusty ['lʌstɪ] frisk och stark; kraftig [*~ cheers, a ~ kick*], hjärtlig [*a ~ laugh*]; rejäl [*a ~ meal*]; *a ~ appetite* en strålande aptit
lute [lu:t, lju:t] mus. luta
Lutheran ['lu:θ(ə)r(ə)n, 'lju:-] **I** *adj* luthersk; evangelisk-luthersk [*the ~ Church*] **II** *s* lutheran
Luxembourg o. **Luxemburg** ['lʌks(ə)mbɜ:g] **I** geogr. **II** *adj* luxemburgsk
luxuriant [lʌg'zjʊərɪənt, lʌk'sj-, lʌg'ʒʊə-] frodig [*~ vegetation*], ymnig, överflödande; kraftig [*~ hair*]; överlastad
luxuriate [lʌg'zjʊərɪeɪt, lʌk'sj-, lʌg'ʒʊə-] frodas; njuta i fulla drag; *~ in* (*on*) frossa i (på), njuta av, hänge sig åt
luxurious [lʌg'zjʊərɪəs, lʌk'sj-, lʌg'ʒʊə-] **1** luxuös [*a ~ hotel*], lyxig, flott [*~ surroundings*]; praktfull, påkostad, överdådig; utsökt [*~ food*]; skön och bekväm [*a ~ armchair*]; *a ~ life* en lyxtillvaro, ett lyxigt liv **2** lyxälskande, njutningslysten; njutningsfylld, härlig [*a ~ feeling of well-being*]; dyrbar, lyxig [*~ habits*] **3** rik [*a ~ harvest*]
luxur|y ['lʌkʃ(ə)rɪ] **1** lyx, överflöd, överdåd [*live in ~*]; *a life of ~* ett lyxliv, ett liv i lyx; *~ goods* lyxartiklar **2** lyxartikel, lyxvara [*jewels and other -ies*]; pl. *-ies* äv. delikatesser, godsaker; [*a bathroom is*]

no ~ ...är ingen lyx; *I can afford a few -ies now and then* jag kan kosta på mig lite lyx då och då **3** [riktig] njutning **4** attr. lyx- [*a* ~ *hotel (flat)*]; ~ *tax* lyxskatt
LV [ˌelˈviː] förk. för *luncheon voucher*
lye [laɪ] lut
1 lying [ˈlaɪɪŋ] **I** *pres p* av *1 lie II* **II** *adj* lögnaktig [*a* ~ *person (report)*], som ljuger **III** *s* ljugande; lögnaktighet
2 lying [ˈlaɪɪŋ] av *2 lie I*
lymph [lɪmf] fysiol. lymfa; ~ *gland (node)* lymfkörtel, lymfknut
lynch [lɪn(t)ʃ] **I** *vb tr* lyncha **II** *s*, ~ *law* lynchlag
lynx [lɪŋks] lo[djur]
lyre [ˈlaɪə] mus. lyra
lyric [ˈlɪrɪk] **I** *adj* lyrisk; ~ *poet* lyrisk skald, lyriker; ~ *poetry (verse)* lyrik; ~ *stage* lyrisk scen; opera **II** *s* lyrisk dikt; pl. *~s* a) lyrik b) [sång]text
lyrical [ˈlɪrɪk(ə)l] lyrisk isht bildl.; känslofull
lyricism [ˈlɪrɪsɪz(ə)m] **1** lyrisk karaktär (stil) **2** lyriskt uttryck **3** lyriskt patos

M, m [em] (pl. *M's* el. *m's* [emz]) M, m
M förk. för *Monsieur, motorway* [[*the*] *M 1*]
'm 1 = *am* [*I'm*] 2 se *ma'am*
m. förk. för *metre*[s], *mile*[s], *million*[s], *2 minute*[s]
MA [ˌemˈeɪ] förk. för *Master of Arts*
ma [mɑː] vard. mamma; mor [~ (*M*~) *Smith*]
ma'am [mæm, məm] frun i tilltal av tjänstefolk m.fl., ofta utan mots. i sv. [*Yes,* ~*!*], se äv. *madam 1*
mac [mæk] vard. (kortform av *mackintosh*), regnrock, regnkappa
macabre [məˈkɑːbr, -bə] makaber
macadam [məˈkædəm] makadam[kross], krossten; ~ *road* makadamväg, grov asfaltväg
macaroni [ˌmækəˈrəʊnɪ] makaroni
macaroon [ˌmækəˈruːn] kok. mandelbiskvi, makron
1 mace [meɪs] muskotblomma krydda
2 mace [meɪs] stav buren framför t.ex. talmannen i underhuset [*the M*~]
Macedonia [ˌmæsɪˈdəʊnjə] geogr. Makedonien
Mach [mæk, mɑːk], ~ [*number*] flyg. machtal
machine [məˈʃiːn] **I** *s* **1** maskin; [*automatic*] ~ automat **2** bildl. [parti]organisation, [parti]apparat [*the Democratic* (*party*) ~]; maskineri **3** maskin- [*the* ~ *age,* ~ *milking*], maskinell [~ *equipment*] **II** *vb tr* tillverka med (på) maskin; sy på maskin
machine gun [məˈʃiːnɡʌn] mil. **I** *s* kulspruta; *light* ~ kulsprutegevär **II** *vb itr* o. *vb tr* skjuta med kulspruta [på]
machinery [məˈʃiːnərɪ] **1** maskiner [*the factory has a great deal of* ~]; maskinpark; *by* ~ med maskinkraft; maskinellt **2** maskineri äv. bildl., mekanism
machine tool [məˈʃiːntuːl] verktygsmaskin
machinist [məˈʃiːnɪst]
1 maskinkonstruktör; maskinreparatör
2 maskinarbetare; maskinsömmerska
machismo [məˈtʃɪzməʊ] [starkt utvecklad] manlighet

macho [ˈmætʃəʊ, ˈmɑː-] **I** (pl. ~*s*) *s* macho, mansgris **II** *adj* macho-
mackerel [ˈmækr(ə)l] (pl. lika el. ~*s*) zool. makrill
mackintosh [ˈmækɪntɒʃ] regnrock, regnkappa
mad [mæd] **1** a) vansinnig; galen, tokig äv. vard. [*she's* ~ *about him* (*music*)] b) vard. isht amer. arg, förbaskad, förbannad; ~ *cow* [*disease*] galnakosjukan; *go* ~ bli vansinnig (galen, tokig), bli utom sig; *like* ~ som en galning, som [en] besatt [*he ran* (*worked*) *like* ~], vilt **2** [folk]ilsken [*a* ~ *bull*]; galen om hund
madam [ˈmædəm] **1** i tilltal ~ el. *M*~ frun, fröken; i affärer o.d. äv. damen; ofta utan motsv. i sv. [*Yes, M*~*!*]; [*Dear*] *M*~ tilltalsord i formella brev, utan motsv. i sv. **2** vard. frun [i huset] [*is* ~ *at home?*] **3** vard. bordellmamma
madcap [ˈmædkæp] vildhjärna, galenpanna; vildbasare; yrhätta
madden [ˈmædn] göra galen (rasande)
maddening [ˈmædnɪŋ] som kan göra en galen (vild) [~ *pains*]; vansinnig; vard. outhärdlig, högst irriterande [~ *delays*]
made [meɪd] **I** imperf. av *make* **II** *adj* o. *perf p* (av *make*) **1** gjord [~ *in England*]; i sammansättn. -gjord [*factory-made*]; *he is* ~ *for the job* han är som gjord (skapt) för arbetet; [*show them*] *what you are* ~ *of* ...vad du går för (duger till); ~ *of money* gjord av pengar, stenrik **2** konstruerad, uppbyggd [*the plot is well* ~], sammansatt **3** välbärgad [*a* ~ *man*]; *he is a* ~ *man* äv. hans lycka är gjord
Madeira [məˈdɪərə] **I** geogr. egenn.; ~ *cake* sockerkaka med citronskal **II** *s* madeira vin
made-to-measure [ˌmeɪdtəˈmeʒə] måttbeställd, måttsydd
made-up [ˌmeɪdˈʌp] **1** (se äv. *make up* under *make A III*) påhittad [*a* ~ *story*]; konstruerad [*a* ~ *word*] **2** färdiggjord; *a* ~ *bed* en bäddad säng (iordninggjord sängplats) **3** sminkad [*a* ~ *woman*]; uppgjord **4** belagd om väg
madhouse [ˈmædhaʊs] vard. dårhus
mad|man [ˈmædmən] (pl. -*men* [-mən el. -men]) dåre, vettvilling; *like a* ~ som en galning
madness [ˈmædnəs] **1** vansinne; bildl. äv. vanvett **2** ursinne
Mafia [ˈmæfɪə, ˈmɑː-], ~ el. *m*~ maffia äv. bildl.; *the* ~ maffian
magazine [ˌmæɡəˈziːn] **1** [illustrerad] tidning, magasin äv. radio. el. TV.; veckotidning **2** mil. [ammunitions]förråd;

förrådshus; [krut]durk **3** magasin i gevär; kassett i kamera
magenta [mə'dʒentə] **I** s magenta **II** adj magentafärgad
maggot ['mægət] [flug]larv; mask i ost o. kött
magic ['mædʒɪk] **I** attr adj magisk [~ rites], troll- [~ power]; trolsk [a ~ glimmer]; förtrollad [a ~ wood], förtrollande [~ beauty]; ~ carpet flygande matta; the M~ Flute Trollflöjten **II** s magi [black (white) ~], trolldom; trolleri; magik; förtrollning; work ~ trolla, göra underverk [I can't work ~], ha en magisk verkan; act like ~ ha en magisk verkan
magical ['mædʒɪk(ə)l] **1** magisk [~ effect], förbluffande [the result was ~] **2** trolsk
magician [mə'dʒɪʃ(ə)n] illusionist, trollkarl
magistrate ['mædʒɪstreɪt, -trət] fredsdomare ofta oavlönad ej juridiskt utbildad domare; [underrätts]domare; ~s' court ung. motsv. tingsrätt
magnanimous [mæg'nænɪməs] storsint, ädelmodig, högsint; ädel
magnate ['mægneɪt] magnat; storhet
magnesium [mæg'niːzjəm, məg-] kem. magnesium
magnet ['mægnət] magnet äv. bildl.
magnetic [mæg'netɪk] **1** magnetisk; magnet- [~ mine (needle)]; ~ field magnetfält **2** bildl. fängslande [a ~ personality], lockande [a ~ smile], magnetisk [~ attraction]
magnetism ['mægnətɪz(ə)m] magnetism; bildl. äv. dragningskraft
magnetize ['mægnətaɪz] **1** magnetisera **2** bildl. fängsla
magnification [,mægnɪfɪ'keɪʃ(ə)n] förstoring
magnificence [mæg'nɪfɪsns, məg-] storslagenhet, prakt
magnificent [mæg'nɪfɪsnt, məg-] storslagen, magnifik; praktfull; vard. härlig [~ weather]
magnify ['mægnɪfaɪ] **1** förstora; ~ing glass förstoringsglas **2** förstärka ljud **3** bildl. förstora [upp] [~ the dangers]
magnitude ['mægnɪtjuːd] storlek; omfattning; betydelse; astron. magnitud; matem. storhet
magnolia [mæg'nəʊljə] bot. magnolia
magpie ['mægpaɪ] zool. skata
mahogany [mə'hɒgənɪ] **I** s **1** mahogny[trä] **2** mahognyträd **3** mahognyfärg **II** adj **1** mahogny- **2** mahognyfärgad
maid [meɪd] **1** hembiträde, jungfru, piga **2** poet. mö **3** ungmö; old ~ gammal ungmö (fröken, nucka) **4** ~ of honour (pl. maids of honour) a) hovfröken b) [förnämsta] brudtärna
maiden ['meɪdn] **I** s poet. mö, flicka; ungmö **II** attr adj **1** ogift [my ~ aunt]; jungfrulig [~ modesty], jungfru- **2** bildl. jungfrulig, orörd [~ soil] **3** förstlings- [~ work], jungfru- [~ speech (trip, voyage, flight)]
maidenhead ['meɪdnhed] **1** jungfrulighet; mödom **2** mödomshinna
maidservant ['meɪd,sɜːv(ə)nt] hembiträde
1 mail [meɪl] brynja; pansar äv. bildl.; coat of ~ el. ~ coat brynja, pansarskjorta
2 mail [meɪl] **I** s **1** isht amer. post försändelser [is there much ~?; open the ~; there was a bill in (med, bland) the ~]; postlägenhet [by the next ~]; post[befordran]; pl. ~s post[försändelser] [the ~s were lost]; send by ~ sända med posten (per post) **2** post[verk]; the Royal M~ [Brittiska] Postverket **3** posttåg [night ~] **II** vb tr isht amer. sända (skicka) med posten (per post); skicka [~ a parcel], posta, lägga på [~ a letter]
mailbag ['meɪlbæg] postsäck; postväska
mailbox ['meɪlbɒks] isht amer. brevlåda; brevfack
mail|man ['meɪl|mən] (pl. -men [-mən]) isht amer. brevbärare
mail-order ['meɪl,ɔːdə] postorder- [~ catalogue]; ~ firm (company) postorderfirma
maim [meɪm] lemlästa, stympa; skadskjuta; bildl. fördärva; ~ed äv. lytt, ofärdig
main [meɪn] **I** adj **1** huvudsaklig; viktigast; störst; huvud- [~ building]; sjö. stor-; have an eye to (look to) the ~ chance se till sin egen vinning (sina egna intressen), ha födgeni, vara om sig; ~ character huvudperson i pjäs, roman o.d.; the ~ entrance huvudingången, stora ingången; ~ street huvudgatan; amer. storgata [ofta ss. namn M~ Street] **2** by ~ force a) med våld b) av alla krafter **II** s **1** in the ~ huvudsakligen, i huvudsak, på det hela taget **2** with might and ~ med all makt, av alla krafter **3** huvudledning för vatten, gas, elektricitet; pl. ~s elektr. nät; ~s receiver radio. nätmottagare **4** sjö. a) storsegel; the ~ vanl. storen b) stormast
mainframe ['meɪnfreɪm] data. stordator [äv. ~ computer]
mainland ['meɪnlənd, -lænd] fastland
mainline ['meɪnlaɪn] **I** s amer. huvudväg; järnv. huvudbana, stambana **II** adj framstående, ledande

mainly ['meɪnlɪ] huvudsakligen; väsentligen

mains-operated ['meɪnzˌɒpəreɪtɪd] elektr. nätansluten

mainstay ['meɪnsteɪ] **1** sjö. storstag **2** bildl. stöttepelare

mainstream ['meɪnstriːm] **I** *s* **1** bildl. huvudströmning[ar]; allfarväg **2** huvudflod, huvudström **II** *adj* **1** traditionell, bred [*~ art*]; strömlinjeformad [*~ politics*] **2** mus. mainstream [*~ jazz*]

maintain [meɪnˈteɪn] **1** uppehålla, upprätthålla [*~ contact (friendly relations)*], hålla vid makt, vidmakthålla [*~ law and order*], [bi]behålla, bevara [*~ a tradition*], hålla [*~ a speed of 90 kilometres an hour*]; *~ discipline* upprätthålla disciplinen, hålla disciplin; *~ silence* iaktta tystnad, hålla tyst **2** underhålla, hålla i gott skick [*~ a house*] **3** hålla på, försvara, hävda [*~ one's rights*]; [under]stödja [*~ a cause*] **4** underhålla [*~ a family*], livnära; hålla [*~ a son at a public school*]; *~ed school* statsunderstödd skola **5** stå fast vid [*~ one's principles*]; hävda, [vilja] påstå [*I ~ that...*]

maintenance ['meɪntənəns] **1** uppehållande etc., jfr *maintain 1* **2** underhållande; underhåll, skötsel; mil. underhållstjänst; *~ work* underhållsarbete **3** försvarande; understödjande **4** försörjning; [livs]uppehälle, existensmedel; underhållsbidrag [*she gets no ~ from her ex-husband*]

maisonette o. **maisonnette** [ˌmeɪzəˈnet] **1** etagevåning, tvåplanslägenhet **2** litet hus

maize [meɪz] bot. majs; *ear of ~* majsax, majskolv

majestic [məˈdʒestɪk] majestätisk

majesty ['mædʒɪstɪ] majestät i olika bet.; majestätisk storhet (storslagenhet) [*the ~ of Rome*]; *Your (His, Her) M~* Ers (Hans, Hennes) Majestät

major ['meɪdʒə] **I** *adj* **1** större [*a ~ operation*; *the ~ prophets*], stor- [*a ~ war*], [mera] betydande, [ganska] betydelsefull [*he was a ~ figure at the time*], viktig[are], viktigast [*the ~ cities (poets)*]; allvarlig[are] [*a ~ illness*]; överordnad; *~ subject* amer. univ. huvudämne **2** jur. myndig [*~ age*] **3** mus. **a)** stor [*~ interval*]; *~ third* stor ters **b)** dur- [*~ scale*]; *~ key (mode)* durtonart; *A ~* A-dur **II** *s* **1** mil. major **2** jur. myndig [person] **3** amer. univ. **a)** huvudämne [*history is his ~*] **b)** student med (som har) ngt som huvudämne [*two history ~s*] **4** mus. dur **III** *vb itr*, *~ in* isht amer. univ. specialisera sig på, ha (välja) som huvudämne [*he is ~ing in history*]

major-general [ˌmeɪdʒəˈdʒen(ə)r(ə)l] generalmajor

majority [məˈdʒɒrətɪ] **1 a)** majoritet, flertal; *the ~ of people* de flesta [människor]; *the great (vast) ~* det stora flertalet, de allra flesta **b)** majoritet; *gain a ~* komma i majoritet[sställning]; *a solid ~* en kompakt majoritet; *ordinary ~* enkel majoritet **2** myndig ålder, myndighetsålder; *attain (reach) one's ~* bli myndig

make [meɪk] **A** (*made made*) *vb* **I** *tr* (se äv. *III*) **1 a)** göra; tillverka; *~ into* göra till, förvandla till **b)** göra [i ordning], laga [till] [*~ lunch*], koka, brygga [*~ coffee (tea)*]; sy [*~ a dress*] **c)** göra; ingå [*~ an agreement*], fatta [*~ a decision*]; hålla [*~ a speech*], stifta [*~ laws*], sluta [*~ an alliance*]; lämna [*~ a contribution*], komma med [*~ excuses*], ställa [*~ conditions*], avge [*~ a promise*]; *~ the bed* bädda [sängen]; *~ a phone call* ringa ett samtal; *~ war* föra krig; börja krig **2 a)** med adj. göra; *~ a p. happy* göra ngn glad **b)** göra till [*~ it a rule*], utnämna (utse) till [*they made him chairman*] **3** med inf.: **a)** få (komma) att [*he made me cry*], förmå att [*he made me do it*], låta [*he made me work hard*], tvinga att; i roman o.d. låta [*the author ~s the heroine die in the last chapter*]; *it's enough to ~ one cry* det är så man kan gråta [åt det] **b)** *~ believe that one is* låtsas att man är **c)** *~ do* klara sig

4 a) [för]tjäna [*~ £15,000 a year*]; göra [sig] [*~ a fortune*]; få, skaffa sig [*~ many friends*] **b)** vinna [*~ 5 points*]; kortsp. ta [hem] [*~ a trick (stick)*] **c)** [för]skaffa [*that made him many enemies*]

5 bli [*this ~s the tenth time*], göra; bilda; *3 times 3 ~[s] 9* 3 gånger 3 är (blir, gör) 9 **6 a)** uppskatta till [*I ~ the distance 5 miles*], få till [*how many do you ~ them?*]; *what time do you ~ it?* el. *what do you ~ the time?* hur mycket är din klocka?; *what do you ~ of that?* vad säger (tror) du om det?; *I don't know what to ~ of it* jag vet inte vad jag ska tro om det **b)** bestämma (fastställa) till [*~ the price 10 dollars*]; *~ it two!* a) ta två! b) vi säger

två!, jag (vi) tar två!; *let's ~ it 6 o'clock!* ska vi säga (bestämma) klockan 6? **7** avverka o.d. [*~ 50 miles in a day*] **8 a)** komma fram till, [lyckas] nå [*~ the summit*] **b)** sjö. nå [*~ port*], angöra [*~ land*] **c)** hinna med (till) [*we made the bus*]; *can we ~ it?* hinner vi? **9 a)** göra berömd [*that book made him*]; *it will ~ or break him* det blir hans framgång eller fall **b)** *that's made the (my) day* dagen är räddad
II *itr* (se äv. *III*) **1 a)** styra kurs; skynda **b)** *~ at* slå efter, hötta mot [*he made at me with his stick*] **2** *~ for* främja, bidra till, verka för [*~ for better understanding*] **3 a)** *~ as if (as though)* låtsas som om [*he made as if he didn't hear us*]; göra min av att [vilja] [*he made as if to go*] **b)** *~ to* göra en ansats att, visa tecken till att
III *tr* o. *itr* med adv. med spec. övers.:
~ **away with a)** försvinna med **b)** röja undan
~ **off** ge sig i väg
~ **out: a)** skriva (ställa) ut [*~ out a cheque*], utfärda [*~ out a passport*], göra upp, upprätta [*~ out a list*]; fylla i [*~ out a form*] **b)** tyda; uppfatta **c)** förstå, begripa [*as far as I can ~ out*], komma underfund med; *I can't ~ him out* äv. jag förstår mig inte på honom **d)** bevisa [riktigheten av] [*~ out one's case*] **e)** påstå, göra gällande [*he made out that I was there*]
~ **over** överlåta
~ **up: a)** utgöra; *be made up of* bestå (utgöras) av **b)** göra (sätta, ställa) upp [*~ up a list*] **c)** hitta på **d)** laga (reda) till, expediera [*~ up a prescription*]; sätta (blanda, röra) ihop; sy upp [*~ up a dress*], sy [ihop]; *~ up a bed* ställa i ordning en säng **e)** slå (packa, lägga) in [*~ up a parcel*] **f)** sminka, teat. äv. maskera; *~ [oneself] up* sminka (måla) sig, göra make up, teat. äv. maskera sig **g)** göra upp [*~ up the accounts*] **h)** fylla ut; få ihop till [*~ up the required sum*]; täcka [*~ up a deficit*] **i)** göra slut på [*~ up a quarrel*]; *~ it up* bli sams igen **j)** *~ up [for]* ersätta, gottgöra [*~ up [for] the loss*], reparera; ta igen, hämta in [*~ up [for] lost time*]; *~ it up to a p.* [*for a th.*] gottgöra ngn [för ngt], ge ngn kompensation [för ngt]; *~ up for lost ground* ta igen det försummade
B *s* **1 a)** fabrikat [[*of*] *our own ~*] **b)** märke, fabrikat [*cars of all ~s*] **2** utförande **3** vard., *be on the ~* vara vinningslysten, vara om sig

make-believe ['meɪkbɪˌliːv] **I** *s* inbillning, fantasi; låtsaslek; *it is only ~* äv. det är bara låtsat (spelat), det är på låtsas **II** *attr adj* låtsad, spelad; falsk; låtsas- [*~ friend (world)*]

maker ['meɪkə] **1** tillverkare [*~ of auto parts*], producent; i sammansättn. ofta -makare **2** skapare; *the (our) M~* Skaparen

makeshift ['meɪkʃɪft] **I** *s* provisorium, nödlösning **II** *adj* provisorisk, tillfällig; nöd- [*a ~ rhyme (solution)*]

make-up ['meɪkʌp] **1 a)** make up, sminkning **b)** smink, skönhetsmedel; *put on ~* sminka sig, göra make up **2** sammansättning [*the ~ of a team*], beskaffenhet

makeweight ['meɪkweɪt] **1** tillägg **2** fyllnadsgods **3** motvikt

making ['meɪkɪŋ] **1** tillverkning; tillagning; skapande; förtjänande etc., jfr *make A I*; *it is in the ~* det är i vardande, det håller på att bli till (ta form, utveckla sig); *that was the ~ of him* det gjorde honom till den han är; det satte fason på honom **2** *have the ~s of...* ha goda förutsättningar (anlag, möjligheter) att bli...

maladjusted [ˌmælə'dʒʌstɪd] **1** feljusterad **2** missanpassad; miljöskadad

malady ['mælədɪ] sjukdom [*spiritual maladies*]; sjuka äv. bildl.; lidande

malaise [mə'leɪz] **1** lätt illamående (obehag) **2** olustkänsla; missnöje [*social ~*]

malaria [mə'leərɪə] med. malaria

Malaysia [mə'leɪzɪə, -'leɪʒ-]

male [meɪl] **I** *adj* manlig [*~ heir (servant)*]; *the ~ population*], mans- [*~ voice*], av mankön; han- [*~ animal (flower)*], av hankön; *~ child* gossebarn **II** *s* **1** mansperson; statistik. o.d. man [*~s and females*] **2** zool. hane

malevolence [mə'levələns] elakhet, illvilja

malevolent [mə'levələnt] elak, illvillig

malformation [ˌmælfɔː'meɪʃ(ə)n] missbildning; skevhet

malfunction [ˌmæl'fʌŋ(k)ʃ(ə)n] krångel, funktionsoduglighet; tekniskt fel

malice ['mælɪs] **1** illvilja, elakhet; *bear a p. ~* hysa agg till (mot) ngn **2** jur. brottslig avsikt; *with ~ aforethought* med berått mod, i uppsåt att skada; *without ~* utan ont uppsåt

malicious [mə'lɪʃəs] **1** illvillig, elak; skadeglad [*a ~ smile*], spydig [*~*

remarks]; *take a ~ delight in* vara skadeglad över, njuta [skadeglatt] av **2** jur. uppsåtlig [*~ damage*]; *~ intent* ont uppsåt

malign [mə'laɪn] **I** *adj* **1** skadlig **2** ondskefull, illvillig **II** *vb tr* baktala, svärta ned

malignant [mə'lɪgnənt] **1** ondskefull; skändlig; ond [*~ intention* (*spirit*)] **2** malign [*~ tumour*]

malinger [mə'lɪŋgə] isht mil. simulera spela sjuk

mall [mɔːl, mæl] **1** trädplanterad promenadplats **2** gågata; [inbyggt] köpcenter **3** amer. mittremsa på väg o.d.

mallard ['mæləd] zool. gräsand

malleable ['mælɪəbl] **1** smidbar **2** bildl. formbar, smidig; foglig

mallet ['mælɪt] mindre klubba; sport. klubba för krocket och polo

malnutrition [ˌmælnjʊ'trɪʃ(ə)n] undernäring

malpractice [ˌmæl'præktɪs] jur. tjänstefel, ämbetsbrott; felbehandling av patient

malt [mɔːlt, mɒlt] **I** *s* **1** malt; *~ liquors* maltdrycker **2** vard. maltdryck **II** *vb tr* **1** mälta **2** tillsätta malt till; *~ed milk* a) pulver (dryck) på malt och torrmjölk b) amer. milkshake med glass och maltsmak

Malta ['mɔːltə, 'mɒl-] geogr.

Maltese [ˌmɔːl'tiːz, ˌmɒl-, '--] **I** *adj* maltesisk; malteser- [*~ dog*]; *~ cross* malteserkors **II** *s* **1** (pl. lika) maltesare; maltesiska kvinna **2** maltesiska [språket]

maltreatment [mæl'triːtmənt] misshandel

mama [mə'mɑː] se *mamma*

mamma [mə'mɑː-, amer. 'mɑːmə] **1** barnspr. mamma; *~'s boy* mammas gosse **2** sl., *red-hot ~* sexig brud

mammal ['mæm(ə)l] däggdjur

mammon ['mæmən] mammon; bibl. Mammon [*serve God and ~*]

mammoth ['mæməθ] **I** *s* zool. mammut **II** *attr adj* kolossal, jättelik [*~ organization*]

mammy ['mæmɪ] isht amer. barnspr. mamma; *~'s darling* morsgris; mammas älskling

man [mæn] **I** (pl. *men* [men]) *s* **1 a)** man; herre; isht amer. vard. i tilltal du, hörru, polarn [*hi ~, what's up, ~?*]; *a ~'s ~* en [riktig] karlakarl; *an old ~* en gammal man, en [gammal] gubbe; *old ~ Jones* vard. gubben Jones; *the old ~* vard. [fars]gubben; *that ~ Brown* den där Brown; *~ and boy* adverbiellt alltsedan pojkåren; *he is your ~* han är [säkert] rätt man; *make a ~ of a p.* göra karl (folk) av ngn; *~ to ~* man mot man; män emellan; öppet **b)** mannen [*~ is physically different from woman*] **c)** [äkta] man; pojkvän; älskare; *her old ~* äv. hennes gubbe **d)** ss. pron., vard., *a ~* man [*what can a ~ do in such a case?*] **2 a)** människa [*all men must die*; *feel a new ~*]; människan [äv. *M~*; *the development of ~*]; *~ and beast* folk och fä; *Shaw the ~* Shaw som människa; *the ~ in the street* vard. mannen på gatan, gemene man **b)** *~ for ~* individuellt [sett]; en för en **3 a)** attr. o. i sammansättn. man- [*man-eater*]; herr-; manlig; *men friends* manliga bekanta; herrbekanta **b)** *~'s* el. *men's* herr- [*men's clothes*] **4 a)** betjänt [*my ~ Jeeves*], tjänare; dräng; biträde **b)** arbetare [*the men were locked out*] **c)** vanl. pl. *men* mil. meniga [*officers and men*]; sjö. matroser; *200 men* äv. 200 man; *the men* äv. manskapet, karlarna **5** *he is a Bristol ~* han är från Bristol **6** pjäs i schack; bricka i brädspel o.d. **II** *vb tr* **1** isht sjö. el. mil. bemanna [*~ a ship*; *~ the guns*]; besätta med manskap [*~ the barricades*] **2** besätta [*~ a post*]

manage ['mænɪdʒ] **I** *vb tr* **1** hantera [*~ an oar*]; sköta [*~ a business*], förvalta; isht sjö. manövrera, styra **2** få bukt med, klara [av] [*I think I can ~ him*], tygla [*~ a restive horse*] **3** klara, gå i land med, orka med [*can you ~ all that work?*]; lyckas med, ordna [*they ~ these things better at that hotel*], lyckas [*she ~d to do* ([med att] göra) *it*]; förmå; *could you ~* [*another piece of cake?*] orkar du [äta ('med')...? **II** *vb itr* klara sig (det), reda sig [*we can't ~ without his help*]; *can you ~?* klarar du (kan du klara) dig (det)?

manageable ['mænɪdʒəbl] [lätt]hanterlig; överkomlig [*~ task* (*problem*)]; lättskött; om pers. medgörlig

management ['mænɪdʒmənt] **1 a)** skötsel [*the failure was caused by bad ~*], drift b) förvaltning, ledning c) [företags]ledning; regi, regim; *under new ~* på skylt ny regim **2** handhavande; hanterande; isht sjö. manövrering

manager ['mænɪdʒə] **1** direktör; föreståndare; förvaltare; intendent; [*branch*] *~* kamrer för banks avdelningskontor **2** manager; sport. äv. lagledare; förbundskapten

manageress [ˌmænɪdʒə'res, '----] kvinnlig föreståndare (avdelningschef); kvinnlig direktör

managerial [ˌmænəˈdʒɪərɪəl] direktörs- etc., jfr *manager*; styrelse- [*a ~ meeting*]
managing [ˈmænɪdʒɪŋ] **1** förvaltande; *~ committee* [förvaltnings]direktion; verkställande utskott; *~ director* verkställande direktör; *~ editor* redaktionschef **2** försiktig; sparsam **3** beskäftig; maktlysten
mandarin [ˈmændərɪn] **1** mandarin kinesisk ämbetsman **2** bildl. byråkrat **3** a) bot. mandarin [äv. *~ orange*] b) mandarinträd
mandate [ss. subst. ˈmændeɪt, -dɪt, ss. vb ˈmændeɪt, -'-] **I** *s* **1** mandat, uppdrag **2** fullmakt **3** polit. mandat; mandatområde **4** befallning **II** *vb tr* överlämna till mandatärstat; *~d territory* mandat[område]
mandatory [ˈmændət(ə)rɪ] **1** *~ power* mandatärmakt **2** föreskriven **3** befallande, påbjudande; *~ sign* påbudsmärke
mandolin o. **mandoline** [ˌmændəˈlɪn] mandolin
mane [meɪn] man på djur; äv. vard. för tjockt hår
manful [ˈmænf(ʊ)l] manlig; beslutsam
manganese [ˌmæŋɡəˈniːz, '---] kem. mangan
manger [ˈmeɪn(d)ʒə] krubba
1 mangle [ˈmæŋɡl] **I** *s* **1** mangel; isht varmmangel, strykmangel **2** vridmaskin **II** *vb tr* o. *vb itr* **1** mangla **2** vrida
2 mangle [ˈmæŋɡl] **1** hacka (riva) sönder **2** illa tilltyga, skada svårt, massakrera **3** bildl. fördärva
mango [ˈmæŋɡəʊ] (pl. *~es*) bot. **1** mango frukt **2** mangoträd
mangrove [ˈmæŋɡrəʊv] bot. mangrove[träd]
mangy [ˈmeɪn(d)ʒɪ] **1** skabbig [*a ~ dog*] **2** sjaskig, eländig
manhandle [ˈmænˌhændl] vard. hantera hårdhänt; illa tilltyga
manhole [ˈmænhəʊl] manhål; i gata o.d. inspektionsbrunn; *~ cover* man[håls]lucka
manhood [ˈmænhʊd] **1** mannaålder, vuxen (mogen) ålder, mognad [*reach ~*]; manbarhet **2** manlighet; mandom; [manna]mod; *~ test* mandomsprov
man-hour [ˈmænˌaʊə] mantimme [*production per ~*], arbetstimme
manhunt [ˈmænhʌnt] människojakt
mania [ˈmeɪnjə, -nɪə] **1** psykol. mani **2** mani, vurm; *have a ~ for* ha mani (dille) på, vurma för **3** (ss. efterled i sammansättn.) -hysteri
maniac [ˈmeɪnɪæk] **I** *adj* se *maniacal* **II** *s* galning [äv. friare *a football ~*]; niding

maniacal [məˈnaɪək(ə)l] galen, vansinnig
manic [ˈmænɪk] **I** *adj* psykol. manisk **II** *s* maniker; *~ depression* manodepressivitet
manic-depressive [ˌmænɪkdɪˈpresɪv] psykol. **I** *adj* manodepressiv **II** *s* manodepressiv person
manicure [ˈmænɪkjʊə] **I** *s* manikyr **II** *vb tr* manikyrera
manicurist [ˈmænɪkj(ʊ)ərɪst] manikyrist
manifest [ˈmænɪfest] **I** *adj* påtaglig **II** *vb tr* **1** bevisa [*~ the truth of a statement*] **2** manifestera, visa [*~ good conduct*]; uppenbara, röja [*~ one's feelings*], ge uttryck för [*~ one's surprise*]; *~ oneself* a) visa sig [*the ghost ~ed itself at midnight*] b) (äv. *be ~ed*) yttra (visa) sig, bli uppenbar, komma i dagen; göra sig gällande [*the American competition began to ~ itself*]
manifestation [ˌmænɪfeˈsteɪʃ(ə)n] **1** manifestation, uppenbarande; yttring, tecken; uttryck; utslag [*a ~ of bad temper*] **2** demonstration
manifesto [ˌmænɪˈfestəʊ] (pl. *~s* el. *~es*) manifest
manifold [ˈmænɪfəʊld] **I** *adj* mångfaldig [*~ times*], [av] många [slag], mångahanda [*~ duties*]; mångsidig [*a ~ programme*] **II** *s* **1** kopia; *~ paper* genomslagspapper **2** tekn. förgreningsrör [*exhaust ~, intake ~*]; samlingsrör **III** *vb tr* mångfaldiga; duplicera
manipulate [məˈnɪpjʊleɪt] **1** hantera, manövrera [*~ a lever*], manipulera **2** manipulera med, fuska med, förfalska [*~ accounts*] **3** manipulera, styra [*~ one's supporters*]
mankind [i bet. *1* mænˈkaɪnd, i bet. *2* ˈmænkaɪnd] **1** mänskligheten **2** mansläktet, män
manliness [ˈmænlɪnəs] **1** manlighet **2** manhaftighet
manly [ˈmænlɪ] **1** manlig [*~ behaviour; ~ sports*] **2** manhaftig [*a ~ woman*]
man-made [ˈmænmeɪd] människotillverkad; orsakad av människor [*many ~ dangers today threaten the air*]; konstgjord [*a ~ lake*]; *~ fibre* syntetfiber, konstfiber
manna [ˈmænə] bibl., bot. o. bildl. manna
mannequin [ˈmænɪkɪn] skyltdocka; provdocka; målares modelldocka
manner [ˈmænə] **1** sätt mest i prepositionssuttr.; *in a ~ of speaking* på sätt och vis, på ett sätt; så att säga; *adverb of ~* gram. sättsadverb **2** sätt [att uppträda], hållning, uppträdande, beteende [*he has an awkward ~*] **3** pl. *~s* [belevat] sätt,

[gott] uppförande, levnadsvett, hyfsning, [folk]skick, uppfostran; *good ~s* god ton, fint sätt; goda seder; *teach a p. ~s* lära ngn att uppföra (skicka) sig **4** pl. *~s* seder, [levnads]vanor; samhällsförhållanden **5** sort; *by no* (*not by any*) *~ of means* inte på minsta sätt, på intet vis; under inga omständigheter

mannerism ['mænərɪz(ə)m] manér

manoeuvr|e [mə'nu:və] **I** *s* manöver äv. bildl.; pl. *~s* mil. äv. manövrer **II** *vb itr* **1** manövrera, manipulera [*~ for a new post*] **2** hålla manöver [*the fleet is -ing off the east coast*] **III** *vb tr* manövrera [med]; leda, föra, styra; *~ a p. into* [*a good job*] lotsa in ngn på...

man-of-war [ˌmænə(v)'wɔ:] (pl. *men-of-war*) örlogsfartyg, örlogsman; krigsfartyg

manor ['mænə] herrgård; gods; hist. säteri; *the lord of the ~* godsägaren; hist. godsherren

manor house ['mænəhaʊs] **1** herrgård; herresäte; slott **2** man[gårds]byggnad

manpower ['mænˌpaʊə] arbetskraft; människomaterial

manservant ['mænˌsɜ:v(ə)nt] (pl. *menservants*) [manlig] tjänare

mansion ['mænʃ(ə)n] **1** [ståtlig] byggnad **2** pl. *~s* hus med hyresvåningar, hyreshus, bostadskvarter [*Victoria Mansions*]

manslaughter ['mænˌslɔ:tə] jur. dråp

mantelpiece ['mæntlpi:s] spiselkrans; *~ clock* pendyl

mantle ['mæntl] **I** *s* **1** mantel **2** bildl. täcke [*a ~ of snow*] **3** zool. el. tekn. mantel **II** *vb tr* hölja [om]; skyla [över], dölja; breda ut sig över (i) [*a blush ~d her cheeks*]

man-to-man [ˌmæntə'mæn] ...man mot man [*a ~ fight*], ...män emellan [*a ~ talk*]; *~ marking* sport. punktmarkering

manual ['mænjʊəl] **I** *adj* manuell; *~ gearshift* manuell växelspak, handspak; *~ labour* (*work*) manuellt arbete; kroppsarbete **II** *s* handbok, manual; lärobok; *instruction ~* instruktionsbok; handbok

manufacture [ˌmænjʊ'fæktʃə] **I** *s* **1** tillverkning, fabrikation; frambringande **2** produkt, [fabriks]vara; tillverkning **II** *vb tr* tillverka [*~ shoes*], producera äv. friare [*~ a lot of novels* (*paintings*)]; *~d goods* fabriksvaror

manufacturer [ˌmænjʊ'fæktʃ(ə)rə] fabrikant, producent; fabrikör, fabriksidkare

manufacturing [ˌmænjʊ'fæktʃ(ə)rɪŋ] **I** *s* fabrikation, tillverkning; fabricering **II** *adj* fabriks- [*~ district* (*town*)]; fabriksidkande [*~ establishment*]; *~ industry* tillverkningsindustri

manure [mə'njʊə] gödsel, gödning[sämne]; *artificial ~* konstgödsel, konstgödning

manuscript ['mænjʊskrɪpt] **I** *s* manuskript, handskrift **II** *adj* handskriven [*a ~ copy*], i manuskript

many ['menɪ] många [*~ people* (människor)]; mycket [*~ people* (folk)]; *a good ~* ganska (rätt) många, inte så få; ganska (rätt) mycket, inte så litet [*a good ~ people* (folk)]; *a great ~* en [stor] mängd; en massa, en hel del (hop), [väldigt] många [*a great ~ boys*]; *he said so in so ~ words* han sa klart och tydligt så; han sa så (det) rent ut (rakt på sak); *be one too ~* vara en för mycket, vara överflödig, vara i vägen; *have one too ~* vard. ta sig ett glas (ett järn) för mycket

map [mæp] **I** *s* karta; [sjö]kort [*a ~ of* (över) *the islands*]; *off the ~* vard. a) inte aktuell; glömd, föråldrad b) utanför kartan, avsides belägen **II** *vb tr* göra en karta över, kartlägga; göra upp [*~ a programme*]; *~ out* a) kartlägga [i detalj] b) staka ut; planera, fördela, ruta in [*~ out one's time*]

maple ['meɪpl] **1** bot. lönn; *Norway ~* blodlönn **2** lönn[trä]

mar [mɑ:] fördärva; skämma; vanpryda; *make or ~ a p.* hjälpa eller stjälpa ngn

marathon ['mærəθ(ə)n] maraton[lopp]; maraton- [*~ race* (*dance*)]

marble ['mɑ:bl] **I** *s* **1** marmor **2** pl. *~s* [kollektion av] marmorskulpturer (marmorstatyer) **3** kula till kulspel; *~s* kulspel; *play ~s* spela kula **4** marmorering **5** sl., pl. *~s* kulor pengar **6** sl., *have all one's ~s* vara klar i knoppen, vara [riktigt] skärpt **II** *adj* marmor- [*a ~ statue* (*tomb*)]; bildl. marmorvit [*a ~ brow*], marmorhård, marmorkall

March [mɑ:tʃ] månaden mars; *as mad as a ~ hare* spritt [språngande] galen, helgalen

1 march [mɑ:tʃ] **I** *vb itr* **1** marschera, tåga; vandra; *~ off* marschera (tåga) i väg, [be]ge sig i väg (av); *forward ~!* framåt marsch! **2** bildl. gå framåt; *~ on* skrida fram[åt] [*time ~es on*] **II** *vb tr* låta marschera; föra [i marschordning]; låta bryta upp [*~ the troops*]; *~ off* föra bort [*they ~ed him off to prison*] **III** *s* **1** marsch; [lång (mödosam)] vandring

(färd); ~ *past* förbimarsch, defilering
2 dagsmarsch [äv. *day's ~*]; *steal a ~ on* bildl. [obemärkt] skaffa sig ett försprång (en fördel) framför **3** mus. marsch; *dead (funeral)* ~ begravningsmarsch, sorgmarsch **4** bildl. framåtskridande, framsteg; *the ~ of events* händelseutvecklingen
2 march [mɑːtʃ] **I** *s*, pl. *~es* gränser; gränsland [*the Welsh ~es*] **II** *vb itr* gränsa
mare [meə] sto
margarine [ˌmɑːdʒəˈriːn, ˌmɑːgə-, '---] margarin
margin [ˈmɑːdʒɪn] **1** marginal, kant [*notes written in* (*on*) *the ~*], marg **2** kant; strand **3** hand. el. bildl. marginal; täckning; säkerhetsmarginal [äv. *safety ~*]; tidsmarginal; spelrum; [yttersta] gräns; ~ *of error* felmarginal; *allow* (*leave*) *a ~* lämna en marginal
marginal [ˈmɑːdʒɪn(ə)l] marginal-; kant-, brädd-; gräns- [*~ zone*]; marginell [*of ~ importance*], [som är (befinner sig)] i utkanten (marginalen) [*~ groups of society*]; *~ rate of tax* marginalskattesats
marginally [ˈmɑːdʒɪnəlɪ] i marginalen; i kanten; marginellt
marguerite [ˌmɑːgəˈriːt] bot. prästkrage; margerit; odlad krysantemum
marigold [ˈmærɪgəʊld] bot. ringblomma [äv. *pot ~*]; *French* (större *African*) *~* tagetes
marijuana [ˌmærɪˈjwɑːnə, -ˈdʒwɑːnə] marijuana
marina [məˈriːnə] **1** marina, småbåtshamn **2** strandpromenad på badort
marinade [ˌmærɪˈneɪd] kok. **I** *s* marinad **II** *vb tr* marinera
marine [məˈriːn] **I** *adj* marin-; havs- [*~ products*], sjö-; sjöfarts-; sjöförsvars-; *~ biology* marinbiologi, biologisk havsforskning **II** *s* **1** marin; *the mercantile* (*merchant*) *~* handelsflottan **2** marinsoldat; *the* [*Royal*] *Marines* brittiska marinsoldatkåren; [*you can*] *tell that to the ~s* det går jag inte på, det kan du försöka inbilla andra
mariner [ˈmærɪnə] litt. el. sjö. sjöman, sjöfarande, seglare; pl. *~s* äv. sjöfolk; *~'s card* kompassros; *master ~* kapten, befälhavare på handelsfartyg
marionette [ˌmærɪəˈnet] marionett
marital [ˈmærɪtl] äktenskaplig [*~ obligations*], äktenskaps-; *~ likeness* äktenskapstycke
maritime [ˈmærɪtaɪm] **1** maritim [*~ climate*], sjö-; sjöfarts-, sjöfartsidkande; *~ insurance* sjöförsäkring **2** belägen (boende, växande) vid havet; kust- [*~ provinces*]; *~ population* kustbefolkning, skärgårdsbefolkning
marjoram [ˈmɑːdʒ(ə)rəm] bot. el. kok. mejram
1 mark [mɑːk] mark mynt
2 mark [mɑːk] **I** *s* **1** märke, fläck [*dirty ~s in a book*], prick; ärr; spår; *leave* (*make*) *a ~ on* sätta sitt märke (sin prägel) på **2** [känne]tecken, kännemärke; uttryck; *a ~ of gratitude* ett bevis på tacksamhet **3** märke, tecken; bomärke [*make* (rita) *one's ~*] **4** riktmärke, sjömärke **5** streck på en skala, märke på t.ex. logglina; *overstep the ~* överskrida gränsen, gå för långt; *be up to the ~* hålla (fylla) måttet; vara riktigt kry (i form) **6** betyg [*get good ~s*], poäng **7** mål; *he's an easy ~* vard. han är ett tacksamt offer lättlurad; *hit the ~* a) träffa prick (rätt); slå huvudet på spiken b) lyckas; *miss the ~* a) bomma, missa [målet] b) förfela sitt mål; *beside the ~* vid sidan av; inte på sin plats **8** sport. startlinje; *on your ~s, get set, go!* på era platser (klara), färdiga, gå! **9** typ t.ex. av flygplan [*Meteor M~ IV*]; kvalitet, sort; vard. typ [*she's just my ~*], stil; *that's just your ~* vard. iron. det är något [som passar] för dig **10** *of ~* av [stor] betydelse, betydande, framstående [*a man of ~*]
II *vb tr* **1** sätta märke[n] på, märka [*~ a th. with chalk*]; prissätta; notera; *~ down* a) sätta ned [priset på] b) notera, anteckna **2** markera; utmärka; märka [*such an experience ~s you*]; beteckna [*this speech ~s a change of policy*]; *his writing was ~ed by originality* hans stil präglades av originalitet; *~ the time* slå takten **3** spel. el. sport. markera **4** betygsätta, rätta [*~ a paper* (skrivning)]; bedöma **5** pricka (märka) ut [*~ a route*]; *~ off* pricka för; *~ out* staka ut [*~ out boundaries*]; strecka; planera; utse, välja ut, bestämma [*for till*] **6** märka; *~ my words* märk (sanna) mina ord
III *vb itr* **1** sätta märken **2** spel. el. sport. markera **3** märka
markdown [ˈmɑːkdaʊn] [pris]nedsättning [*a ~ of* (med) *20 per cent*]
marked [mɑːkt] **1** märkt etc., jfr *2 mark II*; *he was a ~ man* han var på förhand dömd (märkt för livet); *~ price* utsatt pris **2** markerad [*strongly ~ features*], utpräglad [*a ~ American accent*]; tydlig, markant
markedly [ˈmɑːkɪdlɪ] markerat; tydligt, påfallande, påtagligt

marker ['mɑ:kə] **1** märkare; stämplare; skol. o.d. betygsättare **2** markör äv. språkv. **3** märkpenna **4** bokmärke **5** [spel]mark

market ['mɑ:kɪt] **I** s **1** (salu)torg; marknad; torgdag; isht ss. efterled i sammansättn. handel [*antique* ~]; [*covered*] ~ saluhall; *bring* (*take*) *one's eggs* (*hogs, pigs*) *to the wrong* (*a bad*) ~ a) vända sig till fel person b) misslyckas i sina planer; spekulera fel **2** ekon. el. hand. marknad [*the freight* (*labour, world*) ~; *there is no* ~ *for these goods*]; avsättning; efterfrågan; marknadspris, marknadsvärde; avsättningsort, avsättningsområde; ~ *forces* marknadskrafter; *the black* ~ svarta börsen; *the money* ~ penningmarknaden; *find* (*meet with*) *a ready* ~ finna (få) god (hastig) avsättning; *play the* ~ vard. spekulera på börsen **II** *vb tr* **1** sälja på torget **2** hand. skaffa marknad för, marknadsföra

marketable ['mɑ:kɪtəbl] **1** säljbar, kurant, lättsåld [~ *products*] **2** marknads- [~ *value*]

market garden [,mɑ:kɪt'gɑ:dn] handelsträdgård

marketing ['mɑ:kɪtɪŋ] **I** s **1** hand. marknadsföring, marketing **2** [torg]handel; torgbesök; köp; torgförande, saluförande; *do one's* ~ göra sina [torg]uppköp **II** *adj* marknadsförings-, sälj- [~ *scheme*]; marknads-, avsättnings- [~ *possibilities*]; ~ *research* marknadsundersökning[ar], marknadsforskning

marketplace ['mɑ:kɪtpleɪs] [salu]torg; marknad[splats]; bildl. äv. [öppet] forum

market price [,mɑ:kɪt'praɪs, '---] **1** ekon. marknadspris **2** torgpris

market research [,mɑ:kɪtrɪ'sɜ:tʃ] marknadsundersökning[ar]

market square [,mɑ:kɪt'skweə], *the* ~ stortorget

market town ['mɑ:kɪttaʊn, ,--'-] ung. marknadsort

marking ['mɑ:kɪŋ] **I** *adj* märk-, märknings-; stämpel- **II** s **1** märkning; markering äv. sport.; betygsättning [~ *of examination papers*], jfr f.ö. *2 mark II* **2** teckning [*the* ~ *of a bird's feather* (*an animal's skin*)]

marks|man ['mɑ:ks|mən] (pl. -*men* [-mən]) skicklig skytt, prickskytt

marksmanship ['mɑ:ksmənʃɪp] skjutskicklighet, skjutfärdighet; träffsäkerhet

markup ['mɑ:kʌp] hand. **1** prishöjning **2** pålägg

marmalade ['mɑ:m(ə)leɪd] marmelad av citrusfrukter, isht apelsiner

marmot ['mɑ:mət] zool. murmeldjur

1 maroon [mə'ru:n] **I** s **1** rödbrun färg **2** smällare; mil. signalraket **II** *adj* rödbrun

2 maroon [mə'ru:n] strandsätta; lämna åt sitt öde

marquee [mɑ:'ki:] **1** [stort] tält; officerstält **2** amer. [skärm]tak, baldakin över entré o.d.

marquess ['mɑ:kwɪs] o. **marquis** ['mɑ:kwɪs] markis titel

marriage ['mærɪdʒ] **1** äktenskap, giftermål; bildl. [nära] förening; *the* ~ *acts* el. *the code of* ~ *laws* giftermålsbalken; ~ *counselling* (*guidance*) äktenskapsrådgivning; *open* ~ fritt äktenskap; *by* ~ genom gifte **2** vigsel, förmälning; ~ *ceremony* vigselceremoni, vigselakt; ~ *certificate* (vard. *lines*) vigselbevis; *the M~ of Figaro* Figaros bröllop opera

marriageable ['mærɪdʒəbl] giftasvuxen [äv. *of* ~ *age*]

married ['mærɪd] gift; äkta; äktenskaplig, äktenskaps-; *a* ~ *couple* ett gift (äkta) par; *get* ~ gifta sig; *engaged to be* ~ förlovad

marrow ['mærəʊ] **1** märg; *spinal* ~ ryggmärg **2** bot., [*vegetable*] ~; amer. äv. ~ *squash* märgpumpa; olika sorters squash

marry ['mærɪ] **I** *vb tr* **1** gifta sig med; ~ *money* (*a fortune*) gifta sig till en förmögenhet (pengar), gifta sig rikt, göra ett gott parti **2** ~ [*off*] gifta bort [*to* med] **3** viga; förena i äktenskap **II** *vb itr* gifta sig; bildl. förenas; ~ *again* gifta om sig

Mars [mɑ:z] **1** mytol. el. astron. Mars **2** ~ [*bar*] ® Mars slags fylld chokladkaka

marsh [mɑ:ʃ] sumpmark, träsk, mosse; ~ *gas* sumpgas

marshal ['mɑ:ʃ(ə)l] **I** s **1** mil. marskalk; *M~ of the Royal Air Force* flygmarskalk högsta grad i brittiska flygvapnet **2** marskalk; ceremonimästare **3** amer. a) ung. sheriff; polismästare b) brandchef **II** *vb tr* **1** ställa upp [~ *military forces*]; järnv. rangera **2** ordna [~ *one's thoughts*]; framställa klart [och tydligt] [~ *facts*] **3** placera [efter rang] vid bankett o.d.; föra högtidligt [~ *a delegation into the presence of the Queen*]

marshalling-yard ['mɑ:ʃ(ə)lɪŋjɑ:d] rangerbangård

marshmallow ['mɑ:ʃ,mæləʊ] **1** bot. altea; farmakol. altearot **2** marshmallow slags sötsak

marshy ['mɑ:ʃɪ] sumpig; träsk-, moss-

marsupial [mɑːˈsuːpjəl, -ˈsjuː-] zool. **I** *adj* pungartad, pung-; pungdjurs- **II** *s* pungdjur

marten [ˈmɑːtɪn] **1** zool. mård **2** mård[skinn]

martial [ˈmɑːʃ(ə)l] krigisk; krigs-, krigar-; stridslysten; martialisk; militär- [*~ music*]; soldat-; *the ~ arts* kampsporter ss. judo, karate, kendo

Martian [ˈmɑːʃjən] **I** *adj* astron. Mars- **II** *s* marsian

martin [ˈmɑːtɪn] zool. svala; [*house*] *~* hussvala

martinet [ˌmɑːtɪˈnet] isht mil. tyrann

martyr [ˈmɑːtə] **I** *s* martyr äv. bildl.; offer; *die a ~* dö som martyr, lida martyrdöden **II** *vb tr* låta lida martyrdöden, göra till martyr äv. bildl.; *the ~ed saints* de heliga martyrerna

martyrdom [ˈmɑːtədəm] martyrskap; martyrdöd; bildl. kval

marvel [ˈmɑːv(ə)l] **I** *s* underverk [*the ~s of modern science*], under; *work ~s* göra underverk **II** *vb itr* litt. förundra sig

marvellous [ˈmɑːv(ə)ləs] underbar

Marxist [ˈmɑːksɪst] **I** *s* marxist **II** *adj* marxistisk

marzipan [ˈmɑːzɪpæn, ˌ--ˈ-] marsipan

mascara [mæˈskɑːrə] mascara

mascot [ˈmæskət] maskot

masculine [ˈmæskjʊlɪn] **I** *adj* **1** manlig [*a ~ face*, *~ pride*], maskulin [*a ~ appearance* (utseende), *~ habits*] **2** om kvinna maskulin [*a woman with ~ features*], manhaftig [*a ~ woman*] **3** gram. maskulin [*a ~ noun*, *the ~ gender*] **II** *s* gram. **1** *the ~* [genus] maskulinum **2** maskulinum, maskulint ord

masculinity [ˌmæskjʊˈlɪnətɪ] manlighet; manhaftighet

mash [mæʃ] **I** *s* **1** mäsk **2** sörp; slags blandfoder **3** mos; sörja äv. bildl. **4** vard. potatismos [*sausage and ~*] **II** *vb tr* **1** mäska **2** sörpa **3** mosa; stöta sönder; röra ihop [äv. *~ up*]; *~ed potatoes* potatismos **4** sl. laga, brygga [*~ tea*]

mask [mɑːsk] **I** *s* **1** mask, ansiktsmask äv. ss. kosmetiskt medel; med. munskydd; sport. ansiktsskydd **2** bildl. mask [*his friendliness is only a ~*], förklädnad; sken, täckmantel **II** *vb tr* maskera äv. bildl.; förkläda; dölja [*~ one's feelings*] **III** *vb itr* maskera sig

masked [mɑːskt] *adj* maskerad; *~ ball* maskeradbal

masochist [ˈmæsə(ʊ)kɪst, ˈmæz-] psykol. masochist

mason [ˈmeɪsn] **1** [sten]murare; stenhuggare **2** (äv. *M~*) frimurare

masonic [məˈsɒnɪk], (äv. *M~*) frimurar- [*~ lodge*]

masquerade [ˌmæskəˈreɪd, ˌmɑː-s-] **I** *s* maskerad; bildl. förklädnad; *~ dress* maskeraddräkt **II** *vb itr* vara maskerad (utklädd) **2** bildl. uppträda; *~ as* äv. ge sig sken av (ge sig ut för) att vara

1 mass o. **Mass** [mæs, isht katol. mɑːs] kyrkl. mässa äv. mus.; *attend ~* gå i (vara i, höra) mässan; *go to ~* gå i mässan

2 mass [mæs] **I** *s* **1** massa; mängd; klump, mass- [*~ psychosis, ~ grave, ~ meeting*]; *the* [*great*] *~* huvudmassan, större delen, [det stora] flertalet [*of av*]; *the ~es* massan, massorna, de breda lagren **2** fys. massa **II** *vb tr* **1** samla [ihop], slå ihop [äv. *~ together* (*up*)]; *~ed choir* masskör **2** mil. koncentrera, dra samman [*~ troops*]; *~ed attack* massanfall, massangrepp, massattack **III** *vb itr* **1** samlas **2** mil. koncentreras

massacre [ˈmæsəkə] **I** *s* massaker, massmord, slakt **II** *vb tr* massakrera, slakta

massage [ˈmæsɑːʒ] **I** *s* massage; *~ parlour* (amer. *parlor*) massageinstitut **II** *vb tr* massera

masseur [mæˈsɜː] massör

massive [ˈmæsɪv] **1** massiv; väldig; *~ resistance* kompakt motstånd **2** isht miner. massiv [*~ gold*], kompakt **3** kraftig [*~ features*]; högvälvd [*a ~ forehead*]; vard. tjock [*~ legs*]

mass-produce [ˈmæsprəˌdjuːs, ˌ--ˈ-] massproducera; *~d article* äv. massartikel

mast [mɑːst] **I** *s* mast äv. sjö. [*radio ~*]; *at full ~* på hel stång; *half ~* [*high*] på halv stång **II** *vb tr* förse med mast[er] [*~ a ship*]

master [ˈmɑːstə] **I** *s* **1** herre; överman [*find one's ~*]; mästare; *I am ~ here* här är det jag som råder; *be ~ of the situation* behärska situationen **2** husbonde; djurs husse; *the ~ of the house* herrn i huset, husbonden, husfadern **3** sjö. kapten på handelsfartyg, skeppare; *~'s certificate* sjökaptensbrev **4** a) lärare isht vid högre skolor b) [läro]mästare, lärofader **5** univ. o.d., *Master's degree* ung. magisterexamen **6** [hantverks]mästare; *~ mechanic* verkmästare i fabrik o.d.; chefmekaniker **7** mästare [*a picture by an old ~*], stor konstnär **8** *M~ of Ceremonies* ceremonimästare, klubbmästare; programvärd, konferencier **9** jakt. master; *M~ of* [*Fox*]*hounds* master vid rävjakt

10 *M*~ före pojknamn unge herr [*M~ Henry*] **II** *attr adj* **1** mästerlig; mästar- [*a ~ cook*]; *~ race* herrefolk **2** huvud- [*a ~ plan*], över-; förhärskande **III** *vb tr* **1** göra sig till (bli) herre över; övervinna, övermanna, överväldiga **2** [lära sig] behärska [*~ a language*], [lära sig] bemästra [*~ the situation*]; [helt] förstå

masterful ['mɑːstəf(ʊ)l] **1** dominerande; befallande; myndig; egenmäktig **2** se *masterly*

master key ['mɑːstəkiː] huvudnyckel

masterly ['mɑːstəlɪ] mästerlig; mästar-; mäster- [*a ~ shot*]

mastermind ['mɑːstəmaɪnd] **I** *s*, *be the ~ behind a th.* vara hjärnan bakom ngt **II** *vb tr* leda

masterpiece ['mɑːstəpiːs] mästerverk

masterstroke ['mɑːstəstrəʊk] mästerdrag

mastery ['mɑːst(ə)rɪ] **1** herravälde [*~ over one's enemies*]; övertag; kontroll [*of* (över) *one's desires*] **2** [suveränt] behärskande [*his ~ of French* (*the violin*)]; kunskap; *have a thorough ~ of a th.* grundligt behärska ngt

masticate ['mæstɪkeɪt] **1** tugga **2** mala sönder

masturbate ['mæstəbeɪt] onanera

mat [mæt] **1** matta; isht dörrmatta; *be on the ~* vard. få en skrapa (reprimand), bli utskälld **2** underlägg för karott o.d.; tablett; liten duk

matador ['mætədɔː] matador

1 match [mætʃ] tändsticka; *dead* (*spent*) *~* avbränd tändsticka; *strike a ~* tända en tändsticka

2 match [mætʃ] **I** *s* **1** sport. match; *football* (*soccer*) *~* fotbollsmatch **2** like [*he has not his ~*]; *be no ~ for* inte kunna mäta sig med, inte vara någon match för **3** motstycke, motsvarighet, pendang [*find a ~ to the vase*]; [*these colours*] *are a good ~* ...går (passar) bra ihop, ...matchar varandra bra **4** giftermål, äktenskap; parti äv. om pers. [*she is an excellent ~*] **II** *vb tr* **1** vara (finna) en värdig (jämbördig) motståndare till; sport. matcha [*~ a boxer* (*team*)]; [*I'm ready to*] *~ my strength against* (*with*) *yours* ...mäta mina krafter med (ställa upp mot, tävla med) dig; *no one can ~ him* äv. ingen går upp emot honom **2** gå [bra] ihop med, matcha [*the carpets should ~ the curtains*]; svara mot **3** para ihop; anpassa; finna ett motstycke till **4** gifta bort

III *vb itr* stämma överens [med varandra] [*her feelings and actions don't ~*], passa (gå) [bra] ihop, matcha varandra [*these colours ~ well*], passa, harmoniera

matchbook ['mætʃbʊk] tändsticksplån med avrivningständstickor

matchbox ['mætʃbɒks] tändsticksask

matchless ['mætʃləs] makalös, [som är] utan motstycke; överlägsen

matchmaker ['mætʃˌmeɪkə] **1** äktenskapsmäklare **2** matcharrangör

match point [ˌmætʃ'pɔɪnt, '--] matchboll i tennis o.d.

1 mate [meɪt] schack. **I** *s* o. *interj* matt; *~!* [schack och] matt! **II** *vb tr* o. *vb itr* göra matt; *be ~d* bli (göras) matt

2 mate [meɪt] **I** *s* **1** vard. kompis, [arbets]kamrat; i tilltal äv. du el. utan motsv. i sv. [*hallo, ~!*; *where are you going, ~?*] **2** sjö. styrman; *chief ~* överstyrman **3** biträde; *bricklayer's ~* murarhantlangare **4** a) [god] make (maka) b) om djur, isht fåglar make, maka c) om sak make [*the ~ to this glove*] **II** *vb tr* para djur [äv. *~ up*] **III** *vb itr* **1** om djur para sig; om fåglar, fiskar leka **2** sällskapa med

material [məˈtɪərɪəl] **I** *adj* **1** materiell [*~ needs, ~ comfort*; *the ~ world*]; kroppslig **2** väsentlig [*a ~ improvement*] **II** *s* **1** material, ämne båda äv. bildl.; *raw ~*[*s*] råämne äv. bildl.; råvara, råvaror **2** stoff [*collect ~ for a book*] **3** tyg **4** pl. *~s* materiel

materialistic [məˌtɪərɪəˈlɪstɪk] materialistisk

materialize [məˈtɪərɪəlaɪz] **I** *vb tr* **1** materialisera **2** förverkliga [*~ one's plans*] **II** *vb itr* **1** ta fast form; förverkligas, gå i uppfyllelse [*our plans did not ~*] **2** materialisera (uppenbara) sig; vard. visa sig [*he did not ~*]

materially [məˈtɪərɪəlɪ] **1** materiellt **2** i väsentlig grad **3** påtagligt, uppenbart

maternal [məˈtɜːnl] **1** moderlig [*~ care*]; moders- [*~ love* (*happiness*)] **2** på mödernet (mödernesidan); *~ grandfather* morfar; *~ grandmother* mormor

maternally [məˈtɜːnəlɪ] **1** moderligt **2** på mödernet [*be ~ related*]

maternity [məˈtɜːnətɪ] moderskap; moderskaps-; BB-, förlossnings-; *~ allowance* (*benefit*, *grant*) motsv. föräldrapenning; *~ dress* mammaklänning; *~ home* mödrahem; *~ hospital* BB; *~ welfare* mödravård; *be on ~ leave* vara mammaledig

matey ['meɪtɪ] vard. **I** *adj* kamratlig; sällskaplig; vänskaplig **II** *s* kompis

math [mæθ] (amer. vard., kortform för *mathematics*) matte
mathematical [ˌmæθəˈmætɪk(ə)l] matematisk [~ *problem* (*logic*)]
mathematician [ˌmæθəməˈtɪʃ(ə)n] matematiker
mathematics [ˌmæθəˈmætɪks] **1** (konstr. vanl. ss. sg.) matematik [~ *is founded on logic*; ~ *is his weak subject*] **2** (konstr. vanl. ss. pl.) matematik[kunskaper]; *his ~ are weak* han är svag i matematik
maths [mæθs] (vard. kortform för *mathematics*) matte
matin [ˈmætɪn] **I** *s*, pl. *~s* kyrkl. morgonbön, morgonandakt, morgongudstjänst; katol. ottesång; poet. morgonsång, morgonvisa **II** *attr adj* morgon-; ottesångs-
matinée [ˈmætɪneɪ] matiné; ~ *idol* filmidol, teateridol
mating [ˈmeɪtɪŋ] parning; fåglars, fiskars lek; ~ *season* parningstid, brunsttid
matriarchal [ˌmeɪtrɪˈɑːk(ə)l] matriarkalisk
matrimonial [ˌmætrɪˈməʊnjəl] äktenskaplig, äktenskaps- [~ *problems*]; giftermåls- [~ *plans*]; ~ *agency* äktenskapsbyrå
matrimony [ˈmætrɪm(ə)nɪ] **1** äktenskap[et]; *enter into holy ~* inträda i det heliga äkta ståndet **2** giftermål, bröllop
matri|x [ˈmeɪtrɪ|ks, ˈmæt-] (pl. *-ces* [-siːz] el. *-xes*) matris äv. för grammofonskiva; gjutform
matron [ˈmeɪtr(ə)n] **1** förr [avdelnings]föreståndarinna; husmor på sjukhus, i skola o.d. **2** mogen [gift] kvinna; matrona
matronly [ˈmeɪtr(ə)nlɪ] matronliknande [*a ~ figure*]; tantig, tantaktig
matt [mæt] matt [~ *colour* (*gold*)]; om yta äv. matterad [~ *paper* (*surface*)]; ~ *finish* matt yta
matter [ˈmætə] **I** *s* **1** materia; stoff; substans, ämne [*liquid ~*; *solid ~*]; *colouring ~* färgämne; *reading ~* tryckalster; lektyr **2** ämne [äv. *subject ~*]; innehåll **3** a) sak [*a ~ I know little about*], angelägenhet; fråga, spörsmål [*legal ~s*] b) pl. *~s* förhållanden[a], tillståndet, saker och ting; *it's no laughing ~* det är ingenting att skratta åt; *a ~ of course* en självklar sak; *as a ~ of fact* faktiskt, i själva verket; *a ~ of habit* en vanesak; *it is a ~ of life and death* det är en fråga om liv eller död, det gäller livet; *it is only a ~ of time* det är bara en tidsfråga **4** orsak; föremål [*be a ~ of* (för) *interest*]; *it is a ~ of* (for) *regret that*... det är att beklaga att... **5** *no ~* det gör ingenting, det spelar ingen roll **6** *what is the ~?* vad står på?, vad har hänt?, vad är det? **7** post., *postal ~* postförsändelse[r]; *printed ~* trycksak[er] **8** typogr. text i motsats till rubriker el. annonser **9** med. var **10** *a ~ of* några [få] [*within a ~ of hours*]; ungefär, omkring [*a ~ of £50*] **II** *vb itr* betyda [*learning ~s less than common sense*], vara av betydelse; *it doesn't ~* det gör ingenting, det spelar ingen roll; *it ~s little whether*... det spelar liten roll om...
matter-of-fact [ˌmæt(ə)rə(v)ˈfækt] [torr och] saklig
matting [ˈmætɪŋ] mattväv; mattor; *coconut ~* kokosmatta
mattress [ˈmætrəs] madrass
mature [məˈtjʊə] **I** *adj* **1** a) mogen, fullt utvecklad [*a ~ cell*; äv. bildl. ~ *plans*]; *after ~ consideration* (*deliberation*) efter moget övervägande b) vuxen [*persons of ~ age* (*years*)] **2** förfallen till betalning [*a ~ bill*] **II** *vb tr* bringa till mognad, få att mogna [*these years ~d his character*], [fullt] utveckla **III** *vb itr* **1** mogna [äv. bildl. ~ *into* (till) *a man*]; låta mogna [*leave wine* (*cheese*) *to ~*] **2** förfalla [till betalning] [*the bill ~s next month*]
maturity [məˈtjʊərətɪ] **1** mognad isht bildl. **2** mogen ålder [äv. *age* (*years*) *of ~*]; *reach ~* nå mogen ålder **3** hand. förfallotid, förfallodag
maudlin [ˈmɔːdlɪn] gråtmild [~ *sentimentality*], känslosam; rörd; [fyll]sentimental
maul [mɔːl] klösa; bildl. misshandla
mauve [məʊv] **I** *adj* malvafärgad [äv. *mauve-coloured*] **II** *s* malva[färg]
maverick [ˈmæv(ə)rɪk] isht amer. **1** omärkt kalv **2** partilös [person]
mavory [ˈmeɪv(ə)rɪ] *s* bot. hesning
mawkish [ˈmɔːkɪʃ] sentimental; mjäkig [*a ~ manner, a ~ young man*]
maxim [ˈmæksɪm] maxim
maximal [ˈmæksɪm(ə)l] maximal, högst, störst
maximize [ˈmæksɪmaɪz] maximera, bringa till [ett] maximum
maxim|um [ˈmæksɪm|əm] **I** *s* (pl. *-a* [-ə] el. *-ums*) maximum, höjdpunkt, högsta punkt; *be at its* (*a*) *~* stå (vara) på höjdpunkten; vara maximal; [*he got 90 marks*] *out of a ~ of 100* ...av maximalt (maximala) 100, ...av 100 möjliga **II** *attr adj* högst, störst; maximi- [~ *temperature*, ~ *thermometer*, ~ *value*]; maximal, maximal-

May [meɪ] **I** s månaden maj; ~ *Day* första maj ss. fest- o. demonstrationsdag; ~ *Day Holiday* första måndagen efter första maj **II** kvinnonamn

may [meɪ] (imperf. *might*, jfr d.o.) **1** kan [kanske (möjligen, eventuellt)] [*he ~ have said so*], kan tänkas; torde (skulle) [kunna]; *he ~ or ~ not do it* kanske han gör det, kanske inte; *you ~ regret it* [*some day*] du kan komma (kommer kanske) att [få] ångra det..., du kanske ångrar (får ångra) det... **2** får [lov att] [*~ I interrupt you?*]; kan [få]; *~ I come in?* får jag komma in?; *you ~ as well ask him* du kan [lika] gärna [ta och] fråga honom **3** må; i bisats äv. skall, ska; *~ this be a warning to you* låt detta bli dig en varning; *be that as it ~* det må vara hur som helst [med den saken]

maybe ['meɪbi:] kanske

May-Day ['meɪdeɪ] förstamaj- [*~ demonstrations*]

mayhem ['meɪhem] förödelse; *cause* (*commit, create*) ~ åstadkomma förödelse, härja vilt

mayn't [meɪnt] = *may not* (se *may*)

mayonnaise [ˌmeɪə'neɪz, '---] majonnäs

mayor [meə] borgmästare ordförande i kommunfullmäktige (om utländska förh.)

mayoress [ˌmeər'es, 'meərəs] **1** hustru till *mayor* **2** kvinnlig borgmästare

maypole ['meɪpəʊl] majstång

maze [meɪz] **1** labyrint isht anlagd med höga häckar; irrgång[ar] båda äv. bildl. **2** förvirring; bestörtning

mazurka [mə'zɜːkə] mus. mazurka

MB [ˌem'biː] **1** (förk. för *Medicinae Baccalaureus*) lat. = *Bachelor of Medicine* **2** förk. för *megabyte*

MBE [ˌembiː'iː] förk. för *Member of* [*the Order of*] *the British Empire*

MC [ˌem'siː] förk. för *Master of Ceremonies, Member of Congress, Military Cross*

MD 1 förk. för *Managing Director* **2** (förk. för *Medicinae Doctor*) lat. = *Doctor of Medicine*

me [miː, obeton. mɪ] **I** *pers pron* (objektsform av *I*) **1** mig **2** vard. jag [*it's only ~; ~ too*] **3** jag [*he's younger than ~*] **4** vard. för *my*; *she likes ~ singing* [*her to sleep*] hon tycker om att jag sjunger... **5** (åld., poet. el. amer. dial. för *myself*) mig [*I laid ~ down*; *I'm going to get ~ a car* amer.] **II** *fören poss pron* (dial. el. vard. för *my*) min [*where's ~ hat?*] **III** s vard., *the real ~* mitt rätta (verkliga) jag

1 mead [miːd] mjöd

2 mead [miːd] poet. för *meadow*

meadow ['medəʊ] äng; ängs-; *~ campion* bot. gökblomma, gökblomster

meagre ['miːgə] mager äv. bildl. [*a ~ face, ~ soil*]; påver [*~ result* (*meal*)]; knapp [*a ~ income*]; torftig [*a ~ essay*], ynklig [*~ wages*]

1 meal [miːl] mål [mat] [*three ~s a day*], måltid; *~ ticket* a) isht amer. matkupong b) vard. födkrok; försörjare; *hot ~s* lagad mat; *at ~s* vid måltiderna, vid bordet

2 meal [miːl] [grovt] mjöl

meals-on-wheels [ˌmiːlzɒn'wiːlz] (konstr. ss. sg. el. pl.) hemkörning av lagad mat vanl. ss. service inom hemtjänsten

mealtime ['miːltaɪm] måltid; matdags [*it's ~*]

1 mean [miːn] **I** s **1** medelväg; *strike the golden ~* gå den gyllene medelvägen **2** matem. el. statistik. medelvärde [*the ~ of 3,5 and 7 is 5*]; genomsnitt **II** *adj* isht vetensk. medel- [*~ distance, ~ temperature, ~ value*]

2 mean [miːn] **1** snål, gemen; ful [*a ~ trick*] **2** amer. vard. elak, ruskig **3** ringa [*of ~ birth* (börd)]; *have a ~ opinion of* ha en låg tanke om **4** torftig, sjabbig [*a ~ house in a ~ street*]; smutsig; fattig **5** vard., *feel ~* skämmas; amer. äv. känna sig krasslig (ur gängorna, vissen)

3 mean [miːn] (*meant meant*) **I** *vb tr* **1** betyda [*dictionaries tell you what words ~*]; innebära [*his failure ~s my ruin*]; *does the name ~ anything to you?* säger namnet dig någonting?; *I know what it ~t* [*to be alone*] jag vet vad det vill säga... **2** mena [*he ~s no harm* (illa)], ha i sinnet; ämna; ha för avsikt, vara fast besluten [*he really ~s to do it*]; *I ~t to tell you* jag tänkte tala om det för dig **3** [till]ämna, avse; *it was ~t for* [*a garage*] det [var meningen att det] skulle bli..., det var tänkt som...; *what is this ~t to be?* vad ska det här vara (föreställa)? **4** mena; *say one thing and ~ another* säga ett ting och mena ett annat; *you don't ~ to say that...* du menar väl [ändå] inte att..., du vill väl aldrig (inte) påstå att... **5** *~t* förutbestämd [*she was ~t for greater things*]; *we were ~t for each other* äv. vi är som gjorda för varandra **II** *vb itr* mena; *~ well* (*kindly*) mena väl [*by a p.* med ngn]

meander [mɪ'ændə] **1** om flod o.d. snirkla (slingra) sig **2** ströva omkring [äv. *~ along*] **3** snirkla sig [fram] [*his lecture ~ed along*]

meaning ['miːnɪŋ] **I** *adj* menande [*a ~*

look] **II** *s* mening; betydelse [*a word with many ~s*], innebörd [*I did not grasp the ~ of his speech*]; *what is the ~ of* [*this word*]? vad betyder...?; [*love -*] *you don't know the ~ of the word!* ...du har ingen aning om vad det betyder!, ...vad vet du om det?
meaningful ['mi:nɪŋf(ʊ)l] meningsfull [*~ work*]; betydelsefull
meaningless ['mi:nɪŋləs] meningslös; betydelselös; intetsägande
meanness ['mi:nnəs] snålhet etc., jfr *2 mean*
means [mi:nz] **1** (konstr. ofta ss. sg.; pl. *means*) medel, möjlighet[er], sätt [*a ~*; *this ~*; *every ~ has* (*all ~ have*) *been tried*; *there is* (*are*) *no ~ of learning what is happening*]; bildl. verktyg [*a ~ in the service of science*]; *by ~ of* med hjälp av, genom [*thoughts are expressed by ~ of words*]; *by all ~* a) så gärna, naturligtvis, givetvis, för all del b) ovillkorligen, prompt, till varje pris c) på alla sätt; *by some ~ or other* på ett eller annat sätt **2 means** pl. medel, tillgångar, resurser; förmögenhet [*my* [*private*] *~ were much reduced*]
means test ['mi:nztest] behovsprövning
meant [ment] imperf. o. perf. p. av *3 mean*
meantime ['mi:ntaɪm] o. **meanwhile** ['mi:nwaɪl] **I** *s* mellantid; *in the ~* under tiden, så länge; under (i) mellantiden **II** *adv* under tiden, så länge; under (i) mellantiden
measles ['mi:zlz] (konstr. vanl. ss. sg.) mässling[en]; *German ~* röda hund
measly ['mi:zlɪ] vard. ynklig, futtig [*a ~ present*]
measurable ['meʒ(ə)rəbl] mätbar; överskådlig [*in a ~ future*]; *within* [*a*] *~ distance of* [*success*] bildl. mycket nära...
measure ['meʒə] **I** *s* **1** mått, storlek **2** mått konkr. [*a pint ~*]; mätredskap; bildl. mått, måttstock; *weights and ~s* mått och vikt; *full* (*good*) *~* rågat mått; *give short* (*full*) *~* mäta [upp] knappt (med råge) **3** mån, grad; *in a ~* el. *in some ~* i viss (någon) mån; *in a great* (*large*) *~* i hög grad **4** gräns; *know no ~* inte känna någon gräns **5** [mått och] steg, åtgärd [*these ~s proved inadequate*]; *take ~s* vidta mått och steg **6** parl. lagförslag; *introduce a ~* framlägga ett [lag]förslag **7** versmått **8** mus. takt **9** matem. divisor som går jämnt upp i ett tal; *greatest common ~* största gemensamma divisor **II** *vb tr* **1** mäta; ta mått på [*~ a p. for* (till) *a suit*]; *~ oneself* (*one's ability, one's strength*) *against*

(*with*)... mäta sig (sin förmåga, sina krafter) med... **2** avpassa **III** *vb itr* **1** mäta, ta mått **2** mäta visst avstånd; *it ~s 7 centimetres* den mäter 7 centimeter **3** gå att mäta, kunna mätas **4** bildl. *~ up* hålla måttet
measured ['meʒəd] **1** [upp]mätt; avpassad **2** taktfast, regelbunden [*~ steps*] **3** väl avvägd
measurement ['meʒəmənt] **1** mätning; *system of ~* måttsystem **2** pl. *~s* mått, dimensioner
meat [mi:t] **1** a) kött; *butcher's ~* färskt slaktkött utom fläsk, vilt, fågel o.d.; *cold ~* kallskuret; *~ extract* köttextrakt; *~ loaf* köttfärslimpa b) [ätligt] innanmäte [*the ~ of an egg*], kött [*the ~ of a lobster* (*a crab*)] **2** *it was ~ and drink to me* vard. det var just det rätta (det var någonting) för mig **3** [väsentligt] innehåll
meatball ['mi:tbɔ:l] **1** köttbulle **2** sl. klantskalle, pundhuvud
meaty ['mi:tɪ] **1** köttig; kött- [*a ~ bone* (*flavour*)]; välmatad [*a ~ crab*] **2** innehållsrik
Mecca ['mekə] **I** geogr. Mecka **II** *s* bildl. mecka [*a ~ for tourists*], vallfartsort
mechanic [mə'kænɪk] mekaniker; maskinarbetare; *aircraft ~* flygmekaniker, montör
mechanical [mə'kænɪk(ə)l] mekanisk äv. bildl. [*~ brake, ~ movements, ~ power*]; maskinmässig; [maskin]teknisk; automatisk; *~ engineering* maskinlära
mechanics [mə'kænɪks] **1** (konstr. vanl. ss. sg.) mekanik; maskinlära; *~ of materials* hållfasthetslära **2** (konstr. ss. pl.) teknik, arbetsgång [*the ~ of play-writing*]
mechanism ['mekənɪz(ə)m] **1** mekanism äv. bildl. el. psykol. [*defence ~*]; maskineri äv. bildl. **2** mekanik [*the ~ of supply and demand*], teknik
mechanization [ˌmekənaɪ'zeɪʃ(ə)n] mekanisering; motorisering
mechanize ['mekənaɪz] mekanisera; motorisera [*~d forces*]
medal ['medl] medalj
medallion [mə'dæljən] medaljong
medallist ['med(ə)lɪst] medaljör; *gold ~* guldmedaljör
meddle ['medl] blanda (lägga) sig 'i [andras angelägenheter]; *you are always meddling* du lägger dig då 'i allting, du ska då alltid lägga din näsa i blöt; *~ with* a) blanda (lägga) sig 'i [*don't ~ with that business*] b) fingra på, rota i [*who's been meddling with my things?*]
meddlesome ['medlsəm] beskäftig

media ['mi:dɪə], *the* ~ (konstr. ss. sg. el. pl.) massmedia, media
mediaeval [ˌmedɪˈiːv(ə)l, ˌmiːd-] se *medieval*
median ['mi:djən] I *adj* mitt-, mellan-, median- [~ *value*] II *s* geom. el. statistik. median
mediate [ss. adj. 'mi:dɪət, ss. vb 'mi:dɪeɪt] I *vb itr* medla II *vb tr* medla [~ *a peace*]; åstadkomma t.ex. uppgörelse genom medling (förlikning)
mediation [ˌmiːdɪˈeɪʃ(ə)n] medlande; medling; förlikning
mediator ['mi:dɪeɪtə] medlare; fredsmäklare; förlikningsman
medic ['medɪk] vard. 1 läkare 2 medicinare student
Medicaid ['medɪkeɪd] amer., statlig o. federal sjukhjälp åt låginkomsttagare
medical ['medɪk(ə)l] I *adj* medicinsk; läkar-; medicinal- [~ *herb*]; ~ *attendance* (*care*) läkarvård; ~ *examination* (*check-up*) läkarundersökning, hälsoundersökning; ~ *treatment* läkarvård II *s* vard. läkarundersökning
medicament [meˈdɪkəmənt] läkemedel
medication [ˌmedɪˈkeɪʃ(ə)n]
1 läkarbehandling; medicinering
2 medicin
medicinal [meˈdɪsɪnl] 1 läkande [~ *properties* (egenskaper)], botande; hälsosam 2 medicinsk; medicinal- [~ *herb*]
medicine ['meds(ə)n, medɪs(ə)n isht i bet. 1] 1 medicin äv. i mots. till kirurgi m.m.; läkekonst[en]; läkarvetenskap[en]; *Doctor of M*~ medicine doktor 2 medicin, läkemedel; ~ *cabinet* (*cupboard*) medicinskåp, husapotek; *get some* (*a taste, a dose*) *of one's own* ~ bildl. få smaka sin egen medicin
medieval [ˌmedɪˈiːv(ə)l, ˌmiːd-] medeltida; *in* ~ *times* under medeltiden
mediocre [ˌmiːdɪˈəʊkə] medelmåttig, slätstruken
mediocrity [ˌmiːdɪˈɒkrətɪ]
1 medelmåttighet, slätstrukenhet
2 medelmåtta [*he is a* ~]
meditate ['medɪteɪt] I *vb tr* 1 fundera på 2 begrunda II *vb itr* meditera
meditation [ˌmedɪˈteɪʃ(ə)n] meditation; religiös betraktelse; funderande
Mediterranean [ˌmedɪtəˈreɪnjən] I *adj* medelhavs- [~ *climate*]; *the* ~ *Sea* Medelhavet II geogr. *the* ~ Medelhavet
medi|um ['mi:djəm] I (pl. *-a* [-ə] el. *-ums*) *s*
1 medium äv. spiritistiskt; [hjälp]medel, förmedling[slänk]; förmedlare 2 *strike a happy* ~ gå den gyllene medelvägen II *adj* medelstor, medelstark, medelgod; mellanstor; medium; medel- [~ *price*]; medium-; ~ *bomber* medeltungt bombplan; *below* ~ *height* under medellängd; ~ *size* medelstorlek, mellanstorlek; ~ *wave* radio. mellanvåg
medley ['medlɪ] 1 [brokig] blandning, röra; blandat sällskap 2 mus. potpurri 3 simn. medley individuellt; ~ *relay* medleylagkapp
meek [miːk] 1 ödmjuk, saktmodig 2 foglig, beskedlig
meerschaum ['mɪəʃəm] 1 miner. sjöskum 2 sjöskumspipa [äv. ~ *pipe*]
1 meet [miːt] I (*met met*) *vb tr* 1 möta; träffa, råka; lära känna; om flod flyta samman (förena sig) med; ~ *Mr. Smith!* får jag föreställa herr Smith? 2 möta i strid; bekämpa; bemöta [~ *criticism*], besvara; ~ *a challenge* anta en utmaning; ~ *a difficulty* övervinna en svårighet 3 motsvara [~ *expectations*]; tillfredsställa [~ *demands*]; infria [~ *obligations*]; bestrida [~ *costs*]; täcka [~ *a deficiency*]; *the supply* ~*s the demand* tillgången motsvarar efterfrågan II (*met met*) *vb itr* 1 mötas; ses; träffas, råkas; om floder flyta samman; ~ *again* ses igen, återses 2 ~ *with* träffa [på], stöta på; uppleva [~ *with an adventure*]; komma över, hitta; möta, röna; amer. träffa, ha ett sammanträffande med; ~ *with an accident* råka ut för en olyckshändelse; ~ *up with* träffa, råka III *s* 1 jakt. möte; mötesplats; jaktsällskap 2 sport. tävling
2 meet [miːt] litt., *as is* ~ [*and proper* (*fitting*)] som sig bör
meeting ['miːtɪŋ] 1 möte; sammanträffande; sammanträde 2 sport. tävling
mega- ['megə, ˌmegə se f. ö. sammansättn. nedan] 1 mega- en miljon 2 vard. mega-, super- [*megastar*]
megabyte ['megəbaɪt] data. megabyte
megahertz ['megəhɜːts] megahertz
megalomania [ˌmegələ(ʊ)ˈmeɪnjə] psykol. storhetsvansinne, megalomani
megalomaniac [ˌmegələ(ʊ)ˈmeɪnɪæk] psykol. person som lider av storhetsvansinne (megalomani)
megaphone ['megəfəʊn] I *s* megafon II *vb tr* o. *vb itr* ropa [ut] i megafon
megaton ['megətʌn] megaton
megawatt ['megəwɒt] megawatt
melancholic [ˌmelənˈkɒlɪk] psykol. melankolisk
melancholy ['melənkəlɪ] I *s* melankoli,

tungsinthet II *adj* **1** melankolisk, tungsint **2** sorglig
mellow ['meləʊ] I *adj* **1** om frukt [full]mogen; om vin fyllig, vällagrad, mogen; om ost mogen **2** om t.ex. ljud, färg, ljus fyllig, rik **3** mogen, mild[rad] gm ålder o. erfarenhet II *vb tr* **1** bringa till mognad etc., jfr *I 1* o. *2*; mildra **2** göra mogen (mild) gm ålder o. erfarenhet; slipa av III *vb itr* **1** om t.ex. frukt mogna **2** mildras; vekna **3** mogna, mildras gm ålder o. erfarenhet
melodic [mɪ'lɒdɪk] melodisk
melodious [mɪ'ləʊdjəs] melodisk, melodiös
melodrama ['melə(ʊ)ˌdrɑːmə] melodram
melodramatic [ˌmelə(ʊ)drə'mætɪk] melodramatisk
melody ['melədɪ] **1** melodi **2** välljud, musik
melon ['melən] bot. melon
melt [melt] I *vb itr* **1** smälta; lösas upp; vard. smälta bort av hetta; ~ *away* smälta [bort]; smälta ihop; skingras, ta slut, försvinna **2** bildl. röras, vekna; ~ *into* (*in*) *tears* röras till tårar II *vb tr* **1** smälta; lösa upp; skira smör; komma (få) att smälta ihop, smälta samman; ~ *down* smälta ned (ner) **2** bildl. röra III *s* tekn. smälta
melting-pot ['meltɪŋpɒt] smältdegel äv. bildl.; *be in the* ~ bildl. vara i stöpsleven
member ['membə] **1** medlem; deltagare [*conference* ~]; parl. representant; ~ *state* medlemsstat; *M*~ *of* [*the*] *Congress* i USA kongressledamot; *M*~ *of Parliament* parlamentsledamot; *be* ~ *for* representera valkrets **2** del; led av t.ex. sats, ekvation
membership ['membəʃɪp] **1** medlemskap **2** medlemsantal
membrane ['membreɪn] biol. el. anat. membran, hinna, tunn skiva
memento [mɪ'mentəʊ] (pl. ~*s* el. ~*es*) **1** minne [*keep a th. as a* ~], minnessak **2** memento, påminnelse; varning[stecken)
memo ['meməʊ] (pl. ~*s*) (förk. för *memorandum*) PM; ~ *pad* anteckningsblock
memoir ['memwɑː] **1** biografi **2** vanl. pl. ~*s* memoarer, levnadsminnen, självbiografi
memorable ['mem(ə)rəbl] minnesvärd
memorand|um [ˌmemə'rænd|əm] (pl. -*a* [-ə] el. -*ums*) **1** meddelande, PM, promemoria [*an inter-office* (internt) ~] **2** [minnes]anteckning; minneslista **3** dipl. diplomatisk [not]
memorial [mɪ'mɔːrɪəl] I *attr adj* minnes- [~ *service*, ~ *volume* (skrift)]; ~ *arch* triumfbåge; *M*~ *Day* amer. minnesdagen

till minne av i olika krig stupade soldater, vanl. 30 maj II *s* minnesmärke
memorize ['meməraɪz] memorera
memory ['memərɪ] **1** minne; *speak from* ~ tala utan manuskript; *to the best of my* ~ såvitt jag kan minnas; *commit to* ~ lägga på minnet; lära sig utantill **2** minne, hågkomst; åminnelse; eftermäle; *memories of childhood* barndomsminnen; *of blessed* ~ salig i åminnelse **3** minne tid man minns ngt; *within living* ~ i mannaminne **4** data. minne; ~ *bank* minnesbank
men [men] pl. av *man I*
menace ['menəs] I *s* hot, [hotande] fara; hotelse; *he's a* ~ vard. han är hopplös (odräglig) II *vb tr* o. *vb itr* hota [med]
menagerie [mɪ'nædʒərɪ] menageri
mend [mend] I *vb tr* **1** laga; lappa kläder; stoppa strumpor **2** avhjälpa; ställa till rätta **3** förbättra; bättra på; ~ *one's manners* (*ways*) bättra sig II *vb itr* **1** bli bättre; läkas **2** *it is never too late to* ~ bättre sent än aldrig, det är aldrig för sent att bättra sig III *s* **1** lapp, stopp lagat ställe **2** *be on the* ~ a) vara på bättringsvägen, ta sig b) om affärer hålla på och ordna [till] sig
menfolk ['menfəʊk] (konstr. ss. pl.) manfolk
menial ['miːnjəl] I *adj* ovärdig, enkel [~ *work* (*tasks*)] II *s* neds. tjänare
meningitis [ˌmenɪn'dʒaɪtɪs] med. hjärnhinneinflammation
menopause ['menə(ʊ)pɔːz] med. menopaus, klimakterium; *male* ~ manlig övergångsålder
menstruate ['menstrʊeɪt] menstruera
menstruation [ˌmenstrʊ'eɪʃ(ə)n] menstruation
mental ['mentl] **1** mental, psykisk, själs-; förstånds-; ~ *age* intelligensålder; ~ *disorder* (*illness, derangement*) mentalsjukdom; psykisk störning; ~ *hospital* (*home*) mentalsjukhus **2** vard. galen [*go* (bli) ~]
mentality [men'tælətɪ] **1** mentalitet, [själs]läggning, kynne **2** intelligens, förstånd
mentally ['mentəlɪ] **1** mentalt, psykiskt, själsligt; andligt; ~ *ill* (*disordered, deranged*) mentalsjuk; psykiskt störd; ~ *retarded* psykiskt utvecklingsstörd **2** i tankarna; i huvudet [*calculate* ~]
menthol ['menθɒl] mentol
mention ['menʃ(ə)n] I *s* omnämnande; *honourable* ~ hedersomnämnande; *make* ~ *of* [om]nämna II *vb tr* omnämna; nämna, tala om; *not to* ~ för att [nu] inte tala om (nämna); *don't* ~ *it!* ss. svar på tack

el. ursäkt ingen orsak!, [det är] ingenting att tala om!, för all del!
mentor ['mentɔ:] mentor, rådgivare
menu ['menju:] matsedel; meny äv. data.
mercantile ['mɜ:k(ə)ntaɪl] merkantil; handels-, affärs-; ~ *marine* handelsflotta
mercenar|y ['mɜ:s(ə)n(ə)rɪ] I *adj* **1** vinningslysten; egennyttig **2** om soldat lejd, lego- II *s* legosoldat, legoknekt; pl. -*ies* äv. legotrupper
merchandise ['mɜ:tʃ(ə)ndaɪz] I *s* koll. [handels]varor II *vb itr* handla
merchant ['mɜ:tʃ(ə)nt] I *s* **1** köpman, grosshandlare isht importör el. exportör **2** skotsk. el. amer. detaljhandlare **3** vard. karl, individ II *adj* handels-; ~ *bank* affärsbank; ~ *ship* (*vessel*) handelsfartyg
merciful ['mɜ:sɪf(ʊ)l] barmhärtig, nådig
merciless ['mɜ:sɪləs] obarmhärtig; skoningslös
mercurial [mɜ:'kjʊərɪəl] **1** kvicksilver- [~ *poisoning*] **2** livlig [~ *temperament*], kvick[tänkt] **3** flyktig, ombytlig
Mercury ['mɜ:kjʊrɪ] mytol. el. astron. Merkurius
mercury ['mɜ:kjʊrɪ] kvicksilver; *the ~ is rising* barometern (termometern) stiger
mercy ['mɜ:sɪ] **1** barmhärtighet, nåd; *have ~ on a p.* förbarma sig över ngn; vara ngn nådig; *for ~'s sake* för Guds skull **2** *be at the ~ of a p.* (*a th.*) vara i ngns (ngts) våld
mere [mɪə] blott, bara; *by a ~* (*the ~st*) *chance* av en ren slump; *a ~ 2%* ynka (futtiga) 2%
merely ['mɪəlɪ] endast, bara
merge [mɜ:dʒ] I *vb tr* slå ihop (samman) [~ *two companies*]; *be ~d in* äv. gå över i, förvandlas till II *vb itr* gå ihop (samman); smälta ihop (samman), absorberas; flyta ihop
merger ['mɜ:dʒə] **1** sammansmältning, införlivande **2** hand. sammanslagning, fusion
meridian [mə'rɪdɪən] I *s* **1** meridian **2** middagshöjd äv. bildl.; kulmen II *adj* meridian-
meringue [mə'ræŋ] maräng
merit ['merɪt] I *s* förtjänst [*the book has its ~s*]; värde; *~s and demerits* fel och förtjänster, fördelar och nackdelar; *a work of great ~* ett mycket förtjänstfullt arbete II *vb tr* förtjäna
meritocracy [,merɪ'tɒkrəsɪ] meritokrati
mermaid ['mɜ:meɪd] sjöjungfru
merrily ['merəlɪ] muntert; glatt
merriment ['merɪmənt] munterhet, uppsluppenhet
merry ['merɪ] **1** munter, uppsluppen; glad; [*A*] *M~ Christmas!* God Jul! **2** vard. lite glad (upprymd, i gasen)
merry-go-round ['merɪɡə(ʊ)raʊnd] karusell; bildl. äv. virvel
merrymaker ['merɪˌmeɪkə] festare
mesh [meʃ] I *s* maska i nät o.d.; pl. *~es* äv. trådar; nät[verk]; snaror, garn äv. bildl. II *vb tr* **1** fånga i ett nät (nätet) **2** mek. koppla ihop äv. bildl. III *vb itr* **1** fastna i ett nät (nätet); snärja in sig **2** om kugge gripa in
mesmerize ['mezm(ə)raɪz] **1** magnetisera, hypnotisera **2** suggerera; fascinera
mess [mes] I *s* **1** röra, oreda, oordning; soppa, klämma; *he looked a ~* han såg hemsk (förfärlig) ut **2** smörja; [hund]lort; *make a ~* smutsa (söla, kladda, skräpa) ner; *the dog has made a ~ on the carpet* hunden har gjort på mattan **3** vard. sopa, misslyckad individ **4** mil. el. sjö. matsällskap; mäss II *vb tr* **1** ~ [*up*] a) röra (stöka) till; smutsa (söla, kladda) ner b) trassla (strula) till, vända upp och ned på, kullkasta [*it has ~ed up our plans*], förstöra, sabba c) fara hårt fram med ngn; göra förvirrad **2** ~ *a p. about* (*around*) röra (trassla) till saker och ting (det) för ngn, djävlas med ngn **3** mil. utspisa III *vb itr* **1** ~ *about* (*around*) a) gå och driva b) ställa (röra, strula) till c) vanl. ~ *around* amer. vänsterprassla [*with* med]; ~ *with* a) bråka (djävlas) med, lägga sig i b) beblanda sig med, ha att göra med c) pillra (tafsa, kladda) på d) vänsterprassla med **2** äta i mässen; sjö. skaffa
message ['mesɪdʒ] **1** meddelande [*did he leave any ~?*]; budskap äv. politiskt o.d.; bud; *he got the ~* vard. han förstod vinken; *give a p. a ~* hälsa ngn från ngn; *can I give* (*leave*) *a ~?* i telefon o.d. är det något jag kan framföra? **2** ärende [*go* (*run*) *~s*]
messenger ['mesɪndʒə] bud; budbärare; ~ *boy* expressbud; springpojke äv. bildl.
Messiah [mə'saɪə] **1** Messias äv. bildl. **2** Kristus
Messrs. ['mesəz] (eg. förk. för *Messieurs*, isht i affärsstil använt ss. pl. av *Mr.*) **1** herrar[na] **2** Firma, Herrar [*~ Jones & Co.*]
messy ['mesɪ] **1** rörig, stökig; tilltrasslad **2** smutsig, grisig
met [met] imperf. o. perf. p. av *1 meet*
metabolism [me'tæbəlɪz(ə)m] ämnesomsättning
metal ['metl] I *s* **1** metall **2** metallblandning **3** krossten för vägbygge **4** järnv., pl. *~s* skenor, spår; *run*

off (*leave, jump*) *the* ~*s* spåra ur **II** *adj* metall-; ~ *tip* beslag; hästsko
metallic [me'tælɪk] metallisk; metall-; ~ *paint* metallic, metallicfärg
metallurgy [me'tælədʒɪ, mɪ't-] metallurgi
metalwork ['metlwɜːk] **1** metallsmide; *piece of* ~ konkr. metallarbete **2** metallslöjd
metaphor ['metəfə] metafor, bild, bildligt uttryck
metaphysics [ˌmetə'fɪzɪks] (konstr. ss. sg.) metafysik
mete [miːt], ~ [*out*] litt. utmäta [~ *out punishment*]; tilldela, beskära
meteor ['miːtjə] meteor
meteoric [ˌmiːtɪ'ɒrɪk] **1** meteor- [*a* ~ *stone*]; meteorartad, meteorlik äv. bildl.; *a* ~ *career* en kometkarriär; ~ *shower* meteorregn **2** atmosfärisk
meteorite ['miːtjəraɪt] meteorit
meteorologist [ˌmiːtjə'rɒlədʒɪst] meteorolog
meteorology [ˌmiːtjə'rɒlədʒɪ] meteorologi
1 meter ['miːtə] mätare; taxameter; ~ *maid* vard. lapplisa; ~ *man* (*reader*) [mätar]avläsare
2 meter ['miːtə] amer., se *metre*
methane ['miːθeɪn] kem. metangas
method ['meθəd] metod; ordning; [planmässigt] förfaringssätt; sätt; *there is* [*a*] ~ *in his* (*her* etc.) *madness* det är metod i galenskapen
Methodist ['meθədɪst] kyrkl. **I** *s* metodist **II** *attr adj* metodistisk
meticulous [mə'tɪkjʊləs] noggrann; minutiös; pedantisk
metre ['miːtə] **1** meter längdmått **2** litt. meter i poesi; versmått; takt
metric ['metrɪk] meter- [*the* ~ *system*]; ~ *ton* ton 1000 kg
metrication [ˌmetrɪ'keɪʃ(ə)n] övergång till metersystemet
metronome ['metrənəʊm] metronom
metropolis [mə'trɒpəlɪs] **1** metropol, huvudstad; storstad; *the* ~ (*M*~) britt. ofta London [med förorter] **2** kyrkl. ärkebiskopssäte; metropolitsäte i grekisk-ortodoxa kyrkan
metropolitan [ˌmetrə'pɒlɪt(ə)n] **I** *adj* **1** huvudstads-, storstads-, världsstads-; britt. ofta London- [*the M*~ *Police*]; ~ *city* se *metropolis 1*; *the M*~ *Railway* en av tunnelbanelinjerna i London **2** kyrkl. metropolitansk **II** *s* **1** storstadsbo **2** kyrkl. ärkebiskop; metropolit i grekisk-ortodoxa kyrkan
mettle ['metl] **1** liv[lighet]; mod, kurage; *be on one's* ~ uppbjuda alla sina krafter **2** natur; temperament; skrot och korn
mew [mjuː] **I** *vb itr* jama **II** *s* jamande; mjau
mews [mjuːz] (konstr. vanl. ss. sg.; pl. lika) **1** stall, garagelänga som urspr. varit stall **2** stallgård; bakgata
Mexican ['meksɪkən] **I** *adj* mexikansk **II** *s* mexikan; mexikanska
mezzanine ['metsəniːn, 'mez-] **1** byggn. entresol[våning] [äv. ~ *storey*] **2** amer. teat. [främre] första raden
mg. förk. för *milligram*[*s*], *milligramme*[*s*]
MHz (förk. för *megahertz*) MHz
mica ['maɪkə] miner. glimmer; *yellow* ~ kattguld
mice [maɪs] pl. av *mouse*
mickey ['mɪkɪ] vard., *take the* ~ *out of a p.* driva (retas) med ngn
Mickey Mouse [ˌmɪkɪ'maʊs] **I** Musse Pigg seriefigur **II** *attr adj* (äv. *mickey mouse*) **1** fattig, ynklig [*a* ~ *military operation*]; meningslös, banal **2** enkel, lätt [*a* ~ *university course*]
microbe ['maɪkrəʊb] mikrob
microbiology [ˌmaɪkrə(ʊ)baɪ'ɒlədʒɪ] mikrobiologi
microchip ['maɪkrə(ʊ)tʃɪp] data. mikrochips
microcomputer [ˌmaɪkrə(ʊ)kɒm'pjuːtə] data. mikrodator
microcosm ['maɪkrə(ʊ)kɒz(ə)m] o.
microcosmos [ˌmaɪkrə(ʊ)'kɒzmɒs] mikrokosm[os], värld i smått
microfiche ['maɪkrə(ʊ)fiːʃ] foto. mikrofiche
microfilm ['maɪkrə(ʊ)fɪlm] **I** *s* mikrofilm **II** *vb tr* mikrofilma
micrometer [maɪ'krɒmɪtə] mikrometer äv. ss. längdmått; ~ *screw* mikrometerskruv
microphone ['maɪkrəfəʊn] mikrofon
microprocessor [ˌmaɪkrə(ʊ)'prəʊsesə] data. mikroprocessor
microscope ['maɪkrəskəʊp] mikroskop
microscopic [ˌmaɪkrə'skɒpɪk] o.
microscopical [ˌmaɪkrə'skɒpɪk(ə)l] mikroskopisk
microwave ['maɪkrə(ʊ)weɪv] **I** *s* mikrovåg; ~ *oven* mikrovågsugn **II** *vb itr* o. *vb tr* laga [mat] i en mikrovågsugn
mid [mɪd] **I** (oftast i sammansättn.) *adj* mitt-, mellan-; [i] mitten av (på) [*it was* ~ *May* (*mid-May*)]; *from* ~ *May to* ~ *July* från mitten av maj till mitten av juli; *in* ~ *flight* i flykten; bildl. halvvägs **II** *prep* poet. för *amid*
mid-air [ˌmɪd'eə] **I** *s*, *in* ~ [högt uppe] i luften [*catch a ball in* ~] **II** *attr adj* [som är (sker)] i luften [*a* ~ *collision*]

midday ['mɪdeɪ, i bet. *1* äv. ˌmɪd'd-]
1 middagstid; *at ~* vid middagstiden, på middagen **2** mitt på dagen, middags-; *~ dinner* middag[smål] mitt på dagen
middle ['mɪdl] **I** *attr adj* mellersta; *~ age (life)* medelålder; *the M~ Ages* medeltiden; *the M~ East* Mellersta Östern; *~ finger* långfinger; *the M~ West* Mellanvästern i USA **II** *s* **1** mitt; *in the ~ of* i mitten av (på), mitt i (på, under); *in the ~ of nowhere* på vischan; bortom all ära och redlighet **2** midja
middle age [ˌmɪdl'eɪdʒ] medelålder
middle-class [ˌmɪdl'klɑːs, attr. '--] medelklass-
middle|man ['mɪdl|mæn] (pl. *-men* [-men]) hand. mellanhand
middle-of-the-road [ˌmɪdləvðə'rəʊd] moderat, mitten-; *~ Swede* medelsvensson
middleweight ['mɪdlweɪt] isht sport. **1** mellanvikt; mellanvikts- **2** mellanviktare
middling ['mɪdlɪŋ] vard. **I** *adj* **1** medelgod; medelmåttig **2** någorlunda [bra] **II** *adv* tämligen
midge [mɪdʒ] zool. [fjäder]mygga
midget ['mɪdʒɪt] **I** *s* **1** dvärg som förevisas; lilleputt **2** midgetbil **II** *adj* mini- [*~ golf*; *~ submarine*], lilleputt-
midland ['mɪdlənd] **I** *s, the Midlands* Midlands, mellersta England benämning på de centrala grevskapen **II** *adj* central; *M~* Midlands-, i mellersta England
midnight ['mɪdnaɪt] **1** midnatt **2** midnatts- [*~ blue*; *~ mass*]; nattsvart; *the ~ sun* midnattssolen
midriff ['mɪdrɪf] **1** mellangärde **2** amer. infällt midjeparti på kläder **3** tvådelat plagg
midst [mɪdst] litt. mitt; *in the ~ of* mitt i, mitt ibland, mitt uppe i, mitt under; mitt i värsta (hetaste)...; *in our ~* [mitt] ibland oss, i vår krets
midsummer ['mɪdˌsʌmə] midsommar; *M~ Day* midsommardagen 24 juni
midway [ˌmɪd'weɪ, '--] *adv* halvvägs
Midwest [ˌmɪd'west], *the ~* Mellanvästern
mid|wife ['mɪdwaɪf] (pl. *-wives*) barnmorska
midwifery ['mɪdwɪf(ə)rɪ] förlossningskonst; förlossningshjälp
midwinter [ˌmɪd'wɪntə] midvinter; *in ~* mitt i vintern

1 might [maɪt] (imperf. av *may*) **1** kunde; *he ~ lose his way* han kunde gå vilse **2** fick, kunde få; *he asked if he ~ come in* han frågade om han fick (kunde få) komma in **3** måtte; *I hoped he ~ succeed* jag hoppades han skulle (måtte) lyckas
2 might [maɪt] litt. makt; kraft
mighty ['maɪtɪ] **I** *adj* **1** litt. mäktig, väldig; kraftig **2** vard. väldig, kolossal **II** *adv* vard. väldigt, mäkta ofta iron.
mignonette [ˌmɪnjə'net] bot. [lukt]reseda
migraine ['miːgreɪn, 'maɪ-] migrän
migrant ['maɪgr(ə)nt] **I** *adj* flyttande **II** *s* **1** person som flyttar (drar) från plats till plats; *~ [worker]* gästarbetare **2** flyttfågel; vandringsdjur
migrate [maɪ'greɪt, 'maɪgreɪt] **1** om pers. utvandra **2** om fåglar flytta; om fisk vandra
migration [maɪ'greɪʃ(ə)n] **1** vandring; folkvandring **2** grupp; flock; [fågel]sträck
mike [maɪk] vard. mick mikrofon
Milan [mɪ'læn] geogr. Milano
mild [maɪld] mild; blid; ljum äv. bildl. [*she showed only a ~ interest in it*]; svag [*a ~ drink*; *a ~ attempt (protest)*]; lindrig [*~ illness, a ~ punishment*]
mildew ['mɪldjuː] **I** *s* **1** mjöldagg; bladmögel **2** mögel[fläckar] på tyg, papper o.d. **II** *vb tr* fläcka (förstöra) genom mjöldagg (mögel)
mildly ['maɪldlɪ] milt etc., jfr *mild*; *to put it ~* för att använda ett milt uttryck, milt uttryckt
mile [maɪl] [engelsk] mil; *nautical ~* nautisk mil, distansminut; *50 ~s an hour* 50 'miles' i timmen = ung. 80 km i timmen; *the queue was ~s long* kön sträckte sig mil bort, kön tog aldrig slut; *he's ~s above me* vard. han står skyhögt över mig; *it was ~s better (easier)* vard. det var ofantligt mycket bättre (lättare)
mileage ['maɪlɪdʒ] **1** antal [körda] 'miles' (mil); vägsträcka i 'miles' (mil); längd (avstånd) i 'miles' (mil); *~ recorder* vägmätare **2** kostnad per 'mile' (mil); reseersättning [äv. *~ allowance*] **3** antal körda 'miles' (mil) per 'gallon' (liter); *my new car gets better ~* min nya bil drar mindre bensin
mileometer [maɪ'lɒmɪtə] vägmätare
milestone ['maɪlstəʊn] milstolpe äv. bildl.
milieu ['miːljɜː, -'-, amer. miːl'juː] miljö
militant ['mɪlɪt(ə)nt] **I** *adj* militant; aggressiv; *~ propaganda* hetspropaganda **II** *s* **1** militant (stridbar) person **2** [strids]kämpe
militarism ['mɪlɪtərɪz(ə)m] militarism
militarize ['mɪlɪtəraɪz] militarisera
military ['mɪlɪt(ə)rɪ] **I** *adj* militärisk, militär[-], krigs-; *~ academy* militärhögskola, krigs[hög]skola, kadettskola; *~ march* militärmarsch

II (konstr. ss. pl.) *s* militärer; *the ~ militären*
militate ['mɪlɪteɪt] strida vanl. bildl.; *~ against* strida mot; motverka, skada
militia [mɪ'lɪʃə] milis, lantvärn
milk [mɪlk] **I** *s* mjölk; mjölk- [*~ chocolate*]; *come home with the ~* vard. komma hem på morgonkulan **II** *vb tr* **1** mjölka; tappa **2** bildl. mjölka på; sko sig på **III** *vb itr* mjölka
milk bar ['mɪlkbɑ:] ung. glassbar där äv. mjölkdrinkar o. smörgåsar serveras
milkmaid ['mɪlkmeɪd] **1** mjölkerska, mjölkpiga **2** mejerska
milk|man ['mɪlk|mən] (pl. *-men* [-mən]) mjölkutkörare, mjölkbud
milkshake [ˌmɪlk'ʃeɪk, '--] milkshake ofta med glass
milksop ['mɪlksɒp] mes, mähä
milk tooth ['mɪlktu:θ] (pl. *-teeth* [-ti:θ]) mjölktand
milky ['mɪlkɪ] **1** mjölkaktig; mjölk-; mjölkig **2** *the M~ Way* Vintergatan
mill [mɪl] **I** *s* **1** kvarn; *he has been through the ~* han har fått slita ont, han har varit med om litet av varje; *put a p. through the ~* sätta ngn på prov; utsätta ngn för svåra prövningar **2** fabrik; spinneri; verk samtliga isht ss. efterled i sammansättn.; *cotton ~* bomullsspinneri **II** *vb tr* **1** mala; krossa **2** valsa t.ex. järn; valka, stampa tyg **3** räffla mynt m.m.; fräsa **III** *vb itr*, *~ [about (around)]* trängas; myllra, krylla
millenni|um [mɪ'lenɪ|əm] (pl. äv. *-a* [-ə]) **1** årtusende **2** tusenårsjubileum, tusenårsfest **3** *the ~* det tusenåriga riket; den eviga freden
millepede ['mɪlɪpi:d] se *millipede*
miller ['mɪlə] mjölnare
millet ['mɪlɪt] bot. hirs
millibar ['mɪlɪbɑ:] meteor. millibar
milligramme ['mɪlɪgræm] milligram
millilitre ['mɪlɪˌli:tə] milliliter
millimetre ['mɪlɪˌmi:tə] millimeter
milliner ['mɪlɪnə] modist; *~'s [shop]* modistaffär, hattaffär
million ['mɪljən] miljon; *two ~ people* två miljoner människor; *feel like a ~ dollars (bucks)* vard. må jättebra (som en prins)
millionaire [ˌmɪljə'neə] miljonär
millionairess [ˌmɪljə'neərɪs] miljonärska
millionth ['mɪljənθ] **I** *räkn* miljonte; *~ part* miljondel **II** *s* miljondel
millipede ['mɪlɪpi:d] zool. tusenfoting
millstone ['mɪlstəʊn] kvarnsten; *a ~ round a p.'s neck* bildl. en kvarnsten om ngns hals; en black om foten för ngn
millwheel ['mɪlwi:l] kvarnhjul

milometer [maɪ'lɒmɪtə] se *mileometer*
mime [maɪm] **I** *s* **1** mim **2** mim[iker]; pantomimiker; komiker **II** *vb itr* spela [panto]mim, mima; spela komedi **III** *vb tr* härma
mimic ['mɪmɪk] **I** *adj* **1** mimisk; härmande; härmlysten **2** imiterad, låtsad **II** *s* **1** imitatör **2** mimiker **III** *vb tr* **1** härma, parodiera **2** apa efter **3** härma, efterlikna; vara förvillande lik ngt annat
mimicry ['mɪmɪkrɪ] **1** härmande **2** efterapning äv. konkr. **3** zool. mimicry, skyddande förklädnad (likhet) [äv. *protective ~*]
mimosa [mɪ'məʊzə] bot. mimosa
minaret ['mɪnəret] minaret
mince [mɪns] **I** *vb tr* **1** hacka [fint]; hacka sönder äv. bildl.; *~d meat* finskuret kött; köttfärs **2** välja [*~ one's words*]; *not ~ matters ([one's] words)* inte skräda orden **II** *vb itr* **1** tala tillgjort (fint) **2** trippa **III** *s* **1** finskuret kött; köttfärs **2** se *mincemeat*
mincemeat ['mɪnsmi:t] blandning av russin, mandel, äpplen, socker, kryddor m.m. som fyllning i paj o.d.; *make ~ of* vard. göra hackmat (mos, slarvsylta) av
mince pie [ˌmɪns'paɪ] [portions]paj med *mincemeat*
mincer ['mɪnsə] **1** köttkvarn **2** hackare, hackmaskin
mincing ['mɪnsɪŋ] tillgjord; trippande
mind [maɪnd] **I** *s* **1** sinne; förstånd; fantasi; sinnelag; mentalitet; inställning [*a reactionary ~*]; *he has a brilliant ~* han är en lysande begåvning; *he has a dirty ~* han har snuskig fantasi; *have an open ~* vara öppen för nya idéer (intryck o.d.); *frame of ~* sinnesstämning; *presence of ~* sinnesnärvaro; *broaden a p.'s ~* vidga ngns synkrets (vyer); *keep one's ~ on* koncentrera sig på; *in one's ~'s eye* för sitt inre öga, i tankarna, i fantasin; *what did you have in ~?* vad hade du tänkt dig?; *whatever put that into your ~?* hur kunde du komma på den tanken (idén)?; *get a th. off one's ~* [lyckas] få ngt ur tankarna; *be out of one's ~* vara från sina sinnen; vara tokig; *put that out of your ~!* slå det ur tankarna! **2** mening; *be of one ~* vara av samma mening (åsikt) [*with som*]; *change one's ~* ändra mening (åsikt); *read a p.'s ~* läsa ngns tankar **3** lust; önskan; *have a [good (great)] ~ to* ha god lust att; *know one's own ~* veta vad man vill; *make up one's ~* besluta (bestämma) sig **4** minne; *bear (have, keep) in ~* komma ihåg, ha (hålla) i minnet; *from (since) time out of ~* sedan

urminnes tid[er] **5** pers. ande, hjärna; *great ~s* snillen, skarpa hjärnor; *small ~s* små (trångsynta) själar
II *vb tr* **1** ge akt på; tänka på; *~ you are in time!* se till att du kommer i tid!; *~ what you are doing!* se dig för!, tänk på vad du gör! **2** akta sig för; vara rädd om; *~ the dog!* varning för hunden!; *~ you don't fall!* akta dig så att du inte faller!; *~ how you go!* var försiktig!, ta det försiktigt! **3** se efter, sköta [om], passa [*~ children*]; *~ your own business!* vard. sköt du ditt (dina egna affärer)! **4** isht i nek. o. fråg. satser: **a)** bry sig om; ha något emot; *I don't ~...* jag bryr mig inte om...; jag har inget emot...; *don't ~ me!* bry dig inte om mig!; genera dig inte [för mig]! äv. iron. **b)** i hövlighetsuttryck *do you ~ my smoking?* har du något emot att jag röker?; *would you ~ shutting the window?* vill du vara snäll och stänga fönstret?; *don't ~ my asking, but...* ursäkta att jag frågar, men...
III *vb itr* **1** *~* [*you*]*!* kom ihåg!, märk väl! **2** *~ !* akta dig!, se upp! **3** *do you ~ if I smoke?* har du något emot att jag röker?; *I don't ~* gärna för mig, det har jag inget emot; *I don't ~ if I do* vard. det säger jag inte nej till; *never ~!* a) strunt i det b) bry (bekymra) dig inte om det! c) det angår dig inte! [äv. *never you ~!*]
minded ['maɪndɪd] **1** hågad; *socially ~* socialt inriktad, samhällstillvänd **2** ss. efterled i sammansättn. -sinnad, -sint [*high-minded*]
minder ['maɪndə] **1** ss. efterled i sammansättn. -skötare **2** kortform för *childminder*
mindful ['maɪn(d)f(ʊ)l] uppmärksam; *be ~ of* vara uppmärksam (ge akt) på; tänka på
mindless ['maɪndləs] **1** själlös; slö **2** glömsk, ouppmärksam
mind-reader ['maɪnd,riːdə] tankeläsare
1 mine [maɪn] min [*it is ~*; *I have lost ~*]; *a book of ~* en av mina böcker
2 mine [maɪn] **I** *s* **1** gruva **2** bildl. [verklig] guldgruva, [rik] källa; outtömligt förråd; *be a ~ of information* vara en verklig guldgruva (en rik informationskälla) **3** mil. mina; *lay ~s* lägga ut minor, minera **II** *vb tr* **1** a) bryta [*~ ore*], utvinna b) bearbeta [*~ an orefield*]; gräva i [*~ the earth for gold*] **2** gräva [*~ tunnels*]; gräva hål i (gångar under); underminera äv. bildl. **3** mil. a) minera b) minspränga **III** *vb itr* **1** bryta en gruva; *~ for gold* gräva [efter] guld **2** arbeta i en gruva **3** mil. minera, lägga ut minor

minefield ['maɪnfiːld] **1** mil. minfält; bildl. krutdurk **2** gruvfält
miner ['maɪnə] gruvarbetare
mineral ['mɪn(ə)r(ə)l] **I** *s* **1** mineral **2** pl. *~s* koll. mineralvatten; läskedrycker **II** *adj* mineralisk; mineralhaltig; mineral- [*~ oil*; *~ wool*]; *~ deposit* mineralfyndighet; *~ water* mineralvatten; läskedryck
mineralogist [ˌmɪnəˈrælədʒɪst] mineralog
mineralogy [ˌmɪnəˈrælədʒɪ] mineralogi
minesweeper ['maɪnˌswiːpə] minsvepare
mingle ['mɪŋgl] **I** *vb tr* blanda; *~d feelings* blandade känslor **II** *vb itr* blanda sig; förena sig; *~ with* (*in*) blanda sig med (i); umgås med; deltaga i
mingy ['mɪndʒɪ] vard. snål
mini ['mɪnɪ] **1** miniatyr[föremål]; minibil, småbil **2** minikjol; minimode[t]
miniature ['mɪnjətʃə, 'mɪnə-] **I** *s* **1** miniatyr i olika bet.; miniatyrmålning **2** miniatyrmåleri **II** *attr adj* miniatyr-; dvärg- [*~ pinscher*]; *~ camera* småbildskamera; *~ golf* minigolf
minibus ['mɪnɪbʌs] minibuss
minicab ['mɪnɪkæb] minitaxi
minicomputer [ˌmɪnɪkəmˈpjuːtə] minidator
minim ['mɪnɪm] mus. halvnot
minimal ['mɪnɪm(ə)l] minimal, lägst
minimize ['mɪnɪmaɪz] **1** reducera (begränsa) till ett minimum, minimera **2** bagatellisera, förringa; underskatta
minim|um ['mɪnɪm|əm] **I** (pl. *-a* [-ə] el. *-ums*) *s* minimum, lägsta punkt; [*with*] *a* (*the*) *~ of...* [med] minsta möjliga... **II** *attr adj* lägsta, minsta; minimi- [*~ thermometer*; *~ wage*]; minimal[-]
mining ['maɪnɪŋ] **1** gruvdrift; gruvarbete; brytning; gruv-, bergs-; *~ engineer* bergsingenjör; gruvingenjör **2** mil. el. sjö. minering
minion ['mɪnjən] **1** gunstling; kelgris; neds. hejduk **2** skämts. om tjänare tjänande ande
minister ['mɪnɪstə] **I** *s* **1** polit. el. dipl. minister; *~ of state* biträdande departementschef i vissa större departement **2** kyrkl. präst isht Skottl. el. frikyrklig, i USA protestantisk; tjänare [*a ~ of God*]; *~ of religion* protestantisk präst **II** *vb itr* **1** hjälpa [till]; *~ to* passa upp på; sköta, vårda; sörja för; bidra till **2** kyrkl. officiera, tjänstgöra
ministerial [ˌmɪnɪˈstɪərɪəl] **1** ministeriell, minister-; regerings-; regeringsvänlig; *the ~ benches* regeringspartiets bänkar **2** prästerlig
ministry ['mɪnɪstrɪ] **1** ministär, regering, kabinett **2** departement, ministerium

3 ministertid; ministerämbete **4** prästerlig verksamhet (tjänstgöring, gärning); *enter the* ~ bli präst, gå den prästerliga banan

mink [mɪŋk] **1** flodiller; mink amerikansk art **2** skinn mink

minnow ['mɪnəʊ] zool. kvidd; mört

minor ['maɪnə] **I** *adj* **1** mindre [*a* ~ *offence, a* ~ *operation*; *the* ~ *prophets*], smärre [~ *adjustments*], mindre betydande, obetydlig [*a* ~ *poet*], mindre väsentlig; små- [~ *planets*]; lindrig[are] [*a* ~ *illness*]; underordnad i rang; ~ *league* amer. sport. lägre serie; *Brown* ~ i skolor den yngre [av bröderna] Brown; Brown junior **2** jur. omyndig, minderårig **3** mus. a) liten [~ *interval*]; ~ *third* liten ters b) moll- [~ *scale*]; ~ *key* (*mode*) molltonart; *A* ~ a-moll **II** *s* **1** jur. omyndig person **2** amer. univ. a) tillvalsämne b) student som har ngt som tillvalsämne [*he is a history* ~] **3** mus. moll

Minorca [mɪ'nɔ:kə] geogr. Menorca

minorit|y [maɪ'nɒrətɪ, mɪ'n-] **1** minoritet [*national -ies*], mindretal; attr. minoritets- [~ *government* (*language, programme*)]; *be in a* (*the*) ~ vara i minoritet **2** minderårighet, omyndighet, omyndig ålder

minster ['mɪnstə] **1** klosterkyrka **2** domkyrka, katedral [*York M*~]

minstrel ['mɪnstr(ə)l] **1** hist., medeltida trubadur **2** sångare vanl. svartsminkad [förr äv. *nigger* ~]

1 mint [mɪnt] **1** bot. mynta; ~ *sauce* myntsås **2** bit mintchoklad, mintkaramell

2 mint [mɪnt] **I** *s* **1** myntverk; *in* ~ *condition* (*state*) ny [och fin], fräsch, obegagnad; i skick som ny **2** vard. massa [pengar]; *a* ~ *of money* en [hel] massa pengar **II** *vb tr* mynta

minuet [ˌmɪnjʊ'et] mus. menuett

minus ['maɪnəs] **I** *prep* **1** minus **2** vard. utan [~ *her clothes*] **II** *adj* minus-; negativ; ~ *sign* minus[tecken] **III** *s* **1** minus[tecken] **2** minus; negativ kvantitet

minuscule ['mɪnəskju:l] diminutiv

1 minute [maɪ'nju:t, mɪ'n-] **1** ytterst liten, minimal; obetydlig **2** minutiös; *in* ~ *detail* in i minsta detalj

2 minute ['mɪnɪt] **1** minut; [liten] stund; *it is ten* ~*s to two* (*past two*) klockan är tio minuter i två (över två); *wait a* ~! [vänta] ett ögonblick!, vänta lite!, låt mig se!; *just a* ~! ett ögonblick bara!; *I knew him the* ~ *I saw him* jag kände igen honom i samma ögonblick jag såg honom; *this* ~

a) ögonblickligen, genast b) alldeles nyss, för ett ögonblick sedan **2** minut del av grad **3** pl. ~*s* protokoll [*of* över, vid, från]

minute hand ['mɪnɪthænd] minutvisare

minutely [maɪ'nju:tlɪ, mɪ'n-] **1** minimalt; obetydligt **2** minutiöst

minx [mɪŋks] fräck slyna; ofta skämts. flicksnärta

miracle ['mɪrəkl] **1** mirakel; ~ *man* undergörare **2** ~ [*play*] medeltida mirakel[spel]

miraculous [mɪ'rækjʊləs] mirakulös

mirage ['mɪrɑ:ʒ, -'-] hägring; bildl. äv. villa, illusion

mire ['maɪə] **1** träsk, myr, kärr **2** dy äv. bildl.; gyttja; *drag through* (*in, into*) *the* ~ bildl. dra ned (släpa) i smutsen, smutskasta

mirror ['mɪrə] **I** *s* spegel äv. bildl.; ~ *image* spegelbild äv. bildl.; *driving* ~ backspegel **II** *vb tr* [av]spegla, återspegla

mirth [mɜ:θ] munterhet

misadventure [ˌmɪsəd'ventʃə] olyckshändelse, missöde; *death by* ~ jur. död genom olyckshändelse

misanthropic [ˌmɪz(ə)n'θrɒpɪk, ˌmɪs(ə)n-] o. **misanthropical** [ˌmɪz(ə)n'θrɒpɪk(ə)l, ˌmɪs(ə)n-] misantropisk; folkskygg

misapprehension ['mɪsˌæprɪ'henʃ(ə)n] missförstånd; *be under a* ~ missta sig

misappropriate [ˌmɪsə'prəʊprɪeɪt] förskingra; tillskansa sig

misappropriation ['mɪsəˌprəʊprɪ'eɪʃ(ə)n] förskingring

misbehave [ˌmɪsbɪ'heɪv], ~ [*oneself*] bära sig illa åt, uppföra sig illa (opassande)

misbehaviour [ˌmɪsbɪ'heɪvjə] dåligt uppförande

miscalculate [ˌmɪs'kælkjʊleɪt] **I** *vb tr* **1** räkna fel på; felberäkna, felkalkylera **2** felbedöma **II** *vb itr* **1** räkna fel **2** missräkna sig

miscalculation ['mɪsˌkælkjʊ'leɪʃ(ə)n] **1** felräkning; felberäkning **2** felbedömning

miscarriage [ˌmɪs'kærɪdʒ] **1** missfall; *have a* ~ få missfall **2** misslyckande; ~ *of justice* justitiemord

miscarry [ˌmɪs'kærɪ] **1** få missfall **2** misslyckas, gå om intet; slå fel

miscellaneous [ˌmɪsə'leɪnjəs] **1** blandad, brokig **2** varjehanda

miscellan|y [mɪ'selənɪ] **1** [brokig] blandning **2** pl. -*ies* a) blandade (strödda) skrifter, strögods b) antologi; varia

mischance [ˌmɪs'tʃɑ:ns, 'mɪstʃɑ:ns] missöde

mischief ['mɪstʃɪf] **1** ofog, rackartyg, sattyg

2 skälmskhet **3** rackarunge [*you are a proper* (riktig) ~] **4** skada; åverkan; *do* ~ göra ont (skada, åverkan); vålla förtret [*to* för]

mischief-maker ['mɪstʃɪf,meɪkə] intrigmakare; orostiftare

mischievous ['mɪstʃɪvəs] **1** elak [~ *rumours*] **2** okynnig; ~ *tricks* rackartyg

misconception [,mɪskən'sepʃ(ə)n] missuppfattning

misconduct [mɪs'kɒndʌkt] **1** dåligt uppförande **2** jur. äktenskapsbrott; *professional* ~ tjänstefel **3** vanskötsel

misconstrue [,mɪskən'stru:] **1** misstolka **2** felkonstruera

misdeed [,mɪs'di:d] missgärning, missdåd

misdemeanour [,mɪsdɪ'mi:nə] förseelse i allm. el. (åld. el. amer.) jur.

misdirect [,mɪsdə'rekt, -daɪ'r-] **1** visa ngn fel väg (åt fel håll); leda (föra) vilse (på villospår) isht bildl. **2** *~ed* felriktad [*a ~ blow*]; missriktad [*~ patriotism*]

miser ['maɪzə] girigbuk, gnidare

miserable ['mɪz(ə)r(ə)bl] **1** olycklig; eländig; *make things* (*life*) ~ *for a p.* göra livet surt för ngn **2** miserabel, bedrövlig; ömklig

miserly ['maɪzəlɪ] girig

misery ['mɪzərɪ] **1** elände; olycka; bedrövelse, förtvivlan; kval; *make a p.'s life a* ~ göra ngns liv till en pina; göra livet surt för ngn; *put an animal out of its* ~ göra slut på ett djurs lidanden **2** misär **3** vard. dysterkvist; gnällspik

misfire [,mɪs'faɪə] **1** om skjutvapen klicka **2** om motor inte tända (starta), krångla **3** slå slint [*his plans ~d*]

misfit ['mɪsfɪt] **1** misslyckad individ, missanpassad [person] **2** *the coat is a ~* rocken passar inte (har dålig passform)

misfortune [mɪs'fɔ:tʃ(ə)n, -tʃu:n] olycka; motgång; missöde; otur [*have the ~ to*]

misgiving [mɪs'gɪvɪŋ] farhåga, obehaglig känsla; *~[s* pl.] äv. onda aningar; tvivel, betänkligheter; *an air of ~* en betänksam min

misgovern [,mɪs'gʌvən] regera dåligt; *~ed* äv. misskött

misguided [,mɪs'gaɪdɪd] vilseledd; missriktad; omdömeslös

mishandle [,mɪs'hændl] **1** misshandla **2** missköta

mishap ['mɪshæp, mɪs'h-] missöde; olyckshändelse

mishear [,mɪs'hɪə] (*misheard misheard*) höra fel [på]

mishmash ['mɪʃmæʃ] mischmasch

misinform [,mɪsɪn'fɔ:m] vilseleda; felunderrätta [*you have been* (är) *~ed*]

misinterpret [,mɪsɪn'tɜ:prɪt] misstolka, misstyda; missuppfatta

misinterpretation ['mɪsɪn,tɜ:prɪ'teɪʃ(ə)n] misstolkning

misjudge [,mɪs'dʒʌdʒ] **1** felbedöma **2** misskänna

mislay [mɪs'leɪ] (*mislaid mislaid*) förlägga [*I have mislaid my gloves*]

mislead [mɪs'li:d] (*misled misled*) vilseleda; förleda

mismanage [,mɪs'mænɪdʒ] missköta; förvalta dåligt

mismanagement [,mɪs'mænɪdʒmənt] misskötsel, vanskötsel; vanstyre

misnomer [,mɪs'nəʊmə] oriktig benämning; felbeteckning

misogynist [mɪ'sɒdʒɪnɪst] kvinnohatare

misplace [,mɪs'pleɪs] felplacera; *~d* äv. malplacerad; missriktad, bortkastad [*~d generosity*]

misprint [ss. vb ,mɪs'prɪnt, ss. subst. 'mɪsprɪnt] **I** *vb tr* trycka fel **II** *s* tryckfel

mispronounce [,mɪsprə'naʊns] uttala fel (felaktigt)

mispronunciation ['mɪsprə,nʌnsɪ'eɪʃ(ə)n] felaktigt uttal; uttalsfel

misquote [,mɪs'kwəʊt] felcitera

misread [,mɪs'ri:d] (*misread misread* [,mɪs'red]) läsa fel; feltolka

misrepresent ['mɪs,reprɪ'zent] framställa oriktigt; förvränga

misrule [,mɪs'ru:l] **I** *s* vanstyre **II** *vb tr* regera illa

Miss [mɪs] (förk. för *Mistress*) fröken före namn [*~ Jones*]; ibl. utan motsv. i sv. om författare, konstnärer m.m. [*~ Agatha Christie*]

1 miss [mɪs] **1** skämts. flicka; ung dam; flicksnärta **2** hand., *junior ~* tonåring

2 miss [mɪs] **I** *vb tr* **1** missa; inte hinna med [*~ the bus* (*boat*)]; inte träffa; *~ the boat* (*bus*) äv. (vard.) missa chansen, vara för sent ute; komma på överblivna kartan; inte hinna med tåget; *you can't ~ it!* du kan inte ta (komma, gå) fel! **2** missa, bomma på mål; *~ a penalty* sport. äv. bränna en straff **3** gå miste om; missa; försumma; utebli från; undgå; *~ a lesson* försumma (missa) en lektion **4** sakna [*~ one's purse*; *~ a friend*]; känna saknad efter **5** *~* [*out*] utelämna, [ute]glömma; hoppa över **II** *vb itr* **1** missa; bildl. slå slint **2** *~ out* [*on*] gå miste om; utebli [från] **III** *s* miss; *it was a near ~* a) det var nästan träff b) det var nära ögat; *give a th. a ~* låta bli (strunta i, hoppa över) ngt

[*I'll give the dinner a ~*]; *a ~ is as good as a mile* nära skjuter ingen hare
missal ['mɪs(ə)l] missale
misshapen [ˌmɪs'ʃeɪp(ə)n] missbildad, vanskapt
missile ['mɪsaɪl, amer. 'mɪsl] **1** kastvapen sten, spjut o.d.; projektil kula, granat, pil **2** robot[vapen]; raket[vapen]; *cruise ~* kryssningsrobot
missing ['mɪsɪŋ] saknad; frånvarande; borta; *be ~* saknas, fattas, vara borta; *the ~* de saknade t.ex. soldater i krig
mission ['mɪʃ(ə)n] **1** polit. el. dipl. a) [officiellt] uppdrag b) delegation äv. hand.; dipl., äv. beskickning **2** mil. uppdrag [*a bombing ~*] **3** mission; uppgift; kallelse; *~ in life* livsuppgift **4** relig. mission; missionsfält; missionsstation
missionary ['mɪʃ(ə)nərɪ] **I** *attr adj* missions- [*a ~ meeting, ~ work*]; missionärs- **II** *s* missionär
missis ['mɪsɪz] vard. **1** frun använt av tjänstefolk [*yes, ~*]; *the ~ has gone out* frun har gått ut **2** *the* (*my, his, your*) *~* skämts. frugan
missive ['mɪsɪv] isht officiell skrivelse
misspell [ˌmɪs'spel] (*misspelt misspelt*) *vb tr* o. *vb itr* stava fel
missus ['mɪsɪz] se *missis*
mist [mɪst] **I** *s* **1** dimma; imma **2** bildl. töcken; slöja [*a ~ of tears*]; *be in a ~* vara förbryllad **II** *vb tr* hölja i dimma (dis); göra immig; *the glass is ~ed over* glaset är immigt **III** *vb itr* bli (vara) dimmig (disig); upplösas i dimma; bildl. skymmas; *~ over* höljas i dimma (dis); imma [sig]
mistak|e [mɪ'steɪk] **I** (*mistook mistaken*, se äv. *mistaken*) *vb tr* **1** missförstå, missuppfatta [*don't ~ me*] **2** ta miste (fel) på; *there is no -ing...* man kan inte missta sig på..., det råder inget tvivel om... **3** *~ a p.* (*a th.*) *for* förväxla ngn (ngt) med, ta ngn (ngt) för, tro ngn (ngt) vara **II** *s* misstag; missförstånd, missuppfattning; fel; missgrepp; *make a ~* a) missta sig, begå (göra) ett misstag, ta fel b) i skrivning o.d. göra (skriva) ett fel; *spelling ~* stavfel; *my ~* jag tar fel; mitt fel; *and no ~* el. *make no ~* det är inte tu tal om det, det är inget tvivel om det, var [så] säker på det; *by ~* av misstag
mistaken [mɪ'steɪk(ə)n] **I** *perf p* (av *mistake*); *be ~* missta sig, ta fel [*about på, i fråga om*]; förväxlas [*for* med] **II** *adj* **1** felaktig; förfelad **2** *it is a case of ~ identity* det föreligger en förväxling [av personer]

mistakenly [mɪ'steɪk(ə)nlɪ] av misstag; felaktigt; med orätt
mister ['mɪstə] **1** herr[n] [*don't call me ~*] **2** vard. herrn; barnspr. farbror; *hey ~*, [*what do you think you're doing?*] hallå där..., hör du du...
mistletoe ['mɪsltəʊ, 'mɪzl-] bot. mistel
mistreat [ˌmɪs'triːt] behandla illa; misshandla
mistress ['mɪstrəs] **1** älskarinna **2** lärarinna; *the French ~* lärarinnan i franska, fransklärarinnan **3** husmor; djurs matte; *the ~ of the house* frun [i huset] **4** härskarinna; mästare
mistrust [ˌmɪs'trʌst] **I** *vb tr* **1** se *distrust II* **2** misstänka **II** *s* se *distrust I*
misty ['mɪstɪ] **1** dimmig, töcknig; immig **2** bildl. dimmig
misunderstand [ˌmɪsʌndə'stænd] (*misunderstood misunderstood*) missförstå
misunderstanding [ˌmɪsʌndə'stændɪŋ] **1** missförstånd **2** missförstånd
misuse [ss. subst. ˌmɪs'juːs, ss. vb ˌmɪs'juːz] **I** *s* missbruk [*~ of a p.'s position*]; felaktig användning [*~ of a word*] **II** *vb tr* missbruka; använda felaktigt
1 mite [maɪt] **1** bibl. skärv äv. bildl. [*the widow's ~*] **2** vard. liten smula **3** pyre; *poor little ~!* stackars liten!
2 mite [maɪt] zool. kvalster; or
mitigate ['mɪtɪgeɪt] mildra [*~ pain*]; *mitigating circumstances* förmildrande omständigheter
mitre ['maɪtə] mitra; bildl. biskopsvärdighet
mitt [mɪt] **1** halvvante **2** [tum]vante **3** basebollhandske; vard. boxhandske **4** sl. labb, näve
mitten ['mɪtn] **1** [tum]vante, tumhandske **2** halvvante
mix [mɪks] **I** *vb tr* **1** blanda; röra ihop [*~ a cake*]; *~* [*up*] blanda (röra) ihop; bildl. äv. förväxla; *~ it* (amer. *~ it up*) vard. råka i slagsmål (gräl) **2** förena [*~ business with pleasure*] **3** tekn. mixa **II** *vb itr* **1** blanda sig; gå ihop **2** umgås [*~ in certain circles*; *~ with other people*]; blanda sig [*~ with the other guests*]; beblanda sig [*I don't ~ with people like that*]; *he doesn't ~ well* han har svårt att umgås (går inte bra ihop) med folk **III** *s* **1** blandning; [kak]mix **2** tekn. mix[ning]
mixed [mɪkst] **1** blandad [*a ~ salad*]; bland- [*~ forest*]; om färg melerad; *~ bag* blandad kompott, salig blandning **2** blandad [*~ company*], bland- [*~

marriage]; gemensam [~ *bathing*], sam- [~ *school*], med (för) båda könen (olika raser, religioner, nationaliteter); ~ *breed* blandras **3** blandad [~ *feelings*]; ~ *blessing* på gott och ont
mixed-up [ˌmɪkst'ʌp, attr. '--] vard. förvirrad; rådvill, vilsen [*a* ~ *kid*]
mixer ['mɪksə] **1** blandare [*concrete* ~]; [*electric* (*hand*)] ~ elvisp **2** inom ljudtekniken mixer[bord]; radio. kontrollbord; TV. bildkontrollbord, bildmixer; film. mixningsbord **3** radio. el. TV. o.d. ljudtekniker **4** *he is a good* (*poor*) ~ vard. han har lätt (svårt) för att umgås med folk **5** amer. bartender
mixture ['mɪkstʃə] **1** blandning äv. konkr.; legering **2** mixtur; *the* ~ *as before* vard. det gamla vanliga
mix-up ['mɪksʌp] vard. **1** röra; [samman]blandning; förväxling; misstag; förvirring **2** slagsmål; kalabalik
mm. förk. för *millimetre*[*s*]
MO förk. för *Medical Officer, money order*
moan [məʊn] **I** *vb itr* **1** jämra sig, stöna [svagt]; klaga, sucka **2** vard. beklaga sig, knota; ~ *and groan* gnöla och gnälla **II** *s* jämmer; klagan, suckande
moat [məʊt] vallgrav, slottsgrav
mob [mɒb] **I** *s* **1** *the* ~ pöbeln, mobben, [den skränande] massan; ~ *law* (*rule*) pöbelvälde **2** vard. krets, klick **3** sl. gangsterliga; *the M*~ maffian **II** *vb tr* **1** skocka sig omkring, omringa; ofreda om fåglar; *be* ~*bed* äv. förföljas [av en folkhop] **2** isht amer. invadera, översvämma **III** *vb itr* skocka sig; ~ *forward* tränga fram i flock
mobile ['məʊbaɪl, -biːl, ss. adj. amer. vanl. -b(ə)l] **I** *adj* **1** rörlig; mobil; transportabel; mil. äv. marschfärdig; ~ *home* husvagn ss. permanent bostad; ~ *police* motoriserad trafikpolis, trafikövervakare; ~ [*recording*] *unit* inspelningsbil, inspelningsbuss; ~ [*tele*]*phone* mobiltelefon **2** [lätt]rörlig; hastigt skiftande **II** *s* **1** vard. mobil[telefon], nalle **2** konst. mobil
mobility [ˌmə(ʊ)'bɪlətɪ] **1** rörlighet äv. sociol.; mil. äv. mobilitet; *social* ~ rörlighet mellan samhällsklasserna **2** lättrörlighet
mobilization [ˌməʊbɪlaɪ'zeɪʃ(ə)n] mobilisering
mobilize ['məʊbɪlaɪz] **I** *vb tr* mobilisera; uppbåda, uppbjuda [~ *one's energy*]; sätta i rörelse (omlopp) **II** *vb itr* mobilisera
mobster ['mɒbstə] sl. ligamedlem; maffiamedlem

moccasin ['mɒkəsɪn] mockasin
mocha ['mɒkə] **1** mocka[kaffe] **2** mocka[skinn]
mock [mɒk] **I** *vb tr* **1** förlöjliga, driva med **2** parodiera, härma; apa efter **3** gäcka [~ *a p.'s hopes*] **II** *vb itr* gyckla **III** *s*, *make a* ~ *of a p.* göra narr av ngn **IV** *attr adj* oäkta, falsk; fingerad, sken-; låtsad, spelad [*with* ~ *dignity*]
mockery ['mɒkərɪ] **1** a) gyckel, drift; spefullhet; hån b) [föremål för] åtlöje; *become the* ~ *of* bli till ett åtlöje för; *make a* ~ *of a p.* göra ngn till ett åtlöje **2** parodi [*a* ~ *of justice*], vrångbild; *a* [*mere*] ~ rena gycklet (farsen)
mocking-bird ['mɒkɪŋbɜːd] zool. härmfågel
mock-up ['mɒkʌp] modell ofta i full skala; attrapp
mod cons [ˌmɒd'kɒnz] vard. förk. för *modern conveniences*
mode [məʊd] **1** sätt; metod; form; ~ *of payment* betalningssätt **2** bruk; stil, mode **3** gram. modus
model ['mɒdl] **I** *s* **1** modell [*clay* ~; *sports* ~; *last year's* ~]; [foto]modell; mannekäng; skyltdocka; *sit* (*pose*) *as a* ~ sitta (stå) modell **2** mönster, förlaga **II** *attr adj* **1** modell- [~ *train*] **2** mönster-; mönstergill, exemplarisk, idealisk; ~ *farm* mönstergård, mönsterjordbruk **III** *vb tr* **1** modellera; forma **2** utforma; rita [modellen till] **3** ~ *a th. after* (*on, upon*) [ut]forma (göra, bilda) ngt efter (med...som förebild); kalkera ngt på **4** visa [~ *dresses*]; *she's* ~*ling clothes for an agency* hon är mannekäng åt en modefirma **IV** *vb itr* **1** modellera [~ *in clay*] **2** vara (arbeta som) modell (fotomodell, mannekäng)
moderate [ss. adj. o. subst. 'mɒd(ə)rət, ss. vb 'mɒdəreɪt] **I** *adj* **1** måttlig; moderat; lagom; lindrig; ~ *breeze* måttlig vind; sjö. frisk bris; ~ *gale* hård vind; sjö. styv kuling; ~ *oven* medelvarm ugn **2** medelmåttig; rätt bra **II** *s*, *M*~ moderat politiker **III** *vb tr* **1** moderera, dämpa; lägga band på; lugna [*have a moderating influence on a p.*] **2** leda [~ *a meeting* (*discussion*)] **IV** *vb itr* **1** lugna (lägga) sig; dämpas, avta [*the wind is moderating*] **2** leda förhandlingar[na], presidera
moderately ['mɒd(ə)rətlɪ] **1** måttligt; lagom **2** medelmåttigt; någorlunda
moderation [ˌmɒdə'reɪʃ(ə)n] måtta, måttlighet; lugn; *in* ~ med måtta, inom rimliga gränser; måttligt; lagom
modern ['mɒd(ə)n] **I** *adj* modern [~ *art*; ~ *society*], nutids- [~ *history*]; ny- [*M*~

Greek]; nymodig; *a flat with ~ conveniences* en modern[t utrustad] lägenhet **II** *s* nutidsmänniska; modern människa

modernize ['mɒdənaɪz] **I** *vb tr* modernisera **II** *vb itr* bli (vara) modern

modest ['mɒdɪst] **1** blygsam [*a ~ income*]; anspråkslös, försynt [*a ~ request*]; ringa; modest; *be ~ about* inte skryta med **2** anständig, sedesam

modesty ['mɒdɪstɪ] **1** blygsamhet; anspråkslöshet **2** anständighet

modicum ['mɒdɪkəm] [liten] smula; minimum [*with a ~ of effort*]

modification [ˌmɒdɪfɪ'keɪʃ(ə)n] [för]ändring; modifikation, modifiering; jämkning

modify ['mɒdɪfaɪ] **1** [för]ändra; modifiera; anpassa; jämka (rucka) på, slå av på [*~ one's demands*] **2** gram. bestämma; inskränka betydelse

modulate ['mɒdjʊleɪt] **I** *vb tr* modulera äv. mus.; anpassa **II** *vb itr* modulera

module ['mɒdjuːl] mått[enhet]; tekn. el. ped. modul; data. äv. maskinenhet

mogul ['məʊg(ə)l] sport. puckelpist

mohair ['məʊheə] textil. mohair

Mohammedan [mə(ʊ)'hæmɪd(ə)n] **I** *adj* muhammedansk **II** *s* muhammedan

moist [mɔɪst] fuktig [*~ climate*; *~ lips*]; immig; *eyes ~ with tears* tårade (tårfyllda) ögon

moisten ['mɔɪsn] **I** *vb tr* fukta **II** *vb itr* bli fuktig

moisture ['mɔɪstʃə] fukt, fuktighet; imma

moisturize ['mɔɪstʃəraɪz] fukta [*use cream to ~ your skin*]

molar ['məʊlə] oxeltand; kindtand

molasses [mə(ʊ)'læsɪz] (konstr. ss. sg.) **1** melass **2** isht amer. sirap

Moldavia [mɒl'deɪvjə] geogr. Moldavien

1 mole [məʊl] [födelse]märke

2 mole [məʊl] **I** *s* zool. mullvad **II** *vb tr*, *~ out* gräva fram **III** *vb itr* gräva gångar

molecule ['mɒlɪkjuːl, 'məʊl-] fys. el. kem. molekyl

molehill ['məʊlhɪl] mullvadshög; *make a mountain out of a ~* göra en höna av en fjäder, förstora upp allting

molest [mə(ʊ)'lest] **1** ofreda, antasta **2** störa, besvära

mollify ['mɒlɪfaɪ] **1** blidka **2** dämpa, lindra

mollusc ['mɒləsk] zool. mollusk

mollycoddle ['mɒlɪkɒdl] klema (pjoska) med, skämma bort

molten ['məʊlt(ə)n] **1** smält, flytande [*~ steel*; *~ lava*]; *~ metal* gjutmetall **2** stöpt

mom [mɒm] amer. vard., kortform för *momma*

moment ['məʊmənt] **1** ögonblick; [liten] stund; tidpunkt; *the ~ of truth* sanningens [bistra] ögonblick, sanningens stund; *one ~* el. *half a ~* el. *just a ~* [vänta] ett ögonblick, vänta lite; *at the ~* a) för ögonblicket, för tillfället, just nu b) [just] då, vid den tidpunkten; *at that very ~* i samma ögonblick, just i det ögonblicket; *in a ~* om ett ögonblick; på ett ögonblick [*it was done in a ~*] **2** betydelse [*an affair of great ~*]; *a matter of no ~* en sak utan vikt, en oviktig sak **3** fys. moment

momentary ['məʊmənt(ə)rɪ] ett ögonblicks, en kort stunds [*a ~ pause*]; tillfällig

momentous [mə(ʊ)'mentəs] **1** [mycket] viktig **2** ödesdiger

momentum [mə(ʊ)'mentəm] fart äv. bildl.; styrka [*gain* (vinna i) *~*; *the growing ~ of the attack*]; *the car gained* (*gathered*) *~* bilen fick fart (fick upp farten)

momma ['mɒmə] amer. vard., se *mamma*

monarch ['mɒnək] monark; bildl. konung

monarchist ['mɒnəkɪst] monarkist

monarchy ['mɒnəkɪ] monarki

monastery ['mɒnəst(ə)rɪ] [munk]kloster

monastic [mə'næstɪk] o. **monastical** [mə'næstɪk(ə)l] kloster-, munk-

Monday ['mʌndeɪ, -dɪ isht attr.] måndag; *Easter ~* annandag påsk; jfr *Sunday*

monetary ['mʌnɪt(ə)rɪ] monetär; *the International M~ Fund* internationella valutafonden

money ['mʌnɪ] **1** (utan pl.) a) pengar [*hard-earned ~*] b) penning-; ekonomisk, finansiell; *~ matters* penningangelägenheter, penningfrågor, penningaffärer; *~ for jam* (*old rope*) vard. lättförtjänta pengar, ett lätt jobb; *have* (*get*) *one's ~'s worth* få valuta för pengarna (sina pengar); *be short of ~* ha ont om pengar **2** mynt[sort]; *foreign ~s* utländska mynt[sorter]

money box ['mʌnɪbɒks] sparbössa; kassaskrin

moneyed ['mʌnɪd] **1** penningstark, förmögen [*a ~ man*] **2** penning- [*~ power*]

money-lender ['mʌnɪˌlendə] penningutlånare

money-making ['mʌnɪˌmeɪkɪŋ] **I** *adj* **1** som tjänar (gör) pengar **2** inbringande **II** *s* penningförvärv; att tjäna (göra) pengar

money order ['mʌnɪˌɔːdə] amer. postanvisning på lägre belopp

Mongolia [mɒŋ'gəʊljə] geogr. Mongoliet
mongoose ['mɒŋguːs, 'mʌŋ-] zool.
1 a) mungo b) faraoråtta 2 slags kattapa
mongrel ['mʌŋgr(ə)l] I s 1 byracka, bondhund 2 bastard; korsning, blandning II adj av blandras; bastard-; korsnings-
monitor ['mɒnɪtə] I s 1 skol. ordningsman 2 monitor; TV. o.d. kontrollmottagare; dosmätare för radioaktivitet; ~ [*screen*] bildskärm, monitorskärm 3 övervakare vid monitor etc., jfr 2 4 varan slags ödla II *vb tr* övervaka; avlyssna III *vb itr* vara övervakare
monk [mʌŋk] munk; *black* ~ svartbroder
monkey ['mʌŋkɪ] I s 1 zool. apa; markatta 2 bildl. *you little* ~! din lilla rackarunge!; *put a p.'s* ~ *up* vard. reta gallfeber på ngn II *vb itr*, ~ [*about* (*around*)] gå och driva, slå dank; spela apa; göra rackartyg
monkey business ['mʌŋkɪˌbɪsnɪs] vard.
1 fuffens 2 larv
monkey nut ['mʌŋkɪnʌt] vard. jordnöt
monkey wrench ['mʌŋkɪren(t)ʃ] skiftnyckel
mono ['mɒnəʊ] I *adj* monofonisk, mono- II (pl. ~s) s 1 mono 2 monoplatta [äv. ~ *record* (*disc*)]
monochrome ['mɒnəkrəʊm] I *adj* monokrom II s monokrom
monocle ['mɒnəkl] monokel
monogamous [mɒ'nɒgəməs] monogam
monogamy [mɒ'nɒgəmɪ] engifte
monogram ['mɒnəgræm] monogram
monolith ['mɒnə(ʊ)lɪθ] monolit pelare, skulptur o.d. i ett enda block
monologue ['mɒnəlɒg] monolog
monopolize [mə'nɒpəlaɪz] 1 monopolisera; få (ha) monopol på (ensamrätt till) 2 bildl. [själv] lägga beslag på
monopoly [mə'nɒpəlɪ] 1 monopol, ensamrätt 2 ®, *M*~ Monopol sällskapsspel
monorail ['mɒnə(ʊ)reɪl] enspårsbana
monosyllabic [ˌmɒnə(ʊ)sɪ'læbɪk] enstavig
monosyllable ['mɒnəˌsɪləbl] enstavigt ord; *speak in* ~s tala enstavigt; vara fåmäld
monotone ['mɒnətəʊn] entonighet; enformighet; *speak* (*read*) *in a* ~ tala (läsa) entonigt (med entonig röst)
monotonous [mə'nɒtənəs] monoton, enformig [~ *work*], entonig [*a* ~ *voice*]
monotony [mə'nɒtənɪ] monotoni, enformighet, entonighet
monoxide [mə'nɒksaɪd], *carbon* ~ koloxid
monsoon [mɒn'suːn] meteor. monsun
monster ['mɒnstə] monster; missfoster, odjur
monstrosity [mɒn'strɒsətɪ] 1 vidunder; missfoster; monstrum; odjur
2 a) missbildning, monstrositet
b) vidunderlighet
monstrous ['mɒnstrəs] 1 missbildad [*a* ~ *embryo*], vanskapt, monströs
2 vidunderlig, monstruös 3 ofantlig, oerhörd [*a* ~ *lie*] 4 vard. fullkomligt orimlig (otrolig), skandalös 5 vard. ohygglig [*a* ~ *crime*]
montage [mɒn'tɑːʒ, 'mɒntɑːʒ] fr. montage
Montenegro [ˌmɒntɪ'niːgrəʊ] geogr.
month [mʌnθ] månad; *this* ~ [i] denna månad[en]; *by the* ~ per månad, månadsvis; *for* ~s i månader; *she's in her eighth* ~ hon är i åttonde månaden
monthly ['mʌnθlɪ] I *adj* månatlig; ~ *salary* månadslön II *adv* månatligen, en gång i månaden III s 1 månadstidskrift 2 pl. *monthlies* vard. mens
monument ['mɒnjʊmənt] 1 monument; *ancient* ~ fornminne, fornlämning; kulturminnesmärke 2 bildl. betydelsefullt (monumentalt) verk
monumental [ˌmɒnjʊ'mentl]
1 monument-, minnes- [*a* ~ *inscription*]
2 monumental[-]; vard. äv. häpnadsväckande, enorm [~ *ignorance*]
moo [muː] I *vb itr* säga 'mu'; råma, böla II *s*
1 mu; råmande, bölande 2 vard. [dum] kossa kvinna
mooch [muːtʃ] vard., ~ [*about* (*around*)] driva [omkring], gå och drälla, stryka omkring; smyga, snoka [*after* efter]
1 **mood** [muːd] gram. modus
2 **mood** [muːd] [sinnes]stämning; humör; lust, håg; *be in the* ~ vara upplagd [*for a th.* för ngt], ha lust [*for a th.* för (med) ngt; *to do a th.* att göra ngt]; *be in no* ~ inte vara upplagd (ha lust)
moody ['muːdɪ] 1 lynnig 2 på dåligt humör, trumpen, sur
moon [muːn] I s måne; *full* ~ fullmåne; *the* ~ *is out* det är månsken; *change of the* ~ månskifte; *be over the* ~ bildl. vara i sjunde himlen II *vb itr* vard., ~ [*about* (*around*)] gå och dra, slöa; dagdrömma
moonlight ['muːnlaɪt] I s månsken II *attr adj* månljus; månskens- [~ *night*] III *vb itr* vard. extraknäcka; jobba svart
moonlighting ['muːnˌlaɪtɪŋ] vard.
1 extraknäck 2 skumraskaffär[er], skumrasktrafik
moonlit ['muːnlɪt] månljus, månbelyst
moonshine ['muːnʃaɪn] 1 månsken 2 vilda fantasier; nonsens; *that's all* ~ äv. det är bara prat 3 sl. smuggelsprit isht whisky
moonstone ['muːnstəʊn] miner. månsten

moonstruck ['mu:nstrʌk] galen, sinnesrubbad
1 moor [muə, mɔ:] [ljung]hed [*the Yorkshire ~s*]
2 moor [muə, mɔ:] sjö. förtöja
moorhen ['muəhen, 'mɔ:-] zool. **1** rörhöna **2** [höna av] moripa
mooring ['muərɪŋ, 'mɔ:-] sjö. **1** förtöjning fastgörande; ~ *buoy* moringsboj, förtöjningsboj **2** vanl. pl. ~*s* förtöjningar äv. bildl.
Moorish ['muərɪʃ, 'mɔ:-] morisk
moorland ['muələnd, 'mɔ:-] hed[land]
moose [mu:s] (pl. ~*s* el. lika) [amerikansk] älg
moot [mu:t] **I** *attr adj* diskutabel; ~ *point* (*question*) omtvistad fråga **II** *vb tr* ta upp till diskussion
mop [mɒp] **I** *s* **1** mopp; disksvabb; sjö. svabb **2** vard. kalufs **II** *vb tr* torka [av] [~ *the floor*]; sjö. svabba; ~ *one's brow* torka sig i pannan, torka svetten ur pannan
mope [məup] vara dyster (nere, slö), sitta ensam och uggla; ~ *about* gå omkring och grubbla (hänga med huvudet)
moped ['məuped] moped
moral ['mɒr(ə)l] **I** *adj* **1** moralisk; sedlig [*live a ~ life*]; ~ *fibre* [moralisk] karaktärsstyrka **2 a)** andlig **b)** inre; ~ *certainty* **a)** bestämd övertygelse **b)** till visshet gränsande sannolikhet **II** *s* **1** [sens]moral ur ngt; *draw* (*point*) *the ~* dra ut (peka på, framhålla) sensmoralen **2** pl. ~*s* moral ofta sexualmoral; sedlighet, moraliska principer
morale [mɒ'rɑ:l, mə'r-] isht truppers moral [*the ~ of the troops is excellent*]; [god] anda, kampanda
morality [mə'rælətɪ] **1** moral; sedelära; *a high standard of* ~ en hög moralisk standard **2** sedlighet; dygd **3** ~ [*play*] medeltida moralitet; slags allegoriskt skådespel
moralize ['mɒrəlaɪz] moralisera, predika moral
morass [mə'ræs] moras, träsk; bildl. dy
morbid ['mɔ:bɪd] **1** sjuklig, osund, morbid [~ *imagination*]; sjukdoms-; sjukligt dyster (misstänksam) **2** makaber [~ *details*]
more [mɔ:], **1** mer; *it's getting ~ and ~ difficult* (*exciting*) det blir allt svårare (mer och mer spännande); ~ *or less* **a)** mer eller mindre **b)** ungefär, cirka [*a hundred ~ or less*]; *there is ~ to it than that* fullt så enkelt är det inte; [*the situation is*] [*all*] *the ~ difficult because* ...så mycket besvärligare eftersom **2** fler, flera; ~ *books* fler[a] böcker; *the ~ the merrier* ju fler desto (dess, ju) roligare **3** ytterligare, till [*a few ~*], mer; vidare; *once ~* en gång till, ännu en gång **4** komparativbildande mer; -are; mest; -[a]st; ~ *complicated* mera komplicerad **5** *no ~* **a)** inte mer[a], inga (inte) fler[a] **b)** inte (aldrig) mer; inte längre [*he is an actor no ~*]; inte heller; lika litet [*he knows very little about it, and no ~ do I*]; *no ~ of that!* nog om den saken!, nu får det vara nog!; *no ~ than* **a)** knappast mer än, bara [*no ~ than five people*] **b)** lika litet som; *not any ~* **a)** inte mer[a] (fler[a]) [*I don't want any ~*] **b)** aldrig mer[a]; *I don't want to see him any ~* jag vill aldrig se honom mer
morello [mə'reləu, mɒ'r-] (pl. ~*s*) bot., ~ [*cherry*] morell
moreover [mɔ:'rəuvə] dessutom; vidare
morgue [mɔ:g] **1** bårhus **2** tidn. sl. arkiv, referensbibliotek
moribund ['mɒrɪbʌnd] döende; utdöende [~ *civilizations*]; stagnerande [*a ~ political party*]
Mormon ['mɔ:mən] **I** *s* mormon; *the ~ State* Mormonstaten Utah **II** *adj* mormonsk
morn [mɔ:n] poet. morgon
morning ['mɔ:nɪŋ] **1** morgon, förmiddag; *this ~* adv. i morse, i dag på morgonen (förmiddagen), i förmiddags; *the ~ after* morgonen därpå, nästa (följande) morgon (förmiddag); *in the ~* på morgonen (förmiddagen), på (om) mornarna (förmiddagarna) **2** morgon-, förmiddags- [*a ~ walk*]; ~ *assembly* skol. morgonsamling
Moroccan [mə'rɒkən] **I** *adj* marockansk **II** *s* marockan; marockanska
Morocco [mə'rɒkəu] Marocko
moron ['mɔ:rɒn] **1** psykol. debil [person] **2** vard. el. neds. idiot
moronic [mə'rɒnɪk] **1** psykol. debil **2** vard. el. neds. enfaldig, idiotisk
morose [mə'rəus] sur[mulen], vresig
morrow ['mɒrəu] litt. morgondag; *the ~* morgondagen, följande (nästa) dag
Morse [mɔ:s] **I** egenn.; *the ~ code* (*alphabet*) morsealfabetet **II** *s* morsealfabet
morsel ['mɔ:s(ə)l] **1** munsbit; bit, smula; stycke **2** läckerhet, godbit äv. bildl.
mortal ['mɔ:tl] **I** *adj* **1** dödlig äv. bildl. [*man is ~*; *a ~ disease*]; jordisk, förgänglig [*this ~ life*]; dödsbringande; döds- [~ *agony*, ~ *danger*, ~ *enemy*, ~ *sin*]; ~ *fight* (*combat*) strid på liv och död **2** vard. (ss.

förstärkningsord) *no ~ reason* ingen som helst anledning; *not a ~ soul* inte en själ (kotte) **II** *s* dödlig människa (varelse); *ordinary ~s* vanliga dödliga
mortality [mɔːˈtælətɪ] **1** dödlighet **2** mortalitet, dödlighet [*infant ~*]; dödlighetsprocent [*heavy* (hög) *~*]; *~ rate* dödstal, dödlighetsprocent; mortalitet
mortally [ˈmɔːtəlɪ] **1** dödligt äv. bildl. [*~ wounded, ~ offended*] **2** vard. förfärligt
1 mortar [ˈmɔːtə] **1** mortel **2** mil. granatkastare
2 mortar [ˈmɔːtə] **I** *s* murbruk **II** *vb tr* mura [ihop]
mortgage [ˈmɔːgɪdʒ] **I** *s* inteckning; hypotek; hypotekshandling [äv. *~ deed*]; vard. lån; *first ~* första inteckning, botteninteckning; *~ loan* **II** *vb tr* **1** inteckna [*~d up to the hilt*], belåna **2** bildl. sätta i pant
mortician [mɔːˈtɪʃ(ə)n] amer. begravningsentreprenör
mortification [ˌmɔːtɪfɪˈkeɪʃ(ə)n] **1** förödmjukelse **2** harm; missräkning **3** späkning
mortuary [ˈmɔːtjʊərɪ] **I** *adj* begravnings- [*~ rites*], grav- [*~ chapel*]; döds- **II** *s* bårhus
mosaic [məˈʊ)ˈzeɪɪk] **I** *adj* mosaik- **II** *s* mosaik [*a design in ~*]
Moscow [ˈmɒskəʊ, amer. vanl. ˈmɒskaʊ] Moskva
Moslem [ˈmɒzlem] se *Muslim*
mosque [mɒsk] moské
mosquito [məˈskiːtəʊ] (pl. *~s* el. *~es*) zool. moskit, [stick]mygga; pl. *~*[*e*]*s* äv. mygg
moss [mɒs] bot. mossa; moss-
mossy [ˈmɒsɪ] mossig; moss- [*~ green*]; mossbelupen äv. bildl.; mosslik
most [məʊst] (superl. av *much*) **I** *adj* o. *pron* mest, flest [*I have many books but he has ~*], den (det) mesta, de flesta; *the ~ part* mest, till största delen; mestadels, för det mesta; *~ of us* de flesta av oss; *make the ~ of* dra största möjliga fördel av, göra det mesta möjliga av, utnyttja (njuta av) på bästa sätt, ta väl vara på; *at* [*the*] *~* högst, på sin höjd; i bästa fall **II** *adv* **1** mest [*what pleased me ~* el. *what ~ pleased me*]; *the one he values* [*the*] *~* den som han värderar högst (mest); *~ of all* allra mest (helst), mest (helst) av allt **2** superlativbildande mest; -[a]st; *the ~ beautiful of all* den allra vackraste; *~ famous* ryktbarast, mest berömd; [*when you are*] *~ prepared ...*[som] mest förberedd **3** högst, särdeles [*~

interesting; *a ~ wonderful story*]; *~ certainly* [ja] absolut, alldeles säkert, helt visst; *~ probably* (*likely*) högst sannolikt
mostly [ˈməʊs(t)lɪ] **1** mest **2** vanligen, mestadels [*he's at home ~*]
MOT [ˌeməʊˈtiː] (förk. för *Ministry of Transport*); *~* [*test*] vard. kontrollbesiktning av fordon äldre än tre år
motel [məʊˈtel, ˈməʊtel] motell
moth [mɒθ] **1 a)** nattfjäril **b)** mal [äv. *clothes ~*] **2** flyg. moth[plan]
mothball [ˈmɒθbɔːl] **I** *s* malkula, malmedel; *in ~s* bildl. i malpåse **II** *vb tr* bildl. lägga (förvara) i malpåse
moth-eaten [ˈmɒθˌiːtn] maläten; bildl. äv. förlegad
mother [ˈmʌðə] **I** *s* **1** moder, mor, mamma; *~'s boy* mammas gosse; *~'s ruin* skämts. gin dryck; *~ country* **a)** moderland **b)** fosterland, fädernesland; hemland; *~ figure* (*image*) modersgestalt; *~ tongue* (*language*) **a)** modersmål **b)** moderspråk, grundspråk; *be a ~ to* vara som en mor för **2** bildl. moder, källa, upphov [*misrule is often the mother of* (till) *revolt*]; *the M~ of Parliaments* parlamentets moder brittiska parlamentet **3** gumman; *M~ Goose* ung. Gåsmor fiktiv författare till eng. barnrim **4** moder, abbedissa [äv. *M~ Superior*] **II** *vb tr* **1** sätta (föda) till världen; bildl. vara upphovsman till, ge upphov till **2** vara som en mor för, fostra; pyssla (sköta) om
motherhood [ˈmʌðəhʊd] moderskap
mother-in-law [ˈmʌð(ə)rɪnlɔː] (pl. *mothers-in-law* [ˈmʌðəzɪnlɔː]) **1** svärmor **2** vard. styvmor
motherly [ˈmʌðəlɪ] moderlig [*~ care*], moders- [*~ love, ~ pride*]
mother-of-pearl [ˌmʌð(ə)rə(v)ˈpɜːl] pärlemor
mothproof [ˈmɒθpruːf] **I** *adj* malsäker; *~ bag* malpåse **II** *vb tr* malsäkra
motif [məʊˈtiːf] mus., konst. el. litt. motiv, tema, ämne, grundtanke
motion [ˈməʊʃ(ə)n] **I** *s* **1** rörelse; gest, tecken; *slow ~* film. ultrarapid; slow motion; *~ picture* [spel]film; *put* (*set*) *in ~* sätta i rörelse (i gång) **2** [omröstnings]förslag, yrkande äv. jur.; jur. hemställan **3 a)** med. öppning, avföring **b)** vanl. pl. *~s* avföring, exkrementer **II** *vb itr* vinka, ge (göra) tecken **III** *vb tr* vinka (ge el. göra tecken) åt (till) [*~ a p. to come*]
motionless [ˈməʊʃ(ə)nləs] orörlig; i vila
motivate [ˈməʊtɪveɪt] **1** motivera **2** vara drivfjädern bakom (motivet till) [*what ~d

their desperate action?] **3** skapa intresse hos
motivation [ˌməʊtɪˈveɪʃ(ə)n] motivering; isht psykol. motivation
motive [ˈməʊtɪv] **I** s motiv, bevekelsegrund **II** adj rörelse-; ~ *power* (*force*) drivkraft
motley [ˈmɒtlɪ] **I** adj brokig; sammanrafsad; *a ~ crew* (*crowd*) en brokig skara **II** s brokig blandning
motor [ˈməʊtə] **I** s **1** motor, motor- **2** åld. vard. bil, bil- **II** adj fysiol. motorisk [*~ nerve*]; ~ *activity* motorik; *fine ~ skills* (*ability*) finmotorik **III** vb itr bila [*we ~ed to Brighton*]
motorbike [ˈməʊtəbaɪk] vard. för *motorcycle*
motorboat [ˈməʊtəbəʊt] **I** s motorbåt **II** vb itr köra (åka) motorbåt
motorcade [ˈməʊtəkeɪd] bilkortege
motorcar [ˈməʊtəkɑː] bil
motorcoach [ˈməʊtəkəʊtʃ] **1** buss; turistbuss **2** järnv. motorvagn
motorcycle [ˈməʊtəˌsaɪkl, ˌ--ˈ--] **I** s motorcykel; ~ *combination* motorcykel med sidvagn **II** vb itr köra (åka) motorcykel
motorcyclist [ˈməʊtəˌsaɪklɪst] motorcyklist
motoring [ˈməʊtərɪŋ] **1** bilande, bilkörning; ~ *accident* bilolycka; ~ *offence* trafikförseelse **2** motorsport
motorist [ˈməʊtərɪst] bilist
motorize [ˈməʊtəraɪz] motorisera [*~d divisions*]
motorlorry [ˈməʊtəˌlɒrɪ] lastbil
motor scooter [ˈməʊtəˌskuːtə] skoter
motorway [ˈməʊtəweɪ] motorväg
motto [ˈmɒtəʊ] (pl. *~es* el. *~s*) **1** motto, valspråk, devis; tänkespråk **2** överskrift
1 mould [məʊld] **I** s **1** [mat]jord; mull **2** mull, stoft **II** vb tr mylla över (ner), kupa [äv. ~ *up*; *potatoes should be kept ~ed* [*up*]]
2 mould [məʊld] **1** mögel **2** mögelsvamp
3 mould [məʊld] **I** s **1** form äv. bildl.; gjutform; matris; tekn. äv. modell, schablon, mall; *cast in the same ~* stöpt i samma form **2** kok. a) form b) pudding; aladåb **3** form, [kropps]byggnad; gestalt **4** bildl. typ [*men of a quite different ~*] **II** vb tr gjuta, forma äv. bildl.; ~ *a p.'s character* forma (dana) ngns karaktär
moulder [ˈməʊldə], ~ [*away*] a) vittra (falla) sönder b) [för]multna c) bildl. förtvina, mögla [bort]
moulding [ˈməʊldɪŋ] **1** gjutning; form äv. form- [*~ press*]; *opinion ~*

opinionsbildning, formande av opinion[en] **2** listverk; utsirning
mouldy [ˈməʊldɪ] **1** möglig; unken; murken; *become* (*grow, go*) *~* mögla; *smell ~* lukta mögel **2** bildl. möglig, förlegad, dammig **3** urusel
moult [məʊlt] **I** vb itr **1** om fåglar rugga **2** om andra djur fälla hår (horn); ömsa skal **II** vb tr fälla fjädrar o.d.; ömsa skal etc., jfr *I*
mound [maʊnd] **1** hög, kulle; upphöjning; gravhög; kummel **2** vall
1 mount [maʊnt] litt. (i namn) berg [*the M~ of Olives*]; *the ~ of Venus* anat. venusberget
2 mount [maʊnt] **I** vb tr **1** gå (springa) uppför [*~ the stairs*]; stiga (gå, klättra) upp på (i) [*~ a platform; ~ a pulpit*]; bestiga [*~ the throne*]; *~ a horse* sitta upp, stiga till häst **2** placera [*~ a statue on a foundation*] **3** hjälpa upp i sadeln **4** montera [*~ insects; ~ pictures*]; sätta upp; installera; göra [i ordning] [*~ an exhibition*]; klistra (sätta) upp (in) [i album] [*~ stamps*]; uppfodra; infatta [*~ a diamond in a ring*]; rama in; besätta; beslå **5** sätta upp [*~ a play*] **6** mil. sätta i gång, öppna; *~ an offensive* äv. ta till offensiven **7** *~ guard* a) gå 'på (överta) vakten, ställa sig på vakt b) gå på vakt, stå på post, hålla vakt **8** om djur betäcka; bestiga **II** vb itr **1** stiga; stiga (gå, klättra) upp; gå uppför; höja sig **2** sitta upp, stiga till häst **3** bildl. *~* [*up*] stiga, växa, gå (rusa) i höjden [*bills ~ up quickly at hotels*] **III** s **1** kartong, papper o.d. som bakgrund till bilder m.m. **2** [rid]häst **3** frimärksfastsättare **4** montering; infattning; inramning; beslag **5** objektglas för mikroskop **6** mil. stativ
mountain [ˈmaʊntɪn, -ən] [högre] berg; *a ~ of flesh* ett fläskberg fet person; *I have ~s of work to do* jag är överlastad med arbete; *move* (bibl. *remove*) *~s* försätta (förflytta) berg; *~ region* bergstrakt
mountain ash [ˌmaʊntənˈæʃ] bot. rönn
mountaineer [ˌmaʊntɪˈnɪə] **I** s bergsbestigare **II** bergsbo **III** vb itr göra bergsbestigningar
mountaineering [ˌmaʊntɪˈnɪərɪŋ] bergsbestigning[ar]
mountainous [ˈmaʊntɪnəs] **1** bergig **2** ofantlig, hög som berg [*~ waves*]
mounted [ˈmaʊntɪd] **1** uppklättrad **2** ridande [*~ police*]; fordonsburen [*~ infantry*] **3** monterad; uppsatt; uppställd; uppklistrad, insatt i album; inramad, infattad
mourn [mɔːn] **I** vb itr sörja; *~ for a p.* sörja

ngn; ha sorg (bära sorgdräkt) efter ngn **II** *vb tr* sörja över; sörja

mourner ['mɔːnə] **1** sörjande [person]; deltagare i sorgetåg (begravningsfölje); *the ~s* de sörjande; *the chief ~* den närmast sörjande **2** *professional (hired) ~* gråterska, lejd sörjande

mournful ['mɔːnf(ʊ)l] sorglig, dyster; sorgsen

mourning ['mɔːnɪŋ] **I** *adj* sörjande **II** *s* **1** sorg; sorgdräkt; *deep (full) ~* djup sorg[dräkt]; *in ~* sorgklädd; *be in (wear) ~ for* ha (bära) sorg efter **2** sorg-; *~ clothes (dress)* sorgdräkt, sorgkläder

mouse [ss. subst. maʊs, ss. vb maʊz] **I** (pl. *mice* [maɪs], i bet. *2* vanl. *~s*) *s* **1** a) mus, [liten] råtta b) bildl. skygg och tillbakadragen person; *as quiet as a ~* tyst som en mus; *are you a man or a ~?* du är väl [en] karl! **2** data. mus; *~ button* musknapp **II** *vb itr* om djur fånga (ta) möss (råttor)

mouse mat ['maʊsmæt] o. **mousepad** ['maʊspæd] *s* data. musmatta

mousetrap ['maʊstræp] råttfälla

mousse [muːs] **1** kok. mousse; ss. dessert äv. fromage **2** hårmousse

moustache [məˈstɑːʃ, amer. vanl. ˈmʌstæʃ] mustasch[er]; *grow a ~* anlägga mustasch

mousy [ˈmaʊsɪ] råttlik[nande]; råttfärgad [*~ hair*]

mouth [ss. subst. maʊθ, i pl. maʊðz; ss. vb maʊð] **I** *s* **1** mun; *corner of the ~* mungipa; *have a big ~* vard. prata för mycket; vara stor i truten; *have one's heart in one's ~* ha hjärtat i halsgropen; *shut your ~!* håll mun (käften)! **2** grimas; *make a [wry] ~* göra en grimas, rynka på näsan [*at* åt] **3** mynning [*the ~ of a river*]; utlopp, inlopp; öppning **II** *vb tr* **1** deklamera, artikulera överdrivet [äv. *~ out*] **2** forma [ljudlöst] med läpparna **III** *vb itr* deklamera, orera

mouthful ['maʊθfʊl] munfull; munsbit, tugga; smula; *swallow a th. at a ~* svälja ngt i en munsbit

mouth organ ['maʊθˌɔːgən] munspel, munharmonika

mouthpiece ['maʊθpiːs] **1** munstycke; bett på betsel; boxn. tandskydd **2** [telefon]lur [*speak into the ~!*] **3** bildl. talesman

mouth-to-mouth [ˌmaʊθtəˈmaʊθ], *~ method* mun-mot-munmetod

mouthwash ['maʊθwɒʃ] munvatten

mouth-watering ['maʊθˌwɔːt(ə)rɪŋ] aptitretande, som får det att vattnas i munnen

movable ['muːvəbl] **I** *adj* **1** rörlig; *~ feast* kyrkl. rörlig helg[dag] **2** lös [*~ property*], personlig [*~ goods*] **II** *s*, vanl. pl. *~s* lösöre, inventarier; bohag, husgeråd, möbler; flyttsaker

move [muːv] **I** *tr* **1** flytta, flytta på; förflytta [*~ troops*]; *~ house* flytta, byta bostad **2** a) röra [på] [*~ o.'s lips*] b) sätta i gång; hålla i gång **3** röra, bedröva; göra intryck på, beveka; *be ~d* bli rörd, röras, gripas [*by (with)* av; *he was deeply ~d*] **4** påverka; *nothing could ~ him* ingenting kunde påverka honom **5** göra hemställan hos **6** parl. o.d. föreslå; yrka [på] **II** *itr* **1** a) röra [på] sig b) förflytta sig [*~ one step*]; *you must ~ very carefully* du måste gå fram med stor försiktighet **2** a) sätta sig i rörelse [*begin to ~*], sätta[s] i gång b) bryta upp; flytta; *I must be moving* vard. jag måste ge mig av (i väg); *things are beginning to ~* det börjar röra på sig; *~ off* ge sig av, avlägsna sig; *~ on* gå på (vidare), cirkulera; *~ out* a) gå ut b) flytta [ut], avflytta **3** i schack o.d. a) om pjäs röra sig, flyttas b) flytta, dra **4** företa sig något **5** vistas; *~ in the best society* röra sig (umgås) i de bästa kretsar **6** hemställa, yrka **III** *s* flyttning; i schack o.d. drag; bildl. [schack]drag [*a clever ~*], utspel [*a new ~ to solve the crisis*], åtgärd; *a wrong ~* ett feldrag; *get a ~ on!* vard. raska (skynda) på!; *make a ~* bildl. göra ett drag äv. i schack o.d.; handla, göra något; *make a ~ to go* göra en ansats att gå

movement ['muːvmənt] **1** rörelse; förskjutning; *freedom of ~* bildl. rörelsefrihet **2** isht pl. *~s* rörelser, förehavanden, beteende; hållning, skick **3** [ur]verk; gång; mekanism **4** mus. a) sats [*the first ~ of a symphony*] b) tempo; rytm **5** tendens [*a ~ towards formalism*]; utveckling [*a ~ towards greater freedom of the press*] **6** politisk, religiös o.d. rörelse [*the Labour ~*; *the temperance ~*]; riktning [*philosophical ~s*]

mover ['muːvə] **1** upphov, drivkraft; upphovsman, drivande kraft; *prime ~* a) [primär] drivkraft, kraftkälla; kraftgenerator b) primus motor, initiativtagare **2** förslagsställare, motionär

movie ['muːvɪ] vard. [spel]film; amer. bio[graf]; *the ~s* bio; *~ house (theater)* isht amer. bio[graf]

moviegoer ['muːvɪˌgəʊə] biobesökare

moving ['muːvɪŋ] **I** *adj* o. *pres p* **1** rörlig; *~ pavement* (amer. *walkway*) rullande trottoar; ~ *picture* isht amer. vard. [spel]film; ~ *staircase* (*stairway*) rulltrappa **2** rörande [~ *ceremony*]; bevekande **II** *s* [för]flyttning; ~ *van* amer. flyttbil

1 mow [məʊ] (imperf. *mowed*, perf. p. *mown*, *mowed*) **I** *vb tr* meja, slå [~ *grass* (*hay*); ~ *a field*], skära [~ *corn*]; klippa [~ *a lawn*]; ~ *down* bildl. meja ned **II** *vb itr* slå, skära; klippa

2 mow [məʊ] [hö]stack, hövolm; skyl
mower ['məʊə] **1** a) slåttermaskin b) gräsklippare maskin **2** a) slåtterkarl b) gräsklippare person
Mozambique [ˌməʊzəm'biːk] Moçambique
MP [ˌem'piː] **1** (pl. *MP's* el. *MPs*) (förk. för *Member of Parliament*); *he is an* ~ han är parlamentsledamot **2** förk. för *Metropolitan* (*Military*, *Mounted*) *Police*
m.p.h. förk. för *miles per hour*
Mr. o. **Mr** ['mɪstə] (pl. *Messrs.* ['mesəz]) (förk. för *mister*) hr, herr: a) före namn [~ *Brown*, ~ *John B.*] b) vid tilltal före vissa titlar, utan namn [~ *Chairman*, ~ *Speaker* m.fl.] c) före titel och namn, i sv. utan motsvarighet [~ *Justice Brown*] d) före kirurgs namn i motsats till andra läkare; ~ *Big* bossen, chefen; ~ *Right* den rätte
Mrs. o. **Mrs** ['mɪsɪz] (förk. för *missis*) fru framför namn o. ibl. i tilltal före vissa titlar [~ *Brown*, ~ *Jane* (*John*) *B.*; ~ *Chairman*]; *Dr. and* ~ *Smith* Dr och Fru Smith, Dr Smith med Fru

1 MS [ˌem'es, 'mænjʊskrɪpt] (pl. *MSS* [ˌemes'es el. 'mænjʊskrɪpts]) förk. för *manuscript*
2 MS 1 (förk. för *multiple sclerosis*) MS **2** förk. för *Master of Science* (*Surgery*)
Ms. o. **Ms** [mɪz, məz] **I** titel för kvinna som ersättning för Miss el. Mrs före namn [~ [*Sarah*] *Brown*] **II** (pl. *Mses*[.] el. *Mss*[.] ['mɪzɪz]) *s* kvinna i allm. [*a fair sprinkling of* ~*s among the staff*]
much [mʌtʃ] **I** (*more most*) *adj* mycket; *without* ~ *difficulty* utan större svårighet **II** *pron* **1** mycket [*you have* ~ *to learn*; *she is not* ~ *to look at*]; ~ *you know about it!* det vet du inte ett dugg om!; *make* ~ *of* a) förstå [*I couldn't make* ~ *of the play*] b) göra stor affär av **2** *as* ~ lika (så) mycket [*as* som]; *as* ~ *again* (*more*) lika mycket till; *I thought as* ~ var det inte det jag trodde **3** *how* ~ hur mycket; *how* ~ *is this?* vad kostar den här? **4** *so* ~ så mycket; *the scene resembled nothing so* ~ *as...* scenen liknade mest av allt... **III** (*more most*) *adv* **1** mycket: a) före komp. [~ *older* (*more useful*); ~ *inferior*];

very ~ *older* betydligt äldre b) före vissa adj. [äv. *very* ~; [*very*] ~ *afraid* (*alike*)]; *he doesn't look* ~ *like a clergyman* han ser knappast (just inte) ut som en (nån) präst c) vid vb o. perf. p. [äv. *very* ~; *I* ~ *regret the mistake*; [*very*] ~ *annoyed* (*astonished*)]; *thank you very* ~ tack så mycket d) vid adverbiella uttr. [~ *above the average*]; ~ *to my delight* till min stora förtjusning **2** före superl. absolut; ~ *the best plan* äv. den avgjort bästa planen **3** ungefär; *pretty* ~ *alike* ungefär lika
muck [mʌk] **I** *s* **1** gödsel **2** vard. lort, skit äv. bildl. **II** *vb tr* **1** gödsla **2** vard. lorta (skita, grisa) ner; ~ *a p. about* (*around*) köra med ngn; bråka (tjafsa) med ngn **III** *vb itr*, ~ *about* (*around*) vard. a) gå och dra, drälla omkring b) tjafsa
muckraking ['mʌkˌreɪkɪŋ] vard. sensationsmakeri; skandalskriverier
muck-up ['mʌkʌp] vard. soppa, fiasko; *make a* ~ *of a th.* a) misslyckas med (sabba) ngt, göra bort sig b) trassla (soppa) till ngt
mucky ['mʌkɪ] vard. lortig, skitig; motbjudande; lerig [*a* ~ *road*]
mucus ['mjuːkəs] slem
mud [mʌd] gyttja, dy; sörja, lera [*the* ~ *of the roads*]; mudder, slam; *it's as clear as* ~ skämts. el. iron. man fattar inte ett dyft; *throw* (*fling*, *sling*) ~ *at* bildl. smutskasta, svärta ned; förtala
muddle ['mʌdl] **I** *vb tr* **1** fördärva, förfuska [*you have* ~*d the scheme*], trassla till **2** förvirra; göra omtöcknad (lummig) [*the drink* ~*d him*] **3** ~ *up* (*together*) röra ihop [*he has* ~*d things up completely*]; blanda ihop, förväxla **II** *vb itr*, ~ *along* (*on*) a) hålla på och vimsa b) hanka sig fram **III** *s* röra
muddled ['mʌdld] rörig, oredig, virrig
muddle-headed ['mʌdlˌhedɪd] virrig
muddy ['mʌdɪ] **I** *adj* **1** smutsig [~ *roads* (*shoes*)]; gyttjig **2** grumlig [~ *coffee*; ~ *stream*], oklar, smutsbrun **II** *vb tr* **1** göra smutsig (lerig, sörjig); smutsa (stänka) ned **2** grumla
mudguard ['mʌdɡɑːd] stänkskärm på bil
mudpack ['mʌdpæk] kosmetisk ansiktsmask
mudslinging ['mʌdˌslɪŋɪŋ] smutskastning; förtal

1 muff [mʌf] muff äv. tekn.
2 muff [mʌf] vard. **I** *s* **1** miss, sumpning; *make a* ~ *of* missa, sumpa **2** klåpare, klantskalle **II** *vb tr* missa [~ *an opportunity*]; ~ *a catch* sport. tappa bollen **III** *vb itr* göra bort sig; missa [bollen]

muffin ['mʌfɪn] **1** slags tebröd som äts varma med smör **2** amer. muffin; *English* ~ se *1*
muffle ['mʌfl] **I** *vb tr* **1** linda om [~ *one's throat*]; ~ [*up*] pälsa (klä, bylta) på [~ *oneself up well*], svepa (vira) in **2** linda [om] för att dämpa ljud; madrassera dörr; dämpa; ~*d* äv. dämpad, dov [~*d sounds*], [halv]kvävd [~*d voices*] **II** *s* tekn. muffel
muffler ['mʌflə] **1** [ylle]halsduk **2** isht amer. ljuddämpare
mufti ['mʌftɪ] **1** mufti muslimsk rättslärd **2** civila kläder; *in* ~ äv. civil[klädd]
1 mug [mʌg] **I** *s* **1** mugg [*a* ~ *of tea*], sejdel [*a* ~ *of beer*] **2** sl. a) tryne, fejs b) käft, trut **3** sl. [blåögd] idiot **II** *vb tr* vard. **1** överfalla (slå ner) och råna isht på gatan **2** amer. plåta (till förbrytaralbum)
2 mug [mʌg] vard., ~ *up* plugga
mugger ['mʌgə] sl. [brutal] rånare isht på gatan
mugging ['mʌgɪŋ] vard. rånöverfall isht på gatan
muggy ['mʌgɪ] kvav, tryckande
mulatto [mjʊ'lætəʊ] (pl. ~*s* el. ~*es*) mulatt
mulberry ['mʌlb(ə)rɪ] **1** mullbär; ~ *tree* mullbärsträd; [*here we go round*] *the* ~ *bush* sånglek ...en enebärsbuske **2** mullbärsträd
1 mule [mjuːl] sandalett utan häl el. rem; hällös toffel
2 mule [mjuːl] mula; mulåsna; *as stubborn* (*obstinate*) *as a* ~ envis som synden (en åsna)
1 mull [mʌl] grubbla (fundera) över
2 mull [mʌl] [krydda och] glödga; ~*ed wine* glödgat vin, vinglögg
multifarious [ˌmʌltɪ'feərɪəs] mångahanda [*his* ~ *duties*], mångskiftande [~ *activities*]
multilateral [ˌmʌltɪ'læt(ə)r(ə)l] multilateral [~ *agreement* (*treaty*)]; mångsidig, flersidig
multimillionaire [ˌmʌltɪmɪljə'neə] mångmiljonär
multinational [ˌmʌltɪ'næʃnl] **I** *adj* multinationell **II** *s* multinationellt företag
multiple ['mʌltɪpl] **I** *adj* mångahanda [~ *interests*]; mångfaldig, åtskillig [~ *bruises*]; flerdubbel; mutipel [~ *system*]; ~ *collision* seriekrock; ~ *sclerosis* med. multipel skleros **II** *s* matem. mångfald, multipel
multiple-choice [ˌmʌltɪpl'tʃɔɪs] flervals- [~ *test*, ~ *item* (uppgift)]
multiplication [ˌmʌltɪplɪ'keɪʃ(ə)n] **1** matem. multiplikation; ~ *table* multiplikationstabell **2** mångfaldigande, mångdubblande; [för]ökning

multiplicity [ˌmʌltɪ'plɪsətɪ] mångfald [*a* ~ *of duties*]; mångskiftande karaktär
multiply ['mʌltɪplaɪ] **I** *vb tr* **1** multiplicera **2** mångfaldiga; öka **II** *vb itr* **1** mångdubblas; ökas **2** föröka (fortplanta) sig
multiracial [ˌmʌltɪ'reɪʃ(ə)l] som omfattar (representerar) många raser
multistorey [ˌmʌltɪ'stɔːrɪ] flervånings- [~ *hotel*]; ~ *block* (*building*) höghus
multitude ['mʌltɪtjuːd] **1** mängd **2** folkmassa; *the* ~ [den stora] massan, mängden
1 mum [mʌm] barnspr. mamma; vard. morsa [*my* ~]
2 mum [mʌm] vard. **I** *interj*, ~! tyst!, tig! **II** *s*, ~'*s the word!* håll tyst med det! **III** *pred adj* tyst [*keep* ~]
mumble ['mʌmbl] **I** *vb itr* mumla **II** *vb tr*, ~ [*out*] mumla [fram] **III** *s* mummel
mumbo jumbo [ˌmʌmbəʊ'dʒʌmbəʊ] (pl. ~*s*) **1** tomma ceremonier (ritualer) **2** fikonspråk
mummify ['mʌmɪfaɪ] mumifiera
1 mummy ['mʌmɪ] mumie äv. bildl.
2 mummy ['mʌmɪ] barnspr. mamma; ~'*s darling* mammagris, morsgris; mammas älskling
mumps [mʌmps] (konstr. ss. sg.) med. påssjuka; *be down with* [*the*] ~ ligga i påssjuka
munch [mʌn(t)ʃ] **I** *vb itr* mumsa **II** *vb tr* mumsa på; mumsa (snaska) [i sig] [~ *chocolates*]
mundane ['mʌndeɪn] **1** jordisk, denna världens [~ *pleasures*] **2** trivial
Munich ['mjuːnɪk] geogr. München
municipal [mjʊ'nɪsɪp(ə)l] kommunal [~ *buildings*]; kommun-, stads- [~ *libraries*]; ~ *council* kommunfullmäktige
municipality [mjʊˌnɪsɪ'pælətɪ] **1** kommun **2** kommunstyrelse
mural ['mjʊər(ə)l] **I** *adj* mur-; ~ *painting* muralmålning, väggmålning **II** *s* muralmålning
murder ['mɜːdə] **I** *s* mord; ~ *case* mordfall, mordaffär; ~ *investigation* mordutredning; ~ *investigator* mordutredare, mordspanare; *attempted* ~ mordförsök; *cry* (*scream*) *blue* (amer. *bloody*) ~ vard. skrika i högan sky **II** *vb tr* **1** mörda **2** bildl. fördärva; misshandla [~ *a song*]
murderer ['mɜːdərə] mördare
murderess ['mɜːdərəs] mörderska
murderous ['mɜːd(ə)rəs] **1** mordisk; blodtörstig **2** mord- [~ *assault* (*weapons*)]

murky ['mɜːkɪ] **1** mörk, skum, dunkel [*a ~ night*]; dyster **2** mulen; tät [*~ darkness*] **3** bildl. skum [*a man with a ~ past*]
murmur ['mɜːmə] **I** *s* **1** sorl; surr [*the ~ of bees*] **2** mummel; *without a ~* utan knot, utan att knysta (mucka) **3** med., [*heart*] *~* blåsljud **II** *vb itr* **1** sorla, porla; surra **2** mumla; knota, knorra
muscle ['mʌsl] **I** *s* **1** muskel; pl. *~s* äv. muskulatur **2** muskler; muskelvävnad; muskelstyrka **II** *vb itr* vard., *~ in* tränga (nästla) sig in [*on* på, i]; hålla sig framme, försöka komma med på ett hörn **III** *vb tr* vard., *~ one's way* tränga sig [fram]; *~ one's way into* [*the conversation*] lägga sig i...
Muscovite ['mʌskə(ʊ)vaɪt] moskvabo
muscular ['mʌskjʊlə] **1** muskel- [*~ rheumatism* (*strength, tissue*)] **2** muskulös
1 muse [mjuːz] **1** mytol. musa; *the* [*nine*] *Muses* [de nio] muserna **2** poet
2 muse [mjuːz] **1** fundera **2** säga [halvt] för sig själv; *~ aloud* tänka högt **3** se (titta) begrundande
museum [mjʊ'zɪəm] museum; *~ piece* museiföremål äv. bildl.
mush [mʌʃ] **1** mos, sörja **2** vard. smörja
mushroom ['mʌʃrʊm, -ruːm] **I** *s* svamp [*edible* (*poisonous*) *~s*]; champinjon; *spring up like ~s* växa upp som svampar [ur marken] **II** *attr adj* **1** svamp-, champinjon- [*~ omelette* (*soup*)] **2** svampliknande [*the ~ cloud of an atom bomb*] **3** hastigt uppväxande (uppvuxen) [*a ~ town*]; kortlivad [*~ enterprise*] **III** *vb itr* **1** plocka svamp (champinjoner) [*go ~ing*] **2** *~ out* (*up*) växa upp som svampar (en svamp) [ur marken]
mushy ['mʌʃɪ] **1** mosig, lös **2** vard. känslosam; blödig
music ['mjuːzɪk] **1** a) musik; *~ while you work* musik under arbetet b) musik- [*~ lesson* (*festival*)] **2** noter [*read ~*], nothäften [*printed ~*]; *sheet of ~* notblad, nothäfte **3** *face the ~* vard. ta konsekvenserna, [få] stå sitt kast; *it's ~ to my ears* vard. det låter som [ljuv] musik för mina öron
musical ['mjuːzɪk(ə)l] **I** *adj* **1** musikalisk; välljudande [*a ~ voice*]; musikintresserad [*a ~ person*]; musikaliskt utvecklad [*~ taste*]; *have a ~ ear* ha bra musiköra **2** musik-, musikalisk [*~ instruments*]; *~ comedy* musikal; filmmusikal; *~ evening* [*party*] musikafton, musikalisk soaré **3** *~ box* speldosa; *~ chairs* sällskapslek hela havet stormar **II** *s* musikal; filmmusikal

music box ['mjuːzɪkbɒks] speldosa
music hall ['mjuːzɪkhɔːl] **1** varieté[teater]; *~ singer* varietésångare, vissångare **2** amer. konsertsal
musician [mjʊ'zɪʃ(ə)n] **1** musiker; musikant **2** tonsättare
music stand ['mjuːzɪkstænd] notställ
musk [mʌsk] mysk
musket ['mʌskɪt] hist. musköt
musketeer [ˌmʌskə'tɪə] hist. musketerare; musketör
muskrat ['mʌskræt, ˌ-'-] zool. bisamråtta
musk rose ['mʌskrəʊz, ˌ-'-] bot. **1** myskros **2** myskmalva
Muslim ['mʊzləm, 'mʊs-, 'mʌz-] **I** *s* muslim, muselman **II** *adj* muslimsk
muslin ['mʌzlɪn] a) muslin b) amer., ung. [bomulls]lärft
musquash ['mʌskwɒʃ] **1** zool. bisamråtta **2** *~* [*fur*] bisam pälsverk
mussel ['mʌsl] zool. mussla
must [mʌst, ss. vb obeton. məst, məs, mst, ms] **I** *hjälpvb* **1** a) måste, är (var) tvungen att [*he said I ~ go*; *I couldn't stand it - I ~ help her*]; *well, if you ~!* om du absolut (nödvändigtvis) måste (vill) så! b) i påståendesats med negation får, fick [*you ~ never ask*]; *we ~n't be late, ~ we?* vi får inte komma för sent, eller hur? **2** måste [utan tvivel], måtte **3** ngt iron., *he ~* [*come and bother me just now!*] han ska naturligtvis (förstås)..., det är typiskt att han ska...; *he ~ go and break his leg* det är klart att han skulle gå och bryta benet **II** *s* vard., *a ~* ett måste [*that book is a ~*]
mustang ['mʌstæŋ] mustang häst
mustard ['mʌstəd] senap äv. bot.; *cut the ~* isht amer. vard. motsvara förväntningarna, lyckas
muster ['mʌstə] **I** *s* **1** mönstring; *pass ~* a) undergå mönstring (inspektion) utan anmärkning, bli antagen b) bildl. godkännas, bli accepterad; duga [*as, for till*] **2** uppbåd [*a large ~ of football supporters*]; samling **II** *vb tr* **1** samla [ihop]; mil. ställa upp **2** *~* [*up*] uppbjuda [*~* [*up*] *all one's strength*] **III** *vb itr* **1** ställa upp [sig] [*~ for inspection*] **2** samlas, träffas
mustiness ['mʌstɪnəs] unkenhet etc., jfr *musty*
mustn't ['mʌsnt] = *must not*
musty ['mʌstɪ] **1** unken [*~ smell*], instängd [*~ air*], ovädrad [*~ room*], möglig **2** bildl. förlegad [*~ ideas*]
mutation [mjʊ'teɪʃ(ə)n] **1** förändring; växling **2** biol. mutation **3** språkv. omljud
mute [mjuːt] **I** *adj* **1** stum; mållös; tyst

2 fonet. stum, som inte uttalas [~ 'e'] **II** s **1** stum person **2** teat. statist **3** mus. sordin; dämmare **III** vb tr dämpa; mus. sätta sordin på; *in ~d tones* med dämpad (sordinerad) röst

mutilate ['mju:tɪleɪt] stympa äv. bildl.; lemlästa; vanställa

mutilation [ˌmju:tɪ'leɪʃ(ə)n] stympande; förvanskning

mutineer [ˌmju:tɪ'nɪə] **I** s myterist; upprorsman **II** vb itr göra myteri

mutiny ['mju:tɪnɪ] **I** s myteri äv. bildl.; uppror **II** vb itr göra myteri (uppror)

mutt [mʌt] sl. **1** fårskalle **2** hundracka

mutter ['mʌtə] **I** vb itr **1** mumla, muttra **2** knota, knorra **II** vb tr mumla [fram] [~ *an answer*] **III** s **1** mumlande, muttrande **2** knorrande, knot

mutton ['mʌtn] får[kött]; *roast ~* fårstek

mutual ['mju:tʃʊəl, -tjʊəl] **1** ömsesidig; inbördes; *~ admiration society* sällskap för inbördes beundran **2** gemensam [*a ~ friend*]; *~ efforts* förenade (gemensamma) ansträngningar

mutually ['mju:tʃʊəlɪ, -tjʊəl-] ömsesidigt; *they are ~ exclusive* det ena utesluter det andra

muzzle ['mʌzl] **I** s **1** nos, tryne **2** munkorg; bildl. äv. munkavle; nosgrimma **3** mynning på skjutvapen **II** vb tr **1** sätta munkorg på; bildl. äv. sätta munkavle på **2** trycka (gnugga) nosen mot

muzzy ['mʌzɪ] vard. **1** virrig; omtöcknad, lummig **2** otydlig, suddig [*a ~ outline*]

MW förk. för *megawatt[s], medium wave*

my [maɪ, obeton. mɪ] **I** fören poss pron min; *without ~ knowing it* utan att jag vet (visste) om det; *yes, ~ dear!* ja, kära (lilla) du (vän)! **II** *interj, oh, ~!* nä men!, oj då!

myopic [maɪ'ɒpɪk, -'əʊp-] med. myopisk, närsynt

myriad ['mɪrɪəd] **I** s myriad **II** *adj* litt. oräknelig

myrtle ['mɜ:tl] bot. myrten

myself [maɪ'self, obeton. äv. mɪ's-] mig [*I have hurt ~*], mig själv [*I can help ~*; *I am not quite ~ today*]; jag själv [*nobody but ~*], själv [*I saw it ~*; *I ~ saw it*]; *my wife and ~* min fru och jag [själv]; [*all] by ~* a) [alldeles] ensam (för mig själv) [*I live all by ~*] b) [alldeles] själv, [helt] på egen hand [*I did it all by ~*]

mysterious [mɪ'stɪərɪəs] **1** mystisk [*a ~ death (house, person)*]; gåtfull **2** hemlighetsfull (av sig)

mystery ['mɪst(ə)rɪ] **1** a) mysterium [*it is a ~ to* (för) *me*], hemlighet b) mystik c) hemlighetsfullhet; *there is a ~ (an air of ~) about it* det är något mystiskt med det **2** deckare roman o.d. [äv. *~ novel*]; *~ writer* deckarförfattare **3** relig. mysterium **4** *~ [play]* medeltida mysteriespel

mystic ['mɪstɪk] **I** *adj* **1** mystisk, inre [*~ experience*] **2** gåtfull **II** s mystiker

mysticism ['mɪstɪsɪz(ə)m] mystik; mysticism

mystify ['mɪstɪfaɪ] mystifiera; förbrylla

myth [mɪθ] myt, [guda]saga, legend

mythical ['mɪθɪk(ə)l] **1** mytisk [*~ literature*], sago- [*~ heroes*] **2** bildl. mytisk

mythology [mɪ'θɒlədʒɪ] mytologi

N, n [en] (pl. *N's* el. *n's* [enz]) N, n
N förk. för *New, Northern* (postdistrikt i London), *north*[*ern*]
NAAFI o. **Naafi** ['næfɪ] (förk. för *Navy, Army, and Air Force Institute*[*s*]) mil., ung. marketenteri
1 nab [næb] vard. hugga [åt sig]; sno, norpa, knycka; haffa [*the police ~bed him*]
2 nab [næb] vard. förk. för *no-alcohol beer*
nadir ['neɪdɪə, 'næd-] astron. nadir, bildl. äv. botten[läge]
1 nag [næg] [liten] ridhäst; vard. hästkrake
2 nag [næg] **I** *vb tr* gnata (tjata) på [*she ~ged her husband*] **II** *vb itr* gnata, tjata; *~ at* äv. plåga
nail [neɪl] **I** *s* **1** nagel; klo **2** spik; söm; *hit the ~ on the head* bildl. slå (träffa) huvudet på spiken; *on the ~* vard. på stubben [*pay on the ~*], på stående fot **II** *vb tr* **1** spika [fast]; spika ihop; *~ down* spika igen (till) **2** avslöja; *~ a lie* avslöja en lögn **3** hålla fast (kvar) [*~ a p.*], hålla fången, fängsla [*he ~ed his audience*]; *~ a p. down* ställa ngn mot väggen, pressa ngn [på klart besked]; *be ~ed to the spot* stå som fastnaglad **4** vard. a) få (sätta) fast, haffa [*they ~ed the thief*]; *get ~ed* åka dit b) skjuta ned, fälla [*~ a bird in flight*] c) amer. sl. knycka, stjäla
nail file ['neɪlfaɪl] nagelfil
nail polish ['neɪlˌpɒlɪʃ] nagellack
nail scissors ['neɪlˌsɪzəz] nagelsax
nail varnish ['neɪlˌvɑːnɪʃ] nagellack
naïve [naɪ'iːv, nɑː'iːv] naiv; okonstlad
naked ['neɪkɪd] **1** naken; bar, blottad [*a ~ sword*]; kal [*~ trees*]; öppen [*~ threats*]; *the ~ eye* blotta ögat; *the ~ truth* den osminkade sanningen **2** försvarslös, värnlös
namby-pamby [ˌnæmbɪ'pæmbɪ] **I** *adj* **1** känslosam **2** mjäkig; klemig; *be ~* äv. sjåpa sig **II** *s* **1** sentimental smörja **2** a) mjäkig (sentimental) person b) morsgris
name [neɪm] **I** *s* **1** namn; benämning; *give* (*send*) *in one's ~* anmäla sig; *know a p. by ~* a) känna ngn till namnet b) veta (kunna) namnet på ngn, veta vad ngn heter; *mention* (*address*) *a p. by ~* nämna ngn vid (tilltala ngn med) namn; *go by* (*under*) *the ~ of...* vara känd (gå) under namnet...; *in the ~ of the law* (*of decency*) i lagens (anständighetens) namn; *the ~ of the game* vard. vad det handlar om (går ut på); *in one's own ~* i eget namn, på eget bevåg; *he hasn't a penny* (*cent*) *to his ~* han äger inte ett öre **2** skällsord; *call a p. ~s* skälla på ngn, kasta glåpord efter ngn **3** rykte, namn; *bad* (*ill*) *~* dåligt rykte; *make one's ~* skapa sig ett namn, slå igenom
II *vb tr* **1** ge namn [åt] [*~ a baby*]; döpa [till]; kalla [för] [*they ~d the child Tom*]; *be ~d* äv. heta, kallas; *~ after* (amer. äv. *for*) uppkalla efter **2** namnge [*three persons were ~d*]; säga namnet på [*can you ~ this flower?*]; benämna; nämna [*the ~d person*]; *you ~ it* vard. allt man kan tänka sig, allt mellan himmel och jord [*he's been a teacher, a taxi-driver — you ~ it*] **3** a) säga, bestämma, ange [*you can ~ your price*]; *~ the day* vard. bestämma bröllopsdatum b) utse, utnämna **4** sätta namn på
name-dropping ['neɪmˌdrɒpɪŋ] 'kändissnobberi' skryt över att vara bekant med kända personer
nameless ['neɪmləs] **1** namnlös; okänd, anonym; *a person who shall be ~* en person vars namn inte ska nämnas; en person som får förbli anonym **2** namnlös [*~ misery*], outsäglig
namely ['neɪmlɪ] nämligen [*only one boy was there, ~ John*]; det vill säga
nameplate ['neɪmpleɪt] namnskylt
namesake ['neɪmseɪk] namne
Namibia [nə'mɪbɪə] geogr.
Namibian [nə'mɪbɪən] **I** *adj* namibisk **II** *s* namibier
nanny ['nænɪ] **1** barnspr. a) dadda barnsköterska b) mormor, farmor **2** bildl. förmyndare *the ~ state* förmyndarsamhället
1 nap [næp] **I** *s* tupplur [*have* el. *take* (ta sig) *a ~*], middagssömn **II** *vb itr* ta sig en tupplur; *catch a p. ~ping* ta ngn på sängen, bildl. äv. överrumpla ngn
2 nap [næp] lugg, ludd på tyg o.d.
napalm ['neɪpɑːm, 'næp-] **I** *s* napalm; *~ bomb* napalmbomb **II** *vb tr* använda napalm mot
nape [neɪp] *~ [of the neck]* nacke
naphtha ['næfθə, 'næpθə] kem. nafta
napkin ['næpkɪn] **1** [*table*] *~* servett

2 blöja; *disposable* ~ [cellstoff]blöja **3** amer., [*sanitary*] ~ dambinda
Naples ['neɪplz] geogr. Neapel
nappy ['næpɪ] (förk. för *napkin*) blöja; ~ *pants* blöjbyxor
narcissistic [ˌnɑːsɪ'sɪstɪk] psykol. narcissistisk
narcomaniac [ˌnɑːkə(ʊ)'meɪnɪæk] narkoman
narcotic [nɑː'kɒtɪk] med. **I** *s* narkotiskt preparat; pl. ~*s* äv. narkotika; ~*s addict* narkotikamissbrukare **II** *adj* narkotisk; bedövande
nark [nɑːk] **I** *s* sl. tjallare **II** *vb itr* sl. tjalla
narrate [nə'reɪt, næ'r-] **I** *vb tr* berätta [~ *a story*], berätta om [~ *one's adventures*] **II** *vb itr* berätta
narration [nə'reɪʃ(ə)n, næ'r-] **1** berättande **2** berättelse
narrative ['nærətɪv] **I** *s* se *narration* **II** *adj* berättande, narrativ [~ *poems*], berättelse- [*in* ~ *form*]; berättar- [~ *art* (*skill*)]
narrator [næ'reɪtə, nə'r-] berättare äv. i t.ex. pjäs
narrow ['næroʊ] **I** *adj* **1** smal **2** knapp [~ *majority*], snäv [*within* ~ *bounds*], inskränkt [*in a* ~ *sense*], begränsad [*a* ~ *field of study*]; *have a* ~ *escape* undkomma med knapp nöd **3** trångsynt **II** *s* vanl. ~*s* (konstr. ss. sg. el. pl.) trångt farvatten **III** *vb itr* bli trång (trängre); smalna [av]; minskas **IV** *vb tr* göra trängre (smalare); dra ihop; ~ [*down*] begränsa, inskränka
narrowly ['næroʊlɪ] **1** a) smalt etc., jfr *narrow I* b) noga [*watch him* ~] **2** med knapp nöd, nätt och jämnt [*he* ~ *escaped*]
narrow-minded [ˌnæroʊ'maɪndɪd] trångbröstad, trångsynt
NASA ['næsə] (förk. för *National Aeronautics and Space Administration*) NASA, amerikanska rymdflygstyrelsen
nasal ['neɪz(ə)l] **I** *adj* **1** näs- [~ *bone*]; ~ *catarrh* med. snuva; ~ *spray* nässpray **2** fonet. nasal; *have a* ~ *twang* tala i näsan **II** *s* nasal[ljud]
nasalize ['neɪzəlaɪz] **I** *vb tr* nasalera **II** *vb itr* tala nasalt
nastiness ['nɑːstɪnəs] otäckhet etc., jfr *nasty*
nasty ['nɑːstɪ] **1** otäck i olika bet.: a) äcklig, vidrig b) obehaglig, otrevlig [*he turned* (blev) ~] c) elak, ilsken [*she gave me a* ~ *look*] d) ful [*a* ~ *habit*] e) ruskig [~ *weather*] f) svår [*a* ~ *storm*], elakartad [*a* ~ *wound*]; *a* ~ *trick* ett elakt (fult) spratt **2** besvärlig, kinkig [*a* ~ *problem*] **3** tarvlig [*cheap and* ~]
nation ['neɪʃ(ə)n] nation; folk; folkslag
national ['næʃənl] **I** *adj* nationell [~ *art*; ~ *pride*]; national- [~ *income*; ~ *romanticism*], stats- [~ *debt* (skuld)], statlig [~ *income tax*; *a* ~ *theatre*]; riks- [*the* ~ *press*], lands- [*a* ~ *campaign*]; folk- [*a* ~ *hero*]; inhemsk; ~ *anthem* nationalsång; *the* ~ *debt* statsskulden; *the N~ Guard* i USA nationalgardet; ~ *holiday* nationaldag; ~ *mourning* landssorg; ~ *park* nationalpark, naturreservat; ~ *service* allmän värnplikt; *the N~ Trust* brittisk fornminnes- och naturvårdsorganisation **II** *s* **1** medborgare, undersåte [*British* ~*s*] **2** rikstidning
nationalism ['næʃ(ə)nəlɪz(ə)m] nationalism
nationalist ['næʃ(ə)nəlɪst] **I** *s* nationalist **II** *adj* nationalistisk [*a* ~ *movement*]; nationalist- [*the N~ army*]
nationalistic [ˌnæʃ(ə)nə'lɪstɪk] nationalistisk
nationality [ˌnæʃ(ə)'nælətɪ] nationalitet; ~ *sign* nationalitetsbokstav på bil
nationalization [ˌnæʃ(ə)nəlaɪ'zeɪʃ(ə)n, -lɪ'z-] förstatligande, socialisering
nationalize ['næʃ(ə)nəlaɪz] förstatliga, socialisera; perf. p. ~*d* äv. statlig
nationwide ['neɪʃ(ə)nwaɪd] landsomfattande, riksomfattande
native ['neɪtɪv] **I** *adj* **1** födelse- [*my* ~ *town*]; ~ *country* (poet. *land*) fosterland, hemland; ~ *language* (*tongue*) modersmål; ~ *speaker* infödd talare **2** medfödd [~ *ability*], naturlig [~ *beauty*]; *be* ~ *to* vara medfödd hos (naturlig för) **3** infödd [*a* ~ *Welshman*]; inhemsk; *a N~ American* en infödd amerikan en indian **4** infödings- [~ *customs* (*troops*)] **5** zool. el. bot. inhemsk; *be* ~ *to* äv. höra hemma i; ~ *forest* urskog **II** *s* **1** inföding; infödd [*he speaks English like a* ~]; *he is a* ~ *of England* (*Sheffield*) han är infödd engelsman (Sheffieldbo) **2** zool. el. bot. inhemskt djur, inhemsk växt
NATO ['neɪtoʊ] (förk. för *North Atlantic Treaty Organization*) NATO, atlantpaktsorganisationen
natter ['nætə] vard. **I** *vb itr* snacka **II** *s* pratstund [*have a* ~], snack
natty ['nætɪ] vard. nätt, prydlig; snygg [~ *gloves*]; behändig [*a* ~ *little gadget*]
natural ['nætʃr(ə)l] **I** *adj* **1** naturlig; natur- [~ *gas* (*product*)]; naturenlig, naturtrogen; ~ *childbirth* naturlig förlossning; ~ *parents* biologiska

föräldrar; ~ **resources** naturtillgångar; ~ **science** naturvetenskap **2** naturlig; ~ *gift* (*talent*) naturlig (medfödd) begåvning (fallenhet), naturbegåvning; *it comes ~ to him* det faller sig naturligt för (det ligger 'för) honom **3** naturlig; normal; förklarlig [*a ~ mistake*] **4** illegitim, utomäktenskaplig [*a ~ son*]; köttslig, riktig [*~ brother*] **5** vildväxande **6** mus. utan förtecken; *A ~* [stamtonen] A ll *s* **1** mus. a) stamton b) återställningstecken c) vit tangent på piano **2** vard. naturbegåvning [*as an actor he's a ~*]; *he's a ~ for the job* han är som skapt (klippt och skuren) för jobbet

naturalist ['nætʃrəlɪst] **1** naturalist **2** naturforskare; isht biolog

naturalization [ˌnætʃrəlaɪ'zeɪʃ(ə)n] naturalisering, naturalisation

naturalize ['nætʃrəlaɪz] **1** naturalisera, ge medborgarskap [åt] [*~ immigrants into* (i) *the USA*]; *become a ~d British subject* bli naturaliserad brittisk medborgare, få brittiskt medborgarskap **2** uppta, låna in [*~ a foreign word*]

naturally ['nætʃrəlɪ] **1** naturligt [*behave ~*] **2** a) naturligtvis b) naturligt (begripligt) nog **3** av naturen [*she is ~ musical*] **4** av sig själv [*it grows ~*]; *her hair curls ~* hon är självlockig; *it comes ~ to me* det faller sig naturligt för mig

nature ['neɪtʃə] **1** natur; naturen; väsen; art, slag [*things of this ~*]; kynne; *human ~* människans natur, den mänskliga naturen **2** natur-; *~ conservation* (*conservancy*) naturvård; *~ reserve* naturreservat

naturist ['neɪtʃərɪst] naturist, nudist

naught [nɔːt] **1** högtidl. el. åld. ingenting; *bring to ~* omintetgöra, förstöra; *come* (*go*) *to ~* gå om intet **2** isht amer., se *nought 1*

naughtiness ['nɔːtɪnəs] stygghet etc., jfr *naughty*

naughty ['nɔːtɪ] **1** isht om barn stygg, elak **2** oanständig [*a ~ novel*]; lättsinnig

nausea ['nɔːsjə, -zjə] kväljningar, illamående

nauseate ['nɔːsɪeɪt, -zɪeɪt] kvälja; äckla; *be ~d by* få kväljningar av

nauseating ['nɔːsɪeɪtɪŋ, -zɪeɪt-] o. **nauseous** ['nɔːsjəs, -ʃjəs] kväljande, äcklande; äcklig

nautical ['nɔːtɪk(ə)l] nautisk [*~ instrument*], sjö- [*~ term*], sjömans- [*~ expression*], navigations-; *~ chart* sjökort

naval ['neɪv(ə)l] sjömilitär; sjö- [*~ battle* (*hero*); *~ power*], marin-, örlogs- [*~ base*

(*station*)]; skepps- [*~ gun*]; *~ academy* amer. sjökrigsskola; *~ dockyard* örlogsvarv; *~ forces* sjöstridskrafter; *~ officer* sjöofficer

1 nave [neɪv] arkit. mittskepp i kyrka

2 nave [neɪv] [hjul]nav

navel ['neɪv(ə)l] anat. navel

navigable ['nævɪgəbl] **1** segelbar, navigerbar **2** manöverduglig; om ballong styrbar

navigate ['nævɪgeɪt] I *vb tr* **1** navigera, föra [*~ a ship* (*an aircraft*)], flyga **2** segla på (över) [*~ the Atlantic*], trafikera **3** bildl. lotsa [*~ a bill through Parliament*] II *vb itr* **1** navigera; styra **2** segla

navigation [ˌnævɪ'geɪʃ(ə)n] **1** navigation **2** sjöfart, sjötrafik **3** trafikering [*~ of the Thames*]

navigator ['nævɪgeɪtə] navigatör

navvy ['nævɪ] **1** vägarbetare; järnvägsarbetare **2** grävmaskin [äv. *steam-navvy*]

navy ['neɪvɪ] [örlogs]flotta; *the British N~* el. *~ yard* amer. örlogsvarv, örlogsdepå

navy-blue [ˌneɪvɪ'bluː, attr. '---] marinblå

Nazi ['nɑːtsɪ, 'nɑːzɪ] I *s* nazist II *adj* nazistisk

Nazism ['nɑːtsɪz(ə)m, 'nɑːzɪ-] nazism[en]

NB [ˌen'biː] förk. för *nota bene, North Britain* (som adress = *Scotland*)

NBC [ˌenbiː'siː] förk. för *National Broadcasting Company*

NCO [ˌensiː'əʊ] förk. för *non-commissioned officer*

NE förk. för *North-Eastern* (postdistrikt i London), *north-east*[*ern*]

neap [niːp] nipflod

Neapolitan [nɪə'pɒlɪt(ə)n] I *s* neapolitan II *adj* neapolitansk, från (i) Neapel

near [nɪə] I *attr adj* **1** nära [*a ~ friend*], närbelägen; närliggande; närstående; nära förestående; *the N~ East* Främre Orienten; *in the ~ future* i en nära (snar) framtid, inom den närmaste [fram]tiden **2** a) konst- [*~ leather*], imiterad b) nära nog fullständig; *~ beer* ung. svagdricka **3** a) hitre b) trafik., se *nearside* c) vid ridning o. körning med häst vänster II *adv* o. *pred adj* nära [*don't go too ~*]; *~ enough* nära nog, nästan; *come* (*get*) *~* närma sig [[*to*] *a th.* ngt], komma i närheten av, bildl. äv. nästan gå (komma) upp till; *~* [*up*]*on* nära [*it was ~ upon 2 o'clock*]; [*5 pounds*] *as ~ as makes no difference* ...så gott som III *prep* nära [*~ the door; ~ death*]; i närheten av; *it lies ~ my heart* det ligger mig varmt om hjärtat IV *vb tr* o.

nearby [ss. adj. ˈnɪəbaɪ, ss. adv. o. prep. nɪəˈbaɪ] **I** *adj* närbelägen, som ligger i närheten [*a ~ pub*] **II** *adv* i närheten [*he lives ~*] **III** *prep* i närheten av [*he lives ~ the river*]
vb itr närma sig [*as the ship ~ed land; the baseball season is ~ing*]
nearer [ˈnɪərə] (komp. av *near*) närmare etc., jfr *near*; *the ~* äv. den hitre; *a ~ way* en närmare (genare) väg; *~ to* närmare
nearest [ˈnɪərɪst] (superl. av *near*) närmast etc., jfr *near*; hiterst; *the ~ way* den närmaste (genaste) vägen; *~ to* närmast; *those ~* [*and dearest*] *to me* mina närmaste
nearly [ˈnɪəlɪ] **1** nästan; närmare, inemot [*~ 2 oˈclock*], uppemot; så gott som; *finished, or ~ so* i det närmaste färdig **2** nära; *~ related* nära släkt, släkt på nära håll
nearness [ˈnɪənəs] **1** närhet; närbelägenhet **2** nära släktskap
nearside [ˈnɪəsaɪd] trafik. [sida] närmast vägkanten (trottoaren); vid vänstertrafik vänster [sida]; vid högertrafik höger [sida]
near-sighted [ˌnɪəˈsaɪtɪd] närsynt
neat [niːt] **1** ordentlig [*a ~ worker*], noga, snygg [*~ work*]; välstädad [*a ~ desk*], ren [och snygg]; proper; vårdad [*a ~ appearance*], prydlig [*~ writing*] **2** snygg, välformad [*a ~ figure*] **3** fyndig [*a ~ answer*], elegant [*a ~ solution*] **4** ren [*drink one's whisky ~*] **5** sl. schysst
nebulous [ˈnebjʊləs] oklar
necessarily [ˈnesəs(ə)rəlɪ, ˌnesəˈserəlɪ] nödvändigtvis; ovillkorligen
necessar|y [ˈnesəs(ə)rɪ] **I** *adj* nödvändig [*a ~ evil*]; erforderlig, nödig, behövlig; ofrånkomlig, ovillkorlig [*a ~ result*]; *if ~* om så är nödvändigt, om så behövs (erfordras), eventuellt; *when ~* vid behov, när så behövs **II** *s* nödvändighetsartikel, nödvändigt ting; *the ~* vard. pengarna [som behövs] [*provide* (*find*) *the ~*]; *-ies of life* livsförnödenheter
necessitate [nəˈsesɪteɪt] **1** nödvändiggöra, kräva **2** tvinga, nödga
necessit|y [nəˈsesɪtɪ] **1** a) nödvändighet [*of* av] b) [tvingande] behov [*for* av] c) [nöd]tvång d) nöd [*driven by ~ to steal*]; *~ is the mother of invention* nöden är uppfinningarnas moder; *there is no ~ for you to go* det är inte nödvändigt att du går; *from* (*out of*) *~* av nödtvång; *in case of ~* i nödfall, om det är [absolut] nödvändigt **2** nödvändigt ting [*food and warmth are -ies*], villkor, förutsättning [*a ~ for happy living*], livsförnödenheter; *the -ies of life* livets nödtorft

neck [nek] **I** *s* **1** hals; *back of the ~* nacke; *break one's ~* a) bryta nacken (halsen) av sig b) vard. göra sitt yttersta [*to* för att]; *save one's ~* bildl. rädda skinnet; *stick one's ~ out* vard. sticka ut hakan utsätta sig för kritik; *get it in the ~* vard. få på huden (nöten); *be thrown out on one's ~* bli utkastad med huvudet före; *be up to one's ~ in debt* vara skuldsatt upp över öronen **2** urringning [*a round ~*] **3** bildl. hals [*the ~ of a bottle*] **4** långsmalt pass (sund); *~ of land* landtunga, [smalt] näs **5** sl. fräckhet [*he had the ~ to…*] **II** *vb itr* sl. hångla
neckerchief [ˈnekətʃɪf] scarf; snusnäsduk
necklace [ˈnekləs] halsband, collier [*pearl ~*], halssmycke; bildl. pärlband
neckline [ˈneklaɪn] urringning [*V-shaped ~*]
necktie [ˈnektaɪ] slips
nectar [ˈnektə] nektar, bildl. äv. gudadryck
nectarine [ˈnekt(ə)rɪn] bot. nektarin
née [neɪ] om gift kvinna född [*Mrs. Crawley, ~ Sharp*]
need [niːd] **I** *s* **1** behov; *if ~ be* om så behövs (erfordras); *there is no ~ for you to go* el. *you have no ~ to go* du behöver (måste) inte gå, du är inte tvungen att gå; *at ~* vid behov **2** pl. *~s* behov [*our daily ~s*] **3** nöd; *be in ~* vara i (lida) nöd **II** *vb tr* **1** behöva [*that is what he ~s most*], ha behov av; kräva, fordra [*work that ~s much care*]; behövas, krävas [*it ~s a lot of money for that*]; *it ~s rewriting* det behöver skrivas om **2** behöva, vara tvungen att [*~ he do it?*; *he ~ not come*]; *not ~* äv. slippa **III** *vb itr* **1** behöva, vara behövande [*give to those who ~*] **2** behövas [*all that ~s*]
needful [ˈniːdf(ʊ)l] **I** *adj* nödvändig; önskvärd **II** *s*, *the ~* vard. a) pengarna som behövs, resurser[na] b) det som behövs
needle [ˈniːdl] **I** *s* **1** nål äv. på grammofon; visare på instrument; [*crochet*] *~* virknål; [*knitting*] *~* [strump]sticka; *magnetic ~* magnetnål; [*sewing*] *~* synål **2** med., *hypodermic ~* kanyl **3** barr på gran el. tall **4** vard., *get the ~* a) bli sur b) bli skärrad (nervös) **II** *vb tr* **1** sticka [hål på] **2** vard. tråka; irritera, enervera
needlecraft [ˈniːdlkrɑːft] handarbete
needless [ˈniːdləs] onödig [*~ work*]; *~ to say, he did it* självfallet gjorde han det
needlework [ˈniːdlwɜːk] handarbete; sömnad; *a piece of ~* ett handarbete
needn't [ˈniːdnt] = *need not*

needs [niːdz] (före el. efter *must*) nödvändigtvis, ovillkorligen; *I ~ must* [*do it just now*] jag måste ovillkorligen..., jag är absolut tvungen att...
needy ['niːdɪ] [hjälp]behövande
negate [nɪ'geɪt] förneka
negation [nɪ'geɪʃ(ə)n] **1** förnekande, nekande **2** gram. el. filos. negation
negative ['negətɪv] **I** *adj* negativ; nekande [*a ~ answer*], negerande **II** *s* **1** nekande [svar]; *an answer in the ~* ett nekande svar, ett nej till svar **2** nekande ord (uttryck), gram. äv. negation **3** foto. negativ
neglect [nɪ'glekt] **I** *vb tr* **1** försumma, strunta i **2** försumma [*~ one's duty (family)*], slarva med; nonchalera **II** *s* **1** försummelse; nonchalerande; *~ of duty* tjänsteförsummelse **2** vanskötsel, vanvård; *be in a state of ~* vara vanskött (vanvårdad)
neglectful [nɪ'glektf(ʊ)l] **1** försumlig; slarvig, vårdslös **2** likgiltig
negligence ['neglɪdʒ(ə)ns] försumlighet, nonchalans; vårdslöshet; jur. vållande; *by (from, through) ~* av (genom) försumlighet etc.
negligent ['neglɪdʒ(ə)nt] **1** försumlig **2** nonchalant
negligible ['neglɪdʒəbl] **1** negligerbar [*a ~ factor*], försumbar **2** obetydlig
negotiable [nɪ'gəʊʃjəbl] **1** hand. negociabel, säljbar **2** förhandlingsbar **3** om väg farbar
negotiate [nɪ'gəʊʃɪeɪt] **I** *vb itr* förhandla **II** *vb tr* **1** förhandla om, underhandla om [*~ peace*] **2** förhandla sig till, få till stånd [*~ a treaty*]; ombesörja, förmedla [*~ a loan (sale)*]; träffa [*~ an agreement*] **3** hand. negociera, sälja [*~ a bill*] **4** klara [*a difficult corner for a bus to ~*]
negotiation [nɪˌgəʊʃɪ'eɪʃ(ə)n] **1** förhandling; *enter into (upon) ~ with* börja (inleda) förhandlingar (underhandlingar) med **2** förmedlande [*~ of a loan*], uppgörande **3** hand. negociering
negotiator [nɪ'gəʊʃɪeɪtə] **1** förhandlare, underhandlare **2** förmedlare [*~ of a loan*]
Negress o. **negress** ['niːɡrəs] negress
Negro o. **negro** ['niːɡrəʊ] (pl. *~es*) *s* åld. (neds.) neger
neigh [neɪ] **I** *vb itr* gnägga **II** *s* gnäggning
neighbour ['neɪbə] **I** *s* **1** granne; *my ~ at table* min bordsgranne **2** medmänniska **II** *vb itr*, *~ upon* gränsa till
neighbourhood ['neɪbəhʊd] **1** grannskap; omgivning [*a lovely ~*], omnejd; stadsdel [*a fashionable ~*], kvarter; *in our ~* i våra trakter **2** *in the ~ of* omkring, ungefär [*in the ~ of £500*]
neighbouring ['neɪb(ə)rɪŋ] grann- [*~ country (village)*]; närbelägen; angränsande; kringboende
neighbourly ['neɪbəlɪ] som det anstår en god granne (goda grannar); sällskaplig
neither ['naɪðə, isht amer. 'niːðə] **I** *pron* ingen isht av två; ingendera; *in ~ case* i ingetdera fallet **II** *konj* o. *adv* **1** *~...nor* varken...eller **2** med föreg. negation inte heller; [*she can't sing,*] *~ can I* (vard. *me ~*) ...och [det kan] inte jag heller; [*if you don't go,*] *~ shall I* ...så gör inte jag det heller
neologism [nɪ'ɒlədʒɪz(ə)m] neologism
neon ['niːən, -ɒn] kem. neon; neon- [*~ light*]; *~ sign* neonskylt
nephew ['nefjʊ, 'nevj-] brorson
nepotism ['nepətɪz(ə)m] nepotism, svågerpolitik
Neptune ['neptjuːn] mytol. el. astron. Neptunus
nerve [nɜːv] **I** *s* **1** anat. nerv **2** pl. *~s* nerver [*he has ~s of iron* (stål)]; *he's a bundle of ~s* han är ett nervknippe; *it gets on my ~s* det går mig på nerverna **3** a) mod b) vard. fräckhet c) kraft; *have the ~ to...* a) ha mod (vara modig) nog att... b) vard. ha fräckheten (vara fräck nog) att...; *he lost his ~* han tappade självkontrollen **II** *vb tr* ge mod (styrka) [åt]; *~ oneself* samla mod (styrka); göra sig rustad (beredd) [*for* för, till]
nerve centre ['nɜːvˌsentə] nervcentrum
nerve-racking ['nɜːvˌrækɪŋ] nervpåfrestande; enerverande
nervous ['nɜːvəs] **1** nerv- [*~ system; ~ shock*], nervös; *a ~ breakdown* ett nervsammanbrott **2** ängslig, nervös
nervousness ['nɜːvəsnəs] ängslan, oro; nervositet; överspändhet
nervy ['nɜːvɪ] nervös, nervig, skärrad
nest [nest] **I** *s* **1** rede; bo [*a wasp's ~*], näste **2** krypin **3** näste, tillhåll; *a ~ of vice* ett syndens (lastens) näste **4** sats av likartade föremål som passar i varandra; *~ of tables* satsbord **II** *vb itr* **1** bygga bo **2** *go ~ing* leta (plundra) fågelbon **3** gå att stapla; *~ing chairs* stapelbara stolar
nest egg ['nesteg] **1** redägg ägg som läggs i rede för att locka till värpning **2** bildl. reserv[summa]; sparslant; *he has a little ~* äv. han har sparat (lagt undan) lite [pengar]
nestle ['nesl] **I** *vb itr* **1** sätta (lägga) sig bekvämt till rätta [äv. *~ up*], krypa ihop **2** *~ up* trycka sig, smyga sig [*to, against*

intill} **II** *vb tr* **1** trycka **2** hålla ömt [*~ a bird in one's hand*]

1 net [net] **I** *s* **1** nät; håv [*butterfly ~*], [fiske]garn; *~ stocking* nätstrumpa **2** bildl. nät, garn, snara **3** tyll; *~ curtain* trådgardin **4** sport. målbur; *hit the back of the ~* få en fullträff, slå bollen i nät **5** data. nätverk; *the Net* nätet, Internet; *order off the Net* beställa på (från, via) nätet; *surf the Net* surfa på nätet **II** *vb tr* fånga med (i) nät (håv); bildl. fånga [i sina garn] **III** *vb itr* **1** knyta nät **2** sport. näta; i tennis o.d. slå bollen i nät

2 net [net] **I** *adj* **1** netto; netto- [*~ weight*]; *~ [register] ton* nettoregisterton **2** egentlig, slut-; [*after all that work*] *what was the ~ result?* ...vad blev resultatet av det hela? **II** *vb tr* **1** förtjäna [i] netto, göra en nettovinst på [*he ~ted £500 from* (på) *the deal*], håva in **2** inbringa [i] netto

netball ['netbɔːl] **1** slags korgboll **2** i tennis o.d. nätboll

Netherlands ['neðələndz] **I** geogr.; *the ~* (konstr. ss. sg. el. pl.) Nederländerna **II** *adj* nederländsk

netting ['netɪŋ] **1** nätknytning, nätbindning **2** nätverk; *wire ~* metalltrådsnät, ståltrådsnät

nettle ['netl] **I** *s* nässla; *stinging ~* brännässla **II** *vb tr* reta; såra

network ['netwɜːk] **1** isht bildl. nät [*a ~ of railways*], nätverk äv. data.; system **2** radio. el. TV. sändarnät; radiobolag; tv-bolag

neuralgia [ˌnjʊəˈrældʒə] med. neuralgi

neuros|is [ˌnjʊəˈrəʊs|ɪs] (pl. *-es* [-iːz]) psykol. neuros

neurotic [ˌnjʊəˈrɒtɪk] psykol. **I** *adj* nervsjuk äv. friare **II** *s* neurotiker

neuter ['njuːtə] **I** *adj* **1** gram. a) neutral [*a ~ noun, the ~ gender*], neutrum- [*a ~ ending*] b) intransitiv **2** bot. el. zool. könlös **II** *s* **1** gram. a) *the ~* [genus] neutrum b) neutrum, neutralt ord **2** zool. kastrerat (steriliserat) djur **III** *vb tr* kastrera [*a ~ed tomcat* (hankatt)], sterilisera

neutral ['njuːtr(ə)l] **I** *adj* **1** neutral [*~ country (colour, reaction)*]; opartisk [*a ~ person*]; obestämd **2** färglös äv. bildl. [*a ~ personality*]; om skokräm äv. ofärgad **3** *~ gear* motor. friläge, neutralläge **II** *s* **1** neutral person (stat o.d.) **2** motor. friläge, neutralläge

neutrality [njuːˈtrælətɪ] neutralitet [*armed* (väpnad) *~*], opartiskhet

neutralize ['njuːtrəlaɪz] **1** neutralisera; motverka **2** mil. oskadliggöra [*~ a bomb*]; nedkämpa

neutron ['njuːtrɒn] fys. neutron; *~ bomb* neutronbomb

never ['nevə] aldrig; isht vard. inte [alls]; *~!* vard. nej, vad säger du!, det menar du inte!; *~ [in all my (your) life]!* aldrig [i livet]!, aldrig någonsin!; *well, I ~ [did]!* jag har då aldrig sett (hört) på maken!; *~ say die!* ge aldrig tappt (upp)!

never-ceasing ['nevəˌsiːsɪŋ] o. **never-ending** ['nevərˌendɪŋ] evig; oändlig

nevertheless [ˌnevəðəˈles] icke (inte) desto mindre; likväl

new [njuː] **1** ny; ny- [*~ election*]; *the N~ Testament* Nya testamentet; *~ town* nyanlagd stad som byggs för att ge bostäder och arbetstillfällen **2** nybjord; färsk [*~ milk*]; bildl. frisk [*~ blood*]; *~ bread* färskt (nybakat) bröd

newcomer ['njuːˌkʌmə] nykomling

newfangled [ˌnjuːˈfæŋgld] neds. nymodig; *~ ideas* äv. nya påfund, nymodigheter

new-laid [ˌnjuːˈleɪd, attr. '--] nyvärpt [*~ eggs*]

newly ['njuːlɪ] **1** nyligen [*~ arrived*], ny- [*a newly-married couple*] **2** på ett nytt sätt [*an idea ~ expressed*] **3** ånyo, omigen

newly-weds ['njuːlɪwedz] vard., *the ~* de nygifta

new-mown ['njuːməʊn] nyslagen [*~ hay*], nyklippt [*a ~ lawn*]

newness ['njuːnəs] **1** nymodighet; *the ~ of* det nya med (i) **2** färskhet

news [njuːz] (konstr. ss. sg.) nyheter [*no ~ is good ~*; *watch the ~ on TV*], nyhet; *an interesting piece (item, bit) of ~* en intressant nyhet; *that's ~ to me* det är nytt (en nyhet) för mig, det visste jag inte

news agency ['njuːzˌeɪdʒ(ə)nsɪ] nyhetsbyrå, telegrambyrå

newsagent ['njuːzˌeɪdʒ(ə)nt] innehavare av tidningskiosk (tobaksaffär); *~'s* tobaksaffär, tidningskiosk

newscast ['njuːzkɑːst] radio. el. TV. nyhetssändning

newsdealer ['njuːzˌdiːlə] amer., se *newsagent*

newsflash ['njuːzflæʃ] kort extrameddelande, extra nyhetssändning i radio el. tv

newsletter ['njuːzˌletə] informationsblad, cirkulär; föreningsbulletin

newspaper ['njuːsˌpeɪpə] **1** tidning; *~ cutting* tidningsurklipp **2** tidningspapper [*wrapped in ~*]

newsprint ['njuːzprɪnt] tidningspapper

newsreader ['njuːzˌriːdə] radio. el. TV. nyhetsuppläsare

newsreel ['njuːzriːl] journal[film]

newsroom ['njuːzruːm] **1** tidskriftsrum, tidningsrum **2** nyhetsredaktion
newsstand ['njuːzstænd] tidningskiosk
newsvendor ['njuːzˌvendə] tidningsförsäljare på gatan
newsy ['njuːzɪ] vard. full av nyheter (skvaller) [*a ~ letter*]
newt [njuːt] zool. vattenödla
New Year [ˌnjuː'jɪə, -'jɜː] nyår; *~'s Day* nyårsdag[en]; *~'s Eve* nyårsafton
New York [ˌnjuː'jɔːk]
New Yorker [ˌnjuː'jɔːkə] newyorkbo, person från New York
New Zealand [ˌnjuː'ziːlənd] **I** Nya Zeeland **II** *adj* nyzeeländsk
New Zealander [ˌnjuː'ziːləndə] nyzeeländare
next [nekst, före konsonant ofta neks] **I** *adj* o. *s* **1** a) nästa [*see ~ page*], [närmast] följande b) närmast [*during the ~ two days*]; *to be continued in our ~* fortsättning följer i nästa nummer; *he lives ~ door* [*to me*] han bor alldeles bredvid [mig]; *the girl ~ door* äv. en alldeles vanlig flicka, en flicka vem som helst; [*I can do that as well as*] *the ~ man* ...vem som helst **2** näst [*the ~ greatest*] **II** *adv* **1** därefter, därpå [*~ came a tall man*], [nu] närmast, sedan [*what are you going to do ~?*]; *what ~?* vad kommer (hur blir) det sen?; uttr. förvåning var ska det sluta egentligen? **2** alldeles, omedelbart [*the room ~ above*] **3** näst; *the ~ best thing is...* det näst bästa är... **4** *~ to:* a) närmast, [tätt] intill, [alldeles] bredvid [*she stood ~ to me*], närmast (näst) efter [*he came ~ to me*] b) näst [efter] [*the largest city ~ to London*] c) nära nog [*~ to impossible*]; *~ to nothing* nästan ingenting [alls], knappt någonting
next-door [ˌneks'dɔː] **I** *adj* närmast [*my ~ neighbours*] **II** *adv* se *next I 1*
next-of-kin [ˌnekstəv'kɪn] närmaste anhörig (anhöriga) [*the ~ has (have) been notified*]
NHS förk. för *National Health Service*
nib [nɪb] stift på reservoarpenna; [stål]penna
nibble ['nɪbl] **I** *vb tr* knapra på; nafsa **II** *vb itr* **1** knapra, nagga; nafsa **2** om fisk [små]hugga **3** bildl., *~ at* lukta (nosa) på [*~ at an offer*]; *begin to ~ at one's capital* [börja] nagga sitt kapital i kanten **III** *s* **1** napp; *I felt a ~ at the bait* jag kände hur det nappade **2** knaprande; *he took the bread in little ~s* han knaprade i sig brödet
nice [naɪs] **1** a) trevlig; sympatisk; hygglig;

snäll [*it wasn't ~ of you*], rar; vacker [*a ~ day, ~ weather*]; fin [*a ~ dress*]; behaglig, skön b) iron. snygg, skön [*a ~ mess* (röra)], vacker; *you're a ~ one!* du är just en snygg en! c) *~ and comfortable* riktigt skön (bekväm) **2** a) god, välsmakande b) *a ~ book* en god (bra, trevlig) bok **3** kräsen, [alltför] nogräknad; noggrann **4** taktfull, smidig [*a ~ handling of the situation*] **5** ömtålig [*a ~ question (problem)*] **6** [hår]fin [*a ~ distinction*]
nice-looking [ˌnaɪs'lʊkɪŋ, '-ˌ--] se *good-looking*
nicely ['naɪslɪ] **1** trevligt etc., jfr *nice* **2** vard. utmärkt [*that will suit me ~*]; *he is doing ~* a) han klarar sig utmärkt b) han blir bättre och bättre
nicet|y ['naɪs(ə)tɪ] **1** precision, noggrannhet; skärpa i t.ex. omdöme o. uppfattning; god urskillning; *to a ~* på pricken, precis, lagom **2** finess; ofta pl. *-ies* spetsfundigheter, petitesser [*grammatical -ies*]
niche [nɪtʃ, niːʃ] nisch
nick [nɪk] **I** *s* **1** hack, skåra **2** rätt ögonblick; *in the ~* [*of time*] i sista (rätta) ögonblicket, i grevens tid **3** sl., *in the ~* i häktet; på kåken **4** sl., *in good ~* i [fin] form; i gott skick **II** *vb tr* **1** göra ett hack (en skåra) i **2** sl. a) knycka b) haffa gripa [*~ a criminal*]
nickel ['nɪkl] **I** *s* **1** nickel **2** amer. femcentare **II** *vb* *tr* förnickla
nickel silver [ˌnɪkl'sɪlvə], [*electroplated*] *~* alpacka
nickname ['nɪkneɪm] **I** *s* **1** öknamn; tillnamn **2** smeknamn; kortnamn **II** *vb tr* ge ngn [ett] öknamn (tillnamn etc.) [*they ~d him Skinny*]
nicotine ['nɪkətiːn, ˌ--'-] nikotin; *~ patch* nikotinplåster
niece [niːs] brorsdotter
nifty ['nɪftɪ] vard. **1** flott, tjusig **2** kvick, snabb **3** klurig, smart
Niger (staten niː'ʒeə, floden 'naɪdʒə) geogr.
Nigeria [naɪ'dʒɪərɪə]
Nigerian [naɪ'dʒɪərɪən] **I** *s* nigerian **II** *adj* nigeriansk
Nigerien [niː'ʒeərɪən] **I** *s* nigerer **II** *adj* nigerisk
niggardly ['nɪɡədlɪ] **I** *adj* knusslig **II** *adv* knussligt
nigger ['nɪɡə] neds. nigger; svarting
niggle ['nɪɡl] **I** *vb itr* **1** gnata **2** tjafsa **II** *vb tr* **1** plåga **2** driva med
niggling ['nɪɡlɪŋ] **I** *s* **1** knåpgöra **2** petighet **II** *adj* petig; småaktig; *~ work* knåpgöra
night [naɪt] natt äv. bildl.; kväll, afton;

mörker; natt-, kvälls- [*~ work*]; *~!* vard. för (*good ~!*); *last ~* a) i går kväll b) i natt, natten till i dag; *make a ~ of it* vard. göra sig en glad kväll (en helkväll); *at ~* a) på kvällen, på (om) kvällarna, under kvällstid b) på (om) natten (nätterna), nattetid

nightcap ['naɪtkæp] **1** nattmössa **2** vard. sängfösare

nightclub ['naɪtklʌb] nattklubb

nightdress ['naɪtdres] nattlinne; nattdräkt

nightfall ['naɪtfɔːl] nattens (mörkrets) inbrott; *at ~* äv. i kvällningen

nightgown ['naɪtgaʊn] o. **nightie** ['naɪtɪ] nattlinne; nattdräkt

nightingale ['naɪtɪŋgeɪl] zool. sydnäktergal; *thrush ~* näktergal

nightlight ['naɪtlaɪt] nattljus; nattlampa t.ex. i sovrum

nightly ['naɪtlɪ] **I** *adj* nattlig; kvälls- **II** *adv* på (om) natten (nätterna); varje kväll

nightmare ['naɪtmeə] mardröm äv. bildl.

night porter ['naɪtˌpɔːtə] nattportier

night safe ['naɪtseɪf] servicebox på bank

nightschool ['naɪtskuːl] aftonskola

nightshade ['naɪtʃeɪd] bot. Solanum; *deadly ~* belladonna

nightshift ['naɪtʃɪft] nattskift

nightstick ['naɪtstɪk] amer. [polis]batong

night-time ['naɪttaɪm], *in the ~* nattetid, på (om) natten (nätterna)

night watchman [ˌnaɪtˈwɒtʃmən] nattvakt

nightwear ['naɪtweə] nattdräkt

nil [nɪl] ingenting; noll; *they won two ~* de vann med två [mot] noll

Nile [naɪl] geogr.; *the ~* Nilen

nimble ['nɪmbl] **1** kvick [*~ feet, ~ movements*], vig **2** bildl. livlig [*~ imagination*]

nincompoop ['nɪnkəmpuːp, 'nɪŋk-] vard. dumhuvud, mähä, våp

nine [naɪn] (jfr *five* m. ex. o. sammansättn.) **I** *räkn* nio; *a ~ days' wonder* ung. en kortvarig (snart glömd) sensation **II** *s* nia

nineteen [ˌnaɪnˈtiːn, attr. '--] nitton; jfr *fifteen*

nineteenth [ˌnaɪnˈtiːnθ, attr. '--] nittonde; nitton[de]del; jfr *fifth*

ninetieth ['naɪntɪɪθ, -tɪəθ] **1** nittionde **2** nittion[de]del

ninety ['naɪntɪ] (jfr *fifty* m. sammansättn.) **I** *räkn* nitti[o] **II** *s* nitti[o]; nitti[o]tal

ninth [naɪnθ] nionde; nion[de]del; mus. nona; jfr *fifth*

1 nip [nɪp] **I** *vb tr* **1** nypa; nafsa **2** a) bita i [*a cold wind that ~s the fingers*]; sveda, skada växtskott o.d. b) bildl. fördärva; *~ ...in the bud* kväva...i sin linda **II** *vb itr* vard.

kila; *~ along* (*off, on ahead, round*) kila (slinka) i väg (bort, före, över) **III** *s* **1** nyp[ning] **2** frostskada **3** skarp kyla; *there is a ~ in the air today* det är lite kyligt i dag **4** *be ~ and tuck* vard. ligga jämsides, hålla jämna steg

2 nip [nɪp] droppe [*a ~ of whisky*]; *have a ~* ta sig en hutt

nipple ['nɪpl] **1** bröstvårta; spene **2** isht amer. dinapp **3** tekn. nippel

nippy ['nɪpɪ] vard. **1** om väder bitande kall **2** kvick; fräsig; *look ~!* sno på!

1 nit [nɪt] gnet ägg av lus o.d.

2 nit [nɪt] sl. dumbom

nitpicking ['nɪtˌpɪkɪŋ] vard. **I** *s* petighet **II** *adj* petig

nitrate ['naɪtreɪt] kem. nitrat; *~ of silver* silvernitrat

nitre ['naɪtə] kem. salpeter

nitrogen ['naɪtrədʒən] kem. kväve; *~ dioxide* kvävedioxid

nitroglycerine [ˌnaɪtrə(ʊ)glɪsəˈriːn] kem. nitroglycerin

nitty-gritty [ˌnɪtɪˈgrɪtɪ] sl. praktiska [och tråkiga] detaljer; kärnpunkt; *get down to the ~* komma till kärnan (sakens kärna)

nitwit ['nɪtwɪt] sl. dumbom

1 no [nəʊ] **1 a)** ingen; *~ one* ingen, inte någon; *~ one man could have done it* det skulle ingen ha kunnat göra ensam; *~ way!* vard. aldrig i livet!, sällan!, det går inte! **b)** *~ parking* (*smoking* m.fl.) parkering (rökning m.fl.) förbjuden **2** inte precis någon [*she's ~ angel*] **3** *there is ~ knowing when...* man kan inte (aldrig) veta när...

2 no [nəʊ] **I** *adv* **1** nej; *~?* jaså, inte det? **2 a)** *or ~* eller inte **b)** *~ better than before* inte bättre än förut **c)** *to ~ inconsiderable extent* i inte ringa omfattning **d)** sl., *~ can do!* kan [bara] inte!, det går [bara] inte! **3** förstärkande ja, nej [*I suspect, ~, I am certain, that he is wrong*] **II** (pl. *~es*) *s* **1** nej; *he won't take ~ for an answer* han accepterar inte ett nej som svar **2** nejröst; *the ~es have it* nejrösterna är i majoritet

Noah ['nəʊə, nɔː] mansnamn; bibl. Noa, Noak

1 nob [nɒb] sl. knopp, skalle

2 nob [nɒb] sl. överklassare; snobb; höjdare

nobility [nə(ʊ)ˈbɪlətɪ] **1** adel, adelsstånd; *the ~* britt. högadeln **2** adelskap; adlig börd **3** bildl. ädelhet

noble ['nəʊbl] **I** *adj* **1** adlig **2** ädel, fin [*a ~ face*], nobel; ståtlig; förnämlig **3** bildl. ädel [*a ~ mind, ~ thoughts*], nobel, upphöjd; förfinad; storsint **4** *~ gas* ädelgas **II** *s* ädling, adelsman

noble|man ['nəʊbl|mən] (pl. *-men* [-mən]) adelsman

nobody ['nəʊb(ə)dɪ, 'nəʊˌbɒdɪ] **I** *självst indef pron* ingen, inte någon **II** *s* nolla obetydlig person; enkel människa; *like ~'s business* vard. som bara den

nocturnal [nɒk'tɜːnl] nattlig [*~ habits*]; natt- [*~ birds (animals)*]

nod [nɒd] **I** *vb itr* **1** nicka **2** nicka till, halvsova; *~ off* vard. slumra (nicka) till **II** *vb tr* **1** nicka med [*~ one's head*] **2** nicka [*~ approval* (bifall); *~ assent* (samtycke)] **III** *s* **1** nick [*a ~ of* (med, på) *the head*], nickning äv. av sömnighet; *a ~ is as good as a wink to him* han förstår halvkväden visa **2** [tupp]lur; *the land of N~* Jon Blunds rike

nodule ['nɒdjuːl] liten knut

noise [nɔɪz] **I** *s* **1** buller; i t.ex. radio brus **2** bråk, oväsen; *~ abatement* bullerbekämpning; bullerminskning; *~s off* radio. o.d. bakgrundsljud, ljudkuliss; *make a ~ in the world* väcka allmänt uppseende, låta tala om sig **II** *vb tr*, *~ [abroad]* basunera ut, sprida [ut]

noiseless ['nɔɪzləs] ljudlös; tystgående [*a ~ typewriter*]

noisy ['nɔɪzɪ] bullrig

noloitis [ˌnəʊləʊ'ɪtɪs] *s* med. noloma

nomad ['nəʊmæd, 'nɒm-] **I** *s* nomad **II** *adj* nomad-, nomadisk

nomadic [nə(ʊ)'mædɪk] nomad-, nomadisk

no-man's-land ['nəʊmænzlænd] ingenmansland

nominal ['nɒmɪnl] nominell, formell, så kallad

nominate ['nɒmɪneɪt] **1** nominera [*~ Mr. A. for* (till) *Mayor*], föreslå som kandidat **2** utnämna, utse

nomination [ˌnɒmɪ'neɪʃ(ə)n] **1** nominering [*~ of candidates for* (till)...] **2** utnämning; utnämningsrätt

nominative ['nɒmɪnətɪv] gram. nominativ[-]; *the ~ [case]* nominativ[en]

nominee [ˌnɒmɪ'niː] kandidat

non [nɒn] lat. inte; ss. prefix: a) icke- [*non-smoker*] b) o- [*non-essential*] c) non- [*non-intervention*] d) -fri [*non-iron*] e) pseudo- [*non-event*]

non-alcoholic ['nɒnˌælkə'hɒlɪk] alkoholfri

non-aligned [ˌnɒnə'laɪnd] alliansfri

nonce-word ['nɒnswɜːd] språkv. tillfällig [ord]bildning

nonchalance ['nɒnʃ(ə)ləns] nonchalans; likgiltighet; oberördhet

nonchalant ['nɒnʃ(ə)lənt] nonchalant; likgiltig; oberörd

non-commissioned [ˌnɒnkə'mɪʃ(ə)nd] utan [kunglig] fullmakt; *~ officer* mil. kompanibefäl, plutonsbefäl, gruppbefäl; underofficer

non-committal [ˌnɒnkə'mɪtl] till intet förpliktande [*a ~ answer*]; reserverad [*a ~ attitude*]

nonconformist [ˌnɒnkən'fɔːmɪst, 'nɒŋk-] nonkonformist, kyrkl. äv. frikyrklig

nondescript ['nɒndɪskrɪpt] isht neds. obestämbar, svårbestämbar

non-drip [ˌnɒn'drɪp] droppfri

none [nʌn] **I** *indef pron* ingen, inte någon [*~ of them has* (have) *come*]; inga; inget [*~ of this concerns me*]; *~ of your nonsense!* inga dumheter!; *~ of that!* sluta upp med det där!, nu räcker det! **II** *adv* inte; *~ the less* se *nevertheless*; [*the pay*] *is ~ too high* ...är inte alltför (inte särskilt) hög

nonentity [nɒ'nentətɪ] [ren] nolla; obetydlig sak

nonetheless [ˌnʌnðə'les] se *nevertheless*

non-existent [ˌnɒnɪg'zɪst(ə)nt] obefintlig; icke existerande; *it is ~* det existerar (finns) inte

non-fiction [ˌnɒn'fɪkʃ(ə)n] facklitteratur; sakprosa

non-iron [ˌnɒn'aɪən] strykfri [*a ~ shirt*]

no-nonsense [ˌnəʊ'nɒnsəns] rakt på sak, rättfram [*a ~ approach to the problem*]

non-resident [ˌnɒn'rezɪd(ə)nt] **I** *adj* som inte är fast bosatt [här] på orten **II** *s* person som inte är fast bosatt [här] på orten; tillfällig besökare (gäst)

nonsense ['nɒns(ə)ns] nonsens; *~ verses* (*rhymes*) nonsenspoesi; *there is no ~ about him* det är inget krångel med honom, det är en rejäl karl

nonsensical [nɒn'sensɪk(ə)l] meningslös, orimlig, fånig

non-skid [ˌnɒn'skɪd] halkfri [*~ tyres*]

non-smoker [ˌnɒn'sməʊkə] **1** icke-rökare **2** kupé för icke-rökare

non-smoking [ˌnɒn'sməʊkɪŋ], *~ compartment* kupé för icke-rökare

non-starter [ˌnɒn'stɑːtə] **1** sport., *be a ~* inte ställa upp (starta) **2** *he is a ~* han har inga chanser

non-stick [ˌnɒn'stɪk] som maten inte fastnar i (på) [*a ~ pan*]

non-stop [ˌnɒn'stɒp] **I** *adj* o. *adv* nonstop, utan mellanlandning; utan att stanna; *~ train* direkttåg **II** *s* direkttåg

non-violence [ˌnɒn'vaɪələns] icke-våld

1 noodle ['nuːdl] kok. nudel

2 noodle ['nuːdl] **1** dumhuvud, stolle **2** vard. skalle

nook [nʊk] vrå, skrymsle; avkrok

noon [nu:n] **1** middag [*before* ~]; *at* ~ klockan tolv [på dagen]; i middags **2** bildl. middagshöjd

noose [nu:s, nu:z] **1** [*running*] ~ rännsnara, löpknut **2** bildl. snara; band

nor [nɔ:] **1** och inte [heller], eller; *neither...* ~ varken...eller; [*I don't understand this.* -] *N~ do I* ...Det gör inte jag heller, ...Inte jag heller **2** och (men) inte; ~ *was this all* och (men) det var inte allt

Nordic ['nɔ:dɪk] nordisk

norm [nɔ:m] norm; rättesnöre; *the* ~ ofta det normala [*departures from the* ~]

normal ['nɔ:m(ə)l] **I** *adj* normal; regelrätt **II** *s* det normala [*below* (*above*) ~]

normalize ['nɔ:məlaɪz] normalisera

normally ['nɔ:məlɪ] normalt [sett]

Norman ['nɔ:mən] **I** mansnamn **II** *s* normand **III** *adj* **1** normandisk **2** arkit. romansk [~ *style*]

Normandy ['nɔ:məndɪ] geogr. Normandie

north [nɔ:θ] **I** *s* **1** norr, nord; för ex. jfr *east I 1* **2** *the* ~ (*N~*) nordliga länder; norra delen; norra halvklotet **II** *adj* nordlig, norra; *N~ America* Nordamerika; *the N~ Atlantic Treaty Organization* Atlantpaktsorganisationen; *the N~ Pole* nordpolen **III** *adv* mot (åt) norr; norr; för ex. jfr *east III*

northbound ['nɔ:θbaʊnd] nordgående

north-east [ˌnɔ:θ'i:st] **I** *s* nordost, nordöst **II** *adj* nordöstlig, nordostlig **III** *adv* mot (i) nordost (nordöst); ~ *of* nordost om

north-easterly [ˌnɔ:θ'i:stəlɪ] **I** *adj* nordostlig, nordöstlig, nordöstra **II** *adv* mot nordost (nordöst); från nordost

north-eastern [ˌnɔ:θ'i:stən] nordostlig, nordöstlig

northerly ['nɔ:ðəlɪ] nordlig; mot norr; nordlig vind; jfr vid. *easterly*

northern ['nɔ:ð(ə)n] **1** nordlig; norra [*the* ~ *hemisphere*], nord-; för ex. jfr *eastern 1*; ~ *lights* norrsken **2** nordländsk

northerner ['nɔ:ð(ə)nə] person från norra delen av landet (norra England); nordbo; i USA nordstatsbo

northernmost ['nɔ:ð(ə)nməʊst] nordligast

northward ['nɔ:θwəd] **I** *adj* nordlig etc., jfr *eastward I* **II** *adv* mot (åt) norr; sjö. nordvart; ~ *of* norr om

northwards ['nɔ:θwədz] se *northward II*

north-west [ˌnɔ:θ'west] **I** *s* nordväst **II** *adj* nordvästlig, nordvästra **III** *adv* mot (i) nordväst; ~ *of* nordväst om

north-western [ˌnɔ:θ'westən] nordvästlig

Norway ['nɔ:weɪ] geogr. egenn. Norge; ~ *lobster* havskräfta, kejsarhummer

Norwegian [nɔ:'wi:dʒ(ə)n] **I** *adj* norsk **II** *s* **1** norrman; norska kvinna **2** norska [språket]

nose [nəʊz] **I** *s* **1** näsa; nos; *it is as plain as the* ~ *on your face* vard. det är solklart, det är klart som korvspad; *blow one's* ~ snyta sig; *stick one's* ~ *into other people's business* blanda (lägga) sig i andras angelägenheter, lägga näsan i blöt; *I had to pay through the* ~ vard. jag blev uppskörtad; *speak through (in) one's* ~ tala i näsan **2** bildl. näsa; luktsinne; väderkorn; *have a* [*keen*] ~ *for* ha [fin] näsa för **3** pip, spets [*the* ~ *of a projectile*]; på fartyg för; på flygplan nos **II** *vb tr* **1** ~ [*out*] vädra, få väderkorn på, spåra upp **2** nosa på **III** *vb itr* **1** nosa **2** ~ [*about* (*around*)] snoka [*for, after* efter; *into* i]

nose-bleeding ['nəʊzˌbli:dɪŋ] näsblod

nosegay ['nəʊzgeɪ] [liten] blombukett

nosey ['nəʊzɪ] vard. nyfiken; närgången [*a* ~ *question*]; *N~ Parker* sl. nyfiken (snokande) människa

nosh [nɒʃ] sl. **I** *s* käk; skrovmål; kalas **II** *vb itr* käka

nostalgia [nɒ'stældʒɪə] nostalgi; längtan tillbaka, hemlängtan

nostril ['nɒstr(ə)l] näsborre

nosy ['nəʊzɪ] vard., se *nosey*

not [nɒt] (efter hjälpvb ofta *n't* [*haven't, couldn't*]) inte, ej; ~ *a* äv. ingen [~ *a bad idea!*]; *you had better* ~ det är bäst du låter bli; *he warned* (*cautioned*) *me* ~ *to* [*go there*] han varnade mig för att...; ~ *to mention...* för att [nu] inte tala om (nämna)...; *..., doesn't* (*hasn't, can't* m.fl.) *he* (*she, it, one*)? vanl. ...eller hur?

notable ['nəʊtəbl] **I** *adj* **1** märklig [*a* ~ *event*] **2** framstående, betydande [*a* ~ *painter*] **3** kem. märkbar [*a* ~ *quantity*] **II** *s* notabilitet, bemärkt person

notably ['nəʊtəblɪ] **1** märkligt **2** särskilt, i synnerhet [*other countries,* ~ *Britain and the USA*]

notar|y ['nəʊtərɪ], ~ [*public*] (pl. *-ies* [*public*]) notarius publicus [äv. *public* ~]

notation [nə(ʊ)'teɪʃ(ə)n] beteckningssätt; skriftsystem; mus. notskrift [äv. *musical* ~]; beteckning

notch [nɒtʃ] **I** *s* **1** hack, skåra, inskärning **2** amer. trång pinnhål; *take a p. down a* ~ *or two* sätta ngn på plats **II** *vb tr* **1** göra [ett] hack etc. i (på), karva i **2** ~ [*down* (*up*)] göra en skåra (ett märke) för; notera [~ *another victory*]

note [nəʊt] **I** *s* **1** anteckning, notering; pl. ~*s* äv. a) referat b) koncept, manuskript [*he spoke for an hour without ~s*] **2** kort brev (meddelande) **3** dipl. not; *exchange of ~s* notväxling **4** not, anmärkning i marginalen eller under texten; pl. *~s* äv. kommentar[er] **5** ~ [*of hand*] el. *promissory ~* skuldsedel, revers [*for* på} **6** sedel; *~ issue* sedelutgivning **7** mus.: a) ton b) not[tecken] c) tangent; *a false ~* en falsk ton **8** [fågel]sång [*the blackbird's merry ~*] **9** ton, stämning; [*the book ends*] *on a ~ of pessimism* ...i en pessimistisk ton **10** [skilje]tecken; *~ of exclamation* utropstecken **11** *a family of ~* en ansedd familj **12** *take ~ of* lägga märke till **II** *vb tr* **1** lägga [noga] märke till, märka, notera, konstatera [*we ~ from* (av) *your letter that*...}; beakta **2** framhålla **3** ~ [*down*] anteckna, skriva upp (ned), notera

notebook ['nəʊtbʊk] anteckningsbok
noted ['nəʊtɪd] bekant, välkänd
notepaper ['nəʊtˌpeɪpə] brevpapper
noteworthy ['nəʊtˌwɜːði] anmärkningsvärd, beaktansvärd, märklig
nothing ['nʌθɪŋ] **I** självst. *indef pron* ingenting; *~ but* el. *~ else than* (*but*) ingenting annat än, blott, endast; *he did ~ but complain* han gjorde inget annat än klagade; *he is ~ if not* [*persistent*] om det är något som han är, så är det...; *for ~* a) gratis [*he did it for ~*] b) utan orsak [*they quarrelled for ~*] c) förgäves [*they had suffered for ~*], till ingen nytta; *there is ~ in it* a) det ligger ingenting ingen sanning i det b) det är (var) ingen konst; *I can make ~ of it* jag får inte ut något av det, jag förstår mig inte på det; *there's ~ to it* a) det är (var) ingen konst b) det ligger ingenting ingen sanning i det; *come to ~* gå om intet, rinna ut i sanden **II** *adv* inte alls; *~ near* (*like*) inte på långt när
notice ['nəʊtɪs] **I** *s* **1** a) notis, meddelande [*a short ~ in the paper*]; *~s of births* födelseannonser b) [kort] recension; pl. *~s* äv. kritik, press [*the actor got very good ~s*] **2** a) varsel, meddelande på förhand; förvarning [*without ~*] b) uppsägning; *~ of a strike* strejkvarsel; *give ~* underrätta, varsko [*of* om], säga till; *give ~* [*to quit*] säga upp sig; säga upp [*you must give him ~ at once*]; *until* (*till*) *further ~* tills vidare **3** uppmärksamhet; kännedom [*bring a th. to a p.'s ~*]; *attract ~* tilldra sig (väcka) uppmärksamhet; *take ~ of* a) lägga märke till, ta notis om, bry sig om, fästa sig vid [*he took no ~ of it* (äv.

han struntade i det)] b) visa uppmärksamhet **II** *vb tr* märka
noticeable ['nəʊtɪsəbl] **1** märkbar; synlig **2** påfallande
notice board ['nəʊtɪsbɔːd] anslagstavla
notification [ˌnəʊtɪfɪ'keɪʃ(ə)n] **1** tillkännagivande **2** underrättelse **3** anmält fall [*27 ~s of salmonella*]
notify ['nəʊtɪfaɪ] **1** tillkännage, kungöra [*a th. to* (för) *a p.*] **2** ~ [*a p. of a th.*] el. ~ [*a th. to a p.*] underrätta (varsko) [ngn om ngt], anmäla [ngt för (till) ngn]
notion ['nəʊʃ(ə)n] **1** föreställning **2** uppfattning **3** a) aning; *I have not the haziest* (*slightest*) *~ of* jag har inte den blekaste (ringaste) aning om b) idé [*a stupid ~*]; *get that ~ out of your head* slå de där grillerna ur huvudet **4** amer., pl. *~s* småartiklar, korta varor, sybehör; *~ store* diversehandel
notoriety [ˌnəʊtə'raɪətɪ] ökändhet
notorious [nə(ʊ)'tɔːrɪəs] **1** ökänd [*a ~ criminal*], notorisk **2** allmänt känd
notoriously [nə(ʊ)'tɔːrɪəslɪ] som alla vet, som bekant; *~ cruel* känd för sin grymhet
notwithstanding [ˌnɒtwɪθ'stændɪŋ, -wɪð's-] **I** *prep* oaktat, trots; utan hinder av **II** *adv* det oaktat **III** *konj* trots att
nougat ['nuːgɑː, 'nʌgət] fransk (hård) nougat
nought [nɔːt] **1** noll; *~s and crosses* (konstr. ss. sg.) slags luffarschack **2** se *naught 1*
noun [naʊn] gram. substantiv
nourish ['nʌrɪʃ] **1** ge näring åt; uppföda **2** bildl. a) nära, hysa [*~ hope*] b) fostra; ge näring åt
nourishing ['nʌrɪʃɪŋ] närande [*~ food*]
nourishment ['nʌrɪʃmənt] näring
novel ['nɒv(ə)l] **I** *adj* ny [*a ~ style; a ~ experience*], nymodig; ovanlig **II** *s* roman
novelist ['nɒvəlɪst] romanförfattare
novelty ['nɒv(ə)ltɪ] **1** nyhet, nymodighet; ovanlighet; *~ value* nyhetsvärde; *have the charm of ~* äga nyhetens behag; *by way of ~* som omväxling **2** konkr. nyhet [*fashion -ies*], modernitet; [*party*] *~* skämtartikel
November [nə(ʊ)'vembə] november
novice ['nɒvɪs] **1** kyrkl. novis **2** novis, nybörjare
now [naʊ] **I** *adv* **1** nu; nuförtiden; *~...~* (*then*) än...än; [*every*] *~ and then* (*again*) då och då; *by ~* vid det här laget; *for ~* för tillfället, tillsvidare [*that's enough for ~*]; *bye-bye for ~!* hej så länge! **2** med försvagad tidsbet.: *~, that's how it is* ja, så är det; *~, what do you mean by that?* vad menar du med det för resten?; *~, ~* a) aj,

aj; aja baja [~ ~, *don't touch it!*] b) så där ja; seså uppfordrande; ~ *then* a) så där ja [~ *then, that was that!*]; nå [~ *then, what are we going to do now?*] b) aj, aj; aja baja [~ *then, don't touch it!*]; *did he ~!* nej [men] (jaså), gjorde han det?, nej verkligen?, ser man på! **II** *konj* nu då [~ *you mention it, I do remember*] **III** *s* nu[et]
nowadays ['naʊədeɪz] nuförtiden
nowhere ['nəʊweə] ingenstans, inte någonstans; ingen (inte någon) vart; ~ *else* [*but*] ingen (inte någon) annanstans [än]; ~ *near* inte på långt när (långa vägar), inte tillnärmelsevis
noxious ['nɒkʃəs] skadlig
nozzle ['nɒzl] munstycke; tekn. dysa
NSPCC (förk. för *National Society for the Prevention of Cruelty to Children*) ung. motsv. i sv. BRIS (Barnens rätt i samhället)
NT förk. för *New Testament*
nth [enθ] **1** matem. n-te **2** vard., *to the ~ degree* i allra högsta grad
nuance [njʊ'ɑ:ns] nyans
nub [nʌb] **1** bit [~ *of coal*], stump [~ *of pencil*] **2** noppa; knut **3** bildl. knut, kärnpunkt [*the ~ of the matter*]
nubile ['nju:baɪl, amer. -bl] **1** giftasvuxen; [köns]mogen **2** vard. sexuellt attraktiv om flicka
nuclear ['nju:klɪə] kärn-; fys. äv. atom-; nukleär; kärnvapen- [~ *disarmament*]; kärnenergidriven [~ *submarine*]; ~ *bomb* atombomb; ~ *carrier* kärnvapenbärare; ~ *energy* atomenergi, kärnenergi; ~ *physics* kärnfysik; ~ *power* kärnkraft; ~ *waste* radioaktivt avfall; kärnavfall
nuclear-powered [,nju:klɪə'paʊəd] o. **nuclear-propelled** [,nju:klɪəprə'peld] kärnenergidriven [~ *submarine*]
nucle|us ['nju:klɪ|əs] (pl. *-i* [-aɪ], ibl. *-uses*) **1** astron., biol. el. fys. kärna **2** bildl. kärna [*the ~ of a town*]; centrum; grundstomme; grundplåt [*of* till]
nude [nju:d] **I** *adj* naken; bar; ~ *dancer* nakendansös **II** *s* nakenfigur, konst. äv. nakenstudie, akt; *in the* ~ naken; *pose in the* ~ posera naken, stå nakenmodell
nudge [nʌdʒ] **I** *vb tr*, ~ *a p.* a) knuffa (puffa) [till] ngn [med armbågen] b) bildl. driva (puffa) på ngn **II** *s* [lätt] knuff
nudism ['nju:dɪz(ə)m] nudism
nudist ['nju:dɪst] nudist
nudity ['nju:dətɪ] nakenhet
nugget ['nʌgɪt] klump av ädel metall; ~ [*of gold*] guldklimp
nuisance ['nju:sns] otyg [*the mosquitoes are a ~*], ofog, oskick [*long speeches are a ~*]; besvär, elände; plåga [*he is a real* (riktigt) ~]; isht om barn bråkstake; jur. olägenhet, förfång; *what a ~!* så tråkigt (förargligt)!, ett sånt elände!
null [nʌl] jur. ogiltig; ~ *and void* ogiltig, av noll och intet värde
nullify ['nʌlɪfaɪ] annullera; ogiltigförklara
numb [nʌm] **I** *adj* stel[frusen], känslolös; ~ *with cold* stel av köld **II** *vb tr* göra stel[frusen]; förlama [~*ed with grief*]; döva [*medicine to ~ the pain*]
number ['nʌmbə] **I** *s* **1** antal [*a considerable ~*], mängd; ~*s* [*of people*] [*live like this*] massor av (ett stort antal) människor... **2** nummer [*telephone ~*]; tal [*whole* (*odd*) ~*s*]; *cardinal ~* grundtal **3** teat. o.d. nummer [*do a solo ~*] **4** gram. numerus **5** pl. ~*s*: a) numerär överlägsenhet i antal [äv. *superior ~s*]; *there is safety* (*strength*) *in ~s* ung. ju fler man är desto större trygghet (desto bättre) b) *Numbers* (konstr. ss. sg.) Fjärde mosebok c) amer., ~*s* [*game* (*racket*)] slags olagligt lotteri **6** i div. uttr.: a) ~ *one* etta isht på topplista [*this week's ~ one*]; sl. bäst, toppen [*you're ~ one*] b) vard., ~ *one* en själv, ens egen person c) barnspr., *do* [*a*] ~ *one* kissa; *do* [*a*] ~ *two* bajsa d) vard., *his ~ is up* det är ute med honom **II** *vb tr* **1** numrera; ibl. paginera **2** räkna [*the army ~ed 40,000*], omfatta, uppgå till; *we ~ed 20 in all* vi var sammanlagt 20 **3** räkna hänföra [*I ~ myself among his friends*] **4** räkna antalet av; *his days are ~ed* hans dagar är räknade **III** *vb itr* räknas
numeral ['nju:m(ə)r(ə)l] **I** *adj* siffermässig, siffer-; ~ *sign* taltecken **II** *s* **1** gram. räkneord; *cardinal ~* grundtal **2** taltecken, siffra [*Roman ~s*]
numerator ['nju:məreɪtə] matem. täljare
numerical [njʊ'merɪk(ə)l] **1** numerisk; ~ *strength* numerär; ~ *superiority* numerär överlägsenhet, överlägsenhet i antal **2** siffer- [~ *calculation*, ~ *system*] **3** *in ~ order* i nummerordning
numerous ['nju:m(ə)rəs] talrik
nun [nʌn] nunna
nunnery ['nʌnərɪ] [nunne]kloster
nuptial ['nʌpʃ(ə)l] **I** *adj* bröllops-; äktenskaps- [~ *vows*], äktenskaplig [~ *happiness*] **II** *s*, vanl. pl. ~*s* bröllop, vigsel, förmälning
nurse [nɜ:s] **I** *s* **1** [sjuk]sköterska; [*male*] ~ sjukskötare, manlig sjuksköterska **2** [barn]sköterska **3** amma **II** *vb tr* **1** sköta barn el. sjuka; vårda **2** amma **3** kela med [~ *a kitten*], [sakta] smeka **4** sköta om [~ *a*

cold]; vara försiktig med [~ *a weak ankle*] **5** hysa [~ *a grudge* (agg) *against a p.*] **III** *vb itr* **1** amma **2** sköta sjuka
nursery ['nɜːs(ə)rɪ] **1** a) barnkammare b) barnstuga, daghem c) barnhem; ~ *rhyme* barnramsa, barnkammarrim, barnvisa; ~ *school* lekskola; förskola **2** plantskola [äv. ~ *garden*]
nursing ['nɜːsɪŋ] **1** sjukvård; vård; *the ~ profession* sjuksköterskeyrket **2** amning; ~ *bottle* nappflaska
nursing home ['nɜːsɪŋhəʊm] sjukhem
nurture ['nɜːtʃə] **1** fostra **2** föda [upp]; driva upp planta; nära **3** bildl. hysa
nut [nʌt] **I** *s* **1** a) nöt; [nöt]kärna b) bildl., *he's a tough ~* han är en hårding **2** tekn. mutter **3** vard. a) knäppskalle b) -fantast [*football ~*] **4** sl. a) huvud rot, boll; *be* (*go*) *off one's ~* vara (bli) knäpp (galen) b) vulg., pl. ~*s* ballar testiklar **II** *vb itr* plocka nötter
nutcase ['nʌtkeɪs] sl. knasboll; dåre
nutcracker ['nʌtˌkrækə] **1** vanl. pl. ~*s* nötknäppare **2** zool. nötkråka
nuthatch ['nʌthætʃ] zool. nötväcka
nutmeg ['nʌtmeg] *s* **I** bot. muskot[nöt] äv. krydda; muskotträd [äv. ~ *tree*] **II** *vb tr* fotb., ~ *a player* göra en tunnel på en spelare
nutrient ['njuːtrɪənt] näringsämne
nutrition [njʊ'trɪʃ(ə)n] **1** näringsprocess; näring **2** näringslära
nutritious [njʊ'trɪʃəs] näringsrik
nutritive ['njuːtrətɪv] **I** *adj* **1** närings-; ~ *value* näringsvärde **2** närande **II** *s* näringsmedel
nuts [nʌts] **I** *s* pl. av *nut* **II** *interj* sl., ~! [skit]snack!, dra åt skogen! **III** *adj* sl. knasig, knäpp [*he's ~*]; *be* [*dead*] ~ *about* vara alldeles galen i (vild på); *go ~* få spader, bli knäpp (knasig)
nutshell ['nʌt-ʃel] nötskal; *in a ~* bildl. i ett nötskal; i korthet
nutty ['nʌtɪ] **1** nötrik, med mycket nötter [*a ~ cake*] **2** nötliknande; med nötsmak; ~ *flavour* nötsmak **3** sl. a) knasig b) *be ~ about a p.* vara galen i ngn
nuzzle ['nʌzl] **I** *vb tr* **1** gnida nosen (mulen) mot [*the horse ~d my shoulder*]; ~ *one's face against* trycka ansiktet mot **2** isht om svin rota i jorden; böka upp [~ *truffles* (tryffel)] **II** *vb itr* **1** ~ [*up*] *against* gnida nosen (mulen) mot; trycka (smyga) sig intill **2** isht om svin samt bildl. rota, böka
NW förk. för *North-Western* (postdistrikt i London), *north-west*[*ern*]
NY förk. för *New York*

nylon ['naɪlən, -lɒn] nylon; pl. ~*s* nylonstrumpor
nymph [nɪmf] mytol. nymf
nymphomaniac [ˌnɪmfə(ʊ)'meɪnɪæk] nymfoman
NZ förk. för *New Zealand*

O, **o** [əʊ] (pl. *O's* el. *o's* [əʊz]) **1** O, o **2** nolla; i sifferkombinationer noll; [*please dial*] *5060* [ˌfaɪvəʊˈsɪksəʊ] ...5060

oaf [əʊf] fåne; drummel

oak [əʊk] **1** ek träd **2** ek, ekträ; *heart of ~* kärnkarl

oaken [ˈəʊk(ə)n] av ek

oar [ɔː] **I** *s* **1** åra; *put one's ~ in* blanda sig i samtalet, lägga sin näsa i blöt **2** roddare [*a good (bad) ~*] **II** *vb tr* o. *vb itr* ro

oarlock [ˈɔːlɒk] isht amer. årtull

oas|is [əʊˈeɪs|ɪs] (pl. *-es* [-iːz]) oas äv. bildl.

oath [əʊθ, i pl. əʊðz, əʊθs] **1** ed; *~ of office* tjänsteed; *swear an ~* avlägga (svära) en ed; *take* [*an*] *~* gå (avlägga) ed, svära [*that* på att] **2** svordom

oatmeal [ˈəʊtmiːl] **1** havremjöl **2** *~ porridge* havre[gryns]gröt

obdurate [ˈɒbdjʊərət] förhärdad; hård[hjärtad]

OBE [ˌəʊbiːˈiː] förk. för *Officer of* [*the Order of*] *the British Empire*

obedience [əˈbiːdjəns] lydnad, hörsamhet

obedient [əˈbiːdjənt] lydig; *your ~ servant* i brevslut Med utmärkt högaktning

obelisk [ˈɒbəlɪsk] obelisk

obese [ə(ʊ)ˈbiːs] mycket (sjukligt) fet

obesity [ə(ʊ)ˈbiːsətɪ] stark (sjuklig) fetma

obey [ə(ʊ)ˈbeɪ] lyda, hörsamma

obituary [əˈbɪtʃʊərɪ, əˈbiːtjˌ-] **1** ~ [*notice*] dödsruna; minnesruna; dödsannons **2** ss. rubrik i tidning dödsfall

object [ss. subst. ˈɒbdʒɪkt, ss. vb əbˈdʒekt] **I** *s* **1** föremål äv. bildl. [*an ~ of* (för) *admiration*]; objekt **2** syfte[mål], [ända]mål; *the ~ is* [*to get all the balls into the holes*] det gäller...; *the ~ of his journey* syftet (ändamålet) med hans resa **3** gram. objekt **II** *vb tr* invända [*I ~ed that* (att)...] **III** *vb itr* göra invändningar, opponera sig; ogilla, inte [kunna] tåla [*I ~ to people who come late*]; *if you don't ~* om du inte har något emot det (något att invända)

objection [əbˈdʒekʃ(ə)n] invändning; motvilja [*he has a strong ~ to getting up early*]; *~!* jur. protest!; *~ sustained (overruled)* protesten bifalles (avslås)

objectionable [əbˈdʒekʃ(ə)nəbl] förkastlig, betänklig; anstötlig [*the ~ parts of the book*], stötande; misshaglig; obehaglig, otäck [*an ~ smell*]

objective [əbˈdʒektɪv] **I** *adj* objektiv; saklig **II** *s* **1** mål **2** optik. objektiv [äv. *~ glass*]

objectivity [ˌɒbdʒekˈtɪvətɪ] objektivitet; saklighet

object lesson [ˈɒbdʒɪktˌlesn] **1** åskådningslektion; pl. *~s* äv. åskådningsundervisning **2** skolexempel

objector [əbˈdʒektə] person som gör invändningar (opponerar sig); motståndare

obligation [ˌɒblɪˈɡeɪʃ(ə)n] **1** förpliktelse, åtagande; åliggande; *be (feel) under an ~* vara (känna sig) förpliktad [*to* att]; *put (lay) a p. under an ~ to* ålägga (förplikta) ngn att **2** tacksamhetsskuld; *be under* [*an*] *~ to a p.* stå i tacksamhetsskuld till ngn [*for* för]

obligatory [əˈblɪɡət(ə)rɪ, ˈɒblɪɡeɪtərɪ] obligatorisk; bindande [*an ~ promise*]

oblige [əˈblaɪdʒ] **1** förplikt[ig]a; tvinga; *be ~d to* vara (bli) förpliktad (skyldig) att; vara (bli) tvungen att **2** tillmötesgå [*I do my best to ~ him*], göra (vara) till lags; göra ngn en tjänst; stå ngn till tjänst; *please (will you) ~ me by shutting...* vill ni göra mig den tjänsten och (att) stänga...; *to ~ you* för att göra dig en tjänst; *I'm much ~d* [*to you*] jag är [dig] mycket tacksam; *would you ~ at the piano?* skulle du vilja vara vänlig och spela lite piano för oss?

obliging [əˈblaɪdʒɪŋ] förekommande, tillmötesgående, förbindlig, tjänstvillig

oblique [ə(ʊ)ˈbliːk] **1** sned **2** gram. **a)** indirekt; *~ speech* indirekt tal (anföring) **b)** *~ case* oblikt kasus **3** indirekt; smyg-; förtäckt [*~ threats*]

obliterate [əˈblɪtəreɪt] **1** utplåna äv. bildl.; stryka ut; tillintetgöra **2** makulera frimärken

oblivion [əˈblɪvɪən] glömska; *fall (sink) into ~* falla (råka) i glömska

oblivious [əˈblɪvɪəs] **1** glömsk; *be ~ of* [helt] glömma [bort] **2** omedveten

oblong [ˈɒblɒŋ] **I** *adj* avlång, rektangulär **II** *s* avlång figur

obnoxious [əbˈnɒkʃəs] avskyvärd [*an ~ smell*]; förhatlig

oboe [ˈəʊbəʊ] mus. oboe

obscene [əbˈsiːn] **1** oanständig **2** motbjudande, vidrig

obscenity [əbˈsenətɪ, -ˈsiːn-] **1** oanständighet **2** vidrighet

obscure [əbˈskjʊə] **I** *adj* **1** dunkel, mörk

[*an ~ corner*] **2** otydlig, oklar [*an ~ sound*] **3** svårfattlig [*an ~ passage in a book*], grumlig, oklar **4** obemärkt, föga känd [*an ~ French artist*], obeaktad; obskyr **II** *vb tr* **1** förmörka; skymma [*mist ~d the view*] **2** bildl. a) fördunkla b) ställa i skuggan
obscurity [əb'skjʊərətɪ] **1** dunkel **2** otydlighet **3** svårfattlighet **4** obemärkthet; *live in ~* leva obemärkt
obsequious [əb'si:kwɪəs] inställsam, krypande
observable [əb'zɜ:vəbl] märkbar [*an ~ decline*]; iakttagbar
observance [əb'zɜ:v(ə)ns] **1** iakttagande, efterlevnad; fullgörande **2** firande [*the ~ of a holiday*]
observant [əb'zɜ:v(ə)nt] uppmärksam [*an ~ boy*], observant, iakttagande
observation [ˌɒbzə'veɪʃ(ə)n] **1** observation; iakttagelse, erfarenhet; observerande, iakttagande; *~ post* mil. observationspost, observationsplats **2** iakttagelseförmåga [*a man of* (med) *little ~*] **3** anmärkning, yttrande
observatory [əb'zɜ:vətrɪ] observatorium
observe [əb'zɜ:v] **I** *vb tr* **1** observera; lägga märke till; varsebli, märka **2** a) iaktta [*~ silence*], följa, efterleva [*~ a principle (a law)*] b) fira [*~ a festival*] **3** anmärka; *as has already been ~d* som redan nämnts (konstaterats) **II** *vb itr* **1** iaktta, observera **2** yttra sig
observer [əb'zɜ:və] **1** iakttagare [*he is a keen* (skarpsynt) *~*]; observatör **2** *an ~ of* en som följer (efterlever)
obsess [əb'ses] anfäkta; *be ~ed by* (*with*) vara [som] besatt av, ha på hjärnan
obsession [əb'seʃ(ə)n] tvångsföreställning
obsessive [əb'sesɪv] **1** tvångsmässig [*~ fears*] **2** överdriven
obsolescence [ˌɒbsə(ʊ)'lesns] något föråldrad karaktär (beskaffenhet)
obsolescent [ˌɒbsə(ʊ)'lesnt] något ålderdomlig
obsolete ['ɒbsəli:t] föråldrad [*~ words* (*expressions*)], gammalmodig; omodern
obstacle ['ɒbstəkl] hinder äv. bildl.
obstacle race ['ɒbstəklreɪs] hindertävling slags sällskapslek
obstetrics [ɒb'stetrɪks] (konstr. ss. sg.) obstetrik
obstinacy ['ɒbstɪnəsɪ] envishet
obstinate ['ɒbstɪnət] envis
obstreperous [əb'strep(ə)rəs] skränig, bullrig; oregerlig [*~ behaviour*]
obstruct [əb'strʌkt] **I** *vb tr* **1** täppa till (igen) [*~ a passage*] **2** hindra [*~ the traffic*], hämma **3** skymma; *~ the view* skymma sikten, hindra utsikten **II** *vb itr* parl. o.d. obstruera
obstruction [əb'strʌkʃ(ə)n] **1** tilltäppning etc., jfr *obstruct I* **2** spärr; hinder **3** sport. obstruktion
obstructive [əb'strʌktɪv] **1** tilltäppande **2** hindrande
obtain [əb'teɪn] **I** *vb tr* [lyckas] få, skaffa sig [*~ information* (*permission*)], erhålla [*metal is ~ed from* (ur) *ore*]; få tag i [*where can I ~ the book?*]; förskaffa; [upp]nå, ernå; *tickets can be ~ed from...* biljetter finns att få hos (i)... **II** *vb itr* gälla [*this custom still ~s in some places*]
obtainable [əb'teɪnəbl] som kan fås (erhållas); anskaffbar; tillgänglig
obtrusive [əb'tru:sɪv] **1** påträngande, närgången **2** påfallande [*an ~ error*]
obtuse [əb'tju:s] **1** bildl. slö **2** trubbig äv. geom. [*an ~ angle* (vinkel)]; slö
obverse ['ɒbvɜ:s] **1** advers på mynt o.d. **2** framsida; motsatt sida **3** motstycke; motsats
obviate ['ɒbvɪeɪt] förebygga [*~ misunderstanding*], undanröja [*~ a risk* (*a danger*)]
obvious ['ɒbvɪəs] tydlig, uppenbar; upplagd [*an ~ chance*]; självklar; *for ~ reasons* av lättförklarliga skäl
occasion [ə'keɪʒ(ə)n] **I** *s* **1** a) tillfälle [*on festive* (festliga) *~s*] b) evenemang [*celebrate the ~*]; *should the ~ arise* i förekommande fall, vid behov; *from ~ to ~* från den ena gången till den andra; *make the most of the ~* utnyttja tillfället (situationen); *on ~* då och då, någon gång; *on that ~* vid det tillfället, den gången **2** [yttre] anledning; *there is no ~ for you to do it* det finns ingen anledning för dig att göra det **II** *vb tr* orsaka; förorleda [*~ a p. to do a th.*]
occasional [ə'keɪʒənl] tillfällig; enstaka [*~ showers*]; *I have the ~ cup of tea* jag dricker en kopp te någon gång [när det faller sig]
occasionally [ə'keɪʒnəlɪ] [någon gång] då och då, emellanåt; *very ~* någon enstaka (enda) gång
occidental [ˌɒksɪ'dentl] *adj* västerländsk
occult [ɒ'kʌlt] **I** *adj* ockult; magisk **II** *s, the ~* det ockulta, ockulta ting
occupant ['ɒkjʊpənt] **1** innehavare [*the first ~ of the post*], ockupant; invånare [*the ~s of the house*]; *the ~s of the car* (*the boat*) *were...* de [personer] som satt (befann sig) i bilen (båten) var..., bilens

(båtens) passagerare var...
2 besittningstagare, ockupant äv. mil.

occupation [ˌɒkjʊ'peɪʃ(ə)n] **1** mil. ockupation; inflyttning [*the flat is ready for ~*] **2** sysselsättning [*my favourite ~*], sysslande [*all this ~ with...*], syssla [*my daily ~s*]; yrke [*state name and ~*]; *gainful ~* förvärvsarbete

occupational [ˌɒkjʊ'peɪʃənl] sysselsättnings- [*~ therapy*], yrkes- [*~ disease*]; *~ hazard* yrkesfara; *~ pension* tjänstepension

occupier ['ɒkjʊpaɪə] **1** innehavare [*the ~ of the flat*]; ockupant; *the ~s of the flat* [*had left*] äv. de som bodde i lägenheten... **2** besittningstagare; ockupant äv. mil.

occupy ['ɒkjʊpaɪ] **1** mil. ockupera, inta **2** inneha [*~ a high office (an important position)*]; inta [*~ a prominent* (ledande) *position*] **3** bebo [*~ a house*], bo i; bo på [*they ~ the ground floor*] **4** uppta [*the table occupies half the floor space; ~ a p.'s time*]; *the seat is occupied* platsen är upptagen **5** sysselsätta [*it occupied his thoughts* el. *his mind* (hans tankar)]; *be occupied* vara sysselsatt, vara upptagen, sysselsätta sig, hålla på [*with a th.* med ngt; *in*] *doing a th.* med att göra ngt]

occur [ə'kɜː] **1** inträffa, hända **2** *~ to a p.* falla ngn in [*to* att]; *it ~red to me that* det föll mig in att, jag kom att tänka på att **3** förekomma [*misprints ~ on every page*], finnas

occurrence [ə'kʌr(ə)ns] **1** händelse; *that is an everyday ~* det förekommer dagligen **2** förekomst; inträffande; *it is of frequent ~* det förekommer (inträffar) ofta

ocean ['əʊʃ(ə)n] **1** ocean, världshav; *~ liner* oceangångare **2** vard., *~s of time* (*money*) massor av tid (pengar)

ocean-going ['əʊʃ(ə)nˌgəʊɪŋ] oceangående

ochre ['əʊkə] miner. el. tekn. ockra

o'clock [ə'klɒk], *it is ten ~* klockan är tio; *ten ~ came* klockan blev tio

octagon ['ɒktəgən] geom. oktogon, åtthörning

octagonal [ɒk'tægənl] åtthörnig, åttkantig

octane ['ɒkteɪn] kem. oktan; *~ number* (*rating*) oktantal

octave ['ɒktɪv] mus. oktav

October [ɒk'təʊbə] oktober

octogenarian [ˌɒktəʊdʒɪ'neərɪən] åttioåring; person mellan åttio och nittio år [gammal]

octopus ['ɒktəpəs] zool. [åttaarmad] bläckfisk

ocular ['ɒkjʊlə] okulär; ögon-; synlig

oculist ['ɒkjʊlɪst] ögonläkare

odd [ɒd] **1** udda, ojämn [*an ~ number*] **2** omaka, udda [*an ~ glove*] **3** enstaka; *~ pair* restpar **4** extra [*an ~ player*], överskjutande; överbliven [*the ~ bits of metal*]; *keep the ~ change!* det är jämna pengar (jämnt)!; *at fifty ~* vid några och femtio [års ålder] **5** tillfällig, sporadisk, strö-, extra; *~ jobs* ströjobb, diverse småjobb; *at ~ moments* på lediga [små]stunder, lite då och då **6** underlig, besynnerlig **7** *~ man out* a) 'udda går ut' vid olika sällskapslekar b) 'udde' den som blir över vid vissa sällskapslekar c) bildl. udda person, särling d) bildl. femte hjulet under vagnen

oddball ['ɒdbɔːl] isht amer. vard. **I** *s* underlig kuf (kurre) **II** *adj* kufisk

oddity ['ɒdətɪ] **1** underlighet, besynnerlighet **2** original [*he's something of an ~*], underlig (besynnerlig) människa

oddly ['ɒdlɪ] underligt, konstigt [*~ enough* (nog)]

oddment ['ɒdmənt] **1** udda (enstaka) artikel (exemplar), restartikel; stuvbit **2** pl. *~s* småsaker

odds [ɒdz] (konstr. vanl. ss. pl.) **1** utsikter, odds; [stor] sannolikhet; *the ~ are against him* han har alla odds (oddsen) emot sig; *the ~ are in his favour* han har goda utsikter, han har stora chanser **2** spel. o.d. odds; *long* (*large*) *~* höga odds; små chanser; *shout the ~* vard. domdera **3** olikhet[er]; *split the ~* mötas på halva vägen **4** *at ~* oense, osams, på kant med varandra **5** *~ and ends* småsaker, [små]prylar; smått och gott; rester, stumpar, småskräp, avfall

odds-on ['ɒdzɒn], *stand an ~ chance of* [*winning*] ha [mycket] goda utsikter att...

ode [əʊd] ode

odious ['əʊdjəs] förhatlig

odometer [əʊ'dɒmɪtə, ɒ'd-] isht amer. vägmätare

odour ['əʊdə] **1** a) lukt b) odör c) [väl]doft **2** anstrykning, doft; *an ~ of sanctity* en prägel av fromhet (helighet)

odourless ['əʊdələs] luktfri, doftlös

oestrogen ['iːstrə(ʊ)dʒ(ə)n, 'es-] östrogen

of [ɒv, obeton. əv, v] **1** i uttr. som beteckn. läge, avskiljande: om [*north ~ York*]; från [*within a mile ~ Hull*]; *cure a p. ~ a cold* bota ngn från en förkylning; *be robbed ~ a th.* bli bestulen på ngt; *five minutes ~ twelve* amer. fem minuter i (före) tolv **2** i uttr. som beteckn. härkomst, ursprung: av [*born ~ poor parents*]; från [*Professor Smith ~ Cambridge*] **3** i uttr. som beteckn.

orsak, anledning o.d.: för [be afraid ~; for (av) fear ~]; över [be proud ~]; på [be weary ~]; av [die ~ hunger]; av el. i [die ~ cancer] **4** utan direkt motsvarighet i sv.: **a)** *a cup ~ tea* en kopp te **b)** *the town ~ Brighton* staden Brighton **c)** *on the fifth ~ May* den femte maj **5** i uttr. som beteckn. innehåll, ämne, förhållande o.d.: om [*read ~ a th.*; *stories ~ his travels*]; *hear ~ a th.* höra talas om ngt; *blind ~ one eye* blind på ena ögat **6** i uttr. med objektiv genitiv: av [*the betrayal ~ the secret*]; för [*the fear ~ God*]; om [*knowledge ~ the past*]; på [*the murder ~ Mr. Smith*] **7** i uttr. med egenskapsgenitiv: med [*a man ~ foreign appearance*]; av [*goods ~ our own manufacture*]; *a man ~ note* en framstående man **8** i uttr. med partitiv genitiv: av [*most ~ them*]; *there were only six ~ us* vi var bara sex **9** i uttr. som beteckn. tillhörighet, ägande, förbindelse o.d.: i [*professor ~ history*]; på [*the governor ~ St. Helena*]; med [*the advantage ~ this system*]; från [*a novelist ~ the 18th century*]; till [*the daughter ~ a clergyman*]; *the works ~ Milton* Miltons verk **10** *an angel ~ a woman* en ängel till kvinna

off [ɒf] **I** *adv* o. *pred adj* **1** bort [*steal* (smyga) ~; ~ *with you!*]; av [*get* (stiga) ~]; på instrumenttavla o.d. från[kopplad]; *~ we go!* nu går vi!; *far ~* långt bort **2** *time ~* ledighet **3** *be ~*: **a)** vara av[tagen] [*the lid is ~*]; vara ur [*the button is ~*] **b)** ge sig av, kila; *where are you ~ to?* vart ska du ta vägen? **c)** vara ledig **d)** vara slut [*this dish is ~ today*]; vara avstängd [*the water* (*gas*) *is ~*]; vara frånkopplad; vara inställd [*the party is ~*], vara avblåst [*the strike is ~*]; *the deal is ~* köpet har gått om intet **e)** vard. inte vara färsk [*the meat was a bit ~*] **f)** *how are you ~ for money?* hur har du det [ställt] med pengar? **II** *attr adj* ledig; *we have our ~ moments* **a)** vi har våra lugna (lediga) stunder **b)** alla har vi våra svaga perioder **III** *prep* **1** bort från [*take your elbows ~ the table!*]; ner från [*he fell ~ the ladder*], av [*he fell ~ the bicycle*]; borta från [*keep one's hands* (fingrarna) *~ a th.*]; ur [*~ course*] **2** vid, nära [*the island lies ~ the coast*; *~ Baker Street*]; isht sjö. utanför [*~ the Welsh coast*] **3** vard., *be ~ a th.* ha tappat intresset för ngt; *I'm ~ smoking* jag har lagt av med att röka **4** på [*3 % discount ~ the price*]

offal [ˈɒf(ə)l] [slakt]avfall; inälvsmat

offbeat [ˈɒfbiːt] **1** mus. offbeat med markering på andra och fjärde tonen **2** vard. annorlunda

off-chance [ˈɒftʃɑːns] liten chans [*there is an ~ that...*]; *we called on the ~ of finding you at home* vi chansade på att du skulle vara hemma

off-colour [ˌɒfˈkʌlə] [lite] krasslig, ur gängorna

off-day [ˈɒfdeɪ] **1** ledig dag, fridag **2** dålig dag [*it was one of my ~s*]

offence [əˈfens] **1** [lag]överträdelse [*a slight ~*]; bildl. försyndelse, brott; *punishable ~* straffbar handling; *commit an ~* överträda (bryta mot) lagen, begå ett brott **2** anstöt; förtrytelse, harm; förolämpning; *take ~* ta illa upp **3** anfall

offend [əˈfend] **I** *vb tr* stöta, verka stötande på; såra [*~ a p.'s feelings*]; förnärma, kränka; förtörna; *be ~ed* bli stött [*with* (*by*) *a p.* på ngn; *at* (*by*) *a th.* över ngt] **II** *vb itr* **1** väcka anstöt (förargelse) **2** synda [*~ against* (mot) *a rule*]; *~ against* äv. bryta mot, kränka [*~ against a law*]

offender [əˈfendə] lagöverträdare; *first ~* förstagångsförbrytare

offense [əˈfens] amer., se **offence**

offensive [əˈfensɪv] **I** *adj* **1** offensiv [*~ weapons*]; aggressiv; *~ movements* offensiva trupprörelser **2** anstötlig; förolämpande, kränkande [*~ language*] **3** obehaglig [*an ~ person*], vidrig, motbjudande [*an ~ smell*] **II** *s* offensiv; *take the ~* ta till offensiven, övergå till anfall

offer [ˈɒfə] **I** *vb tr* **1** erbjuda, bjuda [*I ~ed him £150,000 for the house*]; hand. offerera; bjuda ut [*~ the shares at* (till) *98*]; *~ for sale* bjuda ut till försäljning, saluföra, salubjuda; *~ one's services* erbjuda sina tjänster, ställa sig till förfogande **2** utfästa; *~ a reward* utfästa en belöning **3** relig., *~* [*up*] offra [*to* åt] **4** framföra [*~ an apology*], lägga fram [*~ an opinion*], ge [*~ an explanation*], anföra **5** förete, erbjuda [*~ many advantages*] **II** *vb itr* **1** erbjuda sig; *as occasion ~s* när tillfälle erbjuder (yppar) sig, när det blir tillfälle **2** *~ to* inf.: erbjuda sig att [*he ~ed to help me*] **III** *s* erbjudande, anbud; hand. offert; *~* [*of marriage*] [giftermåls]anbud, frieri

offering [ˈɒf(ə)rɪŋ] **1** offrande **2** offer; bildl. gåva **3** erbjudande

off-hand [ˌɒfˈhænd] **I** *adv* **1** på rak arm [*I can't tell you ~*] **2** nonchalant [*reply ~*]
II *adj* **1** oförberedd, improviserad **2** nonchalant

office [ˈɒfɪs] **1** a) kontor [ofta pl. ~s]; byrå; expedition; redaktion; tjänsterum, ämbetsrum; kansli; amer. [läkar]mottagning b) isht ss. efterled i sammansättn. -bolag, -kontor; ~ *block* kontorsbyggnad; ~ *hours* kontorstid **2** *O~* a) departement [*the Home O~*] b) [ämbets]verk [*the Patent O~*] **3** [offentligt] ämbete, befattning; *resign* (*retire from, leave*) ~ avgå [ur tjänst]; *take* (*come into, get into*) ~ tillträda sitt ämbete (sin tjänst, sin post); om minister äv. inträda i regeringen; om parti, regering komma till makten; *the Government in* ~ den sittande regeringen **4** [tjänste]förrättning, uppgift, funktion

officer [ˈɒfɪsə] **1** officer; pl. ~s äv. befäl; ~ *of the day* (*on duty*) dagofficer **2** [*public*] ~ ämbetsman, tjänsteman i statlig tjänst o.d. **3** [*police*] ~ polis[man], [polis]konstapel

official [əˈfɪʃ(ə)l] **I** *s* **1** ämbetsman; *government* ~ regeringstjänsteman **2** sport. funktionär **II** *adj* **1** officiell [*in* ~ *circles*]; ämbets- [~ *dress* (dräkt)], ämbetsmanna- [~ *career* (bana)], tjänste- [~ *letter*]; [*he is here*] *on* ~ *business* ...på tjänstens vägnar; ~ *quotation* hand. kursnotering; *the O~ Secrets Act* sekretesslagen **2** officiell [~ *style*]

officialdom [əˈfɪʃ(ə)ldəm] byråkrati; ämbetsmannakåren

officially [əˈfɪʃ(ə)lɪ] officiellt; på ämbetets (tjänstens) vägnar

officiat|e [əˈfɪʃɪeɪt] **1** kyrkl. förrätta gudstjänst; officiera [*at* vid] **2** sport. tjänstgöra som (vara) funktionär [*at* vid] **3** fungera [~ *as host* (*chairman*)], tjänstgöra

officious [əˈfɪʃəs] beskäftig, beställsam

offing [ˈɒfɪŋ] sjö. rum (öppen) sjö; *in the* ~ a) ute på [öppna] sjön, på visst avstånd från land b) bildl. i antågande, under uppsegling

off-licence [ˈɒfˌlaɪs(ə)ns] **1** *have an* ~ ha rättighet att sälja vin och sprit **2** spritbutik

off-peak [ˈɒfpiːk, pred. ˌ-ˈ-] inte maximal; *at* ~ *hours* vid lågtrafik[tid]; när det inte är rusning; vid lågbelastning

offprint [ˈɒfprɪnt] särtryck

off-season [ˈɒfˌsiːzn] **I** *adj* lågsäsong- **II** *adv* under lågsäsong[en] (dödsäsong[en])

offset [ˈɒfset] (*offset offset*) uppväga [*the gains* ~ *the losses*; ~ *a disadvantage*], neutralisera, kompensera

offshoot [ˈɒfʃuːt] **1** bot. sidoskott **2** avkomling i sidoled, sidogren [*an* ~ *of a family*] **3** bildl. sidoskott; avläggare

offshore [ˌɒfˈʃɔː] **1** frånlands- [~ *wind*]; [*the wind*] *is* [*blowing*] ~ ...blåser från land **2** [ett stycke] utanför kusten (från land) [~ *fisheries*], offshore- [~ *platform*]

offside [ˌɒfˈsaɪd] **I** *adv* fotb. o.d. offside **II** *adj* **1** fotb. o.d. offside- **2** trafik.: vid vänstertrafik höger; vid högertrafik vänster **III** *s* **1** trafik. höger (vänster) sida, jfr *II 2* **2** fotb. o.d. offside

offspring [ˈɒfsprɪŋ] (pl. vanl. lika) **1** avkomma [*a numerous* ~], avföda **2** ättling; barn [*she is the mother of numerous* ~]

offstage [ˌɒfˈsteɪdʒ] utanför scenen; i kulisserna

off-the-cuff [ˌɒfðəˈkʌf] improviserad

off-white [ˌɒfˈwaɪt, attr. ˈ--] off-white

oft [ɒft] poet. ofta; *many a time and* ~ mången gång

often [ˈɒfn, ˈɒft(ə)n] ofta; *as* ~ *as not* inte så sällan, ganska ofta

ogle [ˈəʊgl] **I** *vb itr* snegla; [ögon]flirta **II** *vb tr* snegla på; [ögon]flirta med

ogre [ˈəʊgə] i folksagor [människoätande] jätte

oh [əʊ] **1** ~! åh!, äsch!, oj!, aj!; ~, *is that so?* jaså [du]!; ~ *no!* nej då!, visst inte!, ånej! **2** hör du [~, *John, would you pass those books?*]

OHMS förk. för *On His* (*Her*) *Majesty's Service*

oil [ɔɪl] **I** *s* **1** olja; ~ *pressure gauge* oljetrycksmätare; *pour* ~ *on the flame*[*s*] bildl. gjuta olja på elden; *pour* ~ *on* [*the*] *troubled waters* bildl. gjuta olja på vågorna **2** mest pl. ~*s* oljemålningar, oljor **II** *vb tr* olja [in]; ~ *a p.'s palm* (*hand*) bildl. smörja (muta) ngn

oilcloth [ˈɔɪlklɒθ] vaxduk; oljeduk

oilfield [ˈɔɪlfiːld] oljefält

oilfired [ˈɔɪlˌfaɪəd] oljeeldad; ~ *central heating* oljeeldning

oil gauge [ˈɔɪlgeɪdʒ] olje[nivå]mätare

oil painting [ˈɔɪlˌpeɪntɪŋ] **1** oljemålning **2** vard., *she's not exactly an* (*she's no*) ~ hon är inte någon skönhet precis

oil rig [ˈɔɪlrɪg] oljerigg

oilslick [ˈɔɪlslɪk] oljefläck t.ex. på vattnet

oiltanker [ˈɔɪlˌtæŋkə] **1** oljetanker, oljetankfartyg **2** oljetankbil

oil well [ˈɔɪlwel] oljekälla

oily [ˈɔɪlɪ] **1** oljig; fet, flottig **2** bildl. oljig

ointment [ˈɔɪntmənt] salva; smörjelse

OK [ˌəʊˈkeɪ] vard. **I** *adj* o. *adv* OK, bra; *it's* ~ *by* (*with*) *me* det är OK för min del, gärna för mig **II** *s*, [*the*] ~ okay, godkännande, klarsignal, klartecken [*get* (*give*) *the* ~]

III (*OK'd OK'd* el. *OKed OKed*) *vb tr* godkänna
okay [ˌəʊˈkeɪ], se *OK*
old [əʊld] I (komp. o. superl. *older* el. *oldest*; ibl. *elder*) *adj* **1** gammal: a) åldrig b) använd, förlegad c) tidigare, f.d. [*an ~ Etonian*] d) gammal och van; *~ age* ålderdom[en], jfr *old-age*; *~ boy* a) f.d. elev [*the school's ~ boys*] b) vard. gammal farbror; *in the good ~ days (times)* på den gamla goda tiden; *the O~ World* Gamla världen; *good ~ John!* vard. gamle [käre] John! **2** forn- [*O~ English, O~ French, O~ High (Low) German*] II *s,* [*in days (times)*] *of ~* fordom, i gamla tider, förr i världen; [*I know him*] *of ~ ...*sedan gammalt
old-age [ˌəʊldˈeɪdʒ], *~ pension* förr ålderspension, folkpension
old-fashioned [ˌəʊldˈfæʃ(ə)nd] **1** gammalmodig, ålderdomlig **2** lillgammal
oldish [ˈəʊldɪʃ] äldre
old-time [ˈəʊldtaɪm] gammaldags, gammal- [*~ dancing*], ålderdomlig, gångna (gamla) tiders
old-timer [ˌəʊldˈtaɪmə] vard. **1** *an ~* en som är gammal i gamet **2** gamling
old-world [ˈəʊldwɜːld] gammaldags [*an ~ cottage*]
olive [ˈɒlɪv] I *s* **1** oliv träd o. frukt; *the Mount of Olives* bibl. Oljeberget **2** *~* [*colour*] oliv[färg], olivgrönt II *adj* olivfärgad [*an ~ complexion*], olivgrön
olive oil [ˌɒlɪvˈɔɪl] olivolja
Olympiad [ə(ʊ)ˈlɪmpɪæd] olympiad, olympiska spel [*the 23rd ~*]
Olympic [ə(ʊ)ˈlɪmpɪk] I *adj* olympisk; *the ~ Games* [de] olympiska spelen, olympiaden II *s,* vanl. pl. *~s* olympiska spel, olympiad[er]
omelet [ˈɒmlət, -let] isht amer., se *omelette*
omelette [ˈɒmlət, -let] omelett; *savoury ~* grönsaksomelett; *you cannot* (*can't*) *make an ~ without breaking eggs* ung. smakar det så kostar det
omen [ˈəʊmen] I *s* omen; *it is a good ~* det är ett gott tecken, det lovar gott för framtiden II *vb tr* förebåda
ominous [ˈɒmɪnəs, ˈəʊm-] illavarslande, olycksbådande
omission [ə(ʊ)ˈmɪʃ(ə)n] **1** utelämnande, utelämning **2** försummelse; *sins of ~* underlåtenhetssynder
omit [ə(ʊ)ˈmɪt] **1** utelämna **2** underlåta
omnibus [ˈɒmnɪbəs] **1** omnibus **2** *~* [*book* (*volume*)] samlingsvolym; billighetsupplaga

omnipotent [ɒmˈnɪpət(ə)nt] allsmäktig
omnivorous [ɒmˈnɪv(ə)rəs] **1** zool. allätande **2** bildl., *he is an ~ reader* han är allätare när det gäller litteratur, han läser allt han kommer över
on [ɒn] **A** *prep* I i rumsuttryck o. friare **1** a) på [*~ a chair; interest* (ränta) *~ one's capital*] b) på el. vid [*~ the Riviera*; amer. *a house ~ 19th Street*]; *~* [*the staff of*] *a newspaper* [anställd] på (vid) en tidning c) på el. i [*~ the radio; ~ TV*] **2** i [*~ the ceiling; talk ~ the telephone*]; *be ~ fire* stå i brand **3** mot [*they made an attack ~ the town; it's not fair ~ her*] **4** till; *~ land and sea* till lands och sjöss; *~ foot* till fots II i tidsuttryck: **1** på el. utan motsv. i sv.; *~ Friday* på (om) fredag **2** a) [omedelbart (genast)] efter [*~ my father's death; ~ my return*] b) efter och till följd av; *~ my arrival at* (*~ arriving at*) *Hull, I went...* vid (efter) ankomsten till Hull, gick jag...; *~ second thoughts* vid närmare eftertanke III andra fall: **1** om ett ämne o.d. [*a book* (*lecture*) *~ a subject*] **2** för [*the fire went out ~ me; the horse died ~ me*]; *that's a new one ~ me* vard. det var nytt för mig **3** i förhållande till [*prices are up by 5 per cent ~ last year*] **4** enligt, efter [*~ this principle*] **5** mot; *~ payment of...* mot [betalning av]... **6** vid upprepningar på [*loss ~ loss*] **7** *this is ~ me* vard. det är jag som bjuder
B *adv* o. *pred adj* **1** på [*a pot with the lid ~*], på sig [*he drew his boots ~*] **2** a) vidare [*pass it ~!*]; *send ~* skicka i förväg b) fram, framåt; *walk right ~* gå rakt fram; *a little further ~* litet längre fram c) på; *work ~* jobba på d) kvar; *sit ~* sitta kvar [*he sat ~ at the table*] **3** på påkopplad o.d.; på instrumenttavla o.d. till; *the light is ~* ljuset (det) är tänt **4** *be ~* i spec bet.: a) vara i gång [*the game is ~ again*] b) spelas [*the play was ~ last year*]; *what's ~ tonight?* vad är det för program i kväll?; vad är planerna för i kväll? c) *I'm ~!* vard. jag är med [på det]!, kör till! d) vard. vara möjlig; *it's just not ~* så gör man bara inte; det går bara inte e) *what is he ~ about?* vard. vad håller han på och bråkar om? **5** a) *~ and ~* utan uppehåll, i ett b) *~ and off* a) av och på, från och till b) av och till [*it rained ~ and off all evening*], [lite] då och då c) *~ to* [upp] på [*jump ~ to the bus*], över till, ut på; ner på
once [wʌns] I *adv* **1** (ibl. subst.) en gång [*more than ~*; *~ is enough for me*]; *if I've told you ~ I've told you a dozen times* det

har jag sagt dig dussintals gånger; ~ *bitten* (*bit*) *twice shy* bränt barn skyr elden; ~ *in a way* el. [*every*] ~ *in a while* någon [enstaka] gång, då och då, en och annan gång; *for* ~ för en gångs skull; *never* ~ aldrig någonsin, inte en enda gång; *it was only that* ~ det var bara [för] den gången; *at* ~ a) med detsamma, [nu] genast, ögonblickligen [*come here at ~!*], strax b) på en (samma) gång, samtidigt **2** (äv. adj.) en gång [i tiden], förr [i tiden (världen)] [*he ~ lived in Persia*]; ~ [*upon a time*] *there was a king* det var en gång en kung
II *konj* när (om)...väl (en gång); ~ *he hesitates, we have him* så snart han tvekar så har vi honom fast
oncoming ['ɒn,kʌmɪŋ] **I** *adj* förestående, annalkande [*an ~ storm*]; mötande [~ *traffic*] **II** *s* ankomst [*the ~ of winter*], annalkande
one [wʌn] **I** *räkn* o. *adj* **1** a) en, ett [~ *third*; ~ *Sunday*; ~ *dozen*] b) [den (det)] ena [*blind in* (på) ~ *eye*]; ~ *half of* hälften av, ena halvan av; [*the*] ~...*the other* [den] ena...[den] andra; ~ *or two* ett par [stycken] **2** enda; *the* ~ [*and only*] *thing that matters* det [absolut] enda som betyder något
II *pron* **1** man, isht ss. obj. en [*it hurts ~ to be told the truth*], rfl. sig [*pull after* ~]; ~*'s* ens [~*'s own children*]; sin [~ *must always be on ~'s guard*], sitt [~ *has to do ~'s best*], sina **2** en [viss] [~ [*Mr.*] *John Smith*] **3** ~ *another* varandra [*they like ~ another*] **4** ss. stödjeord: **a)** ensamt: en [*I lose a friend and you gain* ~]; någon [*where is my umbrella? - you didn't bring* ~]; [*he's not a great man, but he hopes*] *to become* ~ ...bli det **b)** efter adj., ofta utan motsv. i sv. [*take the red box, not the black* ~]; *my life has been a long* ~ mitt liv har varit långt; *that was a nasty* ~ det var ett otäckt slag (elakt sagt); *the Evil O~* den (hin) onde; *the little ~s* småttingarna **c)** efter best. art. el. pron.: *the* ~ determ. pron. den [*that man is the* ~ *who stole my watch*]; *which* ~ *do you like?* vilken tycker du om?
III *s* **1** etta [*three ~s*]; *they came by ~s and twos* de kom en och en och två och två **2** enhet **3** vard., *you are a ~!* du är en rolig en!, du är verkligen festlig! **4** vard., *be a ~ for* vara tokig i (tänd på)
one-act ['wʌnækt], ~ *play* enaktare
one-armed [,wʌn'ɑ:md, attr. '--] enarmad; ~ *bandit* vard. enarmad bandit spelautomat
one-man [,wʌn'mæn] enmans- [~ *show*]

one-off ['wʌnɒf] enstaka; *a* ~ *affair* (*event*) en engångsföreteelse
onerous ['ɒnərəs, 'əʊn-] betungande [~ *duties* (*taxes*)], besvärlig, svår
oneself [wʌn'self] sig [*wash* ~]; sig själv [*proud of* ~]; själv [*one had better do it* ~]; en själv; jfr *myself*
one-sided [,wʌn'saɪdɪd, attr. '---] ensidig äv. bildl.
one-time ['wʌntaɪm] tidigare; förutvarande, f.d.
one-track ['wʌntræk] enkelspårig äv. bildl.
one-upmanship [wʌn'ʌpmənʃɪp] konsten att psyka ngn (platta till andra)
one-way ['wʌnweɪ] **1** enkelriktad [*a* ~ *street*] **2** amer., ~ *ticket* enkel biljett
ongoing ['ɒn,gəʊɪŋ] *adj* pågående
onion ['ʌnjən] bot. lök, rödlök; *know one's ~s* vard. kunna sina saker
on-line ['ɒnlaɪn] data. direktansluten, on-line
onlooker ['ɒn,lʊkə] åskådare
only ['əʊnlɪ] **I** *adj* **1** enda [*this is my ~ coat; her ~ brother*]; *he was an* ~ *child* han var enda barnet **2** enda rätta; enda verkliga; *he's the* ~ *man* [*for the position*] han är den ende rätte... **II** *adv* **1** bara; ~ *once* bara en gång; *if* ~ *because* om inte för annat så bara för att **2** a) först, inte förrän [*I don't know him very well, I saw* (träffade) *him* ~ *yesterday*] b) senast [*he can't be dead, I saw* (såg) *him* ~ *yesterday*]; ~ *now* (*then*) först (inte förrän) nu (då); ~ *when* först när, först sedan **3** ~ *just* just nu, alldeles nyss [*I have* ~ *just received it*] **III** *konj* men; [*I would lend you the book with pleasure,*] ~ *I don't know where it is* ...[men] jag vet bara inte var den är; [*he is remarkably like his brother,*] ~ [*that*] *he is a little taller* ...utom det att han är litet längre
onrush ['ɒnrʌʃ] anstormning
onset ['ɒnset] **1** anfall, angrepp **2** ansats; början, inträde [*the* ~ *of winter*]
onshore [,ɒn'ʃɔ:] **1** pålands- [~ *wind*]; [*a wind blowing*] ~ ...mot land **2** nära (längs) kusten; på kusten; kust- **3** i land
onslaught ['ɒnslɔ:t] våldsamt angrepp
onstage [,ɒn'steɪdʒ] scen-; på scenen; in på scenen
on-the-spot [,ɒnðə'spɒt] på ort och ställe, på platsen [~ *inquiries*]; ~ *fine* ung. ordningsbot
onto ['ɒntʊ, framför konsonantljud äv. 'ɒntə] = *on to*
onus ['əʊnəs] **1** börda; skyldighet, åliggande **2** skuld
onward ['ɒnwəd] **I** *adj* framåtriktad; som

för (leder) framåt, framåt-; ~ *march* frammarsch **II** *adv* se *onwards*
onwards ['ɒnwədz] framåt, vidare [*move* ~], fram [*it is further* ~]; *from page 10* ~ från och med sid. 10
onyx ['ɒnɪks, 'əʊ-] miner. onyx
oodles ['uːdlz] vard. massor [~ *of money*]
ooz|e [uːz] **I** *vb itr* **1** ~ [*out*] sippra [ut], sippra fram (igenom), sakta flyta (rinna) fram, dunsta ut **2** bildl. **a**) ~ [*out*] sippra (läcka, komma) ut [*rumours* (*the secret*) *began to* ~ *out*] **b**) ~ [*away*] rinna bort, [börja] sina [*my courage was -ing away*] **3** drypa [~ *with* (av) *sweat*]; droppa **II** *vb tr* låta sippra ut; avge, avsöndra; *he was -ing sweat* han dröp av svett **III** *s* **1** sakta flöde, [ut]sipprande, framsipprande **2** dy, gyttja, [botten]slam
opacity [ə(ʊ)'pæsətɪ] ogenomskinlighet; opacitet; dunkelhet
opal ['əʊp(ə)l] miner. opal
opaque [ə(ʊ)'peɪk] ogenomskinlig; opak; dunkel
OPEC ['əʊpek] (förk. för *Organization of Petroleum Exporting Countries*) OPEC
open ['əʊp(ə)n] **I** *adj* **1** öppen; *in the* ~ *air* i friska luften, i det fria; *the door flew* ~ dörren flög upp; *keep one's bowels* ~ hålla magen i gång **2** öppen; offentlig; fri; obegränsad; ~ *championship* sport. öppet mästerskap; *the* ~ *season* (*time*) lovlig tid för jakt o. fiske **3** öppen[hjärtig] **4** ledig [*the job is still* ~] **5** ~ *to* **a**) tillgänglig för [*the race is* ~ *to all*]; *there are two courses* ~ *to you* två vägar står öppna för dig **b**) öppen för, mottaglig för [~ *to argument*] **c**) ~ *to doubt* (*question*) diskutabel, som kan ifrågasättas, tvivelaktig **II** *s* **1** *in the* ~ **a**) i det fria, utomhus **b**) bildl. öppet; offentligt **2** sport. open tävling öppen för proffs o. amatörer **III** *vb tr* **1** öppna; ~ [*the book*] *at page 21* slå upp sidan 21 [i boken] **2** ~ [*up*] **a**) öppna, skära upp [~ *a wound*] **b**) bryta, röja [~ *ground*], exploatera, öppna [~ *undeveloped land*] **3** öppna; upplåta; börja; inleda; inviga [~ *a new railway*]; ~ *an account with* öppna konto hos **4** yppa, uppenbara; ~ *oneself to a p.* öppna sig för ngn **IV** *vb itr* **1** öppna[s]; öppna sig **2** om blomma öppna sig, slå ut **3** öppna, börja [*the story* ~*s well*]; ha premiär [*the play* ~*ed yesterday*] **4** vetta [*the window* ~*ed on to* (mot, åt) *the garden*]; leda; *the room* ~*s on* [*to*] *the garden* rummet har förbindelse med (utgång mot) trädgården **5** ~ [*out*] öppna sig, breda ut sig; bli

meddelsam **6** ~ *up* **a**) öppna eld **b**) öppna sig **c**) ~ *up!* öppna dörren!
open-air [,əʊpən'eə, attr. äv. '---] frilufts- [*an* ~ *concert*, ~ *life*], utomhus- [*an* ~ *dance-floor*]
open-ended [,əʊpən'endɪd] öppen [och opartisk], förutsättningslös
opener ['əʊp(ə)nə] **1** öppnare; *tin* (*can*) ~ konservöppnare, burköppnare **2** inledare [~ *of a discussion*]
open-handed [,əʊpən'hændɪd] frikostig; ~ *hospitality* stor gästfrihet
open-hearted [,əʊpən'hɑːtɪd] **1** öppenhjärtig **2** varmhjärtad
open-house [,əʊpən'haʊs], *he is giving an* ~ *party tomorrow* det är öppet hus hos honom i morgon
opening ['əʊp(ə)nɪŋ] **I** *pres p* o. *adj* öppnande; inlednings-, begynnelse-, öppnings-; ~ *chapter* inledningskapitel **II** *s* **1** öppnande etc., jfr *open III*; början [*the* ~ *of the session*], upptakt; invigning; premiär; *the* ~ *of Parliament* parlamentets öppnande **2** öppning äv. bildl. [*find an* ~]; springa, glugg; mynning **3** [gynnsamt] tillfälle, arbetstillfälle **4** schack. öppning
openly ['əʊpənlɪ] öppet äv. bildl.; oförbehållsamt; offentligt
open-minded [,əʊpən'maɪndɪd] öppen (mottaglig) för nya idéer (intryck, synpunkter o.d.); obunden
openness ['əʊpənnəs] öppenhet etc., jfr *open I*
open-plan [,əʊpən'plæn, attr. äv. '---], ~ *office* kontorslandskap
opera ['ɒp(ə)rə] **1** opera **2** pl. av *opus*
opera glasses ['ɒp(ə)rə,glɑːsɪz] teaterkikare
opera hat ['ɒp(ə)rəhæt] chapeau-claque
opera house ['ɒp(ə)rəhaʊs] operahus
operate ['ɒpəreɪt] **I** *vb itr* **1** verka; om t.ex. maskin arbeta, vara i gång **2** med., ~ [*on*] operera **3** operera äv. mil.; verka **4** börs. göra finansoperationer; spekulera **II** *vb tr* **1** sätta (hålla) i gång [~ *a machine*]; leda [~ *a company*]; *hand* ~*d* manuellt skött **2** amer. med. operera [~ *a patient*]
operating system ['ɒpəreɪtɪŋ,sɪstəm] data. operativsystem; styrsystem
operation [,ɒpə'reɪʃ(ə)n] **1** verkan; inverkan; verksamhet, funktion, gång [*the* ~ *of an engine*], användning; *be in* ~ vara i gång (verksamhet, funktion) **2** operation; förfarande, förfaringssätt; *it can be done in three* ~*s* det kan göras i tre moment **3** mil. operation, företag **4** med. operation, ingrepp [äv. *surgical* ~];

have an ~ *for...* bli opererad för... **5** börs. spekulation; börsoperation **6** drift [*the* ~ *of an enterprise*], skötsel [*the* ~ *of a machine*]

operational [ˌɒpəˈreɪʃ(ə)nl] **1** drift[s]-; operations- **2** funktionsduglig; stridsklar

operative [ˈɒp(ə)rətɪv] **I** *s* **1** [fabriks]arbetare **2** amer. vard. a) detektiv b) hemlig agent **II** *adj* **1 a)** verkande, verksam, aktiv; i verksamhet **b)** om t.ex. lag i kraft; *become* ~ träda i kraft, börja gälla **2** effektiv; *the* ~ *clause* den väsentliga paragrafen **3** med. operativ

operator [ˈɒpəreɪtə] **1** operatör äv. data.; tekniker; ~*!* tele. hallå!; fröken! [~*! can you get me 123456?*] **2** med. kirurg **3** isht amer. driftsledare; ägare **4** [börs]spekulant **5** vard. smart individ (typ) [äv. *smooth* ~]

operetta [ˌɒpəˈretə] operett

opinion [əˈpɪnjən] **1** mening, åsikt, uppfattning; *public* ~ den allmänna opinionen (meningen); ~ *poll* opinionsundersökning; *have a low* (*bad, poor*) ~ *of* ha en låg tanke om; *I am of* [*the*] ~ *that...* jag är av den meningen (åsikten, uppfattningen) att..., jag menar (anser) att... **2** [sakkunnigt] betänkande (yttrande), [expert]utlåtande [*legal* (*medical*) ~*s*]

opinionated [əˈpɪnjəneɪtɪd] envis, egensinnig; påstridig; dogmatisk

opium [ˈəʊpjəm] opium; ~ *addict* opiummissbrukare; ~ *den* opiumhåla

opossum [əˈpɒsəm] zool. opossum, pungråtta

oppalinium [ˌɒpəˈlɪnɪəm, -njəm] *s* geol. oppalin

opponent [əˈpəʊnənt] **I** *s* motståndare; i spel äv. motspelare **II** *adj* motstående; motsatt

opportune [ˈɒpətjuːn, ˌɒpəˈtjuːn] opportun; lämplig, passande [*an* ~ *remark* (*speech*)]

opportunist [ˌɒpəˈtjuːnɪst, ˈɒpətjuːn-] opportunist

opportunity [ˌɒpəˈtjuːnətɪ] [gynnsamt] tillfälle [*to do a th., of* (*for*) *doing a th.* [till] att göra ngt]; *when* [*an*] ~ *arises* (*offers*) när (så snart) [ett] tillfälle erbjuder sig (ges), vid tillfälle; *let an* ~ *escape* (*pass, slip*) försumma (missa) ett tillfälle, låta ett tillfälle gå sig ur händerna; *at the first* (*an early*) ~ vid första [bästa] tillfället; hand. med första lägenhet

oppose [əˈpəʊz] **1** opponera sig mot [~ *a plan*], sätta (vända) sig emot, motarbeta **2** sätta (framställa) som motsats[er]

opposed [əˈpəʊzd] **1** motstående **2** motsatt [~ *views*], kontrasterande; *be* ~ stå i motsatsförhållande, stå i motsats (kontrast)

opposite [ˈɒpəzɪt, -əsɪt] **I** *adj* **1** [belägen] mitt emot [*the* ~ *house*], motsatt [*on* ~ *sides of the square*], motliggande; *they went in* ~ *directions* de gick åt var sitt håll; *in the* ~ *direction to* (*from*) i motsatt riktning mot; ~ *to* mitt emot **2** bildl. motsatt; motsvarighet; ~ *number* kollega i motsvarande ställning **II** *prep* **1** mitt emot [*a house* ~ *the post office*] **2** mot **III** *adv* mitt emot [*there was an explosion* ~] **IV** *s* motsats [*black and white are* ~*s*]; *I mean the* ~ jag menar tvärtom (det motsatta)

opposition [ˌɒpəˈzɪʃ(ə)n] **1** motsättning, opposition, motstånd; *he spoke in* ~ *to* [*the plan*] han talade mot..., han motsatte sig... **2** polit. opposition [*be in* ~]; ~ [*party*] oppositionsparti; *the O*~ oppositionen [*His* (*Her*) *Majesty's O*~]

oppress [əˈpres] **1** tynga [~ *the mind*], trycka; ~*ed* äv. beklämd, betryckt **2** förtrycka, undertrycka

oppression [əˈpreʃ(ə)n] **1** nedtryckande; förtryck [*the* ~ *of the people*] **2** betrycktthet, beklämning **3** tryck; börda

oppressive [əˈpresɪv] **1** tyngande [~ *taxes*]; besvärande [~ *heat*]; *it's very* ~ det är mycket kvavt (kvalmigt) **2** förtryckande, tyrannisk, grym [~ *laws* (*rules*)]

oppressor [əˈpresə] förtryckare

opprobrium [əˈprəʊbrɪəm] **1** smälek **2** koll. ovett

opt [ɒpt] välja [~ *between alternatives*]; ~ *for a th.* välja ngt, uttala sig för ngt; ~ *out* vard. inte vilja vara med, hoppa av

optic [ˈɒptɪk] optisk; ~ *nerve* synnerv

optical [ˈɒptɪk(ə)l] optisk [~ *fibre* (*glass*)]; syn-; ~ *illusion* (*delusion*) synvilla, optisk villa

optician [ɒpˈtɪʃ(ə)n] optiker

optics [ˈɒptɪks] (konstr. ss. sg.) optik

optimism [ˈɒptɪmɪz(ə)m] optimism

optimist [ˈɒptɪmɪst] optimist

optimistic [ˌɒptɪˈmɪstɪk] optimistisk

optimum [ˈɒptɪməm] optimum; optimal

option [ˈɒpʃ(ə)n] **1** val [*I had no* ~], fritt val; valfrihet; *have no* [*other*] ~ *but to* inte ha annat val än att **2** alternativ [*none of the* ~*s is satisfactory*]; valmöjlighet; *choose a soft* ~ vard. välja det lättaste alternativet (den enklaste utvägen) **3** hand. el. jur. option; [*right of*] ~ optionsrätt

optional [ˈɒpʃ(ə)nl] valfri, fakultativ; ~

subject valfritt (frivilligt) ämne; tillvalsämne
opulence ['ɒpjʊləns] välstånd; överflöd
opulent ['ɒpjʊlənt] välmående; rik [~ *decorations*], frodig [~ *vegetation*]
opus ['əʊpəs, 'ɒpəs] (pl. ~*es*, i bet. *1* äv. **opera** ['ɒp(ə)rə]) lat. **1** musikaliskt opus [förk. *Op.*; *Beethoven Op. 37*], [musik]verk **2** litterärt, konstnärligt opus äv. skämts., verk
or [ɔ:, obeton. ə] eller; ~ [*else*] annars [så], eller också, eljest [*hurry up*, ~ [*else*] *you'll be late*]
oracle ['ɒrəkl] orakel; orakelsvar
oral ['ɔ:r(ə)l] **I** *adj* **1** muntlig [~ *tradition*] **2** oral, mun- [~ *cavity* (håla)]; ~ *contraceptives* orala preventivmedel; ~ *thermometer* muntermometer **II** *s* vard. munta muntlig examen
orally ['ɔ:rəlɪ] **1** muntligen **2** oralt; *not to be taken* ~ om medicin får ej tas oralt (genom munnen); för utvärtes bruk
orange ['ɒrɪn(d)ʒ] **1** apelsin; ~*s and lemons* barnlek ung. bro, bro, breja **2** apelsinträd **3** orange[färg]
orangeade [,ɒrɪn(d)ʒ'eɪd] apelsindryck; läskedryck med apelsinsmak
orang-outang [ə,ræŋʊ'tæŋ] o. **orang-[o]utan** [ə,ræŋʊ'tæn] zool. orangutang
oration [ə'reɪʃ(ə)n] oration; högtidligt tal
orator ['ɒrətə] [väl]talare
oratorio [,ɒrə'tɔ:rɪəʊ] (pl. ~*s*) mus. oratorium
oratory ['ɒrət(ə)rɪ] talarkonst äv. iron.
orb [ɔ:b] **1** klot **2** riksäpple
orbit ['ɔ:bɪt] **I** *s* **1** t.ex. planets, satellits [omlopps]bana; himlakropps kretslopp; *in* ~ i [sin] bana **2** bildl. verksamhetsområde; intressesfär **II** *vb tr* **1** röra sig i en bana kring **2** sända upp i bana
orchard ['ɔ:tʃəd] fruktträdgård; *cherry* ~ körsbärsträdgård
orchestra ['ɔ:kɪstrə, -kes-] **1** orkester; ~ [*pit*] orkesterdike **2** a) ~ *stalls* främre parkett **b)** amer. [främre] parkett
orchestral [ɔ:'kestr(ə)l] orkester-; orkestral
orchestrate ['ɔ:kɪstreɪt, -kes-] mus. orkestrera; bildl. äv. iscensätta [*a carefully* ~*d campaign*]
orchid ['ɔ:kɪd] bot. orkidé isht tropisk o. odlad
ordain [ɔ:'deɪn] **1** prästviga; ~ *a p. priest* viga ngn till präst **2** föreskriva
ordeal [ɔ:'di:l, -'dɪəl, '--] svårt prov, prövning
order ['ɔ:də] **I** *s* **1** a) ordning; ordningsföljd; system; reda b) arbetsordning, regel; *O~! O~!* parl. till ordningen!, till saken!; ~ *of the day* dagordning; *in* ~ i ordning; i gott skick; reglementsenlig; *in alphabetical (chronological)* ~ i alfabetisk (kronologisk) ordning; *in (after) the natural* ~ *of things* enligt naturens ordning; *out of* ~ i olag, ur funktion **2 a)** order; ~*s are* ~*s* [en] order är [en] order; *it's an* ~*!* gör som jag (han etc.) säger!; *it's doctor's* ~*s* det har doktorn sagt (ordinerat); *be under* ~*s to* + inf. ha order att **b)** jur., domstols, domares åläggande, beslut, utslag; ~ *of the Court* domstolsutslag, domstolsbeslut **3 a)** hand. order; uppdrag; *it's a tall (large)* ~ det är för mycket begärt; *place an* ~ *for a th. with a firm* placera en order på ngt hos en firma; ~*s in hand* ingångna order (beställningar) **b)** på restaurang beställning **4** hand. el. bank. anvisning; [utbetalnings]order [*an* ~ *for payment on a bank*] **5** [samhälls]klass; *the lower (higher)* ~*s* de lägre (högre) klasserna (stånden) **6** orden äv. ordenstecken [*the O*~ *of the Garter*; *a monastic* ~]; ordenssällskap **7** [*holy*] ~*s* det andliga ståndet; prästvigning; *read for* [*holy*] ~*s* läsa till präst **8** *in* ~ *to* + inf. för att, i avsikt (syfte) att **9** slag; storleksordning [*sums of quite a different* ~]; *talents of a high* ~ talanger av förnämligt slag; *of (in) the* ~ *of* av (i) storleksordningen
II *vb tr* **1** beordra, befalla, säga till; ~ *a player off* (*off the field*) sport. utvisa en spelare [från planen]; *the regiment was* ~*ed to the front* regementet kommenderades ut till fronten **2** beställa [~ *a taxi*], rekvirera **3** med. ordinera, föreskriva; *that's just what the doctor* ~*ed* vard. [det var] precis vad jag (du etc.) behövde **4** jur. ålägga [*he was* ~*ed to pay costs (damages)*] **5** ordna [upp] [~ *one's affairs*]
orderly ['ɔ:dəlɪ] **I** *adj* **1** [väl]ordnad; metodisk; regelbunden [~ *rows of bungalows*] **2** om pers. ordentlig **3** stillsam [*an* ~ *crowd*]; disciplinerad **4** mil., ~ *duty* ordonnanstjänstgöring; ~ *room* kompaniexpedition, regementsexpedition i kasern **II** *s* **1** mil. ordonnans **2 a)** [*hospital*] ~ sjukvårdsbiträde **b)** [*medical*] ~ mil. sjukvårdare
ordinal ['ɔ:dɪnl] **I** *adj*, ~ *number* gram. ordningstal **II** *s* gram. ordningstal
ordinarily ['ɔ:dɪn(ə)rəlɪ] **1** vanligen, i vanliga fall **2** vanligt; ordinärt
ordinary ['ɔ:dnrɪ, -dɪn(ə)r-] **I** *adj* **1** vanlig;

bruklig; vardaglig, ordinär; *in ~ life* i vardagslivet; *on ~ occasions* (*days*) i vardagslag; *~ seaman* a) i marinen menig b) i handelsflottan jungman; lättmatros **2** ordinarie [*the ~ train*] **II** *s*, *ability far above the ~* förmåga långt utöver det vanliga

ordination [ˌɔ:dɪˈneɪʃ(ə)n] kyrkl. prästvigning, ordination

ordnance [ˈɔ:dnəns] artilleri; artillerimateriel; *~ map* (*sheet*) generalstabskarta; officiellt kartblad; *~ survey* officiell kartläggning

ore [ɔ:] **1** malm **2** metall ofta poet.

oregano [ˌɒrɪˈɡɑ:nəʊ, əˈreɡənəʊ] bot. oregano

organ [ˈɔ:ɡən] **1** anat. organ [*the ~s of speech* (*digestion*)]; *male ~* manslem **2** bildl. organ tidning, organisation o.d.; språkrör **3** orgel; harmonium

organdie o. **organdy** [ˈɔ:ɡəndɪ] organdi tyg

organ-grinder [ˈɔ:ɡən,ɡraɪndə] positivhalare, positivspelare

organic [ɔ:ˈɡænɪk] **I** *adj* **1** organisk [*~ chemistry*; *~ diseases*]; fundamental, strukturell **2** biodynamisk; *~ farming* biodynamisk odling **II** *s* organiskt ämne

organism [ˈɔ:ɡənɪz(ə)m] organism

organist [ˈɔ:ɡənɪst] organist

organization [ˌɔ:ɡənaɪˈzeɪʃ(ə)n, -nɪˈz-] **1** organisation, organisering **2** organisation; företag; organism; struktur

organize [ˈɔ:ɡənaɪz] **I** *vb tr* **1** organisera [*~ one's work*; *~ a political party*]; ordna, arrangera [*~ a picnic*]; *~d crime* organiserad brottslighet **2** [fackligt] organisera; *~d labour* organiserad (fackansluten) arbetskraft **3** sl. fixa, greja ordna **II** *vb itr* **1** organisera sig **2** bli organisk **3** sl., *get ~d* a) ta sig samman b) fixa något

organizer [ˈɔ:ɡənaɪzə] organisatör; arrangör

orgasm [ˈɔ:ɡæz(ə)m] orgasm

orgy [ˈɔ:dʒɪ] orgie; *indulge in an ~ of* fira orgier i

orient [ss. subst. ˈɔ:rɪənt, ss. vb ˈɔ:rɪent] **I** *s* **1** *the O~* a) Orienten, Östern, Österlandet b) amer. östra halvklotet inklusive Europa **2** mest poet. öster **II** *vb tr* o. *vb itr* isht amer., se *orientate*

oriental [ˌɔ:rɪˈentl, ˌɒr-] **I** *adj* **1** *O~* orientalisk [*O~ rugs*]; österländsk **2** åld. östlig **II** *s*, *O~* oriental, österlänning

orientate [ˈɔ:rɪənteɪt] orientera äv. bildl.; bestämma ngts el. ngns position; bildl. anpassa

orientation [ˌɔ:rɪənˈteɪʃ(ə)n] orientering äv. bildl.

orienteering [ˌɔ:rɪənˈtɪərɪŋ] sport. orientering

orifice [ˈɒrɪfɪs] mynning [*the ~ of a tube*], öppning

origin [ˈɒrɪdʒɪn] ursprung, tillkomst; upphov; härkomst [äv. pl. *~s*]; *country of ~* ursprungsland

original [əˈrɪdʒənl] **I** *adj* **1** ursprunglig, original-; *~ performance* uruppförande; *~ sin* teol. arvsynd **2** originell [*an ~ thinker*, *~ work*]; ny, frisk [*~ ideas*] **II** *s* **1** original [*this is not the ~, it is only a copy*]; grundtext, originaltext **2** original säregen person [*he is a real ~*]

originality [əˌrɪdʒəˈnælətɪ] originalitet; ursprunglighet; nyskapande förmåga; friskhet

originally [əˈrɪdʒ(ə)n(ə)lɪ] **1** ursprungligen, från början **2** originellt [*write ~*]

originate [əˈrɪdʒəneɪt] **I** *vb tr* ge (vara) upphov till **II** *vb itr* härröra; uppstå

originator [əˈrɪdʒəneɪtə] upphovsman

ornament [ss. subst. ˈɔ:nəmənt, ss. vb ˈɔ:nəment] **I** *s* **1** ornament; prydnad äv. om pers. [*he was an ~* (för) *his profession*]; prydnadsföremål; utsmyckning **2** mus. ornament **3** [yttre] prål **II** *vb tr* ornamentera; smycka, pryda

ornamental [ˌɔ:nəˈmentl] ornamental; prydnads- [*an ~ plant* (*shrub*)]

ornamentation [ˌɔ:nəmenˈteɪʃ(ə)n] **1** ornamentering **2** ornament

ornate [ɔ:ˈneɪt, ˈɔ:neɪt] [skönt] utsirad, utsmyckad; sirlig

ornithologist [ˌɔ:nɪˈθɒlədʒɪst] ornitolog

ornithology [ˌɔ:nɪˈθɒlədʒɪ] ornitologi

orphan [ˈɔ:f(ə)n] **I** *s* föräldralöst barn; bildl. värnlös varelse **II** *adj* föräldralös; bildl. värnlös **III** *vb tr* lämna (göra) föräldralös

orphanage [ˈɔ:f(ə)nɪdʒ] **1** barnhem **2** föräldralöshet

orris root [ˈɒrɪsru:t] violrot

orthodontics [ˌɔ:θə(ʊ)ˈdɒntɪks] (konstr. ss. sg.) ortodonti

orthodox [ˈɔ:θədɒks] **1** ortodox [*~ behaviour*; *~ views*]; renlärig; *~ sleep* med. ortosömn **2** *O~* ortodox som rör ortodoxa kyrkan

orthodoxy [ˈɔ:θədɒksɪ] ortodoxi; renlärighet

orthography [ɔ:ˈθɒɡrəfɪ] ortografi, rättskrivning, rättstavning, stavning; rättskrivningsregler

orthopaedic [ˌɔ:θə(ʊ)ˈpi:dɪk] med. ortopedisk

oscillate ['ɒsɪleɪt] **I** *vb itr* **1** svänga; pendla; oscillera; vibrera **2** bildl. pendla; växla; vackla **II** *vb tr* sätta i svängning

Oslo ['ɒzləʊ] geogr.

ossify ['ɒsɪfaɪ] ossifieras; förbenas, bli benhård äv. bildl.; bildl. stelna; förstockas

ostensible [ɒ'stensəbl] skenbar, till skenet

ostensibly [ɒ'stensəblɪ] skenbart

ostentation [ˌɒsten'teɪʃ(ə)n] ståt, skryt

ostentatious [ˌɒsten'teɪʃəs] grann [~ *jewellery*]; vräkig, skrytsam; prålsjuk

osteopath ['ɒstɪəpæθ] med. osteopat, kiropraktor

ostracize ['ɒstrəsaɪz] utesluta

ostrich ['ɒstrɪtʃ, -ɪdʒ; i pl. vanl. -ɪdʒɪz] struts; ~ *policy* bildl. strutspolitik

OT förk. för *Old Testament*

other ['ʌðə] **I** (ss. självst. pl. ~s) *indef pron* annan; ytterligare; *the ~ day* häromdagen; *the two ~s* el. *the ~ two* de båda andra; *every ~ week* varannan vecka; *I do not wish him ~ than he is* jag önskar honom inte annorlunda än han är; *some day (time) or ~* någon dag (gång) [förr eller senare]; *among ~s* bland andra, bl.a.; *among ~ things* bland annat, bl.a. **II** *adv*, *~ than* annat (annorlunda) än

otherwise ['ʌðəwaɪz] (ibl. *adj* el. *konj*) **1** annorlunda, annorledes, annat, påannat sätt [*I could not have done ~*]; *I could do no ~* jag kunde inte annat göra; *~ than friendly* allt annat än vänlig; *~ engaged* upptagen på annat håll **2** annars [så] [*I went at once, ~ I should have missed him*] **3** i andra avseenden; [*he has been lax,*] *but is ~ not to blame* ...men kan för (i) övrigt inte klandras **4** även kallad

otherworldly [ˌʌðə'wɜːldlɪ] som hör till en annan värld; verklighetsfrämmande

otter ['ɒtə] zool. utter äv. skinn o. fiskredskap

ouch [aʊtʃ], ~! aj!, oj!

ought [ɔːt] (pres. o. imperf., med *to* inf.) **1** bör, borde, skall, skulle; *as it ~ to* [*be*] som sig bör **2** *he ~ to be there now* han bör (torde) vara där nu

1 ounce [aʊns] **1** uns (vanl. = 1/16 *pound* 28,35 gram) **2** bildl. uns, gnutta

2 ounce [aʊns] zool. snöleopard

our ['aʊə] vår; jfr *my*; *say O~ Father* läsa Fader vår

ours ['aʊəz] vår [*the house is ~*]; jfr *I mine*; *~ is a large family* vi är en stor familj

ourselves [ˌaʊə'selvz] oss [*we amused ~*], oss själva [*we can take care of ~*]; vi själva [*everybody but ~*], själva [*we made that mistake ~*]; jfr *myself*

oust [aʊst] driva bort; tränga undan

out [aʊt] **I** *adv* o. *pred adj* **1** uttr. läge el. befintlighet ute; borta, framme; *~ here* härute; *~ there* därute; *shall we dine ~ tonight?* ska vi äta ute på restaurang i kväll? **2** uttr. rörelse el. riktning ut, bort; fram; *I could not get a word ~* jag kunde inte få fram ett ord; *~ you go!* ut med dig! **3** i bildl. uttr.: *the book is ~* a) boken är utlånad b) boken är utkommen; *before the year is ~* innan året är slut; *I was ~ in my calculations* jag hade räknat fel; *be ~ and about* vara uppe, vara på benen, vara i gång [igen] efter sjukdom m.m.; *let them fight it ~!* låt dem slåss om det (saken)! **4** i fastare förb. med prep.:
~ after: *be ~ after* vara ute efter
~ of: a) ut från [*come ~ of the house*], upp ur; ut genom; ur [*drink ~ of a cup; ~ of use*], från; ute ur, borta från, utanför; utom [*~ of sight*]; *~ of doors* utom (utanför) dörren, utomhus; *in two cases ~ of ten* i två fall av tio b) utan [*we are ~ of butter and eggs*] c) av, utav [*~ of curiosity; it is made ~ of wood*]
~ with: *~ with it!* fram med det!, ut med språket!
II *attr adj* **1** yttre; avsides [belägen] [*an ~ island*] **2** ytter- [*the ~ door*]; utgående [*the ~ train*]
III *vb itr* **1** komma fram [*truth will ~*] **2** *~ with* vard. komma fram (ut) med

out-and-out [ˌaʊtn(d)'aʊt] vard. **I** *adv* alltigenom, helt och hållet **II** *adj* tvättäkta [*an ~ Londoner*], fullblods- [*an ~ idealist*], inbiten

outback ['aʊtbæk] austral. **I** *s* vildmark [*the O~*] **II** *adj* vildmarks-

outbalance [ˌaʊt'bæləns] uppväga; väga mer än

outbid [ˌaʊt'bɪd] (*outbid outbid*) bjuda över; bildl. överbjuda

outboard ['aʊtbɔːd] **I** *adv* utombords **II** *adj* utombords- [*an ~ motor*] **III** *s* utombordsmotor; utombordare

outbreak ['aʊtbreɪk] utbrott [*an ~ of anger, an ~ of hostilities*]; *~ of fire* eldsvåda, brand; *there has been an ~ of smallpox* en smittkoppsepidemi har brutit ut

outbuilding ['aʊtˌbɪldɪŋ] uthus[byggnad]

outburst ['aʊtbɜːst] utbrott [*an ~ of rage*], anfall [*an ~ of laughter*], ryck [*an ~ of energy*]

outcast ['aʊtkɑːst] utstött (övergiven, hemlös) varelse, samhällets olycksbarn

outclass [ˌaʊt'klɑːs] sport. utklassa

outcome ['aʊtkʌm] **1** resultat; följd **2** utlopp [*it gave no ~ for his energy*]

outcry ['aʊtkraɪ] rop; skrik; rabalder; ramaskri

outdated [ˌaʊt'deɪtɪd] omodern, gammalmodig

outdistance [ˌaʊt'dɪstəns] distansera äv. bildl.

outdo [ˌaʊt'duː] (*outdid outdone*) överträffa; övervinna

outdoor ['aʊtdɔː] utomhus- [*an ~ aerial*], ute-, frilufts-; *~ clothes* ytterkläder; *lead an ~ life* leva friluftsliv

outdoors [ˌaʊt'dɔːz] **I** *adv* utomhus, i det fria **II** (konstr. ss. sg.) *s* fria luften

outer ['aʊtə] yttre, ytter-; utvändig; *~ clothes* (*garments*) överkläder, ytterkläder; *~ space* yttre rymden, världsrymden

outermost ['aʊtəmaʊst, -məst] ytterst

outfit ['aʊtfɪt] **I** *s* **1** utrustning äv. bildl. [*a camping ~*]; utstyrsel, ekipering, kläder; redskap, tillbehör; uppsättning; *repair ~* reparationslåda **2** utrustande, utrustning **3** isht amer. vard. företag **4** vard. gäng; grupp; [arbets]lag; band **II** *vb tr* utrusta, ekipera

outfitter ['aʊtfɪtə] försäljare av herrekiperingsartiklar; [*gentlemen's*] *~'s* herrekipering[saffär]

outgoing ['aʊtˌgəʊɪŋ] **I** *adj* **1** utgående [*an ~ telephone call*]; *~ mail* [*tray*] [korg för] utgående post **2** avgående [*the ~ Ministry*]; avträdande [*the ~ tenant*] **3** utåtriktad, sällskaplig [*an ~ personality*] **II** *s*, mest pl. *~s* utgifter, kostnader

outgrow [ˌaʊt'grəʊ] (*outgrew outgrown*) växa om, växa ngn över huvudet; växa ifrån; bli för stor (gammal) för; växa fortare än; växa ur kläder

outhouse ['aʊthaʊs] **1** uthus **2** amer. utedass

outing ['aʊtɪŋ] utflykt

outlandish [ˌaʊt'lændɪʃ] **1** sällsam **2** avlägsen mest neds.; *it's such an ~ place* det är ett ställe bortom all ära och redlighet

outlast [ˌaʊt'lɑːst] räcka (vara) längre än; överleva

outlaw ['aʊtlɔː] **I** *s* **1** fredlös **2** laglös individ **II** *vb tr* **1** ställa utom (utanför) lagen, förklara fredlös **2** kriminalisera [*~ war*], [i lag] förbjuda

outlay ['aʊtleɪ] **1** utlägg **2** förbrukning [*~ of energy*]

outlet ['aʊtlet, -lət] **1** utlopp äv. bildl. [*the ~ of a lake*; *an ~ for one's energy*]; avlopp; utgång; avloppskanal **2** marknad [*an ~ for one's products*] **3** amer. elektr. uttag

outline ['aʊtlaɪn] **I** *s* **1** kontur[er], ytterlinje; *~ map* konturkarta **2** konturteckning; *draw in ~* konturera **3** skiss[ering]; översikt; disposition; *An O~ of European History* titel Grunddragen i Europas historia, Europas historia i sammandrag; *rough ~* skiss, utkast **4** pl. *~s* grunddrag, huvuddrag; allmänna principer **II** *vb tr* **1** teckna konturerna av; *be ~d* äv. avteckna sig, vara avtecknad **2** bildl. ange huvuddragen i

outlive [ˌaʊt'lɪv] överleva [*~ one's husband*]; få folk att glömma [*~ a disgrace*]; komma över; *it has ~d its usefulness* den har överlevt sig själv

outlook ['aʊtlʊk] **1** utsikt; bildl. inställning; *~ on life* äv. livsinställning, livssyn, livsåskådning **2** [framtids]utsikter; *the ~ is gloomy* (*black*) äv. det ser dystert (mörkt) ut; *further ~* meteor. utsikterna för de närmaste dagarna **3** utkik; *on the ~* på utkik, på spaning

outlying ['aʊtˌlaɪɪŋ] **1** avsides [belägen]; ytter- **2** som ligger utanför vissa gränser; gräns-; bildl. äv. utanför ämnet; *~ farm* utgård

outmoded [ˌaʊt'məʊdɪd] urmodig

outnumber [ˌaʊt'nʌmbə] överträffa (vara överlägsen) i antal; *~ed* underlägsen, i minoritet

out-of-date [ˌaʊtəv'deɪt] omodern

out-of-print [ˌaʊtəv'prɪnt] utgången på förlaget, utsåld [från förlaget]

out-of-the-way [ˌaʊtəvð(ə)'weɪ, -təð-] avsides [belägen]

out-of-work [ˌaʊtəv'wɜːk] arbetslös [person]

out-patient ['aʊtˌpeɪʃ(ə)nt] poliklinikpatient; *~s'* el. *~ department* (*clinic*) poliklinik

outpost ['aʊtpəʊst] **1** mil. el. bildl. utpost, förpost **2** amer. mil. bas i utlandet

output ['aʊtpʊt] **1** produktion [*the ~ of a factory*]; prestation [*the ~ of each man*]; utbyte, avkastning; *energy ~* energiutveckling **2** elektr. el. radio. uteffekt; *~ stage* slutsteg **3** data. utdata

outrage ['aʊtreɪdʒ] **I** *s* **1** våld **2** våldshandling; *this is an ~* äv. detta är [en] skandal **3** harm [*sense of ~*] **II** *vb tr* **1** våldföra sig på; skymfa **2** uppröra, chockera

outrageous [ˌaʊt'reɪdʒəs] **1** skandalös,

skändlig [~ *treatment*]; skymflig [~ *epithets*] **2** överdriven, omåttlig
outrider ['aʊtˌraɪdə] **1** förridare **2** föråkare
outright [ss. adv. ˌaʊt'raɪt, ss. adj. '--] **I** *adv* **1** helt och hållet; på en gång; på fläcken [*he was killed* ~]; *buy a th.* ~ a) köpa ngt i fast räkning b) köpa ngt kontant **2** rent ut [*ask him* ~]; utan vidare, öppet; rent av **II** *adj* fullständig, hel, total; grundlig; riktig [~ *wickedness*]; direkt, obetingad [*an* ~ *denial*]; avgjord [*he was the* ~ *winner*]
outrun [ˌaʊt'rʌn] (*outran outrun*) **1** springa om (förbi, ifrån); löpa fortare än **2** övergå
outset ['aʊtset] början; inträde; anträdande av resa; avresa; *at the* ~ [redan] i (vid) början (starten); *from the* ~ från början (starten)
outshine [ˌaʊt'ʃaɪn] (*outshone outshone*) **1** överglänsa, ställa i skuggan **2** lysa starkare än
outside [ˌaʊt'saɪd, ss. adj. '--] **I** *s* **1** utsida; yta; ngts (ngns) yttre; *open the door from the* ~ öppna dörren utifrån (från utsidan) **2** *at the* [*very*] ~ på sin höjd, högst **II** *adj* **1** utvändig, yttre; utvärtes; ytter-; ute-, utomhus-; ~ *assistance* hjälp utifrån **2** ytterst [~ *prices*]; *at an* ~ *estimate* högt räknat **3** obetydlig, ytterst liten [*an* ~ *chance*] **III** *adv* ute; ut [*come* ~!]; utanför; utanpå; utvändigt **IV** *prep* utanför; utanpå; vard. bortsett från, utöver
outsider [ˌaʊt'saɪdə] **1** outsider; utböling; särling **2** sport. m.m. outsider
outsize ['aʊtsaɪz] **I** *s* om kläder o.d. extra stor storlek; *have an* ~ *in shoes* ha extra stort nummer i skor **II** *adj* extra stor
outskirts ['aʊtskɜːts] utkant[er]; ytterområden; gränser; *on the* ~ *of the town* i utkanten av staden
outsmart [ˌaʊt'smɑːt] vard. överlista, vara smartare än
outspoken [ˌaʊt'spəʊk(ə)n] rättfram, frimodig; frispråkig
outstanding [i bet. *1* 'aʊtˌstændɪŋ, i bet. *2, 3* ˌ-'--] **1** utstående **2** framstående, framträdande; iögonfallande, påfallande; enastående, utomordentlig **3** om fordringar m.m. utestående, obetald; om växel m.m. utelöpande; om arbete ogjord; *we still have a lot of work* ~ vi har fortfarande en massa arbete ogjort (som väntar)
outstay [ˌaʊt'steɪ] stanna längre än [~ *the other guests*], stanna [ut]över bestämd tid
outstretched ['aʊtstretʃt], *with* ~ *arms* med utbredda armar
outstrip [ˌaʊt'strɪp] distansera; löpa förbi

out-tray ['aʊttreɪ] korg (låda) för utgående post, utkorg
outvote [ˌaʊt'vəʊt] överrösta
outward ['aʊtwəd] **I** *adj* **1** utgående; ut-; utåtriktad; *the* ~ *journey* (*voyage*) utresan **2** yttre; utvändig, utvärtes; *his* ~ *appearance* hans yttre **II** *adv* utåt, ut
outwardly ['aʊtwədlɪ] **1** utåt; utvändigt, utanpå **2** till det yttre
outwards ['aʊtwədz] utåt, ut
outweigh [ˌaʊt'weɪ] uppväga; väga mer än
outwit [ˌaʊt'wɪt] överlista
ouzel ['uːzl] zool. ringtrast
oval ['əʊv(ə)l] oval; äggformig
ovary ['əʊvərɪ] **1** anat. äggstock **2** bot. fruktämne
ovation [ə(ʊ)'veɪʃ(ə)n] ovation, bifallsstorm; *they gave him a standing* ~ de stod upp och hyllade honom; *receive an* ~ bli föremål för ovationer (hyllningar)
oven ['ʌvn] ugn; ~ *door* ugnslucka
ovenproof ['ʌvnpruːf] [ugns]eldfast, ugnssäker
oven-ready ['ʌvnˌredɪ] klar att sättas i ugn[en]
ovenware ['ʌvnweə] [ugns]eldfast gods
over ['əʊvə] **I** *prep* **1** över; ovanför; utanpå; *strike a p.* ~ *the head* slå ngn i huvudet **2** tvärs över, över [till andra sidan av]; på andra sidan av; *the house* ~ *the way* (*street*) huset mitt över vägen (gatan), huset mitt emot **3** över, mer än [*it cost* ~ *£ 100*]; ~ *and above* förutom, utöver **4** i tidsuttr. a) under [~ *several days*]; genom; ~ *the years* under årens lopp, genom åren... b) över [*can you stay* ~ *Monday?*] **5** i, på; *say a th.* ~ *the telephone* säga ngt i telefon[en]; *hear a th.* ~ *the radio* (*air*) höra ngt i (på) radio[n] **6** a) angående [*unease* ~ *the political situation*]; på grund av b) om [*fight* ~ *a th.*] **II** *adv* **1** över [till (på) andra sidan av] [*he has gone* ~ (*he is* ~ *in*) *America*]; *be* ~ *there* vara där borta (framme); *go* ~ *there* gå dit bort (fram), gå över dit **2** över, till övers [*there are four apples* ~]; [*7 into 15 goes twice*] *and one* ~ ...och ett i rest **3** igenom [*talk a th.* ~], från början till slut; *ten times* ~ tio gånger om; ~ *again* om igen, en gång till **4** över [*paint the old name* ~]; *all* ~ helt och hållet, överallt [*black all* ~] **5** över, till ända, förbi [*the struggle is* ~]; *get it* ~ [*and done with*] få det gjort, få det ur världen **III** *s* i kricket over serie om vanl. 6 kast

IV *interj* tele., ~ [*to you*]*!* kom!; ~ *and out!* klart slut!

overact [ˌəʊvər'ækt] teat. spela över; överdriva

over-age [ˌəʊvər'eɪdʒ] överårig

overall ['əʊvərɔːl] **I** *s* **1** [skydds]rock **2** pl. ~*s* blåställ, överdragskläder, overall; *a pair of* ~*s* ett blåställ, en overall **II** *attr adj* total [~ *efficiency*], total- [*the* ~ *length of a bridge*]; helhets- [*an* ~ *impression*]; samlad [*the* ~ *production*]; allmän [*an* ~ *wage increase*]

over-anxious [ˌəʊvər'æŋ(k)ʃəs] **1** alltför (överdrivet) ängslig **2** alltför ivrig

overarm [ss. adj. 'əʊvərɑːm, ss. adv. ˌəʊvər'ɑːm] sport. **I** *adj* överarms- [*an* ~ *ball* (*bowler*)] **II** *adv* över axelhöjd (huvudet) [*serve* ~]; *bowl* (*pitch*) ~ göra ett överarmskast (överhandskast)

overbalance [ˌəʊvə'bæləns] **I** *vb tr* **1** få att tappa balansen; välta [omkull] [*he* ~*d the boat*] **2** uppväga [*the gains* ~ *the losses*] **II** *vb itr* tappa balansen [*he* ~*d and fell*]

overbearing [ˌəʊvə'beərɪŋ] **I** *adj* övermodig, myndig [*an* ~ *manner*] **II** *s* myndigt (övermodigt, överlägset) uppträdande

overboard ['əʊvəbɔːd, ˌ--'-] **1** sjö. överbord [*fall* (*go*, *throw*) ~]; utombords; *he was lost* ~ han föll överbord och drunknade **2** bildl., *go* ~ bli hänförd [*for* över], bli överförtjust [*for* i], bli eld och lågor [*for* [in]för, över]; *throw a th.* ~ förkasta (överge, kassera) ngt

overcast [ss. vb o. pred. adj. ˌəʊvə'kɑːst, ss. attr. adj. '---] **I** (*overcast overcast*) *vb tr* [be]täcka, förmörka äv. bildl. [*grey clouds* ~ *the sky*] **II** (*overcast overcast*) *vb itr* mulna [på] **III** *adj* mulen [*an* ~ *sky*]

overcharge [ˌəʊvə'tʃɑːdʒ] **I** *vb tr* o. *vb itr* **1** ta för höga priser (överpriser) [av]; *he was* ~*d* [*for what he bought*] han fick betala för mycket (överpris)… **2** överbelasta [~ *an electric circuit*]; ladda för kraftigt [~ *a gun*]; överlasta **3** överdriva **II** *s* **1** överpris; överdebitering **2** överbelastning

overcloud [ˌəʊvə'klaʊd] **I** *vb tr* täcka (skymma) med moln **II** *vb itr* bli molntäckt

overcoat ['əʊvəkəʊt] överrock

overcome [ˌəʊvə'kʌm] **I** (*overcame overcome*) *vb tr* besegra [~ *an enemy*], övervinna [~ *an obstacle*], betvinga, lägga band på [~ *one's emotion*], få bukt med [~ *a bad habit*] **II** (*overcame overcome*) *vb itr* segra [*we shall* ~] **III** *perf p* o. *adj* överväldigad; utom sig; utmattad [~ *by* (av) *lack of sleep*]; ~ *by exhaustion* utmattad

overconfident [ˌəʊvə'kɒnfɪd(ə)nt] alltför (överdrivet) tillitsfull; tvärsäker, självsäker

overcook [ˌəʊvə'kʊk] koka för länge

overcrowded [ˌəʊvə'kraʊdɪd] överbefolkad [*an* ~ *city* (*district*)]; överfull [*an* ~ *bus*], överbelagd [*an* ~ *hospital*]

overcrowding [ˌəʊvə'kraʊdɪŋ] överbefolkning; överbeläggning; trångboddhet

overdo [ˌəʊvə'duː] (*overdid overdone*) **1** överdriva, göra för mycket av; driva för långt; ~ *it* (*things*, *matters*) gå till överdrift, överdriva **2** steka (koka) mat för länge (mycket, hårt) **3** ~ *it* förta (överanstränga) sig

overdone [ˌəʊvə'dʌn, attr. '---] **I** *perf p* (av *overdo*) **II** *adj* **1** för hårt (länge, mycket) stekt (kokt) **2** överdriven [*his politeness is* ~]

overdose [ss. subst. 'əʊvədəʊs, ss. vb ˌəʊvə'dəʊs] **I** *s* överdos **II** *vb tr* **1** ge en överdos [~ *a p.*] **2** överdosera [~ *a medicine*]

overdraft ['əʊvədrɑːft] bank. överdragning

overdrive ['əʊvədraɪv] bil. överväxel

overdue [ˌəʊvə'djuː] **1** hand. förfallen; *the rent is* [*long*] ~ hyran är [för länge sedan] förfallen till betalning **2** a) försenad [*the post* (*train*) *is* ~] b) med. överburen; *she is* [*ten days*] ~ hon har gått…över tiden **3** [länge] emotsedd; *an improvement has long been* ~ en förbättring har länge varit behövlig

overeat [ˌəʊvər'iːt] (*overate* [ˌəʊvər'et, isht amer. ˌəʊvər'eɪt] *overeaten*) **I** föräta sig **II** *vb rfl*, ~ *oneself* föräta sig

overestimate [ss. vb ˌəʊvər'estɪmeɪt, ss. subst. ˌəʊvər'estɪmət] **I** *vb tr* överskatta; beräkna för högt **II** *s* överskattning; alltför hög beräkning

overexertion [ˌəʊv(ə)rɪg'zɜːʃ(ə)n] överansträngning

overexpose [ˌəʊv(ə)rɪk'spəʊz] **1** utsätta (exponera) för mycket (för länge) [~ *oneself to* (för) *the sun*] **2** foto. överexponera

overflow [ss. vb ˌəʊvə'fləʊ, ss. subst. '---] **I** *vb tr* svämma över [*the river* ~*ed its banks*]; översvämma **II** *vb itr* flöda (svämma) över [bräddarna] [*the lake is* ~*ing*]; bildl. flöda (svalla) över [~ *with* (av) *gratitude* (*kindness*)] **III** *s* **1** översvämning **2** överflöd, ymnighet; överskott; tekn. överlopp; data. spill; ~ [*pipe*] tekn.

skvallerrör; **överfallsrör;** ~ *of population* befolkningsöverskott

overfly [ˌəʊvəˈflaɪ] (*overflew overflown*) mil. överflyga, flyga över

overgrown [ˌəʊvəˈɡrəʊn], attr. '---] (av *overgrow*) **1** övervuxen [*walls* ~ *with* (med, av) *ivy*], igenvuxen [*a garden* ~ *with* (av) *weeds*] **2** förvuxen [*an* ~ *boy*]

overhang [ˌəʊvəˈhæŋ] **I** (*overhung overhung*) *vb tr* hänga [ut] över, skjuta fram (ut) över [*the cliffs* ~ *the stream*]; bildl. sväva (hänga) över ngns huvud; hota **II** (*overhung overhung*) *vb itr* skjuta fram (ut) [*the ledge ~s several feet*]; bildl. hota

overhaul [ˌəʊvəˈhɔːl, ss. subst. '---] **I** *vb tr* **1** [noggrant] undersöka; se över; sjö. överhala reparera; *have one's car ~ed* få sin bil genomgången **2** köra (segla) om [~ *another ship*]; hinna upp **II** *s* undersökning; översyn

overhead [ss. adv. ˌəʊvəˈhed, ss. attr. adj. '---] **I** *adv* över huvudet; uppe i luften (skyn) [*the clouds* ~] **II** *attr adj* [befintlig] över marken; ~ *camshaft* överliggande kamaxel; ~ *projector* arbetsprojektor, overheadprojektor; ~ *costs* (*expenses, charges*) se *overheads*

overheads [ˈəʊvəhedz] allmänna (generella) omkostnader, fasta utgifter

overhear [ˌəʊvəˈhɪə] (*overheard overheard*) [råka] få höra [~ *a conversation*], tjuvlyssna, snappa (fånga) upp [~ *a word*]

overheat [ˌəʊvəˈhiːt] överhetta äv. ekon.; hetta (värma) upp för mycket; *get ~ed* bli överhettad; tekn. gå varm

overjoyed [ˌəʊvəˈdʒɔɪd] utom sig av glädje, överlycklig

overkill [ˈəʊvəkɪl] **1** mil. överdödningsförmåga totalförstöringskapacitet med kärnvapen **2** fördärv [*economic* ~]; överdrifter

overladen [ˌəʊvəˈleɪdn] över[be]lastad

overland [ss. adv. ˌəʊvəˈlænd, ss. adj. '---] **I** *adv* på land; landvägen, till lands [*travel* ~] **II** *adj* [skeende (gående)] på land (landvägen, till lands); *an* ~ *journey* en resa till lands (på land)

overlap [ss. vb ˌəʊvəˈlæp, ss. subst. '---] **I** *vb tr* o. *vb itr* skjuta [ut] över [varandra], delvis täcka [varandra] [*tiles that* ~ *one another*; ~*ping boards*], [delvis] sammanfalla [med]; isht fackspr. överlappa [varandra] **II** *s* isht fackspr. överlapp[ning]

overleaf [ˌəʊvəˈliːf] på motsatta (andra) sidan; *continued* ~ fortsättning [följer] på nästa sida

overload [ss. vb ˌəʊvəˈləʊd, ss. subst. ˈəʊvələʊd] **I** *vb tr* **1** över[be]lasta äv. bildl. [~ *one's memory*]; lasta för tungt [~ *a wagon*]; ~ *one's stomach with...* över[be]lasta magen med... **2** ladda för hårt **II** *s* över[be]lastning

overlook [ˌəʊvəˈlʊk] **1 a)** titta (se) över [~ *a wall*]; se (skåda) ut över [~ *a valley from a hill*] **b)** erbjuda utsikt över; *a house ~ing the sea* ett hus med utsikt över havet **2** förbise, inte märka [~ *a printer's error*] **3** överse med, se genom fingrarna med [~ *a fault*] **4** se till (efter), ha tillsyn (uppsikt) över

overlord [ˈəʊvəlɔːd] [stor]pamp [*the ~s of industry*]

overnight [ss. adv. ˌəʊvəˈnaɪt, ss. attr. adj. '---] **I** *adv* **1** över natt[en]; *stay* ~ stanna över natt[en], övernatta **2** natten (kvällen) före (innan) [*preparations were made* ~] **3** över en natt [*it changed* ~, *it lasted only* ~] **II** *attr adj*, ~ *guests* gäster [som stannar] över en natt (natten), nattgäster

overpass [ˈəʊvəpɑːs] amer., se *flyover*

overpower [ˌəʊvəˈpaʊə] överväldiga äv. bildl.; göra matt; övermanna; *be ~ed by the heat* vara alldeles matt av värmen

overpowering [ˌəʊvəˈpaʊərɪŋ] överväldigande

overrate [ˌəʊvəˈreɪt] övervärdera; *an ~d film* en överreklamerad film

overreach [ˌəʊvəˈriːtʃ] **1** sträcka sig [ut]över (utom); nå bortom; ~ *the mark* skjuta över målet äv. bildl. **2** ~ *oneself* bildl. ta sig vatten över huvudet, förlyfta (förta) sig

overreact [ˌəʊvərɪˈækt] överreagera, reagera (ta i) för kraftigt (hårt)

override [ˌəʊvəˈraɪd] (*overrode overridden*) bildl. **a)** trampa under fötterna, sätta sig över, åsidosätta [~ *a p.'s claims*] **b)** överskugga, dominera [*fear overrode all other emotions*]; *overriding* allt överskuggande, dominerande

overrule [ˌəʊvəˈruːl] **1** avvisa [~ *a claim*]; isht jur. ogilla [~ *an action,* ~ *a plea*], upphäva [~ *a decision*]; *objection ~d!* jur. protesten avslås! **2** behärska, överväldiga [*his greed ~d his common sense*]; *be ~d* bli överkörd (nedröstad)

overrun [ˌəʊvəˈrʌn] (*overran overrun*) **1** invadera; översvämma [*warehouses overrun with* (av) *rats*]; härja [i] [*an epidemic disease was ~ning the country*] **2** [be]täcka [*a wall overrun with ivy*]; *overrun with weeds* äv. övervuxen med ogräs

overseas [ss. adj. 'əʊvəsiːz, ss. adv. ˌ--'-]
I *adj* transmarin; utländsk, utrikes-; *~ countries* främmande länder, utlandet; *~ trade* utrikeshandel **II** *adv* på (från, till) andra sidan havet; från (till) utlandet; utomlands [*live* (*go*) *~*]

oversee [ˌəʊvə'siː] (*oversaw overseen*) **1** se till, ha uppsikt över [*~ workmen*] **2** [råka] få se

overseer ['əʊvəsɪə] [arbets]förman, verkmästare; uppsyningsman; tryckeriförman

oversexed [ˌəʊvə'sekst] övererotisk

overshadow [ˌəʊvə'ʃædəʊ] **1** överskugga äv. bildl. **2** bildl. ställa i skuggan; *be ~ed by a p.* äv. få stå i skuggan för ngn

overshoe ['əʊvəʃuː] galosch; pampusch, bottin

overshoot [ˌəʊvə'ʃuːt] (*overshot overshot*) **1** skjuta över, missa [*~ the target*]; *~ the mark* skjuta över målet, bildl. äv. gå för långt, ta till i överkant, överdriva **2** flyg. flyga in för högt för att kunna landa på, plusbedöma [*~ the runway*]

oversight ['əʊvəsaɪt] **1** förbiseende, ouppmärksamhet; *by* (*through*) *an ~* av (genom ett) förbiseende **2** uppsikt, tillsyn

oversimplify [ˌəʊvə'sɪmplɪfaɪ] förenkla alltför mycket [*~ a problem*]

oversize ['əʊvəsaɪz] o. **oversized** ['əʊvəsaɪzd] [som är] över medelstorlek (medellängd); överdimensionerad

oversleep [ˌəʊvə'sliːp] (*overslept overslept*); *~* [*oneself*] försova sig

overspill ['əʊvəspɪl] **I** *s* befolkningsöverskott [äv. *~* [*of*] *population*] **II** *vb itr* svämma över äv. bildl.

overstaffed [ˌəʊvə'stɑːft] överbemannad; *be ~* äv. ha för stor personal

overstate [ˌəʊvə'steɪt] överdriva påstående, uppgift o.d.; ange för högt; *~ one's case* säga mer än man kan stå för, ta till i [överkant], bre på

overstatement [ˌəʊvə'steɪtmənt] överdrift; överdrivet påstående

overstay [ˌəʊvə'steɪ, '---] stanna [ut]över (längre än) [*~ a fixed* (bestämd) *time*]

overstep [ˌəʊvə'step] överskrida äv. bildl.; *~ the mark* sport. göra ett övertramp, bildl. äv. gå för långt, gå till överdrift, överdriva

overt [ə(ʊ)'vɜːt, 'əʊvɜːt] öppen [*~ hostility*]; offentlig

overtake [ˌəʊvə'teɪk] (*overtook overtaken*) **I** *vb tr* **1** hinna upp (ifatt); ta igen [*~ arrears of work*] **2** köra om (förbi) [*~ other cars on the road*]; gå om (förbi) äv. bildl. **3** överraska [*be ~n by a storm*], komma över [*darkness overtook us*] **4** drabba [*be ~n by a disaster* (*disease*)], gripa [*be ~n by* (*with*) *fear* (*surprise*)] **II** *vb itr* köra om

overtaking [ˌəʊvə'teɪkɪŋ] omkörning; *no ~* omkörning förbjuden

overtax [ˌəʊvə'tæks] **1** överbeskatta **2** kräva för mycket av; *~ one's strength* överanstränga sig

overthrow [ss. vb ˌəʊvə'θrəʊ, ss. subst. '---]
I (*overthrew overthrown*) *vb tr* **1** störta [*~ the government*]; omstörta [*~ the established order* (det bestående)]; slå [*~ the enemy*], förstöra **2** kasta (vräka) omkull [*trees ~n by the storm*] **II** *s* **1** störtande [*the ~ of a government*]; omstörtning **2** nederlag, fall **3** kullkastande äv. bildl. [*the ~ of a plan*]

overtime ['əʊvətaɪm] **I** *s* övertid; övertidsarbete; övertidsersättning; *be on ~* arbeta över (på övertid) **II** *adj* övertids- [*~ work* (*pay*)] **III** *adv* på övertid; *work ~* äv. arbeta över

overtone ['əʊvətəʊn] mus. el. bildl. överton

overture ['əʊvətjʊə] **1** mus. ouvertyr **2** ofta pl. *~s* närmanden, trevare; förslag, anbud om underhandling

overturn [ss. vb ˌəʊvə'tɜːn, ss. subst. '---]
I *vb tr* välta [omkull] [*~ a chair*], stjälpa [omkull] [*~ a glass*]; stjälpa med [*~ a load of hay*], kantra med [*~ a boat*]; störta [över ända] äv. bildl. [*~ a kingdom*]; omstörta [*~ society*] **II** *s* bildl. omstörtning, omvälvning, fall

overweight ['əʊvəweɪt] **I** *s* övervikt **II** *adj* övervikts- [*~ luggage*]; överviktig

overwhelm [ˌəʊvə'welm] **1** tynga ned, förkrossa [*be ~ed with* (av) *grief*], övermanna [*be ~ed by the enemy*; *be ~ed with* (av) *gratitude*]; överhopa [*~ with work* (*inquiries*)] **2** översvämma [*be ~ed by a flood*]

overwhelming [ˌəʊvə'welmɪŋ] överväldigande [*an ~ victory*], förkrossande [*~ sorrow*]

overwork [ˌəʊvə'wɜːk] **I** *s* för mycket arbete, överansträngning [*ill through ~*] **II** *vb tr* överanstränga [*~ a horse, ~ oneself*]; *be ~ed* äv. vara utarbetad **III** *vb itr* överanstränga sig

overwrought [ˌəʊvə'rɔːt] **1** utarbetad, överansträngd **2** överspänd **3** utstuderad [*an ~ style*]

oviduct ['əʊvɪdʌkt] anat. äggledare

ovulation [ˌɒvjʊ'leɪʃ(ə)n, ˌəʊv-] biol. ägglossning

owe [əʊ] vara skyldig [*he still ~s for the goods*]; ha ngn (ngt) att tacka för ngt; *I ~ him a debt of gratitude* jag står i

tacksamhetsskuld till honom; *I ~ it to you that...* jag har dig att tacka för att...
owing ['əʊɪŋ] **1** som skall betalas; *the amount ~* skuldbeloppet **2** *~ to* på grund av, genom [*~ to a mistake*], med anledning av; tack vare [*~ to his help*]; *be ~ to* bero på, komma sig av, ha sin orsak i
owl [aʊl] **1** uggla; *barn ~* tornuggla **2** bildl. nattuggla
own [əʊn] **I** *vb tr* **1** äga [*I ~ this house*] **2** erkänna [*~ one's faults*]; *~ oneself in the wrong* erkänna sig ha orätt **3** kännas vid [*he refused to ~ the child*] **II** *vb itr*, *~ to* erkänna [*~ to a mistake*]; *~ up* vard. erkänna, bekänna [*you had better ~ up*] **III** *adj* **1** efter poss. pron. el. genitiv egen [*this is my ~ house, this house is my ~*]; *she cooks her ~ meals* hon lagar maten själv; *make a th. one's ~* göra ngt till sitt, tillägna sig ngt; *each in his ~ way* var och en på sitt sätt; *he has (lives in) a house of his ~* han har (bor i) [ett] eget hus; *on one's ~* a) ensam, för sig själv [*he lives on his ~*] b) själv, på egen hand c) i särklass **2** *an ~ goal* sport. ett självmål
owner ['əʊnə] ägare
owner-driver [ˌəʊnə'draɪvə] privatbilist
owner-occupied [ˌəʊnər'ɒkjʊpaɪd] som bebos av ägaren [själv]; *~ flat* äv. ägarlägenhet, bostadsrättslägenhet
ownership ['əʊnəʃɪp] äganderätt, egendomsrätt; *pass into private ~* övergå i privat ägo
ox [ɒks] (pl. *oxen* ['ɒks(ə)n]) oxe; stut
oxeye ['ɒksaɪ] **1** oxöga **2** bot. gul prästkrage m. fl.; *~ daisy* prästkrage
Oxfam ['ɒksfæm] förk. för *Oxford Committee for Famine Relief* hjälporganisation
oxide ['ɒksaɪd] kem. oxid
oxidization [ˌɒksɪdaɪ'zeɪʃ(ə)n] oxidering
oxidize ['ɒksɪdaɪz] oxidera[s]
oxtail ['ɒksteɪl] oxsvans; *~ soup* oxsvanssoppa
oxygen ['ɒksɪdʒ(ə)n] kem. syre; syrgas; *~ mask* syrgasmask
oyster ['ɔɪstə] ostron
oz. [aʊns, ss. pl. 'aʊnsɪz] förk. för *ounce[s]*
ozone ['əʊzəʊn, -'-] kem. ozon; *~ hole* ozonhål; *~ layer* ozonskiktet, ozonlager
ozs. ['aʊnsɪz] förk. för *ounces*

P

P, p [piː] (pl. *P's* el. *p's* [piːz]) P, p; *mind one's p's and q's* tänka på vad man säger, hålla tungan rätt i mun[nen]; vara noga med vad man gör

P förk. för *parking, pedestrian* [*crossing*]

p [i bet. *1* i sg. o. pl. piː] **1** förk. för *penny, pence* [*these matches are 40* ~] **2** mus. förk. för *piano II*

p. förk. för *1 page I, participle, past, per*

pa [pɑː] vard. pappa

1 pace [ˈpeɪsɪ, ˈpɑːtʃeɪ] lat. med all aktning (respekt) för

2 pace [peɪs] **I** *s* **1** steg isht ss. mått [*ten ~s away*]; *keep ~ with* hålla jämna steg med äv. bildl. **2** hastighet, fart; *force the ~* driva upp takten; *set* (*make*) *the ~* a) bestämma farten, dra vid löpning b) ange tonen **3** gång; hästs gångart; *at a walking ~* gående; om häst i skritt **4** *put a p. through his ~s* låta ngn visa vad han går för **II** *vb itr* gå med avmätta steg, skrida **III** *vb tr* **1** gå av och an i [~ [*up and down*] *a room*]; *~ out* (*off*) stega upp [~ *out* (*off*) *a distance of 30 metres*] **2** sport. dra (vara pacemaker) åt

pacemaker [ˈpeɪsˌmeɪkə] **1** sport. pacemaker, hare **2** med. pacemaker

pacific [pəˈsɪfɪk] **I** *adj* **1** fredlig, fridsam; fridfull **2** *P~* Stillahavs- [*Canadian P~ Railway*]; *the P~ Ocean* Stilla havet **II** *s, the P~* Stilla havet

pacification [ˌpæsɪfɪˈkeɪʃ(ə)n] pacificering; lugnande

pacifier [ˈpæsɪfaɪə] amer. [tröst]napp

pacifism [ˈpæsɪfɪz(ə)m] pacifism

pacifist [ˈpæsɪfɪst] pacifist, fredsvän

pacify [ˈpæsɪfaɪ] **1** pacificera [~ *a country*; ~ *an island*] **2** lugna [ned] [~ *the children*]

1 pack [pæk] **I** *s* **1** packe; mil. [buren] packning; bal **2** a) förpackning b) amer. paket, ask [*a ~ of cigarettes*] **3** band [*a ~ of thieves*], samling [*a ~ of liars*], hop [*a ~ of lies*]; pack; *the whole ~* hela byket (packet) **4** [kort]lek; *a ~ of cards* en kortlek **5** koppel [*a ~ of dogs*] **6** [forwards]kedja i rugby **7** packis[massa] **8** med. inpackning [*dry* (*wet*) *~*], inpackningsbad **9** kosmetisk mask [*a beauty ~*] **II** *vb itr* **1** packa [*you must begin ~ing*]; *I have* (*am*) *~ed* jag har packat; *~ up* vard. a) packa ihop, lägga av [*~ up for the day*] b) paja, lägga av [*the engine ~ed up*] **2** gå att packa **3** a) tränga (packa) ihop sig b) samla sig [i flock] **4** packa sig i väg [äv. *~ off*]; *send a p. ~ing* köra i väg ngn **III** *vb tr* **1** a) packa [~ *one's things*]; bunta; packa (tränga, köra) ihop [~ *people into a bus*], pressa (klämma) in [~ *a lot of work into one day*]; *~ away* vard. sätta (stoppa) i sig [*he can ~ away a lot of food*]; *~ up* packa ner (in) b) packa [~ *a box*], fylla; *the room was ~ed with people* rummet var fullpackat med (fullt av) folk **2** a) förpacka; *~ed lunch* (*meal*) lunchpaket, matsäck b) konservera på burk [~ *meat*] **3** *~ off* skicka (sända) i väg [*to* till]; *~ a p. off* köra i väg ngn **4** vard. bära; *~ a gun* bära (ha) revolver; *he ~s a terrific punch* sl. han har krut i näven

2 pack [pæk] välja (utse) partiska medlemmar till [~ *a jury*]

package [ˈpækɪdʒ] **I** *s* **1** packe; större paket äv. bildl. o. data.; kolli; bal; förpackning; *~ deal* paketavtal, paketöverenskommelse; *~ holiday* (*tour*) chartersemester, paketresa **2** förpackning **II** *vb tr* förpacka, emballera; packa [in]

packaging [ˈpækɪdʒɪŋ] **1** förpackning; emballering **2** bildl. förpackning; imageuppbyggnad

packet [ˈpækɪt] **1** mindre paket; bunt; *a ~ of* [*cigarettes*] ett paket (en ask)... **2** vard., *it costs a ~* det kostar massor (skjortan); *make* (*pull in*) *a ~* göra (håva in) storkovan **3** sl., *catch* (*cop, get, stop*) *a ~* åka på en propp (smäll); råka illa ut

packhorse [ˈpækhɔːs] packhäst

pack ice [ˈpækaɪs] packis

packing [ˈpækɪŋ] **1** packning etc., jfr *1 pack III* **2** emballage **3** tekn. tätning, packning

packing-case [ˈpækɪŋkeɪs] packlåda

packthread [ˈpækθred] segelgarn

pact [pækt] pakt

pad [pæd] **I** *s* **1** dyna; flat kudde; *electric heating ~* elektrisk värmedyna **2** sport. benskydd **3** stoppning; valk [*a hair ~*]; *shoulder ~* axelvadd **4** anteckningsblock, skrivblock; [*writing*] *~* [skriv]underlägg **5** avskjutningsramp för raket o.d. **6** zool. trampdyna; tass hos vissa djur **7** färgdyna, stämpeldyna **8** sl. a) lya; amer. äv. knarkarkvart b) slaf **II** *vb tr* **1** stoppa; madrassera; vaddera; [*a jacket*] *with ~ded shoulders* äv. ...med axelvaddar **2** *~*

[out] fylla ut med fyllnadsgods [~ out an essay with quotations]
padding ['pædɪŋ] **1** stoppning, madrassering, vaddering **2** spaltfyllnad [~ in a newspaper], fyllnadsgods
1 paddle ['pædl] **I** s **1** paddel[åra] **2** paddling; sakta rodd[tur] **3** dog ~ hundsim **4** skovel på hjul **II** vb tr paddla [~ a canoe (a p.)] **III** vb itr **1** paddla; ro sakta **2** simma hundsim
2 paddle ['pædl] **I** vb itr **1** plaska [omkring] **2** fingra, leka **II** s, have a ~ bada fötterna
paddle steamer ['pædl,stiːmə] hjulångare
paddle wheel ['pædlwiːl] skovelhjul
paddock ['pædək] **1** paddock **2** sadelplats
1 paddy ['pædɪ] **1** ~ [field] risfält **2** [oskalat] ris
2 paddy ['pædɪ] vard. raseri; get in a ~ bli rasande
padlock ['pædlɒk] **I** s hänglås **II** vb tr sätta hänglås för
padre ['pɑːdrɪ, -dreɪ] fältpräst; vard. präst
paediatrics [,piːdɪ'ætrɪks] (konstr. ss. sg.) pediatrik
pagan ['peɪgən] **I** s hedning **II** adj hednisk
1 page [peɪdʒ] **I** s sida; bildl. äv. blad [the ~s of history] **II** vb tr paginera sidor
2 page [peɪdʒ] **I** s **1** hist. page, hovsven **2** se pageboy **II** vb tr kalla på, söka med personsökare o.d.; paging Mr. Smith! Herr Smith [söks]!
pageant ['pædʒ(ə)nt] **1** lysande [historiskt] festspel, praktfullt skådespel; festtåg **2** bildl. [tom] ståt
pageantry ['pædʒ(ə)ntrɪ] **1** pomp och ståt; parad **2** prål
pageboy ['peɪdʒbɔɪ] **1** pickolo, hotellpojke, springpojke på varuhus o.d. **2** ~ [style] pagefrisyr
paginate ['pædʒɪneɪt] paginera
pagination [,pædʒɪ'neɪʃ(ə)n] o. **paging** ['peɪdʒɪŋ] paginering
pagoda [pə'gəʊdə] pagod byggnad o. indiskt mynt
paid [peɪd] imperf. o. perf. p. av pay
pail [peɪl] spann, hink
pain [peɪn] **I** s **1** smärta, värk; pina, plåga; ~s of childbirth el. labour ~s [födslo]värkar, förlossningsvärkar; bildl. födslovånda; he's a ~ in the neck (vulg. arse, amer. ass) sl. han är en plåga för omgivningen; it is (it gives me) a ~ [in the neck] sl. det gör mig galen, det är en riktig plåga **2** pl. ~s (konstr. ibl. ss. sg.) besvär, omak, möda [great ~s have been taken (lagts ner)] **3** i vissa jur. uttryck straff; on (under) ~ of death vid dödsstraff **II** vb tr smärta, plåga; look ~ed se plågad ut

painful ['peɪnf(ʊ)l] smärtsam, plågsam äv. bildl.
painkiller ['peɪn,kɪlə] smärtstillande medel
painless ['peɪnləs] smärtfri [a ~ childbirth], utan plågor [a ~ death]
painstaking ['peɪnz,teɪkɪŋ] **I** adj omsorgsfull **II** s besvär, möda
paint [peɪnt] **I** s **1** [målar]färg; pl. ~s färger; färgtuber; färglåda, målarskrin; mind the ~! nymålat!; a box of ~s en färglåda, ett målarskrin **2** vard. smink **II** vb tr **1** måla; ~ the town red vard. [gå ut och] göra stan osäker, [gå ut och] slå runt; ~ out (over) måla över, utplåna **2** sminka **III** vb itr **1** måla **2** sminka sig
paintbox ['peɪntbɒks] **1** färglåda, målarskrin **2** sminklåda
paintbrush ['peɪntbrʌʃ] målarpensel
1 painter ['peɪntə] sjö. fånglina
2 painter ['peɪntə] målare; ~'s colours målarfärg
painting ['peɪntɪŋ] **1** målning, tavla **2** målning; måleri; målarkonst **3** sminkning
paintwork ['peɪntwɜːk], the ~ målningen, färgen, det målade; bil. lackeringen
pair [peə] **I** s **1** par; a ~ of scissors (tongs) en sax (tång); a ~ of shoes (trousers) ett par skor (byxor); the ~ of you båda (ni) två [shut up the ~ of you!] **2** spann [a ~ of horses]; carriage and ~ tvåspänd vagn, tvåspännare **II** vb tr **1** para [ihop], para samman [äv. ~ up] **2** ordna parvis [äv. ~ off] **III** vb itr **1** ~ off ordna sig (vara ordnad) parvis; gruppera sig (gå) två och två; vard. gifta sig [with med] **2** para sig
pajamas [pə'dʒɑːməz] isht amer., se pyjamas
Pakistan [,pɑːkɪ'stɑːn]
Pakistani [,pɑːkɪ'stɑːnɪ] **I** adj pakistansk **II** s pakistanare
pal [pæl] vard. **I** s kamrat [a great ~ of mine] **II** vb itr, ~ up with bli god vän (kompis) med, slå sig ihop med
palace ['pælɪs, -ləs] palats
palatable ['pælətəbl] välsmakande, smaklig [~ food]; bildl. behaglig, tilltalande
palate ['pælət] **1** gom; cleft ~ kluven gom; gomklyvning, gomspalt **2** bildl. gom, smak
palatial [pə'leɪʃ(ə)l] palatslik[nande]
palaver [pə'lɑːvə] **I** s **1** [omständlig] överläggning; palaver **2** prat **II** vb itr **1** babbla **2** hålla långa överläggningar (palavrer)
1 pale [peɪl] **1** påle, [spetsad] stake **2** inhägnad **3** gräns; område, sfär; beyond (outside) the ~ a) utanför

anständighetens gräns[er]; otänkbar i bildat sällskap b) utanför socialgruppen
2 pale [peɪl] **I** *adj* blek [*he turned ~ with* (av) *fear*; *a ~ imitation*]; matt [*~ colours, ~ light*]; *~ ale* ljust öl **II** *vb itr* blekna, bli blek; bildl. förblekna; *it ~s into insignificance* det förblekner fullständigt (till intet) **III** *vb tr* göra blek
Palestine ['pæləstaɪn] Palestina
Palestinian [ˌpælə'stɪnɪən] **I** *adj* palestinsk **II** *s* palestinier
palette ['pælət] palett
paling ['peɪlɪŋ] staket
palisade [ˌpælɪ'seɪd] **I** *s* **1** palissad **2** pl. *~s* amer. [rad av] branta klippor **II** *vb tr* förse med palissad
1 pall [pɔːl] **1** förlora sin dragningskraft, förlora sitt intresse; *it ~s on you* (*one*) man tappar intresset för det, det tråkar ut en **2** tröttna
2 pall [pɔːl] **1** bår kista vid begravning **2** [bår]täcke **3** bildl. [mörkt] täcke, skugga; *a ~ of smoke* en tjock rök, en mörk rökridå
pall-bearer ['pɔːlˌbeərə] kistbärare; hedersvakt
palliasse ['pælɪæs, ˌ--'-] halmmadrass
palliate ['pælɪeɪt] **1** lindra [för tillfället] [*~ a pain*] **2** skyla (släta) över [*~ a bad impression*]
pallid ['pælɪd] blek
pallor ['pælə] blekhet
pally ['pælɪ] vard. bussig
1 palm [pɑːm] **I** *s* handflata; *grease* (*oil*) *a p.'s* ~ vard. smörja (muta) ngn **II** *vb tr* **1** dölja i handen **2** beröra (stryka, massera) med handflatan **3** muta, smörja **4** ~ [*off*] *a th. on a p.* pracka (lura) på ngn ngt
2 palm [pɑːm] palm; palmkvist; palmblad; segerpalm; *bear* (*carry*) *off the* ~ hemföra segern; *P~ Sunday* palmsöndag[en]
palmist ['pɑːmɪst] person som spår i händerna
palmistry ['pɑːmɪstrɪ] konsten att spå i händer; *practise* ~ spå i händer
palmy ['pɑːmɪ] **1** palmliknande **2** palmrik; palmbevuxen [*a ~ shore*] **3** bildl. segerrik; blomstrande
palpable ['pælpəbl] **1** påtaglig, handgriplig; uppenbar [*a ~ error*] **2** kännbar
palpitate ['pælpɪteɪt] **1** klappa, slå [*his heart ~d wildly*], pulsera **2** skälva
palpitation [ˌpælpɪ'teɪʃ(ə)n] hjärtklappning
palsy ['pɔːlzɪ, 'pɒl-] förlamning; skakningar

paltry ['pɔːltrɪ, 'pɒl-] usel [*a ~ sum*], eländig, ynklig [*a ~ excuse*]; lumpen, tarvlig
pamper ['pæmpə] klema (skämma) bort; pjoska med [*~ one's health*]
pamphlet ['pæmflət] broschyr; [strö]skrift; stridsskrift
1 pan [pæn] **I** *s* **1** kok. panna [*frying-pan*]; [bak]form; [låg] skål, bunke **2** [säng]bäcken **3** vaskpanna för guldvaskning **4** vågskål **5** wc-skål [äv. *lavatory-pan*]; *it has gone down the ~* vard. det har gått åt pipan **6** sl. nylle ansikte; *dead ~* pokerfejs **II** *vb tr* **1** vaska [äv. *~ off* (*out*); *~ gold*] **2** vard. såga, sabla ner; förlöjliga **III** *vb itr* **1** vaska [efter guld] **2** *~ out* ge guld vid vaskning; vard. lyckas, utfalla [väl] [*the scheme ~ned out well*]
2 pan [pæn] film. panorera; panorera i (över) sceneri
panacea [ˌpænə'sɪə, -'siːə] universalmedel; patentmedel, patentlösning; panacé
Panama [ˌpænə'mɑː, attr. '---] **I** geogr. egenn. Panama; *the ~ Canal* Panamakanalen; *p~ hat* panamahatt **II** *s*, *p~* panamahatt
Pan-American [ˌpænə'merɪkən] panamerikansk
pancake ['pænkeɪk] pannkaka; *P~ Day* fettisdag[en] då man äter pannkakor
pancreas ['pæŋkrɪəs] anat. bukspottkörtel; med. pankreas
panda ['pændə] **1** zool. panda; *giant ~* jättepanda **2** *~ car* svartvit polisbil; *~ crossing* övergångsställe med knappar (manuellt påverkade signaler)
pandemonium [ˌpændɪ'məʊnjəm] tumult, kaos; *~ broke loose* ett helveteslarm bröt ut
pander ['pændə] **I** *vb itr* **1** *~ to* uppmuntra, underblåsa; vädja till, ge efter för [*~ to low tastes*] **2** koppla; vara mellanhand **II** *s* kopplare; mellanhand; bildl. villigt redskap [*a ~ to* (för) *a p.'s ambition*]
pane [peɪn] [glas]ruta
panel ['pænl] **I** *s* **1** panel; fält, spegel i vägg, dörr m.m.; pannå; ruta, fyrkant, fyrkantigt stycke **2** fyrkantig isättning (infällning) i plagg el. tyg **3** instrumentbräda; panel **4** a) jurylista b) jury **5** radio. el. TV. o.d. panel; *~ discussion* paneldiskussion; estradsamtal **II** *vb tr* indela i (förse med) rutor (fält); panela
panelling ['pænəlɪŋ] [trä]panel; panelning
pang [pæŋ] [häftig] smärta (plåga); styng, kval; *~s of conscience* samvetskval
panic ['pænɪk] **I** *s* panik; *what's the ~?*

varför så bråttom?, det är ingen panik; *be seized with (by)* ~ gripas av panik **II** *adj* panisk [~ *fear (terror)*] **III** *vb itr* (imperf. o. perf. p. ~*ked*) gripas av (råka i) panik; *don't ~!* ingen panik!
panicky ['pænɪkɪ] vard. gripen av panik; nervös; panikartad
panicmonger ['pænɪk‚mʌŋɡə] panikmakare
panic-stricken ['pænɪk‚strɪk(ə)n] o. **panic-struck** ['pænɪkstrʌk] gripen av panik, panikslagen
pannier ['pænɪə] cykelväska, packväska
panoply ['pænəplɪ] **1** hist. el. bildl. [full] rustning [*in full* ~] **2** stort uppbåd (pådrag); pompa
panorama [‚pænə'rɑːmə] panorama; panoramamålning, rundmålning
panoramic [‚pænə'ræmɪk, -'rɑːm-] panorama-; ~ *sight* mil. panoramakikare, kikarsikte
pan-pipe ['pænpaɪp], ~[*s* pl.] panflöjt; herdepipa
pansy ['pænzɪ] **1** bot. pensé; *wild ~* styvmorsviol **2** sl. a) ngt åld. fikus, homofil b) mes
pant [pænt] **I** *vb itr* flämta, flåsa; stöna; *~ for breath* kippa efter andan **II** *vb tr* flämta (stöna) fram
panther ['pænθə] zool. panter; amer. äv. puma
pantie ['pæntɪ] vard. **1** pl. ~*s* a) trosor b) barnbyxor **2** ~ *girdle* byxgördel, trosgördel
pantihose se *pantyhose*
pantomime ['pæntəmaɪm] **I** *s* **1** pantomim **2** julspel med musik o. dans [äv. *Christmas ~*] **II** *vb itr* mima; spela pantomim
pantry ['pæntrɪ] **1** skafferi **2** serveringsrum **3** sjö. el. på hotell o.d. pentry
pants [pænts] **1** kalsonger; trosor; barnbyxor **2 a)** isht amer. vard. brallor b) *scare the ~ off a p.* ge ngn byxängest, göra ngn byxis; *wear the ~* [*in the family*] vara herre i huset, bestämma var skåpet ska stå; *give a p. a kick in the ~* ge ngn en spark i ändan
pantskirt ['pæntskɜːt] byxkjol
pantsuit ['pæntsuːt, -sjuːt] byxdress, byxdräkt
pantyhose ['pæntɪhəʊz] (konstr. ss. pl.) **1** strumpbyxor **2** trikåer
panty liner ['pæntɪ‚laɪnə] trosskydd
pap [pæp] välling; skorpvälling
papa [pə'pɑː, amer. vanl. 'pɑːpə] pappa
papacy ['peɪpəsɪ] **1** påvevärdighet; påvemakt **2** påvedöme **3** påvetid
papal ['peɪp(ə)l] påvlig

paper ['peɪpə] **I** *s* **1** papper; papperslapp; pappers- [~ *bag*]; *on ~* på papperet, i teorin [*a good scheme on ~*]; *I want it down on ~* jag vill ha skriftligt på det **2** tidning; *the ~ says* el. *it is in the ~* det står i tidningen **3** dokument, handling; viktigt papper; legitimationshandling **4** [skriftligt] prov, skrivning; uppsats **5** avhandling, föredrag; *read a ~* äv. hålla [ett] föredrag [*on* om, över] **II** *vb tr* **1** tapetsera [~ *a room (wall)*]; *~ over the cracks* tapetsera över sprickorna; bildl. [nödtorftigt] skyla (släta) över bristerna **2** täcka (klä) med papper [~ *drawers*]
paperback ['peɪpəbæk] häftad bok
paperboy ['peɪpəbɔɪ] tidningspojke, tidningsbud
paper chase ['peɪpətʃeɪs] snitseljakt
paper clip ['peɪpəklɪp] pappersklämma; gem
paperhanger ['peɪpə‚hæŋə] tapetuppsättare, ung. motsv. målare
paper money ['peɪpə‚mʌnɪ] sedlar
paperweight ['peɪpəweɪt] brevpress
paperwork ['peɪpəwɜːk] pappersarbete, skrivbordsarbete
papier-mâché [‚pæpjeɪ'mɑːʃeɪ] papier-maché
paprika ['pæprɪkə, pə'priːkə] paprika, paprikapulver
par [pɑː] **1** det normala, medeltal; hand. pari; *above ~* a) över det normala (medeltalet) b) hand. över pari **2** *be on a ~* vara likställd (jämbördig); vara lika stor [*with* som], gå jämnt upp **3** golf. par; i bowling pari; *~ for the course* bildl. det vanliga, vad man kan vänta sig
parable ['pærəbl] parabel
parabola [pə'ræbələ] matem. parabel
parabolic [‚pærə'bɒlɪk] **1** matem. parabolisk **2** ~ *aerial* (amer. *antenna*) parabolantenn
parachute ['pærəʃuːt] **I** *s* fallskärm **II** *vb tr* kasta ner (marksätta) med fallskärm **III** *vb itr* hoppa [ut] med fallskärm
parachutist ['pærəʃuːtɪst] fallskärmshoppare
parade [pə'reɪd] **I** *s* **1** isht mil. parad; mönstring; *be on ~* paradera **2** uppvisning, förevisning; skyltande; paraderande; *fashion ~* modevisning **3** promenadstråk, promenad **4** konfrontation för identifiering **II** *vb itr* **1** isht mil. paradera **2** tåga [i procession] **3** promenera (flanera) fram och tillbaka, gå omkring och visa upp sig **III** *vb tr* **1** isht mil. låta paradera [~ *the troops*]; mönstra **2** tåga igenom [i procession] **3** promenera

fram och tillbaka på [för att visa upp sig] [~ *the streets*] **4** stoltsera (skylta) med
parade ground [pə'reɪdgraʊnd] mil. exercisplats
paradise ['pærədaɪs] paradis; *P~* bibl. Paradiset; *live in a fool's ~* leva i lycklig okunnighet, leva på illusioner
paradox ['pærədɒks] paradox
paradoxical [ˌpærə'dɒksɪk(ə)l] paradoxal; *~ sleep* med. parasömn
paraffin ['pærəfɪn, -fiːn] fotogen; paraffin; *~ oil* a) fotogen b) amer. paraffinolja
paragon ['pærəgən] mönster; *a ~ of beauty* en fulländad skönhet, en skönhet utan like
paragraph ['pærəgrɑːf] **I** *s* **1** stycke av en text; [text]avsnitt; [*fresh*] *~!* nytt stycke! **2** jur. paragraf, lagrum **II** *vb tr* dela in i stycken (paragrafer)
Paraguay ['pærəgwaɪ, -gweɪ, --'-]
Paraguayan [ˌpærə'gwaɪən, -'gweɪən] **I** *s* paraguayare **II** *adj* paraguaysk, paraguayansk
parakeet ['pærəkiːt, --'-] parakit; liten [långstjärtad] papegoja; amer. äv. undulat
parallel ['pærəlel, -ləl] **I** *adj* parallell äv. bildl.; jämlöpande; *~ bars* gymn. barr **II** *s* **1** parallell [linje] **2** geogr. breddgrad [äv. *~ of latitude*], parallellcirkel **3** motstycke, motsvarighet; *without* [*a*] *~* utan motstycke **4** jämförelse, parallell; *draw a ~* dra upp en jämförelse, dra en parallell [*between* mellan] **III** *vb tr* **1** jämställa; jämföra **2** finna (uppvisa) en motsvarighet till **3** motsvara **4** vara parallell med
Paralympic [ˌpærə'lɪmpɪk] **I** *adj*, *the ~ Games* handikapp-OS **II** *s*, pl. *the ~s* handikapp-OS
paralyse ['pærəlaɪz] paralysera; lamslå [*the traffic was ~d*]; *~d with fear* skräckslagen
paralysis [pə'ræləsɪs] förlamning äv. bildl.; med. paralysi; bildl. äv. vanmakt
paralytic [ˌpærə'lɪtɪk] **I** *adj* paralytisk, förlamad **II** *s* paralytiker
parameter [pə'ræmɪtə] parameter
paramilitary [ˌpærə'mɪlɪt(ə)rɪ] paramilitär [*~ forces*]
paramount ['pærəmaʊnt] högst [*the ~ chiefs*], störst [*of ~ interest*], förnämst; ytterst viktig [*a ~ consideration*]
paranoia [ˌpærə'nɔɪə] med. paranoia, förföljelsemani
paranoiac [ˌpærə'nɔɪæk] **I** *s* paranoiker **II** *adj* paranoid
paranoid ['pærənɔɪd] **I** *adj* paranoid **II** *s* paranoiker

parapet ['pærəpɪt, -pet] arkit. bröstvärn; balustrad, räcke, parapet
paraphernalia [ˌpærəfə'neɪljə, -lɪə] (konstr. vanl. ss. sg.) tillbehör; [personliga] grejer
paraphrase ['pærəfreɪz] **I** *s* parafras, omskrivning **II** *vb tr* parafrasera, omskriva
paraplegic [ˌpærə'pliːdʒɪk] **I** *adj* paraplegisk; *the P~ Games* handikapp-OS **II** *s* paraplegiker
parasite ['pærəsaɪt] parasit; bildl. äv. snyltgäst
parasitic [ˌpærə'sɪtɪk] o. **parasitical** [ˌpærə'sɪtɪk(ə)l] parasitisk, parasiterande, parasit- [*~ plant* (*animal*)]
parasol ['pærəsɒl, ˌ--'-] parasoll
paratrooper ['pærəˌtruːpə] fallskärmsjägare
paratroops ['pærətruːps] fallskärmstrupper
paratyphoid [ˌpærə'taɪfɔɪd] med. paratyfus
parboil ['pɑːbɔɪl] **1** förvälla **2** överhetta
parcel ['pɑːsl] **I** *s* **1** paket, packe, kolli; bunt [*a ~ of banknotes*]; pl. *~s* järnv. styckegods; *~ post* paketpost **2** del; *be part and ~ of* vara en väsentlig del av **II** *vb tr* **1** *~* [*out*] dela; stycka [*~ land*]; dela ut **2** paketera
parch [pɑːtʃ] sveda, bränna [*~ the skin*], förtorka [*~ed deserts*]; *be ~ed* [*with thirst*] vara alldeles torr i halsen, ha en brännande törst
parchment ['pɑːtʃmənt] **1** pergament **2** pergamentmanuskript
pardon ['pɑːdn] **I** *s* **1** förlåtelse [*ask for* (om) *~ for* (för) *a th.*], tillgift; [*I beg your*] *~!* el. *~ me!* förlåt!, ursäkta!; hur sa? **2** jur. benådning, amnesti [*general ~*] **3** kyrkl. avlat **II** *vb tr* **1** förlåta [*~ a p.*; *~ a fault* (*sins*)], ursäkta **2** jur. benåda [*~ a criminal*]
pardonable ['pɑːdnəbl] förlåtlig; förståelig
pare [peə] skala [*~ an apple*]; klippa [*~ one's nails*], beskära [*~ a hedge*]; skrapa; *~* [*away* (*down*, *back*)] bildl. skära ned, minska
parent ['peər(ə)nt] förälder; målsman; förfader; *~ company* moderbolag
parentage ['peər(ə)ntɪdʒ] **1** härkomst, härstamning **2** föräldraskap
parental [pə'rentl] föräldra- [*~ home*]; faderlig, moderlig; *~ care* föräldraomsorg; *~ leave* föräldraledighet
parenthesis [pə'renθəsɪs] (pl. *-es* [-iːz]) parentes; parentestecken
parenthetic [ˌpær(ə)n'θetɪk] o.

parenthetical [ˌpær(ə)n'θetɪk(ə)l] parentetisk, [inskjuten] inom parentes
parenthood ['peər(ə)nthʊd] föräldraskap
pariah [pə'raɪə, 'pærɪə] **1** paria äv. bildl.; utstött **2** ~ [*dog*] pariahund; herrelös hund
parish ['pærɪʃ] socken; [kyrklig] församling; ~ *council* ung. kommunalnämnd
parishioner [pə'rɪʃənə] sockenbo, församlingsbo
Parisian [pə'rɪzjən, -ʒjən] **I** *adj* parisisk, paris[er]- **II** *s* parisare
parity ['pærətɪ] paritet, [jäm]likhet
park [pɑ:k] **I** *s* **1** park **2** parkeringsplats, bilparkering [äv. *car* ~] **3** vard. fotbollsplan; amer. äv. bollplan **II** *vb tr* **1** parkera [*where can we* ~ *the car?*] **2** vard. parkera, sätta [*where can I* ~ *my luggage?*; *he* ~*ed himself on my chair*] **III** *vb itr* parkera
parka ['pɑ:kə] **1** parkas **2** [skinn]anorak
park-and-ride [ˌpɑ:kən(d)'raɪd], *the* ~ *system* [systemet med] infartsparkering
parking ['pɑ:kɪŋ] parkering; *No P*~ Parkering förbjuden; ~ *light* a) parkeringsljus b) positionsljus; ~ *lot* isht amer. parkeringsplats, parkeringsområde; ~ *ticket* böteslapp för parkeringsöverträdelse
parky ['pɑ:kɪ] vard. **I** *adj* kylig [~ *air* (*weather*)], bitande [*a* ~ *wind*], råkall [*a* ~ *day*] **II** *s* parkvakt
parlance ['pɑ:ləns] språk; språkbruk [*in military* ~]; *in common* (*ordinary*) ~ i dagligt tal
parley ['pɑ:lɪ] **I** *s* **1** förhandling, överläggning **2** mil. underhandling **II** *vb itr* **1** förhandla, konferera **2** mil. underhandla
parliament ['pɑ:ləmənt] parlament; riksdag; *the Houses of P*~ parlamentshuset i London
parliamentary [ˌpɑ:lə'ment(ə)rɪ] parlamentarisk [~ *language*]; parlaments- [~ *debates*]; beslutad (fastställd) av parlamentet; ~ *commissioner* ung. justitieombudsman
parlor ['pɑ:lə] amer., se äv. *parlour*; ~ *car* järnv. salongsvagn
parlour ['pɑ:lə] **1** a) sällskapsrum på värdshus o.d.; samtalsrum i kloster; mottagningsrum b) ngt åld. el. amer. vardagsrum; förmak, mindre salong **2** salong [*beauty* ~, *hairdresser's* ~], ateljé [*photographer's* ~]; bar [*ice-cream* ~]
parlour game ['pɑ:ləgeɪm] sällskapsspel

parlous ['pɑ:ləs] **1** farlig **2** kinkig
Parmesan [ˌpɑ:mɪ'zæn, attr. '---] **I** *adj* från Parma, parma-; parmesan- [~ *cheese*] **II** *s* parmesan[ost]
parochial [pə'rəʊkjəl] **1** församlings-, socken- **2** trångsynt
parody ['pærədɪ] **I** *s* parodi **II** *vb tr* parodiera
parole [pə'rəʊl] **I** *s* **1** isht mil. hedersord [äv. ~ *of honour*] **2** jur. villkorlig frigivning (benådning) [äv. *release on* ~] **II** *vb tr* **1** mil. frige på hedersord **2** jur. frige villkorligt; med. försöksutskriva
paroxysm ['pærəksɪz(ə)m] paroxysm, häftigt (plötsligt) anfall [*a* ~ *of laughter* (*pain*, *rage*)]
parquet ['pɑ:keɪ, -kɪ] **1** parkett[golv] [äv. ~ *flooring*] **2** amer. [isht främre] parkett på teater o.d.; ~ *circle* bortre parkett
parrot ['pærət] **I** *s* papegoja **II** *vb tr* [mekaniskt] säga efter
parry ['pærɪ] sport. el. bildl. **I** *vb tr* parera [~ *a blow*] **II** *s* parad, parering
parse [pɑ:z] gram. el. data. analysera [~ *a word*], ta ut satsdelarna (ordklasserna) i [~ *a sentence*]
parsimonious [ˌpɑ:sɪ'məʊnjəs] överdrivet sparsam; knusslig
parsley ['pɑ:slɪ] bot. persilja
parsnip ['pɑ:snɪp] bot. palsternacka
parson ['pɑ:sn] kyrkoherde; vard. prelat
parsonage ['pɑ:s(ə)nɪdʒ] prästgård
part [pɑ:t] **I** *s* **1** del; avdelning, stycke; avsnitt; beståndsdel, bråkdel; [reserv]del; ~ *of speech* ordklass; *in* ~ delvis, till en del; *take in good* ~ ta väl upp **2** [an]del, lott; uppgift; *I have no* ~ *in it* jag har ingen del i det; *take* ~ delta, medverka **3** sida; håll; *take a p.'s* ~ ta ngns parti; *for my* ~ [jag] för min del **4** ofta pl. ~*s* [kropps]delar, parti[er], organ **5** pl. ~*s* trakt[er], ort, del; kvarter **6** häfte; *in* ~*s* häftesvis [*be published in* ~*s*] **7** teat. o.d., äv. bildl. roll; *play* (*act*) *a* ~ spela (göra) en roll; bildl. spela teater; *play a vital* ~ *in* bildl. spela en viktig roll i **8** mus. stämma [*orchestra* ~*s*] **II** *adv* delvis [~ *ignorance*, ~ *laziness*] **III** *vb tr* **1** skilja [åt] [*we tried to* ~ *them*; *till death do us* (*us do*) ~]; ~ *company* skiljas **2** dela; bena; *she wears her hair* ~*ed down the middle* hon har mittbena **IV** *vb itr* **1** skiljas, skiljas åt; gå åt olika håll; ~ *with* skiljas från, avstå från [~ *with one's possessions*], göra sig av med **2** öppna (dela) sig; *his hair* ~*s in the middle* han har mittbena
partake [pɑ:'teɪk] (*partook partaken*) delta; ~ *in* (*of*) *a th.* delta i ngt

part-exchange [ˌpɑːksˈtʃeɪn(d)ʒ] **I** s dellikvid; *take a th. in* ~ äv. ta ngt i inbyte **II** *vb tr*, ~ *a car* byta bil med den gamla som dellikvid
partial [ˈpɑːʃ(ə)l] **1** partiell [*a ~ eclipse*], ofullständig [*a ~ success*], del- [*~ payment*] **2** partisk **3** *be ~ to* vara svag för, vara förtjust i
partiality [ˌpɑːʃɪˈælətɪ] **1** partiskhet **2** svaghet, smak
partially [ˈpɑːʃəlɪ] **1** delvis; ~ *sighted* synsvag, synskadad **2** partiskt [*judge ~*]
participant [pɑːˈtɪsɪpənt] deltagare
participate [pɑːˈtɪsɪpeɪt] delta [*in a th.*]
participation [pɑːˌtɪsɪˈpeɪʃ(ə)n] deltagande [*the ~ of a p. in a meeting*]; delaktighet; medverkan [*with the active ~ of Mr. Brown*]; hand. participation
participle [ˈpɑːtɪsɪpl] gram. particip; *the past* ~ a) perfekt particip b) supinum; *the present* ~ presens particip
particle [ˈpɑːtɪkl] partikel äv. gram. el. fys.
particular [pəˈtɪkjʊlə, -kjələ] **I** *adj* **1** särskild [*in this ~ case*], bestämd [*for a ~ purpose*]; [*why did he want*] *that ~ book?* ...just den boken?; *nothing* ~ [just] ingenting särskilt **2** om pers. noggrann, kinkig; kräsen [*be ~ about* el. *over* (i fråga om) *food*]; [*do you want tea or coffee?*] *I'm not* ~ ...det gör detsamma [vilket] **3** utförlig [*a ~ account*] **II** s **1** detalj [*go into* (in på) *~s*]; pl. *~s* närmare omständigheter (detaljer); detaljerad beskrivning; *for ~s apply to* närmare upplysningar lämnas av **2** *in* ~ i synnerhet, särskilt; *nothing in* ~ [just] ingenting särskilt
particularly [pəˈtɪkjʊləlɪ, -kjəl-] särskilt; synnerligen [*be ~ glad*], i synnerhet [*be fond of flowers, ~ roses*]
parting [ˈpɑːtɪŋ] **1** avsked; ~ *shot* bildl. [dräpande] slutreplik **2** bena; *make a ~* kamma (göra en) bena **3** delning, skiljande skikt; *be at the ~ of the ways* bildl. stå vid skiljevägen (ett vägskäl)
partisan [i bet. *1* ˌpɑːtɪˈzæn, i bet. *2* ˈpɑːtɪz(ə)n] **1** mil. partisan [*~ troops*], frihetskämpe **2** anhängare [*a ~ of liberalism*]; ~ *politics* partipolitik
partition [pɑːˈtɪʃ(ə)n, pəˈt-] **I** s **1** delning [*the ~ of Germany*] **2** del; fack **3** skiljevägg äv. bildl. el. bot.; mellanvägg **II** *vb tr* **1** dela **2** ~ *off* avdela, avskilja [*a room was ~ed off*]
partly [ˈpɑːtlɪ] delvis [*made ~ of iron*], dels [*~ ignorance, ~ laziness*]
partner [ˈpɑːtnə] **I** s **1** deltagare, kamrat **2** kompanjon, partner [*~s in a firm*]; *sleeping* ~ passiv delägare **3** make, maka, äkta hälft **4** partner, moatjé, kavaljer, dam; *dancing* ~ danspartner, danskavaljer; ~ *at table* bordskavaljer, bordsdam **5** i spel partner [*bridge ~, tennis ~*], medspelare **II** *vb tr* vara (bli) kompanjon (partner, medspelare) till
partnership [ˈpɑːtnəʃɪp] kompanjonskap; enkelt bolag, handelsbolag; *enter* (*go*) *into ~ with* ingå kompanjonskap (bilda bolag) med, bli kompanjon med
part-owner [ˌpɑːtˈəʊnə] delägare; sjö. medredare
partridge [ˈpɑːtrɪdʒ] zool. rapphöna; rapphöns
part-time [attr. adj. ˈpɑːttaɪm, pred. adj. o. adv. ˌ-ˈ-] **I** *adj* deltids-, halvtid [*~ work*]; *a ~ worker* en deltidsanställd, en deltidsarbetande **II** *adv* på deltid (halvtid); *work* ~ ha (arbeta) deltid
part-timer [ˌpɑːtˈtaɪmə] deltidsarbetande, deltidsanställd
party [ˈpɑːtɪ] **I** s **1** isht polit. parti [*~ member*]; ~ *conference* (*convention*) partikongress **2** sällskap [*a ~ of tourists, a fishing ~*], lag [*a working ~*]; *search* ~ spaningspatrull; skallgångskedja **3** mil. patrull, avdelning [*landing ~*], detachement **4** bjudning [*tea ~*], fest, party; ~ *dress* festklänning, finklänning, aftonklänning; *the ~ is over* vard. a) nu stundar hårdare tider b) nu är det slut på det roliga; *go to a ~* gå på bjudning osv.; vard. gå bort **5** isht jur. part [*be a ~ in* (*to*) *the case*]; kontrahent; sakägare; delägare; intressent [äv. *interested ~*]; *the guilty ~* den skyldige **6** deltagare; medbrottsling [*make a p. ~ to* (till medbrottsling i) *a crime*]; *I won't be a ~ to that affair* det vill jag inte vara med om (bli inblandad i) **7** vard. el. skämts. typ [*an odd* (*a queer*) *~*] **II** *vb itr* isht amer. vard. festa, slå runt
party line [ˈpɑːtɪlaɪn, ˌ-ˈ-] **1** polit. partilinje **2** tele. gemensam ledning
party-political [ˌpɑːtɪpəˈlɪtɪk(ə)l] partipolitisk
pass [pɑːs] **I** *vb itr* (se äv. *III*) **1** passera [förbi], gå (fara, komma, köra osv.) förbi (igenom, vidare); köra om, gå om; *ships that ~ in the night* bildl. skepp som mötas i natten; [*the road was too narrow*] *for cars to* ~ ...för att bilar skulle kunna mötas **2** om tid o.d. gå [*time ~ed quickly*], förflyta **3** övergå **4** utväxlas [*a few words ~ed between them*] **5** gå över, försvinna [*the pain soon ~ed*] **6** [få] passera; [kunna] godtas, gå an; ~ *unnoticed* (*unheeded*) gå obemärkt (obeaktad) förbi;

we'll let that ~, but... det får duga (passera), men... **7** gälla, gå, passera; *he would easily ~ for a Swede* han kunde mycket väl tas för en svensk **8** a) parl. o.d. gå igenom, antas [*the bill ~ed and became law*] b) klara examen; klara sig, bli godkänd
II *vb tr* (se äv. *III*) **1** passera [förbi (igenom)], gå (fara, komma, köra osv.) förbi (igenom) [*we ~ed the town*]; gå (fara) över [*~ the frontier*]; hoppa över **2** låta passera, släppa igenom, låta gå **3** tillbringa [*~ a pleasant evening*], fördriva [*~ the time*] **4** räcka [*~ [me] the salt, please!*], skicka vidare **5** *~ a remark* fälla ett yttrande **6** släppa ut; *~ a dud cheque* lämna en falsk check **7** anta [*Parliament ~ed the bill*], godkänna [*~ed by the censor*]; bli antagen av; *~ the Customs* gå igenom (passera) tullen **8** a) avlägga, klara [*~ an (one's) examination*] b) godkänna **9** överskrida, övergå [*it ~es my comprehension* (förstånd)]; *it ~es all description* det trotsar all beskrivning **10** föra, låta fara **11** föra, träda; *~ a rope round a th.* slå ett rep om ngt **12** låta passera (defilera) förbi; *~ troops in review* mil. låta trupper passera revy **13** a) jur. avkunna [*~ sentence [up]on* (över) *a p.*] b) [av]ge; rikta [*~ criticism [up]on* (mot)]; *~ judgement on a th.* bedöma (uttala sig om) ngt **14** sport. passa
III *vb itr* o. *vb tr* med beton. part.:
~ along: a) gå (tåga osv.) fram; *~ along!* passera!, fortsätt [framåt]! b) skicka vidare

~ away: a) gå bort b) dö, gå bort c) om smärta, vrede o.d. gå över d) *~ away the time* fördriva tiden

~ by: a) gå (fara, komma osv.) förbi b) bildl. förflyta c) bildl. förbigå

~ down låta gå vidare från generation till generation

~ off: a) gå över [*her anger will soon ~ off*] b) avlöpa [*everything ~ed off very well*], förlöpa c) slå bort [*he ~ed it off as a joke* (*with a laugh*)] d) [falskeligen] utge; *he tried to ~ himself off as a count* han försökte ge sig ut för att vara greve e) *~ a th. off on a p.* pracka på ngn ngt
~ on: a) gå vidare, fortsätta [*~ on to* (till) *another subject*] b) byta ägare; övergå c) låta gå vidare, vidarebefordra [*read this and ~ it on*]

~ out: a) vard. tuppa av b) *~ out of sight* försvinna ur sikte c) isht mil. gå igenom (sluta) en kurs

~ over: a) gå över [till andra sidan]; passera b) övergå [*~ over into other hands*] c) gå över, upphöra [*the storm soon ~ed over*] d) bildl. förbigå [*~ it over in* (med) *silence*]; förbise e) bildl. förbigå vid befordran [*he was ~ed over*] f) räcka, överlämna

~ round skicka omkring (runt) [*the cakes were ~ed round*], låta gå [laget] runt

~ through: a) gå (passera osv.) igenom b) bildl. gå igenom [*~ through several stages*]

IV *s* **1** passerande etc., jfr *I* o. *II* **2** godkännande i examen; *~* [*degree*] lägre (mindre specialiserad) akademisk examen **3** [kritiskt] läge (tillstånd); *things have come to a pretty* (*fine*) *~ when...* iron. det är illa ställt om... **4** a) passerkort b) mil. permissionssedel; permission c) [*free*] *~* fribiljett, frikort **5** a) fäktn. o.d. utfall, stöt b) bildl. vard. närmande; *make a ~ at a p.* vard. vara närgången mot ngn **6** sport. passning; i tennis passering **7** [bergs]pass; [trång] passage; väg **8** kortsp. pass, passande **9** magisk o.d. handrörelse
passable ['pɑ:səbl] **1** farbar, framkomlig **2** hjälplig
passage ['pæsɪdʒ] **1** a) färd, resa med båt o. flyg; överfart b) passage, genomresa; övergång c) spridning, överföring [*the ~ of the infection is swift*]; *bird of ~* flyttfågel äv. bildl.; *book one's ~* beställa biljett, boka plats; *work one's ~* [*to America*] arbeta (jobba) sig över... **2** fri passage [*refuse ~ through a territory*] **3** konkr. a) passage; gång, korridor b) kanal, öppning **4** bildl. gång [*the ~ of time*], lopp [*the ~ of years*]; övergång, **5** ställe i text o.d.; avsnitt; episod **6** mus. passage **7** parl. o.d. antagande [*~ of a bill*], godkännande
passbook ['pɑ:sbʊk] **1** bankbok, motbok **2** hand. motbok
passenger ['pæsɪn(d)ʒə] **1** passagerare; trafikant; *~ train* persontåg **2** vard. oduglig (onyttig) medlem av lag o.d., blindpipa
passer-by [ˌpɑ:sə'baɪ] (pl. *passers-by* [ˌpɑ:səz'baɪ]) förbipasserande
passing ['pɑ:sɪŋ] **I** *adj* **1** a) som går (gick) [förbi] [*a ~ youngster*; *each ~ day*]; förbipasserande, förbigående b) i förbigående [*a ~ remark*] **2** övergående; flyktig; *a ~ whim* en tillfällig nyck **II** *s* **1** förbipasserande etc., jfr *pass I* o. *II*; passage; förbifart; amer. omkörning; *the ~ of time* tidens gång (flykt); *in ~* i

förbigående (förbifarten) **2** sport. passning **3** bortgång
passion ['pæʃ(ə)n] **1** passion, lidelse; hänförelse, patos; förkärlek; begär **2** häftigt utbrott; *in a ~* i förbittring; med hetta; *fly into a ~* bli ursinnig (rasande) **3** *the P~* Passionen, Kristi lidande (pina), passionshistorien
passionate ['pæʃənət] **1** passionerad, lidelsefull [*a ~ lover*], eldig [*a ~ nature*] **2** hetlevrad, hetsig [*a ~ man*] **3** våldsam, het [*a ~ desire*]
passive ['pæsɪv] **I** *adj* passiv äv. gram. el. kem. [*~ resistance* (*resisters*)]; overksam, undergiven [*~ obedience*]; *~ smoking* passiv rökning **II** *s* gram., *the ~* passiv
passkey ['pɑːskiː] **1** huvudnyckel **2** portnyckel
Passover ['pɑːsˌəʊvə] judarnas påskhögtid
passport ['pɑːspɔːt] **1** pass **2** passersedel; bildl. äv. början [*a ~ to fame*]
password ['pɑːswɜːd] isht mil. el. data. lösen[ord]
past [pɑːst] **I** *adj* [för]gången, svunnen; förbi; *the danger is ~* faran är över; *the ~ tense* gram., se *II 2*; *I have been ill for the ~ few days* jag har varit sjuk de senaste dagarna **II** *s* **1 a)** *the ~* det förflutna (förgångna), forntiden, vad som varit **b)** föregående liv; *in the ~* tidigare, förr i världen; *it is a thing of the ~* det tillhör det förflutna **2** gram., *the ~* imperfekt, preteritum **III** *prep* **1** förbi [*he ran ~ the house*], [bort]om **2** bortom, utanför, förbi; *it's ~ belief* det är alldeles (helt) otroligt; *she is ~ caring what happens* hon bryr sig inte längre om vad som händer **3** om tid o.d. över; *it's ~ two o'clock* hon (klockan) är över två; *at half ~ one* [klockan] halv två **IV** *adv* förbi [*go (run, hurry) ~*]
pasta ['pæstə, amer. 'pɑːstə] kok. pasta spaghetti o.d.
paste [peɪst] **I** *s* **1** deg; massa [*almond ~*] **2** pasta [*tomato ~*; *cement ~*]; [bredbar] pastej [*anchovy ~*] **3** klister; *~ pot* klisterburk **II** *vb tr* **1** *~* [*up*] klistra, klistra upp; klistra över [*~* [*up*] *a th. with paper*] **2** vard. klå upp
pasteboard ['peɪstbɔːd] [limmad] papp, kartong; *~ characters* bildl. schablonfigurer
pastel [pæˈstel, isht attr. 'pæst(ə)l] **1** pastellkrita **2** pastell[färg] kulör **3** [pastell]målning
pastern ['pæstɜːn] karled på häst
pasteurize ['pɑːstʃəraɪz, 'pæst-] pastörisera

pastille ['pæst(ə)l, pæˈstiːl] pastill, tablett
pastime ['pɑːstaɪm] tidsfördriv, nöje
pasting ['peɪstɪŋ] vard. stryk; *give a p. a ~* ge ngn stryk (en omgång), klå upp ngn
past master [ˌpɑːstˈmɑːstə] bildl. mästare [*of* (*in*, *at*) i; *a ~ in the art of lying*; *a ~ at chess*]
pastor ['pɑːstə] **I** *s* präst; herde, själasörjare **II** *vb tr* vara själasörjare (herde) för
pastoral ['pɑːst(ə)r(ə)l, 'pæs-] herde- [*~ life*, *~ poem*], pastoral[-], idyllisk; prästerlig
pastry ['peɪstrɪ] **1** (finare) bakverk **2** smördeg; kakdeg; pajdeg
pastryboard ['peɪstrɪbɔːd] bakbord
pastrycook ['peɪstrɪkʊk] konditor, sockerbagare
pasture ['pɑːstʃə, -tjʊə] **1** bete gräs o.d.; *put a p. to ~* släppa ut ngn på grönbete **2** betesmark
pasty [ss. subst. 'pæstɪ, ss. adj. 'peɪstɪ] **I** *s* pirog vanl. med köttfyllning **II** *adj* degig; glåmig, blekfet
pat [pæt] **I** *s* **1** klapp **2** [platt] klick [*~ of butter*], klimp **3** ljud: trippande [*the ~ of bare feet*] **II** *vb tr* klappa; *~ a p. on the back* bildl. ge ngn en klapp på axeln **III** *adv* o. *adj* **1** fix och färdig [*a ~ solution*], [genast] till hands [*have the story ~*], omgående [*the story came ~, but wasn't convincing*] **2** *stand ~* stå fast [vid sitt beslut], vara orubblig
patch [pætʃ] **I** *s* **1 a)** lapp **b)** [skydds]lapp för öga **c)** plåster **d)** musch av tyg o.d.; *he is not a ~ on you* vard. han går inte upp mot (kan inte jämföras med) dig **2** fläck; bit; *~es of fog* stråk av dimma **3** jordbit, jordlapp; täppa [*a cabbage ~*] **4** *go through* (*strike*) *a bad ~* vard. ha en nedgångsperiod **II** *vb tr* lappa äv. data.; laga; *~ up* a) lappa ihop äv. bildl.; laga; jämka samman, ordna upp, bilägga [*~ up a quarrel* (tvist)] b) hafsa (sno, fuska, sätta) ihop; *~ a quilt* sy ett lapptäcke
patch pocket [ˌpætʃˈpɒkɪt] påsydd ficka
patchwork ['pætʃwɜːk] **1** lapptäcksarbete, 'patchwork'; *~ quilt* vadderat lapptäcke **2** bildl. lappverk, fuskverk
patchy ['pætʃɪ] **1** lappad, hoplappad **2** vard. ojämn
pate [peɪt] vard. el. skämts. skult, skalle
pâté ['pæteɪ, 'pɑː-, -tɪ] fr. pastej; *~ de foie gras* [...dəˌfwɑːˈgrɑː] äkta gåsleverpastej
patent ['peɪt(ə)nt, isht i bet. *II* o. *III* o. amer. 'pæt(ə)nt] **I** *adj* **1** klar, uppenbar **2** patenterad, patent- [*~ medicine*] **3** vard. originell; fiffig [*a ~ device*] **II** *s* **1** patent;

patenträtt[ighet]; [*letters*] ~ patentbrev **2** privilegium; [*letters*] ~ privilegiebrev; fribrev; öppet brev; kunglig fullmakt **III** *vb tr* patentera; bevilja patent på; få patent på

patent leather [ˌpeɪt(ə)nt'leðə] lackskinn; i sammansättn. lack- [~ *shoes*]; pl. ~**s** lackskor

patently ['peɪt(ə)ntlɪ] klart; uppenbarligen; rent ut sagt; *it's ~ absurd* det faller på sin egen orimlighet

paternal [pə'tɜ:nl] **1** faderlig **2** på fädernet (fädernesidan); ~ *grandfather* farfar; *on the ~ side* på fädernet (fädernesidan) **3** fäderne-

paternity [pə'tɜ:nətɪ] faderskap

path [pɑ:θ, i pl. pɑ:ðz] **1** stig; gång [*garden ~*]; gångbana **2** bana

pathetic [pə'θetɪk] patetisk; sorglig, beklämmande äv. iron.; ynklig

pathfinder ['pɑ:θˌfaɪndə] **1** stigfinnare; pionjär **2** mil. a) vägledare flygplan el. person som markerar el. belyser mål vid anflygning b) radarsikte

pathological [ˌpæθə'lɒdʒɪk(ə)l] patologisk

pathologist [pə'θɒlədʒɪst] **1** patolog **2** obducent

pathology [pə'θɒlədʒɪ] patologi

pathos ['peɪθɒs] **1** ung. hjärtknipande känslofullhet; patos **2** medlidande

pathway ['pɑ:θweɪ] **1** stig **2** väg ofta bildl.; bana

patience ['peɪʃ(ə)ns] **1** tålamod; uthållighet **2** kortsp. patiens

patient ['peɪʃ(ə)nt] **I** *adj* tålig; fördragsam **II** *s* patient

patio ['pætɪəʊ, 'pɑ:tɪəʊ] (pl. ~s) **1** patio **2** uteplats vid villa

patisserie [pə'tɪs(ə)rɪ] **1** konditori **2** bakelser

patriarch ['peɪtrɪɑ:k] patriark

patriarchal [ˌpeɪtrɪ'ɑ:k(ə)l] patriarkalisk; patriark-

patriot ['pætrɪət, 'peɪt-] patriot, fosterlandsvän

patriotic [ˌpætrɪ'ɒtɪk, ˌpeɪt-] patriotisk

patriotism ['pætrɪətɪz(ə)m, 'peɪt-] patriotism

patrol [pə'trəʊl] **I** *s* patrullering; patrull; ~ *car* polisbil, radiobil; ~ *wagon* amer. transitbuss, piket[buss]; *be on ~* ha patrulltjänst, patrullera **II** *vb itr* patrullera **III** *vb tr* patrullera [på (i)]

patrol|man [pə'trəʊl|mæn] (pl. *-men* [-men]) amer. **1** [patrullerande] polis **2** representant för motororganisation som hjälper bilister tillrätta

patron ['peɪtr(ə)n, 'pæt-] **1** beskyddare,

mecenat; ~ [*saint*] skyddshelgon **2** [stam]kund; gynnare

patronage ['pætrənɪdʒ, 'peɪt-] **1** beskydd, beskyddarskap; stöd; ynnest **2** hand. a) kunders välvilja (förtroende, stöd) b) kundkrets; publik **3** nedlåtande sätt, nedlåtenhet

patronize ['pætrənaɪz, amer. äv. 'peɪt-] **1** beskydda, gynna **2** behandla nedlåtande **3** hand. vara kund (stamgäst) hos, handla hos

patronizing ['pætrənaɪzɪŋ, amer. äv. 'peɪt-] nedlåtande; ~ *air* beskyddarmin

1 patter ['pætə] **I** *vb itr* **1** om regn o.d. smattra **2** om fotsteg tassa **II** *s* **1** smattrande [ljud] **2** trippande [ljud]

2 patter ['pætə] **I** *vb itr* pladdra [på] **II** *s* svada, [sälj]snack; pladder

pattern ['pæt(ə)n] **I** *s* **1** mönster, förebild, föredöme [*a ~ of domestic virtues*], exempel **2** modell, [tillklippnings]mönster [*cut a ~ for* (till) *a dress*] **3** a) varuprov av tyg, mynt m.m.; provbit b) typ [*a gun of another ~*] c) typiskt exempel **4** dekorativt mönster [*a ~ on a carpet* (*wall*)], figurer **5** bildl. form, mönster; bild, struktur; förlopp **II** *vb tr* **1** forma; *he has ~ed himself* [*up*]*on his brother* han har [tagit] sin bror till förebild **2** mönstra; teckna; *~ed wallpaper* mönstrade tapeter

paucity ['pɔ:sətɪ] **1** brist **2** fåtalighet

paunch [pɔ:n(t)ʃ] **1** buk; vard. kula, isterbuk; *get a ~* få kula (mage) **2** zool. våm

pauper ['pɔ:pə] understödstagare; fattighjon; *a ~'s burial* [en] fattigbegravning

pause [pɔ:z] **I** *s* **1** paus, uppehåll; tvekan; ~ *button* (*control*) pausknapp, momentanstopp på bandspelare **2** mus. fermat **II** *vb itr* göra en paus (ett uppehåll), stanna [upp]

pave [peɪv] stenlägga äv. bildl.; stensätta, belägga [med sten m.m.], täcka [*a path ~d with moss*]; ~ *the way for* (*to*) bildl. bana väg (jämna vägen) för

pavement ['peɪvmənt] **1** trottoar; ~ *artist* trottoarmålare **2** a) beläggning; stenläggning, stensättning b) amer. belagd (stenlagd) väg (körbana)

pavilion [pə'vɪljən] **1** [stort] tält **2** paviljong; amer. sjukhuspaviljong **3** sport., ung. klubbhus

paving ['peɪvɪŋ] stenläggning, stensättning; gatubeläggning

paving-stone ['peɪvɪŋstəʊn] gatsten

paw [pɔ:] **I** *s* **1** djurs tass **2** vard., persons

437

labb, tass; *take your ~s off!* bort med tassarna! **II** *vb tr* **1** röra vid (krafsa på, slå) med tassen (tassarna) **2** skrapa med hoven (hovarna) på (i) **3** vard. fingra (tafsa) på **III** *vb itr* **1** röra (krafsa, slå) med tassen (tassarna) **2** skrapa med hoven (hovarna) **3** vard. fingra, tafsa; *~ at* gripa (fäkta) efter

1 pawn [pɔːn] **1** schack. bonde **2** neds. om pers. bricka; verktyg

2 pawn [pɔːn] **I** *s* pant; *be in ~* vara pantsatt **II** *vb tr* pantsätta; bildl. sätta i pant [*~ one's life (honour)*]

pawnbroker ['pɔːnˌbrəʊkə] pantlånare; *~'s [shop]* se *pawnshop*

pawnshop ['pɔːnʃɒp] pantlånekontor

pay [peɪ] **I** (*paid paid*) *vb tr* **1** a) betala; erlägga; betala ut [*~ wages*] b) löna (betala) sig för c) ersätta [*~ a p.'s kindness with ingratitude*]; straffa; *~ one's [own] way* a) betala (göra rätt) för sig b) vara lönande, bära sig; *put paid to a th.* vard. sätta stopp (sätta p) för ngt **2** med adv. o. prep. isht i spec. bet.: *~ back*: a) betala igen (tillbaka) b) bildl. ge igen, ge betalt; *~ down* betala (erlägga) kontant; *~ for* a) betala (ge) för b) ge igen (betalt) för [*I'll ~ you for this*]; *~ off* betala [till fullo] [*~ off a fine*]; betala av [*~ off a house*]; *~ out*: a) betala ut; ge ut b) *I'll ~ you out for this!* det här ska du få igen för (få betalt för)!; *~ up* betala [till fullo] **II** (*paid paid*) *vb itr* **1** betala; [*it's always the woman*] *who ~s* ...som det går ut över **2** löna sig, betala sig [ofta *~ off*; *honesty ~s*], vara lönande; *the business doesn't ~* affären bär sig inte **3** *~ for*: a) betala [för] [*~ for the furniture*] b) bekosta [*my parents paid for my education*] c) [få] sota (plikta) för [*~ for a th. with one's life*]; *you'll ~ for this!* det här ska du få sota för! **4** *~ up* betala **III** *s* betalning, avlöning; lön; *be in p.'s ~* vara i ngns tjänst (sold)

payable ['peɪəbl] om växel o.d. betalbar, att betalas; *cheques should be made ~ to* checkar skall (torde) utställas på

pay-as-you-earn [ˌpeɪəzjʊˈɜːn], *~ [tax]* källskatt; *~ [tax] system* källbeskattning

paycheck ['peɪtʃek] amer. lönebesked

pay claim ['peɪkleɪm] lönekrav

payday ['peɪdeɪ] avlöningsdag

paydesk ['peɪdesk] kassa i butik, biograf o.d.

PAYE [ˌpiːeɪwaɪˈiː] förk. för *pay-as-you-earn*

payee [peɪˈiː] hand. betalningsmottagare, remittent

paying ['peɪɪŋ] **1** lönande **2** betalande; *~ guest* paying guest betalande gäst i familj

payload ['peɪləʊd] **1** nyttolast **2** mil. last

payment ['peɪmənt] betalning; inbetalning, utbetalning; likvid; *down ~* kontantinsats, handpenning

payoff ['peɪɒf] vard. **1** [ut]betalning; avräkning **2** avlöningsdag **3** förtjänst, utdelning, lön för mödan **4** slutresultat **5** avgörande; vedergällning

pay packet ['peɪˌpækɪt] lönekuvert

payphone ['peɪfəʊn] telefonautomat

payroll ['peɪrəʊl] **1** a) avlöningslista b) personal, personer på avlöningslistan **2** löner, lönesumma; *~ tax* arbetsgivaravgift

pay station ['peɪˌsteɪʃ(ə)n] amer. telefonkiosk, telefonhytt

pay television ['peɪˌtelɪvɪʒ(ə)n] o. **pay-TV** ['peɪˌtiːviː] betal-tv

PE förk. för *physical education*

pea [piː] ärt[a]; *green ~s* gröna ärter; *as like as two ~s [in a pod]* lika som två bär

peace [piːs] fred; fredsslut; frid, lugn, stillhet; *on a ~ footing* på fredsfot; *~ of mind (soul)* sinnesfrid; *find ~* finna sinnesro ([sinnes]frid); *may he rest in ~!* må han vila i frid!; *breach of the ~* brott mot (störande av) den allmänna ordningen; *Justice of the P~* fredsdomare

peaceable ['piːsəbl] fredlig; fridsam [*~ disposition*]

peaceful ['piːsf(ʊ)l] fridfull, stilla [*~ death, ~ evening*]; fredlig [*~ times*], fredligt sinnad

peace-loving ['piːsˌlʌvɪŋ] fredsälskande

peach [piːtʃ] **1** persika; *~es and cream complexion* persikohy **2** persikoträd **3** vard., *a ~ [of a girl]* en jättesöt tjej

peacock ['piːkɒk] påfågel

peahen [ˌpiːˈhen, attr. ˈpiːhen] påfågel[shöna]

peak [piːk] **I** *s* **1** spets; bergstopp, bergsspets **2** mösskärm **3** topp, höjdpunkt; maximum; [*unemployment reached*] *~ figures* ...toppsiffror; *at ~ hours [of traffic]* under högtrafik, vid rusningstid; *during ~ viewing hours* på bästa sändningstid i tv; *~ performance* toppresstation **II** *vb itr* nå en topp (höjdpunkt) [*sales ~ in June*]

1 peaked [piːkt] spetsig, toppig; konliknande; *~ cap* skärmmössa

2 peaked [piːkt] vard. avtärd, snipig

peal [piːl] **I** *s* **1** [stark] klockringning; klockklang **2** klockspel äv. konkr. **3** skräll; [orgel]brus; *~ of applause* rungande

applåd[er] II *vb itr* ringa; brusa; skrälla; skalla; runga
peanut ['pi:nʌt] **1** jordnöt; ~ *butter* jordnötssmör **2** vard., pl. **~s** 'småpotatis'; en struntsumma
pear [peə] **1** päron **2** päronträd
pearl [pɜ:l] **1** pärla [*a necklace of ~s*; *she's a ~*]; *cast ~s before swine* kasta pärlor för svin **2** pärlemor **3** pärl- [*~ necklace*]; pärlemor-
pearl-diver ['pɜ:l,daɪvə] pärlfiskare
pearly ['pɜ:lɪ] **1** pärlliknande, [genomskinlig] som en pärla; pärlformig **2** *the ~ gates* pärleportarna, himmelens [tolv] portar
peasant ['pez(ə)nt] **1** bonde isht på den europeiska kontinenten; småbrukare; jordbruks-, lant- [*~ labour*] **2** vard. lantis; bondtölp
peasantry ['pez(ə)ntrɪ] allmoge, [små]bönder
pea-shooter ['pi:,ʃu:tə] ärtbössa
pea soup [,pi:'su:p] gul ärtsoppa
peat [pi:t] **1** torv[strö] **2** [bränn]torv
pebble ['pebl] småsten, klappersten; *you are not the only ~ on the beach* det finns andra än du här i världen
1 peck [pek] **1** mått för torra varor 1/4 bushel: a) britt. =9,087 l b) amer. = 8,810 l **2** vard. massa [*a ~ of troubles* (*dirt*)], hop
2 peck [pek] I *vb tr* **1** picka (hacka) på (i); hacka hål i [äv. *~ a hole in*] **2** a) om fåglar picka, picka i sig [ofta *~ up*] b) vard. äta, plocka i sig; peta i **3** vard. kyssa lätt (flyktigt) II *vb itr* picka, hacka; peta; *~ at* a) hacka (picka) på (i) b) bildl. hacka (anmärka) på c) vard. [bara] peta i [*~ at one's food*] III *s* **1** a) pickande, hackande b) hack, märke **2** vard. lätt (flyktig) kyss
peckish ['pekɪʃ] vard. sugen [*feel ~*]
peculiar [pɪ'kju:ljə] **1** egendomlig, karakteristisk [*an expression ~ to the North*] **2** märklig, egendomlig, underlig, säregen **3** särskild
peculiarity [pɪ,kju:lɪ'ærətɪ] egenhet; säregenhet; egenart
peculiarly [pɪ'kju:ljəlɪ] **1** särskilt **2** särdeles; i synnerhet **3** besynnerligt [*dress ~*], ett besynnerligt sätt
pecuniary [pɪ'kju:njərɪ] pekuniär, penning- [*~ difficulties*]
pedagogue ['pedəɡɒɡ] lärare
pedagogy ['pedəɡɒdʒɪ, -ɡɒɡɪ] **1** pedagogik **2** undervisning
pedal ['pedl] I *s* pedal; *loud ~* vard. högerpedal på piano o.d. II *adj* pedal-; tramp- [*~ cycle*]; *~ boat* trampbåt III *vb*
itr använda pedal[en] (pedalerna); trampa IV *vb tr* trampa [*~ a cycle*]
pedant ['ped(ə)nt] pedant; formalist
pedantic [pɪ'dæntɪk] pedantisk; formalistisk
pedantry ['ped(ə)ntrɪ] pedanteri; formalism
peddle ['pedl] I *vb itr* [gå omkring och] sälja på gatan (vid dörrarna) II *vb tr* gå omkring och sälja (bjuda ut); torgföra [*~ one's ideas*]; *~ narcotics* langa narkotika
peddler ['pedlə] langare; *drug ~* narkotikalangare
pedestal ['pedɪstl] **1** piedestal äv. bildl. [*put* (*set*) *on a ~*]; fotstycke, bas **2** hurts
pedestrian [pə'destrɪən] I *adj* [som går] till fots; fot- [*~ tour* (vandring)]; gång- [*~ distances*] **2** avsedd för fotgängare; *~ crossing* övergångsställe; *~ street* gågata **3** prosaisk, trivial; torr II *s* fotgängare
pedicure ['pedɪkjʊə] I *s* pedikyr; fotvård II *vb tr* pedikyrera
pedigree ['pedɪɡri:] stamträd, stamtavla; härkomst; *~ cattle* stambokförd boskap
pedlar ['pedlə] gatuförsäljare
pee [pi:] vard. I *s* kiss; *have* (*go for*) *a ~* kissa II *vb itr* kissa
peek [pi:k] I *vb itr* kika II *s* titt, [förstulen] blick; *have* (*take*) *a ~ at* ta en titt på
peek-a-boo [,pi:kə'bu:] I *s* tittut lek II *interj*, *~!* tittut!
peel [pi:l] I *s* skal av frukt o.d. II *vb tr* skala frukt o.d.; barka [av] träd; *~* [*off*] skala av (bort) III *vb itr* **1** släppa skalet, fälla (släppa) barken **2** ramla (falla, flaga) av, flagna [äv. *~ off*] **3** vard., *~* [*off*] ta (slänga) av sig kläderna, klä av sig
1 peep [pi:p] I *vb itr* **1** om fågelunge, råtta o.d. pipa **2** säga ett knyst [*he never dared to ~ again*] II *s* **1** pip **2** knyst; *don't let me hear another ~ out of you!* jag vill inte höra ett knyst till från dig!
2 peep [pi:p] I *vb itr* **1** kika, titta; *~ through the keyhole* kika genom (i) nyckelhålet **2** börja bli synlig, titta (skymta, sticka) fram [ofta *~ out*] II *s* **1** titt, [förstulen] blick; *have* (*take*) *a ~ at* ta en titt på, titta (kika) på (in i) **2** första skymt (glimt) **3** a) titthål b) sikte på gevär
peep hole ['pi:phəʊl] kikhål, titthål
1 peer [pɪə] kisa
2 peer [pɪə] **1** like; *~ group* kamratgrupp **2** pär medlem av högadeln i Storbritannien, ung. adelsman
peerage ['pɪərɪdʒ] **1** *the ~* pärerna, högadeln **2** pärsvärdighet
peerless ['pɪələs] makalös

peeve [pi:v] vard. irritera, reta; *~d at* irriterad (förargad) över (på), arg på
peevish ['pi:vɪʃ] retlig, vresig; irriterad [*~ remark*]; gnällig [*~ child*]
peg [peg] I *s* **1** pinne; sprint; tapp; pligg; *he is a square ~ in a round hole* han är fel man på den platsen (för den uppgiften) **2** [stäm]skruv på stränginstrument; bildl. pinnhål; *come down a ~ or two* bildl. stämma ner tonen **3** klädnypa **4** hängare [*hat ~*]; *off the ~* vard. konfektionssydd, färdigsydd II *vb tr* **1** fästa [med en pinne (pinnar etc., jfr *I 1*)]; tappa möbler o.d.; pligga; *~ [down]* bildl. binda **2** fixera [*~ prices*] **3** *~ [out]* märka ut (markera) [med pinnar], staka ut; *~ [out] one's claim* bildl. lägga fram sina krav III *vb itr* **1** *~ [away (on, along)]* vard. jobba (knoga) 'på [*at a th.* med ngt] **2** traska [*~ along the road*]; kila [*~ down the stairs*] **3** *~ out* vard. trilla av pinn, kola av dö
pejorative [pɪˈdʒɒrətɪv] språkv. I *adj* pejorativ nedsättande II *s* pejorativt ord
peke [pi:k] vard. pekin[g]es hund
Pekinese [ˌpi:kɪˈni:z] I *adj* Peking- II (pl. lika) *s* pekin[g]es [äv. *~ dog (spaniel)*]
pelican ['pelɪkən] **1** zool. pelikan **2** *~ crossing* övergångsställe med knappar (manuellt reglerade signaler)
pellet ['pelɪt] **1** liten kula av trä, papper, bröd osv.; pellet **2** [bly]hagel för luftbössa **3** fågels spyboll
pell-mell [ˌpel'mel] **1** huller om buller **2** huvudstupa
pelmet ['pelmɪt] [gardin]kappa; kornisch
1 pelt [pelt] I *vb tr* kasta [*~ stones*]; bombardera II *vb itr* **1** om regn, snö vräka; *~ing rain* slagregn, störtregn **2** rusa (kuta) [i väg] III *s* **1** slag **2** piskande av regn **3** [*at*] *full ~* i full fart
2 pelt [pelt] djurs fäll; oberett skinn; hud
pelv|is ['pelv|ɪs] (pl. *-es* [-i:z] el. *-ises*) anat. bäcken
1 pen [pen] I *s* **1** fålla; hönsbur; box i svinhus **2** [barn]hage II *vb tr* stänga in [i en fälla etc., jfr *I*], spärra in [ofta *~ up (in)*; *~ned up in a house*]
2 pen [pen] I *s* penna; *put ~ to paper* fatta pennan II *vb tr* skriva; teckna ned
3 pen [pen] amer. vard. (kortform för *penitentiary*), fängelse; *the ~* kåken
penal ['pi:nl] **1** straff-; fångvårds-; *~ colony* straffkoloni **2** straffbar [*~ act*], kriminell
penalize ['pi:nəlaɪz] **1** belägga med straff; straffa **2** sport. a) straffa b) belasta med (ge) minushandicap
penalty ['penltɪ] **1** [laga] straff; vite; skadestånd vid kontraktsbrott o.d.; *on ~ of death* vid dödsstraff **2** sport. **a)** *~ [kick]* fotb. straff[spark]; *~ area (box)* fotb. straffområde; *~ box* i ishockey utvisningsbås **b)** handicap
penance ['penəns] bot, botövning; *do ~* göra bot [*for* för]
pence [pens] pl. av *penny*
penchant ['pɒnʃɒn, 'pɑ:ŋʃɑ:n, isht amer. 'pen(t)ʃənt] böjelse
pencil ['pensl] I *s* **1** [blyerts]penna; ritstift **2** stift isht med. [*styptic ~*]; penna [*eyebrow ~*] **3** strålknippe II *vb tr* **1** rita (skriva, skissera) [med blyerts]; *~led eyebrows* ögonbryn målade med ögonbrynspenna **2** med. pensla
pencil-sharpener ['penslˌʃɑ:p(ə)nə] pennvässare
pendant ['pendənt] **1** hänglampa **2 a)** prisma i kristallkrona **b)** hängsmycke [äv. *ear ~*] **3** pendang, motsvarighet
pending ['pendɪŋ] I *adj* **1** oavgjord; pågående; oavslutad [*matters ~*]; *the lawsuit was ~* målet var inte avgjort; *patent[s] ~* patentsökt **2** förestående; *there was a by-election ~* äv. ett fyllnadsval stod för dörren II *prep* **1** i avvaktan på [*~ his return*] **2** under [loppet av]; [*no action can be taken*] *~ the trial* ...medan rättegången pågår
pendulum ['pendjʊləm] pendel; *the swing of the ~* bildl. opinionens svängning[ar]
penetrate ['penətreɪt] I *vb tr* **1** tränga igenom [*~ the darkness*], bryta igenom [*~ the enemy's lines*]; sprida sig (slå igenom) i [*new ideas that ~d those countries*], nästla sig in, bryta in på (i) [*~ the European market*] **2 a)** genomskåda [*~ a disguise*] **b)** tränga in i, penetrera [*~ a p.'s mind*] II *vb itr* tränga in äv. bildl.; tränga fram, bana sig väg, slå igenom [*new ideas ~ slowly*]
penetrating ['penətreɪtɪŋ] **1** genomträngande, skarp [*~ cold*; *~ cry*; *~ smell*] **2** inträngande [*~ analysis*]
penetration [ˌpenəˈtreɪʃ(ə)n] **1** genomträngande, inträngande äv. bildl.; infiltration [*peaceful ~*] **2** mil. a) genombrott b) projektils genomslag[sförmåga] **3** skarpsinne
pen friend ['penfrend] brevvän
penguin ['peŋgwɪn] zool. pingvin
penicillin [ˌpenəˈsɪlɪn] penicillin
peninsula [pəˈnɪnsjʊlə, peˈn-] halvö; *the [Iberian] P~* Pyreneiska halvön
peninsular [pəˈnɪnsjʊlə] halvölknande
pen|is ['pi:n|ɪs] (pl. *-ises* el. *-es* [-i:z]) penis
penitence ['penɪt(ə)ns] botfärdighet, ånger

penitent ['penɪt(ə)nt] **I** *adj* botfärdig, ångerfull **II** *s* botgörare
penitentiary [ˌpenɪ'tenʃərɪ] **I** *s* straffanstalt; amer. fängelse **II** *adj* straff- [~ *system*]
penknife ['pennaɪf] (pl. *penknives*) pennkniv
pen name ['penneɪm] pseudonym
pennant ['penənt] **1** sjö. standert **2** vimpel
penniless ['penɪləs] utan ett öre
penny ['penɪ] (pl.: när mynten avses *pennies*, när värdet avses *pence*) penny eng. mynt = 1/100 pund (före 1971 = 1/12 shilling); amer. vard. encentmynt, encentare; *look at every* ~ se på slantarna; ~ *dreadful* vard. billig rysare; *a* ~ *for your thoughts* vad är det du tänker på?; *spend a* ~ vard. gå på ett visst ställe, gå på toa; *turn (make, earn) an honest* ~ tjäna en slant
penny-wise ['penɪwaɪz, ˌ--'-] småsnål; *be* ~ *and pound-foolish* låta snålheten bedra visheten
pen pal ['penpæl] brevvän
pen-pusher ['penˌpʊʃə] vard. **1** kontorsslav **2** pennfäktare enkel skribent
pension ['penʃ(ə)n, i bet. *I 2* 'pɑːŋsɪɔːŋ] **I** *s* **1** pension; årligt underhåll (understöd); ~ *contribution* pensionsbidrag **2 a)** pensionat **b)** pension skola **II** *vb tr* pensionera; ~ *off* ge [avsked med] pension
pensionable ['penʃ(ə)nəbl] pensionsberättigad; pensions- [~ *age*]; pensionsmässig
pensioner ['penʃ(ə)nə] pensionär
pensive ['pensɪv] tankfull
pentagon ['pentəgən] geom. femhörning; *the P~* Pentagon amerikanska försvarshögkvarterets femkantiga byggnad nära Washington
pentathlon [pen'tæθlɒn, -ən] sport. femkamp
Pentecost ['pentɪkɒst] pingst[dagen]
penthouse ['penthaʊs] **1** [lyxig] takvåning **2** tillbyggt skjul med snedtak
pent-up ['pentʌp, pred. ˌ-'-] undertryckt [~ *emotions*], förträngd
penultimate [pə'nʌltɪmət, pe'n-] **I** *adj* näst sista; ~ *accent* tryck på näst sista stavelsen **II** *s* penultima näst sista stavelsen
penury ['penjʊrɪ] armod
peony ['pɪənɪ] bot. pion
people ['piːpl] **I** (konstr. i bet. *1* ibl. ss. pl., i bet. *2-6* alltid ss. pl.) *s* **1** folk [*the English* ~], nation, folkslag [*primitive* ~*s*] **2** folk; menighet; *the* [*broad mass of the*] ~ de breda lagren, den stora massan **3** vard. anhöriga, närmaste, familj; släkt[ingar]; *my* ~ äv. de mina **4** människor[na], personer; folk; *Chinese* ~ [*in the USA*] kineser[na]...; *fifty* ~ 50 människor (personer) **5** folk, man; ~ *say* folk (man) säger, det sägs **6** amer. jur., *the P~ versus Brown* staten mot Brown **II** *vb tr* befolka; bildl. äv. fylla, uppfylla
pep [pep] vard. **I** *s* fart, kläm **II** *vb tr*, ~ *up* pigga upp, sätta fart på
pepper ['pepə] **I** *s* **1** peppar **2** paprika [*green (red)* ~] **II** *vb tr* **1** peppra; bildl. äv. krydda; peppra på **2** peppra [på], beskjuta; bombardera [~ *with questions*] **III** *vb itr* peppra
peppermint ['pepəmənt, -mɪnt] pepparmynta; pepparmint
peppery ['pepərɪ] **1** pepparliknande, peppar-; pepprig **2** bildl. hetsig, ettrig
pep pill ['peppɪl] vard. uppiggande piller (tablett)
pep talk ['peptɔːk] vard. peptalk kort uppeldande tal före idrottstävling o.d.
per [pɜː, obeton. pə] lat. per, genom; ~ *annum* [pər'ænəm] om året, per år, årligen
perambulate [pə'ræmbjʊleɪt] **I** *vb tr* vandra (resa, ströva) igenom (omkring i) **II** *vb itr* vandra (promenera, resa) omkring
perambulator [pə'ræmbjʊleɪtə] se *pram*
perceive [pə'siːv] **1** märka, se; psykol. percipiera **2** uppfatta, förnimma **3** fatta
percentage [pə'sentɪdʒ] procent; procenttal; procentsats; procenthalt; [an]del; *get a* ~ *on a th.* få provision (procent) på ngt; *there's no* ~ *in it* vard. det vinner man inget på; det är ingen vits med det
perceptible [pə'septəbl] märkbar [~ *to* (för) *the eye*], förnimbar; fattbar
perception [pə'sepʃ(ə)n] **1** iakttagelseförmåga [äv. *faculty of* ~], uppfattning[sförmåga] **2** psykol. perception
perceptive [pə'septɪv] insiktsfull; skarp [*a* ~ *eye*]
1 perch [pɜːtʃ] (pl. lika el. ibl. ~*es*) abborre
2 perch [pɜːtʃ] **I** *s* **1** sittpinne, pinne för höns o.d.; bildl. upphöjd (säker) position; *come off your* ~*!* vard. kliv ner från dina höga hästar! **2 a)** mätstång **b)** längdmått 5,5 *yards* = 5,029 m **c)** ytmått 1/160 *acre* = 25,290 m² **II** *vb itr* [flyga upp och] sätta sig [*the birds* ~*ed on the television aerial*]; klättra upp och sätta sig; klänga sig fast; [sitta och] balansera **III** *vb tr* sätta [upp], placera på pinne el. hög plats; ~*ed* [*up*]*on a tree* uppflugen i ett träd
percolate ['pɜːkəleɪt] **I** *vb tr* **1** tränga igenom **2** filtrera; sila; brygga [~ *coffee*]

3 låta rinna, låta passera **II** *vb itr* **1** sila (sippra, rinna) [igenom] **2** bryggas [färdig]
percolator ['pɜːkəleɪtə] **1** kaffebryggare **2** filtreringsapparat, perkolator
percussion [pəˈkʌʃ(ə)n] slag, stöt; med. perkussion; ~ *cap* tändhatt, knallhatt
percussionist [pəˈkʌʃ(ə)nɪst] mus. slagverkare
peremptory [pəˈrem(p)t(ə)rɪ] myndig [~ *manner*], diktatorisk [~ *command*], befallande
perennial [pəˈrenjəl] **I** *adj* **1** ständig, ständigt återkommande [~ *attacks of the disease*]; varaktig; evig [~ *joke*] **2** bot. perenn **II** *s* perenn (flerårig) växt
perfect [ss. adj. o. subst. 'pɜːfekt, ss. vb pəˈfekt] **I** *adj* **1** perfekt [*the* ~ *crime*], fulländad [*a* ~ *gentleman*], fullkomlig; *practice makes* ~ övning ger färdighet **2** fullständig; ren; ~ *circle* exakt cirkel **3** fullkomlig [~ *stranger*], riktig [*he is a* ~ *nuisance* (plåga)]; ~ *nonsense* rent nonsens **4** vard. underbar, perfekt, fantastisk, väldigt fin [*a* ~ *day*]; *in* ~ *harmony* i fullkomlig (rörande) harmoni **5** gram., ~ *participle* perfekt particip; supinum **II** *s* gram., *the* [*present*] ~ perfekt **III** *vb tr* göra perfekt etc.; fullkomna [~ *a method*]; förbättra [~ *an invention*]; ~ *one's skill* träna upp sin skicklighet
perfectible [pəˈfektəbl] utvecklingsbar
perfection [pəˈfekʃ(ə)n] **1** fullkomnande [~ *of details*]; förbättring **2** fulländning, perfektion; höjd[punkt]; *to* ~ perfekt, på ett fulländat sätt
perfectionist [pəˈfekʃənɪst] vard. perfektionist
perforate [ss. vb 'pɜːfəreɪt, ss. adj. 'pɜːfərət] **I** *vb tr* perforera; borra (sticka) igenom; ~*d ulcer* med. brustet magsår **II** *adj* perforerad; genomborrad
perforation [ˌpɜːfəˈreɪʃ(ə)n] perforering; genomborrande; tandning på frimärke; hål, öppning; med. el. tekn. perforation
perform [pəˈfɔːm] **I** *vb tr* **1** utföra [~ *a task*], verkställa [~ *a command*], uträtta [~ *an errand*]; förrätta [~ *a marriage ceremony* (en vigsel)]; fullgöra [~ *a contract*, ~ *a duty*] **2** framföra, spela [~ *a piece of music*], uppföra [~ *a play*]; ~ *tricks* om djur göra konster **II** *vb itr* **1** uppträda [~ *in the role of Hamlet*]; spela; sjunga; om djur göra konster **2** fungera; tjänstgöra
performance [pəˈfɔːməns] **1** utförande etc., jfr *perform* **2** prestation; verk **3** prestanda, prestationsförmåga **4** föreställning [*give a* ~], konsert, uppförande av pjäs o.d.; uppträdande; föredrag, framställning; *first* ~ urpremiär; premiär
performer [pəˈfɔːmə] uppträdande om person el. djur; spelande; spelare; artist, aktör
performing [pəˈfɔːmɪŋ] **I** *pres p* o. *s* utförande etc., jfr *perform*; ~ *rights* uppföranderätt **II** *adj* dresserad [*a* ~ *elephant*]; utövande [*a* ~ *artist*]
perfume [ss. subst. 'pɜːfjuːm, ss. vb vanl. pəˈfjuːm] **I** *s* **1** doft, vällukt **2** parfym **II** *vb tr* parfymera, fylla med vällukt
perfumer [pəˈfjuːmə] parfymhandlare
perfunctory [pəˈfʌŋ(k)t(ə)rɪ] slentrianmässig, rutinmässig; oengagerad; ytlig
perhaps [pəˈhæps, præps] kanske; möjligen; ~ *so* kanske det
peril ['per(ə)l, 'perɪl] högtidl. fara, våda, farlighet; risk; *at the* ~ *of one's life* med fara för livet
perilous ['perələs] farlig
perimeter [pəˈrɪmɪtə] omkrets; matem. el. med. äv. perimeter
period ['pɪərɪəd] **1** period; tidsperiod, skede, tidevarv; *the Elizabethan* ~ den elisabetanska tiden (perioden); ~ *furniture* stilmöbler **2** lektion; *free* ~ håltimme; *20* ~*s a week* äv. 20 veckotimmar **3** a) punkt isht tecknet; slut b) paus; ~*!* amer. punkt och slut!, och därmed basta! **4** menstruation [äv. pl. ~*s*]
periodic [ˌpɪərɪˈɒdɪk] periodisk; periodiskt återkommande
periodical [ˌpɪərɪˈɒdɪk(ə)l] **I** *adj* se *periodic* **II** *s* periodisk skrift, tidskrift; ~ *room* tidskriftsrum
peripheral [pəˈrɪfər(ə)l] perifer[isk], yttre
periphery [pəˈrɪfərɪ] periferi
periscope ['perɪskəʊp] periskop
perish ['perɪʃ] **I** *vb itr* **1** omkomma, förgås [~ *with* (av) *hunger*], dö; ~ *the thought!* Gud förbjude!, det skulle aldrig falla mig in! **2** gå förlorad; förstöras; avtyna **II** *vb tr* förstöra; *be* ~*ed with cold* vara halvt ihjälfrusen
perishable ['perɪʃəbl] **I** *adj* **1** förgänglig **2** lättförstörbar, ömtålig [~ *goods*] **II** *s*, pl. ~*s* hand. halvkonserver, dagligvaror
perishing ['perɪʃɪŋ] **I** *adj* förfärlig; förbaskad **II** *adv* förfärligt, förbaskat
peritonitis [ˌperɪtə(ʊ)ˈnaɪtɪs] med. bukhinneinflammation
perjure ['pɜːdʒə], ~ *oneself* begå mened, svära falskt; vittna falskt
perjury ['pɜːdʒ(ə)rɪ] mened; *commit* ~ begå mened

1 perk [pɜːk] **I** *vb itr*, ~ *up* piggna till, repa sig **II** *vb tr* sätta upp, lyfta [på]
2 perk [pɜːk] vard., se *percolate*
3 perk [pɜːk] vard. kortform för *perquisite*; vanl. pl. ~*s* löneförmåner, fringisar; dricks
perky ['pɜːkɪ] **1** käck, ärtig [*a* ~ *hat*]; pigg **2** morsk; framfusig, näsvis
1 perm [pɜːm] **I** *s* (kortform för *permanent wave*) **1** permanent; *have a* ~ [låta] permanenta sig **2** permanentat hår **II** *vb tr* permanenta; ~ *one's hair* [låta] permanenta sig
2 perm [pɜːm] vard. (kortform för *permutation*) system vid tippning; systemtips
permanence ['pɜːmənəns] beständighet; varaktighet; permanens
permanent ['pɜːmənənt] permanent [*of* ~ *value*], ständig; varaktig [~ *position*], fast [~ *address*]; ~ *wave* permanentning
permanently ['pɜːmənəntlɪ] permanent, varaktigt, för framtiden; ständigt
permeable ['pɜːmjəbl] genomtränglig
permeate ['pɜːmɪeɪt] **I** *vb tr* tränga igenom (in i, ner i); sprida (breda ut) sig i; bildl. äv. genomsyra **II** *vb itr* tränga igenom (in); sprida (breda ut) sig
permissible [pəˈmɪsəbl] tillåtlig; *it is* ~ äv. det är tillåtet
permission [pəˈmɪʃ(ə)n] tillåtelse, lov; *by* ~ *of...* med tillstånd av...
permissive [pəˈmɪsɪv] **1** som tillåter valfrihet, fakultativ [~ *legislation*] **2** tolerant; släpphänt; frigjord; *the* ~ *society* det kravlösa samhället
permit [ss. vb pəˈmɪt, ss. subst. ˈpɜːmɪt] **I** *vb tr* tillåta, medge; *weather ~ting* om vädret tillåter **II** *vb itr*, ~ *of* tillåta, medge **III** *s* tillstånd; licens; passersedel; *fishing* ~ fiskekort; *work* ~ arbetstillstånd
permutation [ˌpɜːmjʊˈteɪʃ(ə)n] **1** matem. permutation **2** systemtips
pernicious [pəˈnɪʃəs] [ytterst] skadlig; livsfarlig [~ *disease*]
pernickety [pəˈnɪkətɪ] vard. [pet]noga, pedantisk; fjäskig
peroxide [pəˈrɒksaɪd] **I** *s* kem. peroxid; *hydrogen* ~ el. ~ [*of hydrogen*] väteperoxid, vätesuperoxid **II** *adj* **1** peroxid- **2** blekt; *a* ~ *blonde* en platinablond kvinna
perpendicular [ˌpɜːpə(ə)nˈdɪkjʊlə] **I** *adj* lodrät; geom. perpendikulär; vinkelrät; skämts., om pers. upprätt [*be* (stå) ~], stående rätt upp och ner **II** *s* **1** geom. normal **2** lodrätt plan (läge); *a little out of the* ~ inte riktigt lodrät
perpetrate ['pɜːpətreɪt] föröva, begå

perpetrator ['pɜːpətreɪtə] förövare
perpetual [pəˈpetʃʊəl, -tjʊəl] ständig [~ *chatter*]; evig [~ *nagging*; ~ *damnation*]; ~ *calendar* evighetskalender
perpetuate [pəˈpetʃʊeɪt, -ˈpetjʊ-] föreviga; bevara för all framtid
perpetuity [ˌpɜːpəˈtjuːətɪ] beständighet; evighet; *in* (*to, for*) ~ för evärdlig tid, för all framtid
perplex [pəˈpleks] förvirra, förbrylla
perplexity [pəˈpleksətɪ] **1** förvirring, bryderi **2** trasslighet; förvirrad situation
perquisite ['pɜːkwɪzɪt] extra förmån
persecute ['pɜːsɪkjuːt] **1** förfölja [*the Christians were* ~*d*] **2** ansätta
persecution [ˌpɜːsɪˈkjuːʃ(ə)n] förföljelse; ~ *mania* (*complex*) förföljelsemani
persecutor ['pɜːsɪkjuːtə] förföljare
perseverance [ˌpɜːsɪˈvɪər(ə)ns] ihärdighet, uthållighet
persevere [ˌpɜːsɪˈvɪə] framhärda, hålla ut [*with* (*at, in*) i (med)], hålla fast
persevering [ˌpɜːsɪˈvɪərɪŋ] ihärdig, uthållig
Persia ['pɜːʃə] Persien
Persian ['pɜːʃ(ə)n] **I** *adj* persisk; ~ *blinds* utvändiga persienner, spjälluckor **II** *s* **1** perser **2** persiska [språket] **3** perserkatt
persist [pəˈsɪst] **1** ~ *in* framhärda i, hålla fast vid [~ *in one's opinion*] **2** envisas **3** fortsätta; härda ut
persistence [pəˈsɪst(ə)ns] o. **persistency** [pəˈsɪst(ə)nsɪ] **1** framhärdande; uthållighet; envishet **2** fortlevande
persistent [pəˈsɪst(ə)nt] ihärdig, uthållig; ståndaktig, envis; efterhängsen
person ['pɜːsn] **1** person äv. gram. [*the first* (*second, third*) ~]; människa ofta neds. [*who is this* ~?]; *a* ~ äv. någon; *in one's own* ~ i egen hög person **2** litt. yttre; *she was always neat about her* ~ hon var alltid noga med sitt yttre
personable ['pɜːs(ə)nəbl] attraktiv, charmig
personage ['pɜːs(ə)nɪdʒ] **1** [betydande] personlighet; person äv. skämts. **2** person, gestalt i drama, roman o.d.; karaktär
personal ['pɜːsənl] **I** *adj* **1** personlig, privat; egen; *make a* ~ *call* a) göra ett personligt besök b) ringa ett personligt samtal; *from* ~ *experience* av egen erfarenhet; ~ *life* privatliv; ~ *organizer* planeringskalender; ~ *record* sport. personbästa **2** person- [~ *name*], personlig [~ *pronoun*] **3** *be* (*become*) ~ gå (komma) in på personligheter **4** yttre, kroppslig; ~ *hygiene* personlig hygien **II** *s* **1** personnytt **2** ung. personligt ss. annonsrubrik

personality [ˌpɜːsəˈnælətɪ] **1** psykol. personlighet, individualitet; väsen; *have a dual (split)* ~ vara en dubbelnatur; lida av personlighetsklyvning **2** personlighet, personlig karaktär **3** känd person[lighet], kändis; ~ *cult* personkult **4** mest pl. *personalities* personligheter [*indulge in* (gå in på) *personalities*]

personally [ˈpɜːsnəlɪ] **1** personligen; i egen person **2** som människa (person) [*I dislike him* ~, *but admire his ability*]

personification [pɜːˌsɒnɪfɪˈkeɪʃ(ə)n] personifikation; förkroppsligande

personify [pɜːˈsɒnɪfaɪ] personifiera; förkroppsliga

personnel [ˌpɜːsəˈnel] personal; ~ *carrier* mil. trupptransportfordon; ~ *manager* (*chief, officer*) personalchef

perspective [pəˈspektɪv] **1** a) perspektivritning b) perspektivlära [äv. *theory of* ~] **2** perspektiv äv. bildl.; syn; utsikt; *in* ~ i [rätt] perspektiv; perspektiviskt

Perspex [ˈpɜːspeks] ® plexiglas

perspicacious [ˌpɜːspɪˈkeɪʃəs] klarsynt; skarpsinnig

perspicacity [ˌpɜːspɪˈkæsətɪ] klarsynthet; skarpsinne

perspiration [ˌpɜːspəˈreɪʃ(ə)n] **1** svettning, transpiration **2** svett

perspire [pəˈspaɪə] **I** *vb itr* svettas, transpirera **II** *vb tr* svettas [ut]

persuade [pəˈsweɪd] **1** övertyga; intala **2** övertala

persuasion [pəˈsweɪʒ(ə)n] **1** övertalning; övertygande **2** övertalningsförmåga [äv. *power*[*s*] (*gift*) *of* ~] **3** övertygelse äv. religiös

persuasive [pəˈsweɪsɪv] övertalande; övertygande; bevekande

pert [pɜːt] **1** näsvis **2** isht amer. livlig

pertain [pɜːˈteɪn, pəˈt-], ~ *to* a) tillhöra b) hänföra sig till, gälla

pertinent [ˈpɜːtɪnənt] relevant, som hör till saken; tillämplig; lämplig; träffande

perturb [pəˈtɜːb] oroa

Peru [pəˈruː]

perusal [pəˈruːz(ə)l] [genom]läsning

peruse [pəˈruːz] läsa igenom [noggrant]

Peruvian [pəˈruːvjən] **I** *adj* peruansk, Peru-; ~ *bark* farmakol. kinabark **II** *s* peruan

pervade [pəˈveɪd, pɜːˈv-] **I** *vb tr* gå (tränga) igenom; genomsyra **II** *vb itr* vara förhärskande [*a place where this spirit* ~*s*]

pervasive [pəˈveɪsɪv, pɜːˈv-]
genomträngande [~ *smell*]; genomgripande

perverse [pəˈvɜːs] **1** motsträvig, vresig; egensinnig; halsstarrig **2** vrång

perversion [pəˈvɜːʃ(ə)n] **1** förvrängning [*a* ~ *of facts*], förvanskning **2** onaturlighet, abnorm förändring **3** perversitet; sexuell perversion

perversity [pəˈvɜːsətɪ] **1** fördärv; förvändhet **2** förstockelse

pervert [ss. vb pəˈvɜːt, ss. subst. ˈpɜːvɜːt] **I** *vb tr* **1** förvränga, förvanska [~ *the truth*] **2** fördärva, förföra, förleda **II** *s* pervers [individ]

perverted [pəˈvɜːtɪd] **1** förvrängd etc., jfr *pervert I* **2** pervers; abnorm

pessary [ˈpesərɪ] **1** pessar **2** vagitorium

pessimism [ˈpesɪmɪz(ə)m] pessimism

pessimist [ˈpesɪmɪst] pessimist

pessimistic [ˌpesɪˈmɪstɪk] pessimistisk

pest [pest] **1** plåga, otyg äv. om pers. **2** skadedjur, skadeinsekt; skadeväxt

pester [ˈpestə] **1** plåga, ansätta **2** vard. tjata på

pesticide [ˈpestɪsaɪd] pesticid, bekämpningsmedel

pestilence [ˈpestɪləns] pest; bildl. äv. pestsmitta

pestilent [ˈpestɪlənt] **1** dödsbringande; förpestad **2** fördärvlig **3** pestartad, pest-

pestle [ˈpesl, -stl] mortelstöt

1 pet [pet] **I** *s* **1** sällskapsdjur **2** kelgris, gullgosse; älskling; *you're a perfect* ~ du är en ängel (raring) **3** älsklings- [~ *pupil*; ~ *phrase*]; sällskaps- [~ *dog*]; *my* ~ *aversion* det värsta jag vet, min fasa; ~ *name* smeknamn **II** *vb tr* **1** kela med; hångla med **2** skämma bort **III** *vb itr* pussas, kela; hångla

2 pet [pet] **I** *s* anfall av dåligt humör; *be in a* ~ se *II* **II** *vb itr* vara ur humör

petal [ˈpetl] bot. kronblad

peter [ˈpiːtə] vard., ~ *out* ebba ut, sina, ta slut

petite [pəˈtiːt] liten och nätt om kvinna

petition [pəˈtɪʃ(ə)n] **I** *s* **1** begäran, anhållan, bön **2** petition; ansökan; jur. [skriftlig] framställning till domstol; inlaga; *file a* ~ inlämna en ansökan [*for om*] **II** *vb tr* **1** begära, anhålla om [~ *assistance*] **2** göra framställning (hemställa) hos, inlämna en petition till

petitioner [pəˈtɪʃ(ə)nə] **1** kärande i skilsmässoprocess **2** supplikant; petitionär

petrel [ˈpetr(ə)l] **1** zool. stormfågel **2** bildl., *stormy* ~ orosstiftare, oroselement

petrify [ˈpetrɪfaɪ] **I** *vb tr* förvandla till sten;

förstena äv. bildl.; *petrified with terror* förstenad (lamslagen) av skräck **II** *vb itr* förstenas äv. bildl.
petrochemical [ˌpetrə(ʊ)'kemɪkl] petrokemisk
petrol ['petr(ə)l, -ɒl] bensin; ~ *can* bensindunk; ~ *station* bensinstation, bensinmack
petroleum [pə'trəʊljəm] petroleum; ~ *jelly* vaselin
petticoat ['petɪkəʊt] underkjol; pl. ~*s* fruntimmer, kjoltyg
pettifogging ['petɪfɒgɪŋ] **I** *s* **1** lagvrängning **2** krångel **II** *adj* **1** lagvrängande **2** småaktig [~ *critic*]; trivial
petty ['petɪ] **1** liten; trivial; strunt-; ~ *cash* a) småposter b) handkassa **2** småsint **3** lägre; små- [~ *kings*; ~ *states*]; ~ *bourgeois* småborgare **4** i marina grader, ~ *officer* sergeant; yngre överfurir
petulant ['petjʊlənt] retlig; grinig
petunia [pə'tju:njə] bot. petunia
pew [pju:] [fast] kyrkbänk; vard. sittplats; *take a* ~*!* slå dig ner!
pewter ['pju:tə] **1** tenn[legering]; tenn- [~ *ware*] **2** tennkärl
PG [ˌpi:'dʒi:] (förk. för *parental guidance*) film. tillåten för barn endast i vuxens sällskap
pH [ˌpi:'eɪtʃ] kem. pH; ~ *value* el. *index of* ~ pH-värde
phallic ['fælɪk] fallos-
phantom ['fæntəm] **1** fantasifoster, inbillningsfoster; vision **2** spöke; vålnad
pharmaceutical [ˌfɑ:mə'su:tɪk(ə)l, -'sju:-] farmaceutisk, apotekar-; ~ *chemist* [examinerad] apotekare, farmaceut
pharmacist ['fɑ:məsɪst] apotekare
pharmacologist [ˌfɑ:mə'kɒlədʒɪst] farmakolog
pharmacology [ˌfɑ:mə'kɒlədʒɪ] farmakologi
pharmacy ['fɑ:məsɪ] **1** apotek **2** farmaci
phase [feɪz] **I** *s* fas äv. fys., tekn. el. astron. [*the* ~*s of the moon*]; skede [*the early* ~*s of the revolution*]; stadium **II** *vb tr* **1** planera **2** synkronisera; ~ *out* gradvis (etappvis) avveckla (reducera), ta bort
Ph. D. [ˌpi:eɪtʃ'di:] förk. för *Doctor of Philosophy*
pheasant ['feznt] fasan; *hen* ~ fasanhöna
phenomenal [fə'nɒmɪnl] fenomenal, enastående
phenomen|on [fə'nɒmɪn|ən] (pl. -*a* [-ə]) fenomen; företeelse; *infant* ~ underbarn
phew [fju:] uttr. otålighet, utmattning, besvikelse el. lättnad, ~*!* puh!; usch!, äsch!, äh!

phial ['faɪ(ə)l] liten [medicin]flaska
philanderer [fɪ'lændərə] flört person; kurtisör
philanthropic [ˌfɪlən'θrɒpɪk] o. **philanthropical** [ˌfɪlən'θrɒpɪk(ə)l] filantropisk
philanthropist [fɪ'lænθrəpɪst] filantrop
philanthropy [fɪ'lænθrəpɪ] filantropi
philatelist [fɪ'lætəlɪst] filatelist
philately [fɪ'lætəlɪ] filateli
philistine ['fɪlɪstaɪn] **I** *s* **1** bracka **2** *P*~ bibl. filisté **II** *attr adj* **1** brackig **2** *P*~ filisteisk
philological [ˌfɪlə'lɒdʒɪk(ə)l] filologisk
philology [fɪ'lɒlədʒɪ] filologi
philosopher [fɪ'lɒsəfə] filosof
philosophical [ˌfɪlə'sɒfɪk(ə)l] filosofisk; lugn; vis
philosophize [fɪ'lɒsəfaɪz] filosofera
philosoph|y [fɪ'lɒsəf|ɪ] **1** filosofi **2** [livs]filosofi, livssyn, livsåskådning [*men of widely different -ies*]
phlegm [flem] **1** slem **2** flegma, tröghet
phlegmatic [fleg'mætɪk] **I** *adj* flegmatisk, trög **II** *s* flegmatiker
phlox [flɒks] bot. flox
phobia ['fəʊbɪə] fobi
phoenix ['fi:nɪks] mytol., *the P*~ fågel Fenix
phone [fəʊn] vard. **I** *s* **1** telefon **2** telefonlur **II** *vb tr* o. *vb itr* ringa [till], telefonera [till]; ringa upp
phone booth ['fəʊnbu:ð] o. **phone box** ['fəʊnbɒks] telefonkiosk
phone-in ['fəʊnɪn] radio. el. TV. telefonväktarprogram
phonetic [fə(ʊ)'netɪk] fonetisk; ljud-; ljudenlig; ~ *transcription* fonetisk skrift, ljudskrift
phonetician [ˌfəʊnə'tɪʃ(ə)n, ˌfɒn-] fonetiker
phonetics [fə(ʊ)'netɪks] (konstr. ss. sg.) fonetik
phoney ['fəʊnɪ] sl. **I** *adj* falsk, bluff-, humbug-; dum; misstänkt; *he is* ~ han är en bluff (humbug) **II** *s* bluff, humbug; bluffmakare
phonograph ['fəʊnəgrɑ:f, -græf] fonograf; amer. äv. grammofon
phosphate ['fɒsfeɪt] kem. fosfat
phosphorus ['fɒsf(ə)rəs] kem. fosfor; ~ *chloride* fosforklorid
photo ['fəʊtəʊ] vard. **I** *s* foto **II** *vb tr* o. *vb itr* fota
photocell ['fəʊtə(ʊ)sel] fotocell
photocopier ['fəʊtəʊˌkɒpɪə] kopieringsapparat
photocopy ['fəʊtə(ʊ)ˌkɒpɪ] **I** *s* fotokopia **II** *vb tr* fotokopiera
photoelectric [ˌfəʊtə(ʊ)ɪ'lektrɪk]

fotoelektrisk; ~ *cell* fotocell; ~ *effect* fys. fotoeffekt
photogenic [ˌfəʊtə(ʊ)'dʒenɪk] fotogenisk
photograph ['fəʊtəgrɑːf, -græf] **I** *s* fotografi; *take a p.'s* ~ fotografera ngn **II** *vb tr* o. *vb itr* fotografera
photographer [f(ə)'tɒgrəfə] fotograf
photographic [ˌfəʊtə'græfɪk] fotografisk
photography [f(ə)'tɒgrəfɪ] fotografering ss. konst.
photostat ['fəʊtə(ʊ)stæt] **I** *s* **1** *P*~ ® fotostat kopieringsapparat **2** ~ [*copy*] fotostatkopia **II** *vb tr* o. *vb itr* [fotostat]kopiera
photosynthesis [ˌfəʊtə(ʊ)'sɪnθəsɪs] bot. fotosyntes
phrase [freɪz] **I** *s* fras äv. mus.; uttryck; uttryckssätt; *set* ~ stående uttryck, talesätt **II** *vb tr* **1** uttrycka; beteckna **2** mus. frasera
phrase book ['freɪzbʊk] parlör
phrasemonger ['freɪzˌmʌŋgə] frasmakare
phraseology [ˌfreɪzɪ'ɒlədʒɪ] **1** fraseologi; uttryck, fraser **2** språkbruk
physical ['fɪzɪk(ə)l] **I** *adj* **1** fysisk, materiell; konkret; yttre i mots. till själslig; ~ *features* fysiska förhållanden, naturförhållanden **2** fysikalisk; ~ *chemistry* fysikalisk kemi **3** fysisk, kroppslig [~ *beauty*; ~ *love*], kropps- [~ *exercise* (*strength*)]; ~ *culture* kroppskultur; ~ *education* (förk. *PE*) idrott, gymnastik ss. skolämne **II** *s* vard. läkarundersökning; hälsokontroll
physician [fɪ'zɪʃ(ə)n] läkare; medicinare
physicist ['fɪzɪsɪst] fysiker
physics ['fɪzɪks] (konstr. ss. sg.) fysik ss. vetenskap
physiognomy [ˌfɪzɪ'ɒnəmɪ] fysionomi, utseende; ansiktsuttryck, uppsyn
physiological [ˌfɪzɪə'lɒdʒɪk(ə)l] fysiologisk
physiologist [ˌfɪzɪ'ɒlədʒɪst] fysiolog
physiology [ˌfɪzɪ'ɒlədʒɪ] fysiologi
physiotherapist [ˌfɪzɪə(ʊ)'θerəpɪst] sjukgymnast
physiotherapy [ˌfɪzɪə(ʊ)'θerəpɪ] fysioterapi; sjukgymnastik
physique [fɪ'ziːk] fysik [*a man of* (med) *strong* ~]
pianist ['pjænɪst, 'pɪənɪst] pianist
piano [ss. subst. pɪ'ænəʊ, ss. adv. o. adj. 'pjɑːnəʊ] (pl. ~*s*) **I** *s* piano; *cottage* ~ mindre piano; *play the* ~ spela piano **II** *adv* o. *adj* mus. (it.) piano
piano accordion [pɪˌænəʊə'kɔːdjən] pianodragspel
pianoforte [ˌpjænə(ʊ)'fɔːtɪ] piano, pianoforte

piano-tuner [pɪ'ænəʊˌtjuːnə] pianostämmare
piccolo ['pɪkələʊ] (pl. ~*s*) piccolaflöjt
1 pick [pɪk] **I** *vb tr* o. *vb itr* **1** plocka [~ *flowers*] **2** peta [~ *one's teeth*], pilla (peta) på (i); ~ *a bone* gnaga [av] ett ben; *have a bone to* ~ *with a p.* bildl. ha en gås oplockad med ngn; ~ *one's nose* peta sig i näsan **3** plocka sönder [äv. ~ *apart*, ~ *to pieces*]; ~ *to pieces* bildl. göra ner, kritisera sönder **4** hacka (hugga) [upp] [~ *a hole in the ice*]; ~ *holes* (*a hole*) *in* hacka hål i (på); bildl. slå hål på, hitta fel hos **5** picka, plocka i sig; ~ [*at*] *one's food* [sitta och] peta i maten **6** plocka [~ *a fowl*] **7** välja [ut] [~ *the best*]; ~ *and choose* välja och vraka; ~ *a quarrel* söka (mucka) gräl; ~ *sides* välja lag **8** stjäla ur, plundra
9 förb. med adv. med spec. övers.:
~ *off* skjuta ner [en efter en]
~ *out*: a) välja [ut] b) peka ut c) [kunna] urskilja [~ *out one's friends in a crowd*] d) ta ut [~ *out a tune on the piano*]
~ *up*: a) plocka upp; lyfta [på] [~ *up the phone*]; hämta [*I'll* ~ *you up by car*] b) ~ *up the bill* (isht amer. *tab*) vard. betala c) *this will* ~ *you up* det här kommer att pigga upp dig d) komma över [~ *a th. cheap*], hitta; lägga sig till med [~ *up a bad habit*]; ~ *up a girl* vard. få tag på (ragga upp) en flicka e) återfå [~ *up strength*], hämta sig, komma på fötter [*his business is beginning to* ~ *up again*]; ~ *up courage* repa mod f) tillägna sig, lära sig [~ *up the correct intonation*] g) fånga upp, uppfatta; ta (få) in [~ *up a radio station*]
II *s* val något utvalt; *the* ~ det bästa, eliten; *have one's* ~ få välja [efter behag]; *take your* ~ varsågod och välj; det är bara att välja
2 pick [pɪk] **1** [spets]hacka **2** mus. plektrum
pickaback ['pɪkəbæk] se *piggyback*
pickaxe ['pɪkæks] **I** *s* [spets]hacka **II** *vb tr* hacka med spetshacka
picket ['pɪkɪt] **I** *s* **1** [spetsad] påle, stake **2** strejkvakt[er]; ~ *line* [linje av] strejkvakter; vaktlinje **3** demonstrant[er] **4** mil. postering, förpost; vakt; piket **II** *vb tr* **1** a) sätta ut strejkvakter vid [~ *a factory*] b) gå strejkvakt vid **2** mil. a) sätta ut postering vid b) skicka ut på post **III** *vb itr* vara (gå) strejkvakt
picking ['pɪkɪŋ] **1** plockning etc., jfr *1 pick I*; *have the* ~ *of* (*from*) få välja bland **2** pl. ~*s* rester, smulor äv. bildl. **3** pl. ~*s* biförtjänster genom fifflande o.d.; utbyte

pickle ['pɪkl] **I** *s* **1** lag för inläggning; saltlake **2** vanl. pl. *~s* koll. pickles; *onion ~s* syltlök **3** vard. knipa [*a nice (pretty, sad) ~*]; *be in a pretty ~* sitta i en riktig knipa, sitta där vackert **II** *vb tr* lägga in [i lag]; marinera; salta ned (in)

pickled ['pɪkld] **1** inlagd; marinerad; salt[ad]; *~ cucumber* saltgurka; ättiksgurka; *~ onions* syltlök **2** dragen, på lyran berusad

pick-me-up ['pɪkmɪʌp] vard. uppiggande dryck; drink [som piggar upp]; återställare

pickpocket ['pɪk,pɒkɪt] ficktjuv

pick-up ['pɪkʌp] **1** på skivspelare pickup; *~ arm* tonarm **2** liten, öppen varubil, pickup [äv. *~ truck*] **3** vard. tillfällig bekantskap **4** vard. liftare [som man plockat upp]; om taxi o.d. körning; passagerare; varor [som hämtas] **5** vard. acceleration[sförmåga] **6** vard. uppgång [*a brisk business ~*]

picnic ['pɪknɪk] **I** *s* **1** picknick [*go for (on) a ~*], utflykt; *~ hamper* picknickkorg, matsäckskorg **2** vard. enkel sak; *it's no ~* äv. det är inget nöje (ingen dans på rosor) **II** (imperf. o. perf. p. *~ked*) *vb itr* göra en utflykt

picnicker ['pɪknɪkə] picknickdeltagare

pictorial [pɪk'tɔːrɪəl] **I** *adj* illustrerad, i bildform **II** *s* bildtidning

picture ['pɪktʃə] **I** *s* **1** bild, illustration; tavla, målning; porträtt [*old ~s of the family*]; kort, foto [*take a ~ of a p.*] **2** skildring [*a vivid ~ of that time*], beskrivning **3** bild, läge [*the political ~*]; *do you get the ~?* vard. har du bilden klar för dig?, fattar du [situationen]?; *he is out of the ~* vard. han är borta ur bilden **4** avbild; *he is the* [*very*] *~ of his father* äv. han är sin far upp i dagen **5** film [äv. *motion ~*]; *the ~s* vard. bio **6** TV. bild; bildruta [*a 21-inch ~*] **II** *vb tr* **1** avbilda, framställa i bild **2** ge en bild av, skildra **3** föreställa sig [ofta *~ to oneself*]

picture book ['pɪktʃəbʊk] bilderbok; pekbok

picture card ['pɪktʃəkɑːd] kortsp. (knekt, dam el. kung) klätt kort

picture gallery ['pɪktʃə,gælərɪ] konstgalleri

picturegoer ['pɪktʃə,gəʊə] biobesökare

picture postcard [,pɪktʃə'pəʊs(t)kɑːd] vykort

picturesque [,pɪktʃə'resk] **1** pittoresk **2** målande

piddle ['pɪdl] **I** *vb itr* **1** ngt vulg. pinka **2** kasta (slösa) bort tiden [äv. *~ about*] **II** *s* ngt vulg. pink

pidgin ['pɪdʒɪn], *~ English* pidginengelska starkt förenklat halvengelskt blandspråk

pie [paɪ] **1** paj; pastej; amer. äv. tårta med flera bottnar **2** bildl., *have a finger in the ~* ha ett finger med i spelet; *~ in the sky* vard. tomma löften; ibl. valfläsk; utopi

piebald ['paɪbɔːld] **I** *adj* **1** fläckig häst **2** bildl. brokig, blandad **II** *s* [svart]skäck häst

piece [piːs] **I** *s* **1** bit [*a ~ of bread (chalk, ground)*]; del [*a dinner service of 60 ~s*]; *a ~ of advice* ett råd; *he did a good ~ of business* han gjorde en god affär; *give a p. a ~ of one's mind* säga ngn sin mening **2** stycke, verk; musikstycke [äv. *~ of music*] **3** mynt [*a fifty-cent ~, a five-penny ~*] **4** ackord; *work by the ~* arbeta på ackord; *payment by the ~* el. *~ wages* ackordslön **5** pjäs i schackspel; bricka i brädspel o.d. **II** *vb tr* **1** laga [äv. *~ up*] **2** sy ihop [*~ a quilt*]; *~ together* sy ihop; sätta ihop, foga (lägga) ihop äv. bildl. [*~ together bits of information*]; skarva (lappa) ihop **III** *vb itr*, *~ on to* hänga (passa) ihop med

piecemeal ['piːsmiːl] **I** *adv* **1** stycke för stycke **2** i stycken (bitar) **II** *adj* gradvis; [gjord] bit för bit; lappverks-

piecework ['piːswɜːk] ackordsarbete; *do ~* arbeta på ackord

pie chart ['paɪtʃɑːt] tårtdiagram

piecrust ['paɪkrʌst] pajskorpa

pied [paɪd] fläckig, skäckig [*~ horse*], brokig

pier [pɪə] **1** pir; [landnings]brygga **2** bropelare

pierce [pɪəs] **1** genomborra, borra sig in i; tränga fram genom, tränga (skära) igenom [*a shriek ~d the air*] **2** borra hål i; *have one's ears ~d* låta ta hål i öronen för örhängen o.d.

piety ['paɪətɪ] **1** fromhet; from handling **2** pietet

piffle ['pɪfl] vard. **I** *s* trams, skräp **II** *vb itr* **1** tramsa, svamla **2** fjanta [*~ about*]

piffling ['pɪflɪŋ] vard. fjantig; värdelös [*a ~ matter*]

pig [pɪg] **1** gris; *buy a ~ in a poke* köpa grisen i säcken **2** vard., om person [lort]gris; svin; matvrak; *make a ~ of oneself* äta (dricka) massor, glufsa i sig

1 pigeon ['pɪdʒ(ə)n] zool. duva; *wood ~* ringduva

2 pigeon ['pɪdʒ(ə)n], *that's not my ~* vard. det är inte mitt bord (min huvudvärk)

pigeonhole ['pɪdʒ(ə)nhəʊl] **I** *s* [post]fack i hylla, skrivbord o.d. **II** *vb tr* **1** stoppa in i [ett] fack, sortera [i fack] **2** bildl.

a) [tillsvidare] lägga undan b) ordna in, kategorisera
pigeon-toed ['pɪdʒ(ə)ntəʊd] som går inåt med tårna
piggy ['pɪgɪ] vard. griskulting; liten gris äv. bildl.; barnspr. nasse
piggyback ['pɪgɪbæk] **I** s ridtur [på ryggen (axlarna)]; *give a child a* ~ låta ett barn rida på ryggen **II** *adv, ride* ~ rida på ryggen (axlarna)
pigheaded [,pɪg'hedɪd, attr. '---] tjurskallig; egensinnig
piglet ['pɪglət] spädgris; pl. ~s smågrisar
pigment ['pɪgmənt] pigment
pigmentation [,pɪgmən'teɪʃ(ə)n] pigmentering; färg
pigskin ['pɪgskɪn] svinläder
pigsty ['pɪgstaɪ] svinstia äv. bildl.
pigtail ['pɪgteɪl] råttsvans fläta
1 pike [paɪk] **1** tullbom, tullgrind **2** vägtull, vägavgift **3** landsväg med tullbommar; amer. [avgiftsbelagd] motorväg; landsväg
2 pike [paɪk] i Nordengland spetsig bergstopp, pik
3 pike [paɪk] (pl. lika el. ibl. ~s) zool. gädda
pike-perch ['paɪkpɜːtʃ] zool. gös
pikestaff ['paɪkstɑːf] pikskaft, spjutskaft; *as plain as a* ~ klart som korvspad, solklart
pilchard ['pɪltʃəd] större sardin
1 pile [paɪl] **I** s **1** hög, trave [*a* ~ *of books* (*wood*)]; massa [*a* ~ *of work*] **2** vard., *a* ~ en massa pengar **3** bål; *funeral* ~ likbål **4** elektr. element [*galvanic* ~], batteri **5** fys. reaktor; *atomic* ~ atomreaktor, kärnreaktor **II** *vb tr* a) [ofta ~ *up*] stapla [upp], hopa b) lassa på, lasta [~ *a cart*]; ~ *it on* vard. bre (späa) på, överdriva **III** *vb itr* **1** hopas, samla (hopa) sig **2** välla [*people* ~*d in*], pressa sig; ~ *into a train* tränga sig på ett [överfullt] tåg **3** ~ *up* om bilar o.d. seriekrocka
2 pile [paɪl] **1** hår[beklädnad] på djur; fjun **2** lugg på tyg o.d.; flor på sammet
piles [paɪlz] hemorrojder
pile-up ['paɪlʌp] trafik. seriekrock
pilfer ['pɪlfə] snatta
pilgrim ['pɪlgrɪm] pilgrim; amer. äv. invandrare
pilgrimage ['pɪlgrɪmɪdʒ] pilgrimsfärd; *go on a* ~ göra en pilgrimsfärd, vallfärda
pill [pɪl] **1** tablett, piller; *a bitter* ~ bildl. ett beskt (bittert) piller **2** sl. boll; pl. ~s äv. biljard
pillage ['pɪlɪdʒ] **I** s **1** plundring **2** byte **II** *vb tr* **1** plundra **2** röva [bort]
pillar ['pɪlə] **1** pelare; ~ *of fire* eldpelare **2** stolpe; *run from* ~ *to post* jaga hit och dit **3** bildl. stöttepelare [*the* ~s *of society*]
pillar box ['pɪləbɒks] [pelarformig] brevlåda
pillbox ['pɪlbɒks] **1** pillerask äv. om huvudbonad **2** mil. sl. betongvärn
pillion ['pɪljən] damsadel bakom huvudsadeln; på motorcykel o.d. passagerarsadel, bönpall; *ride* ~ åka (rida) bakpå
pillory ['pɪlərɪ] **I** s skampåle; bildl. schavottering **II** *vb tr* ställa vid skampålen; bildl. äv. låta schavottera
pillow ['pɪləʊ] **I** s **1** [huvud]kudde; ~ *case* (*slip*) örngott **2** dyna **II** *vb tr* **1** lägga (låta vila) på en kudde (kuddar) **2** tjänstgöra som (vara) kudde åt
pilot ['paɪlət] **I** s **1** sjö. lots **2** pilot, flygare; *automatic* ~ autopilot **3** ledare; lots **II** *vb tr* **1** lotsa; bildl. äv. leda [~ *the country through a crisis*] **2** flyga flygplan; vara pilot på flygplan
pilot boat ['paɪlətbəʊt] lotsbåt
pilot lamp ['paɪlətlæmp] kontrollampa
pilot light ['paɪlətlaɪt] **1** tändlåga på gasspis o.d. **2** kontrollampa
pimp [pɪmp] **I** s hallick **II** *vb itr* [leva på att] vara hallick
pimple ['pɪmpl] finne
PIN [pɪn] (förk. för *personal identification number*) personlig kod till t.ex. kreditkort
pin [pɪn] **I** s **1** knappnål; nål; brosch; [*it was so quiet*] *you could hear a* ~ *drop* ...att man kunde höra en knappnål falla; *be on* ~s *and needles* sitta som på nålar **2** bult, sprint; tapp; stift; pinne **3** vard., pl. ~s ben, påkar **4** sport. kägla; golf. flaggstång; ~ *alley* kägelbana; bowlinghall **II** *vb tr* **1** nåla fast, fästa [med knappnål (stift, sprint)]; ~ *up a notice* sätta upp ett anslag **2** klämma (kila) fast [ofta ~ *down*; ~*ned down by a falling tree*], stänga inne; ~ *a p.'s arm* hålla fast ngn i armen **3** spetsa på nål; sätta upp [på nål] **4** bildl., ~ *one's faith* (*hopes*) *on* sätta sin lit till, tro (lita) blint på
pinafore ['pɪnəfɔː] [skydds]förkläde
pinball ['pɪnbɔːl] flipper[spel]; ~ *machine* flipperautomat
pince-nez ['pænsneɪ] pincené
pincers ['pɪnsəz] **1** kniptång, tång; *a pair of* ~ en kniptång **2** klo på kräftdjur
pinch [pɪn(t)ʃ] **I** *vb tr* **1** nypa; klämma; *these shoes* ~ *my toes* de här skorna klämmer (är för trånga) i tårna **2** pina, hårt ansätta [*be* ~*ed with poverty* (*cold, hunger*)], härja, svida; ~*ed face* infallet (tärt) ansikte **3** tvinga att inskränka sig

(spara); inskränka [på]; *be ~ed for money* vara i penningknipa, ha ont om pengar **4** vard. sno **5** sl. a) haffa arrestera b) göra en razzia i **II** *vb itr* **1** klämma äv. bildl. [*know where the shoe ~es*]; värka **2** snåla; *~ and scrape* (*save*) snåla och spara, vända på slantarna **III** *s* **1** nyp, klämning; *give a ~* ge ett nyp, nypa till, knipa till (åt) **2** nypa [*a ~ of salt* äv. bildl.]; *a ~ of snuff* en pris snus **3** [svår] knipa; trångmål; *at a ~* a) i nödfall, om det kniper (gäller) b) i knipa, i trångmål **4** tryck [*feel the ~ of foreign competition*]; *feel the ~* få känna av de svåra tiderna **5** sl. a) haffande b) razzia
pincushion ['pɪnˌkʊʃ(ə)n] nåldyna
1 pine [paɪn] **1** tyna av [ofta *~ away*]; försmäkta **2** tråna
2 pine [paɪn] **1** tall; pinje **2** furu[trä]
pineapple ['paɪnˌæpl] ananas
pine cone ['paɪnkəʊn] tallkotte
ping [pɪŋ] **I** *s* smäll av resår o.d.; vinande, visslande av gevärskula o.d. **II** *vb itr* smälla; vina, vissla
ping-pong ['pɪŋpɒŋ] pingpong bordtennis
pinhead ['pɪnhed] **1** knappnålshuvud **2** vard. dumbom
1 pinion ['pɪnjən] **I** *s* vingspets **II** *vb tr* **1** vingklippa **2** bakbinda
2 pinion ['pɪnjən] mek. drev
1 pink [pɪŋk] **I** *s* **1** mindre nejlika **2** skärt, ljusrött; *rose ~* ung. rosa **3** *the ~* bildl. höjden [*the ~ of elegance* (*perfection*)] **II** *adj* **1** skär, ljusröd; om hy äv. rödlätt; *~ gin* gin med angostura drink; *see ~ elephants* vard. se skära elefanter **2** vard. polit. ljusröd; *he is ~* äv. han är vänstersympatisör **3** *strike me ~!* sl. det var som sjutton!
2 pink [pɪŋk] om motor knacka
pinky ['pɪŋkɪ] isht amer. el. skotsk. vard. lillfinger
pinmoney ['pɪnˌmʌnɪ] nålpengar; fickpengar
pinnacle ['pɪnəkl] **I** *s* **1** byggn. tinne **2** spetsig bergstopp **3** bildl. höjd[punkt] [*~ of fame*] **II** *vb tr* **1** förse med tinnar **2** kröna
pinpoint ['pɪnpɔɪnt] **I** *s* **1** nålspets, knappnålsspets **2** mil. punktmål [äv. *~ target*]; *~ bombing* precisionsbombning **II** *vb tr* **1** precisera, sätta fingret på [*~ the problem*], slå fast **2** mil. precisionsbomba
pinprick ['pɪnprɪk] nålstick äv. bildl.; pl. *~s* bildl. äv. trakasserier, småelakheter
pinstripe ['pɪnstraɪp] textil. **I** *s* kritstreck[srand] **II** *attr adj* kritstrecksrandig [*~ suit*]

pint [paɪnt] ung. halvliter mått för våta varor = 1/8 *gallon* = 0,568 l, i USA = 0,473 l
pintable ['pɪnˌteɪbl] flipperspel konkr.; *~ machine* flipperautomat
pin-up ['pɪnʌp] vard. **1** utvikningsbrud, pinuppa [äv. *~ girl*] **2** bild av utvikningsbrud **3** amer. vägg- [*~ lamp*]
pioneer [ˌpaɪə'nɪə] **I** *s* pionjär **II** *vb itr* vara pionjär **III** *vb tr* **1** öppna [vägen till]; bana väg för, vara först med **2** gå före, leda
pious ['paɪəs] from
1 pip [pɪp] *he has* [*got*] *the ~* sl. han deppar (tjurar); *he gives me the ~* sl. han går mig på nerverna
2 pip [pɪp] **1** kärna i apelsin, äpple o.d. **2** *squeeze a p. until* (*till*) *the ~s squeak* klämma åt ngn ordentligt **3** *a ~* vard. något alldeles extra
3 pip [pɪp] **I** *s* **1** prick på tärning, spelkort m.m. **2** mil. stjärna ss. gradbeteckning **II** *vb tr* vard. slå; *be ~ped at the post* bli slagen på mållinjen äv. bildl. **III** *vb itr* sl. köra i examen
4 pip [pɪp] i tidssignal o.d. pip; *the ~s* radio. tidssignalen
pipe [paɪp] **I** *s* **1** [lednings]rör [*gas ~*], rörledning **2** [tobaks]pipa; *~ of peace* fredspipa **3** mus. pipa, [enhands]flöjt; pl. *~s* äv. säckpipa **II** *vb itr* **1** blåsa (spela) på pipa (flöjt, säckpipa) **2** pipa, tala (skrika) gällt; *~ down* sl. hålla käften; stämma ned tonen **III** *vb tr* **1** lägga in rör i [*~ a house*] **2** *~d music* skvalmusik, bakgrundsmusik **3** kok. spritsa **4** spela (blåsa) [på pipa (flöjt, säckpipa)] [*~ a tune*]
pipe-cleaner ['paɪpˌkliːnə] piprensare
pipe dream ['paɪpdriːm] önskedröm
pipeline ['paɪplaɪn] **I** *s* rörledning; oljeledning; pipeline; bildl. kanal; *in the ~* under planering (utarbetande), på gång; om varor på väg, under leverans **II** *vb tr* leda genom rör[ledning] (pipeline)
piper ['paɪpə] pipblåsare; i Skottl. isht säckpip[s]blåsare; *pay the ~* betala kalaset, stå för fiolerna
piping ['paɪpɪŋ] **I** *s* pipande **II** *adj* pipande, pipig [*a ~ voice*] **III** *adv*, *~ hot* rykande varm, kokhet; bildl. rykande färsk
piquant ['piːkənt] pikant [*~ taste, a ~ face*]; om t.ex. intellekt skarp [*a ~ wit*]
pique [piːk] **I** *s* förtrytelse, sårad stolthet [*in a fit of ~*]; irritation **II** *vb tr* **1** såra [*~ a p.'s pride*]; stöta **2** *~ oneself* [*up*]*on* yvas över
piracy ['paɪərəsɪ] **1** sjöröveri **2** pirattryck; olagligt eftertryck; piratkopiering
piranha [pə'rɑːnə, pɪ-, -jə] piraya sydam. fisk

pirate ['paɪərət] **I** s **1** pirat, sjörövare **2** pirattryckare; piratkopierare; radio. piratsändare, piratradio **II** vb tr **1** om sjörövare röva **2** olovligt reproducera; piratkopiera; ~d edition piratutgåva **III** vb itr bedriva sjöröveri
pirouette [ˌpɪrʊ'et] **I** s piruett **II** vb itr piruettera
Pisces ['paɪsiːz, 'pɪsiːz, 'pɪskiːz] astrol. Fiskarna; he is [a] ~ han är fisk
piss [pɪs] vulg. **I** s piss; take the ~ out of a p. driva (jävlas) med ngn **II** vb itr **1** pissa **2** ~ off! stick!, far åt helvete! **III** vb tr **1** pissa [~ blood] **2** pissa på (ner, i) [~ the bed] **3** ~ oneself [laughing] skratta på sig
pissed [pɪst] vulg. **1** asfull, packad **2** skitförbannad
pissed-off [ˌpɪst'ɒf] vulg. **1** skitförbannad **2** deppig
piste [piːst] pist; [skid]spår
pistil ['pɪstɪl] bot. pistill
pistol ['pɪstl] pistol
piston ['pɪstən] mek. pistong äv. i blåsinstrument; kolv; ~ ring kolvring; ~ rod kolvstång
1 pit [pɪt] **I** s **1** a) grop, hål i marken b) fallgrop; the ~ of the stomach maggropen **2** gruvhål; [kol]gruva **3** avgrund; the ~ [of hell] helvetet, avgrunden **4** [kopp]ärr **5** teat. [isht bortre] parkett; orchestra ~ orkesterdike **6** bil. a) depå vid racerbana b) smörjgrop vid bilverkstad **II** vb tr **1** lägga t.ex. potatis i grop (grav) **2** göra gropig (full av hål) **3** ~ oneself (one's strength) against mäta sina krafter med
2 pit [pɪt] amer. **I** s [frukt]kärna **II** vb tr kärna ur
pit-a-pat [ˌpɪtə'pæt] **I** adv, it makes my heart go ~ det får mitt hjärta att slå fortare **II** s hjärtas dunkande; regns, hagels smatter
1 pitch [pɪtʃ] **1** beck; black (dark) as ~ kolsvart, becksvart, beckmörk **2** kåda
2 pitch [pɪtʃ] **I** vb tr **1** sätta (ställa) upp i fast läge; slå upp [~ a tent]; ~ a camp slå läger **2** kasta, slänga; slunga; golf. pitcha; ~ hay lassa hö med högaffel **3** mus. stämma [~ed too high (low)]; sätta i viss tonart; bildl. anslå en viss ton; anpassa på viss nivå **4** ~ed battle ordnad (regelrätt) batalj, fältslag; drabbning **5** ~ a yarn vard. dra en historia; ~ it strong vard. bre på överdriva **II** vb itr **1** slå läger **2** om fartyg stampa; om flygplan tippa, kränga i längdriktningen **3** falla huvudstupa [~ on one's head]; störta; ~ in vard. a) hugga in, hugga i b) vara med, bidra; ~ into vard. kasta sig över [he ~ed into his supper], flyga på, gå lös på, skälla ut [the teacher ~ed into the boy] **III** s **1** grad [a high ~ of efficiency], höjdpunkt [come to a ~], topp; at its highest ~ på höjdpunkten **2** mus. el. fonet. tonhöjd; tonfall [falling ~, rising ~]; absolute (perfect) ~ absolut gehör; at concert ~ konsertstämd något över normalton **3** kast **4** [kricket]plan mellan grindarna; fotbollsplan **5** torgplats för gatuförsäljare, gatumusikant o.d. **6** vard., [sales] ~ försäljarjargong, försäljningsknep, säljsnack **7** fiskeplats **8** tältplats **9** fartygs stampning; flygplans tippning
pitch-black [ˌpɪtʃ'blæk, attr. '--] kolsvart
1 pitcher ['pɪtʃə] [hand]kanna; amer. äv. tillbringare; kruka för vatten o.d.; little ~s have long ears ordspr. små grytor har också öron
2 pitcher ['pɪtʃə] i baseball kastare
pitchfork ['pɪtʃfɔːk] **I** s högaffel **II** vb tr **1** lyfta (lassa) med högaffel **2** bildl. kasta [in] [~ troops into a battle]
piteous ['pɪtɪəs] ömklig
pitfall ['pɪtfɔːl] fallgrop; bildl. äv. fälla
pith [pɪθ] **1** bot. el. zool. märg **2** ryggmärg **3** bildl. a) the ~ of kärnan i, det väsentliga (viktigaste) i (av) [the ~ of the speech] b) märg, kraft [the speech lacked ~]
pithead ['pɪthed] gruvöppning
pith helmet ['pɪθˌhelmɪt] tropikhjälm
pithy ['pɪθɪ] **1** full av märg; märgliknande **2** bildl. märgfull, kärnfull
pitiable ['pɪtɪəbl] **1** ömklig [~ sight], beklagansvärd, som väcker medlidande **2** ynklig; beklaglig [a ~ lack of character]
pitiful ['pɪtɪf(ʊ)l] **1** ömklig: patetisk [a ~ spectacle] **2** ynklig, usel [~ wages]
pitiless ['pɪtɪləs] skoningslös
pittance ['pɪt(ə)ns] knapp (torftig) lön; ringa penning
pitter-patter [ˌpɪtə'pætə] **I** s smatter [the ~ of the rain]; tipp-tapp, tassande **II** vb itr trippa; tassa **III** adv, go (run) ~ trippa, tassa
pity ['pɪtɪ] **I** s **1** medlidande; feel ~ for tycka synd om, känna medlidande med **2** synd, skada; what a ~! så (vad) synd!, så tråkigt!; more's the ~ sorgligt nog, tyvärr **II** vb tr tycka synd om, ömka; he is to be pitied det är synd om honom, han är att beklaga
pivot ['pɪvət] **I** s **1** a) pivåtapp b) spets; stift; ~ tooth stifttand **2** bildl. medelpunkt [the ~ of her life] **II** vb tr hänga (anbringa) på pivå; förse med pivå; perf. p. ~ed äv. pivåhängd, svängbar [~ed

window} **III** *vb itr* pivotera, svänga (vrida sig) kring en pivå
pixie ['pɪksɪ] **1** skälmskt naturväsen **2** ~ [*cap*] toppluva, tomteluva
pizza ['pi:tsə] kok. pizza
placard ['plækɑ:d] **I** *s* plakat; löpsedel **II** *vb tr* sätta upp plakat på (i)
placate [plə'keɪt] blidka
placatory [plə'keɪt(ə)rɪ, 'plækət(ə)rɪ] blidkande; försonlig
place [pleɪs] **I** *s* **1** a) ställe, plats b) utrymme; *there's a ~ for everything* var sak har sin plats; *my* (*your* etc.) ~ se *I 3*; *six ~s were laid* det var dukat för sex; *about the ~* på stället, i huset; *fall into ~* ordna sig i rätt ordning; bildl. klarna; *out of ~* inte på sin plats; malplacerad, olämplig; *all over the ~* överallt, lite varstans; *change ~s* byta plats; *I have lost the* (*my*) ~ jag har tappat bort var jag var [i boken o.d.]; *take the ~ of a p.* avlösa ngn, inta ngns plats **2** a) ort, plats [*~ of birth*; *~ of work*] b) lokal, plats c) öppen plats, i namn -platsen [*St. James's P~*], -gatan; *~ of business* affärslokal **3** vard. hus, bostad; *he was at my* (*your* etc.) ~ han var hemma hos mig (dig etc.); *come round to my ~* kom över till mig **4** ställning, rang; position; *keep* (*put*) *a p. in his ~* sätta (hålla) ngn på plats **5** anställning, plats; *it's not my ~ to...* det är inte min sak att... **6** matem., *calculate to the third ~ of decimals* (*to three decimal ~s*) räkna med tre decimaler **II** *vb tr* **1** placera, sätta, ställa; *~ confidence* (*faith*) *in* sätta sin tillit till **2** skaffa plats (anställning) åt **3** hand. placera [*~ an order with* (hos)} **4** placera [*~ a face*], inrangera, identifiera **5** sport. placera isht bedöma ordningen i mål; *be ~d* bli placerad (placera sig) [bland de tre bästa]
placebo [plə'si:bəʊ] (pl. vanl. *~s*) med. placebo
place mat ['pleɪsmæt] [bords]tablett för dukning
placement ['pleɪsmənt] placering äv. om arbete
place name ['pleɪsneɪm] ortnamn
placenta [plə'sentə] anat. moderkaka, placenta
placid ['plæsɪd] lugn; fridfull
placidity [plæ'sɪdətɪ, plə's-] o. **placidness** ['plæsɪdnəs] lugn; fridfullhet
plagiarism ['pleɪdʒərɪz(ə)m] plagiering; plagiat
plagiarize ['pleɪdʒəraɪz] plagiera
plague [pleɪg] **I** *s* **1** a) [lands]plåga b) vard. plåga, plågoris [*what a ~ that child is!*],

pest **2** pest; farsot; *bubonic ~* böldpest **II** *vb tr* **1** vard. plåga, pina **2** hemsöka, plåga
plaice [pleɪs] zool. [röd]spätta
plaid [plæd] **1** pläd buren till skotsk dräkt **2** skotskrutigt [pläd]tyg (mönster)
plain [pleɪn] **I** *adj* **1** klar [*~ meaning*], lättfattlig [*~ talk*]; *it's ~ sailing* bildl. det går lekande lätt (som smort) **2** ärlig [*a ~ answer*]; rättfram; *I told him in ~ English* (*in ~ language*) jag sa honom det rent ut (på ren svenska) **3** uppenbar; riktig [*a ~ fool*]; *a ~ fact* ett enkelt (rent, uppenbart) faktum **4** enkel, vardags- [*~ dress*; *~ dinner*]; slätkammad [*~ hair*]; enfärgad, omönstrad [*~ blue dress*]; *~ bread and butter* smörgås utan pålägg, smör och bröd; *~ clothes* civila kläder; *~ cooking* enklare matlagning; vardagsmat, husmanskost; *~ omelette* ofylld omelett **5** vanlig [enkel]; simpel **6** om utseende alldaglig; ibl. ful; *she is ~* hon ser [just] ingenting ut **7** slät, jämn **8** kortsp., *~ card* hacka inte trumfkort eller klätt kort **II** *adv* **1** tydligt [*speak* (*see*) *~*] **2** rent ut sagt [*he is ~ stupid*], helt enkelt **III** *s* slätt; jämn mark
plain-clothes ['pleɪnkləʊðz] *~ policeman* (*officer*) civilklädd polis, detektiv
plain-looking ['pleɪnˌlʊkɪŋ], *it* (*she*) *is ~* det (hon) har ett alldagligt (slätstruket) utseende
plainness ['pleɪnnəs] **1** jämnhet **2** tydlighet **3** enkelhet; konstlöshet; alldaglighet
plaintiff ['pleɪntɪf] jur. kärande i civilmål; målsägare
plaintive ['pleɪntɪv] klagande
plait [plæt] **I** *s* fläta av hår m.m. **II** *vb tr* fläta
plan [plæn] **I** *s* **1** plan; *~ of campaign* bildl. krigsplan **2** plan, karta **3** sätt; *the best* (*better*) *~ is to* det bästa [sättet] är att **II** *vb tr* **1** planera, göra upp en plan (planer); *~ned economy* planhushållning; *~ned parenthood* familjeplanering **2** ha för avsikt, planera; *~ to* äv. ha planer på att **III** *vb itr* planera; *~ ahead* planera för framtiden (i förväg), tänka framåt
1 plane [pleɪn] bot. platan
2 plane [pleɪn] **I** *s* **1** plan yta **2** bildl. nivå **3** (kortform av *aeroplane* o. *airplane*) [flyg]plan **4** vinge **II** *adj* plan, jämn, slät; *~ sailing* sjö. segling efter platt kort
3 plane [pleɪn] **I** *s* hyvel **II** *vb tr* o. *vb itr* hyvla [av]
planet ['plænɪt] astron. planet
planetari|um [ˌplænɪ'teərɪ|əm] (pl. *-ums* el. *-a* [-ə]) planetarium

planetary ['plænət(ə)rɪ] planetarisk [~ *system*]

plank [plæŋk] **I** *s* **1** planka, [grövre] bräda; koll. plank; *walk the* ~ a) 'gå på plankan' av pirater tvingas överbord med förbundna ögon b) bildl. ung. bli avpolletterad (avsågad) **2** [politisk] programpunkt [*a ~ supporting civil rights*] **II** *vb tr* **1** belägga (klä) med plankor **2** vard., ~ *down* a) placera resolut; slänga fram (på bordet) b) lägga upp, punga ut med [~ *down the money*] **3** kok., ~*ed steak* plankstek

plankton ['plæŋktən, -ɒn] biol. plankton

planner ['plænə] **1** planerare [*town* ~]; planläggare; planekonom **2** planeringskalender

planning ['plænɪŋ] planering; planläggning; ~ *permission* byggnadslov

plant [plɑːnt] **I** *s* **1** planta, växt; ört **2** verk [*lighting* ~], anläggning; fabrik; utrustning; *nuclear* ~ kärnkraftverk **3** sl. a) gömt tjuvgods (knark) b) falskt spår c) [polis]fälla d) spion; infiltratör **II** *vb tr* **1** sätta, plantera, så [~ *wheat*]; plantera ut [~ *young fish,* ~ *oysters*] **2** placera [stadigt] [~ *a kiss on a p.'s cheek*; ~ *one's feet on the carpet*]; fästa **3** sl. **a)** gömma [~ *stolen goods*] **b)** placera (lägga) [ut] för att vilseleda [*they ~ed gold nuggets in the worthless mine*]; ~ *evidence on a p.* i hemlighet stoppa på ngn bevismaterial **c)** placera, smuggla in [~ *a spy in the opposing camp*] **d)** plantera [*he ~ed a blow on his opponent's chin*]

plantation [plɑːnˈteɪʃ(ə)n, plæn-] **1** plantage **2** plantering [*fir* ~]; odling

plaque [plæk, plɑːk] **1** platta **2** plakett, [ordens]kraschan **3** [*dental*] ~ tandläk. plack

plasma ['plæzmə] fysiol. el. fys. plasma

plaster ['plɑːstə] **I** *s* **1** murbruk, puts **2** ~ [*of Paris*] gips **3** plåster **II** *vb tr* **1** putsa; kalkslå **2 a)** lägga gips (gipsbruk) på; ~*ed ceiling* gipstak **b)** med. gipsa **3** plåstra om, sätta plåster på; bildl. lindra **4** smeta på (över), klistra (kleta) full [*the suitcase was ~ed with hotel labels*]; belamra; *his hair was ~ed down* han hade slickat hår

plasterer ['plɑːst(ə)rə] murare för putsarbete; gipsarbetare

plastic ['plæstɪk] **I** *adj* **1** plast-, av plast; ~ *money* plastkort kreditkort **2** plastisk äv. bildl.; mjuk **3** ~ *art* plastik **4** med., ~ *surgery* plastikkirurgi, plastik **5** bildl. plast- [*we live in the* ~ *age*] **II** *s* plast

plasticity [plæˈstɪsətɪ] plasticitet; bildbarhet

plastics ['plæstɪks] **1** (konstr. ss. pl.) plast; *the* ~ *industry* plastindustrin **2** (konstr. ss. sg. el. pl.) a) plastteknik b) med. plastikkirurgi

plate [pleɪt] **I** *s* **1** tallrik, fat; amer. kuvert; [*small*] ~ assiett; [*a wedding breakfast costing* $30] *a* ~ amer. ...kuvertet (per kuvert) **2** kollekttallrik **3** koll. [bords]silver; [ny]silversaker, [silver]servis **4** pläter; plätering **5** platta av metall, trä, glas o.d.; plåt [*steel* ~*s*]; lamell [*clutch* ~]; namnplåt **6** a) tryckplåt; kliché b) avtryck; plansch [*colour* ~]; kopparstick, stålstick **7** [*dental*] ~ lösgom, [tand]protes **8** kapplöpn. a) pris av silver el. guld; pokal b) priskapplöpning **9** i baseboll *the home* ~ innemålet **10** sl., ~*s* [*of meat*] fötter, blan **II** *vb tr* **1** klä över med plåt, plåtbeslå; bepansra **2** plätera; försilvra

plateau ['plætəʊ, plæˈtəʊ] (pl. ~*s* el. ~*x* [-z]) platå, höglätt; bildl. konstant nivå äv. psykol.

plateful ['pleɪtfʊl] (pl. ~*s* el. *platesful*) tallrik ss. mått

plate glass [ˌpleɪtˈglɑːs] spegelglas, slipat planglas

plate rack ['pleɪtræk] **1** tallrikshylla **2** diskställ, torkställ

platform ['plætfɔːm] **1** plattform äv. på buss, järnvägsvagn o.d.; perrong; ~ *car* amer. öppen godsvagn utan sidor **2** estrad; talarstol **3** ~ [*sole*] platåsula **4** polit. [parti]program; [ideologisk] plattform

platinum ['plætɪnəm] platina

platitude ['plætɪtjuːd] plattityd; platthet

platitudinous [ˌplætɪˈtjuːdɪnəs] platt

Platonic [pləˈtɒnɪk] platonisk [~ *love*]

platoon [pləˈtuːn] [infanteri]pluton

platter ['plætə] amer. [stort] uppläggningsfat

plausible ['plɔːzəbl] **1** plausibel, rimlig [~ *excuse*]; lämplig; ofta neds. bestickande [~ *argument*] **2** förledande, [som verkar] förtroendeingivande; *a* ~ *rogue* en riktig filur

play [pleɪ] **I** *vb itr* (se äv. *III*) **1** leka, roa sig; *just what are you ~ing at?* vard. vad [sjutton] håller du på med? **2** spela i spel, äv. sport. o. bildl.; ~ *false* spela falskt [spel]; ~ *for time* försöka vinna tid; maska **3** spela äv. bildl., musicera; ~ *on a p.'s fears* utnyttja ngns rädsla **4** spela äv. bildl., uppträda [*they ~ed to a full house*] **5 a)** fladdra; sväva, leka, spela [*the lights ~ed over their faces*] **b)** vara i gång, vara på [*the fountains* ~ *every Sunday*]

II *vb tr* (se äv. *III*) **1** leka [~ *hide-and-seek*] **2** spela spel, äv. sport. o.

bildl. [~ *a game*]; ~ *a p.* a) spela mot ngn [*England ~ed Brazil*] b) låta ngn spela i match o.d.; sätta in (ställa upp) ngn [*England ~ed Smith as goalkeeper*] **3** spela äv. bildl. [~ *the piano*], framföra **4** spela äv. bildl. [~ *a part* (en roll)]; ~ *truant* (amer. vard. *hook[e]y*) skolka [från skolan] **5** låta spela (svepa) [~ *a hose on a fire*]
III *vb itr* o. *vb tr* med adv. isht i specialbet.:
~ **about** springa omkring och leka; *stop ~ing about!* sluta larva dig (bråka)!, lägg av!; ~ *about with* leka med, fingra (pilla) på

~ **around:** a) ha [en massa] kärleksaffärer; ~ *around with a p.'s affections* leka med ngns känslor b) se ~ *about*

~ **back** *a recorded tape* spela av (spela upp, köra) ett inspelat band

~ **down** tona ner, avdramatisera; *he ~ed down* [*his own part in the affair*] han bagatelliserade...

~ **off:** a) spela 'om; *the match will be ~ed off next week* matchen kommer att spelas om (det blir omspel) nästa vecka b) ~ *one person off against another* spela ut en person mot en annan

~ **out** spela till slut; spela ut; *the matter is ~ed out* saken är utagerad

~ **over** spela igenom [~ *over a tape*]

~ **up:** a) göra sitt bästa b) vard. bråka c) förstora upp, göra stora rubriker av; ~ *up to a p.* fjäska för ngn [~ *up to one's teachers*]; [*my bad leg*] *is ~ing up again* ...gör sig påmint (krånglar) igen
IV *s* **1** lek; spel; *no child's* ~ ingen barnlek **2** a) spel, framförande b) skådespel, pjäs; *let's go to a ~!* vi går på teatern!; *make great* (*much, a lot of*) ~ *of* (*with, about*) göra stor affär (mycket väsen) av **3** a) spel [*the* ~ *of the muscles*] b) gång, verksamhet; ~ *of colours* färgspel; *be in full* ~ vara i full gång **4** a) [fritt] spelrum, svängrum; bildl. äv. rörelsefrihet; fritt lopp (spel) b) glapprum; glappning; *give the rope more* ~ släcka på repet

playable ['pleɪəbl] spelbar; som man kan (det går att) spela [på (med)]
play-act ['pleɪækt] spela [teater] mest bildl. (neds.), låtsas
playback ['pleɪbæk] **1** playback; avspelning; ~ *head* avspelningshuvud på bandspelare **2** TV. repris [i slow-motion]
playbill ['pleɪbɪl] teateraffisch
playboy ['pleɪbɔɪ] playboy
player ['pleɪə] **1** sport. o.d. spelare; [*he outshone*] *the other ~s* ...sina medspelare **2** skådespelare **3** a) musikant b) i sammansättn. -spelare [*record-player*]
player-piano [ˌpleɪəpɪˈænəʊ] självspelande piano
playful ['pleɪf(ʊ)l] lekfull
playgoer ['pleɪˌɡəʊə] teaterbesökare, teaterhabitué
playground ['pleɪɡraʊnd] **1** skolgård; lekplats **2** bildl. rekreationsområde, semesterparadis
playgroup ['pleɪɡruːp] lekskola
playhouse ['pleɪhaʊs] teater[byggnad]
playing-card ['pleɪɪŋkɑːd] spelkort
playing-field ['pleɪɪŋfiːld] idrottsplan; lekplats
playmaker ['pleɪˌmeɪkə] sport. speluppläggare
playmate ['pleɪmeɪt] lekkamrat
play-off ['pleɪɒf] sport. **1** omspel; extra avgörande match **2** slutspel
playpen ['pleɪpen] lekhage
playsuit ['pleɪsuːt, -sjuːt] lekdräkt
plaything ['pleɪθɪŋ] leksak; bildl. äv. lekboll
playtime ['pleɪtaɪm] lektid, lekstund, fritid
playwright ['pleɪraɪt] dramatiker
plaza ['plɑːzə] **1** torg **2** amer. affärscentrum, shoppingcentrum
PLC o. **Plc** [ˌpiːelˈsiː] förk. för *public limited company* börsnoterat företag
plea [pliː] **1** försvar, ursäkt; förevändning; *put in a* ~ *for a p.* lägga ett gott ord för ngn, göra ett inlägg till ngns försvar; *on* (*under*) *the* ~ *that* med den motiveringen att, under förevändning (förebärande av) att **2** enträgen bön, vädjan [~ *for* (om) *mercy*] **3** jur. a) parts påstående; svar; inlaga b) svaromål [*defendant's* ~]; ~ *bargaining* amer. förhandling om erkännande som ger lindrigare straff
plead [pliːd] (*~ed ~ed*; amer. äv. *pled pled* [pled]) jur. el. allm. **I** *vb itr* **1** a) be; ~ *for* plädera (tala) för; be för [~ *for one's life*] b) plädera; vädja (be) om [~ *for mercy*]; ~ *for a p.* föra ngns talan [*with hos*] **2** genmäla; ~ *guilty* erkänna [sig skyldig]; ~ *not guilty* neka **II** *vb tr* **1** sköta, åta sig [~ *a cause*] **2** åberopa [sig på], anföra som ursäkt [~ *one's youth*]
pleasant ['pleznt] behaglig, trevlig, glad [*a* ~ *surprise*], vänlig [*a* ~ *smile*]; [*a*] ~ *journey!* trevlig (lycklig) resa!
pleasantry ['plezntrɪ] skämt; *they exchanged pleasantries* de utbytte artigheter
please [pliːz] **I** *vb itr* **1** behaga, vilja; ~ *God* om Gud vill; *as you* ~ som du vill (behagar) **2** behaga [*a desire to* ~]
3 imper. i hövligt tilltal: *coffee,* ~ a) får jag

be om kaffe; kan jag få kaffe, tack b) kaffe, tack; [*yes*] ~ a) ja tack b) ja, varsågod; *come in, ~!* var så god och stig (kom) in! **II** *vb tr* behaga, göra till viljes (lags); glädja [*I'll do it to ~ my mother*]; *do it just to ~ me!* gör det för min skull!

pleased [pli:zd] **1** nöjd, belåten, glad; *~ to meet you!* [det var] roligt att träffas!; angenämt!; goddag! **2** tilltalad, road

pleasing ['pli:zɪŋ] behaglig [*a ~ face*], vinnande

pleasurable ['pleʒ(ə)rəbl] angenäm, behaglig, lust- [*~ sensation*]

pleasure ['pleʒə] **1** nöje, glädje; välbehag; lust; vällust; *afford* (*give*) *~ to a p.* glädja ngn, bereda (skänka) ngn nöje (glädje); *find ~ in* ha nöje av, finna nöje i; *I have the ~ of informing you* jag har nöjet att meddela er; *may I have the ~ of the next dance* (*of dancing*) *with you?* får jag lov till nästa dans?; *with* ~ med nöje, gärna **2** önskan; gottfinnande; *at* ~ efter behag

pleasure trip ['pleʒətrɪp] nöjesresa

pleat [pli:t] **I** *s* veck; plissé **II** *vb tr* vecka; plissera

plebiscite ['plebɪsaɪt, -sɪt] [allmän] folkomröstning

pledge [pledʒ] **I** *s* **1** pant äv. bildl.; *in ~ of* som pant (säkerhet) för; *take a th. out of ~* lösa ut (in) ngt **2** [högtidligt] löfte, utfästelse [*~ of* (om) *aid*]; *take* (*sign*) *the ~* avlägga nykterhetslöfte **3** skål [*a ~ for the happy couple*] **II** *vb tr* **1** lämna som säkerhet, pantsätta; *~ oneself for* gå i borgen för, ansvara för **2** förbinda, förplikta; *be ~d to secrecy* vara bunden av tysthetslöfte **3** [högtidligt] lova, utlova, göra utfästelser om [*the country ~ed its support*] **4** dricka en skål för [*~ the happy couple*]

plenary ['pli:nərɪ] **1** fulltalig; *~ meeting* plenarmöte, plenarförsamling, plenum **2** *~ powers* oinskränkt fullmakt

plenipotentiary [ˌplenɪpə(ʊ)'tenʃ(ə)rɪ] **I** *adj* med oinskränkt fullmakt **II** *s* person försedd med oinskränkt fullmakt; befullmäktigad ambassadör (envoyé, minister)

plentiful ['plentɪf(ʊ)l] riklig, ymnig; talrik

plenty ['plentɪ] **I** *s* **1** [stor] mängd; överflöd; *~ of* gott om, massor av (med), massvis med; *~ of things to be done* en mängd (en massa, ett otal) saker som måste göras; *we have* (*there's*) *~ of time* vi har (det är) gott om tid (god tid) **2** välstånd **II** *adj* vard., *six will be ~* sex räcker (är mer än nog) **III** *adv* isht amer. vard. ganska [så] [*he was ~ nervous*]

plethora ['pleθərə] bildl. övermått; övermättnad

pleurisy ['plʊərəsɪ] med. lungsäcksinflammation

plexus ['pleksəs] nätverk, nät [*~ of nerves; ~ of routes*]; *solar ~* anat. solarplexus

pliable ['plaɪəbl] böjlig, smidig; bildl. äv. eftergiven, lättpåverkad

pliers ['plaɪəz] (konstr. ss. sg. el. pl.) tång, flacktång; avbitare; *a pair of ~* en tång osv.; *flat*[*-nosed*] *~* plattång

plight [plaɪt] tillstånd [*be in a hopeless* (*miserable, sorry*) *~*], svår situation

plinth [plɪnθ] plint under pelare; fot, sockel

plod [plɒd] **I** *vb itr* **1** lunka [ofta *~ on* (*along*)] **2** kämpa; plugga; *~ away* kämpa (knoga) 'på [*at a th.* med ngt] **II** *vb tr* lunka [på] en väg o.d.; *~ one's way* lunka [sin väg] fram

plodder ['plɒdə] [plikttrogen] arbetsmyra, oinspirerad knegare

plodding ['plɒdɪŋ] trög; knogande, strävsam

1 plonk [plɒŋk] **I** *s* duns, plask **II** *vb tr* ställa ner (lägga, släppa) med en duns [*he ~ed the books* [*down*] *on the table*]; *~ down* bildl. punga ut med, lägga upp [på bordet] [*he ~ed down 14,000 dollars for the car*] **III** *vb itr* falla med en duns; *~ down* [*somewhere and take a nap*] slänga sig... **IV** *adv* [med en] duns

2 plonk [plɒŋk] vard. enklare vin

plop [plɒp] **I** *interj* o. *s* plums, plupp **II** *vb itr* **1** plumsa **2** pluppa **III** *adv* [med ett] plums (plupp)

1 plot [plɒt] **I** *s* **1** [liten] jordbit; [trädgårds]land [*a ~ of vegetables*]; [*building*] *~* [byggnads]tomt **2** amer. plan[karta] **II** *vb tr* **1** markera, lägga ut [*~ a ship's course*]; plotta [*~ aircraft movements by radar; ~ a curve*], rita (göra upp) ett diagram över **2** kartlägga **3** *~* [*out*] indela i tomter; stycka [upp] [*plot into* i]

2 plot [plɒt] **I** *s* **1** komplott **2** intrig i roman o.d. **II** *vb itr* konspirera **III** *vb tr* umgås med planer på, planera [*~ a p.'s ruin*], förbereda, anstifta [*~ mutiny*]

plough [plaʊ] **I** *s* **1** plog; *put* (*lay, set*) *one's hand to the ~* bildl. sätta handen till plogen, ta itu med saken **2** plöjd mark **3** astron., *the P~* Karlavagnen **II** *vb tr* **1** plöja; bildl. fåra; *~ a lonely furrow* bildl. arbeta ensam, gå sin egen väg; *~ one's way* bana sig väg, plöja sig fram **2** univ. sl. kugga [*the examiners ~ed him*]; *be ~ed* äv. spricka i examen **III** *vb itr* **1** plöja; *~ through* bildl. knoga [sig] (plöja) igenom

[~ *through a book*] **2** gå att plöja [*land that ~s easily*] **3** univ. sl. spricka
ploughman ['plaʊmən] **1** plöjare **2** bonde; dräng **3** ~*'s* [*lunch*] ung. lunchtallrik [med bröd, ost och pickles o.d.]
ploughshare ['plaʊʃeə] plogbill
plover ['plʌvə] brockfågel; *golden* ~ ljungpipare; *ringed* (*little ringed*) ~ större (mindre) strandpipare
plow [plaʊ] amer., se *plough*
ploy [plɔɪ] **1** trick, knep **2** ploj, skämt **3** hobby [*golf is his latest* ~]
pluck [plʌk] **I** *vb tr* **1** plocka [~ *a flower* (*fruit*); ~ *a bird* (*chicken*)]; ~ *up* [*one's*] *courage* (*spirits*) ta mod till sig, repa (hämta) mod **2** rycka, dra **3** knäppa på gitarr o.d. **4** vard. skinna, plocka på pengar **II** *vb itr* rycka, dra **III** *s* vard. [friskt] mod, kurage; styrka
plucky ['plʌkɪ] vard. modig
plug [plʌg] **I** *s* **1** plugg av plast el. trä; propp, tapp **2** elektr. o.d. stickpropp; vard. vägguttag **3** knopp till spolningsanordning på wc **4 a**) tobaksstång pressad tobak; *cut* ~ pressad och skuren tobak, cut plug **b**) tobaksbuss **5** sl. lovord; i radio m.m. reklam[inslag] **II** *vb tr* **1** plugga igen, stoppa till [med en plugg (propp)] [~ *a hole*; äv. ~ *up*]; plugga fast **2** ~ *in* elektr. ansluta, koppla in [~ *in the radio*] **3** sl. göra intensiv reklam (puffa kraftigt) för, sälja in [~ *a new song on* (hos) *the audience*] **III** *vb itr* vard., ~ *away at* knoga (jobba) 'på med [~ *away at a piece of work*]
plum [plʌm] **1** plommon **2** plommonträd [äv. *plum tree*] **3** vard. läckerbit, godbit; eftertraktad befattning (roll); *the best ~s* [*went to his friends*] de bästa bitarna..., russinen i kakan...
plumage ['pluːmɪdʒ] fjäderdräkt
plumb [plʌm] **I** *s* blylod; sänke **II** *adj* **1** lodrät **2** isht amer. vard. ren [~ *nonsense*] **III** *adv* **1** lodrätt **2** vard. precis; rakt; alldeles, fullkomligt [~ *crazy*] **IV** *vb tr* loda; ~ *the depth of a mystery* gå till botten med ett mysterium
plumber ['plʌmə] **1** rörmokare **2** rörledningsentreprenör
plumbing ['plʌmɪŋ] **1** rörsystem i byggnad o.d. **2** rörarbete
plumb line ['plʌmlaɪn] lodlina
plume [pluːm] **I** *s* stor fjäder, plym; fjäderbuske; [*strut in*] *borrowed ~s* [lysa med] lånta fjädrar **II** *vb tr* **1** förse (pryda) med fjädrar (plymer) **2** om fågel putsa [~ *itself*, ~ *its feathers*] **3** ~ *oneself* bildl. yvas, brösta sig [*on* över]

plummet ['plʌmɪt] **I** *s* **1** tekn. sänklod, [bly]lod **2** sjö. lod för lodning **3** sänke på metrev **4** bildl. tyngd **II** *vb itr* bildl. rasa [*share prices have ~ed*]
plummy ['plʌmɪ] **1** vard. finfin [*a* ~ *job*]; läcker, härlig **2** vard. fyllig, [affekterat] sonor [*a* ~ *voice*]
1 plump [plʌmp] **I** *adj* fyllig, mullig, rund [~ *cheeks*]; fet, välgödd [*a* ~ *chicken*] **II** *vb itr*, ~ [*out* (*up*)] bli fyllig (rundare), lägga ut
2 plump [plʌmp] **I** *vb itr* **1** ~ [*down*] dimpa [ner] [~ *into* (~ *down in*) *a chair*], plumsa [~ *down into the water*] **2** ~ *for* a) polit. ge alla sina röster åt, stödja [~ *for the Labour candidate*] b) rösta (hålla) på, bestämma sig (fastna) för [~ *for one alternative*] **II** *vb tr* låta dimpa ner (plumsa 'i); ~ *down a heavy bag* släppa en tung väska i golvet
plunder ['plʌndə] **I** *vb tr* o. *vb itr* plundra; röva **II** *s* **1** plundring **2** byte, rov
plunge [plʌn(d)ʒ] **I** *vb itr* **1** störta sig [~ *into* (in i) *a room*], kasta sig [~ *into* (i) *a swimming pool*]; ~ *into* bildl. kasta sig in i, ge sig in på, fördjupa sig i [~ *into an argument*] **2** ekon. rasa **II** *vb tr* störta, köra (sticka, doppa) ner; bildl. försätta, störta [~ *a country into war*]; *a room ~d in darkness* ett rum sänkt (höljt) i mörker **III** *s* **1** språng; bildl. äv. djupdykning, störtande, sänkande; *take the* ~ bildl. våga språnget, ta det avgörande steget **2** ekon. fall
plunger ['plʌn(d)ʒə] tekn. **1** pistong, kolv **2** vaskrensare sugklocka med skaft
pluperfect [ˌpluːˈpɜːfɪkt] gram., *the* ~ pluskvamperfekt
plural ['plʊər(ə)l] **I** *adj* gram. plural **II** *s* gram. plural[form] [*Latin ~s*]; *the* ~ äv. plural
plus [plʌs] **I** (pl. *~es* el. *~ses*) *s* **1** matem. a) plus, plustecken b) positivt tal **2** plus; tillskott **II** *adj* matem. el. elektr. plus-; ~ *quantity* positivt tal **2** extra, överskjutande; *he's 40* ~ han är drygt fyrtio **III** *prep* plus [*one* ~ *one*], samt [*carrying a case* ~ *books*]
plus-fours [ˌplʌsˈfɔːz] golfbyxor
plush [plʌʃ] **I** *s* plysch **II** *adj* **1** plysch- **2** sl. flott [*a* ~ *night club*]
Pluto ['pluːtəʊ] mytol. el. astron. Pluto; guden äv. Pluton
plutocracy [pluːˈtɒkrəsɪ] plutokrati; penningaristokrati
plutonium [pluːˈtəʊnjəm] kem. plutonium
1 ply [plaɪ] **1** veck **2** lager, skikt; tråd; ss. efterled i sammansättn. -dubbel [*three-ply*

serviettes; *three-ply wood*], -trådig [*three-ply wool*]
2 ply [plaɪ] **I** *vb tr* **1** använda (bruka) [*flitigt*]; ~ *the oars* ro med kraftiga tag **2** bedriva [~ *a trade*] **3** förse [~ *a fire with fuel*]; ~ *a p. with food and drink* bjuda ngn på rikligt med mat och dryck **4** ansätta, överhopa [~ *a p. with questions* (*petitions*)] **5** trafikera **II** *vb itr* **1** arbeta [träget], vara i full gång **2** göra regelbundna turer mellan två platser
plywood [ˈplaɪwʊd] plywood
PM förk. för *Prime Minister*
p.m. [ˌpiːˈem] (förk. för *post meridiem* lat.) efter middagen, e.m.
pneumatic [njʊˈmætɪk] **I** *adj* **1** pneumatisk, trycklufts- [~ *drill*], luft- **2** teol. andlig **3** vard. välpumpad **II** *s* **1** [inner]slang på cykel o.d. **2** ~*s* (konstr. ss. sg.) fys. pneumatik, aeromekanik
pneumonia [njʊˈməʊnjə] med. lunginflammation
PO [ˌpiːˈəʊ] förk. för *Post Office*
po [pəʊ] (pl. ~*s*) vard. potta
1 poach [pəʊtʃ] pochera; ~*ed eggs* äv. förlorade ägg
2 poach [pəʊtʃ] **I** *vb itr* bedriva tjuvskytte (tjuvfiske), tjuvfiska; ~ *for salmon* tjuvfiska lax **II** *vb tr* bedriva olaglig jakt (olagligt fiske) på [~ *hares*; ~ *salmon*]
1 poacher [ˈpəʊtʃə] äggförlorare kokkärl; pocheringspanna
2 poacher [ˈpəʊtʃə] tjuvskytt; tjuvfiskare
poaching [ˈpəʊtʃɪŋ] tjuvskytte; tjuvfiske
pocket [ˈpɒkɪt] **I** *s* **1** ficka; fack, fodral; hål, fördjupning; fick-; *have a th. in one's* ~ bildl. ha ngt som i en liten ask **2** ficka; hål; påse **3** mil. grupp, ficka; ~*s of resistance* isolerade motståndsgrupper (motståndsfickor) **4** flyg. luftgrop [äv. *air* ~] **II** *vb tr* **1** stoppa (sticka) i fickan, stoppa på sig; tjäna [*he* ~*ed a large sum*]; stoppa i egen ficka [*he* ~*ed the profits*]; ~ *a ball* bilj. göra (sänka) en boll **2** bildl. svälja [~ *one's pride*], finna sig i [~ *an insult*]
pocket book [ˈpɒkɪtbʊk] **1** anteckningsbok, fickalmanack **2** plånbok **3** isht amer. pocketbok
pocketful [ˈpɒkɪtfʊl] (pl. ~*s* el. *pocketsful*), *a* ~ *of* en ficka (fickan) full med
pocketknife [ˈpɒkɪtnaɪf] pennkniv
pocket money [ˈpɒkɪtˌmʌnɪ] fickpengar; £15 ~ 15 pund i veckopeng
pocket-size [ˈpɒkɪtsaɪz] o. **pocket-sized** [ˈpɒkɪtsaɪzd] i fickformat
pockmarked [ˈpɒkmɑːkt] koppärrig
pod [pɒd] [frö]skida

podgy [ˈpɒdʒɪ] vard. knubbig, rultig
podi|um [ˈpəʊdɪ|əm] (pl. -*a* [-ə]) podium
poem [ˈpəʊɪm, -em] dikt, poem
poet [ˈpəʊɪt, -et] poet; diktare
poetic [pəʊˈetɪk] o. **poetical** [ˌpəʊˈetɪk(ə)l] poetisk; diktar- [~ *talent*]; versifierad [*a* ~ *version*]; *in poetic form* i versform, på vers; *poetical works* dikter, diktalster
poetry [ˈpəʊətrɪ] poesi äv. bildl.; diktning; *book of* ~ diktbok; *write* ~ skriva poesi (dikter, vers)
pogo stick [ˈpəʊɡəʊstɪk] kängurustylta
pogrom [ˈpɒɡrəm, pəˈɡrɒm] pogrom
poignant [ˈpɔɪnənt] **1** stark, gripande [~ *scene*], intensiv, stor [~ *experience*; ~ *interest*] **2** bitter [~ *sorrow*], bitande [~ *sarcasm*]
poinsettia [pɔɪnˈsetjə] bot. julstjärna
point [pɔɪnt] **I** *s* **1** punkt, prick **2** bildl. punkt, moment, sak; *the fine[r]* ~*s of the game* spelets finesser; *up to a* ~ till en viss grad **3** punkt äv. geom.; ~ *diagram* statistik. punktdiagram; *decimal* ~ [decimal]komma; *one* ~ *five* (*1.5, 1·5*) ett komma fem (1,5) **4** [tid]punkt; *I was on the* ~ *of leaving* jag skulle just gå, jag stod i begrepp att gå **5** spets, udd; på horn tagg; *the* ~ *of the jaw* hakspetsen, hakan **6** udde; [berg]spets **7** a) grad; punkt [*boiling* ~] b) streck [*the cost of living went up several* ~*s*] **8** poäng i sport m.m. [*win by* (med) *ten* ~*s*; *win on* (på) ~*s*]; *match* ~ i tennis matchboll **9** streck på kompass; *from all four* ~*s of the compass* från alla fyra väderstrecken
10 a) kärnpunkt, springande punkt; slutkläm, poäng [*the* ~ *of the story*] b) syfte, mål; åsikt; *the* ~ *is that...* saken är den att...; *that's just the* ~ det är det som är det fina i saken; *get the* ~ förstå vad saken gäller, fatta galoppen; *make a* ~ *of getting up early* göra det till en regel att stiga upp tidigt; *I take your* ~ jag förstår vad du menar (vill ha sagt)
11 mening, nytta; *there's no* ~ *in doing that* det är ingen mening med att göra det; *I can't see the* ~ *of it* jag kan inte se vitsen med det **12** sida; *he has his* [*good*] ~*s* han har sina goda sidor; *that is not his strong* ~ det är inte hans starka sida
13 sydd[a] spets[ar] **14** a) järnv. växeltunga, växelspets; pl. ~*s* växel b) elektr., [*power*] ~ vägguttag
II *vb tr* **1** peka med; rikta [~ *gun at a p.*]; rikta (ställa) in [~ *a telescope*] **2** ~ *out* peka ut, peka på, bildl. äv. påpeka, poängtera [~ *out the defects*] **3** vässa [~ *a pencil*]

III *vb itr* peka; vara vänd (riktad); *~ to* äv. peka (tyda) på

point-blank [ˌpɔɪntˈblæŋk, attr. ˈ--] **I** *adj* **1** [riktad] rakt mot målet; *~ fire* mil. eld på nära håll **2** om yttrande rakt på sak; blank [*~ refusal*] **II** *adv* **1** rakt [på målet] **2** bildl. direkt [*tell a p. ~*]; utan vidare; *he refused ~* han vägrade blankt

point duty [ˈpɔɪntˌdjuːtɪ] tjänstgöring som trafikpolis; *be on ~* ha trafiktjänst, dirigera trafiken

pointed [ˈpɔɪntɪd] **1** spetsig **2** bildl. spetsig, skarp [*a ~ reply*], tydligt riktad [*~ criticism*] **3** tydlig [*~ allusion*], markant [*~ ignorance*], uttrycklig **4** precis, exakt

pointer [ˈpɔɪntə] **1** pekpinne **2** visare på klocka, våg o.d. **3** vard. vink; tips **4** pointer, slags fågelhund

pointless [ˈpɔɪntləs] **1** meningslös; svag, tam [*a ~ attempt*] **2** poänglös

poise [pɔɪz] **I** *s* **1** jämvikt [äv. *equal (even) ~*]; svävande **2** sätt att föra sig; värdighet **II** *vb tr* balansera, bringa (hålla) i jämvikt **III** *vb itr* balansera, befinna sig (vara) i jämvikt; sväva

poised [pɔɪzd] **1** samlad, värdig; beredd **2** balanserande [*a ball ~ on the nose of a seal*], lyft; svävande

poison [ˈpɔɪzn] **I** *s* gift äv. bildl.; *~ fang* gifttand; *~ gas* giftgas; *what's your ~?* vard. vad vill du ha [att dricka]? **II** *vb tr* förgifta äv. bildl.; *~ a p.* (*a p.'s mind*) *against* göra ngn avogt inställd mot

poisoner [ˈpɔɪz(ə)nə] giftblandare

poisonous [ˈpɔɪz(ə)nəs] **1** giftig, gift- **2** skadlig **3** illvillig, giftig [*a ~ tongue*]

poison-pen [ˈpɔɪznpen] [anonym] hat- [*a ~ letter*], smutskastnings- [*a ~ campaign*]

1 poke [pəʊk], *buy a pig in a ~* köpa grisen i säcken

2 poke [pəʊk] **I** *vb tr* **1** stöta (knuffa, puffa) [till] med spetsigt föremål, finger o.d.; peta [på]; *~ a hole in* peta hål på (i) **2** röra om [i] eld o.d.; *~ the fire* [*up*] röra om i brasan **3** sticka [fram (ut, in)]; *~ fun at* göra narr av, driva med; *~ one's nose into a th.* sticka näsan (nosa) i ngt, lägga sig 'i ngt **4** *be ~d up* vara instängd (isolerad) **5** vulg. knulla **II** *vb itr* **1** peta [*~ with a stick in a th.*] **2** rota; snoka [*~ into a p.'s private affairs*]; *~ about* (*around*) [gå och] rota (snoka) [*~ about in the attic*], hålla på och stöka (påta) [*~ about in the garden*] **3** *~* [*out*] sticka fram (ut) [*his head ~d through the door*] **III** *s* stöt, knuff [*give a p. a ~ in the ribs* (i sidan)]; *give the fire a ~* röra om lite i brasan

1 poker [ˈpəʊkə] kortsp. poker

2 poker [ˈpəʊkə] eldgaffel

poky [ˈpəʊkɪ] **1** trång, kyffig [*a ~ room* (*flat*)], torftig **2** amer. vard. långsam [*~ traffic*]

Poland [ˈpəʊlənd] Polen

polar [ˈpəʊlə] polar, pol-; fackspr. el. bildl. polär; *~ bear* isbjörn

polarity [pə(ʊ)ˈlærətɪ] fackspr. el. bildl. polaritet

polarization [ˌpəʊləraɪˈzeɪʃ(ə)n, -rɪˈz-] fys. el. TV. polarisation, polarisering äv. bildl.

polarize [ˈpəʊləraɪz] fackspr. el. bildl. polarisera

Pole [pəʊl] polack

1 pole [pəʊl] påle, stake; sport. stav; amer. äv. [skid]stav; *up the ~* vard. a) galen, tokig, knasig b) på fel spår

2 pole [pəʊl] pol [*negative ~*; *the North P~*]; *they are ~s apart* de står långt ifrån varandra; de är diametralt motsatta

pole-axe [ˈpəʊlæks] **I** *s* slaktyxa **II** *vb tr* hugga ner [med yxa], klubba ner äv. bildl.; *as if he had been ~d* som om han hade fått ett klubbslag

polecat [ˈpəʊlkæt] zool. iller; amer. äv. skunk

polemic [pəˈlemɪk] **I** *adj* polemisk **II** *s* polemik; pl. *~s* (konstr. vanl. ss. sg.) isht teol. polemik

polenta [pəˈlentə] kok. polenta

pole-vault [ˈpəʊlvɔːlt] sport. **I** *s* stavhopp **II** *vb itr* hoppa stavhopp

police [pəˈliːs] **I** (konstr. ss. pl.) *s* polis myndighet [*the ~ have caught him*]; poliser [*several hundred ~ were on duty*]; *~ academy* amer. polisskola; *~ college* polisskola; *~ department* amer. högsta statliga polismyndighet; *~ state* polisstat; *chief of ~* polischef; ss. titel polismästare **II** *vb tr* **1** behärska, bevaka; *UN forces ~d the area* FN-trupper övervakade (kontrollerade) området **2** förse med polis [*~ the city*]

police|man [pəˈliːs|mən] (pl. *-men* [-mən]) polis[man], poliskonstapel; *~'s badge* polisbricka

police|woman [pəˈliːs|wʊmən] (pl. *-women* [-wɪmɪn]) kvinnlig polis

1 policy [ˈpɒlɪsɪ] **1** klok politik **2** politik [*foreign ~*]; policy [*a new company ~*]; linje, hållning äv. polit.; *honesty is the best ~* ordspr. ärlighet varar längst; *pursue a ~* föra en politik

2 policy [ˈpɒlɪsɪ] försäkringsbrev [äv. *insurance ~*]

polio [ˈpəʊlɪəʊ] med. vard. polio

poliomyelitis [ˌpəʊlɪə(ʊ)maɪəˈlaɪtɪs] med. poliomyelit[is], polio

Polish ['pəʊlɪʃ] **I** *adj* polsk **II** *s* polska [språket]
polish ['pɒlɪʃ] **I** *s* **1** polering, putsning **2** glans äv. bildl.; bildl. förfining, stil; belevat sätt; polerad yta; *high* ~ högglans **3** polermedel; polityr, polish [*furniture* ~]; *nail* ~ nagellack **II** *vb tr* **1** polera [~ *brass*], skura; bona [~ *floors*]; putsa [~ *shoes*] **2** bildl. slipa av, polera, putsa; fila på [~ *one's verses*]; ~ *up* vard. bättra på [~ *up one's French*] **3** ~ *off* vard. snabbt klara av (få ur händerna) [~ *off a job*], [snabbt] expediera [~ *off an opponent*]; svepa, sätta i sig [~ *off a bottle of wine*]
polished ['pɒlɪʃt] **1** polerad etc., jfr *polish II*; blank **2** bildl. förfinad
polite [pə'laɪt] artig, hövlig; belevad
politeness [pə'laɪtnəs] hövlighet, artighet
politic ['pɒlɪtɪk] **1** klok, diplomatisk [*a* ~ *retreat*] **2** *the body* ~ staten, statskroppen
political [pə'lɪtɪk(ə)l] politisk; stats-; ~ *science* statsvetenskap; statskunskap
politician [ˌpɒlɪ'tɪʃ(ə)n] **1** [parti]politiker **2** statsman
politics ['pɒlɪtɪks] (konstr. ss. sg. el. pl.) **1** politik; *talk* ~ politisera, prata politik **2** politiska idéer [*I don't like his* ~]
polka ['pɒlkə] polka dans el. melodi
poll [pəʊl] **I** *s* **1** a) röstning, val b) röstlängd c) röstetal; röstsiffror; *heavy* (*light*) ~ stort (högt resp. litet, lågt, ringa) valdeltagande **2** undersökning; [*public*] *opinion* ~ opinionsundersökning **II** *vb tr* **1** a) få (samla) antal röster vid val [*he* ~*ed 3,000 votes*] b) registrera (räkna) väljare, röster **2** intervjua, göra en [opinions]undersökning bland (inom) **III** *vb itr* rösta
pollen ['pɒlən] bot. pollen; ~ *count* [uppmätt] pollenhalt, pollenrapport för allergiker
pollinate ['pɒlɪneɪt] pollinera
pollination [ˌpɒlɪ'neɪʃ(ə)n] pollinering
polling-booth ['pəʊlɪŋbuːð, -buːθ] vallokal
polling-day ['pəʊlɪŋdeɪ] valdag; *on* ~ på valdagen
polling-station ['pəʊlɪŋˌsteɪʃ(ə)n] vallokal
pollster ['pəʊlstə] opinionsundersökare
pollutant [pə'luːtənt, -'ljuː-] **1** förorening, förorenande (miljöfarligt) ämne **2** nedsmutsare, miljöförstörare
pollute [pə'luːt, -'ljuːt] **1** förorena **2** bildl. besudla, befläcka
pollution [pə'luːʃ(ə)n, -'ljuː-] **1** förorenande; *air* ~ luftförorening **2** bildl. besudlande
polo ['pəʊləʊ] sport. polo[spel] [*water* ~]; ~ *shirt* tenniströja

polonaise [ˌpɒlə'neɪz] polonäs dans el. musikstycke
polo neck ['pəʊləʊnek] polokrage; ~ [*sweater*] polotröja, tröja med polokrage
polyclinic [ˌpɒlɪ'klɪnɪk, '----] poliklinik allmänt sjukhus
polyester [ˌpɒlɪ'estə, 'pɒlɪˌestə] polyester
polygamist [pə'lɪgəmɪst] polygamist
polygamous [pə'lɪgəməs] polygam äv. bot.
polygamy [pə'lɪgəmɪ] polygami
polyglot ['pɒlɪglɒt] **I** *adj* flerspråkig **II** *s* polyglott
Polynesia [ˌpɒlɪ'niːzjə, -ʒjə, -ʒə] geogr. Polynesien
polystyrene [ˌpɒlɪ'staɪriːn, -'stɪ-] kem. polystyren
polysyllable ['pɒlɪˌsɪləbl] flerstavigt ord
polytechnic [ˌpɒlɪ'teknɪk] **I** *adj* polyteknisk **II** *s* ung. högskola för teknisk yrkesutbildning
polythene ['pɒlɪθiːn] kem. polyeten; ~ *bag* plastpåse
polyunsaturated [ˌpɒlɪʌn'sætʃʊreɪtɪd] fleromättad [~ *fats*]
pomade [pə'mɑːd, pɒ'm-] **I** *s* pomada **II** *vb tr* pomadera
pomegranate ['pɒmɪˌgrænɪt] **1** granatäpple **2** granatäppelträd
Pomeranian [ˌpɒmə'reɪnjən] **I** *adj* pommersk; ~ *dog* dvärgspets **II** *s* **1** pomrare **2** dvärgspets
pommel ['pʌml] **I** *s* **1** svärdsknapp **2** sadelknapp **II** *vb tr* se *pummel*
pomp [pɒmp] pomp, prakt; ~ *and circumstance* pomp och ståt
pompom ['pɒmpɒm] rund tofs, boll, pompong
pomposity [pɒm'pɒsətɪ] uppblåsthet etc., jfr *pompous*
pompous ['pɒmpəs] uppblåst; dryg; om språk el. stil pompös
ponce [pɒns] sl. **I** *s* **1** hallick **2** feminin typ, vekling **3** bög **II** *vb itr* **1** [leva på att] vara hallick **2** ~ *about* larva omkring
pond [pɒnd] damm; tjärn, liten sjö; *the* [*big* (*herring*)] *P*~ vard. pölen Atlanten
ponder ['pɒndə] **I** *vb tr* överväga; begrunda, fundera över (på) [~ *a problem*] **II** *vb itr* grubbla
ponderous ['pɒnd(ə)rəs] **1** tung [~ *movements*] **2** bildl. tung, trög [*a* ~ *style*]
pone [pəʊn], [*corn*] ~ amer., slags majsbröd
pong [pɒŋ] sl. **I** *vb itr* stinka **II** *s* stank
pontiff ['pɒntɪf] påve [äv. *sovereign* ~]
pontificate [ss. subst. pɒn'tɪfɪkət, ss. vb pɒn'tɪfɪkeɪt] **I** *s* pontifikat, påvedöme; påves ämbetstid **II** *vb itr* **1** fungera som påve **2** uttala sig pompöst

1 pontoon [pɒn'tuːn] ponton; flyg. äv. flottör; ~ *bridge* pontonbro
2 pontoon [pɒn'tuːn] kortsp., ung. tjugoett
pony ['pəʊnɪ] **I** *s* **1 a)** ponny; [liten] häst **b)** *play (bet on) the ponies* sl. spela på hästar **2** sl. 25 pund **3** amer. sl. fusklapp **II** *vb itr* amer. sl. fuska med lathund
pony-tail ['pəʊnɪteɪl] hästsvans[frisyr]
pooch [puːtʃ] sl. jycke hund
poodle ['puːdl] pudel
pooh [phuː] uttr. otålighet el. förakt, *~!* äh!, asch!, pytt[san]!
pooh-pooh [,puː'puː] **I** *interj* se *pooh* **II** *vb tr* rynka på näsan (fnysa) åt [*he ~ed the idea*]
1 pool [puːl] **1** pöl **2** pool
2 pool [puːl] **I** *s* **1** kortsp. pulla; pott **2** insatsskjutning **3** pool slags biljard **4** *the football ~s* ung. tipstjänst, tipsbolaget **5** isht hand. pool, [monopol]sammanslutning för begränsning av inbördes konkurrens; trust **6 a)** central; *typing (typists') ~* skrivcentral **b)** reserv, förråd **II** *vb tr* slå samman [*~ one's resources*] **III** *vb itr* gå samman
poor [pʊə] **1** fattig; *the ~* de fattiga **2** klen, mycket liten [*a ~ consolation, a ~ chance*]; skral, torftig, dålig, usel [*a ~ meal, a ~ salary*]; *he made a very ~ show* han gjorde en mycket slät figur **3** stackars, arm; *~ fellow!* stackars karl (han)! **4** vard. (om avliden) salig; *my ~ father* min salig (gamle) far
poorly ['pʊəlɪ] **I** *pred adj* vard. klen till hälsan; dålig, krasslig [*look ~*] **II** *adv* fattigt etc., jfr *poor*, illa; *be ~ off* ha det dåligt ställt
1 pop [pɒp] **I** *interj* o. *adv* pang; *it went [off] ~* det sa pang om den, den sa pang **II** *s* **1** knall, smäll, puff **2** skott; *have a ~ at* skjuta efter **3** vard. läsk, [kolsyrad] läskedryck **4** sl., *in ~* i pant; *på stampen* pantsatt **III** *vb itr* **1** smälla, knalla; knäppa **2** vard. skjuta [*~ [away] at* (på, efter) *birds*] **3** kila; *I'll ~ along now* nu kilar (sticker) jag; *I'll ~ along (round) to see you* jag tittar in till dig; *~ in* titta in; *~ off* **a)** sl. kola [av], kila vidare dö **b)** kila (sticka) i väg; *his eyes were ~ping out of his head* han höll på att stirra ögonen ur sig [av förvåning] **4** brista (öppna sig) med en smäll **IV** *vb tr* **1** smälla [*~ a paper bag*]; skjuta **2** stoppa (sticka, lägga, ställa) [undan] [*she ~ped the gin bottle into the cupboard as the vicar entered*]; *~ one's head out of the window* sticka ut huvudet genom fönstret **3** *~ down* skriva upp (ner), kasta ner **4** sl. stampa på pantsätta [*I'll ~ my watch*] **5** *~ corn* göra popcorn, 'poppa' [majs]

2 pop [pɒp] vard. **I** *adj* (kortform för *popular*) populär- [*~ art, a ~ singer*] **II** *s* pop
3 pop [pɒp] isht amer. vard. kortform för *poppa*
popcorn ['pɒpkɔːn] popcorn
pope [pəʊp], *the P~* påven
popgun ['pɒpɡʌn] barns luftbössa
poplar ['pɒplə] bot. poppel; *white ~* silverpoppel
poplin ['pɒplɪn] poplin
poppa ['pɒpə] amer. vard. pappa
popper ['pɒpə] vard. **1** tryckknapp **2** skytt **3** popcornapparat **4** uppåttjack
poppy ['pɒpɪ] bot. vallmo; *P~ Day* söndag närmast 11 nov. då konstgjorda vallmoblommor säljs till minne av de stupade under världskrigen
poppycock ['pɒpɪkɒk] vard. strunt[prat]
Popsicle ['pɒpsɪk(ə)l] ® isht amer. isglass[pinne]
pop-top ['pɒptɒp] **I** *adj* [försedd] med rivöppnare [*a ~ beer can*] **II** *s* rivöppnare
populace ['pɒpjʊləs], *the ~* **a)** [den breda] massan; pöbeln **b)** befolkningen
popular ['pɒpjʊlə] **1** folk- [*a ~ revolution*], allmän [*~ discontent*]; *~ opinion* den allmänna meningen, folkopinion[en] **2** populär, omtyckt, populär- [*a ~ concert, ~ science*]; allmän; lättfattlig [*in a ~ style*]; *~ feature* glansnummer, publiknummer
popularity [,pɒpjʊ'lærətɪ] popularitet; folkgunst; *gain (win) ~* vinna popularitet, bli populär
popularize ['pɒpjʊləraɪz] popularisera; göra populär
popularly ['pɒpjʊləlɪ] **1** allmänt **2** populärt; lättfattligt
populate ['pɒpjʊleɪt] befolka
population [,pɒpjʊ'leɪʃ(ə)n] befolkning; folkmängd; statistik. population; befolknings- [*~ explosion, ~ pyramid*]
populous ['pɒpjʊləs] folkrik
porcelain ['pɔːs(ə)lɪn] finare porslin
porch [pɔːtʃ] **1** överbyggd entré, portal; amer. veranda **2** förhall, förstuga
porcupine ['pɔːkjʊpaɪn] zool. piggsvin
1 pore [pɔː] por
2 pore [pɔː] stirra, se oavvänt; *~ over* hänga (sitta) med näsan över [*~ over one's books*]; studera noga (flitigt) [*~ over a map*]
pork [pɔːk] griskött isht osaltat
pork chop [,pɔːk'tʃɒp] fläskkotlett
porker ['pɔːkə] gödsvin

pork pie [ˌpɔːkˈpaɪ] fläskpastej
porky [ˈpɔːkɪ] **1** gris-, fläsk-, av griskött (fläsk) **2** vard. fläskig
porn [pɔːn] o. **porno** [ˈpɔːnəʊ] vard. porr
pornographic [ˌpɔːnə(ʊ)ˈɡræfɪk] pornografisk
pornography [pɔːˈnɒɡrəfɪ] pornografi
porous [ˈpɔːrəs] porös, full av porer
porpoise [ˈpɔːpəs] zool. tumlare
porridge [ˈpɒrɪdʒ] **1** [havre]gröt **2** sl. fängelse; *do ~* sitta på kåken, sitta inne
1 port [pɔːt] portvin
2 port [pɔːt] hamn äv. bildl.; hamnstad; *~ authority* hamnmyndighet; *any ~ in a storm* ordst. i en nödsituation duger vad som helst; *~ of arrival* ankomsthamn; *~ of destination* destination[shamn]
3 port [pɔːt] sjö. **I** *s* babord **II** *vb tr*, *~ the helm!* [lägg] rodret babord!, styrbord hän!
portable [ˈpɔːtəbl] **I** *adj* bärbar, portabel; flyttbar; lös; *~ radio* bärbar (portabel) radio, transistorapparat **II** *s* bärbar (portabel) apparat (tv, dator etc.)
portal [ˈpɔːtl] portal, valvport
portend [pɔːˈtend] förebåda, varsla [om]
portent [ˈpɔːtent, -t(ə)nt] förebud isht olyckligt; varsel; järtecken; omen
1 porter [ˈpɔːtə] **1** portvakt, dörrvakt, grindvakt **2** vaktmästare; [hotell]portier
2 porter [ˈpɔːtə] **1** bärare vid järnvägsstation o.d. **2** amer. sovvagnskonduktör **3** amer. städare **4** (kortform för *~'s beer*) porter
porterhouse [ˈpɔːtəhaʊs], *~ [steak]* tjock skiva av rostbiffen närmast dubbelbiffen
portfolio [ˌpɔːtˈfəʊljəʊ] (pl. *~s*) **1** portfölj [*Minister without ~*]; ministerpost **2** aktieportfölj
porthole [ˈpɔːthəʊl] **1** sjö. hyttventil; sidventil **2** sjö. [last]port; kanonport **3** skottglugg
portion [ˈpɔːʃ(ə)n] **I** *s* **1** del, stycke **2** andel, lott äv. bildl.; arvedel **3** [mat]portion [*a small ~*] **4** hemgift **II** *vb tr* **1** *~ [out]* dela, fördela, dela ut [*among* bland; *to* till] **2** *~ off* skärma av
portly [ˈpɔːtlɪ] korpulent
portmanteau [pɔːtˈmæntəʊ] (pl. *~s* el. *~x* [-z]) [stor] kappsäck; attr. tänjbar [*a ~ term*]
portrait [ˈpɔːtrət, -treɪt] **1** porträtt; *have one's ~ taken* a) låta måla sitt porträtt b) [låta] fotografera sig **2** bildl. bild, avbild
portray [pɔːˈtreɪ] **1** porträttera, avbilda **2** bildl. framställa (skildra, teckna) [livfullt]
portrayal [pɔːˈtreɪəl] **1** porträttmålning **2** framställning
Portugal [ˈpɔːtjʊɡ(ə)l]
Portuguese [ˌpɔːtjʊˈɡiːz] **I** *adj* portugisisk **II** *s* **1** (pl. lika) portugis **2** portugisiska [språket]
pose [pəʊz] **I** *s* **1** pose äv. bildl.; [konstlad] ställning **2** posering **II** *vb tr* **1** framställa, lägga fram [*~ a claim, ~ a question*]; *~ a problem* (*threat*) utgöra ett problem (hot) **2** placera [i önskad pose] **III** *vb itr* posera; inta en pose; *~ as* ge sig ut för att vara
poseur [pəʊˈzɜː] posör
posh [pɒʃ] vard. **I** *adj* flott [*a ~ hotel*], fin [*her ~ friends*] **II** *vb tr*, *~ up* snofsa upp, göra fin
position [pəˈzɪʃ(ə)n] **I** *s* **1** position äv. bildl.; läge, plats; *~ finder* a) sjö. [radio]pejlapparat b) mil. avståndsinstrument **2** [social] position [*a ~ in society*], [samhälls]ställning **3** plats, anställning; befattning **4** ståndpunkt [*what's your ~ on* (i) *this controversy?*], synpunkt **II** *vb tr* **1** placera **2** lokalisera, ange positionen för
positive [ˈpɒzətɪv] **I** *adj* **1** allm. positiv äv. vetensk. [*a ~ photo*]; *~ feedback* elektr. medkoppling; *the ~ sign* plustecknet **2** a) uttrycklig, bestämd [*a ~ denial*; *~ orders*]; absolut b) verklig c) jakande [*a ~ answer*] **3** säker, övertygad; tvärsäker **4** vard. riktig, verklig, ren [*a ~ lie*], fullkomlig [*a ~ fool*] **5** gram., *the ~ degree* positiv **II** *s* **1** gram. positiv **2** elektr. anod **3** foto. positiv [bild]
positively [ˈpɒzətɪvlɪ] **1** positivt; uttryckligen **2** säkert **3** absolut, i sig själv, i och för sig **4** verkligt
posse [ˈpɒsɪ] isht amer. polisstyrka, [polis]uppbåd
possess [pəˈzes] **1** besitta, äga, inneha; sitta inne med [*~ information*]; *all I ~* allt jag äger [och har] **2** bildl. a) om idé, känsla o.d. behärska [*the joy that ~ed him*] b) vara förtrogen med, behärska ett språk o.d.; *what ~ed you to do that?* hur i all världen kunde du göra så?
possessed [pəˈzest] **1** besatt, behärskad; intagen; *~ by* (*with*) *an idea* (*love*) besatt (fylld) av en idé (av kärlek) **2** *be ~ of* (*with*) vara i besittning av, äga, ha [*be ~ of money* (*good sense*)]
possession [pəˈzeʃ(ə)n] **1** besittande, innehav[ande]; ägo; *in ~ of one's senses* vid sina sinnens fulla bruk (sina sinnen); *get ~ of* få tag i, komma över **2** konkr. egendom, besittning; pl. *~s* äv. ägodelar, tillhörigheter **3** [politisk] besittning [*foreign ~s*]
possessive [pəˈzesɪv] **I** *adj* **1** hagalen; härsklysten; dominerande; *the ~ instinct*

habegäret; begäret att få behärska; *my husband is very* ~ min man behandlar mig som om han ägde mig **2** gram. possessiv; *the* ~ *case* genitiv; ~ *pronoun* possessivpronomen **II** *s* gram. **1** possessivpronomen **2** *the* ~ genitiv
possessor [pə'zesə] ägare
possibility [ˌpɒsə'bɪlətɪ] möjlighet; eventualitet; *by any* ~ på något [möjligt] vis
possible ['pɒsəbl, -sɪbl] **I** *adj* **1** möjlig, tänkbar; eventuell [*for* ~ *emergencies*]; *if* ~ om möjligt **2** rimlig **II** *s* tänkbar kandidat (deltagare, spelare etc.); tänkbar vinnare
possibly ['pɒsəblɪ] **1** möjligt, möjligen; eventuellt; *not* ~ omöjligt, omöjligen, överhuvudtaget inte; *I cannot* ~ *come* äv. jag har ingen [som helst] möjlighet att komma **2** kanske; [det är] mycket möjligt
1 post [pəʊst] **I** *s* **1** post vid dörr, fönster o.d.; stolpe **2** kapplöpn. [mål]stolpe; *the* ~ äv. målet; *the starting* ~ startlinjen, startstolpen **II** *vb tr* **1** ~ [*up*] sätta (klistra) upp, anslå [~ *a notice*, ~ *a bill*] **2** ~ [*up*] offentliggöra, tillkännage [genom anslag] **3** affischera på
2 post [pəʊst] **I** *s* **1** befattning, plats, tjänst **2** mil. post[ställe]; *at one's* ~ på sin post äv. bildl. **3** mil. ung. tapto[t] **II** *vb tr* isht mil. postera; förlägga [*be ~ed overseas*]; kommendera
3 post [pəʊst] **I** *s* **1** a) post brev o.d. [*we had a heavy* (mycket) ~ *today*] b) [post]tur [*how many ~s are there per day?*] c) postskjuts, postbåt **2** a) post[kontor], postexpedition b) post[befordran]; postverk; *catch the* ~ hinna posta före tömning av brevlådan **II** *vb tr* **1** posta [~ *a letter*] **2** hand. föra in (över) en post; bokföra; ~ *up* föra à jour, avsluta, slutföra **3** bildl. informera; *keep a p. ~ed* hålla ngn à jour
post- [pəʊst oftast med huvudtryck] efter-, post- [*post-Victorian*]; senare än; *post-Beethoven* [*period*] ...efter Beethoven
postage ['pəʊstɪdʒ] porto; ~ *rate* posttaxa; [post]porto
postal ['pəʊst(ə)l] post-; ~ *card* isht amer., frankerat postkort; ~ *code* se *postcode*; ~ *giro account* postgirokonto; ~ *service* postförbindelse, posttrafik; ~ *tuition* korrespondensundervisning; *the P~ Union* världspostunionen; ~ *vote* poströst
postbag ['pəʊstbæg] **1** postsäck; postväska **2** bildl. (i tidskrift o.d.) brevlåda
postbox ['pəʊstbɒks] brevlåda

postcard ['pəʊs(t)kɑ:d] frankerat postkort; [*picture*] ~ vykort
postcode ['pəʊs(t)kəʊd] postnummer
postdate [ˌpəʊst'deɪt] postdatera, efterdatera
1 poster ['pəʊstə] avsändare
2 poster ['pəʊstə] **1** anslag; [stor] affisch, poster, plakat; löpsedel; ~ *paint* plakatfärg **2** affischör
poste restante [ˌpəʊst'restɒnt] poste restante
posterior [pɒ'stɪərɪə], ~[*s* isht amer.] skämts. bak[del]
posterity [pɒ'sterətɪ] **1** efterkommande ättlingar **2** eftervärld[en], kommande generationer
post-free [ˌpəʊst'fri:] **I** *adj* portofri **II** *adv* portofritt, franko
postgraduate [ˌpəʊs(t)'grædjʊət] **I** *adj* efter avlagd (som avlagt) [första] examen vid universitet, i USA äv. vid *high school*; ung. doktorand- [~ *level*]; ~ *studies* forskarutbildning, doktorandstudier **II** *s* forskarstuderande, doktorand
post-haste [ˌpəʊst'heɪst] i ilfart (sporrsträck)
posthumous ['pɒstjʊməs] postum [*a* ~ *novel*]
postiche [pɒ'sti:ʃ, '--] postisch löshår; peruk
post|man ['pəʊs(t)|mən] (pl. *-men* [-mən]) brevbärare, postiljon; ~*'s knock* lek, ung. ryska posten
postmark ['pəʊs(t)mɑ:k] poststämpel
postmaster ['pəʊs(t)ˌmɑ:stə] postmästare; postföreståndare; *the P~ General* i USA ministern för postväsendet
postmistress ['pəʊs(t)ˌmɪstrəs] [kvinnlig] postmästare (postföreståndare); vard. postfröken
postmortem [ˌpəʊs(t)'mɔ:təm] **I** *adj*, ~ *examination* obduktion; *perform a* ~ *examination* e. vanl. obducera **II** *s* **1** obduktion **2** efterhandsundersökning
postnatal [ˌpəʊs(t)'neɪtl] [som sker] efter födelsen; ~ *care* mödravård efter förlossningen
post office ['pəʊstˌɒfɪs] **1** postkontor; ~ *box* postfack, postbox **2** *the Post Office* el. *the General Post Office* a) huvudpostkontoret b) postverket; ~ *order* postanvisning som ska åtföljas av brev med remittentens namn
post-paid [ˌpəʊs(t)'peɪd] **I** *adj* portofri **II** *adv* franko, portofritt
postpone [pəʊs(t)'pəʊn, pəs'p-] **1** skjuta upp **2** sätta i andra rummet, låta stå tillbaka

postponement [pəʊs(t)'pəʊnmənt, pəs'p-]
1 uppskjutande, senareläggning
2 åsidosättande
postscript ['pəʊsskrɪpt] postskriptum
postulate [ss. subst. 'pɒstjʊlət, -leɪt, ss. vb -leɪt] **I** s postulat **II** vb tr **1** begära, göra anspråk på **2** postulera
posture ['pɒstʃə, -tjʊə] **I** s
1 [kropps]ställning; hållning **2** attityd
II vb itr posera äv. bildl.; vard. göra sig till
postwar [,pəʊst'wɔː, attr. '--] efterkrigs-, efter kriget
posy ['pəʊzɪ] [liten] bukett äv. bildl.
pot [pɒt] **I** s **1** a) burk {a ~ of honey (jam)}, kruka {flowerpot}, pyts {paint ~} b) gryta c) kanna {a tea ~; a ~ of tea}; mugg, stop {a ~ of ale} d) potta e) sport. vard. buckla; pris f) tina {lobsterpot}; ~ of gold bildl. guldgruva; lyckträff; keep the ~ boiling bildl. hålla grytan kokande, hålla det hela i gång; go to ~ vard. gå åt pipan, stryka med **2** bildl. **a)** vard. massa {make a ~ of money} **b)** vard., {big} ~ {stor}pamp **c)** kortsp. o.d. pott **d)** sl., se potbelly **3** sl. hasch **II** vb tr **1** a) lägga (förvara) i en kruka etc. b) lägga (salta) in {~ted shrimps (ham)} **2** ~ {up} plantera (sätta) i en kruka (krukor) **3** vard. sätta på pottan {~ the baby} **4** vard. knäppa skjuta {~ a rabbit} **5** bilj., ~ a ball göra (sänka) en boll **6** förkorta {a ~ted version} **III** vb itr vard., ~ at skjuta på (efter) {~ at a hare}
potash ['pɒtæʃ] **1** pottaska **2** kali
potassium [pə'tæsjəm] kem. kalium; ~ bromide bromkalium, kaliumbromid
potato [p(ə)'teɪtəʊ] (pl. ~es) **1** potatis; sweet ~ batat, sötpotatis **2** vard. hål på strumpan
potbellied ['pɒt,belɪd], be ~ ha stor mage
potbelly ['pɒt,belɪ] kalaskula; isterbuk äv. om pers.
potboiler ['pɒt,bɔɪlə] vard. bok (konstverk o.d.) som kommit till endast för brödfödans skull
potency ['pəʊt(ə)nsɪ] **1** makt; styrka **2** fysiol. potens
potent ['pəʊt(ə)nt] **1** mäktig, kraftig; stark {~ reasons}, kraftig[t verkande] {a ~ remedy}, stark **2** fysiol. potent
potentate ['pəʊt(ə)nteɪt, -tət] potentat
potential [pə(ʊ)'tenʃ(ə)l] **I** adj potentiell, eventuell {a ~ enemy} **II** s potential {war ~}; möjlighet[er]
pot herb ['pɒthɜːb] köksväxt; pl. ~s äv. sopprötter
pot-holder ['pɒt,həʊldə] grytlapp
pot-hole ['pɒthəʊl] **1** geol. jättegryta **2** i väg potthål, grop; tjälskott

pot-holing ['pɒt,həʊlɪŋ] grottforskning
potion ['pəʊʃ(ə)n] dryck isht med helande, giftiga el. magiska egenskaper {love ~}
pot luck [,pɒt'lʌk], take ~ hålla tillgodo med vad huset förmår
potpourri [pəʊ'pʊrɪ, pɒt-, ,--'-] potpurri
pot-roast ['pɒtrəʊst] **I** s grytstek **II** vb tr bräsera
pot shot [,pɒt'ʃɒt] vard. **a)** slängskott **b)** bildl. känga pik; gissning; take a ~ at **a)** slänga i väg ett skott efter **b)** bildl. ge ngn en känga; [försöka] gissa på
potted ['pɒtɪd] **1** se pot II
2 sammandragen, förkortad {a ~ version of the film} **3** amer. sl. full [som en alika]
1 potter ['pɒtə], ~ {about} knåpa, pyssla, pilla {at med}, fuska {in i}
2 potter ['pɒtə] krukmakare; keramiker; ~'s clay (earth) krukmakarlera
pottery ['pɒtərɪ] **1** porslinsfabrik; keramikfabrik; krukmakeri
2 porslinstillverkning; keramiktillverkning; krukmakeri
3 porslin; keramik; lergods
potty ['pɒtɪ] vard. **I** adj **1** knasig; tokig
2 pluttig, futtig; that ~ little car den där lilla pluttbilen **II** s barnspr. potta; ~ training potträning
pouch [paʊtʃ] **1** pung {tobacco ~}, [liten] påse **2** biol.: t.ex. pungdjurs pung; pelikaners påse **3** have ~es under the eyes ha påsar under ögonen **4** mil. patronväska
poulterer ['pəʊlt(ə)rə] fågelhandlare
poultice ['pəʊltɪs] **I** s gröt[omslag] **II** vb tr lägga grötomslag på
poultry ['pəʊltrɪ] fjäderfä[n], [tam]fågel, [tam]fåglar, höns; ~ breeding fjäderfäavel, hönsavel
poultry farm ['pəʊltrɪfɑːm] hönsfarm
pounce [paʊns] **I** s isht rovfågels (rovdjurs) nedslag på sitt byte; [plötsligt] anfall; make a ~ [up]on slå ner på, kasta sig över **II** vb itr **1** ~ [up]on (at) slå ner på äv. bildl. {~ on a mistake}; slå klorna (sina klor) i; kasta sig över äv. bildl. {~ at the first opportunity} **2** rusa, störta {he ~d into the room} **III** vb tr slå ner på; gripa [med klorna]

1 pound [paʊnd] **1** vikt [skål]pund (vanl. = 16 ounces 454 gram) **2** myntv. pund (= 100 pence, före 1971 = 20 shilling); five ~s (£5; ibl. five ~) 5 pund

2 pound [paʊnd] **I** s **1** inhägnad isht för bortsprungna husdjur **2** uppställningsplats för felparkerade motorfordon **II** vb tr **1** ~ {up} stänga in **2** ställa upp motorfordon på uppställningsplats

3 pound [paʊnd] **I** vb tr **1** dunka (banka,

hamra) på [~ *the piano*]; hamra mot [*our guns ~ed the walls of the fort*]; puckla 'på [~ *a p.*]; bulta (slå) 'i **2** stöta [~ *spices in a mortar*], pulvrisera; krossa **II** *vb itr* **1** dunka, banka, hamra; ~ *away* dunka 'på; slamra 'på; ~ *on the wall* bulta (dunka) i väggen **2** klampa [*I could hear feet ~ing on* (i) *the stairs*], klampa 'på (i väg) [*he ~ed along the road*]; om fartyg stampa

pour [pɔ:] **I** *vb tr* **1** hälla, ösa; gjuta; ~ *out* a) slå (hälla) ut b) slå i, hälla i (upp), servera [~ [*out*] *a cup of tea* (*some wine*)] **2** låta strömma ut, sända ut; *the factories ~ out* (*forth*) [*millions of cars every year*] fabrikerna spottar (vräker) ut... **3** avlossa [*they ~ed 30 bullets into* (mot) *the plane*] **4** *the river ~s itself into the sea* floden faller ut i havet **II** *vb itr* strömma, forsa; välla; ösa, hällregna; *the sweat was ~ing down his face* svetten strömmade (rann) nedför ansiktet på honom

pout [paʊt] **I** *vb itr* truta (pluta) med munnen; se sur[mulen] (trumpen) ut; tjura **II** *vb tr*, ~ *one's lips* truta (puta, pluta) med munnen **III** *s* sur[mulen], (trumpen) uppsyn

poverty ['pɒvətɪ] **1** fattigdom, armod **2** brist

poverty-stricken ['pɒvətɪˌstrɪkn] utfattig äv. bildl.; torftig, eländig

powder ['paʊdə] **I** *s* **1** pulver äv. ss. läkemedel; stoft; *take a ~* vard. sticka, smita **2** puder äv. kosmetiskt **3** krut; *keep one's ~ dry* hålla sitt krut (krutet) torrt **II** *vb tr* **1** pudra; bepudra, beströ **2** strö ut **3** pulvrisera, smula (mala) sönder; *~ed egg* äggpulver

powder puff ['paʊdəpʌf] pudervippa

powder room ['paʊdəruːm] damrum

powdery ['paʊdərɪ] **1** puderfin **2** pudrad; betäckt med damm (stoft)

power ['paʊə] **I** *s* **1** förmåga, begåvning, talang[er]; ~ *of speech* talförmåga **2** makt äv. konkr.; *the Great Powers* stormakterna; *he is a ~* [*in politics*] han är en maktfaktor... **3** [makt]befogenhet; ~ [*of attorney*] bemyndigande, fullmakt **4** kraft [*the ~ of a blow*]; styrka [*the ~ of a lens*]; fys. el. tekn. äv. effekt [*100-watt ~*]; kapacitet; ~ *of attraction* dragningskraft **5** [guda]makt; *merciful ~s!* milda makter! **6** matem. dignitet; *3 raised to the second ~* 3 upphöjt till 2, 3 i kvadrat **II** *vb tr* driva; perf. p. *~ed* motordriven, motor- [*a ~ed lawn-mower*]; *a new aircraft ~ed by* [*Rolls-Royce engines*] ett nytt flygplan [utrustat] med...

power brake ['paʊəbreɪk] servobroms

power cut ['paʊəkʌt] elektr. strömavbrott; strömavstängning

power drill ['paʊədrɪl] elektrisk borr[maskin]; motorborr

powerful ['paʊəf(ʊ)l] mäktig [*a ~ nation*], kraftfull [*a ~ ruler*]; kraftig [*a ~ blow*], stark [*a ~ engine*]; kraftigt verkande [*a ~ remedy*]

powerhouse ['paʊəhaʊs] **1** kraftstation, kraftverk; elverk **2** vard. kraftkarl, energiknippe

powerless ['paʊələs] maktlös; ~ *to help* ur stånd att hjälpa

power-mower ['paʊəˌməʊə] motorgräsklippare

power pack ['paʊəpæk] nätdel, nätanslutningsaggregat

power point ['paʊəpɔɪnt] elektr. vägguttag

power station ['paʊəˌsteɪʃ(ə)n] **1** elverk **2** kraftstation, kraftverk

pow-wow ['paʊwaʊ] **I** *s* **1** rådslag mellan eller med indianer **2** vard. möte; samtal, pratstund; rådslag **II** *vb itr* rådslå; vard. pratas vid

pox [pɒks], [*the*] ~ vard. syffe syfilis

pp. förk. för *pages*

PPS (förk. för *post postscriptum*) P.P.S.

PR förk. för *public relations*

practicability [ˌpræktɪkə'bɪlətɪ] **1** görlighet; användbarhet **2** farbarhet

practicable ['præktɪkəbl] **1** görlig; användbar [*~ methods*] **2** farbar

practical ['præktɪk(ə)l] **1** praktisk i olika bet.; ändamålsenlig, tillämpad; ~ *joke* se o. *joke* **2** [praktiskt] användbar (genomförbar) [*a ~ scheme*]

practicality [ˌpræktɪ'kælətɪ] praktiskhet; praktisk läggning; praktisk möjlighet; pl. *-ies* praktiska saker (frågor, förhållanden)

practically [i bet. *1* vanl. 'præktɪkəlɪ, i bet. *2* vanl. 'præktɪklɪ] **1** praktiskt **2** praktiskt taget

practice ['præktɪs] **I** *s* **1** praktik [*theory and ~*]; *in ~* i praktiken **2** praxis; bruk [*the ~ of closing* (att stänga) *shops on Sundays*]; sed[vänja]; *religious ~s* religiösa bruk; *it is his ~ to...* han har för vana att...; *we don't make a ~ of* [*doing*] *it* vi brukar inte göra så (det) **3** övning[ar]; ~ *makes perfect* övning ger färdighet **4** läkares o. advokats praktik; *be in ~ as a doctor* praktisera som läkare **5** utövande [*the ~ of a profession*]; tillämpning **6** ofta pl. *~s* [tvivelaktiga] metoder [*we don't approve of these ~s*],

knep, trick[s] **II** *vb tr* o. *vb itr* amer., se *practise*
practise ['præktɪs] **I** *vb tr* **1** öva sig i [*~ English*], öva [*~ music*; *~ scales on the piano*]; *~ the piano* öva [på] piano **2** praktisera, tillämpa [i praktiken] [*~ a method*]; *~ what one preaches* leva som man lär **3** utöva [*~ a profession*]; idka; visa [*~ politeness*]; *~ strict economy* iaktta den största sparsamhet **II** *vb itr* **1** öva sig; öva, träna; *~ on* (*at*) *the piano* öva [på] piano **2** om läkare o. advokat praktisera
practised ['præktɪst] **1** om pers. [durk]driven, skicklig; erfaren, rutinerad **2** inövad
practising ['præktɪsɪŋ] praktiserande; aktivt troende; ortodox [*a ~ Jew*]
practitioner [præk'tɪʃənə] praktiker; praktiserande läkare; praktiserande jurist
pragmatic [præg'mætɪk] o. **pragmatical** [præg'mætɪk(ə)l] pragmatisk, saklig
Prague [prɑːg] geogr. Prag
prairie ['preərɪ] prärie
praise [preɪz] **I** *vb tr* berömma, lovorda; lova [*~ God*]; *~ to the skies* höja till skyarna **II** *s* beröm, lovord; *sing the ~*[*s*] *of a p.* el. *sing a p.'s ~* sjunga ngns lov, prisa ngn; *full of ~ for* full av lovord över
praiseworthy ['preɪz,wɜːðɪ] lovvärd
pram [præm] (förk. för *perambulator*) barnvagn
prance [prɑːns] **I** *vb itr* **1** om häst dansa på bakbenen **2** om pers. kråma sig **II** *s* **1** hästs dansande på bakbenen **2** kråmande rörelse[r] (steg)
prank [præŋk] upptåg; *childish* (*boyish*) *~s* pojkstreck
prate [preɪt] **I** *vb itr* prata, pladdra **II** *s* prat
prattle ['prætl] **I** *vb itr* **1** snacka, pladdra **2** jollra **II** *s* **1** snack, pladder **2** joller
prave [preɪv] *vb itr* dillumera
prawn [prɔːn] **I** *s* räka; *Dublin Bay ~* havskräfta **II** *vb itr* fiska räkor
pray [preɪ] **I** *vb tr* högtidl. be [*I ~ you not to do so*] **II** *vb itr* **1** be[dja]; *~ to God for help* be [till] Gud om hjälp **2** *~* [*don't speak so loud!*] var vänlig [och]...
prayer [preə] **1** bön; *morning ~*[*s*] morgonbön, morgonandakt; *be at ~s* läsa sina böner, be[dja], förrätta [sin] andakt; läsa [sin] aftonbön; *the Book of Common P~* namn på engelska kyrkans bön- och ritualbok **2** *not have a ~* vard. inte ha en chans (suck)
prayer book ['preəbʊk] bönbok
preach [priːtʃ] **I** *vb itr* predika **II** *vb tr* predika äv. bildl. [*~ abstinence*]; förkunna [*~ the Gospel*]; *~ a sermon* hålla en predikan, predika
preacher ['priːtʃə] predikant
preamble [priːˈæmbl] **I** *s* inledning **II** *vb tr* o. *vb itr* inleda
preamplifier [ˌpriːˈæmplɪfaɪə] elektr. förförstärkare
prearrange [ˌpriːəˈreɪn(d)ʒ] ordna (avtala) på förhand; *at a ~d signal* på en [på förhand] given signal
precarious [prɪˈkeərɪəs] **1** osäker [*a ~ foothold* (*income*)], oviss, prekär; *~ health* vacklande hälsa **2** farlig, riskabel
precaution [prɪˈkɔːʃ(ə)n] **1** försiktighet; *by way of ~* av försiktighetsskäl, för säkerhets skull, försiktigtvis **2** [*measure of*] *~* försiktighetsåtgärd
precautionary [prɪˈkɔːʃnərɪ] försiktighets-, säkerhets- [*~ measures* (åtgärder)]
precede [prɪˈsiːd] **I** *vb tr* **1** föregå; gå före [*such duties ~ all others*], komma (ligga) före [*countries that ~ ours in wealth*], stå över [*dukes ~ earls*] **2** låta föregås; inleda **II** *vb itr* gå (komma) före [*in the chapter that ~s*]
precedence ['presɪd(ə)ns, 'priːs-] företräde; företräde; försteg; [*right of*] *~* företrädesrätt; *have* (*take*) *~ of* (*over*) gå (komma) före, ha företräde framför; ha högre rang än
precedent ['presɪd(ə)nt, 'priːs-] precedensfall; isht jur. prejudikat
preceding [prɪˈsiːdɪŋ] föregående
precept ['priːsept] regel; rättesnöre
precinct ['priːsɪŋ(k)t] **1** [inhägnat] område [*the ~ of the cathedral* (*school*)] **2** [reserverat] område; *pedestrian ~* område med gågator, gågata **3** amer. valdistrikt; [*police*] *~* polisdistrikt **4** vanl. pl. *~s* a) omgivningar [*the ~s of the town*] b) gräns[er]; *within the city ~s* innanför stadsgränsen
precious ['preʃəs] **I** *adj* **1** a) dyrbar, värdefull; *~ metals* ädelmetaller b) kär [*~ memories*] **2** affekterad **3** vard. iron. snygg, skön [*a ~ mess* (röra)] **II** *s*, *my ~* min älskling (skatt) **III** *adv* vard. väldigt [*take ~ good care of it*], fasligt, förbaskat [*~ little you care!*]
precipice ['presɪpɪs] brant; *be on the brink* (*edge*) *of the ~* stå vid avgrundens rand
precipitate [ss. adj. prɪˈsɪpɪtət, ss. vb -eɪt] **I** *adj* **1** brådstörtad [*a ~ flight*]; brådskande **2** överilad [*a ~ marriage*]; besinningslös **II** *vb tr* **1** störta ner; bildl. störta [*~ the country into war*] **2** påskynda [*events that ~d his ruin*],

plötsligt framkalla [~ *a crisis*] **3** kem. fälla ut
precipitation [prɪˌsɪpɪ'teɪʃ(ə)n] **1** nedstörtande, fall **2** [besinningslös] brådska **3** *with* ~ överilat, förhastat **4** påskyndande **5** meteor. nederbörd [*a heavy* (riklig) *~*]
precise [prɪ'saɪs] **1** exakt [*the ~ meaning of a word*], precis; noggrann [*~ measurements* (mätningar)] **2** överdrivet noggrann
precisely [prɪ'saɪslɪ] exakt, precis [*at 2 o'clock ~*]; noggrant; just; egentligen [*what ~ does that mean?*]; *~!* just det [ja]!, precis [så]!
precision [prɪ'sɪʒ(ə)n] precision; precisions- [*~ bombing*]; fin- [*~ mechanics*]
preclude [prɪ'kluːd] förebygga [*~ a misunderstanding*], utesluta [*~ a possibility*], undanröja [*~ all doubt*]
precocious [prɪ'kəʊʃəs] brådmogen [*a ~ child*]
precocity [prɪ'kɒsətɪ] brådmogenhet
preconceive [ˌpriːkən'siːv] bilda sig en uppfattning om (föreställa sig) på förhand; *~d opinions* (*ideas*) förutfattade meningar
preconception [ˌpriːkən'sepʃ(ə)n] förutfattad mening; fördom
precondition [ˌpriːkən'dɪʃ(ə)n] nödvändig förutsättning
precursor [prɪ'kɜːsə] förelöpare; förebud
predator ['predətə] **1** rovdjur **2** bildl. rövare, rovgirig person
predatory ['predət(ə)rɪ] **1** plundrings-, plundrande; rövar- [*~ bands*] **2** rov- [*~ animals*], rovdjurs- **3** rovgirig
predecessor ['priːdɪsesə, ˌpriːdɪ's-] **1** företrädare, föregångare **2** förfader
predestination [prɪˌdestɪ'neɪʃ(ə)n] predestination, förutbestämmelse; öde
predestine [prɪ'destɪn] predestinera, förutbestämma
predetermine [ˌpriːdɪ'tɜːmɪn] bestämma (fastställa) i förväg; förutbestämma
predicament [prɪ'dɪkəmənt] predikament; belägenhet
predicate [ss. subst. 'predɪkət, -eɪt, ss. vb -eɪt] **I** *s* gram. predikat; satsens predikatsdel **II** *vb tr* påstå, [ut]säga; förkunna
predict [prɪ'dɪkt] **I** *vb tr* förutsäga; profetera **II** *vb itr* spå
predictable [prɪ'dɪktəbl] förutsägbar
predictably [prɪ'dɪktəblɪ] som kan (kunde) förutsägas; som man kan (kunde) tänka sig

prediction [prɪ'dɪkʃ(ə)n] förutsägelse, profetia
predilection [ˌpriːdɪ'lekʃ(ə)n] förkärlek
predispose [ˌpriːdɪ'spəʊz] göra [på förhand] mottaglig (benägen), predisponera [*to* + inf. för att + inf.]; *be ~d to* vara mottaglig (benägen) för, ha anlag för (för att); *be ~d in a p.'s favour* vara på förhand gynnsamt inställd (stämd) mot ngn
predisposition ['priːˌdɪspə'zɪʃ(ə)n] mottaglighet, anlag
predominance [prɪ'dɒmɪnəns] [över]makt; övervägande del
predominant [prɪ'dɒmɪnənt] dominerande, [för]härskande
predominate [prɪ'dɒmɪneɪt] dominera; vara förhärskande; *workers ~* [*in the district*] det bor övervägande (huvudsakligen) arbetare...
pre-eminent [prɪ'emɪnənt] mest framstående (framträdande); överlägsen
pre-empt [prɪ'em(p)t] **1** a) förvärva genom förköpsrätt b) hävda sin förköpsrätt till **2** i förväg lägga beslag på **3** förekomma; föregripa; ersätta [*the programme was ~ed by a special coverage of the match*]
pre-emptive [prɪ'em(p)tɪv] **1** förköps- **2** kortsp., *~ bid* spärrbud, stoppbud **3** förebyggande; föregripande [*a ~ air strike* (flygräd)]
preen [priːn] **1** om fågel putsa [*~ its feathers*] **2** om pers., *~ oneself* a) snygga till sig b) kråma sig; berömma sig [*on av*], yvas, skryta [*on över*]
prefab ['priːfæb] vard., *~* [*house*] se *prefabricated house* under *prefabricate*
prefabricate [ˌpriː'fæbrɪkeɪt] fabrikstillverka delarna till; perf. p. *~d* äv. monteringsfärdig; *~d house* äv. monteringshus, elementhus
preface ['prefəs] **I** *s* förord, inledning [*a ~ to a speech*] **II** *vb tr* inleda
prefatory ['prefət(ə)rɪ] inlednings-
prefect ['priːfekt] **1** i vissa brittiska skolor (ung.) ordningsman **2** i Frankrike, Italien o. antikens Rom prefekt
prefer [prɪ'fɜː] **1** föredra [*I ~ coffee to tea*], tycka mest (bäst) om; helst (hellre) vilja göra (ha) [*which would* (*do*) *you ~, tea or coffee?*]; *I would* (*should*) *~ you to stay* (*that you stayed,* amer. *for you to stay*) jag föredrar (vill helst, ser helst, skulle helst se) att du stannar [här]; *~red share* preferensaktie **2** lägga fram [*~ a bill; ~ a statement* (rapport)]; framställa [*~ a claim*]
preferable ['pref(ə)rəbl] som är att

föredra; ...*is* ~ ...är att föredra; ...är bättre [*to* än]
preferably ['pref(ə)rəblɪ] företrädesvis, helst [~ *today*]; ~ *to all others* framför alla andra
preference ['pref(ə)r(ə)ns] **1** a) förkärlek [*have a* ~ *for French novels*] b) företräde; *give the* ~ [*to*] ge företräde [åt]; *in* ~ *to* framför [*in* ~ *to all others*], hellre än **2** preferens; *my* ~ isht det (den) jag föredrar (sätter högst) [*of the two this is my* ~] **3** isht ekon. a) preferens b) ~ [*share*] preferensaktie **4** befordran
preferential [,prefə'renʃ(ə)l] preferens-, förmåns- [~ *right*], förmånsberättigad, med förmånsrätt; ~ *treatment* preferensbehandling; *you are always getting* ~ *treatment* du blir alltid favoriserad
prefix [ss. subst. 'priːfɪks, ss. vb vanl. -'-] **I** *s* språkv. förstavelse, prefix **II** *vb tr* **1** ~ *a th. to a th.* lägga till ngt i början av ngt isht en bok o.d. **2** språkv. prefigera, sätta som prefix
pregnancy ['pregnənsɪ] a) graviditet, havandeskap b) hos djur dräktighet
pregnant ['pregnənt] **1** gravid; om djur dräktig; *become* (*get a p.*) ~ äv. bli (göra ngn) med barn **2** ~ *with* rik på, fylld av **3** a) om stil, ord pregnant b) om handling, händelse betydelsefull; ödesdiger; *a* ~ *silence* en laddad (förtätad) tystnad
prehistoric [,priː(h)ɪ'stɒrɪk] o. **prehistorical** [,priː(h)ɪ'stɒrɪk(ə)l] förhistorisk [~ *animals*]; vard. urgammal; ~ *times* förhistorisk tid, forntid, urtid[en]
prehistory [,priː'hɪst(ə)rɪ] förhistoria
prejudge [,priː'dʒʌdʒ] döma på förhand (i förväg); avge ett för tidigt omdöme om
prejudice ['predʒʊdɪs] **I** *s* **1** a) fördom[ar]; avoghet [*his* ~ *against foreigners*]; fördomsfullhet b) förutfattad[e] mening[ar] [*listen without* ~] **2** förfång, men; *to the* ~ *of* till förfång (men) för **II** *vb tr* **1** inge ngn fördomar, göra ngn partisk; påverka [~ *a jury member*]; ~ *a p. against* (*in favour of*) göra ngn avogt inställd mot el. till (välvilligt inställd till) **2** inverka menligt på; ~ *a p.'s case* skada ngns sak
prejudiced ['predʒʊdɪst] fördomsfull, partisk; *be* ~ äv. ha en förutfattad mening
prelate ['prelət] prelat
preliminar|y [prɪ'lɪmɪnərɪ] **I** *adj* preliminär, förhands-; förberedande [~ *negotiations*]; inledande [~ *remarks*]; ~ *examination* förtentamen; inträdesprövning; ~ *exercise* förövning; ~ *heat* försöksheat; ~ *investigation* förundersökning **II** *s* **1** förberedande åtgärd; pl. *-ies* äv. preludier, preliminärer; förberedelser [*-ies to* (för) *negotiations*]; *peace -ies* inledande fredsförhandlingar **2** se ~ *examination* ovan **3** utslagningstävling, kvalificeringstävling **4** i USA förmatch
prelude ['preljuːd] **I** *s* förspel, upptakt, inledning äv. mus. **II** *vb tr* utgöra förspelet till
premarital [priː'mærɪtl] föräktenskaplig [~ *relations*]
premature [,premə'tjʊə, ,priːm-, 'premətjʊə, 'priːm-] **1** för tidig [~ *death*], som inträffar [allt]för tidigt; för tidigt född [*a* ~ *baby*]; brådmogen **2** förhastad [*a* ~ *conclusion*]
prematurely [,premə'tjʊəlɪ, ,priːm-, 'premətjʊəlɪ, 'priːm-] **1** [allt]för tidigt; i otid **2** förhastat
premeditated [prɪ'medɪteɪtɪd] överlagd [~ *murder*]; avsiktlig, uppsåtlig
premeditation [prɪ,medɪ'teɪʃ(ə)n] [föregående] överläggning; uppsåt, berått mod [*with* ~]
premier ['premjə] **I** *adj* första [~ *place*]; främsta; *the* ~ *league* fotb. elitserien **II** *s* premiärminister; statsminister
première ['premɪeə] premiär
premise ['premɪs] **1** antagande, förutsättning; premiss **2** pl. *~s* fastighet[er], fastighetsområde; lokal[er]; *on the ~s* inom fastigheten (lokalen); på stället, på platsen [*to be consumed on the ~s*]
premium ['priːmjəm] **1** [försäkrings]premie **2** premie, pris; premium; ~ [*savings*] *bonds* premieobligationer **3** extra belopp utöver ordinarie pris o.d. **4** hand. överkurs
premonition [,priːmə'nɪʃ(ə)n] **1** förvarning; varsel **2** förkänsla, föraning; *have a* ~ *of danger* ha en förkänsla av annalkande fara
preoccupation [prɪ,ɒkjʊ'peɪʃ(ə)n] **1** tankfullhet; förströddhet **2** främsta intresse, huvudsaklig sysselsättning; sysslande [*his constant* ~ *with lexicography*]
preoccupied [prɪ'ɒkjʊpaɪd] **1** helt upptagen av sina tankar, tankspridd **2** helt upptagen, djupt försjunken
prep [prep] **I** *s* skol. vard. **1** (förk. för *preparation*) läxläsning; *do* ~ göra läxorna, plugga **2** ~ [*school*] (förk. för *preparatory school*), se *preparatory I 1* **II** *vb itr* amer. vard. **1** gå i *preparatory school* **2** göra läxorna, plugga

preparation [ˌprepəˈreɪʃ(ə)n]
1 a) förberedelse [*make ~s for* (för)]
b) tillagning, tillredning [*~ of food*]
c) framställning [*the ~ of a vaccine*]; *in ~* under förberedelse (tillagning etc.)
2 a) läxläsning[sstund] **b)** preparering av läxa el. elev **3** preparat [*pharmaceutical ~s*]

preparatory [prɪˈpærət(ə)rɪ] **I** *adj*
1 förberedande; för- [*~ work*]; *~ school*
a) [privat] förberedande skola för inträde i 'public school' **b)** i USA högre internatskola för inträde i college **2** *~ to* som en förberedelse för (till), före, inför **II** *s ~ school* under *I 1*

prepare [prɪˈpeə] **I** *vb tr* **1 a)** förbereda; preparera; *~ oneself for* göra sig beredd på; *~ the ground for* bearbeta (bildl. bereda) marken för **b)** tillreda, laga [till] [*~ food*], bereda; *~d from* tillagad (beredd) av **c)** framställa [*~ a vaccine*]; blanda till [*~ a medicine*] **2** läsa [på], preparera [*~ one's homework*] **3** tekn. preparera **II** *vb itr* förbereda sig, göra sig redo [*~ for a journey*]; göra sig beredd [*~ for* (på) *the worst*]; *~ for an exam* läsa på (förbereda sig för) en examen

prepared [prɪˈpeəd] **1** förberedd m.m., jfr *prepare* **2** beredd; i ordning; redo [*be ~!*]; benägen [*I'm ~ to believe*], villig [*I'm not ~ to...*]

preparedness [prɪˈpeədnəs, -ˈpeərɪdnəs] mil., [*military*] *~* [försvars]beredskap

prepay [ˌpriːˈpeɪ] *vb tr* betala i förväg (förskott); frankera [*~ a letter*]; *a prepaid phone card* tele. kontantkort till mobiltelefon **II** *adj*, *~ mobile phone* kontantkortstelefon

preponderance [prɪˈpɒnd(ə)r(ə)ns] övervikt; överskott, [övervägande] flertal

preposition [ˌprepəˈzɪʃ(ə)n] gram. preposition

preposterous [prɪˈpɒst(ə)rəs] orimlig [*a ~ claim*], befängd [*a ~ idea*], absurd

prepuce [ˈpriːpjuːs] anat. förhud

prerecord [ˌpriːrɪˈkɔːd] spela in (banda) i förväg (på förhand); perf. p. *~ed* äv. färdiginspelad, bandad

prerequisite [ˌpriːˈrekwɪzɪt] **I** *s* [nödvändig] förutsättning **II** *adj* nödvändig

prerogative [prɪˈrɒɡətɪv] prerogativ [*royal ~*], privilegium

preschool [ˈpriːskuːl] **I** *adj* förskole- [*~ age (child)*] **II** *s* förskola

prescribe [prɪˈskraɪb] **I** *vb tr* **1** föreskriva, bestämma; ålägga **2** med. ordinera **II** *vb itr*
1 ge föreskrifter **2** med. ordinera medicin; ge ordination[er]

prescription [prɪˈskrɪpʃ(ə)n] **1** åläggande
2 med. **a)** recept [*make up* (expediera) *a ~*]; *be* (*be placed*) *on ~* vara (bli) receptbelagd **b)** ordination **c)** medicin [*take this ~ three times a day*]

prescriptive [prɪˈskrɪptɪv] **1** med (som ger) föreskrifter; normativ [*a ~ grammar*]
2 hävdvunnen [*~ right*]

presence [ˈprezns] **1** närvaro; närhet; förekomst [*the ~ of ore in the rock*]; *~ of mind* sinnesnärvaro **2** imponerande (ståtlig) gestalt (person) **3** hållning [*a man of* [*a*] *noble ~*]; pondus; personlig framtoning; *he has a good ~* han är representativ, han har verklig pondus

1 present [ˈpreznt] **I** *adj* **1** närvarande; *be ~ at* äv. övervara; *those* (*the people*) *~* de närvarande **2** nuvarande, innevarande [*the ~ month*], [nu] pågående, aktuell [*the ~ boom*], nu levande [*the ~ generation*], nu gällande [*the ~ system*]; närvarande; *in the ~ circumstances* under nuvarande förhållanden
3 föreliggande, ifrågavarande; *in the ~ case* i föreliggande (detta) fall, i det [nu] aktuella fallet **4** gram. presens-; *the ~ tense* presens **II** *s* **1** *the ~* nuet [*we must live in the ~*] **2** gram., *the ~* presens

2 present [ss. subst. ˈpreznt, ss. vb prɪˈzent]
I *s* present; *he gave it to me as a ~* jag har fått den i present av honom **II** *vb tr*
1 introducera, presentera isht formellt [*be ~ed at Court*] **2** förete, uppvisa [*this case ~s some interesting features*] **3 a)** lägga fram [*~ a bill* (lagförslag), *~ a plan*], presentera, överlämna, lämna fram [*~ a petition*] **b)** hand. o.d. presentera [*~ a cheque at the bank*] **4 a)** överlämna, överräcka [*~ prizes*], räcka fram; framföra [*~ a message*], sända **b)** skänka; *~ a p. with a th.* el. *~ a th. to a p.* ge ngn ngt i present, överlämna (överräcka) ngt till (åt) ngn **5** teat. o.d. presentera, framföra [*~ a new play*] **III** *vb rfl* **1** *~ oneself* om pers. **a)** presentera sig
b) infinna (inställa) sig; visa sig **2** *~ oneself* om sak erbjuda sig [*a good opportunity ~ed itself*]

3 present [prɪˈzent] mil. o.d. **1** *~ arms* skyldra gevär **2** rikta [*he ~ed a pistol at* (mot) *me*]

presentable [prɪˈzentəbl] **1** som kan läggas fram etc.; möjlig att lägga fram etc., jfr *2 present II 3* **2** presentabel

presentation [ˌprez(ə)nˈteɪʃ(ə)n]
1 presentation av ngn **2** överlämnande

m.m., jfr *2 present II 3*; framställning; utformning; presentation; *on ~ of* mot uppvisande av **3 a)** överlämnande, överräckande **b)** gåva; *~ copy* gratisexemplar, friexemplar **4** teat. presentation, framförande [*the ~ of a new play*]; skådespel **5** med. fosterläge; *face ~* ansiktsbjudning

present-day ['prezntdeɪ] nutidens, modern

presenter [prɪ'zentə] **1** person som presenterar **2** radio. el. TV. presentatör

presentiment [prɪ'zentɪmənt] förkänsla isht av något ont; [för]aning

presently ['prezntlɪ] **1** snart, inom kort; kort därefter **2** för närvarande, nu

preservation [,prezə'veɪʃ(ə)n] **1** bevarande, skydd[ande] **2** bevarande, bibehållande; *in a good state of* (*in good*) *~* i gott tillstånd, i välbevarat skick **3** konservering **4** vård; *~ of game* viltvård

preservative [prɪ'zɜːvətɪv] **I** *adj* bevarande; konserverande **II** *s* **1** konserveringsmedel **2** preservativ; skyddsmedel

preserve [prɪ'zɜːv] **I** *vb tr* **1** bevara, skydda **2** bevara; bibehålla [*she is well ~d*]; behålla [*~ one's eyesight*]; upprätthålla **3** konservera [*~ fruit* (*vegetables*)], lägga in; *~d foods* [livsmedels]konserver **4** vårda; *~ game* bedriva [rationell] viltvård; *the fishing is strictly ~d* ung. fisket är strängt reglerat **II** *s* **1** ofta pl. *~s* sylt; marmelad; konserverad frukt **2 a)** [*nature*] *~* [natur]reservat, nationalpark **b)** [*game*] *~* viltreservat, jaktmarker **c)** fiskevatten [med reglerat fiske] **3** bildl. privilegium; reservat

preset [,priː'set] **I** (*preset preset*) *vb tr* ställa in på förhand **II** *adj* i förväg inställd

preside [prɪ'zaɪd] presidera

presidency ['prezɪd(ə)nsɪ] **1 a)** presidentskap; *candidate for the ~* presidentkandidat **b)** ordförandeskap; presidium **2** amer. befattning (tid) som verkställande direktör

president ['prezɪd(ə)nt] **1 a)** president **b)** ordförande; preses **2** amer. verkställande direktör **3** univ. rektor i Storbritannien vid vissa college, i USA vid ett universitet el. college

presidential [,prezɪ'denʃ(ə)l] president- [*~ election*]; ordförande-; *~ campaign* presidentvalskampanj

1 press [pres] **I** *s* **1 a)** tryckning [*a ~ of* (med) *the thumb; a ~ of* (på) *the button*] **b)** jäkt[ande] [*the ~ of modern life*], nervös brådska, press [*the ~ of many duties*] **c)** trängsel; folkmassa **2 a)** press [*a hydraulic ~*] **b)** pressande äv. av kläder; press[veck] **3** [tryck]press; *correct the ~* läsa korrektur; *freedom* (*liberty*) *of the ~* tryckfrihet **4 a)** tryckeri[företag] **b)** förlag **5** [tidnings]press; *The P~ Association* namn på de brittiska tidningarnas telegrambyrå **II** *vb tr* **1** pressa [*~ grapes; ~ one's trousers*]; trycka [*~ a p.'s hand*]; tränga [*the policeman ~ed the crowd back*]; pressa (tränga) in [*~ a p. into* (i) *a corner*]; krama; *~* [*down*] *the accelerator* trampa ner gaspedalen; *~ the trigger of a gun* trycka av ett gevär (en pistol etc.) **2** truga; pressa [*~ a p. to do a th.*]; försöka övertala (förmå) [*~ a p. to stay*]; *~ a th.* [*up*]*on a p.* truga (tvinga) 'på ngn ngt **3 a)** ansätta [*~ the enemy; be hard ~ed*], pressa [*~ one's opponent*]; ligga efter [*I ~ed him to do it* (för att få honom att göra det)]; hetsa; *he ~ed me for the money* [*I owed him*] han krävde mig på de pengar... **b)** *be ~ed for* ha ont om (knappt med) [*be ~ed for money* (*space*)] **4** driva (skynda) på; *I did not ~ the point* jag framhärdade (insisterade) inte **III** *vb itr* **1** pressa; *~ upon a p.* hårt ansätta ngn **2** *~ for* energiskt kräva, yrka på [*~ for higher wages*], ivrigt sträva efter **3** trängas [*crowds ~ing round the visitors*] **4** brådska; *time ~es* det är bråttom, det brådskar **5** *~ on* (*forward*) pressa på [*the English were ~ing on hard*], pressa (tränga) sig fram, bana sig väg, skynda framåt (på), fortsätta

2 press [pres] **1** rekvirera **2** friare, *~ into service* beslagta, ta i bruk, rekvirera [*taxis were ~ed into service as troop transports*]

press agency ['pres,eɪdʒ(ə)nsɪ] nyhetsbyrå

press box ['presbɒks] pressbås

press-clipping ['pres,klɪpɪŋ] o. **press-cutting** ['pres,kʌtɪŋ] [tidnings]urklipp

press conference ['pres,kɒnfərəns] presskonferens

press gallery ['pres,gælərɪ] pressläktare

pressing ['presɪŋ] **I** *s* upplaga av en grammofonskiva; pressning från grammofonskivematris; skiva **II** *adj* **1** tryckande **2** brådskande [*~ business*]; trängande [*~ need*] **3** enträgen [*a ~ invitation*]

press stud ['presstʌd] tryckknapp

press-up ['presʌp] gymn. armhävning från golvet

pressure ['preʃə] **I** *s* **1** tryck äv. bildl.; tryckning [*~ of the hand*], tryckande; press [*he works under ~*]; *~ of taxation* skattetryck; *~ of work* arbetsbelastning **2** påtryckning[ar]; *put ~* (*bring ~ to bear*)

[up]on a p. utöva påtryckningar (tryck, press) på ngn **3** stress **4** trångmål; *be under financial* ~ ha ekonomiska svårigheter **5** jäkt[ande], tidspress **II** *vb tr* pressa, sätta press på
pressure cabin ['preʃəˌkæbɪn] tryckkabin
pressure-cooker ['preʃəˌkʊkə] tryckkokare
pressure gauge ['preʃəgeɪdʒ] manometer
pressure group ['preʃəgruːp] påtryckningsgrupp
pressurize ['preʃəraɪz] **1** vidmakthålla normalt lufttryck i; *~d cabin* tryckkabin **2** utöva påtryckningar på, sätta press på
prestige [preˈstiːʒ] prestige; anseende
prestigious [preˈstɪdʒəs] ansedd
presto ['prestəʊ] **I** *adv* **1** mus. (it.) presto **2** hastigt, snabbt; *hey ~!* hokuspokus!, vips! **II** (pl. *~s*) *s* mus. presto
presumably [prɪˈzjuːməblɪ] antagligen, förmodligen, troligen
presume [prɪˈzjuːm] **1** anta; förutsätta; *~ a p.* (*~ that a p. is*) *innocent* utgå från (förutsätta) att ngn är oskyldig **2** a) tillåta sig [*may I ~ to advise you?*]; våga sig på b) vara förmäten
presumption [prɪˈzʌm(p)ʃ(ə)n] **1** a) antagande; förutsättning b) sannolikhet **2** förmätenhet
presumptuous [prɪˈzʌm(p)tjʊəs] förmäten; [alltför] självsäker, arrogant
presuppose [ˌpriːsəˈpəʊz] **1** anta [på förhand] **2** förutsätta
pretence [prɪˈtens] **1** förevändning, svepskäl; [falskt] sken [*a ~ of friendship*]; *by* (*on, under*) *false ~s* genom (under) falska förespeglingar; *on the slightest ~* vid minsta förevändning **2** anspråk [*without any ~ to wit or style*]; *I make no ~ to being* [*infallible*] jag gör inga anspråk på att vara... **3** anspråksfullhet; tomt prål
pretend [prɪˈtend] **I** *vb tr* **1** låtsas, leka [*let's ~ that we are pirates*] **2** göra anspråk på [*he did not ~ to know much about it*], göra gällande [*I won't ~ that I know the answer*] **II** *vb itr*, *~ to* göra anspråk på [*~ to a title*], göra anspråk på att ha (äga) [*few people ~ to an exact knowledge of the subject*]
pretense [prɪˈtens] amer., se *pretence*
pretension [prɪˈtenʃ(ə)n] anspråk; krav; pretention [*without literary ~s*]
pretentious [prɪˈtenʃəs] anspråksfull, pretentiös
preterite o. **preterit** ['pret(ə)rət] gram., *the ~* [*tense*] preteritum, imperfekt
pretext ['priːtekst] förevändning, svepskäl;

on (*under*) [*the*] *~ of* under förevändning (förebärande, föregivande) av
pretty ['prɪtɪ] **I** *adj* **1** söt [*a ~ face* (*girl*)], näpen; snygg, vacker [*~ things*]; om sak äv. trevlig; utmärkt; *~ as a picture* vacker som en dag **2** iron. skön, fin; *a ~ mess* en skön röra **3** betydande, vacker; *a ~ sum* (*penny*) en nätt summa, en vacker slant **II** *adv* vard. rätt, tämligen; *~ much* nästan, ungefär, så gott som [*~ much the same*]; *~ well* nästan, praktiskt taget [*we've ~ well finished*], snart sagt
pretty-pretty ['prɪtɪˌprɪtɪ] vard. tvålfager, snutfager; alltför gullig; om färg söt[sliskig]
pretzel ['pretsl] kok. [salt]kringla, salt pinne
prevail [prɪˈveɪl] **1** segra [*truth will ~*], få övertaget, ha framgång; [*his ideas*] *have ~ed* äv. ...har stått sig, ...har trängt igenom **2** råda [*the custom still ~s in the north*], florera **3** *~* [*up*]*on* förmå, övertala, beveka [*~* [*up*]*on a p. to do a th.*]
prevailing [prɪˈveɪlɪŋ] rådande [*~ winds*], förhärskande, allmän [*the ~ opinion*], aktuell [*the ~ situation*], [allmänt (vida)] utbredd
prevalence ['prevələns] allmän förekomst, utbredning
prevalent ['prevələnt] rådande, allmän [*the ~ opinion*], utbredd; *be ~* äv. råda, florera, grassera [*drug-taking is ~ in the big cities*]
prevarication [prɪˌværɪˈkeɪʃ(ə)n] undanflykt[er]; undvikande svar
prevent [prɪˈvent] hindra, förhindra, förekomma; *I ~ed him* [*from*] (*~ed his*) *doing it* jag hindrade honom [från] att göra det
preventable [prɪˈventəbl] som kan [för]hindras
prevention [prɪˈvenʃ(ə)n] förhindrande, förekommande; med. profylax; *~ is better than cure* bättre förekomma än förekommas; *the ~ of cruelty to animals* ung. djurskydd
preventive [prɪˈventɪv] preventiv [*~ war*], hindrande, förebyggande [*~ measures*]; med. äv. profylaktisk; *~ medicine* profylax
preview ['priːvjuː] **I** *s* förhandsvisning **II** *vb tr* förhandsvisa
previous ['priːvjəs] **I** *adj* **1** föregående, tidigare; *~ knowledge* (*training*) förkunskaper **2** vard. förhastad **II** *adv*, *~ to* före; innan, förrän
previously ['priːvjəslɪ] förut; i förväg; *~ to* se *previous II*
prewar [ˌpriːˈwɔː, attr. ˈ--] förkrigs-

prey [preɪ] **I** s rov; bildl. äv. offer; *be (become, fall)* [*a*] *~ to* vara (bli) ett rov för, vara ett (bli ett, falla) offer för; *bird of ~* rovfågel **II** *vb itr*, *~* [*up*]*on* a) jaga, leva på [*hawks ~ing on small birds*] b) plundra c) tära (tynga) på, trycka [*~ on a p.'s mind* (ngn)]

price [praɪs] **I** s **1** pris; hand. äv. kurs; *fixed (set) ~* fast pris; [*you can get fresh asparagus*] *at a ~* ...om man är villig (beredd) att betala; *at reduced ~s* till nedsatta priser **2** odds; *starting ~s* odds omedelbart före loppet **3** vard., *what ~ democracy now?* iron. vad ger du för demokratin nu då? **II** *vb tr* **1** prissätta **2** *~ oneself out of the market* tappa marknad genom för hög prissättning

price freeze [ˈpraɪsfriːz] prisstopp
priceless [ˈpraɪsləs] **1** oersättlig [*a ~ painting*] **2** ovärderlig **3** vard. obetalbar
pricey [ˈpraɪsɪ] vard. dyrbar
prick [prɪk] **I** s **1** stick; sting; stickande; *~s of conscience* samvetskval **2** *kick against the ~s* spjärna emot **3** tagg **4** vulg. kuk **5** vulg., om person jävla idiot **II** *vb tr* **1** sticka; sticka hål i (på) [*~ a balloon*]; *~ one's finger* [*with* (*on*) *a needle*] sticka sig i fingret [på en nål] **2** stinga; *his conscience ~ed him* han kände ett styng i samvetet **3** pricka av (för) på en lista o.d. **4** *~* [*up*] *one's ears* spetsa öronen

prickle [ˈprɪkl] **I** s **1** tagg; törntagg, törne **2** stickande [känsla] **II** *vb tr* o. *vb itr* sticka; stickas

prickly [ˈprɪklɪ] **1** taggig **2** stickande känsla

pride [praɪd] **I** s **1** stolthet; självkänsla; högmod; *false ~* ogrundad stolthet, högfärd; *~ goes before* (*will have*) *a fall* högmod går före fall; *take* [*a*] *~ in* a) vara stolt (känna stolthet) över b) sätta sin stolthet (ära) i **2** glans, prakt **3** *the ~ of* blomman (de bästa) av **4** *give ~ of place to* sätta främst (i första rummet) **5** flock [*a ~ of lions*] **II** *vb rfl*, *~ oneself* [*up*]*on* vara stolt över, berömma sig av

priest [priːst] **1** präst isht katolsk el. icke-kristen **2** (isht) officiell beteckning för präst inom anglikanska kyrkan med rang mellan biskop o. diakon

priesthood [ˈpriːsthʊd] **1** prästerlig värdighet **2** prästerskap; prästvälde

prig [prɪɡ] självgod person (pedant)
priggish [ˈprɪɡɪʃ] självgod
prim [prɪm] **1** prudentlig, strikt; prydlig [*a ~ garden*], sirlig **2** pryd
prima donna [ˌpriːməˈdɒnə] primadonna
prima facie [ˌpraɪməˈfeɪʃɪ] lat. vid första påseendet (anblicken)

primarily [ˈpraɪm(ə)rəlɪ] **1** primärt, ursprungligen **2** huvudsakligen, i första hand

primary [ˈpraɪmərɪ] **I** *adj* **1** primär, första, grundläggande; *~ colours* fys. grundfärger; *~ education* grundläggande undervisning, lågstadieundervisning **2** huvudsaklig [*of ~ importance*] **II** s i USA **1** primärval **2** förberedande valmöte isht mellan valledarna; nomineringsmöte

primate [i bet. *1* ˈpraɪmət, i bet. *2* ˈpraɪmeɪt] **1** kyrkl. primas; *the P~ of England* benämning på ärkebiskopen av York; **2** (pl. *~s* [ˈpraɪmeɪts el. praɪˈmeɪtiːz]) zool. primat

prime [praɪm] **I** *adj* **1** främsta, huvud-; *~ minister* premiärminister; statsminister **2** prima **3** primär, första **4** matem., *~ number* primtal **5** bank., *~* [*interest*] *rate* lägsta [utlånings]ränta **II** s, *in one's ~* el. *in the ~ of life* i sin krafts dagar, i sina bästa år; *it is past its ~* den har sett sina bästa dagar **III** *vb tr* **1** tekn. o.d. flöda [*~ a carburettor*]; aptera [*~ a gun, ~ a charge* (sprängladdning)] **2** instruera [*the witness had been ~d beforehand*] **3** vard. proppa full med mat o.d.; *~ with liquor* fylla [med sprit] **4** grunda, grundmåla **1 primer** [ˈpraɪmə] nybörjarbok; abc-bok **2 primer** [ˈpraɪmə] **1** tändrör **2** grundfärg, 'primer'

primeval [praɪˈmiːv(ə)l] urtids-; *~ forest* urskog

primitive [ˈprɪmɪtɪv] **I** *adj* **1** primitiv; *in* [*the*] *~ ages* i urtiden **2** enkel, gammaldags, primitiv [*~ weapons*] **II** *s* urinnevånare

primp [prɪmp] **I** *vb tr* fiffa upp; *~ oneself* se *II* **II** *vb itr* göra (klä) sig fin

primrose [ˈprɪmrəʊs] bot. primula; isht jordviva

primula [ˈprɪmjʊlə] bot. primula
Primus [ˈpraɪməs] ®, *~* [*stove*] primus[kök]

prince [prɪns] prins, jfr *Wales*; furste; *P~ Charming* sagoprins[en], drömprins[en]; prinsen i sagor; *live like a ~* leva furstligt (som en prins)

princely [ˈprɪnslɪ] furstlig äv. bildl.; furste-
princess [prɪnˈses, attr. ˈ--] prinsessa; furstinna

principal [ˈprɪnsəp(ə)l] **I** *adj* huvudsaklig, huvud-, väsentligast; i titlar första [*~ librarian*]; *~ actor* huvudrollsinnehavare; *~ town* huvudort **II** s **1** chef; skol. o.d. rektor **2** solist i orkesterstämma; teat. huvudperson **3** jur. el. hand. huvudman **4** kapital på vilket ränta betalas

principality [ˌprɪnsɪ'pælətɪ] furstendöme; *the P~* benämning på Wales
principally ['prɪnsəp(ə)lɪ] huvudsakligen
principle ['prɪnsəpl] **1** princip; grund; grundsats; *make it a ~* ha som (göra det till) princip; *as a matter of ~* av princip; av principskäl **2** princip [*Archimedes' ~*], lag
prink [prɪŋk] **I** *vb tr* pryda; *~ oneself up* se *II* **II** *vb itr, ~* [*up*] göra sig fin (vacker)
print [prɪnt] **I** *s* **1** boktr. tryck; stil; *large (small) ~* stor (liten, fin) stil **2** avtryck [*~ of a finger (foot)*], intryck, spår [*the ~s of a squirrel in the snow*] **3** [*cotton*] *~* tryckt bomullstyg, kattun **4** a) konst. o.d. tryck, gravyr [*old Japanese ~s*; *colour-print*]; stick; [tryckt] plansch; reproduktion b) foto. kopia; kort **II** *vb tr* **1** trycka bok o.d.; publicera; *~ed circuits* elektr. tryckta kretsar **2** skriva med tryckstil (tryckbokstäver), texta [*please ~*] **3** a) märka genom påtryck; trycka 'på (in, av); bildl. inprägla [*the scene is ~ed in (on) my memory*] b) trycka [*~ a design*] **4** a) konst. o.d. ta (göra) [ett] avtryck av b) foto. kopiera
printable ['prɪntəbl] tryckbar
printer ['prɪntə] **1** [bok]tryckare; *~'s error* tryckfel **2** data. skrivare, printer
printing ['prɪntɪŋ] **1** a) tryckning [*second ~*], tryck b) tryckeriverksamhet; kopiering **2** [*art of*] *~* boktryckarkonst
printing-house ['prɪntɪŋhaʊs] större [bok]tryckeri
printing-press ['prɪntɪŋpres] tryckpress
print-out ['prɪntaʊt] data. utskrift
prior ['praɪə] **I** *adj* föregående; tidigare; förhands- [*~ right*], i förväg; *have a ~ claim to* ha förhandsrätt till **II** *adv, ~ to* före [*~ to his marriage*] **III** *s* prior
priority [praɪ'ɒrətɪ] prioritet, företräde[srätt], förtur[srätt], förmånsrätt; trafik. förkörsrätt; *be a first (top) ~* ha högsta prioritet; *give ~ to* prioritera
prise [praɪz] **1** bända, baxa; *~ off* bända av (loss) **2** bildl. *~ a secret out of a p.* lirka ur ngn en hemlighet
prism ['prɪz(ə)m] prisma
prison ['prɪzn] fängelse, fångvårdsanstalt; *in ~* i fängelse[t]; *be in ~* sitta i fängelse (häktad); *put in (go to) ~* sätta (bli satt) i fängelse
prison camp ['prɪznkæmp] fångläger
prisoner ['prɪznə] fånge; *the ~* äv. den häktade; *keep (hold) a p. ~* hålla ngn fången äv. bildl.

prissy ['prɪsɪ] vard. **1** pimpinett, prudentlig; sipp **2** feminin
pristine ['prɪstiːn, -taɪn] forntida, gammaldags; primitiv; ofördärvad, ursprunglig [*~ freshness*]
privacy ['prɪvəsɪ, 'praɪv-] avskildhet, ostördhet; privatliv; *in ~* a) i enrum b) i stillhet [*live in ~*]
private ['praɪvət] **I** *adj* **1** privat, personlig [*my ~ opinion*]; enskild; privat- [*~ school (secretary)*]; *~ account* eget (privat) konto; *~ bar* finare avdelning på en pub; *in his ~ capacity* [*he is...*] som privatperson...; *~ detective (investigator,* vard. *eye)* privatdetektiv; vard. privatdeckare; *~ member* vanlig parlamentsmedlem som inte är minister; *~ ward (room)* enskilt rum på sjukhus **2** avskild; hemlig [*a ~ meeting*]; dold; *~ and confidential* privat, [meddelad] i förtroende; *~ parts* könsdelar **II** *s* **1** mil. menig **2** *in ~* privat, enskilt, mellan fyra ögon, på tu man hand, i [all] tysthet, i hemlighet; i stillhet **3** pl. *~s* könsdelar
privately ['praɪvətlɪ] privat, personligt; enskilt
privation [praɪ'veɪʃ(ə)n] umbärande[n], försakelse
privatize ['praɪvətaɪz] privatisera
privet ['prɪvɪt] bot. liguster
privilege ['prɪvəlɪdʒ] **I** *s* **1** privilegium; [ensam]rätt; rättighet; [särskild] förmån [*I had the ~ of hearing her sing*]; *it is my ~ to* [*introduce...*] det är en glädje och ära för mig att... **2** parl. immunitet **II** *vb tr* privilegiera
privileged ['prɪvəlɪdʒd] **1** privilegierad [*the ~ classes*], gynnad **2** konfidentiell [*a ~ communication*]
privy ['prɪvɪ] **I** *adj ~ to* [hemligt] medveten om, invigd (delaktig, jur. medintresserad, berörd) i **2** *the P~ Council* ung. riksrådet med numera huvudsakligen formella funktioner **3** *~ parts* könsdelar **II** *s* toalett
1 prize [praɪz] **I** *s* **1** pris; premie; premium; belöning, lön **2** [lotteri]vinst; *the first ~* högsta vinsten **3** pris- [*~ competition* (tävling)]; prisbelönt [*~ cattle*], vard. värd ett pris, prima **II** *vb tr* värdera (skatta) [högt]
2 prize [praɪz] sjö. **I** *s* pris **II** *vb tr* uppbringa
3 prize [praɪz] se *prise II*
prizefight ['praɪzfaɪt] proffsboxningsmatch
prizefighter ['praɪzˌfaɪtə] proffsboxare
prize-giving ['praɪzˌgɪvɪŋ] premieutdelning; prisutdelning

prize money [ˈpraɪzˌmʌnɪ] prissumma, prisbelopp
prizewinner [ˈpraɪzˌwɪnə] pristagare
PRO [ˈpiːˌɑːrˈəʊ] förk. för *Public Relations Officer*
1 pro [prəʊ] lat. **I** *prefix* **1** pro-, -vän[lig] [*pro-British*] **2** pro- [*proconsul*], vice- **II** (pl. ~s) *s* (ibl. *adv*) skäl för; *~ and con* för och emot
2 pro [prəʊ] (pl. ~s) förk. för *professional* **1** vard. proffs [*a golf ~*] **2** sl. fnask
probabil|ity [ˌprɒbəˈbɪlətɪ] sannolikhet, probabilitet båda äv. matem. [*of* för, av]; rimlighet; möjlighet; chans [*what are the -ies?*]; *in all ~* med all sannolikhet, antagligen
probable [ˈprɒb(ə)bl] **I** *adj* **1** sannolik, trolig [*a ~ winner*] **2** trovärdig [*a ~ character in a book*] **II** *s* sannolik deltagare
probably [ˈprɒb(ə)blɪ] sannolikt, troligen, troligtvis, förmodligen; rimligtvis
probate [ˈprəʊbeɪt, -bət] jur. testamentsbevakning
probation [prəˈbeɪʃ(ə)n] **1** prov [*two years on ~*], prövning **2** jur. skyddstillsyn; övervakning; villkorlig dom; *be put on ~* dömas till skyddstillsyn, få villkorlig dom
probationer [prəˈbeɪʃnə] kandidat, elev, aspirant; novis; *~* [*nurse*] sjuksköterskeelev
probe [prəʊb] **I** *s* **1** sond äv. för utforskning av rymden [*a lunar ~*] **2** [offentlig] undersökning **II** *vb tr* **1** sondera **2** undersöka grundligt; söka igenom **III** *vb itr* **1** sondera **2** tränga in
probity [ˈprəʊbətɪ, ˈprɒb-] redlighet, redbarhet
problem [ˈprɒbləm] problem; uppgift; *no ~!* inga problem!, inga bekymmer!
problematic [ˌprɒbləˈmætɪk] o. **problematical** [ˌprɒbləˈmætɪk(ə)l] problematisk, tvivelaktig
procedure [prəˈsiːdʒə, -djʊə] procedur äv. jur.; förfarande, förfaringssätt
proceed [prəˈsiːd] **1** fortsätta [sin väg]; *~ on one's journey* (*way*) fortsätta sin resa (sin väg, vägen framåt) **2** a) fortsätta [*please ~ with your work*] b) fortskrida, försiggå, pågå **3** a) övergå; *~ to take action* skrida till handling **b**) *~ to* börja [*he ~ed to get angry*], övergå till att, gripa sig an (ta itu) med att **4** gå till väga, förfara; handla [*~ on* (efter) *certain principles*]; bära sig åt
proceeding [prəˈsiːdɪŋ] **1** förfarande, procedur, åtgärd **2** pl. *~s* **a**) förehavanden **b**) i domstol, sällskap o.d. förhandlingar; protokoll, skrifter **c**) [*legal*] *~s* lagliga åtgärder, rättegång[sförfarande]
proceeds [ˈprəʊsiːdz] intäkter, inkomster
process [ˈprəʊses, amer. vanl. ˈprɒs-] **I** *s* **1** gång, förlopp; *in the ~* samtidigt, på samma gång **2** process [*chemical ~es*]; isht tekn. äv. metod [*the Bessemer ~*]; procedur; *manufacturing ~* tillverkningsmetod, framställningssätt **II** *vb tr* **1** tekn. o.d. behandla äv. data.; preparera, bereda [*~ leather*]; *~ed cheese* smältost **2** reproducera på fotomekanisk väg; framkalla [*~ a film*] **3** [rutin]behandla [*his application was quickly ~ed*]
procession [prəˈseʃ(ə)n] procession, [fest]tåg
processor [ˈprəʊsesə, amer. vanl. ˈprɒ-] **1** data. processor; centralenhet **2** *food ~* matberedare
proclaim [prəˈkleɪm] **1** proklamera, deklarera, kungöra; påbjuda; utropa till [*he was ~ed king*] **2** röja; avslöja ...såsom
proclamation [ˌprɒkləˈmeɪʃ(ə)n] proklamation, kungörelse; *issue* (*make*) *a ~* utfärda en proklamation (en kungörelse)
proclivity [prəˈklɪvətɪ] benägenhet
procrastination [prəˌkræstɪˈneɪʃ(ə)n] förhalande
procreation [ˌprəʊkrɪˈeɪʃ(ə)n] **1** avlande, alstring; fortplantning **2** alster
procure [prəˈkjʊə] **I** *vb tr* **1** skaffa, skaffa fram (in); [för]skaffa sig; utverka, lyckas uppnå **2** bedriva koppleri med **II** *vb itr* bedriva koppleri
prod [prɒd] **I** *vb tr* **1** sticka [*~ a p. with a bayonet*], sticka till [*~ a p. with a stick*]; stoppa **2** bildl. sporra; *~ a p.'s memory* ge ngns minne lite hjälp på traven **II** *vb itr*, *~ at* sticka [till], stöta till **III** *s* **1** stöt, stick; *give a p. a ~* stöta (sticka) till ngn, peta hårt på ngn **2** spets; pik[stav]
prodigal [ˈprɒdɪɡ(ə)l] **I** *adj* slösaktig; frikostig; *the P~ Son* bibl. den förlorade sonen **II** *s* slösare
prodigious [prəˈdɪdʒəs] **1** häpnadsväckande **2** ofantlig
prodig|y [ˈprɒdɪdʒɪ] under [*the ~ies of nature*], underverk; vidunder; [*infant*] *~* underbarn
produce [ss. vb prəˈdjuːs, ss. subst. ˈprɒdjuːs] **I** *vb tr* **1 a**) producera; skapa **b**) alstra [*~ a sound*]; ge, bära [*the tree ~s fruit*], avkasta **c**) åstadkomma, framkalla [*~ a reaction*], vålla, väcka [*the film ~d a sensation*], utlösa; leda till [*~ results*] **2** ta (plocka, dra, få) fram [*~ a*

paper from one's pocket], skaffa [fram] [~ *a witness*], förete; visa upp (fram) [~ *one's passport*] **3 a)** film. producera [~ *a film*] **b)** teat. regissera, iscensätta; framföra **4** geom. förlänga **II** *s* **1** produkter av jordbruk o.d. [*dairy (garden)* ~]; alster; *farm (agricultural)* ~ jordbruksprodukter **2** produktion

producer [prə'dju:sə] **1** producent; ~ *goods* produktionsvaror, kapitalvaror **2 a)** film., radio. el. TV. producent; *executive* ~ produktionsledare **b)** teat. regissör; amer. äv. teaterchef

product ['prɒdʌkt, -dəkt] produkt i olika bet.; vara; verk; bildl. frukt

production [prə'dʌkʃ(ə)n] **1 a)** produktion **b)** alstring **2** produkt; isht litterärt o. konstnärligt verk **3** framskaffande; företeende (jfr *produce I 2*) **4 a)** teat. regi, iscensättning; framförande **b)** film. produktion

productive [prə'dʌktɪv] **1** produktiv [~ *work*]; bördig; rik [*a* ~ *oilfield*] **2** produktions- [~ *capacity*; ~ *apparatus*]

productivity [ˌprɒdʌk'tɪvətɪ] produktivitet [*increase* ~]; produktionsförmåga

prof [prɒf] vard. profet professor

profane [prə'feɪn] **I** *adj* **1** världslig, profan [~ *literature*] **2** hädisk; vanvördig; ~ *language* svordomar **II** *vb tr* profanera, vanhelga

profess [prə'fes] **1** förklara [*they* ~*ed themselves content*]; tillkännage att man har [*he* ~*ed a great interest in my welfare*] **2** göra anspråk på [~ *to be an authority on...*]; låtsas **3** bekänna sig till [~ *Christianity*], bekänna sin tro på **4** utöva [~ *medicine* (läkaryrket)], praktisera

professed [prə'fest] förklarad, svuren [*a* ~ *enemy of reform*]

profession [prə'feʃ(ə)n] **1** yrke isht med högre utbildning; yrkesområde; *the learned* ~*s* ung. de akademiska yrkena; *the military* ~ militäryrket, den militära banan **2** yrkeskår **3** [högtidlig] förklaring [~*s of loyalty*], försäkring **4** bekännelse; ~ *of faith* trosbekännelse

professional [prə'feʃ(ə)nl] **I** *adj* **1** yrkes- [*a* ~ *politician*], förvärvs- [~ *life*], yrkesutövande; professionell [~ *football*], proffs-; ~ *duties* plikter som yrkesman **2** professionell, proffs-, [avsedd] för yrkesmässigt bruk [*a* ~ *tape-recorder*] **II** *s* yrkesman; professionell, proffs

professionally [prə'feʃnəlɪ] yrkesmässigt, professionellt; som yrkesman; i yrket

professor [prə'fesə] **1** univ. professor [~ *of*

(i) *English at (in) the university of O.*] **2** bekännare

professorship [prə'fesəʃɪp] professur

proffer ['prɒfə] litt. **I** *vb tr* räcka (sträcka) fram [~ *a gift*]; erbjuda [~ *one's services*] **II** *s* erbjudan

proficiency [prə'fɪʃ(ə)nsɪ] färdighet, skicklighet, [behöriga] kunskaper; *certificate of* ~ kompetensbevis

proficient [prə'fɪʃ(ə)nt] skicklig, kunnig; *make oneself* ~ förkovra sig

profile ['prəʊfaɪl] **I** *s* **1** profil äv. fackspr. i div. bet.; [porträtt i] profil; *keep a low* ~ ligga lågt, hålla en låg profil **2** porträtt levnadsbeskrivning [*a* ~ *of the new prime minister*] **II** *vb tr* profilera äv. tekn.; framställa (avbilda) i profil

profit ['prɒfɪt] **I** *s* **1** vinst, förtjänst; vinning, utbyte; behållning [äv. pl. ~*s*]; ~ *and loss account* vinst- och förlustkonto; *make a* ~ *on (by)* tjäna på **2** *derive (gain)* ~ *from* dra (ha) nytta (fördel) av, ha utbyte (behållning) av **II** *vb itr*, ~ *by (from)* dra (ha) nytta (fördel) av, tillgodogöra sig, utnyttja; vinna på, tjäna på [~ *by a transaction*]

profitable ['prɒfɪtəbl] **1** nyttig, fruktbar [~ *discussions*]; tacksam **2** vinstgivande, lönande [~ *investments*]

profiteer [ˌprɒfɪ'tɪə] **I** *s* profitör, profithaj **II** *vb itr* ockra; profitera

profiteering [ˌprɒfɪ'tɪərɪŋ] svartabörsaffärer

profit-sharing ['prɒfɪtˌʃeərɪŋ] vinstdelning; vinstandelssystem; ~ *scheme* vinstandelsplan

profligate ['prɒflɪgət] **I** *adj* **1** utsvävande **2** [hejdlöst] slösaktig, överdådig **II** *s* utsvävande människa

profound [prə'faʊnd] **1** djup [~ *anxiety* (*interest, silence, sleep*)] **2** djupsinnig **3** grundlig, ingående [~ *studies*]; mycket lärd (insiktsfull) **4** outgrundlig [~ *mysteries*], dunkel

profuse [prə'fju:s] **1** översvallande [~ *hospitality*]; *offer* ~ *apologies* be tusen gånger om ursäkt **2** ymnig, riklig

profusely [prə'fju:slɪ] ymnigt, rikligt [*sweat* ~]; ~ *illustrated* rikt illustrerad

profusion [prə'fju:ʒ(ə)n] **1** slöseri **2** ymnighet; överflöd [*roses grew there in* ~]; rikedom

progenitor [prə(ʊ)'dʒenɪtə] stamfader

progeny ['prɒdʒənɪ] avkomma

prognos|is [prɒg'nəʊs|ɪs] (pl. -*es* [-i:z]) isht med. prognos

program ['prəʊgræm] **I** *s* **1** data. program **2** isht amer. **a)** se *programme I*

b) dagordning **II** *vb tr* **1** isht amer., se *programme II* **2** isht data. programmera [*~ a computer*]; programstyra
programme ['prəʊɡræm] **I** *s* program; skol. o.d. äv. kurs **II** *vb tr* göra upp program för, planlägga; programmera
programmer ['prəʊɡræmə] data. programmerare
progress [ss. subst. 'prəʊɡres, isht amer. 'prɒɡ-; ss. vb prə'ɡres] **I** *s* **1** a) framsteg, utveckling; utbredning [*the ~ of Fascism*] b) förlopp c) framryckning; *~ report* lägesrapport; *make ~* göra framsteg, gå framåt **2** färd **II** *vb itr* göra framsteg; fortskrida
progression [prə'ɡreʃ(ə)n] **1** förflyttning framåt; fortgång; *in ~* i följd, efter varandra **2** progression
progressive [prə'ɡresɪv] **I** *adj* **1** progressiv [*~ policy*], reformvänlig; framstegs- [*~ party*]; avancerad [*~ music (views)*], modern **2** [gradvis] tilltagande [*~ deterioration*], fortlöpande; *on a ~ scale* i stigande skala **3** framåtgående, framåtskridande **4** språkv., *~ tense* progressiv (pågående) form **II** *s* framstegsvän, framstegsman
prohibit [prə'hɪbɪt] **1** förbjuda [*~ a p. from doing* (att göra) *a th.*] **2** förhindra; hindra [*~ a p. from doing* ([från] att göra) *a th.*]
prohibition [ˌprəʊ(h)ɪ'bɪʃ(ə)n] förbud; rusdrycksförbud
prohibitive [prə'hɪbɪtɪv] prohibitiv; *a ~ price* ett oöverkomligt (prohibitivt) pris
project [ss. subst. vb prə'dʒekt, ss. subst. 'prɒdʒekt] **I** *vb tr* **1** projektera [*~ a new dam*], göra utkast (lägga fram förslag) till, planera; perf. p. *~ed* äv. påtänkt, tilltänkt **2** projicera äv. psykol. [*she ~ed her own fears on to* (på) *her husband*] **3** framhäva, låta framträda **4** slunga (skjuta) [ut], kasta [ut] **5** kasta [*~ a shadow*]; rikta [*~ a beam of light on to a th.*]; *~ed shadow* slagskugga **II** *vb itr* skjuta fram (ut), sticka fram; *~ing* framskjutande, utstående; utbyggd [*~ing window*] **III** *s* projekt; skol. specialarbete
projectile [prə'dʒektaɪl, amer. -'dʒektl] **I** *adj* framdrivande, driv- [*~ force*], kast- **II** *s* projektil
projection [prə'dʒekʃ(ə)n] **1** projektering [*the ~ of a new dam*], planering **2** a) projektion; projektionsritning b) projektionsbild **3** psykol. o.d. projektion; projicering **4** utslungande, utskjutande, utskjutning **5** utstående del
projector [prə'dʒektə] projektor; *film ~* filmprojektor

proletarian [ˌprəʊlɪ'teərɪən] **I** *s* proletär **II** *adj* proletär-
proletariat [ˌprəʊlɪ'teərɪət, -ræt] proletariat; *the dictatorship of the ~* proletariatets diktatur
proliferate [prə'lɪfəreɪt] snabbt föröka sig; sprida sig
proliferation [prəˌlɪfə'reɪʃ(ə)n] bildl. förökning; spridning
prolific [prə'lɪfɪk] fruktsam; produktiv [*a ~ writer*]
prologue ['prəʊlɒɡ] **I** *s* prolog; bildl. äv. förspel **II** *vb tr* inleda (förse) med en prolog
prolong [prə'lɒŋ] förlänga, prolongera; dra ut på; perf. p. *~ed* äv. lång[dragen], långvarig [*after ~ed negotiations*], ihållande [*~ed rain*]
prolongation [ˌprəʊlɒŋ'ɡeɪʃ(ə)n, ˌprɒl-] förlängning, prolongation
prom [prɒm] vard. **1** promenadkonsert **2** [strand]promenad **3** amer. studentbal
promenade [ˌprɒmə'nɑːd, amer. vanl. -'neɪd, attr. '---] **I** *s* **1** a) abstr. promenad; tur; *~ concert* promenadkonsert b) konkr. [strand]promenad **2** amer., se *prom 3* **II** *vb itr* promenera **III** *vb tr* **1** promenera på [*~ the streets*] **2** promenera med
prominence ['prɒmɪnəns] **1** framskjuten ställning; bemärkthet, prominens; *come into ~* träda i förgrunden **2** utsprång; upphöjning [*a ~ in the middle of a plain*]
prominent ['prɒmɪnənt] **1** utstående [*~ eyes*], utskjutande **2** iögonenfallande [*in a ~ place*] **3** framstående; framträdande [*play a ~ part (role)*], framskjuten, ledande [*~ position*]; *~ figure* förgrundsfigur
promiscuity [ˌprɒmɪ'skjuːətɪ] promiskuitet
promiscuous [prə'mɪskjʊəs] **1** promiskuös; *~ sexual relations* äv. tillfälliga sexuella förbindelser **2** a) urskillningslös b) blandad, brokig [*a ~ audience*]; oordnad [*a ~ mass*]; *~ bathing* gemensamhetsbad
promise ['prɒmɪs] **I** *s* löfte [*a ~ of assistance*]; förespegling; *there was every ~ of...* det fanns (var) alla utsikter till...; *make (give) a ~* ge (avlägga) ett löfte **II** *vb tr* o. *vb itr* **1** lova; utlova; *I ~* jag lovar, det lovar jag; *~ the earth (pie in the sky)* lova guld och gröna skogar; *the Promised Land* bibl. el. bildl. det förlovade landet **2** förebåda [*the clouds ~ rain*]; *it ~s to be* [*a fine day*] det artar sig till [att bli]..., det ser ut att bli...

promising ['prɒmɪsɪŋ] lovande [*a ~ beginning* (*boy*)], löftesrik
promontory ['prɒməntrɪ] hög udde
promote [prə'məʊt] **1 a)** befordra; *be ~d* äv. få befordran, avancera, gå vidare; *~ a p.* [*to be*] *captain* befordra ngn till kapten **b)** sport. flytta upp **2** främja, verka för **3** puffa för, lansera [*~ certain products*]; *~ sales* aktivera försäljningen **4** grunda, stifta, [vara med om att] starta [*~ a new business company*] **5** vara promotor för [*~ a boxing match*]
promoter [prə'məʊtə] **1** främjare **2** initiativtagare; *company ~* stiftare av [ett] aktiebolag **3** promotor
promotion [prə'məʊʃ(ə)n] **1 a)** befordran; *be due for ~* vänta på (ha utsikt till) befordran **b)** sport. uppflyttning **2** främjande [*the ~ of a scheme*], gynnande **3** marknadsföring; *~ campaign* säljkampanj **4** stiftande [*~ of a company*]
prompt [prɒm(p)t] **I** *adj* snabb, snar, skyndsam [*~ help*; *a ~ reply*], kvick; *take ~ action* vidta snabba åtgärder **II** *adv* precis **III** *s* teat. sufflering, viskning [från sufflören] **IV** *vb tr* **1** driva [*he was ~ed by patriotism*], förmå, tvinga; *~ a p. to* äv. få ngn att [*what ~ed him to say that?*] **2 a)** teat. sufflera **b)** lägga orden i munnen på, påverka [*don't ~ the witness*]; hjälpa på traven **3** föranleda, ge anledning till, orsaka [*what ~ed his resignation?*]
prompter ['prɒm(p)tə] **1** teat. sufflör; *~'s box* sufflörlucka **2** tillskyndare
promulgate ['prɒm(ə)lgeɪt, amer. vanl. prə'mʌlgeɪt] **1** utfärda, kungöra [*~ a law* (*a decree*)] **2** förkunna [*~ a creed*]; sprida [*~ learning*]; föra fram [*~ a theory*]
prone [prəʊn] **1** framstupa [*fall* (*lie*) *~*]; framåtlutad; *in a ~ position* [liggande] på magen **2** raklång **3** fallen; utsatt, hemfallen; *be ~ to* äv. ha anlag (benägenhet) för [*be ~ to idleness*]
prong [prɒŋ] på gaffel o.d. klo; på räfsa pinne
pronoun ['prəʊnaʊn] gram. pronomen
pronounce [prə'naʊns] **I** *vb tr* **1** uttala; *how do you ~ it?* hur uttalas det? **2** avkunna, fälla [*~ judgement* (*sentence*)] **3** förklara [*the judge ~d the man guilty*], deklarera; *I now ~ you man and wife* jag förklarar er härmed för äkta makar **II** *vb itr* **1** uttala sig **2** *~ badly* ha dåligt uttal
pronounced [prə'naʊnst] **1** uttalad **2** tydlig [*a ~ difference*], klar [*a ~ tendency*]; utpräglad [*~ accent*]; [starkt] markerad [*~ features*]; uttalad [*~ symptoms*]; pronocerad

pronouncement [prə'naʊnsmənt] proklamation
pronunciation [prə,nʌnsɪ'eɪʃ(ə)n] uttal
proof [pruːf] **I** *s* **1** bevis; bevisföring; *give ~ of* a) bevisa b) vittna om, ge ett (visa) prov på **2** prov; *put a p.* (*a th.*) *to the ~* pröva ngn (ngt), sätta ngn (ngt) på prov **3** a) boktr. korrektur b) foto. provkort, råkopia **4** hos spritdrycker normalstyrka ung. 50 volymprocent alkohol; *86*[%] *~ 43% alkohol* **II** *adj* motståndskraftig, oemottaglig [*~ against* (för) *flattery*] **III** *vb tr* göra vattentät, impregnera; preparera
proofread ['pruːfriːd] (*proofread proofread*) korrekturläsa
proofreader ['pruːf,riːdə] korrekturläsare
1 prop [prɒp] **I** *s* stötta äv. bildl. **II** *vb tr, ~* [*up*] stötta (palla) [upp (under)], sätta stöttor under, hålla uppe, bära upp, stödja äv. bildl.; luta, ställa
2 prop [prɒp] sl. propeller
propaganda [,prɒpə'gændə] propaganda; *~ machine* propagandaapparat
propagandist [,prɒpə'gændɪst] propagandist
propagate ['prɒpəgeɪt] **I** *vb tr* **1** biol. o.d. föröka, fortplanta **2** sprida [ut] [*~ rumours*], utbreda [*~ beliefs*]; propagera [för] **II** *vb itr* **1** föröka (fortplanta) sig **2** sprida (utbreda) sig
propagation [,prɒpə'geɪʃ(ə)n] **1** biol. o.d. fortplantning **2** spridning, utbredning
propel [prə'pel] [fram]driva [*~led by electricity*]; *~ling pencil* stiftpenna, skruvpenna
propellant [prə'pelənt] **1** drivmedel t.ex. för raketer **2** drivkraft
propeller [prə'pelə] propeller
propensity [prə'pensətɪ] benägenhet
proper ['prɒpə] **1** rätt [*in the ~ way*], riktig [*a ~ doctor*; *a ~ job*]; lämplig; tillbörlig, behörig; *in a ~ condition* i gott skick; *the ~ owner* rätt ägare, den rättmätige ägaren **2** anständig [*~ behaviour*], passande, korrekt **3** särskild; därtill hörande; *~ to* som [normalt] hör ihop med [*a game ~ to the winter*], som passar för [*a hat ~ to the occasion*] **4** egentlig; *~ fraction* egentligt bråk **5** gram., *~ noun* (*name*) egennamn **6** vard. riktig [*a ~ idiot* (*nuisance*)], rejäl [*a ~ beating* (*row*)], verklig
properly ['prɒpəlɪ] **1** rätt [*the matter was not ~ handled* (skött)], riktigt [*as you very ~ remark*]; ordentligt [*she likes to do a thing ~*], väl [*behave ~*], som sig bör, lämpligt [*~ dressed*], anständigt; vederbörligen; *he very ~ refused* han

vägrade med rätta **2** ~ *speaking* i egentlig mening **3** vard. riktigt

propertied ['prɒpətɪd] besutten [*the* ~ *classes*]

propert|y ['prɒpətɪ] **1** egendom [*these books are my* ~], ägodelar, förmögenhet; *personal* (*movable*) ~ [personlig] lösegendom, lösöre; *law of* ~ förmögenhetsrätt **2** egendom[ar], fastighet[er] [äv. *house* ~]; ägor; ~ *speculator* fastighetsspekulant, markspekulant, tomtjobbare **3** egenskap [*the -ies of iron*] **4** teat. o.d., mest pl. *-ies* rekvisita

prophecy ['prɒfəsɪ] profetia; spådom, förutsägelse; *have the gift of* ~ ha siargåva

prophesy ['prɒfəsaɪ] profetera, sia

prophet ['prɒfɪt] profet; spåman

prophetic [prə'fetɪk] o. **prophetical** [prə'fetɪk(ə)l] **1** profetisk [~ *inspiration* (*writings*)] **2** *be* ~ *of* förebåda

prophylaxis [ˌprɒfɪ'læksɪs] med. profylax

propjet ['prɒpdʒet] turboprop- [~ *aircraft* (*engine*)]

proportion [prə'pɔːʃ(ə)n] **I** *s* **1** proportion; *in* ~ i proportion [därtill], proportionsvis, i motsvarande omfattning (mängd); *out of* [*all*] ~ oproportionerlig[t] **2** isht pl. *~s:* **a**) harmoniska proportioner [*a room of* (med) *beautiful ~s*]; *have a sense of* ~ ha sinne för proportioner **b**) dimensioner [*assume* (anta) *alarming ~s*], omfattning [*of considerable ~s*] **3** del [*a large* ~ *of the population*], andel; *in equal ~s* i lika delar **4** matem. a) analogi b) reguladetri **II** *vb tr* avpassa, anpassa

proportional [prə'pɔːʃənl] **I** *adj* proportionell; ~ *representation* proportionellt valsystem, proportionalism **II** *s* matem. proportional

proportionate [prə'pɔːʃ(ə)nət] proportionerlig, proportionell

proposal [prə'pəʊz(ə)l] **1** förslag, uppslag **2** frieri

propose [prə'pəʊz] **I** *vb tr* **1** föreslå **2** lägga fram [~ *a plan*], framställa **3** ämna, tänka [*I* ~ *to start* (~ *starting*) *early*] **II** *vb itr* **1** fria **2** *Man ~s, God disposes* människan spår, men Gud rår

proposer [prə'pəʊzə], ~ [*of a motion*] förslagsställare, motionär

proposition [ˌprɒpə'zɪʃ(ə)n] **I** *s* **1** påstående; *as a general* ~ [*it may be said that*] rent allmänt... **2** förslag **3** logik. el. matem. sats **4** vard. a) affär [*a paying* ~]; historia, sak [*that's quite another* ~], grej; företag; *it's a tempting* ~ det (tanken) är verkligen frestande

(lockande); *that was a tough* ~ det var hårda bud (en svår match) **b**) *he is a tough* ~ han är svår (inte god) att tas med **II** *vb tr*, ~ *a p.* vard. a) göra ngn ett skamligt förslag b) komma med ett affärsförslag till ngn

propound [prə'paʊnd] lägga fram [~ *a scheme*], framställa [~ *a theory*]

proprietary [prə'praɪət(ə)rɪ] ägande, ägar-; i enskild ägo, privatägd; ~ *articles* märkesvaror; *the* ~ *classes* de besuttna klasserna; ~ *medicine* patentskyddad medicin; ~ *name* varumärke

proprietor [prə'praɪətə] ägare, innehavare

propriety [prə'praɪətɪ] **1** anständighet; konvenans; *overstep the bounds of* ~ överskrida gränserna för det tillåtna **2** riktighet, lämplighet

props [prɒps] (förk. för *properties*) teat. vard. rekvisita

propulsion [prə'pʌlʃ(ə)n] framdrivning; *jet* ~ jetdrift

prosaic [prə'zeɪɪk] prosaisk; enformig

proscribe [prə'skraɪb] **1** proskribera; förklara fredlös; landsförvisa **2** förbjuda

prose [prəʊz] prosa

prosecute ['prɒsɪkjuːt] **I** *vb tr* **1** jur. åtala; lagligen beivra [~ *a crime*]; *offenders will be ~d* överträdelse beivras **2** fullfölja [~ *an investigation*] **II** *vb itr* väcka åtal

prosecution [ˌprɒsɪ'kjuːʃ(ə)n] **1** jur. a) åtal; *director of public ~s* riksåklagare **b**) *the* ~ åklagarsidan; kärandesidan **2** fullföljande

prosecutor ['prɒsɪkjuːtə] kärande isht i brottmål; åklagare; *public* ~ allmän åklagare

prosody ['prɒsədɪ] språkv. prosodi; litt. metrik

prospect [ss. subst. 'prɒspekt, ss. vb prə'spekt, 'prɒspekt] **I** *s* **1** [vidsträckt] utsikt (vy) **2** sceneri[er]; ibl. vidd[er] **3** utsikt [*there is no* ~ *of* (till) *success*], framtidsperspektiv [*it's not a very cheerful* (roligt) ~]; förespegling; pl. *~s* äv. framtidsutsikter, möjligheter [*a job offering good ~s*]; förhoppningar; *~s in life* framtidsutsikter **4** vard. [eventuell] kandidat; *he is a good* ~ han är ett framtidslöfte (en påläggskalv), han är någonting att satsa på **II** *vb itr* prospektera, leta; söka **III** *vb tr* genomsöka, leta igenom [~ *a region for gold*]

prospective [prə'spektɪv] eventuell, framtida [~ *profits*], motsedd; blivande [*your* ~ *son-in-law*]; ~ *buyer* eventuell (potentiell) köpare (kund), spekulant

prospector [prəˈspektə] prospektor; isht guldgrävare
prospectus [prəˈspektəs] prospekt; [tryckt] program för kurs o.d.
prosper [ˈprɒspə] ha framgång; blomstra [upp], gå bra
prosperity [prɒˈsperətɪ] välstånd [*live in ~*], välmåga; blomstring [*time of ~*]; lycka; högkonjunktur
prosperous [ˈprɒsp(ə)rəs]
1 [upp]blomstrande; välmående [*a ~ merchant (nation)*]; lyckosam [*a ~ enterprise*], lycklig; framgångsrik [*a ~ year*] **2** gynnsam [*a ~ moment*]
prostate [ˈprɒsteɪt, -tɪt] anat., *~ [gland]* prostata; *he had a ~ [operation]* han opererades för prostata
prostitute [ˈprɒstɪtjuːt] **I** *s* prostituerad, fnask **II** *vb tr* prostituera; prisge, sälja [*~ one's honour*], kasta bort [*~ one's talents*] **III** *vb rfl, ~ oneself* prostituera sig äv. bildl.; sälja sig
prostitution [ˌprɒstɪˈtjuːʃ(ə)n] prostitution; prisgivande etc., jfr *prostitute II*
prostrate [ss. adj. ˈprɒstreɪt, -rɪt, ss. vb prɒˈstreɪt] **I** *adj* **1** framstupa [*fall ~*], utsträckt [på magen] [*lie ~*] **2** bildl. slagen [till marken], krossad; nedbruten **II** *vb tr* **1** slå till marken, slå ned **2** *~ oneself* kasta sig (buga sig) till marken **3** utmatta; bryta ner [*~d with* (av) *grief*]
protagonist [prəˈtægənɪst] **1** huvudperson i ett drama o.d.; protagonist **2** förkämpe; förgrundsgestalt
protect [prəˈtekt] skydda, beskydda
protection [prəˈtekʃ(ə)n] **1** skydd, beskydd, värn; *be under a p.'s ~* stå under ngns beskydd **2** vard., *~ [money]* beskyddarpengar, mutor till gangsterorganisation **3** ekon. tullskydd
protective [prəˈtektɪv] **1** skyddande, skydds- [*~ clothing*]; *~ colouring (coloration)* biol. skyddsfärg **2** beskyddande [*towards* [gent]emot]; beskyddar- [*~ instincts*]
protector [prəˈtektə] beskyddare
protectorate [prəˈtekt(ə)rət] protektorat
protégé [ˈprəʊteʒeɪ, ˈprɒt-] (kvinna *protégée* [samma utt.]) fr. skyddsling
protein [ˈprəʊtiːn] kem. protein
protest [ss. subst. ˈprəʊtest, ss. vb prə(ʊ)ˈtest] **I** *s* protest, gensaga; *~ meeting* protestmöte; *under ~* under protest[er] **II** *vb itr* protestera; *~ about (at)* beklaga sig (klaga) över, reagera mot **III** *vb tr* **1** bedyra [*~ one's innocence*]

2 hand., *~ a bill* [låta] protestera en växel **3** isht amer. protestera mot
protocol [ˈprəʊtəkɒl] **1** protokoll **2** protokoll, [diplomatiska] etikettsregler
prototype [ˈprəʊtə(ʊ)taɪp] prototyp; urtyp, förebild
protract [prəˈtrækt] dra ut på [*~ a visit*], förhala; fördröja [*bad weather ~ed the work*]; förlänga
protracted [prəˈtræktɪd] utdragen, långdragen [*~ negotiations*]
protractor [prəˈtræktə] gradskiva, [kart]vinkelmätare
protrude [prəˈtruːd] **I** *vb tr* sticka fram (ut) [*~ the tongue*], skjuta fram (ut) **II** *vb itr* skjuta fram (ut) [*his ears ~*]
protruding [prəˈtruːdɪŋ] framskjutande [*~ ears (eyes)*]; *~ jaw* äv. underbett
protuberance [prəˈtjuːb(ə)r(ə)ns] utbuktning; protuberans; bula
proud [praʊd] **I** *adj* **1** stolt [*I'm ~ of knowing (~ to know) him*]; högmodig **2** ståtlig [*a ~ sight* (anblick)], lysande **3** uppsvälld [*a ~ stream*]; *~ flesh* svallkött, dödkött **II** *adv* vard., *do a p. ~* a) hedra ngn [*his conduct did him ~*] b) göra sig en massa besvär för ngns skull, slå på stort för ngn
prove [pruːv] (*proved proved*; perf.p. isht amer. äv. *proven*) **I** *vb tr* bevisa; visa [*experience ~s that...*]; *~ oneself* visa vad man duger till (går för) **II** *vb itr, ~ [to be]* visa sig vara [*all ~d in vain*]
proverb [ˈprɒvɜːb] ordspråk; [*the Book of*] *Proverbs* bibl. Ordspråksboken
proverbial [prəˈvɜːbjəl] ordspråksmässig; ordspråks-, i ordspråket [*like the ~ fox*]; allmänt känd, ökänd; *~ saying* ordstäv
provide [prəˈvaɪd] **I** *vb tr* **1** anskaffa, ordna med [*who'll ~ the food?*]; *~ one's own food* ta med sig (hålla sig med) egen mat; *~ oneself with* förse sig med, skaffa sig **2** ge [*the tree ~s shade*], lämna **3** om lag o.d. föreskriva [*the law ~s that* (att)*...*] **II** *vb itr, ~ against* a) vidta åtgärder [för att skydda sig] mot b) jur. förbjuda [*this clause ~s against the use of...*]
provided [prəˈvaɪdɪd], *~ [that]* förutsatt att, på villkor att, om [bara], såvida
providence [ˈprɒvɪd(ə)ns], *P~* försynen; *divine P~* el. *the P~ of God* Guds försyn
providing [prəˈvaɪdɪŋ], *~ [that]* se *provided*
province [ˈprɒvɪns] **1** provins; landskap **2** pl. *the ~s* landsorten, provinsen **3** [verksamhets]fält, fack; *it is not [within] my ~* det är inte mitt område (min sak)
provincial [prəˈvɪnʃ(ə)l] **I** *adj* **1** regional;

provins-; landskaps- **2** provinsiell **II** *s* landsortsbo, småstadsbo
provision [prə'vɪʒ(ə)n] **I** *s* **1** a) anskaffande, tillhandahållande b) försörjning c) åtgärd, förberedelse **2** pl. *~s* livsmedel, matvaror, proviant **3** bestämmelse; villkor **II** *vb tr* proviantera
provisional [prə'vɪʒənl] provisorisk; preliminär; *~ arrangement* äv. provisorium
provis|o [prə'vaɪzəʊ] (pl. *-os*, ibl. *-oes*) förbehåll, reservation; [förbehålls]klausul, bestämmelse
provocation [ˌprɒvə'keɪʃ(ə)n] provokation, utmaning; incitament; *at* (*on*) *the slightest ~* vid minsta anledning
provocative [prə'vɒkətɪv] **I** *adj* utmanande [*a ~ dress*], provokativ [*~ language*], provokatorisk **II** *s* stimulerande medel
provoke [prə'vəʊk] **1** reta [upp]; provocera; *be easily ~d to anger* lätt bli arg **2** framkalla [*~ a storm*; *~ a reaction*], utlösa [*~ riots*]; väcka [*~ indignation*], uppväcka
provoking [prə'vəʊkɪŋ] retsam; *how ~!* så förargligt!
prow [praʊ] för[stäv]; poet. skepp
prowess ['praʊɪs] mest litt. **1** tapperhet; bravur **2** skicklighet
prowl [praʊl] **I** *vb itr* stryka omkring isht efter byte **II** *vb tr* stryka omkring i (på) [*wolves ~ the forest*] **III** *s* **1** *be* (*go*) *on the ~* vara ute (gå ut) på jakt, stryka omkring [*for* [på jakt] efter] **2** *~ car* amer. polisbil, radiobil
prowler ['praʊlə] **1** person (djur) som stryker omkring **2** smygande tjuv
proximity [prɒk'sɪmətɪ] närhet; *in close ~ to* i omedelbar närhet av
proxy ['prɒksɪ] fullmakt; befullmäktigat ombud; *by ~* genom fullmakt (ombud)
prude [pru:d] pryd (sipp) människa
prudence ['pru:d(ə)ns] klokhet, förståndighet
prudent ['pru:d(ə)nt] klok, förståndig; välbetänkt
prudery ['pru:dərɪ] pryderi; prydhet, sipphet
prudish ['pru:dɪʃ] pryd, sipp
1 prune [pru:n] **1** sviskon; torkat katrinplommon; *full of ~s* amer. sl. a) dum, enfaldig b) uppåt, livad **2** tönt, knasboll
2 prune [pru:n] **1** beskära träd o.d. [ofta *~ down*]; klippa [*~ a hedge*]; *~* [*away* (*off*)] skära av (bort) grenar o.d. **2** bildl. skära ner [*~ an essay*]; rensa
Prussia ['prʌʃə] Preussen

Prussian ['prʌʃ(ə)n] **I** *adj* preussisk **II** *s* preussare
prussic ['prʌsɪk] kem., *~ acid* blåsyra
1 pry [praɪ] **1** snoka [*~ into* (i) *a p.'s affairs*], nosa [*~ into* (i) *everything*] **2** titta (kika) [nyfiket]
2 pry [praɪ] amer., se *prise*
PS [ˌpi:'es] förk. för *postscript*, *private secretary*
psalm [sɑ:m] **1** psalm i Psaltaren; [*the Book of*] *Psalms* Psaltaren, Davids psalmer **2** psalm
pseud [sju:d] vard., se *pseudo III*
pseudo ['sju:dəʊ, 'su:dəʊ] **I** *prefix* pseudo- [*pseudo-classic*], kvasi- [*pseudo-scientific*], sken- [*pseudo-life*], föregiven **II** *adj* vard., *he is very ~* han är en stor bluff (posör) **III** (pl. *~s*) *s* vard. bluff
pseudonym ['sju:dənɪm, 'su:-] pseudonym
psych [saɪk] **1** psykoanalysera **2** *~ out* a) ana (känna på sig) vad ngn tänker göra b) lösa psykologiskt c) psyka d) itr. deppa ihop, kollapsa **3** *~ up* peppa upp
psyche ['saɪkɪ, ss. vb saɪk] **I** *s* psyke; själsliv, själ **II** *vb tr* o. *vb itr* se *psych*
psychedelic [ˌsaɪkə'delɪk] psykedelisk
psychiatric [ˌsaɪkɪ'ætrɪk] psykiatrisk
psychiatrist [saɪ'kaɪətrɪst, sɪ'k-] psykiater
psychiatry [saɪ'kaɪətrɪ, sɪ'k-] psykiatri
psychic ['saɪkɪk] **I** *adj* **1** psykisk; själslig **2** parapsykisk [*~ research*]; övernaturlig, översinnlig [*~ forces*] **3** medial; medialt lagd; spiritistisk [*a ~ medium*]; *be ~* vara synsk, ha medial förmåga **II** *s* person med medial förmåga
psychoanalyse [ˌsaɪkəʊ'ænəlaɪz] psykoanalysera
psychoanalysis [ˌsaɪkəʊə'næləsɪs] psykoanalys
psychoanalyst [ˌsaɪkəʊ'ænəlɪst] psykoanalytiker
psychoanalytic ['saɪkəʊˌænə'lɪtɪk] o. **psychoanalytical** ['saɪkəʊˌænə'lɪtɪk(ə)l] psykoanalytisk
psychological [ˌsaɪkə'lɒdʒɪk(ə)l] psykologisk i olika bet. [*a ~ novel*; *~ moment*; *~ warfare*]
psychologist [saɪ'kɒlədʒɪst] psykolog
psychology [saɪ'kɒlədʒɪ] psykologi
psychopath ['saɪkə(ʊ)pæθ] psykopat
psychopathic [ˌsaɪkə(ʊ)'pæθɪk] psykopatisk
psychos|is [saɪ'kəʊs|ɪs] (pl. *-es* [-i:z]) psykos
psychosomatic [ˌsaɪkə(ʊ)sə(ʊ)'mætɪk] psykosomatisk
psychotherapy [ˌsaɪkə(ʊ)'θerəpɪ] psykoterapi

psychotic [saɪˈkɒtɪk] **I** *adj* psykotisk, mentalt störd **II** *s* psykotisk (mentalt störd) människa
ptarmigan [ˈtɑːmɪɡən] zool. fjällripa; *willow* ~ amer. dalripa
PTO [ˌpiːtiːˈəʊ] (förk. för *please turn over*) [var god] vänd!
ptomaine [ˈtəʊmeɪn, tə(ʊ)ˈmeɪn] ptomain förruttnelsegift; ~ *poisoning* matförgiftning
pub [pʌb] **I** *s* vard. (kortform för *public house*) pub; ~ *grub* pubmat **II** *vb itr*, *go ~bing* gå pubrond
pub-crawl [ˈpʌbkrɔːl] **I** *s* pubrond [*go on* (göra) *a ~*] **II** *vb itr*, *go ~ing* gå pubrond, göra en krogrunda
puberty [ˈpjuːbətɪ] pubertet; *reach the age of ~* komma i puberteten (pubertetsåldern)
pubic [ˈpjuːbɪk] anat. **1** blygd- [~ *bone* (*hairs*)] **2** blygdbens-
public [ˈpʌblɪk] **I** *adj* **1** offentlig [~ *building*], allmän [~ *holiday*]; folk- [~ *library*]; statlig, stats- [~ *finances*]; publik; *make ~* offentliggöra, tillkännage, göra allmänt bekant; ~ *call-box* telefonkiosk; ~ *convenience* offentlig toalett; ~ *corporation* affärsdrivande verk, statligt företag; ~ *debt* statsskuld; *it is a matter of ~ knowledge* det är offentligt (allmänt) bekant; ~ *relations* PR, public relations; ~ *services* affärsdrivande verk, allmännyttiga företag **2** börsnoterad [*a ~ company*]; *go ~* bli börsnoterad **II** *s* allmänhet [*the general* (stora) *~*]; publik [*it reaches a large ~*]; *the ~ are* (*is*) *not admitted* allmänheten äger icke tillträde; [*the book will appeal to*] *a large ~* ...en stor läsekrets; *in ~* offentligt, inför publik; *open to the ~* öppen för allmänheten
publican [ˈpʌblɪkən] pubinnehavare; krogvärd
publication [ˌpʌblɪˈkeɪʃ(ə)n] **1** publicering; *date* (*year*) *of ~* tryckår, utgivningsår **2** publikation, tryckalster **3** offentliggörande; kungörande; ~ *of the banns* lysning
publicity [pʌbˈlɪsətɪ] publicitet [*avoid ~*]; reklam; *give a th. ~* ge ngt publicitet; göra reklam (PR) för ngt
publicize [ˈpʌblɪsaɪz] offentliggöra, ge publicitet åt; göra reklam för; annonsera
publicly [ˈpʌblɪklɪ] offentligt; av (inför) allmänheten; statligt
publish [ˈpʌblɪʃ] **I** *vb tr* **1** publicera; ge ut; *the book is ~ed by D.* boken är utgiven (har kommit ut) på D.'s förlag **2** offentliggöra; kungöra; utfärda; ~ *the banns* [*of marriage*] avkunna lysning **II** *vb itr* om tidning komma ut
publisher [ˈpʌblɪʃə] [bok]förläggare; utgivare [*newspaper ~*]; ~[*s*] äv. förlag [*HarperCollins Publishers*]
publishing [ˈpʌblɪʃɪŋ] förlagsverksamhet; förlagsbranschen; ~ *house* (*company*, *firm*) [bok]förlag
puce [pjuːs] **I** *s* rödbrunt **II** *adj* rödbrun
1 puck [pʌk] ung. tomte[nisse]
2 puck [pʌk] puck i ishockey
pucker [ˈpʌkə] **I** *vb tr* rynka; ~ [*up*] rynka, lägga i veck [~ [*up*] *one's brows*], snörpa ihop, spetsa [~ [*up*] *one's lips*] **II** *vb itr*, ~ [*up*] rynka (vecka) sig **III** *s* rynka, veck; rynkning
pudding [ˈpʊdɪŋ] **1** a) pudding b) efterrätt c) gröt; *black ~* blodkorv, blodpudding; ~ *mould* puddingform **2** sjö. fender
puddle [ˈpʌdl] pöl, [vatten]puss
pudgy [ˈpʌdʒɪ] se *podgy*
puerile [ˈpjʊəraɪl, amer. -rl] barnslig
puerility [pjʊəˈrɪlətɪ] barnslighet
puff [pʌf] **I** *s* **1** pust; puff; bloss [*have a ~ at a pipe*]; ~ *of wind* vindpust, vindstöt **2** puff, [svag] knall; *the ~s* [*from an engine*] tuffandet... **3** [puder]vippa **4** sömnad. puff **5** kok. a) smördegskaka; *jam ~* smörbakelse med sylt i b) [*cream*] ~ *petit-chou* **6** [grov] reklam **II** *vb itr* **1** pusta **2** bolma [*smoke ~ed up from the crater*]; ~ [*away*] *at a cigar* bolma (blossa) på en cigarr **3** blåsa [i stötar] **4** tuffa [*the engine ~ed out of the station*], ånga **5** ~ [*up*] svälla [upp], svullna **III** *vb tr* **1** blåsa [~ *out a candle*] **2** stöta (pusta) ut [~ *smoke*] **3** blossa (bolma) på [~ *a cigar*] **4** ~ *out* blåsa upp [~ *out one's cheeks*]; ~*ed up* uppblåst äv. bildl., pösig, svällande
puffin [ˈpʌfɪn] zool. lunnefågel
puffy [ˈpʌfɪ] **1** byig om vind **2** andfådd **3** uppsvälld, svullen; påsig [~ *under the eyes*]; korpulent **4** pösig äv. bildl.
pug [pʌɡ] mops
pugilist [ˈpjuːdʒɪlɪst] pugilist, [proffs]boxare
pugnacious [pʌɡˈneɪʃəs] stridslysten; stridbar
pug nose [ˈpʌɡnəʊz] trubbnäsa
puke [pjuːk] **I** *vb tr* o. *vb itr* vard. spy **II** *s* **1** kräkning **2** kräkmedel
pull [pʊl] **I** *vb tr* (se äv. *III*) **1** dra; hala; dra (rycka) i; dra ut [~ *a tooth*]; ~ *a p.'s hair* el. ~ *a p. by the hair* dra ngn i håret, lugga ngn; ~ *to pieces* (*bits*) rycka (plocka) sönder, slita i stycken, bildl. göra ned, kritisera sönder **2** dra för [~ *the*

curtains], dra ned [*~ the blind*] **3** med. sträcka [*~ a muscle*] **4** göra [*~ a raid*]; *he ~ed a fast one* [*on* (*over*) *me*] vard. han drog mig vid näsan
II *vb itr* (se äv. *III*) **1** dra, rycka, hala **2** ro
III *vb tr* o. *vb itr* med adv. isht med spec. övers.:
~ apart: a) rycka (plocka) isär (sönder) b) bildl. göra ned, kritisera ihjäl
~ away om fordon köra ut från trottoarkanten
~ down: a) riva [ned] [*~ down a house*]; dra ned; bildl. störta [*~ down a government*] b) driva ned [*~ down prices*]
~ in: **a)** dra in; hålla in [*~ in a horse*] **b)** bromsa in; *~ in at* stanna till i (hos) **c)** köra in [*the train ~ed in at the station*]; svänga in [*~ in to the left*]
~ off: a) dra (ta) av [sig] b) vard. greja, fixa [*he'll ~ it off*]; lägga beslag på, lyckas få [*~ off a job*] c) köra av [*~ off the road*]
~ out: a) dra ut (upp) [*~ out a tooth*]; ta ur (loss); dra (hala) fram (upp) b) dra sig tillbaka [*the troops ~ed out of the country*]; bildl. dra sig (backa) ur c) köra ut [*the train ~ed out of the station*]; svänga ut [*the car ~ed out from the kerb*]
~ through klara sig [*the patient ~ed through*]
~ together: a) hjälpas åt b) *~ oneself together* ta sig samman; ta sig i kragen
~ up: a) dra (rycka) upp b) stanna [*he ~ed up the car*; *the train ~ed up*]
IV *s* **1** drag[ning]; tag; *give a strong ~* ta ett kraftigt tag **2** [år]tag; simtag **3 a)** klunk **b)** drag, bloss; *take a ~ at one's pipe* dra ett bloss på pipan **4** dragningskraft äv. bildl. **5** fördel; *have a* (*the*) *~ on a p.* ha övertag över ngn **6** vard. försänkningar [*he got the job through ~*]
pullet ['pʊlɪt] unghöna, unghöns
pulley ['pʊlɪ] **I** *s* **1** block[skiva], trissa; talja; *~ block* hissblock, talja **2** [*belt*] *~ remskiva* **II** *vb tr* **1** hissa [med talja] **2** förse med block
pull-out ['pʊlaʊt] **I** *s* **1** utvikningssida; löstagbar bilaga **2** tillbakadragande [*~ of troops*] **II** *adj* utdrags- [*~ bed*]; *~ supplement* löstagbar bilaga
pullover ['pʊl,əʊvə] **I** *s* **1** pullover **2** amer. utanpåskjorta **II** *adj* pådrags-
pull-tab ['pʊltæb] rivöppnare på burk
pull-up ['pʊlʌp] **1** raststället vid bilväg **2** gymn. armhävning från t.ex. trapets **3** flyg. brant stigning
pulp [pʌlp] **I** *s* **1** mos; mjuk massa; *beat a p. to a ~* slå ngn sönder och samman **2** [frukt]kött; innanmäte i frukt o.d.; märg i stam **3** [pappers]massa **4** anat. el. bot. pulpa **5** vard., *~ magazine* billig veckotidning **II** *vb tr* **1** krossa till massa; mosa; *~ed copies* makulerade exemplar **2** ta ur [frukt]köttet ur **III** *vb itr* bli till mos
pulpit ['pʊlpɪt] predikstol
pulsate [pʌl'seɪt, 'pʌlseɪt] pulsera äv. bildl.; slå, dunka; vibrera
pulse [pʌls] **I** *s* **1** puls äv. bildl.; *feel* (*take*) *a p.'s ~* ta pulsen på ngn; bildl. äv. känna ngn på pulsen **2** pulsslag **3** vibration[er] [*the ~ of an engine*] **4** elektr. el. radio. puls, puls- [*~ modulation*] **II** *vb itr* pulsera äv. bildl.; slå; vibrera
pulverize ['pʌlvəraɪz] **I** *vb tr* pulvrisera; bildl. äv. smula sönder **II** *vb itr* pulvriseras
puma ['pju:mə] zool. puma
pumice ['pʌmɪs] **I** *s* pimpsten **II** *vb tr* göra ren (gnida) med pimpsten
pumice stone ['pʌmɪsstəʊn] pimpsten
pummel ['pʌml] puckla på
1 pump [pʌmp], pl. *~s* a) släta herrskor utan snörning b) amer. [dam]pumps c) gymnastikskor
2 pump [pʌmp] **I** *s* pump **II** *vb tr* **1** pumpa [*~ water out; ~ air into a tyre*]; *~* [*dry* (*empty*)] länspumpa; *~ up* pumpa upp [*~ up a tyre*] **2** pumpa, fråga ut [*~ a witness*] **3** vard., *be completely ~ed* [*out*] vara fullkomligt utpumpad (tröttkörd)
pumpkin ['pʌm(p)kɪn] bot. pumpa
pun [pʌn] **I** *s* ordlek **II** *vb itr* göra en ordlek (ordlekar)
Punch [pʌn(t)ʃ] teat., motsv. Kasper; *~ and Judy* [*show*] motsv. kasperteater
1 punch [pʌn(t)ʃ] **I** *s* **1** stans; hålslag; biljettång **2** dorn **3** stämpel **4** klipp i biljett **II** *vb tr* stansa [*~ holes*], slå hål i [*~ paper*], klippa [*~ tickets*] **III** *vb itr*, *~ in* (*out*) stämpla in (ut) med stämpelur
2 punch [pʌn(t)ʃ] **I** *s* **1** knytnävsslag; kort slag; slagkraft äv. bildl.; *I gave him a ~ on the nose* jag klippte (slog) till honom; *he did not pull his ~es* han la inte fingrarna emellan, han gick rakt på sak **2** vard. snärt; kraft **II** *vb tr* puckla på, klippa (slå) till; *I ~ed him on the nose* jag klippte (slog) till honom
3 punch [pʌn(t)ʃ] bål; toddy; *hot rum ~* romtoddy; *Swedish ~* punsch
punchbag ['pʌn(t)ʃbæg] boxn. sandsäck; bildl. slagpåse
punchball ['pʌn(t)ʃbɔ:l] boxn. boxboll
punchbowl ['pʌn(t)ʃbəʊl] bål[skål]
punchcard ['pʌn(t)ʃkɑ:d] hålkort
punch-drunk [,pʌn(t)ʃ'drʌŋk] **1** boxn.

punch-drunk; omtöcknad **2** vard. vimmelkantig, halvt bedövad
punch line ['pʌn(t)ʃlaɪn] slutkläm i rolig historia
punch-up ['pʌn(t)ʃʌp] sl. råkurr
punctual ['pʌŋ(k)tjʊəl] punktlig
punctuality [,pʌŋ(k)tjʊ'ælətɪ] punktlighet
punctuate ['pʌŋ(k)tjʊeɪt] **1** interpunktera, kommatera **2** [ideligen] avbryta [*~ a speech with cheers*]
punctuation [,pʌŋ(k)tjʊ'eɪʃ(ə)n] interpunktion, kommatering; *~ mark* skiljetecken
puncture ['pʌŋ(k)tʃə] **I** *s* **1** punktering; stick **2** med. punktion **II** *vb tr* **1** punktera, sticka hål på **2** få punktering på [*he ~d his tyre*] **3** bildl. slå hål på, gå illa åt **III** *vb itr* punktera
pundit ['pʌndɪt] skämts. förståsigpåare
pungent ['pʌndʒ(ə)nt] skarp, frän [*~ smell (taste)*]; bildl. äv. bitande, vass [*~ remarks*], kärv; stickande [*~ gas (smoke)*]
punish ['pʌnɪʃ] **1** straffa, bestraffa; ibl. tukta **2** vard. a) gå hårt (illa) åt b) pressa, suga musten ur; *~ing* pressande, påfrestande [*a ~ing race*]
punishable ['pʌnɪʃəbl] straffbar
punishment ['pʌnɪʃmənt] **1** straff **2** vard. stryk; *take a lot of ~* a) få mycket stryk, få stryk efter noter b) tåla mycket stryk
punk [pʌŋk] sl. **I** *s* **1** skräp; skit äv. pers. **2** skurk **3** punk aggressiv ungdomsstil; om pers. punkare **II** *adj* **1** urusel **2** punk- [*~ rock*]; punkig
punnet ['pʌnɪt] spånkorg; liten [papp]kartong för bär; bärkorg
1 punt [pʌnt] **I** *s* punt **II** *vb tr* staka [fram], 'punta' **III** *vb itr* staka sig fram; [vara ute och] 'punta'
2 punt [pʌnt] **I** *s* insats i hasardspel **II** *vb itr* **1** satsa i hasardspel; spela mot banken **2** spela på kapplöpning; tippa
1 punter ['pʌntə] 'puntare'
2 punter ['pʌntə] **1** satsare, spelare i hasardspel **2** vadhållare på kapplöpning; [fotbolls]tippare
puny ['pjuːnɪ] ynklig, svag äv. bildl.
pup [pʌp] **I** *s* **1** [hund]valp **2** [pojk]valp, spoling **3** vard., *sell a p. a ~* lura ngn [att göra ett dåligt köp] **II** *vb itr* valpa, få valpar
1 pupil ['pjuːpl] **1** elev, lärjunge; *~ teacher* lärarkandidat **2** jur. myndling
2 pupil ['pjuːpl] anat. pupill
puppet ['pʌpɪt] **1** teat. docka, marionett; *glove ~* handdocka **2** bildl. marionett; marionett- [*~ government (state)*] **3** liten docka
puppet theatre ['pʌpɪt,θɪətə] dockteater
puppy ['pʌpɪ] **1** [hund]valp **2** bildl. [pojk]valp, spoling; *~ fat* vard. tonårsfetma
purchase ['pɜːtʃəs, -tʃɪs] **I** *s* **1** köp; inköp äv. konkr.; uppköp; jur. förvärv; *make ~s* göra inköp **2** tag [*get a ~ on a th.*], [fot]fäste **II** *vb tr* köpa; jur. förvärva; bildl. köpa (tillkämpa) sig; *purchasing power* köpkraft
purchaser ['pɜːtʃəsə] köpare
pure [pjʊə] **1** ren [*~ air (colours, tones)*], oblandad; äkta, gedigen; hel- [*~ silk*]; *~ mathematics* teoretisk (ren) matematik **2** ren, bara [*it's ~ envy*]; *the truth ~ and simple* rena [rama] sanningen
purée ['pjʊəreɪ] kok. **I** *s* puré; mos [*fruit ~*] **II** *vb tr* göra puré av
purely ['pjʊəlɪ] **1** rent etc., jfr *pure* **2** rent [*a ~ formal request*], uteslutande, bara; *~ by accident* av en ren händelse
purgative ['pɜːgətɪv] **I** *s* med. laxermedel **II** *adj* **1** med. laxerande **2** renande
purgatory ['pɜːgət(ə)rɪ] **1** skärseld, lidande; *P~* relig. skärseld[en], purgatorium **2** vard. pina
purge [pɜːdʒ] **I** *vb tr* **1** rena, luttra; *~ away* rensa bort **2** polit. rensa [upp i], göra utrensningar i [*~ a party*] **3** med. laxera **II** *vb itr* med. laxera **III** *s* **1** rening, renande **2** polit. utrensning **3** med. laxermedel
purification [,pjʊərɪfɪ'keɪʃ(ə)n] **1** rening; bildl. äv. luttring; *~ plant* reningsverk **2** relig. reningsceremoni
purify ['pjʊərɪfaɪ] **I** *vb tr* rena; bildl. äv. luttra **II** *vb itr* renas
purist ['pjʊərɪst] purist
puritan ['pjʊərɪt(ə)n] (hist. *P~*) **I** *s* puritan **II** *adj* puritansk
puritanical [,pjʊərɪ'tænɪk(ə)l] puritansk
purity ['pjʊərətɪ] renhet i olika bet.
purl [pɜːl] **I** *s* avig [maska] [äv. *~ stitch*] **II** *vb tr*, *~ one* sticka en avig [maska] **III** *vb itr* sticka avigt
purloin [pɜː'lɔɪn] stjäla
purple ['pɜːpl] **I** *s* **1** mörklila, purpur[färg] **2** purpur[dräkt]; *the ~* kunglig (kardinals, biskops) värdighet **II** *adj* mörklila; purpurfärgad, purpur-; purpurröd, mörkröd [*his face turned ~*], blodröd [*a ~ sunset*] **III** *vb tr* purpurfärga
purport ['pɜːpɔːt, 'pɜːpət, ss. vb pə'pɔːt] **I** *vb tr* ge sig ut för, avse [*the book ~s to be...*], påstå sig **II** *s* innebörd, andemening [*the ~ of what he said*]
purpose ['pɜːpəs] **I** *s* **1** syfte, avsikt,

mening; ändamål; *answer (serve, suit) a p.'s* ~ tjäna (passa) ngns syfte, täcka ngns behov; *it answers (serves, suits) its* ~ den fyller sin funktion, den tjänar sitt syfte; *for peaceful ~s* för fredliga ändamål (fredsändamål); *on* ~ med avsikt (flit), avsiktligt; *be to the* ~ a) ha med saken (ämnet) att göra b) vara ändamålsenlig, vara just det rätta; *to little* ~ till föga nytta **2** mål [*have a definite* ~ *in life*], uppgift; mening [*there is a* ~ *in the world* (tillvaron)]; *strength of* ~ viljestyrka, beslutsamhet **I** *vb tr* ha för avsikt, ämna
purposeful ['pɜːpəsf(ʊ)l] **1** målmedveten **2** meningsfull
purposely ['pɜːp(ə)slɪ] **1** avsiktligt, med avsikt (flit) **2** ~ *to* endast för att
purr [pɜː] **I** *vb itr* spinna [*the cat (engine) ~ed*] **II** *s* spinnande; spinnande ljud
purse [pɜːs] **I** *s* **1** a) portmonnä, börs; amer. [dam]handväska b) kassa [*out of my own* ~] **2** [insamlad] penninggåva; [penning]pris **II** *vb tr*, ~ [*up*] rynka, dra ihop [~ [*up*] *one's brows*]
purser ['pɜːsə] sjö. el. flyg. purser
purse strings ['pɜːsstrɪŋz] bildl., *hold (control) the* ~ ha hand om (bestämma över) kassan
pursue [pəˈsjuː] **1** förfölja äv. bildl.; jaga [~ *a thief (a bear)*] **2** jaga efter [~ *pleasure*], sträva efter [~ *one's object*] **3** följa [~ *a method*], driva, föra [~ *a policy*] **4** a) fullfölja [~ *a plan*]; fortsätta [~ *a journey*], gå vidare med [~ *an inquiry (a subject)*] b) ägna sig åt [~ *a profession*]
pursuer [pəˈsjuːə] förföljare
pursuit [pəˈsjuːt] **1** förföljande, jakt; bildl. jagande; *be in* ~ *of* förfölja, jaga; vara på jakt efter **2** bedrivande, utövande [*in* (under) ~ *of*], skötsel **3** sysselsättning [*a pleasant* ~]; syssla; *literary ~s* litterär verksamhet
purveyor [pɜːˈveɪə] [livsmedels]leverantör; *P~ to His (Her) Majesty* [kunglig] hovleverantör
pus [pʌs] med. var; ~ *basin* rondskål
push [pʊʃ] **I** *vb tr* **1** a) skjuta, fösa; skjuta 'på [~ *a car*], leda [~ *a bike*], dra [~ *a pram*] b) knuffa; knuffa (stöta) till c) driva [~ *the enemy troops into the sea*] d) trycka på [~ *a button*]; ~ *one's way* tränga (knuffa) sig fram; ~ *a p. around* vard. hunsa (köra) med ngn **2** a) driva, pressa [~ *a p. into doing a th.*] b) tvinga [*he'll do it if you* ~ *him*]; *be ~ed* vara i trångmål (knipa) **3** framhärda i [~ *one's claims*]; ~ [*on*] påskynda, driva på, forcera [~ [*on*] *the work*] **4** göra reklam (puffa) för [~ *goods*] **5** foto. pressa **6** sl. langa [~ *drugs*] **7** vard. närma sig [*he is ~ing eighty*] **II** *vb itr* **1** a) tränga sig [fram], knuffa sig [*he ~ed past me*] b) knuffas [*don't ~!*] c) skjuta 'på; ~ *along* vard. kila [i väg], ge sig i väg **2** ~ *for* yrka på, kräva [~ *for higher wages*], kämpa (verka) för **III** *s* **1** knuff, puff; *give the car a* ~ skjuta på bilen **2** [kraft]ansträngning **3** mil. framstöt **4** vard. framåtanda **5** försänkningar [*use* (utnyttja) ~ *to get a job*] **6** *at a* ~ om det gäller (kniper) **7** sl., *get the* ~ a) få sparken b) bli spolad; *give a p. the* ~ a) ge ngn sparken b) spola ngn
pushbike ['pʊʃbaɪk] vard. trampcykel, vanlig cykel
push-button ['pʊʃˌbʌtn] elektr. tryckknapp; tryckknapps- [~ *tuning* (inställning)]; ~ *telephone* knapptelefon
pushcart ['pʊʃkɑːt] [hand]kärra
pushchair ['pʊʃtʃeə] sittvagn för barn
pusher ['pʊʃə] **1** vard. streber **2** påpetare för barn **3** sl., [*drug (dope)*] ~ [knark]langare
pushover ['pʊʃˌəʊvə] vard. **1** smal (enkel) sak, barnlek **2** lätt[fångat] byte; lätt motståndare
push-up ['pʊʃʌp] gymn. armhävning från golvet
1 puss [pʊs] kisse; ~, ~*!* kiss! kiss!; *P~ in Boots* Mästerkatten i stövlar
2 puss [pʊs] sl. nylle
3 puss [pʊs] vulg. mus
1 pussy ['pʊsɪ] se *pussy-cat*
2 pussy ['pʊsɪ] vulg. mus äv. kvinna som sexobjekt
pussy-cat ['pʊsɪkæt] **1** kissekatt **2** bot. [vide]kisse **3** smeks., i tilltal gullunge, raring
pussy willow ['pʊsɪˌwɪləʊ] bot. **1** sälg **2** [vide]kisse
1 put [pʊt] (*put put*) **I** *vb tr* (se äv. *III*) **1** lägga, sätta, ställa; stoppa [~ *a th. into one's pocket*]; hälla, slå [~ *milk in the tea*]; *stay* ~ vard. stanna kvar där man är; ~ *a p. through a th.* låta ngn gå igenom ngt [~ *a p. through a test*] **2** uppskatta [*I* ~ *the value at* (till)...], värdera **3** uttrycka, säga [*it can all be* ~ *in a few words*], framställa [~ *matter clearly*], formulera; *to* ~ *it bluntly* för att tala rent ut; *to* ~ *it briefly* för att fatta mig kort **4** [fram]ställa [~ *a question to a p.*]; ~ *a th. before* (*to*) *a p.* förelägga ngn ngt, lägga fram ngt för ngn **5** översätta [~ *into* (till) *English*]; ~ *into verse* sätta på vers **6** satsa, sätta [~ *money on a horse*]; placera [~ *money*

into a business] **7** sport., ~ *the shot (weight)* stöta kula
II *vb itr* (se äv. *III*) **1** sjö. löpa, styra [~ *into the harbour*]; ~ *into port* söka hamn **2** vard., *don't be ~ upon by him!* låt inte honom sätta sig på (topprida) dig!
III *vb tr* o. *vb itr* med adv. o. prep. med spec. övers.:
~ **about** sprida [ut] [~ *about a rumour*]
~ **across:** a) sätta (forsla) över b) sjö. gå (styra) över c) vard. föra (få) fram [*he has plenty to say but he cannot ~ it across*]
~ **aside:** a) lägga (sätta, ställa) bort (ifrån sig) b) lägga undan, spara [~ *aside a bit of money*]
~ **away: a)** lägga etc. undan (bort, ifrån sig); ~ *the car away* ställa in (undan) bilen **b)** lägga undan, spara [~ *some money away*] **c)** vard. avliva [*my dog had to be ~ away*]
~ **back: a)** lägga etc. tillbaka (på sin plats) **b)** vrida (ställa) tillbaka [~ *the clock back*] **c)** hålla tillbaka **d)** häva (hälla) i sig
~ **by: a)** lägga etc. undan (ifrån sig) **b)** lägga undan, spara [ihop] [~ *money by*]
~ **down: a)** lägga etc. ned (ifrån sig), släppa [~ *down a burden*]; sätta (släppa) av [~ *me down at the corner*] **b)** slå ned, kuva [~ *down a rebellion*], sätta stopp för **c)** anteckna, skriva upp [~ *down the address*], sätta (föra) upp [~ *it down to* (på) *my account*] **d)** fälla ihop [~ *down one's umbrella*] **e)** uppskatta; anse, betrakta [*they ~ him down as a fool*] **f)** ~ *down to* tillskriva, skylla på [*he ~s it down to nerves*]
~ **forth: a)** uppbjuda [~ *forth all one's strength*] **b)** framställa, framlägga [~ *forth a theory*] **c)** skjuta [~ *forth shoots*]; ~ *forth* [*leaves*] slå ut
~ **forward: a)** lägga fram, framställa [~ *forward a theory*] **b)** nominera [~ *a p. forward as a candidate*]; ~ *oneself forward as a candidate* ställa upp som kandidat **c)** vrida (ställa) fram [~ *the clock forward*]
~ **in: a)** lägga etc. in, dra in [~ *in central heating*]; sticka in [*he ~ his head in at the window*]; lägga ner [~ *in a lot of work*]; ~ *in a good word for* lägga ett gott ord för **b)** skjuta in [...*he ~ in*], sticka emellan med [~ *in a word*] **c)** lämna (ge) in; lämna, komma med [~ *in an offer*]; ~ *in for* lägga in (ansöka) om, söka, anmäla sig [som sökande] till [*he ~ in for the job*] **d)** hinna med [~ *in an hour's work before breakfast*] **e)** sjö. löpa (gå) in [~ *in*

to (i) *harbour*]; ~ *in at* [*a harbour*] anlöpa...
~ **inside** sl. bura (spärra, sy) in
~ **off: a)** lägga bort (av); ta av [sig]; sätta (släppa) av [*he ~ me off at the station*] **b)** skjuta upp, vänta (dröja) med **c)** avfärda [~ *a p. off with a lot of talk*], avspisa på svar o.d. [*I can't ~ him off any longer*] **d)** hindra, avråda; ~ *a p. off his game* störa ngn i hans spel **e)** vard. förvirra, göra konfys, distrahera [*the noise ~ me off*]; stöta [*his manners ~ me off*]; få ett tappa lusten
~ **on: a)** lägga (sätta) på [~ *on the lid*]; sätta (ta) på [sig] [~ *on one's coat*], sätta upp [~ *on an air of innocence*], anta; [*her modesty is only*] ~ *on* ...spelad (låtsad); ~ *it on* vard. göra sig till (viktig); överdriva, bre på [~ *it on thick* (för mycket)]; lägga på [priserna] **b)** öka [~ *on speed*]; ~ *on flesh* (*fat*) lägga på hullet, bli tjock; ~ *on weight* öka (gå upp) i vikt **c)** sätta på [~ *on the radio*], sätta i gång; ~ *on the brakes* använda bromsen **d)** ta upp, spela [~ *a play on*] **e)** ~ *a p. on* driva med ngn **f)** ~ *on to* tele. koppla till; *please ~ me on to...* kan jag få...
~ **out: a)** lägga etc. ut (fram); räcka (sträcka) fram [~ *out one's hand*], räcka ut [~ *out one's tongue*]; hänga ut [~ *out flags*], sätta upp; ~ *out leaves* slå (spricka) ut **b)** köra (kasta) ut; slå ut; ~ *out of business* konkurrera ut; ~ *a p. out of the way* röja ngn ur vägen **c)** släcka [~ *out the fire*]; ~ *out the light* släcka [ljuset] **d)** vrida (sträcka) ur led [~ *one's shoulder out*]; ~ *out of joint* dra (få) ur led **e)** göra stött; störa [*these interruptions ~ me out*]; *be ~ out about a th.* ta illa vid sig över ngt **f)** vålla besvär, vara besvärlig för [*would it ~ you out to do it?*]; ~ *oneself out* göra sig besvär **g)** ta till, uppbjuda [~ *out all one's strength*] **h)** producera, framställa **i)** offentliggöra **j)** släppa ut; sätta (plantera) ut **k)** låna ut pengar **l)** sjö. sticka ut
~ **over** vard.:, ~ *it* (*one*) *over on a p.* lura ngn
~ **through: a)** genomföra **b)** tele. koppla [in]; *I'm ~ting you through* påringt!, varsågod!
~ **together: a)** lägga ihop (samman); sätta ihop, montera [~ *together a machine*] **b)** samla ihop [~ *together one's thoughts*]
~ **up: a)** sätta upp i olika bet. [~ *up a notice* (*one's hair*)]; uppföra, resa [~ *up a tent*]; ställa upp [~ *up a team*] **b)** räcka

(sträcka) upp [*~ up one's hand*]; spänna (fälla) upp [*~ up one's umbrella*], hissa [*~ up a flag*] **c)** höja [*~ up a price*] **d)** utbjuda [*~ up for* (till) *sale*] **e)** vard. prestera, göra [*~ up a good game*], komma med [*~ up excuses*]; *~ up a defence* försvara sig; *~ up a fight* göra motstånd, kämpa emot **f)** lägga (packa) in [*~ up a th. in a parcel*] **g)** teat. iscensätta, sätta upp [*~ up a play*] **h)** föreslå [*~ up a candidate for* (vid) *an election*] **i)** hysa [*~ a p. up for the night*]; *~ up at a hotel* (*with a p.*) ta in (bo) på ett hotell (hos ngn) **j)** betala; *~ up the money* skaffa [fram] pengarna **k)** *~ a p. up to* sätta ngn in i; lära ngn [*~ a p. up to a trick*]; förleda (lura) ngn till [*he ~ me up to doing* (att göra) *it*] **l)** *~ up with* stå ut med, finna sig i, tåla, tolerera
~ **upon**: *~ upon a p.* vålla ngn besvär (omak); trycka ner ngn
2 put [pʌt] golf., se *putt*
putrefaction [ˌpjuːtrɪˈfækʃ(ə)n] **1** förruttnelse **2** ruttenhet
putrefy [ˈpjuːtrɪfaɪ] **I** *vb itr* bli rutten, ruttna **II** *vb tr* göra rutten, åstadkomma förruttnelse i
putrid [ˈpjuːtrɪd] **1** rutten äv. bildl. **2** vard. urusel [*~ weather*; *a ~ film*]
putt [pʌt] golf. **I** *vb tr* o. *vb itr* putta **II** *s* putt
putter [ˈpʌtə] golf. putter
putting-green [ˈpʌtɪŋɡriːn] golf. **1** green; övningsgreen **2** minigolfbana på gräs
putty [ˈpʌtɪ] **I** *s* **1** [*glaziers'*] *~* [glasmästar]kitt; [*plasterers'*] *~* spackel **2** *he's like ~ in her hands* han är som vax i hennes händer **II** *vb tr* kitta; spackla
put-up [ˈpʊtʌp] vard. [hemligt] förberedd; *it's a ~ job* det är ett beställningsjobb; det var fixat i förväg
put-you-up [ˈpʊtjuʌp] bäddsoffa
puzzle [ˈpʌzl] **I** *vb tr* **1** förbrylla; *I am ~d* [*as to*] *how to...* jag är villrådig om hur jag ska...; *look ~d* se förbryllad (häpen, frågande) ut; *~ one's brain*[*s*] (*head*) *about* bry sin hjärna med, grubbla på **2** *~ out* fundera (lura) ut **II** *vb itr* bry sin hjärna, grubbla **III** *s* **1** bryderi **2** gåta [*it's a ~ to* (för) *me*]; problem **3** pussel
puzzling [ˈpʌzlɪŋ] förbryllande
PVC (förk. för *polyvinyl chloride*) PVC
pygmy [ˈpɪɡmɪ] **a)** *P~* pygmé folkslag **b)** pygmé, dvärg; nolla
pyjamas [pəˈdʒɑːməz] pyjamas; *a pair of ~* en pyjamas
pylon [ˈpaɪlən] **1** [kraft]ledningsstolpe; *radio ~* radiomast **2** flyg. pylon
pyramid [ˈpɪrəmɪd] pyramid

pyre [ˈpaɪə] bål; *funeral ~* likbål
Pyrenees [ˌpɪrəˈniːz] geogr., *the ~* Pyrenéerna
pyromaniac [ˌpaɪrə(ʊ)ˈmeɪnɪæk] pyroman
python [ˈpaɪθ(ə)n] zool. pytonorm

Q, q [kjuː] (pl. *Q's* el. *q's* [kjuːz]) Q, q
Q förk. för *Queen, Question*
QC [ˌkjuːˈsiː] förk. för *Queen's Counsel*
1 quack [kwæk] **I** *vb itr* om ankor snattra, bildl. äv. tjattra **II** *s* snatter, bildl. äv. tjatter
2 quack [kwæk] **I** *s* kvacksalvare, vard. kvackare; charlatan; ~ *doctor* kvacksalvare **II** *vb itr* kvacka
quad [kwɒd] **1** vard., kortform för *quadrangle 2* **2** vard., kortform för *quadruplet*
quadrangle [ˈkwɒdræŋgl] **1** geom. fyrhörning; fyrkant **2** [fyrkantig kringbyggd] gård i college, palats o.d.
quadrilateral [ˌkwɒdrɪˈlæt(ə)r(ə)l] **I** *adj* fyrsidig **II** *s* fyrsiding
quadruped [ˈkwɒdrʊped] **I** *s* fyrfotadjur, fyrfoting **II** *adj* fyrfotad
quadruple [ˈkwɒdrʊpl, ˌkwɒˈdruːpl] **I** *adj* **1** fyrdubbel; kvadrupel- **2** fyrparts- **3** mus., ~ *time* (*measure*) fyrtakt **II** *vb tr* o. *vb itr* fyrdubbla[s]
quadruplet [ˈkwɒdrʊplət, -plet] fyrling
quagmire [ˈkwægmaɪə, ˈkwɒg-] **1** gungfly, sumpmark; ~ [*of mud*] lervälling, leråker, sörja **2** bildl. gungfly; träsk
1 quail [kweɪl] zool. vaktel
2 quail [kweɪl] bäva, rygga tillbaka; vika undan [*her eyes* ~*ed before his angry looks*]
quaint [kweɪnt] **1** lustig, pittoresk [*a* ~ *old house* (*village*)]; pikant; [gammaldags] originell [~ *customs*] **2** märklig [*a* ~ *idea*]
quake [kweɪk] **I** *vb itr* skaka, skälva, darra [*he* ~*d with* (av) *cold* (*fear*)]; bäva; gunga **II** *s* **1** skakning, skälvning, darrning **2** [jord]skalv, jordbävning
Quaker [ˈkweɪkə] kväkare
qualification [ˌkwɒlɪfɪˈkeɪʃ(ə)n] **1 a)** kvalifikation; [lämplig] egenskap **b)** behörighet; utbildning [*a university* ~]; *list of* ~*s* meritförteckning **2** villkor [~*s for* (för [att få]) *membership*] **3** inskränkning, förbehåll [*accept a th. with certain* ~*s*]
qualified [ˈkwɒlɪfaɪd] **1** kvalificerad; utbildad [*a* ~ *nurse*], behörig; berättigad;

be ~ *to* äv. ha behörighet att **2** förbehållsam, reserverad, begränsad; blandad [~ *joy*]; *give a th. one's* ~ *approval* godkänna ngt med vissa förbehåll
qualify [ˈkwɒlɪfaɪ] **I** *vb tr* **1** kvalificera, meritera; ~*ing match* sport. kvalmatch, kvalificeringsmatch; ~*ing round* sport. kvalomgång, kvaliciferingsomgång **2** modifiera, inskränka [~ *a statement*] **3** gram. bestämma, stå som bestämning till **II** *vb itr* o. *vb rfl,* ~ [*oneself*] kvalificera sig äv. sport.; meritera sig [*for* för]; ~ *for* (*to* inf.) uppfylla kraven (villkoren) för (för att [få]) [~ *for membership,* ~ *to vote*]; ~ *for* [*the world championship*] kvala in till...
qualitative [ˈkwɒlɪtətɪv, -teɪt-] kvalitativ
quality [ˈkwɒlɪtɪ] **1** kvalitet; beskaffenhet; sort, slag; *have* ~ ha kvalitet, vara utmärkt; ~ *of life* livskvalitet; ~ *goods* kvalitetsvaror **2** egenskap [*he has many good -ies*], drag; -*ies of leadership* ledaregenskaper; *in the* ~ *of* i egenskap av **3** [naturlig] förmåga [*he has the* ~ *of inspiring confidence*], talang; förtjänst [*moral -ies*]
qualm [kwɑːm, kwɔːm] **1** betänklighet, skrupel; ~*s* [*of conscience*] samvetskval **2** farhåga **3** illamående; pl. ~*s* kväljningar
quandary [ˈkwɒndərɪ] bryderi, dilemma
quantitative [ˈkwɒntɪtətɪv] kvantitativ
quantity [ˈkwɒntətɪ] **1** kvantitet, mängd; kvantum, mått; hand. parti [*in* ~]; pl. -*ies* äv. [stora] mängder, massor **2 a)** matem. storhet; *unknown* ~ obekant [storhet] **b)** bildl. *an unknown* ~ ett oskrivet blad; en okänd faktor **3** ~ *surveyor* byggnadskalkylator, byggnadsingenjör
quarantine [ˈkwɒr(ə)ntiːn] **I** *s* karantän; *keep in* ~ äv. hålla isolerad **II** *vb tr* lägga (sätta) i karantän
quarrel [ˈkwɒr(ə)l] **I** *s* **1** gräl, tvist; *we had a* ~ vi grälade; *pick a* ~ söka (mucka) gräl **2** invändning; orsak till missämja; *I have no* ~ *with* (*against*) *him* **a)** jag har inget otalt med honom **b)** jag har inget att invända mot honom **II** *vb itr* **1** gräla, tvista; råka i gräl, bli ovänner (osams) **2** klaga, anmärka, ha något att invända
quarrelsome [ˈkwɒr(ə)lsəm] grälsjuk
1 quarry [ˈkwɒrɪ] [jagat] villebråd; bildl. eftertraktat byte
2 quarry [ˈkwɒrɪ] **I** *s* **1** stenbrott; *slate* ~ skifferbrott **2** bildl. kunskapskälla **II** *vb tr* **1** bryta [~ *stone*] **2** bildl. leta (gräva) fram [~ *facts*] **III** *vb itr* **1** bryta sten **2** bildl. forska [~ *in old manuscripts for* (efter)]

quart [kwɔ:t] quart rymdmått för våta varor = 2 *pints* = britt. 1,136 l, amer. = 0,946 l; *try to put a ~ into a pint pot* försöka göra det omöjliga

quarter ['kwɔ:tə] **I** *s* **1** fjärdedel; *a ~ of a* [*mile*] en fjärdedels (kvarts)... **2** *~* [*of an hour*] kvart; [*a*] *~ past* (amer. *after*) *ten* [en] kvart över tio; [*a*] *~ to* (amer. *of*) *ten* [en] kvart i tio; *the clock strikes the ~s* klockan slår kvartsslag (kvarter) **3** kvartal; *by the ~* kvartalsvis **4** ss. mått **a)** rymdmått för torra varor = 8 *bushels* = 290,9 l **b)** viktmått: a) 1/4 *hundredweight* britt. = 28 *pounds* = 12,7 kg; amer. = 25 *pounds* = 11,3 kg b) 1/4 *pound* = 112 gr = ung. 1 hekto [*a ~ of sweets*] **5** amer. 25 cent **6** [mån]kvarter **7** kvarter [*a slum ~*]; *this ~ of the town* denna stadsdel **8** håll äv. bildl., sida [*the winds blows from all ~s*]; *from all ~s* (*every ~*) från alla håll [och kanter] **9** pl. *~s* logi, bostad, isht mil. kvarter, förläggning **II** *vb tr* **1** dela i fyra delar **2** mil. inkvartera

quarterdeck ['kwɔ:tədek] sjö. a) halvdäck, akterdäck b) officerare

quarterfinal [,kwɔ:tə'faɪnl] sport. kvartsfinal; *enter the ~s* gå till kvartsfinal[en]

quarterly ['kwɔ:təlɪ] **I** *adj* kvartals-; [som återkommer (utkommer)] en gång i kvartalet **II** *adv* kvartalsvis; en gång i kvartalet **III** *s* kvartalstidskrift

quartet o. **quartette** [kwɔ:'tet] kvartett mus. o. bildl.

quarto ['kwɔ:təʊ] (pl. *~s*) **1** kvart[s]format **2** bok i kvart[s]format

quartz [kwɔ:ts] miner. kvarts; *~ clock* (*watch*) kvartsur

quash [kwɒʃ] **1** jur. ogilla **2** krossa [*~ a rebellion*]

quasi ['kweɪzaɪ, 'kwɑ:zɪ] **I** *adv* liksom, på sätt och vis [*a ~ humorous remark*] **II** *prefix* halv- [*quasi-official*], kvasi- [*quasi-scientific literature*]

quaver ['kweɪvə] **I** *vb itr* isht om röst darra, skälva [*in* (med) *a ~ing voice*]; vibrera **II** *s* **1** skälvning; darrande (skälvande) röst **2** mus. åtton[de]delsnot

quay [ki:] kaj

quayside ['ki:saɪd] kaj[område]

queasy ['kwi:zɪ] **1** kväljande [*~ food*] **2** ömtålig, känslig [*a ~ stomach* (*conscience*)] **3** illamående

queen [kwi:n] **I** *s* **1** drottning [*the Q~ of England*; *beauty ~*] **2** zool. drottning; *~ bee* bidrottning, vise **3 a)** schack. drottning; *~'s pawn* drottningbonde, dambonde **b)** kortsp. dam; *~ of hearts* hjärterdam **II** *vb tr* **1** *~ it* [*over*] spela översittare [mot] **2** schack., *~ a pawn* göra en bonde till drottning

queer [kwɪə] **I** *adj* **1** konstig, underlig; egendomlig [*a ~ story*]; *a ~ fellow* (*fish*) en konstig typ (figur) **2** misstänkt [*a ~ character* (figur)] **3** sl. homosexuell **4** vard., *in Q~ Street* i [penning]knipa **II** *s* sl. bög, fikus **III** *vb tr* sl. fördärva [*~ a p.'s chances*]; stjälpa; *~ the pitch for a p.* el. *~ a p.'s pitch* [komma och] förstöra allting (det hela) för ngn

quench [kwen(t)ʃ] **1** släcka [*~ a fire*]; *~ one's thirst* släcka törsten **2** dämpa [*~ a p.'s enthusiasm*], undertrycka, kväva [*~ an uprising*]

querulous ['kwerʊləs, -rjʊl-] grinig, gnällig [*a ~ old man*]; klagande

query ['kwɪərɪ] **I** *s* **1** fråga [*raise* (väcka) *a ~*], förfrågan; fundering **2** frågetecken som sätts i marginal o.d. **II** *vb tr* **1** fråga om, undersöka; *~ whether* (*if*) undra (ställa frågan) om **2** ifrågasätta **3** sätta frågetecken för **4** amer. fråga [*~ a p. on* (om)]

quest [kwest] **I** *s* sökande, strävan [*the ~ for* (efter) *power*]; *in ~ of* på spaning (jakt) efter **II** *vb itr*, *~ for* (*after*) söka (leta) efter [*~ for treasure*], vara på jakt efter

question ['kwestʃ(ə)n] **I** *s* fråga; spörsmål; tvistefråga; sak; parl. interpellation; *indirect* (*oblique*) *~* gram. indirekt fråga (frågesats), *~ tag* språkv. påhängsfråga, eller-hur-fråga [t.ex. *nice, isn't it?*]; *when it is a ~ of...* när det gäller (är fråga om)...; *there is no ~ about it* det råder inget tvivel (ingen tvekan) om det, det är inte tu tal om det; *put the ~* om ordförande föreslå omröstning; [fram]ställa proposition; *be in ~* a) vara aktuell (i fråga) b) ha ifrågasatts, vara diskutabel (tvivelaktig); *it is out of the ~* det kommer aldrig på (i) fråga, det kan inte bli tal (fråga) om det **II** *vb tr* **1** fråga [*~ a p. on* (om) *his views*]; förhöra [*he was ~ed by the police*], fråga ut **2** ifrågasätta **III** *vb itr* fråga

questionable ['kwestʃ(ə)nəbl] **1** tvivelaktig **2** tvivelaktig, misstänkt [*~ conduct*]

questioner ['kwestʃ(ə)nə] frågare, frågeställare; parl. interpellant

questioning ['kwestʃ(ə)nɪŋ] **I** *s* förhör [*detain a p. for ~*] **II** *adj* frågande [*a ~ look*]

question mark ['kwestʃ(ə)nmɑ:k] frågetecken

questionnaire [,kwestʃə'neə] frågeformulär

queue [kju:] **I** s kö; *jump the* ~ vard. tränga sig (smita) före [i kön] **II** *vb itr,* ~ [*up*] köa, ställa sig (stå) i kö

quibble ['kwɪbl] **I** s **1** spetsfundighet **2** liten anmärkning **II** *vb itr* **1** rida på ord; ~ *about* (*over*) käbbla om, munhuggas om **2** anmärka, komma med anmärkningar

quick [kwɪk] **I** *adj* **1** snabb [*a* ~ *train*], hastig [*a* ~ *look* (*pulse*)], rask; rapp [*a* ~ *answer*]; kvick, livlig [~ *movements*], flink; pigg [och vaken] [*a* ~ *child*]; *be* ~ [*about it*]*!* skynda (snabba) dig [på]!, raska på!; *a* ~ *one* vard. en snabbis, isht en drink i all hast **2** häftig [*a* ~ *temper*], lättretlig **II** *adv* vard. fort [*come* ~*!*], snabbt **III** s **1** nagelrot [*bite* (*cut*) *one's nails to* (ända in till) *the* ~], ömt ställe isht i sår o.d. **2** bildl. öm punkt; *it cuts me to the* ~ det skär mig i hjärtat (in i själen); *hurt* (*sting, touch*) *a p. to the* ~ såra ngn djupt (in i själen), träffa ngns ömmaste punkt

quicken ['kwɪk(ə)n] **I** *vb tr* **1** påskynda [~ *one's steps*], öka [~ *one's pace* (*the pulse*)] **2** stimulera, egga [~ *the imagination*] **II** *vb itr* **1** bli hastigare [*our pace* (*the pulse*) ~*ed*] **2** stimuleras **3** a) om havande kvinna känna de första fosterrörelserna b) om foster börja röra sig

quick-freeze [ˌkwɪk'fri:z] (*quick-froze quick-frozen*) snabbfrysa

quickie ['kwɪkɪ] vard. **1** snabbis **2** drink i all hast **3** hastverk t.ex. om kortfilm, bok

quickly ['kwɪklɪ] **1** snabbt, fort, raskt, kvickt **2** inom kort

quickness ['kwɪknəs] snabbhet

quicksand ['kwɪksænd] kvicksand

quicksilver ['kwɪkˌsɪlvə] bildl. [*he is*] *like* ~ ...som ett kvicksilver

quickstep ['kwɪkstep] **1** mil. hastig marschtakt **2** snabb dans; isht snabb foxtrot

quick-tempered [ˌkwɪk'tempəd, attr. '---] häftig

1 quid [kwɪd] (pl. lika) sl. pund [*it cost me ten* ~]

2 quid [kwɪd] tuggbuss

quiet ['kwaɪət] **I** *adj* **1** lugn, stilla [*a* ~ *evening*], tyst [~ *footsteps*]; *be* ~*!* var stilla (lugn)!; var tyst!, tig!; *anything for a* ~ *life!* vad gör man inte för husfridens skull! **2** stillsam [~ *children*], fridsam; lågmäld [*a* ~ *voice*] **3** stillsam, i stillhet [*a* ~ *chat* (*cup of tea*)] **4** hemlig, dold [~ *resentment*]; *keep a th.* ~ el. *keep* ~ *about a th.* hålla tyst med (om) ngt, inte tala om ngt; *on the* ~ vard. i hemlighet, i smyg, i

[all] tysthet **II** s stillhet, lugn; tystnad; *in peace and* ~ i lugn och ro

quieten ['kwaɪətn] **I** *vb tr* lugna [~ *a crying baby* (*a p.'s fears*)], stilla [äv. ~ *down*] **II** *vb itr,* ~ *down* lugna sig, bli lugn[are]

quietly ['kwaɪətlɪ] lugnt etc., jfr *quiet I*; i [all] stillhet (tysthet); *come* ~ komma godvilligt

quietness ['kwaɪətnəs] o. **quietude** ['kwaɪɪtjuːd] lugn, frid

quill [kwɪl] **1** vingpenna **2** a) gåspenna b) mus. plektrum **3** piggsvins pigg; igelkotts tagg

quilt [kwɪlt] **I** s [säng]täcke; ~ *cover* (*case*) påslakan **II** *vb tr* vaddera; matelassera; sticka täcke; vaddsticka; ~*ed jacket* äv. täckjacka

quince [kwɪns] bot. kvitten[frukt]; kvitten[träd]

quinine [kwɪ'niːn, '--] kem. kinin

quintet o. **quintette** [kwɪn'tet] kvintett mus. o. bildl.

quintuplet ['kwɪntjʊplət, -plet] femling

quip [kwɪp] **I** s gliring; kvickhet **II** *vb itr* vara spydig (sarkastisk); skämta **III** *vb tr* vara spydig mot

quirk [kwɜːk] **1** egendomlighet, besynnerlighet; tilltag, påhitt; *by a* ~ *of fate* genom en ödets nyck **2** fint, listig undanflykt

quisling ['kwɪzlɪŋ] quisling

quit [kwɪt] **I** *pred adj* fri, befriad, fritagen; *be* (*get*) ~ *of* äv. vara (bli) kvitt **II** (~*ted* ~*ted* el. *quit quit*) *vb tr* **1** lämna [~ *a p.* (*the country*)], sluta [på] [~ *one's job*]; flytta från [~ *one's house*] **2** sluta (höra) upp med; avstå från, ge upp [~ *one's claim*]; ~ *that!* sluta [upp] med det där!, lägg av! **3** avbörda sig, betala [~ *a debt*] **III** (~*ted* ~*ted* el. *quit quit*) *vb itr* **1** flytta om hyresgäst; sluta [~ *because of poor pay*]; ge sig i väg; vard. sticka; *give a p. notice to* ~ säga upp ngn; *get notice to* ~ bli uppsagd **2** lägga av; ge upp

quite [kwaɪt] **1** a) alldeles, fullkomligt, absolut [~ *impossible*], precis, exakt [*is your watch* ~ *right?*], fullt [~ *sufficient*], helt [*she is* ~ *young*], mycket [~ *possible*], riktigt [*he was* ~ *angry*] b) ganska [~ *a nice party*], rätt [*the situation is* ~ *critical*] c) faktiskt, rent av [*I'd* ~ *like it*]; *I* ~ *agree* jag håller helt med dig (er etc.); *that I can* ~ *believe* det tror jag gärna (visst); *I* ~ *understand* [*how you feel*] jag förstår så väl (precis)...; ~ *another* (~ *a different*) *thing* en helt annan sak; ~ *a beauty* en riktig (verklig) skönhet; *he is ~ a man* a) han är en riktig karl b) han är stora karlen; *~ the best* det allra bästa; *he is ~ the gentleman* han är en verklig gentleman; *that's ~ something!* det var inte [så] illa! **2** *~ [so]!* just det, ja!, alldeles riktigt!

quits [kwɪts] kvitt [*we are ~ now*]; *I'll be ~ with him yet* det här ska han få igen

1 quiver ['kwɪvə] [pil]koger

2 quiver ['kwɪvə] **I** *vb itr* darra, skälva; dallra [*a ~ing leaf*]; fladdra **II** *vb tr* få att darra etc., jfr *I* **III** *s* darrning etc., jfr *I*; *there was a ~ in her voice* hon darrade (skälvde) på rösten

quiz [kwɪz] **I** *s* **1** frågesport; *~ programme* (*show*) frågesportsprogram **2** isht amer. skol. [muntligt] förhör; lappskrivning **II** *vb tr* **1** fråga ut **2** isht amer. skol. hålla förhör med, ge lappskrivning [*~ a class*]

quizmaster ['kwɪz,mɑːstə] frågesportsledare

quizzical ['kwɪzɪk(ə)l] **1** frågande, undrande [*a ~ look*] **2** spefull, retsam [*~ remarks*]

quoit [kɔɪt, kwɔɪt] sport. **1** [kast]ring **2** *~s* (konstr. ss. sg.) ringkastning, quoits

quorum ['kwɔːrəm] beslutsmässigt antal [närvarande ledamöter], kvorum

quota ['kwəʊtə] kvot; fördelningskvot; andel; kontingent; tilldelning [*bacon ~*]

quotation [kwə(ʊ)'teɪʃ(ə)n] **1** a) citat b) citerande; *~ mark* citationstecken, anföringstecken **2** hand. a) kurs; notering [*the latest ~s from the Stock Exchange*] b) kostnadsförslag, offert

quote [kwəʊt] **I** *vb tr* **1** citera, anföra [*~ a verse from* (ur) *the Bible*]; *he is ~d as having said that...* han uppges ha sagt att... **2** åberopa, uppge **3** nämna; *can you ~ [me] an instance?* kan du ge [mig] ett exempel? **4** hand. a) notera b) offerera [*~ a price*]; *~d on the Stock Exchange* börsnoterad **II** *vb itr* citera; *~* jag citerar, citat [*the leader of the rebels said, ~, We shall never give in, unquote*] **III** *s* vard. **1** citat **2** *~s* pl. anföringstecken, citationstecken **3** se *quotation 2*

quotient ['kwəʊʃ(ə)nt] kvot äv. matem.

R, r [ɑː] (pl. *R's* el. *r's* [ɑːz]) R, r
R förk. för *Regina, Rex, River, Royal*
rabbi ['ræbaɪ] **1** i tilltal o. ss. hederstitel *R~* rabbi **2** rabbin; judisk lärd
rabbit ['ræbɪt] **I** *s* **1** zool. kanin; amer. äv. hare; *~'s foot* a) ss. lyckobringare hartass b) amer. bot. harklöver **2** vard. kanin[skinn]; billigt pälsverk **3** amer. hare attrapp vid hundkapplöpning **II** *vb itr* jaga (fånga) kaniner (amer. äv. harar)
rabbit hutch ['ræbɪtˌhʌtʃ] kaninbur
rabble ['ræbl] larmande folkhop, pack; *the ~* äv. pöbeln, patrasket
rabid ['ræbɪd] rabiat [*a ~ nationalist*]; ursinnig
rabies ['reɪbiːz] med. rabies
RAC [ˌɑːreɪˈsiː] förk. för *Royal Armoured Corps, Royal Automobile Club*
raccoon [rəˈkuːn] zool. sjubb
1 race [reɪs] **1** ras [*the white ~*], släkt; *~ hatred* rashat **2** släkte; *the human ~* människosläktet
2 race [reɪs] **I** *s* [kapp]löpning; kappkörning, kappsegling o.d.; *flat ~* slätlöpning, slätlopp; *a ~ against time* en kapplöpning med tiden **II** *vb itr* **1** springa (löpa, köra, rida, segla o.d.) i kapp; kappas; tävla i löpning; kappköra; kappsegla; *~ against time* kämpa mot tiden **2** delta (vara med) i kapplöpningar **3** springa (löpa, köra, rida, segla o.d.) [snabbt] [*~ home*]; jaga; om motor, propeller o.d. rusa **4** skena; börja bulta [*my heart ~d*] **III** *vb tr* **1** springa (löpa, köra, rida, segla o.d.) i kapp med [*I'll ~ you home*] **2** låta tävlingslöpa (tävla) [*~ a horse*] **3** köra i rasande fart [*he ~d me to the station*]; snabbtransportera; rusa [*~ an engine*]
racecourse ['reɪskɔːs] kapplöpningsbana
racegoer ['reɪsˌɡəʊə], *he is a ~* han går ofta på kapplöpningar
racehorse ['reɪshɔːs] kapplöpningshäst
racetrack ['reɪstræk] **1** kapplöpningsbana **2** löparbana **3** racerbana
racial ['reɪʃ(ə)l] ras- [*~ discrimination (hatred)*], folk-; *~ disturbances* rasoroligheter
racialism ['reɪʃəlɪz(ə)m] rasism

racialist ['reɪʃəlɪst] rasist
racing ['reɪsɪŋ] [häst]kapplöpning; kapplöpnings- [*a ~ horse*], tävlings-; *~ track* löparbana
racism ['reɪsɪz(ə)m] rasism
racist ['reɪsɪst] rasist
1 rack [ræk] **I** *s* **1** ställ [*pipe-rack*], ställning; lång klädhängare; hållare; hylla [*hatrack*]; bagagehylla; tidningshylla; *clothes ~* torkställ för kläder **2** [foder]häck **3** mek. kuggstång **4** sträckbänk; bildl. äv. pina; *be (put, set) on the ~* ligga (lägga) på sträckbänk[en] äv. bildl. **II** *vb tr* bildl. hålla på sträckbänken, plåga; *~ one's brains (wits)* bråka (bry) sin hjärna; *~ed with pain (by remorse)* plågad av värk (av samvetskval)
2 rack [ræk], *go to ~ and ruin* falla sönder (samman); gå åt pipan (skogen); gå under
1 racket ['rækɪt] **1** sport. racket; vard. rack; *~ case* racketfodral; pl. *~s* rackets[spel] mot vägg, liknande squash **2** snösko
2 racket ['rækɪt] **1** oväsen; *what's the ~?* vard. vad är det [som står på]? **2** vard. a) knep; skoj b) skojarverksamhet; utpressning; *it's a proper ~* det är rena [rama] bluffen; *narcotics ~* olaglig narkotikahandel; narkotikasmuggling **3** *stand the ~* a) hålla ut (stånd), klara sig [*of* mot], bestå provet b) bära hundhuvudet [*of* för] c) betala kalaset
racketeer [ˌrækɪˈtɪə] vard. svindlare, skojare
racketeering [ˌrækɪˈtɪərɪŋ] vard. svindleri, skoj[eri], bluff[ande]
racy ['reɪsɪ] **1** kärnfull [*a ~ style*], livfull **2** mustig, vågad [*a ~ story*]
radar ['reɪdɑː, -də] radar; radarsystem; radar- [*~ screen*]; *~ trap* radarkontroll fartkontroll i trafiken
radial ['reɪdjəl] **I** *adj* radial; radiär, radierande; tekn. äv. radiell; *~ tyre* bil. radialdäck; gördeldäck **II** *s* bil. radialdäck
radiance ['reɪdjəns] strålglans; *the ~ of her smile* hennes strålande leende
radiant ['reɪdjənt] **1** utstrålande; strålande äv. bildl. [*~ beauty, a ~ smile*] **2** strål[nings]- [*~ heat*]; *~ energy* strålningsenergi
radiate ['reɪdɪeɪt] **I** *vb tr* **1** utstråla äv. bildl. [*~ light (warmth)*]; radiera **2** bestråla **3** bildl. sprida [*~ joy (love)*] **4** radio. sända [ut], radiera **II** *vb itr* stråla ut, stråla äv. bildl. [*heat -ing from a stove; roads -ing from Oxford*]
radiation [ˌreɪdɪˈeɪʃ(ə)n] **1** [ut]strålning **2** radioaktivitet

radiator ['reɪdɪeɪtə] **1** värmeelement **2** kylare på bil; kyl[nings]apparat
radical ['rædɪk(ə)l] **I** *adj* radikal äv. polit. [*a ~ cure* (*measure, reform*)]; grundlig, genomgripande [*~ changes*] **II** *s* **1** polit. radikal **2** matem. radikal; rot[tecken] **3** språkv. rot, ordstam; rotord
radii ['reɪdɪaɪ] pl. av *radius*
radio ['reɪdɪəʊ] **I** *s* radio; radioapparat, radiomottagare; *~ commentary* radioreferat, radioreportage; *~ jamming* radiostörning; *~ link* radioförbindelse **II** *vb tr* o. *vb itr* sända radiomeddelande [till]; radiosända
radioactive [ˌreɪdɪəʊˈæktɪv] radioaktiv; *~ dust* radioaktivt stoft
radioactivity [ˌreɪdɪəʊækˈtɪvətɪ] radioaktivitet
radiography [ˌreɪdɪˈɒɡrəfɪ] **1** röntgenfotografering **2** [auto]radiografi
radiologist [ˌreɪdɪˈɒlədʒɪst] radiolog, röntgenolog
radiology [ˌreɪdɪˈɒlədʒɪ] radiologi
radiotherapy [ˌreɪdɪəʊˈθerəpɪ] radioterapi
radish ['rædɪʃ] rädisa; *black ~* rättika
radium ['reɪdɪəm] fys. radium
ra|dius ['reɪ|djəs] (pl. *-dii* [dɪaɪ]) geom. radie
radon ['reɪdɒn] kem. radon
RAF [ˌɑːreɪˈef, vard. ræf] förk. för *Royal Air Force*
raffia ['ræfɪə] bot. **1** rafia[bast] **2** rafiapalm
raffish ['ræfɪʃ] **1** utsvävande **2** prålig, skrikig [*~ clothes*], vulgär; vräkig [*a ~ car*]
raffle ['ræfl] **I** *s* tombola[lotteri] **II** *vb tr* lotta ut [genom tombola]
raft [rɑːft] **I** *s* **1** flotte [*a rubber ~*] **2** timmerflotte **II** *vb tr* flotta
1 rafter ['rɑːftə] flottare
2 rafter ['rɑːftə] **I** *s* taksparre **II** *vb tr* förse med [synliga] taksparrar [*a ~ed roof*]
1 rag [ræɡ] **1** trasa äv. skämts. om flagga, näsduk o.d.; pl. *~s* äv. lump **2** vard. [kläd]trasa; pl. *~s* äv. lump[or]; *the ~ trade* vard. klädbranschen **3** vard. [tidnings]blaska [*the local ~*]
2 rag [ræɡ] ngt åld. (vard.) **I** *vb tr* reta; isht univ. el. skol. skoja med **II** *s* [student]upptåg; skändning
ragamuffin ['ræɡəˌmʌfɪn] rännstensunge; trashank; slusk
ragbag ['ræɡbæɡ] **1** lumpsäck **2** vard. trashank **3** brokig samling; virrvarr
rage [reɪdʒ] **I** *s* **1** raseri, våldsam vrede (häftighet); *in a ~* i raseri **2** *be* [*all*] *the ~* vard. vara sista skriket **II** *vb itr* **1** rasa, vara rasande, *have a raging toothache* ha [en] häftig (intensiv) tandvärk **2** grassera, rasa
ragged ['ræɡɪd] **1** trasig [*a ~ coat*], sönderriven; [klädd] i trasor; *run ~* köra slut på, slita ut **2** ruggig, raggig [*a dog with a ~ coat of hair*]; fransig [*a sleeve with ~ edges*]; ovårdad [*a ~ appearance*] **3** skrovlig, taggig [*~ rocks*] **4** ojämn äv. bildl. [*a ~ performance*]; ryckig [*~ rhythm*]
raglan ['ræɡlən] raglan[rock]; raglan- [*~ coat* (*sleeve*)]
ragout ['ræɡuː] kok. ragu
raid [reɪd] **I** *s* **1** räd, plundringståg **2** kupp **3** [polis]razzia, husundersökning **II** *vb itr* göra (deltaga i) en räd (räder); plundra **III** *vb tr* göra en räd (razzia) mot (i), göra husundersökning hos; plundra äv. bildl.
raider ['reɪdə] **1** deltagare i räd (razzia); angripare **2** kommandosoldat; pl. *~s* äv. anfallskommando **3** attackflygplan
1 rail [reɪl] **I** *s* **1** [vågrät] stång i räcke o.d.; ledstång; *~*[*s* pl.] räcke[n]; *altar ~*[*s*] altarskrank **2** sjö. reling **3** a) skena b) järnväg; *travel* (*go*) *by ~* resa med (åka) tåg, ta tåg[et]; [*send goods*] *by ~* ...med (på) järnväg **II** *vb tr* sätta upp räcke (staket) omkring [äv. *~ in*]
2 rail [reɪl] vara ovettig, rasa
3 rail [reɪl] zool. rallfågel; *water ~* vattenrall
railcar ['reɪlkɑː] järnv. motorvagn
railing ['reɪlɪŋ], *~*[*s* pl.] [järn]staket, räcke[n]
railroad ['reɪlrəʊd] **I** *s* amer., se *railway* I **II** *vb itr* amer. resa med (åka) tåg **III** *vb tr* **1** amer. skicka med (på) järnväg **2** vard. forcera (trumfa) igenom [*~ a bill*]; *~ a p. into doing a th.* tvinga (lura) ngn att snabbt göra ngt
railway ['reɪlweɪ] **I** *s* järnväg; järnvägsanläggning; järnvägsbolag; järnvägs- [*~ station* (*bridge, transport*)]; [*send goods*] *by ~* ...med (på) järnväg **II** *vb itr* resa med (åka) tåg
rain [reɪn] **I** *s* regn; regnväder; *the ~s* regntiden i tropikerna; *the ~ was coming down in buckets* regnet stod som spön i backen **II** *vb itr* regna; hagla [*the blows ~ed* [*down*] [*up*]*on* (över) *him*]; *it never ~s but it pours* ordspr. en olycka kommer sällan ensam **III** *vb tr* låta regna [*~ blows* [*up*]*on* (över) *a p.*]; *it's ~ing buckets* el. *it's ~ing cats and dogs* regnet står som spön i backen, det öser ner; *be ~ed off* (amer. *out*) amer. inställas på grund av regn, regna inne
rainbow ['reɪnbəʊ] **1** regnbåge; regnbågs-

[~ *colours*], regnbågsfärgad; *be at the end of the* ~ bildl. vara skatten vid regnbågens slut, vara en ouppnåelig dröm [*for many Australia is at the end of the* ~] **2** zool., ~ *trout* regnbågsforell
raincoat ['reɪnkəʊt] regnrock
rainfall ['reɪnfɔːl] **1** regn[skur] **2** regnmängd, nederbörd
rainproof ['reɪnpruːf] regntät, vattentät
rainy ['reɪnɪ] regnig [~ *weather* (*season*)], regnväders- [*a* ~ *day*], regnförande [*a* ~ *wind*]; *save* (*provide, put away, keep*) *money for a* ~ *day* el. *provide against* (*put money by for*) *a* ~ *day* rusta sig (spara) för sämre tider
raise [reɪz] **I** *vb tr* **1** resa [upp], lyfta [upp]; hissa (dra) upp [~ *the curtain* (ridån)]; röra upp [~ *a cloud of dust*]; ~ *one's arm* (*hand*) räcka (sträcka) upp armen (handen); ~ *one's eyebrows* höja på ögonbrynen; ~ *one's glass to a p.* höja sitt glas för ngn, dricka ngn till **2** höja [~ *prices*] **3** uppföra, resa [~ *a monument*] **4** föda upp [~ *cattle*], dra upp, odla [~ *vegetables*]; isht amer. äv. [upp]fostra [~ *children*]; ~ *a family* amer. bilda familj, skaffa barn **5** befordra [~ *a captain to* [*the rank of*] (till) *major*]; ~ *a p. to the peerage* upphöja ngn till pär, adla ngn **6** uppväcka [~ *from the dead*]; frammana [~ *spirits*]; ~ *a p.'s spirits* pigga (liva) upp ngn **7** [för]orsaka, väcka [~ *a p.'s hopes*]; ~ *the alarm* slå larm **8** lägga (dra) fram, framställa [~ *a claim*], väcka [~ *a question*], föra på tal; ~ *an objection* göra en invändning **9** samla [ihop], [lyckas] skaffa [~ *money*]; ta [upp] [~ *a loan*] **10** häva [~ *an embargo*] **11** matem. upphöja **II** *s* isht amer. [löne]förhöjning
raisin ['reɪzn] russin
1 rake [reɪk] **I** *s* räfsa; raka; *thin as a* ~ smal som en sticka **II** *vb tr* **1** räfsa; raka; ~ *in* [*a lot of money*] håva in (inkassera)...; ~ *together* (*up*) räfsa ihop; skrapa ihop äv. bildl. [~ *together* (*up*) *a bit of cash*]; ~ *up* [*the past* (*an old story*)] riva upp (rota fram)... **2** leta i **3** skrapa över; mil. bestryka, flankera; beskjuta långskepps [~ *a ship*] **III** *vb itr* riva, söka; ~ [*about*] *among* [*some old papers*] rota i...
2 rake [reɪk] rumlare
3 rake [reɪk] lutning [*the* ~ *of a mast*], fall [*the* ~ *of a ship's bow*]
rake-off ['reɪkɒf] vard. [olaglig] vinstandel (profit); *get a* ~ få [sin] del av bytet
1 rakish ['reɪkɪʃ] utsvävande; depraverad
2 rakish ['reɪkɪʃ] stilig; snitsig; *set one's hat at a* ~ *angle* sätta hatten käckt på svaj

1 rally ['rælɪ] **I** *vb tr* samla, återsamla, samla ihop [~ *troops*; ~ *one's strength*]; bildl. äv. få att samla sig; *~ing cry* a) krigsrop b) flammande appell (uppmaning) **II** *vb itr* **1** samlas, återsamlas, samla sig; ~ *to a p.'s cause* sluta sig till ngns sak; *~ing point* samlingspunkt **2** [åter]hämta sig [~ *from an illness*], samla (få) nya krafter; ta sig upp; få nytt liv; *the market rallied* hand. marknaden blev [åter] fast **3** sport. ha en [lång] slagväxling **III** *s* **1** möte [*a peace* ~]; massmöte **2** rally [*the Monte Carlo R-*] **3** bildl. återhämtning [~ *from an illness*]; uppgång [*a* ~ *in prices*] **4** sport. [lång] slagväxling, lång boll (bollduell) i tennis o.d.
2 rally ['rælɪ] raljera (driva) med
ram [ræm] **I** *s* **1** bagge; bildl. bock [*he is an old* ~] **2** murbräcka [äv. *battering-ram*] **3** sjö. ramm **4** tekn. hejare, fallvikt; [arbets]kolv **II** *vb tr* **1** slå (stöta, driva, pressa, stampa, bulta) ned (in, mot); ~ *a th. down a p.'s throat* bildl. pracka (tvinga) på ngn ngt; köra ngt i halsen på ngn **2** vard. stoppa [~ *clothes into a bag*] **3** ramma [~ *a car*]
ramble ['ræmbl] **I** *vb itr* **1** ströva (vandra) omkring; irra hit och dit; ~ [*on*] prata (pladdra) på, prata smörja **2** växa åt alla håll **II** *s* [ströv]tur, strövtåg äv. bildl.; vandring utan mål
rambler ['ræmblə] **1** vandrare **2** klängros [äv. ~ *rose*]; klängväxt
rambling ['ræmblɪŋ] **I** *s* kringirrande **II** *adj* **1** kringirrande **2** oredig, virrig [*a* ~ *conversation,* ~ *thoughts*] **3** klängande [~ *rose*] **4** oregelbundet byggd [*a* ~ *house*], oregelbundet planerad, utspridd [*a* ~ *town*]
ramification [ˌræmɪfɪ'keɪʃ(ə)n] **1** förgrening äv. bildl. [*an organization with many* ~*s*] **2** följd
ramp [ræmp] **1** [sluttande] ramp; uppfart[sväg]; påfart[sväg], avfart[sväg] vid motorväg **2** amer. flyg., [*boarding*] ~ flygplanstrappa **3** böjt räcke i trappavsats o.d. **4** reparationsbrygga
rampage ['ræmpeɪdʒ, -'-] **I** *s, be* (*go*) *on the* ~ vara ute och härja (leva rövare) **II** *vb itr* härja (rusa) omkring
rampant ['ræmpənt] **1** vild; hejdlös; grasserande, som tar överhand[en]; *be* ~ sprida sig, frodas **2** om växt alltför frodig (tät[vuxen])
rampart ['ræmpɑːt, -pət] [fästnings]vall; bildl. skydd[svärn], bålverk

ramshackle ['ræm͵ʃækl, ͵-'--] fallfärdig [*a ~ house*], rankig, skraltig [*a ~ car*]
ran [ræn] imperf. av *run*
ranch [rɑ:n(t)ʃ, ræn(t)ʃ] i Nordamerika ranch; för djuruppfödning farm [*mink ~*]
rancher ['rɑ:ntʃə, 'ræn-] ranchägare
rancid ['rænsɪd] **1** härsken [*~ butter*] **2** avskyvärd; stinkande
rancour ['ræŋkə] hätskhet, hat[iskhet]; agg
random ['rændəm] **I** *s*, *at ~* på måfå, på en höft **II** *adj* [gjord (som sker)] på måfå, slumpvis; förlupen [*a ~ bullet*]; lösryckt [*a ~ remark*]; slumpartad [*a ~ choice*]; blandad; *a ~ guess* en lös gissning; *~ sampling* statistik. slumpsampling
randy ['rændɪ] vard. kåt
rang [ræŋ] imperf. av *1 ring*
range [reɪn(d)ʒ] **I** *s* **1** rad [*a wide* (lång) *~ of buildings*], räcka; *~ of mountains* bergskedja **2** riktning; *in* [*a*] *~ with* i linje med **3** skjutbana [äv. *rifle-range*]; provningsbana för robot **4** räckvidd, utsträckning, aktionsradie; foto. el. radar. avstånd; distans; mil. skjutavstånd; *frequency ~* frekvensområde; *at long* (*short, close*) *~* på långt (nära) håll; *a wide ~ of colours* en utsträckt färgskala; *a wide ~ of topics* ett brett ämnesurval **5** hand. urval, sortiment; klass [*price ~*]; *a wide ~ of* ett stort sortiment **6** *out of* (*beyond*) *~ of* utom skotthåll för; *within ~ of* inom skotthåll för **7** djurs, växters utbredningsområde **8** amer. [vidsträckt] betesmark; öppet landområde, strövområde **9** [köks]spis **II** *vb tr* **1** ställa [upp] i (på) rad **2** klassificera; inrangera, [in]ordna **3** ströva (vandra) i (igenom) [*~ the woods*], segla (fara) omkring på [*~ seas*] **III** *vb itr* **1** sträcka sig, löpa; *~ over* bildl. sträcka sig över **2** ha sin plats, kunna inrangeras (inordnas) **3** variera inom vissa gränser; *children ranging in age from two to twelve* barn i åldrar mellan två och tolv **4** ströva (vandra) [omkring] [*~ over the hills*] **5** nå, ha en räckvidd av [*this gun ~s over ten kilometres*]
range-finder ['reɪn(d)ʒ͵faɪndə] mil. avståndsmätare
ranger ['reɪn(d)ʒə] **1** a) kronojägare b) amer. skogvaktare; parkvakt i nationalpark i USA **2** amer. ridande polis i lantdistrikt
1 rank [ræŋk] **I** *s* **1** rad, räcka; *a ~ of taxis* (*cabs*) äv. en taxihållplats **2** mil. el. bildl. led; *the ~s* el. *the ~ and file* a) mil. de meniga, manskapet b) bildl. gemene (menige) man, de djupa leden; *front* (*rear*) *~* främre (bakre) led; *other ~s* gruppbefäl och meniga (manskap) **3** rang; [samhälls]klass; mil. grad [*military ~s*]; *hold the ~ of colonel* ha överstes grad (rang); *pull* [*one's*] *~* [*on a p.*] vard. utnyttja sin ställning [för att kommendera ngn], spela översittare [mot ngn] **II** *vb tr* **1** ställa upp i (på) led (linje); ordna **2** placera, sätta, inrangera; räkna [*~ a p. as a great poet*], klassificera [*~ an act as a crime*]; sport. ranka **3** amer. ha högre grad (rang) än [*a colonel ~s a major*] **III** *vb itr* **1** ha en plats, ha rang; räknas, anses vara; vara likställd (jämställd); sport. rankas; *he ~s among the best* han räknas bland (hör till) de bästa **2** amer. vara högst i rang

2 rank [ræŋk] **1** alltför yppig (frodig, tät[växande]) [*~ grass*] **2** överfet [*~ soil*]; övervuxen [*~ with thistles*] **3** illaluktande [*~ tobacco*] **4** grov [*~ injustice*] **5** fullkomlig [*a ~ outsider*], ren [*~ lunacy*]
rankle ['ræŋkl] **I** *vb itr* ligga och gnaga (värka) [i hjärtat (sinnet)] **II** *vb tr* gräma
ransack ['rænsæk] **1** söka (leta) igenom [*~ a drawer for* (för att finna) *a th.*]; rannsaka [*~ one's conscience* (*heart*)] **2** gå igenom (undersöka, studera) grundligt **3** plundra
ransom ['rænsəm] **I** *s* lösen; lösensumma; *hold a p.* [*up*] *to ~* a) hålla ngn som gisslan [tills lösen betalts], kräva lösensumma för att frige ngn b) utöva utpressning mot ngn **II** *vb tr* **1** köpa fri, lösa ut **2** frige mot lösen
rant [rænt] orera; gorma; skräna; *~ and rave* gorma och skrika, skälla och gorma
1 rap [ræp] **I** *s* **1** rapp; vard. tillrättavisning; *give a p. a ~ on* (*over*) *the knuckles* slå ngn (ge ngn smäll) på fingrarna; vard. ge ngn en skrapa, racka ner på ngn **2** knackning; *there was a ~ at the door* det knackade på dörren **3** isht amer. sl., *a murder ~* en mordanklagelse **4** *~* [*music*] rap[musik] **II** *vb tr* **1** slå; knacka på [*~ at* (*on*) *the door*] **2** *~ out* a) slunga ut [*~ out an oath* (*orders*)] b) spirit. el. tele. knacka [fram] [*~ out a message*] **3** vard. ge en skrapa
2 rap [ræp] vard., *I don't care* (*give*) *a ~* jag bryr mig inte ett dugg (skvatt) om den
rapacious [rə'peɪʃəs] **1** rovgirig; girig **2** rov- [*~ birds*]
1 rape [reɪp] **I** *vb tr* våldta **II** *s* våldtäkt
2 rape [reɪp] bot. raps
rapid ['ræpɪd] **I** *adj* **1** hastig [*a ~ pulse*], snabb [*a ~ worker*]; strid [*a ~ stream*]; *~ reading* kursivläsning, extensivläsning **2** brant [*a ~ slope*] **II** *s*, vanl. pl. *~s* fors

rapidity [rə'pɪdətɪ] hastighet, snabbhet; hög fart

rapier ['reɪpjə] [stick]värja; ~ *thrust* värjstöt; bildl. kvick [och skarp] replik

rapist ['reɪpɪst] våldtäktsman

rapport [ræ'pɔː] [nära] förbindelse

rapt [ræpt] **1** försjunken, fördjupad [*in* (i) *a book*; *upon* (i tankar på) *a th.*]; ~ *in thought* försjunken i tankar **2** hänryckt; *listen with ~ attention* lyssna hänryckt

rapture ['ræptʃə] hänryckning, extas; *be in* (*go into*) *~s* vara (bli) begeistrad (överförtjust) [*over* (*about*) *a th.*]

rapturous ['ræptʃ(ə)rəs] **1** hänryckt; begeistrad [~ *applause*] **2** hänryckande

1 rare [reə] **I** *adj* **1** sällsynt [*a ~ stamp*], ovanlig [*a ~ occurrence*], osedvanlig; sällan förekommande [*~ flowers*]; ~ *gas* kem. ädelgas; *on ~ occasions* någon enstaka gång, högst sällan **2** enastående; *we had a ~* [*old*] *time* vi hade väldigt roligt **3** tunn; gles; *the ~ air of the mountains* den tunna bergsluften **II** *adv* vard. sällsynt

2 rare [reə] lätt stekt, blodig

rarely ['reəlɪ] **1** sällan **2** sällsynt, ovanlig **3** utmärkt

raring ['reərɪŋ] vard., *they were ~ to go* de kunde knappt vänta, de var heltända på att börja

rarity ['reərətɪ] **1** tunnhet **2** sällsynthet; sällsynt sak (händelse); *occur with great ~* förekomma mycket sällan

rascal ['rɑːsk(ə)l] lymmel, slyngel; skojare; skämts. rackare

1 rash [ræʃ] **1** med. [hud]utslag **2** bildl. epidemi, våg [*a ~ of books about crime*]

2 rash [ræʃ] överilad

rasher ['ræʃə] [tunn] skinkskiva [äv. *~ of bacon*]

rasp [rɑːsp] **I** *s* **1** rasp, [grov] fil **2** raspande [ljud] **II** *vb tr* o. *vb itr* **1** raspa; slipa, riva **2** skära (skorra, gnissla) [i]; irritera, reta [*~ a p.'s feelings* (*nerves*)]; *a ~ing sound* ett skärande (skorrande) ljud; *a ~ing voice* en skrovlig röst

raspberry ['rɑːzb(ə)rɪ] **1** hallon; hallonbuske [äv. *~ bush*] **2** sl. **a)** föraktfull fnysning (gest); buande **b)** fis, fjärt [*blow* (släppa) *a ~*]

rat [ræt] **I** *s* **1** råtta; *he's a* [*little*] *~* vard. han är en [riktig] skit[stövel]; *smell a ~* vard. ana oråd (ugglor i mossen) **2** sl. **a)** isht polit. överlöpare; förrädare; desertör **b)** tjallare angivare **II** *vb itr* **1** jaga (döda) råttor **2** sl. **a)** bli överlöpare; gå över [*~ to another party*]; desertera; smita **b)** tjalla skvallra **c)** vara strejkbrytare **d)** vara lockfågel

1 rate [reɪt] gräla på

2 rate [reɪt] **I** *s* **1 a)** hastighet[sgrad] [*~ of increase* (*progress*)]; *growth ~* tillväxttakt; *at a furious ~* i rasande (vild) fart **b)** grad, mått; *at a certain ~* i [en] viss grad, i visst mått, i viss mån **c)** *at any ~* bildl. i alla fall (händelser), i varje fall, i vilket fall som helst; *at this ~* vard. om det fortsätter så här, på det här viset **2** tal, frekvens; *marriage ~* giftermålsfrekvens **3 a)** taxa, tariff **b)** sats; kurs [*~ of exchange*]; *~ of interest* räntefot, räntesats, ränta **4** pris, belopp; kostnad; värde; *at a cheap ~* till (för) [ett] lågt pris, billigt **5** pl. *~s* ung. kommunalskatt[er] [*taxes and ~s*] **6** klass; *a*[*n*] *hotel of the first ~* ett förstaklasshotell **II** *vb tr* **1** uppskatta, taxera; åsätta ett värde (pris) [*~ a th. high*] **2** räkna [*I ~ him among my friends*], anse [*he is ~d* [*as*] *kind and hospitable*], [upp]skatta **3** taxera för kommunal beskattning; beskatta kommunalt **4** klassificera, klassa; gradera **5** amer. vara berättigad till; förtjäna **III** *vb itr* räknas, betraktas; amer. äv. betyda något, ha betydelse; *he doesn't ~* äv. han är inget att räkna med

ratepayer ['reɪtˌpeɪə] [kommunal]skattebetalare

rather ['rɑːðə, i bet. *3* äv. ˌrɑː'ðɜː] **1** hellre; snarare, rättare sagt; *I would* (*I had*, *I'd*) *~ you didn't* jag skulle hellre (helst) vilja (se) att du inte gjorde det; *I'd rather not* [nej] helst inte, jag ser helst att jag slipper **2** rätt, tämligen [*~ good* (*well*, *pretty*, *ugly*)]; nästan, något av [*it was ~ a disappointment*]; *I ~ like it* jag tycker faktiskt rätt (ganska, riktigt) bra om det; *I ~ think that* jag tror nästan (skulle nästan tro) att **3** vard., ss. svar ja (jo) visst; alla gånger!; gärna!

ratification [ˌrætɪfɪ'keɪʃ(ə)n] ratificering [*~ of a treaty*], ratifikation, stadfästelse

ratify ['rætɪfaɪ] ratificera, stadfästa

1 rating ['reɪtɪŋ] uppsträckning, skrapa

2 rating ['reɪtɪŋ] **1** uppskattning; värdering; *~s* lyssnarsiffror, tittarsiffror **2** klassificering, sjö. el. mil. äv. klassning; klass **3 a)** [tjänste]grad b) mil. äv. matros; pl. *~s* manskap, meniga [*officers and ~s*] **4** [relativ] ställning **5** tekn. prestationsförmåga; data; *octane ~* oktantal

ratio ['reɪʃɪəʊ] förhållande, proportion; *the ~ of 1 to 5* förhållandet mellan 1 och 5

ration ['ræʃ(ə)n] **I** *s* ranson; portion; pl. *~s*

äv. mat, livsmedel **II** *vb tr* **1** ransonera [*~ sugar*], ransonera (portionera) ut [äv. *~ out*] **2** sätta på ranson[ering] **3** förse med ransoner (mat)
rational ['ræʃənl] rationell äv. matem. [*a ~ method*]; förnuftig [*a ~ explanation*]; förståndig [*a ~ man, ~ conduct*]
rationalization [ˌræʃnəlaɪ'zeɪʃ(ə)n, -lɪ'z-] **1** rationalisering **2** efterrationalisering; bortförklaring
rationalize ['ræʃnəlaɪz] *vb itr* o. *vb tr* rationalisera
rat race ['rætreɪs] vard. karriärjakt; vild jakt (tävlan); allas kamp mot alla
rattle ['rætl] **I** *s* **1** skallra [*a baby's ~*; *a snake's ~*], [har]skramla **2** skrammel; bildl. larm, oväsen **3** rossling **II** *vb itr* **1** skramla; rassla; smattra [*the gunfire ~d*] **2** rossla **3** pladdra; rabbla; *~ on (away)* pladdra 'på; rabbla 'på **III** *vb tr* **1** skramla (slamra, rassla) med; få att skallra (skaka) **2** rabbla; *~ off (out)* rabbla [upp] **3** vard. irritera [*it ~ s my nerves*], göra nervös (förvirrad); perf. p. *~d* äv. skraj
rattlesnake ['rætlsneɪk] zool. skallerorm
ratty ['ræti] vard. sur, irriterad
raucous ['rɔːkəs] hes [*a ~ voice*]
raunchy ['rɔːntʃi] vard. slipprig, oanständig; kåt
ravage ['rævɪdʒ] **I** *vb tr* härja [*his ~d face*], ödelägga [*forest ~d by fire*], förhärja, hemsöka [*a country ~d by war*]; plundra **II** *s* **1** ödeläggelse [*secure from ~ by fire*] **2** *pl. ~s* härjning[ar], hemsökelse[r]; förödelse
rav|e [reɪv] **I** *vb itr* **1** yra, tala i yrsel (virrigt); fantisera [sjukligt] **2** rasa; *~ against (at)* [*the new policy*] rasa mot... **3** tala med hänförelse (lidelse) [*about, over* om]; *~ about* äv. vara (bli) tokig i; *he ~d about her beauty* äv. han var begeistrad över hennes skönhet **II** *s* vard. entusiastiskt beröm; *a ~ notice (review)* en översvallande (hänförd, begeistrad) recension
ravel ['ræv(ə)l] **I** *vb tr* **1** *~ [out]* riva (repa) upp [*~ [out] a cardigan*], trassla upp; bildl. reda ut **2** trassla ihop (till, in); bildl. förvirra **II** *vb itr*, *~ [out]* rivas (repas) upp
raven ['reɪvn] **I** *s* zool. korp **II** *adj* korpsvart, svartglänsande
ravenous ['ræv(ə)nəs] vard. hungrig som en varg
ravine [rə'viːn] ravin; hålväg
raving ['reɪvɪŋ] **I** *adj* **1** yrande; [sjukligt] fantiserande, förvirrad [*a ~ lunatic*] **2** vard. hänförande, strålande [*a ~ beauty*] **II** *adv* vard. spritt [språngande] [*~ mad*]
III *s*, pl. *~s* yrande; [sjukliga] fantasier
ravioli [ˌrævi'əʊli] kok. ravioli
ravish ['rævɪʃ] **1** hänföra; *~ed by (with)* hänförd av (över) **2** litt. skända, våldta
ravishing ['rævɪʃɪŋ] hänförande
raw [rɔː] **I** *adj* **1** rå; obearbetad; *~ material (product)* råmaterial, råvara **2** grön, oövad [*~ recruits*] **3** hudlös; öm; oläkt, blodig [*a ~ wound*] **4** rå, ruggig [*~ weather*] **5** vard. tarvlig, rå [*~ humour*], grov [*a ~ joke*] **II** *s*, *in the ~* naket och osminkat
1 ray [reɪ] zool. rocka
2 ray [reɪ] stråle äv. bildl.; *a ~ of hope* en stråle (strimma, gnista) av hopp; *~ of sunshine* en solstråle äv. bildl.
rayon ['reɪɒn] textil. rayon[silke] [*~ shirts*]
raze [reɪz], *~* [*to the ground*] rasera, jämna med marken; förstöra
razor ['reɪzə] **1** rakkniv; rakhyvel; rakapparat *be on the ~'s edge* befinna sig (vara) i en prekär (kritisk) situation
razor blade ['reɪzəbleɪd] rakblad
razzle ['ræzl] vard., *be (go) on the ~* vara ute och (gå ut och) rumla (festa) [om]
razzmatazz [ˌræzmə'tæz] vard. **1** hålligång **2** snack; skit **3** jönsig jazz[låt]
RC förk. för *Red Cross, Roman Catholic*
1 re [reɪ] mus. re
2 re [riː] jur. el. hand. vard. rörande, beträffande
're [ə] *= are* [*we're*]
reach [riːtʃ] **I** *vb tr* **1** sträcka; *~ out one's hand for a th.* sträcka (räcka) ut (fram) handen efter ngt **2** räcka, ge [*~ me that book!*] **3** nå; nå upp till; komma (anlända) till, komma (nå) fram till [*as soon as they had ~ed the station*]; *~ a decision* nå (träffa, komma till) ett avgörande (beslut); *~ the end* [*of the chapter*] komma till slutet...
II *vb itr* **1** *~* [*out*] sträcka sig [*for, at* efter]; *~ for the sky!* vard. upp med händerna!; *~ for the stars* sikta mot stjärnorna **2** sträcka (breda ut) sig, nå [*the land ~es as far as the river*] **3** räcka; gå [*a curtain ~ing from floor to ceiling*]; *as far as the eye can ~* (*could ~*) så långt ögat når (kunde nå, nådde)
III *s* **1** räckande, gripande **2** räckhåll; mil. skotthåll; t.ex. boxares räckvidd; omfång, vidd, utsträckning; *out of ~* utom räckhåll, oåtkomlig, ouppnåelig, oupphinnelig [*of a p.* för ngn]; *within ~* inom räckhåll, åtkomlig, uppnåelig, tillgänglig [*of a p.* för ngn]; *within easy ~ of the station* i omedelbar närhet av

stationen, på bekvämt avstånd från (till) stationen **3** [rak] sträcka [*the beautiful ~es of a river*]; sträckning [*~es of forest and meadow*]; *the upper ~es of the river* äv. flodens övre lopp

react [rɪˈækt] **1** reagera **2** ~ [*up*]*on* [åter]verka på, påverka **3** reagera, göra motstånd **4** kem. reagera

reaction [rɪˈækʃ(ə)n] **1** reaktion; bakslag; omslag; ~ [*up*]*on* [åter]verkan på **2** motstånd, opposition, reaktion **3** reaktion; ~ *time* reaktionstid

reactionary [rɪˈækʃ(ə)nərɪ] **I** *adj* reaktionär **II** *s* reaktionär, bak[åt]strävare

reactor [rɪˈæktə] **1** reaktor; *nuclear* ~ kärnreaktor, atomreaktor **2** kem. reagens

read [inf. o. subst. riːd; imperf., perf. p. o. adj. red] **I** (*read read*) *vb tr* **1** läsa, läsa upp; recitera; tolka [~ *a face* (uppsyn)], tyda [~ *a dream*]; ~ *the gas-meter* läsa av gasmätaren; ~ *only memory* data. läsminne; ~ *a paper* a) läsa [i (igenom)] en tidning b) hålla [ett] föredrag; *take the minutes as* ~ godkänna protokollet utan uppläsning; ~ *out aloud* läsa [upp] högt; ~ *out names* läsa (ropa) upp namn; ~ *over* (*through*) läsa igenom **2** läsa, studera; ~ *law* läsa juridik **II** (*read read*) *vb itr* **1** läsa, läsa högt; studera; ~ *aloud* läsa högt **2** kunna läsas (tydas); stå [att läsa] **3** lyda, låta [~ *like a threat*]; *it ~s better now* det låter (gör sig) bättre nu **4** visa [på] [*the thermometer ~s 10°*] **III** *adj* o. *perf p, be well* ~ vara [mycket] beläst **IV** *s* lässtund

readable [ˈriːdəbl] **1** läsbar, läsvärd **2** läslig, läsbar

reader [ˈriːdə] **1** läsare; *be a great* ~ vara en ivrig (flitig) läsare, läsa mycket **2** uppläsare **3** univ., ung. docent **4** korrekturläsare **5** [*publisher's*] ~ lektör **6** läsebok **7** data. läsare

readership [ˈriːdəʃɪp] **1** ung. [högskole]lektorstjänst **2** läsekrets

readily [ˈredəlɪ] **1** [bered]villigt **2** raskt, snabbt; lätt [~ *recognize a th.*]

readiness [ˈredɪnəs] **1** [bered]villighet **2** raskhet; lätthet; ~ *of wit* snarfyndighet, slagfärdighet **3** beredskap; *in* ~ i beredskap, redo, i ordning, färdig; ~ *for action* mil. stridsberedskap

reading [ˈriːdɪŋ] **I** *adj* läsande, läs[e]-; intresserad av läsning **II** *s* **1** läsning, läsande **2** beläsenhet, belästhet; *a person of wide* (*vast*) ~ en mycket beläst person **3** lektyr [*good* (*dull*) ~]; läsmaterial, läsbart stoff, läsning [*there is plenty of ~ in that magazine*]; *light* ~ lättare lektyr,

lätt läsning **4** avläsning på instrument; värde [*blood sugar ~*]; [avläst (utvisat)] gradtal; *barometer* ~ barometerstånd **5** uppfattning, tolkning [*the actor's ~ of the part*] **6** uppläsning [*~s from* (ur) *Shakespeare*], recitation **7** parl. läsning, behandling [*first ~*]

reading-lamp [ˈriːdɪŋlæmp] läslampa
reading-room [ˈriːdɪŋruːm] läsesal
readjust [ˌriːəˈdʒʌst] **1** ~ *oneself to* återanpassa sig till **2** [åter] ordna [~ *one's dress*], åter sätta (lägga) till rätta; ställa om [~ *one's watch*]; ändra [~ *prices*]

ready [ˈredɪ] **I** *adj* **1** färdig, klar, beredd, till hands; [bered]villig [~ *to forgive*]; ~ *cash* (*money*) kontanter, reda pengar; *get* ~ el. *get* (*make*) *oneself* ~ göra sig i ordning (klar); ~, *steady, go!* klara (på era platser), färdiga, gå! **2** snar, benägen [*don't be so ~ to find fault*]; kvicktänkt; *a ~ memory* ett gott minne **3** lätt; *a ~ example* ett exempel som ligger nära till hands; *~ reckoner* snabbräknare, lathund, räknetabell **II** *adv* färdig- [~ *cooked* (lagad)] **III** *s, the* ~ **a)** vard. kontanter[na], reda pengar **b)** mil. färdigställning, i färdigställning, skjutklar äv. bildl. [*cameras at the ~*]; *come to the ~* inta färdigställning

ready-made [ˌredɪˈmeɪd, attr. ˈ---] **I** *adj* färdigsydd, färdiggjord äv. bildl. [~ *ideas*]; konfektionssydd **II** *s* konfektion

reagent [rɪˈeɪdʒ(ə)nt] kem. reagens
real [rɪəl, ˈriː(ə)l] **I** *adj* verklig; äkta [~ *gold* (*pearls*)]; ~ *action* jur. ägotvist; ~ *estate* (*property*) jur. fast egendom; ~ *estate agent* fastighetsmäklare; *in ~ earnest* på fullt allvar **II** *adv* vard. riktigt, verkligt [*have a ~ good time*]; verkligen [*I'm ~ sorry*] **III** *s* isht amer. vard., *for ~* på riktigt [*they were fighting for ~*]

realism [ˈrɪəlɪz(ə)m] realism
realist [ˈrɪəlɪst] realist
realistic [rɪəˈlɪstɪk] realistisk; verklighetsbetonad, verklighetstrogen
reality [rɪˈælətɪ] verklighet; realism; *in* ~ i verkligheten (realiteten)
realization [ˌrɪəlaɪˈzeɪʃ(ə)n, -lɪˈz-] **1** förverkligande etc., jfr *realize 2-4* **2** insikt
realize [ˈrɪəlaɪz] **1** inse, fatta **2** förverkliga; *his fondest dreams were ~d* hans vildaste drömmar gick i uppfyllelse **3** realisera, omsätta i pengar [~ *shares* (aktier)] **4** [för]tjäna, vinna [~ *a profit*]; inbringa
really [ˈrɪəlɪ] **1** verkligen, faktiskt; *~?* verkligen?, jaså [minsann]?, säger du det?; [*need any help?*] *- not ~!* ...-inte

direkt (precis)! **2** riktigt, verkligt [~ *bad* (*good*)]
realm [relm] **1** bildl. sfär, värld, rike; *the ~ of the imagination* el. *the ~s of fancy* fantasins värld; *within the ~[s] of possibility* inom möjligheternas gräns[er] **2** litt. [konunga]rike
realtor ['rɪəltə] amer. fastighetsmäklare
ream [ri:m] **I** *s* **1** ris; *a ~ of paper* ett rispapper **2** pl. *~s* vard. massa, massor **II** *vb tr* **1** tekn. brotscha **2** amer. pressa citrusfrukter
reap [ri:p] **1** meja [av], skära [~ *the crop*] **2** bärga, skörda, bildl. äv. inhösta, få
reaper ['ri:pə] **1** skördearbetare **2** skördemaskin **3** *the R~* liemannen döden
reappear [,ri:ə'pɪə] åter visa sig
1 rear [rɪə] **I** *vb tr* **1** a) föda upp [~ *poultry* (*cattle*)] b) fostra, uppfostra [~ *a child*] c) odla [~ *crops*]; *~ a family* bilda (skaffa sig) familj **2** lyfta (höja) [på] [*the snake ~ed its head*]; bildl. sticka fram **II** *vb itr* o. *vb rfl*, *~* [*oneself*] stegra sig [äv. *~ up*]
2 rear [rɪə] **1** bakre (bakersta) del; baksida [*the ~ of a house*]; mil. el. bildl. eftertrupp; *bring up* (*close*) *the ~* bilda eftertrupp[en]; *in* (*at*) *the ~ of* på baksidan av, bakom **2** bak- [~ *axle*] **3** vard. bak, rumpa
rear-admiral [,rɪə(r)'ædm(ə)r(ə)l] sjö. konteramiral
rearguard ['rɪəgɑ:d] mil. eftertrupp, arriärgarde; *~ action* reträttstrid, eftertruppsaktion
rear lamp ['rɪəlæmp] o. **rear light** ['rɪəlaɪt] bil. baklykta
rearm [,ri:'ɑ:m] **I** *vb tr* [åter]upprusta, på nytt beväpna **II** *vb itr* [åter]upprusta
rearmament [rɪ'ɑ:məmənt, ri:'ɑ:-] [åter]upprustning
rearmost ['rɪəməʊst] bakerst; sjö. akterst
rearrange [,ri:ə'reɪn(d)ʒ] arrangera (ordna, ställa, arbeta) om, bestämma ny tid för [~ *an appointment*]; *~ the furniture* möblera om
rear-view ['rɪəvju:], *~ mirror* backspegel
reason ['ri:zn] **I** *s* **1** skäl, orsak; hänsyn [*for political ~s*]; *all the more ~ why* så mycket större anledning [till] att; *for certain ~s* av vissa skäl (orsaker); *for a* [*very*] *good ~* på [mycket] goda grunder, av giltig anledning **2** förstånd **3** förnuft, rimlighet, fog; *there is* [*some*] *~ in that* det är reson (förnuft) i det; *it stands to ~* det är [själv]klart (uppenbart), det faller av (säger) sig själv[t] **II** *vb itr* **1** göra slutledningar, resonera **2** resonera, argumentera **III** *vb tr* **1** resonera [som så] [*he ~ed that...*]; *~ away* resonera bort **2** *~ a p. into a th.* (*into doing a th.*) övertala ngn till ngt ([till] att göra ngt)
reasonable ['ri:z(ə)nəbl] **1** förnuftig [*a ~ decision*], resonlig; *beyond ~ doubt* utom rimligt tvivel **2** rimlig, skälig [*a ~ price*], hygglig [*a ~ salary*]
reasonably ['ri:z(ə)nəblɪ] skäligt, skäligen; rimligt[vis]; förnuftigt; tämligen, någorlunda
reasoning ['ri:z(ə)nɪŋ] resonerande; tankegång; slutledning
reassurance [,ri:ə'ʃʊər(ə)ns] **1** uppmuntran [*in constant need of ~*]; nytt lugn **2** förnyad försäkring, ny försäkran
reassure [,ri:ə'ʃʊə] **1** uppmuntra, inge ny tillförsikt; lugna **2** på nytt försäkra
reassuring [,ri:ə'ʃʊərɪŋ] lugnande
rebate ['ri:beɪt, rɪ'beɪt] **I** *s* **1** rabatt **2** återbäring [*tax ~*] **II** *vb tr* rabattera; slå av; ge tillbaka
rebel [ss. subst. 'rebl, ss. vb rɪ'bel] **I** *s* rebell, upprorsman; upprorisk, rebellisk [*the ~ forces*] **II** *vb itr* göra uppror, resa sig, rebellera, protestera
rebellion [rɪ'beljən] uppror; *rise in ~* göra uppror, rebellera
rebellious [rɪ'beljəs] upprorisk; motspänstig
rebirth [,ri:'bɜ:θ] pånyttfödelse
reboot [ri:'bu:t] data. **I** *vb tr* o. *vb itr* starta om **II** *s* omstart
rebound [ss. vb rɪ'baʊnd, ri:'b-, ss. subst. 'ri:baʊnd] **I** *vb itr* [åter]studsa, studsa tillbaka; mil. rikoschettera; bildl. återfalla, falla tillbaka [*what you do may ~* [*up*]*on yourselves*] **II** *s* återstuds; *on the ~* sport. på studsen, på returen [*hit a ball on the ~*]; bildl. omslag, bakslag; [*she didn't love him, she married him*] *on the ~* ...som plåster på såren, ...i besvikelsen över förlusten av en annan
rebuff [rɪ'bʌf] **I** *s* **1** [snäsigt] avslag; avsnäsning; *meet with* (*suffer*) *a ~* få avslag, bli avvisad; bli avsnäst **2** bakslag **II** *vb tr* avvisa; snäsa av
rebuild [,ri:'bɪld] (*rebuilt rebuilt*) återuppbygga, återuppföra; bygga om
rebuke [rɪ'bju:k] **I** *vb tr* [skarpt] tillrättavisa, ge en skrapa **II** *s* [skarp] tillrättavisning, skrapa
rebut [rɪ'bʌt] **1** vederlägga **2** avvisa [~ *an offer*]
recalcitrant [rɪ'kælsɪtr(ə)nt] **I** *adj* motspänstig **II** *s* motsträvig person
recall [rɪ'kɔ:l, ss. sb äv. '--] **I** *vb tr* **1** kalla

tillbaka [~ *troops from the front*], kalla hem [~ *an ambassador*], återkalla; teat. ropa in; mil. återinkalla **2** erinra (påminna) sig, minnas **3** återkalla, upphäva [~ *a decision*] **II** *s* **1** tillbakakallande, återkallande **2** återkallande, upphävande; *past* (*beyond*) ~ oåterkallelig[t] **3** hågkomst; *have total* ~ ha perfekt minne

recant [rɪ'kænt] återkalla, ta tillbaka [~ *a statement*]; avsvärja [sig] [~ *one's faith*]; ta tillbaka [sina ord]

1 recap [ss. vb ˌriː'kæp, ss. subst. '--] se *retread*

2 recap ['riːkæp] vard. förk. för *recapitulate, recapitulation*

recapitulate [ˌriːkə'pɪtjʊleɪt] rekapitulera, sammanfatta

recapitulation ['riːkəˌpɪtjʊ'leɪʃ(ə)n] **1** rekapitulering, sammanfattning **2** mus. repris

recapture [ˌriː'kæptʃə] **I** *vb tr* **1** återta, återerövra **2** dra sig till minnes **II** *s* återtagande, återerövring

recede [rɪ'siːd] **1** gå (träda, dra sig) tillbaka; *his hair is receding* han börjar bli tunnhårig framtill **2** gå tillbaka, falla, sjunka

receipt [rɪ'siːt] **I** *s* **1** kvitto; [*advice of*] ~ mottagningsbevis **2** vanl. pl. *~s* intäkter, kassa [*daily ~s*] **3** mottagande; *I am in* ~ *of your letter* hand. jag har mottagit (erhållit) ert brev **II** *vb tr* kvittera [~ *a bill*]

receive [rɪ'siːv] **I** *vb tr* **1** ta emot, uppbära [~ *money*]; ~ *stolen goods* ta emot stöldgods, göra sig skyldig till häleri **2** ofta pass. *be ~d* bli upptagen [som medlem] [*be ~d into* (i) *the Church*] **II** *vb itr* **1** ta emot [~ *on Sundays*] **2** göra sig skyldig till häleri

receiver [rɪ'siːvə] **1** mottagare; uppbördsman; inkasserare **2** jur., [*Official*] *R~* konkursförvaltare, god man **3** ~ [*of stolen goods*] hälare **4** TV. o.d. mottagare; [telefon]lur; tele. mikrofon; *put down the* ~ lägga på [telefon]luren

recent ['riːsnt] ny; färsk [~ *news*; *a* ~ *wound*]; nyligen (senast) skedd (inträffad) [*a* ~ *event*]; nyare, senare; *a* ~ *book* en nyutkommen bok; *in* (*during*) ~ *years* under senare år

recently ['riːsntlɪ] nyligen; ~ *acquired* nyförvärvad

receptacle [rɪ'septəkl] **1** [förvarings]kärl **2** bot. blomfäste

reception [rɪ'sepʃ(ə)n] **1** mottagande, mottagning; ~ *centre* mottagningscentral, uppsamlingscentral för flyktingar o.d.; ~ [*desk*] reception, receptionsdisk på hotell; ~ *room* a) mottagningsrum b) sällskapsrum **2** upptagande [som medlem] **3** radio. mottagning[sförhållanden]

receptionist [rɪ'sepʃ(ə)nɪst] receptionist; [över]portier; kundmottagare

receptive [rɪ'septɪv] receptiv, mottaglig

recess [rɪ'ses, ss. subst. äv. 'riːses] **I** *s* **1** a) isht om parlamentet, kongressen o. domstolar uppehåll, ferier b) amer. skol. rast **2** vrå; *in the innermost ~es of the heart* i hjärtats djupaste vrår, innerst inne **3** nisch, alkov; fördjupning **II** *vb tr* göra en fördjupning (fördjupningar) i [~ *a wall*] **III** *vb itr* amer. göra uppehåll, ta rast

recession [rɪ'seʃ(ə)n] **1** ekon. konjunkturnedgång **2** tillbakavikande; tillbakadragande

recharge [ˌriː'tʃɑːdʒ] elektr. ladda om (upp) [~ *a battery*]; ~ *one's batteries* bildl. ladda upp, ladda batterierna

recipe ['resɪpɪ] kok. recept äv. bildl. [*a* ~ *for* (på) *happiness*]

recipient [rɪ'sɪpɪənt] **I** *s* mottagare; ~ *country* mottagarland **II** *adj* mottaglig, receptiv

reciprocal [rɪ'sɪprək(ə)l] **1** ömsesidig [~ *affection*]; till (i) gengäld, gen- [~ *services*] **2** gram. reciprok [~ *pronouns*]

reciprocate [rɪ'sɪprəkeɪt] **I** *vb itr* **1** göra en gentjänst **2** mek. gå (röra sig) fram och tillbaka **II** *vb tr* [inbördes] utbyta, utväxla; gengälda [~ *a p.'s affection* (*love*)]

recital [rɪ'saɪtl] **1** [detaljerad] redogörelse, uppräkning **2** recitation, uppläsning, deklamation **3** mus. [solist]uppförande

recitation [ˌresɪ'teɪʃ(ə)n] recitation, uppläsning, deklamation; reciterat stycke; recitationsstycke

recite [rɪ'saɪt] **I** *vb tr* **1** recitera, läsa upp, föredra[ga], deklamera [~ *poems*] **2** redogöra för; räkna (rabbla) upp [~ *one's grievances*] **II** *vb itr* recitera

reckless ['rekləs] **1** obekymrad, likgiltig; ~ *of* äv. utan tanke på **2** hänsynslös; obetänksam [~ *conduct*], vårdslös, lättsinnig [~ *extravagance*]; ~ *driving* vårdslöshet i trafik

reckon ['rek(ə)n] **I** *vb tr* **1** räkna; ~ *in* räkna 'med (in), inberäkna, inkludera [~ *in the tip*] **2** räkna ut [äv. ~ *out*; ~ *the cost*], beräkna, bedöma **3** räkna [*we* ~ *him among our supporters*] **4** räkna, anse **5** vard. anse, tycka; [*he's pretty good*,] *I* ~ ...tycker jag **6** räkna med [*I* ~ *that he will come*], anta [*this was not meant for me, I*

~} **II** *vb itr* **1** räkna [*the child can't ~ yet*]; *~ with* a) bildl. göra upp [räkningen] med b) räkna med, ta med i beräkningen **2** *~ [up]on* räkna (lita) på; räkna med, ta med i beräkningen **3** räkna, uppgå till **4** räknas [*he ~s among* (bland, till) *the best*], gälla

reckoning ['rek(ə)nɪŋ] **1** [upp]räkning etc., jfr *reckon*; *be out in one's ~* ha räknat fel, bildl. äv. ha missräknat sig **2** räkenskap; *the day of ~* räkenskapens dag

reclaim [rɪ'kleɪm] **I** *vb tr* **1** återvinna; *~ed land* uppodlad (nyodlad) mark, nyodling **2** återvinna avfall m.m. **II** *s* förbättring; *beyond* (*past*) *~* oförbätterlig[t], ohjälplig[t]

reclamation [ˌreklə'meɪʃ(ə)n] **1** återvinning av mark; uppodling **2** återvinning av avfall

reclin|e [rɪ'klaɪn] **I** *vb tr* vila, lägga [ned], luta [tillbaka]; perf. p. *-ed* tillbakalutad **II** *vb itr* luta (lägga) sig [tillbaka], vila, ligga (sitta) tillbakalutad [*~ on a couch*]; *-ing chair* (*seat*) vilstol

recluse [rɪ'kluːs] ensling

recognition [ˌrekəg'nɪʃ(ə)n] **1** erkännande; *in ~ of* som ett erkännande av, som tack för **2** igenkännande; *aircraft ~* flygplansigenkänning; *beyond* (*past*) *~* oigenkännlig, [ända] till oigenkännlighet

recognizable ['rekəgnaɪzəbl, ˌ--'---] igenkännlig

recognize ['rekəgnaɪz] **1** känna igen **2** erkänna [*~ a p. as lawful heir*; *~ a new government*]; kännas vid [*he no longer ~s me*], vidkännas [*~ an obligation*]; *it's the ~d method* det är den [allmänt] vedertagna (den gängse) metoden **3** erkänna [för sig själv] [*he ~d the danger*] **4** ge ett erkännande, erkänna [*his services to the State were ~d*]

recoil [rɪ'kɔɪl, ss. sb. äv. '--'] **I** *vb itr* **1** dra sig tillbaka **2** rygga, rygga (vika) tillbaka **3** studsa tillbaka; mil. rekylera; vard. stöta **4** återfalla, falla tillbaka **II** *s* **1** återstuds[ning]; mil. rekyl; vard. stöt **2** tillbakaryggande

recollect [ˌrekə'lekt] erinra (påminna) sig, minnas

recollection [ˌrekə'lekʃ(ə)n] hågkomst, erinring; pl. *~s* minnen [*~s from a long life*]

recommence [ˌriːkə'mens] **I** *vb itr* börja på nytt (om igen) **II** *vb tr* [på]börja på nytt

recommend [ˌrekə'mend] **1** rekommendera, förorda; *~ed price* äv. cirkapris **2** [till]råda **3** göra attraktiv (uppskattad), gagna [*behaviour of that kind will not ~ you*], tala för; *the idea has little to ~ it* idén har föga som gör den attraktiv; *this plan has much to ~ itself* det är mycket som talar för denna plan **4** anbefalla, anförtro

recommendation [ˌrekəmen'deɪʃ(ə)n] rekommendation; förordande; *~[s]* förslag [*the ~[s] of the committee*]

recompense ['rekəmpens] **I** *vb tr* gottgöra **II** *s* gottgörelse, ersättning

reconcile ['rekənsaɪl] **1** försona; *become ~d* försonas, förlikas, försona (förlika) sig [*with* med] **2** förena, göra förenlig

reconciliation [ˌrekənsɪlɪ'eɪʃ(ə)n] **1** försoning **2** biläggning **3** förening; samklang

recondite [rɪ'kɒndaɪt, 'rekəndaɪt] svårfattlig

recondition [ˌriːkən'dɪʃ(ə)n] reparera (rusta) upp

reconnaissance [rɪ'kɒnɪs(ə)ns] isht mil. spaning; *~ aircraft* spaningsflygplan, rekognosceringsflygplan; *~ party* spaningsavdelning, rekognoseringstrupp

reconnoitre [ˌrekə'nɔɪtə] isht mil. spana, utforska; sondera

reconsider [ˌriːkən'sɪdə] ta i (under) förnyat övervägande, på nytt överväga

reconstitute [ˌriː'kɒnstɪtjuːt] rekonstruera; ombilda; återuppbygga

reconstruct [ˌriːkən'strʌkt] rekonstruera [*~ a crime* (*text*); *~ a cathedral*], återuppbygga; bygga om [*~ a ship*]; ombilda [*~ a cabinet*]

reconstruction [ˌriːkən'strʌkʃ(ə)n] **1** rekonstruktion; återuppbyggande, återuppbyggnad **2** ombyggnad; ombildning

record [ss. subst. 'rekɔːd, ss. vb rɪ'kɔːd] **I** *s* **1** uppteckning, registrering; förteckning; protokoll äv. jur.; redogörelse; urkund; vittnesbörd; pl. *~s* äv. arkiv; *off the ~* a) utom protokollet b) på stående fot, improviserat; *it is the worst on ~* det är det värsta (sämsta) som någonsin funnits, det sätter bottenrekord **2** ngns förflutna, antecedentia [*his ~ is against him*]; vitsord, meriter [*his ~ as a tennis-player*]; rykte; *a clean ~* ett fläckfritt förflutet **3** isht sport. rekord; rekord- [*~ crop*]; *world ~* världsrekord; *~ for speed* hastighetsrekord; *this was a ~* äv. detta var något enastående; *beat* (*break, cut*) *the ~* slå rekord[et]; *establish* (*make*) *a ~* sätta [ett] rekord **4** [grammofon]skiva **II** *vb tr* **1** a) protokollföra; föra protokoll vid sammanträde; [in]registrera; uppteckna, ta ned, bevara i skrift b) förtälja, återge

2 radio. o.d. spela (sjunga, tala) in **3** om termometer m.m. registrera
recorder [rɪˈkɔːdə] **1** jur. (ung.) domare vid bl.a. tingsrätt **2** inspelningsapparat **3** blockflöjt
recording [rɪˈkɔːdɪŋ] [in]registrering etc., jfr *record II*; radio., film. o.d. inspelning {*I have a good ~ of the opera*}; *~ apparatus* inspelningsapparat; *~ head* inspelningshuvud på bandspelare; [*mobile*] *~ unit* inspelningsbuss, OB-buss
record-player [ˈrekɔːdˌpleɪə] skivspelare
recorsion [rɪˈkɔːʃn] *s* rekortering
recount [i bet. *I 1* rɪˈkaʊnt, i bet. *I 2* ˌriːˈkaʊnt, i bet. *II* ˈriːkaʊnt] **I** *vb tr* **1** [omständligt] berätta, relatera; räkna upp **2** räkna om, åter räkna {*~ the votes*} **II** *s* omräkning
recoup [rɪˈkuːp] gottgöra, ersätta {*~ a loss*; *~ a p. for a loss*}; *~ oneself* hålla sig [själv] skadeslös
recourse [rɪˈkɔːs] tillflykt; utväg; *have ~ to* ta sin tillflykt till, tillgripa
recover [rɪˈkʌvə] **I** *vb tr* **1** återvinna, få tillbaka {*~ one's health* (*voice*)}; *~ one's breath* [åter] hämta andan; *~ one's senses* (*consciousness*) komma till sans igen, återfå medvetandet; *~ lost ground* återvinna förlorad terräng äv. bildl.; vinna tillbaka det förlorade **2** hämta in {*~ lost time* (*a loss*)} **II** *vb itr* [åter]hämta (repa) sig; tillfriskna; återfå jämvikten; *he has completely ~ed* han är helt återställd, han har helt kommit över det
re-cover [ˌriːˈkʌvə] **1** åter täcka, täcka över igen **2** klä om t.ex. soffa
recovery [rɪˈkʌvərɪ] **1** återvinnande, återfående, återfinnande {*the ~ of a lost article*} **2** återställande, återhämtning; *make a quick ~* [åter]hämta sig (tillfriskna) snabbt; *he is beyond* (*past*) *~* han står (går) inte att rädda (bota), han är hopplöst förlorad **3** återvinning av avfall m.m.
re-create [ˌriːkrɪˈeɪt] skapa på nytt; återupprätta
recreation [ˌrekrɪˈeɪʃ(ə)n] rekreation; nöje, fritidssysselsättning; sport; *~ area* (*ground*) rekreationsområde, fritidsområde; lekplats; idrottsplats; *~ centre* rekreationscenter, fritidscenter
recreational [ˌrekrɪˈeɪʃənl] rekreations-
recrimination [rɪˌkrɪmɪˈneɪʃ(ə)n] motbeskyllning; pl. *~s* äv. ömsesidiga beskyllningar
recruit [rɪˈkruːt] **I** *s* rekryt äv. bildl.; nykomling, ny medlem **II** *vb tr* **1** rekrytera, värva äv. bildl. {*~ an army*, *~ adherents*} **2** värva (anställa) som rekryt[er] **III** *vb itr* värva rekryter; *~ing office* värvningsbyrå; mönstringslokal; *~ing officer* rekryteringsofficer
recruitment [rɪˈkruːtmənt] rekrytering, värvning
rectangle [ˈrektæŋgl] rektangel
rectangular [rekˈtæŋgjʊlə] rektangulär
rectify [ˈrektɪfaɪ] rätta [till] {*~ an error*}, korrigera {*~ a method*}, beriktiga {*~ a statement*}; reglera
rector [ˈrektə] **1** kyrkoherde **2** rektor vid vissa universitet, skolor o.d.
rectory [ˈrektərɪ] **1** prästgård **2** pastorat
recuperate [rɪˈkjuːp(ə)reɪt] **I** *vb itr* hämta sig; återfå krafterna, rekreera sig {*go to the seaside to ~*} **II** *vb tr* återfå {*~ one's health*}, återvinna
recur [rɪˈkɜː] återkomma, komma tillbaka (igen), dyka (komma) upp igen {*a problem which ~s periodically*}; upprepas {*this accident must never ~*}
recurrence [rɪˈkʌr(ə)ns] återkommande; återgång; upprepande, upprepning
recurrent [rɪˈkʌr(ə)nt] [regelbundet (ofta)] återkommande, periodisk; *~ expenses* [fasta] återkommande utgifter
recycle [ˌriːˈsaɪkl] återanvända {*~ scrap metal*}, återvinna; *~d paper* återvinningspapper
red [red] **I** *adj* röd äv. polit.; *as ~ as a beetroot* (*lobster*) röd som en tomat (kokt kräfta); *the ~ carpet* vard. röda mattan; *the R~ Cross* Röda korset; *~ flag* a) röd flagga isht ss. varningssignal b) upprorsfana, revolutionsflagga; *~ herring* a) rökt sill b) vard. falskt spår, villospår, avledande manöver; *at the ~ light*[*s*] trafik. vid rött ljus; *~ rag* bildl. rött skynke; *it's like a ~ rag* {*to a bull*} *to him* det verkar som ett rött skynke på honom **II** *s* **1** rött {*dressed in ~*}; röd färg; röd nyans **2** polit. röd **3** vard., *in the ~* med underskott (förlust) **4** rött, rödvin {*a bottle of ~*}
redbreast [ˈredbrest] zool., [*robin*] *~* rödhake[sångare]
redcurrant [ˌredˈkʌrənt, attr. ˈ---] rött vinbär; *~ jam* rödavinbärssylt, rödavinbärsmarmelad
redden [ˈredn] **I** *vb tr* färga röd **II** *vb itr* bli (färgas) röd; rodna
reddish [ˈredɪʃ] rödaktig
redecorate [ˌriːˈdekəreɪt] måla och tapetsera om; nyinreda
redeem [rɪˈdiːm] **1** lösa ut {*~ a pawned watch*}, lösa in {*~ a mortgage*} **2** infria {*~ one's promise*} **3** friköpa {*~ a slave*}, lösa ut {*~ a prisoner*}, befria; isht teol. återlösa

4 gottgöra [*~ an error*]; uppväga [*his faults are ~ed by...*], kompensera; *a ~ing feature* ett försonande drag

redeemable [rɪˈdiːməbl] inlösbar etc., jfr *redeem*

redeploy [ˌriːdɪˈplɔɪ] placera om [*~ workers*]; mil. gruppera om

redeployment [ˌriːdɪˈplɔɪmənt] omplacering; mil. omgruppering

redevelop [ˌriːdɪˈveləp] sanera [*~ slum areas*]

redevelopment [ˌriːdɪˈveləpmənt] sanering

red-handed [ˌredˈhændɪd], *catch (take) a p. ~* ta (gripa) ngn på bar gärning

redhead [ˈredhed] vard. rödhårig [person]

red-hot [ˌredˈhɒt] glödhet, glödande äv. bildl. [*~ enthusiasm*]; intensiv

redirect [ˌriːdɪˈrekt, -daɪˈr-] **1** åter leda (rikta, styra) **2** eftersända, adressera om [*~ letters (mail)*]; dirigera om [*~ traffic*]

rediscover [ˌriːdɪˈskʌvə] återupptäcka

redistribute [ˌriːdɪˈstrɪbjʊt] **1** omfördela **2** dela ut (distribuera) på nytt

red-light [ˈredlaɪt], *~ district* bordellkvarter, glädjekvarter

redness [ˈrednəs] rödhet; rodnad; röd färg

redo [ˌriːˈduː] (*redid redone*) göra om; tapetsera (måla) om [*have (få) the walls redone*]

redolent [ˈredə(ʊ)l(ə)nt] välluktande, doftande; stark [*a ~ odour*]; *~ of (with)* som påminner om

redouble [rɪˈdʌbl] **I** *vb tr* fördubbla [*~ one's efforts*], öka [*he ~d his pace*]; intensifiera **II** *vb itr* fördubblas, öka[s]

redress [rɪˈdres] **I** *vb tr* **1** [åter] ställa till rätta; återställa [*~ the balance*]; avhjälpa [*~ an abuse (a grievance)*], rätta till, råda bot på **2** gottgöra [*~ an injury (a wrong)*] **II** *s* **1** avhjälpande [*~ of a grievance*] **2** gottgörelse; upprättelse

redskin [ˈredskɪn] åld. neds. rödskinn indian

red-tape [ˌredˈteɪp] **I** *s* vard. byråkrati, pedanteri **II** *adj* byråkratisk, pedantisk

reduce [rɪˈdjuːs] **1** reducera; minska, dra in på [*~ one's expenses*], sätta (pressa) ned, sänka [*~ the price*]; försvaga [*~d health*]; förminska [*~ a reproduction*]; *~ speed* minska (sänka) farten; *~ one's weight* gå ned [i vikt], banta; *to be sold at ~d prices* till salu till nedsatta priser; *on a ~d scale* i förminskad skala **2** försätta [*to* i ett tillstånd]; förvandla [[*in*]*to* till]; tvinga [*to do a th.* [till] att göra ngt]; *~ to ashes* lägga i (förvandla till) aska; *~ to despair* göra förtvivlad, bringa till förtvivlan; *~ to subjection (submission)* tvinga till underkastelse; *~ a p. to tears* få ngn att gråta (brista i gråt) **3** föra in [*to (under) a rule*]; hänföra [*to a class* till en klass] **4** degradera, flytta ned; *~ to the ranks* degradera till menig **5** mat. reducera; *~ an equation* hyfsa (förenkla) en ekvation; *~ a fraction* förkorta ett bråk

reduction [rɪˈdʌkʃ(ə)n] (jfr *reduce*) **1** reduktion; förminskning; nedsättning, rabatt; *sell at a ~* sälja till nedsatt pris **2** försättande; förvandling **3** införande **4** degradering **5** matem. reduktion

redundancy [rɪˈdʌndənsɪ] **1** överflöd; överskott **2** ekon. arbetslöshet [till följd av strukturrationalisering]; *~ payment* ung. avgångsvederlag

redundant [rɪˈdʌndənt] **1** överflödig [*~ workers*]; friställd; *be made ~* friställas, bli friställd; *~ manpower* överflödig (friställd) arbetskraft **2** vidlyftig [*a ~ style*]

reduplicate [rɪˈdjuːplɪkeɪt] fördubbla

reed [riːd] **1** bot. vasstrå; vass; bibl. el. poet. rö; pl. *~s* äv. [tak]halm **2** i blåsinstrument rörblad; *the ~s* äv. rörbladsinstrumenten

re-educate [ˌriːˈedjʊkeɪt] omskola, lära upp (uppfostra) på nytt

reedy [ˈriːdɪ] **1** vassbevuxen **2** gäll [*a ~ voice*]

1 reef [riːf] **I** *s* sjö. rev; *take in a ~* a) ta in ett rev b) bildl. ta det försiktigt (lugnt) **II** *vb tr* reva

2 reef [riːf] rev; *coral ~* korallrev

reek [riːk] **I** *s* dålig lukt, stank [*the ~ of bad tobacco*] **II** *vb itr* **1** lukta [illa] [*he ~s of whisky (garlic)*]; bildl. lukta lång väg [*the book ~s of predjudice*] **2** ånga [*~ with* (av) *sweat*], ryka

reel [riːl] **I** *s* **1** rulle [*~ of film*]; vard. [film]rulle; *~ of cotton* trådrulle; [*straight*] *off the ~* vard. i ett svep **2** [nyst]vinda; härvel **3** raglande gång **4** skotsk. reel dans **II** *vb tr* rulla (veva, spola) upp på rulle [äv. *~ up (in)*]; haspla; *~ off* bildl. rabbla upp [*~ off a long list of names*], haspla ur sig **III** *vb itr* **1** virvla; *my brain (head) ~s* det går runt i huvudet på mig, det snurrar [runt] för mig **2** vackla [*~ under a burden*]; ragla [*~ like a drunken man*]; *he ~ed under the blow* slaget fick honom att vackla

re-elect [ˌriːɪˈlekt] välja om

re-election [ˌriːɪˈlekʃ(ə)n] omval

re-enter [ˌriːˈentə] **I** *vb itr* gå (komma, träda, stiga) in igen **II** *vb tr* åter gå (komma, träda, stiga) in i

re-entry [riːˈentrɪ] **1** återkomst, rentré; återinresa; *~ visa* återinresevisum

2 återinträde; återinträde i [jord]atmosfären av satellit o.d. **3** ny anteckning; återinförande
re-examine [ˌriːɪgˈzæmɪn] undersöka (pröva, granska, förhöra, examinera) på nytt
ref [ref] vard. sport. (kortform av *referee*) **I** *s* domare; överdomare **II** *vb itr* o. *vb tr* döma
refectory [rɪˈfekt(ə)rɪ] refektorium; matsal i skola o.d.
refer [rɪˈfɜː] **I** *vb tr* **1** hänskjuta, remittera [~ *a bill to a committee* (utskott); ~ *a patient*]; överlämna **2** ~ *a p. to* hänvisa (remittera) ngn till, råda ngn att vända sig till **3** kugga i tentamen; *be ~red in one subject* få rest i ett ämne **II** *vb itr*, ~ *to* **a)** hänvisa till; vädja till; vända sig till; *~ring to your letter* åberopande ert brev **b)** syfta på, hänföra sig till **c)** syfta på; *above ~red to* ovannämnd
referee [ˌrefəˈriː] **I** *s* **1** skiljedomare **2** sport. domare i t.ex. fotboll; [ring]domare i boxning, referee, överdomare i tennis **3** referens pers. **II** *vb itr* o. *vb tr* fungera som skiljedomare (domare) [i]; döma [~ *a football match*]
reference [ˈref(ə)r(ə)ns] **1** hänvisning, hänskjutning; åberopande; avseende, syftning; *frame of* ~ referensram **2** anspelning; *make* ~ *to* omnämna, åsyfta, beröra **3** hänvändelse; *make* ~ *to* vända sig till; rådfråga; ~ *book* **a)** uppslagsbok, uppslagsverk; handbok **b)** referensexemplar; ~ *library* referensbibliotek **4** hänvisning i bok **5** referens äv. pers.; [tjänstgörings]betyg
referend|um [ˌrefəˈrend|əm] (pl. äv. -*a* [-ə]) referendum, folkomröstning
referral [rɪˈfɜːr(ə)l] **1** hänskjutande etc., jfr *refer I*; remittering [*the ~ of the patient to a specialist*], remiss **2** remitterad patient
refill [ss. vb ˌriːˈfɪl, ss. subst. ˈriːfɪl] **I** *vb tr* åter fylla; tanka **II** *s* påfyllning; refill; patron till kulpenna m.m.; [*lead*] ~ blyertsstift till stiftpenna
refine [rɪˈfaɪn] **I** *vb tr* **1** raffinera [~ *sugar* (*oil*)], förädla **2** förfina [~ *one's style*], förädla; raffinera **II** *vb itr*, ~ [*up*]*on* förfina [~ *upon one's methods*], förbättra
refined [rɪˈfaɪnd] **1** raffinerad etc., jfr *refine I 1* **2** raffinerad, förfinad [~ *manners*, ~ *taste*]
refinement [rɪˈfaɪnmənt] **1** raffinering, renande **2** förfining, elegans; *a man of* ~ en förfinad man **3** raffinemang
refinery [rɪˈfaɪnərɪ] raffinaderi [*an oil* ~]

refit [ˌriːˈfɪt] **I** *vb tr* [åter] utrusta; rusta upp [~ *a ship*] **II** *vb itr* [åter] sättas i stånd
reflate [rɪˈfleɪt] ekon. åstadkomma (genomföra) en reflation av (i) [~ *the economy*]
reflation [rɪˈfleɪʃ(ə)n] ekon. reflation
reflect [rɪˈflekt] **I** *vb tr* **1** reflektera, kasta tillbaka [~ *light*, ~ *heat*] **2** reflektera, [av]spegla äv. bildl. [*his face ~ed what was passing through his mind*]; *~ed image* spegelbild **3** ~ *credit* (*honour*) [*up*]*on a p.* lända ngn till heder **4** tänka på, betänka **II** *vb itr* **1** reflektera, tänka efter; ~ [*up*]*on* äv. överväga, tänka över, begrunda **2** ~ [*up*]*on* kasta en skugga över; ~ *favourably* [*up*]*on* ställa i en fördelaktig dager **3** reflekteras; återkastas; återspeglas
reflection [rɪˈflekʃ(ə)n] **1** reflexion, återkastning **2** spegelbild [*see one's* ~ *in a mirror*]; återsken, reflex **3** reflexion; eftertanke, begrundan; betraktelse[r]; *~s on* äv. funderingar kring; *on* [*further*] ~ vid närmare eftertanke (betänkande, övervägande) **4** kritik; fläck [*a* ~ *on a p.'s honour*]
reflector [rɪˈflektə] reflektor, reflex[anordning]; ~ *tape* reflexband
reflex [ˈriːfleks] **I** *s* **1** reflex, reflexrörelse **2** se *reflection 2* **II** *adj* reflekterad; reflex- [~ *action*]; ~ *camera* spegelreflexkamera
reflexion [rɪˈflekʃ(ə)n] se *reflection*
reflexive [rɪˈfleksɪv] gram. **I** *adj* reflexiv **II** *s* **1** reflexiv[pronomen] **2** reflexivt verb
reform [rɪˈfɔːm] **I** *vb tr* **1** reformera, [för]bättra **2** omvända [~ *a sinner*] **II** *vb itr* bättra sig **III** *s* reform
reformation [ˌrefəˈmeɪʃ(ə)n] **1** reformation; förbättring **2** *the R~* hist. reformationen
reformatory [rɪˈfɔːmət(ə)rɪ] **I** *adj* reformatorisk; uppfostrande **II** *s* amer. (förr äv. britt.) ungdomsvårdsskola
reformer [rɪˈfɔːmə] reformator; reformvän, reformivrare
1 refrain [rɪˈfreɪn] refräng; omkväde
2 refrain [rɪˈfreɪn] avhålla sig, avstå [~ *from hostile action*]; ~ *from a th.* (*doing a th.*) äv. låta bli ngt (att göra ngt); *please* ~ *from smoking* rökning undanbedes
refresh [rɪˈfreʃ] **1** friska upp; liva (pigga) upp; *~ed* äv. utvilad; ~ *oneself* **a)** styrka sig, pigga upp sig **b)** förfriska sig, läska sig; ~ *one's memory* friska upp minnet **2** bättra på [~ *the paintwork*]
refreshing [rɪˈfreʃɪŋ] **1** uppfriskande, uppiggande [*a* ~ *sleep*]; läskande [*a* ~

drink] **2** välgörande [*~ simplicity*], uppfriskande
refreshment [rɪˈfreʃmənt] **1** uppfriskning, vederkvickelse **2** vanl. pl. *~s* förfriskningar; *~ room*[*s*] restaurang, servering, byffé på järnvägsstation
refrigerate [rɪˈfrɪdʒəreɪt] **1** svalka; kyla [av] **2** frysa [in] [*~ provisions*]
refrigeration [rɪˌfrɪdʒəˈreɪʃ(ə)n] **1** [av]kylning **2** [in]frysning
refrigerator [rɪˈfrɪdʒəreɪtə] **1** kylskåp; kylrum; *~ car* (*van*) kylvagn **2** kylare kondensor; kylapparat
refuel [ˌriːˈfjʊəl] tanka; fylla på [nytt bränsle]
refuge [ˈrefjuːdʒ] **1** tillflykt [äv. *place of ~*]; *seek ~* söka sin tillflykt, söka skydd [*from* undan, från; *in, at* i, på; *with* hos] **2** refug
refugee [ˌrefjʊˈdʒiː] isht polit. flykting; *~ camp* flyktingläger
refund [ss. vb rɪːˈfʌnd, ss. subst. ˈriːfʌnd] **I** *vb tr* återbetala [*~ money*]; ersätta, gottgöra ngn för förlust m.m. **II** *s* återbetalning; återbäring, ersättning, gottgörelse
refurbish [ˌriːˈfɜːbɪʃ] putsa (polera) upp; snygga upp; renovera
refusal [rɪˈfjuːz(ə)l] **1** vägran; avslag **2** *give a p.* [*the*] *first ~ of* ge ngn förköpsrätt till
refuse [ss. vb rɪˈfjuːz, ss. subst. ˈrefjuːs] **I** *vb tr* **1** vägra, neka; förvägra **2** avslå [*~ a request*], tillbakavisa, avvisa [*~ a candidate*], refusera [*~ an offer*], säga nej till [*~ an office*], avböja; ge ngn korgen **II** *vb itr* vägra, neka, säga nej **III** *s* skräp, avskräde [äv. *~ matter*]; drägg, avskum [*the ~ of society*]; *~ chute* sopnedkast; *~ collection* sophämtning, renhållning; *~ dump* (*tip*) soptipp
refute [rɪˈfjuːt] vederlägga
regain [rɪˈgeɪn, riːˈg-] **1** återfå [*~ consciousness*], återvinna; *~ one's feet* (*footing*) komma på fötter igen; få fotfäste igen **2** åter uppnå
regal [ˈriːg(ə)l] kunglig; majestätisk
regale [rɪˈgeɪl] **I** *vb tr* traktera, underhålla [*~ with stories*] **II** *vb itr* o. *vb rfl*, *~* [*oneself*] *with* (*on*) kalasa på, njuta av
regalia [rɪˈgeɪljə] a) regalier, [kungliga] insignier b) full stass
regard [rɪˈgɑːd] **I** *vb tr* **1** anse, betrakta [*I ~ him as the best*] **2** uppfatta, se på [*how is he ~ed locally?*], betrakta [*I ~ him with suspicion* (misstro)] **3** angå, beträffa; *as ~s* vad... beträffar, beträffande **II** *s* **1** avseende, hänseende; *in this ~* i detta hänseende (avseende) **2** hänsyn; aktning;

I have [*a*] *great ~ for him* jag hyser (har) stor aktning för honom; *he has little ~ for* han tar föga hänsyn till; han hyser föga aktning för; *pay ~ to* ta hänsyn till, fästa avseende vid, bry sig om **3** pl. *~s* hälsningar; *give him my* [*best*] *~s* hälsa honom [så mycket] från mig
regarding [rɪˈgɑːdɪŋ] beträffande, rörande, angående
regardless [rɪˈgɑːdləs] **I** *adj* utan hänsyn [*~ of* (till) *expense*], obekymrad **II** *adv* vard. under alla omständigheter
regatta [rɪˈgætə] sport. regatta, kappsegling
regency [ˈriːdʒ(ə)nsɪ] regentskap; tillförordnad regering; interimsregering; förmyndarregering
regenerate [ss. adj. rɪˈdʒenərət, ss. vb rɪˈdʒenəreɪt] **I** *adj* pånyttfödd **II** *vb tr* o. *vb itr* bildl. pånyttföda[s]; förnya[s]; biol. m.m. regenerera[s]; föryngra[s]
regent [ˈriːdʒ(ə)nt] **I** *s* **1** regent **2** amer. medlem av styrelsen för delstatsuniversitet **II** *adj* regerande; *the Prince R~* prinsregenten
reggae [ˈregeɪ] reggae västindisk musikform
regime [reɪˈʒiːm, ˈ--] **1** regim, styrelse **2** system, skick
regiment [ss. subst. ˈredʒɪmənt, ss. vb ˈredʒɪment] **I** *s* mil. regemente; bildl. äv. armé [*a ~ of ants*] **II** *vb tr* **1** mil. formera i ett regemente (regementen) **2** organisera; disciplinera; likrikta
regimental [ˌredʒɪˈmentl] regements-; *~ band* regementsorkester
regimentation [ˌredʒɪmenˈteɪʃ(ə)n] organisering; likriktning
region [ˈriːdʒ(ə)n] **1** region, trakt; bildl. äv. rymd; *the abdominal ~* magtrakten **2** geogr. (polit.) distrikt i Skottland motsv. *county* i England o. Wales
regional [ˈriːdʒənl, -dʒnəl] **1** regional; lokal **2** regionalistisk
register [ˈredʒɪstə] **I** *s* **1** register, förteckning; liggare; *~ of voters* röstlängd; *parish ~* kyrkobok **2** mus. a) register; tonläge b) [orgel]register **3** spjäll; tekn. regulator **4** registreringsapparat; mätare; räkneverk; *cash ~* kassaapparat **II** *vb tr* **1** [in]registrera; anteckna; skriva in; anmäla [*~ the birth of a child*]; protokollföra; ung. mantalsskriva; *~ oneself* skriva in sig; registrera sig; anmäla sig; *~ one's vote* avge sin röst; *~ed nurse* legitimerad sjuksköterska; *~ed trade mark* inregistrerat varumärke **2** lägga på minnet; registrera **3** järnv. pollettera **4** post. rekommendera; *~ed*

letter rekommenderat brev, rek **5** om instrument registrera, [ut]visa **6** uttrycka [*her face ~ed surprise*] **III** *vb itr* **1** skriva in sig [*~ at a hotel*], anmäla sig [*~ for* (till) *a course*] **2** uppfatta
registrar [ˌredʒɪ'strɑː, '---] **1** registrator; *court ~* ung. inskrivningsdomare **2** borgerlig vigselförrättare; *~'s office* folkbokföringsmyndighet; *get married before the ~* gifta sig borgerligt
registration [ˌredʒɪ'streɪʃ(ə)n] **1** [in]registrering; inskrivning; ung. folkbokföring; *~ document* bil., ung. besiktningsinstrument **2** post. rekommendation
registry ['redʒɪstrɪ] **1** *~* [*office*] registreringskontor, inskrivningskontor; byrå för borgerlig vigsel **2** sjö. registrering; *port of ~* registreringsort, hemort
regret [rɪ'gret] **I** *vb tr* **1** beklaga; ångra [*I ~ doing* (att jag gjorde) *it*]; *~ it* äv. ångra sig; *we ~ to inform you* vi måste tyvärr meddela [Er]; *I ~ not having been able to come* jag beklagar (är ledsen) att jag inte kunde komma; *it is to be ~ted* det är att beklaga (beklagligt) **2** sakna **II** *s* **1** ledsnad, beklagande; ånger; *I have no ~s* jag ångrar ingenting; *much to my ~* [*he never came back*] till min stora sorg... **2** saknad
regretfully [rɪ'gretf(ʊ)lɪ] **1** ångerfullt, beklagande **2** beklagligt nog
regrettable [rɪ'gretəbl] beklaglig
regrettably [rɪ'gretəblɪ] beklagligt nog
regular ['regjʊlə] **I** *adj* **1** regelbunden, reguljär; fast, stadig [*~ work*]; jämn [*~ breathing*]; vanlig [*the ~ route*]; ordentlig; *~ army* stående (reguljär) armé; *~ customer* stamkund, stadig (fast) kund; *at ~ intervals* med jämna mellanrum **2** reglementarisk, stadgenlig [*a ~ procedure*], formlig, korrekt **3** gram. el. matem. regelbunden **4** vard. riktig [*a ~ hero*], äkta, veritabel [*a ~ rascal*]; rejäl; *~ guy* hedersprick **5** normal; medelstor; regular, 96-oktanig [*~ petrol* (*gasolene*)] **II** *s* **1** vanl. pl. *~s* reguljära trupper; stamanställda (fast anställda) [soldater] **2** vard. stamkund; stamgäst **3** vard. fast anställd [person]
regularity [ˌregjʊ'lærətɪ] regelbundenhet; *~ of attendance* regelbunden närvaro
regularly ['regjʊləlɪ] regelbundet etc., jfr *regular I*; vard. riktigt, ordentligt
regulate ['regjʊleɪt] reglera; normera; styra; rucka [*~ a watch*], justera, ställa in
regulation [ˌregjʊ'leɪʃ(ə)n] **1** reglering, reglerande etc., jfr *regulate* **2 a**) regel, föreskrift, bestämmelse; pl. *~s* äv. [ordnings]stadga, reglemente, förordning [*traffic ~s*] **b**) reglementerad, reglementsenlig [*~ uniform*]
rehabilitate [ˌriːə'bɪlɪteɪt, ˌriːhə-] **1** rehabilitera äv. med.; [åter]upprätta; återanpassa [till samhället] **2** återställa; restaurera
rehabilitation ['riːəˌbɪlɪ'teɪʃ(ə)n, 'riːhə-] **1** rehabilitering äv. med.; [åter]upprättelse; återanpassning [till samhället] **2** återställande; restaurering
rehash [ss. vb ˌriː'hæʃ, ss. subst. 'riːhæʃ] **I** *vb tr* **1** kok. göra ett uppkok på, bildl. äv. stuva om **2** amer. gå (snacka) igenom [efteråt] **II** *s* bildl. omstuvning; uppkok
rehearsal [rɪ'hɜːs(ə)l] **1** teat. repetition; *dress ~* generalrepetition, genrep **2** upprepning; uppräkning, återgivande
rehearse [rɪ'hɜːs] **I** *vb tr* **1** repetera [*~ a part* (*play*)], öva [in] [*~ one's lines* (repliker)] **2** upprepa; räkna upp, gå igenom **II** *vb itr* repetera
rehouse [ˌriː'haʊz] skaffa ny bostad åt
reign [reɪn] **I** *s* regering; regeringstid; *~ of terror* skräckvälde, skräckregemente **II** *vb itr* regera, råda äv. bildl. [*silence ~ed everywhere*]; *she was the ~ing beauty* hon var den mest firade skönheten; *~ supreme* härska enväldigt; vara allenarådande; vara helt suverän
reimburse [ˌriːɪm'bɜːs] återbetala, gottgöra [*~ a p.* [*for*] *his costs*], täcka
rein [reɪn] **I** *s* **1** tygel; *draw ~* hålla in häst; sakta farten; *give* [*free*] *~ to one's imagination* ge fria tyglar åt (släppa lös) sin fantasi; *hold the ~s* bildl. hålla i tyglarna **2** pl. *~s* sele för barn **II** *vb tr* tygla äv. bildl.
reincarnation [ˌriːɪnkɑː'neɪʃ(ə)n] reinkarnation
reindeer ['reɪndɪə] (pl. lika) zool. ren
reinforce [ˌriːɪn'fɔːs] förstärka; bildl. underbygga; *~d concrete* armerad betong
reinforcement [ˌriːɪn'fɔːsmənt] **1** förstärkning **2** tekn. armering
reinstate [ˌriːɪn'steɪt] återinsätta; återställa
reinstatement [ˌriːɪn'steɪtmənt] återinsättande; återställande
reintroduce ['riːˌɪntrə'djuːs] återinföra; presentera (introducera) på nytt
reiterate [riː'ɪtəreɪt] upprepa [på nytt (gång på gång)]
reject [ss. vb rɪ'dʒekt, ss. subst. 'riːdʒekt] **I** *vb tr* förkasta [*~ a scheme*], avslå [*~ a request*], tillbakavisa [*~ an offer*]; refusera [*~ a book*]; kassera; ogilla **II** *s*

1 utskottsvara, defekt vara **2** utslagen [person]

rejection [rɪˈdʒekʃ(ə)n] förkastande, avslag, avvisande; refusering [*the ~ of a book*]; kassering; avslag

rejoice [rɪˈdʒɔɪs] **I** *vb tr* glädja **II** *vb itr* glädja sig

rejoicing [rɪˈdʒɔɪsɪŋ] glädje, jubel; pl. ~*s* festligheter, [glädje]fest, jubel; *day of ~* glädjedag

rejoin [ˌriːˈdʒɔɪn, i bet. *3* rɪˈdʒɔɪn] **1** åter sammanfoga **2** återförena sig med **3** genmäla, svara, replikera

rejoinder [rɪˈdʒɔɪndə] genmäle, replik

rejuvenate [rɪˈdʒuːvəneɪt] **I** *vb tr* föryngra; vitalisera **II** *vb itr* **1** föryngra, verka föryngrande **2** föryngras

relapse [rɪˈlæps] **I** *vb itr* **1** återfalla [*~ into* (i, till) *crime* (brottslighet)]; åter försjunka [*~ into* (i) *silence*] **2** med. få återfall (recidiv) **II** *s* återfall

relate [rɪˈleɪt] **I** *vb tr* **1** berätta, skildra **2** sätta (ställa) i relation (samband), relatera; *be ~d to* äv. stå i samband med **II** *vb itr*, *~ to* stå i relation till, stå i samband med, hänföra sig till; *relating to* angående, om, som avser

related [rɪˈleɪtɪd] besläktad; *closely ~* nära släkt, närbesläktad

relation [rɪˈleɪʃ(ə)n] **1** berättelse, skildring **2** relation; samband; *in ~ to* a) i förhållande (relation) till b) med hänsyn till, angående [äv. *with ~ to*] **3** vanl. pl. ~*s* a) [inbördes] förhållande, relationer; *their ~s are rather strained* det råder ett ganska spänt förhållande mellan dem b) förbindelse[r]; *break off diplomatic ~s* avbryta de diplomatiska förbindelserna **4** släkting [*a ~ of mine*]

relationship [rɪˈleɪʃ(ə)nʃɪp] **1** förhållande [*the ~ between buyer and seller*], relation[er] **2** släktskap

relative [ˈrelətɪv] **I** *adj* **1** relativ [*everything is ~*]; *he did it with ~ ease* han gjorde det förhållandevis (relativt) lätt **2** gram. relativ **3** *~ to* a) som hänför sig till, som har avseende på b) i förhållande (relation) till; *be ~ to* stå i relation till, motsvara **II** *s* **1** släkting **2** gram. relativ[pronomen]; relativt adverb

relatively [ˈrelətɪvlɪ] relativt; *~ speaking* relativt sett

relax [rɪˈlæks] **I** *vb tr* **1** slappa, slappna av i [*~ one's muscles*]; lossa [på] [*~ one's hold* (*grip*)]; verka avslappnande på **2** släppa efter på [*~ discipline*]; mildra [*~ one's severity*], lätta på [*~ restrictions*]; dämpa **3** minska [*~ one's efforts*] **II** *vb itr* **1** koppla av [*let's ~ for an hour*]; slappna av [*learn to ~*]; lugna [ner] sig; [*feel*] *~ed* ...avspänd (avslappnad) **2** slappas, förslappas [*we must not ~ in our efforts*] **3** mildras; dämpas

relaxation [ˌriːlækˈseɪʃ(ə)n] **1** avkoppling, rekreation; förströelse **2** avslappnande; avslappning; mildrande; *~ of discipline* uppluckring av disciplinen

relaxing [rɪˈlæksɪŋ] avslappnande, avkopplande

1 relay [ˈriːleɪ, ss. vb äv. rɪˈleɪ] **I** *s* **1** skift [*work in ~s*], arbetslag; ombyte **2** sport., *~* [*race*] stafett[löpning], stafettlopp **3** fys. el. tekn. relä; radio. återutsändning **II** *vb tr* radio. reläa, återutsända

2 relay [ˌriːˈleɪ] (*relaid relaid*) lägga om

release [rɪˈliːs] **I** *s* **1** frigivning, frisläppande; *~ on probation* jur. villkorlig frigivning **2** utsläpp, släppande, lossande; fällning [*~ of bombs*]; frigörande äv. bildl.; utlösningsmekanism [äv. *~ gear*] **3** befrielse, frigörelse **4** [ut]släppande [*~ of a film*]; publicering, offentliggörande; utgåva; *press ~* pressrelease, pressmeddelande för publicering vid viss tidpunkt **II** *vb tr* **1** frige, släppa [lös] **2** släppa [*~ one's hold*], lossa [på] [*~ the handbrake*]; frigöra [*~ a parachute*] **3** befria, lösa [*~ a p. from an obligation*], frikalla, frigöra **4** släppa ut [*~ a film*]; [låta] publicera, [låta] offentliggöra [*~ news*]

relegate [ˈrelədʒeɪt] **1** hänskjuta, överlämna **2** degradera; sport. flytta ned

relegation [ˌreləˈɡeɪʃ(ə)n] **1** hänskjutande, överlämnande; delegerande **2** förvisning; degradering; sport. nedflyttning

relent [rɪˈlent] vekna

relentless [rɪˈlentləs] obeveklig

relevance [ˈreləvəns] relevans, betydelse

relevant [ˈreləvənt] relevant, av betydelse, som hör till saken; [*study the facts*] *~ to the case* ...som rör fallet

reliability [rɪˌlaɪəˈbɪlətɪ] pålitlighet; driftsäkerhet

reliable [rɪˈlaɪəbl] pålitlig; driftsäker

reliably [rɪˈlaɪəblɪ] pålitligt; *we are ~ informed that* från säker källa (tillförlitligt håll) rapporteras att

reliance [rɪˈlaɪəns] tillit, förtröstan; *have* (*place*, *put*) *~ on* (*upon*, *in*) hysa tillit till

reliant [rɪˈlaɪənt] **1** tillitsfull **2** beroende

relic [ˈrelɪk] **1** relik **2** kvarleva; minnesmärke; *~ of the past* fornminne; kvarleva från det förgångna **3** pl. ~*s* kvarlevor, stoft

relief [rɪˈliːf] **1** lättnad, lindring

2 understöd; bistånd, hjälp; amer. socialhjälp [äv. *public* ~]; ~ *measures* hjälpaktion, hjälpåtgärder; ~ *work* beredskapsarbete[n], nödhjälpsarbete[n] **3** avdrag; lättnad [*tax* ~] **4** undsättning [~ *of a besieged town*]; befrielse **5** avhjälpande [~ *of unemployment*]; avlastning, hjälp; avlösning; *run a ~ train* sätta in ett extratåg **6** omväxling; *by way of* ~ som omväxling; *by way of light* ~ som avkoppling **7** konst. el. boktr. relief äv. bildl.; ~ *map* reliefkarta

relieve [rɪ'li:v] **1** lätta; lindra, avhjälpa [~ *distress*, ~ *suffering*], mildra; ~ *one's feelings* ge luft (utlopp) åt sina känslor, avreagera sig **2** understödja, bistå **3** undsätta; befria **4** avlösa [~ *the guard*] **5** ge omväxling åt; lätta upp **6** ~ *oneself* förrätta sina [natur]behov **7** ~ *a p. of a th.* a) befria ngn från ngt, hjälpa ngn med ngt [*let me ~ you of your suitcase*] b) skämts. ta (knycka) ngt från ngn [~ *a p. of his wallet*] c) befria (frita, lösa) ngn från ngt [~ *a p. of his duties (responsibility)*], fränta ngn ngt

religion [rɪ'lɪdʒ(ə)n] religion; skol. religionskunskap; *minister of* ~ protestantisk präst

religious [rɪ'lɪdʒəs] I *adj* **1** religiös; gudfruktig, from; andlig; ~ *instruction* religionskunskap, religionsundervisning **2** som hör till ett kloster, kloster- [~ *life*]; ~ *house* kloster **3** samvetsgrann; noga II (pl. lika) *s* klosterbroder, munk, nunna

relinquish [rɪ'lɪŋkwɪʃ] **1** lämna, avstå från [~ *a right*], avträda; efterskänka; frångå [~ *a plan*], ge upp, låta fara [~ *a hope*] **2** släppa [~ *one's hold*]

relish ['relɪʃ] I *s* **1** [angenäm] smak; bildl. äv. krydda, piff **2** smak; aptit; [väl]behag; *with* ~ med förtjusning (nöje) **3** kok.: a) smaktillsats; kryddad sås b) slags pickles på t.ex. gurka o. majonäs c) aptitretare II *vb tr* njuta av, uppskatta

relive [ˌri:'lɪv] leva om [~ *one's life*]; återuppleva [~ *a th. in the memory*]

reload [ˌri:'ləʊd] **1** lasta (lassa) om **2** ladda om

relocate [ˌri:lə(ʊ)'keɪt] omlokalisera[s]; [tvångs]förflytta[s]

reluctance [rɪ'lʌktəns] motsträvighet

reluctant [rɪ'lʌktənt] motsträvig

rely [rɪ'laɪ], ~ [*up*]*on* a) lita på, förtrösta på b) vara beroende av

remain [rɪ'meɪn] **1** återstå; finnas (vara, bli, leva) kvar; restera; *it ~s to be seen* det återstår att se **2** förbli; *I* ~, *Yours truly* i brev jag förblir Er förbundne **3** stanna [kvar]; stå kvar; ~ *behind* stanna kvar som siste man

remainder [rɪ'meɪndə] I *s* **1** återstod **2** matem. rest **3** pl. ~*s* restexemplar, restupplaga II *vb tr* sälja ut, realisera restupplaga

remains [rɪ'meɪnz] **1** återstod[er], kvarleva **2** kvarlevor [*his mortal* ~]

remake [ˌri:'meɪk] I (*remade remade*) *vb tr* **1** a) göra om b) sy om **2** göra en nyinspelning av [~ *a film*] II *s* nyinspelning av film

remand [rɪ'mɑ:nd] I *vb tr* återsända; isht jur. skicka tillbaka [i häkte]; ~ *on bail* frige mot borgen II *s* jur.: a) återsändande [i häkte] b) återförvisning av mål; ~ *centre* ungdomshäkte; *be kept under* ~ sitta i rannsakningshäkte

remark [rɪ'mɑ:k] I *s* anmärkning; *make a* ~ (*some* ~*s*) fälla ett yttrande, yttra sig; *pass* ~*s on* (*about*) göra anmärkningar rörande (mot) med avseende på], kommentera II *vb tr* **1** anmärka, yttra **2** iaktta, lägga märke till III *vb itr*, ~ [*up*]*on* kommentera; anmärka på [~ [*up*]*on the faults of others*]

remarkable [rɪ'mɑ:kəbl] anmärkningsvärd, märklig, beaktansvärd; utomordentlig

remarry [ˌri:'mærɪ] gifta om sig [med]

remedial [rɪ'mi:djəl] läkande; [av]hjälpande; hjälp- [~ *measures*]; ~ *class* specialklass

remedy ['remɪdɪ] I *s* botemedel; utväg; *household* (*home*) ~ huskur II *vb tr* bota sjukdomar m.m.; råda bot på (för), avhjälpa [~ *a deficiency*], rätta till

remember [rɪ'membə] I *vb tr* minnas, komma ihåg; erinra sig, påminna sig; lägga på minnet; ha i åtanke; ~ *me to them* hälsa dem [så mycket] från mig II *vb itr* minnas, komma ihåg; *not that I* ~ inte vad (såvitt) jag minns

remembrance [rɪ'membr(ə)ns] **1** minne; *R~ Day* (*Sunday*) firas i november till minne av de stupade under världskrigen; *in* ~ *of* till minne[t] av **2** minne, minnessak

remind [rɪ'maɪnd] påminna; *which* ~*s me* [och] apropå det, förresten

reminder [rɪ'maɪndə] påminnelse, erinran; kravbrev

reminisce [ˌremɪ'nɪs] minnas [gamla (gångna) tider]; prata [gamla] minnen

reminiscence [ˌremɪ'nɪsns] **1** minne, hågkomst; pl. ~*s* minnen [*of* från]; memoarer **2** reminiscens

reminiscent [ˌremɪ'nɪsnt], ~ *of* som påminner (erinrar) om

remiss [rɪ'mɪs] försumlig

remission [rɪ'mɪʃ(ə)n] **1** förlåtelse; tillgift **2** efterskänkning, eftergift [~ *of a debt*]; ~ *of a sentence* straffeftergift
remit [rɪ'mɪt] I *vb tr* **1** isht om Gud förlåta [~ *sins*] **2** efterskänka [~ *a debt*] **3** remittera, hänvisa; jur. återförvisa **4** hand. remittera, översända [~ *money*], tillställa II *vb itr* hand. remittera pengar; *kindly ~ by cheque* var vänlig betala med checkremissa
remittance [rɪ'mɪt(ə)ns] **1** remittering av pengar **2** remissa
remnant ['remnənt] rest; hand. stuv[bit]
remonstrate ['remənstreɪt, rɪ'mɒns-] *vb itr* protestera
remorse [rɪ'mɔːs] samvetskval
remorseful [rɪ'mɔːsf(ʊ)l] ångerfull
remorseless [rɪ'mɔːsləs] samvetslös; hjärtlös; obeveklig [*a ~ fate*]
remote [rɪ'məʊt] **1** avlägsen i tid, i rum o. bildl.; fjärran; avsides [liggande (belägen)]; ~ *control* fjärrstyrning, fjärrkontroll, fjärrmanövrering; *a ~ possibility* en ytterst liten möjlighet **2** otillgänglig [*his ~ manner*]
remote-controlled [rɪˌməʊtkən'trəʊld] fjärrstyrd, fjärrmanövrerad [~ *aircraft*]
remotely [rɪ'məʊtlɪ] **1** avläget, fjärran **2** inte tillnärmelsevis
remoteness [rɪ'məʊtnəs] avlägsenhet
remould [ˌriː'məʊld] stöpa om
removable [rɪ'muːvəbl] **1** avsättlig **2** flyttbar **3** urtagbar, löstagbar
removal [rɪ'muːv(ə)l] **1** flyttning; avflyttning; ~ *van* flyttbil **2** avlägsnande; bortförande; urtagning; bortskaffande **3** avsättning
remove [rɪ'muːv] I *vb tr* **1** flytta [bort (undan)]; förflytta; föra (forsla) bort; avlägsna [~ *stains*]; ta av [~ *one's coat*]; skaffa undan (bort); röja undan [~ *an obstacle*; ~ *the traces*], röja ur vägen; ~ *furniture* flytta möbler, utföra flyttningar **2** avsätta, avskeda **3** skol. flytta [upp] [~ *into* (till) *the sixth form*] II *vb itr* flytta; avflytta; dra bort, försvinna III *s* **1** skol. [upp]flyttning **2** grad; *only one* (*a*) ~ *from* blott ett steg från **3** släktled
remover [rɪ'muːvə] **1** [*furniture*] ~ flyttkarl **2** remover; ss. efterled i sammansättn. -urtagningsmedel [*stain* ~], -borttagningsmedel [*hair* ~], -remover [*nail-varnish* ~]
remunerate [rɪ'mjuːnəreɪt] ersätta, belöna [*he was ~d for his services*]
remuneration [rɪˌmjuːnə'reɪʃ(ə)n] ersättning; lön, belöning

renaissance [rə'neɪs(ə)ns] **1** renässans; *the R~* hist. renässansen **2** pånyttfödelse
rename [ˌriː'neɪm] ge nytt namn
rend [rend] (*rent rent*) litt. slita; splittra; riva (slita) sönder
render ['rendə] **1** återgälda; ~ *thanks* framföra tack, tacka **2** återge t.ex. roll; tolka; framföra [~ *a piece of music*] **3** återge [~ *in* (på) *another language*], översätta [~ *into* (till) *Swedish*] **4** ~ [*up*] överlämna, ge upp [~ *up a fortress*], [ut]lämna **5** överlämna; avlämna, avge [~ *an answer*]; anföra [~ *a reason*]; ~ *an account of* a) lämna redovisning för, avlägga räkenskap för b) lämna (avge) redogörelse för **6** erlägga [~ *tribute*], visa [~ *honour* (*obedience*)], bevisa, ådagalägga; ~ *assistance* (*help*) lämna (ge) hjälp **7** göra [*this ~s it probable*, ~ *superfluous*]; ~ *impossible* omöjliggöra
rendering ['rend(ə)rɪŋ] återgäldande; återgivande; framförande; översättning
rendezvous ['rɒndɪvuː] (pl. *rendezvous* [-z]) rendezvous, [avtalat] möte, träff; samlingsplats [äv. *place of ~*]
renegade ['renɪgeɪd] I *s* renegat, överlöpare, avfälling II *vb itr* avfalla
renege [rɪ'niːg, -'neɪg] **1** kortsp. inte bekänna färg **2** isht amer. bryta ett löfte (löftet)
renegotiate [ˌriːnɪ'gəʊʃɪeɪt] förhandla på nytt [om]
renew [rɪ'njuː] I *vb tr* **1** återuppliva, återuppväcka; förnya; *~ed strength* friska (nya, förnyade) krafter **2** ersätta, byta, förnya **3** förnya [~ *an attack*; ~ *a loan* (*passport*)]; upprepa [~ *an offer*]; förlänga II *vb itr* förnyas; börja på nytt
renewal [rɪ'njuːəl] **1** förnyande; förnyelse; byte; återupplivande; upprepning; återupptagande **2** förlängning, prolongation, omsättning av lån o.d.
renounce [rɪ'naʊns] *vb tr* **1** avsäga sig [~ *a claim* (*right*)], avstå från, ge upp [~ *an attempt*] **2** förneka, inte vilja kännas vid [~ *a friend* (*one's son*)] **3** kortsp. vara renons i
renovate ['renə(ʊ)veɪt] renovera; förnya, återställa; rusta upp
renovation [ˌrenə(ʊ)'veɪʃ(ə)n] renovering; förnyelse, återställande; upprustning
renown [rɪ'naʊn] rykte
renowned [rɪ'naʊnd] ryktbar
1 rent [rent] imperf. o. perf. p. av *rend*
2 rent [rent] spricka; reva; rämna; klyfta
3 rent [rent] I *s* hyra; arrende; jur. avgäld; *collect the ~*[*s*] inkassera hyran (hyrorna)

II *vb tr* **1** hyra, arrendera **2** hyra ut [äv. ~ *out*]
rental ['rentl] **1** hyra; arrende[avgift]; uthyrnings-; *telephone* ~ telefonavgift, abonnemangsavgift **2** hyresintäkt
renunciation [rɪˌnʌnsɪ'eɪʃ(ə)n] **1** avsägelse, uppgivande; avsvärjelse **2** förnekande **3** försakelse **4** självförnekelse
reopen [ˌriː'əʊp(ə)n] åter öppna[s]; börja på nytt; återuppta[s]
reorganize [ˌriː'ɔːgənaɪz] omorganisera, reorganisera; lägga om; ombilda; nydana; sanera [~ *finances*]
1 rep [rep] rips tygsort
2 rep [rep] (kortform för *representative*); isht hand. vard. representant; säljare
3 rep [rep] amer. vard., se *reputation*
repair [rɪ'peə] **I** *vb tr* **1** reparera, sätta i stånd **2** bildl. reparera, rätta till [~ *an error*]; gottgöra, ersätta [~ *a loss*] **II** *s* **1** reparation, lagning; återställande; läkning; ~ *kit* (*outfit*) verktygslåda; ~ *shop* reparationsverkstad; *it is under* ~ den är under reparation (lagning) **2** [gott] skick (stånd); *keep in* ~ hålla i [gott] skick; underhålla; *in a good* (*bad*) *state of* ~ i gott (dåligt) skick, bra (illa) underhållen
reparation [ˌrepə'reɪʃ(ə)n] gottgörelse; upprättelse; isht pl. ~*s* [krigs]skadestånd
repartee [ˌrepɑː'tiː] kvickt (bitande) svar; slagfärdighet; *he is quick at* ~ han är snabb i repliken (slagfärdig)
repast [rɪ'pɑːst] litt. måltid; *a good* ~ ett gott mål [mat]
repatriate [ss. vb riː'pætrɪeɪt, ss. subst. -ɪət] **I** *vb tr* repatriera, sända hem **II** *s* repatrierad [person]
repatriation [ˌriːpætrɪ'eɪʃ(ə)n] repatriering, hemsändning
repay [riː'peɪ, rɪ'p-] (*repaid repaid*) **1** återbetala, betala tillbaka (igen) [~ *a loan*] **2** återgälda [~ *a visit*]; löna, ersätta
repayment [riː'peɪmənt, rɪ'p-] **1** återbetalning **2** återgäldande; vedergällning; lön
repeal [rɪ'piːl] **I** *vb tr* återkalla, avskaffa [~ *a law*] **II** *s* återkallelse, avskaffande
repeat [rɪ'piːt] **I** *vb tr* **1** repetera, upprepa; göra, säga m.m.) om, ta om äv. mus.; förnya **2** läsa upp [ur minnet] **3** föra (bära) vidare; återge; *the story won't bear* ~*ing* historien lämpar sig inte för återgivning (att återges) **4** radio. el. TV. ge (sända) i repris; *be* ~*ed* gå (ges) i repris **II** *vb rfl,* ~ *oneself* upprepa sig [själv] [*history* ~*s itself*]; återkomma **III** *vb itr* upprepas, återkomma; *do you find that*

onions ~*?* får du uppstötningar av lök?
IV *s* **1** repeterande, upprepning **2** ~ [*order*] efterbeställning, förnyad beställning **3** radio. el. TV. repris [äv. ~ *broadcast*]; ~ *performance* repris[föreställning] **4** mus. repris[tecken]
repeatedly [rɪ'piːtɪdlɪ] upprepade gånger, gång på gång
repel [rɪ'pel] **1** driva tillbaka [~ *an invader*], slå tillbaka [~ *an attack*]; stå emot [~ *temptation*] **2** stå emot, avvisa [~ *moisture*] **3** avvisa, tillbakavisa [~ *a suggestion*] **4** verka frånstötande på [*his beard* ~*led her*], stöta bort (ifrån sig) [*he* ~*led her with his meanness*]
repellent [rɪ'pelənt] **I** *adj* **1** tillbakadrivande; avvisande **2** frånstötande **II** *s* insektsmedel
repent [rɪ'pent] **I** *vb tr* ångra **II** *vb itr* ångra sig; ~ *of a th.* ångra ngt
repentance [rɪ'pentəns] ånger, ruelse
repentant [rɪ'pentənt] ångerfull, botfärdig
repercussion [ˌriːpə'kʌʃ(ə)n] **1** återstudsning; genljud **2** bildl. återverkan; isht pl. ~*s* återverkningar; efterverkningar, efterdyningar; *have* ~*s on* få återverkningar på, återverka på
repertoire ['repətwɑː] repertoar
repertory ['repət(ə)rɪ] **1** repertoar; ~ *company* ensemble vid [en] repertoarteater; ~ *theatre* repertoarteater **2** bildl. repertoar, register
repetition [ˌrepə'tɪʃ(ə)n] upprepning
repetitious [ˌrepə'tɪʃəs] ständigt återkommande; enformig, tjatig
repetitive [rɪ'petətɪv] **1** upprepande **2** enformig, tjatig
rephrase [ˌriː'freɪz] formulera om
replace [rɪ'pleɪs, riː'p-] **1** sätta (ställa, lägga) tillbaka (på plats); återinsätta; återställa, återanskaffa, ersätta [~ *a broken cup*]; ~ *the receiver* lägga på [telefon]luren **2** avlösa; ersätta; byta ut; ~ *Brown by Smith* ersätta Brown med Smith
replaceable [rɪ'pleɪsəbl] ersättlig
replacement [rɪ'pleɪsmənt, riː'p-] **1** åter[in]sättande; återställande; ersättande; återsättning; avlösning; utbyte [*the* ~ *of worn-out parts*]; ~ *part* reservdel **2** ersättare; pl. ~*s* mil. reserver
replay [ss. vb ˌriː'pleɪ, ss. subst. 'riːpleɪ] **I** *vb tr* spela om **II** *s* omspelning; sport. omspel; *action* (isht amer. *instant*) ~ TV. repris [i slow-motion]
replenish [rɪ'plenɪʃ] åter fylla; komplettera
replete [rɪ'pliːt] **1** fylld **2** [över]mätt **3** överfylld, proppfull

replica ['replıkə] konst. replik; bildl. [exakt] kopia

reply [rɪ'plaɪ] **I** *vb tr* o. *vb itr* svara, genmäla; ~ *to* svara [på], besvara **II** *s* svar; ~ *paid* på brev mottagaren betalar portot; svar betalt

report [rɪ'pɔ:t] **I** *vb tr* **1** rapportera, redogöra för; meddela; ~ *oneself* anmäla sig (sin närvaro), inställa sig [*to* för, hos] **2** berätta; *it is ~ed that* det berättas (heter) att, det går ett rykte att; *~ed speech* indirekt tal (anföring) **3** referera **4** rapportera, anmäla; ~ *a p. sick* sjukanmäla ngn; *he was ~ed to the police* han blev polisanmäld **II** *vb itr* **1** avge (avlägga) rapport, redogöra **2** vara reporter (referent) **3** anmäla sig; ~ *sick* sjukanmäla sig; ~ *for duty* anmäla (inställa) sig till tjänst[göring] **III** *s* **1** rapport, [officiell] berättelse; anmälan; *progress ~* lägesrapport; ~ *of the proceedings* protokoll från domstolsförhandlingar m.m. **2** referat; meddelande **3** rykte **4** skol. [termins]betyg **5** knall, smäll [*the ~ of a gun*]

reportage [ˌrepɔ:'tɑ:ʒ] **1** reportage **2** reportagestil

reporter [rɪ'pɔ:tə] reporter

1 repose [rɪ'pəʊz], ~ *trust* (*confidence*) *in* sätta [sin] tillit till

2 repose [rɪ'pəʊz] **I** *vb tr* vila **II** *vb itr* **1** vila [sig] **2** bildl. vila, vara grundad **III** *s* vila

reprehensible [ˌreprɪ'hensəbl] klandervärd

represent [ˌreprɪ'zent] **1** representera, stå för [*the symbols ~ sounds*]; om bild o.d. föreställa; motsvara [*one centimetre ~s one kilometre*]; utgöra **2** framställa i ord el. bild [*he ~ed himself as an expert*] **3** framhålla, påpeka **4** representera, företräda

representation [ˌreprɪzen'teɪʃ(ə)n] **1** framställande; framställning, bild; symbol **2** [teater]föreställning **3** polit. representation [*no taxation without ~*]; representantskap; representantförsamling; *proportional ~* proportionellt valsystem

representative [ˌreprɪ'zentətɪv] **I** *adj* **1** representativ **2** ~ *of* representerande, föreställande, framställande i bild o.d. **II** *s* **1** representant, typ[exempel] **2** säljare, handelsresande **3** representant, ombud **4** polit. (i USA) representant; *the House of Representatives* representanthuset

repress [rɪ'pres] **1** undertrycka [*~ a revolt*], kväva [*~ a cough*]; kuva; hejda [*~ an impulse*] **2** psykol. förtränga; *~ed* hämmad

repression [rɪ'preʃ(ə)n] **1** undertryckande; repression; förtryck **2** dämpande **3** psykol. bortträngning

repressive [rɪ'presɪv] **1** repressiv; undertryckande; repressions-; dämpande; hejdande **2** [utvecklings]hämmande

reprieve [rɪ'pri:v] **I** *vb tr* ge anstånd (en frist); ge uppskov **II** *s* **1** anstånd, frist; uppskov isht med dödsdoms verkställighet **2** benådning

reprimand ['reprɪmɑ:nd, ss. vb äv. ˌreprɪ'm-] **I** *s* tillrättavisning; vard. skrapa **II** *vb tr* [skarpt] tillrättavisa, ge en reprimand; vard. läxa upp

reprint [ss. vb ˌri:'prɪnt, ss. subst. 'ri:prɪnt] **I** *vb tr* trycka om; *the book is ~ing* boken är under omtryckning **II** *s* omtryck

reprisal [rɪ'praɪz(ə)l] vedergällning; repressalieåtgärd; pl. *~s* repressalier

reproach [rɪ'prəʊtʃ] **I** *s* **1** förebråelse; klander; *a look of ~* en förebrående blick **2** *above* (*beyond*) ~ klanderfri, oklanderlig **II** *vb tr* förebrå [*he ~ed her for being late*]

reproachful [rɪ'prəʊtʃf(ʊ)l] förebråeende

reproduce [ˌri:prə'dju:s] **I** *vb tr* **1** reproducera [*~ a picture*], återge [*~ a sound*; ~ *a p.'s features*]; avbilda **2** biol. förnya; fortplanta; reproducera **II** *vb itr* fortplanta sig

reproduction [ˌri:prə'dʌkʃ(ə)n] **1** reproducering, återgivande; återgivning [*sound ~*]; avbildning; [konst]reproduktion; *~ furniture* nytillverkade stilmöbler **2** biol. fortplantning; reproduktion

reproductive [ˌri:prə'dʌktɪv] reproducerande; fortplantnings- [*~ organs*]

1 reproof [rɪ'pru:f] tillrättavisning, förebråelse

2 reproof [ˌri:'pru:f] impregnera om (på nytt)

reprove [rɪ'pru:v] tillrättavisa, förebrå

reptile ['reptaɪl] **1** reptil, kräldjur **2** vard. om person reptil, orm

republic [rɪ'pʌblɪk] republik; fristat

republican [rɪ'pʌblɪkən] **I** *adj* republikansk; *the R~ Party* polit. (i USA) republikanska partiet **II** *s* republikan; *R~* polit. (i USA) republikan

repudiate [rɪ'pju:dɪeɪt] **1** förkasta **2** förneka; vägra att erkänna

repugnance [rɪ'pʌgnəns] motvilja, ovilja, avsky, olust

repugnant [rɪ'pʌgnənt] motbjudande; stötande; frånstötande

repulse [rɪ'pʌls] **1** slå tillbaka, avvärja [~

an attack], driva tillbaka [~ *an enemy*] **2** avslå [~ *a request*], avvisa, tillbakavisa
repulsion [rɪˈpʌlʃ(ə)n] tillbakaslående
repulsive [rɪˈpʌlsɪv] frånstötande; motbjudande
reputable [ˈrepjʊtəbl] aktningsvärd, hedervärd, hederlig; aktad [*a* ~ *firm*]
reputation [ˌrepjʊˈteɪʃ(ə)n] [gott] rykte, [gott] anseende; *have* (*earn*) *the* ~ *of being...* ha (få) rykte (ord) om sig att vara..., vara känd för att vara...; *make one's* ~ göra sig ett namn
repute [rɪˈpjuːt] **I** *vb tr*, *be ~d* anses; *be well* (*ill*) *~d* ha gott (dåligt) anseende (rykte, renommé) **II** *s* [gott] anseende, renommé; *be* [*held*] *in good* (*bad*) ~ ha gott (dåligt) rykte, vara väl (illa) känd
reputedly [rɪˈpjuːtɪdlɪ] enligt allmänna omdömet (meningen); *he is* ~ *the best doctor* han har rykte (namn) om sig att vara den bäste läkaren
request [rɪˈkwest] **I** *s* **1** anhållan, begäran; önskan; önskemål; anmodan; ~ *programme* önskeprogram; *make a* ~ *to a p. for a th.* anhålla om ngt hos ngn; *by* (*on*) ~ på begäran **2** efterfrågan; *be in great* ~ vara mycket eftersökt (begärlig, eftertraktad) **II** *vb tr* **1** anhålla om; begära **2** anmoda
requiem [ˈrekwɪem] rekviem
require [rɪˈkwaɪə] **I** *vb tr* **1** behöva, [er]fordra; tarva; perf. p. *~d* äv. erforderlig, nödvändig; *as ~d* efter behov [*pepper as ~d*] **2** begära; *the books ~d* i brev de önskade (begärda) böckerna **II** *vb itr* begära [*do as he ~s*]
requirement [rɪˈkwaɪəmənt] **1** behov **2** krav; pl. *~s* äv. fordringar [*for* för]
requisite [ˈrekwɪzɪt] **I** *adj* erforderlig **II** *s* behov, krav; förnödenhet; nödvändig (erforderlig) sak (attiralj); *toilet ~s* toalettartiklar
requisition [ˌrekwɪˈzɪʃ(ə)n] **I** *s* **1** [skriftlig] anhållan, rekvisition **2** isht mil. rekvisition; *be under* (*in*) ~ vara i användning (bruk) **II** *vb tr* **1** mil. rekvirera **2** lägga beslag på
reread [ˌriːˈriːd] (*reread reread*) läsa 'om (på nytt)
rescue [ˈreskjuː] **I** *vb tr* rädda, undsätta; befria **II** *s* räddning, undsättning; befrielse; ~ *operation* räddningsaktion; *come to a p.'s* ~ komma till ngns undsättning (hjälp)
research [rɪˈsɜːtʃ, ˈriːsɜːtʃ] **I** *s* **1** forskning; ~ *team* forskargrupp, forskarteam; *do* (*carry on*) ~ forska, bedriva forskning **2** [noggrant] sökande (letande) **II** *vb itr* forska [~ *into* (i) *the causes of cancer*]
researcher [rɪˈsɜːtʃə] o. **research-worker** [rɪˈsɜːtʃˌwɜːkə] forskare
resell [ˌriːˈsel] (*resold resold*) **1** återförsälja **2** sälja igen (på nytt); sälja vidare
resemblance [rɪˈzemblǝns] likhet; överensstämmelse [*verbal ~*]; *bear a close* (*strong*) ~ *to* påminna starkt om
resemble [rɪˈzembl] likna, vara lik
resent [rɪˈzent] bli förbittrad (stött, förnärmad) över
resentful [rɪˈzentf(ʊ)l] harmsen, förbittrad
resentment [rɪˈzentmənt] förtrytelse, harm, förbittring
reservation [ˌrezəˈveɪʃ(ə)n] **1** reservation; *mental* ~ tyst förbehåll **2** reserverande; undantagande **3** i USA [indian]reservat **4** a) beställning, bokning b) reserverat rum; reserverad plats; *make ~s* äv. reservera (beställa, boka) plats (rum, bord)
reserve [rɪˈzɜːv] **I** *vb tr* **1** reservera, lägga av (undan), hålla inne med; förbehålla [~ *a th. for* (*to*) *oneself* (sig ngt)]; ~ *oneself for* spara sig för; ~ *a seat for a p.* hålla en plats åt ngn **2** reservera [~ *seats on a train*] **II** *s* **1** reserv; reservförråd; reservfond; *have* (*hold*) *in* ~ ha i reserv **2** mil. reserv; reservare, reservofficer; pl. *~s* äv. reservtrupper **3** sport. reserv[spelare]; ~ *team* B-lag; *play a* ~ sätta in en reserv **4** reservat; *game* ~ viltreservat; *nature* ~ naturreservat **5** reservation, inskränkning **6** [*central*] ~ trafik. mittremsa, skiljeremsa på väg
reserved [rɪˈzɜːvd] **1** reserverad; inbunden, tillknäppt **2** reserverad [*a ~ seat*] **3** mil. reserv-; *be on the* ~ *list* i marinen: ung. vara på reservstat, tillhöra reserven
reservist [rɪˈzɜːvɪst] reservist
reservoir [ˈrezǝvwɑː] reservoar; behållare
reshuffle [ˌriːˈʃʌfl] **I** *vb tr* **1** blanda om kort **2** polit. m.m. möblera om [i], ombilda **II** *s* **1** omblandning av kort **2** polit. m.m. ommöblering, ombildning [*a Cabinet ~*]
reside [rɪˈzaɪd] **1** vistas, bo **2** ~ *in* bildl. ligga hos, tillhöra, tillkomma [*authority ~s in the President*]
residence [ˈrezɪd(ə)ns] **1** vistelse; ~ *permit* uppehållstillstånd; *take up one's* ~ *in a place* bosätta sig på en plats **2** [*place of*] ~ hemvist, vistelseort, uppehållsort **3** bostad, boning; residens; *official* ~ ämbetsbostad, tjänstebostad
resident [ˈrezɪd(ə)nt] **I** *adj* bofast **II** *s* **1** [*permanent*] ~ bofast [person],

invånare [på orten]; *be a ~ of* vara bosatt i (på) **2** gäst på hotell

residential [ˌrezɪˈdenʃ(ə)l] **1** villa- [*a ~ suburb*]; bostads- [*a ~ district*]; *~ university* ung. universitet där studenterna bor på college **2** *~ qualification* vid t.ex. röstning bostadsband, bostadsstreck; valkretstillhörighet

residue [ˈrezɪdjuː] återstod, rest

resign [rɪˈzaɪn] **I** *vb tr* **1** avsäga sig [*~ a claim (right)*]; lägga ned; ta avsked från [*~ an (one's) office* (befattning)]; *~ office* träda tillbaka, avgå, frånträda ämbetet **2** avstå; överlämna [*into* (i) *a p.'s hands*]; *~ oneself to* finna (foga) sig i [*~ oneself to one's fate*], resignera inför **II** *vb itr* **1** avgå; träda tillbaka **2** resignera, finna (foga) sig i sitt öde; ge upp

resignation [ˌrezɪɡˈneɪʃ(ə)n] **1** avsägelse; avgång; avsked[stagande]; *send (give) in one's ~* lämna in sin avskedsansökan **2** resignation, undergivenhet

resigned [rɪˈzaɪnd] **1** resignerad, undergiven; *be ~ to* finna (foga) sig i **2** avgången [ur tjänst]

resilience [rɪˈzɪlɪəns] o. **resiliency** [rɪˈzɪlɪənsɪ] **1** elasticitet, spänst[ighet] äv. bildl.; fjädring **2** bildl. [snabb] återhämtningsförmåga

resilient [rɪˈzɪlɪənt] **1** elastisk, spänstig äv. bildl.; fjädrande **2** bildl. som har lätt för att återhämta sig

resin [ˈrezɪn] **I** *s* kåda **II** *vb tr* gnida med kåda

resist [rɪˈzɪst] **I** *vb tr* stå (spjärna) emot; göra motstånd mot [*~ the enemy*]; motsätta sig [*~ arrest*], motarbeta; vara motståndskraftig (beständig) mot [*~ heat*] **II** *vb itr* göra motstånd; stå emot

resistance [rɪˈzɪst(ə)ns] motstånd äv. fackspr. o. konkr.; motvärn; motståndskraft; elektr. resistans; *~ coil* elektr. motståndsspole

resistant [rɪˈzɪst(ə)nt] motståndskraftig

resolute [ˈrezəluːt, -zəljuːt] resolut, bestämd

resolution [ˌrezəˈluːʃ(ə)n, -zəˈljuː-] **1** beslutsamhet, fasthet **2** beslut; resolution; föresats [*good ~s*]; *New Year's (Year) ~* nyårslöfte **3** upplösning äv. fys., mus. m.m.; sönderdelning **4** lösning [*the ~ of a problem*]

resolv|e [rɪˈzɒlv] **I** *vb tr* **1** besluta [sig för], föresätta sig [*to do a th.* att göra ngt; *that* att]; resolvera; *~d, that...* i protokoll beslöts att... **2** lösa [*~ a problem*]; skingra [*~ a p.'s doubts*] **3** lösa upp, upplösa, sönderdela [*~ a th. into* (i) *its components*]; analysera; förvandla; med. resolvera, fördela **II** *vb itr* **1** besluta sig [*on, upon* för]; *~ [up]on* äv. föresätta sig **2** lösas upp, upplösas, sönderdelas [*it ~d into* (i) *its elements*]; förvandlas **III** *s* beslut, föresats [*keep one's ~*]

resolved [rɪˈzɒlvd] **1** bestämd **2** beslutsam

resonance [ˈrez(ə)nəns] resonans; genklang

resonant [ˈrez(ə)nənt] genljudande; resonansrik; ljudlig; ekande

resort [rɪˈzɔːt] **I** *vb itr, ~ to* a) ta sin tillflykt till; tillgripa [*~ to force*], anlita b) frekventera **II** *s* **1** tillflykt; tillgripande, utväg; *have ~ to* ta sin tillflykt till; tillgripa, ta till, bruka **2** tillhåll [*a ~ of* (för) *thieves*]; tillflyktsort; rekreationsort; *health ~* kurort, rekreationsort; *holiday ~* semesterort; *seaside ~* badort

resound [rɪˈzaʊnd] **I** *vb itr* **1** genljuda, eka; ge genljud; bildl. äv. ge eko; *~ing* äv. ljudlig, rungande **2** dundrande, brak- [*a ~ing success (victory)*] **II** *vb tr* **1** återkasta ljud **2** besjunga, sjunga [*~ a p.'s praise*]

resource [rɪˈsɔːs] **1** vanl. pl. *~s* resurser, tillgångar; rikedomar, [penning]medel **2** utväg [*as a last ~*], resurs; tillflykt **3** *be full of ~* alltid finna en utväg; *leave a p. to his own ~s* låta ngn ta vara på (sköta) sig själv

resourceful [rɪˈsɔːsf(ʊ)l] rådig

respect [rɪˈspekt] **I** *s* **1** respekt; *be held in ~* åtnjuta aktning (respekt) **2** hänsyn; *have (pay) ~ to* ta hänsyn till; *without ~ to* utan hänsyn till (tanke på) **3** avseende, hänseende; *in all (many) ~s* i alla (många) avseenden (hänseenden, stycken); *with ~ to* med avseende på, med hänsyn till, beträffande **4** pl. *~s* vördnadsbetygelser, vördnadsfull[a] hälsning[ar]; *my ~s to...* [jag ber om] min vördnadsfulla (vördsamma) hälsning till... **II** *vb tr* respektera; [hög]akta; ta hänsyn till

respectability [rɪˌspektəˈbɪlətɪ] anständighet

respectable [rɪˈspektəbl] **1** respektabel, aktningsvärd [*a ~ citizen*], väl ansedd [*a ~ firm*]; 'bättre' folk; anständig [*a ~ girl*], hederlig; prydlig, proper; passande **2** ansenlig, aktningsvärd; hygglig, hyfsad [*a ~ income*]

respectful [rɪˈspektf(ʊ)l] aktningsfull, respektfull, vördsam

respective [rɪˈspektɪv] respektive; *the ~ merits of the candidates* respektive kandidaters förtjänster

respectively [rɪˈspektɪvlɪ] respektive; var

för sig; *they were given £5 and £10* ~ de
fick 5 respektive 10 pund
respiration [ˌrespəˈreɪʃ(ə)n] **1** andning
[*artificial* ~], andhämtning **2** andedrag
respirator [ˈrespəreɪtə] **1** respirator
2 gasmask
respiratory [rɪˈspɪrət(ə)rɪ, -ˈspaɪər-, ˈrespərət(ə)rɪ] respiratorisk, andnings-
[~ *organs*]
respite [ˈrespaɪt, -pɪt] respit; frist; andrum
[~ *from toil*], rådrum; ~ [*for payment*]
betalningsanstånd
resplendent [rɪˈsplendənt] praktfull
respond [rɪˈspɒnd] *vb itr* **1** svara [~ *to*
(på)]; ~ *to* äv. besvara **2** ~ *to* visa sig
känslig för, reagera för, låta sig påverkas
av [~ *to treatment*]
respondent [rɪˈspɒndənt] jur. svarande isht
i skilsmässoprocess
response [rɪˈspɒns] **1** svar i ord el. handling;
genmäle; *he made no* ~ han svarade inte
2 gensvar; reaktion; *meet with* [*a*] ~ finna
gensvar, få respons
responsibility [rɪsˌpɒnsəˈbɪlətɪ] **1** ansvar,
ansvarighet; *assume* (*undertake*) *the* ~
for ta på sig ansvaret för **2** plikt
responsible [rɪˈspɒnsəbl] **1** ansvarig;
ansvarsfull; ansvarskännande; ~
government polit. parlamentariskt
styrelsesätt **2** vederhäftig **3** tillräknelig
[äv. ~ *for one's conduct* (*actions*)]
responsive [rɪˈspɒnsɪv] **1** svars- [*a* ~
gesture] **2** mottaglig, lättpåverkad;
förstående [~ *sympathy*]; engagerad,
intresserad [*a* ~ *audience*]
1 rest [rest] **I** *vb itr* förbli [*it* ~*s a*
mystery]; *you may* ~ *assured that* du kan
vara säker (lita) på att **II** *s* **1** *the* ~ resten,
återstoden [*of* av]; *as to* (*for*) *the* ~ a) vad
det övriga (de övriga) beträffar b) för (i)
övrigt, eljest **2** reserv[fond]
2 rest [rest] **I** *s* **1** vila; lugn; sömn;
vilopaus, rast; *day of* ~ vilodag; *give it a*
~*!* vard. sluta [med det där]!, lägg av!; *you*
can set your mind at ~ [*on that score*] du
kan vara (känna dig) lugn [på den
punkten]; *lie down for a* ~ lägga sig och
vila **2** viloplats; hem [*a sailors'* ~] **3** mus.
paus[tecken] **4** stöd [*a* ~ *for the feet*] **II** *vb*
itr **1** vila [sig]; slumra; ta igen sig; få lugn
(ro, frid); *he will not* ~ [*until he knows*
the truth] han får (ger sig) ingen ro... **2** ~
with ligga hos ngn (i ngns händer), vila
hos [*the decision* ~*s with you*], bero på
3 vila [*his glance* ~*ed on me*], stödja sig
III *vb tr* **1** låta vila; ~ *oneself* vila sig, vila
ut **2** vila, lägga [~ *one's elbows on* (på)
the table]

restaurant [ˈrest(ə)rɒnt, -rɑːnt]
restaurang
restaurant car [ˈrestrɒntkɑː]
restaurangvagn
restaurateur [ˌrestərəˈtɜː] restauratör,
restauranginnehavare
rest cure [ˈres(t)ˌkjʊə] med. vilokur,
liggkur
restful [ˈrestf(ʊ)l] lugn, fridfull
resting-place [ˈrestɪŋpleɪs] **1** rastplats,
rastställe; viloplats **2** [*last*] ~ [sista]
vilorum grav
restitution [ˌrestɪˈtjuːʃ(ə)n] återställande,
återlämnande [~ *of property* (*rights*)],
restitution; [skade]ersättning; upprättelse
restive [ˈrestɪv] **1** om häst istadig,
bångstyrig **2** om pers. bångstyrig; otålig
restless [ˈrestləs] rastlös; *I had a* ~ *night*
jag sov oroligt i natt
restoration [ˌrestəˈreɪʃ(ə)n, -tɔːˈr-]
1 återställande; återupprättande;
återlämnande; återinförande,
återupplivande; återinsättande; *the R*~
britt. hist. restaurationen monarkins
återupprättande 1660 med Karl II
2 tillfrisknande **3** restaurering,
restauration
restorative [rɪˈstɒrətɪv] **I** *adj* återställande
II *s* stärkande medel
restore [rɪˈstɔː] **1** återställa [~ *order*];
återlämna [~ *stolen property*];
återupprätta; rehabilitera; återuppliva [~
old customs]; ~ *a book to its place* ställa
tillbaka en bok på dess plats; ~ *to life*
återkalla till livet **2** restaurera [~ *a*
church (*picture*)] **3** rekonstruera [~ *a*
text] **4** återinsätta; ~ *a p. to power*
återföra ngn till makten, återge ngn
makten
restrain [rɪˈstreɪn] **1** hindra **2** hålla tillbaka
[~ *one's tears*], lägga band på; ~ *oneself*
behärska (lägga band på) sig
restraint [rɪˈstreɪnt] **1** återhållande
2 tvång; band; hinder; inskränkning;
break loose from all ~[*s*] bryta sig loss
från alla band; *lay* (*put*) *a* ~ *on* lägga
band (hämsko) på; *without* ~ ohämmat,
ohejdat, fritt **3** *show* ~ visa
återhållsamhet **4** bundenhet
restrict [rɪˈstrɪkt] inskränka, begränsa; *we*
are ~*ed to* [*40 miles an hour in this area*]
det råder hastighetsbegränsning på...
restriction [rɪˈstrɪkʃ(ə)n] **1** inskränkning,
begränsning; restriktion; *place* ~*s on*
göra inskränkningar i **2** förbehåll
restrictive [rɪˈstrɪktɪv] inskränkande; ~
practices konkurrensbegränsning;

konkurrensbegränsande (restriktiva) metoder
rest room ['restru:m] amer. toalett på arbetsplats o.d.
result [rɪ'zʌlt] **I** *vb itr* **1** vara (bli) resultatet (följden), härröra, härleda sig; *the ~ing war* det krig som blev följden **2** sluta [*their efforts ~ed badly*]; *~ in* resultera i, sluta med **II** *s* resultat; följd, utgång; *as a (the) ~ of* till följd av
resultant [rɪ'zʌlt(ə)nt] **I** *adj* resulterande; *~ from* härrörande från **II** *s* resultat, produkt
resume [rɪ'zju:m] **I** *vb tr* **1** återta, ta tillbaka [*~ a gift*]; *~ one's seat* återta sin plats, sätta sig igen **2** åter[upp]ta, ta upp igen, fortsätta [*~ a conversation, ~ work*] **II** *vb itr* återupptas; börja igen (på nytt), fortsätta [*the dancing is about to ~*]
résumé ['rezjʊmeɪ] fr. **1** resumé, sammanfattning **2** amer. levnadsbeskrivning
resumption [rɪ'zʌm(p)ʃ(ə)n] **1** återtagande **2** åter[upp]tagande, fortsättning
resurgence [rɪ'sɜ:dʒ(ə)ns] återuppvaknande, förnyelse
resurrect [ˌrezə'rekt] **1** uppväcka från de döda; återkalla till livet; *be ~ed* äv. återuppstå **2** återuppliva, återuppta [*~ an old custom*]
resurrection [ˌrezə'rekʃ(ə)n] **1** [åter]uppståndelse från de döda **2** återupplivande
resuscitate [rɪ'sʌsɪteɪt] **I** *vb tr* återuppväcka; åter få liv i **II** *vb itr* åter vakna till liv
resuscitation [rɪˌsʌsɪ'teɪʃ(ə)n] återuppväckande [till liv]; återupplivande
retail [ss. subst. adj. o. adv. 'ri:teɪl, ri:'t-, ss. vb ri:'teɪl] **I** *s* försäljning i minut; *by (in, amer. at) ~* i minut **II** *adj* detalj-, minut- [*~ business (trade)*], detaljhandels-; *~ dealer* detaljhandlare, minuthandlare, detaljist; *~ price index* konsumentprisindex **III** *adv, buy (sell) ~* köpa (sälja) i minut **IV** *vb tr* **1** sälja i minut **2** berätta i detalj [*~ a story*], återge; återupprepa; föra vidare [*~ gossip*]
retailer ['ri:teɪlə] **1** detaljist **2** berättare, spridare [*~ of gossip*]
retain [rɪ'teɪn] **1** hålla kvar [*~ a th. in its place*], behålla; hålla tillbaka [*~ the flood waters*]; *~ing wall* stöd[je]mur **2** [bi]behålla; bevara
retainer [rɪ'teɪnə] **1** trotjänare [*an old ~*] **2** engagemangsarvode åt t.ex. advokat, frilansjournalist m.m.

retake [ss. vb ˌri:'teɪk, ss. subst. 'ri:teɪk] **I** (*retook retaken*) *vb tr* **1** återta, återerövra **2** ta om film **II** *s* omtagning av film; omtagen scen i film
retaliate [rɪ'tælɪeɪt] öva vedergällning, ge igen
retaliation [rɪˌtælɪ'eɪʃ(ə)n] vedergällning
retard [rɪ'tɑ:d] **1** försena; bromsa, hämma, uppehålla; *mentally ~ed* [psykiskt] utvecklingsstörd, förståndshandikappad **2** *~ the ignition* tekn. sänka tändningen
retch [retʃ, ri:tʃ] försöka kräkas
retell [ˌri:'tel] (*retold retold*) berätta på nytt (om), återberätta
retention [rɪ'tenʃ(ə)n] **1** kvarhållande **2** [bi]behållande **3** [*power of*] *~* minnesförmåga
retentive [rɪ'tentɪv] säker [*a ~ grasp*]; *a ~ memory* gott minne
rethink [ˌri:'θɪŋk] **I** (*rethought rethought*) *vb tr* ompröva **II** (*rethought rethought*) *vb itr* tänka om **III** *s* nytänkande; omprövning; *have a ~* ta sig en ny funderare
reticence ['retɪs(ə)ns] tystlåtenhet
reticent ['retɪs(ə)nt] tystlåten
retin|a ['retɪn|ə] (pl. *-as* el. *-ae* [-i:]) anat., ögats näthinna, retina
retinue ['retɪnju:] följe
retire [rɪ'taɪə] **I** *vb itr* **1** dra sig tillbaka (undan); vika (träda, sjunka) tillbaka **2** gå till sängs (vila) [äv. *~ to bed* (*rest*)] **3** mil. retirera **4** gå i pension; avgå [*~ from office* (från tjänsten)]; *~ on a pension* avgå med pension **II** *vb tr* **1** mil. dra (föra) tillbaka trupper o.d. **2** *be ~d on a pension* få avsked med pension
retired [rɪ'taɪəd] **1** tillbakadragen [*lead* (leva) *a ~ life*] **2** som dragit sig tillbaka (avgått, tagit avsked), f.d.; *~ pay* pension; *put* (*place*) *on the ~ list* bevilja avsked med pension, pensionera
retirement [rɪ'taɪəmənt] **1** tillbakadragenhet; *live in ~* leva tillbakadraget, leva i stillhet **2** mil. återtåg, reträtt **3** tillbakaträdande, pension[ering], avgång [*~ from an office*], avsked[stagande]; *~ age* pensionsålder; *early ~* förtidspension[ering]
retiring [rɪ'taɪərɪŋ] tillbakadragen, försynt
retort [rɪ'tɔ:t] **I** *vb tr* genmäla, svara [skarpt]; besvara **II** *s* [skarpt] svar; motbeskyllning
retouch [ˌri:'tʌtʃ] retuschera äv. foto.
retrace [rɪ'treɪs] följa tillbaka spår m.m.; spåra; *~ one's steps* (*way*) gå samma väg tillbaka

retract [rɪ'trækt] **I** *vb tr* **1** dra tillbaka, dra in [*the cat ~ed its claws*], fälla in **2** ta tillbaka [*~ a statement*]; dementera **II** *vb itr* **1** dra sig tillbaka; dras in; fällas in **2** ta tillbaka sina ord

retractable [rɪ'træktəbl] infällbar, indragbar

retraining [ˌriː'treɪnɪŋ] omskolning

retread [ss. vb ˌriː'treːd, ss. subst. 'riːtred] bil. **I** *vb tr* regummera [*~ a tyre*] **II** *s* regummerat däck

retreat [rɪ'triːt] **I** *s* **1** reträtt; *beat a* [*hasty*] *~* [hastigt] slå till reträtt (ta till reträtten); *sound (blow) the (a) ~* blåsa till reträtt; *leave a line of ~ open for oneself* bildl. se till att man har reträtten (ryggen) fri **2** tillflykt[sort], reträtt **II** *vb itr* retirera; dra sig tillbaka; vika [tillbaka el. undan]; [*we heard*] *~ing footsteps* ...steg som avlägsnade sig

retribution [ˌretrɪ'bjuːʃ(ə)n] vedergällning; straff

retrieval [rɪ'triːv(ə)l] **1** återvinnande **2** återupprättande; räddning **3** *beyond (past) ~* ohjälplig[t], hopplös[t] **4** i tennis o.d. räddning **5** data. återvinnande; *~ system* återvinningssystem

retrieve [rɪ'triːv] **1** återvinna, få tillbaka [*~ one's umbrella*]; återfinna; ta (plocka) upp igen **2** i tennis o.d. hinna returnera [*~ the ball*] **3** rädda [*~ the situation*]; återställa [*~ one's fortunes*] **4** jakt., om hundar apportera **5** gottgöra, reparera [*~ an error*], ersätta; få ersatt [*~ one's loss*] **6** data. ta fram; öppna; få tillbaka

retriever [rɪ'triːvə] **1** om hund apportör **2** retriever hundras

retroactive [ˌretrəʊ'æktɪv] retroaktiv

retrograde ['retrə(ʊ)greɪd] **1** tillbakagående, retrograd, i motsatt riktning; bakvänd; *~ step* steg tillbaka äv. bildl.; steg baklänges **2** bildl. a) bakåtsträvande b) tillbakagående

retrospect ['retrə(ʊ)spekt] tillbakablick; *in ~* [*, the whole business seems ridiculous*] [så här] i efterhand..., när man ser tillbaka...

retrospective [ˌretrə(ʊ)'spektɪv] **1** retrospektiv **2** retroaktiv

return [rɪ'tɜːn] **I** *vb itr* **1** återvända, komma (vända) tillbaka (hem); återgå [*~ to work*] **2** återgå [*~ to the original owner*] **II** *vb tr* **1** ställa (lägga, sätta etc.) tillbaka [på sin plats] **2** a) returnera; skicka tillbaka b) återlämna, lämna igen (tillbaka) c) återbetala [*~ a loan*]; *~ to* [*the*] *sender* på brev retur avsändaren, eftersändes ej **3** besvara; *~ a blow* slå tillbaka **4** genmäla **5** om valkrets välja [till parlamentsledamot] **6** [in]rapportera, anmäla, officiellt förklara; *~ a verdict* avkunna en dom **7** avge svar, redogörelse, inge, lämna in till myndighet [*~ a report*] **8** avkasta, inbringa [*~ a profit*]; *~ interest* ge ränta **III** *s* **1** återkomst; återresa; attr. ofta retur-, åter-; *~* [*ticket*] [turoch]returbiljett; *~ fare* pengar till återresan; *many happy ~s* [*of the day*] har den äran [att gratulera]; *by ~* [*of post*] [per] omgående **2** återsändande, återställande [*~ of a book*]; återbetalning [*~ of a loan*]; returnering; *~ postage* svarsporto, returporto **3** med. återfall [*~ of an illness*]; *have a ~* få ett återfall **4** besvarande; lön; *~ service* gentjänst; *~ visit* svarsvisit **5** sport. retur[boll]; *~* [*match (game)*] returmatch, revanschmatch, revanschparti; *~* [*of service*] serveretur **6** avkastning [äv. pl. *~s*]; pl. *~s* äv. intäkter, omsättning **7** officiell anmälan, rapport; pl. *~s* äv. statistiska uppgifter; resultat [*election ~s*]; [*income-tax*] *~* [själv]deklaration **8** val till parlamentet

returnable [rɪ'tɜːnəbl] som kan (ska) lämnas (skickas) tillbaka; retur- [*~ bottles*]

reunification [ˌriːjuːnɪfɪ'keɪʃ(ə)n] återförening, återförenande [*the ~ of Germany*]

reunion [ˌriː'juːnjən] **1** återförening **2** sammankomst; möte; *family ~* äv. familjehögtid

reunite [ˌriːjuː'naɪt] återförena[s], åter ena[s]

re-use [ˌriː'juːz] använda på nytt (igen)

Rev. förk. för *Reverend*

rev [rev] vard. **I** *vb tr* o. *vb itr*, *~* [*up*] rusa motor **II** *s* varv; *~ counter* varvräknare

revaluation [ˌriːvæljʊ'eɪʃ(ə)n, riːˌvæl-] **1** revalvering, uppskrivning av valuta **2** omvärdering

revalue [ˌriː'væljuː] **1** revalvera, skriva upp valuta **2** omvärdera

revamp [ˌriː'væmp] **1** sätta nytt ovanläder på **2** vard. lappa ihop; göra (skriva) om

reveal [rɪ'viːl] avslöja; uppenbara; visa

reveille [rɪ'vælɪ, -'vel-, amer. 'rev(ə)liː] revelj; *sound the ~* blåsa revelj

revel ['revl] **I** *vb itr* festa [om], rumla [om], svira, frossa, kalasa; *~ in* frossa i [*~ in luxury*] **II** *s*, ofta pl. *~s* [uppsluppen] fest, dryckeslag; festande

revelation [ˌrevə'leɪʃ(ə)n] **1** avslöjande; yppande; *it was a ~ to me* det kom som en överraskning för mig **2** gudomlig uppenbarelse; *Revelations* Uppenbarelseboken, Johannes' uppenbarelse

reveller ['revələ] rumlare; frossare; hålligångare

revelry ['revlrɪ] festande, rumlande

revenge [rɪ'ven(d)ʒ] **I** *vb tr* hämnas [~ *an injury*]; ~ *oneself on a p. for a th.* äv. ta revansch på ngn för ngt **II** *s* hämnd, vedergällning; revansch äv. sport.; *take ~ on a p.* hämnas på ngn; ta revansch på ngn

revengeful [rɪ'ven(d)ʒf(ʊ)l] hämndlysten

revenue ['revənjuː] statsinkomster [äv. *Public Revenue*[*s*]]; inkomst av investering

reverberate [rɪ'vɜːb(ə)reɪt] **I** *vb tr* återkasta ljud; reflektera ljus, värme **II** *vb itr* återkastas; om ljud äv. eka

reverberation [rɪˌvɜːbə'reɪʃ(ə)n] genljudande; återkastande; genljud

revere [rɪ'vɪə] vörda

reverence ['rev(ə)r(ə)ns] **I** *s* vördnad; *pay ~ to a p.* betyga ngn sin vördnad **II** *vb tr* vörda

reverend ['rev(ə)r(ə)nd] **I** *adj* **1** vördnadsvärd **2** i kyrkliga titlar (ofta förkortat *Rev.*): [*the*] *R~ J. Smith* pastor (kyrkoherde) J. Smith **II** *s*, mest pl. *~s* präster; *right ~s* biskopar

reverent ['rev(ə)r(ə)nt] vördnadsfull

reverie ['revərɪ] **1** drömmeri; [dag]dröm; *be lost in* [*a*] ~ vara försjunken i drömmerier (drömmar) **2** drömbild; pl. *~s* äv. fantasier

reversal [rɪ'vɜːs(ə)l] omkastning [*a ~ of public opinion*]; omslag

reverse [rɪ'vɜːs] **I** *adj* motsatt [~ *direction*], omvänd, bakvänd [*in ~ order*], omkastad; spegelvänd; *~ gear* back[växel]; *the ~ side of the cloth* tygets avigsida; *the ~ side of the picture* bildl. medaljens baksida (frånsida) **II** *s* **1** motsats; *just* (*quite*) *the ~* alldeles tvärtom **2** baksida, frånsida, avigsida; på mynt o.d. revers; mil. rygg; *in ~* i motsatt ordning **3** omkastning, [plötslig] växling; motgång; nederlag; *suffer a ~* röna motgång; lida ett nederlag **4** tekn. omkastare; motor. back[växel]; *put the car in ~* lägga i backen **III** *vb tr* **1** vända på; vända äv. bildl. [~ *the trend*]; kasta om, slå om; vrida tillbaka; upphäva [~ *the ill effects*]; backa [~ *one's car*]; ~ *the charges* tele. låta mottagaren betala samtalet **2** ändra [om] [~ *the order*]; ~ *one's policy* ändra sin politik, sadla om, göra en helomvändning **IV** *vb itr* **1** vända, slå om [*the trend has ~d*] **2** backa

reversible [rɪ'vɜːsəbl] omkastbar; vändbar [*a ~ coat*]; reversibel; *~ material* genomvävt tyg

reversion [rɪ'vɜːʃ(ə)n] **1** jur. återgång av egendom till överlåtare el. hans lagliga arvingar; hemfall; bakarv **2** återgång

revert [rɪ'vɜːt] **1** återgå, gå tillbaka [~ *to an earlier stage*]; återkomma; med. återfalla; ~ *to a p.* återgå i ngns ägo **2** jur. återgå [~ *to the State*]

review [rɪ'vjuː] **I** *s* **1** granskning; genomgång; isht amer. skol. repetition; *pass in ~* [låta] passera revy; se tillbaka på; mönstra **2** översikt; återblick; redogörelse **3** mil. mönstring **4** recension av bok m.m. **5** tidskrift **II** *vb tr* **1** granska (betrakta, undersöka) på nytt, gå igenom på nytt; isht amer. skol. repetera **2** ta en överblick över **3** mil. inspektera [~ *the troops*] **4** recensera bok m.m. **5** jur. ompröva

reviewer [rɪ'vjuːə] recensent, anmälare

revile [rɪ'vaɪl] smäda

revise [rɪ'vaɪz] **1** revidera; se igenom (över); omarbeta, bearbeta; *~ one's opinion* revidera sin (ändra) åsikt **2** skol. repetera

revision [rɪ'vɪʒ(ə)n] **1** revidering; granskning; omarbetning, bearbetning **2** reviderad upplaga **3** skol. repetition; *do some ~* repetera

revisit [ˌriː'vɪzɪt] besöka igen (på nytt), återbesöka

revitalize [ˌriː'vaɪtəlaɪz] återuppliva; ge ny livskraft

revival [rɪ'vaɪv(ə)l] **1** återupplivande äv. bildl. [~ *of old customs*]; återuppvaknande till sans, liv; återhämtning; återinförande; förnyelse; renässans **2** repris, återupptagande [~ *of a play*], nypremiär **3** ~ [*meeting*] väckelsemöte

revive [rɪ'vaɪv] **I** *vb tr* **1** återuppliva, åter få liv i, återkalla till sans **2** bildl. återuppliva; återinföra [~ *a law*]; återupprätta; förnya; återuppväcka [~ *memories*]; ~ *a p.'s hopes* inge (ge) ngn nytt hopp **3** ge i repris, reprisera, ta upp igen [~ *a play*], ha nypremiär på **II** *vb itr* **1** vakna till liv igen **2** bildl. återupplivas, få nytt liv

revoke [rɪ'vəʊk] **I** *vb tr* återkalla; dra in [~ *a driving licence*]; ta tillbaka [~ *an order*] **II** *vb itr* kortsp. underlåta att bekänna färg, göra 'revoke' **III** *s* kortsp. underlåtenhet att bekänna färg, 'revoke'

revolt [rɪ'vəʊlt] **I** *vb itr* **1** revoltera, göra uppror **2** uppröras, känna avsky **II** *vb tr* uppröra, väcka avsky hos; *be ~ed* bli (vara) upprörd, känna vämjelse (avsky)

[*by* vid, inför, över] **III** *s* **1** revolt, uppror; *rise in* ~ revoltera, göra uppror, resa sig **2** avfall **3** upprördhet
revolting [rɪ'vəʊltɪŋ] **I** *adj* **1** upprorisk **2** upprörande, motbjudande [*a* ~ *sight*]; äcklig **II** *s* revolt
revolution [ˌrevə'luːʃ(ə)n, -'ljuː-] **1** rotation, [kring]svängning kring en axel; varv; slag; ~ *counter* varvräknare **2** astron. omlopp, kretslopp **3** revolution [*the French R~*, *the Industrial R~*]
revolutionary [ˌrevə'luːʃənərɪ, -'ljuː-] **I** *adj* revolutionär; revolutionerande [~ *ideas*] **II** *s* revolutionär, [samhälls]omstörtare
revolutionize [ˌrevə'luːʃənaɪz, -'ljuː-] revolutionera
revolve [rɪ'vɒlv] **I** *vb itr* vrida (röra) sig, rotera; kretsa; snurra [runt] **II** *vb tr* **1** snurra [på] [~ *a wheel*], låta rotera **2** ~ [*in one's mind*] välva, umgås med; grubbla över
revolver [rɪ'vɒlvə] revolver
revolving [rɪ'vɒlvɪŋ] roterande, kringsvängande; kretsande; ~ *chair* kontorsstol, svängstol, snurrstol; ~ *door* [roterande] svängdörr
revue [rɪ'vjuː] teat. revy
revulsion [rɪ'vʌlʃ(ə)n] **1** omsvängning [*a* ~ *of* (i) *their feelings*] **2** motvilja
reward [rɪ'wɔːd] **I** *s* belöning; hittelön; ersättning; *the financial* ~*s* den ekonomiska behållningen **II** *vb tr* belöna; löna, vedergälla
rewarding [rɪ'wɔːdɪŋ] givande, lönande
rewind [ss. vb riː'waɪnd, ss. subst. '--] **I** (*rewound rewound*) *vb tr* spola tillbaka film, band m.m. **II** *s* återspolning (tillbakaspolning) av ljudband o.d.
rewire [ˌriː'waɪə] elektr. dra (lägga in) nya ledningar i [~ *a house*]
reword [ˌriː'wɜːd] formulera om
rewrite [ss. vb ˌriː'raɪt, ss. subst. 'riːraɪt] **I** (*rewrote rewritten*) *vb tr* skriva om; arbeta om **II** *s* omredigering
rhetoric ['retərɪk] retorik; vältalighet
rhetorical [rɪ'tɒrɪk(ə)l] retorisk; ~ *pause* konstpaus
rheumatic [rʊ'mætɪk] **I** *adj* reumatisk **II** *s* **1** reumatiker **2** pl. ~*s* vard. reumatism
rheumatism ['ruːmətɪz(ə)m] reumatism
Rhine [raɪn] geogr.; *the* ~ Rhen
rhino ['raɪnəʊ] (pl. ~*s* el. koll. lika) vard. kortform för *rhinoceros*
rhinoceros [raɪ'nɒs(ə)rəs] (pl. ~*es* el. koll. lika) zool. noshörning
Rhodes [rəʊdz] geogr. Rhodos
rhubarb ['ruːbɑːb] **1** rabarber; *stewed* ~ rabarberkompott **2** sl. nonsens

rhyme [raɪm] **I** *s* rim; rimord; [rimmad] vers; *nursery* ~ barnramsa, barnkammarrim; *without* ~ *or reason* utan rim och reson **II** *vb itr* rimma, *rhyming dictionary* rimlexikon **III** *vb tr* rimma, låta rimma; sätta på (i) rim, sätta på vers; ~*d couplet* rimmat verspar
rhythm ['rɪð(ə)m] rytm, takt; ~ *section* mus. rytmsektion
rhythmic ['rɪðmɪk] o. **rhythmical** ['rɪðmɪk(ə)l] rytmisk; taktfast
RI förk. för *Rhode Island*
rib [rɪb] **I** *s* **1** anat. revben; slakt. högrev av nötkött; rygg av kalv, lamm; ~ *cage* anat. bröstkorg; *poke* (*dig*) *a p. in the* ~*s* puffa (stöta) till ngn i sidan **2** räffla, [upphöjd] rand; i ribbstickning ribba **II** *vb tr* **1** förse med räfflor (ribbor, spröt m.m.); räffla **2** vard. skoja (retas) med
ribald ['rɪb(ə)ld] oanständig
ribbed [rɪbd] ribbad [~ *cloth*], ribbstickad, resårstickad; randig; ~ *knitting* ribbstickning, resårstickning
ribbon ['rɪbən] **1** band; ordensband; ~ *microphone* bandmikrofon **2** remsa, strimla; *torn to* ~*s* [riven] i trasor, sönderriven **3** [*typewriter*] ~ färgband
rice [raɪs] **I** *s* bot. ris; risgryn; *brown* ~ opolerat ris, råris; *ground* ~ rismjöl **II** *vb tr* isht amer. pressa potatis
rich [rɪtʃ] **1** rik; förmögen; *the* ~ de rika **2** riklig, stor [~ *vocabulary*], rikhaltig [~ *supply* (förråd)], rik [~ *harvest*, ~ *vegetation*], ymnig **3** bördig, fet [~ *soil*] **4** fet, kraftig [~ *food*], mäktig [~ *cake*]; ~ *mixture* tek fet blandning **5** fyllig [~ *tone*, ~ *voice*], varm [~ *colour*], mustig **6** vard. rolig; dråplig; *that's pretty* ~*!* det var väl ändå att gå för långt!
riches ['rɪtʃɪz] rikedom[ar]
richly ['rɪtʃlɪ] rikt; rikligt etc., jfr *rich*; i rikt mått, till fullo [*he* ~ *deserved his punishment*]
richness ['rɪtʃnəs] rikedom; riklighet etc., jfr *rich*
1 rick [rɪk] **I** *s* stack av hö, halm o.d. **II** *vb tr* stacka
2 rick [rɪk] **I** *vb tr* vricka; sträcka **II** *s* vrickning; sträckning
rickets ['rɪkɪts] (konstr. ss. sg. el. pl.) med. rakitis, engelska sjukan
rickety ['rɪkətɪ] **1** rankig, vinglig [*a* ~ *chair*], skraltig; fallfärdig [*a* ~ *old house*] **2** med. rakitisk
rickshaw ['rɪkʃɔː] riksha
ricochet ['rɪkəʃeɪ, -ʃet] **I** *s* rikoschett; studsning **II** *vb itr* rikoschettera; studsa
rid [rɪd] (*rid rid*, ibl. ~*ded* ~*ded*) befria; ~

the house of mice få huset fritt från råttor; *get ~ of* a) bli av med, bli (göra sig) fri från, bli kvitt b) göra sig av med
riddance ['rɪd(ə)ns] befrielse; [*a*] *good ~* [*of* (*to*) *bad rubbish*]*!* skönt att bli av med (slippa) honom (dem, det etc.)!
ridden ['rɪdn] (perf. p. av *ride*) ss. efterled i sammansättn. -härjad [*crisis-ridden*], ansatt (plågad, hemsökt) av [*fear-ridden*]
1 riddle ['rɪdl] gåta äv. om person
2 riddle ['rɪdl] **I** *s* [grovt] såll, harpa **II** *vb tr* **1** sålla t.ex. sand **2** genomborra [med kulor] [*~ a p. with bullets*]; bombardera [*~ a p. with questions*]
ride [raɪd] **I** (*rode ridden*) *vb itr* **1** rida [*~ on a horse, ~ on a p.'s back* (*shoulders*)]; sitta grensle [*~ on a seesaw* (gungbräda)]; *he is riding for a fall* bildl. det kommer att gå illa för honom; högmod går före fall **2** fara, åka [*~ in a bus; ~ on a bicycle*], köra [*~ on a motorcycle*]; gå [*the car ~s smoothly*] **3** om fartyg rida [*~ on the waves*]; *~ at anchor* rida för ankar (till ankars) **II** *vb tr* **1** rida [på] [*~ a horse*]; *~ one's* (*the*) *high horse* vard. sätta sig på sina höga hästar; *~ the storm* rida ut stormen äv. bildl.; *~ the whirlwind* bildl. besvärja stormen **2** åka; köra [*~ a motorcycle*]; *~ a bicycle* åka cykel, cykla **3** låta rida [*~ a child on one's back*] **III** *s* ritt; åktur, tur [*bus-ride*], resa; skjuts [*can you give me a ~ into town?*]; *bicycle ~* cykeltur; *take* (*go for*) *a ~* rida (åka) ut, göra en ridtur (åktur), ta sig en tur
rider ['raɪdə] **1** ryttare, ryttarinna **2** [*bicycle*] *~* cykelåkare, cyklist; *train ~* tågpassagerare **3** tillägg till dokument o.d.; tilläggsklausul
ridge [rɪdʒ] **1** rygg, kam [*~ of a wave*]; upphöjd rand (kant); *~ of high pressure* meteor. högtrycksrygg; *teeth ~* tandvall **2** [*mountain*] *~* [bergs]rygg, [berg]ås, [bergs]kam
ridicule ['rɪdɪkjuːl] **I** *s* åtlöje, spe; *hold up* (*expose*) *to ~* förlöjliga, göra till ett åtlöje **II** *vb tr* förlöjliga
ridiculous [rɪ'dɪkjʊləs] löjlig; absurd
riding ['raɪdɪŋ] ridning; ridsport; *Little Red R~ Hood* Rödluvan
rife [raɪf] mycket vanlig, utbredd, förhärskande; talrik; *be ~* vara (komma) i svang (omlopp), grassera
riffle ['rɪfl] **1** [hastigt] bläddra igenom [äv. *~ through*] **2** kortsp. 'blädderblanda' blanda genom att bläddra ihop spelkorten
riff-raff ['rɪfræf] slödder, pack
1 rifle ['raɪfl] rota igenom för att stjäla; plundra

2 rifle ['raɪfl] gevär; *~ association* (*club*) skytteförening
rifle range ['raɪflreɪn(d)ʒ] **1** gevärshåll **2** skjutbana
rift [rɪft] spricka äv. bildl. [*a ~ in the ice; a ~ in the party*]; rämna [*a ~ in the clouds*]; bildl. äv. klyfta; *a ~ in the lute* en fnurra på tråden
1 rig [rɪg] lura, svindla; manipulera; *~ an* (*the*) *election* bedriva valfusk
2 rig [rɪg] **I** *vb tr* **1** sjö. rigga, tackla **2** *~* [*out*] förse med kläder, utrusta, ekipera; vard. rigga [upp]; styra ut **3** *~* [*up*] a) montera flygplan o.d. b) vard. rigga (till), rigga upp [*~ up a shelter*] **II** *s* **1** sjö. rigg **2** vard. rigg, stass
Riga ['riːgə, i limericken 'raɪgə] geogr.
rigging ['rɪgɪŋ] **1** sjö. rigg[ning] **2** vard. rigg
right [raɪt] **I** *adj* **1** rätt, riktig; rättmätig [*the ~ owner*]; *all ~* se under *all III*; [*isn't that*] *~?* va?, eller hur?, inte sant?; *you're ~* [*there*]*!* det har du rätt i!; *be on the ~ side of fifty* vara under femtio [år] **2** höger äv. polit.; *~ back* högerback; *~ hand* höger hand; bildl. högra hand [*he is my ~ hand*]; *~ turn* högersväng **3** om vinkel rät; *at ~ angles with* i rät vinkel mot
II *adv* **1** rätt; *~ ahead* rakt fram, sjö. rätt förut **2** just [*~ here*]; isht amer. genast [*I'll be ~ back*]; *~ then, let's do it* bra (okej), då gör vi det då; *~ away* (isht amer. *~ off*) a) genast b) utan vidare; *~ now* just nu; omedelbart, ögonblickligen **3** alldeles; ända [*~ to the bottom*] **4** rätt, riktigt; *first time!* rätt gissat! **5** till höger, åt höger; *~ and left* till höger och vänster, bildl. äv. från alla håll; *turn ~* svänga (gå, köra) till höger, ta av åt höger
III *s* **1** rätt [*~ and wrong* (orätt)]; *by ~s* rätteligen, om rätt ska vara rätt **2** rättighet; *fishing ~*[*s*] fiskerätt; *human ~s* de mänskliga rättigheterna; *~ of assembly* församlingsrätt; *~ of way* förkörsrätt; *stand on one's ~s* hålla på sin rätt **3** *the ~s of the case* rätta förhållandet; *the ~s and wrongs of the case* de olika sidorna av saken **4** höger sida (hand); *the R~* polit. högern; *on your ~* till höger om dig; *keep to your ~* håll (kör) till höger; *in Sweden you keep to the ~* det är högertrafik i Sverige
IV *vb tr* **1** räta upp [*~ a car*], få på rätt köl [*~ a boat*] **2** gottgöra [*~ an injury*] **3** *things will ~ themselves* det kommer att rätta till sig
right-about ['raɪtəbaʊt], *~ turn* (*face*)*!* helt höger om!

right-angled [,raɪt'æŋgld, attr. '-,--]
rätvinklig [~ *triangle*]; *a ~ bend* en
90-graders kurva

righteous ['raɪtʃəs] **1** rättfärdig,
rättskaffens **2** rättmätig [~ *indignation*]

righteousness ['raɪtʃəsnəs] **1** rättfärdighet
2 rättmätighet **3** teol. rättfärdiggörelse

rightful ['raɪtf(ʊ)l] **1** rättmätig [~ *heir*],
rätt [~ *owner*] **2** rättfärdig

right-hand ['raɪthænd] höger [~ *side*; ~
traffic], med höger hand [~ *blow*]; ~
drive högerstyrd

right-handed [,raɪt'hændɪd] högerhänt

right-hander [,raɪt'hændə] **1** högerhänt
person; sport. högerhandsspelare
2 högerslag

rightly ['raɪtlɪ] **1** rätt; riktigt [*I don't ~
know whether...*]; ~ *or wrongly* med rätt
eller orätt **2** med rätta [~ *proud of its
ancient buildings*]

right-minded [,raɪt'maɪndɪd] rättsinnad,
rättänkande

righto [,raɪt'əʊ], ~*!* O.K.!, kör för det!, ja,
då säger vi det då!, gärna [för mig]!

right-of-way [,raɪtəv'weɪ] förkörsrätt

right-wing ['raɪtwɪŋ] polit. [som befinner
sig] på högerkanten; högerorienterad

right-winger [,raɪt'wɪŋə]
1 högeranhängare **2** sport. högerytter

rigid ['rɪdʒɪd] **I** *adj* **1** styv; rigid äv. bildl.
2 sträng, rigorös, strikt **II** *adv* vard., *it
shook me* ~ jag blev helt paff

rigidity [rɪ'dʒɪdətɪ] **1** styvhet, rigiditet äv.
bildl. **2** stränghet

rigmarole ['rɪgm(ə)rəʊl] **1** svammel, tjafs;
harang, tirad; långrandig skrivelse
2 [omständlig] procedur [*the ~ of a
formal dinner*]

rigorous ['rɪg(ə)rəs] **1** rigorös [~
conditions, ~ discipline], hård **2** [ytterst]
noggrann **3** bister, sträng, hård [~
climate, ~ winter]

rigour ['rɪgə] **1** stränghet, hårdhet; pl. ~*s*
hårda villkor, strapatser, vedermödor
2 *the* ~*s of winter* den stränga vintern

rig-out ['rɪgaʊt] o. **rig-up** ['rɪgʌp] vard. rigg

rile [raɪl] vard. reta [upp]

rim [rɪm] **I** *s* **1** kant, fals, rand; infattning
2 fälg **II** *vb tr* förse med kant etc., jfr *I*;
kanta

rime [raɪm] poet. **I** *s* rimfrost **II** *vb tr*
[be]täcka med rimfrost

rimless ['rɪmləs], ~ *spectacles* glasögon
utan bågar

rind [raɪnd] **1** skal [~ *of a melon*]; svål
[*bacon* ~]; kant [*cheese* ~]; ibl. skinn
2 bark

1 ring [rɪŋ] **I** (*rang rung*) *vb itr* ringa äv.
tele.; klinga; *the bell* (*the telephone*) *is
~ing* äv. det ringer **II** (*rang rung*) *vb tr*
1 ringa med (i, på) klocka o.d.; ringa [till]
[ofta ~ *up*]; ~ *back* ringa upp igen; ~ *out*
ringa ut [~ *out the Old Year*]; ~ *up the
curtain* bildl. börja föreställningen **2** slå
[*the bell ~s the hours*] **III** *s* ringning;
klingande, klang [*an aristocratic ~*];
ton[fall]; *it has a ~ of sincerity* det känns
(låter) äkta; *there's a ~* [*at the bell* (*door,
phone*)] det ringer [på klockan (på
dörren, i telefonen)]

2 ring [rɪŋ] **I** *s* **1** ring; krans äv. bakverk;
cirkel, krets[lopp]; *run* (*make*) ~*s round*
(amer. *around*) *a p.* vard. slå (besegra) ngn
hur lätt som helst; *throw one's hat* [*into*]
the ~ [förklara sig villig att] ställa upp
(kandidera) [i tävlingen (striden)]; ~*s of
smoke* rökringar **2** [rund] bana, arena;
utställningsplats för boskap o.d.; boxn. el.
brottn. ring **3** liga [*spy ~, a ~ of
smugglers*]; klick; hand. ring **II** *vb tr*
1 göra (rita) en ring runt fåglar **2** ~ [*in*
(*round, about*)] ringa in, omge, innesluta

ring binder ['rɪŋ,baɪndə] ringpärm

ring finger ['rɪŋ,fɪŋgə] ringfinger

ringleader ['rɪŋ,li:də] ledare av myteri o.d.;
upprorsledare

ringlet ['rɪŋlət] **1** [liten] ring (krets)
2 hårlock

ringmaster ['rɪŋ,mɑ:stə] cirkusdirektör

ring-opener ['rɪŋ,əʊp(ə)nə] rivöppnare på
burk

ring ouzel ['rɪŋ,u:zl] zool. ringtrast

ring road ['rɪŋrəʊd] kringfartsled, ringled

ringworm ['rɪŋwɜ:m] med. revorm

rink [rɪŋk] **1** rink; bana för
rullskridskoåkning, curling **2** ishall; hall för
rullskridskoåkning, curling

rinse [rɪns] **I** *vb tr* skölja [~ *the clothes*],
skölja (spola) av; ~ [*out*] skölja ur (ren)
II *s* **1** [av]sköljning; *give a th. a ~* skölja av
ngt **2** sköljmedel; *hair ~* toningsvätska

riot [raɪət] **I** *s* **1** upplopp, tumult; rabalder;
pl. ~*s* äv. kravaller, [gatu]oroligheter; *run
~* a) fara vilt (våldsamt) fram, härja [vilt];
bildl. skena iväg [*his imagination runs ~*]
b) växa ohejdat **2** *a ~ of* en orgie i, ett
överflöd (myller, hav) av **3** [våldsamt]
utbrott; *a ~ of laughter* en våldsam
skrattsalva **4** vard. knallsuccé; *he's a ~*
han är jätterolig (helfestlig) **II** *vb itr*
1 ställa till (deltaga i) upplopp (kravaller
etc.); störa lugnet **2** fira orgier äv. bildl.;
leva om

rioter ['raɪətə] upprorsmakare,
bråkmakare

riotous ['raɪətəs] **1** tumultartad; upprorisk [~ *mob*] **2** tygellös, utsvävande [~ *living*]
riotously ['raɪətəslɪ] tumultartad etc., jfr *riotous*; ~ *funny* hejdlöst rolig
RIP (förk. för *requiescat* el. *requiescant in pace* lat.) [må han (hon, de)] vila i frid
1 rip [rɪp] **I** *vb tr* riva, skära, sköra; ~ [*the seams of*] *a garment* sprätta upp [sömmarna i] ett plagg **II** *vb itr* **1** rivas sönder (isär) **2** klyvas **3** vard. skjuta fart; *let it (her) ~!* sätt full fart!, gasa på för fullt!; *let things* ~ låta sakerna ha sin gång **III** *s* [lång] reva (rispa)
2 rip [rɪp] tidvattenvåg
ripcord ['rɪpkɔːd] utlösningslina på fallskärm
ripe [raɪp] mogen äv. bildl. [~ *judgement*]; färdig; *die at a ~ age* dö vid framskriden ålder
ripen ['raɪp(ə)n] **I** *vb itr* mogna; ~ *into* äv. utvecklas (övergå) till **II** *vb tr* få att (låta) mogna
ripeness ['raɪpnəs] mognad
rip-off ['rɪpɒf] sl. **1** blåsning; *it's a* ~ äv. det är rena rövarpriset **2** amer. stöt
riposte [rɪ'pɒst, -'pəʊst] fäktn. **I** *s* ripost[ering] **II** *vb itr* ripostera
ripple ['rɪpl] **I** *vb itr* **1** om vattenyta o.d. krusa sig **2** porla; skvalpa **II** *vb tr* krusa; bilda ränder (räfflor) i [*the tide ~d the sand*] **III** *s* **1** krusning på vattnet; vågrörelse; rand i sanden; ~ *of muscles* muskelspel **2** porlande; [våg]skvalp; *a ~ of laughter* a) ett porlande skratt b) en skrattsalva
rise [raɪz] **I** (*rose, risen*) *vb itr* **1** resa sig, resa (ställa) sig upp; stiga upp, gå upp äv. om himlakroppar [*the sun ~s in the East*]; ~ *and shine!* upp och hoppa!, upp med dig (er)! **2** stiga; höja sig [*his voice rose in anger*]; *the glass is rising* barometern stiger **3** tillta, stiga; *the wind is rising* vinden tilltar (ökar); *his colour rose* han rodnade **4** resa sig, göra uppror **5** ~ *to the bait* nappa på kroken äv. bildl. **6** stiga [i graderna] [~ *to be* (till) *a general*]; ~ *in the world* komma upp sig här i världen **7** uppkomma [*the quarrel rose from a mere trifle*]; om flod rinna upp [*the river ~s in the mountains*] **8** uppstå [~ *from the dead*]; *Christ is ~n* Kristus är uppstånden **9** *it made his gorge (stomach)* ~ det äcklade (kväljde) honom **10** kok. jäsa [upp] om bröd **II** *s* **1** stigning [*a ~ in the ground*], [upp]höjning **2** stigande, höjning, ökning; [löne]förhöjning; börs. [kurs]uppgång, hausse **3** uppgång [*the ~ of the Roman Empire*]; uppkomst; *give ~ to* ge upphov till; *have (take) its ~ in* a) om flod rinna upp i, ha sin källa i b) bildl. ha sin upprinnelse (uppkomst) i **4** *get a* ~ få napp

riser ['raɪzə], *be an early* ~ vara morgontidig [av sig]; *be a late* ~ ligga länge på morgnarna
rising ['raɪzɪŋ] **I** *adj* stigande; ~ *damp* byggn. stigande fukt [i väggar (golv)]; *the Land of the R~ Sun* den uppgående solens land Japan **II** *s* **1** resning, uppror **2** uppstigning **3** upphöjning **4** solens o.d. uppgång
risk [rɪsk] **I** *s* **1** risk; *run a* ~ löpa en risk; *be at* ~ stå på spel; vara i farozonen **2** försäkr. risk **II** *vb tr* riskera [~ *losing one's life*]; våga [~ *one's life*], sätta på spel
risky ['rɪskɪ] **1** riskabel **2** vågad [~ *story*]
risqué ['riːskeɪ, 'rɪs-] vågad
rissole ['rɪsəʊl] kok. krokett; flottyrkokt risoll
rite [raɪt] rit; kyrkobruk, ceremoni; *the last ~s* relig. sista smörjelsen
ritual ['rɪtʃʊəl] **I** *adj* rituell **II** *s* ritual; ritualbok
rival ['raɪv(ə)l] **I** *s* rival **II** *attr adj* rivaliserande [~ *companies*] **III** *vb tr* o. *vb itr* tävla (rivalisera, konkurrera) [med]
rivalry ['raɪv(ə)lrɪ] rivalitet, konkurrens
river ['rɪvə] flod; ström [*a ~ of lava*]; [*small*] ~ äv. å; *~s of blood* strömmar av blod; *the R~ Thames* Temsen[floden]
rivet ['rɪvɪt] **I** *s* tekn. nit **II** *vb tr* **1** nita; nita fast äv. bildl.; *he was ~ed on the spot* han stod som fastnitad [på stället] **2** fästa; ~ *one's eyes on* fästa blicken på **3** fånga, tilldra sig [*the scene ~ed our attention*]
Riviera [ˌrɪvɪ'eərə] geogr.; *the* ~ Rivieran
RN förk. för *Royal Navy* [*Captain Smith ~*]
1 roach [rəʊtʃ] zool. mört
2 roach [rəʊtʃ] vard. kortform för *cockroach*
road [rəʊd] **1** väg äv. bildl.; landsväg; körbana; *the* ~ [stora] landsvägen; ~ *fund licence* ung. motsv. fordonsskatt, bilskattekvitto; i gatunamn -vägen, -gatan [*Kelross R~*]; *the royal ~ to success* kungsvägen till framgång; *one for the* ~ vard. en färdknäpp, en avskedsdrink; *be on the* ~ a) vara på väg b) teat. o.d. vara på turné, turnera; *on the* [*right*] ~ *to being* på [god] väg att bli **2** amer. vard. järnväg
roadblock ['rəʊdblɒk] vägspärr
roadhog ['rəʊdhɒg] vard. bildrulle
roadholding ['rəʊdˌhəʊldɪŋ], ~ *ability* väghållning[sförmåga]; ~ *qualities* vägegenskaper

roadhouse ['rəʊdhaʊs] finare värdshus (hotell) vid landsvägen
roadie ['rəʊdɪ] vard. roadie, rodda
roadmap ['rəʊdmæp] vägkarta
roadside ['rəʊdsaɪd] **1** vägkant **2** vid vägen [*a ~ inn*]; *~ repairs* nödreparation vid vägkanten
roadsign ['rəʊdsaɪn] **1** vägmärke; trafikmärke **2** vägvisare
roadster ['rəʊdstə] **1** öppen tvåsitsig sportbil **2** standardcykel
road test ['rəʊdtest] provkörning på väg av bil o.d.
roadway ['rəʊdweɪ] körbana; väg[bana]
roadworks ['rəʊdwɜːks] vägarbete
roadworthy ['rəʊd‚wɜːðɪ] trafikduglig
roam [rəʊm] **I** *vb itr* ströva [omkring]; *~ over* fara (glida) över **II** *vb tr* ströva igenom
roar [rɔː] **I** *s* **1** rytande, tjut; *set up a ~* ge sig till att gallskrika (tjuta), börja tjuta (vråla); *~ of applause* bifallsstorm, stormande bifall **2** dån, larm, brus [*the ~ of the sea* (*the traffic*)] **II** *vb itr* **1** ryta; vråla [*~ with pain*]; tjuta, skrika, gallskrika; *~ with laughter* gapskratta, tjuta av skratt **2** dåna; eka **III** *vb tr*, *~ one's head off* skratta sig fördärvad
roaring ['rɔːrɪŋ] **I** *adj* rytande etc., jfr *roar II*; stormig; vard. strålande, hejdundrande; *do a ~ business* (*trade*) göra glänsande (lysande) affärer **II** *s* rytande, vrål[ande] etc., jfr *roar II*
roast [rəʊst] **I** *vb tr* steka i ugn el. på spett [*~ meat*, *~ apples*]; ugnsteka; rosta [*~ chestnuts*, *~ coffee*]; *~ oneself* steka sig vid elden, i solen; *~ing pan* långpanna **II** *vb itr* stekas [*~ in the oven*]; *he was ~ing in the sun* han låg och stekte sig i solen **III** *s* **1** stek **2** stekning **3** amer. grillparty utomhus **IV** *adj* stekt; rostad; *~ beef* rostbiff; oxstek; *~ potatoes* ugnstekt potatis
rob [rɒb] plundra, råna; beröva
robber ['rɒbə] rånare, rövare
robbery ['rɒbərɪ] rån [jur. äv. *~ with violence*]; röveri
robe [rəʊb] **I** *s* **1** *~* [*s* pl.] ämbetsdräkt [*judge's ~*], skrud **2** galaklänning **3** badkappa [vanl. *bathrobe*, *beach ~*]; amer. morgonrock, nattrock **II** *vb tr* kläda
robin ['rɒbɪn] zool. rödhake[sångare] [äv. *~ redbreast*]; [*American*] *~* vandringstrast, rödtrast
robot ['rəʊbɒt] robot; *~ bomb* robotbomb; *~ pilot* autopilot, automatisk styrinrättning
robotics [rəʊ'bɒtɪks] (konstr. ss. sg.) robotteknik
robust [rə(ʊ)'bʌst] **1** robust [*a ~ man, ~ health, ~ humour*]; kraftig, stark; handfast; stadig, bastant; härdig [*~ plant*]; *a ~ appetite* frisk aptit **2** fysiskt krävande, hård [*~ exercise*]
1 rock [rɒk] **1** klippa äv. bildl.; skär; *as firm as* [*a*] *~* el. *~ solid* klippfast, bergfast; pålitlig [som en klippa]; [*whisky*] *on the ~s* ...med is[bitar]; [*their marriage*] *went on the ~s* ...havererade (gick i kras) **2** a) stenblock b) amer. sten [*throw ~s*] **3** berg, berggrund [*a house built upon ~*], hälleberg; berghäll **4** bergart **5** ung. polkagris[stång]; ung. mandelstång; *peppermint ~* ung. polkagris **6** sl. ädelsten; isht diamant **7** sl., pl. *~s* kulor, stålar; *pile up the ~s* tjäna [grova] pengar **8** vulg., pl. *~s* ballar testiklar
2 rock [rɒk] **I** *vb tr* **1** vagga, [få att] gunga [*~ a child to sleep*] **2** skaka [*the town was ~ed by an earthquake*]; chocka; *~ the boat* a) vicka [på] båten b) bildl. trassla till (fördärva) det hela **II** *vb itr* vagga, gunga; om fordon åv. kränga; *~ with laughter* skaka av skratt **III** *s* gungning etc., jfr *I*
3 rock [rɒk] mus. **I** *s* rock; rock'n'roll **II** *vb itr* rocka; spela rock
rock-bottom [‚rɒk'bɒtəm] bildl. vard. absoluta botten; *~ prices* absoluta bottenpriser
rock cake ['rɒkkeɪk] kok., ung. hastbulle med russin
rock-climbing ['rɒk‚klaɪmɪŋ] bergbestigning
rock crystal [‚rɒk'krɪstl] bergkristall
rocker ['rɒkə] **1** med[e] på vagga, gungstol o.d. **2** isht amer. gungstol **3** tekn. balans, vippa; ventillyftare; *~ arm* pendelarm, vipparm, avbrytarspak **4** sl., *off one's ~* vrickad, knasig, knäpp **5** vard. rocksångare
rockery ['rɒkərɪ] stenparti
rocket ['rɒkɪt] **I** *s* raket äv. fyrverkeripjäs; *~ missile* raketvapen, robot; *~ stage* raketsteg **II** *vb itr* **1** flyga (fara [upp]) som en raket; fara med raketfart; bildl. skjuta i höjden [*prices ~ed after the war*]; *~ into fame* bli berömd rekordsnabbt **2** flyga med en raket [*~ into outer space*]
rocket-assisted ['rɒkɪtə‚sɪstɪd], *~ take-off* raketstart
rock garden ['rɒk‚gɑːdn] stenparti
Rockies ['rɒkɪz] geogr. (vard.), *the ~* pl. Klippiga bergen
rocking-chair ['rɒkɪŋtʃeə] gungstol
rocking-horse ['rɒkɪŋhɔːs] gunghäst

rocky ['rɒkɪ] **1** klippig; *the R~ Mountains* Klippiga bergen **2** stenhård [*~ soil*]
rococo [rə(ʊ)'kəʊkəʊ] **I** *s* rokoko **II** *adj* rokoko-
rod [rɒd] **1** käpp; stång äv. av metall; *the rain came down in ~s* regnet stod som spön i backen **2** [met]spö **3** spö; *make a ~ for one's own back* binda ris åt egen rygg **4** [ämbets]stav; bildl. äv. spira; *rule with a ~ of iron* styra med järnhand (järnspira) **5** anat., pl. *~s* stavar i ögat **6** tekn. vevstake **7** amer. sl., *hot ~* hotrod upptrimmad äldre bil **8** sl. puffra revolver
rode [rəʊd] imperf. av *ride*
rodent ['rəʊd(ə)nt] **I** *s* zool. gnagare **II** *adj* gnagande, gnagar-
rodeo [rə(ʊ)'deɪəʊ, 'rəʊdɪəʊ] (pl. *~s*) amer. **1** rodeo riduppvisning av cowboys **2** samling (hopdrivning) av boskap
1 roe [rəʊ] rom, fiskrom [äv. *hard ~*]; *soft ~* mjölke
2 roe [rəʊ] rådjur
rogue [rəʊg] **1** bov; lymmel; skojare; *~s' gallery* förbrytaralbum, förbrytargalleri **2** skämts. skälm **3** vildsint djur som lever utanför flocken; *~ elephant* vildsint ensam elefant
roguish ['rəʊgɪʃ] **1** bovaktig, skurkaktig **2** skälmsk [*~ eyes*], skälmaktig
role o. **rôle** [rəʊl] roll äv. psykol.; uppgift
roll [rəʊl] **I** *s* **1** rulle **2** valk [*~s of fat*] **3** kok. a) småfranska b) rulad [*~ of pork*] c) ung. pirog [*meat ~*] **4** rulla, lista; *~ of honour* lista över stupade [hjältar] **5** rullande, rullning [*the ~ of the ship*], rullande gång **6** muller, rullande [*~ of thunder*]; *~ of drums* äv. trumvirvlar **II** *vb tr* **1** rulla [*~ a cigarette*]; *~ one's eyes* rulla med ögonen; *~ one's r's* rulla på r-en **2** kavla [ut] [äv. *~ out*]; välta åker, gräsplan; *~ed gold* gulddoublé **III** *vb itr* **1** rulla; rulla sig; *~ in luxury* vard. vältra sig i lyx; *he's ~ing in money* (*in it*) vard. han har pengar som gräs; *~ on* [*my holiday*]*!* vard. å, vad jag längtar efter... **2** om åska o.d. mullra **3** sjö. rulla **4** gå med rullande gång; vingla
roll call ['rəʊlkɔːl] [namn]upprop; mil. appell
roller ['rəʊlə] **1** rulle; trissa; *~ bandage* binda, bandage; *~ towel* rullhandduk **2** vals; kavel; lantbr. o.d. vält; mål. roller **3** [hår]spole **4** [lång] dyning
roller-coaster ['rəʊlə,kəʊstə] **1** berg- och dalbana **2** berg- och dalbanevagn[ar]
roller-skate ['rəʊləskeɪt] **I** *s* rullskridsko **II** *vb itr* åka rullskridsko
rolling ['rəʊlɪŋ] **I** *adj* rullande etc., jfr *roll II* o. *III*; som går i vågor, vågformig, vågig; rull- [*a ~ collar*]; *~ country* ett böljande (kuperat) landskap **II** *s* rullning, rullande
rolling-mill ['rəʊlɪŋmɪl] valsverk
rolling-pin ['rəʊlɪŋpɪn] brödkavel
rolling-stock ['rəʊlɪŋstɒk] rullande materiel; vagnpark
roll-neck ['rəʊlnek] polo, polo- [*~ sweater*]
roll-on ['rəʊlɒn, ˌrəʊl'ɒn] **1** resårgördel **2** roll-on[-flaska]
roll-on-roll-off [ˌrəʊlɒn'rəʊlɒf] **I** *s* roll-on-roll-off slags rationell transportmetod **II** *adj* roll-on-roll-off-
roll-top [ˌrəʊl'tɒp, attr. '--] **1** rulljalusi **2** jalusiskrivbord [äv. *~ desk*]
roly-poly [ˌrəʊlɪ'pəʊlɪ] **I** *s* kok., *~* [*pudding*] ångkokt el. gräddad rulle (pudding) med syltfyllning **2** vard. liten rulta (tjockis) **II** *adj* knubbig
ROM [rɒm] (förk. för *read only memory*) data. ROM
Roman ['rəʊmən] **I** *adj* romersk; romar- [*the ~ Empire*]; romersk-katolsk; *~ candle* romerskt ljus fyrverkeripjäs; *~ law* romersk rätt; *~* (*r~*) *letter*[*s*] (*type*) typogr. antikva; *~* (*r~*) *numerals* romerska siffror **II** *s* **1** romare **2** bibl., [*the Epistle to the*] *~s* (konstr. ss. sg.) Romarbrevet **3** ibl. neds. romersk katolik
romance [rə(ʊ)'mæns] **I** *s* **1** romantik; *an air of ~* en romantisk stämning **2** romans kärlekshistoria; romantisk upplevelse **3** äventyrsroman; romantisk berättelse **II** *adj*, *R~* romansk [*R~ languages*] **III** *vb itr* **1** fabulera, skarva **2** svärma
Romanesque [ˌrəʊmə'nesk] **I** *adj* isht arkit. romansk; rundbåge- **II** *s* arkit. romansk stil, rundbågestil
Romania [rəʊ'meɪnjə, ruː-] Rumänien
Romanian [rəʊ'meɪnjən, ruː-] **I** *adj* rumänsk **II** *s* **1** rumän; rumänska **2** rumänska [språket]
romantic [rə(ʊ)'mæntɪk] **I** *adj* romantisk [*a ~ girl, a ~ old castle*] **II** *s* **1** romantiker **2** pl. *~s* romantiska känslor (stämningar, idéer)
romanticism [rə(ʊ)'mæntɪsɪz(ə)m] romantik
romanticize [rə(ʊ)'mæntɪsaɪz] **I** *vb tr* romantisera **II** *vb itr* vara romantisk; svärma
Romany ['rɒmənɪ] **I** *s* **1** rom **2** romani **II** *attr adj* romsk
Rome [rəʊm] Rom; *the Church of ~* romersk-katolska kyrkan
romp [rɒmp] **I** *vb itr* **1** isht om barn stoja, tumla om **2** vard., *~ in* (*home*) isht kapplöpn. 'flyga' fram till målet, vinna lätt (stort) **II** *s* **1** yrhätta, vildbasare **2** vild lek

3 isht kapplöpn., *win in a* ~ vinna lätt (stort)
rondo ['rɒndəʊ] (pl. ~s) mus. rondo
roof [ruːf] **I** s tak äv. bildl.; yttertak; *the* ~ *of a car* ett biltak; *hit (go through) the* ~ vard. a) flyga (gå) i taket, bli rasande b) rusa i höjden om priser **II** *vb tr* **1** lägga tak på, täcka [äv. ~ *in* (*over*); ~ [*in*] *a house*] **2** bilda tak över, täcka [äv. ~ *in*] **3** ge husrum åt
roof garden ['ruːfˌɡɑːdn] **1** takträdgård **2** amer. takservering
roofing ['ruːfɪŋ] **1** takläggning **2** tak **3** taktäckningsmaterial; ~ *felt* takpapp
roof rack ['ruːfræk] takräcke på bil
1 rook [rʊk] **I** s **1** zool. råka **2** vard. falskspelare isht i kortspel; lurendrejare **II** *vb tr* vard. plocka på pengar [genom falskspel]; skinna
2 rook [rʊk] schack. torn
rookie ['rʊkɪ] sl. gröngöling; mil. färsking; sport. nykomling
room [ruːm, rʊm] **I** s **1** rum i hus; pl. ~s äv. hyresrum, [hyres]lägenhet, bostad; *ladies'* ~ damrum, damtoalett; *men's* ~ herrtoalett **2** plats, utrymme; *standing* ~ ståplats[er] **3** plats för äv. bildl.; *make* ~ *for* lämna (bereda) plats för äv. bildl. **II** *vb itr* isht amer. hyra [rum], vara inneboende, bo; *they* ~ *together* de delar bostad (rum), de bor ihop
roommate ['ruːmmeɪt, 'rʊm-] **1** rumskamrat **2** sambo
room service ['ruːmˌsɜːvɪs] rumservice
roomy ['ruːmɪ] rymlig [*a* ~ *cabin*]
roost [ruːst] **I** s sittpinne; hönsstång; hönshus; *rule the* ~ vard. vara herre på täppan; *his chickens have come home to* ~ bildl. hans missdåd (missgärningar etc.) har fallit tillbaka på honom själv **II** *vb itr* om fågel slå sig ner [för att sova]
rooster ['ruːstə] tupp
1 root [ruːt] **I** s **1** rot, bildl. äv. upphov; *the* ~ *cause* den grundläggande orsaken, grundorsaken; ~ *of a tooth* tandrot; *it has its* ~[*s*] *in* det har sin rot (grund) i **2** vanl. pl. ~s rotfrukter **3** planta **4** matem. rot; *cube* ~ kubikrot; *square* ~ kvadratrot **5** språkv. rot **II** *vb itr* slå rot, få rotfäste **III** *vb tr* **1** låta slå rot; [*deeply*] ~*ed* djupt rotad; inrotad; fast förankrad **2** nagla fast [*fear* ~*ed him to the ground*]; *stand* ~*ed to the spot* stå som fastnaglad (fastvuxen) **3** ~ *out* utrota
2 root [ruːt] **I** *vb itr* rota; ~ *about* (*around*) *among* [*one's papers*] rota om[kring] i..., rota igenom... **II** *vb tr* **1** ~ [*up*] a) rota (böka) i b) rota (böka) upp **2** ~ [*out*] rota (leta) fram
rope [rəʊp] **I** s **1** rep, lina, tåg; isht sjö. tross; amer. äv. lasso; ~ *of sand* bildl. löst (skört) band; *give a p. plenty of* ~ ge ngn fria (lösa) tyglar, ge ngn fritt spelrum **2** [hals]band; fläta [~ *of onions*]; ~ *of pearls* [långt] pärl[hals]band **II** *vb tr* **1** binda [ihop (fast)] med rep **2** ~ [*in*] inhägna med rep **3** vard., ~ *a p. in* a) förmå ngn att hjälpa till (vara med, medverka) b) dra in (lura in) ngn [*into* i]; fånga in ngn
rosary ['rəʊzərɪ] relig. radband; bönbok
1 rose [rəʊz] imperf. av *rise*
2 rose [rəʊz] **I** s **1** bot. ros; [*life is*] *not a bed of* ~*s* (*not all* ~*s*) ...ingen dans (inte bara en dans) på rosor **2** stril på vattenkanna **3** rosa[färg], rosenrött **II** *adj* **1** i sammansättn. ros- [*rosebush*] **2** rosa, rosenröd
rosebud ['rəʊzbʌd] rosenknopp; ~ *mouth* rosenmun
rosebush ['rəʊzbʊʃ] ros[en]buske
rosehip ['rəʊzhɪp] bot. nypon
rosemary ['rəʊzm(ə)rɪ] bot. el. krydda rosmarin
rosette [rə(ʊ)'zet] rosett äv. bot. el. arkit.; bandros, bandrosett, kokard
rosewater ['rəʊzˌwɔːtə] rosenvatten
roster ['rɒstə] **1** mil. tjänstgöringslista **2** lista, förteckning
rostr|um ['rɒstr|əm] (pl. -*a* [-ə] el. -*ums*) **1** talarstol, kateder; tribun, estrad, podium, pult **2** prispall i olympiska spel
rosy ['rəʊzɪ] **1** rosig, rödblommig **2** rosenfärgad äv. bildl.; ljus [*a* ~ *future*]; *take a* ~ *view of* se ngt i rosenrött, se ljust på; *paint everything in* ~ *colours* måla allt i rosenrött **3** i sammansättn. rosen- [*rosy-cheeked*]
rot [rɒt] **I** *vb itr* ruttna, murkna **II** *vb tr* få att ruttna (murkna) **III** s **1** röta; förruttnelse **2** vard. dumheter, strunt **IV** *interj*, ~! struntprat!, dumheter!
rota ['rəʊtə] tjänstgöringsordning, tjänstgöringslista
rotary ['rəʊtərɪ] **I** *adj* roterande, rotations- **II** s amer. cirkulationsplats
rotate [rə(ʊ)'teɪt] **I** *vb itr* **1** rotera [~ *round* (*kring*) *an axis*] **2** växla (regelbundet); gå runt **II** *vb tr* **1** bringa i rotation **2** låta växla [regelbundet]; låta cirkulera; byta successivt; ~ *crops* bedriva växelbruk
rotation [rə(ʊ)'teɪʃ(ə)n] **1** rotation; varv [*five* ~*s an hour*] **2** växelföljd [*the* ~ *of the seasons*]; turordning; [ömsesidig] avlösning i arbete; *in* (*by*) ~ i tur och

ordning, växelvis, turvis **3** lantbr., ~ [*of crops*]
rote [rəʊt], *by* ~ utantill [*know a th. by* ~]; av gammal vana, mekaniskt, utan att tänka [*do a th. by* ~]
rotor ['rəʊtə] rotor
rotten ['rɒtn] **1** rutten äv. bildl.; skämd; murken; ~ *to the core* genomrutten **2** vard. urusel [~ *weather*], urdålig [*feel* ~], eländig; skamlig, taskig [*a* ~ *thing to have done that*]; om sak äv. jäklig; ~ *luck!* en sån förbaskad otur!
rotund [rə(ʊ)'tʌnd] rund [*a* ~ *face*; *a* ~ *little man*], trind
rouble ['ruːbl] rubel
rouge [ruːʒ] **I** *s* **1** rouge, rött puder **2** putspulver för metall, glas o.d.; *jeweller's* ~ ung. silverputs[pulver] **II** *vb tr* o. *vb itr* sminka [sig] med rouge, lägga på rouge
rough [rʌf] **I** *adj* **1** grov **2** svår[forcerad] [~ *country*] **3** svår [~ *weather*]; gropig [*a* ~ *sea*] **4** hårdhänt [~ *handling*], rå; ruffig; *it was* ~ *going* det var en svår pärs; ~ *play* sport. ojust spel, ruff; *have a* ~ *time* [*of it*] vard. ha det svårt, slita ont; *it is* ~ *on her* vard. det är synd om henne **5** ohyfsad; *a* ~ *customer* en rå typ **6** *lead a* ~ *life* leva primitivt **7** obehandlad, rå [~ *diamond*] **8** grov; ~ *copy* kladd, koncept; *in* ~ *outlines* i grova drag **9** ungefärlig; *a* ~ *estimate* en ungefärlig beräkning; *at a* ~ *estimate* äv. uppskattningsvis; *a* ~ *guess* en lös gissning **II** *adv* grovt; rått; hårt; ojust; *cut up* ~ börja bråka, ilskna till; *play* ~ spela ojust, ruffa **III** *s* **1** *take the* ~ *with the smooth* bildl. ta det onda med det goda **2** *in the* ~ i obearbetat tillstånd (skick) **3** buse **IV** *vb tr* **1** ~ *it* slita ont; leva primitivt **2** ~ *in* (*out*) teckna konturerna av **3** ~ *up* riva upp; rufsa till
roughage ['rʌfɪdʒ] **1** grovfoder **2** fiberrik kost; växtfibrer
rough-and-ready [ˌrʌfnd'redɪ] **1** grov, ungefärlig [*a* ~ *estimate*], lättvindig **2** om pers. rättfram
roughcast ['rʌfkɑːst] byggn. grovputs, grovrappning; revetering
roughen ['rʌf(ə)n] göra (bli) grov (grövre) etc., jfr *rough I*
roughly ['rʌflɪ] **1** grovt etc., jfr *rough I*; *treat* ~ behandla omilt (hårt, hårdhänt) **2** cirka; på en höft; något så när; ~ *speaking* i stort sett, på ett ungefär, i runt tal
roughneck ['rʌfnek] sl. ligist
roughness ['rʌfnəs] grovhet etc., jfr *rough I*
roughshod ['rʌfʃɒd] **1** om häst broddad **2** *ride* ~ *over* bildl. topprida, trampa ner; behandla hänsynslöst
roulette [ruː'let] roulett[spel]
round [raʊnd] **I** *adj* **1** rund, [av]rundad; ~ *robin* inlaga (protestskrivelse) med undertecknarnas namnteckningar i cirkel för att dölja ordningsföljden **2** a) jämn, rund, avrundad [*a* ~ *sum*]; hel [*a* ~ *dozen*] b) ungefärlig [*a* ~ *estimate*]; *a good* ~ [*sum*] en rundlig...; *in* ~ *figures* i runda (runt) tal **3** *scold a p. in good* ~ *terms* ge ngn en ordentlig (rejäl) utskällning **II** *s* **1** ring; rund; klot; *theatre in the* ~ arenateater **2** skiva av bröd el. korv; *a* ~ *of beef* a) ett lårstycke av oxkött b) en [dubbel]smörgås med oxkött **3** kretslopp; rond, tur; serie, rad; *the daily* ~ de dagliga bestyren **4** omgång; ~ *of ammunition* mil. a) [skott]salva b) skott [*he had three* ~*s of ammunition left*]; *a* ~ *of applause* en applåd **5** sport. o.d. rond; *a* ~ *of golf* en golfrunda **6** mus. kanon **III** *adv* **1** runt [*show a p.* ~], [runt]omkring, runtom [*6 metres* ~]; om tillbaka [*don't turn* ~*!*]; ~ *about* [runt]omkring, runtom; *all* ~ a) runtom[kring] b) överallt c) överlag, laget runt; *all the year* ~ hela året [om], året runt (om); *go a long way* ~ ta en lång omväg **2** här [*when he was* ~]; hit [*he came* ~ *one evening*]; *ask a p.* ~ be ngn hem till sig **3** ~ [*about*] [så där] omkring [~ [*about*] *lunchtime*]
IV *prep* om[kring] [*he had a scarf* ~ *his neck*], runt, kring [*sit* ~ *the table*]; runtom; omkring (runt) i (på) [*walk* ~ *the town*]; ~ *the clock* dygnet runt, jfr *round-the-clock*
V *vb tr* **1** göra rund; runda [~ *the lips*]; ~*ed bosom* rund (fyllig) barm **2** runda [~ *a street corner*], gå (fara, segla) runt, sjö. äv. dubblera [~ *a cape*] **3** ~ *up* samla (driva) ihop; mobilisera, samla [~ *up volunteers*]
VI *vb itr* **1** ~ *out* bli fyllig[are] (rundare) **2** vända sig om; ~ *on a p.* fara ut mot ngn
roundabout ['raʊndəbaʊt] **I** *adj* tillkrånglad [~ *paragraphs*]; *use* ~ *methods* bildl. gå omvägar; ~ *way* (*route*) omväg **II** *s* **1** karusell **2** trafik. rondell, cirkulationsplats **3** omväg
roundly ['raʊndlɪ] **1** [cirkel]runt etc., jfr *round I* **2** öppet [*his methods were* ~ *condemned*], oförblommerat, rent ut [*I told him* ~ *that he was wrong*]
3 fullständigt
round-shouldered [ˌraʊnd'ʃəʊldəd] kutryggig

round-table [ˌraʊnd'teɪbl] **I** *adj* rundabords- [*~ conference*] **II** *s* rundabordskonferens
round-the-clock ['raʊndðəklɒk, ˌ--'-] dygnslång [*a ~ attack*], som pågår (pågick) hela dygnet [*~ meetings*]; [*they have*] *~ service* ...dygnetruntservice, ...öppet (jourtjänst) dygnet runt
round-trip ['raʊndtrɪp] amer. turochretur- [*a ~ ticket*]
roundup ['raʊndʌp] **1** hopsamlande **2** [*police*] *~* [polis]razzia [*of* bland] **3** sammanfattning [*a news ~*], översikt [*a sports ~*]; Sports *~* radio. el. TV. sportextra
rouse [raʊz] **1** väcka [upp] **2** bildl. a) väcka, sätta liv (fart) i; sätta i rörelse [*~ the imagination*]; egga [*~ a p. to action*], elda [upp] [*~ the masses*] b) reta [upp] [*~ a p. to anger*]; *~ oneself* rycka upp sig, vakna upp
rousing ['raʊzɪŋ] **1** väckande; *a ~ appeal* en flammande appell; *a ~ tune* en medryckande melodi **2** översvallande [*a ~ welcome*]
1 rout [raʊt] **I** *s* vild (oordnad) flykt; sammanbrott; sport. äv. skräll; *the army is in full ~* armén befinner sig i fullständig upplösning (är på vild flykt); *put to ~* driva (jaga, slå) på flykten **II** *vb tr* driva (jaga, slå) på flykten; fullständigt besegra
2 rout [raʊt] **I** *vb itr*, *~* [*about*] rota, böka, gräva [*for* efter] **II** *vb tr* **1** om svin böka (rota) upp **2** *~ out* gräva (leta) fram (upp)
route [ruːt, mil. o. ibl. amer. äv. raʊt] **I** *s* **1** rutt, route, [färd]väg; amer. huvudväg [*R~ 22*]; sträcka för trafik; [*the buses*] *on ~ number 50* ...på linje 50 **2** mil. marschrutt, marschruta **II** *vb tr* sända viss väg [*all mail was ~d via the Cape*]; dirigera
routine [ruː'tiːn] **I** *s* **1** rutin, praxis; *office ~* kontorsrutiner, rutinerna (arbetsgången) på ett kontor; *it's just a matter of ~* det är bara en rutinsak (formalitet) **2** slentrian **3** teat. nummer på repertoaren [*a dance ~*] **II** *adj* **1** rutin- [*~ duties*], rutinmässig; vanemässig; vanlig [*the ~ procedure*]; [*things like this*] *are ~ these days* ...hör till regeln (vanligheten) nu för tiden **2** slentrianmässig
rove [rəʊv] **I** *vb itr* ströva [omkring]; flacka [omkring] [*~ from place to place*], irra [*his eyes ~d from one place to another*] **II** *vb tr* genomströva [*~ the woods*] **III** *s*, *be on the ~* vara ute och vandra
rover ['rəʊvə] vandrare; rastlös person; nomad
roving ['rəʊvɪŋ] kringströvande; *~ ambassador* resande ambassadör; *~ reporter* flygande reporter
1 row [rəʊ] **1** rad, räcka [*a ~ of houses*]; led; *~ house* amer. radhus **2** bänk[rad] **3** i stickning varv **4** gata isht i gatunamn
2 row [rəʊ] **I** *vb tr* **1** ro [*~ a boat*]; *~ a race* ro ikapp **2** ro mot, tävla med **II** *vb itr* ro; *the boat ~s easily* båten är lättrodd **III** *s* rodd[tur]; *be out for a ~* vara ute och ro
3 row [raʊ] **I** *s* **1** oväsen; [*the children*] *made (were kicking up) an awful ~* ...förde ett förskräckligt liv (oväsen), ...levde bus; *stop that ~!* för inte ett sånt liv! **2** gräl, spektakel; strid; *have a ~* bråka, gräla **II** *vb tr* skälla ut, gräla på **III** *vb itr* **1** väsnas, bråka **2** gräla, gruffas; *~ with a p.* gräla med ngn
rowan ['rəʊən, 'raʊ-] isht nordeng. el. skotsk. **1** rönn **2** rönnbär
rowanberry ['rəʊənˌberɪ, 'raʊən-] rönnbär
rowdy ['raʊdɪ] **I** *s* bråkmakare **II** *adj* bråkig, våldsam [*~ scenes*]
rowdyism ['raʊdɪɪz(ə)m] busliv
rower ['rəʊə] roddare
rowing-boat ['rəʊɪŋbəʊt] roddbåt
rowlock ['rɒlək, 'rʌl-, 'rəʊlɒk] årtull
royal ['rɔɪ(ə)l] **I** *adj* a) kunglig [*~ blood*; *His R~ Highness*], kunga- [*~ power*] b) bildl. kunglig, storartad [*a ~ welcome*]; strålande [*in ~ spirits*]; *R~ Commission* statlig utredning; *the ~ family* den kungliga familjen, de kungliga; kungahuset; *the ~ speech* trontalet; *have a ~ time* roa sig kungligt, stornjuta **II** *s* vard. kunglig [person] [*a ~, the ~s*]
royalist ['rɔɪəlɪst] rojalist
royalistic [ˌrɔɪə'lɪstɪk] rojalistisk
royalty ['rɔɪ(ə)ltɪ] **1** kunglighet, kungamakt **2 a)** kunglig person **b)** kungligheter [*in the presence of ~*] **3** royalty
RSPCA förk. för *Royal Society for the Prevention of Cruelty to Animals*
RSVP (förk. för *répondez s'il vous plaît* fr.) på bjudningskort o.s.a (förk. för *om svar anhålles*)
rub [rʌb] **I** *vb tr* (se äv. *II*) gnida, gnugga, skava; frottera; polera; *~ shoulders (elbows) with* umgås med, neds. frottera (beblanda) sig med; *~ a p.* [*up*] *the wrong (right) way* bildl. stryka ngn mothårs (medhårs)

II *vb tr* o. *vb itr* med adv.:

*~ **along*** vard.: **a)** klara sig **b)** *we manage to ~ along together* vi kommer [ganska] bra överens

*~ **down*** gnida (gnugga) ren; gnida slät, slipa av; frottera; rykta

~ **in**: **a)** gnida in **b)** bildl. *don't ~ it in!* du behöver inte tjata om (påminna mig om) det!
~ **off**: **a)** gnida (putsa, nöta) av (bort); sudda ren **b)** gå att gnida av (bort) osv. **c)** nötas av (bort) **d)** vulg. runka
~ **out**: **a)** sudda (stryka) ut (bort); gnida (putsa, nöta) av (bort) **b)** gå att sudda ut (bort) [~ *out easily*]; gå att gnida bort
~ **up**: **a)** putsa (polera) [upp]; gnida (putsa) av **b)** bildl. friska upp [~ *up one's French*]
III s **1** gnidning, frottering **2** *there's the ~* det är där problemet ligger
1 rubber ['rʌbə] kortsp. robbert; spel
2 rubber ['rʌbə] **1** kautschuk [äv. *India ~*]; radergummi; pl. ~s isht amer. vard. galoscher; ~ *solution* gummilösning **2** person (sak) som gnider (skrapar etc., jfr (*rub I*)); *board* ~ tavelsudd **3** isht amer. sl. gummi kondom
rubber band [ˌrʌbə'bænd] gummisnodd
rubber-stamp [ˌrʌbə'stæmp] **I** s **1** gummistämpel; *get the* ~ bildl. få [ett] godkännande (ett ja) **2** bildl. **a)** kliché **b)** nickedocka **II** vb tr stämpla; vard. skriva under [obesett]
rubbery ['rʌbəri] seg [som gummi]
rubbish ['rʌbɪʃ] **I** s **1** avfall; sopor; skräp; ~ *chute* sopnedkast **2** bildl. **a)** skräp, smörja **b)** nonsens, goja **II** vb tr racka ner på **III** interj. ~! struntprat!
rubbishy ['rʌbɪʃɪ] **1** skräp-, strunt- [~ *novel (film)*]; futtig **2** skräpig
rubble ['rʌbl] **1** stenskärv; packsten, stenflis **2** spillror; *a heap of* ~ en grushög
ruble ['ruːbl] rubel myntenhet
ruby ['ruːbɪ] **I** s **1** rubin; i ur äv. sten **2** rubinrött **II** adj rubinröd; ~ *lips* purpurröda läppar
rucksack ['rʌksæk, 'rʊk-] ryggsäck
rudder ['rʌdə] roder; flyg. sidoroder
ruddy ['rʌdɪ] **I** adj **1** rödblommig [*a ~ complexion, a ~ face*] **2** röd, rödaktig; rödbrun **3** sl. (eufem. för *bloody*) förbenad, jäkla **II** adv sl. (eufem. för *bloody*) förbenat, jäkla
rude [ruːd] **1** ohövlig [~ *remarks*], rå, ful [~ *words on the wall*] **2** våldsam, häftig [*a ~ reminder, a ~ shock*]; hård [*a ~ hand, ~ realities*]; *he had a ~ awakening* bildl. det blev ett smärtsamt uppvaknande för honom
rudeness ['ruːdnəs] vard. ohövlighet
rudiment ['ruːdɪmənt] **1** rudiment, anlag, ansats **2** pl. ~s första grunder, grund[drag], elementa
rudimentary [ˌruːdɪ'ment(ə)rɪ] **1** rudimentär; begynnelse- **2** elementär; *only a ~ knowledge of the language* endast elementära kunskaper i språket
rueful ['ruːf(ʊ)l] **1** bedrövlig, sorglig; *a ~ smile* ett beklagande leende **2** nedslagen, bedrövad
ruff [rʌf] **1** pipkrage; krås **2** zool. halskrage
ruffian ['rʌfjən] råskinn, buse
ruffianly ['rʌfjənlɪ] skurkaktig, rå
ruffle ['rʌfl] **I** vb tr **1** ~ [*up*] rufsa till [~ *a p.'s hair*], bringa i oordning; skrynkla; burra upp [*the bird ~d up its feathers*] **2** sätta i rörelse, krusa [*a breeze ~d the surface of the lake*] **3** ~ *a p.'s temper* förarga ngn **4** rynka; förse med krås (krus) **II** s krås; volang; spetsmanschett
rug [rʌg] **1** [liten] matta; *bedside* ~ sängmatta **2** filt; vagnstäcke; [*travelling*] ~ [res]pläd
rugged ['rʌgɪd] **1** ojämn, skrovlig [~ *bark*]; oländig [~ *ground, ~ country*]; klippig [*a ~ coast, ~ mountains*] **2** fårad [*a ~ face*], oregelbunden, kraftigt markerad [~ *features*] **3** sträv, bister [*a ~ old peasant*], kantig, ohyfsad [~ *manners*] **4** otymplig, knagglig [~ *verse*] **5** kraftfull, härdad [*the pioneers were ~ people*], stark [~ *physique*]; ~ *health* järnhälsa **6** bister [~ *times; ~ weather*]
rugger ['rʌgə] vard. rugby[fotboll]
ruin ['ruːɪn] **I** s **1** ruin[er]; spillror **2** bildl. ruin, fall, fördärv; förfall; *this will be the ~ of us* detta blir vårt fördärv (fall) **II** vb tr **1** ödelägga **2** ruinera; krossa **3** fördärva [~ *one's health*]
ruination [ˌruːɪ'neɪʃ(ə)n] **1** ödeläggelse **2** ruin
ruinous ['ruːɪnəs] **1** förfallen; i ruiner; *be in a ~ state* ligga i ruiner; vara alldeles förfallen **2** förödande, fördärvbringande **3** ruinerande
rule [ruːl] **I** s **1** regel äv. gram.; norm; vana; ~ *of thumb* tumregel; *the exception proves the ~* undantaget bekräftar regeln **2** regel, bestämmelse, pl. ~s äv. stadgar [*club ~s*], reglemente; *the ~[s] of the road* trafikreglerna, körreglerna; *against* (*contrary to*) [*the*] ~s mot regeln (reglerna); *work to ~* följa reglementet till punkt och pricka med sänkt arbetstakt som följd **3** styre [*under British ~*], styrelseskick; regering; *society founded on the ~ of law* rättssamhälle **4** tumstock, måttstock **II** vb tr **1** regera [över], härska över; bildl. behärska; prägla **2** fastställa, stadga; avgöra; ~ *out* [*the possibility*] utesluta (avfärda)... **3** linjera; ~*d paper* linjerat papper **III** vb itr **1** regera; råda äv.

bildl. [*silence ~d in the assembly*] **2** isht jur. meddela utslag [*the court ~d on* (i) *the case*]

ruler ['ruːlə] **1** härskare, styresman **2** linjal

ruling ['ruːlɪŋ] **I** *adj* **1** regerande etc., jfr *rule II* o. *III*; *~ prices* gällande priser (kurser); ibl. genomsnittspriser **2** dominerande; *~ passion* stor passion, allt överskuggande lidelse **II** *s* **1** isht jur. utslag **2** linjering; linjer

1 rum [rʌm] rom dryck; amer. vard. sprit

2 rum [rʌm] ngt åld. vard. konstig, underlig; *a ~ start* (*go*) en underlig (mystisk) historia tilldragelse

rumba ['rʌmbə] **I** *s* rumba **II** *vb itr* dansa rumba

rumble ['rʌmbl] **I** *vb itr* **1** mullra; dundra (skramla) [fram] **2** om mage kurra, knorra **3** *~ on* mala (prata) på **II** *vb tr* sl. komma underfund med [*we have ~d their game*] **III** *s* **1** mullrande, dån; radio. o.d. brummande lågfrekventa störningar **2** mummel, mumlande **3** a) på bil [reservsäte i] bakklucka [äv. *~ seat*]; bagageutrymme b) betjäntsäte bakpå vagn

rumbustious [rʌmˈbʌstjəs] vard. larmande, bullrande, stojande; oregerlig

ruminate ['ruːmɪneɪt] **1** idissla **2** grubbla, ruva

rummage ['rʌmɪdʒ] **I** *vb tr* söka (leta, snoka, rota) igenom [*~ a house, ~ one's pockets*] **II** *vb itr* leta; *~ for* rota igenom på jakt efter

rummy ['rʌmɪ] rummy slags kortspel

rumour ['ruːmə] **I** *s* rykte [*a false ~*] **II** *vb tr, it is ~ed that* det ryktades att, ryktet går (säger) att

rumourmonger ['ruːməˌmʌŋgə] ryktesmidare, ryktesspridare

rump [rʌmp] **1** bakdel; gump på fågel **2** slakt. (ung.) tjock fransyska

rumple ['rʌmpl] skrynkla ned [*~ one's collar*]; rufsa (tufsa) till [*~ one's hair*]

rumpsteak [ˌrʌmpˈsteɪk, '--] rumpstek

rumpus ['rʌmpəs] vard. bråk; gruff, uppträde; *kick up* (*make*) *a ~* ställa till bråk

run [rʌn] **I** (*ran run*) *vb itr* (se äv. *III*) **1** springa, löpa; gå; skynda **2** fly; om tid äv. gå **3** sport. o.d. löpa, springa; *Blue Peter also ran* dessutom deltog Blue Peter i loppet utan att placera sig **4** polit. o.d. (isht amer.) ställa upp **5** glida, rulla; bildl. [för]löpa [*his life has ~ smoothly* (lugnt)]; *the verses ~ smoothly* versen flyter bra **6 a)** om maskin o.d. gå; *leave the engine ~ning* låta motorn gå [på tomgång] b) gå [i trafik] [*the buses ~ every five minutes*] c) segla **7** bildl. sprida sig [*the news ran like wildfire* (en löpeld)] **8** om färg o.d. fälla [*these colours won't ~*]; flyta [ut (ihop, omkring)] **9** rinna, droppa [*your nose is ~ning*], flyta, flöda; om sår vätska (vara) sig **10** bli, vara; *~ dry* torka [ut], sina; *~ high* a) om tidvatten, pris m.m. stiga högt; om sjö gå hög[t] b) om känslor o.d. svalla [högt] **11** om växt slingra sig, klättra **12 a)** löpa om kontrakt o.d. b) pågå; *the play ran for six months* pjäsen gick i sex månader **13** lyda; *it ~s as follows* det lyder på följande sätt **14** *my stocking has ~* det har gått en maska på min strumpa

II (*ran run*) *vb tr* (se äv. *III*) **1** springa [*~ a race*], löpa äv. bildl. [*~ a risk*]; *~ errands* (*messages*) springa ärenden [*for* åt (för)] **2** springa efter [*I ran him to the corner*]; *~ a p. close* (*hard*) a) följa ngn hack i häl b) kunna konkurrera med ngn **3** fly ur (från) [*~ the country*] **4** låta löpa [*~ a horse in the Derby*] **5** driva [*~ a business*]; leda, styra; sköta; *~ a course* ha (leda, hålla) en kurs **6** a) köra [*I'll ~ you home in my car*] b) låta glida (löpa) [*~ one's fingers through one's hair*] c) köra [*~ a splinter into one's finger*], ränna **7** a) köra [*~ a taxi*]; hålla (sätta) i gång; *~ a film* köra (visa) en film b) segla; sätta in (i trafik) [*~ extra buses*] **8** driva på bete **9** bryta [*~ a blockade*] **10 a)** låta rinna [*~ water into a bath-tub*] b) strömma (rinna, flöda) av; spruta [fram]; *~ blood* blöda, drypa av blod **11** smuggla [in] [*~ arms*] **12** dra [*~ a telephone cable*] **13** *I cannot afford to ~ a car* jag har inte råd att ha bil

III (*ran run*) *vb itr* o. *vb tr* med adv. o. prep. isht med spec. övers.:

~ about springa (löpa, fara) omkring

~ across: a) löpa (gå) tvärs över b) stöta (råka, springa, träffa) 'på

~ against: a) stöta (råka, träffa) 'på; rusa emot b) sport. o.d. tävla (springa) mot; polit. o.d. (isht amer.) ställa upp (kandidera mot) c) *~ one's head against the wall* bildl. köra huvudet i väggen

~ aground gå (segla, ränna) på grund

~ along! vard. i väg med dig!

~ away springa i väg (bort)

~ away with: a) rymma (sticka) med; stjäla b) vinna lätt; *she ran away with the show* hon stal hela föreställningen c) *don't ~ away with the idea that* gå nu inte omkring och tro att d) rusa i väg med [*his feelings ~ away with him*]

~ down: a) springa (löpa, fara, rinna) ner

(nedför, nedåt); *a cold shiver ran down my back* det gick kalla kårar efter ryggen på mig **b)** om ur o.d. [hålla på att] stanna **c)** *be (feel) ~ down* vara (känna sig) trött och nere **d)** ta slut; köra slut på; *the battery has (is) ~ down* batteriet är slut (har laddat ur sig) **e)** förfalla **f)** minska, gå tillbaka **g)** fara (resa) ut från storstad [*~ down to the country*] **h)** köra över (ner) **i)** tala illa om

~ for: a) springa till; springa efter **b)** *~ for it* vard. skynda sig, springa fort (för livet) **c)** polit. o.d. ställa upp som (till, för, i); *~ for the Presidency* kandidera till presidentposten **d)** löpa [i] om kontrakt o.d.; pågå; *the play ran for 200 performances* pjäsen gick (uppfördes) 200 gånger

~ in: a) rusa in **b)** *it ~s in the family* det ligger (går) i släkten; *it keeps ~ning in my head* om melodi, tanke, o.d. jag har den ständigt i huvudet **c)** vard. haffa [*the police ran him in*] **d)** köra in [*~ in a new car (an engine)*]; *~ning in* om bil under inkörning

~ into: a) köra (rusa) 'på ([in] i, emot), ränna in i (emot) [*~ into a wall*] **b)** stöta (råka, träffa) 'på **c)** råka [in] i; försätta i [*~ into difficulties; ~ into debt*] **d)** [upp]nå; [*a book that has*] *~ into six editions* ...uppnått sex upplagor

~ off: a) springa [bort (sin väg)]; rymma **b)** kasta ned [*~ off an article*], skriva ihop **c)** trycka [*the machine ~s off 500 copies a minute*]; köra [*~ off fifty copies of a stencil*] **d)** spela upp [*~ off a tape*] **e)** sport. avgöra [genom omtävling]; *~ off the preliminary heats* avverka försöksheaten

~ on: a) gå 'på **b)** fortsätta **c)** om bokstäver hänga ihop, skrivas sammanhängande **d)** prata 'på **e)** röra sig (kretsa) kring; röra sig om **f)** gå på [*~ on petrol*]

~ out: a) springa (löpa, gå) ut; *~ out on* vard. a) springa (löpa) ifrån [*time is ~ning out on me*] b) sticka ifrån, överge [*~ out on a p.*], lämna i sticket **b)** löpa (gå) ut [*my subscription has ~ out*]; hålla på att ta slut [*our stores are ~ning out*]; rinna ut (ur); *we are ~ning out of sugar* vi börjar få ont om socker, sockret håller på att ta slut **c)** jaga (köra) bort (ut) [*~ a p. out of (från, ur) town*] **d)** sport., *~ out a winner* utgå som segrare, vinna

~ over: a) kila (titta) över [på besök] **b)** rinna (flöda) över **c)** *~ [one's eyes (eye)] over* titta (ögna) igenom, granska [*they ran over the report*] **d)** gå igenom på nytt **e)** köra (rida) över; *he was ~ over* han blev överkörd **f)** [*I'll ask John*] *to ~ you over to my place* ...köra (skjutsa) dig över till mig **g)** *~ over the time* dra över [tiden]

~ round: a) löpa (gå) runt **b)** kila (titta, köra) över

~ through: a) gå (löpa) igenom; genomsyra **b)** genomborra **c)** göra slut på [*~ through one's fortune*] **d)** ögna igenom; repetera

~ to: a) skynda (ila) till [*~ to his help*] **b)** uppgå till [*that will ~ to a pretty sum*] **c)** omfatta [*the story ~s to 5,000 words*], komma upp till (i) **d)** vard. ha råd med (till); *my income doesn't ~ to it* min inkomst räcker inte till det

~ up: a) springa (löpa) uppför **b)** sport. ta sats **c)** växa [upp]; gå upp; *~ up an account with* skaffa sig konto hos **d)** om vikt, pris m.m., *~ up to* ligga på, uppgå till, nå **e)** fara (resa) in [*~ up to town (London)*] **f)** *~ up against* stöta på [*~ up against difficulties*], raka 'på (in i) **g)** smälla (smäcka) upp [*~ up a house*] **h)** summera, addera [*~ up a column of figures*]

IV *s* **1** a) löpning; språng b) språngmarsch; *have a ~ for one's money* a) få valuta för pengarna b) få en hård match **2** ansats för hopp; *take a ~* ta sats **3** sport. i kricket o.d. 'run' **4** kort färd; resa, körning; *a ~ in the car* en [liten] biltur (åktur) **5** rutt, väg, runda **6** a) tendens [*the ~ of the market*] b) riktning; sträckning c) förlopp; gång; *the daily ~ of affairs* den dagliga rutinen **7** serie, följd [*a ~ of misfortunes*], period [*a ~ of good weather*]; *have a good ~* ha framgång, gå bra; *a ~ of good (bad) luck* ständig tur (otur); *in the long ~* i längden, i det långa loppet, på lång sikt **8** plötslig (stegrad) efterfrågan [*there was a ~ on (på) copper*]; rusning **9** *the common (ordinary, general) ~ of mankind (men)* vanligt folk, vanliga människor **10** inhägnad, rastgård för djur **11** vard. fritt tillträde **12** [löp]maska på strumpa o.d.

runabout ['rʌnəbaʊt] liten lätt bil (vagn)
runaway ['rʌnəweɪ] **I** *s* **1** flykting **2** skenande häst **II** *adj* förrymd; bortsprungen; skenande [*a ~ horse*]; *~ inflation* galopperande (skenande) inflation
run-down ['rʌndaʊn] **I** *adj* **1** slutkörd; nedgången; medtagen; trött och nere

2 nerkörd [*a ~ car*], förfallen **II** *s* vard. sammandrag, rapport
rune [ruːn] runa
1 rung [rʌŋ] perf. p. av *1 ring*
2 rung [rʌŋ] **1** pinne på stege; steg; *start on the lowest ~* [*of the ladder*] bildl. starta från botten [av samhällsstegen] **2** tvärpinne mellan stolsben **3** eker; sjö. o.d. handspak på ratt
run-in ['rʌnɪn] isht amer. **1** inflygning mot mål **2** uppvärmning; inledning **3** kapplöpn. o.d. upplopp
runner ['rʌnə] **1** sport. o.d. löpare **2** bud; mil. ordonnans **3** agent; kundvärvare; inkasserare **4** a) sjö. snällseglare b) blockadbrytare c) smugglare ofta i sammansättn. **5** gångmatta; [*central*] ~ [bord]löpare **6** med på släde o.d.; [skridsko]skena **7** bot. a) reva, skott b) växt som förökar sig genom utlöpare
runner-up [ˌrʌnər'ʌp] (pl. *runners-up* ['rʌnəz'ʌp]); *be ~* komma på andra plats, bli tvåa
running ['rʌnɪŋ] **I** *pres p* o. *adj* **1** löpande, springande; rinnande [*~ water*], flytande etc., jfr *run I*; *~ fight* strid under reträtt (flykt) **2** [fort]löpande; i följd (rad, sträck) [*three times (days) ~*]; *~ account* löpande räkning; *keep up a ~ commentary on* fortlöpande (hela tiden) kommentera; *~ expenses* löpande utgifter, driftskostnader **II** *s* **1** a) springande, löpande; lopp b) gång [*the smooth ~ of an engine*]; *make the ~* a) vid löpning bestämma farten, leda b) bildl. ha initiativet, leda; ange tonen; *be in the ~* vara med i leken (tävlingen); *be out of the ~* vara ur leken (spelet, räkningen), vara utan utsikt att vinna **2** kraft[er] att springa [i kapp] **3** körförhållanden o.d.; bana [*the ~ is good*]; före
running-board ['rʌnɪŋbɔːd] fotsteg på bil, tåg o.d.
runny ['rʌnɪ] vard. rinnande [*a ~ nose*]; lös, tunn, för litet kokt [*a ~ egg*]
run-off ['rʌnɒf] **1** sport. omtävling; slutspel **2** bildl. avgörande [omgång] **3** amer., *~ primary* nytt primärval, omval
run-of-the-mill [ˌrʌnəvðə'mɪl] ordinär, genomsnitts- [*a ~ performance*]
runt [rʌnt] vard. neds. puttefnask
run-up ['rʌnʌp] **1** sport. sats **2** bildl. inledning **3** amer. [plötslig] ökning
runway ['rʌnweɪ] **1** flyg. startbana **2** sport. ansatsbana
rupee [ruː'piː, rʊ'p-] rupie mynt[enhet]
rupture ['rʌptʃə] **I** *s* **1** a) bristning i muskel,

jordytan m.m.; ruptur b) [sönder]brytande **2** bildl. brytning **3** med. ruptur; bråck **II** *vb itr* brista **III** *vb tr* spräcka
rural ['rʊər(ə)l] lantlig [*~ idyll*]; lant- [*~ postman*], lands-; lantmanna-; lantbruks-; *~ dean* kontraktsprost; *~ life* lantliv[et], liv[et] på landet
ruse [ruːz] list, knep, fint
1 rush [rʌʃ] bot. säv; tåg[växt]
2 rush [rʌʃ] **I** *vb itr* **1** rusa, storma; bildl. äv. kasta sig; *~* [*and tear*] jäkta **2** forsa, välla [*a river ~es past*] **II** *vb tr* **1** störta [*~ the nation into war*], driva; rusa (jaga, störta) i väg med, föra i all hast (i ilfart) [*he was ~ed to hospital*]; forcera [äv. *~ on* (*up*)]; *~ a bill through* trumfa igenom (forcera behandlingen av) ett lagförslag; *~ an order through* snabbexpediera en beställning; *don't ~ me!* jäkta mig inte! **2** mil. el. bildl. storma [*~ a platform*]; kasta sig över **3** kasta (störta) sig över [*~ a fence, ~ a stream*] **4** sl. skörta upp; skinna, pungslå; *how much did they ~ you for this?* hur mycket måste du punga ut med för det här? **III** *s* **1** rusning, rush [*on* (*to, into*) till]; anstormning, anfall; *the Christmas ~* julrushen, julbrådskan; *a ~ on the dollar* [en] livlig efterfrågan på dollarn, rusning efter dollarn; *make a ~* a) rusa fram b) skynda sig **2** jäkt [äv. *~ and tear*]; brådska; *be in a ~* ha det jäktigt, ha bråttom; *it was a bit of ~* det var lite jäktigt **3** [fram]brusande, framvällande, forsande; *there was a ~ of blood to his head* blodet rusade åt huvudet på honom **4** film., pl. *~es* arbetskopia, direktkopia
rush hour ['rʌʃˌaʊə], *the ~* rusningstid[en]
rusk [rʌsk] skorpa bakverk
russet ['rʌsɪt] **I** *adj* rödbrun; gulbrun **II** *s* rödbrunt; gulbrunt
Russia ['rʌʃə] Ryssland
Russian ['rʌʃ(ə)n] **I** *adj* rysk; *~ roulette* rysk roulett; *~ salad* legymsallad **II** *s* **1** ryss; ryska **2** ryska [språket]
rust [rʌst] **I** *s* rost på metaller o. växter **II** *vb itr* rosta; *~ away* rosta sönder **III** *vb tr* göra rostig
rustic ['rʌstɪk] **I** *adj* lantlig; rustik; *~ style* allmogestil, rustik stil **II** *s* lantbo; neds. bonde, bondtölp
rustle ['rʌsl] **I** *vb itr* **1** prassla **2** röra sig med ett prasslande (rasslande, frasande) ljud [ofta *~ along*] **3** amer. vard. hugga (ligga) 'i [äv. *~ around*]; tränga sig fram **4** amer. vard. stjäla boskap **II** *vb tr* **1** prassla (rassla, frasa) med **2** amer. vard. stjäla [*~ cattle*] **3** vard. hugga (ligga) 'i med; *~* [*up*]

skaffa [fram], ordna, fixa [*~ up some food*] **III** *s* prassel, rassel; sus

rustler ['rʌslə] amer. boskapstjuv

rustproof ['rʌstpru:f] **I** *adj* rostbeständig, rostfri **II** *vb tr* göra rostbeständig (rostfri)

1 rusty ['rʌstɪ] **1** rostig; rostfläckig **2** rostfärgad **3** a) om pers. stel, ur form, otränad [*a bit ~ at tennis*], ringrostig b) försummad; *get* (*grow*) *~* ligga av sig [*she has got* (*grown*) *~ in Latin*]; komma ur form

2 rusty ['rʌstɪ] motsträvig [*~ horse*]; *cut up* (*turn*) *~* vard. ilskna till, sätta sig på tvären [*on* mot]; bli förbaskad

1 rut [rʌt] **I** *vb itr* om hjort, get m.fl. vara brunstig **II** *s* brunst[tid]

2 rut [rʌt] hjulspår äv. bildl.; slentrian; *get* (*fall*) *into a ~* fastna i slentrian, fastna (gå) i gamla hjulspår (spår)

ruthless ['ru:θləs] obarmhärtig, utan medömkan

rye [raɪ] **1** råg **2** i USA o. Canada, *~* [*whiskey*] whisky gjord på råg **3** rågbröd

Ryvita [raɪ'vi:tə] ® slags knäckebröd

S, s [es] (pl. *S's* el. *s's* ['esɪz]) S, s
S förk. för *Southern* (postdistrikt i London), *south*[*ern*], *Sunday*
$ = *dollar*[*s*]
's = *has* [*what's he done?*]; *is* [*it's, she's*]; *does* [*what's he want?*]; *us* [*let's see*]
SA förk. för *Salvation Army*
Sabbath ['sæbəθ] sabbat; vilodag; ~ *day* sabbatsdag, vilodag
sabbatical [sə'bætɪk(ə)l] I *adj* sabbats-; ~ *year* (*leave*) isht univ. sabbatsår II *s* isht univ. sabbatsår; *be on* ~ ha sabbatsår
sable ['seɪbl] I *s* **1** zool. sobel **2** sobelskinn; sobelpäls II *adj* sobel-
sabotage ['sæbətɑːʒ] I *s* sabotage II *vb tr* sabotera [~ *a meeting*]; utsätta för sabotage III *vb itr* sabotera
saboteur [ˌsæbə'tɜː] sabotör
sabre ['seɪbə] sabel
sabre-rattling ['seɪbəˌrætlɪŋ] bildl. I *s* sabelskrammel II *adj* sabelskramlande
sac [sæk] zool. el. bot. säck
saccharin ['sækərɪn, -riːn] kem. sackarin
sachet ['sæʃeɪ] **1** doftpåse **2** [plast]kudde med schampo, badolja o.d. **3** [liten] påse för te, kaffe m.m.
1 sack [sæk] I *s* **1** säck äv. ss. mått; amer. äv. påse **2** vard., *get the* ~ få sparken, få avsked på grått papper **3** vard., *hit the* ~ krypa till kojs, gå och knyta sig II *vb tr* vard. sparka, avskeda
2 sack [sæk] I *s* plundring II *vb tr* plundra [och härja i]
sackcloth ['sækklɒθ] säckväv; *in* ~ *and ashes* i säck och aska
sacking ['sækɪŋ] säckväv
sacrament ['sækrəmənt] kyrkl. sakrament; *the Blessed* (*Holy*) *S*~ [den heliga] nattvarden
sacred ['seɪkrɪd] **1** helgad; ~ *to* äv. ägnad [åt]; förbehållen **2** helig [*a* ~ *book* (*duty*)]; okränkbar [~ *rights*]; ~ *cow* vard. helig ko **3** religiös [~ *poetry*], andlig [~ *songs*], kyrklig, sakral [~ *music*]; högtidlig
sacrifice ['sækrɪfaɪs] I *s* **1** offer; offrande **2** uppoffring; uppoffrande; *at* (*by*) *the* ~ *of*

på bekostnad av, med uppoffrande av II *vb itr* offra III *vb tr* **1** offra **2** uppoffra, offra
sacrilege ['sækrɪlɪdʒ] isht bildl. helgerån, vanhelgande
sacrosanct ['sækrə(ʊ)sæŋ(k)t] sakrosankt
sad [sæd] **1** ledsen **2** sorglig [*a* ~ *day*], tråkig; bedrövlig [*in a* ~ *state*]
sadden ['sædn] I *vb tr* göra ledsen (sorgsen) II *vb itr* bli ledsen (sorgsen)
saddle ['sædl] I *s* sadel; ~ *of mutton* kok. fårsadel II *vb tr* **1** sadla; ~ *up* sadla på **2** bildl. betunga, belasta; ~ *a th. on a p.* a) lägga (lasta) på ngn ngt b) skjuta (lägga) skulden för ngt på ngn; ~ *a p. with a th.* lägga (lasta) på ngn ngt
saddlebag ['sædlbæg] **1** sadelficka **2** verktygsväska på cykel; cykelväska
sadism ['seɪdɪz(ə)m] sadism äv. psykol.
sadist ['seɪdɪst] sadist
sadistic [sə'dɪstɪk] sadistisk äv. psykol.
sadly ['sædlɪ] **1** sorgset **2** ~, [*I must admit*] tråkigt nog...; *be* ~ *in need of* vara i stort behov av
sadness ['sædnəs] sorgsenhet
safari [sə'fɑːrɪ] safari; ~ *park* safaripark
safe [seɪf] I *adj* **1** a) säker, trygg [*feel* ~], utom fara b) riskfri, ofarlig; *not* ~ äv. inte [till]rådlig; *at a* ~ *distance* på behörigt (säkert) avstånd; ~ *sex* säker sex med skyddsmedel mot sjukdomar; *better* [*to be*] ~ *than sorry* bäst att ta det säkra för det osäkra **2** ~ [*and sound*] välbehållen, oskadd **3** säker [*a* ~ *method*], som man kan lita på II *s* **1** kassaskåp **2** [mat]skåp med nätväggar **3** sl. kondom
safe conduct [ˌseɪf'kɒndʌkt] **1** [fri] lejd **2** lejdebrev
safe-deposit ['seɪfdɪˌpɒzɪt] **1** kassavalv, bankvalv **2** ~ *box* bankfack
safeguard ['seɪfgɑːd] I *s* garanti, säkerhet; säkerhetsanordning II *vb tr* garantera, säkra, trygga
safely ['seɪflɪ] säkert, tryggt; lyckligt och väl; i gott skick; *it may* ~ *be said that...* man kan lugnt (tryggt) säga att...
safety ['seɪftɪ] säkerhet; ofarlighet [*the* ~ *of an experiment*]; ~ *helmet* el. *S*~ *First* säkerheten framför allt; *for* ~ el. *for* ~*'s sake* för säkerhets skull
safety belt ['seɪftɪbelt] säkerhetsbälte, bilbälte
safety catch ['seɪftɪkætʃ] säkring på vapen; [säkerhets]spärr; *release the* ~ osäkra [vapnet (geväret o.d.)]
safety curtain ['seɪftɪˌkɜːtn] teat. järnridå
safety helmet ['seɪftɪˌhelmɪt] cykelhjälm
safety island ['seɪftɪˌaɪlənd] trafik. (amer.) refug

safety pin ['seɪftɪpɪn] säkerhetsnål
safety razor ['seɪftɪˌreɪzə] rakhyvel
safety valve ['seɪftɪvælv] säkerhetsventil äv. bildl.; *sit on the ~* undertrycka oppositionen
saffron ['sæfr(ə)n] **I** *s* **1** saffran **2** saffransgult **II** *adj* saffransgul
sag [sæg] **I** *vb itr* **1** svikta [*the plank ~ged under his weight*]; sjunka, bågna [*the roof has ~ged*] **2 a)** hänga [ojämnt] [*her skirt is ~ging*]; hänga slappt (löst); *~ging breasts* hängbröst **b)** slutta [*~ging shoulders*] **c)** vara (bli) påsig [*her cheeks are beginning to ~*] **3** bildl. sjunka [*prices (our spirits) began to ~*]; mattas [*his novel ~s at the end*] **II** *s* **1** sjunkande; insjunkning; sänka; fördjupning **2** bildl. nedgång, [pris]fall; avmattning
saga ['sɑːgə] **1** fornnordisk saga **2** släktkrönika, [historisk] krönika **3** vard. fantastisk historia
1 sage [seɪdʒ] bot. el. kok. salvia
2 sage [seɪdʒ] **I** *adj* vis; iron. snusförnuftig **II** *s* vis man
Sagittarius [ˌsædʒɪ'teərɪəs] astrol. Skytten; *he is* [*a*] ~ han är skytt
sago ['seɪgəʊ] sago; [äkta] sagogryn
Sahara [sə'hɑːrə] geogr.; *the ~* Sahara[öknen]
said [sed] **I** imperf. o. perf. p. av *say* **II** *adj* isht jur. sagd, [förut] bemäld (nämnd) [*the ~ Mr. Smith*]
sail [seɪl] **I** *s* **1** segel; *make* (*set*) *~* hissa (sätta) segel; *take in ~* bärga segel **2** (pl. lika) skepp, [segel]fartyg [*a fleet of 20 ~*]; segelbåt [*there wasn't a ~ in sight*] **3** seglats [*two days' ~*], segeltur **4** [kvarn]vinge **II** *vb itr* **1** segla; om fartyg äv. gå; *be out ~ing* vara ute och segla (ute på seglats); *~ into harbour* segla i hamn; *~ through a th.* bildl. klara av ngt lekande lätt (som ingenting) **2** [av]segla; avgå **3** sväva, flyga, segla [*~ through the air*], skrida; *she ~ed in* hon kom inseglande **4** vard., *~ in* a) hugga (suga) i b) sätta i gång och gräla (käfta) **III** *vb tr* **1** segla [*~ a boat*] **2** segla på, befara [*~ the seven seas*]
sailing ['seɪlɪŋ] **I** *s* **1** segling **2** avgång; *list of ~s* [båt]turlista **II** *adj* seglande; segel- [*a ~ canoe*]
sailing-boat ['seɪlɪŋbəʊt] segelbåt
sailing-ship ['seɪlɪŋʃɪp] o. **sailing-vessel** ['seɪlɪŋˌvesl] segelfartyg
sailor ['seɪlə] sjöman; matros; *~'s knot* råbandsknop, sjömansknop; *be a bad ~* ha lätt för att bli sjösjuk
saint [seɪnt, obeton. sən(t), sn(t)] **I** *adj*, *S~* framför namn (förk. *St, St., S.*) Sankt[a], Helige, Heliga **II** *s* helgon äv. bildl.; *the ~s* äv. de saliga; bibl. de heliga; *~'s day* kyrkl. helgondag, helgons namnsdag
1 sake [seɪk], *for a p.'s* (*a th.'s*) *~* för ngns (ngts) skull, av hänsyn till ngn (ngt); *for old ~'s ~* för gammal vänskaps skull; *art for art's ~* konst för konstens egen skull; *~s* [*alive*]*!* isht amer. jösses!
2 sake o. **saké** ['sɑːkɪ] saké japanskt risbrännvin
salad ['sæləd] **1** [blandad] sallad ss. rätt; *fruit ~* fruktsallad **2** [grön]sallad äv. växt
salad dressing ['sælədˌdresɪŋ] salladsdressing
salami [sə'lɑːmɪ] **1** salami[korv] **2** polit., *~ tactics* salamitaktik
salary ['sælərɪ] **I** *s* [månads]lön **II** *vb tr* avlöna
sale [seɪl] **1** försäljning; avsättning; *~s department* försäljningsavdelning; *~s promotion* sales promotion, säljfrämjande åtgärder, säljstöd; *~s talk* (*pitch*) försäljningsargument pl.; *~s tax* allmän varuskatt; ung. omsättningsskatt; *conditions of ~* försäljningsvillkor; *for ~* till salu (försäljning); *put up* (*offer*) *for ~* bjuda ut till försäljning, saluföra, salubjuda; *on ~* a) till salu, att köpa [*on ~ in most shops*] b) amer. på rea (realisation) **2** realisation, rea; *bargain ~* utförsäljning till vrakpriser **3** auktion
sales|man ['seɪlz|mən] (pl. *-men* [-mən]) **1** representant, säljare för firma **2** isht amer. försäljare; expedit, affärsbiträde
salesmanship ['seɪlzmənʃɪp] försäljningsteknik; *the art of ~* konsten att sälja
salient ['seɪljənt] **I** *adj* **1** [starkt] framträdande [*a ~ feature*] **2** utskjutande [*a ~ angle*] **II** *s* utskjutande vinkel, utbuktning isht på frontlinje
saline ['seɪlaɪn] **I** *s* saltlösning **II** *adj* salt-; saltaktig, salthaltig
saliva [sə'laɪvə] saliv
1 sallow ['sæləʊ] bot. sälg
2 sallow ['sæləʊ] isht om hy gulblek
sally ['sælɪ] **I** *s* **1** mil. utfall [*make a ~*] **2** utflykt **3** utbrott **4** infall **II** *vb itr* **1** mil. göra utfall [ofta *~ out*] **2** *~ forth* (*out*) fara (bege sig) ut (i väg)
salmon ['sæmən] (pl. lika) zool. lax
salmon trout ['sæməntraʊt] (pl. lika) zool. laxöring
salon ['sælɒn] salong [*literary ~*; *beauty ~*]; konstsalong
saloon [sə'luːn] **1** salong [*billiard* (*shaving*) *~*]; sjö. *dining ~*], sal i hotell o.d.;

the ~ *bar* i pub den 'finaste' avdelningen **2** amer. saloon
saloon car [sə'luːnkɑː] **1** bil. sedan **2** järnv. salongsvagn
SALT [sɔːlt] (förk. för *Strategic Arms Limitation Talks*) SALT förhandlingar om begränsning av strategiska vapen
salt [sɔːlt, sɒlt] **I** *s* **1** salt äv. kem. o. bildl.; *common* ~ koksalt; *take a th. with a pinch* (*grain*) *of* ~ ta ngt med en nypa salt **2** saltkar **3** pl. ~*s* a) vard. luktsalt b) med. [bitter]salt [*Epsom* ~[*s*]] **4** vard., [*old*] ~ sjöbuss, sjöbjörn **II** *adj* salt; saltad **III** *vb tr* **1 a)** salta **b)** salta in (ned) [äv. ~ *down*] **2** vard. salta [~ *a bill*]
saltcellar ['sɔːlt‚selə] saltkar; saltströare
salty ['sɔːltɪ] salt, salthaltig
salubrious [sə'luːbrɪəs, sə'ljuː-] hälsosam
salutary ['sæljʊt(ə)rɪ] nyttig, hälsosam [~ *exercise*; *a* ~ *lesson* (läxa)], välgörande [~ *influence*]
salutation [‚sæljʊ'teɪʃ(ə)n] **1** hälsning [*he raised his hat in* (till) ~] **2** hälsningsfras i brev o.d.
salute [sə'luːt, sə'ljuːt] **I** *s* **1** hälsning med gest, mössa e.d. **2** mil. honnör, hälsning **3** mil. salut; *exchange* ~*s* salutera varandra **II** *vb tr* **1** hälsa **2** mil. göra honnör för **3** mil. salutera **III** *vb itr* **1** hälsa **2** mil. göra honnör; salutera
salvage ['sælvɪdʒ] **I** *s* **1** bärgning från skeppsbrott o.d. **2** bärgat gods [äv. ~ *goods*] **3 a)** återanvändning [*collect old newspapers for* ~] **b)** [insamling (tillvaratagande) av] avfall (skrot, lump o.d.) **II** *vb tr* **1** bärga, rädda från skeppsbrott o.d. **2** samla in (ta tillvara) [för återanvändning (återvinning)]
salvation [sæl'veɪʃ(ə)n] frälsning; friare äv. räddning [*tourism was their economic* ~]; *the S~ Army* Frälsningsarmén
salve [sælv, sɑːv] **I** *s* **1** [sår]salva **2** bildl. balsam; botemedel **II** *vb tr* bildl. stilla; lugna [ner] [~ *one's conscience*]
salver ['sælvə] [serverings]bricka
salvo ['sælvəʊ] (pl. ~*s* el. ~*es*) **1** mil. a) [salut]salva; skottsalva b) bombserie **2** bildl. salva, skur [*a* ~ *of questions*]; ~ *of laughter* skrattsalva
sal volatile [‚sælvə'lætəlɪ] lat. luktsalt
Samaritan [sə'mærɪtn] **I** *adj* samaritisk **II** *s* **1** bibl. el. bildl. samarit; *the Good* ~ den barmhärtige samariten **2** *the* ~*s* organisation av frivilliga för människor i behov av hjälp
same [seɪm] **1 a)** *the* ~ samma; densamma [*she is no longer the* ~], detsamma, desamma; samma sak [*it is the* ~ *with me*]; likadan [*they all look the* ~]; lika, likadant, på samma sätt [*he treats everybody the* ~]; [*the*] ~ *to you!* [tack] detsamma!; iron. äv. det kan du vara själv!; *he is the* ~ *as ever* han är sig [precis] lik, han är densamme som förr; *all the* ~ **a)** i alla fall [*thank you all the* ~], ändå, inte desto mindre **b)** på samma sätt, lika[dant] [*he treats them all the* ~]; *the very* ~ precis (exakt) samma, just den [*the very* ~ *place*] **b)** *this* (*that*) ~ *man* samme man, just den mannen **c)** ~ *as* vard. precis (likaväl) som [*he has to do it* ~ *as everyone else*] **2** hand. el. jur., [*the*] ~ densamme, denne; dito
sameness ['seɪmnəs] **1** det att vara likadan (identisk) **2** enformighet, monotoni
sample ['sɑːmpl] **I** *s* prov; varuprov, provbit; provexemplar; smakprov äv. bildl.; exempel; statistik. sampel; *random* ~ stickprov; statistik. sampel **II** *vb tr* **1** ta prov (stickprov) på; statistik. sampla **2** smaka av, provsmaka
Samson ['sæmsn] bibl. Simson
sanatorium [‚sænə'tɔːrɪəm] (pl. -*ums* el. -*a* [-ə]) sanatorium; kuranstalt, konvalescenthem
sanctify ['sæŋ(k)tɪfaɪ] helga, förklara (göra, hålla) helig; rättfärdiga
sanctimonious [‚sæŋ(k)tɪ'məʊnjəs] gudsnådelig, skenhelig
sanction ['sæŋ(k)ʃ(ə)n] **I** *s* **1** bifall av myndighet o.d.; sanktion **2** vanl. pl. ~*s* sanktioner [*economic* ~*s*] **3** [moraliskt] stöd, gillande **II** *vb tr* **1** bifalla, sanktionera; stadfästa; ~*ed by usage* hävdvunnen **2** ge sitt [moraliska] stöd åt
sanctity ['sæŋ(k)tətɪ] **1** fromhet, renhet, helighet **2** okränkbarhet, helgd; *the* ~ *of private life* privatlivets helgd
sanctuary ['sæŋ(k)tjʊərɪ] **1** helgedom **2** kyrkl. det allra heligaste **3** asyl, asylrätt; *seek* ~ söka asylrätt **4** [djur]reservat [*bird* ~]; *nature* ~ naturskyddsområde
sand [sænd] **I** *s* **1** sand; med. grus; *bury one's head in the* ~ sticka huvudet i busken **2** vanl. pl. ~*s* sandkorn, sand **3** vanl. pl. ~*s* **a)** sandstrand, dyner, sandslätt **b)** sandbank, sandrev **II** *vb tr* **1** sanda, strö sand på [~ *a road*] **2** blanda sand i **3** ~ [*down*] slipa (putsa) med sandpapper
sandal ['sændl] sandal
sandbag ['sæn(d)bæg] **I** *s* sandsäck, sandpåse **II** *vb tr* **1** barrikadera (stoppa till) med sandsäckar **2** slå till marken (drämma till) [liksom] med en sandpåse **3** amer. vard. bombardera

sandblast ['sæn(d)blɑ:st] I *s* sandbläster II *vb tr* sandblästra
sandcastle ['sæn(d)ˌkɑ:sl] barns sandslott
sand dune ['sæn(d)dju:n] sanddyn
sandpaper ['sæn(d)ˌpeɪpə] I *s* sandpapper II *vb tr* sandpappra
sandpit ['sæn(d)pɪt] **1** sandlåda för barn **2** sandtag
sandstone ['sæn(d)stəʊn] sandsten
sandwich ['sænwɪdʒ, -wɪtʃ] I *s* **1** engelsk lunchsmörgås; vard. sandvikare, dubbelmacka; *open* ~ smörgås med pålägg; vard. macka **2** univ. o.d., ~ *course* varvad kurs II *vb tr* skjuta (klämma) in, sticka emellan [med] [~ *a word*]
sandy ['sændɪ] **1** sandig, sand-; lik (lös som) sand; grynig **2** sandfärgad; om hår rödblond
sane [seɪn] **1** vid sina sinnens fulla bruk **2** sund, förnuftig [~ *views, a ~ proposal*]
sang [sæŋ] imperf. av *sing*
sanguine ['sæŋgwɪn] **1** sangvinisk **2** rödblommig, blomstrande [~ *complexion*] **3** blodröd, blod-
sanitary ['sænɪt(ə)rɪ] I *adj* sanitär [~ *conditions*], hygienisk, hälsovårds-; hygien- [~ *wrapper* (förpackning)]; renhållnings-; ~ *towel* (amer. *napkin*) sanitetsbinda; ~ *truck* amer. sopbil II *s* amer. [offentlig] toalett
sanitation [ˌsænɪˈteɪʃ(ə)n] sanitär utrustning
sanity ['sænətɪ] **1** [själslig] sundhet **2** sunt förstånd (omdöme)
sank [sæŋk] imperf. av *sink*
Santa Claus ['sæntəklɔ:z, ˌ--'-] jultomten
1 sap [sæp] I *s* **1** sav **2** sl. dumbom, nöt; *you poor ~!* ditt nöt! II *vb tr* tappa [sav (saven) ur]; torka
2 sap [sæp] I *s* mil. tunnel, [täckt] löpgrav II *vb itr* mil. gräva tunnel (löpgrav[ar]) III *vb tr* **1** bildl. äv. undergräva [~ *a p.'s faith*] **2** bildl. tära på [~ *a p.'s energy*]
sapling ['sæplɪŋ] ungt träd
sapphire ['sæfaɪə] **1** safir **2** safirblått
sarcasm ['sɑ:kæz(ə)m] sarkasm, spydighet
sarcastic [sɑ:ˈkæstɪk] sarkastisk
sardine [sɑ:ˈdi:n] zool. sardin
Sardinia [sɑ:ˈdɪnjə] Sardinien
Sardinian [sɑ:ˈdɪnjən] I *adj* sardisk, sardin[i]sk II *s* **1** sard; sardiska, sardinska **2** sardiska [språket]
sardonic [sɑ:ˈdɒnɪk] sardonisk, bitter
sari ['sɑ:rɪ] sari indiskt plagg
sartorial [sɑ:ˈtɔ:rɪəl] skräddar-; kläd-
1 sash [sæʃ] skärp; gehäng
2 sash [sæʃ] fönsterram, fönsterbåge; skjutfönster rörligt uppåt och nedåt [äv. *sliding* ~]; drivbänksfönster
sash window ['sæʃˌwɪndəʊ] skjutfönster rörligt uppåt och nedåt
sat [sæt] imperf. o. perf. p. av *sit*
Satan ['seɪt(ə)n]
satanic [səˈtænɪk] satanisk, djävulsk
satchel ['sætʃ(ə)l] [axel]väska vanl. med axelrem
satellite ['sætəlaɪt] **1** astron. satellit, måne **2** [rymd]satellit [*communications* ~]; ~ *broadcast* (*transmission*) TV. satellitsändning
satellite dish ['sætəlaɪtdɪʃ] TV. parabol[antenn]
satiate ['seɪʃɪeɪt] mätta; *be ~d with* vara mätt (utled) på
satin ['sætɪn] I *s* satäng II *vb tr* satinera papper
satire ['sætaɪə] satir
satirical [səˈtɪrɪk(ə)l] satirisk
satirist ['sætərɪst] satiriker
satirize ['sætəraɪz] satirisera [över]
satisfaction [ˌsætɪsˈfækʃ(ə)n] **1** tillfredsställelse; *give* ~ a) utfalla till (vara till, väcka) belåtenhet b) räcka till, vara tillräcklig; *if you can prove it to my* ~ om du kan ge mig tillräckliga bevis på det **2** tillfredsställande [*the ~ of one's hunger*]; uppfyllande [*the ~ of a p.'s hopes*] **3** hand. el. jur. uppgörelse av skuld; gottgörelse; *make* ~ ge gottgörelse **4** upprättelse [*give a p.* ~]
satisfactory [ˌsætɪsˈfækt(ə)rɪ] tillfredsställande, nöjaktig [~ *result*]; fullt tillräcklig [~ *proof*]
satisfied ['sætɪsfaɪd] **1** tillfredsställd, belåten; mätt [*eat till one is* ~]; *be* ~ vara (bli) nöjd (belåten, tillfreds) **2** övertygad
satisfy ['sætɪsfaɪ] I *vb tr* **1** tillfredsställa [~ *a p.*; ~ *one's curiosity*], tillgodose; gottgöra [~ *one's creditors*]; uppfylla [~ *a condition*]; mätta [~ *a p.*], stilla [~ *one's hunger*]; ~ *one's thirst* släcka sin törst **2** övertyga II *vb itr* vara tillfredsställande ([fullt] tillräcklig)
satisfying ['sætɪsfaɪɪŋ] tillfredsställande; tillräcklig
saturate ['sætʃəreɪt] **1** [genom]dränka; ~*d with* bildl. fylld (full, genomsyrad) av **2** mätta [*the market is ~d*]
saturation [ˌsætʃəˈreɪʃ(ə)n] mätthet; mättnad; *the market has reached ~ point* marknaden är mättad
Saturday ['sætədeɪ, -dɪ isht attr.] lördag; ~ *night special* isht amer. liten pistol; jfr vid. *Sunday*

Saturn ['sætən, -tɜːn] mytol. el. astron. Saturnus
sauce [sɔːs] **I** *s* **1** sås; amer. äv. mos, sylt [*cranberry* ~]; bildl. krydda; *hunger is the best* ~ hungern är den bästa kryddan **2** vard. uppkäftighet etc., jfr *saucy 1*; *none of your* ~*!* var inte uppkäftig! **II** *vb tr* vard. vara uppkäftig (kaxig) mot
saucepan ['sɔːspən] kastrull
saucer ['sɔːsə] tefat; *flying* ~ flygande tefat
saucy ['sɔːsɪ] vard. **1** näsvis, näbbig, kaxig, uppkäftig **2** piffig, ärtig [*a* ~ *hat*]; flott
Saudi ['saʊdɪ, 'sɔːdɪ] **I** *adj* saudisk **II** *s* saudier
Saudi Arabia [ˌsaʊdɪə'reɪbɪə, ˌsɔː-] Saudi-Arabien
Saudi Arabian [ˌsaʊdɪə'reɪbɪən, ˌsɔː-] **I** *adj* saudisk **II** *s* saudier
sauna ['sɔːnə, 'saʊnə] sauna
saunter ['sɔːntə] **I** *vb itr* flanera; strosa, släntra **II** *s* **1** promenad **2** flanerande, strosande
sausage ['sɒsɪdʒ] **1** korv **2** vard., *not a* ~ inte ett enda dugg **3** vard., till person *you silly old* ~ din dumsnut; *sweet little* ~ till barn lilla gosingen
sausage roll [ˌsɒsɪdʒ'rəʊl] slags korvpirog
sauté ['səʊteɪ] kok. (fr.) **I** *s* sauté **II** *vb tr* sautera **III** *adj* sauterad
savage ['sævɪdʒ] **I** *adj* **1** vild [~ *beasts*; ~ *region*], barbarisk [~ *customs*] **2** grym [*a* ~ *blow*], hänsynslös [*a* ~ *critic*], omänsklig [*a* ~ *ruler*], våldsam, svidande; *a* ~ *dog* en bitsk (ilsken) hund **II** *s* **1** vilde **2** barbar, rå (grym) sälle **III** *vb tr* misshandla; en hund o.d. anfalla
save [seɪv] **I** *vb tr* **1** rädda äv. sport. o.d.; bärga; bevara; *God* ~ *the King!* Gud bevare konungen!; ~ *oneself* rädda sig, komma undan; ~ *one's skin* rädda sitt eget skinn **2** relig. frälsa **3** spara [~ *a sum of money*], lägga undan, spara ihop; hålla [~ *a seat for me*]; amer. äv. reservera [*I asked him to* ~ *me a room*]; ~ *up for* spara [ihop] till, lägga undan till, spara för **4** spara [på]; ~ *oneself* spara sig ([på] sina krafter) **5** spara [in]; bespara [*we've been* ~*d a lot of expense*]; *you may* ~ *your pains* (*trouble*) du kan bespara dig besväret **II** *vb itr* **1** ~ [*up*] spara [pengar] **2** sport. rädda, göra en räddning **III** *s* sport. räddning; *a great* ~ en paradräddning **IV** *prep* o. *konj* litt. el. poet. utom [*all* ~ *him* (*he*)]; om icke; ~ *for* utom, så när som på; ~ *that* konj. utom att [*I'm well* ~ *that I have a cold*], om det inte vore så att
saving ['seɪvɪŋ] **I** *adj* **1** räddande;

försonande; ~ *grace* (*feature, quality*) försonande drag **2** sparsam; (ss. efterled) -besparande [*labour-saving*] **3** ~ *clause* undantagsklausul, reservation, förbehåll **II** *s* **1** räddning **2** sparande; besparing; pl. ~*s* besparingar, sparmedel; ~*s bond* sparobligation **III** *prep* litt. utom; ~ *your presence* (*reverence*) med förlov sagt, med er tillåtelse
savings account ['seɪvɪŋzəˌkaʊnt] sparkonto; sparkasseräkning
savings bank ['seɪvɪŋzbæŋk] sparbank; *post-office* ~ postsparbank; ~ *book* sparbanksbok
saviour ['seɪvjə] **1** frälsare; *the S*~ Frälsaren **2** räddare
savour ['seɪvə] **I** *s* [karakteristisk] smak; bildl. doft, krydda **II** *vb tr*, ~ *of* lukta, smaka, vittna om [*it* ~*s of impudence*] **III** *vb tr* litt. **1** smaka (lukta) på äv. bildl. **2** njuta av
savoury ['seɪv(ə)rɪ] **I** *adj* **1** välsmakande, aptitlig; aromatisk **2** behaglig, ljuvlig **3** om maträtt o.d. kryddad, salt **II** *s* aptitretare; entrérätt, smårätt
savvy ['sævɪ] sl. haja, fatta; veta
1 saw [sɔː] imperf. av *2 see*
2 saw [sɔː] **I** *s* såg **II** (~*ed* ~*n*, isht amer. äv. ~*ed* ~*ed*) *vb tr* o. *vb itr* såga; ~ *the air* [*with the arms*] vifta med armarna; ~*n timber* [upp]sågat virke
3 saw [sɔː] ordstäv
sawdust ['sɔːdʌst] sågspån
sawmill ['sɔːmɪl] sågverk
Saxony ['sæksənɪ] geogr. Sachsen
saxophone ['sæksəfəʊn] mus. saxofon
saxophonist ['sæksəfəʊnɪst, sækˈsɒfənɪst] saxofonist
say [seɪ] (*said said*) **I** *vb tr* o. *vb itr* **1** säga, yttra, påstå; *he is,* ~, *fifty* han är sådär en (runt de) femtio; *I'll* ~ *he didn't like it* vard. han tyckte inte om det, det kan du skriva upp; ~ *to* ~ *nothing of...* för att [nu] inte tala om...; *strange to* ~ egendomligt nog; *that is to* ~ det vill säga, alltså; *just as you* ~ vard. som du vill; *and so* ~ *all of us* [och] det tycker vi allihop; *it* ~*s in the paper* det står i tidningen; *you don't* ~ [*so*]*!* vad 'säger du!; *who shall I* ~*?* hur var namnet?, vem får jag hälsa ifrån?; *it is said* el. *they* ~ de (man) säger, det sägs; *all said and done* när allt kommer omkring **2** läsa, be [~ *a prayer*] **II** *s, have* (*say*) *one's* ~ säga sin mening, sjunga ut
saying ['seɪɪŋ] **1** ~ *that* el. *so* ~ med dessa ord; *that is* ~ *too much* det är för mycket sagt; *that is* ~ *something* det vill inte säga så litet; *that goes without* ~ det säger sig

självt, det är självklart **2** uttalande, yttrande **3** ordstäv; *as the ~ is* (*goes*) som ordspråket säger

says [sez, obeton. səz] 3 pers. sg. pres. av *say*

say-so ['seɪsəʊ] vard. **1** påstående, uttalande **2** tillåtelse

scab [skæb] **1** [sår]skorpa **2** skabb isht hos får **3** vard. a) strejkbrytare b) oorganiserad arbetare

scabbard ['skæbəd] skida för svärd o.d.

scabby ['skæbɪ] **1** [full] med sårskorpor **2** skabbig isht om får **3** svinaktig; ful [*~ trick*]

scabies ['skeɪbiːz] med. skabb

scaffold ['skæf(ə)ld] **1** [byggnads]ställning **2** schavott **3** [åskådar]läktare; estrad, podium

scaffolding ['skæf(ə)ldɪŋ] [material för] byggnadsställning; *tubular ~* a) ställningsrör b) rörställning

scald [skɔːld] **I** *vb tr* **1** skålla sig på [*~ one's hand*] **2** skålla [*~ tomatoes*], koka **3** hetta upp [till nära kokpunkten] [*~ milk*] **II** *vb itr* **1** skållas **2** börja sjuda [*heat the milk till it ~s*] **III** *s* skållning; [*burns and*] *~s* brännskador

1 scale [skeɪl] **I** *s* vågskål; *~*[*s* pl.] våg **II** *vb itr* väga [*~ 90 kg.*]

2 scale [skeɪl] **I** *s* skala; måttstock äv. bildl.; *~ of pay* lönetariff; *the ~ of F* mus. F-skalan; *sink in the social ~* sjunka socialt **II** *vb tr* **1** klättra uppför (upp på) [*~ a hill*], klättra upp i; mil. storma; *~ new heights* bildl. nå nya höjdpunkter (toppar) **2** avbilda (rita) skalenligt [*~ a map*]; ordna efter [viss] skala, gradera [*~ tests*] **3** *~ down* [för]minska skalenligt; bildl. minska, trappa ner

3 scale [skeɪl] **I** *s* **1** fjäll zool., bot. o.d. **2** flaga; blad av metall o.d.; beläggning **3** pannsten **II** *vb tr* **1** fjälla [*~ fish*] **2** rensa [från pannsten], knacka ren [*~ a boiler*]; skrapa bort [tandsten från] **3** skala [av]

scallop ['skɒləp, 'skæl-] **1** zool. kammussla **2** [*shell*] musselskal, snäckskal

scalp [skælp] **I** *s* **1** hårbotten **2** skalp **II** *vb tr* skalpera; bildl. hudflänga, gå hårt åt

scalpel ['skælp(ə)l] kir. skalpell, operationskniv

scamp [skæmp] **I** *s* rackarunge [*you little ~!*] **II** *vb tr* fuska (slarva) med [*~ work*]

scamper ['skæmpə] **I** *vb itr* kila (kuta) i väg; hoppa och skutta [omkring] **II** *s* rusning, skuttande; galopp

scan [skæn] **I** *vb tr* **1** [noga] granska, studera [*~ a face, ~ proposals*]; spana ut över **2** ögna igenom [*~ a newspaper*] **3** metrik. skandera **4** tekn. avsöka **II** *vb itr* om vers gå att skandera [*this line does not ~*]

scandal ['skændl] **1** skandal [*grave ~s*]; *cause a ~* göra skandal **2** skam[fläck] **3** skvallerhistorier

scandalize ['skændəlaɪz] chockera; *be ~d at* bli chockerad (indignerad) över

scandalmonger ['skændl,mʌŋgə] skandalspridare; skvallerkärring

scandalous ['skændələs] **1** skandalös; skamlig **2** skandal- [*~ story*]

Scandinavia [,skændɪ'neɪvjə] Skandinavien

Scandinavian [,skændɪ'neɪvjən] **I** *adj* skandinavisk, nordisk; *the ~ languages* de nordiska språken **II** *s* skandinav; nordbo

Scania ['skeɪnɪə] geogr. Skåne

scanner ['skænə] tekn. avsökare

scant [skænt] **I** *adj* knapp [*~ measure* (mått)]; ringa [*a ~ amount*], sparsam [*~ vegetation*]; knapphändig [*~ in documentation*]; minimal [*a ~ chance*]; *pay ~ attention to* ta föga notis om; *~ of breath* andtäppt **II** *vb tr* knappa in på, snåla på (med) [*don't ~ the butter*]

scantily ['skæntəlɪ] knappt etc., jfr *scanty*; *~ clad* (*dressed*) lättklädd, minimalt påklädd

scanty ['skæntɪ] knapp [*~ supply*], knappt tillmätt [*~ leisure*]; ringa [*~ ability*], inskränkt [*~ knowledge*]; mager, klen, torftig [*~ fare*], sparsam; otillräcklig; knapphändig; minimal [*a ~ negligee*]

scapegoat ['skeɪpgəʊt] syndabock

scar [skɑː] **I** *s* ärr äv. bildl. **II** *vb tr* **1** tillfoga ärr; bildl. efterlämna [ett] ärr (bestående men), märka [för livet] **2** märka, repa

scarce [skeəs] **1** otillräcklig, knapp; *food* (*money*) *is ~* det är ont om mat (pengar) **2** sällsynt [*such stamps are ~*]

scarcely ['skeəslɪ] knappt [*she is ~ twenty*]; knappast; inte gärna; *~ anybody* nästan ingen, knappt (knappast) någon; *~ ever* nästan aldrig

scarcity ['skeəsətɪ] **1** brist, knapphet **2** sällsynthet

scare [skeə] **I** *vb tr* skrämma; *~* [*off* (*away*)] skrämma bort; bildl. äv. avskräcka; *~ a p. to death* el. *~ the life* (sl. *hell* el. vulg. *shit*) *out of a p.* skrämma slag på (livet ur) ngn **II** *vb itr* bli skrämd (rädd); *~ easily* vara lättskrämd **III** *s* **1** skräck; panik; hot, -hot [*bomb ~*]; oro, skräck- [*~ story*]; *get* (*have*) *a ~* bli [upp]skrämd (rädd); bildl. bli avskräckt; känna oro (panik); *war ~* a) krigspanik b) krigshot **2** larmrapport [*food ~*]

scarecrow ['skeəkrəʊ] fågelskrämma äv. bildl.

scaremonger ['skeə,mʌŋgə] panikspridare

scar|f [skɑːf] (pl. *-fs* el. *-ves*) **1** scarf, halsduk; sjal, sjalett **2** amer. långsmal duk, löpare

scarlet ['skɑːlət] **I** *s* scharlakan[srött] **II** *adj* scharlakansröd; *~ fever* med. scharlakansfeber

scarper ['skɑːpə] sl. sticka [iväg]; sjappa

scary ['skeərɪ] vard. hemsk

scathing ['skeɪðɪŋ] skarp [*~ criticism*], bitande [*~ irony*]

scatter ['skætə] **I** *vb tr* **1** sprida [ut] [*~ light (one's troops)*]; strö ut [*~ seeds (hints)*], strö omkring; stänka [*~ mud (water)*] **2** skingra [*~ a crowd (the clouds)*] **3** beströ [*~ a road with gravel*]; *the floor was ~ed with books* det låg böcker överallt (kringströdda) på golvet **II** *vb itr* skingras, skingra sig [*the crowd ~ed*], fördela sig **III** *s* spridning

scatterbrain ['skætəbreɪn] virrig (tanklös) person

scatterbrained ['skætəbreɪnd] virrig

scattered ['skætəd] spridd, strödd, sporadisk; *~ clouds* meteor. halvklart

scatty ['skætɪ] vard. knasig, tokig

scavenge ['skævɪn(d)ʒ] **I** *vb tr* **1** rota (söka) i avfall o.d. **2** rengöra, sopa [*~ the streets*], rensa **II** *vb itr* **1** *~ for* rota efter **2** hålla rent

scavenger ['skævɪn(d)ʒə] **1** person som letar (rotar) bland sopor **2** zool. asätare

scenario [sɪ'nɑːrɪəʊ] (pl. *~s*) teat., film. el. bildl. scenario

scene [siːn] **1** teat., film. o.d. scen [*Act II, S~ 1; a love ~*]; scen[bild] [*the ~ is* (föreställer) *a street*], fond[kuliss] [*change ~s*]; *change of ~* a) scenförändring b) bildl. miljöombyte; *the ~ of the novel (film) is laid in London* romanen (filmen) utspelar sig i London **2** skådeplats [äv. *~ of action*]; *leave the ~ of the accident* smita [från olycksplatsen]; *the ~ of the crime* platsen för brottet, brottsplatsen; *appear (come) on the ~* bildl. dyka upp på scenen, komma in i bilden **3** scen, bild [*a domestic ~*], anblick, syn [*a lively ~*] **4** scen; *make (create) a ~* ställa till en scen (ett uppträde), ställa till skandal **5** vard. värld, kretsar [*the fashion ~*], scen, skådebana [*the political ~*]; *it's not my ~* det gillar jag inte, det är inte min likör

scenery ['siːnərɪ] **1** teat. sceneri, scenbild[er] **2** [vacker] natur [*admire the ~*]; landskap; [*natural*] ~ naturscen[eri]; *mountain ~* bergslandskap

scenic ['siːnɪk] **1** teat. scenisk [*~ effects*]; dramatisk **2** naturskön; *~ beauty* naturskönhet; *~ railway* a) lilleputtåg som går genom ett konstgjort landskap b) berg- och dalbana

scent [sent] **I** *vb tr* **1** vädra äv. bildl. [*~ a hare, ~ trouble*]; jakt. äv. spåra; *~ a th. out* bildl. lukta sig till ngt **2** a) parfymera b) sprida [sin] doft i [*roses that ~ the air*] **II** *s* **1** doft **2** parfym **3** väderkorn; *get ~ of* få väderkorn på; bildl. äv. få nys om **4** vittringsspår äv. bildl.; *false ~* villospår

sceptic ['skeptɪk] skeptiker äv. filos.; tvivlare

sceptical ['skeptɪk(ə)l] skeptisk; tvivlande; klentrogen; *be ~ of* tvivla på

scepticism ['skeptɪsɪz(ə)m] skepsis

sceptre ['septə] spira härskarstav

schedule ['ʃedjuːl, 'sked-, -dʒ-, amer. 'skedʒ(ʊ)l] **I** *s* **1** a) [tids]schema, tidtabell; program, plan b) isht amer. tågtidtabell; [*time*] ~ amer. [skol]schema; *be behind ~* vara försenad; ligga (släpa) efter [i tid] **2** lista; inventarieförteckning **3** tariff; *~ of wages* lönetariff, löneskala **II** *vb tr* **1** a) fastställa tidpunkten för b) planera c) sätta in [*~ a new train*]; *it is ~d for tomorrow* det skall enligt planerna ske i morgon **2** föra (ta) upp på en lista, registrera

schematic [skɪ'mætɪk] schematisk

scheme [skiːm] **I** *s* **1** system, schema; ordning; *the ~ of things* tingens ordning, världsordningen **2** plan; utkast **3** intrig; pl. *~s* äv. ränker **4** schematisk (grafisk) framställning; diagram **5** horoskop **II** *vb itr* **1** göra upp planer **2** intrigera, stämpla, smida ränker

schemer ['skiːmə] intrigmakare

scheming ['skiːmɪŋ] **I** *adj* beräknande, intrigant **II** *s* **1** planerande **2** intrigerande

schism ['skɪz(ə)m, isht kyrkl. 'sɪz-] schism äv. kyrkl., söndring

schizophrenia [ˌskɪtsə(ʊ)'friːnjə] psykol. schizofreni

schizophrenic [ˌskɪtsə(ʊ)'frenɪk] psykol. schizofren [person]

scholar ['skɒlə] **1** lärd (skolad) person, forskare [*a famous Shakespeare ~*] **2** stipendiat

scholarly ['skɒləlɪ] **1** lärd [*a ~ woman*], som vittnar om lärdom **2** akademisk; utförd med vetenskaplig noggrannhet [*a ~ translation*]

scholarship ['skɒləʃɪp] **1** lärdom isht humanistisk **2** vetenskaplig noggrannhet

535

3 skol. el. univ. stipendium; *travelling ~* resestipendium

1 school [sku:l] **I** *s* **1 a)** skola äv. bildl. [*the hard ~ of life*]; institut [*correspondence ~*]; skolgång [*three years of ~*]; skoltid; *teach ~* amer. vara lärare [till yrket]; *go to ~* a) gå till skolan b) gå i skola[n] **b)** skol- [*~ friend*; *~ yard* (gård)]; *~ attendance* skolgång, deltagande i undervisning; *compulsory ~ attendance* skolplikt **c)** univ. fakultet [*the Medical S~*]; sektion [*the History ~*]; institution [*the S~ of* (för) *Oriental Studies*] **2** konst. o. friare skola [*the Frankfurt ~*], strömning [*the Flemish ~*]; *~ of thought* meningsinriktning **II** *vb tr* högtidl. skola [*~ one's voice*]; häst äv. dressera; öva upp

2 school [sku:l] stim, flock [*a ~ of dolphins*]

schoolboy ['sku:lbɔɪ] skolpojke

schoolfellow ['sku:l,feləʊ] skolkamrat

schoolgirl ['sku:lgɜ:l] skolflicka

schooling ['sku:lɪŋ] **1** bildning [*he had very little ~*] **2** skolundervisning; skolgång

schoolmaster ['sku:l,mɑ:stə] [skol]lärare

schoolmate ['sku:lmeɪt] skolkamrat

schoolmistress ['sku:l,mɪstrɪs] [skol]lärarinna

schoolroom ['sku:lru:m] skolsal, lärosal

schoolteacher ['sku:l,ti:tʃə] skollärare, skollärarinna

schooner ['sku:nə] sjö. skonert, skonare

sciatica [saɪ'ætɪkə] med. ischias

science ['saɪəns] **1 a)** vetenskap; lära, kunskap b) vetenskaplighet, vetenskapligt arbete; [*natural*] *~* naturvetenskap; *Bachelor* (*Master*) *of ~* ung. filosofie kandidat vid naturvetenskaplig institution efter tre års studier (vid vissa universitet är Master of Arts en högre examen) **2** teknik, skicklighet; konst; *~ of fencing* fäktkonst

science fiction [,saɪəns'fɪkʃ(ə)n] litt. science fiction

scientific [,saɪən'tɪfɪk] **1 a)** vetenskaplig [*~ books* (*methods*)] **b)** naturvetenskaplig **2** metodisk; tekniskt skicklig [*a ~ boxer*]

scientist ['saɪəntɪst] [natur]vetenskapsman; forskare

sci-fi [,saɪ'faɪ] (vard. kortform för *science fiction*) sf

scissors ['sɪzəz] **1** (konstr. vanl. ss. pl.) sax; *a pair of ~* (ibl. *a ~*) en sax **2** (konstr. ss. sg.) **a)** brottn. sax[grepp] **b)** gymn. bensax; saxning **c)** *~ kick* sport. bicicletas

scleros|is [sklə'rəʊs|ɪs] (pl. *-es* [-i:z]) med. skleros

1 scoff [skɒf] sl. sätta (glufsa) i sig

2 scoff [skɒf] hånskratta

scold [skəʊld] **I** *vb tr* skälla på (ut); *be* (*get*) *~ed* bli utskälld **II** *vb itr* skälla om pers.

scolding ['skəʊldɪŋ] skäll, utskällning; *get a ~* få en utskällning

scone [skɒn, skəʊn] kok. scone

scoop [sku:p] **I** *s* **1** skopa; glasskopa; skovel, skyffel; sjö. öskar; med. slev; tekn. hålmejsel; [*measuring*] *~* mått, måttskopa **2** skoptag, skoveltag **3** tidn. (vard.) scoop; *pull off a ~* göra ett scoop, bli först med en toppnyhet **4** vard. kap, fångst **II** *vb tr* **1** ösa [äv. *~ up*], skyffla; skrapa, gröpa [*~ the centre out of a melon*] **2** *~ out* holka (gröpa) ur [*~ out a melon*]; gräva [*~ out a tunnel*] **3** vard. kapa åt sig; kamma (ta) hem [*~ the pool*]; *~ in* håva in, kamma hem [*~ in the profits*]

scoot [sku:t] vard. kila, sticka

scooter ['sku:tə] **1** sparkcykel **2** skoter

scope [skəʊp] **1** [räck]vidd, omfattning; ram; spännvidd; *it is beyond the ~ of a child's mind* (*understanding*) det går över ett barns horisont, det ligger utanför ett barns fattningsförmåga **2** spelrum; *have free* (*full*) *~* ha fritt spelrum

scorch [skɔ:tʃ] **I** *vb tr* sveda; kok. bränna vid; *the ~ed earth policy* den brända jordens taktik (politik) **II** *vb itr* **1** svedas, brännas; förtorkas; kok. brännas vid **2** vard. vrålköra; susa **III** *s* **1** [ytlig] brännskada; svedd ([brun]bränd) fläck **2** vard. vansinnesfärd

scorcher ['skɔ:tʃə] vard. **1** stekhet dag [*yesterday was a ~*] **2** panggrej, toppengrej; baddare

scorching ['skɔ:tʃɪŋ] **I** *adj* **1** stekhet [*a ~ day*]; *the sun is ~* solen steker **2** bitande, svidande [*~ sarcasm*] **II** *adv*, *~ hot* stekande het, stekhet

score [skɔ:] **I** *s* **1** repa, märke; streck **2** räkning; konto; *pay off* (*settle*) *old ~s* ge betalt för gammal ost **3** sport. o.d. **a)** läge, ställning [*the ~ was 2-1*]; *what's the ~?* hur är ställningen (läget)?, vad står det?; *the final ~* slutställningen, [slut]resultatet **b)** [poäng]räkning; protokoll; *keep the ~* räkna, sköta räkningen **c)** poängtal **4** skol. el. statistik. poäng; poängvärde **5** anledning [*on* (av) *what ~?*]; *you may be easy on that ~* du kan vara lugn på den punkten; *on the ~ of* [*ill health*] på grund av... **6** tjog; *a ~ of people* ett tjugotal människor **7** mus. partitur **II** *vb tr* **1 a)** göra repor (märken) i (på) **b)** strecka (stryka) för; *~ out* stryka över [*two words were ~d out*]; *~ under*

stryka under **2** föra räkning över, sport.
o.d. äv. föra protokoll, räkna poäng [ofta ~
up]; ~ *a th. up against* (*to*) *a p.* sätta upp
ngt på ngns räkning (nota) **3** vinna [~ *a
success* (framgång)]; få [~ *five points*]; ~
a goal göra [ett] mål **4** räknas som **5** mus.
orkestrera, instrumentera **6** vard., ~ *off a
p.* sätta ngn på plats **III** *vb itr* **1** sport. o.d.
sköta räkningen **2** a) sport. o.d. få (ta)
poäng b) vinna c) vard. göra lycka (succé);
that's where he ~*s* det är det han vinner
(tar hem poäng) på

scoreboard [ˈskɔːbɔːd] sport. poängtavla,
resultattavla

scorer [ˈskɔːrə] sport. **1** protokollförare
2 poängtagare; målgörare

scorn [skɔːn] **I** *s* **1** förakt; hån; hånfullhet;
be put to ~ bli hånad, bli utsatt för förakt
(hån) **2** föremål för förakt (hån) **II** *vb tr*
försmå [*he* ~*ed my advice*]; håna

scornful [ˈskɔːnf(ʊ)l] föraktfull; hånfull; *be
~ of* vara full av förakt för, förakta

Scorpio [ˈskɔːpɪəʊ] astrol. el. astron.
Skorpionen; *he is* [*a*] ~ han är Skorpion

scorpion [ˈskɔːpjən] zool. skorpion

Scot [skɒt] **1** skotte; *the* ~*s* skottarna
2 hist., pl. ~*s* skoter

Scotch [skɒtʃ] **I** *adj* skotsk; ~ *fir* tall **II** *s*
1 *the* ~ skottarna **2** skotska [språket]
3 skotsk whisky; ~ *and soda* whisky och
soda

scotch [skɒtʃ] **1** kväva, kuva [~ *a plot*],
sätta stopp för, göra slut på [~ *rumours*]
2 såra [utan att döda], oskadliggöra [~ *a
snake*]

scot-free [ˌskɒtˈfriː] oskadd; ostraffad; *go*
(*get off, escape, pass*) ~ komma (slippa)
undan oskadd (ostraffad), gå skottfri

Scotland [ˈskɒtlənd] Skottland; [*New*] ~
Yard Scotland Yard Londonpolisens
högkvarter

Scots [skɒts] **I** *adj* skotsk **II** *s* skotska
[språket]; *Lowland* ~ låglandsskotsk
dialekt

Scots|man [ˈskɒts|mən] (pl. -*men* [-mən])
skotte

Scots|woman [ˈskɒtsˌwʊmən] (pl. -*women*
[-,wɪmɪn]) skotska kvinna

Scottish [ˈskɒtɪʃ] **I** *adj* skotsk; ~ *terrier*
skotsk terrier, skotte **II** *s* skotska [språket]

scoundrel [ˈskaʊndr(ə)l] skurk, bov

1 scour [ˈskaʊə] **I** *vb tr* **1** skura [~ *a floor*],
skrubba (gnugga) ren [~ *clothes*]; ~ *out*
skura ur **2** spola ren, rensa [~ *a channel*]
3 ~ [*out*] plöja [upp], gräva [sig] [*the
torrent had* ~*ed* [*out*] *a channel*] **II** *s*
1 skurning **2** renspolning, sköljning;
erosion

2 scour [ˈskaʊə] **1** söka (leta) igenom
2 genomströva [~ *the woods*]; dra fram
genom [*they* ~*ed the streets*]

scourer [ˈskaʊərə] stålull

scourge [skɜːdʒ] **I** *s* gissel, hemsökelse,
plågoris; landsplåga **II** *vb tr* gissla,
hemsöka; tukta; hudflänga

scout [skaʊt] **I** *s* **1** mil. a) spanare,
observatör b) spaningsfartyg
c) spanings[flyg]plan **2** motsv. juniorscout
11-12 år; patrullscout 13-15 år; [*cub*] ~
miniorscout **3** [*talent*] ~ talangscout
4 vägpatrullman **5** spaning; *be on the ~
for* vara [ute] på spaning (jakt) efter **II** *vb
itr* spana, speja; ~ *about* (*around*) *for*
spana (vara på jakt) efter **III** *vb tr*
1 undersöka [~ *the enemy's defence*]
2 vard., ~ *out* (*up*) a) skaffa sig, ragga upp
b) leta ut (upp)

scoutmaster [ˈskaʊtˌmɑːstə] scoutledare

scowl [skaʊl] **I** *vb itr* rynka ögonbrynen; se
bister (hotfull) ut; ~ *at* blänga på **II** *s*
bister (hotfull) uppsyn (blick)

Scrabble [ˈskræbl] ® alfapet slags
bokstavsspel

scrabble [ˈskræbl] krafsa, skrapa [~ *with
one's nails*]; ~ *about for* rota (runt) (leta)
efter

scraggy [ˈskrægɪ] **1** mager, tanig [*a ~
neck*], skinntorr **2** skrovlig [~ *rocks*],
knagglig

scram [skræm] vard. sticka, smita; ~*!* stick!

scramble [ˈskræmbl] **I** *vb itr* **1** klättra [~ *up
a cliff*]; krångla (streta) sig fram **2** rusa
[*they* ~*d for* (till) *the door*]; slåss **3** hafsa;
~ *into one's clothes* kasta på sig (kasta sig
i) kläderna; ~ *through* [*one's work*] hafsa
(slarva) igenom... **II** *vb tr* **1** a) blanda
(röra) ihop [~ *names and faces*] b) kok.,
~*d eggs* äggröra **2** tele. o.d. förvränga tal
[~ *a message*] **3** ~ *away* (*off*) rafsa
undan; ~ *up* (*together*) rafsa ihop **III** *s*
1 [mödosam] klättring; klättrande,
stretande **2** rusning [*a ~ for* (till) *the
door*] **3** rusning, riv och slit **4** virrvarr,
röra **5** slags motocross

scrambler [ˈskræmblə] tele. o.d.
talförvrängare

1 scrap [skræp] **I** *s* **1** bit; smula; fragment
[~*s of a letter*], snutt; *not a ~* inte ett
dugg (uns), inte en gnutta; *a ~ of paper*
en pappersslapp (pappersbit); iron. om
traktat o.d. bara en bit papper **2** pl. ~*s*
a) [mat]rester, smulor b) [små]plock,
smått och gott **3** avfall, skräp **4** skrot [*sell
one's car for* (till, som) ~], skrot- [~ *value*]
II *vb tr* **1** skrota [ned] [~ *a ship*],
utrangera **2** vard. kassera; slopa

2 scrap [skræp] vard. **I** *s* gräl; slagsmål **II** *vb itr* gräla; slåss

scrapbook ['skræpbʊk] **1** [urklipps]album **2** återblickar [~ *for* (på) *1989*], minnesbilder; ~ *for* äv. kavalkad (krönika) över

scrape [skreɪp] **I** *vb tr* **1** skrapa; skrapa (skava) av (bort) [~ *the rust off* (*from*) *a th.*]; skrapa av (ren), hyvla väg; skrapa på (i) [~ *the floor with one's shoes*]; skrapa mot [*the ship* ~*d the bottom*]; ~ *a living* skrapa ihop pengar till brödfödan, hanka sig fram [*by* på] **2** skrapa med [~ *one's feet*] **3** vard. gnida [på] [~ *a fiddle*]; ~ *out a tune* [*on the violin*] gnida [fram] en melodi [på fiolen] **II** *vb itr* **1** skrapa; raspa **2** trassla (krångla) sig [~ *home*]; ~ *along* (*by*) vard. hanka sig fram, klara sig någotsånär [*on* på] **3** vard. gnida [~ *at a violin*] **4** skrapa med foten och buga sig; *bow and* ~ *to a p.* bildl. skrapa med foten för ngn **5** snåla, spara **III** *s* **1** skrapning **2** skrapsår, skrubbsår **3** vard., *bread and* ~ bröd med ett tunt lager smör (margarin) **4** vard. knipa [*get into a* ~]; gräl

scraper ['skreɪpə] **1** skrapa, skrapverktyg **2** fotskrapa, skrapjärn **3** vägskrapa

scrap heap ['skræphi:p] skrothög; *throw a th. on the* ~ bildl. kasta ngt på skrothögen (sophögen)

scrap metal ['skræp‚metl] metallskrot

scrappy ['skræpɪ] hopplockad; osammanhängande

scrapyard ['skræpjɑ:d] skrotupplag

scratch [skrætʃ] **I** *vb tr* **1** a) klösa, riva b) rispa; göra repor i [~ *the paint*] c) skrapa; ~ *the surface* skrapa på ytan; bildl. äv. snudda vid ytan [*of av*], ytligt beröra; ~ *up* krafsa upp (fram) [*the dog* ~*ed up a bone*] **2** klia [på], riva [på]; ~ *a p.'s back* klia ngn på ryggen; bildl. stryka ngn medhårs **3** rista i [~ *glass*]; rista in [~ *one's name on glass*] **4** ~ [*out*] krafsa [upp] [~ [*out*] *a hole*] **5** ~ *up* (*together*) skrapa ihop; skrapa åt sig **6** stryka; sport. stryka från anmälningslistan [~ *a horse*]; ~ *out* a) stryka [~ *out a name from a list*] b) stryka (radera) ut **II** *vb itr* **1** klösas **2** klia sig, riva sig [*stop* ~*ing*] **3** krafsa, skrapa [~ *at the door*]; raspa [*the pen* ~*es*]; ~ *about for* [gå och] krafsa efter **III** *s* **1** skråma; repa; skrubbsår; *escape without a* ~ äv. komma helskinnad undan **2** skrap, raspande [ljud] **3** klösning etc., jfr *I*; *give oneself a good* ~ klia sig ordentligt **4** sport. a) startlinje b) scratch **5** bildl. scratch; *start from* ~ börja från scratch, börja [om] från början, starta från ingenting; *be* (*come*) *up to* ~ hålla måttet, [upp]fylla kraven, vara mogen sin uppgift **IV** *attr adj* **1** tillfälligt (provisoriskt) hopplockad [*a* ~ *team*], slumpvis hopkommen **2** sport. utan handikapp

scrawl [skrɔ:l] **I** *vb itr* klottra **II** *vb tr* klottra [ned], krafsa (rafsa) ned (ihop) [~ *a few words*] **III** *s* klotter, krafs

scrawny ['skrɔ:nɪ] mager; skinntorr

scream [skri:m] **I** *vb tr* **1** skrika [~ *with* (av) *pain*]; skria **2** ~ [*with laughter*] tjuta av skratt **3** tjuta [*the sirens* ~*ed*], vina **II** *vb tr* skrika [ut] **III** *s* **1** skrik [*a* ~ *of pain*], skri; tjut [*the* ~ *of* (från) *a siren*]; ~*s of laughter* tjut av skratt **2** vard., *be a* ~ vara helfestlig (jätterolig)

scree [skri:] [bergssluttning täckt med] stenras

screech [skri:tʃ] **I** *vb itr* gallskrika; skrika [*the brakes* ~*ed*] **II** *vb tr*, ~ [*out*] skrika [ut (fram)] **III** *s* gallskrik; tjut

screen [skri:n] **I** *s* **1** skärm äv. data. [*radar* ~]; [film]duk [*cinema* ~]; ~ *saver* data. skärmsläckare; [*television*] ~ bildruta; [*viewing*] ~ bildskärm **2** film. a) *the* ~ filmen [*go on* (in vid) *the* ~]; *adapt for the* ~ filmatisera, bearbeta för film[en] b) film- [~ *actor*]; *the* ~ *version* filmversionen, filmatiseringen **3** a) skärm b) skiljevägg; kyrkl. korskrank c) bildl. ridå, mur [*a* ~ *of secrecy*], fasad; mask [*a* ~ *of indifference*] **4** bil. vindruta **5** a) [grovt] såll, sikt b) filter **II** *vb tr* **1** skydda; bildl. äv. skyla (släta) över [~ *a p.'s faults*] **2** a) skärma [av] [~ *a light*]; bildl. kringgärda [~*ed by regulations*] b) förse med en skärm (skärmar); sätta nät för [~ *a window*]; ~ *off* skärma (skilja) av [~ *off a corner of the room*] **3** a) sikta, sålla b) bildl. sålla bort (ut) [äv. ~ *out*]; sålla fram **4** film. a) filma b) filmatisera

screenplay ['skri:npleɪ] filmmanus

screen test ['skri:ntest] **I** *s* provfilmning, provfotografering **II** *vb tr* låta provfilma

screw [skru:] **I** *s* **1** skruv; *he has a* ~ *loose* el. *there is a* ~ *loose somewhere* bildl. han har en skruv lös, han är inte riktigt klok; *put the* ~*s on* el. *turn the* ~ bildl. dra åt tumskruvarna, öka pressen **2** sport. skruv **3** vard. lön; *he's paid a good* ~ han får bra pröjs **4** vard. snåljåp **5** vulg. knull **II** *vb tr* **1** a) skruva äv. sport. b) skruva fast (i) c) skruva till (åt); ~ *down* skruva igen (till, åt) [~ *down a lid*]; ~ *the lid off* (*on*) *a jar* skruva av (på) locket på en burk a) skruva igen (till, åt) b) knyckla ihop c) skruva (skörta, trissa) upp [~ *up* *prices*]; ~ *up* [*one's*] *courage* ta mod till sig, samla mod **2** förvrida; ~ *up one's eyes* kisa med (knipa ihop) ögonen **3** pressa; ~ *money out of a p.* pressa ngn på pengar **4** sl. förstöra [*it ~ed up our plans*]; trassla (röra, strula) till **5** vulg. knulla **6** ~ *you!* sl. dra åt helvete! **III** *vb itr* **1** skruvas [*a lid which ~s on*] **2** sl., ~ *around* a) gå och driva, slå dank, strula [omkring] b) vänsterprassla; ligga med vem som helst **3** ~ *up* misslyckas, göra bort sig

screwball [ˈskruːbɔːl] isht amer. vard. **I** *s* **1** sport. skruvboll **2** knasboll, galning **II** *adj* knasig [~ *ideas*]

screwdriver [ˈskruːˌdraɪvə] **1** skruvmejsel **2** vard., drink på vodka och apelsinjuice

screwy [ˈskruːɪ] sl. tokig; mysko, konstig

1 scribble [ˈskrɪbl] grovkarda [~ *wool* (*cotton*)]

2 scribble [ˈskrɪbl] **I** *vb tr* klottra, klottra (rafsa) ihop (ned) [~ *a letter*] **II** *vb itr* klottra, kladda **III** *s* klotter

scribbling-block [ˈskrɪblɪŋblɒk] o.
scribbling-pad [ˈskrɪblɪŋpæd] kladdblock

scribe [skraɪb] skämts. skribent

script [skrɪpt] **I** *s* **1** [hand]skrift [*in* (med) ~]; skrivtecken **2** boktr. skrivstil **3** jur. handskrift, originalhandling, urkund **4** film., radio. o.d. manus, manuskript; [*film*] ~ filmmanus **5** skol. skrivning, [skriftligt] examensprov **II** *vb tr* skriva [manuskript till]

scripture [ˈskrɪptʃə] **1** [*Holy*] *S~* el. *the* [*Holy*] *Scriptures* den heliga skrift, Skriften, Bibeln **2** bibelställe, bibelspråk **3** helig skrift (bok) [*Buddhist* ~] **4** skol. religionskunskap

scriptwriter [ˈskrɪptˌraɪtə] film., radio. o.d. manusförfattare

scroll [skrəʊl] **I** *s* **1** [skrift]rulle **2** a) slinga; släng på namnteckning b) isht herald. bandslinga [med devis] c) konst. snäcklinje; scrollornament **II** *vb tr* pryda med slingor; ~*ed* äv. i form av slingor

scrounge [skraʊn(d)ʒ] vard. **I** *vb tr* lura till sig; tigga till sig [~ *a cigarette from a p.*] **II** *vb itr*, ~ *around for* sno (snoka) omkring efter; tigga **III** *s*, *be on the* ~ sno omkring (leta) efter; tigga

scrounger [ˈskraʊn(d)ʒə] vard. snyltare; tiggare

1 scrub [skrʌb] **I** *vb tr* skura, skrubba [~ *the floor*]; ~ *out* skura ur; skura (skrubba) bort **II** *vb itr* skura, skrubba **III** *s* skurning, skrubbning; *it needs a good* ~ den behöver skuras (skrubbas) ordentligt

2 scrub [skrʌb] **1** buskskog, busksnår **2** förkrympt buske (träd)

scrubbing-brush [ˈskrʌbɪŋbrʌʃ] skurborste

scruff [skrʌf], *take* (*seize*) *by the* ~ *of the neck* ta i nackskinnet (hampan)

scruffy [ˈskrʌfɪ] vard. sjaskig, sjabbig, sluskig

scrum [skrʌm] o. **scrummage** [ˈskrʌmɪdʒ] rugby. **I** *s* klunga; ~ *half* klunghalva **II** *vb itr* bilda klunga

scrumptious [ˈskrʌm(p)ʃəs] vard. smaskens; kalas- [~ *food*]; härlig; jättesnygg

scruple [ˈskruːpl] **I** *s* **1** ~[*s* pl.] skrupler; tvivel; *have* ~*s about* ha samvetsbetänkligheter mot (beträffande), dra sig för **2** skrupel medicinalvikt (= 1,296 g) **II** *vb itr* hysa samvetsbetänkligheter; *not* ~ *to* inte dra (genera) sig för att

scrupulous [ˈskruːpjʊləs] **1** nogräknad, samvetsöm **2** [mycket] samvetsgrann; sorgfällig; skrupulös [~ *cleanliness*]

scrutinize [ˈskruːtənaɪz] noga undersöka, syna [i sömmarna]

scrutiny [ˈskruːtənɪ] **1** noggrann undersökning **2** forskande blick

scud [skʌd] jaga [*the clouds ~ded across the sky*], ila, löpa

scuff [skʌf] **I** *vb tr* **1** hasa [sig fram] **2** skavas, nötas, slitas **II** *vb tr* **1** ~ *one's feet* släpa med fötterna, hasa sig fram **2** nöta (slita) ned [~ *one's shoes*] **III** *s* **1** hasande [ljud] **2** ~ *marks* märken (repor) efter skor

scuffle [ˈskʌfl] **I** *vb itr* **1** slåss; knuffas och bråka **2** hasa [sig fram] **II** *s* slagsmål, tumult

scull [skʌl] **I** *s* **1** [mindre] åra **2** vrickåra **II** *vb tr* o. *vb itr* ro; vricka båt

scullery [ˈskʌlərɪ] diskrum

sculptor [ˈskʌlptə] skulptör, bildhuggare

sculptress [ˈskʌlptrəs] skulptris

sculpture [ˈskʌlptʃə] **I** *s* **1** skulptur, bildhuggarkonst[en] **2** skulptur **II** *vb tr* o. *vb itr* skulptera

scum [skʌm] **I** *s* **1** skum vid kokning o. jäsning **2** [smuts]hinna på stillastående vatten **3** bildl. avskum [*the ~ of the earth*] **II** *vb tr* **1** skumma [av] **2** täcka med skum

scupper [ˈskʌpə] **I** *s* sjö. spygatt **II** *vb tr* **1** sänka [~ *a ship*] **2** vard. torpedera, kullkasta [~ *plans*]; *we're ~ed!* nu är det klippt!

scurf [skɜːf] **1** skorv **2** flagor

scurrilous [ˈskʌrɪləs] plump; ovettig

scurry [ˈskʌrɪ] **I** *vb itr* kila; bildl. jaga [~ *through one's work*] **II** *s* rusning; bildl. äv. jäkt

scurvy ['skɜːvɪ] **I** *adj* tarvlig, gemen **II** *s* med. skörbjugg
1 scuttle ['skʌtl] rusa, skutta [*~ off (away)*]
2 scuttle ['skʌtl] **I** *s* glugg med lucka i tak o. vägg; lucka; sjö. ventil; [ventil]lucka **II** *vb tr* **1** sjö. borra i sank [*~ a ship*] **2** torpedera, kullkasta [*~ plans*]
scythe [saɪð] **I** *s* lie **II** *vb tr* slå med lie, meja
SE förk. för *South-Eastern* (postdistrikt i London), *south-east*[*ern*]
sea [siː] **1** hav [*the Caspian S~*], sjö [*the North S~*], havs- [*~ ice*], sjö- [*~ scout*]; *the high ~s* öppna havet utanför territorialgränsen; *at ~* till sjöss (havs), på havet (sjön), i sjön; *I'm* [*all*] *at ~* vard. jag förstår inte ett dugg [av det hela]; *by ~* sjöledes, sjövägen [*go by ~*]; *on the ~* a) på havet b) vid havet (kusten) [*Brighton is* (ligger) *on the ~*]; *put to ~* a) om fartyg löpa ut, avsegla b) sjösätta, sätta i sjön **2** a) sjö [*a choppy* el. *short* (krabb) *~*], sjögång b) [stört]sjö; *there is a heavy* (*high*) *~* det är hög sjö, det är svår sjögång **3** bildl. hav [*a ~ of people*], ström [*~s of blood*]; *a ~ of flame* ett eldhav
sea anemone ['siːəˌneməni] zool. havsanemon
seaboard ['siːbɔːd] strandlinje; kust[sträcka]
seaborne ['siːbɔːn] sjöburen [*~ goods*]
sea breeze ['siːbriːz] sjöbris; havsbris
seafarer ['siːˌfeərə] sjöfarare; pl. *~s* äv. sjöfolk
seafaring ['siːˌfeərɪŋ] **I** *adj* sjöfarande; *~ life* livet till sjöss (havs) **II** *s* **1** seglats[er] **2** sjömansyrke[t]
seafood ['siːfuːd] [fisk och] skaldjur, 'havets läckerheter'; *~ restaurant* fiskrestaurang
seafront ['siːfrʌnt] sjösida av ort; strand[promenad]; *~ hotel* strandhotell
seagoing ['siːˌɡəʊɪŋ] **1** sjögående [*a ~ vessel*] **2** sjöfarande; *without ~ experience* utan sjövana
seagull ['siːɡʌl] zool. fiskmås
1 seal [siːl] **I** *s* zool. säl; *ringed ~* ringsäl, vikare **II** *vb itr* jaga säl
2 seal [siːl] **I** *s* **1** sigill; lack[sigill]; försegling, plomb; sigillstamp; *put the ~ of one's approval on a th.* bildl. sanktionera ngt **2** beseglande [*a ~ of friendship*], bekräftelse **3** prägel, stämpel [*have the ~ of genius*]; *set one's ~ to* sätta sin prägel (stämpel) på **4** tekn. a) vattenlås; spärrventil b) packning c) förslutning **II** *vb tr* **1** sätta sigill på (under) [*~ a document*]; *~* [*down*] försegla, klistra (lacka) igen [*~ a letter*] **2** besegla [*~ friendship with a kiss*], bekräfta; avgöra [*this ~ed his fate*], bestämma **3** prägla, stämpla **4** tillsluta [hermetiskt]; täta, stoppa (täppa) till (igen) [*~ a leak*]; *~ed* äv. sluten [*~ed cooling system*], lufttät [*~ed cabins*], hermetisk **5** *~ off* spärra av
sea level ['siːˌlevl] vattenstånd i havet; *mean ~* medelvattenstånd; *above* (*below*) *~* över (under) havet (havsytan)
sealing wax ['siːlɪŋwæks] sigillack; buteljlack; *stick of ~* lackstång
sea lion ['siːˌlaɪən] zool. sjölejon
sealskin ['siːlskɪn] sälskinn
seam [siːm] **I** *s* söm; *burst at the ~s* spricka (gå upp) i sömmarna; bildl. vara sprickfärdig (fullproppad) **2** fog, skarv **3** geol. flöts; skikt av kol o.d. **4** med. el. anat. sutur **II** *vb tr* **1** foga (sy) ihop; förse med en söm (sömmar) **2** göra fårad (ärrig); *~ed* fårad [*a face ~ed with* (av) *care*]; ärrig
sea|man ['siː|mən] (pl. *-men* [-mən]) sjöman
seamanlike ['siːmənlaɪk] o. **seamanly** ['siːmənlɪ] sjömansmässig; sjömans-
seamanship ['siːmənʃɪp] sjömanskap
sea mile ['siːmaɪl] sjömil
seamless ['siːmləs] sömlös
seamstress ['semstrəs] sömmerska
seamy ['siːmɪ] *~ side* avigsida av plagg o.d.; bildl. äv. frånsida, skuggsida [*the ~ side of life*]
seance ['seɪɑː(n)s, -ɑːns, -ɒns] spirit. seans
sea nymph ['siːnɪmf] mytol. havsnymf
seaplane ['siːpleɪn] sjöflygplan
seaport ['siːpɔːt] hamnstad [äv. *~ town*]
sear [sɪə] **1** bränna äv. med.; sveda **2** kok. bryna
search [sɜːtʃ] **I** *vb tr* söka (leta) igenom, leta (söka) i [*~ one's memory*]; gå skallgång; visitera [*~ a ship*], kroppsvisitera; rannsaka; se forskande (prövande) på [*~ a p.'s face*]; *~ one's heart* (*conscience*) rannsaka sitt hjärta (samvete); *~ me!* vard. inte vet jag!, ingen aning! **II** *vb itr* söka, spana; göra efterforskningar; *~ after* söka [finna] [*~ after the truth*]; *~ for a p.* efterforska (efterspana) ngn **III** *s* **1** sökande, forskande, efterforskning[ar]; skallgång; undersökning, genomsökning; husrannsakan, husundersökning; visitation, visitering; [*personal* (*bodily*)] *~* kroppsvisitation; *right of ~* jur. visiteringsrätt; *in ~ of* på spaning (jakt)

efter, som söker (letar) efter **2** data. sökning; ~ *engine* sökmotor
searching ['sɜːtʃɪŋ] **I** *adj* **1** forskande, prövande [*a* ~ *look*] **2** grundlig [*a* ~ *test*] **II** *s* **1** sökande, letande; undersökning etc., jfr *search I* **2** *~s of heart* (*conscience*) självrannsakan
searchlight ['sɜːtʃlaɪt] strålkastarljus
search party ['sɜːtʃˌpɑːtɪ] spaningspatrull
search warrant ['sɜːtʃˌwɒr(ə)nt] husrannsakningsorder
seashell ['siːʃel] snäckskal
seashore ['siːʃɔː, ˌ-'-] [havs]strand
seasick ['siːsɪk] sjösjuk
seasickness ['siːˌsɪknəs] sjösjuka
seaside ['siːsaɪd] **1** kust, kust- [~ *town*]; strand-; ~ *place* (*resort*) badort **2** sjösida av ort
season ['siːzn] **I** *s* **1** årstid [*the four ~s*]; *the rainy* (*dry*) ~ regntiden (torrtiden) i tropikerna **2** säsong [*the football ~*], tid [*the mating ~*]; *the close* ~ förbjuden (olaga) tid för jakt o. fiske; fridlysningstid *in* ~: **a**) i rätt[an] tid [*a word in ~*]; *in due* (*good*) ~ i [rätt (laga)] tid, i sinom tid **b**) när det är säsong [*I only eat oysters in ~*]; *oysters are in* ~ det är säsong för ostron **c**) jakt. el. fiske. lovlig [*hares are in ~*] *out of* ~: **a**) i otid, opassande **b**) när det inte är säsong [*plums are hard to get out of ~*]; *oysters are out of* ~ det är inte ostrontid (ostronsäsong) **3** helg, tid; *Christmas* ~ julhelgen, jultiden; *~'s greetings* jul- och nyårshälsningar **II** *vb tr* **1** vänja [*~ the soldiers to* (vid) *the climate*], acklimatisera; *~ed* van, härdad, garvad [*~ed soldiers* (*veterans*)]; väderbiten **2** lagra [*~ed cheese*], låta mogna; torka [*~ed timber*]; *a ~ed pipe* en inrökt pipa **3** krydda äv. bildl. [*~ food; ~ the conversation with wit*]; smaksätta; *highly ~ed* starkt kryddad
seasonal ['siːz(ə)nl] **1** säsong- [*~ article* (*work*)], säsongbetonad [*~ trade*], säsongmässig, säsongbetingad **2** årstidsmässig
seasoning ['siːz(ə)nɪŋ] **1** krydda äv. bildl.; smaktillsats; *add ~ to taste* krydda efter smak **2** kryddning **3** lagring; torkning
season ticket ['siːznˌtɪkɪt] [period]kort; säsongbiljett; ~ [*for a year*] årskort; *monthly* ~ månadskort
seat [siːt] **I** *s* **1** sittplats; stol, [sitt]pall; säte [*there are two ~s in the car*]; plats [*lose* (bli av med) *one's ~*]; biljett [*book four ~s for* (till) *'Hamlet'*]; *~ reservation* **a**) [sitt]platsbeställning **b**) [sitt]platsbiljett; *have a good ~* [*at the theatre*] ha bra plats..., sitta bra...; *keep one's ~* sitta kvar; *take a ~* sätta sig, sitta ned, ta plats; [*take your*] *~s, please!* järnv. tag plats! **2** sits på möbel o.d. **3** bak[del], anat. äv. säte; *the ~ of one's trousers* (*pants*) byxbaken **4** plats, mandat [*the party gained 100 ~s*]; säte; medlemskap; *have a ~ on the board* sitta med (ha säte) i styrelsen; *lose one's ~* förlora sitt mandat, inte bli återvald **5** säte; *~ of learning* lärdomssäte **II** *vb tr* **1** sätta, anvisa (bereda) [sitt]plats åt [*he ~ed us in the front row*]; ta plats [*please be ~ed!*]; ha sitt säte **2** installera; få in[vald] [*~ a candidate*] **3 a**) ha [sitt]plats för [*the car ~s five*] **b**) skaffa sittplats åt [*we can't ~ them all*]
seat belt ['siːtbelt] bilbälte
seater ['siːtə] ss. efterled i sammansättn. -sitsigt fordon [*two-seater*]
seaward ['siːwəd] **I** *adj* [vänd] mot havet; mot sjösidan **II** *adv* mot (åt) havet **III** *s* sjösida
seaweed ['siːwiːd] bot. havsväxt[er]; sjögräs, alg[er], tång
seaworthy ['siːˌwɜːðɪ] sjöduglig, sjösäker
secateurs [ˌsekə'tɜːz] sekatör
secede [sɪ'siːd] utträda [*~ from* (ur) *a federation*]
secession [sɪ'seʃ(ə)n] utträde [*~ from* (ur) *the church*], utbrytning
secluded [sɪ'kluːdɪd] avskild [*a ~ spot*]; tillbakadragen [*a ~ life*]
seclusion [sɪ'kluːʒ(ə)n] avstängdhet, ensamhet; *live in* ~ äv. leva tillbakadraget
1 second ['sek(ə)nd] (jfr *fifth*) **I** *adj* **1** (äv. *räkn*) andra, andre; andra- [*~ car; ~ tenor*]; näst [*the ~ largest*]; *a ~* **a**) en ny (annan) [*a ~ Hitler*] **b**) ännu (ytterligare) en, en till [*you need a ~ bag*]; *the ~ floor* [våningen] två trappor (amer. en trappa upp); *~ name* amer. efternamn; *in the ~ place* i andra rummet (hand), för det andra; *~ sight* klärvoajans, synskhet **2** underlägsen; *be ~ to none* inte vara sämre än någon annan, kunna mäta sig med vem som helst, inte stå någon efter **3** isht hand. sekunda [*~ quality*] **II** *adv* **1** näst **2** [i] andra klass [*travel ~*] **3** som tvåa, som nummer två i ordningen [*he spoke ~*]; i andra hand [*that will have to come ~*]; *come* [*in*] (*finish*) ~ komma [in som] (bli) tvåa, komma på andra plats, få en andraplacering **III** *s* **1** sport. **a**) tvåa; *he was an easy ~* han kom som god tvåa

b) andraplacering **2** motor. tvåans växel; *put the car in* ~ lägga in tvåan **3 a)** sekundant [~ *in a duel*] **b)** boxn. sekond **4** hand. **a)** pl. ~*s* utskottsvaror, andrasortering [*these cups are* ~*s*] **b)** ~ *of exchange* sekunda [växel] **IV** *vb tr* **1** understödja [~ *a proposal* (*a p.*)], instämma i; instämma med, sekundera [~ *a p.*] **2** sekundera, vara sekundant (boxn. sekond) åt

2 second ['sek(ə)nd] **1** sekund; ögonblick [*I'll be back in* (om) *a* ~]; för ex. jfr *2 minute*; *five metres per* ~ sjö. fem meter i sekunden **2** sekund del av grad

secondary ['sek(ə)nd(ə)rɪ] sekundär; underordnad [*of* ~ *importance*]; andrahands- [~ *source*]; bi- [~ *accent* (*meaning*)]; *be* ~ *to* vara mindre viktig (väsentlig) än [*reading fast is* ~ *to reading well*]; ~ *school* obligatorisk skola för elever mellan 11 och 16 (18) år

second-best [ˌsek(ə)n(d)'best, attr. '---] **I** *adj* näst bäst [*my* ~ *suit*] **II** *adv* näst bäst; *come off* ~ bildl. dra det kortaste strået, förlora **III** *s* näst bästa alternativ

second-class [ˌsek(ə)n(d)'klɑːs, attr. '---] **I** *adj* andraklass- [*a* ~ *ticket*]; andra klassens [*a* ~ *hotel*], sekunda; ~ *mail* **a)** britt. andraklasspost, B-post **b)** amer. trycksaker ss. tidningar **II** *adv* [i] andra klass [*travel* ~]

seconder ['sek(ə)ndə], *a* ~ *of...* en som instämmer med (understöder)...

second-hand [ˌsek(ə)nd'hænd, attr. '---] **I** *adj* [köpt] begagnad [~ *clothes* (*furniture*)], antikvarisk [~ *books*], andrahands- [~ *information*, ~ *shop*]; lånad [~ *ideas*]; ~ *bookshop* antikvariat **II** *adv* i andra hand [*get news* ~], begagnat [*buy* ~] **III** *s*, *at* ~ i andra hand, genom hörsägen

secondly ['sek(ə)ndlɪ] för det andra

second-rate [ˌsek(ə)n(d)'reɪt, attr. '---] andra klassens [*a* ~ *hotel*], sekunda, andrarangs- [*a* ~ *poet*], medelmåttig

secrecy ['siːkrəsɪ] tystlåtenhet; sekretess

secret ['siːkrət] **I** *adj* hemlig; sekret; lönn- [~ *door* (*drawer*)]; avskild, dold [*a* ~ *place*]; ~ *passage* hemlig gång, lönngång; ~ *service* polit. underrättelsetjänst, säkerhetstjänst **II** *s* hemlighet [*an open* (offentlig) ~]; *keep a* ~ bevara (hålla tyst med) en hemlighet; *let* (*take*) *a p. into a* ~ inviga ngn i en hemlighet

secretarial [ˌsekrə'teərɪəl] sekreterar- [~ *work*]

secretariat [ˌsekrə'teərɪət] **1** sekretariat, kansli **2** sekreterarskap

secretary ['sekrət(ə)rɪ] **1** sekreterare **2** polit. minister; *S*~ *of State* **a)** i Storbritannien departementschef, minister **b)** i USA utrikesminister; *S*~ *of Defense* i USA försvarsminister

secretary-general [ˌsekrət(ə)rɪ'dʒen(ə)r(ə)l] (pl. *secretaries-general*) generalsekreterare

secrete [sɪ'kriːt] fysiol. avsöndra, utsöndra

secretion [sɪ'kriːʃ(ə)n] fysiol. avsöndring, utsöndring; sekret

secretive ['siːkrətɪv] hemlighetsfull

secretly ['siːkrɪtlɪ] hemligt, i hemlighet; i sitt stilla sinne; innerst inne

sect [sekt] relig. m.m. sekt; polit. äv. falang

sectarian [sek'teərɪən] **I** *adj* sekteristisk **II** *s* sekterist

section ['sekʃ(ə)n] **I** *s* **1 a)** del; avsnitt; paragraf **b)** [bestånds]del, sektion [*a bookcase in five* ~*s*] **c)** stycke, bit [*a* ~ *of a cake*], klyfta [*the* ~*s of an orange*] **d)** [del]sträcka [*a* ~ *of a road*]; *the sports* ~ [*of a newspaper*] sportsidorna... **2** område, sektor [*the industrial* ~ *of a country*] **3** mus. sektion, [instrument]grupp **4** [tvär]snitt **5** med. o.d. **a)** [in]snitt **b)** [mikroskop]preparat **II** *vb tr* **1** dela upp, indela i avdelningar (avsnitt etc., jfr *I*) **2** visa (framställa) i genomskärning

sectional ['sekʃ(ə)nl] sektions- [~ *sofa*], isärtagbar [~ *fishing-rod*]; tekn. profil- [~ *iron* (*steel*)]; ~ *furniture* kombimöbler, sektionsmöbler

sector ['sektə] sektor äv. matem.; område; mil. äv. [front]avsnitt; *the public* ~ den offentliga (statliga) sektorn

secular ['sekjʊlə] *adj* världslig [*the* ~ *power*], profan [~ *art* (*music*)], sekulariserad [~ *education*]; utomkyrklig, icke-kyrklig [~ *marriage*]

secure [sɪ'kjʊə] **I** *adj* **1** säker; tryggad, säkrad [*a* ~ *future*] **2** stadig [*a* ~ *grasp* (*lock*)], stabil **3** i säkert förvar [*the papers are* ~; *the prisoner is* ~], säker **II** *vb tr* **1** befästa äv. bildl. [~ *a town with a wall*; ~ *one's position*]; säkra; ~ *oneself against* skydda (gardera, trygga) sig mot **2** säkra, göra (haka) fast, låsa [~ *the doors* (*windows*)]; binda [fast] [~ *a prisoner with ropes*]; fästa; sjö. surra **3** försäkra sig om, [lyckas] skaffa [~ *seats at a theatre*]; lyckas få, lägga beslag på [~ *a prize*], belägga [*he* ~*d the second place*] **4** skaffa **5** spärra in, sätta i säkert förvar [~ *a prisoner*] **6** hand. ställa säkerhet för [~ *a loan*]

security [sɪ'kjʊərətɪ] **1** trygghet [*the child*

lacks ~], trygghetskänsla; säkerhet **2** säkerhetsåtgärd[er], säkerhets- [~ *guard* (*risk*)]; *the S~ Council* säkerhetsrådet i FN; ~ *police* säkerhetspolis, säkerhetstjänst; ~ *precautions* säkerhetsanordningar, säkerhetsåtgärder **3** hand. a) säkerhet, borgen [*lend money on* (mot) ~], garanti; hypotek b) borgensman; *become* (*stand, go*) ~ *for a p.* gå i borgen för ngn **4** värdepapper; *government ~* statsobligation
security camera [sɪˈkjʊərətɪˌkæm(ə)rə] övervakningskamera i butiker etc.
sedan [sɪˈdæn] **1** isht amer. sedan bil **2** hist. bärstol
sedate [sɪˈdeɪt] **I** *adj* stillsam, lugn **II** *vb tr* ge lugnande medel åt
sedation [sɪˈdeɪʃ(ə)n], *be under ~* a) ha fått lugnande medel b) vara nedsövd
sedative [ˈsedətɪv] **I** *adj* lugnande; med. sedativ **II** *s* [nerv]lugnande medel; med. sedativ
sedentary [ˈsednt(ə)rɪ] stillasittande [*a ~ life* (*occupation*)]
sediment [ˈsedɪmənt] sediment, avlagring
sedition [sɪˈdɪʃ(ə)n] **1** upproriskhet **2** uppvigling
seduce [sɪˈdjuːs] **1** förföra **2** förleda
seduction [sɪˈdʌkʃ(ə)n] förförelse
seductive [sɪˈdʌktɪv] förförisk [*a ~ smile*], lockande [*a ~ offer*]
1 see [siː] kyrkl. [biskops]stift [*the ~ of Canterbury*]; biskopssäte, biskopsämbete; *the Holy S~* el. *the S~ of Rome* påvestolen
2 see [siː] (*saw seen*) **1 a)** se; se (titta) på, bese [~ *the sights of London*]; se (titta) efter [*I'll ~ who it is*], kolla; tänka sig [*I can't ~ him as a president*]; se till, ordna [*I'll ~ that it is done at once*]; *we'll ~* vi får [väl] se; ~ *you don't fall!* se till (akta dig så) att du inte faller!; *nobody was to* (*could*) *be ~n* ingen syntes till
b) med prep. o. adv. isht med spec. övers.:
~ *about* sköta om, ta hand om [*he promised to ~ about the matter*], sörja för, ordna [med]; *we'll ~ about that* a) det sköter vi om b) det ska vi fundera på c) det får vi allt se
~ *by* se vid (i) [*can you ~ by this light?*]; *I can ~ by your face* (*looks*) *that...* jag ser på dig att...
~ *from* se i (av, på) [*I ~ from the letter that...*]
~ *in*: ~ *the New Year in* vaka in det nya året

~ *into* titta närmare på [*I'll ~ into the matter*]
~ *off*: ~ *a p. off* vinka av (följa) ngn
~ *out*: ~ *a p. out* följa ngn ut
~ *over* se på, inspektera
~ *through* a) genomskåda [*we all saw through him*] b) slutföra [~ *a task through*], klara sig igenom c) hjälpa igenom [~ *a p. through*]; *I'll ~ you through* jag ska ordna saken åt dig
~ *to* a) ta hand om b) sköta [om], ordna; ~ *to it that...* se till att..., laga (ordna) [så] att...
2 förstå [*I ~ what you mean*], inse [*I can't ~ the use of it*]; *oh, I ~* å, jag förstår; jaså; *I was there, you ~* jag var där förstår (ser) du **3** hälsa 'på, besöka; gå till, söka [*you must ~ a doctor about* (för) *it*]; *can I ~* [*the manager*]*?* kan jag få tala med...?, träffas...?; *there is a lady to ~ you* det är en dam som söker er; *I'm ~ing him tonight* jag ska träffa honom i kväll; [*I'll*] *be ~ing you!* el. ~ *you* [*later* (*around*)]*!* vard. vi ses [senare]!, hej så länge! **4** ta emot [*the manager can ~ you now*] **5** följa [*he saw me home*]; ~ *a p. off* vinka av (följa) ngn
seed [siːd] **I** *s* **1** frö; ~[*s* pl.] koll. frö, säd; *go* (*run*) *to ~* a) gå i frö, fröa sig b) bildl. råka i förfall **2** kärna [*melon ~s*] **3** bildl. frö; upprinnelse [*be the ~ of* (till)]; *sow the ~s of dissension* så ett tvistefrö **4** sport. seedad spelare; *he is No. 1 ~* han är seedad som etta **II** *vb tr* **1** [be]så [~ *a field with wheat*] **2** kärna ur [~ *raisins*] **3** sport. seeda
seedcake [ˈsiːdkeɪk] kok. sockerkaka med kummin
seedless [ˈsiːdləs] kärnfri [~ *raisins*]
seedling [ˈsiːdlɪŋ] **I** *s* [frö]planta; späd planta **II** *attr adj* uppdragen ur frö
seedy [ˈsiːdɪ] **1** kärnig [~ *raisins*] **2** vard. luggsliten, sjaskig [~ *clothes*]; avsigkommen **3** vard. krasslig [*feel ~*]
seeing [ˈsiːɪŋ] **I** *s* **1** seende; ~ *is believing* man tror det man ser [med egna ögon] **2** syn[förmåga] **II** *adj* o. *pres p* seende; *worth ~* värd att se[s], sevärd **III** *konj*, ~ [*that*] eftersom, med tanke på att
seek [siːk] (*sought sought*) mest litt. **I** *vb tr* **1** söka [~ *one's fortune*; ~ *shelter from* (för) *the rain*]; sträva efter [~ *fame*]; ~ [*a p.'s*] *advice* be [ngn] om råd; ~ *out a p.* söka upp ngn, söka ngns sällskap **2** söka sig till [~ *the shade*] **3** ~ *to do a th.* [för]söka göra ngt **II** *vb itr* söka; *be* [*much*] *sought after* vara [mycket] eftersökt

seem [si:m] verka [*it isn't as easy as it ~s*]; verka (tyckas) vara [*he ~ed an old man*]; *~ to* tyckas [*he ~s to know everybody*], verka, förefalla, se ut att [*this ~s to be a good idea*]; *I ~ to remember that...* jag vill minnas att...; *so it ~s* det verkar så, det ser så ut
seeming ['si:mɪŋ] skenbar [*~ friendship*]
seemingly ['si:mɪŋlɪ] skenbart
seemly ['si:mlɪ] passande, tillbörlig
seen [si:n] perf. p. av *2 see*
seep [si:p] **1** sippra, droppa **2** bildl. smyga sig; sprida sig så sakta
seesaw ['si:sɔ:, ˌ-'-] **I** *s* **1** a) gungbräde b) [gungbrädes]gungning **2** bildl. pendling, kast **II** *adj* vacklande, växlande [*~ policy*]; *a ~ battle* a) en strid som böljar fram och tillbaka b) en strid med växlande framgång **III** *vb itr* **1** gunga gungbräde; gunga upp och ned **2** bildl. svänga fram och tillbaka, pendla, vackla
seethe [si:ð] *vb itr* sjuda, koka äv. bildl. [*~ with* (av) *rage*]; myllra [*the streets ~d with* (av) *people*]
see-through ['si:θru:] genomskinlig [*a ~ blouse*]
segment [ss. subst. 'segmənt, ss. vb seg'ment] **I** *s* segment äv. geom. [*the ~ of a circle*]; klyfta [*orange ~*]; del **II** *vb tr* o. *vb itr* segmentera[s]
segregate ['segrɪgeɪt] **1** avskilja, isolera [*~ people with infectious diseases*] **2** segregera [*~ races*] **3** åtskilja; *~ the sexes* hålla könen åtskilda
segregation [ˌsegrɪ'geɪʃ(ə)n] **1** avskiljande, isolering **2** segregation; *racial ~* [ras]segregation, rasåtskillnad **3** åtskiljande
seismic ['saɪzmɪk] seismisk, jordskalvs-
seismograph ['saɪzməgrɑ:f, -græf] seismograf
seismological [ˌsaɪzmə'lɒdʒɪk(ə)l] seismologisk
seize [si:z] **I** *vb tr* **1** gripa [*~ a p. by* (i) *the arm*], fatta [*~ a p.'s hand*], ta tag i; rycka (slita) [till sig]; ta fast; *~ the opportunity* (*occasion*) ta tillfället i akt, gripa (begagna, ta vara på) tillfället **2** sätta sig i besittning av [*~ the throne*] **3** isht jur. ta i beslag [*~ smuggled goods*], konfiskera **II** *vb itr* **1** *~* [*up*]*on* [ivrigt] gripa tag i, rycka till sig, [med våld] tillägna sig; kasta sig över, hoppa 'på, nappa på [*~* [*up*]*on an offer*] **2** *~* [*up*] om motor skära [ihop]
seizure ['si:ʒə] **1** gripande etc., jfr *seize I 1*; *~ of power* maktövertagande

2 besittningstagande, intagande **3** jur. beslagtagande **4** om motor hopskärning
seldom ['seldəm] sällan
select [sə'lekt] **I** *adj* vald [*~ passages from Milton*]; utvald [*a ~ company* el. *group* (sällskap)]; utsökt, exklusiv [*a ~ club*]; *~ bibliography* bibliografi i urval; *~ committee* (*body*) särskilt utskott **II** *vb tr* **1** välja [ut], söka ut [åt sig]; *a ~ed few* några få utvalda **2** välja [*~ to* (till) *an office*]
selection [sə'lekʃ(ə)n] **1** [ut]väljande, val; isht sport. uttagning; *~ board* antagningskommission **2** urval äv. biol. [*natural ~*]; selektion; sortiment **3** pl. *~s* valda stycken (texter)
selective [sə'lektɪv] selektiv; *~ strike* punktstrejk
selector [sə'lektə] sport. medlem av en uttagningskommitté
selenium [sə'li:njəm] kem. selen, selen-
self [self] (pl. *selves* [selvz]) **1** jag [*he showed his true ~*]; person [*my humble* (ringa) *~*]; *he is not like his own ~* han är sig inte riktigt lik **2** hand., [*pay*] *~* [betala till] mig själv
self-addressed [ˌselfə'drest], *~ envelope* [adresserat] svarskuvert
self-adhesive [ˌselfəd'hi:sɪv] självhäftande
self-assertive [ˌselfə'sɜ:tɪv], *be ~* ha ett självhävdelsebehov
self-assurance [ˌselfə'ʃʊər(ə)ns] självsäkerhet; säkerhet i uppträdandet
self-assured [ˌselfə'ʃʊəd] självsäker, självmedveten
self-catering [ˌself'keɪt(ə)rɪŋ] med självhushåll [*~ holidays*]
self-centred [ˌself'sentəd] självupptagen
self-confidence [ˌself'kɒnfɪdəns] självförtroende, tillförsikt
self-confident [ˌself'kɒnfɪd(ə)nt] full av självförtroende; säker; självsäker
self-conscious [ˌself'kɒnʃəs] förlägen, osäker; utan självförtroende
self-contained [ˌselfkən'teɪnd] som bildar en enhet (ett slutet helt), [i sig] komplett; självständig; *~ flat* våning, lägenhet komplett med eget kök, egen ingång m.m.
self-control [ˌselfkən'trəʊl] [själv]behärskning
self-defence [ˌselfdɪ'fens] självförsvar; *the* [*noble*] *art of ~* självförsvarets ädla konst boxningen
self-determination [ˌselfdɪˌtɜ:mɪ'neɪʃ(ə)n], [*right of*] *~* självbestämmande[rätt]
self-drive [ˌself'draɪv], *~ car* hyrbil
self-employed [ˌselfɪm'plɔɪd], *be ~* vara sin egen, vara egen företagare

self-esteem [ˌselfɪ'stiːm] **1** självaktning **2** egenkärlek; självöverskattning
self-evident [ˌself'evɪd(ə)nt] självklar, självfallen
self-help [ˌself'help] självhjälp
self-important [ˌselfɪm'pɔːt(ə)nt] självtillräcklig
self-indulgent [ˌselfɪn'dʌldʒ(ə)nt] njutningslysten
self-inflicted [ˌselfɪn'flɪktɪd] självförvållad
self-interest [ˌself'ɪntrəst, -t(ə)rest] egennytta; eget intresse
selfish ['selfɪʃ] självisk, egennyttig
selfishness ['selfɪʃnəs] självishet, egennytta
selfless ['selfləs] osjälvisk
self-made [ˌself'meɪd, attr. '--] **1** selfmade, som själv har arbetat sig upp [*a ~ man*] **2** självgjord
self-pity [ˌself'pɪtɪ] självömkan
self-possessed [ˌselfpə'zest] behärskad
self-preservation ['self͵prezə'veɪʃ(ə)n] självbevarelse; [*instinct of*] ~ självbevarelseinstinkt, självbevarelsedrift
self-raising [ˌself'reɪzɪŋ], *~ flour* mjöl blandat med bakpulver
self-reliant [ˌselfrɪ'laɪənt] full av självförtroende (självtillit); självständig
self-respect [ˌselfrɪ'spekt] självaktning
self-respecting ['selfrɪˌspektɪŋ] med självaktning [*no ~ man*]
self-righteous [ˌself'raɪtʃəs] självrättfärdig
self-rule [ˌself'ruːl] självstyre
selfsame ['selfseɪm], *the ~* precis samma
self-satisfied [ˌself'sætɪsfaɪd] självbelåten
self-service [ˌself'sɜːvɪs] självbetjäning; snabbtank[ning]; *~* [*restaurant*] [restaurang med] självservering; *~* [*store*] snabbköp[sbutik]
self-styled [ˌself'staɪld] föregiven; *that ~ expert* iron. denne självutnämnde expert
self-sufficient [ˌselfsə'fɪʃ(ə)nt] **1** självförsörjande [*the nation is now ~ in* (med) *wheat*], självständig **2** självtillräcklig, självgod; *be ~* äv. vara sig själv nog
self-supporting [ˌselfsə'pɔːtɪŋ] självförsörjande; *a ~ enterprise* ett finansiellt självförsörjande företag
self-taught [ˌself'tɔːt] självlärd
self-willed [ˌself'wɪld] självrådig, egensinnig
sell [sel] (*sold sold*) **I** *vb tr* (se äv. *III*) **1 a)** sälja, avyttra [*~ cheap* (*dear*) (billigt resp. dyrt)] **b)** sälja, handla med [*he ~s antiques*], föra, ha [*this shop ~s my favourite brand*] **c)** leda till försäljning av; [*his name on the cover*] *~s the book*
...gör att boken säljs **d)** bildl. sälja [*~ oneself*; *~ one's country*] **e)** vard. sälja [in] [*~ an idea*]; *~ a p. on* [*an idea*] få ngn med på... **2** sl. blåsa, lura; *~ a p. down the river* förråda ngn **II** *vb itr* (se äv. *III*) sälja[s]; *your car ought to ~ for* [*£500*] du borde kunna få...för din bil **III** *vb tr* o. *itr* med adv.
~ off realisera [bort], slumpa bort; sälja av
~ out: **a)** sälja slut [på] **b)** sälja [alltsammans] **c)** utförsälja **d)** vard. förråda; bli förrädare
IV *s* vard. **1** besvikelse **2** skoj
seller ['selə] [för]säljare; ss. efterled i sammansättn. -handlare [*bookseller*]; *~'s* (*~s'*) *market* säljarens marknad
sell-out ['selaʊt] vard. **1** förräderi **2** försäljningssuccé; utsålt hus **3** utförsäljning
selves [selvz] pl. av *self*
semantics [sɪ'mæntɪks] (konstr. ss. sg.) språkv. semantik, betydelselära
semaphore ['seməfɔː] **I** *s* **1** semafor **2** semaforering **II** *vb tr* o. *vb itr* semaforera
semblance ['sembləns] skepnad; sken; *under the* (*a*) *~ of friendship* under sken av vänskap, under vänskapens täckmantel
semen ['siːmən] sädesvätska, säd
semester [sə'mestə] univ. el. skol. (isht amer.) termin
semibreve ['semɪbriːv] mus. helnot
semicircle ['semɪˌsɜːkl] halvcirkel
semicircular [ˌsemɪ'sɜːkjʊlə] halvcirkelformig
semicolon [ˌsemɪ'kəʊlən] semikolon
semiconductor [ˌsemɪkən'dʌktə] fys. halvledare
semidetached [ˌsemɪdɪ'tætʃt], *a ~ house* [ena hälften av] ett parhus, en parvilla
semifinal [ˌsemɪ'faɪnl] semifinal; *enter the ~s* gå till semifinal[en]
semifinalist [ˌsemɪ'faɪnəlɪst] semifinalist
seminar ['semɪnɑː] seminarium; seminarieövning[ar]; examinatorium
seminary ['semɪnərɪ] rom. katol. [präst]seminarium
semiprecious [ˌsemɪ'preʃəs], *~ stone* halvädelsten
semiquaver ['semɪˌkweɪvə] mus. sextondelsnot
semiskilled [ˌsemɪ'skɪld, attr. '---], *~ worker* kvalificerad tempoarbetare
Semite ['siːmaɪt, 'sem-] **I** *s* semit **II** *adj* semitisk
Semitic [sə'mɪtɪk] semitisk
semitone ['semɪtəʊn] mus. halvton, halvt tonsteg

semitropical [ˌsemɪ'trɒpɪk(ə)l] subtropisk
semolina [ˌsemə'li:nə] semolina[gryn]; mannagryn
senator ['senətə] senator
send [send] (*sent sent*) **I** *vb tr* **1** sända, skicka; kasta, slunga; driva; ~ *word* skicka bud, låta meddela, lämna besked; *be sent to prison* bli satt (åka) i fängelse **2** bringa, sända **3** göra [~ *a p. mad* (*crazy*)] **4** sl. få att tända; *it ~s me* det tänder jag på **5** med adv. isht med spec. övers.
~ **along** eftersända [~ *along a letter*], vidarebefordra
~ **away** a) skicka (köra, driva) bort b) avvisa
~ **down** a) pressa ner [~ *prices down*] b) univ. relegera [från universitetet]
~ **in** sända (skicka, lämna) in [~ *in one's resignation* (avskedsansökan)]
~ **off** a) avsända [~ *off a letter* (*parcel*)], expediera b) sport. utvisa [~ *a player off*] c) avskjuta; slunga i väg d) se ~ *away*; ~ *a p. off* ta farväl av (vinka av) ngn [*a large crowd went to the airport to* ~ *him off*]
~ **on** sända vidare, eftersända
~ **round** *to a p.* skicka (låta gå) runt; skicka över [~ *it round* [*to me*] *tomorrow*]
~ **up** a) sända (skicka) upp (ut) [~ *up a rocket*] b) driva (pressa) upp [~ *prices* (*the temperature*) *up*] c) parodiera, karikera; förlöjliga
II *vb itr* **1** skicka bud [*he sent to* (för att) *warn me*]; *he sent* [*round*] *to ask if...* han hälsade och frågade om... **2** ~ *for* skicka [bud] efter [~ *for a doctor*], [låta] hämta, låta avhämta; rekvirera
send-off ['sendɒf] **1** avsked[shälsning]; *they gave us a good* ~ [*at the station*] de tog ett hjärtligt farväl av oss... **2** [god] start
send-up ['sendʌp] vard. parodi; förlöjligande
senile ['si:naɪl] senil, ålderdomssvag; ~ *dementia* med. senildemens
senility [sə'nɪlətɪ, se'n-] senilitet
senior ['si:njə] **I** *adj* **1** äldre äv. i tjänsten o.d.; den äldre [*John Smith, S~*]; senior- [~ *team*]; högre i rang; överordnad; ~ *citizen* pensionär; *the* ~ *service* flottan i mots. till armén **2** äldre, av tidigare datum, tidigare **II** *s* **1** [person som är] äldre i tjänsten o.d. [*the ~s*]; äldre medlem; *my ~s* de som är äldre än jag [i tjänsten], mina äldre kolleger; *he is my ~ by six years* han är sex år äldre än jag; *the village ~s* byns äldste **2** isht sport. senior **3** elev i sista (högsta) årskursen

seniority [ˌsi:nɪ'ɒrətɪ] anciennitet
senna ['senə] farmakol. senna[blad]
sensation [sen'seɪʃ(ə)n] **1** förnimmelse, känsla [*a ~ of cold* (*pain, thirst*)], sinnesförnimmelse; sensation; känsel [*lose all ~ in one's legs*] **2** sensation, uppseende; [*just*] *a cheap* ~ bara sensationsmakeri
sensational [sen'seɪʃ(ə)nl] **1** sensationell; sensations- [*a ~ novel*] **2** sinnes-
sensationalism [sen'seɪʃ(ə)nəlɪz(ə)m] sensationsmakeri
sense [sens] **I** *s* **1** sinne [*the five ~s*]; *the ~ of hearing* hörselsinnet, hörseln; *lose one's ~s* a) förlora besinningen b) förlora sansen (medvetandet); *recover one's ~s* komma till sans [igen] **2** känsla, sinne; *ball ~* bollsinne; ~ *of duty* pliktkänsla **3** vett, förstånd, förnuft; *common ~* vanligt sunt (enkelt) bondförstånd, sunt förnuft; *there's a lot of ~ in what he says* det han säger är ganska vettigt **4** mening; *there is no* (*little*) ~ *in waiting* det är ingen mening att vänta **5** betydelse [*a word with several ~s*], bemärkelse [*in what ~ are you using the word?*]; mening; *it makes ~* det är begripligt, det låter vettigt; *it makes no* (*does not make*) ~ a) det är obegripligt [för mig], jag fattar det inte b) jag blir inte klok på det, det stämmer inte; *in a legal* (*literal*) ~ i juridisk (bokstavlig) mening
6 förhärskande mening; *take the ~ of the meeting* sondera (pejla) stämningen bland mötesdeltagarna **II** *vb tr* känna; uppfatta
senseless ['senslǝs] **1** meningslös, sanslös [*a ~ war*]; vansinnig [~ *killing*] **2** medvetslös; *become ~* förlora sansen (medvetandet)
sensibility [ˌsensə'bɪlətɪ] mottaglighet, känslighet [*to* för], känsligt sinne, ömtålighet; pl. *-ies* känslor [*wound a p.'s -ies*]
sensible ['sensəbl] **1** förståndig [~ *advice*; *a ~ man*], vettig [~ *shoes*], resonabel **2** medveten
sensitive ['sensətɪv] **1** känslig; ömtålig [*~ skin*]; sensitiv, sensibel, öm [~ *hands*]; *have a ~ ear* ha fint öra, vara lyhörd **2** om instrument o.d. känslig [*a ~ thermometer*]
sensitivity [ˌsensə'tɪvətɪ] känslighet äv. kem.; mottaglighet; ~ *training* psykol. sensitivitetsträning, sensiträning
sensor ['sensə] tekn. sensor; detektor
sensory ['sensərɪ] fysiol. sensorisk, sinnes- [~ *cell* (*nerve, organ*)]

sensual ['sensjʊəl, -nʃʊəl] sensuell [~ *lips*], sinnlig, vällustig
sensuality [ˌsensjʊ'ælətɪ, -nʃʊ-] sensualitet
sensuous ['sensjʊəs, -nʃʊ-] sinnes- [~ *impressions*], som påverkar (talar till) sinnena (känslan) [~ *poetry*]; känslig; skön
sent [sent] imperf. o. perf. p. av *send*
sentence ['sentəns] **I** *s* **1** jur. dom, utslag isht i brottmål; *pass* ~ *on* avkunna dom över; *under* ~ *of death* dödsdömd **2** gram. mening; sats, isht huvudsats **3** sentens **II** *vb tr* döma, avkunna dom över
sentiment ['sentɪmənt] **1** ofta pl. ~*s* stämning, uppfattning, mening; tankar, åsikter **2** känsligt sinne; känslosamhet; *a man of* ~ en känslomänniska **3** [inre] mening
sentimental [ˌsentɪ'mentl] **1** sentimental **2** känslo- [~ *reason*]; ~ *value* affektionsvärde
sentimentality [ˌsentɪmen'tælətɪ] sentimentalitet, känslosamhet
sentinel ['sentɪnl] [vakt]post; *stand* ~ stå på vakt (post)
sentry ['sentrɪ] [vakt]post; *keep* (*stand*) ~ el. *be on* ~ [*duty*] stå på (hålla) vakt
sentry box ['sentrɪbɒks] [vakt]kur
separable ['sep(ə)rəbl] **1** skiljbar **2** avtagbar
separate [ss. adj. 'sep(ə)rət, ss. vb 'sepəreɪt] **I** *adj* skild, avskild [*each* ~ *case*], separat; åtskild; *on three* ~ *occasions* vid tre skilda (olika) tillfällen; *they went their* ~ *ways* de gick åt var sitt håll **II** *vb tr* **1** skilja [~ *the sheep from the goats*]; avskilja, frånskilja [~ *the cream*], särskilja; separera [~ *milk*]; sortera [~ *fruit*]; skilja [åt] [~ *two fighting boys*]; sära [på]; *only a few years* ~*d them* det var bara några år mellan dem **2** ~ [*up*] dela [upp] **III** *vb itr* **1** skiljas [åt], gå åt var sitt håll **2** separera; *she has* ~*d from her husband* äv. hon har flyttat ifrån sin man **3** dela [upp] sig
separately ['seprətlɪ, -pər-] separat; var för sig
separation [ˌsepə'reɪʃ(ə)n] **1** [av]skiljande, avsöndring **2** skilsmässa [*after a* ~ *of five years*], separation; [*judicial* (*legal*)] ~ av domstol ådömd hemskillnad **3** avstånd
September [sep'tembə] september
septic ['septɪk] septisk, infekterad [~ *wound*]
septicaemia [ˌseptɪ'siːmjə] med. septikemi, [allmän] blodförgiftning

sequel ['siːkw(ə)l] **1** följd, utgång **2** fortsättning isht på ett litterärt verk
sequence ['siːkwəns] ordningsföljd [*in rapid* ~], räcka; isht film., mus. el. data. sekvens; kortsp. svit [*a* ~ *of* (i) *hearts*]; ~ *of events* händelseförlopp
sequin ['siːkwɪn] paljett
Serb [sɜːb] **I** *s* **1** serb **2** serbiska [språket] **II** *adj* serbisk
Serbia ['sɜːbjə] Serbien
Serbian ['sɜːbjən] se *Serb*
serenade [ˌserə'neɪd] **I** *s* serenad **II** *vb tr* o. *vb itr* ge [en] serenad [för]
serene [sə'riːn] **1** klar [~ *sky*], stilla [~ *smile*], lugn [~ *look*], ogrumlad, fridfull [~ *life*], rofylld **2** *His* (*Her*) *S*~ *Highness* ung. Hans (Hennes) Höghet
serenity [sə'renətɪ] klarhet, stillhet, frid, ro, jämnmod
serf [sɜːf] livegen
serge [sɜːdʒ] cheviot [*a blue* ~ *suit*]; sars
sergeant ['sɑːdʒ(ə)nt] **1** mil. a) sergeant inom armén o. flyget b) amer. furir inom armén, korpral inom flyget; ~ *first class* amer. sergeant inom armén; *flight* ~ fanjunkare inom flyget **2** [*police*] ~ a) britt., ung. polisinspektör grad mellan *constable* och *inspector* b) amer., ung. polisinspektör
serial ['sɪərɪəl] **I** *adj* **1** serie-, i serie; ~ *killer* seriemördare förövare av en rad [likartade] mord; ~ *murder* seriemord **2** a) serie- b) som publiceras häftesvis; ~ *story* följetong **II** *s* följetong; periodisk publikation; [avsnitt av en] serie i t.ex. radio
serialize ['sɪərɪəlaɪz] publicera som följetong (häftesvis); sända (ge) som serie i t.ex. radio
series ['sɪəriːz, -rɪz] (pl. lika) serie äv. matem.; rad, räcka; *in* ~ i serie, serievis, i [ordnings]följd
serious ['sɪərɪəs] **1** allvarlig [*a* ~ *attempt*], allvarsam; seriös [*a* ~ *interest*]; bildl. äv. viktig [*a* ~ *question*], betydande; riktig; ivrig; betänklig; *are you* ~? är det ditt (menar du) allvar? **2** vard. i stor skala, stor [~ *money; a* ~ *drinker*]
seriously ['sɪərɪəslɪ] allvarligt etc., jfr *serious*; på allvar; ~? menar du (är det ditt) allvar?; *quite* ~ på fullt allvar
seriousness ['sɪərɪəsnəs] allvar [*the* ~ *of life* (*the situation*)], allvarlighet; *in all* ~ på fullt (fullaste) allvar
sermon ['sɜːmən] **1** predikan; *the S*~ *on the Mount* bergspredikan **2** straffpredikan
serpent ['sɜːp(ə)nt] [stor] orm äv. bildl.
ser|um ['sɪərəm] (pl. -*ums* el. -*a* [-ə]) serum

servant ['sɜːv(ə)nt] **1** tjänare; pl. ~s äv. tjänstefolk; [*domestic*] ~ hembiträde, hemhjälp; betjänt **2** *civil* ~ statstjänsteman (eg. tjänsteman inom civilförvaltningen)

servant girl ['sɜːv(ə)ntgɜːl] o. **servant maid** ['sɜːv(ə)ntmeɪd] tjänsteflicka, hembiträde

serve [sɜːv] **I** *vb tr* **1** tjäna, vara tjänare hos **2** stå till tjänst **3** servera; sätta fram; *dinner is ~d* middagen är serverad; *are you being ~d?* på restaurang är det beställt [här]? **4** expediera i butik; *are you being ~d?* är det tillsagt? **5** betjäna, sköta **6** förse **7** duga åt (för) [*it isn't very good but it will ~ me*], duga till; ~ ([*it*] ~*s*) *you right!* [det var] rätt åt dig!, där fick du! **8** fullgöra [~ *one's apprenticeship* (lärotid)]; ~ *one's sentence* el. ~ [*one's*] *time* avtjäna sitt straff, sitta i fängelse **9** sport. serva [~ *a ball*] **10** jur., ~ *p. with a writ* (*summons*) el. ~ *a writ* (*summons*) *on a p.* delge ngn en stämning **II** *vb itr* **1** tjänstgöra; ~ *on* [*a committee* (*jury*)] vara medlem i (av)..., sitta i... **2 a)** fungera, passa, tjäna; *it will* ~ det duger (får duga) **b)** vara ägnad, tjäna; *an example will* ~ *to* [*illustrate the point*] ett exempel räcker för att... **3** ~ [*at table*] servera; *serving hatch* serveringslucka **4** expediera; vara expedit [*she ~s in a florist's shop*] **5** sport. serva **III** *s* sport. serve

service ['sɜːvɪs] **I** *s* **1** tjänst; ~ *revolver* tjänstepistol **2** mil. **a)** tjänst[göring]; *on active* ~ i aktiv tjänst; [*this coat*] *has seen* [*good*] ~ ...har hängt med länge; *military* ~ militärtjänst[göring]; ~ *manual* tjänstereglemente; *fit for* ~ tjänstduglig **b)** [*fighting*] ~ försvarsgren **3** ~[*s* pl.] [samhälls]service, tjänst [*information* ~[*s*]], [samhällets] hjälpverksamhet [*dental* ~]; *health* ~ hälsovård; [*public*] *medical* ~ [allmän] sjukvård; *the postal* ~*s* postväsendet **4** regelbunden översyn [*take the car in for* ~]; ~ *area* rastplats vid motorväg med bensinstation, restaurang m.m.m.; ~ *manual* servicehandbok **5 a)** servering [*the* ~ *was poor*]; ~ *charge* serveringsavgift; expeditionsavgift **b)** servis [*dinner-service*] **6** tjänst [*you have done me a* ~]; hjälp; nytta [*it may be of* (till) *great* ~ *to you*]; bruk [*still in* ~]; *can I be of* [*any*] ~ *to you?* kan jag hjälpa dig med något? **7** trafik. förbindelse [*direct* ~], turer [*regular* ~], linje; trafik [*maintain* (upprätthålla) *the* ~ *between*]; *air* ~*s* trafikflyg; *out of* ~ ur trafik **8** kyrkl. **a)** gudstjänst [*äv. divine* ~] **b)** förrättning, akt **9** sport. serve; ~ *court* serveruta **10** jur. delgivning [~ *of a writ* (stämning)] **11** ekon. tjänst [*goods and* ~*s*] **II** *vb tr* ta in för service [~ *a car*]

serviceable ['sɜːvɪsəbl] **1** användbar, nyttig [*a* ~ *reminder* (påminnelse)] **2** slitstark

service|man ['sɜːvɪs|mæn] (pl. -*men* [-men]) **1** militär; *national* ~ värnpliktig **2** serviceman

serviette [ˌsɜːvɪ'et] servett

servile ['sɜːvaɪl, amer. äv. 'sɜːvl] **1** servil, krypande **2** slavisk [~ *obedience*]

servitude ['sɜːvɪtjuːd] **1** träldom, slaveri **2** *penal* ~ straffarbete; fängelse

servo ['sɜːvəʊ] tekn. vard. servo

servo-assisted [ˌsɜːvəʊə'sɪstɪd] tekn., ~ *brake* servobroms

session ['seʃ(ə)n] **1** parl. el. jur. session; *extraordinary* ~ extra sammanträde, urtima möte **2** sammankomst; *recording* ~ inspelning[stillfälle]

set [set] **A** (*set set*) *vb* **I** *tr* **1** sätta; *he has* ~ *his mind on having* [*a bicycle*] han har satt sig i sinnet att han ska ha... **2** ~ *the table* duka [bordet] **3** lägga håret **4** trädg. sätta [~ *potatoes*], så **5** besätta [~ *with jewels*], infatta [~ *in gold*] **6** ställa [~ *a watch by* (efter) *the time signal*]; ~ *the alarm clock* [*for six o'clock*] ställa väckarklockan... **7** bestämma [~ *a time for the meeting*]; förelägga, ge [~ *a p. a task*]; ~ *an exam paper* sätta ihop en skrivning; ~ *the fashion* diktera modet; vara tongivande **8** teat. o.d., ~ *the scene* [*in France*] förlägga scenen... **9** mus., ~ *a th. to music* sätta musik till ngt, tonsätta ngt **10** boktr. sätta [upp] [~ *a page*] **11** med. återföra i rätt läge [~ *a broken bone*]

II *itr* (se äv. under *III*) **1** om himlakropp gå ner [*the sun* ~*s at* 8] **2** stelna [*the jelly has not* ~ *yet*]; hårdna; stadga sig [*his character has* ~]

III *tr* o. *itr* med prep. o. adv., isht med spec. övers.:

~ **about: a)** ta itu med [~ *about a task*] **b)** vard. gå lös på

~ **against: a)** väga mot [*the advantages must be* ~ *against the disadvantages*] **b)** *everyone was* ~ *against him* alla var klart emot honom; ~ *oneself against* sätta sig mot

~ **aside: a)** lägga undan [~ *aside part of one's income*], anslå **b)** bortse från; ~*ting aside...* bortsett från... **c)** avvisa [~ *aside an offer*] **d)** jur. ogiltigförklara [~ *aside a will* (testamente)]

~ **at**: **a)** anfalla **b)** ~ *at large* försätta på fri fot, frige
~ **back**: **a)** försena [*it ~ us back two hours*] **b)** vrida (ställa) tillbaka [*~ back the clock*] **c)** vard. kosta; *it ~ me back* [*£50*] äv. jag fick punga ut med...
~ **down**: **a)** sätta ner; sätta (släppa) av [*I'll ~ you down at the corner*] **b)** skriva upp (ner); sätta upp; ställa upp [*~ down rules*]; *~ down in writing* skriva ner **c)** anse
~ **forth**: **a)** lägga fram [*~ forth a theory*] **b)** ge sig i väg [*~ forth on a journey*]
~ **in** börja [på allvar] [*the rainy season has ~ in*]; inträda [*darkness ~ in*]
~ **off**: **a)** ge sig i väg (ut) [*~ off on a journey*], starta; sätta i väg [*~ off after a p.*] **b)** framkalla [*the explosion was ~ off by...*] **c)** sätta i gång [*~ off a chain reaction*] **d)** framhäva [*the white dress ~ off her suntan*] **e)** uppväga; balansera
~ **on**: **a)** överfalla [*I was ~ on by a dog*] **b)** egga [*~ on a p. to a th.*]
~ **out**: **a)** ge sig av (ut, i väg) [*~ out on a journey*], starta **b)** börja [sin verksamhet]; *~ out in life* (*in the world*) börja sin bana, gå ut i livet **c)** lägga fram, framföra [*~ out one's reasons*]; framställa, skildra **d)** lägga (visa) fram [*~ out merchandise*]
~ **to**: **a)** sätta i gång för fullt, hugga i; kasta sig över maten [*they were hungry and at once ~ to*]; *~ to work* sätta i gång **b)** sätta i gång att slåss (gräla)
~ **up**: **a)** sätta upp [*~ up a fence*]; ställa upp, resa [upp] [*~ up a ladder*]; slå upp [*~ up a tent*]; rigga upp; *~ up a record* sätta rekord **b)** upprätta, etablera [*~ up an institution*], anlägga [*~ up a factory*], grunda; införa [*~ up a new system*]; tillsätta [*~ up a committee*] **c)** framkalla [*~ up an irritation*] **d)** *~ up a protest* protestera högljutt **e)** göra stark och kry **f)** boktr. sätta [upp] **g)** etablera sig [*~ [oneself] up in business* (som affärsman)]; hjälpa att etablera sig **h)** ~ *up to be* **i)** isht amer. vard. sätta dit, gillra en fälla för

B *perf p* o. *adj* **1** fast [*~ price*]; bestämd [*~ rules*]; *a ~ battle* en regelrätt strid; *a ~ phrase* en stående fras, ett talesätt **2** stel, orörlig; *he is very ~ in his ways* har mycket bestämda vanor **3** belägen [*a town ~ on a hill*]; *with eyes deep ~* med djupt liggande ögon **4** *be ~* [*up*]*on* **a)** vara fast besluten [*be ~ on doing it* (att göra det)]; *he is dead ~ on having* [*the job*] vard. han har gett sig katten på att han

ska ha... **b)** ha slagit in på [*he is ~ on a dangerous course*] **5** vard. klar; *all ~* allt klart

C *s* **1** uppsättning [*a ~ of golf clubs*], sats; uppsats, saker [*toilet ~*]; omgång [*a ~ of underwear*]; servis [*tea set*]; serie [*~ of lectures*]; *a chess ~* ett schackspel **2** umgängeskrets; krets; *the literary ~* de litterärt intresserade [kretsarna] **3** apparat [*radio* (*TV*) *~*] **4 a)** [rörelse]riktning [*the ~ of the tide*] **b)** bildl. inriktning, tendens **5** passform **6** i tennis o.d. set; *~ point* setboll **7** *make a dead ~ at* **a)** gå lös på **b)** lägga an på, lägga ut sina krokar för [*the girl made a dead ~ at the young man*] **8** teat. el. film. **a)** scenbild; kuliss[er] **b)** scen; *~ designer* scenograf; filmarkitekt **9** läggning av håret **10** matem. mängd; *theory of ~s* el. *~ theory* mängdlära

setback ['setbæk] bakslag, avbräck
set piece [ˌset'piːs] **1** konventionell roman (pjäs, musik etc.); *a ~ attack* ett anfall enligt klassiskt mönster **2** teat. fristående (del av) dekor (kuliss) **3** sport. fast situation
set point [ˌset'pɔɪnt] tennis setboll
settee [se'tiː] **1** [mindre] soffa **2** långbänk [med ryggstöd] **3** *~ bed* bäddsoffa
setting ['setɪŋ] **I** *s* **1** allm. (abstr.) sättande etc., jfr *set A* **2** infattning för ädelstenar o.d. **3 a)** teat. o.d. iscensättning; scenbild[er] **b)** bildl. ram [*a beautiful ~ for the procession*], bakgrund; miljö; *the ~ is Naples* handlingen tilldrar sig i Neapel **4** mus. tonsättning **5** himlakropps nedgång [*the ~ of the sun*] **II** *adj* nedgående [*the ~ sun*]
setting-lotion ['setɪŋˌləʊʃ(ə)n] läggningsvätska
1 settle ['setl] högryggad träsoffa ofta med sofflock o. låda
2 settle ['setl] **I** *vb tr* (se äv. *III*) **1** sätta (lägga) till rätta; *be ~d in a new house* vara installerad i ett nytt hus **2** kolonisera; slå sig ner i [*they ~d parts of the South*] **3** avgöra [*that ~s the matter* (*question*)]; göra slut på; *~ a conflict* lösa en konflikt; *that's ~d!* det är avgjort!, då säger vi det! **4** ordna, klara upp, klara [av]; *you must get it ~d* [*up*] du måste få saken ordnad **5** lugna [*these pills will ~ your nerves*] **6** *~ oneself* slå sig ner, slå sig till ro [*he ~d himself in a sofa*] **7** betala [*~ a bill*]; *~* [*up*] *accounts* göra upp **8** fastställa, avtala [*~ a date* (*day*)] **9** hjälpa att etablera sig (sätta bo)
II *vb itr* (se äv. *III*) **1** bosätta sig [*the*

Dutch ~d in South Africa]; sätta bo **2** sätta sig till rätta **3** om bevingade djur slå sig ner **4** utbreda (lägra) sig [*the fog ~d on* (över) *the town*]; lägga sig [*the dust ~d on the furniture*] **5** om väder stabilisera sig **6** om hus, grundval o.d. sätta sig [*the roadbed ~d*] **7** om vätskor klarna, sätta sig [*let the wine ~*]; om grums o.d. i vätska sjunka till botten **8** göra upp; *~ with one's creditors* göra upp med sina fordringsägare

III *vb itr* o. *vb tr* med prep. o. adv., isht med spec. övers.:

~ down: a) bosätta sig [*~ down in New York*] **b)** slå sig till ro [*marry and ~ down*], slå av på takten [*~ down after a hectic life*]; *~ down in life* äv. finna sig till rätta i tillvaron **c)** sätta sig till rätta [*they ~d down for a chat*] **d)** etablera sig [*~ down in business* (som affärsman)] **e)** stabilisera sig [*the financial situation had ~d down*], lägga sig [*the excitement ~d down*]

~ for: a) nöja sig med **b)** bestämma sig för [*we ~d for the leather sofa*]

~ in [flytta in och] komma i ordning [*you must come and see our new house when we've ~d in*]

~on bestämma (besluta) sig för; *~ on a day for...* bestämma en dag för...

~ up göra upp [*~ up differences* (mellanhavanden)], betala

settled ['setld] **1** avgjord, bestämd, uppgjord; på räkning betalt **2** fast, stadig, ihållande; om väder lugn och vacker; [*a man*] *of ~ convictions* ...med fasta grundsatser **3 a)** bofast; fast bosatt **b)** bebodd [*a thinly* (glest) *~ area*]

settlement ['setlmənt] **1** avgörande; lösning av en konflikt; biläggande av en tvist; förlikning **2** fastställande; överenskommelse **3** hand. o.d. betalning, likvid [*in ~ of our account*] **4** jur. o.d., *marriage ~* äktenskapsförord **5 a)** bosättning [*empty lands awaiting ~*] **b)** nybygge; *penal* (*convict*) *~* straffkoloni **c)** boplats

settler ['setlə] nybyggare

set-to [ˌset'tuː] vard. slagsmål; gräl

set-up ['setʌp] **1** uppbyggnad [*the ~ of an organization*], organisation [*the ~ of a company*]; planläggning; arrangemang **2** läge, situation; *in the present ~* som läget nu är, som sakerna nu ligger till **3** vard. **a)** [på förhand] uppgjord match **b)** fälla där ngn försöker sätta dit ngn

seven ['sevn] (jfr *five* m. ex. o. sammansättn.) **I** *räkn* sju; *the S~ Seas* de sju världshaven **II** *s* sjua

seventeen [ˌsevn'tiːn, attr. '---] sjutton; jfr *fifteen* m. sammansättn.

seventeenth [ˌsevn'tiːnθ, attr. '---] sjuttonde; sjutton[de]del; jfr *fifth*

seventh ['sevnθ] (jfr *fifth*) **I** *räkn* sjunde; *in* [*the*] *~ heaven* i sjunde himlen **II** *s* mus. septima

seventieth ['sevntɪɪθ, -tɪəθ] **1** sjuttionde **2** sjuttion[de]del

seventy ['sevntɪ] (jfr *fifty* m. sammansättn.) **I** *räkn* sjutti[o] **II** *s* sjutti[o]; sjutti[o]tal

sever ['sevə] **I** *vb tr* skilja; hugga av, klippa av, slita av [*a sudden jerk ~ed the rope*], skära av [*~ the enemy's communications*]; rycka av (loss); [av]bryta [*~ all connections with a p.*]; splittra [*~ an army*]; söndra; *~ oneself from* [*one's party*] bryta med..., lösgöra sig från... **II** *vb itr* **1** brista [*the rope ~ed*] **2** skiljas [åt]

several ['sevr(ə)l] **1** flera [*~* [*of them*] *failed*]; *a number running into ~ figures* ett flersiffrigt tal **2** enskild, särskild [*each ~ ship*]; skild

severance ['sevər(ə)ns] **1** avskiljande, avhuggande etc., jfr *sever I*; splittring, söndring **2** *~ pay* (*payment*) avgångsvederlag

severe [sɪ'vɪə] **1** sträng [*a ~ look* (*teacher*)]; *be ~ on* (*with*) *a p.* vara sträng (hård) mot ngn **2** hård, svår [*~ competition*], sträng [*~ punishment*], kännbar; *a ~ reprimand* en skarp (allvarlig) tillrättavisning **3** om klimat o.d. sträng [*a ~ climate* (*winter*)], hård **4** om sjukdom o.d. svår [*a ~ illness* (*cold*)], häftig [*~ pain*] **5** om stil o.d. sträng [*~ beauty*], stram [*~ architecture*]

severity [sə'verətɪ] **1** stränghet, hårdhet etc., jfr *severe*; allvar; *the ~ of the winter* [*in Canada*] den stränga (bistra) vintern... **2** pl. *severities* svåra påfrestningar [*the severities of the winter campaign*]

Seville [sə'vɪl, 'sevɪl] geogr. Sevilla; *~* [*orange*] pomerans

sew [səʊ] (imperf. *sewed*, perf. p. *sewn* el. *sewed*) sy; sy i (fast) [*~ a button on* (i) *the coat*], sy in [*~ money into* (i) *a bag*]; *~ down* sy fast

sewage ['suːɪdʒ, 'sjuː-] avloppsvatten; *~ disposal* bortledande (rening) av avloppsvatten

sewer ['suːə, 'sjuːə] kloak

sewing ['səʊɪŋ] sömnad, handarbete; *~*

circle (amer. äv. *bee*) syjunta, syförening; *~ materials* sybehör; *~ needle* synål
sewing-machine ['səʊɪŋmə,ʃi:n] symaskin
sewn [səʊn] perf. p. av *sew*
sex [seks] **I** *s* **1** kön, köns- [*~ hormone*]; *the fair (gentle, weaker, softer) ~* det täcka (svaga) könet; *the sterner ~* det starka könet **2 a)** sex [*a film with a lot of ~ in it*], det sexuella, sex- [*~ object*; *~ life*], sexual- [*~ instruction* (undervisning)]; *~ drive* sexualdrift **b)** vard. sexuellt umgänge; *have ~* älska, ligga med varandra **II** *vb tr* **1** könsbestämma, fastställa könet på **2** vard., *~ up* göra sexig
sexiness ['seksɪnəs] sexighet
sexism ['seksɪz(ə)m] sexism
sexist ['seksɪst] **I** *s* sexist **II** *adj* sexistisk, könsdiskriminerande
sex-starved ['seksstɑ:vd] sexuellt utsvulten
sextette [seks'tet] sextett mus. o. bildl.
sexual ['seksjʊəl, -kʃʊəl] sexuell, köns-; erotisk; *the ~ act* könsakten; *~ attraction* erotisk dragningskraft; *~ intercourse* samlag, sexuellt umgänge, könsumgänge; *~ offender* sexualförbrytare; *~ organs* könsorgan, sexualorgan
sexuality [,seksjʊ'ælətɪ, -kʃʊ-] sexualitet
sexy ['seksɪ] vard. sexig
SF (förk. för *science fiction*) sf
sh [ʃ:], *~!* sch!, hysch!
shabby ['ʃæbɪ] **1** sjabbig [*a ~ hotel*], sjaskig, ruskig; luggsliten **2** ynklig [*a ~ excuse*], tarvlig [*~ behaviour*]; usel [*a ~ performance*]; *play a ~ trick on a p.* spela ngn ett fult spratt **3** ruskig
shack [ʃæk] **I** *s* timmerkoja, hydda; kåk **II** *vb itr* sl., *~ up with* a) bo (flytta) ihop med, sammanbo med b) prassla (ha ihop det) med
shackle ['ʃækl] **I** *s* boja; pl. *~s* bojor, fjättrar äv. bildl. [*the ~s of convention*] **II** *vb tr* **1** sätta bojor på; bildl. klavbinda; *be ~d with* bildl. vara [upp]bunden av **2** fästa; sjö. schackla
shade [ʃeɪd] **I** *s* **1** skugga [*keep in the ~, it's cooler; 30° in the ~*]; *be in the ~* bildl. leva ett liv i skymundan (ett undanskymt liv) **2** konst., *light[s] and ~[s]* skuggor och dagrar, ljus och skugga **3** nyans, skiftning; anstrykning, färgton; *~ of opinion* åsiktsriktning **4** aning [*I am a ~ better today*], skymt, hårsmån **5 a)** skärm [*lamp-shade*] **b)** [skydds]kupa **c)** [*window*] *~* amer. rullgardin **d)** vard., pl. *~s* solbrillor **6** litt., pl. *~s* skymning; *the ~s of night* nattens skuggor (mörker) **II** *vb tr* **1** skugga [för] [*he ~d his eyes with his hand*], beskugga; skydda [*~ a th. from* (mot) *the sun*]; bildl. fördunkla **2** skärma av, dämpa; *a ~d lamp* en lampa med skärm **3** skugga vid teckning; schattera

shadow ['ʃædəʊ] **I** *s* **1** skugga [*the ~ of a man against* (på) *the wall*] **2** skuggbild; *he is only a ~ of his former self* han är bara en skugga av sitt forna jag **3** skugga, ständig följeslagare **4** skymt, hårsmån; *without* (*beyond*) *a ~ of doubt* (*the ~ of a doubt*) utan skuggan av ett tvivel, utan minsta spår av tvivel **II** *vb tr* skugga [*the detective ~ed him*]
shadowy ['ʃædəʊɪ] **1** skuggig **2** skugglik; *lead a ~ existence* föra ett skuggliv
shady ['ʃeɪdɪ] **1** skuggig; skuggande [*a ~ tree*]; skuggrik **2** vard. skum [*~ dealings* (*transactions*); *a ~ customer* (figur)], skumrask-, tvetydig; *the ~ side of politics* politikens skumraskspel
shaft [ʃɑ:ft] **1** skaft på spjut, vissa verktyg m.m. **2** pil äv. bildl. [*~s of satire*]; spjut **3** skakel, skalm **4** schakt i gruva m.m. **5** trumma [*lift ~*]; [*ventilating*] *~* lufttrumma **6** mek. axel **7** [ljus]stråle; *a ~ of sunlight* en solstråle
1 shag [ʃæg] shag[tobak]
2 shag [ʃæg] vulg. **I** *vb tr* **1** knulla [med] **2** trötta ut; perf. p. *~ged* tröttkörd **II** *vb itr* knulla; runka onanera **III** *s* knull; sexorgie
shaggy ['ʃægɪ] **1** raggig [*a ~ dog*]; luden; buskig [*~ eyebrows*] **2** snårbevuxen
shah [ʃɑ:] shah
shake [ʃeɪk] **A** (*shook shaken*) *vb* **I** *tr* (se äv. *III*) **1** skaka [ur]; skaka (ruska) ner [*~ fruit from a tree*]; ruska (skaka) på [*I shook the door*]; *~ the dust from* (*off*) *one's feet* bildl. skudda stoftet av sina fötter; *~ hands* skaka hand, ta varandra i hand **2** [upp]skaka, göra upprörd; *he was much ~n by* (*at, with*) *the news* han blev mycket ~n [upp]skakad av nyheten **3** skaka, komma att skaka [*the blast shook the building*], komma att skälva (darra); komma att vackla (svikta), försvaga [*~ a p.'s alibi*]; störa [*~ a p.'s composure*]; *~ a p.'s faith* rubba ngn i hans tro **II** *itr* (se äv. *III*) **1** skaka, skälva; *~ all over* darra (skaka) i hela kroppen **2** mus. drilla **3** vard. skaka hand
III *tr* o. *itr* i förb. med adv.: *~ down:* a) skaka (ruska) ner b) prova, testa c) amer. sl. pressa pengar av d) amer. sl. [kropps]visitera; göra en razzia i (hos) e) vard. ordna en provisorisk bädd åt sig;

slå sig ner tillfälligt [*I'll ~ down in London*] ~ **off** skaka av [sig] [*~ off the dust; he could not ~ off the beggar*] ~ **up**: a) skaka [till], skaka om [*~ a bottle of medicine*] b) ~ *up a p.* rycka upp ngn [*from* ur]; ruska liv i ngn; ruska om ngn c) polit. m.m. möblera om [i] [*~ up the cabinet*] **B** *s* **1** skakning; skälvning, darrning; *a ~ of the head* en skakning på huvudet, en huvudskakning; *give it a good ~!* skaka [av (om, på)] det ordentligt! **2** spricka i träd **3** se *milkshake* **4** mus. drill **5** shake dans **6** vard., *in* [*half*] *a ~* på nolltid (ett litet kick) **7** vard., *fair ~* chans

shaken [ˈʃeɪk(ə)n] perf. p. av *shake A*

shake-up [ˈʃeɪkʌp] vard. **1** omskakning **2** polit. m.m. ommöblering i t.ex. en regering; omorganisering

shaky [ˈʃeɪkɪ] **1** skakig, skakande, skälvande [*speak in a ~ voice*]; *his hands are ~* han är darrhänt **2** ostadig, rankig [*a ~ old table*] **3** vacklande; osäker [*a ~ position*]; *a ~ government* en vacklande (svag) regering **4** darrig [*feel* (*look*) *~*]; svag [*~ in English grammar*; *a ~ argument*]

shale [ʃeɪl] skifferlera; skiffer

shall [ʃæl, obeton. ʃəl, ʃl] (imperf. *should*, jfr d.o.) pres. ska [*~ I come later?*]; *I ~ come tomorrow* jag kommer i morgon; *what ~ it be?* vad får det lov att vara?, vad får jag bjuda på?

shallot [ʃəˈlɒt] bot. schalottenlök

shallow [ˈʃæləʊ] **I** *adj* **1** grund [*~ water*]; flat [*a ~ dish*] **2** ytlig [*a ~ argument*, *~ talk*], grund, flack **II** *s* vanl. *~s* (konstr. ss. sg. el. pl.) grund, grunt ställe

sham [ʃæm] **I** *vb tr* simulera, låtsas ha [*~* [*a*] *headache*]; *~ illness* spela sjuk, simulera [sjukdom] **II** *vb itr* simulera [*she's only ~ming*]; spela [*~ dead* (*mad*)] **III** *s* **1** förställning, hyckleri [*his religion is all a* (bara) *~*], spel, bluff, sken **2** imitation [*these pearls are all ~s*] **3** bluffmakare, skojare; hycklare; simulant **IV** *attr adj* hycklad [*~ piety*], låtsad [*a ~ attack* (*agreement, democracy*)], låtsas-; imiterad, oäkta [*~ pearls*]; *~ battle* bildl. skenfäktning, spegelfäkteri

shambles [ˈʃæmblz] (konstr. ss. sg.) vard. förödelse; röra; *her room is a ~* hennes rum ser ut som ett slagfält

shame [ʃeɪm] **I** *s* skam, blygsel; vanära; *~* [*up*]*on you!* fy skam!, fy skäms [på dig]!; *what a ~!* så (vad) tråkigt (synd, förargligt)!; *så skamligt!*; *he is without ~* han har ingen skam (hut) i kroppen **II** *vb tr* göra skamsen; skämma ut, dra vanära (skam) över [*~ one's family*]

shamefaced [ˈʃeɪmfeɪst] **1** blyg, anspråkslös **2** skamsen [*a ~ air* (min)]

shameful [ˈʃeɪmf(ʊ)l] skamlig, neslig

shameless [ˈʃeɪmləs] skamlös, fräck

shammy [ˈʃæmɪ], *~* [*leather*] sämskskinn

shampoo [ʃæmˈpuː] **I** (pl. *~s*) *s* **1** schampo **2** schamponering; hårtvätt; *give a p. a ~* schamponera (tvätta håret på) ngn **II** *vb tr* schamponera; tvätta håret

shamrock [ˈʃæmrɒk] bot. treklöver, [tre]väppling äv. Irlands nationalemblem

shandy [ˈʃændɪ] blandning av öl och sockerdricka

shan't [ʃɑːnt] = *shall not*

1 shanty [ˈʃæntɪ] skjul

2 shanty [ˈʃæntɪ] shanty arbetssång för sjömän

shanty town [ˈʃæntɪtaʊn] kåkstad

shape [ʃeɪp] **I** *s* **1** a) form, utformning; skapnad b) ordning; *the ~ of the nose* formen på näsan, näsans form; [*spherical*] *in ~* ...till formen; *in any ~ or form* i någon [som helst] form, på något [som helst] sätt, av något [som helst] slag; *get* (*put*) *a th. into ~* få ordning (fason) på ngt **2** tillstånd [*the old house was in bad ~*]; *in ~* i bra kondition; *he is in good ~* han är i fin (god) form **3** skepnad; *in human ~* i människogestalt **II** *vb tr* **1** forma [*~ clay into* (till) *an urn*]; staka ut [*~ one's future*]; skapa; tekn. profilera; *~d like a pear* päronformig **2** avpassa **III** *vb itr* **1** forma (gestalta) sig; formas [*clouds shaping on the horizon*]; utveckla sig [*I don't like the way events are shaping*]; *be shaping* [*up*] *well* arta sig [bra], se lovande ut **2** *~ up to* göra sig beredd att slåss mot, utmana

shapeless [ˈʃeɪpləs] formlös, oformlig

shapeliness [ˈʃeɪplɪnəs] vacker form; [*I admired*] *the ~ of her legs* ...hennes välsvarvade ben

shapely [ˈʃeɪplɪ] välformad, välskapad, välväxt, välsvarvad [*~ legs*]

1 share [ʃeə] **I** *s* **1** del [*~ of* (in) *the profit* (*success*)]; lott; *do one's ~* göra sitt, dra sitt strå till stacken; *go ~s with a p. in a th.* dela [på] kostnaderna för ngt med ngn, dela ngt lika med ngn **2** aktie; andel; *hold ~s* ha aktier **II** *vb tr* **1** dela; ha del i; ha gemensamt; *~ the responsibility* dela ansvaret, vara medansvarig **2** [*out*] dela ut, fördela [*among* bland] **III** *vb itr* **1** dela; *~ and ~ alike* dela broderligt (lika) **2** *~ in*

dela [*I will ~ in the cost with you*]; **delta i** [*he ~d in the planning of it*], ha del i, vara delaktig i, vara med i (om) **2 share** [ʃeə] plogbill

shareholder ['ʃeəˌhəʊldə] aktieägare; *~s' meeting* el. *meeting of ~s* bolagsstämma

1 shark [ʃɑːk] zool. haj

2 shark [ʃɑːk] **I** *s* vard. [börs]haj, svindlare, bondfångare **II** *vb itr* leva på svindelaffärer (bondfångeri)

sharp [ʃɑːp] **I** *adj* **1** skarp [*a ~ knife*; *a ~ tongue*], spetsig [*a ~ pin* (*summit*)]; mycket smal [*a ~ ridge*] **2** skarp [*~ outlines*], markant [*a ~ difference*]; skarpskuren [*~ features*]; skarp [och tydlig] [*a ~ photo*] **3** skarp [*a ~ curve* (*turn, transition*)]; stark [*a ~ incline* (*rise*)] **4** stark [*a ~ taste*], stickande [*a ~ pang*], syrlig [*a ~ flavour*] **5** skarp [*~ eyes* (*ears*)]; lyhörd [äv. *with a ~ ear*]; intelligent [*a ~ child*], kvick; *be ~ at* [*arithmetic*] vara bra (fin) på..., vara styv (slängd) i... **6** smart [*a ~ lawyer*], slipad; *~ practice*[*s*] vard. fula knep (trick), ogenerade metoder **7** mus.: **a)** höjd en halv ton; med ♯-förtecken **b)** en halv ton för hög; [lite] falsk **II** *s* mus.: a) kors, ♯ b) ton med förtecknet ♯ c) halvt tonsteg uppåt; *~s and flats* svarta tangenter på t.ex. piano **III** *adv* **1** på slaget, prick [*at six* [*o'clock*] *~*] **2** skarpt; tvärt [*turn* (ta av) *~ left*]; fort [*~!*], bums; *look ~* a) se upp, se noga efter, passa på b) isht amer. vard. se bra ut; vara snyggt klädd; *look ~!* sno (raska) på!

sharpen ['ʃɑːp(ə)n] **I** *vb tr* **1** göra skarp[are] etc., jfr *sharp I*; skärpa äv. bildl. [*~ the tone*]; vässa [*~ a pencil*]; bryna; spetsa; [skarp]slipa **2** mus. höja [ett halvt tonsteg]; sätta ♯för **II** *vb itr* bli skarp[are] etc., jfr *sharp I*; skärpas, bli spetsig (smal)

sharpener ['ʃɑːpnə] pennvässare; knivslipare

sharpness ['ʃɑːpnəs] skärpa

sharp-shooter ['ʃɑːpˌʃuːtə] prickskytt

sharp-witted [ˌʃɑːp'wɪtɪd, attr. '---] skarpsinnig; bitande kvick

shatter ['ʃætə] **I** *vb tr* **1** splittra, slå sönder [*ships ~ed by storms*], spränga sönder, krossa [*fifty windows were ~ed*]; ramponera **2** bryta ner [*~ one's health*]; krossa [*~ a p.'s illusions* (*power*)], tillintetgöra [*~ a p.'s hopes*] **II** *vb itr* splittras, brytas sönder, gå i kras

shattering ['ʃætərɪŋ] förödande [*a ~ defeat*]; öronbedövande [*a ~ noise*]

shave [ʃeɪv] **I** (imperf. *~d*; perf. p. *~d* el. isht ss. adj. *~n*) *vb tr* **1** raka [*~ one's beard*; *~ a p.*]; *be* (*get*) *~d* [låta] raka sig, bli rakad **2** skrapa, skava, hyvla; *~* [*off*] skrapa (skava, hyvla, raka) av **3** [nästan] snudda (nudda) vid, [nästan] tuscha **II** (imperf. *~d*; perf. p. *~d*) *vb itr* **1** raka sig **2** *~ past* stryka förbi [*the bullet ~d past me*] **III** *s* **1** rakning; [*a sharp razor*] *gives a good ~* ...rakar bra; *have* (*get*) *a ~* [låta] raka sig **2** vard. snudd; *it was a close* (*narrow, near*) *~* det var nära ögat, det var på håret

shaven ['ʃeɪvn] **I** perf. p. av *shave* **II** *adj* rakad [*clean-shaven*]

shaver ['ʃeɪvə] **1** rakapparat [*electric ~*] **2** vard., [*young*] *~* pojkvasker, [liten] grabb

shaving ['ʃeɪvɪŋ] **1** rakning; rak- [*~ brush* (*cream, foam*)]; *~ stick* raktvål **2** pl. *~s* [hyvel]spån

shawl [ʃɔːl] sjal

she [ʃiː, obeton. ʃɪ] **I** (objektsform *her*) *pron* **1** pers. hon; om tåg, bil, land m.m. den; *who is ~?* äv. vem är det? **2** obeton. den om kvinnliga pers. i allm. bet. [*~ who listens learns*] **II** (pl. *~s*) *s* kvinna; hona; hon [*is the child a he or a ~?*] **III** *adj* ss. förled i sammansättn. vid djurnamn hon- [*she-fox*]

sheaf [ʃiːf] **I** (pl. *sheaves*) *s* **1** [sädes]kärve **2** bunt [*a ~ of papers*]; knippe [*a ~ of arrows*] **II** *vb tr* **1** binda i kärvar **2** bunta

shear [ʃɪə] (imperf. *~ed*; perf. p. *shorn* el. *~ed*) **1** klippa [*~ sheep* (*wool*)]; klippa av **2** bildl. *shorn of* berövad [*shorn of his money* (*power*)]

shears [ʃɪəz] [större] sax ullsax, trädgårdssax o.d.; *a pair of ~* en sax

sheath [ʃiːθ, i pl. ʃiːðz] **1** fodral; [*contraceptive*] *~* kondom **2** bot. slida

sheathe [ʃiːð] **1** lägga i fodral[et] **2** beklä

sheath knife ['ʃiːθnaɪf] slidkniv

sheaves [ʃiːvz] pl. av *sheaf I*

1 shed [ʃed] skjul; bod [*tool ~*]; *engine ~* lokstall

2 shed [ʃed] (*shed shed*) **1** utgjuta [*~ blood*], gjuta; *blood will be ~* blod kommer att flyta **2 a)** fälla [*~ feathers* (*horns, leaves*)], tappa; *the snake ~s its skin* ormen byter (ömsar) skinn **b)** ta (kasta) av sig [*~ one's clothes*] **c)** lägga bort [*~ a habit*] **3** sprida [*~ warmth*], ge ifrån sig, sända ut; *~ light on* isht bildl. sprida ljus över, belysa

she'd [ʃiːd] = *she had* o. *she would*

she-devil ['ʃiːˌdevl] djävulsk kvinna, hondjävul

sheen [ʃiːn] glans [*the ~ of silk*], lyster

sheep [ʃiːp] (pl. lika) **1** får; *separate the ~ from the goats* bildl. skilja fåren från getterna **2** fårskinn

sheepdog [ˈʃiːpdɒg] fårhund
sheepfaced [ˈʃiːpfeɪst] förlägen, generad
sheepfold [ˈʃiːpfəʊld] fårfålla
sheepish [ˈʃiːpɪʃ] förlägen; fåraktig
sheepskin [ˈʃiːpskɪn] fårskinn; fårhud; *~ coat* fårskinnspäls
1 sheer [ʃɪə] **I** *adj* **1** ren [*~ force (nonsense, waste)*], idel [*~ envy*], pur [*~ surprise*]; *~ folly (madness)* rena [rama] galenskapen (idiotin) **2** mycket tunn, skir [*~ material* (tyg)] **3** tvärbrant [*a ~ rock*], lodrät [*a ~ drop* (fall) *of 100 metres*], tvär **II** *adv* tvärbrant [*it rises ~ out of the sea*]
2 sheer [ʃɪə] **I** *vb itr* isht sjö. gira; *~ off (away)* a) isht sjö. gira (vika) av b) ge (laga, pallra) sig i väg; *~ off (away) from a p.* vard. undvika ngn **II** *s* sjö. gir
sheet [ʃiːt] **1** lakan **2** [tunn] plåt [*~ of metal*], platta, [tunn] skiva [*~ of glass*]; *~ iron* bleck[plåt], valsat järn **3** ark; *some ~s of paper* några papper (pappersark); *a clean ~* bildl. ett fläckfritt förflutet **4** vidsträckt yta, lager; *~ lightning* kornblixt[ar] **5** sjö. skot; *three ~s in the wind* (amer. äv. *to the wind*) stagad, packad berusad
sheikh [ʃeɪk, ʃiːk] schejk
shelf [ʃelf] (pl. *shelves*) **1** hylla; [*laid*] *on the ~* lagd på hyllan, skrinlagd, skjuten åt sidan **2** klipphylla; *the continental ~* kontinentalhyllan
shell [ʃel] **I** *s* **1** a) hårt skal; musselskal; snäckskal, snäcka; snigels hus b) [ärt]skida; bot. hylsa c) bildl. skal; yttre sken [*a mere ~ of religion*]; *go (retire) into one's ~* dra (sluta) sig inom sitt skal; *come out of one's ~* krypa ur sitt skal **2** [byggnads]stomme; *only the ~ of the building is left* äv. endast ytterväggarna av huset står kvar **3** mil. a) granat b) patron **II** *vb tr* **1** skala, rensa [*~ shrimps*], sprita [*~ peas*], ta ut ur skalet [*~ mussels*] **2** mil. bombardera, beskjuta [med granater] **3** vard., *~ out* punga ut med [*~ out money*] **III** *vb itr* **1** släppa skalet; *~ easily* äv. vara lätt att skala **2** vard., *~ out* punga ut med pengar
she'll [ʃiːl] = *she will (shall)*
shellac [ʃəˈlæk, ˈʃelæk] **I** *s* schellack **II** *vb tr* behandla (polera) med schellack
shellfish [ˈʃelfɪʃ] skaldjur
shelter [ˈʃeltə] **I** *s* **1** skydd, skyddad plats; lä; tillflykt, tillflyktsort; tak över huvudet, logi, husrum [*food, clothing, and ~*] **2** regnskydd; härbärge [*Salvation Army ~s*]; [*air-raid*] *~* skyddsrum; *bus ~* busskur **II** *vb tr* skydda; ge logi (husrum, tak över huvudet); *~ed from the wind* i skydd (i lä, skyddad) för vinden **III** *vb itr* **1** ta (finna, söka) skydd [*~ under the trees*] **2** skydda [*trees that ~ from* (för) *the wind*]

shelve [ʃelv] **1** ställa upp på (sätta in) hyllan (hyllorna) [*~ books*] **2** lägga på hyllan, bordlägga
shelves [ʃelvz] pl. av *shelf*
shepherd [ˈʃepəd] **I** *s* herde äv. bildl.; fåraherde **II** *vb tr* **1** vakta, valla **2** driva som en fårskock; ledsaga
shepherdess [ˌʃepəˈdes, ˈ---] herdinna
shepherd's pie [ˌʃepədzˈpaɪ] kok., slags köttpudding [med potatismos]
sherbet [ˈʃɜːbət] **1** *~* [*powder*] tomtebrus **2** sorbet, vattenglass
sheriff [ˈʃerɪf] **1** britt. sheriff ämbetsman i ett grevskap **2** amer. sheriff polischef inom ett förvaltningsområde
sherry [ˈʃerɪ] sherry
she's [ʃiːz, ʃɪz] = *she is* o. *she has*
Shetland [ˈʃetlənd] geogr. egenn.; *~* el. *the ~s* pl. el. *the ~ Islands* pl. Shetlandsöarna
shield [ʃiːld] **I** *s* **1** sköld; bildl. äv. [be]skydd **2** herald. [vapen]sköld **3** på maskin skyddsplåt, skärm **4** amer. [polis]bricka **II** *vb tr* skydda, värna; *~ the ball* sport. täcka bollen
shift [ʃɪft] **I** *vb tr* skifta [*~ wheels*], flytta [om], stuva om; flytta över; *~ the blame (responsibility) on to a p.* skjuta (vältra) över skulden (ansvaret) på ngn; *~ the furniture* flytta [om] möblerna, möblera om; *~ gears* motor. växla **II** *vb itr* **1** skifta, växla [*the scene (weather) ~s*], ändra sig; ändra ställning [*he ~ed in his seat*], flytta [på] sig; *he ~ed into second gear* han lade in tvåans växel; *~ about* svänga hit och dit; flytta omkring (runt) **2** förskjuta sig [*the cargo has ~ed*], förskjutas **3** klara (reda) sig; *he must ~ for himself* han måste klara (reda) sig själv (på egen hand) **III** *s* **1** förändring; växling; övergång; omläggning [*a ~ of policy*]; *a ~ of clothes* ett ombyte kläder; *~ of crops* växelbruk **2** [arbets]skift [*work in three ~s*] **3** utväg [*my last ~*]; [hjälp]medel; nödfallsutväg; *make* [*a*] *~ with (without) a th.* försöka klara (reda) sig så gott man kan med (utan) ngt **4** växel[spak]; [ut]växling; *automatic ~* automatväxel
shiftless [ˈʃɪftləs] hjälplös, oduglig
shifty [ˈʃɪftɪ] opålitlig, lömsk [*a ~ customer* (figur)]; *~ eyes* [en] ostadig blick
shilling [ˈʃɪlɪŋ] hist. shilling eng. mynt = 1/20 pund
shilly-shally [ˈʃɪlɪˌʃælɪ] **I** *vb itr* vela [hit och

dit] **II** *s* velande [*I'm tired of all this* ~]
III *adj* velande, tvekande [*a* ~ *attitude*]
shimmer ['ʃɪmə] **I** *vb itr* skimra; *~ing blue*
blåskimrande **II** *s* skimmer
shin [ʃɪn] **I** *s* skenben, smalben **II** *vb itr*
klättra; ~ *up* [*a tree* (*a drain-pipe*)]
klättra upp i (uppför)...
shinbone ['ʃɪnbəʊn] skenben
shindig ['ʃɪndɪg] sl. brakfest, jätteparty
shin|e [ʃaɪn] **I** (*shone shone*) *vb itr* skina
[*the sun was -ing*], lysa [*the moon shone
bright*]; glänsa äv. bildl.; vara lysande [~ *at*
(i) *tennis*]; stråla; *a -ing example* ett
lysande exempel (föredöme) **II** (*shone,
shone*, i bet. *1* äv. *~d ~d*) *vb tr* **1** vard.
putsa [~ *shoes*], polera **2** lysa med; ~ *a
torch in a p.'s face* lysa ngn i ansiktet
med en ficklampa **III** *s* **1** glans, sken,
blankhet; *give a good ~ to* el. *put a good
~ on* putsa riktigt fin (blank); *take a ~ to*
vard. fatta tycke för; *take the ~ out of* a) ta
(få) bort glansen från; skada glansen på
b) bildl. förta glansen av, fördunkla **2** vard.
solsken
1 shingle ['ʃɪŋgl] klappersten på sjöstrand
o.d.
2 shingle ['ʃɪŋgl] **1** [tak]spån; [tak]platta
2 shingel frisyr
shingles ['ʃɪŋglz] (konstr. ss. sg.) med.
bältros
shinguard ['ʃɪngɑːd] o. **shinpad** ['ʃɪnpæd]
sport. benskydd
shiny ['ʃaɪnɪ] **1** skinande, glänsande;
skinande blank [~ *shoes*]; *my nose is ~*
jag är blank om näsan **2** blansliten
ship [ʃɪp] **I** *s* **1** skepp; ~['s] *biscuit*
skeppsskorpa **2** vard. flygplan; luftskepp;
rymdskepp **II** *vb tr* **1** skeppa in, ta (föra)
ombord [~ *goods* (*passengers*)], ta in; ~
[*the*] *oars* ta in årorna; ~ *water* ta in
vatten **2** sända, skicka [~ *goods by boat*
(*rail, train*)], avlasta, skeppa
shipbuilder ['ʃɪpˌbɪldə] skeppsbyggare
shipload ['ʃɪpləʊd] skeppslast
shipmate ['ʃɪpmeɪt] skeppskamrat;
medpassagerare
shipment ['ʃɪpmənt] **1** inskeppning
2 sändning; [skepps]last
shipowner ['ʃɪpˌəʊnə] [skepps]redare;
[*firm of*] *~s* [skepps]rederi
shipping ['ʃɪpɪŋ] **1** tonnage **2** sjöfart;
skeppning; ~ *agent* skeppsklarerare; ~
company rederi; ~ *office* rederikontor
shipshape ['ʃɪpʃeɪp] **1** sjömansmässig[t] **2** i
mönstergill (god) ordning [*the room was
snug and ~*], välordnad; snygg[t] och
prydlig[t]; ~ *and Bristol fashion* klappat

och klart; fix och färdig; i fin
(mönstergill) ordning
shipwreck ['ʃɪprek] **I** *s* skeppsbrott,
förlisning, haveri äv. bildl. **II** *vb tr* komma
att förlisa (haverera); bildl. förstöra; *~ed*
skeppsbruten, förlist, förolyckad,
havererad
shipwright ['ʃɪpraɪt] skeppsbyggare
shipyard ['ʃɪpjɑːd] skeppsvarv
shire ['ʃaɪə] grevskap
shirk [ʃɜːk] **I** *vb tr* [försöka] dra sig undan
[~ *hard work*, ~ *a duty*] **II** *vb itr* [försöka]
dra sig undan [sina skyldigheter],
[försöka] smita
shirt [ʃɜːt] **1** skjorta; sport. tröja; *keep your
~ on!* sl. ta't lugnt!; *put one's ~ on* [*a
horse*] sl. sätta sitt sista öre på...
2 [skjort]blus
shirtfront ['ʃɜːtfrʌnt] skjortbröst
shirting ['ʃɜːtɪŋ] skjorttyg
shirtsleeve ['ʃɜːtsliːv] **I** *s* skjortärm; *in
one's ~s* i [bara] skjortärmarna **II** *adj*
informell
shirtwaist ['ʃɜːtweɪst] isht amer.
[skjort]blus
shirty ['ʃɜːtɪ] sl. förbannad arg; stött
förnärmad
shit [ʃɪt] **I** *s* vulg. skit äv. bildl. [*he's a big ~*];
I don't give a ~! det skiter jag!, det ger
jag fan i!; *scare the ~ out of a p.* göra ngn
skiträdd **II** (*shit shit*; ibl. *shat shat* el. *~ted
~ted*) *vb itr* vulg. skita **III** *interj*, *~!* vulg.
fan [också]!, skit [också]! **IV** *adj* vulg. skit-;
jävla; *be up ~ creek* ligga taskigt till vara
illa ute
1 shiver ['ʃɪvə] **I** *s* skärva, flisa **II** *vb itr*
splittras, gå (flyga) i bitar; flisa sig
2 shiver ['ʃɪvə] **I** *vb itr* darra, rysa **II** *s*
darrning, rysning; *a cold ~ ran down my
back* det gick kalla kårar efter ryggen på
mig
shivery ['ʃɪvərɪ] darrig; rysande
1 shoal [ʃəʊl] **1** stim [*a ~ of herring*]
2 massa [*~s of people*]; *in ~s* i massor
2 shoal [ʃəʊl] grund, [sand]rev
1 shock [ʃɒk] **1** skyl [*a ~ of 12 sheaves*
(kärvar)] **2** *a ~ of hair* en massa hår, en
[stor (tjock)] kalufs
2 shock [ʃɒk] **I** *s* **1** [våldsam] stöt; ~ *wave*
stötvåg, chockvåg, tryckvåg **2** [*electric*] ~
[elektrisk] stöt **3** chock äv. med.; ~
therapy (*treatment*) chockbehandling **4** ~
tactics chocktaktik äv. friare; ~ *troops*
stöttrupper, stormtrupper **II** *vb tr*
1 uppröra, chockera **2** med. ge en chock
shock-absorber ['ʃɒkəbˌsɔːbə, -əbˌz-]
stötdämpare
shocking ['ʃɒkɪŋ] upprörande,

chockerande; vard. förskräcklig, förfärlig [*a ~ blunder*]
shockproof ['ʃɒkpru:f] stötsäker [*a ~ watch*]
shod [ʃɒd] imperf. o. perf. p. av *shoe II*
shoddy ['ʃɒdɪ] **I** *s* smörja **II** *adj* **1** falsk; humbug- [*~ methods*] **2** tarvlig [*a ~ trick*]; sjabbig [*a ~ hotel* (*suit*)]
shoe [ʃu:] **I** *s* **1** sko; isht lågsko; amer. äv. känga; pl. *~s* äv. skodon; *I wouldn't be in your ~s* [*for a million pounds*] vard. jag skulle inte vilja vara i dina skor (kläder)... **2** skoning; doppsko; beslag; bromsback **II** (*shod shod*) *vb tr* sko [*~ a horse*]; sätta en sko (skor) på
shoehorn ['ʃu:hɔ:n] skohorn
shoelace ['ʃu:leɪs] skosnöre
shoemaker ['ʃu:ˌmeɪkə] skomakare
shoestring ['ʃu:strɪŋ] **I** *s* **1** amer. skosnöre **2** [*start business*] *on a ~* ...med små medel, ...på lösa boliner **II** *adj* **1** med små (otillräckliga) medel **2** knapp [*a ~ majority*]
shoetree ['ʃu:tri:] skoblock
shone [ʃɒn, amer. vanl. ʃəʊn] imperf. o. perf. p. av *shine I* o. *II*
shoo [ʃu:] **I** *interj*, *~!* schas! **II** *vb tr*, *~ away* (*off*) schasa bort
shook [ʃʊk] imperf. av *shake A*
shoot [ʃu:t] **I** (*shot shot*) *vb itr* (se äv. *III*) **1** skjuta **2** jaga; *be* (*go*) *out ~ing* vara [ute] (gå [ut]) på jakt **3** [blixtsnabbt] fara [*he shot out of the door*], rusa, störta [*~ away*], susa [*he shot past me on his bike*], flyga, vina [*the arrow shot past him*], skjuta [*the thought shot through his mind* (hjärna)]; *I have ~ing pains in my tooth* det ilar i tanden [på mig] **4** fotografera, filma **5** *~!* vard. ut med språket!; sätt igång!
II (*shot shot*) *vb tr* **1** skjuta; arkebusera; skjuta av [*~ an arrow*; *~ a pistol at* (mot) *a p.*]; *you'll get shot if...* vard. du kommer att få på nöten om... **2** kasta [*~ rays*]; *~ a hasty glance at a p.* kasta en hastig blick på ngn **3** jaga [*~ hares*] **4** fotografera; spela in [*~ a film*], ta [*~ a scene*] **5** sport. skjuta [*~ the ball against the bar*] **6** stjälpa av [*~ rubbish*], vräka [ned] **7** *~ the rapids* fara (driva, kasta sig) utför forsarna, göra en forsfärd **8** amer. vard. spela [*~ craps* (*dice*)]
III *vb tr* o. *vb itr* m. prep. o. adv., isht med spec. övers.:
~ down: **a**) skjuta ned [*~ down a p.* (*a plane*)] **b**) bildl. göra (slå) ned, krossa, tillintetgöra [*~ down a p. in an argument*]
~ forth spira upp (fram)
~ off: skjuta (fyra) av [*~ off a rifle*]; skjuta bort; vard. bli av med
~ out: **a**) om udde o.d. skjuta ut (fram); [*the snake*] *shot its tongue out* ...sköt ut tungan **b**) vard., *~ it out* göra upp med skjutvapen
~ up: skjuta (slå) upp [*flames were ~ing up*]; ränna i höjden (i vädret) [*the boy is ~ing up fast*]; rusa i höjden [*prices shot up*]; *the pain shot up his arm* det värkte till uppåt armen på honom
IV *s* **1** bot. skott **2** [timmer]ränna **3** [sop]nedkast **4** jaktsällskap; jakttur; jaktmark; jakt **5** vard., *the whole ~* hela klabbet
shooting ['ʃu:tɪŋ] **1** skjutning; skjut- [*~ position* (*practice*)]; skjutskicklighet; *~ incident* skott[lossnings]intermezzo **2** jakt; jakträtt; jaktmark; jaktsällskap [äv. *~ party*]; *~ rights* jakträtt[igheter] **3** fotografering, filmning, skjutning
shooting-brake ['ʃu:tɪŋbreɪk] herrgårdsvagn, stationsvagn
shooting-gallery ['ʃu:tɪŋˌgælərɪ] täckt skjutbana
shooting-range ['ʃu:tɪŋreɪn(d)ʒ] skjutbana
shooting-star ['ʃu:tɪŋstɑ:] stjärnskott
shoot-out ['ʃu:taʊt] **1** [avgörande] eldstrid, väpnad uppgörelse **2** [*penalty*] *~* fotb. straffsparksläggning
shop [ʃɒp] **I** *s* **1** affär, butik; *keep ~* sköta butiken; *set up ~* öppna affär (butik, eget); *set up ~ in* [*London*] vard. slå sig ner i...; *shut up ~* vard. slå igen butiken sluta **2** verkstad **3** vard., *talk ~* prata jobb **II** *vb itr* **1** göra [sina] inköp; *~ around* se sig omkring före köpet; *go ~ping* gå [ut] och handla (shoppa), gå i affärer **2** sl., *~ on a p.* tjalla på ngn
shop assistant ['ʃɒpəˌsɪstənt] expedit, affärsanställd, affärsbiträde
shopfloor [ˌʃɒp'flɔ:, '--] verkstadsgolv [*on the ~*]; *the ~* äv. arbetarna på verkstadsgolvet
shopfront ['ʃɒpfrʌnt] **1** skyltfönster **2** bildl. fasad
shopkeeper ['ʃɒpˌki:pə] butiksinnehavare; neds. krämare
shoplifter ['ʃɒpˌlɪftə] snattare
shoplifting ['ʃɒpˌlɪftɪŋ] snatteri
shopper ['ʃɒpə] person som är ute och handlar (shoppar)
shopping ['ʃɒpɪŋ] inköp; [inhandlade] varor [*unpack the ~*]; *do some ~* göra några inköp, handla (shoppa) lite [grand];

~ *cart* (*trolley*) shoppingvagn; ~ *centre* köpcentrum, shoppingscenter

shopsoiled ['ʃɒpsɔɪld] butiksskadad, lagerskadad

shop steward [ˌʃɒp'stjʊəd, '-ˌ-] arbetares förtroendeman; fackföreningsrepresentant

shopwalker ['ʃɒpˌwɔːkə] avdelningschef på varuhus

shopwindow [ˌʃɒp'wɪndəʊ] skyltfönster, butiksfönster; *put all one's goods in the* ~ bildl. försöka visa sig från sin bästa sida

1 shore [ʃɔː] strand; kust [*a rocky* ~]; ~ *leave* sjö. landpermission

2 shore [ʃɔː] **I** *s* stötta **II** *vb tr* stötta

shorn [ʃɔːn] perf. p. av *shear*

short [ʃɔːt] **I** *adj* **1** kort, kortfattad [*a ~ speech*], kortvuxen [*a ~ man*]; ~ *for* [en] förkortning för; ~ *cut* genväg; ~ *sight* närsynthet; ~ *story* novell **2** knapp [*a ~ allowance*], för kort [*the coat was 10 centimetres ~*]; *we are £5* ~ det fattas 5 pund för oss; *fuel is in ~ supply* det är knapp tillgång på bränsle **3** ~ *of* a) otillräckligt försedd med b) så när som på, utom [*he will do everything ~ of that*]; ~ *of breath* andfådd, andtäppt **4** *be ~ of* ha ont om [*I am ~ of money*], ha brist på; *be ~ on* sakna, vara utan [*be ~ on ideas*] **5** kort, brysk **II** *adv* **1** tvärt; *bring up ~* stoppa (hejda) tvärt; *pull up* (*stop*) ~ tvärstanna **2** otillräckligt; *come* (*fall*) ~ *of* inte gå upp mot; understiga [*fall ~ of demand by* (med) *17 per cent*]; inte motsvara, svika [*fall ~ of a p.'s expectations*] **3** ~ *of* se *I 3* **III** *s* **1** a) kort stavelse b) kort [signal] i morsealfabetet **2** *for* ~ för korthetens skull **3** vard. kortfilm **4** vard. kortslutning

shortage ['ʃɔːtɪdʒ] brist; underskott; *teacher* ~ lärarbrist

shortbread ['ʃɔːtbred] o. **shortcake** ['ʃɔːtkeɪk] mördegskaka

shortchange ['ʃɔːttʃeɪn(d)ʒ] **1** ge för litet växel tillbaka **2** lura, bedra

short-circuit [ˌʃɔːt'sɜːkɪt] **I** *s* elektr. kortslutning **II** *vb tr* **1** elektr. orsaka kortslutning i **2** hindra, lägga hinder i vägen för **3** förkorta, förenkla

shortcoming [ˌʃɔːt'kʌmɪŋ] brist, fel

short-crust ['ʃɔːtkrʌst], ~ *paste* mördeg

shorten ['ʃɔːtn] **I** *vb tr* förkorta, ta av **II** *vb itr* bli kortare [*the days are beginning to* ~], förkortas, minska[s]

shortening ['ʃɔːtnɪŋ] **1** förkortning **2** matfett (smör, margarin o.d.) till bakning

shortfall ['ʃɔːtfɔːl] brist, underskott [*a ~ of £50*]; underproduktion [*a ~ of coal*]; nedgång

shorthand ['ʃɔːthænd] stenografi, stenografisk [~ *report*]; ~ *typist* stenograf och maskinskriverska; *write* ~ stenografera

short-handed [ˌʃɔːt'hændɪd] isht sjö. underbemannad; *be* ~ ha otillräcklig besättning, ha brist på (ont om) arbetskraft (personal)

short-list ['ʃɔːtlɪst] **I** *s* lista över dem som är kvar i slutomgången **II** *vb tr* sätta upp (ta med) på slutlistan

short-lived [ˌʃɔːt'lɪvd, attr. '--] kortlivad

shortly ['ʃɔːtlɪ] **1** kort [~ *after*[*wards*]], strax [~ *before noon*]; inom kort [*he is ~ to leave for Mexico*] **2** kortfattat, med få ord

shortness ['ʃɔːtnəs] **1** korthet [*the ~ of life*]; ringa längd [*the ~ of* (på) *a skirt*] **2** knapphet; ~ *of breath* andtäppa, andfåddhet

short-range [ˌʃɔːt'reɪndʒ, attr. äv. '--] kortdistans- [~ *missile*], korthålls- [~ *shot*]; kortsiktig [~ *plans*]

shorts [ʃɔːts] shorts äv. sport.; kortbyxor; amer. boxershorts

short-sighted [ˌʃɔːt'saɪtɪd, attr. '-ˌ--] **1** närsynt **2** kortsynt, kortänkt

short-staffed [ˌʃɔːt'stɑːft] underbemannad

short-tempered [ˌʃɔːt'tempəd, attr. äv. '-ˌ--] häftig, lättretad; *be* ~ äv. ha kort stubin

short-term ['ʃɔːttɜːm] **1** hand. kortfristig [~ *loan*] **2** kortsiktig [~ *policy*]

short-wave ['ʃɔːtweɪv] radio. kortvåg; kortvågs- [~ *receiver* (*transmitter*)]

1 shot [ʃɒt] **I** imperf. o. perf. p. av *shoot* **II** *adj* **1** skiftande; vattrad [~ *silk*]; ~ *with blue* blåskiftande, skiftande i blått **2** vard., *get ~ of a th.* [kunna] spola (bli kvitt) ngt

2 shot [ʃɒt] **1** skott [*hear ~s in the distance*]; *blank* ~ löst skott; *he was off like a* ~ vard. han for i väg som ett skott (en pil) **2** (pl. lika) kula **3** skytt; *he is a good* (*bad*) ~ äv. han skjuter bra (dåligt) **4** a) foto [*a nice ~ of my kids*] b) tagning; scen [*exterior ~s*]; *long* ~ avståndsbild, helbild **5** vard. försök; *a ~ in the dark* en lös gissning; *a long* ~ en lös gissning; en vild chansning **6** sport. o.d. **a)** fotb. o.d. skott; *a ~ at goal* ett skott på mål **b)** *put the* ~ stöta kula **c)** bilj. o.d. stöt **7** vard. dos[is]; spruta [*get a ~ of morphine*]; styrketår, glas [*a ~ of whisky*]; sl. sil narkotikainjektion; *give industry a ~ in the arm* stimulera (sätta fart på) industrin; *pay one's* ~ betala sin andel **8** *call the ~s* sl. vara den som bestämmer, basa

shotgun [ˈʃɒtgʌn] **I** *s* hagelgevär **II** *adj* tvångs-; *it was a ~ marriage (wedding)* vard. de var tvungna att gifta sig [därför att hon var med barn]

should [ʃʊd, obeton. äv. ʃəd] (imperf. av *shall*) skulle; borde, bör [*you ~ see a doctor*]; torde; ska, skall [*it is surprising that he ~ be so foolish*]; *they ~ be there by now, I think* jag skulle tro att de är där nu; *how ~ I know?* hur ska (skulle) jag kunna veta det?

shoulder [ˈʃəʊldə] **I** *s* **1** skuldra [*ride on a p.'s ~s*]; på kreatur o. kok. bog[parti]; *~ of mutton* fårbog; *~ to ~* skuldra vid skuldra, sida vid sida äv. bildl.; *broad in the ~s* bred över axlarna (skuldrorna), bredaxlad, axelbred **2** vägkant; *hard ~* vägren, bankett **II** *vb tr* **1** lägga på (över) axeln [*~ a burden*], axla; *~ arms!* mil. på axel gevär! **2** knuffa [med axeln] [*~ one's way* (sig fram) *through a crowd*] **3** ta på sig [*~ the blame, ~ a debt (task)*]

shoulder bag [ˈʃəʊldəbæg] axel[rems]väska
shoulder blade [ˈʃəʊldəbleɪd] skulderblad
shoulder strap [ˈʃəʊldəstræp] **1** mil. axelklaff **2** axelrem **3** axelband på damplagg

shouldn't [ˈʃʊdnt] = *should not*

shout [ʃaʊt] **I** *vb itr* o. *vb tr* skrika [*~ for* (av) *joy*; *~ with* (av) *pain*], ropa [*~ for* (efter) *more*]; ropa (skrika) ut [*~ one's disapproval*]; *he ~ed with laughter* han tjöt av skratt; *~ at* skrika åt [*don't ~ at me!*]; *~ a p. down* överrösta ngn; bua ut ngn **II** *s* skrik; *~ of joy* glädjeskrik, glädjerop

shouting [ˈʃaʊtɪŋ] skrik[ande]; *it's all over bar (but) the ~* vard. saken är klar (avgjord)

shove [ʃʌv] **I** *vb tr* **1** skuffa, skjuta, skjutsa **2** vard. stoppa [*~ it in the drawer*], lägga; *~ one's clothes on* sätta på sig kläderna **II** *vb itr* knuffas, skuffas; *~ along* knuffa (skuffa) sig fram; *~ off* a) stöta (lägga) ut [från land] [äv. *~ out*] b) vard. sticka [i väg] **III** *s* knuff, stöt; *give a p. a ~* a) vard. knuffa till ngn b) ge ngn en skjuts (puff)

shovel [ˈʃʌvl] **I** *s* skovel; skyffel **II** *vb itr* o. *vb tr* skovla, skotta; *~ in (up) money* vard. kamma (raka) in pengar

show [ʃəʊ] **I** (*showed shown*, ibl. *showed*) *vb tr* (se äv. *III*) **1** visa, visa fram [*~ one's passport*], ställa ut [*~ pictures*]; *time will ~* det får framtiden utvisa; *~ one's hand (cards)* bildl. bekänna färg, lägga korten på bordet; *that'll ~ them!* vard. då ska dom få se!; *~ up* a) visa upp b) avslöja [*~ up a fraud*] **2** ange [*a barometer ~s the air pressure*] **3** visa [vägen]; följa, ledsaga [*~ a p. to the door*]; *~ a p. the door* visa ngn på dörren **4** påvisa, bevisa [*we have ~n that the story is false*]; *it goes to ~ that...* det visar bara att...

II (*showed, shown*, ibl. *showed*) *vb itr* (se äv. *III*) **1** visa sig; *it doesn't ~* det syns inte **2** visas [*the film is ~ing at the Grand*]

III *vb tr* o. *vb itr* med spec. övers.:
~ in visa (föra) in [*~ him in!*]
~ off: a) visa upp [*~ off one's children*] b) [försöka] briljera [*~ off one's knowledge*]; visa sig på styva linan, stila c) visa, framhäva [*the tight dress ~ed off her figure*]
~ out: a) följa (ledsaga) *ngn* ut b) visa på dörren
~ over (round): he ~ed us over (round) the house han visade oss omkring (runt) huset
~ up a) visa upp b) avslöja [*~ up a fraud (an impostor)*] c) *~ a p. (a th.) up to ridicule* förlöjliga ngn (ngt) d) synas tydligt [*her wrinkles ~ed up in the sunlight*], framträda e) vard. visa sig, komma [*he never ~ed up at the party*]

IV *s* **1** utställning [*flower show*]; uppvisning [*air ~*]; [teater]föreställning, show; *good ~!* ngt åld. vard. bravo!, fint!; *put up a good ~* göra mycket bra ifrån sig; *be on ~* vara utställd, kunna beses **2** a) anblick [*it was a beautiful ~*] b) yttre glans [*empty ~*] c) sken [*a ~ of truth*] d) skymt [*there is a ~ of reason in it*]; *he made a poor ~* han gjorde en slät figur; *make a ~ of* [vilja] lysa (briljera) med; *make a ~ of being* [*rich*] ge sken av att vara...; *he didn't offer even a ~ of resistance* han gjorde inte ens en min av att vilja göra motstånd **3** *~ of force (strength)* styrkedemonstration **4** vard. affär, historia; *give the* [*whole*] *~ away* avslöja alltihop; *run the ~* basa för det hela, sköta ruljangsen

show biz [ˈʃəʊbɪz] vard. kortform för *show business*

show business [ˈʃəʊˌbɪznəs] showbusiness, showbiz

showcase [ˈʃəʊkeɪs] **1** monter; utställningsskåp **2** PR-nummer, reklamjippo

showdown [ˈʃəʊdaʊn] **1** i poker uppläggning av korten på bordet **2** bildl. uppgörelse; kraftmätning; *there was a ~* det kom till en kraftmätning [mellan dem], de lade korten på bordet

shower [ˈʃaʊə] **I** *s* **1** skur [*a ~ of hail (stones)*]; bildl. äv. ström, regn [*a ~ of*

gifts] **2** dusch; *take* (*have*) *a* ~ ta en dusch, duscha **3** amer. lysningsmottagning, lysningskalas; möhippa **4** sl. skit[stövel] **II** *vb itr* **1** falla i skurar [*ofta* ~ *down*]; bildl. äv. hagla **2** duscha **III** *vb tr* **1** låta regna ned; bildl. överhopa; ~ *abuse* [*up*]*on a p.* överösa ngn med ovett **2** duscha [över]
shower bath ['ʃaʊəbɑːθ] dusch äv. duschrum; duschapparat; *take* (*have*) *a* ~ ta en dusch, duscha
showerproof ['ʃaʊəpruːf] regntät
showery ['ʃaʊərɪ] regnig; ~ *rain* regnskurar
showgirl ['ʃəʊɡɜːl] balettflicka; [kvinnlig] nattklubbsartist (revyartist)
showing ['ʃəʊɪŋ] **1** [före]visning [*the* ~ *of a film*]; utställning [*a* ~ *of flowers*] **2** [*the accounts*] *make* [*a*] *good* ~ ...ser bra ut **3** *on your own* ~ som du själv har påpekat (visat)
show-jumping ['ʃəʊˌdʒʌmpɪŋ] ridn. hinderhoppning
show|man ['ʃəʊ|mən] (pl. *-men* [-mən]) **1** utställningschef **2** cirkusdirektör **3** teaterdirektör, revyskådespelare; showman
shown [ʃəʊn] perf. p. av *show*
show-off ['ʃəʊɒf] vard. skrytmåns; *he's a* ~ äv. han vill alltid visa sig på styva linan
showpiece ['ʃəʊpiːs] **1** utställningsföremål; turistattraktion **2** paradnummer
showroom ['ʃəʊruːm] utställningslokal
showy ['ʃəʊɪ] grann; flärdfull
shrank [ʃræŋk] imperf. av *shrink*
shrapnel ['ʃræpn(ə)l] mil. granatsplitter
shred [ʃred] **I** *s* remsa, trasa; *without a* ~ *of clothing on him* (*her* etc.) utan en tråd på kroppen; *not a* ~ *of evidence* inte en tillstymmelse till (skymt av) bevis **II** *vb tr* skära (klippa, riva) i remsor (trasor); riva (slita, trasa) sönder; *~ded tobacco* finskuren tobak; *~ded wheat* slags vetekuddar som äts med mjölk till frukost
shredder ['ʃredə] **1** grovt rivjärn, råkostkvarn **2** dokumentförstörare
shrew [ʃruː] **1** argbigga, ragata **2** zool. näbbmus
shrewd [ʃruːd] skarp[sinnig] [*a* ~ *remark* (*reply*)]; knipslug [*a* ~ *old man*]; slug [*a* ~ *businessman*]
shrewdness ['ʃruːdnəs] skarpsinne, slughet
shriek [ʃriːk] **I** *vb itr* [gall]skrika; tjuta [~ *with* (av) *laughter*] **II** *vb tr*, ~ [*out*] skrika [ut] **III** *s* [gällt] skrik; tjut [~*s of laughter*]
shrift [ʃrɪft], *short* ~ jur. kort frist; *give a p. short* ~ göra processen kort med ngn
shrill [ʃrɪl] gäll

shrimp [ʃrɪmp] **I** *s* **1** [liten] räka **2** bildl. puttefnask; kryp **II** *vb itr* fånga räkor
shrine [ʃraɪn] **1** reliksskrin; helgongrav; helgonaltare **2** helgedom
shrink [ʃrɪŋk] **I** (imperf. *shrank*, ibl. *shrunk*; perf. p. *shrunk*) *vb itr* **1** krympa [*the shirt does* (*will*) *not* ~ *in the wash*], krympa (krypa) ihop; bildl. äv. minska; sjunka ihop; skrumpna; bli mycket rynkig; *warranted not to* ~ hand. garanterat krympfri **2** ~ [*back*] rygga [tillbaka], skygga [*at* vid, för; *from* för] **II** (för tema se *I*) *vb tr* [få att] krympa [*hot water ~s woollen clothes*] **III** *s* **1** krympning **2** sl. hjärnskrynklare psykiater
shrinkage ['ʃrɪŋkɪdʒ] krympning; bildl. äv. minskning [*the* ~ *in our export trade is serious*]; *allowance for* ~ krympmån
shrinkproof ['ʃrɪŋkpruːf] o. **shrink-resistant** ['ʃrɪŋkrɪˌzɪst(ə)nt] krympfri
shrivel ['ʃrɪvl] **1** ~ *up* [få att] skrumpna [skrynkla ihop sig], bli (göra) rynkig **2** bildl. ~ [*up*] [få att] förtorka (vissna bort)
shroud [ʃraʊd] **I** *s* **1** [lik]svepning **2** bildl. hölje, slöja [*a* ~ *of mystery*] **3 a**) sjö. vant **b**) flyg., ~ [*line*] bärlina på fallskärm **II** *vb tr* **1** svepa lik **2** hölja [~*ed in fog*]; *~ed in mystery* höljd i dunkel
shrub [ʃrʌb] buske
shrubbery ['ʃrʌbərɪ] buskage
shrug [ʃrʌɡ] **I** *vb tr*, ~ *one's shoulders* rycka på axlarna [*at* åt] **II** *s*, ~ [*of the shoulders*] axelryckning
shrunk [ʃrʌŋk] perf. p. o. ibl. imperf. av *shrink*
shrunken ['ʃrʌŋk(ə)n] hopfallen, insjunken [~ *cheeks*], skrumpen [*a* ~ *apple*]
shudder ['ʃʌdə] **I** *vb itr* rysa, bäva [~ *with* (av) *horror*]; skaka, huttra [~ *with* (av) *cold*]; *I* ~ *to think* jag ryser när jag tänker på det **II** *s* rysning; skakning; *give a* ~ rysa till
shuffle ['ʃʌfl] **I** *vb itr* **1** gå släpande (släpigt), lufsa; dansa släpigt **2** kortsp. blanda **3** bildl. slingra sig; smussla, fiffla; ~ *out of* krångla sig ifrån (ur) **II** *vb tr* **1** hasa med; ~ *one's feet* släpa (skrapa) med fötterna **2 a**) blanda [~ *cards*] **b**) bildl. flytta om [*war has ~d the population*]; möblera om bland (i) [~ *the Cabinet*] **3** fösa, skuffa; smussla [~ *a p. into a firm*]; ~ *off* kasta av sig [~ *off a burden* (*one's clothes*)]; slänga ifrån sig, göra sig kvitt; skjuta ifrån sig (över) [~ *off the responsibility upon others*] **III** *s* **1** släpande rörelse (sätt att röra sig); hasande; släpig dans **2 a**) kortsp. blandande; *it's your* ~ det är din tur att

blanda b) bildl. omflyttning; ommöblering [*a Cabinet ~*]
shun [ʃʌn] undvika [*~ publicity*], sky [*~ a p. like the plague*]
shunt [ʃʌnt] **I** *vb tr* **1** järnv. växla [*~ a train on to* (över på) *a sidetrack*], rangera [*~ railway cars*] **2** elektr. shunta **3** vard. fösa (skyffla) omkring **II** *vb itr* växla [*the train is ~ing*]
shush [ʃəʃ, ʃʊʃ, ʃʌʃ, interj. vanl. ʃ:] **I** *vb tr* hyssja ner, tysta [ner] **II** *vb itr* **1** hyssja **2** tystna **III** *interj*, *~!* sch!, [var] tyst!, hyssj!
shut [ʃʌt] **I** (*shut shut*) *vb tr* **1** stänga [*~ a door*]; stänga av; stänga in [*~ the dog in the kitchen*]; fälla ned (igen) [*~ a lid*]; slå ihop (igen) [*~ a book*]; *~ one's ears to* bildl. sluta till sina öron för; *~ your mouth (face)!* sl. håll käft! **2** klämma [*~ one's finger in a door*] **II** (*shut shut*) *vb itr* stänga[s]; gå att stänga [*the door ~s easily*]
III *vb tr* o. *vb itr* med adv. o. prep., med spec. övers.:
~ away isolera, stänga in [*~ oneself away*]
~ down: a) tr. slå igen [*~ down a lid*], bildl. äv. lägga ned [*~ down a factory*] b) itr. slå igen, läggas ner [*the factory has ~ down*]
~ in stänga inne; innesluta [*a plain ~ in by hills*]; *~ oneself in* stänga (låsa) in sig
~ off: a) stänga av b) bildl. utestänga, utesluta
~ out stänga ute, hålla utestängd från äv. bildl.; utesluta; [*the trees*] *~ out the view* ...skymmer (skymde) utsikten
~ to stänga till [*~ a door to*]
~ up: **a)** stänga (bomma) till (igen) [*~ up a house*]; *~ up shop* vard. slå igen butiken sluta **b)** låsa in [*~ up one's valuables*] **c)** vard. tystna; tiga, hålla mun [*he ~ up about* (med) *it*; *~ up!*]; *~ a p. up* tysta ned ngn; få ngn att hålla mun (käft)
IV *perf p* o. *adj* stängd etc., jfr *I*; *keep one's eyes ~* blunda
shutdown [ˈʃʌtdaʊn] stängning [*the temporary ~ of a factory* (*frontier*)], nedläggning
shutter [ˈʃʌtə] **I** *s* **1** [fönster]lucka; *put up the ~s* stänga (slå igen) fönsterluckorna; vard. slå igen butiken sluta **2** foto. slutare; *~ release* utlösare **II** *vb tr* förse (stänga) med fönsterluckor
shuttle [ˈʃʌtl] **I** *s* **1** skyttel; vävn. äv. skottspole **2 a)** *~ diplomacy* skytteldiplomati **b)** pendelbuss, pendelplan, pendelbåt; matarbuss **II** *vb itr* o. *vb tr* **1** skicka (fara, springa) fram och tillbaka (som en skottspole) **2** transportera (fara, gå) i skytteltrafik; gå i pendeltrafik **3** pendla
shuttlecock [ˈʃʌtlkɒk] **I** *s* badmintonboll; fjäderboll **II** *vb tr* bolla (jonglera) med; skicka fram och tillbaka [mellan sig] **III** *vb itr* sno som en skottspole
1 shy [ʃaɪ] **I** *adj* blyg, skygg [*a ~ look* (*smile*)]; *fight ~ of* [söka] undvika, dra sig för [*fight ~ of making a decision*], gå ur vägen för [*fight ~ of a p.*] **II** *vb itr* skygga; *~ away* dra sig undan; *~ away from doing a th.* dra sig för att göra ngt
2 shy [ʃaɪ] vard. **I** *vb tr* slänga, kasta [*~ stones at* (på) *a th.*] **II** *s* kast; bildl. försök; *have a ~ at a th.* försöka träffa ngt; bildl. försöka sig på ngt
shyness [ˈʃaɪnəs] blyghet, skygghet
Siamese [ˌsaɪəˈmiːz] **I** *adj* **1** hist. siamesisk **2** *~ cat* siamskatt; *~ twins* siamesiska tvillingar **II** *s* **1** hist. (pl. lika) siames **2** siamesiska [språket] **3** (pl. lika) siames[katt]
Siberia [saɪˈbɪərɪə] Sibirien
Siberian [saɪˈbɪərɪən] **I** *adj* sibirisk; *~ crab* [*apple*] paradisäpple **II** *s* sibirier
Sicilian [sɪˈsɪljən] **I** *adj* siciliansk **II** *s* sicilianare
Sicily [ˈsɪsəlɪ] Sicilien
1 sick [sɪk] bussa [*~ a dog on a p.*]
2 sick [sɪk] **I** *adj* **1 a)** sjuk [*her ~ husband*]; *a ~ man* en sjuk [man]; *the ~* de sjuka **b)** illamående [*become ~*]; *be ~* a) vara (bli) illamående, må illa, ha (få) kväljningar b) kräkas, spy [*he was ~ three times*]; *be ~ at* (*to*, *in*) *one's stomach* amer. må illa, ha (få) kväljningar; *feel ~* känna sig illamående, må illa, ha kväljningar; *you make me ~* jag mår illa bara jag ser dig; *it's enough to make one ~* det är så man kan må illa [åt det] **2** sjuklig [*~ thoughts*]; vard. sjuk [*a ~ joke*; *~ humour*] **3** *~* [*and tired*] *of* [grundligt] led på (åt), [innerligt] trött på; *I am ~ to death of it* jag är utled på det, det står mig upp i halsen **II** *vb tr* o. *vb itr*, *~* [*up*] vard. spy [upp]
sick bay [ˈsɪkbeɪ] sjuk[vårds]avdelning; läkarmottagning; *the ~* äv. sjukan
sick benefit [ˈsɪkˌbenɪfɪt] sjukpenning
sicken [ˈsɪk(ə)n] **I** *vb itr* **1** [in]sjukna, [börja] bli sjuk [*the child is ~ing for* (i) *something*] **2** äcklas **II** *vb tr* göra illamående; äckla; *it ~s me to think of it* jag mår illa när jag tänker på det
sickening [ˈsɪk(ə)nɪŋ] **1** vämjelig, beklämmande [*a ~ sight*], äcklig; *it's ~*

det är så man kan må illa, det är hopplöst **2** vard. irriterande, retsam [*a ~ mistake*]
sickle ['sɪkl] skära skörderedskap
sick leave ['sɪkliːv] sjukledighet; *be on ~* vara sjukledig (sjukskriven)
sickly ['sɪklɪ] **I** *adv* sjukligt **II** *adj* **1** sjuklig [*a ~ child*] **2** svag, matt, blek [*~ colours*; *a ~ smile*] **3** äcklig [*a ~ taste*], kväljande [*a ~ smell*]; sötsliskig [*~ sentimentality*]
sickness ['sɪknəs] **1** sjukdom; -sjuka [*mountain ~*]; *~ benefit* sjukpenning, sjukersättning; *there is a great deal of ~* [*in the town*] det är många sjuka... **2** kväljningar, illamående; kräkningar
sick pay ['sɪkpeɪ] sjuklön
side [saɪd] **I** *s* **1** a) sida, bildl. äv. part [*hear both ~s*] b) håll, kant c) sport. lag [*choose ~s*] d) sido- [*a ~ door*], sid-; *this ~ up* denna sida upp!; *pick ~s* välja lag; *his ~s were shaking with laughter* han skakade av skratt; *take ~s* ta parti (ställning) [*with a p.* för ngn]; *at the ~ of* bredvid; *at a p.'s ~* vid ngns sida äv. bildl.; *~ by ~* sida vid sida äv. bildl., bredvid varandra; *from all ~s* el. *from every ~* från alla sidor; ur alla synpunkter [*consider a th. from all ~s*]; *on all ~s* på (från) alla sidor; *it was agreed on all ~s that...* samtliga enades om att...; *put on one ~* lägga åt sidan; [*put a th.*] *to one ~* ...åt sidan (undan) **2** ss. efterled i sammansättn. a) sluttning [*mountainside*] b) strand [*riverside*] **3** vard., *he has no ~* han är inte mallig [av sig] **II** *vb itr*, *~ against* (*with*) *a p.* ta parti mot (för) ngn
sideboard ['saɪdbɔːd] **1** serveringsbord, byffé, sideboard **2** pl. *~s* vard. polisonger
sideburns ['saɪdbɜːnz] isht amer. vard. polisonger
sidecar ['saɪdkɑː] sidvagn till motorcykel
side effect ['saɪdɪˌfekt] **1** med. biverkan **2** bildl. biverkan, sidoeffekt
side glance ['saɪdglɑːns] sidoblick
sidekick ['saɪdkɪk] vard. kompis
sidelight ['saɪdlaɪt] **1** sidoljus, sidobelysning **2** a) sjö. sidolanterna b) bil. sidomarkeringsljus **3** bildl. sidobelysning; vinkling
sideline ['saɪdlaɪn] **1** sport. sidlinje; pl. *~s* äv. åskådarplats; *from the ~s* a) från åskådarplats b) bildl. utifrån [sett]; *on the ~s* sport. på reservbänken; bildl. som åskådare, passivt **2** bisyssla; *a job as a ~* ett jobb vid sidan 'om, ett extraknäck
sidelong ['saɪdlɒŋ] **I** *adj* från sidan, sned; sido- [*a ~ glance*] **II** *adv* från (på) sidan, på sned

side-saddle ['saɪdˌsædl] **I** *s* damsadel **II** *adv* i damsadel [*ride ~*]
sideshow ['saɪdʃəʊ] **1** mindre attraktion (utställning) **2** stånd på nöjesfält o.d.
side-splitting ['saɪdˌsplɪtɪŋ] hejdlöst rolig [*a ~ farce*]; hejdlös [*~ laughter*]
sidestep ['saɪdstep] **I** *vb itr* ta ett steg åt sidan; boxn. sidsteppa **II** *vb tr* undvika genom ett steg åt sidan; boxn. sidsteppa för [*~ a blow*]; bildl. förbigå [*~ a p.*]; undvika
side street ['saɪdstriːt] sidogata
sidetrack ['saɪdtræk] **I** *s* sidospår **II** *vb tr* **1** växla in på ett sidospår **2** bildl. a) leda in på ett sidospår b) skjuta åt sidan, bordlägga [*~ a proposal*]
sidewalk ['saɪdwɔːk] amer. trottoar
sideward ['saɪdwəd] **I** *adj* [som riktar sig] åt sidan [*a ~ movement*] **II** *adv* se *sidewards*
sidewards ['saɪdwədz] åt sidan [*move ~*]
sideways ['saɪdweɪz] **I** *adv* från sidan [*viewed ~*]; åt sidan [*jump ~*]; på snedden (tvären) [*carry a th. ~ through a door*]; på sidan [*lie ~*] **II** *adj* [som riktar sig] åt sidan [*a ~ movement*], sido- [*a ~ glance*]
side-whiskers ['saɪdˌwɪskəz] polisonger
siding ['saɪdɪŋ] järnv. sidospår; stickspår
sidle ['saɪdl] **1** gå (tränga sig) i sidled (på tvären) [*~ through a narrow opening*] **2** smyga sig [*~ away from a p.*]; *~ up to a p.* smyga (komma smygande) fram till ngn
siege [siːdʒ] belägring; *lay ~ to* [börja] belägra
siesta [sɪˈestə] siesta, middagsvila; *take a ~* ta siesta, sova middag
sieve [sɪv] **I** *s* såll, sikt; bildl. lösmynt person, sladdrare; *he has a memory like a ~* han har ett hönsminne, hans minne är [som] ett såll **II** *vb tr* sålla äv. bildl.; sikta
sift [sɪft] **I** *vb tr* **1** sålla; sikta [*~ flour*]; skilja [ifrån]; *~ sugar* [*on to a cake*] strö socker...; *~ out* sålla bort, skilja ifrån **2** bildl. sålla; noga pröva, granska [*~ the evidence*], noga undersöka [*~ facts*]; skilja [*~ propaganda from facts*] **II** *vb itr* sila [*the sunlight ~ed through the curtains*], sippra
sifter ['sɪftə] sikt [*flour-sifter*]; ströare [*sugar-sifter*]
sigh [saɪ] **I** *vb itr* **1** sucka [*~ with* (av) *disappointment*]; susa [*trees ~ing in the wind*] **2** tråna, sucka **II** *s* suck; pl. *~s* äv. suckan
sight [saɪt] **I** *s* **1** syn[förmåga] **2** åsyn; *I'm sick of the ~ of him* jag är utled på att se

honom; *catch* (*get*) ~ *of* få syn på, få se; *lose* ~ *of* förlora ur sikte; *play* [*music*] *at* ~ spela [musik] från bladet; *at first* ~ vid första anblicken (påseendet); *love at first* ~ kärlek vid första ögonkastet; *I only know him by* ~ jag känner honom bara till utseendet **3** synhåll; sikte; *be within* (*in*) ~ *of a th.* ha ngt i sikte (inom synhåll), sikta ngt [*we were within* (*in*) ~ *of land*]; [*the end of the war*] *was in* ~ man började skönja...; *come into* (*in*) ~ komma inom synhåll, bli synlig [*of a p.* för ngn], komma i sikte **4 a)** sevärdhet [*see the* ~*s of the town*]; [*our garden*] *is a wonderful* ~ ...är underbar att se (en fröjd för ögat) **b)** syn [*a sad* ~]; *a* ~ *for sore eyes* en fröjd för ögat **c)** vard., *you look a* [*perfect* (*proper*)] ~ du ser [alldeles] förfärlig ut **5** sikte; pl. ~*s* riktmedel [*the* ~*s of a rifle*] **6 a)** sikte, siktning; observation; *take* ~ *at* sikta (ta sikte) på **b)** bildl. *raise one's* ~*s* sikta högre (mot högre mål) **7** vard. massa; *a damned* ~ *better* bra mycket bättre **II** *vb tr* **1** isht sjö. sikta [~ *land*] **2** bli sedd; [*the missing woman*] *has been* ~*ed* ...har setts **3** rikta in [~ *a gun at* (mot)]

sighted ['saɪtɪd] ss. efterled i sammansättn. -synt [*near-sighted*]; *partially* ~ synskadad, synsvag

sight-read ['saɪtriːd] (*sight-read* [-red] *sight-read* [-red] spela (sjunga, läsa) från bladet

sightseeing ['saɪtˌsiːɪŋ] **I** *pres p, go* ~ gå (åka) på sightseeing **II** *s* sightseeing; sightseeing- [*a* ~ *bus* (*flight*)]; *a* ~ *tour* en sightseeing[tur], en rundtur

sightseer ['saɪtˌsiːə] person [som går (är)] på sightseeing

sign [saɪn] **A** *s* **1** tecken; märke, spår; symbol; *there is every* ~ *that* el. *all the* ~*s are that* allt tyder på att; *bear* ~*s of* bära spår av (märken efter); *make no* ~ inte ge något tecken ifrån sig **2** skylt [*street* ~*s*], trafik. äv. märke [*warning* ~*s*]; *electric* ~ ljusskylt **B** *vb* **I** *tr* (se äv. *III*) **1** underteckna [~ *a letter*], skriva under (på) [~ *a petition*], signera [~ *a picture*]; skriva in sig i [~ *the hotel register*]; skriva [~ *your initials here!*]; ~*ed, sealed and delivered* bildl. klappad och klar, fix och färdig **2** engagera [~ *a new football player*] **3 a)** visa med [ett] tecken **b)** ge tecken åt [~ *a p. to stop*] **II** *itr* (se äv. *III*) **1** skriva sitt namn [~ *here!*]; ~ *for* kvittera ut [~ *for a parcel*] **2** ge tecken, teckna [*he* ~*ed to* (åt) *me to come*]
III *tr* o. *itr* med adv. isht med spec. övers.:
~ *in* skriva upp sin ankomsttid; stämpla in på stämpelur
~ *off*: **a)** radio. sluta sändningen **b)** vard. sluta; gå och lägga sig
~ *on*: **a)** tr. anställa [~ *on workers*], engagera [~ *on actors*], värva äv. mil.; sjö. mönstra på; itr. ta anställning [~ *on with a theatre company*]; mil. ta värvning; sjö. mönstra på **b)** anmäla sig **c)** stämpla in på stämpelur
~ *up* anmäla sig [~ *up for a course*], skriva in (upp) sig

signal ['sɪgn(ə)l] **I** *s* signal [*radio* (*traffic*) ~*s*]; tecken [*policeman's* ~*s*]; *danger* ~ varningssignal **II** *adj* märklig, märkvärdig [*a* ~ *achievement*], framstående [~ *service for the country*]; kapital, fullständig [*a* ~ *failure*] **III** *vb tr* o. *vb itr* signalera; ge signal (tecken) till [~ *the advance*]; ~ *the car to stop* göra tecken att bilen ska stanna

signal box ['sɪgn(ə)lbɒks] järnv. ställverk

signal|man ['sɪgn(ə)l|mən] (pl. -*men* [-mən]) **1** järnv. ställverksskötare **2** signalist

signatory ['sɪgnət(ə)rɪ] **I** *adj* signatär-; ~ *power* signatärmakt **II** *s* undertecknare [~ *to* (av) *a treaty*]; signatärmakt

signature ['sɪgnətʃə] **1** signatur; underskrift **2** ~ *tune* signaturmelodi **3** mus., [*key*] ~ förtecken; *time* ~ taktbeteckning

signboard ['saɪnbɔːd] skylt; anslagstavla

signet ring ['sɪgnɪtrɪŋ] signetring, klackring

significance [sɪgˈnɪfɪkəns] **1** betydelse, mening, innebörd **2** vikt

significant [sɪgˈnɪfɪkənt] **1** betydelsefull [*a* ~ *speech*], betydande [*a* ~ *event*] **2** meningsfull [~ *words*]; menande [*a* ~ *look*] **3** ~ *of* betecknande för **4** markant [*a* ~ *improvement*]

significantly [sɪgˈnɪfɪkəntlɪ] **1** betydligt, påtagligt **2** betecknande nog, vad som är betecknande [*and* ~, *he refused to answer*]

signify ['sɪgnɪfaɪ] **I** *vb tr* **1** innebära; tyda på **2** uttrycka, ge uttryck för [~ *one's agreement* (*approval*)] **3** betyda [*what does this phrase* ~?] **II** *vb itr* vara av betydelse (vikt)

sign language ['saɪnˌlæŋgwɪdʒ] teckenspråk

signpost ['saɪnpəʊst] **I** *s* **1** vägvisare, [väg]skylt **2** bildl. vägledning **II** *vb tr* förse med vägskyltar; *the roads are well ~ed* vägarna är väl skyltade

silage ['saɪlɪdʒ] lantbr. ensilage

silence ['saɪləns] **I** *s* tystnad; tystlåtenhet [*on a th.* [i fråga] om ngt]; *~!* tystnad!, [var] tyst[a]!; *~ gives consent* den som tiger han samtycker **II** *vb tr* tysta [ned] [*~ an objection*], få (komma) att tystna; få tyst på [*~ the noise*]; *~ one's critics* äv. få sina kritiker att förstummas

silencer ['saɪlənsə] tekn. ljuddämpare

silent ['saɪlənt] **I** *adj* tyst [*~ footsteps, a ~ prayer*], tystlåten [*she is a ~ child*]; tystgående [*a ~ car*]; *be ~* äv. tiga; *become ~* äv. tystna **II** *s* stumfilm

silhouette [ˌsɪlʊ'et] **I** *s* silhuett **II** *vb tr* avbilda i silhuett; *be ~d against the sky* avteckna sig [i silhuett] mot himlen

silicon ['sɪlɪkən] kem. kisel

silicone ['sɪlɪkəʊn] kem. silikon

silicosis [ˌsɪlɪ'kəʊsɪs] med. silikos

silk [sɪlk] *s* silke; siden; *artificial ~* konstsilke; konstsiden

silken ['sɪlk(ə)n] silkeslen äv. bildl. [*a ~ voice*]; silkesfin [*~ hair*], [fin] som silke

silkworm ['sɪlkwɜːm] zool. silkesmask

silky ['sɪlkɪ] **1** silkeslen [*~ hair (skin)*], sidenglänsande [*a ~ surface*], silkes- [*~ hair*] **2** bildl. [silkes]len [*a ~ voice*]

sill [sɪl] **1** fönsterbräda [äv. *windowsill*] **2** byggn. syll, bottenbjälke **3** tröskel t.ex. i bil

silly ['sɪlɪ] **I** *adj* a) dum [*a ~ remark*; *don't be ~!*], enfaldig b) tokig [*a ~ idea*] c) vard. medvetslös [*beat (knock) a p. ~*]; *the ~ season* dödsäsongen för tidningar under semestertider **II** *s* vard. dumbom, dummerjöns

silo ['saɪləʊ] lantbr. el. mil. silo

silt [sɪlt] **I** *s* [botten]slam, dy **II** *vb tr*, *~ up* slamma igen

silver ['sɪlvə] **I** *s* silver [*a ~ cup*; *~ hair*]; silver[mynt], silverpengar [*£5 in ~*]; bordssilver; *~ birch* vårtbjörk, masurbjörk; *~ paper* a) stanniolpapper b) silkespapper för silver; *~ plate* a) bordssilver b) nysilver, [silver]pläter c) silvertallrik; *~ screen* bioduk; *the ~ screen* äv. vita duken **II** *vb tr* försilvra äv. bildl.; göra [silver]vit [*the years had ~ed her hair*] **III** *vb itr* försilvras, bli [silver]vit [*her hair had ~ed*]

silver-plated [ˌsɪlvə'pleɪtɪd, attr. '--,--] försilvrad; *~ set* pläterservis

silversmith ['sɪlvəsmɪθ] silversmed

silvery ['sɪlv(ə)rɪ] **1** silverglänsande, silver- [*~hair*] **2** silverklar [*a ~ voice*]

similar ['sɪmɪlə] lik, lika, liknande; likadan; dylik

similarity [ˌsɪmɪ'lærətɪ] likhet; *points of ~* likheter

similarly ['sɪmɪləlɪ] på liknande (lika[dant]) sätt, likadant, likaledes

simile ['sɪmɪlɪ] liknelse; liknelser [*rich in (på) ~*]

simmer ['sɪmə] **I** *vb itr* småkoka; sjuda äv. bildl. [*~ with* (av) *anger*]; bildl. äv. gro; *~ down* a) koka ihop; bildl. reduceras [*to* till] b) lägga sig, lugna ner sig **II** *vb tr* [låta] småkoka (sjuda) **III** *s* sakta kokning

simper ['sɪmpə] **I** *vb itr* le tillgjort (fånigt) **II** *s* tillgjort (fånigt) leende

simple ['sɪmpl] **1** enkel, osammansatt [*a ~ substance*], okomplicerad [*a ~ machine*]; *~ equation* förstagradsekvation; *~ fraction* enkelt bråk **2** enkel, konstlös [*~ style*] **3** enkel, anspråkslös [*~ food, a ~ life*], simpel [*a ~ soldier*] **4** enfaldig **5** a) enkel, lätt [*a ~ problem*] b) tydlig, klar [*a ~ statement*]; självklar **6** ren [*~ madness*]; *fraud pure and ~* rent bedrägeri, rena [rama] bedrägeriet

simple-minded [ˌsɪmpl'maɪndɪd] godtrogen

simpleton ['sɪmplt(ə)n] dummerjöns; tok[stolle]

simplicity [sɪm'plɪsətɪ] **1** enkelhet; enkel form (byggnad) **2** enkelhet [*~ in (of) dress*] **3** lätthet [*the ~ of a problem (task)*]; lättfattlighet; *it's ~ itself* vard. det är jättelätt (jätteenkelt)

simplification [ˌsɪmplɪfɪ'keɪʃ(ə)n] förenkling, simplifiering

simplify ['sɪmplɪfaɪ] förenkla

simply ['sɪmplɪ] **1** enkelt etc., jfr *simple* **2** helt enkelt [*~ awful (impossible)*]; rätt och slätt, bara [*he is ~ a workman*]

simulate ['sɪmjʊleɪt] **1** simulera [*~ enthusiasm*] **2** härma [efter]

simulation [ˌsɪmjʊ'leɪʃ(ə)n] **1** simulation, simulering **2** förfalskning; falsk likhet

simultaneous [ˌsɪm(ə)l'teɪnjəs, amer. vanl. ˌsaɪm-] samtidig, simultan [*~ movements*]

1 sin [sɪn] **I** *s* synd; *~ of omission* underlåtenhetssynd; *the seven deadly ~s* de sju dödssynderna; *it is a ~* [*to stay indoors on such a fine day*] vard. det är synd...; *ugly as ~* ful som synden (stryk) **II** *vb itr* synda

2 sin [saɪn] se *sine*

since [sɪns] **I** *adv* **1** sedan dess [*I have not been there ~*]; *ever ~* alltsedan dess [*he has lived there ever ~*] **2** sedan [*how long ~ is it?*], för...sedan; *long ~* äv. för länge sedan; sedan länge (långt tillbaka) **II** *prep* [allt]sedan; ~ *a child* alltsedan barndomen; ~ *when have you had...?* hur länge har du haft...?, när fick du...? **III** *konj* **1** sedan; *ever* ~ alltsedan, ända sedan [*ever* ~ *I left*], så långt [*ever* ~ *I can remember*] **2** eftersom, då [ju] [~ *you are here*], emedan

sincere [sɪnˈsɪə] uppriktig [*a* ~ *wish*]; sann

sincerely [sɪnˈsɪəlɪ] uppriktigt, verkligt [~ *grateful*]; *Yours* ~ i brevslut Din (Er) tillgivne, med vänlig hälsning

sine [saɪn] matem. sinus

sinew [ˈsɪnjuː] **1** sena; pl. ~*s* äv. muskler **2** ofta pl. ~*s* styrka, kraft

sinewy [ˈsɪnjʊɪ] **1** senig [~ *arms*; ~ *meat*] **2** bildl. kraftig; kraftfull, kärnfull [~ *prose*]

sinful [ˈsɪnf(ʊ)l] syndfull; upprörande

sing [sɪŋ] **I** (*sang sung*) *vb itr* **1** sjunga; ~ *out* a) ropa, hojta [*for* efter] b) sjunga ut, säga ifrån (till) **2** susa [*a bullet sang past* (förbi) *his ear*] **II** (*sang sung*) *vb tr* sjunga; ~ *a p.'s praises* sjunga ngns lov; ~ *out* ropa (skrika) ut [~ *out an order*]

singe [sɪn(d)ʒ] **I** *vb tr* sveda [~ *hair*, ~ *a chicken*], bränna [~ *cloth with an iron* (strykjärn)]; ~ *one's wings* (*feathers*) bildl. sveda vingarna, råka illa ut **II** *vb itr* svedas **III** *s* lätt brännskada

singer [ˈsɪŋə] sångare; sångerska

single [ˈsɪŋgl] **I** *adj* **1** enda [*not a* ~ *man*], enstaka [*in* ~ *places*], ensiffrig [~ *figure*] **2** enkel; enhetlig [*a* ~ *rule*]; ~ *bed* enkelsäng, enmanssäng; ~ *combat* (*fight*) envig, tvekamp; ~ *room* enkelrum; ~ *ticket* enkel biljett **3** ensam [*in* ~ *majesty*] **4** ogift [*a* ~ *man* (*woman*)], ensamstående [~ *parent*] **5** ärlig, uppriktig [~ *devotion*] **6** ~ *cream* tunn grädde, kaffegrädde **II** *s* **1** tennis. o.d.: ~*s* (konstr. ss. sg.) singel, singelmatch; *men's* (*women's*) ~*s* (pl. lika) herrsingel (damsingel) **2** enkel [biljett] **3** mus. singel[platta] **III** *vb tr*, ~ *out* välja (ta, peka) ut; skilja ut

single-breasted [ˌsɪŋglˈbrestɪd] enkelknäppt [*a* ~ *suit*]

single-handed [ˌsɪŋglˈhændɪd] **I** *adj* **1** enhänt **2** enhands- [*a* ~ *fishing-rod*] **II** *adv* på egen hand, ensam

single-minded [ˌsɪŋglˈmaɪndɪd, attr. ˈ--ˌ--] målmedveten; ensidig

single-parent [ˈsɪŋglˌpeər(ə)nt], ~ *family* enförädersfamilj

singlet [ˈsɪŋglət] [sport]tröja; undertröja

singly [ˈsɪŋglɪ] **1** en åt gången, en och en

[*arrive* ~] **2** på egen hand **3** ensam, utan sällskap; [som] ogift

singsong [ˈsɪŋsɒŋ] **I** *s* sångstund; *a* ~ äv. allsång **II** *adj* halvsjungande [*in a* (med) ~ *voice*]

singular [ˈsɪŋgjʊlə] **I** *adj* **1** gram. singular **2** enastående [~ *courage*] **3** [sär]egen; besynnerlig **4** ensam [i sitt slag]; enstaka **II** *s* gram. singular[form]; *the* ~ äv. singular, ental

singularity [ˌsɪŋgjʊˈlærətɪ] **1** säregenhet **2** egenhet

sinister [ˈsɪnɪstə] **1** olycksbådande **2** illvillig, elak; lömsk **3** ond, fördärvlig [~ *influence*]

sink [sɪŋk] **I** (*sank sunk*) *vb itr* **1** sjunka; sänka sig [ned] [*the sun was* ~*ing in the west*]; sätta sig [*the foundations have sunk*]; *it's a case of* ~ *or swim* det må bära eller brista; *it hasn't sunk in* vard. han (hon etc.) har inte riktigt fattat det **2** avta, minska[s]; sjunka, dala [*the prices have sunk*] **3** slutta [*the ground* ~*s to* ([ned] mot) *the sea*] **4** sjunka [~ *into* (ned i) *poverty*], förfalla **II** (*sank sunk*) *vb tr* **1** sänka [~ *a ship*, ~ *one's voice*], få att sjunka; låta sjunka [~ *one's head on* (ned mot) *one's chest*]; borra (segla, skjuta) i sank; *let us* ~ *our differences* låt oss glömma (bilägga) våra tvister **2** gräva ned [~ *a post into the ground*], lägga ned [~ *a drainpipe*] **3** sänka [~ *prices*]; amortera [på], betala av [~ *a debt*] **4** a) låsa fast [~ *money into a firm*] b) förlora [~ *money in an unfortunate enterprise*] **III** *s* **1** slask; diskho; amer. äv. handfat; ~ *tidy* sophink, avfallskorg; ~ *unit* diskbänk **2** a) avloppsrör b) avloppsbrunn; bildl. dypöl

sinner [ˈsɪnə] syndare

sinuous [ˈsɪnjʊəs] **1** slingrande [*a* ~ *road*] **2** smidig, mjuk, vig [~ *dancers*]

sinusitis [ˌsaɪnəˈsaɪtɪs] med. sinuit

sip [sɪp] **I** *vb tr* läppja (smutta) på **II** *vb itr* läppja **III** *s* smutt; *take a* ~ äv. smutta

siphon [ˈsaɪf(ə)n] **I** *s* **1** hävert **2** ~ [*bottle*] sifon **II** *vb tr*, ~ *off* (*out*) suga upp, tappa upp

sir [sɜː, obeton. sə] **I** *s* **1** i tilltal: ~ el. *S*~ a) herrn, sir; skol. magistern; ofta utan motsv. i sv. [*yes*, ~*!*] b) iron. gunstig herrn, min bäste herre [*no* ~, *I won't put up with it!*]; [*Sergeant Jones!* -] *S*~*?* mil. ...ja, kapten (överste o.d.)!; *can I help you,* ~*?* kan jag hjälpa er (till)?; [*Dear*] *Sir*[*s*] inledning i formella brev: utan motsv. i sv. **2** *S*~ före förnamnet ss. titel åt *baronet* el.

knight sir [*S~ John* [*Moore*]] **II** *vb tr* tilltala med *sir* [*don't ~ me!*]
sire [ˈsaɪə] **I** *s* om djur, isht hästar fader **II** *vb tr*, *be ~d by* vara fallen efter
siren [ˈsaɪərən] **1** mytol. el. bildl. siren **2** siren signalapparat; *air-raid ~* flyglarmssiren
sirloin [ˈsɜːlɔɪn] kok. ländstycke; *~ of beef* dubbelbiff; rostbiff; *~ steak* utskuren biff
sirocco [sɪˈrɒkəʊ] (pl. *~s*) meteor. sirocko sydostvind i Italien
sis [sɪs] vard. (kortform för *sister*) syrra[n]
sissy [ˈsɪsɪ] vard. **I** *s* **1** feminin typ; vekling, morsgris **2** isht amer. syrra; liten tjej **II** *adj* pjoskig, klemig; fjompig
sister [ˈsɪstə] **1** syster; bildl. äv. medsyster; syster- [*a ~ ship*]; *they are brother*[*s*] *and ~*[*s*] de är syskon **2** syster sjuksköterska el. nunna; avdelningssköterska **3** isht amer. vard. (i tilltal) tjejen, du vanl. utan motsv. i sv.
sisterhood [ˈsɪstəhʊd] systerskap äv. bildl.; systerförbund
sister-in-law [ˈsɪst(ə)rɪnlɔː] (pl. *sisters-in-law* [ˈsɪstəzɪnlɔː]) svägerska
sisterly [ˈsɪstəlɪ] systerlig
sit [sɪt] **I** (*sat sat*) *vb itr* (jfr *III*) **1** sitta; sätta sig; *~ talking* sitta och prata **2** parl., om domstol o.d. hålla sammanträde, sammanträda [*the House is ~ting*] **II** (*sat sat*) *vb tr* (jfr *III*); *~ an examination* gå upp i en examen
III *vb itr* o. *vb tr* med prep. o. adv. isht med spec. övers.:
~ **back:** a) sätta sig till rätta b) vila sig c) sitta med armarna i kors
~ **down** sätta sig [ned]; *~ down to dinner* sätta sig till bords [för att äta middag]
~ **in:** a) närvara, deltaga [*~ in on* (i, vid) *a meeting*] b) sittstrejka
~ **on:** a) vard. sätta sig på, trycka ner, platta till [*I was completely sat on*]; huta 'åt; *~* [*heavy*] *on a p.* tynga (trycka) ngn; *~ on the lid* undertrycka (tysta ner) oppositionen b) mest jur. sitta i [*~ on the board* (*on a jury*)]; *~ on the bench* sitta som (vara) domare; *~ on a case* undersöka (behandla) ett fall c) vard. sitta (ligga) på, förhala [*~ on bad news*] d) isht amer. vard., *~ on one's hands* a) låta bli att applådera b) hålla sig passiv, sitta med armarna i kors e) *~ on eggs* om fåglar ligga på ägg, ruva
~ **out:** a) sitta ute b) sitta över [*~ out a dance*] c) sitta kvar (stanna) till slutet [av] [*~ it out; ~ a play out*] d) stanna längre än [*~ out the other guests*]; vänta ut [*~ out one's rival*]
~ **through** sitta (stanna kvar) [till slutet]

~ **up:** a) sitta upprätt (rak); sätta sig (sitta) upp [*~ up in bed*]; om hund sitta [vackert]; *~ a p. up* hjälpa ngn att sitta upp, resa upp ngn b) sitta uppe [*~ up late*]
sitcom [ˈsɪtkɒm] vard. situationskomedi
sit-down [ˈsɪtdaʊn] **I** *s* vard., *have a pleasant ~* [*by the fire*] ha en trevlig stund..., sitta en stund och ha det trevligt... **II** *adj* **1** *~ strike* sittstrejk **2** sittande [*a ~ supper*]; sitt- [*a ~ bath*]
site [saɪt] **1** tomt; byggplats [äv. *building ~*] **2** plats; *the ~ of the murder* mordplatsen; *a web ~* data. en webbplats **3** läge [*the ~ of a city* (*house*)] **4** mil. ställning
sit-in [ˈsɪtɪn] sittstrejk; ockupation
sitter [ˈsɪtə] **1** modell isht för porträtt **2** ligghöna [*a good* (*bad*) *~*], ruvande fågel **3** bildl. lätt byte (sak, uppgift); jättechans [*he missed a ~*] **4** vard. barnvakt
sitting [ˈsɪtɪŋ] **I** *adj* **1** sittande äv. bildl. [*the ~ government*]; tjänsteförrättande [*a ~ magistrate*] **2** ruvande [*a ~ bird*]; *~ hen* ligghöna **3** bildl. *~ target* (vard. *duck*) tacksamt offer **II** *s* **1** sittande; sittning [*~ for a painter*] **2** sammanträde [*a ~ of Parliament*], session, sittning [*a long ~*] **3** *at one* (*a single*) *~* i ett sträck (tag, svep) [*read a book at one ~*]; på en gång, vid en sittning [*100 people can be served at one ~*]
sitting-room [ˈsɪtɪŋruːm] **1** vardagsrum **2** sittplats[er], sittutrymme
situate [ˈsɪtjʊeɪt] placera, lägga
situated [ˈsɪtjʊeɪtɪd] **1** belägen **2** situerad; *comfortably ~* välsituerad
situation [ˌsɪtjʊˈeɪʃ(ə)n] **1** läge **2** bildl. situation, läge [*the political ~*], belägenhet [*an awkward ~*], förhållande[n] **3** plats, anställning, arbete; *~s vacant* ss. rubrik lediga platser; *~s wanted* ss. rubrik platssökande **4** teat., *~ comedy* situationskomedi
six [sɪks] (jfr *five* m. ex. o. sammansättn.) **I** *räkn* sex; *~ months* äv. ett halvår; *it is ~ of one and half a dozen of the other* det är hugget som stucket **II** *s* **1** sexa; *at ~es and sevens* a) huller om buller b) villrådig **2** kricket. 'sexa' sex lopp på ett slag; *knock for ~* bildl. a) förbluffa, göra paff b) kullkasta, stjälpa
six-footer [ˌsɪksˈfʊtə] vard. sex fot (=183 cm) lång person (sak)
sixteen [ˌsɪksˈtiːn, attr. ˈ--] sexton; jfr *fifteen* m. sammansättn.
sixteenth [ˌsɪksˈtiːnθ, attr. ˈ--] sextonde;

565

sexton[de]del; jfr *fifth*; ~ *note* amer. mus. sextondelsnot
sixth [sɪksθ] (jfr *fifth*) **I** *räkn* sjätte **II** *s* **1** sjättedel **2** mus. sext-; *major* (*minor*) ~ stor (liten) sext
sixtieth ['sɪkstɪɪθ, -tɪəθ] **1** sextionde **2** sextion[de]del
sixty ['sɪkstɪ] (jfr *fifty* m. sammansättn.) **I** *räkn* sexti[o] **II** *s* sexti[o]; sexti[o]tal
1 size [saɪz] **I** *s* a) storlek b) nummer, storlek; *that's about the* ~ *of it* vard. [ungefär] så ligger det till; *be just the right* ~ vara lagom stor; *take* ~ *7 in gloves* ha nummer (storlek) 7 i handskar; *take the* ~ *of* ta mått på, mäta **II** *vb tr*, ~ *up* vard. mäta värdera [~ *a p.* (*a th.*) *up with a look*]; bedöma [~ *up one's chances* (*the situation*)], taxera
2 size [saɪz] **I** *s* lim för papper, väv o.d.; limvatten **II** *vb tr* limma [~*d paper*], lim[vatten]behandla
sizzl|e ['sɪzl] **I** *vb itr* **1** fräsa [*sausages -ing in the pan*] **2** susa **II** *s* fräsande
1 skate [skeɪt] **I** *s* skridsko; rullskridsko; *sailing on* ~*s* el. ~ *sailing* skridskosegling **II** *vb itr* åka skridsko[r]; åka rullskridsko[r]; ~ *on* (*over*) *thin ice* bildl. vara ute (ge sig ut) på hal is; ~ *over* (*round*) [*a delicate problem*] bildl. endast snudda vid...
2 skate [skeɪt] zool. [slät]rocka
skateboard ['skeɪtbɔ:d] skateboard
skater ['skeɪtə] skridskoåkare, skrinnare; rullskridskoåkare
skating ['skeɪtɪŋ] skridskoåkning; rullskridskoåkning; skridsko- [~ *competition*]
skein [skeɪn] härva [*a* ~ *of wool*], garndocka
skeleton ['skelɪtn] **1** skelett; benstomme, benbyggnad; ~ *at the feast* glädjedödare; *have a* ~ *in the cupboard* (amer. *closet*) ha ett lik i garderoben **2** vard. benrangel; levande lik; *reduced* (*worn*) *to a* ~ alldeles utmärglad **3** bildl. skelett: a) stomme, ställning b) utkast, plan; ~ *key* huvudnyckel; dyrk
sketch [sketʃ] **I** *s* **1** skiss; utkast **2** teat. sketch **II** *vb tr* skissera, göra [ett] utkast till **III** *vb itr* göra en skiss (skisser)
sketchy ['sketʃɪ] **1** skissartad; löst planerad **2** lös, ytlig [~ *knowledge*]
skew [skju:], *on the* ~ på sned, snett, skevt
skewer [skjʊə] **I** *s* steknål; stekspett **II** *vb tr* fästa med steknål (stekspett); trä upp på spett
ski [ski:] **I** (pl. ~[*s*]) *s* skida **II** *vb itr* åka skidor

skid [skɪd] **I** *s* **1** broms[kloss], hämsko **2** slirning, sladd[ning]; ~ *marks* sladdmärken, sladdspår **3** bildl. *put the* ~*s under* sl. a) sätta p för, sabba b) sätta fart på; *on the* ~*s* vard. på väg utför [*their marriage is on the* ~*s*], på fallrepet (glid) **II** *vb itr* slira, sladda, kana
skier ['ski:ə] skidåkare
skiff [skɪf] eka; jolle; poet. farkost
skiing ['ski:ɪŋ] skidåkning, skidlöpning
skijumping ['ski:,dʒʌmpɪŋ] backhoppning
skilful ['skɪlf(ʊ)l] skicklig
skilift ['ski:lɪft] skidlift
skill [skɪl] skicklighet, händighet; färdighet [~*s in English*], teknik
skilled [skɪld] **1** skicklig, duktig, händig **2** yrkesskicklig, [yrkes]kunnig; rutinerad [*a* ~ *typist*]; ~ *worker* yrkesarbetare
skillet ['skɪlɪt] **1** [liten] kastrull med långt skaft o. ofta med fötter **2** amer. stekpanna
skim [skɪm] **I** *vb tr* **1** skumma [~ *milk*]; ~ [*off*] skumma av **2** stryka (glida, fara) fram över [~ *the ice*] **3** [flyktigt] ögna (titta) igenom, skumma [~ *a book*] **4** singla; ~ *a flat stone* [*across the pond*] kasta smörgås [med en flat sten]... **II** *vb itr* **1** ~ *over* täckas av skum (ett tunt lager is o.d.) **2** stryka (glida, fara) fram [~ *along* (*over*) *the ice*] **3** läsa flyktigt, ögna igenom, skumma
skimp [skɪmp] snåla med
skimpy ['skɪmpɪ] **1** knapp, torftig **2** för liten (trång) **3** snål
skin [skɪn] **I** *s* **1** hud; skinn; pl. ~*s* äv. skinnvaror; *change one's* ~ ömsa skinn, förvandlas; *have a thick* ~ ha tjock hud, vara tjockhudad (bildl. äv. okänslig); *next to the* ~ närmast kroppen; *get under a p.'s* ~ vard. irritera ngn, gå ngn på nerverna; *get a p. under one's* ~ vard. bli besatt av ngn **2** skal [*banana* ~], skinn [*the* ~ *of* (på) *a peach, sausage* ~]; bark; *potatoes in their* ~*s* skalpotatis **3** hinna på vätska; skinn; *there's a* ~ *on the milk* det är skinn på mjölken **II** *vb tr* **1** a) flå, dra av huden (skinnet) på [~ *a rabbit*] b) skrapa [av huden på] [*fall and* ~ *one's knee*] c) skala [~ *a banana*]; *keep one's eyes* ~*ned* vard. hålla ögonen öppna; ~ *alive* flå levande äv. bildl. **2** vard. skinna [~ *a p.* (på) *all his money*], lura; ~*ned* äv. pank, utblottad
skin-deep [,skɪn'di:p, attr. '--] ytlig äv. bildl.
skindiver ['skɪn,daɪvə] sportdykare
skindiving ['skɪn,daɪvɪŋ] sportdykning
skinflint ['skɪnflɪnt] gnidare
skinny ['skɪnɪ] skinntorr [*a* ~ *old spinster*],

utmärglad [*a ~ horse*], [av] bara skinn och ben

skint [skɪnt] sl. ren, barskrapad

skintight [ˌskɪnˈtaɪt, attr. ˈ--] [tätt] åtsittande

1 skip [skɪp] **I** *vb itr* **1** hoppa äv. bildl. [*~ from one subject to another*]; skutta; *~ about* hoppa (skutta) omkring **2** hoppa rep **II** *vb tr* **1** *~* [*over*] hoppa (skutta) över [*~* [*over*] *a brook*] **2** bildl. hoppa över, skippa [*~ the dull parts of a book*]; *~ a school class* amer. skolka från en lektion; *~ it!* vard. strunt i det!, det gör detsamma! **3** *~ stones across* (*on*) *the water* kasta smörgås **III** *s* **1** hopp, skutt **2** överhoppning vid läsning

2 skip [skɪp] byggn. [avfalls]container

skipper [ˈskɪpə] **I** *s* **1** skeppare; befälhavare; flygkapten **2** sport. [lag]kapten; lagledare **II** *vb tr* **1** vara skeppare etc. på [*~ a boat*] **2** vara [lag]kapten för [*~ a team*]

skipping-rope [ˈskɪpɪŋrəʊp] hopprep

skirmish [ˈskɜːmɪʃ] **I** *s* skärmytsling **II** *vb itr* drabba samman

skirt [skɜːt] **I** *s* **1** kjol **2** vard. kjoltyg, fruntimmer [*run after ~s*] **3** skört [*the ~s of a coat*] **4** pl. *~s* kant, bryn; utkant [*on* (*i*) *the ~s of the town*] **II** *vb tr* **1** kanta; gå (löpa) längs ([ut]efter, utmed) [*our road ~s the forest*], ligga utmed [*the town ~s the river*]; passera (gå) i utkanten av (runtom, förbi) [*the traffic ~s the town*] **2** bildl. kringgå

skirting-board [ˈskɜːtɪŋbɔːd] byggn. golvlist

ski run [ˈskiːrʌn] skidbacke; skidspår

skit [skɪt] sketch; satir; burlesk

skittle [ˈskɪtl] **1** kägla **2** *~s* (konstr. ss. sg.) kägelspel; *life* (*it*) *isn't all beer and ~s* bildl. livet är inte bara en dans på rosor

skulk [skʌlk] **1** smyga [omkring (i, bland)]; *~ away* smyga sig i väg **2** stå (ligga) på lur; gömma sig

skull [skʌl] skalle; huvudskål; *~ and* [*cross*]*bones* dödskalle med [två] korslagda benknotor dödssymbol

skullcap [ˈskʌlkæp] kalott

skunk [skʌŋk] **1** zool. skunk **2** vard. kräk, skitstövel

sky [skaɪ] **I** *s* **1** *~* el. *skies* pl. himmel [*a clear ~*; *clear skies*]; poet. sky; *in the ~* på himlen, i skyn; *praise* (*laud, extol, raise*) *to the skies* höja till skyarna; *under the open ~* under bar himmel **2** vanl. pl. *skies* klimat [*the sunny skies of southern Italy*] **II** *vb tr* vard. slå högt [upp i luften] [*~ a ball*]

sky-blue [ˌskaɪˈbluː, attr. ˈ--] **I** *adj* himmelsblå **II** *s* himmelsblått

skydiving [ˈskaɪˌdaɪvɪŋ] fallskärmshoppning där vissa konster utförs innan fallskärmen utlöses för landning

sky-high [ˌskaɪˈhaɪ] **I** *adj* skyhög [*~ prices*] **II** *adv* skyhögt [*prices went ~*]; himmelshögt; *blow a th. ~* få ngt att flyga i luften (explodera); bildl. fullständigt rasera (förinta)

skylark [ˈskaɪlɑːk] **I** *s* **1** zool. [sång]lärka **2** vard. stoj, skoj **II** *vb itr* vard. stoja [och leka]

skylight [ˈskaɪlaɪt] takfönster; sjö. skylight

skyline [ˈskaɪlaɪn] **1** horisont; himlarand **2** kontur [*the ~ of New York*]

skyscraper [ˈskaɪˌskreɪpə] skyskrapa

skywards [ˈskaɪwədz] mot himlen

slab [slæb] platta [*~ of stone*], häll; tjock skiva [*~ of cheese*], kaka

slack [slæk] **I** *adj* **1** slö, loj, trög **2** slapp [*~ control, ~ discipline*], slak; sjö. slack [*~ rope*] **3** sjö. långsam; *~ water* stillvatten mellan ebb o. flod **4** stilla [*~ season*]; trög [*trade is ~*]; *~ demand* svag efterfrågan **II** *s* **1** slak del (ända o.d.); slakhet; *take up the ~* a) strama till (styvhala) repet o.d. b) bildl. strama åt **2** pl. *~s* slacks, bekväma långbyxor, fritidsbyxor **III** *vb itr, ~* [*off*] slappna [av], slöa [till], bli slöare (trögare)

slacken [ˈslæk(ə)n] **I** *vb tr* **1** minska [*~ one's efforts*], sakta [*~ the speed*]; slappa **2** släppa (lossa) på **II** *vb itr* **1** slakna, bli slak[are] **2** *~* [*off*] slappna av, slöa till [*~ at* (*in*) *one's work*], bli slapp (loj, trög); gå trögt **3** minska [*the speed ~ed*], avta

slacker [ˈslækə] vard. slöfock; skolkare

slag [slæg] slagg

slain [sleɪn] perf. p. av *slay*

slake [sleɪk] släcka [*~ lime*; *~ one's thirst*]

slalom [ˈslɑːləm] sport. slalom[åkning]; *giant ~* storslalom

slam [slæm] **I** *vb tr* **1** slå (smälla) igen [äv. *~ to, ~ down*]; slå, smälla; *~ the window shut* smälla igen fönstret; *~ the door on* [*a proposal*] förkasta...; *~ the door on a p.* (*in a p.'s face*) slå igen dörren mitt framför [näsan på] ngn **2** sl. göra ner, skälla ut **II** *vb itr* slå[s] igen [äv. *~ to*] **III** *s* **1** smäll, skräll **2** kortsp. slam; *grand ~* storslam **IV** *adv* med en smäll; rätt

slammer [ˈslæmə] sl., *the ~* kåken, finkan fängelse

slander [ˈslɑːndə] **I** *s* förtal, baktal[eri] **II** *vb tr* förtala, baktala

slanderer [ˈslɑːnd(ə)rə] förtalare

slanderous [ˈslɑːnd(ə)rəs] belackar-; *~ tongue* skvalleraktig (ond) tunga

slang [slæŋ] **I** *s* språkv. slang[språk]; *~ word* slangord **II** *vb tr* skälla ut
slangy ['slæŋɪ] slangartad
slant [slɑːnt] **I** *vb itr* slutta, luta **II** *vb tr* **1** göra lutande (sned) **2** vinkla [*~ the news*] **III** *s* **1** lutning; sned riktning **2** vinkling; synvinkel; *get a new ~ on a th.* få en ny syn på ngt, se ngt ur en ny synvinkel
slap [slæp] **I** *vb tr* **1** smälla (slå, daska, dänga) ['till]; *~ a p. on the back* dunka ngn i ryggen; *~ a p.'s face* **2** vard. kleta 'på, lägga 'på **II** *s* småll; *a ~ on the back* en dunk i ryggen; *a ~ in the face* (*eye*) ett slag i ansiktet; *have a ~ at* vard. a) göra ett försök med b) göra ner **III** *adv* vard., se *slap-bang*
slap-bang [ˌslæp'bæŋ] vard. **1** handlöst, huvudstupa **2** rakt, rätt [*~ in the middle*], pang [på]
slapdash ['slæpdæʃ] vard. **I** *adv* hafsigt, på en höft **II** *adj* hafsig, vårdslös
slapstick ['slæpstɪk] **I** *s* **1** buskis, filmfars **2** film. [synkron]klappa **II** *adj* farsartad, tokrolig; stojig
slap-up ['slæpʌp] vard. flott [*~ dinner*], pampig
slash [slæʃ] **I** *vb tr* **1** rista (fläka) upp, skära (hugga) sönder (upp) **2** slitsa upp [*~ed sleeves*] **3** piska ['på] **4** göra (sabla) ner [fullständigt] **5** vard. sänka (skära ner) kraftigt, reducera starkt [*~ prices* (*salaries*)] **II** *vb itr*, *~ at* a) slå (piska) på (mot); hugga in på b) vard. göra ner **III** *s* **1** [snabbt och våldsamt] hugg, slag; rapp **2** djup skåra
slat [slæt] **1** spjäla, lamell i persienn o.d. **2** tvärpinne på stol; [tvär]slå
slate [sleɪt] **I** *s* **1** skiffer **2** skifferplatta; *have a ~ loose* vard. ha en skruv lös **3** griffeltavla; *start with a clean ~* bildl. [dra ett streck över det förflutna och] börja ett nytt liv **II** *vb tr* **1** täcka med skiffer **2** vard. göra (sabla) ner
slaughter ['slɔːtə] **I** *s* slakt[ande]; blodbad, massaker **II** *vb tr* slakta; massakrera
slaughterhouse ['slɔːtəhaʊs] slakteri
Slav [slɑːv] **I** *s* slav medlem av ett folkslag **II** *adj* slavisk
slave [sleɪv] **I** *s* slav, slavinna **II** *vb itr* slava; *~ away* slita och slava [*at* med], stå och slava [*at, over* vid]
slave-driver ['sleɪvˌdraɪvə] slavdrivare
1 slaver ['sleɪvə] **1** slavhandlare **2** slavskepp
2 slaver ['slævə] **I** *vb itr* dregla **II** *s* dregel
slavery ['sleɪvərɪ] **1** slaveri **2** slavgöra
slave trade ['sleɪvtreɪd] slavhandel

slavish ['sleɪvɪʃ] slavisk äv. bildl. [*a ~ imitation*]
Slavonic [slə'vɒnɪk] **I** *adj* slavisk **II** *s* slaviska språk
slay [sleɪ] (*slew slain*) litt. dräpa, slå ihjäl
slayer ['sleɪə] vard. mördare
sleazy ['sliːzɪ] vard. **1** sjabbig, sjaskig [*~ coat*]; sliskig **2** bildl. taskig; *a ~ excuse* en dålig ursäkt
sled [sled] se *1 sledge*
1 sledge [sledʒ] **I** *s* släde; kälke **II** *vb itr* åka släde (kälke) **III** *vb tr* dra (forsla) på släde (kälke)
2 sledge [sledʒ] o. **sledge-hammer** ['sledʒˌhæmə] [smed]slägga
sleek [sliːk] **I** *adj* **1** om hår o. skinn slät; slätkammad **2** slät i hullet; skinande [av välmåga] **3** fin [*a ~ car*] **II** *vb tr* glätta
sleep [sliːp] **I** (*slept slept*) *vb itr* sova [*~ well*, *~ badly*]; ligga 'över; bildl. [sitta (stå) och] sova; *~ with* vard. hoppa i säng (ligga) med ha samlag med; *~ around* vard. hoppa i säng med vem som helst **II** (*slept slept*) *vb tr* **1** sova; *~ away* sova bort [*~ away the time*] **2** ha (ordna) liggplats åt, ge nattlogi åt [*I can ~ two of you in the living-room*]; *the hotel can ~ 300 people* äv. hotellet har 300 bäddar **III** *s* sömn; *try to get a ~* försöka sova litet; *she had a good night's ~* hon sov gott hela natten; *lack of ~* sömnbrist, sömnlöshet; *go to ~* somna
sleeper ['sliːpə] **1** *the ~* den sovande **2** järnv. sovvagn; sovplats **3** järnv. sliper **4** vard. plötslig [och] oväntad succé **5** vard. sömntablett
sleeping ['sliːpɪŋ] sovande, sov-, sömn-, säng-; *~ accommodation* sovplats[er], sängplats[er]; nattlogi
sleeping-bag ['sliːpɪŋbæg] **1** sovsäck; *sheet ~* reselakan, lakanspåse **2** sovpåse; åkpåse
sleeping-car ['sliːpɪŋkɑː] o. **sleeping-carriage** ['sliːpɪŋˌkærɪdʒ] järnv. sovvagn
sleeping-compartment ['sliːpɪŋkəmˌpɑːtmənt] järnv. sovkupé
sleeping-partner [ˌsliːpɪŋ'pɑːtnə] **1** hand. passiv delägare **2** vard. sängkamrat
sleeping-pill ['sliːpɪŋpɪl] sömntablett, sömnpiller
sleepless ['sliːpləs] sömnlös
sleepwalker ['sliːpˌwɔːkə] sömngångare
sleepy ['sliːpɪ] **1** sömnig; sömnaktig; sövande **2** bildl. död; sömnig
sleet [sliːt] snöblandat regn; regn och hagel
sleeve [sliːv] **1** ärm; *laugh up one's ~* skratta i mjugg; *have a th. up one's ~* ha

ngt i bakfickan (på lut) **2** tekn. muff; foder; hylsa **3** [skiv]fodral
sleeveless ['sli:vləs] ärmlös
sleigh [sleɪ] **I** s släde; kälke **II** vb itr åka släde (kälke) **III** vb tr dra (forsla) på släde (kälke)
slender ['slendə] **1** smärt [~ *waist*], smäcker [~ *stem*], spenslig, späd **2** bildl. klen, skral, ringa [~ *hopes*], knapp, mager [~ *income*]
slept [slept] imperf. o. perf. p. av *sleep*
sleuth [slu:θ] vard. deckare
slew [slu:] imperf. av *slay*
slice [slaɪs] **I** s **1** skiva [*a ~ of bread, a ~ of meat*]; ~ *of bread and butter* smörgås **2** del, andel [*a ~ of the profits*], stycke; ~ *of apple* äppelbit, äppelklyfta **3** stekspade; fiskspade; tårtspade **4** sport. 'slice', skruv **II** vb tr **1** skära upp [i skivor] [äv. ~ *up*]; ~ *off* skära av **2** sport., ~ *a ball* 'slica' (skruva) en boll, slå en boll snett
slick [slɪk] **I** adj **1** a) glättad, driven [~ *style*] b) lättköpt [~ *solution*] **2** smart [~ *business deal*; ~ *salesman*]; förbindlig **II** s slät (hal) fläck; oljefläck
slid [slɪd] imperf. o. perf. p. av *slide*
slide [slaɪd] **I** (*slid slid*) vb itr glida; halka; slinka; rutscha, kana; åka (slå) kana; *let things* ~ bildl. strunta i allting **II** (*slid slid*) vb tr **1** låta glida, skjuta [fram (in osv.)] **2** sticka, smussla [*he slid a coin into my hand*] **III** s **1** glidning; glidande **2** isbana, kälkbacke **3** rutschbana; störtränna **4** diapositiv, dia[bild]; ~ *projector* diaprojektor, diabildsprojektor; *colour* ~ färgdia **5** objektglas **6** hårspänne
slide rule ['slaɪdru:l] räknesticka
sliding ['slaɪdɪŋ] glidande; glid- [~ *surface*]; skjut- [~ *door*, ~ *lid*]; ~ *roof* soltak, skjutbart tak
slight [slaɪt] **I** adj **1** spenslig, spensligt byggd, späd[lemmad] [~ *figure*] **2** klen, bräcklig [~ *foundation*] **3** lätt [~ *cold*]; obetydlig, liten [~ *possibility*]; *not the ~est doubt* inte det minsta tvivel **II** vb tr ringakta; skymfa; *she felt ~ed* hon kände sig förbisedd **III** s **1** ringaktning **2** skymf
slightly ['slaɪtlɪ] lätt [~ *wounded*; *touch a th.* ~], lindrigt, något [~ *better*]
slim [slɪm] **I** adj **1** [lång och] smal **2** vard. klen; svag, liten [~ *possibility*] **II** vb itr, ~ [*down*] banta, [försöka att] magra **III** vb tr göra smal (slank)
slime [slaɪm] **1** slam, dy äv. bildl.; gyttja **2** slem
slimming ['slɪmɪŋ] **I** s bantning; *do some* ~ banta litet **II** adj, ~ *exercises* bantningsgymnastik

slimy ['slaɪmɪ] **1** gyttjig, dyig **2** slemmig **3** vard. äcklig, inställsam; hal
sling [slɪŋ] **I** (*slung slung*) vb tr **1** slunga, kasta [~ *stones at* (på) *a p.*] **2** hänga upp [med rep o.d.]; *with his rifle slung* [*over his shoulder*] med geväret [hängande (i en rem)] över axeln **3** ~ *hash* amer. sl. servera på en sylta (ett billigt lunchställe) **II** s **1** a) slunga b) slangbåge c) kast [med slunga] **2** [axel]rem; gevärsrem **3** med. mitella; *carry* (*have*) *one's arm in a* ~ ha armen i mitella
slink [slɪŋk] (*slunk slunk*) smyga [sig] [~ *away* (*off, in, out, by* etc.)]
slip [slɪp] **I** vb itr **1** glida; halka [omkull]; *the ladder ~ped* stegen gled; *the opportunity ~ped through my fingers* (*hands*) tillfället gled (gick) mig ur händerna **2** smyga [sig] [~ *away* (*out, past*)]; ~ *along* (*across, round, over*) *to* vard. kila i väg (över) till **3** göra fel (ett misstag); ~ *up* vard. dabba sig, göra en tabbe **4** tappa stilen (greppet) [*he has been ~ping lately*] **II** vb tr **1** låta glida, sätta [~ *a ring on to a finger*], sticka [~ *a coin into a p.'s hand*]; ~ *one's clothes off* (*on*) slänga (dra) av (på) sig kläderna **2** släppa [i väg (lös)]; sjö. fira loss [~ *anchor*] **3** undkomma, undslippa [~ *one's captors*]; *the name has ~ped my memory* (*mind*) namnet har fallit mig ur minnet **4** med., ~ *a disc* (amer. *disk*) få diskbråck **III** s **1** glidning; halkning, slintning **2** [litet] fel [*make a* ~]; misstag; ~ *of the pen* skrivfel; ~ *of the tongue* felsägning **3** örngott **4** underklänning; underkjol; gymnastikdräkt [för flickor] **5** remsa, bit, stycke; ~ *of paper* papperslapp **6** typogr., ~ [*proof*] spaltkorrektur **7** trädg. stickling **8** a [*mere*] ~ *of a girl* ett litet flickebarn; *a* [*mere*] ~ *of a boy* en pojkvasker **9** teat., pl. ~s kulisser
slip-on ['slɪpɒn] vard. sko (plagg) som man kan dra på (slinka i)
slipper ['slɪpə] a) toffel, slipper b) lätt aftonsko
slippery ['slɪpərɪ] **1** hal [*as* ~ *as an eel*], glatt **2** opålitlig, hal
sliproad ['slɪprəʊd] **1** påfartsväg, avfartsväg till motorväg **2** mindre förbifartsled
slipshod ['slɪpʃɒd] slarvig, vårdslös
slip-up ['slɪpʌp] vard. tabbe, fel
slipway ['slɪpweɪ] **1** sjö. slip **2** ränna, bana
slit [slɪt] **I** (*slit slit* el. *slitted slitted*) vb tr skära (sprätta, klippa) upp **II** s **1** reva, skåra **2** sprund **3** springa, öppning
slither ['slɪðə] hasa [sig fram]; glida

sliver ['slɪvə, 'slaɪvə] **I** *vb tr* klyva **II** *s* spjäla, sticka; tunn skiva; strimla

slob [slɒb] sl. tölp, luns; fårskalle

sloe [sləʊ] bot. slån[buske]; slånbär

slog [slɒg] **I** *vb tr* **1** sport. slugga; dänga (drämma) 'till **2** traska 'mödosamt]; knoga; knega; ~ *away* [*at one's work*] knoga 'på (knega vidare) [med sitt arbete] **II** *vb tr* dänga (drämma) 'till [~ *a man over the head*] **III** *s* **1** hårt slag **2** hård marsch; slit

slogan ['sləʊgən] slogan; paroll

sloop [slu:p] sjö. slup enmastat segelfartyg

slop [slɒp] **I** *s* **1** pl. *~s* a) slaskvatten, diskvatten; tvättvatten b) bottensats, teblad i tekopp; *empty the ~s* tömma toaletthinken; tömma ut slaskvattnet **2** vanl. pl. *~s* a) flytande föda isht för sjuk b) om mat o. dryck tunt blask, 'diskvatten' c) svinmat d) mäsk **3** sentimental smörja **II** *vb itr* **1** spillas ut [äv. ~ *over* (*out*)] **2** plaska; ~ *about* (*around*) a) plaska [omkring], slabba b) driva (dra) omkring **III** *vb tr* spilla [ut]

slope [sləʊp] **I** *s* **1** lutning; *on the* ~ sluttande, lutande; på sned **2** sluttning; backe **II** *vb itr* slutta

sloppy ['slɒpɪ] **1** slaskig, sörjig **2** om mat o. dryck blaskig **3** vard. hafsig [*a ~ piece of work*], slarvig [~ *style*]; slafsig **4** sladdrig, säckig [~ *trousers*]; *S~ Joe* [*sweater*] vard. säckig [flick]tröja **5** vard. sentimental, pjollrig

slosh [slɒʃ] **I** *s* **1** se *slush 1* o. *2* **2** sl. snyting **3** skvalp, plask **II** *vb tr* **1** sl. klippa till **2** kladda 'på [~ *paint*]; skvätta **3** skvalpa omkring med **III** *vb itr* **1** vada, klafsa [~ *about in the water* (*mud*)] **2** skvalpa

sloshed [slɒʃt] sl. mosig, packad berusad

slot [slɒt] **I** *s* **1** springa, [smal] öppning; myntinkast; brevinkast **2** spår, fals **II** *vb tr* **1** göra en springa (springor etc.) i **2** placera, stoppa in [~ *a recital into a radio programme*]

sloth [sləʊθ] **1** tröghet, lättja **2** zool. sengångare

slot machine ['slɒtmə,ʃi:n] **1** [varu]automat **2** spelautomat **3** amer. enarmad bandit

slouch [slaʊtʃ] **I** *s* **1** hopsjunken (slapp) hållning (gång); lutande; slokande; *walk with a ~* hasa sig fram **2** sl. odugling; *he's no ~ at* han är inte bortkommen i (i fråga om) **II** *vb itr* **1** gå (stå, sitta) hopsjunken; ~ *about* stå (sitta) och hänga **2** sloka om hattbrätte; hänga

slouch hat [,slaʊtʃ'hæt] slokhatt

Slovak ['sləʊvæk] **I** *adj* slovakisk; *the ~ Republic* Slovakiska republiken **II** *s* **1** slovak; slovakiska kvinna **2** slovakiska [språket]

Slovakia [slə(ʊ)'vækɪə] geogr. Slovakien

Slovakian [slə(ʊ)'vækɪən] slovakisk

Slovene ['sləʊvi:n, slə(ʊ)'vi:n] sloven; slovenska kvinna

Slovenia [slə(ʊ)'vi:njə] geogr. Slovenien

Slovenian [slə(ʊ)'vi:njən] **I** *adj* slovensk **II** *s* slovenska [språket]

slovenly ['slʌvnlɪ] **1** ovårdad, sjabbig **2** slarvig, hafsig [~ *fellow*, ~ *work*]

slow [sləʊ] **I** *adj* **1** långsam [~ *speed*]; trög; ~ *but* (*and*) *sure* långsam men säker **2** som går för sakta [*a ~ clock*]; *be ~* gå efter (för sakta) [*be ten minutes ~*] **II** *adv* långsamt [*read* (*speak*) *~*]; *go ~* a) gå (springa, köra) sakta (långsamt), sakta farten b) maska vid arbetskonflikt c) ta det lugnt, slå av på takten i arbete o.d. d) om klocka gå efter **III** *vb itr*, ~ *down* (*up*) a) sakta in, sakta farten b) sänka (slå av på) takten **IV** *vb tr*, ~ *down* (*up*) a) sakta [in] [~ *a car down*] b) fördröja, försena; hejda, hålla tillbaka

slowcoach ['sləʊkəʊtʃ] vard. slöfock, sölkorv

slowly ['sləʊlɪ] långsamt [~ *but surely*]

slow-motion [,sləʊ'məʊʃ(ə)n] **I** *s* slow motion, ultrarapid [*in ~*] **II** *adj*, *a ~ film* en film i slow motion (ultrarapid)

sludge [slʌdʒ] **1** dy, gyttja **2** slam; rötslam; bottensats **3** snösörja; issörja

1 slug [slʌg] zool. [skallös] snigel

2 slug [slʌg] **1** kula isht för luftbössa **2** metallklump **3** [spel]pollett; [falskt] mynt

3 slug [slʌg] **I** *vb tr* vard. dänga (drämma) 'till; damma (puckla) 'på **II** *vb itr* sport. slugga

sluggish ['slʌgɪʃ] **1** lat, långsam [~ *worker*], trög [~ *digestion*, ~ *temperament*] **2** trög [~ *market*]

sluice [slu:s] **I** *s* **1** a) sluss; slussport, slusslucka b) ränna, kvarnränna, vaskningsränna **2** slussningsvatten; uppdämt vatten **II** *vb tr* **1** släppa ut (spola) vatten över (genom); skölja [~ *the decks*] **2** öppna slussen ovanför **3** släppa 'på (ut) vatten o.d. **4** slussa

slum [slʌm] **I** *s* **1** slumkvarter; *turn into* (*become*) *a ~* förslummas **2** *the ~s* (konstr. ss. pl.) slummen **II** *vb itr*, *go ~ming* ta en titt på slummen

slumber ['slʌmbə] litt. el. poet. **I** *vb itr* slumra **II** *s*, ~[*s* pl.] slummer

slummy ['slʌmɪ] förslummad

slump [slʌmp] **I** *s* **1** hand. [plötsligt] prisfall, lågkonjunktur 2 bildl. [kraftig] nedgång (tillbakagång); nedgångsperiod II *vb itr* 1 rasa [*prices ~ed*], sjunka (gå ner) plötsligt [*sales ~ed*] 2 sjunka ner (ihop)

slung [slʌŋ] imperf. o. perf. p. av *sling*

slunk [slʌŋk] imperf. o. perf. p. av *slink*

slur [slɜ:] I *vb tr* 1 uttala (skriva) otydligt (suddigt); ~ *one's words* sluddra 2 ~ *over* a) halka över, beröra flyktigt, bagatellisera b) slarva igenom 3 tala nedsättande om II *vb itr* tala (skriva, sjunga) fort och slarvigt III *s* 1 a) nedsättande anmärkning b) [skam]fläck [*a ~ on a p.'s good name*]; *cast* (*put*) *a ~* [*up*]*on a p.* förtala (svärta ner) ngn 2 mus. legatobåge

slurp [slɜ:p] I *vb tr* sörpla (smaska) i sig II *vb itr* sörpla III *s* 1 sörplande, smaskande 2 klunk

slush [slʌʃ] 1 snösörja, snöslask; issörja 2 gyttja 3 vard. sentimentalt dravel; strunt[prat]

slushy ['slʌʃɪ] 1 slaskig; smutsig; smörjig 2 vard. sentimental

slut [slʌt] 1 slarva, subba 2 slampa 3 skämts. jänta, jäntunge

sluttish ['slʌtɪʃ] 1 slarvig, sjaskig 2 slampig

sly [slaɪ] (adv. *slyly*, äv. *slily*) 1 [knip]slug; *a ~ dog* vard. en lurifax, en filur; *on the ~* i smyg (hemlighet), förstulet 2 skälmsk, spjuveraktig

1 smack [smæk] I *s* 1 smack [*~ of* (med) *the lips*] 2 smäll, slag, klatsch [*~ of the whip*]; *a ~ in the eye* (*face*) vard. ett slag i ansiktet; *have a ~ at* vard. försöka sig på II *vb tr* 1 smälla [till] [*~ a naughty child*], slå; klatscha med [*~ a whip*] 2 smacka med; *~ one's lips* smacka med läpparna; slicka sig om munnen III *adv* vard. rakt, rätt [*~ in the middle*]; tvärt; bums; pladask

2 smack [smæk] sjö. [fiske]smack

3 smack [smæk] I *s* 1 [svag] smak, liten aning 2 smakbit, munfull; aning II *vb itr*, *~ of* smaka; bildl. äv. ha en anstrykning av

smacker ['smækə] vard. pund; dollar [*fifty ~s*]

small [smɔ:l] I *adj* 1 liten; pl. små; små-; obetydlig; *~ change* a) småpengar, växel[pengar] b) triviala anmärkningar; alldagligt prat; vardagsmat; *~ talk* småprat, kallprat 2 tunn, svag [*~ voice*]; fin [*~ rain*]; *~ beer* a) ngt åld. svagt öl; svagdricka b) vard. småprat, struntprat; struntsaker; *he is very ~ beer* han är en stor nolla 3 småsint II *s, the ~* den smala (tunna) delen III *adv* smått [*cut it ~*]

small-arms ['smɔ:lɑ:mz] mil.

handeldvapen; *~ factory* gevärsfabrik, gevärsfaktori

smallholder ['smɔ:l,həʊldə] småbrukare

smallholding ['smɔ:l,həʊldɪŋ] småbruk

smallish ['smɔ:lɪʃ] ganska (rätt så) liten

small-minded [,smɔ:l'maɪndɪd] småaktig

smallpox ['smɔ:lpɒks] [smitt]koppor

small-time ['smɔ:ltaɪm] vard. obetydlig, andra klassens [*~ tennis pro*], amatör- [*~ criminal*]

smarmy ['smɑ:mɪ] vard. [obehagligt] inställsam, sliskig; *~ type* äv. smilfink

smart [smɑ:t] I *adj* 1 skicklig [*~ politician*]; slipad [*a ~ businessman*], finurlig 2 fyndig, kvick [*a ~ answer*]; fiffig 3 skärpt, duktig, vaken [*a ~ lad*]; *a ~ piece of work* ett gott arbete 4 stilig, tuff [*~ clothes*]; snygg 5 fashionabel; *the ~ set* fint folk, innefolket 6 skarp, svidande [*~ blow*] 7 rask, snabb [*at a ~ pace*]; *look ~* [*about it*]*!* raska på! II *vb itr* 1 göra ont, svida 2 plågas; *~ under* lida (plågas) av [*she ~ed under their criticism*] 3 *~ for* [få] sota (plikta) för

smart-aleck ['smɑ:t,ælɪk, ,-'--] vard. viktigpetter

smart card ['smɑ:tkɑ:d] smartcard, aktivkort

smarten ['smɑ:tn] I *vb tr* snygga (piffa, snofsa) upp [äv. *~ up*; *~ oneself* [*up*]] II *vb itr*, *~ up* göra sig fin (snygg), piffa (snofsa) upp sig

smash [smæʃ] I *vb tr* 1 slå sönder (i kras) [äv. *~ up*; *~ an egg*], krascha; spränga [*~ an atom*]; *~ in* (*down*) *a door* el. *~ a door open* slå in (spränga) en dörr; *~ up a car* kvadda en bil 2 tennis. o.d. smasha 3 bildl. a) krossa, slå ner [*~ all resistance*], tillintetgöra b) ruinera II *vb itr* 1 gå sönder (i kras, i bitar) [äv. *~ to pieces*], krascha; flyg. äv. störta 2 *~ into* rusa (köra, smälla) emot [*the car ~ed into the wall*] 3 tennis. o.d. smasha III *s* 1 slag [*a ~ on the jaw*] 2 brak, skräll [*fall with a ~*] 3 a) krock; haveri b) konkurs c) katastrof; vard. stor skräll 4 tennis. o.d. smash 5 vard. jättesuccé; succémelodi IV *adv* vard. med ett brak; rakt; *go* (*run*) *~ into* rusa rakt (rätt) på (in i); *go ~* bildl. gå i konkurs; klappa ihop

smasher ['smæʃə] vard. a) panggrej b) snygging; toppenkille; toppentjej

smash-hit ['smæʃhɪt] vard. jättesuccé; succémelodi

smashing ['smæʃɪŋ] 1 krossande; förkrossande; *~ blow* dråpslag; *~ victory* förkrossande seger 2 vard. jättefin,

fantastisk [~ *dinner*], toppen[-], kalas[-] [~ *girl*]
smattering ['smæt(ə)rɪŋ] ytlig kännedom, ytliga kunskaper
smear [smɪə] **I** s **1** fläck, smutsfläck **2** smutskastning **3** med. utstryk[sprov] [*cervical* ~] **II** *vb tr* **1** smeta (smutsa) [ner]; fläcka; bildl. äv. smutskasta [~ *a p.'s reputation*] **2** smörja [in] [~ *one's hands with grease*]; breda [på] **3** sudda till [~ *a blot* (*word*)] **III** *vb itr* **1** smeta [ifrån (av) sig] **2** sudda
smell [smel] **I** (*smelt smelt* el. *~ed ~ed*) *vb tr* **1** känna lukten av, vädra äv. bildl.; bildl. misstänka, ana [~ *treason*]; *I can ~ something burning* jag känner lukten av något bränt, det luktar bränt **2** lukta på [~ *a rose*] **II** (för tema se *I*) *vb itr* **1** lukta [*at* på; ~ *at a flower*] **2** lukta, dofta; stinka; ~ *good* (*bad*) lukta gott (illa); ~ *of* lukta [~ *of brandy* (*tobacco*)]; bildl. äv. ha en anstrykning av, tyda på, verka; vard. vara snudd på [~ *of heresy*] **III** s lukt; luktsinne; *there's a ~ of cooking* det luktar mat
smelling-salts ['smelɪŋsɔːlts] luktsalt
smelly ['smelɪ] vard. illaluktande
1 smelt [smelt] **1** smälta malm **2** utvinna metall
2 smelt [smelt] zool. nors
3 smelt [smelt] imperf. o. perf. p. av *smell*
smile [smaɪl] **I** *vb itr* le; *~!* se glad ut!; *~ up*[*on*] bildl. le mot, gynna **II** *vb tr* ge uttryck åt (visa) genom ett leende **III** s leende
smirk [smɜːk] **I** *vb itr* [hån]flina **II** s flin
smith [smɪθ] smed
smithereens [ˌsmɪðə'riːnz] vard. småbitar; *break* (*smash*) [*in*]*to* ~ slå i tusen bitar
smithy ['smɪðɪ, 'smɪθɪ] smedja
smitten ['smɪtn] slagen; *~ with* (*by*) *a p.* (*a p.'s charms*) betagen (förälskad) i ngn
smock [smɒk] **1** skyddsrock **2** lekdräkt för barn
smog [smɒg] smog rökblandad dimma
smoke [sməʊk] **I** s **1** rök; *the* [*Big*] *S~* vard. beteckn. för London; **2** vard. rök, bloss [*long for a ~*]; *have* (*take*) *a ~* ta sig en rök (ett bloss) **3** vard. röka, tobak [äv. pl. *~s*] **II** *vb itr* **1** ryka [*the chimney ~s*], osa [*the lamp ~s*], ånga; ryka in **2** röka [*may I ~?*]; vard. röka [marijuana (hasch)] **III** *vb tr* röka [~ *bacon*; *~ tobacco*]; *~d ham* rökt skinka
smoker ['sməʊkə] **1** rökare; *a heavy ~* en storrökare **2** vard. rökkupé; vagn för rökare

smoke screen ['sməʊkskriːn] mil. rökslöja; rökridå äv. bildl.
smokestack ['sməʊkstæk] fartygsskorsten
smoking ['sməʊkɪŋ] **I** *adj* rökande; rykande **II** s rökning; *no ~* [*allowed*] rökning förbjuden
smoking-compartment ['sməʊkɪŋkəmˌpɑːtmənt] rökkupé
smoking-room ['sməʊkɪŋruːm] rökrum
smoky ['sməʊkɪ] **1** rykande [~ *chimney*], osande **2** rökig [~ *room*], rökfylld **3** röklik, rök- [~ *taste*]; rökfärgad
smooth [smuːð] **I** *adj* **1** slät, jämn [~ *road*, *~ surface*]; glatt [~ *muscle*]; blank [~ *paper*]; blanksliten [~ *tyre*]; *make things ~ for a p.* bildl. jämna vägen för ngn **2** len, fin, slät [~ *skin* (*chin*)] **3** lugn, stilla [~ *sea* (*crossing*)], jämn [~ *flight*] **4** välblandad, jämn [~ *paste* (*consistency*)] **5** bildl. [jämn]flytande, lätt[flytande], ledig [~ *motion* (*style*, *verse*)], lugn **6** mild, mjuk [~ *wine* (*voice*, *music*)] **7** a) lugn, jämn [~ *temper*], artig [~ *manners*] b) inställsam [~ *manner*], silkeslen [~ *tongue*] **II** *adv* jämnt [*run ~*]; *things have gone ~ with me* allt har gått bra (smidigt) [för mig] **III** *vb tr* **1** göra jämn (slät) äv. bildl. [~ *a p.'s path*]; släta 'till **2** ~ *down* a) släta 'till [~ *down one's dress* (*hair*)] b) jämna ut, mildra [~ *down differences*]; bilägga [~ *down a quarrel*] **3** ~ *out* a) släta ut [~ *out creases* (*a sheet*)]; jämna ut b) släta över [~ *out faults*] **4** ~ *over* släta över
smoothly ['smuːðlɪ] jämnt etc., jfr *smooth I*; *a ~ running engine* en motor med jämn gång
smother ['smʌðə] **1** kväva äv. bildl. [~ *a yawn*, ~ *one's anger*] **2** täcka; [*the meat*] *was ~ed with sauce* ...var dränkt i sås **3** [över]hölja [~ *with caresses* (*gifts*; *dust*)]
smoulder ['sməʊldə] **I** *vb itr* [ligga och] ryka; pyra, glöda under askan äv. bildl. **II** s glöd; pyrande
SMS [ˌesem'es] (förk. för *Short Message Services*) sms; *send an ~ message* sms:a, skicka [ett] sms
smudge [smʌdʒ] **I** s [smuts]fläck **II** *vb tr* sudda (kludda, kladda) ner (till); bildl. fläcka; ~ *out* sudda ut **III** *vb itr* bli suddig, sudda; smeta
smug [smʌg] självbelåten; trångsynt
smuggle ['smʌgl] smuggla äv. bildl.
smuggler ['smʌglə] smugglare
smuggling ['smʌglɪŋ] smuggling
smut [smʌt] **1** sotflaga; sotfläck **2** rost på säd **3** bildl. oanständighet[er]

smutty ['smʌtɪ] **1** sotig, nersotad **2** om säd angripen av rost **3** oanständig, snuskig [~ *stories*], smuts-

snack [snæk] matbit, lätt [mellan]mål; munsbit; *~s* äv. tilltugg, snacks [*~s with the drinks*]

snack bar ['snækbɑː] o. **snackery** ['snækərɪ] snackbar, barservering

snag [snæg] **1** avbruten (utstående) grenstump; vass knöl (sten) **2** a) uppriven tråd (maska) b) reva **3** vard., *there's (that's) the ~!* det är det som är kruxet (stötestenen)!

snail [sneɪl] snigel med skal; om pers. äv. sölkorv; *at a ~'s pace* med snigelfart

snake [sneɪk] orm äv. bildl.; *~ in the grass* a) oanad (dold) fara b) orm i paradiset, falsk vän

snakebite ['sneɪkbaɪt] ormbett

snap [snæp] **I** *vb itr* **1** nafsa, snappa **2** fräsa, fara ut [äv. *~ out; she ~ped at* (åt, mot) *him*] **3** gå av (itu) [äv. *~ off* (*in two*); *the branch ~ped*]; *his nerves ~ped* hans nerver sviktade **4** knäppa [till]; *the lid ~ped down* (*shut*) locket smällde igen **5** vard., *~ [in]to it* raskt ta itu med saken, sätta i gång omedelbart **II** *vb tr* **1** *~ up* nafsa (nappa) åt sig, snappa [upp] **2** *~ a p.'s head off* bita (snäsa) av ngn **3** bryta av (itu) [äv. *~ off*]; slita av [*~ a thread*] **4** knäppa med [*~ one's fingers*], smälla med [*~ a whip*]; *~ one's fingers at a p.* (*in a p.'s face*) bildl. strunta i ngn; visa förakt för ngn **5** knäppa igen [*~ a clasp*]; *~ the lid down* (*shut*) smälla (slå) igen locket **6** knäppa, fotografera **III** *s* **1** nafsande **2** a) knäpp [*a ~ with one's fingers*] b) knäck; smäll [*the oar broke with a ~*] **3** [tryck]knäppe [*the ~ of a bracelet*]; tryckknapp **4** vard. fart; *put some ~ into it* sätta lite fart på det hela **5** kort period (ryck); *cold ~* köldknäpp **6** slags småkaka; *ginger ~s* ung. [hårda] pepparkakor **7** slags kortspel för barn **8** se *snapshot* **IV** *adj* **1** snabb [*a ~ decision*] **2** parl. plötslig, överrumplings- [*~ division* (*vote*) (votering)] **V** *adv, go ~* gå av med en smäll (knäpp)

snapdragon ['snæpˌdræg(ə)n] bot. lejongap

snap fastener ['snæpˌfɑːsnə] tryckknapp

snappy ['snæpɪ] **1** knäppande, smällande, knastrande [*~ sound*] **2** kvick; *make it* (*look*) *~!* vard. raska (sno) på!, lägg på en rem!

snapshot ['snæpʃɒt] foto. **I** *s* kort fotografi **II** *vb tr* knäppa

snare [sneə] **I** *s* snara; bildl. äv. försåt; *lay ~s for* lägga ut snaror för **II** *vb tr* snara

1 snarl [snɑːl] **I** *vb itr* morra; om pers. brumma ilsket **II** *vb tr*, *~ out* brumma [fram] ilsket **III** *s* morrande; brummande

2 snarl [snɑːl] **I** *s* trassel, knut; härva [*traffic ~*]; bildl. äv. förveckling **II** *vb tr* trassla till (in, ihop); *be ~ed up* vard. vara tilltrasslad (kaotisk), ha kört ihop sig

snatch [snætʃ] **I** *vb tr* **1** rycka till sig, rafsa åt sig [äv. *~ up*], gripa (hugga) [tag i]; *~ away* rycka bort (undan); *~ off* rycka (slita) av [sig] **2** stjäla [sig till] [*~ a kiss, ~ a nap*] **3** sl. a) kidnappa b) haffa; *be ~ed* torska, åka dit c) sno, stjäla **II** *vb itr* **1** hugga 'för sig **2** *~ at* gripa efter **III** *s* **1** hugg, grepp, napp **2** a) kort period (stund) b) [brott]stycke; stump; bit; *~es of verse* versstumpar **3** i tyngdlyftning ryck **4** sl. a) stöld; kidnappning b) gripande [av brottsling] **5** vulg. a) fitta b) knull

sneak [sniːk] **I** (imperf. o. perf. p. *~ed,* amer. äv. *snuck snuck*) *vb itr* **1** smyga [sig]; *~ away* smyga sig i väg, lomma av **2** skol. sl. skvallra **II** *vb tr* smyga (smussla, smuggla) in (ut) [*~ a gun into one's pocket*] **III** *s* **1** skol. sl. skvallerbytta **2** amer., pl. *~s* se *sneakers* **IV** *adj* överrasknings- [*~ raid*], smyg-; *~ preview* film. förhandsvisning, försöksvisning

sneakers ['sniːkəz] amer. vard. gymnastikskor

sneer [snɪə] **I** *vb itr* **1** hånle, hångrina **2** *~ at* håna, driva med, pika **II** *s* hånleende

sneeze [sniːz] **I** *vb itr* **1** nysa **2** vard., *~ at* fnysa åt, strunta i **II** *s* nysning

snide [snaɪd] vard. spydig [*~ remarks*]

sniff [snɪf] **I** *vb itr* **1** a) vädra, snusa, sniffa b) snörvla **2** fnysa, rynka på näsan **II** *vb tr* **1** andas in; snusa (sniffa) [på]; lukta (nosa) på; *~ up* dra upp (in) [genom näsan] **2** känna lukten av **3** bildl. vädra [*~ a scandal*] **III** *s* **1** inandning; snörvling; fnysning **2** andetag; sniff; doft [*~ of perfume*]

sniffer ['snɪfə] vard. **1** sniffare **2** *~ dog* narkotikahund **3** [elektronisk] avsökare **4** kran näsa

snifter ['snɪftə] **1** aromglas, konjakskupa **2** sl. sup, hutt

snigger ['snɪgə] **I** *vb itr* fnissa, flina **II** *s* fnissande, flin

snip [snɪp] **I** *vb itr* klippa **II** *vb tr* klippa (nypa, knipsa) ['av] **III** *s* **1** klipp; klippande **2** a) avklippt bit, remsa b) liten bit **3** vard. kap

snipe [snaɪp] **I** *s* **1** zool. beckasin; snäppa **2** skott från bakhåll **II** *vb itr* **1** mil. skjuta från bakhåll **2** vard., *~ at* slå ned på, hacka på

sniper ['snaɪpə] mil. prickskytt; krypskytt
snippet ['snɪpɪt] **1** avklippt bit, remsa **2** pl. ~s bildl. lösryckta stycken, fragment, stumpar, småbitar, småplock
snitch [snɪtʃ] sl. **I** s **1** kran, snok näsa **2** angivare, tjallare **II** vb itr skvallra, tjalla, uppträda som angivare **III** vb tr knycka, sno
snivel ['snɪvl] **I** vb itr **1** gnälla, snyfta **2** snörvla **II** s gnäll
snivelling ['snɪv(ə)lɪŋ] **I** adj **1** gnällig **2** snorig **II** s **1** gnäll **2** snörvlande, snorande
snob [snɒb] snobb; *intellectual* ~ intelligenssnobb
snobbery ['snɒbərɪ] snobberi, högfärd
snobbish ['snɒbɪʃ] snobbig, struntförnäm
snog [snɒg] sl. hångla, kela
snooker ['snu:kə] **I** s snooker slags biljard **II** vb tr vard., be ~ed bli ställd (försatt i en besvärlig situation)
snoop [snu:p] vard. **I** vb itr [gå och] snoka [äv. ~ *around*] **II** vb tr snoka i (efter) **III** s snok
snooper ['snu:pə] vard. snok
snooty ['snu:tɪ] vard. snorkig, mallig; vresig
snooze [snu:z] vard. **I** vb itr ta sig en lur **II** s [tupp]lur
snore [snɔ:] **I** vb itr snarka **II** s snarkning
snorkel ['snɔ:k(ə)l] snorkel
snort [snɔ:t] **I** vb itr fnysa; frusta **II** vb tr **1** fnysa **2** sniffa [~ *cocaine*] **III** s **1** fnysning; frustande **2** sl. hutt **3** sl. sniff dos kokain
snot [snɒt] sl. snor
snotty ['snɒtɪ] **1** sl. snorig **2** vard. ynklig; osnuten **3** vard. arg **4** vard. snorkig
snout [snaʊt] **1** nos vard., äv. om näsa, ansikte **2** pip; utsprång **3** sl. cigg cigarett; tobak
snow [snəʊ] **I** s **1** snö; snöfall; pl. ~s a) snödrivor, snömassor b) snöfall c) snövidder; äv. *clearance* snöröjning, snöskottning; *S~ White* Snövit **2** sl. snö kokain **II** vb itr snöa äv. bildl.; ~ *in* bildl. strömma in **III** vb tr, be ~ed *in* (*up*) bli (vara) insnöad
snowball ['snəʊbɔ:l] **I** s snöboll äv. bildl.; ~ *effect* vard. snöbollseffekt **II** vb itr **1** kasta snöboll **2** bildl. växa (tilltá) i allt snabbare takt [*opposition to the war* ~*ed*] **III** vb tr **1** kasta snöboll på **2** bildl. låta (få att) växa (tillta) i allt snabbare takt; ~*ing effect* vard. snöbollseffekt
snow-bound ['snəʊbaʊnd] insnöad
snow-capped ['snəʊkæpt] snötäckt
snowdrift ['snəʊdrɪft] snödriva
snowdrop ['snəʊdrɒp] bot. snödroppe

snowfall ['snəʊfɔ:l] **1** snöfall **2** snömängd
snowflake ['snəʊfleɪk] snöflinga
snowman ['snəʊmæn] **1** snögubbe **2** *the* [*Abominable*] *S~* Snömannen i Himalaya
snowplough ['snəʊplaʊ] snöplog
snowstorm ['snəʊstɔ:m] snöstorm
snow tyre ['snəʊ,taɪə] vinterdäck
snowy ['snəʊɪ] **1** snöig; snö- [~ *weather*] **2** snövit
Snr. o. **snr.** ['si:njə] förk. för *senior*
snub [snʌb] **I** vb tr snäsa [av]; stuka **II** s avsnäsning **III** adj, ~ *nose* trubbnäsa
snub-nosed ['snʌbnəʊzd] trubbnosig
1 snuff [snʌf] **I** vb tr andas in, vädra; snusa [~ *tobacco*] **II** s [torrt] snus; *take* ~ snusa
2 snuff [snʌf] **1** snoppa, snyta [~ *a candle*]; ~ *out* släcka med ljussläckare o.d. **2** ~ [*out*] bildl. kväva, undertrycka [~ [*out*] *hopes*, ~ [*out*] *a rebellion*] **3** sl. döda [*get* ~*ed*]; ~ *it* lämna in, kola dö
snuffbox ['snʌfbɒks] snusdosa
snug [snʌg] **1** varm och skön; trygg; *be* ~ *in bed* ha det varmt och skönt i sängen **2** snygg, prydlig **3** åtsittande [*a* ~ *jacket*], stram; tättslutande; *fit* ~ *around the waist* sitta tätt kring midjan
snuggle ['snʌgl] vb itr **1** sätta (lägga) sig bekvämt till rätta; ~ *down* kura ihop, krypa ner **2** ~ *up to* (*against*) trycka (smyga) sig intill
1 so [səʊ] **I** adv **1** så; [så] till den grad; *it's* ~ *kind of you* det är mycket vänligt av dig **2** så, sålunda, på så sätt; [*rather*] ~ ~ vard. si och så, så där; *is that* ~? jaså?, säger du det? **3** spec. förbindelser: ~ *as to* för att [*he hit the snake on the head* ~ *as to stun it*]; *and* ~ *on* (*forth*) och så vidare; ~ *to say* (*speak*) så att säga; ~ *that* a) för att [*he died* ~ *that we might live*] b) så att [*he tied me up* ~ *that I couldn't move*]; *if* ~ i så fall, om så är (vore) **4** *I'm afraid* ~ jag är rädd för det; *I believe* ~ jag tror det; *I told you* ~! det var [ju] det jag sa! **5** därför [*she is ill, and* ~ *cannot come to the party*] **6** ss. svar: [*It was cold yesterday.* -] *S~ it was* ...Ja, det var det **7** *he is old and* ~ *am* '*I* han är gammal och det är 'jag också **II** konj **1** a) så [att] [*check carefully* ~ *any mistake will be found*] b) så, varför [*she asked me to go,* ~ *I went*] **2** i utrop så [~ *you're back again!*]; ~ *there!* så är det!; ~ *what?* än sen då?
2 so [səʊ] mus. sol
soak [səʊk] **I** vb tr **1** blöta, lägga i blöt **2** göra genomvåt, [genom]dränka äv. bildl.; ~*ed through* genomvåt, genomblöt, genomsur **3** vard., ~ *in* insupa, suga i sig

(upp, åt sig) [~ *in the atmosphere*], absorbera; ~ *up* suga upp (åt sig) [~ *up information*], absorbera **4** vard. skinna, köra upp [~ *the tourists*]; pressa pengar av; ~ *the rich* låta de rika betala **II** *vb itr* **1** ligga i blöt **2** ~ *in* sugas (tränga) in **III** *s* **1** [genom]blötning; blötläggning; *give a* ~ **2** blötläggningsvatten

soaking ['səʊkɪŋ] **I** *s* [upp]blötning; blötläggning **II** *adj* genomvåt, genomblöt **III** *adv*, ~ *wet* genomvåt, genomblöt, genomsur

so-and-so ['səʊənsəʊ] **1** den och den; *Mr. S*~ äv. herr N.N. **2** neds. (ung.) typ, fårskalle [*that old* ~]

soap [səʊp] **I** *s* tvål; såpa; *a* ~ en tvål[sort]; *a cake* (*piece, tablet*) *of* ~ en tvål **II** såpa [in]; såptvätta

soapflakes ['səʊpfleɪks] tvålflingor

soap opera ['səʊpˌɒpərə] vard. tvålopera

soapsuds ['səʊpsʌdz] tvållödder; tvålvatten

soapy ['səʊpɪ] **1** tvålig, tvålaktig; såpig **2** bildl. inställsam

soar [sɔː] **1** flyga (sväva) högt, höja sig **2** bildl. a) svinga sig upp till (sväva i) högre rymder b) stiga (stegras) våldsamt [*prices are* ~*ing*]

sob [sɒb] **I** *vb itr* **1** snyfta **2** flämta **II** *vb tr*, ~ *out* snyfta fram **III** *s* snyftning

sober ['səʊbə] **I** *adj* **1** nykter; måttlig; *as* ~ *as a judge* vard. spik nykter; *become* ~ [*again*] nyktra till **2** a) måttfull, sansad [~ *judgement*], behärskad, besinningsfull b) nykter, enkel [~ *facts*] c) allvarsam, saklig **3** sober, dämpad [~ *colours*] **II** *vb tr* få (göra) nykter [äv. ~ *up* (*down*)] **III** *vb itr* nyktra till, bli nykter [vanl. ~ *up* (*down*)]

sobriety [sə(ʊ)'braɪətɪ] **1** nykterhet; måttlighet **2** måttfullhet, sans

so-called [ˌsəʊ'kɔːld, attr. '--] mest neds. s.k., så kallad

soccer ['sɒkə] vard. (kortform för *Association football*) fotboll i motsats till rugby el. amerikansk fotboll

sociable ['səʊʃəbl] sällskaplig; ~ *person* sällskapsmänniska

social ['səʊʃ(ə)l] **I** *adj* **1** social; samhällelig; ~ *care* samhällsvård; *S*~ *Democrat* socialdemokrat; ~ *science* samhällsvetenskap[erna]; ~ *security* a) social trygghet b) amer. (ung.) socialförsäkring inklusive pension; ~ *standing* (*position*) socialt anseende, social ställning; ~ *welfare* socialvård; ~ *welfare officer* socialkurator **2** zool. samhällsbildande **3** sällskaplig; sällskaps- [~ *talents*], umgänges- **II** *s* samkväm, tillställning

socialism ['səʊʃəlɪz(ə)m] socialism

socialist ['səʊʃəlɪst] **I** *s* socialist; ofta *S*~ socialdemokrat **II** *adj* socialistisk; ofta *S*~ socialdemokratisk [*the S*~ *Party*]

socialite ['səʊʃəlaɪt] vard. societetslejon, kändis

socialize ['səʊʃəlaɪz] **I** *vb tr* förstatliga; ~*d medicine* amer. fri sjukvård genom samhällets försorg **II** *vb itr* **1** ~ *with* umgås (fraternisera) med **2** delta i sällskapslivet

socially ['səʊʃ(ə)lɪ] **1** socialt **2** sällskapligt [*I have known him* ~ *for six years*]

society [sə'saɪətɪ] **1** samhälle[t] **2** samfund; *charitable* ~ välgörenhetsförening; *learned* ~ lärt (vetenskapligt) samfund **3** a) sällskap [*feminine* ~] b) krets[ar] [*musical* (*literary*) ~]; vänkrets, umgängeskrets **4** [*high*] ~ societet[en], sällskapslivet [ofta *S*~]

sociological [ˌsəʊʃjəʊ'lɒdʒɪk(ə)l] sociologisk

sociologist [ˌsəʊʃɪ'ɒlədʒɪst] sociolog

sociology [ˌsəʊʃɪ'ɒlədʒɪ] sociologi

1 sock [sɒk] **1** [kort]strumpa, socka; *pull one's* ~*s up* **2** [inläggs]sula

2 sock [sɒk] sl. **I** *s* slag; *a* ~ *on the jaw* ett slag på käften, en snyting **II** *vb tr* slå; ~ *it to a p.* ge ngn på käften, ge ngn så han (hon) tiger

socket ['sɒkɪt] **1** hålighet; urtag; ledskål; *eye* ~ ögonhåla **2** hållare [*lamp* ~]; uttag; *wall* ~ vägguttag; ~ *outlet* [el]uttag **3** mek. hylsa, hållare; ~ *wrench* hylsnyckel

1 sod [sɒd] **1** gräsmatta, gräsmark, grästorv **2** grästorva

2 sod [sɒd] vulg. **I** *s* **1** bög **2** jävel, knöl [*you cheeky* ~!]; *poor* ~! stackars jävel (kräk)! **II** *vb tr*, ~ *it!* fan!; ~ *that!* det skiter jag (ger jag fan) i! **III** *vb itr*, ~ *about* larva (drälla) omkring

soda ['səʊdə] **1** a) soda; kem. natriumkarbonat b) kaustik soda c) bikarbonat; kem. natriumvätekarbonat d) natriumoxid; *bicarbonate of* ~ bikarbonat **2** sodavatten **3** amer. ice-cream soda; läsk

soda fountain ['səʊdəˌfaʊntən] **1** läskedrycksautomat **2** ung. glassbar; läskedrycksbar

sodden ['sɒdn] **1** genomblöt **2** a) om bröd o.d. degig b) svampig

sodium ['səʊdjəm] kem. natrium; ~ *chloride* natriumklorid, koksalt

sofa ['səʊfə] soffa; *on the* ~ i (på) soffan

soft [sɒft] **1** mjuk [~ *pillow*]; lös; ~ *drink* alkoholfri dryck, läskedryck; ~ *landing* mjuklandning **2** dämpad, soft [~ *colour*; ~ *light*; ~ *music*], mjuk [~ *outline* (kontur)]; ~ *focus* foto. softfokusbild; ~ *pedal* vard. sordin, hämsko **3** mild [~ *breeze* (*climate*); ~ *words* (*eyes*)], blid [~ *day* (*winter*)]; god [~ *heart*]; ~ *sell* mjuk försäljningsteknik **4** lätt, lindrig [~ *job*]; ~ *touch* vard. a) lätt[lurat] offer, person som är lätt att klå på pengar b) lätt (snabb) affär c) person som är lätt att rå på; lätt match **5** vek[lig]; ~ *spot* svag punkt **6** vard. tokig; *be* ~ *on* (*about*) *a p.* vara småkär i (svärma för) ngn
soft-boiled [ˌsɒftˈbɔɪld, attr. '--] löskokt [~ *eggs*]
soften [ˈsɒfn] **I** *vb tr* **1** mjuka upp [bildl. ofta ~ *up*] **2** dämpa, lindra [äv. ~ *down*]; bildl. försvaga **3** stämma mildare; ~ *a p.'s heart* få ngns hjärta att vekna **II** *vb itr* mjukna, mildras; vekna alla äv. bildl.
softener [ˈsɒfnə] mjuk[nings]medel
soft-hearted [ˌsɒftˈhɑːtɪd] godhjärtad
software [ˈsɒftweə] data. mjukvara
soggy [ˈsɒɡɪ] **1** blöt; om mark äv. uppblött, sumpig **2** om bröd degig **3** trög, tung
1 soil [sɔɪl] **1** jord, jordmån [*rich* (*poor*) ~], mull; grogrund äv. bildl. **2** mark [*on foreign* ~]
2 soil [sɔɪl] **I** *vb tr* smutsa [ner], solka [ner] [~ *one's hands* (*clothes*)]; ~*ed linen* smutskläder, smutstvätt **II** *vb itr* smutsas [*material that* ~*s easily*]
sojourn [ˈsɒdʒɜːn] litt. **I** *vb itr* vistas **II** *s* vistelse
solace [ˈsɒləs] **I** *s* tröst, lindring **II** *vb tr* trösta; ~ *oneself* trösta sig
solar [ˈsəʊlə] **1** sol- [~ *ray*; ~ *system*; ~ *year*; ~ *battery*; ~ *cell*], solar- [~ *constant*]; ~ *day* soldygn; ~ *energy* solenergi **2** ~ *plexus* anat. el. boxn. solarplexus; vard. äv. maggrop[en]
solari|um [sə(ʊ)ˈleərɪəm] (pl. -*ums* el. -*a* [-ə]) solarium
sold [səʊld] imperf. o. perf. p. av *sell*
solder [ˈsɒldə, ˈsəʊldə] **I** *s* lod **II** *vb tr* löda [ihop (fast)] **III** *vb itr* löda
soldier [ˈsəʊldʒə] **I** *s* soldat; *common* (*private*) ~ menig; *come the old* ~ *over a p.* vard. [försöka] trycka ner ngn åberopande sin långa erfarenhet **II** *vb itr* tjäna som (vara) soldat; ~ *on* kämpa 'på, hålla stånd (ut)
1 sole [səʊl] **I** *s* **1** [sko]sula; fotsula **2** zool. [sjö]tunga; *Dover* ~ äkta sjötunga **II** *vb tr* [halv]sula
2 sole [səʊl] enda; ensam i sitt slag; ~ *agent* (*distributor*) ensamförsäljare, ensamagent; ~ *heir* universalarvinge
solecism [ˈsɒlɪsɪz(ə)m] språkfel
solely [ˈsəʊllɪ] **1** ensam [~ *responsible*] **2** endast, uteslutande
solemn [ˈsɒləm] högtidlig
solemnity [səˈlemnətɪ] högtidlighet
solicit [səˈlɪsɪt] **I** *vb tr* **1** [enträget] be [~ *a p. for* (om) *a th.*; ~ *a p. to* ([om] att) *do a th.*] **2** [enträget] be om [~ *a favour from* (*of*) *a p.* (av ngn)]; ~ *votes* [försöka] värva röster **3** om prostituerad bjuda ut sig åt **II** *vb itr* **1** tigga, be **2** om prostituerad bjuda ut sig, antasta (ofreda) presumtiva kunder
solicitor [səˈlɪsɪtə] **1** i England advokat som förbereder mål för *barrister*, underrättsadvokat; jurist, juridiskt ombud **2** i USA stadsjurist; juridisk rådgivare **3** amer. [röst]värvare; ackvisitör; bettlare
solicitous [səˈlɪsɪtəs] ivrig
solicitude [səˈlɪsɪtjuːd] **1** [överdriven] omsorg **2** oro, ängslan; bekymmer
solid [ˈsɒlɪd] **I** *adj* **1** fast äv. bildl. [~ *bodies*]; i fast form; ~ *food* fast föda; *packed* ~ fullproppad **2** massiv [*a* ~ *ball* (*tyre*)], solid; ~ *chocolate* ren (ofylld) choklad; ~ *gold* massivt (gediget) guld **3** bastant [*a* ~ *meal* (*pudding*)]; ~ *flesh* fast hull; ~ *ground* stadig (fast) grund **4** pålitlig, rejäl, vederhäftig [*a* ~ *man*]; säker [~ *business, a* ~ *firm*]; hållbar [~ *arguments*] **5** enhällig; ~ *majority* kompakt (säker) majoritet **6** obruten, sammanhängande [*a* ~ *row of buildings*]; heldragen [~ *line,* ~ *wire*]; *for two hours* (*two hours* ~) två timmar i sträck, i två hela timmar **7** kubik-; rymd-; ~ *content*[*s*] kubikinnehåll; ~ *geometry* rymdgeometri **II** *adv* enhälligt [*vote* ~] **III** *s* **1** fys. fast kropp **2** geom. solid (tredimensionell) figur, kropp **3** pl. ~*s* a) fasta ämnen (beståndsdelar) b) fast föda
solidarity [ˌsɒlɪˈdærətɪ] solidaritet
solidify [səˈlɪdɪfaɪ] **I** *vb tr* överföra till fast form; göra fast (solid); konsolidera **II** *vb itr* övergå till fast form; bli fast (solid), stelna
solidity [səˈlɪdətɪ] **1** fasthet; soliditet etc., jfr *solid I* **2** kubikinnehåll
soliloquy [səˈlɪləkwɪ] samtal med sig själv; isht teat. monolog
solitaire [ˌsɒlɪˈteə] **1** solitär diamant o.d.; smycke med en solitär **2** isht amer. kortsp. patiens
solitary [ˈsɒlɪt(ə)rɪ] **I** *adj* **1** ensam [*a* ~

traveller]; som lever (bor) för sig själv; ~
confinement [placering i] ensamcell
(isoleringscell) **2** enda [*not a ~ instance
(one)*], enstaka [*a ~ exception*] **3** enslig,
undangömd [*a ~ village*], ödslig **II** *s*
1 ensling; eremit **2** vard. ensamcell
solitude ['sɒlɪtjuːd] **1** ensamhet,
avskildhet **2** enslighet, ödslighet
sol|o ['səʊl|əʊ] **I** (pl. *-os*, mus. äv. *-i* [-iː]) *s*
1 a) mus. solo b) soloupträdande,
solonummer m.m. **2** kortsp. solo **II** *adj*
solo-, ensam- [*~ flight*]; *~ whist*
tvåmanswhist **III** *adv* solo, ensam [*fly ~*]
soloist ['səʊləʊɪst] solist
solstice ['sɒlstɪs] solstånd [*summer
(winter) ~*]
soluble ['sɒljʊbl] **1** [upp]lösbar, löslig [*~
in water*] **2** lösbar [*a ~ problem*]
solution [səˈluːʃ(ə)n, səˈljuː-] **1** lösande,
lösning [*the ~ of* (av) *an equation; the ~
of* el. *to* (på) *a problem* (*a p.'s troubles*)]
2 kem. lösning
solve [sɒlv] lösa [*~ a problem* (*riddle*)],
klara upp
solvency ['sɒlv(ə)nsɪ] hand. solvens,
betalningsförmåga
solvent ['sɒlv(ə)nt] **I** *adj* **1** kem.
[upp]lösande [*~ liquid*], lösnings- **2** hand.
solvent **II** *s* **1** kem. lösningsmedel **2** bildl.
lösning
sombre ['sɒmbə] mörk, dyster
some [sʌm, obeton. səm] **I** *fören* o. *självst
indef pron* **1** a) någon [*~ person* (*child*)
might have seen it; I bought ~ stamps],
en [*there is ~ man at the door*] b) viss [*it
is open on ~ days*], en viss [*there is ~
truth in what you say*] c) en del [*~* [*of it*]
was spoilt], somlig [*~ work is pleasant*]
d) litet [*~ bread* (*money*); *would you like
~ more?*]; [*I have read it*] *in ~ book* [*or
other*] ...i någon bok [någonstans]; *~
[people]* somliga, en del **2** åtskillig, inte
så lite [*that will take ~ courage*]; [*I shall
be away*] *for ~ time* ...en längre (någon)
tid **3** vard. något till [en], som heter duga;
that was ~ party! det var en riktig fest,
det! **II** *adv* **1** framför räkneord o.d. ungefär,
omkring [*~ twenty minutes*]; *~ dozen
people* ett dussintal människor **2** vard.
rätt, ganska [så] [*he seemed annoyed ~*];
that's going ~! vilken fart!
somebody ['sʌmbədɪ, -ˌbɒdɪ] **I** *självst
indef pron* någon; *~ or other* någon [vem
det nu är (var)]; en eller annan **II** *s*
betydande (framstående) person; *he
thinks he is* [*a*] *~* han tror att han 'är
något
somehow ['sʌmhaʊ] på något (ett eller

annat) sätt [äv. *~ or other*]; i alla fall [*I
managed it ~*]; så gott du (han osv.) kan
(kunde) [*well, do it ~!*]; hur som helst [*~,
I feel sure that...*]; av någon anledning
[*she never liked me, ~*]
someone ['sʌmwʌn] någon; jfr *somebody* I
somersault ['sʌməsɔːlt, -sɒlt] **I** *s*
kullerbytta äv. bildl.; volt, saltomortal;
bildl. äv. helomvändning; *do* (*turn, throw*)
a ~ slå en kullerbytta **II** *vb itr* slå en
kullerbytta
something ['sʌmθɪŋ] **I** *självst indef pron* o.
s något, någonting; *a certain ~* något
visst; *~ of the kind* (*sort*) någonting ditåt
(åt det hållet), någonting i den stilen
(vägen); *there is ~ in that* det ligger något
i det, det är något att ta fasta på; *you've
got ~ there!* där sa du någonting! **II** *adv*
något [*~ over forty*]; vard. något [så] [*he
swears ~ awful* (förfärligt)]; [*she treated
me*] *~ shocking* ...på ett upprörande sätt
sometime ['sʌmtaɪm] **I** *adv* någon gång;
we will do it ~ or other vi ska göra det
någon gång [i framtiden] **II** *adj* förra,
förutvarande [[*the*] *~ sheriff*]
sometimes ['sʌmtaɪmz] ibland, då och då,
stundom
somewhat ['sʌmwɒt] **I** *adv* något, rätt,
ganska [*it is ~ complicated*]; *~ to his
astonishment* [*they left the room*] det
förvånade honom något att... **II** *självst
indef pron* o. *s* litt. något, litet; *he is ~ of a
liar* han är en riktig (verklig) lögnare
somewhere ['sʌmweə] någonstans; *~ else*
någon annanstans, annorstädes; *~ or
other* någonstans [varsomhelst]; *I've got
to go ~* vard. jag måste gå nånstans (gå på
ett visst ställe)
son [sʌn] **1** son; *~ and heir* son och
arvinge, 'arvsprins' **2** i tilltal [min] gosse
sonar ['səʊnɑː] (förk. för *sound navigation
and ranging*) ekolod; hydrofon; sonar
sonata [səˈnɑːtə] mus. sonat; sonat- [*~
form*]
song [sɒŋ] sång; visa; *book of ~s* sångbok,
visbok; *be on ~* vard. vara i toppform;
fungera perfekt
sonic ['sɒnɪk] ljud-, sonisk; *~ bang* (*boom*)
[ljud]bang överljudsknall
son-in-law ['sʌnɪnlɔː] (pl. *sons-in-law*
['sʌnzɪnlɔː]) svärson, måg
sonnet ['sɒnɪt] sonett
sonny ['sʌnɪ] vard., ss. tilltal [min] lille gosse
(vän); gosse lilla [äv. *~ boy*]
sonorous ['sɒnərəs, səˈnɔːrəs] **1** ljudande,
ljudlig **2** klangfull
soon [suːn] **1** snart; tidigt [*spring came ~
this year*]; *as* (*so*) *~ as* så snart (fort)

[som]; ~ *after* a) kort därefter b) kort efter att **2** [*just*] *as* ~ lika gärna; *I would just as* ~ *not go there* jag skulle helst vilja slippa gå dit

sooner ['suːnə] **1** förr, tidigare; ~ *or later* förr eller senare; *the* ~ *the better* ju förr dess bättre; *no* ~ *did we sit down than* vi hade knappt satt oss förrän **2** hellre; *I would* ~ *stay where I am than*... jag vill hellre stanna (jag stannar hellre) där jag är än...

soot [sʊt] **I** *s* sot **II** *vb tr* **1** sota [ner] **2** strö sot på

soothe [suːð] **1** lugna [~ *a crying baby*; ~ *a p.'s nerves*] **2** lindra [~ *pains*] **3** blidka, lirka med

soothing ['suːðɪŋ] lugnande

sooty ['sʊtɪ] sotig, sot-; sotsvart

sop [sɒp] **I** *s* **1** doppad (uppmjukad) brödbit **2** mutor för att tysta el. lugna ngn; uppmuntran **II** *vb tr* **1** doppa, blöta [upp] **2** ~ *up* suga upp, torka upp [~ *up the water with a towel*]

sophisticated [sə'fɪstɪkeɪtɪd] **1** sofistikerad; sinnrik, avancerad [*a* ~ *system*] **2** spetsfundig

sophistication [sə,fɪstɪ'keɪʃ(ə)n] **1** raffinemang; förfining; subtiliteter **2** spetsfundighet

sophomore ['sɒfəmɔː] amer. univ. o.d. andraårsstuderande

soporific [,sɒpə'rɪfɪk] **I** *adj* sömngivande **II** *s* sömnmedel

sopping ['sɒpɪŋ], ~ *wet* genomblöt, genomvåt

soppy ['sɒpɪ] **1** blöt, plaskvåt **2** vard. fånig; blödig, sentimental

sopran|o [sə'prɑːn|əʊ] mus. **I** (pl. *-os* el. *-i* [-iː]) *s* sopran **II** *adj* sopran-

sorbet ['sɔːbeɪ, -bət] sorbet

sorcerer ['sɔːs(ə)rə] trollkarl, svartkonstnär

sordid ['sɔːdɪd] **1** smutsig, eländig **2** lumpen, tarvlig

sore [sɔː] **I** *adj* **1** öm [~ *feet*], mörbultad; *have a* ~ *throat* ha ont i halsen **2** bildl. känslig, ömtålig; *a* ~ *point* (*spot*) en öm (känslig) punkt **3** isht amer. vard. sur, förbannad **II** *s* ont (ömt) ställe; varböld äv. bildl.; *reopen old* ~*s* bildl. a) riva upp gamla sår b) riva upp gamla misshälligheter

sorrow ['sɒrəʊ] **I** *s* sorg; [*he said it*] *more in* ~ *than in anger* ...mera ledsen än ond **II** *vb itr* sörja

sorrowful ['sɒrəf(ʊ)l] **1** sorgsen **2** sorglig

sorry ['sɒrɪ] **1** ledsen, bedrövad; [*so*] ~*!* el. *I'm* [*so*] ~*!* förlåt!, ursäkta [mig]!; *I'm* (*I feel*) ~ *for you* jag tycker [det är] synd om dig, det gör mig ont om dig **2** sorglig [*a* ~ *end*; *a* ~ *truth*] **3** ynklig [*a* ~ *sight*], jämmerlig, eländig [*a* ~ *performance*], dålig [*a* ~ *excuse*]; *in a* ~ *plight* (*state*) i ett bedrövligt (sorgligt) tillstånd

sort [sɔːt] **I** *s* sort, slag; typ; *it takes all* ~*s* [*to make a world*] alla [människor] kan inte vara lika; ~ *of* vard. liksom, på något vis, på sätt och vis [*I feel* ~ *of funny*; *he is very nice,* ~ *of*]; *something of the* ~ något sådant; *of a* ~ el. *of* ~*s* vard. någon sorts, ett slags **II** *vb tr* sortera; ~ *out* a) sortera [upp] b) sortera (gallra) ut (bort) c) vard. ordna (reda) upp [~ *out one's problems*] d) vard. ge på huden [*I'll* ~ *you out!*] **III** *vb itr* litt., ~ *well* (*ill*) *with* stämma väl (dåligt) överens med

sorter ['sɔːtə] isht post. sorterare

sortie ['sɔːtiː] mil. **1** utfall; utbrytningsförsök **2** flyg. flygning, uppstigning

SOS [,esəʊ'es] **1** SOS; ~ [*signal*] nödsignal **2** radio. personligt meddelande

so-so ['səʊsəʊ] **I** *adj* dräglig, skaplig **II** *adv* drägligt, skapligt; inget vidare

sot [sɒt] försupen stackare

soufflé ['suːfleɪ] kok. sufflé

sought [sɔːt] imperf. o. perf. p. av *seek*

soul [səʊl] **1** själ äv. friare [*the ship sank with 300* ~*s on board*]; *an honest* (*a good*) ~ vard. en hederlig (hygglig) själ; *upon my* ~ min själ, minsann **2** soul[musik]

soul-destroying ['səʊldɪ,strɔɪɪŋ] själsdödande [~ *work*]

soulful ['səʊlf(ʊ)l] själfull

soulless ['səʊlləs] andefattig

soul mate ['səʊlmeɪt] själsfrände

soul-searching ['səʊl,sɜːtʃɪŋ] självrannsakan

1 sound [saʊnd] **I** *adj* **1** a) frisk [~ *teeth*], sund b) felfri [~ *fruit*], oskadad; *as* ~ *as a nut* (*bell*) frisk som en nötkärna **2** välgrundad, klok [~ *advice*; *a* ~ *argument*], sund, riktig [*a* ~ *principle*] **3** säker, solid [*a* ~ *investment* (*position*); *a* ~ *ship*] **4** grundlig; ~ *sleep* djup (god) sömn **II** *adv* sunt [*sound-thinking citizens*]

2 sound [saʊnd] **I** *s* **1** ljud; fys. äv. ljudet; ~ *film strip* ljudbildband; [*the hall*] *is good for* ~ ...har bra akustik **2** ton; skall; *give a hollow* ~ låta ihålig **II** *vb itr* **1** ljuda [*the trumpet* ~*ed*], tona; ge ljud **2** låta [*the music* ~*s beautiful*]; *it* ~*s to me as if* jag tycker det låter som om **III** *vb tr* **1** a) låta ljuda [~ *a trumpet*], ringa med (på, i) [~

a bell}, slå på {~ *a gong*} b) slå an {~ *a note* (ton)}, stämma upp; spela c) uttala, ljuda {~ *each letter*}; ~ *the alarm* trycka på alarmknappen, låta larmet gå, slå larm **2** isht mil. blåsa till, beordra; ~ *an* (*the*) *alarm* slå (blåsa) alarm **3** förkunna, basunera ut; ~ *a p.'s praise*[*s*] lovorda ngn
3 sound [saʊnd] **I** *vb tr* **1** sjö. pejla {~ *the depth*} **2** med. sondera **3** bildl. sondera, pejla {~ *a p.'s views*}; ~ *a p. out* [*about* (*on*) *a th.*] söka utröna (ta reda på) hur ngn ställer sig [till ngt] **II** *vb itr* **1** sjö. loda **2** bildl. sondera terrängen **3** sjunka; om val dyka **III** *s* med. sond
4 sound [saʊnd] sund; *the S~* Sundet, Öresund
sound barrier [ˈsaʊn(d)ˌbærɪə] ljudvall
1 sounding [ˈsaʊndɪŋ] ljudande, klingande
2 sounding [ˈsaʊndɪŋ] **1** sondering **2** sjö. pejling; ~ *line* lodlina; *take* ~*s* loda; bildl. känna sig för, sondera terrängen **3** sjö., pl. ~*s* a) djupförhållanden, vattendjup b) lodbart vatten [*be in* (*on*) ~*s, come into* ~*s*]
sounding board [ˈsaʊndɪŋbɔːd] **1** mus. resonansbotten, resonanskropp **2** bildl. språkrör; opinionsspridare
soundproof [ˈsaʊn(d)pruːf] **I** *adj* ljudtät, ljudisolerande **II** *vb tr* ljudisolera
soundtrack [ˈsaʊn(d)træk] film. **1** [inspelad] filmmusik {*a* ~ *album*} **2** ljudband
soundwave [ˈsaʊn(d)weɪv] ljudvåg
soup [suːp] **I** *s* kok. soppa; *clear* ~ (klar) buljong, klar soppa; *be in the* ~ vard. ha råkat (sitta) i klistret (knipa), sitta illa till **II** *vb tr* sl., ~ [*up*] a) trimma motor o.d. b) amer. skruva upp tempot på; liva upp, ge en kraftinjektion
soup kitchen [ˈsuːpˌkɪtʃɪn] **1** soppkök; utspisningsställe för t.ex. katastrofoffer **2** mil. sl. kök
soup plate [ˈsuːppleɪt] sopptallrik
sour [ˈsaʊə] **I** *adj* **1** sur; surnad; dålig {~ *odour*}; ~ *cream* a) sur grädde b) gräddfil, crème fraiche; *go* ~ surna **2** bildl. sur; bitter; *go* (*turn*) ~ a) bli sur {*on* på} b) tappa tron, bli besviken, tröttna {*on* på} c) misslyckas, gå galet, gå snett {*on* för} **II** *vb tr* **1** göra sur; syra; bleka **2** bildl. göra bitter, förarga **III** *vb itr* **1** surna **2** bildl. bli sur (bitter); tröttna, få nog
source [sɔːs] källa; bildl. äv. upphov, upprinnelse; ~ *of energy* energikälla; ~ *of information* bildl. källa, informationskälla
sourpuss [ˈsaʊəpʊs] vard. surpuppa
souse [saʊs] **I** *s* **1** ung. sylta; inkokt fisk

m.m. **2** a) saltlake; marinad b) saltläggning; marinering **3** blötning; *get a thorough* ~ bli genomblöt **II** *vb tr* **1** lägga i saltlake (marinad); ~*d herring* ung. inkokt sill (strömming) kokt i ättika o. vatten **2** doppa {~ *a p. in a pond*}; ösa; hälla vatten på; blöta; dränka {*he* ~*s everything he eats in tomato ketchup*} **3** vard. berusa; ~*d* berusad, mosig
south [saʊθ] **I** *s* **1** söder; för ex. jfr *east I 1* **2** *the* ~ (*S~*) södern, sydliga länder; södra delen; södra halvklotet; *the S~* i USA Södern, sydstaterna **II** *adj* sydlig, södra, syd- [*on the* ~ *coast*], söder-, sunnan-; *S~ America* Sydamerika; *the S~ Country* södra England, Sydengland; *the S~ Pole* sydpolen **III** *adv* mot (åt) söder, söderut; söder; för ex. jfr *east III* **IV** *vb itr* segla (stäva) mot söder; om solen o. månen passera meridianen
southbound [ˈsaʊθbaʊnd] sydgående
south-east [ˌsaʊθˈiːst] **I** *s* sydost, sydöst **II** *adj* sydostlig, sydöstlig; *South-East Asia* Sydostasien **III** *adv* mot (i) sydost (sydöst); ~ *of* sydost om
south-eastern [ˌsaʊθˈiːstən] sydostlig, sydöstlig, sydöstra
southerly [ˈsʌðəlɪ] sydlig; mot söder; sydlig vind; jfr vid. *easterly*
southern [ˈsʌðən] **1** sydlig; södra {*the S~ Cross, the* ~ *hemisphere*}, söder-, syd-; för ex., jfr *eastern 1*; ~ *lights* sydsken **2** sydländsk
southerner [ˈsʌðənə] **1** person från södra delen av landet (södra England); i USA sydstatsbo **2** sydlänning
southernmost [ˈsʌðənməʊst] sydligast
southward [ˈsaʊθwəd] **I** *adj* sydlig etc., jfr *eastward I* **II** *adv* mot (åt) söder; sjö. sydvart; ~ *of* syd om
southwards [ˈsaʊθwədz] se *southward II*
south-west [ˌsaʊθˈwest] **I** *s* sydväst väderstreck **II** *adj* sydvästlig **III** *adv* mot (i) sydväst; ~ *of* sydväst om
south-western [ˌsaʊθˈwestən] sydvästlig
souvenir [ˌsuːv(ə)ˈnɪə] souvenir
sou'-wester [saʊˈwestə] sjö. **1** sydväst vind **2** sydväst huvudbonad
sovereign [ˈsɒvrən] **I** *adj* **1** högst, högsta {~ *power*} **2** suverän {*a* ~ *state*}, enväldig, regerande {~ *prince*} **3** ofelbar, effektiv {*a* ~ *remedy*} **II** *s* **1** monark, regent **2** suverän stat **3** sovereign gammalt eng. guldmynt = £1
sovereignty [ˈsɒvr(ə)ntɪ] **1** suveränitet **2** överhöghet
Soviet [ˈsəʊvɪət, ˈsɒv-, -vjet] hist. **I** *s, s*~ sovjet, arbetarråd i Ryssland; *the Supreme*

~ Högsta Sovjet **II** *adj* sovjet-; Sovjet-; sovjetisk; *the ~ Union* el. *the Union of ~ Socialist Republics* hist. Sovjetunionen, Sovjet

1 sow [səʊ] (imperf. *sowed*; perf. p. *sown* el. *sowed*) **I** *vb tr* så äv. bildl. [*~ seeds; ~ the seeds of hatred*]; [be]så [*~ a field*] **II** *vb itr* så; *as a man ~s, so shall he reap* ordspr. som man sår får man skörda

2 sow [saʊ] sugga; *you can't make a silk purse out of a ~'s ear* ung. man kan inte slipa en diamant av en gråsten

sown [səʊn] **1** se *1 sow* **2** bildl. översållad [*~ with pearls*]

soya ['sɔɪə], *~ sauce* soja[sås]

spa [spɑ:] **1** brunnsort **2** hälsobrunn

space [speɪs] **I** *s* **1** fys., filos. o.d. rymd[en]; världsrymden, rymd- [*~ research, ~ rocket*]; *time and ~* tid och rum **2** utrymme; svängrum; avstånd, mellanrum; areal; *blank ~* tomrum, lucka; *vacant ~* ledigt (tomt) utrymme, ledig plats; tomrum **3** tidrymd [äv. *~ of time*], period; *for (in) the ~ of a month* [under] en månad (en månads tid), under loppet av en månad **II** *vb tr* **1** ordna (ställa upp) med mellanrum (luckor, intervaller); göra mellanrum mellan; *~ out* placera ut; sprida [ut], fördela **2** boktr. o.d. göra mellanslag mellan; *~ out* spärra

spacecraft ['speɪskrɑ:ft] (pl. lika) rymdfarkost

space|man ['speɪs|mæn] (pl. *-men* [-mən]) rymdfarare, astronaut, kosmonaut

space probe ['speɪsprəʊb] rymdsond

space-saving ['speɪsˌseɪvɪŋ] utrymmesbesparande

spaceship ['speɪsʃɪp, 'speɪʃʃɪp] rymdskepp

space shuttle ['speɪsˌʃʌtl] rymdfärja

spacesuit ['speɪssu:t, -sju:t] rymddräkt

space travel ['speɪsˌtrævl] rymdfärder, rymdfart

spacious ['speɪʃəs] **1** rymlig, vidsträckt; spatiös **2** bildl. omfattande, mångsidig

1 spade [speɪd] kortsp. spaderkort; pl. *~s* spader; *a ~* äv. en spader

2 spade [speɪd] **I** *s* spade; *call a ~ a ~* nämna en sak vid dess rätta namn, tala rent ut **II** *vb tr* gräva [med en spade] [äv. *~ up*]

spadeful ['speɪdfʊl] spade ss. mått; *a ~ of earth* en spade jord

spadework ['speɪdwɜ:k] förarbete, grovarbete [*he did all the ~ for our new society*]; pionjärarbete

spaghetti [spə'getɪ] spaghetti, spagetti

Spain [speɪn] Spanien

spam [spæm] data. **I** *s* elektronisk skräppost oftast typ av massutskick innehållande reklam etc. **II** *vb tr* o. *vb itr* skicka stor mängd skräppost som massutskick via e-post

span [spæn] **I** *s* **1** avstånd mellan tumme och lillfinger utspärrade; spann (ca 9 tum el. 23 cm) **2** [bro]spann; *~ roof* byggn. sadeltak **3** spännvidd, räckvidd; *memory ~* minnesvidd, minnesomfång **4** tid[rymd]; levnadslopp [*man's ~ is short*]; *for a short ~ of time* under en kort tidrymd **5** flyg. vingbredd **II** *vb tr* **1** om bro o.d. spänna (leda) över [*~ a river*]; bildl. omspänna, spänna (sträcka sig) över [*his life ~ned almost a century; ~ three octaves*]; *the Thames is ~ned by many bridges* Temsen korsas av många broar **2** slå [en] bro över; bildl. äv. överbrygga [*~ a gap*] **3** ta sig över, korsa [*~ a bay*] **4** mäta med fingrarna [utspärrade]; nå (räcka) över (om) [*~ an octave*] **5** uppskatta, bedöma [*~ the distance to a star*], uppskatta bredden av

spangle ['spæŋgl] **I** *s* paljett; glittrande ting; pl. *~s* äv. glitter **II** *vb tr* paljettera; *~d with stars* stjärnbeströdd

Spaniard ['spænjəd] spanjor; spanjorska

spaniel ['spænjəl] spaniel hundras

Spanish ['spænɪʃ] **I** *adj* spansk; *~ chestnut* äkta (ätlig) kastanj; *~ cloak* slängkappa **II** *s* **1** spanska [språket] **2** *the ~* spanjorerna **3** vard. lakrits

spank [spæŋk] **I** *vb tr* ge smäll (smisk); daska (slå) till; *be ~ed* få smäll (smisk) **II** *s* smäll, dask

1 spanking ['spæŋkɪŋ] smäll, dask; *give a p. a ~* ge ngn smäll (dask)

2 spanking ['spæŋkɪŋ] **I** *adj* **1** rask, snabb [*~ trot*] **2** vard. väldig; *have a ~ time* ha jätteroligt **II** *adv* vard. väldigt; *~ new* splitterny

spanner ['spænə] skruvnyckel; *adjustable ~* skiftnyckel

1 spar [spɑ:] miner. spat

2 spar [spɑ:] sjö. mast, spira

3 spar [spɑ:] **I** *vb itr* **1** sparra; träningsboxas **2** munhuggas **II** *s* sparring; [tränings]boxning

spare [speə] **I** *adj* **1** ledig; extra[-], reserv- [*a ~ key (wheel)*], överlopps-, till övers; *~ bed* extrasäng, reservbädd; *~ cash* pengar [som blir] över; kontanter (pengar) i reserv; *~ room (bedroom)* gästrum; *~ time* fritid, lediga stunder; *~ tyre* a) reservdäck b) vard. bilring fettvalk **2** mager [*a ~ man; a ~ diet*]; knapp; klen **II** *vb tr* **1** avvara [*can you ~ a pound?*]; *can you ~ me a few minutes?* har du

några minuter över [för mig]?; *enough and to* ~ nog och övernog, så det räcker och blir över; *I have little time to* ~ jag har ont om tid; jag har inte mycket tid över [för (till) det] **2** a) skona [~ *a p.'s life (feelings)*] b) bespara, förskona; ~ *oneself the trouble to* bespara sig besväret att **3** spara på; använda sparsamt; ~ *no pains (expense)* inte sky (spara) någon möda (några kostnader) **4** reservera **III** *s* reservdel; *I've got a* ~ äv. jag har ett [däck (batteri o.d.)] i reserv

spareribs ['speərɪbz, -'-] kok. revbensspjäll

sparing ['speərɪŋ] måttlig, sparsam

sparingly ['speərɪŋlɪ] sparsamt, med måtta

1 spark [spɑːk], *a bright* ~ ofta iron. a) ett ljushuvud b) en lustigkurre, en glad lax

2 spark [spɑːk] **I** *s* gnista äv. bildl. [*a* ~ *of hope*]; *not a* ~ *of interest* inte ett spår av (en gnutta) intresse **II** *vb itr* **1** gnistra **2** tända om motor **III** *vb tr,* ~ [*off*] utlösa, sätta i gång, vara den tändande gnistan till

sparking-plug ['spɑːkɪŋplʌg] tändstift

sparkle ['spɑːkl] **I** *vb itr* **1** gnistra; bildl. spritta; briljera **2** om vin moussera; skumma **II** *s* **1** gnistrande, tindrande; glitter; glans; bildl. briljans **2** skum, bubblor

sparkler ['spɑːklə] **1** tomtebloss **2** sl., pl. ~*s* glitter diamanter

spark plug ['spɑːkplʌg] tändstift

sparring-partner ['spɑːrɪŋ,pɑːtnə] sparring[partner]; bildl. äv. trätobroder

sparrow ['spærəʊ] zool. sparv; *house* ~ gråsparv

sparse [spɑːs] gles [~ *hair*; *a* ~ *population*]

Spartan ['spɑːt(ə)n] **I** *adj* spartansk äv. bildl. **II** *s* spartan äv. bildl.

spasm ['spæz(ə)m] **1** spasm, kramp, [kramp]ryckning **2** anfall [*a* ~ *of coughing (grief)*]; bildl. äv. ryck

spasmodic [spæz'mɒdɪk] **1** spasmodisk, krampartad **2** bildl. stötvis

spastic ['spæstɪk] **I** *adj* spastisk **II** *s* spastiker

1 spat [spæt] imperf. o. perf. p. av *2 spit*

2 spat [spæt] vanl. pl. ~*s* korta damasker för herrar

spate [speɪt] **1** översvämning av flod; högvatten; *the river is in* ~ vattenståndet i floden är högt **2** bildl. ström, svall, flöde [*a* ~ *of words*], [stört]flod, skur

spatial ['speɪʃ(ə)l] rumslig; rymd-

spatter ['spætə] **I** *vb tr* stänka ned; stänka **II** *vb itr* stänka, skvätta; spruta **III** *s*

stänkande; stänk; skur [*a* ~ *of rain*; *a* ~ *of bullets*]

spatula ['spætjʊlə] **1** spatel; spackel **2** kok. stekspade; slickepott, degskrapa

spawn [spɔːn] **I** *vb tr* **1** lägga rom, ägg (om t.ex. fiskar) **2** producera i massor **II** *vb itr* **1** yngla, lägga rom **2** yngla av sig **III** *s* **1** rom; ägg **2** bildl. avföda, yngel

speak [spiːk] (imperf. *spoke*; perf. p. *spoken*; se äv. *speaking*) **I** *vb itr* **1** tala [*he was* ~*ing about* (om) *politics*]; *actions* ~ *louder than words* gärningar säger mer än ord; *so to* ~ så att säga; ~*ing!* i telefon [ja] det är jag som talar!; *relatively* ~*ing* relativt sett; *it* ~*s for itself* saken talar för sig själv; ~ *of* tala om; vittna om; *not to* ~ *of* för att nu inte tala om (nämna); *nothing to* ~ *of* inget att tala om, inget nämnvärt; ~ *up* a) tala högre, tala ur skägget b) tala ut; ~ *up for* höja sin röst (uppträda) till försvar för, ta i försvar **2** tala, hålla tal [~ *in public* (*at a meeting*)]; uttala sig [~ *on* (i) *a question*] **II** *vb tr* **1** tala [~ *a language,* ~ *English*] **2** säga; ~ *the truth* säga sanningen; tala sanning

speaker ['spiːkə] **1** talare [*he is no* (*a fine*) ~]; speaker; *the* ~ äv. den talande **2** parl., *S*~ talman **3** högtalare

speaking ['spiːkɪŋ] **I** *attr adj* o. *pres p* talande; tal- [*a* ~ *part* (roll); *a* ~ *choir*]; *the S*~ *Clock* tele. Fröken Ur **II** *s* tal, talande; *plain* ~ rent språk, ord och inga visor

spear [spɪə] **I** *s* spjut; ljuster **II** *vb tr* spetsa; ljustra

spearhead ['spɪəhed] **I** *s* **1** spjutspets **2** förtrupp äv. bildl.; ledare **II** *vb tr* bilda förtrupp för; gå i spetsen för

spearmint ['spɪəmɪnt] **1** bot. grönmynta **2** tuggummi med mintsmak

1 spec [spek] vard. (kortform av *speculation*) spekulation; *on* ~ på spekulation, i spekulationssyfte; *I went there on* ~ jag chansade och gick dit

2 spec [spek] kortform av *specification 2*

special ['speʃ(ə)l] **I** *adj* speciell [~ *reasons*]; alldeles extra; special-; *S*~ *Branch* säkerhetspolisen i Storbritannien **II** *s* **1** extrapolis som kallas in vid speciella tillfällen; pl. ~*s* äv. extrafolk, extramanskap, extrapersonal **2** extraupplaga, extranummer **3** *today's* ~ dagens rätt på matsedel **4** *on* ~ amer. till extrapris; [*lamb*] *is on* ~ det är extrapris på...

specialist ['speʃəlɪst] specialist, fackman; ~ *knowledge* specialkunskaper, fackkunskaper

speciality [ˌspeʃɪˈælətɪ] **1** specialitet; specialtillverkning **2** utmärkande drag

specialize [ˈspeʃəlaɪz] **I** *vb tr* specialisera; *~d knowledge* fackkunskaper, specialkunskaper **II** *vb itr* specialisera sig

specially [ˈspeʃ(ə)lɪ] särskilt, speciellt

species [ˈspiːʃiːz] (pl. lika) **1** art; *the [human]* ~ människosläktet, mänskligheten **2** slag, sort, typ

specific [spəˈsɪfɪk] **1** uttrycklig [*a ~ aim (promise, statement)*], bestämd, speciell [*a ~ purpose*]; *could you be a little more ~?* kan du (ni) precisera dig (er) närmare? **2** specifik; art- [*~ name*] **3** fys. specifik

specifically [spəˈsɪfɪklɪ] uttryckligen, bestämt etc., jfr *specific*

specification [ˌspesɪfɪˈkeɪʃ(ə)n] **1** specificerande **2** ~[s pl.] specifikation, detaljerad beskrivning

specify [ˈspesɪfaɪ] specificera [*the sum -ied*], [i detalj] ange, räkna upp, noga uppge

specimen [ˈspesɪmən] **1** prov; exemplar, specimen; preparat för mikroskopering; ~ *copy* provnummer; provexemplar av bok **2** vard., om pers. original, typ [*what a ~!*]

speck [spek] **1** [liten] fläck äv. på frukt; prick äv. bildl. [*the ship was a ~ on the horizon*] **2** korn [*a ~ of dust*], gnutta

speckled [ˈspekld] fläckig; prickig

1 specs [speks] vard., kortform av *specifications*

2 specs [speks] vard. (kortform av *spectacles*) brillor

spectacle [ˈspektəkl] **1** bildl. skådespel **2** syn, anblick [*a charming ~, a sad ~*]; *make a ~ of oneself* göra sig löjlig (till ett spektakel) **3** pl. *~s* glasögon [*a pair of ~s*]

spectacular [spekˈtækjʊlə] **I** *adj* effektfull; praktfull; spektakulär **II** *s* imponerande föreställning

spectator [spekˈteɪtə] åskådare

spectre [ˈspektə] spöke äv. bildl.; gengångare

spectr|um [ˈspektr|əm] (pl. *-a* [-ə] el. *-ums*) **1** fys. spektrum; *in all the colours of the ~* i alla regnbågens färger **2** bildl. spektrum, skala

speculate [ˈspekjʊleɪt] **1** spekulera, fundera **2** hand. spekulera

speculation [ˌspekjʊˈleɪʃ(ə)n] **1** spekulation; spekulerande, fundering **2** hand. spekulation

speculative [ˈspekjʊlətɪv] **1** spekulativ **2** hand. spekulations-, på spekulation [*~ purchases*]

speculator [ˈspekjʊleɪtə] hand. spekulant

sped [sped] imperf. o. perf. p. av *speed*

speech [spiːtʃ] **1** tal; talförmåga; muntlig framställning; talarkonst; *~ balloon* pratbubbla; *~ therapist* talterapeut, logoped; *freedom (liberty) of ~* yttrandefrihet **2** språk; mål; sätt att tala (uttrycka sig) [*know a p. by his ~*]; *~ habit* språkvana **3** tal; anförande; yttrande; *make a ~* hålla [ett] tal, hålla ett anförande **4** teat. replik

speechless [ˈspiːtʃləs] mållös [*~ with indignation*]

speed [spiːd] **I** *s* **1** fart, tempo; snabbhet; hastighetsgrad; *~ restrictions* hastighetsbegränsningar; *~ trap* hastighetskontroll, fartkontroll; *increase the ~* öka farten **2** tekn. växel **II** (*sped sped*, i bet. *2 ~ed ~ed*) *vb itr* **1** rusa [i väg], skjuta i väg **2 a)** köra för fort; överskrida fartgränsen **b)** *~ up* öka farten (takten), sätta full fräs **III** *vb tr* **1** skynda på [äv. *~ up*; *~ up production*] **2** *~ up* öka farten (hastigheten) på (hos), accelerera, sätta full fräs på

speedboat [ˈspiːdbəʊt] snabb motorbåt

speeding [ˈspiːdɪŋ] fortkörning

speed limit [ˈspiːdˌlɪmɪt] fartgräns; hastighetsbegränsning

speedometer [spɪˈdɒmɪtə] hastighetsmätare

speedway [ˈspiːdweɪ] **1** speedwaybana, motorbana; *~ [racing]* speedway **2** amer. motorväg

speedy [ˈspiːdɪ] hastig; snabb [*a ~ answer (worker)*], skyndsam; snar [*a ~ recovery*]

1 spell [spel] (*spelt spelt* el. *~ed ~ed*) **I** *vb tr* **1** stava; bokstavera; *~ out* a) förklara bokstav för bokstav; redogöra detaljerat för; säga rent ut (klart och tydligt) b) förstå, [ut]tyda [*~ out a p.'s meaning*] **2** bli [*c-a-t ~s cat*] **3** innebära, betyda [*it ~s ruin*], vålla **II** *vb itr* stava, stava rätt [*he cannot ~*]

2 spell [spel] **1** trollformel **2** förtrollning, förhäxning; *break the ~* bryta förtrollningen; *put a ~ on a p.* förtrolla ngn

3 spell [spel] **1** skift [*~ of work*], omgång; sjö. törn; *take ~s at the wheel* turas om att köra **2** [kort] period (tid) [*a cold (warm) ~*]; *breathing ~* andrum

spellbound [ˈspelbaʊnd] trollbunden

spelling [ˈspelɪŋ] stavning; bokstavering **2** rättskrivning, rättstavning

spelling-bee [ˈspelɪŋbiː] stavningslek, stavningstävling

spelt [spelt] imperf. o. perf. p. av *1 spell*

spend [spend] (*spent spent*; se äv. *spent*) **I** *vb tr* **1 a)** ge (lägga) ut pengar; göra av

med, ge [*he spent £150 on* (för) *the coat*]; förbruka, göra slut på; slösa [bort] **b)** använda tid, krafter m.m.; lägga ned; förbruka, uttömma [~ *one's strength*], ödsla bort; ~ *oneself* mattas, rasa ut [*the storm has spent itself*] **2** tillbringa; ~ *a whole evening over* [*a job*] tillbringa (hålla på) en hel kväll med..., använda en hel kväll till... **II** *vb itr* göra av med pengar; slösa; ~ *freely* strö pengar omkring sig
spender ['spendə] slösare; [stor]förbrukare
spending ['spendɪŋ] utgift[er]; ~ *cuts* nedskärning av utgifter[na]; ~ *money* fickpengar; ~ *power* köpkraft
spendthrift ['spen(d)θrɪft] **I** *s* slösare **II** *adj* slösaktig
spent [spent] **I** imperf. av *spend* **II** *perf p* o. *adj* utmattad [*a ~ horse*]; uttömd; förbi, slut; ~ *cartridge* använd patron; *time well ~* väl använd tid
sperm [spɜːm] **1** sperma, sperma- [~ *bank*] **2** spermie, sädescell
sperm whale ['spɜːmweɪl] zool. spermacetival, kaskelot
spew [spjuː] **I** *vb itr* spy **II** *vb tr* spy [upp] **III** *s* spya
sphere [sfɪə] **1** sfär, klot; glob **2** bildl. sfär; område; [umgänges]krets; ~ *of activity* (*activities*) verksamhetsområde, verksamhetsfält; ~ *of influence* intressesfär
spherical ['sferɪk(ə)l] sfärisk; klotrund
sphinx [sfɪŋks] sfinx äv. bildl.
spice [spaɪs] **I** *s* **1** krydda; koll. kryddor **2** bildl. krydda; *variety is the ~ of life* ombyte förnöjer **II** *vb tr* krydda äv. bildl.; ge krydda åt
spicy ['spaɪsɪ] **1** kryddad **2** bildl. pikant [*a ~ story*], rafflande; vågad
spider ['spaɪdə] zool. spindel; ~*'s web* spindelväv, spindelnät
spiel [ʃpiːl, spiːl] vard. [övertalnings]snack
spike [spaɪk] **I** *s* **1** pigg, spets t.ex. på staket; spik under sko; dubb; ~ *heel* stilettklack **2** grov spik; rälsspik **3** pl. ~*s* spikskor **4** bot. ax **II** *vb tr* **1** förse med en pigg (piggar) etc.; brodda **2** spika [fast]; genomborra [med en spik (spikar)]; spetsa **3** ~ *a p.'s guns* bildl. omintetgöra (sätta stopp för) ngns planer **4** vard. spetsa, hälla sprit i
spiky ['spaɪkɪ] **1** full av piggar etc., jfr *spike I*; piggig, taggig **2** spetsig; styv
1 spill [spɪl] **I** (*spilt spilt* el. ~*ed* ~*ed*) *vb tr* spilla [ut], hälla [ut] [~ *gravy on the tablecloth*]; utgjuta [~ *blood*], låta flyta (strömma ut, rinna över); släppa ut; ~ *the*

beans vard. prata bredvid mun[nen], skvallra, tjalla **II** (för tema se *I*) *vb itr* **1** spilla **2** rinna över, spillas ut; ~ *over* breda ut sig, sprida sig, flyta ut, svämma över; flöda **III** *s* **1** fall till marken från häst m.m. **2** spill; utsläpp
2 spill [spɪl] tunn trästicka att tända med
spin [spɪn] **I** (*spun spun*) *vb tr* **1** spinna **2** bildl., ~ *a yarn* vard. dra en historia **3** snurra [runt], sätta i snurrning (snurr på), snurra (leka) med [~ *a top*]; skruva boll; ~ *a coin* singla slant **II** (*spun spun*) *vb itr* **1** spinna **2** snurra [runt]; råka i spinn **3** ~ [*along*] glida (flyta, susa) [fram] **III** *s* **1** snurrande; skruv på boll; *give* [*a*] ~ *to a ball* skruva en boll **2** vard. liten [åk]tur **3** flyg. spinn; *flat ~* flatspinn
spinach ['spɪnɪdʒ, -ɪtʃ] spenat
spinal ['spaɪnl] ryggrads-; ryggmärgs- [~ *anaesthesia*]; ~ *column* ryggrad; ~ *cord* (*chord*) ryggmärg
spindle ['spɪndl] **1** textil.: a) spindel b) rulle, spole **2** tekn. spindel, axel; axeltapp
spindly ['spɪndlɪ] spinkig; skranglig
spin-drier ['spɪn,draɪə, ,-'--] centrifug för tvätt
spin-dry [,spɪn'draɪ] centrifugera tvätt
spine [spaɪn] **1** ryggrad **2** tagg; pigg; torn **3** bokrygg
spine-chilling ['spaɪn,tʃɪlɪŋ] skräck- [~ *story*], ryslig
spineless ['spaɪnləs] **1** ryggradslös **2** bildl. ryggradslös, karaktärslös
spinning-wheel ['spɪnɪŋwiːl] spinnrock
spin-off ['spɪnɒf] spin-off, biprodukt; avläggare
spinster ['spɪnstə] **1** jur. ogift kvinna **2** [gammal] fröken (ungmö); *old ~* äv. nucka
spiral ['spaɪər(ə)l] **I** *adj* spiralformig [~ *spring*], vindel-; ~ *staircase* spiraltrappa, vindeltrappa **II** *s* **1** spiral; snäcklinje; vindel; spiralfjäder **2** ekon. spiral [*inflationary ~*] **III** *vb itr* röra sig i (gå i, bilda) en spiral
spire ['spaɪə] tornspira; spira
spirit ['spɪrɪt] **I** *s* **1** ande äv. om pers. [*one of the greatest ~s of his day*]; själ [*the leading ~s*]; *the Holy S~* den Helige Ande **2** ande; spöke [*see a ~*] **3** anda; sinnelag; *community ~* samhällsanda **4** ~[*s* pl.] humör, [sinnes]stämning; *good ~s* gott humör (lynne, mod); *high ~s* gott humör, hög (glad, uppsluppen) stämning, uppsluppenhet **5** kraft; fart, energi; gnista; *recover one's ~* repa mod; *put a little more ~ into it!* sätt litet [mera] fart

på det hela! **6** andemening; *the ~ of the law* lagens anda; *enter into the ~ of* fatta innebörden av, leva (sätta) sig in i **7** kem. sprit [*wood ~*], alkohol; *~*[*s* pl.] sprit; essens; *white ~* lacknafta; *~*[*s*] *of wine* vinsprit **8** pl. *~s* sprit[drycker], spritvaror, spirituosa **II** *vb tr*, *~ away* (*off*) smussla bort, trolla bort

spirited ['spɪrɪtɪd] livlig [*a ~ dialogue*], kraftfull; modig [*a ~ attack* (*attempt*), *a ~ girl*], käck; pigg, kvick [*a ~ reply*], eldig [*a ~ horse*]

spirit level ['spɪrɪt‚levl] tekn. [rör]vattenpass

spiritual ['spɪrɪtjʊəl] **I** *adj* **1** andlig: a) själslig, själs- [*~ life*], själa- b) religiös [*~ songs*]; *~ leader* andlig ledare **2** förandligad **II** *s* mus. negro spiritual [äv. *Negro ~*]

spiritualism ['spɪrɪtjʊəlɪz(ə)m] spiritualism äv. filos.; spiritism

1 spit [spɪt] **I** *s* [grill]spett; stekspett **II** *vb tr* sätta på spett

2 spit [spɪt] **I** (*spat spat*) *vb itr* **1** spotta [*~ on the floor*]; *~ at* ([*up*]*on*) spotta på **2** spotta och fräsa [*the engine was ~ting*], [stänka och] fräsa i stekpannan **3** vard. stänka **II** (*spat spat*) *vb tr* **1** spotta ut [vanl. *~ out* (*forth*)]; *~ it out!* [kläm] fram med det!, ut med språket! **2** sprätta; *~ fire* spruta eld **3** *he's the ~ting image of his dad* han är sin pappa upp i dagen **III** *s* **1** spottning **2** spott; *~ curl* slickad lock, tjusarlock **3** *he's the ~ and image* (ibl. *the ~*) *of his dad* han är sin pappa upp i dagen

spite [spaɪt] **I** *s* ondska; motvilja, agg, groll; *in ~ of* trots, oaktat, i trots av; *in* (*from*, *out of*) *~* av illvilja, av elakhet **II** *vb tr* bemöta med illvilja; reta; *he is cutting off his nose to ~ his face* äv. det går bara ut över honom själv

spiteful ['spaɪtf(ʊ)l] ondskefull

spittle ['spɪtl] spott, saliv

spittoon [spɪ'tu:n] spottkopp

spiv [spɪv] sl. småskojare; dagdrivare; parasit

splash [splæʃ] **I** *vb tr* **1** stänka ned [*~ a p. with mud*], slaska ned; stänka [*~ paint all over one's clothes*], slaska; skvätta ut **2** plaska med [*~ one's toes*] **3** *~ one's money about* vard. strö pengar omkring sig **4** vard. slå upp nyheter i tidning **II** *vb itr* plaska; skvalpa; stänka, skvätta **III** *s* **1** plaskande; plask; skvalp; *make a ~* vard. väcka uppseende (sensation) **2** skvätt **3** [färg]stänk; *~ of colour* bildl. färgklick **4** vard. skvätt soda från sifon [*a whisky and ~*] **IV** *adv* pladask **V** *interj*, *~!* plask!, plums!

splashdown ['splæʃdaʊn] rymd. landning i havet; landningsplats i havet

splatter ['splætə] **I** *vb itr* plaska; stänka **II** *vb tr* **1** stänka ned **2** stänka, plaska

splay [spleɪ] **I** *vb tr* **1** snedda [av], fasa [av], vidga inåt (utåt) [*~ a window* (*doorway*)] **2** breda ut; spreta [ut] med **II** *s* [av]sneddning

spleen [spli:n] **1** anat. mjälte **2** bildl. dåligt humör [*a fit of ~*]; *vent one's ~ on* utgjuta sin galla över

splendid ['splendɪd] **1** ståtlig, praktfull, härlig **2** vard. finfin, utmärkt [*a ~ idea*]

splendour ['splendə] glans, prakt

splice [splaɪs] **I** *vb tr* **1** splitsa rep; laska timmer; skarva [ihop] film, band m.m.; foga ihop **2** sl., *get ~d* gänga sig gifta sig **II** *s* splits; lask; skarv

splint [splɪnt] **I** *s* kir. spjäla, skena; *put a bone in ~s* spjäla (spjälka) ett ben **II** *vb tr* spjäla

splinter ['splɪntə] **I** *vb tr*, *~* [*off*] splittra **II** *vb itr*, *~* [*off*] splittras; skärva (flisa) sig **III** *s* flisa, skärva [*~ of glass*], sticka; splitter; *~ group* utbrytargrupp

splinterproof ['splɪntəpru:f] splitterfri

split [splɪt] **I** (*split split*) *vb tr* **1** splittra äv. bildl.; klyva [*~ the atom*], spränga [sönder]; *~ hairs* ägna sig åt hårklyverier; *~ the vote* orsaka splittring i väljarkåren; *~ open* gå upp, brista [*the seam has ~ open*], spricka; *~ up* klyva sönder; sönderdela **2** dela upp [*~ a bottle of wine*; *~ the expenses*; ofta *~ up*], halvera; *~ the difference* dela på resten **II** (*split split*) *vb itr* **1** splittras, klyvas, rämna; bildl. äv. sprängas, dela [upp] sig; *my head is ~ting* det sprängvärker i huvudet på mig; *~ up* a) klyva sig, dela [upp] sig b) vard. skiljas, separera; bryta upp **2** dela [*~ equal*]; vard. dela på bytet (vinsten) **3** *~ on* sl. tjalla på kamrat o.d. **III** *s* **1** splittring äv. bildl.; klyvning **2** bildl. splittring [*a ~ in the party*] **3** spricka **4** *do the ~s* gå ned i spagat **IV** *perf p* o. *adj* splittrad äv. bildl.; kluven; *~ peas* [spritade och tu]delade ärter

split-level [‚splɪt'levl, attr. '-‚--] byggn. med förskjutet (förskjutna) [vånings]plan; i annat plan; *~ house* äv. sluttningshus, souterränghus

split-second [‚splɪt'sek(ə)nd] **I** *adj* på sekunden [*~ timing*]; blixtsnabb **II** *s* [bråk]del av en sekund

splitting ['splɪtɪŋ], *a ~ headache* en blixtrande huvudvärk

splutter ['splʌtə] **I** *vb itr* **1** sluddra [på målet]; snubbla på (över) orden **2** [spotta och] fräsa **II** *s* **1** sludder **2** spottande; stänkande; fräsande

spoil [spɔɪl] **I** *s*, ~[*s* pl.] rov äv. bildl.; ~*s of war* krigsbyte **II** (*spoilt spoilt* el. *~ed ~ed* [spɔɪlt el. spɔɪld]) *vb tr* **1** förstöra [~ *a p.'s pleasure* (*appetite*)], spoliera; *he ~t it all* han förstörde alltsammans **2** skämma bort [~ *a child*] **III** (för tema se *II*) *vb itr* **1** om frukt, fisk m.m. bli förstörd (oduglig, skämd) **2** *be ~ing for a fight* vara stridslysten, mucka gräl

spoilsport ['spɔɪlspɔ:t] vard. glädjedödare

spoilt [spɔɪlt] imperf. o. perf. p. av *spoil*

1 spoke [spəʊk] imperf. av *speak*

2 spoke [spəʊk] **1** eker i hjul **2** stegpinne **3** *put a ~ in a p.'s wheel* bildl. sätta en käpp i hjulet för ngn

spoken ['spəʊk(ə)n] **I** perf. p. av *speak* **II** *adj* talad; muntlig [*a ~ message*]; *he was pleasantly ~* a) han hade en trevlig (behaglig) röst b) han var trevlig att tala med

spokes|man ['spəʊks|mən] (pl. *-men* [-mən]) talesman, språkrör [*of, for* för]; föresprakare [*for* för]

sponge [spʌn(d)ʒ] **I** *s* **1** [tvätt]svamp; svampig massa; *throw* (*chuck*) *up* (*in*) *the ~* vard. kasta yxan i sjön, kasta in handduken, ge upp **2** kok. a) uppjäst deg b) lätt sockerkaka **3** vard. svamp **II** *vb itr* vard. snylta **III** *vb tr* **1** tvätta (torka) [av] med [en] svamp [äv. *~ down* (*over*)]; *~ up* suga upp med [en] svamp **2** vard. snylta sig till [~ *a dinner*]

sponge bag ['spʌn(d)ʒbæg] necessär

sponge cake ['spʌn(d)ʒkeɪk] lätt sockerkaka

sponger ['spʌn(d)ʒə] vard. snyltgäst

spongy ['spʌn(d)ʒɪ] **1** svampig; svampaktig, svampliknande; porös **2** om mark sumpig; blöt

sponsor ['spɒnsə] **I** *s* **1** sponsor; gynnare; garant **2** fadder vid dop **3** radio. el. TV. sponsor **II** *vb tr* **1** vara sponsor (garant) för; stå bakom; stå för; gynna **2** stå fadder åt **3** TV. el. sport. sponsra

sponsorship ['spɒnsəʃɪp] **1** sponsorskap **2** fadderskap

spontaneity [ˌspɒntə'ni:ətɪ] spontanitet

spontaneous [spɒn'teɪnjəs] spontan; frivillig; *~ combustion* självantändning, självförbränning

spoof [spu:f] vard. **I** *vb tr* skoja med; lura, narra **II** *s* skoj; spratt

spook [spu:k] **I** *s* vard. spöke **II** *vb tr* vard. spöka i (på, hos); om spöke hemsöka

spooky ['spu:kɪ] vard. spöklik, kuslig; spök-

spool [spu:l] **I** *s* spole; [film]rulle; *~ of thread* amer. trådrulle **II** *vb tr* spola

spoon [spu:n] **I** *s* **1** sked; skopa **2** fiske. skeddrag **II** *vb tr* ösa (äta) med sked [vanl. *~ up*]; *~ out* ösa upp [med sked], servera **III** *vb itr* fiska med skeddrag

spoonfeed ['spu:nfi:d] (*spoonfed spoonfed*) **1** mata med sked **2** dalta (pjoska) med **3** bildl. servera färdiga lösningar åt [~ *students*]

spoonful ['spu:nfʊl] (pl. ~*s* el. *spoonsful*) sked[blad] ss. mått; *a ~ of* en sked [med]

sporadic [spə'rædɪk] o. **sporadical** [spə'rædɪk(ə)l] sporadisk

spore [spɔ:] bot. spor

sport [spɔ:t] **I** *s* **1** sport; idrott; pl. *~s* äv. a) koll. sport; idrott b) idrottstävling[ar] [*school ~s*]; *~s ground* idrottsplats; *~s jacket* blazer, [sport]kavaj; sportjacka; *~s master* idrottslärare **2** lek; tidsfördriv **3** skämt; *in ~* på skoj (skämt) **4** vard. bra (reko) kille (karl); god förlorare; *a good ~* en trevlig (bussig) kamrat; *she's a real ~* hon är en verkligt bussig tjej (kamrat) **II** *vb itr* **1** leka, roa sig; *~ with* bildl. leka med **2** sport.; idrotta **III** *vb tr* vard. ståta med, skylta med [~ *a rose in one's buttonhole*]

sporting ['spɔ:tɪŋ] **1** a) sportande; sportälskande; sportslig; sport- [*a ~ event*]; *~ man* sportsman; sportig typ b) jakt-; jaktälskande; *~ gun* jaktbössa, jaktgevär **2** sportsmannamässig **3** vard., *a ~ chance* en sportslig (rimlig, ärlig) chans

sports|man ['spɔ:ts|mən] (pl. *-men* [-mən]) **1** idrottsman; sportsman **2** renhårig (hygglig) person; god förlorare, sportsman **3** jägare, fiskare

sportsmanlike ['spɔ:tsmənlaɪk] sportsmannamässig

sportsmanship ['spɔ:tsmənʃɪp] sportsmannaanda; renhårighet

sportswear ['spɔ:tsweə] sportkläder

sporty ['spɔ:tɪ] vard. **1** sportig; hurtig; sportsmannamässig **2** grann

spot [spɒt] **I** *s* **1** fläck äv. bildl. [*without a ~ on his reputation*]; prick **2** plats [*a lovely ~*]; punkt [*the highest ~ of the mountain*]; position; *bright ~* bildl. ljuspunkt; *on the ~* a) på platsen (stället) b) på stället (fläcken), genast [*act on the ~*] **3** [hud]utslag; finne; *come out in ~s* få finnar (utslag) **4** droppe, stänk [~*s of rain*]; vard. skvätt [~ *of whisky*], tår; smula; *a ~ of bother* lite trassel **II** *vb tr* **1** fläcka ned [~ *one's fingers with ink*];

sätta prickar på; bildl. befläcka **2** få syn på; känna igen; lägga märke till [~ *mistakes*], upptäcka [~ *talent*]; ~ *the winner* tippa vem som vinner
spot-check [ˌspɒt'tʃek] **I** *s* stickprov; flygande kontroll **II** *vb itr* o. *vb tr* göra ett (ta) stickprov [bland]
spotless ['spɒtləs] skinande ren, fläckfri
spotlight ['spɒtlaɪt] **I** *s* **1** spotlight; strålkastare; sökarljus på bil **2** strålkastarljus äv. bildl.; *be in (hold) the ~* stå i rampljuset **II** *vb tr* **1** belysa med strålkastare **2** bildl. ställa i strålkastarljuset (rampljuset)
spot-on [ˌspɒt'ɒn, '--] vard. perfekt
spotted ['spɒtɪd] **1** fläckig; ~ *red* rödprickig **2** [ned]smutsad; bildl. äv. fläckad
spotty ['spɒtɪ] **1** fläckig, prickig **2** finnig; med utslag
spouse [spaʊs, spaʊz] **1** jur. el. litt. [äkta] make (maka) **2** relig. brud, brudgum
spout [spaʊt] **I** *vb itr* **1** spruta [ut] **2** vard. orera **II** *vb tr* **1** spruta [ut]; spy ut **2** vard. nysta (haspla) ur sig [~ *verses*] **III** *s* **1** pip [~ *of a teapot*] **2** byggn. stupränna, stuprör **3** häftig stråle av vatten, ånga m.m.; vattenpelare **4** *down (up) the ~* ruinerad, slut, helt borta; åt pipan [*the deal went down the ~*]
sprain [spreɪn] **I** *vb tr* vricka; sträcka **II** *s* vrickning; sträckning
sprang [spræŋ] imperf. av *spring*
sprat [spræt] **1** zool. skarpsill, vassbuk, brissling; *tinned ~s* ansjovis i burk **2** skämts. liten (klen) stackare
sprawl [sprɔːl] **I** *vb itr* **1** sträcka (breda) ut sig, ligga; [ligga och] kravla; krypa omkring; spreta [utåt] [*the puppy's legs ~ed in all directions*]; *send a p. ~ing* vräka omkull ngn **2** breda ut sig; om handstil m.m. spreta åt alla håll **II** *vb tr* spreta [utåt]; (skreva) med [äv. *~ out*; ~ *one's legs*], sträcka ut **III** *s* spretande; vräkig (nonchalant) ställning
1 spray [spreɪ] blomklase; liten bukett
2 spray [spreɪ] **I** *s* **1** stänk [*the ~ of a waterfall*]; yrande skum [*sea ~*]; stråle **2** sprej; besprutningsvätska, besprutningsmedel **3** sprej[flaska]; spruta **II** *vb tr* spreja; bespruta **III** *vb itr* **1** stänka [omkring]; skumma **2** spreja
spread [spred] **I** (*spread spread*) *vb tr* **1** breda ut [~ [*out*] *a carpet (map)*], sprida [ut] [~ [*out*] *manure*], lägga ut; spänna ut [*the bird ~ its wings*]; sträcka ut [~ [*out*] *one's arms*]; veckla ut [~ *a flag*]; ~ *a cloth on (over) the table* lägga

[på] en duk på bordet **2** stryka; täcka **3** bildl. sprida [~ *disease*; ~ *knowledge*; ~ *news*], sprida ut, föra vidare **4** platta ut **II** (*spread spread*) *vb itr* **1** breda ut sig [äv. ~ *out*]; sprida sig; gripa omkring sig; sträcka sig [*a desert ~ing for hundreds of miles*] **2** vara (gå) lätt att breda [på] [*butter ~s easily*] **III** *s* **1** utbredande, spridande, spridning [*the ~ of disease; the ~ of education*] **2** utsträckning; vidd, omfång; *the ~ of a bird's wings* en fågels vingbredd **3** vard. kalas[måltid] **4** vard., *middle-age[d]* ~ gubbfläsk; gumfläsk **5** bredbart pålägg; *cheese ~* mjukost **6** flyg. vingbredd
spreadeagle [ˌspred'iːgl, '-,--] **I** *vb tr* **1** sträcka ut **2** slå omkull **II** *vb itr* sträcka ut sig
spree [spriː] vard. **1** a) glad skiva; våt skiva, fylleskiva; krogrond b) festande; *go [out] on the ~* gå ut och festa, gå krogrond **2** frossande; *go on a buying ~* gripas av köpraseri; *go on a spending ~* [vara ute och] sätta sprätt på pengar
sprig [sprɪg] [liten] kvist [*a ~ of parsley*], skott
sprightly ['spraɪtlɪ] livlig, glad
spring [sprɪŋ] **I** (*sprang sprung*) *vb itr* **1** hoppa [~ *out of bed*; ~ *over a gate*], rusa, fara [~ *up from one's chair*]; *the doors sprang open* dörrarna flög upp; ~ *to one's feet* rusa (fara) upp **2** rinna; *tears sprang to her eyes* hennes ögon fylldes av tårar **3** ~ [*up*] a) om växter spira, skjuta upp b) bildl. dyka upp; *industries sprang up [in the suburbs*] industrier växte upp... **4** uppstå **II** (*sprang sprung*) *vb tr* **1** få att plötsligt öppna sig; spränga [~ *a mine*], utlösa; ~ *a trap* få en fälla att smälla (slå) igen [*upon* om] **2** [plötsligt] komma med [~ *a surprise on* (åt) *a p.*]; ~ *a th. on a p.* överraska ngn med ngt **3** spräcka, knäcka; ~ *a leak* sjö. springa läck **III** *s* **1** vår äv. bildl. [*the ~ of life*], för ex. jfr *summer* **2** språng, hopp **3** källa [*hot (mineral) ~*]; *medicinal ~* hälsobrunn **4** fjäder [*the ~ of a watch*]; resår; pl. *~s* äv. fjädring, *~ mattress (bed)* resårmadrass **5** bildl. drivfjäder
spring balance [ˌsprɪŋ'bæləns] fjädervåg
springboard ['sprɪŋbɔːd] **1** språngbräda äv. bildl. **2** trampolin, svikt
spring-clean [i bet. *I* vanl. ˌsprɪŋ'kliːn, i bet. *II* vanl. '--] **I** *vb tr* vårstäda **II** *s*, *a ~* en vårstädning (storstädning)
spring onion [ˌsprɪŋ'ʌnjən] bot. el. kok. salladslök
springtime ['sprɪŋtaɪm] vår äv. bildl.; vårtid

springy ['sprɪŋɪ] fjädrande; spänstig
sprinkle ['sprɪŋkl] I *vb tr* **1** strö [ut], stänka **2** beströ, bestänka, strila; fukta; stänka kläder; *~ a th. with a th.* äv. strö (stänka) ngt på ngt II *vb itr* stänka, dugga, strila III *s* **1** stänk [*~ of rain*], gnutta **2** amer. kok., *~s* pl. strössel
sprinkler ['sprɪŋklə] **1** [vatten]spridare; sprinkler; stril; stänkflaska **2** vattenvagn
sprinkling ['sprɪŋklɪŋ] **1** [be]stänkande **2** bildl. a) [mindre] inslag [*a ~ of Irishmen among them*], fåtal, litet antal b) stänk; smula; *a ~ of* [*pepper*] en aning...
sprint [sprɪnt] sport. I *vb itr* sprinta, spurta II *s* **1** sprinterlopp **2** spurt, slutspurt
sprite [spraɪt] vattennymf
sprocket ['sprɒkɪt] tand på kedjekrans o.d.
sprout [spraʊt] I *vb itr* gro, skjuta skott II *vb tr* **1** få att gro (skjuta skott) **2** få [*~ horns* (*leaves*)] III *s* skott; grodd
1 spruce [spruːs] I *adj* prydlig; piffig; sprättig II *vb tr* o. *vb itr*, *~* [*up*] piffa upp [sig]
2 spruce [spruːs] bot. gran [äv. *~ fir, Norway ~*]
sprung [sprʌŋ] I perf. p. av *spring* II *adj*, *~ bed* resårsäng
spry [spraɪ] rask; hurtig; pigg
spud [spʌd] vard. plugg potatis
spun [spʌn] I imperf. o. perf. p. av *spin* II *adj* spunnen; *~ glass* glasfibrer; *~ sugar* spunnet socker
spunk [spʌŋk] I *s* **1** vard. mod; fart; hetsighet **2** vulg. sats sädesvätska II *vb itr* vulg., *~ off* satsa, spruta ejakulera
spur [spɜː] I *s* **1** sporre äv. bot. el. zool.; *win one's ~s* bildl. vinna sina sporrar **2** bildl. sporre, eggelse, impuls; *on the ~ of the moment* utan närmare eftertanke, spontant; oförberett, på rak arm II *vb tr* **1** *~* [*on*] sporra äv. bildl.; egga [*into, to* till], driva på **2** förse med sporrar III *vb itr* använda sporrarna; spränga (jaga) fram[åt] [äv. *~ on* (*forward*)]
spurious ['spjʊərɪəs] falsk, förfalskad
spurn [spɜːn], *~* [*at*] försmå, förakta
1 spurt [spɜːt] I *vb itr* spurta äv. bildl. II *s* spurt, slutspurt äv. bildl.
2 spurt [spɜːt] I *vb itr* spruta [ut (fram)]; sprätta om penna II *vb tr* spruta [ut] III *s* [utsprutande] stråle
sputter ['spʌtə] se *splutter*
spy [spaɪ] I *vb itr* spionera; *~ into* snoka i II *vb tr* **1** *~* [*out*] få syn på, varsebli, se [*~* [*out*] *the land*] **2** iaktta[ga] isht med kikare **3** spionera på III *s* spion; spejare
spy glass ['spaɪglɑːs] [liten] kikare

spy hole ['spaɪhəʊl] titthål
sq. ft. förk. för *square foot* (*feet*)
sq. in. förk. för *square inch*[*es*]
sq. m. förk. för *square metre*[*s*], *square mile*[*s*]
squabble ['skwɒbl] I *s* käbbel II *vb itr* käbbla
squad [skwɒd] **1** mil. grupp **2** [speciellt avdelad] grupp (styrka) [*bomb ~*], patrull; vanl. i sammansättn. *-rotel* [*fraud* (*vice*) *~*]; *~ car* polisbil [från spaningsroteln] **3** sport. trupp; *the England ~* engelska landslagstruppen
squadron ['skwɒdr(ə)n] **1** mil. eskader inom flottan; division inom flyget; *~ leader* major vid flyget **2** grupp, skara
squalid ['skwɒlɪd] snuskig, smutsig; eländig
squall [skwɔːl] I *vb itr* skrika II *vb tr* skrika [fram] III *s* **1** skrik **2** by ofta av regn el. snö; kastby **3** vard. käbbel
squalor ['skwɒlə] snusk, smuts; elände
squander ['skwɒndə] slösa [bort] [*~ money, ~ time*; äv. *~ away*]
square [skweə] I *s* **1** a) geom. kvadrat b) fyrkant, ruta; *we are back to ~ one* vi är tillbaka där vi började **2** torg, fyrkantig [öppen] plats; kvarter; *barrack ~* mil. kaserngård **3** matem. kvadrat[tal] **4** vinkelhake, vinkellinjal **5** sl. insnöad person II *adj* **1** kvadratisk, fyrkantig; *a room four metres ~* ett rum [som mäter] fyra meter i kvadrat; *~ foot* kvadratfot; *~ root* kvadratrot **2** rätvinklig, vinkelrät **3** satt, undersätsig **4** reglerad [*get one's accounts ~*]; uppgjord; jämn; *get ~ with* vard. göra upp med [*get ~ with one's creditors*]; *get things ~* vard. ordna upp det hela **5** renhårig, ärlig **6** otvetydig **7** vard. bastant, rejäl [*a ~ meal*] **8** sl. insnöad, mossig III *vb tr* **1** göra kvadratisk (fyrkantig); ruta [äv. *~ off*]; *~d paper* rutpapper **2** matem. upphöja i kvadrat [*~ a number*] **3** reglera [äv. *~ up*]; *~ one's conscience* freda (stilla) sitt samvete **4** avpassa IV *vb itr* **1** passa ihop **2** *~ up* a) göra sig beredd att slåss, inta gard[ställning] [*to mot*] b) göra upp [*it's time I ~d up with you*], betala **3** bilda en rät vinkel V *adv* **1** i rät vinkel, vinkelrätt **2** rakt, rätt **3** vard. renhårigt
squarely ['skweəlɪ] **1** i rät vinkel **2** rakt, rätt [*~ between the eyes*] **3** renhårigt, ärligt, schysst; *fairly and ~* öppet och ärligt **4** rakt på sak
1 squash [skwɒʃ] I *vb tr* **1** krama (klämma, pressa, mosa) sönder, krossa till mos; platta till [*sit on a hat and ~ it* [*flat*]]; *~*

one's finger [*in a door*] klämma fingret... **2** klämma in, pressa in **3** vard. krossa, slå ner [*~ a rebellion* (*riot*)] **4** vard. platta till **II** *vb itr* **1** kramas (klämmas, pressas) sönder, mosas [*tomatoes ~ easily*] **2** trängas; *~ into* (*through*) tränga (klämma, pressa) sig in i (in genom) **III** *s* **1** [folk]trängsel [*there was an awful ~ at the gate*] **2** mosande; mos **3** saft, lemonad [*lemon ~*] **4** sport. squash
2 squash [skwɒʃ] (pl. lika el. *~es*) bot. squash
squat [skwɒt] **I** *vb itr* **1** sitta på huk; sätta sig på huk [äv. *~ down*]; vard. sitta **2** trycka om djur **3** ockupera ett hus som står tomt **II** *vb rfl*, *~ oneself* [*down*] sätta sig på huk, huka sig [ned] **III** *adj* kort och tjock, satt
squatter ['skwɒtə] **1** person som sitter på huk **2** husockupant, markockupant
squaw [skwɔː] squaw indiankvinna
squawk [skwɔːk] **I** *vb itr* **1** isht om fåglar skria **2** vard. klaga [högljutt], protestera **3** sl. tjalla **II** *s* **1** skri **2** vard. högljudd protest
squeak [skwiːk] **I** *vb itr* **1** pipa om t.ex. råttor; skrika [gällt]; gnissla om t.ex. gångjärn; knarra om t.ex. skor **2** sl. tjalla **II** *vb tr* pipa fram [äv. *~ out*] **III** *s* **1** pip; [gällt] skrik; gnissel, knarr[ande]; jfr *I 1* **2** vard., *it was a narrow ~* det var nära ögat (på håret)
squeal [skwiːl] **I** *vb itr* **1** skrika gällt o. utdraget; skria; *~ like a pig* skrika som en stucken gris **2** sl. tjalla **3** vard. klaga, gnälla **II** *vb tr* skrika ut (fram) **III** *s* skrik; gnissel
squealer ['skwiːlə] **1** sl. tjallare **2** vard. gnällspik
squeamish ['skwiːmɪʃ] **1** ömtålig, blödig; pryd **2** kräsen
squeeze [skwiːz] **I** *vb tr* **1** krama, klämma [på], trycka [hårt] [*~ a p.'s hand*]; *~* [*out*] a) krama ur [*~* [*out*] *a sponge*] b) pressa (klämma) fram [*~* [*out*] *a tear*] **2** klämma in (ned) [*~ things into a box*]; *I can ~ you in tomorrow* jag kan klämma in (avsätta) en tid åt dig i morgon **3** bildl. pressa, [hårt] ansätta; suga ut; *~ a th. from* (*out of*) *a p.* pressa (klämma) ngn på ngt [*~ money from* (*out of*) *a p.*] **4** krama, omfamna **II** *vb itr* **1** tränga (pressa) sig [fram]; *can you ~ in* [*a meeting tomorrow*]*?* kan du klämma in [en tid för]...? **2** gå att klämma ihop (krama ur) **III** *s* **1** kramning [*a ~ of the hand*], tryck, press; hopklämning, hopknipning; urkramning **2** trängsel; *it was a tight ~* det var väldigt trångt **3** droppe [*a ~ of lemon*] **4** a) press; utpressning b) provision; *put the ~ on a p.* sätta press på ngn, öka trycket på ngn **5** vard., *it was a close* (*narrow, tight*) *~* det var nära ögat **6** ekon. åtstramning [*credit ~*] **7** kram, omfamning
squeezer ['skwiːzə] [frukt]press
squelch [skwel(t)ʃ] **I** *vb itr* klafsa, slafsa; skvätta ut **II** *vb tr* **1** krossa, klämma sönder **2** vard. snäsa av, huta åt; tysta ner **III** *s* klafs
squib [skwɪb] **1** pyrotekn. svärmare **2** smädeskrift; gliring **3** *damp ~* fiasko
squid [skwɪd] zool. tioarmad bläckfisk
squiggle ['skwɪɡl] **I** *vb itr* **1** snirkla sig **2** klottra **II** *s* krumelur
squint [skwɪnt] **I** *s* **1** vindögdhet; *have a ~* vara vindögd, skela **2** vard. titt; *have a ~ at* ta en titt på, kika på **II** *vb itr* **1** vara vindögd **2** vard. skela
squire ['skwaɪə] **I** *s* **1** godsägare; *country ~* äv. lantjunkare **2** vard. (i tilltal) min bäste herre; ofta utan motsv. i sv. [*what can I do for you, ~?*] **II** *vb tr* eskortera [*~ a lady*]
squirm [skwɜːm] **I** *vb itr* vrida sig; bildl. våndas, pinas; gruva sig **II** *s* skruvande; bildl. vånda
squirrel ['skwɪr(ə)l] ekorre; *flying ~* [mindre nordamerikansk] flygekorre
squirt [skwɜːt] **I** *vb tr* o. *vb itr* spruta [ut] med tunn stråle **II** *s* **1** [tunn] stråle [*~ of water*] **2** [liten] spruta **3** vard. puttefnask; nolla
sq. yd. fork. för *square yard*
Sr. o. **sr.** fork. för *senior*
SS fork. för *steamship*
1 St. o. **St** [sən(t), sɪn(t), sn(t)] fork. för *saint*
2 St. fork. för *Strait, Street*
stab [stæb] **I** *vb tr* **1** genomborra [*~ a p. with a th.*]; sticka ned, knivhugga; *~ to death* knivmörda, knivhugga till döds **2** sticka, stöta, köra [*~ a weapon into*], spetsa [*~ a piece of meat on the fork*] **3** bildl., *~ a p. in the back* falla ngn i ryggen **II** *vb itr* **1** stöta, måtta (rikta) en stöt **2** sticka 'till **III** *s* **1** stick, sting, stöt [*a ~ in the breast*]; knivhugg äv. bildl.; *a ~ in the back* bildl. en dolkstöt i ryggen **2** [plötslig] smärta [*a ~ of pain*]; stark känsla **3** vard. försök; *a ~ in the dark* en vild gissning
stability [stə'bɪlətɪ] stabilitet
stabilization [ˌsteɪbɪlaɪ'zeɪʃ(ə)n] stabilisering
stabilize ['steɪbɪlaɪz] stabilisera; göra stabil etc., jfr *1 stable*

stabilizer ['steɪbɪlaɪzə] **1** flyg. el. sjö. stabilisator **2** ~s stödhjul isht på barncykel
1 stable ['steɪbl] stabil [~ *currency*], fast [~ *prices*]; stadig; värdebeständig; varaktig
2 stable ['steɪbl] **1** [häst]stall äv. om uppsättning hästar; stallbyggnad; pl. ~s stall, stallbyggnad **2** vard. stall grupp racerförare, tennisspelare o.d. med gemensam manager
staccato [stə'kɑːtəʊ] **I** *adv* stackato äv. mus.; stötvis **II** (pl. ~s) *s* mus. stackato
stack [stæk] **I** *s* **1** stack av hö o.d. **2** trave [*a ~ of wood*; *a ~ of books*], stapel [*a ~ of boards*]; ordnad hög [*a ~ of papers*]; vard. massa, hög [*a ~ of things*, *~s of work*] **3** skorsten på ångbåt, ånglok m.m. **II** *vb tr* **1** stacka; trava [upp] [äv. ~ *up*]; **~ing chairs** stapelbara stolar **2** ~ **the cards** fiffla med korten (kortleken)
stadium ['steɪdjəm] stadion
staff [stɑːf] **I** (pl. ~s; i bet. *5 staves*) *s* **1** stav; bildl. stöd; *the ~ of life* brödet **2** [flagg]stång; långt skaft **3** personal [*office ~*], stab; ~ *nurse* sjuksköterska; *teaching* ~ lärarkår; *be on the* ~ höra till personalen (staben, kollegiet); vara fast anställd (ordinarie) **4** mil. stab; *General S~* generalstab **5** mus. notplan, notsystem **II** *vb tr* skaffa (anställa) personal till
stag [stæg] zool. kronhjort hanne
stage [steɪdʒ] **I** *s* **1** teat. scen; bildl. äv. skådeplats [*quit the political ~*]; estrad; teater [*the French ~, the comic ~*]; ~ *version* scenbearbetning; *hold the ~* a) hålla sig kvar på repertoaren b) dominera (vara centrum i) sällskapet; *on the ~* a) på scenen, på teatern b) på repertoaren; *go on the ~* bli skådespelare (skådespelerska) **2** stadium, skede [*at an early ~*]; steg **3** etapp; avstånd mellan två hållplatser; skjutshåll; *by easy ~s* i [korta] etapper; bildl. i små portioner, lite i taget **4** hållplats **II** *vb tr* **1** sätta upp [*~ a play*]; uppföra **2** iscensätta, arrangera, organisera; *~ a comeback* göra comeback
stagecoach ['steɪdʒkəʊtʃ] hist. diligens
stage door [ˌsteɪdʒ'dɔː, '--] sceningång
stage fright ['steɪdʒfraɪt] rampfeber
stage hand ['steɪdʒhænd] scenarbetare
stage-manage ['steɪdʒˌmænɪdʒ, ˌ-'--] **1** vara inspicient (regiassistent, studioman) vid **2** iscensätta **3** dirigera
stage manager [ˌsteɪdʒ'mænɪdʒə, '-ˌ---] inspicient; TV. studioman
stage-struck ['steɪdʒstrʌk] teaterbiten
stage whisper [ˌsteɪdʒ'wɪspə] teaterviskning

stagger ['stægə] **I** *vb itr* vackla, ragla; ~ *to one's feet* resa sig på vacklande ben **II** *vb tr* **1** få att vackla äv. bildl.; *be ~ed by the news* bli [upp]skakad av nyheterna **2** sprida [*~ lunch hours*]; *~ed hours* flextid; skift **III** *s* vacklande, raglande, vacklande (raglande) gång
staggering ['stægərɪŋ] **1** vacklande, vinglig, ostadig [*a ~ gait*] **2** *a ~ blow* ett dråpslag äv. bildl. **3** häpnadsväckande
stagnant ['stægnənt] **1** stillastående [*~ water*]; skämd **2** bildl. stagnerande
stagnate [stæg'neɪt, '--] **1** stå stilla **2** bildl. stagnera
stagnation [stæg'neɪʃ(ə)n] stagnation; stillastående; stockning
staid [steɪd] stadig, lugn, stadgad om person
stain [steɪn] **I** *vb tr* **1** fläcka [ned] [*~ one's fingers*, *~ the cloth*]; missfärga **2** färga [*~ cloth*]; betsa [*~ wood*]; *~ed glass* målat glas med inbrända färger **II** *vb itr* **1** få fläckar; missfärgas **2** fläcka ifrån sig **III** *s* **1** fläck äv. bildl. [*without a ~ on one's character*]; *~ remover* fläckborttagningsmedel **2** färgämne; bets
stainless ['steɪnləs] **1** fläckfri [*a ~ reputation*] **2** rostfri [*~ steel*]
stair [steə] **1** trappsteg **2** vanl. ~s (konstr. ss. sg. el. pl.) trappa isht inomhus [*winding ~s*]; trappuppgång; *a flight of ~s* en trappa; *the foot (head) of the ~s* foten (översta delen) av trappan **3** [fisk]trappa
staircase ['steəkeɪs] trappa; trappuppgång; *corkscrew (spiral) ~* spiraltrappa
stake [steɪk] **I** *s* **1** stake, stör, påle **2** isht pl. ~s insats vid vad o.d.; pott; *play for high ~s* spela högt **3** intresse, andel [*have a ~ in an undertaking*] **4** pl. ~s a) pris[pengar] vid hästkapplöpningar m.m. b) [pris]lopp **II** *vb tr* **1** fästa vid (stödja med) en stake (stör, påle) **2** ~ [*off (out)*] a) staka ut [*~ off (out) an area*] b) sätta av; reservera **3** inhägna (stänga av) med störar (pålar, stolpar) **4** våga [*~ one's future*]; satsa [*~ a fortune*]
stalactite ['stæləktaɪt] stalaktit; hängande droppsten
stalagmite ['stæləgmaɪt] stalagmit; stående droppsten
stale [steɪl] **I** *adj* **1** gammal [*~ bread*], unken [*~ air*], avslagen [*~ beer*], instängd [*~ tobacco smoke*], fadd **2** förlegad, gammal [*~ news*], nött, [ut]sliten [*~ jokes*] **3** övertränad, överansträngd **II** *vb tr* göra gammal (unken etc., jfr (*I*)) **III** *vb itr* bli gammal (unken etc., jfr (*I*))

stalemate ['steɪlmeɪt] **I** *s* **1** schack. pattställning **2** dödläge **II** *vb tr* **1** schack. göra patt **2** stoppa; få att gå i baklås (köra fast)
1 stalk [stɔːk] **1** bot. stjälk; stängel **2** [hög] skorsten **3** hög fot på vinglas; skaft **4** bil. spak på rattstång (reglage för vindrutetorkare m.m.)
2 stalk [stɔːk] **I** *vb tr* **1** gå med stolta steg **2** gå sakta och försiktigt; sprida sig långsamt [*famine ~ed through the country*] **II** *vb tr* **1** smyga sig på (efter) [*~ game (an enemy)*]; sprida sig långsamt genom **2** skrida fram genom (på) [*~ the streets*]
1 stall [stɔːl] vard. slingra sig; *~* [*for time*] försöka vinna tid, maska
2 stall [stɔːl] **I** *s* **1** spilta **2** [salu]stånd; kiosk; bord, disk för varor **3** teat. parkettplats; *orchestra ~s* främre parkett **4** kyrkl. korstol **5** [finger]tuta **6** amer. parkeringsruta **7** motor. tjuvstopp **II** *vb tr* **1** sätta in (hålla) i en spilta (spiltor, bås) **2** motor. få tjuvstopp i [*~ the engine*] **III** *vb itr* om motor o.d. tjuvstanna
stallion ['stæljən] [avels]hingst
stalwart ['stɔːlwət] **I** *adj* **1** stor och stark **2** ståndaktig, trogen [*a ~ supporter*] **II** *s* ståndaktig (trogen) anhängare
stamen ['steɪmen] bot. ståndare
stamina ['stæmɪnə] uthållighet, [motstånds]kraft
stammer ['stæmə] **I** *vb itr* stamma **II** *vb tr*, *~* [*out*] stamma fram **III** *s* stamning, stammande
stamp [stæmp] **I** *vb itr* stampa [*~ on the floor; ~ with* (av) *rage*]; trampa, klampa [*~ upstairs*] **II** *vb tr* **1** stampa med [*~ one's foot*]; stampa på (i) [*~ the floor*]; *~ the mud off one's feet* stampa av sig smutsen **2** trampa på, trampa ned [ofta *~ down*]; *~ out* a) trampa ut [*~ out a fire*] b) utrota [*~ out a disease*] c) krossa, slå ned, undertrycka [*~ out a rebellion*] d) göra (få) slut på **3** stämpla äv. bildl. [*~ a p. as a liar*]; stämpla på; trycka [*~ patterns on cloth*]; *he ~ed his personality on...* han satte sin personliga prägel på... **4** frankera [*~ a letter*] **5** bildl. prägla [*~ on* (i) *one's memory* (*mind*)] **III** *s* **1** stampning **2** stämpel verktyg; stamp äv. i stampverk; stans; stämpeljärn **3** stämpel; stämpling; prägel på mynt **4** frimärke; *book of ~s* frimärkshäfte **5** bildl. prägel, kännetecken **6** slag, sort, kaliber [*men of his* (*that*) *~*]
stamp-collector ['stæmpkə,lektə] frimärkssamlare

stamp duty ['stæmp,djuːtɪ] stämpelavgift
stampede [stæm'piːd] **I** *s* **1** vild (panikartad) flykt; rusning; panik **2** massrörelse **II** *vb itr* **1** råka i vild flykt, fly i panik **2** störta **III** *vb tr* **1** skrämma på flykten, försätta i panik **2** hetsa [*~ a p. into* [*doing*] *a th.*]
stamp pad ['stæmppæd] stämpeldyna
stance [stæns, stɑːns] **1** stance, slagställning i golf m.m. **2** ställning; *he took his ~ by the exit* han fattade posto vid utgången **3** inställning, attityd
stanch [stɑːn(t)ʃ] stilla, hämma [*~ the bleeding*]; *~ a wound* stilla blodflödet från ett sår
stand [stænd] **I** (*stood stood*) *vb itr* (se äv. *III*) **1** stå; *~ condemned* vara dömd, ha dömts [*for* för]; *~ to win* (*gain*) ha utsikt att (kunna) vinna; *I want to know where I ~* jag vill ha klart besked **2** stiga (stå) upp [*we stood, to see better*] **3** ligga [*the house ~s by* (vid) *a river; London ~s on* (vid) *the Thames*] **4** a) stå kvar, stå fast [*let the word ~*] b) hålla [*the theory ~s*], [fortfarande] gälla **5** stå; *as affairs* (*matters*) *now ~* som saken (det) nu förhåller sig **6** mäta [*he ~s six feet in his socks*]
II (*stood stood*) *vb tr* (se äv. *III*) **1** ställa [upp], resa [upp] [*~ a ladder against the wall*] **2** tåla [*I cannot ~ that fellow*], stå ut med; *~ the test* bestå provet; [*the material*] *will ~ washing* ...tål att tvättas **3** *~ trial for murder* stå inför rätta anklagad för mord **4** bjuda på [*~* [*a p.*] *a dinner*]; *~ treat* betala (bjuda på) kalaset, bjuda **5** *~ off* suspendera, friställa [*~ off an employee*]
III *vb tr* o. *vb itr* med adv. el. prep. isht med spec. övers.:
~ again polit. ställa upp för omval
~ apart: a) stå en bit bort; hålla sig på avstånd b) stå utanför c) stå i en klass för sig
~ aside: a) [bara] stå och se på, förhålla sig passiv b) stiga (träda) åt sidan
~ at uppgå till [*the number ~s at 170*]
~ back: a) dra sig bakåt b) *the house ~s back from the road* huset ligger en bit från vägen c) förhålla sig passiv
~ by: a) stå bredvid [*how can you ~ by and let him ruin himself?*] b) hålla sig i närheten, stå redo; ligga i beredskap; *~ by for further news* avvakta ytterligare nyheter c) bistå [*~ by one's friends*], stödja; *~ by a p.* äv. stå vid ngns sida d) stå [fast] vid [*~ by one's promise*], stå för [*I ~ by what I said*]

~ **down**: a) träda tillbaka [~ *down in favour of a better candidate*] b) träda ned från vittnesbåset
~ **for**: a) stå för [*what do these initials ~ for?*], betyda b) kämpa för [~ *for liberty*] c) stå som (vara) sökande till [~ *for an office*]; kandidera för d) vard. finna sig i [*I won't ~ for that*]
~ **on** hålla på [~ *on one's dignity (rights)*]
~ **out**: a) stiga (träda) fram b) stå ut, skjuta fram c) framträda, sticka av; *it ~s out a mile* det syns (märks) lång väg; ~ *out in a crowd* skilja sig från mängden; *make a melody ~ out* framhäva en melodi d) utmärka sig [*his work ~s out from* (framför) *that of others*], vara framstående e) hålla ut (stånd), stå på sig f) ~ *out for* a) hålla fast vid [~ *out for a demand*], hålla på [~ *out for one's rights*] b) kräva, yrka på [~ *out for more pay*]
~ **to**: isht mil. ligga (förlägga) i larmberedskap
~ **up**: a) stiga (stå, ställa sig) upp; ~ *up against* sätta sig emot; ~ *up for* försvara [~ *up for one's rights*], hålla på; ta parti för; ~ *up to* trotsa, sätta sig upp mot b) stå [upprätt] c) hålla, vara [*his clothes always ~ up better than mine*]; ~ *up to* stå emot, tåla, stå pall för
~ **with** ligga till hos [*how do you ~ with your boss?*]; ~ *well* (*high*) *with a p.* ligga väl till hos ngn
IV *s* **1** stannande, halt; *bring to a ~* stanna, stoppa, hejda **2** [försök till] motstånd [*his last ~*]; försvar; *make a ~* hålla stånd; *make a ~ for one's principles* kämpa för sina principer **3** plats; ställning, bildl. äv. ståndpunkt; *take* [*up*] *a ~* ta ställning, fatta ståndpunkt [*on* i]; *take one's ~* a) ställa sig [*take one's ~ on the platform*], fatta posto b) ta ställning **4** ställ; fot; hållare; stativ **5** stånd; kiosk; bord; utställningsmonter **6** station [*a taxi ~*] **7** [åskådar]läktare; estrad; *winners' ~* prispall vid tävling **8** vard. uppträdande under turné **9** amer. vittnesbås; *take the ~* avlägga vittnesmål

standard ['stændəd] **I** *s* **1** standar [*the royal ~*], fana **2** likare; standard[typ] **3** a) norm [*conform to the ~s of society*], mått[stock] b) standard; kvalitet; ~ *of living* levnadsstandard; ~ *of reference* a) måttstock b) standardverk; *by Swedish ~s* efter svenska mått; [*measured*] *by our ~s* med våra mått mätt; *come* (*be*) *up to ~* hålla måttet, vara fullgod **4** myntfot [*gold ~*]; *monetary ~* **5** stolpe; hög fot **6** bot. fristående [frukt]träd; buske (växt, träd) i stamform **II** *adj* standard- [~ *measures* (*weights*)], normal [*the ~ yard*], norm-; fullgod; [helt] vanlig [*a ~ pencil*]; ~ *deviation* statistik. standardavvikelse; ~ *rate* grundtaxa; enhetstaxa; normaltaxa; ~ *rate of taxation* normal skattesats
standard-bearer ['stændəd,beərə] fanbärare äv. bildl.
standardization [,stændədaɪ'zeɪʃ(ə)n] standardisering; normalisering; likriktning
standardize ['stændədaɪz] standardisera; normalisera; likrikta
standard lamp ['stændədlæmp] golvlampa
standby ['stæn(d)baɪ] **1** reserv- [~ *power unit*]; flyg. standby- [~ *ticket*]; ~ *duty* bakjour **2** stöd, pålitlig vän, tillflykt; säkert kort **3** reserv, ersättare; springvikarie; ersättning
stand-in ['stændɪn, ,-'-] stand-in; ersättare
standing ['stændɪŋ] **I** *adj* **1** stående; upprättstående; stillastående; ~ *jump* sport. stående hopp, hopp utan ansats **2** bildl. stående [*a ~ army, a ~ dish, a ~ rule*]; ständig, permanent; ständigt återkommande; *a ~ joke* ett stående skämt **II** *s* **1** ståplats; ~ *room* ståplats[er], utrymme för stående **2** ställning, status, position, anseende; *a man of* [*high*] *~* en ansedd man **3** *of long ~* gammal, av gammalt datum; långvarig
stand-offish [,stænd'ɒfɪʃ] reserverad, högdragen
standpoint ['stæn(d)pɔɪnt] ståndpunkt, ställningstagande
standstill ['stæn(d)stɪl] stillastående; *be at a ~* stå stilla, ha stannat av, ligga nere; *come to a ~* stanna [av], stoppa, bli stående; köra fast
stank [stæŋk] imperf. av *stink*
stanza ['stænzə] metrik. strof
1 staple ['steɪpl] **I** *s* **1** krampa, märla **2** häftklammer **II** *vb tr* **1** fästa (sätta fast) med krampa (märla) **2** häfta [samman]
2 staple ['steɪpl] **I** *s* **1** stapelvara **2** huvudbeståndsdel; stomme **3** råvara; råämne **II** *adj* **1** stapel-, huvud- [~ *article, ~ product*]; ~ *commodity* stapelvara, basvara **2** huvudsaklig [~ *food*]
stapler ['steɪplə] häftapparat; bokb. häftmaskin
star [stɑː] **I** *s* **1** stjärna; *the Stars and Stripes* stjärnbaneret USA:s flagga; *see ~s* bildl. se [solar och] stjärnor; *thank one's lucky ~s that* tacka sin lyckliga stjärna [för] att **2** film., sport. m.m. stjärna; ~ *system* stjärnkult **3** tele., *press the ~ button* tryck stjärna **II** *vb tr* **1** pryda

(märka) med stjärna (stjärnor); beströ med stjärnor **2** teat. o.d. presentera i huvudrollen; *be ~red [in a new film]* ha (få) huvudrollen..., vara (bli) stjärna...; *a film ~ring...* en film med...i huvudrollen **III** *vb itr* teat. o.d. spela (ha) huvudrollen
starboard ['stɑːbəd, -bɔːd] sjö. styrbord; *put the helm to ~* lägga rodret styrbord
starch [stɑːtʃ] **I** *s* stärkelse **II** *vb tr* stärka med stärkelse
starchy ['stɑːtʃɪ] **1** stärkelsehaltig **2** bildl. stel
stardom ['stɑːdəm] film. o.d.
1 stjärnvärlden; berömdheter
2 stjärnstatus; *her rise to ~* hennes upphöjelse till stjärna
stare [steə] **I** *vb itr* stirra; glo **II** *vb tr* stirra på; glo på; *it ~d us in the face* a) det stirrade emot oss, vi stod ansikte mot ansikte med det b) vi hade det mitt framför ögonen (näsan) [på oss]; det var alldeles solklart **III** *s* [stirrande (stel)] blick; stirrande; *give a p. a rude ~* stirra ohövligt på ngn
starfish ['stɑːfɪʃ] zool. sjöstjärna
stark [stɑːk] **I** *adj* **1** styv, stel isht av dödsstelhet [*~ and cold (stiff)*] **2** ren, fullständig [*~ nonsense*] **3** naken, bar [*~ rocks*] **4** skarp [*~ outlines*], markerad **II** *adv* fullständigt; *~ [staring] mad* spritt [språngande] galen, helgalen; *~ naked* spritt naken
starlet ['stɑːlət] **1** liten stjärna **2** film. o.d. ung (blivande) stjärna
starlight ['stɑːlaɪt] **I** *s* stjärnljus [*walk home by* (i) *~*] **II** *adj* stjärnklar [*a ~ night*], stjärnljus
starling ['stɑːlɪŋ] zool. stare
starlit ['stɑːlɪt] stjärnbelyst
starry ['stɑːrɪ] **1** stjärnbeströdd, stjärnklar **2** glänsande som stjärnor [*~ eyes*]
star-spangled ['stɑːˌspæŋgld] stjärnbeströdd; *the Star-Spangled Banner* stjärnbaneret USA:s flagga o. nationalsång
star-studded ['stɑːˌstʌdɪd]
1 stjärnbeströdd; stjärnklar [*a ~ night*]
2 teat. o.d. stjärnspäckad, med idel stjärnor [*a ~ cast*]
start [stɑːt] **I** *vb itr* **1** börja, starta; *don't ~!* börja inte [nu]!, sätt inte i gång!; *to ~ with* a) för det första b) till att börja med, till en början **2** starta, ge sig i väg; sätta [sig] i gång; *~ on a journey* ge sig ut på en resa **3** rycka till [*~ at* (vid) *the shot*; *~ with* (av) *horror*], haja till; *~ back* rygga tillbaka [*at* för (vid)] **4** plötsligt tränga (rusa); *the tears ~ed to* (*in*) *her eyes* hon fick tårar i ögonen **II** *vb tr* **1** börja, påbörja [*~ a meal*]; *~ a book* börja på en bok **2** starta [*~ [up] a car*], sätta i gång [med]; *~ a business* starta en affär; *let's get ~ed!* nu sätter vi i gång!; *I can't get the engine ~ed* jag kan inte få i gång (starta) motorn; *~ a fund* starta en insamling till en fond **3** hjälpa på traven; *~ a p. in life* hjälpa fram ngn **4** *~ a p. doing a th.* få (komma) ngn att [börja] göra ngt [*that ~ed us laughing*] **III** *s* **1** början, start; avfärd; *make a fresh ~* börja om från början; *for a ~* vard. för det första; *line up for the ~* ställa upp till start[en] (på startlinjen) **2** försprång [*a few metres' ~*]; *get* (*have*) *the ~ of* komma i väg före; få försprång framför **3** startplats, start **4** ryck; *give a ~* rycka (haja) till
starter ['stɑːtə] **1** starter startledare; *~'s gun* (*pistol*) startpistol, ollonpistol
2 startande, tävlingsdeltagare
3 startkontakt; startknapp **4** förrätt; *as a ~* till förrätt; *for ~s* vard. till att börja med, som en början (inledning); för det första [*well, for ~s he's not a good choice*]
starting-block ['stɑːtɪŋblɒk] startblock
starting-point ['stɑːtɪŋpɔɪnt] utgångspunkt äv. bildl.; startpunkt
starting-post ['stɑːtɪŋpəʊst] kapplöpn. startstolpe; startlinje
startle ['stɑːtl] **1** skrämma; *be ~d* bli förskräckt (bestört, häpen), baxna [*by* över] **2** skrämma upp [*~ a herd of deer*]
startling ['stɑːtlɪŋ] häpnadsväckande, alarmerande [*a ~ discovery*]
star turn [ˌstɑːˈtɜːn] teat. huvudnummer
starvation [stɑːˈveɪʃ(ə)n] svält; uthungring, utsvältning; *~ diet* svältkost; svältkur
starve [stɑːv] **I** *vb itr* svälta; *~ to death* svälta ihjäl; *I'm starving* vard. jag är utsvulten (jättehungrig) **II** *vb tr* låta svälta [*~ a p. to death* (ihjäl)], låta förgås av hunger
starved [stɑːvd] utsvulten; *~ to death* ihjälsvulten
state [steɪt] **I** *s* **1** tillstånd; skick [*in a bad ~*]; situation; *~ of alarm*
a) larmberedskap b) oro, ängslan; *~ of health* hälsotillstånd, hälsa, befinnande; *~ of mind* sinnestillstånd, mentalt (psykiskt) tillstånd; sinnesstämning; *in the present ~ of things* under nuvarande förhållanden; *what a ~ you are in!* vard. vad (så) du ser ut!; *get into a ~* vard. hetsa upp sig **2** stat; i USA m.fl. äv. delstat; stats-, delstats-, statlig; statsägd [*~ forests*]; *the S~* staten; *the States* Staterna Förenta

staterna; *the S~ Department* i USA utrikesdepartementet **3** stånd, ställning; [hög] rang, värdighet; *married (unmarried, single)* ~ *gift (ogift)* stånd; ~ *of life* [samhälls]ställning **4** ståt, gala, stass; ~ *apartment* representationsvåning, paradvåning **II** *vb tr* **1** uppge, påstå; förklara, anföra, berätta; upplysa om; ange; *it is ~d that* det uppges att **2** framlägga [~ *one's case*], framföra [~ *one's opinion*], framställa [~ *one's position*]; meddela [~ *one's terms*] **3** konstatera; fastställa

stateless ['steɪtləs] statslös

stately ['steɪtlɪ] ståtlig, storslagen; värdig; ~ *home* herresäte, herrgård

statement ['steɪtmənt] **1** uttalande; framställning; uppgift, påstående; *make a* ~ göra ett uttalande, uttala sig, lämna ett meddelande; *on his own* ~ enligt [hans] egen utsago **2** rapport; ~ *of account[s]* redovisning [av räkenskaper] **3** framställning

stateroom ['steɪtruːm] sjö. privat hytt, lyxhytt

states|man ['steɪts|mən] (pl. *-men* [-mən]) statsman

statesmanship ['steɪtsmənʃɪp] stats[manna]konst; statsmannaegenskaper

static ['stætɪk] **I** *adj* **1** fys. statisk [~ *electricity*] **2** stillastående **II** *s* **1** pl. *~s* (konstr. vanl. ss. sg.) fys. statik **2** statisk elektricitet

station ['steɪʃ(ə)n] **I** *s* **1** station **2** [samhälls]ställning, rang; *all ~s of life* alla samhällsklasser **3** [anvisad] plats; *take up one's* ~ inta sin plats äv. bildl.; fatta posto **4** mil. bas; [*naval*] ~ flottbas, örlogsstation **II** *vb tr* isht mil. stationera [~ *a regiment*]; placera ut [~ *a guard*] **2** ~ *oneself* placera sig [~ *oneself at the window*]

stationary ['steɪʃn(ə)rɪ] **1** stillastående [~ *train*], orörlig **2** stationär [~ *troops*]

stationer ['steɪʃ(ə)nə] pappershandlare; *~'s* [*shop*] pappershandel

stationery ['steɪʃn(ə)rɪ] skrivmateriel, kontorsmateriel; skrivpapper

stationmaster ['steɪʃ(ə)nˌmɑːstə] stationsinspektor, stins

station wagon ['steɪʃ(ə)nˌwægən] isht amer. herrgårdsvagn

statistical [stə'tɪstɪk(ə)l] statistisk

statistics [stə'tɪstɪks] (konstr. ss. pl.; i bet. 'statistisk vetenskap' ss. sg.) statistik[en]

statue ['stætjuː, -tjuː] staty; *the S~ of Liberty* frihetsgudinnan i New Yorks hamn

statuesque [ˌstætjʊ'esk] statylik; ståtlig

statuette [ˌstætjʊ'et] statyett

stature ['stætʃə] **1** växt, längd; gestalt; *short in (of)* ~ liten (kort) till växten, småvuxen **2** bildl. växt [*add something to one's ~*]; mått, format [*a man of ~*]

status ['steɪtəs, amer. äv. 'stætəs] **1** [social (medborgerlig)] ställning; *civil* ~ civilstånd **2** ställning

statute ['stætjuːt] [skriven] lag stiftad av parlament; författning; stadga

statutory ['stætjʊt(ə)rɪ] **1** lagstadgad; författningsenlig; ~ *offense (crime)* amer. straffbart brott **2** stadgeenlig

1 staunch [stɑːn(t)ʃ] se *stanch*

2 staunch [stɔːn(t)ʃ, amer. äv. stɑː n(t)ʃ] trofast [~ *ally,* ~ *supporter*]; ståndaktig

stave [steɪv] **I** *s* **1** stav i laggkärl; tunnstav **2** stegpinne **3** mus. notplan, notsystem **4** metrik. strof **II** *vb tr* **1** ~ *in* slå in (sönder), slå hål på [~ *in a barrel*] **2** ~ *off* avvärja [~ *off defeat (ruin)*]; uppehålla, hålla borta [~ *off creditors*]; uppskjuta **III** *vb itr,* ~ *in* gå sönder, tryckas in, krossas [*the boat ~d in when it struck the rock*]

1 stay [steɪ] **I** *vb itr* **1** stanna, stanna kvar; *it has come (it is here) to* ~ vard. det har kommit för att stanna, det kommer att stå (hålla i) sig; ~ *dinner* stanna [kvar] till middagen; ~ *away* stanna borta, utebli, hålla sig borta (undan), vara frånvarande [*from* från]; ~ *up* stanna (vara, sitta) uppe inte lägga sig **2** tillfälligt vistas, bo [~ *at a hotel;* ~ *with* (hos) *a friend*], stanna; *where are you ~ing?* var bor du?, var har du tagit in? **3** fortsätta att vara [~ *calm (young)*]; *if the weather ~s fine* om det vackra vädret håller i sig (står sig) **4** *~ing power* uthållighet **II** *vb tr* **1** hejda [~ *the progress of a disease*], hindra, hålla tillbaka; ~ *one's hunger* stilla den värsta hungern **2** jur. uppskjuta [~ *a decision,* ~ *the proceedings*], inställa **III** *s* **1** uppehåll; vistelse; besök [*at the end of her ~*] **2** jur. uppskov, uppskjutande; ~ *of execution* uppskov med verkställigheten [av domen]

2 stay [steɪ] **1** stöd, stötta **2** pl. *~s* äv. korsett, snörliv

3 stay [steɪ] sjö. **I** *s* stag **II** *vb tr* **1** staga [~ *a mast*] **2** stagvända med

stead [sted], *in my* ~ i mitt ställe, i stället för mig; *stand a p. in good* ~ vara ngn till nytta (god hjälp), komma [ngn] väl till pass

steadfast ['stedfəst, -fɑːst] stadig [~ *gaze*]; fast, orubblig [~ *faith*], ståndaktig

steady ['stedɪ] **I** *adj* **1** stadig [*a ~ table*],

fast, solid, stabil [*~ foundation*]; **hold the camera ~** hålla kameran stadigt (stilla) **2** jämn [*a ~ climate, a ~ speed*], stadig [*a ~ wind*; [*a*] *~ improvement*; *a ~ customer*]; ständig [*a ~ fight against corruption*], oavbruten; *a ~ downpour* ihållande regn **3** lugn [*a ~ temper, a ~ horse*], stadgad [*a ~ young man*], stadig [*a ~ character*], stabil [*a ~ man*]; *~ nerves* starka nerver **II** *adv* stadigt [*stand ~*]; *go ~* vard. ha sällskap, kila stadigt **III** *interj*, *~* [*on*]! el. *~ does it!* sakta i backarna!, ta det lugnt!. **IV** *vb tr* **1** göra stadig; stödja; ge stadga åt **2** lugna [*~ one's nerves*]; hålla stilla; stabilisera [*~ the prices*] **V** *vb itr* **1** bli stadig (stadgad); *~* [*down*] om pers. stadga sig **2** lugna sig; stabiliseras
steak [steɪk] biff; skiva [kött (fisk) för stekning]; stekt köttskiva (fiskskiva)
steakhouse ['steɪkhaʊs] stekhus restaurang
steal [stiːl] (*stole stolen*) **I** *vb tr* **1** stjäla [*~ a watch*]; stjäla sig till; *~ a glance* (*look*) *at* kasta en förstulen blick på **2** smuggla, smussla [*~ a th. into a room*] **II** *vb itr* **1** stjäla **2** smyga [sig], slinka [*~ after a p.*]; *~ up on a p.* smyga sig på (över, inpå) ngn
stealth [stelθ], *by ~* i smyg (hemlighet), i det tysta; på smygvägar; oförmärkt, förstulet
stealthy ['stelθɪ] förstulen [*~ glance*], oförmärkt; smygande [*~ footsteps*]; lömsk; skygg [*~ owl*]
steam [stiːm] **I** *s* **1** ånga; *full ~ ahead!* full fart framåt!; *under* (*on*) *one's own ~* för egen maskin (kraft) **2** imma [*~ on the windows*] **II** *vb itr* **1** ånga [*~ into the station*]; *~ along* (*ahead, away*) ånga i väg; bildl. äv. hålla god fart, gå raskt framåt **2** bildl. koka [*~ with* (av) *indignation*]; osa **III** *vb tr* **1** behandla med ånga; ångkoka; *~ open a letter* ånga upp ett brev **2** bildl., *he gets ~ed up about nothing* han jagar (hetsar) upp sig för ingenting
steam engine ['stiːmˌen(d)ʒɪn] **1** ångmaskin **2** ånglok
steamer ['stiːmə] **1** ångare, ångfartyg **2** ångkokare
steam iron ['stiːmˌaɪən] ångstrykjärn
steamroller ['stiːmˌrəʊlə] **I** *s* ångvält äv. bildl. **II** *vb tr* **1** mosa (mala) sönder, krossa [*~ all opposition*] **2** pressa
steamship ['stiːmʃɪp] ångfartyg
steamy ['stiːmɪ] **1** ångande, ång- **2** immig **3** vard. sexig; het [*~ nights*]
steed [stiːd] poet. el. skämts. springare

steel [stiːl] **I** *s* **1** stål äv. bildl. [*muscles of ~*] **2** vapen, klinga; *cold ~* blanka vapen; kallt stål **3** a) knivblad b) brynstål c) eldstål **II** *vb tr* bildl. härda, stålsätta [*~ one's heart* (*oneself*) *against fear*]
steelworks ['stiːlwɜːks] (konstr. vanl. ss. sg.; pl. *steelworks*) stålverk
steely ['stiːlɪ] stål-; stålartad; bildl. äv. obeveklig, hårdsint
1 steep [stiːp] **1** a) lägga i blöt; låta [stå och] dra [*~ tea*]; dränka in, genomdränka; vattna ur b) röta [*~ flax*]; bryggeri. stöpa c) doppa, blöta; *~ in vinegar* lägga i ättika **2** bildl. dränka; *~ oneself in a subject* fördjupa sig (försjunka) i ett ämne
2 steep [stiːp] **1** brant [*~ hill, ~ roof*]; bildl. äv. våldsam, snabb [*~ increase*] **2** vard. barock, otrolig [*~ price, ~ story*]; *a bit ~* äv. väl magstark (grov)
steeple ['stiːpl] [spetsigt] kyrktorn; tornspira
steeplechase ['stiːpltʃeɪs] sport. **1** steeplechase **2** hinderlöpning
1 steer [stɪə] stut, ungtjur
2 steer [stɪə] **I** *vb tr* styra [*~ a car*], manövrera [*~ a ship*]; bildl. lotsa [*~ a bill through Parliament*]; *~ one's way* styra kosan (sin kosa) **II** *vb itr* **1** styra; *~ clear of* bildl. undvika, hålla undan för, gå runt [om], hålla sig ifrån **2** [*a boat that*] *~s well* (*easily*) ...är lättmanövrerad (lättstyrd)
steerage ['stɪərɪdʒ] sjö. **1** styrning **2** mellandäck, tredje klass [*~ passenger*]
steering-column ['stɪərɪŋˌkɒləm] rattstång; styrkolonn; *~ gear-change* (*gearshift*) rattväxel; *~* [*gear-*]*lever* rattväxelspak
steering-wheel ['stɪərɪŋwiːl] ratt
stellar ['stelə] stjärn- [*~ light*], stellar-
1 stem [stem] **I** *s* **1** stam; stängel **2** skaft äv. på pipa; fot på svamp m.m.; [hög] fot på glas; mus. [not]skaft **3** stapel på bokstav **4** språkv. [ord]stam **5** sjö. a) stäv b) framstam **II** *vb itr*, *~ from* stamma (härröra) från, uppstå ur
2 stem [stem] stämma, stoppa [*~ the flow of blood*], dämma upp (för) [*~ a river*]; sträva emot äv. bildl.
stench [sten(t)ʃ] stank
stencil ['stensl, -sɪl] **I** *s* stencil; *cut a ~* skriva en stencil **II** *vb tr* stencilera
stenographer [steˈnɒgrəfə] isht amer. [stenograf och] maskinskriverska
stenography [steˈnɒgrəfɪ] stenografi
step [step] **I** *s* **1** steg [*walk with slow ~s*]; [ljudet av] steg, fotsteg; [dans]steg; *keep ~* hålla takten, gå i takt; *keep* [*in*] *~ with*

hålla jämna steg (gå i takt) med **2** gång, sätt att gå; *go with a heavy ~* gå med tunga steg; *quick ~* snabb takt (marsch) **3** åtgärd; *take ~s* vidta åtgärder (mått och steg), göra något [åt saken] [*to* för att]; *what's the next ~?* vad ska ske (vi göra) nu? **4** a) trappsteg; trappa b) stegpinne c) fotsteg; pl. *~s* a) [ytter]trappa b) [trapp]stege **5** steg, pinnhål [*he rose several ~s in my opinion*] **II** *vb itr* stiga, kliva [*~ across a stream*], gå; träda; trampa [*~ on the brake*]; *~ this way!* var så god, [kom med] den här vägen!; *~ into a car* kliva (stiga) in i en bil; *~ on it* vard. a) ge mera gas, gasa på b) skynda på; *~ down* a) stiga (kliva) ner b) bildl. träda tillbaka; *~ inside* stiga (kliva, gå) in **III** *vb tr* **1** *~ off* (*out*) stega upp (ut) [*~ off a distance of fifty metres*] **2** *~ down* gradvis minska, sänka [*~ down production*]; *~ up* driva upp, öka [*~ up production*]; intensifiera [*~ up the campaign*]
stepbrother ['step,brʌðə] styvbror
step|child ['step|tʃaɪld] (pl. *-children* [-,tʃɪldr(ə)n]) styvbarn
step dance ['stepdɑːns] stepp
stepdaughter ['step,dɔːtə] styvdotter
stepfather ['step,fɑːðə] styvfar
stepladder ['step,lædə] trappstege
stepmother ['step,mʌðə] styvmor
steppe [step] stäpp, grässlätt
stepping-stone ['stepɪŋstəʊn] **1** klivsten över vatten o.d.; sten att kliva på **2** bildl. trappsteg, språngbräde [*~ to fame* (*promotion*)]
stepsister ['step,sɪstə] styvsyster
stepson ['stepsʌn] styvson
stereo ['steriəʊ, 'stɪər-] **I** *adj* stereo-, stereofonisk; stereoskopisk **II** *s* stereo[anläggning]; stereo[foniskt ljud] [*listen to a concert in ~*]
stereophonic [,steriə'fɒnɪk, ,stɪər-] stereofonisk [*~ reproduction*]
stereoscope ['steriəskəʊp, 'stɪər-] stereoskop
stereotype ['steriətaɪp, 'stɪər-] **I** *s* sociol. o.d. stereotyp **II** *vb tr* göra stereotyp (klichéartad)
sterile ['steraɪl, amer. 'ster(ə)l] steril, ofruktbar äv. bildl.
sterility [stə'rɪlətɪ] sterilitet, ofruktbarhet äv. bildl.
sterilization [,sterəlaɪ'zeɪʃ(ə)n, -lɪ'z-] sterilisering
sterilize ['sterəlaɪz] sterilisera
sterling ['stɜːlɪŋ] **I** *s* sterling benämning på brittisk valuta [*five pounds ~*]; *payable in ~* betalbar i brittisk valuta (pund sterling)

II *adj* **1** sterling- [*~ silver*]; fullödig **2** bildl. äkta
1 stern [stɜːn] **1** sträng [*~ father, ~ look*], bister [*~ manner*]; *take a ~ view of a th.* se ngt med oblida ögon **2** hård [*~ discipline*]
2 stern [stɜːn] sjö. akter
steroid ['sterɔɪd, 'stɪər-] kem. el. fysiol. steroid
stethoscope ['steθəskəʊp] med. **I** *s* stetoskop **II** *vb tr* undersöka med stetoskop
stevedore ['stiːvədɔː] sjö. stuvare, stuveriarbetare
stew [stjuː] **I** *vb tr* (se äv. *stewed*), låta småkoka (sjuda, långkoka) i kort spad **II** *vb itr* (se äv. *stewed*); småkoka; *let him ~ in his own juice* vard., ung. som man bäddar får man ligga **III** *s* **1** ragu [äv. *mixed ~*]; stuvning **2** bildl. *be in* (*get into*) *a ~* vara (bli) utom sig (ifrån sig)
steward [stjʊəd] **1** hovmästare i finare hus, på restaurang o.d.; intendent, skattmästare vid klubb, college o.d.; klubbmästare **2** sjö., flyg. m.m. steward **3** marskalk vid fest o.d.; funktionär vid tävling, utställning o.d. **4** [gods]förvaltare **5** förtroendeman
stewardess [,stjʊə'des, 'stjʊədəs] sjö., flyg. m.m. kvinnlig steward; flygvärdinna, bussvärdinna osv.
stewed [stjuːd] **1** kokt; *~ beef* ung. köttgryta; kalops; *the tea is ~* teet är beskt (har dragit för länge) **2** sl. packad berusad
1 stick [stɪk] **1** pinne, kvist [*gather dry ~s to make a fire*], sticka; blompinne, stör [*cut ~s to support the beans*]; *a few ~s of furniture* några få enkla möbler **2** käpp [*walk with a* (med) *~*], stav [*ski ~*]; klubba [*hockey ~*]; i sammansättn. -skaft [*broomstick*]; *get hold of* (*have*) *the wrong end of the ~* vard. få (ha fått) alltsammans om bakfoten **3** stång, bit; i sammansättn. -stift [*lipstick*]; *~ of celery* selleristjälk; *a ~ of chalk* en krita **4** mus. a) taktpinne b) trumpinne **5** flyg. vard. [styr]spak **6** vard., *a dry old ~* en riktig torrboll **7** mil. bombsalva [äv. *~ of bombs*]
2 stick [stɪk] (*stuck stuck*) **I** *vb tr* **1** sticka, köra [*~ a fork into a potato*] **2** vard. sticka [*~ one's head out of the window*], stoppa [*~ one's hands into one's pockets*]; sätta, ställa [*you can ~ it anywhere you like*] **3** klistra; fästa; klistra (sätta) upp [*~ bills on a wall*]; *~ no bills!* affischering förbjuden! **4** vard. stå ut med [*I can't ~ that fellow*]; *I can't ~ it* jag står inte ut (uthärdar inte längre) **5** *be stuck* a) ha

fastnat [*the lift was stuck*], ha hakat upp sig [*the door was stuck*] b) ha kört fast [*when you are stuck, ask for help*]; *get stuck* fastna; köra fast, gå bet på, inte komma någon vart **6** vard. sätta (skriva) upp [*~ it on the bill*] **7** sl. dra åt helvete med [*you can ~ your job!*]
II *vb itr* **1** vara (sitta) instucken **2** klibba (hänga, sitta) fast [*the stamp stuck to* (vid, på) *my fingers*], klibba (sitta) ihop [äv. *~ together*]; häfta **3 a**) fastna [*the key stuck in the lock*], haka upp sig [*the door has stuck*], kärva; bli sittande (stående, hängande) **b**) vard. komma av sig; *~ fast* sitta fast **4** vard. stanna [*~ at home*], stanna [kvar] [*~ where you are*]
III *vb itr* o. *vb tr* med adv. o. prep. isht med spec. övers.:

*~ **about*** (**around**) vard. hålla sig (stanna) i närheten

*~ **at**:* **a**) vard. hålla på med [*~ at one's work ten hours a day*] **b**) hänga upp sig på, fästa sig vid [*~ at trifles*] **c**) *~ at nothing* inte sky några medel

*~ **by*** vard.: **a**) vara (förbli) lojal mot (solidarisk med) **b**) *I'm stuck by* [*this problem*] jag går bet på..., jag kan inte klara av...

*~ **down**:* **a**) sätta (ställa, lägga, stoppa) [ner] **b**) klistra igen [*~ down an envelope*] **c**) vard. skriva ner

*~ **for**:* **a**) vard., *be stuck for* bli (vara) förbryllad (ställd); sakna, plötsligt stå där utan; *be stuck for an answer* vara (bli) svarslös, inte ha något svar att komma med **b**) sl., *what did they ~ you for that?* vad fick du pröjsa (ville de ha) för det?

*~ **in**:* **a**) sätta (skjuta, stoppa) in [*~ in a few commas*] **b**) vard., *be stuck in* sitta fast i, inte kunna lämna [*he is stuck in Paris*]; *get stuck in* [*a job*] sätta igång [på allvar] med... **c**) *~ in a p.'s mind* fastna (fästa sig, stanna) i ngns minne; *~ in the mud* sitta fast (fastna) i dyn, bildl. äv. sitta fast i det förgångna; stå och stampa på samma fläck **d**) *~ one's heels in* bildl. sätta sig på tvären, spjärna emot

*~ **on**:* **a**) *~ on one's spectacles* sätta (ta) på [sig] glasögonen **b**) vard., *be stuck on* [*a girl*] ha kärat ner sig i..., vara tänd på...

*~ **out**:* **a**) räcka ut [*~ out one's tongue*], sticka (stå, skjuta) ut (fram); puta ut [med] **b**) falla i ögonen, vara påfallande; vara tydlig; *it ~s out a mile* (*like a sore thumb*) vard. det syns (märks) lång väg, det kan man inte ta fel (miste) på **c**) vard. hålla (härda) ut; *~ it out!* håll ut! **d**) *~ out*

for [*higher wages*] envist hålla (stå) fast vid sina krav på..., yrka på...

*~ **to**:* **a**) hålla sig till [*~ to the point* (*the truth*)]; hålla (stå) fast vid [*~ to one's word* (*promise*)], vara trogen [*~ to one's ideals*]; fortsätta med, stanna [kvar] på [*~ to one's work* (*post*)]; *~ to it!* fortsätt med det!, släpp inte taget!, stå på dig! **b**) *~ to a p.* hålla fast vid ngn, förbli ngn trogen, troget följa ngn

*~ **together**:* **a**) klistra (limma) ihop; klibba ihop **b**) vard. hålla ihop [som ler och långhalm]

*~ **up**:* **a**) sticka (skjuta) upp **b**) sätta upp [*~ up a poster*] **c**) vard., *~ up for* försvara [*~ up for one's rights*]; ta i försvar, stödja [*~ up for a friend*] **d**) sl. råna [under vapenhot] [*~ up a p.* (*a bank*)]; *~ 'em up!* el. *~ your hands up!* upp med händerna! **e**) vard., *~ up to* göra motstånd (sticka upp) mot; inte låta sig hunsas av [*~ up to a bully*] **f**) sätta (skriva) upp [*~ it up to* (på) *me*]

*~ **with**:* **a**) vard. hålla ihop (vara tillsammans) med [*you need not ~ with me all the time*], hålla sig till, hålla fast vid **b**) vard., *~ a p. with a th.* betunga ngn med ngt, tvinga på ngn ngt
sticker ['stɪkə] **1** gummerad (självhäftande) etikett; amer. äv. plakat, affisch **2** vard. person som inte ger sig (ger upp) i första taget; efterhängsen person
sticking-plaster ['stɪkɪŋˌplɑːstə] häftplåster
stickleback ['stɪklbæk] zool. spigg
stickler ['stɪklə] pedant [äv. *~ for order*]; *be a ~ for* [*details*] vara kinkig (noga) med...
stick-on ['stɪkɒn] gummerad [*~ labels*]
stick-up ['stɪkʌp] sl. väpnat rån
sticky ['stɪkɪ] **1** klibbig, kladdig [*~ fingers*, *~ toffee*], seg; lerig [*a ~ road*, *~ soil*]; *~ tape* tejp; *be on a ~ wicket* bildl. vara illa ute **2** om väder tryckande **3** besvärlig, kinkig [*a ~ problem*] **4** vard. a) ovillig [*I tried to pump him, but he was rather ~*] b) nogräknad **5** vard. obehaglig [*a ~ past*]; *he'll come to a ~ end* det kommer att gå illa för honom
stiff [stɪf] **I** *adj* **1** styv [*~ collar*], stel [*~ legs*], oböjlig [*straight and ~*]; fast [*a ~ mixture*; *~ clay* (*soil*)]; trög [*a ~ lock*]; *have a ~ neck* vara stel i nacken **2** stram, stel, formell [*a ~ bow* (bugning), *a ~ manner*], kylig [*a ~ reception*], tvungen, onaturlig; *keep a ~ upper lip* vara [likgiltig och] oberörd, inte förändra en min **3** styv [*a ~ breeze*], kraftig [*a ~ current*] **4** stark [*a ~ drink*]; *a ~ whisky*

en stor (stadig) whisky **5** hård [*~ competition*, *~ terms*], skarp [*a ~ protest*]; kraftig [*a ~ price*]; *~ demands* hårda krav (bud) **6** vard. ansträngande, jobbig [*a ~ walk*], svår **II** *adv*, *bore a p. ~ tråka ut* (ihjäl) ngn **III** *s* sl. **1** döing lik **2** *you big ~!* din fårskalle!

stiffen ['stɪfn] **I** *vb tr* **1** göra styv (stel); stärka [*~ed petticoat*] **2** stärka [*~ one's position*] **3** bildl. skärpa [*~ one's demands* (krav)] **II** *vb itr* **1** a) styvna, hårdna b) om pers. bli spänd **2** bli hårdare (besvärligare); om vind friska i **3** bildl. bli fastare [*his resolution ~ed*], skärpas; stramas åt [*prices ~ed*]

stifle ['staɪfl] **I** *vb tr* **1** kväva [*~ a fire*]; *we were ~d by the heat* vi höll på att kvävas av hettan **2** bildl. kväva **II** *vb itr* kvävas

stifling ['staɪflɪŋ] kvävande [*~ heat*]

stigma ['stɪgmə] **1** bildl. stigma **2** bot. märke på pistill

stigmatize ['stɪgmətaɪz] bildl. brännmärka, stigmatisera [*~ a p. as a traitor*]

stile [staɪl] [kliv]stätta

stiletto [stɪ'letəʊ] (pl. *~s*) stilett

1 still [stɪl] **I** *adj* **1** stilla [*a ~ lake* (*night*)]; tyst; dämpad; sakta; *~ waters run deep* i det lugnaste vattnet går de största fiskarna; *keep ~* hålla sig stilla **2** icke kolsyrad [*~ lemonade*]; *~ wines* icke mousserande viner **II** *s* **1** poet. stillhet **2** stillbild, reklambild ur film **III** *vb tr* **1** stilla [*~ a p.'s appetite*] **2** lugna [*~ one's conscience*] **IV** *adv* **1** tyst och stilla [*sit ~*] **2** ännu, fortfarande [*he is ~ busy*]; *when* (*while*) *~ a child* redan som barn **3** a) vid komp. ännu [*~ better* el. *better ~*] b) *~ another* ännu (ytterligare) en **V** *konj* likväl [*to be rich and ~ crave more*]; men ändå [*it was futile*, *~ they fought*]; *~*, *he is your brother* han är dock (i alla fall, trots allt) din bror

2 still [stɪl] **1** destillationsapparat **2** bränneri

stillbirth ['stɪlbɜːθ] **1** dödsfödsel **2** dödfött barn

stillborn ['stɪlbɔːn] dödfödd äv. bildl.

still life [ˌstɪl'laɪf, '--] (pl. *~s*) stilleben

stilt [stɪlt] stylta

stilted ['stɪltɪd] om stil o.d. uppstyltad

stimulant ['stɪmjʊlənt] stimulerande (uppiggande) medel; njutningsmedel; stimulans; pl. *~s* äv. stimulantia

stimulate ['stɪmjʊleɪt] stimulera; reta, väcka [*~ a p.'s curiosity*]

stimulation [ˌstɪmjʊ'leɪʃ(ə)n] stimulering; retning

stimul|us ['stɪmjʊl|əs] (pl. *-i* [-aɪ el. -iː])

stimulans; bildl. äv. eggelse, sporre, drivfjäder [*to till*]

sting [stɪŋ] **I** *s* **1** gadd; brännhår hos nässla **2** a) stick av insekt o.d. b) stickande, sveda [*the ~ of a whip*] **3** bildl. skärpa; *take the ~ out of* bryta udden av **4** sl. blåsning **II** (*stung stung*) *vb tr* **1** sticka [*stung by a bee*]; svida i [*the blow stung his fingers*]; om nässla bränna; *the smoke began to ~ her eyes* röken började sticka (svida) i ögonen [på henne] **2** bildl. a) såra; plåga [*his conscience stung him*]; *be stung by remorse* ha samvetskval b) *~ to* (*into*) driva till [*his anger stung him to action*], reta upp till [att] **3** sl. blåsa [*I was stung for* (på) *£5*], skinna **III** (*stung stung*) *vb itr* **1** om växter, insekter m.m. stickas; brännas **2** svida [*his face stung in the wind*]

stinging-nettle ['stɪŋɪŋˌnetl] bot. brännässla

stingy ['stɪn(d)ʒɪ] **1** snål **2** njugg; ynklig

stink [stɪŋk] **I** (imperf. *stank*, el. ibl. *stunk*; perf. p. *stunk*) *vb itr* **1** stinka; *~ of* stinka av, lukta [*~ of garlic*] **2** vard. vara botten (rena pesten) [*this town ~s*] **3** vard. stinka [*the whole affair ~s*], ha dålig klang, vara ökänd **4** sl., *~ with* (*of*) vara nerlusad med [*~ with* (*of*) *money*] **II** (för tema se *I*) *vb tr*, *~ out* förpesta [luften i] [*you will ~ the place out with your cheap cigars*] **III** *s* **1** stank **2** vard. ramaskri; *raise* (*kick up*, *make*) *a ~* [*about a th.*] höja ett ramaskri [över ngt] [att], ställa till rabalder [om ngt] **3** skol. sl., pl. *~s* (konstr. ss. sg.) kemi

stinker ['stɪŋkə] vard. **1** lortgris, äckel; kräk, potta **2** a) hård nöt att knäcka; [*the exam*] *was a ~* ...var ursvår b) *come a ~* misslyckas, göra fiasko

stinking ['stɪŋkɪŋ] **I** *adj* **1** stinkande **2** vard. motbjudande; rutten **3** sl. a) dödfull, plakat b) *~* [*with money*] nerlusad med pengar **II** *adv* sl. ur-, as-; *~ drunk* dödfull, asfull

stint [stɪnt] **I** *vb tr* **1** spara på, snåla med [*~ the food*]; inskränka **2** missunna, vara snål mot; *~ oneself* snåla **II** *s* **1** a) inskränkning, begränsning b) snålhet; *without ~* obegränsat, utan knussel **2** [bestämd] uppgift [*do one's daily ~*]; andel

stipend ['staɪpend] fast lön, fast arvode isht till präst

stipendiary [staɪ'pendjərɪ] **I** *adj* avlönad; *~ magistrate* polisdomare i större stad, utnämnd och avlönad av staten **II** *s* se *~ magistrate* ovan

stipulate ['stɪpjʊleɪt] stipulera [*~ a price*], föreskriva; avtala

stipulation [ˌstɪpjʊˈleɪʃ(ə)n] stipulation i kontrakt o.d.

stir [stɜː] **I** *vb tr* **1** röra, sätta i rörelse; bildl. äv. väcka [*~ a controversy*]; *he didn't ~ a finger* [*to help me*] han rörde inte ett finger (en fena)...; [*a breeze*] *~red the lake* ...krusade sjön; *~ up* a) hetsa upp, få att resa sig [*~ up the people*], väcka [*~ up interest*] b) anstifta, sätta i gång, få att blossa upp [*~ up a revolt*], ställa till [*~ up trouble* (bråk)]; [*be quiet!*] *you're ~ring up the whole house* ...du väcker hela huset **2** röra, vispa [*~ an omelette*], röra i [*~ the fire* (*porridge*)]; röra ned (i) [*~ milk into a cake mixture*]; *~ up* röra upp, virvla upp [*~ up dust*]; röra om väl **II** *vb itr* röra sig [*not a leaf ~red*], [börja] röra på sig; vakna; *be ~ring* vara i rörelse (farten); vara på benen; *he never ~red out of the house* han gick aldrig ut **III** *s* **1** omrörning; omskakning; *give the fire a ~!* rör om i elden ett tag! **2** rörelse; liv och rörelse **3** uppståndelse; *make* (*create*) *a great ~* åstadkomma stor uppståndelse

stirring [ˈstɜːrɪŋ] **I** pres. p. av *stir* **II** *adj* **1** rörande [*a ~ speech*], spännande [*~ events*] **2** rörlig, livlig [*a ~ scene*]

stirrup [ˈstɪrəp] stigbygel äv. anat.

stitch [stɪtʃ] **I** *s* **1** a) sömnad. el. med. stygn b) söm sömnad; *a ~ in time saves nine* ung. en enkel åtgärd i tid kan spara mycket arbete senare; bättre stämma i bäcken än i ån **2** maska i stickning o.d. [*drop* (tappa) *a ~*]; slag i knyppling **3** vard., *he did not have* (*had not*) *a ~ on* han hade inte en tråd på kroppen **4** håll [i sidan]; *keep a p. in ~es* få ngn att vrida sig av skratt **II** *vb tr* sy, sticka söm; brodera; *~* [*together*] sy ihop, fästa ihop [med några stygn] **III** *vb itr* sy; brodera

stoat [stəʊt] zool. **1** hermelin (lekatt) i sommardräkt **2** vessla

stock [stɒk] **I** *s* **1** stock, stubbe **2** stam av träd o.d. **3** underlag för ympning, grundstam **4** block, stock; gevärsstock; i sammansättn. -skaft [*whipstock*] **5** a) härstamning [*of Dutch ~*] b) ras [*Mongoloid ~*] c) språkfamilj, språkgrupp; *he comes of Irish ~* han härstammar från en irländsk familj; *horses of good ~* hästar av god ras (avel) **6** bot. lövkoja **7** a) råmaterial b) kok. buljong, spad **8** lager [*~ of butter*], förråd äv. bildl.; *take a ~* a) inventera [lagret], göra en inventering b) bildl. granska läget; göra bokslut; *be out of ~* vara slut [på lagret], vara slutsåld **9** a) [kreaturs]besättning, kreatursbestånd b) inventarier på gård; redskap c) materiel [*rolling-stock*] **10** ekon. a) statslån; statsobligation[er] b) aktiekapital [äv. *capital ~*]; grundfond; aktier [äv. bildl.: *her ~ was* (stod) *not high*], värdepapper; *~s* [*and shares*] äv. börspapper, fondpapper **11** skeppsbygg., pl. *~s* stapel; *on the ~s* på stapelbädden, under byggnad; bildl. under arbete **12** hist., pl. *~s* stock ss. straffredskap [*sit* (*put*) *in the ~s*] **II** *attr adj* **1** a) som alltid finns på lager [*~ articles*], lager- b) bildl. stereotyp [*~ situations*]; *~ example* standardexempel, typexempel; *~ jokes* utnötta kvickheter; *~ phrase* stående uttryck, talesätt **2** lantbr. avels- [*~ bull*] **III** *vb tr* **1** fylla [med lager] [*~ the shelves*], förse [*~ shop with goods*]; skaffa [kreaturs]besättning till [*~ a farm*]; *~ a pond* [*with fish*] plantera in fisk i en damm; *well ~ed with* välförsedd med, välsorterad i (med) **2** [lager]föra; lagra; *~ up* fylla på lagret av **IV** *vb itr*, *~ up* fylla på lagret; lägga upp ett förråd (lager) [*with av*]

stockade [stɒˈkeɪd] **I** *s* palissad **II** *vb tr* omge (befästa) med palissader

stockbroker [ˈstɒkˌbrəʊkə] hand. fondmäklare

Stockholm [ˈstɒkhəʊm]

stockinet o. **stockinette** [ˌstɒkɪˈnet] slät trikå

stocking [ˈstɒkɪŋ] [lång] strumpa; *~ cap* toppluva

stock-in-trade [ˌstɒkɪnˈtreɪd] **1** [varu]lager **2** uppsättning av redskap o.d.; utrustning **3** bildl. varumärke, yrkesknep, repertoar [*an actor's ~ on the stage*]

stockist [ˈstɒkɪst] återförsäljare; leverantör

stockpile [ˈstɒkpaɪl] **I** *s* förråd, upplag; reserv[lager]; beredskapslager; en stats vapenarsenal **II** *vb tr* lagra, lägga upp lager av; hamstra **III** *vb itr* lägga upp lager; hamstra

stock-still [ˌstɒkˈstɪl] alldeles stilla (orörlig)

stocktaking [ˈstɒkˌteɪkɪŋ] **1** hand. m.m. [lager]inventering **2** bildl. inventering, överblick

stocky [ˈstɒkɪ] undersätsig

stodgy [ˈstɒdʒɪ] **1** om mat tung, mäktig, mastig [*a ~ pudding*], hårdsmält **2** tung, livlös, tråkig; trögläst

stoke [stəʊk] **I** *vb tr*, *~* [*up*] förse med bränsle, fylla på bränsle på (i); lägga på ved [*~* [*up*] *a fire*; *~* [*up*] *the fire*] **II** *vb itr* **1** *~ up* elda, sköta elden, fylla på bränsle

[*~ up twice a day*]; vara eldare **2** vard., *~ up* sätta i sig ett skrovmål, skyffla in
stoker ['stəʊkə] eldare
1 stole [stəʊl] [päls]stola; [lång] sjal
2 stole [stəʊl] imperf. av *steal*
stolen ['stəʊl(ə)n] perf. p. av *steal*
stolid ['stɒlɪd] trög; dum [*~ resistance*]
stomach ['stʌmək] **I** *s* **1** mage; buk; magsäck; *bad* (*weak*) *~* dålig (klen) mage; *turn a p.'s ~* a) vända sig i magen på ngn, kvälja ngn b) bildl. äckla ngn, bära ngn emot; *be sick at* (*to, in*) *one's ~* amer. vara (bli) illamående, må illa, ha (få) kväljningar; *it sticks in my ~* det grämer mig **2** matlust; aptit; bildl. äv. lust; *have no ~ for* bildl. inte ha lust för (med), inte känna för **II** *vb tr* **1** kunna äta (få ner) **2** bildl. tåla [*~ an insult; he cannot ~ it*], fördra
stomach ache ['stʌməkeɪk] magknip, magont; *I have got* [*a*] *~* jag har ont i magen
stomach pump ['stʌməkpʌmp] magpump
stomp [stɒmp] **I** *s* vard. stampande **II** *vb itr* vard. stampa
stone [stəʊn] **I** *s* **1** sten [*built of ~*; äv. bildl. *a heart of ~*] äv. grå [*~ paint*]; [*precious*] *~* ädelsten **2** kärna i stenfrukt **3** (pl. vanl. *stone*) viktenhet a) = 14 *pounds* (6,36 kg) [*two ~ of flour; he weighs 11 ~*[*s*]] b) ss. köttvikt = 8 *pounds* (3,63 kg) **II** *vb tr* **1** stena; kasta sten på; *~ the crows!* el. *~ me!* jösses!, det må jag säga! **2** kärna ur stenfrukt
stone-cold [ˌstəʊn'kəʊld] iskall
stoned [stəʊnd] **1** urkärnad **2** sl. packad berusad; hög narkotikapåverkad **3** isht amer. sl. upphetsad, i extas
stone-dead [ˌstəʊn'ded] stendöd
stone-deaf [ˌstəʊn'def] stendöv
stonemason ['stəʊnˌmeɪsn] stenmurare; stenhuggare
stonewall [ˌstəʊn'wɔːl] **1** om slagman i kricket spela defensivt; bildl. hålla sig på defensiven **2** parl. obstruera, maratontala
stoneware ['stəʊnweə] stengods
stony ['stəʊnɪ] **1** stenig [*~ road*] **2** stenhård [*~ stare*], iskall [*~ silence*]; känslolös
stood [stʊd] imperf. o. perf. p. av *stand*
stooge [stuːdʒ] **I** *s* vard. underhuggare, springpojke, hejduk; strykpojke; lakej **II** *vb itr* **1** agera (vara) springpojke (hejduk etc., jfr *I*) **2** sl., *~ about* (*around*) driva omkring
stool [stuːl] **1** stol utan ryggstöd; taburett; säte; *fall between two ~s* bildl. sätta sig mellan två stolar **2** med. avföring

stool pigeon ['stuːlˌpɪdʒən] **1** lockfågel äv. vard. **2** vard. tjallare
1 stoop [stuːp] **I** *vb itr* **1** luta (böja) sig [ner] [ofta *~ down*] **2** gå (sitta) framåtböjd (krokig) **3** bildl. nedlåta sig, sänka sig **II** *vb tr* luta, sänka [*~ one's head*] **III** *s* lutning; kutryggighet; *walk with a ~* gå framåtlutad (framåtböjd)
2 stoop [stuːp] amer. [öppen] veranda; förstukvist; yttertrappa
stop [stɒp] **I** *vb tr* **1** stoppa, stanna; hindra; uppehålla; *~ thief!* ta fast tjuven! **2** sluta [med] [*~ that nonsense!*; *~ talking* ([att] *prata*)], låta bli [*~ that!*]; inställa [*~ payment* (*betalningarna*)]; dra in, hålla inne [*~ a p.'s wages*]; *~ it!* sluta!, låt bli! **3** stoppa (proppa, fylla) igen, täppa till (igen) [ofta *~ up*; *~ a leak*]; hämma (stoppa) blödningen från [*~ a wound*]; *~ one's ears* hålla för öronen, bildl. slå dövörat till **4** mus. a) trycka ner sträng; trycka till hål på flöjt o.d. b) registrera orgel **II** *vb itr* **1** stanna; *~!* stopp!, halt!; *~ dead* (*short*) tvärstanna; *~ off* (isht amer. *by*) *at a p.'s place* **2** om ljud, naturföreteelse m.m. sluta, avstanna **3** vard. a) stanna [*~ at home*], bo [*~ at a hotel*]; *~ for* stanna och vänta på, stanna kvar till [*won't you ~ for dinner?*] b) *~ the night* stanna över, ligga över **III** *s* **1** stopp; uppehåll; *be at a ~* ha stannat; *bring to a ~* hejda; *without a ~* om tåg o.d. utan [något] uppehåll **2** hållplats [*bus ~*] **3** mus. a) grepp b) tvärband på greppbräda c) hål, klaff på flöjt o.d. d) register; registerandrag; [orgel]stämma; *pull out all the ~s* bildl. sätta till alla klutar **4** skiljetecken; tele. stop punkt; *full ~* punkt
stopcock ['stɒpkɒk] [avstängnings]kran
stopgap ['stɒpgæp] **I** *s* **1** a) tillfällig ersättning (utfyllnad, åtgärd); spaltfyllnad b) mellanspel; [*emergency*] *~* nödfallsutväg **2** ersättare; vikarie **II** *adj* tillfällig, övergångs-
stoplight ['stɒplaɪt] trafik. **1** stoppljus **2** bromsljus
stop-over ['stɒpˌəʊvə] **1** avbrott, uppehåll **2** anhalt
stoppage ['stɒpɪdʒ] **1** tilltäppning **2** a) avbrytande; spärrning; stopp; stockning b) avbrott, uppehåll c) driftstörning d) arbetsnedläggelse; *~ of payment* betalningsinställelse
stopper ['stɒpə] **I** *s* **1** propp i flaska o.d.; kork; spärr; *put a* (*the*) *~ on* vard. sätta stopp (p) för **2** fotb. stopper defensiv mittfältare **II** *vb tr* proppa igen (till), korka igen

stop-press ['stɒppres], ~ [*news*] presstopp-nyheter, pressläggningsnytt
stopwatch ['stɒpwɒtʃ] stoppur
storage ['stɔ:rɪdʒ] **1** lagring; ~ *battery* (*cell*) elektr. ackumulator; batteri; *put furniture in* ~ magasinera möbler, lämna möbler till förvaring **2** magasinsutrymme, lagerutrymme; [lagrings]kapacitet **3** data. lagring; minne; ~ *device* minnesanordning; minne
store [stɔ:] **I** *s* **1** förråd, lager äv. bildl.; pl. ~*s* förråd [*military* ~*s*], förnödenheter, proviant [*ship's* ~*s*]; *in* ~ i förråd (reserv), på lager, i beredskap; *what has the future (will the future hold) in* ~ *for us?* vad har framtiden i beredskap åt oss? **2** varuhus [vanl. *department* ~]; isht amer. butik, affär; *general* ~*s* pl. (konstr. ss. sg. el. ibl. pl.) lanthandel, diversehandel **3** magasin, förrådshus **4** data. minne **5** *set* (*lay*) *great* (*little*) ~ *by* a) sätta stort (föga) värde på b) lägga stor (ringa) vikt vid **II** *vb tr* **1** lägga upp [lager av] [ofta ~ *away* (*up*)]; förvara, magasinera [~ *furniture*]; elektr. o.d. ackumulera **2** ha utrymme (kapacitet) för **3** data. el. elektr. lagra **4** utrusta [med proviant] [~ *a ship*]; förse
storehouse ['stɔ:haʊs] **1** magasin, lager[byggnad], förrådshus **2** bildl., *he is a* ~ *of information* han är en riktig guldgruva (en rik informationskälla)
storekeeper ['stɔ:,ki:pə] **1** isht mil. förrådsförvaltare **2** amer. butiksinnehavare
storeroom ['stɔ:ru:m] **1** förrådsrum; skräpkammare; vindskontor **2** lagerlokal
storey ['stɔ:rɪ] våning; *on the first* ~ en trappa upp, amer. på nedre botten
storeyed ['stɔ:rɪd] ss. efterled i sammansättn. med...våningar, -vånings- [*a three-storeyed house*]
stork [stɔ:k] zool. stork
storm [stɔ:m] **I** *s* **1** oväder äv. bildl. [*political* ~*s*]; *a* ~ *of applause* stormande applåder, ett orkanartat bifall; *a* ~ *in a teacup* en storm i ett vattenglas **2** störtskur, skur äv. bildl. [*a* ~ *of rain* (*hail*); *a* ~ *of arrows*]; *a* ~ *of abuse* en skur av ovett **3** isht mil. stormning; *take by* ~ storma, ta med storm äv. bildl. **II** *vb itr* **1** bildl. rasa, vara ursinnig **2** a) isht mil. storma [~ *into a fort*] b) bildl. rusa häftigt (i raseri), storma [~ *out of a room*] **III** *vb tr* storma [~ [*one's way into*] *a fort*], gå till storms mot
stormy ['stɔ:mɪ] **1** ovädrs- [*a* ~ *day*], stormig [*a* ~ *region*] **2** ~ *petrel* a) zool.

stormsvala b) bildl. orosstiftare **3** bildl. stormig [*a* ~ *debate*; ~ *scenes*]
1 story ['stɔ:rɪ] **1** a) historia [*stories of* (från) *old Greece*] b) anekdot, historia [*a good* (*funny*) ~] c) bakgrund [*get the whole* ~ *before commenting*]; *it's the same old* ~ det är samma visa **2** [*short*] ~ novell **3** handling i bok, film o.d.; story **4** nyhetsstoff; nyhetsartikel **5** vard. osanning, påhitt isht barns; *tell a* ~ el. *tell stories* narras, tala osanning
2 story ['stɔ:rɪ] isht amer., se *storey*
story book ['stɔ:rɪbʊk] sagobok; novellsamling
story-teller ['stɔ:rɪ,telə] **1** historieberättare; novellförfattare; sagoberättare **2** vard. lögnare
stout [staʊt] **I** *adj* **1** stark, bastant [*a* ~ *rope* (*stick*)]; robust **2** modig; ståndaktig, hårdnackad [~ *resistance*]; duktig **3** om pers. kraftigt byggd, fet[lagd] **II** *s* ung. porter
stove [stəʊv] [köks]spis; [bränn]ugn; kamin [*iron* ~]; spis; [*tiled* (*porcelain, Dutch*)] ~ kakelugn
stow [stəʊ] **I** *vb tr* **1** a) stuva [in] [äv. ~ *in*], packa [~ *clothes into a trunk*] b) packa [full] [~ *a trunk with clothes*] c) rymma; ~ *cargo in* [*a ship's holds*] lasta..., ta in last i... **2** sl., ~ *it!* håll käften! **II** *vb itr* **1** ~ *away* gömma sig ombord o.d.; fara som fripassagerare **2** rymmas [*the box* ~*s easily on the rack*]
stowaway ['stəʊəweɪ] fripassagerare
straddle ['strædl] **I** *vb itr* skreva [med benen]; sitta grensle **II** *vb tr* **1** stå (ställa sig) grensle över [~ *a ditch*]; sitta (sätta sig) grensle på (över) [~ *a horse*] **2** skreva med, spärra ut [~ *one's legs*] **III** *s* skrevande; bredbent ställning
strafe [strɑ:f, streɪf] **1** mil. beskjuta; bomba; bestryka [med eld] **2** vard. straffa
stragg|le ['strægl] **1** komma bort från vägen (de andra); sacka (bli) efter; mil. äv. lämna ledet; hålla sig undan, avvika **2** ~ [*along*] ströva omkring i spridda grupper; ~ *off* troppa av, vandra i väg i spridda grupper **3** vara (ligga, stå) [ut]spridd [*houses that* ~ *round the lake*], förekomma sporadiskt **4** grena (bre) ut sig [*vines* -*ing over the fences*]; hänga i stripor [*hair* -*ing over one's collar*]; spreta
straggler ['stræglə] **1** eftersläntrare **2** vildvuxen (otuktad) växt
straight [streɪt] **I** *adj* **1** rak [~ *hair*; *a* ~ *line*], rät; stram; *as* ~ *as an arrow* spikrak **2** i följd [*ten* ~ *wins*] **3** i ordning; *get*

(*put*) ~ a) få ordning (rätsida) på, ordna upp [*get one's affairs* ~], reda upp b) städa, göra i ordning på (i) [*put a room* ~], ordna; *I'll put you* ~*!* jag ska lära dig, jag!; *now get this* ~*!* det här måste du ha klart för dig! **4** uppriktig, ärlig [*a* ~ *answer*]; *a* ~ *fight* en ärlig strid; en tvekamp **5** ärlig, rättskaffens [*a* ~ *businessman*]; *keep* ~ föra ett hederligt liv, sköta sig **6** vard. pålitlig; *a* ~ *tip* ett förstahandstips (stalltips) **7** a) oblandad, ren [~ *whisky*] b) amer. genomgående [~ *A's*] **8** teat. realistisk [*a* ~ *performance*]; *a* ~ *comedy* ett rent lustspel **II** *adv* **1 a)** rakt, rätt [~ *up* (*through*)], mitt [~ *across the street*], rak[t] [*sit* (*stand, walk*) ~]; ~ *on* rakt fram **b)** rätt; logiskt [*think* ~] **2** direkt, raka vägen [*go* ~ *to London*], rakt [*he went* ~ *into*...]; genast [*I went* ~ *home after*...]; *come* ~ *to the point* bildl. komma till saken utan omsvep **3** bildl. hederligt [*live* ~]; *go* ~ vard. bli hederlig, börja föra ett skötsamt (hederligt) liv **4** ~ *away* (*off*) genast, på ögonblicket; tvärt **5** ~ [*out*] direkt, rent ut [*I told him* ~ [*out*] *that*...] **III** *s* rak (rät) linje; raksträcka, sport. äv. upplopp[ssida]; *keep to the* ~ *and narrow* vandra den smala (rätta) vägen
straightaway ['streɪtəweɪ, ˌ--'-] **I** *adv* genast **II** *adj* amer. **1** rak, direkt **2** omedelbar
straighten ['streɪtn] **I** *vb tr* räta [ut]; tekn. äv. rikta; räta på [~ *one's back*]; rätta till [~ *one's tie*]; släta ut [~ *the bedclothes*]; ~ *out* a) räta ut, sträcka ut [~ *oneself out on a bed*]; räta upp [~ *out a car*] b) ordna, reda upp c) få att bättra sig [~ *a p. out*] **II** *vb itr* räta ut sig, rakna; ~ *out* ordna (reda) upp sig [*things will* ~ *out*]
straightforward [ˌstreɪt'fɔːwəd] **1** uppriktig, ärlig [*a* ~ *answer* (*person*)], rättfram; direkt [*a* ~ *question*] **2** enkel, okomplicerad [*a* ~ *problem*], lättfattlig [*in* ~ *language*] **3** vanlig
1 strain [streɪn] **I** *vb tr* **1** spänna, dra åt **2 a)** anstränga, slita (fresta) på b) överanstränga; ~ *one's ears* lyssna spänt; ~ *every nerve* anstränga sig till det yttersta **3** med. sträcka [~ *a muscle*] **4** fresta [~ *a p.'s patience*] **5** hårdra, pressa [~ *the meaning of a word*] **6** sila; passera **II** *vb itr* **1** anstränga (spänna) sig; streta, slita; sträva [*plants* ~*ing upwards*]; krysta vid avföring; ~ *at* a) streta (slita) med [~ *at the oars*] b) slita [och dra] i [~ *at a chain*] **2 a)** silas, filtreras b) sila, sippra c) ~ *at a gnat and swallow a camel* bildl. sila mygg och svälja kameler **III** *s* **1** spänning, töjning; tekn. äv. påkänning **2 a)** ansträngning; press, stress [*the* ~ *of modern life*]; *mental* ~ psykisk påfrestning; *it's a* ~ *on my nerves* det sliter på nerverna; *put a great* ~ *on* ta hårt på, hårt anstränga; *stand the* ~ stå rycken, stå pall **b)** utmattning, överansträngning **3** med. sträckning **4** ton; stil [*and much more in the same* ~]; *in lofty* ~*s* i högstämda ordalag **5** vanl. pl. ~*s* toner, musik
2 strain [streɪn] **1** ätt [*she comes of a good* ~]; påbrå [*his Irish* ~], härkomst **2** biol. stam [*a* ~ *of bacteria*], ras; sort, art [*a new* ~ *of wheat*] **3** [släkt]drag [*a* ~ *of insanity in the family*]
strained [streɪnd] **1** spänd etc., jfr *1 strain I* **2** bildl. **a)** spänd [~ *attention*]; ~ *relations* spänt förhållande, spänning **b)** ansträngd [~ *laughter*] **c)** hårdragen, sökt [~ *interpretation*]
strainer ['streɪnə] sil; filter
strait [streɪt] **1** ~ **2** ~[*s* pl.] trångmål, knipa [*be in a* ~]
straitjacket ['streɪtˌdʒækɪt] **I** *s* tvångströja äv. bildl. **II** *vb tr* sätta tvångströja på; bildl. äv. förkväva
strait-laced [ˌstreɪt'leɪst, attr. '--] trångbröstad; pryd
1 strand [strænd] **1 a)** [rep]sträng b) tråd, fiber **2** rep **3** [hår]slinga **4** pärlband **5** bildl. a) tråd, linje [*the* ~*s of a plot*] b) slinga [~*s of melody*]
2 strand [strænd] **I** *s* poet. strand; *the Strand* berömd gata i centrala London **II** *vb tr* driva upp på stranden; sätta på grund [~ *a ship*]; *be* ~*ed* stranda, sitta (köra) fast, fastna; *be* [*left*] ~*ed* bildl. vara (bli) strandsatt; vara (bli) övergiven
strange [streɪn(d)ʒ] **1** främmande, obekant **2** egendomlig, märklig, underlig; ~ *to say* egendomligt (märkvärdigt) nog **3** *be* ~ *to* inte känna till [*he is* ~ *to the district*]
stranger ['streɪn(d)ʒə] **1** främling; pl. ~*s* äv. främmande människor, obekanta; *say,* ~*!* [*can you*...] amer. vard. hör du... **2** *be a* ~ *to* bildl. vara obekant med, vara (stå) främmande för
strangle ['stræŋgl] **1** strypa **2** kväva [~ *an oath* (*a sob*)] **3** strypa åt [~ *trade*]; förkväva, hämma
stranglehold ['stræŋglhəʊld] **1** sport. strupgrepp **2** bildl. järngrepp [*be held in a* ~]; *put a* ~ *on* strypa åt
strangulate ['stræŋgjʊleɪt] **1** strypa **2** med. snöra av (åt), strypa till [~ *a vein* (*duct*)]
strangulation [ˌstræŋgjʊ'leɪʃ(ə)n]

1 strypning **2** med. avsnörning, åtsnörning
strap [stræp] **I** s **1** rem; [sko]slejf; band; packrem; armband [*watch* ~] **2** stropp **3** [byx]hälla **4** strigel **II** vb tr **1** fästa (spänna fast) med rem[mar]; ~ *down* (*in*) spänna fast; ~ *on* spänna (sätta) på sig **2** prygla [med rem] **3** strigla
strapping [ˈstræpɪŋ] vard. stor och kraftig
stratagem [ˈstrætədʒəm] krigslist; fint
strategic [strəˈtiːdʒɪk] o. **strategical** [strəˈtiːdʒɪk(ə)l] strategisk
strategist [ˈstrætədʒɪst] strateg
strategy [ˈstrætədʒɪ] strategi; bildl. äv. taktik; taktiskt grepp
stratosphere [ˈstrætə(ʊ)sfɪə] meteor. stratosfär
strat|um [ˈstrɑːt|əm, ˈstreɪt-] (pl. *-a* [-ə]) geol., sociol. el. bildl. stratum, skikt, lager, samhällsskikt
straw [strɔː] **I** s **1** strå; rö; *it was the last* ~ el. *it was the* ~ *that broke the camel's back* bildl. det [var droppen som] kom bägaren att rinna över, det rågade måttet **2** halm; strå; *man of* ~ a) halmdocka b) fingerad motståndare; skenargument c) galjonsfigur, skyltdocka **3** sugrör **4** vard. halmhatt **II** *attr adj* **1** halm- [~ *hat* (*mattress*)] **2** halmfärgad [~ *hair*]
strawberry [ˈstrɔːb(ə)rɪ] jordgubbe; *wild* ~ [skogs]smultron
stray [streɪ] **I** vb itr **1** ströva; bildl. irra hit och dit; förirra sig, gå vilse; ~ *from the point* bildl. avvika från ämnet **2** glida, vandra [*his hand ~ed towards his pocket*] **II** s vilsekommet (kringirrande) djur **III** *attr adj* **1** kringdrivande [~ *cattle*], bortsprungen [*a* ~ *cat* (*dog*)] **2** tillfällig, strö- [*a* ~ *customer*], strödd [~ *remarks*], sporadisk, enstaka [~ *shots*]; förlupen [*a* ~ *bullet*]; *a few* ~ *hairs* några hårstrån
streak [striːk] **I** s **1** strimma, rand; streck äv. miner.; ådring; ~ *of lightning* blixt **2** drag, inslag [*a* ~ *of cruelty* (*humour*)]; anstrykning **3** ryck; period, serie; *he had a* ~ *of* [*good*] *luck* han hade tur ett tag **II** vb tr göra strimmig; tekn. ådra **III** vb itr **1** vard. susa [*the car ~ed along*]; rusa [~ *off*] **2** vard. streaka, springa näck på offentliga platser för att väcka uppseende
streaky [ˈstriːkɪ] strimmig, randig [~ *bacon*]; ådrig; melerad
stream [striːm] **I** s **1** ström äv. bildl. [*a* ~ *of blood* (*gas, lava*); ~*s of people*]; vattendrag; *a constant* (*continuous*) ~ bildl. en jämn ström **2** stråle [*a* ~ *of water*], flöde **3** bildl. riktning [~ *of opinion* (*thought*)] **II** vb itr **1** strömma äv.

bildl. [*people began to* ~ *in again*]; rinna, flöda [*sweat was ~ing down his face*] **2** rinna [~*ing cold* (snuva)]; ~ *with* rinna (drypa) av [*his face was ~ing with sweat*] **3** fladdra [*the flag ~ed in* (för) *the wind*], vaja; veckla (bre) ut sig; sträckas ut **III** vb tr **1** spruta [ut] [~ *blood*] **2** ped. nivågruppera
streamer [ˈstriːmə] **1** vimpel **2** serpentin; remsa **3** flerspaltig rubrik [äv. ~ *headline*]
streamline [ˈstriːmlaɪn] **I** s strömlinje; strömlinjeform **II** vb tr strömlinjeforma; bildl. äv. rationalisera
street [striːt] gata; *in* (amer. *on*) *the* ~ på gatan; börs. [som företas] efter stängningsdags (på efterbörsen); *they are not in the same* ~ [*as* (*with*)] vard. de står inte i samma klass [som], de kan inte jämföras [med]; *it's just* (*right*) *up* (amer. *down*) *my* ~ vard. det passar mig precis, här är jag på min mammas gata; *be ~s ahead* [*of a p.*] vard. ligga långt före [ngn], vara [ngn] helt överlägsen
streetcar [ˈstriːtkɑː] amer. spårvagn; trådbuss
street-sweeper [ˈstriːtˌswiːpə] **1** gatsopare, renhållningsarbetare **2** sopmaskin
street-walker [ˈstriːtˌwɔːkə] gatflicka
strength [streŋθ] **1** styrka äv. bildl. [*his lay* (*was*) *in...*]; kraft [*it has weakened* (satt ner) *her* ~]; bildl. stark sida [*one of his ~s is...*]; ~ *of mind* andlig styrka; *feat of* ~ kraftprov **2** styrka [*the* ~ *of alcohol*] **3** styrka, fasthet **4** styrka [*the* ~ *of the enemy*]; *be below* ~ vara underbemannad
strengthen [ˈstreŋθ(ə)n] **I** vb tr stärka; förstärka; ~ *a p.'s hand*[*s*] styrka ngn, inge ngn mod **II** vb itr bli starkare; förstärkas
strenuous [ˈstrenjʊəs] **1** ansträngande, påfrestande **2** energisk, nitisk [*a* ~ *worker*], ihärdig [*make* ~ *efforts*]
stress [stres] **I** s **1** tryck [*under the* ~ *of circumstances* (*poverty*)], påfrestning; psykol. stress; *the ~es and strains of everyday life* vardagslivets stress (påfrestningar); *put a p. under* ~ vara stressande för ngn, stressa ngn **2** vikt, eftertryck; *lay* ~ *on* framhålla, betona, poängtera, ge eftertryck åt **3** fonet. betoning [*the* ~ *is on the first syllable*]; *even* ~ jämn betoning **4** mek. spänning; tryck, påfrestning **II** vb tr **1** betona, understryka; ~ *the point that...* betona (understryka) att... **2** fonet. betona **3** psykol. stressa
stressful [ˈstresf(ʊ)l] stressande [~ *days*]
stretch [stretʃ] **I** vb tr **1** spänna [~ *the*

strings of a violin], sträcka; tänja (töja) ut [~ *a jacket at the elbows*]; sträcka (bre) ut; sträcka på [~ *one's neck*]; ~ *one's legs* sträcka på benen; röra på sig **2** bildl. **a)** tänja på [~ *the law*], släppa efter på; utvidga, bredda [~ *the meaning of a word*]; ~ *a point* a) göra ett undantag **b)** ta till i överkant, gå för långt, överdriva **b)** anstränga; ~ *oneself* (*one's powers*) anstränga sig till det yttersta **3** med. sträcka [~ *a muscle*] **II** *vb itr* **1** sträcka [på] sig [*he ~ed and yawned*], sträcka på benen **2** sträcka sig [*the wood ~es for miles*], bre ut sig **3** a) tänja sig, töja [ut] sig [*the cardigan has ~ed*] b) gå att sträcka (spänna, töja ut) [*rubber ~es easily*] **III** *s* **1** a) sträckning; töjning b) elasticitet; *be at full ~* arbeta för fullt (med fullt pådrag) **2** överskridande [*a ~ of authority*]; *not by any ~ of the imagination* [*could he...*] inte [ens] i sin vildaste fantasi... **3** sträcka; trakt, område [*a ~ of meadow*]; *a ~ of road* en vägsträcka **4** period, tid [*for long ~es she forgot it*], avsnitt, stycke [*for long ~es the story is dull*] **5** *at a ~* i ett sträck [*ten miles at a ~*] **6** sport. rakstäcka **7** sl. vända [på kåken]; *do a* [*five-year*] *~* sitta [fem år] på kåken, sitta inne [fem år]
stretcher ['stretʃə] [sjuk]bår
strew [struː] (*~ed ~ed* el. *~ed ~n*) **1** strö [ut] [~ *flowers over a path*] **2** beströ; översålla
stricken ['strɪk(ə)n] (åld. perf. p. av *strike*) **1 a)** [olycks]drabbad, bedrövad; *~ in years* ålderstigen, till åren kommen; *~ with panic* gripen av panik, panikslagen **b)** ss. efterled i sammansättn. -slagen [*panic-stricken*], -drabbad [*plague-stricken*] **2** sårad; slagen
strict [strɪkt] sträng, hård [~ *but fair*]; noggrann; strikt; absolut, exakt [*the ~ truth*]; *in a ~ sense* i egentlig mening
strictly ['strɪktlɪ] strängt [~ *forbidden*]; noggrant etc., jfr *strict*; i egentlig mening; *~ speaking* strängt taget, egentligen, noga räknat
strictness ['strɪktnəs] stränghet; noggrannhet; bestämdhet
stride [straɪd] **I** (*strode stridden*) *vb itr* gå med långa (beslutsamma) steg [~ *off* (*away*)], skrida, stega **II** (*strode stridden*) *vb tr* **1** kliva över (ta) med ett steg [~ *a ditch*] **2** mäta med långa steg [~ *the deck*] **III** *s* [långt] steg, kliv; gång [*with a vigorous* (energisk) *~*]; *make* [*great* (*rapid*)] *~s* bildl. göra [stora (snabba)] framsteg, gå framåt [med stormsteg];

take a th. in one's ~ (amer. *in ~*) klara ngt [utan svårighet]; *throw a p. off* (*out of*) *his ~* få ngn att förlora fattningen (tappa koncepterna, komma av sig)
strident ['straɪd(ə)nt] **1** skärande, genomträngande [*a ~ sound*], gäll [*a ~ voice*]; gnisslande, knarrande [~ *hinges*]; gräll, skrikig [~ *colours*] **2** högröstad
strife [straɪf] **1** stridighet; strid [*armed ~*]; *industrial ~* ung. konflikter på arbetsmarknaden **2** tävlan
strike [straɪk] **A** (*struck struck*) *vb* **I** *tr* (se äv. *III*) **1** slå; slå till; slå på; ~ *a p. a blow* ge ngn ett slag **2** a) träffa [*the blow struck him on the chin*] b) drabba [*be struck with* (av) *cholera*], hemsöka **3** a) slå (stöta, köra) emot [*the car struck a tree*], sjö. gå (ränna, stöta) på [*the ship struck a mine*]; *~ bottom* få bottenkänning **b)** bildl. stöta på [*they struck various difficulties*] **4 a)** träffa på, upptäcka [~ *gold*]; ~ [*it*] *lucky* ha tur **b)** stöta (träffa) på; komma fram till [~ *the main road*] **5 a)** stöta [*he struck his stick on* (i) *the floor*], sticka [~ *one's dagger into* (i) *a p.*] **b)** om orm hugga **6** a) slå, frappera [*what struck me was...*] b) förefalla [*it ~s me as* [*being*] *the best*] c) slå [*the thought struck me that...*]; *it* (*the idea*) *struck me* jag kom att tänka på det, det föll mig in; *be struck all of a heap* vard. bli alldeles paff **7** a) nå [*the sound struck my ear*] b) fånga, fängsla [*it ~s the imagination*] **8** a) slå, fylla [*the sight struck them with terror*] b) injaga [~ *fear into* (i, hos)] **9** prägla [~ *a coin* (*medal*)] **10** mus. slå an [~ *a chord* (*note*)] **11** ~ *a light* (*match*) tända (stryka eld på) en tändsticka **12** stryka [~ *a name from the list*; ~ *a p. off* (från, ur) *the register*] **13** sjö. stryka [~ *sail*]; ~ *the* (*one's*) *flag* **14** ta ned [~ *a tent*]; ~ *tents* (*camp*) bryta förläggningen **15** avsluta, göra upp, träffa [~ *a bargain with a p.*]
II *itr* (se äv. *III*) **1** slå, stöta; slå ned [*the lightning struck*]; ~ *at* a) slå (hugga) efter b) bildl. angripa; ~ *at the foundation* (*the root*[*s*]) *of a th.* hota att undergräva ngt **2** om klocka slå [*the clock struck*]; *his hour has struck* hans timme har slagit **3** a) mil. gå till anfall, anfalla b) slå till, sätta in [*when the epidemic struck*] **4** strejka **5** gå, ta vägen [*they struck across the field*], bege sig [~ *north*] **6** sjö. gå på grund
III *tr* o. *itr* med adv., isht med spec. övers.: ~ *back* slå igen (tillbaka)
~ *down* slå ned, fälla; knäcka [*apoplexy*

struck him down]; *be struck down by* [*disease*] drabbas av..., ryckas bort av...
~ **off**: a) hugga (slå) av b) stryka [~ *off a name from the list*]
~ **out**: a) slå [fram] [~ *out sparks*] b) stryka [ut (över)] [~ *out a name (word)*] c) bryta [~ *out new paths*]; ~ *out* [*a path*] *for oneself* d) slå omkring sig [*he began to* ~ *out wildly*] e) sätta i väg [*the boys struck out across the field*]
~ **up**: a) inleda [~ *up a friendship*]; ~ *up an acquaintance with* råka bli bekant med b) stämma (spela) upp [*the band struck up* [*a waltz*]]; ~ *up the band!* spela upp!, musik! c) slå upp [~ *up a tent*]
B *s* **1** strejk; *general* ~ storstrejk, generalstrejk; ~ *fund* strejkkassa; *call a* ~ utlysa strejk; *go* [*out*] *on* ~ strejka, gå i strejk **2** mil., isht flyg. räd; *air* ~ flygangrepp, luftangrepp **3** fynd [av olja (malm)]

strikebreaker ['straɪkˌbreɪkə] strejkbrytare
striker ['straɪkə] **1** a) *the* ~ den som slår b) fotb. anfallsspelare **2** strejkare
striking ['straɪkɪŋ] **I** *adj* **1** slående, markant [*a* ~ *likeness*]; frappant [*a* ~ *beauty*], särdeles; särpräglad [*a* ~ *personality*]; effektfull; anslående **2** *within* ~ *distance* inom skotthåll; bildl. inom räckhåll [*of för*] **3** strejkande **II** *s* slående; klockas slag
strikingly ['straɪkɪŋlɪ] slående [~ *beautiful*], frappant; markant etc., jfr *striking I 1*; på ett slående (träffande) sätt
string [strɪŋ] **I** *s* **1** snöre; band; *piece of* ~ snöre, snörstump **2 a)** sträng [*the* ~s *of a violin*], sena [*the* ~s *of a tennis racket*] b) pl. ~s stråkinstrument, stråkar c) attr. stråk- [~ *orchestra* (*quartet*)], sträng- [~ *instruments*] d) bildl., *have two* (*many*) ~s *to one's bow* ha flera (många) strängar till sin båge (på sin lyra) **3** bildl., *pull the* ~s hålla (dra) i trådarna; [*he lent me £100*] *without* ~s (*with no* ~s *attached*) vard. ...utan några förbehåll **4** ~ *of pearls* pärl[hals]band; *a* ~ *of garlic* en vitlöksfläta **5** [lång] rad [*a* ~ *of cars*]; serie [*a* ~ *of events*]; kedja [*a* ~ *of hotels*]
II (*strung strung*) *vb tr* **1** a) sätta sträng[ar] på [~ *a racket* (*violin*)] b) spänna [~ *a bow*]; stämma [~ *a violin*]
2 ~ [*up*] hänga upp [på snöre o.d.]
3 behänga [*a room strung with festoons* (girlander)] **4** trä upp [på band (snöre)] [~ *pearls*] **5** ~ *up a parcel* slå ett snöre om ett paket **6** a) placera (ordna) i en lång rad, rada upp; ~ *out* sprida ut b) ~ *together* sätta (foga, länka) ihop [~ *words together*] **7** rensa, sprita [~ *beans*]
8 bildl., *be all strung up* vara på helspänn
III (*strung strung*) *vb itr* **1** ~ *out* sprida ut sig (vara utspridd) i en lång rad **2** ~ *along with* vard. hålla ihop med **3** ~ *together* hänga ihop
string bean [ˌstrɪŋ'biːn, '--] skärböna
stringed [strɪŋd] strängad; ~ *instrument* stränginstrument, stråkinstrument
stringent ['strɪn(d)ʒ(ə)nt] **1** sträng [~ *laws* (*rules*)]; eftertrycklig; drastisk [*take* ~ *measures against*] **2** a) strängt logisk, stringent [~ *thinking*] b) övertygande [~ *arguments*], bindande **3** tvingande [~ *necessity*] **4** ekon. stram; kärv [~ *money policy*]
stringy ['strɪŋɪ] trådig, senig [~ *meat*]
1 strip [strɪp] **I** *vb tr* **1** a) skrapa (riva, dra, skala) av (bort); ~ *off* ta (dra) av [sig] [~ *off one's shirt*]; repa av b) klä av; skrapa (skala, plocka) ren; ~ *of* äv. plundra (tömma) på; ~ *a p. of a th.* beröva (ta ifrån) ngn ngt [~ *a p. of all illusions* (*possessions*)], plocka ngn på ngt, avhända ngn ngt **2** sjö. rigga av [~ *a mast*] **3** a) ~ [*down*] ta (plocka) isär [~ *a car*], slakta b) ~ *a th. down to its essentials* skala av alla detaljer **II** *vb itr* klä av sig; strippa **III** *s* striptease, avklädningsscen; *do a* ~ strippa
2 strip [strɪp] **1** remsa [*a* ~ *of cloth* (*land*)], list [*a* ~ *of metal* (*wood*)]; *a mere* ~ *of a boy* en pojkvasker; ~ *farming* a) bandodling b) mångskifte; *tear a* ~ *off a p.* serie; *comic* ~ skämtserie, tecknad serie **3** sport. vard. [lag]dräkt
stripe [straɪp] **I** *s* **1** rand; strimma; linje **2** randning [äv. ~ *design*]; randigt tyg; ~ *pattern* randigt mönster, randmönster **3** mil. galon; streck i gradbeteckning; *lose one's* ~s bli degraderad **4** amer. typ, slag [*a man of a different* ~]; inriktning **II** *vb tr* randa
striped [straɪpt] randig; strimmig
strip-lighting ['strɪpˌlaɪtɪŋ] lysrörsbelysning
stripper ['strɪpə] vard. stripteasedansös, strippa; *male* ~ striptör, manlig strippa
striptease ['strɪptiːz] **I** *s* striptease[nummer] **II** *vb itr* dansa (göra) striptease
strive [straɪv] (*strove striven*) **1** sträva, bemöda (vinnlägga) sig **2** litt. kämpa, strida, tävla
strode [strəʊd] imperf. av *stride*
1 stroke [strəʊk] **1** slag [*the* ~ *of a hammer*], hugg [*the* ~ *of an axe*], stöt; rapp **2** [klock]slag; *on the* ~ [*of two*] på

slaget [två] **3** med., [*apoplectic*] ~ stroke, slag[anfall] **4** tekn. a) [kolv]slag b) slaglängd c) takt [*four-stroke engine*] **5** mus. stråk[drag] **6** i bollspel slag; i tennis äv. boll; bilj. stöt **7** simn. a) [sim]tag b) simsätt [*the crawl is a fast ~*]; *do the butterfly* ~ simma fjärilsim **8** rodd. a) [år]tag b) rodd [*a fast (slow) ~*] c) takt [*set* (bestämma) *the ~*]; *keep* ~ ro i takt; *put a p. off his* ~ bildl. störa (distrahera) ngn d) akterroddare **9** streck [*thin ~s*]; bråkstreck; drag [*a ~ of the brush*]; *with a ~ of the pen* med ett penndrag **10** bildl. drag, grepp [*a clever (masterly) ~*], schackdrag [*a diplomatic ~*], steg [*that was a bold ~ on his part*], handling; *do a* [*good*] *~ of business* göra en god (bra) affär

2 stroke [strəʊk] **I** *vb tr* **1** stryka, smeka [*~ a cat*]; *~ one's beard* stryka sig om skägget **2** släta [till (ut)] **II** *s* strykning [med handen]

stroll [strəʊl] **I** *vb itr* promenera, ströva, vandra, flanera **II** *vb tr* promenera (flanera) på [*~ the streets*], ströva [omkring] i (på) **III** *s* promenad [*go for (take) a ~*]

stroller ['strəʊlə] **1** promenerande, flanör, vandrare **2** isht amer. sittvagn, sulky[vagn]; paraplyvagn för barn

strong [strɒŋ] **I** *adj* **1** stark; kraftig [*~ efforts*], kraftfull; stor [*there is a ~ likelihood that...*]; fast [*~ character*], orubblig [*~ conviction*], strong **2** frisk och stark **3** stabil, solid [*a ~ economy*] **4** [numerärt] stark; ss. efterled i sammansättn. äv. -manna- [*a 10-strong orchestra*]; *~ in numbers* manstark **5** bestämd, utpräglad [*~ views*] **6** skarp, frän [*a ~ odour*] **7** gram. stark [*a ~ verb*] **II** *adv* starkt [*smell ~*]; *come (go) it rather ~* vard. gå lite väl långt; ta till i överkant; *be still going ~* vard. ännu vara i sin fulla kraft; vara i full gång

strong-arm ['strɒŋɑ:m] vard. **I** *vb tr* **1** misshandla, gå illa åt **2** råna **3** tvinga med våld **II** *attr adj* hårdhänt [*~ methods*]

strongbox ['strɒŋbɒks] kassaskrin; bankfack

stronghold ['strɒŋhəʊld] fäste; bildl. äv. högborg

strongly ['strɒŋlɪ] starkt etc., jfr *strong I*; på det bestämdaste [*I ~ advise you to go*]

strong room ['strɒŋru:m] kassavalv

strong-willed [ˌstrɒŋ'wɪld, attr. '--] viljestark

strove [strəʊv] imperf. av *strive*

struck [strʌk] **I** imperf. o. perf. p. av *strike A* **II** *adj* **1 a)** *~ on (with)* vard. förtjust (kär) i b) ss. efterled i sammansättn. -biten [*filmstruck*] **2** amer. jur., *~ jury* specialjury [som godkänts av båda parterna]

structural ['strʌktʃ(ə)r(ə)l] strukturell [*~ grammar*]; struktur- [*~ analysis; ~ formula*]; konstruktions- [*~ part*], byggnads- [*~ material*]; biol. äv. organisk [*~ disease*]; *~ alterations* ändring[ar] av byggnad; ombyggnad

structurally ['strʌktʃ(ə)rəlɪ] strukturellt; byggnadsmässigt

structure ['strʌktʃə] **I** *s* **1** struktur; konstruktion; sammansättning **2** byggnadsverk **II** *vb tr* strukturera

struggle ['strʌgl] **I** *vb itr* **1** kämpa äv. bildl. [*~ against (with) difficulties*]; *~ to* (för att) *get a th.*]; anstränga sig [*~ to be polite*]; *~ on* kämpa vidare **2** streta, sprattla, kämpa [*~ to get free*], vrida (slingra) sig **3** streta, knoga [*~ up a hill*]; *~ with heavy boxes*]; kämpa (arbeta, knaggla) sig [*~ through a book*]; *~ along* knaggla (dra) sig fram **II** *vb tr, ~ one's way* kämpa sig fram, bana sig väg **III** *s* **1** kamp, strid äv. bildl.; *the ~ for existence (life)* kampen för tillvaron **2** ansträngning, kämpande

strum [strʌm] **I** *vb itr* klinka [*~ on the piano*], knäppa [*~ on the banjo*]; trumma **II** *vb tr* **1** klinka på [*~ the piano*], knäppa på [*~ the banjo*]; trumma med [*~ one's fingers on the table*] **2** klinka, knäppa [*~ a melody*]

strung [strʌŋ] imperf. o. perf. p. av *string*

1 strut [strʌt] **I** *vb itr* svassa [*~ about (in, out)*], [gå och] stoltsera; kråma sig **II** *s* svassande [gång]

2 strut [strʌt] byggn. **I** *s* stötta, stag; [bro]balk **II** *vb tr* stötta

strychnine ['strɪkni:n] kem. stryknin

stub [stʌb] **I** *s* **1** stump; *cigar ~* cigarrstump, cigarrfimp **2** stubbe **3** a) grov nubb; nabb; spikstump b) trubbigt [penn]stift **4** a) talong på biljetthäfte o.d. b) kontramärke del av biljett **II** *vb tr* **1** *~ one's toe* stöta tån [*against* mot] **2** *~* [*out*] släcka, fimpa [*~ a cigarette*]

stubble ['stʌbl] stubb; *~* [*of beard*] skäggstubb

stubborn ['stʌbən] **1** envis äv. bildl. [*a ~ illness (stain)*]; hårdnackad [*~ resistance*] **2** besvärlig, krånglig

stubby ['stʌbɪ] **1** stubbig **2** kort och bred; knubbig [*~ fingers*], satt

stucco ['stʌkəʊ] (pl. *~es* el. *~s*) **1** stuck;

gipsmurbruk **2** ~ [*work*] stuckatur, stuckarbete
stuck [stʌk] imperf. o. perf. p. av *2 stick*
stuck-up [ˌstʌk'ʌp] vard. mallig
1 stud [stʌd] **1** stall uppsättning hästar [*racing* ~] **2** stuteri **3** avelshingst; avelsdjur **4** sl. hingst sexig viril man
2 stud [stʌd] **I** *s* **1** lös [krag]knapp; [*shirt* (*dress*)] ~ skjortknapp, bröstknapp **2** a) stift b) dubb **II** *vb tr* **1** a) besätta med stift b) dubba [*~ded tyres*] **2** bildl. översålla, beströ [*~ded with stars*], späcka [*~ded with quotations*] **3** stödja
student ['stjuːd(ə)nt] **a**) studerande [*medical* ~]; student [*university* ~s], elev; amer. äv. [skol]elev; *~s' union* studentkår; kårhus **b**) student- [*~ council*]; *the ~ body* studenterna, studentkåren, eleverna, elevkåren; *~ teacher* lärarkandidat
studied ['stʌdɪd] medveten [*~ insult*], utstuderad
studio ['stjuːdɪəʊ] (pl. *~s*) **1** ateljé; studio; pl. *~s* filmstad **2** ateljé-; studio- [*~ camera* (*audience*)]; *~ apartment* amer. enrumsvåning, ungkarlsvåning
studious ['stjuːdjəs] **1** flitig [i sina studier] **2** lärd **3** medveten [*~ efforts*]
studiously ['stjuːdjəslɪ] **1** omsorgsfullt, noggrant **2** avsiktligt
study ['stʌdɪ] **I** *s* **1** studier [*fond of ~*], studerande; studium, utforskning; analys [*word ~*]; *home ~ course* korrespondenskurs; *private ~* självstudium, studier på egen hand **2** a) studieobjekt b) [studie]ämne **3** studie [*a ~ for* (till) *a portrait*; *Iago is a ~ of* (i) *evil*]; [*publish*] *a ~ of* ...en studie över **4** mus. etyd **5** arbetsrum; *headmaster's ~* rektorsexpedition **6** *in a brown ~* försjunken i grubbel (drömmerier) **II** *vb tr* **1** studera [*~ medicine*], lära sig [*~ typewriting*]; studera (lära) in [*~ a part*], läsa på (över); *~ up* vard. läsa (lära, plugga) in **2** studera [*~ the map*], undersöka, försöka sätta sig in i [*~ a problem*], ta del av, utforska **3** ta hänsyn till [*~ a p.'s wishes*]; tänka på [*~ one's* [*own*] *interests*]; *~ one's own comfort* [bara] tänka på sin egen bekvämlighet **III** *vb itr* studera, bedriva studier
stuff [stʌf] **I** *s* **1** material; materia **2** bildl. stoff [*the ~ that dreams are made of*]; innehåll, väsen [*the ~ of freedom*]; [*we must find out*] *what ~ he is made of* ...vad han går för **3** material [*the cushion was filled with some soft ~*], gods; *drink some of this ~* drick lite av det här; *it's old ~*

det är gammalt; *the same old ~* det gamla vanliga; *some sticky ~* något klibbigt **4** [ylle]tyg **5** vard. a) saker, prylar [*I've packed my ~!*] b) sätt; grej; *that's the ~!* så ska det vara!, det är grejor det!; *he knows his ~* han kan sin sak **6** smörja; *~ and nonsense* struntprat **7** vard., *a* [*nice*] *bit of ~* en snygg tjej (brud) **8** sl. stöldgods **II** *vb tr* **1** stoppa [*~ a cushion with feathers*], stoppa (proppa) full; *~ oneself with food* proppa i sig mat **2** packa; *~ away* stoppa undan **3** *~* [*up*] täppa till **4** stoppa upp [*~ a bird*] **5** kok. fylla; späcka **6** sl., *tell him to* [*go and*] *~ himself!* säg åt honom att han kan dra åt helvete! **7** vulg. knulla **III** *vb itr* proppa i sig mat
stuffed [stʌft] **1** stoppad; fullstoppad etc., jfr *stuff II*; *~ with facts* fullproppad med fakta; faktaspäckad **2** kok. fylld [*~ turkey*], färserad; späckad; *~ cabbage rolls* kåldolmar **3** uppstoppad [*~ birds*] **4** sl., *~ shirt* stropp, uppblåst stofil **5** sl., *get ~!* dra åt helvete!, stick!
stuffing ['stʌfɪŋ] **1** stoppning; uppstoppning; stoppningsmaterial **2** kok. fyllning [*turkey ~*], färs; inkråm **3** vard., *knock* (*beat*) *the ~ out of a p.* a) göra mos av ngn b) ta knäcken på ngn
stuffy ['stʌfɪ] **1** instängd, kvalmig [*~ air* (*room*)] **2** täppt [*~ nose*], tjock [*~ throat*] **3** vard. långtråkig **4** vard. förstockad, inskränkt
stumble ['stʌmbl] **I** *vb itr* **1** snava, snubbla; stappla; *~ across* ([*up*]*on*) stöta (råka) på, av en slump komma på (över), ramla över **2** staka sig; stamma; *~ over one's words* staka sig på orden, snubbla över orden **II** *s* **1** snavande, snubblande, snubbling **2** fel[steg]; misstag
stumbling-block ['stʌmblɪŋblɒk] stötesten
stump [stʌmp] **I** *s* **1** stubbe; rot **2** [avskalad] stam (stjälk); stock [*cabbage ~*] **3** stump [*pencil ~*] **4** i kricket grindpinne **5** isht amer. a) valmöte b) talarstol; *go on* (*take*) *the ~* vard. ge sig ut på valturné **II** *vb tr* **1** vard. förbrylla, göra ställd; sätta på det hala; *I'm ~ed* [*for an answer*] jag vet faktiskt inte [vad jag ska svara] **2** i kricket slå ut slagman genom att slå ned en grindpinne [äv. *~ out*] **3** isht amer. hålla valtal i, agitera i [*~ a district*] **4** vard., *~ up* punga ut med, pröjsa, hosta upp **III** *vb itr* **1** stulta, linka [*~ about*] **2** isht amer. hålla valtal **3** vard., *~ up* punga ut med pengar[na], pröjsa [*for* för]
stun [stʌn] **1** bedöva [*~ a p. with a blow*];

göra döv **2** överväldiga; chocka [*the news ~ned him*]
stung [stʌŋ] imperf. o. perf. p. av *sting*
stunk [stʌŋk] imperf. o. perf. p. av *stink*
stunning ['stʌnɪŋ] **1** bedövande [*a ~ blow*] **2** chockande **3** vard. fantastisk [*a ~ performance*]; jättetjusig, jättesnygg
1 stunt [stʌnt] vard. **1** konst[nummer] [*do ~s on horseback*], trick; konststycke; *acrobatic ~s* akrobatkonster **2** jippo; trick; *advertising (publicity) ~* reklamtrick, reklamjippo, PR-grej **2** stunt [stʌnt] hämma [*~ a p.'s personality*]; hämma i växten (utvecklingen)
stunted ['stʌntɪd] förkrympt, dvärgliknande [*~ trees*], outvecklad [*a ~ mind*]; *be ~* äv. vara hämmad (ha stannat) i växten (utvecklingen)
stunt man ['stʌntmæn] (pl. *men* [-men]) film. stuntman ersättare i farliga scener
stupefaction [ˌstjuːpɪˈfækʃ(ə)n] **1** bedövning; bedövat tillstånd **2** häpnad
stupefy ['stjuːpɪfaɪ] **1** [be]döva; förslöa; göra omtöcknad [*-ied with* (av) *drink*] **2** göra häpen (bestört, mållös), förlama, överväldiga
stupendous [stjʊ'pendəs] häpnadsväckande [*a ~ achievement (error)*], förbluffande; kolossal [*a ~ mass*]
stupid ['stjuːpɪd] **I** *adj* **1** dum **2** tråkig, usel [*a ~ party*] **II** *s* vard. dumbom [*~!*]
stupidity [stjʊ'pɪdətɪ] dumhet
stupor ['stjuːpə] dvala
sturdy ['stɜːdɪ] **1** robust [*a ~ child*], handfast; stark [*~ walls*], rejäl **2** fast, orubblig [*~ resistance*]
sturgeon ['stɜːdʒ(ə)n] zool. stör
stutter ['stʌtə] **I** *vb itr* stamma **II** *vb tr*, *~ [out]* stamma [fram] **III** *s* stamning
1 sty [staɪ] [svin]stia äv. bildl.
2 sty o. **stye** [staɪ] med. vagel
style [staɪl] **I** *s* **1** a) stil [*she has ~*]; stilart; språk [*written in* (på) *a delightful ~*], språkbehandling; framställningssätt; teknik b) sätt [*he has a patronizing ~*] c) typ, sort, modell, utförande, fason [*made in all sizes and ~s*], mönster d) mode [*dressed in* (efter) *the latest ~*]; [*hair*] *~* frisyr; *do things (it) in ~* slå på stort **2** titel; *assume the ~ of* [*Colonel*] anta titeln..., låta titulera sig... **II** *vb tr* **1** utforma [*carefully ~d prose*], forma; formge [*~ cars (dresses)*] **2** titulera [*he is ~d 'Colonel'*]; *~ oneself* titulera (kalla) sig
stylish ['staɪlɪʃ] **1** stilfull, stilig, elegant; snitsig **2** modern; moderiktig
stylist ['staɪlɪst] **1** a) [fin] stilist b) tekniskt driven konstnär c) sport. [driven] tekniker **2** formgivare; modeskapare
stylize ['staɪlaɪz] stilisera [*in ~d form*]
stylus ['staɪləs] (pl. *-i* [-aɪ] el. *-uses*) [pickup]nål
styptic ['stɪptɪk] **I** *adj* blodstillande **II** *s* blodstillande medel
suave [swɑːv] förbindlig, älskvärd, behaglig [*a ~ person*]; *~ manners* förbindligt (smidigt) sätt
sub [sʌb] vard. **I** *s* kortform av *submarine*, *subscription* o. *substitute*; amer., se *subway* **II** *vb itr* (kortform av *substitute*) vicka, vikariera
subcommittee [ˈsʌbkəˌmɪtɪ] underutskott, underkommitté
subconscious [ˌsʌbˈkɒnʃəs] **I** *adj* undermedveten, omedveten **II** *s* omedvetande; *the ~* äv. det omedvetna (undermedvetna)
subcontinent [ˌsʌbˈkɒntɪnənt] geogr. subkontinent [*the Indian ~*]
subcontractor [ˌsʌbkənˈtræktə] underleverantör
subdivide [ˌsʌbdɪˈvaɪd] *vb tr* dela in (upp) i underavdelningar; dela in [i ännu mindre enheter]
subdivision ['sʌbdɪˌvɪʒ(ə)n] **1** indelning (uppdelning) i underavdelningar **2** underavdelning
subdue [səbˈdjuː] **1** underkuva, lägga under sig [*~ a country*], undertrycka **2** dämpa [*~ the light (colours)*]
sub-editor [ˌsʌbˈedɪtə] tidn. redaktör, textredigerare; *chief ~* ung. redaktionssekreterare
subject [ss. subst., adj. o. adv. 'sʌbdʒekt, ss. vb səbˈdʒekt] **I** *s* **1** undersåte; *a British ~* engelsk medborgare **2** ämne i skola, för samtal o.d.; *change the ~* byta [samtals]ämne; *the ~ of the conversation* samtalsämnet; [*have you anything to say*] *on the ~? ...*i ämnet (saken)? **3** konst. el. litt. motiv **4** mus. tema **5** *~ of* (*for*) föremål för **6** gram., psykol. el. filos. subjekt **7** *~* [*for experiment*] försöksobjekt, försöksperson **II** *adj* **1** underlydande [*~ nations*], underkuvad; lyd- [*a ~ state*] **2** *~ to* a) lydande (som lyder) under [*~ to the Crown*] b) underkastad [*~ to changes (customs duty)*]; *be ~ to* äv. utsättas för c) med anlag för; *be ~ to* ha anlag för, lida av [*be ~ to headaches*] d) beroende (avhängig) av; *be ~ to* äv. bero av (på) **III** *adv*, *~ to* under förutsättning av [*~ to your approval* (godkännande)]; med förbehåll (reservation) för [*~ to alterations*] **IV** *vb tr* **1** underkuva; tvinga

till underkastelse; ~ *oneself* [*to a p.*] underkasta sig [ngn] **2** utsätta; göra till föremål för; belägga med [*~ to a fine*]; *be ~ed to* äv. vara föremål för, drabbas av

subjection [səbˈdʒekʃ(ə)n] underkuvande; underkastelse; *keep* (*hold*) *in* ~ behärska, bestämma över

subjective [səbˈdʒektɪv, sʌb-] subjektiv

subject matter [ˈsʌbdʒektˌmætə] innehåll, stoff [*the ~ of the book*]; ämne

subjugate [ˈsʌbdʒʊɡeɪt] **1** underkuva [*~ a country*] **2** bildl. betvinga [*~ one's feelings*], tygla, tämja

subjunctive [səbˈdʒʌŋ(k)tɪv] gram. **I** *adj* konjunktiv-; *the ~ mood* konjunktiv **II** *s* **1** *the* ~ konjunktiv **2** konjunktivform

sublet [ˌsʌbˈlet] (*sublet sublet*) hyra (arrendera) ut i andra hand

sublime [səˈblaɪm] storslagen [*~ scenery* (*heroism*)], sublim

sub-machine-gun [ˌsʌbməˈʃiːnɡʌn] kulsprutepistol

submarine [ˌsʌbməˈriːn, ˈsʌbməriːn] **I** *adj* undervattens- [*~ cables*], submarin **II** *s* ubåt; ubåts- [*~ warfare*]

submerge [səbˈmɜːdʒ] **I** *vb tr* **1** doppa (sänka) ner [i vatten] **2** översvämma; dränka äv. bildl. **II** *vb itr* dyka; om ubåt äv. gå ner [under vatten]

submersion [səbˈmɜːʃ(ə)n] nedsänkning [i vatten]; översvämning

submission [səbˈmɪʃ(ə)n] **1** underkastelse; resignation **2** underdånighet **3** framläggande, föredragning; presentation; föreläggande

submissive [səbˈmɪsɪv] undergiven, ödmjuk [*a ~ reply*], lydig [*~ servants*]; eftergiven

submit [səbˈmɪt] **I** *vb tr* **1** *~ to* utsätta för [*~ metal to heat*] **2** framlägga, presentera [*~ one's plans to* (för) *a council*]; framställa [*~ a proposal*]; lämna in [*~ a report to a p.*] **II** *vb itr* gå efter

subnormal [ˌsʌbˈnɔːm(ə)l] [som är] under det normala [*~ temperatures*]

subordinate [ss. adj. o. subst. səˈbɔːdənət, ss. vb səˈbɔːdɪneɪt] **I** *adj* **1** underordnad [*a ~ position*]; lägre [*a ~ officer*], underlydande; bi- [*a ~ role*; *a ~ character*] **2** gram. underordnad; *~ clause* äv. bisats **II** *s* underordnad, underlydande [*his ~s*] **III** *vb tr* underordna, låta stå tillbaka; sätta (låta komma) i andra hand [*~ one's private interests*]; *be ~d to a th.* vara underordnad ngt

subplot [ˈsʌbplɒt] sidohandling i roman o.d.

subpoena [səbˈpiːnə, səˈp-] jur. **I** *s* stämning [vid vite]; *serve a p. with a* [*writ of*] ~ delge ngn en stämning **II** *vb tr* delge en stämning; instämma [*be ~ed as a witness*]

subscribe [səbˈskraɪb] **I** *vb tr* **1 a)** teckna [sig för] **b)** teckna [*~ shares*] **2** betala i medlemsavgift [*~ £5 to a club*] **3** skriva under (på), underteckna [*~ a document*] **II** *vb itr* **1** prenumerera [*~ to* (på) *a newspaper*] **2** ge (teckna) bidrag [*he ~s liberally to charity*]; *~ for* a) teckna sig för, skriva på [*~ for a large sum*] b) teckna [*~ for shares*] **3** *~ to* skriva under [*~ to an agreement*]; bildl. ansluta sig till, dela [*~ to a p.'s opinion* (*views*)]

subscriber [səbˈskraɪbə] **1** prenumerant [*~ to* (på) *a newspaper*], [telefon]abonnent; *~ trunk dialling* tele. automatkoppling **2** a) bidragsgivare b) anhängare, stödjare c) [aktie]tecknare

subscription [səbˈskrɪpʃ(ə)n] **1 a)** teckning [*~ for* (av) *shares*]; insamling; *start* (*raise*) *a ~* sätta i gång en insamling b) bidrag; insamlat belopp **2 a)** prenumeration; subskription [*~ for* (på) *a book*]; abonnemang; *~ concert* abonnemangskonsert; *take out a ~ for* [*a year*] prenumerera (teckna prenumeration) för... b) prenumerationsavgift; medlemsavgift [*~ to* (i) *a club*] **3 a)** undertecknande b) underskrift

subsequent [ˈsʌbsɪkwənt] följande, efterföljande, påföljande

subsequently [ˈsʌbsɪkwəntlɪ] därefter, sedan, senare; *~ to* efter

subservient [səbˈsɜːvjənt] **1** underordnad; *be ~ to a p.'s needs* svara mot ngns behov **2** undergiven, servil

subside [səbˈsaɪd] **1** sjunka [undan] [*the flood has ~d*] **2** sjunka [*the ground* (*house*) *will ~*]; geol. sänka sig **3** avta, lägga sig, dö bort [*the wind* (*his anger*) *began to ~*], lugna sig; om feber gå ned **4** sjunka (falla) till botten **5** försjunka; skämts. sjunka ner [*~ into a chair*]

subsidence [səbˈsaɪd(ə)ns, ˈsʌbsɪd-] **1** sjunkande; sättning; geol. [land]sänkning **2** bottensats

subsidiar|y [səbˈsɪdjərɪ] **I** *adj* **1** biträdande; understöds- [*~ fund*], hjälp- [*~ troops*]; stöd- [*~ farming*]; bi- [*~ roads, ~ stream*], sido- [*~ theme*], extra- [*~ details*]; *~ company* dotterbolag; *~ plot* sidohandling i roman o.d.; *~ subject* skol. tillvalsämne **2** underordnad [*to a th.* ngt] **II** *s* dotterbolag

subsidize [ˈsʌbsɪdaɪz] subventionera,

understödja, perf. p. ~*d* subventionerad [~ *lunches*]; statsunderstödd
subsidy ['sʌbsɪdɪ] subvention, anslag; subsidier
subsist [səb'sɪst] **1** livnära sig [~ *on a vegetable diet*], existera; förtjäna sitt uppehälle [~ *by* (genom, på) *work*] **2** leva kvar (vidare)
subsistence [səb'sɪst(ə)ns] **1** existens, tillvaro **2** underhåll **3** uppehälle; ~ *allowance* traktamente
substance ['sʌbst(ə)ns] **1** ämne; substans [*a chalky* ~]; massa **2 a)** substans **b)** innehåll [~ *and form*]; huvudinnehåll, andemening [*give the* ~ *of a speech in one's own words*]; *in* ~ i huvudsak, i allt väsentligt **3** fasthet, stadga äv. bildl. [*the material has some* ~; *there is no* ~ *in him*]
substandard [ˌsʌb'stændəd] **1** undermålig [~ *literature*] **2** ~ *film* smalfilm under 35 mm **3** språkv. ovårdad [~ *English* (*pronunciation*)]
substantial [səb'stænʃ(ə)l] **1** verklig, reell **2** väsentlig [~ *improvement* (*contribution*)], ansenlig [*a* ~ *sum of money*], stor [*a* ~ *audience*; *a* ~ *loan*] **3 a)** stabil, solid, gedigen [*a* ~ *house*], stark [*a* ~ *physique*]; fast, hållbar [~ *cloth*] **b)** stadig, bastant [*a* ~ *meal*] **4** solid [*a* ~ *business firm*] **5** vederhäftig [*a* ~ *argument*], grundad [*a* ~ *claim*] **6** i huvudsak riktig
substantially [səb'stænʃəlɪ] **1** stabilt [~ *built*] **2** väsentligen; i allt väsentligt [*we* ~ *agree*]; väsentligt, avsevärt [~ *contribute to*] **3** i påtaglig form, kroppsligen
substantiate [səb'stænʃɪeɪt] bestyrka, dokumentera; bekräfta
substantive ['sʌbst(ə)ntɪv] gram. substantiv; substantiverat ord
substitute ['sʌbstɪtjuːt] **I** *s* **1** ställföreträdare, ersättare; suppleant; sport. reserv; *act as a* ~ äv. vikariera; *the* ~*'s* (~*s'*) *bench* sport. avbytarbänken **2** ersättning, substitut **II** *vb tr* **1** ~ *for* använda (ta) i stället för [~ *saccharine for sugar*] **2** byta ut [~ *a player*], ersätta **3** ~ *by* (*with*) ersätta med **III** *vb itr* vikariera, vara suppleant (ersättare, sport. avbytare)
substitution [ˌsʌbstɪ'tjuːʃ(ə)n] ersättande; ersättning; sport. [spelar]byte
subtenant [ˌsʌb'tenənt] hyresgäst i andra hand; *be a* ~ hyra i andra hand
subterfuge ['sʌbtəfjuːdʒ] undanflykt[er], svepskäl
subterranean [ˌsʌbtə'reɪnjən] underjordisk

subtitle ['sʌbˌtaɪtl] **I** *s* **1** undertitel **2** film., pl. ~*s* text [*an English film with Swedish* ~*s*] **II** *vb tr* **1** förse med en undertitel **2** film. texta
subtle ['sʌtl] **1** subtil [*a* ~ *difference*]; obestämbar [*a* ~ *charm*], svag [*a* ~ *flavour*], diskret [*a* ~ *perfume*]; underfundig [~ *humour, a* ~ *smile*] **2** utstuderad [~ *methods*]; påhittig [*a* ~ *device*]; spetsfundig [*a* ~ *argument*]
subtlety ['sʌtltɪ] **1** subtilitet etc., jfr *subtle*; skärpa **2** hårklyveri, ordklyveri; spetsfundighet
subtly ['sʌtlɪ] subtilt etc., jfr *subtle*
subtract [səb'trækt] subtrahera, dra ifrån [~ *6 from 9*], dra av
subtraction [səb'trækʃ(ə)n] matem. subtraktion [*a simple* ~]; frådragning; ~ *sign* minustecken
subtropical [ˌsʌb'trɒpɪk(ə)l] subtropisk
suburb ['sʌbɜːb, -bəb] förort, förstad; *garden* ~ villaförort, villastad
suburban [sə'bɜːb(ə)n] **I** *adj* **1** förorts-, förstads- [~ *shops* (*buses*)]; ~ *area* ytterområde **2** neds. småstadsaktig, småborgerlig **II** *s* förortsbo
suburbanite [sə'bɜːbənaɪt] förortsbo
subvention [səb'venʃ(ə)n] subvention, statsanslag
subversion [səb'vɜːʃ(ə)n] omstörtning
subversive [səb'vɜːsɪv] **I** *adj* [samhälls]omstörtande, subversiv [~ *activity* (verksamhet)] **II** *s* samhällsomstörtare
subway ['sʌbweɪ] **1 a)** [gång]tunnel **b)** underjordisk ledning, ledningstunnel **2** amer. tunnelbana, t-bana
succeed [sək'siːd] **I** *vb itr* **1** lyckas [*the attack* ~*ed*], ha framgång; gå bra; *not* ~ äv. misslyckas **2** följa [*a long peace* ~*ed*]; ~ *to* äv. överta, ärva **II** *vb tr* efterträda, komma efter [*who* ~*ed her as Prime Minister?*]
success [s(ə)k'ses] framgång [*with varying* ~], medgång; succé; *with no great* ~ utan större framgång
successful [s(ə)k'sesf(ʊ)l] framgångsrik, lyckosam, lycklig; lyckad [~ *experiments*]; succé- [~ *play*]; som klarat sig (provet), godkänd [~ *candidates*]; *be* ~ äv. ha framgång, göra lycka [*in i*], lyckas [*in doing* i (med) [att] göra], gå bra
successfully [s(ə)k'sesfʊlɪ] framgångsrikt
succession [s(ə)k'seʃ(ə)n] **1** följd [*a* ~ *of years*], serie, rad; ordning; växling [*the* ~ *of the seasons*]; *in* ~ i följd (rad), efter

varandra [*three years in* ~] **2** succession; arvföljd; tronföljd **3** arvsrätt
successive [s(ə)k'sesɪv] på varandra följande; successiv [~ *changes*]; som följer (följde) på varandra [*the ~ governments*]; *three ~ days* tre dagar efter varandra (i rad, i följd)
successor [sək'sesə] **1** efterträdare; ~ [*to the throne*] tronföljare **2** arvinge
succinct [sək'sɪŋ(k)t] koncis
succulent ['sʌkjʊlənt] saftig [~ *meat*]; bot. äv. köttig
succumb [sə'kʌm] duka under, ge efter, falla [till föga] [~ *to* (för) *flattery*]; digna; ~ *to* äv. dö av [*he ~ed to his injuries*]
such [sʌtʃ] **1** a) sådan [~ *books*], dylik; liknande [*tea, coffee and ~ drinks*] b) så [~ *big books*; ~ *long hair*] c) så stor [~ *was his joy that...*] d) det [~ *was not my intention*]; [*it was not*] *the first ~ case* ...det första fallet av det slaget; ~ *a* [*book*] en sådan...; *there is ~ a draught* det drar så [förfärligt]; *no ~ thing!* visst inte!, ingalunda!; *as ~* a) som sådan, i sig [*I like the work as ~*] b) i den egenskapen [*he is my trainer and as ~ can tell me what to do*] **2** *~ as:* a) sådan som; de som [~ *as are poor*]; som [t.ex.] [*vehicles ~ as cars*]; ~ *books as these* sådana här böcker; *there is ~ a thing as loyalty* det finns något som heter lojalitet b) [allt] vad, det lilla [som] [*I'll give you ~ as I have*]; ~ *as it is* sådan den nu är
suchlike ['sʌtʃlaɪk] sådan; *and ~* [*things*] med mera, och dylikt, o.d.; *or ~* [*things*] eller dylikt, e.d.
suck [sʌk] **I** *vb tr* **1** a) suga [~ *the juice from* (ur) *an orange*], suga i sig; insupa [~ *air*] b) suga ur [~ *an orange*]; bildl. suga ut c) suga på [~ *a sweet*]; ~ *in* suga in, suga i sig; bildl. äv. insupa [~ *in knowledge*]; ~ *out* suga ut [*from, of* ur] **2** ~ *in* (*into*) dra (blanda) in (i) **3** ~ [*down*] suga (dra) ned **4** vulg., ~ *off a p.* suga av ngn **II** *vb itr* **1** a) suga [~ *at* (på) *one's pipe*] b) dia **2** sl., ~ *up to* ställa sig in hos, fjäska för **III** *s* **1** sugning, sug **2** sugljud **3** *give ~ to* amma
sucker ['sʌkə] **1** sugapparat, sugfot; zool. äv. sugorgan, sugskiva **2** vard. tönt, fårskalle; *be a ~ for* vara svag för, falla för
suckle ['sʌkl] **1** dia; ge di **2** amma
suction ['sʌkʃ(ə)n] [in]sugning; sug; sug- [~ *filter* (*system*)]; ~ *fan* utsugsfläkt, utsugningsfläkt
Sudan [sʊ'dɑːn, -'dæn] geogr.; *the ~* Sudan
sudden ['sʌdn] **I** *adj* plötslig [*a ~ shower*], oväntad; bråd [~ *death*]; hastig, häftig [*a ~ movement*]; tvär [*a ~ turn in the road*]; ~ *death* sport. sudden death i oavgjord match beslut om att nästa mål o.d. avgör matchen **II** *s, all of a ~* helt plötsligt (hastigt), rätt som det är (var), med ens
suddenly ['sʌdnlɪ] plötsligt, med ens
suds [sʌdz] (konstr. ss. sg. el. pl.) såplödder, tvållödder; såpvatten
sue [sjuː, suː] **I** *vb tr* **1** jur. stämma, åtala [äv. ~ *at law*]; lagsöka [~ *a p. for debt* (gäld)]; ~ *a p. for damages* begära skadestånd av ngn **2** bedja [~ *the enemy for* (om) *peace*] **II** *vb itr* **1** jur. inleda process; väcka åtal [*threaten to ~*]; ~ *for damages* begära skadestånd; ~ *for a divorce* begära skilsmässa **2** ~ *for* bedja om [~ *for peace*]
suede [sweɪd] **1** mocka[skinn]; ~ *gloves* mockahandskar **2** ~ [*cloth*] mockatyg
suet ['sʊɪt, 'sjʊɪt] [njur]talg
suffer ['sʌfə] **I** *vb tr* **1** lida [~ *wrong* (orätt)], [få] utstå [~ *punishment*], genomlida, uthärda; drabbas av, få vidkännas [~ *loss*] b) undergå, genomgå [~ *change*]; ~ *great pain* lida (plågas) mycket, ha svåra smärtor **2** tåla, finna sig i [~ *insolence*]; *I can't ~ him* jag tål honom inte **II** *vb itr* lida, plågas, ha ont [*the patient still ~s*]; ta (lida) skada, bli lidande, lida avbräck (förluster); ~ *heavily* lida stora förluster; ~ *from headaches* lida av huvudvärk
sufferance ['sʌf(ə)r(ə)ns] tyst medgivande
sufferer ['sʌf(ə)rə] lidande [person]; *hay-fever ~s* de som lider av hösnuva; *be the ~ by* bli lidande på, förlora på
suffering ['sʌf(ə)rɪŋ] **I** *s* lidande [*the ~s of Christ*], nöd **II** *adj* lidande
suffice [sə'faɪs] **I** *vb itr* vara nog, räcka [till], förslå; ~ *it to say that* det räcker med att säga att... **II** *vb tr* vara tillräcklig för [*one meal a day won't ~ a growing boy*]; tillfredsställa
sufficiency [sə'fɪʃ(ə)nsɪ] tillräcklig mängd; tillräcklighet
sufficient [sə'fɪʃ(ə)nt] **I** *adj* tillräcklig; *be ~* äv. räcka [*for* till, för], vara nog, räcka till **II** *s, he ate till he had ~* han åt tills han hade fått nog (var mätt)
sufficiently [sə'fɪʃ(ə)ntlɪ] tillräckligt, nog
suffix ['sʌfɪks, ss. vb äv. -'-] **I** *s* språkv. suffix **II** *vb tr* lägga till [~ *a syllable*]; bifoga
suffocate ['sʌfəkeɪt] **I** *vb tr* kväva äv. bildl. **II** *vb itr* kvävas; storkna [~ *with* (av) *rage*]
suffocating ['sʌfəkeɪtɪŋ] kvävande
suffocation [ˌsʌfə'keɪʃ(ə)n] kvävning; *I have a feeling of ~* det känns som om jag skulle kvävas

suffrage ['sʌfrɪdʒ] rösträtt [*universal* (allmän) ~]; *woman (women's, female)* ~ kvinnlig rösträtt
suffuse [sə'fjuːz] sprida sig över [*a blush ~d her face*]; fylla
sugar ['ʃʊgə] **I** *s* **1** a) socker b) sockerbit; *soft* ~ strösocker **2** vard. (i tilltal) sötnos **II** *vb tr* sockra äv. bildl.; sockra i (på), söta [*med socker*]; *~ed almonds* dragerade mandlar
sugar basin ['ʃʊgəˌbeɪsn] sockerskål
sugar beet ['ʃʊgəbiːt] sockerbeta
sugar bowl ['ʃʊgəbəʊl] sockerskål
sugar candy ['ʃʊgəˌkændɪ] kandisocker
sugar cane ['ʃʊgəkeɪn] sockerrör
sugar-free ['ʃʊgəfriː] sockerfri [*~ chewing-gum*]
sugary ['ʃʊgərɪ] **1** sockrad, söt, sockrig; sockerhaltig **2** bildl. sötsliskig [*~ music*]
suggest [sə'dʒest, amer. səg'dʒ-] **1** föreslå [*~ a p. for* (till) *a post*]; framkasta, hemställa; *~ a th. to a p.* föreslå ngn ngt, framkasta [ett förslag om] ngt för ngn **2** antyda, låta förstå **3** tyda på; antyda [*as the name ~s*] **4** påminna om; väcka associationer till; låta ana; *what does it ~ to you?* vad påminner det dig om? **5** a) inspirera [*a drama ~ed by an actual incident*] b) väcka [*that ~ed the idea*] **6** påstå, mena [*do you ~* (vill du påstå) *that I'm lying?*]
suggestible [sə'dʒestəbl, amer. səg'dʒ-] lättpåverkad; lättsuggererad
suggestion [sə'dʒestʃ(ə)n, amer. səg'dʒ-] **1** förslag [*~s for* (till) *improvement*]; råd; *at* (on) *the ~ of* på förslag (inrådan) av **2** antydan, vink **3** uppslag; idé; påminnelse **4** associering; [idé]association **5** anstrykning, nyans [*a ~ of mockery in his tone*], antydan **6** suggestion
suggestive [sə'dʒestɪv, amer. səg'dʒ-] **1** tankeväckande; suggestiv; talande; stimulerande; *be ~ of* a) väcka tanken på b) tyda på, vittna om **2** tvetydig
suicidal [suːɪ'saɪdl, sjuːɪ's-] självmords- [*a ~ attempt*]; bildl. vansinnig, halsbrytande [*~ speed*], livsfarlig [*~ policy*]
suicide ['suːɪsaɪd, 'sjuːɪ-] **1** självmord [*commit* (begå) *~*; *political ~*]; *~ bomber* självmordsbombare **2** självmördare
suit [suːt, sjuːt] **I** *s* **1** dräkt [*spacesuit*]; [*man's*] *~* [herr]kostym; *a ~ of armour* en rustning; *a ~ of clothes* en [hel] kostym **2** jur. rättegång, process [äv. *~ at law*]; *divorce ~* skilsmässoprocess **3** kortsp. färg; *follow ~* bekänna (följa) färg; bildl. följa exemplet, göra likadant; *his long (strong) ~* bildl. hans starka sida **II** *vb tr* **1** a) passa [*which day ~s you best?*] b) klä [*white ~s her*] c) tillfredsställa [*we try to ~ our customers*], vara (göra) till lags [*you can't ~ everybody*] d) passa (lämpa sig) för [*a climate that ~s apples*] e) passa in i, passa (gå) ihop med [*that will ~ my plans*], passa till; *will tomorrow ~ you?* passar det [dig] i morgon?, går det bra [för din del] i morgon?; *~ yourself!* gör som du [själv] vill!; välj vad du vill! **2** anpassa, avpassa [*~ the punishment to the crime*]; *~ the action to the word* omsätta ord i handling **III** *vb itr* passa, stämma överens, gå i stil; *will tomorrow ~?* passar det (går det bra) i morgon?
suitability [ˌsuːtə'bɪlətɪ, ˌsjuː-] lämplighet, ändamålsenlighet
suitable ['suːtəbl, 'sjuː-] passande; ändamålsenlig; *be ~* äv. passa, duga, lämpa sig
suitably ['suːtəblɪ, 'sjuː-] lämpligt, passande, som sig bör; riktigt
suitcase ['suːtkeɪs, 'sjuːt-] resväska, kappsäck
suite [swiːt] **1** svit, följe **2** a) *~* [*of furniture*] ett möblemang, en möbel b) [soff]grupp; *a three-piece ~* en soffgrupp [i tre delar] **3** svit [*a ~ at a hotel*]; lägenhet, våning **4** uppsättning; serie **5** mus. svit
suited ['suːtɪd, 'sjuː-] **1** lämplig, passande; anpassad; *be ~ for (to)* äv. passa (lämpa sig) för; *they are well ~ to each other* de passar bra ihop (för varandra) **2** vanl. ss. efterled i sammansättn. -klädd [*grey-suited*]
suitor ['suːtə, 'sjuː-] **1** jur. kärande[part] **2** friare **3** supplikant, ansökande
sulk [sʌlk] **I** *vb itr* [gå (sitta) och] tjura; vara sur **II** *s* surmulenhet; *be in the ~s* (*in a ~*) tjura, vara sur (butter)
sulky ['sʌlkɪ] **I** *adj* sur [och trumpen] **II** *s* sport. sulky
sullen ['sʌlən] surmulen; butter
sulphate ['sʌlfeɪt, -fət] kem. sulfat
sulphur ['sʌlfə] kem. svavel
sulphuric [sʌl'fjʊərɪk] kem. svavel-; *~ acid* svavelsyra
sultan ['sʌlt(ə)n] sultan
sultana [sʌl'tɑːnə, i bet. *2* vanl. s(ə)l'tɑːnə] **1** sultans hustru **2** sultanrussin
sultry ['sʌltrɪ] kvav, tung, tryckande [*~ air*]; gassig [*~ sun*]
sum [sʌm] **I** *s* **1** summa äv. bildl. [*the ~ of human knowledge*] **2** [penning]summa, belopp; *~ of money* penningsumma,

611

summa pengar; *pay in one* ~ betala på en gång (en engångssumma) **3** matematikexempel; pl. *~s* äv. matematik **II** *vb tr* summera; ~ *up* äv. a) sammanfatta, göra en sammanfattning (resumé) av, resumera b) bedöma, bilda sig en uppfattning om [*he ~med up the situation at a glance*]; *that ~s him up* vard. det säger allt om honom **III** *vb itr* **1** räkna **2** ~ *up* göra en sammanfattning
summarize ['sʌməraɪz] sammanfatta
summary ['sʌmərɪ] **I** *adj* **1** kortfattad, summarisk [*a ~ report*]; sammanfattande; ~ *view* kort översikt **2** isht jur. summarisk, förenklad [*~ justice* (rättsförfarande)]; snabb, snabbt verkställd [*a ~ sentence* (dom)]; förenklad, enkel [*~ methods*]; ~ *conviction* fällande dom utan jury **II** *s* sammanfattning, sammandrag, [kort] referat; summering
summer ['sʌmə] sommar äv. bildl. [*the ~ of life*]; *last* ~ förra sommaren, i somras; *this* ~ den här sommaren, [nu] i sommar; *in* [*the*] ~ på (om) sommaren (somrarna)
summerhouse ['sʌməhaʊs] **1** lusthus **2** sommarhus
summertime ['sʌmətaɪm] sommar äv. bildl. [*the ~ of life*]; sommartid; *in* [*the*] ~ på (under) sommaren (somrarna), sommartid[en]
summer time ['sʌmətaɪm] sommartid framflyttad tid
summery ['sʌmərɪ] sommarlik
summit ['sʌmɪt] **1** topp [*the ~ of a mountain*]; bildl. höjd, höjdpunkt [*be at the ~ of one's power*] **2** a) toppkonferens, toppmöte b) topp- [*~ conference* (*meeting*)]
summon ['sʌmən] **1** kalla [på]; kalla [samman] [*~ people to a meeting*]; kalla in [*~ Parliament*]; ~ *a meeting* sammankalla (kalla till) ett möte **2** jur. [in]stämma [*~ a p. as a witness*]; ~ *a p. [before the court]* [in]stämma (kalla) ngn inför rätta **3** uppmana, uppfordra **4** ~ [*up*] **a)** samla [*~* [*up*] *one's courage* (*energy*)] **b)** framkalla
summons ['sʌmənz] **I** (pl. *~es* [-ɪz]) *s* **1** kallelse; jur. stämning; mil. inkallelseorder; *writ of* ~ jur. stämning, stämningsorder **2** uppfordran, maning **II** *vb tr* jur. [in]stämma
sump [sʌmp] **1** motor. oljetråg **2** avloppsbrunn
sumptuous ['sʌm(p)tjʊəs] överdådig, luxuös, storslagen [*a ~ feast*], praktfull
sum total [ˌsʌm'təʊtl] slutsumma
sun [sʌn] **I** *s* sol; solsken; *everything under the* ~ allt mellan himmel och jord; *take the* ~ sola sig **II** *vb tr* sola; ~ *oneself* sola sig **III** *vb itr* sola sig
sunbathe ['sʌnbeɪð] solbada
sunbeam ['sʌnbiːm] solstråle
sunblind ['sʌnblaɪnd] **I** *s* markis; jalusi **II** *adj* solblind
sunburn ['sʌnbɜːn] **1** svidande solbränna, solskador **2** se *suntan*
sunburned ['sʌnbɜːnd] o. **sunburnt** ['sʌnbɜːnt] solbränd; bränd (svedd) av solen
sundae ['sʌndeɪ, -dɪ] kok. sundae
Sunday ['sʌndeɪ, -dɪ isht attr.] **1** söndag; *last* ~ i söndags, förra söndagen; *on ~s* på (om) söndagarna **2** söndags- [*~ supplement* (bilaga)], fin- [*her ~ shoes*]
sundial ['sʌndaɪ(ə)l] solur
sundown ['sʌndaʊn] se *sunset*
sundry ['sʌndrɪ] flerfaldiga, åtskilliga [*on ~ occasions*], diverse [*~ items*], alla möjliga [*talk about ~ matters*]; *all and* ~ alla och envar
sunflower ['sʌnˌflaʊə] bot. solros
sung [sʌŋ] perf. p. av *sing*
sunglasses ['sʌnˌglɑːsɪz] solglasögon
sunhelmet ['sʌnˌhelmɪt] tropikhjälm
sunk [sʌŋk] (perf. p. av *sink*), [ned]sänkt; sjunken; ~ *in* försjunken i [*~ in thought*], nedsjunken i [*~ in despair*]
sunken ['sʌŋk(ə)n] **1** sjunken [*~ ships*]; som har sjunkit (satt sig) [*~ walls*]; nedsänkt **2** infallen [*~ cheeks*]; avtärd [*~ features*]
sunlamp ['sʌnlæmp] sollampa
sunlight ['sʌnlaɪt] solljus
sunlit ['sʌnlɪt] solbelyst; solig
sunny ['sʌnɪ] solig; sol- [*~ beam* (*day*)]; solljus; *look on the ~ side* [*of things*] se allt från den ljusa sidan
sunrise ['sʌnraɪz] soluppgång; *at* ~ i (vid) soluppgången
sunroof ['sʌnruːf] soltak på bil
sunset ['sʌnset] solnedgång; *at* ~ i (vid) solnedgången; ~ *glow* aftonrodnad
sunshade ['sʌnʃeɪd] **1** parasoll **2** [fönster]markis **3** solskärm
sunshine ['sʌnʃaɪn] solsken äv. bildl.
sunspot ['sʌnspɒt] **1** astron. solfläck **2** vard. soligt ställe
sunstroke ['sʌnstrəʊk] solsting
suntan ['sʌntæn] **I** *s* solbränna; ~ *lotion* solkräm **II** *vb itr* bli solbränd (brunbränd)
sunup ['sʌnʌp] isht amer. vard. soluppgång
super ['suːpə, 'sjuː-] vard. toppen[fin]; jättekul
superannuation ['suːpərˌænjʊ'eɪʃ(ə)n,

'sjuː-] pension[ering]; överårighet; ~ *fund* pensionskassa
superb [sʊˈpɜːb, sjʊ-] storartad, storslagen, enastående [*a ~ view*], ypperlig [*a ~ actress*]; superb
supercilious [ˌsuːpəˈsɪliəs, ˌsjuː-] högdragen, dryg
superficial [ˌsuːpəˈfɪʃ(ə)l, ˌsjuː-] ytlig äv. bildl. [*a ~ book* (*person*)]; på ytan [liggande]; yt-
superficiality [ˈsuːpəˌfɪʃɪˈælətɪ, ˌsjuː-] ytlighet äv. bildl.; ytlig beskaffenhet
superfluous [sʊˈpɜːfluəs, sjʊ-] överflödig; *~ hair*[*s*] generande hårväxt
superhuman [ˌsuːpəˈhjuːmən, ˌsjuː-] övermänsklig
superimpose [ˌsuːp(ə)rɪmˈpəʊz, ˌsjuː-] **1** lägga ovanpå (över) **2** foto. kopiera in
superintend [ˌsuːp(ə)rɪnˈtend, ˌsjuː-] **I** *vb tr* övervaka, ha (hålla) uppsikt över; förvalta [*~ an office*], leda [*~ a firm*] **II** *vb itr* hålla uppsikt, utöva kontroll
superintendence [ˌsuːp(ə)rɪnˈtendəns, ˌsjuː-] överinseende, övervakning; ledning [*under the personal ~ of the manager*]
superintendent [ˌsuːp(ə)rɪnˈtendənt, ˌsjuː-] [över]uppsyningsman; [över]intendent; ledare, chef, direktör för ämbetsverk; [skol]inspektör; inspektor; [*police*] ~ a) [polis]kommissarie b) amer. ung. chef för en rotel
superior [sʊˈpɪərɪə, sjʊ-] **I** *adj* **1** högre i rang o.d.; överlägsen; bättre; *~ court* överdomstol, högre domstol **2** utmärkt [*~ quality*] **3** överlägsen, högdragen [*a ~ air* (*attitude*)] **II** *s* **1** geogr.; *Lake S~* Övre sjön **2** överordnad [*my ~s* [*in rank*]], förman; bildl. överman [*Napoleon had no ~ as a general*] **3** abbot [äv. *Father S~*]; *Lady* (*Mother*) *S~* abbedissa
superiority [sʊˌpɪərɪˈɒrətɪ, sjʊ-] överlägsenhet; förträfflighet; *~ complex* vard. känsla av överlägsenhet, arrogans
superlative [sʊˈpɜːlətɪv, sjʊ-] **I** *adj* **1** ypperlig; enastående [*a man of* (med) *~ wisdom*], superlativ [*~ praise*] **2** gram., *the ~ degree* superlativ **II** *s* superlativ äv. gram.
super|man [ˈsuːpə|mæn, ˈsjuː-] (pl. *-men* [-men]) **1** övermänniska **2** vard., *S~* Stålmannen seriefigur
supermarket [ˈsuːpəˌmɑːkɪt, ˈsjuː-] [stort] snabbköp
supernatural [ˌsuːpəˈnætʃr(ə)l, ˌsjuː-] övernaturlig
superpower [ˈsuːpəˌpaʊə, ˈsjuː-, ˌ--ˈ--] supermakt

supersede [ˌsuːpəˈsiːd, ˌsjuː-] **1** ersätta [*CDs have ~d gramophone records*], slå ut, tränga undan (ut) **2** efterträda [*~ a p. as chairman*]
supersensitive [ˌsuːpəˈsensətɪv, ˌsjuː-] överkänslig
supersonic [ˌsuːpəˈsɒnɪk, ˌsjuː-] överljuds- [*~ aircraft* (*bang*, *speed*)], supersonisk
superstition [ˌsuːpəˈstɪʃ(ə)n, ˌsjuː-] vidskepelse, skrock[fullhet]
superstitious [ˌsuːpəˈstɪʃəs, ˌsjuː-] vidskeplig, skrockfull
superstore [ˈsuːpəstɔː, ˈsjuː-] stormarknad
supervise [ˈsuːpəvaɪz, ˈsjuː-, ˌ--ˈ-] övervaka, tillse, ha tillsyn över
supervision [ˌsuːpəˈvɪʒ(ə)n, ˌsjuː-] överinseende, tillsyn, kontroll, uppsikt; *police ~* polisbevakning, polisuppsikt
supervisor [ˈsuːpəvaɪzə, ˈsjuː-] **1** övervakare; uppsyningsman; förman; föreståndare i varuhus o.d.; kontrollant **2** skol. handledare; amer. äv. tillsynslärare
supervisory [ˌsuːpəˈvaɪz(ə)rɪ, ˌsjuː-] övervakande, övervaknings- [*~ duties*], kontrollerande, tillsyns-; handlednings-
supine [suːˈpaɪn, sjuː-] **1** liggande; *~ position* ryggläge **2** loj, slö, trög
supper [ˈsʌpə] kvällsmat [*have cold meat for* (till) *~*], kvällsvard; supé [*a good ~*]; *the Last S~* a) bibl. Jesu sista måltid b) Nattvarden da Vincis målning
supplant [səˈplɑːnt] ersätta [*gramophone records have been ~ed by CDs*]; tränga undan (ut)
supple [ˈsʌpl] böjlig, mjuk, spänstig äv. bildl. [*a ~ mind*]; elastisk
supplement [ss. subst. ˈsʌplɪmənt, ss. vb ˈsʌplɪment, ˌ--ˈ-] **I** *s* supplement; bilaga [*The Times Literary S~*], bihang **II** *vb tr* öka [ut] [*~ one's income*], fylla ut; göra tillägg till, komplettera [*~ one's stock* (lager)]; tillägga
supplementary [ˌsʌplɪˈment(ə)rɪ] tillagd; supplement- [*~ volume* (*angle*)], tilläggs-, fyllnads- [*~ grant*], supplementär, extra; kompletterande; *~ benefit* [statligt] socialbidrag
supplier [səˈplaɪə] leverantör
1 supply [ˈsʌplɪ] böjligt, spänstigt
2 supply [səˈplaɪ] **I** *vb tr* **1** skaffa [*~ proof*], anskaffa; erbjuda [*the trees ~ shade*], komma med [*~ an explanation*]; isht hand. leverera **2** fylla [ut] [*~ a want* (*need*)], ersätta [*~ a deficiency*]; fylla i, sätta in vad som fattas; *~ a demand* tillfredsställa (tillgodose, fylla) ett behov; tillmötesgå ett krav **II** *s* **1** tillförsel [*~ of*

necessaries], leverans [*~ of goods*]; tillgång [*~ of* (på) *food*], förråd [*a large ~ of shoes*]; fyllande av behov; pl. **supplies** mil. proviant, krigsförråd; *food ~* livsmedel[stillgång], livsmedelsförsörjning; *medical supplies* medicinska förnödenheter **2** vikariat, förordnande isht som präst el. lärare; *~ teacher* [lärar]vikarie **3** vikarie, tillförordnad isht som präst el. lärare

support [sə'pɔ:t] **I** *vb tr* **1** stötta, bära [upp] [*posts ~ the roof*]; uppehålla [*too little food to ~ life*]; [*the bridge is not strong enough to*] *~ heavy vehicles* ...bära tung trafik **2** stödja äv. bildl. [*a theory ~ed by facts*; *~ a claim*]; gynna; hålla (heja) på [*~ Arsenal*]; underbygga [*~ a statement*]; biträda [*~ a proposal*]; upprätthålla [*~ one's reputation*] **3** försörja [*can he ~ a family?*]; *~ oneself* försörja (livnära) sig, hålla sig uppe **4** bära, bestrida, stå för [*~ the costs*] **II** *s* **1** stöd; stötta; *arch ~* hålfotsinlägg **2** [under]stöd äv. ekonomisk; medverkan; *give ~ to* ge sitt stöd åt, stödja **3** underhåll, uppehälle; *means of ~* utkomstmöjlighet **4** [familje]försörjare

supporter [sə'pɔ:tə] **1 a)** anhängare; *~s' club* supporterklubb **b)** [under]stödjare **2** försörjare

suppose [sə'pəʊz] anta[ga]; förmoda [*I ~ you know it*], tro [*he ~d it would be easy*]; förutsätta [*creation ~s a creator*]; *~ he comes* (*should come*)*!* tänk om han kommer (skulle komma)!; *I ~ so* jag förmodar (antar) det, förmodligen (antagligen) [är det så]; *I ~ I'd better do it* det är nog (väl) bäst att jag gör det; *I ~ you couldn't* [*come on Saturday instead?*] du skulle väl inte kunna...; *am I ~d to* [*do all this?*] är det min sak att..., ska jag...; *he is ~d to be rich* han lär (ska, anses) vara rik; *is this ~d to be me?* skall detta vara jag (föreställa mig)?

supposedly [sə'pəʊzɪdlɪ] förmodligen; förment

supposing [sə'pəʊzɪŋ] antag[et] att; *~ he should be out* om han [nu] skulle vara ute, antag att (tänk om) han skulle vara (är) ute

supposition [ˌsʌpə'zɪʃ(ə)n] antagande; förmodan; förutsättning; *on the ~ that* under förutsättning att; i tron att

suppository [sə'pɒzɪt(ə)rɪ] med. stolpiller

suppress [sə'pres] **1** undertrycka, kväva [*~ a rebellion*]; stävja; tysta [ned] [*~ criticism*]; dämpa [*~ one's anger*]; perf. p. *~ed* äv. återhållen [*with ~ed anger*] **2** dra in [*~ a publication*]; förbjuda [*~ a party*] **3** hemlighålla, förtiga [*~ the truth*]; psykol. [medvetet (avsiktligt)] förtränga

suppression [sə'preʃ(ə)n] **1** undertryckande etc., jfr *suppress 1* **2** indragning av tidning o.d.; förbjudande av parti o.d. **3** hemlighållande; psykol. bortträngning

supremacy [sʊ'preməsɪ, sjʊ-] **1** överhöghet, supremati **2** ledarställning; överlägsenhet

supreme [sʊ'pri:m, sjʊ-] **1** högst; över-; suverän; *~ command* högsta kommando (befäl), överbefäl, överkommando; *~ commander* överbefälhavare; *the S~ Court* [*of Judicature*] i Storbritannien ung. högsta domstolen; *the S~ Court* i USA hösta domstolen på federal o. delstatlig nivå; *S~ Headquarters* högkvarter[et]; *reign* (*rule, be*) *~* vara allenarådande, dominera, härska **2** enastående [*a ~ artist*]; oerhörd [*~ courage*]

surcharge [ss. subst. 'sɜ:tʃɑ:dʒ, ss. vb -'-] **I** *s* tilläggsavgift, extradebitering; post. lösen **II** *vb tr* debitera extra

sure [ʃʊə, ʃɔ:] **I** *adj* **1** säker; viss; *be* (*feel*) *~ of a th.* vara (känna sig) säker på (övertygad om) ngt, lita på ngt; *be* (*feel*) *~ of oneself* vara självsäker; *he is ~ to succeed* han kommer säkert att lyckas; *be ~ to* (*be ~ you*) [*call me in good time*] se till att du...; *be ~ to* (vard. *and*) *do it!* glöm [för all del] inte bort det!; *to be ~* naturligtvis, sannerligen, mycket riktigt [*so it is, to be ~*]; visserligen, nog [*to be ~ he is clever, but...*]; [*he will succeed,*] *you may be ~* ...det kan du vara säker på (lita på), ...var så säker; [*he won't do it again,*] *you may be ~* ...det kan du vara lugn för; *make ~* förvissa (övertyga, försäkra) sig [själv] [*of* om; *that* om att], se till, kontrollera **2 a)** säker [*a ~ method*], pålitlig, tillförlitlig **b)** amer. vard., *~ thing!* [ja] visst!, naturligtvis!, absolut! **II** *adv* **1** *~ enough* alldeles säkert, bergsäkert, absolut; sannerligen, mycket riktigt [*~ enough, there he was*] **2** *as ~ as* så säkert som **3** isht amer. vard. säkert [*he will ~ fail*]; verkligen [*he ~ can play football*]; *~!* [ja] visst!, naturligtvis!, absolut!; säkert!

sure-fire ['ʃʊəˌfaɪə, pred. ˌ-'-] vard. bergsäker [*a ~ winner*]

sure-footed [ˌʃʊə'fʊtɪd] **1** säker på foten **2** bildl. säker, pålitlig

surely ['ʃʊəlɪ, 'ʃɔ:lɪ] **1** säkert [*slowly but ~*], säkerligen, helt visst [*he will ~ fail*] **2** sannerligen, minsann [*you are ~ right*] **3** väl, nog; *~ you don't mean to go out*

now? du tänker väl aldrig gå ut nu?; *you didn't want to hurt his feelings, ~!* det var väl [ändå] inte din mening att såra honom! **4** isht amer., *~!* [ja (jo)] visst!, naturligtvis!
surety ['ʃʊərətɪ, 'ʃɔːrətɪ] **1** säkerhet, borgen **2** borgensman, borgen
surf [sɜːf] **I** *s* bränning[ar]; baksjö **II** *vb itr* sport. el. data. surfa **III** *vb tr* data. surfa; *~ the Internet (Net)* surfa på Internet (nätet)
surface ['sɜːfɪs] **I** *s* yta äv. geom. o. bildl. [*glass has a smooth ~*]; utsida, ytskikt; sida [*a cube has six ~s*]; *striking ~* [tändsticks]plån; *judge by the ~ of things* döma efter det yttre; *rise to the ~* stiga (gå, dyka) upp till ytan; flyta upp **II** *adj* yt- [*~ soil (water)*; *~ treatment*], mark-; dag- [*~ mining*]; ytlig [*~ knowledge (likeness)*]; *~ politeness* ytlig artighet, polityr **III** *vb tr* **1** ytbehandla; slätputsa **2** belägga, täcka **IV** *vb itr* **1** stiga (gå, dyka) upp till ytan **2** bildl. dyka upp; uppdagas
surfboard ['sɜːfbɔːd] sport. surfingbräda
surfeit ['sɜːfɪt] **I** *s* övermått, överflöd **II** *vb tr* överlasta [*~ one's stomach*], övermätta äv. bildl.
surfer ['sɜːfə] sport. surfare
surfing ['sɜːfɪŋ] sport. surfing
surfriding ['sɜːfˌraɪdɪŋ] sport. surfing
surge [sɜːdʒ] **I** *vb itr* **1** svalla, bölja, gå högt, rulla [*the waves ~d against the shore*]; forsa [*the water ~d into the boat*], strömma [till] [*the crowds ~d out of the stadium*]; trycka på; skjuta fart [*~ forward*]; *a surging crowd* en böljande [människo]massa, ett människohav **2** elektr. plötsligt öka **II** *s* **1** brottsjö, svallvåg; [våg]svall; bildl. våg [*a ~ of anger (pity)*], svall [*a ~ of words*]; tillströmning; plötslig ökning, uppsving **2** elektr. strömökning
surgeon ['sɜːdʒ(ə)n] **1** kirurg; *dental ~* tandläkare, tandkirurg **2** [militär]läkare; *army ~* regementsläkare, fältläkare
surgery ['sɜːdʒ(ə)rɪ] **1** kirurgi; *it will need ~* det behöver opereras **2** a) [patient]mottagning b) mottagning; *~ hours* mottagningstid **3** operation **4** amer. operationssal
surgical ['sɜːdʒɪk(ə)l] kirurgisk; *~ appliances* a) kirurgiska instrument, operationsinstrument b) stödbandage
surly ['sɜːlɪ] butter, vresig, sur
surmise [ss. vb sɜːˈmaɪz, '--, səˈmaɪz, ss. subst. 'sɜːmaɪz, -'-] **I** *vb tr* o. *vb itr* gissa, förmoda, anta **II** *s* gissning, förmodan, antagande

surmount [səˈmaʊnt] **1** övervinna [*~ a difficulty*] **2** bestiga [*~ a hill*] **3** kröna; *~ed by (with)* krönt med, täckt av (med)
surname ['sɜːneɪm] efternamn, familjenamn; tillnamn
surpass [səˈpɑːs] överträffa [*~ a p. in strength*; *it ~ed my expectations*]; överstiga [*it ~ed his skill*]; *~ all description* trotsa all beskrivning, vara obeskrivlig
surplus ['sɜːpləs] **I** *s* **1** överskott; behållning; *~ of exports* exportöverskott **2** överskottslager [*Army ~*] **II** *adj* överskotts-, övertalig; *~ population* befolkningsöverskott
surprise [səˈpraɪz] **I** *s* överraskning [*what a ~!*]; förvåning; överrumpling; *give a p. a ~* bereda ngn en överraskning; *by ~* genom överrumpling; *take by ~* överrumpla, överraska; ta på bar gärning **II** *vb tr* **1** överraska [*~ a p. with a gift*]; förvåna [*you ~ me!*]; överrumpla [*~ the enemy*], komma på [*~ a p. in the act of stealing* (med att stjäla)]; *I am ~d at you* äv. du (ditt beteende) förvånar mig [verkligen] **2** genom överrumpling få (förmå) [*~ a p. into doing* ([till] att göra) *a th.*]
surprising [səˈpraɪzɪŋ] överraskande; *there is nothing ~ about that* det är ingenting att förvåna sig över
surrealism [səˈrɪəlɪz(ə)m] konst. el. litt. surrealism[en]
surrealistic [səˌrɪəˈlɪstɪk] konst. el. litt. surrealistisk
surrender [səˈrendə] **I** *vb tr* överlämna [*~ a town to* (åt) *the enemy*], ge upp [*~ a fortress*], avträda [*~ a territory*], utlämna [*~ a prisoner*], avstå [från]; *~ oneself* ge sig, överlämna sig [*they ~ed themselves to* (åt) *the police*]; kapitulera **II** *vb itr* **1** ge sig, överlämna sig [*~ to* (åt) *the enemy (police)*], kapitulera [*to* [in]för] **2** bildl. hänge sig [*~ to despair*] **III** *s* överlämnande etc., jfr *I*; kapitulation
surreptitious [ˌsʌrəpˈtɪʃəs] **1** hemlig, förstulen [*a ~ glance*], smyg- [*~ business*] **2** falsk
surrogate ['sʌrəgət, -geɪt] surrogat; *~ mother* surrogatmamma
surround [səˈraʊnd] **I** *vb tr* omge, innesluta; omringa [*the troops were ~ed*]; omgärda; *~ed by (with)* omgiven av; kringgärdad av **II** *s* [golv]kant kring mjuk matta; infattning
surrounding [səˈraʊndɪŋ] omgivande; *~ country (countryside)* äv. omnejd

surroundings [sə'raʊndɪŋz] omgivning[ar]; miljö

surtax ['sɜːtæks] **I** *s* tilläggsskatt, extraskatt på höga inkomster **II** *vb tr* belägga med extra skatt

surveillance [sə'veɪləns, sɜːˈv-] bevakning, uppsikt, övervakning [*police ~*]

surveillance camera [sə'veɪləns,kæm(ə)rə] vanl. amer. övervakningskamera i butiker etc.

survey [ss. vb sə'veɪ, ss. subst. 'sɜːveɪ] **I** *vb tr* **1** överblicka [*~ the countryside*]; ge (lämna) en översikt över (av) [*he ~ed the political situation*] **2** granska, inspektera [*~ the house*] **3** mäta [upp] [*~ a railway*], kartlägga **II** *s* **1** överblick, översikt **2** granskning, inspektion **3** [upp]mätning; lantmätning **4** undersökning [*a statistical ~*], utfrågning

surveyor [sə'veɪə] **1** besiktningsman; kontrollör **2** lantmätare; *~'s map* lantmätarkarta

survival [sə'vaɪv(ə)l] **1 a)** överlevande; [*the doctrine of*] *the ~ of the fittest* ...de mest livsdugligas överlevnad (fortbestånd) **b)** *~ equipment* (*kit*) räddningsutrustning, nödutrustning **2** kvarleva, lämning

survive [sə'vaɪv] **I** *vb tr* överleva [*~ an operation*; *~ one's children*]; *it* (*he*) *has ~d its* (*his*) *usefulness* den (han) har överlevt sig själv **II** *vb itr* överleva; leva (finnas) kvar [ännu]

survivor [sə'vaɪvə] överlevande [person] [*the sole ~ of* (från) *the shipwreck*]; isht jur. efterlevande

susceptibility [sə,septə'bɪlətɪ] **1** känslighet, mottaglighet [*~ to* (för) *hay fever*], ömtålighet **2** pl. *-ies* känsliga (ömtåliga) punkter, känslor [*wound a p.'s -ies*]

susceptible [sə'septəbl] känslig [*~ to* (för) *flattery* (*colds*)], ömtålig; *be ~ of pity* kunna känna medlidande; *be ~ of* (*to*) *various interpretations* [kunna] medge olika tolkningar

suspect [ss. vb sə'spekt, ss. subst. o. adj. 'sʌspekt] **I** *vb tr* misstänka; misstro, betvivla [*~ the truth of an account*]; ana [*~ mischief*]; *I ~ed as much* jag anade (misstänkte) [just] det **II** *vb itr* vara misstänksam **III** *s* misstänkt [person] **IV** *adj* misstänkt; tvivelaktig, tvetydig, suspekt [*his statements are ~*]

suspend [sə'spend] **1 a)** hänga [upp] [*~ a th. by* (i, på) *a thread*; *~ a th. from* (i, från) *the ceiling*]; *be ~ed* **a)** hänga [ned], vara upphängd **b)** sväva, hänga; [*lamps*] *~ed from the ceiling* ...upphängda i taket, ...som hänger (hängde) i taket **b)** spänna [*~ a rope between two posts*] **2 a)** suspendera [*~ an official*], [tills vidare] avstänga [*~ a football player*], utesluta [*~ a member from* (ur) *a club*] **b)** [tills vidare] upphäva (avskaffa) [*~ a law* (*rule*)]; [tillfälligt] dra in [*~ a bus service*]; inställa; skjuta upp, låta anstå; *~ a p.'s driving licence* dra in ngns körkort [tills vidare]

suspender [sə'spendə] **1** strumpeband; *~ belt* strumpebandshållare **2** pl. *~s* amer. hängslen [*a pair of ~s*]

suspense [sə'spens] ovisshet [*keep* (*hold*) *a p. in ~*]

suspension [sə'spenʃ(ə)n] **1** upphängning äv. tekn.; *~ bridge* hängbro **2 a)** suspension, [tillfällig] avstängning från tjänstgöring o.d., äv. sport.; uteslutning **b)** [tillfälligt] upphävande (avskaffande) indragning; inställande; uppskov, anstånd; uppskjutande; jfr *suspend 2*; *~ of hostilities* inställande av fientligheterna

suspicion [sə'spɪʃ(ə)n] **1** misstanke; misstro, misstänksamhet [*he was looked upon with ~*]; aning; *arouse* (*create, excite, raise*) *~* [*in a p.'s mind*] väcka misstankar [hos ngn] **2** aning [*there was a ~ of irony* (*truth*) *in it*], tillstymmelse [*not a* (*the*) *~ of* (till) *a smile*]

suspicious [sə'spɪʃəs] **1** misstänksam; *be ~ of* äv. misstänka **2** misstänkt [*he has a ~ character*], skum [*a ~ affair*]

sustain [sə'steɪn] **1 a)** tåla [belastningen (påfrestningen) av] **b)** bära [upp] [*these two posts ~ the whole roof*] **2** jur. godta [*~ a claim*; *objection ~ed!*] **3** hålla uppe, hålla vid mod [*hope ~ed him*] **4** hålla i gång [*~ a conversation*], hålla vid liv [*~ a p.'s interest*] **5** underhålla, försörja [*~ an army*]; *~ life* (*oneself*) uppehålla livet **6** uthärda, stå ut med; tåla **7** utstå [*~ a defeat*]; ådra[ga] sig [*~ severe injuries*]

sustained [sə'steɪnd] **1** ihållande, oavbruten [*~ applause*]; oförminskad [*~ energy*]; konsekvent [*a ~ argument*]; ständig [*~ irony*] **2** mus. uthållen [*a ~ note*]

sustenance ['sʌstənəns] **1** näring [*there's more ~ in cocoa than in tea*], föda **2** uppehälle, levebröd; *the ~ of life* livsuppehället **3** bildl. stöd; styrka

suture ['suːtʃə] **I** *s* anat. el. kir. sutur; kir. äv. suturtråd **II** *vb tr* sy [ihop] [*~ a wound*]

SW förk. för *short wave* (radio.), *South-Western* (postdistrikt i London), *south-west[ern]*

swab [swɒb] **I** *s* **1** svabb; skurtrasa **2** med. bomullstopp; tampongpinne [med bomullstopp] **3** sl. drummel **II** *vb tr* **1** svabba; våttorka; ~ *down* svabba (tvätta) [av]; ~ *up* torka upp **2** med. pensla, rengöra [~ *a wound*]; badda

swagger ['swægə] **I** *vb itr* **1** [gå och] stoltsera, kråma (fjädra) sig **2** skryta, skrävla **II** *s* **1** stoltserande [gång]; självsäkerhet; dryghet **2** skryt, skrävel

1 swallow ['swɒləʊ] svala; isht ladusvala

2 swallow ['swɒləʊ] **I** *vb tr* **1** svälja äv. bildl. [~ *one's pride*; ~ *an insult*]; tro på [*he will* ~ *anything you tell him*], godta [*he couldn't* ~ *the idea*]; *he won't* ~ *that* äv. det går han inte på; ~ *down* svälja ner **2** ~ *one's words* ta tillbaka vad man har sagt **3** fatta, begripa **II** *vb itr* svälja [*he ~ed hard*] **III** *s* **1** svalg **2** sväljning; klunk; [*empty a glass*] *at one* ~ ...i en enda klunk (i ett drag)

swam [swæm] imperf. av *swim*

swamp [swɒmp] **I** *s* träsk, kärr **II** *vb tr* **1 a)** översvämma, sätta under vatten; [genom]dränka **b)** fylla med vatten [*a wave ~ed the boat*]; *be ~ed* äv. sjunka **2** bildl. **a)** översvämma [*foreign goods ~ the market*], belägra, överfylla [*the place was ~ed by jazz fans*] **b)** överhopa **c)** ställa i skuggan, undantränga **d)** slå ned [~ *the opposition*]

swampy ['swɒmpɪ] sumpig, träskartad

swan [swɒn] **I** *s* **1** zool. svan; *mute* ~ knölsvan *the S~ of Avon* benämning på Shakespeare **II** *vb itr* vard., ~ *about* segla (sväva) omkring; flaxa (sno) omkring

swank [swæŋk] vard. **I** *s* **1** mallighet; snobberi **2** skrytmåns, skrävlare; viktigpetter **II** *vb itr* snobba; göra sig viktig **III** *adj* se *swanky*

swanky ['swæŋkɪ] vard. **1** mallig, pösig, viktig **2** flott, vräkig, snofsig [*a ~ car*]

swansong ['swɒnsɒŋ] svanesång

swap [swɒp] vard. **I** *vb tr* byta [~ *stamps*]; utbyta [~ *ideas*]; ~ *blows* puckla på varandra; ~ *places* [*with a p.*] byta plats [med ngn] **II** *vb itr* byta [*will you ~?*] **III** *s* byte; bytesaffär

1 swarm [swɔ:m] **I** *s* svärm; friare äv. myller, skock; hord; ~ *of bees* bisvärm **II** *vb itr* svärma; friare äv. skocka sig, trängas [*they ~ed round him*], kretsa; strömma [i skaror], välla [*people ~ed into the cinema*]; myllra [~ *with* (av) *people*] **III** *vb tr*, *be ~ed with* översvämmas av

2 swarm [swɔ:m], ~ [*up*] klättra (äntra) uppför (upp i) [~ [*up*] *a mast*]

swarthy ['swɔ:ðɪ] svartaktig, mörk [*a ~ complexion*]; svartmuskig

swashbuckling ['swɒʃˌbʌklɪŋ] skrytsam; skrävlande; äventyrlig

swastika ['swɒstɪkə] hakkors

swat [swɒt] **I** *vb tr* smälla [till] [~ *flies*] **II** *s* **1** smäll **2** flugsmälla

swathe [sweɪð] **1** binda om, linda [in] **2** svepa [in], hölja [in] äv. bildl. [*~d in furs*; *~d in fog*]

sway [sweɪ] **I** *vb itr* **1** svänga [~ *to and fro*], svaja, vagga; kränga [*the ship was ~ing*], vackla till; luta, hänga över [~ *to the left*] **2** bildl. vackla [~ *in one's opinion*] **3** styra, ha makten **II** *vb tr* **1** svänga; få att svänga (gunga) [*the wind ~ed the tops of the trees*]; böja [ned]; komma att luta; ~ *one's hips* vicka på (vagga med) höfterna **2** bildl. komma att vackla, påverka, inverka på [*a speech that ~ed the voters*] **3** ha makt (inflytande) över; bestämma [utgången av] [~ *the battle*]; *be ~ed* [*by one's feelings*] låta sig ledas (behärskas)... **III** *s* **1** svängning [*a ~ to and fro*]; krängning **2** inflytande

sway-backed ['sweɪbækt] svankryggig

swear [sweə] **I** (*swore sworn*) *vb tr* **1** svära [~ *to* ([på] att) *do a th.*]; svära (gå ed) på; bedyra [*he swore that he was innocent*], försäkra **2** ~ *in* låta avlägga ed [~ *in a witness*]; låta avlägga ämbetseden [~ *in the president*]; låta svära trohetsed **II** (*swore sworn*) *vb itr* **1** svära, avlägga (gå) ed; ~ *by* äv. tro blint på [*he ~s by that medicine*], hålla på **2** svära begagna svordomar; ~ *like a trooper* svära som en borstbindare **III** *s* svärande; svordomar

swearword ['sweəwɜ:d] svärord, svordom

sweat [swet] **I** *s* **1** svett [*dripping with* (av) ~]; bildl. [svett och] möda, slitgöra; *by the ~ of one's brow* (*face*) i sitt anletes svett; *it was a bit of a* ~ det var ordentligt **2** svettning, svettkur [*a good* (ordentlig) ~ *may cure a cold*]; *no ~!* isht amer. inga problem!, ingen fara! **II** *vb itr* **1** svettas [~ *at* (vid) *the thought of...*]; bildl. äv. arbeta [hårt] **2** tekn. o.d. svettas, fukta **III** *vb tr* **1** svettas [ut]; utdunsta, utsöndra [äv. ~ *out*]; ~ *blood* bildl. **a)** slita hund (ont) **b)** svettas av nervositet (ängslan) **2** låta (få att) svettas; bildl. exploatera [~ *workers*]; *~ed labour* [hårt] arbete till svältlöner

sweatband ['swetbænd] **1** svettband för t.ex. tennisspelare **2** svettrem i hatt

sweater ['swetə] **1** sweater, ylletröja **2** utsugare, exploatör; slavdrivare

sweatshirt ['swetʃɜːt] träningströja; sweatshirt

sweatshop ['swetʃɒp] arbetsplats med svältlöner [och dålig miljö]

sweatsuit ['swetsuːt, -sjuːt] träningsoverall

sweaty ['swetɪ] **1** svettig; svett- [~ *odour*] **2** mödosam

Swede [swiːd] **1** svensk; svenska kvinna **2** *s*~ [*turnip*] kålrot

Sweden ['swiːdn] Sverige

Swedish ['swiːdɪʃ] **I** *adj* svensk; ~ *punch* punsch **II** *s* svenska [språket]

sweep [swiːp] **I** (*swept swept*) *vb itr* **1** sopa; feja **2** svepa, susa, komma susande (farande), flyga **3** om kust o.d. sträcka (utbreda) sig; isht böja av **4** dragga; ~ *for mines* mil. svepa [efter] minor **II** (*swept swept*) *vb tr* **1** sopa; feja; ~ *clean* sopa [ren] **2** sota; ~ *the chimney* sota [skorstenen] **3** sopa [undan (med sig)]; ~ *along* rycka med sig **4** bildl. sopa ren [~ *a country of* (från) *enemies*] **5** svepa (dra) fram över [*the wind swept the coast*; *a wave of indignation swept the country*]; glida över **6** härja [*an epidemic swept the country*] **7** vinna [alla grenar (klasser) vid]; ta hem; ~ *the board* (*stakes*) ta hem hela vinsten (potten) **8** a) dragga b) dragga (fiska) upp; ~ *the river* dragga [i] floden, dragga **III** *s* **1** a) [ren]sopning b) sotning; *give the room a good* ~ sopa rummet ordentligt; *make a clean* ~ bildl. göra rent hus [*of* med] **2** svepande rörelse; svep [*a* ~ *of* (med) *a brush*]; om vind o. vågor [fram]svepande, framfart; bildl. äv. [lång] våg; ~ *of the oar* årtag **3** krök, båge, sväng **4** [lång] sträcka; lång sluttning i terrängen **5** räckhåll; omfång, krets, bildl. äv. spännvidd **6** sotare **7** sl. usling, lymmel **8** ~ *second-hand* centrumsekundvisare på ur

sweeper ['swiːpə] **1** sopare person [*street* ~*s*] **2** sotare **3** sopmaskin; mattsopare **4** fotb. sopkvast

sweeping ['swiːpɪŋ] **I** *s* **1** sopning, sopande **2** sotning **3** svepande rörelse **4** draggning; mil. [min]svepning **II** *adj* **1** bildl. [vitt]omfattande, vittgående, radikal [~ *changes* (*reforms*)], kraftig [~ *reductions in prices*]; svepande [~ *generalizations*]; överväldigande [*a* ~ *majority* (*victory*)]; ~ *statements* generaliseringar **2** svepande [*a* ~ *gesture*]; elegant svepande [*the* ~ *lines of a car*], [vackert] böjd [*a* ~ *surface*]

sweet [swiːt] **I** *adj* **1** söt [~ *wine*; *it tastes* ~] **2** färsk; ~ *milk* färsk (söt) mjölk; ~ *water* färskvatten, sötvatten **3** ren [~ *air*] **4** snygg, proper; ~ *and clean* ren och snygg **5** behaglig; mild [~ *smell*], [väl]doftande **6** välljudande [*a* ~ *tune*], vacker [*a* ~ *voice*] **7** a) söt [*a* ~ *dress*], näpen [*a* ~ *baby*], gullig b) rar; *she has a* ~ *nature* äv. hon är söt och rar [av sig] **8** ljuv; kär [*my* ~ *mother*]; *revenge is* ~ hämnden är ljuv **9** vard., *be* ~ *on* vara kär (förälskad, förtjust) i **II** *adv* sött [*sleep* ~], ljuvligt, härligt [*sing* ~] **III** *s* **1** karamell; pl. ~*s* äv. snask, godis **2** [söt] efterrätt **3** pl. ~*s* poet. sötma, ljuvhet, behag [*taste the* ~*s of success*]; vällukt **4** *my* ~*!* [min] älskling!, sötnos! **5** sött [~ *and sour*]

sweetbread ['swiːtbred] kok. kalvbräss; lammbräss

sweet corn [ˌswiːt'kɔːn, '--] bot. sockermajs

sweeten ['swiːtn] **1** göra söt; sockra **2** förljuva [~ *a p.'s life*], mildra **3** vard. blidka; muta

sweetener ['swiːtnə] **1** sötningsmedel **2** tröst; tröstare **3** sl. muta

sweetheart ['swiːthɑːt] **1** fästmö, fästman; flickvän, pojkvän; älskling, käresta; ~*!* älskling!, sötnos! **2** raring

sweetie ['swiːtɪ] **1** vanl. pl. ~*s* karameller, godis, snask **2** vard., ~ [*pie*] sötnos, älskling

sweetmeat ['swiːtmiːt] sötsak; karamell; pl. ~*s* äv. konfekt, snask, godis

sweetness ['swiːtnəs] **1** söthet **2** vänlighet, älskvärdhet, behagligt sätt

sweet pea [ˌswiːt'piː] bot. luktärt

sweet potato [ˌswiːtpəˈteɪtəʊ] sötpotatis

sweetshop ['swiːtʃɒp] godisaffär

sweet-tempered ['swiːtˌtempəd, pred. vanl. ˌ-'--] älskvärd, vänlig

swell [swel] **I** (~*ed swollen*, ibl. ~*ed*) *vb itr* **1** svälla; svullna [upp]; pösa upp (fram) **2** bildl. svälla [*his heart* ~*ed with* (av) *pride*] **II** (~*ed swollen*, ibl. ~*ed*) *vb tr* **1** få (komma) att svälla etc., jfr *I 1*; utvidga; fylla [*the wind* ~*ed the sails*] **2** bildl. få att svälla (växa); göra mallig (uppblåst) **3** bildl. öka [~ *the ranks* (skaran) *of applicants*], stegra **III** *s* **1** a) svällande; ansvällning; uppsvälldhet b) utbuktning; konkr. äv. utväxt, knöl **2** [våg]svall; *there is a heavy* ~ [*on* (*running*)] det går hög dyning **3** ökning **4** mus. crescendo, [tilltagande] brus [*the* ~ *of an organ*] **5** vard. snobb **6** vard. pamp **7** vard. överdängare, mästare, stjärna, specialist **IV** *adj* vard. flott, stilig; förstklassig; isht amer. alla tiders

swelling ['swelɪŋ] **I** *s* svällande,

uppsvällning; konkr. äv. svullnad, svulst, bula **II** *adj* **1** svällande [*~ sails*] **2** [sakta] stigande [*~ ground* (*tide*)]
swelter ['sweltə] **I** *vb itr* försmäkta (förgås) [av värme] **II** *s* tryckande (olidlig) hetta (värme)
sweltering ['swelt(ə)rɪŋ] tryckande, kvävande, olidlig [*~ heat*]; brännhet, stekhet [*a ~ day*]
swept [swept] imperf. o. perf. p. av *sweep*
swerve [swɜːv] **I** *vb itr* vika (böja) av [från sin kurs], svänga [åt sidan]; bildl. avvika [*~ from one's duty*]; *the car ~ed into the ditch* bilen körde i diket **II** *vb tr* komma (få) att vika av, svänga (föra) åt sidan **III** *s* vridning, sväng (kast) åt sidan
swift [swɪft] **I** *adj* **1** snabb [*a ~ glance*], rask, flink [*with ~ hands*]; strid **2** snar [*a ~ revenge*; *~ to anger*] **II** *s* tornsvala
swiftness ['swɪftnəs] [stor] snabbhet
swig [swɪg] vard. **I** *vb tr* o. *vb itr* stjälpa (bälga) i sig, halsa [*~ beer*], supa [*sit ~ging*] **II** *s* stor klunk, slurk [*take a ~ at* (ur) *a bottle*]
swill [swɪl] **I** *vb tr* **1** skölja (spola) [ur (av, över)]; *~ down the food* [*with beer*] skölja ned maten... **2** vard. stjälpa (bälga) i sig [*~ tea*] **II** *vb itr* supa [sig full] **III** *s* **1** spolning, sköljning **2** svinmat, skulor
swim [swɪm] **I** (*swam swum*) *vb itr* **1** simma; bildl. äv. hålla sig uppe, reda (klara) sig; *~ with the stream* (*tide*) bildl. följa (driva) med strömmen; *go ~ming* gå och bada, ta [sig] en simtur (ett bad) **2** flyta [*the boat won't ~*]; *sink or ~* det må bära eller brista **3** översvämmas, svämma över; bildl. äv. bada [*~ming in blood*] **4** gå runt; *everything swam before his eyes* allt gick runt för honom **II** (*swam swum*) *vb tr* **1** simma; simma över [*~ the English Channel*]; *~ a p. 100 metres* simma i kapp med ngn 100 meter **2** låta simma [*~ one's horse across a river*] **III** *s* **1** simning; simtur; *go for a ~* gå (åka) och bada **2** *be in the ~* vara (hänga) med [där det händer], vara med i svängen
swimmer ['swɪmə] simmare, simmerska
swimming-bath ['swɪmɪŋbɑːθ] simbassäng; pl. *~s* äv. simhall, simbad
swimming-costume ['swɪmɪŋˌkɒstjuːm] baddräkt isht för kvinnor
swimmingly ['swɪmɪŋli] bildl. lekande lätt, som smort [*everything went ~*]
swimming-pool ['swɪmɪŋpuːl] simbassäng, simmingpool
swimsuit ['swɪmsuːt, -sjuːt] baddräkt för kvinnor
swindle ['swɪndl] **I** *vb tr* **1** bedra, lura [*~ a p. out of* (på) *his money*]; *be easily ~d* vara lättlurad **2** lura [till sig] [*~ money out of* (av) *a p.*] **II** *vb itr* svindla **III** *s* svindel, skoj
swindler ['swɪndlə] svindlare, bluff[are]; falskspelare
swine [swaɪn] (pl. lika) svin äv. bildl.
swing [swɪŋ] **I** (*swung swung*) *vb itr* **1** svänga [*~ to and fro*; *the car swung round* (om, runt) *the corner*]; pendla; vagga, vippa; gunga [fram]; svaja; *~ open* om dörr slå[s] (gå) upp **2** hänga [*the lamp ~s from* (i) *the ceiling*]; dingla **3** vard. bli hängd [*he will ~ for it*] **4** mus. vard. swinga **II** (*swung swung*) *vb tr* **1** svänga [om (runt)]; få att svänga, sätta i svängning; svänga med [*he was ~ing his arms*]; gunga [*~ a p. in a hammock*]; svinga [*~ a golf club*]; *~ one's hips* vagga med (vicka på) höfterna **2** mus. vard. spela med swing; *~ it* spela [med] swing **3** sl., *~ it on a p.* blåsa ngn, lura ngn **III** *s* **1** svängning; sving; gungning; omsvängning **2** fart; rytm; *be in full ~* vara i full gång (fart) **3** gunga; *make up on the ~s what is lost* (*one loses*) *on the roundabouts* bildl. ta igen på gungorna vad man förlorar på karusellen **4** mus. swing **5** boxn. sving [*a left ~*]
swingbridge ['swɪŋbrɪdʒ] svängbro
swingdoor ['swɪŋdɔː] svängdörr
swingeing ['swɪn(d)ʒɪŋ] väldig, skyhög [*~ taxation*]
swipe [swaɪp] **I** *vb itr*, *~ at* slå (klippa, drämma) till [*~ at a ball*] **II** *vb tr* **1** slå (klippa, drämma) [till] **2** sl. sno stjäla **III** *s* vard. hårt slag, rökare
swirl [swɜːl] **I** *vb itr* virvla (snurra) runt (omkring); virvla upp **II** *vb tr* virvla (snurra) runt **III** *s* virvel [*a ~ of dust* (*water*)]; virvlande
1 swish [swɪʃ] **I** *vb tr* **1** slå (klippa) till; piska **2** vifta (svänga, slå) [till] med [*the horse ~ed its tail*], snärta till med [*he ~ed his whip*]; slänga [*he ~ed it away*] **II** *vb itr* svepa (susa) fram; svischa [*the bullet* (*car*) *~ed past him*]; frasa [*her dress ~ed*] **III** *s* svep; sus; fras[ande] [*the ~ of silk*]; prassel [*the ~ of dry leaves*]; skvalp
2 swish [swɪʃ] vard. snofsig, flott
Swiss [swɪs] **I** *adj* schweizisk; schweizer- [*~ cheese*]; [*chocolate*] *~ roll* drömtårta; [*jam*] *~ roll* rulltårta **II** (pl. lika) *s* schweizare; schweiziska
switch [swɪtʃ] **I** *s* **1** strömbrytare; omkopplare **2** järnv. växel **3** spö [*riding ~*], [smal] käpp; vidja **4** a) lösfläta

b) svanstofs **5** omställning; omsvängning; byte **II** *vb tr* **1** koppla; *~ off* koppla av (ur), bryta [*~ off the current*]; knäppa av, släcka [*~ off the light*], stänga (slå) av [*~ off the radio*]; slå ifrån [*~ off an engine*]; *it ~es me on* vard. det tänder jag på **2** ändra [*~ methods*]; byta [*they ~ed husbands*]; leda (föra) över [*~ the talk to another subject*]; *~* [*a*]*round* flytta omkring [*~ the furniture round*]; *~ over* ställa om [*~ over production to the manufacture of cars*] **3** järnv. växla [över] [*~ a train into a siding*] **4** piska [upp], slå (piska) till **5** svänga (vifta) med [*he ~ed his cane; the cow ~ed her tail*]; vrida, rycka [till sig] **III** *vb itr* **1** *~ off* koppla (stänga) av, bryta strömmen; släcka [ljuset]; *~ on* slå på strömmen, tända [ljuset] **2** *~* [*over*] gå över, byta; *he ~ed* [*over*] *to teaching* han sadlade om (gick över) till lärarbanan **3** kortsp. byta färg **4** piska, slå

switchback ['swɪtʃbæk] **1** serpentinväg; järnv. sicksackbana bergbana **2** berg-och-dalbana

switchboard ['swɪtʃbɔːd] **1** tele. växel[bord]; *~ operator* växeltelefonist **2** elektr. instrumenttavla

Switzerland ['swɪts(ə)lənd] Schweiz

swivel ['swɪvl] **I** *s* tekn. el. sjö. lekare, svivel; pivå **II** *vb tr* o. *vb itr* svänga [runt] [som] på en tapp; snurra [på]

swollen ['swəʊl(ə)n] **I** perf. p. av *swell* **II** *adj* **1** uppsvälld [*a ~ ankle*] **2** vard. uppblåst, övermodig; *he has a ~ head* han är uppblåst, han är mallig [av sig]

swoon [swuːn] **I** *vb itr* **1** svimma [*~ for* (av) *joy*; *~ with* (av) *pain*]; *~ away* svimma av, dåna **2** bildl. *~* [*away*] dö bort [*the noise ~ed away*] **II** *s* svimning[sanfall]; *fall into a ~* svimma av

swoop [swuːp] **I** *vb itr* slå ned [äv. *~ down*]; överfalla [*the soldiers ~ed down on the bandits*] **II** *s* rovfågels nedslag; isht mil. [plötsligt] angrepp (anfall), blixtanfall

swop [swɒp] se *swap*

sword [sɔːd] svärd äv. bildl.; [*cavalry*] *~* sabel; [*straight*] *~* värja

swordfish ['sɔːdfɪʃ] zool. svärdfisk

swordplay ['sɔːdpleɪ] svärdslek; fäktning

swore [swɔː] imperf. av *swear*

sworn [swɔːn] **I** perf. p. av *swear* **II** *adj* svuren äv. bildl. [*a ~ enemy* (*foe*)]; edsvuren [*a ~ jury*]; edlig [*~ evidence*]

swot [swɒt] skol. vard. **I** *vb itr* o. *vb tr* plugga; *~ up* plugga in **II** *s* **1** plugghäst **2** plugg

swum [swʌm] perf. p. av *swim*

swung [swʌŋ] **1** imperf. o. perf. p. av *swing* **2** typogr., *~ dash* krok, släng, tilde (~)

sycamore ['sɪkəmɔː] bot. **1** *~* [*fig*] sykomor, mullbärsfikonträd **2** *~* [*maple*] tysk lönn, sykomorlönn **3** amer. platan

sycophant ['sɪkəfənt, 'saɪk-] smickrare

sycophantic [ˌsɪkə'fæntɪk, ˌsaɪk-] krypande, lismande

syllable ['sɪləbl] stavelse; *not a ~* äv. inte ett ljud (knyst, ord)

syllab|us ['sɪləb|əs] (pl. *-uses* el. *-i* [-aɪ]) kursplan för visst ämne; studieplan; examensfordringar

symbol ['sɪmb(ə)l] symbol, tecken, sinnebild

symbolic [sɪm'bɒlɪk] o. **symbolical** [sɪm'bɒlɪk(ə)l] symbolisk, betecknande; symbol- [*~ language*]

symbolism ['sɪmbəlɪz(ə)m] **1** litt. el. konst. symbolism **2** symbolik

symbolize ['sɪmbəlaɪz] symbolisera

symmetric [sɪ'metrɪk] o. **symmetrical** [sɪm'metrɪk(ə)l] symmetrisk

symmetry ['sɪmətrɪ] symmetri; harmoni

sympathetic [ˌsɪmpə'θetɪk] **1** full av medkänsla (förståelse), förstående, välvillig [*~ words*]; välvilligt (positivt) inställd; *~ strike* sympatistrejk **2** sympatisk [*a ~ face*], tilltalande

sympathize ['sɪmpəθaɪz] sympatisera, hysa (ha) medkänsla, ömma, hysa (ha) [full] förståelse, känna; deltaga [*~ in* (i) *a p.'s affliction*; *~ with a p. in his afflictions*]; vara välvilligt (positivt) inställd [*~ with* (till) *a proposal*]

sympathizer ['sɪmpəθaɪzə] sympatisör, anhängare

sympathy ['sɪmpəθɪ] **1** sympati, medkänsla, förståelse, deltagande, sympati- [*~ strike*]; *you have my ~* jag förstår hur du känner det; [*the proposal*] *met with ~* ...vann gehör **2** överensstämmelse, harmoni; samhörighet [*feel ~ with*]

symphonic [sɪm'fɒnɪk] symfonisk

symphony ['sɪmfənɪ] **1** symfoni; symfoni- [*~ orchestra*] **2** amer. symfoniorkester

symposi|um [sɪm'pəʊzj|əm] (pl. *-ums* el. *-a* [-ə]) **1** symposium, [vetenskaplig] konferens **2** samling artiklar [och diskussionsinlägg]

symptom ['sɪm(p)təm] symtom; tecken, spår

symptomatic [ˌsɪm(p)tə'mætɪk] symtomatisk; kännetecknande; *be ~ of* äv. vara [ett] symtom på

synagogue ['sɪnəgɒg] synagoga

synchromesh ['sɪŋkrə(ʊ)meʃ] **I** *s*

synkroniserad växel[låda] **II** *adj*
synkroniserad [~ *gear*]
synchronization [ˌsɪŋkrənaɪˈzeɪʃ(ə)n]
synkronisering
synchronize [ˈsɪŋkrənaɪz] **I** *vb tr*
synkronisera [~ *clocks*], samordna [~ *movements*]; ~*d swimming* konstsim
II *vb itr* vara samtidig
syncopate [ˈsɪŋkə(ʊ)peɪt] mus. synkopera
[~*d rhythm*]
syndicate [ss. subst. ˈsɪndɪkət, ss. vb ˈsɪndɪkeɪt] **I** *s* **1** syndikat; konsortium, kartell **2** nyhetsbyrå **II** *vb tr* kontrollera genom ett syndikat (konsortium); ombilda till ett syndikat (konsortium)
syndrome [ˈsɪndrəʊm, -drəmɪ] **1** med. syndrom **2** karakteristiskt beteendemönster, syndrom
synonym [ˈsɪnənɪm] synonym
synonymous [sɪˈnɒnɪməs] synonym
synops|is [sɪˈnɒps|ɪs] (pl. *-es* [-iːz])
synops[is], sammanfattning, resumé
syntax [ˈsɪntæks] språkv. syntax, satslära
synth [sɪnθ] mus. vard. synt
synthes|is [ˈsɪnθəs|ɪs] (pl. *-es* [-iːz]) syntes äv. kem. el. filos.; sammanställning, sammanfattning
synthesize [ˈsɪnθəsaɪz] syntetisera; kem. äv. framställa på syntetisk väg
synthesizer [ˈsɪnθəsaɪzə] **1** mus. synthesizer **2** syntetiker
synthetic [sɪnˈθetɪk] **I** *adj* syntetisk [~ *detergents* (tvättmedel); *a ~ language*]; bildl. äv. konstlad; ~ *fibre* syntetfiber, konstfiber **II** *s* syntetmaterial; ~*s* pl. syntetfibrer
syphilis [ˈsɪfɪlɪs] med. syfilis
syphon [ˈsaɪf(ə)n] se *siphon*
Syria [ˈsɪrɪə] Syrien
Syrian [ˈsɪrɪən] **I** *adj* syrisk **II** *s* syrier
syringe [ˈsɪrɪn(d)ʒ, -ˈ-] **I** *s* spruta; injektionsspruta **II** *vb tr* spruta in, bespruta [~ *plants*]; spola ren [~ *wounds*]
syrup [ˈsɪrəp] **1** sockerlag; saft kokt med socker; farmakol. sirap; *cough ~* hostmedicin **2** sirap
syrupy [ˈsɪrəpɪ] sirapslik, sirapsaktig [~ *colour*]; bildl. sockersöt, sirapslen, [söt]sliskig
system [ˈsɪstəm] **1** system; *the ~* äv. kroppen, organismen [*harmful to* (för) *the ~*]; *postal ~* postväsen; *prison ~* fängelseväsen **2** metod; ordning [*the old ~; the present ~ can't go on*]
systematic [ˌsɪstəˈmætɪk] systematisk
systematize [ˈsɪstəmətaɪz] systematisera

T

T, t [tiː] (pl. *T's* el. *t's* [tiːz]) T, t; *to a T* alldeles precis, utmärkt [*that would suit me to a T*], på pricken

ta [tɑː] vard., *~!* tack!

tab [tæb] **1** a) lapp; tabb b) slejf; hank; stropp c) rivöppnare på burk **2** a) etikett, [liten] skylt b) [kort]flik; [kort]ryttare c) rockmärke, rockkvitto **3** mil. gradbeteckning **4** *keep ~s* (*a ~*) *on* vard. hålla ögonen på, kolla **5** vard. räkning, nota; kostnad; *pick up the ~* betala notan (kalaset)

tabby ['tæbɪ] **I** *s* spräcklig (strimmig) katt **II** *adj* spräcklig, strimmig [*a ~ cat*]

tabernacle ['tæbənækl] tabernakel

table ['teɪbl] **I** *s* **1** a) bord; taffel; *clear the ~* duka av [bordet]; *lay* (*set*) *the ~* duka [bordet]; *at ~* vid [mat]bordet; *wait at* (amer. *wait* [*on*]) *~* servera; *sit down to ~* sätta sig till bords b) bords-, bord- [*~ lamp*; *~ wine*] **2** bord[ssällskap] [*jokes that amused the whole ~*] **3** skiva, underlag **4** tavla [*a stone ~*] **5** tabell [*multiplication ~*]; förteckning; *~ of contents* innehållsförteckning **6** [hög]platå **7** pl. *~s*: *turn the ~s* [*on a p.*] få övertaget igen [över ngn] **II** *vb tr* **1** parl. a) lägga fram [*~ a motion*] b) isht amer. bordlägga **2** ställa upp i tabellform

tablecloth ['teɪblklɒθ] [bord]duk

table d'hôte [,tɑːbl'dəʊt] fr. table d'hôte; *have a ~ lunch* äta lunch table d'hôte, äta dagens lunch

tableknife ['teɪblnaɪf] bordskniv, matkniv

tableland ['teɪbllænd] [hög]platå, högslätt

table linen ['teɪbl,lɪnɪn] bordslinne, dukar och servetter

table manners ['teɪbl,mænəz] bordsskick

tablemat ['teɪblmæt] tablett; liten duk; [karott]underlägg

tablespoon ['teɪblspuːn] **1** uppläggningssked **2** matsked äv. ss. mått

tablespoonful ['teɪblspuːnfʊl] (pl. *~s* el. *tablespoonsful*) matsked ss. mått; *two ~s of sugar* två matskedar [med] socker

tablet ['tæblət] **1** [minnes]tavla **2** liten platta, skiva **3** [skriv]block **4** a) tablett [*throat ~s*] b) kaka [*a ~ of chocolate*]; *a ~ of soap* en tvål

table tennis ['teɪbl,tenɪs] bordtennis

tabloid ['tæblɔɪd] sensationstidning [i litet format]

taboo [tə'buː] **I** (pl. *~s*) *s* tabu; tabubegrepp; friare äv. förbud, bannlysning; *put* (*set*) *under ~* belägga med tabu, tabuförklara **II** *adj* tabu [*such words were once ~*], tabuförklarad; friare äv. förbjuden **III** *vb tr* tabuförklara; friare äv. förbjuda, bannlysa [*the subject was ~ed*]

tabulate ['tæbjʊleɪt] ordna (ställa upp) i tabellform, tabellera; göra upp en tabell över

tabulator ['tæbjʊleɪtə] tabulator

tacit ['tæsɪt] underförstådd; *~ consent* tyst medgivande

taciturn ['tæsɪtɜːn] tystlåten, fåordig, ordkarg

1 tack [tæk] **I** *s* **1** nubb; *carpet ~* mattspik **2** a) tråckelstygn b) tråckling **3** sjö. hals; *be on the port* (*starboard*) *~* ligga för babords (styrbords) halsar **4** kurs; metoder [*we must change our ~*]; *be on the right* (*wrong*) *~* vara inne på rätt (fel) spår **II** *vb tr* **1** spika; *~ down* spika på (fast) [*~ down a carpet*]; *~ a th.* [*on*] *to* sätta (spika, nubba) fast ngt på (i, vid) **2** tråckla; nästa; *~ a th.* [*on*] *to* tråckla (nästa) fast ngt vid; bildl. lägga till (tillfoga, bifoga) ngt till; *he ~ed himself on to the queue* han hakade på kön **2 tack** [tæk] vard. käk

tackle ['tækl] **I** *s* **1** sjö. tackel; tackling **2** redskap; *shaving ~* rakgrejer, rakdon **3** fotb. tackling **II** *vb tr* **1** a) gripa sig an, angripa, ta itu med [*~ a problem*], ge sig i kast med [*~ an opponent*] b) klara av, gå i land med [*I can't ~ it*] c) sätta åt, klämma [*~ a p. about* el. *on* el. *over* (angående, om) *a th.*] **2** sport. tackla

tacky ['tækɪ] klibbig [*the paint is still ~*]

tact [tækt] takt[fullhet], finkänslighet

tactful ['tæktf(ʊ)l] taktfull, finkänslig

tactical ['tæktɪk(ə)l] mil. el. bildl. taktisk [*~ voting*]; *~ exercise* taktisk övning, stridsövning

tactician [tæk'tɪʃ(ə)n] mil. el. bildl. taktiker

tactics ['tæktɪks] **1** (konstr. ss. sg.) taktik del av krigskonsten **2** (konstr. ss. pl.) taktik metoder, manövrer

tactless ['tæktləs] taktlös

tadpole ['tædpəʊl] grodlarv

taffeta ['tæfɪtə] taft

1 tag [tæg] **I** *s* **1** lapp äv. data.; etikett äv. data.; adresslapp; [*electronic*] *~*

[elektronisk] bricka ss. stöldskydd; [*price*] ~ prislapp **2** skålla, [metall]spets på skosnöre o.d. **3** remsa, stump **4** stropp; hank, hängare **5** bihang, påhäng **6** beteckning **II** *vb tr* **1** sätta lapp på, etikettera **2** ~ *a th.* [*on*] *to* fästa ngt vid (i), lägga till (tillfoga) ngt till **III** *vb itr* vard. följa (hänga) med; ~ [*along*] *after a p.* följa ngn i hälarna
2 tag [tæg] lek tafatt, sistan [*play* ~]
tagliatelle [ˌtæljəˈtelɪ] kok. tagliatelle
1 tail [teɪl] **I** *s* **1** a) svans, stjärt b) slut [*the ~ of a procession*]; ända [*the ~ of a cart*]; *turn* ~ a) vända sig bort, vända ryggen till b) ta till flykten; *twist the lion's* ~ pröva [det brittiska] lejonets tålamod; *run away with one's ~ between one's legs* fly med svansen mellan benen **2** skört [*the ~ of a coat*]; pl. *~s* vard. frack; *in ~s* vard. [klädd] i frack **3** [klännings]släp **4** baksida av mynt **5** tunga på flagga **6** fläta; stångpiska **7** a) släng, understapel på bokstav b) mus. [not]fana **8** vard. deckare, spårhund; *put a ~ on a p.* låta skugga ngn **II** *vb tr* **1** skära av nederdelen (roten) på [*~ turnips*]; [*top and*] ~ snoppa bär **2** a) hänga i hälarna på b) skugga [*~ a suspect*] **3** avsluta [*~ a procession*] **III** *vb itr* **1** följa efter [i en lång rad]; ~ *after a p.* följa ngn i hälarna, följa tätt efter ngn **2** ~ *away* (*off*) a) avta, dö bort [*her voice ~ed away*]; smalna av b) sacka efter, förirra sig
2 tail [teɪl] jur. begränsning av arvsrätt[en]; *estate in* ~ fideikommiss
tailback [ˈteɪlbæk] [lång] bilkö
tailboard [ˈteɪlbɔːd] bakläm på lastvagn
tail coat [ˌteɪlˈkəʊt] **1** frack **2** jackett
tail end [ˌteɪlˈend] slut, sista del [*the ~ of a speech*]; sluttamp; [slut]ända
tailgate [ˈteɪlɡeɪt] **1** nedre slussport **2** se *tailboard* **3** bil. bakdörr på halvkombi; baklucka
taillight [ˈteɪllaɪt] baklykta; flyg. stjärtlanterna
tailor [ˈteɪlə] **I** *s* skräddare; *ladies'* ~ damskräddare; *~'s dummy* a) provdocka b) [kläd]snobb **II** *vb tr* **1** [skräddar]sy; perf. p. *~ed* äv. välsittande, med god passform; strikt **2** bildl. anpassa, skräddarsy **3** sy [kläder] åt; *he is ~ed by* han syr [sina kläder] hos
tailoring [ˈteɪlərɪŋ] **1** skrädderi; skräddaryrke **2** skräddararbete
tailor-made [ˈteɪləmeɪd] **I** *adj* skräddarsydd äv. bildl.; *~ costume* skräddarsydd promenaddräkt **II** *s* skräddarsydd promenaddräkt
tailpiece [ˈteɪlpiːs] slutstycke; avslutning

tailspin [ˈteɪlspɪn] **1** flyg. spinn **2** vard. panik
tailwind [ˈteɪlwɪnd] medvind
taint [teɪnt] **I** *s* **1** skamfläck [*a ~ in his character*] **2** smitta [*the meat is free from ~*], förorening; besmittelse; *there is a ~ of insanity in the family* det finns tecken till sinnessjukdom i familjen **II** *vb tr* **1** fläcka [*~ a p.'s name*] **2** göra skämd, angripa; *~ed meat* skämt (ankommet) kött **3** smitta; förorena [*~ the air*]; bildl. fördärva
Taiwan [taɪˈwɑːn, -ˈwæn]
take [teɪk] **I** (*took taken*) *vb tr* **1** ta; fatta; ta tag i; ~ *a p.'s arm* ta ngn under armen **2** ta [med sig], bära **3** föra [*he was ~n to the Tower*], leda; *these stairs will ~ you to...* den här trappan leder till... **4** a) ta sig [*~ a liberty*]; ~ *a bath* ta [sig] ett bad b) göra sig [*~ a lot of trouble* (besvär)] **5** a) göra [*~ a trip*]; vidta [*~ measures*]; ~ *notes* föra (göra) anteckningar b) ~ *a decision* fatta (ta) ett beslut c) avlägga [*~ a vow*] **6** a) ta; *this seat is ~n* den här platsen är upptagen b) gripa [*he was ~n by the police*] c) inta [*~ a fortress*] **7** a) inta [*~ one's place*] b) söka [*~ cover* (*shelter*)] **8** dra [*~ two from six*] **9** anteckna [*~ a p.'s name*] **10** a) inta [*~ one's meals*], dricka [*~ wine*]; ~ *snuff* snusa b) ~ *the sun* sola [sig] **11** använda [*~ sugar with* (i) *one's tea*]; ha, dra [*I ~ sevens* (nummer sju) *in gloves*] **12** ta [*~ the bus*]; ~ *a taxi* ta (åka) taxi **13** ta, åka, slå in på [*~ another road*]; ~ *the road to the right* gå (köra) åt höger **14 a**) ta emot [*~ a gift*]; ~ *that!* där fick du [så du teg]! b) anta [*~ a bet*] **15 a**) hyra [*~ a house*] b) prenumerera på [*~ two newspapers*] **16** behövas; dra [*the car ~s a lot of petrol*]; *he had already ~n six years over it* han hade redan lagt ner (använt) sex år på det; *it ~s a lot to make her cry* det ska mycket till för att hon ska gråta **17** ta på sig [*~ the blame*], överta [*~ the responsibility*]; ~ *it upon oneself to* a) åta sig att b) tillåta sig att, ta sig för att **18** *be ~n ill* bli sjuk **19** uppta [*~ a th. well*]; *he knows how to ~ people* han kan verkligen ta folk; ~ *it or leave it!* om du inte vill ha det så får det vara, passar det inte så låt bli! **20** tåla; *I can't ~ it any more* jag orkar inte med det längre; *I will ~ no nonsense* jag vill inte veta av några dumheter **21 a**) uppfatta [*he took the hint*]; *this must be ~n to mean that* det måste uppfattas så att b) följa [*~ my advice*] **22 a**) tro, anse; *I ~ it that* jag

take

antar att **b)** *you may ~ my word for it* (*may ~ it from me*) *that* du kan tro mig på mitt ord när jag säger att **23** fånga äv. bildl. [*it took my eye*]; fängsla; *be ~n with* bli intagen av (förtjust i) **24** hämta [*the quotation is ~n from Shakespeare*] **25 a)** vinna, ta [*he took the first set 6-3*] **b)** kortsp. få; schack. ta, slå **c)** sport. ta **26** anta [*the word has ~n a new meaning*] **27** fatta [*~ a liking to*], finna, ha [*~ a pleasure in*] **28** ertappa; *~ a p. unawares* överrumpla ngn **29** rymma [*the car ~s six people*] **30** a) läsa [*~ English at the university*]; gå på [*~ a course*] b) undervisa i [*~ a class*] c) gå upp i [*~ one's exam*] **31** gram. styra

II (*took taken*) *vb itr* (se äv. **III**) **1** ta [*the vaccination didn't ~*] **2** fastna, fästa; bot. slå rot **3** ta [av] [*~ to the right*]

III (*took taken*) *vb tr* o. *vb itr* med adv. o. prep. isht med spec. övers.:

~ along ta med [sig]

~ apart: a) ta isär b) vard. slå [*the team were ~n apart*] c) göra ner [fullständigt]

~ after brås på, likna [*he ~s after his father*]

~ away: **a)** ta bort (undan); föra bort [*be ~n away to prison*] **b)** dra ifrån [*~ away six from nine*] **c)** *~ meals away* köpa hem färdiglagade måltider

~ back: **a)** ta (ge, lämna) tillbaka; *I ~ back what I said* jag tar tillbaka vad jag sa **b)** föra tillbaka [i tiden] [*the stories took him back to his childhood*]

~ down: **a)** ta ned **b)** riva [ned] [*~ down a house*]; *~ down one's hair* lösa [upp] (slå ut) håret **c)** skriva ned (upp); göra ett referat av [*~ down a speech*]; ta [diktamen på] [*~ down a letter*] **d)** *~ a p. down* [*a peg or two*] sätta ngn på plats

~ in: **a)** ta in; ta (skaffa) in (hem) varor **b)** föra in; *~ a lady in to dinner* föra en dam till bordet **c)** ta emot [*~ in boarders*] **d)** prenumerera på **e)** omfatta [*the map ~s in the whole of London*], inkludera **f)** vard. besöka, gå på; *~ in a cinema* gå på bio **g)** förstå [*I didn't ~ in a word*]; överblicka [*~ in the situation*]; uppfånga [*she took in every detail*] **h)** *he ~s it all in* vard. han går på allting **i)** *be ~n in* låta lura sig **j)** vard. ta till polisstationen

~ off: **a)** tr. ta bort (loss); itr. vara löstagbar; ta av [sig] [*~ off one's shoes*] **b)** föra bort [*be ~n off to prison*], köra i väg med; ta (hämta) upp från, rädda från **c)** avföra från [*~ an item off the agenda*]; *~ sugar off the ration* slopa ransoneringen av socker **d)** dra in [*~ off two trains*]; lägga ned [*~ off a play*] **e)** *~ a day off* ta [sig] ledigt en dag **f)** dra (slå) av [*~ £10 off*] **g)** [be]ge sig i väg; flyg. starta, lyfta **h)** imitera; parodiera **i)** komma i ropet

~ on: **a)** åta sig, ta på sig [*~ on extra work*] **b)** ta in [*~ on new workers*] **c)** anta [*~ on a new meaning*] **d)** ställa upp mot [*~ a p. on at* (i) *golf*], fotb. o.d. utmana [*~ on opponents*] **e)** slå igenom [*that fashion hasn't ~n on*] **f)** vard. bli upprörd; *she took on something dreadful* hon härjade och hade sig

~ out: **a)** ta fram (upp, ut); ta ur (bort) [*~ out a stain*]; dra ut tand **b)** ta ut [*~ out a licence*], ta [*~ out an insurance policy*] **c)** ta [med] ut [*~ a p. out to* (på) *dinner*] **d)** *this ~s it out of me* det här suger musten ur mig **e)** [*when he is annoyed,*] *he ~s it out on her* ...låter han det gå ut över henne

~ over: **a)** tr. överta [*~ over a business*], tillträda [*~ over a new job*]; itr. ta över; *~ over from* avlösa **b)** föra (köra) över; *we are now taking you over to...* radio. vi kopplar nu över till... **c)** lägga sig till med

~ to: **a)** [börja] ägna sig åt, slå sig på [*~ to gardening*]; sätta sig in i; hemfalla åt; *~ to doing a th.* lägga sig till med att göra ngt; *~ to drink* (*drinking*) börja dricka **b)** bli förtjust i [*the children took to her at once*]; [börja] trivas med; dras till **c)** fly; *~ to flight* ta till flykten; *~ to the lifeboats* gå i livbåtarna

~ up: **a)** ta upp (fram); ta med [*~ up passengers*]; lyfta [på] [*~ up the telephone receiver*]; riva upp gata; *~ up arms* gripa till vapen **b)** suga (ta) åt sig **c)** sömnad. ta (lägga) upp **d)** ta upp [*~ up for* (till) *discussion*], föra på tal **e)** ta [upp] [*it ~s up too much room*]; fylla [upp] [*it ~s up the whole page*]; uppta, ta i anspråk [*~ up a p.'s time*]; *he is ~n up with it* han är helt sysselsatt med det, han är engagerad i det **f)** inta [*~ up an attitude*] **g)** anta [*~ up a challenge*], gå med på; ta sig an [*~ up a p.'s cause*] **h)** [börja] ägna sig åt [*~ up gardening*], börja läsa (lära sig); välja [*~ up a career*]; *~ up golf* börja spela golf **i)** avbryta [*~ up a speaker*]; tillrättavisa **j)** *I'll ~ you up on that* a) jag tar dig på orden b) det [du säger] vill jag bestrida **k)** arrestera **l)** tillträda [*~ up one's post*]; *~ up one's lodgings* (*quarters*) slå sig ned, inkvartera sig **m)** *~ up with a p.* börja umgås med ngn

IV *s* **1** tagande; jfr *give B* **2** fångst [*the*

daily ~ of fish], [jakt]byte **3** [biljett]intäkter **4 a)** film. tagning **b)** inspelning

takeaway ['teɪkəweɪ] restaurang (butik) med mat för avhämtning [äv. *~ restaurant (shop)*]; måltid för avhämtning [äv. *~ meal*]

takehome ['teɪkhəʊm], *~ pay (wages)* lön efter [avdrag för] skatt, nettolön

taken ['teɪk(ə)n] perf. p. av *take*

takeoff ['teɪkɒf] **1 a)** flyg. start [*a smooth ~*]; startplats **b)** sport. avstamp **2** härmning; karikatyr

takeover ['teɪk,əʊvə] **1** övertagande **2** hand. [företags]uppköp, övertagande av aktiemajoriteten i ett företag; *State ~* statligt övertagande, förstatligande; *~ bid* anbud att överta aktiemajoriteten i ett företag

taking ['teɪkɪŋ] **I** *s* **1** tagande etc., jfr *take I*; *it's all for the ~* det är bara att ta för sig **2** fångst **3** pl. *~s* intäkter, inkomst[er]; förtjänst **II** *adj* intagande

talc [tælk] **I** *s* **1** talk; *~ powder* talkpuder **2** miner. glimmer **II** *vb tr* talka

tale [teɪl] **1** berättelse, saga; *nursery ~* [barn]saga; amsaga; *it tells its own ~* den talar för sig själv **2** lögn[historia] [*it's just a ~*]; *tell the ~* vard. duka upp en fantastisk (rörande) historia, dra gråtvalsen **3** skvallerhistoria; pl. *tell ~s* skvallra

talent ['tælənt] **1** talang [*a man of (med) great ~*], fallenhet; förmåga; bibl. pund; *have a ~ for music* vara musikbegåvad, ha fallenhet för musik **2** talang, begåvning, förmåga [*young ~s*]; *~ scout (spotter)* talangscout **3** [konstnärliga] alster [*an exhibition of local ~*]

talented ['tæləntɪd] talangfull, begåvad

talk [tɔːk] **I** *vb itr* (se äv. *III*) tala, vard. snacka; kåsera, hålla föredrag; skvallra [*he won't ~*]; *you're the one to ~!* el. *you can ~!* och det ska du säga!; *~ big* vard. vara stor i orden (mun) **II** *vb tr* (se äv. *III*) tala; vard. snacka; *~ shop* prata jobb (om jobbet) **III** *vb tr* o. *vb itr* med prep. o. adv. isht med spec. övers.: *~ about* tala (prata) om; *~ down* prata omkull; *~ of* tala (prata) om [*he ~s of going to London*]; *~ with* tala (prata, samtala) med **IV** *s* **1** samtal; pratstund; pl. *~s* äv. förhandlingar [*peace ~s*], överläggningar; *small ~* småprat, kallprat **2 a)** prat [*we want action, not ~*]; vard. snack **b)** tal [*there can be no ~ of* (om) *that*] **c)** rykten [*hear ~ of war*]; *there has been ~ of that* det har varit tal om det **3** föredrag; *give a ~ on a th.* hålla ett föredrag **4** språk [*baby talk*]

talkative ['tɔːkətɪv] talför

talker ['tɔːkə] person som talar (pratar); pratmakare [*what a ~ he is!*]

talking ['tɔːkɪŋ] **I** *s* prat [*no ~!*]; *do the ~* föra ordet; *there was very little ~* det sas (pratades) mycket lite **II** *adj* **1** talande etc., jfr *talk I*; *~ book* talbok; *~ film (picture)* hist. talfilm **2** bildl. talande [*~ eyes*]

talking-point ['tɔːkɪŋpɔɪnt] diskussionsämne

talking-to ['tɔːkɪŋtuː] vard. åthutning, utskällning [*get a ~*]; *give a p. a good ~* äv. läsa lusen av ngn

tall [tɔːl] **1** lång [*he is six foot ~, a ~ man*], stor[växt]; hög [*a ~ building (mast)*]; *~ drink* långdrink [i högt glas] **2** vard., *a ~ price* ett saftigt pris

tallboy ['tɔːlbɔɪ] byrå med höga ben

tallness ['tɔːlnəs] längd; höjd

tallow ['tæləʊ] talg

tally ['tælɪ] **I** *s* **1 a)** [kontroll]räkning **b)** poängsumma, poängställning **c)** sjö. lasträkning; *keep ~ of* hålla räkning på, föra räkning över **2** [kontroll]märke, etikett **II** *vb tr* **1** registrera **2** [kontroll]räkna; *~ up* räkna ihop **3** pricka av **4** få att stämma överens; avpassa [efter varandra] **III** *vb itr* stämma överens [*the lists ~*]; stämma

talon ['tælən] **1** [rovfågels]klo **2** hand. talong på kupongark **3** kortsp. talong

tambourine [,tæmbə'riːn] mus. tamburin

tame [teɪm] **I** *adj* tam **II** *vb tr* tämja; t.ex. djur domptera; kuva

tamer ['teɪmə] [djur]tämjare, domptör

tamper ['tæmpə], *~ with* **a)** fingra (peta) på, mixtra (konstra) med; manipulera (fiffla) med **b)** tubba, [försöka] muta [*~ with a witness*]

tampon ['tæmpən, -ɒn] **I** *s* tampong **II** *vb tr* tamponera

tan [tæn] **I** *vb tr* **1** garva **2** göra brunbränd; *~ned* [*by the sun*] solbränd, brun[bränd] **3** vard., *~ a p.* (*a p.'s hide*) ge ngn på huden, klå upp ngn **II** *vb itr* bli solbränd **III** *s* **1** [mellan]brunt **2** solbränna

tandem ['tændəm, -dem] **I** *adv* i tandem [*drive horses ~*] **II** *s* **1** tandem[spann]; *in ~* i rad [efter varandra] [*swim in ~*], i tandem **2** *~ [bicycle]* tandem[cykel]

tang [tæŋ] **a)** skarp smak (lukt) **b)** bismak; eftersmak **c)** anstrykning, prägel

tangent ['tæn(d)ʒ(ə)nt] tangerande; tangerings-; *be ~ to* tangera

tangerine [,tæn(d)ʒə'riːn] tangerin; slags mandarin

tangible ['tæn(d)ʒəbl] **1** påtaglig {~ *proofs*}, gripbar; verklig, faktisk **2** materiell; ~ *assets* materiella tillgångar, realtillgångar

tangle ['tæŋgl] **I** *vb tr* trassla till, göra trasslig; *get ~d* [*up*] trassla (tova) ihop sig **II** *vb itr* **1** bli tilltrasslad; bli insnärjd **2** vard. gräla, tampas **III** *s* **1** trassel; röra; härva {*a ~ of lies*}; snårskog {*a ~ of undergrowth*}; *be in a ~* vara tilltrasslad, vara ett enda virrvarr; vara förvirrad **2** vard. gräl

tangled ['tæŋgld] tilltrasslad, trasslig; tovig

tango ['tæŋgəʊ] **I** (pl. *~s*) *s* tango **II** *vb itr* dansa tango

tank [tæŋk] **I** *s* **1** a) tank; cistern b) reservoar {*rain-water ~*}, damm; amer. bassäng **2** akvarium **3** mil. stridsvagn; *~ regiment* pansarregemente **II** *vb tr* **1** tanka; förvara i en tank **2** sl., *~ up* tanka, supa **III** *vb itr*, *~ up* a) tanka fullt (full tank) b) sl. supa sig full {*on på*}

tankard ['tæŋkəd] [dryckes]kanna, stop; sejdel

tanker ['tæŋkə] tanker; tankbil

tank top ['tæŋktɒp] ärmlös tröja

tannic ['tænɪk] garv-; *~ acid* garvsyra

tantalize ['tæntəlaɪz] locka; reta; gäcka; utsätta för tantalikval

tantalizing ['tæntəlaɪzɪŋ] lockande; retsam

tantamount ['tæntəmaʊnt], *be ~ to* vara liktydig med, vara detsamma som, innebära

tantrum ['tæntrəm] raserianfall; *fly into a ~* få ett raserianfall

Tanzania [ˌtænzə'niːə, tæn'zeɪnɪə]

Tanzanian [ˌtænzə'niːən, tæn'zeɪnɪən] **I** *adj* tanzanisk **II** *s* tanzanier

1 tap [tæp] **I** *s* **1** kran på ledningsrör; tappkran; *on ~* a) om öl o.d. på fat {*have beer on ~*}; klar för tappning b) bildl. till hands, redo, till ngns förfogande {*he always expects me to be on ~*} **2** plugg i tunna **II** *vb tr* **1** a) tappa {*~ a rubber tree*}, tappa ur {*~ a cask*}; bildl. tappa av b) tappa av äv. *~ off*; {*~ a liquor*} **2** a) utnyttja, exploatera {*~ sources of energy*}; öppna {*~ a new market*} b) hämta {*material ~ped from new sources*} c) pumpa {*~ a p. for* (på) *information*}; *~ a p. for money* vigga (tigga) pengar av ngn **3** tele. avlyssna {*~ a telephone conversation*}; *~ the wires* göra telefonavlyssning

2 tap [tæp] **I** *vb tr* knacka i (på) {*~ the table*}; trumma med {*~ one's fingers*}, knacka (slå) med; slå (klappa) lätt {*~ a p. on the shoulder*}; *~ a typewriter* knacka [på] maskin **II** *vb itr* **1** knacka {*~ at* (*on*) *the door*}, slå lätt; trumma {*~ with one's fingers*} **2** klappra, gå med klapprande steg **III** *s* knackning; *there was a ~ at the door* det knackade på dörren

tap-dance ['tæpdɑːns] **I** *s* step[p] **II** *vb itr* steppa

tap-dancing ['tæpˌdɑːnsɪŋ] step[p]; *do ~* steppa

tape [teɪp] **I** *s* **1** band {*cotton ~*; *name ~*} **2** {*adhesive* (*sticky*)} *~* tejp, klisterremsa **3** a) [ljud]band b) vard. [band]inspelning **4** sport. målsnöre; *breast the ~* spränga målsnöret **5** måttband; lantmät. mätband **II** *vb tr* **1** binda (knyta) om (fast) med band **2** linda med tejp (isoleringsband); ~ [*up*] tejpa ihop **3** spela in på band **4** mäta [med måttband] **5** vard. bedöma; *I've got him ~d* jag vet vad han går för

tape deck ['teɪpdek] bandspelardäck

tape head ['teɪphed] tonhuvud på bandspelare

tape measure ['teɪpˌmeʒə] måttband

taper ['teɪpə] **I** *s* **1** smalt [vax]ljus; avsmalning **2** avsmalnande; bildl. gradvis minskning **II** *vb itr*, *~* [*off*] smalna [av] {*~* [*off*] *to a point*}; bildl. gradvis minska, avta **III** *vb tr*, *~* [*off*] göra spetsigare (smalare)

tape-record ['teɪprɪˌkɔːd] **I** *vb tr* spela in (ta upp) på band, banda **II** *vb itr* göra bandinspelning[ar]

tape-recorder ['teɪprɪˌkɔːdə] bandspelare

tape-recording ['teɪprɪˌkɔːdɪŋ] bandinspelning

tapering ['teɪpərɪŋ] spetsig; avsmalnande; [lång]smal {*~ fingers*}

tapestry ['tæpəstrɪ] gobeläng[er]; bildvävnad

tapeworm ['teɪpwɜːm] zool. binnikemask

tapioca [ˌtæpɪ'əʊkə] bot. el. kok. tapioka

tappet ['tæpɪt] tekn. lyftarm; ventillyftare

tar [tɑː] **I** *s* tjära; asfalt **II** *vb tr* tjära; asfaltera; *~ and feather* tjära och fjädra ss. bestraffningsform

tardy ['tɑːdɪ] **1** långsam, senfärdig, sen, senkommen {*a ~ apology*}; motsträvig {*a ~ reply*} **2** amer. försenad; *be ~* komma för sent

target ['tɑːgɪt] **I** *s* **1** måltavla; mål; isht flyg. operationsmål **2** mål[sättning]; *be on ~* träffa prick **3** bildl. skottavla; *be a ~ for* (*the ~ of*) *criticism* vara skottavla (föremål) för kritik **4** mål- {*~ analysis* (*area*, *language*)}; *our ~ date is next July* vi siktar på juli [månad] **II** *vb tr* **1** göra till mål[tavla]; använda som (utse till) mål **2** uppsätta (uppställa) som mål

tariff ['tærɪf] **1** a) tulltaxa, tulltariff b) tull c) tullsystem d) tull- [~ *policy* (*union*)]; ~ *barrier* (*wall*) tullmur **2** taxa; prislista
tarnish ['tɑːnɪʃ] I *vb tr* **1** göra matt (glanslös) **2** bildl. skamfila [*his reputation is ~ed*], fläcka; grumla II *vb itr* bli matt (glanslös); anlöpa[s], bli anlupen [*silver ~es quickly*] III *s* glanslöshet; missfärgning; anlöpning
tarpaulin [tɑːˈpɔːlɪn] presenning
tarpinnium [ˌtɑːˈpɪnɪəm] *s* geol. tarpis
tarragon ['tærəɡən] bot. dragon[ört]
1 tart [tɑːt] I *s* **1** mördegstårta [med frukt], tartelett; mördegsform; [frukt]paj; *jam ~* mördegsform med sylt **2** sl. fnask prostituerad II *vb tr* vard., *~ up* piffa till; styra ut
2 tart [tɑːt] **1** syrlig [*~ apples*], sträv [*a ~ flavour*] **2** bildl. skarp, besk [*a ~ answer*]
tartan ['tɑːt(ə)n] I *s* **1** tartan **2** pläd II *adj* skotskrutig; tartan-
Tartar ['tɑːtə] I *s* **1** tatar **2** *t~* hetsporre; tyrann, buse; ragata II *adj* **1** tatarisk **2** kok. *t~ sauce* el. *sauce t~* tartarsås
tartar ['tɑːtə] **1** tandsten **2** kem. vinsten
task [tɑːsk] [arbets]uppgift, uppdrag; pensum; läxa; *set a p. a ~* ge ngn en uppgift
task force ['tɑːskfɔːs] mil. specialtrupp, operationsstyrka
taskmaster ['tɑːskˌmɑːstə] [krävande] uppdragsgivare, slavdrivare; bildl. tuktomästare [ofta *hard ~*]
tassel ['tæs(ə)l] tofs
taste [teɪst] I *s* **1** a) smak [äv. *sense of ~*] b) smak; bismak [*the milk has a certain ~*]; försmak; *it leaves a bad ~ in the mouth* det ger dålig smak i munnen, det lämnar (har) en dålig (obehaglig) eftersmak äv. bildl. **2** bildl. a) smak b) smakriktning; pl. *~s* äv. smak, intressen; tycke och smak; *there is no accounting for ~s* om tycke och smak ska man inte disputera; *in bad ~* smaklös[t]; taktlös[t]; omdömeslös[t]; *it is not to my ~* det är inte i min smak, det faller mig inte i smaken **3** smakprov, smakbit; klunk, skvätt II *vb tr* **1** smaka; smaka 'av, smaka (smutta) på; känna smak[en] av **2** få smaka ['på], få pröva 'på, erfara; få smak på III *vb itr* smaka [*~ bitter*]; *~ good* smaka bra, ha god smak
taste bud ['teɪs(t)bʌd] anat. smaklök
tasteful ['teɪstf(ʊ)l] smakfull
tasteless ['teɪstləs] smaklös; osmaklig
tasty ['teɪstɪ] **1** välsmakande, smaklig, pikant **2** smakfull [*a ~ dress*]
tatter ['tætə] mest pl. *~s* trasor; paltor, lumpor [*rags and ~s*]; *tear to ~s* el. *leave in ~s* bildl. helt trasa sönder; slå hål på; kritisera sönder
tattered ['tætəd] trasig [*a ~ flag*]; *~ clouds*], söndersliten, fransig; i trasor (paltor) [*a ~ old man*]
tattler ['tætlə] pratmakare; skvallerbytta
1 tattoo [təˈtuː, tæˈt-] I *s* **1** mil. tapto; *beat* (*sound*) *the ~* blåsa tapto **2** trummande; *beat a ~* trumma, hamra **3** militärparad, militäruppvisning II *vb itr* **1** trumma, hamra; trumma med fingrarna **2** blåsa tapto
2 tattoo [təˈtuː, tæˈt-] I *vb tr* tatuera II *s* tatuering
tatty ['tætɪ] vard. **1** sjabbig **2** tarvlig
taught [tɔːt] imperf. o. perf. p. av *teach*
1 taunt [tɔːnt] I *vb tr* håna, pika II *s* glåpord
2 taunt [tɔːnt] sjö. [mycket] hög om mast
Taurus ['tɔːrəs] astrol. Oxen; *he is* [*a*] *~* han är Oxe
taut [tɔːt] **1** spänd [*~ muscles, ~ nerves*], styv; stram äv. bildl. **2** fast [*a ~ figure*]
tavern ['tævən] värdshus; [öl]krog
tawdry ['tɔːdrɪ] grann [*~ jewellery*]
tawny ['tɔːnɪ] gulbrun; solbränd; *~ owl* kattuggla; *~ port* 'tawny', läderfärgat portvin
tax [tæks] I *s* **1** [statlig] skatt; i USA äv. kommunalskatt; pålaga; *~ arrears* kvarstående skatt, kvarskatt; *~ evader* (*dodger*) skattesmitare, skattefuskare; *~ exile* skatteflykting; *~ haven* skatteparadis lågskatteland; *~ rebate* el. *~ return* självdeklaration **2** bildl. börda [*~ on a p.'s health*] II *vb tr* **1** beskatta; taxera **2** bildl. anstränga, betunga, ta i anspråk **3** beskylla
taxable ['tæksəbl] beskattningsbar [*~ income*]
taxation [tækˈseɪʃ(ə)n] **1** beskattning; taxering **2** skatter [*reduce ~*]
tax-collector ['tækskəˌlektə] [skatte]uppbördsman
tax-free [ˌtæksˈfriː, attr. '--] skattefri; *~ shop* tax-free-shop t.ex. på båt, flygplats
taxi ['tæksɪ] I *s* taxi; *air ~* taxiflyg II *vb itr* **1** åka (ta en) taxi **2** flyg. taxa köra på marken
taxidermist ['tæksɪdɜːmɪst, tækˈsɪdəmɪst] [djur]konservator
taxi-driver ['tæksɪˌdraɪvə] taxichaufför
taximeter ['tæksɪˌmiːtə] taxameter
taxi rank ['tæksɪræŋk] taxihållplats; rad väntande taxi[bilar]
taxpayer ['tæksˌpeɪə] skattebetalare
1 TB [ˌtiːˈbiː] (vard. för *tuberculosis*) tbc
2 TB förk. för *torpedo boat*

tea [tiː] **I** s **1** te dryck, måltid; te[sort] [*our ~s are carefully blended*]; teblad; tebjudning; *early morning* ~ morgonte; *high* (*meat*) ~ lätt kvällsmåltid med te, tidig tesupé vanl. vid 6-tiden; *have* ~ dricka te; *it's just* (*it's not*) *my cup of* ~ det är (det är inte) min likör **2** infusion av olika slag **II** *vb tr* vard. bjuda på te **III** *vb itr* vard. dricka te
tea bag ['tiːbæg] tepåse
tea break ['tiːbreɪk] tepaus
tea caddy ['tiːˌkædɪ] o. **tea canister** ['tiːˌkænɪstə] teburk
tea cake ['tiːkeɪk] slags platt bulle som äts varm med smör
teach [tiːtʃ] (*taught taught*) **I** *vb tr* undervisa [*~ children*], undervisa i [*~ the violin* (fiolspelning)], lära [*he ~es us French*], ge undervisning i; *~ a p.* [*how*] *to drive* lära ngn köra **II** *vb itr* undervisa
teacher ['tiːtʃə] lärare
teaching ['tiːtʃɪŋ] **I** s **1** undervisning; *go in for* ~ ägna sig åt (slå sig på) lärarbanan **2** vanl. pl. *~s* lära, läror [*the ~s of the Church*] **II** *adj* undervisnings- [*a ~ hospital*]; lärar- [*the ~ profession*]
tea cloth ['tiːklɒθ] **1** teduk **2** torkhandduk
tea cosy ['tiːˌkəʊzɪ] tehuv
teacup ['tiːkʌp] tekopp; *a storm in a* ~ en storm i ett vattenglas
teak [tiːk] **1** teak[trä] **2** teakträd
teal [tiːl] zool. kricka, krickand
tea leaf ['tiːliːf] (pl. *tea leaves*) **1** teblad **2** sl. tjuv [rimslang för *thief*]
team [tiːm] **I** s **1** team, gäng [*~ of workmen*; *football ~*]; trupp; *first ~* sport. A-lag **2** a) spann av dragare b) amer. förspänt fordon; [häst och] vagn **II** *vb tr* spänna ihop dragare **III** *vb itr* **1** *~ up* vard. slå sig ihop, arbeta i team (lag), bilda ett team (lag) [*with* med] **2** amer. köra lastbil (långtradare)
team-mate ['tiːmmeɪt] lagkamrat
team spirit ['tiːmˌspɪrɪt, ˌ-'--] laganda
teamster ['tiːmstə] **1** amer. lastbilschaufför **2** kusk som kör spann
teamwork ['tiːmwɜːk] teamwork, lagarbete
tea party ['tiːˌpɑːtɪ] tebjudning
teapot ['tiːpɒt] tekanna; *a tempest in a* ~ amer. en storm i ett vattenglas
1 tear [tɪə] **1** tår [*flood of ~s*]; *shed ~s* fälla tårar **2** droppe
2 tear [teə] **I** (*tore torn*) *vb tr* (se äv. *III*) **1** slita, riva; slita (riva, rycka) sönder (av); sarga; riva upp; *~ open* slita (riva) upp [*~ open a letter*] **2** bildl. a) splittra, slita sönder [*a country torn by civil war*] b) plåga [*a heart torn by anguish*] **II** (*tore*

torn) *vb itr* (se äv. *III*) **1** slita, riva [och slita] **2** slitas sönder [*~ easily*] **3** rusa [*~ down the road* (*into a small room*)] **4** vard., *~ into* kasta sig över **III** *vb tr* o. *vb itr* med adv. isht med spec. övers.: *~ about* rusa (flänga) omkring; *~ oneself away* slita sig [lös] [*I can't ~ myself away from this book*]; *~ down* riva (slita) ned; *~ off* a) slita bort, riva av (lös, loss); slita av sig [*~ off one's clothes*] b) rusa i väg (bort) c) vard. kasta ned [*~ off a letter*]; *~ out* a) riva ut [*~ out a page*] b) rusa ut **IV** s reva, rivet hål
tearaway ['teərəweɪ] **I** s vard. vild sälle **II** *adj* våldsam, rasande
tear drop ['tɪədrɒp] **1** tår **2** droppe
tear duct ['tɪədʌkt] anat. tårkanal
tearful ['tɪəf(ʊ)l] **1** tårfylld **2** gråtmild; gråtfärdig
tear gas ['tɪəɡæs] tårgas
tearing ['teərɪŋ] våldsam [*a ~ rage*], rasande [*a ~ pace*]
tea room ['tiːruːm] teservering, tesalong, konditori
tease [tiːz] **I** *vb tr* **1** reta **2** karda ull o.d. **II** *vb itr* retas **III** s retsticka
teaser ['tiːzə] **1** retsticka; amer. äv. tjatmåns **2** vard. hård nöt [att knäcka]
teashop ['tiːʃɒp] **1** se *tea room* **2** tehandel
teaspoon ['tiːspuːn] tesked äv. ss. mått
teaspoonful ['tiːspuːnfʊl] (pl. *~s* el. *teaspoonsful*) tesked ss. mått; *two ~s of* två teskedar [med]
tea-strainer ['tiːˌstreɪnə] tesil
teat [tiːt] **1** spene **2** napp på flaska
teatime ['tiːtaɪm] tedags
tea towel ['tiːˌtaʊ(ə)l] torkhandduk, diskhandduk
tea tray ['tiːtreɪ] tebricka
tea trolley ['tiːˌtrɒlɪ] tevagn, rullbord
tec [tek] (kortform för *detective*) sl. krimmare
tech [tek] vard. för *technical college* o. *technology*
technical ['teknɪk(ə)l] **1** teknisk; fack- [*a ~ school*]; yrkes- [*~ skill*], facklig; *~ college* ung. yrkesinriktat gymnasium **2** formell, saklig [*for* (av, på) *~ reasons*]; jur. äv. laglig, rättsteknisk **3** *~ knock-out* boxn. teknisk knockout
technicality [ˌteknɪ'kælətɪ] **1** teknisk sida; teknik **2** teknisk term, fackuttryck **3** formalitet [*it's just a ~*], teknikalitet
technician [tek'nɪʃ(ə)n] tekniker; [teknisk] expert
technique [tek'niːk] teknik; teknisk färdighet
technocrat ['teknə(ʊ)kræt] teknokrat

technological [ˌteknəˈlɒdʒɪk(ə)l] teknologisk

technology [tekˈnɒlədʒɪ] teknologi, teknik[en]; *school of* ~ teknisk skola

teddy [ˈtedɪ] **1** nalle, teddybjörn **2** teddy damunderplagg

tedious [ˈtiːdjəs] [lång]tråkig, ledsam

tedium [ˈtiːdjəm] [lång]tråkighet; leda

tee [tiː] golf. **I** *s* **1** utslagsplats, tee **2** 'peg' pinne på vilken bollen placeras vid slag **II** *vb tr* lägga [upp] boll på utslagsplatsen [äv. ~ *up*] **III** *vb itr*, ~ *up* lägga [upp] bollen på utslagsplatsen

1 teem [tiːm] vimla, myllra

2 teem [tiːm] ösa [ned]

teenage [ˈtiːneɪdʒ] **I** *s* tonår [äv. *teen age*] **II** *attr adj* tonårs- {~ *fashions*}

teenager [ˈtiːnˌeɪdʒə] tonåring

teens [tiːnz] tonår

teeny [ˈtiːnɪ] vard. isht barnspr. pytteliten

teeter [ˈtiːtə] **I** *vb itr* **1** vackla, vingla **2** bildl. vackla; ~ *on the brink* (*edge*) *of* stå (vara) på gränsen till **II** *s* amer. gungbräde

teeth [tiːθ] pl. av *tooth*

teethe [tiːð] få tänder

teething [ˈtiːðɪŋ] tandsprickning; ~ *ring* bitring

teetotal [tiːˈtəʊtl] **1** nykterhets- {*a* ~ *meeting* (*pledge*)} **2** amer. vard. fullständig, total

teetotaller [tiːˈtəʊt(ə)lə] [hel]nykterist

telecast [ˈtelɪkɑːst] **I** (*telecast telecast* el. *~ed ~ed*) *vb tr* sända (visa) i tv **II** *s* tv-sändning

telecom [ˈtelɪkɒm] (förk. för *telecommunications*), *British T~* brittiska televerket

telecommunication [ˈtelɪkəˌmjuːnɪˈkeɪʃ(ə)n] **1** telekommunikation, teleförbindelse **2** vanl. ~*s* (konstr. ss. sg.) teleteknik; telekommunikationer

telegram [ˈtelɪgræm] telegram

telegraph [ˈtelɪgrɑːf, -græf] **I** *s* telegraf; telegram **II** *vb tr* o. *vb itr* telegrafera [till]

telegraphese [ˌtelɪgrɑːˈfiːz, -græˈf-, -grəˈf-] vard. telegramspråk

telegraphic [ˌtelɪˈgræfɪk] telegrafisk, telegraf-, telegram-; ~ *address* telegramadress

telegraphist [təˈlegrəfɪst] o. **telegraph-operator** [ˈtelɪgrɑːfˌɒpəreɪtə, -græf-] telegrafist

telegraphy [təˈlegrəfɪ] telegrafi; telegrafering

telepathic [ˌtelɪˈpæθɪk] telepatisk

telepathy [təˈlepəθɪ] telepati

telephone [ˈtelɪfəʊn] **I** *s* telefon; ~ *answering machine* telefonsvarare; ~ *box* (*booth*, *kiosk*) telefonkiosk, telefonhytt; ~ *exchange* a) telefonväxel b) telefonstation; ~ *directory* (*book*) telefonkatalog; *be on the* ~ a) vara (sitta) i telefon b) ha inneha telefon **II** *vb tr* telefonera till, ringa [till] **III** *vb itr* telefonera, ringa; ringa upp

telephonist [təˈlefənɪst] telefonist

telephoto [ˌtelɪˈfəʊtəʊ, attr. ˈ--,--] **I** *adj* **1** telefoto- **2** foto., ~ *lens* teleobjektiv **II** *s* foto. teleobjektiv

teleprinter [ˈtelɪˌprɪntə] teleprinter

telescope [ˈtelɪskəʊp] **I** *s* teleskop; kikare **II** *vb tr* **1** skjuta (klämma) ihop **2** bildl. korta av; pressa in (samman)

telescopic [ˌtelɪˈskɒpɪk] **1** teleskopisk; teleskop-; ~ *lens* teleobjektiv **2** teleskopisk, hopskjutbar; ~ *aerial* (*antenna*) teleskopantenn

teletext [ˈtelɪtekst] TV. text-tv, teletext

televiewer [ˈtelɪˌvjuːə] tv-tittare

televise [ˈtelɪvaɪz] sända (visa) i tv

television [ˈtelɪˌvɪʒ(ə)n, ˌ--ˈ--] television, tv; ~ *broadcast* tv-[ut]sändning; ~ *viewer* tv-tittare; *watch* (*look at*) ~ titta (se) på tv

tell [tel] **I** (*told told*) *vb tr* **1** tala 'om, säga; ~ *a p. about a th.* berätta om ngt för ngn **2** säga 'till ('åt) {~ *him to sit down*}; *do as you are told* gör som man säger (som du blir tillsagd) **3** skilja; känna igen, urskilja; veta {*how do you ~ which button to press?*}; avgöra {*it's hard to ~ if he means it*}; *I can't ~ them apart* jag kan inte skilja dem åt **4** räkna [ihop] isht röster i underhuset [äv. ~ *over*]; *all told* inalles, allt som allt; på det hela taget; ~ *one's beads* läsa sina böner; ~ *off* vard. läxa upp, skälla ut **II** (*told told*) *vb itr* (se äv. *telling*) **1** tala berätta; vittna; ~ *in a p.'s favour* bildl. tala till ngns fördel **2** skvallra **3** göra verkan; *every word told* varje ord träffade [rätt] **4** vard., ~ *on* ta (fresta, slita) på {*it ~s on my nerves*}; bli kännbar för

teller [ˈtelə] **1** berättare **2** rösträknare **3** kassör i bank

telling [ˈtelɪŋ] **I** *adj* **1** träffande, dräpande {*a ~ remark*} **2** talande **II** *pres p* o. *s* berättande etc., jfr *tell*; *there's no* ~ man vet aldrig, det är omöjligt att säga

telling-off [ˌtelɪŋˈɒf] utskällning

telltale [ˈtelteɪl] **I** *s* skvallerbytta **II** *adj* **1** skvalleraktig; ~ *tit!* skvallerbytta bingbong! **2** bildl. avslöjande, skvallrande {*a ~ blush*} **3** kontroll- {~ *lamp*}

telly [ˈtelɪ] vard., *the* ~ tv, dumburken

temerity [təˈmerətɪ] dumdristighet; *he had the ~ to...* han var dumdristig nog att...

temper ['tempə] **I** s **1** humör, lynne [*be in* (på, vid) *a good* (*bad*) ~]; [sinnes]stämning; sinnelag, natur **2** [sinnes]lugn; *control* (*keep*) *one's* ~ bibehålla sitt lugn **3** dåligt lynne, retlighet; häftighet; *in a* ~ a) på dåligt humör b) i ett anfall av vrede; *have a* ~ ha humör (temperament) **4** härdning[sgrad] [~ *of steel*] **II** *vb tr* **1** blanda [till lämplig konsistens], älta [~ *clay* (*mortar*)] **2** härda stål, glas; anlöpa **3** mildra, modifiera; temperera äv. mus.

temperament ['temp(ə)rəmənt] temperament [*a cheerful* ~], läggning

temperamental [,temp(ə)rə'mentl] temperamentsfull; lynnig

temperamentally [,temp(ə)rə'mentəlɪ] till temperamentet; av naturen

temperance ['temp(ə)r(ə)ns] **1** måttlighet, måttfullhet **2** nykterhet

temperate ['temp(ə)rət] **1** måttlig, nykter **2** helnykter **3** tempererad [*a* ~ *climate*]

temperature ['temp(ə)rətʃə] temperatur; feber; *have* (*run*) *a* ~ ha feber

tempest ['tempɪst] **1** storm, oväder; *The T*~ Stormen av Shakespeare **2** uppror

tempestuous [tem'pestjʊəs] stormig

tempi ['tempi:] pl. av *tempo*

template ['templeɪt, -ət] tekn. schablon, mönster; formbräde

1 temple ['templ] tempel; helgedom; amer. äv. synagoga; mormonkyrka

2 temple ['templ] anat. tinning

tempo ['tempəʊ] (pl. ~s, i bet. *1* vanl. *tempi* ['tempi:]) **1** mus. tempo **2** tempo, fart, takt

temporal ['temp(ə)r(ə)l] **1** temporal äv. gram. **2** världslig, jordisk **3** tidsbestämd

temporarily ['temp(ə)rərəlɪ] temporärt; kortvarigt, tills vidare; för tillfället

temporary ['temp(ə)rərɪ] **1** temporär; kortvarig **2** tillförordnad

temporize ['tempəraɪz] **1** dra ut på tiden **2** vända kappan efter vinden

tempt [tem(p)t] **1** fresta **2** ~ *fate* utmana ödet

temptation [tem(p)'teɪʃ(ə)n] frestelse; lockelse; *lead us not into* ~ bibl. inled oss icke i frestelse

tempter ['tem(p)tə] frestare

ten [ten] **I** *räkn* tio; ~ *to one he'll forget it* tio mot ett (jag slår vad om) att han glömmer det **II** *s* tia; tiotal

tenable ['tenəbl, 'ti:n-] **1** hållbar [*a* ~ *theory*], försvarbar; som kan försvaras [*a* ~ *fortress*] **2** om ämbete, stipendium o.d. som kan innehas (åtnjutas)

tenacious [tə'neɪʃəs] **1** fasthållande; fast [*a* ~ *grip*]; säker; sammanhållande; *a* ~ *memory* ett gott (säkert) minne **2** fast, ihärdig

tenacity [tə'næsətɪ] [segt] fasthållande; seghet äv. bildl.; orubblighet; fasthet; ~ *of purpose* målmedvetenhet; ihärdighet

tenancy ['tenənsɪ] **1** förhyrning; arrende **2** hyrestid; arrendetid

tenant ['tenənt] **I** *s* **1** hyresgäst; arrendator [äv. ~ *farmer*] **2** [besittningsrätts]innehavare **II** *vb tr* hyra; arrendera; bebo

tench [ten(t)ʃ] sutare fisk

1 tend [tend] **I** *vb tr* vårda [~ *the wounded*], se till [~ *a machine*]; vakta [~ *sheep*]; ~ *store* amer. stå i affär **II** *vb itr* passa upp; ~ *on* passa upp [på], betjäna

2 tend [tend] tendera, ha en benägenhet (tendens) [*to do a th.*]; ~ *to* (*towards*) tendera mot (åt, till)

tendency ['tendənsɪ] tendens, riktning; benägenhet, anlag; utveckling; *he has a* ~ *to exaggerate* han har en benägenhet att överdriva

1 tender ['tendə] **1** mjuk [*a* ~ *pear*], mör [*a* ~ *steak*], mjäll; vek [*a* ~ *structure*], spröd, ömtålig [*a* ~ *plant*], öm [*a* ~ *spot*], ömmande; *a* ~ *subject* ett ömtåligt (känsligt) ämne **2** öm, kärleksfull [~ *care*], ömsint; kär [~ *memories*] **3** ~ *age* späd ålder

2 tender ['tendə] **I** *vb tr* erbjuda [~ *one's services*]; lämna in [~ *one's resignation*]; lämna [fram]; lägga fram [~ *evidence*] **II** *vb itr* lämna offert **III** *s* **1** anbud; offert; *invite* ~*s for* el. *put out to* ~ infordra anbud på, utbjuda på entreprenad **2** *legal* ~ lagligt betalningsmedel

3 tender ['tendə] **1** skötare; ofta ss. efterled i sammansättn. -skötare [*a machine-tender*] **2** sjö. tender; proviantbåt **3** järnv. tender

tender-hearted [,tendə'hɑ:tɪd] ömsint, vek

tenderize ['tendəraɪz] möra kött

tendon ['tendən] anat. sena; *the Achilles* ~ hälsenan, akillessenan

tendril ['tendrəl] bot. klänge

tenement ['tenəmənt] bostadshus, hyreshus

tenet ['tenet, 'ti:n-] grundsats; lära, lärosats; *religious* ~ trossats

tenfold ['tenfəʊld] **I** *adj* tiodubbel **II** *adv* tiodubbelt, tiofalt, tio gånger så mycket

tenner ['tenə] vard. tiopundssedel; amer. tiodollarssedel; *a* ~ äv. tio pund (dollar) [*it cost a* ~]

tennis ['tenɪs] tennis; ~ *court* tennisbana; ~ *elbow* (*arm*) tennisarm

tenor ['tenə] **I** *s* **1** innehåll **2** mus. tenor;

tenorstämma II *adj* mus. tenor-; ~ *sax[ophone]* tenorsax[ofon]
tenpence ['tenpəns] tio pence
1 tense [tens] gram. tempus
2 tense [tens] I *adj* **1** spänd äv. bildl.; stram **2** spännande [*a ~ game*] II *vb tr* o. *vb itr* spänna[s], sträcka[s]
tension ['tenʃ(ə)n] spänning i olika bet., äv. elektr. [*high (low) ~*]; sträckning; anspänning; spändhet; *relaxation of ~* polit. avspänning
tent [tent] I *s* tält; *pitch one's ~* a) slå upp sitt (ett) tält b) bildl. slå ned sina bopålar II *vb itr* tälta, bo (vara förlagd) i tält
tentacle ['tentəkl] **1** zool. tentakel; *the ~s of the law* bildl. lagens långa arm **2** bot. körtelhår
tentative ['tentətɪv] försöks-, experimentell; preliminär
tenth [tenθ] tionde; tion[de]del; kyrkl. tionde; mus. decima; jfr äv. *fifth*
tenuous ['tenjʊəs] **1** tunn, fin [*the ~ web of a spider*]; smal **2** bildl. a) fin [*a ~ distinction*], subtil b) tunn c) svag[t underbyggd] [*a ~ claim*]
tenure ['tenjʊə] **1** besittning[srätt]; innehav[ande] **2** arrende[innehav] **3** ~ [*of office*] ämbetstid, ämbetsperiod, arrendetid; arrendevillkor
tepid ['tepɪd] ljum äv. bildl. [*~ water; ~ praise*]
term [tɜːm] I *s* **1** a) tid [*a ~ of five years*] b) skol. el. univ. termin c) betalningstid; *~ of office* ämbetstid, ämbetsperiod, mandat[tid] **2** pl. *~s* a) villkor [*~s of surrender*]; bestämmelse[r] b) pris, priser; betalningsvillkor c) överenskommelse; *come to ~s with a th.* finna sig i (acceptera) ngt **3** pl. *~s* förhållande; *be on bad ~s with* vara ovän med; *be on good ~s with* stå på god fot med **4** a) term [*a scientific ~*], uttryck b) pl. *~s* ord, ordalag [*in general ~s*], vändningar, uttryckssätt; *he only thinks in ~s of...* han tänker bara på... **5** matem. el. logik. term; led II *vb tr* benämna, kalla
terminal ['tɜːmɪnl] I *adj* **1** slut- [*~ station*], avslutande, sist; gräns-; terminal **2** termins- [*~ payments*]; *~ examinations* skol. examina i slutet av terminen **3** med. dödlig [*~ cancer*]; *~ care* terminalvård II *s* **1** slutstation; terminal **2** elektr. a) klämma b) pol [*battery ~s*] **3** data. terminal
terminate ['tɜːmɪneɪt] I *vb tr* **1** avsluta [*~ a pregnancy*]; säga upp [*~ an agreement*] **2** avsluta **3** begränsa II *vb itr* sluta [*the*

word ~s in (på) *a vowel*], ändas; upphöra, löpa ut
termination [ˌtɜːmɪˈneɪʃ(ə)n] **1** slut; utgång; upphörande; avbrytande; *~ of pregnancy* abort **2** uppsägning [*~ of an agreement*]
terminology [ˌtɜːmɪˈnɒlədʒɪ] terminologi
termin|us ['tɜːmɪnəs] (pl. *-i* [-aɪ] el. *-uses*) slutstation, ändstation; terminal
termite ['tɜːmaɪt] termit
tern [tɜːn] zool. tärna; *common ~* fisktärna
terrace ['terəs, -rɪs] I *s* **1** terrass; avsats; platt tak; takterrass; uteplats **2** husrad på höjd el. sluttning; ofta i gatunamn [*Olympic T~*] **3** *~ house* radhus; *~ houses* äv. huslänga av småhus **4** *the ~s* ståplatsläktare; ståplatspublik II *vb tr* terrassera
terraced ['terəst, -rɪst] **1** terrasserad, terrassformig **2** *~ house* radhus
terracotta [ˌterəˈkɒtə] terrakotta
terrain [teˈreɪn, '--] terräng
terrestrial [təˈrestrɪəl] I *adj* **1** jordisk [*~ globe, ~ magnetism*] **2** land- [*~ animals*] **3** radio. el. TV., *~ TV channel* markbunden tv-kanal II *s* **1** jordinvånare **2** pl. *~s* landdjur
terrible ['terəbl] förfärlig, ryslig, hemsk samtl. äv. vard. ss. förstärkning [*a ~ accident; ~ clothes, a ~ nuisance*]
terrier ['terɪə] terrier hundras
terrific [təˈrɪfɪk] **1** fruktansvärd **2** enorm [*~ speed*] **3** jättebra, fantastisk [*the film was ~*]
terrif|y ['terɪfaɪ] förskräcka, förfära; skrämma [*a p. into a th.* (*doing a th.*) ngn till att göra ngt]; *-ied of* livrädd (förskräckt) för
territorial [ˌterɪˈtɔːrɪəl] I *adj* territorial-; land- [*~ claims*]; lokal; *the T~ Army* brittiska arméreserven II *s* soldat i brittiska arméreserven
territor|y ['terɪt(ə)rɪ] **1** territorium; [land]område, land; mark **2** besittning [*overseas -ies*] **3** bildl. [fack]område; gebit **4** distrikt för t.ex. försäljare **5** sport. planhalva **6** zool. revir
terror ['terə] **1** skräck; *strike ~ into* sätta skräck i, injaga skräck hos **2** vard., om pers. skräck [*the boy is a real ~*] **3** terror [äv. *reign of ~*]
terrorism ['terərɪz(ə)m] terrorism; skräckvälde
terrorist ['terərɪst] terrorist
terrorize ['terəraɪz] I *vb tr* terrorisera II *vb itr*, *~ over* terrorisera
terror-stricken ['terəˌstrɪk(ə)n] o. **terror-struck** ['terəstrʌk] skräckslagen

terry ['terɪ] frotté [äv. ~ *cloth*]; ~ *towel* frottéhandduk
terse [tɜːs] **1** om t.ex. språk o. stil [kort och] koncis, kärnfull **2** brysk
tertiary ['tɜːʃərɪ] som kommer i tredje rummet (hand); ~ *college* skol. yrkesskola för högre yrkesutbildning
Terylene ['terəliːn, -rɪ-] ® textil. terylen[e]
test [test] **I** *s* **1** a) prov, provning; test äv. psykol.; förhör [*an oral ~*] b) bedömningsgrund [*the ~ of a good society is...*]; *driving* ~ kör[korts]prov; *stand the* ~ bestå provet; *stand the ~ of time* stå sig genom tiderna **2** kem. reagens **II** *vb tr* prova; sätta på prov; vara ett prov på; testa äv. psykol.; förhöra [*will you ~ me on my homework?*]; prova av; prova ut, utpröva [äv. ~ *out*]; kontrollera; ~ *a car* provköra en bil
testament ['testəmənt] **1** jur., [*last will and*] ~ testamente **2** bibl., *the Old* (*New*) *T~* Gamla (Nya) testamentet
test card ['testkɑːd] TV. testbild
test case ['testkeɪs] jur. prejudicerande rättsfall
testicle ['testɪkl] anat. testikel
testify ['testɪfaɪ] **I** *vb itr* vittna, avlägga vittnesmål (vittnesbörd) **II** *vb tr* intyga; vittna om
testimonial [ˌtestɪ'məʊnjəl] **1** [skriftligt] bevis, [tjänstgörings]betyg, intyg **2** rekommendation[sbrev] **3** [kollektiv] hedersgåva (minnesgåva)
testimony ['testɪmənɪ] **1** vittnesmål äv. relig.; uppgift, utsago **2** bevis; bevismaterial; *bear ~ to* vittna om, intyga, betyga
test match ['testmætʃ] landskamp isht i kricket
test paper ['testˌpeɪpə] **1** kem. reagenspapper **2** [prov]skrivning
test pilot ['testˌpaɪlət] testflygare
test tube ['tes(t)tjuːb] provrör; *test-tube baby* provrörsbarn
testy ['testɪ] lättretlig, lättstött, snarstucken
tetanus ['tetənəs] med. stelkramp, tetanus
tetchy ['tetʃɪ] grinig, kinkig, retlig
tête-à-tête [ˌteɪtɑː'teɪt] **I** *adv* o. *adj* mellan fyra ögon **II** *s* tätaték
tether ['teðə] **I** *s* tjuder; *be at the end of one's* ~ bildl. inte förmå (orka) mer **II** *vb tr* tjudra; bildl. binda
Texas ['teksəs, -sæs]
text [tekst] **I** *s* **1** text; ord[alydelse]; version **2** ämne **3** a) [bibel]text b) bibelord **II** *vb itr* sms:a, skriva [ett] textmeddelande; vard. messa

textbook ['teks(t)bʊk] **1** lärobok; handbok; textbok **2** mönstergill; ~ *case* typiskt fall, typfall; ~ *example* skolexempel
textile ['tekstaɪl, amer. äv. 'tekstl] **I** *adj* textil, textil- [~ *art*, ~ *industry*], vävnads-; väv **II** *s* vävnad; textilmaterial; pl. ~*s* äv. textilier
text message ['teks(t)ˌmesɪdʒ] sms, [text]meddelande; *send a* ~ sms:a, skicka [ett] sms
textual ['tekstjʊəl] text- [~ *criticism*]; ~ *errors* fel i texten
texture ['tekstʃə] **1** textur, struktur; väv, vävnad [*coarse* (*fine*) ~]; konsistens **2** bildl. struktur, sammansättning, beskaffenhet
Thai [taɪ] **I** *adj* thailändsk **II** *s* **1** thailändare; thailändska kvinna **2** thailändska [språket]
Thailand ['taɪlænd, -lənd]
Thames [temz] geogr., *the* ~ Themsen, Temsen; *he will never set the ~ on fire* ung. han kommer aldrig att uträtta några stordåd
than [ðæn, obeton. ðən, ðn] **1** a) än [*he is several years older ~ me* (*I*)]; *nothing else ~* ingenting annat än, bara, endast b) än [vad] som [*more ~ is good for him*] **2** förrän; *no sooner* (*hardly, scarcely*) *had we sat down ~...* knappt hade vi satt oss förrän...
thank [θæŋk] **I** *vb tr* tacka; ~ *goodness* (*God*)*!* gudskelov! **II** *s*, pl. ~*s* tack, tacksägelse[r] [*for* för]; *I won, but small ~s to you!* iron. jag vann, men det var knappast din förtjänst!
thankful ['θæŋkf(ʊ)l] [mycket] tacksam
thankfully ['θæŋkf(ʊ)lɪ] **1** tacksamt **2** tack och lov
thankless ['θæŋkləs] otacksam [*a ~ task*]
thanksgiving ['θæŋksˌgɪvɪŋ] kyrkl. tacksägelse; *T~* [*Day*] i nordamerika tacksägelsedag[en] allmän helgdag 4:e torsdagen i november i USA; 2:a måndagen i oktober i Canada
that [ðæt, obeton. ðət] **I** (pl. *those*) *demonstr pron* **1** a) sg. den där, det där; denne [~ *so-called general*], denna, detta; den [~ *happened long ago*]; de där [*where's ~ five pounds?*]; så [~ *is not the case*] b) *those* (pl.) de där, dessa; de; detta, det, det där [*those are my colleagues*] **2** spec. övers.: ~ *is* [*to say*] det vill säga, dvs., alltså; *and ~'s ~!* och därmed basta!; och hör sen!; så var det med den saken!; *what of ~?* än sen då?; *in those days* dåförtiden, på den tiden **II** (pl. *those*) *determ pron* **1** a) sg. den [*this bread is better than ~* [*which*] *we get in town*]

b) ***those*** (pl.) de [*those who agree are in majority*], dem [*throw away those* [*which are*] *unfit for use*] **2** [*the rapidity of light is greater*] *than* ~ *of sound* ...än ljudets **3** något visst (speciellt) [*there was* ~ *about him which pleased me*] **4** så mycket, så stor [*he has* ~ *confidence in her that...*] **III** (pl. lika) *rel pron* **1** som [*the only thing (person)* [~] *I can see*], vilken; *all* [~] *I heard* allt [vad] (allt det, allt som) jag hörde **2** vard. som...i, ibl. som [*he will not see things in the light* [~] *I see them*] **3** såvitt [*he has never been there* ~ *I know of*] **IV** *konj* **1 a)** att [*she said* [~] *she would come*] **b)** litt. för att [*she did it* ~ *he might be saved*]; så att [*bring it nearer* ~ *I may see it better*] **2 a)** som [*it was there* [~] *I first saw him*] **b)** när [*now* [~] *I think of it, he was there*] **3** eftersom [*what have I done* ~ *he should insult me?*] **4** om; *I don't know* ~ *I do* jag vet inte om jag gör det **5** högtidl., i utrop att [~ *it should come to this* (gå så långt)*!*]; om [bara] [~ *she were here!*] **V** *adv* vard. så [pass] [~ *far (much)*]; *he's not* [*all*] ~ *good* **a)** så bra är han inte **b)** han är inte så värst bra

thatch [θætʃ] **I** *s* halmtak, tak av palmblad o.d. **II** *vb tr* täcka med halm (palmblad o.d.); täcka; *a* ~*ed cottage* en stuga med halmtak

thaw [θɔː] **I** *vb itr* töa [*it is* ~*ing*]; ~ [*out*] tina [upp] äv. bildl. **II** *vb tr*, ~ [*out*] tina [upp] äv. bildl.; ~ *out the refrigerator* frosta av kylskåpet **III** *s* töl[väder] äv. bildl.; polit. töväder; *a* ~ *has set in* det är (har blivit) töväder

the [obeton.: ðə framför konsonantljud, ði framför vokalljud; beton.: ðiː (så alltid i bet. *I* 5)] **I** *best art* **1 a)** motsvaras av best. slutartikel, t.ex.: ~ *book* boken **b)** motsvaras av fristående artikel o. slutartikel, t.ex.: ~ *old man* den gamle mannen **c)** motsvaras av fristående artikel, t.ex.: ~ *deceased* den avlidna (avlidne) **2** utan motsvarighet, t.ex.: **a)** ibl. framför huvudord följt av 'of'-konstr.: *he is* ~ *captain of a ship* han är kapten på en båt **b)** ibl. framför adj. följt av subst.: ~ *following story* följande historia **c)** i vissa fall vid superl.: *which river is* [~] *deepest?* vilken flod är djupast? **d)** i vissa uttryck: *go to* ~ *cinema* gå på bio; *have* ~ *courage* ha mod[et] att; *listen to* ~ *radio* höra på radio **e)** vid vissa egennamn: ~ *Balkans* Balkan; ~ *Hague* Haag; [*I'm going to*] ~ *Dixons* ...Dixons (familjen Dixon) **3** en, ett; *to* ~ *amount of* till ett belopp av **4** per; [£10] ~ *piece* ...per styck, ...stycket

5 emfatiskt: *is he* ~ *Dr. Smith?* är han den kände (berömde) dr Smith?; *to him she was* ~ *woman* hon var kvinnan i hans liv **6** determ. den [~ *sum he paid*], det, de; *it's dreadful,* ~ *bills I've had to pay* vard. det är förskräckligt såna räkningar jag har måst betala **7** demonstr. den; ~ *wretch!* den uslingen!; ~ *idiots!* vilka (såna) idioter! **II** *adv,* ~...~ ju...desto (dess, ju)

theater [ˈθɪətə] amer., se *theatre*

theatre [ˈθɪətə] **1** teater [*go to* (på) *the* ~; *be at* (på) *the* ~]; teaterkonst, dramatik; *the* ~ äv. scenen **2** [amfiteatralisk] hörsal (sal); [*operating*] ~ operationssal [med åskådarplatser] **3** bildl. skådeplats

theatregoer [ˈθɪətəˌɡəʊə] teaterbesökare

theatrical [θɪˈætrɪk(ə)l] **I** *adj* **1** teater-; ~ *company* teatersällskap, teatertrupp **2** teatralisk [~ *gestures*] **II** *s,* pl. ~*s* teaterföreställningar [*they forbade* ~*s in churches*]; *amateur (private)* ~*s* amatörteater

theft [θeft] stöld, tillgrepp

their [ðeə] (jfr *my*) deras [*it is* ~ *car*], dess [*the Government and* ~ *remedy for unemployment*]; sin [*they sold* ~ *car*]; *they came in* ~ *thousands* de kom i tusental

theirs [ðeəz] (jfr *1 mine*) deras [*is that house* ~*?*]; sin [*they (each) must take* ~]; *a friend of* ~ en vän till dem

them [ðem, obeton. ðəm, ðm] **I** *pers pron* (objektsform av *they*) **1 a)** dem **b)** den [*I approached the Government and asked* ~ *if...*]; honom [eller henne] [*if anybody calls while I'm out, tell* ~ *I shall...*] **2** vard. de [*it wasn't* ~] **3** sig [*they took it with* ~] **II** *fören demonstr pron* dial. dom [där] [*I think* ~ *books are no good*]

theme [θiːm] **1** tema, ämne, grundtanke; ~ *park* temapark fritidsanläggning **2** isht amer. skol. uppsats; stil **3** mus. tema; ~ *song (tune)* **a)** signaturmelodi **b)** [huvud]refräng

themselves [ð(ə)mˈselvz] (jfr *myself*) sig [*they amused* ~], sig själva [*they can take care of* ~]; varandra [*they took counsel (rådgjorde) with* ~]; de själva [*everybody but* ~], själva [*they made that mistake* ~], själv [*the public* ~ *were...*]

then [ðen] **I** *adv* **1 a)** då [*I was still unmarried* ~], på den tiden, den gången **b)** då [*I'll see you later and will* ~ *tell you the facts*] **c)** sedan [~ *came the war*], därpå **2** så; dessutom [*and* ~ *there's the question of...*]; *but* ~ men så...också [*but* ~ *he is rich*], men...ju, men å andra sidan

(i gengäld, i stället) **3** alltså [*the journey, ~, could begin*]; då [*~ it is no use*]; *that's settled, ~!* el. *all right, ~!* då säger vi det då! **II** *s, before ~* innan dess, dessförinnan, förut; *until* (*till*) *~* till dess **III** *adj* dåvarande [*the ~ prime minister*]
theologian [θɪə'ləʊdʒjən, -dʒ(ə)n] teolog
theological [θɪə'lɒdʒɪk(ə)l] teologisk
theology [θɪ'ɒlədʒɪ] teologi
theorem ['θɪərəm, -rem] teorem; sats
theoretical [ˌθɪə'retɪk(ə)l] teoretisk
theorist ['θɪərɪst] teoretiker
theorize ['θɪəraɪz] teoretisera
theory ['θɪərɪ] teori; lära; *in ~* i teorin; teoretiskt [sett]; *~ of sets*
therapeutic [ˌθerə'pjuːtɪk] terapeutisk
therapist ['θerəpɪst] terapeut
therapy ['θerəpɪ] terapi behandling
there [ðeə, obeton. ðə] **I** *adv* **1** (se äv. ex. under *here*) a) där [*~ he comes*]; framme [*we'll soon be ~*] b) dit [*I hope to go ~ next year*]; fram [*we'll soon get ~*]; [*carry this for me*] *~'s a dear* (*a good boy, a good girl*) vard. ...så är du snäll (bussig) **2** det ss. formellt subjekt [*~ were* (var, fanns) *only two left; ~ seems to be a mistake*]; *~ is...* vid uppräkning vi har...; [*who shall we have* (ta)*? -*] *now, ~'s John* ...vi har ju John till exempel; *~'s the bell* [*ringing*] nu ringer det; *what is ~ criminal about that?* vad är det för brottsligt i det? **3** i det [avseendet], på den punkten [*~ you are mistaken*] **II** *interj, ~!* så där! [*~, that will do*], så där ja!, titta vad du gjort! [*~! you've smashed it*]; *~, ~!* lugnande el. tröstande såja!, seså!
thereabouts ['ðeərəbaʊt, -s, ˌðeərə'b-] **1** där i trakten, [i trakten] däromkring [*in Rye or ~*] **2** däromkring, så [ungefär]
thereafter [ˌðeər'ɑːftə] litt. därefter
thereby [ˌðeə'baɪ, '--] litt. därvid
therefore ['ðeəfɔː] därför, således; *and ~* äv. varför
there's [ðeəz] = *there is* o. *there has*
thereupon [ˌðeərə'pɒn] **1** därpå isht om tid **2** litt. härom [*there is much to be said ~*]
thermal ['θɜːm(ə)l] värme- [*~ energy; ~ reactor*]; varm [*~ springs*], termal; *~ underwear* termounderkläder
thermodynamics [ˌθɜːməʊdaɪ'næmɪks, -dɪ'n-] (konstr. ss. sg.) fys. termodynamik
thermometer [θə'mɒmɪtə] termometer
thermonuclear [ˌθɜːməʊ'njuːklɪə] fys. termonukleär; *~ bomb* vätebomb
Thermos ['θɜːmɒs, -məs] ®, *~* [*flask* (ibl. *bottle*)] termos[flaska]
thermostat ['θɜːməʊstæt] fys. termostat
thesaur|us [θɪ'sɔːr|əs] (pl. *-i* [-aɪ] el. *-uses*) synonymordbok; uppslagsbok, lexikon; tesaurus
these [ðiːz] se *this*
thes|is ['θiːs|ɪs] (pl. *-es* [-iːz]) **1** tes, sats; teori **2** [doktors]avhandling; *defend one's ~* försvara sin avhandling, disputera
they [ðeɪ] (objektsform *them*) **1** pers. a) de [*~ are here*] b) den [*the Government* (*Cabinet*) *declared that ~* (ofta man) *had...*]; han [eller hon] [*if anybody moves ~ will be shot*] c) man; *~ say* [*that he is rich*] man säger..., det sägs... **2** determ. litt. de [*blessed are ~ that mourn*]
they'd [ðeɪd] = *they had* o. *they would*
they'll [ðeɪl] = *they will* (*shall*)
they're [ðeə, 'ðeɪə] = *they are*
they've [ðeɪv] = *they have*
thick [θɪk] **I** *adj* **1** tjock [*a ~ book*], grov [*a ~ log*]; *he got a ~ lip* han fick fläskläpp **2** a) tät [*a ~ forest*]; tjock [*~ hair*] b) talrik **3** a) ångskors tjock[flytande]; kok. [av]redd b) om luft o.d. tät [*a ~ fog*] c) om röst o.d. grötig, kraftig [*a ~ German accent*]; sluddrig **4** tjockskallig **5** vard. bundis [*be ~ with a p.*]; *they're* [*as*] *~ as thieves* de håller ihop som ler och långhalm, de är såta vänner **6** vard., *a bit* [*too*] *~* lite väl mycket (magstarkt) [*three weeks of rain is a bit ~*]; *this* (*that*) *is a bit* [*too*] *~!* äv. nu går det för långt! **II** *adv* tjockt [*you spread the butter too ~*]; tätt [*the corn stands ~*], rikligt, ymnigt [*the snow fell ~*]; *~* [*and fast*] tätt [efter (på)] varandra], slag i slag **III** *s* **1** *in the ~ of the crowd* när trängseln, där trängseln är (var) som störst; *come right into the very ~ of it* (*of things*) hamna mitt i smeten, komma i händelsernas centrum **2** *stick together through ~ and thin* hålla ihop i vått och torrt
thicken ['θɪk(ə)n] **I** *vb tr* **1** göra tjock[are]; kok. reda [av] [*~ a sauce*] **2** göra sluddrig **II** *vb itr* **1** tjockna [*the fog has ~ed*]; mörkna **2** bli sluddrig **3** *the plot ~s* intrigen blir allt mer komplicerad; friare mystiken tätnar
thicket ['θɪkɪt] busksnår, [skogs]snår, buskage
thickness ['θɪknəs] tjocklek
thickset [ˌθɪk'set, attr. o. ss. subst. '--] **I** *adj* undersätsig **II** *s* [busk]snår
thick-skinned [ˌθɪk'skɪnd, attr. '--] tjockhudad äv. bildl.
thief [θiːf] (pl. *thieves*) tjuv; *set* (*it takes*) *a ~ to catch a ~* ung. gammal tjuv blir bra polis
thieve [θiːv] stjäla
thievery ['θiːvərɪ] stöld

thieves [θiːvz] pl. av *thief*
thievish ['θiːvɪʃ] **1** tjuvaktig **2** smygande; förstulen
thigh [θaɪ] anat. lår
thigh-bone ['θaɪbəʊn] lårben
thimble ['θɪmbl] **1** fingerborg **2** sjö. kaus
thimbleful ['θɪmblfʊl] **1** fingerborg ss. mått **2** vard. liten slurk
thin [θɪn] **I** *adj* **1** tunn [*a ~ slice of bread*] **2** mager [*rather ~ in the face*], tunn; *he has become (grown) ~* han har magrat **3 a)** tunnflytande [*~ gruel* (välling)] **b)** lätt [*~ mist*] **4** gles, tunn [*~ hair*]; fåtalig [*a ~ audience*], tunnsådd **5** bildl. klen [*a ~ excuse*], tunn [*a ~ plot* (intrig)], mager [*~ evidence* (bevismaterial)] **II** *adv* tunt [*spread the butter* [*on*] *~*] **III** *vb tr*, *~* [*down*] göra tunn[are], förtunna [*~ down paint*], tunna [av (ut)], späda [ut] **IV** *vb itr*, *~* [*out*] bli tunn[are], förtunnas, tunna[s] av (ut) [*the audience was ~ning out*]; bli gles[are], glesna; magra
thing [θɪŋ] **1** sak, ting, grej; pl. *~s* äv. saker och ting [*you take ~s too seriously*]; *these ~s* [*will*] *happen* sånt händer; *it's just one of those ~s* sånt händer [tyvärr] **2** isht vard. varelse [*a sweet little ~*]; *hello, old ~* hej gamle vän!; *poor little ~!* stackars liten! **3** ss. fyllnadsord vid adj. o.d. *the chief ~* det viktigaste; *the great ~ about it* det fina med (i) det **4** pl. *~s* i spec. bet.: **a)** tillhörigheter, saker; bagage; [ytter]kläder [*take off your ~s*] **b)** redskap **c)** saker att äta o.d.; *be fond of good ~s* tycka om att äta gott **d)** det, läget, ställningen; *~s are in a bad way* det går dåligt; *how are* (vard. *how's*) *~s?* hur går det?; *that is how ~s are* så ligger det till **e)** [*this climate*] *does ~s to me* …gör underverk med mig **f)** följt av adj.: *~s English* engelska förhållanden (realia) **5** särskilda uttryck: **a)** vard., *do one's own ~* göra sin egen grej **b)** *have a ~ about* a) vara tokig i b) fasa för **c)** *make a ~ of* göra affär av **d)** *taking one ~ with another* när allt kommer omkring **e)** *the ~ is* saken är den; [*quite*] *the ~* a) [det] passande, det korrekta, god ton b) inne, på modet c) [just] det rätta **f)** *for one ~* för det första
think [θɪŋk] **I** (*thought thought*) *vb tr* o. *vb itr* **1** tänka; tänka sig för; tänka efter [*let me ~ a moment*]; betänka; fundera på **2** tro [*do you ~ it will rain?*]; tycka [*do you ~ we should go on?*], anse [*do you ~ it likely?*]; *~ fit* (*proper*) anse lämpligt; *I should ~ not* [det tror (tycker) jag] visst inte; *I should jolly* (*bloody* el. *damn*[*ed*])

well ~ so! tacka sjutton (fan) för det!; *you are very tactful, I don't ~* iron. du är inte så taktfull så det stör; [*he's a bit lazy,*] *don't you ~?* …eller vad tycker du?, …eller hur? **3** tänka (föreställa) sig; ana, tro; fatta; *to ~ that she* [*is so rich*] tänk att hon…; *who the hell do you ~ you are?* vem [fan] tror du att du är egentligen? **4** *~ to* + inf. a) tänka [*I thought to go and see her*] b) vänta [sig] att [*I did not ~ to find you here*] **5** med prep. o. adv. isht med spec. övers.: *~ about:* a) fundera på b) *what do you ~ about…?* vad tycker du om…? *~ ahead* tänka framåt *~ of:* a) tänka på [*~ of the future*]; fundera på b) drömma om; [*surrender is not to*] *be thought of* …tänka på c) komma på [*can you ~ of his name?*]; *come to ~ of it* nu när jag kommer att tänka på det d) tänka sig; [*just*] *~ of that* (*of it*)*!* tänk bara!, kan du tänka dig! e) *what do you ~ of…?* vad tycker (säger, anser) du om…? f) *~ better* (*highly, much, the world*) *of* se *1 better I, highly* etc.; *~ little* (*nothing*) *of* ha en låg tanke om, sätta föga värde på *~ out* tänka (fundera) ut [*~ out a new method*] *~ over* tänka igenom; *~ the matter over* äv. fundera på saken *~ up* vard. tänka ut **II** *s* vard. funderare; *have a ~ about it* ta sig en funderare på saken
thinkable ['θɪŋkəbl] tänkbar
thinker ['θɪŋkə] tänkare; *he is a slow* (*loose*) *~* han tänker långsamt (osammanhängande, ologiskt)
thinking ['θɪŋkɪŋ] **I** *s* tänkande; tänkesätt; åsikt; pl. *~s* tankar; *somebody has got to do the ~* någon måste göra tankearbetet; *to my* [*way of*] *~* enligt min åsikt (uppfattning), efter mina begrepp **II** *adj* tänkande [*a ~ being*]
think tank ['θɪŋktæŋk] vard. **1** hjärntrust **2** expertmöte för att lösa problem
thinner ['θɪnə] thinner
thinness ['θɪnnəs] tunnhet etc., jfr *thin I*
third [θɜːd] (jfr *fifth*) **I** *räkn* tredje; *~ class* tredje klass, jfr *third-class*; *the ~ floor* [våningen] tre (amer. två) trappor upp; *~ party* (*person*) tredje man, opartisk person, jfr *third-party*; *the T~ World* polit. [den] tredje världen **II** *adv* **1** *the ~ largest town* den tredje staden i storlek **2** [i] tredje klass [*travel ~*] **3** som trea, som nummer tre i ordningen [*he spoke ~*]; *come in* (*finish*) *~* komma [in som] (sluta

som) trea III *s* **1** tredjedel **2** sport. a) trea b) tredjeplacering **3** mus. ters **4** motor. treans växel; *put the car in ~* lägga in trean

third-class [ˌθɜːdˈklɑːs, ss. attr. adj. '--] **I** *adj* **1** tredjeklass-; tredje klassens [*a ~ hotel*] **2** amer., *~ mail* trycksaker **II** *adv* [i] tredje klass [*travel ~*]

thirdly [ˈθɜːdlɪ] för det tredje

third-party [ˌθɜːdˈpɑːtɪ], *~ [liability] insurance* ansvarsförsäkring, drulleförsäkring; *~ [motor] insurance* ung. trafikförsäkring

third-rate [ˌθɜːdˈreɪt, attr. '--] tredje klassens, av tredje klass, [rätt] undermålig

thirst [θɜːst] **I** *s* törst, bildl. äv. längtan; *~ for knowledge* kunskapstörst **II** *vb itr* törsta

thirsty [ˈθɜːstɪ] törstig

thirteen [ˌθɜːˈtiːn, attr. '--] tretton; jfr *fifteen* m. sammansättn.

thirteenth [ˌθɜːˈtiːnθ, attr. '--] trettonde; tretton[de]del; jfr *fifth*

thirtieth [ˈθɜːtɪɪθ, -tɪəθ] **1** trettionde **2** trettion[de]del

thirty [ˈθɜːtɪ] (jfr *fifty* m. sammansättn.) **I** *räkn* tretti[o]; *the T~ Years (Years') War* trettioåriga kriget **II** *s* tretti[o]; tretti[o]tal

this [ðɪs] **I** (pl. *these*) demonstr pron **1** den här [*~ way, please*], det här [*~ is my brother, that* (det där) *is a cousin of mine*]; denne, denna [*at ~ moment*]; det [*they had ~ in common, that they…*]; *these* de här [*look at these fellows*], dessa; detta, det här [*these are my colleagues*]; *~ day last year* adv. i dag för ett år sedan; [*I have been waiting*] *these (~) three weeks* …nu i tre veckor; *~ is to inform you that…* i brev härmed får vi meddela att…; *what's all ~?* vard. vad ska det här betyda (föreställa)?; [*he went to*] *~ doctor and that* …den ena doktorn efter den andra **2** vard. (i berättande framställning) en; [*I was standing there.*] *Then ~ little fellow came up to me* …och då kom en liten kille fram till mig [du vet] **II** *adv* vard. så [här] [*not ~ late; ~ much*]; *it is seldom ~ warm* det är sällan så här [pass] varmt

thistle [ˈθɪsl] bot. tistel äv. Skottlands nationalemblem

thistledown [ˈθɪsldaʊn] tistelfjun

thong [θɒŋ] läderrem; pisksnärt

thorn [θɔːn] **1** [törn]tagg; *a ~ in the (one's) flesh (side)* en påle i köttet, en nagel i ögat **2** törnbuske; hagtorn; slån

thorny [ˈθɔːnɪ] **1** törnig, taggig **2** bildl. kvistig [*a ~ problem*]

thorough [ˈθʌrə] grundlig, genomgripande; omsorgsfull; riktig [*a ~ nuisance* (plåga)]; fullkomlig, fulländad [*a ~ gentleman*]; fullfjädrad

thoroughbred [ˈθʌrəbred] **I** *adj* **1** fullblods-, rasren [*a ~ horse*] **2** bildl. fullblods- **II** *s* **1** fullblod; fullblodshäst **2** 'fullblod' förstklassig bil o.d.

thoroughfare [ˈθʌrəfeə] **1** genomfart; *No T~* trafik. Genomfart förbjuden **2** genomfartsgata **3** farled

thoroughgoing [ˈθʌrəˌgəʊɪŋ] **1** grundlig [*he is ~*]; genomgripande, omfattande [*~ reforms*] **2** tvättäkta [*a ~ democrat*]; fullfjädrad

thoroughly [ˈθʌrəlɪ] grundligt etc., jfr *thorough*; i grund och botten; helt, alldeles; genom- [*~ bad (warm)*]; väldigt mycket [*I ~ enjoyed it*]

thoroughness [ˈθʌrənəs] grundlighet

those [ðəʊz], se *that I* o. *II*

though [ðəʊ] **I** *konj* **1** fast; [*even*] *~* även om, om också, om än; *some improvement ~ slight* en om också liten förbättring **2** men [*he will probably agree, ~ you never know*] **3** as *~* som [om] [*he looks as ~ he were ill*]; *it's not as ~* [*I wanted to win the match at their expense*] det är inte så att… **II** *adv* ändå; verkligen [*did he ~!*]; [*I don't mind playing -*] *I'm not much good, ~* …fast jag är inget vidare

thought [θɔːt] **I** *s* **1** tanke; tankar; åsikt, synpunkt; tankearbete; idé, ingivelse [*a happy ~*], infall; pl. *~s* äv. funderingar, planer; *freedom of ~* tankefrihet; *train (line, mode) of ~* tankegång; *I didn't give it a second ~* jag tänkte inte närmare (särskilt) på det; *lost (deep, wrapped up) in ~[s]* [försjunken] i sina tankar (i funderingar, i penséer) **2** tänkande [*Greek (modern) ~*], tankar **3** eftertanke; övervägande; *after much (mature, serious) ~* efter grundligt (moget, allvarligt) övervägande; *on second ~s* [*I will…*] vid närmare eftertanke (övervägande)… **4** omtanke [*the nurse was full of ~ for* (om) *her patient*] **II** imperf. o. perf. p. av *think*

thoughtful [ˈθɔːtf(ʊ)l] **1** tankfull **2** hänsynsfull, omtänksam

thoughtless [ˈθɔːtləs] tanklös; oförsiktig, lättsinnig

thousand [ˈθaʊz(ə)nd] tusen; tusental [*in ~s*]; *a (one) ~* [ett] tusen

636

thousandth ['θaʊz(ə)n(t)θ] I *räkn* tusende; ~ *part* tusen[de]del II *s* tusen[de]del
thrash [θræʃ] I *vb tr* **1** a) slå, prygla b) vard. klå; *be ~ed* få stryk (smörj) **2** ~ *out* diskutera (tröska) igenom [~ *out a problem*], klara av **3** piska [*the whale ~ed the water with its tail*] II *vb itr* piska [*the branches ~ed against the windows*]; ~ *about* a) slå [vilt] omkring sig; plaska [vilt] b) kasta sig av och an
thrashing ['θræʃɪŋ] smörj, [kok] stryk; *get a ~* få [ordentligt med] smörj (stryk)
thread [θred] I *s* **1** tråd; garn; fiber; sträng; *he has not a dry ~ on him* han har inte en torr tråd på kroppen (på sig) **2** smal (tunn) strimma [*a ~ of light*]; [färg]strimma, streck; rännil **3** bildl. tråd [*lose the ~ of* (i)]; *the main ~* den röda tråden; *gather up the ~s* [*of a story*] samla (binda) ihop trådarna [i en berättelse]; *pick up* (*resume, take up*) *the ~*[*s*] ta upp tråden igen, återuppta berättelsen **4** [skruv]gänga II *vb tr* **1** trä [på (upp)]; ~ *a needle* trä på en nål **2** ~ [*one's way* (*course*) *through*] slingra (sno, leta, söka) sig fram genom (längs), bana sig väg genom [*he ~ed his way through the crowd*] **3** gänga III *vb itr* leta sig fram
threadbare ['θredbeə] **1** luggsliten **2** bildl. utnött
threat [θret] hot, hotelse, [överhängande] fara; *make ~s against a p.* hota ngn
threaten ['θretn] hota [*danger ~ed*; ~ *a p. with punishment*; ~ *to do a th.*]; se hotande (hotfull) ut [*the weather ~s*]; hota med [~ *revenge*]; förebåda; *a ~ing letter* ett hotelsebrev
three [θri:] (jfr *five* m. ex. o. sammansättn.) I *räkn* tre; ~ *pence* tre pence (förk. 3 p) II *s* trea
three-dimensional [ˌθri:dar'menʃənl, -dɪ'm-] tredimensionell [~ *film*]
threefold ['θri:fəʊld] I *adj* tredubbel, trefaldig II *adv* tredubbelt, trefaldigt
three-four [ˌθri:'fɔ:], ~ [*time*] trefjärdedelstakt
three-piece ['θri:pi:s] tredelad, i tre delar; ~ *suit* a) kostym med väst b) tredelad dräkt
three-ply ['θri:plaɪ, ˌ-'-] I *adj* tretrådig II *s* tredubbel plywood
thresh [θreʃ] tröska
thresher ['θreʃə] tröskare; tröskverk, tröskmaskin
threshold ['θreʃ(h)əʊld] **1** [dörr]tröskel **2** bildl. tröskel [*on the ~ of a revolution*], början [*he was on* (vid) *the ~ of his career*] **3** fysiol. el. psykol. tröskel [*the ~ of consciousness*]; *pain ~* smärtgräns
threw [θru:] imperf. av *throw*
thrice [θraɪs] litt. tre gånger, trefalt
thrift [θrɪft] **1** sparsamhet **2** bot. trift; isht strandtrift
thriftiness ['θrɪftɪnəs] sparsamhet
thrifty ['θrɪftɪ] **1** sparsam, ekonomisk **2** amer. blomstrande, framgångsrik
thrill [θrɪl] I *vb tr* komma (få) att rysa av spänning; *~ed to bits* stormförtjust II *vb itr* rysa [~ *with* (av) *delight* (*horror*)] III *s* **1** ilning, rysning [~ *of pleasure* (välbehag)], skälvning **2** spänning; spännande upplevelse; *what a ~!* vad (så) spännande!
thriller ['θrɪlə] rysare; raffel
thrilling ['θrɪlɪŋ] spännande, nervkittlande; gripande
thrive [θraɪv] (*~d ~d*, ibl. *throve thriven*) **1** om växter o. djur [växa och] frodas, må bra; om barn [växa och] bli frisk och stark [*children ~ on* (av) *milk*] **2** blomstra
thriving ['θraɪvɪŋ] **1** om växter o. djur som frodas **2** blomstrande [*a ~ business*], framgångsrik
throat [θrəʊt] strupe; svalg; matstrupe, luftstrupe; *clear one's ~* klara strupen, harkla sig; *cut one's* [*own*] ~ bildl. skada sig själv, förstöra för sig själv; *have a sore* (vard. *have a*) ~ ha ont i halsen; *fly* (*be*) *at each other's ~s* råka i luven (gå lös) på varandra, ryka ihop
throb [θrɒb] I *vb itr* **1** banka [*my heart is ~bing*]; dunka [*the ~bing sound of machinery*]; *my head is ~bing* det bultar (dunkar) i huvudet på mig **2** skälva [~ *with* (av) *excitement*]; vibrera; pulsera [*a town ~bing with* (av) *activity*] II *s* bankande, dunk[ande]
throe [θrəʊ] **1** mest pl. *~s* plågor, kval, ångest, vånda; *~s* [*of death*] dödskamp **2** vard., *be in the ~s of* stå (vara) mitt uppe i
thrombosis [θrɒm'bəʊsɪs] (pl. *thromboses* [θrɒm'bəʊsi:z]) med. blodpropp, trombos
throne [θrəʊn] tron; [biskops]stol; *come to the ~* komma på tronen
throng [θrɒŋ] I *s* **1** trängsel, [folk]vimmel **2** massa, [väldig] mängd II *vb itr* trängas; strömma [till] i stora skaror III *vb tr* fylla till trängsel, skocka sig på (i) [*people ~ed the streets* (*shops*)]
throttle ['θrɒtl] I *s* [gas]spjäll, trottel; strypventil; *at full ~* a) med öppet spjäll b) med gasen i botten II *vb tr* **1** strypa; bildl. förkväva **2** reglera, minska [på] gastillförseln o.d.; minska ngts fart III *vb itr*

1 hålla på (vara nära) att kvävas **2** ~ *down* lätta på gasen

through [θruː] **I** *prep* **1** genom, igenom; in (ut) genom [*climb ~ a window*]; över [*a path ~ the fields*]; *he drove ~ a red light* han körde mot rött [ljus] **2** genom [*absent ~ illness*]; tack vare; *it is* [*all*] *~ him that...* det är [helt och hållet] hans fel (ibl. hans förtjänst) att... **3** om tid: [*he worked*] [*all*] *~ the night* ...hela natten [igenom] **4** amer. till och med [*Monday ~ Friday*] **II** *adv* **1** igenom; genom- [*wet ~*]; till slut[et] [*he heard the speech ~*]; *~ and ~* a) alltigenom b) igenom gång på gång [*I read the book ~ and ~*]; *wet and ~* våt helt igenom **2** om tåg o.d. direkt [*the train goes ~ to Boston*] **3** tele., *be ~* ha kommit fram; *you're ~ to Rome* klart Rom **4** *be ~* vard. i spec. bet.: **a)** vara klar (färdig) [*he is ~ with his studies*]; *are you ~?* äv. har du slutat? **b)** vara slut [*he is ~ as a tennis player*] **c)** ha fått nog [*I'm ~ with this job*]; *we are ~* det är slut mellan oss **III** *adj* genomgående, direkt [*a ~ train*]; *~ ball* (*pass*) sport. genomskärare; *~ ticket* direkt biljett

throughout [θruːˈaʊt] **I** *adv* **1** alltigenom [*rotten ~*], genomgående [*worse ~*]; helt och hållet, fullständigt; överallt **2** hela tiden, från början till slut **II** *prep* **1** överallt (runtom) i, genom hela [*~ the U.S.*] **2** om tid: *~ the year* [under] hela året

throughput [ˈθruːpʊt] **1** produktion [*the ~ of crude oil*]; kapacitet **2** data. systemkapacitet

throw [θrəʊ] **I** (*threw thrown*) *vb tr* (se äv. *III*) **1** kasta; störta [*~ oneself into*]; kasta av [*the horse threw its rider*]; kasta omkull [*he threw his opponent*]; kasta till [*~ me that rope*]; slunga (skjuta) ut [*a satellite was ~n into space*]; fiske. kasta med; *~ open* kasta (slå) upp [*the doors were ~n open*]; *~ a th. into a p.'s face* kasta (slunga) ngt i ansiktet på ngn; *~ a kiss to a p.* ge ngn en slängkyss **2** försätta; försänka [*it threw him into a deep sleep*] **3** ställa [*~ into a shade*]; lägga [*~ obstacles into the way of* (för)] **4** bygga [*~ a bridge across a river*] **5** fälla fjädrar, hår o.d.; ömsa [*the snake has ~n its skin*] **6** mek. koppla in (till) [*~ a lever* (spak)] **7** vard. **a)** ställa till [med] [*~ a party for a p.*] **b)** *~ a fit* bli rasande **8** ge upp [*~ a game*]

II (*threw thrown*) *vb itr* (se äv. *III*) kasta

III (*threw thrown*) *vb tr* o. *vb itr* med adv. isht med spec. övers.:

~ about: **a)** kasta (slänga) omkring **b)** *~ one's money about* strö pengar omkring sig

~ away kasta (hälla) bort; *it is labour ~n away* det är bortkastad möda

~ in: **a)** kasta in **b)** *you get that ~n in* man får det på köpet **c)** fotb. göra [ett] inkast

~ off: **a)** kasta av (bort); kasta av sig [*he threw off his coat*] **b)** bli av med [*I can't ~ off this cold*]; skaka av sig [*~ off one's pursuers*] **c)** vard. skaka fram, svänga ihop [*~ off a poem*]

~ out: **a)** kasta ut; köra ut (bort) **b)** sända ut [*~ out light*], utstråla [*~ out heat*] **c)** kasta fram [*~ out a remark*]; *~ out a feeler* göra en trevare **d)** *~ one's chest out* skjuta fram bröstet **e)** förkasta [*~ out a bill in Parliament*] **f)** distrahera, förvirra; rubba [*~ the schedule out*]

~ over: **a)** avvisa [*~ over a plan*] **b)** göra slut med [*she threw over her boyfriend*], överge, ge på båten

~ together: **a)** smälla ihop; rafsa ihop **b)** föra samman [*chance had ~n us together*]

~ up: **a)** kasta (slänga) upp **b)** lyfta, höja [*she threw up her head*] **c)** kasta upp [*~ up barricades*]; smälla upp (ihop) [*~ up houses*] **d)** kräkas (kasta) upp; kräkas **e)** ge upp [*~ up one's job*]

IV *s* **1** kast äv. brottn.; *stake everything on one ~* sätta allt på ett kort (bräde) **2** ~ [*of the dice*] tärningskast

throwaway [ˈθrəʊəweɪ] **I** *s* **a)** engångsartikel b) reklamlapp; *~ leaflet* flygblad **II** *adj* **1** engångs- [*~ container*], slit-och-släng-; *at ~ prices* till vrakpriser **2** framkastad i förbigående [*~ remarks*]

throwback [ˈθrəʊbæk] **1** bakslag **2** biol. atavism; bildl. återgång [*a ~ to the earlier drama*]

throw-in [ˈθrəʊɪn] fotb. inkast

thrown [θrəʊn] perf. p. av *throw*

thru [θruː] amer., se *through*

thrum [θrʌm] **1** knäppa [på] [*~ [on] a guitar*]; klinka [på] **2** trumma [på] [*~ [on] the table*]

1 thrush [θrʌʃ] zool. trast; *~ nightingale* näktergal

2 thrush [θrʌʃ] **1** med. torsk **2** vet. med. strålröta

thrust [θrʌst] **I** (*thrust thrust*) *vb tr* **1** sticka [*he ~ his hands into his pockets*], köra [*she ~ a dagger into his back*]; *he ~ his fist into my face* han hötte åt mig med näven; *~ out one's tongue* räcka ut tungan **2** tvinga [*they were ~*

into a civil war], tränga [*the policemen ~ the crowd back*]; *~ one's way through the crowd* tränga sig fram genom folkmassan; *~ oneself upon a p.* tvinga (tränga) sig på ngn **3** knuffa [*~ aside*], köra [*~ out*], stöta [*~ away* (*off, down*)]; *~ aside* äv. åsidosätta **II** (*thrust thrust*) *vb itr* **1** tränga (tvinga) sig [*he ~ past me*], tränga [sig] fram [*they ~ through the crowd*] **2** skjuta ut (upp) [*a rock that ~s 200 feet above the water*] **3** göra ett utfall äv. bildl.; sticka **4** fäktn. stöta **III** *s* **1** stöt **2** framstöt; utfall äv. bildl. **3** fäktn. stöt
thud [θʌd] **I** *s* duns [*it fell with a ~*], dovt ljud (slag) **II** *vb itr* dunsa [ner]; dunka
thug [θʌg] ligist
thumb [θʌm] **I** *s* tumme; *have a p. under one's ~* hålla ngn i ledband; hålla tummen på ögat på ngn; *he turned his ~ down to the plan* han vände tummen ner för planen; *~s up!* vard. äv. fint!, bravo! **II** *vb tr* **1** tumma [på], sätta [solkiga] märken i (på) [*this dictionary will be much ~ed*]; *~* [*through*] bläddra igenom **2** *~ a lift* (*ride*) vard. [försöka] få lift, lifta **3** *~ one's nose at* räcka lång näsa åt
thumb-index [ˈθʌmˌɪndeks] **I** *s* tumindex **II** *vb tr* förse med tumindex
thumbnail [ˈθʌmneɪl] **1** tumnagel **2** *~ sketch* a) miniatyrskiss b) snabbskiss
thumbtack [ˈθʌmtæk] amer. häftstift
thump [θʌmp] **I** *vb tr* dunka [*~ a p. on* (i) *the back*], dunka (hamra) på [*~ the piano*], bulta (banka) på [*he ~ed the door*], slå på [*~ a drum*] **II** *vb itr* dunka [*his heart ~ed in his chest*], hamra, banka; klampa, klappra **III** *s* dunk [*a friendly ~ on the back*], smäll, duns
thunder [ˈθʌndə] **I** *s* åska [*there's ~ in the air*]; dunder, dån [*the ~ of horses' hoofs*], brak; *a crash* (*peal*) *of ~* en åskskräll **II** *vb itr* **1** åska [*it was ~ing and lightening*]; dundra; [*the train*] *~ed past* ...dundrade förbi **2** bildl. dundra [*he ~ed against the new law*]; *~ against* äv. fara ut mot **III** *vb tr* dundra; utslunga t.ex. hotelser; *~ out* skrika ut, ryta [*~ out orders* (*commands*)]
thunderbolt [ˈθʌndəbəʊlt] åskvigg; *like a ~* som ett åskslag
thunderclap [ˈθʌndəklæp] åskskräll; bildl. åskslag
thundering [ˈθʌnd(ə)rɪŋ] **I** *adj* **1** dundrande **2** vard. väldig [*a ~ amount of work*]; grov [*a ~ lie*] **II** *adv* vard. väldigt, förfärligt
thunderous [ˈθʌnd(ə)rəs] **1** åsk- **2** dånande [*~ applause*]
thunderstorm [ˈθʌndəstɔːm] åskväder

thunderstruck [ˈθʌndəstrʌk] som träffad av blixten, förstenad, förstummad av häpnad
thundery [ˈθʌndərɪ] åsk- [*~ rain*], åskig
Thursday [ˈθɜːzdeɪ, isht attr. -dɪ] torsdag; jfr *Sunday*
thus [ðʌs] **1** sålunda [*do it ~*] **2** alltså, därför [*he was not there and ~ you could not have seen him*] **3** *~ far* så långt, hittills
thwart [θwɔːt] korsa [*~ a p.'s plans*]; *~ a p.* hindra ngn att få sin vilja fram
thyme [taɪm] bot. timjan
thyroid [ˈθaɪrɔɪd] anat. **I** *adj* sköld-; sköldkörtel-; *~ gland* sköldkörtel **II** *s* sköldkörtel
tiara [tɪˈɑːrə] tiara äv. påvekrona; diadem
Tibet [tɪˈbet]
Tibetan [tɪˈbet(ə)n] **I** *adj* tibetansk **II** *s* **1** tibetanska [språket] **2** tibetan
tic [tɪk] med. tic; *he has a* [*nervous*] *~* han har nervösa ryckningar
1 tick [tɪk] **I** *vb itr* **1** ticka **2** vard. funka; *what makes him ~?* hur är han funtad? **3** *~ over* gå på tomgång **II** *vb tr* **1** *~ away* ticka fram **2** *~* [*off*] pricka (bocka) av; markera, notera, kolla **3** vard., *~ off* a) läxa upp; *be* (*get*) *~ed off* äv. få påskrivet b) *be ~ed off* amer. bli förbannad (arg) **III** *s* **1** tickande [*the ~ of a clock*]; *in two ~s* vard. ögonaböj, på momangen **2** bock vid kollationering; *put a ~ against* pricka (bocka) för
2 tick [tɪk] zool. fästing
3 tick [tɪk] **1** bolstervar, kuddvar **2** se *ticking*
4 tick [tɪk] vard. kredit [*get ~*]; *on ~* på kredit (krita)
ticker-tape [ˈtɪkəteɪp] telegrafremsa; *get a ~ reception* (*welcome*) ung. få ett storslaget (hejdundrande) mottagande med utkastning av telegrafremsor o. konfetti från husfönstren
ticket [ˈtɪkɪt] **1** biljett [*buy ~s for* (till) *Paris* (*the opera*)]; vard. plåt **2** lapp [*price ~*]; parkeringslapp [*parking ~*], lapp på rutan [*get a ~*]; kvitto, sedel [*pawn ticket*]; etikett; *library ~* lånekort på bibliotek; *meal ~* a) matkupong b) vard. födkrok; försörjare **3** *the ~* det [enda] riktiga (rätta) [*a holiday in Spain is the ~*]; *that's the ~* äv. det är så det ska vara, det är modellen **4** amer. polit. a) kandidatlista b) [parti]program **5** mil. vard. frisedel [*get one's ~*]; *work one's ~* krångla sig ifrån lumpen
ticket agency [ˈtɪkɪtˌeɪdʒ(ə)nsɪ] biljettkontor

ticket barrier ['tɪkɪtˌbærɪə] järnv. o.d. [biljett]spärr
ticket-collector ['tɪkɪtkəˌlektə] biljettmottagare; järnv. o.d. spärrvakt; konduktör
ticket office ['tɪkɪtˌɒfɪs] biljettagentur
ticking ['tɪkɪŋ] bolstervarstyg, kuddvarstyg
tickle ['tɪkl] **I** *vb tr* **1** kittla [~ *a p. with a feather*]; ~ *the ivories* vard. klia elfenben spela piano **2** roa [*the story ~d me*], glädja [*the news will ~ you*]; tilltala [~ *a p.'s taste*]; smickra [~ *a p.'s vanity*] **II** *vb itr* **1** klia; *my nose ~s* det kittlar i näsan [på mig] **2** kittlas **III** *s* kittling; *he gave my foot a* ~ han kittlade mig under (på) foten
ticklish ['tɪklɪʃ] **1** kittlig **2** kinkig [*a ~ problem*]; känslig [*a ~ situation*]
tick-tock ['tɪktɒk, -'-] **I** *s* ticktack [*the ~ of the old clock*] **II** *adv* o. *interj* ticktack
tidal ['taɪdl] tidvattens- [~ *dock* (*harbour*)]; ~ *wave* a) tidvattensvåg, flodvåg, jättevåg b) bildl. [stark] våg [*a ~ wave of enthusiasm*]
tidbit ['tɪdbɪt] isht amer., se *titbit*
tiddler ['tɪdlə] vard. **1** liten fisk; isht spigg **2** a) småtting b) pytteliten grej
tiddley ['tɪdlɪ] vard. **1** plakat berusad **2** liten; futtig
tiddlywinks ['tɪdlɪwɪŋks] (konstr. ss. sg.) loppspel
tide [taɪd] **I** *s* **1** tidvatten [äv. pl. *~s*]; flod[tid]; *high* ~ högvatten, flod [*at* (vid) *high* ~]; *low* ~ lågvatten, ebb [*at* (vid) *low* ~]; *the* ~ *is in* (*up*) det är flod (högvatten) **2** bildl. ström; *the* ~ *of events* händelsernas förlopp; *the rising* ~ *of public opinion against...* den växande allmänna opinionen mot...; *the* ~ *has turned* vinden har vänt, det har skett en omsvängning; *go* (*swim*) *with the* ~ följa (driva) med strömmen **3 a)** högtidl. tid [*Christmas-tide*]; stund **b)** *time and ~ wait for no man* tiden går obevekligt sin gång **II** *vb tr* föra (dra) med sig som tidvattnet; ~ *over* hjälpa (klara) ngn över (igenom) [~ *a p. over a crisis* (*difficulty*)]
tidily ['taɪdəlɪ] snyggt etc., jfr *tidy I*
tidiness ['taɪdɪnəs] snygghet etc., jfr *tidy I*; [god] ordning
tidings ['taɪdɪŋz] (konstr. vanl. ss. pl.) litt. tidender; *glad* ~ glädjebudskap
tidy ['taɪdɪ] **I** *adj* **1** snygg; städad [*a ~ room*], ordentlig, proper; *keep Britain* ~ håll Storbritannien rent **2** vard. nätt [*a ~ sum*] **II** *s* förvaringslåda [med fack] o.d.; etui; [*sink*] ~ avfallskorg för vask **III** *vb tr,* ~ [*up*] städa, städa (snygga) upp [i (på)]

IV *vb itr,* ~ [*up*] städa [upp], snygga upp, göra i ordning
tie [taɪ] **I** *vb tr* **1 a)** binda [fast] [~ *a horse to* (vid) *a tree*], knyta fast; ~ *a p. hand and foot* binda ngn till händer och fötter äv. bildl. **b)** knyta [~ *one's shoelaces*] **2** med. underbinda [~ *a vein*] **3** bildl. binda [*my work ~s me to* (vid) *the office*]; klavbinda, hämma; *~d cottage* [lant]arbetarbostad som upplåts av markägaren **II** *vb itr* **1** knytas [*the sash ~s in front*], knytas fast (ihop) **2** sport. stå (komma) på samma poäng, få (nå) samma placering; spela oavgjort; ~ *for first place* dela förstaplatsen
III *vb tr* o. *vb itr* med adv. o. prep. isht med spec. övers.:
~ **down** binda äv. bildl. [~ *a p. down to a contract*]; binda fast; *be ~ed down by children* (*one's job*) vara bunden av barn (sitt arbete)
~ **in** bildl. förbinda, samordna [~ *in your holiday plans with theirs*]
~ **on** binda på [~ *on a label*]
~ **up: a)** binda upp; binda [fast]; binda ihop (samman); binda om [~ *up a parcel*]; med. underbinda **b)** bildl. binda [*I am too ~d up with* (av) *other things*]; låsa [fast] [~ *up one's capital*]; *~d up* äv. upptagen
IV *s* **1** band **2** bildl. band; hämsko; *~s of blood* blodsband; *business* ~ affärsförbindelse **3** slips; fluga, rosett **4** sport. **a)** lika poängtal; oavgjort resultat; *it ended in a* ~ det slutade oavgjort, det blev dött lopp **b)** cupmatch; *play off a* ~ spela 'om för att avgöra en tävling **5** polit. lika röstetal **6** mus. [binde]båge
tiebreak ['taɪbreɪk] o. **tiebreaker** ['taɪˌbreɪkə] i tennis tie-break
tie-on ['taɪɒn] som går att binda på (knyta fast)
tie pants ['taɪpænts] snibb blöja
tiepin ['taɪpɪn] kråsnål
tier [tɪə] rad; [*seats*] *arranged in ~s* ...ordnade i rader ovanför varandra, ...trappstegsvis ordnade
tiff [tɪf] **I** *s* [litet] gräl **II** *vb itr* gräla
tiger ['taɪgə] tiger; *paper* ~ bildl. papperstiger
tigerish ['taɪgərɪʃ] tigerlik[nande]
tight [taɪt] **I** *adj* **1** åtsittande, åtsmitande, snäv [~ *trousers*], trång [~ *shoes*]; spänd [*a ~ rope*], stram; sjö. styvhalad; *be* ~ äv. strama, trycka, sitta åt [*my collar is* ~]; *be* (*find oneself*) *in a ~ corner* (*spot, squeeze*) ligga illa till, vara i knipa **2** fast, hård [*a ~ knot*]; sträng [~ *control*]; *a* ~

drawer en låda som kärvar **3** tät [*a ~ boat (bucket)*] **4** snål **5** knapp; tryckt [*a ~ money market*] **6** vard. packad berusad **II** *adv* tätt [*hug* (krama) *a p. ~*]; *sleep ~!* vard. sov gott!

tighten ['taɪtn] **I** *vb tr* spänna [*~ a rope*], dra åt; *~ one's belt* bildl. dra åt svångremmen; *~* [*up*] dra åt [*~* [*up*] *the screws*]; skärpa [*~ up the regulations*], effektivera **II** *vb itr* spännas; *~* [*up*] dras åt; skärpas [*the regulations have ~ed up*], effektiveras

tight-fisted [ˌtaɪtˈfɪstɪd] vard. snål

tight-fitting [ˌtaɪtˈfɪtɪŋ] åtsittande [*~ clothes*]

tight-lipped [ˌtaɪtˈlɪpt] **1** med hopknipna läppar; bister **2** fåordig, tystlåten

tightrope ['taɪtrəʊp] [spänd] lina; *~ walker* (*dancer*) lindansare

tights [taɪts] **1** [*stretch*] *~* strumpbyxor **2** trikåer artistplagg; trikåbyxor

tigress ['taɪgrəs] tigrinna

tile [taɪl] **I** *s* tegelpanna, tegelplatta; tegel; platta; kakel[platta]; tegelrör; *have a ~ loose* vard. ha en skruv lös; *be* [*out*] *on the ~s* vard. vara ute och svira **II** *vb tr* täcka (belägga) med tegel; klä med kakel[plattor]

1 till [tɪl] **I** *prep* [ända] till [*work from morning ~ night*; *wait ~ Thursday* (*tomorrow*)]; *~ now* [ända] tills nu, hitintills **II** *konj* [ända] till, till dess att [*wait ~ the rain stops*]; *not ~* [*he got home did he understand*] först när (då)..., inte förrän...

2 till [tɪl] kassa äv. pengar; kassaapparat

3 till [tɪl] odla [upp] [*~ the soil*]; *~ed land* odlad jord (mark), åker[jord]

tillage ['tɪlɪdʒ] **1** odling [*the ~ of soil*] **2** odlad mark **3** skörd; gröda

tiller ['tɪlə] sjö. rorpinne

tilt [tɪlt] **I** *vb tr* luta, vippa (vicka) på [*he ~ed his chair back*]; fälla [*~ back* (upp) *a seat*] **II** *vb itr* **1** luta, vippa; välta; gunga [*birds were ~ing on the boughs*]; sjö. ha slagsida; *~ over* välta (vicka) omkull, tippa över [ända] **2** gå till angrepp (storms) [*~ at* (mot) *gambling*], kämpa; tävla **III** *s* **1** lutning; vippande, vickande **2** bildl. dust, ordväxling [*have a ~ with a p.*]; *have a ~ at* varje. ge sig på, gå illa åt **3** [*at*] *full ~* i (med) full fart

timber ['tɪmbə] **1** timmer, trä **2** isht amer. [timmer]skog; *~!, ~!* se upp! fallande träd!; **3** sjö. spant; *shiver my ~s!* sl. jäklar anamma!

timberline ['tɪmbəlaɪn] trädgräns

time [taɪm] **I** *s* **1 a)** tid; tiden [*~ will show who is right*]; *~s* tider [*hard ~s*], tid [*the good old* (gamla goda) *~s*] **b)** attr. tid- [*~ wages*], tids-; *~* [*and motion*] *study* [arbets]tidsstudier **c)** *pass the ~ of day* utbyta hälsningar **d)** i förb. med *long*: *a long ~ ago* för länge sedan; *what a long ~ you have been!* så (vad) länge du har varit! **e)** i förb. med vissa pron.: [*they were laughing*] *all the ~* ...hela tiden; *at all ~s* alltid; *for all ~* för all framtid; [*the best tennis player*] *of all ~* ...genom tiderna; *any ~* när som helst; vard. utan tvekan, alla gånger; *every ~!* vard. så klart!; alla gånger; *it was no ~ before she was back* hon var tillbaka på nolltid; *I've got no ~ for* vard. jag har ingenting till övers för; *in* [*less than*] *no ~* på nolltid; *at the same ~* **a)** vid samma tid[punkt], samtidigt **b)** å andra sidan, samtidigt [*at the same ~ one must admit that she is competent*]; *this ~ last year* i fjol vid den här tiden; *by this ~* vid det här laget; *what ~ is it?* vad (hur mycket) är klockan? **f)** i förb. med vb: *~'s up!* tiden är ute!; *it's ~ for lunch* el. *there is a ~* [*and place*] *for everything* allting har sin tid; *what's the ~?* vad (hur mycket) är klockan?; *do ~* vard. sitta inne; *have a good* (*nice*) *~* ha roligt, ha det trevligt; *have ~ on one's hands* ha gott om tid; *keep ~* **a)** hålla tider[na] (tiden), vara punktlig **b)** ta tid med stoppur **c)** mus., se *3* nedan **d)** om ur: *take your ~!* ta [god] tid på dig!, ingen brådska!, iron. förta dig [för all del] inte! **g)** i förb. med prep. o. adv.: *about ~ too!* det var [minsann] på tiden!; *a race against ~* en kapplöpning med tiden; *be ahead of one's ~* vara före sin tid; *at one ~* **a)** en gång [i tiden] **b)** på en (samma) gång; *at the ~* vid det tillfället, på den tiden [*he was only a boy at the ~*]; *at ~s* tidvis, emellanåt; *for the ~ being* för närvarande, tills vidare; *all of the ~* hela tiden; *for the sake of old ~s* för gammal vänskaps skull; *the literature of the ~* dåtidens litteratur; *~ off* fritid; ledigt; *once upon a ~ there was...* det var en gång... **2** gång; *~ after ~* el. *many a ~* mången gång, många gånger **3** mus. takt; taktart; *beat ~* slå takt[en]; *keep ~* hålla takt[en]

II *vb tr* **1** välja (beräkna) tiden (tidpunkten) för [*he ~d his journey so that he arrived before dark*]; *ill* (*well*) *~d* se *ill-timed* o. *well-timed* **2** ta tid på [*~ a runner*], ta tid vid

time bomb ['taɪmbɒm] tidsinställd bomb

time-consuming ['taɪmkən‚sjuːmɪŋ] tidsödande

time-honoured ['taɪmˌɒnəd] [gammal och] ärevördig, hävdvunnen [*~ customs*], traditionell

timekeeper ['taɪmˌkiːpə] **1** tidmätare; *this is a good* (*bad*) *~* den här klockan går bra (dåligt) **2** tidkontrollör; tidtagare; tidskrivare

timekeeping ['taɪmˌkiːpɪŋ] tidtagning; tidkontroll på arbetsplats

time-killer ['taɪmˌkɪlə] vard. tidsfördriv

timelag ['taɪmlæg] mellantid; tidsfördröjning [*catch up on* (ta igen) *the ~*]

timeless ['taɪmləs] litt. tidlös, oändlig; evig

time limit ['taɪmˌlɪmɪt] tidsgräns; tidsbegränsning; [tids]frist [*exceed the ~*]; hand. tidslimit; *impose a ~ on* tidsbegränsa

timely ['taɪmlɪ] läglig, lämplig; i rätt[an] tid

timepiece ['taɪmpiːs] ur; kronometer; pendyl

timer ['taɪmə] **1** isht sport. tidtagare **2** tidtagarur **3** tidur; timer

timeserver ['taɪmˌsɜːvə] **1** opportunist, anpassling; *be a ~* vända kappan efter vinden **2** ögontjänare, en som maskar

timesharing ['taɪmˌʃeərɪŋ] **1** data. tiddelning **2** andelssystem för fritidslägenheter; time-sharing

time signal ['taɪmˌsɪgn(ə)l] tidssignal

timetable ['taɪmˌteɪbl] **1** [tåg]tidtabell; tidsschema **2** schema; skol. äv. timplan

timewasting ['taɪmˌweɪstɪŋ] **I** *s* slöseri med tid [*a lot of ~*]; maskning **II** *adj* tidsödande

timid ['tɪmɪd] försagd, skygg; blyg, timid

timidity [tɪ'mɪdətɪ] o. **timidness** ['tɪmɪdnəs] försagdhet etc., jfr *timid*

timing ['taɪmɪŋ] **1** val av tidpunkt [*the President's ~ was excellent*], tajming; sport. timing [*his ~ is perfect*]; *the ~ was perfect* a) tidpunkten var utmärkt vald b) allting klaffade perfekt **2** tidtagning; tidmätning

timorous ['tɪmərəs] rädd[hågad], lättskrämd; ängslig, skygg

timothy ['tɪməθɪ] bot., *~* [*grass*] timotej

timpani ['tɪmpənɪ] (pl., konstr. ofta ss. sg.) mus. (it.) pukor; *play the ~* spela puka

tin [tɪn] **I** *s* **1** tenn **2** bleck; plåt [*~ roof*] **3** konservburk, burk [*a ~ of peaches*], bleckburk; [plåt]dunk **4** form för bakning **II** *vb tr* (se äv. *tinned*) **1** förtenna **2** lägga in

tincture ['tɪŋ(k)tʃə] kem. el. med. tinktur; *~ of iodine* jodsprit

tinder ['tɪndə] fnöske

tinfoil [ˌtɪn'fɔɪl, '--] tennfolie; foliepapper, silverpapper

tinge [tɪn(d)ʒ] **I** *vb tr* **1** ge en viss färg[ton] (skiftning, nyans) åt; blanda; prägla; *be ~d with red* skifta i rött **2** ge en bismak åt **II** *s* [lätt] skiftning; bismak, tillsats; blandning; bildl. äv. anstrykning, spår [*there was a ~ of sadness in her voice*]

tingl|e ['tɪŋgl] **I** *vb itr* **1** sticka, svida, hetta, bränna, krypa, klia **2** klinga, pingla, plinga **3** ringa; *my ears are -ing* det susar i öronen [på mig]; **II** *s* **1** stickande [känsla], stickning, sveda **2** klingande [ljud], pinglande

tinker ['tɪŋkə] **I** *s* **1** åld. kittelflickare; *not worth a ~'s damn* (*cuss*) vard. inte värd ett jäkla dugg **2** *have a ~ at* pilla (mixtra, joxa) med **II** *vb itr* fuska, pillra, joxa, meka

tinkle ['tɪŋkl] **I** *vb itr* klinga; klirra; klinka [*~ on the piano*] **II** *vb tr* ringa (pingla) med [*~ a bell*], klinka på [*~ the keys of a piano*] **III** *s* **1** pinglande [*the ~ of tiny bells*]; klirr[ande]; skrammel; klink[ande] på piano; *I'll give you a ~* vard. jag slår en signal [till dig] på telefon **2** vard., *have a ~* slå en drill, kissa

tinned [tɪnd] **1** förtent **2** konserverad [*~ beef, ~ fruit*], på burk [*~ peas*]; *~ food* burkmat

tinny ['tɪnɪ] **1** tennhaltig; tenn- **2** tennliknande **3** bleckartad; plåt-; som smakar bleck [*~ fish*]; *it tastes ~* den smakar bleck **4** metallisk, skrällig; *a ~ piano* ett piano med spröd (tunn) klang

tin-opener ['tɪnˌəʊp(ə)nə] konservöppnare, burköppnare

tinplate ['tɪnpleɪt, ˌ-'-] **I** *s* **1** bleck[plåt]; plåt **2** tennplåt **II** *vb tr* förtenna

tinpot ['tɪnpɒt] vard. pluttig

tinsel ['tɪns(ə)l] **1** glitter [*a Christmas tree with ~*]; paljetter [*a dress with ~*] **2** bildl. glitter

tint [tɪnt] **I** *s* **1** [färg]ton [*~s of green*], nyans, bildl. äv. anstrykning [*autumn ~s* höstfärger] **2** toningsvätska **II** *vb tr* färga [lätt] [*~ one's hair*]; schattera

tintack ['tɪntæk] [förtent] nubb

tiny ['taɪnɪ] [mycket] liten; spenslig; *~ little* pytteliten; *~ tot* [litet] pyre, [liten] pys

1 tip [tɪp] **I** *s* **1** spets, topp; ända; *I know* (*have*) *it at the ~s of my fingers* jag kan (har) det på mina fem fingrar; *the ~ of one's tongue* tungspetsen; *have a th. on* (*at*) *the ~ of one's tongue* bildl. ha ngt på tungan **2** tå[hätta]; klackjärn; doppsko [*the ~ of a stick*], skoning **3** munstycke på cigarett **4** bladknopp på tebuske **II** *vb tr* förse (pryda) med en spets (etc., jfr (*I 1-3*)); beslå, sko; *~ped cigarette* filtercigarett

2 tip [tɪp] **I** *vb tr* **1** tippa [på]; tippa (stjälpa, välta) [omkull] [äv. ~ *over*, ~ *up*]; ~ *up* äv. fälla upp [~ *up the seat*] **2** ~ *one's hat* lyfta på hatten [*to för*] **3** stjälpa av (ur), lasta av (ur) [äv. ~ *out*] **II** *vb itr* vippa, stjälpa (välta, tippa) [över ända] [äv. ~ *over*]; ~ *up* vara uppfällbar [*the seat ~s up*] **III** *s* tipp

3 tip [tɪp] **I** *vb tr* **1** vard. ge dricks[pengar] till; *I ~ped him a pound* jag gav honom ett pund i dricks **2** vard. tippa [~ [*a p. as*] *the winner*] **3** vard. ge en vink; ~ *a p. off* varna ngn [i förväg], ge ngn en vink, tipsa ngn **II** *vb itr* vard. ge dricks[pengar] **III** *s* **1** dricks[pengar]; *give a p. a* ~ ge ngn dricks **2** vard. vink; tips; *a ~ from the horse's mouth* ett stalltips; *take a ~ from me!* lyd mitt råd!

tipcart ['tɪpkɑːt] tippkärra
tipping ['tɪpɪŋ] vard. **1** ~ [*has been abolished*] [systemet att ge] dricks... **2** tippning gissning **3** tipsning
tipple ['tɪpl] **I** *vb itr* [små]pimpla **II** *vb tr* pimpla i sig **III** *s* sprit[dryck]; skämts. dryck
tippler ['tɪplə] småsupare
tipster ['tɪpstə] vard. sport. yrkestippare som ger råd åt el. säljer tips till vadhållare; [professionell] tipsare
tipsy ['tɪpsɪ] [lätt] berusad
tiptoe ['tɪptəʊ] **I** *s*, *walk on ~*[*s*] gå på tå[spetsarna] **II** *adv* på tå[spetsarna] **III** *vb itr* gå på tå[spetsarna], tassa
tiptop [ˌtɪp'tɒp, '--] perfekt, prima [*a ~ hotel*], tiptop
tip-up ['tɪpʌp] uppfällbar [~ *seat*], tippbar
tirade [taɪ'reɪd, tɪ'reɪd] tirad
1 tire ['taɪə] **I** *vb tr* trötta; ~ *out* trötta ut, utmatta **II** *vb itr* tröttna; ledsna
2 tire ['taɪə] amer., se *tyre*
tired ['taɪəd] trött; led; ~ *out* uttröttad, utmattad, utpumpad, tagen, tröttkörd; utled[sen]
tiredness ['taɪədnəs] trötthet
tireless ['taɪələs] outtröttlig [*a ~ worker*]
tiresome ['taɪəsəm] **1** tröttsam; [lång]tråkig; enformig, trist **2** förarglig, besvärlig
tiring ['taɪərɪŋ] tröttande, tröttsam
tiro ['taɪərəʊ] (pl. ~*s*) nybörjare
tissue ['tɪʃuː, 'tɪsjuː] **1** vävnad äv. biol. o. anat. [*muscular ~*], väv; fint tyg, flor **2** bildl. väv [*a ~ of lies*] **3** mjukt papper; cellstoff; *face ~* ansiktsservett; *toilet ~* [mjukt] toalettpapper

tissue paper ['tɪʃuːˌpeɪpə, 'tɪsjuː-] silkespapper
1 tit [tɪt] zool. mes; *blue ~* blåmes
2 tit [tɪt], ~ *for tat* lika för lika, betalt kvitteras
3 tit [tɪt] **1** vard. bröstvårta **2** sl., ~*s* tuttar bröst
titanic [taɪ'tænɪk, tɪ't-] titanisk; jättelik
titbit ['tɪtbɪt] godbit äv. bildl.; läckerbit
titillate ['tɪtɪleɪt] kittla äv. bildl. [~ *the fancy*; ~ *a p.'s palate*]; locka
titivate ['tɪtɪveɪt] vard. **I** *vb tr* piffa upp; ~ *oneself* se *II* **II** *vb itr* piffa (snygga) till sig
title ['taɪtl] **I** *s* **1** titel **2** jur. rätt, [rätts]anspråk, äganderätt **II** *vb tr* **1** betitla; benämna **2** titulera
titled ['taɪtld] betitlad; adlig [*a ~ lady*]
title deed ['taɪtldiːd] [åtkomst]handling; dokument; lagfartsbevis
titleholder ['taɪtlˌhəʊldə] isht sport. titelhållare
title page ['taɪtlpeɪdʒ] titelsida
title role ['taɪtlrəʊl] titelroll
titter ['tɪtə] **I** *vb itr* fnittra **II** *s* fnitter
tittle-tattle ['tɪtlˌtætl] **I** *s* skvaller, tissel och tassel **II** *vb itr* skvallra, tissla och tassla
titty ['tɪtɪ] **1** sl. bröstvårta; ~ *bottle* barnspr. nappflaska **2** sl. el. barnspr. tutte bröst
titular ['tɪtjʊlə] titulär- [~ *bishop*], formell, blott till titeln (namnet); titel- [~ *character* (roll)]
T-junction ['tiːˌdʒʌŋ(k)ʃ(ə)n] T-korsning
to [beton. tuː; obeton. tʊ, före konsonant tə, t] **I** *prep* **1** till uttr. riktning [*walk ~ school*] **2** till uttr. dativ [~ *whom did you give it?*] **3** för [*read ~ a p.*; *known* (*useful*) ~ *a p.*]; *open ~ the public* öppen för allmänheten; [*a toast*] ~ *the President!* [en] skål för presidenten! **4** i: **a)** uttr. riktning [*a visit ~ England*; *go ~ church*] **b)** andra fall: *a quarter ~ six* kvart i sex **5** på: **a)** uttr. riktning [*go ~ a concert*]; *the plane goes ~ London* planet flyger på London **b)** andra fall: [*there were no windows*] ~ *the hut* ...på stugan; *a year ~ the day* ett år på dagen **6** mot: **a)** uttr. riktning el. placering mot [*with his back ~ the fire*]; *hold a th.* [*up*] ~ *the light* hålla [upp] ngt mot ljuset **b)** efter ord uttr. bemötande o.d. [*good* (*grateful, polite*) ~ *a p.*] **c)** i jämförelse med, vid sidan av [*you are but a child ~ him*]; *she made three jumps ~ his two* hon hoppade tre gånger mot hans två; [*he's quite rich now*] ~ *what he used to be* ...mot vad han varit förut **7** mot uttr. riktning [*the balcony looks ~ the south*] **8** med [*likeness ~*]; *engaged* (*married*) ~ förlovad (gift) med

9 vid: **a)** *accustom* ~ vänja vid **b)** efter ord uttr. fästande, fasthållande o.d. [*tie a th* ~] **c)** knuten till: *secretary* ~ [*the British legation*] sekreterare vid... **10** hos: **a)** anställd hos: *secretary* ~ *the minister* sekreterare hos (till) ministern **b)** hemma hos: *I have been* ~ *his house* jag har varit hemma hos honom **11** enligt [~ *my thinking*] **12** om; *testify* ~ vittna om; bära vittnesbörd om **13** betecknande viss proportionalitet: *thirteen* ~ *a dozen* tretton på dussinet; [*his pulse was 140*] ~ *the minute* ...i minuten **14** ex. på andra motsvarigheter: *freeze* ~ *death* frysa ihjäl; *would* ~ *God that...* Gud give att... **II** infinitivmärke **1** att **2** fristående med syftning på en föreg. inf.: [*we didn't want to go*] *but we had* ~ ...men vi måste [göra det] **3** för att [*he struggled* ~ *get free*]; ~ *say nothing* (*not* ~ *speak*) *of all the other things* för att inte tala om allt annat **4** [för (om m.fl.)] att [*inclined* (böjd) ~ *think*; *anxious* (angelägen) ~ *try*] **5** i satsförkortningar: **a)** *he wants us* ~ *try* han vill att vi ska försöka **b)** *he was the last* ~ *arrive* han var den siste som kom **c)** *you would be a fool* ~ *believe him* du vore dum om du trodde honom **d)** *we don't know what* ~ *do* vi vet inte vad vi ska göra **e)** ~ *hear him speak you would believe that...* när man hör honom [tala] skulle man tro att... **6** [*he lived* ~ *be ninety* han levde tills han blev nittio **7** *be* ~ skola **III** adv **1** igen [*push the door* ~]; *the door is* ~ dörren står stängd **2** ~ *and fro* fram och tillbaka, hit och dit
toad [təʊd] padda
toadstool [ˈtəʊdstuːl] svamp; isht giftsvamp
toady [ˈtəʊdɪ] **I** s inställsam parasit **II** vb tr krypa (fjäska) för **III** vb itr krypa, fjäska
toast [təʊst] **I** s **1** rostat bröd; *a slice* (*piece*) *of* ~ en rostad brödskiva **2** skål; *drink a* ~ *to the bride and bridegroom* skåla för brudparet; *propose a* ~ föreslå (utbringa) en skål [*to* för] **3** person som det skålas för, festföremål; *she was the* ~ *of the town* hon var stadens mest firade person (skönhet) **II** vb tr **1** rosta [~ *bread* (*chestnuts*)] **2** värma [~ *one's feet at the fire*], hetta upp **3** utbringa (dricka) en skål för [~ *the flag* (*bride and bridegroom*)]; skåla med
toaster [ˈtəʊstə] **1** [bröd]rost **2** grillgaffel
toasting-fork [ˈtəʊstɪŋfɔːk] grillgaffel
toastmaster [ˈtəʊstˌmɑːstə] toastmaster vid större middag
toast rack [ˈtəʊstræk] ställ för rostat bröd
tobacco [təˈbækəʊ] (pl. ~*s* el. ibl. ~*es*) tobak; tobakssort; ~ *teabag* snus i portionspåse
tobacconist [təˈbækənɪst] tobakshandlare; ~*'s* [*shop*] tobaksaffär
tobacco pouch [təˈbækəʊpaʊtʃ] tobakspung
to-be [təˈbiː] **I** adj **1** blivande; *his bride* ~ äv. hans tillkommande, hans fästmö **2** framtida, kommande **II** s framtid
toboggan [təˈbɒɡ(ə)n] **I** s **1** toboggan; ~ *slide* (*chute*) tobogganbacke **2** kälkbacke **II** vb itr åka kälke
today [təˈdeɪ] **I** adv **1** i dag; ~ *week* el. *a week* ~ i dag om en vecka **2** nu för tiden **II** s dagen; ~ *is Monday* i dag är det måndag, det är måndag i dag
toddle [ˈtɒdl] **1** tulta [omkring], stulta; ~ *along* (*round*) tulta (stulta) omkring **2** vard. gå; ~ *along* (*off*) ge (pallra) sig i väg, knalla [i väg], sticka
toddler [ˈtɒdlə] litet barn
toddy [ˈtɒdɪ] **1** [whisky]toddy **2** palmvin
to-do [təˈduː, tʊ-] vard. bråk
toe [təʊ] **I** s tå; *dig one's* ~*s in* vard. göra motstånd, spjärna emot; *on one's* ~*s* på sin vakt (alerten), på språng, beredd **II** vb tr **1** ställa sig (stå) vid (med tårna intill) [~ *the starting line*]; ~ *the line* (*mark*) äv. a) ställa upp sig b) bildl. följa partilinjerna; lyda order; hålla sig på mattan **2** sport. sparka med tån **III** vb itr, ~ *in* (*out*) gå inåt (utåt) med tårna
toecap [ˈtəʊkæp] tåhätta
toehold [ˈtəʊhəʊld] fotfäste
toenail [ˈtəʊneɪl] tånagel
toffee [ˈtɒfɪ] knäck, [hård] kola, kolakaramell; *he can't play* (*paint*) *for* ~ [*nuts*] vard. han kan inte spela (måla) för fem öre
toffee apple [ˈtɒfɪˌæpl] äppelklubba äpple överdraget med knäck
toga [ˈtəʊɡə] antik. toga
together [təˈɡeðə, tʊˈɡ-] **1** tillsammans; tillhopa; ihop; samman; gemensamt; *be at school* ~ vara skolkamrater; *we're in this* ~ vi sitter i samma båt **2** efter varandra; *for days* ~ flera dagar i sträck, dag efter dag
togetherness [təˈɡeðənəs, tʊˈɡ-] samhörighet; [*feeling of*] ~ samhörighetskänsla
toggle switch [ˈtɒɡlswɪtʃ] vippströmbrytare
togs [tɒɡz] vard. kläder
1 toil [tɔɪl] **I** vb itr **1** arbeta [hårt]; ~ *along* knoga 'på **2** släpa sig [fram (upp o.d.)] [äv. ~ *along*] **II** s [hårt] arbete, släp, möda
2 toil [tɔɪl] (pl. ~*s*) nät, snara; *he fell* (*got*

caught) *in her* ~*s* han fastnade i hennes garn (nät)
toilet ['tɔɪlət] **1** toalett[rum] **2** toalett aftonklänning, påklädning o.d.
toilet paper ['tɔɪlət,peɪpə] toalettpapper
toilet roll ['tɔɪlətrəʊl] rulle toalettpapper
toilet training ['tɔɪlət,treɪnɪŋ] barns potträning
toilet water ['tɔɪlət,wɔːtə] eau-de-toilette
token ['təʊk(ə)n] **I** *s* **1** tecken; kännetecken; symbol **2** presentkort; *book* ~ presentkort på böcker **3** pollett [*bus* ~]; jetong **4** minne, minnesgåva **5** *by the same* ~ el. *by* [*this*] ~ a) av samma skäl b) på samma sätt; på samma gång c) likaså, dessutom; så t.ex.; för resten **II** *adj* **1** symbolisk [~ *payment*, ~ *strike*]; halvhjärtad **2** ~ *money* nödmynt, mynttecken
told [təʊld] imperf. o. perf. p. av *tell*
tolerable ['tɒlərəbl] **1** dräglig **2** skaplig, dräglig; tolerabel
tolerably ['tɒlərəblɪ] någorlunda
tolerance ['tɒlər(ə)ns] tolerans äv. fackspr.
tolerant ['tɒlər(ə)nt] tolerant
tolerate ['tɒləreɪt] **1** tolerera, tåla **2** vara tolerant mot, tolerera, stå ut med
toleration [,tɒlə'reɪʃ(ə)n] tolerans; fördragsamhet; motståndskraft
1 toll [təʊl] **1** avgift **2** bildl. andel; *the death* ~ antalet dödsoffer, dödssiffran **3** amer. avgift (taxa) för rikssamtal
2 toll [təʊl] **I** *vb tr* **1** ringa [långsamt] i **2** om kyrkklockor ringa ut [*the bells* ~*ed his death*] **3** slå klockslag [*Big Ben* ~*ed five*] **II** *vb itr* **1** ringa [med långsamma slag], klämta; ~ *in* ringa samman till gudstjänst **2** slå om klocka
tomahawk ['tɒməhɔːk] tomahawk
tomato [tə'mɑːtəʊ, amer. vanl. -'meɪ-] (pl. ~*es*) tomat
tomb [tuːm] grav; gravvalv; gravvård
tombola [tɒm'bəʊlə, 'tɒmbələ] **1** slags bingo **2** tombola
tomboy ['tɒmbɔɪ] pojkflicka
tombstone ['tuːmstəʊn] gravsten
tomcat ['tɒmkæt] hankatt
tome [təʊm] [stor] bok
tomfoolery [tɒm'fuːlərɪ] dårskap; tokighet[er]; skoj
tommy-gun ['tɒmɪgʌn] kulsprutepistol, kpist
tommyrot ['tɒmɪrɒt] sl. dumheter, smörja
tomorrow [tə'mɒrəʊ] **I** *adv* i morgon; ~ *night* i morgon kväll (natt) **II** *s* morgondagen [~*'s paper*; *think of* (på) ~]; ~ *is another day* i morgon är också en dag

tomtit ['tɒmtɪt, ,tɒm'tɪt] zool., isht [blå]mes; gärdsmyg
tomtom ['tɒmtɒm] tamtam[trumma]
ton [tʌn] **1** ton: a) britt., [*long*] ~ = 2 240 *lbs.* = 1 016 kg b) amer., [*short*] ~ = 2000 *lbs.* = 907,2 kg c) *metric* ~ ton 1 000 kg **2** [*register*] ~ registerton = 100 *cubic feet* = 2,83 m^3 **3** vard., ~*s of* massor (mängder) av (med), tonvis med [~*s of money*] **4** sl., *a* (*the*) ~ 100 'miles' i timmen, 100 knutar
tone [təʊn] **I** *s* **1** ton, tonfall [*speak in* (med) *an angry* ~]; röst [*in a low* ~ [*of voice*]]; klang [*the* ~ *of a piano*]; *set the* ~ bildl. ange tonen **2** mus. helton **3** fonet. intonation; tonfall; ton **4** mål., foto. o.d. [färg]ton, dager **5** anda, ton **6** [god] kondition, form **II** *vb tr* **1** ge den rätta tonen åt; tona **2** ~ *down* a) tona ner, dämpa, moderera äv. bildl. b) stämma ner [~ *down the pitch*]
tone-deaf [,təʊn'def] tondöv
tone dialling ['təʊn,daɪəlɪŋ], ~ *phone* tonvalstelefon
tongs [tɒŋz] tång; *a pair of* ~ en tång
tongue [tʌŋ] **I** *s* **1** tunga [*slanderous* ~*s*; *ox* ~]; mål, målföre; *be on every* (*everybody's*) ~ vara i var mans mun (på allas läppar); *stick* (*thrust, put*) *one's* ~ *out* räcka ut tungan **2** språk; dialekt; tungomål; *mother* ~ a) modersmål b) modersspråk, grundspråk **3** sätt att tala [*a soft* (*flattering*) ~] **4** ~ [*of land*] landtunga **5** [sko]plös **II** *vb tr* **1** mus. (i flöjtspel o.d.) spela med tungstöt **2** snick., ~ [*and groove*] sponta
tongue-tied ['tʌŋtaɪd] med (som lider av) tunghäfta äv. med.; stum
tongue-twister ['tʌŋ,twɪstə] tungvrickningsövning
tonic ['tɒnɪk] **I** *adj* **1** stärkande [~ *air*; ~ *therapy*]; ~ *water* tonic **2** mus. tonisk, klang-; ~ *chord* grundackord **II** *s* **1** med. tonikum **2** tonic [*a gin and* ~]; *skin* ~ ansiktsvatten
tonight [tə'naɪt] **I** *adv* i kväll; i natt **II** *s* denna kväll, kvällen; denna natt [~*'s entertainment*]
tonnage ['tʌnɪdʒ] **1** tonnage i olika bet.; dräktighet **2** tonnageavgift **3** transport i ton räknat
tonne [tʌn] [metriskt] ton
tonsil ['tɒnsl, -sɪl] anat. [hals]mandel, tonsill
tonsillitis [,tɒnsɪ'laɪtɪs] med. inflammation i [hals]mandlarna (tonsillerna), halsfluss
too [tuː] **1** alltför; *that's* ~ *bad!* vad tråkigt (synd)!; *you're* ~ *kind* det är (var)

verkligen snällt av dig **2** också, med [*I'm going. -Me ~!*], även; dessutom, därjämte, och därtill; [och] till på köpet [*he is a fool, and a great one, ~*]; *about time ~!* det var [minsann] på tiden! **3** vard. (skämts. el. tillgjort), ~ ~ alldeles, i allra högsta grad

took [tʊk] imperf. av *take*

tool [tuːl] **I** *s* **1** verktyg, instrument **2** bildl. instrument; om pers. redskap, verktyg; *he was a ~ in their hands* han var ett lydigt redskap i deras händer **3** vulg. apparat, kuk penis **II** *vb tr* **1** bearbeta [med verktyg]; hugga jämn [*~ a stone*] **2** ~ [*up*] förse (utrusta) med verktyg

toolbag ['tuːlbæɡ] verktygsväska på cykel

toolbox ['tuːlbɒks] o. **toolchest** ['tuːltʃest] verktygslåda

toot [tuːt] **I** *vb tr* tuta i horn, trumpet o.d. **II** *vb itr* tuta; om fågel äv. ropa **III** *s* tutning; rop

tooth [tuːθ] **I** (pl. *teeth* [tiːθ]) *s* **1** tand [*the teeth of* (på) *a comb* (*saw*)]; *false* (*artificial*) *teeth* löständer; *a set of artificial teeth* löständer, tandprotes; *get one's teeth into* bildl. sätta tänderna i, bita i; *have a ~ out* (amer. *pulled*) [låta] dra ut en tand; *show one's teeth* visa tänderna äv. bildl.; *she is long in the tooth* hon är ingen duvunge längre **2** udd; kugge; [gaffel]klo; [harv]pinne **3** smak, aptit; *have a sweet ~* vara en gottgris **II** *vb tr* tanda, förse med tänder; *~ed wheel* kugghjul

toothache ['tuːθeɪk] tandvärk; *have* [*a*] *~* ha tandvärk

toothbrush ['tuːθbrʌʃ] tandborste; *~ moustache* tandborstmustasch liten stubbig mustasch

toothless ['tuːθləs] tandlös äv. bildl. [*~ laws*]

toothpaste ['tuːθpeɪst] tandkräm

toothpick ['tuːθpɪk] tandpetare

tooth powder ['tuːθˌpaʊdə] tandpulver

toothy ['tuːθɪ] **1** med stora (utstående, en massa) tänder; *a ~ smile* ett stomatolleende **2** läcker

1 top [tɒp] snurra; *sleep like a ~* sova som en stock

2 top [tɒp] **I** *s* **1** topp, spets; övre del; krön; *blow one's ~* sl. explodera [av ilska]; *from ~ to bottom* uppifrån och ner; bildl. alltigenom; *be on ~* ha övertaget; *come out on ~* bli etta, vara bäst; *on ~ of that* (*this*) ovanpå det, dessutom; till råga på allt **2** top[p] klädesplagg, överdel **3** [bord]skiva; yta **4** bil. högsta växel; *in ~* på högsta växeln **5** bot., vanl. pl. *~s* blast [*turnip-tops*] **II** *attr adj* **1** översta, över- [*the ~ floor*]; topp- [*~ prices*]; *~ C* mus. höga C **2** främsta **III** *vb tr* **1** sätta topp på; täcka **2** vara (stå, ligga) överst på [*~ the list*]; *~ the bill* vara den främsta attraktionen **3** *~ off* avsluta, avrunda [*~ off the evening with a drink*] **4** *~ up* fylla till brädden, fylla på [*~ up a car battery*; *let me ~ up your glass*] **5** vara högre än; bildl. överträffa [*he ~s them all at the game*]; nå över; *to ~ it all* till råga på allt **6** hugga av

topaz ['təʊpæz] miner. topas

topboot [ˌtɒp'buːt] kragstövel

topcoat [ˌtɒp'kəʊt] överrock

top-flight ['tɒpflaɪt] vard. i toppklass, förstklassig [*~ author*]

top hat [ˌtɒp'hæt] hög hatt

top-heavy [ˌtɒp'hevɪ] för tung upptill

topic ['tɒpɪk] [samtals]ämne [äv. *~ of conversation*], tema

topical ['tɒpɪk(ə)l] aktuell; *~ allusion* anspelning på dagshändelserna (samtida händelser); *make ~* aktualisera

topicality [ˌtɒpɪ'kælətɪ] aktualitet

topknot ['tɒpnɒt] hårknut på hjässan; håruppsättning

topless ['tɒpləs] **I** *adj* utan överdel [*a ~ swimsuit*]; om kvinna äv. barbröstad **II** *adv* topless [*sunbathe ~*]

top-level ['tɒpˌlevl], *~ conference* toppkonferens, konferens på toppnivå

topmost ['tɒpməʊst] överst

topnotch [ˌtɒp'nɒtʃ, attr. '--] vard. i toppklass, jättebra [*it's ~*; *a ~ job*], prima

topography [tə'pɒɡrəfɪ] topografi

topper ['tɒpə] vard., se *top hat*

topping ['tɒpɪŋ] **1** toppning **2** kok. o.d. garnering; sås; *a ~ of ice cream on the pie* [ett lager av] glass ovanpå pajen

topple ['tɒpl] **I** *vb itr* falla [över ända], ramla [äv. *~ over* (*down*); *the books ~d over* (*down*)]; störtas **II** *vb tr* stjälpa; störta [*the revolution ~d the president*]

top-ranking ['tɒpˌræŋkɪŋ] topprankad; förnämst [*~ star*]

top-secret [ˌtɒp'siːkrɪt, '-ˌ--] hemligstämplad; topphemlig

topspin ['tɒpspɪn] i tennis o.d. överskruv, topspin

topsy-turvy [ˌtɒpsɪ'tɜːvɪ] **I** *adv* upp och ner; huller om buller **II** *adj* uppochnervänd; bakvänd; rörig; förvirrad

torch [tɔːtʃ] **1** bloss; fackla **2** [*electric*] *~* ficklampa **3** amer. blåslampa

torchlight ['tɔːtʃlaɪt] fackelsken; *~ procession* fackeltåg

tore [tɔː] imperf. av *2 tear*

toreador ['tɒrɪədɔː] toreador
torment [ss. subst. 'tɔːment, -mənt, ss. vb tɔː'ment] **I** s plåga; *be in ~* lida kval; *suffer ~[s]* ha svåra plågor **II** *vb tr* plåga
tormentor [tɔː'mentə] plågoande
torn [tɔːn] perf. p. av *2 tear*
tornado [tɔː'neɪdəʊ] (pl. *~es*) tornado
torpedo [tɔː'piːdəʊ] **I** (pl. *~es*) s torped **II** *vb tr* torpedera
torpedo boat [tɔː'piːdəʊbəʊt] torpedbåt; *~ destroyer* torped[båts]jagare
torpid ['tɔːpɪd] **1** stel; [liggande] i dvala **2** slö, overksam; loj
torpor ['tɔːpə] **1** dvala **2** slöhetstillstånd
torrent ['tɒr(ə)nt] **1** [strid] ström, fors äv. bildl. [*a ~ of abuse*]; regnflod **2** störtregn
torrential [tə'renʃ(ə)l] **1** strid; *~ rain* skyfall, skyfallsliknande regn **2** flödande, ymnig **3** våldsam, häftig
torrid ['tɒrɪd] **1** förtorkad; [för]bränd; solstekt; het [*the ~ zone*] **2** bildl. glödande
torso ['tɔːsəʊ] (pl. *~s*) torso; bål
tortoise ['tɔːtəs] [land]sköldpadda; *slow as a ~* [långsam] som en snigel
tortoiseshell ['tɔːtəsʃel] sköldpaddskal
tortuous ['tɔːtjʊəs] **1** krokig [*~ path*] **2** bildl. tillkrånglad [*~ negotiations*]; slingrande
torture ['tɔːtʃə] **I** s tortyr; kval; smärtor; pl. *~s* äv. tortyrmetoder; *suffer the ~s of the damned* lida helvetets kval **II** *vb tr* tortera; pina
torturer ['tɔːtʃ(ə)rə] bödel; plågoande
Tory ['tɔːrɪ] **I** s tory **II** *adj* tory- [*the ~ Party*], konservativ
toss [tɒs] **I** *vb tr* **1** kasta; kasta upp (av); kasta hit och dit [*the waves ~ed the boat*]; *~ hay* vända hö; *~ the salad* vända (blanda) salladen [med dressing] **2** singla [slant med]; *~ a coin* singla slant **3** *~ down* (*back*) kasta (stjälpa) i sig **II** *vb itr* **1** om fartyg o.d. rulla **2** *~* [*about*] kasta sig av och an **3** singla slant **4** *~ off* vulg. runka onanera **III** s **1** kastande; kast; stöt; *a ~ of the head* ett kast med huvudet **2** slantsingling [*lose* (*win*) *the ~*]; *argue the ~* vard. diskutera i det oändliga
toss-up ['tɒsʌp] **1** slantsingling; lottning; *decide a th. by ~* singla slant om ngt **2** *it is a ~* det är rena lotteriet
1 tot [tɒt] **1** [liten] pys (tös) [*a tiny ~*] **2** vard. [litet] glas konjak o.d.
2 tot [tɒt] vard. (kortform för *total*); *~ up* addera, summera, lägga ihop, räkna ihop (ut)
total ['təʊtl] **I** *adj* fullständig, total [*the ~ amount*]; fullkomlig [*he is a ~ stranger to me*]; *~ abstainer* absolutist,

helnykterist **II** s slutsumma, totalsumma; *a ~ of* [*£100*] äv. sammanlagt... **III** *vb tr* **1** räkna samman [äv. *~ up*] **2** belöpa sig (uppgå) [sammanlagt] till **IV** *vb itr*, *~ up to* se *III 2*
totalitarian [,təʊtælɪ'teərɪən] polit. totalitär, diktatur-; diktatorisk
totalitarianism [,təʊtælɪ'teərɪənɪz(ə)m] polit. totalitarism; diktatur
totalizator ['təʊt(ə)laɪzeɪtə] totalisator
1 tote [təʊt] vard. (kortform för *totalizator*) toto
2 tote [təʊt] isht amer. vard. bära [på] [*~ a gun*]
totem ['təʊtəm] totem indianstams skyddsande o.d.; symbol; *~ pole* totempåle
totter ['tɒtə] vackla äv. bildl.; stappla, ragla; svikta äv. bildl.
touch [tʌtʃ] **I** *vb tr* (se äv. *touched*) **1** röra [vid], snudda vid; nudda; ta i (på) **2** gränsa till [*the two estates ~ each other*]; matem. tangera **3** nå; stiga (sjunka) till [*the temperature ~ed 35°*]; *~ bottom* a) nå botten; bildl. komma till botten b) sjö. få bottenkänning c) bildl. nå botten, sätta bottenrekord **4** mest i nek. sats, vard. mäta sig med; *there's no one to ~ him* det finns ingen som kan mäta sig med (som går upp mot) honom **5** mest i nek. sats smaka [*he never ~es wine*], röra [*he didn't even ~ the food*] **6** [djupt] röra, göra ett djupt intryck på; *it ~ed me to the heart* det rörde (grep) mig ända in i själen **7** a) ha något att göra med [*I refuse to ~ that business*] b) beröra [*it ~ed his interests*] **8** angripa (skada) lätt [*~ed with frost*] **9** sjö. angöra; *~ shore* angöra (lägga i) land **10** ge en lätt touche (aning); blanda (färga) lätt; lätta upp **11** vard. låna, vigga; *he ~ed me for £5* han klämde mig på 5 pund **12** med adv.: *~ down* rugby. marksätta en boll bakom mållinjen; *~ up* a) retuschera, bättra på [*~ up a painting*]; snygga till; finputsa, hyfsa till [*~ up an article before publication*] b) vulg. kåta upp
II *vb itr* **1** röra; *don't ~!* [föremålen] får ej vidröras! **2** röra (snudda) vid varandra; stöta ihop **3** gränsa till varandra; matem. tangera varandra **4** med prep. o. adv.: *~ at* sjö. angöra, anlöpa; *~ down* a) flyg. ta mark, gå ner, [mellan]landa b) rugby. marksätta bollen bakom mållinjen; *~* [*up*]*on* a) [flyktigt] beröra, komma in på [*~ on a subject*] b) närma sig, gränsa till
III s **1** beröring, snudd; lätt stöt **2** kontakt; isht mil. känning; *be* (*keep*) *in ~ with* hålla (vara i, stå i) kontakt med; *keep in ~, will*

you! glöm inte att höra av dig!; *get in (into)* ~ *with* få (komma i) kontakt med; sätta sig i förbindelse med **3** känsel[sinne], beröringssinne [äv. *sense of* ~]; *sensation of* ~ känselförnimmelse **4** penseldrag **5** drag; touche, färgtouche **6** aning; stänk [*a* ~ *of irony* (*bitterness*)]; släng [*a* ~ *of flu*]; *a* ~ *of salt* en aning (en nypa) salt **7** [karakteristiskt] drag **8** mus. el. på tangentbord o.d. a) anslag; touche b) [finger]grepp; *have a light* ~ a) ha ett lätt anslag b) om piano o.d. vara lättspelad; om tangentbord vara lättskriven; *the* ~ *method* (*system*) touchmetoden, kännmetoden **9** grepp; hand; manér **10** [fin] uppfattning **11** sport. **a)** fotb. område utanför sidlinjen; *be in* ~ vara utanför sidlinjen, vara död **b)** rugby. touchelinje; område utanför touchelinjen

touch-and-go [ˌtʌtʃən(d)'gəʊ] osäker; vågad; prekär; *it was* ~ äv. det hängde på ett hår

touchdown ['tʌtʃdaʊn] **1** flyg. landning; landningsögonblick **2** rugby. marksatt boll på el. innanför den egna mållinjen; amer. fotb. a) marksättning b) poäng för marksättning

touched [tʌtʃt] **1** rörd **2** vard. vrickad, rubbad

touching ['tʌtʃɪŋ] **I** *adj* rörande, gripande; bevekande **II** *prep* rörande

touchline ['tʌtʃlaɪn] fotb. sidlinje; rugby. touchelinje

touchstone ['tʌtʃstəʊn] probersten, bildl. äv. prövosten; kriterium

touchy ['tʌtʃɪ] [lätt]retlig, snarstucken

tough [tʌf] **I** *adj* **1** seg [~ *meat*]; träig [~ *vegetables*] **2** svår, besvärlig, dryg, slitig [*a* ~ *job*]; ~ *luck* vard. osmak, otur **3** hård, hårdhudad, hårdför, rå; kallhamrad; ruffig; *a* ~ *guy* (*customer*) vard. en hårding, en tuffing **4** härdad [*a* ~ *people*], tålig **5** envis, orubblig [*a* ~ *defence*]; *get* ~ *with* ta i med hårdhandskarna mot, inta en tuff attityd mot **II** *s* hård typ; buse; bov **III** *vb itr* o. *vb tr*, ~ *it out* vard. hålla (härda) ut, stå rycken

toughen ['tʌfn] göra (bli) seg[are] etc., jfr *tough I*

toughness ['tʌfnəs] seghet etc., jfr *tough I*

toupee ['tuːpeɪ, amer. -'-] tupé

tour [tʊə] **I** *s* [rund]resa; [rund]tur; färd; rundvandring; besök; teat. o.d. turné [*on* ~]; ~ [*of inspection*] inspektionsresa; inspektionsrunda [*a* ~ *of* (genom, i) *the building*]; *conducted* (*guided*) ~ sällskapsresa; rundtur med guide, guidad tur, rundvandring, visning **II** *vb itr* göra en rundresa etc., jfr *I 1*; turista; turnera **III** *vb tr* **1** resa [runt (omkring)] i, besöka [~ *a country*]; gå runt i **2** visa runt (omkring) **3** teat. o.d. a) turnera med [~ *a play*] b) turnera i [~ *the provinces*]

tourism ['tʊərɪz(ə)m] turism; turistliv

tourist ['tʊərɪst] turist; ~ *agency* resebyrå, turistbyrå

tournament ['tʊənəmənt, 'tɔː-, 'tɜː-] sport. turnering

tourniquet ['tʊənɪkeɪ, 'tɔː-, 'tɜː-] med. kompressor

tousle ['taʊzl] slita (rycka) i; rufsa (tufsa) till

tout [taʊt] vard. **I** *vb itr* **1** försöka pracka på folk sina tjänster; försöka skaffa (värva) kunder **2** a) skaffa stalltips b) sälja stalltips **II** *vb tr* **1** bjuda ut; sälja svart [~ *tickets for the match*] **2** tipsa om **III** *s* **1** person som säljer biljetter svart [äv. *ticket* ~] **2** [kund]värvare, agent **3** tipsare, person som säljer stalltips

1 tow [təʊ] blånor, drev

2 tow [təʊ] **I** *vb tr* bogsera; släpa; bärga bil; *ask for the car to be* ~*ed* begära bärgning av bilen **II** *vb itr* bogseras **III** *s* bogsering; [*can we*] *give you a* ~? ...ta dig på släp?

towards [təˈwɔːdz, tɔːdz] **1** mot; åt...till [~ *the village*]; till [*he felt drawn* ~ *her*]; [vänd] mot (åt) [*with his back* ~ *the window*]; *somewhere* ~ *the top* någonstans i närheten av toppen **2** gentemot [*his feelings* ~ *us*] **3** med tanke på, för [*they are working* ~ *peace*], till [*save money* ~ *a new house*]; *that won't go far* ~ *paying his debts* det räcker inte långt för (när det gäller) att täcka hans skulder **4** om tid mot [~ *evening*], framåt, framemot [*there was a storm* ~ *evening*]

towel ['taʊəl, taʊl] handduk; *sanitary* ~ sanitetsbinda, dambinda

towelling ['taʊ(ə)lɪŋ] frotté; handduksväv

towel rail ['taʊ(ə)lreɪl] handduksstång

tower ['taʊə] **I** *s* **1** torn; ~ *block* punkthus, höghus **2** borg; fästning; fängelsetorn; *the T*~ [*of London*] Towern [i London] **3** bildl. ~ *of strength* stöttepelare, klippa, kraftkälla **II** *vb itr* torna upp sig äv. bildl.; ~ *above* (*over*) höja sig över, stå högt över

towering ['taʊərɪŋ] **1** jättehög, reslig **2** bildl. högtflygande **3** våldsam [*a* ~ *rage*]

towline ['təʊlaɪn] bogserlina, draglina

town [taʊn] **1** a) stad; *the talk of the* ~ det allmänna samtalsämnet; en visa i hela stan b) utan artikel i vissa talesätt staden [*be in* ~; *go into* (ut på) ~]; i England ofta London; *leave* ~ resa [bort] från stan, lämna stan; *he is out of* ~ han är bortrest, han är inte i stan; *go to* ~ sl. a) överträffa sig själv, lägga ner sin själ b) lyckas helt c) frossa, slå över d) [gå ut och] slå runt, festa om c) stads-; *the* ~ *centre* stadens centrum, city; ~ *and country planning* riksplanering **2** amer. kommun mindre stad; *live on the* ~ leva på kommunen (socialbidrag, det sociala)

townsfolk ['taʊnzfəʊk] (konstr. ss. pl.) stadsbor

township ['taʊnʃɪp] **1** liten stad **2** sydafr. förstad (bosättningsområde) för svarta **3** i USA o. Canada (ung.) kommun

townspeople ['taʊnzˌpiːpl] (konstr. ss. pl.) stadsbor

towrope ['təʊrəʊp] bogserlina

toxic ['tɒksɪk] **1** med. giftig; förgiftnings- [~ *symptoms*] **2** ~ *emission* (*waste*) giftutsläpp

toy [tɔɪ] **I** *s* leksak; leksaks- [~ *trumpet*; ~ *train*] **II** *vb itr* [sitta och] leka [*he was ~ing with a pencil*]; ~ *with one's food* [sitta och] peta i (leka med) maten

toyshop ['tɔɪʃɒp] leksaksaffär

1 trace [treɪs] **1** draglina för vagn; *in the ~s* i selen äv. bildl. **2** fiske. tafs

2 trace [treɪs] **I** *vb tr* **1** spåra [*the criminal was ~d to London*]; följa [spåren av]; spåra upp; upptäcka, finna [spår av] [*I can't* ~ *the letter you sent me*]; påvisa (konstatera) [förekomsten av] [*no poison could be ~d*]; skönja; ~ [*back*] *to* spåra (föra) tillbaka till, följa [ända] till [*his descent can be ~d* [*back*] *to...*]; hänföra till **2** ~ [*out*] dra upp [konturerna till], göra ett utkast till [~ [*out*] *the plan of a new city*] **3** kalkera **II** *s* **1** spår; märke; *without* [*leaving*] *a* ~ äv. spårlöst **2** skiss; plan; ritning

tracing-paper ['treɪsɪŋˌpeɪpə] kalkerpapper

track [træk] **I** *s* **1** spår äv. bildl.; fotspår; [järnvägs]spår, bana; *double* (*twin*) ~ dubbelspår; *cover* [*up*] *one's* ~*s* sopa igen spåren efter sig; *keep* ~ *of* bildl. hålla reda på; hålla kontakten med; *lose* ~ *of* bildl. tappa kontakten med; tappa bort, tappa räkningen på [*I have lost* ~ *of how many they are*] **2** stig äv. bildl.; kurs äv. bildl.; bana [*the* ~ *of a comet* (*spacecraft*)] **3** sport. [löpar]bana [äv. *running* ~] **4** på skiva, magnetband spår; låt [*title* ~] **5** [driv]band **II** *vb tr* spåra äv. bildl.; följa spåren av; följa spår m.m.; ~ *down* [försöka] spåra [upp], förfölja; ta fast, fånga in

track-and-field [ˌtrækən(d)'fiːld] isht amer., ~ *sports* friidrott

track record [ˌtræk'rekɔːd] **1** sport. banrekord **2** bildl. [tidigare] meriter

trackshoe ['trækʃuː] spiksko

tracksuit ['træksuːt, -sjuːt] träningsoverall

1 tract [trækt] **1** område, sträcka; pl. ~*s* äv. vidder **2** anat. system, apparat; *the respiratory* ~ respirationsapparaten, andningsorganen

2 tract [trækt] religiös el. politisk skrift

tractable ['træktəbl] medgörlig; lätthanterlig; lättarbetad

traction ['trækʃ(ə)n] **1** dragning; dragkraft **2** med. dragning, traktion

tractor ['træktə] traktor

trade [treɪd] **I** *s* **1** a) handel; kommers; [handels]utbyte b) affärsgren [*in the book* ~]; ~ *cycle* konjunkturcykel, affärscykel **2** yrke, fack; hantering; ~ *dispute* arbetstvist, arbetskonflikt; ~ *term* fackterm, fackuttryck **3** *the* ~ facket, skrået, branschfolket; återförsäljarna [*we sell only to the* ~] **4** pl. ~*s* se *trade wind* **II** *vb itr* **1** handla **2** schackra, driva geschäft; spekulera; ~ *on* utnyttja, ockra på [~ *on a p.'s sympathy*] **3** om fartyg gå, segla **4** isht amer. vard. handla **III** *vb tr* handla med ngt; byta; ~ *in a th. for* a) ta ngt i inbyte mot b) lämna ngt i utbyte mot (som dellikvid för) [*he ~d in his old car for a new model*]

trade-in ['treɪdɪn] vard. inbyte; dellikvid; ~ *car* inbytesbil

trademark ['treɪdmɑːk] **1** varumärke, firmamärke **2** vard. visitkort [*the dog has left its* ~ *on the mat*]; signatur [*it bears his* ~]

trade-off ['treɪdɒf] byte; kohandel; kompromiss

trader ['treɪdə] **1** affärsman **2** handelsfartyg

trades|man ['treɪdz|mən] (pl. *-men* [-mən]) **1** [detalj]handlare **2** *-men's entrance* köksingång

tradespeople ['treɪdzˌpiːpl] (konstr. ss. pl.) handelsmän [med familjer]

trade-unionism [ˌtreɪd'juːnjənɪz(ə)m] fackföreningsrörelsen

trade-unionist [ˌtreɪd'juːnjənɪst] fackföreningsmedlem; fackföreningsman

trade wind ['treɪdwɪnd] passadvind

trading ['treɪdɪŋ] **1** handel; byteshandel **2** amer. polit. kohandel **3** handels- [~ *company*, ~ *vessel*]; drift[s]- [~ *capital*]; ~ *stamp* rabattkupong, rabattmärke

tradition [trə'dɪʃ(ə)n] tradition; hävd

traditional [trə'dɪʃənl] traditionell; traditionsenlig; nedärvd, hävdvunnen

traditionalist [trə'dɪʃ(ə)nəlɪst] traditionalist
traffic ['træfɪk] **I** *vb itr* **1** handla **2** neds. driva olaga handel **II** *s* **1** trafik; samfärdsel; ~ *circle* amer. cirkulationsplats, rondell; ~ *light* trafikljus, trafiksignal; ~ *sign* vägmärke, trafikmärke **2** handel; geschäft [~ *in* (med) *narcotics*] **3** [handels]förbindelse; utbyte
trafficker ['træfɪkə] mest neds. handlare; *drug* ~ narkotikahaj, narkotikalangare
tragedy ['trædʒədɪ] tragedi äv. bildl.
tragic ['trædʒɪk] tragisk
tragicomedy [,trædʒɪ'kɒmɪdɪ] tragikomedi
trail [treɪl] **I** *s* **1** strimma [*the engine left a* ~ *of smoke behind it*]; ~ *of dust* dammoln **2** spår äv. bildl.; *a* ~ *of blood* [ett] blodspår; *be hot on the* ~ *of a p.* vara tätt i hälarna (hack i häl) på ngn **3** [upptrampad] stig, väg **II** *vb tr* **1** släpa [i marken]; ~ *one's coat* (*coat-tails*) mucka (söka) gräl [med alla] **2** spåra [upp] [~ *animals* (*criminals*)]; följa [efter] **3** vard. komma (sacka) efter **4** mil. hålla (bära) gevär i handen vågrätt med nedåtsträckt arm; ~ *arms!* i handen gevär! **III** *vb itr* **1** släpa [i marken] [*her dress ~ed across the floor*]; släpa sig [fram] [äv. ~ *along*]; driva [långsamt] [*smoke was ~ing from the chimneys*]; ~ [*along*] *after* hänga 'efter **2** vard. komma (sacka) efter [äv. ~ *behind*]; ~ *in popularity* sjunka i popularitet; ~ *by one goal* sport. ligga under med ett mål
trailer ['treɪlə] **1** släpvagn; amer. husvagn; *caravan* ~ bil med husvagn **2** krypväxt **3** film. trailer
train [treɪn] **I** *vb tr* **1** öva, öva in (upp); utbilda, lära upp, skola; dressera [~ [*up*] *animals*]; sport. träna; mil. exercera [med]; ~ *oneself to become a nurse* utbilda sig till sjuksköterska **2** trädg. forma **3** rikta [in] pistol, kikare m.m. **II** *vb itr* **1** utbilda sig; sport. träna [sig]; mil. exercera; ~ *as* (*to be, to become*) *a nurse* utbilda sig till sjuksköterska **2** vard. åka tåg, ta tåg[et] **III** *s* **1** järnv. tåg, tågsätt; *fast* ~ snälltåg; *special* ~ extratåg; *change ~s* byta tåg **2** följe; tåg [*a long* ~ *of camels*]; rad, följd [*a whole* ~ *of events*], kedja; svans [*a whole* ~ *of admirers*]; ~ *of thought* tankegång **3** [klännings]släp **4** tekn. hjulverk, löpverk [äv. ~ *of gears* (*wheels*)]
trained [treɪnd] tränad; van; utbildad [*a* ~ *nurse*]; skolad; dresserad
trainee [treɪ'niː] **1** praktikant; ~ *teacher* lärarkandidat **2** mil. rekryt
trainer ['treɪnə] **1** tränare; instruktör; lagledare; handledare **2** dressör **3** pl. ~*s* gymnastikskor, träningsskor
training ['treɪnɪŋ] [ut]bildning; träning; fostran, skolning; dressyr; mil. exercis; *in* ~ i god kondition, [väl]tränad; *be out of* ~ ha dålig kondition, vara otränad
training-cycle ['treɪnɪŋˌsaɪkl] motionscykel
traipse [treɪps] traska [~ *up the stairs*]
trait [treɪ, treɪt] [karakteristiskt (kännetecknande)] drag; karaktärsdrag
traitor ['treɪtə] förrädare
trajectory [trə'dʒektərɪ] **1** projektils, rakets m.m. bana; rymdfarkosts kurs **2** geom. trajektoria
tram [træm] **I** *s* spårvagn; *go by* ~ åka spårvagn, ta spårvagn[en] **II** *vb itr* åka spårvagn
tramcar ['træmkɑː] spårvagn
tramline ['træmlaɪn] **1** spårvagnslinje **2** spårvägsskena; pl. ~*s* äv. spårvagnsspår
tramp [træmp] **I** *vb itr* **1** trampa; klampa; stampa **2** traska, ströva [omkring]; luffa omkring **II** *vb tr* **1** trampa [på] **2** ströva igenom (omkring i), vandra (luffa) omkring i **III** *s* **1** tramp **2** [fot]vandring, strövtåg **3** luffare; landstrykare **4** trampfartyg; ~ *trade* trampfart **5** isht amer. vard. slampa
trample ['træmpl] **I** *vb tr* trampa [ned], trampa på; ~ *to death* trampa ihjäl **II** *vb itr* trampa; ~ *about* trampa (klampa) omkring
tramway ['træmweɪ] spårväg
trance [trɑːns] **1** trans; *send a p.* (*fall, go*) *into a* ~ försätta ngn (falla) i trans **2** dvala
tranquil ['træŋkwɪl] lugn
tranquillity [træŋ'kwɪlətɪ] lugn
tranquilliz|e ['træŋkwəlaɪz] lugna, stilla; -*ing drug* lugnande medel
tranquillizer ['træŋkwəlaɪzə] lugnande medel
transact [træn'zækt, trɑː-, -'sækt] bedriva [~ *business*], föra [~ *negotiations*]; göra upp, avtala; slutföra, avsluta; verkställa, förrätta
transaction [træn'zækʃ(ə)n, trɑː-, -'sæk-] **1** transaktion [*the ~s of a firm*]; [affärs]uppgörelse; pl. ~*s* börs. transaktioner, omsättning **2** bedrivande etc., jfr *transact*
transatlantic [,trænzət'læntɪk, ,trɑː-, -nz-] transatlantisk; atlant- [*a* ~ *steamer*]
transcend [træn'send, trɑː-] **1** överstiga, överskrida [~ *a limit*], övergå [~ *the ordinary experience of Man*] **2** överträffa, överglänsa [~ *a p. in talent*]
transcendental [,trænsen'dentl, ,trɑː-, -n-]

1 upphöjd **2** filos. el. teol. transcendent; transcendental [~ *meditation*]
transcribe [træn'skraɪb, trɑ:n-] **1** skriva av **2** transkribera äv. mus.
transcript ['trænskrɪpt, 'trɑ:n-] avskrift; utskrift
transcription [træn'skrɪpʃ(ə)n, trɑ:n-] **1** avskrivning **2** avskrift; utskrift **3** transkription äv. mus.
transept ['trænsept, 'trɑ:n-] tvärskepp i kyrka
transfer [ss. vb træns'fɜ:, trɑ:ns-, ss. subst. 'trænsfə, 'trɑ:n-] **I** *vb tr* **1** flytta; flytta över, föra över; placera om; transportera; *~ed charge call* tele. ba-samtal; *in a ~red sense* i överförd bemärkelse **2** överlåta **3** överföra bilder m.m.; kalkera **4** girera; ekon. transferera [~ *to the reserve fund*] **5** sport. sälja, transferera spelare **II** *vb itr* flytta; flyttas **III** *s* **1** flyttning; överflyttning; omplacering; transfer; *~ fee* sport. transfersumma, övergångssumma för spelare **2** a) överlåtelse b) överlåtelsehandling **3** kalkering; [av]tryck av mönster m.m.; kopia; dekal [äv. *~ picture*] **4** övergång; *~ [ticket]* övergångsbiljett **5** girering; ekon. transferering, transfer
transferable [træns'fɜ:rəbl, trɑ:ns-] överflyttbar; överlåtbar; transferabel; *not ~* får ej överlåtas om biljett m.m.
transfix [træns'fɪks, trɑ:ns-] **1** genomborra; spetsa **2** perf. p. *~ed* fastnaglad, förstenad; lamslagen, stel [*~ed with* (av) *terror*]
transform [træns'fɔ:m, trɑ:ns-] **I** *vb tr* förvandla; omvandla; omdana, ombilda, omgestalta; [helt] förändra; transformera äv. språkv. el. matem. **II** *vb itr* förvandlas etc., jfr *I*
transformation [ˌtrænsfə'meɪʃ(ə)n, ˌtrɑ:ns-] förvandling; omvandling; omgestaltning; [total] förändring; transformation
transformer [træns'fɔ:mə, trɑ:ns-] **1** omskapare **2** elektr. transformator
transfusion [træns'fju:ʒ(ə)n, trɑ:ns-] **1** transfusion **2** bildl. överföring
transgress [træns'gres, trɑ:ns-] **I** *vb tr* överträda lag m.m.; överskrida [~ *the bounds of decency*] **II** *vb itr* överträda en förordning (lag m.m.); synda
transgressor [træns'gresə, trɑ:ns-] överträdare; syndare
transient ['trænzɪənt, 'trɑ:n-] kortvarig, förgänglig; flyktig
transistor [træn'zɪstə, trɑ:n-, -'sɪ-] **1** transistor **2** vard. transistor[radio] **3** transistor-
transit ['trænzɪt, 'trɑ:n-, -sɪt] **1** genomresa, överresa; *~ visa* transitvisum, genomresevisum **2** isht hand. transport av varor, passagerare; transit[o]; transitering; [*goods lost*] *in ~* ...under transporten **3** amer. allmänna kommunikationsmedel; kollektivtrafik **4** övergång [*~ from autumn to winter*]
transition [træn'zɪʒ(ə)n, trɑ:n-, -'sɪʃ(ə)n] övergång
transitional [træn'zɪʒənl, trɑ:n-, -'sɪʃənl] övergångs-, mellan- [*a ~ period*]
transitory ['trænsɪt(ə)rɪ, 'trɑ:n-] övergående; obeständig; förgänglig
translate [træns'leɪt, trɑ:ns-, -nz'l-] **I** *vb tr* **1** a) översätta, tolka b) överföra, skriva om **2** förvandla, omvandla; omsätta [*~ into* (i) *action*] **II** *vb itr* **1** kunna översättas **2** vara översättare; översätta
translation [træns'leɪʃ(ə)n, trɑ:ns-, -nz'l-] översättning [*do* (*make*) *a ~*], tolkning
translator [træns'leɪtə, trɑ:ns-, -nz'l-] översättare, translator
translucent [trænz'lu:snt, trɑ:nz-, -ns'l-, -'lju:-] [halv]genomskinlig; bildl. kristallklar
transmission [trænz'mɪʃ(ə)n, trɑ:nz-, -ns'm-] **1** vidarebefordran; översändande, överlämnande; överlåtelse; spridning [*~ of disease*] **2** fortplantning av egenskaper m.m.; nedärvning **3** a) mek. transmission; kraftöverföring [äv. *~ of power*]; *~ [case]* växellåda b) fys. genomsläppande av ljus m.m. **4** radio. sändning
transmit [trænz'mɪt, trɑ:nz-, -ns'm-] **1** vidarebefordra [*~ a document*; *~ news*]; sända över, befordra; överlämna, överlåta; överföra; *~ a disease* överföra en sjukdom **2** fortplanta [*~ characteristics*] **3** a) mek. överföra b) fys. släppa igenom ljus m.m. **4** radio. sända [ut], överföra; *~ting station* sändarstation
transmitter [trænz'mɪtə, trɑ:nz-, -ns'm-] [radio]sändare; transmitter
transparency [træn'spær(ə)nsɪ, trɑ:n-, -nz'p-, -'peər-] **1** genomsynlighet etc., jfr *transparent* **2** transparang; diapositiv, diabild, ljusbild
transparent [træn'spær(ə)nt, trɑ:n-, -nz'p-, -'peər-] **1** genomsynlig; genomskinlig äv. bildl. [*a ~ excuse*]; transparent **2** klar
transpire [træn'spaɪə, trɑ:n-] **I** *vb tr* avdunsta äv. bot.; avsöndra fuktighet m.m. **II** *vb itr* **1** avdunsta; avgå **2** bildl. läcka ut, sippra ut; komma fram **3** vard. hända

transplant [ss. vb træn'splɑ:nt, trɑ:n-, ss. subst. '--] **I** *vb tr* **1** plantera om [*~ trees*], skola **2** förflytta, flytta över, plantera om; plantera in **3** kir. transplantera **II** *s* kir. **1** transplantation [*a heart ~*] **2** transplantat

transplantation [ˌtrænsplɑ:n'teɪʃ(ə)n, ˌtrɑ:ns-] **1** omplantering **2** förflyttning, omplantering **3** kir. transplantation

transport [ss. vb træn'spɔ:t, trɑ:n-, ss. subst. '--] **I** *vb tr* **1** transportera, förflytta **2** *be ~ed* bli (vara) hänryckt (hänförd), ryckas med; *~ed with joy* vild (utom sig) av glädje **II** *s* **1** transport, frakt; *~ café* långtradarkafé **2** transportmedel; *means of ~* el. *public ~* allmänna kommunikationer, kollektivtrafik **3** hänförelse, extas; anfall [*in a ~ of rage*]; *be in ~s of joy* vara vild (utom sig) av glädje

transportation [ˌtrænspɔ:'teɪʃ(ə)n, ˌtrɑ:n-] **1** transport, förflyttning **2** transportmedel; transportväsen, [allmänna] kommunikationer

transpose [træn'spəʊz, trɑ:n-] flytta om ordning, ord m.m.; låta byta plats

transposition [ˌtrænspə'zɪʃ(ə)n, ˌtrɑ:n-] omkastning, omflyttning

transverse ['trænzvɜ:s, 'trɑ:n-, ˌ-'-] tvärgående [*~ engine*]; *~ section* tvärsnitt

transvestism [trænz'vestɪz(ə)m, trɑ:nz-] transvestism

trap [træp] **I** *s* **1** fälla äv. bildl.; [räv]sax; ryssja; *fall into the ~* gå i fällan; *set (lay) a ~ for* sätta ut en fälla (snara) för, gillra en fälla för **2** tekn. vattenlås **3** fallucka i golvet el. taket; klaff **4** sl. **a)** käft, mun **b)** pl. *~s* slagverk **II** *vb tr* **1** snara, snärja, bildl. äv. ertappa; *~ped* [*in a burning building*] instängd... **2** sätta ut fällor (snaror) på (i) **3** *~ a ball* fotb. dämpa en boll

trapdoor [ˌtræp'dɔ:] se *trap I 3*

trapeze [trə'pi:z] gymn. trapets

trapper ['træpə] pälsjägare

trappings ['træpɪŋz] **1** tillbehör [*the ~ of power*]; [grann]utstyrsel; glitter, prål **2** [häst]mundering; schabrak

trash [træʃ] **1** skräp; bildl. äv. struntprat **2** amer. avfall **3** vard. slödder; stackare; *white ~* i USA den vita underklassen, de fattiga vita i Södern

trash can ['træʃkæn] amer. soptunna

trashy ['træʃɪ] värdelös [*~ novels*], strunt-

trauma ['trɔ:mə, 'traʊmə] (pl. *~ta* [-tə] el. *~s*) med. el. psykol. trauma; skada; chock

traumatic [trɔ:'mætɪk, traʊ-] med. el. psykol. traumatisk; chockartad

travel ['træv(ə)l] **I** *vb itr* **1** resa [*~ all over the world, ~ for several weeks*]; färdas; flytta om fåglar **2** resa, vara handelsresande [*~ for a company*; *~ in cosmetics*] **3** om t.ex. ljus, ljud röra sig [*light ~s faster than sound*] **4** vard. susa fram, hålla hög fart, röra sig snabbt; *that car certainly ~s!* ung. den där bilen är ett riktigt krutpaket! **5** vard., *~ in (with)* umgås i (med), röra sig i [*~ in wealthy circles*] **II** *vb tr* **1** resa igenom **2** tillryggalägga [*~ great distances*]; *the car has ~led* [*10,000 miles*] bilen har gått... **III** *s* **1** resande [*enrich one's mind by ~*]; amer. äv. trafik [*~ is heavy on holidays*], rese-; pl. *~s* a) resor [*in (during) my ~s*] b) reseskildring[ar]; *~ document* färdhandling **2** tekn. o.d. rörelse; [kolv]slag; slaglängd; takt

travel agency ['træv(ə)lˌeɪdʒənsɪ] resebyrå

travel agent ['træv(ə)lˌeɪdʒənt] resebyrå[tjänste]man

travelled ['træv(ə)ld] **1** [vitt]berest [*a ~ person*] **2** trafikerad [*a ~ route*]

traveller ['træv(ə)lə] resande, resenär; passagerare; vandrare; [*commercial ~*] handelsresande; *~'s cheque* resecheck

travelling ['træv(ə)lɪŋ] **I** *s* **1** resande, att resa **2** rese-, res-; *~ companion* reskamrat; *~ scholarship (bursary)* resestipendium **II** *adj* resande [*~ circus*]; *~ library* a) vandringsbibliotek b) bokbuss

travelogue ['træv(ə)lɒg] reseskildring; dokumentärfilm

traverse ['trævəs, trə'vɜ:s] **I** *adj* tvärgående **II** *s* **1** tvärstycke, tvärslå **2** mil. travers **III** *vb tr* **1** korsa [*ships ~ the ocean*]; fara över (genom); genomkorsa **2** korsa, skära [*the railway line ~d the road*]

travesty ['trævəstɪ] **I** *vb tr* travestera **II** *s* travesti; *a ~ of justice* en ren parodi på rättvisa

trawler ['trɔ:lə] **1** trålare **2** trålfiskare

tray [treɪ] **1** [serverings]bricka; [penn]fat; [brev]korg **2** löst [låd]fack i skrivbord m.m.

treacherous ['tretʃ(ə)rəs] förrädisk [*the ice is ~*], bedräglig [*a ~ action*]; opålitlig [*~ weather*; *my memory is ~*]; falsk

treachery ['tretʃ(ə)rɪ] förräderi; svek; trolöshet

treacle ['tri:kl] sirap; melass

tread [tred] **I** (*trod trodden* el. ibl. *trod*) *vb itr* trampa, träda; gå; *I felt I was ~ing on air* jag svävade på små moln **II** (*trod trodden* el. ibl. *trod*; i bet. *3 ~ed ~ed*) *vb tr* **1** trampa [*~ grapes*], trampa på; trampa (stampa) till; trampa upp; *~ water* trampa

vatten 2 gå [~ *a path*], vandra på (i, genom, över); bildl. äv. beträda [~ *a dangerous path*] 3 förse med slitbana, lägga slitbana på [~ *tyres*] **III** *s* 1 steg; gång; tramp 2 trampyta på fot el. sko 3 slitbana; slitbanemönster, däckmönster [äv. ~ *pattern*]
treadle ['tredl] **I** *s* trampa **II** *vb itr* o. *vb tr* trampa [på pedalen]
treadmill ['tredmɪl] trampkvarn, bildl. äv. ekorrhjul
treason ['tri:zn] [hög]förräderi; landsförräderi; *high* ~ högförräderi
treasure ['treʒə] **I** *s* skatt, klenod; bildl. äv. pärla [*she's a* ~]; koll. skatter, dyrbarheter [*all kinds of* ~]; *T~ Island* Skattkammarön roman av R.L. Stevenson **II** *vb tr* 1 ~ [*up*] a) samla [på], lägga på hög, gömma [på] b) bildl. bevara [~ *a th. up in one's memory*] 2 [upp]skatta
treasure hunt ['treʒəhʌnt] 1 lek skattjakt 2 skattsökning
treasurer ['treʒ(ə)rə] kassör i förening o.d.; skattmästare; i kommun (ung.) finanssekreterare
treasury ['treʒ(ə)rɪ] 1 *the T~* a) finansdepartementet b) statskassan; *Secretary of the T~* i USA finansminister 2 skattkammare äv. bildl. [*the* ~ *of literature*]; bildl. äv. guldgruva
treat [tri:t] **I** *vb tr* 1 behandla; *how is the world ~ing you?* hur lever världen med dig?, hur har du det [nuförtiden]? 2 ta [*he ~s it as a joke*] 3 bjuda, traktera, undfägna; ~ *oneself to a th.* kosta på sig ngt, unna sig ngt **II** *vb itr* 1 underhandla, förhandla [*with a p. for* (om) *a th.*] 2 ~ *of* avhandla, behandla, handla om 3 bjuda [*whose turn is it to* ~ *next?*] **III** *s* 1 [barn]kalas, bjudning; fest; *it's my* ~ det är min tur att bjuda, jag bjuder 2 nöje, glädje, upplevelse [*it was a real* ~]; begivenhet; något extra gott [*you'll get pineapple as a* ~]; *you look a* ~ [*in that dress*] vard. du är ursnygg...
treatise ['tri:tɪz, -tɪs] avhandling
treatment ['tri:tmənt] behandling, med. äv. kur
treaty ['tri:tɪ] fördrag, traktat [*commercial* (*peace*) ~]; *conclude* (*enter into*) *a* ~ sluta (ingå) ett fördrag
treble ['trebl] **I** *adj* 1 tredubbel, trefaldig; ~ *chance* [*pool*] poängtips; *he earns* ~ *my salary* han tjänar tre gånger så mycket som jag 2 mus. diskant- **II** *s* mus. diskant **III** *vb tr* tredubbla [*he has ~d his earnings*] **IV** *vb itr* tredubblas

tree [tri:] 1 träd; *the* ~ *of knowledge* kunskapens träd 2 [sko]block, läst
treeline ['tri:laɪn] trädgräns
trefoil ['trefɔɪl, 'tri:f-] 1 bot. klöver 2 klöverblad ss. ornament; arkit. trepass
trek [trek] **I** *vb itr* resa; dra ut (i väg) **II** *vb tr* 1 tillryggalägga, åka [~ *a long distance*] 2 sydafr. dra [*the ox could not* ~ *the heavy wagon*] **III** *s* lång och mödosam resa
trellis ['trelɪs] **I** *s* spaljé; galler[verk] **II** *vb tr* förse med spaljé (galler); spaljera
tremble ['trembl] **I** *vb itr* 1 darra, skaka [*he ~d at* (vid) *the sound*; ~ *with* (av) *anger*]; skälva; ~ *in the balance* bildl. hänga på en tråd, stå och väga 2 bäva, vara orolig; *with a trembling heart* med bävande hjärta **II** *s* skakning, skälvning; *be all of* (*in*) *a* ~ vard. skaka (darra) i hela kroppen
tremendous [trə'mendəs, trɪ'm-] 1 vard. kolossal [*a* ~ *house*], våldsam [*a* ~ *explosion*] 2 vard. fantastisk, väldig
tremor ['tremə] 1 skälvning; rysning 2 jordskalv [äv. *earth* ~]
trench [tren(t)ʃ] **I** *s* 1 dike; dräneringsdike; grävd ränna; fåra 2 mil. skyttegrav, löpgrav; ~ *coat* trenchcoat; mil. fältkappa **II** *vb tr* dika [ut]
trenchant ['tren(t)ʃ(ə)nt] bildl. bitande
trend [trend] **I** *s* bildl. [in]riktning; tendens; utveckling; strömning; *set the* ~ skapa (diktera) ett mode (en trend) **II** *vb itr* bildl. tendera [*prices have ~ed upward*]
trendsetter ['trend‚setə] trendsättare
trendy ['trendɪ] vard. trendig; inne-
trepidation [‚trepɪ'deɪʃ(ə)n] förvirring, bestörtning; [nervös] oro, bävan
trespass ['trespəs] **I** *vb itr* 1 inkräkta, göra intrång [~ [*up*]*on a p.'s private property*] 2 bildl., ~ [*up*]*on* inkräkta på, göra intrång i [~ *upon a p.'s rights*]; ta ngt alltför mycket i anspråk 3 bibl. el. åld. synda, försynda sig; *...as we forgive them that* ~ *against us* bibl. ...såsom ock vi förlåta dem oss skyldiga äro **II** *vb tr* bildl. överskrida [~ *the bounds of good taste*] **III** *s* 1 [lag]överträdelse; intrång; åverkan 2 bibl. el. åld. synd, fel; skuld [*forgive us our ~es*]
trespasser ['trespəsə] 1 inkräktare 2 lagbrytare; *~s will be prosecuted* tillträde vid vite förbjudet, överträdelse beivras
trespassing ['trespəsɪŋ] intrång; *no ~!* förbjudet område!, tillträde förbjudet!
tress [tres] poet. lock; pl. *~es* äv. hår
trestle ['tresl] [trä]bock ss. stöd

trestle table ['tresl,teɪbl] bord med lösa benbockar
trial ['traɪ(ə)l] **1** prov; provning; provtur; ~ *flight* provflygning; ~ *offer* hand. introduktionserbjudande; ~ *period* provperiod, försöksperiod; *give a p. a* ~ sätta ngn på prov, låta ngn visa vad han kan (duger till); *on* ~ a) på prov [*buy a th. on* ~] b) efter prov (en prövotid) **2** jur. rättslig behandling (prövning) [*undergo a* ~]; rättegång; process; mål; *stand (be on)* ~ stå (vara ställd) inför rätta, vara åtalad [*for* för]; *bring a p. to (up for)* ~ ställa (dra) ngn inför rätta **3** prövning; hemsökelse **4** sport. försök; i motorsport o. kapplöpn. vanl. trial; ~ *heat* försöksheat
triangle ['traɪæŋgl] triangel
triangular [traɪ'æŋgjʊlə] triangulär
tribal ['traɪb(ə)l] stam- [~ *feuds*], släkt-
tribe [traɪb] **1** [folk]stam [*the Indian* ~*s of America*]; släkt; rom. antik. tribus **2** ofta neds. följe [*a* ~ *of parasites*]; skämts. klan, släkt
tribes|man ['traɪbz|mən] (pl. -*men* [-mən]) stammedlem; stamfrände
tribulation [ˌtrɪbjʊ'leɪʃ(ə)n] bedrövelse, motgång[ar]
tribunal [traɪ'bju:nl, trɪ'b-] **1** domstol; *industrial* ~ arbetsdomstol **2** domarsäte; [domar]tribun
tributary ['trɪbjʊt(ə)rɪ] **I** *adj* **1** skattskyldig, tributskyldig; beroende, underlydande [*a* ~ *king*] **2** bi- [*a* ~ *river*] **II** *s* **1** skattskyldig; lydrike **2** tillflöde
tribute ['trɪbju:t] **1** a) tribut [*pay* ~ *to a conqueror*] b) skattskyldighet **2** bildl. bevis [*a* ~ *of gratitude* (*respect*)], hyllning, tribut [*a* ~ *to his bravery*]; *floral* ~*s* blomsterhyllning[ar]
trice [traɪs], *in a* ~ i en handvändning (blink), innan man vet (visste) ordet av
trick [trɪk] **I** *s* **1** a) knep b) påhitt c) konst[er], konstgrepp; trick[s]; *the* ~*s of the trade* yrkesknepen; hemligheten [med det hela]; *a dirty (mean, shabby)* ~ ett fult (nedrigt) spratt; ~ *or treat* amer. vard., ung. dörrknackning när barn går runt och tigger godis under hot om att annars ställa till ofog under 'Hallowe'en'; *that will do* (amer. *turn*) *the* ~ vard. det kommer att göra susen; *I know a* ~ *worth two of that* jag vet ett mycket bättre (dubbelt så bra) knep (sätt); *he never misses a* ~ vard. han har ögonen med sig, han kan alla knep **2** egenhet [*he has a* ~ *of repeating himself*] **3** kortsp. trick, spel [*win* (*take*) *the* ~] **II** *vb tr* **1** lura [~ *a p. into doing* ([till] att göra) *a th.*]; ~ *a p. out of a th.*

lura av ngn ngt **2** ~ [*out* (*up*)] styra (pynta) ut; spöka ut **III** *vb itr* använda list (knep)
trickery ['trɪkərɪ] knep; bedrägeri; humbug
trickle ['trɪkl] **I** *vb itr* droppa, drypa, sippra [*blood* ~*d from the wound*], tillra [*the tears* ~*d down her cheeks*] **II** *s* droppande; droppe; bildl. äv. obetydlighet; *there was a* ~ *of blood from the wound* det droppade (sipprade) lite blod från såret
trickster ['trɪkstə] skojare, bedragare
tricky ['trɪkɪ] **1** bedräglig, slipad [*a* ~ *politician*] **2** kinkig [*a* ~ *problem*]
tricolour ['trɪkələ, 'traɪˌkʌlə] trikolor
tricycle ['traɪsɪkl] trehjulig cykel
tried [traɪd] beprövad [*a* ~ *friend* (*remedy*)]
trifle ['traɪfl] **I** *s* **1** bagatell [*stick at* ~*s*], obetydlighet; strunt[sak] **2** struntsumma **3** *a* ~ ss. adv. en smula (aning) [*this dress is a* ~ *too short*] **4** 'trifle' slags dessert med lager av sockerkaka, frukt, sylt m.m. o. täckt med vaniljkräm el. vispgrädde **II** *vb itr* **1** ~ *with* leka (skämta) med **2** [sitta och] leka, peta [~ *with* (i) *the food*], fingra **III** *vb tr*, ~ *away* plottra (slarva, slösa) bort
trifling ['traɪflɪŋ] **I** *adj* **1** obetydlig [*a* ~ *error*], ringa [*of* ~ *value*], oväsentlig; lumpen, futtig, värdelös [*a* ~ *gift*]; *it's no* ~ *matter* det är ingen bagatell, det är inget att leka med **2** lättsinnig, ytlig, tanklös [~ *talk*] **II** *s* **1** [lättsinnig] lek, skämt[ande] **2** lättja
trigger ['trɪgə] **I** *s* avtryckare på skjutvapen; bildl. utlösare; *cock the* ~ spänna hanen, osäkra vapnet (geväret m.m.) **II** *vb tr*, ~ [*off*] starta, utlösa, sätta igång
trigger-happy ['trɪgəˌhæpɪ] vard. skjutglad
trigonometry [ˌtrɪgə'nɒmətrɪ] geom. trigonometri
trilby ['trɪlbɪ] vard., ~ [*hat*] trilbyhatt mjuk filthatt
trill [trɪl] **I** *s* drill äv. mus. **II** *vb tr* o. *vb itr* drilla äv. mus.; slå [sina] drillar; fonet. rulla [på] [~ *one's r's*]
trilogy ['trɪlədʒɪ] trilogi
trim [trɪm] **I** *adj* **1** välordnad; välutrustad **2** snygg, prydlig [~ *clothes*]; välbehållen [*a* ~ *figure*] **II** *vb tr* **1** klippa, tukta [~ *a hedge*; ~ *one's beard*]; skära ner [~ *the budget*]; ~ *one's nails* klippa (putsa) naglarna; ~ *a wick* putsa en veke **2** dekorera; ~ *the Christmas tree* klä julgranen; ~ *a dress with ribbons* garnera (kanta) en klänning med band **3** vard. klå örfila, besegra **4** sjö. a) trimma b) sätta (hålla) på rätt köl; trimma [~ *a ship*; ~ *the cargo*], lämpa [om] [~ *coal*] **5** bildl.

anpassa, rätta [~ *one's opinions* [*according*] *to* (efter)...]; ~ *one's sails to the* (*every*) *wind* vända kappan efter vinden **III** *vb itr* gå en medelväg; vända kappan efter vinden **IV** *s* **1** skick [*be in good* ~]; *get into* ~ a) sätta i [gott] skick, trimma b) sport. få (komma) i form **2** sjö. a) trimning; om segel äv. [om]stuvning b) trim; segelfärdigt skick **3** klippning [*the* ~ *of one's beard* (*hair*), *the* ~ *of a hedge*], trimning [*the* ~ *of a dog*]; *the barber gave me a* ~ frisören putsade håret på mig **4 a)** utstyrsel **b)** lister; inredning [*the* ~ *inside a car*]; skyltning; *the chrome* ~ *of a car* kromlisterna (kromdetaljerna, kromet) på en bil

trimmer ['trɪmə] **1** klippningsmaskin; trimningssax, trimkam; *nail* ~ nagelklippare **2** bildl. vindflöjel, opportunist

trimming ['trɪmɪŋ] **1** [av]klippning **2** dekorering; garnering **3** isht pl. *~s* a) dekoration[er], pynt; utsmyckning[ar] äv. bildl.; bildl. tillägg, tillbehör b) isht kok. [extra] tillbehör, garnityr c) galoner, beslag **4** pl. *~s* [bortskurna] kanter, rester, rens, spill, avfall **5** sjö. trimning; [kol]lämpning **6** bildl. balansering[skonst], opportunism **7** vard. a) [ordentligt] kok stryk b) stryk nederlag

trinket ['trɪŋkɪt] [billigt] smycke; [billig] prydnadssak; pl. *~s* äv. grannlåt, nipper

trio ['tri:əʊ] **1** trio äv. mus. **2** kortsp. tretal

trip [trɪp] **I** *vb itr* **1** trippa [lätt], gå (springa, dansa) med lätta steg **2** a) snubbla äv. bildl. [äv. ~ *up*]; snava, tappa fotfästet b) göra (ta) fel, göra ett misstag c) försäga sig **II** *vb tr*, ~ [*up*] a) få att snubbla, sätta krokben för, fälla; vippa (stjälpa) omkull b) snärja, överlista c) ertappa, avslöja **III** *s* **1** tripp [*a* ~ *to Paris*], tur [*a* ~ *to the seaside*]; ~ *meter* el. ~ *mileage counter* bil. trippmätare **2** lätt[a] steg; trippande **3** snubblande, snavande **4** krokben; brottn. äv. grepp **5** tekn. a) utlösning b) utlösare **6** sl. tripp LSD o.d. samt rus; *bad* ~ snedtändning

tripartite [ˌtraɪˈpɑːtaɪt] **1** tredelad; trefaldig **2** tresidig [*a* ~ *agreement*]

tripe [traɪp] **1** kok. komage **2** sl., pl. *~s* tarmar; buk **3** sl. skit, smörja [*talk* ~]

triple ['trɪpl] **I** *adj* trefaldig, tredubbel; trippel- [~ *alliance*], tre- [*triple-headed*]; ~ *glazing* koll. treglasfönster; tredubbla fönster; ~ *jump* sport. trestegshopp **II** *vb tr* tredubbla [*he* ~*d his income*] **III** *vb itr* tredubblas

triplet ['trɪplət] **1** trilling **2** mus. triol

triplicate [ss. adj. o. subst. 'trɪplɪkət, ss. vb 'trɪplɪkeɪt] **I** *adj* tredubbel, trefaldig; om avskrift i tre exemplar **II** *s* triplett, tredje exemplar (avskrift, utskrift); *in* ~ i tre exemplar **III** *vb tr* tredubbla; utfärda (skriva ut) i tre exemplar

tripod ['traɪpɒd] **1** trefot; tripod äv. grek. mytol. **2** [trebens]stativ; mil. trefotslavett

tripper ['trɪpə] **1** nöjesresenär; person på utflykt **2** tekn. utlösare

trip-recorder ['trɪprɪˌkɔːdə] bil. trippmätare

tripwire ['trɪpˌwaɪə] mil. snubbeltråd

trite [traɪt] sliten, trivial

triumph ['traɪəmf] **I** *s* triumf [*return home in* ~], segerglädje; seger [*win a* ~]; *in* ~ äv. triumferande, jublande **II** *vb itr* triumfera; segra; jubla; ~ *over* äv. besegra

triumphal [traɪˈʌmf(ə)l] triumf- [~ *arch*]; ~ *car* triumfvagn

triumphant [traɪˈʌmfənt] triumferande; segerrik [~ *armies*]; segerstolt; [seger]jublande; *be* ~ vara segerrik, triumfera, segra

trivial ['trɪvɪəl] obetydlig [*a* ~ *detail* (*loss*)], ringa [*of* ~ *importance*], betydelselös [~ *circumstances*]; futtig [*a* ~ *gift*]; trivial [~ *jokes*]; ~ *matters* bagateller, struntsaker

triviality [ˌtrɪvɪˈælətɪ] **1** obetydlighet; bagatell [*a mere* ~]; strunt **2** banalitet

trivialize ['trɪvɪəlaɪz] bagatellisera; banalisera; förflacka

trod [trɒd] imperf. o. ibl. perf. p. av *tread*

trodden ['trɒdn] perf. p. av *tread*

trolley ['trɒlɪ] **1** [drag]kärra, pirra **2** lastvagn; tralla; järnv. äv. dressin **3** rullbord, tevagn; serveringsvagn **4** kundvagn på snabbköp **5** amer. spårvagn

trolleybus ['trɒlɪbʌs] trådbuss, trolleybuss

trolley car ['trɒlɪkɑː] amer. spårvagn

trollop ['trɒləp] slampa, [gat]slinka

trombone [trɒmˈbəʊn, '--] trombon; *slide* ~ dragbasun; *valve* ~ ventilbasun

troop [truːp] **I** *s* **1** skara; flock [*a* ~ *of antelopes*]; mängd [*he has* ~*s of friends*] **2** mil. trupp **3** mil. [kavalleri]skvadron **4** [scout]avdelning **II** *vb itr* **1** gå (komma) i skaror (skockvis, flockvis); ~ *in* (*out*) myllra (strömma) in (ut) **2** marschera **III** *vb tr* mil., ~ *the colour*[*s*] göra parad för (troppa) fanan

trooper ['truːpə] **1** [menig] kavallerist; *swear like a* ~ svära som en borstbindare **2** amer. a) ridande polis[man] b) radiopolis[man]

troopship ['truːpʃɪp] trupptransportfartyg

trophy ['trəʊfɪ] **1** trofé **2** segertecken; sport. pris

tropic ['trɒpɪk] **I** s **1** tropik [*the T~ of Cancer (Capricorn)*] **2** *the ~s (Tropics)* tropikerna **II** *adj* tropisk [*the ~ zone*]

tropical ['trɒpɪk(ə)l] tropisk [*~ climate*]

trot [trɒt] **I** *vb itr* **1** trava, gå i trav; rida i trav; *~ along* trava på (i väg) **2** lunka, knalla; jogga; *~ along* lunka osv. på (i väg); *you ~ along!* kila i väg [nu]!; *I must be ~ting* [*off (along)*] jag måste ge mig av, jag måste kila **II** *vb tr* **1** sätta i trav [*~ a horse*], köra [*~ a racehorse*] **2** *~ out* a) rida fram [med], låta paradera [*~ out a horse*] b) vard. komma dragande med, briljera (skryta) med [*~ out one's knowledge*]; köra med [*~ out the same old jokes*] **3** vard. låta trava; dra **III** *s* trav; lunk[ande]; sport. joggning; *at a steady ~* i lugnt (jämnt) trav; i jämn fart; *on the ~* vard. i rad [*three wins on the ~*]; *be on the ~* a) vard. vara i farten (i gång) b) sl. vara på rymmen

trotter ['trɒtə] **1** travare, travhäst **2** kok., [*pig's (pigs')*] *~s* grisfötter

troubadour ['truːbə‚dʊə, -dɔː] trubadur

trouble ['trʌbl] **I** *vb tr* **1** oroa [*be ~d by bad news*], bekymra [*what ~s me is that…*], plåga, besvära; *~ oneself* a) oroa sig b) göra sig besvär **2** besvära; *sorry to ~ you!* förlåt att jag besvärar!; *may I ~ you to pass* [*the mustard*]*?* får jag besvära (be) om…? **II** *vb itr* **1** besvära sig **2** oroa sig **III** *s* **1** a) oro b) besvär, möda [*take* (göra sig) *the ~ to write*] c) svårighet[er], knipa [*financial ~*]; trassel [*family ~*[*s*]] d) motgång [*life is full of ~s*]; *~s never come singly* en olycka kommer sällan ensam; *what's the ~?* hur är det fatt?; vad gäller saken?; *no ~ at all!* ingen orsak [alls]!; *my car has been giving me ~ lately* min bil har krånglat på sista tiden **2** åkomma, besvär [*stomach ~*[*s*]]; *my stomach has been giving me ~ lately* äv. min mage har krånglat på sista tiden **3** oro [*political ~*]; isht pl. *~s* oroligheter [*~s in Southern Africa*]; förvecklingar, konflikter [*labour ~s*] **4** tekn. fel [*engine ~*]

troubled ['trʌbld] **1** upprörd [*a ~ sea*]; orolig [*a ~ period*]; *fish in ~ waters* fiska i grumligt vatten **2** orolig

troublemaker ['trʌbl‚meɪkə] orosstiftare

troubleshooter ['trʌbl‚ʃuːtə] **1** medlare [*a diplomatic ~*] **2** tekn. felsökare

troublesome ['trʌblsəm] besvärlig [*a ~ headache*]; bråkig [*a ~ child*]; mödosam [*a ~ task*], krånglig

trouble spot ['trʌblspɒt] oroscentrum plats där bråk ofta förekommer

trough [trɒf] **1** tråg, ho; kar; matskål för husdjur **2** baktråg **3** fördjupning; [dal]sänka; vågdal äv. bildl. **4** meteor., *~* [*of low pressure*] lågtrycksområde

trounce [traʊns] slå äv. sport. o.d.; klå upp

troupe [truːp] [skådespelar]trupp; cirkustrupp

trousers ['traʊzəz] [lång]byxor [*a pair of ~*]; *~ pocket* byxficka

trouser suit ['traʊzəsuːt, -sjuːt] byxdress

trousseau ['truːsəʊ] (pl. *~s* el. *~x* [-z]) [brud]utstyrsel; brudkista

trout [traʊt] **1** (pl. lika) zool. forell; [*salmon*] *~* laxöring **2** sl., [*old*] *~* [gammal] käring (skräcködla)

trowel ['traʊ(ə)l] **1** murslev; *lay it on with a ~* bildl. bre på [tjockt], smickra grovt **2** trädg. planteringsspade

truant ['truːənt] skolkare; dagdrivare; *play ~* skolka [från skolan]

truce [truːs] [vapen]stillestånd; [*party*] *~* polit. borgfred

1 truck [trʌk] **1** [öppen] godsvagn **2** isht amer. lastbil; *long distance ~* långtradare **3** a) truck b) transportvagn; skjutvagn; dragkärra, handkärra [äv. *hand ~*]; bagagevagn, bagagekärra c) amer. rullbord

2 truck [trʌk] **1** byteshandel; köp; affär **2** vard. affärer; samröre; *I'll have no ~ with him* jag vill inte ha [något] med honom att göra

truculent ['trʌkjʊlənt] stridslysten

trudge [trʌdʒ] **I** *vb itr* traska (lunka, kliva) [mödosamt] **II** *vb tr* traska (lunka, släpa sig) fram på **III** *s* [mödosamt] traskande

true [truː] **I** *adj* **1** a) sann b) riktig, rätt, exakt c) egentlig [*the frog is not a ~ reptile*]; äkta [*a ~ diamond*], verklig, uppriktig, sann [*a ~ friend, ~ love*]; *how ~!* el. *quite ~!* alldeles riktigt!, det är så sant som det är sagt!; *come (prove) ~* bli verklighet, slå in, besannas [*his suspicions (words) came ~*]; *hold (be) ~* hålla streck, gälla, vara giltig, äga giltighet [*of* i fråga om, beträffande, för] **2** trogen, lojal; *be ~ to a p. (a th.)* äv. vara ngn (ngt) trogen, vara trogen ngn (ngt); *be (run) ~ to form (type)* vara typisk (karakteristisk, normal) **3** isht tekn. rät; rätt (noga) avpassad (inpassad) **II** *adv* **1** sant **2** fullkomligt; precis; rätt [*aim ~*] **III** *s* tekn., *out of ~* felaktig; vind, sned; ur led (läge)

truffle ['trʌfl] kok. tryffel

truly ['truːlɪ] **1** sant [*~ human*], verkligt [*a ~ beautiful picture*], riktigt [*~ good*];

uppriktigt [~ *grateful*]; verkligen [~, *she is beautiful*] **2** riktigt [~ *correct*] **3** troget **4 a)** i brev *Yours ~* Högaktningsfullt **b)** *that won't do for yours ~* skämts. det gillar inte undertecknad, det duger (räcker) inte åt en annan **5** litt. i sanning
trump [trʌmp] **I** *s* **1** kortsp. trumf äv. bildl.; trumfkort; trumffärg; *~ card* trumf[kort] äv. bildl.; *hearts are ~s* hjärter är trumf; *hold ~s* ha (sitta med) trumf på hand äv. bildl.; *ace of ~s* trumfäss äv. bildl. **2** vard. hederknyffel **II** *vb tr* **1** kortsp. trumfa över **2** bildl., *~ up* duka upp, koka ihop [*~ up a lie* (*story*)], konstruera [*~ up evidence*]
trumpet ['trʌmpɪt] **I** *s* **1** trumpet; signalhorn; *blow* (*play*) *the ~* blåsa (spela) trumpet **2** hörlur för lomhörd **3** [tal]tratt **4** trumpet[are] i orkester **II** *vb tr* trumpeta [ut]; isht bildl. basunera ut, förkunna [äv. *~ forth*] **III** *vb itr* blåsa trumpet; trumpeta
trumpeter ['trʌmpɪtə] trumpetare
truncate [trʌŋ'keɪt] stympa äv. geom.; skära (hugga, klippa) av (bort), korta av äv. bildl.; stubba
truncheon ['trʌn(t)ʃ(ə)n] batong
trundle ['trʌndl] rulla [*~ a hoop*], trilla
trunk [trʌŋk] **1** [träd]stam **2** bål kroppsdel **3** koffert; amer. äv. bagageutrymme i bil; *~ murder* koffertmord **4 a)** zool. snabel **b)** sl. kran näsa **5** pl. *~s* **a)** idrottsbyxor, shorts **b)** badbyxor **c)** kalsonger **6** amer. tele., pl. *~s* riksstation[en]
trunk call ['trʌŋkkɔ:l] tele. (ngt åld.) rikssamtal
trunk road ['trʌŋkrəʊd] riksväg
truss [trʌs] **I** *vb tr* **1** byggn., *~* [*up*] förstärka, armera, staga, stötta **2** *~* [*up*] **a)** binda [*~ hay*; *~ up a p. with rope*] **b)** kok. binda upp före tillredning [*~ up a chicken*] **II** *s* **1** byggn. spännverk, hängverk; fackverk; taklag, stötta, konsol; [bjälk]förbindning **2** bunt; [hö]knippa av viss vikt **3** med., [*hernial*] *~* bråckband
trust [trʌst] **I** *s* **1** förtroende, förtröstan, tillit, tilltro; *put* (*place*) *one's ~ in* sätta sin lit till **2** hand. kredit [*obtain goods on* (på) *~*] **3** ansvar; omvårdnad; jur. el. hand. förvaltning; förvaltarskap; *~ company* förvaltningsbolag, investeringsbolag; *hold a th. in ~* [*for a p.*] förvalta ngt åt ngn; *be under ~* stå under förvaltning, förvaltas **4 a)** förtroendeuppdrag **b)** plikt **5** jur. anförtrott gods; fideikommiss **6 a)** hand. trust [*steel ~*] **b)** sammanslutning; stiftelse; *the National T~* i Storbritannien, ung. riksantikvarieämbetet **II** *vb tr* **1 a)** lita på, hysa (ha) förtroende för **b)** sätta tro

till, tro på **2 a)** tro [fullt och fast] **b)** hoppas [uppriktigt (innerligt)] [*I ~ you're well*]; *~ me to do that!* jag lovar att jag gör det! **3** *~ a p. with a th.* anförtro ngn ngt (ngt åt ngn); *~ a p. to do a th.* överlåta åt ngn att göra ngt; *I couldn't ~ myself to do it* jag skulle aldrig våga göra det **4** hand., *~ a p.* [*for a th.*] ge (lämna) ngn kredit [på ngt] **III** *vb itr* lita, sätta sin lit; *~ in God* förtrösta på Gud
trustee [ˌtrʌ'sti:] **1** jur. förtroendeman; förvaltare; god man, förmyndare **2** styrelsemedlem; pl. *~s* äv. styrelse **3** polit. förvaltande myndighet (stat) under FN:s förvaltarskapsråd
trustful ['trʌstf(ʊ)l] förtroendefull
trustworthy ['trʌstˌwɜːðɪ] pålitlig [*a ~ person*], tillförlitlig [*a ~ dictionary*], vederhäftig
trusty ['trʌstɪ] åld. el. skämts. trogen; *my ~ sword* äv. mitt goda svärd
truth [tru:θ, i pl. tru:ðz, tru:θs] **1** sanning; sannfärdighet, sanningshalt; verklighet; *~ is stranger than fiction* verkligheten överträffar dikten **2** riktighet, exakthet; isht tekn. precision **3** verklighetstrohet hos konstverk o.d.
truthful ['tru:θf(ʊ)l] **1** sannfärdig [*a ~ person*] **2** sann [*a ~ statement*]; riktig **3** om konst o.d. verklighetstrogen
try [traɪ] **I** *vb tr* **1** försöka **2 a)** försöka med [*~ knocking* (att knacka) *at the door*], prova [*have you tried this new recipe?*], pröva 'på **b)** göra försök med, prova; *he tried his best* [*to beat me*] han gjorde sitt bästa (yttersta)... **3** sätta på prov [*~ a p.'s patience*], pröva; anstränga [*bad light tries the eyes*] **4** jur. **a)** behandla; döma i [*which judge will ~ the case?*] **b)** anklaga [*be tried for murder*], ställa inför rätta **5** med adv.: *~ on* **a)** prova [*~ on a new suit*] **b)** vard., *don't ~ it* (*your tricks*) *on with me!* försök inte [några knep] med mig!; *~ over* dra (gå, sjunga, spela) igenom **II** *vb itr* försöka, försöka sig; *~ as I would* (*might*) el. *~ for* försöka [upp]nå; söka [*~ for a position*], ansöka om **III** *s* **1** försök; *have a ~* [*at a th.*] göra ett försök [med ngt], pröva [ngt] **2** rugby. försök, try tre poäng
trying ['traɪɪŋ] ansträngande, krävande [*~ work*], besvärlig [*a ~ boy*]
tsar [zɑ:, tsɑ:] m.fl., se *czar* m.fl.
T-shirt ['ti:ʃɜ:t] T-shirt
T-square ['ti:skweə] vinkellinjal
tub [tʌb] **1** balja [*a ~ of butter*], tunna [*a rain-water ~*]; tråg; [stor] kruka; ss. mått

äv. fat **2** vard. a) [bad]kar b) ngt åld. [kar]bad **3** [glass]bägare
tuba ['tjuːbə] mus. tuba
tubby ['tʌbɪ] rund[lagd], trind
tube [tjuːb] **1** rör [*steel* ~]; tekn. äv. tub; slang [*rubber* ~]; mil. eldrör; ~ *sock* tubsocka, tubstrumpa; *go down the* ~[*s*] vard. gå åt pipan (skogen) **2** tub [*a* ~ *of toothpaste* (*paint*)] **3** a) vard. t-bana [*take the* ~; *go by* ~] b) tunnel för t-bana; ~ *train* t-banetåg **4** radio., TV. m.m. **a**) amer. rör **b**) [*picture*] ~ bildrör **c**) amer. vard., *the* ~ burken, tv **5** anat. el. biol. rör; bot. äv. pip
tubeless ['tjuːbləs] slanglös [*a* ~ *tyre*]
tuber ['tjuːbə] bot. knöl; rotknöl
tubercular [tjʊ'bɜːkjʊlə] med. tuberkulös
tuberculosis [tjʊˌbɜːkjʊ'ləʊsɪs] med. tuberkulos
tubing ['tjuːbɪŋ] rör [*a piece of copper* ~], slang [*a piece of rubber* ~]
tubular ['tjuːbjʊlə] rörformig [~ *skate*], tub-; ~ *bridge* rörbro; ~ [*steel*] *furniture* stålrörsmöbler
TUC [ˌtiːjuː'siː] (förk. för *Trades Union Congress*), *the* ~ brittiska LO
1 tuck [tʌk] **I** *vb tr* **1** stoppa [in (ner)] [~ *the money into your wallet*], sticka [*the bird* ~*ed its head under its wing*]; ~ *away* stoppa (gömma) undan; *he* ~*ed himself up in bed* han drog (svepte) täcket om sig **2** ~ [*up*] kavla (vika) upp [*he* ~*ed up his shirtsleeves*], fästa (dra) upp [*she* ~*ed up her skirt*] **3** sömnad. rynka; ~ *up* lägga upp **4** vard., ~ [*away* (*in*)] glufsa (stoppa) i sig [*he* ~*ed away a big meal*], lägga in **II** *vb itr* vard., ~ *in* hugga för sig [av maten], lägga in **III** *s* **1** sömnad. o.d. veck **2** skol. vard. kakor och godis
2 tuck [tʌk] amer. vard., se *tuxedo*
tuck shop ['tʌkʃɒp] vard. kondis, godisaffär i el. nära en skola
Tuesday ['tjuːzdeɪ, -dɪ] isht attr.; amer. äv. 'tuː-] tisdag; jfr *Sunday*
tuft [tʌft] **I** *s* **1** tofs; tott, test; ~ *of wool* ulltapp, ulltott **2** tuva [*a* ~ *of grass*] **II** *vb tr* pryda med en tofs (tofsar)
tug [tʌg] **I** *vb tr* **1** dra; släpa [på]; rycka (slita) i **2** bogsera **II** *vb itr* dra, rycka [*the dog* ~*ged at the leash* (i kopplet)] **III** *s* **1** ryck, ryckning, tag, drag; *give a* ~ *at a th.* el. *give a th. a* ~ dra (rycka) kraftigt i ngt **2** kraftansträngning, kraftprov; svårighet; kamp **3** bogserbåt
tugboat ['tʌgbəʊt] bogserbåt
tug-of-war [ˌtʌgə(v)'wɔː] dragkamp; bildl. kraftmätning
tuition [tjʊ'ɪʃ(ə)n] undervisning [*private* ~], handledning

tulip ['tjuːlɪp] tulpan
tumble ['tʌmbl] **I** *vb itr* **1** a) ramla; ~ *down* (*over*) ramla etc. ner (omkull), tumla omkull b) om byggnad o.d., ~ [*down*] störta samman, rasa; [*the old barn*] *is tumbling to pieces* ...är fallfärdig c) om priser o.d. rasa d) om makthavare o.d. falla **2** tumla [*the boys* ~*d out of the classroom*], ramla; rulla [*the coins* ~*d out on* [*to*] *the table*]; ~ *into bed* stupa (ramla) i säng **3** a) ~ [*about*] tumla runt [*they* ~*d in the grass*]; bildl. virvla (snurra) runt b) om vågor vältra sig **4** göra akrobatkonster (volter) **5** bildl., ~ *on* (*upon, across*) *a p.* [oförmodat] stöta ihop med ngn **II** *vb tr* **1** vräka, kasta [~ *down* (*out, into*)], vräka etc. omkull **2** kasta (slänga) omkring **3** vard. komma underfund med **III** *s* **1** fall äv. bildl.; störtning; om priser äv. ras; *he had a nasty* ~ han ramlade omkull och slog sig illa **2** kullerbytta **3** röra, villervalla
tumbledown ['tʌmbldaʊn] fallfärdig, förfallen, rucklig; *a* ~ *old building* (*shack*) äv. ett gammalt ruckel
tumble-drier ['tʌmblˌdraɪə] torktumlare
tumbler ['tʌmblə] **1** [dricks]glas utan fot; tumlare **2** tillhållare i lås **3** [tork]tumlare **4** [golv]akrobat
tummy ['tʌmɪ] vard., mest barnspr. mage
tumour ['tjuːmə] tumör
tumult ['tjuːmʌlt] **1** tumult; kalabalik **2** bildl. utbrott [~ *of joy*]; upprördhet; förvirring; *be in a* ~ vara i uppror
tumultuous [tjʊ'mʌltjʊəs] **1** tumultartad [*a* ~ *reception*]; stormande [~ *applause*]; bråkig [*a* ~ *political meeting*] **2** våldsam
tuna ['tjuːnə, 'tuːnə] zool. (stor) tonfisk [äv. ~ *fish*]
tundra ['tʌndrə] tundra
tune [tjuːn] **I** *s* **1** melodi; låt; *call the* ~ bildl. ange tonen, bestämma; [*when he heard that,*] *he changed his* ~ äv. ...blev det ett annat ljud i skällan; *dance to a p.'s* ~ bildl. dansa efter ngns pipa **2** [riktig] stämning hos instrument; [*the piano*] *is in* ~ (*out of* ~) ...är stämt (ostämt); *sing* (*play*) *in* ~ (*out of* ~) sjunga (spela) rent (orent, falskt) **3** bildl. harmoni, samklang; *be in* ~ (*out of* ~) *with* stå i (inte stå i) samklang med, hålla (inte hålla) med om [*be in* ~ (*out of* ~) *with current ideas*] **4** *to the* ~ *of* till ett belopp av [inte mindre än]
II *vb tr* **1** stämma [~ *a piano*] **2** radio. avstämma; ställa in [äv. ~ *in*]; ~ *in another station* ta in en annan station; *the radio is not properly* ~*d in* radion är inte riktigt inställd; *stay* ~*d* uppmaning i

radio fortsätt lyssna (TV. titta) på den här stationen (det här programmet) **3** ~ *up* finjustera, trimma motor o.d. **4** bildl. avstämma, avpassa; *be ~d [in] to* a) passa ihop med, harmoniera med b) vara lyhörd (mottaglig) för [*he is well ~d in to his surroundings*] **III** *vb itr* **1** ~ *up* a) stämma [instrumenten] b) stämma upp, börja spela (sjunga) **2** radio., ~ *in* ställa in [radion] [~ *in to* (på) *the BBC*]
tuneful ['tjuːnf(ʊ)l] melodisk
tuner ['tjuːnə] **1** stämmare [*piano-tuner*] **2** radio. o.d. tuner mottagare utan effektförstärkare
tungsten ['tʌŋstən, -sten] kem. volfram
tunic ['tjuːnɪk] **1** vapenrock; för t.ex. polis uniformskavaj **2** tunika äv. antik.; tunik **3** [*gym*] ~ flickas gymnastikdräkt
tuning-fork ['tjuːnɪŋfɔːk] mus. stämgaffel
Tunisia [tjʊˈnɪzɪə, -ɪsɪə] Tunisien
Tunisian [tjʊˈnɪzɪən, -ɪsɪən] **I** *adj* tunisisk **II** *s* tunisier
tunnel ['tʌnl] **I** *s* tunnel; underjordisk gång; *see the light at the end of the ~* bildl. se ljuset vid tunnelns slut **II** *vb tr* **1** bygga (gräva, spränga) en tunnel genom (under) [~ *a mountain*]; bygga (gräva, spränga) i form av en tunnel [~ *a passage under a river*] **2** *the river ~led its way* [*through the mountain*] floden flöt [som] i en tunnel... **3** borra igenom; underminera **III** *vb itr* bygga (gräva, spränga) en tunnel (tunnlar) [~ *through the Alps*]
tunny ['tʌnɪ] o. **tunny fish** ['tʌnɪfɪʃ] zool. tonfisk
tuppence ['tʌp(ə)ns] vard., se *twopence*; *not worth ~* inte värd ett rött öre
tuppenny ['tʌp(ə)nɪ] vard., se *twopenny*
turban ['tɜːbən] turban
turbine ['tɜːbaɪn, -bɪn] turbin [*steam ~*]
turbo-jet ['tɜːbəʊdʒet] **I** *s* **1** turbojetmotor **2** turbojetplan **II** *adj* turbojet- [~ *engine*]
turbo-prop ['tɜːbəʊprɒp] **I** *s* **1** turbopropmotor **2** turbopropplan **II** *adj* turboprop- [~ *engine*]
turbot ['tɜːbət] zool. piggvar
turbulence ['tɜːbjʊləns] oro
turbulent ['tɜːbjʊlənt] orolig [*the ~ years of the revolutionary period*], upprörd [~ *waves* (*feelings*)], häftig
tureen [təˈriːn, tʊˈr-, tjʊˈr-] soppskål, terrin
turf [tɜːf] **I** (pl. *turfs* el. *turves*) *s* **1** a) [gräs]torv b) [gräs]torva **2** kapplöpn., *the ~* a) kapplöpningsbanan, turfen b) hästsporten, hästkapplöpningarna,
turfen **II** *vb tr* **1** torvtäcka **2** ~ [*out*] sl. slänga (kasta) ut; sparka [*he was ~ed out of the club*]
turgid ['tɜːdʒɪd] **1** svullen, uppsvälld **2** svulstig
Turk [tɜːk] turk; *the ~* äv. koll. turken, turkarna
Turkey ['tɜːkɪ] geogr. Turkiet; ~ *carpet* turkisk matta
turkey ['tɜːkɪ] **1** kalkon **2** amer. vard., *cold ~* a) rent språk, ord och inga visor b) snabbavtändning [*a cold ~ cure*], tvärstopp [med knark] **3** isht amer. vard., *talk ~* tala allvar, komma till saken **4** isht amer. sl. fiasko, flopp; urusel pjäs; kalkonfilm
Turkish ['tɜːkɪʃ] **I** *adj* turkisk; ~ *bath* turkiskt bad, turk; ~ *delight* slags konfekt marmelad med pudersocker; ~ *towel* frottéhandduk **II** *s* turkiska [språket]
turmeric ['tɜːmərɪk] bot., farmakol. el. kok. gurkmeja
turmoil ['tɜːmɔɪl] vild oordning [*the town was in a ~*], kaos, tumult; villervalla, virrvarr; förvirring [*mental ~*], oro, jäsning
turn [tɜːn] **I** *vb tr* (se äv. *III*) **1** vända [~ *one's head*]; ~ *one's back* [*up*]*on a p.* bildl. vända ngn ryggen; ~ *a* (*one's*) *hand to* ta itu med, ägna sig åt [*he ~ed his hand to gardening*] **2 a**) vrida [på] [~ *the key in the lock*]; skruva [på], snurra [på], sno, veva; ~ *a p.'s head* stiga ngn åt huvudet [*success had not ~ed his head*] **b**) svarva [till]; dreja **c**) formulera [*neatly ~ed compliments*] **3 a**) vika (vända) om [~ *a corner*], runda [~ *Cape Horn*] **b**) mil. kringgå **4** rikta [~ *the hose on* (*into*) *the fire*] **5 a**) göra [~ *grey*]; *it's enough to ~ my hair grey* det ger mig gråa hår **b**) komma att surna [*hot weather may ~ milk*] **c**) ~ *into* göra till, förvandla (göra om) till [~ *a bedroom into a study*] **6** fylla år; *he has* (*is*) *~ed fifty* han har fyllt femtio **7** *it has* (*is*) *just ~ed three* [*o'clock*] klockan är lite över tre **8** skicka [bort]; visa (köra) bort [~ *a p. from one's door*]; ~ *loose* släppa; släppa ut **II** *vb itr* (se äv. *III*) **1** vända [om] [~ *to* (mot) *the wall*; ~ *on one's side*]; *it makes my stomach ~* [det är så att] det vänder sig i magen på mig **2** a) svänga [runt], snurra [runt]; ~ *on one's heel*[*s*] vända på klacken b) svarva; dreja **3** vika av, svänga; ~ [*to the*] *right* ta (vika) av till höger, svänga [av] åt höger **4** a) bli [~ *pale* (*sour*); ~ *Catholic* (*traitor*)]; ~ *pale* (*sour*) äv. blekna (surna) b) bli sur, surna [*the*

milk has ~ed] **c)** ~ *into (to)* bli till [*the water had ~ed* [*in*]*to ice*], förvandlas till [*the prince ~ed into a frog*], övergå till (i)
III *vb tr* o. *vb itr* med adv. o. prep.:
~ **about** vända [med] [*~ a car about*]; [vrida och] vända på; vända sig om; *about ~!* helt om!; *right (left) about ~!* [helt] höger (vänster) om!
~ **against** vända sig mot
~ **around** isht amer., se ~ *round*
~ **aside: a)** gå (stiga, dra sig) åt sidan, vika undan; vända sig bort **b)** avvika [*~ aside from one's subject*] **c)** avvända
~ **away: a)** vända sig bort; vända (vrida) bort [*~ one's head away*] **b)** köra bort; avvisa
~ **back: a)** driva (slå) tillbaka [*~ back the enemy*]; avvisa **b)** vända [och gå] tillbaka, återvända, komma tillbaka; *there is no ~ing back* det finns ingen återvändo **c)** vika undan (tillbaka) [*~ back the coverlet (täcket)*]
~ **down: a)** vika (slå, fälla) ner **b)** skruva ner [*~ down the gas*] **c)** avvisa [*~ down an offer*], avslå [*his request was ~ed down*]; *he was ~ed down* han fick avslag (korgen) **d)** ~ *down* [*into*] svänga (vika) in på **e)** vända upp och ner på
~ **in: a)** vika (vända, böja, kröka) [sig] inåt, vara vänd etc. inåt **b)** lämna (skicka) in (tillbaka) [*he ~ed in his membership card*]; ~ *in one's car for a new one* byta till en ny bil **c)** åstadkomma [*~ in a bad piece of work*] **d)** ange [*somebody had ~ed him in*]; ~ *oneself in* anmäla sig; ~ *a p. in to the police* överlämna ngn till polisen **e)** vard. sluta upp med; ge upp; ~ *it in!* lägg av [med det där]!
~ **into: a)** svänga (vika, slå) in på **b)** göra (göra om) till; bli till
~ **off: a)** vrida (skruva, stänga) av [*~ off the water (radio)*]; ~ *off the light* äv. släcka [ljuset] **b)** vika (svänga, ta) av [*~ off to the left*] **c)** vard. stöta [*his manner ~s me off*], avskräcka; ~ *a p. off a th.* få ngn att tappa lusten för ngt
~ **on: a)** vrida (skruva, sätta) på [*~ on the radio*]; ~ *on the electricity* släppa på strömmen **b)** röra sig om (kring) [*the conversation ~ed on politics*] **c)** bero (hänga) på [*everything ~s on your answer*] **d)** vända sig mot, gå lös på [*the dog ~ed on his master*]; ge sig på **e)** vard., *it (he) ~s me on* jag tänder på det (honom)
~ **out: a)** vika (vända, böja, kröka) [sig] utåt, vara vänd etc. utåt **b)** släcka [*~ out the light*] **c)** producera [*the factory ~s out 5,000 cars a week*] **d)** om skola o.d. utbilda [*~ out pupils (trained nurses)*], släppa ut **e)** köra (kasta) ut; köra bort [*~ a p. out of* (från) *his job*]; utesluta [*~ a p. out of* (ur) *a club*]; *~ a p. out* [*of doors*] köra ngn på porten **f)** ~ *out* [*to grass*] släppa ut [på bete] **g)** röja ur [*~ out the drawers in one's desk*]; ~ *out one's pockets* tömma fickorna **h)** kok. stjälpa upp **i)** möta (ställa) upp [*everybody ~ed out to greet him*]; ~ *out to a man* gå man ur huse **j)** utfalla, avlöpa, sluta [*I don't know how it will ~ out*]; ~ *out well (badly)* äv. slå väl (illa) ut **k)** arta sig till, bli [*she has ~ed out a pretty girl*] **l)** ekipera; *she was beautifully ~ed out* hon var elegant klädd
~ **over: a)** vända [på]; vända [på] sig **b)** ~ *over the page* vända på bladet, vända blad; *please ~ over!* [var god] vänd! **c)** välta (stjälpa) [omkull], kasta (få) omkull **d)** överlåta [*the job was ~ed over to* (till, på) *another man*], överlämna [*~ a p. over to the police*] **e)** hand. omsätta [*they ~ over £10,000 a week*] **f)** ~ *a problem over* [*in one's mind*] vända och vrida på ett problem
~ **round: a)** vända [med]; vända (vrida) på [*~ one's head round*]; vända sig om **b)** svänga (snurra, vrida [sig]) runt; *his head ~ed round* det snurrade i huvudet på honom
~ **to: a)** vända sig [om] mot; vända sig till [*~ to a p. for* (föra att få) *help*], hänvända sig till; gå till, slå upp i [*please ~ to the end of the book*]; ~ *to page 10* slå upp sidan 10 **b)** övergå till [*the speaker now ~ed to the 19th century*]; *the conversation ~ed to politics* samtalet kom in på politik
~ **up: a)** vika (slå, fälla) upp [*~ up one's collar*], kavla upp; vika (vända, böja) sig uppåt etc. **b)** skruva upp [*~ up the gas*]; tända [*~ up the lights*]; ~ *up the volume* skruva upp volymen (ljudet) **c)** slå upp [*~ up a th. in a book*] **d)** lägga ett spelkort med framsidan uppåt **e)** dyka upp [*he has not ~ed up yet; I expect something to ~ up*], komma till rätta; yppa sig [*an opportunity will ~ up*], uppstå [*if any difficulties should ~ up*]
IV *s* **1** ~ *of* vändning; svängning [*left ~*]; varv, slag; ~ *of the scale*[*s*] på våg utslag; ~ *of the screw* skärpning, intensifiering, se äv. ex. under *screw I 1*; *done to a ~* lagom stekt (kokt) **2** [väg]krök [*the road takes* (gör) *a sudden ~ to the left*], krok; *at every ~* vid varje steg, vart man vänder

sig **3 a)** [om]svängning; *a ~ for the worse (better)* en vändning till det sämre (bättre); *~ of the tide* tidvattensskifte, bildl. strömkantring, omsvängning **b)** *the ~ of the century* sekelskiftet **4 a)** tur; *it's my ~* det är min tur; *take ~s in (at) doing a th.* el. *by ~s* i tur och ordning; i omgångar; växelvis; *in ~* a) i tur och ordning [*we were examined in ~*]; växelvis b) i sin tur, åter[igen] [*and this, in ~, means...*]; *speak out of [one's] ~* a) tala när man inte står i tur b) uttala sig taktlöst **b)** *take a ~ at* hjälpa till ett tag vid (med) **5** tjänst; *one good ~ deserves another* den ena tjänsten är den andra värd; *do a p. a good ~* göra ngn en stor tjänst; *a bad ~* en otjänst, en björntjänst **6 a)** läggning; *~ of mind* sinnelag; tänkesätt **b)** *~ of speed* snabbhet **7** *serve a p.'s ~* tjäna (passa) ngns syfte, komma ngn väl till pass; *it serves its ~* det tjänar sitt syfte **8** liten tur; *take a ~ [round the garden]* gå en sväng (ett varv)..., gå en vända... **9** nummer på varieté o.d. **10** vard. chock; *it gave me a terrible ~* äv. jag blev alldeles förskräckt **11** formulering [*the ~ of a phrase*] **12** form [*the ~ of an ankle*]

turnabout ['tɜ:nəbaʊt] vändning, helomvändning

turncoat ['tɜ:nkəʊt] överlöpare; *be a ~* vända kappan efter vinden

turned-up ['tɜ:ndʌp], *~ nose* uppnäsa

turner ['tɜ:nə] **1** svarvare; drejare **2** stekspade

turning ['tɜ:nɪŋ] **I** *s* **1** vändning; vridning etc., jfr *turn I* o. *II*; *~ circle* vändradie **2 a)** kurva b) avtagsväg [*stop at the next ~*; *take the first ~ to (on) the right*] **3** bildl. helomvändning; omslag; vändpunkt **4** svarvning; *~ lathe* svarvstol; *~ tool* svarvstål **II** *adj* roterande; svängande etc., jfr *turn I* o. *II*; slingrande [*a ~ path*]; mil. kringgående [*a ~ movement*]; *~ bridge* svängbro

turning-point ['tɜ:nɪŋpɔɪnt] vändpunkt, kritisk punkt

turnip ['tɜ:nɪp] **1** bot. rova; *Swedish ~* kålrot **2** vard. rova fickur

turn-off ['tɜ:nɒf] **1** amer. a) avfart[sväg] från motorväg b) vägskäl äv. bildl. **2** vard., [*the film*] *is a ~* ...är osmaklig (motbjudande)

turn-out ['tɜ:naʊt] **1** mil. utryckning **2 a)** anslutning [*they had a large ~ at the meeting*], deltagande; samling, uppbåd b) parl. valdeltagande **3** produktion[smängd] **4 a)** järnv. mötesspår b) amer. mötesplats på väg **5** urröjning; utflyttning av möbler; storstädning; *have a good ~ of one's desk* städa upp (gallra) ordentligt i skrivbordet **6** utstyrsel; kläder

turnover ['tɜ:n,əʊvə] **1** hand. o.d. omsättning **2** omorganisering [*a ~ of the staff*] **3** omsvängning [*a considerable ~ of votes*] **4** *~ [collar]* dubbelvikt (nedvikbar) krage **5** kok. risoll; *apple ~* ung. äppelknyte

turnpike ['tɜ:npaɪk] amer., *~ [road]* [avgiftsbelagd] motorväg, expressväg

turnstile ['tɜ:nstaɪl] vändkors; spärr i t.ex. T-banestation; *~ guard* spärrvakt

turntable ['tɜ:n,teɪbl] **1** järnv. vändskiva **2** skivtallrik på skivspelare; [*transcription*] *~* skivspelare av avancerad typ

turn-up ['tɜ:nʌp] **I** *s* **1** slag på t.ex. byxa **2** vard. skräll; *what a ~ [for the book (books)]!* vilken sensation (skräll)! **II** *adj* uppvikbar; *~ nose* uppnäsa

turpentine ['tɜ:p(ə)ntaɪn] terpentin

turps [tɜ:ps] (konstr. vanl. ss. sg.) vard. terpentin[olja]

turquoise ['tɜ:kwɔɪz, -kwɑ:z] **I** *s* **1** miner. turkos **2** färg turkos **II** *adj* turkos[färgad]

turret ['tʌrət] **1** [litet] torn; [*ridge*] *~* takryttare **2** stridstorn, manövertorn på krigsfartyg; torn på stridsvagn

turtle ['tɜ:tl] **1** [havs]sköldpadda; amer. äv. landsköldpadda **2** *turn ~* a) sjö. kapsejsa, kantra b) köra omkull, välta, slå runt **3** *T~* serie- o. tv-figur [*Teenage Mutant Ninja* ['nɪnjə] (britt. *Hero*) *T~*]

turtle dove ['tɜ:tldʌv] turturduva äv. bildl.

turtle neck ['tɜ:tlnek] turtleneck, halvpolokrage; amer. polokrage; *~ [sweater]* tröja med turtleneck, halvpolotröja; amer. polotröja

turves [tɜ:vz] pl. av *turf*

tusk [tʌsk] bete, huggtand; *elephant's ~* elefantbete

tussle ['tʌsl] **I** *s* strid, dust äv. bildl., **II** *vb itr* strida, kämpa äv. bildl.

tut [tʌt] *interj*, *~ [~]!* usch!, fy!, äsch!

tutor ['tju:tə] **I** *s* **1** [*private*] *~* privatlärare, informator [*to* åt, för] **2** univ. a) [personlig] handledare b) amer., ung. biträdande lärare **II** *vb tr* ge privatlektioner, undervisa [*~ a boy in French*]; handleda (vägleda) [i studierna]

tutorial [tjʊ'tɔ:rɪəl] **I** *adj* [privat]lärar-, informators-; univ. handledar- [*the ~ system*] **II** *s* lektion; möte (samtal) med en (sin) handledare [*attend* (ha) *a ~*]

tuxedo [tʌk'si:dəʊ] isht amer. smoking

TV [,ti:'vi:] tv; för ex. se *television*

twaddle ['twɒdl] **I** *vb itr* svamla, tramsa **II** *s* svammel, trams

1 twang [twæŋ] **I** *vb itr* **1** om sträng o.d. sjunga; *the bow ~ed* det sjöng i bågen **2** knäppa [*~ at a banjo*] **3** tala i näsan **II** *vb tr* knäppa på [*~ a banjo*] **III** *s* **1** sjungande (dallrande) ton; knäpp; klang, ljud **2** [*nasal*] ~ näston

2 twang [twæŋ] bismak; anstrykning

tweak [twi:k] **I** *vb tr* nypa; vrida [om]; rycka (dra) i; *~ a p. by the ear* el. *~ a p.'s ear* dra ngn i örat **II** *s* nyp; vridning; ryck

tweed [twi:d] tweed; pl. ~s tweed[kläder], tweedkostym, tweeddräkt

tweet [twi:t] **I** *s* kvitter; pip **II** *vb itr* kvittra; pipa **III** *interj,* ~ [*~*]*!* kvitt, kvitt!

tweeter ['twi:tə] diskanthögtalare

tweezers ['twi:zəz] pincett; *a pair of* ~ en pincett

twelfth [twelfθ] tolfte; tolftedel; jfr *fifth*; *T~ Day* trettondagen; *T~ Night* trettondagsafton

twelve [twelv] (jfr *fifteen* m. ex. o. sammansättn.) **I** *räkn* tolv **II** *s* tolv

twentieth ['twentɪɪθ, -tɪəθ] (jfr *fifth*) **1** tjugonde **2** tjugon[de]del

twenty ['twentɪ] **I** *räkn* tjugo **II** *s* tjugo; tjugotal, tjugutal; jfr *fifty* m. sammansättn.

twerp [twɜ:p] sl. fåntratt; nolla

twice [twaɪs] två gånger [*~ 3 is 6*]; *~ a day* (*week*) två gånger om dagen (i veckan)

twiddle ['twɪdl] **I** *vb tr* **1** sno [mellan fingrarna], fingra (snurra, vrida) på **2** *~ one's thumbs* (*fingers*) [sitta och] rulla tummarna, sitta med armarna (händerna) i kors **II** *s* **1** snurrande, vridning **2** släng, krumelur i skrift o.d.

1 twig [twɪɡ] **1** kvist, liten gren; spö **2** slagruta

2 twig [twɪɡ] vard. **I** *vb tr* fatta, haja, förstå **II** *vb itr* haja

twilight ['twaɪlaɪt] **I** *s* skymning; ibl. gryning; halvdager, halvmörker; bildl. äv. dunkel; *the ~ of the gods* mytol. ragnarök **II** *attr adj* skymnings-; *the ~ hour* skymningen, blå timmen

twill [twɪl] vävn. **I** *s* **1** ~ [*weave*] kypert[bindning] **2** twills **II** *vb tr* kypra

twin [twɪn] **I** *s* **1** tvilling; tvillingsyskon **2** pendang **II** *adj* tvilling- [*~ brother* (*sister*)]; dubbel-; exakt likadan; *~ beds* två [likadana] enmanssängar; *~ towns* vänorter **III** *vb tr* para ihop, koppla samman

twine [twaɪn] **I** *s* segelgarn; [tvinnad] tråd; snöre; garn **II** *vb tr* **1** tvinna [ihop]; spinna ihop; fläta (väva) samman äv. bildl. **2** a) linda, vira, sno b) vira (linda) 'om; *~ a cord round a th.* slå (knyta) ett snöre om ngt, linda om ngt med ett snöre

twinge [twɪn(d)ʒ] **I** *vb itr* sticka, göra ont **II** *s* stickande smärta, hugg; *a ~ of conscience* samvetsagg

twinkle ['twɪŋkl] **I** *vb itr* **1** tindra, blinka [*stars that ~ in the sky*], blänka; gnistra; *~ ~ little star* sång blinka lilla stjärna där **2** röra sig [blixt]snabbt; fladdra **II** *s* tindrande [*the ~ of the stars*], blinkande, blinkning; glimt [i ögat] [*with a humorous ~* [*in his eye*]]

twinkling ['twɪŋklɪŋ] tindrande

twirl [twɜ:l] **I** *vb itr* snurra [runt] **II** *vb tr* snurra, sno [*~ one's moustaches*], vrida; svänga [med] **III** *s* **1** snurr[ande], piruett; *with a ~ of his moustache* medan han tvinnade sin mustasch **2** släng i skrift o.d.

twist [twɪst] **I** *s* **1** vridning; tvinning; [samman]flätning; *he gave my arm a ~* han vred om armen på mig **2** a) [tvinnad] tråd b) [*bread*] ~ snodd [vete]längd, fläta c) *a ~ of chewing tobacco* en rulle (fläta) tuggtobak d) strut [*a ~ of paper*] **3** [tvär] krök [*a ~ in the road*], sväng; *~s and turns* krökar och svängar, krokvägar **4** [led]vrickning **5** förvrängning, förvanskning **6** snedvridning [*mental ~*] **7** twist dans **8** sport. skruv **II** *vb tr* **1** a) sno; vrida ur [*~ a wet cloth*]; vrida till; *~ a p.'s arm* vrida om armen på ngn; bildl. utöva tryck på ngn b) tvinna [ihop]; sno ihop [*she ~ed her hair into a knot*]; *~ tobacco* spinna tobak c) vira **2** vrida ur led; *I have ~ed my ankle* jag har vrickat foten **3** förvrida [*his features were ~ed with* (av) *pain*] **4** förvränga [betydelsen av] **III** *vb itr* **1** sno (slingra) sig, vrida sig [*he ~ed* [*round*] *in his chair*]; *~* [*and turn*] slingra sig [fram] **2** twista

twisted ['twɪstɪd] snodd; vriden [*a ~ column*]; tvinnad; snedvriden; invecklad; *get ~* äv. sno sig, trassla ihop sig

twister ['twɪstə] **1** sport. skruvad boll **2** vard. bedragare; ordvrängare

twit [twɪt] **I** *vb tr* reta, håna **II** *s* sl. dumskalle

twitch [twɪtʃ] **I** *vb tr* **1** ha (få) [kramp]ryckningar i; knipa ihop; *~ one's ears* om djur klippa med öronen; *~ one's eyelids* (*mouth*) ha ryckningar i ögonlocken (kring munnen) **2** rycka (dra) i [*the rider ~ed the reins*] **II** *vb itr* **1** rycka till; [krampaktigt] dras ihop; *his face ~es* han har ryckningar i ansiktet **2** rycka, dra, nypa **III** *s* **1** [kramp]ryckning, [muskel]sammandragning; *there was a ~ round the corners of his mouth* det ryckte i mungiporna på honom **2** ryck [*I felt a ~ at my sleeve*]; nyp

twitter ['twɪtə] **I** *vb itr* **1** kvittra **2** pladdra **3** fnittra nervöst **II** *s* **1** kvitter **2** snatter **3** vard., *be* [*all*] *in* (*be all of*) *a* ~ ha stora skälvan, vara hispig

two [tuː] (jfr *five* m. ex. o. sammansättn.) **I** *räkn* två; båda; ~ *bits* amer. vard. 25 cent; *the first* ~ *days* de båda (bägge, två) första dagarna; ~*'s company three's a crowd* tre är en för mycket; *put* ~ *and* ~ *together* bildl. lägga ihop två och två, dra sina slutsatser **II** *s* tvåa; *by* (*in*) ~*s* två och två, två i taget, parvis; på två led

two-dimensional [ˌtuːdaɪˈmenʃənl, -dɪˈm-] **1** tvådimensionell **2** bildl. ytlig

two-faced [ˌtuːˈfeɪst, attr. '--] **1** med två ansikten **2** bildl. falsk

twofold ['tuːfəʊld] **I** *adj* dubbel **II** *adv* dubbelt, tvåfaldigt

twopence ['tʌp(ə)ns, i nuvarande myntsystem vanl. ˌtuːˈpens] **1** två pence **2** *not care* ~ *for* inte bry sig ett dugg (dyft) om

twopenny [isht i bet 2 'tʌp(ə)nɪ, i nuvarande myntsystem vanl. ˌtuːˈpenɪ, '-ˌ--] **1** tvåpence- [*a* ~ *stamp*] **2** bildl. billig; *I don't care a* ~ *damn if...* vard. jag bryr mig inte ett jäkla (förbaskat) dugg om ifall...

two-piece ['tuːpiːs] **I** *adj* tudelad; tvådelad [*a* ~ *bathing-suit*], i två delar; ~ *suit* a) kostym [utan väst] b) tvådelad dräkt (klänning) **II** *s* se ~ *suit* under *I*; tvådelad baddräkt

two-seater [ˌtuːˈsiːtə] tvåsitsig bil; tvåsitsigt flygplan; tvåsitsig [*a* ~ *car*]

two-sided [ˌtuːˈsaɪdɪd] tvåsidig

twosome ['tuːsəm] **I** *adj* utförd av två; par- [~ *dance*] **II** *s* spel (parti) där två spelar mot varandra; pardans; golf. tvåspel

two-way ['tuːweɪ] **1** tvåvägs- [*a* ~ *cock* (kran)]; ~ *switch* tvåvägsströmbrytare **2** dubbelriktad [~ *traffic*]; ~ *street* gata med dubbelriktad trafik

tycoon [taɪˈkuːn] vard. magnat [*oil* ~*s*], [stor]pamp [*newspaper* ~]

type [taɪp] **I** *s* **1 a)** typ b) ss. efterled i sammansättn. av...-typ [*Cheddar-type cheese*] **2** vard. individ [*that awful* ~] **3** boktr. typ; stil[sort]; typer **II** *vb tr* **1** skriva på dator (förr maskin); *a* ~*d letter* ett maskinskrivet brev; ~ *out* skriva ut [på dator, förr maskin] **2** typbestämma; ~ *a p.'s blood* göra en blodgruppsbestämning på ngn **III** *vb itr* skriva på dator, (förr [på] maskin)

typecast ['taɪpkɑːst] (*typecast typecast*) teat., ~ [*an actor*] a) ge...en roll som passar hans typ b) alltid ge...samma typ av roller; allm. placera i viss kategori

typeface ['taɪpfeɪs] boktr. typsnitt

typescript ['taɪpskrɪpt] maskinskrivet manuskript

typesetter ['taɪpˌsetə] boktr. **1** sättare **2** sättmaskin

typewrite ['taɪpraɪt] (*typewrote typewritten*) skriva på dator (förr [på] maskin); *a typewritten letter* ett maskinskrivet brev

typewriter ['taɪpˌraɪtə] skrivmaskin

typhoid ['taɪfɔɪd] med. **I** *adj* tyfus-; ~ *fever* se *II* **II** *s* tyfus

typhoon [taɪˈfuːn] meteor. tyfon

typhus ['taɪfəs] med., ~ [*fever*] fläckfeber, fläcktyfus

typical ['tɪpɪk(ə)l] **1** typisk, representativ **2** symbolisk; *be* ~ *of* äv. symbolisera, representera

typify ['tɪpɪfaɪ] vara ett typiskt exempel på, exemplifiera

typing ['taɪpɪŋ] maskinskrivning; data o.d. skrivning på tangentbord; ~ *bureau* skrivbyrå

typist ['taɪpɪst] person som skriver på dator spec. som yrke, förr maskinskrivare

typographer [taɪˈpɒɡrəfə] typograf

typographic [ˌtaɪpəˈɡræfɪk] o. **typographical** [ˌtaɪpəˈɡræfɪk(ə)l] typografisk; tryck- [*a* ~ *error*]

typography [taɪˈpɒɡrəfɪ] **1** typografi; typografisk utformning **2** boktryckarkonsten

tyrannical [tɪˈrænɪk(ə)l] tyrannisk

tyrannize ['tɪrənaɪz] **I** *vb itr* regera tyranniskt; ~ *over* tyrannisera, förtrycka **II** *vb tr* tyrannisera

tyrannous ['tɪrənəs] tyrannisk, despotisk

tyranny ['tɪrənɪ] tyranni, despoti, förtryck

tyrant ['taɪər(ə)nt] tyrann, förtryckare

tyre ['taɪə] däck till bil, cykel o.d.; sl. bilring kring magen; ~ *chain* snökedja; ~ *cover* däckskydd

tyro ['taɪərəʊ] (pl. ~*s*) nybörjare, novis

Tyrol [tɪˈrəʊl, 'tɪr(ə)l] geogr.; [*the*] ~ Tyrolen

Tyrolean [ˌtɪrəˈliːən, tɪˈrəʊlɪən], ~ [*hat*] tyrolerhat

tzar [zɑː, tsɑː] m.fl., se *czar* m.fl.

U, u [juː] (pl. *U's* el. *u's* [juːz]) U, u
U [juː] (förk. för *universal*) barntillåten [film]
ubiquitous [juˈbɪkwɪtəs] allestädes närvarande; överallt förekommande
U-boat [ˈjuːbəʊt] [tysk] ubåt
udder [ˈʌdə] juver
UEFA [jʊˈeɪfə, -ˈiːfə, ˈjuːfə] (förk. för *Union of European Football Associations*) Europeiska fotbollsunionen
UFO o. **ufo** [ˈjuːfəʊ] (pl. ~*s*) (förk. för *unidentified flying object*) oidentifierat flygande föremål, ufo
Uganda [jʊˈgændə]
Ugandan [jʊˈgændən] I *adj* ugandisk II *s* ugandier
ugh [ʊh, uːx], ~! hu!, usch!, fy!
ugly [ˈʌglɪ] **1** ful äv. bildl. [*an* ~ *person* (*trick*)]; oskön; otäck [*an* ~ *crime*; ~ *weather*]; elakartad [*an* ~ *wound*]; elak [*an* ~ *rumour*]; *an* ~ *customer* vard. en otrevlig typ **2** otrevlig, besvärlig, pinsam [*an* ~ *situation*]; orovæckande [~ *news*], hotande **3** vard. sur [*an* ~ *mood*]
UHF förk. för *ultrahigh frequency*
UK [ˌjuːˈkeɪ] (förk. för *United Kingdom*); *the* ~ Förenade kungariket Storbritannien och Nordirland
Ukraine [jʊˈkreɪn, -ˈkraɪn] geogr.; *the* ~ Ukraina
Ukrainian [jʊˈkreɪnjən] I *s* ukrainare II *adj* ukrainsk
ukulele [ˌjuːkəˈleɪlɪ] ukulele stränginstrument
ulcer [ˈʌlsə] **1** med. sår; *gastric* ~ magsår **2** bildl. kräftsvulst; skamfläck
ulcerate [ˈʌlsəreɪt] bli sårig
ulterior [ʌlˈtɪərɪə] **1** avlägsnare **2** senare, framtida **3** hemlig [~ *plans* (*motives*)]; *without an* ~ *motive* utan någon baktanke
ultimate [ˈʌltɪmət] I *adj* **1** slutlig [*the* ~ *aim* (*result*)], sista; yttersta [*the* ~ *consequences*] **2** slutgiltig, avgörande [*the* ~ *weapon*], definitiv **3** grundläggande, grund- [~ *principles* (*truth*)]; ursprunglig; yttersta [*the* ~ *cause*] II *s* höjd[punkt]; *the* ~ *in luxury* höjden av lyx
ultimately [ˈʌltɪmətlɪ] till sist (slut)
ultimat|um [ˌʌltɪˈmeɪt|əm] (pl. -*ums* el. -*a* [-ə]) **1** ultimatum **2** slutmål
ultramarine [ˌʌltrəməˈriːn] I *s* ultramarin; ~ *blue* ultramarinblått II *adj* ultramarin[färgad]
ultrasonic [ˌʌltrəˈsɒnɪk] ultraljud[s]- [~ *waves*]; ~ *sound* ultraljud
ultrasound [ˈʌltrəsaʊnd] ultraljud
ultraviolet [ˌʌltrəˈvaɪələt] ultraviolett [~ *rays*]; ~ *lamp* kvartslampa
umbilical [ʌmˈbɪlɪk(ə)l] navel-; ~ *cord* navelsträng
umbrage [ˈʌmbrɪdʒ] missnöje, ovilja; *give* ~ väcka anstöt (ont blod) [*to* hos, bland]; *take* ~ *at* bli kränkt (sårad) över (av), ta anstöt av
umbrella [ʌmˈbrelə] I *s* **1** paraply; *garden* ~ [trädgårds]parasoll **2** bildl. beskydd, skydd II *adj* sammanfattande [~ *term* (*word*)]; övergripande, paraply- [~ *organization*]
umpire [ˈʌmpaɪə] I *s* **1** [skilje]domare; förlikningsman **2** sport. domare i t.ex. baseboll, kricket o. tennis II *vb tr* **1** avgöra [genom skiljedom] **2** sport. döma [~ *a cricket match*] III *vb itr* **1** döma [~ *in a dispute*]; fungera som skiljedomare **2** sport. vara domare
umpteen [ˈʌm(p)tiːn] vard. femtielva
umpteenth [ˈʌm(p)tiːnθ] o. **umptieth** [ˈʌm(p)tɪɪθ, -tɪəθ] båda vard. femtielfte [*for the* ~ *time*]
UN [ˌjuːˈen] (förk. för *United Nations*); *the* ~ FN Förenta nationerna
'un [ən] vard. = *one* [*a little* ~]
unable [ˌʌnˈeɪbl], *be* ~ *to do a th.* inte kunna (lyckas) göra ngt
unacceptable [ˌʌnəkˈseptəbl] oacceptabel, oantaglig
unaccompanied [ˌʌnəˈkʌmp(ə)nɪd] **1** ensam; ~ *by* utan **2** mus. oackompanjerad, solo- **3** ~ *luggage* obeledsagat bagage; ~ *minor* obeledsagat barn
unaccountable [ˌʌnəˈkaʊntəbl] **1** oförklarlig [*some* ~ *reason*] **2** oansvarig
unaccustomed [ˌʌnəˈkʌstəmd] **1** ovan **2** ovanlig [*his* ~ *silence*], osedvanlig
unacquainted [ˌʌnəˈkweɪntɪd] obekant; ovan; *be* ~ *with* äv. vara okunnig om, inte känna till, inte vara insatt i
unadulterated [ˌʌnəˈdʌltəreɪtɪd] oförfalskad [~ *beauty*], oblandad, äkta, ren [~ *water*]
1 unaffected [ˌʌnəˈfektɪd] **1** opåverkad, oberörd **2** med. inte angripen

2 unaffected [ˌʌnə'fektɪd] okonstlad [~ *manners* (*style*)]
unaided [ˌʌn'eɪdɪd] utan hjälp; ensam, på egen hand [*he did it* ~]
unambiguous [ˌʌnæm'bɪgjʊəs] entydig, otvetydig
unanimity [ˌjuːnə'nɪmətɪ] enhällighet, enighet
unanimous [jʊ'nænɪməs] enhällig, enig [*a* ~ *opinion*]; enhälligt antagen [*a* ~ *report*]; *be elected by a* ~ *vote* bli enhälligt vald
unanswerable [ˌʌn'ɑːns(ə)rəbl] **1** a) obesvarbar, som är omöjlig att besvara [*an* ~ *question*] b) oemotsäglig [*an* ~ *argument*] **2** oansvarig [~ *for one's acts*]
unarmed [ˌʌn'ɑːmd] **1** avväpnad **2** obeväpnad; vapenlös, utan vapen; ~ *combat* mil. handgemäng
unashamed [ˌʌnə'ʃeɪmd] **1** oblyg; utan skamkänsla **2** ohöljd, öppen
unasked [ˌʌn'ɑːskt] **1** oombedd **2** otillfrågad, utan att vara tillfrågad **3** objuden
unassuming [ˌʌnə'sjuːmɪŋ, -'suːm-] anspråkslös, blygsam; försynt [*a quiet,* ~ *person*]
unattached [ˌʌnə'tætʃt] **1** lös **2** fri, obunden
unattended [ˌʌnə'tendɪd] **1** utan uppvaktning (sällskap) **2 a)** utan tillsyn [*leave children* ~], obevakad [*leave a vehicle* ~] **b)** ~ [*to*] inte [ordentligt] skött, försummad, vanskött **3** obesökt [*an* ~ *meeting*] **4** bildl. ~ *by* (*with*) inte förenad (förknippad) med, utan
unattractive [ˌʌnə'træktɪv] charmlös, oattraktiv; osympatisk
unauthorized [ˌʌn'ɔːθəraɪzd] inte auktoriserad; obehörig
unavailable [ˌʌnə'veɪləbl] **1** inte tillgänglig (disponibel) **2** oanträffbar
unavailing [ˌʌnə'veɪlɪŋ] fåfäng [~ *efforts*]
unavoidable [ˌʌnə'vɔɪdəbl] oundviklig; *an* ~ *accident* en olyckshändelse som ingen rår för
unaware [ˌʌnə'weə] *pred adj* omedveten
unawares [ˌʌnə'weəz] **1 a)** omedvetet, utan att veta om det **b)** oavsiktligt **2** oväntat; *take* (*catch*) *a p.* ~ överrumpla (överraska) ngn
unbalanced [ˌʌn'bælənst] **1 a)** obalanserad **b)** sinnesförvirrad; *have an* ~ *mind* vara sinnesförvirrad **2** som inte befinner sig i balans (jämvikt), ostadig; ojämn; *an* ~ *diet* en ensidig kost **3** hand. inte balanserad [*an* ~ *budget*]

unbearable [ˌʌn'beərəbl] outhärdlig
unbeatable [ˌʌn'biːtəbl] oöverträffbar; oslagbar [*an* ~ *team*]
unbeaten [ˌʌn'biːtn] obesegrad [*an* ~ *team*]; oslagen [*an* ~ *record*], oöverträffad
unbecoming [ˌʌnbɪ'kʌmɪŋ] missklädsam [*an* ~ *hat*]; opassande [*an* ~ *joke*]; *be* ~ *to a p.* missklä ngn äv. bildl.
unbelief [ˌʌnbə'liːf] isht relig. otro
unbelievable [ˌʌnbə'liːvəbl] otrolig
unbend [ˌʌn'bend] (*unbent unbent*) **I** *vb tr* böja (räta) ut [~ *a wire*] **II** *vb itr* **1** rätas ut **2** bildl. bli mera tillgänglig, tina upp; slå sig lös
unbending [ˌʌn'bendɪŋ] oböjlig; bildl. äv. obeveklig [*an* ~ *attitude*], hårdnackad
unbiassed [ˌʌn'baɪəst] fördomsfri; förutsättningslös; opartisk, objektiv
unbidden [ˌʌn'bɪdn] **1** objuden [~ *guests*] **2** oombedd; [*he did it*] ~ äv. ...självmant
unbosom [ˌʌn'bʊzəm], ~ [*oneself*] lätta sitt hjärta [*to* för], anförtro sig [*to* åt]
unbounded [ˌʌn'baʊndɪd] obegränsad; bildl. äv. oinskränkt [~ *confidence*], gränslös [~ *admiration*]; ohämmad [~ *optimism*], hejdlös
unbreakable [ˌʌn'breɪkəbl] obrytbar; okrossbar
unbroken [ˌʌn'brəʊk(ə)n] **1** obruten äv. bildl.; hel [~ *dishes*]; fullständig [~ *control*]; ~ *line* heldragen linje **2** oavbruten [~ *silence*], ostörd [~ *sleep*] **3** oöverträffad [*an* ~ *record*] **4** otämjd; om häst äv. oinriden
unbuckle [ˌʌn'bʌkl] **1** spänna (knäppa) upp **2** spänna av sig [~ *one's skis*]
unburden [ˌʌn'bɜːdn] **1** avbörda [~ *one's conscience*]; befria; ~ *oneself* (*one's mind*) utgjuta (lätta) sitt hjärta [*to a p.* för ngn] **2** avbörda sig, erkänna
unbusinesslike [ˌʌn'bɪznɪslaɪk] föga (allt annat än) affärsmässig, oproffsig; osystematisk
unbutton [ˌʌn'bʌtn] knäppa upp; *come* ~*ed* gå upp
uncalled-for [ˌʌn'kɔːldfɔː] **1** opåkallad, omotiverad [~ *measures*], obefogad **2** malplacerad, taktlös [*an* ~ *remark*], oförskämd
uncanny [ˌʌn'kænɪ] **1** kuslig, hemsk [~ *sounds* (*shapes*)] **2** förunderlig [*an* ~ *power*], otrolig, häpnadsväckande [~ *skill*]
unceasing [ˌʌn'siːsɪŋ] oavbruten, oupphörlig
unceremonious ['ʌnˌserɪ'məʊnjəs] oceremoniell, enkel, otvungen

uncertain [ˌʌnˈsɜːtn] **1** osäker, oviss; otrygg; oklar **2** ostadig [*~ weather, an ~ temper*] **3** svävande, obestämd [*an ~ answer*]; *in no ~ terms* i otvetydiga ordalag

uncertainty [ˌʌnˈsɜːtntɪ] **1** osäkerhet etc., jfr *uncertain* **2** *the ~ of* det osäkra (ovissa) i

unchallenged [ˌʌnˈtʃælən(d)ʒd] **1** obestridd; opåtald; *allow a th. to pass ~* låta ngt ske opåtalt (utan protester) **2** jur. ojävad

uncharitable [ˌʌnˈtʃærɪtəbl] kärlekslös, obarmhärtig, hård

uncharted [ˌʌnˈtʃɑːtɪd] **1** som inte är utsatt på kartan (sjökortet) [*an ~ island*] **2** som inte är kartlagd [*an ~ sea*]

unchecked [ˌʌnˈtʃekt] okontrollerad [*~ figures* (*anger*)], ohämmad; bildl. äv. otyglad [*~ anger*]

uncivilized [ˌʌnˈsɪvəlaɪzd] ociviliserad; okultiverad

uncle [ˈʌŋkl] **1** farbror vard. äv. ss. tilltalsord till icke släkting; morbror; onkel; *U~ Sam* Onkel Sam personifikation av USA **2** vard. pantlånare; [*my watch is*] *at my ~'s* ...på stampen (hos farbror)

unclean [ˌʌnˈkliːn] smutsig

uncoil [ˌʌnˈkɔɪl] **I** *vb tr* rulla upp (ut) [*~ a rope*]; rulla (vira) av **II** *vb itr* rulla upp (ut) sig; räta ut sig

uncomfortable [ˌʌnˈkʌmf(ə)təbl] **1** a) obekväm b) obehaglig **2** obehaglig (illa) till mods, olustig [*feel ~*]; osäker

uncommitted [ˌʌnkəˈmɪtɪd] **1** obegången [*~ crimes*] **2** a) oengagerad [*~ writers* (*literature*)] b) alliansfri, neutral [*the ~ countries*] c) opartisk

uncommon [ˌʌnˈkɒmən] ovanlig

uncommonly [ˌʌnˈkɒmənlɪ] **1** ovanligt [*an ~ intelligent boy*] **2** *not ~* inte sällan

uncompromising [ˌʌnˈkɒmprəmaɪzɪŋ] principfast, obeveklig, oböjlig; kompromisslös

unconcern [ˌʌnkənˈsɜːn] likgiltighet, ointresse

unconcerned [ˌʌnkənˈsɜːnd] **1** obekymrad [*~ about* (om) *the future*], likgiltig, oberörd **2** inte inblandad (delaktig)

unconditional [ˌʌnkənˈdɪʃ(ə)nl] **1** villkorslös, utan villkor; *~ surrender* kapitulation utan villkor **2** obetingad; absolut

unconditioned [ˌʌnkənˈdɪʃ(ə)nd] **1** psykol. obetingad [*~ reflex*] **2** filos. absolut

unconfirmed [ˌʌnkənˈfɜːmd] **1** obekräftad **2** kyrkl. okonfirmerad

uncongenial [ˌʌnkənˈdʒiːnjəl] **1** osympatisk **2** olämplig; *it is ~ to him* äv. det passar honom inte, det är inte i hans smak

unconnected [ˌʌnkəˈnektɪd] **1** osammanhörande; utan samband (förbindelse); lös [*an ~ wire*] **2** osammanhängande [*~ phrases*], löslig

unconquerable [ˌʌnˈkɒŋk(ə)rəbl] oövervinnlig, obetvinglig; okuvlig [*his ~ will*]

unconscious [ˌʌnˈkɒnʃəs] **I** *adj* **1** omedveten [*~ humour*]; *be ~ of* vara omedveten (okunnig, ovetande) om **2** medvetslös **3** psykol. undermedveten **II** *s* psykol., *the ~* det undermedvetna

unconstitutional [ˈʌnˌkɒnstɪˈtjuːʃənl] grundlagsstridig, författningsstridig

uncontrollable [ˌʌnkənˈtrəʊləbl] okontrollerbar, omöjlig att kontrollera

unconventional [ˌʌnkənˈvenʃ(ə)nl] okonventionell, [fördoms]fri; originell

unconvincing [ˌʌnkənˈvɪnsɪŋ] föga övertygande; osannolik [*an ~ explanation*]

uncooperative [ˌʌnkəʊˈɒp(ə)rətɪv] samarbetsovillig; föga tillmötesgående

uncork [ˌʌnˈkɔːk] dra korken ur, korka (dra) upp [*~ a bottle*]

uncountable [ˌʌnˈkaʊntəbl] **I** *adj* **1** oräknelig, otalig **2** som inte kan räknas; gram. äv. inte pluralbildande **II** *s* gram. oräknebart (inte pluralbildande) substantiv

uncouple [ˌʌnˈkʌpl] koppla av (från) [*~ the locomotive*]; koppla lös [*~ a dog*]

uncouth [ˌʌnˈkuːθ] **1** okultiverad [*~ behaviour, an ~ young man*]; rå [*~ laughter*], grov **2** klumpig [*~ appearance*]

uncover [ˌʌnˈkʌvə] **1** täcka (hölja) av; blotta [*~ one's head*]; blottlägga; ta av täcket (höljet, locket etc. jfr *cover III*)) på (från) **2** bildl. avslöja [*~ a plot*]

unctuous [ˈʌŋ(k)tjʊəs] salvelsefull; inställsam

uncut [ˌʌnˈkʌt] oskuren etc., jfr *cut A I*; om ädelsten oslipad [*an ~ diamond*]; om text m.m. oavkortad [*an ~ version*]

undecided [ˌʌndɪˈsaɪdɪd] **1** oavgjord, obestämd, inte bestämd **2** obeslutsam, tveksam; vet ej vid opinionsundersökning

undefeated [ˌʌndɪˈfiːtɪd] obesegrad

undelivered [ˌʌndɪˈlɪvəd] **1** inte avlämnad (utlämnad); kvarliggande; post. obeställd **2** inte befriad

undemocratic [ˈʌnˌdeməˈkrætɪk] odemokratisk

undemonstrative [ˌʌndɪˈmɒnstrətɪv] reserverad

undeniable [ˌʌndɪˈnaɪəbl] obestridlig
undeniably [ˌʌndɪˈnaɪəblɪ] obestridligen, onekligen
undependable [ˌʌndɪˈpendəbl] opålitlig
under [ˈʌndə] **I** *prep* **1** a) under b) mindre än [*I can do it in ~ a week*]; *~ Queen Victoria* under drottning Victorias regering **2** nedanför, vid foten av [*the village lies ~ the hill*], i skydd av **3** enligt, i enlighet med [*~ the terms of the treaty*] **4** lantbr. besådd med [*a field ~ wheat*] **5** (motsvaras i sv. av annan prep. el. annan konstr.); *the question ~ debate was* frågan som diskuterades var; *be ~ the delusion that...* sväva i den villfarelsen att...; *~ a p.'s very nose* (*eyes*) mitt framför näsan (ögonen) på ngn; *~ one's own steam* för egen maskin **II** *adv* **1** a) [in]under; därunder [*children of seven and ~*]; längre ned, [här]nedan [*as ~*] b) under vatten [*he stayed ~ for two minutes*] **2** under; nere; **III** *adj* **1** under- [*the ~ jaw*]; lägre **2** för liten [*an ~ dose*]
under-age [ˌʌndərˈeɪdʒ] omyndig, minderårig; underårig, inte gammal nog
underarm [ss. adj. o. subst. ˈʌndərɑːm, ss. adv. --ˈ-] **I** *adj* sport. underhands- [*an ~ ball*] **II** *adv* sport. underifrån [*serve ~*] **III** *s* armhåla
underbid [ss. vb ˌʌndəˈbɪd, ss. subst. ˈ---] **I** (*underbid underbid*) *vb tr* o. *vb itr* bjuda under; *~* [*one's hand*] kortsp. bjuda för lågt [på sina kort] **II** *s* underbud; kortsp. äv. för lågt bud
undercarriage [ˈʌndəˌkærɪdʒ] **1** flyg. land[nings]ställ **2** underrede på fordon
undercharge [ˌʌndəˈtʃɑːdʒ] **I** *vb tr* debitera för lågt [*~ a p.*]; begära för lite [*they ~d several pounds for it*] **II** *s* **1** för låg debitering; för lågt pris **2** otillräcklig (för svag) laddning
underclothes [ˈʌndəkləʊðz] o.
underclothing [ˈʌndəˌkləʊðɪŋ] underkläder
undercoat [ˈʌndəkəʊt] mål.
a) mellanstrykning
b) mellanstrykningsfärg
undercover [ˈʌndəˌkʌvə] hemlig [*~ operations*]; under täckmantel; *~ agent* polis (agent) som jobbar under täckmantel, infiltratör
undercurrent [ˈʌndəˌkʌr(ə)nt] underström äv. bildl.
undercut [ˌʌndəˈkʌt] (*undercut undercut*) **1** skära ut (karva ur) underifrån **2** hand.
a) bjuda under [*~ one's competitors*]
b) sälja billigare än konkurrenterna [*~ goods*] **3** sport., *~ a ball* skära en boll

underdeveloped [ˌʌndədɪˈveləpt] underutvecklad [*~ countries* (*muscles*)]
underdog [ˈʌndədɒg], *the ~* den svagare [parten], den som är i underläge [*side with the ~*]
underdone [ˌʌndəˈdʌn, attr. ˈ---] kok. för lite stekt (kokt); lättstekt, blodig
underestimate [ss. vb ˌʌndərˈestɪmeɪt, ss. subst. -mət] **I** *vb tr* underskatta; beräkna för lågt **II** *s* underskattning
underexpose [ˌʌnd(ə)rɪkˈspəʊz] foto. underexponera
underexposure [ˌʌnd(ə)rɪkˈspəʊʒə] foto. underexponering
underfed [ˌʌndəˈfed] undernärd
underfoot [ˌʌndəˈfʊt] **I** *adv* under fötterna (foten, fotsulorna); undertill; på marken; *it is dry ~* det är torrt på marken (torrt väglag) **II** *adj* **1** som är (finns) under fötterna (på marken) **2** som ligger i vägen (framför fötterna [på en])
undergarment [ˈʌndəˌgɑːmənt] underplagg
undergo [ˌʌndəˈgəʊ] (*underwent undergone*) **1** undergå, genomgå [*~ a change*]; gå igenom, underkasta sig [*~ an operation*], underkastas **2** [få] utstå [*~ hardships*]
undergraduate [ˌʌndəˈgrædjʊət] univ. student; *~ studies* universitetsstudier [för grundexamen]
underground [ss. adv. ˌʌndəˈgraʊnd, ss. adj. o. subst. ˈʌndəgraʊnd] **I** *adv* under jorden äv. bildl. [*go ~*] **II** *adj* **1** a) underjordisk; som ligger under markytan
b) tunnelbane- [*~ station*]; *~ railway* tunnelbana, t-bana **2** bildl.
a) underjordisk, hemlig b) undergroundkulturradikal [*~ literature*]; *~ movement* polit. underjordisk [motstånds]rörelse **III** *s* **1** tunnelbana **2** bildl. a) underjordisk grupp; polit. underjordisk [motstånds]rörelse b) underground kulturradikal rörelse
undergrowth [ˈʌndəgrəʊθ]
1 undervegetation; småskog
2 småvuxenhet
underhand [ss. adj. ˈʌndəhænd, ss. adv. ˌʌndəˈhænd] **I** *adj* **1** a) lömsk; bedräglig [*~ methods*] b) hemlig [*an ~ deal*]; *use ~ means* (*methods*) gå smygvägar (bakvägar) **2** i kricket o. baseball underhands- [*an ~ ball*] **II** *adv*
1 a) lömskt; bedrägligt b) i hemlighet **2** i kricket o. baseball underifrån [*serve ~*]; *bowl* (*pitch*) *~* göra ett underhandskast
1 underlay [ss. vb ˌʌndəˈleɪ, ss. subst. ˈʌndəleɪ] **I** (*underlaid underlaid*) *vb tr* förse med underlag; stötta [underifrån]; *~*

a carpet with felt lägga filt [som underlag] under en matta **II** *s* underlag; *~ felt* underlagsfilt
2 underlay [ˌʌndəˈleɪ] imperf. av *underlie*
underlie [ˌʌndəˈlaɪ] (*underlay underlain*) **1** ligga under, bilda underlaget till; bära upp **2** bildl. bära upp; ligga i botten på; ligga bakom (under)
underline [ˌʌndəˈlaɪn] **1** stryka under **2** bildl. understryka, betona; framhäva
underling [ˈʌndəlɪŋ] hantlangare
underlying [ˌʌndəˈlaɪɪŋ] **1** underliggande, som ligger under **2** bildl. a) bakomliggande [*the ~ causes* (*ideas*)], djupare [liggande] b) grundläggande [*the ~ principles*]
undermanned [ˌʌndəˈmænd] underbemannad
undermine [ˌʌndəˈmaɪn] underminera; bildl. äv. undergräva [*~ a p.'s authority*; *~ one's health*]
underneath [ˌʌndəˈniːθ] **I** *prep* under; nedanför; på undersidan av **II** *adv* under [*wear wool ~*]; undertill, nertill; på undersidan; bildl. under ytan **III** *adj* undre; lägre **IV** *s* undersida; underdel
undernourished [ˌʌndəˈnʌrɪʃt] undernärd
undernourishment [ˌʌndəˈnʌrɪʃmənt] undernäring
underpants [ˈʌndəpænts] isht amer. underbyxor; kalsonger
underpass [ˈʌndəpɑːs] **1** a) planskild korsning b) vägtunnel **2** amer. [gång]tunnel
underpay [ˌʌndəˈpeɪ] (*underpaid underpaid*) **1** underbetala [*~ a p.*] **2** betala för litet på [*~ a bill*]
underpin [ˌʌndəˈpɪn] **1** stötta [under], bygga under **2** bildl. stödja, bekräfta
underprivileged [ˌʌndəˈprɪvɪlɪdʒd] missgynnad, tillbakasatt [*~ minorities*], sämre lottad, underprivilegierad [*~ classes*]
underrate [ˌʌndəˈreɪt] undervärdera; värdera (beräkna) för lågt
underseal [ˈʌndəsiːl] bil. m.m. **I** *vb tr* underredsbehandla **II** *s* underredsbehandling
undersecretary [ˌʌndəˈsekrət(ə)rɪ] **1** polit., *U~* [*of State*] motsv. ung. statssekreterare **2** biträdande sekreterare, andresekreterare
undersell [ˌʌndəˈsel] (*undersold undersold*) **1** sälja billigare än [*~ a p.*] **2** sälja till underpris
undershirt [ˈʌndəʃɜːt] isht amer. undertröja
underside [ˈʌndəsaɪd] undersida
undersigned [ˈʌndəsaɪnd] (pl. lika) undertecknad; *we, the ~, hereby certify* undertecknade intygar härmed
undersize [ˈʌndəsaɪz] o. **undersized** [ˈʌndəsaɪzd] [som är] under medelstorlek (medellängd); undersätsig; underdimensionerad
understaffed [ˌʌndəˈstɑːft] underbemannad; *be ~* äv. ha för liten personal, ha ont om folk
understand [ˌʌndəˈstænd] (*understood understood*) **I** *vb tr* (se äv. *understood*) **1** förstå, begripa; fatta, inse; *he must be made to ~ that...* han måste få klart för sig att... **2** ha förståelse för [*I quite ~ your difficulties*] **3** a) förstå sig på [*~ children*]; vara insatt i, förstå [*he ~s his job*]; känna [till] [*~ the market*] b) veta, vara medveten om [*~ one's duties*] **4** ha hört; *he is, I ~, not alone* såvitt jag har hört (förstått) är han inte ensam **5** a) fatta [saken så] [*I understood that he didn't want to come*] b) [upp]fatta, tolka; *I understood that...* äv. jag hade fått den uppfattningen att... **6** a) *~ by* förstå (mena) med; *what do you ~ by that word?* äv. vad lägger du in [för betydelse] i det ordet? b) *~ from* förstå (fatta, läsa ut) av [*I ~ from his letter that...*]; förstå på [*I understood from him that...*] **II** *vb itr* **1** förstå; *I quite ~* jag förstår precis **2** *~ about* förstå sig på
understandable [ˌʌndəˈstændəbl] förståelig, begriplig
understandably [ˌʌndəˈstændəblɪ] förståeligt (begripligt) [nog]
understanding [ˌʌndəˈstændɪŋ] **I** *s* **1** förstånd; fattningsförmåga; klokhet **2** a) insikt, kännedom, kunskap, förståelse b) uppfattning **3** förståelse [*the ~ between the nations*], förstående inställning **4** överenskommelse [*a tacit ~*], avtal; samförstånd; *come to* (*reach*) *an ~* nå samförstånd, komma överens; *on the ~ that* på det villkoret att, under förutsättning att **II** *adj* **1** förstående [*an ~ smile*]; *be ~* äv. ha förståelse **2** förståndig
understate [ˌʌndəˈsteɪt] **1** ange (beräkna) för lågt [*~ figures*] **2** underskatta [*~ problems*]
understatement [ˌʌndəˈsteɪtmənt] **1** alltför låg beräkning; underskattning **2** underdrift
understood [ˌʌndəˈstʊd] **I** imperf. av *understand* **II** *adj* o. *perf p* (av *understand*) **1** förstådd; [*is that*] *~?* [är det] uppfattat? **2** a) överenskommen b) självklar; *it is ~ that* a) man räknar med att, det tas för givet att b) det är

överenskommet att; [*the police*] *are* ~ *to have* ...har enligt uppgift **3** underförstådd; *the verb is* [*to be*] ~ verbet är underförstått

understudy [ss. subst. 'ʌndəˌstʌdɪ, ss. vb ˌ--'--] **I** *s* **1** teat. [roll]ersättare **2** a) assistent b) ställföreträdare **II** *vb tr* **1** teat. **a)** ~ *a part* lära in en roll för att kunna hoppa in som ersättare **b)** ~ *an actor* fungera som ersättare för en skådespelare **2** a) assistera b) vikariera för **III** *vb itr* **1** teat. fungera som [roll]ersättare **2** a) assistera b) vikariera

undertake [ˌʌndə'teɪk] (*undertook undertaken*) **1** företa [~ *a journey*]; sätta i gång med **2** a) åta[ga] sig [~ *a task*; ~ *to do a th.*], förbinda (förplikta) sig [~ *to do a th.*]; ta sig an [~ *a cause*]; ta på sig [~ *a responsibility*] b) garantera

undertaker [i bet. *1* 'ʌndəˌteɪkə, i bet. *2* o. *3* ˌ--'--] **1** begravningsentreprenör **2** *an* ~ *of a th.* en som företar (åtar sig, garanterar) ngt **3** amer. entreprenör

undertaking [ˌʌndə'teɪkɪŋ] **1** företag; arbete **2** a) åtagande; förbindelse b) garanti; *on an* (*the*) ~ *that* mot löfte att

under-the-counter [ˌʌndəðə'kaʊntə] vard. som säljs under disken (svart) [~ *goods*], svart [~ *petrol*]

under-the-table [ˌʌndəðə'teɪbl] vard. under bordet, i smyg; svart [~ *dealings*]

underthings ['ʌndəθɪŋz] vard. underkläder

undertone ['ʌndətəʊn] **1** *in an* ~ el. *in* ~*s* med dämpad (halvhög) röst, lågmält **2** bildl. underton

undervalue [ˌʌndə'vælju:] undervärdera; bildl. äv. underskatta; värdera för lågt

underwater [ss. adj. 'ʌndəwɔ:tə, ss. adv. ˌ--'--] **I** *adj* **1** undervattens- [~ *explosion*] **2** [som är] under vattenlinjen på en båt **II** *adv* under vattnet

underwear ['ʌndəweə] underkläder

underweight ['ʌndəweɪt, ss. pred. adj. ˌ--'-] **I** *s* undervikt **II** *adj* undervikting

underworld ['ʌndəwɜ:ld] **1** undre värld **2** dödsrike; *the* ~ äv. underjorden

underwrite [ˌʌndə'raɪt] (*underwrote underwritten*) **1** a) skriva under äv. bildl.; garantera b) skriva på [~ *a loan*] **2** hand. a) teckna sig för [~ *1,000 shares*] b) åta sig att betala [~ *the cost*] **3** försäkr. a) försäkra [~ *a ship*] b) teckna [~ *an insurance policy*]

underwriter ['ʌndəˌraɪtə] **1** försäkr. [sjö]försäkringsgivare, assuradör **2** hand. garant

undeserved [ˌʌndɪ'zɜ:vd] oförtjänt
undeserving [ˌʌndɪ'zɜ:vɪŋ] ovärdig; som inte förtjänar beaktande; *be* ~ *of* inte förtjäna

undesirable [ˌʌndɪ'zaɪərəbl] **I** *adj* icke önskvärd [~ *effects* (*persons*)], misshaglig; oväkommen [~ *visitors*] **II** *s* icke önskvärd person (sak)

undeveloped [ˌʌndɪ'veləpt] **1** outvecklad; outnyttjad [~ *natural resources*], oexploaterad **2** foto. oframkallad

undies ['ʌndɪz] vard. [dam]underkläder

undignified [ˌʌn'dɪɡnɪfaɪd] föga värdig [*in an* ~ *manner*], opassande

undiluted [ˌʌndaɪ'lju:tɪd, -dɪ'l-] outspädd; oblandad äv. bildl. [~ *pleasure*]

undiminished [ˌʌndɪ'mɪnɪʃt] oförminskad [~ *energy* (*interest*)]

undiscovered [ˌʌndɪ'skʌvəd] oupptäckt

undiscriminating [ˌʌndɪ'skrɪmɪneɪtɪŋ] urskillningslös

undisputed [ˌʌndɪ'spju:tɪd] obestridd

undistinguished [ˌʌndɪ'stɪŋɡwɪʃt] slätstruken [*an* ~ *performance*], ointressant; konturlös, som saknar karaktär (särprägel) [~ *style*]

undisturb|ed [ˌʌndɪ'stɜ:b|d] (adv. *-edly* [-ɪdlɪ]) **1** ostörd, lugn **2** orörd

undivided [ˌʌndɪ'vaɪdɪd] **1** odelad [~ *attention*], full och hel **2** enad [~ *front*]

undo [ˌʌn'du:] (*undid undone*) **1** knäppa upp [~ *the buttons* (*one's coat*)], lösa (knyta) upp [~ *a knot*], lossa [på] [~ *the bands*]; spänna loss [~ *straps*]; ta (packa, veckla) upp [~ *a parcel*]; *come undone* gå upp [*my shoelace has come undone*]; lossna **2** a) göra ogjord b) göra om intet

undoing [ˌʌn'du:ɪŋ] fördärv, olycka, undergång

undone [ˌʌn'dʌn] **I** perf. p. av *undo* **II** *adj* **1** uppknäppt etc., jfr *undo 1* **2** ogjord

undoubted [ˌʌn'daʊtɪd] otvivelaktig; avgjord [*an* ~ *victory*]

undoubtedly [ˌʌn'daʊtɪdlɪ] otvivelaktigt

undress [ˌʌn'dres] **I** *vb tr* **1** klä av **2** ta bort förbandet från [~ *a wound*] **II** *vb itr* klä av sig **III** *s* **1** a) vardagsklädsel b) negligé; morgonrock; lätt klädsel; *in a state of* ~ halvklädd **2** mil. arbetsmundering

undressed [ˌʌn'drest] **1** a) avklädd b) oklädd **2** obehandlad [~ *leather* (*stones*)]; oputsad; osmyckad **3** som inte är omlagd [~ *a wound*]

undrinkable [ˌʌn'drɪŋkəbl] odrickbar

undue [ˌʌn'dju:] **1** otillbörlig; orättmätig; obehörig [~ *use of authority*] **2** onödig [~ *haste* (*risks*)], opåkallad; överdriven

unduly [ˌʌn'dju:lɪ] **1** otillbörligt **2** oskäligt; onödigt, i onödan; överdrivet

undying [ˌʌnˈdaɪɪŋ] odödlig; evig; oförgänglig; som aldrig dör {~ *hatred*}

unearned [ˌʌnˈɜːnd] **1** ~ *income* arbetsfri inkomst, inkomst av kapital **2** oförtjänt {~ *praise*}

unearth [ˌʌnˈɜːθ] **1** gräva upp (fram); bildl. äv. upptäcka **2** jakt. driva ut ur grytet {~ *a fox*}

unearthly [ˌʌnˈɜːθlɪ] **1** överjordisk, himmelsk **2** övernaturlig; mystisk; hemsk **3** vard. orimlig; *at an ~ hour* okristligt tidigt (sent)

unease [ˌʌnˈiːz] se *uneasiness*

uneasiness [ˌʌnˈiːzɪnəs] oro; [känsla av] olust

uneasy [ˌʌnˈiːzɪ] orolig; olustig; *he had an ~ conscience* han hade en smula dåligt samvete

uneatable [ˌʌnˈiːtəbl] oätbar, oätlig

uneconomic [ˈʌnˌiːkəˈnɒmɪk] dyr

uneconomical [ˈʌnˌiːkəˈnɒmɪk(ə)l] slösaktig; odryg

uneducated [ˌʌnˈedjʊkeɪtɪd] obildad; okultiverad

unemotional [ˌʌnɪˈməʊʃənl] oberörd; likgiltig, känslolös

unemployed [ˌʌnɪmˈplɔɪd] **1** arbetslös, sysslolös; *the* ~ de arbetslösa **2** outnyttjad; ~ *capital* ledigt kapital

unemployment [ˌʌnɪmˈplɔɪmənt] arbetslöshet; ~ *benefit* (*pay*, amer. *compensation*) arbetslöshetsunderstöd; ~ *insurance* arbetslöshetsförsäkring

unending [ˌʌnˈendɪŋ] **1** ändlös **2** vard. evig

un-English [ˌʌnˈɪŋglɪʃ] oengelsk

unenviable [ˌʌnˈenvɪəbl] föga (inte) avundsvärd {*an ~ task*}

unequal [ˌʌnˈiːkw(ə)l] **1** olika; inte likvärdig (jämlik, jämställd o.d.); omaka **2** ojämn äv. bildl. {*an ~ contest*}; oenhetlig **3** udda {~ *number*} **4** *be ~ to* inte motsvara {*the supply is ~ to the demand*}

unequalled [ˌʌnˈiːkw(ə)ld] ouppnådd, utan motstycke (like)

unequivocal [ˌʌnɪˈkwɪvək(ə)l] otvetydig

unerring [ˌʌnˈɜːrɪŋ] ofelbar; träffsäker; *an ~ eye for* en säker blick för

UNESCO o. **Unesco** [jʊˈneskəʊ] (förk. för *United Nations Educational, Scientific, & Cultural Organization*) UNESCO

uneven [ˌʌnˈiːv(ə)n] **1** ojämn äv. bildl. {~ *road*; ~ *performance*}; skrovlig; om mark kuperad **2** udda {~ *number*} **3** olika, olika lång; inte parallell

uneventful [ˌʌnɪˈventf(ʊ)l] händelsefattig; enformig; *the journey was ~* det hände inte särskilt mycket på resan

unexpected [ˌʌnɪkˈspektɪd] oväntad, oanad

unexpectedly [ˌʌnɪkˈspektɪdlɪ] oväntat

unexplained [ˌʌnɪkˈspleɪnd] oförklarad, ouppklarad

unfailing [ˌʌnˈfeɪlɪŋ] **1** aldrig svikande, osviklig {~ *accuracy*}, ofelbar {*an ~ remedy*}, säker **2** outtömlig **3** ständig

unfair [ˌʌnˈfeə] orättvis; ojust, ohederlig; otillåten; *take an ~ advantage of a p.* skaffa sig fördelar på ngns bekostnad

unfairly [ˌʌnˈfeəlɪ] orättvist etc., jfr *unfair*; med orätt

unfaithful [ˌʌnˈfeɪθf(ʊ)l] **1** otrogen, trolös **2** otillförlitlig, inte trogen {*an ~ translation*}

unfamiliar [ˌʌnfəˈmɪljə] **1** obekant, ovan, främmande **2** okänd, främmande; ovan {*an ~ sight*}

unfamiliarity [ˈʌnfəˌmɪlɪˈærətɪ] obekantskap, bristande förtrogenhet, ovana

unfashionable [ˌʌnˈfæʃ(ə)nəbl] omodern, urmodig

unfasten [ˌʌnˈfɑːsn] lossa; lösa (knyta) upp; låsa upp; knäppa upp

unfathomable [ˌʌnˈfæðəməbl] **1** bottenlös {~ *lake*} **2** outgrundlig {~ *mystery*}

unfavourable [ˌʌnˈfeɪv(ə)rəbl] ogynnsam, ofördelaktig

unfeeling [ˌʌnˈfiːlɪŋ] okänslig; känslolös; hjärtlös

unfinished [ˌʌnˈfɪnɪʃt] oavslutad, ofullbordad, inte färdig

unfit [ˌʌnˈfɪt] **I** *adj* olämplig, otjänlig, oförmögen; ovärdig; i dålig kondition; ~ *for human consumption* otjänlig som människoföda **II** *vb tr* göra olämplig etc., jfr *I*

unfitted [ˌʌnˈfɪtɪd] olämplig

unflagging [ˌʌnˈflægɪŋ] outtröttlig {~ *energy*}

unflappable [ˌʌnˈflæpəbl] vard. orubbligt lugn

unflinching [ˌʌnˈflɪn(t)ʃɪŋ] ståndaktig, orubblig, oböjlig

unfold [ˌʌnˈfəʊld] **I** *vb tr* **1** a) veckla ut (upp) {~ *a newspaper*}, vika ut (upp); breda ut {~ *one's arms*} **b**) m. refl. konstr.: a) veckla ut sig {*the buds began to ~ themselves*}, slå ut i blom b) breda ut sig {*the landscape ~ed itself before me*} **2** a) utveckla, avslöja {*she ~ed her plans*} **b**) m. refl. konstr. utveckla sig {*the story ~s itself*}, avslöjas **II** *vb itr* **1** veckla ut sig, breda ut sig; öppna sig **2** utveckla sig, uppenbaras, rullas upp {*the story ~s*}, avslöjas

unforeseeable [ˌʌnfɔːˈsiːəbl] oförutsebar, omöjlig att förutse

unforgettable [ˌʌnfə'getəbl] oförglömlig
unforgivable [ˌʌnfə'gɪvəbl] oförlåtlig
unfortunate [ˌʌn'fɔːtʃ(ə)nət] **I** *adj*
1 olyckligt lottad; *be ~* äv. ha otur
2 olycksalig [*an ~ development*] **II** *s* olycksfågel; olyckligt (sämst) lottad person
unfortunately [ˌʌn'fɔːtʃ(ə)nətlɪ] 1 tyvärr, olyckligtvis 2 olyckligt
unfounded [ˌʌn'faʊndɪd] isht bildl. ogrundad [*~ suspicion*], grundlös [*~ rumour*], ohållbar
unfriendly [ˌʌn'frendlɪ] 1 ovänlig 2 (ss. efterled i sammansättn.) -farlig [*environment-unfriendly*]
unfurl [ˌʌn'fɜːl] **I** *vb tr* veckla ut [*~ a flag*]; sjö. göra loss [*~ a sail*]; *~ed flags* flygande fanor **II** *vb itr* om flagga o.d. veckla (breda) ut sig
ungainly [ˌʌn'geɪnlɪ] klumpig
ungodly [ˌʌn'gɒdlɪ] gudlös; *at an ~ hour* okristligt tidigt
ungovernable [ˌʌn'gʌv(ə)nəbl] omöjlig att styra (tygla); obändig [*~ temper*]; oregerlig
ungrateful [ˌʌn'greɪtf(ʊ)l] otacksam [*an ~ task*]
unguarded [ˌʌn'gɑːdɪd] 1 obevakad; utan skydd 2 ovarsam, tanklös
unhappily [ˌʌn'hæpəlɪ] 1 olyckligt 2 olyckligtvis
unhappiness [ˌʌn'hæpɪnəs] olycka; elände
unhappy [ˌʌn'hæpɪ] olycklig; olyckssalig; misslyckad [*~ choice of words* (ordval)]; *be ~ about* äv. inte vara nöjd med
unharmed [ˌʌn'hɑːmd] oskadd
unhealthy [ˌʌn'helθɪ] 1 sjuklig 2 ohälsosam [*~ ideas*]
unheard [ˌʌn'hɜːd] 1 ohörd; *go ~* bildl. förklinga ohörd 2 *~ of* exempellös, utan motstycke
unheard-of [ˌʌn'hɜːdɒv] 1 [förut] okänd 2 exempellös, utan motstycke
unhesitating [ˌʌn'hezɪteɪtɪŋ] beslutsam; oförbehållsam; beredvillig
unhinge [ˌʌn'hɪn(d)ʒ] 1 haka (lyfta) av [*~ a door*]; få (dra) ur led 2 förrycka; bringa ur fattningen (gängorna); riva upp [*his nerves were ~d*]; *mentally ~d* sinnesrubbad
unholy [ˌʌn'həʊlɪ] ohelig; syndig
unhook [ˌʌn'hʊk] häkta (haka, kroka) av; knäppa upp; koppla loss
unhurt [ˌʌn'hɜːt] oskadad, oskadd
UNICEF ['juːnɪsef] (förk. för *United Nations Children's Fund*) UNICEF
unicorn ['juːnɪkɔːn] enhörning

unidentified [ˌʌnaɪ'dentɪfaɪd] oidentifierad [*~ flying object*], icke identifierad
unification [ˌjuːnɪfɪ'keɪʃ(ə)n] enande
uniform ['juːnɪfɔːm] **I** *adj* 1 likformig; enhetlig; enformig; likalydande; *planks of ~ length* lika långa plankor 2 jämn [*~ speed, ~ temperature*], oförändrad **II** *s* uniform; *in ~* i uniform, uniformsklädd
uniformity [ˌjuːnɪ'fɔːmətɪ] 1 likformighet 2 enformighet
unify ['juːnɪfaɪ] ena
unilateral [ˌjuːnɪ'læt(ə)r(ə)l] ensidig
unimaginable [ˌʌnɪ'mædʒɪnəbl] otänkbar; ofattbar
unimaginative [ˌʌnɪ'mædʒɪnətɪv] fantasilös
unimpaired [ˌʌnɪm'peəd] oförminskad, obruten [*~ health*]; oförbätrad
unimportant [ˌʌnɪm'pɔːt(ə)nt] obetydlig, av mindre vikt, oväsentlig
uninformed [ˌʌnɪn'fɔːmd] inte underrättad (informerad) [*of (on, as to)* om]; ovederhäftig [*~ criticism*]
uninhabited [ˌʌnɪn'hæbɪtɪd] obebodd
uninhibited [ˌʌnɪn'hɪbɪtɪd] hämningslös; lössläppt
unintelligible [ˌʌnɪn'telɪdʒəbl] obegriplig, oförståelig
unintentional [ˌʌnɪn'tenʃənl] oavsiktlig
uninterrupted ['ʌnˌɪntə'rʌptɪd] oavbruten
uninviting [ˌʌnɪn'vaɪtɪŋ] föga inbjudande (attraktiv); ogemytlig
union ['juːnjən] 1 förening, sammanslutning 2 union [*customs ~, postal ~*], förbund; *students' ~* studentkår; kårhus 3 [*trade (trades)*] *~* fackförening 4 [äktenskaplig] förbindelse; äktenskap [*a happy ~*] 5 enighet; *~ is strength* enighet ger styrka
6 a) unionsmärke i flagga b) unionsflagga; *the U~ Jack* Union Jack Storbritanniens flagga
unique [juː'niːk] **I** *adj* unik, enastående, ensam i sitt slag **II** *s*, *a ~* ett unikum pl.
unisex ['juːnɪseks] unisex- [*~ fashions*]
unison ['juːnɪsn, -ɪzn] 1 mus. samklang; *in ~* a) unisont b) bildl. i fullkomlig harmoni (samklang) [*with* med] 2 endräkt, enighet [*we acted in perfect ~*]
unit ['juːnɪt] 1 enhet [*form a ~; monetary ~*]; *~ furniture* kombimöbler 2 avdelning, enhet [*production ~*]; mil. äv. förband; grupp 3 apparat; inredning[sdetalj], enhet; aggregat [*heating ~*]
unite [juː'naɪt] **I** *vb tr* förena, samla, ena **II** *vb itr* förena sig, samla sig, samlas, samverka
united [juː'naɪtɪd] förenad; gemensam,

samlad [~ *action*]; bildl. äv. enig [*present a ~ front*]; *the U~ Arab Emirates* Förenade arabemiraten; *the U~ Kingdom* Förenade kungariket Storbritannien och Nordirland; *the U~ Nations [Organization]* Förenta nationerna; *the U~ States [of America]* Förenta staterna

unity ['juːnətɪ] **1** enhet **2** helhet **3** endräkt; *~ is strength* enighet ger styrka

universal [ˌjuːnɪˈvɜːs(ə)l] **1** allmän [*~ belief (opinion)*]; allsidig; allmängiltig [*the rule is not ~*], universell; världs-; allmännelig [*a ~ church*]; all-, universal- [*~ pliers* (tång)]; hel [*the ~ world*]; *the ~ church* katolska kyrkan; *the U~ Postal Union* Världspostunionen; *~ time* universaltid Greenwichtid **2** om film barntillåten; *~ certificate* tillstånd att visas för alla åldrar, ung. barntillåten **3** mångkunnig, mångsidig, universal- [*~ genius*]

universally [ˌjuːnɪˈvɜːsəlɪ] allmänt

universe ['juːnɪvɜːs] universum; *the ~* äv. a) världsalltet b) mänskligheten

university [ˌjuːnɪˈvɜːsətɪ] universitet, högskola; *~ education* akademisk [ut]bildning; *be at (go to) [the] ~* gå på (studera vid) universitetet

unjust [ˌʌnˈdʒʌst] orättfärdig

unjustifiable [ˈʌnˌdʒʌstɪˈfaɪəbl] oförsvarlig; otillbörlig; otillständig; orättvis

unjustified [ˌʌnˈdʒʌstɪfaɪd] oberättigad

unjustly [ˌʌnˈdʒʌstlɪ] orättfärdigt

unkempt [ˌʌnˈkem(p)t] **1** okammad **2** ovårdad, vanskött

unkind [ˌʌnˈkaɪnd] ovänlig; hård [*~ to (mot) the skin*]

unknown [ˌʌnˈnəʊn] **I** *adj* okänd **II** *adv*, *~ to us* oss ovetande, utan vår vetskap, utan att vi visste om det [*he did it ~ to us*] **III** *s* **1** *the ~* det okända, den okända faktorn **2** okänd [person] **3** matem. obekant

unlawful [ˌʌnˈlɔːf(ʊ)l] olaglig; orättmätig; olovlig

unleash [ˌʌnˈliːʃ] koppla lös (loss) [*~ a dog*; *he ~ed his fury*]

unleavened [ˌʌnˈlevnd] osyrad [*~ bread*]

unless [ənˈles, ʌn-] om inte; med mindre [än att]; utan att

unlike [ˌʌnˈlaɪk] **I** *adj* olik [*he is ~ his brothers*] **II** *prep* olikt; olika mot; i olikhet med, till skillnad från, i motsats till [*~ most other people, he is...*]; *this is ~ you* det är [så] olikt dig

unlikely [ˌʌnˈlaɪklɪ] osannolik, orimlig; föga lovande [*it looked so ~ at first glance*]; *he is ~ to come* han kommer troligen inte

unlimited [ˌʌnˈlɪmɪtɪd] **1** obegränsad [*~ confidence*], oinskränkt [*~ power*]; *~ company* handelsbolag med obegränsat personligt ansvar **2** gränslös, oändlig

unlisted [ˌʌnˈlɪstɪd], *~ telephone number* hemligt telefonnummer

unload [ˌʌnˈləʊd] **I** *vb tr* **1** lasta av [*~ a cargo; ~ a truck*] **2** befria, frigöra; *~ one's heart* lätta sitt hjärta **3** ta ut patronen (laddningen) ur [*~ the gun*] **II** *vb itr* lossa[s] [*the ship is ~ing*]

unlock [ˌʌnˈlɒk] **I** *vb tr* låsa upp **II** *vb itr* låsas upp

unlooked-for [ˌʌnˈlʊktfɔː] oväntad, oförutsedd

unloose [ˌʌnˈluːs] o. **unloosen** [ˌʌnˈluːsn] lossa; släppa [lös]; befria; knyta upp

unluckily [ˌʌnˈlʌkəlɪ] **1** olyckligtvis **2** olyckligt

unlucky [ˌʌnˈlʌkɪ] olycklig; olycksdiger; fatal; olycks-; *be ~* ha otur [*at i*]; *~ at cards, lucky in love* otur i spel, tur i kärlek

unmanageable [ˌʌnˈmænɪdʒəbl] ohanterlig; oregerlig

unmanly [ˌʌnˈmænlɪ] omanlig

unmanned [ˌʌnˈmænd] obemannad

unmannerly [ˌʌnˈmænəlɪ] obelevad, ohyfsad

unmarried [ˌʌnˈmærɪd] ogift

unmask [ˌʌnˈmɑːsk] **I** *vb tr* demaskera; bildl. äv. avslöja [*~ a traitor*] **II** *vb itr* demaskera sig

unmentionable [ˌʌnˈmenʃnəbl] **I** *adj* onämnbar; opassande **II** *s* åld. el. skämts., pl. *~s* onämnbara underbyxor

unmistakable [ˌʌnmɪˈsteɪkəbl] omisskännlig [*an ~ hint*]; otvetydig [*an ~ sign*]

unmitigated [ˌʌnˈmɪtɪɡeɪtɪd] **1** onyanserad; oförminskad; *~ by* utan några förmildrande (försonande) drag (inslag) av **2** oblandad; renodlad; *an ~ scoundrel* en ärkeskurk

unmoved [ˌʌnˈmuːvd] **1** oberörd, kall **2** orörd; orörlig

unnatural [ˌʌnˈnætʃr(ə)l] onaturlig

unnecessarily [ˌʌnˈnesəs(ə)rəlɪ] **1** onödigt **2** onödigtvis

unnecessary [ˌʌnˈnesəs(ə)rɪ] onödig

unnerve [ˌʌnˈnɜːv] **1** försvaga; förslappa **2** få att tappa koncepterna

unnoticed [ˌʌnˈnəʊtɪst] obemärkt

UNO ['juːnəʊ] (förk. för *United Nations Organization*) FN

unobtainable [ˌʌnəb'teɪnəbl] oåtkomlig, oanskaffbar

unobtrusive [ˌʌnəb'truːsɪv] tillbakadragen, inte påträngande (påflugen)

unoccupied [ˌʌn'ɒkjʊpaɪd] **1** inte ockuperad **2** obebodd [~ *territory*] **3** ledig [~ *flat*; ~ *seat*], inte upptagen **4** sysslolös [~ *person*]

unofficial [ˌʌnə'fɪʃ(ə)l] inofficiell [~ *statement*], inte officiell; ~ *strike* vild strejk

unorthodox [ˌʌn'ɔːθədɒks] oortodox, kättersk, inte renlärig; okonventionell, inte vedertagen

unpack [ˌʌn'pæk] packa upp (ur)

unpaid [ˌʌn'peɪd] obetald; ofrankerad [~ *letter*]; oavlönad [~ *position*]

unpalatable [ˌʌn'pælətəbl] oaptitlig; bildl. obehaglig [~ *truth*], motbjudande

unparalleled [ˌʌn'pærəleld, -ləld] makalös, enastående

unplanned [ˌʌn'plænd] **1** inte planerad (planlagd); oväntad **2** illa planerad [~ *economy*]

unplayable [ˌʌn'pleɪəbl] ospelbar [~ *tape*; ~ *football pitch*]; om boll o.d. äv. omöjlig

unpleasant [ˌʌn'pleznt] otrevlig [~ *situation*], olustig; obehaglig [~ *taste*; ~ *truth*], oangenäm; osympatisk [*an ~ fellow*]

unpleasantness [ˌʌn'plezntnəs] obehag; otrevlighet[er]; tråkighet[er] [*try to avoid ~*]

unplug [ˌʌn'plʌg] **1** dra ur proppen (tappen) ur [~ *the sink*] **2** dra ur [sladden till] [~ *the refrigerator*]; ~ *the telephone* dra ur [telefon]jacket

unpolished [ˌʌn'pɒlɪʃt] opolerad [~ *rice*; ~ *manners*]; matt; oputsad [~ *shoes*]; oslipad [~ *diamond*; ~ *style*]; bildl. ohyvlad, okultiverad

unpopular [ˌʌn'pɒpjʊlə] impopulär, illa (inte) omtyckt

unpractised [ˌʌn'præktɪst] **1** oövad, oerfaren **2** inte tillämpad, oprövad

unprecedented [ˌʌn'presɪd(ə)ntɪd] exempellös, utan motstycke

unprejudiced [ˌʌn'predʒʊdɪst] fördomsfri, opartisk

unprepossessing ['ʌn,priːpə'zesɪŋ] föga intagande

unpretentious [ˌʌnprɪ'tenʃəs] anspråkslös

unprincipled [ˌʌn'prɪnsəpld] principlös; omoralisk

unprintable [ˌʌn'prɪntəbl] otryckbar, som inte kan återges i tryck

unproductive [ˌʌnprə'dʌktɪv] improduktiv; ofruktbar; föga lönande

unprofessional [ˌʌnprə'feʃənl] **1** inte professionell (yrkesmässig, fackutbildad); inte akademiskt utbildad **2** amatörmässig [~ *work*] **3** ovärdig yrkeskåren (en yrkesman) [~ *conduct*]

unprofitable [ˌʌn'prɒfɪtəbl] **1** onyttig, föga givande [~ *discussions*] **2** föga vinstgivande (lönande), olönsam

unpromising [ˌʌn'prɒmɪsɪŋ] föga lovande

unprovided [ˌʌnprə'vaɪdɪd] **1** inte försedd (utrustad) **2** oförsörjd; *leave one's family ~ for* ställa familjen på bar backe **3** oförberedd

unpunished [ˌʌn'pʌnɪʃt] ostraffad; *let a p. go ~* underlåta att straffa ngn

unqualified [ˌʌn'kwɒlɪfaɪd] **1** okvalificerad; inte behörig, omeriterad **2** oförbehållsam [~ *approval*], oblandad [~ *joy*]

unquestionable [ˌʌn'kwestʃənəbl] **1** obestridlig **2** vederhäftig

unquestioned [ˌʌn'kwestʃ(ə)nd] **1** obestridd; oemotsagd **2** obestridlig

unquestioning [ˌʌn'kwestʃənɪŋ] obetingad, blind [~ *obedience*]

unquote [ˌʌn'kwəʊt], [*he said, quote, we shall never give in*] ~ ...slut på citatet, ...slut citat

unravel [ˌʌn'ræv(ə)l] **I** *vb tr* **1** riva upp; reda ut, trassla upp **2** bildl. reda ut (upp) [~ *a mystery*] **II** *vb itr* repa upp sig

unreadable [ˌʌn'riːdəbl] **1** oläsbar [*an ~ book*] **2** oläslig [~ *handwriting*]

unreal [ˌʌn'rɪəl] overklig; inbillad

unreasonable [ˌʌn'riːz(ə)nəbl] **1** oförnuftig; omedgörlig **2** oskälig, orimlig

unreasoning [ˌʌn'riːz(ə)nɪŋ] oförnuftig; okritisk; oreflekterad

unrecognizable [ˌʌn'rekəgnaɪzəbl, '-,--'---] oigenkännlig

unrelated [ˌʌnrɪ'leɪtɪd] obesläktad äv. bildl.; inte relaterad; utan samband med varandra [~ *crimes*]

unrelenting [ˌʌnrɪ'lentɪŋ] **1** oböjlig; obeveklig **2** ständig [~ *progress*; ~ *pressure*]

unreliable [ˌʌnrɪ'laɪəbl] opålitlig [*an ~ witness*]; ovederhäftig, otillförlitlig [~ *information*]

unremitting [ˌʌnrɪ'mɪtɪŋ] outtröttlig; odelad [~ *attention*]

unrepeatable [ˌʌnrɪ'piːtəbl] **1** som inte kan återges (upprepas) [~ *remarks*] **2** unik; som inte återkommer [*an ~ offer* (erbjudande)]

unrepentant [ˌʌnrɪ'pentənt] o. **unrepenting** [ˌʌnrɪ'pentɪŋ] obotfärdig, förhärdad

unrequited [ˌʌnrɪˈkwaɪtɪd] obesvarad [*~ love*]
unreserved [ˌʌnrɪˈzɜːvd] **1** oförbehållsam, öppenhjärtig **2** inte reserverad [*~ seats*]
unrest [ˌʌnˈrest] oro
unrestrained [ˌʌnrɪˈstreɪnd] **1** ohämmad, hämningslös, otyglad; obehärskad **2** otvungen, obunden
unrestricted [ˌʌnrɪˈstrɪktɪd] **1** oinskränkt [*~ power*] **2** med fri fart [*an ~ road*]
unrewarding [ˌʌnrɪˈwɔːdɪŋ] föga givande [*~ labour*]; otacksam [*an ~ part* (roll)]
unripe [ˌʌnˈraɪp] omogen äv. bildl.
unrivalled [ˌʌnˈraɪv(ə)ld] makalös, utan like
unroll [ˌʌnˈrəʊl] **I** *vb tr* rulla (veckla) upp; rulla ut **II** *vb itr* rulla (veckla) upp sig, rullas upp
unruffled [ˌʌnˈrʌfld] **1** oberörd; ostörd **2** stilla [*an ~ lake*], orörlig; slät [*an ~ brow*], jämn **3** okrusad
unruly [ˌʌnˈruːlɪ] ostyrig [*~ children, ~ locks of hair*], oregerlig
unsaddle [ˌʌnˈsædl] **1** sadla av [*~ a horse*] **2** kasta av (ur sadeln) [*~ a rider*]
unsafe [ˌʌnˈseɪf] osäker; farlig
unsaid [ˌʌnˈsed] osagd
unsatisfactory [ˈʌnˌsætɪsˈfækt(ə)rɪ] otillfredsställande; otillräcklig [*~ proof*]
unsavoury [ˌʌnˈseɪv(ə)rɪ] **1** smaklös [*an ~ meal*], fadd; oaptitlig **2** motbjudande, osmaklig [*an ~ affair*]
unscathed [ˌʌnˈskeɪðd] oskadd; helskinnad
unscrupulous [ˌʌnˈskruːpjʊləs] samvetslös
unseemly [ˌʌnˈsiːmlɪ] **1** opassande, otillständig, otillbörlig **2** ful
unseen [ˌʌnˈsiːn] **I** *adj* **1** osynlig [*~ danger, ~ forces*]; osedd **2 a)** okänd; *~ translation* översättning av okänd text **b)** från bladet, a prima vista **II** *s, the ~* den osynliga världen
unselfish [ˌʌnˈselfɪʃ] osjälvisk
unsettle [ˌʌnˈsetl] **1** lösgöra **2** komma att vackla, skaka [*strikes ~d the economy of the country*]; förrycka **3** göra osäker (nervös), förvirra
unsettled [ˌʌnˈsetld] **1 a)** orolig [*~ times*], osäker [*~ weather*], instabil [*an ~ market*] **b)** ur balans **2** kringflackande [*an ~ life*]; hemlös; *be ~* [*in one's new home*] inte ha kommit i ordning... **3** inte avgjord [*an ~ case*], ouppklarad [*~ questions*]; inte uppordnad (avklarad) [*an ~ matter*], oordnad **4** obetald, inte avvecklad [*~ debts*]
unshakable [ˌʌnˈʃeɪkəbl] orubblig [*~ faith*]
unshaved [ˌʌnˈʃeɪvd] o. **unshaven** [ˌʌnˈʃeɪvn] orakad

unsightly [ˌʌnˈsaɪtlɪ] ful, anskrämlig
unskilled [ˌʌnˈskɪld] oerfaren; outbildad; *~ labour* **a)** outbildad arbetskraft **b)** grovarbete; *~ labourer* grovarbetare; *~ worker* (*workman*) arbetare utan yrkesutbildning; tempoarbetare
unsociable [ˌʌnˈsəʊʃəbl] osällskaplig
unsocial [ˌʌnˈsəʊʃ(ə)l] **1** osällskaplig **2** asocial **3** *~* [*working*] *hours* obekväm arbetstid
unsolicited [ˌʌnsəˈlɪsɪtɪd] oombedd
unsophisticated [ˌʌnsəˈfɪstɪkeɪtɪd] osofistikerad, okonstlad; naiv
unsound [ˌʌnˈsaʊnd] **1** inte frisk, sjuk; dålig [*~ teeth*]; *of ~ mind* sinnesförvirrad, otillräknelig **2** osund [*~ principles*] **3** oriktig, felaktig [*an ~ argument*], oklok [*~ advice*]; *~ doctrine* falsk lära, villolära **4** orolig [*~ sleep*] **5** [ekonomiskt] osäker, riskfylld
unsparing [ˌʌnˈspeərɪŋ] **1** slösande, rundhänt; outtröttlig [*with ~ energy*]; *be ~ in one's efforts* inte spara (sky) någon möda **2** skoningslös
unspeakable [ˌʌnˈspiːkəbl] **1** outsäglig [*~ joy*], namnlös [*~ sorrow*], obeskrivlig [*~ wickedness*] **2** usel [*an ~ scoundrel*]
unspoken [ˌʌnˈspəʊk(ə)n] outtalad; osagd
unstable [ˌʌnˈsteɪbl] instabil [*an ~ foundation*], labil; obeständig; oregelbunden [*an ~ heartbeat*]; vankelmodig, oberäknelig
unsteady [ˌʌnˈstedɪ] **I** *adj* **1** ostadig [*an ~ walk*]; bildl. vankelmodig; skiftande; oberäknelig **2** oregelbunden [*~ habits; an ~ pulse*], ojämn [*an ~ climate*] **II** *vb tr* göra ostadig; rubba
unstuck [ˌʌnˈstʌk], *come ~* **a)** lossna, gå upp [i fogen (limningen)] **b)** vard. gå i stöpet, slå fel; falla sönder; råka illa ut [*he'll come ~ one day*]
unsuccessful [ˌʌnsəkˈsesf(ʊ)l] misslyckad, olycklig; *be ~* äv. misslyckas, inte ha någon framgång
unsuited [ˌʌnˈsuːtɪd, -ˈsjuː-] olämplig; opassande; inte avpassad; *~ for* (*to*) äv. [som] inte passar (lämpar sig) för
unsure [ˌʌnˈʃʊə] osäker; otrygg; oviss
unsurpassed [ˌʌnsəˈpɑːst] oöverträffad
unsuspecting [ˌʌnsəˈspektɪŋ] omisstänksam, godtrogen; intet ont anande
unswerving [ˌʌnˈswɜːvɪŋ] orubblig [*~ fidelity*], osviklig; rak
unsympathetic [ˈʌnˌsɪmpəˈθetɪk] **1** oförstående, likgiltig; avvisande **2** osympatisk
untangle [ˌʌnˈtæŋgl] lösa [upp] [*~ a knot*],

reda upp (ut); klara upp [~ *a problem*]; göra loss (fri)

untarnished [ˌʌn'tɑːnɪʃt] **1** fläckfri [*an ~ reputation*], ren **2** glänsande, blank [*~ silver*]

unthinkable [ˌʌn'θɪŋkəbl] otänkbar; inte att tänka på [*such a suggestion is ~*]

untidy [ˌʌn'taɪdɪ] ovårdad

untie [ˌʌn'taɪ] knyta upp; lossa; öppna; släppa lös; *come (get)* ~*d* gå upp; lossna

until [ən'tɪl, ʌn'tɪl] [ända] till

untimely [ˌʌn'taɪmlɪ] **1** för tidig [*an ~ death*] **2** olämplig, malplacerad [*~ remarks*]; oläglig

untiring [ˌʌn'taɪərɪŋ] outtröttlig [*~ energy*], oförtruten [*~ efforts*]

untold [ˌʌn'təʊld] omätlig [*~ wealth*], oändlig [*~ joy (suffering)*]

untouchable [ˌʌn'tʌtʃəbl] **I** *adj* **1** kastlös, oberörbar **2** bildl. oangriplig **II** *s* kastlös [person]

untoward [ˌʌntə'wɔːd] olycklig, ogynnsam [*~ conditions*]

untried [ˌʌn'traɪd] **1** oprövad **2** jur. orannsakad **3** oerfaren

untrieved [ˌʌn'triːvd] *adj* otranerad

untrue [ˌʌn'truː] **1** osann, falsk **2** trolös, falsk; orättvis; illojal **3** felaktig; sned

untruth [ˌʌn'truːθ, i pl. ˌʌn'truːðz, -truːθs] osanning, lögn; *tell an ~* tala osanning

untruthful [ˌʌn'truːθf(ʊ)l] osann, falsk; lögnaktig

untutored [ˌʌn'tjuːtəd] obildad, okunnig; otränad [*an ~ ear*]

unused [i bet. *1* ˌʌn'juːzd, i bet. *2* ˌʌn'juːst] **1** obegagnad, oanvänd; *~ stamp* ostämplat frimärke **2** ovan [*he is ~ to* (vid) *city life*]

unusual [ˌʌn'juːʒʊəl] ovanlig; sällsynt; osedvanlig

unvarnished [ˌʌn'vɑːnɪʃt] **1** osminkad [*the ~ truth*], oförblommerad, enkel **2** ofernissad

unveil [ˌʌn'veɪl] **I** *vb tr* **1** ta slöjan från [*~ one's face*]; avtäcka, låta täckelset falla från [*~ a statue*] **2** bildl. avslöja [*~ a secret*], blotta **II** *vb itr* ta av sig slöjan

unvoiced [ˌʌn'vɔɪst] fonet. tonlös

unwanted [ˌʌn'wɒntɪd] inte önskad (önskvärd), oönskad, ovälkommen

unwarranted [ˌʌn'wɒr(ə)ntɪd] obefogad; omotiverad; oförsvarlig

unwavering [ˌʌn'weɪv(ə)rɪŋ] orubblig [*~ loyalty*]; fast

unwell [ˌʌn'wel] dålig, sjuk; *be taken ~* bli dålig (sjuk)

unwieldy [ˌʌn'wiːldɪ] klumpig; svårhanterlig, tungrodd [*~ organization*]

unwilling [ˌʌn'wɪlɪŋ] **1** ovillig; motvillig; *he was an ~ witness* [*to the scene*] han var (blev) ofrivilligt (mot sin vilja) vittne... **2** motspänstig

unwillingly [ˌʌn'wɪlɪŋlɪ] ogärna

unwind [ˌʌn'waɪnd] (*unwound unwound*) **I** *vb tr* nysta (linda, vira, rulla, veckla) av (upp); veckla (rulla) ut; lösgöra **II** *vb itr* nystas upp, nysta upp sig etc., jfr *I*

unwise [ˌʌn'waɪz] oklok

unwitting [ˌʌn'wɪtɪŋ] **1** oavsiktlig, omedveten **2** omedveten, ovetande [*~ that he had hurt her*]; aningslös

unwittingly [ˌʌn'wɪtɪŋlɪ] **1** oavsiktligt, omedvetet **2** ovetande[s]; aningslöst

unworkable [ˌʌn'wɜːkəbl] **1** outförbar, ogenomförbar [*an ~ plan*] **2** ohanterlig; motspänstig [*~ material*]

unworldly [ˌʌn'wɜːldlɪ] ovärldslig; världsfrämmande

unworthy [ˌʌn'wɜːðɪ] ovärdig [*an ~ successor*]; oförtjänt; [*behaviour*] *~ of a gentleman* ...ovärdigt en gentleman

unwound [ˌʌn'waʊnd] **I** imperf. o. perf. p. av *unwind* **II** *adj* ouppdragen [*an ~ clock*]

unwrap [ˌʌn'ræp] veckla upp (ut); öppna [*~ a parcel*]; bildl. avslöja

unwritten [ˌʌn'rɪtn] oskriven [*an ~ page*]; *an ~ law* en oskriven lag

unyielding [ˌʌn'jiːldɪŋ] oböjlig

unzip [ˌʌn'zɪp] **I** *vb tr* dra ner (öppna) [blixtlåset på]; *can you ~ me?* kan du hjälpa mig med [att öppna] blixtlåset? **II** *vb itr* öppnas med blixtlås

up [ʌp] **I** *adv* o. *pred adj* **1** a) upp; uppåt b) fram [*he came ~ to me*] c) upp, ned norrut el. i förhållande till storstad, isht London [*~ to London*]; uppåt (inåt) [landet] i förhållande till kusten [*travel ~ from the coast*]; *hands ~!* upp med händerna!; *~ there* dit upp; *~ and down* fram och tillbaka **2** a) uppe [*stay ~ all night*] b) uppe, nere norrut el. i förhållande till storstad [*~ in London*]; uppåt (inåt) [landet] i förhållande till kusten [*two miles ~ from the coast*]; *be ~ and about* vara uppe [och i full gång], vara på benen; *~ there* däruppe; *~ north* norröver, norrut **3** a) över, slut [*my leave was nearly ~*] b) bildl. ute; *the game is ~* spelet är förlorat **4** sport. o.d. plus; *be one* [*goal*] *~* leda med ett mål **5** specialbet. i förb. med verb **a)** ihop [*add ~*; *fold ~*], igen, till [*shut ~ a house*] **b)** fast [*chain ~*]; in [*lock a th. ~*] **c)** sönder [*tear ~*] **d)** *hurry ~!* skynda på!; utan motsvarighet i sv. [*wake ~*] **e)** *be ~* a) vara uppe (uppstigen), ha gått upp [*he (the moon) is not ~ yet*]

b) vara [upp]rest (uppförd) [*the house is ~*]; vara uppfälld [*his collar was ~*]; vara uppdragen [*the blinds were ~*] c) ha stigit (gått upp) [*the price of meat is ~*] d) sitta till häst e) vara [uppe] i luften; flyga på viss höjd [*the plane is five thousand feet ~*] f) vara uppriven (uppgrävd) [*the street is ~*] f) *what's ~?* vad står på?; *there's something ~* det är något på gång **6** *be ~ against* stå (ställas) inför, kämpa med (mot) **7** *be ~ for* vara uppe till [*be ~ for debate*]; ställa upp till [*be ~ for re-election*]; *be well ~ on* [*a subject*] vara insatt i... **8** *~ to* **a)** [ända] upp till [*count from one ~ to ten*], [ända] fram till, [ända] tills; *~ to now* [ända] tills nu, hittills **b)** i nivå med [*this book isn't ~ to his last*]; *he* (*it*) *isn't ~ too much* det är inte mycket bevänt med honom (det) **c)** *he isn't ~ to* [*the job*] han duger inte till...; *I don't feel* (*I'm not*) *~ to it* jag känner mig inte i form, jag har ingen lust **d)** efter [*act ~ to one's principles*] **e)** *be ~ to a p.* vara ngns sak **f)** *be ~ to something* ha något [fuffens] för sig **II** *prep* uppför [*~ the hill*]; uppe på (i) [*~ the tree*]; uppåt; [upp] längs [med] [*~ the street*]; *walk ~ the street* äv. gå gatan fram[åt]; *~ your arse* (amer. ass)! el. *~ yours!* ta dig i häcken! **III** *s*, *~s and downs* höjningar och sänkningar; växlingar, svängningar [*the ~s and downs of the market*]; med- och motgång; *he has his ~s and downs* det går upp och ned för honom

up-and-coming [ˌʌpən'kʌmɪŋ] lovande [*an ~ author* (*pianist*)], uppåtgående; *an ~ man* äv. en påläggskalv

upbeat ['ʌpbiːt] **I** *s* **1** mus. upptakt; uppslag **2** vard. optimistisk (glad) stämning **II** *adj* vard. optimistisk, utåtriktad; glad [*an ~ mood*]; uppåt

upbraid [ʌp'breɪd] förebrå, läxa upp

upbringing ['ʌpˌbrɪŋɪŋ] uppfostran, fostran

update [ss. vb ʌp'deɪt, ss. subst. '--] **I** *vb tr* uppdatera; modernisera **II** *s* uppdatering

upend [ʌp'end] **1** välta [omkull] [*~ the table*]; vända upp och ned på **2** bildl. kullkasta **3** slå

upgrade [ss. subst. 'ʌpgreɪd, ss. vb -'-] **I** *s* **1** stigning; *be on the ~* bildl. stiga, öka, gå uppåt; vara på uppåtgående **2** amer. uppförsbacke **II** *vb tr* **1** befordra [*~ to a higher position*] **2** förbättra; höja värdet (kvaliteten) på; uppvärdera

upheaval [ʌp'hiːv(ə)l] **1** geol. höjdförskjutning **2** bildl. omvälvning [*social* (*political*) *~s*], omstörtning; kaos

uphill [ss. adv. ˌʌp'hɪl, ss. adj. '--] **I** *adv* uppåt, uppför [backen] **II** *adj* **1** stigande; uppförs- [*an ~ slope*]; *it's ~ all the time* **a)** det bär uppför hela vägen (tiden) **b)** det är motigt (är tungt, tar emot) hela tiden **2** bildl. besvärlig

uphold [ʌp'həʊld] (*upheld upheld*) **1** upprätthålla, vidmakthålla [*~ discipline*]; hävda **2** godkänna, gilla [*~ a verdict*]; *~ old traditions* hålla fast vid (värna om) gamla traditioner

upholster [ʌp'həʊlstə] **1** stoppa; klä [*~ a sofa*], madrassera **2** inreda rum med textilier ss. gardiner **3** vard., *well ~ed* fyllig, rund, mullig

upholsterer [ʌp'həʊlst(ə)rə] tapetserare

upholstery [ʌp'həʊlst(ə)rɪ] **1** [möbel]stoppning; heminredning med textilier **2 a)** hemtextil **b)** stoppning konkr.; klädsel **c)** [stoppade] möbler **3** tapetseraryrke[t]

upkeep ['ʌpkiːp] underhåll; underhållskostnad[er]

upland ['ʌplənd] **I** *s* **1** vanl. pl. *~s* högland **2** inland; uppland **II** *adj* höglänt; höglands-

uplift [ss. vb ʌp'lɪft, ss. subst. o. adj. '--] **I** *vb tr* lyfta [upp]; bildl. äv. verka upplyftande (uppbyggande) på **II** *s* **1** höjning, höjande **2** vard. a) uppryckning; uppmuntran b) uppiggande verkan **III** *adj*, *~ bra* stödbehå

upon [ə'pɒn] på; *once ~ a time there was* det var en gång

upper ['ʌpə] **I** *adj* övre [*the ~ end* (*limit*); *~ Manhattan*], högre; över- [*the ~ jaw* (*lip*)]; överst; *the ~ class* (*classes*) överklassen **II** *s* **1** vanl. pl. *~s* ovanläder **2** *be* [*down*] *on one's ~s* vard. vara barskrapad (utfattig)

upper-class [ˌʌpə'klɑːs, attr. '---] överklass-; överklassig; *be ~* vara överklass

uppercut ['ʌpəkʌt] boxn. uppercut

uppermost ['ʌpəməʊst] **I** *adj* [allra] överst; [allra] högst; främst; mest framträdande; närmast [liggande]; *be ~* äv. ha överhand (övertaget) **II** *adv* [allra] överst; [allra] högst

upright ['ʌpraɪt] **I** *adj* **1** upprätt; *put* (*set*) *~* resa (räta) upp, ställa [rakt] upp (på ända) **2** hederlig, rättskaffens **II** *s* **1** stolpe, pelare; pl. *~s* äv. målstolpar **2** ~ [*piano*] piano, pianino **III** *adv* upprätt, rakt [upp]

uprising ['ʌpˌraɪzɪŋ, ˌ-'--] resning, uppror

uproar ['ʌprɔː] tumult [*the meeting ended in* [*an*] *~*], förvirring; rabalder, liv, oväsen; *the town is in an ~* staden är i uppror

uproarious [ʌpˈrɔːrɪəs] **1** tumultartad **2** larmande; överväldigande [*an ~ welcome*], stormande [*~ applause*]; skallande [*~ laughter*] **3** vard. helfestlig [*an ~ comedy*]

uproot [ʌpˈruːt] **1** rycka (dra) upp med rötterna (roten); bildl. äv. göra rotlös **2** utrota

upset [ss. vb o. adj. ʌpˈset, ss. subst. ˈʌpset] **I** (*upset upset*) *vb tr* **1** stjälpa (välta) [omkull] [*~ a table*], slå omkull; stjälpa (välta) ut [*~ a glass of milk*]; komma att kantra [*~ the boat*] **2** a) bringa oordning i [*~ a room*] b) kullkasta [*~ a p.'s plans*] c) göra upprörd (uppskakad) [*the incident ~ her*] d) störa isht matsmältningen; göra illamående; *~ a p.'s nerves* göra ngn upplriven (nervös) **II** *s* **1** [kull]stjälpning; kantring; fall; kullkastande; etc., jfr *I* **2** fysisk el. psykisk rubbning; chock [*she had a terrible ~*]; depression; *have a stomach ~* ha krångel med magen, ha magbesvär **3** oreda, röra **4** sport. skräll **III** *perf p* o. *adj* (jfr äv. *I*) **1** [kull]stjälpt etc. **2** a) i oordning etc. b) kullkastad etc. c) upprörd etc.; uppriven; *be ~ that...* vara (bli) upprörd över att...

upsetting [ʌpˈsetɪŋ] upprörande, [upp]skakande; förarglig

upshot [ˈʌpʃɒt] **1** resultat; slut; *the ~ of the matter was...* det hela slutade med..., summan av kardemumman var (blev)... **2** slutsats

upside-down [ˌʌpsaɪ(d)ˈdaʊn] **I** *adv* upp och ned; huller om buller; bildl. äv. bakvänt; *turn ~* vända upp och ned [på] **II** *adj* uppochnedvänd; bildl. äv. bakvänd; *~ cake* upp-och-ner-kaka

upstage [ʌpˈsteɪdʒ] **I** *adv* i (mot) bakgrunden, i fonden **II** *adj* **1** bakgrunds-, i bakgrunden (fonden) **2** vard. överlägsen, mallig; snobbig **III** *vb tr* **1** teat. tvinga medspelare att hålla sig i bakgrunden **2** bildl. dra uppmärksamheten från **3** vard. sätta på plats

upstairs [ˌʌpˈsteəz] uppför trappan (trapporna) [*go ~*]; i övervåningen

upstanding [ʌpˈstændɪŋ] uppstående [*an ~ collar*]; upprättstående; rak; välväxt [*a fine ~ boy*]

upstart [ˈʌpstɑːt] uppkomling

upstream [ˌʌpˈstriːm, ss. attr. adj. ˈ--] [som går] uppför (mot) strömmen; uppåt floden

upsurge [ˈʌpsɜːdʒ] **1** framvällande; våg [*an ~ of indignation*] **2** [snabb] ökning [*an ~ of wage claims*]; uppsving **3** resning, uppror

upswing [ˈʌpswɪŋ] uppsving; uppåtgående trend; *be on the ~* vara på uppåtgående

uptake [ˈʌpteɪk], *be quick* (*slow*) *on* (*in*) *the ~* ha lätt (svårt) [för] att fatta, fatta snabbt (långsamt)

uptight [ˈʌptaɪt] vard. **1** spänd; nervös, skärrad; irriterad **2** uppsträckt; formell

up-to-date [ˌʌptəˈdeɪt] à jour; fullt modern

uptown [ss. adv. o. subst. ˌʌpˈtaʊn, ss. adj. ˈ--] amer. **I** *adv* o. *adj* till (uppåt, i, från) norra (övre) delen av stan; till (i, från) stans utkant[er] (bostadskvarter) **II** *s* norra (övre) delen av stan; stans utkant[er]

upturn [ss. vb ʌpˈtɜːn, ss. subst. ˈʌptɜːn] **I** *vb tr* vända [på]; vända upp och ned på äv. bildl. **II** *s* uppåtgående trend

upturned [ˌʌpˈtɜːnd, ˈ--] **1** uppåtvänd; uppåtböjd; *~ nose* uppnäsa **2** uppochnedvänd

upward [ˈʌpwəd] uppåtriktad, uppåtvänd; uppåtgående, stigande [*prices show an ~ tendency*]

uranium [jʊˈreɪnjəm] kem. uran

Uranus [jʊ(ə)ˈreɪnəs, ˈjʊərənəs] **1** mytol. Uranos **2** astron. Uranus

urban [ˈɜːbən] stads- [*~ population*], tätorts-; stadsmässig; urbaniserad; *~ area* tätort

urbane [ɜːˈbeɪn] belevad, världsvan, urban

urbanity [ɜːˈbænətɪ] **1** belevenhet, världsvana **2** stadsprägel, stadskaraktär

urbanization [ˌɜːbənaɪˈzeɪʃ(ə)n] urbanisering

urbanize [ˈɜːbənaɪz] urbanisera; ge stadsprägel åt

urchin [ˈɜːtʃɪn] buspojke; [*street*] *~* gatpojke, gatunge, rännstensunge

urge [ɜːdʒ] **I** *vb tr* **1** a) *~ on* (*onward, forward, along*) driva på, mana på [*he ~d his horse on* (*onward*)], skynda på, påskynda b) pressa, driva [*~ a p. to action*] **2** försöka övertala, anmoda [*he ~d me to come*], ligga efter, mana **3** yrka på, kräva [*~ a measure*]; framhålla, understryka **II** *vb itr* **1** sträva **2** yrka, ivra **III** *s* stark längtan [*feel an ~ to travel*]

urgency [ˈɜːdʒ(ə)nsɪ] **1** vikt, angelägenhet, brådskande natur; *the ~ of the situation* det allvarliga i situationen **2** enträgenhet; enträgen bön

urgent [ˈɜːdʒ(ə)nt] **1** a) brådskande, angelägen, viktig; allvarlig [*an ~ situation*] b) påskrift på brev m.m. angeläget, brådskande; *the matter is ~* äv. saken brådskar **2** enträgen, envis

urgently [ˈɜːdʒ(ə)ntlɪ] **1** [*supplies*] *are ~*

needed (*required*) det finns ett trängande behov av... **2** enträget
urinal [ˌjʊəˈraɪnl, ˈjʊərɪnl, amer. ˈjʊrənl] **1** [*bed*] ~ uringlas; urinal **2** [*public*] ~ pissoar, urinoar
urinate [ˈjʊərɪneɪt] kasta vatten
urine [ˈjʊərɪn] urin
URL [ˌjuːɑːrˈel] data. (förk. för *uniform resource locator*) URL adresstandard för resurser på Internet
urn [ɜːn] **1** urna **2** tekokare, kaffekokare
Uruguay [ˈjʊərəɡwaɪ, ˈʊr-]
Uruguayan [ˌjʊərəˈɡwaɪən, ˌʊr-] **I** *adj* uruguaysk **II** *s* uruguayare
US [ˌjuːˈes] **I** (förk. för *United States*) *s* **1** *the* ~ USA **2** Förenta Staternas, USA:s **II** förk. för *Uncle Sam*
us [ʌs, obeton. əs, s] (objektsform av *we*) **1** oss **2** vard. vi [*it wasn't* ~] **3** vard. för *our*; *she likes* ~ *singing* [*her to sleep*] hon tycker om att vi sjunger... **4** vard. mig [*give* ~ *a piece*]
USA [ˌjuːesˈeɪ] **I** (förk. för *United States of America*) *s, the* ~ USA **II** förk. för *United States Army*
usable [ˈjuːzəbl] användbar
usage [ˈjuːsɪdʒ, ˈjuːzɪdʒ] **1** behandling, hantering [*harsh* (*rough*) ~] **2** språkbruk [*Modern English U~*] **3** [vedertaget] bruk, sed
USB [ˌjuːesˈbiː] *s* data. (förk. för *universal serial bus*) USB standard för anslutning av seriell kringutrustning
use [ss. subst. juːs; ss. vb.: i bet. *II* juːz, i bet. *III* juːs] **I** *s* **1** användning, begagnande; *make* ~ *of* använda, begagna sig av, utnyttja; ta till vara; *directions for* ~ bruksanvisning **2** användning, nytta; funktion; *peaceful* ~*s of nuclear power* fredligt utnyttjande av atomkraft[en] **3** nytta; användbarhet; *what's the* ~*?* vad tjänar det till?, vad ska det tjäna till?; *be of* ~ vara (komma) till nytta (användning), vara användbar [*to a p.* för ngn; *for a th.* till ngt]; *be* [*of*] *no* ~ inte gå att använda, vara till ingen nytta [*the information was* [*of*] *no* ~]; *it is no* ~ *trying* el. *there is no* ~ [*in*] *trying* det tjänar ingenting till (det är ingen idé) att försöka **4 a)** *lose the* ~ *of one eye* bli blind på ena ögat **b)** *room with* ~ *of kitchen* rum med tillgång till (del i) kök **5** bruk, sed **II** *vb tr* **1** använda, begagna, anlita; utnyttja [*he* ~*s people*]; ~ *force* bruka våld **2** ~ [*up*] förbruka, göra slut på, uttömma **3** visa [~ *discretion* (*tact*)] **III** *vb itr* (end. i imperf.): **a)** ~*d to* [ˈjuːstə, -tʊ] brukade; *there* ~*d to be...* förr fanns det...
b) i nekande satser: *he* ~*d not* (~*dnʼt,* ~*nʼt, didnʼt* ~) *to be like that* han brukade inte vara sådan, förr var han inte sådan
used [i bet. *I 1* juːzd, i bet. *I 2* o. *II* juːst] **I** *adj* o. *perf p* **1** använd, begagnad [~ *cars*]; *hardly* ~ nästan [som] ny, nästan oanvänd **2** ~ *to* van vid **II** imperf., se *use III*
useful [ˈjuːsf(ʊ)l] **1** nyttig [~ *work*]; användbar, bra; ~ *article* nyttoföremål; *this is not very* ~ detta är inte till mycket nytta, detta hjälper inte mycket **2** vard. rätt bra, skaplig
usefulness [ˈjuːsf(ʊ)lnəs] nytta; nyttighet; användbarhet
useless [ˈjuːsləs] **1** onyttig, oduglig; oanvändbar; värdelös **2** lönlös, meningslös
user [ˈjuːzə] användare; *road* ~ vägtrafikant
user-friendly [ˌjuːzəˈfrendlɪ] användarvänlig
usher [ˈʌʃə] **I** *s* **1** vaktmästare på bio, teater o.d.; rättstjänare i rättslokal **2** isht amer. marskalk vid fest o.d. **II** *vb tr* **1** föra, ledsaga, visa; ~ *in* äv. anmäla; *I was* ~*ed into his presence* jag fick företräde hos (visades in till) honom **2** ~ *in* bildl. inleda, inviga [*the play* ~*ed in the new season*], bebåda **3** gå före vid procession
usherette [ˌʌʃəˈret] [kvinnlig] vaktmästare, plats[an]viserska på bio, teater o.d.
USSR [ˌjuːesesˈɑː] (förk. för *Union of Soviet Socialist Republics*) geogr. hist., *the* ~ Sovjet[unionen]
usual [ˈjuːʒʊəl] vanlig, bruklig, gängse; [*he came late,*] *as* ~ ...som vanligt; *as is* ~ [*in our family*] som det brukas..., som vanligt [är]...; [*Stockholm is*] *its* ~ *self* ...sig likt; [*can I have*] *a glass of the* ~*?* ...ett glas av det vanliga (det jag brukar dricka)?
usually [ˈjuːʒʊəlɪ] vanligtvis; vanligt; *more than* ~ *hot* varmare än vanligt
usurer [ˈjuːʒ(ə)rə] ockrare
usurp [juːˈzɜːp] tillskansa sig, bemäktiga sig [~ *power*], usurpera
usurper [juːˈzɜːpə] usurpator; troninkräktare; inkräktare
usury [ˈjuːʒərɪ] **1** ocker; *practise* ~ bedriva ocker, ockra **2** ockerränta
utensil [juːˈtensl] redskap, verktyg; pl. ~*s* äv. utensilier; *cooking* ~*s* kokkärl
utilitarian [ˌjuːtɪlɪˈteərɪən] **I** *adj* **1** nytto- [~ *morality*], nyttighets-; filos. utilitaristisk **2** ändamålsenlig **II** *s* anhängare av nyttomoralen; filos. utilitarist, utilist
utility [juːˈtɪlətɪ] **1** [praktisk] nytta,

användbarhet; nyttighet **2** [*public*] ~
a) affärsdrivande verk, statligt (kommunalt) affärsverk, allmännyttigt (samhällsnyttigt) företag
b) samhällsservice, allmän nyttighet; *-ies* amer. a) gas, vatten, el b) teletjänster c) kommunikationer, kommunikationsväsende; *public ~ company* allmännyttigt (samhällsnyttigt) företag **3** attr. nytto-, bruks-; nyttig, praktisk, funktionell; universal-, som kan användas till mycket [*a ~ vehicle*]; nyttobetonad; *~ plant* nyttoväxt

utilization [ˌjuːtɪlaɪˈzeɪʃ(ə)n] utnyttjande; tillvaratagande

utilize [ˈjuːtɪlaɪz] utnyttja; tillvarata

utmost [ˈʌtməʊst, -məst] *adj* **1** ytterst [*the ~ limits*] **2** bildl. ytterst, största [*with the ~ care*], högst **II** *s, the ~* det yttersta, det allra mesta (bästa), det bästa möjliga; *do one's ~* göra sitt bästa (yttersta), göra allt

Utopia [juːˈtəʊpɪə] **1** Utopien, Utopia efter Thomas Mores bok 'Utopia'; idealstat **2** utopi [äv. *u~*]

Utopian o. **utopian** [juːˈtəʊpɪən] **I** *adj* utopisk, verklighetsfrämjande; *it is ~* [*to think that...*] äv. det är en utopi... **II** *s* utopist

1 utter [ˈʌtə] fullständig [*an ~ denial*], fullkomlig, absolut [*~ darkness*], yttersta [*~ misery*]; komplett [*an ~ fool*]

2 utter [ˈʌtə] **1** ge ifrån sig [*~ a sigh*], ge upp, utstöta [*~ a cry*]; få fram; uttala [*~ sounds*] **2** yttra, uttala [*the last words he ~ed*]

utterance [ˈʌt(ə)r(ə)ns] **1** artikulering; tal **2** uttalande, yttrande; uttryck **3** *give ~ to* ge uttryck åt, uttrycka

utterly [ˈʌtəlɪ] fullständigt etc., jfr *1 utter*; ytterst, ytterligt

U-turn [ˈjuːtɜːn] **1** U-sväng; *no ~s* U-sväng förbjuden **2** bildl. helomvändning, kovändning

V, v [viː] (pl. *V's* el. *v's* [viːz]) V, v; *V sign* V-tecken
V (förk. för *volt*[*s*])
vac [væk] vard. kortform för *vacation I*
vacancy ['veɪk(ə)nsɪ] **1** tomrum **2** a) vakans; ledig plats b) ledigt rum o.d.
vacant ['veɪk(ə)nt] **1** tom [*~ seat*], ledig [*~ room*; *~ situation* (plats)], vakant [*apply for a ~ post* (tjänst)]; *fall (become) ~* om tjänst bli ledig (vakant) **2** tom [*a ~ expression on her face*], innehållslös; frånvarande [*a ~ smile*]
vacantly ['veɪk(ə)ntlɪ], *stare ~* stirra frånvarande [framför sig]
vacate [və'keɪt, veɪk'-, amer. 'veɪkeɪt] **I** *vb tr* **1** flytta ifrån (ur) [*~ a house*], överge **2** avgå ifrån [*~ an office* (ämbete)] **II** *vb itr* **1** flytta från bostad o.d. **2** sluta sin plats **3** amer. vard. ta semester
vacation [və'keɪʃ(ə)n, veɪ'k-] **I** *s* **1** a) ferier [*the Christmas ~*] b) isht amer. semester; *the long (summer) ~* sommarlovet; *be on ~* a) ha ferier (lov) b) isht amer. ha semester **2** utrymning, övergivande av bostad o.d.; utflyttning **3** frånträdande av tjänst o.d.; avgång **II** *vb itr* amer. **1** semestra **2** ta semester
vacationer [və'keɪʃ(ə)nə, veɪ'k-] o. **vacationist** [və'keɪʃ(ə)nɪst] amer. semesterfirare
vaccinate ['væksɪneɪt, -s(ə)n-] vaccinera
vaccination [,væksɪ'neɪʃ(ə)n, -s(ə)'neɪ-] vaccinering
vaccine ['væksiːn, -sɪn, væk'siːn] **I** *s* med. vaccin **II** *adj* **1** vaccin- **2** ko-
vacillate ['væsɪleɪt] vackla, tveka; svänga
vacillation [,væsɪ'leɪʃ(ə)n] vacklan; tvekan
vacuous ['vækjʊəs] **1** tom; uttryckslös **2** enfaldig
vacuum ['vækjʊ(ə)m] **I** *s* **1** vakuum, tomrum; [luft]tomt rum; *~ cleaner* dammsugare **2** vard. dammsugare **II** *vb tr* o. *vb itr* dammsuga
vacuum-packed ['vækjʊəmpækt] vakuumförpackad
vagabond ['vægəbɒnd, -bənd] **I** *adj* kringflackande [*~ life*]; vagabond- **II** *s* **1** vagabond; landstrykare **2** skojare, odåga

vagina [və'dʒaɪnə] anat. slida
vagrancy ['veɪgr(ə)nsɪ] kringflackande; vagabondliv; jur. lösdriveri
vagrant ['veɪgr(ə)nt] **I** *adj* kringflackande [*a ~ musician*] **II** *s* vagabond; jur. lösdrivare
vague [veɪg] vag, oklar, obestämd [*~ outlines*]; *I haven't the ~st* [*idea*] jag har inte den blekaste aning; *a ~ recollection* ett dunkelt (svagt) minne
vaguely ['veɪglɪ] vagt etc., jfr *vague*; *the name is ~ familiar* namnet låter [på något vis] bekant
vain [veɪn] **1** fåfäng **2** gagnlös **3** *in ~* a) förgäves b) *take the name of God in ~* missbruka Guds namn
vainglorious [,veɪn'glɔːrɪəs] inbilsk
vainness ['veɪnnəs] **1** fåfänglighet; fruktlöshet **2** fåfänga
valance ['væləns] [gardin]kappa; kornisch
valedictory [,vælɪ'dɪktərɪ] avskeds- [*~ speech*]
Valentine ['væləntaɪn] **I** mansnamn; *St. ~'s Day* Valentindagen 14 febr.; Alla hjärtans dag **II** *s*, *v~* valentinkort; valentingåva
valerian [və'lɪərɪən] bot. el. farmakol. valeriana; vände[l]rot
valet ['vælɪt, -leɪ] **I** *s* **1** kammartjänare **2** hotellvaktmästare som ansvarar för tvätt, bilparkering m.m. åt gästerna **3** *~* [*stand*] herrbetjänt möbel **II** *vb tr* **1** passa upp **2** sköta om [kläderna åt]
valiant ['væljənt] tapper
valid ['vælɪd] **1** jur. [rätts]giltig, lagenlig; *~ period* giltighetstid **2** giltig [*~ evidence, ~ excuse*], stark, bindande, meningsfull [*~ reasons*]
validate ['vælɪdeɪt] lagfästa, stadfästa; bekräfta; godkänna
validity [və'lɪdətɪ] **1** giltighet; jur. äv. laga kraft; bildl. värde **2** validitet äv. psykol.
valise [və'liːz, -iːs] **1** [liten] resväska **2** mil. packning; ränsel
valley ['vælɪ] dal, dalgång; *the ~* [*of the shadow*] *of death* bibl. dödsskuggans dal
valour ['vælə] litt. tapperhet, mod
valuable ['væljʊəbl] **I** *adj* värdefull; värde- [*~ paper*]; inbringande; bildl. högt skattad, värderad [*a ~ friend*] **II** *s*, vanl. pl. *~s* värdesaker, dyrbarheter
valuation [,væljʊ'eɪʃ(ə)n] **1** värdering [*~ of a property*], uppskattning **2** värde, värderingsbelopp
value ['væljuː] **I** *s* **1** värde [*the ~ of the pound*]; valör; *ratable ~* taxeringsvärde; *learn the ~ of* [lära sig att] uppskatta [värdet av] **2** valuta; utdelning; *good ~* full valuta [*for* för]; *it is good ~* [*for*

money] den är prisvärd, den ger god valuta för pengarna **3 a)** valör [*the ~ of a word*] **b)** ~ [*of a note*] mus. [not]värde, [nots] tidsvärde **4** pl. *~s* sociol. o.d. normer, värderingar [*moral (ethical) ~s*] **5** matem. värde [*the ~ of x*] **II** *vb tr* värdera, taxera; bildl. äv. sätta värde på; *~ highly (dearly)* sätta stort värde på, skatta högt; högakta
value-added ['vælju‚ædɪd], *~ tax* mervärdesskatt, moms
valued ['vælju:d] värderad, [högt] skattad, ärad
valueless ['væljʊləs] värdelös
valuer ['væljʊə] **1** värderingsman **2** uppskattare
valve [vælv] **1** tekn. ventil, klaff; [*key*] *~* mus. klaff **2** anat. [hjärt]klaff **3** [*radio*] *~* [radio]rör
1 vamp [væmp] **I** *s* **1** ovanläder **2** mus. improviserat ackompanjemang **II** *vb tr* **1** försko sätta nytt ovanläder på [*~ a shoe*] **2** lappa [äv. *~ up*] **3** mus. improvisera [*~ an accompaniment*] **III** *vb itr* mus. improvisera ett ackompanjemang
2 vamp [væmp] vard. **I** *s* vamp **II** *vb itr* spela vamp
vampire ['væmpaɪə] **1** vampyr, blodsugare **2** vamp **3** zool., *~* [*bat*] [stor] blodsugare, vampyr slags fladdermus
1 van [væn] **1** [täckt] transportbil, varubil [äv. *delivery ~*]; flyttbil [äv. *furniture ~*]; van; mindre buss; järnv. godsvagn [äv. *luggage ~*]; *guard's ~* konduktörskupé; *police ~* transitbuss, piket **2** husvagn
2 van [væn] se *vanguard*
3 van [væn] i tennis fördel
vandalism ['vændəlɪz(ə)m] vandalism
vandalize ['vændəlaɪz] vandalisera
vane [veɪn] **1** vindflöjel **2** [kvarn]vinge; styrvinge på robot o.d.; styrfjäder på pil
vanguard ['væŋgɑ:d] mil. förtrupp; bildl. äv. främsta led; *be in the ~ of* gå i spetsen (täten) för
vanilla [və'nɪlə] bot. el. kok. vanilj; *~ custard* vaniljkräm; vaniljsås
vanish ['vænɪʃ] försvinna; dö (blekna) bort; falla bort; *~ from (out of) a p.'s sight (view)* försvinna ur ngns åsyn (synhåll)
vanishing ['vænɪʃɪŋ] försvinnande; bortdöende, förbleknande; *~ act (trick)* borttrollningsnummer
vanity ['vænətɪ] **1** fåfänga [*injure (wound) a p.'s ~*] **2** fåfänglighet; meningslöshet; *~ of vanities* fåfängligheters fåfänglighet **3** *~* [*bag (case)*] a) sminkväska, liten necessär b) aftonväska

vanquish ['væŋkwɪʃ] litt. övervinna, besegra
vantage ['vɑ:ntɪdʒ] **1** i tennis fördel **2** *~ point* strategisk ställning
vapid ['væpɪd] fadd; avslagen [*~ beer*]; bildl. andefattig [*a ~ conversation*], innehållslös [*~ speeches*]
vaporize ['veɪpəraɪz] **I** *vb tr* förvandla till ånga; vaporisera **II** *vb itr* avdunsta, förångas
vaporizer ['veɪpəraɪzə] avdunstningsapparat; sprej apparat; spridare
vapour ['veɪpə] ånga; dimma; imma; utdunstning; *~ trail* kondensstrimma från flygplan
variable ['veərɪəbl] **I** *adj* växlande [*~ winds*], varierande [*~ standards*], föränderlig; avvikande; ombytlig [*~ mood*], ostadig [*~ weather*] **II** *s* matem., statistik. el. astron. variabel
variance ['veərɪəns] **1** skillnad [*~s in temperature*] **2** *be at ~* a) om pers. vara oense (oeniga), bekämpa varandra b) om åsikter o.d. motsäga varandra, gå isär; vara oförenliga
variant ['veərɪənt] **I** *adj* **1** skiljaktig; olika; avvikande; *~ pronunciation* uttalsvariant, varianttuttal **2** föränderlig; varierande **II** *s* variant[form]
variation [‚veərɪ'eɪʃ(ə)n] **1** variation; avvikelse; skiftning **2** variant **3** mus. variation [*~ on* (över) *a theme*]
varicose ['værɪkəʊs, -kəs] med. åderbråcks-; varikös; *~ veins* åderbråck
varied ['veərɪd] [om]växlande; olikartad
variety [və'raɪətɪ] **1** omväxling, variation; *~ is the spice of life* ombyte förnöjer **2** mångfald, mängd; *for a ~ of reasons* av en mängd olika skäl **3** sort **4** hand. [stor] sortering; *~ store* amer. billighetsaffär, basar **5** *~* [*entertainment (show)*] varieté[underhållning], varietéföreställning
various ['veərɪəs] **1** olika [*~ types*], olikartad[e]; [om]växlande **2** åtskilliga [*for ~ reasons*], flerfaldiga
varnish ['vɑ:nɪʃ] **I** *s* fernissa; lack [*nail ~*]; lackering; glans **II** *vb tr* **1** fernissa [äv. *~ over*]; lacka, lackera [*~ one's nails*] **2** bildl. skyla över
vary ['veərɪ] **I** *vb itr* **1** variera, växla, skifta [*his mood varies from day to day*], ändra sig **2** vara olik; skilja sig, avvika **II** *vb tr* **1** variera, ändra, anpassa **2** mus. variera [*~ a theme*]
varying ['veərɪɪŋ] växlande, varierande, skiftande, olika

vase [vɑːz, amer. veɪs, veɪz] vas
vasectomy [væˈsektəmɪ] med. vasektomi [sterilisering genom] utskärning av en del av sädesledaren
vast [vɑːst] vidsträckt [~ *plains*], omfattande, [oerhört] stor [*a ~ depth* (*height*)]; *the ~ majority* det stora flertalet, de allra flesta
vastly [ˈvɑːstlɪ] oerhört; vard. kolossalt; *be ~ superior to* vara långt bättre än, stå skyhögt över
vastness [ˈvɑːstnəs] vidsträckthet; omätlig rymd (vidd)
VAT [i bet. I ˌviːeɪˈtiː, i bet. I o. II væt] **I** *s* (förk. för *value-added tax*) moms **II** *vb tr* (*VAT'd VAT'd*) momsbelägga
vat [væt] **1** [stort] fat [*a wine* ~]; kar [*a ~ for brewing beer; a tan* ~]; behållare; [lager]tank **2** vid textilfärgning kyp; färgkar
Vatican [ˈvætɪkən], *the* ~ Vatikanen
vaudeville [ˈvəʊdəvɪl] **1** isht amer., ~ [*show*] varieté, varietéföreställning, revy **2** vådevill
1 vault [vɔːlt] **I** *s* valv; källarvalv, källare; kassavalv; gravvalv, grav; *family* ~ familjegrav **II** *vb tr* **1** bygga [ett] valv (välvt tak) över; välva; perf. p. *~ed* välvd [*a ~ed roof*]; med välvt tak [*a ~ed chamber*] **2** välva sig över; bilda [ett] valv över
2 vault [vɔːlt] **I** *vb itr* **1** hoppa [upp] [*~ into* (upp i) *the saddle*]; hoppa stav **2** voltigera **II** *vb tr* hoppa (svinga sig) över **III** *s* **1** språng; stavhopp **2** voltige
vaulting-horse [ˈvɔːltɪŋhɔːs] gymn. [bygel]häst
vaulting-pole [ˈvɔːltɪŋpəʊl] stav till stavhopp
VC [ˌviːˈsiː] förk. för *Vice-Chairman*
VCR [ˌviːsiːˈɑː] **I** förk. för *videocassette recorder* **II** *vb tr* (*VCR'd VCR'd*) spela in på videobandspelare
VD [ˌviːˈdiː] (förk. för *venereal disease*) VS
've [v] = *have* [*I've, they've, we've, you've*]
veal [viːl] kalvkött; *roast* ~ kalvstek
veer [vɪə] **I** *vb itr* **1** om vind ändra riktning, svänga (slå) om isht medsols [äv. *~ round*] **2** om fartyg ändra kurs **3** svänga, vika [av] [*~ aside*] **4** bildl. svänga, slå om; ändra mening **II** *vb tr* vända [*~ a ship*]; ändra [*~ the direction*]
veg [vedʒ] (pl. lika) vard. kortform för *vegetable II*
vegetable [ˈvedʒ(ə)təbl] **I** *adj* **1** vegetabilisk [*~ food*]; grönsaks- [*a ~ diet*]; växtartad; som tillhör växtriket; växt- [*~ fibre*; *~ poison*]; *the ~ kingdom* växtriket **2** vegeterande; händelselös **II** *s* **1** grönsak; köksväxt; växt; pl. *~s* äv.

vegetabilier **2** vard. a) slö och oföretagsam person b) [hjälplöst] kolli
vegetarian [ˌvedʒɪˈteərɪən] **I** *s* **1** vegetarian **2** zool. växtätare **II** *adj* vegetarisk
vegetate [ˈvedʒɪteɪt] **1** om växt växa, utveckla sig **2** vegetera, föra ett enformigt (overksamt) liv, slöa
vegetation [ˌvedʒɪˈteɪʃ(ə)n] **1** vegetation äv. med.; växtliv **2** bildl. vegeterande; vegeterande tillvaro
vehemence [ˈviːəməns] häftighet, våldsamhet
vehement [ˈviːəmənt] om pers., känslor m.m. häftig, våldsam [*~ passions*]
vehicle [ˈviːɪkl, ˈvɪək-] **1** fordon; vagn; fortskaffningsmedel; farkost [*space* ~]; ~ [*excise*] *licence* ung. motsv. fordonsskatt, bilskattekvitto **2** bildl. [uttrycks]medel; förmedlare; medium; *a ~ for* (*of*) *propaganda* ett propagandamedel
vehicular [vɪˈhɪkjʊlə] fordons-; trafik- [*~ tunnel*]; *~ traffic* fordonstrafik
veil [veɪl] **I** *s* **1** slöja äv. bildl.; [nunne]dok; *draw a ~ over* bildl. dra en slöja över, förbigå med tystnad **2** bildl. täckmantel [*under the ~ of religion*] **II** *vb tr* beslöja, dölja; bildl. äv. överskyla; perf. p. *~ed* äv. dold, inlindad, förstucken, förtäckt [*a ~ed threat*]
vein [veɪn] **I** *s* **1** anat. ven **2** åder äv. bildl.; geol. [malm]gång; malmåder **3** nerv i blad o.d. **4** ådra i trä, sten o.d.; strimma **5** stämning; läggning; *be in the* [*right*] ~ vara upplagd, vara i den rätta stämningen **6** drag, inslag, anstrykning, underström [*a ~ of melancholy*] **7** stil [*all his remarks were in the same* ~] **II** *vb tr* tekn. ådra, marmorera
Velcro [ˈvelkrəʊ] **I** *s* ® kardborrband, kardborr[e]knäppning **II** *vb tr* knäppa (fästa) med kardborrband
vellum [ˈveləm] **1** veläng[pergament] **2** ~ [*paper*] veläng[papper]; slags glättat papper
velocity [vəˈlɒsətɪ] hastighet [*the ~ of light*]
velour o. **velours** [vəˈlʊə] velour; plysch; bomullssammet; *~ robe* velourmorgonrock, morgonrock i velour
velvet [ˈvelvət] **I** *s* **1** sammet **2** [sammets]mjukhet, lenhet **II** *adj* sammets-; sammetslen; *an iron hand* (*fist*) *in a ~ glove* en järnhand under silkesvanten
velvety [ˈvelvətɪ] sammetslen
vendetta [venˈdetə] vendetta
vendor [ˈvendə] **1** a) isht jur. säljare b) gatuförsäljare **2** [varu]automat

veneer [vəˈnɪə] **I** *vb tr* **1** snick. fanera [*~ with walnut*] **2** bildl. piffa upp; maskera **II** *s* **1** snick. faner; fanerskiva **2** bildl. fasad, [yttre] fernissa; yta, yttre sken
venerable [ˈven(ə)rəbl] **1** vördnadsvärd **2** *V~* om ärkediakon högvördig
venerate [ˈvenəreɪt] ära, vörda
veneration [ˌvenəˈreɪʃ(ə)n] vördande; vördnad; *hold* (*have*) *in ~* hålla i ära, vörda
venereal [vɪˈnɪərɪəl] **1** venerisk, köns- [*~ disease*] **2** sexuell [*~ desire*]
Venetian [vəˈniːʃ(ə)n] **I** *adj* venetiansk [*~ glass*]; *~ blind* persienn **II** *s* **1** venetianare **2** *v~* persienn
Venezuela [ˌveneˈzweɪlə, ˌvenɪˈz-]
Venezuelan [ˌveneˈzweɪlən, ˌvenɪˈz-] **I** *adj* venezuelansk **II** *s* venezuelan
vengeance [ˈven(d)ʒ(ə)ns] **1** hämnd **2** *with a ~* vard. så det förslår (förslog), riktigt ordentligt
vengeful [ˈven(d)ʒf(ʊ)l] hämndlysten; hämnande
Venice [ˈvenɪs] geogr. Venedig
venison [ˈvenɪsn, -ɪzn, ˈvenzn] kok. rådjurskött; rådjursstek, hjortstek
venom [ˈvenəm] gift isht av djur; bildl. äv. bitterhet, ondska
venomous [ˈvenəməs] giftig [*a ~ snake*; *~ criticism*]
1 vent [vent] **I** *s* **1** a) [luft]hål b) öppning c) rökgång **2** bildl. utlopp, fritt lopp [*give* [*free*] *~ to one's feelings*] **II** *vb tr* ge utlopp (fritt lopp) åt [*~ one's bad temper*]; ösa ut [*~ one's anger on* (över) *a p.*]; låta höra, sjunga ut med [*~ one's opinions*], vädra, lufta [*she ~ed her grievance*]
2 vent [vent] slits på plagg
ventilate [ˈventɪleɪt] **1** ventilera, diskutera **2** bildl. ventilera [*~ a matter*]
ventilating [ˈventɪleɪtɪŋ] ventilations-; *~ pane* ventilationsruta på bil
ventilation [ˌventɪˈleɪʃ(ə)n] **1** ventilation, luftväxling **2** bildl. ventilering, diskussion
ventilator [ˈventɪleɪtə] [rums]ventil; ventilationsanordning
ventriloquism [venˈtrɪləkwɪz(ə)m] buktaleri
ventriloquist [venˈtrɪləkwɪst] buktalare; *~'s dummy* buktalardocka
venture [ˈventʃə] **I** *s* **1** vågstycke, [riskabelt] företag; äventyr; *a bold ~* en djärv satsning **2** hand. spekulation; spekulationsaffär; insats; *~ capital* riskvilligt kapital **3** försök **II** *vb tr* **1** våga, satsa; *nothing ~, nothing gain* (*have*, *win*) ordspr. den som vågar han vinner, friskt vågat är hälften vunnet **2** våga [*sig på*] [*~ a guess* (*remark*)], våga sig [*I won't ~ a step further*] **3** *~ to* våga, drista sig att **III** *vb itr* våga; ta en risk (risker); *~ at* försöka [med (sig på)]; gissa på
venue [ˈvenjuː] mötesplats för konferens, konsert o.d.; sport. tävlingsplats; fotb. o.d. matcharena
Venus [ˈviːnəs] mytol. el. astron.; *the Mount of ~* anat. Venusberget
veracity [vəˈræsətɪ] sannfärdighet; sanningsenlighet; trovärdighet
verandah [vəˈrændə] veranda
verb [vɜːb] verb
verbal [ˈvɜːb(ə)l] **1** ord-; [uttryckt] i ord; verbal [*~ ability*]; formell [*~ error*] **2** muntlig [*a ~ agreement*] **3** ordagrann **4** gram. verbal[-]; *~ noun* verbalsubstantiv
verbally [ˈvɜːbəlɪ] **1** muntligt **2** ordagrant
verbatim [vɜːˈbeɪtɪm] lat. **I** *adj* ordagrann [*a ~ report*] **II** *adv* ord för ord
verbiage [ˈvɜːbɪɪdʒ] ordflöde, svada
verbose [vɜːˈbəʊs] mångordig, ordrik
verbosity [vɜːˈbɒsətɪ] mångordighet
verdict [ˈvɜːdɪkt] **1** jurys utslag; *~ of acquittal* frikännande, friande dom **2** bildl. dom [*the ~ of posterity*]; omdöme, mening; utlåtande
verdigris [ˈvɜːdɪɡriː, -ɡriːs] ärg
1 verge [vɜːdʒ] **I** *s* **1** kant, rand [*the ~ of a cliff*], [skogs]bryn; gräns **2** bildl. brant [*on the ~ of ruin*], rand; *be on the ~ of* äv. vara (stå) på gränsen till; *on the ~ of tears* gråtfärdig **3** gräskant; vägkant **II** *vb itr*, *~ on* (*upon*) gränsa till äv. bildl.; vara (stå) på gränsen till, närma sig
2 verge [vɜːdʒ] luta; böja sig, vrida [*the road ~s southwards*]; sänka sig, sjunka [*the verging sun*]; sträva; *~ on* luta åt; stöta i [*~ on blue*]
verger [ˈvɜːdʒə] kyrkvaktmästare; kyrkotjänare
verifiable [ˈverɪfaɪəbl, --ˈ---] bevislig, som kan bevisas; möjlig att verifiera; kontrollerbar
verification [ˌverɪfɪˈkeɪʃ(ə)n] bekräftande, bekräftelse, verifikation, verifiering, bevis
verify [ˈverɪfaɪ] bekräfta, verifiera
veritable [ˈverɪtəbl] **1** formlig, ren [*a ~ rascal*] **2** verklig
vermicelli [ˌvɜːmɪˈselɪ] kok. (it.) vermicelli
vermin [ˈvɜːmɪn] (pl. lika; konstr. vanl. ss. pl.) **1** skadedjur, ohyra **2** bildl. ohyra, pack
vermouth [ˈvɜːməθ] vermouth
vernacular [vəˈnækjʊlə] **I** *adj* inhemsk, lokal[-]; folklig [*a ~ expression*] **II** *s* **1** a) modersmål, språk b) lokal dialekt

c) lokalt ord (uttryck); *in the ~* på vanligt vardagsspråk **2** [yrkes]jargong
vernal ['vɜ:nl] litt. vårlig; *~ equinox* vårdagjämning
versatile ['vɜ:sətaɪl, amer. -tl] **1** mångsidig [*a ~ writer*], mångkunnig **2** med många användningsområden [*a ~ tool*]
versatility [,vɜ:sə'tɪlətɪ] **1** mångsidighet **2** stor (mångsidig) användbarhet
verse [vɜ:s] **1** vers [*prose and ~*]; *in ~* på vers **2** strof [*a poem of five ~s*] **3** vers[rad] **4** [bibel]vers
versed [vɜ:st], *~ in* bevandrad (hemma[stadd], förfaren, skicklig, kunnig) i, förtrogen med
versify ['vɜ:sɪfaɪ] **I** *vb tr* versifiera, göra vers av **II** *vb itr* skriva vers (poesi), dikta
version ['vɜ:ʃ(ə)n] **1** version, tolkning **2** version, variant [*a modern ~ of the car*]; *a film ~ of a novel* äv. en filmatisering av en roman; *stage ~* scenbearbetning **3** översättning; *the Authorized V~* [*of the Bible*] den auktoriserade bibelöversättningen av 1611
versus ['vɜ:səs] lat. **1** sport. mot [*Arsenal ~ (v.) Spurs*] **2** jur. kontra [*Jones ~ (v.) Smith*]
vertebr|a ['vɜ:tɪbr|ə] (pl. *-ae* [-i:, -eɪ el. -aɪ]) anat. (lat.) ryggkota; pl. *-ae* äv. ryggrad
vertebrate ['vɜ:tɪbrət, -breɪt] anat. **I** *adj* vertebrerad **II** *s* ryggradsdjur
vertical ['vɜ:tɪk(ə)l] **I** *adj* vertikal äv. ekon.; vertikal- [*~ angle*], lodrät **II** *s* lodlinje, lodrät (vertikal) linje; *out of the ~* inte vertikal (lodrät)
vertigo ['vɜ:tɪgəʊ] med. svindel[anfall]
verve [vɜ:v, veəv] schvung, verv; kraft
very ['verɪ] **I** *adv* **1** mycket, synnerligen [*~ interesting*], riktigt [*~ tired*]; *not ~* inte så [värst], inte [så] vidare, inte särskilt [*not ~ interesting*]; *V~ Important Person* VIP, betydande (högt uppsatt) person **2** *the ~ next day* redan nästa dag (dagen därpå); *the ~ same place* precis (exakt) samma plats, just den platsen; [*I want to have it*] *for my ~ own* ...helt (alldeles) för mig själv **3** framför superl. allra [*the ~ first day*]; *at the ~ least* allra minst; åtminstone
II *attr adj* **1** efter *the* (*this, that, his* osv.) a) själva [*the ~ king*], blotta [*the ~ name is odious*]; *in the ~ centre* i själva centrum b) *this ~ day* redan i dag, just (redan) denna dag; *this ~ minute* på minuten, genast, ögonblickligen c) *at the ~ beginning* redan i början **2** ren [och skär] [*for* (av) *~ pity*]; allra [*I did my ~ utmost*]; *the ~ truth* rena rama sanningen

vessel ['vesl] **1** kärl äv. anat. [*blood ~*]; *empty ~s make the greatest noise* (*sound*) ordspr. tomma tunnor skramlar mest **2** fartyg, skepp
vest [vest] **I** *s* **1** undertröja **2** amer. väst
II *vb tr* (se äv. *vested*) **1** bekläda, utrusta **2** överlåta [*the rights in the estate are ~ed in* (på) *him*]; ligga (finnas) hos, utövas av [*power is ~ed in the people*]
vested ['vestɪd] **1** hand., *~ interest* kapitalintresse **2** bildl. *~ interest* egenintresse, eget intresse
vestibule ['vestɪbju:l] **1** vestibul **2** amer. [inbyggd] plattform på järnvägsvagn; *~ train* genomgångståg
vestige ['vestɪdʒ] spår [*no ~s of* (av, efter) *an earlier civilization*]
vestment ['ves(t)mənt] isht kyrkl. skrud; kyrkl. mässhake
vestry ['vestrɪ] **1** sakristia **2** kyrksal i t.ex. frikyrka
1 vet [vet] vard. **I** *s* (kortform för *veterinary* [*surgeon*] o. amer. *veterinarian*) veterinär
II *vb tr* **1** undersöka [*~ a patient*]; behandla [*~ the cow*] **2** undersöka [*~ a report*], [kritiskt] granska [*~ the MS*], [grundligt] pröva
2 vet [vet] isht amer. vard. (kortform för *veteran*) veteran [*old ~s*]
veteran ['vet(ə)r(ə)n] **I** *s* **1** veteran [*~s of* (från) *two World Wars*], [gammal] beprövad krigare (soldat); *Veterans Day* **2** sport. oldboy **II** *adj* [gammal och] erfaren [*a ~ teacher* (*warrior*)], grånad [i tjänsten]; *~ car* veteranbil
veterinarian [,vet(ə)rɪ'neərɪən] amer. veterinär
veterinary ['vet(ə)rɪn(ə)rɪ, 'vetnrɪ] **I** *adj* veterinär- [*~ science*]; *~ college* veterinärhögskola; *~ surgeon* veterinär **II** *s* veterinär
veto ['vi:təʊ] **I** (pl. *-es*) *s* veto [*exercise one's* (*the*) *~*]; förbud; [*right of*] *~* vetorätt **II** *vb tr* inlägga [sitt] veto mot; förbjuda
vex [veks] (se äv. *vexed*) förarga; irritera [*the noise ~es me*]
vexation [vek'seɪʃ(ə)n] förargelse, irritation; förtret[lighet]
vexatious [vek'seɪʃəs] förarglig; besvärlig
vexed [vekst] (adv. *vexedly* ['veksɪdlɪ]) **1** förargad, förtretad **2** [om]debatterad [*a ~ question*]
VHF [,vi:eɪtʃ'ef] (förk. för *very high frequency*) ultrakortvåg
via ['vaɪə, 'vi:ə] lat. via [*travel ~ Dover*],

genom [~ *the Panama Canal*; ~ *the back door*]
viability [ˌvaɪə'bɪlətɪ] **1** livsduglighet **2** genomförbarhet
viable ['vaɪəbl] **1** livsduglig **2** genomförbar [*a ~ plan*], praktisk
viaduct ['vaɪədʌkt, -dəkt] viadukt
vibrant ['vaɪbr(ə)nt] **1** vibrerande [~ *tones* (*strings*)] **2** pulserande [*cities ~ with* (av) *life*]; livfull [*a ~ personality*]
vibraphone ['vaɪbrəfəʊn] vibrafon
vibrate [vaɪ'breɪt] *vb itr* **1** vibrera, dallra; darra [~ *with* (av) *anger*]; skaka [*the house ~s whenever a truck passes*]; isht fys. svänga **2** om pendel svänga
vibration [vaɪ'breɪʃ(ə)n] **1** vibration, vibrering etc., jfr *vibrate 1* **2** pendels svängning **3** ~[*s*] vard. atmosfär
vibrator [vaɪ'breɪtə] massageapparat, vibrator
vicar ['vɪkə] **1** kyrkoherde **2** katol. kyrkl. ställföreträdare
vicarage ['vɪkərɪdʒ] **1** prästgård **2** kyrkoherdebefattning, pastorat
vicarious [vɪ'keərɪəs, vaɪ'k-] ställföreträdande [~ *suffering*]; delegerad [~ *authority*]; *the ~ joy of parents* den glädje föräldrar känner på sina barns vägnar
1 vice [vaɪs] last [*virtues and ~s*]; synd; ~ *squad* sedlighetsrotel
2 vice [vaɪs] skruvstäd
3 vice [vaɪs] vard. vice ordförande o.d.; vicepresident
vice-chairman [ˌvaɪs'tʃeəmən] vice ordförande
vice-president [ˌvaɪs'prezɪd(ə)nt] **1** a) vicepresident b) vice ordförande **2** amer. vice verkställande direktör
vice versa [ˌvaɪsɪ'vɜːsə] lat. vice versa; *and* (*or*) ~ äv. och (eller) omvänt (tvärtom)
vicinity [vɪ'sɪnətɪ, vaɪ's-] närhet [*the ~ to the capital*]; grannskap [*there isn't a school in the ~*]; *in the ~ of* i närheten (trakten) av
vicious ['vɪʃəs] **1** illvillig [~ *gossip*]; elak, brutal [*a ~ blow*] **2** ilsken [*a ~ temper*]; folkilsken [*a ~ dog*]; bångstyrig [*a ~ horse*] **3** lastbar **4** usel; ~ *habit* ful vana **5** ~ *circle* a) ond cirkel b) logik. cirkelbevis
viciousness ['vɪʃəsnəs] illvilja etc., jfr *vicious*
vicissitude [vɪ'sɪsɪtjuːd, vaɪ's-] växling; *the ~s of life* äv. livets skiften (olika skeden)
victim ['vɪktɪm] **1** offer; *be a* (*the*) ~ *of* falla offer för, bli utsatt för **2** offerlamm äv. bildl.
victimization [ˌvɪktɪmaɪ'zeɪʃ(ə)n] **1** offrande **2** bestraffning; diskriminering **3** trakasserande; mobbning
victimize ['vɪktɪmaɪz] **1** göra till [sitt] offer **2** klämma åt, bestraffa; sätta i strykklass **3** plåga; trakassera; mobba
victor ['vɪktə] **I** *s* segrare; *come off ~*[*s*] avgå med seger[n] **II** *attr adj* segerrik
Victorian [vɪk'tɔːrɪən] **I** *adj* **1** viktoriansk från (karakteristisk för) drottning Viktorias tid 1837—1901 [*the ~ age* (*period*)] **2** neds. hycklande **II** *s* viktorian
victorious [vɪk'tɔːrɪəs] segrande; seger-; *be ~* segra
victory ['vɪkt(ə)rɪ] seger; *gain* (*win*) *a ~* [*over*] äv. segra [över]
victual ['vɪtl] vanl. pl. ~*s* livsmedel, mat[varor], föda, proviant
video ['vɪdɪəʊ] **I** *s* **1** video **2** amer. vard. tv **II** *adj* **1** video- **2** amer. vard. tv- [*a ~ star*], televisions- [~ *transmission*] **III** *vb tr* spela in på video
video camera ['vɪdɪəʊˌkæmərə] videokamera
videocassette [ˌvɪdɪəʊkə'set] videokassett; ~ *recorder* videobandspelare
video game ['vɪdɪəʊɡeɪm] tv-spel
video nasty ['vɪdɪəʊˌnɑːstɪ] vard., ung. videovåldsfilm
videotape ['vɪdɪəʊteɪp] **I** *s* video[ljud]band; ~ *recorder* videobandspelare **II** *vb tr* spela in på video
vie [vaɪ] litt. tävla
Vienna [vɪ'enə] **I** geogr. Wien **II** *attr adj* wien[er]-
Viennese [ˌvɪə'niːz] **I** *adj* wiensk; ~ *waltz* wienervals **II** (pl. lika) *s* wienare
Vietnamese [ˌvjetnə'miːz] **I** *adj* vietnamesisk **II** *s* **1** (pl. lika) vietnames **2** vietnamesiska [språket]
view [vjuː] **I** *s* **1** syn, anblick; synhåll; sikte; sikt [*block* (skymma) *the ~*]; *get a closer ~ of a th.* betrakta ngt på närmare håll; *have a clear ~ of the road* [*when driving a car*] ha fri sikt [över vägen]...; *take a long ~ of the matter* betrakta saken på lång sikt **2** [förhands]visning vid auktion o.d. [*private ~*] **3** a) utsikt [*a delightful ~ of* (över) *the village*], vy b) bild, foto[grafi]; *aerial ~* flygfoto[grafi] **4** översikt [*a ~ of* (över, av) *the world crisis*], överblick **5** a) synpunkt, uppfattning, åsikt; syn, sätt att se; *take a* [*very*] *dim* (*poor*) *~ of a th.* vard. ogilla ngt [skarpt] b) *point of ~* synpunkt, synvinkel; ståndpunkt **6** efter prep.: *in ~* i

sikte; *come into* ~ komma inom synhåll (i sikte); *out of* ~ utom synhåll, ur sikte **II** *vb tr* bese; betrakta [~ *the matter in the right light*], anse [~ *a th. as a menace*]; ~ *TV* se (titta på) tv

viewer ['vjuːə] **1** betraktare; [tv-]tittare **2** foto. betraktningsapparat isht för diabilder

view-finder ['vjuːˌfaɪndə] foto. sökare

viewing ['vjuːɪŋ] **1** betraktande; tv-tittande; ~ *hours* (*time*) TV. sändningstid; ~ *screen* TV. bildruta, bildskärm **2** granskning

viewpoint ['vjuːpɔɪnt] **1** synpunkt; synvinkel [*from* (ur) *this* ~]; ståndpunkt [*take up* (inta) *a* ~] **2** utsiktspunkt

vigil ['vɪdʒɪl, -dʒ(ə)l] vaka; *keep* [*a*] ~ *over* [*a sick child*] vaka hos...

vigilance ['vɪdʒɪləns] vaksamhet; försiktighet

vigilant ['vɪdʒɪlənt] vaksam; försiktig

vigilante [ˌvɪdʒɪ'læntɪ] isht i USA medlem av ett olagligt medborgargarde

vigorous ['vɪg(ə)rəs] kraftig, kraftfull; spänstig; energisk; livskraftig; *make a* ~ *effort* göra en kraftansträngning, ta ett krafttag

vigour ['vɪgə] kraft, styrka; spänst[ighet], vigör; energi

Viking o. **viking** ['vaɪkɪŋ] viking

vile [vaɪl] usel [*a* ~ *novel* (*performance*)]; simpel [~ *conduct*]; avskyvärd; [~ *language*], lumpen [~ *slander*]; vidrig [*a* ~ *crime*]; vard. hemsk[t dålig], urusel

vilify ['vɪlɪfaɪ] förtala, baktala

villa ['vɪlə] villa isht i förort el. på kontinenten; sommarvilla; parhus

village ['vɪlɪdʒ] by; by- [~ *school*]; ~ *idiot* byfåne

villager ['vɪlɪdʒə] bybo, byinvånare

villain ['vɪlən] **1** bov äv. teat. [*play the* ~'*s part*]; usling; *the* ~ *of the piece* bildl. boven i dramat, den skyldige **2** vard. rackare

villainous ['vɪlənəs] **1** skurkaktig; ondskefull [*a* ~ *look*] **2** vard. urusel [~ *handwriting*]

villainy ['vɪlənɪ] skurkaktighet; ondskefullhet, ondska

vim [vɪm] vard. kraft; fart [och kläm]

vindicate ['vɪndɪkeɪt] **1** försvara [~ *a p.'s conduct*], rättfärdiga [~ *a p.'s belief in a th.*]; bevisa riktigheten av [*subsequent events* ~*d his policy*] **2** frita[ga], fria [~ *a p. from a charge*] **3** hävda [~ *a right*]

vindication [ˌvɪndɪ'keɪʃ(ə)n] försvar etc., jfr *vindicate*

vindictive [vɪn'dɪktɪv] hämndlysten

vindictiveness [vɪn'dɪktɪvnəs] hämndlystnad

vine [vaɪn] **1** vin växt; vinranka **2** ranka [*hop* ~], reva; [*clinging*] ~ bot. slingerväxt, klängväxt, klätterväxt; *clinging* ~ bildl. (om person) klängranka

vinegar ['vɪnɪgə] ättika; ättik[s]-; isht bildl. ättiksur [*a* ~ *countenance*]; [*wine*] ~ vinäger

vinegary ['vɪnɪgərɪ] mest bildl. ättiksur

vineyard ['vɪnjəd, -jɑːd] vingård äv. bildl. el. bibl.; vinodling, vinberg

vintage ['vɪntɪdʒ] **I** *s* **1** vinskörd, druvskörd **2** [god] årgång av vin el. bildl. **II** *adj* **1** av [gammal] fin (god) årgång [~ *brandy*]; ~ *wine* vin av [gammal] god årgång, årgångsvin **2** bildl. ~ *car* veteranbil

vinyl ['vaɪnɪl] kem. vinyl; vinylplast

1 viola [vɪ'əʊlə, vaɪ-] mus. altfiol

2 viola ['vaɪə(ʊ)lə, -'--] [odlad] viol

violate ['vaɪəleɪt] **1** kränka [~ *a treaty*], bryta mot [~ *a principle*], överträda [~ *the law*]; ~ *a promise* bryta (inte uppfylla) ett löfte **2** störa, inkräkta på [~ *a p.'s privacy*] **3** vanhelga **4** våldta[ga]

violation [ˌvaɪə'leɪʃ(ə)n] **1** kränkning [*the* ~ *of the treaty*], brott, överträdelse **2** störande intrång [~ *of* (i) *a p.'s privacy*] **3** vanhelgande **4** våldtäkt

violence ['vaɪələns] **1** våldsamhet, häftighet [*the* ~ *of the storm*], våldsam kraft **2** våld [*I had to use* ~]; yttre våld [*no marks* (spår) *of* ~]; våldsamheter, oroligheter; *do* ~ *to* förgripa (våldföra) sig på; *crimes of* ~ våldsbrott

violent ['vaɪələnt] våldsam, häftig [*a* ~ *storm* (*attack*), ~ *passions*], stark [*a* ~ *headache*]; *have a* ~ *temper* ha ett häftigt temperament

violently ['vaɪələntlɪ] våldsamt, häftigt; med våld; ~ *resist* göra våldsamt motstånd mot

violet ['vaɪələt] **I** *s* **1** bot. viol; *African* ~ saintpaulia **2** violett [*dressed in* ~] **II** *adj* violett

violin [ˌvaɪə'lɪn] fiol; violinist; *play the* ~ spela fiol (violin)

violinist [ˌvaɪə'lɪnɪst, '----] violinist

violoncellist [ˌvaɪələn't ʃelɪst] violoncellist

violoncello [ˌvaɪələn't ʃeləʊ] (pl. ~s) violoncell

VIP [ˌviːaɪ'piː, vɪp] (vard. förk. för *Very Important Person*) VIP, höjdare

viper ['vaɪpə] huggorm; bildl. orm, skurk; *common* ~ vanlig huggorm

virgin ['vɜːdʒɪn] **I** *s* jungfru, oskuld; *the* [*Blessed*] *V*~ [*Mary*] jungfru Maria **II** *adj* jungfrulig äv. bildl.; jungfru- äv. bildl. [*a* ~

speech (*voyage*)}; ren, kysk; orörd; outforskad; ny; *the V~ Queen* jungfrudrottningen Elisabet I
virginity [vəˈdʒɪnəti] jungfrulighet, mödom; kyskhet
Virgo [ˈvɜːgəʊ] astrol. Jungfrun; *he is* [*a*] *~* han är Jungfru
virile [ˈvɪraɪl, amer. ˈvɪr(ə)l] manlig, viril; kraftfull
virility [vɪˈrɪləti] manlighet, virilitet
virtual [ˈvɜːtʃʊəl, -tjʊ-] verklig [*he is the ~ ruler of the country*], egentlig; *it was a ~ defeat* det var i själva verket (i realiteten) ett nederlag
virtually [ˈvɜːtʃʊəli, -tjʊ-] faktiskt, i realiteten; praktiskt taget, så gott som [*he is ~ unknown*]
virtue [ˈvɜːtjuː, -tʃuː] **1** dygd; *make a ~ of* göra till en dygd **2** fördel [*the great ~ of the scheme is that it's simple*] **3** [inneboende] kraft [*the healing ~ of a medicine*], verkan; *by* (*in*) *~ of* i kraft av, på grund av
virtuosity [ˌvɜːtjʊˈɒsəti] virtuositet
virtuos|o [ˌvɜːtjʊˈəʊz|əʊ] (pl. *-os* el. *-i* [-iː]) it. virtuos
virtuous [ˈvɜːtʃʊəs, -tjʊ-] dygdig
virulent [ˈvɪrʊlənt, -rjʊ-] giftig; stark, kraftig [*~ poison*]; elakartad [*a ~ disease*]
virus [ˈvaɪərəs] **1** med. virus; virussjukdom [*recover from a ~*]; smittämne **2** data., [*computer*] *~* datavirus; *~ scanner* slags antivirusprogram som skannar datorns primär- och sekundärminne
visa [ˈviːzə] **I** *s* visum; *entrance* (*entry*) *~* inresevisum; *exit ~* utresevisum **II** *vb tr* visera [*get one's passport ~ed*]
vis-à-vis [ˌviːzəˈviː] **1** a) visavi, gentemot [*her feelings ~ her husband*] b) mittemot [*be* (*stand*) *~ a th.*] **2** i jämförelse med
viscount [ˈvaɪkaʊnt] viscount näst lägsta rangen inom engelska högadeln
viscous [ˈvɪskəs] viskös, trögflytande
visibility [ˌvɪzɪˈbɪləti] **1** synlighet **2** meteor. sikt [*poor* (dålig) *~*]; *improved ~* siktförbättring; *reduced ~* siktförsämring
visible [ˈvɪzəbl] **1** synlig; *~ exports* (*imports*) hand. synlig export (import) **2** tydlig
vision [ˈvɪʒ(ə)n] **1** syn [*it has impaired his ~*]; synförmåga, synsinne [äv. *faculty of ~*]; seende; *defect of ~* synfel **2** syn, drömsyn; *have ~s* se syner, ha visioner; drömma, fantisera [*of* om] **3** tv-bild[en]; *sound and ~* ljud och bild **4** klarsyn [äv. *clarity of ~*]; vidsyn, vidsynthet [äv. *breadth of ~*]; framsynthet; *a man of ~* en man med visioner, en klarsynt man

visionary [ˈvɪʒ(ə)nərɪ] **I** *adj* **1** visionär [*a ~ leader* (*statesman*)] **2** orealistisk, ogenomförbar [*~ plans* (*schemes*)] **3** drömmande; inbillad [*~ scenes*] **II** *s* visionär; drömmare, svärmare
visit [ˈvɪzɪt] **I** *vb tr* **1** besöka; göra (vara på) besök hos, hälsa 'på; vara på besök i (på); gästa **2** a) gå till [*~ a doctor* (*solicitor*)] b) [besöka och] se 'till, göra [sjuk]besök hos [*the doctor ~s his patients*] **3** hemsöka [*the plague ~ed London in 1665*]; [be]straffa **II** *vb itr* vara på besök [*she was ~ing in Paris*], vara gäst [*~ at* (på) *a hotel*]; litt. umgås [*we do not ~*] **III** *s* **1** besök, visit; *pay* (*make*) *a ~ to a p.* (*to a place, to a town*) göra [ett] besök hos ngn (på en plats, i en stad), besöka ngn (en plats, en stad); *I paid him a ~* jag besökte honom; *be on a ~* vara på besök [*to a p.* hos ngn; *to* (i) *Italy*]; *go on a ~ to the seaside* fara till kusten (en badort) **2** läkares [sjuk]besök **3** visitation, inspektion
visitation [ˌvɪzɪˈteɪʃ(ə)n] visitation; undersökning
visiting [ˈvɪzɪtɪŋ] **I** *s* besök[ande]; visit[er]; *~ hours* besökstid **II** *adj* **1** besökande; främmande; *~ lecturer* gästföreläsare; *~ team* sport. gästande lag, bortalag **2** visiterande
visiting-card [ˈvɪzɪtɪŋkɑːd] visitkort
visitor [ˈvɪzɪtə] **1** besökare; gäst [*summer ~s*]; resande; pl. *~s* äv. främmande [*have ~s*]; *~s' book* hotelliggare; gästbok **2** visitationsförrättare, inspektör
visor [ˈvaɪzə] **1** skärm på mössa o.d.; visir på motorcykelhjälm o.d. **2** solskydd i bil **3** hist. [hjälm]visir
vista [ˈvɪstə] **1** utsikt, vy genom trädallé, korridor, från höjd o.d.; panorama, perspektiv **2** [framtids]perspektiv [*a discovery that opens up new ~s*], utsikt
visual [ˈvɪzjʊəl, -ʒj-] **1** syn- [*the ~ nerve*; *~ power* (förmåga)]; visuell [*~ aids* (hjälpmedel) *in teaching*]; *the ~ arts* bildkonsten **2** synlig [*~ objects*]
visualization [ˌvɪzjʊəlaɪˈzeɪʃ(ə)n, -ʒj-] åskådliggörande, visualisering
visualize [ˈvɪzjʊəlaɪz, -ʒj-] åskådliggöra [*~ a scheme*], visualisera; [tydligt] föreställa sig
vital [ˈvaɪtl] **1** livs- [*the ~ process*]; livsnödvändig, livsviktig [*~ organs*]; livskraftig; *~ force* livskraft; *~ statistics* a) vitalstatistik, befolkningsstatistik b) vard. (skämts.) byst-, midje- och höftmått på skönhetsdrottning o.d.; former

2 väsentlig [*secrecy is* ~ *to* (för) *the success of the scheme*], vital
vitality [vaɪ'tælətɪ] vitalitet
vitalize ['vaɪtəlaɪz] **1** vitalisera, ge liv åt **2** levandegöra [~ *a subject*]
vitamin ['vɪtəmɪn, 'vaɪt-] vitamin
vitaminize ['vɪtəmɪnaɪz, 'vaɪt-] vitaminera
vitiate ['vɪʃɪeɪt] **1** fördärva [~*d air*], skämma; förvanska, förvränga [~ *a text*] **2** demoralisera
vitreous ['vɪtrɪəs] glasaktig
vitriolic [ˌvɪtrɪ'ɒlɪk] **1** kem. vitriol- **2** mycket skarp, frän [*a* ~ *attack*], bitande [~ *remarks*]
viva ['vaɪvə] univ. vard. (lat.) munta; *have a* ~ ha en munta, gå upp i muntan
vivacious [vɪ'veɪʃəs, vaɪ'v-] livlig
vivacity [vɪ'væsətɪ, vaɪ'v-] livlighet
vivid ['vɪvɪd] livlig [*a* ~ *imagination* (*impression*)], levande [*a* ~ *description* (*personality*)]; om färg äv. ljus, klar
vivisection [ˌvɪvɪ'sekʃ(ə)n] **1** vivisektion **2** bildl. dissekering, minutiös analys
vixen ['vɪksn] **1** rävhona **2** ragata
V-neck ['viːnek] v-ringning på klädesplagg; ~ [*sweater*] v-ringad tröja
vocabulary [və(ʊ)'kæbjʊlərɪ] **1** ordlista; vokabelsamling; vokabulär; ~ [*notebook*] glosbok att skriva i **2** vokabulär [*the scientific* ~]; ordförråd
vocal ['vəʊkl] **1** röst- [*the* ~ *apparatus*], stäm- [~ *cords*]; sång- [~ *exercise*]; mus. vokal [~ *music*]; ~ *organ* röstorgan, talorgan; ~ *part* mus. sångstämma, sångparti **2** högljudd [~ *protests*] **3** muntlig [~ *communication*], uttalad
vocalist ['vəʊkəlɪst] vokalist
vocalize ['vəʊkəlaɪz] **I** *vb tr* artikulera, uttala; sjunga **II** *vb itr* artikulera; sjunga; gnola
vocation [və(ʊ)'keɪʃ(ə)n] **1** kallelse [*follow one's* ~]; håg **2** kall; yrke, sysselsättning
vocational [və(ʊ)'keɪʃ(ə)nl] yrkesmässig; yrkes- [*a* ~ *school* (*teacher*)]; ~ *guidance* yrkesvägledning
vociferous [və(ʊ)'sɪf(ə)rəs] högljudd
vodka ['vɒdkə] vodka
vogue [vəʊg] mode; popularitet; *it's all the* ~ det är högsta mode, det är sista skriket; *be* [*quite*] *the* (*be in*) ~ vara modern (inne)
voice [vɔɪs] **I** *s* **1** röst [*the* ~ *of conscience*; *an angry* ~; *I did not recognize his* ~], stämma; [sång]röst [*she has a sweet* ~]; talförmåga; klang, ljud; ~ *mail* talsvar, röstmeddelande; ~ *mail box* röstbrevlåda; ~ *production* ung. talteknik; *raise one's* ~ a) höja rösten b) häva upp sin röst **2** talan, [med]bestämmanderätt; *have a* ~ *in the matter* ha något att säga till om, ha (få) ett ord med i laget; *I have no* ~ *in this matter* jag har ingenting att säga till om (ingen talan) i den här saken **3** mus. stämma [*a song for three* ~*s*] **II** *vb tr* uttala; uttrycka [*he seemed to* ~ *the general sentiment*], göra sig till tolk (talesman) för
voiced [vɔɪst] **1** fonet. tonande [~ *consonants*] **2** ss. efterled i sammansättn. -röstad [*loud-voiced*], med...röst
voiceless ['vɔɪsləs] fonet. tonlös [~ *consonants*]
void [vɔɪd] **I** *adj* **1** tom; ~ *space* tomrum **2** ~ *of* blottad på, i avsaknad av, utan [~ *of interest*], fri från [*his style is* ~ *of affectation*] **3** ledig, vakant [*the bishopric fell* (blev) ~] **4** isht jur. ogiltig **II** *s* tomrum äv. bildl.; vakuum; [tom] rymd; lucka i ett sammanhang
voile [vɔɪl] textil. voile
volatile ['vɒlətaɪl, amer. -tl] **1** fys. flyktig [~ *oil*]; ~ *salt* luktsalt; kem. ammoniumkarbonat **2** bildl. flyktig [*a* ~ *woman*]; impulsiv; labil [*a* ~ *situation*; *the market is* ~]
volcanic [vɒl'kænɪk] vulkanisk; bildl. äv. våldsam[t uppbrusande] [*a* ~ *temper*]
volcano [vɒl'keɪnəʊ] (pl. ~*es* el. ~*s*) vulkan
vole [vəʊl] zool. sork; åkersork
volition [və(ʊ)'lɪʃ(ə)n] isht filos. vilja; viljekraft; *of one's own* ~ av [egen] fri vilja, frivilligt
volley ['vɒlɪ] **I** *s* **1** mil. el. bildl. salva [*fire a* ~], skur [*a* ~ *of arrows* (*taunts*)]; *a* ~ *of applause* en applådska, stormande applåder **2** sport. volley; volleyretur **II** *vb tr* **1** avlossa en salva (skur) [av]; bildl. avfyra **2** sport. spela volley på [~ *a ball*] **III** *vb itr* **1** avlossas i en salva (salvor); avfyra en salva (salvor) **2** sport. spela volley
volleyball ['vɒlɪbɔːl] volleyboll
1 volt [vəʊlt] elektr. volt
2 volt [vɒlt] **1** fäktn. sidosprång **2** ridn. volt
voltage ['vəʊltɪdʒ] elektr. spänning i volt
volte-face [ˌvɒlt'fɑːs] helomvändning; bildl. äv. kovändning, [total] frontförändring
voluble ['vɒljʊbl] talför, munvig, pratsjuk
volume ['vɒljuːm, -ljəm] **1** volym, band [*a work in five* ~*s*]; *speak* (*express*) ~*s* bildl. tala sitt tydliga språk, säga en hel del **2 a)** volym; kubikinnehåll; omfång; mängd; ~ *of orders* orderstock **b)** pl. ~*s* kolossalt [mycket], massor **3** radio. el. mus. volym; [ton]omfång; ~ *control* volymkontroll

voluminous [vəˈljuːmɪnəs, -ˈluː-] voluminös, omfångsrik [*a ~ bundle of papers*], [mycket] vid [*~ skirts*]; omfattande

voluntarily [ˈvɒlənt(ə)rəlɪ] frivilligt; av fri vilja; självmant

voluntary [ˈvɒlənt(ə)rɪ] **1** frivillig [*a ~ army* (*confession, contribution*); *~ workers*]; *~ organization* frivilligorganisation **2** finansierad genom frivilliga bidrag; *~ hospital* privatsjukhus

volunteer [ˌvɒlənˈtɪə] **I** *s* frivillig [*an army of ~s*]; volontär **II** *adj* frivillig [*~ fire brigades*]; volontär- **III** *vb itr* **1** frivilligt anmäla (erbjuda) sig **2** ingå (gå med, anmäla sig) som frivillig **IV** *vb tr* frivilligt erbjuda [*~ one's services*], frivilligt ge (lämna) [*~ contributions* (*information*)]; frivilligt (självmant) åta sig [*he ~ed to help*]

voluptuous [vəˈlʌptjʊəs] **1** vällustig [*a ~ life* (*person*)] **2** yppig [*~ curves* (former)], fyllig [*a ~ figure*] **3** härlig

vomit [ˈvɒmɪt] **I** *vb tr*, *~* [*forth* (*out, up*)] kräkas upp, kasta upp, spy; om vulkan, skorsten o.d. spy [ut] **II** *vb itr* kräkas; om rök o.d. spys ut **III** *s* **1** kräkning **2** uppkastning[ar]

voracious [vəˈreɪʃəs] glupsk äv. bildl.; rovgirig

vort|ex [ˈvɔːt|eks] (pl. *-ices* [-ɪsiːz] el. *-exes*) virvel[rörelse]; strömvirvel, virvelström

votary [ˈvəʊtərɪ] **1** relig. trogen tjänare (lärjunge), tillbedjare, dyrkare **2** bildl. [hängiven] anhängare; entusiastisk utövare, [ivrig] förkämpe [*a ~ of* (för) *peace*]

vote [vəʊt] **I** *s* **1** röst vid votering o.d.; *cast* (*give, record*) *one's ~* avge (avlämna) sin röst, rösta; *the number of ~s cast* (*recorded*) antalet avgivna röster; *majority of ~s* röstövervikt, majoritet **2** röster [*the young people's ~ was decisive*] **3** röstetal, antal röster; *the* [*total*] *~* [hela] antalet avgivna röster **4** omröstning, votering; *popular ~* folkomröstning; *come to the* (*a*) *~* a) komma till (under) omröstning b) gå (skrida) till votering; *go to the ~* gå till votering (omröstning) **5** [*right of*] *~* rösträtt **6** beslut efter omröstning [*the ~ was unanimous*]; *pass* (*carry*) *a ~* fatta ett beslut [efter votering] **7** votum; *~ of censure* (*of no confidence*) misstroendevotum [*on* mot] **8** anslag [*a ~ of £500,000 for a new building was passed* (beviljades)], bevillning **9** röstsedel **10** röstande **II** *vb itr* rösta [*old enough to ~*], votera; *right to ~* äv. rösträtt **III** *vb tr* **1** rösta (votera) för [*Parliament ~d to impose a tax on...*]; anta **2** bevilja [*~ a grant* (anslag); *~ a p. a sum of money*], anslå [*~ an amount for* (för, till) *a th.*], votera **3** *~ Liberal* (*Republican* etc.) rösta på liberalerna (republikanerna etc.), rösta liberalt (republikanskt etc.) **4** vard. välja till [*she was ~d singer of the year*] **5** vard. allmänt anse som (vara) [*the new boss was ~d a decent sort*] **6** vard. föreslå, rösta för [*I ~* [*that*] *we go to bed*] **7** *~ down* rösta ned (omkull)

vote-catching [ˈvəʊtˌkætʃɪŋ] röstfiske

voter [ˈvəʊtə] röstande, röstberättigad; väljare

voting [ˈvəʊtɪŋ] **I** *s* [om]röstning; *~ by ballot* sluten omröstning; *right of ~* rösträtt, valrätt; *~ age* rösträttsålder; *~ station* vallokal **II** *adj*, *~ member* röstberättigad medlem

vouch [vaʊtʃ], *~ for* garantera, svara för, ansvara för, gå i god (borgen) för

voucher [ˈvaʊtʃə] kupong [*luncheon* (*meal*) *~*], voucher [*hotel ~*]; rabattkupong; [*gift*] *~* presentkort

vow [vaʊ] **I** *s* [högtidligt] löfte; *~ of chastity* kyskhetslöfte; *take* [*the*] *~s* avlägga klosterlöfte[t], gå i kloster **II** *vb tr* lova [högtidligt], utlova

vowel [ˈvaʊ(ə)l] vokal

voyage [ˈvɔɪɪdʒ] **I** *s* [sjö]resa; färd i rymden [*a ~ to the moon*] **II** *vb itr* resa till sjöss; färdas i rymden o.d. **III** *vb tr* resa (färdas) på (över)

voyager [ˈvɔɪədʒə] resande till sjöss; sjöfarare; [*space*] *~* rymdfarare

voyeur [vwɑːˈjɜː] voyeur, fönstertittare

V-sign [ˈviːsaɪn] (förk. för *victory-sign*) v-tecken segertecken

VSOP (förk. för *Very Superior Old Pale*) VSOP beteckning för finare cognac

vulcanize [ˈvʌlkənaɪz] vulkanisera

vulgar [ˈvʌlgə] **1** vulgär [*a ~ expression*]; tarvlig [*~ features*], rå; obildad; grovt (rått) oanständig [*a ~ gesture*] **2** a) vanlig; folklig b) på folkspråket [*a ~ translation of the Bible*] **3** matem., *~ fraction* allmänt (vanligt) bråk

vulgarity [vʌlˈgærətɪ] vulgaritet; tarvlighet

vulnerability [ˌvʌln(ə)rəˈbɪlətɪ] sårbarhet

vulnerable [ˈvʌln(ə)rəbl] sårbar; bildl. äv. ömtålig, svag [*a ~ spot*; *~ to* (för) *criticism*]; utsatt [*the city has a very ~ position*]

vulture [ˈvʌltʃə] **1** zool. gam **2** bildl. hyena

W, w [ˈdʌbljuː] (pl. *W's* el. *w's* [ˈdʌbljuːz]) W, w

W förk. för *Western* (postdistrikt i London), *west[ern]*

wacky [ˈwækɪ] isht amer. sl. knasig

wad [wɒd] **I** *s* **1** tuss [*a ~ of paper*], vaddtuss **2** vard. a) bunt, packe b) massa, mängd c) sedelbunt [äv. *~ of banknotes*] **II** *vb tr* vaddera, stoppa; *~ded quilt* vadderat täcke

wadding [ˈwɒdɪŋ] **1** vaddering; förpackningsmaterial **2** vadd; cellstoff

waddle [ˈwɒdl] **I** *vb itr* gå och vagga [fram som en anka] **II** *s* vaggande gång, vaggande

wade [weɪd] **1** vada; pulsa (traska, sträva) [fram] **2** vard., *~ in* a) sätta i gång [*he got the tools and ~d in*], hugga i b) ingripa, gå emellan [*he ~d in and stopped the fighting*]; *~ into* a) ta itu med, ge sig i kast med, hugga i med [*~ into the morning's mail*] b) gå lös på, kasta sig över [*~ into one's opponent*]

wafer [ˈweɪfə] **1** rån; *thin as a ~* tunn som papper, lövtunn **2** oblat, hostia **3** sigillmärke

1 waffle [ˈwɒfl] våffla

2 waffle [ˈwɒfl] vard. **I** *vb itr* svamla, dilla **II** *s* svammel

waffle iron [ˈwɒfl,aɪən] våffeljärn

waft [wɑːft, wɒft] **I** *vb tr* **1** om vind el. vågor föra, bära **2** sända genom luften; *~ kisses to* kasta slängkyssar till **II** *vb itr* föras (bäras) [av vinden], komma svävande [*the music ~ed across the lake*] **III** *s* **1** vindfläkt **2** doft

wag [wæg] **I** *vb tr* vifta på (med) [*the dog ~ged its tail*], vippa på (med) [*the bird ~ged its tail*], vicka på (med) [*~ one's foot*], vagga med, ruska på [*~ one's head*], höta med [*~ one's finger at* (åt) *a p.*] **II** *vb itr* vifta [*the dog's tail ~ged*], svänga [hit och dit], vicka, vagga; *let one's tongue ~* bildl. a) prata strunt b) vara lösmynt; *set tongues ~ging* bildl. sätta fart på skvallret (pratet) **III** *s* **1** viftning [*a ~ of* (på) *the tail*], vippande, vaggande **2** skämtare

wage [weɪdʒ] **I** *s* **1 a)** vanl. pl. *~s* lön, avlöning isht veckolön för arbetare; sjö. hyra; *weekly ~s* veckolön **b)** *~s* (konstr. vanl. ss. pl.) ekon. löner[na] [*when ~s are high, prices are high*] **c)** löne-; *~ bracket* ung. lönegrad; *~ earner* (amer. äv. *worker*) löntagare; familjeförsörjare; *~ freeze* lönestopp **2** bibl., *the ~s of sin is death* syndens lön är döden **II** *vb tr* utkämpa [*~ a battle*]; driva [*~ a campaign*]; *~ war* föra krig

wager [ˈweɪdʒə] **I** *s* vad; insats; *lay* (*make*) *a ~* hålla (slå) vad [*on* om; *that* om att] **II** *vb tr* slå (hålla) vad om; satsa, sätta [*~ a pound on a horse*]; våga; riskera **III** *vb itr* slå (hålla) vad

waggle [ˈwægl] **I** *vb tr* vifta (vippa, vicka) på (med); jfr *wag I* **II** *vb itr* svänga **III** *s* viftning, viftande [*with a ~ of the hips*]

wagon [ˈwægən] **1** vagn; lastvagn, transportvagn; [hö]skrinda; järnv. [öppen] godsvagn; *covered ~* a) täckt godsvagn b) prärievagn; zigenarvagn **2** amer. vard. polispiket; *the ~* äv. Svarta Maja fångtransportvagn **3** vard., *be on the* [*water*] *~* vara torr[lagd], ha slutat dricka alkohol

wagon-lit [ˌvægənˈliː] (pl. *wagons-lit* [utt. som sing.] el. *~s* [-z]) fr. sovvagn; sovkupé

wagtail [ˈwægteɪl] zool. [sädes]ärla

waif [weɪf] föräldralöst (hemlöst) barn; *~s and strays* föräldralösa (hemlösa, kringdrivande) barn

wail [weɪl] **I** *vb itr* **1** klaga [högljutt (bittert)]; kvida, skrika, tjuta [*~ with* (av) *pain*] **2** om vind o.d. tjuta [*the sirens were ~ing*], vina **II** *vb tr* litt. klaga [högljutt (bittert)] över **III** *s* [högljudd (bitter)] klagan

wainscot [ˈweɪnskət, -skɒt] **I** *s* panel[ning]; brädfodring **II** *vb tr* panela, boasera

waist [weɪst] **1** midja, liv **2** amer. a) [skjort]blus b) klänningsliv c) livstycke för barn

waistband [ˈweɪs(t)bænd] **1** linning; kjollinning, byxlinning; midjeband **2** gördel

waistcoat [ˈweɪs(t)kəʊt] väst

waist-deep [ˌweɪstˈdiːp] midjedjup [*he stood ~ in the water*]; *the water was ~* vattnet gick (nådde upp) till midjan

waistline [ˈweɪs(t)laɪn] midja; midjelinje; midjevidd; *keep one's ~ down* hålla sig slank

wait [weɪt] **I** *vb itr* **1** vänta; dröja; stanna [kvar]; *you ~!* vänta [du] bara! ss. hotelse; *keep a p. ~ing* el. *make a p. ~* låta ngn vänta; *that can ~* det är inte så bråttom med det; *I can't ~!* jag längtar verkligen!; *he couldn't ~ to get there* han kunde inte komma dit snabbt nog **2** passa upp, servera **3** med adv. o. prep.: *~ at table* passa upp vid bordet, servera; *~ behind* stanna kvar; *~ for* vänta på, avvakta; lura på [*~ for an opportunity*] **II** *vb tr* **1** vänta på; *~ one's opportunity* avvakta (vänta på) ett lämpligt tillfälle **2** vänta med; *don't ~ dinner for me* vänta inte på mig med middagen **3** amer., *~ table* passa upp vid bordet, servera **III** *s* **1** väntan, väntetid, paus; *we had a long ~ for the bus* vi fick vänta länge på bussen **2** *lie in ~ for* ligga i bakhåll för, ligga och [lur]passa på

wait-and-see [ˌweɪt(ə)nˈsiː] avvaktande; *pursue a ~ policy* inta en avvaktande hållning

waiter [ˈweɪtə] kypare, uppassare, servitör; *~!* hovmästarn!

waiting [ˈweɪtɪŋ] **1** väntan; *play a ~ game* inta en avvaktande hållning, vänta och se tiden an **2** trafik., *No W~!* Förbud att stanna fordon stoppförbud

waiting-list [ˈweɪtɪŋlɪst] väntelista

waiting-room [ˈweɪtɪŋruːm, -rʊm] väntrum, väntsal

waitress [ˈweɪtrəs] servitris; *~!* fröken!

waive [weɪv] **1** avstå från [*~ one's right*], ge upp [*~ one's claim*] **2** a) lägga åt sidan, bortse från [*let's ~ this matter for the present*] b) sätta sig över [*~ formalities*], nonchalera **3** *~ [aside (away)]* vifta (slå) bort, avfärda, bagatellisera

1 wake [weɪk] **I** (imperf. *woke* el. *waked*; perf. p. *woken* el. *waked* el. *woke*) *vb itr*, *~ [up]* vakna [*what time do you usually ~ [up]?*], vakna upp; bildl. vakna [upp] [*~ from one's daydreams*] **II** (för tema se *I*) *vb tr* **1** *~ [up]* väcka [*the noise woke me [up]*], väcka upp; bildl. väcka [upp], sätta liv i [*he needs someone (something) to ~ him up*]; *~ [up] to* bildl. väcka till medvetande (insikt) om **2** åld. el. dial. vaka hos (över); hålla [lik]vaka vid

2 wake [weɪk] **1** sjö. kölvatten [*in the ~ of a ship*] **2** bildl. *in the ~ of a p.* el. *in a p.'s ~* i ngns kölvatten (släptåg, spår)

wakeful [ˈweɪkf(ʊ)l] **1** vaken; sömnlös; genomvakad; *~ night* äv. vaknatt **2** vaksam, vaken

waken [ˈweɪk(ə)n] litt. **I** *vb tr*, *~ [up]* väcka äv. bildl.; *~ [up] to* bildl. väcka till medvetande (insikt) om **II** *vb itr*, *~ [up]* vakna

Wales [weɪlz] geogr. egenn.; *the Prince of ~* prinsen av Wales titel för den brittiske tronföljaren

walk [wɔːk] **I** *vb itr* (se äv. *III*) **1** gå [till fots]; promenera; *~ on all fours* gå på alla fyra **2** om spöken o.d. gå igen, spöka **II** *vb tr* (se äv. *III*) **1** gå (promenera, vandra, flanera) på (i); vandra (ströva) igenom; gå etc. av och an (fram och tillbaka) i (på) [*~ the deck*]; gå etc. igenom (över); *~ it* a) vard. gå [till fots], traska [och gå] [*he had to ~ it*] b) sl. vinna en promenadseger; *~ the streets* a) gå (promenera etc.) på gatorna b) om prostituerad gå på gatan **2** vard. följa [*~ a girl home*] **III** *vb itr* o. *vb tr* med prep. o. adv., isht med spec. övers.:

~ about gå (promenera etc.) omkring [i (på)]

~ away: a) gå [sin väg] b) *~ away with* vard. knycka [*~ away with the silver*]; [med lätthet] vinna (ta hem) [*he ~ed away with the first prize*]

~ in: a) gå (träda) in b) *~ in on a p.* komma oanmäld till ngn

~ into: a) gå etc. in (ner, upp) i b) vard. gå lös på

~ off: a) se *~ away* ovan; *~ off with* se *~ away with* ovan b) föra bort

~ on: a) gå 'på b) teat. spela en statistroll c) *I felt I was ~ing on air* det kändes som om jag vandrade på små moln

~ out: a) gå ut; gå ut och gå b) gå i strejk c) *~ out on* vard. gå ifrån, lämna [*they ~ed out on the meeting*], överge [*he has ~ed out on his girlfriend*], lämna i sticket d) *~ out with* mest dial. hålla ihop (sällskapa) med [*she's ~ing out with her boss*]

~ over: a) föra (visa) omkring på (i) b) bildl. *~ [all] over* topprida, trampa på, hunsa [*don't let him ~ [all] over you*] c) sport. vinna på walk-over [över]; vinna en promenadseger [över]

~ up: a) gå (sticka) upp (uppför) b) gå (stiga) fram

IV *s* **1** promenad; [fot]vandring; *it is only ten minutes' ~* det tar bara tio minuter att gå; *go [out] for (take) a ~* gå ut och gå (promenera); *take [out] the dog for a ~* gå ut med hunden, rasta hunden **2** sport. gångtävling; *20 km. ~* 20 km gång **3** [*I know him*] *by his ~* ...på hans sätt att gå **4** promenadtakt; *at a ~* i skritt; gående **5** promenadväg **6** bildl. område [*other ~s of science*], gebit **7** *~ [of life]* a) samhällsställning, samhällsgrupp, samhällsklass [äv. *~ of society*; *men of (in, from) all ~s of life*] b) yrkes[område]

walker [ˈwɔːkə] **1** [fot]vandrare;

fotgängare; flanör; *he is a fast* ~ han går fort **2** sport. gångare

walkie-talkie [ˌwɔːkɪˈtɔːkɪ] walkie-talkie

walking [ˈwɔːkɪŋ] **I** *s* **1** gående; gång; fotvandring[ar]; ~ *is good exercise* att gå är bra motion; ~ *distance* gångavstånd, gångväg **2** sport. gång[sport]; ~ *race* gångtävling **3** väglag; *it is bad* ~ äv. det är tungt att gå **II** *adj* gående; promenerande; *a* ~ *dictionary* (*encyclopedia*) ett levande lexikon

walking-shoe [ˈwɔːkɪŋʃuː] promenadsko

walking-stick [ˈwɔːkɪŋstɪk] promenadkäpp

Walkman [ˈwɔːkmən] (pl. ~*s*) ® freestyle kassettbandspelare i fickformat

walk-on [ˈwɔːkɒn] teat. **I** *s* **1** statistroll **2** statist **II** *adj* statist- [*a* ~ *part*]

walkout [ˈwɔːkaʊt] **1** strejk **2** uttåg i protest, demonstrativ frånvaro från sammanträde o.d.

walkover [ˈwɔːkˌəʊvə] **1** sport. a) walkover b) promenadseger **2** bildl. enkel match (sak)

walkway [ˈwɔːkweɪ] **1** gång, trädgårdsgång, uppfartsväg; gångbana, trottoar **2** gångbräda, gångbord isht i maskinrum

wall [wɔːl] **I** *s* mur äv. bildl.; vägg; befästningsmur; [skydds]vall; spaljévägg; ~ *newspaper* väggtidning; ~*s have ears* väggarna har öron; *come* (*be*) *up against a* [*brick* (*stone, blank*)] ~ bildl. köra (ha kört) [ohjälpligt] fast; *put* (*stand*) *a p. up against a* ~ bildl. ställa ngn mot väggen; *it is like talking to a brick* ~ det är som att tala till en vägg **II** *vb tr* **1** ~ [*in* (*about, round*)] omge (förse) med en mur (murar etc., jfr (*I*)), [låta] bygga en mur etc. kring **2** ~ [*up*] a) mura igen [~ *a window*] b) mura in; stänga (spärra) in

wallet [ˈwɒlɪt] plånbok

wallflower [ˈwɔːlˌflaʊə] **1** bot. lackviol **2** vard. panelhöna

wallop [ˈwɒləp] **I** *vb tr* vard. klå [upp], ge stryk; sport. klå **II** *s* **1** vard. slag; duns [*with a* ~] **2** vard. slagkraft; genomslagskraft; *he packs a* ~ han har krut i näven **3** sl. öl

wallow [ˈwɒləʊ] **1** vältra (rulla) sig [*pigs* ~*ing in the mire*]; om t.ex. skepp rulla **2** bildl. ~ *in* vältra (vräka) sig i [~ *in luxury*], vada (simma) i [~ *in money*], frossa i [*some newspapers* ~ *in scandal*]

wall-painting [ˈwɔːlˌpeɪntɪŋ] väggmålning, fresk

wallpaper [ˈwɔːlˌpeɪpə] **I** *s* tapet[er]; ~ *music* skvalmusik, bakgrundsmusik **II** *vb tr* tapetsera

Wall Street [ˈwɔːlstriːt] **I** gata i New York, där börsen o. ett antal banker är belägna; *on* ~ äv. på den amerikanska börsen **II** *s* bildl. den amerikanska storfinansen

wall-to-wall [ˌwɔːltʊˈwɔːl] **1** ~ *carpet* heltäckningsmatta **2** vard., ~ *sales* total utförsäljning

wally [ˈwɒlɪ] vard. dumskalle

walnut [ˈwɔːlnʌt, -nət] bot. valnöt; valnötsträ; valnötsträd

walrus [ˈwɔːlrəs, -rʌs] zool. valross

waltz [wɔːls, wɒls, wɔːlts, wɒlts] **I** *s* vals dans; vals[melodi] **II** *vb itr* **1** dansa vals **2** vard. ranta, ränna [*I don't like strangers* ~*ing about here*]; dansa [*she* ~*ed into the room and out again*]; *he* ~*ed off with the first prize* han promenerade hem (tog lätt hem) första priset **III** *vb tr* **1** dansa vals (valsa) med **2** vard. lotsa [kvickt] [*he* ~*ed us right into the governor's office*]

wan [wɒn] **1** glåmig [*pale and* ~], [sjukligt] blek **2** matt, lam [~ *attempts*]; *a* ~ *smile* ett blekt (svagt) leende

wand [wɒnd], [*magic* (*magician's*)] ~ trollstav, trollspö

wander [ˈwɒndə] **I** *vb itr* **1** a) eg. ~ [*about*] vandra (irra, strööva) omkring [*we* ~*ed for miles and miles in the mist*], vanka omkring; föra ett kringflackande liv b) om blick, hand, penna o.d. glida, gå; *his attention* ~*ed* hans tankar började vandra **2** ~ [*away* (*off*)] gå vilse, komma bort; avvika [*from* från]; förirra sig [*into* in i]; komma på villovägar; ~ *from the subject* (*point*) gå (komma) ifrån ämnet **3** ~ [*off* (*in one's mind*)] tala osammanhängande, yra, fantisera **II** *vb tr* vandra (strööva, vanka) omkring på (i) [~ *the streets* (*the town*)]

wanderer [ˈwɒndərə] vandrare; vagabond

wandering [ˈwɒnd(ə)rɪŋ] **I** *s* **1** vandring; pl. ~*s* vandringar, långa resor, irrfärder; kringflackande **2** ofta pl.: ~*s* avvikande, avvikelse [*from* från] **II** *adj* **1** [kring]vandrande, kringresande; kringflackande [*lead a* ~ *life*]; vandrings-, nomadisk [~ *tribes*]; *the W*~ *Jew* den vandrande juden **2** vilsekommen; förlupen [*a* ~ *bullet*]

wan|e [weɪn] **I** *vb itr* **1** avta [*his strength is* ~*ing*], minska[s], försvagas **2** om månen o.d. avta, vara i avtagande **II** *s* **1** avtagande; ~ *on the* ~ i avtagande, på retur, på tillbakagång; på upphällningen **2** nedan; *the moon is on the* ~ månen är i nedan (i avtagande)

wangle [ˈwæŋgl] vard. **I** *vb tr* fiffla med [~ *the accounts*]; mygla till sig [~ *an* *invitation to a party*] **II** *vb itr* fiffla; mygla **III** *s* fiffel, mygel

wank [wæŋk] sl. **I** *vb itr,* ~ [*off*] runka onanera **II** *s* runk onanerande

want [wɒnt] **I** *s* **1** brist; ~ *of* brist på, bristande [~ *of attention*] **2** isht pl.: *~s* behov; önskningar **3** nöd [*freedom from ~*]; *be in ~* lida nöd **II** *vb tr* **1** vilja; vilja ha [*do you ~ some bread?*], önska [sig] [*what do you ~ for Christmas?*]; begära; söka [*we ~ information*]; *~ed* i annons önskas hyra [*furnished room ~ed*], önskas köpa, köpes [*bungalow ~ed*], sökes [*cook ~ed*]; *I don't ~ it said that...* jag vill inte att man ska säga att...; *what do you ~ of (from) me?* vad begär du av mig?, vad vill du mig? **2** behöva; *it ~s doing* det behöver göras **3** sakna [*he ~s the will to do it*] **4** opers., *it ~s very little* det fattas mycket litet **5** vilja tala med; *you are ~ed on the phone* det är telefon till dig; *~ed* [*by the police*] efterlyst [av polisen]; *he is ~ed by the police* han är efterspanad av polisen; *much ~ed* mycket eftersökt (efterfrågad) **III** *vb itr* **1** vilja [*we can stay at home if you ~*] **2** amer. vard., *~ in* (*out*) vilja [gå (komma)] in (ut) [*the cat ~s out*] **3** lida nöd; *he ~ed for nothing* han saknade ingenting, han hade allt han behövde **4** saknas [*all that ~s is signature*]

wanting ['wɒntɪŋ] **I** *adj* o. *pres p* saknande, som saknar; *be ~* saknas, fattas, vara borta [*a few pages of this book are ~*], felas; *be found ~* visa sig inte vara bra nog (bristfällig) **II** *prep* utan, i avsaknad av

wanton ['wɒntən] **I** *adj* **1** godtycklig; meningslös [~ *destruction*]; hänsynslös [*a ~ attack*] **2** lättfärdig [*a ~ woman*], lättsinnig [~ *thoughts*] **II** *s* lättfärdig kvinna, slinka

war [wɔ:] **I** *s* krig; bildl. äv. kamp [*the ~ against disease*], strid [~ *to* (på) *the knife*]; *civil ~* inbördeskrig; *the cold ~* det kalla kriget; *declare ~* förklara krig [*on, against* mot]; *he has been in the ~s* vard. han har råkat ut för en hel del [olyckor], han har blivit illa tilltygad; *go to ~* börja krig [*against, with* mot, med], bryta freden **II** *vb itr* kriga äv. bildl. [*against* mot]

warble ['wɔ:bl] **I** *vb tr* o. *vb itr* isht om fåglar sjunga, kvittra **II** *s* fågels sång; trastens slag

warbler ['wɔ:blə] zool. sångare; *marsh ~* kärrsångare

war cry ['wɔ:kraɪ] **1** stridsrop **2** bildl. [politiskt] slagord, lösen

ward [wɔ:d] **I** *s* **1** administrativt [stads]distrikt; *electoral ~* valdistrikt **2** avdelning på sjukhus o.d.; *maternity ~* BB-avdelning, förlossningsavdelning; *private ~* enskilt rum **3** isht jur. förmynderskap; ~ [*of court*] myndling, omyndig [person] **II** *vb tr* **1** ~ *off* avvärja, parera [~ *off a blow*]; avvända [~ *off a danger*], avstyra; hålla på avstånd (ifrån sig) **2** a) lägga in [på sjuksal] b) härbärgera

war dance ['wɔ:dɑ:ns] krigsdans

warden ['wɔ:dn] **1** a) föreståndare [*the ~ of a youth hostel*] b) rektor vid vissa eng. colleges [*the W~ of Merton College, Oxford*] **2** uppsyningsman; *traffic ~* trafikvakt; lapplisa **3** kyrkvärd

warder ['wɔ:də] **1** fångvaktare **2** vakt

wardrobe ['wɔ:drəʊb] **1** a) garderob [äv. *built-in ~*], klädkammare b) klädskåp **2** koll. garderob [*renew one's ~*], kläder **3** teat. kostymateljé

ware [weə], *~*[*s* pl.] varor [*advertise one's ~s*], [små]artiklar; koll. (ss. efterled i sammansättn.) -varor [*ironware*], -gods [*stoneware*], -artiklar [*silverware*]

warehouse [ss. subst. 'weəhaʊs, ss. vb 'weəhaʊz] **I** *s* **1** lager[lokal]; [tull]packhus; *~ party* jätteparty i lagerlokal o.d.; *ravep*arty **2** möbelmagasin [äv. *furniture ~*] **II** *vb tr* magasinera

warfare ['wɔ:feə] **1** krig; stridsmetoder; *chemical ~* kemisk krigföring **2** krig; kamp; *act of ~* krigshandling

wargame ['wɔ:ɡeɪm] krigsspel

warhead ['wɔ:hed] mil. stridsdel i robot [*nuclear ~*]; stridsladdning

warhorse ['wɔ:hɔ:s] **1** vard. [gammal] veteran (kämpe) **2** vard., om teaterpjäs el. musikstycke gammalt pålitligt paradnummer (bravurnummer)

warily ['weərəlɪ] varsamt, försiktigt

wariness ['weərɪnəs] varsamhet, försiktighet

warlike ['wɔ:laɪk] **1** krigisk, stridslysten **2** krigs- [~ *preparations*]

warm [wɔ:m] **I** *adj* **1** varm, värmande [*a ~ fire*]; ljum; *keep a seat* (*place*) *~ for me* [*till I come*] håll en plats åt mig... **2** bildl. a) varm [*a ~ admirer*]; hjärtlig, innerlig; ivrig [*a ~ supporter*] b) hetsig, häftig [*a ~ protest*], våldsam, lidelsefull c) varmblodig, sinnlig **3** bildl. obehaglig; besvärlig; *give a p. a ~ reception* (*welcome*) äv. ge ngn ett varmt (hett) mottagande, ta emot ngn med varma servetter **II** *vb tr* värma äv. bildl. [*it ~ed my heart*]; värma upp [~ *the milk*]; *~ over* amer. värma upp [~ *over cold coffee*]; ~

up värma upp äv. sport. **III** *vb itr* bli varm[are]; värmas [upp]; värma sig; *~ to (towards) a p.* tycka mer och mer om ngn, bli vänligare stämd mot ngn; *~ to one's subject* gå upp i sitt ämne, tala sig varm [för sin sak]; *~ up* a) värmas upp, bli varm [*the engine is ~ing up*] b) bildl. bli varm i kläderna, tala sig varm [*he ~ed up as he went on with his speech*]; tina upp c) sport. värma upp sig **IV** *s* uppvärmning; värme; *give one's hands a ~* värma händerna [ett tag]; *have* (*get*) *a ~* värma sig [litet]

warm-blooded [ˌwɔːmˈblʌdɪd, attr. äv. '-ˌ--] varmblodig äv. bildl.

warm-hearted [ˌwɔːmˈhɑːtɪd, attr. äv. '-ˌ--] varmhjärtad

warmonger [ˈwɔːˌmʌŋɡə] krigshetsare

warmth [wɔːmθ] **1** värme **2** bildl. **a)** värme; iver, entusiasm **b)** hetta; [*he answered*] *with some ~* ...med en viss hetta (irritation), ...något hetsigt (irriterat)

warm-up [ˈwɔːmʌp] sport. el. bildl. uppvärmning; *~ band* mus. förband

warn [wɔːn] **I** *vb tr* **1** varna; avråda; *he ~ed me against going* el. *he ~ed me not to go* han varnade mig för (avrådde mig från) att gå **2** varsla, förvarna **3** påminna om, göra uppmärksam på **4** [upp]mana [*he ~ed us to be on time*]; förmana **5** *~ a p. off* [*a th.*] avvisa ngn [från ngt] [*they were ~ed off* [*the premises*]]; uppmana ngn att hålla sig undan [från ngt] **II** *vb itr*, *~ against* (*about*, *of*) varna för, slå larm om

warning [ˈwɔːnɪŋ] **1** varning; varnande (avskräckande) exempel [*as a ~ to* (för) *others*], varnagel; *gale ~* stormvarning; *let this be a ~ to you* låt detta bli dig en varning (ett varnande exempel för dig) **2** förvarning; *be a ~ of* äv. varsla om, tyda på

warp [wɔːp] **I** *vb tr* **1** göra skev (vind, buktig) **2** bildl. a) snedvrida, förvanska [*~ a report*] b) förvända; påverka [*~ a p.'s judgement*] **II** *vb itr* **1** bli skev (vind, buktig), slå sig [*the door has ~ed*] **2** bildl. förvanskas **III** *s* **1** vävn. varp, ränning **2** skevhet, buktighet hos trä

warpaint [ˈwɔːpeɪnt] krigsmålning äv. bildl.

warpath [ˈwɔːpɑːθ], *on the ~* på krigsstigen, på stridshumör

warped [wɔːpt] **1** skev, buktig **2** bildl. skev; förvänd, depraverad [*he has got a ~ mind*]

warplane [ˈwɔːpleɪn] krigsflygplan

warrant [ˈwɒr(ə)nt] **I** *s* **1** isht jur. a) fullmakt, bemyndigande, tillstånd b) skriven order; *~* [*of arrest*] häktningsorder, häktningsbeslut **2** moralisk rätt [*he had no ~ for saying so*], stöd; berättigande **3** garanti, säkerhet; bevis **4** mil., *~ officer* förvaltare; amer. fanjunkare **II** *vb tr* **1** a) berättiga, rättfärdiga [*nothing can ~ such insolence*] b) motivera b) sanktionera [*the law ~s this procedure*]; *be ~ed to* ha [full] rätt att **2** garantera [*I ~ it to be* (att det är) *true*; *~ed 22 carat gold*]; ansvara (stå) för; försäkra; *I* (*I'll*) *~!* det kan jag försäkra!

warranty [ˈwɒr(ə)ntɪ] garanti för fullgod vara

warren [ˈwɒr(ə)n] **1** a) kaningård b) kaninrikt område **2** bildl. tättbebyggt bostadsområde

warrior [ˈwɒrɪə] litt. krigare, krigsman, stridsman; krigisk [*a ~ nation*]; *the Unknown W~* den okände soldaten

Warsaw [ˈwɔːsɔː] Warszawa

warship [ˈwɔːʃɪp] krigsfartyg, örlogsfartyg

wart [wɔːt] vårta; utväxt; *~s and all* bildl. med alla fel och brister, utan försköning

wart hog [ˈwɔːthɒɡ] zool. vårtsvin

wartime [ˈwɔːtaɪm] krigstid

wary [ˈweərɪ] varsam, försiktig; på sin vakt; vaksam; *be ~ of* äv. akta sig för

was [wɒz, obeton. wəz, wz] imperf. ind. (1 o. 3 pers. samt dial. 2 pers.) av *be*

wash [wɒʃ] **I** *vb tr* (jfr äv. *III*) **1** tvätta; skölja; diska [vanl. *~ up*]; vaska; *~ the dishes* diska **2** om vågor o.d. a) skölja [mot], slå upp över b) spola, kasta [*~ overboard*] **II** *vb itr* (jfr äv. *III*) **1** tvätta sig; tvätta av sig **2** tvätta; skölja, spola **3** om tyg o.d. gå att tvätta, tåla tvätt; *guaranteed to ~* garanterat tvättäkta **4** vard., *it won't ~* det håller inte; den gubben går inte **5** om vatten m.m. skölja, strömma **III** *vb tr* o. *vb itr* i spec. förb. med adv. el. prep.:

~ ashore spola[s] i land

~ away: a) tvätta (spola, skölja) bort b) urholka, urgröpa

~ down: a) tvätta [av] [*~ down a car*] b) skölja ned [*~ down the food with beer*]

~ off: a) tvätta bort (av) [*~ off stains*] b) gå bort i tvätten c) sköljas (spolas) bort

~ out: a) tvätta (skölja) ur; tvätta (skölja) upp [*~ out clothes*]; *~ed out* urtvättad b) [*our match*] *was ~ed out* ...regnade bort c) vard. stryka [ett streck över] [*~ out a p.'s debts*], utesluta, bortse från

~ up: a) diska [upp]; tr. äv. diska av b) amer. tvätta [av] sig c) om vågor skölja (spola, kasta) upp d) vard., *~ed up* slut, färdig [*he was ~ed up as a boxer*]

IV *s* **1** tvättning; *give the car a* [*good*] ~ tvätta (spola) av bilen [ordentligt]; *have a* ~ tvätta [av] sig **2** a) tvätt[ning] av kläder b) tvätt[kläder] c) tvätt[inrättning]; *it will come out in the* ~ a) det går bort i tvätten b) bildl. det kommer att ordna upp sig **3** svall[våg] isht efter båt, skvalp; kölvatten äv. bildl. **4** farmakol. o.d. lotion; isht ss. efterled i sammansättn. -vatten [*mouthwash*], -bad [*eyewash*]

washable ['wɒʃəbl] tvättbar, tvättäkta
washbasin ['wɒʃ,beɪsn] handfat, tvättställ
washboard ['wɒʃbɔːd] **1** tvättbräde **2** bildl. knagglig väg
washcloth ['wɒʃklɒθ] disktrasa; isht amer. tvättlapp
washdown ['wɒʃdaʊn] **1** översköljning; *give the car a* ~ tvätta (spola) av bilen **2** [kall] avrivning
washer ['wɒʃə] **1** tvättmaskin; diskmaskin [äv. *dishwasher*] **2** tekn. a) packning till kran o.d. b) [underläggs]bricka
wash-house ['wɒʃhaʊs] tvättstuga uthus; brygghus
washing ['wɒʃɪŋ] **1** tvätt[ning]; sköljning; diskning etc., jfr *wash I* o. *II* **2** tvätt[kläder] **3** pl.: ~s använt tvättvatten, sköljvatten **4** uppslamning
washing-machine ['wɒʃɪŋmə,ʃiːn] tvättmaskin
washing-powder ['wɒʃɪŋ,paʊdə] tvättmedel
washing-soda ['wɒʃɪŋ,səʊdə] kristallsoda
Washington ['wɒʃɪŋtən]
washing-up [,wɒʃɪŋ'ʌp] disk; rengöring; ~ *bowl* diskbalja; ~ *liquid* [flytande] diskmedel; ~ *sink* diskho
wash leather ['wɒʃ,leðə] tvättskinn
washout ['wɒʃaʊt] **1** spolning **2** vard. fiasko; om pers. oduglig, nolla
washroom ['wɒʃruːm, -rʊm] isht amer. toalett[rum]
washstand ['wɒʃstænd] tvättställ; kommod
washtub ['wɒʃtʌb] tvättbalja
wasn't ['wɒznt] = *was not*
wasp [wɒsp] geting; ~*'s nest* getingbo
waspish ['wɒspɪʃ] **1** retlig; giftig **2** smal, med getingmidja
wastage ['weɪstɪdʒ] **1** slöseri **2** spill; bortfall; förlust av vikt o.d.; *natural* ~ naturlig avgång
waste [weɪst] **I** *adj* **1** öde, ödslig; ödelagd; ofruktbar; *lay* ~ ödelägga, förhärja, skövla **2** avfalls- [~ *products*]; spill- [~ *oil*; ~ *water*]; förlorad [~ *energy*], förspilld; ~ *bin* soplår, soptunna; ~ *paper* pappersavfall, pappersskräp; makulatur, avfallspapper; ~ *paper basket* papperskorg **II** *vb tr* **1** a) slösa [bort], förslösa, förnöta, [för]spilla b) slösa (misshushålla) med, låta förfaras (gå till spillo); ~ *one's breath* (*words*) tala för döva öron (förgäves); ~ *one's breath* ([*one's*] *words*) [*up*]*on* spilla ord på **2** försumma [~ *an opportunity*] **3** ödelägga, föröda, förhärja äv. bildl. **4** tära [på], försvaga [äv. ~ *away*]; [*a body*] ~*d by disease* ...tärd (härjad, utmärglad) av sjukdom **III** *vb itr* **1** förslösas, förfaras **2** slösa; ~ *not, want not* ung. den som spar han har **3** ~ *away* om pers. tyna av, avtäras; magra **IV** *s* **1** slöseri, misshushållning; *it's a* ~ *of breath* (*words*) det är att tala för döva öron; *a* ~ *of time* bortkastad tid, slöseri med tid, tidsspillan **2** avfall; sopor, rester; utskott; [*cotton*] ~ trassel **3** ödemark; ödejord; [öde] vidd (sträcka, rymd)
wastebasket ['weɪs(t),bɑːskɪt] amer. papperskorg
waste-disposer ['weɪs(t)dɪs,pəʊzə] avfallskvarn
wasteful ['weɪstf(ʊ)l] **1** slösaktig [~ *habits*]; oekonomisk [~ *methods*]; *be* ~ *with* äv. slösa (ödsla) med **2** ödeläggande
wasteland ['weɪstlænd] ödejord; ofruktbar (ouppodlad) mark; öken äv. bildl.
waster ['weɪstə] **1** slösare **2** vard. odåga
watch [wɒtʃ] **I** *s* **1** vakt, vakthållning; uppsikt; utkik; *keep* [*a*] ~ *for* hålla utkik efter **2** om pers. vakt; koll. [natt]vakt **3** sjö. vakt: a) vaktmanskap b) vakthållning c) vaktpass **4** klocka; *set one's* ~ ställa klockan (sin klocka) [*by* efter] **5** vaka; likvaka **II** *vb itr* **1** se 'på; se upp [~ *when you cross the street*]; ~ *for* a) hålla utkik (spana) efter; vänta (vakta) på [~ *for a signal*] b) avvakta, passa [på] [~ *for an opportunity*]; ~ *out* se upp [~ *out when you cross the road*]; ~ *out for* äv. hålla utkik efter; ge akt på **2** vakta, hålla vakt **3** vaka **III** *vb tr* **1** se på [~ *television*]; ge akt på, hålla ögonen på, betrakta; vara noga (se upp) med [~ *one's weight*]; ~ *it* (*yourself*)*!* se upp!, akta dig!; hotfullt passa dig [noga]!; ~ *what you do!* ge akt (tänk) på vad du gör! **2** bevaka [~ *one's interests*]; vaka över [~ *one's sheep*]
watchdog ['wɒtʃdɒg] vakthund
watcher ['wɒtʃə] bevakare; iakttagare; *bird* ~ fågelskådare
watchful ['wɒtʃf(ʊ)l] vaksam, uppmärksam, påpasslig, alert; *keep a* ~ *eye on* (*over*) hålla ett vakande (vaksamt) öga på
watchmaker ['wɒtʃ,meɪkə] urmakare; klocktillverkare

watch|man ['wɒtʃ|mən] (pl. *-men* [-mən]) nattvakt, väktare
watchstrap ['wɒtʃstræp] klockarmband
watchtower ['wɒtʃˌtaʊə] vakttorn
watchword ['wɒtʃwɜ:d] paroll, lösen, motto
water ['wɔ:tə] **I** *s* **1** vatten; vattendjup; pl. *~s* a) vatten, vattenmassor; böljor b) farvatten [*in British ~s*]; *body of ~* vattenmassa; *table ~* bordsvatten; *spend money like ~* ösa ut pengar, låta pengarna rinna mellan fingrarna; *keep out the ~* hålla ute vattnet; sjö. hålla läns **2** *the ~s* (pl.) fostervatten; *the ~s broke* vattnet gick **II** *vb tr* **1** vattna [*~ the horses*]; fukta (blöta) [med vatten]; bevattna **2** *~* [*down*] spä, spä ut [med vatten] **3** förse med vatten **4** vattra [*~ed silk*] **III** *vb itr* **1** vattna sig; *his mouth ~ed* el. *it made his mouth ~* det vattnades i munnen på honom **2** rinna, tåras [*the smoke made my eyes ~*]
watercan ['wɔ:təkæn] vattenkanna
water cannon ['wɔ:təˌkænən] vattenkanon
water chestnut ['wɔ:təˌtʃesnʌt] bot. el. kok. vattenkastanj
water closet ['wɔ:təˌklɒzɪt] vattenklosett, wc
watercolour ['wɔ:təˌkʌlə] **1** vattenfärg, akvarellfärg; *in ~s* i akvarell **2** *~* [*painting*] akvarell[målning], målning i vattenfärg **3** *~ painting* akvarellmålning[en] måleri
water-cooled ['wɔ:təku:ld] vattenkyld
watercress ['wɔ:təkres] bot. källkrasse
water-diviner ['wɔ:tədɪˌvaɪnə] slagruteman
waterfall ['wɔ:təfɔ:l] vattenfall, fors
waterfowl ['wɔ:təfaʊl] vanl. koll. vattenfågel
waterfront ['wɔ:təfrʌnt] strand; sjösida av stad; hamnområde; *along the ~* längs (vid) vattnet (stranden)
water-heater ['wɔ:təˌhi:tə] varmvattenberedare
waterhole ['wɔ:təhəʊl] vattenhål
water ice ['wɔ:təraɪs] vattenglass
watering-can ['wɔ:t(ə)rɪŋkæn] vattenkanna
watering-place ['wɔ:t(ə)rɪŋpleɪs] **1** vattningsställe **2** hälsobrunn **3** badort
water jug ['wɔ:tədʒʌg] vattentillbringare
water jump ['wɔ:tədʒʌmp] sport. vattengrav
water level ['wɔ:təˌlevl] **1** vattenstånd, vattenhöjd **2** sjö. vattenlinje **3** tekn. vattenpass **4** grundvattennivå
water lily ['wɔ:təˌlɪlɪ] bot. näckros

waterline ['wɔ:təlaɪn] **1** sjö. vattenlinje; vattengång **2** vattenlinje i papper
waterlogged ['wɔ:təlɒgd] **1** sjö. vattenfylld **2** vattensjuk, vattendränkt; vattenmättad
water main ['wɔ:təmeɪn] huvud[vatten]ledning
watermark ['wɔ:təmɑ:k] **I** *s* **1** vattenmärke; vattenstämpel **2** vattenståndsmärke **II** *vb tr* förse med vattenmärke (vattenstämpel), vattenstämpla
watermelon ['wɔ:təˌmelən] vattenmelon
water polo ['wɔ:təˌpəʊləʊ] vattenpolo
water power ['wɔ:təˌpaʊə] vattenkraft
waterproof ['wɔ:təpru:f] **I** *adj* vattentät; impregnerad [*~ material*]; *~ hat* regnhatt, regnmössa **II** *s* regnrock; vattentätt (impregnerat) tyg **III** *vb tr* göra vattentät; impregnera
water rate ['wɔ:təreɪt] vattenavgift
water-resistant [ˌwɔ:tərɪ'zɪst(ə)nt] vattenbeständig; vattentät
watershed ['wɔ:təʃed] **1** vattendelare **2** avrinningsområde **3** bildl. vattendelare
water-ski ['wɔ:təski:] **I** *vb itr* åka vattenskidor **II** *s* vattenskida
water-softener ['wɔ:təˌsɒfnə] avhärdningsmedel; vattenavhärdare
water supply ['wɔ:təsəˌplaɪ] **1** vattenförsörjning; vattentillförsel **2** vattentillgång
watertight ['wɔ:tətaɪt] vattentät [*~ compartments*; *a ~ alibi*], tät; bildl. äv. hållbar
waterway ['wɔ:təweɪ] **1** farled, segelled; [segel]ränna; [hamn]inlopp; kanal **2** vattenväg
water wings ['wɔ:təwɪŋz] armkuddar slags simdynor
waterworks ['wɔ:təwɜ:ks] (konstr. ss. sg. el. pl.; pl. *waterworks*) **1** vatten[lednings]verk **2** vard., *turn on the ~* ta till lipen, börja tjuta (lipa)
watery ['wɔ:tərɪ] **1** vattnig; vattenrik, vattenfylld; regnrik [*~ summer*]; vattenhaltig; vatten- [*~ vapour*]; vattenaktig **2** vattnig [*~ soup*; *~ colours*]; tunn; utspädd; urvattnad äv. bildl. [*~ style*]; fadd **3** vattnig [*~ eyes*]
watt [wɒt] elektr. watt
wattage ['wɒtɪdʒ] elektr. wattal; wattförbrukning
1 wattle ['wɒtl] [ris]flätverk; *~*[*s* pl.] ribbor, ris till flätning
2 wattle ['wɒtl] zool. **1** slör **2** skäggtöm
wave [weɪv] **I** *s* **1** våg i olika bet. [*high ~s*; *a ~ of disgust, crime ~*; *long* (*medium, short*) *~*]; bölja; *heat ~* värmebölja; *~ of*

strikes strejkvåg **2** vågighet, våglinje; böljande form; vattring, flammighet på tyg **3** vinkning; vink; viftning; svängning **4** våg i hår; *permanent ~* permanent[ning] [*cold ~*]; *she has a natural ~ in her hair* hon har självfall **II** *vb itr* **1** bölja; vaja, vagga; fladdra **2** vara vågigt, våga sig [*her hair ~s naturally*] **3** vinka **III** *vb tr* **1** vinka med [*~ one's hand*], vifta med [*he ~d his handkerchief*]; vifta [*~ goodbye*]; svänga [med] [*~ a sword*]; få att vaja (vagga, fladdra); *~ down* stoppa t.ex. bilist genom att vinka med handen, göra tecken åt t.ex. bilist att stanna **2** göra vågig (vågor i) [*~ one's hair*]; *she has had her hair permanently ~d* hon har permanentat sig
waveband ['weɪvbænd] radio. våglängdsområde
wavelength ['weɪvleŋθ] radio. våglängd äv. bildl.
waver ['weɪvə] **1** fladdra, flämta [*the candle ~ed*]; skälva [*her voice ~ed*]; irra [*his glance ~ed*]; sväva **2** vackla [*his courage ~ed*]; [börja] ge vika **3** växla [*~ between two opinions*]; tveka
wavy ['weɪvɪ] vågig, vågformig; böljande; slingrig
1 wax [wæks] isht om månen tillta, växa, komma; *~ and wane* bildl. tillta och avta [i styrka], växa och krympa, växla, skifta
2 wax [wæks] **I** *s* **1** vax; bivax; öronvax; vax-; *~ model* vaxdocka, modelldocka; *be ~ in a p.'s hands* vara som vax i ngns händer **2** [*cobbler's*] *~* beck, skomakarbeck **3** [skid]valla **II** *vb tr* **1** vaxa; bona [*~ floors*]; polera [*~ furniture*]; *~ed paper* smörpapper, smörgåspapper **2** valla skidor
waxen ['wæks(ə)n] **1** [gjord] av vax, vax- [*~ image*] **2** vaxlik; vaxblek
waxwork ['wækswɜːk] **1** a) vaxfigur b) vaxarbeten **2** *~s* (konstr. vanl. ss. sg.; pl. *~s*) vaxkabinett, panoptikon
waxy ['wæksɪ] **1** vaxartad; vaxig; mjuk som vax **2** vaxblek
way [weɪ] **I** *s* **1** väg i abstr. bet. [*they went the same ~*], håll, riktning; [väg]sträcka, bit [*I can only run a little* (kort) *~*] **2** konkr. väg [*a ~ across the field*]; gång **3** utväg **4** sätt [*the right ~ of doing* (*to do*) *a th.*], vis **5** sätt [*in several ~s*] **6** *~* el. pl. *~s*: a) sätt, uppträdande, beteende b) vana [*he has his little ~s*] **7** *~s and means* a) [tillgängliga] medel, resurser; möjligheter, utvägar; metoder b) parl. anskaffning av erforderliga medel åt statskassan; *~ of life* livsföring, livsstil

8 *that is always the ~* så är det alltid; *that's the ~ it is* så är det, sånt är livet **9** i förb. med pron.: *I'm with you all the ~* jag håller med dig helt; jag är helt och hållet på hans sida; [*the carpet is ten feet*] *each ~* ...på vardera ledden; [*it was wrong*] *either ~* ...hur man än vände och vred på saken, ...i alla fall; *it is not his ~ to be mean* snålhet ligger inte för honom; *no ~!* vard. aldrig i livet!, sällan!, inte en chans!; *this ~ and that* hit och dit, åt alla håll
10 i förb. med verb: *ask the* (*one's*) *~* fråga efter vägen; *are you going my ~?* ska du åt mitt håll?; *everything was going my ~* allt gick vägen för mig; *go a long* (*great*) *~ to* (*towards*) bidra starkt till; *have* [*it all*] *one's own ~* få sin vilja fram; *have it your own ~!* [gör] som du vill!; *he has a ~ with him* han har sitt speciella sätt; *know the* (*one's*) *~* hitta, känna till vägen; *lose one's* (*the*) *~* komma (gå, köra, råka o.d.) vilse; *pay one's* [*own*] *~* a) betala för sig [själv] b) vara lönande, bära sig
11 i förb. med prep.: *across the ~* på andra sidan vägen (gatan); *by the ~* a) nära (vid, intill) vägen [*he lives by the ~*] b) i förbifarten; för övrigt c) ovidkommande; *by the ~, do you know...?* förresten (apropå det), vet du...?; *by ~ of introduction* inledningsvis; *in a ~* på sätt och vis, på ett sätt; *in no ~* på intet sätt, ingalunda [*in no ~ inferior*]; *be well on one's ~* ha kommit en bra (god) bit på väg; bildl. vara på god väg; *see a p. on his ~* följa ngn [på vägen]; *out of the ~* a) ur vägen [*be out of the ~*], undan, borta b) avsides [belägen], avlägsen c) ovanlig, originell; *get a p. out of the ~* göra sig av med ngn, bli kvitt ngn; *go out of one's ~* a) ta (göra, köra o.d.) en omväg, göra en avstickare b) göra sig extra besvär [*he went out of his ~ to help me*], lägga an på [*he went out of his ~ to be rude*]; *be under ~* a) ha kommit i gång; vara under uppsegling b) sjö. ha [god] fart, vara under gång
12 i förb. med adv.: *~ about* (*round*) omväg [*go* (göra, ta) *a long ~ about* (*round*)]; *~ out* a) utgång, väg ut, utfart; utväg b) bildl. utväg, råd
II *adv* vard. långt; *your demands are ~ above* [*what I can accept*] dina krav ligger skyhögt över...; *~ back in the eighties* redan på 80-talet
wayfarer ['weɪˌfeərə] vägfarande
waylay [weɪ'leɪ] (*waylaid waylaid*) ligga (lägga sig) i bakhåll för, lurpassa på

way-out [ˌweɪ'aʊt] vard. extrem; excentrisk
wayside ['weɪsaɪd] vägkant; ~ *inn* värdshus vid (efter) vägen
wayward ['weɪwəd] **1** egensinnig **2** nyckfull {*a ~ impulse*}
WC [ˌdʌblju:'si:] **1** (förk. för *West Central*) postdistrikt i London **2** (förk. för *water closet*) wc
we [wi:, obeton. wɪ] (objektsform *us*) **1** vi **2** man {*~ usually say 'please' in English*} **3** vard., *how are ~ feeling today?* hur mås det i dag?, hur mår vi (man) i dag?
weak [wi:k] **1** svag {*a ~ character* (*rope, sight, team*), *~ resistance*}; klen, skröplig; dålig; bristfällig; matt; *the ~*{*er*} *sex* det svaga{re} könet; *~ in the head* dum i huvudet **2** tunn, svag {*~ coffee*} **3** gram. svag {*a ~ verb*}
weaken ['wi:k(ə)n] försvaga{s}, förvekliga{s}, förslappa{s}
weak-kneed [ˌwi:k'ni:d, attr. '--] **1** knäsvag **2** vek; karaktärslös
weakling ['wi:klɪŋ] vekling, stackare
weakness ['wi:knəs] svaghet; klenhet etc., jfr *weak 1*; svag sida, brist; *have a ~ for* vara svag för, ha en svaghet för {*Vincent has a ~ for chocolate*}
weak-willed [ˌwi:k'wɪld, attr. '--] viljelös
1 weal [wi:l] litt. väl, välgång; *the public* (*common, general*) *~* det allmännas (samhällets) väl, det allmänna bästa
2 weal [wi:l] strimma märke på huden efter slag
wealth [welθ] **1** rikedom{ar}; välstånd; ekon. äv. tillgångar; *~ tax* förmögenhetsskatt **2** bildl. *a ~ of* en rikedom på, överflöd på {*a ~ of fruit*}, en stor mängd {av} {*a ~ of examples*}, uppsjö på
wealthy ['welθɪ] **1** rik {*a ~ country* (*person*)} **2** bildl. *~ in* rik på
wean [wi:n] **1** avvänja {*~ a baby*} **2** *~ from* avvänja från **3** *be ~ed on* uppfostras med {*be ~ed on the classics at school*}; matas med {*be ~ed on TV*}
weapon ['wepən] vapen; tillhygge; stridsmedel {*biological* (*conventional*) *~*}; *beat a p. at* (*with*) *his own ~*{*s*} isht bildl. slå ngn med hans egna vapen
weaponry ['wepənrɪ] **1** vapen koll. {*nuclear ~*} **2** vapenframställning
wear [weə] **A** (*wore worn*) *vb* **I** *tr* (se äv. *III*) **1** ha på sig, vara klädd i, bära {*~ a ring on one's finger*}, klä sig i {*she always ~s blue*}, använda {*~ spectacles*}, gå med; *~ one's hair long* (*short*) ha långt (kort) hår; *~ a beard* ha (bära) skägg; *~ lipstick* använda läppstift **2** a) nöta (slita) {på} {*hard use has worn the gloves*}; bildl. äv. tära på b) nöta (trampa, köra) upp {*~ a path. across the field*}, gräva {sig} {*the water had worn a channel in the rock*}; *~ a hole* (*holes*) *in* nöta (slita) hål på (i) **3** vard. finna sig i, gå med på; *he told me a lie but I wouldn't ~ it* han ljög för mig men det gick jag inte på **II** *itr* (se äv. *III*) **1 a)** nötas, bli nött {*a cheap coat will ~ soon*}; *~ thin* a) bli tunnsliten b) bildl. {börja} bli genomskinlig {*his excuses are ~ing thin*}; {börja} ta slut {*my patience wore thin*} **b)** *~ on a p.* gå ngn på nerverna **2 a)** hålla {att slita på} {*this material will ~ for years*}; stå sig; *~ well* a) hålla bra, vara hållbar (slitstark) b) vara väl bibehållen {*she ~s well*} **b)** vard. hålla {streck}; {*the argument*} *won't ~* ...håller inte
III *tr* o. *itr* med adv. isht med spec. övers.:
~ **away: a)** nöta{s} bort (ut) **b)** försvinna, ge med sig {*the pain wore away*}
~ **down: a)** nöta{s} (slita{s}) ned (ut); *worn down* {ned}sliten, {ut}nött **b)** trötta ut {*he ~s me down*} **c)** bryta ned {*~ down the enemy's resistance*}; brytas ned
~ **off: a)** nöta{s} av (bort) **b)** gå över (bort) {*his fatigue had worn off*}; minska, avta
~ **on** om tid o.d. lida
~ **out: a)** nöta{s} (slita{s}) ut; göra slut på; urholka {*~ out a stone*}; förslitas; ta slut **b)** trötta ut {*he ~s me out*}, utmatta; *be worn out* äv. vara utarbetad (slut{körd})
B *s* **1** bruk {*clothes for everyday ~*}, användning **2** kläder {*travel ~*}; klädsel, klädstil {*casual ~*}; isht i sammansättn. -beklädnad {*footwear*}; *men's ~* herrkläder, herrkonfektion **3** nötning; *~* {*and tear*} slitage, förslitning, bildl. påfrestning{ar}
wearable ['weərəbl] om kläder o.d. användbar
wearisome ['wɪərɪs(ə)m] **1** tröttsam, odräglig {*a ~ person*} **2** tröttande, ansträngande {*a ~ march*}
weary ['wɪərɪ] **I** *adj* **1** trött, uttröttad {*a ~ brain*}; missmodig; kraftlös **2** tröttsam {*a ~ journey*}; trist, ledsam {*a ~ wait*} **II** *vb tr* trötta {ut}; bildl. äv. besvära, plåga, tråka **III** *vb itr* **1** tröttna; *~ of* äv. ledsna på, bli trött (led) på **2** förtröttas
weasel ['wi:zl] **1** zool. vessla **2** vessla motorfordon **3** isht amer. vard. filur
weather ['weðə] **I** *s* **1** väder, väderlek; *fine ~* vackert (fint) väder; *~ permitting* om vädret tillåter {det}; *make heavy ~ of* {*the simplest task*} bildl. göra mycket väsen (ett berg) av...; *in all ~s* el. *in any ~* i alla

väder, i ur och skur; *under the ~* vard.
a) vissen, krasslig b) amer. äv. bakfull; onykter **2** väder- [*a ~ satellite*] **II** *vb tr* **1 a)** [luft]torka [*~ wood*]; utsätta för väder och vind **b)** komma att vittra [sönder]; perf. p. *~ed* förvittrad, [sönder]vittrad [*~ed limestone*], som har vittrat (nötts) **2** sjö., bildl. rida ut [*~ a storm*]; bildl. äv. klara [sig igenom], komma igenom [*~ a crisis*] **III** *vb itr* **1** vittra [sönder]; nötas av väder och vind **2** stå (bibehålla) sig, stå emot [*~ better (well)*]

weather-beaten ['weðə‚biːtn] väderbiten [*a ~ face*]; härjad av väder och vind

weatherbound ['weðəbaʊnd] uppehållen (hindrad, försenad) på grund av vädret

weathercock ['weðəkɒk] **1** vindflöjel **2** bildl. vindböjtel

weathergirl ['weðəgɜːl] vard. [kvinnlig] meteorolog

weatherman ['weðəmæn] vard. [manlig] meteorolog

weatherproof ['weðəpruːf] **I** *adj* väderbeständig; *~ jacket* vindtygsjacka **II** *vb tr* göra väderbeständig

weathervane ['weðəveɪn] vindflöjel, väderflöjel

1 weave [wiːv] **I** (*wove woven*) *vb tr* **1 a)** väva [*~ cloth; a cloth woven from (of) silk*]; väva av [*~ wool*]; *~ wool into cloth* väva tyg av ull **b)** *~* [*in*] väva in [*~ a pattern into* (i) *a th.*] **2** fläta [*~ a basket*], binda [*~ a garland of flowers*]; fläta in **3** bildl. **a)** väva (sätta) ihop [*~ a plot (a story)*]; spinna [*~ a romance around an event*] **b)** *~* [*in*] fläta (väva) in **II** (*wove woven*) *vb itr* **1** väva **2** gå att väva av **III** *s* väv; bindning

2 weave [wiːv] **1 a)** slingra sig, gå i sicksack [*the road ~s through the valley*], åla [sig] [*he ~d through the traffic*] **b)** flyg. flyga i sicksack, göra undanmanövrer **2** *get weaving* sl. sätta fart [*on med*], sno sig

weaver ['wiːvə] vävare, väverska

web [web] **1** väv **2** [*spider's*] *~* spindelväv, spindelnät **3** bildl. väv; nätverk; *a ~ of deceit* (*lies*) en härva av bedrägerier (lögner) **4** data., *the World Wide Web* el. *the Web* webben; *~ browser* webbläsare; *~ page* webbsida; *~ site* webbplats **5** zool. simhud

webbed [webd] zool. [försedd] med simhud; *~ feet* simfötter

webbing ['webɪŋ] zool. simhud

webmaster ['web‚mɑːstə] data. webbansvarig, webbadministratör

wed [wed] (*wedded wedded* el. *wed wed*) **I** *vb tr* **1** äkta, gifta sig med **2** gifta [bort]; viga **3** bildl., *~ to* förena (para) med [*~ simplicity to beauty*] **II** *vb itr* gifta sig

we'd [wiːd] = *we had, we would* o. *we should*

wedded ['wedɪd] **1** gift, vigd; äkta [*the ~ couple*]; *his lawful ~ wife* hans äkta (lagvigda) maka **2** *~ life* äktenskap[et], äktenskapligt samliv **3** bildl. *be ~ by* [*common interests*] vara [intimt] förenade av (genom)...

wedding ['wedɪŋ] **1** bröllop; vigsel[akt] **2** bröllops- [*~ day (march)*], brud- [*~ bouquet (dress)*]

wedding cake ['wedɪŋkeɪk] bröllopstårta fruktkaka i våningar täckt med marsipan och glasyr

wedding ring ['wedɪŋrɪŋ] vigselring

wedge [wedʒ] **I** *s* kil; bildl. äv. sprängkil [*drive a ~ into an organization*]; *~ heel* kilklack **II** *vb tr* **1 a)** kila; kila fast [äv. *~ up*] **b)** kila (driva, klämma) in [äv. *~ in*]; *be ~d* [*in*] vara (sitta) inkilad (inklämd, fastklämd); *~ together* tränga (klämma) ihop **2** klyva [med en kil]

wedlock ['wedlɒk] litt. el. jur. äktenskap; *holy ~* det heliga äkta ståndet; *born out of ~* född utom äktenskapet

Wednesday ['wenzdeɪ, -dɪ] isht attr.] onsdag; jfr *Sunday*

wee [wiː] mycket liten [*just a ~ drop*]; *~ little* pytteliten, jätteliten

weed [wiːd] **I** *s* **1** ogräs[planta]; bildl. ogräs; pl. *~s* ogräs **2** vard. spinkig person; vekling **3** sl. marijuanacigarett **II** *vb tr* **1** rensa [från ogräs], rensa i [*~ the garden*]; bildl. gallra [i] [*~ a collection*]; *~ of* rensa från; bildl. äv. befria från; *~ out* gallra ut **2** *~ out* rensa bort; bildl. rensa ut, gallra bort (ut), avlägsna, utesluta, eliminera [*from från*] **III** *vb itr* rensa [ogräs]

weed-killer ['wiːd‚kɪlə] ogräsmedel

weeds [wiːdz], [*widow's*] *~* [änkas] sorgdräkt

weedy ['wiːdɪ] **1** full (övervuxen) av ogräs **2** vard. [lång och] spinkig [*a ~ young man*]

week [wiːk] vecka; *a ~* äv. åtta dagar; *last ~* [i] förra veckan; *last Sunday ~* i söndags för en vecka sedan; *by the ~* per vecka, veckovis; *not know what day of the ~ it is* inte veta vilken [vecko]dag det är; bildl. veta varken ut eller in; *never (not once) in a ~ of Sundays* vard. aldrig någonsin, aldrig i livet

weekday ['wiːkdeɪ] **1** vardag, söckendag

2 [som äger rum] på vardagarna [~ *services in the church*]

weekend [ˌwiːkˈend, isht attr. '--] **I** *s* **1** [vecko]helg; veckoskifte; *over the* ~ äv. över lördag och söndag; *at* (*on* amer.) *the ~s* vid [vecko]helgerna **2** veckohelgs- [~ *traffic*], veckosluts- [*a* ~ *ticket*], weekend- [*a* ~ *visit*]; söndags- [~ *motorists*] **II** *vb itr* tillbringa (fira) [vecko]helgen (weekenden) [~ *at Brighton*]

weekly [ˈwiːklɪ] **I** *adj* vecko- [*a* ~ *publication*]; [återkommande] varje vecka [~ *visits*]; *a* ~ *wage of* [*£350*] en veckolön på... **II** *adv* en gång i veckan; varje vecka; per vecka **III** *s* veckotidning, veckotidskrift; *the weeklies* äv. veckopressen

1 weeny [ˈwiːnɪ] vard. pytteliten

2 weeny [ˈwiːnɪ] amer. vard. wienerkorv

weep [wiːp] **I** (*wept wept*) *vb itr* **1** gråta [~ *for* (av) *joy*; ~ *with* (av) *rage*]; ~ *for a p.* a) gråta över (sörja) ngn b) gråta för ngns skull, gråta av medlidande med ngn **2** a) droppa, drypa; läcka b) avsöndra vätska; avge fuktighet; om sår vätska sig **II** (*wept wept*) *vb tr* **1** gråta; ~ *bitter tears* äv. fälla bittra tårar; ~ *one's eyes out* gråta ögonen ur sig **2** utsöndra droppvis, drypa **III** *s* gråtanfall; *have a good* ~ gråta ut [ordentligt]

weeping [ˈwiːpɪŋ] **I** *s* **1** gråt[ande] **2** dropp[ande], drypande; vätskning **II** *adj* **1** gråtande; tårdränkt [~ *eyes*] **2** droppande, drypande; vätskande **3** ~ *willow* tårpil

weft [weft] **1** vävn. inslag, väft **2** väv

weigh [weɪ] **I** *vb tr* (se äv. *III*) **1** väga [~ *the luggage* (*oneself*)]; bildl. äv. överväga [~ *a proposal*]; ~ *the chances* väga möjligheterna för och emot **2** förse med en tyngd (tyngder); göra tyngre **3** sjö. lyfta (dra) upp [~ *the anchor*]; ~ *anchor* lätta (lyfta) ankar **II** *vb itr* (se äv. *III*) a) väga [*it ~s nothing* (*a ton*)] b) bildl. vara viktig (av vikt), spela en roll [*the point that ~s with* (för) *me*]; ~ *against* a) motväga, uppväga b) tala (vittna) mot, vara till nackdel för [*those pieces of evidence will* ~ *against her*]; ~ *heavily* [*with*] bildl. väga tungt [hos], betyda mycket [för], spela en avgörande roll [för]; *it ~ed lightly upon her* (*her mind*) hon tog den ganska lätt **III** *vb tr* o. *vb itr* med adv.

~ **down:** **a)** tynga (trycka) ned äv. bildl.; komma att digna; *~ed down with* [*cares*] [ned]tyngd av... **b)** väga ned [~ *down the scale*]

~ **in: a)** sport. väga[s] in om boxare före match, om jockey efter lopp **b)** vard. hoppa in; ställa upp

~ **out: a)** väga upp [~ *out butter*] **b)** sport. väga[s] ut om jockey före lopp

~ **together** bildl. väga mot varandra

~ **up: a)** bedöma [~ *up one's chances*], beräkna; överväga; ~ *a p. up* se vad ngn går för **b)** uppväga äv. bildl.

weighbridge [ˈweɪbrɪdʒ] bryggvåg; fordonsvåg; järnv. vagnvåg

weigh-in [ˈweɪɪn] sport. invägning

weighing-machine [ˈweɪɪŋməˌʃiːn] större våg; personvåg

weight [weɪt] **I** *s* **1** vikt äv. konkr. [*net* ~; *a kilo* ~]; tyngd [*the pillars support the* ~ *of the roof*]; *~s and measures* mått och vikt; *loss of* ~ viktförlust; *he is twice my* ~ han väger dubbelt så mycket som jag; *give short* ~ väga knappt (snålt); *lose* ~ gå ned [i vikt], magra; *pull one's* ~ a) ro av alla krafter b) göra sin del (insats) **2** börda [*a heavy* ~ *to carry*]; [*she is not allowed to*] *lift* [*heavy*] *~s* ...lyfta tunga saker **3** [klock]lod **4** brevpress [äv. *paperweight*] **5** bildl.: **a)** tyngd; tryck [*a* ~ *on* (över) *the chest*]; *it is a* ~ *on* [*my conscience*] det tynger [hårt] på...; *that was a* ~ *off my mind* (*heart*) en sten föll från mitt bröst **b)** vikt [*a matter of* ~]; inflytande [*he has great* ~ *with* (hos) *the people*], auktoritet; *arguments of* [*great*] ~ [tungt] vägande argument **c)** tyngdpunkt **6** sport.: **a)** kula; *put the* ~ stöta kula **b)** boxn. viktklass **c)** kapplöpn. handikappvikt **II** *vb tr* **1** göra tyngre **2** [be]lasta; tynga [ned] äv. bildl.; ~ *down* överlasta **3** bildl. vinkla [~ *an argument*]

weightless [ˈweɪtləs] tyngdlös, viktlös

weightlifter [ˈweɪtˌlɪftə] sport. tyngdlyftare

weightlifting [ˈweɪtˌlɪftɪŋ] sport. tyngdlyftning

weightwatcher [ˈweɪtˌwɒtʃə] viktväktare

weighty [ˈweɪtɪ] **1** tung; bildl. äv. tyngande [~ *cares*] **2** viktig, betydelsefull [~ *negotiations*]

weir [wɪə] **1** damm[byggnad] **2** fisk. katsa, katse, sprötgård

weird [wɪəd] **1** spöklik, kuslig [~ *sounds*]; trolsk **2** vard. konstig [*what* ~ *shoes!*]

weirdo [ˈwɪədəʊ] (pl. *~s*) **weirdy** [ˈwɪədɪ] konstig typ

welcome [ˈwelkəm] **I** *adj* **1** välkommen [*a* ~ *guest* (*opportunity*)], kärkommen; uppskattad; glädjande [*a* ~ *sign*]; *make a p.* ~ få ngn att känna sig välkommen **2** *you're* ~! svar på tack, isht amer. ingen orsak!, för all del!, [det var] ingenting att tacka för!; [*if you think you can do it better*] *you are ~ to try* ...så försök själv får du se **3** ss. interj. *W~ to* [*Cornwall*]*!* Välkommen till...! **II** *s* **1** välkomnande [*we received a hearty ~*]; välkomsthälsning; *give a p. a hearty ~* önska ngn hjärtligt välkommen, ta hjärtligt emot ngn **2** välkomst- [*a ~ party*] **III** (*~d ~d*) *vb tr* välkomna [*~ a p. (a change)*], hälsa (önska) välkommen [*~ a p. back*; *~ a friend to one's home*]; ta gästfritt emot [*~ students into one's home*]; hälsa med glädje [*~ the return of a p.*]; hälsa

weld [weld] **I** *vb tr* svetsa, välla; svetsa fast; svetsa ihop (samman) äv. bildl.; *~ together* svetsa ihop **II** *vb itr* **1** gå att svetsa, kunna svetsas **2** svetsas [ihop] **III** *s* svets[ning]; svetsfog

welder ['weldə] **1** svetsare **2** svetsmaskin

welfare ['welfeə] **1** välfärd [*the ~ of the country* (*nation*)], välgång; *the W~ State* välfärdsstaten, välfärdssamhället **2 a)** socialarbete [*interested in the local ~*]; [*social*] *~* socialvård; *child ~* barnomsorg; *maternity ~* mödravård **b)** social-; [*social*] *~* socialvårds-; [*social*] *~ officer* [social]kurator; socialvårdstjänsteman; mil. personalvårdsofficer; [*social*] *~ worker* socialarbetare, socialvårdare **3** amer., *be on ~* leva på understöd (det sociala); *~ mother* ensamstående mor med socialunderstöd

1 well [wel] **I** *s* **1 a)** brunn [*drive* (borra) *a ~*] **b)** [borrad] källa [*oil-well*] **2** mineralkälla; pl. *~s* [hälso]brunn [isht i ortnamn: *Tunbridge Wells*] **3** trapphus; hisschakt; lufttrumma **4** fördjupning, hål; utrymme för småsaker **II** *vb itr, ~* [*forth* (*out, up*)] välla (strömma, rinna) [fram] [*from* ur, från]; [*strong feelings*] *~ed up in him* ...vällde upp inom honom; *tears ~ed up in her eyes* hennes ögon fylldes av tårar

2 well [wel] **I** (*better best*) *adv* **1 a)** väl; lyckligt och väl [*it all went ~*] **b)** noga **c)** mycket väl [*it may ~ be said that...*]; *~ and truly* ordentligt, med besked [*he was ~ and truly beaten*]; *not very ~* inte så bra; *think ~ of* ha höga tankar om, tro gott om; *he doesn't know when he's ~ off* han vet inte hur bra han har det **2** betydligt; *~ away* på god väg; *~ on (advanced) in years* el. *~ on in life* till åren [kommen]; *~ past* (*over*) *sixty* en bra bit över sextio [år] **3** *as ~* **a)** också, dessutom [*he gave me clothes as ~*] **b)** [lika] gärna, lika[så]väl [*you may*

(*might*)] *as ~ stay*] **II** (*better best*) *adj* **1 a)** frisk, kry, bra **b)** ibl. attr. frisk [*a ~ man*]; *I don't feel quite ~ today* jag mår inte riktigt bra i dag **2 a)** bra [*all is ~ with us*]; lämpligt; [*if you can manage it,*] *~ and good* ...så är allt gott och väl; *all's ~* mil. el. sjö. allt väl; *all's ~ that ends ~* slutet gott, allting gott **b)** om pers. *he is all very ~ in his way but...* han kan nog vara bra på sitt sätt men...; *be ~ in with* ligga bra till hos **III** *s* väl [*I wish him ~*] **IV** *interj* nå!; seså!; så!, så där [ja]! [*~, here we are at last!*]; nja! [*~, you may be right!*]; *~ I never!* el. *~, I declare!* jag har aldrig hört (sett) [på] maken!; *~ then!* nå!, alltså!; *~, who would have thought it?* vem kunde väl ha trott det?

we'll [wi:l] = *we will* o. *we shall*

well-adjusted [,welə'dʒʌstɪd] välanpassad

well-advised [,weləd'vaɪzd] välbetänkt, klok [*a ~ step*]; *he would be ~ to...* det vore klokt av honom att...

well-attended [,welə'tendɪd] välbesökt [*a ~ meeting*]

well-balanced [,wel'bælənst] **1** välbalanserad, sansad **2** [väl] balanserad [*a ~ economy*], väl avvägd; allsidig [*a ~ diet* (kost)]

well-behaved [,welbɪ'heɪvd] väluppfostrad

well-being [,wel'biːɪŋ] välbefinnande; väl [*the ~ of the nation*], välfärd; trevnad; *sense of ~* [känsla av] välbefinnande

well-bred [,wel'bred, attr. '--] **1** väluppfostrad, belevad [*a ~ man* (*woman*)] **2** av god (fin) ras [*a ~ animal*], ädel

well-built [,wel'bɪlt, attr. '--] välbyggd

well-chosen [,wel'tʃəʊzn] väl vald [*a few ~ words*]

well-cooked [,wel'kʊkt, attr. '--] välkokt

well-disposed [,weldɪ'spəʊzd] **1** välvilligt inställd, vänligt sinnad, välsinnad **2** väldisponerad

well-done [,wel'dʌn, attr. '--] **1** välgjord **2** genomstekt [*a ~ steak*], genomkokt

well-earned [,wel'ɜːnd, attr. '--] välförtjänt [*a ~ holiday*]

well-heeled [,wel'hiːld, attr. '--] vard. tät, rik

wellhung [,wel'hʌŋ, attr. '--] **1** kok. välhängd **2** sl. med stor apparat penis

wellies ['welɪz] vard. gummistövlar

well-informed [,welɪn'fɔːmd] **1** kunnig **2** välinformerad

well-intentioned [,welɪn'tenʃ(ə)nd] **1** välmenande **2** välment

well-kept [,wel'kept, attr. '--] **1** välskött **2** väl bevarad [*a ~ secret*]

well-knit [ˌwel'nɪt, attr. '--] **1** välbyggd [*a ~ body*] **2** väl (fast) sammanhållen [*a ~ play*]; fast sammansvetsad
well known [ˌwel'nəʊn, attr. '--] [väl] känd [*the place is ~; a well-known place*]
well-made [ˌwel'meɪd, attr. '--] **1** välgjord, välkonstruerad; väl uppbyggd **2** välskapad
well-mannered [ˌwel'mænəd] väluppfostrad
well-meaning [ˌwel'miːnɪŋ] **1** välmenande; *she was ~ but tactless* hon menade väl men var taktlös **2** välment
well-meant [ˌwel'ment, attr. '--] välment
well-nigh ['welnaɪ] nära nog, nästan
well-off [ˌwel'ɒf, attr. '--] välbärgad; utan bekymmer
well-read [ˌwel'red, attr. '--] beläst, allmänbildad
well-spoken [ˌwel'spəʊk(ə)n] **1** vältalig; kultiverad, belevad **2** träffande
well-timed [ˌwel'taɪmd] läglig; väl beräknad
well-to-do [ˌweltə'duː] **1** välbärgad, välsituerad, förmögen **2** lycklig [*~ circumstances*]
well-wisher ['welˌwɪʃə, ˌ-'--] vän, sympatisör; välgångsönskande [person]
well-worn [ˌwel'wɔːn, attr. '--] [ut]sliten, [ut]nött; bildl. äv. banal
Welsh [welʃ] **I** *adj* walesisk, från Wales; i Wales; *~ corgi* welsh corgi hundras **II** *s* **1** *the ~* walesarna **2** walesiska [språket]
Welsh|man ['welʃ|mən] (pl. *-men* [-mən]) walesare
Welsh|woman ['welʃˌwʊmən] (pl. *-women*) walesiska
welt [welt] **I** *s* **1** skom. rand **2** strimma märke på huden efter slag **II** *vb tr* skom. randsy; perf. p. *~ed* äv. rand-
welter ['weltə] **I** *vb itr* **1** om vågor, sjön o.d. rulla, svalla **2** vräkas (kastas) hit och dit [*a ship ~ing on the waves*] **3** vältra sig äv. bildl. [*~ in the mud; ~ in vice*]; rulla sig; *~ in* äv. bada i, simma i [*~ in blood*] **II** *s* virrvarr, villervalla; förvirring; [förvirrad] massa
welterweight ['weltəweɪt] **1** sport. a) welterviktb) welterviktare **2** kapplöpn. a) handikappvikt b) tungviktsryttare
wench [wen(t)ʃ] **I** *s* **1** vard. (skämts.) tjej, brud **2** vard. el. dial. bondtös **II** *vb itr* bedriva otukt
wend [wend] (*~ed ~ed*) poet., *~ one's way* styra sina steg (kosan), bege sig [*to* mot, till]
Wendy ['wendɪ] kvinnonamn; *~ house* lekstuga
went [went] imperf. av *go*

wept [wept] imperf. o. perf. p. av *weep*
were [wɜː, weə, obeton. wə] imperf. ind. (2 pers. sg. samt pl.) o. imperf. konj. av *be*; *if I ~ you I should...* [om jag vore] i ditt ställe skulle jag...
we're [wɪə] = *we are*
weren't [wɜːnt, weənt] = *were not*
werewol|f ['wɪəwʊlf, 'wɜː-] (pl. *-ves*) mytol. varulv
west [west] **I** *s* **1** väster [*the sun sets in the ~*], väst; för ex. jfr *east I 1* **2** *the W~* a) Västerlandet b) i USA Västern, väststaterna c) västra delen av landet **3** västan[vind] **II** *adj* västlig [*on the ~ coast*], väster-; *W~ Africa* Västafrika; *the W~ End* [ˌwest'end] West End den fashionabla västra delen av London; *W~ Indian* a) subst. västindier b) adj. västindisk; *the W~ Indies* pl. Västindien **III** *adv* mot (åt) väster; sjö. västvart; väst; för ex. jfr *east III*; *go W~* resa (fara) västerut isht till (i) USA; *go ~* sl. a) kola [av] b) gå åt helsike
westbound ['westbaʊnd] västgående
westerly ['westəlɪ] västlig; mot väster, från väster; västlig vind; jfr vid. *easterly*
western ['westən] **I** *adj* **1** västlig, väst- [*the ~ coast*]; *~ Europe* Västeuropa; *the W~ Powers* västmakterna **2** *W~* västerländsk **II** *s* **1** västerlänning **2** *W~* västern, vildavästernfilm, vildavästernroman
westerner ['westənə] västerlänning; person från västra delen av landet; i USA väststatsbo
westward ['westwəd] **I** *adj* västlig etc., jfr *eastward I* **II** *adv* mot (åt) väster; sjö. västvart; *~ of* väster om **III** *s, the ~* väster [*from the ~; to the ~*]; västra delen
westwards ['westwədz] se *westward II*
wet [wet] **I** *adj* **1** våt, fuktig, sur; regnig [*a ~ day*]; *get ~ feet* el. *get one's feet ~* bli våt (blöta ner sig) om fötterna; *W~ Paint!* Nymålat!; *~ behind the ears* vard. inte torr bakom öronen; *~ to the skin* våt in på bara kroppen (skinnet); *get ~* bli våt (blöt); blöta ner sig **2** sl. mesig; fjantig **II** *s* **1** a) regn [*don't go out in the ~*], regnväder b) väta; blöta **2** vard. drink, styrketår **3** sl. mes, fjant, tönt **III** (*wet wet* el. *~ted ~ted*) *vb tr* **1** väta [*~ one's lips*]; blöta [ner]; *~ one's whistle* fukta strupen, ta sig ett glas; *~ through* göra genomblöt **2** väta (kissa) i (på) [*~ the bed*]; *~ one's pants* kissa i byxorna (på sig)
wet-nurse ['wetnɜːs] **I** *s* amma **II** *vb tr* **1** amma **2** dalta med, klema med (bort)
wet suit ['wetsuːt] våtdräkt
we've [wiːv] = *we have*

whack [wæk] vard. **I** *vb tr* **1** dunka på (i), smälla (slå) på (i), dänga i [*he ~ed his desk with a ruler* (linjal)] **2** *~ed* [*out*] slutkörd, utpumpad **3** *~* [*up*] dela [på] **II** *vb itr*, *~ off* isht amer. sl. runka onanera **III** *s* **1** slag; hurril **2** försök; *have* (*take*) *a ~ at* ge sig i kast med, försöka (ge) sig på **3** del, andel; *go ~s* dela lika

whacking ['wækɪŋ] **I** *s* kok stryk **II** *adj* vard. väldig; *a ~ lie* en grov lögn **III** *adv* vard. väldigt, jätte- [*~ big* (*great*)]

whale [weɪl] **I** *s* **1** zool. val; *~ factory ship* valkokeri; *bull ~* valhane **2** vard., *have a ~ of a* [*good*] *time* ha jättekul **II** *vb itr* bedriva valfångst; *go whaling* vara ute på valfångst

whalebone ['weɪlbəʊn] [val]bard; planschett [av fiskben]; *~ whale* bardval

whale-fishing ['weɪl‚fɪʃɪŋ] valfångst

whaler ['weɪlə] **1** valfångare **2** valfångstfartyg; val[fångst]båt

whaling ['weɪlɪŋ] valfångst, valjakt

wham [wæm] **I** *s* dunk[ande] **II** *vb tr* drämma till [*~ a p. with a broom*]; slå på [*~ a drum*], slå **III** *interj*, *~!* pang!, duns!

wharf [wɔːf] **I** (pl. *-fs* el. *-ves*) *s* kaj, lastkaj, lastageplats, hamnplats, båtbrygga, lastbrygga **II** *vb tr* förtöja [vid kajen]

what [wɒt] **I** *interr pron* **1** självst. vad [*~ do you mean?*], vilken, vilket, vilka [*~ is your reason* (*are your reasons*)*?*]; vad som [*he asked me ~ happened*]; *~ ever can it mean?* vard. vad i all världen kan det betyda?; *~ did you do that for?* varför gjorde du det?, vad gjorde du det för?; *I gave him ~ for* vard. jag gav honom så han teg; *~s yours?* vad vill du ha [att dricka]?, vad får jag bjuda dig på?; *so ~?* än sen då? **2** fören. a) vilken, vilket, vilka [*~ country do you come from?*]; vad för en (någon, något, några), vad för [slags] [*~ tobacco do you smoke?*]; hur stor [*~ salary do you get?*]; vilken etc. som [*I don't know ~ people live here*]; *~ age is he?* hur gammal är han? b) i utrop vilken [*~ weather!*; *~ fools!*]; så [*~ beautiful weather!*]; *~*[*n*] vilken, en sådan [*~ a fool!*], det var då också en [*~ a question!*]; *~ a pity!* så synd (tråkigt)!, vad tråkigt! **II** *rel pron* **1** självst. vad [*I'll do ~ I can*]; vad (det) som [*~ followed was unpleasant*]; *~ is interesting about this is...* det intressanta med det här är...; *come ~ may* hända vad som hända vill; *the food, ~ there was of it*[, *was rotten*] den lilla mat som fanns [kvar]... **2** fören. [all] den...[som] [*I will give you ~ help I can*]; [*wear*] *~ clothes you like!* ...vilka kläder du vill!

III *adv* **1** vad, i vad mån **2** *~ with...and* [*~ with*] dels på grund av...och dels på grund av [*~ with drink and* [*~ with*] *tiredness, he could not...*]

whatever [wɒt'evə] **I** *rel pron* **1** självst. vad...än [*~ you do, do not forget...*], vad som...än [*~ I have is yours*], allt som [*do ~ is necessary*]; ss. predf. äv. vilken...än [*~ his lot may be*], hurdan...än; *~ his faults* [*may be*] [*, he is honest*] vilka (hur stora) fel han än må ha...; *come, ~ you do* vad du än gör så kom!, kom för all del!; *do ~ you like* gör som (vad) du vill, gör vad som helst; *or ~* vard. eller vad det nu kan vara, eller nåt sånt **2** fören. vilken...än, vilka...än [*~ steps he may take*], hurdan...än, hur stor (liten)...än; i nek. sammanhang alls; *no doubt ~* inte något som helst tvivel, inget tvivel alls **II** *interr pron* se *what ever* under *what I 1*

what's-his-name ['wɒtsɪzneɪm] vard. vad är det han heter [nu igen]; *Mr. W~* Herr den och den

whatsoever [‚wɒtsəʊ'evə] se *whatever I*

wheat [wiːt] vete

wheatear ['wiːtɪə] zool. stenskvätta

wheat germ ['wiːtdʒɜːm] vetegrodd

wheatmeal ['wiːtmiːl] grahamsmjöl

wheedle ['wiːdl] **I** *vb tr* lirka med, tala snällt med [*~ a p. into doing a th.*]; *~ a th. out of a p.* el. *~ a p. out of a th.* lirka (locka, lura) av ngn ngt **II** *vb itr* använda lämpor

wheel [wiːl] **I** *s* **1** hjul äv. bildl. [*Fortune's ~; the ~s of social progress have turned slowly*]; *~ alignment* bil. hjulinställning; *free ~* frihjul **2** ratt, styrratt; *~ glove* rattmuff; *take the ~* ta över [ratten] **3** skiva, trissa **4** gymn. varv i hjulning; *turn ~s* hjula **II** *vb tr* **1** rulla [*~* [*a child in*] *a pram*]; *~ a cycle* leda (dra) en cykel **2** svänga [runt], snurra [på] **3** mil., *~* [*round*] låta en trupp göra en riktningsändring **III** *vb itr* **1** *~* [*round*] svänga [runt], snurra [runt], gå runt, rotera; [plötsligt] vända sig om; om t.ex. fåglar kretsa, cirkla [runt] **2** mil. göra en riktningsändring **3** rulla [*the car ~ed along the highway*]; vard. cykla **4** bildl. *~* [*about* (*round*)] svänga (kasta, slå) om [*she ~ed round and argued for the opposition*] **5** amer. vard., *~ and deal* handla smart, fixa, mygla, tricksa

wheelbarrow ['wiːl‚bærəʊ] skottkärra

wheelbase ['wiːlbeɪs] hjulbas

wheelchair ['wi:ltʃeə] rullstol
wheeler-dealer [ˌwi:lə'di:lə] vard. fixare; smart affärsman (politiker)
wheeze [wi:z] **I** *vb itr* andas med ett pipande (väsande, rosslande) ljud; pipa, rossla **II** *s* **1** pipande, rosslande, väsljud, rossling **2** vard. trick; skämt
wheezy ['wi:zɪ] pipande, väsande, rosslig
whelp [welp] **I** *s* **1** valp **2** pojkvalp, spoling **II** *vb itr* valpa; föda ungar **III** *vb tr* föda
when [wen] **I** *interr adv* när [*~ did it happen?*], hur dags; *~ ever?* vard. när i all världen?; *say ~!* säg stopp! isht vid påfyllning av glas **II** *konj* o. *rel adv* då; varvid, och då [*the Queen will visit the town, ~ she will open the new hospital*]; som [*~ young*]; *~ he had left* då (när, sedan) han hade rest **III** *s* tid[punkt]; *know the ~ and* [*the*] *where* veta när och var
whence [wens] åld. el. litt. varifrån [*do you know ~ she comes?*]; varav [*~ comes it* (kommer det sig) *that...?*]; varför; [och] därav [*~ his surprise*]; *return ~ you came* återvänd dit varifrån du kommit
whenever [wen'evə] **I** *konj* när...än, så ofta [*~ I see him*]; *~ you like* när du vill, när som helst; *or ~* vard. eller när som helst [*on Monday, or Friday, or ~*] **II** *interr adv* se *when ever* under *when* I
where [weə] **I** *interr adv* **1** var [*~ is he?*]; i vilket avseende [*~ does this affect us?*]; *~ ever?* vard. var i all världen?; *~ would* (*should*) *we be, if...?* hur skulle det gå (bli) med oss om...? **2** vart [*~ are you going?*]; *~ ever?* vard. vart i all världen? **II** *rel adv* **1** där [*in a country ~ it never snows, skiers must go abroad*]; [den plats] där [*two miles from ~ I live*]; dit (till någon plats) där [*send him ~ he will be taken care of*]; var [*sit ~ you like*]; då, när [*they are rude ~ they should be polite*] **2** dit [*the place ~ I went next was Highbury*]; vart [*go ~ you like*] **III** *s* [skåde]plats
whereabouts [ss. adv. ˌweərə'baʊts, ss. subst. '---] **I** *adv* var ungefär **II** (konstr. ss. sg. el. pl.) *s* uppehållsort, vistelseort; [ungefärlig] plats, [ungefärligt] läge; [*nobody knows*] *his ~* ...var han befinner sig (håller hus)
whereas [weər'æz] **1** då däremot, medan [däremot] **2** jur. alldenstund, eftersom
whereby [weə'baɪ] varigenom [*the means ~ such a purpose is effected*], varmed
whereupon [ˌweərə'pɒn] varpå
wherever [weər'evə] **1** varhelst; varthelst; överallt där; överallt dit; *~ he comes from* varifrån han än kommer **2** se *where ever* under *where* I **1** o. **2**
wherewithal ['weəwɪðɔ:l], *the ~* medel, möjlighet[er], [ekonomiska] resurser, [de ekonomiska] resurserna [*he has not the ~*]
whet [wet] **1** bryna, slipa, vässa **2** bildl. skärpa, reta [*~ one's curiosity*]
whether ['weðə] **1** om [*I don't know ~ he is here or not*], huruvida; *he did not know ~ to cry or laugh* han visste inte om han skulle gråta eller skratta; *the question* [*as to*] *~...* frågan om..., frågan [om] huruvida... **2** *~...or* antingen (vare sig)...eller; *you must, ~ you want to or not* (*no*) du måste, antingen du vill eller inte
whetstone ['wetstəʊn] **1** bryne, brynsten **2** bildl. stimulans
whew [hju:], *~!* puh! [*~, it's hot in here!*]; usch!, brr!; du store tid! [*~, what an idiot!*]
whey [weɪ] vassla
which [wɪtʃ] **I** *interr pron* vilken, vilket, vilka [*~ boy is it?*; *~ of the boys is it?*], vem [*~ of you did it?*]; vilkendera; vilken (vilket, vilka, vem) som [*I don't know ~* [*of them*] *came first*]; *~ one?* vilken [då]?, vilkendera?
II *rel pron* som, vilken, vilka; något (en sak) som, vilket [*he is very old, ~ ought to be remembered*], och det [*I lost my way, ~ delayed me considerably*], men det [*he said he was there, ~ was a lie*]; [*he told me to leave,*] *~ I did* ...vilket jag också gjorde, ...och det gjorde jag också; *these books, all of ~ are...* dessa böcker vilka alla är...; *added to ~ he is...* vartill (och därtill) kommer att han är...
whichever [wɪtʃ'evə] vilken...än [*~ road you take, you will go wrong*], vilkendera...än; vilken [*take ~ road you like*]; vilken (vilket)...som än; den [som] [*take ~ you like best*]
whiff [wɪf] **I** *s* **1** pust [*~ of wind*], fläkt; *a ~ of fresh air* en nypa frisk luft **2** lukt; stank **3 a)** bloss; [*we stopped work*] *to have a few ~s* äv. ...för att ta oss en rök **b)** inandning [*at the first ~ of ether*] **4** vard. [liten] cigarill **II** *vb itr* **1** pusta; vina; fnysa **2** lukta [illa] **III** *vb tr* **1** blåsa **2** bolma (blossa, puffa) på [*~ one's pipe*] **3** andas in; lukta på; känna [lukten av]
whiffleball ['wɪflbɔ:l] golf. m.m. träningsboll med hål i
while [waɪl] **I** *s* **1** stund [*a good* (*short*) *~*; *a short ~ ago*]; tid; *it will be a long ~ before...* det kommer att dröja [rätt] länge

(ett bra slag) innan...; *the* ~ a) adv. under tiden, så länge [*I shall stay here the* ~]; därvid b) konj., poet. medan; *all that* ~ [under] hela [den] tiden; *all the* ~ [under] hela tiden; *all this* ~ [under] hela denna tid, hela tiden; *after a* ~ efter en stund, efter en (någon) tid; *in a little* ~ om en liten stund, om ett litet tag (slag), inom kort; [*every*] *once in a* ~ någon [enda (enstaka)] gång, då och då, en och annan gång; *for once in a* ~ för en gångs skull, för ovanlighet[en]s skull; *quite a* ~ ganska länge, ett bra slag (tag) **2** *worth* [*one's*] ~ mödan värt; *it is not worth* ~ det är inte mödan värt (värt besväret), det lönar sig inte **II** *konj* **1** medan, under det att; så länge [*I shall stay* ~ *my money lasts*]; ~ *there is life there is hope* så länge det finns liv, finns det hopp; ~ *speaking* [*he wrote...*] medan han talade... **2** medan (då) däremot [*Jane was dressed in brown,* ~ *Mary was dressed in blue*]; på samma gång (samtidigt) som [~ *I admit his good points, I can see his bad*] **III** *vb tr,* ~ *away* fördriva

whilst [waɪlst] se *while II* isht *2*

whim [wɪm] nyck, hugskott; idé

whimper ['wɪmpə] **I** *vb itr* gnälla **II** *vb tr* gnälla över (om); gnälla fram **III** *s* gnäll[ande]

whimsical ['wɪmzɪk(ə)l] **1** nyckfull; oberäknelig **2** besynnerlig, egen[domlig], fantastisk; bisarr

whimsicality [ˌwɪmzɪ'kælətɪ] **1** nyckfullhet etc., jfr *whimsical* **2** nyck

whimsy ['wɪmzɪ] **I** *s* **1** bisarr humor; stollighet[er]; griller **2** nyck, förflugen idé **II** *adj* se *whimsical*

whinchat ['wɪn-tʃæt] zool. buskskvätta

whine [waɪn] **I** *vb itr* gnälla; pipa; yla; vina [*the bullets* ~*d through the air*] **II** *s* gnäll[ande]; pip[ande]; ylande; vinande

whinny ['wɪnɪ] *I vb itr* gnägga [belåtet] **II** *s* [belåten] gnäggning

whip [wɪp] **I** *vb tr* (se äv. *III*) **1** piska [~ *a horse*]; spöa [upp] **2** vispa [~ *cream*] **3** vard. slå ut, utklassa **II** *vb itr* (se äv. *III*) rusa, kila [*he* ~*ped upstairs*] **III** *vb tr* o. *vb itr* med adv. o. prep. (isht i speciella, oftast vard. bet.):

~ **across** kila över [*he* ~*ped across the road*]

~ **back** rusa (kila) tillbaka

~ **down** rusa (flänga, kila) ner (nedför)

~ **in:** a) rusa (kila) in b) slänga (stoppa) in

~ **into:** a) rusa (kila) in [*he* ~*ped into the shop*] b) kasta på sig [*she* ~*ped into her clothes*] c) slänga (kasta, köra) in (ner) i [*he* ~*ped the packet into the drawer*]; ~ *into shape* få fason (hyfs) på

~ **off:** a) rusa bort [*they* ~*ped off on a holiday*] b) plötsligt dra i väg med [*he* ~*ped her off to France*] c) *he* ~*ped off his coat* han kastade (slet) av sig rocken

~ **out:** a) rusa (störta, kila) ut (fram); ~ *out of one's bed* rusa upp ur sängen b) blixtsnabbt rycka (dra) upp [*the policeman* ~*ped out his notebook*]

~ **round:** a) sticka (kila) runt [*he* ~*ped round the corner*]; [blixtsnabbt] göra helt om [*he* ~*ped round*] b) ~ *round to a p.'s place* kila över till ngn c) ~ *round* [*for a subscription*] sätta i gång en insamling

~ **up:** a) rusa (flänga) upp (uppför) b) kvickt rycka upp; rafsa till (åt) sig c) vispa upp d) kvickt samla [ihop] [~ *up one's friends*]; fixa till [~ *up a meal*] e) piska upp; väcka [~ *up enthusiasm*]

IV *s* **1** a) piska; gissel; *have the* ~ *hand* se *whip-hand* b) piskrapp **2** [stål]visp **3** kok.: slags mousse

whipcord ['wɪpkɔːd] **I** *s* **1** pisksnärt **2** textil. whipcord **II** *adj* senig

whip-hand [ˌwɪp'hænd], *have the* ~ ha övertaget (makt) [*over* (*of*) *a p.* över ngn]

whiplash ['wɪplæʃ] pisksnärt; ~ [*injury*] med. pisksnärtskada

whipped [wɪpt] **1** piskad; kuvad **2** [upp]vispad; ~ *cream* [ˌ-'-] vispgrädde

whippersnapper ['wɪpəˌsnæpə] [pojk]spoling, snorvalp; viktigpetter

whippet ['wɪpɪt] whippet hundras

whipping ['wɪpɪŋ] **1** piskning; *a* ~ [ett kok] stryk **2** vispning; sömnad. kastsöm

whip-round ['wɪpraʊnd] vard. insamling

whiptop ['wɪptɒp] pisksnurra

whirl [wɜːl] **I** *vb itr* **1** virvla [*the leaves* ~*ed in the air*]; snurra; svänga runt [*he* ~*ed and faced his pursuers*]; ~ *round* (*about*) virvla (snurra) omkring (runt), virvla runt i [*the dancers* ~*ed round the room*] **2** rusa [*she came* ~*ing into the room*] **3** *his head* (*brain*) ~*ed* det gick runt för honom, han blev yr i huvudet **II** *vb tr* **1** komma att virvla; svänga [*he* ~*ed his hat in farewell*]; *they were* ~*ed away in the car* bilen susade i väg med dem **2** slunga, kasta **III** *s* **1** virvel [*a* ~ *of water*]; virvlande; snurr[ande] [*a* ~ *of the wheel*], rotation; *a* ~ *of dust* ett virvlande dammoln; *his brain was in a* ~ det gick runt för honom, han var yr i huvudet **2** bildl. virvel [*a* ~ *of meetings and conferences*]; *the social* ~ den sociala svängen

whirlpool ['wɜːlpuːl] strömvirvel äv. bildl.; ~ [*bath*] bubbelpool
whirlwind ['wɜːlwɪnd] **1** virvelvind; bildl. virvel [*a ~ of meetings and conferences*] **2** blixtsnabb [*a ~ tour*]
whirr [wɜː] surra
whisk [wɪsk] **I** *s* **1** viska, borste **2** [*fly*] ~ flugviska, flugsmälla **3** visp **4** tott; knippe **5** svepande (piskande) rörelse [*a ~ of* (med) *the tail*]; svep [*a ~ of* (med) *the broom*], tag **II** *vb tr* **1** vifta [*~ the flies away* (*off*)]; borsta (sopa) [bort] [*~ crumbs from the table*] **2** svänga (vifta, piska) [*the cow ~ed her tail*] **3** föra i flygande fläng [*they ~ed me off to London*]; *he was ~ed off to bed* han åkte (kördes) i säng illa kvickt; ~ *up* skjuta (slänga) upp **4** vispa [*~ eggs*] **III** *vb itr* kila, smita [*the cat ~ed round the corner*], rusa [*we ~ed through the village*]
whisker ['wɪskə] **1** vanl. pl. ~s polisonger **2** morrhår
whiskey ['wɪskɪ] amer. el. irl., se *whisky*
whisky ['wɪskɪ] whisky; ~ *and soda* whiskygrogg, whisky och soda
whisper ['wɪspə] **I** *vb itr* **1** viska; tissla och tassla **2** susa [*the wind was ~ing in the pines*], viska **II** *vb tr* viska [*~ a th. to a p.* (*in a p.'s ear*)]; ~ *abroad* sprida rykte **III** *s* **1** viskning; rykte; *talk in a ~* (*in ~s*) tala i viskande ton, tala viskande, viska **2** sus [*the ~ of the wind*], viskning
whispering ['wɪsp(ə)rɪŋ] **I** *s* viskande; tissel och tassel; ~ *campaign* viskningskampanj, [tyst] förtalskampanj **II** *adj* viskande
whist [wɪst] kortsp. whist; *a game of ~* ett parti whist
whistle ['wɪsl] **I** *vb itr* vissla, vina [*the wind ~d through the trees*], pipa; drilla [*the birds were whistling*]; om ångbåt o.d. blåsa; *the policeman* (*the referee*) *~d* polisen (domaren) blåste i visselpipan; ~ *in the dark* försöka spela modig **II** *vb tr* vissla [*~ a tune*]; vissla på (till) **III** *s* **1** vissling, pip[ande], drill, [vissel]signal; *give a ~* vissla, vissla till **2** [vissel]pipa; vissla [*factory* (*steam*) *~*]; *penny* (*tin*) *~* leksaksflöjt; *blow the ~ for offside* sport. blåsa [av] för offside; *blow the ~ on* vard. a) sätta p (stopp) för, avblåsa [*the Government blew the ~ on the project*] b) tjalla på ngn c) slå larm om **3** *wet one's ~* vard. fukta strupen, ta sig ett glas
whistle-stop ['wɪslstɒp] isht amer. vard. liten [järnvägs]station; småstad
Whit [wɪt] se *Whit Monday* o. *Whit Sunday*

whit [wɪt] uns, dugg
white [waɪt] **I** *adj* vit; vitblek, blek; bildl. äv. ren [*~ hands*], oskyldig; ~ *coffee* kaffe med mjölk (grädde); ~ *goods* hand. vitvaror hushållsmaskiner o. hushållstextilier; *her anger was at ~ heat* hon var vit (kokade) av vrede; ~ *horses* vita gäss på sjön; *the W~ House* Vita huset den amerikanske presidentens residens i Washington; *W~ Russia* Vitryssland; *turn a whiter shade of pale* vard. bli likblek **II** *s* **1** vitt; vithet **2** vita kläder [*dressed in ~*]; vitt tyg; pl. ~*s* vit dräkt, vita byxor **3** vit; *the ~s* de vita, den vita rasen **4** schack. o.d. vit **5** vita: **a)** ~ *of egg* äggvita [*there is too much ~ of egg in this mixture*] **b)** *the ~ of the eye* ögonvitan, vitögat **6** med. (vard.), *the ~s* flytningar
whitebait ['waɪtbeɪt] zool. småsill, skarpsill
white-collar ['waɪt,kɒlə] ~ *job* manschettyrke
whitefish ['waɪtfɪʃ] zool. **1** sik **2** fisk med vitt kött t.ex. torsk, kolja, vitling **3** vitval, beluga
Whitehall ['waɪthɔːl] **I** geogr. gata i London med flera departement **II** *s* bildl. brittiska regeringen [och dess politik]
white-hot [ˌwaɪt'hɒt, attr. '--] **1** vitglödgad **2** bildl. glödande
whiten ['waɪtn] **I** *vb tr* göra vit, vitfärga [*~ a pair of shoes*]; bleka **II** *vb itr* bli vit, blekna
whitener ['waɪtnə] vitmedel; blekmedel
whiteness ['waɪtnəs] **1** vithet; blekhet **2** renhet, oförvitlighet
white-slave [ˌwaɪt'sleɪv] vit slav-; ~ *traffic* (*trade*) vit slavhandel
white-tie [ˌwaɪt'taɪ] frack- [*~ dinner*]; ~ *affair* (*occasion*) fracktillställning
whitewash ['waɪtwɒʃ] **I** *s* **1** limfärg, kalkfärg **2** bildl. rentvående; skönmålning **3** amer. vard. utklassning **II** *vb tr* **1** limstryka, kalka **2** bildl. rentvå [*~ a p., a p.'s reputation*]; skönmåla **3** amer. vard. sopa banan (mattan) med
whitewood ['waɪtwʊd] **I** *s* **1** träd med vitt virke; isht tulpanträd **2** hand. gran[virke] **3** trävitt **II** *adj* trävitt
whither ['wɪðə] litt. **I** *interr adv* varthän **II** *rel adv* dit; vart [än] [*they might go ~ they pleased*]
whiting ['waɪtɪŋ] **1** [slammad] krita; kritpulver **2** zool. vitling; i amer. fiskevatten: slags kummel
whitlow ['wɪtləʊ] med. nagelböld
Whit Monday [ˌwɪt'mʌndɪ] annandag pingst

Whitsun ['wɪtsn] I *attr adj* pingst- [~ *week*] II *s* pingst[en]
Whit Sunday o. **Whitsunday** [ˌwɪt'sʌndɪ] pingstdag[en]
Whitsuntide ['wɪtsntaɪd] pingst[en]
whittle ['wɪtl] **1** tälja (karva) på [~ *a stick*]; spetsa, vässa; tälja [till] **2** bildl., ~ *away* slösa bort [~ *away a large sum of money*]; äta upp, reducera, minska [*the Republican majority was gradually ~d away*]; ~ *down* reducera, skära ner [~ *down expenses*]
whiz [wɪz] I *vb itr* vina, vissla [*the bullet ~zed past him*], susa [*he ~zed downhill on his bike*]; surra II (pl. *~zes*) *s* **1** vinande; surr **2** förmånlig affär **3** amer. sl. fenomen; *he is a ~ at* [*mathematics*] han är fenomenal (helsäker) i...; *it's a ~* om t.ex. bil den är fantastisk (toppen, jättebra)
whiz-kid ['wɪzkɪd] vard. underbarn
WHO förk. för *World Health Organization*
who [hu:, obeton. hʊ] (gen. *whose* se d.o.; objektsform *whom,* informellt *who*) I *interr pron* **1** vem [~ *is he?*; ~ *are they?*; ~ *do you think she is?*; *I wonder ~ they are*; objektsform: ~ (*whom*) *do you mean?*]; *you saw ~* (*whom*)*?* vem var det du såg[, sa du]*?*; ~ *but he* vem om inte han, vilken annan än han; ~ *ever?* vard. vem i all världen, se äv. *whoever* **2** vem som, vilka som [*he wondered ~ came; he asked me ~ did it; I know ~ did it*] II *rel pron* **1** som; vilken [*the man* (*the men*) ~ *wanted to see you*; objektsform: *the man whom we met*, informellt *the man* [~] *we met*]; *the tourist ~ knows the language* [*will soon find his way around*] den turist som kan språket...; *all of whom* vilka alla **2** isht litt. den [som]; *let ~ will come* låt vem som vill komma **3** vard. vem [än] [*he would invite ~ he pleased*]
whodunnit [ˌhu:'dʌnɪt] (av *who* [*has*] *done it?*) vard. deckare detektivroman o.d.
whoever [hu:'evə] I *rel pron* vem som än [~ *did it, I didn't* (så inte var det jag)], vem (vilka)...än [~ *he* (*they*) *may be*]; vem (vilka) som helst som, den som [~ *says that is wrong*], alla (de) som [~ *does that will be punished*]; vem [*she can choose ~ she wants*]; [*give it to*] ~ *you like* ...vem du vill, ...vem som helst II *interr pron* se *who ever* under *who I 1*
whole [həʊl] I *adj* hel [*a ~ half-hour*; *the ~ truth*]; [*it went on*] *for five ~ days* ...[i] fem hela dagar, ...fem dagar i sträck; *~ note* amer. mus. helnot; *~ numbers* hela tal; *the ~ thing* alltsammans, allthop [*I'm fed up with the ~ thing*] II *s* helhet; *a ~* ett helt, en helhet [*form a ~*]; det hela [*a ~ is greater than any of its parts*]; en hel [*four quarters make a ~*]; *the ~ of his income* hela hans inkomst, alla hans inkomster; [*taken*] *as a ~* som helhet betraktad, i sin helhet; *on the ~* på det hela taget, överhuvud[taget]
whole-hearted [ˌhəʊl'hɑ:tɪd] helhjärtad [~ *support*], oförbehållsam; uppriktig [*a ~ friend*]
wholemeal ['həʊlmi:l] I *s* osiktat (sammalet) mjöl; grahamsmjöl II *adj* osiktad, sammalen; fullkorns- [~ *bread*]; grahams-
wholesale ['həʊlseɪl] I *s, by* (amer. *at*) ~ en gros [*sell by ~*]; *by ~ and by retail* i parti och minut II *adj* **1** grosshandels-, engros- [~ *price*]; ~ *dealer* (*merchant*) grosshandlare, grossist **2** bildl. mass- [~ *arrests*] III *adv* **1** en gros, i parti [*sell ~*] **2** bildl. i klump; i stor skala; utan åtskillnad, över en kam IV *vb tr* o. *vb itr* sälja en gros (i parti)
wholesaler ['həʊlˌseɪlə] grosshandlare
wholesome ['həʊls(ə)m] hälsosam [~ *food* (*air*)], sund; nyttig [~ *exercise*]; välgörande [~ *effect*]; frisk [*a ~ appearance*]
wholly ['həʊllɪ, 'həʊlɪ] helt och hållet, helt [*I ~ agree with you*], fullt; fullständigt; helt igenom; alldeles; uteslutande
whom [hu:m, obeton. hʊm] objektsform av *who*
whoop [hu:p, wu:p] I *vb itr* **1** ropa, skrika [~ *with* (av) *joy*], hojta **2** kikna vid kikhosta II *vb tr* amer., ~ *up* haussa upp, höja, trissa upp; ~ *it up* sl. a) festa [om], slå runt b) slå på stora trumman [*for* för] III *s* **1** rop [~*s of joy*], hojtande **2** kikningsanfall IV *interj, ~!* hejsan!
whoopee ['wʊpi:, ss. interj. äv. wʊ'pi:] I *s* vard., *make ~* festa [om], slå runt II *interj, ~!* hurra!, heja!
whooping cough ['hu:pɪŋkɒf] kikhosta
whoops [hu:ps], *~!* hoppsan!
whoopsadaisy ['hu:psəˌdeɪzɪ, 'wu:-], *~!* hoppsan!
whopper ['wɒpə] vard. **1** baddare, hejare **2** jättelögn
whopping ['wɒpɪŋ] vard. I *adj* jättestor, jätte-; *a ~ lie* en jättelögn, lögn och förbannad dikt II *adv* jätte- [*a ~ big fish*]
whore [hɔ:] I *s* hora, luder II *vb itr* hora; bedriva hor
whorehouse ['hɔ:haʊs] bordell, horhus
whortleberry ['wɜ:tlˌberɪ, -lb(ə)rɪ] blåbär; *red ~* lingon

who's [hu:z] = *who is* o. *who has*
whose [hu:z] (gen. av *who* o. *which II*)
I *interr pron* vems [*~ book is it?*], vilkens
II *rel pron* vars [*is that the boy ~ father died?*; *the house ~ roof had been repaired*], vilkens
whosoever [ˌhu:səʊ'evə] litt., se *whoever I*
why [waɪ] **I** *adv* **1** fråg. varför; *~ don't I come and pick you up?* ska jag inte komma och hämta dig?; *~ is it that...?* hur kommer det sig att...? **2** rel. varför [*~ I mention this is because...*]; därför [som] [*that's ~ I like him*]; till att [*the reason ~ he did it*]; *so that is ~* jaså, det är därför **II** (pl. *~s*) *s* skäl [*explaining the ~s and wherefores*] **III** *interj* **1** förvånat, indignerat, protesterande o.d. men...ju [*don't you know? ~, it's in today's paper*], nej men [*~, I believe I've been asleep*], ja men [*~, it's quite easy* (lätt gjort)]; *~, a child knows that!* det vet ju minsta barn!; *~, what's the harm?* vad gör det då?
2 tvekande jaa; [*is it true? -*] *~, yes I think so* ...jaa, det tror jag **3** bedyrande, bekräftande o.d. ja [*~, of course!*]; *~, no!* nej då!, nej visst inte!; *~ yes (sure)!* oh ja!, ja (jo) visst! **4** inledande eftersats ja då [...naturligtvis] [*if that won't do, ~* [*then*], *we must try something else*]
wick [wɪk] **1** veke **2** sl., *it (he) gets on my ~* det (han) går mig på nerverna
wicked ['wɪkɪd] **1** ond [*~ thoughts*], elak [*a ~ tongue*], ondskefull; syndig [*lead a ~ life*], gudlös; orättfärdig [*a ~ law*]; skändlig [*a ~ deed*]; illvillig [*~ gossip*]; *no peace (rest) for the ~* skämts. aldrig får man någon ro, det har man fått för sina synder **2** vard. a) elak [*it was ~ of you to torment the poor cat*] b) skälmaktig, retsam [*she gave me a ~ look*] **3** vard. otäck [*the weather is ~*]
wicker ['wɪkə] **I** *s* **1** vidja **2** flätverk [av vidjor] **3** videkorg **II** *adj* korg- [*~ chair*], vide- [*~ basket*]; *~ bottle* korgflätad flaska
wickerwork ['wɪkəwɜ:k] korgarbete; korg- [*~ furniture*]
wicket ['wɪkɪt] **1** [sido]grind; liten [sido]dörr **2** lucka t.ex. över bankdisk **3** i kricket: a) grind b) plan mellan grindarna [*a soft ~ helps the bowler*]; *keep ~* vara grindvakt; *five ~s fell* fem spelare blev utslagna
wicketkeeper ['wɪkɪtˌki:pə] i kricket grindvakt
wide [waɪd] **I** *adj* **1** vid [*a ~ skirt*]; vidsträckt [*~ plains*; *~ influence*], vittomfattande [*~ interests*]; stor [*~ experience*, *a ~ difference*], rik [*a ~ selection of new books*]; *at ~ intervals* med långa (stora) mellanrum; *~ screen* vidfilmsduk **2** bred [*a ~ river*; *5 metres long by* (och) *2 metres ~*] **3** långt ifrån målet; felriktad; *~ of the mark* alldeles fel, orimlig, alldeles uppåt väggarna [*your answer was ~ of the mark*] **4** sl. **a)** smart **b)** vidlyftig **II** *adv* vida omkring; vitt; långt; långt bredvid (förbi) [målet]; *fall (go) ~* [*of the mark*] a) falla [ned] (gå) långt vid sidan [av målet], gå fel, missa [*the shot went ~*] b) vara (bli) ett slag i luften; *~ awake* klarvaken, jfr *wide-awake*; *~ open* vidöppen, på vid gavel [*the door was (stod) ~ open*], uppspärrad [*with eyes ~ open*] **III** *s* **1** i kricket sned boll som slagmannen inte kan nå **2** vard., *broke to the ~* luspank; *dead to the ~* alldeles medvetslös
wide-angle ['waɪdˌæŋgl] foto., *~ lens* vidvinkelobjektiv
wide-awake [ˌwaɪdə'weɪk] vaken, skärpt, på alerten; jfr *wide awake* under *wide II*
widely ['waɪdlɪ] vitt [*~ different*], vida; vitt och brett; vitt omkring [*~ scattered*]; allmänt [*~ used*], i vida kretsar; i stor utsträckning [*differ ~*]; *~ known* allmänt känd, känd i vida kretsar, vittbekant
widen ['waɪdn] **I** *vb tr* [ut]vidga, bredda [*~ the road*], göra vidare (bredare); *~ the gap (breach, gulf)* bildl. vidga klyftan **II** *vb itr* [ut]vidgas, [ut]vidga sig, bli vidare (bredare)
wide-ranging ['waɪdˌreɪn(d)ʒɪŋ] [vitt]omfattande
widespread [ˌwaɪd'spred, attr. '--] vidsträckt; omfattande [*~ search*]; [allmänt (vitt)] utbredd [*~ dissatisfaction (opinion)*]
widgeon ['wɪdʒən] zool. bläsand
widow ['wɪdəʊ] **I** *s* änka; *~'s weeds* änkedräkt, änkas sorgdräkt **II** *vb tr* göra till änka (ibl. änkling)
widower ['wɪdəʊə] änkling
width [wɪdθ, wɪtθ] **1** bredd [*a ~ of 10 metres*; *curtain material of various ~s*]; vidd [*~ round the waist*] **2** våd; *~ of cloth* tygvåd **3** vidd, bredd [*the ~ and depth of a p.'s knowledge*], spännvidd; omfattning; *~ of views* vidsyn
wield [wi:ld] **1** hantera [*~ an axe*], sköta, svinga [*~ a weapon*]; *~ the pen* föra pennan **2** [ut]öva [*~ control*, *~ great influence over*]; *~ power* utöva makt
wiener ['wi:nə] **1** amer. wienerkorv **2** *W~ schnitzel* [ˌvi:nə'ʃnɪtsəl, ˌwi:-] wienerschnitzel

wife [waɪf] (pl. *wives*) fru, hustru [*husband and* ~], maka; *the* ~ vard. min fru, frugan
wig [wɪg] **I** *s* peruk **II** *vb tr* vard. skälla ut, läxa upp
wiggle ['wɪgl] **I** *vb itr* vrida sig [~ *like a worm*], slingra (åla) sig [fram] [~ *through a crowd*]; vicka [fram]; krumbukta **II** *vb tr* vicka med [~ *one's toes*]; vifta med [~ *one's ears*] **III** *s* vridning; vickning; vickande [rörelse]
wiggly ['wɪglɪ] slingrande; vågformig; ~ *line* våglinje
wigwam ['wɪgwæm] wigwam indianhydda
wild [waɪld] **I** *adj* (se äv. *II*) **1** vild [~ *animals* (*flowers, tribes*)], vild- [~ *honey*]; förvildad; ~ *boar* vildsvin; ~ *horses could* (*would*) *not drag me there* vilda hästar skulle inte kunna få mig dit; ~ *men* bildl. extremister, rabiata människor; vettvillingar, vildhjärnor; ~ *rose* vildros **2** vild [~ *mountainous areas*], öde [~ *land*] **3** stormig [*a* ~ *night*]; ~ *weather* våldsamt (häftigt) oväder **4** ursinnig, rasande; upphetsad, uppjagad **5** vild [av sig] [*he was a bit* ~ *when he was young*], lössläppt; lättsinnig, utsvävande; *lead a* ~ *life* föra ett vilt liv **6** bråkig [*bars full of* ~ *youths*], uppsluppen, vild [*a* ~ *party*]; oregerlig, uppstudsig [*a* ~ *crew*] **7** oordnad; [*a room*] *in* ~ *disorder* ...i vild oordning **8** vettlös [~ *talk*], förryckt, befängd, vanvettig, förflugen [*a* ~ *idea*]; fantastisk [*a* ~ *project*], vild [~ *schemes* (*rumours*)]; *in my* ~*est dreams* i mina vildaste (djärvaste) drömmar **9** vard. [alldeles] galen (tokig) [*the girls are* ~ *about him*]; vild [~ *with joy* (*rage*)] **10** olaglig, vild [*a* ~ *strike*] **II** *adv* o. *adj* i förb. med vissa vb vilt [*grow* ~]; *get* ~ a) bli ursinnig, bli alldeles ifrån (utom) sig, tappa besinningen b) bli oregerlig (upprorisk); *go* ~ a) växa vilt (hejdlöst); förvildas b) bli vild (tokig) [*with* av]; *shoot* ~ a) skjuta vilt omkring sig b) bomma; *talk* ~ fantisera, yra **III** *s*, pl. ~*s* vildmark, obygd[er]
wildcat ['waɪldkæt] **I** *s* **1** zool. vildkatt **2** bildl. vildkatt[a]; markatta **II** *attr adj* vard. **1** svindel-, skojar- [*a* ~ *company*]; *a* ~ *strike* en vild strejk **2** vanvettig, fantastisk [~ *plans*]
wilderness ['wɪldənəs] **1** vildmark, ödemark; ödslig trakt, ödsliga vidder; öken; *stone* ~ stenöken om stad **2** virrvarr, gytter [*from his window he could see a* ~ *of roofs*]

wildfire ['waɪld,faɪə] löpeld; *run* (*spread*) *like* ~ sprida sig som en löpeld
wild goose ['waɪldguːs] **I** (pl. *wild geese* ['waɪldgiːs]) *s* vildgås: spec. a) grågås b) kanadagås **II** *attr adj, a wild-goose chase* [ˌ-'--] ett lönlöst (hopplöst) företag, förspilld möda
wildlife ['waɪldlaɪf] vilda djur [och växter]; naturliv, naturens liv, djurliv[et]; *the World W~ Fund* Världsnaturfonden
wildly ['waɪldlɪ] vilt etc., jfr *wild I*; *talk* ~ fantisera, yra, prata i nattmössan
wile [waɪl] vanl. pl. ~*s* list [*the* ~*s of the Devil*], knep
wilful ['wɪlf(ʊ)l] **1** egensinnig, oresonlig **2** avsiktlig, uppsåtlig [~ *murder*], medveten
will [wɪl, ss. hjälpvb obeton. l, wəl, əl] **I** (imperf. *would*) *hjälpvb* pres. (ofta hopdraget till '*ll*; nek. äv. *won't*) **1** kommer att [*you* ~ *never manage it*]; ska [*how* ~ *it end?*]; *she* ~ *be eighteen* [*next week*] hon fyller (blir) 18 år... **2** ska, skall ämnar o.d. [*I'll do it at once*]; ~ *do* vard. det ska jag göra **3** vill [*he* ~ *not* (*won't*) *do as he is told*]; *won't you sit down?* var så god och sitt!; *the door won't shut* dörren går inte att stänga; *shut that door,* ~ *you?* [ta och] stäng dörren är du snäll! **4** ska, skall (vill) [absolut]; *she* ~ *have her own way* hon ska nödvändigt ha sin vilja fram **5** brukar, kan [*she* ~ *sit for hours doing nothing*]; *meat won't keep* [*in hot weather*] kött brukar inte hålla sig... **6** torde [*you* ~ *understand that...*]; *this'll be the book* [*you're looking for*] det är nog den här boken...; *that* ~ *do* det får räcka (duga) **7** uttr. order, direktiv: *you* ~ *do as I say!* nu gör du som jag säger; *that'll do!* nu räcker det!, sluta med det! **II** *vb tr* **1** vilja; *God* ~*ing* om Gud vill **2** förmå (få) [genom en viljeansträngning] **3** testamentera [~ *a th. to a p.*; ~ *a p. a th.*]; ~ *away* testamentera bort **III** *s* **1** vilja; *good* ~ god vilja, välvilja etc., jfr *goodwill 2*; *ill* ~ illvilja, agg etc., jfr *ill-will*; *at* ~ efter behag, fritt; [*you may come and go*] *at* ~ ...som du vill, ...som det passar dig **2** testamente; *my last* ~ *and testament* min sista vilja, mitt testamente
willing ['wɪlɪŋ] **I** *adj* **1** villig; beredvillig, tjänstvillig; *I am quite* ~ det vill (gör) jag gärna; ~ *or unwilling* med eller mot sin vilja **2** frivillig [~ *exile*] **II** *s* **1** viljande; *show* ~ visa god vilja **2** testamenterande
willingly ['wɪlɪŋlɪ] **1** gärna, med nöje **2** frivilligt

willingness [ˈwɪlɪŋnəs] **1** villighet, tjänstvillighet **2** frivillighet

will-o'-the-wisp [ˌwɪləðəˈwɪsp, '----] **1** irrbloss; bländverk **2** spelevink; hoppetossa

willow [ˈwɪləʊ] **I** *s* **1** bot. pil; *weeping ~* tårpil **2** vard. slagträ i kricket, vanl. gjort av piltra **II** *vb tr* textil. plysa ull

willowy [ˈwɪləʊɪ] **1** bevuxen (kantad) med pilar (vide) **2** smärt, slank; *she has a ~ figure* hon är smal som en vidja

willpower [ˈwɪlˌpaʊə] viljekraft

willy-nilly [ˌwɪlɪˈnɪlɪ] **I** *adv* med eller mot sin vilja, nolens volens; [*he must go*] *~* ...vare sig (antingen) han vill eller inte **II** *adj* viljelös, velig

wilt [wɪlt] **I** *vb itr* **1** vissna, torka [bort] **2** börja mattas; tyna bort **II** *vb tr* **1** komma att vissna **2** komma att svikta (försvagas)

Wilton [ˈwɪlt(ə)n] **I** geogr. egenn. **II** *s*, *~* [*carpet* (*rug*)] wiltonmatta

wily [ˈwaɪlɪ] illistig; förslagen, finurlig; *he is a ~ bird* han har en räv bakom örat

win [wɪn] **I** (*won won*) *vb tr* **1** vinna [*~ a bet* (*prize*, *victory*)], vinna i (vid) [*~ the election* (*toss*)]; ta [hem] äv. kortsp. [*~ a trick*]; skaffa sig; tillvinna sig; *~ the day* vinna slaget, hemföra segern, segra; *~ a prize in a lottery* vinna [en vinst] på [ett] lotteri **2** utvinna [*~ metal from* (ur) *ore*]; bryta [*~ coal*] **3** *~ a p. over* vinna ngn för sin sak, få ngn med sig [*he soon won the audience over*], [lyckas] övertala ngn; *~ a p. over to* få ngn [att gå] över till [*he won them over to his own standpoint*], vinna ngn för [*he won them over to the idea*] **4** *~ a p. a th.* komma ngn att vinna ngt, göra att ngn vinner ngt **II** (*won won*) *vb itr* **1** vinna [*~ by* (med) *3 - 1*]; *you ~!* äv. jag ger mig! **2** lyckas komma (ta sig) [*~ across*]; *~ out* a) lyckas komma (ta sig) ut b) vard. segra [till sist] [*his finer nature won out*]; klara sig, lyckas; *~ through* a) lyckas komma (ta sig) igenom äv. bildl. [*~ through difficulties*] b) vard. klara sig, lyckas; slå igenom **III** *s* vard. **1** sport. seger [*our team has had* (vunnit) *three ~s this summer*] **2** vinst [*a big ~ on the pools*]

wince [wɪns] **I** *vb itr* rycka (rysa) till [*~ at* (vid) *an insult* (*a touch*); *~ with* (av) *pain*]; rygga (fara) tillbaka, krypa ihop [*she ~d under the blow*]; *without wincing* utan att darra (röra en min) **II** *s* ryckning; *without a ~* utan att darra (röra en min)

winch [wɪn(t)ʃ] **I** *s* **1** vinsch **2** vev, vevsläng **3** rulle på metspö **II** *vb tr* vinscha [upp]

1 wind [wɪnd, i poesi äv. waɪnd] **I** *s* **1** vind [*warm ~s*], blåst; *gust of ~* kastby, vindstöt; *raise the ~* vard. skrapa ihop (skaffa) pengar; *take the ~ out of a p.'s sails* bildl. ta loven av ngn; förekomma ngn; *there is something in the ~* bildl. det är något under uppsegling **2** andning [*smoking affected his ~*]; *break the ~ of a horse* spränga en häst; *get one's second ~* a) [börja] andas igen, hämta andan b) bildl. återvinna sina krafter, hämta sig; *short of ~* el. *out of ~* andfådd **3** väderkorn; *get ~ of* få väderkorn på, vädra; bildl. äv. få nys om, få korn på **4** vänderspänning[ar] från magen; *break a ~* a) rapa b) släppa sig; *bring up ~* rapa; *put the ~ up a p.* vard. göra ngn byxis (skraj) **5** munväder, [tomt] prat **6** mus., *the ~* blåsinstrumenten, blåsarna i orkester **II** *vb tr* **1** vädra, få väderkorn (vittring) **2** göra andfådd

2 wind [waɪnd] (*~ed ~ed* el. *wound wound*) blåsa [i] [*~ a trumpet*], stöta i [*~ a horn*]

3 wind [waɪnd] (*wound wound*) **I** *vb tr* **1** linda [*~ a scarf round one's neck*], sno, slå [*~ a rope round a package*] **2** nysta [*~ yarn*]; spola [*~ thread*; *~ a film on to* (på) *a spool*]; *~ [up] wool into a ball* nysta [upp] garn till ett nystan **3** a) veva [*~ back* (tillbaka) *a film*; *~ down* (up) *a window*]; veva (vrida) på [*~ a handle* (vev)] b) *~ [up]* vinda (veva, hissa) upp **4** *~ [up]* vrida (dra) upp [*~ [up] a watch*] **5** a) *~ one's way* slingra sig [fram] b) *~ one's way into a p.'s affections* nästla (ställa) sig in hos ngn **II** *vb itr* **1** slingra [sig] [*the path ~s up the hill*]; ringla sig **2** vridas (dras) upp [*the toy ~s at the back*] **III** *vb tr* o. *vb itr*, *~ up* bildl.: a) sluta [*he wound up* [*his speech*] *by saying*], avsluta [*~ up a meeting*]; hamna [till slut] [*~ up in hospital*]; *to ~ up* [*the dinner*] som avslutning å...; *we wound up at a restaurant* vi gick på restaurang efteråt [som avslutning] b) hand. avveckla [*~ up a company*]; avsluta [*~ up the accounts*]; *~ up an estate* jur. utreda ett dödsbo, bodela c) skruva (driva) upp [*~ up expectations*] **IV** *s* vridning; varv

windbag [ˈwɪndbæg] **1** vard. pratmakare **2** luftsäck på säckpipa

windbreak [ˈwɪndbreɪk] vindskydd t.ex. häck

windcheater [ˈwɪndˌtʃiːtə] vind[tygs]jacka

winder [ˈwaɪndə] **1** härvel; spole; nystvinda **2** nyckel till ur **3** vinsch; vindspel; vev; gruv. uppfordringsanordning **4** uppvindare, uppvinschare

windfall ['wɪndfɔːl] **1** fallfrukt **2** vindfälle **3** bildl. skänk [från ovan]
wind gauge ['wɪndgeɪdʒ] meteor. vindmätare
winding ['waɪndɪŋ] **I** adj slingrande, slingrig [a ~ path] **II** s **1** slingrande, vridning; krök[ning], kurva; pl. ~s bildl. krokvägar, krumbukter **2** vevning; uppdragning av klocka; [upp]hissning **3** tekn. lindning äv. konkr.; spolning; varv
winding-sheet ['waɪndɪŋʃiːt] [lik]svepning, sveplakan
wind instrument ['wɪnd͵ɪnstrʊmənt] blåsinstrument
windlass ['wɪndləs] tekn. vindspel; gruv. äv. haspel; sjö. ankarspel
windmill ['wɪn(d)mɪl] **1** väderkvarn; *tilt at (fight) ~s* bildl. slåss (kämpa) mot väderkvarnar **2** vindsnurra leksak
window ['wɪndəʊ] **1** fönster äv. på kuvert; skyltfönster; *a ~ on the world* bildl. ett fönster mot världen; [*sit*] *at the ~* ...vid (i) fönstret; *come in by the ~* bildl. smyga sig in **2** i fråga om tid a) lucka, ledig tid (stund) b) lämplig tidpunkt (period)
window box ['wɪndəʊbɒks] fönsterlåda för växter
window-cleaner ['wɪndəʊ͵kliːnə] fönsterputsare
window display ['wɪndəʊdɪ͵spleɪ] [fönster]skyltning
window-dressing ['wɪndəʊ͵dresɪŋ] **1** [fönster]skyltning **2** bildl. a) skyltande, uppvisning; [tom] fasad b) reklam, propaganda **3** hand. [balans]frisering, fiffel med siffror[na] i t.ex. balansräkning
window frame ['wɪndəʊfreɪm] fönsterkarm
window ledge ['wɪndəʊledʒ] fönsterbleck
windowpane ['wɪndəʊpeɪn] fönsterruta
window sash ['wɪndəʊsæʃ] fönsterbåge, fönsterram
window-shop ['wɪndəʊʃɒp] [gå och] titta i skyltfönster, fönstershoppa [*go ~ping*]
windowsill ['wɪndəʊsɪl] fönsterbräda
windpipe ['wɪndpaɪp] anat. luftstrupe; vard. luftrör
windscreen ['wɪndskriːn] vindruta på bil; *~ washer* vindrutespolare
windshield ['wɪndʃiːld] **1** amer., se *windscreen* **2** vindskydd
windswept ['wɪndswept] vindpinad
windward ['wɪndwəd] sjö. **I** adv [i] lovart **II** adj lovarts-; [som går] mot vinden **III** s lovart[s]sida; *to ~* mot vinden, i lovart
windy ['wɪndɪ] **1** blåsig [*a ~ day*; *a ~ situation* (läge)], utsatt för vinden (väder och vind) [*a ~ hilltop*]; *the W~ City* beteckn. för Chicago **2** vard. byxis, skraj

wine [waɪn] **I** s **1** vin [*a bottle of ~*; *French ~s*]; *good ~ needs no bush* ordspr. god sak talar för sig själv; [*the reform is just*] *new ~ in old bottles* ...nytt vin i gamla läglar **2** vinröd färg **II** vb itr vard. dricka (pimpla) vin; *~ and dine* äta och dricka, festa **III** vb tr vard. bjuda på vin; *~ and dine a p.* bjuda ngn på en god middag (goda middagar) [med goda viner]
wine cellar ['waɪn͵selə] vinkällare
wineglass ['waɪnɡlɑːs] vinglas äv. ss. mått
wing [wɪŋ] **I** s **1** vinge; flyg. äv. bärplan; *clip a p.'s ~s* bildl. vingklippa ngn; *take ~* a) flyga [upp], lyfta b) bildl. ge sig av; försvinna, flyga sin kos; *on the ~* i flykten [*shoot a bird on the ~*], flygande; *be on the ~* bildl. vara i gång (i farten) [*he is always on the ~*]; stå på språng, stå i begrepp att ge sig i väg **2** flygel äv. mil. el. polit. [*the right ~ of...*]; sidodel; [hus]länga **3** flygel på bil **4** [krag]snibb **5** öronlapp på fåtölj **6** sport. ytterkant; *play on the ~* spela ytter (på ytterkanten) **7** teat., isht pl. *~s* kulisser **8** mil. [flyg]flottilj; amer. [flyg]eskader **9** flyg. flygemblem på uniform; *get one's ~s* vard. få sina [pilot]vingar, bli flygare **II** vb tr **1** vingskjuta [*~ a bird*]; skjuta ned; *~ a p.* såra (skjuta) ngn i armen (axeln) **2** förse med flygel (flyglar) [*~ a house*]
wing commander ['wɪŋkə͵mɑːndə] mil. överstelöjtnant vid flygvapnet
winger ['wɪŋə] sport. ytter
wing nut ['wɪŋnʌt] vingmutter
wingspan ['wɪŋspæn] flyg. el. zool. vingbredd
wink [wɪŋk] **I** vb itr **1** blinka; *~ at a p.* blinka åt ngn; [ögon]flörta med ngn; *~ at a th.* bildl. blunda för ngt, se genom fingrarna med ngt **2** blinka [*a lighthouse was ~ing in the far distance*], blänka 'till [*a light suddenly ~ed*] **II** vb tr blinka med; bildl. blunda för [*~ the fact that...*]; *~ the other eye* vard. blunda för det [hela] **III** s **1** blink; blinkning; *in a ~* på ett ögonblick, i en handvändning, i ett huj **2** bildl. vink; *get the ~* få en vink (ett tips) **3** blund; *I couldn't get a ~ of sleep* jag fick inte en blund i ögonen
winkle ['wɪŋkl] **I** s ätbar strandsnäcka **II** vb tr, *~ out* tvinga ut; pilla (peta) fram (ut)
winner ['wɪnə] **1** vinnare, segrare; *~'s stand* sport. prispall **2** vard. [pang]succé, fullträff; [*this idea*] *is a real ~* ...kommer att göra lycka (bli en verklig fullträff)
winning ['wɪnɪŋ] **I** adj **1** vinnande [*the ~ horse*], segrande; vinnar- [*he is a ~ type*]; vinst- [*a ~ number*] **2** bildl. vinnande [*a ~*

smile], intagande, förtjusande [*a ~ child*]; *he has very ~ ways with him* han har ett mycket vinnande sätt **II** *s* vinnande; förvärv[ande]; utvinning etc., jfr *win I*

winning-post ['wɪnɪŋpəʊst] kapplöpn. målstolpe

wino ['waɪnəʊ] (pl. *~s*) isht amer. sl. alkis

winsome ['wɪnsəm] behaglig, sympatisk

winter ['wɪntə] **I** *s* vinter; vinter- [*~ garden (quarters, sports)*]; *last ~* förra vintern, i vintras; *in the ~ of 2004* [på] vintern 2004 **II** *vb itr* övervintra; tillbringa vintern [*~ in the south*]; [*this plant*] *will ~ outdoors* ...kan stå ute hela vintern **III** *vb tr* **1** hålla boskap över vintern, vinterföda; förvara över vintern, vinterförvara **2** isa, kyla

wintry ['wɪntrɪ] vintrig, vinterlik [*a ~ day (landscape)*]; bildl. kall

wipe [waɪp] **I** *vb tr* (se äv. *III*) **1** torka [av]; torka (stryka) bort; *~ one's eyes* torka tårarna; *~ one's feet* torka [sig om] fötterna; *~ the floor with a p.* vard. sopa golvet med ngn **2** torka med [*~ a cloth over the table*] **3** bildl. sudda ut [*~ a memory from one's mind*] **4** radera [*~ a tape*] **5** avläsa [betalkort o.d.] elektroniskt **II** *vb itr* torka; gnida **III** *vb tr* o. *vb itr* med adv. el. prep.:

~ away torka bort

~ down torka ren (av)

~ off: **a)** torka bort; torka av; stryka (sudda) ut **b)** utplåna; *~ off a debt* göra sig kvitt en skuld; *~ a th. off the face of the earth* (*off the map*) totalförstöra ngt, radera ut ngt

~ out: **a)** torka ur; torka bort [*~ out a stain*], stryka (sudda) ut **b)** utplåna, rentvå sig från [*~ out an insult*]; *~ out a debt* göra sig kvitt en skuld **c)** tillintetgöra, förinta [*the whole army was ~d out*], utplåna; utrota [*~ out crimes*]

~ up torka upp [*~ up spilt milk*]; torka [*~ up the dishes*]

IV *s* [av]torkning; *give a ~* torka [av]

wiper ['waɪpə] **1** torkare [*windscreen ~*] **2** torktrasa **3** tekn. lyftarm, lyftkam

wire ['waɪə] **I** *s* **1** tråd av metall [*copper ~*]; ledningstråd; [tunn] kabel; lina; [tunn] vajer (wire); [*barbed*] *~* taggtråd; *~ entanglement* mil. taggtrådshinder; *pull the ~s* hålla (dra) i trådarna, dirigera det hela; *pull ~s* använda sitt inflytande, mygla; *be on the ~* amer. vard. vara på tråden (i telefon[en]) **2** kapplöpn. målsnöre; *under the ~* amer. vard. i sista stund, i grevens tid, nätt och jämnt

3 amer. vard. telegram; *by ~* per telegram **4** mus. [metall]sträng **5** jakt. snara [av metalltråd] **II** *vb tr* **1** linda om (fästa, binda, förstärka) med ståltråd; *~* [*in*] inhägna med taggtråd (ståltråd) **2** dra in ledningar i; *~ a house* [*for electricity*] installera (dra in) elektricitet i ett hus **3** vard. telegrafera till **4** trä upp på [en] metalltråd [*~ pearls*] **III** *vb itr* vard. telegrafera, skicka [ett] telegram

wirebrush ['waɪəbrʌʃ] stålborste

wirecutter ['waɪəˌkʌtə] slags avbitartång

wirehaired ['waɪəheəd] strävhårig [*a ~ terrier*]

wireless ['waɪələs] åld. radio[apparat]; radio- [*a ~ receiver* (*set*)]

wire-netting [ˌwaɪə'netɪŋ] metalltrådsnät, ståltrådsnät; ståltrådsstängsel

wirepulling ['waɪəˌpʊlɪŋ] [hemlig] dirigering; intrigerande; mygel

wiretapping ['waɪəˌtæpɪŋ] telefonavlyssning

wire wool ['waɪəwʊl] stålull för rengöring

wiring ['waɪərɪŋ] **1** omlindning; elinstallation etc., jfr *wire II* **2** metalltrådsnät, trådgaller

wiry ['waɪərɪ] **1** [gjord] av metalltråd (ståltråd) [*a ~ cage*], tråd- **2** lik ståltråd; stripig [*~ hair*] **3** seg; uthållig; senig; fast [*~ muscles*] **4** gänglig

wisdom ['wɪzd(ə)m] visdom; förstånd

wisdom tooth ['wɪzdəmtuːθ] (pl. *wisdom teeth* ['wɪzdəmtiːθ]) visdomstand; *he has not cut his wisdom teeth yet* han har inte fått visdomständerna än; bildl. han är inte torr bakom öronen än

1 wise [waɪz] **I** *adj* vis; förtänksam, försiktig, förutseende; *~ guy* amer. vard. a) stöddig (kaxig) kille b) förståsigpåare, besserwisser; *be ~ after the event* vara efterklok; *get ~ to a th.* vard. komma på det klara med ngt, få nys om ngt **II** *vb itr* isht amer. sl., *~ up* haja förstå

2 wise [waɪz] litt. vis, sätt [*in* (på) *any ~*]; [*in*] *no ~* på intet vis (sätt), ingalunda

wiseacre ['waɪzˌeɪkə] snusförnuftig människa; besserwisser; [politisk] kannstöpare

wisecrack ['waɪzkræk] vard. **I** *s* kvickhet; spydighet **II** *vb itr* komma med träffande anmärkningar; vara spydig

wish [wɪʃ] **I** *vb tr* **1** önska [*I ~ it were* (*was*) *true*]; vilja ha; *I ~ to* [*say a few words*] jag skulle vilja...; *I ~ you would be quiet* om du ändå ville vara tyst **2** tillönska [*~ a p. a Happy New Year*]; *~ a p. joy* lyckönska ngn; *I ~ you well!* lycka till! **II** *vb itr* önska, önska [sig] ngt [*close your*

eyes and ~!]; as you ~ som du vill; ~ [up]on a star se på en stjärna och önska [sig] något **III** s önskan, önskemål; längtan, lust, vilja; pl. ~es a) önskningar, önskemål [for om] b) hälsningar [best ~es from Mary]
wishful ['wɪʃf(ʊ)l] längtansfull [a ~ glance (look, sigh)], längtande; ivrig [to do a th.]; ~ thinker människa som hänger sig åt önsketänkande; ~ thinking önsketänkande
wishing-well ['wɪʃɪŋwel] önskebrunn
wishy-washy ['wɪʃɪ,wɒʃɪ] **1** blaskig [~ soup (tea), ~ colours], lankig, vattnig **2** svamlig [~ talk]; urvattnad, blek [a ~ description]; slafsig [a ~ person]
wisp [wɪsp] **1** [hö]tapp [a ~ of hay], knippa; strimma; [litet] stycke; ~ of hair hårtest, hårtott; a ~ of a fellow en [liten] knatte **2** viska, [liten] kvast
wispy ['wɪspɪ] **1** tovig [a ~ beard], stripig [~ hair] **2** liten, tunn, spinkig
wistaria [wɪ'steərɪə] o. **wisteria** [wɪ'stɪərɪə] bot. blåregn
wistful ['wɪstf(ʊ)l] längtande, längtansfull, trånsjuk; grubblande
wit [wɪt] **I** s **1** ~ el. pl. ~s vett; pl. ~s äv. själsförmögenheter; a man of quick ~ en man med snabb uppfattningsförmåga, en snabbtänkt (slagfärdig) man; lose one's ~s tappa huvudet (besinningen) **2** kvickhet; spiritualitet [his conversation is full of ~] **3** kvickhuvud; spirituell (humoristisk) människa **II** (imperf. o. perf. p. wist; pres. ind. 2 pers. sg. wottest; övriga pers. wot) vb tr o. vb itr **1** åld. veta; God wot Gud skall veta **2** isht jur., to ~ nämligen
witch [wɪtʃ] **I** s **1** häxa; trollkäring; ~es' brew (broth) häxbrygd **2** vard. häxa, [gammal] käring [she is a real (an ugly) old ~] **3** förtrollande kvinna, troll [she is a pretty little ~] **4** zool. rödtunga, mareflundra **II** vb tr förhäxa; bildl. äv. tjusa
witchcraft ['wɪtʃkrɑːft] trolldom, trolltyg; trolleri, trollkonster
witch-doctor ['wɪtʃ,dɒktə] medicinman
witch-hunt ['wɪtʃhʌnt] häxjakt; bildl. äv. klappjakt [~ for (på, efter) political opponents]
witching ['wɪtʃɪŋ] förhäxande, häx-; spök-; the ~ hour [of night] spöktimmen
with [wɪð, framför tonlös konsonant äv. wɪθ] **1** uttr. medel, innehav, sätt o.d. med [cut ~ a knife; a girl ~ blue eyes]; med hjälp av; för [I bought it ~ my own money]; [sleep] ~ the window open ...för öppet fönster **2** uttr. samhörighet, samtidighet o.d.:

a) [tillsammans (i sällskap)] med [come ~ us!]; [the Prime Minister] ~ his wife ...med fru b) tillsammans med, till, i [take sugar ~ one's coffee]; go ~ gå (passa) till [the jumper goes well ~ the skirt] c) [i takt] med [his greed increased ~ his wealth] d) [i och] med [~ this defeat everything was lost] e) vard., be ~ it a) vara inne modern, hänga med, vara med i svängen b) vara med på noterna; vara på alerten, hänga med **3** uttr. närvaro o.d. hos [he is staying (bor) ~ the Browns], där hos; bland [popular ~]; have a job ~ ha arbete hos (vid, på); I'll be ~ you in a moment jag kommer om ett ögonblick **4** uttr. samtycke, medhåll o.d.: I'm quite ~ you there det håller jag helt med dig om **5** uttr. orsak o.d. av [stiff ~ cold; tremble ~ fear]; be laid up (be down) ~ flu ligga till sängs i influensa **6** uttr. strid, kontrast o.d. mot, ibl. äv. med [fight ~; contrast ~] **7** uttr. attityd, bemötande o.d.: a) mot [be frank (honest) ~ a p.] b) på [be angry ~ a p.] **8** uttr. i vilket avseende något gäller: what's ~ him (her)? vard. vad är det med honom (henne)?; it's OK ~ me vard. gärna för mig **9** uttr. motsats trots, med [I like him, ~ all his faults]
withdraw [wɪð'drɔː, wɪθ'd-] (withdrew withdrawn) **I** vb tr **1** a) dra tillbaka [~ troops from a position], dra bort (undan, ifrån) [~ the curtains], dra till sig [~ one's hand] b) avlägsna, ta ut [~ money from (från, på) the bank]; dra in [~ dirty banknotes]; ~ one's name from a list stryka sitt namn på (från) en lista **2** upphäva [~ a prohibition], återkalla [~ an order], återta, ta tillbaka [~ a statement] **II** vb itr dra sig tillbaka äv. bildl. [our troops had to ~; ~ to one's room]; avlägsna (isolera) sig, gå avsides, gå ut; dra sig undan äv. bildl.; dra sig ur [det] [you cannot ~ now]; ta tillbaka det (vad man sagt) [he refused to ~]
withdrawal [wɪð'drɔː(ə)l, wɪθ'd-] **1** tillbakadragande etc., jfr withdraw I 1 **2** upphävande etc., jfr withdraw I 2 **3** utträde [~ from (ur) an association], tillbakaträdande; försvinnande [~ from public (social) life]; mil. återtåg **4** [penning]uttag **5** med., ~ symptom abstinenssymtom
withdrawn [wɪð'drɔːn, wɪθ'd-] **I** perf. p. av withdraw **II** adj bildl. tillbakadragen, inåtvänd, reserverad [a ~ manner (person)]; isolerad, avskild [a ~ community]; a ~ life ett tillbakadraget (isolerat) liv

wither ['wɪðə] **I** *vb tr* **1** ~ [*up*] förtorka, förbränna, göra vissen, komma (få) att vissna [*the hot summer ~ed* [*up*] *the grass*] **2** bildl. förinta, tillintetgöra [*~ a p. with a scornful look*], förlama **II** *vb itr*, ~ [*away*] vissna [bort] äv. bildl. [*her beauty ~ed* [*away*]]; förtorka, tyna bort, förtvina, skrumpna

withhold [wɪð'həʊld, wɪθ'h-] (imperf. *withheld*; perf. p. *withheld*, åld. äv. *withholden*) **1** hålla inne [*~ a p.'s wages*], hålla inne med [*~ one's opinion*]; vägra att ge [*~ one's consent*]; *~ a th. from a p.* undanhålla ngn ngt **2** *~ a p. from doing a th.* hindra (avhålla) ngn från att göra ngt

within [wɪ'ðɪn, wɪð'ɪn] **I** *prep* **1** i rumsuttr. el. bildl. inom, inuti, inne i, i [*~ the house* (*room*)], innanför; på...när [*exactly weighed ~ a gramme*]; *be ~ doors* vara inomhus (inne); *~ a kilometre* på [mindre än] en kilometers avstånd, inom en kilometers omkrets [*of* från]; *~ the law* inom lagen[s gränser (råmärken)]; *~ oneself* a) inom sig, i sitt inre, inombords; i sitt stilla sinne b) utan att överanstränga (förta, ta ut) sig **2** i tidsuttr.: *~* [*the space of*] inom [loppet av], innan...förflutit; *well ~ a year* inom (på) långt mindre än ett år **II** *adv* mest litt. **1** inuti; därinne; [*house to let,*] *inquire ~* ...förfrågningar inne i fastigheten **2** bildl. inom sig, inombords

with-it ['wɪðɪt] vard. inne- modern [*~ clothes*], se äv. *with 2*

without [wɪð'aʊt] **I** *prep* **1** utan; *~ cause* utan orsak; i onödan; [*he came*] *~ my* (vard. *me*) *seeing him* ...utan att jag såg honom **2** mest litt. utanför [*~ the gates*]; utom [*negotiations within* (inom) *and ~ the House of Commons*]; [*I heard a noise*] *from ~ the house* ...[från en plats] utanför huset **II** *adv* **1** mest litt. utanför, utanpå; utomhus; *those* [*that are*] *~* bildl. de som står utanför, de oinvigda **2** [*there's no bread*] *so you'll have to do ~* ...så du får klara dig utan **III** *konj* dial. el. vard. utan att; såvida inte [*I can't work ~ I get my lunch*]

withstand [wɪð'stænd, wɪθ's-] (*withstood withstood*) motstå [*~ an attack, ~ temptation*], tåla [*~ hard wear*], uthärda [*~ heat* (*pain*)]; trotsa [*~ danger* (*the storm*)]

witness ['wɪtnəs] **I** *s* **1** [ögon]vittne äv. jur.; *be* [*a*] *~ of* (*to*) vara vittne till, bevittna; *before ~es* inför vittnen, i vittnens närvaro **2** bevittnare [*~ of a signature* (*document*)] **3** a) vittnesbörd äv. relig.; vittnesmål b) tecken, bevis; *be a ~ to* äv. vittna om, bära vittne om, [be]visa; *bear ~ to* (*of*) a) bära vittne[sbörd] om, vittna om b) styrka, intyga; *give ~* vittna **II** *vb tr* **1** vara [åsyna] vittne till, bevittna [*~ an accident*], uppleva [*the town has ~ed many important events*], vara med om; närvara [som vittne] vid [*~ a transaction*]; *he did not live to ~...* han fick aldrig uppleva (vara med om)... **2** bevittna [*~ a document* (*signature*)] **3** a) bära vittne[sbörd] om b) vittna, intyga **III** *vb itr* **1** vittna, vara vittne **2** *~ my hand and seal* av mig underskrivet och med sigill bekräftat

witness box ['wɪtnəsbɒks] vittnesbås, vittnesbänk; *be in the ~* befinna sig i vittnesbåset, höras som vittne; *put a p. in the ~* placera ngn i vittnesbåset, höra ngn som vittne

witticism ['wɪtɪsɪz(ə)m] kvickhet
witty ['wɪtɪ] kvick, slagfärdig; vitsig
wives [waɪvz] pl. av *wife*
wizard ['wɪzəd] **I** *s* **1** trollkarl; häxmästare; medicinman **2** vard. mästare [*a financial ~*], snille **II** *adj* vard. fantastisk, fantastiskt duktig (bra); *it's* (*that's*) *~!* toppen!, alla tiders!

wizardry ['wɪzədrɪ] **1** trolldom **2** otrolig skicklighet; genialitet **3** koll. otroliga bedrifter

wizened ['wɪznd] [hop]skrumpen [*~ apples*], skrynklig, rynkig [*a ~ face*]

wobble ['wɒbl] **I** *vb itr* **1** vackla [*the bicycle ~d*]; gunga [*the table ~s*] **2** bildl. vackla, tveka **II** *vb tr* få (bringa) att vackla (gunga); gunga (vagga) [på], vicka på [*don't ~ the table!*]; svänga [på] **III** *s* krängning; gungning; slingring; skakning, darr[ning]

wobbly ['wɒblɪ] vinglig [*a ~ table*]; ostadig [*~ on his legs after the illness*], vacklande; *I felt ~ at the knees* jag kände mig knäsvag

woe [wəʊ] poet. el. skämts. ve, sorg; olycka, lidande [*poverty, illness and other ~s*]; *~ betide you!* a) ve dig! b) vard. akta dig [för att göra det]!, gud nåde dig [om du gör det]!

woebegone ['wəʊbɪˌgɒn] olycklig [*a ~ expression on his face*]

woeful ['wəʊf(ʊ)l] **1** bedrövad, sorgsen, olycklig **2** dyster [*a ~ day* (*place*)] **3** bedrövlig

wok [wɒk] **I** *s* wok **II** *vb tr* o. *vb itr* woka
woke [wəʊk] imperf. o. perf. p. av *1 wake*
woken ['wəʊk(ə)n] perf. p. av *1 wake*
wolf [wʊlf] **I** (pl. *wolves*) *s* a) varg b) i bildl.

uttr.: *a ~ in sheep's clothing* en ulv i fårakläder; *the ~ is at the door* nöden står för dörren **II** *vb tr,* ~ [*down*] sluka, glupa (glufsa) i sig **III** *vb itr* jaga varg
wolf cub ['wʊlfkʌb] vargunge
wolf hound ['wʊlfhaʊnd] varghund
wolfram ['wʊlfrəm] kem. el. miner. wolfram
wolf-whistle ['wʊlf,wɪsl] **I** *s* gillande [bus]vissling **II** *vb itr* [bus]vissla gillande
wolves [wʊlvz] pl. av *wolf*
woman ['wʊmən] (pl. **women** ['wɪmɪn]) **1 a)** kvinna; dam [*we were two men* (herrar) *and three women*]; kvinnfolk; *an English ~* en engelsk kvinna, en engelska; *my good ~!* min bästa fru!, frun [lilla]!; *my* (*the*) *old ~* vard., om hustru min gumma, gumman, tanten **b)** i allm. bet. kvinnan [~ *is often braver than man*]; kvinnor **c)** bildl. *the ~ in her* kvinnan i henne, [hela] hennes kvinnliga natur (väsen) **2 a)** isht framför yrkesbeteckning kvinnlig; ~ *author* (*writer*) kvinnlig författare, författarinna; ~ *doctor* kvinnlig läkare **b)** *~'s* el. *women's* ofta kvinno-, kvinnlig; *the Women's Army Corps* (i USA) ung. arméns lottakår, armélottakåren; *women's doubles* damdubbel i tennis o.d.; *women's libber* vard. a) kvinnosakskvinna, kvinnokämpe b) gynnare av kvinnosaken; ~'*s man* kvinnokarl, fruntimmerskarl; ~'*s paper* damtidning; *women's studies* kvinnovetenskap
womanhood ['wʊmənhʊd] **1** kvinnlighet **2** kvinnor[na] **3** vuxen (mogen) ålder [*reach ~*]
womanize ['wʊmənaɪz] **I** *vb itr* jaga kvinnor (fruntimmer, flickor) **II** *vb tr* förkvinnliga; förveklíga
womanizer ['wʊmənaɪzə] kvinnojägare; kvinnotjusare
womankind [,wʊmən'kaɪnd, '---] kvinnosläktet
womanly ['wʊmənlɪ] kvinnlig [~ *modesty*]
womb [wuːm] anat. livmoder; moderliv; isht bildl. sköte; *from* [*the*] ~ *to* [*the*] *tomb* bildl. från vaggan till graven
women ['wɪmɪn] pl. av *woman*
womenfolk ['wɪmɪnfəʊk], ~[*s*] (konstr. ss. pl.) kvinnfolk, kvinnor
won [wʌn] imperf. o. perf. p. av *win*
wonder ['wʌndə] **I** *s* **1** under [*the seven ~s of the world*], underbar händelse (sak, syn, bragd); om pers. äv. fenomen [*he is a veritable ~*], underbarn [äv. *~ child*]; ~ *drug* undermedel, undermedicin, undergörande medel (medicin); [*it is*] *no* (*little, small*) *~* det är inte [så] underligt (konstigt), det är inte att undra på [*he refused, and no ~*] **2** [för]undran, häpnad; *look at a p. in* (*with*) *~* se undrande (med förundran) på ngn **3** undran, ovisshet [*my ~ as to what will happen*] **II** *vb itr* o. *vb tr* **1** förundra (förvåna) sig, vara (bli) förvånad, häpna; *I ~ at you* du förvånar mig [verkligen], du gör mig förvånad **2** undra [*I was just ~ing*]; *I ~!* det undrar jag!, det tror jag knappast!; *~ about a th.* undra (fundera) över ngt
wonderful ['wʌndəf(ʊ)l] **1** underbar [*~ weather*], fantastisk, strålande **2** förunderlig
wonderland ['wʌndəlænd] underland; underbart (fantastiskt) land, eldorado; *W~* underlandet [*'Alice's Adventures in W~'*]
wonky ['wɒŋkɪ] vard. ostadig [*~ on one's legs*], vinglig [*a ~ chair*]
wont [wəʊnt, amer. äv. wɒnt] van; *he was ~ to say* han brukade säga, han hade för vana att säga
won't [wəʊnt] = *will not*
woo [wuː] litt. **I** *vb tr* **1** fria till; uppvakta **2 a)** söka vinna [*~ fame* (*fortune, success*)] b) bildl. fria till [*an author trying to ~ his readers*] **II** *vb itr* **1** fria; *go ~ing* gå på friarstråt **2** be[dja], bönfalla
wood [wʊd] **1** träd; ved äv. bot.; virke; träslag [*teak is a hard ~*], trä- [*~ industry, ~ tar*]; ~ *chips* träflisor; *piece of ~* träbit, trästycke; *touch* (amer. *knock* [*on*]) *~!* ta i trä!; peppar, peppar! **2** ~ el. pl. *~s* [liten] skog; *one* (*you*) *cannot see the ~ for the trees* man ser inte skogen för bara träd; *be out of the ~* (amer. *~s*) bildl. vara utom fara (ur knipan, i säkerhet); *take to the ~s* bege sig (rymma) till skogs; bildl. smita [från ansvaret] **3** mus., *the ~* träblåsinstrumenten, träblåsarna i en orkester **4** golf. trä[klubba]
wood anemone [,wʊdə'nemənɪ] bot. vitsippa
woodbine ['wʊdbaɪn] bot. **1** vildkaprifol[ium] **2** amer. vildvin
wood-carver ['wʊd,kɑːvə] träsnidare
wood-carving ['wʊd,kɑːvɪŋ] träsnideri; träskulptur
woodcock ['wʊdkɒk] zool. morkulla
woodcut ['wʊdkʌt] träsnitt
wood-cutter ['wʊd,kʌtə] **1** skogshuggare; vedhuggare **2** träsnidare **3** typogr. träsnittare
wooded ['wʊdɪd] skogig [*a ~ country* (*landscape*)], skogbevuxen, skogklädd [*a ~ hill*]; trädbevuxen; *~ district* skogsbygd; *thickly ~* skogrik

wooden ['wʊdn] **1** av trä [*a ~ house* (*leg*)]; *the W~ Horse* grek. mytol. trähästen, [den] trojanska hästen; *~ pavement* träbeläggning **2** bildl. a) träaktig [*~ manners*], träig; stel b) torr

woodland ['wʊdlənd] skogsbygd, skogsmark; skogs- [*~ air, ~ birds, a ~ path*]; *~ scenery* skogsnatur, skogslandskap

wood louse ['wʊdlaʊs] (pl. *wood lice* ['wʊdlaɪs]) zool. gråsugga

woodpecker ['wʊd,pekə] zool. hackspett; *Woody W~* Hacke Hackspett seriefigur

wood pigeon ['wʊd,pɪdʒən] zool. skogsduva; ringduva

woodshed ['wʊdʃed] vedbod

woodwind ['wʊdwɪnd], *the ~*[*s*] träblåsinstrumenten, träblåsarna i en orkester

woodwork ['wʊdwɜːk] **1** a) byggn. träverk b) snickerier [*paint the ~ in a kitchen*], träarbeten **2** snickeri; isht skol. träslöjd **3** *~s* (konstr. vanl. ss. sg.; pl. *~s*) snickerifabrik

woodworm ['wʊdwɜːm] **1** zool. trämask **2** trämaskskada

1 woof [wuːf] **1** vävn. väft; inslag **2** väv **3** bildl. stomme

2 woof [wuːf] **I** *vb itr* brumma; morra **II** *s* **1** brum[ning]; morrning **2** radio. [låg] baston

woofer ['wuːfə] bashögtalare

wool [wʊl] **1** a) ull b) ullgarn; *carding* (*short*) *~* kardull, kard[ulls]garn; *dyed in the ~* bildl. tvättäkta, fullfjädrad; *ball of ~* ullgarnsnystan **2** ylle [*wear ~ next to the skin*], ylletyg, yllekläder; *all* (*pure*) *~* helylle **3** råbomull **4** vard. [ulligt (krulligt)] hår

woollen ['wʊlən] **I** *attr adj* **1** ull- [*~ yarn*], av ull **2** ylle- [*a ~ blanket*], av ylle; *~ goods* yllevaror **II** *s* ylle; vanl. pl. *~s* ylletyger, yllevaror; ylle[tyg]; yllekläder, ylleplagg

woolly ['wʊlɪ] **I** *adj* **1** ullig; ullbeklädd; ulliknande; dunig; ullhårig; *~ hair* ulligt (krulligt) hår, ullhår **2** ylle- [*~ clothes, a ~ coat*], av ylle **3** bildl. dunkel [*a ~ memory*], oklar [*a ~ voice*], vag [*~ ideas*]; vard. luddig, flummig **4** vard., *wild and ~* vild och galen, laglös **II** *s* vard. ylleplagg; ylletröja; vanl. pl. *woollies* yllekläder, ylleplagg; ylleunderkläder

woozy ['wuːzɪ] sl. **1** vimsig **2** vissen **3** på snusen halvfull

wop [wɒp] sl., neds. dego, spagge isht italienare

word [wɜːd] **I** *s* **1** ord; pl. *~s* äv. a) ordalag [*in well chosen ~s*]; ordalydelse, formulering b) yttrande, uttalande [*the Prime Minister's ~s on TV*]; *~s fail me!* jag saknar ord [för det]!, det var det värsta [jag hört]!; *have a ~ with a p.* tala (växla) ett par ord med ngn; *I'd like a ~ with you* a) jag skulle vilja tala med dig ett ögonblick b) jag har ett par [sanningens] ord att säga dig **2** pl. *~s* [text]ord, text, sångtext **3** lösenord [*give the ~*]; paroll, motto; *money is the ~* pengar är tidens lösen **4** [heders]ord, löfte [*break* (*give, keep*) *one's ~*]; *take my ~ for it!* tro mig [på mitt ord]!, sanna mina ord! **5** bud, besked; *~ came of* (*that*)... det kom ett bud etc. om ([om] att)...; *have* (*get, receive*) *~* få bud (meddelande) [*that* [om] *att*], få veta [*that att*] **6** isht mil. befallning; signal, kommando; *give the ~ to do a th.* ge order om att göra ngt; *pass the ~* ge order, säga 'till **7** efter prep.: *at a* (*one*) *~* genast; *by ~ of mouth* muntligen; från mun till mun; *in a* (*one*) *~* med ett ord, kort sagt; *play upon ~s* a) leka med ord, vitsa b) lek med ord, ordlek; *upon my ~!* förvånat minsann!, ser man på! **II** uttrycka [i ord] [*a sharply ~ed protest*], avfatta [*a carefully ~ed letter*]

word-for-word [,wɜːdfə'wɜːd] ordagrann [*a ~ translation*]

wording ['wɜːdɪŋ] **1** formulering; [orda]lydelse **2** form, stil; ordval

word-perfect [,wɜːd'pɜːfɪkt], *be ~ in a th.* vara [absolut] säker på (i) ngt, kunna ngt perfekt (utantill) [*he is ~ in his part* (*role*)]

word processor ['wɜːd,prəʊsesə] data. ordbehandlare

wordy ['wɜːdɪ] ordrik, mångordig; vidlyftig [*~ style*]; långrandig [*a ~ speech*]

wore [wɔː] imperf. av *wear*

work [wɜːk] **A** *s* **1** arbete, gärning, insats[er] [*his scientific ~*]; uppgift [*that is his life's ~*]; verk; pl. *~s* relig. o.d. gärningar [*faith without ~s*]; *a piece of ~* ett arbete; *he is a nasty piece of ~* vard. han är en ful fisk; *I had my ~ cut out to* [*keep the place in order*] jag hade fullt sjå med att...; *many hands make light ~* ju fler som hjälper till, dess lättare går det; *make short ~ of* göra processen kort med; göra av med (äta upp) på nolltid; *at ~* a) på arbetet (jobbet) [*don't phone him at ~*] b) i arbete, i drift, i gång [*we saw the machine at ~*]; *be at ~ at* ([*up*]*on*) arbeta på, hålla på med; *out of ~* utan arbete, arbetslös; *fall* (*go*) *to ~* a) gå till verket b) börja arbeta; *set* (*get*) *to ~ at* (*on*) *a th.*

(to do a th.) ta itu (sätta i gång) med ngt (med att göra ngt) **2** verk [*the ~s of Shakespeare*], arbete [*a new ~ on* (om) *modern art*], opus; arbeten [*the villagers sell their ~ to tourists*]; [hand]arbete; *a ~ of art* ett konstverk **3** *~s* fabrik [*a new ~s*], bruk, verk **4** pl. *~s* verk [*the ~s of a clock*], mekanism **5** mil., vanl. pl. *~s* befästningar, [be]fästningsverk **6** sl., *the ~s* rubbet, hela klabbet; *give a p. the ~s* a) knäppa (skjuta ner) ngn b) misshandla ngn
B (*~ed ~ed*; i spec. fall *wrought wrought*) *vb* **I** *itr* (se äv. *III*) **1** arbeta [*he ~s as a teacher*]; *music while you ~* radio. musik under arbetet **2** fungera [*the pump ~s*], arbeta [*it ~s smoothly*], drivas [*this machine ~s by electricity*]; vara i funktion, vara i gång **3** göra verkan [*the drug ~ed*]; lyckas [*will the new plan ~?*], klaffa **4** om anletsdrag o.d. förvridas **5** arbeta i silver, trä o.d. **6** med adj.: *~ free* slita sig loss, lossna
II *tr* (se äv. *III*) **1** a) bearbeta [*~ silver*], förarbeta, förädla; bereda; forma b) bearbeta [*~ a mine*]; bryta [*~ coal*]; *~ the soil* bruka jorden **2** sköta [*~ a machine*], manövrera; driva [*this machine is ~ed by electricity*] **3** låta arbeta [*he ~ed his boys hard*]; *~ a p. to death* låta ngn arbeta ihjäl sig **4** åstadkomma [*time had wrought great changes*], vålla, orsaka; vard. ordna, fixa [*how did you ~ it?*] **5** flytta [på], skjuta [in] [*~ a rock into* (på) *place*] **6** leda, böja på [*~ one's arm backwards and forwards*] **7** sy, brodera [*she ~ed* (*wrought*) *her initials on the blankets*] **8** arbeta (verka) i, bearbeta [*the insurance agent ~s the North Wales area*] **9** betala med sitt arbete; *~ one's passage* [*to America*] arbeta (jobba) sig över... **10** *~ one's way* arbeta sig fram; *~ one's way* [*up*] bildl. arbeta sig upp **11** med adj.: *~ loose* lossa [på], få loss (lös), lösgöra
III *itr* o. *tr* med. prep. o. adv., isht med spec. övers.:

~ against arbeta emot; *we are ~ing against time* det är en kapplöpning med tiden

~ at arbeta på (med)

~ away arbeta vidare, arbeta (jobba) undan (på)

~ for arbeta för (åt) [*~ for a p.*]; *~ for one's exam* arbeta på sin examen

~ into: a) arbeta sig (tränga) in i b) arbeta (foga, stoppa) in i [*can you ~ a few jokes into your speech?*] c) lirka in i [*~ a key into a lock*] d) *~ oneself into a rage* hetsa upp sig till raseri

~ off: a) lossna b) arbeta bort; arbeta av [*he ~ed off his debt by doing odd jobs*]; arbeta (jobba, få) undan

~ on: a) arbeta på (med) b) [försöka] påverka; bearbeta [*~ on a p.'s feelings*]

~ out: a) utarbeta, utforma; arbeta fram [*~ out a theory*] b) räkna ut (fram); få ut [*~ out a problem*], tyda c) utfalla [*if the plan ~s out satisfactorily*], avlöpa; utvecklas, gå [*let us see how it ~s out*]; lyckas [*he hoped the plan would ~ out*]; *it may ~ out all right* det kommer nog att gå bra; det kanske stämmer till sist d) *~ out at* (*to*) uppgå till, gå på [*the total ~s out at* (*to*) *£10*]

~ through arbeta sig igenom

~ to hålla sig till [*~ to schedule*]

~ together arbeta tillsammans

~ towards arbeta för [att nå] [*~ towards a peaceful settlement*]

~ up: a) arbeta (driva) upp [*~ up a business*]; [*he went for a walk*] *to ~ up an appetite* ...för att få aptit b) bearbeta; arbeta upp c) driva (arbeta) upp [*I can't ~ up sufficient interest in...*]; stegra [*~ up excitement*]; agitera upp [*~ up an opinion*] d) egga (hetsa) upp [*~ up people*]; driva [*~ up a p. to do a th.*]; *~ oneself up* hetsa (jaga) upp sig e) arbeta sig upp äv. bildl.

workable ['wɜːkəbl] **1** [som är] möjlig (lätt, värd) att bearbeta; förädlingsbar [*~ timber*]; formbar [*~ plastic* (*clay*)]; brukbar [*~ soil*]; brytvärd [*~ coal*] **2** [som är] möjlig att genomföra (utföra, förverkliga) [*a ~ plan*]

workaday ['wɜːkədeɪ] **1** arbets- [*~ clothes*] **2** alldaglig, prosaisk, trist; arbetsfylld

work addict ['wɜːk,ædɪkt] o. **workaholic** [,wɜːkə'hɒlɪk] vard. arbetsnarkoman

workbench ['wɜːkben(t)ʃ] arbetsbänk; hyvelbänk

worker ['wɜːkə] **1** arbetare; arbetstagare; *~s of the world, unite!* proletärer i alla länder, förenen eder!; *he is a hard ~* han arbetar hårt (flitigt), han är en riktig arbetsmyra **2** zool. a) arbetare, arbetsbi [äv. *~ bee*] b) arbetare, arbetsmyra [äv. *~ ant*]

workforce ['wɜːkfɔːs] arbetsstyrka

working ['wɜːkɪŋ] **I** *s* **1** arbete [*laws to prevent ~ on Sundays*]; verksamhet; pl. *~s* verk [*the ~s of Providence*] **2** funktion[ssätt]; gång [*the smooth ~ of the machine*] **3** bearbetande; exploatering [*the ~ of a mine*]; skötsel; *continuous ~*

kontinuerlig drift **4** uträkning, lösning [*the ~ of a mathematical problem*] **II** *adj* o. *attr s* **1** arbetande [*the ~ masses*], arbetar-; arbets- [*~ conditions are not too good here*]; drifts-; *~ capital* rörelsekapital, driftskapital; omsättningstillgångar; *~ class* arbetarklass; *~ clothes* arbetskläder; *~ day* arbetsdag, vardag; *~ hours* arbetstid; *~ instructions* driftsanvisningar; arbetsföreskrifter; *~ model* arbetsmodell; *~ wives* yrkesarbetande gifta kvinnor **2** funktionsduglig; praktisk; provisorisk [*a ~ draft was submitted for discussion*]; *he has a ~ knowledge of French* han kan franska till husbehov; *in ~ order* i användbart (gott) skick, funktionsduglig
working-class [ˌwɜːkɪŋˈklɑːs, attr. '---] arbetar- [*~ family (population)*]; *he is ~* han tillhör arbetarklassen
workload [ˈwɜːkləʊd] arbetsbörda; arbetsprestation
work|man [ˈwɜːk|mən] (pl. *-men* [-mən]) arbetare; hantverkare
workmanlike [ˈwɜːkmənlaɪk] o. **workmanly** [ˈwɜːkmənlɪ] väl utförd; habilt gjord; skicklig
workmanship [ˈwɜːkmənʃɪp] **1** yrkesskicklighet **2** utförande [*articles of* (i) *excellent ~*], arbete
workmate [ˈwɜːkmeɪt] arbetskamrat
work-out [ˈwɜːkaʊt] **1** träningspass; workout[pass]; *he went there for a ~* han gick dit för att träna (för ett workout-pass) **2** genomgång, test
worksheet [ˈwɜːkʃiːt] arbetssedel
workshop [ˈwɜːkʃɒp] **1** verkstad **2** studiegrupp; studiecirkel **3** *Theatre W~* slags folkteater, teaterverkstad
workshy [ˈwɜːkʃaɪ] arbetsskygg
worktop [ˈwɜːktɒp] arbetsbänk
world [wɜːld] **1** värld; jord [*go on a journey round the ~*]; *~ champion* världsmästare; *W~ War I* (*II*) el. *the First* (*Second*) *W~ War* första (andra) världskriget; *the ~ of letters* den litterära världen; *citizen of the ~* världsmedborgare; *experience of the ~* världserfarenhet; *a man of the ~* en världsman, en man av värld; *woman of the ~* världsdam, dam av värld; *the animal ~* djurens värld, djurriket; *the fashionable ~* den fina världen; *the literary ~* den litterära världen; *the ~ to come* (*be*) livet efter detta; *how is the ~ using you?* vard. hur lever världen (hur står det till) med dig?; *for all the ~ like* på pricken lik, precis som; *bring a child into the ~* sätta ett barn till världen; [*the food*] *is out of this ~* vard. ...är inte av denna världen; *all over the ~* över (i) hela världen; *sail round the ~* segla jorden runt; *dead to the ~* död för världen **2** massa; *a ~ of* en [oändlig] massa (mängd); *it will do you a* (*the*) *~ of good* det kommer att göra dig oändligt gott; [*the two books*] *are ~s apart* det är en enorm skillnad mellan...; *think the ~ of a p.* uppskatta ngn enormt; avguda ngn
world-beater [ˈwɜːldˌbiːtə], *be a ~* vara i världsklass
world-famous [ˌwɜːldˈfeɪməs] världsberömd; *~ artist* världsartist
worldliness [ˈwɜːldlɪnəs] världslighet; världsligt sinnelag
worldly [ˈwɜːldlɪ] världslig [*~ matters* (*pleasures*)], jordisk; världsligt sinnad; *experience in ~ affairs* världserfarenhet; *~ goods* världsliga ägodelar, denna världens goda
world-shaking [ˈwɜːldˌʃeɪkɪŋ] som skakar (skakade) hela världen, världsomskakande
world-weary [ˈwɜːldˌwɪərɪ] trött på allt världsligt; levnadstrött
worldwide [ˌwɜːldˈwaɪd] **I** *adj* världsomfattande; *~ fame* världsrykte **II** *adv* över hela världen [*be famous ~*]
worm [wɜːm] **I** *s* **1** mask; [små]kryp; bildl. stackare; *can of ~s* bildl. trasslig härva, ormbo **2** [inälvs]mask; *have ~s* ha mask [i magen] **3** tekn. o.d. a) gänga b) snäcka; ändlös skruv, evighetsskruv **II** *vb tr* **1** a) *~ oneself* (*~ one's way*) *in* (*into, through*) orma (åla, slingra, smyga) sig (in i, genom); *~ oneself into a p.'s favour* nästla (ställa) sig in hos ngn; *~ one's way round a p.* ställa sig in hos (fjäska för) ngn **b**) *~ a th. out of a p.* locka (lura, lirka) ur ngn ngt **2** a) avmaska [*the dog has been ~ed*] b) rensa växter från mask **III** *vb itr* orma (åla, slingra, smyga) sig
worm-eaten [ˈwɜːmˌiːtn] **1** maskäten **2** uråldrig [*~ methods*]; maläten [*a ~ appearance*]
wormwood [ˈwɜːmwʊd] bot. el. bildl. malört
worn [wɔːn] (av *wear*), nött; bildl. äv. tärd; avlagd [*~ clothes*]; *look ~ and haggard* se härjad (förstörd) ut
worried [ˈwʌrɪd] **1** orolig [*his ~ parents called the police*], ängslig, bekymrad; *be ~* [*about a p.*] äv. ha bekymmer [för ngn]; *be ~ to death* [*about a p.*] vara förfärligt orolig [för ngn] **2** plågad, besvärad
worrier [ˈwʌrɪə] **1** plågoande **2** *he is a ~* han oroar sig alltid, han kan inte låta bli att oroa sig

worrisome ['wʌrɪsəm] **1** besvärlig [*a ~ problem*], irriterande [*a ~ cough*] **2** orolig **3** tjatig

worry ['wʌrɪ] **I** *vb tr* **1** oroa, bekymra, göra orolig (ängslig, bekymrad), plåga [*it is ~ing me to see...*; *I have a bad tooth that is ~ing me*], pina; *~ oneself unnecessarily* oroa sig i onödan **2** ansätta [*~ a p. with foolish questions*], trakassera; tjata på [*~ a p. for* (om, för att få) *a th.*] **3** ständigt attackera, oroa [*~ the enemy*]; förfölja, jaga; hemsöka **4** bita tag i; bita ihjäl; förfölja, hetsa; *~ him!* till hund buss på honom! **II** *vb itr* **1** oroa (bekymra) sig, ängslas, vara orolig (bekymrad, ängslig, nervös); grubbla; *~ about* äv. bry sig om [*don't ~ about it if you are busy*], hänga upp sig på [*it's nothing to ~ about*]; *I should ~!* vard. det struntar jag blankt i, det rör mig inte i ryggen; *I'll (we'll) ~ when the time comes* den tiden, den sorgen; *don't [you] ~!* oroa dig inte!, var inte orolig (ängslig)!, ta det lugnt! **2** bita **III** *s* oro, bekymmer [*financial worries, that's the least of my worries*], ängslan; plåga [*what a ~ that child is!*], besvär[lighet]; huvudbry [*it causes him ~*]; *the cares and worries of life* livets sorger och bekymmer

worrying ['wʌrɪɪŋ] plågsam

worse [wɜːs] **I** *adj o. adv* (komp. av *bad, badly, ill*) värre, sämre; mer [*she hates me ~ than before*]; *get (grow, become) ~* bli värre (sämre), förvärras, försämras; [*I stayed up all night*] *without being the ~ for it* ...utan att må illa (ta någon skada) av det **II** *s* värre saker [*I have ~ to tell*]; *or ~* eller något ännu (ändå) värre

worsen ['wɜːsn] **I** *vb tr* förvärra, försämra **II** *vb itr* förvärras; försämras; om pris, kurs o.d. falla

worship ['wɜːʃɪp] **I** *s* **1** dyrkan, tillbedjan; gudstjänst; andakt[sövning]; *public ~* allmän gudstjänst, den allmänna gudstjänsten; *freedom (liberty) of ~* fri religionsutövning **2** *Your W~* Ers nåd, herr domare **II** *vb tr* dyrka; bildl. äv. avguda [*she simply ~ped him*] **III** *vb itr* delta i gudstjänsten; förrätta sin andakt; tillbedja [Gud]

worshipper ['wɜːʃɪpə] **1** dyrkare; bildl. äv. beundrare **2** gudstjänstdeltagare; *the ~s* äv. kyrkfolket, menigheten

worst [wɜːst] **I** *adj o. adv* (superl. av *bad, badly, ill*) värst; *be ~ off* ha det sämst [ställt] (svårast) **II** *s, the ~* den värsta, de värsta, det värsta [*the ~ is yet to come* (återstår)], den (det, de) sämsta; *the ~ [of it] is that...* det värsta (sämsta) [av allt] är att...; *do one's ~* göra det värsta (göra all den skada) man kan; *get the ~ of the bargain* förlora på affären; *think the ~ of a p.* tro ngn om det värsta; *if the ~ comes to the ~* i värsta (sämsta) fall, om det värsta skulle hända **III** *vb tr* besegra; göra ner

worsted ['wʊstɪd] **I** *s* **1** kamgarn **2** kamgarnstyg **II** *adj* kamgarns- [*~ suit*]; *~ yarn* kamgarn

worth [wɜːθ] **I** *adj* värd [*it's ~ £50*; *it is ~ the trouble*; *well ~ a visit*]; *~ little* (poet. *little ~*) inte mycket värd; *~ much* mycket värd, värd mycket; *property ~ millions of [dollars]* äv. värden för miljontals...; *show what one is ~* visa vad man duger till (går för); *~ doing* värd att göra[s]; *if a thing is ~ doing, it is ~ doing well* om man ändå gör något kan man lika gärna göra det ordentligt; *for all one is ~* av alla krafter, allt vad man orkar (kan) **II** *s* **1** värde; *know one's ~* känna sitt eget värde **2** *a dollar's ~ of stamps* frimärken för en dollar; *get (have) one's money's ~* få valuta för pengarna (sina pengar) **3** förmögenhet

worthless ['wɜːθləs] **1** värdelös [*a ~ contract*]; oanvändbar; meningslös **2** dålig [*a ~ detective*]

worthwhile ['wɜːθwaɪl] som är värd att göra [*a ~ experiment*], värd besväret; givande, värdefull [*~ discussions*]; lönande; *a ~ book* en läsvärd bok

worthy ['wɜːðɪ] **I** *adj* **1** värdig [*a ~ successor (foe)*] **2** aktningsvärd **3** värd; *be ~ to* äv. förtjäna att; *~ of respect* aktningsvärd; *I am not ~ of her* jag är henne inte värdig **II** *s* **1** storman, storhet [*an Elizabethan ~*]; i antiken hjälte; skämts. pamp [*gamblers, racketeers, and other worthies*] **2** skämts. el. iron. hedersman

would [wʊd, obeton. wəd, əd, d] (imp. av *will*) **1** skulle [*I (you, he) ~ do it if I (you, he) could*; *he was afraid something ~ happen*]; *that ~ have been [marvellous]* äv. det hade varit...; *that ~ be nice* äv. det vore trevligt; *how ~ I know?* hur skulle jag kunna veta det? **2** ville [*he ~n't do it*; *I could if I ~*]; *I wish you ~ stay* jag önskar du ville stanna, jag skulle vilja att du stannade **3** skulle [absolut]; [*he dropped the cup ~*] *of course he ~* ...typiskt för honom! **4** skulle vilja [*~ you do me a favour?*]; *we ~ further point out* äv. (högtidl.) vi vill vidare påpeka **5** brukade [*he ~ sit for hours doing nothing*]

6 torde; *he ~ be your uncle, I suppose* han är väl din farbror?; *it ~ be about four o'clock* klockan var väl ungefär fyra; *it ~ seem (appear) that...* det kan synas som om...

would-be ['wʊdbi:] **I** *adj* **1** tilltänkt [*the ~ victim*]; blivande [*~ authors*]; *~ buyers* eventuella köpare, spekulanter **2** så kallad [*this ~ pianist, a ~ philosopher*], påstådd **3** hycklad [*this ~ manifestation of joy*] **II** *adv* ansträngt; förment [*~ poetical phrases*]

wouldn't ['wʊdnt] = *would not*

1 wound [waʊnd] imperf. o. perf. p. av *2 wind* o. *3 wind*

2 wound [wu:nd] **I** *s* sår; på t.ex. trädstam äv. skada; bildl. äv. kränkning; *a bullet ~* en skottskada; *it was a ~ to his vanity (pride)* det sårade hans fåfänga (stolthet) **II** *vb tr* såra; t.ex. trädstam äv. skada; bildl. äv. kränka; skadskjuta; *badly ~ed* svårt sårad (skadad)

wove [wəʊv] imperf. o. ibl. (tekn.) perf. p. av *1 weave*

woven ['wəʊv(ə)n] perf. p. av *1 weave*; *~ fabric* vävt tyg, väv, vävnad

1 wow [waʊ] **I** *interj*, *~!* [va'] häftigt!, schysst! **II** *s* sl. braksuccé; *it was a ~* äv. det var kanon (toppen)

2 wow [waʊ] **1** vov-vov, [hund]skall **2** långsamt svaj i ljudåtergivningen på ett tonband

WPC [ˌdʌblju:pi:'si:] förk. för *woman police constable*

WRAC förk. för *Women's Royal Army Corps*

WRAF förk. för *Women's Royal Air Force*

wrangle ['ræŋgl] **I** *vb itr* gräla, munhuggas **II** *s* gräl, käbbel

wrap [ræp] **I** *vb tr* **1 a)** *~ [up]* svepa, svepa in [*in* i]; svepa om [*in* med]; linda (veckla, vira) in, slå in, packa in [*in* i]; hölja [in], täcka **b)** *~ a th. round (around, about)* svepa (linda, vira) ngt kring (runt, om), slå ngt kring (runt, om) [*~ paper round it*] **2** bildl. *~ [up]* dölja, hölja, linda in, svepa in **3** vard., *~ up* **a)** avsluta, greja, fixa **b)** göra slut på **4** sl., *~ it up!* lägg av!, sluta! **II** *vb itr*, *~ up* [*well*] klä på sig ordentligt **III** *s* **1 a)** sjal; [res]filt **b)** pl. *~s* ytterplagg, ytterkläder **c)** badkappa; *evening ~* aftonkappa **2** *keep under ~s* hålla hemlig

wrapper ['ræpə] **I** *s* **1** omslag; skyddsomslag på bok; [tidnings]banderoll; konvolut **2 a)** lätt morgonrock **b)** sjal **3** packare, packkarl **4** täckblad på cigarr **II** *vb tr* slå (packa) in, vira in; täcka över

wrapping ['ræpɪŋ] **1** ofta pl. *~s* **a)** omslag, hölje; emballage, förpackning; kapsel **b)** kläder; svepning **2** [omslags]papper

wrapping-paper ['ræpɪŋˌpeɪpə] omslagspapper

wrath [rɒθ, amer. ræθ] isht poet. vrede [*the ~ of God*]; bildl. äv. raseri [*the ~ of the waves*]; *in ~* i vredesmod

wratting-iron ['rætɪŋˌaɪən] *s* tekn. tillförnobare

wreak [ri:k] **1** utösa, utgjuta [*~ one's rage on (upon)* (över) *a p.*], ge utlopp (fritt lopp) åt **2** utkräva [*~ vengeance on (upon) a p.*] **3** tillfoga, vålla, anställa; *~ havoc on (upon)* anställa förödelse på, förstöra

wreath [ri:θ, i pl. ri:ðz -θs] **1** krans av blommor m.m.; girland **2** vindling, slinga [*a ~ of smoke*], ring, snirkel; pl. *~s* äv. ringlar

wreathe [ri:ð] **I** *vb tr* **1** pryda (smycka) [med en krans (kransar)]; *be ~d in* bekransas (omges) av **2** vira, linda, binda; *~ oneself* linda sig, ringla sig, slingra sig [*the snake ~d itself round the branch*] **3** binda [ihop]; bildl. väva samman **II** *vb itr* ringla sig; virvla; kröka sig

wreck [rek] **I** *s* **1** skeppsbrott; haveri **2** ödeläggelse; fördärvande **3 a)** vrak **b)** [hus]ruin **c)** pl. *~s* vrakspillror, vrakdelar [*the shores were strewn with ~s*] **4** bildl. vrak, ruin; spillra; *he is but a ~ of his former self* han är blott en skugga av sitt forna jag **II** *vb tr* **1** komma att förlisa (stranda, haverera); göra till [ett] vrak; krascha [med], kvadda; *be ~ed* lida skeppsbrott, stranda, haverera äv. bildl.; förlisa [*the ship was ~ed*], totalförstöras [*the train was ~ed*]; bli kvaddad **2** ödelägga, undergräva [*his health was ~ed*], spoliera; amer. skrota [ned] [*~ houses*]

wreckage ['rekɪdʒ] **1 a)** vrakspillror; vrakgods **b)** ruin[er] **2** skeppsbrott; haveri **3** ödeläggelse, förstörelse; omintetgörande

wrecker ['rekə] **1** vrakbärgare; bärgningsbåt **2** vrakplundrare; strandtjuv **3** förstörare **4** amer. husrivare **5** amer. bärgningsbil **6** amer., vid tågolycka **a)** röjningsarbetare **b)** hjälptåg **7** amer. bilskrotare

wren [ren] **1** zool. gärdsmyg [vard. äv. *jenny ~*]; *golden-crested ~* kungsfågel **2** amer. sl. tjej

wrench [ren(t)ʃ] **I** *s* **1** [häftigt] ryck, vridning, bändning; *give a ~ at* vrida om (till) **2** vrickning, sträckning **3** bildl. [hårt] slag, [svår] förlust [*her death was a great*

~ *to him*}; smärta [*the ~ of parting is over*] **4** [*torque*] ~ skiftnyckel i allm.; amer. äv. skruvnyckel med ställbara käftar **II** *vb tr* **1** [häftigt] rycka [loss (av)] [*~ a gun* (*knife*) *from a p.*], slita [loss (av)] [*~ the door off* (från) *its hinges*], vrida; *~ oneself from...* slita (vrida) sig ur...; *~ a door open* rycka (slita, bända) upp en dörr **2** vricka [*~ one's ankle* (foten)], sträcka **3** förvanska [*~ the meaning of the text*]; förrycka **4** plåga, smärta

wrest [rest] **I** *vb tr* [häftigt] vrida, rycka; *~ a th. from a p.* bildl. pressa (tvinga) fram ngt ur ngn, pressa ur ngn ngt **II** *s* [häftig] vridning

wrestle ['resl] **I** *vb itr* brottas äv. bildl. **II** *vb tr* **1** brottas med **2** *~ down* fälla, besegra i brottning; *~ to the ground* fälla till marken, slå ned **III** *s* **1** brottning; brottningsmatch **2** bildl. kamp; *a ~ for life or death* en kamp på liv och död

wrestler ['reslə] brottare

wrestling ['reslɪŋ] brottning

wretch [retʃ] **1** stackare, eländig varelse **2** usling **3** skämts. skojare

wretched ['retʃɪd] **1** [djupt] olycklig, eländig [*feel ~*], jämmerlig [*a ~ existence*]; stackars [*the ~ woman*] **2** lumpen **3** bedrövlig, jämmerlig, eländig [*a ~ house*], usel [*a ~ job, ~ weather*], ynklig **4** vard. förbaskad, jäkla [*a ~ cold*]

wretchedness ['retʃɪdnəs] **1** olycka, förtvivlan; elände **2** lumpenhet **3** uselt (uruselt) skick; uselhet

wriggl|e ['rɪgl] **I** *vb itr* **1** slingra sig, vrida sig, sno sig, skruva sig, åla sig; vicka; *the boy kept -ing in his chair* pojken satt inte stilla ett ögonblick i stolen; *~ out of* åla sig ur; slingra sig ur (från) äv. bildl. [*he tried to ~ out of his promise*] **2** skruva [på] sig, känna sig obehaglig till mods [*my criticism made him ~*] **II** *vb tr* vrida på, skruva på, vicka på [*~ one's hips*]; *~ oneself* slingra sig, vrida sig, sno sig, skruva sig; *~ oneself free* vrida sig loss, frigöra sig; *~ oneself into a p.'s favour* nästla (ställa) sig in hos ngn **III** *s* **1** slingrande (ålande) rörelse, slingring, vridning; vickning; svängande; *give a little ~* vrida [på] sig lite **2** sväng, snirkel; krök [*of* på]

wring [rɪŋ] **I** (*wrung wrung*) *vb tr* **1** a) vrida [*~ one's hands in despair*] b) vrida (krama) ur [*~ wet clothes*] c) krama, trycka [*he wrung my hand hard*]; *~ a p.'s neck* vrida nacken av ngn **2** pina; *it ~s my heart to hear...* det är hjärtskärande (beklämmande) att höra... **3** förvrida, förvanska **II** *s* vridning, kramning; *give a p.'s hand a ~* trycka ngns hand

wringer ['rɪŋə] **1** liten mangel **2** amer. pärs, eldprov; *put a p. through the ~* sätta ngn på prov, utsätta ngn för en prövning (pärs); vara en svår pärs för ngn

wringing ['rɪŋɪŋ] **I** *s* vridande **II** *adj* vard., se **III III** *adv*, *~ wet* drypande våt, dyblöt, [alldeles] genomsur (genomvåt)

wrinkle ['rɪŋkl] **I** *s* **1** rynka, veck; rynkning [*a ~ of* (på) *the nose*] **2** vard. [bra] tips **II** *vb tr* rynka, rynka på [*she ~d her nose*]; skrynkla, göra rynkig (skrynklig) [äv. *~ up*; *he ~d* [*up*] *his forehead*] **III** *vb itr* bli rynkig (skrynklig)

wrinkled ['rɪŋkld] rynkig

wrist [rɪst] **1** handled **2** manschett[del] på klädesplagg; krage på handske

wristband ['rɪstbænd] **1** handlinning **2** armband

wristwatch ['rɪstwɒtʃ] armbandsur

1 writ [rɪt] **1** jur. skrivelse, handling; [kungligt] beslut; dekret; [skriftlig] kallelse; *serve a ~ on a p.* delge ngn stämning **2** *Holy* (*Sacred*) *W~* den heliga skrift **3** åld. skrift

2 writ [rɪt] (perf. p. av *write*); litt., bildl. *~ large* i större format (skala)

write [raɪt] (*wrote written*) **I** *vb tr* (se äv. *III*) skriva; hand. el. vard. skriva till [*I wrote him last week*] **II** *vb itr* (se äv. *III*) **1** skriva; *~ for* a) skriva för (i) [*~ for a newspaper*] b) skriva efter, rekvirera; *~ for a living* leva (försörja sig) på att skriva **2** skriva; vara författare **3** gå [att skriva med]; *the pen won't ~* äv. pennan fungerar inte

III *vb tr* o. *vb itr* med adv. isht med spec. övers.:

*~ **back*** svara [per brev]

*~ **down**:* a) skriva upp (ner), anteckna [*~ it down*], nedteckna b) hand. skriva ner [*~ down capital* (*an asset*)] c) *~ down to the public* skriva alltför publikfriande

*~ **in**:* a) skriva in (till), tillfoga [*~ in an amendment to the law*] b) 'skriva om, skicka in [*~ in one's requests*]; *~ in for* skriva efter, beställa, rekvirera [*~ in for our catalogue*]

*~ **off**:* a) avskriva äv. bildl. [*~ off a debt*]; avfärda [*it was written off as a failure*] b) *~ off for* skriva efter, rekvirera, beställa; *~ off to* skriva [brev] till

*~ **out*** skriva (ställa) ut [*~ out a cheque*]

*~ **up**:* a) föra à jour [*~ up a diary*] b) utarbeta [*~ up a report*] c) slå upp [stort] [*an affair written up by the press*] d) lovorda [*the critics wrote up the play*]

e) hand. skriva upp **f)** ~ *up about a th.* skriva en insändare om ngt
writer ['raɪtə] **1** författare **2** skrivare, skrivande [person]; *~'s cramp* skrivkramp
write-up ['raɪtʌp] vard. [utförlig] redogörelse, rapport; [fin] recension; *a bad ~* en dålig recension, dålig kritik
writhe [raɪð] **I** *vb itr* **1** vrida sig [*~ with* el. *under* (av) *pain*; *~ in* (i) *agony*]; slingra sig [*the snake ~d up the tree*]; bildl. våndas **2** förvridas [*his mouth ~d*] **II** *vb tr* **1** vrida, sno **2** förvrida [*~ one's face*] **III** *s* **1** vridning **2** förvridning av ansikte
writing ['raɪtɪŋ] **I** *s* **1** skrift; *in ~* äv. skriftlig; skriftligt, skriftligen **2** skrivande; komponerande; skrivkonst **3** författarverksamhet, författarskap; skriveri; *he turned to ~* [*at an early age*] han började skriva (författa)... **4** [hand]stil; *it is not my ~* äv. det är inte jag som har skrivit det **5** inskrift, inskription; skrift; *the ~ on the wall* ett dåligt omen **6** stil [*narrative ~*]; språk **7** skrift [*his collected ~s*]; *a fine piece of ~* ett utmärkt arbete (stycke litteratur), en utmärkt bok **8** jur. dokument, handling, skrivelse **9** text, ord **10** [minnes]anteckning **II** *attr adj* skriv-; *~ materials* skrivmateriel, skrivdon
writing-desk ['raɪtɪŋdesk] **1** skrivbord **2** skrivetui
writing-pad ['raɪtɪŋpæd] **1** skrivunderlägg **2** skrivblock
writing-paper ['raɪtɪŋˌpeɪpə] skrivpapper, brevpapper
written ['rɪtn] (av *write*) skriven; skriftlig; *~ language* skriftspråk
wrong [rɒŋ] **I** *adj* **1** orätt [*it is ~ to steal*], orättfärdig; orättvis: vrång **2** fel [*he got into the* (kom på) *~ train*], felaktig; *sorry, ~ number!* förlåt, jag (ni) har slagit fel nummer (kommit fel)!; *be on the ~ road* ha råkat på avvägar; *be on the ~ side of fifty* vara över femtio [år]; *the ~ way round* bakvänd; bakvänt, bakfram; *be ~* ha fel, ta fel (miste); *be ~ in the* (one's) *head* vard. vara dum [i huvudet]; *it's all ~* det är uppåt väggarna [galet]; *there is nothing ~ in asking* ung. det gör väl inget om man frågar **II** *adv* orätt [*act ~*]; fel [*guess ~*]; vilse; *do ~* handla (göra) orätt (fel); *go ~* a) gå (komma) fel (vilse); komma på villovägar; göra fel b) misslyckas [*our marriage went ~*], gå snett c) vard. gå sönder, paja **III** *s* orätt [*right and ~*]; orättfärdighet; oförrätt; missförhållande; *two ~s do not make a right* man kan inte utplåna en orätt genom att begå en ny; *I had done no ~* jag hade inget ont gjort; *be in the ~* a) ha orätt (fel) b) vara skyldig; *put a p. in the ~* lägga skulden på ngn **IV** *vb tr* **1** förorätta **2** vara orättvis mot
wrongdoer ['rɒŋˌduə, ˌ-'--] **1** syndare **2** ogärningsman
wrongdoing [ˌrɒŋ'duːɪŋ] ond gärning; oförrätt; synd, förseelse
wrongful ['rɒŋf(ʊ)l] **1** orättvis, orättfärdig **2** olaglig; *~ dismissal* uppsägning utan saklig grund
wrongly ['rɒŋlɪ] **1** fel, fel- [*~ spelt*], orätt, oriktigt **2** orättvist [*~ accused*]; med orätt
wrote [rəʊt] imperf. av *write*
wrought [rɔːt] **I** imperf. o. perf. p. av *work*, se *work B* **II** *adj* **1** formad, förarbetad, [färdig]behandlad; smidd [*made of ~ copper*]; [jämn]huggen [*~ beams of oak*]; spunnen [*~ silk*]; *~ iron* smidesjärn **2** prydd, utsirad
wrung [rʌŋ] imperf. o. perf. p. av *wring*
wry [raɪ] (adv. *wryly*) **1** sned, skev, krokig **2** ironisk, spydig, syrlig; *make* (*pull*) *a ~ face* (*mouth*) göra en [ful] grimas (en sur min), grina illa; *~ smile* tvunget leende **3** vrång, förvänd; förvrängd
WWW [ˌdʌbljuːˌdʌbljuː'dʌbljuː] data. (förk. för *the World Wide Web*) webben

X, x [eks] **I** (pl. *X's* el. *x's* ['eksɪz]) *s* **1** X, x **2** matem. o.d. X beteckning för okänd faktor, person m.m. [*x* = *y*; *Mr. X*] **3** kryss; äv. symbol för kyss i brev o.d. **4** *X* amer. sl. 10-dollarsedel **II** *vb tr* **1** kryssa för **2** ~ [*out*] x-a (kryssa) över

xenon ['zenɒn] kem. xenon

xenophobia [ˌzenə(ʊ)'fəʊbjə] främlingshat

Xerox ['zɪərɒks] ® **I** *s* **1** Xerox[system]; Xeroxapparat kopiator **2** Xeroxkopia, fotokopia **II** *vb tr* o. *vb itr*, *x~* xeroxkopiera, [foto]kopiera

XL (förk. för *extra large*) beteckning för extra stor i klädesplagg

Xmas ['krɪsməs, 'eksməs] kortform för *Christmas*

X-ray ['eksreɪ] **I** *s* **1** röntgenstråle; ~ el. pl. *~s* röntgen; ~ [*examination*] röntgenundersökning **2** röntgenapparat **II** *vb tr* **1** röntga **2** röntgenbehandla

xylophone ['zaɪləfəʊn, 'zɪl-] mus. xylofon

Y, y [waɪ] (pl. *Y's* el. *y's* [waɪz]) **1** Y, y **2** matem. o.d. Y beteckning för bl. a. okänd faktor
yacht [jɒt] sjö. **I** *s* [lust]jakt, yacht; [motor]kryssare; kappseglingsbåt **II** *vb itr* segla; ägna sig åt segelsport (båtsport); kappsegla
yacht club [ˈjɒtklʌb] segelsällskap
yachting [ˈjɒtɪŋ] **I** *s* segling **II** *adj* o. *attr s* [lust]jakt-, båt- [*~ tour*]
yachts|man [ˈjɒts|mən] (pl. *-men* [-mən]) seglare, kappseglare; yachtägare
yak [jæk] zool. jak
yam [jæm] **1** jams[rot] **2** amer. dial. sötpotatis
Yank [jæŋk] vard. för *Yankee*
yank [jæŋk] vard. **I** *vb tr* o. *vb itr* rycka [i]; *they ~ed me off* de drog i väg med mig **II** *s* ryck
Yankee [ˈjæŋkɪ] **I** *s* **1** vard. yankee, jänkare **2** amer. a) nordstatsamerikan b) New Englandsbo c) hist. nordstatssoldat **3** amerikanska[n]; New Englandsdialekt[en] **II** *adj* vard. yankee-; amer. nordstats-
yap [jæp] *vb itr* **1** gläfsa **2** sl. snacka; tjafsa; käfta (bjäbba) emot **II** *s* **1** gläfs[ande] **2** sl. snack; tjafs **3** sl. mun
1 yard [jɑːd] **1** yard (= 3 *feet* = 0,9144 m) [*a ~ and a half of cloth*]; *by the ~* a) yardvis b) bildl. i långa banor, i det oändliga **2** sjö. rå; *topsail ~* märsrå
2 yard [jɑːd] **1** a) [inhägnad] gård, gårdsplan b) amer. trädgård **2** område; upplagsplats **3** varv [äv. *dockyard* el. *shipyard*] **4** stationsplan; [*railway*] *~* bangård **5** *the Y~* vard. för [*New*] *Scotland Y~*
yardarm [ˈjɑːdɑːm] sjö. rånock
yardstick [ˈjɑːdstɪk] yardmått[stock]; bildl. måttstock
yarn [jɑːn] **I** *s* **1** garn; tråd; sjö. kabelgarn **2** vard. [skeppar]historia; *spin a ~* berätta (dra) en [skeppar]historia **II** *vb itr* vard. dra [skeppar]historier
yawn [jɔːn] **I** *vb itr* **1** gäspa **2** gapa, öppna sig [*an abyss ~ed before his eyes*] **II** *vb tr* gäspa [fram] [*he ~ed goodnight*]; *~ one's head off* gäspa käkarna ur led **III** *s* **1** gäspning **2** avgrund
yawning [ˈjɔːnɪŋ] **I** *adj* **1** gäspande [*a ~ audience*] **2** gapande [*a ~ abyss*] **II** *s* gäspande
yeah [jeə, je] vard. ja; *oh ~?* jaså?, säger du det?, verkligen?
year [jɪə] år; årtal; årgång; skol. o.d. årskull; *~ of birth* födelseår; *~s and ~s* många herrans år; *last ~* i fjol, förra året; *this ~* i år; *he has been dead these two ~s* han har varit död nu i två år; *put ~s on a p.* få ngn att åldras (se äldre ut); *a ~ or two ago* för ett par år sedan; *~s ago* för flera (många) år sedan; *~s and ~s ago* för många herrans år sedan; *by next ~* till (senast) nästa år; *for* (isht amer. *in*) *~s* i (på) åratal (många år); *for ~s to come* under (i) kommande år; *in the year 2000* år 2000; [*I haven't seen him*] *in ~s* se for *~s* ovan; *in two ~s* på (om) två år; *Footballer of the Y~* årets fotbollsspelare; *of late* (*recent*) *~s* på (under) senare år
yearbook [ˈjɪəbʊk] årsbok; [års]kalender
yearling [ˈjɪəlɪŋ] **I** *s* **1** årsgammal unge, ettåring **2** fjolårsväxt **II** *adj* ettårig, årsgammal
yearlong [ˈjɪəlɒŋ] årslång
yearly [ˈjɪəlɪ] **I** *adj* årlig, års [*~ income, ~ meeting*] **II** *adv* årligen
yearn [jɜːn] längta, tråna
yearning [ˈjɜːnɪŋ] **I** *s* [stark] längtan, trånad **II** *adj* längtansfull, trånande
yeast [jiːst] **1** jäst **2** fradga, skum **3** bildl. kraftkälla, [driv]kraft
yell [jel] **I** *vb itr* [gall]skrika, vråla; skräna; amer. skol. heja **II** *vb tr* skrika [ut] [äv. *~ out* (*forth*)]; tjuta [fram] **III** *s* skrik, tjut; amer. skol. hejaramsa, hejarop
yellow [ˈjeləʊ] **I** *adj* **1** gul; *get the ~ card* i fotb. få gult kort; *~ fever* gula febern; *~ journalism* sensationsjournalistik, skandaljournalistik; *the ~ pages* gula sidorna i telefonkatalogen **2** vard. feg; *he has a ~ streak in him* han är lite feg av sig **II** *s* **1** gult; gul färg **2** äggula **III** *vb itr* gulna **IV** *vb tr* göra (färga) gul
yellowish [ˈjeləʊɪʃ] gulaktig; i sammansättn. gul- [*yellowish-green*]
yelp [jelp] **I** *vb itr* gläfsa; skrika **II** *s* gläfs; skrik
1 yen [jen] (pl. vanl. *yen*) yen japanskt mynt
2 yen [jen] vard. **I** *s* het längtan, begär; lust; *have a ~ for* [*apple-pie*] vara jättesugen på..., längta så man kan dö efter... **II** *vb itr* längta intensivt
yeo|man [ˈjəʊ|mən] (pl. *-men* [-mən]) **1** hist. [självägande] bonde,

hemmansägare, odalbonde **2** *Y~ of the Guard* livgardist, livdrabant isht i Towern **3** i flottan intendent; signalstyrman [äv. *~ of signals*]; i USA a) ung. expeditionsofficer på fartyg b) skrivbiträde

yes [jes], vard. jeə, je] **I** *adv* ja; jo; *~?* verkligen?, och sedan? **II** *s* ja; *say ~* äv. samtycka

yes-|man ['jes|mæn] (pl. *-men* [-men]) jasägare, eftersägare, medlöpare

yesterday ['jestədɪ, -deɪ] **I** *adv* i går; *I was not born ~* jag är inte född i går **II** *s* gårdagen; *~'s paper* äv. gårdagstidningen; *~ night* a) i går kväll; i natt b) gårdagskvällen; natten till i dag

yet [jet] **I** *adv* (se äv. *II*) **1** temporalt ännu; nu [*you needn't do it just ~*], redan nu [*need you go ~?*]; till sist, förr eller senare [*the thief will be caught ~*]; *not just ~* inte riktigt än; [*as*] *~* än så länge, hittills [*his as ~ unfinished task*]; *you ain't seen nothing ~* vard. det här är bara början **2** förstärkande, isht vid komp. ännu [*more important ~*]; ytterligare [*~ others*]; *~ again* el. *~ once* [*more*] ännu en gång, en gång till, återigen; *~ another* ännu en; *~ awhile* ännu en stund; fortfarande **II** *adv* o. *konj* ändå [*strange and ~ true*], i alla fall; men (och) ändå [*a kind ~ demanding teacher*]

yew [ju:] **1** bot. idegran [äv. *yew-tree*] **2** idegran[strä]

YHA förk. för *Youth Hostels Association*

yid [jɪd] sl. (neds.) jude

Yiddish ['jɪdɪʃ] **I** *s* jiddisch **II** *adj* jiddisch-

yield [ji:ld] **I** *vb tr* **1** ge [*~ good crops*; *~ a good profit*], ge (lämna) i avkastning (vinst) [*investments ~ing 10 per cent*], inbringa; producera **2** lämna ifrån sig, avstå från [ibl. *~ up*], överge; *~ up* äv. uppenbara, avslöja [*the caves ~ed up their secrets*] **II** *vb itr* **1** ge avkastning **2** ge efter [*to* för; *~ to threats*; *the door ~ed to the pressure*], ge sig; svikta; bildl. äv. falla undan, falla till föga, kapitulera [*~ to force*]; *~ to despair* hemfalla åt förtvivlan **3** *~ to* lämna plats för (åt), efterträdas av **4** lämna företräde i trafiken **III** *s* **1** ekon. el. allm. avkastning; utbyte; behållning; produktion **2** lantbr. skörd, avkastning

yielding ['ji:ldɪŋ] **1** foglig [*a ~ person*] **2** böjlig

yippee [jɪ'pi:], *~!* hurra!, jippi!

YMCA [ˌwaɪ'emˌsi:'eɪ] KFUM

yob [jɒb] o. **yob[b]o** ['jɒbəʊ] sl. drummel; buse

yodel ['jəʊdl, 'jɒdl] **I** *vb tr* o. *vb itr* joddla **II** *s* joddlande

yoga ['jəʊgə] yoga

yoke [jəʊk] **I** *s* **1** ok äv. bildl.; *shake* (*throw*) *off the ~* kasta av oket **2** (pl. lika) par [*five ~ of oxen*] **II** *vb tr* **1** oka, lägga ok[et] på; spänna [*~ oxen to* (för) *a plough*]; spänna för [*~ a wagon*] **2** oka ihop [äv. *~ together*]; bildl. koppla samman, förena, para

yokel ['jəʊk(ə)l] [enfaldig] lantis

yolk [jəʊk] äggula; *the ~s of three eggs* äv. tre äggulor

yon [jɒn] åld. el. dial., se *yonder*

yonder ['jɒndə] litt. el. dial. **I** *pron* den där; *~ group of trees* trädgruppen där borta **II** *adv* där borta; dit bort

yore [jɔ:] litt., *of ~* fordom, förr [i världen]

Yorkshire ['jɔ:kʃɪə, -ʃə] geogr. egenn.; *~ pudding* yorkshirepudding slags ugnspannkaka som vanligen äts till rostbiff; *~ relish* slags pikant [biffsteks]sås

you [ju:, obeton. jʊ, ibl. jə] **1 a)** du; ni; ss. obj. o.d. dig; er; *fool that ~ are!* el. *~ fool!* din dumbom! **b)** man; isht ss. obj. en; reflexivt sig; [*looking to the left*] *~ have the castle in front of ~* ...har man slottet framför sig **2** utan motsv. i sv.: *don't ~ do that again!* gör inte om det [där]!; *there's friendship for ~!* vard. det kan man kalla vänskap!; iron. och det ska kallas vänskap!

you'd [ju:d] = *you had* el. *you would*

you'll [ju:l] = *you will* el. *you shall*

young [jʌŋ] **I** *adj* **1** ung; liten [*a ~ child*]; späd [*~ shoots*]; bildl. äv. ny, oerfaren [*~ to* (i) *the business*], färsk; *my ~ brother* min lillebror; *~ lady!* [min] unga dam!, min [unga] fröken!; *his ~ lady* vard. (åld.) hans flickvän (flicka, fästmö); *her ~ man* vard. (åld.) hennes pojkvän (pojke, fästman); *~ moon* nymåne; *~ ones* ungar; *~ people* (*folks*) unga människor, ungdom[ar], de unga; *you ~ rascal!* din lilla rackarunge!; *~ 'un* vard. a) unge b) grabb; *I am not so ~ as I used to be* jag är inte så ung (någon ungdom) längre **2** ungdomlig [*a ~ voice* (*style*)]; *~ for one's age* **II** *s pl* ungar; *bring forth ~* få (föda) ungar

youngish ['jʌŋɪʃ, 'jʌŋgɪʃ] rätt så ung

youngster ['jʌŋstə] [barn]unge, pojke

your [jɔ:, obeton. äv. jə] **1** (jfr *my*) **a)** din; er, Eder; *Y~ Majesty* Ers Majestät **b)** motsv. *you* i bet. 'man' sin [*you* (man) *cannot alter ~ nature*]; ens [*~ own ideas aren't always the best*] **2** neds. den här (där) [s.k.], en sån där [s.k.] [*he was one of ~ 'experts'*] **3** vard., *~ average reader* [*probably wouldn't understand*] den genomsnittlige läsaren...

you're [jɔ:, jʊə] = *you are*; ~ *another!* det är du också (med)!, det kan du vara själv!

yours [jɔ:z, jʊəz] **1** (jfr *1 mine*) din; er; ~ *is a difficult situation* det är en besvärlig situation du befinner dig i; *what's ~?* vard. vad vill du ha [att dricka]? **2** hand. Ert (Edert) brev [~ *of the 11th inst.*] **3** i brevslut *Y~ faithfully* (*truly*) Högaktningsfullt

yoursel|f [jɔ:'sel|f, jʊə's-, jə's-] (pl. *-ves* [-vz]) dig, er, sig [*you* (du, ni, man) *may hurt ~*], dig (er, sig) själv [*you are not ~ today*]; en själv; du (ni, man) själv [*nobody but ~*], själv [*you ~ said so, you said so ~; do it ~*]; *your father and ~* din (er) far och du (ni) [själv]; *how's ~?* vard. a) hur mås?, hur har du det? b) hur mår du själv?

youth [ju:θ, i pl. ju:ðz] **1** abstr. ungdom[en] [*~ is a happy age*]; *from ~ onwards* (*upwards*) alltifrån ungdomen **2** (med verbet vanl. i pl.) ungdom[en] [*the ~ of the nation are* (*is*)...; *for ~ nothing is impossible*], det unga släktet; ~ *hostel* vandrarhem **3** yngling; *as a ~* som yngling, som ung **4** ungdomlighet **5** barndom [*even in its ~ the business was...*]

youthful ['ju:θf(ʊ)l] **1** ungdomlig [*a ~ octogenarian*; *a ~ audience*] **2** ungdoms- [*~ days*]

youthfulness ['ju:θf(ʊ)lnəs] ungdomlighet

you've [ju:v, obeton. äv. jʊv, jəv] = *you have*

yowl [jaʊl] **I** *vb itr* tjuta, gnälla **II** *s* tjut, gnällande

yo-yo ['jəʊjəʊ] **I** *s* **1** jojo leksak **2** sl. dumskalle **II** *adj* jojo- [*a ~ effect*], hastigt svängande **III** *vb itr* åka jojo (upp och ner); vackla

Yugoslav [ˌju:gə(ʊ)'slɑ:v] hist. **I** *s* jugoslav **II** *adj* jugoslavisk

Yugoslavia [ˌju:gə(ʊ)'slɑ:vjə] geogr. (hist.) Jugoslavien

Yule [ju:l] dial. el. litt. jul[en]; *at ~* vid julen, i juletid

yummy ['jʌmɪ] vard. jättegod, smaskens, mumsig

yum-yum [ˌjʌm'jʌm] vard. **I** *interj*, *~!* mums!, smaskens!, namnam! **II** *adj* mumsig; mums[mums]; härlig

YWCA [ˌwaɪ'dʌblju:ˌsi:'eɪ] KFUK

Z

Z, z [zed, amer. vanl. ziː] (pl. *Z's* el. *z's* [zedz, amer. vanl. ziːz]) Z, z
Zaire [zɑːˈɪə, zaɪ-]
Zairean o. **Zairian** [zɑːˈɪərɪən, zaɪ-] **I** *adj* zairisk **II** *s* zairier
Zambia [ˈzæmbɪə]
Zambian [ˈzæmbɪən] **I** *adj* zambisk **II** *s* zambier
zany [ˈzeɪnɪ] pajas, dåre
zap [zæp] sl. **I** *vb tr* **1** knäppa, skjuta; pricka **2** göra slut på **3** kugga; knäcka [*feel ~ped*] **4** skjuta iväg **5** data. radera **II** *vb itr* **1** ~ *off* susa i väg **2** TV. växla med fjärrkontroll mellan kanaler, zappa **III** *s* **1** kraft, energi; stuns, fart **2** demonstration **IV** *interj*, *~!* svisch!, pang!
zeal [ziːl] iver, nit; glöd [*revolutionary ~*]; *misguided ~* missriktat nit
zealot [ˈzelət] **1** nitisk person **2** fanatiker; trosivrare
zealous [ˈzeləs] ivrig; nitälskande; full av brinnande iver (nit)
zebra [ˈzebrə, ˈziːb-] **I** *s* zool. sebra **II** *adj* [sebra]randig; *~ crossing* övergångsställe med vita streck
zed [zed] bokstaven z
zee [ziː] amer., bokstaven z
zenith [ˈzenɪθ, ˈziːn-] astron. zenit [*at the* (i) *~*], bildl. äv. höjdpunkt [*at the ~ of one's career*]
zero [ˈzɪərəʊ] **I** (pl. *~s* el. *~es*) *s* **1** noll; *~ growth* nolltillväxt; *~ visibility* meteor. sikt [lika med] noll, ingen sikt **2** nollpunkt; fryspunkt; *absolute ~* absoluta nollpunkten; *10 degrees below ~* äv. 10 minusgrader; *it is below ~* äv. det är under noll, det är minusgrader **II** *vb itr*, *~ in on* a) ta sikte på, rikta elden mot; omringa b) bildl. inrikta sig på, skjuta in sig på
zest [zest] **1** iver, entusiasm [*with ~*]; aptit, smak; *~ for life* aptit på livet, livsglädje, livslust **2** [extra] krydda, tillsats; pikant smak, piff; *add* (*give, lend*) [*a*] *~ to* ge en extra krydda åt, sätta piff på
zigzag [ˈzɪɡzæɡ] **I** *adj* sicksackformig [*a ~ line*] **II** *s* sicksack äv. på symaskin; sicksacklinje; sicksackkurva; sicksackväg **III** *adv* i sicksack **IV** *vb itr* gå (löpa) i sicksack; slingra sig; bildl. svänga
zilch [zɪltʃ] isht amer. sl. **1** noll, ingenting **2** nolla; torrboll, torris
Zimbabwe [zɪmˈbɑːbwɪ]
Zimbabwean [zɪmˈbɑːbwɪən] **I** *adj* zimbabwisk **II** *s* zimbabwier
zinc [zɪŋk] **I** *s* miner. zink; *~ ointment* zinksalva **II** (imperf. o. perf. p. äv. *zinked* el. *zincked*) *vb tr* förzinka
zing [zɪŋ] **I** *s* **1** skarpt vinande ljud; vissling; gnisslande **2** vard. energi; stuns, fart **II** *vb itr* vina [*the cars ~ed down the road*]
Zionism [ˈzaɪənɪz(ə)m] sionism
Zionist [ˈzaɪənɪst] sionist
zip [zɪp] **I** *s* **1** vinande, visslande [*the ~ of a bullet*]; ritsch[ljud] **2** vard. kraft, fart [*full of ~*] **3** blixtlås **II** *vb tr* **1** a) ~ [*up* (*shut*)] dra igen blixtlåset på, stänga [med blixtlås]; *will you ~ me up* (*~ up my dress*)? vill du dra igen (upp) blixtlåset på min klänning? b) *~ open* öppna [blixtlåset] på [*she ~ped her bag open*]; *~ me out of my dress* [hjälp mig att] dra ner blixtlåset på min klänning **2** vard. skjutsa, köra [*I'll ~ you to town in no time*] **III** *vb itr* **1** vara försedd med (ha) blixtlås **2** a) stänga blixtlåset (ett blixtlås); *~ up* vard. hålla klaffen, knipa käft b) öppna blixtlåset (ett blixtlås) **3** vina, susa, vissla **4** vard. kila [*~ upstairs*], susa; sno på
zip code [ˈzɪpkəʊd] amer. postnummer
zip-fastener [ˈzɪpˌfɑːsnə] blixtlås
zippy [ˈzɪpɪ] vard. **1** fartig **2** pigg, klatschig [*a ~ tune* (melodi)]
zither [ˈzɪðə] mus. cittra
zodiac [ˈzəʊdɪæk] **1** astron., *the ~* zodiaken [*the signs of the ~*], djurkretsen **2** bildl. kretslopp
zombi o. **zombie** [ˈzɒmbɪ] zombie; vard. äv. levande död
zone [zəʊn] **I** *s* **1** zon [*neutral ~*; *the puck was in his own defensive ~*]; amer. äv. taxezon; bälte isht biogeografiskt [*the alpine ~*, *the forest ~*]; *the danger ~* riskzonen, farozonen; *the frigid ~s* [de] kalla zonerna (bältena) **2** *the Z~* astron. Orions bälte **II** *vb tr* **1** indela [i zoner] **2** zonplanera; lokalisera
zoological [ˌzəʊəˈlɒdʒɪk(ə)l, i ˈzoological garden[s]*:* zʊˈlɒdʒɪk(ə)l, zʊəˈl-] zoologisk, djur-; *~ garden[s]* zoologisk trädgård, djurpark
zoologist [zəʊˈɒlədʒɪst, zʊˈɒ-] zoolog
zoology [zəʊˈɒlədʒɪ, zʊˈɒ-] zoologi

zoom [zu:m] **I** s **1** a) flyg. brant stigning b) bildl. brant (stark, hastig) uppgång **2** brummande **3** ~ *lens* zoomobjektiv, zoomlins **II** *vb itr* **1** brumma; *he ~ed along in his new car* han susade fram i sin nya bil **2** a) flyg. stiga brant b) bildl. stiga hastigt [*prices ~ed*] **3** film. el. TV. zooma [~ *in* (*out*)]; om bildmotiv zoomas in (ut) **III** *vb tr* flyg. **1** låta stiga brant **2** stiga brant över [~ *the mountains*]

zucchini [tsʊˈkiːnɪ] (pl. lika el. ~s) bot. el. kok. zucchini, courgette, squash

Zulu [ˈzuːluː] **I** s **1** zulu **2** zulupråket **II** *adj* zulu- [*the ~ language*]

zzz [zː], ~*!* zzz beteckn. för sömn el. snarkning

A

a bokstav a [utt. eɪ]; *har man sagt ~, får man säga b* ung. in for a penny, in for a pound
@ snabel-a [commercial] at sign
à 1 at; *2 biljetter ~ 100 kronor* 2 tickets at 40 kronor **2** or; *5 ~ 6 gånger* 5 or 6 times
AB bolagsbeteckning ung. Ltd.; amer. Inc., Corp.; jfr *aktiebolag*
abborre perch
abc ABC
abc-bok primer
abdikation abdication
abdikera abdicate
aber but; *ett ~* a snag (catch); *ett stort ~* a big drawback
abessinier Abyssinian äv. kattras
abnorm abnormal
abonnemang subscription; *ha ~ på operan* have a season ticket for the Opera
abonnemangsavgift subscription (subscriber's) charges; tele. telephone rental
abonnent subscriber; teat. season ticket holder
abonnera subscribe; *~d om buss o.d.* hired
abort abortion; *göra ~* have an abortion
abortera med. abort
abortmotståndare anti-abortionist
abortrådgivning guidance on abortion
abrakadabra abracadabra; nonsens mumbo jumbo
abrupt abrupt, curt
absolut I *adj* absolute; *[en] ~ majoritet* äv. a clear majority **II** *adv* absolutely; helt och hållet utterly; obetingat unconditionally; helt säkert certainly, vard. sure thing; helt enkelt simply; *~!* äv. most definitely!; *~ inte* certainly not, not on any account
absolutism helnykterhet teetotalism
absolutist helnykterist teetotaller
absorbera absorb
absorption absorption
absorptionsförmåga tekn. power of absorption
abstinensbesvär med. withdrawal symptom
abstrahera abstract
abstrakt I *adj* abstract **II** *adv* abstractly
abstraktion abstraction

absurd absurd
a capella mus. a cappella
acceleration acceleration
accelerera accelerate; *~nde hastighet* increasing speed
accent accent; tonvikt stress
accenttecken accent, stress mark
accentuera accentuate
accept hand. acceptance
acceptabel acceptable; nöjaktig passable
acceptera accept; *~s på växel* accepted
accessionskatalog bibliot. accessions book (register)
accessoarer accessories
accis excise [duty]; *~ på bilar* purchase tax on cars
aceton acetone
acetylsalicylsyra acetylsalicylic acid
ack oh!, uttr. obehag oh dear!; i högre stil alas!; *~ nej!* oh no!; *~ om jag vore...!* äv. if only I were...!
ackja 'ackja'
acklamation, *vald med ~* ...by (with) acclamation
acklimatisera I *tr* acclimatize; amer. äv. acclimate **II** *rfl*, *~ sig* become (get) acclimatized; friare get to feel at home
acklimatisering acclimatization
ackompanjatris o. **ackompanjatör** accompanist
ackompanjemang accompaniment; *till ~ av en känd pianist* accompanied by...
ackompanjera accompany
ackord 1 mus. chord **2** överenskommelse **a)** allm. agreement **b)** med kreditorer composition **c)** vid konkurs deed of arrangement
ackordera 1 allm. negotiate; bargain **2** hand. *~ med sina fordringsägare* compound with one's creditors
ackordsarbete piecework
ackordslön piece wages, piece rate
ackreditera accredit äv. dipl.
ackumulator accumulator, storage battery (cell)
ackumulera accumulate
ackusativ gram. *~[en]* the accusative
ackusativobjekt gram. accusative (direct) object
ackvisition anskaffning canvassing; förvärv acquisition
acne med. acne
adamsdräkt, *i ~* in one's birthday suit, in the altogether
adamsäpple anat. Adam's apple
adapter adaptor
addera add; lägga ihop add up
addition addition

1

adekvat adequate; träffande apt
adel börd noble birth; ädelhet nobility; ~*n* klass the nobility, om icke eng. förhållanden äv. the noblesse
adelsdam noblewoman
adelskalender book of noble families
adelsman nobleman
adelsmärke hallmark
adelssläkt noble family
adept elev disciple; i t.ex. sport protégé
aderton se *arton*
adjektiv adjective
adjunkt 1 skol. ung. secondary school teacher **2** pastors~ curate
adjutant aide-de-camp (pl. aides-de-camp), ADC (pl. ADC's), aide
adjö I *interj* goodbye!; i högre stil farewell!; mera formellt good day (morning osv.)!; ~ *[med dig]!* bye-bye! **II** *s* i högre stil farewell; *säga ~ åt (ta ~ av)* ngn say goodbye to a p.; högtidligare bid a p. goodbye
adla raise...to the nobility; i Engl.: till lågadel make...a baronet el. knight (kvinna lady); bildl. ennoble
adlig noble; av adlig börd ...of noble birth; *~t namn* aristocratic name
administration administration
administrativ administrative
administratör administrator
administrera administer, manage
adoptera adopt
adoption adoption
adoptivbarn adopted child
adoptivföräldrar adoptive parents
adrenalin fysiol. adrenaline; amer. vanl. epinephrine
adress address äv. hyllnings~ o.d.
adressat addressee
adressera I *tr* address äv. data. **II** *rfl*, *~ sig till ngn* address oneself to a p.
adresskalender street directory
adresskort post. address form
adresslapp address label; som knyts fast tag
adressort [place of] destination
adressändring change of address
Adriatiska havet the Adriatic [Sea]
A-dur mus. A major
advent Advent; *första ~* Advent Sunday
adverb adverb
adverbial adverbial [modifier]
advokat allm. lawyer; amer. vanl. attorney; i Skottl. advocate; juridiskt ombud vanl. solicitor; sakförare vid domstol vanl. barrister; som biträder part vid rättegång counsel (pl. counsel)
advokatbyrå kontor lawyer's office, firm of lawyers (etc.), jfr *advokat*)
aerodynamisk aerodynamic

afasi med. aphasia
affekt [strong] emotion; psykol. affect
affekterad affected
affektfri unemotional
affektion affection
affektionsvärde sentimental value
affisch bill; större placard; teat. playbill
affischera I *tr* placard; friare advertise **II** *itr* post bills
affischering, *~ förbjuden!* post (stick) no bills!
affischpelare advertising (advertisement) pillar
affär 1 hand. **a)** allm. business; butik vanl. shop, isht amer. store; transaktion [business] transaction, vard. deal; *hur går ~erna?* how's business?; *en [dålig] ~* transaktion a [poor] piece of business, a [bad] bargain (vard. deal); *göra ~er* do (transact, carry on) business; *gå i ~er* [go and] look round the shops (amer. stores) **b)** *~er* ekonomisk ställning o.d. affairs **2** angelägenhet affair; av allvarligare art concern; sak business; *sköt dina egna ~er!* mind your own business! **3** kärleks~ affair **4** väsen *göra stor ~ av ngt* make a big business out of (a great fuss about) a th. **5** jur. el. polit. case
affärsbank commercial bank
affärsbiträde expedit shop assistant; amer. [sales]clerk
affärsbrev business letter
affärscentrum business (butikscentrum shopping) centre
affärsförbindelse business connection; *stå i ~ med* have business relations with
affärsgata shopping street
affärsinnehavare shopkeeper; amer. storekeeper
affärskorrespondens commercial (business) correspondence
affärskvinna business woman, businesswoman
affärslokal, *~[er]* business (shop, amer. store) premises pl.
affärsman businessman; *bli ~* äv. go into business
affärsmoral business ethics (sg. el. pl.)
affärsmässig businesslike
affärsresa business journey (trip)
affärsrörelse business
affärstid, *~[er]* business hours pl.
affärstransaktion o. **affärsuppgörelse** business deal (transaction)
affärsvärld, *~en* the business (commercial) world
afghan Afghan äv. hundras
Afghanistan Afghanistan

afghansk Afghan
aforism aphorism
Afrika Africa
afrikan African
afrikansk African
afton 1 evening äv. bildl.; senare night; *god ~ !* good evening, vid avsked äv. good night; se vid. *kväll* **2** före helgdag e.d. eve
aftonbön evening prayers; *läsa [sin] ~* äv. say one's prayers [at bedtime]
aftondräkt evening dress
aftonklänning evening gown (dress)
aftonstjärna astron. evening star
aftonsång evensong, evening service (prayer)
aga I *s* corporal punishment, caning **II** *tr* administer corporal punishment (a beating) to; *den man älskar den ~r man* we chastise those whom we love
agat miner. agate
agenda dagordning agenda
agent agent äv. polit.; gram. el. hand. äv. representative
agentur agency
agera act; *~ [som]* fungera som act as
agerande, *hans ~ i frågan* verkar något underligt his actions pl. (the part he is playing resp. he [has] played) in the matter...
agg grudge; *hysa ~ mot (till) ngn* have a grudge against a p.
aggregat aggregate; tekn. vanl. unit
aggression aggression
aggressiv aggressive
aggressivitet aggressiveness; vard. aggro
agitation agitation; propaganda propaganda; vid val canvassing
agitator agitator; propagandist propagandist; vid val canvasser
agitera agitate; propagera carry on propaganda work; vid val canvass, do canvassing
1 agn, *~ar* tröskavfall husks, chaff sg.; *skilja ~arna från vetet* sift the wheat from the chaff
2 agn vid fiske bait
agna bait
agnostiker agnostic
agrar agrarian
agronom agronomist
ah oh!
aha aha!; ha, ha!; oho!
aha-upplevelse psykol. aha reaction
aids o. **AIDS** med. Aids (förk. för acquired immune deficiency syndrome)
aj oh!, ow!; *~, ~!* varnande now! now!; nä, nä no! no!
à jour, *hålla sig ~ med* keep up to date with

ajournera, *~ sig* adjourn
akademi academy; *Svenska Akademien* the Swedish Academy
akademiker med examen university graduate; *vara ~* akademiskt bildad have a university education
akademisk academic[al]; *~ examen (grad)* university (academic) degree
A-kassa se *arbetslöshetskassa*
akilleshäl Achilles' heel
akne med. acne
akrobat acrobat
akrobatik acrobatics
akryl acrylic
1 akt 1 handling act **2** urkund document **3** högtidlig förrättning ceremony **4** teat. act **5** nakenstudie nude
2 akt uppmärksamhet o.d. *ge ~ på* **a)** observera, lägga märke till o.d. observe, watch, notice, see **b)** hålla ögonen på keep an eye on; *ge [noga] ~ på* ägna uppmärksamhet åt pay [careful] attention to, mind
akta I *tr* **1** vara aktsam om be careful with; ta vård om take care of; skydda guard; *~ huvudet!* mind your head! **2** värdera esteem; respektera respect **II** *rfl,* *~ sig* take care, be careful *[för att göra det* not to do that]; vara på sin vakt guard, be on one's guard *[för* against]; se upp look out *[för* for]
aktad respected, esteemed
akter sjö. **I** *adv,* *~ ifrån* from the stern; *~ om* astern of, abaft; *~ ut* astern, aft, by the stern **II** *s* stern; *från fören till ~n* from stem to stern
akterdäck sjö. afterdeck; halvdäck quarterdeck; upphöjt poop
akterlanterna sjö. stern light; flyg. tail light
akterseglad, *han blev ~* blev kvarlämnad he was left astern (behind); hann inte med he missed his ship
aktersnurra outboard motor; båt outboard motorboat
aktie share; amer. stock; *~r* koll. stock sg.; *ha (äga) ~r i* hold shares in
aktiebolag joint-stock company, med begränsad ansvarighet limited [liability] company; börsnoterat public limited company (förk. PLC), ej börsnoterat private [limited] company; amer. corporation; *~et* (förk. *AB*) *Investia* Investia PLC; ej börsnoterat Investia Ltd (förk. för Limited), amer. Investia Inc. (förk. för Incorporated)
aktiebrev share certificate; amer. stock certificate
aktieinnehav holding of shares (amer. stock), share (amer. stock) holding

aktiekapital share capital; amer. capital stock
aktiekurs share price (quotation), price of shares
aktiemarknad share (amer. stock) market
aktieportfölj ekon. shareholdings
aktiepost block of shares, [share]holding
aktiesparklubb investors' club
aktieägare shareholder; isht amer. stockholder
aktion action äv. mil.; för insamling m.m. drive
aktionsgrupp action group
aktiv active; ~ *form* språkv. the active [voice]
aktivera make...active, activate
aktivist activist
aktivitet activity
aktning respect, allmän esteem; hänsyn regard; deference
aktningsfull respectful
aktningsvärd ...worthy of respect; betydlig considerable
aktris actress
aktsam careful; försiktig prudent; *vara ~ om sitt rykte (sina kläder)* take care of one's reputation (clothes)
aktsamhet care
aktualisera bring...to the fore; *[åter]* ~ bring up...again, bring...to life, update, bring...up-to-date
aktualitet intresse just nu current (immediate) interest, topicality, stark. urgency; tidsenlighet up-to-dateness; aktuell fråga topic of the day
aktuell av intresse för dagen ...of immediate (present, current) interest, in the news (limelight); dagsfärsk current; nu rådande present; säsong- ...of the season; lämplig nu suitable; ifrågavarande ...in question; på modet in fashion (vogue); *det ~a läget* the way things stand (are) at present
aktör skådespelare actor; person som agerar main figure, participant
akupunktur med. acupuncture
akupunktör med. acupuncturist
akustik acoustics pl.; läran om ljudet acoustics sg.
akut I *adj* acute **II** *s, ~en* vard., se *akutmottagning*
akutfall emergency case
akutmottagning på sjukhus emergency ward
akvamarin aquamarine
akvarell watercolour; *i ~* in watercolours
akvarellfärg watercolour
akvarium aquari|um (pl. äv. -a)
akvavit aquavit, snaps (pl. lika)
akvedukt aqueduct

al 1 träd alder **2** virke alder[wood]; *...av ~* äv. alder[wood]...; jfr äv. *björk* m. sammansättn.
alabaster alabaster; *...av ~* äv. alabaster...
à la carte à la carte fr.
aladåb aspic; *~ på lax* salmon in aspic
A-lag 1 sport. first team **2** vard. *~et* the local winos pl.
alarm alarm; *slå ~* sound the (an) alarm
alarmberedskap state of emergency
alarmera alarm; *~ brandkåren (polisen)* call the fire brigade (police)
alban Albanian
Albanien Albania
albansk Albanian
albanska 1 kvinna Albanian woman **2** språk Albanian
albatross zool. albatross
album album; urklipps~ scrapbook
aldrig 1 temporalt never; *~ mer* never again (any more), no more; *~ någonsin* allm. förstärkande never [...in my life] **2** förstärkt negation never; *~ i livet!* not on your life!, no way! **3** koncessivt *de må vara ~ så vänliga* however kind they may be
alert I *adj* alert **II** *s, vara på ~en* be alert
alf elf (pl. elves)
alfabet alphabet
alfabetisk alphabetical
Alfapet ® sällskapsspel Scrabble
alg alga (pl. algae)
algebra algebra
Alger Algiers
algerier Algerian
Algeriet Algeria
algerisk Algerian
alias alias
alibi alibi; *ha ~* have an alibi
alkalisk alkaline
alkemi alchemy
alkemist alchemist
alkohol alcohol
alkoholfri non-alcoholic; *~ dryck* non-alcoholic beverage, soft drink
alkoholhalt alcoholic content; procentdel percentage of alcohol
alkoholhaltig alcoholic, ...containing alcohol; *~a drycker* äv. spirituous (amer. hard) liquors (drinks)
alkoholiserad, *vara ~* be an alcoholic
alkoholism alcoholism
alkoholist alcoholic
alkoholmissbruk addiction to (abuse of) alcohol
alkoholproblem, *ha ~* have a drink (drinking) problem
alkoholtest för bilförare breathalyser test
alkotest vard. breathalyser test
alkov alcove

all I *pron* **1** med följ. subst. ord all; varje every; ~*t annat* everything else; ~*t annat än* anything but; ~*t möjligt* all sorts of things; *hur i ~ världen* (~ *sin dar*)...? how in [all] the world (how on earth)...?; ~*a böckerna* all the books **2** fristående, se *allt II 2*; *det är icke* ~*om givet* it is not given to everybody, it is not everybody's lot (good fortune) **II** *adj* slut over

alla I *s* i tärningsspel doublet **II** *pron* **1** med följ. subst. ord., se *all I 1* **2** fristående all; varenda en everybody

allaredan already

allbekant well-known (pred. well known), familiar

alldaglig everyday vanl. attr.; vanlig ordinary; banal commonplace; om utseende plain, amer. äv. homely

alldeles allm. quite; stark.: absolut absolutely; fullkomligt perfectly; grundligt thoroughly; fullständigt completely, all; helt och hållet entirely; totalt utterly; precis exactly; ~ *ensam* all (quite) alone; ~ *intill väggen* right [up] against the wall; ~ *nyss* just (amer. right) now, only (not) a moment ago; *det här är något ~ särskilt* ...something quite (very) special

allé avenue

allegori litt. allegory

allegorisk allegorical

allehanda *adj* ...of all sorts (kinds), a variety of, miscellaneous

allemansrätt ung. legal right of access to private land (open country)

allena *adj* o. *adv* alone

allenarådande ...in sole control; friare, om smakriktning o.d. universally prevailing

allergi allergy

allergiframkallande allergenic

allergiker allergic person, allergy sufferer

allergisk allergic

allesammans all of us (you etc.); *adjö ~!* goodbye everybody!

allestädes, ~ *närvarande* omnipresent, ubiquitous

allfarväg, *vid sidan om ~en* off the beaten track

allhelgonadag, ~[*en*] All Saints' Day

allians alliance

alliansfri non-aligned

alliansfrihet [policy of] non-alignment

alliansring eternity ring

allierad I *adj* allied; ~ *med* friare connected (in league) with **II** *s* ally; friare confederate; *de ~e* the allies

allihopa se *allesammans*

allmoge country people (folk)

allmogedräkt peasant costume

allmogestil ung. rustic (rural, peasant) style

allmosa alms (pl. lika); *allmosor* äv. charity sg.

allmän I *adj* vanligtvis förekommande common; gällande för de flesta el. alla general; för alla utan undantag universal; gängse current; offentlig, tillhörande samhället public; ~ *helgdag* public holiday; [*den*] ~*na meningen* a) allm. public opinion b) bland de närvarande e.d. the general opinion; *i* ~*na ordalag* in general terms **II** *subst adj, det ~na* the community [at large]

allmänbelysning main lighting

allmänbildad, *vara* ~ have a good all-round education, be well-read

allmänbildande educative; *boken är ~ ...*broadens the mind

allmänbildning all-round (general) education; general knowledge

allmängiltig generally (universally) applicable

allmängiltighet universal applicability

allmänhet 1 *i* ~ in general, generally [speaking], as a rule **2** publik ~*en* the public; *den stora ~en* the public at large, the general public

allmänmänsklig common to all mankind, human

allmänning common land

allmännyttig ...for the benefit of everyone; ~*a företag* public utilities, public utility undertakings (services)

allmänpraktiserande, ~ *läkare* general practitioner

allmänt commonly, universally, jfr *allmän*; ~ *känd* widely (generally) known; *en ~ känd sak* a matter of common knowledge

allmäntillstånd general condition

allra av allt (alla) of all; ~ *högst 20* 20 at the very most

allraheligast, *det ~e* bibl. el. friare the Holy of Holies

allrakäresta, ~*n min* my dearest (sweetheart)

allriskförsäkring comprehensive (all-risks) insurance

allrådande omnipotent, all-powerful

alls, *inte* ~ not at all, by no means; vard. not a bit

allsidig all-round; omfattande comprehensive; isht om pers. versatile; [*en*] ~ *kost* a balanced diet

allsköns 1 allehanda all manner (kinds, sorts) of, sundry **2** *i ~ ro* in peace and quiet

allsmäktig almighty; *den Allsmäktige* God Almighty, the Almighty

allström elektr. AC/DC current

allsvenskan the Premier Division of the Swedish Football League
allsång, *sjunga* ~ do some (a bit of) community singing, have a singsong
allt I *s* **1** *~et* världsalltet the universe, the world **2** *hela ~et* vard. the whole lot **II** *pron* **1** med följ. subst. ord, se *all I 1* **2** fristående all; everything; *~ eller intet* all or nothing; *~ har sin tid* there is a time for everything; *~ när ~ kommer omkring* after all, when all is said and done; *inte för ~ i världen* not for anything in the world **III** *adv* **1** framför komp. *~ bättre* better and better **2** i andra förb. *~ efter, ~ för, ~ igenom, ~ som oftast* m.fl., se *alltefter* osv. **3** nog *det vore ~ bra* om... it would certainly be fine (good)...
alltefter [all] according to
allteftersom efter hand som as; beroende på om (hur) according as
alltemellanåt from time to time
alltför too, far (all, altogether) too
alltiallo, *hans* ~ his right hand, his factotum
alltid 1 ständigt always; isht högtidl. ever; *för* ~ for ever, for good **2** i alla fall anyway
allt-i-ett-pris all-in price
alltifrån om tid ever since; *~ den dagen* from that very day
alltigenom ...through and through; *~ hederlig* thoroughly honest
alltihop se *alltsammans*
allting everything; jfr *allt II 2*
alltjämt fortfarande still; ständigt constantly
alltmera more and more
alltnog in short
alltsammans all [of it resp. them]; *det bästa av ~ var...* the best thing of all..., iron. the best of it all...; *jag är trött på ~* I am fed up with the whole thing
alltsedan ever since; *~ dess* ever since that (then)
alltsomoftast pretty (fairly) often
alltså följaktligen accordingly, thus; det vill säga in other words; vard., i slutet av en mening see!, you know!
allusion allusion
allvar isht mots. skämt, sorglöshet seriousness, stark. gravity; isht mots. likgiltighet earnestness; stränghet sternness; *situationens* ~ the gravity of the situation; *tala ~ med ngn* have a serious talk with (to) a p.; *på [fullt]* ~ in [real] earnest; *ta...på* ~ take...seriously
allvarlig serious; earnest; jfr *allvar*; *i ~ fara* in grave danger; *en ~ farlig sjukdom* a serious illness

allvarligt seriously; *~ sinnad* serious-minded
allvarsam se *allvarlig*
allvarsamhet seriousness
allvarsord, *säga ngn ett (några)* ~ have a serious word with a p.
allvetare ung. walking encyclop[a]edia
allätare zool. omnivore äv. bildl. om pers.
alm 1 träd elm **2** virke elm[wood]; *...av* ~ äv. elmwood...; jfr äv. *björk* m. sammansättn.
almanacka almanac; vägg~ o.d. calendar; fick~ o.d. diary
alp alp; *Alperna* the Alps
alpacka 1 får el. tyg alpaca **2** nysilver [electroplated] nickel silver (förk. EPNS), German silver
alpin alpine
alpinism alpinism
alpinist alpinist
alruna bot. el. mytol. mandrake
alster product; isht friare production; pl. produce
alstra produce, generate; t.ex. hat engender
alstring production, generation
alstringsförmåga o. **alstringskraft** generative (productive) power
alt mus. alto (pl. -s); kvinnl. contralto (pl. -s)
altan terrace; på tak roof terrace; balkong balcony
altarduk altar cloth, antependium
altare altar äv. bildl.
altarskåp altar screen; triptyk triptych; altarskärm reredos
altartavla altarpiece
alternativ alternative
alternera alternate
altfiol mus. viola
althorn tenor horn; amer. althorn
altruism altruism
altsaxofon alto sax[ophone]
aluminium aluminium; amer. aluminum
aluminiumfolie aluminium foil
aluminiumkärl aluminium vessel
alunskiffer alum shale
Alzheimer, *~s sjukdom* med. Alzheimer's disease
amalgam tandläk. amalgam
amanuens univ., ung. [research] assistant; biblioteks~ assistant librarian
amaryllis bot. amaryllis
amason Amazon; manhaftig kvinna amazon
Amasonfloden the [River] Amazon
amatör amateur; neds. dilettant|e (pl. -i)
amatörfotograf amateur photographer
amatöridrott amateur athletics
amatörmässig amateurish, unprofessional
amatörteater som verksamhet amateur (private) theatricals

ambassad embassy
ambassadris ambassadress
ambassadråd counsellor [of embassy]
ambassadör ambassador
ambition framåtanda ambition; pliktkänsla conscientiousness; *han har inga ~er* he lacks ambition
ambitionsnivå level of ambition
ambitiös 'framåt' ambitious; plikttrogen conscientious
ambra ambergris
ambrosia ambrosia
ambulans ambulance äv. mil.
ambulerande, *~ cirkus* travelling circus
amen ofta anv. som subst. amen; *säga ja och ~ till allt* agree to everything
Amerika America; *~s förenta stater* the United States of America sg.; vard. the States pl.
amerikan o. **amerikanare** American
amerikanisera Americanize; *~d engelska* Americanized English, Americanese
amerikansk American attr.
amerikanska 1 kvinna American woman 2 språk American
amfetamin amphetamine
amfibie amphibian
amfibieplan amphibious plane
amfiteater amphitheatre
amiral admiral
amiralsskepp flagship
amma I *s* wet-nurse **II** *tr* breast-feed
ammoniak kem. ammonia
ammunition ammunition
amnesti amnesty; *bevilja* ngn *~* el. *ge ~ åt* ngn grant...an amnesty, amnesty
amning breast-feeding
amok, *löpa ~* run amuck (amok)
a-moll mus. A minor
Amor Cupid; *~s pilar* Cupid's arrows
amorbåge Cupid's bow
amortera lån pay off [...by instalments]; statsskuld amortize
amortering belopp instalment; amortization payment; jfr *amortera*
amorteringsfri, *~tt lån* loan payable in full at maturity
amorteringsvillkor instalment plan
1 ampel, *ampla lovord* unstinted praise sg.
2 ampel för växter hanging flowerpot
ampere ampere
ampull ampoule; liten flaska phial
amputation amputation
amputera amputate
AMS förk., se *Arbetsmarknadsstyrelsen*
amsaga old wives' tale
AMU förk., se *arbetsmarknadsutbildning*
AMU-center Vocational Training Centre

amulett amulet; talisman
amöba amoeba (pl. äv. amoebae)
an, *av och ~* se *av II 2*
ana ha en förkänsla have a feeling (a presentiment osv., jfr *aning*); misstänka suspect; förutse anticipate; gissa divine; tro think; *~ oråd (argan list)* suspect mischief, vard. smell a rat; *jag ~de det* el. *det ante mig* I suspected (thought) as much
anabol med. *~a steroider* anabolic steroids
anagram anagram
anakronism anachronism
analfabet, *vara ~* be illiterate (an illiterate)
analfabetism illiteracy
analog 1 likartad analogous 2 data. o.d. analogue
analogi analogy
analogisk analogical
analys analysis (pl. analyses); isht statistisk breakdown
analysera analyse; amer. analyze
analytiker analyst, analyser; amer. analyzer
analytisk analytic[al]
analöppning anat. anus
anamma mottaga receive; upptaga accept; tillägna sig, t.ex. seder adopt, take over; vard., knycka pinch; *fan (djävlar) ~!* damn it!, hell!
ananas pineapple
anarki anarchy
anarkist anarchist
anarkistisk anarchic[al]
anatomi anatomy
anatomiker *s* anatomist
anatomisk anatomical
anbefalla 1 ålägga enjoin 2 rekommendera recommend
anbelanga, *vad...~r* se *beträffa*
anblick sight; *vid första ~en* at first sight
anbringa allm. fix, affix; applicera apply; passa in fit; sätta upp put up; placera place; föra in introduce
anbud offer; amer. bid; prisuppgift quotation; *få ~* have an offer [*på* att köpa of, att sälja for]; *inlämna ~* tender [for a contract]
anciennitet seniority; *efter ~* by seniority
and [wild] duck
anda 1 andedräkt breath; *hämta ~n* recover one's breath, catch one's wind; *tappa ~n* lose one's breath 2 stämning spirit; *en ~ av samförstånd* a spirit of understanding
andakt devotion; friare, aktning reverence; andaktsövning devotions pl.
andaktsfull devotional; andäktig devout
andaktsstund hour of devotion (worship)
andas breathe äv. bildl.; respire; *~ djupt*

breathe deeply (deep); dra ett djupt andetag draw a deep breath

ande 1 själ spirit; ~ *och materia* mind and matter; *~n är villig, men köttet är svagt* the spirit is willing, but the flesh is weak **2** okroppsligt väsen spirit; skyddsande genius (pl. äv. genii); sagoväsen genie (pl. genii); *ond ~ evil spirit*, demon; *den Helige Ande* the Holy Ghost (Spirit)

andedrag breath; *i ett ~* [all] in one breath, in a single breath; *i samma ~* in the same breath; *till sista ~et* to one's last breath (gasp)

andedräkt breath; *dålig ~* bad breath

andefattig dull

andel share; *~ i vinsten* share of (in) the profit

andelsbevis share certificate, scrip

andelsförening co-operative society

andelsföretag co-operative undertaking

andelslägenhet ung. condominium; vard. condo

andemening spirit, essence

Anderna the Andes

andetag breath; för ex. jfr *andedrag*

andevärld spiritual world

andeväsen spirit

andfådd breathless, out of breath, vard. puffed [out]

andfåddhet breathlessness

andhämtning breathing, respiration

andjakt jagande duck-shooting

andlig 1 mots.: kroppslig: **a)** själslig spiritual **b)** intellektuell mental **2** mots.: världslig: **a)** spiritual; *~ ledare* (*makt*) spiritual leader (power) **b)** from, religiös religious; *~ musik* sacred music **c)** kyrklig ecclesiastical; prästerlig clerical

andlös breathless; *~ tystnad* dead silence

andning breathing; *konstgjord ~* artificial respiration

andningsorgan anat. respiratory organ

andningspaus pause for breath; bildl. breathing-space

andnöd shortness of breath

andra (*andre*) **I** räkn second (förk. 2nd); *den ~ från slutet* the last but one; *hyra ut i ~ hand* sublet; *det får komma i ~ hand* it will have to come second (friare later); *~ klassens* (*rangens*) second-rate, second-class; *komma på ~ plats* come second, be runner-up **II** pron se *annan*

andrabas mus. second bass äv. stämma

andrabil second car

andragradsekvation matem. equation of the second (2nd) degree

andrahandsuppgift, *~[er]* second-hand information sg. [*om, på* about, on]

andrahandsuthyrning subletting

andrahandsvärde second-hand value; inbytesvaras trade-in value

andraklassbiljett second-class ticket

andraklasskupé second-class compartment

andrarangsförfattare second-rate author

andre I *räkn* se *andra* **II** *pron* se *annan* o. *3 en III 1*

andrum frist breathing-space

andtäppa shortness of breath

andtäppt ...short of breath; vard. short-winded

andäktig devout; uppmärksam [extremely] attentive

andäktighet devoutness; uppmärksamhet attentiveness

anekdot anecdote

anemon bot. anemone

anestesi anaesthesia; amer. anesthesia

anfall allm. attack äv. sport.; isht mil. äv. assault, charge, stark. onslaught; *ett hysteriskt ~* a fit of hysterics; *ett ~ av gikt* an attack (a fit) of gout

anfalla allm. attack, assault

anfallskrig war of aggression, aggressive war

anfallsspelare sport. forward, striker

anfallsvapen offensive weapon (koll. weaponry)

anfordran, att betalas *vid ~* ...on demand

anfrätt corroded, eroded; bildl. corrupt

anfäkta plåga harass; hemsöka haunt; ansätta assail; fresta tempt; *~s av svartsjuka* be a prey to jealousy

anfäktelse [trials and] tribulations pl.; frestelse temptation

anföra 1 föra befäl över be in command of; leda lead; visa vägen för guide; isht mus. conduct **2** yttra state; t.ex. som ursäkt allege; t.ex. bevis adduce; t.ex. skäl give; *~ klagomål* [*mot*] lodge a complaint [against] **3** citera quote

anförande yttrande statement; tal speech, address

anförare commander; isht mus. conductor; friare captain, head

anföring språkv. quotation; *direkt ~* direct speech; *indirekt ~* indirect (reported) speech

anföringstecken quotation mark

anförtro I *tr* **1** överlämna *~ ngn ngt* (*ngt åt ngn*) entrust a th. to a p., entrust a p. with a th.; i ngns vård äv. commit a th. to a p.'s keeping (charge) **2** delge *~ ngn en hemlighet* confide a secret to a p. **II** *rfl*, *~ sig åt* **a)** överlämna entrust (commit) oneself to **b)** ge sitt förtroende confide in

anförvant relation; *~er* äv. kinsfolk koll.

ange 1 uppge state, mention; utvisa indicate; utsätta note; på karta mark **2** anmäla ~ *ngn* report (inform against) a p.; ~ *sig själv* vanl. give oneself up **3** anslå ~ *takten* mus. mark time
angelägen 1 om sak: brådskande urgent; viktig important **2** om pers. ~ *om ngt* anxious el. eager for a th.; hågad för keen on a th.
angelägenhet 1 ärende affair; sak matter; *inre ~er* internal affairs; *sköta sina egna ~er* mind one's own business (affairs) **2** vikt urgency
angenäm pleasant, pleasing
angiva se *ange*
angivare informer
angivelse denunciation, accusation
anglicism Anglicism
anglikansk Anglican
angloamerikan Anglo-American
anglosaxare Anglo-Saxon
anglosaxisk Anglo-Saxon
anglosaxiska språk Anglo-Saxon
Angola Angola
angolan Angolan
angolansk Angolan
angoragarn angora
angorakatt Angora [cat]
angrepp attack; *gå till ~* [*mot ngn*] attack [a p.]
angripa allm. attack; anfalla äv. assault
angripare attacker, assailant; isht polit. el. mil. aggressor
angripen skadad affected; om tänder decayed; ankommen tainted
angränsande adjacent [*till* to], adjoining
angå concern; avse have reference to; *det ~r mig inte* it doesn't concern me, it's no concern (business) of mine
angående concerning, regarding, about
angöra sjö. **1** anlöpa: hamn touch (call) at; kaj approach **2** fastgöra make...fast
angöringshamn port of call
anhalt halt
anhang following; *A. och hans ~* vard. A. and his crew (mob, lot)
anhopa I *tr* heap (pile) up **II** *rfl,* ~ *sig* accumulate
anhopning piling up, heaping up
anhålla I *tr* ta i fängsligt förvar take...into custody, arrest; amer. vard. book **II** *itr* ask; ~ [*hos ngn*] *om ngt* ask [a p.] for a th.; *jag anhåller om svar* I would appreciate your...; *om svar anhålles* (*o.s.a.*) an answer will (would) oblige, please reply, RSVP (förk. för répondez s'il vous plaît fr.)
anhållan request; petition; application
anhållande, göra motstånd *vid ~t* ...when (on being) arrested

anhängare supporter; adherent [*av, till* of]
anhörig relative, relation; *mina ~a* äv. the members of my family
anilinpenna indelible pencil
animalisk animal
animera 1 animate; *en ~d diskussion* an animated discussion **2** *~d film* tecknad film animated cartoon
aning 1 förkänsla feeling; isht av ngt ont presentiment; misstanke suspicion; vard. hunch [*om att* i samtl. fall that]; *onda ~ar* misgivings, apprehensions; *en svag* (*dunkel*) *~* a vague suspicion **2** begrepp idea; *det har jag ingen* (*inte den ringaste*) *~ om!* I have no (not the slightest) idea!, vard. I haven't a clue!, I wouldn't know! **3** smula *en ~ trött* a bit tired
aningslös unsuspecting; naiv naive
anis anise; krydda aniseed
anka 1 zool. [tame] duck **2** tidnings~ hoax
ankarboj [anchor] buoy
ankare 1 sjö. anchor sjö. bildl.; *ligga för ankar* sjö. ride (lie) at anchor **2** byggn. brace **3** i ur lever escapement **4** till magnet armature **5** sport. anchorman
ankdamm duck pond; *i* den svenska *~en* bildl. round the...parish pump
ankel ankle
ankellång ankle-length
ankelsocka ankle sock
anklaga accuse; ~ *ngn för* äv. charge a p. with
anklagelse accusation; ~akt indictment; *rikta en ~ mot ngn för...* accuse a p. of..., charge a p. with...
anklang bifall approval; *vinna ~* win (meet with) approval
anknyta I *tr* attach, unite; connect, connect (join, link) up **II** *itr,* ~ *till* link up with, connect on to; referera till comment on, refer to
anknytning connection, attachment; konkr. connecting link; tele. extension; *tåget har ~ till* äv. the train connects with...
ankomma 1 anlända arrive; vara bestämd att komma be due **2** ~ *på* a) bero depend on b) tillkomma *det ankommer på honom* it's his business, it's up to him
ankommande arriving; om post, trafik incoming; på skylt, om tåg o.d. arrivals
ankommen skämd, om frukt, mat o.d. tainted; skinkan *var lite ~* äv. ...had gone (was a bit) off
ankomst arrival [*till* at, i vissa fall in]; *vårens ~* äv. the coming (advent) of spring
ankomstdag day of arrival
ankomsthall t.ex. på flygplats arrival hall (lounge)

ankomsttid time (hour) of arrival; *beräknad* ~ estimated time of arrival (förk. ETA)
ankra anchor
ankringsplats anchorage, berth
ankunge duckling
anlag medfött natural ability (capacity), aptitude; begåvning gift; disposition tendency; *ärftliga* ~ hereditary disposition sg.; *ha goda* ~ allm. have good mental powers
anlagd built osv., jfr *anlägga*
anlagsbärare biol. carrier
anlagsprov o. **anlagstest** ped. aptitude test
anledning skäl reason; orsak cause; isht yttre el. tillfällig occasion; grund ground; motiv motive; ~ *till ngt* reason osv. for a th.; *jag ser ingen* ~ *att* + inf. I see no reason (occasion) to + inf. (for + ing-form); *av vilken* ~*?* for what reason?; *med (i)* ~ *av* on account of, owing to
anlete face, visage; *i sitt ~s svett* by the sweat of one's brow
anletsdrag features
anlita, ~ *ngn* vända sig till turn (apply) to a p. [*för* [*att få*]... for...]; engagera engage (tillkalla call in) a p.
anlopp 1 ansats run **2** anfall onset, attack
anlupen om metall oxidized; ~ *av* tarnished by
anlägga 1 uppföra build, erect; bygga construct; grunda found, establish **2** iordningställa ~ *gator* (*en trädgård*) lay out streets (a garden); ~ *mordbrand* commit arson **3** planera plan, design **4** sorg, stil o.d. put on; ~ *skägg* grow a beard
anläggning 1 abstr., anläggande erection; foundation; laying out; design[ing]; jfr *anlägga 1-3* **2** konkr.: allm. establishment; byggnad structure; fabrik o.d. works (pl. lika); maskin~ plant; t.ex. värme~ installation; t.ex. stereo~ equipment; park~*ar* [park] grounds pl.
anlända arrive [*till* at, i vissa fall in]; ~ *till* komma fram till äv. reach
anlöpa I *tr* sjö. call at, touch (put in) at **II** *itr* om metall oxidize
anmodan request; *göra ngt på* ~ *av* do a th. at the request (invitation) of
anmäla I *tr* **1** tillkännage announce; rapportera, meddela: allm. report, förlust, skada äv. notify, t.ex. avflyttning give notice of, till förtullning declare **2** recensera review **II** *rfl*, ~ *sig* report [*för, hos* to]; ~ *ange sig själv* give oneself up; ~ *sig som sökande till*... apply for...; ~ *sig till en examen*, tävling m. m. enter [one's name] for...; ~ *sig till en kurs* register for a course

anmälan 1 a) meddelande announcement, report; *göra en* ~ *om saken* report the matter **b)** ansökan application, entry **2** recension review
anmälare recensent reviewer
anmälningsavgift entry (application) fee
anmälningsblankett application form
anmälningsdag, *första (sista)* ~ opening (closing) date for entries
anmälningstid, ~*en utgår* den 15 juni the last day for entries (applications) is...
anmärka I *tr* påpeka, yttra remark **II** *itr* kritisera m.m. criticize; find fault; pass unfavourable comments
anmärkning påpekande, yttrande remark; förklaring note; klander adverse remark; klagomål complaint; skol. bad mark (amer. grade)
anmärkningsvärd märklig remarkable; beaktansvärd notable; noteworthy; märkbar noticeable
annalkande I *s*, *vara i* ~ be approaching (at hand) **II** *adj* approaching; *ett* ~ *oväder* äv. a gathering storm
annan (*annat, andre, andra*) **1** allm. other, jfr *3 en III 1*; *en* ~ another; självst. another [one], någon annan äv. somebody (osv., jfr*2*) else; *annat* självst. other things pl., något annat something (resp. anything) else, jfr *2*; *andra* självst. others; utan syftning vanl. other people; *i annat fall* otherwise osv., jfr *annars* **2** efter isht vissa indef. o. interr. självst. pron. else; gen. else's; jfr dock *3*; *någon* ~ om pers. somebody (someone) else resp. anybody (anyone) else **3** ~ *än* but, other but, other than, jfr ex.; *någon* ~ *än* **a)** fören. some other...than (besides) resp. any other...but **b)** självst. somebody (someone) other than resp. anybody (anyone) but; *ingen* ~ *än* **a)** fören. no other...than (but) **b)** självst. nobody (no one) [else] but, none but (except); ingen mindre än no (none) other than, no less a person than; *allt annat än* frisk anything but... **4** 'helt annan', 'inte lik' different **5** vard., 'riktig' regular; 'vanlig' common; *som en* ~ *tjuv* just like a common thief
annandag, ~ *jul* the day after Christmas Day; i Engl. vanl. Boxing Day (utom om dagen är en söndag); ~ *pingst (påsk)* Whit (Easter) Monday
annanstans, *någon* ~ elsewhere, somewhere (resp. anywhere) else; på annat ställe äv. in some (resp. any) other place; på andra ställen äv. in other places
annars 1 i annat fall otherwise; ty annars, annars så or [else]; efter frågeord else;

tröttare än ~ more tired than usual **2** för övrigt, i förbigående sagt by the way
annat se *annan*
annons advertisement (förk. advt.); vard. ad; dödsannons o.d. announcement, notice
annonsbilaga i tidning advertisement supplement
annonsera i tidning advertise; på förhand meddela announce; ~ *om ngt* till salu advertise a th.
annonskampanj advertising (publicity) campaign (drive)
annonspelare advertising pillar
annonsör advertiser
annorlunda I *adv* otherwise; [*helt*] ~ *än* [quite] differently from **II** *adj* different
annullera annul, cancel
annullering annulment
anonym anonymous
anonymitet anonymity
anonymitetsskydd [individual's] legal right to anonymity
anor ancestry, ancestors; isht bildl. progenitors; *ha fina* ~ be of high lineage (birth)
anorak anorak
anordna 1 ställa till med get (set) up; organisera organize **2** placera arrange **3** utanordna order...to be paid
anordning arrangement; *~ar* hjälpmedel, bekvämligheter o.d. facilities
anorexi med. anorexia
anpassa I *tr* suit, adjust **II** *rfl*, ~ *sig* suit (adjust, adapt) oneself [*efter* to]
anpassbar adaptable, adjustable
anpassning adaptation, adjustment
anpassningsförmåga adaptability
anpassningssvårighet, *ha ~er* have difficulty in adapting (adjusting) oneself
anrik attr. ...with its fine old traditions
anrika enrich; tekn. äv. concentrate; *~t uran* enriched uranium
anrikning enrichment; tekn. äv. dressing, concentration
anrop call äv. tele.; mil. challenge; sjö. hail
anropa call; tele. call up; mil. challenge; sjö. hail
anrätta prepare; laga cook
anrättning 1 tillredning preparation **2** maträtt dish; måltid meal
ansa tend; grönsaker clean; jord dress; häst groom; träd, rosor prune
ansamling accumulation
ansats 1 sport. run; mil. advance; *hopp med* (*utan*) ~ running (standing) jump **2** försök attempt; anfall impulse, prompting; början start, beginning; tecken sign; *hon gjorde en ~ att resa sig* she made an effort to rise **3** tekn. projection, lug **4** mus. attack; om blåsinstrument embouchure
ansatt se under *ansätta*
anse 1 mena, tycka think, consider, feel; *vad ~r du om saken?* what do you think (how do you feel) about it?, what is your opinion? **2** betrakta, hålla för consider; regard; *han ~s vara expert* he is considered to be an expert
ansedd aktad respected, esteemed; eminent; distinguished; ibl. noted; *en ~ familj* a respected family; *en ~ firma* (*tidning*) a respectable (reputable) firm (paper), a firm (paper) of high standing
anseende rykte reputation, good name; status standing; prestige prestige; aktning esteem; *stå högt i ~ hos ngn* stand high in a p.'s estimation
ansenlig considerable
ansikte face äv. min; högtidl. countenance; *kända ~n* personer well-known personalities; *förlora ~t* lose face; *stå ~ mot ~ med* stand face to face with, face
ansiktsdrag features
ansiktsfärg colouring [of the face], complexion
ansiktskräm face cream
ansiktslyftning face lifting äv. bildl.; *genomgå* [*en*] ~ have one's face lifted; have a face-lift äv. bildl.
ansiktsmask mask
ansiktsskydd allm. face protection; sport. faceguard; tekn. faceshield; mot damm dust mask
ansiktsuttryck [facial] expression
ansiktsvatten [skin] toner, skin tonic
ansjovis konserverad skarpsill; ung. tinned sprat; koll. tinned sprats, brisling anchovy style
anskrämlig ugly
anslag 1 kungörelse notice **2** penningmedel grant; parl. supplies, vote; understöd subsidy **3** på tangent touch **4** tekn., projektils impact **5** stämpling design; plot
anslagstavla notice board; amer. bulletin board
ansluta I *tr* connect **II** *itr* o. *rfl*, ~ *sig till* a) personer join, attach oneself to; särsk. i åsikt äv. side (concur) with b) en åsikt (riktning) adopt; ett uttalande äv. concur in, agree with c) t.ex. tullunion enter; t.ex. fördrag enter into
ansluten connected; affiliated
anslutning 1 förbindelse connection; associering association **2** understöd, samtycke adherence, support
anslutningsflyg connection flight

anslå 1 anvisa allow, earmark, set aside (apart); ~ tid *till* devote...to, set aside...for **2** uppskatta estimate **3** mus., se *slå [an]*; ~ *den rätta tonen* bildl. strike the right note
anslående tilltalande pleasing; gripande impressive
anspela allude, hint
anspelning allusion
anspråk allm. claim; fordran demand; förväntningar expectations; ~ *på ett arv* claim to an inheritance; *göra ~ på ngt* lay claim to a th., claim (demand) a th.
anspråksfull pretentious; krävande demanding
anspråkslös unpretentious; unassuming; om måltid o. d. simple; i sin klädsel quiet; i sina priser moderate
anstalt inrättning institution; för nervklena mental home (hospital)
anstifta cause, instigate, raise; t.ex. myteri stir up; ~ *mordbrand* commit arson
anstiftan, *på ~ av* at the instigation of
anstiftare instigator; av myteri o.d. ringleader
anstrykning 1 färgnyans tinge **2** antydan, prägel touch; *en ironisk ~* a touch (trace) of irony **3** grundmålning priming
anstränga I *tr* allm. strain; trötta, t.ex. ögonen tire; uppbjuda exert; sätta på prov tax **II** *rfl*, ~ *sig* exert oneself, make an effort
ansträngande strenuous, taxing, hard; om marsch o.d. stiff; *det är ~ för ögonen* it is a strain on the eyes
ansträngd strained; om stil laboured; om leende, sätt forced; *personalen är hårt ~* the staff is (are) overworked
ansträngning effort; exertion; påfrestning strain; *med gemensamma ~ar* by united efforts
ansträngt in a forced manner
anstå 1 uppskjutas wait, be deferred; *låta ~ med* t.ex. betalningen let...stand over **2** passa become, be becoming (proper) for
anstånd respite, grace
anställa 1 i sin tjänst employ, take...into one's employ (service); amer. äv. hire; utnämna appoint **2** åstadkomma bring about; ~ *förödelse* play (work) havoc
anställd I *adj, bli (vara) ~* become (be) employed [*hos ngn* by a p.; *vid* at, in], vard. have a job [*vid* at, in]; *fast ~ vid företaget* on the permanent staff of...
II *subst adj, en ~* an employee
anställning anställande, förhållandet att vara anställd employment; befattning appointment; enklare situation; isht tillfällig engagement

anställningsavtal employment (service) agreement
anställningsförmån emolument; extraförmån perquisite, vard. perk; fringe benefit
anställningsintervju [employment] interview
anställningsstopp employment (job) freeze
anställningstrygghet security of employment
anställningsvillkor terms of employment
anständig aktningsvärd respectable; korrekt decorous; hygglig el. i motsats t. opassande decent
anständighet respectability; decency; propriety; jfr *anständig*; *för ~ens skull* for decency's sake
anstöt offence; *ta ~ av* take offence at, take exception to
anstötlig offensive; svag. objectionable; oanständig indecent
ansvar allm. responsibility; ansvarsskyldighet liability; *bära (ha) ~et för* be responsible for; *stå till ~* be held responsible (answerable, accountable); *på eget ~* on one's own responsibility; *på egen risk* at one's own risk
ansvara be responsible (answerable, accountable); *för ytterkläder ~s icke* coats and hats etc. left at owner's risk
ansvarig allm. responsible; för skuld o.d. liable; *göra ngn ~* make (hold) a p. responsible
ansvarighet responsibility
ansvarsfull responsible, ...of (involving) great responsibility
ansvarsförsäkring third party [liability] insurance; jfr *försäkring 2*
ansvarskännande ...conscious of one's responsibility (responsibilities)
ansvarslös irresponsible
ansvarslöshet irresponsibility; bristande ansvarskänsla lack of responsibility
ansätta sätta åt beset; besvära harass; *~s av fienden (hunger)* be beset by the enemy (by hunger); *vara ansatt av gikt* be afflicted with (be a victim to) gout
ansöka, *~ om* apply for
ansökan application; *~ om nåd* petition for mercy; *lämna in en ~* hand (send) in an application
ansökningsblankett application form
ansökningshandling application paper
ansökningstid, *~en utgår den 15 juni* applications must be [sent] in by (before) the 15th June
antaga o. **anta 1** med personobj.: anställa engage; utse appoint; välja åt sig adopt; intaga som elev o.d. admit, rekryt enrol;

godkänna approve **2** gå med på accept; lagförslag pass **3** förutsätta assume; formellare presume; förmoda suppose; vard. expect **4** göra till sin, tillägna sig, t.ex. idé adopt; ~ *namnet* (*titeln*)... take (assume) the name (title) of... **5** ta på sig, t.ex. en min take (put) on, assume **6** få assume; ~ *oroväckande proportioner* attain (assume) alarming proportions

antagande 1 godkännande av t.ex. förslag acceptance, adoption; anställande engagement; som t.ex. elev admission **2** förmodan o.d. assumption, supposition; förutsättning premise

antagbar acceptable

antagligen förmodligen presumably; sannolikt probably, in all probability

antagning admission

antagonism antagonism

antagonistisk antagonistic

antal number; *ett stort ~människor var där* a large (great) number of people were there; *tio till ~et* ten in number

Antarktis the Antarctic

antarktisk Antarctic

antasta vara närgången mot accost, molest

anteckna I *tr* note (take, write, put) down; införa, t.ex. beställning, i bok o.d. enter, book; uppteckna, konstatera record; *få det ~t till protokollet* have it recorded (taken down, put) in the minutes **II** *rfl,* ~ *sig* put one's name down [*för* for; *som* as]

anteckning note, memo (pl. -s)

anteckningsblock [note] pad; amer. scratch pad

anteckningsbok notebook

antenn 1 zool. antenn|a (pl. -ae), feeler **2** radio. aerial; amer. vanl. antenna; radar scanner

antennansluten ...connected on to an (resp. the) aerial (amer. antenna)

antibiotikum med. antibiotic

antik I *adj* antique, ancient; gammal[modig] old[-fashioned]; *ett ~t föremål* an antique, a curio **II** *s, ~en* [classical] antiquity

antikbehandla give an antique finish to

antiklimax anticlimax; litt. bathos

antikommunistisk anti-Communist

antikvariat second-hand (finare antiquarian) bookshop

antikvarie antiquarian; bokhandlare second-hand (finare antiquarian) bookseller

antikvitet antikt föremål antique (pl. -s)

antikvitetsaffär antique shop, [antique and] second-hand furniture-shop (furniture-dealer's)

antikvitetshandlare antique dealer

antikvitetssamlare collector of antiques

antikvärde antique value

Antillerna the Antilles; *Stora* (*Små*) ~ the Greater (Lesser) Antilles

antingen 1 either; ~ *du eller jag* either you or I (vard. me) **2** vare sig whether; ~ *du vill eller inte* whether you like it (want to) or not

antipati antipathy; *ha* (*hysa*) ~ feel an antipathy [*för* towards; *mot* to]

antirobotvapen antimissile weapon

antisemitism anti-Semitism

antiseptisk antiseptic; *~t medel* antiseptic

antistatisk antistatic

antistatmedel antistatic agent

antivirusprogram data. antivirus software (program)

antologi anthology

antropologi ung. anthropology

anträda set out (off) on, begin

anträffa find

anträffbar available; *han var inte ~ på telefon* he could not be reached by phone

Antwerpen Antwerp

antyda 1 låta påskina (förstå) hint, intimate **2** [i förbigående] beröra touch [up]on; förebåda foreshadow **3** tyda på indicate; *som namnet antyder* as the name implies (suggests)

antydan fingervisning hint; ansats suggestion, suspicion; spår vestige

antydningsvis kortfattat in rough outline; som en antydan as a hint

antågande, *vara i* ~ be approaching (on the way); om t. ex. oväder el. obehag be brewing

antändbar [in]flammable

antändning ignition

anvisa tilldela o.d. allot

anvisning, ~[*ar*] upplysning, föreskrift directions pl., instructions pl.; vink tip sg.

använda 1 allm. use; högtidl. el. i bet. anlita employ; göra bruk av make use of; bära wear; käpp o.d. carry; ta take; ~ *tiden* (*sin tid*) *väl* make good use of one's time **2** tillämpa apply; metod adopt; sin auktoritet exercise **3** lägga ned spend; *han använder all sin tid till att läsa* he devotes all his time to reading; *det var väl använda pengar* it was money well spent **4** förbruka use up

användare user

användarvänlig user-friendly

användbar allm. usable; motsats: oanvändbar ...fit for use; nyttig useful; om t. ex. kläder serviceable; om t. ex. metod practicable; tillämplig applicable; *den är ~ till många ändamål* it can be used for many

purposes; *i ~t skick* in working order, in serviceable condition
användning use; av pers., högtidl. employment; behandling usage; tillämpning application; *jag skulle ha stor ~ för...* I would have great use of...; äv. ...would be of great use to me
användningssätt method of application; *dess ~ ofta* the way it is used
apa I *s* **1** zool. monkey; isht utan svans ape **2** neds., om kvinna bitch; *det luktar ~ vard.* it stinks like hell **II** *tr, ~ efter ngn* ape (mimic) a p.
apache indian Apache Indian
apanage appanage
apatisk apathetic, listless
apel apple tree
apelsin orange
apelsinjuice orange juice
apelsinklyfta orange segment; i dagligt tal piece of orange
apelsinmarmelad [orange] marmalade
apelsinsaft orange juice; sockrad, för spädning orange squash, jfr äv. *saft*
apelsinskal orange peel äv. koll.
Apenninerna the Apennines
aperitif aperitif
aplik ape-like
apokalyps apocalypse
A-post first-class mail
apostel apostle äv. friare
apostlahästar, *använda ~na* go on Shanks's pony (mare)
apostrof apostrophe
apotek pharmacy; i Engl. chemist's [shop]; amer. äv. drugstore; *på fartyg* dispensary
apotekare pharmacist; i Engl. dispensing (pharmaceutical) chemist, chemist and druggist; amer. äv. druggist
apparat 1 instrument apparatus; anordning device, appliance; radio~ set; telefon~ instrument; t.ex. bandspelare machine; elektrisk ~ appliance; *alla nödvändiga ~er* all the necessary apparatus (equipment) **2** utrustning apparatus **3** bildl. resources; maskineri machinery; *sätta i gång en stor ~* vard. make great (extensive) preparations; göra stor affär av make a big business [out] of
apparatur equipment; apparatus
appell 1 jur. el. allm. appeal; *rikta en ~ till* make an appeal to, appeal to **2** mil. call
applikation application äv. data.; sömnad. appliqué
applåd, *~[er]* applause sg.; handklappning[ar] clapping sg.; *en stark ~* loud applause; *riva ned ~er* bring the house down
applådera applaud

applådåska storm (volley) of applause
apportera fetch; jakt. retrieve
aprikos apricot
april April (förk. Apr.); *~, ~! April fool!; i ~ [månad]* in [the month of] April; *första ~* äv. April Fools' Day; *den sista ~* [som adverbial on] the last day of April; *i början av ~* at the beginning of (early in) April; *i mitten (slutet) av ~* in the middle of (at the end of) April
den femte (5) ~ som adverbial on the fifth of April, on April 5th; *den femte (5) ~ inföll på en söndag* the fifth of April (April 5th) was a Sunday; *Stockholm den 5 ~ (5/4) 2005* i brevdatering Stockholm, 5th April, 2005
aprilskämt, *ett ~* an April fools' joke
aprilväder April weather
apropå I *prep* apropos [of]; *~ det* äv. talking of that, by the way (by), that reminds me **II** *adv* by the way; *[helt] ~* incidentally, casually
aptit appetite äv. bildl.; *för att få ~* to work up an appetite; *förstöra ~en för ngn* take away a p.'s appetite; *äta med god ~* äv. eat with great relish
aptitlig appetizing; lockande inviting; läcker tasty; för ögat dainty
aptitlöshet loss (*brist på aptit* lack) of appetite
aptitretande I *adj* appetizing; *~ dryck* ...that stimulates the appetite, aperitif **II** *adv, verka ~* whet (excite, tickle, stimulate) the appetite
aptitretare appetizer
arab Arab, Arabian
Arabien Arabia
arabisk Arab, Arabian; *~ arkitektur* Arabian architecture; *~a siffror* Arabic numerals
arabiska 1 kvinna Arab woman **2** språk Arabic
arbeta I *itr* o. *tr* allm. work; vara sysselsatt be at work; mödosamt el. tungt äv. (isht i högre stil) labour; *~ fort (långsamt)* äv. be a quick (slow) worker; *~ för (på) att* +inf. work (friare strive) to +inf.
II med beton. part.
~ av work off
~ bort get rid of; stamning o.d. äv. [gradually] get the better of
~ sig fram eg. el. bildl. work one's way up (along); vinna framgång make one's way [in the world]
~ ihjäl sig work oneself to death
~ ihop **a)** tr.: *~ ihop en förmögenhet* manage to amass a fortune **b)** itr. work together
~ in eg. work in (...into); *~ in* handelsvara

14

create (work up) a market for...; ~ *in extra ledighet* i förväg work overtime in order to get some days (resp. hours) off ~ **över** på övertid work (put in) overtime, work late
arbetare a) allm.: worker; i högre stil äv. labourer; isht hantverkare working man; som mots. till arbetsgivare employee **b)** spec.: jordbruks~ el. grov~ labourer; schaktnings~ navvy; fabriks~ hand, operative; verkstads~ mechanic
arbetarfamilj working-class family
arbetarklass working-class; ~*en* vanl. the working classes pl.
arbetarkvarter working-class district (quarter)
arbetarparti Labour party; ~*et* i Engl. äv. Labour
arbetarrörelse working-class movement; ~*n* äv. the Labour Movement
arbetarskyddslag Occupational Safety and Health Act; i Engl. Health and Safety at Work Act
arbete allm. work; abstr. labour; möda toil; plats, isht vard. job; åliggande task; prestation äv. performance; *ett* ~ **a)** abstr. a piece of work, a job **b)** konkr.: isht konstnärligt el. litterärt a work; handarbete, slöjd o.d. a piece of work; *att gräva diken är ett hårt (tungt)* ~ digging ditches is hard work; *skriftliga ~n* written work sg.; *ha ~ hos...* be in the employ of..., be employed by...; *han har gått till ~t* he has gone off to [his] work; *huset är under* ~ the house is under construction; *musik under ~t* music while you work
arbetsam flitig hard-working; mödosam laborious
arbetsavtal labour agreement (contract)
arbetsbeskrivning job description; föreskrifter working (operational) instructions; instruktioner instructions
arbetsbesparande labour-saving
arbetsbord worktable; skrivbord [writing-]desk, writing-table
arbetsbrist scarcity (shortage) of work
arbetsbänk workbench; i t.ex. kök worktop
arbetsbörda burden of work; *hans* ~ the [amount of] work he has to do
arbetsdag working-day; vardag workday; *åtta timmars* ~ eight-hour [working-]day
arbetsdelning job sharing
arbetsdomstol labour court; *Arbetsdomstolen* (förk. *AD*) the [Swedish] Labour Court
arbetsfred industrial peace
arbetsför ...fit for work; *den ~a befolkningen* the working population

arbetsfördelning, ~*en* the distribution of [the] work; ekon. [the] division of labour
arbetsförhållanden working (labour) conditions
arbetsförmedling employment office (agency)
arbetsförmåga working capacity
arbetsgivaravgift payroll tax
arbetsgivare employer
arbetsgivarförening employers' association; *Svenska Arbetsgivareföreningen* the Swedish Employers' Confederation
arbetsglädje, *hans* ~ the pleasure he takes in his work
arbetsgrupp working team (party); kommitté working party
arbetskamrat fellow worker; kollega colleague
arbetskläder working-clothes, work clothes
arbetskraft folk labour, manpower
arbetslag grupp working party; skift shift
arbetsledare på fabrik o.d. foreman; övervakare supervisor
arbetsliv working life; *komma (gå) ut i ~et* go out to work
arbetslivserfarenhet job (work) experience
arbetslivsorientering, *praktisk* ~ (förk. *PRAO*) skol. practical occupational experience [for 'grundskola' pupils]
arbetslust, *jag har ingen* ~ I don't feel like working, I'm not in the mood for work
arbetsläger work camp; tvångs~ labour camp
arbetslös unemployed; *en* ~ subst. adj. a person who is out of work (unemployed)
arbetslöshet unemployment; *stor* ~ massive (large-scale) unemployment
arbetslöshetskassa unemployment benefit fund (society)
arbetslöshetsunderstöd unemployment benefit (amer. compensation); *få* ~ vard. be on the dole
arbetsmarknad labour market
arbetsmarknadsminister Minister of Labour; motsv. i Engl. Secretary of State for Employment
arbetsmarknadspolitik labour-market (employment) policy
Arbetsmarknadsstyrelsen (förk. *AMS*) the [Swedish] Labour Market Board
arbetsmarknadsutbildning (förk. *AMU*) vocational training courses pl. [for the unemployed and the handicapped]
arbetsmyra worker [ant]; bildl. busy bee; *en* ~ äv. an eager beaver
arbetsnarkoman vard. workaholic, work addict

arbetsnedläggelse stoppage (cessation) of work; strejk strike
arbetsoförmögen incapacitated
arbetsplats allm. place of work; bygg~ o.d. [working] site; kontor o.d. office
arbetsro, vi behöver ~ ...peace and quiet [so that we can work]
arbetsrum workroom; studierum study
arbetsrätt jur. labour legislation
arbetsskada occupational injury
arbetsskygg work-shy
arbetsstyrka labour (work) force; på fabrik o.d. number of hands
arbetssätt way (method) of working
arbetssökande ...in search of work
arbetstag, *vara i ~en* be hard at work
arbetstagare employee
arbetsterapi occupational therapy
arbetstid working hours, hours [of work]; *efter ~en[s slut]* after working hours
arbetstillstånd labour (work) permit
arbetstvist labour dispute (conflict)
arbetsuppgift task
arbetsutskott working (executive) committee
arbetsvecka working week; amer. äv. work week
arbetsvillig ...willing (ready) to work
arbetsvillkor working conditions
ardennerhäst Ardennes [horse]
Ardennerna the Ardennes
area area
areal area; jordegendoms acreage
arena arena äv. bildl.; idrotts~ [sports] ground; *den politiska ~n* äv. the political scene
arg 1 ond angry; vard. (isht amer.) mad; ilsken, vard. el. om djur savage, wild; rasande furious; *bli ~ på ngt (ngn)* get angry (wild) at a th. (with a p.), get cross over a th. (with a p.) **2** *ana ~an list* se under *ana*
argbigga shrew
Argentina the Argentine [Republic], Argentina
argentinare Argentine; neds. Argie
argentinsk Argentine
argentinska kvinna Argentine woman
argsint I *adj* ill-tempered **II** *adv* irascibly
argsinthet irascibility, ill temper
argument argument; *anföra som ~ att* bring forward the argument that, argue that
argumentera argue
aristokrat aristocrat
aristokrati aristocracy
aristokratisk aristocratic
aritmetik arithmetic
1 ark ark; *Noaks ~* Noah's Ark

2 ark pappers~ el. typogr. sheet
arkad arcade
arkebusera shoot, execute...by a firing squad
arkebusering execution by a firing squad; *döma ngn till ~* sentence a p. to be shot
arkeolog archaeologist
arkeologi archaeology
arkeologisk archaeological
arkitekt architect
arkitektbyrå o. **arkitektkontor** architect's office
arkitektur [style of] architecture
arkiv allm. archives, äv. lokal; dokumentsamling records, files; bild~, film~ library
arkivera file [away]
arkivexemplar library (file) copy; lagstadgat deposit copy
Arktis the Arctic
arktisk Arctic
arla early; *i ~ morgonstund* early in the morning
1 arm stackars poor; usel wretched
2 arm arm; av flod branch; *lagens ~* the arm of the law; *ta ngn i sina ~ar* take a p. in one's arms, embrace a p.; *med ~arna i sidan* with [one's] arms akimbo; *med öppna ~ar* with open arms; *ta ngn under ~en* hold (take) a p.'s arm
armatur 1 elektr. a) koll.: belysnings~ electric fittings b) ankare, rotor med m. armature **2** armering armour
armband bracelet; på t.ex. armbandsur strap
armbandsur wristwatch
armbindel som igenkänningstecken e.d. armlet
armbrytning arm-wrestling; amer. Indian wrestling
armbåga, ~ sig elbow one's way (oneself) [*fram* along]
armbåge elbow
armé army äv. bildl.
armékår army corps
Armenien Armenia
armenier Armenian
armenisk Armenian
armhåla armpit
armhävning från golvet press-up; amer. push-up; från t.ex. trapets pull-up
armkrok, *gå [i] ~* walk arm-in-arm
armlängd arm's length; *[på] en ~s avstånd* at arm's length
armod poverty
armring enklare bangle; finare bracelet
armstöd armrest
armsvett perspiration of the armpit
armtag brottn. arm lock; simn. stroke
armveck bend (crook) of the arm

16

arom aroma
aromatisk aromatic
aromglas balloon [glass], snifter
aromsmör kok. savoury butter
arrak arrack
arrangemang arrangement äv. mus.; *~en* the organization sg.
arrangera arrange äv. mus.; organisera organize
arrangör arranger äv. mus.; organisatör organizer
arrendator leaseholder; isht jur. lessee
arrende tenancy, leasehold; arrendering leasing; kontrakt lease; avgift rent
arrendera lease; *~ bort (ut)* lease [out]
arrest custody; mil. arrest; lokal cell, lock-up; mil. guardroom, guardhouse
arrestera arrest; *hålla ~d* detain...in custody; *vara ~d* be under arrest
arrestering arrest
arresteringsorder se *häktningsorder*
arrogans arrogance
arrogant I *adj* arrogant **II** *adv* arrogantly, haughtily
arsenal arsenal äv. bildl.; armoury
arsenik kem. arsenic
arsenikförgiftning arsenic poisoning
arsle vulg. arse, amer. ass; som skällsord arsehole, amer. asshole
art slag kind, sort; vetensk. species (pl. lika); natur nature; *av en annan ~ typ* äv. of a different type
arta, *~ sig* shape; utvecklas turn out, develop
artig polite; förekommande courteous; hövlig civil; uppmärksam attentive
artighet (jfr *artig*) politeness, civility; attention; *av ~* out of politeness
artighetsbetygelse, *under ~r* with an exchange of courtesies
artighetsvisit courtesy call, formal visit
artikel article äv. gram.
artikulera fonet. el. mus. articulate
artilleri artillery; sjö. el. som vetenskap gunnery
artilleripjäs gun
artilleriregemente artillery regiment
artist artist; teat. el. friare vanl. artiste
artistisk artistic
artistnamn stage name
arton eighteen; jfr *fem[ton]* o. sammansättn.
artonde eighteenth; jfr *femte*
artonhundratalet, *på ~* in the nineteenth century
artär anat. artery
arv inheritance äv. biol.; isht andligt heritage; legat legacy; *~ och miljö* biol. heredity and environment; *få ett litet ~* äv. come into (be left) a little money (property); *gå i ~* a) om egendom be handed down, descend, be passed on b) vara ärftlig be hereditary
arvfurste hereditary prince
arvinge heir; kvinnl. heiress; laglig heir-at-law (pl. heirs-at-law); *utan arvingar* without heirs (issue), heirless
arvlös disinherited; *göra ngn ~* disinherit a p., cut a p. out of one's will
arvode remuneration; läkares o. d. fee
arvprins hereditary prince
arvsanlag allm. hereditary character (disposition); biol. gene
arvsanspråk claim to an (resp. the) inheritance (om tronföljd o.d. the succession)
arvsberättigad, *vara ~* be entitled to [a share of] the inheritance; om tronföljd o.d. be in the line of succession
arvsfond, *allmänna ~en* the [Swedish] State Inheritance Fund
arvskifte distribution (division) of an (resp. the) estate
arvslott part (share, portion) of an (resp. the) inheritance
arvsskatt inheritance tax, death duty
arvstvist dispute about an (resp. the) inheritance; *ligga i ~ med...* contest an inheritance at law with...
arvsynd original sin
arvtagare heir; jur. heir male, inheritor
arvtagerska heiress; jur. heir female
1 as 1 kadaver [animal] carcass, carrion
2 skällsord skunk
2 as mytol. As (pl. Æsir)
asaläran mytol. the Æsir cult
asbest asbestos
asch oh!
asfalt asphalt
asfaltbeläggning abstr. asphalting; konkr. asphalt surface
asfaltera asphalt
asfull vard. pissed, dead drunk
asiat 1 pers. Asiatic, Asian **2** *~en* vard., influensa Asian flu
asiatisk Asiatic, Asian
Asien Asia
1 ask 1 träd ash [tree] **2** virke ash[wood]; *...av ~* äv. ash[wood]..., för sammansättn. jfr *björk-*
2 ask box; bleck*~* tin[box]; *en ~ tändstickor* a box of matches; *~ cigaretter* packet (isht amer. pack) of cigarettes
aska I *s* ashes; cigarr*~* o.d. ash; *lägga...i ~* lay...in (reduce...to) ashes **II** *tr* o. *itr, ~ av* vid rökning knock the ash off
A-skatt tax deducted from income at source

askblond ash-blond; om kvinna ash-blonde
asket ascetic
askfat ashtray
askgrå ashen, ash-grey
askkopp ashtray
Askungen sagofigur Cinderella
asocial asocial; mera allm. anti-social
asp 1 träd aspen **2** virke aspen wood; *...av ~* äv. aspen[wood]..., för sammansättn. jfr *björk-*
aspekt aspect äv. språkv. el. astron.
aspirant sökande applicant, candidate; under utbildning learner, probationer
aspiration aspiration äv. språkv.
aspirera, *~ på* aspire to, aim at; göra anspråk på pretend to
aspirin farmakol. aspirin
asplöv aspen leaf; *darra (skälva) som ett ~* tremble (quiver, shake) like a leaf
ass assurerat brev insured letter; paket insured parcel
Ass-dur mus. A flat major
assiett tallrik side (small) plate; maträtt hors-d'œuvre fr.
assimilation assimilation äv. språkv.
assimilera assimilate äv. språkv.
assistans assistance
assistent allm. assistant; forskar~ demonstrator
assistera I *itr* assist, act as [an] assistant **II** *tr* assist; *~ ngn* äv. go (come) to a p.'s assistance
association idé~ el. sammanslutning association; *väcka ~er* arouse (awake) associations
associera I *tr* associate; *~ sig med...* associate (hand. enter into partnership) with...; *~d medlem* associate member **II** *itr*, *~ till* komma att tänka på form associations with
assurera insure; sjö. underwrite; *~s för...* som påskrift to be insured for...
Assyrien Assyria
assyrier Assyrian
assyrisk Assyrian
aster bot. aster
astma asthma; *ha (lida av) ~* äv. be asthmatic
astmatiker asthmatic
astrakan 1 lammskinn astrakhan **2** äpple astrakhan apple
astrolog astrologer
astrologi astrology
astronaut astronaut
astronom astronomer
astronomi astronomy
asyl asylum; *begära politisk ~* seek (ask for) political asylum

asylrätt right of asylum
asylsökande asylum seeker
asymmetrisk asymmetrical
ateism atheism
ateist atheist
ateljé studio; sy~ o.d. workroom
Aten Athens
Atlanten the Atlantic [Ocean]
Atlantpakten atlantpaktsorganisationen the North Atlantic Treaty Organization (förk. NATO)
atlantångare transatlantic liner
atlas kartbok atlas
atlet stark karl strong man
atletisk om kroppsbyggnad o.d. athletic; om pers. athletic-looking
atmosfär atmosphere äv. bildl.
atmosfärisk atmospheric[al]; *~a störningar* radio. el. TV. atmospherics pl.
atom atom, för sammansättn. jfr äv. *kärn-*
atombomb atom[ic] bomb
atomdriven nuclear-powered
atomenergi atomic (nuclear) energy
atomkrig atomic (nuclear) war
atomsopor nuclear waste
atomvapen atomic (nuclear) weapon
atomåldern the Nuclear Age
ATP förk., se under *tilläggspension*
att I *infinitivmärke* **1** to; *det fanns ingenting för honom ~ göra* there was nothing for him to do; *~* hur man gör för att *tjäna pengar* how to earn (make) money **2** utan motsvarighet i eng. (ren inf.), spec. efter vissa vb o. talesätt *allt du behöver göra är ~ komma hit* all you have to do is [to] come here; *det kom mig ~ tveka* it made me hesitate **3** *att* +inf. motsvaras av: **a)** ing-form, spec. efter prep. o. vissa vb, ibl. vid sidan av to +inf.; *~ se är ~ tro* seeing is believing, to see is to believe; *boken är värd ~ läsa[s]* the book is worth reading; *efter ~ ha ätit frukost gick han* after having (having had) breakfast he went **b)** of (äv. andra prep.) + ing-form; *konsten ~ sjunga* the art of singing
II *konj* **1** that; *~ jag kunde vara så dum!* [to think] that I can be (have been) such a fool! **2** it (det faktum the fact) that; *frånsett ~ han...* disregarding (apart from) the fact that he...; *du kan lita på ~ jag gör det* you may depend (rely) on it that I will do it **3** *att* + sats motsvaras av: **a)** inf.-konstruktion *vad vill du ~ jag ska göra?* what do you want me to do?; *jag väntar på ~ han ska komma* I am waiting for (expecting) him to come **b)** ing-konstruktion (isht efter prep.) *ursäkta ~ jag stör [Er]!* excuse my (vard. me)

disturbing you!; *jag gjorde det utan ~ jag visste om det* I did it without knowing it
attachéväska attaché case
attack attack; jfr *anfall*
attackera attack; bildl. pester; antasta molest
attackflygplan fighter-bomber
attentat attack; mordförsök attempted assassination; *göra ett ~ mot ngn* äv. make an attempt on a p.'s life
attentatsman would-be assassin
attestera belopp authorize...for payment; handling certify
attiralj, ~[*er*] utrustning equipment; don kit, tackle, gear (samtl. sg.); grejor paraphernalia pl.
attityd attitude mest bildl.; kroppsställning posture; pose pose
attitydförändring change of attitude
attrahera attract; *verka ~nde* be attractive
attraktion attraction
attraktiv attractive
attrapp dummy
attribut attribute äv. gram.
audiens audience
augusti August (förk. Aug.); för ex. jfr *april*
auktion sale [by auction]; *köpa ngt på ~* buy a th. at an auction; *sälja ngt på ~* sell a th. by auction
auktionera, ~ *bort* auction [off], dispose of (sell)...by auction
auktionskammare auctioneer's office; auktionslokal auction rooms
auktorisera authorize; *~d revisor* chartered (certified) accountant
auktoritativ authoritative; *på ~t håll* in authoritative circles
auktoritet authority
auktoritär authoritarian
aula assembly hall; i universitet lecture hall
au pair I *adv* au pair **II** *s, en ~* an au pair [girl]
Australien Australia
australiensare o. **australier** Australian
australiensisk o. **australisk** Australian
autenticitet authenticity
autentisk authentic
autograf autograph
autografjägare autograph hunter
automat automatic machine; med myntinkast slot machine; *lägga en krona i ~en* place...in the slot
automatgevär automatic rifle
automatik automatic system (function); tekn. automatic control devices
automatisera automate
automatisering automation
automatisk automatic
automatlåda bil. automatic gearbox

automattelefon dial (automatic) telephone
automatvapen automatic weapon
automatväxel bil. automatic gearchange; tele. automatic exchange
autopilot autopilot
av I *prep* **1** prep.-uttr. betecknar: a) partitivförhållande b) ämnet o.d. c) div. andra betydelseförhållanden **a)** *en del ~ tiden* part of the time; *hälften ~ arbetet* half the work **b)** *ett bord ~ ek* a table of oak, an oak table; *vad har det blivit ~ honom?* what has become of him? **c)** *ett tal ~ Palme* a speech of Palme's (jfr 2); *Ert brev ~ i går* your letter of yesterday['s date] **2** prep.-uttr. är någon form av agent vanl. by; *huset är byggt ~ A.* the house was built by A.; *ett tal [hållet] ~ Palme* a speech made by Palme (jfr *1 c*) **3** prep.-uttr. betecknar orsaken **a)** till en ofrivillig handling el. ett tillstånd with; ibl. for; *trädet är vitt (översållat) ~ blommor* the tree is white (covered) with blossoms; *huttra ~ köld* shiver with cold **b)** till en mer el. mindre frivillig handling out of; *han gjorde det ~ nyfikenhet* he did it out of curiosity **c)** i vissa stående uttryck for; ibl. on; *~ brist på* for want (lack) of; *~ fruktan för* for fear of; *~ princip* on principle **4** *~ sig själv*: *han gjorde det ~ sig själv* he did it by himself (självmant of his own accord); *det faller (följer) ~ sig självt* it is (it follows as) a matter of course **5** 'genom' vanl. by; *~ erfarenhet* by (from) experience; *jag gjorde det ~ misstag* I did it by (in) mistake **6** 'från' **a)** allm. from; *en gåva ~ min fru* a present from my wife; *inkomst ~ kapital* income [derived] from capital **b)** 'bort (ned) från' off; *stiga ~ tåget* get off the train
II *adv* **1** beton. part. vid vb: **a)** 'bort[a]', 'i väg': vanl. off; *locket är ~* the lid is off (not on) **b)** *svimma ~* faint [away] **c)** *klä ~* ngn undress... **d)** *rita ~* copy, make a drawing of **e)** 'itu' in two; '[av]bruten' broken; *repet gick [mitt] ~* the rope snapped in two **2** *~ och an* [*på golvet*] to and fro [on the floor], up and down [the floor]; *~ och till* då och då off and on
avancemang promotion
avancera advance
avancerad advanced äv. i bet. 'vågad'
avart försämrad form degenerate species (pl. lika); biform variety
avbasning stryk beating
avbeställa cancel; *~ en biljett (ett hotellrum)* cancel a booking (reservation)
avbeställning cancellation
avbetalning belopp instalment (amer. -ll-);

system the hire-purchase (instalment) system (plan); skämts. the never-never system; *göra en* ~ pay an instalment [*på bilen* on...; *på 5000 kr* of...]
avbetalningsköp koll. hire-purchase; amer. installment buying; enstaka purchase on the instalment system
avbild representation; *sin fars* ~ the very image of his (her osv.) father
avbilda reproduce, depict; rita draw; måla paint
avbitartång cutting nippers (pliers)
avbländning bil. [the] dimming (dipping) of the headlights; foto. stopping down the lens
avboka cancel
avbokning cancellation
avbrott 1 uppehåll: störning interruption; tillfälligt upphörande, kontinuitetsbrott break; paus pause; frivilligt uppehåll intermission; definitivt slut cessation, stoppage, discontinuance; *ett* ~ *i sändningen* TV. el. radio. a breakdown in transmission; *utan* ~ without stopping (a break, any interruption, intermission), continuously **2** kontrast contrast; *ett angenämt* ~ *i arbetet* mitt arbete a pleasant break from my work
avbryta I *tr* göra avbrott i (slut på) break off; förorsaka [ett] avbrott i interrupt; störa break; plötsligt o. störande break in [up]on; resa break; vänskap, förbindelser o.d. sever; visit cut short; avsiktligt upphöra med discontinue; tillfälligt avbryta leave off; t.v. inställa, t.ex. betalningar suspend; ~ *ett havandeskap* terminate a pregnancy; *vårt samtal blev avbrutet* our conversation was interrupted, om telefonsamtal äv. we were cut off **II** *rfl*, ~ *sig* [*i sitt tal*] break off, stop speaking
avbräck motgång setback; ekonomisk [financial] loss
avbytarbänk, ~*en* the substitutes' (vard. subs') bench
avbytare substitute, vard. sub båda äv. sport.; reserve, replacer; för chaufför driver's mate; vid tävlingar co-driver
avböja avvisa decline
avbön [humble] apology; *göra* ~ äv. apologize
avdelning 1 avdelande dividing; [sub]division **2** i ämbetsverk department; i affär[shus] department; på sjukhus vanl. ward; del part; avsnitt, 'sida' i tidning section; i skåp compartment; mil. detachment
avdelningschef i ämbetsverk head of a (resp. the) department (division); i varuhus o.d.

departmental head (manager), manager of a (resp. the) department
avdelningskontor branch [office]
avdelningssköterska ward sister; amer. head nurse
avdrag allm. deduction; beviljat allowance, *göra* [*ett*] ~ äv. vid deklaration make a deduction [*för* for]; *yrka* ~ *med* visst belopp claim a deduction of...
avdragsgill [tax] deductible; ~*t belopp* allowable deduction, permissible allowance
avdramatisera play down
avdunsta evaporate, vaporize
avdunstning evaporation
avec, *kaffe* [*med*] ~ coffee with brandy (cognac, liqueur)
avel uppfödning breeding, rearing; fortplantning reproduction; ras stock, breed; avkomma progeny
avelsdjur breeder; isht om häst stud; koll. breeding stock
avelsduglig ...fit for breeding purposes
avelshingst studhorse
avelssto brood-mare
avelstjur bull [kept] for breeding
aveny avenue
avfall 1 sopor: allm. refuse; köks~ o.d. garbage; slakt. offal; *radioaktivt* ~ radioactive waste **2** övergivande falling away; från parti o.d. defection
avfallshantering waste disposal (management)
avfallskvarn disposer
avfallsprodukt waste product
avfart trafik. exit, turn-off
avfatta brev o.d. word, skämts. indite; avtal draw up; regler frame; lagförslag draft; karta draw; *kort* ~*d* briefly worded, brief
avflyttning removal; *han är uppsagd till* ~ he has been given notice to quit
avflöde outflow
avfolka depopulate
avfolkning depopulation; *landsbygdens* ~ the depopulation of the countryside (drift to towns)
avfrosta defrost
avfrostning defrosting
avfälling renegade; polit. defector; från religion apostate; vard. backslider
avfärd departure, going away
avfärda 1 klara av: ärende finish; fråga el. person dismiss; ~ *ngn* äv. send a p. packing (about his business); ~ *ngn* (*ngt*) *kort* make short work of (deal summarily with) a p. (a th.) **2** skicka dispatch, send off
avföda offspring, progeny
avföra stryka cancel; ~ *från dagordningen*

(*från en förteckning*) remove from the agenda (a list)
avföring med., abstr. evacuation [of the bowels]; ekrementer motions pl.; *ha ~ pass* a motion
avföringsmedel laxative
avgas, *~er* exhaust [gas]
avgasrenare bil. exhaust emission control device
avgasrör exhaust pipe
avge 1 avsöndra emit **2** ge: allm., t.ex. svar give; löfte give, make; om sakkunnig: inkomma med bring in, anbud hand in; avkunna award
avgift allm. charge; t.ex. anmälnings~ fee; färd~, taxa fare; års~, medlems~ subscription; post~ postage; tull~ duty; hamn~, tonnage~ dues
avgifta detoxicate, detoxify
avgiftning detoxication
avgiftsbelagd ...subject (liable) to a charge (resp. to a fee, to duty, jfr*avgift*); *~ bro* toll-bridge
avgiftsfri free, ...free of charge (resp. duty), jfr *avgift*; *inträdet är ~tt* no charge for admission, admission free [of charge]
avgjord decided osv., jfr *avgöra*; tydlig[t märkbar] distinct; utpräglad declared, stark. definite; *en ~ förbättring* a marked (decided) improvement
avgjutning casting; konkr. cast
avgrund 1 allm. abyss; klyfta chasm; svalg gulf samtl. äv. bildl. *stå vid ~ens rand* be on the edge of the precipice **2** *~en* helvetet the bottomless pit, hell
avgrundsdjup *adj* abysmal, unfathomable
avgrundskval pains of hell
avgränsa demarcate; *klart ~d från omgivningen* sharply marked off from its surroundings
avgränsning demarcation, delimitation, definition
avgud idol äv. bildl.
avguda idolize äv. bildl.
avgå 1 eg. **a)** om tåg etc. leave, depart; *~ från S.* leave S., depart from S. **b)** avsändas, t.ex. om brev be sent off; *låta ~ send* off, dispatch **2** bildl.: dra sig tillbaka retire; ta avsked resign; *~ med pension* retire with (on) a pension; *~ med seger* come off (be) victorious, be the winner
avgående om fartyg, regering outgoing; *~ tåg (flyg)* departing trains (flights), train (flight) departures
avgång 1 eg. departure **2** persons retirement, resignation; *genom naturlig ~ av arbetskraft* through natural wastage
avgångsbetyg [school-]leaving certificate
avgångsbidrag o. **avgångsersättning** severance (terminal) payment (grant)
avgångshall t.ex. på flygplats departure hall (lounge)
avgångsklass last class, top form
avgångstid time (hour) of departure
avgöra decide; vara avgörande för äv. determine
avgörande I *adj* om t.ex. steg, skede decisive; om t.ex. skäl conclusive; om fråga, prov crucial; *~ faktor* determining factor **II** *s* deciding; beslut decision; fastställelse, lösning av t.ex. fråga settlement; *i ~ts stund* at the crucial (critical) moment
avhandla 1 *~* [*om*] förhandla om discuss, go into **2** utreda, behandla deal with
avhjälpa t.ex. fel, missbruk, brist remedy; en skada repair; oförrätt redress; t.ex. nöd relieve; avlägsna, t.ex. svårighet remove
avhopp polit. defection
avhoppare polit. defector, person seeking political asylum; t.ex. från studier drop-out
avhysa evict
avhysning eviction
avhyvling bildl. *ge ngn en ~* give a p. a dressing-down
avhålla I *tr* **1** hindra keep, stop, prevent **2** möte hold **II** *rfl, ~ sig från* refrain from; isht sprit äv. abstain from; undvika, t.ex. dåligt sällskap shun, avoid
avhållen beloved; cherished äv. om sak; allmänt omtyckt popular
avhållsam i fråga om mat o. dryck etc. abstinent, abstemious; sexuellt continent
avhållsamhet abstinence äv. helnykterhet; abstemiousness; sexuell continence
avhämtning, *till ~ att* avhämtas to be called for; att medtagas to take away
avhängig dependent [*av* on]; *vara ~ av* äv. depend on
avhängighet dependence
avhärdningsmedel [water] softener
avi advice; *~ om försändelse* dispatch note
avig 1 eg. wrong; *två ~a* i stickbeskrivning two purl **2** tafatt awkward **3** vard., ovänligt stämd unfriendly
aviga wrong side, reverse
avigsida 1 eg. wrong side, reverse; *handens ~* the back of the hand **2** bildl.: allm. unpleasant side; nackdel disadvantage
avigt 1 ta på en strumpa *~* ...inside out **2** tafatt awkwardly
avindustrialisera deindustrialize
avisera announce, notify, advise; *~ sin ankomst* announce (give notice of) one's arrival
A-vitamin vitamin A

avkall, *ge (göra)* ~ *på* t.ex. rättigheter renounce; t.ex. krav waive
avkastning yield; årlig return[s pl.]; vinst profit; *ge god (dålig)* ~ yield a good (bad) return, be (not be) remunerative
avklädd undressed
avklädningshytt vid strand bathing hut; inomhus cubicle
avkok decoction
avkomma offspring, progeny; isht jur. issue
avkoppling 1 tekn. uncoupling, disconnection **2** vila relaxation; i hårt arbete letup
avkortning 1 se *förkortning* **2** minskning reduction, diminution; på lön o.d. cut
avkrok out-of-the-way (remote) spot (corner)
avkräva, ~ *ngn ngt* demand a th. from a p., call upon a p. for (to give up) a th.
avkunna jur. ~ *dom* pronounce (pass) sentence, deliver judgement; ~ *utslag* return a verdict
avkylning cooling; tekn. refrigeration; *ställa till* ~ allow to cool, put in a cold place
avkönad emasculated äv. bildl.
avla beget; bildl. breed; ~ *barn* get (högtidl. beget) children
avlagd 1 ~*a kläder* cast-offs, cast-off (discarded) clothes (clothing), jfr äv. *lägga [av]* **2** om bekännelse m.m., se *avlägga 1*
avlagring abstr. stratification; konkr. deposit; geol. strat|um (pl. -a)
avlasta bildl. relieve the pressure on; se vid. *lasta [av]*
avlastning 1 urlastning unloading, discharge **2** bildl. relief
avlastningsbord extra (supplementary) table
avleda leda bort, t.ex. misstankar, uppmärksamhet divert
avlelse relig. conception; *den obefläckade* ~*n* the Immaculate Conception
avlida die
avliden deceased; *den avlidne* the deceased; *[den numera] avlidne...* the late...
avliva put...to death; sjuka djur destroy, put down; lögn, rykte o.d. (vard.) scotch
avlopp abstr. drainage; utlopp outlet; geogr. outfall; konkr. drain; t.ex. i badkar o. handfat plughole
avloppsdike drainage ditch
avloppsledning kloak sewer
avloppsrör sewage pipe; ledning sewer
avloppssystem sewage [disposal] system, sewerage
avloppsvatten sewage; hushållsspillvatten soil water; industriellt waste water
avlossa avskjuta fire [off], discharge
avlusa delouse

avlysa ställa in, t.ex. fest call off
avlyssna höra på listen to; i radio listen [in] to; ofrivilligt overhear; avsiktligt listen in to; t.ex. radiomeddelande monitor; ~ *ett meddelande* i spanings- el. spioneringssyfte intercept a message; ~ *ett telefonsamtal* tap a telephone conversation
avlyssning listening in to; monitoring; wiretapping; bugging, jfr *avlyssna*
avlång om fyrkantiga föremål oblong, rectangular; oval oval, elliptical
avlägga avge: bekännelse make; vittnesmål give; ~ *examen* pass (get through) an (one's) examination; akademisk take a [university] degree, graduate
avlägsen isht om uppgivet avstånd distant äv. bildl.; äv. avsides belägen remote, out-of-the-way; ytterst långt bort belägen far-off; *i en* ~ *framtid* in the distant (remote) future
avläget distantly, jfr *avlägsen*; ~ *liggande* remotely situated, remote, out-of-the-way, far-off
avlägsna I *tr* remove; göra främmande estrange; utesluta banish **II** *rfl,* ~ *sig* go away, leave; dra sig tillbaka withdraw, retire; isht synbart recede; ~ *sig från platsen* leave the spot
avlämnande o. **avlämning** delivering osv., jfr *lämna [av]*; delivery; av t.ex. rapport handing in; *mot* ~ *av* on delivery (presentation) of
avläsning av mätare o.d. reading [off]
avlöna pay
avlönad salaried
avlöning allm. el. sjö. pay; ämbetsmans månadslön salary; isht prästs stipend; kroppsarbetares el. tjänstefolks veckolön wages
avlöningsdag payday
avlöningskuvert pay packet
avlöpa försiggå pass off; sluta end; utfalla turn out; ~ *väl (illa)* pass (go) off well (badly)
avlösa vakt, i arbete relieve; följa på succeed; ersätta replace; utträngä supersede
avlösning relieving osv., jfr *avlösa*; mil. relief äv. konkr.
avlöva strip...of [its resp. their] leaves
avlövning defoliation
avmagnetisera demagnetize; fartyg degauss
avmagringsmedel reducing (slimming) preparation (medicine); metod method of slimming
avmarsch marching (march) off; friare start
1 avmaskning med. deworming
2 avmaskning i stickning casting off
avmattning flagging

avmätt measured; försiktig deliberate; om hållning reserved
avmönstring sjö. paying-off etc., jfr *mönstra* [*av*]
avnjuta enjoy
avog, *vara ~ mot* a) ngn be unfavourably disposed towards..., have an aversion to (a prejudice against)... b) ngt äv. be averse to...
avoghet averseness; aversion; antipathy
avogt unkindly
avpassa fit, match; *~ längden efter höjden* proportion the length to the height; *väl ~ tiden för besöket* choose the right time (moment) for one's visit, time one's visit well (just right)
avpolitisera depoliticize
avpollettera se *avskeda*
avprickad, *bli ~d* be ticked (checked) off
avprovning testing osv., jfr *prova* [*av*]
avreagera psykol. *~ sig* relieve (give vent to) one's feelings, work off one's anger (annoyance); vard. let off steam; *~ sig på ngn* take it out on a p.
avreda kok. thicken; *avredd soppa* äv. thick soup
avredning thickening äv. konkr.
avregistrera cross...off a (resp. the) register; bil. deregister
avregistrering crossing off a (resp. the) register; bil. deregistration
avreglera deregulate
avreglering deregulation
avresa I *itr* depart **II** *s* departure
avresedag day of departure
avrivning, *en kall ~* a cold rubdown, sponging with cold water
avrunda round off; *~d summa, siffra* round...
avrundning 1 avrundande rounding-off; *som ~ på kvällen* to round off the evening **2** avrundad del rounded[-off] part
avråda, *~ ngn från ngt* advise (warn) a p. against a th.; dissuade a p. from a th.
avrådan dissuasion; *mot min ~* against my advice [to the contrary]
avräkning 1 avdrag deduction **2** hand., avslutning settlement [of accounts]
avrätta execute; bildl. assassinate; han blev dömd att *~s genom hängning* ...condemned (sentenced) to be hanged [till he was dead]
avrättning execution; bildl. assassination
avsaknad loss, want; saknad regret; *vara i ~ av* be without, lack
avsats på mur ledge; i trappa landing; terrass platform; geogr. terrace; större plateau (pl. äv. -x)
avse 1 ha avseende på bear upon **2** ha i sikte have...in view, aim at, be directed towards **3** vara avsedd be intended (designed); *valet ~r tre år* the election is for three years **4** ha för avsikt, ämna mean
avsedd intended
avseende 1 syftning reference **2** hänsyn respect, regard; beaktande o.d. consideration; *fästa ~ vid* take notice of, take...into account, pay heed (attention) to; attach importance to; *i detta (varje, intet, ett) ~* in this (every, no, one) respect
avsevärd considerable; appreciable; *~ förbättring* äv. decided improvement
avsides I *adv* aside; *ligga ~* lie apart **II** *adj* distant
avsigkommen broken-down; *se ~ ut* äv. look shabby (seedy, out-at-elbows), be shabby-looking
avsikt allm. intention; syfte, ändamål purpose; slutmål end; plan design; motiv motive; jur., ofta intent; *ha för ~ att gå* have the intention of going, intend (mean, propose) to go; *i bästa ~, med de [allra] bästa ~er* with the best possible intentions; *med [full] ~* on purpose, deliberately
avsiktligen o. **avsiktligt** intentionally, purposely, on purpose
avskaffa abolish; missbruk put an end to; upphäva repeal
avskaffande abolishing, abolition; repeal, abrogation; *slaveriets ~* the abolition of slavery
avsked 1 ur tjänst dismissal; [anmälan om] tillbakaträdande resignation, retirement; *anhålla om (begära) ~* hand (give in, send in, tender) one's resignation, give in one's notice **2** farväl leave-taking; i högre stil farewell; uppbrott parting; *ta ~* say goodbye (i högre stil farewell) [*av* to]; take leave [*av* of]
avskeda dismiss, discharge; vard. fire
avskedande dismissal
avskedsansökan resignation; *lämna in sin ~* se *anhålla om avsked* under *avsked*
avskedsfest farewell party
avskedsord parting word
avskedsstund hour of parting
avskedstal farewell address (speech)
avskild secluded; isolerad isolated; *leva ~ från...* live apart from...
avskildhet retirement; isolering isolation
avskilja *tr* separate; lösgöra detach; hugga av sever; t.ex. rum partition [off]; avsöndra partition; avgränsa delimit; isolera segregate

avskjutningsramp för raketer launching pad (platform)
avskrap avfall scrapings, refuse; bildl.: slödder dregs, scum
avskrift copy; isht jur. transcript; jur. äv. exemplification; *bevittnad ~* attested (certified) copy
avskriva 1 hand., förlust write off **2** jur. *~ ett mål* remove a cause from the cause list
avskrivning 1 hand. writing off; enskild post sum (amount, item) written off; för värdeminskning depreciation **2** jur. removal from the cause list **3** avskrivande transcription
avskräcka deter, scare; svag. dishearten; *regnet avskräckte många* äv. the rain kept many away
avskräckande I *adj* om t. ex. verkan deterrent; om t. ex. straff exemplary; frånstötande repellent, repulsive; *som ~ exempel* as a terrible warning **II** *adv*, *~ ful* repellent, forbiddingly ugly
avskrädeshög rubbish-heap; soptipp dump
avskum bildl. scoundrel; koll. scum
avsky I *tr* loathe, abhor, abominate **II** *s* loathing, detestation; vedervilja disgust; [ngns] fasa abomination, horror
avskyvärd abominable, loathsome; om brott el. förbrytare heinous
avslag 1 på förslag rejection, rebuff; avvisande svar refusal; *få ~* have one's application turned down **2** vard. *~ på priset* reduction of the price
avslagen om dryck flat
avslappnad relaxed
avslappning relaxation, slackening
avslipning grinding; *en sista ~* a finishing touch, a final polish
avsluta 1 slutföra, fullborda finish [off]; göra slut på end, close; bilda avslutning på finish (end) off; *~s* äv. conclude, come to an end **2** göra upp conclude; avtal enter into; räkenskaper close
avslutad finished osv., jfr *avsluta*; done, over; *förklara* sammanträdet *avslutat* declare...closed
avslutning 1 avslutande finishing off; av köp o.d. concluding, conclusion; sport. finishing **2** avslutande del conclusion, finish; slut end; skol~ breaking-up; ceremoni ung. prize-giving; skol*~en äger rum 6 juni* school breaks up on June 6th
avslutningsvis in (by way of) conclusion, to conclude
avslå vägra att anta, t.ex. begäran refuse, decline; lagförslag o.d. reject; ibl. defeat; *han fick sin begäran avslagen* his request was rejected (turned down)

avslöja I *tr* bildl. expose; vard. debunk; yppa disclose, uncover **II** *rfl*, *~ sig [som]* reveal oneself [as]
avslöjande bildl. exposure; yppande disclosing
avsmak dislike; distaste; stark. aversion; disgust; *få ~ för* take a dislike to
avsmakning tasting; provning sampling
avsnitt sector äv. mil.; av bok o.d. part; av t.ex. följetong instalment (amer. -ll-); av t.ex. tv-serie episode; tids~ period
avsomna dö depart this life, pass away
avspark sport. kick-off
avspegla I *tr* reflect **II** *rfl*, *~ sig* be reflected (mirrored)
avspisa put...off; vard. fob...off
avspänd bildl. relaxed
avspänning 1 avslappning relaxation **2** polit. détente fr.; easing (relaxation) of tension
avspärrning avspärrande blocking osv., jfr *spärra [av]*; avspärrat område roped-off area; spärr barrier; polis~ cordon; blockad blockade
avstamp sport. takeoff; bildl. start
avstavning division
avsteg departure; från t.ex. regel deviation; från t. ex. det rätta lapse
avstickare utflykt detour; från ämnet digression
avstigning trafik. alighting, getting off (out); *endast ~* alighting only
avstjälpningsplats tip, dump
avstressad relaxed
avstyckning av tomt division
avstyra förhindra prevent; t.ex. olycka avert; t.ex. planer put a stop to
avstyrkande *s*, *~ av* ett förslag o.d. objection to..., rejection of...
avstå I *itr*, *~ från* allm. give up [*att gå* going]; uppge abandon, relinquish; försaka forgo, deny oneself; avsäga sig renounce; isht jur. waive; låta bli refrain (desist) from; undvara dispense with, do without; *~ från att rösta* abstain from voting; *jag ~r i* tävling I withdraw (retire) **II** *tr* lämna, överlåta give up, hand over; relinquish
avstånd allm. distance; mellanrum space (interval) [between]; vid målskjutning el. för radar range; *hålla rätt ~* keep the right distance; *ta ~ från* allm. dissociate oneself from; avvisa repudiate; frisäga sig från disclaim; ogilla take exception to; *på ett ~ av*... at (resp. from) a distance of...
avståndstagande dissociation, repudiation
avställning av bil temporary deregistration, av reaktor o.d. shutdown
avstämplingsdag post. date of postmark
avstängdhet isolation

24

avstängning allm. shutting off osv., jfr *stänga* [*av*]; från tjänst el. sport. suspension; inhägnad enclosure
avstötning med., vid transplantation rejection
avsvimmad unconscious; *falla ~ till marken* fall fainting to the ground
avsvärja, *~ sig* t.ex. tro abjure, forswear; t.ex. ovana renounce
avsyna inspect [and certify]
avsyning official inspection
avsågad eg. sawn-off; bildl. *bli ~ avstängd* be cut off, nedgjord be pulled to pieces
avsågning vard.: avsked sacking; besegrande licking, beating
avsäga, *~ sig* t.ex. befattning, uppdrag resign, give up; avböja decline; t.ex. ansvar disclaim; t.ex. anspråk relinquish; *~ sig kronan (tronen)* abdicate
avsändare pers. sender; hand., av gods consignor; av postanvisning remitter; på brevs baksida (förk. *avs.*) from
avsätta 1 ämbetsman remove [...from office]; kung dethrone; regent depose **2** avyttra sell; *...är lätt (svår) att ~* äv. ...sells well (badly) **3** se *sätta [av]*
avsättbar o. **avsättlig 1** om pers. dismissible **2** hand. marketable, sal[e]able
avsättning 1 ämbetsmans removal [from office]; kungs dethronement; regents deposition **2** av varor sale, marketing; *finna ~ för* find a market (an outlet) for, dispose of **3** av pengar provision, appropriation
avsöndra fysiol., t.ex. vätska secrete
avsöndring fysiol. secretion äv. konkr.
avta se *avtaga*
avtacklad, *se ganska ~ ut* look rather a wreck
avtaga *itr* minska decrease, grow less (om dagar shorter); om månen wane äv. allm.; om hälsa decline, fall off
avtagande I *s*, *vara i ~* be on the decrease (decline, isht om månen wane), be declining (diminishing, failing) **II** *adj* decreasing osv.; *~ syn* failing eyesight
avtagsväg turning; sidoväg side road
avtal agreement; kontrakt contract; fördrag treaty; isht polit. convention; *bindande ~* binding agreement; *enligt ~* according to (as per) agreement (contract), as agreed [up]on
avtala I *itr* agree **II** *tr* agree [up]on; *ett ~t möte* an appointment, an arranged meeting; *vid den ~de tiden* at the time appointed (fixed)
avtalsbrott breach of an (resp. the) agreement (a resp. the contract)
avtalsenlig ...as stipulated (agreed upon), ...according to the agreement (the contract)
avtalsrörelse förhandlingar round of wage negotiations, wage negotiations, pay talks
avteckna *rfl*, *~ sig [skarpt] mot* stand out [in bold relief] against
avtjäna, *~ ett straff* serve a sentence, serve (do) time
avtryck avformning imprint; avgjutning cast; *ta ett ~ av* take an impression of
avtryckare på gevär trigger; på kamera shutter release
avträda I *itr* withdraw; *~ från* äv. leave; befattning äv. resign **II** *tr* give up; t.ex. landområde cede
avtvinga, *~ ngn ngt* t.ex. pengar, löfte, bekännelse extort (wring, exact) a th. from a p.
avtynande I *s* decline **II** *adj* languishing
avtåg departure; friare decampment
avtåga march off (out); decamp
avtäckning 1 uncovering; av konstverk o.d. unveiling **2** ceremoni unveiling ceremony
avtärd wasted, haggard
avund envy; ibl. jealousy; *grön av ~ över ngt* green with envy at a th.
avundas, *~ ngn ngt* envy a p. a th.
avundsjuk envious
avundsjuka enviousness, jealousy
avundsvärd enviable
avvakta ankomst await; händelsernas gång wait and see; vänta (lura på) wait (watch) for
avvaktan, *i ~ på* while awaiting (waiting for)
avvaktande expectant; *inta en ~ hållning* el. *ställa sig ~* play a waiting game, adopt (pursue) a wait-and-see policy; vard. sit on the fence
avvara spare
avveckla isht affärsrörelse wind up; friare settle
avveckling isht av affärsrörelse winding up osv., jfr *avveckla*; liquidation; *~ av kärnkraften* nuclear phase-out
avverka 1 träd fell; isht amer. cut; skog clear...of trees **2** tillryggalägga cover **3** förbruka use [up]
avverkning felling osv., jfr *avverka 1*
avvika 1 ej överensstämma diverge; skilja sig differ; från t.ex. ämne digress; från t.ex. sanningen deviate; *~ från* dygdens stig stray from... **2** rymma abscond, run away; *~ [ur riket]* flee the country
avvikande (jfr *avvika*) divergent; differing; deviating; isht naturv. aberrant; *~ beteende* deviant (abnormal) behaviour

avvikelse divergence, deviation; från åsikt el. från ämnet digression; olikhet discrepancy
avvisa 1 ngn turn away; *han lät sig inte ~[s]* he would not take no for an answer, he was not to be rebuffed (put off) **2** ngt: t.ex. förslag, anbud reject, turn down; t.ex. anfall repel; isht jur., ngt som obefogat dismiss
avvisande I *adj* negative; unsympathetic; *ställa sig ~ mot (till) ngt* adopt a negative attitude towards a th. **II** *adv* negatively osv., jfr *I*
avvisning, *~ av en utlänning* refusal of entry to an alien
avväg bildl. *han har råkat (kommit) på ~ar* he has gone astray, he is on the wrong road
avväga 1 avpassa adjust; överväga weigh [in one's mind], balance; *väl avvägd* attr. om t.ex. yttrande, svar well-balanced, well-poised; om t.ex. slag well-timed, well-judged **2** lantmät. level
avvägningsfråga, *det är en ~* it is a question which needs careful weighing up, the pros and cons will have to be weighed up carefully
avvänja spädbarn wean; t.ex. rökare detoxify, detoxicate, vard. detox
avvänjningskur aversion (withdrawal) treatment
avväpna disarm äv. bildl.
avväpnande disarming; *ett ~ leende* a disarming (reassuring) smile
avvärja 1 t.ex. slag ward (fend) off **2** t.ex. fara avert
avyttra dispose of, sell, part with; egendomen *får ej ~s* ...is inalienable (entailed)
avyttring disposal
ax 1 bot., blomställning spike; sädesax ear; *plocka ~* gather ears, glean; *stå i ~* be in the ear; *utan ~* uneared **2** på nyckel [key-]bit, web
1 axel geom. el. geogr. el. polit. axis (pl. axes); hjulaxel axle, ibl. axletree; maskinaxel shaft, mindre spindle
2 axel skuldra shoulder; *bära ngt på ~n* carry a th. on one's shoulder; *se ngn över ~n* look down on a p.
axelband på damkläder o. barnplagg [shoulder] strap
axelbred broad-shouldered
axelhöjd, *en hylla i ~* a shoulder-high shelf
axelklaff mil. shoulder strap
axelrem shoulder strap
axelremsväska shoulder bag
axelryckning shrug [of the shoulders]
axelvadd shoulder pad

axla put on; t.ex. ränsel shoulder äv. bildl.; *~ en börda* bildl. shoulder a burden
axplock bildl. *ett litet ~ [från]* a small selection [from]
azalea bot. azalea
Azerbajdzjan Azerbaijan
azerbajdzjansk Azerbaijan
azerier Azeri
azerisk Azeri
aztek Aztec
aztekisk Aztec[an]
azur azure
azurblå azure[blue]

b 1 bokstav b [utt. bi:] **2** mus. a) ton B flat b) sänkningstecken flat
babbel vard. babble; babblande babbling
babbla vard. babble
babian zool. baboon äv. neds., om pers.
babord sjö. **I** s port **II** adv aport; [dikt] ~ med rodret! helm [hard] aport!
baby baby
babylift carrycot
babysim water-training for babies (infants)
babysitter stol bouncing cradle
babysäng spjälsäng cot; amer. crib
bacill germ; vetensk. bacillus (pl. bacilli); vard. bug
bacillskräck, *ha* ~ have a morbid fear (be afraid) of germs (catching diseases)
1 back 1 slags flat låda tray; tråg hod; öl~ o.d. crate **2** sjö., del av fördäck forecastle
2 back I s sport. back **II** adv back; sjö. astern; om segel aback; *gå* ~ a) sjö. go astern b) vard., gå med förlust run at a loss
backa I tr back äv. sjö.; reverse; ~ *en bil* reverse a car **II** itr back; sjö. go astern; på tangentbord backspace **III** med beton. part.
~ **in** (**ut**) *en bil* back a car in (out)
~ **upp** understödja back [up]
~ **ur** bildl. back out
backe 1 höjd hill; sluttning hillside; uppförs~ uphill slope; nedförs~ downhill slope, descent; skid~, se *skidbacke*; *sakta i backarna*; ta det lugnt steady!, easy!, take it (go) easy! **2** mark ground; *regnet står som spön i* ~*n* it's pouring down
backhand tennis o.d. backhand
backhoppning skijumping
backig hilly; böljande undulating
backkrön top of a (resp. the) hill
backljus bil. reversing (amer. back-up) light
backspegel driving (rear-view) mirror
bacon bacon
baconskiva slice of bacon
bad 1 badning: a) kar~ bath äv. med. el. kem.; vard. tub b) ute~, sim~ bathe; swim isht amer.; dopp dip; *ta* [*sig*] *ett* [*varmt*] ~ have a [hot] bath **2** se *badhus* o. *badrum* o. *badställe*
bada I itr sim~ el. bildl. bathe; kar~ have (take) a bath; ibl. bath **II** tr tvätta bath; isht bildl. el. amer. bathe
badboll beach ball
badborste bath brush
badbyxor bathing trunks
badda fukta bathe, dab
baddare vard. **1** stort exemplar *det var en* [*riktig*] ~ *till gädda!* that pike is a [real] whopper! **2** överdängare ace
baddräkt swimsuit
badförbud bathing ban; som skylt Bathing Prohibited
badhus public baths (pl. lika)
badkappa bathrobe; för strand bathing wrap
badkar bath
badkläder beachwear
badlakan large bath towel; för strand beach towel
badminton sport. badminton
badmintonboll shuttlecock
badort seaside resort (town)
badrock se *badkappa*
badrum bathroom
badrumsskåp bathroom cabinet
badsalt bath salts
badsemester holiday by the sea
badstrand beach, bathing beach
badställe bathing place; strand [bathing] beach
badsäsong bathing season
badtvål bath soap
badvakt swimming-pool attendant; på badstrand lifeguard
badvatten bathwater; *kasta ut barnet med badvattnet* throw the baby out with the bathwater
bagage luggage, baggage; vard. things
bagagehylla luggage (baggage) rack
bagageinlämning lokal left-luggage office; amer. checkroom
bagagekärra luggage (baggage) cart (trolley)
bagagelucka utrymme [luggage] boot; amer. trunk; dörr boot (amer. trunk) lid
bagare baker
bagatell trifle; *en ren* ~ a mere trifle (detail)
bagatellisera make light of
bageri bakery
bagge zool. ram
Bahamas the Bahamas
bajonett bayonet
bajs barnspr. poo-poo
bajsa barnspr. do a poo-poo, do number two
1 bak bakning baking; sats bakat bröd batch
2 bak I s **1** vard., säte behind, backside; byx~ seat; *få eld i* ~*en* step on it, move double-quick **2** ytbräde slab **3** sport. *2-0 i*

~en 2-0 down **II** *adv* behind, at the back; *~ i boken* se *baki*; *för långt ~* too far back
baka bake; *~ bröd* bake (make) bread; *~ ut* degen mould... [*till* into]; *~d potatis* baked potatoes
bakben djurs hind leg; *sitta på ~en* sit on one's haunches
bakbinda pinion
bakbord pastry board
bakdel på ett föremål back [part], rear; människas buttocks, vard. behind, bottom; djurs hind quarters, rump
bakdörr back door; på bil rear door; baklucka på halvkombi tailgate
bakefter behind
bakelse [piece of] pastry; med frukt, sylt tart; *~r* äv. pastry sg.
bakersta rear; *de ~* those at the back
bakficka på byxor hip pocket; *ha ngt i ~n* bildl. have a th. up one's sleeve
bakfot, *få saken (det) om ~en* get hold of the wrong end of the stick
bakfram back to front; *han resonerar helt ~* his reasoning is quite topsy-turvy (upside-down)
bakfull vard. *vara ~* se [*ha*] *baksmälla*
bakgata back street
bakgrund background äv. bildl.; miljö setting; *i ~en* i fjärran in the distance
bakgrundsmusik background music
bakgård backyard
bakhas, *sätta sig på ~orna* bildl. rear up [on one's hind legs], be pigheaded
bakhjulsdriven bil. rear-wheel driven
bakhåll ambush; mil. äv. ambuscade; *ligga (lägga sig) i ~ för ngn* lie (place oneself) in ambush for a p., waylay a p.
baki *prep* behind in, at (in) the back of
bakifrån from behind; *börja ~* begin at the back (end)
bakjour, *ha ~ om läkare* be on call, be on standby duty
baklucka se *bagagelucka*
baklykta rear (tail) light (lamp)
baklås, *dörren har gått i ~* the lock has jammed
baklänges backward[s]
bakläxa 1 *få ~* [*på geografin*] be told to do one's [geography] homework again **2** bildl. rebuff; stark. reprimand; *få ~* avslag meet with a rebuff
bakom behind; i rum äv.: a) prep. at the back (rear) of; amer. [in] back of b) adv. at (in) the rear; *jag undrar vad som ligger ~* (vem som *står ~*) ...is at the bottom of (is behind) it
bakplåt baking plate, baking sheet
bakplåtspapper oven paper

bakpulver baking powder
bakpå *prep* t.ex. vagnen at (t.ex. kuvertet on) the back of
bakre t.ex. bänk back; t.ex. ben hind
bakrus hangover
bakruta bil. rear window
baksida back; på grammofonskiva flipside; på mynt o.d. reverse; *medaljens ~* bildl. the reverse of the medal
bakslug underhand[ed]
baksmälla 1 vard., bakrus hangover; *ha (få) ~* have (get) a hangover **2** bildl. unpleasant shock (surprise)
bakstycke på skjorta, jacka o.d. back; på t.ex. byxor back [piece]; på vapen breech
baksäte back (rear) seat
baktala slander
baktalare slanderer, vilifier
baktanke ulterior motive
bakterie bacteri|um (pl. -a); friare germ
baktill behind
baktrappa backstairs
baktråg kneading-trough
baktung ...heavy at the back; flyg. tail-heavy
bakut backward[s]; *slå (sparka) ~* kick [out behind], lash out
bakverk ofta pastry; jfr *bakelse* o. *kaka*
bakväg back way; bakdörr back door; *gå ~ar* bildl. use underhand means (methods)
bakvänd eg. ...the wrong (other) way round; tafatt awkward; galen preposterous; *i ~ ordning* in reverse order
bakvänt the wrong way round osv., se *bakvänd* o. *bakfram*; *bära sig ~ åt* be clumsy (awkward)
bakåt backward[s]; tillbaka back
bakåtböjd ...bent back
bakåtlutad om pers. ...leaning back
bakåtlutande om sak ...sloping backward[s]; *~ [hand]stil* äv. backhand[ed] writing
bakåtsträvare reactionary
bakända se *bakdel*
1 bal dans ball; mindre dance
2 bal packe bale
balans 1 jämvikt balance; *hålla (tappa) ~en* keep (lose) one's balance **2** tekn. balance[-beam]; i ur balance **3** hand., saldo balance (jfr *saldo*); kassabrist deficit
balansera 1 balance äv. hjul **2** hand. balance; överföra carry over
balanserad harmonisk balanced
balansgång balancing; *gå ~* balance [oneself]; bildl. walk a tightrope, [try to] strike a balance
balansrubbning med. disturbance of balance
balansräkning hand. balance sheet
balanssinne sense of balance
baldakin canopy, baldachin

Balearerna the Balearic Islands
balett ballet; *hela ~en* vard. the whole lot (bag of tricks)
balettflicka chorus girl
1 balja kärl tub; mindre bowl
2 balja fodral sheath; bot. pod
balk 1 bjälke: trä~ beam; isht järn~ girder **2** lag~ section, code
Balkan halvön the Balkan Peninsula; länderna the Balkans
balkong balcony äv. på bio
balkonglåda flowerbox
balkongräcke balcony parapet
ballad visa ballad; poem el. musikstycke ballade
ballast se *barlast*
ballong balloon; sjö., segel balloon sail; *blåsa i ~en* alkotestapparat, vard. blow into a [breathalyser] bag
balsam balsam; isht bildl. balm
balt Balt
Baltikum the Baltic States
baltisk Baltic
bamsing vard. whopper
bana I *s* **1** väg path; lopp course; omlopps~, t.ex. planets, satellits orbit; projektils trajectory; levnads~ career; *brottets* ~ the path of crime **2** sport.: löpar~ track; galopp~ racecourse; skridsko~ rink; tennis~ court; **3** järnv. line **4** tekn.: pappers~ roll; *...i långa banor* bildl. lots (no end, great quantities) of... **II** *tr*, *~ väg* eg. clear the way *[för* for]; bildl. pave (prepare) the way *[för* for]; *~ sig väg* make (med våld force) one's way
banal commonplace; isht om ord, fras hackneyed
banalitet egenskap triteness; banalt ord e.d. commonplace
banan banana
bananskal banana skin (amer. peel)
banbrytande vägröjande pioneer[ing]; epokgörande epoch-making
banbrytare pioneer
band 1 knyt~ m.m. **a)** konkr.: allm. band äv. remsa, ring; snöre string; smalt bomulls~, plast~ m.m. samt i bandspelare tape; prydnads~ isht av siden, hår~ ribbon; garnerings~ braid; bindel sling; tunn~ hoop; transport~ conveyor belt; *ha (gå med) armen i* ~ carry one's arm in a sling; *löpande* ~ conveyor belt, assembly (production) line **b)** abstr. el. bildl.: förenande el. hämmande tie; bond vanl. starkare; tvång äv. restraint, constraint **2** bok~ binding; volym volume; *en roman i tre* ~ a three-volume novel **3** trupp, följe band; jazz~ o.d. band

banda 1 ta upp på band record [...on tape] **2** tunnor o.d. hoop
bandage bandage; *det blev hårda* ~ vard., ung. we (they osv.) had a tough struggle
bandinspelning tape-recording
bandit bandit; gangster gangster; desperado desperado (pl. -s); som skällsord ruffian
bandspelare tape-recorder
bandsåg bandsaw
bandtraktor caterpillar [tractor]
bandupptagning på bandspelare tape-recording
bandy sport. bandy
bandyklubba bandy stick
baner banner
bangolf miniature golf
bangård [railway] station; amer. railroad station, depot
banjo banjo (pl. -s el. -es)
1 bank 1 vall embankment **2** grund, sandbank sandbank
2 bank penning~ bank äv. spel~; *gå på ~en* go to the bank; *spränga ~en* break the bank
banka bulta knock [loudly]; *mitt hjärta ~r* my heart is pounding (throbbing)
bankaffär banking transaction
bankautomat cash dispenser, ATM
bankbok bankbook
bankdirektör bank director; amer. vice-president [of a resp. the bank]; vid större filial bank manager
bankett fest banquet
bankfack safe-deposit box
bankgiro bank giro service (konto account)
bankkassör [bank] cashier
bankkonto bank account
bankkontor bank; filial branch office [of a resp. the bank]
bankman banktjänsteman bank official; bankir banker
bankomat ® se *bankautomat*
bankomatkort cash card
bankrutt I *s* bankruptcy **II** *adj* vanl. bankrupt; ruinerad ruined; *bli* ~ become (go) bankrupt
bankrån bank robbery
bankränta inlåningsränta interest on deposits; diskonto bank rate
banktid banking hours
bankvalv strong room
bankör spel. banker
banna gräla på scold
bannlysa 1 kyrkl. excommunicate, put...under a ban **2** bildl. ban, prohibit; svordomar *är bannlysta* äv. ...are taboo
bannor, *få* ~ get a scolding, be scolded
banrekord sport. track record

banta reduce, slim; ~ *bort* (*ned sig*) flera kilo [manage to] go down...in weight
bantamvikt sport. bantam weight
bantning reducing, slimming; av t.ex. utgifter reduction
bantningskur reducing (slimming) cure
banvall [railway] embankment, roadbed
1 bar bare; naked äv. om t.ex. kvist; t. ex. om nerv exposed; *~a ben* bare legs; *bli tagen på ~ gärning* be caught red-handed (in the [very] act); *sova under ~ himmel* sleep out; *inpå ~a kroppen* to the [very] skin
2 bar cocktail~ o.d. bar; matställe snack-bar
bara I *adv* only; merely; just; han sprang *som ~ den* vard. ...like anything; *hur mår du?* - *Tack*, [*det är*] *~ bra* ...pretty well, ...I'm all right; *vänta ~!* just you wait!
II *konj* om blott if only; såvida provided; *~ jag tänker på det blir jag glad* just thinking (the mere thought) of it makes me happy
barack barracks (pl. lika); ibl. barrack; mil. äv. hut; ruckel shack
bararmad bare-armed
baraxlad bare-shouldered
barbacka bareback
Barbados Barbados
barbar barbarian
barbarisk ociviliserad, grym el. om smak barbarous
barbent bare-legged
barberare barber
bardisk bar [counter]
barfota barefoot[ed]
barfrost black frost
barhuvad bare-headed
bark bot. bark; vetensk. cort|ex (pl. -ices)
1 barka 1 *~* [*av*] *träd* bark, strip; decorticate **2** hudar tan
2 barka, *det ~r åt skogen* it is going to pot (to the dogs, to pieces)
barlast ballast äv. bildl.
barm bosom; *nära en orm vid sin ~* nourish (cherish) a viper in one's bosom
barmark, *det är ~* there is no snow on the ground
barmhärtig nådig merciful; medlidsam compassionate; välgörande charitable; *den ~e samariten* the Good Samaritan
barmhärtighet mercy; compassion; charity; jfr *barmhärtig*
barn child (pl. children); vard. kid; spädbarn baby, infant; poet. babe; *Barnens Dag* Children's Day; *lika ~ leka bäst* ordspr. birds of a feather flock together; *han är ett ~ av sin tid* ...a child (product) of his time (age); *bli med ~* become pregnant

barnadödlighet infant mortality [rate]
barnamord infanticide
barnarbete child labour; jur. employment of children [and young persons]
barnarov kidnapping; bildl. baby-snatching
barnasinne childlike mind; *han har ~t kvar* he is still a child at heart
barnavårdscentral child welfare centre; amer. child-health station
barnavårdsman child welfare officer
barnbarn grandchild
barnbarnsbarn great grandchild
barnbegränsning birth control, family planning
barnbidrag child allowance, child benefit
barnbiljett child's ticket (fare), half ticket (fare)
barnbok children's book
barndaghem daycare centre
barndom, *~[en]* childhood; späd infancy, babyhood; [*redan*] *i ~en* som liten [even] as a child, when [quite] a child
barndomsvän friend of one's childhood; *vi är ~ner* we knew each other as children
barnfamilj family [with children]
barnflicka nursemaid
barnförbjuden om film ...for adults only
barnhem children's home; för föräldralösa orphanage
barnhusbarn orphanage child
barnkalas children's party; vard. bun fight
barnkammare nursery
barnkläder children's (resp. baby) clothes (clothing sg.); children's wear, babywear
barnkoloni [children's] holiday camp
barnkär ...fond of children
barnledighet maternity leave
barnlek, *det är en ingen ~* it is no child's play
barnläkare specialist in children's diseases, pediatrician
barnlöshet childlessness
barnmat baby food
barnmisshandel child abuse (battering)
barnmorska midwife
barnomsorg child-care [system]
barnparkering vard., på varuhus children's playroom [at a store]
barnpassning se *barntillsyn*
barnpsykolog child psychologist
barnrik, *~ familj* large family
barnsben, *från ~* from childhood
barnsjukdom children's disease; bildl., t.ex. hos en bil teething problems (troubles)
barnsjukhus children's hospital
barnsko child's shoe (pl. children's shoes); *han har inte trampat ur ~rna än* ung. he is still a baby (is not out of the cradle yet)

30

barnskötare child minder
barnsköterska children's nurse
barnslig childlike; isht neds. childish, puerile; *var inte så ~ !* don't be so childish!, don't be such a baby!
barnstol high chair
barnsäker childproof
barnsäng 1 med. childbed, childbirth; *dö i ~* die in childbirth **2** säng för barn cot; amer. crib
barntillsyn looking after (taking care of) children, child-minding
barntillåten om film universal...; i annons o.d. for universal showing; i Engl. [cert.] U; *den här filmen är ~* this is a U film
barnunge child, kid; neds. brat; *hon är ingen ~ [längre]* she is no chicken
barnvagn perambulator; vard. pram; isht amer. baby carriage (buggy)
barnvakt baby sitter, vard. sitter; *sitta ~* baby-sit
barnvisa children's song; barnkammarrim nursery rhyme
barnvänlig ...suitable for children
barometer barometer äv. bildl.; vard. glass; *~n faller (stiger)* the barometer (the glass) is falling (rising)
baron baron; som eng. titel äv. Lord...
baronessa baroness; som eng. titel äv. Lady...
barr bot. needle; *mycket ~* a lot of needles
barra, granen *~r [av sig]* ...is shedding its needles
barrikad barricade
barrikadera barricade; *~ sig* barricade oneself
barriär barrier äv. bildl.
barrskog pine (fir) forest
barsk harsh; om stämma gruff; om leende, lynne grim
barskrapad destitute; vard. broke, ...on the rocks
barskåp cocktail cabinet
barstol bar stool
bartender bartender; kvinnlig barmaid
1 bas grund[val] base äv. mil.; kem. el. matem.; bildl. vanl. basis (pl. bases), foundation
2 bas mus.: pers. o. basgitarr bass
3 bas förman foreman; vard. boss
basa vard., vara förman be the boss
ba-samtal tele. reverse[d]-charge call, amer. collect call
basar bazaar
baseboll sport. baseball
basera base äv. mil.; found; *~ sig på* med pers. subj. base (found) one's statements (arguments etc.) [up]on
basfiol double bass
basilika 1 kyrka basilica **2** bot. [sweet] basil

basis basis (pl. bases); *på ~ av* detta fördrag on the basis (strength) of...
basist bass player, isht jazz~ bassist
bask folk Basque
basker mössa beret
basket o. **basketboll** basket ball
baskiska språk Basque
baslinje baseline äv. tennis el. lantmät.
baslivsmedel staple food
basröst mus. bass voice; äv. friare bass
bassäng basin äv. geol.; sim~ swimming-bath
1 bast bast; rafia~ raffia
2 bast vard. *han är femtio ~* he's fifty
1 basta, *och därmed ~!* and that's that (flat)!, and that's enough!
2 basta vard., bada bastu take a sauna
bastant stadig substantial, solid; tjock, stark stout; grundlig good; *ett ~ mål* a solid (hearty, vard. square) meal
bastmatta bast mat
bastu finsk sauna; *bada ~* take a sauna
basun mus. trombone; friare trumpet; *stöta i ~ för sig själv* blow one's own trumpet
basunera, *~ ut ngt* blazon (noise) a th. abroad
batalj battle
bataljon mil. battalion
batik metod el. tyg batik
batong truncheon, [police] baton; amer. club, billy
batteri 1 mil. el. fys. battery äv. bildl.; *ladda ~erna* bildl. recharge one's batteries **2** i jazzorkester o.d. rhythm section
batteridriven battery-operated, battery-powered
batterihjärta pacemaker
batteriladdare [battery] charger
batterist mus. drummer
baxna be dumbfounded; *det är så man ~r* it is enough to take your (one's) breath away
Bayern Bavaria
BB maternity hospital (avdelning ward)
be 1 relig., se *bedja 1* **2** anhålla, uppmana: **a)** allm. ask; enträget beg; hövligt request; bönfalla entreat; *~ [ngn] om ngt* ask (beg) [a p.] for a th.; *~ ngn om en tjänst* ask a p. a favour; *~ för sitt liv* plead for one's life **b)** i hövlighetsfraser *jag ~r [att] få meddela Er* I should (would) like to inform you, I beg to inform you; *får jag ~ om brödet?* may I trouble you for the bread?, would you mind passing me the bread?; *får jag ~ om notan?* [may I have] the bill (amer. check), please! **3** bjuda ask
beakta uppmärksamma pay attention to; fästa avseende vid pay regard to, heed; ta i

beräkning take...into consideration (account)
beaktande consideration; om förslaget *vinner* ~ ...is [seriously] entertained
beaktansvärd värd att beakta ...worth (worthy of) attention (notice, consideration), noteworthy; avsevärd considerable
bearbeta 1 mera eg.: a) upparbeta: t.ex. gruva work; jord cultivate; deg work, knead b) förarbeta: råvaror work [up] c) bulta [på] o. illa tilltyga pound; med knytnävarna belabour **2** friare: **a)** genomarbeta work up; en vetenskap work at, cultivate **b)** söka inverka på try to influence, work [up]on; agitera bland canvass **c)** omarbeta: teat. el. radio. adapt; mus. arrange
bearbetning bearbetande working osv., jfr *bearbeta*; adaptation; revision; utgåva revised edition (version); data. processing
bearnaisesås kok. Béarnaise sauce
beblanda, ~ *sig med* umgås med mix with
bebo inhabit; hus vanl. occupy; *~dda trakter* inhabited areas
bebygga med hus build [up]on; kolonisera colonize; *bebyggt område* built-up area; *glest (tätt) bebyggt område* thinly (densely) populated area
bebyggelse bosättning settlement
beckmörk pitch-dark
becksvart pitch-black
bedagad ...past one's prime; *en ~ skönhet* a faded beauty
bedarra calm (die) down, lull; *vinden (det) ~r* äv. the wind is abating
bedja 1 relig. pray; ~ *en bön* say a prayer, offer [up] a prayer **2** se *be 2-3*
bedjande 1 om t.ex. blick imploring; om t.ex. röst pleading **2** relig. praying
bedra I *tr* allm. deceive; svika play...false; på pengar o.d. defraud, cheat; vara otrogen mot be unfaithful to; *skenet bedrar* appearances are deceptive **II** *rfl,* ~ *sig* be mistaken [*på ngn* in a p.; *på ngt* about a th.]; [*låta*] ~ *sig* [let oneself] be deceived
bedragare o. **bedragerska** deceiver; jfr *bedra*[*ga*]
bedrift bragd exploit; prestation achievement
bedriva carry on, prosecute; t.ex. studier pursue; ~ *hotellrörelse* run (keep) a hotel
bedrägeri deceit; brott [wilful] deception; skoj swindle; villa illusion; *~er* frauds, impostures; i affärslivet sharp practices
bedräglig allm. fraudulent; oärlig isht om pers. deceitful; vilseledande: om t. ex. sken deceptive; om t.ex. hopp illusory
bedröva distress, grieve
bedrövad distressed, sorrowful
bedrövelse distress, grief

bedrövlig deplorable, lamentable; om min melancholy; usel miserable; *det är för ~t* it is really too bad
bedyra protest, asseverate, aver; *han ~de att...* äv. he swore that...
bedårande fascinating; *alldeles* ~ simply delightful; pred. äv. too sweet for words
bedöma judge; bilda sig en uppfattning om form an opinion of; vard. size up; betygsätta mark; amer. grade; uppskatta assess, estimate; utvärdera evalute; en bok criticize; anmäla review; ~ *värdet av* äv. appraise
bedömare (jfr *bedöma*) judge; marker; amer. grader; criticizer; anmälare reviewer; *politisk* ~ political commentator (analyst)
bedömning judgement, marking; amer. grading; assessment; estimate; criticism; vid tävling classification
bedöva 1 allm. make (render)...unconscious; vard. dope; ~ [*med ett slag*] äv. knock...unconscious, stun...[with a blow]; [*som*] *bedövad av meddelandet* stunned (stupefied) by... **2** med. give...an anaesthetic, anaesthetize
bedövning med. anaesthesia; *få* ~ vanl. have an anaesthetic (med spruta injection)
befalla I *tr* allm. order; stark. command; högtidl. bid; föreskriva direct; ålägga prescribe; *som ni befaller!* as you choose (please, wish)! **II** *itr* command; ~ *över* command, control, exercise authority over
befallande commanding, imperative
befallning order; *på hans* ~ at his command, by his orders
befara frukta fear; *man kan* ~ el. *det kan ~s* it is to be feared
befatta, ~ *sig med* concern oneself with; *det ~r jag mig inte med* that is no business (concern) of mine
befattning syssla post, appointment; ämbete office
befattningshavare employee; ämbetsman official; ~ *i offentlig tjänst* holder of an official position
befinna I *tr, ~s vara* turn out [to be], prove [to be], be found to be **II** *rfl,* ~ *sig* vara be; känna sig äv. feel; upptäcka sig vara find oneself; *mor och barn befinner sig väl* ...are doing well
befinnande [state of] health
befintlig existing; tillgänglig available; *det ~a lagret* äv. the stock in hand; *i ~t skick* in its existing (present) condition
befogad 1 om sak justified; grundad well-founded; *det ~e i...* the justness

(legitimacy) of... **2** om pers.: *vara ~ att* be authorized to + inf.
befogenhet 1 persons authority, right; behörighet competence; jur. title **2** saks justice, legitimacy
befolka populate, people; bebo inhabit; *glest ~d* sparsely populated; *~de trakter* inhabited regions
befolkning population; *~en* invånarna äv. the inhabitants (people) pl. [*i* of]
befolkningsöverskott surplus population
befordra 1 skicka forward; transportera convey **2** främja promote; *~ matsmältningen* aid (assist) [the] digestion **3** upphöja promote; raise
befordran 1 forwarding, conveyance, transport; *för vidare ~* (förk. *f.v.b.*) to be forwarded (sent on) **2** främjande promotion, encouragement **3** avancemang promotion; preferment
befria I *tr* göra fri set...free; rädda deliver; *~ från* äv.: lösa från, t.ex. löfte release from; avbörda relieve of; rensa från rid of; låta slippa, t.ex. militärtjänst exempt from; t.ex. examensprov äv. excuse from **II** *rfl*, *~ sig* free (liberate) oneself
befriare liberator; deliverer äv. friare, t.ex. om döden; räddare rescuer
befrielse liberation; deliverance; lättnad relief; frikallelse exemption; befriande freeing
befrielsekrig war of liberation
befrielserörelse liberation movement
befrukta fertilize, fecundate; bildl. inspire
befruktning fertilization; avlelse conception; *konstgjord ~* artificial insemination
befäl 1 kommando command; *ha (föra) ~[et] över* be in command of, command **2** pers.:
a) koll. [commissioned and non-commissioned] officers
b) befälsperson person (officer) in command
befälhavare 1 mil. commander **2** sjö. master
befängd absurd
befästa I *tr* fortify, secure; bildl. strengthen, confirm **II** *rfl*, *~ sig* fortify oneself
befästning fortification
begagna I *tr* allm. use; se vid. *använda* **II** *rfl*, *~ sig av* a) se *använda* b) dra nytta av profit (benefit) by, take advantage of, avail oneself of; otillbörligt äv. exploit, [try to] practise upon
begagnad used; 'inte ny' vanl. second-hand
bege, *~ sig* **1** go, proceed; *~ sig till* äv. make for **2** opers. *det begav sig inte bättre än att han...* as ill-luck would have it he...
begeistrad enthusiastic; *vara (bli) ~* be enthusiastic, be in (go into) raptures [*över* about]
begeistring enthusiasm, rapture
begiven, *~ på* addicted (given) to; svag. fond of, keen on
begivenhet 1 böjelse addictedness; förkärlek fondness **2** stor händelse event
begonia bot. begonia
begrava bury äv. bildl.; inter; *~ i glömska* consign to (bury in) oblivion
begravning burial; sorgehögtid funeral; *gå på ~* go to (attend) a funeral
begravningsakt funeral ceremony
begravningsbyrå undertakers, funeral directors; amer. äv. morticians, firm of undertakers etc.; lokal funeral parlour (amer. home)
begravningsplats burial ground, graveyard; större cemetery
begrepp 1 föreställning m.m. conception, concept; *efter nutida ~* by modern standards **2** *stå (vara) i ~ att gå* be [just] on the point of going, be about (just going) to go
begreppsförvirring confusion of ideas
begripa I *tr* understand; vard. get; inse see; *jag begrep inte riktigt* I didn't quite get it (catch on) **II** *rfl*, *~ sig på* se *förstå II*
begriplig intelligible; *göra ngt ~t [för ngn]* friare äv. make a th. clear [to a p.]; *av lätt ~a skäl* vanl. for obvious reasons
begriplighet intelligibility
begrunda ponder over ([up]on), meditate [up]on, think over
begränsa I *tr* **1** eg.: allm. bound; matem. enclose; kanta border; minska shut in, block **2** bildl.: avgränsa define; inskränka limit, restrict; hejda spridningen av t.ex. eld check, keep...within bounds; sätta en gräns för set bounds (limits) to; hålla inom viss gräns confine, keep down; *~ till* ett minimum confine (reduce) to... **II** *rfl*, *~ sig* inskränka sig limit (restrict) oneself [*till* to ing-form]; koncentrera sig keep within reasonable bounds; *~ koncentrera sig till* confine oneself to ing-form
begränsad limited; *en ~ horisont* bildl. a narrow outlook
begränsning limitation; ofullkomlighet limitations; begränsad omfattning limited scope; koncentrering keeping within reasonable bounds
begynna begin; högtidl. commence; *~nde* om t. ex. sjukdom incipient
begynnelse beginning
begynnelselön commencing salary
begå föröva: t.ex. ett mord commit; t.ex. ett misstag make; *~ en orättvisa mot* commit

an [act of] injustice to (towards); *~ en synd* commit a sin

begåvad gifted; vard. brainy; *vara språkligt ~* have a gift for languages

begåvning 1 talent[s pl.], gift[s pl.]; *ha ~ för* have a gift (talent) for **2** pers. gifted (talented) person; *en av våra största ~ar* one of our greatest (most brilliant) minds

begär allm. desire; stark. craving; åtrå lust

begära allm. ask, ask for; nåd, skadestånd sue for; fordra require; stark. demand; göra anspråk på claim; vänta sig expect; önska sig wish for; åtrå, bibl. covet

begäran anhållan request; mera formellt petition; ansökan application; fordran demand; *på [allmän] ~* by [general] request

begärlig eftersökt ...much sought after; desirable; tilltalande attractive; omtyckt popular

behag 1 välbehag pleasure; tillfredsställelse satisfaction; *finna ~ i* take pleasure ([a] delight) in, delight in **2** gottfinnande *efter ~* at pleasure; som man vill at will (discretion), ad lib; alltefter smak [according] to taste **3** tjusning charm; *lantlivets ~* the amenities of country life **4** konkr. *kvinnliga ~* feminine charms

behaga 1 tilltala please; verka tilldragande på attract **2** önska like, wish; *gör som ni ~r (som det ~r er)* do just as you like (please, see fit), please (suit) yourself

behagfull graceful; intagande charming

behaglig angenäm pleasant, agreeable; tilltalande pleasing, attractive, stark. delightful; *mjuk och ~* om sak nice and soft

behandla allm. treat; förfara med deal with; handla om deal with, treat of; hantera handle; sköta manipulate; bearbeta prepare; dryfta discuss; ansökan o.d. consider; jur. hear; parl. read

behandling (jfr *behandla*) treatment; handling, manipulation; preparation; discussion; jur. hearing; parl. reading; *hans ~ av ämnet* his handling of (way of dealing with) the subject

behandlingsmetod method (mode) of treatment

behjärtansvärd värd hjälp deserving

behov 1 need; isht brist want; nödvändighet necessity; vad som behövs requirements; *ett stort (växande, ökande) ~ av* a great (growing, increasing) demand for; *efter ~* as (when) required; according to requirements (need); *för eget ~* for one's own use; *vid ~* when necessary, if required **2** naturbehov *förrätta sina ~* relieve oneself

behå brassiere; vard. bra

behåll, *undkomma med livet i ~* escape with one's life intact, escape alive

behålla allm. keep; bibehålla, olovandes stick to; *~ för sig själv* tiga med keep to oneself, keep quiet about; för egen del keep for oneself

behållare container; vätske~ reservoir; större tank; för t.ex. gas receiver

behållning 1 återstod remainder, surplus; saldo balance [in hand]; förråd store **2** vinst, utbyte profit; intäkter av t.ex. konsert proceeds; avkastning yield; *ge...i ren ~* yield...clear profit (...net)

behändig bekväm handy; flink deft; vig agile; smånäpen natty

behärska I *tr* **1** råda över control; vara herre över be master (om kvinna be mistress) of; isht mil. command; dominera dominate; *~ situationen* have the situation under control (well in hand), be master of the situation **2** kunna master; be master (om kvinna mistress) of **II** *rfl, ~ sig* control (restrain) oneself, keep one's temper

behärskad self-controlled; måttfull moderate; sansad self-restrained, self-contained, self-possessed

behärskning control; själv~ self-control, self-command

behörig 1 vederbörlig due; lämplig proper; *på ~t avstånd* at a safe distance **2** kompetent qualified, competent; om t.ex. lärare certificated

behörighet kompetens qualification; myndighets authority; *han har ~ att* är kvalificerad att he is qualified to

behöva ha behov av need, require; vara tvungen need, have [got] to; *jag behöver den inte längre* äv. I have no more use for it; *motorn behöver lagas* the engine wants (needs) repairing; *han sade att jag inte behövde komma* he said I need not come

behövande [poor and] needy, ...in great need

behövas be needed (wanted, required); *det behövs* det är nödvändigt it is necessary; det fordras it takes (needs)

behövlig necessary

beige beige

beivra, *överträdelse ~s på anslag* o.d. offenders (vid förbud att beträda område trespassers) will be prosecuted

bejaka svara ja på answer...in the affirmative; erkänna förekomsten av accept; *~ livet* have a positive outlook on life

bejublad, ...*blev mycket* ~ ...was a popular (great) success
bekant I *adj* **1** känd **a)** som man vet om known; *som* ~ as we (you) [all] know, as everyone knows, as is well known **b)** välkänd well-known (pred. well known); omtalad noted; beryktad notorious; välbekant familiar **2** ~ [*med*] acquainted [with]; förtrogen äv. familiar [with]; *bli* ~ *med ngn* get to know (become acquainted with) ap. **II** *subst adj* acquaintance; ofta friend; *en* ~ *till mig* a friend (an acquaintance) of mine; ~*as* ~*a till mig* friends of friends of mine **III** *adv* familiarly
bekantskap abstr. el. konkr. acquaintance; kännedom knowledge; *göra* ~ *med* become (get) acquainted with, get to know; ~ [*önskas*] avdelning i tidning the personal (vard. lonely hearts) column
bekantskapskrets [circle (set) of] acquaintances
beklaga I *tr* **1** ngn: tycka synd om be (feel) sorry for; ömka pity **2** ngt: vara ledsen över regret; sörja feel sorry about; ogilla deprecate **II** *rfl*, ~ *sig* complain [*över about; för, hos* to]
beklagande I *s* [expression of] regret (sorrow); *uttrycka sitt* ~ express one's regret [*över att* that; *över ngt* at a th.] **II** *adj* regretful
beklaglig regrettable; sorglig deplorable; *det är* ~*t* it is to be regretted
beklagligtvis unfortunately; to my (his etc.) regret
beklädnadsindustri clothing industry
beklämd depressed, distressed; oppressed; *göra* ~ äv. depress; *känna sig* ~ feel heavy at heart
beklämmande depressing; sorglig deplorable; *det är* ~ äv. it makes you sick
bekomma 1 ~ *ngn väl* (*illa*) göra ngn gott (skada) do ap. good (harm); om t.ex. mat agree (disagree) with ap. **2** röra *det bekommer mig ingenting* it has no effect [up]on me, it doesn't worry (bother) me
bekosta pay (find the money) for
bekostnad, *på ngns* ~ at ap's expense äv. bildl.; *på* ~ *av* at the expense (cost, sacrifice) of
bekräfta allm. confirm; erkänna acknowledge; stadfästa ratify; bevittna certify; ~ *mottagandet av* acknowledge [the] receipt of
bekräftelse (jfr *bekräfta*) confirmation; acknowledgement, ratification
bekväm 1 comfortable; vard. comfy; praktisk convenient; lätt easy; *gör det* ~*t åt dig!*
make yourself comfortable! **2** om pers. ~ [*av sig*] easy-going, lazy, indolent
bekvämlighet 1 convenience; trevnad comfort; lätthet ease **2** maklighet easy-goingness
bekvämlighetsinrättning public convenience
bekvämt 1 comfortably; conveniently; *ha det* ~ be comfortable **2** utan svårighet easily
bekymmer worry, trouble; stark. anxiety; omsorg care; *ekonomiska* ~ financial worries; *det är inte mitt* ~ that's not my concern (problem, vard. headache)
bekymmersam brydsam distressing; mödosam ...full of care; om t.ex. tider troubled; *det ser* ~*t ut för honom* things look bad for him
bekymmerslös carefree; *en* ~ *tillvaro* a carefree existence, a life of ease
bekymra I *tr* trouble **II** *rfl*, ~ *sig* trouble (worry) [oneself] [*för, över, om* about]
bekymrad distressed, concerned; *vara* ~ *för ngns skull* be concerned on ap.'s account
bekämpa fight [against]; motstå resist; i debatt oppose; försöka utrota control
bekämpningsmedel biocide; mot skadeinsekter o.d. insecticide; mot ogräs weedkiller
bekänna I *tr* erkänna confess; öppet tillstå avow; förklara sin tro på profess; ~ [*sig skyldig*] confess; jur. äv. plead guilty; ~ *färg* (*kort*) kortsp. follow suit; bildl. show one's hand **II** *rfl*, ~ *sig till* t.ex. en religion profess; t.ex. ett parti profess oneself an adherent of
bekännelse allm. confession; troslära creed; *avlägga en* ~ make a confession
belackare slanderer
belamra clutter up
belasta load isht tekn.; betunga: t.ex. med skatt burden; t.ex. med inteckning encumber; bildl. saddle; anstränga put a load on, overload
belastning load[ing], charge; bildl. disadvantage; isht sport. handicap; *ärftlig* ~ hereditary taint, family weakness; *hans förflutna är en stor* ~ *för honom* his past is a great handicap (encumbrance) to him
beledsaga accompany äv. mus.; uppvakta attend; följa follow
belevad well-bred, mannerly; artig courteous; världsvan urbane
belgare Belgian
Belgien Belgium
belgisk Belgian
belgiska kvinna Belgian woman
belopp amount; *hela* ~*et* the total (whole) amount
belysa t.ex. en gata light [up]; allm.

illuminate; klarlägga elucidate; *detta exempel belyser riskerna* this example illustrates the risks
belysning allm. lighting; [festlig] upplysning illumination; dager light äv. bildl.; förklaring illustration; *dämpad* ~ subdued (soft) light
belåna 1 inteckna mortgage; låna pengar på raise money (a loan) on, borrow [money] on; pantsätta pledge, pawn; *huset är högt ~t* the house is heavily mortgaged **2** ge lån på lend [money] on
belåten satisfied, pleased; content end. pred.; happy; förnöjd contented; *vara ~ med* trivas med like, be pleased with
belåtenhet satisfaction; contentment
belägen liggande situated; placerad located; *vara ~* äv.: om t.ex. stad lie, be; om t.ex. hus stand; *~ mot norr* facing north
belägenhet läge situation; plats location; bildl. situation; svår plight
belägg exempel instance, example; bevis evidence; *ge ~ för* t.ex. teori äv. confirm, bear out, support
belägga 1 betäcka cover **2** ~ sjukhus *med patienter* admit patients to..., fill...with patients **3** pålägga *~ ngt med* t.ex. straff, skatt impose...on a th. **4** bevisa medelst exempel support (bear out, substantiate)...with examples; *ordet är inte belagt* före 1400 there is no instance (record) of the word...
beläggning 1 covering; konkr. cover; lager layer; gatu~ paving, pavement; på tunga fur, coating; på tänder film **2** *sjukhusets ~* the number of occupied beds (of patients) in the hospital; *hotellet har full ~* the hotel is fully booked up
belägra besiege äv. bildl.
belägring siege; *upphäva ~en* raise the siege
belägringstillstånd state of siege
beläst well-read; *en mycket ~ man* äv. a man of extensive (wide) reading
belöna reward; gottgöra recompense; *~...med ett pris* award a prize to...
belöning reward; gottgörelse recompense; utmärkelse award; *som (till) ~* as a reward osv.
belöpa, *~ sig till* amount (come, run [up]) to
bemanning bemannande manning; av t.ex. företag staffing; besättning crew; personal staff
bemedlad, *de mindre ~e* people of small means
bemyndiga authorize, empower

bemyndigande authorization; befogenhet authority, sanction
bemäktiga, *~ sig* take possession of, seize; tillägna sig äv. possess oneself of
bemärkelse sense; *i bildlig ~* in a figurative sense, figuratively
bemärkelsedag märkesdag red-letter day; högtidsdag great (important, special) day (occasion)
bemärkt noted; attr. well-known; pred. well known; framstående prominent
bemöda, *~ sig* take pains, try hard [[*om*] *att* + inf. to + inf.]
bemödande ansträngning effort; strävan endeavour
bemöta 1 behandla treat; motta receive **2** besvara answer; vederlägga refute
bemötande 1 treatment; *röna ett vänligt ~* meet with kind treatment (a kind reception) **2** reply; refutation
ben 1 skelett~ el. som ämne bone **2** lem leg; *bryta ~et [av sig]* break one's leg; *hjälpa ngn på ~en* att resa sig help a p. to his (her osv.) feet; *hålla sig (stå) på ~en* stand on one's legs, stand [up]; *inte veta på vilket ~ man ska stå* be at one's wits' end, not know which leg to stand on; *sätta (ta) det långa ~et före* put one's best foot forward; *vara på ~en* be up and about; tillfrisknad äv. be on one's feet
1 bena, *~ [ur]* fisk bone
2 bena I *tr*, *~ håret* part one's hair **II** *s* parting; *kamma (lägga)* [*en*] *~* make a parting
benbrott fractured (broken) leg; fracture
benfri boneless
bengal Bengalese (pl. lika), Bengali (pl. lika el. -s)
Bengalen Bengal
bengalisk Bengalese; *~ eld (tiger)* Bengal light (tiger)
benget vard. bag of bones
benhård bildl. rigid, strict; orubblig adamant; *~ konservatism* diehard conservatism
benig 1 bony **2** kinkig tricky, puzzling
benpipa anat. shaft [of the (resp. a) bone]
benrangel skeleton
bensin motorbränsle petrol; amer. gasoline; vard. gas; kem., till rengöring benzine
bensinbomb petrol (amer. gasoline) bomb, Molotov cocktail
bensindunk petrol can; flat jerrycan
bensinmack se *bensinstation*
bensinmätare petrol (fuel) gauge
bensinpump petrol pump; på bil fuel pump
bensinskatt petrol tax
bensinsnål om bil economical to run; *bilen*

är ~ the car has a low petrol (amer. gasoline) consumption
bensinstation petrol (filling, service; amer. gas[oline]) station; med verkstad ofta garage
bensintank petrol (fuel) tank
benskydd sport. shinguard
benstomme skeleton; *ha kraftig* ~ have a sturdy frame, be big-boned
benstump stump
benvit ivory-coloured
benåda pardon; dödsdömd reprieve; konungen har rätt *att* ~ ...to grant amnesty (a pardon)
benådning pardon; vid dödsdom reprieve; amnesti amnesty
benägen böjd inclined; villig willing, ready; *vara ~ att* äv. tend to
benägenhet fallenhet tendency; inclination; disposition; begivenhet propensity; villighet readiness
benämna call; beteckna designate
benämning name, appellation; beteckning designation
beordra order; tillsäga instruct; ~ *ngn till tjänstgöring* detail a p. for duty
beprövad [well-]tried, tested, reliable; erfaren experienced
bereda I *tr* **1** förbereda prepare; göra i ordning get...ready; bearbeta; allm. dress; tillverka make; ~ *väg för* make way for; bildl. pave (smooth, prepare) the way for **2** förorsaka cause; skänka give, afford; ~ *plats för* make room for **II** *rfl*, ~ *sig* göra sig beredd prepare [oneself]; göra sig i ordning get [oneself] (make) ready; ~ *sig på* vänta sig expect; *man får (måste)* ~ *sig på det värsta* vanl. one must be prepared for the worst
beredd prepared; villig willing; besluten resolved; *vara ~ på* äv. a) vänta expect, anticipate b) frukta fear
beredning 1 förberedande preparation; tillverkning manufacture, making; bearbetning dressing **2** utskott drafting (working) committee
beredskap preparedness; mil. military preparedness; *ha i* ~ have in readiness (färdig ready, på lager in store)
beredskapsarbete public relief work, temporary employment
beredvillig ready [and willing]
berest widely-travelled...; *hon är mycket* ~ she has travelled a great deal
berg 1 mountain äv. bildl.; mindre hill; klippa rock **2** geol. el. gruv. rock
bergbana mountain railway, funicular

bergfast ...[as] firm as a rock; *en ~ tro* an unshakable (a steadfast) belief
berggrund bedrock
bergig mountainous; hilly; rocky; jfr *berg*
1 bergis bröd poppy-seed loaf
2 bergis vard., se *bergsäker*
bergkristall miner. rock crystal
berg-och-dalbana roller coaster, isht britt. eng. switchback; bildl. *livets* ~ life's ups and downs pl.
bergsbestigare mountaineer
bergsbestigning alpinism mountaineering; tur [mountain] climb
bergskedja mountain chain
bergsluttning mountain slope, mountain side
bergspass mountain pass; trångt defile
bergsprängare rock-blaster; mus. ghetto blaster
bergstopp mountain peak
bergsäker, *det är ~t* it's absolutely certain (a dead cert[ainty])
bergtagen, *bli* ~ be spirited away [into the mountain]; friare be enchanted
beriden mounted
berika enrich äv. fys.
berlock charm
bermudas o. **bermudashorts** Bermudas, Bermuda shorts
Bermudaöarna the Bermudas, Bermuda
bero 1 ~ *på* a) ha sin grund i be due (owing) to [*att* the fact that] b) komma an (hänga) på depend on; vara en fråga om be a question (matter) of; *det ~r på dig, om...* it depends on (is up to) you whether... **2** *låta saken* ~ anstå let the matter rest there
beroende I *adj* avhängig dependent; *vara ~ av läkemedel* be dependent on (stark. addicted to) medicines (pharmaceutical preparations) **II** ~ *på* prep. a) på grund av owing (vard. due) to [*att* the fact that] b) avhängigt av depending on [*om* whether] **III** *s* dependence; stark. addiction
beroendeframkallande habit-forming; stark. addictive
berså arbour
berusa I *tr* intoxicate; *låta sig ~s av* bildl. have one's head turned by **II** *rfl*, ~ *sig* intoxicate oneself, get intoxicated (drunk, vard. tipsy) [*med* on]
berusad intoxicated äv. bildl.; inebriated; tipsy; *en* ~ [*karl*] a drunken (tipsy) man
berusande intoxicating äv. bildl.
berusningsmedel intoxicant
beryktad ökänd notorious
berått, *med ~ mod* deliberately, in cold blood; jur. with malice aforethought

beräkna 1 allm. calculate; uppskatta estimate; genom beräkning fastställa determine; räkna ut compute; anslå allow; ~...*per person* i matrecept allow...per person; *när ~r du vara färdig?* when do you expect to be finished?; *räntan ~s från [och med] 1 januari* interest is calculated as from January 1st **2** ta med i beräkningen take...into account

beräkning calculation; uppskattning estimate; *efter mina ~ar* according to my calculations (reckoning); *han gjorde det med ~* he did it with calculation (med någon speciell baktanke from ulterior motives)

berätta tell; *~ ngt* skildra, förtälja äv. relate (narrate) a th.; redogöra för äv. recount a th. *[för ngn* to a p.]; *~ [historier]* tell stories

berättare story-teller, narrator

berättelse saga tale; skildring narrative; redogörelse report; account

berättiga entitle

berättigad om pers. entitled; justified; rättmätig just, legitimate; välgrundad well-founded; *det ~e i...* the justness (justice, legitimacy) of...

berättigande bemyndigande authorization; befogenhet right, claim, eligibility; rättfärdigande justification; förbudet *har [ett visst] ~* ...is [to a certain extent] justified

beröm lovord praise

berömd famous; friare: well-known (pred. well known); *vida ~* renowned

berömdhet celebrity äv. pers.

berömma I *tr* praise; stark. laud, extol **II** *rfl*, *~ sig av* skryta över boast of; känna sig stolt över pride oneself [up]on

berömmelse ryktbarhet fame; heder credit

berömvärd praiseworthy, commendable

beröra 1 eg. el. friare touch; komma i beröring med come into contact with; snudda vid graze **2** omnämna touch [up]on **3** handla om be about **4** påverka affect

beröring contact äv. bildl.; förbindelse connection; *vid minsta ~* at the slightest touch; *komma i ~ med* come into contact with

beröva, *~ ngn ngt* deprive (avhända dispossess) a p. of a th.

besanna I *tr* **1** erfara sanningen av [live to] see the truth of **2** bekräfta verify; *~s se II* **II** *rfl*, *~ sig* be verified (confirmed); om dröm, spådom äv. come true

besatt 1 occupied osv., jfr *besätta* **2** *~ [av en ond ande]* possessed [by a devil]; *han var [som] ~ av henne* he was infatuated (obsessed) by her

bese see, have a look at

besegra defeat, beat; litt. vanquish; övervinna overcome

besiktiga inspect; granska survey, view; *bli ~d* äv. undergo inspection, be tested äv. om bil

besiktning inspection, examination, survey; bil~, se *kontrollbesiktning*

besiktningsinstrument för motorfordon, se *registreringsbevis*

besiktningsman inspector; avsynare surveyor; vid körkortsprov driving examiner

besinna I *tr* consider, bear...in mind **II** *rfl*, *~ sig* **1** betänka sig consider; innan man talar stop to think **2** ändra mening change (alter) one's mind

besinning besinnande consideration; sinnesnärvaro presence of mind; behärskning self-control; *förlora ~en* tappa huvudet lose one's head

besinningslös rash; hejdlös reckless

besittning possession äv. landområde; occupation; *ta...i ~* take possession of...; bemäktiga sig seize...; besätta occupy...

besk I *adj* bitter äv. bildl. **II** *s* bitters; *en ~* a glass of bitters

beskaffad skapad constituted; konstruerad constructed; *så ~* skapad äv. ...of such a nature

beskaffenhet nature; varas quality; tillstånd state

beskatta tax, impose taxes (resp. a tax) [up]on

beskattning beskattande taxation; kommunal rating; fastställande av skatt assessment

beskattningsår fiscal (tax) year

besked 1 svar answer; upplysning information; anvisning instructions; *jag fick det ~et att...* I was informed (told) that..., I got word that...; *han vet ~* he knows [all about it] **2** *med ~* properly; så det förslår with a vengeance

beskedlig meek and mild, medgörlig, snäll obliging, good-natured; tam tame

beskickning mission; ambassad embassy; legation legation

beskjuta fire at; bombardera shell, bombard

beskjutning firing; bombardemang shelling; *under ~* under fire

beskriva 1 describe; *...låter sig inte ~s* ...cannot be described (is indescribable) **2** röra sig i describe

beskrivande descriptive

beskrivning 1 description; redogörelse account; *trotsa all ~* defy description **2** anvisning directions

beskydd protection äv. som kriminell verksamhet
beskydda protect, shield; gynna patronize
beskyddande *adj* nedlåtande patronizing
beskyddare allm. protector; mecenat patron
beskylla accuse [*för* of]
beskyllning accusation, imputation, charge
beskådan o. **beskådande** inspection; *utställd till allmän beskådan* (*allmänt beskådande*) placed on [public] view, publicly exhibited
beskäftig meddlesome; *en ~ människa* äv. a busybody
1 beskära förunna vouchsafe; *få sin beskärda del* receive one's [allotted (due)] share
2 beskära trädg. prune; tekn. trim; reducera cut down
beslag 1 till skydd, prydnad: allm. mount[ing]; järn~, mässings~ osv. ofta piece of ironwork (brasswork osv.); pl. ironwork (osv.); dörr~, fönster~, kist~ osv. (koll.) furniture **2** fys. el. kem., beläggning coating **3** kvarstad confiscation, seizure, sequestration; *lägga ~ på* requisition; för statens ändamål äv. commandeer; friare el. bildl. appropriate, take, lay hands [up]on; *ta i ~* konfiskera confiscate, seize
beslagta commandeer; jfr äv. [*ta i*] *beslag*
beslut avgörande decision; jur. äv. verdict; föresats determination; *fatta ett (sitt) ~* come to (arrive at) a decision; om rådplägande församling pass a resolution
besluta I *tr* o. *itr* decide; stadga decree **II** *rfl, ~ sig* bestämma sig make up one's mind [*att* +inf. to +inf.]; decide [*för ngt* [up]on a th.; *att* +inf. to +inf. el. [up]on ing-form]; föresätta sig determine, resolve [*att* +inf. to +inf. el. [up]on ing-form]
besluten resolved
beslutsam resolute
beslutsamhet resolution, resolve
besläktad related; *vara nära ~ med* be closely related (akin) to
beslöja cover...with a veil, veil äv. bildl.; friare obscure
bespara inbespara save; skona spare; *~ ngn besvär* save a p. trouble; *det kunde du ha ~t dig* iron. you might have spared yourself the trouble
besparing 1 inbesparing saving äv. konkr.; *göra ~ar* effect economies **2** sömnad. yoke
besparingsåtgärd economy measure
bespisning bespisande feeding; skol.: matsal dining hall
bespruta syringe, spray
besprutning syringing, spraying
besprutningsmedel spray; pesticid pesticide

besserwisser know-all, wiseacre; isht amer. äv. wise guy
best beast, brute
bestialisk bestial
bestick 1 mat~ [set of] knife, fork and spoon; koll. cutlery; sallads~ o.d. servers; rit~ case (set) of instruments **2** sjö. dead reckoning
besticka bribe; *låta sig ~s* take (accept) bribes (a bribe)
bestickande *adj* insidious; *det låter ~ it sounds attractive enough
bestickning bestickande bribery, corruption; mutor bribes
bestiga berg climb; tron ascend; häst mount; *~ talarstolen* mount the platform
bestjäla rob; *~ ngn på ngt* äv. steal a th. from a p.
bestorma bildl. assail; *~ ngn med frågor* bombard a p. with questions
bestraffa punish
bestraffning punishment
bestrida 1 förneka deny; opponera sig emot contest; isht jur. äv. traverse; tillbakavisa repudiate; *~ ngn rätten till ngt* (*rätten att* +inf.) contest (dispute, deny) a p.'s right to a th. (right to +inf.) **2** stå för defray, bear **3** inneha hold
bestrålning radiation; *~ med ultravioletta strålar* exposure to ultraviolet rays
beströ t.ex. med rosor strew; t.ex. med socker sprinkle
bestsellerförfattare author (writer) of best sellers, best seller
bestyr göromål work, business; uppdrag task; besvär cares, trouble; skötsel, anordnande management; *jag hade ett fasligt ~ med att* +inf. I had a tough job to +inf.
bestyra göra do; *~ [med]* ordna [med] manage, arrange
bestyrka allm. confirm; stärka bear out; intyga certify; bevisa prove
bestå I *tr* **1** genomgå: t.ex. prövningar go (pass) through; examen o.d. pass, get through; *~ provet* stand (pass) the test **2** bekosta pay for; tillhandahålla provide; skänka give **II** *itr* **1** äga bestånd exist; trots svårigheter subsist; fortfara last **2** *~ av* (*i*) consist of, be composed (made up) of
bestående existerade existing; varaktig lasting
beståndsdel constituent (component) [part]; isht om mat ingredient; *vara en väsentlig ~ av* be part and parcel of, be an essential part of
beställa rekvirera a) sak order; boka book b) pers. engage; friare send for; *~ tid* [*hos...*] make an appointment [with...];

det är illa (dåligt) beställt med honom he is in a bad way
beställning (jfr *beställa*) order; booking, reservation
beställningsarbete commissioned work; *ett ~ stöld* o.d. a put-up job
bestämd fastställd m.m. fixed, settled osv., jfr *bestämma*; viss angiven definite; exakt precise; tydlig clear; säker positiv, definite; fast, orubblig determined; resolut, beslutsam resolute; som inte medger några invändningar peremptory
bestämdhet, veta med ~ know with certainty (for certain, for sure)
bestämma I *tr* allm. determine äv. begränsa, utröna; besluta, fixera decide [up]on; [närmare] ange state; definiera define; klassificera classify; gram. modify; *det får du ~ [själv]* that's (it's) for you to decide, I leave it to you, that's up to you **II** *rfl, ~ sig* decide [för [up]on; för att + inf. to + inf. el. [up]on ing-form]; make up one's mind [för att + inf. to + inf.]; come to a decision [angående [up]on (as to)]
bestämmelse 1 föreskrift direction; regel regulation; stadgande i t.ex. kontrakt stipulation; villkor condition; i t.ex. lag provision 2 uppgift mission; öde destiny
bestämmelseort [place of] destination
bestämt 1 absolut definitely; tydligt distinctly; avgjort decidedly; eftertryckligt firmly, flatly; uttryckligen positively; *veta ~* know for certain 2 [högst] sannolikt certainly; *det har ~ hänt något* something must have happened
beständig 1 stadigvarande constant, se f.ö. *ständig* 2 *~ mot* t.ex. syror impervious (resistant) to
beständighet constancy; hos material durability
bestörtning dismay, perplexity
besutten propertied; *de besuttna* subst. adj. the propertied classes, the landed gentry
besvara 1 svara answer; reply to äv. bemöta; högtidl. respond to 2 hälsning, besök o.d. return
besvikelse disappointment
besviken disappointed
besvär 1 allm. trouble; möda [hard] work, pains; svårighet[er] difficulties; *göra sig ~ att* + inf. take the trouble to + inf.; *jag hade mycket ~ med att övertala honom* I had a very hard job to persuade (job persuading) him 2 jur. appeal, protest
besvära I *tr* trouble; *förlåt att jag ~r!* excuse my troubling you! **II** *rfl, ~ sig* 1 trouble (bother) oneself 2 jur. lodge an appeal, appeal

besvärad generad embarrassed; förlägen self-conscious
besvärande troublesome, annoying; generande embarrassing
besvärlig allm. troublesome; svår hard; ansträngande trying; mödosam laborious; tröttande tiresome; generande awkward; *han kan vara ~ ibland* he can be difficult (tiresome) at times; *det är ~t att behöva...* + inf. it is a nuisance having to... + inf.
besvärlighet troublesomeness; difficulty; *~er* difficulties, troubles, hardships
besynnerlig allm. strange; egendomlig peculiar, odd; underlig queer; märkvärdig curious; *så (vad) ~t!* how odd!
besynnerlighet strangeness; jfr *besynnerlig*; *~er* peculiarities, oddities
besätta 1 mil. occupy 2 tillsätta fill 3 teat. o.d., roller cast 4 *besatt* a) betäckt, garnerad set; med spetsar trimmed b) *salongen var glest (väl) besatt* the theatre was sparsely (well) filled
besättning 1 garnison garrison; sjö. el. flyg. crew; *fulltalig ~* sjö. complement 2 teat. o.d., roll~ casting 3 mus., instrument~ number (complement) of instruments; *en orkester med full ~* a full-size orchestra 4 boskap stock 5 garnering trimming
besättningsman, en ~ one of the crew (hands) [*på* of]
besök visit; kortare call; vistelse stay; *avlägga (göra) ~ hos ngn* pay a visit to (a call on) a p.; *få (ha) ~* have (have [got]) a caller el. visitor (resp. callers el. visitors); *hon är bara här på ~* she's only here on a visit (only visiting)
besöka hälsa på el. bese visit, jfr *hälsa på* under *2 hälsa*; bevista attend; ofta frequent; *~ ngn* visit (call on) a p., pay a p. a visit; *jag har aldrig besökt besett...* I have never been to see...; *ett talrikt besökt möte* a well-attended meeting
besökare visitor; attender; caller; frequenter; jfr *besöka*
besökstid på t.ex. sjukhus visiting hours
bet, *bli (gå) ~ i spel* ung. lose the game; *han gick ~ på uppgiften* the task was too much
1 beta I *tr* aväta el. valla graze; livnära sig på feed on; *~ av* gräs o.d. graze; bildl. go (browse) through, deal with **II** *itr* graze
2 beta bot. beet
betablockerare med. beta-blocker
betagande bedårande charming; överväldigande captivating
betagen overcome; *lyssna ~* listen spellbound
betala I *tr* o. *itr* pay; varor, arbete pay for; *får*

jag (*jag skall be att få*) ~! på restaurang o.d. can I have the bill (amer. the check), please!; *få bra betalt för ngt* äv. get a good price for a th. **II** *rfl*, ~ *sig* pay **III** med beton. part.
~ **av** 1000 kr **på bilen** (**skulden**) pay an instalment of...on the car (the debt); *jag har ~t av* slutbetalat *bilen* I have paid off the car
~ **igen** (**tillbaka**) pay back
~ **in** pay [in]; ~ *in ett belopp på* ett konto o.d. pay an amount into...
~ **ut** pay [out (down)]
betalbar payable
betalkort charge card
betalning payment; avlöning pay; ersättning remuneration; *mot* (*vid*) ~ *av* on payment of
betalningsförmåga capacity (ability) to pay; solvens solvency
betalningsmedel medel att betala med means of payment; *lagligt* ~ legal tender; amer. tender
betalningspåminnelse reminder [to pay]
betalningsskyldig, ~ *person* person liable for payment
betalningstermin term (period) of payment
betalningsvillkor terms [of payment]
betal-tv pay-TV
1 bete boskaps~ pasturage
2 bete fiske. bait
3 bete huggtand tusk
4 bete, ~ *sig* uppföra sig behave; bära sig åt äv. act
beteckna vara uttryck för represent; betyda denote; ange indicate, designate; markera mark; känneteckna characterize; ~ *ngn* (*ngt*) *som* describe (characterize) a th. (a p.) as
betecknande I *adj* characteristic, significant **II** *adv*, ~ *nog* significantly (characteristically) [enough]
beteende behaviour äv. psykol.; conduct; *ett* ~ *som...* behaviour (conduct) of a kind that...
beteendemönster pattern of behaviour; vetensk. behavioural pattern
betesmark pasture, pastureland
betinga 1 t.ex. extra avgift involve **2** förutsätta condition; ~*s* (*vara* ~*d*) *av* a) vara beroende av be dependent (conditional) on b) ha sin grund i be conditioned by c) bestämmas av be determined by **3** ~ *ett* [*högt*] *pris* command (fetch) a [high] price
betjäna I *tr* serve äv. om samfärdsmedel; uppassa attend [on]; vid bordet wait [up]on; *det är jag föga betjänt av* that is of little use to me **II** *rfl*, ~ *sig av* make use (avail oneself) of, employ
betjäning 1 serving osv., jfr *betjäna*; service; uppassning [på hotell] attendance **2** personal staff
betjänt manservant (pl. menservants); livréklädd footman; kammartjänare valet; föraktligt flunkey
betona 1 framhäva emphasize **2** fonet. stress
betong concrete; *armerad* ~ reinforced concrete
betongblandare concrete mixer
betoning emphasis äv. fonet.
betrakta 1 se på look at, contemplate, regard äv. friare; bese view **2** ~ *ngn* (*ngt*) *med förakt* (*misstro*) regard a p. (a th.) with contempt (suspicion), look with contempt (suspicion) [up]on a p. (a th.) **3** anse ~ *ngn* (*ngt*) *som...* regard (look [up]on) a p. (a th.) as..., consider a p. (a th.)...
betraktande, *i* ~ *av* in consideration (view) of [*att* the fact that]; ofta considering [*att* that]; *komma* (*ta*) *i* ~ come (take) into consideration (account)
betrodd pålitlig trusted
betryckt nedslagen dejected; deprimerad low-spirited; *en* ~ *situation* a depressing situation
betryggande tillfredsställande satisfactory; säker safe; *på* ~ *avstånd* at a safe distance
beträffa, *vad mig* (*det*) *~r* as far as I am (that is) concerned, as regards (vard. as for) me el. myself (that)
beträffande concerning
bets 1 snick. stain **2** garv. lye
betsa snick. stain
betsel bit; remtyg bridle
betsla, ~ [*på*] bridle, bit; ~ *av* unbridle
bett 1 hugg, insekts~ bite; *vara på ~et* vard. be in great form, be in the mood; amer. äv. be on the ball **2** tandgård set of teeth **3** på betsel bit **4** egg edge
bettleri begging, mendicancy
betungande heavy äv. om t.ex. skatt; *vara* ~ be a great burden [*för* to]
betuttad vard. *vara* ~ *i ngn* have a crush on a p.
betvivla doubt, call...in question
betyda mean, signify; ~ *mycket* signify (mean) a great deal; vara av stor betydelse be of great importance, make a great (all the) difference [*för ngn* to a p.]
betydande important; stor considerable
betydelse meaning, import; vikt significance
betydelsefull significant; viktig important

betydelselös meaningless; oviktig insignificant
betydlig considerable; *en ~ skillnad* äv. a great (a big) difference
betydligt considerably; mycket a good (great) deal
betyg 1 handling: officiellt intyg el. examens~ certificate; avgångs~ [school-]leaving certificate; skol~ [school] report; arbetsgivares testimonial; för tjänstefolk character **2** betygsgrad mark; amer. grade; *vad fick du för ~ i engelska (på din uppsats)?* what mark (amer. grade) did you get in English (for your composition)?
betyga 1 intyga certify; bekräfta vouch for; *härmed ~s att...* I hereby certify that... **2** tillkännage declare, profess; uttrycka express
betygshets skol. mad scramble (scrambling) for [higher] marks (amer. grades)
betygsätta skol. mark; amer. grade; friare pass judgement on
betäcka cover äv. göra dräktig
betänka I *tr* consider; *man måste ~ att...* one must bear in mind that... **II** *rfl*, *~ sig* think it (the matter) over; tveka hesitate
betänkande 1 utlåtande report **2** *utan ~* without hesitation, unhesitatingly
betänketid time for consideration (reflection); *en dags ~* a day to think it (the matter) over
betänklighet tvekan hesitation; tvivel doubt; *~er* farhågor apprehensions [*mot* about], misgivings [*mot* as to]
betänksam besinningsfull deliberate; försiktig cautious, wary; tveksam hesitant; *vara ~* äv. have misgivings
beundra admire
beundran admiration
beundransvärd admirable; friare wonderful
beundrare admirer; vard. fan
bevaka 1 eg. guard; misstroget watch **2** tillvarata look after **3** nyhet m.m. cover
bevakning 1 guard äv. konkr.; transporteras *under ~* ...under guard (escort) **2** *~ av ngns intressen* looking after a p.'s interests **3** av nyheter coverage; *massiv ~* massive coverage
bevakningsföretag security company
bevandrad acquainted [*i* with], at home [*i* in]
bevara 1 bibehålla preserve; upprätthålla maintain; förvara keep; *~ en hemlighet* keep a secret **2** skydda protect; *bevare mig väl!* dear me!, goodness gracious!; *Gud bevare konungen!* God save the King!

bevars oh dear!, goodness!; *ja ~ !* [yes,] to be sure!
bevattna med kanaler irrigate; vattna el. geogr. water
bevattning irrigation; watering; jfr *bevattna*
beveka move; *han lät sig inte ~s* he was not to be moved, he was inflexible
bevekande I *adj* moving **II** *adv* movingly; vädjande appealingly
bevekelsegrund motive, reason
bevilja grant; tilldela award; tillerkänna allow; riksdagen *har ~t 50 000 kronor till* vanl. ...has voted (appropriated) 50,000 kronor for
bevis allm. proof; vittnesbörd: evidence äv. indicium; testimony äv. tecken; tydligt bevis demonstration; intyg certificate; *ett bindande (slående) ~* conclusive (striking) proof, a conclusive (striking) piece of evidence
bevisa 1 styrka prove; leda i bevis demonstrate **2** tydligt visa show, manifest
bevisföring demonstration; argumentation argumentation; jur., framläggande av bevis submission of evidence
bevisligen demonstrably; *han är ~ sjuk* he is unquestionably...
bevismaterial [body of] evidence
bevista attend; närvara vid be present at
bevittna 1 bestyrka attest; *~s:...* witnessed (witnesses):...; *~d kopia* attested (certified) copy **2** vara vittne till witness
bevuxen overgrown; friare covered
bevåg, *på eget ~* on one's own responsibility (authority)
bevågen, *vara ngn ~* be favourably (kindly) disposed towards a p.
bevänt, *det är inte mycket ~ med det (honom, arbetet)* it (he, the work) is not up to much
beväpna arm; *~ sig* arm oneself
beväpnad armed; om fartyg gunned; *~ försedd med* equipped with
bevärdiga, *~ ngn med ett svar (en blick)* condescend to give a p. an answer (a look)
beväring värnpliktig conscript [soldier], recruit
bh se *behå*
Bhutan Bhutan
bi zool. bee; *arg som ett ~* fuming, in a rage, hopping mad
biavsikt subsidiary motive
bibehålla ha i behåll retain; bevara keep; upprätthålla keep up; *~ figuren* keep one's figure; *en väl bibehållen byggnad* a well-preserved building, a building in good repair

bibel bible äv. bildl.; *Bibeln* the [Holy] Bible; *svära på ~n* swear on the Book
bibelcitat o. **bibelord** biblical quotation
bibeltext [sacred] text; vid gudstjänst lesson
bibetydelse secondary meaning
bibliotek library
bibliotekarie librarian
bibringa, *~ ngn* idéer, en uppfattning o.d. impress a p. with..., convey...to a p.; gradvis instil...into a p.['s mind]
biceps anat. biceps (pl. lika)
bida bide; *~ sin tid* bide one's time
bidé bidet
bidra contribute; *~ med* pengar, en artikel, idéer contribute...; *~ till* vara bidragande orsak till äv. conduce (be conducive) to, help to, go some way to; främja make for, promote; öka add to; medverka till combine to
bidrag tillskott contribution; tecknat belopp subscription; understöd allowance; stats~ grant; *minsta (alla) ~ mottas tacksamt* all contributions gratefully received; ibl. every little counts
bidrottning queen bee
bifall 1 samtycke assent; godkännande approval; myndighets sanction; *röna (vinna) ~* meet with (win) approval **2** applåder applause; rop cheers, shouts pl. of applause
bifalla assent (consent) to; *~ en anhållan* grant a request
biff [beef]steak
biffko beef cow; *~r* äv. beef cattle
biffstek beefsteak; *~ med lök* steak and onions
bifftomat beefsteak tomato
bifoga vidfästa attach, annex; vid slutet tillägga append isht i skrift; subjoin; närsluta enclose; *härmed ~s* räkningen we enclose..., we are enclosing...
bifokalglas optik. bifocal glass
bigami bigamy
bigamist bigamist
bigarrå bot. whiteheart [cherry], cherry
bigata sidestreet
bihang appendage; i bok append|ix (pl. -ixes el. -ices)
bihåleinflammation med. sinusitis
biinkomst extra (additional) income; *~er* äv. incidental earnings, perquisites; vard. perks
bijouterier jewellery; nipper trinkets
bikarbonat kem. bicarbonate [of soda]
bikini baddräkt bikini
bikt confession
bikta, *~ sig* confess
bikupa [bee]hive

bil car; isht amer. automobile, vard. auto; taxibil taxi[cab]; *köra ~* drive [a car]
1 bila I *itr* go (travel) by car; *~ [omkring] i Europa* go motoring (go by car) round Europe **II** *tr* drive
2 bila broad axe
bilaga närsluten handling enclosure; tidnings~ supplement; reklamlapp o.d. insert; bihang till bok append|ix (pl. -ixes el. -ices)
bilavgaser exhaust [gas]
bilbarnstol car safety seat
bilbatteri car battery
bilburen motorized
bilbälte seat [safety] belt
bild 1 picture äv. TV.; diabild slide; inre bild image; optik. image; spegel~ reflection; på mynt o.d. effigy; bildligt uttryck metaphor; *komma in i ~en* come (enter) into the picture, come into it, come on the scene; *har du ~en klar för dig?* bildl. do you get the picture? **2** skol. art
bilda I *tr* **1** åstadkomma o.d.: allm. form **2** bibringa bildning educate **II** *rfl*, *~ sig* **1** *~s,* uppstå form **2** skaffa sig bildning educate oneself, improve oneself (one's mind) **3** skapa sig *~ sig en uppfattning [om]* form an opinion [of]
bildad kultiverad educated, civilized, refined
bildband filmstrip
bilderbok picture book
bildhuggare sculptor
bildkonst, *~en* the visual arts pl.; måleriet pictorial art
bildligt, *~ talat* figuratively (metaphorically) speaking
bildlärare art teacher
bildmaterial illustrations, pictures
bildning 1 skol~ o.d. education; [själs]kultur culture; belevenhet [good] manners, breeding **2** formation el. bildande formation
bildordbok illustrated (pictorial) dictionary
bildrik om språk ...full of imagery, metaphorical; blomstersmyckad flowery
bildrulle vårdslös förare road hog
bildruta TV. [viewing] screen; på film frame
bildrör TV. picture tube; amer. kinescope
bildskärm TV. [viewing] screen; data. display [screen (unit)]
bildskärpa TV. el. foto. [picture] definition
bildskön strikingly beautiful
bildsnidare [wood-]carver
bildstod statue
bildtext caption
bildtidning pictorial [magazine]
bildverk bok illustrated work
bildyta TV. picture
bildäck 1 på hjul [car] tyre (amer. tire) **2** sjö. car deck

bilersättning [car] mileage allowance
bilfabrik car factory (pl. lika)
bilfirma car firm (dealer)
bilfärja car ferry
bilförare [car] driver
bilförsäkring motorcar insurance
bilindustri car (motor, automobile) industry
bilism motoring
bilist motorist
biljard spel billiards; bord billiard table
biljardsalong billiard hall (saloon); amer. äv. poolhall
biljardspelare billiard-player
biljett 1 ticket; *halv* ~ taxa half fare; *köpa* ~ take (buy) a ticket; för resa äv. book [*till* to]; teat. o.d. äv. book (take) a seat [*till* for] **2** litet brev note
biljettautomat ticket machine
biljettförsäljning sale of tickets
biljetthäfte book of tickets
biljettkontor booking-office; amer. ticket office; teat. o.d. äv. box office
bilkarta road map
bilkrock car crash (smash)
bilkyrkogård used (old) car dump
bilkö line (queue) of cars (vehicles); isht efter olycka tailback
bilkörning motoring
billarm car alarm
billig 1 ej dyr cheap; ej alltför dyr inexpensive; *för en* ~ *penning* cheap, for a mere song **2** dålig cheap; vulgär common **3** rättvis, rimlig fair, reasonable
billigt cheaply äv. tarvligt; cheap, inexpensively; *köpa* (*sälja*) ~ buy (sell) cheap
billykta [car] headlight (headlamp)
bilmekaniker car (motor) mechanic
bilmärke make of car
bilnummer car (registration) number
bilparkering plats car park
bilradio car radio
bilring 1 däck tyre, amer. tire; innerslang tube **2** skämts., fettvalk spare tyre (amer. tire)
bilsjuk car-sick
bilskola driving school; isht som rubrik school of motoring
bilskollärare driving instructor
bilsport motor sport
bilstöld car theft
biltelefon carphone
biltull toll; *väg med* ~ tollway
biltur drive, ride; vard. spin [by car]
biltvätt anläggning car wash
biltåg biltransport per tåg motorail
biluthyrning [self-drive] car hire (rental) service; t.ex. i annons car hirers

bilverkstad car repair shop
bilvrak [car] wreck
bilägga 1 tvist o.d. settle; gräl make up; vard. patch up **2** bifoga enclose; *bilagd handling* enclosure
biläggande av tvist o.d. settlement
binda I *s* kir. roller [bandage]; *elastisk* ~ elastic bandage **II** *tr* o. *itr* samman~, fast~ bind; isht [linda o.] knyta tie båda äv. bildl.; ~ *böcker* bind books; *stå bunden* t.ex. om hund be tied up **III** *rfl*, ~ *sig* bind oneself, commit (pledge) oneself [*att* inf. to ing-form]
IV med beton. part.
~ **fast** tie...on (up)
~ **för ögonen på ngn** tie something in front of a p.'s eyes
~ **ihop** hopfoga tie...together; t.ex. tidningar till paket tie up
~ **om** a) böcker rebind b) paket o.d. tie up; sår bind up; ~ *om ngt med* ett snöre e.d. tie...round a th.
~ **upp** tie up äv. bildl.; kok. truss
bindande förpliktande, om t.ex. avtal binding; avgörande, om t.ex. bevis conclusive
bindel ögon~ bandage; ~ *om armen* t.ex. som igenkänningstecken armlet, armband
bindemedel binder; lim o.d. adhesive; mål. vehicle
bindestreck hyphen
bindning 1 av böcker, kärvar binding; av kransar making **2** skid~ binding
bindsle fastening
binge 1 lår bin **2** hop heap; hö~ mow
bingo bingo äv. som utrop
binjure anat. adrenal (suprarenal) gland
binnikemask tapeworm
binäring lands ancillary (subsidiary) industry; bisyssla sideline
bio cinema; vard. (isht amer.) movie, jfr äv. *biograf 1*; *gå på* ~ go to the cinema (the pictures, isht amer. the movies)
biobesökare filmgoer
biobiljett cinema ticket
biobränsle biofuel
biodling bee-keeping
bioduk screen
biodynamisk biodynamic; ~*a* livsmedel organically grown...
bioföreställning cinema (movie, film) show
biograf 1 bio cinema; amer. motion picture theater; vard. movie [theater (house)]; för sammansättn. se *bio-* **2** levnadstecknare biographer
biografi biography
biografisk biographical
biolog biologist, naturalist
biologi biology

biologisk biological; *~ föräldrar* natural (genetic) parents; *~ klocka* biological clock; *~a stridsmedel* biological weapons (weaponry *koll. sg.*)
biopublik cinema audience; biobesökare filmgoers
biprodukt by-product, spin-off; avfalls~ waste product
bisak side issue; betrakta ngt *som en ~* ...as [a matter] of secondary importance
bisamråtta muskrat
bisarr bizarre
Biscayabukten the Bay of Biscay
bisexuell bisexual
biskop bishop
biskvi mandel~ ung. macaroon
bismak [slight] flavour (taste); obehaglig funny taste; isht bildl. tinge
bison o. **bisonoxe** bison (pl. lika el. -s)
bister om min o.d. grim; sträng stern; om klimat severe, hard, inclement; *~ kritik* severe criticism; *det är ~t* bitande kallt *ikväll* it is bitterly (bitter) cold tonight
bistå aid
bistånd aid; *juridiskt ~* legal advice
biståndsarbetare development assistance worker
biståndspolitik development assistance policy
bisvärm swarm of bees
bisyssla sideline, spare-time job (occupation)
bit stycke: allm. piece; del part; brottstycke fragment; av socker lump, knob; matbit bite, morsel; munsbit mouthful; vägsträcka distance; musikstycke piece [of music]; låt tune; *en ~ bröd* a piece (a morsel, skiva a slice) of bread; *gå en bra ~* walk quite a long way
bita I *tr* bite; *~ sig i läppen* bite one's lip
II *itr* bite; om kniv, egg cut; om köld, blåst bite, cut, jfr *bitande*; *kniven biter inte* the knife does not cut; *~ på naglarna* bite one's finger-nails
III med beton. part.
~ **av** bort bite off; itu bite...in two; *~ av en tand* break a tooth
~ **sig fast vid** bildl. stick (cling) to
~ **ifrån sig** ge igen give as good as one gets
~ **ihop (samman) tänderna** clench (grit) one's teeth; bildl. äv. keep a stiff upper lip
~ **till** bite hard
bitande *adj* biting; *~ anmärkning* caustic (cutting) remark
bitas bite; varandra bite one another
bitring [baby's] teething ring; vard. teether
biträda assistera assist; *~ ngn [inför rätten]* appear (plead) for ap.

biträde medhjälpare assistant; affärs~ shop assistant; amer. [sales]clerk; sjukvårds~ assistant nurse; jur. counsel (pl. lika)
bitsk om t.ex. kommentar cutting, sarcastic; om hund fierce
bitsocker lump sugar
bitter bitter äv. bildl.; hård hard, harsh
bitterhet bitterness; hätskhet acrimony
bitterljuv bitter-sweet
bittermandel bitter almond
bitti o. **bittida** early; *i morgon bitti[da]* [early] tomorrow morning; *[både] bittida och sent* at all hours, early and late
bitvis på sina ställen in [some] places, here and there, occasionally; bit för bit bit by bit, piecemeal
bivax beeswax
biverkan side-effect, secondary effect
biverkningar med. side-effects
bjuda I *tr* o. *itr* **1** erbjuda offer; servera serve; undfägna entertain; *vad kan jag ~ er (får jag ~) på?* what can el. may I offer you?, what will you have? **2** inbjuda ask, invite **3** betala treat; *låt mig ~ [på det här]* let me treat you [to this] **4** tillönska *~ farväl* bid farewell **5** påbjuda bid, order; *samvetet bjuder mig att* + inf. my conscience prompts me to + inf. **6** göra anbud offer; på auktion bid, make a bid; kortsp. bid
II med beton. part.
~ **emot**: *det bjuder [mig] emot* I hate the idea [of doing it], it goes against the grain
~ **igen** invite...back
~ **in** att stiga in ask...[to come] in
~ **omkring** serve
~ **till** anstränga sig try
~ **upp ngn [till dans]** ask ap. for a dance
~ **ut [till salu]** offer [for sale]; *~ ut ngn på restaurang o.d.* take ap. out
~ **över** a) eg. outbid äv. kortsp. b) se *överbjuda*
bjudning kalas party; middags~ dinner [party]; *ha ~* give (vard. throw) a party
bjäfs finery; krimskrams gewgaws, knick-knacks
bjälke beam; större balk, baulk; bär~ girder; tvär~ joist; taksparre rafter; tekn. äv. square timber; inte se *~n i sitt eget öga* ...the beam in one's own eye
bjällerklang *~[en]* [the] sound of bells (resp. a bell)
bjällra [little] bell
bjärt gaudy; *stå i ~ kontrast mot (till)* be in glaring contrast to
bjässe stor karl big strapping fellow
björk 1 träd [silver] birch **2** virke birch[wood]; *...av ~* attr. äv. birch...

björkmöbel möblemang birch suite; enstaka piece of birch furniture
björkris 1 koll. birch twigs **2** till aga birch
björn zool. bear; koll. bears; *väck inte den ~ som sover!* ung. let sleeping dogs lie!
björnbär blackberry
björnfäll bearskin
björnskinnsmössa till uniform bearskin; vard. busby
björntjänst, *göra ngn en ~* do a p. a disservice
björntråd bear cotton thread
bl.a. förk., se *bland* [*annat* (*andra*)]
black bildl. *en ~ om foten* [*för ngn*] a drag [on a p.], an impediment [to a p.]
blackout blackout; *få* (*drabbas av*) *en ~* have a blackout
blad 1 bot. leaf (pl. leaves); kron~ petal; *ta ~et från munnen* speak out, speak one's mind, not mince matters **2** pappers~ sheet; i bok leaf (pl. leaves); vard., tidning paper; *ett oskrivet ~* a blank page, a clean sheet **3** på kniv, åra, propeller o.d. blade
bladgrönt chlorophyll
bladguld gold leaf
bladlus plant louse
bladverk foliage
B-lag sport. reserve (second) team; bildl. el. neds. äv. second-raters
blamage faux pas fr. (pl. lika); gaffe
blamera, *~ sig* commit a faux pas, put one's foot in it
blanchera kok. blanch
bland among; i partitiv bet. of; jfr äv. ex.; *~ andra* (förk. *bl.a.*) among others; *~ annat* (förk. *bl.a.*) among other things; isht i formellt språk inter alia lat.; *omtyckt ~ ungdom* popular with...
blanda I *tr* mix; isht bildl. mingle; isht olika kvaliteter av t.ex. te el. bildl. blend; metaller alloy; kem. el. farmakol. compound; spelkort shuffle **II** *rfl*, *~ sig* mix, mingle; sammansmälta blend; *~ sig i* andras affärer interfere with...
III med beton. part.
~ bort: *~ bort begreppen* confuse the issue, cause confusion
~ i ngt i maten mix a th. in..., add a th. to...; under omröring äv. stir in a th. in...
~ ihop förväxla mix up, confuse; blanda tillsammans mix *~ till*
~ in ngn i ngt mix a p. up in a th.; isht ngt brottsligt involve (implicate) a p. in a th.
~ samman mix; förväxla mix up
~ till tillreda mix; medicin äv. compound
~ upp ngt med ngt mix a th. with...
blandad mixed, mingled, blended, jfr *blanda I*; diverse miscellaneous; *~e karameller* assorted sweets; *~e känslor* mixed feelings
blandekonomi mixed economy
blandning 1 mixture; av olika kvaliteter av t.ex. te el. bildl. blend; av konfekt o.d. assortment; legering alloy; kem. compound; brokig medley; röra mess **2** blandade mixing osv., jfr *blanda I*
blandskog mixed forest
blandäktenskap mixed marriage
blank eg. bright; oskriven, tom blank; *~ som en spegel* smooth as a mirror
blankett form; amer. äv. blank; *fylla i en ~* fill in (up) a form
blankpolera o. **blankputsa** polish
blanksliten om tyg shiny
blankt brightly; *dra ~* draw one's sword [*mot* on]; *rösta ~* return a blank ballot-paper
blasé o. **blaserad** blasé fr.; jaded
blasfemi blasphemy
blask 1 usel dryck etc. slops, dishwater **2** slaskväder, snö~ slush
blaska vard., tidning paper; neds. [local] rag
blaskig om dryck, färg wishy-washy; om väderlek slushy
blazer [sports] jacket; klubbjacka, vanl. av flanell blazer
bleck tinplate; *ett ~* a sheet of tinplate
blek pale; stark. pallid; sjukligt wan; glåmig, gulblek sallow; svag faint; *inte den ~aste aning* not the faintest (foggiest) [idea]; *bli ~* [*av fasa*] turn pale [with terror]
bleka kem. bleach; t.ex. jeans prefade; färger fade; *~s* om färger fade, become discoloured
blekfet pasty[-faced], flabby
blekhet paleness; isht ansikts~ pallor; sjuklig wanness
blekmedel bleaching agent; pulver bleaching powder; vätska bleaching solution
blekna om pers. turn pale; om färg o.d. el. bildl., t.ex. om minne fade
bleknos, *din lilla ~* you pale little thing
blekströmming *s* paled herring
blemma finne pimple, pustule
blessyr wound
bli I passivbildande *hjälpvb* be; vard. get; uttr. gradvist skeende become; *~ avrättad* be executed **II** *itr* **1** uttr. förändring become; ledigare get; långsamt grow; uttr. plötslig el. oväntad övergång turn; i förb. med vissa adj. go; angivande sinnesstämning o.d. samt i bet. 'vara' oftast be; äga rum take place; visa sig vara turn out; *tre och två ~r fem* three and two make[s] five; *det ~r regn* it is going to rain, it will rain; *det börjar ~*

mörkt it is getting dark; ~ *katolik* become a (oväntat turn) Catholic; ~ *kär* fall in love; ~ *sjuk* fall (be taken, get) ill **2** förbli remain; ~ *hemma* stay (remain) at home **3** *låta* ~ ngn (ngt) leave (let)...alone, keep one's hands off...; *låta* ~ *att* inf. a) avstå från refrain from (avoid) ing-form b) sluta med leave off (give up, stop) ing-form;*jag kan inte låta* ~ *att skratta* I can't help laughing **III** med beton. part. (här ej upptagna uttryck söks under partikeln, t.ex. [*bli*] *fast*) ~ **av a)** komma till stånd take place; ~*r det något av* dina planer*?* will...come to anything? **b)** ta vägen osv. *var blev han av?* where has he got to? **c)** ~ *av med* förlora lose; få sälja dispose of; bli kvitt get rid of ~ **borta** utebli stay away; *jag* ~*r inte borta länge* I won't be [away] long ~ **efter** get (lag, drop) behind äv. bildl. ~ **ifrån sig** be beside oneself; stark. go frantic ~ **kvar a)** stanna remain; ~ *kvar* längre än de andra stay on (behind) **b)** se ~ *över* ~ **till** come into existence (being); födas be born; ~ *till sig* get excited, be [quite] upset ~ **utan** lottlös [have to] go without, come away empty-handed ~ **utom sig** se ~ *ifrån sig* ~ **över** be over
blick ögonkast look; hastig glance; dröjande gaze; öga eye; *ha (sakna)* ~ *för* have an (have no) eye for; *kasta en* ~ *på* have (take) a look (glance) at; *sänka* ~*en* lower one's eyes (gaze), look down
blicka look; hastigt glance; dröjande gaze
blickfång eye-catcher
blickpunkt visual point; *i* ~*en* bildl. in the limelight (public eye)
blickstilla om t.ex. vattenyta dead calm; *han stod* ~ he stood dead still (stock-still)
blid om t.ex. röst soft; om t.ex. väsen gentle; om t. ex. väder mild; *inte se ngt med* ~*a ögon* look [up]on a th. with disapproval, frown on a th.
blidka appease; vrede mollify
blidvinter mild (open) winter
blidväder, *det är (har blivit)* ~ a thaw has set in
bliga stirra stare; drömmande gaze; ilsket glare
blind blind äv. bildl.
blindbock, *leka* ~ play blindman's buff
blindgångare mil. unexploded bomb (shell)
blindhet blindness äv. bildl.
blindhund guide dog; amer. äv. seeing-eye dog

blindo, *i* ~ blindly
blindskrift Braille
blindskär sunken (hidden) rock; bildl. pitfall
blindtarm, *ta* ~*en* opereras have one's appendix removed
blindtarmsinflammation appendicitis
blinka om ljus twinkle; med ögonen: blink; som tecken wink; *utan att* ~ bildl. calmly, without batting an eyelid; inför smärta without flinching
blinker bil. [flashing] indicator, flasher
blint blindly
bliva se *bli*
blivande framtida future; tilltänkt prospective; ~ advokater those who intend to be...; *min* ~ *fru* äv. my wife [that is] to be
blixt *s* **1** åskslag lightning; *en* ~ a flash of lightning **2** konstgjord el. bildl. flash; foto. äv. flashlight; ~*en slog ned i huset* the house was struck by lightning; *med* ~*ens hastighet* with lightning speed
blixtanfall o. **blixtangrepp** lightning attack
blixthalka, *det var* ~ *på vägarna* the roads were treacherously icy
blixtkub flashcube
blixtkär ...madly in love
blixtljus foto. flashlight
blixtlås zip[-fastener]; vard. zipper
blixtra 1 *det* ~*r* [*till*] there is [a flash of] lightning, it is lightening **2** bildl.: om t.ex. ögon flash; ~*nde huvudvärk* splitting headache
blixtsnabb ...[as] quick as lightning, lightning
blixtvisit flying visit
block 1 massivt stycke, äv. hus~ block; geol. äv. boulder; för skor shoetree **2** skriv~ pad **3** lyft~ pulley; isht sjö. block **4** polit. bloc
blockad sjö. blockade; av t.ex. arbetsplats boycott
blockchoklad cooking chocolate
blockera blockade; t.ex. arbetsplats boycott; ~ *linjen* tele. block the line
blockering eg. el. psykol.: det som blockerar blockage; det att blockera blocking äv. sport.
blockflöjt recorder
blockämne skol. block of interrelated subjects
blod blood; ~ *är tjockare än vatten* blood is thicker than water; *med kallt* ~ in cold blood
bloda, *få* ~*d tand* taste blood
blodapelsin blood orange
blodbad blood bath, carnage
blodbrist anaemia; amer. anemia
bloddrypande ...dripping with blood; bildl. gory, blood-curdling

blodfattig anaemic; bildl. bloodless
blodfläck bloodstain
blodfull bildl. full-blooded
blodförgiftning blood-poisoning
blodförlust loss of blood
blodgivarcentral blood donor centre
blodgivare blood donor
blodgivning blood donation
blodgrupp blood group
blodhund bloodhound
blodig blodfläckad blood-stained; nedblodad ...all bloody; blodblandad ...mingled with blood; som kostar mångas liv bloody; lätt stekt rare, underdone; bildl.: om t.ex. förolämpning deadly; om t.ex. ironi scathing; om t. ex. orätt cruel; *på ~t allvar* in dead earnest
blodigel leech äv. bildl.
blodkärl blood-vessel
blodomlopp circulation of the blood; *~et* äv. the circulatory system
blodpropp konkr. clot of blood, vetensk. thromb|us (pl. -i), lössliten embol|us (pl. -i); sjukdom thrombos|is (pl. -es), embolism
blodprov bloodtest; preparat sample (specimen) of blood; *ta ~* take a bloodtest
blodpudding black pudding; amer. blood sausage
blodröd blood-red; *bli alldeles ~* turn crimson
blodsband blood-relationship; *~* pl. ties of kinship
blodsdroppe, *till sista ~n* to the last drop of blood, to the bitter end
blodshämnd blood feud
blodsocker blood sugar
blodsprängd bloodshot
blodstockning stagnation of the blood
blodstörtning haemorrhage of the lungs
blodsutgjutelse bloodshed
blodtillförsel blood supply
blodtransfusion blood transfusion
blodtryck blood pressure; *högt ~* high blood pressure
blodtörstig bloodthirsty
blodutgjutning gm yttre skada bruise; blödning bleeding
blodvite, *~ uppstod* there was bloodshed
blodvärde blood count
blodåder vein
blom blomning *gå (slå ut) i ~* blossom, bloom, flower, come into flower; *stå i ~* be in bloom (flower, isht om fruktträd blossom), be blooming (flowering resp. blossoming)
blomblad petal
blombord flowerstand
blombukett bouquet; mindre nosegay

blomkruka flowerpot
blomkål cauliflower
blomlåda flowerbox
blomma I *s* allm. flower äv. bildl.; isht på fruktträd blossom; *blommor* koll. äv. bloom; *i ~n av sin ålder* in one's prime (the prime of life) **II** *itr* flower; isht om fruktträd blossom; den sorten *blommar sent* ...is a late flowerer
blommig flowery, flowered
blommografera send flowers by Interflora
blomningstid flowering season
blomsteraffär flower shop; som skylt florist
blomsterförmedling, *Blomsterförmedlingen* Interflora
blomsterhandlare florist
blomsterkrans wreath of flowers
blomsterrabatt flowerbed; långsmal flower (herbaceous) border
blomsteruppsats flower arrangement
blomsterutställning flower show
blomstjälk [flower] stalk
blomstra blossom; frodas prosper, thrive
blomstrande flourishing; om t.ex. hy fresh; frisk fine and healthy
blomstringstid bildl. time of prosperity; *i sin ~* in its heyday
blomvas [flower] vase
blond om pers. fair[-haired], blond (om kvinna blonde); om hår fair, light, blond
blondera bleach
blondin blonde
bloss 1 fackla torch; sjö. flare **2** vid rökning puff, drag, whiff; *ta ett ~* vard. have a fag
blossa 1 flare, blaze; bildl. glöda glow; *~ upp* flamma upp äv. bildl. flare (blaze) up; om kärlek be kindled; rodna flush **2** sjö., ge nödsignal burn flares **3** röka puff
blossande rodnande glowing; glödande burning; *bli ~ röd* turn (flush) crimson (scarlet)
blott I *adj* mere; *vid ~a åsynen* at the mere sight; *med ~a ögat* with the naked eye **II** *adv* only; merely; *~ och bart* simply and solely, merely
blotta I *s* gap [in one's defence]; *ge en ~ på sig* relax one's guard; bildl. lay oneself open to criticism **II** *tr* expose äv. bildl., mil. el. sport. o.d.; t.ex. malmåder unearth; röja: t.ex. en hemlighet disclose; blottlägga äv. bildl. lay bare; *~ huvudet* bare one's head, uncover [one's head] **III** *rfl,* *~ sig* **1** förråda sig betray oneself **2** visa könsorganen expose oneself indecently [*för ngn* to a p.]; vard. flash
blottare exhibitionist; vard. flasher
blottlägga lay bare äv. bildl.

blottställa *rfl*, ~ *sig* expose oneself, lay oneself open [*för* to]
blottställd exposed; utblottad destitute
bluff humbug humbug; om pers. vanl. bluffer; bedrägeri fraud
bluffa bluff
bluffmakare bluffer, humbug
blund, *jag fick inte en ~ i ögonen* (*sov inte en ~*) *i natt* I did not get a wink of sleep (not sleep a wink) last night
blunda sluta ögonen shut one's eyes; hålla ögonen slutna keep one's eyes shut
blunddocka sleeping doll
blunder blunder
blus blouse, amer. waist; skjort~ shirt, amer. äv. shirtwaist; arbets~ smock
bly lead; ...*av* ~ äv. lead[en]...
blyerts 1 ämne blacklead; miner. graphite; i pennor lead **2** se *blyertspenna*; *skriva med* ~ write in pencil
blyertspenna pencil
blyfri, ~ *bensin* unleaded (lead-free) petrol (amer. gasoline)
blyförgiftning lead poisoning
blyg shy; förlägen bashful; försagd timid; pryd coy
blygdben anat. pubic bone
blygdläppar anat. labia lat.
blyghet shyness, bashfulness, timidity, jfr *blyg*
blygsam modest
blygsamhet modesty; *falsk* ~ false modesty
blygsel shame; *känna* ~ *över* feel shame at
blyhaltig ...containing lead; plumbiferous
blytung ...[as] heavy as lead
blå blue
blåaktig bluish
blåblommig ...with blue flowers; växten *är* ~ ...has blue flowers
blåbär bilberry; amerikansk art blueberry
blåbärssoppa bilberry soup
blådåre vard. madman
blåfrusen ...blue with cold
blåfärgad blue; ...dyed blue
blågrå bluish-grey, blue-grey
blågul blå och gul blue and yellow; *de ~a* sport. the Swedish [international] team
blåklint bot. cornflower
blåklocka bot. [*liten*] ~ harebell; i Skottl. bluebell
blåklädd ...[dressed] in blue
blåkläder [blue] overalls
blåmåla paint...blue; *~d* attr. blue[-painted]; pred. [painted] blue
blåmärke bruise; *ha ~n överallt* be black and blue (be bruised) all over
blåneka se *bondneka*
blåpenna blue pencil

blåprickig blue-spotted, spotted [with] blue; *den är* ~ vanl. it has blue spots
blårandig blue-striped, striped [with] blue; *den är* ~ vanl. it has blue stripes
blårutig blue-chequered; *den är* ~ vanl. it has blue checks
blåröd purple; av t.ex. köld blue
1 blåsa 1 anat., isht urin~ el. luftbehållare bladder; vetensk. äv. vesica **2** i huden, glas blister **3** bubbla bubble **4** vard., festklänning party dress
2 blåsa I *itr* o. *tr* **1** allm. blow; mus. äv. play; föna blow-wave, blow-dry; *det blåser* it is windy, there is a wind [blowing] **2** vard., lura fool; *bli blåst på* be swindled (cheated, diddled) out of
II med beton. part.
~ av a) tr.: eg. blow off; avsluta bring...to an end; sport. el. t.ex. strid äv. call off; amer. call time [out]; *domaren blåste av matchen* gav slutsignalen the referee blew the final whistle **b)** itr. blow (be blown) off
~ bort a) tr. blow away; skingra drive (chase) away b) itr. blow (be blown) away
~ igen stängas blow (be blown) to; *dörren blåste igen* äv. the wind banged the door to
~ ned blow (itr. äv. be blown) down
~ omkull blow (itr. äv. be blown) over (down)
~ upp a) tr. inflate; t.ex. kinder blow (puff) out; öppna blow open; virvla upp blow (kick) up; förstora bildl. magnify **b)** itr.: virvla upp blow up; öppnas blow (be blown) open; *det blåser upp* the wind is rising
~ ur tömma blow; rensa blow out
blåsare mus. wind player; glas~ blower; *blåsarna* som orkestergrupp the wind sg.
blåsig om väder windy
blåsinstrument mus. wind instrument
blåsippa hepatica
blåskatarr inflammation of the bladder
blåslagen, *vara* ~ be black and blue (be bruised) all over
blåslampa blowlamp; amer. blowtorch
blåsning vard. *åka på en* ~ bli lurad be swindled (cheated, diddled)
blåsorkester brass band
blåst I *s* wind; stark. gale; *det blir* ~ there will be a wind [blowing] **II** *adj* vard. *vara* ~ dum be stupid (daft, amer. äv. dumb)
blåställ dungarees; *ett* ~ a pair of dungarees (overalls)
blåsvart blue-black
blåsväder windy (stormy) weather; *vara ute i* ~ bildl. be under fire
blåtira vard. *få* [*en*] ~ blått öga get a black eye

blått blue; *klädd i* ~ dressed in blue
blåögd blue-eyed
blåögdhet bildl. naiveté
bläck ink; skrivet *med* ~ ...in ink
bläcka vard. *ta sig en* ~ have a booze (booze-up)
bläckfisk cuttlefish; vanl. (åttaarmad) octopus
bläckpenna pen; reservoarpenna fountain pen
blädderblock flipchart
bläddra turn over the leaves (pages); ~ *i* äv. dip into, browse through; ~ *igenom* look through; ytligt skim [through]
blända 1 göra blind blind; bildl.: förtrolla dazzle; förvilla deceive **2** ~ *[av] vid möte* bil. dip (amer. dim) the headlights when meeting other vehicles
bländande *adj* dazzling äv. bildl.; blinding; ~ *ljus* dazzling light, glare
bländare foto.: diaphragm; öppning aperture; inställning stop; *minska ~n* stop down
bländskydd anti-glare device
bländverk delusion, illusion
bländvit dazzlingly white
blänga, ~ *[ilsket]* glare, glower [*på* at]
blänka shine, glisten, gleam, glitter; ~ *till* flash, flare up
blästra blast
blöda bleed äv. bildl.; *du blöder i ansiktet* your face is bleeding
blödig sensitive
blödighet sensitivity, weakness
blödning bleeding
blöja napkin, vard. nappy, amer. diaper
blöjbarn ung. toddler, infant
blöjbyxor [plastic] baby pants
blöjsnibb tie pants
blöt I *adj* våt et; vattnig watery; vard., blödig soft, wet **II** *s, ligga i* ~ be in soak
blöta I *s* rot~ downpour; väta wet **II** *tr* soak; göra våt wet
blötdjur 1 zool. mollusc **2** vard., vekling softie, sloppy person
blötläggning soak
blötsnö watery (wet) snow
bo I *itr* live; tillfälligt stay; som inneboende lodge, amer. äv. room; ha sin hemvist reside; i högre stil dwell; ~ *hos ngn* stay (resp. live) at a p.'s house (with a p.); ~ *på hotell* stay el. stop (långvarigt live) at a hotel; ~ *billigt* pay a low rent **II** *s* **1** fågels nest; däggdjurs lair; bildl. home; *bygga* ~ build a nest, nest **2** egendom, kvarlåtenskap [personal] estate (property); bohag furniture; *sätta* ~ settle, set up house
boa zool. el. pälskrage boa
bob 1 kälke bobsleigh **2** sportgren bobsleighing
bock 1 get he-goat; råbock m.fl. buck; *han är en gammal* ~ he is an old goat (lecher) **2** stöd trestle, stand; tekn. horse **3** gymn. buck; *hoppa* ~ play leapfrog **4** fel mistake; grovt fel howler; tecknet tick; *sätta* ~ *för ngt* mark...as wrong
1 bocka, ~ *sig* buga bow [*för* to]
2 bocka, ~ *av* pricka för tick off
bockskägg eg. goat's beard; hakskägg goatee
bocksprång caper; *göra* ~ caper, gambol, cut capers
bod 1 butik shop; marknads~ booth **2** skjul shed; lagerlokal storehouse, warehouse
bodelning division of the joint property of husband and wife [[up]on their separation]
boendekostnader housing costs, the costs pl. of housing
boendemiljö housing (home, living) environment
boendeparkering local residents' parking
bofast resident, friare settled; *vara* ~ be domiciled
bofink chaffinch
bog 1 på djur shoulder äv. kok. **2** sjö. bow[s pl.] **3** bildl. *slå in på fel* ~ take the wrong tack (line)
bogfläsk shoulder of pork
bogsera tow; ta på släp take...in tow
bogsering tow; bogserande towage
bogserlina towline
bohag household goods, household furniture
bohem Bohemian
bohemliv Bohemian life, Bohemianism
boj sjö. buoy; *lägga ut en* ~ put down (place) a buoy
boja fetter, shackle
bojkott boycott
bojkotta boycott
1 bok 1 träd beech **2** virke beech [wood]; ...*av* ~ äv. beech[en]...
2 bok book; *böckernas* ~ the Book of Books
boka bokföra book; beställa reserve; ~ *om* a) bokf. reverse an entry b) ändra biljett etc. change a booking (reservation)
bokanmälan book review
bokbindare bookbinder
bokbuss mobile library; amer. bookmobile
bokcirkel book club
bokflod flood of books
bokföra enter [...in the books]; *det bokförda värdet* the book value
bokföring redovisning bookkeeping, accountancy
bokförlag publishing house (firm)
bokförläggare publisher
bokhandel butik bookshop; amer. bookstore
bokhandlare bookseller

bokhylla bokskåp bookcase; enstaka hylla bookshelf
bokhållare bookkeeper; kontorist clerk
bokklubb book club (society)
boklåda bokhandel bookshop
bokmal bookworm äv. om pers.
bokmärke bookmark
bokmässa book fair
bokrea vard. book sale (bargain)
bokslut closing (balancing) of the books (accounts); *~et visar* the accounts show; *göra ~* close (make up, balance) the books, make up a (the) balance sheet
bokstav letter; *liten ~* small letter; *stor ~* capital [letter]
bokstavera spell; tele. o.d. spell...using the phonetic alphabet
bokstavlig literal
bokstavsordning alphabetical order
boktitel book title
boktryckare printer; tryckeriägare master printer
boktryckeri printing office (house)
bolag 1 company; amer. äv. corporation; *ingå ~ med ngn* enter into partnership with a p. **2** vard. *~et se systembutik*
bolagsstyrelse board of directors
bolagsstämma shareholders' (general) meeting
bolin 1 sjö. bowline **2** bildl. *låta det gå på (för) lösa ~er* let things go as they please
Bolivia Bolivia
bolivian Bolivian
boliviansk Bolivian
boll 1 ball; slag i tennis stroke; skott i fotboll shot; passning pass; *en fin (bra) ~* slagväxling a fine rally; *AIK har ~en* AIK are in (have) possession; *kasta ~* play catch; *sparka ~* vard. play football; *spela ~* play ball **2** sl., huvud nut; *vara tom i ~en* be empty-headed (stupid)
bolla play ball; träningsslå knock up; *~ med ord (begrepp)* bildl. bandy words (ideas)
bollkalle o. **bollpojke** ball boy
bollsinne ball sense (control), timing
bollspel ball game
bollträ bat
bolma utspy rök belch out smoke; om pers. puff; *röken ~r ut* ...billows forth
bolster feather bed
1 bom stång bar; järnv. [level crossing] gate; gymn. horizontal (high) bar; sjö. el. skog. boom; på vävstol beam; *inom lås och ~* under lock and key
2 bom I *s* felskott miss **II** *interj* boom!
bomb 1 bomb **2** kok. bombe fr. **3** sl. *~er* kvinnobröst tits, boobs
bomba bomb

bombanfall bombing attack
bombardera bombard äv. med t.ex. frågor; mil. äv. shell; från luften bomb; med t.ex. stenar assail
bombastisk bombastic
bombattentat bomb attack (outrage), bombing
bombflyg bombers; vapenslag bomber command
bombhot bomb scare (threat)
bombnedslag bomb hit äv. bildl.; *ett blont ~* a blonde bombshell
bombning bombing
bombplan bomber
bombsäker eg. bomb-proof; bildl. *det är ~t* it is a dead cert
1 bomma, *~ för (igen, till)* bar
2 bomma missa miss
bomull cotton; råbomull, vadd cotton wool, amer. absorbent cotton; *...av ~* äv. cotton...
bomullsband [cotton] tape
bomullsgarn cotton
bomullstråd cotton thread
bomullstuss wad (pad) of cotton wool
bomullstyg cotton cloth (fabric); *~er* äv. cotton textiles
bona vaxa wax
bonad tapestry
bondbröllop peasant (country) wedding
bondböna broad bean
bonde 1 allm. farmer; lantbo peasant; *bönderna* som samhällsgrupp äv. the peasantry **2** i schack pawn
bondflicka peasant (country) girl
bondfångare confidence (vard. con) man (trickster)
bondförnuft common sense
bondgård farm
bondkatt huskatt av blandras alley cat
bondkomik slapstick
bondland, *på rena [rama] ~et* out in the wilds (sticks, amer. boondocks)
bondmora farmer's wife
bondneka, *han ~de [till det]* he flatly denied it
bondpermission vard. French leave
bondpojke peasant (country) lad (boy)
bondsk rustic
bondtur the luck of the devil; *det var ren ~* it was sheer luck
bong voucher; amer. check; totalisator~ ticket
boningshus dwelling-house
bonus bonus; på bilförsäkringspremie no-claim bonus
bonvax floor polish
boplats settlement; arkeol. äv. village
bopålar, *slå ner sina ~* settle down

bord 1 table; skriv~ desk; *duka ~et* lay the table; *det är inte mitt ~* bildl. it's not my pigeon; *föra ngn till ~et* take a p. in to dinner; *betala...kr under ~et* ...under the table **2** sjö., planka plank, board; *om ~* on board
borda board
bordduk tablecloth
bordell brothel
bordlägga uppskjuta postpone, table
bordlöpare [table] runner
bordsbeställning på restaurang reservation
bordsbön grace; *läsa ~* say grace
bordsdam dinner partner, [lady] partner at table; *vem hade du till ~ ?* äv. who sat on your right at dinner?
bordskavaljer dinner partner; *vem hade du till ~ ?* äv. who sat on your left at dinner?
bordskniv tableknife
bordslampa table lamp
bordssalt table salt
bordssilver bestick table silver
bordsskick table manners
bordsskiva table top; lös table leaf
bordsända end of the (resp. a) table; *vid övre (nedre) ~n* at the head (foot) of the table
bordtennis table tennis; vard. ping-pong
bordtennisracket table tennis (vard. ping-pong) bat
borg slott castle; fäste stronghold äv. bildl.
borgare 1 medelklassare bourgeois (pl. lika) fr.; icke-socialist non-Socialist; *borgarna* medelklassarna äv. the bourgeoisie, fr.; icke-socialisterna äv. the right wing sg. **2** hist.: a) stadsbo citizen b) medlem av borgarståndet burgher; om eng. förhållanden burgess
borgarklass middle class, bourgeoisie fr.
borgen 1 säkerhet security; guarantee äv. bildl.; surety äv. borgensman; *ställa ~* find security; *gå i ~ för ngn* stand surety for a p.; *jag går i ~ för att* I guarantee that... **2** garanti för anhållens inställelse inför rätta o.d. bail; *frige mot ~* release on bail
borgensman guarantor, surety
borgenär creditor
borgerlig 1 av medelklass middle class; neds. bourgeois fr. **2** statlig, profan civil; *~ vigsel* civil marriage **3** icke-socialistisk non-Socialist; *de ~a [partierna]* the non-Socialist parties
borgerligt *rösta ~* vote non-Socialist **2** *de har gift sig ~* they were married before the registrar
borgerskap citizens, townspeople; medelklassen middle classes
borggård courtyard

borr drill; liten hand~ gimlet; större auger; tandläkar~ drill; som fästs i t.ex. borrsväng bit
borra bore; metall drill; tunnel cut; *~ huvudet i kudden* bury one's face in the pillow; *~ i sank* scuttle
borrhål bore (drill) hole
borrmaskin drill, drilling machine, drill press
borrplattform drilling (offshore) platform
borst bristle äv. bot.; koll. bristles; *resa ~* bristle [up] äv. bildl.
borsta brush; *~ skorna (tänderna)* brush one's shoes (teeth)
borstbindare brushmaker; *svära som en ~* swear like a trooper
borste brush; med långt skaft broom
borsyra boracic acid
bort away; *det (han) måste ~!* it (he) must go!; *vi ska ~* är bortbjudna *ikväll* we are invited out this evening; *långt ~* a long way off, far away (off); *~ med fingrarna* (vard. *tassarna*)*!* hands off!
borta för tillfället away; för alltid gone; om inte går att finna missing, lost; inte hemma away from home, out; vard. up in the clouds; bortkommen confused; medvetslös unconscious; död dead; *där ~* over there (yonder); *~ bra men hemma bäst* East, West, home is best
bortalag sport. away team (side)
bortaplan sport. away ground; *spela på ~* play away
bortblåst, *...är som ~* ...has (resp. have) completely vanished, ...has (resp. have) vanished into thin air
bortdömd sport. disallowed
bortersta furthest; *på ~ bänken* in the back row
bortfall statistik. o.d. falling (dropping) off, decline; t.ex. inkomst~ reduction
bortförklara explain...away
bortförklaring excuse
bortgjord vard. *bli ~* a) lurad be fooled b) utskämd be disgraced, be put to shame
bortgång död decease
bortifrån adv, *där ~* from that direction, from over there
bortkastad, *~ tid (~e pengar)* a waste of time (money)
bortkollrad, *bli ~* have one's head turned
bortkommen 1 förkommen lost **2** förvirrad confused; försagd timid; främmande strange; opraktisk unpractical; *han är inte ~* vard. he has got his head screwed on the right way
bortom beyond; förbi past
bortre further; *i ~ delen av* at the far end of
bortrest, *han är ~* he has gone away

bortse, ~ *från* disregard, ignore; *~tt från* apart from, irrespective of [[*det faktum*] *att* the fact that]
bortskämd spoilt
bortsprungen, *en* ~ *hund* a dog that has run away (has been lost); herrelös äv. a stray dog
bortåt *adv* om rum *där* ~ [somewhere] in that direction
bosatt resident, residing, domiciled
boskap cattle, livestock
boskapsskötsel stockraising [industry]
boskillnad jur. judicial division of the joint estate of husband and wife [upon their separation]
Bosnien Bosnia; ~ *och Hercegovina* Bosnia and Herzegovina
boss chef boss
bostad hem place [to live]; privat hus house; våning flat, isht större el. amer. apartment; hyrda rum rooms, lodgings, möblerade apartments; statistik., bostadsenhet dwelling; jur., fast ~ domicile; boning residence; högtidl. habitation; *söka* ~ look for a place to live, go house-hunting (våning flat-hunting)
bostadsadress permanent (home) address
bostadsbidrag accommodation (housing) allowance
bostadsbrist housing shortage
bostadsförmedling myndighet local housing authority, housing department; privat accomodation agency
bostadshus dwelling-house; större residential block
bostadskö housing queue
bostadslån housing (home) loan
bostadslös homeless
bostadsområde housing area (estate)
bostadsrätt o. **bostadsrättslägenhet** ung. co-operative (tenant-owner) flat (apartment), amer. condominium
bostadsstandard housing standard
bostadsyta living (dwelling) space
bosätta, ~ *sig* settle [down], take up one's residence (abode)
bosättning 1 bebyggande settling, settlement **2** bildande av eget hushåll setting up house
bosättningsaffär household stores
bot 1 botemedel remedy, cure; *finna* ~ *för* find a remedy (cure) for **2** botgöring penance; *göra* ~ *och bättring* do penance; friare mend one's ways
bota 1 läka cure **2** avhjälpa remedy
botanik botany
botanisera botanize; ~ *bland* bildl. browse (have a browse) among (through)

botanisk botanical; ~ *trädgård* botanical gardens pl.
botemedel remedy
botfärdig penitent
Botswana Botswana
botten 1 allm. bottom; sjö~ ground; *på fiol* back; tårt~ sponge cake; *det är* ~ *att göra så!* it's a rotten (lousy) thing to do!; *köra* t.ex. företag *i* ~ drain...completely [of its resources]; *gå till* ~ go (bildl. äv. get) to the bottom [*med en sak* of a thing (matter)]; om fartyg äv. sink, founder, go down **2** mark soil **3** våning *på nedre* ~ on the ground (amer. first) floor **4** på tyg, tapet ground
bottenfärg 1 se *botten 4* **2** grundningsfärg first coat
Bottenhavet [the southern part of] the Gulf of Bothnia
bottenkurs på värdepapper o.d. bottom rate (price, quotation)
bottenkänning, *ha* ~ touch bottom
bottenlån first mortgage loan
bottenläge, *vara (befinna sig) i* ~ be at the lowest point (position, level)
bottenlös bottomless; bildl.: ofattbar unfathomable, avgrundsdjup abysmal
bottenpris rock-bottom price
bottenrekord, *det här är* ~ [*et*] this is a new low, this is the lowest (sämst worst) yet
bottensats sediment
bottenskrapa bildl. drain, deplete
Bottenviken [the northern part of] the Gulf of Bothnia
bottenvåning i markplanet ground (amer. first) floor
bottna 1 nå botten touch bottom; *i simbassäng* be within one's depth **2** ~ *i* ha sin grund i originate in, have its origins in, be the result of
Bottniska viken the Gulf of Bothnia
bouppteckning lista estate inventory [deed]; förrättning estate inventory proceedings
boutredning administration (winding up) of the estate [of a (resp. the) deceased]
boutredningsman [estate] administrator
bov villain; skurk scoundrel; svag. rascal samtliga äv. skämts.; förbrytare criminal
Boverket the National Housing Board
bowla vard. bowl
bowling [tenpin] bowling
bowlingbana bowling alley
boxare boxer
boxas box
boxhandske boxing glove
boxning idrottsgren boxing
boxningsring boxing ring
boyta living (dwelling) space

B-post second-class mail
bra (jfr *bättre, bäst*) **I** *adj* **1** allm. good; hygglig decent; utmärkt excellent, first-rate, vard. capital; som det ska vara [all] right; tillfredsställande satisfactory; *det är (var)* ~*!* äv. that's just right!, that's it (the way)!; *vara* ~ användbar *att ha* be (come in) useful (handy); *vad ska det vara ~ för?* what is the good (use) of that?; *han är ~ i engelska* he is good at English **2** frisk well **3** ganska lång good, longish; vard. goodish; ganska stor large, largish
II *adv* **1** allm. well; decently; vard. first-rate; *tack, [mycket]* ~ fine (very well), thanks; *hon dansar* ~ she is a good dancer; *ha det [så]* ~*!* have a good time!; *se ~ ut* a) om pers. be good-looking b) om sak look all right **2** mycket quite; vard. jolly; ordentligt, med besked properly, thoroughly; ganska, alltför rather [too]; *~ mycket bättre* far better; *ta ~ betalt* charge a lot (the earth)
bragd bedrift exploit
brak crash; jfr *dunder*
braka crash; knaka crack; *~ ihop* om t.ex. maskiner, system break down, collapse
brakmiddag vard. slap-up dinner
brakseger vard. overwhelming victory
braksuccé vard. terrific (tremendous) success; smash hit
brand eld[svåda] fire; större conflagration; *råka i ~* take (catch) fire; *stå i ~* be on fire; *sätta...i ~* eg. set fire to..., set...on fire
brandalarm fire alarm
brandbil motorspruta fire engine
brandbomb incendiary (fire) bomb
branddörr fireproof door
brandfara danger of fire, fire risk (hazard)
brandförsäkring fire-insurance
brandgata fire-break
brandgul orange-coloured
brandkår fire brigade; amer. fire department
brandlarm fire alarm
brandlukt smell of fire (burning)
brandman fireman; isht amer. el. vid skogsbränder firefighter
brandmur fireproof (fire) wall (mellan hus party wall)
brandplats scene of a (resp. the) fire
brandpost fire hydrant, fireplug
brandrök smoke from a (resp. the) fire
brandsegel jumping sheet (net); isht amer. life net
brandskadad fire-damaged
brandskåp fire alarm box
brandsläckare apparat fire extinguisher
brandspruta fire pump
brandstation fire station
brandstege enklare el. fastmurad fire ladder, fire escape; mekanisk extension ladder
brandsäker fireproof; om t.ex. film nonflammable
brandtal inflammatory speech
brandvarnare automatic fire alarm; brandskåp fire alarm box
brandvägg 1 data. firewall **2** brandmur fireproof (fire) wall
bransch line of business (trade); *mångårig erfarenhet i ~en* many years of experience in the business (trade)
branschvana experience of the (resp. a) business (trade)
brant I *adj* steep; tvär~ precipitous **II** *s* **1** stup precipice **2** rand verge äv. bildl.; *på undergångens (ruinens) ~* on the verge of ruin
brasa fire; *tända en ~* light (make) a fire; *vid (kring) ~n* at (round) the fireside
brasilianare Brazilian
brasiliansk Brazilian
brasilianska kvinna Brazilian woman
Brasilien Brazil
braskande uppseendeväckande showy; om t.ex. rubrik, annons flaming, blazing
brass 1 *~et* mässingsblåsarna the brass **2** sl., hasch hash
braständare firelighter
bravad exploit; *~er* äv. doings, adventures
bravera boast
bravur käckhet dash; teknisk skicklighet brilliancy of execution; *med ~* äv. brilliantly
bravurnummer mus. bravura piece; bildl. star turn
bre se *breda*
bred avseende massa el. utsträckning broad; i bet. vidöppen el. vanl. vid måttuppgifter wide; om panna broad; om mun wide; *tre meter lång och fyra meter ~* three metres long by four metres broad; *~ last* wide load; *den ~a vägen* bildl. the primrose path (way)
breda, *~ en smörgås* make a sandwich: *~ på* a) lägga på spread, put on; stryka på spread (put)...on b) vard., överdriva lay it on thick; *~ ut* spread out (hö o.d. about); något hopvikt unfold; något hoprullat unroll; *~ ut sig* spread; sträcka ut sig stretch [oneself] out; *~ ut sig över ngt* tala omständligt expatiate [up]on a th.
bredaxlad broad-shouldered, square-shouldered
bredband data. broadband
bredbar om t.ex. margarin easy-to-spread; *~ ost* cheese-spread
bredd allm. breadth; *enkel (dubbel) ~* single

(double) width; *den är en meter på ~en*
...broad (in breadth); *klänningen är randig på ~en* ...has horizontal stripes
bredda broaden, make...broader (wider)
breddgrad [degree of] latitude; *49:e ~en* the 49th parallel
bredrandig broad-striped
bredsida sjö. el. mil. el. bildl. broadside
bredvid I *prep* beside; gränsande intill adjacent (next) to; om hus o.d. next [door] to; vid sidan om alongside [of]; förutom in addition to; *~ ngn* äv. at a p.'s side; *~ mig* äv. by me **II** *adv* close by; *här ~* close by here, close to (at hand); *rummet ~* the adjoining (adjacent) room
Bretagne Brittany
brev letter; kortare note; skrivelse communication; bibl. el. friare epistle; *tack för ~et* thanks for your letter
brevbomb letter bomb
brevbärare postman; amer. mailman
brevinkast [letter] slit (slot); amer. mail drop
brevkorg letter tray
brevledes by letter
brevlåda letterbox; amer. [mail]box, jfr *brevinkast*; i Engl. pillar box
brevpapper notepaper; koll. ~ o. kuvert stationery
brevporto [letter] postage
brevskola correspondence school (college)
brevskrivning correspondence
brevvåg letter scales; *en ~* a letter balance (scale)
brevvän pen friend, vard. pen pal
brevväxla correspond
brevväxling correspondence; *stå i ~ med ngn* correspond with a p.
bricka 1 serverings~ tray; rund salver; *servera ngt på en ~* bildl. serve a th. on a plate **2** underlägg tablemat; av glas under karaff stand **3** tekn. washer **4** identitets~, polis~ badge; märke, plåt plate; nummer~ check **5** spel~ counter; i brädspel man (pl. men); i domino domino; i damspel draughtsman; amer. checker; *en ~ i spelet* bildl. a pawn in the game
bricklunch lunch on a tray
brigad brigade
briljant I *adj* brilliant **II** *adv* brilliantly **III** *s* brilliant
briljantring diamond (brilliant) ring
briljera show off, shine; *~ med* sin engelska show off (air, parade)...
brillor vard. specs, glasses
1 bringa breast; isht kok. brisket
2 bringa bring äv. medföra; föra bort convey; *~ olycka över* bring down ruin on, bring disaster to; *~ ngn till förtvivlan* reduce (drive) a p. to despair
brinna I *itr* allm. burn äv. bildl.; flamma blaze; *~ av iver* be filled with fervour; *det brinner* lyser *i hallen* the light is on in the hall; *det brinner i spisen* there's a fire in the kitchen range
II med beton. part.
~ av gå av go off; om sprängskott, bomb explode
*~ **ned*** om hus o.d. be burnt down; om ljus burn itself out; om brasa o.d. burn (get) low
*~ **upp*** be destroyed by fire; om t.ex. hus äv. be burnt out
*~ **ut*** burn itself (om brasa äv. go) out
brinnande allm. burning äv. bildl.; i lågor ...in flames; om t.ex. bön, iver fervent; om t.ex. hängivenhet ardent; om t.ex. lidelse consuming; om huvudvärk splitting; *ett ~ ljus* a lighted candle; *mitt under ~ krig* just while the war is (resp. was) raging
bris breeze; *frisk ~* fresh breeze
brisera burst
brist 1 avsaknad lack; avsaknad av något väsentligt want; frånvaro absence; knapphet vanl. scarcity; stark. dearth **2** bristfällighet deficiency; ofullkomlighet shortcoming; skavank defect; moraliskt fel failing **3** hand., underskott deficit
brista 1 sprängas burst; slitas (brytas) av break; ge vika give way; om tyg split; *brusten blindtarm* perforated appendix; *~ [ut] i skratt* burst out laughing **2** fattas fall short, be deficient (wanting, lacking)
bristande otillräcklig deficient, insufficient; bristfällig defective; *~ betalningsförmåga* inability to pay, insolvency; *~ kunskaper* lack of knowledge, insufficient knowledge
bristning bursting osv., jfr *brista 1*; burst, break; med. rupture
bristningsgräns breaking-point; *till ~en* äv. to [the point of] bursting
bristvara article (commodity) in short supply
brits bunk; mil. [wooden] barrack-bed
britt Briton äv. hist.; vard. Brit; isht amer. Britisher; *~erna* som nation el. lag o.d. the British
brittisk British; *Brittiska öarna* the British Isles
brittsommar Indian summer
bro bridge; *slå en ~ över* bridge [over], throw a bridge across
broccoli broccoli
broder brother (pl. äv. 'brethren', dock end. friare, isht om medlemmar av samfund o.d.)

brodera embroider äv. bildl.; ~ *ut* bildl. embroider, embellish
broderfolk sister nation
brodergarn embroidery cotton (resp. wool)
broderi embroidery
broderlig brotherly
broderskap brotherhood, fraternity
brokad brocade
brokig 1 mångfärgad parti-coloured, motley; variegated, neds. gaudy **2** bildl.: om t.ex. blandning miscellaneous; om t.ex. sällskap motley; om t.ex. liv varied
1 broms zool. horsefly, gadfly
2 broms 1 tekn. brake; *dra till ~en* handbromsen apply (put on) the handbrake **2** bildl. check
bromsa I *itr* brake; bildl. put a brake (check) on; ~ *in* brake; långsamt slow down **II** *tr* **1** eg. brake **2** bildl. check, curb
bromsförmåga brake power
bromskloss brake block
bromsljus brake light
bromsning 1 eg. braking **2** bildl. checking
bromsolja brake fluid
bromspedal brake pedal
bromssträcka braking distance
bronkit med. bronchitis
brons 1 bronze **2** sport., tredje plats bronze medal
bronsmedalj sport. bronze medal
bronsmedaljör sport. bronze medallist
bronsmärke sport. bronze badge
bronsåldern the Bronze Age
bror brother; *Bäste ~ (B.B.)!* i brev Dear (My dear) + *namn*
brorsa vard. brother
brorsbarn brother's child; *mina ~* my brother's (resp. brothers') children, my nephews and nieces
brorsdotter niece; ibl. brother's daughter
brorson nephew; ibl. brother's son
brosch brooch
broschyr brochure; häfte pamphlet; reklam~ leaflet, prospectus
brospann span of a (resp. the) bridge
brott 1 brutet ställe: allm. break; ben~, ~yta på metall fracture **2** sten~ quarry **3** förbrytelse crime; lindrigare offence; grövre felony; mindre förseelse misdemeanour **4** kränkning: av t.ex. lagen violation, infringement; av allmän ordning, etikett breach
brottare wrestler
brottas wrestle; ta livtag grapple båda äv. bildl.
brottning wrestle; kamp struggle; idrottsgren wrestling alla äv. bildl.
brottningsmatch wrestling-match

brottsjö breaker
brottslig criminal; jur. stark. felonious; straffbar punishable; straffvärd culpable
brottslighet crime; mera abstr. criminality; skuld culpability; guilt; *~en* ökar crime...; *organiserad ~* organized crime
brottsling förbrytare criminal, stark. felon; gärningsman culprit, svag. offender
brottsoffer victim [of a resp. the crime]
brottsplats, *~en* the scene of the crime
brottstycke fragment
brud bride; sl., kvinna dame, isht amer. broad; *stå ~* be married
brudgum bridegroom
brudklänning wedding (bridal) dress (gown)
brudkrona av metall bridal crown; krans bridal wreath
brudnäbb ung.: pojke page; flicka bridesmaid
brudpar bridal couple; *~et* äv. the bride and bridegroom pl., the newly-weds pl.
bruk 1 användning use, jfr *användning*; av ord usage; *göra ~ av* make use of; *ha ~ för* have (find) a use for; *färdig att tas i ~* ready to be used (for use, om bostad for occupation) **2** sed: medvetet practice; härskande el. stadgat för många gemensamt, kutym usage; mode fashion, vogue **3** av jorden cultivation; av hel gård management **4** fabrik: järn~ works (pl. lika); pappers~ mill **5** murbruk mortar
bruka 1 begagna [sig av] use, se vid. *använda* **2** odla cultivate; gård farm **3** pläga, ha för vana återges ofta gm omskrivn. m. usually osv.; äv. (dock end. om pers.) be in the habit of ing-form; *~de* vanligast used to; *han ~r (~de) komma* vid 3-tiden he usually (generally, ofta frequently) comes (came)..., he is (was) in the habit of coming...; regelbundet as a rule he comes (came)..., he comes (came) regularly...
brukas, *det ~ inte* it is not the fashion (custom)
brukbar 1 användbar usable, se vid. *användbar*; *i ~t skick* in [good] working order **2** odlingsbar cultivable
bruklig customary
bruksanvisning directions pl. [for use]; för t.ex. tv-apparat, bandspelare operating instructions
bruksföremål article for everyday use
brukssamhälle industrial community
brumbjörn bildl. [perpetual] grumbler (grouser)
brumma om björn el. bildl. growl; om insekt el. radio. hum
brun brown; *~a bönor* maträtt brown beans; jfr äv. *blå* o. sammansättn.
brunaktig brownish

brunbränd av eld scorched; av sol tanned, bronzed
brunett brunette
brunhyad o. **brunhyllt** brown-hued, brown-complexioned
brunn well äv. sjö.; hälso~ [mineral] spring; spring~ el. bildl. fountain; *dricka* ~ drink (take) the waters
brunnsort health resort
brunst honas heat; hanes rut
brunstig om hona ...on (in) heat; om hane rutting
brunsttid mating season
brunt brown
brunögd brown-eyed
brus 1 havets roar[ing]; vattnets rush[ing]; från orgel peal; från grammofonskiva hiss; radio. noise; i öronen buzz[ing] **2** dryck fizz
brusa roar etc., jfr *brus 1*; om kolsyrad dryck fizz; ~ *upp* bildl. flare up, lose one's temper
brushuvud hothead
brutal brutal; ~*a metoder* äv. ruthless methods
brutalitet brutality
bruten broken äv. om pers. o. språk el. om arm
brutto gross
bruttopris gross price
bruttovikt gross weight
bruttovinst gross profit
bry I *tr,* ~ *sin hjärna* (*sitt huvud*) *med ngt* (*med att* + inf.) cudgel (rack) one's brains (puzzle one's head) over a th. (to + inf.) **II** *rfl,* ~ *sig om* a) ta notis om, fästa sig vid pay attention to..., take notice of... b) tycka om care for; ~ *dig inte om det!* don't bother (worry) about it!, never mind!; *han* ~*r sig inte* vard. he couldn't care less, he [just] doesn't care
brydd puzzled; förlägen embarrassed
bryderi perplexity; embarrassment
brygd 1 bryggande brew[ing] **2** det bryggda brew
1 brygga allm. bridge äv. tandläk.; landnings~ landing-stage
2 brygga brew; kaffe: vanl. make
bryggeri brewery
brylépudding caramel custard, crème caramel
bryn edge
bryna göra brun brown; kok. brown, fry...till browned
brysk brusque; häftig abrupt
brysselkål Brussels sprouts
brysselspets, ~[*ar*] Brussels lace
bryta I *tr* allm. break; kol mine, win; sten quarry; brev open; färg modify; förbindelse break off; förlovning break off; ljus refract, diffract; ~ *arm* arm-wrestle, do Indian wrestling; ~ *armen* break (med. fracture) one's arm; ~ *ett samtal* tele. disconnect (cut off) a call **II** *itr* **1** break äv. om vågor; ~ *med ngn* break with a p.; ~ *mot* lag, regel break; svag. infringe; lag äv. violate; regel äv. offend against **2** i uttal speak with an (a foreign) accent
III med beton. part.
~ **av** break (knäcka snap) [off]
~ **fram** break out; om t.ex. solen break through
~ **igenom** break through äv. mil.
~ **ihop** om pers. el. system etc. break down
~ **in** set in; om fienden, havet break in; ~ *sig in i ett hus* (*hos ngn*) break into (burgle) a house (resp. flat, a p.'s home)
~ **lös** loss break off (away); *ovädret bröt* (*bryter*) *lös*[*t*] the storm broke (is coming on)
~ **ned** break down; förstöra äv. demolish; fys. äv. decompose; bildl., krossa shatter
~ **samman** break down
~ **upp a)** tr. ~ *upp golvet* take up the floor; ~ *upp ett lås* break open a lock **b)** itr. ~ *upp från bordet* make a move; från sällskap break up; bege sig av leave, depart, start; mil. decamp, strike (break) camp
~ **ut a)** tr. ~ *ut...ur sammanhanget* detach (isolate)...from the context **b)** itr., krig, epidemi break out; om åskväder come on **c)** rfl. ~ *sig ut* force one's way out; ~ *sig ut ur fängelset* break out of (escape from) prison (jail)
brytböna French (string) bean
brytning 1 lösbrytning breaking [off]; av kol mining; av sten quarrying **2** ljusets refraction **3** i uttal accent **4** skiftning: i färg tinge; i smak [extra] flavour **5** oenighet breach; avbrott break
brytningstid time of unrest [and upheaval]; övergångstid transition period
bråck rupture
bråd brådskande busy; plötslig sudden; *en* ~ *död* a sudden death
bråddjup I *adj* precipitous; *det är* ~*t här* i vattnet it gets deep suddenly here **II** *s* precipice
brådmogen prematurely ripe; bildl. precocious
brådrasket, *i* ~ all at once
brådska I *s* hurry, haste; jäkt bustle **II** *itr* behöva utföras fort be urgent (pressing); skynda sig hurry; *det* ~*r inte* there is no hurry about it, it is not urgent
brådskande som måste uträttas fort urgent, pressing; på brev o.d. urgent; hastig hasty

brådstörtad precipitate; *en ~ flykt* äv. a headlong flight
1 bråk matem. fraction; *räkna med ~* do fractions
2 bråk 1 buller noise, din; vard. rumpus; gräl row; uppståndelse fuss, trouble; *ställa till ~ om ngt* make (vard. kick up) a row (fuss) about a th. **2** besvär trouble
bråka 1 bullra be noisy, cause (make) a disturbance; gräla quarrel; retas tease **2** krångla make (kick up) a fuss (row)
bråkdel fraction; *~en av en sekund* a split second
bråkig bullersam noisy; besvärlig troublesome; krånglig fussy; oregerlig disorderly; motspänstig restive
bråkstake en som stör rowdy; orosstiftare troublemaker; upprorsmakare rioter; barn pest
brås, *~ på ngn* take after a p.
bråte skräp rubbish, junk
brått o. **bråttom,** *ha [mycket] ~* be in a [great] hurry [*med* about (with, over); *med att* + inf. to + inf.]; be [very much] pressed for time
1 bräcka I *s* spricka flaw **II** *tr* **1** bryta break; knäcka, krossa crack **2** övertrumfa outdo
2 bräcka steka fry
bräckkorv smoked sausage [for frying]
bräcklig 1 eg. fragile; skör **2** skröplig, svag frail
bräckt, *~ vatten* brackish water
bräda I *s* **1** board **2** slags surfingbräda sailboard **II** *tr* besegra cut out
brädd edge, brim; *fylla till ~en* fill to the brim
bräde 1 board **2** spel backgammon **3** bildl. *sätta allt på ett ~* put all one's eggs in one basket
brädfodra board; yttervägg weather-board, amer. clapboard
brädgård timberyard, amer. lumberyard
brädgårdstecken data., tecknet # hash mark
brädsegling sailboarding, windsurfing
brädskjul av bräder wooden shed
bräka bleat äv. om pers.; baa
bränna I *tr* **1** allm. burn; i förbränningsugn incinerate; kremera cremate; sveda scorch; om frost nip; *bli bränd* bildl. get one's fingers burnt; *det luktar bränt* there is a smell of burning **2** brännmärka brand; med. cauterize; frisera crimp, curl **3** i bollspel hit...out; *~ en straffspark* miss (muff) a penalty **II** *itr* hetta, svida burn; *marken brände under hans fötter* bildl. the place was getting too hot for him; *brännande smärta* acute pain; *brännande törst* parching thirst **III** *rfl,* *~ sig* burn (scald) oneself; *~ sig på nässlor* get stung by nettles; *jag brände mig på soppan* the soup scalded my tongue, I burnt my mouth on the soup
IV med beton. part.
~ av burn [down]; *~ av ett fyrverkeri* let off fireworks
~ bort burn off (away); *~ bort en vårta* cauterize (remove) a wart
~ in ett märke **på ngt** brand a th.
~ ned burn down
~ upp burn [up]
~ vid såsen burn the sauce, let the sauce burn
brännare allm. burner
brännas burn; om nässlor sting; *det bränns!* i lek you are getting warm!
brännblåsa blister
brännboll ung. rounders
bränneri distillery
brännglas burning glass
brännhet burning (glowing) hot
bränning brottsjö breaker; *~arna* äv. the surf sg.
brännmärke brännsår burn-mark; på boskap brand
brännolja eldningsolja fuel (heating) oil; drivmedel combustible oil
brännpunkt foc|us (pl. äv. -i) äv. bildl.; *stå i ~en för* intresset be the focal point of...
brännskada burn [injury]; *första gradens ~* first-degree burn
brännvin schnap[p]s; vodka vodka; *kryddat (okryddat) ~* spiced (unspiced) schnapps
brännässla stinging nettle
bränsle fuel; *flytande (fast) ~* liquid (solid) fuel
bränslesnål fuel-efficient; bilen *är ~* vanl. ...has a low fuel consumption
bränsletank fuel tank
bräsch breach; *gå i ~en för* stand up for, take up the cudgels for
brätte brim; *en hatt med breda ~n* a broad-brimmed hat
bröa breadcrumb
bröd bread; limpa loaf [of bread]; frukost~ roll; bulle bun; kaffe~ koll. buns and (or) cakes; *hårt ~* crispbread; amer. äv. rye crisp; *den enes död, den andres ~* one man's loss is another man's gain; *förtjäna sitt ~* earn one's living (bread and butter); *ta ~et ur munnen på ngn* take the bread out of a p.'s mouth
brödbit piece of bread
brödburk breadbin, amer. bread box
brödföda bread and butter; *slita [hårt] för ~n* struggle hard to make a living (for one's bread and butter)

brödkaka round loaf; hårt bröd [round of] crispbread
brödkant crust [of bread]
brödkavel rolling-pin
brödkorg breadbasket
brödrafolk sister nations
brödrost toaster
brödskiva slice of bread
brödsmulor [bread]crumbs
bröllop wedding; poet. nuptials; *fira* ~ be (get) married, marry
bröllopsdag wedding day (årsdag anniversary)
bröllopsmarsch wedding march
bröllopsmiddag wedding dinner
bröllopsnatt wedding night
bröllopsresa honeymoon [trip]; *de for på ~ till Italien* they went to Italy for their honeymoon
bröst allm. breast äv. bildl.; barm bosom; byst bust; bröstkorg chest; på klädesplagg bust; *ge ett barn ~et* give a baby the breast, breast-feed a baby
brösta, ~ *sig över* yvas plume oneself on, brag about
bröstarvinge direct heir; *bröstarvingar* äv. heirs, issue sg.
bröstben anat. breastbone
bröstbild half-length portrait; byst bust
bröstcancer breast cancer, cancer of the breast
bröstficka breastpocket
brösthöjd breast height; *i* ~ breast-high
bröstkaramell cough lozenge
bröstkorg anat. chest
bröstmjölk breast milk; *uppfödd på ~* breast-fed
bröstsim breaststroke [swimming]; *simma ~* do the breast stroke
bröstvidd chest measurement
bröstvårta nipple
bröstvärn 1 byggn. parapet **2** mil. breastwork
bröt jam of floating logs
B-skatt tax not deducted from income at source
B-språk skol. second foreign language
bua boo; ~ *ut* boo
bubbelpool whirlpool bath, Jacuzzi®
bubbla I *s* bubble **II** *itr* bubble
buckla I *s* **1** inbuktning dent **2** upphöjning boss **3** vard., idrottspris cup **II** *tr,* ~ *[till]* dent **III** *rfl,* ~ *sig* buckle
bucklig 1 inbuktad dented **2** utbuktad embossed
bud 1 befallning command, order; bibl. commandment; *det är (var) hårda ~* that's pretty tough (stiff) **2** anbud offer; på auktion bid; i kortspel bid, call; *ge (göra) ett ~ på* tusen kronor make an offer (a bid) of... **3** budskap message; *få (skicka) ~ att...* receive (send) word that...; *skicka ~ efter ngn* send for a p. **4** budbärare messenger; springpojke errand boy; *sänt med ~* sent by hand **5** *stå till ~s* be at hand, be available; *med alla till ~s stående medel* by every means available
budbyrå delivery firm (i t.ex. annonsrubrik service)
budbärare messenger; poet. harbinger
buddism Buddhism
budget budget; *~en* riksstaten the Estimates pl.
budgetproposition budget [proposals pl.]
budgetunderskott budget deficit
budgivning spel. bidding
budkavle 1 hist., ung. fiery cross **2** sport. relay
budord commandment; friare dictate
budskap meddelande message; polit. address; nyhet news; litt. tidings; manifest manifesto
buffé 1 möbel sideboard **2** bord (resp. rum) för förfriskningar buffet
buffel buffalo; bildl.: drulle boor
buffert tekn. buffer äv. bildl.; bumper; *fungera som ~* act as a cushion (buffer)
buga, ~ *sig* bow [*för to*]
bugg dans. jitterbug; *dansa ~* do the jitterbug
1 bugga vard., dansa bugg jitterbug
2 bugga placera dolda mikrofoner i bug
buggning med dolda mikrofoner bugging
bugning bow; underdånig obeisance
buk belly äv. på segel, flaska o.d.; vard., 'isterbuk' paunch; anat. abdomen; *fylla ~en* eat one's fill
bukett bouquet; liten nosegay; *plocka en ~* pick a bunch of flowers
bukhinneinflammation med. peritonitis
buklanda belly-land
bukspottkörtel anat. pancreas
bukt 1 krökning curve, bend, winding; ringformig fake **2** på kust bay; större gulf; svagt krökt bight; liten ~ creek **3** *få ~ med* get the better of, overcome, manage, master
bukta *itr* o. *rfl,* ~ *sig* wind, curve, bend; slingra sig, om flod meander; om segel belly
buktalare ventriloquist
bula 1 knöl bump **2** buckla dent
bulgar Bulgarian
Bulgarien Bulgaria
bulgarisk Bulgarian
bulgariska 1 kvinna Bulgarian woman **2** språk Bulgarian
buljong clear soup; för sjuka beef tea; spad gravy

buljongtärning stock cube
bulla, ~ *upp allt vad huset förmår* make a great spread
bulle bun; amer. äv. biscuit; frukostbröd roll; i limpform loaf (pl. loaves); *nu ska du få se på andra bullar!* there are going to be some changes made here!
buller noise, din; dovt rumbling; stoj racket; *med ~ och bång* with a [great] hullabaloo
bullermatta noise-abatement zone
bullersam noisy; högröstad boisterous
bullerskada hearing impairment [resulting from exposure to high noise levels]
bullerskydd noise protection
bullra make a noise; mullra rumble
bulnad gathering, abscess
bult bolt, pin; gängad screwbolt
bulta I *tr* bearbeta beat; *~ kött* pound meat **II** *itr* knacka knock; dunka pound; om puls throb; *med ~nde hjärta* with a pounding (palpitating) heart
bulvan 1 jakt. decoy **2** bildl. front, dummy
bumerang boomerang äv. bildl.
bums vard. right away
bundsförvant ally
bunke skål av metall pan; av porslin o.d. bowl
bunker sjö. el. mil. bunker; betongfort pillbox
bunt 1 t.ex. kort packet; brev, garn bundle; papper sheaf (pl. sheaves); rädisor o.d. bunch **2** bildl. *hela ~en* the whole bunch (lot)
bunta, ~ [*ihop*] make...up into (tie up...in) bundles etc., jfr *bunt*; pack...together
bur cage; för höns coop; som emballage crate; sport., mål~ goal; använd vid frågesport o.d. i tv isolation booth
bura, ~ *in* vard., sätta i fängelse put...in quod (clink)
burdus abrupt, brusque; grov rough
burk 1 pot; kruka jar; plåt~ tin; isht amer. can **2** vard., tv the [goggle-]box, amer. the [boob] tube; dator machine
burkmat tinned (canned) food
burköl canned beer
burköppnare tin (can) opener
burlesk burlesque
Burma Burma
burman Burmese (pl. lika)
burra, ~ *upp* ruffle up
burrig frizzy, fuzzy; ruffled
burspråk arkit. bay; oriel
Burundi Burundi
bus mischief; stark. rowdyism
busa leva bus be up to mischief; stark. be rowdy
buse rå människa rough, ruffian; hooligan; bråkstake pest
busfrö vard. little devil (rascal, monkey)

busig bråkig noisy; oregerlig disorderly; svag. mischievous
buskablyg, *han är inte ~ [av sig]* he is a bit forward, he is not backward in coming forward
buskage shrubbery; snår copse
buske bush; större shrub
buskig bushy; *~a ögonbryn* bushy (shaggy) eyebrows
buskis vard. slapstick, ham
busksnår thicket
busliv mischief; stark. rowdyism
1 buss trafik~ bus (pl. bus[s]es); turist~ coach, amer. bus
2 buss tugg~ plug (quid) of tobacco
3 buss, ~ *på honom!* worry him!, at him!
1 bussa, ~ *hunden på ngn* set the dog on [to] a p.
2 bussa transportera bus
busschaufför bus (turistbuss coach) driver
bussfil bus lane, busway
bussförbindelse bus (turistbuss coach) connection
busshållplats bus (turistbuss coach) stop
bussig vard. nice, decent; hjälp mig, *är du ~!* ...,will you?, ..., there's a dear!
busslinje bus (turistbuss coach) service (line)
bussresa bus journey; i turistbuss coach journey
bussterminal bus terminal
busvissla whistle [shrilly]; ogillande catcall
busvissling [shrill] whistle; ogillande catcall
busväder filthy (awful) weather
butelj bottle
buteljera bottle
butik shop; isht amer. store; isht matvaru~ market; *sköta ~en* keep (mind) [the] shop (amer. store); *öppna ~* set up (open a) shop
butiksbiträde shop assistant; amer. salesclerk
butikskedja multiple (chain) stores
butikskontrollant shopwalker; amer. floorwalker
butiksråtta o. **butikssnattare** shoplifter
butiksägare shopkeeper
butter sullen, morose
B-vitamin vitamin B
1 by vindil squall
2 by litet samhälle village; liten hamlet
byffé se *buffé*
byfåne vard. village idiot
bygata village street
bygd bebyggd trakt settled country; nejd district; *ute i ~erna* out in the country [districts]

bygel ögla loop; ring hoop; på handväska frame; på hänglås shackle
bygga I *tr* o. *itr* allm. build äv. bildl.; anlägga *det bygger* grundar sig *på...* it is founded (based, built) on...
II med beton. part.
~ **för** *en öppning* build (wall, block) up...
~ **in** omge med väggar wall in
~ **om** rebuild
~ **till** utvidga enlarge
~ **upp** uppföra erect, raise; friare build up; ~ *upp en marknad* develop (work up) a market; ~ *upp ngt på nytt* rebuild (restore) a th.
~ **ut** enlarge; förbättra develop
~ **över** build over; täcka cover [in]
byggbranschen the building trade (line)
bygge building [under construction]
bygglov vard. building permit (licence)
byggmästare ledare av bygge master builder; entreprenör building contractor
byggnad 1 hus building **2** *huset är under* ~ ...is under (in course of) construction, ...is being built **3** byggnadssätt build; *kroppens* ~ the build (frame) of the body
byggnadsarbetare building (construction) worker
byggnadsentreprenör building contractor
byggnadslov building permit
byggnadsnämnd local housing (building) committee
byggnadsställning scaffold[ing]; amer. äv. staging
byggplats tomt [building] site
byggsats construction kit, do-it-yourself (förk. DIY) kit
byggvaruhus DIY (förk. för do-it-yourself) store; som annonsrubrik builders merchants (suppliers)
byig squally; flyg. bumpy
byk 1 tvätt wash; *han har en trasa med i den ~en* bildl. he has a finger in that pie too **2** tvättkläder laundry
bylta, ~ *på ngn* muffle a p. up
bylte bundle
byracka mongrel
byrå 1 möbel chest of drawers; amer. äv. bureau (pl. äv. -x); hög ~ tallboy; amer. äv. highboy **2** kontor office; avdelning division; isht amer. bureau (pl. äv. -x)
byråkrat bureaucrat, mandarin
byråkrati 1 ämbetsmannavälde o.d. bureaucracy **2** byråkratiskt system officialism; vard. red tape
byråkratisk bureaucratic; *~a metoder* äv. red-tape methods
byrålåda drawer
byst bust
bysthållare brassiere
byta I *tr* ömsa change; ömsesidigt exchange, jfr *utbyta 1*; vid byteshandel barter, trade; vard. swap; *jag skulle inte vilja* ~ *med honom* I wouldn't like to change places with him; ~ *bil* trade (turn) in one's old car for a new one; ~ [*kläder*] change [one's clothes]
II med beton. part.
~ **av** relieve
~ **bort** exchange
~ **in** t.ex. bil trade in
~ **om** change
~ **upp sig:** *han bytte upp sig till en nyare bil* he traded in his car for a newer model
~ **ut** exchange
1 byte 1 utbyte exchange; vid byteshandel barter **2** rov booty, plunder, loot, spoils pl. äv. bildl.; jakt. quarry; rovdjurs el. bildl. prey; tjuvs, vard. haul
2 byte data. byte
bytesrätt, *med full* ~ goods exchanged if [you are] not satisfied
bytta tub
byxa, *en* ~ a pair of trousers osv., se *byxor*
byxdress o. **byxdräkt** trouser suit; isht. amer. pantsuit
byxkjol culottes, divided skirt
byxlinning waistband
byxor 1 ytter~ trousers; amer. vanl. pants; lättare fritidsbyxor slacks; [*ett par*] *nya* ~ new (a new pair of) trousers **2** se *underbyxor*
byxångest vard. [blue] funk; *ha* ~ be in a [blue] funk
1 båda 1 be~ announce; före~ betoken; något ont bode; *det ~r gott* it's a good omen **2** kalla summon; ~ *upp* manskap, mil. summon...to arms, call out, levy
2 båda both; obeton. two; ~ [*två*] *är...* both [of them] are (they are both)...; ~ *bröderna* both [the] brothers; *de* ~ *andra* the two others, the other two
bådadera both
både, *~...och* both...and end. om två led
båg vard. trickery
båge 1 kroklinje curve; matem. el. elektr. arc; mus.: legato~ slur, bind~ tie; pil~ bow; byggn. arch; sy~ frame; krocket~ hoop **2** vard., motorcykel motorbike
bågfil hacksaw
bågna böja sig, svikta bend; ge vika sag; bukta ut bulge
bågskytte archery
1 bål anat. trunk, body
2 bål skål bowl; dryck punch
3 bål ved~ bonfire; lik~ [funeral] pyre; *brännas på* ~ be burnt at the stake

bålverk bulwark
bångstyrig refractory, unruly; isht om häst restive
bår sjuk~ stretcher; lik~ bier
bård border; isht på tyg edging
bårhus mortuary, morgue
bås stall, crib; friare compartment; avskärmad plats booth; i t.ex. ishockey box
båt boat; större ship; *sitta i samma* ~ bildl. be in the same boat
båtflyktingar boat people
båtförbindelse boat connection
båthus boathouse
båtluffa vard. go island hopping
båtlägenhet, *med första* ~ by the first [available] ship
båtmotor boat (marine) engine
båtmössa forage cap
båtplats för fritidsbåt berth
båtresa [sea] voyage; kryssning cruise
bäck brook; amer. creek; poet. rill; *många ~ar små gör en stor å* many a little makes a mickle, every little helps
bäcken 1 anat. pelvis (pl. pelvises el. pelves) **2** skål el. geogr. basin; säng~ bedpan **3** mus. cymbals
bäckenben anat. bones of the pelvis
bädd allm. bed; geol. äv. layer; tekn. bedding
bädda, ~ *sin säng (sängen)* make one's (the) bed; *det är ~t för succé* för mig, dig etc. I am (you are etc.) heading for [a] success; *som man ~r får man ligga* as you make (you've made) your bed, so you must lie on it
bäddsoffa sofa bed
bägare cup; pokal goblet; kyrkl. chalice; isht laboratorie~ beaker; *det* [*var droppen som*] *kom ~n att rinna över* it was the last straw; vard. that put the lid on it
bägge se *2 båda*
bälga, ~ *i sig* swill, gulp down
bälte belt; geogr. äv. zone; gördel girdle; *ett slag under ~t* eg. el. bildl. a blow below the belt
bälteskudde car booster seat (cushion)
bända bryta prize; ~ *på locket* prize at the lid; ~ *loss* prize (pry)...loose
bänk allm. bench äv. i riksdagen; seat; med högt ryggstöd settle; kyrk~ pew; skol.: pulpet desk, lång form; teater~ o.d. row; *sista ~en* the back row
bänka, ~ *sig* seat oneself
bänkrad row
bär berry; för ätbara bär anv. vanl. namnet på resp. bär; *plocka* ~ pick (go picking) berries (lingon etc. lingonberries etc., jfr ovan); *lika som* ~ as like as two peas
bära I *tr* a) allm. carry; mera valt (ofta med värdighet) el. bildl. bear b) vara klädd i wear c) komma med (till den talande) bring; ta med sig (från den talande) take; ~ *frukt* äv. bildl. bear fruit; ~ *huvudet högt* carry one's head high; ~ *uniform (ringar)* wear a uniform (rings); ~ *vapen* carry (bildl.: vara soldat bear) arms **II** *itr* **1** bear; *isen bär inte* the ice doesn't bear; *det må ~ eller brista* it's neck or nothing (sink or swim) **2** om väg lead **III** *rfl,* ~ *sig* **1** löna sig pay; *företaget bär sig* the business pays its way **2** falla sig happen, come about; *det bar sig inte bättre än att han...* as ill luck would have it, he... **IV** med beton. part.
~ *av* a) opers. *i morgon bär det av* för mig, honom etc.*!* I am (he is etc.) off tomorrow!; *vart bär det av* vart ska du*?* where are you going [to]? b) sjö. bear off
~ **bort** carry (take) away
~ **emot:** *det bär mig emot att* +inf. it goes against the grain for me to +inf.
~ **fram** eg. carry (bring, resp. take) [up]; budskap convey; skvaller pass...on
~ **hem** carry (bring, resp. take) home
~ **in** carry (bring, resp. take) in
~ **på sig** carry...about (have...on) one
~ **upp** a) eg. carry (bring, resp. take) up (uppför trappan upstairs) b) stödja carry; ~ *upp en föreställning* carry off a performance
~ **ut** carry (bring, resp. take) out; ~ *ut post* deliver the post (mail)
~ **utför:** *det bär utför med honom* bildl. he is going downhill
~ **sig åt** a) bete sig behave; ~ *sig illa* (*dumt*) *åt* behave badly (like a fool) b) gå till väga manage, set about it; *hur bär du dig åt för att* hålla dig så ung*?* how do you manage to +inf....?
bärbar portable; ~ *dator* laptop [computer]
bärbuske vinbärsbuske etc. currant etc. bush
bärga I *tr* pers. el. bildl. save, rescue; sjö. salve, salvage; bil tow; segel take in; skörd gather (garner) in **II** *rfl,* ~ *sig* behärska sig contain oneself; ge sig till tåls wait; *han kunde inte ~ sig för skratt* he could not help laughing
bärgning sjö. salvage; av segel taking in; skörd harvest; *begära ~ av bilen* ask for the car to be towed
bärgningsbil breakdown lorry (van); amer. wrecking car (truck); flyg. crash waggon
bärkasse isht av plast el. papper carrier (amer. carry) bag; av nät string (net) bag; för spädbarn carrycot
bärnsten miner. amber
bärsele baby (kiddy) carrier

bärsärkagång, *gå* ~ go berserk, run amok
bäst I *adj* allm. best; utmärkt excellent; hand., prima prime; **första** *~a* se under *första*; *det blir* ~ that will be best (the best thing); *det är ~ att du går* you had better go; *hoppas [på] det ~a* hope for the best **II** *adv* best; *tycka ~ om* like...best, prefer; *han får klara sig ~ han kan* he must manage as best he can **III** *konj*, *~ som han gick där* just as (while) he was walking along
bästa good, benefit, advantage; welfare
bästis vard. best pal (friend)
bättra I *tr* improve [upon]; brister amend; ~ *på* t.ex. målningen touch up **II** *rfl*, *~ sig* mend, improve; i sitt leverne amend, reform
bättre I *adj* better; absol.: om familj, folk better-class; om varor better-quality; om middag splendid; hygglig, om t.ex. hotell decent **II** *adv* better; *ha det ~ [ställt]* be better off
bättringsvägen, *vara på* ~ be on the road to recovery, be recovering (getting better, vard. on the mend)
bäva tremble äv. bildl.; darra shake, quiver; rysa shudder
bäver beaver
böckling smoked Baltic herring
bög sl., homosexuell gay
böja I *tr* (ibl. *itr*) kröka bend; sänka bow; kuva bend, gram. inflect; subst. el. adj. äv. decline **II** *rfl*, *~ sig* bend down, stoop [down]; luta sig äv. lean; om saker, krökas bend; ge vika yield, give in, surrender [*för* i samtl. fall to]; buga (underkasta) sig bow [*för, inför to*] **III** med beton. part.
~ **av:** vägen *böjer av åt öster* ...swings (turns) to the east
~ **ned** bend down; ~ *sig ned efter ngt* bend down to pick up a th.
~ **till** bend; förfärdiga make
~ **sig ut** lean out
böjd 1 eg. bent, jfr *böja*; om hållning stooping; ~ *av ålder* bent with age **2** gram. inflected **3** benägen, hågad inclined
böjelse inclination; benägenhet, tycke fancy
böjning 1 böjande bending osv., jfr *böja* **2** bukt bend, curve; krökning flexure, curvature **3** på huvudet bend **4** gram. inflection
böka root
bökig stökig untidy; besvärlig tiresome, trying, awkward; om t.ex. språklig framställning muddled
böla råma low; ilsket, t.ex. om tjur bellow; om t.ex. siren wail; vard., gråta howl
böld boil; svårare abscess

bölja I *s* billow, wave **II** *itr* om hav o. sädesfält billow; om folkhop o.d. surge; om hår flow
böljande billowing osv., jfr *bölja II*
bön 1 anhållan request; enträgen appeal; ödmjuk supplication; skriftlig petition **2** relig. prayer
1 böna, ~ *för ngn* plead for a p.
2 böna 1 bot. bean **2** flicka bird
bönfalla plead; högtidl. supplicate
bönhöra, ~ *ngn* grant (hear) a p.'s prayer
böra 1 uttr. plikt **a)** *bör, man bör inte prata med munnen full* you should not (stark. ought not to) talk... **b)** *böra, han hade bort lyda (borde ha lytt)* he ought to have obeyed **2** uttr. förmodan: *hon bör (borde) måste vara 17 år* she must be 17; *han bör torde vara framme nu* he should (will) be there by now
börd birth; *av [ädel]* ~ of noble descent (lineage)
börda burden äv. bildl.; weight isht bildl.; *digna under ~n* äv. bildl. succumb under the load
1 bördig härstammande *han är ~ från...* he was born in..., he is a native of...
2 bördig fruktbar fertile
börja allm. begin; högtidl. commence; ~ *[att el. på att]* + inf. begin (etc.) to + inf.; isht om avsiktlig handling el. vid opers. vb äv. begin (etc.), + ing-form; ~ *dricka* supa begin (take to) drinking; vard. take to the bottle; *det ~r bli mörkt (kallt)* it is getting dark (cold); *till att ~ med* to begin (start) with; *först [...men]* at first; ~ *på ngt* start on (t.ex. ett arbete set about) a th.
början allm. beginning; högtidl. commencement; ursprung origin; *[redan] från första* ~ from the [very] beginning (outset); *i ~ av maj* at the beginning of May, in the early days of May
börs 1 portmonnä purse **2** hand. exchange; på kontinenten bourse fr.; *på ~en* on the Exchange; i börshuset at (in) the Exchange
börsmäklare stockbroker
börsnoterad ...quoted (listed) on the stock exchange
börsspekulant stockjobber
börsspekulation speculation on the stock exchange
bössa 1 gevär gun; hagel~ shotgun; räfflad rifle **2** spar~ money box; insamlings~ collecting (collection) box
bösspipa gunbarrel
böta I *itr* pay a fine, be fined; ~ *för ngt* umgälla pay (suffer) for a th. **II** *tr*, *få ~ 500 kronor* be fined 500 kronor
böter o. **bötesbelopp** fine

böteslapp för felparkering parking ticket; för fortkörning speeding ticket
bötfälla, ~ *ngn* fine a p., impose a fine on a p.

c 1 bokstav c [utt. si:] **2** mus. C
ca (förk. för *cirka*) c[a]., approx., se äv. *cirka*
cabriolet bil convertible
café café, se vid. *kafé*
cafeteria cafeteria
camouflage camouflage
camouflera camouflage
campa allm. camp [out]; med husvagn caravan, amer. trail
campare allm. camper; med husvagn caravanner; amer. trailerite
camping camping; med husvagn caravanning; amer. trailing, jfr äv. *campingplats*
campingplats camping ground (site), amer. campground; för husvagnar caravan site, amer. trailer camp
Canada Canada
cancer cancer
cape plagg cape
cardigan cardigan
cd-brännare data. CD recorder (writer)
cd-rom data. CD-ROM (förk. för compact disc read-only memory)
cd-skiva CD, compact disc
cd-spelare CD (compact disc) player
C-dur mus. C major
celeber distinguished, celebrated; *ett ~t bröllop* a fashionable wedding
celebritet celebrity
celibat celibacy; *leva i ~* be a celibate, live a celibate life
cell cell
cellgift med. cytotoxin
cello cello (pl. -s)
cellofan cellophane
cellskräck psykol. claustrophobia äv. friare
cellstoff wadding
cellulosa cellulose; pappersmassa wood pulp
Celsius, *30 grader ~, 30°C* 30 degrees Celsius (centigrade), 30° C
cement cement äv. tandläk.
cementera cement äv. tandläk.
cendré o. **cendréfärgad** ash-blond
censor censor; hist., i skola external examiner
censur censorship
censurera censor

center centre; *~n* polit. the centre; *centerpartiet* the Centre [Party]
centerpartiet polit. the Centre Party
centiliter centilitre
centilong height code, unit for children's clothes based on height in centimetres
centimeter centimetre
central I *s* hand. central agency (office); friare centre; huvudbangård central station; tele. exchange **II** *adj* central; *~t prov* skol. standardized national test; *det ~a väsentliga i...* the essential thing about...
Centralamerika Central America
centralantenn communal aerial (amer. antenna) [system]
centralbank central (national, state) bank
centralisera centralize
centralisering centralization
centralort chief town [in the (resp. a) municipality]
centralstimulerande, *~ medel* drug that stimulates the central nervous system
centralstyrd centrally controlled (managed)
centralt, *~ belägen* centrally situated
centralvärme central heating
centrifug tekn. centrifuge; tvätt~ spin-drier
centrifugalkraft centrifugal force
centrifugera tekn. centrifugalize; tvätt spin-dry
centrum centre; stads~, amer. äv. downtown; vetensk. centr|um (pl. äv. -a), focus (pl. äv. foci); *stå i ~ för intresset* be the centre of attraction
cerat lipsalve
ceremoni ceremony
ceremonimästare master of ceremonies (förk. MC)
cerise cerise
cerit *s* ceritium
certifikat certificate
Ceylon Ceylon
champagne champagne
champinjon mushroom, champignon
chans chance; *han har goda ~er* his chances are good
chansa take a chance, chance it
chanslös, *han är ~* he hasn't an earthly [chance], he doesn't stand a chance
chansning, *det var bara en ~* it was just a long shot (a shot in the dark)
charad, *[levande] ~* charade
charkuterivaror cured (cooked) meats and provisions
charlatan charlatan
charm charm
charma charm
charmfull o. **charmig** charming
charmlös charmless

charmoffensiv, *starta en ~ mot* ung. make overtures to
charmtroll vard. bundle of charm
charmör charmer
charterflyg flygning charter flight; verksamhet chartered air service
charterresa charter trip (tour)
chartra charter
chassi chassis (pl. lika)
chatta data. chat
chaufför driver; privat~ chauffeur
chauvinist chauvinist
check cheque; amer. check; *betala med [en] ~* pay by cheque
checka, *~ in* flyg. el. på hotel register, check in
checkbedrägeri cheque forgery (fraud)
checkhäfte cheque book; amer. checkbook
checklön wages pl. (resp. salary, jfr*lön*) paid into a (one's) cheque account
chef head; arbetsgivare employer; direktör manager; vard. boss; mil.: för stab chief; för förband commander; sjö. captain
chefredaktör chief editor (pl. editors-in-chief)
cherokes Cherokee (pl. lika el. -s)
chevaleresk chivalrous
chiffer cipher; kryptogram cryptograph; *i (med) ~* in cipher, in code
chiffonjé escritoire
Chile Chile
chilen o. **chilenare** Chilean
chilensk Chilean
chips potatis~ potato crisps; amer. chips
chock 1 stöt shock **2** mil. *göra ~ mot* charge [down on]
chocka shock
chockbehandling shock treatment (therapy)
chockera shock; *bli ~d över ngt* be shocked at (by) a th.
chockerande shocking
chockhöjning, *[en] ~ av priserna* a drastic rise in prices
chockskadad, *bli ~* get a shock
chocktillstånd state of shock
chockverkan, *ha ~* have a shock effect
choka motor. use the choke
choke choke
choklad chocolate; *en kopp ~ kakao* a cup of cocoa (finare sort chocolate)
chokladask med praliner box of chocolates; tom chocolate box
chokladbit pralin chocolate; med krämfyllning chocolate cream
chokladkaka kaka choklad bar of chocolate
chokladpralin se *chokladbit*
chokladsås chocolate sauce
chosefri natural, unaffected, unsophisticated

choser affectation
ciceron ciceron|e (pl. äv. -i), guide
cider cider
cigarett cigarette; vard. fag
cigarettfimp cigarette end; vard. fag-end
cigarettpaket med innehåll packet of cigarettes
cigarettpapper cigarette paper
cigarettändare lighter
cigarill cheroot, cigarillo (pl.-s); amer. äv. stogie
cigarr cigar
cigarrcigarett se *cigarill*
cigarrlåda tom cigar box; låda cigarrer box of cigars
cigarrsnoppare cigar-cutter
cirka about; isht vid årtal circa, circiter båda lat. (förk. c[a]. el. circ.)
cirkapris hand. recommended retail price
cirkel geom. circle äv. friare; *rubba ngns cirklar* put a p. out, upset a p.'s calculations
cirkelformig o. **cirkelrund** circular
cirkelsåg circular saw
cirkla kretsa circle
cirkulation circulation
cirkulationsrubbning med. circulatory disturbance
cirkulera circulate; *låta ~* circulate, send round
cirkus circus; *full ~* villervalla a proper racket; *rena ~en* löjlig tillställning a proper circus (farce)
cirkusartist circus performer
cistern tank; för vatten cistern
citat quotation
citationstecken quotation mark
citera quote; anföra som exempel cite; skrift quote from
citron lemon
citrongul lemon-yellow, lemon
citronpeppar lemon pepper
citronsaft lemon juice (sockrad, för spädning squash); amer. äv. lemonade
citronskal lemon-peel
citronskiva slice of lemon
citrusfrukt citrous (citrus) fruit
cittra mus. zither
city [affärs]centrum [business and shopping] centre; amer. downtown
civil civil; isht mots. militär civilian; *en ~* subst. adj. a civilian; *i det ~a* in civilian life
civilbefolkning civilian population
civildepartement Ministry of Public Administration
civilekonom graduate from a [Scandinavian] School of Economics, eng. motsv. ung. Bachelor of Science (Econ.);

amer. motsv. ung. Master of Business Administration
civilförsvar civil defence
civilisation, ~[en] civilization
civilisera civilize
civilklädd ...in plain (civilian) clothes, ...in mufti; vard. in civvies
civilkurage courage to stand up for one's beliefs
civilminister Minister of Public Administration
civilmål civil case (suit)
civilrätt civil law
civilstånd civil status
clinch, *gå i* ~ boxn. go (fall) into a clinch äv. friare
clip o. **clips** öron~ earclip; dräktspänne e.d. clip
clitoris anat. clitoris
clown clown
c-moll mus. C minor
cockerspaniel cocker spaniel
cockpit flyg. cockpit
cocktail cocktail
cocktailbar cocktail lounge
cocktailparty cocktail party
cognac brandy; isht äkta finare cognac
Colombia Colombia
colombian Colombian
colombiansk Colombian
comeback reappearance; *göra* ~ make a comeback
commandosoldat commando
container container; för avfall skip
Costa Rica Costa Rica
costarican Costa Rican
costaricansk Costa Rican
crawl simn. crawl [stroke]
crawla simn. do the crawl
crème fraiche crème fraiche fr.; slightly soured thick cream
crêpe kok. el. textil. crepe
cricket cricket
cricketspelare cricketer
C-språk skol. third foreign language
cup sport. cup
cupfinal cup final
cupmatch cup tie
curling curling
curry curry [powder]
C-vitamin vitamin C
cykel 1 fordon bicycle; vard. bike; mots. motor~ pedal bike **2** sport. cycling **3** serie cycle
cykelbana väg cycle lane
cykelbyxor cycling (vard. biking) shorts
cykelhjälm bicycle (vard. bike) helmet, safety helmet

cykelkorg handlebar basket
cykelpump bicycle pump
cykelsport cycling; vard. biking
cykelställ bicycle stand
cykeltur längre cycling tour; kortare cycle ride
cykeltävling bicycle race
cykelverkstad bicycle repair shop
cykelåkning cycling
cykla 1 cycle; vard. bike; ride a bicycle (vard. bike); göra en cykeltur go cycling **2** vard. *nu är du [allt] ute och* ~*r* you're talking through your hat, you don't know what you're talking about
cykling cycling
cyklist cyclist
cyklon meteor. cyclone
cyklopöga för dykare [skindiver's] mask
cylinder 1 tekn. cylinder **2** hatt top hat; vard. topper
cyniker cynic
cynisk cynical; rå coarse; skamlös shameless; fräck impudent
cynism cynicism, coarseness; jfr *cynisk*
Cypern Cyprus
cypress bot. cypress
cypriot Cypriot
cypriotisk Cypriot
cysta med. cyst

d 1 bokstav d [utt. di:] **2** mus. D
dadel date
dag (vard.: best. form äv. *dan*, pl. *dar*) **1** allm. day; *~ och natt* night and day; *~ ut och ~ in* day in, day out; *en [vacker* viss] *~* a) avseende förfluten tid one [fine] day b) avseende framtid some (one) [fine] day, one of these [fine] days; *god ~ [god ~]!* good morning (resp. afternoon, evening)!; vard. hallo!, hello!; vid presentation how do you do?; *åtta ~ar* a week; *vara ~en efter* have a hangover, feel like the morning after [the night before]; *hela ~arna* all day long **2** med föreg. prep.: *~ för ~* day by day, every day; *för ~en* for the day; *i ~* today; *i ~ på morgonen* this morning; *vad är det för ~ i ~?* what day [of the week] is it?; *vad i all sin dar* (*dag*) gör du här? what on earth...?; *om* (*på*) *~en* (*~arna*) in the daytime, by day; *en gång* (*tre gånger*) *om ~en* once a day (per diem lat., every twenty-four hours); *om ett par ~ar* in a day or two, in a few (couple of) days; *på ~en* a) se *om ~en* ovan b) punktligt to the day; *mitt på ljusa ~en* in broad daylight; *bli kvar över ~en hos ngn* stay (spend) the day with a p.
dagas dawn; *det ~* it is growing light, the day is dawning
dagbarn child in the care of a childminder; *ha ~* take care of a small child (of small children), be a childminder
dagbarnvårdare childminder
dagbok diary; *föra ~* keep a diary (journal)
dagdrivare idler
dagdröm daydream
dager [dags]ljus daylight, light; bildl.: belysning light; *ställa* ngt *i en gynnsam* (*fördelaktig*) *~* put (place)...in a favourable light
dagg dew
daggdroppe dewdrop
daggkåpa bot. lady's-mantle
daggmask earthworm
daghem day nursery, daycare centre
dagis se *daghem*
daglig daily; *~ tidning* daily [paper]
dagligen daily, every day
dagligvaror everyday commodities, perishables, non-durables
daglön wages pl. by the day
dagmamma childminder, baby-minder
dagning dawn, daybreak; *i ~en* at dawn (daybreak)
dagordning föredragningslista agenda; *stå på ~en* be on the agenda
dagpenning bidrag daily allowance
dagrum sällskapsrum day room
dags, *hur ~?* [at] what time?, when?; *det är så ~ för sent nu!* it is a bit late now!
dagsbehov daily requirement
dagsbot o. **dagsböter** fine sg. [proportional to one's daily income]
dagsfärsk absolutely fresh; *en ~ händelse* a quite recent event
dagskassa butiks day's takings
dagsljus daylight; *vid ~* by daylight
dagslång day-long
dagsläge, *~t* the present situation
dagslända zool. mayfly; bildl. fad; *vara en ~* äv. be ephemeral
dagsmeja midday thaw
dagsnyheter radio. news
dagspress daily press
dagsresa day's journey; *två dagsresor* two days' journey
dagstidning daily [paper]
dagsverke arbete mot daglön daywork
dagtid, studera *på ~* ...in the daytime
dagtrafik day services
dagtraktamente daily allowance [for expenses]
dahlia bot. dahlia
dakapo I *s* encore **II** *adv* once more; mus. da capo it.
dal valley
dala sink, descend, fall; spec. bildl. decline
Dalarna Dalarna, Dalecarlia
dalgång long[ish] valley
dallra quiver; vibrera vibrate
dalta, *~ med ngn* klema [molly]coddle (pamper) a p.
dam 1 lady; 100 meter bröstsim *för ~er* the women's... **2** bordsdam [lady] partner [at table]; *~ernas [dans]* ladies' invitation (excuse-me) [dance] **3** kortsp. el. schack. queen
damask, *~er* gaiters; för herrar vanl. spats
damast tyg damask
dambinda sanitary towel (amer. napkin)
dambyxor långbyxor ladies' trousers (slacks); underbyxor knickers; trosor briefs
damcykel lady's [bi]cycle
damdubbel sport. women's doubles (pl. lika); match women's doubles match

damfrisering lokal ladies' hairdressing saloon
damfrisör o. **damfrisörska** ladies' hairdresser
damkonfektion ladies' [ready-made] clothing, women's wear
1 damm 1 fördämning dam, barrage; skydds~ vid hav dike, dyke, sea wall **2** vattensamling pond; större, vid kraftverk o.d. pool
2 damm dust
damma I *tr* dust; ~ *av* t.ex. bordet dust, remove the dust from; ~ *av i ett rum* dust a room; ~ *ned* make...[all] dusty **II** *itr* röra upp damm raise a great deal of dust; ge ifrån sig damm make a lot of dust; *vad det ~r!* what a dust there is!
dammig dusty, dust-laden
dammkorn grain (speck) of dust
dammode fashion for women; *~t* har växlat fashions for women...
dammoln cloud of dust
dammsuga vacuum, ® hoover
dammsugare vacuum cleaner
dammtorka dust, jfr *damma I*
dammtrasa duster, dustrag
damrum ladies' [cloak]room (amer. rest room)
damsingel sport. women's singles (pl. lika); match women's singles match
damsko lady's shoe; *~r* isht hand. ladies' footwear sg.
damskräddare ladies' tailor
damspel konkr. draughts (amer. checkers) set
damstrumpa lady's stocking (pl. ladies' stockings)
damsällskap, *i* ~ a) in female company b) bland damer among ladies
damtidning ladies' magazine
damtoalett lokal ladies' (women's) lavatory (cloakroom); *~en* vard. the ladies
damunderkläder ladies' underwear, lingerie fr., sg.
damur ladies' watch
damväska [lady's] handbag
1 dank spelkula av metall [metal] ball
2 dank, *slå* ~ idle, loaf [about]
Danmark Denmark
dans dance; dansande dancing; bal ball; *det går som en* ~ it goes like clockwork, it is as easy as A B C (pie)
dansa allm. dance; skutta trip; *gå och* ~ ta danslektioner take dancing-lessons
dansare dancer
dansbana [open air] dance floor; under tak dance-pavilion
dansgolv dance floor
dansk I *adj* Danish **II** *s* Dane

danska (jfr äv. *svenska*) **1** kvinna Danish woman **2** språk Danish
danskonst art of dancing
danslektion dancing-lesson
danslokal [public] dance hall
danslärare dancing-teacher
dansmusik dance music
dansorkester dance band
dansrestaurang dance restaurant
dansskola dancing-school
danssteg dance step
dansör dancer
dansös [professional female] dancer; balettflicka dancing-girl; klassisk ballet girl; i revy chorus girl
Dardanellerna the Dardanelles
darr, *med* ~ *på rösten* with a shake (tremble) in one's voice
darra allm. tremble; huttra shiver; skälva, dallra quiver; dallra, vibrera quaver, vibrate; skaka shake; ~ *av köld* shiver with cold
darrande trembling etc., jfr *darra*; om t.ex. händer äv. shaky; om röst el. handstil tremulous
darrhänt, *han är så* ~ his hands are so shaky
darrig se *darrande*; vard.: svag shaky, out of sorts
darrning trembling etc., jfr *darra*; tremor, shake
daska vard., slå ~ [*till*] *ngn* slap (spank) a p.
dass vard. *gå på* ~ go to the lav (loo amer. john)
1 data 1 årtal dates **2** fakta data
2 data computer; *ligga (lägga) på* ~ be (put) on computer
dataanläggning data processing equipment
databas data base (bank)
databehandling data processing; datorisering computerization
databrott computer crime
Datainspektionen the [Swedish] Data Inspection Board
datamaskin se *dator*
dataskärm monitor; vard. display
dataspel computer game
dataterminal data terminal
datavirus computer virus (pl. viruses)
datera date; *Ert brev ~t 2 maj* your letter of May 2nd; fyndet *kan ~s till 1200-talet* ...can be dated back to the 13th century
datering dating
dativ gram. ~[*en*] the dative
dativobjekt gram. dative (indirect) object
dato date; *till* [*dags*] ~ up to the present, to date
dator [electronic] computer; för sammansättn. jfr äv. *data-*

datorisering computerization
datorspel computer game
datum date; *poststämpelns* ~ hand. date of postmark; *av senare* ~ of [a] later (more recent) date
datumgräns date line
datummärkning av t.ex. mat open-dating
datumparkering ung. night parking on alternate sides of the street [on even resp. odd dates]
datumstämpel date stamp, dater
DDR hist. GDR (förk. för the German Democratic Republic)
D-dur mus. D major
de se *den*
debatt debate isht parl.; diskussion discussion; överläggning deliberation
debattera debate; diskutera discuss; ~ *om ngt* debate [on] a th., discuss a th.
debattör debater
debet hand. debit; bokföringsrubrik Debtor (förk. Dr.); ~ *och kredit* debits and credits
debetsedel ung. [income-tax] demand note
debetsida hand. debit side
debitera hand. debit; ta betalt charge
debitering hand. debiting; debetpost debit item (entry)
debut debut
debutant singer osv. making his (resp. her) debut
debutbok first book
debutera make one's debut
december December (förk. Dec.); för ex. jfr *april*
decennium decade
decentralisering decentralization
dechiffrera decipher; kod decode
decibel fys. decibel
deciliter decilitre
decimal decimal
decimalbråk decimal [fraction]
decimalkomma decimal point
decimera decimate
decimeter decimetre
deckare vard. **1** roman detective story **2** detektiv private eye, sleuth
dedicera dedicate
dedikation dedication
defekt I *s* fel, skada defect; ofullkomlighet, bristfällighet imperfection **II** *adj* defective; felaktig faulty; ofullständig imperfect; skadad damaged
defensiv I *s* defensive; *hålla sig på ~en* be on the defensive **II** *adj* defensive
defilera, ~ [*förbi*] march (file) past
defilering march past
definiera define
definierbar definable

definition definition
definitiv bestämd definite; oåterkallelig definitive
deformera deform; förstöra utseendet av disfigure
defroster bil. defroster
deg dough; paj~, kak~ pastry; smör~ paste; *en* ~ a piece of dough (resp. pastry resp. paste)
dega, *gå omkring och* ~ hang around doing nothing
degel crucible
degeneration degeneration
degenererad degenerate
degig 1 degartad doughy **2** vard., vissen *känna sig* ~ feel under the weather (out of sorts)
degradera degrade; mil. äv. demote; sjö. äv. disrate; bildl. reduce
degradering degradation, demotion, reduction; jfr *degradera*
deka, ~ *ner sig* vard. go to the dogs
dekadent decadent
dekal sticker
dekantera decant
deklamation utantill recitation; från bladet reading
deklamera utantill recite; från bladet read [aloud]
deklarant som gör sin självdeklaration person making (filing) an income-tax return
deklaration 1 declaration **2** som rubrik på varuförpackning ingredients **3** se *självdeklaration*
deklarationsblankett income-tax return form
deklarera 1 declare; proklamera proclaim **2** själv~ make one's return of income; tull~ declare; ~ *falskt* make a fraudulent income-tax return
deklination gram. declension
dekoder elektr. decoder
dekokt decoction
dekor décor fr.; teat. äv. scenery
dekoration decoration äv. orden; föremål ornament; ~*er* teat. scenery, décor fr. (båda sg.)
dekorativ decorative
dekoratör decorator; tapetserare interior decorator; teat. stage designer
dekorera decorate äv. med orden
dekret decree
del 1 allm. part, portion; avdelning section; band volume; komponent component; bråkdel fraction; ...blandas med *en* ~ *vatten* ...one part of water **2** 'en [hel] del [av]' o. likn. *en* ~ somligt something, [some] part of it; somliga some; *en* ~ *av befolkningen*

part of the population; *en hel* ~ åtskilligt a great (good) deal, plenty; vard. [quite] a lot; *större ~en av klassen* (*eleverna*) most of the class (of the pupils); *till största ~en* for the most part, mostly; *till en viss* ~ to some extent **3** 'sak' *ta båda ~arna!* bägge två take both (the two) [of them] **4** [*å,*] *för all ~!* ingen orsak! don't mention it!, [oh,] that's [quite] all right!; isht amer. you're welcome! **5** andel share; beskärd del lot; *ta* [*verksam*] ~ *i ngt* take [an active] part in a th.; *jag för min ~ tror...* as for me (as far as I am concerned, for my part), I think... **6** kännedom *få ~ av* be informed (notified) of (about)
dela I *tr* **1** särdela divide; dela upp divide (split) up, partition; stycka cut up [*i* into]; ~ *med 5* divide by 5 **2** dela i lika delar share; ~ *lika* share and share alike; om två äv. go fifty-fifty **II** *rfl,* ~ *sig* divide; dela upp sig divide up, separate; förgrena sig äv. branch [off]; om t.ex. väg fork; klyva sig äv. split up [*i* into]
III med beton. part.
~ **av** dela [upp] divide [up]; avskilja partition off
~ **in** se *indela*
~ **med sig** [**åt andra**] share with other people
~ **upp** indela divide up; fördela distribute; sinsemellan share; ~ *upp sig* divide (split) up
~ **ut** distribute, deal (give) out; i småportioner dole out; fördela äv. portion (share) out
delad divided osv., jfr *dela; därom råder ~e meningar* opinions differ (are divided) about that
delaktig 1 i beslut o.d. *vara ~ i* participate in **2** i brott o.d. *vara ~ i* be implicated (mixed up) in
delaktighet 1 i beslut o.d. participation **2** i brott o.d complicity
delbar divisible
delegat delegate
delegation delegation
delegera delegate
delegerad delegated; *en ~* a delegate
delfin zool. dolphin
delge o. **delgiva,** ~ *ngn ngt* inform a p. of a th., communicate a th. to a p.
delikat delicate äv. kinkig; om mat o.d. delicious
delikatess delicacy; *~er* hand. äv. delicatessen
delikatessaffär delicatessen [shop, isht amer. store]

delirium, ~ *tremens* delirium tremens; vard. the d.t.'s
delning division; biol. fission osv., jfr *dela*
delpension partial pension
dels, ~...~... partly..., partly...; å ena sidan... å andra sidan... on [the] one hand..., on the other...
delstat federal (constituent) state
1 delta geogr. o. bokstav delta
2 delta se *deltaga*
deltaga 1 medverka m.m. take part; mera litterärt participate; som medarbetare collaborate; ~ *i* ansluta sig till, instämma i äv. join, join in; vara medlem[mar] av äv. be a member (resp. members) of; ~ *i arbetet* äv. share (join) in the work **2** närvara be present; ~ *i* bevista attend **3** ~ *i ngns sorg* sympathize with a p. in his sorrow
deltagande I *adj* medkännande sympathetic, sympathizing... **II** *subst adj* medverkande *de ~* those taking part **III** *s* **1** taking part; participation; medverkan co-operation; bevistande attendance; anslutning turn-out **2** medkänsla sympathy; *hysa ~ med* sympathize with
deltagare participator, member äv. i kurs: attender; *deltagarna* ofta äv. those taking part; i tävling the competitors (entrants)
deltid, *arbeta* [*på*] ~ have a part-time job, work part-time
deltidsanställd, *vara ~* be employed part-time
deltidsarbete part-time job (work)
delvis I *adv* partially, partly **II** *adj* partial
delägare joint owner; i firma partner
dem se *den*
demagog demagogue
demagogisk demagogic
demaskera, [~*sig*] unmask äv. bildl.
dementera deny
dementi [official] denial
demilitarisera demilitarize
demobilisering demobilization
demokrat democrat
demokrati democracy
demokratisk democratic
demon demon
demonstrant demonstrator
demonstration i div. bet. demonstration
demonstrationståg procession of demonstrators
demonstrera demonstrate
demontera fabrik take down, dismantle, dismount
demoralisera demoralize
demoralisering demoralization
den (*det; de, dem,* vard. *dom; dens; deras*)
A *best art* the; ~ *allmänna opinionen*

public opinion; *det medeltida Sverige* medieval Sweden
B *pron* **I** pers. **1** *den, det* (jfr *2*) it; syftande på kollektiver då individerna avses they (som obj. them); *pengarna? de ligger på bordet* the money? it is on the table **2** *det* spec. fall **a)** it; *det regnar* it is raining; *vem är det som knackar?* who's [it (that)] knocking? **b)** there; *det var mycket folk där* there were many people there; *det är ingenting kvar* there is nothing left **c)** so; *det 'gör han också* (*med*) so he does; kommer han? - *Jag antar* (*hoppas, tror*) *det* ...I suppose (hope, think) so, ...I suppose etc. he will **d)** that, this; *det duger* that will do **e)** utan motsvarighet i eng. *varför frågar du det?* why do you ask?; är du sjuk? - *Ja, det är jag* ...yes, I am **f)** annan konstr. i eng., *det gör ont i foten* my foot hurts me **g)** *hon har 'det* charm o.d. she has 'it
II demonstr. *den, den* (*det*) *där* (resp. *här*) allm. that resp. this [självst., isht vid motsättning, vanl. one]; *det har du så rätt i!* you are perfectly right there!; *är det här mina handskar* (*min sax*)? *- Ja, det är det* are these my gloves (scissors)? — yes, they are; *har du sett ~ där* [*killen*] (*dom där* [*killarna*]) *förut?* have you seen that fellow (those [fellows]) before?
III determ., den som the person who, the one who; sak the one that; vem som helst som anyone that; i ordspråk he who; *saken är ~ att...* the fact is that...; *han är inte ~ som klagar* he is not one to complain; *allt det som...* everything that...
denim textil. denim
denne (*denna, detta, dessa*) den här this, pl. these; den där that, pl. those; *denna gång* lyckas han säkert this time...; *jag frågade läraren, men ~...* I asked the teacher, but he (the latter)...
densamme (*densamma, detsamma, desamma*) the same; med förbleknad betydelse = 'den', 'det', 'de' it; pl. they, som obj. them; [*tack,*] *detsamma!* the same to you!; *med detsamma som* directly
dental I *s* dental **II** *adj* dental
deodorant deodorant
departement 1 ministerium ministry; amer. department **2** franskt distrikt department
departementschef head of a department, secretary of state
deponera deposit
deportation deportation
deportera deport
deposition konkr. deposit; abstr. depositing
deppa vard. feel low
deppad o. **deppig** vard. *vara ~* se *deppa*

depression depression; ekon. äv. slump
deprimerad depressed
deputation deputation
depå depot; upplagt förråd dump; hand. safe custody
deras poss.: fören. their; självst. theirs
derby sport. **1** hästkapplöpning Derby **2** lokal~ [local] Derby
derivat kem. derivative
desamma se *densamme*
desertera desert
desertör deserter
design design, designing; utförande styling
designer [industrial] designer
desillusionerad disillusioned
desinfektionsmedel disinfectant
desinficera disinfect; *~nde* äv. disinfectant
deskriptiv descriptive
desorienterad confused
desperado desperado (pl. -es el. -s)
desperat förtvivlad desperate; ursinnig furious
desperation desperation
despot despot
despotisk despotic
1 dess mus. D flat
2 dess I *poss pron* **1** its **2** i adv. uttr. *innan ~* dessförinnan before then; *sedan ~* since then; *till ~* [*att*] konj. till, until **II** *adv* se *desto*
dessa se *denne*
dessbättre lyckligtvis fortunately
Dess-dur mus. D flat major
dessemellan in between, at intervals
dessert sweet, dessert; vard. afters
dessertost soft cheese
dessertsked dessertspoon; som mått dessertspoonful
dessertvin dessert-wine
dessförinnan before then; förut beforehand
dessutom besides; vidare furthermore; ytterligare moreover, in addition
dessvärre tyvärr unfortunately
destillera distil; amer. distill
destillering distillation
destination destination
destinationsort [place of] destination
desto the; *~ bättre!* all (so much) the better!; *ju förr ~ bättre* the sooner the better
destruktiv destructive
det se *den*
detalj 1 detail; maskindel part; *gå in på ~er* go (enter) into detail[s] **2** hand. *sälja i ~* retail, sell [by] retail
detaljerad detailed
detaljhandel retail trade; handlande retailing
detektiv detective

detektivbyrå detective agency
detektivroman detective story (novel)
detektor tekn. detector
detonation detonation
detonera detonate
detsamma se *densamme*
detta se *denne*
devalvera devalue
devalvering devaluation
devis motto (pl. -es el. -s)
di, *ge [ett barn]* ~ suckle
1 dia om djur, barn suck; ge di suckle
2 dia se *diabild*
diabetes diabetes
diabetiker diabetic
diabild transparency; ramad [film] slide
diadem tiara
diafragma anat. el. tekn. diaphragm
diagnos diagnos|is (pl. -es); *ställa* ~ make a diagnosis [*på* of]
diagnostik diagnostics sg.
diagnostisk diagnostic; *~t prov* diagnostic test
diagonal I *s* matem. diagonal II *adj* diagonal
diagram schematisk figur diagram; isht med kurvor graph; isht med siffror i kolumner chart
diakon lay [welfare] worker
diakonissa lay [welfare] worker
dialekt dialect; *han talar* ~ he speaks a dialect (with a regional accent)
dialektal dialectal
dialog dialogue
dialys kem. el. med. dialys|is (pl. -es)
diamant diamond
diameter diameter
diapositiv transparency; ramat [film] slide
diarium diary
diarré diarrhoea
didaktisk didactic
diesel se *dieselolja*
dieselmotor diesel engine
dieselolja diesel oil (fuel)
diet diet; *hålla* ~ be on a diet
dietist dietician
dietmat diet[etic] food
differens difference
differentiera differentiate; skol. stream
diffus diffuse; friare blurred
difteri med. diphtheria
diftong språkv. diphthong
dig se under *du*
diger thick; mycket stor huge; voluminös bulky
digital data. digital
digitalis bot. el. med. digitalis
digitalkamera digital camera
digitalkanal digital channel

digitalur digital watch, jfr *1 ur*
digna segna ned sink down; tyngas ned be weighed down
dike ditch
dikeskant edge of a (resp. the) ditch
dikesren ditch bank
dikning ditching
1 dikt sjö. close; *hålla* ~ *babord* steer hard aport
2 dikt 1 poem poem **2** diktning m.m. fiction; poesi poetry; ~ *och verklighet* fact and fiction; jfr *diktning* **3** påhitt *rena ~en* pure fiction
dikta författa write, compose; ~ [*ihop*] hitta på invent, fabricate, make up
diktamen diktering dictation
diktare writer; poet poet
diktator dictator
diktatorisk dictatorial
diktatur dictatorship
diktaturstat dictatorship
diktera dictate
diktning diktande writing; vers~ writing of poetry; diktkonst, poesi poetry
diktsamling collection of poems
dilemma dilemma, quandary
dilettant amateur; isht neds. dilettant|e (pl. -i)
dilettantisk dilettantish, amateurish
diligens hist. stagecoach
dill dill
dilla vard. drivel, babble, talk nonsense
dille mani *ha* ~ *på* have a mania (craze) for
dillumera *itr* prave
dimbank bank of fog (mist)
dimension dimension; *~er* proportioner äv. proportions
dimfigur vague (dim, indistinct) shape
dimhöljd ...shrouded (enveloped) in fog (mist); bildl. dim, obscure
diminuendo mus. diminuendo it.
dimljus bil. fog light (lamp)
dimma fog; lättare mist; dis haze; *tät* (*tjock*) ~ dense (thick, heavy) fog
dimmig foggy; lättare misty; disig hazy äv. bildl.
dimpa fall (plötsligt tumble, mjukt flop) down; ~ *ner* drop down
dimridå smoke screen
din (*ditt, dina*) fören. your, åld., poet. el. relig. thy; självst. yours, åld., poet. el. relig. thine; ~ *dumbom!* you fool (idiot)!; *D~ tillgivne E.* i brevslut Yours ever (sincerely), E.
dingla dangle
dinosaurie dinosaur
diplom diploma
diplomat diplomat; isht bildl. diplomatist
diplomatisk diplomatic

diplomerad diplomaed
dipmix dip mix
direkt I *adj* direct; immediate isht omedelbar; genomgående through; *en ~ lögn* a downright lie **II** *adv* raka vägen direct; genast o. på ett direkt sätt directly; omedelbart immediately; *~* rent ut sagt *oförskämd* downright insolent; *svara ~ på* en fråga answer...straight away; rättframt give a direct (straight) answer to...
direktflyg non-stop plane (*flygning* flight)
direktförbindelse flyg. o.d. direct service
direktion styrelse [board of] management
direktiv terms *pl.* of reference, directive; *ge ngn ~* give a p. instructions, brief a p.
direktreklam direct [mail] advertising
direktsändning radio. el. TV. live broadcast
direktör director; amer. vice-president; för ämbetsverk superintendent; *verkställande ~* managing director; amer. president [*för* of]
dirigent conductor
dirigera direct; mus. conduct; *~ om* redirect, re-route, divert
dis haze
disciplin lydnad o.d. discipline
discjockey se *diskjockey*
disco vard. disco (pl. -s); *gå på ~* go to a (resp. the) disco
disharmonisk disharmonious äv. bildl.; skärande discordant
disig hazy
1 disk 1 butiks~, bank~ counter; bar~ bar **2** anat. disc **3** data. disc, isht amer. disk
2 disk 1 abstr. washing-up **2** konkr.: [odiskad dirty] dishes; det blir *en stor ~* ...a lot of washing-up to do; *torka ~en* do the drying-up
1 diska rengöra *~* [*av*] wash up; ett enda föremål wash; itr. do the washing-up, wash up the dishes, isht amer. do (wash) the dishes
2 diska sport. vard. disqualify
diskant mus. treble
diskare dishwasher
diskbalja washing-up bowl, amer. dishpan
diskborste dishbrush
diskbråck, ha *~* have a slipped disc
diskbänk [kitchen] sink
diskett data. floppy disk, diskette
diskho washing-up sink
diskjockey disc jockey; vard. deejay
diskmaskin dishwasher
diskmedel washing-up (till diskmaskin dishwasher) detergent
1 diskning washing-up etc., jfr *1 diska*
2 diskning sport. vard. disqualification

diskontera ekon. discount
diskonto bank~ minimum lending rate; privat~ market rate
diskotek danslokal discotheque; vard. disco (pl. -s)
diskplockare table clearer, waiter's assistant; amer. bus boy (kvinnl. girl)
diskret I *adj* discreet; dämpad quiet äv. om färg **II** *adv* discreetly etc., jfr *I*
diskretion discretion
diskriminera, ~ *ngn* (*ngt*) discriminate against a p. (against a th.)
diskriminering discrimination
diskställ i kök plate rack; amer. dish drainer
disktrasa dishcloth
diskus sport. **1** i skiva disc|us (pl. -uses el. -i); *kasta ~* throw the discus **2** som sportgren [throwing the] discus
diskuskastare discus-thrower
diskussion discussion; isht parl. debate; överläggning deliberation
diskussionsämne subject (topic) of (for) discussion
diskutabel debatable; tvivelaktig questionable
diskutera discuss; mera intensivt argue; debattera debate
diskvalificera disqualify
diskvalificering o. **diskvalifikation** disqualification
diskvatten dishwater
dispens exemption; isht kyrkl. dispensation; *få ~* be granted an exemption, be exempted
disponent bruks~ managing director; amer. president
disponera 1 *~* [*över*] ha till sitt förfogande have...at one's disposal (command); ha tillgång till have access to **2** planera arrange, plan
disponibel available, disposable; *~ inkomst* disposable income
disposition 1 förfogande disposal; *stå* (*ställa ngt*) *till ngns ~* be (place a th.) at a p.'s disposal **2** av en uppsats o.d. plan; av stoffet disposition, arrangement **3** *~er* åtgärder arrangements, dispositions; förberedelser preparations **4** mottaglighet predisposition äv. med.
disputation univ. disputation
disputera 1 tvista dispute **2** univ. [publicly] defend a (one's) doctor's thesis
dispyt dispute, controversy; *råka* (*komma*) *i ~* get involved in a dispute
diss mus. D sharp
dissekera dissect äv. bildl.
diss-moll mus. D sharp minor
dissonans mus. dissonance; discord äv. bildl.

distans distance; *hålla ~[en]* keep one's (keep at a) distance
distansminut nautical mile
distansundervisning distance teaching
distingerad distinguished
distinkt I *adj* distinct **II** *adv* distinctly
distinktion distinction
distrahera, *~ ngn* distract ap., distract (divert) ap.'s attention, put ap. out; störa disturb ap., put ap. off
distraktion tankspriddhet absent-mindedness; förströelse distraction
distribuera distribute
distribution distribution
distributör distributor
distrikt district
distriktsläkare district medical officer
distriktsmästerskap district championship
distriktssköterska district nurse
district absent-minded
dit *adv* **1** demonstr. there; *~ bort* (*in, ned* etc.) away (in, down etc.) there; *det är långt ~* rumsbet. it's a long way there **2** rel. where; varthelst wherever; *den plats ~ han kom* the place he came to
dithörande ...belonging to it (resp. them), ...belonging there; hörande till saken relevant, related; *~ fall* cases belonging to that category
ditintills se *dittills*
dito ditto (förk. do.)
ditresa, *på ~n* on the (my etc.) journey there
1 ditt se *din*
2 ditt, *prata om ~ och datt...* this and that
dittills up to then; så där långt so (thus) far
ditvägen, *på ~* on the (my *etc.*) way there
ditåt in that direction, that way; *något ~* something like that
diva diva
divan couch, divan
divergera diverge äv. fys.; matem. differ
diverse sundry; *~ saker* äv. sundries, odds and ends
diversearbetare casual labourer
diversehandel butik general store
dividera I *tr* divide **II** *itr* vard., resonera argue [the toss]
division 1 matem. division **2** mil.: fördelning division; flyg., fartygsförband squadron; artilleri~ artillery battalion **3** sport. division
djungel jungle
djungeltelegraf isht skämts. bush telegraph; *på ~n* on the grapevine
djup I *adj* deep; isht i högre stil el. bildl. profound; friare: fullständig complete; stor great; [*försänkt*] *i ~a tankar* deep in thought; *i ~a[ste] skogen* in the depths of the forest **II** *s* depth; högtidl. äv. depths; poet. deep; avgrund abyss; *komma ut på ~et* get out into deep water
djupdykning deep-sea diving
djupfryst, *~a livsmedel* [deep-]frozen foods
djupgående I *adj* deep[-going]; bildl. profound; sjö. deep-draught **II** *s* sjö. draught
djuphavsforskning deep-sea exploration (research), oceanography
djupna deepen; eg. vanl. get deeper
djupsinnig profound, deep
djupsinnighet yttrande profound remark
djupt isht eg. deep; isht bildl. deeply, jfr *djup I*; *~ allvarlig* very serious (grave); *~ rotad* deep-rooted; *buga sig ~* bow low; *titta för ~ i glaset* take a drop too much; *sova ~* sleep deeply; *han sov ~* he was fast asleep
djur animal; större fyrfota el. bildl. äv. beast
djurart species (pl. lika) of animal
djurförsök experiment on (with) animals
djurisk allm. animal; bestialisk bestial; köttslig, sinnlig carnal; rå, brutal brutal
djurkretsen astrol. the zodiac
djurliv animal life
djurpark zoo zoological park
djurplågeri cruelty to animals
djurriket the animal kingdom
djursjukhus animal (veterinary) hospital
djurskyddsförening society for the prevention of cruelty to animals
djurskötare på zoo [zoo] keeper; lantbr. cattleman
djurtämjare animal trainer (tamer)
djurvän lover of animals
djurvärld animal world; fauna fauna
djärv allm. bold; oförvägen intrepid, audacious; vågsam, vågad venturesome, risky
djärvhet boldness, intrepidity, bravery; jfr *djärv*
djävel devil; stark. bastard; vulg. bugger, fucker; *djävlar!* vulg. bugger (fuck) [it]!
djävla bloody; damn[ed]; amer. äv. goddamn[ed]; [*din*] *~ drulle* you bloody (damn[ed], amer. goddamned) fool; vulg. you fucking idiot
djävlas, *~ med ngn* be bloody-minded towards ap.
djävlig om person bloody (amer. goddamn[ed]) nasty; om sak vanl. bloody (amer. goddamn[ed]) rotten (awful)
djävligt 1 devilishly osv., jfr *djävulsk* **2** i kraftuttr. bloody, damn[ed]; amer. goddamn[ed], goddam; vulg. fucking
djävul devil; jfr äv. *1 fan*
djävulsk devilish; ondskefull fiendish; diabolisk diabolic[al]; infernalisk infernal

djävulskap devilry
d-moll mus. D minor
DNA (förk. för *deoxiribonukleinsyra*) DNA
docent vid universitet docent; motsv. i Engl. av reader, amer. associate professor
dock likväl yet; emellertid however; ändå for all that
1 docka sjö. **I** *s* dock **II** *tr* o. *itr* dock äv. rymd.
2 docka 1 leksak doll äv. bildl.; barnspr. dolly; led~ puppet; prov~, buktalar~ etc. dummy **2** garn~ o.d. skein
dockansikte doll's face
dockning sjö. el. rymd. docking
dockskåp doll's house; amer. dollhouse
dockteater puppet theatre (föreställning show)
dockvagn doll's pram
doft scent, perfume; fragrance äv. bildl.
dofta smell; *det ~r [av] rosor* there is a scent of roses
doftande sweet-scented; fragrant; redolent
dogm dogma
dogmatisk dogmatic
doja vard. shoe
dok slöja veil; friare pall
doktor doctor (förk. Dr., Dr)
doktorand candidate for the doctorate, doctoral candidate, postgraduate student
doktorera study for (avlägga examen take) one's doctor's degree
doktorsavhandling thesis [for a doctorate]
doktorsgrad doctor's degree; *ta ~en* take a doctor's degree
doktrin doctrine
dokument document; jur. äv. deed, instrument
dokumentation documentation äv. vetensk. verksamhet; substantiation
dokumentera eg. document; ådagalägga give (produce) evidence of
dokumentportfölj [document] briefcase
dokumentär I *adj* documentary **II** *s* documentary [film]
dokumentärfilm documentary [film]
dokusåpa docusoap, reality show
dold hidden, concealed; hemlig secret; *~a kameran* candid camera
doldis vard. unperson
dolk dagger
dolkstöt dagger thrust; *en ~ i ryggen* bildl. a stab in the back
dollar myntenhet dollar; amer. vard. buck; *5 ~* five dollars ($5)
dollarkurs dollar rate [of exchange]
dollarsedel dollar note; amer. dollar bill; vard. greenback
dolsk se *lömsk*
1 dom se *den*

2 dom kyrka cathedral
3 dom judg[e]ment; i brottmål sentence; jurys utslag verdict; *en friande ~* a verdict of acquittal (of not guilty); *fälla [en] ~ över* pass (pronounce) judg[e]ment (resp. sentence) [up]on
domare 1 allm. judge; vid högre rätt justice **2** sport.: allmän idrott judge; tennis m.m. umpire; fotb. el. boxn. samt tennis överdomare referee, vard. ref
domdera go on, shout and swear
domedag judg[e]ment day
domherre zool. bullfinch
dominans dominance äv. biol.
dominant dominant äv. mus. el. biol.
dominera dominate; spela herre domineer; vara förhärskande be predominant (uppermost)
dominikan relig. Dominican [friar]
Dominikanska republiken the Dominican Republic
domino spel dominoes
dominospel [game of] dominoes
domkraft tekn. jack
domkyrka cathedral
domna, *~ [av]* go numb, get benumbed; om värk o.d. abate, subside
domning numbness; p.g.a. värk o.d. abatement
domptera tame
domptör tamer
domslut jur. judg[e]ment; sport. decision
domssöndagen the Sunday before Advent
domstol lawcourt; isht hist. el. bildl. tribunal; *dra ngt inför ~* bring (take) a th. into court, go to court about a th.
domstolsförhandling, *~[ar]* court proceedings pl.
domän domain
don verktyg tool; *~* pl., grejor gear, tackle (end. sg.)
donation donation; testamentarisk bequest
donator donor
Donau flod the Danube
donera donate
dop baptism; barn~ vanl. christening; fartygs~ o.d. naming, christening
dopa sport. dope; *~ sig* take drugs
dopattest certificate of baptism
dopfunt baptismal (christening) font
doping tagande av dopingpreparat drug-taking, drug use (abuse)
dopingprov sport. drug testing; *ett ~* a drug test
dopklänning christening robe
dopnamn baptismal (first, Christian) name
dopp 1 bad *ta sig ett ~* have a dip (plunge)

2 *kaffe med* ~ ung. coffee and buns (cakes)
doppa I *tr* allm. dip; ivrigt plunge; helt o. hållet immerse; ~ *ngn* vid badning duck a p. **II** *rfl*, ~ *sig* have a dip (plunge)
dopping zool. grebe
doppvärmare immersion heater
dopvittne sponsor
dos dose; dosering dosage
dosa box äv. tekn. el. elektr.; bleck~ tin
dosera med. dose
dosering med. dosage
dossié o. **dossier** dossier
dotter daughter
dotterbolag subsidiary [company]
dotterdotter granddaughter
dotterson grandson
doublé guld~ rolled gold
dov allm. dull; kvalmig sultry; undertryckt stifled
dovhjort zool. fallow-deer; hanne buck
dra I *tr* o. *itr* **1** eg. el. friare draw; kraftigare pull; hala haul; släpa drag; streta med tug; bogsera tow; *~!* pull!; ~ *kniv* [*mot ngn*] draw a knife [on a p.] **2** tänja [ut] ~ *lakan*[*en*] stretch (pull) the sheets; ~ *på orden* (*svaret*) speak (answer) in a hesitating manner **3** locka attract; *ett stycke som ~r* [*folk* (*fullt hus*)] a play that draws [people (full houses)] **4** ta bort, subtrahera take [away] **5** erfordra take; förbruka use [up]; konsumera consume; *hon ~r storlek 40* i kläder she takes size 40... **6** berätta, t.ex. en historia reel off; rabbla upp, t.ex. siffror go through
II *itr* **1** om te m.m. draw **2** tåga march; gå go, pass; bege sig betake oneself; röra sig move; flytta (om fåglar) migrate; vard., se *sticka III 3*; *gå och* ~ sysslolöst lounge (hang) about **3** opers. *det ~r* [*förskräckligt*] there is a [terrible] draught
III *rfl*, ~ *sig* **1** mera eg.: förflytta sig move; bege sig repair; *molnen ~r sig norrut* the clouds are passing to the north **2** vara lättjefull *ligga och* ~ *sig i sängen* be lounging (lie lolling) in bed, be having a lie-in **3** [*inte*] ~ *sig för ngt* [not] be afraid of a th.
IV med beton. part.
~ *av* **a)** klä av pull (take) off; avlägsna pull away **b)** dra itu pull...in two **c)** dra ifrån deduct; ~ *av sig* pull (take) off
~ *bort* itr. move off, go away; ~ *sig bort* go away
~ *fram* **a)** tr.: taga (släpa) fram draw (pull) out; bildl. bring up (forward, out) **b)** itr. advance **c)** ~ *sig fram* [*i världen*] get on [in the world], get along
~ *för* gardin draw..., pull...across
~ *förbi* go past
~ *ifrån* gardin o.d. draw (pull) aside (back); ta bort take away; ta (räkna) ifrån deduct; *han drog ifrån* [*de andra*] sport. he drew away [from the rest]
~ *igen* dörr o.d. shut, close
~ *igenom* tr. go (work, hastigt run, ytligt skim) through...
~ *ihop* samla gather...together; trupper concentrate; ~ *ihop sig* eg. contract; sluta sig close; *det ~r ihop* [*sig*] *till oväder* a storm is gathering
~ *in* **a)** tr. draw in äv. bildl.; dra tillbaka, återkalla withdraw; inställa discontinue; på viss tid suspend; avskaffa abolish, do away with; konfiskera confiscate; ~ *in ett körkort* take away (på viss tid suspend) a driving licence **b)** itr. ~ *in på...* inskränka cut down...
~ *isär* draw...apart (asunder)
~ *med* drag...along [with one]; ~ *med sig* bildl. bring...with it (resp. them); innebära mean, involve
~ *ned* eg. draw (pull) down; smutsa ned make...dirty
~ *på* **a)** tr.: t.ex. maskin, motor start **b)** itr: fortsätta go (push) on; vard., öka farten step on it; ~ *på* [*sig*] put (pull) on; ~ *på sig en förkylning* catch a cold
~ *till* **a)** tr.: t.ex. dörr pull (draw)...to; dra åt [hårdare] pull (tie)...tighter; ~ *till bromsen* apply the brake **b)** itr.: ~ *till med att...* vard., hitta på hit on the excuse that...
~ *tillbaka* draw back; ~ *tillbaka handen* (*trupperna*) äv. withdraw one's hand (the troops)
~ *undan* draw (pull, move)...aside (out of the way); ~ *sig undan* move (draw) aside (out of the way); tillbaka fall (draw) back
~ *upp* tr. draw (pull, lift, med spel wind, haul) up; odla raise; öppna open; klocka wind up; ~ *upp ngt ur fickan* pull (vard. fish) a th. out of one's pocket
~ *ur* tr. draw (pull, drag) out; ~ *sig ur spelet* (*leken*) quit the game; friare back out, give up; vard. chuck it up
~ *ut* **a)** tr.: eg. draw (pull, drag, *ta* take) out; förlänga draw out; tänja ut stretch out; [*låta*] ~ *ut en tand* have a tooth extracted **b)** itr. go off; march out; *det ~r ut på tiden* blir sent it is getting rather late
~ *vidare* move on
~ *åt* draw (pull)...tight[er], tighten
~ *över:* ~ *över* [*tiden*] run over the time

[*med 15 min.* by...]; ~ *över på* konto overdraw...
drabba I *tr* träffa hit; falla på [ngns lott] fall upon; hända [ngn] happen to; beröra affect; ~*s av en sjukdom* contract an illness **II** *itr*, ~ *samman* (*ihop*) come to blows (*vid disput* loggerheads), cross (measure) swords
drabbning slag battle; stridshandling action; isht friare encounter
drag 1 dragning pull **2** med stråke stroke; *i korta* ~ i korthet briefly, in brief **3** spel. move äv. bildl.; *ett mycket skickligt* ~ a very clever move, a masterly stroke **4** särdrag feature; karaktärs~ trait; släkt~ strain **5** nyans, anstrykning touch, strain **6** luft~ draught; amer. draft; vard., fart och fläkt go; *han tömde glaset i ett* ~ he emptied (drained) the glass at a (one) draught (gulp)
draga se *dra*
dragare dragdjur draught (amer. draft) animal; beast of draught (amer. draft)
dragas se *dras*
dragdjur se *dragare*
dragé dragée; med. [sugar-coated] pill
dragen berusad tipsy
dragga drag äv. sjö.
draghjälp sport. pacemaker; *få* ~ sport. be paced, be given a pacemaker; bildl. be helped along
dragig draughty; amer. drafty; *det är* ~*t här* äv. there is a draught (amer. draft) here
dragkamp tug-of-war
dragkedja se *blixtlås*
dragkrok på bil towing hook
dragkärra handcart
dragning 1 lotteri~ draw **2** attraktion attraction **3** nyans *en* ~ *åt blått* a tinge of blue **4** genomgång general run-through
dragningskraft attractive force; [power of] attraction; *ha stor* ~ äv. be very attractive
dragningslista lottery prize list, list of lottery prizes
dragon bot. tarragon
dragplåster bildl. draw[ing-card], strong attraction
dragrem på seldon trace; amer. draft; maskin~ belt; på vagnsfönster strap
dragspel accordion; concertina concertina
drake dragon äv. ragata; pappers~ kite
drakflygning 1 med pappersdrakar kite-flying **2** flygsport hang-gliding
drama drama; uppskakande händelse tragedy
dramatik drama äv. bildl.
dramatiker dramatist
dramatisera dramatize
dramatisk dramatic

drapera drape
draperi [piece of] drapery, hanging
dras (*dragas*), [*få*] ~ *med* a) sjukdom be afflicted with, suffer from b) skulder, bekymmer be harassed by, be encumbered with
drastisk drastic
dregla dribble
dreja I *tr* lergods turn **II** *itr* sjö. ~ *bi* heave (bring) to
drejskiva potter's wheel
dress klädsel dress, attire; byxdress o.d. suit, costume
dressera train; friare school, drill
dressing [salad] dressing
dressyr training osv., jfr *dressera*; häst~ dressage
drev 1 tekn. pinion **2** blånor [packing] tow, stuffing, oakum **3** jakt. drive, beat
dribbla sport. dribble; ~ *bort ngn* bildl. bamboozle (hoodwink) a p.
dribbling sport. dribbling; *en* ~ a dribble
dricka I *tr* o. *itr* drink äv. supa; ~ *en kopp kaffe* have a cup of coffee; ~ [*en skål*] *för någon* drink a p.'s health, drink to (toast) a p.; *han har druckit* är berusad he has been drinking; ~ *upp* finish, drink up; ~ *'ur flaskan* (*sitt glas*) empty the bottle (one's glass) **II** *s* **1** vard., dryckesvaror drinks **2** *en* ~ läskedryck a lemonade (two lemonades)
drickbar drinkable, ...fit to drink
dricks tip, gratuity; *ge* ~ tip; *är* ~*en inräknad?* is service (the tip) included?
dricksglas drinking-glass, glass, tumbler
drickspengar tip, gratuity; gratuities
dricksvatten drinking-water
drift 1 begär urge; *lägre* ~*er* baser instincts **2** verksamhet operation; igånghållande running; skötsel management; *elektrisk* ~ [the use of] electric power; *stoppa* (*inställa*) ~*en* stop production **3** *vara på* ~ om båt be adrift **4** gyckel joking
driftig företagsam enterprising; verksam active; drivande go-ahead
driftstopp vid fabrik o.d. stoppage of production; järnv. suspension of traffic
driftsäker dependable
1 drill mus. trill; fågels warble, warbling; *slå en* ~ om fågel warble
2 drill mil. drilling, drill
1 drilla mus. trill; om fågel warble
2 drilla mil. drill
drillborr [spiral] drill
drink drink
drista, ~ *sig till att* o. +inf. venture to +inf.; make so bold as to +inf.
dristig bold

driva I *s* drift; snödriva snowdrift, drift of snow **II** *tr* **1** eg. el. friare allm. drive; förmå impel **2** trädg. force **3** bedriva ~ *handel* carry on trade; ~ *en politik* pursue a policy **III** *itr* **1** eg. drive; sjö. el. om moln, sand el. snö drift; få avdrift make leeway **2** [*gå och*] ~ ströva, stryka omkring loaf (walk aimlessly) about; flanera roam about **3** ~ *med ngn* skoja pull a p.'s leg; göra narr av make fun of a p.; vard. take the mickey (Mike) out of a p.
IV med beton. part
~ **igenom** tr. force (carry) through; ~ *sin vilja igenom* have (get) one's own way
~ **in** tr.: eg. drive in; ~ *in...i* drive...into; jfr *indriva*
~ **omkring** itr. drift (walk aimlessly) about
~ **på** tr. press (urge, push) on
~ **upp** tr.: mera eg. drive up; pris o.d. run (force) up; bildl. äv. raise
drivande, *den* ~ *kraften* the driving force; motivet the motive power
drivbänk hotbed
driven skicklig clever; erfaren practised; *en* ~ [*hand*]*stil* ung. a flowing hand
drivhjul driving wheel
drivhus hothouse äv. bildl.
drivhuseffekt greenhouse (glasshouse) effect
drivkraft motive (propelling) force (power); bildl. driving force
drivmedel fuel, propellant
drog drug
droga drug
drogfri ...without drugs
drogmissbruk drug abuse
dromedar zool. dromedary
dropp 1 droppande drip[ping] **2** med. drip
droppa I *itr* **1** drip, fall in drops; *det ~r från taket* the roof is dripping (leaking) **2** vard. ~ *av* leave **II** *tr* **1** distil **2** vard., överge drop
droppe allm. drop; av kåda e.d. tear; liten droplet; *en* ~ *blod* (*vatten*) a drop of blood (water)
dropptorka drip-dry
droska cab; för sammansättn., jfr äv. *taxi-*
drottning queen äv. bildl. el. schack.
drucken berusad drunken, drunk; intoxicated, inebriated äv. bildl.
drulle vard. clodhopper; tölp boor; bil~ roadhog
drullig vard. clumsy, awkward; fumlig bungling
drumla, ~ *i* (*i sjön*) stumble into the sea (water)
drummel lout, oaf, lubber; lymmel rascal
drunkna be (get) drowned, drown äv. bildl.;

~ *i...* bildl. be snowed under (swamped) with...
drunkningsolycka [fatal] drowning-accident
druva grape
druvsaft grape-juice
druvsocker dextrose
dryck drink; tillagad beverage; gift~ potion; *starka ~er* strong drinks, alcoholic (amer. äv. hard) liquors (koll. liquor)
dryckesvisa drinking-song
dryfta discuss; debattera debate; friare go into, argue
dryg 1 om pers.: högfärdig, inbilsk haughty, high-and-mighty, proud; 'viktig' self-important **2** om sak: a) som förslår lasting, economical [in use] b) väl tilltagen liberal, ample c) mödosam hard, heavy; tröttande weary; *det är en* ~ *kilometer dit* it is quite a kilometre there; *en* ~ *timme* just over an hour
dryga, ~ *ut* make...last [longer]
dryghet hos person, jfr *dryg 1* haughtiness, overbearingness; self-importance
drygt gott och väl ~ *300* fully 300, slightly more than 300
drypa I *tr* put a few drops of... **II** *itr* drip; droppvis rinna ned trickle
dråp manslaughter; *ett* ~ a case of manslaughter
dråplig screamingly funny
dråpslag deathblow
dråsa, *en massa snö ~de ned från taket* ...came tumbling down off the roof
drägg dregs
dräglig tolerable; om pers. ...easy to put up with; *ganska* ~ äv. not at all bad
dräkt 1 allm. dress; bildl. el. friare, isht poet. attire; national~ costume; fjäder~ plumage **2** jacka o. kjol suit
dräktig som bär foster pregnant, ...with young
dräktighet hos djur pregnancy
drälla vard. **I** *tr* spill **II** *itr* **1** [*gå och*] ~ slå dank loaf about; ~ *omkring* hang (ligga lie) about **2** vimla swarm
drämma, ~ *näven i* bordet bang one's fist on...; ~ *till ngn* wallop (clump, isht amer. slug) a p.
dränera täckdika el. med. drain
dränering drainage
dräng farmhand; åld. hind; hantlangare tool, henchman
dränka eg. el. bildl. drown; översvämma (äv. om solen) flood; [*gå och*] ~ *sig* drown oneself
dräpa kill; isht amer. slay
dräpande, ~ *replik* crushing reply
dröja 1 låta vänta på sig be late; söla loiter

2 låta anstå o.d. ~ *med ngt* delay a th., be long about (uppskjuta put off, tveka med hesitate about) a th. **3** vänta wait; stanna stop, stay; ~ [*kvar*] stanna kvar linger; ~ *sig kvar* i stan stay on...; *var god och dröj!* i telefon äv. hold on (hold the line), please! **4** opers. *det dröjde inte länge, förrän* (*innan*) han bad mig... it was not long before...

dröjande, *en ~ blick* a lingering gaze

dröjsmål delay; *utan ~* without [any] delay; friare promptly

dröm dream

drömlik dreamlike

drömma dream; *det hade jag aldrig drömt om* I would never have dreamt of that (have thought that possible)

drömmande dreamy

drömmare dreamer

drömprins dream prince

drömtydning [the] interpretation of dreams

dröna slå dank idle; dåsa drowse; *gå och ~* hang about, idle around

drönare 1 bi drone [bee] **2** pers. sluggard

du you, åld., poet. el. relig. thou; *dig* you (resp. thee); rfl. yourself (resp. thyself); *kära ~!* my dear [fellow, girl m.m.]!

dua, *~ ngn* address a p. as 'du'; friare be on familiar terms with a p.

dubb stud äv. på fotbollsskor; knob, boss; plugg [wooden] nail (pin); is~ ice prod; på däck stud

1 dubba, *~ ngn till riddare* knight a p.

2 dubba film dub; *~ till svenska* dub into Swedish

3 dubba däck provide (fit)...with studs (resp. spikes, jfr*dubb*); *ett ~t däck* a studded tyre (amer. tire)

dubbdäck studded tyre (amer. tire)

dubbel I *adj* double äv. om blomma **II** *s* tennis o.d. doubles (pl. lika); match doubles match; *spela ~* (*en ~*) play doubles (a game of doubles)

dubbelarbete 1 samma arbete utfört två gånger duplication of work **2** *kvinnor med ~* housewives who work outside the home (go out to work)

dubbelbeskattning double taxation

dubbelbottnad dubbeltydig ambiguous; *en ~ människa* a man with a complex character

dubbeldäckare double-decker [buss bus, smörgås sandwich]

dubbelexponering double exposure

dubbelfel i tennis double fault

dubbelfönster double-glazed window

dubbelgångare double; vard. look-alike

dubbelhaka double chin

dubbelklicka data. double-click

dubbelknäppt double-breasted

dubbelliv double life; *leva ett ~* lead a double life

dubbelmatch tennis o.d. doubles match

dubbelmoral double standard [of morality]

dubbelnamn double-barrelled name

dubbelnatur, *vara en ~* have a split (dual) personality, be a Jekyll and Hyde

dubbelrum double room

dubbelspel 1 sport. doubles game **2** bedrägeri double-dealing; *spela ~* play a double game

dubbelspårig double-tracked

dubbelsäng double bed

dubbelt i dubbelt mått doubly; två gånger twice; *~ så gammal* [*som*] twice as old [as], as old again [as]; *~ så gammal som han* äv. twice his age; *~ upp* as much again; *se ~* see double

dubbeltydig ambiguous; friare equivocal

dubbelvikt doubled

dubbla kortsp. double

dubblera double; sjö. äv. round

dubblett 1 duplicate **2** två rum two-roomed flat (amer. apartment) [without a kitchen]

ducka duck; *~ för* duck

duell duel

duellera duel; fight duels

duett mus. duet

duga allm. do; vara lämplig be suitable (fit); gå an be fitting (becoming); vara god nog be good enough; vara utmärkt be fine (splendid); *det duger* that will do (be all right)

dugg 1 regn drizzle **2** dyft *inte ett ~* not a thing (bit)

dugga drizzle; *det ~r* äv. there is a drizzle

duggregn drizzle

duggregna se *dugga*

duglig capable, efficient

duglighet capability, efficiency

duk cloth; stycke tyg piece of cloth; segel~, oljemålning canvas; [*den*] *vita ~en* the screen

1 duka, *~* [*bordet*] lay (spread) the table; *~ av* [*bordet*] clear the table

2 duka, *~ under* succumb [*för* to]

duktig bra o.d.: allm. good; kunnig proficient; kompetent competent; begåvad gifted; *det var ~t!* that's fine!, well done!; *~ i matematik* clever (good) at (strong in) mathematics

duktigt 1 well osv., jfr *duktig*; *det var ~ gjort!* well done! **2** med besked with a vengeance; kraftigt powerfully; *arbeta ~* work hard; *ljuga ~* tell a pack of lies; *äta ~* eat heartily

dum allm. stupid; isht amer. vard. dumb; enfaldig silly; trögtänkt dull; tjockskallig dense; förarglig annoying; barnspr., 'elak' nasty; *inte [så]* ~ *oäven* not bad; *var inte* ~ *[nu]!* don't be a fool; *så* ~*t* förargligt! what a nuisance!
dumbom fool, blockhead; *din* ~*!* you fool!
dumdristig foolhardy
dumhet egenskap stupidity osv., jfr *dum*; handling act of folly, stupid thing, blunder; yttrande stupid remark; *prata* ~*er* talk nonsense (rubbish)
dumma, ~ *sig* uppföra sig dumt make a fool (an ass) of oneself; begå en dumhet make a blunder
dumpa I *tr* **1** stjälpa av dump **2** ekon. dump **II** *itr* ekon. practise dumping
dumskalle vard. blockhead, nitwit
dumsnut vard. silly idiot, dope
dumt stupidly osv., jfr *dum*; *bära sig* ~ *åt* be silly (stupid), act like a fool; bära sig tafatt åt be awkward
dun koll. down
dunder ljud rumble; *med* ~ *och brak* with a crash
dundra thunder; om åska rumble; *åskan (det)* ~*de* äv. there was a clap of thunder
dundrande thundering; *ett* ~ *fiasko* a colossal fiasco
dunge group (clump) of trees; lund grove
dunjacka quilted down jacket
1 dunk behållare can
2 dunk 1 dunkande thumping; regelbundet upprepat throb[bing] **2** slag, knuff thump
dunka I *itr* thump; om puls, maskin o.d. throb; ~ *i bordet* äv. bang (hammer) on the table **II** *tr*, ~ *ngn i ryggen* slap (thump) a p. on the back
dunkel I *adj* skum dusky, obscure; mörk dark; rätt mörk darkish; mörk o. dyster gloomy; oklar, otydlig dim; obestämd, vag vague; svårbegriplig abstruse; svårfattlig o. oklar obscure; hemlighetsfull mysterious; *ha ett* ~*t minne av ngt* have a dim (vague) recollection of a th. **II** *s* dusk; dystert gloom; oklarhet dimness, obscurity; *höljd i* ~ bildl. wrapped in mystery
dunkudde down pillow
duns thud
dunsa, ~ *[ned]* thud [down]
dunst ånga vapour; utdunstning exhalation; *slå blå* ~*er i ögonen på ngn* pull the wool over (throw dust in) a p.'s eyes
dunsta *itr*, ~ *[av, bort]* förflyktigas evaporate; ~ *[av]* vard., smita make oneself scarce, hop it
duntäcke down (continental) quilt, duvet
duo mus. duet äv. bildl.

dupera take in, dupe; *låta* ~ *sig (sig* ~*s)* allow oneself to be taken in (duped)
duplicera duplicate
duplicering duplication
dur mus. major; *gå i* ~ be in the major key äv. bildl.
durk 1 golv floor **2** ammunitions~ magazine
durkslag colander
durskala mus. major scale
dusch shower[bath] äv. ~*rum*; hand~ hand shower
duscha I *itr* have a shower **II** *tr* give...a shower[bath]; växter o.d. spray
duschhytt o. **duschkabin** shower cabin
duschrum shower room
dussin dozen (förk. doz.)
dussintals [dozens and] dozens
dust kamp fight, tussle; sammandrabbning clash
duva pigeon; mindre dove äv. bildl. el. polit.
duvhök zool. goshawk
duvning 1 tillrättavisning o.d. dressing-down **2** träning *ge ngn en* ~ *[i]* coach a p. [in]
duvslag dovecot[e], pigeon house
dvala tung sömn lethargy båda äv. bildl.; onaturlig trance; lättare drowse; zool. hibernation; *ligga i* ~ lie dormant; zool. hibernate
dvd TV. etc. DVD (förk. för digital versatile (video) disc)
D-vitamin vitamin D
dvs. (förk. för *det vill säga*) i.e., that is [to say]
dvärg allm. dwarf; på cirkus o.d. midget
dvärgbjörk dwarf (Arctic) birch
dy mud; isht bildl. mire, slough
dyblöt soaking wet, wet through
dyft se *dugg 2*
dygd virtue
dygdig virtuous
dygn day [and night]; *ett (två)* ~ äv. twenty-four (forty-eight) hours; ~*et runt* round the clock, day and night; *en gång per* ~ *(om* ~*et)* once a day, once every twenty-four hours
dyig muddy, sludgy, miry
dyka dive; ~ *och snabbt komma upp igen* duck; ~ *ned i* bassängen äv. plunge into...; ~ *på ngn* vard. pounce [up]on a p.; ~ *upp* emerge [*ur* out of]; eg. äv. come up (to the surface)
dykardräkt diving-suit
dykare diver
dykarsjuka caisson disease; vard. the bends
dykning dykande diving; enstaka dive
dylik ...of that (the) sort (kind); liknande similar; *eller* ~*t* (förk. *e.d.* el. *e.dyl.*) or the

like, or suchlike [things]; *och ~t* (förk. *o.d.* el. *o.dyl.*) friare, osv. et cetera (förk. etc.)
dyn dune
dyna cushion; stämpel~ pad
dynamik dynamics (sg. som fys. term, pl. som mus. term)
dynamisk dynamic äv. bildl.; dynamical
dynamit dynamite äv. bildl.
dynamo dynamo (pl. -s)
dynasti dynasty
dynga dung; muck äv. bildl.; *prata ~* talk a lot of rubbish
dyning, *~[ar]* swell, ground swell (båda sg.)
dyr som kostar mycket, vanl. expensive; som kostar mer än det är värt, vanl. dear; *för ~a pengar* at great expense; *~a priser* high prices
dyrbar 1 dear **2** värdefull valuable; som man är rädd om, som har högt värde i sig själv precious; *~a praktfulla kläder* sumptuous clothes
dyrbarhet konkr. article of [great] value; *~er* äv. valuables
dyrgrip article (thing) of great value
dyrk skeleton key
1 dyrka, *~ upp* lås pick...; dörr open...with a skeleton key
2 dyrka tillbedja worship
dyrkan tillbedjan worship; beundran adoration; hängivenhet devotion
dyrköpt dearly-bought
dyrort locality with a high cost of living; friare expensive place
dyrt 1 expensively; *sälja (köpa) ~* sell (buy) dear **2** högtidligt solemnly; *lova ~ och heligt* promise solemnly
dyscha couch
dysenteri med. dysentery
dyster gloomy, dreary, sombre; glädjelös cheerless; beklämmande depressing; svårmodig sad; trumpen glum; *~ min* gloomy air
dysterhet gloom; gloominess osv.; depression; melancholy; jfr *dyster*
dyvåt se *dyblöt*
då I *adv* allm. then; den gången at that time, in those days (times); som obeton. fyllnadsord vanl. utan [direkt] motsv. i eng.; *[just] ~* [just] at the time; *~ och ~* now and then (again), occasionally, on and off, from time to time
II *konj* **1** om tid when; just som [just] as; samtidigt med att as; medan while; då däremot whereas; så snart som as soon as, directly; närhelst whenever; *den dag ~...* som adv. on the day when (that)...; *~ jag var barn* when (medan while) I was a child **2** eftersom as, seeing [that]; *~ ju* since

dåd illgärning outrage; brott crime; bragd deed
dålig 1 bad; sämre sorts inferior; [ur]usel, vard. rotten; svag, klen weak; *~a betyg* skol. bad (low) marks; *~ sikt* poor visibility; *[ett] ~t rykte* a bad reputation; *tala ~ svenska* ...poor Swedish; *~t uppförande* äv. misbehaviour, misconduct; *det var inte ~t, det!* that's not bad (not half good)!; *han är ~ i engelska* he is poor (bad) at English **2** krasslig poorly, ill; vard. bad; inte riktigt kry out of sorts; illamående sick; *bli ~* be taken ill
dåligt badly, jfr *illa*; *~ betald* poorly (badly) paid, ill-paid; *affärerna går ~* business is bad; *ha ~ med pengar* be short of money
dån roar[ing]; av åska roll[ing], rumbling; av kanoner o. kyrkklockor boom[ing]
1 dåna dundra roar; roll; jfr *dån*
2 dåna svimma *~ [av]* faint, swoon
dåraktig foolish; stark. idiotic, mad, insane; absurd absurd
dåre fool, idiot, nitwit; tokstolle loony; åld., sinnessjuk lunatic, madman; kvinnl. madwoman
dårhus madhouse; *det här är ju rena [rama] ~et* this is like a madhouse
dårskap folly
dåsa doze, drowse; lata sig laze
dåsig drowsy
dåtida, *~ seder* the customs of that time (day)
dåvarande, *[den] ~ ägaren* till huset the then owner...; *under ~ förhållanden* vanl. as things were then
däck 1 sjö. deck; *alle man på ~!* all hands on deck! **2** på hjul tyre, amer. tire; fackspr. cover **3** kassett~ deck
däggdjur mammal
dämma, *~ [för, till, upp]* dam [up]
dämpa mera eg. moderate; stark. subdue; bildl.: iver, hänförelse m.m. damp [down], moderate, cool; glädje check, dampen; lidelse subdue; vrede mitigate; smärta alleviate; *~ farten* reduce (slacken) speed
dämpad subdued; *~ belysning* äv. soft light
dän away, off
där 1 demonstr. there; *den (så) ~* se under *den* B II o. *2 så*; *~ bak (borta* m.fl.) som adv. *~ bakom mig* there behind me; *~ i huset (trakten)* in that house (neighbourhood); *~ under* bordet under...there **2** rel. where; varhelst wherever; *det var ~ [som]* de fann honom that was where..., it was there [that]...
däran, *vara illa ~* sjuk be in a bad way; illa ute be in a fix
därav av denna (den, dessa, dem m.fl.) of (el.

annan prep., jfr *av* that (resp. it, those, them m.fl.); *på grund* ~ for that reason
därborta over there
därefter 1 om tid: efter detta after that; sedan then; därnäst next; *kort* ~ shortly after[wards] **2** i enlighet därmed accordingly; *resultatet blev också* ~ the result was as might be (might have been) expected
däremellan om två between (*om flera* among) them; dessemellan in between; *någonting* ~ mitt emellan something in between
däremot emellertid however; å andra sidan on the other hand; tvärtom on the contrary; i jämförelse därmed compared to it
därför fördenskull so, therefore; av den orsaken for that (this) reason; följaktligen consequently; ~ *att* because
därhemma at home
däri in that (osv., jfr *därav*) i detta avseende in that respect; ~ *ligger svårigheten* that is where the difficulty comes in
däribland among them (those)
därifrån lokalt from there; från denna osv. from that (it, them osv.); [*bort, borta*] ~ away [from there]; *han reste* ~ *igår* he left [there] yesterday
därigenom därmed, på så sätt by that, på grund därav owing to that, by reason of that; tack vare detta thanks to that; ~ *genom att göra det kunde han...* by doing so he could...
därinne in there; ~ *i* rummet there in...
därmed with that, (osv., jfr *därav*) i och med det thereby; by that (those) means; ~ *var saken avgjord* that settled the matter
därnere down (below) there
därnäst next; sedan after that
därom angående detta about that
däromkring runtomkring [all] round there; Stockholm *och trakten* ~ ...and environs, ...and the surrounding area
därpå 1 om tid: efter detta after that; sedan then; därnäst next; *strax* ~ immediately afterwards; *året* ~ [the] next (the following) year, the year after [that] **2** på denna (detta, dessa) on it (that, them)
därtill 1 *med hänsyn* ~ in view of that (*dessa fakta* those facts) **2** dessutom besides osv., jfr *dessutom*
därunder under där under there; *och* ~ mindre än detta and less
däruppe up there; i himlen on high
därute out there
därutöver ytterligare in addition [to that]; mer more; 100 kronor *och* ~ ...and upwards
därvid at that (osv., jfr *därav*); vid det tillfället on that occasion; då then; i det sammanhanget in that connection; 'därvid' motsv. ofta av omskrivning, ~ *blev det* there the matter rested
därvidlag i detta avseende in that respect; i detta fall in that case
däråt 1 åt det hållet in that direction, that way; *någonting* ~ something like that **2** åt denna osv. at that (osv., jfr *därav*)
däröver 1 over that (osv., jfr *därav*); *förvånad* ~ surprised at it (this) **2** se *därutöver*
däst bloated; *känna sig* ~ äv. feel absolutely full up
dö *itr* (ibl. *tr*) die; ~ *en naturlig död* die a natural death; *hålla på (vara nära) att* ~ *av nyfikenhet* be dying of curiosity; *det ~r han inte av* bildl. that won't kill him; ~ *ut* die out; om ätt äv. die off, become extinct; om eld äv. die down; om ord äv. become obsolete
död I *adj* dead äv. bildl.; livlös inanimate, lifeless; bollen är ~ sport. ...out of play; *dött lopp* dead heat; ~ *vinkel* blind spot; *Döda* rubrik för dödsannonser Deaths; *den ~e* subst. adj. the dead man; den avlidne the deceased **II** *s* death; frånfälle (isht jur.) decease; *~en* vanl. death; personifierad Death; *ligga för ~en* be at death's door, be on one's deathbed; misshandla ngn *till ~s* ...to death
döda kill äv. bildl.; amer. äv. slay; ~ *tiden* kill time
Döda havet the Dead Sea
dödande I *s* killing **II** *adj* se *dödlig*; *ett långsamt* ~ *gift* a deadly poison that acts slowly
dödfull dead drunk, sloshed
dödfödd stillborn; *planen var* ~ the plan never had a chance
dödförklara officially declare...dead
dödgrävare grave-digger äv. bildl.
dödlig mortal; *en* ~ *dos* a lethal dose
dödlighet mortality; *~en i* smittkoppor mortality from...
dödläge bildl. deadlock, stalemate
dödsannons i tidning announcement in the deaths column; *hans* ~ the announcement of his death
dödsattest death certificate
dödsblek deathly pale; friare livid
dödsbo estate [of a deceased person]
dödsbricka mil. identification tag
dödsbud, *~et* budet om hans död the news of his death
dödsbädd deathbed; *ligga på ~en (sin ~)* be on one's deathbed
dödsdag, *hans* ~ el. *~en* the day (årsdagen anniversary) of his death

dödsdom death sentence; friare death warrant; *avkunna en* ~ pass a sentence of death
dödsdömd ...sentenced (condemned) to death
dödsfall death; affären överlåtes *på grund av* ~ ...owing to the decease of the owner
dödsfara, *han var i* ~ he was in danger of his life (in mortal danger)
dödsfiende mortal (deadly) enemy
dödsförakt contempt of (for) death
dödshjälp med. euthanasia
dödskalle death's-head
dödskamp death struggle
dödsoffer vid olycka victim; *antalet* ~ the death toll, the number of fatal casualties
dödsolycka fatal accident
dödsorsak cause of death
dödsryckningar death throes äv.bildl.
dödssjuk dying
dödsstraff capital punishment; *avskaffa ~et* abolish capital punishment (the death penalty)
dödsstöt deathblow
dödssynd relig. mortal sin; bildl. crime
dödstrött, *vara* ~ be dead tired (all in); vard. be dead beat (dog-tired)
dödstyst dead silent
dödsångest agony [of death]; bildl. mortal dread (fear)
dödvikt deadweight
dölja I *tr* conceal; *jag har inget att* ~ I have nothing to hide; *hålla sig dold* be [in] hiding, keep under cover; jfr *dold* **II** *rfl,* ~ *sig* hide [oneself], conceal oneself [*för* i båda fallen from.]
döma 1 allm. judge; isht i brottmål sentence; *döm själv!* judge for yourself; *av* (*efter*) *allt att* ~ to all (judging by) appearances; ~ *ngn för stöld* (*till två månaders fängelse*) sentence (condemn) a p. for larceny (to two months' imprisonment); ~ *ut* se *utdöma*
2 sport.: allmän idrott, kapplöpning m.m. act as judge; tennis m.m. umpire; fotb. el. boxn. referee; ~ *bort* disallow; ~ *straffspark* award a penalty [kick]
döpa baptize; fartyg name, christen
dörja fiske. fish...by hand line
dörr door; *öppna ~en för* open the door for (t.ex. för förhandlingar to); släppa in admit; *för* (*inom*) *stängda* (*lyckta*) *~ar* jur. el. parl. behind closed doors; *slå in öppna ~ar* bildl. batter at an open door; *nyckeln sitter i ~en* ...is in the lock; *följa ngn till ~en* see a p. out
dörrhandtag doorhandle; runt doorknob
dörrkarm doorframe

dörrklocka doorbell; med ding-dong doorchime
dörrknackare door-to-door salesman; hawker; tiggare beggar
dörrknackning utfrågning door-to-door (house-to-house) search (röstvärvning campaigning)
dörrmatta doormat
dörrnyckel doorkey, latchkey
dörrpost doorpost
dörrskylt doorplate
dörrspringa chink [of the door]
dörrvakt doorkeeper; på t.ex. biograf commissionaire
dörröppning doorway
döv deaf; *vara* ~ lomhörd be hard of hearing
döva lindra deaden; ~ *hungern* still one's hunger; ~ *samvetet* silence one's conscience
dövhet deafness; lomhördhet hardness of hearing
dövstum deaf and dumb; *en* ~ subst. adj. a deaf mute
dövörat, *slå* ~ *till för* turn a deaf ear to

e 1 bokstav e [utt. i:] **2** mus. E
eau-de-cologne eau-de-Cologne
ebb ebb[tide]; ~ *och flod* the tides pl., ebb and flow
ebba, ~ *ut* bildl. ebb [away], peter out
ebenholts ebony; handtag *av* ~ äv. ebony...
Ecuador Ecuador
ed oath; *avlägga (svära) en* ~ take (swear) an oath; *gå* ~ *på det* take an oath on it, swear to it
edamerost Edam [cheese]
Eden Eden; ~*s lustgård* the Garden of Eden
eder se *er*
E-dur mus. E major
EES EES (förk. för European Economic System)
effekt 1 verkan, [detalj som gör] intryck effect; resultat result; *göra (ha) god* ~ produce (have) a good effect **2** tekn. el. fys. power **3** ~*er* bagage luggage sg.; tillhörigheter property sg., effects
effektfull striking, effective
effektförvaring lokal left-luggage office; amer. checkroom
effektiv 1 om pers. efficient **2** om sak vanl. effective; högpresterande efficient; 'som gör susen' effectual; ~ *arbetstid* actual working-hours; ~*t botemedel* effective (efficacious, stark. effectual) remedy
effektivisera render...[more] effective
effektivitet (jfr *effektiv*) efficiency äv. verkningsgrad; effectiveness, efficac[it]y
effektökning power increase
EFTA (förk. för *European Free Trade Association*) EFTA
efter I *prep* **1** allm. after; *närmast (näst)* ~ next to; *vissla (ropa)* ~ *ngn* whistle (shout) after (för att tillkalla for) a p.
2 räknat från of; alltsedan since; ~ *faderns död (den dagen)* har han varit since his father's death (since that day)... **3** för att få tag i for; *böja sig* ~ *ngt* stoop to pick up a th.; *springa* ~ *hjälp (läkaren)* run for help (the doctor) **4** enligt according to; segla ~ *kompass* ...by the compass; ~ *vad han säger* according to him; ~ *vad som* är känt as far as...; *ställa klockan* ~ *radion* set one's watch by the radio **5** längs efter along; nedför down; uppför up; *han gick* ~ *stranden* he was walking along the shore **6** [i riktning] mot at; *gripa* ~ catch at; *kasta sten* ~ *ngn* throw stones at a p.
7 [efterlämnad] av of; *märket* ~ *ett slag* the mark of a blow **8** från from; *arv (ärva, få, få i arv)* ~ inheritance (inherit) from; *det har han* ~ *sin far* he got that from his father **9** ~ *hand* småningom gradually, by degrees, little by little; med tiden as time goes (resp. went) on; steg för steg step by step
II *adv* **1** om tid after; *kort* ~ shortly after[wards] **2** bakom, kvar, på efterkälken behind; jag gick före och *hon kom* ~ ...she came after (behind) me; *vara* ~ *med* be behind with
efterapa ape, mimic; i bedrägligt syfte counterfeit
efterapning imitating, copying; konkr. imitation; i bedrägligt syfte counterfeit
efterarbete kompletterande arbete supplementary work; avslutande granskning [final] revision
efterbehandling med. el. tekn. after-treatment, follow-up
efterbesiktning supplementary (final) inspection
efterbeställning additional (repeat) order
efterbilda imitate
efterbildning imitation
efterbliven efter i utvecklingen backward; *vara* ~ efter sin tid be behind the times
efterdatera hand. postdate
efterdyning, ~*ar* bildl. repercussions, consequences; efterverkningar aftermath sg., after-effects
efterforska söka utröna inquire into; söka efter look for
efterforskning undersökning investigation
efterfrågan hand. demand; *det är stor (liten)* ~ there is a great (is little) demand for... el. ...is in great (little) demand
efterföljande, [*den*] ~ the following; sedermera följande [the] subsequent
efterföljd, *vinna* ~ be followed; *exemplet manar till* ~ the example is worthy of imitation (worth following)
eftergift concession; av skatt, skuld o.d. remission; *göra* ~*er* make concessions
eftergiven indulgent, yielding, compliant, lax; *han är* ~ *för påtryckningar* he yields (gives way) to pressure
eftergivenhet indulgence
eftergranskning scrutiny; förnyad kontroll recheck
1 efterhand se *efter I 9*

2 efterhand, *i* ~ efter de andra last, after the others; efteråt afterwards
efterhängsen persistent
efterklang lingering note; bildl. [faint] echo
efterklok ...wise after the event
efterkommande I *adj* framtida future **II** *s*, *våra* ~ our descendants; våra efterträdare our successors; eftervärlden posterity sg.
efterkonstruktion reconstruction (explanation) after the event; efterrationalisering rationalization
efterkontroll t.ex. medicinsk check-up; t.ex. av tillverkad produkt inspection
efterkrav cash on delivery (förk. COD); *sända varor mot* ~ send goods COD
efterkravsförsändelse COD consignment
efterkrigstiden the postwar period (era); *~s litteratur* postwar...
efterleva lag obey; föreskrift observe
efterlevande I *adj* surviving **II** *s, de* ~ the surviving relatives, the deceased's family, the survivors; du måste tänka på *dina* ~ ...those who will be left behind when you die
efterlevnad, *lagarnas* ~ the observance of the laws
efterlikna imitate; *söka* ~ vara lika bra som try to emulate (equal) [*i* in]
efterlysa sända ut signalement på issue a description of; vilja komma i kontakt med wish to get into touch with; t.ex. släkting till sjuk person, i radio broadcast an S.O.S. for; *han är efterlyst [av polisen]* he is wanted [by the police]
efterlysning som rubrik Wanted [by the Police]; i radio police (S.O.S) message
efterlämna leave; *hans ~de förmögenhet* the fortune he left [at his death]; *~de skrifter* posthumous works
efterlängtad [much] longed-for...; *en ~ premiär* a première that has (resp. had) been eagerly awaited
eftermiddag afternoon; *kl. 3 på ~en* (förk. *e.m.*) at 3 o'clock in the afternoon (förk. at 3 p.m.); *i går* (*i morgon*) ~ yesterday (tomorrow) afternoon
efternamn surname, family name; amer. äv. last name
efterrationalisering rationalization
efterräkning, *~ar* påföljder [unpleasant] consequences
efterrätt sweet; vard. afters; amer. dessert
eftersatt 1 förföljd pursued **2** försummad neglected
efterskickad, *du kommer som* ~ you are the very one we want
efterskott, *i* ~ in arrears; efter leverans after

delivery; efter fullgjort arbete after carrying out (the performance of) the undertaking
efterskrift postscript
efterskänka remit; ~ *ngn skulden* remit a p.'s debt, let a p. off the debt
efterskänkning remission
efterskörd aftercrop; bildl. gleanings
eftersläckning 1 eg. final extinction of a fire (resp. of fires) **2** efter fest ung. follow-up party
eftersläng, *en ~ av influensa* another slight bout of influenza
eftersläntrare straggler; senkomling latecomer
eftersläpning lagging (falling) behind; om arbete backlog
eftersmak aftertaste; *det lämnar en obehaglig ~* it leaves a bad (nasty) taste [in the mouth] äv. bildl.
eftersnack vard. discussion (chat) after a (resp. the) party (match etc.); follow-up discussion
eftersom då ju since; då as; i betraktande av att seeing [that]; *allt* ~ se *alltefrsom*
eftersommar late summer; brittsommar Indian summer
efterspana search for; söka uppspåra [try to] trace; *~d av polisen* wanted [by the police]
efterspaning, *~[ar]* search sg.
efterspel bildl. sequel; *få rättsligt* ~ have legal consequences
eftersträva söka åstadkomma [try to] aim at; söka skaffa sig try to obtain; söka nå try to attain; ~ *fullkomlighet* seek [to attain] perfection
eftersträvansvärd desirable
eftersända vidarebefordra forward, send on [...to the addressee]; *eftersändes* på brev to be forwarded, please forward
eftersätta försumma neglect
eftersökt, [*mycket*] ~ anlitad, efterfrågad ...in [great] demand; omtyckt [much] sought-after..., [very] popular
eftertanke eftersinnande reflection; övervägande consideration; *vid närmare* ~ on second thoughts
eftertrakta covet, set one's heart on
eftertraktad coveted; *mycket* ~ much coveted (sought after)
eftertryck 1 [särskild] tonvikt emphasis; kraft force; *ge ~ åt* lay stress on, emphasize, stress **2** ~ *förbjudes* all rights reserved, copyright reserved
eftertrycklig emphatic; allvarlig earnest; sträng severe
efterträda succeed; *~...på tronen* follow...on the throne

efterträdare successor; *A. Eks Eftr.* Successor (resp. Successors) to A. Ek
eftertänksam eftersinnande thoughtful, pensive; klok o. försiktig circumspect
eftertänksamhet thoughtfulness; circumspection; jfr *eftertänksam*
efterverkan o. **efterverkning** aftereffect
eftervård aftercare
eftervärlden posterity; *gå till* ~ go (om sak äv. be handed) down to posterity
efteråt om tid afterwards; senare later; *någon tid* ~ some time afterwards (later); *flera dar* ~ several days later (afterwards)
EG (förk. för *Europeiska gemenskaperna*) EC (förk. för the European Communities)
egal, *det är mig ~t* it is all the same (all one) to me
egen 1 own; *det var hans egna ord* those were his very words; *vara sin* ~ be one's own master; *det egna landet* one's (my etc.) own country; *för* ~ *del* vill jag for my [own] part...; *har han några egna barn?* has he any children of his own? **2** säregen, karakteristisk peculiar; characteristic; besynnerlig strange, peculiar
egenart distinctive character, individuality
egenartad distinctive
egendom 1 tillhörighet[er] property; *andras* ~ the property of others; *fast* ~ real property (estate); *gemensam* ~ joint property; *lös* ~ personal property (estate) **2** jord~, lant~ estate; mindre property
egendomlig sällsam, underlig strange, odd, singular; märkvärdig curious, remarkable, extraordinary; *han är lite* ~ he is a bit odd (peculiar)
egendomlighet strangeness, oddity; curious (remarkable) thing; jfr *egendomlig*; utmärkande drag peculiarity
egenföretagare self-employed person; *vara* ~ äv. be self-employed, run one's own business
egenhet peculiarity, oddity; han har *sina ~er* ...certain (some) idiosyncracies (peculiarities etc.,ways) of his own
egenhändig ~t skriven ...in one's own hand[writing]; ~ *namnteckning* signature, autograph
egenkär conceited; fåfäng vain; självbelåten [self-]complacent
egenmäktig arbitrary; *~t förfarande* jur. taking the law into one's own hands, arbitrary conduct
egennamn gram. proper noun (name)
egennytta self-interest
egennyttig self-interested
egensinnig self-willed; envis obstinate
egenskap 1 allm. quality; utmärkande ~ characteristic; *järnets ~er* the properties of iron **2** ställning, roll capacity; *i* [*min*] ~ *av...* in my capacity as...
egentlig faktisk, verklig real, true; riktig, äkta proper; *i ordets ~a bemärkelse* in the proper (real, true, strict, literal) sense of the word
egentligen verkligen, i själva verket really; strängt taget strictly (properly) speaking; närmare bestämt, precis exactly; ibl. utan motsv. i eng. *hon är* ~ *ganska söt* she is rather pretty, really; *vad menar du* ~ *med det?* what exactly do you mean by that?
egenvärde inneboende värde intrinsic value
egg [cutting] edge
egga, ~ [*upp*] incite, instigate; uppmuntra stimulate, spur; driva på egg...on, urge [*till* i samtl. fall to; *till att* + inf. to + inf.]
eggande inciting; stimulating; jfr *egga*; erotiskt ~ seductive
eggelse incitement; stimul|us (pl. -i), spur
egocentriker egocentric, egotist
egocentrisk egocentric
egoism egoism
egoist egoist
egoistisk egoistic[al]
egotripp vard. ego trip
egotrippad vard. ego-tripped
Egypten Egypt
egyptier Egyptian
egyptisk Egyptian
egyptiska 1 kvinna Egyptian woman **2** forntida språk Egyptian
e-handel data. e-commerce (förk. för electronic commerce), e-business (förk. för electronic business)
ehuru [al]though; om också even if (though)
eiss mus. E sharp
ej not m.m., se *inte*
ejakulation fysiol. ejaculation
ejder zool. [common] eider [duck]
ejderdun eiderdown
ek 1 träd oak [tree] **2** virke oak [wood]; möbler *av* ~ äv. oak...
1 eka [flat-bottomed] rowing-boat
2 eka echo; återskalla re-echo, reverberate; *det ~r här* there is an echo here
eker spoke
EKG (förk. för *elektrokardiogram*) ECG
ekipage 1 horse and carriage **2** sport.: ridn. horse [and rider]; bil. car [and driver]; motorcykel motor cycle [and rider]
ekipera equip
ekipering equipment
eko echo; *ge* ~ echo, make an echo; bildl. resound
ekobrott vard., ekonomisk brottslighet economic crime

ekollon acorn
ekolod radar. echo-sounder, sonar
ekolog ecologist
ekologi ecology
ekologisk ecological; ~ *jämvikt* ecological balance
ekonom economist
ekonomi economy; som vetenskap economics; ekonomisk ställning, finanser finances, financial position
ekonomibiträde på t.ex. sjukhus catering assistant
ekonomibyggnad farm building; *~er* äv. [estate] offices
ekonomiförpackning paket (påse osv.) economy-size packet (bag etc.); *i* ~ [in] economy size
ekonomiklass flyg. economy class
ekonomisk 1 economic; finansiell, penningfinancial; ~ *brottslighet* economic crime **2** sparsam, besparande economical
ekorre squirrel
ekorrhjul bildl. treadmill
ekosystem biol. ecosystem
ekoxe zool. stag beetle
e.Kr. (förk. för *efter Kristus*) AD (förk. för Anno Domini lat.)
eksem med. eczema
ekumenisk kyrkl. ecumenical
ekvation matem. equation
ekvator, *~n* the equator
ekvivalent I *s* equivalent **II** *adj* equivalent
el- som förled i sammansättn. electricity, ...of electricity; jfr sammansättn. nedan o. *elektrisk*
elak stygg naughty; nasty; ond, ondskefull evil; illvillig spiteful, malevolent; ovänlig unkind; *ett ~t skämt* a cruel joke
elakartad om sjukdom o.d. malignant; svag. bad; friare serious
elakhet egenskap naughtiness, nastiness etc.; malice, virulence, jfr *elak*; yttrande spiteful remark
elaking vard. nasty (spiteful) person; *din ~!* you naughty (nasty) boy (resp. girl etc.)!
elakt spitefully; *det var ~ gjort av honom* it was nasty (spiteful) of him to do that
elastisk elastic
elavbrott power failure
elbil electric car
elchock med. electroshock
eld 1 allm. fire äv. mil.; hetta, glöd ardour, hänförelse enthusiasm; *bli ~ och lågor för* become very enthusiastic about; *sätta (tända) ~ på* set fire to, set...on fire; *öppna ~* mil. open fire [*mot (på)* on] **2** medelst tändstickor el. tändare light
elda I *itr* heat; tända en eld make a fire; ~ *med ved (olja)* use wood (oil) for heating **II** *tr* **1** ~ [*upp*] a) värma upp: t.ex. rum, ugn heat, get...hot; t.ex. ångpanna stoke b) bränna [upp] burn [up] c) egga rouse, stir, inspire; ~ *upp sig* get [more and more] excited (worked up) **2** ~ *en brasa* tända light (ha have) a fire
elddop friare first real test
eldfara danger (risk) of fire; *vid ~* in case of fire
eldfarlig [in]flammable
eldfast fireproof; ugns~ ovenproof
eldgaffel poker
eldhav sea of fire
eldhärd seat of the (resp. a) fire
eldig fiery, passionate; ~ *springare* fiery steed
eldning heating; [the] lighting of fires etc.; jfr *elda*
eldningsolja fuel (heating) oil
eldorado eldorado (pl. -s)
eldprov bildl. ordeal; prövosten acid test
eldrift, ~[*en*] the use of electric power
eldriven ...driven by electricity
eldröd ...red as fire; *bli ~* turn crimson
eldsjäl real enthusiast; *han är ~en i företaget* he is the driving force of...
eldslukare fire-eater
eldslåga flame of fire
eldstad fireplace
eldstrid mil. firing end. sg.
eldsvåda fire; stor conflagration; *vid ~* in case of fire
eldupphör, *ge order om* ~ give orders for cease-fire
eldvapen firearm
elefant elephant
elefantbete elephant's tusk
elegans smartness; *vilken ~!* what style (elegance)!, how smart!
elegant I *adj* smart; ~ och modern fashionable; väl utförd neat; vard., flott posh, isht amer. swell **II** *adv* smartly etc.; *de har det mycket ~* vard. everything is very posh there
elegi elegy
elektor elector
elektricitet electricity
elektrifiera electrify
elektrifiering electrifying
elektriker electrician
elektrisk eldriven, elektriskt laddad o.d. vanl. electric; friare electrical; ~ *affär* electric outfitter's [shop]; ~ *energi* electrical energy; *~t ljus* (*värmeelement*) electric light (fire el. heater)
elektrod electrode
elektrodynamisk electrodynamic

elektrokardiogram (förk. *EKG*) electrocardiogram (förk. ECG)
elektrolys fys. el. tekn. electrolys|is (pl. -es)
elektromagnet electromagnet
elektromagnetisk electromagnetic
elektron electron
elektronblixt electronic flash
elektronik electronics
elektronisk electronic
elektroteknik electrotechnics, electrotechnology
element 1 allm. element; *kriminella ~* criminal elements **2** värmelednings~ radiator
elementär elementary; *det ~a* grunddragen *av ngt* the elements pl. of a th.
elenergi electrical energy
elev allm. pupil; vid högre läroanstalter student
elevhem ung. [school] boarding house
elevråd pupils' (resp. students') council
elfbär *s* cromberry
elfenben ivory; kula *av ~* äv. ivory...
Elfenbenskusten the Ivory Coast
elfirma firm of electricians
elfte eleventh; *i ~ timmen* at the eleventh hour; jfr *femte*
elftedel eleventh [part]; jfr *femtedel*
elförbrukning electricity (power) consumption, consumption of electricity
elförsörjning electricity (power) supply
elgitarr electric guitar
eliminera eliminate
eliminering elimination
elision fonet. elision
elit élite fr.; *~en av...* the pick (flower) of...
elitidrott sport at top (élite) level
elixir elixir
eljest otherwise; ty annars or [else]; i motsatt fall if not, failing that
elkraft electric power
eller or; *varken...~* neither...nor; *~ också* ty annars, annars så or [else]; *~ hur?* a) efter nekande sats, t.ex.: 'hon röker inte' ...does she? b) efter jakande sats, t.ex.: 'John röker [ju]' ...doesn't he?; 'hon har läst engelska' ...hasn't she?
ellips geom. ellipse
elljus electric lighting
elljusspår skidspår illuminated ski (skiing) track
elmotor electric motor
elmätare electricity meter
eloge, *ge ngn en ~* praise a p.
elransonering rationing of electricity
elreparatör electrician
elräkning electricity bill
El Salvador El Salvador

Elsass Alsace
elspis electric cooker
elström electric current
eltaxa electricity rate (charges pl., tabell tariff)
eluppvärmning electric heating
eluttag power point
elva I *räkn* eleven; **II** *s* eleven äv. sport.; jfr *femma*
elverk ung. electricity board; för produktion power station
elvisp electric [hand]mixer
elvärme uppvärmning electric heating
elände misery; wretched (miserable) state of things; otur, besvär nuisance; *till råga på ~t (allt ~)* to make matters worse, on top of it all
eländig wretched, miserable; [ur]usel, vard. rotten, lousy
e-mail e-mail
emalj enamel
emaljera enamel
emancipation emancipation
emballage packing; omslag wrapping
emballera pack; slå in wrap [up]
embargo embargo (pl. -es)
emblem emblem
embryo embryo (pl. -s)
emedan because; eftersom as; då...ju since
emellan I *prep* isht mellan två between; mellan flera, 'bland' among[st]; *oss ~ sagt* between ourselves (you and me) **II** *adv* between; ge *200 kronor ~* ...200 kronor into the bargain; se f.ö. beton. part. under resp. vb
emellanåt occasionally, at times, at intervals; *allt ~* se *alltemellanåt*
emellertid however
emfas emphasis
emigrant emigrant
emigration emigration
emigrera emigrate
eminent eminent
emission ekon. issue; *~ av aktier (obligationer)* share (bond) issue
emmentalerost Emmenthal[er]
e-moll mus. E minor
emot I *prep* se *mot* o. sammansättn. som *tvärtemot*; *mitt ~* opposite [to], facing **II** *adv, mitt ~* opposite; *stöta (gå, springa* etc.) *~* med underförstått subst. i sv. knock into el. against med substantivet utsatt i eng.
emotionell emotional; känslomässig emotive
emotse, *~ende Edert snara svar* awaiting (looking forward to) your early reply; se vid. *motse*
empir o. **empire** Empire style; stol *i ~* Empire...

1 en träd [common] juniper; virke juniper [wood]
2 en omkring some, about; *för ~ [nio] tio år sedan* some (about) [nine or] ten years ago
3 en (*ett*) **I** *räkn* one; *~ gång* once; *det tog ~ och ~ halv timme* ...an (one) hour and a half; *i ett [kör (sträck)]* without a break, at a stretch; *~ gång till* once more; *~ kopp kaffe till* another (resp. one more) cup of coffee **II** *obest art* a, framför vokalljud an; *~ sax* a pair of scissors; *~ söndag (sommar)* blev jag sjuk one Sunday (summer)... **III** *pron* **1** 'den ena [...den andra]', 'en och annan' o.d. [*den*] *~a systern* one sister; *från det ~a till det andra* from one thing to another (the other); *~ och (eller) annan* subst. somebody [or other], a few, one or two [persons], one here or there; vi talade om *ett och annat* ...one thing and another; *ett eller annat* kan yppa sig something or other...; *~ eller annan av...* one or other of... **2** *en sån ~!* what a man (fellow resp. girl) [you are (vid omtal he resp. she is)]!; *såna ~a!* what fellows (resp. girls) [you (vid omtal they) are]!; *vad är ni för ~a (du för ~)?* who are you?; jfr *3 vad*
1 ena se *3 en III*
2 ena I *tr* unite; göra till enhet unify; förlika conciliate **II** *rfl, ~ sig* agree [*om* on, as to, about; *om att* + inf. resp. sats to resp. that]; come to an understanding (to an agreement)
enahanda *adj* the same; enformig monotonous, humdrum
enaktare one-act play
enarmad one-armed; *~ bandit* vard., spelautomat one-armed bandit, fruit machine
enas 1 förenas become united **2** se *2 ena II*
enastående I *adj* unique, unparalleled, unprecedented; matchless, exceptional; *jag hade en ~ tur* I had exceptional (extraordinary) luck **II** *adv* exceptionally, uniquely
enbart uteslutande solely, entirely, exclusively; *~ i Stockholm* finns det... in Stockholm alone...
enbent one-legged
enbuske juniper shrub (*mindre* bush)
enbär juniper berry
encellig bot. unicellular
encyklopedi encyclopedia, encyclopaedia
enda (*ende*) only, sole, one; förstärkande single; *~ (ende) arvinge till* sole heir to; [*den*] *~ möjligheten* the only possibility (chance); *den (det) ~ fören.* the only; självst. the only one el. person (resp. thing); *en (ett) ~* just one; *en ~ sak* äv. one thing only; *en ~ lång rad av...* a [long] succession of...; *med ett ~ slag* at a [single] blow; *inte en (ingen, inte ett, inget) ~* not a single [självst. one]
endast only
ende se *enda*
endera (*ettdera*) **1** *av två ~ [av dem]* one [or other] of the two; vilken som helst either; du måste göra *~ delen (ettdera)* ...one thing or the other **2** *~ dagen* in the next day or two, any day now
endiv chicory; amer. endive
endräkt harmony, concord, unity
1 ene virke juniper [wood]
2 ene se *3 en III*
energi energy äv. fys.; *med stor ~* very energetically
energiförbrukning energy consumption
energiförsörjning energy supply
energikris energy cris|is (pl. -es)
energikälla source of energy
energisk full av energi energetic; kraftig vigorous; ihärdig strenuous
energiskatt energy tax
energiskog energy forest
energisnål ...that has (have etc.) a low energy consumption; friare economical
energiverk energy authority; *Statens ~* the [Swedish] National Energy Administration
enervera göra nervös *~ ngn* get on a p.'s nerves
enfald dumhet o.d. silliness; godtrogenhet o.d. simplicity
enfaldig dum o.d. silly, foolish, stupid; godtrogen o.d. simple[-minded]
enfamiljshus self-contained house, single-family house
enformig monotonous, humdrum; grå och enformig drab
enfärgad ...of one (of uniform, of a single) colour; utan mönster plain; om ljus monochromatic
engagemang 1 anställning engagement; *erbjuda ngn ~* offer a p. a contract **2** finansiellt el. politiskt åtagande commitment **3** känslo~ o.d. devotion
engagera I *tr* **1** anställa engage **2** ta helt i anspråk absorb **II** *rfl, ~ sig* bli absorberad become absorbed [*i (för)* in]
engagerad 1 anställd engaged **2** invecklad [i t.ex. tvister, affärer] involved; *vara för starkt ~ för att* +inf. be too seriously committed to +inf. **3** absorberad absorbed; känslomässigt committed; *politiskt ~* politically committed

engelsk English; brittisk ofta British; *Engelska kanalen* the [English] Channel; *~ mil* mile
engelska 1 kvinna Englishwoman; *hon är ~* vanl. she is English (British) **2** språk English; jfr *svenska 2*
engelskfödd English-born
engelskspråkig 1 English-speaking...; *vara ~ speak English* **2** om t.ex. litteratur English, ...in English; *~ tidning* English-language newspaper **3** där engelska talas ...where English is spoken
engelsk-svensk English-Swedish, Anglo-Swedish; *~ ordbok* English-Swedish dictionary
engelsktalande English-speaking...; *vara ~* speak English
engelsman Englishman; *engelsmännen* som nation el. lag o.d. the English, the British
England England; Storbritannien ofta [Great] Britain
engångsartikel disposable (throwaway, single use) article; *engångsartiklar* äv. disposables
engångsbelopp single payment
engångsföreteelse isolated case (phenomenon); vard. one-off [affair]; *jag hoppas att det här bara är en ~* vanl. I hope this won't happen again
engångsförpackning disposable (throwaway) package
engångsglas flaska non-returnable (disposable) bottle
engångskostnad once-for-all cost
enhet 1 odelat helt unity; inom ett företag division, unit **2** matem., mil. el. sjö. m.m. unit
enhetlig uniform; homogen homogeneous; sammanfogad till en enhet, integrerad integrated
enhetlighet uniformity
enhetspris standard (uniform) price
enhetstaxa standard rate
enhällig unanimous
enhörning mytol. unicorn
enig enhällig unanimous; enad united; *bli (vara) ~[a]* agree [*med ngn om ngt* with a p. about (on) a th.; *om att* + inf. resp. sats to resp. that]
enighet samförstånd agreement; *nationell ~* national unity
enkammarsystem polit. single-chamber (unicameral) system
enkel 1 allm. simple; [*bara*] *en vanlig ~ människa* [just] an ordinary person; *med några enkla ord* in a few simple words **2** inte dubbel el. flerfaldig single; *en ~ 2:a klass [biljett]* a single (amer. one-way) second-class [ticket]
enkelhet simplicity; *i all ~* quite informally
enkelknäppt single-breasted
enkelrikta, *~ trafiken* introduce one-way traffic
enkelrum single room
enkelspårig, *~ järnväg* single-track railway
enkelt simply; *helt ~* simply
enkom endast och allenast solely; särskilt purposely
enkrona one-krona piece (coin)
enkät rundfråga inquiry; frågeformulär questionnaire
enlevering abduction
enlighet, *i ~ med* in accordance (compliance) with; *i ~ därmed* accordingly
enligt according to; *~ lag* by law
enmansteater one-man show äv. friare
enmotorig single-engined
enorm enormous, immense
enormt enormously; *~ billig* tremendously cheap
enplansvilla one-storeyed house, bungalow
enprocentig one-per-cent...; jfr *femprocentig*
enris bot., koll. juniper twigs
enrum, *i ~* utan vittnen privately, in private
enrummare o. **enrumslägenhet** one-room flat (amer. apartment)
1 ens vard., se *ense*
2 ens 1 en gång, över huvud even; *har du ~ försökt?* have you tried at all?; *om ~ då* if then **2** *med ~* all at once, all of a sudden
ensak, *det är min ~* ...my [own] business (affair)
ensam allena alone; enstaka solitary; endast en, ensamstående single; enda sole; enslig, som känner sig ensam lonely; *~ i sitt slag* unique; *vara ~ hemma* be alone at home
ensamhet solitude; övergivenhet loneliness
ensamrätt sole right
ensamstående utan anhöriga single
ensamt 1 blott *detta ~* that alone **2** *~ belägen* isolated
ensamvarg lone wolf
ense, *bli (vara) ~* agree osv., jfr under *enig*
ensemble mus. ensemble; teat. cast
ensidig eg. el. bildl. one-sided; trångsynt narrow-minded; motsats till ömsesidig unilateral; *~ framställning* one-sided account
ensidighet one-sidedness; jfr *ensidig*
ensiffrig, *~t tal* digit
ensitsig, *~t flygplan* single-seater
enskild privat private; personlig personal; särskild individual; *~ firma* private firm

(business); ~*t mål* jur. private (civil) case (lawsuit); *den ~a människan* the individual
enskildhet detalj detail, particular
enskilt privately, in private
enslig solitary
ensligt se *ensamt 2*
ensling se *enstöring*
enspråkig one-language..., unilingual; *ett ~t lexikon* a monolingual dictionary
enstaka enskild separate; sporadisk occasional; ensam solitary; *vi såg bara några ~ bilar* ...a few stray cars; *någon ~ gång* once in a while, very occasionally
enstavig monosyllabic
enstämmig unanimous; mus. unison
enstämmigt unanimously; mus. in unison
enstöring recluse
enstöringsliv, *leva ett ~* be a recluse
ental 1 singular; jfr *singular[is]* **2** matem. unit; *~ och tiotal* units and tens
entlediga dismiss
entonig monotonous
entonighet monotony
entré 1 ingång entrance; förrum entrance hall **2** [rätt till] inträde admission **3** inträdande på scenen entry; *göra sin ~* äv. make one's appearance **4** ~*avgift,* se *entréavgift*
entréavgift entrance fee
entrébiljett admission ticket
entrecote kok. entrecôte fr.
entreprenad contract; *utföra...på ~* ...on contract
entreprenör contractor; idérik företagare entrepreneur
entrérätt first course
enträgen urgent; ihärdig insistent; påträngande importunate; *på hans enträgna begäran* at his urgent request
enträgenhet urgency; insistence; importunity; earnestness; seriousness; jfr *enträgen*
enträget urgently osv., jfr *enträgen*
entusiasm enthusiasm
entusiasmera fill...with enthusiasm, arouse enthusiasm in
entusiast enthusiast
entusiastisk enthusiastic; *~ för* keen on
entydig med en enda betydelse unambiguous; otvetydig unequivocal; *ett ~t beslut* a clear-cut decision
envar var man everybody; *alla och ~* each and everyone
envis obstinate; ståndaktig, trilsk mulish; ihållande persistent; *~t motstånd* stubborn (segt dogged) resistance
envisas be obstinate (osv., jfr *envis*), persist
envishet (jfr *envis*) obstinacy, headstrongness, mulishness
envist obstinately osv., jfr *envis*; *~ neka till allt* persist in denying...
enväldshärskare autocrat; diktator dictator
envälde autocracy
enväldig absolute; *vara ~* om härskare be an absolute ruler
enzym kem. enzyme
enäggstvilling identical twin
enögd one-eyed
epidemi epidemic
epidemisk epidemic
epik epic poetry
epikuré epicurean äv. bildl.
epilepsi med. epilepsy
epileptiker epileptic
epilog epilogue
episk epic
episod episode; intermezzo incident
epistel långt brev, dikt, bibeltext epistle
epitet epithet
epok epoch; *bilda ~* mark an (a new) epoch
epokgörande epoch-making
epos litt. epic, epos
e-post e-mail (förk. för electronic mail)
er 1 pers., se *ni* **2** poss.: fören. your, självst. yours; *Er Tillgivne E.* Yours ever (sincerely), E.; *~a stackare!* you poor fellows!
era era
erbarmlig eländig wretched; mycket dålig (svag) very poor; ömkansvärd pitiable
erbjuda I *tr* **1** ge anbud [om] o.d. offer; isht självmant volunteer; *~ ngn sina tjänster* offer (proffer, tender) a p. one's services; *~ ngn att* +inf. offer a p. a chance to +inf. **2** förete, medföra present; skänka afford; *~ svårigheter* present (be attended by) difficulties **II** *rfl, ~ sig* **1** förklara sig villig offer one's services, come forward; isht självmant volunteer; *~ sig att* +inf. offer (resp. volunteer) to +inf. **2** yppa sig present itself
erbjudande offer; *få ~ att* +inf. be offered a chance to +inf.
erektion fysiol. erection
eremit hermit
erfara få veta learn; röna experience
erfaren experienced; *en gammal ~* lärare a veteran...
erfarenhet experience vanl. end. sg.; *~en visar* experience shows; *ha stor ~* have a great deal of experience, be very experienced; *av [egen] ~* from [personal] experience
erfarenhetsmässigt, *~ vet vi att...* from experience...

erforderlig requisite, necessary
erfordra require; *nödvändiggöra* call for
erfordras be required; jfr vid. *behövas*
ergonomi arbetsvetenskap ergonomics; isht amer. biotechnology
erhålla passivt mottaga receive; [för]skaffa sig, utvinna obtain
erinra I *tr* påminna ~ [*ngn*] *om ngt* (resp. *om att...*) remind a p. of a th. (resp. [of the fact] that...) **II** *rfl*, ~ *sig* remember; med större ansträngning recollect, recall
erinran påminnelse reminder
erkänd acknowledged; om t.ex. organisation [officially] approved (recognized); *allmänt ~ som* en duglig lärare universally recognized as...
erkänna I *tr* allm. acknowledge; bekänna confess [to]; acceptera recognize, accept; *~ sina brister* admit one's deficiencies; *~ ngns förtjänster* acknowledge a p.'s merits **II** *rfl*, ~ *sig besegrad* acknowledge defeat, acknowledge (admit, own) that one has been defeated
erkännande acknowledgement, recognition
erlägga pay; *~ betalning* make payment, pay [*för vara* for...]
erläggande payment; *mot ~ av* on payment of
erodera geol. erode
erogen, *~ zon* fysiol. erogenous zone
erosion geol. erosion
erotik sex
erotisk sexual, erotic
ersätta 1 gottgöra o.d.: **a)** *~ ngn* compensate a p. [*för* for]; *~ ngn för ngt* äv. make up to a p. for a th. **b)** *~ ngt* compensate (make up) for a th., make good a th. **2** träda i stället för replace
ersättare substitute; vi har inte funnit *någon ~ för honom* äv. ...anyone to take his place
ersättning 1 gottgörelse compensation; för kostnader reimbursement; för arbete remuneration, recompense; skadestånd damages; understöd benefit **2** utbyte replacement **3** surrogat substitute
ersättningsanspråk jur. claim for compensation (skadestånd damages)
ersättningsmedel surrogat substitute
ersättningsskyldig jur. ...liable to pay compensation; skadeståndsskyldig ...liable for damages
ertappa catch; *~ ngn* [*i färd*] *med att* inf. catch a p. ing-form
erövra inta (t.ex. stad, fästning), ta som byte capture; lägga under sig (t.ex. ett land, hela världen) conquer; vinna win
erövrare conqueror

erövring conquest äv. bildl.; intagande capture; *göra en ~* make a conquest
eskader sjö. squadron; flyg. group, amer. air division
eskapad adventure
eskimå Eskimo (pl. -s el. lika)
eskort escort; *under ~ av* under the escort of, escorted by
eskortera escort
esplanad avenue fr.
espresso o. **espressokaffe** espresso [coffee]; *kopp ~* espresso
1 ess kortsp. ace
2 ess mus. E flat
Ess-dur mus. E flat major
esse, *vara i sitt ~* be in one's element
essens essence
ess-moll mus. E flat minor
essä essay
essäist essayist
est Estonian
estet aesthete
estetisk aesthetic[al]; *~a ämnen* art, music and drama
Estland Estonia
estländare Estonian
estländsk o. **estnisk** Estonian
estniska 1 kvinna Estonian woman **2** språk Estonian
estrad platform, rostrum; musik~ bandstand
etablera I *tr* inrätta establish; åstadkomma bring about; *~ ett samarbete mellan* bring about co-operation between **II** *rfl*, *~ sig* establish o.s.; slå sig ned settle down
etablissemang establishment
etagevåning tvåplanslägenhet maisonette; amer. duplex apartment
etanol kem. ethanol
etapp stage; lap isht sport.; *i [korta] ~er* by easy stages
etappvis by stages; *avveckla ~* äv. phase out
etc. förk. etc.
eter ether; *i ~n* radio. on the air
eternell bot. immortelle
etik ethics sg.; i bet. 'principer' pl.
etikett 1 umgängesformer etiquette; *hålla på ~en* be a stickler for etiquette **2** lapp label äv. bildl.; *förse ngt med ~* label a th.
Etiopien Ethiopia
etisk ethical
etnisk ethnic[al]
etnografi ethnography
etnologi ethnology
etnologisk ethnological
etsa etch; *~ in* etch in
etsning abstr. el. konkr. etching
ett se *3 en*

etta (jfr äv. *femma*) **1** one; ~*n*[*s växel*] first, [the] first gear **2** vard. **en** ~ enrumslägenhet a one-room flat (apartment)
ettrig bildl.: hetsig hot-tempered; argsint irascible; giftig vitriolic; ilsket envis violent
ettstruken mus. once-accented; *ettstrukna C* middle C
ettårig (jfr *femårig*) **1** ett år gammal one-year-old..., one [year old] **2** som varar (varat) i ett år one-year...; *en ~ växt* an annual [plant]
ettåring om barn one-year-old child; om häst yearling
etui case
etyd mus. étude fr.; study
etymologi etymology
etymologisk etymological
EU (förk. för *Europeiska unionen*) EU (förk. för the European Union)
eufemism euphemism
euforisk euphoric
eukalyptus eucalyptus
euro valuta euro
Europa geogr. Europe; mytol. Europa
europamarknaden, *på* ~ on the European market
europamästare European champion
europamästarinna European [woman] champion
europamästerskap European championship
Europarådet the Council of Europe
Europaväg European highway
europé pers. European
europeisk European; *Europeiska gemenskaperna* (förk. *EG*) the European Communities (förk. EC)
eurovision TV. Eurovision
Eva bibl. el. friare Eve
evakuera evacuate; *en ~d* an evacuee
evakuering evacuation
evangelisk evangelical
evangelist evangelist
evangelium gospel äv. bildl.; *Matteus'* ~ the Gospel according to St. Matthew
evenemang [great] event (occasion); större function
eventualitet eventuality, contingency; möjlighet possibility; *för alla ~er*[*s skull*] in order to provide against emergencies
eventuell möjlig possible; om det finns (blir m.m.) någon ...if any; *~a* (*ett ~t*) *fel* any faults (fault) that may occur; *en ~ fiende* a potential (possible) enemy; *~a köpare* prospective buyers
eventuellt möjligen possibly; om så behövs if necessary
evig eternal äv. vard. ('evinnerlig'); *för ~ tid* (*~a tider*) for ever

evighet eternity; *det är ~er sedan...* it is ages (quite an age) since...
evighetsgöra never-ending job
evigt eternally; alltid ever; *för* ~ for ever [and ever]
evinnerlig eternal; jfr *evig*
E-vitamin vitamin E
evolution evolution
exakt I *adj* exact **II** *adv* exactly
exakthet exactness
exalterad uppjagad over-excited; överspänd highly-strung
examen 1 själva prövningen examination; vard. exam; *klara sin ~* pass one's examination **2** [utbildnings]betyg: akademisk degree; lärar~ certificate; ibl. diploma; *ta* (*avlägga*) [*en*] *~* obtain one's degree etc.
examination examensförhör examination
examinator examiner
examinera 1 förhöra examine; utan objekt do the examining **2** växt determine [the species of]
examinering av växter determination [of species]
excellens Excellency; *Ers ~* Your Excellency
excentrisk eccentric
exceptionell exceptional
excess excess; *~er* äv. a) övergrepp outrages b) utsvävningar orgies
exekution execution
exekutiv *adj* **1** verkställande executive; *~ myndighet* executive (executory) authority **2** utmätnings- *~ auktion* auction under a writ of execution
exempel example; [inträffat] fall instance; räkne~, tal problem; enklare sum; *tjäna som ~* serve as an example; *jag följde hans ~* I followed his example (lead); gjorde likadant som han äv. I followed suit; *till ~* (förk. *t.ex.*) for example (instance); låt oss säga äv. say; vid uppräkningar o.d. i skrift e.g.
exempellös unprecedented, unparalleled; friare exceptional
exempelvis, ~ kan jag nämna as an (by way of) example..., se äv. [*till*] *exempel*
exemplar av bok, skrift o.d. copy; av en art specimen; *i två* (*tre*) *~* om handlingar äv. in duplicate (triplicate)
exemplarisk exemplary; *en ~ äkta man* äv. a model husband
exemplifiera exemplify
exemplifiering exemplification, exemplifying
exercera fullgöra sin värnplikt do one's military service
exhibitionism exhibitionism

exhibitionist exhibitionist
exil exile
existens 1 tillvaro existence; utkomst livelihood **2** individ character; *en misslyckad* ~ a failure in life
existensberättigande raison d'être fr.; *systemets* ~ the justification of the system
existensminimum subsistence level
existentialism filos. existentialism
existentialist filos. existentialist
existera exist; fortleva subsist; *~nde* existing
exklusiv exclusive
exklusive excluding
exkrementer excrement; vetensk. faeces
exkursion excursion; isht amer. field trip
exlibris ex-libris (pl. lika), bookplate
exorcism exorcism
exotisk exotic
expandera expand
expansion expansion
expansiv expansive
expediera 1 sända send [off]; hand. äv. ship **2** betjäna serve; ~ *[en kund]* serve a customer **3** utföra: beställning execute; telefonsamtal put through
expediering 1 sändning sending [off], shipment **2** ~ *[av kunder]* serving customers **3** av beställning carrying out; av telefonsamtal putting through
expedit [shop] assistant; amer. [sales] clerk
expedition 1 lokal office **2** resa expedition **3** se *expediering*
expeditionsavgift service charge
expeditionstid office hours
experiment experiment
experimentell experimental; *på* ~ *väg* experimentally, by means of experiments
experimentera experiment; ~ *ut* discover (find out) [...by means of experiments]
expert expert; authority
expertgrupp group of experts; vard. think tank
expertis 1 sakkunniga experts **2** experternas uppfattning expert opinion; sakkunskap expertise
expertutlåtande expert's (resp. experts') report
exploatera exploit äv. utsuga; gruva, patent work; mark develop
exploaterande o. **exploatering** exploitation; av t.ex. mark development; jfr *exploatera*
explodera explode; om något uppumpat burst; ~ *av skratt* explode with laughter
explosion explosion, detonation; spec. om tryckvågorna blast
explosionsartad explosive

explosiv explosive; fonet. plosive; *~a ämnen* explosives
expo exhibition; vard. expo
exponera I *tr* utställa expose **II** *rfl*, ~ *sig* expose oneself [*för* to]
exponering isht foto. exposure
exponeringsmätare foto. exposure meter
exponeringstid foto. time of exposure
export exporterande export[ation]; varor exports
exportartikel export article (commodity); *exportartiklar* äv. exports
exportera export
exportförbud, ~ *på* en vara a ban on the export of...
exportföretag export company
exporthandel export trade
exportindustri export industry
exportmarknad export market
exportvara export commodity (product); *exportvaror* äv. export goods, exports
exportör exporter
exposé survey; summary, exposition
express I *s* se *expressbyrå* o. *expresståg*; *med* ~ by express **II** *adv* express; *skicka* ~ send by (per) express
expressbrev express (special delivery) letter
expressbyrå removal firm; amer. express [company]; i annonser removals
expressgods koll. express goods; *sända ngt som* ~ send a th. by express, express a th.
expressionism konst. expressionism
expressionist konst. expressionist
expresståg express [train]
extas ecstasy; *råka i* ~ fall into an ecstasy; bildl. go into ecstasies (raptures) [*över* over]
extatisk ecstatic
extensiv extensive
exteriör exterior
extern external
extra I *adj* tilläggs- extra, supplementary; särskild special; ~ *erbjudande* special offer; i dag blir det *någonting [alldeles]* ~ ...something [extra] special **II** *adv* extra; ovanligt exceptionally; *få* ~ *betalt* get extra pay
extraförtjänst se *biinkomst*
extraknäck vard., bisyssla job on the side; extraknäckande moonlighting
extraknäcka earn money (do a job) on the side
extrakt extract
extraktion extraction
extranummer 1 tidnings special [edition] **2** uppträdandes encore
extraordinarie extraordinary; ej fast anställd temporary, non-permanent

extraordinär extraordinary, exceptional
extrapris special offer; reapris bargain price; *det är ~ på...* ...is (resp. are) on special offer (specially cheap)
extratåg special (dubblerat relief) train
extravagans extravagance
extravagant extravagant
extrem extreme; polit. extremist
extremist extremist
extremitet extremity

f 1 bokstav f [utt. ef] **2** mus. F
fabel fable äv. bildl.; handling i roman o.d. plot
fabricera manufacture; bildl. fabricate
fabrik factory; bruk, verk works (pl. lika), amer. äv. plant; textil~ mill
fabrikant tillverkare manufacturer; av bestämt varuparti maker
fabrikat 1 vara manufacture; isht textil~ fabric **2** tillverkning make; *av svenskt ~* made in Sweden
fabrikationsfel manufacturing defect (flaw, fault)
fabriksarbetare factory hand (worker); på t.ex. textilfabrik mill hand
fabriksny ...fresh from the factory, ...straight from the works
fabrikssamhälle industrial community
fabrikstillverkad factory-made
fabriksvara factory-made article (product); *fabriksvaror* äv. manufactured goods, manufactures
fabulera romance; give one's imagination [a] free rein
fabulös fabulous
facit 1 key, answers; ~bok answer book **2** lösning answer, total; result; resultat final result
fack 1 i hylla o.d. compartment; post~ post office box **2** gren inom industri o. hantverk branch, trade; *hans ~ är* invärtes medicin he specializes in... **3** *~et* fackföreningen the union
fackeltåg torchlight procession
fackförbund sammanslutning av fackföreningar federation of trade (amer. labor) unions, national trade (amer. labor) union
fackförening [trade] union
fackföreningsledare [trade-]union leader
fackföreningsmedlem trade-unionist
fackföreningsrörelse [trade-]union movement
fackidiot vard. narrow specialist
fackkunnig expert
fackla torch
facklig professional; hörande till fackföreningsrörelsen [trade-]union...; *en ~ fråga* a trade-union matter

fackligt, *han är ~ organiserad* he belongs to a [trade-]union
facklitteratur specialist (technical) literature; i mots. till skönlitteratur non-fiction
fackman yrkesman professional; sakkunnig expert; *~ på området* expert in the matter (field)
fackmässig professional, technical, specialist
fackordbok technical dictionary
fackspråk technical language (terminology, jargon)
fackterm technical (inom handel, industri trade) term
facktidskrift professional journal
fadd jolmig flat, stale, vapid; banal vapid, insipid
fadder godfather, godmother, godparent; friare sponsor
fadderbarn godchild; krigsbarn o.d. sponsored (adopted) child
faddhet flatness
fader father; poet. el. om djur sire
faderlig fatherly äv. *~t* öm; som tillkommer en far paternal
faderlös fatherless
faderskap fatherhood; isht jur. paternity
faderskapsmål paternity suit
fadervår bönen: prot. the Lord's Prayer; isht katol. [the] Our Father
fadäs dumhet faux pas (pl. lika) fr.; *begå (göra) en ~* commit a faux pas, put one's foot in it, drop a brick
fager fair
faggorna, *vara i ~* be coming (approaching, ahead)
fagott instrument bassoon
Fahrenheit Fahrenheit
fajans [glazed] earthenware
fakir fakir
faksimil o. **faksimile** facsimile
faktisk actual, real, factual; egentlig virtual
faktiskt as a matter of fact, in fact; verkligen really; *jag vet ~ inte* I really don't know
faktor allm. el. matem. factor; *den mänskliga ~n* the human factor (equation, element)
faktum fact; *fakta* äv. data
faktura invoice, account; *enligt ~* as per invoice
fakturera skriva faktura invoice; prissätta price
fakultet univ. faculty; *juridiska (medicinska) ~en* the faculty of law (medicine)
falang polit. wing
falk isht jakt~ falcon; kortvingad hawk
fall 1 eg. fall; *regeringens ~* the [down]fall

(overthrow) of the Government **2** förhållande, rättsfall m.m. case; *i alla ~* a) i alla händelser in any case, anyhow b) trots det nevertheless, all the same; *i så ~* in that case, if so; *i varje ~* se *i alla ~* ovan; *i vilket ~ som helst* in any case (event); om två alternativ in either case; *i värsta ~* if the worst comes to the worst
falla I *itr* **1** eg. fall; *han föll och gjorde sig illa* he had a bad fall **2** bildl. fall; *låta förslaget ~* drop the proposal; *~ för* frestelsen yield (give way) to... **II** *rfl, när det faller sig lägligt* when an opportunity offers, when convenient; *det faller sig svårt [för mig]* att lita på honom I find it difficult...
III med beton. part.
~ av allm. fall off; om hår äv. come (fall) out; magra grow thin
~ bort drop (fall) [off]; t.ex. ur minnet äv. drop out; försvinna be dropped, lapse
~ i fall in; genom is fall through
~ ifrån dö pass away; avfalla drop off
~ igenom i examen fail; om lagförslag o.d. be defeated
~ ihop fall in (down); bryta samman break down
~ in fall in; stämma upp strike up; stämma in join in (äv. i samtal); *det föll mig in* it (the idea) occurred to (struck) me
~ ned fall (drop) down; *~ ned död* drop dead
~ omkull fall [over]
~ samman se *~ ihop* o. *sammanfalla*
~ sönder fall (drop, crumble) to pieces; isht bildl. break up; jfr *sönderfalla*
~ tillbaka: ha något att ~ tillbaka på ekonomiskt have something [put by] to fall back on; vard. have a nest-egg
~ undan fall (slide) away; bildl. yield; vard. climb down
~ ut: han föll ut genom fönstret he fell out of the window; jfr äv. *utfalla*
fallenhet begåvning, förmåga aptitude, gift; ung man *med ~ för mekanik* ...of a mechanical turn, mechanically inclined...
fallfrukt koll. windfalls pl.
fallfärdig ramshackle
fallgrop pitfall äv. bildl.
fallhöjd drop; vattens height of fall
fallrep sjö. gangway; *vara på ~et* ekonomiskt be on the brink of ruin
fallskärm parachute; *hoppa med (ut i) ~* make a parachute jump, parachute; rädda sig bale out
fallskärmshoppare parachute jumper
fallskärmsjägare parachutist, paratrooper; amer. äv. parachuter

fallskärmstrupper parachute troops
fallucka trapdoor
falna die down; vissna fade
fals tekn. fold, seam; snick. rabbet; spont groove; bokb. fold
falsett mus. falsetto (pl. -s); *gå upp i ~* rise to falsetto
falsifikat falsification; vara spurious article
falsk false; förfalskad forged; *~t alarm* false alarm; *~a förhoppningar* vain hopes; *under ~t namn* under a false (an assumed) name; *~a pengar* bad (counterfeit) money (mynt coins)
falskdeklarant tax evader
falskdeklaration falskdeklarerande tax evasion; falsk självdeklaration fraudulent income-tax return
falskhet allm. falseness; oriktighet erroneousness
falskskyltad om bil ...provided with false [number (amer. vanl. license)] plates
falskspelare cheat; yrkesmässig cardsharper
falskt falsely etc., jfr *falsk*; mus. out of tune; *spela ~* a) mus.: t.ex. på fiol play out of tune b) kortsp. cheat [at cards]; *vittna ~* testify falsely, give false evidence (testimony)
familj family; *~en Brown* the Brown family, the Browns pl.
familjeband family ties
familjebiljett family [discount] ticket
familjedaghem registered childminding home
familjefader father (head) of a (resp. the) family
familjeföretag family business
familjeförhållanden family affairs (levnadsomständigheter circumstances)
familjeförpackning family size packet (package)
familjeförsörjare breadwinner; jur. head of a (resp. the) household
familjegrav family grave (burial place, vault)
familjekrets family circle; *i den trängre ~en* in one's immediate family
familjeliv family (home) life
familjemedlem member of a (resp. the) family
familjeplanering family planning, planned parenthood
familjerådgivning family guidance (counselling)
familjär familiar
famla grope [*efter* for, after]
famlande groping; bildl. tentative; *~ försök* hesitant attempt
famn 1 armar arms; fång armful; *stora ~en* a

big hug; *ta ngn i* ~ embrace a p., hug a p.
2 mått fathom
famntag embrace; vard. hug
famös beryktad notorious
1 fan 1 den Onde the Devil **2** vard. el. sl. *fy ~!* hell!; *springa som (av bara)* ~ run like hell; *det var [som] ~!* well, I'll be damned!; *vad (var, vem)* ~ what (where, who) the devil; *det ger jag ~ i* I don't care (give) a damn (vulg. fuck) about that; *tacka ~ för det!* I should bloody (svag. damn) well think so!
2 fan beundrare fan; *~ club* fan club
fana flag, banner båda äv. bildl.
fanatiker fanatic, zealot
fanatisk fanatic[al]
faner veneer
fanfar flourish, fanfare; *blåsa en* ~ sound a flourish
fanjunkare warrant officer [class II]
fanskap vard., *hela ~et* the whole damn[ed] (bloody) lot
fantasi inbillningsförmåga imagination; inbillning, infall fancy, fantasy; *rena ~er påhitt* pure inventions
fantasifoster figment [of the imagination]
fantasifull imaginative
fantasilös unimaginative
fantasivärld world of make-believe (of the imagination)
fantast entusiast enthusiast, vard. fan; drömmare visionary
fantastisk fantastic; vard. äv. terrific, fabulous
fantisera drömma fantasize, dream; fabla talk wildly
fantom phantom
far father; vard. dad, jfr äv. *fader* o. *pappa*; *~s dag* Father's Day
1 fara danger; stor el. hotande peril; risk risk; *ingen ~ på taket!* there's no fear of that!, you (we etc.) needn't worry!, it will all sort itself out!; *utsätta sig för ~n att* inf. expose oneself to (incur) the risk of ing-form; *det är förenat med stor ~ att* it involves considerable risks to, it is very dangerous (perilous, risky) to
2 fara I *itr* **1** färdas, isht till en plats go; avresa leave; go off (away); vara på resa travel; *~ söderut* go [to the] south; *~ med järnväg (tåg* etc.) go (travel) by rail (train etc.); *~ till staden* go in (om storstad up) to town **2** *~ i luften* explodera go (blow) up, be blown up **3** bildl. *~ illa* fare badly, be badly treated; *bilen far illa av att* +inf. it is bad for the car to +inf.
II med beton. part.
~ av: hatten *for av* ...flew off

~ **fram** a) eg.: komma farande go (*köra* drive) ahead b) bildl.: husera carry (go) on; *~ varligt fram med* ngt treat...gently, be careful with...
~ **i:** jag undrar *vad som har farit i honom* ...what has taken possession of (got into) him
~ **ifrån:** lämna ngn go (köra drive) away from a p.; *hon for ifrån* sin väska she left (forgot)...
~ **igen** om dörr o.d. shut
~ **in:** *~ in i* enter, go into; *~ in till staden* go in (om storstad up) to town
~ **i väg** start, go off; rusa go (rush) off
~ **omkring** go (travel, *köra* drive) about; om sak run (*rulla* roll) about; *~ omkring [som ett torrt skinn]* bustle about
~ **upp** a) rusa upp jump up b) öppna sig fly open, open; *~ upp ur sängen* jump out of bed
~ **ur:** *det for ur mig* I blurted it out
~ **ut** eg. go (*köra* drive) out; *~ ut och åka* go for (take) a drive; *~ ut mot ngn* let fly at (skälla på rail at) a p.
~ **vilse** lose one's way, go astray
farao Pharaoh
farbar om väg passable, negotiable; om farvatten navigable
farbroder se *farbror*
farbror allm. [paternal] uncle; friare [nice old] gentleman; *~ John* Uncle John
farfader se *farfar*
farfar [paternal] grandfather; vard. grandpa; father's father
farföräldrar, *mina ~* my grandparents [on my father's side]
farhåga oro fear, apprehension; *mina farhågor besannades* my misgivings turned out to be justified
farinsocker brown sugar
farkost boat, craft (pl. craft)
farled [navigable] channel; rutt route
farlig dangerous; äventyrlig hazardous, risky; *~a följder* grave consequences; *ett ~t företag* a perilous (hazardous, risky) undertaking
farlighet danger; dangerousness; *inlåta sig på ~er* expose oneself to danger
farm farm
farmaceut dispensing chemist's assistant; student pharmacological student
farmakolog pharmacologist
farmakologi pharmacology
farmare farmer
farmor [paternal] grandmother; vard. grandma, gran; father's mother
farozon danger zone (area); *vara i ~en* bildl. be at risk (in jeopardy)

fars farce
farsa vard. ~[n] dad, pa; isht amer. pop
farsartad farcical
farsot epidemic
farstu [entrance] hall; trappavsats landing
fart 1 hastighet speed; takt, tempo pace; *tappa ~en* lose speed (sjö. headway); *öka ~en* speed up, increase (put on) speed, accelerate; *i (med) full ~* at full (top) speed **2** gång *medan du ändå är i ~en* while you are at it; *i ~en* sedan klockan sju up and about... **3** hast, 'kläm' verve; impetus, push; go; vard. pep; *det är ingen ~ i honom* he is without any go (dash, vard. pep); *sätta ~ på ngt* give an impetus to a th.; blåsa liv i put life into a th.; *försäljningen har tagit ~* [the] sales have received an impetus (have boomed) **4** sjöfart *gå i inrikes (utrikes) ~* be engaged in coastal (foreign) trade
fartbegränsning speed limit (restriction)
fartblind, *vara ~* fail to adjust to a slower speed
fartdåre vard. speeder
fartgräns speed limit
fartkontroll speed check (fälla trap)
fartsyndare speeder
fartyg vessel, ship, craft (pl. craft)
farvatten vattenområde waters; farled channel; *i egna (svenska) ~* in home (Swedish) waters
farväl I *interj,* ~! farewell!, goodbye! **II** s farewell; *bjuda (säga) ~* bid farewell, say goodbye
fas skede phase
fasa I s horror; skräck terror; bävan dread; *krigets fasor* the horrors of war **II** itr frukta shudder; *~ för att* inf. dread ing-form
fasad front; tandläk. facing; *med ~en mot...* facing (fronting)...
fasadbelysning abstr. floodlighting; konkr. floodlights
fasan pheasant
fasanhöna hen pheasant
fasansfull förfärlig horrible; ohygglig ghastly; vard. awful
fasantupp cock pheasant
fascinera fascinate
fascinerande fascinating
fascism Fascism
fascist Fascist
fascistisk Fascist
fasett facet
fashionabel fashionable
faslig dreadful, frightful; awful; *ett ~t besvär* an awful bother
fason 1 form shape; snitt cut; *förlora ~en* lose its (get out of) shape; *sätta (få) ~*

på... put (pers. lick)...into shape **2** sätt way **3** beteende manners; *vad är det för ~er?* what do you mean by behaving like that?, where are your manners?
1 fast I *adj* firm; fastsatt fixed; ej flyttbar stationary; mots. flytande solid; stadigvarande fixed; *ha ~ anställning* have a permanent job (om högre tjänst an established post); *i ~ form* in solid form; *med ~ hand* bildl. with a firm hand; *~ karaktär* strong (firm) character; *~ lön* fixed (utom provision basic) salary, regular pay; *ha ~ mark under fötterna* äv. bildl. be on firm ground; *ha ~a principer* have fixed (firm) principles; *~ pris* fixed price **II** *adv* **1** firmly etc., jfr *I*; *vara ~ anställd* be permanently employed **2** fasttagen *bli ~* be (get) caught
2 fast *konj* though
1 fasta, *ta ~ på* ngns ord el. löfte make a mental note of...; komma ihåg bear...in mind; utgå från take...as one's starting-point
2 fasta I s **1** fastande fasting; tid då man fastar fast; *tre dagars ~* a fast of three days **2** fastlag ~*n* Lent **II** itr fast; *på ~nde mage* on an empty stomach, fasting
fastedag fast day
faster [paternal] aunt
fasthet beslutsamhet firmness; varaktighet steadfastness; *~ i karaktären* firmness (consistency) of character
fastighet house (jordagods landed) property; fast egendom real estate (property)
fastighetsmäklare estate (house) agent; amer. real estate agent
fastighetsskötare caretaker
fastighetsägare house-owner; hyresvärd landlord
fastkedjad chained fast (on)
fastklistrad, *sitta [som] ~ vid tv:n* be glued to the TV
fastlagen Lent; veckan t.o.m. fettisdagen Shrovetide
fastlagsris twigs pl. with coloured feathers [used as a decoration during Lent]
fastland mainland; världsdel continent; *det europeiska ~et* the Continent, Continental Europe
fastlandsklimat continental climate
fastlåst bildl. deadlocked; *en ~ situation* äv. a situation which has come to a deadlock
fastna get caught; sätta sig fast, klibba stick [fast], get stuck [fast]; komma i kläm jam; *jag ~de bestämde mig för...* I decided on...; *~ i gyttjan* stick (get stuck) in the mud; *~ på kroken* be (get) hooked; *~ på ett tal* ej

lyckas lösa get stuck over (on) an arithmetic sum (a sum)
fastnaglad, *stå som ~* stand rooted to the spot; *stå som ~ av skräck* äv. be transfixed with fear
fastslå konstatera establish; bestämma settle, fix
fastställa 1 bestämma appoint, stipulate; *~ dag* appoint (fix) a day **2** konstatera establish
fastställande appointment, fixing
fastvuxen firmly (fast) rooted
fastän though
fat 1 uppläggnings~ dish; bunke basin, **2** tefat saucer; tallrik plate **3** tunna barrel, mindre cask; butt äv. som mått; kar vat; *ett ~ olja* a drum (barrel) of oil **4** bildl. *det ligger honom i ~et att...* he is handicapped by the fact that...
fatal olycklig unlucky, unfortunate; ödesdiger fatal, regrettable; förarglig annoying
fatalist fatalist
fatalistisk fatalistic
1 fatt, *hur är det ~?* what's the matter?; vard. what's up?
2 fatt 1 se *ifatt* **2** *få ~ i* get hold of, find; komma över äv. come across (by), pick up, lay hands upon
fatta I *tr* o. *itr* **1** gripa catch; hugga tag i seize; *~ ngns hand* grasp a p.'s hand **2** börja hysa o.d. conceive; jfr ex.; *~ ett beslut* come to (make, arrive at) a decision; vid möte pass a resolution; *~ misstankar mot ngn* conceive a suspicion of a p.; *~ mod* take courage **3** begripa understand; *ha lätt (svårt) att ~* be quick (slow) on the uptake **II** *rfl, för att ~ mig kort* to be brief, to put it briefly (shortly), to make a long story short
fattad lugn composed
fattas finnas i otillräcklig mängd be wanting (lacking); saknas be missing; behövas be needed; *det ~ 50 kronor* i kassan I am (you are etc.) 50 kronor short, there is a deficit of 50 kronor; *det ~ bara (skulle bara ~)!* I should jolly well think so!
fattbar comprehensible
fattig 1 poor; behövande needy; *~a (~t folk)* poor people; *en ~* a poor man **2** ringa, ynklig paltry; *~a tio kronor* a paltry (wretched) ten kronor; *mina ~a slantar* my little bit of money
fattigdom poverty
fattiglapp down-and-out; *en ~ som jag,* vard. a poverty-stricken devil...
fattigvård hist. poor relief
fattning 1 grepp grip **2** för glödlampa socket, lamp holder; för t.ex. ädelsten setting **3** behärskning composure; *behålla ~en* keep one's head, maintain one's composure; *förlora (tappa) ~en* lose one's head (composure)
fattningsförmåga apprehension; *ha dålig (god) ~* be slow (quick) on the uptake
fatöl draught beer
fauna fauna (pl. äv. faunae)
favorisera favour
favorit favourite
favoriträtt favourite dish
favör favour; fördel advantage
fax fax
faxa fax
f.d. förk., se under *före I 2*
F-dur mus. F major
fe fairy; poet. fay
feber fever äv. bildl.; *hög ~* a high temperature (fever); *ha ~* have (run) a temperature, be feverish
feberaktig feverish, febrile båda äv. bildl.
feberfri ...free from fever
feberkurva temperature curve (*papper* chart)
febernedsättande ...that reduce (resp. reduces) fever; *~ medel* äv. antipyretic, febrifuge
febertermometer clinical thermometer
febrig feverish
febril bildl. feverish
februari February (förk. Feb.); för ex. jfr *april*
federal federal
federation federation
feg cowardly; vard. yellow
feghet cowardice, timidity
fegis vard. funk
fejd feud; *leva (ligga) i ständig ~ med ngn* be in a perpetual state of feud with a p.
fel I *s* **1** skavank fault; kroppsligt *~* defect, infirmity; karaktärs~ el. missförhållande trouble; *det är [något] ~ på...* there is something wrong (something the matter) with... **2** misstag mistake; *begå (göra) ett ~* make a mistake (mindre slip), commit a fault (an error, 'tabbe' a blunder) **3** skuld fault; *det är hans eget ~ att* sats it is his own fault that sats; he has only himself to blame for ing-form; *vems är ~et?* whose fault is it?, who is to blame? **II** *adj* [attr. vanl. the] wrong; *uppge ~ adress* give the (a) wrong address **III** *adv* wrong; isht före perf. ptc. wrongly; ibl. mis-; *gå ~* go the wrong way, lose one's (miss the) way; *min klocka går ~* my watch is wrong; *skörden slog ~* the crops failed; *ta ~* make a mistake; vard. get it wrong
1 fela 1 fattas be wanting **2** begå fel make a

mistake (resp. mistakes); **handla orätt** do wrong
2 fela vard. fiddle
felaktig oriktig wrong, erroneous; behäftad med fel faulty, defective; *~ användning* wrong use, misapplication
felaktighet det felaktiga incorrectness; fel error
felande 1 som fattas missing; *den ~ länken* the missing link **2** som begår fel erring; *den ~* the culprit (offender)
felas se *fattas*
felbedömning miscalculation
felbehandling wrong treatment
felfri faultless; correct; oklanderlig impeccable
felgrepp error
felmarginal margin of error
felparkerad, *vara (stå) ~* be wrongly parked
felparkering förseelse parking offence
felräkning miscalculation
felskrivning, *en ~* a slip of the pen, an error in writing; på tangentbord a typing error
felslagen ej lyckad unsuccessful; *felslagna förhoppningar* disappointed hopes
felstavad wrongly spelt
felsteg eg. el. bildl. slip, lapse
felsägning slip of the tongue
feltolka misconstrue
feltolkning misconstruction; vid läsning av text misreading
felunderrättad misinformed
felvänd turned the wrong way
felöversättning mistranslation
fem five; *vi ~* the five of us; *~ och ~* fem åt gången five at a time; *de går ~ och ~* they walk in fives; *han kom klockan halv ~* ...at half past four, four-thirty; vard. half four
femcylindrig five-cylinder...; *motorn är ~* it is a five-cylinder engine, the engine has five cylinders
femdagarsvecka five-day week
femdubbel fivefold
femdubbla multiply...by five, increase...fivefold (five times); *~s* increase fivefold (five times)
femdygnsprognos meteor. five-day [weather] forecast
femetta fullträff direct hit
femföreställning five-o'clock performance
femgradig om skala ...divided into five degrees; om vatten five degrees [centigrade] above freezing-point
femhundra five hundred
femhundrade five hundredth
femhundradedel five hundredth [part]; jfr *femtedel*

femhundratal, *~et* århundrade the sixth century; *på ~et* in the sixth century
femhundraårsjubileum five-hundredth (500th) anniversary
femhörning pentagon
feminin feminine äv. gram.
femininum genus the feminine [gender]; ord feminine [noun]; *i ~* in the feminine
feminist feminist
feministisk feministic
femkamp sport. pentathlon; *modern ~* modern pentathlon
femkampare sport. pentathlete
femkrona o. **femkronorsmynt** five-krona piece
femma 1 five; vid tärnings- el. mynt five-krona piece; *en ~* belopp five kronor; *~n* a) om hus, rum, buss o.d. No. 5, number Five, om buss äv. the [No.] 5 b) skol. the fifth class (form), Class No. 5, Class V **2** vard., femrumslägenhet five-room[ed] flat (apartment)
femprocentig five-per-cent...
femrummare o. **femrumslägenhet** five-room[ed] flat (apartment)
femsidig five-sided
femsiffrig five-figure...
femsnåret, *vid ~* [at] about five [o'clock]
femstämmig ...for five voices, five-voice
femtal five; *ett ~* some (about) five
femte fifth (förk. 5th); *Gustaf den ~ (V)* Gustaf the Fifth, Gustavus V; *den ~ (5) april* som adverbial on the fifth of April, on April 5th; *på ~ våningen* 4 tr. upp on the fourth (amer. fifth) floor
femtedel fifth [part]; *två ~ar* two fifths
femteplacering, *få en ~* come [in] fifth
femti o. sammansättn., se *femtio* o. sammansättn.
femtiden, *vid ~* [at] about five [o'clock], round about five [o'clock]
femtielfte, *för ~ gången* for the umpteenth time
femtilapp hist. fifty-krona note
femtio fifty; jfr *fem* o. sammansättn.
femtiofem fifty-five
femtiofemte fifty-fifth
femtiokronorssedel hist. fifty-krona note
femtionde fiftieth
femtiondedel fiftieth [part]; jfr *femtedel*
femtiotal fifty; *~et* åren 50—59 the fifties; *i början (sent* el. *i slutet) på ~et* in the early (late) fifties
femtioårig fifty-year-old... etc., jfr *femårig*
femtioåring fifty-year-old man (resp. woman), quinquagenarian
femtioårsdag fiftieth anniversary; födelsedag fiftieth birthday

femtioårsjubileum fiftieth anniversary
femtioårsåldern, en man i ~ a man aged (of the age of) about fifty; jfr vid. *femårsåldern*
femtioöring fifty-öre piece
femton fifteen; *klockan 15* at 3 o'clock in the afternoon, at 3 [o'clock] p.m.; jfr *fem* o. sammansättn.
femtonde fifteenth; *för det ~* in the fifteenth place; jfr *femte*
femtondedel fifteenth [part]; jfr *femtedel*
femtonhundra fifteen hundred
femtonhundratalet the sixteenth century; *på ~* in the sixteenth century
femtonårig fifteen-year-old... etc., jfr *femårig*
femtonåring fifteen-year-old
femtusen five thousand
femtåget the five (five-o'clock) train
femvåningshus femplanshus five-storeyed (five-storied) house
femväxlad om växellåda five-speed...; *den är ~* it has five forward speeds
femårig 1 fem år gammal five-year-old... **2** som varar (varat) i fem år five-year; *avtalet är ~t* ...is for five years
femåring five-year-old
femårsdag fifth anniversary; födelsedag fifth birthday
femårsjubileum fifth anniversary
femårsåldern, i ~ at the age of about five, at about five years of age; *vara i ~* be about five
femöring hist. five-öre piece
fena fin äv. flyg.; sjö. *utan att röra en ~* without moving (stirring) a limb
fenomen phenomen|on (pl. -a)
fenomenal phenomenal, extraordinary
feodalväsen feudal system
ferie se *ferier*
feriearbete holiday work
feriekurs holiday (isht amer. vacation) course
ferier holidays; isht univ. el. amer. vacation, vard. vac; *han har ~* he is having a holiday (vacation)
fernissa I *s* varnish; bildl. veneer **II** *tr* varnish
fertil fertile
fertilitet fertility
fest 1 bjudning party; för att fira ngt celebration; ~måltid feast; festival festival; *en ~ för ögat* a feast for the eyes, a sight for sore eyes **2** festlighet festivity; högtidlighet ceremony
festa 1 kalasa feast **2** *~ [om]* roa sig have a good time; dricka booze

festdag festival day; glädjedag day of rejoicing
festföreställning gala performance
festival festival
festklädd festively-dressed; *i aftondräkt* ...in evening dress
festkommitté organizing (entertainment) committee
festlig 1 fest- festival...; glad festive; storartad grand, splendid; *vid ~a tillfällen* on ceremonious (festive, friare special) occasions **2** komisk comical, amusing
festlighet festivity; *~er* äv. festive entertainments
festmiddag o. **festmåltid** banquet
festprisse bon vivant fr.
festspel festival
festtåg procession
festvåning assembly (banqueting) rooms
fet fat äv. bildl.; abnormt obese; flottig oily; *~ hy* greasy skin
fetisch fetish, fetich
fetknopp vard., om pers. fatty
fetlagd [somewhat] stout (corpulent)
fetma I *s* fatness; hos pers. vanl. stoutness, corpulence, abnorm obesity **II** *itr* put on fat (flesh)
fett fat äv. kem.; smörj~ grease; flott lard
fettbildande fattening
fettfläck grease spot; *få en ~ på...* get a spot of grease on...
fetthalt fat[ty] content; fettprocent percentage of fat
fettisdag, ~en första tisdagen efter fastlagssöndagen Shrove Tuesday
fettisdagsbulle se *semla*
fettvalk roll of fat
fia spel ludo
fiasko fiasco (pl. -s); *göra ~* be a fiasco
fiber fibre äv. i kost
fiberrik, ~ kost diet containing plenty of roughage
ficka pocket; *stoppa ngt i ~n* put a th. in one's pocket
fickalmanacka pocket diary
fickformat pocket size; kamera *i ~* pocket-size...
fickkniv pocketknife
ficklampa [electric] torch; isht amer. flashlight
fickordbok pocket dictionary
fickparkera, ~ *[bilen]* ung. squeeze the car in between two other cars [when parking]
fickpengar pocket money
fickspegel pocket mirror
fickstöld, en ~ a case of pocket-picking
ficktjuv pickpocket
fickur [pocket] watch

fiende enemy
fiendskap enmity; *leva i* ~ be at enmity
fientlig hostile; mil. äv. enemy...
fientlighet hostility
fiffel vard. cheating; handlingar crooked dealings, double-dealing
fiffig vard., fyndig clever, ingenious
fiffla vard. cheat; ~ *med böckerna* cook (fake) the books
figur figure; individ isht neds. individual; ha [*en*] *bra* ~ ...a good figure; *en löjlig* ~ a ridiculous figure (character), a figure of fun
figurativ konst. figurative
figurera appear
figuråkning figure-skating
fik vard. café
1 fika vard. **I** *itr* have some (a cup of) coffee (java) **II** *s* [a cup of] coffee (java)
2 fika, ~ *efter* hanker after
fikon fig
fikonlöv 1 fig leaf äv. bildl. **2** strippas o.d. cache-sex
fikonträd fig tree
fiktion fiction
fiktiv fictitious
fikus 1 bot. india-rubber tree **2** vard., homosexuell gay, homo
1 fil 1 rad row; *en ~ av* rum a suite of... **2** körfält lane; *byta* ~ change lanes
2 fil surmjölk sour[ed] milk
3 fil verktyg file
4 fil data. file
fila file; ~ *på ngt* bildl. polish up a th., give the finishing touches to a th.
filantrop philanthropist
filatelist philatelist
filbunke kok. [bowl of] soured (sour) whole milk; *lugn som en* ~ [as] cool as a cucumber
filé 1 kok. fillet **2** textil. netting
filharmoniker mus. *Filharmonikerna* the Philharmonic (sg. el. pl.)
filial branch
Filippinerna the Philippines
filkörning driving in traffic lanes
film 1 film; ~[*en*] ~konst[en] the cinema; *en tecknad* ~ a (an animated) cartoon; *sätta in* ~ *i kameran* load the camera **2** hinna film
filma I *tr* o. *itr* göra film [av] film; take (make) a film; isht enstaka scen shoot **II** *itr* medverka i film act in films (resp. a film)
filmateljé film studio
filmatisera adapt...for the screen, make a screen version of
filmatisering adaptation for the screen
filmbolag film company

filmbranschen the film (movie) industry
filmcensur film (cinema) censorship; myndighet board of film censors
filmduk [film] screen
filmfestival film festival
filmfotograf cameraman
filmföreställning film (cinema) performance
filmindustri film (movie) industry
filminspelning filming
filmjölk soured (sour) milk
filmkamera film camera; för smalfilm cine (amer. movie) camera
filmmanuskript [film] script, screenplay
filmproducent film producer
filmregissör film director
filmroll film role
filmrulle foto. roll of film; för filmprojektor reel [of film]
filmskådespelare film (screen, movie) actor
filmstjärna film (movie) star
filologi philology
filosof philosopher
filosofera philosophize
filosofi philosophy
filosofie, ~ *doktor* (förk. *fil.dr.*) Doctor of Philosophy (förk. Ph.D. efter namnet); ~ *kandidat* (förk. *fil. kand.*) ung. Bachelor of Arts (förk. BA), i naturvetenskap Bachelor of Science (förk. B.Sc.) båda efter namnet
filosofisk philosophic; isht friare philosophical
filt 1 säng~ blanket **2** tyg felt
filter filter äv. foto.; strainer, screen; på cigarett filter tip
filtercigarett filter-tipped cigarette
filterpåse till [kaffe]bryggare filter bag, paper filter
filthatt felt [hat]
filtpenna felt pen
filtrera filter, filtrate, strain
filur sly dog; *en [riktig] liten* ~ a cunning little devil
fimp cigarette end; vard. fag-end
fimpa 1 cigarett stub [out] **2** vard., slopa chuck out; överge chuck up
fin fine; elegant smart; bra äv. very good; av god kvalitet choice, select, superior; noggrann, om t.ex. mätning accurate; ~*a betyg* high marks; *min* ~*a* (~*aste*) *klänning* my best (vard. party) dress; *en* ~ *middag* god äv. a first-rate dinner; *ha* ~ *näsa för* have a keen nose for; *i* ~*t* bildat *sällskap* in polite society; ~*t!* fine!, good!; *det är inte* ~*t* [*att* + inf.] it is not good manners (good form) [to + inf.]; *det var* ~*t att du kom* it's a good thing you came
final 1 sport. final; *gå upp i (gå till)* ~*en* get

to (go to, enter) the finals **2** mus. finale äv. bildl.
finalist finalist
finans, *-er* finances; *ha dåliga -er* be in financial difficulty
finansdepartement ministry of finance; *-et* i Engl. the Treasury; i Amer. the Department of Treasury
finansiell financial
finansiera finance, provide capital for
finansiering financing
finansman financier
finansminister minister of finance; i Engl. Chancellor of the Exchequer; i Amer. Secretary of the Treasury
finanspolitik financial policy
finansvärlden the financial world (world of finance)
finansväsen finance, public finance[s pl.]
finbageri fancy bakery
finess 1 förfining refinement; *-en med apparaten är a* special (very good) point about... **2** *-er* fiffiga detaljer [exclusive] features, gadgets
finfördela pulvrisera grind...into fine particles, atomize; sprida scatter (sprinkle)...finely
finger finger; *inte lyfta (röra) ett ~ för att...* not lift (raise, stir) a finger to; *sätta fingret på...* lay (put) one's finger on...
fingerad fictitious, imaginary; *fingerat namn* assumed (false) name
fingeravtryck fingerprint
fingerborg thimble; *en ~ [vin]* a thimbleful [of wine]
fingerfärdig dexterous
fingerspets fingertip; *ända ut i -arna* to the (his osv.) fingertips
fingertopp se *fingerspets*
fingervante [fabric (woollen)] glove
fingervisning hint, pointer
fingra, *~ på* finger; friare vanl.: tanklöst fiddle about with; klåfingrigt tamper (meddle) with
fingranska go through (examine)...thoroughly
finhackad finely chopped; kok. äv. finely minced
fininställning av t.ex motor trimming
fink zool. finch
finka *s* vard., arrest clink; *[sätta] i ~n [put]* in clink (the cooler, the slammer)
finkamma fine-comb, comb...with a [fine-]tooth comb
finklädd dressed up
finkläder Sunday best, finery
finkornig fine-grained; foto. fine-grain
finkänslig taktfull tactful; diskret discreet

Finland Finland
finlandssvensk I *adj* Finland-Swedish, Finno-Swedish **II** *s* Finland-Swede
finländare Finlander
finländsk Finnish
finländska kvinna Finnish woman
finmalen finely ground (minced)
finmaskig fine-meshed, small-meshed
finmekanisk, *~ verkstad* precision-tool workshop
finna I *tr* find; oförmodat come across; inse, anse think, consider; röna meet with; *jag finner av* Ert brev I see (observe, notice, perceive) from...; *~ varandra* bildl. find one another **II** *rfl,* *~ sig [vara]* find oneself; *han finner sig alltid* he is never at a loss; *han fann sig snart* igen he soon collected his wits; *~ sig i* a) tåla stand, put up with b) foga sig i submit to
finnas vara be; existera exist; stå att finna be found; *det finns* opers. there is (resp. are); *det bästa kaffe som finns* the best coffee there is (vard. coffee going); *den finns kvar [att få]* ...is still to be had; *ordet finns med* ...is included
1 finne person Finn
2 finne med. pimple
finnig pimply
finsk Finnish
finska (jfr *svenska*) **1** kvinna Finnish woman **2** språk Finnish
finsmakare epicure, gourmet; kännare connoisseur
finstilt, *det -a* the text in small print (type)
1 fint 1 sport. feint, sidestep **2** bildl. trick
2 fint 1 finely osv., jfr *fin*; bra vanl. [very] well
finta 1 sport. feint; *~ bort ngn* sell a p. the dummy **2** bildl. dodge the issue, shuffle
fintvätt tvättande [the] washing of delicate fabrics; tvättgods delicate fabrics; som tvättmärkning cold wash
finurlig slug shrewd; sinnrik clever; knepig smart
fiol violin; vard. fiddle; *spela ~* play the violin
fiolspelare violinist; vard. fiddler
1 fira, *~ [på]* sjö. ease off, slack[en]
2 fira I *tr* högtidlighålla celebrate; tillbringa spend; hylla fête; *~ minnet av* commemorate; *vi -de honom [på hans födelsedag]* we celebrated his birthday **II** *itr* ta ledigt take a day (resp. some days) off
firande celebrating osv., jfr *2 fira*
firma firm; *~namn* vanl. style; *~n* I. Ek &. Co. the firm of...; i affärskorrespondens Messrs[.]...
firmabil company car

firmafest office (staff) party, party for the employees
firmamärke trade mark
firmanamn firm name
fisa vard. fart
fisk 1 fish (pl. fish el. fishes); koll. fish; fånga *några ~ar* (*mycket ~*) ...a few fish (a lot of fish); *stum som en* (*mycket ~*) as dumb as a statue; *vara som en ~ i vattnet* be in one's element **2** *Fiskarna* astrol. Pisces
fiska fish; *vara ute och ~* be out fishing
fiskaffär fishmonger's [shop]; amer. fish market
fiskare fisherman
fiskben 1 av fisk fishbone **2** av val whalebone
fiskbulle fishball, fish quenelle
fiskdamm eg. fishpond; bildl. lucky dip; amer. grab bag
fiske fishing; fiskeri fishery; som näringsgren fisheries; *vara ute på ~* be out fishing
fiskebåt fishing-boat
fiskefartyg fishing-vessel
fiskeflotta fishing-fleet
fiskegräns fishing-limits, limit of the fishing zone
fiskekort fishing licence (permit)
fiskelycka, *ha god ~* have good luck in one's fishing
fiskeläge fishing village (hamlet)
fisketur fishing trip (expedition)
fiskevatten fishing-grounds, fishing-waters
fiskfilé fillet of fish
fiskfjäll [fish] scale
fiskgjuse zool. osprey
fiskgratäng fish au gratin
fiskhandlare i minut fishmonger; amer. fish dealer
fiskhåv landing net, bag net
fiskmås [common] gull
fisknät fishing-net
fiskodling abstr. fish culture, pisciculture
fiskpinne kok. fish finger (stick)
fiskredskap piece of fishing tackle; koll. fishing-tackle
fiskrom [hard] roe
fiskrätt fish course (dish)
fiskstim shoal of fish
fiskyngel koll. fry
fiss mus. F sharp
Fiss-dur mus. F sharp major
fiss-moll mus. F sharp minor
fistel med. fistula
fitta vulg. cunt äv. som skällsord; pussy
fix 1 fixed; *~ idé* fixed idea, idée fixe fr.; friare monomania **2** *~ och färdig* all ready
fixa vard. fix, arrange; *~ skaffa ngt åt ngn* fix a p. up with a th.; *det ~r sig* it will be all right

fixare vard. fixer
fixera fix äv. foto.; precisera define; *~ sig på* psykol. have a fixation on
fixerad fixed; psykol. fixated
fixering psykol. el. med. el. med blick fixation; foto. el. konst. fixing
fixersalt foto. fixing-salt, hypo
fjant person busybody; narr conceited fool
fjanta, *~ för ngn* suck up to a p., butter a p. up, fawn on a p.; *~ omkring* fuss (be fussing) about
fjantig beskäftig fussy; narraktig foolish, silly
fjol, *i ~* last year
fjolla foolish (silly) woman (resp. girl)
fjollig foolish
fjompig vard. silly, wet, sloppy
fjord isht i Norge fiord, fjord; i Skottl. firth
fjorton fourteen; *~ dagar* vanl. a fortnight; amer. äv. two weeks; *~ dagars* ledighet a fortnight's...; jfr *fem[ton]* o. sammansätn.
fjortonde fourteenth; [*en gång*] *var ~ dag* [once] every (once a) fortnight; jfr *femte*
fjun koll. down
fjunig downy
fjäder 1 fågel~ feather; isht prydnads~ plume; koll. feathers **2** tekn. spring
fjäderdräkt plumage
fjäderfä koll. poultry; *ett ~* a fowl
fjädermoln cirrus (pl. cirri), cirrus cloud
fjädervikt o. **fjäderviktare** boxn. featherweight
fjädra I *itr* vara elastisk be elastic (springy, resilient) **II** *rfl*, *~ sig* kråma sig strut, swagger; göra sig till show off [*för* to]
fjädrande springy äv. om t.ex. gång; elastic
fjädring spring system; bil~ suspension; elasticitet elasticity
1 fjäll mountain; hög~ alp; fara *till ~en* (*~s*) ...to (up into) the mountains; för sammansätn. jfr *berg-* o. *bergs-*
2 fjäll zool. o.d. scale
fjälla I *tr* fisk scale **II** *itr* peel; med., om pers. desquamate; *~* [*av sig*] peel (scale) off
fjällandskap mountain (alpine) scenery
fjällbjörk mountain birch
fjällräv arctic fox
fjällskivling bot. *stolt ~* parasol mushroom
fjällvandring mountain tour (kortare walk); *ge sig ut på en ~* go on a walking tour in the mountains
fjällämmel zool. lemming
fjärd ung. bay
fjärde fourth; *vara ~ man* kortsp. make a fourth; jfr *femte* o. sammansätn.
fjärdedel quarter; *tre ~ar* three quarters (fourths)
fjärdedelsnot mus. crotchet; amer. quarter note

fjärdedelspaus mus. crotchet (amer. quarter-note) rest
fjäril butterfly; natt~ moth; *ha ~ar i magen* bildl. have butterflies in one's stomach
fjärilshåv butterfly net
fjärilsim butterfly [stroke]; *simma ~* do the butterfly stroke
fjärilslarv caterpillar
fjärma I *tr, ~ från* bildl. estrange (alienate) from **II** *rfl, ~ sig från* retreat (bildl. become alienated) from
fjärmare more distant (remote), remoter
fjärran I *adj* distant, far-off; *i ~ land* äv. far away **II** *adv* far [away (off)]; *när och ~* far and near **III** *s* distance; *i ~* in the distance
fjärrkontroll remote control
fjärrljus på bil main (amer. high) beam
fjärrstyrd remote-controlled; *~ robot* guided missile
fjärrtrafik long-distance traffic
fjärrtåg long-distance train
fjärrvärme district heating
fjärrvärmeverk district heating power plant
fjärt vard. fart
fjärta vard. fart
fjäsk kryperi fawning; eftergivenhet fussing
fjäska, *~ för* krypa för *ngn* fawn on a p., suck up to a p., chat a p. up; krusa för make a fuss of a p.
fjäskig krypande fawning; överdrivet artig officious
fjättra fetter, shackle, chain
f.Kr. (förk. för *före Kristus*) BC (förk. för before Christ)
flabb skratt guffaw, cackle
flabba guffaw, cackle
flack 1 eg. flat äv. om kulbana; level **2** grund shallow; ytlig superficial
flacka rove; *~ och fara* be on the move; *~ omkring [i]* roam (wander, vard. knock) about
flackande I *s* wanderings **II** *adj, en ~ blick* a shifting gaze, shifty eyes pl.
fladder flutter
fladdermus bat
fladdra flutter äv. bildl.; flaxa flit; om hår el. flagga stream
flaga I *s* flake; av slagg el. hud~ scale **II** *itr* o. *rfl, ~ sig* flake [off], scale (peel) off; *~ av [sig]* come off in flakes
flagg flag; ibl. colours; *föra svensk ~* carry (fly) the Swedish flag (colours); *segla under främmande ~* sail under a foreign flag
flagga I *s* flag; *flaggor* koll. äv. bunting sg. **II** *itr* fly (display) a flag (resp. flags), put out flags; sjö. fly the colours; *~ på halv stång* fly the flag at half-mast

flaggdag, *allmän ~* official flag-flying day, day on which the national flag should be flown
flagglina flag halyard
flaggskepp flagship äv. bildl.
flaggspel 1 flaggor ung. [row of] bunting **2** sjö., flaggstång flagstaff
flaggstång flagstaff, flagpole
flagna flake [off], scale (peel) off
flagrant flagrant; friare obvious
flak 1 is~ floe **2** last~ platform [body]
flakvagn open-sided waggon
flambera flambé[e]
flamingo zool. flamingo (pl. -s el. -es)
flamländare Fleming
flamländsk Flemish
flamländska 1 kvinna Flemish woman **2** dialekt Flemish
flamma I *s* flame äv. om kvinna **II** *itr* blaze; *~ till (upp)* blaze (flare, flame) up äv. bildl.
flammig [röd]fläckig blotchy; om färg patchy; vattrad waved; ådrig om trä wavy[-grained]
flams ung. silly behaviour; fnitter silly giggles
flamsa fool (monkey) about
flamsig silly; fnittrig giggly
Flandern Flanders
flanell flannel; byxor *av ~* äv. flannel...
flanera, *vara ute och ~* be out for a stroll
flank flank äv. mil.
flankera flank; mil.
flanör stroller
flarn kok. thin biscuit (amer. cookie)
flaska 1 bottle; napp~ [feeding] bottle; till bordställ cruet; t.ex. bastomspunnen flask; *en ~ vin* a bottle of... **2** av metall can
flaskborste bottle brush
flaskhals bottleneck isht bildl.
flaskpost message enclosed in a bottle [thrown into the sea]
flasköppnare bottle-opener
flat 1 eg. flat; ej djup shallow; *~ tallrik* flat (ordinary) plate **2** bildl.: a) häpen taken aback; förlägen abashed b) eftergiven weak; indulgent
flatbottnad flat-bottomed
flathet eftergivenhet weakness; slapphet softness
flatlus zool. crab louse
flatskratt guffaw
flax vard. luck; *ha ~* be lucky
flaxa flutter; vaja flap; *~ med vingarna* flap (flutter) its (resp. their) wings
flegmatiker phlegmatic person
flegmatisk phlegmatic; friare impassive
flera I *adj* talrikare more; *är vi inte ~?* aren't there any more of us? **II** *pron* åtskilliga

several; ~ [*olika*] various, different; *på ~s begäran* at the request of several people
flerdubbel multiple; *flerdubbla* varv several...
flerdubbla multiply
flerfaldig, *~a* pl. many, numerous; *~a gånger* many times [over], time and again, frequently
flerfamiljshus block of flats, apartment block
fleromättad polyunsaturated; *~ fettsyra* polyunsaturate, polyunsaturated fatty acid
flersidig geom. polygonal
flersiffrig, *~t* tal ...running into several figures
flerspråkig polyglot...; *han är ~* he speaks several languages, he is a polyglot
flerstämmig mus. polyphonic; *~ sång* sjungande part-singing; sångstycke part-song
flertal 1 *~et* majoriteten the majority; *det stora ~et* the great (vast) majority; *i ~et fall* in most (the majority of) cases **2** *ett ~* flera... [quite] a number of..., several...
flesta, *de ~ pojkar* most boys; *de ~ tycker att...* the majority think that...
flexa vard. be on (tillämpa apply) flexitime
flexibel flexible; *~ arbetstid* flexible working hours
flextid flexitime, flexible time
flicka girl; känsloberon. lass; poet. maid[en]
flickaktig girlish
flickjägare vard. skirt-chaser
flicknamn girl's name; tillnamn som ogift maiden name
flickscout guide, amer. girl scout
flicktycke, *ha ~* be popular with the girls
flickvän girlfriend
flik t.ex. på kuvert flap; hörn av plagg corner
flimmer flicker; hjärt~ fibrillation
flimra flicker; *det ~r för ögonen på mig* everything is swimming before my eyes
flin grin; hånleende sneer; skratt snigger
flina grin; hånle sneer; skratta snigger, cackle
flinga flake; *flingor* majsflingor, som maträtt cornflakes
flink quick; *vara ~ i fingrarna* have deft fingers
flint se äv. *flintskalle*; *han har börjat till ~* he is balding (beginning to go bald)
flinta flint
flintporslin koll. flintware, flint-clay china (porcelain)
flintskalle bald head (pate)
flintskallig bald, bald-headed
flintyxa flint axe

flipperspel pinball machine
flirt osv., se *flört* osv.
flisa skärva chip; splittra splinter; tunn bit flake
flit 1 allm. diligence **2** *med ~* avsiktligt on purpose, purposely
flitig diligent; arbetsam hard-working; om t.ex. biobesökare regular, habitual; ofta upprepad frequent; *göra ~t bruk av* make frequent (diligent) use of; *~a händer* busy hands
flock 1 flock; av vargar o.d. pack **2** bot. umbel
flocka, *~ sig* flock [together] [*kring* round]
flockinstinkt herd instinct
flod 1 river; bildl. flood; staden ligger *vid ~en Avon* ...on the river Avon **2** högvatten high (rising) tide; *det är ~* the tide is in; *vid ~* at high tide (water)
flodbädd riverbed
flodhäst hippopotam|us (pl. -uses el. -i); vard. hippo
flodmynning mouth of a (resp. the) river; bred, påverkad av tidvattnet estuary
flodstrand riverbank
flodvåg tidal wave; i flodmynning [tidal] bore
flop 1 vard., fiasko flop **2** sport. [Fosbury] flop
flopp se *flop 1*
1 flor tyg gauze; slöja veil
2 flor, *stå i* [*sitt*] *~ blomma* be in bloom; blomstra be flourishing
flora flora äv. bok; *en rik ~* mångfald *av...* a great variety of...
Florens Florence
florera grassera be prevalent (rife, rampant); blomstra flourish
florett sport. foil
florsocker icing (amer. confectioner's) sugar
floskler tomt prat empty (high-sounding, high-flown) phrases, flummery
1 flott I *adj* stilig smart, stylish, vard. posh; påkostad luxurious; frikostig generous; *en ~ [are] middag* a grand (vard. slap-up)... **II** *adv* smartly, luxuriously osv., jfr I; *leva ~* live in great style
2 flott grease; stek~ dripping; ister~ lard; fett fat
1 flotta 1 ett lands samtl. örlogs- o. handelsfartyg marine **2** sjövapen navy **3** samling fartyg fleet
2 flotta, *~ ned* med flott make...greasy
3 flotta float; med flotte raft
flottare floater; på flotte rafter
flottbas naval base
flotte raft
flottig greasy
flottilj sjö. flotilla; flyg. wing
flottist seaman
flottyr deep fat

flottyrkoka deep-fry, fry (cook)...in deep fat; *flottyrkokt* deep-fried
flottör float äv. flyg.
flox bot. phlox
fluffig fluffy
fluga 1 fly; fiske. äv. artificial fly; mode craze; *slå två flugor i en smäll* kill two birds with one stone **2** kravatt bow tie
flugfiske fly-fishing
flugfångare flycatcher äv. bot.; fly-trap
flugsmälla [fly-]swatter
flugsnappare zool. *grå (svartvit)* ~ spotted (pied) flycatcher
flugsvamp, *vanlig (röd)* ~ fly agaric
flugvikt o. **flugviktare** sport. flyweight
fluktuation fluctuation
fluktuera fluctuate
flummig narkotikapåverkad high; suddig muddled; svamlig woolly
flundra flounder
fluor kem., grundämne fluorine
fluorsköljning fluoride rinse
fly ge sig på flykt fly, flee [*för* before]; ta till flykten run away; undkomma escape; *lyckas* ~ escape
flyende på flykt fleeing, fugitive...; *de* ~ the fugitives
flyg 1 ~väsen aviation, flying; ~*et* flygbolagen the airlines pl.; flygningarna the flights pl. **2** ~plan plane; koll. planes; *med (per)* ~ by air **3** ~vapen air force
flyga I *itr* fly; ~ *i luften* explodera blow up, explode; tiden *flög* [*i väg*] ...flew **II** *tr* fly; via luftbro airlift
III med beton. part.
~ **av** blåsa av fly off; lossna come off [suddenly]
~ **omkring** fly (flit, rush, dash) about (around); virvla äv. whirl round
~ **på** rusa på [let] fly at, set upon
~ **upp** fly up; rusa upp start (spring) up; öppnas fly open
flygande flying; *i* ~ *fläng* in a terrific hurry, in double quick time; ~ *tefat* flying saucer
flyganfall air raid
flygare aviator; pilot pilot, isht mil. airman, kvinnl. airwoman
flygbas air base
flygbiljett air (plane) ticket
flygblad leaflet
flygbolag airline, airway, airline company
flygbuss flygplanstyp airbus; buss till flygplatsen airport bus (coach)
flygcertifikat pilot's certificate (licence)
flygel 1 wing äv. mil., polit. el. sport.; på bil wing, amer. fender **2** mus. grand [piano]
flygelbyggnad [detached] wing

flygfisk flying fish
flygfoto bild air (aerial) photograph
flygfrakt air freight
flygfä winged insect
flygfält airfield
flygfärdig om fågel [fully] fledged
flygförbindelse plane (air) connection; flygtrafik air service
flygkapare aircraft hijacker; vard. skyjacker
flygkapning aircraft hijacking; vard. skyjacking; *en* ~ an aircraft hijack; vard. a skyjack
flygkapten captain [of an (resp. the) aircraft (airliner)]
flyglarm air-raid warning (alarm), alert
flygledare air-traffic controller (control officer)
flyglinje airline
flygmaskin se *flygplan*
flygmekaniker air (aircraft) mechanic, aeromechanic
flygmyra winged ant
flygning 1 flygande flying; *avancerad* ~ aerobatics sg. **2** flygfärd flight
flygolycka air crash; mindre flying accident
flygpassagerare air passenger
flygpersonal air personnel
flygplan aeroplane (amer. airplane), vard. plane; aircraft (pl. lika); stort trafik~ airliner
flygplanskapare se *flygkapare*
flygplanskapning se *flygkapning*
flygplats airport
flygpost airmail
flygrädd, *vara* ~ be afraid of flying, have a fear of flying (going by air)
flygsjuka airsickness
flygsäkerhet air (flight) safety
flygtid flying (flight) time
flygtrafik air traffic (service)
flygtur flight
flygvapen mil. air force
flygvärdinna air hostess, flight attendant
1 flykt flygande flight äv. bildl.; schvung verve; *gripa tillfället i* ~*en* take time by the forelock
2 flykt flyende flight; rymning escape; *vild* ~ headlong flight; isht mil. rout; panikartad stampede
flyktförsök attempted escape
flyktig 1 kortvarig fleeting; övergående passing; *en (vid en)* ~ *bekantskap* a casual (on a passing el. cursory) acquaintance **2** kem. volatile
flyktighet 1 ombytlighet inconstancy **2** kem. volatility
flykting refugee; flyende fugitive
flyktingläger refugee camp
flyktväg escape route

flyt vard. *det är bra ~ i arbetet* the work is running smoothly
flyta I *itr* **1** float; rinna flow; ngt *har flutit i land* ...has been washed (has floated) ashore **2** ha vätskeform be fluid; om t.ex. bläck run **3** ekon., ha obestämt värde float; *låta dollarn ~ float...*
II med beton. part.
~ fram rinna flow along (forward)
~ i: färgerna *flyter i varandra* ...run into each other
~ ihop a) om floder meet **b)** bli suddig become blurred
~ in inbetalas be paid in; skänkas come in
~ ovanpå: *vilja ~ ovanpå* try to be superior
~ upp come (rise) to the surface
flytande I *adj* **1** på ytan floating; *hålla det hela ~* keep things going **2** rinnande flowing äv. bildl.; t.ex. om stil running; *tala ~ engelska* speak fluent English **3** i vätskeform liquid; ej fast fluid; *~ föda* liquid food **4** vag vague; *gränserna är ~* the limits are fluid (indefinite, shifting) **II** *adv* obehindrat fluently; *tala engelska ~* speak English fluently
flytning med. discharge; *~ar* från underlivet the whites
flytta I *tr* **1** *~ på* move **2** förlägga till annan plats transfer; *~ bort* remove **3** i spel move; *det är din tur att ~* äv. it is your move
II *itr* **1** byta bostad move; lämna en ort (anställning) leave; om fåglar migrate; *~ från staden* leave... **2** *~ på* move **III** *rfl*, *~ [på] sig* move; ändra läge shift one's position; maka åt sig make way (room)
IV med beton. part.
~ fram a) tr. move...forward; *~ fram stolen till* brasan draw (bring) the chair up to...; *~ fram klockan en timme* put the clock on (forward) an hour **b)** itr. move up
~ ihop a) tr. put (move)...together **b)** itr. [go to] live together; *~ ihop med ngn* move (live) in with a p.
~ in itr. move in; *~ in i* ett hus move into...
~ om omplacera move (shift)...about
~ ut a) tr.: omplacera move...out **b)** itr. move out; utvandra emigrate; *~ ut på landet* move out into the country
~ över tr. move, shift; föra över äv. transfer äv. bildl.; frakta över convey
flyttbar movable; bärbar portable; ställbar adjustable
flyttbil removal (furniture, amer. moving) van
flyttfirma removal firm
flyttfågel bird of passage
flyttkalas house-warming party

flyttkarl [furniture] remover; amer. mover
flyttlass vanful (vanload äv. fordon) of furniture
flyttning byte av bostad removal; *vi förlorade den under ~en* ...when we moved (were moving)
flyttningsanmälan notification of change of address
flytväst life jacket; amer. äv. life vest
flå skin; *~ skinnet av* djur skin...
flåsa puff [and blow], breathe hard (heavily); flämta pant
fläck spot; av något kladdigt smear; av blod, bläck etc. samt bildl. stain; *en bar ~* a bare patch (spot); *vi står på samma ~* bildl. we are still where we were, we are not getting anywhere
fläcka stain; *~ ned* ngt stain...all over
fläckfri spotless äv. bildl.; oförvitlig immaculate
fläckig 1 nedfläckad, smutsig spotted, soiled **2** med fläckar spotted; spräcklig speckled
fläckurtagning spot (stain) removal
fläckurtagningsmedel spot (stain) remover
fläckvis in patches (places)
fläder elder
fläka split; *~ upp* split (med t.ex. kniv slit)...open
fläkt 1 vindpust breeze, breath [of air]; schvung verve; *en ~ av* romantik an air of... **2** fläktapparat fan
fläkta I *tr* fan **II** *itr, det ~r* [*litet*] there is a light breeze **III** *rfl*, *~ sig* fan oneself
fläktrem fan belt
flämta 1 andas häftigt pant; *~ [av* t.ex. utmattning] gasp [with...] **2** *~* fladdra [*till*] flicker
flämtning (jfr *flämta*) **1** pant **2** flicker
fläng, *i flygande ~* in a terrific hurry, in double quick time
flänga, [*fara och*] *~* be dashing (rushing) about
fläns tekn. flange; i kragform collar
flärd fåfänglighet vanity; ytlighet frivolity; prål luxury, show
flärdfri natural, unaffected; anspråkslös modest
flärdfull fåfäng vain; nöjeslysten frivolous; prålsjuk showy
fläsk färskt pork; saltat el. rökt sid~ o. rygg~ bacon
fläskfilé fillet (amer. tenderloin) of pork
fläskig flabby, fleshy
fläskkarré loin of pork
fläskkorv pork sausage
fläskkotlett pork chop
fläsklägg fram hand (bak knuckle) of pork; tillagad ung. boiled pickled pork

fläskläpp, *ha (få)* ~ have (get) a thick (swollen) lip
fläskpannkaka [diced] pork pancake
fläsksvål bacon rind
fläsktärningar diced pork (resp. bacon)
fläta I *s* plait, braid; bakverk twist; *hon har flätor* she wears [her hair in] plaits (braids) **II** *tr* plait, braid; krans o.d. twine; ~ *korgar* plait (make) baskets
flöda flow äv. bildl.; ymnigt stream äv. om ljus; pour; vinet ~*de* ...flowed freely (like water)
flöde flow, flux
flöjt flute
flöjtist flutist, flautist
flört 1 flirtation äv. bildl. **2** pers. flirt
flörta flirt äv. bildl.
flörtig flirtatious
flöte float; *bakom ~t* vard. stupid, daft
FM (förk. för *frekvensmodulering*) radio. FM
f.m. förk. a.m., se vid. *förmiddag*[*en*]
f-moll mus. F minor
FN (förk. för *Förenta Nationerna*) UN
fnask gatflicka prostitute; amer. äv. hooker
fnatt, *få* ~ vard. go crazy (potty)
fnissa giggle
fnittra giggle
fnoskig vard. dotty, dippy
fnurra, *det har kommit (blivit) en ~ på tråden mellan dem* they have fallen out [with each other]
fnysa snort; ~ *åt* föraktfull sniff at
fnysning snort
fnöske tinder, touchwood
foajé foyer fr.; lobby; artist~ greenroom
fobi psykol. phobia
fock sjö. foresail
1 foder i kläder el. friare lining; *sätta ~ i* line; *med ~ av...* lined with...
2 foder ~*medel* feedstuff; isht torrt fodder; *ge korna ~* feed the cows, give the cows a feed
foderblad bot. sepal
foderväxt forage plant, fodder plant
1 fodra 1 sätta foder i line; ~*de kuvert* lined envelopes **2** med bräder, se *brädfodra*
2 fodra mata feed, isht med grovt foder fodder
fodral 1 case; av tyg o.d. cover; t.ex. skyddsdel på maskin box **2** vard. klänning sheath
1 fog, *ha [fullt]* ~ *för ngt* have every reason for a th.; *antagandet har* ~ *för sig* the assumption is reasonable
2 fog joint, seam; *knaka (lossna) i* ~*arna* bildl. be shaken to its (resp. their) foundations
foga I *tr* förena med fog join; friare el. bildl. add; bilaga o.d. attach; ~ *in* m.fl., se *infoga* osv. **II** *rfl,* ~ *sig* give in, yield; ~ *sig efter omständigheterna* accommodate (suit) oneself to circumstances; ~ *sig i sitt öde* resign oneself (yield, submit) to one's fate
fogde hist. ung. sheriff
foglig medgörlig accommodating; eftergiven, undfallande compliant
fokus foc|us (pl. -i el. -uses)
fokusera focus
folder folder
folie foil
folk 1 medborgare people; nation nation; *hela* ~*et* the entire population, the whole nation **2** människor people, vard. el. isht amer. äv. folk[s]; *mycket ~* many people; *vanligt ~* ordinary people; vem som helst äv. the man in the street; ~ *säger att...* äv. they say (it is said) that...
folkbildning 1 undervisning adult education **2** bildningsgrad standard of general education
folkbokföring national registration
folkdans folk dance; dansande folk dancing
folkdemokrati people's democracy
folkdräkt folk (national, traditional) costume
folketymologi popular etymology
folkgrupp ethnic group; som tillhör den *tyska* ~*en* ...ethnic Germans
folkhälsa public health
folkhögskola folk high school
folkilsken vicious; friare savage
folkkär very popular; om t.ex. kunglighet ...loved by the people; *vara* ~ äv. be a great popular favourite
folkledare leader of the people
folklig nationell national; populär popular; demokratisk democratic; folkvänlig folksy
folkliv gatuliv street life; *han betraktade* ~*et* [*på gatan*] he looked at the crowds [in the street]
folklivsforskning, [*jämförande*] ~ ethnology
folklore folklore
folkmassa crowd [of people]
folkminskning decrease in (of) [the] population
folkmord genocide
folkmusik folk music
folkmängd 1 antal invånare population **2** folkmassa crowd [of people]
folkmöte public (popular) meeting
folknöje popular entertainment (amusement)
folkomröstning popular vote, referendum
folkopinion, ~[*en*] public (popular) opinion
folkpark people's [amusement] park
folkpartiet ung. the Liberal Party
folkpartist member of the Liberal Party
folkpension state [retirement] pension
folkrepublik people's republic

folkräkning census [of population]
folkrörelse popular (nationell national) movement
folksaga folk tale
folksamling crowd, gathering of people; *det blev* (*uppstod*) [*en*] ~ a crowd of people collected
folksjukdom national (*friare* widespread) disease
folkskola hist. elementary school
folkskygg unsociable; shy äv. om djur
folkslag nation
folkstorm public outcry (uproar)
folkstyre democracy
folksägen folksaga popular legend
folktandvård national dental service
folktom om gata deserted, ...empty of people; om trakt o.d. sparsely inhabited, avfolkad depopulated
folktro popular belief
folkträngsel crowd[s pl.] [of people]
folktäthet density of population
folkvald popularly elected
folkvandring [general] migration
folkvett [good] manners
folkvimmel throng
folkvisa folk song
folkökning increase in (of) [the] population
folköl ung. medium-strong beer
1 fond bakgrund background, teat. äv. back [of the stage]
2 fond kapital fund
fondbörs stock exchange
fondkuliss teat. backdrop
fondmäklare stockbroker
fonduegryta fondue pot
fonetik phonetics sg.
fonetisk phonetic; ~ *skrift* phonetic transcription (notation)
fontanell anat. fontanel[le]
fontän fountain
forcera force; påskynda speed up; ~*d* intensifierad äv. intensified
forcerad ansträngd forced, strained; överdriven overdone; konstlad affected
fordom in times past; högtidl. in days of yore
fordon vehicle
fordra begära demand; yrka på insist on; göra anspråk på claim; *han ~r mycket* he demands (expects) a great deal; är mycket fordrande äv. he is very exacting; *det ~r mycket tid* it requires (demands) a lot of time
fordran demand; penning~ claim, debt
fordrande exacting; anspråksfull pretentious
fordras behövas be needed osv., jfr *behövas*
fordringar 1 demands; anspråk claims; vad som erfordras requirements; *ha stora* (*för stora*) ~ *på livet* ask a lot (too much) of life **2** penning~ claims; debts; jfr *fordran*
fordringsägare creditor
forehand tennis o.d. forehand äv. slag
forell trout (pl. lika)
form 1 form, *hennes runda* (*yppiga*) *~er* her ample curves; *i ~ av* a) t.ex. ett ägg in the shape of b) t.ex. en dagbok in the form of **2** sport. el. friare form; *inte vara i* (*vara ur*) ~ be out of (not be in [good]) form; friare äv. be [a little] out of sorts (off colour) **3** gjut~ o. bildl. mould, amer. mold; kok.: porslins~ dish; eldfast casserole; bak~ baking tin; *stöpt i samma* ~ made after the same pattern
forma form, shape; ~ *sig* form (shape, mould) itself (resp. themselves) [*till* into]
formalistisk formalistic
formalitet formality, form; *det är en ren* ~ it is a mere formality (merely a matter of form)
format size; data. el. om bok vanl. format; *i stort* ~ äv. large-sized
formation mil. el. geol. formation
formbar formable, amer. moldable; plastic
formbröd tin loaf
formel formul|a (pl. äv. -ae)
formell formal; *ett ~t fel* an error of form, a technical error
formfulländad ...perfect in form
formge design, style
formgivare designer
formgivning designing; modell, mönster design
formlära språkv. accidence
formlös mera eg. formless; friare vague, indistinct, ill-defined
formsak matter of form; *en ren* ~ a pure (mere) formality
formulera I tr formulate; t.ex. text word; t.ex. kontrakt draw up; t.ex. plan frame **II** rfl, ~ *sig* express oneself, put one's thoughts into words
formulering formulation; wording, framing; jfr *formulera*
formulär blankett form, amer. äv. blank
forn förutvarande former; forntida ancient
fornengelska Old English
fornfynd ancient (förhistoriskt prehistoric, arkeologiskt archaeological) find
forngrav ancient grave
fornminne relic (monument) of antiquity (of the past); skylt ancient monument
fornnordisk Old Norse
forntid förhistorisk tid prehistoric times; *~en* före medeltiden antiquity; ~ *och nutid* past and present

forntida ancient
fors rapids pl.; vattenfallsliknande cataract; friare o. bildl. stream
forsa rush; friare gush; *blod ~de ur såret* blood gushed from the wound; *regnet ~r ned* the rain is coming down in torrents (buckets)
forska search; vetenskapa carry on (do) research[-work]; *~ i* inquire into, investigate
forskarassistent univ. junior research fellow
forskare lärd scholar; naturvetenskapsman scientist; expert expert; med spec. uppgift research-worker
forskning vetenskaplig research; study; undersökning investigation; inquiry
forskningsresande explorer
forsla transport, carry; *~ bort* carry away, remove
forsythia bot. forsythia
1 fort mil. fort
2 fort i snabbt tempo fast; på kort tid quickly, vard. quick; raskt rapidly, speedily; snart soon; *~ast möjligt* as fast (osv.) as possible; *det gick ~ för honom att...* it didn't take him long to...; *låt det gå ~!* mind you are quick about it!, and be snappy about it!
forta, *[vilja] ~ sig* om klocka [be inclined to] gain
fortbildning further education (training); *~ på arbetsplatsen* in-service (in-company) training
fortbildningskurs continuation course
forte mus. **I** *s* forte it. **II** *adv* forte it.
fortfarande still
fortgå go on
fortkörare speeding offender
fortkörning trafikförseelse speeding offence; *få böta för ~* vanl. be fined for speeding
fortleva live on, survive
fortlöpande continuous; rullande rolling; om kommentar o.d. running; om serie consecutive
fortplanta, *~ sig* breed, propagate; sprida sig spread; *~ sig* genom delning reproduce oneself...
fortplantning breeding, propagation
fortplantningsförmåga biol. capacity for (power of) reproduction
fortplantningsorgan reproductive (sexual) organ
fortsatt *adj* fortlöpande continuous; återupptagen resumed; ytterligare further; senare subsequent; *få ~ hjälp* continue to receive assistance
fortskaffningsmedel [means (pl. lika) of] conveyance

fortskrida proceed; framskrida advance
fortskridande progressive
fortsätta continue, go (keep) on; *~ med* övergå till *att spela* Mozart go on to play...; *fortsätt [bara]!* go (carry) on!, go ahead!; *~ den här vägen* keep on along this road
fortsättning continuation; *~ [följer]* [to be] continued
forum forum; *rätt ~* the proper forum (quarter, place)
forumnär *adj* grully
forward sport. forward, striker
fosfat kem. phosphate
fosfor kem. phosphorus
fossil I *s* fossil **II** *adj* fossil
foster foetus; amer. vanl. fetus; bildl. creation
fosterbarn foster-child, fosterling
fosterdotter foster-daughter
fosterförälder foster-parent
fosterhem foster-home
fosterhinna anat. membrane of the foetus (amer. vanl. fetus)
fosterland [native] country; *försvara ~et* defend one's country
fosterlandskärlek patriotism, love of one's country
fosterljud med. foetal (amer. vanl. fetal) souffle
fosterländsk patriotic
fosterrörelser med. foetal (amer. vanl. fetal) movements
fosterson foster-son
fosterutveckling development of the foetus (amer. vanl. fetus)
fostervatten anat. amniotic fluid
fostra bring up; isht amer. raise; alstra foster, breed
fostran bringing up osv., jfr *fostra*; fosterage; *fysisk ~* physical training
fostrare fosterer äv. bildl.
fot foot äv. friare; på bord stand; *sätta sin ~ [hos ngn]* set foot [in a p.'s house]; *hela världen ligger för hans fötter* the whole world is at his feet; *försätta på fri ~* set free (at liberty); *stå på god (förtrolig, vänskaplig) ~ med ngn* be on excellent (intimate, friendly) terms with a p; *till ~s* on foot
fota vard., fotografera **I** *tr* take a shot (photo) of **II** *itr* take photos
fotbad footbath
fotboll 1 bollen football **2** spelet [association] football; vard. el. amer. soccer
fotbollförbund football association
fotbollslag football (soccer) team (side)
fotbollsmatch football (soccer) match
fotbollsplan football ground; spelplanen vanl. football field (pitch); *~en* vard. äv. the park

fotbollsspelare footballer, football (soccer) player
fotbroms footbrake; på cykel coaster (back-pedal) brake
fotfäste foothold äv. bildl.; *få* ~ get (gain, secure) a foothold (footing) äv. bildl.
fotgängare pedestrian
fotknöl ankle
fotled ankle joint
fotnot footnote
foto photo (pl. -s)
fotoaffär camera shop
fotoalbum photo album
fotoateljé photographer's studio
fotoautomat photo booth
fotocell photocell, photoelectric cell
fotogen paraffin [oil]; isht amer. kerosine
fotogenkök paraffin (amer. kerosine) [cooking] stove
fotogenlampa paraffin (amer. kerosine) lamp; ibl. oil lamp
fotograf photographer
fotografera I *tr* photograph; *[låta]* ~ *sig* have one's photo taken **II** *itr* photograph, take photographs (photos)
fotografering fotograferande photographing
fotografi 1 konkr. photograph; **2** som konst photography
fotografisk photographic
fotokopia av handling o.d. photocopy
fotokopiera photocopy
fotomodell photographer's model
fotpall footstool
fotsid, ~ klänning ...that reaches [down] to the (one's) feet, ankle-length...
fotspår footprint; *gå (följa) i ngns* ~ follow (walk, tread) in a p.'s footsteps
fotsteg 1 steg step; *höra [ljudet av]* ~ hear footsteps **2** på vagn footboard; på bil running-board
fotsula sole of a (resp. the) foot
fotsvett, ha ~ have sweaty (perspiring) feet pl.
fotvandring vandrande walking, vard. hiking; utflykt walking-tour, vard. hike
fotvård care of the feet; med. chiropody; pedikur pedicure
fotvårdsspecialist chiropodist
fotända foot [end]
foxterrier fox terrier
foxtrot foxtrot; *dansa* ~ do (dance) the foxtrot
frack tail coat; vard. tails, white tie; ~*kostym* dress suit; *klädd i* ~ in [full] evening dress; vard. in a white tie, in tails
frackskjorta dress shirt
fradga I *s* froth, foam; *tugga* ~ om häst foam, be champing foam **II** *itr* o. *rfl,* ~ *sig* foam, froth
fragment fragment
frakt 1 last: sjö. freight; järnvägs~ el. flyg~ goods; amer. äv. freight **2** avgift: sjö. el. flyg. freight; järnvägs~ carriage, amer. äv. freight; ~ *betald* freight (carriage) paid
frakta sjö. freight; med järnväg, bil carry; amer. äv. freight; ~ *bort* forsla undan remove
fraktfritt frakt betald carriage (freight) paid (prepaid)
fraktgods koll. *som* ~ järnv. by goods train
fraktion grupp section
fraktsedel hand. consignment note; sjö. bill of lading
fraktur med. fracture
fram 1 rum: **a)** om rörelse: framåt on m.m.; ut out; till platsen (målet) there; *jag måste* ~*!* I must get through!; *sätta* ~ *en stol åt ngn* bring [up] a chair for a p.; *ta* ~ take out **b)** om läge: framtill forward, in front; på framsidan in front; *sitta långt* ~ sit far forward (well in front) **2** tid: *längre* ~ later on; *långt* ~ *på dagen* late in the day; *till långt* ~ *på natten* until well (far) [on] into the night; *ända* ~ *till...* right up to...
framaxel tekn. front axle
framben foreleg
frambringa bring forth; skapa create; alstra produce; fys. generate; ~ *ett ljud* produce (bring forth) a sound
framdel front [part], forepart
framdäck bil. front tyre (amer. tire)
framemot, ~ *kvällen (sjutiden)* towards evening (seven o'clock)
framfart, *[våldsam]* ~ härjning[ar] harrying[s pl.], ravaging[s pl.]; *hans [vilda (våldsamma)]* ~ his rampaging[s pl.]; körning his reckless driving
framfot forefoot; *visa framfötterna* bildl. show one's paces; briljera show off
framfusig påträngande pushing; gåpåaraktig aggressive; oblyg unblushing
framför I *prep* **1** eg. before; *driva...*~ *sig* drive...before one **2** bildl.: före before; över above; ~ *allt* above all; *föredra te* ~ *kaffe* prefer tea to coffee **II** *adv* in front; *han är långt* ~ he is far ahead
framföra 1 överbringa convey äv. uttala; *framför min hälsning till...!* give (present) my compliments (my kind regards) to...!, please remember me to...!; ~ *ett önskemål (sitt tack)* express a wish (one's thanks) **2** uppföra, förevisa present, put on; musik perform; sjunga sing; spela play **3** fordon drive
framförallt above all

framförande sätt att framföra (föredrag o.d.) delivery; av musik performance
framförhållning planering long-term planning, planning in advance
framgå märkas be clear (evident); *som ~r av exemplen* as will be seen (is evident) from the examples...
framgång success; *ha ~ i...* be successful (succeed, prosper) in...
framgångsrik successful
framhjul front wheel
framhjulsdriven bil. front-wheel driven
framhålla påpeka point out; call attention to; betona emphasize, stress; särskilt understryka give prominence to; *~...som ett mönster (en förebild)* hold...up as a model
framhärda persist, persevere; *~ i att* inf. persist in ing-form
framhäva låta framträda bring out; *klänningen framhävde hennes figur* the dress showed off her figure
framifrån from the front
framkalla 1 frambringa call (draw) forth; åstadkomma bring about; förorsaka occasion, cause; *~ cancer* cause (induce, give rise to) cancer **2** foto. develop
framkallning foto., framkallande development, developing
framkasta se *kasta [fram]*
framkomlig om väg accessible, passable, trafficable; om vatten navigable; friare practicable
framkomst ankomst arrival; *vid ~en* on arrival, when he arrives (arrived etc.)
framliden, *framlidne...* the late...
framlägga se *lägga [fram]*
framlänges forward[s]; *åka ~ på tåg* ride (sit) facing the engine
frammana frambesvärja conjure up
frammarsch advance äv. bildl.; *vara på ~* be advancing (on the march); bildl. be gaining ground
framme 1 i förgrunden in front; *han står här ~* he is standing [up] here **2** framtagen, framlagd osv. out; *maten står ~* the meal is on the table **3** framkommen there; *vara ~* äv. be at one's destination, have reached one's destination; *när är vi ~?* vanl. when do we get there? **4** i spec. bet.: *hålla sig ~* keep oneself [well] to the fore; skaffa sig fördelar be on the look-out for what one can get [hold of]; *nu har han varit ~ igen* now he has been at it again
framryckning advance
framsida front [side]; på mynt obverse; på tyg right side

framskjuten advanced äv. mil.; bildl. prominent
framskrida fortgå progress
framskriden advanced; *långt ~ cancer* an advanced stage of cancer; *i ett framskridet stadium* at an advanced stage
framskymta be discernible (distinguishable); *låta ~ att...* let it appear that..., give an intimation that...
framskärm på bil front wing; front mudguard äv. på cykel; amer. front fender
framsteg progress (end. sg.); *ett ~* a step forward, an improvement; *göra stora ~* make much (great) progress (great headway, great strides)
framstupa flat [on one's face]; *falla ~* äv. fall prone
framstå visa sig [vara] stand out; *detta ~r som omöjligt* this appears impossible
framstående bemärkt prominent; högt ansedd eminent
framställa *tr* **1** skildra describe, relate; livligt skildra portray; *~ ngn som en hjälte* skildra represent a p. as a hero **2** tillverka produce, make; kem. o.d. prepare
framställan se *framställning 2*
framställning 1 beskrivning description, representation **2** förslag proposal; proposition; *på ~ av...* at the instance (on the recommendation) of... **3** tillverkning production; kem. o.d. preparation
framstöt mil. [forward] thrust, drive; bildl. energetic (strong) move
framsynt förutseende far-seeing; förtänksam far-sighted; *~a människor* people with foresight
framsynthet förutseende foresight
framsäte front seat
framtand front tooth
framtid future; *det får ~en utvisa* time will show; *någon gång i ~en* at some future date; *i en nära ~* el. *inom den närmaste ~en* in the near future
framtida future
framtidstro belief in the future
framtidsutsikter future prospects
framtill in front; i främre delen in the front part
framtoning sätt att framträda image; *en folklig ~* a popular image
framträda 1 uppträda appear; *~ i radio* broadcast [on the radio]; *~ i tv* appear on TV **2** avteckna sig stand out
framträdande I *s* uppträdande appearance **II** *adj* viktig prominent, distinguished; påfallande conspicuous; *ett ~ inslag i debatten* a salient feature...

115

framtung ...heavy at the front; flyg. nose-heavy
framvagn bil. front of a (resp. the) car
framåt I *adv* ahead äv. bildl.; vidare onward[s]; *ett steg* ~ a (one) step forward; *se* (*titta*) [*rakt*] ~ look straight forward (on) **II** *prep* fram emot [on] toward[s]; ~ *kvällen* towards evening **III** *adj* vard. *vara* ~ [*av sig*] be very go-ahead
framåtanda enterprise, go-ahead spirit
framåtböjd ...bent forward; *gå* ~ walk with a stoop
framåtsträvande bildl. go-ahead
framöver *adv* forward; *för* (*under*) *flera år* ~ for several years ahead (to come)
franc myntenhet franc
frank frank
frankera sätta frimärke på stamp
Frankrike France
frans fringe; *~ar* slitet ställe på t.ex. kläder frays
fransig trasig frayed
fransk French
franska 1 språk French; jfr *svenska 2* **2** se *franskbröd*
franskbröd vitt bröd white bread; småfranska [French] roll; långfranska French loaf
fransktalande French-speaking; *vara* ~ speak French
fransman Frenchman; *fransmännen* som nation el. lag o.d. the French
fransysk French; ~ *visit* flying visit (call)
fransyska 1 kvinna Frenchwoman; jfr *svenska 1* **2** slakt., oxkött rumpsteak piece
frapperande slående striking; förvånande astonishing
fras uttryck phrase äv. mus.
frasa rustle
fraseologi phraseology
frasig crisp
fred peace; *sluta* ~ conclude, make peace; *lämna ngn i* ~ leave a p. alone (in peace); *låt mig vara i ~!* do give me a little peace!
freda protect; ~ *sitt samvete* appease one's conscience; ~ *sig* protect oneself
fredag Friday; *~en den 8 maj* adv. on Friday, May 8th; *förra ~en* last Friday; *nästa* ~ nu följande next Friday; *i ~s* [*morse*] last Friday [morning]; *i ~ens tidning* in Friday's paper; vi träffas *på* ~ ...next Friday; *på ~arna* on Fridays; [*på*] ~ *morgon* Friday morning
fredagskväll Friday evening (senare night); *en* ~ a (som adv. one, on a) Friday evening (night)
fredagstidning Friday paper
fredagsväder, *fredagsvädret* the weather on Friday

fredlig peaceful; fridsam peaceable; *på ~ väg* in a peaceful way, by peaceful means, pacifically
fredlös outlawed; *en* ~ an outlaw
fredsaktivist peace activist
fredsfördrag peace treaty
fredsförhandlingar peace negotiations (talks)
fredsmäklare peace mediator
fredspipa pipe of peace
fredsplikt embargo on strikes and lockouts
fredspris, *~et* Nobels the [Nobel] Peace Prize
fredsrörelse peace movement
fredstid, *i* (*under*) ~ in time[s] of peace
fredsvillkor peace terms
freestyle kassettbandspelare i fickformat Walkman®
frekvens frequency äv. radio.
frekvent frequent
frekventera nöjeslokal o.d. frequent
frenetisk om t.ex. bifall frenzied, frantic; om iver frenetic
freon Freon®
fresia bot. freesia
fresk konst. fresco (pl. -s el. -es)
fresta I *tr* **1** söka förleda tempt; *känna sig* (*vara*) *~d att* + inf. feel tempted (svag. inclined) to + inf. **2** ~ *lyckan* try one's fortune **II** ~ '*på* vara påfrestande be a strain [*ngt* on a th.]
frestande tempting
frestelse temptation; *falla för en ~* (*för ~r*) yield (give way) to temptation
fri free; öppen open; *~tt inträde!* entrance (admission) free; *i ~a luften* in the open [air], out of doors; *bli* ~ a) lössläppt be set free, be set at liberty b) oransonerad come off the ration; *bli ~ från ngt* befriad från, av med get rid of a th.; *ordet är ~tt* the meeting (floor) is open for discussion, everyone is now free to speak
1 fria frikänna acquit; *hellre ~ än fälla* one should always give people the benefit of the doubt
2 fria eg. ~ [*till ngn*] propose [to a p.]
friare suitor
fribiljett [free] pass; teat. o.d. äv. free (complimentary) ticket
fribrottning sport. all-in wrestling
frid peace; fridfullhet serenity; lugn tranquillity; *allt är ~ och fröjd* everything in the garden is lovely, everything is all right
fridag free day
fridfull peaceful
fridlysa djur, växt o.d. place...under

protection; *fridlyst område* naturskyddsområde nature reserve
fridsam peaceable, placid
frieri proposal
frige släppa lös free; ~ *ngn* skänka friheten give a p. his freedom
frigid frigid
frigiditet frigidity
frigivning setting free, emancipation
frigjord fördomsfri open-minded; emanciperad emancipated, liberated
frigjordhet fördomsfrihet open-mindedness; emancipation emancipation
frigång permission parole
frigöra I *tr* bildl. liberate **II** *rfl*, ~ *sig* bildl., befria sig free (liberate) oneself, make (set) oneself free, emancipate oneself
frigörelse befrielse liberation, release; emancipation emancipation
frihandel free trade
friherre baron
frihet freedom; isht som mots. till fångenskap liberty; oberoende independence; *ha full ~ att välja* enjoy full liberty of choice
frihetskamp fight (struggle) for freedom (liberty)
frihetskrig war of independence
frihetsstraff imprisonment
frihjul free wheel; *åka* (*köra*) *på ~* free-wheel, coast
friidrott athletics, track and field sports
frikadell forcemeat ball, quenelle
frikalla från plikt o.d. exempt äv. mil.; från löfte o.d. release; ~*d från värnplikt* exempt from military service
frikast sport. free throw
frikoppla I *tr* motor disengage; bildl. release **II** *itr* trampa ur kopplingen disengage the clutch
frikort [free] pass
frikostig liberal
frikostighet liberality
friktion friction
friktionsfri frictionless, ...without friction
frikyrka Free Church
frikyrklig Free Church; jfr *frireligiös*
frikänna acquit; find...not guilty
frikännande acquittal
frilans freelance
frilansa free-lance
friluftsdag ung. sports day
friluftsliv outdoor life
friluftsmänniska outdoor type
friluftsteater open-air theatre
friläge, *lägga växeln i ~* put (slip) the gear into neutral
frimodig käck frank, open; oförsagd candid; rättfram outspoken

frimurare freemason, mason
frimärke stamp; *sätta ett ~ på ett brev* put (vard. stick) a stamp...
frimärksaffär butik stamp-dealer's
frimärksalbum stamp album
frimärksautomat stamp machine
frimärkshäfte book of stamps
frimärkssamlare stamp collector
frimärkssamling stamp collection
fripassagerare stowaway
friplats t.ex. i skola free place; på teater o.d. free seat
frireligiös nonconformist, unorthodox; *vara ~* be a nonconformist
1 fris arkit. frieze
2 fris folkslag Frisian
frisbee frisbee
frisedel mil. exemption warrant
frisera 1 eg. ~ *ngn* do (dress) a p.'s hair **2** bildl. cook
frisersalong hairdressing saloon
frisim freestyle [swimming]
frisinnad liberal
frisk 1 kry well mest pred.; vid god hälsa healthy; återställd recovered; ~ *och kry* hale and hearty **2** övriga bet. fresh; [*en*] ~ *aptit* a keen (hearty) appetite; ~*a krafter* renewed (fresh) strength sg. (vigour sg.); *hämta lite ~ luft* get some [fresh] air, take the air
friska I *tr,* ~ *upp* freshen up äv. bildl. **II** *itr, det* (*vinden*) ~*r* 'i the wind is getting up (rising)
friskhet fräschhet freshness
friskintyg certificate of health
friskna, ~ *till* recover
frisksportare vard. keep-fit type, health freak (nut)
friskus, *han är en riktig ~* he's always ready (game) for anything, he's a real lad
friskvård keep-fit measures
frispark sport. free kick; *lägga en* (*döma*) ~ take (award) a free kick
frispråkig outspoken
frispråkighet outspokenness
frissa vard. [ladies'] hairdresser
frist anstånd respite; föreskriven tidrymd time (period) assigned
fristad skyddad uppehållsort sanctuary
fristående eg. free-standing; om t.ex. hus detached; separat separate, self-contained
friställa, ~ *arbetskraft* release (permittera lay off) manpower (labour)
friställd redundant
frisyr hair style; kamning style of hairdressing; coiffure (fr.), äv. konkr.
frisyrgelé hair-styling gel
frisör hairdresser

frisörska hairdresser
fritaga I *tr* **1** med våld rescue **2** från skyldighet o.d. release; från ansvar relieve **II** *rfl*, *~ sig från ansvar* disclaim responsibility [*för* for]
fritera deep-fry
fritid spare time, leisure; ledig tid time off; *på ~en* in leisure (off-duty) hours, in one's leisure time (spare time, time off)
fritidsbåt pleasure boat, pleasure craft
fritidsgård [youth] recreation centre
fritidshem after-school recreation centre
fritidshus ung. holiday (weekend) cottage, summer house
fritidskläder leisure (casual) wear, sportswear
fritidsledare recreation leader
fritidsområde recreation area (ground)
fritidspedagog recreation instructor (leader)
fritidssysselsättning leisure (spare-time) pursuit (occupation)
fritt freely; obehindrat unobstructedly; utan tvång unconstrainedly; efter behag at will; öppet openly, unreservedly; avgifts*~* free [of charge]
frivillig I *adj* voluntary **II** *subst adj* mil. volunteer; *gå med som ~* volunteer
frivillighet voluntariness
frivilligt voluntarily, of one's own free will
frivol lösaktig loose; oanständig indelicate
frivolt gymn. somersault
frodas thrive
frodig luxuriant äv. bildl.; isht om gräs lush; om pers. el. djur fat
frodighet luxuriance etc.; jfr *frodig*
from gudfruktig pious; *en ~ önskan* a pious hope, an idle wish
fr.o.m. förk., se *från* [*och med*]
fromage kok., ung. [cold] mousse
fromhet piety; gentleness
fromsint meek, good-natured
front front äv. bildl.; meteor. el. mil. äv. front line; *göra ~ mot* bildl. face; *vid ~en* mil. at the front
frontalkrock head-on collision
1 frossa, *ha ~* köldrysningar have the shivers
2 frossa 1 guzzle; gorge (glut, stuff) oneself **2** bildl.: *~ i...* revel (luxuriate) in...; otyglat hänge sig åt wallow in...
frossare 1 eg. glutton, guzzler **2** bildl. reveller
frossbrytning fit of shivering (ague)
frosseri 1 eg. gormandizing, guzzling **2** bildl. revelling, revelry
frosskakning fit of shivering (ague)
frost frost; rim*~* hoarfrost
frosta, *~ av* defrost

frostbiten frostbitten
frostig frosty
frostnatt frosty night
frostskadad ...damaged by frost
frostskyddsvätska antifreeze
frotté terry [cloth]
frottéhandduk terry (Turkish) towel
frottera, *~* [*sig*] rub [oneself]
fru gift kvinna married woman (lady); hustru wife; *~ Ek* Mrs. Ek
frukost morgonmål breakfast; *äta ~* have (isht amer. eat) breakfast; för fler ex. jfr *middag 2*
frukostbord breakfast table; *vid ~et* vid frukosten at breakfast
frukostmiddag early dinner
frukostrum breakfast room
frukt bot. el. friare fruit; koll. fruit[s pl.]; *färsk ~* fresh fruit[s]
frukta I *tr* fear; fasa för dread; ledigare be afraid; *~ det värsta* fear the worst **II** *itr*, *~ för sitt liv* be in fear of one's life
fruktaffär butik fruit shop, fruiterer's
fruktan rädsla fear; stark. dread; respektfylld awe; *av ~ för att* de skulle upptäcka honom for fear [that]...
fruktansvärd terrible, awful, dreadful samtl. äv. friare; *en ~ röra* an awful mess
fruktansvärt terribly osv., jfr *fruktansvärd*
fruktbar bördig fertile; givande o.d. fruitful, profitable; *~t samarbete* fruitful co-operation
fruktbarhet fertility; fruitfulness; jfr *fruktbar*
fruktkniv fruit knife
fruktkräm ung. stewed fruit purée [thickened with potato flour]
fruktkött pulp
fruktlös unavailing, futile
fruktodling odlande fruit growing; konkr. fruit farm
fruktsaft fruit juice
fruktsallad fruit salad
fruktsam om kvinna fertile
fruktskål fruit dish
fruktsocker fruit sugar
fruktträd fruit tree
fruktträdgård orchard
fruntimmer neds. female (pl. women); isht amer. dame
fruntimmerskarl ladies' man
frusen 1 om saker frozen; frostskadad frost-bitten; *fruset kött* frozen (refrigerated, mindre starkt chilled) meat **2** om pers. *känna sig ~* feel chilly (frozen)
frusta snort
frustrera frustrate
fryntlig vänlig genial; jovialisk jovial

frys freezer
frysa I *itr* **1** till is freeze; *vattnet (rören) har frusit* the water is (the pipes are el. have) frozen **2** bli frostskadad get frost-bitten; *potatisen har frusit* the potatoes are frost-bitten **3** om pers. be (feel) cold; stark. be freezing; *jag fryser om händerna* my hands are cold **II** *tr* **1** matvaror freeze **2** t.ex. löner, priser freeze; *~ en bild* i t.ex. tv freeze a picture
III med beton. part.
~ **fast** freeze
~ **igen** freeze, get frozen; sjön *har frusit igen* ...has frozen over
~ **ihjäl** freeze to death
~ **in** t.ex. matvaror freeze
~ **sönder:** *rören har frusit sönder* the frost has burst the pipes
~ **till** freeze over; jfr *~ igen*
~ **ut ngn** freeze ap. out, send ap. to Coventry
frysbox [chest] freezer
frysdisk frozen-food display, refrigerated counter (cabinet)
frysfack freezing-compartment
fryspunkt freezing-point
frysskåp [upright cabinet] freezer
frystorka freeze-dry
fråga I *s* question; sak matter; som ämne för diskussion issue; *~n är om* vi har råd the question is whether...; *det är [just] det ~n gäller* that is [just] the point; *boken i ~* ...in question, ...concerned, ...referred to; ofta this...; *han kan inte komma i ~* he is out of the question (is ruled out)
II *tr* o. *itr* ask; utfråga interrogate; söka svar i (hos) question; *får jag ~ dig om en sak?* may I ask you a question?; *~ efter ngn* ask (för att hämta call) for ap.; intresserat ask after ap. (ap.'s health); *~ ngn om vägen* ask ap. the way
III *rfl*, *~ sig* ask oneself, wonder; *det kan man [verkligen] ~ sig!* you may well ask!
IV med beton. part.
~ **sig fram** ask one's way
~ **sig för** inquire
~ **om** på nytt ask again
~ **ut ngn** question ap., interrogate ap.
frågeformulär questionnaire
frågespalt i tidning Readers' Queries
frågesport quiz
frågetecken question mark äv. bildl., mark of interrogation
frågvis inquisitive
frågvishet inquisitiveness
från 1 allm. from; bort *(ned) ~* off; *~ och med* (förk. *f.o.m.* el. *fr.o.m.*) *den 1 maj* as from (amer. as of) May 1st; *~ och med den dagen* var han... from that very day...; *~ och med nu* skall jag from now on...; *~ det ena till det andra* from one thing to another; apropå by the way, incidentally **2** i prep.-uttr. of; *hr A. ~ Stockholm* Mr A. of Stockholm; *undantaget ~ regeln* the exception to the rule; *en kyrka ~ 1100-talet* a 12th century church
frånfälle decease, death
frånkänna, *~ ngn* auktoritet (originalitet) deny ap.'s...
frånsett, *~ att* apart from the fact that
frånsida på mynt reverse
frånskild om makar divorced; *en ~* subst. adj. a divorced person, a divorcee
frånstötande repellent, forbidding; vämjelig repugnant; *verka ~ på ngn* repel ap.
frånsäga, *~ sig* t.ex. ett uppdrag decline; t.ex. ansvar disclaim; världen[s nöjen] renounce
fråntaga se *ta* [*ifrån*]
frånträda avgå från retire from, relinquish; *~ ämbetet* äv. vacate the post, retire [from the post]
frånvarande 1 eg. absent; *de ~* subst. adj. those absent; vid möte o.d. äv. the absentees **2** tankspridd absent[-minded]; upptagen av sina tankar preoccupied; om blick vacant
frånvaro absence; *lysa med sin ~* be conspicuous by one's (its) absence
fräck 1 oförskämd impudent, insolent; vard. cheeky; amer. äv. fresh; vågad, om t.ex. historia risqué fr.; indecent; *~ i mun* rude, coarse; *han var ~ nog att* +inf. he was so impudent as to +inf. **2** vard., klatschig o.d. striking, bold
fräckhet impudence, audacity; vard. cheek; *hans ~er* yttranden his impudent remarks (uppförande behaviour sg.); *ha ~en att* +inf. have the impudence (etc. cheek vard.) to +inf.; be so impudent as to +inf.
fräckis fräck historia smutty (dirty) story (joke)
fräken bot. horsetail
fräknar freckles; *få ~* become freckled
fräknig freckled
frälsa save, redeem
frälsare saviour; *Frälsaren* our Saviour
frälsning salvation
Frälsningsarmén the Salvation Army
frälsningssoldat Salvationist
frälst 1 i frikyrkan *bli ~* find salvation, see the light **2** vard. *vara ~ på ngt* be gone (sold) on ath., have a yen for ath.
främja promote, further
främjande I *s* promotion; encouragement
II *adv, verka ~ för* promote, encourage

främling stranger; utlänning foreigner; jur. alien
främlingshat hostility towards foreigners
främlingskap om utlänning alien status; bildl. estrangement
främlingspass alien's passport
främmande I adj obekant strange, unfamiliar; utländsk foreign; ~ *ansikte* strange (unfamiliar) face; [*fullkomligt*] ~ *människor* [perfect] strangers; tanken *är mig* ~ obekant ...is unfamiliar to me; strider mot min natur ...is alien to me (to my nature) **II** s gäster guests, visitors, company; *vi fick (det kom)* ~ some people came to see us; *de har ofta (mycket)* ~ they entertain a great deal
främre front
främst först first; längst fram in front; om rang, ställning foremost; huvudsakligen principally; *gå* ~ go first, walk in front
främsta förnämsta foremost; viktigaste chief; ledande leading; första first, front; *vår främste nu levande* författare our foremost living...
från 1 om lukt, smak rank; härsken rancid; skarp pungent äv. bildl.; sarkastisk caustic; ~ *kritik* pungent (biting) criticism **2** vard., tuff, flott snazzy
frändskap kinship; kem. el. bildl. affinity
1 fräs tekn. [milling] cutter, mill; jordfräs
2 fräs fart *för full* ~ at full speed
1 fräsa tekn. mill
2 fräsa I itr hiss; brusa fizz; vid stekning sizzle, frizzle; om katt spit **II** tr hastigt steka fry; ~ *smör* heat butter; ~ *upp* värma upp fry up
fräsch fresh; obegagnad new; ren clean
fräscha, ~ *upp* freshen up; bildl. refresh, brush up
fräschhet o. **fräschör** freshness; newness
fräta I tr o. itr, ~ [*på*] ngt, om syra o.d. corrode, eat into, erode; *~nde syra* corrosive acid
II med beton. part.
~ **bort** eat away, corrode away; erode
~ **sönder** corrode, eat holes (a hole) in
~ **upp** eat away, corrode [...completely]
frö seed; koll. seed[s pl.]
fröa, ~ *sig* run (go) to seed, seed
fröjd glädje joy; lust delight; *en* ~ *för ögat (örat)* a delight to the eye (the ear)
fröjdas rejoice, delight
fröken ogift kvinna unmarried woman; ung dam young lady; lärarinna teacher; som titel Miss (Ms); *Fröken!* a) i butik etc. Miss!; till uppasserska Waitress!; vard. Miss! b) till lärarinna Miss!; *fröknarna Ek* the Miss Eks; *Fröken Ur* the speaking clock

frömjöl bot. pollen
fuchsia bot. fuchsia
fuffens hanky-panky; *ha något* ~ *för sig* be up to some trick (to mischief)
fuga mus. fugue
fukt damp; väta moisture; fuktighet[sgrad] humidity
fukta moisten, damp; ~ *läpparna* wet (moisten) one's lips
fuktfläck damp stain
fuktfri torr ...free from damp
fuktig damp; isht ständigt moist; råkall damp, dank; klibbig clammy; *~a händer* clammy (moist) hands; *~t klimat* moist (damp) climate
fuktighet 1 dampness; moistness; jfr *fuktig* **2** fukt moisture
fuktskada damage sg. due to damp; om fläck damp stain
ful ugly; alldaglig plain; amer. äv. homely; i moralisk bem. bad; ~ *fisk* bildl. ugly customer; *~a ord* bad language sg.; ~ [*o*]*vana* nasty habit
fuling otäcking nasty customer, rotter; ful person fright, ugly face
full 1 fylld o.d. full; isht bildl. filled; *en korg* ~ *med frukt* äv. a basketful of...; *det var ~t där* i rummet (kupén etc.) the room (compartment etc.) was full, there was no more room there **2** hel full; complete; *på ~t allvar* quite seriously, in real (dead) earnest; *~t förtroende* complete confidence; *i* ~ *gång* in full swing, at full blast; *ha* ~ *tjänst* be a full-time employee (i skola teacher); *till ~o* in full, to the full, fully; se äv. ex. under resp. huvudord samt *fullt* **3** onykter drunk vanl. pred.; intoxicated; vard. tipsy, *supa sig* ~ get drunk
fullastad fully loaded
fullbelagd full, full up; *det är fullbelagt* [*hos oss*] we are fully booked (booked up)
fullblodshäst thoroughbred [horse]
fullbokad fully booked, booked up
fullborda slutföra complete; utföra accomplish, perform; *ett ~t faktum* a fait accompli fr.; an accomplished fact
fullfjädrad bildl. full-fledged, accomplished; isht neds. thorough-paced...
fullfölja slutföra complete; genomföra follow out; fortsätta [med] pursue
fullgod perfectly satisfactory; tillräcklig adequate; utmärkt perfect; *i fullgott skick* in perfect (excellent) condition
fullgången fully developed
fullgöra plikt o.d. perform, do, discharge; åtagande o.d. fulfil, meet; ~ *sina*

förpliktelser fulfil one's obligations, meet one's engagements
fullklottrad, ett *fullklottrat* papper ...which has (had) been scribbled all over; *väggen var ~ med slagord* the wall had...scribbled all over it
fullkomlig 1 utan brist perfect **2** fullständig, absolut complete, entire, utter; verklig *en ~ brist på logik* an entire want of logic
fullkomlighet perfection
fullkomligt perfectly; completely; jfr *fullkomlig*; wholly; till fullo fully; alldeles quite; *behärska ett språk ~* have a complete (perfect) command of a language
fullkornsbröd wholemeal bread
fullmakt bemyndigande authorization; befogenhet power of attorney; isht vid röstning proxy; dokument power (letter) of attorney; *ge ngn ~ att* + inf. authorize a p. to + inf.
fullmatad om spannmål full-eared; om skaldjur meaty
fullmåne full moon
fullmäktig valt ombud delegate
fullo, *till ~* se *full 2*
fullpackad o. **fullproppad** crammed, chock-full
fullsatt full; stark. crowded, packed; *det är ~ [här]* we are full up (utsålt sold out)
fullständig komplett o.d. complete. entire; absolut o.d. perfect, total; *skriva ut ~a namnet* write one's name in full
fullständighet completeness
fullständigt completely etc., jfr *fullständig*
fullt completely, quite; *det är ~ förståeligt att...* it is quite understandable that..., it is easy to (one can readily) understand that...; *~ medveten om att...* fully aware that...; *gå för ~* go full speed (steam)
fulltalig [numerically] complete
fulltecknad, *listan är ~* the list is filled [with signatures]
fullträff direct hit; pjäsen *blev en verklig ~* ...was a real hit (complete success)
fullvuxen full-grown; *bli ~* grow up
fullvärdig se *fullgod*
fullända fullkomna perfect, accomplish; *~d skönhet* perfect beauty
fulländning perfection
fullärd skilled
fullödig eg. el. bildl. sterling; bildl.: äkta genuine; gedigen thorough; fulländad consummate
fumla fumble
fumlig fumbling
fumlighet fumblingness
fundament foundation[s pl.]

fundamental fundamental
fundamentalism relig. fundamentalism
fundera tänka think; grubbla ponder; tveka hesitate; *~ på* överväga *att* inf. think of (think about, consider, ha för avsikt contemplate) ing-form; *jag skall ~ på saken* I will think the matter over (consider the matter)
fundering, *~ar* tankar thoughts; idéer ideas; teorier speculations; *ha ~ar* planer *på att* inf. be thinking of ing-form
fundersam tankfull thoughtful, meditative; drömmande musing; betänksam hesitant
fungera 1 gå riktigt work, function; hissen *~r inte* ...is out of order, ...is not working **2** tjänstgöra act; adverbet *~r som adjektiv* ...functions as an adjective
funka vard. work; *det ~r bra mellan dem* they get on very well
funktion function äv. matem. el. språkv.; maskins o.d. arbetssätt functioning, working; *ha en ~ att fylla* el. *fylla en ~* serve a [useful] purpose
funktionsduglig som fungerar working; i gott skick ...in [good] working order; tjänlig serviceable
funktionär official; vid tävling steward
funtad vard. *jag är inte så ~ att jag kan...* I am not so constituted that I can...
fura [long-boled] pine
furir inom armén el. flyget sergeant; inom flottan petty officer
furste prince
furstendöme principality
furstinna princess
furstlig princely
furu virke pine[wood]; bord *av ~* deal...
fusion fusion; hand. äv. amalgamation
fusk 1 skol. el. i spel cheating; skol. (gm att skriva av) äv. cribbing; val-~ rigging **2** klåperi botched (bungled, shoddy, hafsverk scamped) work
fuska 1 skol. el. i spel cheat; skol. (gm att skriva av) äv. crib **2** klåpa dabble; *~ med ngt* slarva make a mess of a th.; hafsa scamp a th.
fusklapp crib
fuskverk, *ett ~* a botched (bungled) piece of work
futtig ynklig paltry; småaktig petty; lumpen mean; *~a* tio kronor a paltry...
futtighet paltriness; pettiness; meanness; jfr *futtig*; *~er* trivialiteter trifles
futurism futurism
futurum the future [tense]
fux häst bay [horse]
fy phew!; svagare oh!; tillrop till talare

shame!; ~ *på dig!* shame on you!; till barn naughty, naughty!
fylla I *tr* **1** a) fill; stoppa full stuff äv. kok.; fylla på refill; fylla upp (helt) fill up; bildl.: behov supply b) hälla pour [out]; ~ *sin funktion* (*sitt ändamål*) serve (fulfil) one's (its) purpose; ~ *vin i* glasen pour [out] wine into... **2** *när fyller du* [*år*]? when is your birthday?
II med beton. part.
~ **i** a) kärl fill [up] b) vätska pour in c) ngt som fattas, t.ex. namnet fill in; ~ *i en blankett* fill in (up) a form; amer. fill out a blank
~ **igen** t.ex. hål fill up; med det innehåll som funnits där förut fill in
~ **på** a) kärl: slå fullt fill [up]; åter fylla refill, replenish b) vätska pour in; ~ *på mera vatten i* kannan pour some more water into...
III *s* vard. *ta sig en redig* ~ have a good booze
fyllbult vard. boozer; amer. äv. wino
fylld filled etc., jfr *fylla I* o. *II*; kok. stuffed; full; ~ *choklad* chocolates [with hard (resp. soft) centres]; ~ *till sista plats* full up
fylleri drunkenness
fyllerist drunk
fyllhicka hiccup [through drinking]; jfr *hicka I*
fyllig 1 om person plump; frodig, om kvinna buxom; om figur full, ample isht om barm; ~*a läppar* full lips **2** bildl.: a) om framställning o.d. full; detaljerad detailed; om urval o.d. rich b) om vin full-bodied
fyllighet plumpness; etc.; jfr *fyllig*; hos vin body
fyllna, ~ *till* vard. get tipsy
fyllnadsval by-election
fyllning allm. filling äv. tand~; i kudde o.d. stuffing; kok. stuffing; i bakverk filling; i pralin o.d. centre
fyllo vard. drunk
fyllsjuk, *vara* ~ be sick [after drinking]
fylltratt vard. boozer; amer. äv. wino
fynd 1 det funna find äv. bildl.; *göra ett* ~ gott köp make a bargain **2** finnande finding; upptäckt discovery
fynda make a real bargain (resp. bargains)
fyndig om pers. inventive; om sak ingenious; rådig resourceful; slagfärdig quick-witted, kvick witty; träffande apt
fyndighet 1 bildl. inventiveness, ingenuity; resourcefulness; quick-wittedness, readiness of wit **2** malm~ [ore] deposit
fyndort o. **fyndplats** finding-place; förekomstort locality; biol. habitat

fyndpris bargain price
1 fyr, *en glad* ~ a jolly (cheerful) fellow
2 fyr 1 fyrtorn lighthouse; mindre kustfyr el. flygfyr beacon; fyrljus light **2** eld fire; *få* ~ *i* t.ex. spisen light
1 fyra, ~ *av* fire, let off, discharge
2 fyra I *räkn* four; inom ~ *väggar* between four walls **II** *s* four äv. i roddsport; ~*n[s växel*] fourth, [the] fourth gear; jfr *femma*
fyrbent four-legged äv. om stol o.d.
fyrdubbel fourfold; jfr *femdubbel*
fyrdubbla multiply...by four
fyrfaldig fourfold; *ett* ~*t leve för* four (eng. motsv. three) cheers for...
fyrfotadjur o. **fyrfoting** quadruped
fyrfärgstryck abstr. four-colour printing
fyrhjulig four-wheeled
fyrhändigt mus. *spela* ~ play a duet (resp. duets)
fyrhörning quadrangle
fyrkant 1 square; isht geom. quadrangle **2** tele. hash; *tryck* ~ press the hash button
fyrkantig 1 square; geom. o.d. äv. quadrangular **2** vard., klumpig o.d. square
fyrklöver four-leaf (four-leaved) clover; bildl. quartet
fyrling quadruplet; vard. quad
fyrmotorig four-engined, four-engine...
fyrsidig 1 four-sided, quadrilateral **2** om broschyr o.d. four-page...
fyrspann four-in-hand äv. vagn
fyrtakt mus. quadruple time
fyrtaktsmotor four-stroke (four-cycle) engine
fyrti o. **fyrtio** forty
fyrtionde fortieth
fyrtiotalist 1 litt.hist. writer [belonging to the literary movement] of the forties **2** person born in the forties
fyrverkeri, ~[*er*] fireworks pl.; *ett* ~ a firework (pyrotechnic) display
fyrverkeripjäs firework
fysik 1 vetenskap physics sg. **2** kroppskonstitution physique
fysikalisk physical
fysiker physicist
fysiologi physiology
fysionomi physiognomy
fysisk physical
1 få I *hjälpvb* **1** få tillåtelse att be allowed to; *Får jag gå nu?* - *Nej, det* ~*r du inte* May (Can) I go now? — No, you may not (can't, resp. mustn't); *vi ber att* ~ *meddela att*... we wish to (we would like to) inform you...; lite gladare *om jag* ~*r be* ...[if you] please; ~*r jag be om brödet?* vid bordet may I trouble you for the bread?; ~*r jag*

fråga... may (hövligare el. iron. might) I ask...; *jag ~r (ber att ~) tacka så mycket* [I should like to] thank you very much **2** ha tillfälle el. möjlighet att be able to; *då ~r det vara* lämnas därhän [we'll] leave it at that, then; gör dig inte besvär don't bother; då får du vara utan then you'll have to go without; *~ höra, ~se, ~ veta* etc., se resp. verb **3** vara tvungen att have to; *det ~r duga (räcka)* that will have to do; *du ~r ta (lov att ta)* en större väska you want..., you [will] need..., you must have...
II *tr* **1** erhålla o.d. get, obtain, receive, have; *~ arbete* get a job; *~ en fråga* be asked a question; *~ ro* find peace; *~ tid* get (find) [the] time; *~ tillträde* be admitted; *jag ska be att ~ (kan jag ~, ~r jag) lite frukt* i butik I would like (please give me) some fruit; some fruit, please; *~r jag boken där, är du snäll* will you [please] pass me...; *där fick han!* det var rätt åt honom! serves him right! **2** *han har ~tt det bra [ekonomiskt]* he is comfortably (well) off **3** förmå *~ ngn till [att göra] ngt* make a p. do a th., get a p. to do a th.; *~ ngn i säng* get a p. to bed
III med beton. part.
~ av t.ex. lock get...off; *~ av sig kläderna* get one's clothes off
~ bort avlägsna remove; bli kvitt get rid of
~ ngn fast get hold of a p., catch a p.
~ fram ta fram get...out, produce; [lyckas] anskaffa procure; [lyckas] framställa produce; *jag kunde inte ~ fram ett ord* I could not utter (get out) a word
~ för sig att... a) sätta sig i sinnet get it into one's head... b) inbilla sig imagine...
~ i: ~ i ngt i... get a th. into...
~ igen [lyckas] stänga close; återfå get...back; återfinna äv. retrieve; *det skall du ~ igen!* I'll pay you back for that, you'll see!, I'll get even with you!
~ ihop stänga close; samla get...together; isht pengar collect
~ in get...in; radio. get; *~ in pengar* tjäna make money; samla ihop collect money
~ loss get...off; få ur get...out
~ med [sig] bring...[along]; *har du ~tt med allt?* have you got everything?
~ ned get...down; svälja äv. swallow
~ på [sig] get...on
~ tillbaka get...back; *~ tillbaka på 100 kr* get change for..., jfr *~ igen*
~ undan ur vägen get...out of the way; överstökad get...over
~ upp t.ex. dörr get...open; t.ex. lock get...off; ögonen open; bildl. have...opened; knut untie; kork get...out; kunna lyfta raise,

lift; *~ upp farten* komma i gång get up speed
~ ur ngn ngt get a th. out of a p.
~ ut eg. get...out; pengar draw; t.ex. lön obtain; lösa solve; *~ ut det mesta möjliga av...* utnyttja äv. make the most of...
~ över få kvar have [got]...left (to spare) **2** få few; *alltför ~* [all] too few; *de ~ som* the few..., the minority...; *några ~* a few, some few; *ytterst ~ [elever]* very few [pupils], a very small number [of pupils]
fåfäng 1 flärdfull vain; inbilsk conceited **2** gagnlös vain; fruktlös fruitless, in vain; *~ möda* futile efforts pl.
fåfänga flärd vanity; inbilskhet conceitedness
fåfänglighet vanity
fågel bird; koll.: a) jakt. [game] birds, wildfowl b) kok.: tam~ poultry; vild~ game birds
fågelbo bird's nest (pl. vanl. birds' nests)
fågelbur birdcage
fågelfrö birdseed
fågelholk nesting box
fågelliv bird life
fågelperspektiv, *se staden i ~* have a bird's-eye view of...
fågelskrämma scarecrow
fågelskådare ornitolog bird-watcher
fågelsång [the] singing of birds
fågelunge young bird; ej flygfärdig nestling
fågelväg, *två mil ~en* adv. ...as the crow flies
fågelägg bird's egg (pl. vanl. birds' eggs)
fåll sömnad. hem
1 fålla sömnad. hem; *~ upp* hem up
2 fålla pen, fold; *släppa (stänga) in får i ~n* pen (fold) sheep
fåna, *~ sig* bete sig fånigt (larvigt) fool [about], be silly, play the fool; *i tal* talk nonsense, drivel
fåne fool
fåneri foolery; silliness; *~er* dumt prat nonsense sg., drivel sg.
fång famnfull armful; *ett ~ ved* an armful of wood
fånga I *s, ta...till ~* take...prisoner, capture; *ta sitt förnuft till ~* listen to reason, be sensible (reasonable) **II** *tr* catch äv. bildl.; i fälla trap; i nät net; i snara snare; *~ ngns uppmärksamhet* arrest (catch) a p.'s attention
fånge prisoner, captive äv. bildl.; straffånge convict
fången fängslad captured; *hålla ~* keep...in captivity, hold...prisoner
fångenskap captivity; fängelsevistelse imprisonment; befria ngn, fly *ur ~en* ...from captivity

123

fångläger prison (prisoners') camp; mil. POW (förk. för Prisoner of War) camp
fångst byte catch äv. bildl.; vid jakt bag
fångstredskap fiske., koll. fishing (val~ whaling) tackle
fångtransport konkr. convoy of prisoners
fångvaktare warder, jailer; amer. prison guard, jailer
fångvård se *kriminalvård*
fånig dum silly; löjlig ridiculous
fåntratt vard. fool, blockhead
fåordig taciturn, silent, ...of few words
får sheep (pl. lika) äv. bildl.; kött mutton
fåra I *s* furrow; ränna groove **II** *tr* furrow; *ett ~t ansikte* a furrowed (lined) face
fåraherde shepherd äv. bildl.
fåraktig neds. sheepish
fåravel sheep breeding
fårhjord flock of sheep
fårkött mutton
fårskalle blockhead, muttonhead, bonehead
fårskinn sheepskin
fårskinnspäls sheepskin coat
fårskock flock of sheep
fårstek leg of mutton; tillagad roast mutton
fårticka ung. pore fungus (mushroom)
fårull sheep's wool
fåtal minority; *endast ett ~ [medlemmar]* only a few [members], only a small number [of members]
fåtalig few [in number]; *en ~ församling* a small assembly
fåtölj armchair, easy chair
fä 1 *folk och ~* man and beast **2** lymmel blackguard, rotter; drummel oaf (pl. -s el. oaves), dolt
fäbod ung. chalet
fädernearv patrimony
fädernesland [native] country; poet. native land; äv. fatherland; *försvara ~et* defend one's country
fägring poet. beauty; blomning bloom
fähund lymmel blackguard, rotter
fäkta 1 mil. el. sport. fence; friare fight **2** bildl. *~ med armarna* gesticulate [violently]
fäktare fencer, swordsman
fäktning fencing; strid fight
fälg på hjul rim
fäll fell; täcke o.d. skin rug
fälla I *s* trap; isht bildl. pitfall; i t.ex. fråga catch; *lägga ut en ~ för* set a trap for **II** *tr* **1** få att falla fell; 'golva' floor; isht jakt. bring down; låta falla drop; sänka lower; *~ ett förslag* defeat a proposal **2** förlora, t.ex. blad, horn shed; *färgen fäller* the colour runs (resp. is running) **3** avge *~ en dom* i brottmål pass (pronounce) a sentence; i civilmål pass (give) judgement **4** jur., förklara skyldig convict
III med beton. part.
~ igen (*ihop*) lock o.d shut; fällstol o.d. fold up; paraply o.d. close, put down
~ ned lock o.d. shut; bom, sufflett o.d. lower; krage turn down; paraply o.d. close, put down
~ upp lock o.d. open; krage turn up; paraply open
fällande, *ett ~ bevis* a damning piece of evidence, damning evidence
fällbar folding; hopfällbar collapsible
fällbord folding (drop-leaf) table
fällkniv clasp knife
fällning 1 av träd o.d. felling **2** kem. precipitate
fällstol folding chair; utan ryggstöd camp stool; vilstol deckchair
fält field äv. sport., elektr. el. bildl.; arkit., på vägg el. dörr panel; *lämna ~et fritt* (*öppet*) leave the field open *[för gissningar* to...]
fältarbete field work
fältbiolog field biologist (naturalist)
fältherre commander, general
fältkikare dubbel field glasses, binoculars
fältkök field kitchen
fältläkare army surgeon
fältpräst army chaplain; vard. padre
fältsjukhus field hospital
fältslag pitched battle
fältspat miner. feldspar, felspar
fälttjänst mil. field (active) service
fälttåg campaign
fängelse prison; isht amer. jail; fängsligt förvar imprisonment; *få livstids ~* get a life sentence, be imprisoned for life; *sitta* (*sätta ngn*) *i ~* be (put a p.) in prison (gaol, jail)
fängelsecell prison cell
fängelsedirektör governor (amer. warden) [of a (resp. the) prison]
fängelsekund gaolbird, jailbird
fängelsepräst prison chaplain
fängelsestraff [term of] imprisonment; *avtjäna ett ~* serve a prison sentence, serve [one's] time
fängsla 1 sätta i fängelse imprison; arrestera arrest **2** intaga, tjusa captivate, fascinate; *~nde* tjusande captivating, fascinating; spännande, intressant absorbing, thrilling, engrossing
fängslig, *hålla* (*taga*) *i ~t förvar* keep in (take into) custody
fänkål bot. fennel; krydda fennel seed
fänrik inom armén second lieutenant; inom flyget pilot officer; amer.: inom armén o. flyget second lieutenant

124

färd resa journey; till sjöss voyage; bildl. *vara i* [*full*] *~ med att* inf. be busy ing-form
färdas travel
färdbevis o. **färdbiljett** ticket
färdhandling, *~ar* travel documents
färdig 1 avslutad finished, completed; undangjord done; klar ready; *~ att användas* ready for use; *skriva brevet ~t* finish [writing] the letter; *bli ~ med ngt* finish a th.; vard. get through with a th. **2** *vara ~* nära *att* inf. be on the point of ing-form; *vara ~ att spricka av nyfikenhet* be bursting with curiosity
färdighet skicklighet skill; gott handlag dexterity; talang accomplishment
färdigklädd dressed; *jag är inte ~ än* I have not finished dressing yet
färdiglagad, *~ mat* ready-cooked (convenience) food
färdigställa prepare
färdigt, *äta ~* finish eating
färdknäpp vard. *en ~* one for the road
färdled highway
färdledare guide
färdriktning direction of travel
färdskrivare bil. tachograph, vard. tacho; flyg. flight recorder; vard. black box
färdsätt means (pl. lika) (mode) of travel (conveyance)
färdtjänst mobility service, transportation service for old (disabled) persons
färdväg route
färg colour äv. bildl.; målar~ paint; till färgning dye; nyans shade; ton hue; kortsp. suit; *ge ~ åt tillvaron* give zest to life; *skifta ~* change colour; *gå* (*passa*) *i ~ med* match [...in colour]
färga colour; tyg dye; glas o.d. stain; måla paint; bildl.: ge en viss prägel åt colour, tinge; *duken har ~t* [*av sig*] the dye has come off the cloth; *~ om* re-dye
färgad coloured etc., jfr *färga*; [*starkt*] *~* bildl. [highly] coloured; *de ~e* som grupp [the] coloured people, blacks
färgbad dye-bath
färgband för skrivmaskin [typewriter] ribbon
färgbild colour picture; för projicering colour transparency (slide)
färgblind colour-blind
färgblindhet colour-blindness
färgfilm colour film
färgfotografi bild colour photo[graph] (picture)
färgglad brightly (richly) coloured
färggrann richly (brightly) coloured; neds. gaudy
färghandel butik ung. paint dealer [and chemist]
färghandlare paint dealer [and chemist]
färgkarta colour chart
färgklick splash (daub) of colour (konkr. paint)
färgkrita coloured chalk; vax~ [coloured] crayon
färglåda paintbox
färglägga colour; foto. tint
färglära chromatics, chromatology
färglös colourless äv. bildl.
färgning dyeing
färgpenna coloured pencil
färgrik richly coloured, ...rich in colour; colourful äv. bildl.
färgrikedom rich colouring (colours pl.), variety of colours
färgsinne sense of colour, colour sense
färgskala range of colours; konkr. colour chart (guide)
färgstark colourful äv. bildl. o. om pers.; richly (brilliantly) coloured
färgsättning colour scheme, colouring
färgtub paint tube
färg-tv colour TV (television) äv. konkr.
färgäkta colour-fast, unfadable; tvättäkta wash-proof
färgämne pigment; för färgning: av tyg o.d. dyestuff; av drycker colouring matter
färja I *s* ferry; isht mindre ferryboat; tåg~ train ferry **II** *tr*, *~ över ngn* ferry a p. across
färjförbindelse ferry service
färjläge ferry berth
färre fewer; *~* [*till antalet*] *än...* äv. less numerous than...; *mycket ~ fel* far fewer mistakes
färs beredd, till fyllning forcemeat, stuffing; rätt på fisk o.d. mousse; kött~ som råvara minced meat
färsk frisk, ej konserverad el. bildl. fresh; ej gammal new; *~t bröd* fresh (new) bread; *av ~t datum* of recent date; *~ potatis* new potatoes; *~a spår* fresh (recent) tracks
färska metall fine; *~ upp* bröd make...fresh [in the oven]
färskvaror perishables
färskvatten fresh water
Färöarna the Faeroe Islands
fäst bildl. [*mycket*] *~ vid* [very much] attached to, [very] fond of
fästa I *tr* **1** eg.: fastgöra fasten; isht med lim o.d. affix; *~ ihop* tillsammans fasten etc....together; *~ upp* put (med nålar pin) up äv. t.ex. hår; binda upp tie up **2** bildl. *~ avseende vid* pay attention to **II** *itr* fastna adhere; *spiken fäster inte* the nail won't hold **III** *rfl*, *det är ingenting att ~ sig vid*

it is not worth bothering about, you (we etc.) must not mind that
fäste 1 stöd, tag hold; fot~ foothold båda äv. bildl.; *få ~* find (get) a hold (a foothold) **2** hållare, handtag holder **3** fästpunkt: bro~ o.d. abutment **4** befästning stronghold äv. bildl.; fort, fortress; *ett konservatismens ~* a stronghold of conservatism
fästing tick
fästman fiancé; vard. young man
fästmö fiancée; vard. young lady
fästning mil. fortress
föda I *s* food; uppehälle living, bread; *fast ~* solid food (nourishment) **II** *tr* **1** sätta till världen give birth to; *~ [barn]* bear a child (resp. children) **2** alstra breed **3** ge föda åt feed; försörja support; *~ upp* djur breed, rear, raise; barn bring up
född born; *Födda* rubrik Births; *Fru A., ~ B.* Mrs. A., née B.; Mrs. A., formerly Miss B.
födelse birth; *alltifrån ~n* from [one's] birth, since one's birth
födelseannons announcement in the births column
födelseattest birth certificate
födelsedag birthday; *fira sin ~* celebrate one's birthday
födelsedagskalas birthday party
födelsedagspresent birthday present
födelsedatum date of birth
födelsekontroll birth control, contraception
födelsemärke birthmark
födelsenummer birth registration number
födelseort birthplace; i formulär place of birth
födelsestad native town
födelseår year of birth; *hans ~* the year of his birth
födgeni, *ha ~* have an eye to the main chance
födkrok means (pl. lika) of livelihood; vard. meal ticket
födoämne food; foodstuff, article of food; *~n* äv. provisions, eatables, comestibles
födsel birth; förlossning delivery; *från ~n* from [one's] birth
födslovåndor labour pains pl., äv. bildl.
1 föga I *adj* [very] little; *av ~ värde* of little value **II** *adv* [very] little; inte särskilt not very (resp. much); *~ anade jag...* little did I imagine... **III** *s* [very] little
2 föga, *falla till ~* yield, submit, give in; vard. climb down *[för* to]
fögderi skattedistrikt tax collection district (*kontor* department)
föl foal; unghäst colt; ungsto filly
följa I *tr* **1** follow; efterträda succeed; *~ modet* follow the fashion; *~ en plan* pursue a plan **2** ledsaga accompany äv. bildl.; vard. come (dit go) with; *~ ngn till tåget (båten* etc.) see a p. off; *jag följer dig en bit på väg* I will come with you part of the way **II** *itr* follow; som konsekvens el. lyder *som följer* ...as follows; *fortsättning följer* to be continued **III** med beton. part.
~ efter follow; förfölja äv. pursue
~ ngn hem see a p. home
~ med **a)** komma med come (dit go) along; *~ med ngn* äv. accompany a p. **b)** hänga med o.d. *~ med sin tid* keep up (move) with the times **c)** vara uppmärksam be attentive
~ upp fullfölja follow up
följaktligen consequently, in consequence; this being so; *A. är sjuk och kan ~ inte komma* äv. ...so he cannot come
följande following; *[den] ~* the following; *~ dag* adv. [the] next day, [on] the following day
följas, *~ åt* go together, accompany each other; uppträda samtidigt occur at the same time, synchronize; t.ex. om symptom be concomitant
följd 1 räcka o.d. succession, sequence; serie series äv. t.ex. av tidskrift; *en ~ av olyckor* a series of accidents **2** konsekvens consequence; resultat result; *ha (få) ngt till ~* result in...
följdriktig logical; konsekvent consistent
följe 1 *ha ngn i ~* be accompanied by a p. **2** svit suite, train; skara band; neds., pack o.d. gang, crew
följebrev covering (accompanying) letter
följebåt sport. escort (accompanying) boat
följesedel delivery note; i emballage packing slip, shipping note
följeslagare o. **följeslagerska** companion; uppvaktande attendant
följetong serial story
följsam foglig docile; smidig pliable, flexible
fön hårtork blow-drier
föna hår blow-wave
fönster window
fönsterbleck window ledge
fönsterbräda windowsill
fönsterglas window glass
fönsterhake o. **fönsterhasp** window catch
fönsterkarm window frame
fönsterlucka shutter
fönsternisch window recess; isht konisk embrasure
fönsterputsare window-cleaner
fönsterruta windowpane
fönstertittare peeping Tom, voyeur fr.
1 för sjö. **I** *s* stem, bow[s pl.] **II** *adv, ~ och*

akter fore and aft; *~ om...* ahead (inombords forward) of...

2 för I *prep* **1** for **a)** 'i utbyte mot' o.d.: *det har du ingenting ~* you won't get paid for that; *betala ~* pay for; *vad tar ni ~ vad kostar...?* what do you charge for...? **b)** 'i stället för' o.d.: *en gång ~ alla* once [and] for all **c)** 'på grund av' o.d.: *berömd ~* famous for; *det blir inte bättre ~ det* that won't make it any better **d)** 'med hänsyn till': *han är lång ~ sin ålder* he is tall for [a boy of] his age; *rocken är alltför varm ~ årstiden* ...for this time of the year **e)** i tidsuttryck: *~ [en] lång tid framåt* for a long time to come; *~...sedan* ...ago **f)** 'till förmån för', 'avsedd för' o.d. samt i div. förb.: *arbeta ~ ngn (ngt)* work for a p. (a th.); *dö (kämpa) ~ sitt land* die (fight) for one's country; *vad kan jag göra ~ dig?* ...do for you?; *jag har ingen användning ~ det* ...use for it **2** to; *berätta ngt ~ ngn* tell a th. to a p., tell a p. a th.; *det är nytt ~ mig* it is new to me, I am new to it; *viktig ~* important to; *öppen (stängd) ~* open (closed) to **3** uttr. ett genitivförhållande of; *chef ~* head of; *tidningen ~ i går* yesterday's paper **4** from; *dölja (gömma) ngt ~ ngn* conceal (hide) a th. from a p. **5** 'medelst', vanl. by; *skriva ~ hand* ...by hand **6** 'till [ett pris av]' at; *köpa tyg ~ 100 kronor metern* ...at 100 kronor a metre **7** by; *dag ~ dag* day by day, every day; *punkt ~ punkt* point by point **8** 'framför' before; *gardiner ~ fönstren* curtains before the windows; *knyta en näsduk ~ ögonen på ngn* ...over a p.'s eyes **9** *~...sedan* ...ago **10** *~ sig själv* by oneself, to oneself **11** i uppräkningar *~ det femte* in the fifth place, fifthly **12** i vissa förb. *intressera sig ~* take an interest in; *typisk ~* typical of **13** *~ att* to; *han har gått ut ~ att handla* he has gone out shopping; *~ att inte tala om...* not to mention..., let alone...; *han reste sin väg ~ att aldrig återvända* ...never to return; *för stor ~ att* + inf. too big (big enough) to + inf.; *han talar bra ~ att vara utlänning* ...for a foreigner; *misstänkt ~ att ha...* suspected of having...
II *konj* **1** ty for **2** *~ [att]* därför att because
III *adv* **1** alltför too; *~ litet* too little, not enough **2** rumsbet. *gardinen är ~* ...is drawn; *stå ~* skymma ngn stand in a p.'s way **3** motsats 'emot' for; *jag är ~ förslaget* äv. ...in favour of the proposal; *är du ~ eller emot* ...for or against

föra I *tr* **1** convey; bära carry; forsla transport; ta med sig: hit bring; dit take; *~ glaset till munnen* raise the (i sällskap one's) glass... **2** leda lead, guide; ledsaga conduct; dit take; hit bring **3** synligt bära carry; *~ svensk flagg* carry (fly) the Swedish flag (colours) **4** hand., handla med deal in; ha i lager stock **5** *~ dagbok* keep a diary **II** *itr* lead; *det skulle ~ oss för långt* it would carry (take) us too far **III** *rfl*, *~ sig* carry oneself
IV med beton. part.
~ bort take (carry) away (undan off), remove
~ fram carry etc....forward; *~ fram en idé*, förstärkningar m.m. bring up
~ in **a)** eg. introduce, take (hitåt bring)...in; högtidl., pers. äv. usher in **b)** friare el. bildl.: ofta introduce
~ med sig carry (take) along with one; hitåt bring with one
~ samman saker bring...together; äv. put...together
~ upp skriva upp enter, post; *för upp det på mitt konto (på mig)* put it down to my account
~ ut convey etc....out; *~ ut* pengar take [...with one]; *~ ut* en post i en kolumn, hand. enter
~ vidare skvaller o.d. pass on
~ över eg. convey etc....across; *~ över pengar* till konto o.d. transfer money

förakt contempt; överlägset disdain; hånfullt scorn; *hysa ~ för ngn* feel contempt for a p., hold a p. in contempt
förakta ringakta despise; försmå disdain, scorn
föraktfull contemptuous; disdainful, scornful; jfr *förakta*
föraktlig värd förakt contemptible; despicable; futtig paltry, mean
föraning presentiment, premonition; vard. hunch
förankra anchor äv. bildl.; *fast ~d* djupt rotad deeply rooted, firmly established
förankring anchorage äv. bildl.
föranleda 1 förorsaka bring about; ge upphov till occasion, give rise to; *saken föranleder ingen åtgärd* no action will be taken in the matter **2** förmå *~ ngn att* + inf. cause (induce, lead) a p. to + inf.; make a p. + ren inf.
föranmälan o. **föranmälning** till tävling preliminary (advance) entry (till kurs application)
förarbete preparatory (preliminary) work; utkast study
förare av fordon driver; av motorcykel o.d. rider; av flygplan pilot
förarga I *tr* annoy; vard. rile **II** *rfl*, *~ sig* get annoyed [*över* at (with)]

förargad annoyed; *bli* ~ be annoyed etc. [*på ngn* with a p.; *över ngt* at a th.]
förargelse 1 förtrytelse vexation, mortification; vard. aggravation; förtret annoyance **2** anstöt offence
förargelseväckande anstötlig offensive; chockerande shocking, scandalous; ~ *beteende* disorderly conduct (behaviour)
förarglig 1 förtretlig annoying, tiresome; *så ~t!* how [very] annoying! **2** retsam irritating; vard. aggravating
förarhytt driver's cab (på tåg compartment); på flygplan cockpit
förarplats driver's seat
förband 1 med. bandage; kompress o.d. dressing; *första* ~ first-aid bandage **2** mil. unit; flyg. formation
förbandslåda first-aid kit
förbanna curse
förbannad cursed; i kraftuttr. vanl. bloody; amer. goddam[n]; svag. confounded; *bli ~ arg* get [stark. damned] furious (angry) [*på* with]
förbannat bloody, damn[ed]; amer. goddam[n]; svag. confounded, darned
förbannelse curse
förbarma, ~ *sig* take pity; isht relig. have mercy [*över* on]
förbarmande mercy; *utan* ~ adv. äv. pitilessly, mercilessly, ruthlessly
förbaskad confounded etc., jfr *förbannad*
förbehåll reserve, reservation; klausul proviso (pl. -s), [saving] clause; inskränkning restriction; villkor condition
förbehålla I *tr*, ~ *ngn ngt* reserve a th. for (to) a p.; ~ *ngn* [*rätten*] *att...* reserve a p. the right to + inf. (of + ing-form) **II** *rfl*, ~ *sig* reserve...to (for) oneself; fordra demand, require
förbehållslös unreserved; villkorslös unconditional
förbereda I *tr* prepare **II** *rfl*, ~ *sig* prepare oneself [*för* (*på*) *ngt* for a th.]; göra sig i ordning get [oneself] ready [*för*, *till* for]
förberedande preparatory, preliminary; ~ *arbete* (*förhandlingar*) preliminary work (negotiations); ~ *skola* preparatory school
förberedelse preparation; ~*r* inledande åtgärder preliminaries
förbi I *prep* past; *gå* (*fara* etc.) ~ *ngn* (*ngt*) äv. pass [by]... **II** *adv* **1** eg. past **2** slut over, at an end; högkonjunkturen *är* ~ ...is at an end **3** trött done up
förbifart 1 provisorisk diversion; amer. detour **2** *i ~en* on one's way past, in passing; bildl. incidentally, in passing
förbigå pass...over (by); strunta i ignore; ~ *ngt med tystnad* pass a th. over (by) in silence
förbigående, *i* ~ in passing; bildl. äv. incidentally, casually
förbigången, *bli* ~ vid befordran be passed over
förbinda I *tr* **1** sår bandage **2** förena join, attach; connect; isht bildl. combine; *det är förbundet med stor risk* it involves [a] considerable risk **II** *rfl*, ~ *sig* förplikta sig bind (pledge) oneself
förbindelse 1 connection; mellan pers. el. kommunikation communication[s pl.] äv. mil.; service; kärleks~ liaison; kortare love affair; *daglig* (*direkt*) ~ daily (direct) service; *stå i ~ med* ha kontakt be in communication (touch, contact) with **2** förpliktelse engagement; revers bond; skuld liability
förbindlig courteous; ytligare suave
förbipasserande I *adj* passing, ...passing by **II** *subst adj* passer-by; *de* ~ [the] passers-by
förbise overlook; avsiktligt disregard
förbiseende oversight, omission; *av* ~ through an oversight
förbistring confusion
förbittrad bitter; ursinnig furious; ~ *stämning* atmosphere [full] of resentment
förbittring bitterness; ursinne rage
förbjuda allm. forbid; om myndighet o.d. prohibit
förbjuden forbidden; av myndighet o.d. prohibited; *Parkering* (*Rökning*) ~ No Parking (No Smoking)
förblekna fade
förbli remain; ~ *ung* äv. keep young
förblinda blind äv. bildl.; blända dazzle; bedåra infatuate
förbliva se *förbli*
förbluffa amaze; stark. dumbfound; vard. flabbergast; *bli* [*alldeles*] ~*d* be [quite] taken aback
förbluffande I *adj* amazing, astounding **II** *adv* amazingly
förblöda bleed to death, die from loss of blood
förbruka allm. consume; göra slut på use up; krafter exhaust; pengar spend
förbrukare consumer
förbrukning consumption; av pengar expenditure
förbrukningsartikel article of consumption
förbrukningsdag, *sista* ~ jan 15 (på förpackning) must be consumed by..., last day of consumption...
förbrylla bewilder, perplex; svag. puzzle

förbryta, ~ *sig* offend [*mot* against]
förbrytare criminal; grövre felon; dömd convict
förbrytelse crime; grövre felony
förbränning burning; kem. el. fys. combustion
förbränningsmotor internal-combustion engine
förbrödring, ~*en mellan folken* the establishment of good relations between peoples
förbud prohibition; mera officiellt ban
förbund 1 mellan stater alliance; mellan partier pact; stats~ [con]federation; *ingå (sluta)* ~ *med* enter into an alliance with **2** fördrag compact; isht bibl. covenant
förbunden, *med förbundna ögon* blindfold[ed] äv. bildl.
förbundskapten sport. national team manager
förbundsrepublik federal republic
förbytas change
förbytt, *vara som* ~ be changed beyond recognition
förbättra *tr* improve; moraliskt reform; standard ameliorate; införa förbättringar på improve [up]on
förbättras improve
förbättring improvement; i standard amelioration
förbön intercession; *hålla* ~ *för ngn* pray (offer up prayers) for a p.
fördel 1 allm. advantage; *dra (ha)* ~ *av* benefit (profit) by, derive advantage from; *med* ~ with advantage; *visa sig (vara) till sin* ~ appear to advantage; utseendemässigt look one's best **2** tennis advantage, vantage; vard. van
fördela distribute; uppdela divide; skifta ut allocate; utsprida spread
fördelaktig advantageous; vinstgivande profitable; gynnsam favourable; friare expedient; *i en* ~ *dager* in a favourable light
fördelardosa bil. distributor [housing]
fördelning 1 distribution; division; allocation; jfr *fördela* **2** mil. division
fördjupa I *tr* deepen, make...deeper; ~*d i* en bok o.d. absorbed (engrossed, buried, deep) in **II** *rfl,* ~ *sig* tränga in enter deeply [*i* into]
fördjupning 1 eg. depression; mindre dent; i vägg recess **2** abstr. deepening; intensifying
fördold hidden; hemlig secret; *i det* ~*a* in secret, secretly
fördom, ~[*ar*] prejudice, bias
fördomsfri unprejudiced, unbias[s]ed; skrupelfri unscrupulous

fördomsfull prejudiced
fördra bear; tåla, uthärda äv. endure
fördrag 1 avtal treaty **2** *ha* ~ *med* show tolerance (forbearance) with
fördraga se *fördra*
fördragsam tolerant
fördragsamhet tolerance, forbearance
fördriva, ~ *tiden* while away (pass, kill) [the] time
fördröja *tr* delay, retard; uppehålla detain
fördubbla *tr* eg. double; ~ *sina ansträngningar* redouble one's efforts
fördubblas double; redouble
fördubbling doubling; duplication; ökning redoubling
fördumma make...stupid; *verka* ~*nde* blunt (dull) the intellect
fördunkla förmörka darken; obscure äv. bildl.; överträffa overshadow
fördystra make...gloomy; liv o.d. cast a gloom over
fördäck sjö. foredeck
fördärv 1 olycka ruin; undergång destruction; stark. perdition; *det kommer att bli hans* ~ it will be his undoing (stark. ruin) **2** sede~ corruption; depravity
fördärva 1 mera eg.: i grund ruin; skada damage; spoliera spoil; förvanska corrupt **2** bildl.: skämma taint, vitiate; ngns rykte el. utsikter blight
fördärvad 1 ruined etc., jfr *fördärva 1*; bragt i oordning deranged; *arbeta sig* ~ work oneself to the bone; *slå ngn* ~ beat a p. to a jelly **2** skämd tainted
fördärvas be ruined etc., jfr *fördärva*; om mat go bad, become tainted
fördärvlig pernicious; skadlig injurious, destructive; ~*t inflytande* demoralizing influence
fördöma condemn; ogilla blame, censure; bibl. damn
fördömelse condemnation; *evig* ~ damnation
fördömlig reprehensible
före I *prep* **1** before; framför ahead (in advance) of äv. bildl.; *inte* ~ kl. 7 not before (earlier than)... **2** ~ *detta* (förk. *f.d.*): *den* ~ *detta presidenten* the former president (ex-president); ~ *detta världsmästare* ex-champion **II** *adv* before; *med fötterna (huvudet)* ~ feet (head) foremost (first)
förebild urtyp prototype; mönster pattern, model; *tjäna som* ~ *för* serve as a model to
förebildlig föredömlig exemplary
förebrå reproach; klandra blame
förebråelse reproach; *få* ~*r* vanl. be reproached (blamed)

förebrående reproachful
förebud varsel presage; yttre tecken omen, portent
förebygga förhindra prevent; förekomma forestall; *~ missförstånd* preclude misunderstanding
förebyggande preventive; *~ åtgärder* preventive measures
förebåda herald; varsla promise; något ont portend, forebode
föredra 1 ge företräde åt prefer; *...är att ~ ...*is preferable **2** framsäga deliver, recite; mus. execute **3** redogöra för present
föredrag anförande talk; föreläsning lecture; polit. o.d. address; *hålla [ett] ~* give (deliver) a talk etc.; lecture
föredraga se *föredra*
föredragningslista agenda; domstols cause list
föredöme example; mönster model; *vara ett gott ~ [för ngn]* set [a p.] a good example
föredömlig ...worthy of imitation; model...
förefalla synas seem, appear; *det förefaller mig* it seems (appears) to me
föregripa forestall, anticipate
föregå *tr* **1** komma före precede **2** *~ [ngn] med gott exempel* set [a p.] a good example
föregående previous; *~ dag* [adv. on] the previous day, the day before; *~ talare* the last (previous) speaker
föregångare precursor; företrädare predecessor
föregångsman pioneer
förehavande, *hans ~n* his doings (activities)
förekomma I *tr* **1** hinna före forestall; anticipate; *~ ngns önskan* anticipate a p.'s wish **2** se *förebygga* **II** *itr* **1** anträffas occur, be met with, be found, exist **2** hända occur
förekommande *adj* **1** occurring; *ofta ~* frequent, ...of frequent occurrence **2** tillmötesgående obliging; artig courteous
förekomst occurrence; *~en av malm i...* the presence of ore in...
föreligga finnas till exist, be; finnas tillgänglig be available; *här måste ~ ett misstag* there must be some mistake here
förelägga 1 *~ ngn ngt* till påseende, underskrift o.d. put (place, lay) a th. before a p.; underställa submit a th. to a p. **2** föreskriva prescribe; befalla order
föreläggande jur. injunction
föreläsa hålla föreläsning lecture
föreläsare föredragshållare lecturer
föreläsning föredrag lecture; *gå på [en] ~* go to (attend) a lecture
föreläsningssal lecture room (hall, theatre)

föremål 1 ting object; article, thing **2** objekt object; ämne, anledning subject; *bli (vara) ~ för* experiment, förhandlingar o.d. be the subject of...; kritik o.d. äv. be subjected to...
förena unite; sammanföra bring...together; förbinda join; isht bildl. associate; kombinera combine; *vara ~d med* medföra, t.ex. fara involve, entail; *med ~de krafter* with united efforts
förening 1 förbindelse association, union, junction; kem. compound **2** sällskap association; society, club; polit. union
föreningslokal club (association, society) premises, club rooms
förenkla simplify; *ge en ~d bild av ngt* give a simplified (simplistic) picture of a th.
förenkling simplification
förenlig consistent; *inte ~ med* inconsistent (incompatible) with
Förenta Nationerna (förk. *FN*) the United Nations [Organization] (förk. UN[O])
Förenta Staterna the United States [of America]
föresats avsikt intention, purpose; *ha goda ~er* have good intentions
föreskrift anvisning direction[s pl.]; bestämmelse regulation; åläggande order; *enligt ~* according to directions (instructions, regulations), as directed
föreskriva prescribe; beordra direct; diktera dictate; ålägga enjoin; *~ ngn* diet o.d. prescribe...for a p.
föreslå propose, put forward; vard. vote; vid sammanträde move; *~ ngn att* + inf. propose (suggest) that a p. should + inf.
förespegla, *~ ngn* ngt hold out to a p. the prospect (promise) of...
förespråka advocate; recommend
förespråkare förkämpe advocate; spokesman; *vara en ivrig ~ för* be an ardent (a keen) advocate of
förestå *tr* be at the head of; *hon ~r affären,* huset o.d. she is in charge of (she manages)...
förestående stundande approaching; kommande coming, at hand; isht om något hotande imminent; *vara nära ~* be close at hand, be imminent
föreståndare manager; för institution superintendent; för skola head
föreståndarinna på anstalt o.d. matron
föreställa I *tr* återge represent; *vad skall det ~?* what is this supposed to be? **2** se *presentera 1* **II** *rfl*, *~ sig* **1** imagine; think of **2** se *presentera 1*
föreställning 1 begrepp idea **2** teat. o.d. performance

föresväva, den tanken har ~t mig ...has sometimes crossed my mind
föresätta, ~ sig besluta make up one's mind [[*att göra*] *ngt* to do a th.]; sätta sig i sinnet set one's mind [*att* inf. on ing-form]
företa undertake, make; ~ *sig* set about
företag 1 affärs~ o.d. company, firm, business; concern äv. koncern **2** allm. undertaking; isht svårt enterprise; mil. operation
företaga se *företa*
företagare ledare el. ägare av företag leader (owner) of a business enterprise; storföretagare industrialist; arbetsgivare employer; *han är egen* ~ vanl. he runs his own business, he is self-employed
företagsam enterprising
företagsamhet enterprise; *fri* (*privat*) ~ free (private) enterprise
företagsekonomi business economics sg. [and management]
företagsledare [business] executive
företagsledning industrial management; ~*en* the management
företagsläkare company doctor (physician)
förete 1 framvisa show up; ta fram produce **2** erbjuda, t.ex. anblick present
företeelse phenomen|on (pl. -a); friare fact; *en vanlig* ~ an everyday occurrence
företräda 1 representera represent; ~ *ngn* äv. act in a p.'s place, be a p.'s proxy **2** ~ *ngn* i ämbete be a p.'s predecessor
företrädare 1 föregångare predecessor; *hans* ~ *på posten* the one who held the post before him (preceded him) **2** för idé o.d. advocate **3** ombud representative
företräde 1 förmånsställning preference; *lämna* ~ *åt trafik från höger* give way to traffic coming [in] from the right **2** förtjänst advantage; superiority
företrädesrätt förtursrätt [right of] precedence, priority; vid teckning av aktier preferential right
företrädesvis preferably; isynnerhet especially
förevisa show, demonstrate; offentligt exhibit (show) [to the public]
förevisning showing, demonstration, exhibition; föreställning performance
förevändning pretext; ursäkt excuse; undanflykt evasion; *under* ~ *av* (*att*) on the pretext (pretence) of (that)
förfader ancestor
förfall 1 decay; tillbakagång decline; urartning degeneration **2** förhinder *utan giltigt* ~ without due cause (a valid reason)
förfalla 1 fördärvas fall into decay (om byggnad o.d. disrepair); om pers. go downhill; moraliskt el. friare degenerate **2** hand. ~ [*till betalning*] be (fall, become) due, mature
förfallen 1 decayed; *han är* ~ he has gone downhill (gone to the dogs) **2** hand. *vara* ~ [*till betalning*] be due
förfallodag due day (date), day (date) of payment (i fackspråk maturity)
förfalska falsify; t.ex. tavla fake; namn forge; pengar counterfeit; ~*de* om pengar äv. counterfeit...
förfalskare falsifier, faker; jfr *förfalska*
förfalskning förfalskande falsification, forgery, counterfeiting; jfr *förfalska*; konkr. imitation
förfarande procedure, proceeding[s pl.]
förfaras be wasted; go bad
förfaringssätt procedure; tekn. process
förfasa, ~ *sig* be horrified (shocked) [*över at*]
författa write
författare author, writer [*av* (*till*) of]
författarinna author[ess]
författarskap 1 authorship **2** alster [literary] work[s pl.], writings
författning 1 statsskick constitution **2** stadga statute
författningsenlig constitutional; enligt stadga statutory
författningssamling statute book
förfela miss; *det har* ~*t sitt syfte* it has not fulfilled its purpose, it has missed the mark
förfelad utan verkan ineffective; misslyckad abortive
förfina refine
förfining refinement, polish
förflugen random...; oöverlagd wild; *förfluget ord* unguarded (rash) word
förfluten past; förra last; *det tillhör en* ~ *tid* it belongs to the past
förflyktigas volatilize
förflyta pass, elapse
förflytta I *tr* move; t.ex. tjänsteman transfer **II** *rfl*, ~ *sig* move; isht bildl. transport oneself
förflyttning removal; transplantation
förfoga *itr*, ~ *över* se *disponera 1*
förfriska, ~ *sig* refresh oneself
förfriskning refreshment; *inta* ~*ar* have (take) some refreshments
förfrusen frost-bitten
förfrysa I *tr, han förfrös fötterna* he got his feet frost-bitten **II** *itr* get frost-bitten; frysa ihjäl get frozen to death
förfrågan o. **förfrågning** inquiry; *göra en förfrågan* make an inquiry, inquire

förfång detriment; isht jur. prejudice; *vara till ~ för* be to the detriment of
förfära terrify, dismay, appal; *~d över* terrified etc. at
förfäran terror; fasa horror; svag. dismay; *till stor ~n för* to the great horror of
förfäras be terror-struck (horror-struck)
förfärlig skrämmande terrible, frightful, dreadful; hemsk appalling samtl. äv. friare; vard. äv. awful
förfölja eg. pursue; t.ex. folkgrupp persecute; om tanke o.d. haunt; *förföljd av otur* dogged by bad luck (misfortune)
förföljare pursuer; av t.ex. folkgrupp persecutor
förföljelse pursuit; trakasseri persecution, victimization
förföljelsemani persecution mania
förföra seduce
förförare seducer
förfördela wrong; förolämpa offend
förförelse seduction
förförerska seducer, seductress
förförisk seductive
förförra, *~ året* the year before last
förgasare carburettor
förgifta poison
förgiftning poisoning
förgjord, *det (allting) är som förgjort* nothing seems to go right, everything seems to be going wrong
förglömma forget; *...icke (inte) att ~* not forgetting..., [and] last but not least...
förgrening ramification; underavdelning subdivision; friare offshoot
förgripa, *~ sig på* ngn do violence to, violate, outrage; begå sedlighetsbrott mot äv. assault
förgrund foreground; *stå (träda) i ~en* be in (come to) the forefront
förgrundsfigur o. **förgrundsgestalt** prominent figure
förgråten om ögon ...red (swollen) with weeping; *hon var alldeles ~* she had been crying her eyes out
förgrämd grieved
förgylla gild; *~ om* regild
förgyllning gilding
förgå *itr* om tid pass [away (by)]; försvinna disappear, vanish
förgången past; *det tillhör en ~ tid (det förgångna)* it belongs to the past (an age long since past)
förgås omkomma perish; förolyckas be lost; om världen come to an end; [*vara nära att*] *~ av* nyfikenhet be dying with...
förgängelse corruption

förgänglig perishable; dödlig mortal; kortvarig transient
förgätmigej bot. forget-me-not
förgäves in vain
förgöra destroy
förhala dra ut på delay; förhandlingar protract; *~ tiden* play for time, use delaying tactics; vard. stall
förhand t.ex. veta *på ~* beforehand; t.ex. betala, tacka in advance
förhandla **I** *itr* negotiate **II** *tr* överlägga om deliberate on
förhandlare negotiator
förhandling underhandling negotiation; överläggning deliberation; *~ar* äv. talks
förhandlingsbar negotiable
förhandlingsrätt right to negotiate
förhandsbeställning advance order (av biljetter, rum m.m. booking, isht amer. reservation)
förhandstips advance information, tip [in advance]
förhandsvisning [sneak] preview
förhasta, *~ sig* be rash, be too hasty, be precipitate
förhastad överilad rash, precipitate; förtidig premature
förhatlig hateful, odious
förhinder, *få ~* vara förhindrad att gå (komma etc.) be prevented from going (coming etc.)
förhindra prevent
förhistorisk prehistoric
förhoppning hope; förväntning expectation; *~ar* utsikter prospects
förhoppningsfull hopeful; lovande promising
förhoppningsvis hopefully; *~ kan vi...* äv. it is to be hoped that we can...
förhud anat. foreskin; vetensk. prepuce
förhålla, *~ sig* bete sig behave, conduct oneself, act; förbli keep, remain; vara be
förhållande **1** sakläge state [of things]; fall case; *~n* omständigheter circumstances; [*det verkliga*] *~t är det att...* the fact [of the matter] is that...; *under sådana ~n* in (under) the (such) circumstances
2 förbindelse relations; inbördes *~* relationship; kärleks*~* [love] affair
3 proportion proportion; *i ~ till* in proportion to, proportionate[ly] to; i jämförelse med in relation to, compared with
förhållandevis proportionately
förhållningsorder orders, instructions
förhårdnad callus; med. induration
förhänge curtain
förhärdad hardened; obdurate; okänslig callous

förhärliga glorify
förhärskande predominant; gängse prevalent; *vara ~* äv. predominate, prevail
förhäva, *~ sig* brösta sig plume oneself [*över on*]
förhäxa bewitch; tjusa enchant
förhöja bildl. heighten, enhance; *förhöjt pris* increased price
förhör allm. examination; utfrågning interrogation; rättsligt inquiry; skol~ test; *ta ngn i ~* cross-examine a p.
förhöra I *tr* cross-examine, interrogate, question; *~ [ngn på] läxan* test [a p. on] the homework **II** *rfl*, *~ sig* inquire [*om* about; *hos* of]
förhörsledare interrogator
förinta allm. annihilate, destroy
förintelse annihilation, destruction; stor förödelse, katastrof holocaust
förirra, *~ sig* eg. go astray, get lost
förivra, *~ sig* get carried away, rush things
förjaga chase (drive)...away; expel
förkasta *tr* allm. reject
förkastelse allm. rejection
förkastlig objectionable; klandervärd reprehensible; fördömlig ...to be condemned
förklara I *tr* **1** förtydliga explain; ge förklaring på account for; *det ~r saken* that accounts for it **2** tillkännage declare; uppge state; *~ krig mot* declare war on **II** *rfl*, *~ sig* explain oneself
förklarande explanatory; belysande illustrative
förklaring 1 förtydligande explanation; utläggning exposition; *som ~ in* explanation **2** uttalande declaration, statement
förklarlig explicable; begriplig understandable; naturlig natural; *av lätt ~a skäl* for obvious reasons
förkläda disguise; vara *förklädd* äv. ...in disguise
förkläde 1 plagg apron; barns pinafore **2** pers. chaperon; *vara ~ åt* chaperon, act as a chaperon to (for)
förklädnad disguise; *skyddande ~* biol. mimicry
förknippa associate
förkolna get charred; *~de rester* charred...
förkommen 1 förlorad missing **2** avsigkommen ...down at heel; stark. disreputable
förkorta shorten; avkorta abridge; t.ex. ord abbreviate
förkortning shortening, abridg[e]ment, abbreviation; jfr *förkorta*

förkovra, *~ sig* improve; *~ sig i engelska* improve one's English
förkovran improvement
förkrigstiden the prewar period; *England under ~* äv. prewar England
förkristen pre-Christian
förkroppsliga embody; jfr *personifiera*
förkrossad broken-hearted; ångerfull contrite
förkrossande crushing; heart-breaking; *~ majoritet* overwhelming majority
förkrympt liten stunted; fysiol. abortive
förkunna 1 försöka utbreda preach **2** tillkännage announce; utropa proclaim; förebåda foreshadow, herald; *~ en dom* jur. pronounce (pass) sentence
förkunnelse preaching
förkunskaper previous knowledge (training); grundkunskaper grounding
förkyla, *~ sig* catch [a] cold
förkyld 1 *bli ~* catch [a] cold **2** *nu är det förkylt!* that's torn (done) it!
förkylning sjukdom cold
förkämpe advocate, champion
förkänning feeling
förkänsla presentiment
förkärlek predilection; *med ~* preferably
förköp av biljett advance booking [avgift fee]; *köpa i ~* book...in advance
förköpa, *~ sig* spend too much
förköpsrätt jur. el. ekon. pre-emptive right, option; *ha ~* have an option [on goods]
förkörsrätt trafik. right of way
förlag bok~ publishing firm (house), publisher[s pl.]
förlaga original, master; model; *filmens ~ är...* the film is based on...
förlagsredaktör editor [at a publishing firm]
förlagsverksamhet, *~en* publishing, the publishing business
förlama paralyse (amer. paralyze) äv. bildl.; bedöva stun; *som ~d av skräck* as if paralysed with fear
förlamning paralys|is (pl. -es) äv. bildl.
förleda locka entice, beguile; leda på avvägar lead...astray; *~ ngn att tro att...* delude (lead) a p. into believing that...
förlegad antiquated
förliden 1 förra last **2** till ända past
förlika, *~ sig* become reconciled, reconcile oneself [*med* to]; come to terms [*med* with]; fördra put up [*med* with]
förlikas 1 försonas be reconciled **2** vara förenlig be consistent (compatible)
förlikning försoning reconciliation; i arbetstvist o.d. conciliation, mediation;

133

uppgörelse (isht ekon.) [amicable] settlement
förlikningsman [official] conciliator
förlisa be lost, be [ship]wrecked
förlisning shipwreck, loss
förlita, ~ *sig på* a) ngn trust in b) ngt trust to, rely on
förljugen dishonest, false, mendacious
förlopp 1 tids lapse; *efter flera års* ~ after [the lapse of] several years **2** händelse~ course of events; skeende course
förlora *tr* o. *itr* lose; ~ *i* intresse, smak o.d. lose some of its...; ~ *på affären* lose on the bargain
förlorad lost; *den ~e sonen* the Prodigal Son; *~e ägg* poached eggs
förlorare loser
förlossning 1 med. delivery **2** bibl. redemption
förlossningsavdelning delivery (labour) ward
förlova, ~ *sig* become engaged [*med* to]
förlovad engaged [to be married]; *Förlovade* tidningsrubrik Engagements
förlovning engagement
förlovningsannons announcement in the engagements column
förlovningsring engagement ring
förlupen runaway; om kula stray
förlust allm. loss; av t.ex. livet forfeiture...; *lida stora ~er* sustain heavy losses (mil. äv. casualties); *sälja (gå) med* ~ sell (be run) at a loss
förlustelse amusement; offentlig entertainment
förlyfta, ~ *sig* overstrain oneself by lifting [*på ngt* a th.]
förlåta forgive; ursäkta excuse; *förlåt!* som ursäkt I'm [awfully] sorry!; *förlåt att jag...* excuse my ing-form; *förlåt, jag hörde inte* [I] beg your pardon [I didn't catch what you said], what did you say?
förlåtelse forgiveness; *be* [*ngn*] *om* ~ ask (beg) a p.'s forgiveness; *få* ~ be pardoned (forgiven)
förlåtlig pardonable
förlägen generad embarrassed, abashed, awkward; försagd self-conscious; förvirrad confused
förlägenhet känsla embarrassment, confusion
förlägga 1 placera: lokalisera locate; trupper o.d. station; flytta remove, transfer; handlingen *är förlagd till medeltiden* ...takes place in the Middle Ages **2** slarva bort mislay **3** böcker publish
förläggare bok~ publisher
förläggning location; mil., konkr. station
förlänga lengthen; utsträcka extend

förlängning prolongation; utsträckning extension; sport. extra time
förlängningssladd extension flex (amer. cord)
förläst ...too wrapped up in one's books
förlöjliga ridicule
förlöpa förflyta pass; avlöpa pass off; fortgå go, proceed; sjukdomen *förlöper normalt* ...is taking a (its) normal course
förlösa, ~ *en kvinna* deliver a woman of a child; *hon blev förlöst* she was delivered of a child
förlösande, *ett* ~ *ord* a timely word
förmak 1 salong drawing-room **2** anat. atrium
förman arbetsledare foreman, supervisor; överordnad superior
förmana tillhålla exhort; tillrättavisa admonish; varna warn
förmaning exhortation
förmaningstal admonitory speech; vard. talking-to, lecture
förmedla fungera som mellanhand vid mediate; åvägabringa procure, bring about; ~ *ett budskap* convey a message
förmedlare mellanhand intermediary
förmedling mediation, agency äv. byrå; anskaffning procurement; *genom hans* ~ through him (his agency)
förmena förvägra deny
förmera, *vara* ~ *än* be superior to
förmiddag morning; *kl. 11 på ~en* (förk. *f.m.*) at 11 o'clock in the morning (förk. at 11 a.m.)
förmildrande, ~ *omständigheter* extenuating circumstances
förminska, *i ~d skala* on a reduced scale
förminskning 1 se *minskning* **2** foto. reduction
förmoda anta suppose; med större visshet presume; vard. reckon; amer. guess
förmodan supposition; *mot* [*all*] ~ contrary to expectation
förmodligen presumably
förmultna moulder [away], decay
förmyndare jur. guardian
förmyndarskap o. **förmynderskap** guardianship; bildl. authority
förmå 1 kunna, orka ~ [*att*] +inf. be able to +inf.; be capable of ing-form; det här är *allt vad huset ~r* ...all I (resp. we) can offer you **2** ~ *ngn* [*till*] *att* +inf. induce (prevail upon, get, bring, övertala persuade) a p. to +inf.; ~ *sig till att* +inf. bring (induce) oneself to +inf.; besluta sig make up one's mind to +inf.
förmåga 1 fysisk el. andlig kraft power; prestations~ capacity; fallenhet o.d. faculty;

duglighet ability; capability; *ha (sakna)* ~ *att* koncentrera sig vanl. be able (be unable) to... **2** pers. *han är en verklig* ~ he is a man of great ability
förmån fördel advantage; särskild rättighet benefit; *sociala ~er* social benefits; *till ~ för* för att gynna in favour of
förmånlig allm. advantageous; gynnsam favourable; vinstgivande profitable; *köp på ~a villkor* ...on easy terms
förmånserbjudande special offer (bargain)
förmånstagare beneficiary
förmäten presumptuous; djärv bold; *vara ~ nog att* make bold (so bold as) to
förmögen 1 rik wealthy, well off; amer. äv. well fixed; *en ~ man* äv. a man of means (property, fortune) **2** i stånd capable [*att* inf. of ing-form]
förmögenhet större penningsumma fortune; kapital capital
förmögenhetsskatt capital (wealth, property) tax
förmörka darken äv. fördystra; obscure; bildl. cloud; himlakropp eclipse
förmörkelse astron. eclipse
förnamn first (isht amer. äv. Christian, given) name
förnedra I *tr* degrade **II** *rfl*, *~ sig* demean (degrade) oneself
förnedrande degrading
förnedring degradation
förneka I *tr* bestrida deny; icke kännas vid disown, renounce; *jag kan inte ~ att...* vanl. I must admit that... **II** *rfl*, *han ~r sig aldrig* he is always the same, that's just him
förnekande o. **förnekelse** denying osv., jfr *förneka I*; denial; disavowal; renunciation
förnimbar perceptible
förnimma perceive; känna feel, be sensible of
förnimmelse sinnes~ sensation; filos. perception
förnuft, *~[et]* reason
förnuftig sensible
förnumstig would-be-wise; *vara ~* be a know-all
förnya renew; upprepa repeat; fylla på, t.ex. förråd replenish; *~ sig* renew oneself
förnyelse renewal; repetition; replenishing, replenishment; jfr *förnya*
förnäm distinguished; högättad high-born; värdig dignified; högdragen lofty; förnämlig excellent
förnämlig ypperlig excellent
förnämst främst foremost; ypperligast finest; viktigast principal, chief

förnärma offend; *bli ~d över* äv. take offence at
förnödenheter necessities; livs~ necessaries
förnöja amuse, please; *ombyte förnöjer* variety is the spice of life, there's nothing like a change
förnöjd glad happy; belåten contented, satisfied
förnöjsam contented
förnöjsamhet contentedness
förolyckas eg.: allm. be lost; *de förolyckade* the victims [of the accident], the casualties
förolämpa insult; svag. offend; *bli ~d över* be very much offended at
förolämpning insult, affront
förord företal preface
förorda recommend
förordna 1 bestämma ordain, decree; t.ex. testamentariskt provide **2** utse appoint; bemyndiga commission
förordnande tjänste~ appointment; *få ~ som rektor* be appointed headteacher
förordning ordinance; stadga regulation
förorena *tr* contaminate, pollute; foul
förorening förorenande contamination; förorenande ämne pollutant; *~ar* t.ex. i vatten a lot of contamination (pollution) sg.
förorsaka cause; föranleda occasion
förort suburb; *~erna* äv. suburbia sg.
förortsbo suburban [dweller]
förorätta wrong; *~d* injured
förpacka pack; emballera wrap [up]; *~d* t.ex. om vara i snabbköp prepacked
förpackning konkr. pack; emballage packing; t.ex. i snabbköp prepack[age]; abstr. packaging
förpassa skicka iväg send [off]; *~ ngn ur landet (riket)* order a p. to leave the country, deport a p.
förpesta poison äv. bildl.; *~ rummet* poison the air in...; *~ tillvaron för ngn* make life a misery for a p.
förplikta, *~ ngn till att* o. +inf. put (lay) a p. under an obligation to +inf.; bind (oblige) a p. to +inf.; *~nde [för ngn]* binding [on a p.]
förpliktelse åtagande obligation; isht ekonomisk liability; skyldighet duty
förpliktiga se *förplikta*
förplägnad food; mil. äv. rations; entertainment; förplägande feeding
förr 1 förut before **2** fordom *~ i tiden (världen)* formerly, in former times (days) **3** tidigare sooner; *~ eller senare* sooner or later **4** hellre rather
förra (*förre*) **1** förutvarande former; tidigare

earlier; *den förre...den senare* the former...the latter **2** närmast föregående last; [*i*] ~ *veckan* last week
förresten se *för resten* under *rest*
förrförra, ~ *året* the year before last
förrgår, *i* ~ the day before yesterday
förringa undervärdera minimize; t.ex. ngns förtjänst detract from; t.ex. värdet av depreciate
förrinna bildl.: försvinna ebb away; förflyta pass [away]
förruttnelse putrefaction; förmultning decay
förrycka rubba dislocate; snedvrida distort
förryckt tokig crazy; *han är som* ~ he is quite crazy (mad), he is out of his mind
förrymd runaway...; om t.ex. fånge escaped...
förråd store äv. bildl.; stock; mil. stores; lokal storeroom; resurser resources; ha *i* ~ ...in store (reserve)
förråda allm. betray; vard. give away; ~ *sig* röja sig give oneself away
förrädare traitor
förräderi treachery; lands~ treason; *ett* ~ an act of treachery (resp. treason)
förrädisk treacherous äv. bildl.; lands~ treasonable
förrän innan before; *knappt hade han...* ~ hardly (scarcely) had he...when, no sooner had he...than
förränta ekon. ~ *sig* yield interest [*med* at]
förrätt kok. first course; *till* (*som*) ~ *as* a first course, as a starter, for starters
förrätta tjänstgöra vid officiate at; leda conduct; t.ex. sin andakt perform; ärende accomplish; vigseln ~*des* ...was conducted; *efter väl* ~*t ärende* (*värv*) after having satisfactorily performed one's duties (one's task, what one set out to do)
förrättning tjänste~ function, [official] duty; kyrkl. äv. ceremony; resa trip on official business; uppdrag assignment
försagd timid
försagdhet timidity, diffidence
försaka go without, deny oneself; avsäga sig give up
försakelse umbärande privation
församla assemble
församlas assemble
församling 1 församlade pers. assembly **2** kyrkl.: menighet congregation; kyrkosamfund church; frireligiös el. ej kristen community; socken parish
församlingsbo parishioner
församlingsfrihet freedom of assembly
församlingshem ung. parish house
förse I *tr* provide; ~*dd med* om sak vanl. equipped (fitted) with **II** *rfl*, ~ *sig* skaffa sig provide oneself [*med* with]; ta för sig help oneself [*med* to]
förseelse fault; brott offence
försegel sjö. headsail
försegla seal äv. bildl.; t.ex. låda seal up
försena delay; förhala retard
försenad delayed; *vara* ~ be late (behind time)
försening delay
försiggå äga rum take place äv. teat. o.d.; pågå, ske go (be going) on; avlöpa pass (go) off
försigkommen advanced; neds. forward; brådmogen precocious
försiktig aktsam careful; förtänksam cautious, prudent; vaksam wary
försiktighet care[fulness]; caution, prudence; wariness; jfr *försiktig*
försiktighetsåtgärd precautionary measure; *vidta alla ~er* take every precaution
försiktigt carefully osv., jfr *försiktig*; *gå* ~ *till väga* proceed cautiously (with caution); *kör* ~*!* ...carefully!
försilvra silver-plate
försitta t.ex. tillfälle miss; sin rätt forfeit
försjunka, ~ *i* hänge sig åt lose oneself (become absorbed) in; *försjunken i tankar* absorbed (lost, deep) in thought
förskaffa procure, jfr *skaffa*; rendera bring; *vad ~r mig nöjet av ditt besök?* to what do I owe the pleasure [of your visit]?
förskingra jur. embezzle; han har ~*t* ...embezzled money
förskingrare embezzler
förskingring 1 jur. embezzlement, peculation **2** svenskar *i* ~*en* ...scattered abroad
förskjuta I *tr* ej längre vidkännas: hustru cast off; barn disown **II** *rfl*, ~ *sig* rubbas get displaced; om last el. friare shift
förskjutning displacement äv. psykol.; shifting; jfr *förskjuta*
förskola preschool
förskoleålder preschool age
förskollärare nursery-school (preschool) teacher
förskona, ~ *ngn från* (*för*) *ngt* spare a p. a th.
förskoning nåd mercy
förskott advance; *be om* ~ *på* lönen ask for an advance on...
förskottera advance; vard. up-front
förskottsbetalning advance (vard. upfront) payment
förskräcka frighten, scare; *bli förskräckt* be (get) frightened osv. [*över* at]; bli bestört get a shock
förskräckelse fright; bestörtning consternation; *komma* (*slippa*) *undan*

med blotta ~n escape by the skin of one's teeth
förskräcklig frightful, dreadful; vard. äv. awful; förfärlig terrible
förskrämd frightened, scared; skygg timid
förskärare o. **förskärarkniv** carving-knife
förskönа make...look more beautiful, beautify; skönmåla make...look better than it is
förslag proposal; råd suggestion; plan scheme; utkast draft; *väcka ~ om ngt* propose (parl. o.d. move) ath.; *på mitt ~* on (at) my suggestion
förslagen cunning, artful
förslagsvis as a suggestion; försöksvis tentatively; ungefärligen roughly; låta oss säga [let us] say
förslappa försvaga weaken; göra kraftlös enervate; t.ex. moralen relax
förslappas försvagas weaken; bli kraftlös become enervated; om t.ex. moral grow lax; om t.ex. intresse relax
förslappning weakening; kraftlöshet enervation
förslitning abstr. wear; *~en av...* the wearing out of...
förslummas turn into (become) a slum
förslumning deterioration (turning) into a slum
försluta seal
förslå suffice; *så det ~r ordentligt* with a vengeance; övermåttan like anything
förslöa make...apathetic osv., jfr *förslöad*
förslöad apathetic; trög dull; håglös listless
förslöas grow (get) apathetic osv., jfr *förslöad*
förslösa squander; dissipate
försmak foretaste
försmå avvisa reject; förakta despise
försmädlig 1 hånfull sneering **2** se *förarglig 1*
försmäkta languish
försnilla med avledningar, se *förskingra* med avledningar
försoffas se *förslöas*
försommar early summer, early part of [the] summer
försona I *tr* förlika reconcile; *ett ~nde drag* a redeeming feature **II** *rfl*, *~ sig med* bli vän med become reconciled (make it up) with; finna sig i reconcile oneself (become reconciled) to
försonas make it up
försoning förlikning reconciliation; isht relig. atonement
försonlig conciliatory
försonlighet conciliatory spirit
försorg 1 *genom ngns ~* through ap., through (by) the agency of ap. **2** *dra ~ om* a) ngn provide for... b) ngt see (attend) to...
försova, ~ sig oversleep [oneself]
förspel mus. prelude; före samlag foreplay
förspilla waste; *det är förspilld kraft (möda)* it is a waste of energy
försprång start; försteg lead; *få ~ före ngn* get the start of ap.; gå om gain the lead (bildl. äv. an advantage) over ap.
först 1 först [...och sedan] first; först [...men] at first; vid uppräkning first[ly]; *allra ~* first of all; *~ och främst* till att börja med first of all, to begin with; framför allt above all **2** inte förrän not until; *~ då såg han...* only (not until) then did he see...
första (*förste*) first (förk. 1st); begynnelse- initial; tidigaste, isht i titlar principal, head; *förste bibliotekarie* principal librarian; *på ~ bänk* i sal o.d. in the front row; *de ~ (de två ~) dagarna* var vackrare the first few (the first two) days...; *på ~ våningen* bottenvåningen on the ground (amer. first) floor; en trappa upp on the first (amer. second) floor; *han var den förste som kom* he was the first to come; *förste bäste vem som helst* the first that comes (resp. came) along
förstad suburb
förstadium preliminary stage
förstaklassbiljett first-class ticket
förstaplats sport. first place
förstatliga nationalize
förstatligande nationalization
förste se *första*
förstenad petrified
förstfödd first-born
förstklassig first-class, first-rate; vard. tip-top, A 1
förstnämnd first-mentioned
förstockad förhärdad hardened; inbiten confirmed; trångsynt hidebound
förstone, *i ~* at first, to start (begin) with
förstoppning constipation; *ha ~* be constipated
förstora eg. el. foto. enlarge; vard. blow up; bildl. äv. exaggerate
förstoring foto. enlargement; *i stark ~* greatly magnified (enlarged)
förstoringsglas magnifying glass
förströ divert; roa entertain; *~ sig* divert (amuse) oneself [*med* with; *med att* inf. by ing-form]
förströdd absent-minded
förströelse diversion
förstuga se *farstu*
förstukvist porch; amer. stoop; utan tak front-door landing

förstulen furtive, stealthy; *kasta en ~ blick på* steal (take, cast) a furtive glance (look) at
förstumma silence; bildl. strike...dumb
förstummas become (fall) silent; *~ av* häpnad be struck dumb with...
förstå I *tr* understand; vard. get; få klart för sig realize; inse see; *låta ngn ~ att...* give a p. to understand that...; *låta [ngn] ~* antyda intimate (hint) [to a p.]; du stannar här! *~r du (har du ~tt)?* ofta ...see!, ...is that clear?; *göra sig ~dd* make oneself understood **II** *rfl*, *~ sig på att* + inf. know (understand) how to + inf.
förståelig understandable
förståelse understanding; *ha full ~ för* sympathize with, quite understand
förstående understanding
förstånd begåvning intelligence; vard. brains; förnuft reason; vett sense; klokhet wisdom; tankeförmåga intellect; fattningsförmåga understanding; *förlora ~et* go out of one's senses; bli sinnessjuk lose one's reason; *ha ~ [nog] att...* have sense enough (the [good] sense) to...; *han borde haft bättre ~* he ought to have known better (to have had more sense)
förståndig förnuftig sensible äv. om sak; klok wise; förtänksam prudent; begåvad med förstånd intelligent; *vara ~ nog att...* have the intelligence (sense) to...
förståndshandikappad mentally retarded
förståndsmässig rational
förstås of course
förståsigpåare expert; skämts. pundit
förställa disguise; *~ sig* dissemble, dissimulate
förställning dissemblance, dissimulation
förstämd nedslagen dejected
förstämning förstämdhet dejection, depression; tryckt stämning gloom
förstärka strengthen; isht tekn., elektr. el. radio. amplify; t.ex. kassa replenish
förstärkare radio., ljud~ amplifier
förstärkning strengthening osv., jfr *förstärka*; reinforcement; amplification, replenishment; *få ~ar* mil. receive reinforcements, be reinforced
förstäv sjö. stem
förstöra förinta destroy; tillintetgöra annihilate; undanröja dispose of; fördärva ruin äv. bildl.; *~ sin hälsa* ruin one's health [*genom* by]; *se förstörd* härjad *ut* look worn and haggard
förstöras be destroyed osv., jfr *förstöra*; långsamt decay; totalt perish
förstörelse destruction; *vålla ~* cause (wreak) destruction (havoc)

försumbar negligible
försumlig vårdslös negligent, remiss; pliktförgäten neglectful; om betalare defaulting, dilatory
försumlighet negligence; neglectfulness; *visa ~* be negligent
försumma vårdslösa neglect; underlåta leave...undone; utebli från, försitta miss; *~ att* + inf. fail (omit) to + inf.; underlåta äv. neglect + ing-form *el.* to + inf.
försummelse neglect; underlåtenhet omission
försupen, *han är ~* he is a (an habitual) drunkard
försuras be acified
försurning acidification
försvaga weaken; göra kraftlös enervate; försämra impair
försvagas grow (become) weak[er], weaken; försämras become impaired; om t.ex. synen ...is failing
försvagning weakening; försämring impairment
försvar allm. defence, amer. defense båda äv. sport.; rättfärdigande justification; *det svenska ~et* the Swedish national defence; konkr.: stridskrafterna the Swedish armed forces pl.; försvarsanordningarna the Swedish defences (fighting services) (båda pl.); *ta...i ~* defend (stand up for)...
försvara I *tr* defend; rättfärdiga justify; förfäkta vindicate; hävda maintain **II** *rfl*, *~ sig* defend oneself
försvarare defender äv. sport.; förfäktare vindicator
försvarbar defensible
försvarlig 1 ansenlig considerable, respectable **2** förvarbar defensible
försvarsadvokat counsel (pl. lika) for the defence
försvarsdepartement ministry of defence; amer. department of defense
försvarsförbund defensive alliance
försvarslös defenceless
försvarsminister minister of defence; *~n* i Engl. the Secretary of State for Defence; i Amer. the Secretary of Defense, the Defense Secretary
försvarsstab defence staff
försvarstal jur. speech for the defence; friare speech in one's defence
försvarsåtgärd defensive measure
försvenska make...Swedish; *bli ~d* el. *~s* become [rather] Swedish
försvinna disappear; plötsligt vanish; komma bort be lost; gradvis fade [away]; avlägsnas be taken away (removed); *försvinn!* go away!, get lost!, scram!; gå ut! get out!;

han är försvunnen he has disappeared; saknas he is missing; boken *är försvunnen (har försvunnit)* ...is missing (lost), ...has gone
försvinnande *s* disappearance
försvåra make (render)...[more] difficult; förvärra make...worse; lägga hinder i vägen för obstruct; *~nde omständigheter* aggravating circumstances
försyn, *~en* Providence
försynda, *~ sig* offend, sin [*mot* i båda fallen against]
försyndelse offence, sin; breach
försynt hänsynsfull considerate; delicate äv. om t.ex. fråga; tillbakadragen unobtrusive; blygsam modest
försåtlig treacherous; t.ex. fråga tricky
försäga, *~ sig* förråda sig give oneself away, say too much; förråda ngt let the cat out of the bag
försäkra I *tr* **1** assure; *han ~de att...* he assured me (her osv.) that... **2** om liv, egendom o.d. insure; isht liv~ äv. assure **II** *rfl,* *~ sig om* ngt make sure of...; tillförsäkra (bemäktiga) sig äv. secure...; *~ sig om att...* make sure that...
försäkran assurance; jur. affirmation
försäkring 1 se *försäkran* **2** om liv, egendom o.d. insurance; brev policy; *teckna en ~* a) ta take out (effect) an insurance [policy] [*på ngt* on...; *på...kr* for...] b) ge underwrite an insurance
försäkringsbedrägeri insurance fraud
försäkringsbelopp amount (sum) insured
försäkringsbesked från allmän försäkringskassa [social] insurance card
försäkringsbolag insurance company
försäkringsbrev [insurance] policy
försäkringskassa, *allmän ~* expedition, ung. regional social insurance office
försäkringspremie insurance premium
försäkringstagare policy-holder; *~n* äv. the insured; om livförsäkrad äv. the assured
försäkringsvillkor terms of insurance
försäljare salesman, salesperson; säljare seller
försäljning sale, sales; *lämna till ~* put up for sale
försäljningspris sales (selling) price
försäljningsvillkor terms of sale
försämra allm. deteriorate; försvaga impair; förvärra make...worse
försämras deteriorate; get (grow, become) worse; om t.ex. hälsotillstånd change for the worse; gå tillbaka fall off
försämring deterioration; impairment; change for the worse; falling off; jfr *försämra* o. *försämras*

försändelse konkr.: varu~ consignment; post~: allm. item of mail; brev letter; paket parcel
försänka bildl. *försänkt i bön* deep in prayer
försänkning, [*goda*] *~ar* good connections, useful contacts
försätta sätta set; i visst tillstånd put; *~ i frihet* set free (at liberty); *~ ngn i en brydsam situation* put a p. in an awkward situation
försök ansats attempt; bemödande effort; experiment experiment; prov trial; *göra ett ~* make an attempt, have a try (vard. a go, a shot) [at it]; *det är värt ett ~* it's worth trying (a try), there's no harm [in] trying
försöka I *tr* o. *itr* try; bjuda till attempt; bemöda sig endeavour; *jag ska ~* I'll try; *försök!* vanl. have a try (vard. a go, a shot)!; *~ pröva med vatten (med att vattna)* try water (watering); *försök inte [med mig]!* don't try that on (with) me!, don't give me that! **II** *rfl, ~ sig på ngt* (*att* inf.) try one's hand at a th. (at ing-form); våga sig på venture [on] a th. (ing-form)
försöksdjur laboratory animal
försöksheat sport. trial (preliminary) heat
försökskanin bildl. guinea pig
försöksverksamhet experimental work, research
försörja I *tr* sörja för provide for; underhålla support, keep, maintain; förse supply **II** *rfl, ~ sig* earn one's living [*med, genom* by]
försörjning support; *~ med livsmedel* food supply
förtaga I *tr* t.ex. verkan take away; t.ex. ljud deaden **II** *rfl, ~ sig* overdo it
förtal slander, backbiting; ärekränkning defamation
förtala slander; ärekränka defame
förtappad lost; *en ~ syndare* an impenitent
förtappelse perdition
förtecken 1 mus., fast key signature; tillfälligt accidental **2** bildl. *med politiska ~* with political overtones
förteckning list, catalogue
förtegen reticent
förtid, *i ~* prematurely; *gammal i ~* old before one's time
förtidig premature; *~ död* untimely death
förtidspension early retirement pension
förtiga keep...secret
förtjusande charming; härlig delightful; isht amer. swell; söt, vacker lovely; utsökt exquisite; *så ~!* how perfectly charming osv.!
förtjusning glädje delight; entusiasm enthusiasm; hänförelse enchantment
förtjust glad delighted; stark. enchanted;

charmed; *bli* ~ *intagen i* become fond of, take quite a fancy to; *vara* ~ *i vara kär i be in love with*; tycka om, t.ex. barn, mat be fond of
förtjäna I *tr* vara värd deserve; *det ~r att anmärkas* it is worth noticing; *han fick vad han ~de* äv. he got his deserts **II** *tr* o. *itr* se *tjäna I 1*
förtjänst 1 inkomst earnings; vinst profit[s pl.]; *dela ~en* share the profits **2** merit merit; plus good point; förskyllan deserts; *det är inte din ~ att...* it is no (small) thanks to you that...
förtjänstfull meritorious; betydande considerable
förtjänt, *göra sig (vara)* ~ *av* deserve
förtorkad torr dry; uttorkad parched; skrumpen wizened
förtrampa bildl. trample...underfoot
förtret förargelse annoyance; obehag trouble; *svälja ~en* swallow one's annoyance (vexation); *till sin [stora]* ~ såg han [much] to his chagrin...
förtroende 1 confidence; *ha (hysa)* ~ *för* have confidence (faith) in; *missbruka ngns* ~ abuse a p.'s confidence; *mista ~t för* lose confidence (one's trust) in; säga ngt *i [största]* ~ ...in [the strictest] confidence **2** förtroligt meddelande confidence; *utbyta ~n* exchange confidences
förtroendefråga, *göra ngt till en* ~ put a th. to a vote of confidence
förtroendefull trustful
förtroendeingivande confidence-inspiring; *vara* ~ inspire confidence
förtroendepost position of trust; hederspost honorary office
förtroendeuppdrag commission of trust
förtroendevald, *vara* ~ be an elected representative
förtrogen I *adj* **1** förtrolig intimate **2** bekant ~ *med* familiar (conversant) with, versed in **II** *subst adj* confidant; om kvinna vanl. confidante; *göra ngn till sin förtrogne* vanl. take a p. into one's confidence
förtrogenhet, ~ *med* familiarity with, intimate knowledge of
förtrolig 1 konfidentiell confidential **2** intim intimate; *ett ~t samtal* a heart-to-heart (an intimate) talk
förtrolighet familiarity äv. närgångenhet; intimacy
förtrolla förhäxa enchant; förvandla transform; tjusa bewitch, fascinate
förtrollning enchantment; bewitchment, fascination; jfr *förtrolla*; trollmakt spell; *bryta ~en* break the spell

förtrupp mil. advance guard
förtryck oppression, repression; tyranni tyranny
förtrycka oppress; friare tyrannize over
förtryckare oppressor
förtrytelse resentment; stark. indignation
förträfflig excellent; friare splendid
förtränga 1 constrict **2** psykol. repress
förträngning 1 constriction **2** psykol. repression
förtröstan trust; tillförsikt confidence
förtröstansfull hopeful
förtulla tullbehandla clear...[through the Customs]; betala tull för pay duty on (for); har ni något *att ~?* ...to declare?
förtullning tullbehandling [customs] clearance; betalning av tull payment of duty; tullformaliteter customs formalities
förtunning vätska thinner
förtursrätt priority
förtvina vissna wither [away]; med. atrophy
förtvivla despair
förtvivlad olycklig extremely unhappy; otröstlig disconsolate, heartbroken; utom sig ...in despair; desperat desperate
förtvivlan despair; desperation desperation; missmod despondency
förtvivlat desperat desperately; utan hopp despairingly; enormt terribly
förtvätt prewash
förtydliga förklara make...clear (resp. clearer)
förtydligande elucidation
förtäckt veiled, covert; *i ~a ordalag* indirectly, in a roundabout way
förtälja tell
förtära äta eat; dricka drink; förbruka el. bildl. consume; *farligt att ~!* på flaska o.d. vanl. poison!
förtäring 1 förtärande consumption **2** mat [och dryck] food [and drink], refreshments
förtäta condense; koncentrera concentrate; *~d stämning* tense atmosphere
förtöja moor; berth; göra fast make...fast
förtöjning mooring
förunderlig underbar wonderful; underlig strange
förundersökning preliminary investigation (inquiry) äv. jur.; pilot study
förundra se *förvåna*
förundran wonder
förunna grant; ett långt liv *har ~ts mig* ...has been given to me
förut om tid before; förr formerly; tidigare previously
förutan, *mig* ~ without me
förutbestämd predetermined
förutfattad preconceived; ~ *mening* prejudice

förutom se *utom 2*
förutsatt, ~ *att* provided [that]
förutse foresee, anticipate; vänta expect
förutseende I *adj* foresighted; klok wise **II** *s* foresight; förtänksamhet forethought
förutsäga predict; isht meteor. forecast; förespå prophesy
förutsägelse prediction; forecast; prophecy; jfr *förutsäga*
förutsätta presuppose; anta presume; kräva imply; ~ ta för givet *att* take it for granted that
förutsättning villkor condition; vad som erfordras requirement; grundval bas|is (pl. -es); antagande assumption; kvalifikation qualification; chans chance; *ha alla ~ar att lyckas* have every chance of succeeding; *sakna ~ar för ngt* lack the necessary qualifications for a th.; *under ~ att...* på villkor att on condition that...
förutsättningslös unbiassed
förutvarande förre former; jfr vid. *före [detta]*
förvalta t.ex. kassa administer; jur. hold...in trust; förestå manage; t.ex. ämbete discharge [the duties of...]
förvaltare administrator; jur. trustee; manager; lantbr. steward
förvaltning administration; management; konkr. stats~ public administration
förvandla transform; ~ *till* äv.: omskapa, göra om turn into; till något mindre el. sämre reduce to
förvandlas, ~ *till* övergå till turn (change) into; omskapas till be transformed into
förvandling transformation; reduction; jfr *förvandla*
förvanska distort; t.ex. kod mutilate; ~*d* text garbled..., corrupt...
förvanskning distortion, garbling; corruption; jfr *förvanska*
förvar 1 jur., se ex. under *fängslig* **2** keeping, charge; hand. [safe] custody; *i gott (säkert)* ~ in safe keeping
förvara allm. keep; hand. keep...in safe custody; *[bör] ~s torrt (kallt)* keep in a dry (cool) place
förvaring 1 abstr. keeping; lagring storage; av pengar o.d. safe-keeping; jur. preventive detention (custody) **2** konkr., se *effektförvaring*
förvaringsbox safe-deposit box
förvaringsfack allm. locker; banks safe-deposit box
förvaringsutrymme storage space, storage room
förvarna forewarn
förvarning premonition, forewarning; *utan ~* without notice (previous warning)

förveckling complication
förverka forfeit
förverkliga I *tr* realize; t.ex. plan carry...into effect **II** *rfl*, ~ *sig själv* fulfil (amer. fulfill) oneself
förverkligande realization
förvildad om t.ex. ungdom uncivilized; om t.ex. seder demoralized
förvildas (jfr *förvildad*) become uncivilized (demoralized)
förvilla I *tr* vilseleda mislead; förvirra confuse; *~nde* likhet deceptive... **II** *rfl*, ~ *sig* lose one's way (oneself)
förvillelse aberration, error
förvirra confuse; förbrylla bewilder; svag. puzzle; bringa ur fattningen put...out; *göra ngn ~d* confuse o.sv. a p.
förvirring confusion; oreda disorder; *i första ~en* in the first moment of confusion; *ställa till ~ i...* throw...into confusion (disorder)
förvisa banish; lands~ äv. exile; relegera expel; bildl. relegate; jur. deport
förvisning banishment; exile; expulsion; relegation; deportation; jfr *förvisa*
förvissa I *tr*, *ni kan vara ~d om att...* you may rest assured that... **II** *rfl*, ~ *sig om ngt (om att...)* make sure of a th. (that...)
förvissning assurance; *i fast ~ om ngt (om att...)* in full assurance of a th. (that...)
förvisso assuredly, certainly
förvrida distort, twist; ~ *huvudet på ngn* turn a p.'s head
förvränga distort, twist, misrepresent
förvrängning distortion, misrepresentation
förvuxen overgrown; missbildad deformed; förvildad ...overgrown with weeds
förvållande, *det skedde genom [hans] eget ~* it was through his [own] negligence, it was all his [own] doing
förvåna surprise; stark. amaze; *det ~r mig* vanl. I am surprised o.sv., jfr ovan; *bli ~d [över ngt]* be surprised o.sv. [at a th.]; hon frågade *~d* ...in surprise (astonishment)
förvånande o. **förvånansvärd** surprising; stark. amazing
förvåning surprise, astonishment; stark. amazement
förväg, *i ~* om tid in advance, beforehand; om rum ahead
förvälla parboil
förvända förställa disguise; ~ *synen på ngn* throw dust in a p.'s eyes
förvänta, ~ *[sig]* expect
förväntan expectation; *lyckas över [all] ~* ...beyond [all] expectation[s]
förväntansfull expectant; *vara ~* äv. be full of expectation

förväntning expectation; *motsvara ~arna* come up to expectations
förvärra make...worse
förvärras grow worse, become aggravated; försämras deteriorate
förvärv acquisition
förvärva acquire; *surt ~de slantar (pengar)* hard-earned cash (money)
förvärvsarbeta be gainfully employed
förvärvsarbete gainful employment (occupation)
förvärvsliv professional life
förväxla mix up; *~ med* äv. mistake for
förväxling confusion; misstag mistake
föryngra rejuvenate
föryngras rejuvenate
föryngring rejuvenation
föråldrad antiquated; om ord obsolete; gammalmodig out-of-date; *bli ~* become antiquated osv.
förädla 1 allm. ennoble; t.ex. smak refine 2 tekn. work up; isht metaller refine; process 3 djur improve [...by breeding]
förädlas become ennobled (om smak refined)
förädling (jfr *förädla*) 1 ennobling; refinement 2 tekn. working up 3 av djur, växter improvement [by breeding]
föräktenskaplig premarital
förälder parent
föräldrafri ...free from (without) parents
föräldrahem [parental] home; *mitt ~* vanl. my parents' home
föräldraledighet parental leave
föräldralös orphan, ...without parents; hon är *~* ...an orphan
föräldramöte skol. parent-teacher (med enbart föräldrar parents') meeting
föräldrapenning parental allowance
föräldrar parents
förälska, *~ sig* fall in love [*i* with]
förälskad ...in love; *bli ~* [*i*] fall in love [with]
förälskelse kärlek love; kärleksaffär love affair
föränderlig variable; om väderlek changeable; om t.ex. lycka fickle
föränderlighet variability; changeableness; fickleness; *föränderlig*
förändra I *tr* byta change; ändra på alter; förvandla transform; variera vary; *det ~r saken* that alters matters (totalt makes all the difference) **II** *rfl*, *~ sig* se *förändras*
förändras change; delvis alter; *tiderna ~* times are changing
förändring change; nyhet innovation; *vidta ~ar* make alterations
förära, *~ ngn ngt* make a p. a present of a th., present a p. with a th.

föräta, *~ sig* overeat [oneself]; *~ sig på* ngt eat too much (resp. many)...
förödande devastating
förödelse devastation; *anställa stor ~* make (wreak) great havoc
förödmjuka humiliate; *~ sig* humiliate (humble) oneself; *~nde* humiliating [*för ngn* (*för ngn att* +inf.) to a p. (for a p. to +inf.)]
förödmjukelse humiliation
föröka I *tr* fortplanta propagate **II** *rfl*, *~ sig* breed, propagate, multiply
förökas se *föröka II*
förökning fortplantning propagation
föröva commit
förövande, *vid ~t av...* when committing...
förövare perpetrator
fösa driva drive; skjuta shove

G

G (förk. för *godkänd*) skol. passed
g 1 bokstav g [utt. dʒiː:] **2** (förk. för *gram*) g
gabardin tyg gabardine
gadd sting
gadda, ~ *sig samman* (*ihop sig*) gang up [*mot* on (against)]; plot [*mot* against]
gaffel fork; sjö. gaff
gaffelformig forked
gaffeltruck forklift truck
gage fee; t.ex. boxares share of the purse
gagga vard. babble
gaggig vard. *vara* ~ be gaga (senile)
gagn nytta use; fördel advantage; vinst profit; *till* ~ *för* vårt land for the benefit of...
gagna, ~ *ngn* (*ngt*) be of use (advantage) to a p. (to a th.), benefit a p. (a th.)
gagnlös useless
1 gala crow; om gök call
2 gala gala; *i* [*full*] ~ galadräkt in gala [dress], in full dress
galaföreställning gala performance
galamiddag gala banquet
galant I *adj* artig o.d. gallant **II** *adv* **1** artigt o.d. gallantly **2** förträffligt capitally; *det gick* ~ it went off fine
galanteri artighet o.d. gallantry
galauniform full-dress uniform
galavagn state coach
galax astron. galaxy
galej ngt åld. el. vard. i kväll *skall vi ut på* ~ ...we're going [out] on a spree (binge)
galen 1 sinnesrubbad samt friare mad, crazy; vard. nuts end. pred.; nutty, potty; uppsluppen wild; ~ förtjust *i* crazy (mad, vard. nuts) about; *bli* ~ go mad; *det är* (*var*) *inte så galet* dumt it isn't (wasn't) too bad **2** oriktig wrong; orimlig o.d. absurd
galenpanna madcap; våghals daredevil
galenskap vansinne madness; dårskap folly; *göra ~er* do crazy things
galet wrong; *bära sig* ~ *åt* bakvänt be awkward; oriktigt set about the thing (it) [in] the wrong way; dumt do a foolish thing
galge 1 för avrättning gallows (pl. lika) **2** klädhängare clothes hanger
galghumor gallows (macabre) humour
galjonsfigur sjö. el. bildl. figure head

galla vätska bile; hos djur el. bildl. gall; *utgjuta sin* ~ *över* vent one's spite (spleen) [up]on
gallblåsa anat. gall bladder
galler skyddsgaller o.d. grating; i bur bars; spjälverk lattice [work], trellis; radio. grid; sprakgaller fireguard; [*få*] *skaka* ~ vard. be behind bars
gallerfönster barred window; finare lattice [window]
galleri gallery
galleria köpcentrum arcade
gallfeber, *reta* ~ *på ngn* drive a p. crazy (mad, up the wall), infuriate a p.
gallimatias nonsense, balderdash
gallra frukt thin out; skog thin; eliminera eliminate
gallring thinning; sorting out; jfr *gallra*
gallskrik yell
gallskrika yell
gallsten med. gallstone
gallstensanfall med. attack of biliary colic
galläpple gall apple
galna ko-sjukan vet. med. mad cow [disease]
galning madman; *...som en* ~ äv. ...like mad
galopp 1 ridn. gallop; [*rida i*] *kort* ~ canter; *fattar du ~en?* vard. do you get it (get what it's all about)?; *i* [*full*] ~ at a gallop (friare run) **2** dans galop
galoppbana racecourse
galoppera gallop
galopptävling horse-race
galosch galosh; *om inte ~erna passar* if it doesn't suit you, if you don't like it
galt 1 zool. boar **2** miner. pig
galvanisera galvanize
galvanism, *oral* ~ tandläk. [oral] galvanism, galvanic action
galärslav galley slave
gam zool. vulture
Gambia [the] Gambia
gambier Gambian
gambit schack. gambit
game 1 tennis game **2** *vara gammal i ~t* be an old hand [at it] (an old-timer)
gamling old man (resp. woman); vard. oldie
gammal allm. el. friare old; forntida ancient; ej längre färsk stale; *rätt* ~ oldish; *gamla antika möbler* antique furniture; *gamla nummer* av tidskrift o.d. back numbers; *en fem år* ~ *pojke* a five-year-old boy; *bli* ~ grow (get) old; *den där hatten gör henne* ~ ...ages her; ~ *är äldst* you can't beat experience; *sedan ~t* of old
gammaldags old-fashioned äv. omodern, old-world
gammaldans old-time dance (dansande dancing)

gammalmodig old-fashioned, old-fangled
gammalrosa old rose
gammalvals old-time waltz
gamman, *glädje och* ~ rejoicing, fun and games
gammastrålning fys. gamma radiation
gangster gangster, mobster; friare hooligan
gangsterfilm gangster film
gangsterliga gang
ganska tämligen fairly end. i förb. med något positivt; stark. very; ofta känslobeton. rather, quite; vard., 'rätt så' pretty; *en ~ god (stor) chans* a fair chance
gap 1 mun mouth; hål gap, opening; avgrund abyss **2** skrik bawling
gapa 1 om pers. o. djur: a) öppna munnen open one's mouth [wide]; hålla munnen öppen keep one's mouth open b) glo gape c) skrika etc. bawl; *den som ~r efter mycket* [*mister ofta hela stycket*] ung. if you are too greedy, you often lose the lot; grasp all, lose all **2** om saker: vara vidöppen gape; om t.ex avgrund yawn
gaphals vard., skrytsam person loudmouth
gapskratt roar of laughter; *brista [ut] i ~* burst out laughing
gapskratta roar with laughter
garage garage
garageinfart garage drive[way]
garantera, ~ *[för]* guarantee; friare äv. warrant
garanti guarantee; spec. vid lån security; *lämna (ställa) ~[er] för* give (furnish) a guarantee for; *det är ett års ~ på klockan* there is a one-year guarantee on...
garantibevis written guarantee
gardera I *tr* guard; ~ *med* etta (vid tippning) cover oneself with... **II** *rfl,* ~ *sig* guard (trygga sig safeguard) oneself; vid vadslagning hedge [off]; ~ *sig mot* förluster äv. cover oneself against...
garderob 1 skrubb [built-in] wardrobe; kapprum cloakroom; amer. äv. checkroom **2** kläder wardrobe
garderobiär cloakroom (amer. äv. checkroom) attendant; amer. äv. hatcheck boy (girl)
garderobsavgift cloakroom (amer. äv. checkroom) fee
gardin curtain; rullgardin blind
gardinkappa pelmet
gardinluft pair of curtains
gardinstång curtain rod (av trä pole); för rullgardin rod
gardinuppsättning luft set of curtains; curtain arrangement
garn 1 tråd: allm. yarn **2** nät net; *fastna i ngns ~* bildl. get caught in a p.'s toils

garnaffär shop that sells yarn (wool)
garnera 1 t.ex. kläder trim **2** maträtt garnish; t.ex. pizza top; tårta decorate
garnering (jfr *garnera*) konkr. **1** trimming **2** garnish
garnhärva skein of yarn
garnison garrison
garnityr 1 garnering trimming; på maträtt garnish **2** uppsättning set; tand~ [löständer false] teeth, set of teeth (resp. false teeth)
garnnystan ball of yarn
garv vard. laugh; stark. roar of laughter
garva I *tr* tan; efterbehandla curry **II** *itr* vard. laugh; stark. laugh one's head off
garvad eg. tanned äv. om hy; bildl. hardened; erfaren experienced
gas fys. gas; *~er* i tarm o.d. wind sg.; med. flatus sg.; *i ~en* vard., berusad tipsy; upprymd in high spirits; *trampa på ~en* step on the gas
gasa I *tr* gas; ~ *ihjäl sig* gas oneself **II** *itr,* ~ *[på]* step on the gas
gasbildning formation of gas (gases)
gasbinda gauze bandage
gasbrännare gas burner; på gasspis gas ring
gaska vard. ~ *upp sig* cheer up
gaskammare gas chamber
gaskran gas tap
gasledning gas conduit; huvud~ gas main
gaslukt smell of gas
gasmask gas mask
gasmätare apparat gas meter
gasol LPG (förk. för liquefied petroleum gas), Calor gas®; vard. bottled gas
gasolkök Calor gas stove®
gaspedal accelerator [pedal]
gassa I *itr* be broiling [hot] **II** *rfl,* ~ *sig i solen* bask (stark. broil) in the sun
gassande o. **gassig** broiling [hot]
gasspis gas cooker
gast vålnad ghost
gasta skrika yell, bawl
gastkrama hålla i spänning hold...in terrible suspense, fill...with horror
gastkramande spännande hair-raising
gastronom gastronome, gastronomist
gaständare gas lighter; till gaskamin gas poker
gasugn gas oven
gasverk gasworks (pl. lika); administration gas board
gata street; uthuggen i skog lane; körbana roadway; *gammal som ~n* as old as the hills; *på ~n* in (isht amer. on) the street; *vara på sin mammas ~* be on one's home ground; *gå på ~n* vara prostituerad walk the streets
gathus [part of a] house facing the street

gathörn street corner
gatlopp, *löpa* ~ run the gauntlet
gatsopare street-sweeper
gatsten paving-stone; koll. paving-stones
gatuadress street address
gatuarbete, ~[*n*] roadwork sg.; reparation street repairs pl.
gatubarn street child
gatubelysning streetlighting
gatubeläggning street paving
gatuförsäljare pedlar
gatukorsning crossing; i trafikförordningar o.d. road junction
gatukravaller street riots
gatukök hamburger and hot-dog stand
gatuplan, *i (på)* ~*et* on the ground (amer. first) floor, on the street level
gatuvimmel, *i gatuvimlet* among the crowds [in the street]
gatuväld street violence
1 gavel, *på vid* ~ wide open
2 gavel på hus gable; ett fönster *på* ~*n* ...in the gable
gay vard., homosexuell gay
gayrörelsen the gay movement
G-dur mus. G major
ge I *tr* **1** allm. give; högtidligare bestow; bevilja, tillhandahålla supply; räcka hand; vid bordet pass; avkasta, resultat yield; ~ *hit!* give it to me!, hand it over!; *jag skall* ~ *dig!* vard. I'll give it to you (pay you out)! **2** teat. give **3** kortsp. deal; *du* ~*r!* it is your deal! **II** *rfl,* ~ *sig* kapitulera surrender; erkänna sig besegrad yield; friare, äv. ge tappt give in; om mur bend; om rep give; om köld break; töja sig stretch; avta abate, subside; jfr äv. resp. huvudord; *det kan du* ~ *dig* [*sjutton*] *på!* vard. you bet! **III** med beton. part.
~ **sig av** vard. be off; sjappa make off
~ **bort** give away
~ **efter** yield; bildl. äv. give way; avta abate; ~ *efter för ngns krav* give in to a p.'s demands
~ **ifrån sig** a) lukt emit b) livstecken give; ljud utter c) lämna ifrån sig give up, surrender
~ **igen** a) eg. give back, return b) hämnas retaliate; svara give as good as one gets
~ **sig in:** ~ *sig in på* ett företag embark upon...; en diskussion enter into...
~ **med:** ~ *med sig* avta abate, subside; ge efter yield
~ **sig på:** ~ *sig på ngn* set about a p.; ~ *sig på ett problem* tackle a problem
~ **till:** ~ *till ett skrik* give a cry; ~ *sig till att* inf. start (set about) ing-form

~ **tillbaka** a) lämna give back, return b) vid växling give change [*på* for]
~ **upp** give up; ~ *upp* hoppet, försöket äv. abandon...; *jag* ~*r upp!* till motståndare äv. you win!
~ **ut** a) betala ut spend b) publicera publish; t.ex. frimärken issue; redigera [o. ge ut] edit; t.ex. en förordning issue; ~ *sig ut* **a)** bege sig go out; ~ *sig ut och fiska* go out fishing **b)** ~ *sig ut för* [*att vara*] *läkare* pass oneself off as a doctor
gebit province, domain; jfr *område 2*
gedigen 1 om metall: oblandad pure; massiv solid **2** bildl. solid, sterling; *ett gediget arbete* a piece of solid workmanship; *gedigna kunskaper* sound knowledge sg.
geggamoja vard. goo; sörja muck; gyttja mire
geggig vard. gooey, squidgy; sörjig mucky, muddy
gehör 1 eg. ear; *ha gott* ~ have a good ear [for music] **2** *han vann* ~ *för sina synpunkter* his views met with sympathy
geist go, drive
gelatin gelatin[e]
gelé jelly äv. bildl.
gelea, ~ *sig* jelly, gel
gelike jämlike equal; *du och dina gelikar* you and the likes of you
gem pappersklämma paper clip
gemen 1 nedrig mean; *en* ~ *lögn* a dirty lie **2** ~*e man* ordinary people pl.
gemenhet egenskap meanness, baseness
gemensam allm. common; isht förenad joint; ömsesidig mutual; *vi hade* ~ *kassa* under resan we pooled our money (funds)...
gemensamhet community
gemensamhetskänsla sense of community
gemensamt jointly; *ansvara* ~ *för* be jointly responsible for; *äga ngt* ~ own a th. jointly (in common); *vi köpte* betalade *det* ~ we bought it between us
gemenskap 1 själslig ~ intellectual fellowship, spirit of community; samhörighet [feeling of] solidarity; relig. communion **2** samfälld besittning community
gemytlig om pers.: fryntlig genial; godmodig good-humoured; trevlig pleasant; om sak [nice and] cosy
gemytlighet geniality, joviality; cosiness; jfr *gemytlig*; *i all* ~ cosily and comfortably
gemål consort
gen biol. gene
gena ta en genväg take a short cut
genant embarrassing
genast at once; *jag kommer* ~*!* om ett ögonblick coming directly!
genera I *tr* göra förlägen embarrass; besvära

145

trouble; hindra hamper **II** *rfl, han ~r sig inte för att ljuga* he doesn't hesitate to lie
generad embarrassed; *göra ngn ~* embarrass a p., make a p. embarrassed; *vara ~ för* inför *ngn* be embarrassed in a p.'s presence
general general; inom flyget i Engl. air chief marshal
generalagentur general agency
generaldirektör director-general
generalförsamling general assembly; *FN:s ~* the UN General Assembly
generalisera generalize; *man bör inte ~ äv. …make sweeping statements*
generalisering generalization
generalplan overall (general) plan
generalrepetition dress (final) rehearsal
generalsekreterare secretary-general
generalstab general staff
generalstrejk general strike
generande, *~ hårväxt* superfluous hair
generation generation; *den nya ~en* the rising generation
generationsklyfta generation gap
generationsskifte change of generations; *det har blivit ett ~* inom partiet äv. a new generation has arisen…
generator generator
generell general
generera generate
generositet generosity
generös generous, liberal
genetik genetics sg.
genetisk genetic; *~ kod* genetic code
genever Hollands
gengas producer gas
gengasdriven producer-gas driven (powered)
gengångare ghost
gengåva gift in return
gengäld, *i ~* in return; å andra sidan on the other hand
gengälda repay
geni genius
genial o. **genialisk** lysande brilliant; om saker ingenious; *en ~* snillrik *man* a man of genius
genialitet snille genius; svag. brilliance
genie skyddsande geni|us (pl. vanl. -i)
geniknöl, *gnugga ~arna* vard. cudgel one's brains
genitalier genitals
genklang echo; bildl. response, sympathy; *vinna (väcka) ~* meet with response (sympathy)
genljud echo; *ge ~* echo; resound äv. bildl.
genljuda echo
genmanipulation biol. gene manipulation

genmäle reply
genom I *prep* **1** i rums- el. tidsbet. vanl. through; via via; *han gick ~ parken* he went (walked) through the park; *färden ~ Sahara* the journey across (the crossing of) the Sahara; *kasta ut ngt ~ fönstret* throw a th. out of the window; jfr äv. *igenom I* **2** angivande förmedlare o.d. through; ombud by **3** uttr. medel: 'av' by; 'medelst' by [means of]; uttr. orsak, 'på grund av', 'tack vare' through, thanks to **4** *tre ~ fyra* three divided by four **II** *adv* through
genomarbeta gå igenom grundligt go through…thoroughly
genomblöt se *genomvåt*
genomborra om (med) vapen samt bildl. pierce; med dolk stab
genombrott breakthrough
genomdränka saturate
genomdålig thoroughly bad
genomfara, *han genomfors av en rysning* a shudder passed over him; av välbehag he felt a sudden thrill of pleasure
genomfart passage; *~ förbjuden!* no thoroughfare!, no through traffic!
genomfartstrafik through traffic
genomfartsväg thoroughfare
genomfrusen om pers. …chilled to the bone
genomföra carry out (through); förverkliga effect, realize; utföra accomplish
genomförbar practicable
genomgräddad [thoroughly] done
genomgå se *gå* [*igenom*]
genomgående I *adj* **1** järnv. m.m. through… **2** bildl. *ett ~ drag* a common (general) feature **II** *adv* throughout; utan undantag without exception; konsekvent consistently; *~ sämre* …throughout
genomgång av t.ex. ämne survey; praktisk workout; snabb~ run-through; *vid ~en av läxan* sade läraren on going through the homework…
genomhederlig downright honest
genomkokt …thoroughly done, done
genomkorsa fara igenom travel [through] the length and breadth of; skära intersect; om blixtar flash through (across)
genomleva live (go) through; uppleva experience
genomlida endure
genomlysning med röntgenstrålar fluoroscopy
genompyrd impregnated; bildl. imbued
genomresa I *s* through journey; *på ~n* [in] passing through, in transit **II** *tr* se *resa* [*igenom*]
genomresevisum transit visa
genomrutten …rotten all the way through; bildl. …rotten to the core

genomskinlig transparent; om plagg see-through...
genomskinlighet transparency
genomskåda see through
genomslag 1 genomslagskopia carbon [copy] **2** genomslagskraft penetration **3** elektr. electric breakdown **4** bildl. *få ~* have an effect (impact); *ha succé* be a success
genomslagskraft 1 mil. penetrating power **2** bildl. impact
genomsnitt medeltal average; *i ~* on [an (the)] average
genomsnittlig average; ordinär ordinary
genomstekt ...[that is (was etc.)] thoroughly done, done
genomströmning flowing (running) through; bildl. pervasion; tekn. el. data. el. skol. throughput
genomsvettig ...wet through with perspiration
genomsyra bildl. permeate; *~s av* be permeated (imbued) with
genomsöka se *leta [igenom]*
genomtråkig terribly boring (dull)
genomträngande piercing; *en ~ lukt* a penetrating smell
genomtrött dead tired
genomtänkt, [*väl*] *~* well thought-out; om t.ex. framställning well-reasoned; om t.ex. tal carefully prepared
genomvakad, *en ~ natt* a night without any sleep
genomvåt ...wet through, drenched; *göra ~* drench, soak
genomvävd textil. interwoven
genre genre fr.; style, fashion
genrep se *generalrepetition*
gensaga jur. protest
genskjuta intercept; hinna upp take a short cut and overtake
gensvar 1 genklang response; *finna ~* meet with [a] response **2** svar reply
gentemot bildl.: emot towards, to; i förhållande till in relation to; i jämförelse med in comparison with, [as] compared with
gentil frikostig generous; elegant fine, stylish; *visa sig ~* frikostig show generosity
gentjänst favour (service) in return
gentleman gentleman
gentlemannamässig gentlemanly
genuin äkta genuine; verklig real
genväg short cut äv. bildl.; *ta en ~* take a short cut
geografi geography
geologi geology
geometri geometry
Georgien Georgia

georgier Georgian
gepard zool. cheetah
geriatrisk geriatric
gerilla trupper guer[r]illas
gerillakrig guer[r]illa war (krigföring warfare)
gerillasoldat guer[r]illa
ges (*givas*); *det ~* finns... there is (resp. are)...
geschäft business; jobberi racket
gest gesture
gestalt figure; väsen el. form shape; i roman character; *ta ~* take shape (form)
gestalta I *tr* shape, mould; amer. mold; teat. create **II** *rfl, ~ sig* utveckla sig turn (work) out; arta sig shape
gestikulera gesticulate
gesäll journeyman
get goat
getabock he-goat, billy goat
geting wasp
getingbo wasp's nest (pl. wasps' nests); *sticka sin hand i ett ~* bildl. stir up a hornet's nest
getingstick wasp sting
getost goat's-milk cheese
getskinn läder kid; *handskar av ~* kid gloves
getto ghetto (pl. -s el. -es)
getöga, *kasta ett ~ på ngt* take a quick glance (look) at a th.
gevär isht mil. rifle; t.ex. jaktgevär gun
gevärsskott rifleshot
Ghana Ghana
giffel croissant fr.
1 gift poison äv. bildl.; hos ormar o.d. venom äv. bildl.; virus virus; toxin toxin
2 gift married; *bli ~* get (be) married; *ett ~ par* a married couple; *vad heter hon som ~?* what's her married name?
gifta I *tr, ~ bort* marry off **II** *rfl, ~ sig* marry [*med ngn* a p.; *av kärlek (för pengar)* for...]; get (be) married [*med ngn* to a p.]; *~ sig rikt (till pengar)* marry money, marry a fortune
giftaslysten ...keen on getting married
giftastankar, *gå i ~* be thinking of getting married
giftasvuxen marriageable, ...old enough to marry
giftdryck poisoned drink (draught)
gifte marriage; *i första ~t* hade han tre barn ...by his first marriage
giftermål marriage
giftfri non-poisonous; om t.ex. odling non-toxic
giftig poisonous äv. om förtal; venomous äv. 'spydig' o.d.; stark. virulent; med. toxic

giftighet poisonousness etc., jfr *giftig*; *~er* i ord spiteful remarks, nasty cracks
giftorm venomous snake
giftorätt jur. right to half of the property held by the other party to the marriage, right to half of the marital (amer. community) property
gifttagg sting; amer. äv. stinger
gifttand poison fang
gigabyte data. gigabyte
gigant giant
gigantisk giant..., gigantic
gikt med. gout
gill, *tredje gången ~t!* third time lucky!; *allting går sin ~a gång* things are going on just as usual
gilla approve of; tycka bra om like; jur. approve; *en ~nde blick* a look of approval
gillas, *det gills inte!* that doesn't count!, that's not fair!
gille 1 kalas banquet, feast **2** skrå guild
gillesstuga modern recreation room; amer. äv. rumpus room
gillra, *~ en fälla för ngn* set a trap for a p.
giltig valid; *~ [i] en månad* available (valid) for one month
giltighet validity; *äga ~* om lag o.d. be in force
giltighetstid period of validity; *efter ~ens utgång* after the date of expiry
gips till väggar o. tak plaster; tekn. el. med. plaster [of Paris]; miner. gypsum
gipsa 1 t.ex. tak plaster **2** med. put...in plaster [of Paris]; *han ligger ~d* he is in plaster
gipsfigur plaster figure (statuette)
gipsförband [plaster] cast
gipsplatta o. **gipsskiva** plasterboard
gir sjö. el. flyg. yaw; friare, äv. om t.ex. bil turn
gira sjö. el. flyg. yaw, sheer; friare turn, swerve
giraff giraffe
girera överföra transfer
girering överföring transfer
girig snål avaricious; lysten, begärlig greedy; covetous
girigbuk miser
girighet avarice; greed[iness]; jfr *girig*
girland festoon, garland; pappers~ paper chain
giroblankett o. **girokort** giro form
gissa I *tr* o. *itr* guess; sluta sig till divine; förmoda conjecture; *rätt ~t av dig!* you've guessed right!, you've got it! **II** *rfl, ~ sig fram* guess, proceed by conjectures
gissel scourge
gissla scourge; lash isht bildl.
gisslan hostage; om flera pers. hostages; *ta ~* seize (take) hostages
gissning guess
gissningstävlan guessing competition
gisten om båt leaky
gitarr guitar
gitarrist o. **gitarrspelare** guitarist
gitta vard. *jag gitter inte* höra på längre I can't be bothered to...
giv kortsp. el. bildl. deal
giva se *ge*
givakt, *stå i [stram] ~* stand at [strict] attention
givande I *adj* vinstgivande profitable; lönande paying; bildl. profitable, rewarding, worthwhile **II** *s, en fråga om ~ och tagande* a question of give-and-take
givare 1 giver **2** tekn. sensor
given given; avgjord clear, evident; om t.ex. fördel decided; *ta för givet att...* take it for granted that...
givetvis [as a matter] of course
givmild generous, open-handed
givmildhet generosity
gjord påhittad made up, jfr vid. *göra*
gjuta 1 hälla pour; sprida shed; *~ tårar* shed tears **2** tekn. cast; metall el. friare mould; *hans rock sitter som gjuten* ...fits like a glove
gjuteri foundry
gjutgods castings
gjutning casting etc., jfr *gjuta 2*
glaciär glacier
glad uppfylld av glädje (isht tillfälligt) happy; nöjd pleased; förtjust delighted; svag. glad samtl. äv. i hövlighetsfraser; gladlynt cheerful; uppsluppen merry; *~a färger* bright (cheerful) colours; *~a nyheter* good (högtidligare joyful) news sg.; *~ påsk!* [A] Happy Easter!
gladeligen gärna willingly; med lätthet easily
gladlynt cheerful; glad o. vänlig good-humoured; *~* o. skämtsam jovial
glam laughing and talking
glamorös glamorous
glans 1 glänsande yta: lustre; sidens o.d. sheen; gulds glitter; pålagd el. erhållen gm gnidning polish **2** sken, skimmer brilliance; bländande glare; strålglans radiance **3** prakt splendour; ära, berömmelse glory; *i all sin ~* in all one's glory
glansdagar palmy days, heyday
glansig glossy; om t.ex. siden sheeny; om papper glazed; glänsande lustrous
glansis, *det var ~ på sjön* the lake was covered with glassy ice
glanslös lustreless, lack-lustre
glansnummer star turn, showpiece

glanspapper glazed paper
glansroll most celebrated (brilliant) role
glappa be loose, fit loosely; *det ~r tekn.* there's too much play
glas ämne el. dricksglas glass; glasruta pane [of glass]; större sheet of glass; jfr *tomglas*; *~ och porslin* glass[ware] and china; kan jag få *ett ~ vatten?* ...a glass (drink) of water?; *han tar sig ett ~* då och då he has a drink...
glasaktig o. **glasartad** glassy; *en ~ blick* a glassy look
glasbruk glassworks (pl. lika)
glasburk glass jar
glasera glaze; bakverk ice
glashal very slippery
glashus, *man skall inte kasta sten, när man [själv] sitter i ~* ordspr. people (those) who live in glass houses should not throw stones
glasklar ...as clear as glass, limpid
glasmålning bild stained-glass picture
glasmästeri glazier's workshop (shop)
glass ice cream; *en ~* an ice [cream]
glassbar ice-cream parlour
glassbägare [ice-cream] tub (cup)
glassförsäljare ice-cream vendor (seller)
glasskiva glass plate; på bord glass table top; i mikroskop o.d. glass slide
glasspinne ice lolly; isht amer. popsicle
glasstrut [ice-cream] cornet (större cone)
glasstårta ice gâteau (pl. -x)
glasvaror glassware
glasveranda glassed-in veranda[h]
glasyr glazing; sockerglasyr icing
glasögon spectacles; vard. specs; skyddsglasögon o.d. goggles; *ett par ~* a pair of spectacles (glasses)
1 glatt (jfr *glad*) cheerfully, joyfully; *bli ~ överraskad* be pleasantly surprised; *det gick ~ till* we (you etc.) had a very merry time [of it]
2 glatt I *adj* smooth; bot. glabrous; *~ o. glänsande* glossy, shiny; hal slippery; *springa för glatta livet* ...for all one is worth **II** *adv* smoothly
gles thin; om befolkning sparse; om vävnad loose
glesbygd sparsely-populated (thinly-populated) area
gli 1 eg. [small] fry **2** bildl., vard. brat
glid 1 glidsteg glide **2** skidföre *det är bra ~ ung.* it is good snow for skiing **3** *ungdom på ~* young people going astray
glida över vatten, om flygplan el. friare (lätt, ljudlöst o.d.) glide; över fast yta el. frivilligt slide; halka slip; *[låta] ~* om hand, blick pass, run

glimma gleam; svag. glimmer; glittra glitter; om t.ex. dagg glisten; *det är ej guld allt som ~r* all that glitters is not gold, all is not gold that glitters
glimmer 1 glans gleaming etc.; gleam, glitter; jfr *glimma* **2** miner. mica
glimra se *glimma*
glimt gleam äv. bildl.; skymt glimpse; *han har en ironisk (humoristisk) ~ i ögat* there is an ironical glint (a humorous twinkle) in his eye[s]; *se en ~ av ngt (ngn)* catch a glimpse of a th. (a p.)
glimta gleam; *~ fram* shine forth
glipa I *s* gap **II** *itr* gape open
gliring gibe, sneer
glitter glitter; t.ex. daggens glistening; t.ex. julgransglitter tinsel äv. bildl.; grannlåt gewgaws
glittra glitter; tindra sparkle; om dagg glisten
glittrande, *vara ~ glad* ...in sparkling[ly high] spirits
glo stare; argt, vilt glare; dumt, med öppen mun gape
gloasit *s* glostium
global global
glosa 1 ord word **2** speglosa taunt
gloslista vocabulary
glufsa, *~ i sig* maten scoff..., gobble (guzzle) down...
glugg hål hole
glunkas, *det ~* there is a rumour going [*om* about; *om att* that]
glupande, *~ aptit (ulvar)* ravenous appetite (wolves)
glupsk greedy; ravenous; om storätare gluttonous
glupskhet greed[iness]; voracity; gluttony
glutenfri ...free of gluten
glutta vard. *~ i* tidningen take a glance at...
glåmig pale [and washed out]; gulblek sallow
glåpord taunt, jeer
glädja I *tr* give...pleasure; please; stark. delight; *det gläder mig!* som svar I'm so glad!; *det gläder mig att + inf. el. sats* I'm glad (stark. delighted)... **II** *rfl, ~ sig* be glad [*åt, över* about]; rejoice [*åt, över* at el. in]; be pleased [*åt (över)* with]
glädjande I *adj* trevlig pleasant; tillfredsställande, t.ex. om resultat gratifying; *~ nyheter* good news **II** *adv, ~ nog* happily, fortunately enough
glädjas se *glädja II*
glädje joy; isht nöje pleasure; förtjusning delight; [känsla av] lycka happiness; munterhet mirth; belåtenhet satisfaction; gagn use; *~n stod högt i tak* there was a lot of fun and games, there were lively

goings-on; *det är mig en* [*stor*] *~ att* +inf. it is a pleasure to me to +inf.; I have great pleasure in ing-form; *finna ~ i att* +inf. delight (take pleasure) in ing-form; *det var en sann ~ att se* it was a real treat to see
glädjebudskap glad tidings, good news
glädjedödare killjoy, wet blanket
glädjeflicka prostitute; amer. äv. hooker
glädjekvarter vard. red-light district
glädjekälla source of joy
glädjelös joyless
glädjerus transport of joy
glädjespridare pers. cheerful soul; isht om barn ray of sunshine
glädjesprång leap for joy
glädjestrålande ...beaming with joy
glädjetjut shout (cry) of joy
glädjetår tear of joy
glädjeyra transport of joy, whirl of happiness
gläfs eg. yelp, yap; gläfsande yelping; om pers. yapping
gläfsa eg. yelp; om pers. yap
glänsa shine äv. bildl.; glitter; om t.ex. tårar glisten; om t.ex. siden be glossy; bildl., briljera show off
glänt, *dörren står på ~* the door is slightly open (is ajar)
glänta I *itr, ~ på dörren* open the door slightly **II** *s* glade
glättig gladlynt cheerful; sorglös happy-go-lucky
glättighet cheerfulness
glöd 1 konkr. live coal; koll. o. pl. ofta embers **2** sken glow; hetta heat; stark känsla ardour; lidelse passion
glöda glow äv. bildl.; *be* [*all*] *aglow* isht bildl.
glödande glowing; om metall red-hot; om känslor ardent, burning; lidelsefull passionate
glödga make...red-hot (white-hot); vin mull
glödhet friare glowing hot
glödlampa light (electric) bulb
glödsteka barbecue
glögg glogg, mulled wine
glömma I *tr* forget; som vana be forgetful; försumma neglect **II** *rfl, ~ sig* [*själv*] forget oneself
glömsk forgetful; disträ o.d. absent-minded; *~ av* t.ex. ngns närvaro, omgivningen oblivious of...
glömska 1 egenskap forgetfulness; absent-mindedness; *av ren ~* out of sheer forgetfulness **2** förgätenhet oblivion
g-moll mus. G minor
gnabbas bicker; stark. wrangle
gnaga gnaw äv. bildl.; smågnaga nibble; *~ av* [*köttet från*] *ett ben* pick a bone

gnagande gnawing
gnagare rodent
gnat nagging
gnata nag; cavil
gnetig 1 om handstil crabbed **2** om pers. niggling, fussy
gnida I *tr* o. *itr* rub; *~* [*på*] *ngt* med handen rub a th... **II** *itr* snåla be stingy; *~ och spara* vard. pinch and scrape
gnidig stingy, niggardly
gnissel squeaking; *ett ~* a squeak (creak)
gnissla squeak; 'skrika' screech; om syrsan chirp
gnista spark; smula: av t.ex. sanning vestige, trace; av t.ex. förstånd particle; *en ~* [*av*] *hopp* a ray (spark) of hope
gnistra sparkle; *hans ögon ~de av vrede* his eyes flashed with anger
gno I *tr* rub; med borste scrub **II** *itr* arbeta toil, drudge; springa scurry, hurry
gnola hum
gnugga rub, cram; *~* [*sig i*] *ögonen* rub one's eyes
gnuggbild transfer
gnutta tiny bit; droppe drop; nypa pinch
gny I *s* whimper; bildl. grumbling **II** *itr* whimper; yttra missnöje grumble
gnägga neigh; inte så högt whinny
gnäll jämmer whining, whine; kvidande whimpering; klagomål grumbling; gnat nagging
gnälla jämra sig whine; kvida whimper; yttra missnöje grumble; klaga complain
gnällig gäll shrill; om pers. el. röst whining
gnällmåns o. **gnällspik** vard. whiner
god (jfr *gott*) **I** *adj* **1** allm. good; gynnsam favourable; jfr äv. *II 3*; *~ dag!* se under *dag 1*; *en ~ idé* a good (fine, vard. capital) idea; *i ~an ro* in peace and quiet; *ha gott samvete* have a clear conscience; *en ~* intim *vän* a great friend; *en ~* obeton. *vän* [*till mig*] a friend of mine; *hålla sig för ~ att* +inf. consider it beneath one's dignity to +inf.; be above ing-form; *var så ~!* a) här har ni here you are [,Sir resp. Madam, Mr. Jones, Miss osv.]!; ta för er help yourself (resp. yourselves), please!; ofta utan motsv. i Engl. b) ja, gärna you're [quite (very)] welcome [to it]!; amer. you're welcome!; skämts. be my guest!; naturligtvis [do,] by all means!, certainly!; *var så ~ och sitt* (*ta plats*)*!* [do] sit down (take a seat), won't you?; please take a seat! **2** tillräcklig good; ansenlig considerable **3** lätt *han är inte ~ att tas med* he's not easy (an easy customer) to deal with; *det är inte gott* [*för mig*] *att veta* how am I to (should I) know? **4** jur. *~ man* konkursförvaltare

trustee; i stärbhus executor; förordnad av domstol administrator **5** *vara ~ för* 10.000 kr be good (safe) for...
II *s* o. *subst adj* **1** *livets ~a* the good things pl. of life **2** *gå i ~ för* guarantee, jfr [*gå i*] *borgen* [*för*] **3** *gott* **a)** allm. *det gjorde gott!* kändes skönt that was good!; den medicinen *gjorde gott* ...did me (you osv.) good **b)** *gott om*: *ha gott om tid (äpplen)* have plenty of time (apples); *det är (finns) gott om*... a) tillräckligt med there is (resp. are) plenty of... b) mycket: med subst. i plur. there are a great many (vard. are lots of)...; med subst. i sg. there is a great deal of... **4** se *godo*
godartad benign; om t.ex. sjukdom non-malignant
godbit dainty morsel; titbit äv. bildl.; isht amer. tidbit
goddag se [*god*] *dag* under *dag I*
godhet goodness; vänlighet kindness; välvilja benevolence
godis I *s* sweets; barnspr. sweeties; amer. candy; konditorivaror confectionery **II** *adj* smaskens yummy, scrumptious
godkänd approved; univ. passed
godkänna 1 gå med på approve, agree to, vard. okay; gilla approve of; om t.ex. myndighet pass; bekräfta confirm; medge, erkänna som riktig allow, admit, acknowledge; t.ex. ursäkt accept; sanktionera sanction **2** i t.ex. examen pass
godkännande approving osv.; approbation; confirmation; admittance, acknowledgement, acceptance; jfr *godkänna*
godmodig good-natured
godnatt good night!
godnattkyss good-night kiss
godo, göra upp saken *i ~* ...amicably, ...in a friendly spirit; *kan jag få ha det till ~ till en annan gång?* can I leave it till another time (vard. take a raincheck on it)?
gods 1 koll. goods; last; amer. freight **2** lantegendom estate; större manor **3** ägodelar property **4** material material
godstrafik goods (carrying) traffic; amer. freight traffic (service)
godståg goods train; amer. freight [train]
godsägare landed proprietor, landowner; *~n* the landlord (adlig squire)
godtaga approve [of], accept; förslag agree to
godtagbar acceptable
godtemplare Good Templar
godtrogen gullible, credulous
godtycke 1 gottfinnande *efter* [*eget*] *~* at one's [own] discretion; efter tycke och smak at pleasure (will) **2** egenmäktighet arbitrariness
godtycklig allm. arbitrary äv. egenmäktig; nyckfull capricious; utan grund gratuitous
goja vard. **1** papegoja Polly [parrot] **2** a) geggamoja goo b) snack *en massa ~* a load of rubbish (piffle)
go-kart sport. go-kart
1 golf bukt gulf
2 golf spel golf; *spela ~* play golf, golf
golfbana golf course; golf links; *en ~* a golf course
golfbyxor plus-fours
golfklubb golf club
golfklubba golf club
golfspelare golfer
golv allm. floor; *~beläggning* flooring
golva boxn. floor
golvbeläggning konkr. flooring [material]
golvbonare floor polisher
golvbrunn floor drain
golvdrag, *det var ~* there was a draught along the floor
golvlampa standard lamp
golvmopp [floor] mop
golvtilja floorboard, flooring board
golvur grandfather['s] clock
golvväxel floor [gear]shift
gom 1 palate äv. bildl.; roof of the mouth **2** lösgom dental plate
gomsegel anat. soft palate
gona, *~ sig* enjoy oneself, have a good time
gonggong gong
gonorré med. gonorrhoea; amer. gonorrhea
gorilla 1 zool. gorilla **2** vard., livvakt gorilla
gorma brawl, shout and scream
gospel gospel song
gossaktig boyish
gosse allm. boy; *gamle ~!* old boy (fellow, chap, man)!
gossebarn baby boy; om ung pojke young boy; mera skämts. young (little) lad
gosskör boys' choir
gott I *s* **1** se *god II 3* **2** sötsaker sweets; amer. candy **II** *adv* **1** allm. well; *~ och väl* 50 personer a good...; *hälsa så ~!* all my regards (love)!; *leva ~* live well; *det skall smaka ~ att få sig* litet mat it'll be good to have... **2** lätt *det kan jag ~ förstå* I can very well (easily) understand that **3** gärna *det kan du ~ göra* you can very well do that (so)
gotta, *~ sig* have a good time [of it]
gottaffär o. **gottbutik** sweet shop; amer. candy store
gottgöra 1 med sakobj.: ersätta make up for; sona make...good; avhjälpa: t.ex. fel redress; förlust repair; försummelse remedy; skada

make good... **2** med personobj.: ersätta ~ *ngn för ngt* make up to (compensate) a p. for a th.; för skada äv. indemnify a p. for a th.; för utlägg äv. repay (reimburse) a p. for a th.; för besvär, arbete recompense (betala remunerate) a p. for a th.
gottgörelse 1 ersättning indemnification, compensation; för utlägg reimbursement; återbetalning refund; betalning remuneration, consideration; skadestånd indemnity **2** avhjälpande redress; amends
gottköpspris, *till* ~ at a bargain price
gottsugen, *jag är* ~ just now I feel like some sweets (amer. like some candy); alltid I have a sweet tooth
grabb pojke boy; kille chap; isht amer. guy
grabba, ~ [*tag i*] grab [hold of]; ~ *åt sig* grab...for oneself
grace behag grace[fulness], charm; gunst favour; *dela på ~rna* distribute one's favours
gracil slender [and delicate]
graciös graceful
grad 1 allm. degree; utsträckning extent; nyans shade; *i hög* ~ to a great (high) degree, to a great extent; *i hög* ~ + adj. highly, exceedingly, immensely **2** enhet vid t.ex. mätning degree; *det är 10 ~er kallt (minus)* it is 10 degrees centigrade below zero (freezing-point); amer. el. äldre britt. motsv. it is 14 degrees Fahrenheit; brännskada *av första ~en* first-degree... **3** rang rank, grade; stadium stage; *stiga i ~erna* rise in the ranks
gradbeteckning mil., konkr. badge of rank
gradera indela i grader grade; tekn. graduate
gradering gradation; tekn. graduation
gradskillnad difference of (in) degree
gradskiva protractor
gradtal, *vid höga (låga)* ~ på termometern at high (low) temperatures
gradvis I *adv* by degrees **II** *adj* gradual
graffito 1 konst. graffit|o (pl. -i) **2** *graffiti* klotter graffiti pl.
grafik konst~ graphic art; gravyr engraving; grafiska blad prints, graphic works; gravyrer engravings
grafisk graphic; ~ *formgivning* konkr. graphic design
grafologi graphology
grahamsbröd graham (wholemeal, amer. whole wheat) bread
grahamsmjöl graham (wholemeal, amer. whole wheat) flour
gram gram[me]
grammatik grammar
grammofon gramophone; amer. phonograph

grammofonskiva record, disc, gramophone (amer. phonograph) record (disc)
gramse, *vara* ~ *på ngn* bear a p. a grudge
gran 1 träd [Norway] spruce; vard. fir; jul~ Christmas tree **2** virke spruce [wood]; hand. whitewood
granat mil. shell; hand~ hand grenade
granatskärva o. **granatsplitter** mil. shell splinter
granatäpple pomegranate
granbarr spruce needle; vard. fir needle
grand 1 *~et och bjälken* the mote and the beam **2** smula *inte göra ett skapande[s]* ~ not do a mortal thing (a stroke of work); *lite[t]* ~ (*grann*) t.ex. pengar just a little; t.ex. bättre just a trifle
granit granite
grankotte spruce (vard. fir) cone
1 grann se *grand 2*
2 grann 1 berömmande: lysande brilliant, dazzling; ståtlig fine-looking; om t.ex. röst magnificent; *grant väder* magnificent weather **2** klandrande: brokig gaudy; prålig garish, showy; vard., utstyrd dressed (dolled) up; om t.ex. fraser high-sounding
granne neighbour
granngård bondgård neighbouring (adjacent) farm
grannland neighbouring (adjacent, adjoining) country
grannlåt a) grann utsmyckning showy decoration (ornamentation, display); frills, äv. ordprål; t.ex. grann utstyrsel, granna kläder finery **b)** granna saker showy ornaments; t.ex. granna smycken fripperies
grannskap neighbourhood
grannstat neighbouring state
grannsämja neighbourliness, [good] neighbourship; *leva i god* ~ be on neighbourly terms
granska undersöka examine; besiktiga inspect; syna scrutinize; noga iaktta observe...closely; utforska look (inquire) into; kontrollera, manuskript check; om revisor audit; recensera review
granskning examining osv.; examination, study; inspection; scrutiny; check, check-up; review; jfr *granska*
grapefrukt grapefruit
gratifikation bonus
gratinera kok. bake...in a gratin-dish; *~d fisk* ...au gratin fr.
gratis I *adv* for nothing, free [of charge (cost)] **II** *adj* free; *inträde* ~ admission free
gratisbiljett se *fribiljett*
gratiserbjudande free offer
gratisexemplar free copy

gratisprov free sample
grattis vard. congratulations!, congrats!
gratulant congratulator; friare caller
gratulation congratulation; *varma (hjärtliga) ~er [till* utnämningen]*!* hearty congratulations [on...]!
gratulationskort greetings card
gratulera congratulate [*till* on]; iron. pity; *jag ~r [på bröllopsdagen (högtidsdagen)]!* Congratulations!; *jag ber att få ~ på födelsedagen!* Many Happy Returns [of the Day]!
gratäng kok. gratin fr.
grav 1 allm. grave äv. bildl.; murad tomb; uppbyggd sepulchre **2** dike trench; grop pit; vall~ o.d. fosse
gravallvarlig solemn
gravera inrista engrave; *~ in* engrave, incise, carve [*i (på)* on]
graverande grave, serious; *~ omständigheter* aggravating circumstances
gravid pregnant
graviditet pregnancy
graviditetstest pregnancy test
gravitationslagen fys. the law of gravity (gravitation)
gravkammare sepulchral chamber
gravkapell för jordfästning [sepulchre] chapel
gravlax kok. raw spiced salmon
gravlaxsås salmon (shellfish) sauce [made of mustard, oil, dill etc.]
gravlik, *~ tystnad* deathlike silence
gravmonument mausoleum; se vid. *gravvård*
gravplats grav grave, burial plot
gravplundrare grave-robber
gravskrift epitaph
gravsmyckning [the] ornamentation of a grave (resp. the grave, graves etc.)
gravsten gravestone
gravsätta jorda inter
gravsättning interment
gravurna cinerary (sepulchral) urn
gravvård av trä memorial cross; av sten tomb; se äv. *gravsten*
gravyr engraving; etsning etching; kopparstick [copperplate] engraving
gredelin o. **gredelint** se *lila*
grej vard., sak thing; friare what-d'you-call-it; manick thingamy
greja vard. **I** *tr* ordna fix, put...right, manage **II** *itr, ~ med* busy oneself with
grejor vard. things, gadgets, jfr *grej*; paraphernalia; hophörande tackle; *det var inga dåliga ~* that's pretty good!, [that's] not bad!
grek Greek
grekisk Greek; om anletsdrag Grecian

grekiska (jfr *svenska*) **1** språk Greek **2** kvinna Greek woman
Grekland Greece
gren 1 allm. branch; större träd~ limb; dito med kvistar bough; mindre twig; av flod arm; förgrening ramification; gaffelformig fork **2** skol. option; del av tävling event **3** skrev crutch, crotch
grena, *~ [ut] sig* branch [out], fork; i två äv. bifurcate; flerfaldigt äv. ramify [*i* i samtl. fall into]
grenig branched; grenrik branchy
grensle astraddle, astride
grenverk koll. branches
grep o. **grepe** pitchfork; gödsel~ manure fork
grepp 1 allm. grasp äv. bildl.; hårdare grip äv. bildl.; hastigt grab, clutch; tag hold äv. brottn.; fäste purchase; *ett klokt ~* a wise move; *jag får inget ~ om det* I can't get the hang of it **2** handgrepp operation, manipulation; knep trick; konstgrepp device **3** konkr. handle
greppa vard. grab (take) hold of; komma underfund med get the hang of
greve count; i Engl. earl; *komma i ~ns tid* come in the nick of time
grevinna countess
griffeltavla slate
griljera dip (coat)... with egg and breadcrumbs and fry (i ugn roast) it
grill 1 grill äv. lokal **2** kylar~ grille
grilla grill; isht amer. broil
griller fads [and fancies]
grillfest barbecue
grillkol [ready-made] charcoal
grillkorv hot dog
grillspett skewer; med kött e.d. [shish] kebab
grillvante oven glove
grimas grimace
grimasera make (pull) faces
grin 1 vard.: gråt crying; kink fretting; gnäll whine **2** grimas grimace; t.ex. sur min sour look **3** vard.: flin grin; gapskratt guffaw; hånleende sneer
grina 1 vard.: gråta cry; kinka fret; gnälla whine **2** *~ illa* grimasera pull (make) wry faces (a wry face) [*mot (åt)* at] **3** vard.: flina grin; gapskratta guffaw; hånle sneer **4** gapa gape
grind trädgårds~ gate; liten spjäl~ lattice door; vid järnvägsövergång [level-crossing] gate[s pl.]; kricket~ wicket
grindstolpe gatepost
grinig 1 gnällig whining; kinkig fretful **2** knarrig grumpy; kritisk fault-finding; kinkig particular
gripa I *tr* **1** fatta tag i: allm. el. bildl. seize; ~

153

runt clasp, grasp; med fast tag clutch, grip; ~ *ngn i armen* seize a p. by the arm; *~s på bar gärning* be caught in the act **2** djupt röra [profoundly] touch (move); stark. thrill, grip **II** *itr*, *~ efter ngt* grasp (catch, snatch) at a th.; *~ sig an med ngt* (*med att arbeta*) set about a th. (working); *~ in* bildl., se *ingripa*; *~ in i varandra* om t.ex. kugghjul interlock, engage

gripande rörande touching osv., jfr *gripa I 2*; pathetic

gripbar fattbar apprehensible; påtaglig palpable

gripen 1 seized **2** rörd touched osv., jfr *gripa I 2*; impressed

griptång pincers

gris 1 pig; späd~ sucking-pig, sucker; kok., ~kött [young] pork; *köpa ~en i säcken* buy a pig in a poke **2** vard., om pers. lortgris pig

grisa vard. *~ ner* make the place in a mess

grisfötter kok. pigs' trotters

grisig filthy, dirty, piggish

griskulting young pig

grismat eg. pig feed; av avfall, isht flytande swill; neds., om mat hogwash

gro eg. germinate, sprout; växa grow; bildl. rankle

grobian boor, lout; stark. ruffian

groda 1 zool. frog **2** fel blunder; grövre howler; *säga* (*göra*) *en ~* make a blunder (howler)

grodfötter sport., för grodmän frogman (diving) flippers

grodlår frog's leg (pl. frogs' legs)

grodman dykare frogman

grodperspektiv, *i ~* from underneath; bildl. from a worm's-eye view

grodsim frog kick

grogg whisky (konjaks~ brandy) and soda; amer. vard. highball; gin~ gin and tonic

groggvirke vard. soda [water] etc. to mix with whisky etc., jfr *grogg*

grogrund bildl. breeding ground

groll grudge

grop pit; större hollow; i väg hole; flyg. air pocket; buckla dent; i kind, haka dimple

gropig eg. ...full of holes; ojämn uneven; om sjö o. resa rough; om luft bumpy

gross gross (pl. lika); *i ~ i parti* wholesale, by the gross

grosshandel wholesale trade (handlande trading)

grosshandlare o. **grossist** wholesale dealer

grotesk grotesque

grotta cave; större cavern; målerisk el. konstgjord grotto (pl. -s el. -es)

grottekvarn bildl. treadmill

grov allm. coarse; obearbetad, storväxt big; svår, allvarlig gross, serious; *~t artilleri* heavy artillery (guns pl.) äv. bildl.; *i ~a drag* in rough (broad) outline[s], roughly, crudely; [*en*] *~ hy* a coarse complexion; *~t salt* coarse-grained salt; *~a skor* heavy shoes; *ett ~t skämt* a rude (coarse) joke; *vara ~ i munnen* be foul-mouthed, use coarse language

grovarbetare unskilled (general) labourer

grovarbete allm. heavy (rough) work; grovarbetares unskilled work (labour)

grovgöra se *grovarbete*

grovhet, *~er* otidigheter coarse (foul, abusive) language sg.

grovlek [degree of] coarseness (thickness, heaviness), jfr *grov*; storlek size

grovsopor bulky (heavy) refuse (rubbish)

grovsortering first (preliminary) sorting

grovtarm anat. colon

grubbel funderande pondering; ängsligt brooding; idealigt rumination; drömmande musing[s pl.]; religiöst obsession; tungsinne melancholy

grubbla I *itr* fundera ponder; brood; jfr *grubbel*; mull; bry sin hjärna puzzle [one's head]; *gå och ~* som vana be given [a prey] to brooding (tungsint äv. melancholy) **II** *rfl*, *~ sig fördärvad över* ett problem rack one's brains trying to think out...

grubbleri, *försänkt i ~er* in a brown study, brooding; se vid. *grubbel*

gruff bråk row

gruffa bråka, träta make (kick up) a row, squabble; knota grumble, grouse

grumla eg. muddy; t.ex. källa make (render)...turbid äv. ngns tanke (sinne); luften, intryck, ngns lycka, förhållande cloud; göra suddig blur; fördunkla obscure

grumlig eg. muddy äv. om t.ex. färg el.hy; turbid äv. om t.ex. tankar; isht om vätska cloudy; om t.ex. luften clouded; hes thick; oredig muddled, confused; dunkel obscure; otillförlitlig doubtful

grums allm. dregs; isht i kaffe grounds; isht i vin lees; isht i vatten sediment

1 grund 1 grundval foundation; bottenyta, bakgrund ground; *ligga till ~ för* be the basis (at the bottom) of; om princip o.d. underlie **2** friare, i vissa uttr. *i ~* fullständigt entirely, totally, completely, utterly; *i ~ och botten* i själ och hjärta at heart (bottom), basically **3** mark ground **4** skäl reason, ground[s pl.]; orsak cause; bevekelse~ motive; *ha sin ~ i ngt* be founded (based) on a th.; bero på be due to a th.; *på ~ av* on account of, because of, owing to **5** princip principle

2 grund I *adj* shallow äv. om kunskaper **II** *s* grunt ställe shoal; t.ex. sand~ bank; undervattensklippa sunk[en] rock; *gå (stå) på* ~ run (be) aground

grunda I *tr* **1** grundlägga found; affär establish, set up; inrätta institute; förmögenhet lay the foundation of **2** stödja ~ *sin mening på* base one's opinion on **3** grundmåla prime **II** *rfl*, ~ *sig* rest (be based) [*på* [up]on]

grundad väl~ well-founded; befogad good; rimlig reasonable

grundare grundläggare founder

grundavgift basic fee

grunddrag fundamental (essential) feature

grundfel fundamental fault (defect, error)

grundfärg 1 bottenfärg ground colour **2** mål.: strykning first coat; målarfärg priming paint

grundkurs t.ex. skol. basic course

grundlag polit. fundamental (betr. författningen constitutional) law; författning constitution

grundlagsenlig constitutional

grundlig allm. thorough äv. om pers.; gedigen solid; ingående close; noggrann careful; genomgripande thorough-going; om t.ex. förändring fundamental; om t.ex. reform radical

grundlurad ...completely taken in

grundlägga found, lay the foundation[s] (basis) of, jfr *grunda I 1*

grundläggande fundamental

grundlön basic salary (pay resp. wages pl., jfr *lön*)

grundlös om t.ex. påstående groundless; om t.ex. rykte baseless; om t.ex. misstanke unfounded

grundmurad bildl. solidly established, firmly rooted

grundmåla prime

grundregel fundamental (basic) rule (principle)

grundsats princip principle; levnadsregel maxim; *en man med ~er* ...of principle

grundskola nine-year [compulsory] school

grundslag i tennis ground stroke

grundsten foundation stone

grundstomme ground-work

grundsyn basic outlook

grundtanke fundamental (basic, leading) idea

grundtext original text

grundton mus. el. bildl. keynote

grundutbildning basic education (course, training); univ. undergraduate studies

grundval foundation; *skakas i sina ~ar* be shaken to its (resp. their) [very] foundations

grundvalla I *s* priming wax **II** *tr* prime...with wax (tjära tar)

grundvatten i jorden groundwater

grundämne element

grunka se *grej* o. *grejor*

grupp allm. group; avdelning section; arbets~ party; mil. squad; flyg. flight

grupparbete teamwork, group work; skol. group project

gruppbiljett järnv. party ticket

gruppera I *tr* group[...together]; mil. deploy **II** *rfl*, ~ *sig* group [oneself]; mil. deploy

gruppförsäkring group insurance

gruppledare t.ex. sport. group leader

grupplivförsäkring group life insurance (pension policy)

gruppresa group excursion

gruppsamtal 1 group discussion **2** telef. conference (multiple) call

gruppsex group sex

grupptryck group pressure

grus 1 gravel äv. med.; på tennisbana clay **2** vard., småpengar small change

grusa gravel; bildl., t.ex. ngns förhoppningar dash[...to the ground]; gäcka frustrate

grusbana i tennis clay court

grustag gravel pit

grusväg gravelled (amer. dirt) road

1 gruva mine

2 gruva, [*gå och*] ~ *sig för (över) ngt* dread (be dreading) a th.

gruvarbetare miner

gruvbolag mining company

gruvgång gallery; längst ned level

gruvlig dreadful; vard. awful

gruvolycka mining (pit) accident

gruvras caving-in (falling-in) of a (resp. the) mine (pit)

gruvsamhälle mining community (village)

gruvschakt mine shaft

1 gry, *det är gott ~ i honom* he has got plenty of backbone (grit)

2 gry dawn äv. bildl.

gryende dawning; ~ *anlag* budding talents

grym cruel; ~ o. vild fierce, ferocious; skoningslös ruthless; vard., ryslig awful

grymhet cruelty; stark. atrocity

grymta grunt

grymtning grunting; *en* ~ a grunt

gryn 1 korn grain; koll., hand. hulled grain; **2** hjärtegryn *mitt lilla* ~ my little pet (sweetie)

gryna, ~ *sig* granulate

grynig grainy; grusig gritty; småkornig granular

gryning dawn äv. bildl.; jfr *dagning*

gryt jakt. earth

gryta pot; större cauldron; sylt~ [preserving]

pan; av lergods casserole båda äv. maträtt; *små grytor har också öron* little pitchers have long ears
grytlapp pot-holder, kettle-holder
grytlock pot lid
grå grey; amer. gray; *det ger (skaffar) mig ~a hår* it is enough to turn my hair grey; *~ i hyn* ashy-complexioned; jfr äv. *blå* o. sammansättn.
gråaktig greyish
gråblek ashen grey
grådaskig dirty grey; gråaktig greyish
gråhårig grey-haired; poet. hoary; gråsprängd grizzled
gråkall bleak, chill
gråna turn (go) grey; *~ i tjänsten* grow grey in the service
gråpäron [type of] small brownish-green pear
gråspräcklig ...speckled grey
gråsprängd grizzled
gråsten granite
gråsäl grey seal
gråt gråtande crying; tårar tears; snyftningar sobs; snyftande sobbing; *ha ~en i halsen* have a lump in one's throat
gråta cry; tjuta blubber; *~ av glädje* weep (cry) for joy, shed tears of joy; *~ sig till sömns* cry oneself to sleep
gråtanfall o. **gråtattack** fit of crying
gråterska professional mourner
gråtfärdig, *vara ~* be ready to cry, be on the verge of tears
gråtmild tearful; sentimental sentimental, maudlin
grått grey; amer. gray; jfr *blått*
1 grädda i ugn bake; plättar fry
2 grädda bildl. cream; *~n av societeten* the cream of society, the crème de la crème fr.
gräddbakelse cream cake
grädde cream; *tjock (tunn) ~* vanl. double (single) cream
gräddfil sour[ed] cream
gräddfärgad cream-coloured, cream
gräddglass full-cream ice
gräddkola [cream] toffee
gräddsås cream sauce, sauce made with cream
gräddtårta cream gâteau (pl. -x), cream cake
gräl tvist quarrel; träta squabble; amer. äv. spat; grälande quarrelling osv., jfr *gräla*; bråk row; *börja (mucka, söka) ~* pick a quarrel *[med* with]; *råka i ~ med ngn* fall out with a p. *[om* over]
gräla 1 tvista quarrel; träta squabble, wrangle **2** vara ovettig scold; *~ ordentligt på ngn* give a p. a good scolding

gräll glaring
grälsjuk quarrelsome
gräma I *tr* vålla sorg grieve; förtryta vex; *det grämer mig att han...* I can't get over the fact (it gets me) that he... **II** *rfl, ~ sig* fret *[över* over]
gränd alley
gräns geografisk och ägogräns boundary; stats~ frontier; gränsområde border[s pl.]; yttersta ~; isht bildl. limit; skiljelinje boundary line, borderline, dividing line; *nedre (övre) ~* lower (upper) limit (boundary); *inom landets (stadens) ~er* within [the borders of] the country (the limits of the city); *~en mellan...och...*är suddig the dividing line (borderline) between...and...
gränsa, *~ till* allm. border on; eg. äv.: ligga intill abut on, adjoin; begränsas av be bounded by; bildl. äv. verge on
gränsdragning [drawing of a] borderline; åtskillnad distinction
gränsfall bildl. borderline case
gränshandel cross-border shopping
gränsland borderland äv. bildl.
gränslinje boundary [line] alla äv. bildl.
gränslös boundless, limitless; friare: ofantlig immense; oerhörd extreme; hejdlös enormous
gränsoroligheter border (statsgräns frontier) disturbances
gränssnitt data. interface
gränstvist boundary (statsgräns frontier) dispute
gräs 1 grass äv. koll.; *i ~et* på gräsmattan on (bland gräset in) the grass; *ha (tjäna) pengar som ~* have money to burn (make heaps of money) **2** sl., marijuana grass
gräsbana i tennis grass court
gräsbrand grass fire
gräshoppa grasshopper; bibl. el. i Afrika, Asien locust
gräsklippare maskin lawn mower
gräslig ohygglig shocking, terrible; vard., väldig awful; gemen horrid
gräslighet shockingness osv., jfr *gräslig*; gräslig sak shocking osv. thing; ogärning atrocity
gräslök chives pl.; som växt chive
gräsmatta lawn; ej ansad grassy space
gräsplan gräsmatta lawn; sport.: t.ex. fotb. grass pitch, jfr vid. *1 plan 1*; *på ~* vanl. on the grass
gräsrotsnivå, *på ~* bildl. at the grass roots, at grass roots level
gräsrötterna bildl. the grass roots
gräsplatt grassy plain
gräsänka grass widow

gräsänkling grass widower
gräva I *tr* o. *itr* allm. dig; företa utgrävning el. böka grub; isht om djur burrow; rota rummage; ~ *[efter] guld* dig for gold **II** med beton. part.
~ **bort** remove
~ **fram** dig out äv. bildl.; bringa i dagen dig up, excavate
~ **ned** gömma bury; begrava sig bury oneself (friare get too absorbed) in
~ **upp** a) dig (bildl. äv. rake) up; bringa i dagen äv. unearth; isht lik disinter b) bearbeta gm grävning dig up
~ **ut** bringa i dagen excavate
grävling zool. badger
grävmaskin excavator
gröda crops; skörd crop
grön 1 green; ~ *av avund* green with envy; ~*a bönor* green beans; *det är* ~*t ljus trafik.* the lights are green; ~*a ärter* green peas; *det är* ~*t för...* the green light has been given for...; jfr äv. *blå* o. sammansättn. **2** sl., godkänd clean, ...in the clear
grönaktig greenish
grönbete, *vara på* ~ bildl. be in the country
grönblek *i ansiktet* green...
grönfoder green fodder
gröngräs, *i* ~*et* on the grass
gröngöling zool. green woodpecker; pers. greenhorn
grönkål kale, borecole; soppa kale soup
Grönland Greenland; *på* ~ in Greenland
grönländare Greenlander
grönländska 1 kvinna Greenland woman **2** språk Greenlandic
grönmögelost blue mould (amer. mold) cheese
grönområde green open space
grönpeppar green peppercorn
grönsak vegetable; ~*er* äv. greens
grönsaksaffär o. **grönsakshandel** greengrocer's [shop]
grönsaksland plot of vegetables
grönsakssoppa vegetable soup
grönsallad växt lettuce; rätt green salad
grönska I *s* grön växtlighet verdure; grönt gräs green; grönt lövverk greenery; grönhet greenness **II** *itr* vara grön be green; bli grön turn green
grönt 1 grön färg green; jfr *blått* **2** grönfoder, grönsaker greenstuff **3** till prydnad greenery
gröpa, ~ *ur* hollow (scoop) out
gröt kok.: isht av gryn el. mjöl porridge; av t.ex. ris pudding; grötlik massa mush; med. poultice; *gå som katten kring het* ~ beat about the bush
grötig 1 porridge-like **2** otydlig om röst thick; oredig muddled

gubbe 1 pers. old man (pl. men) äv. om make, far o. överordnad; *gubbar* karlar fellows, chaps; *min* ~ *[lilla]!* till barn my [dear] boy! **2** bildl.: *rita gubbar* draw funny figures **3** misstag blunder **4** *den* ~*n går inte!* that won't wash!, don't give me that!, that cat won't jump!
gubbsjuk vard. *vara* ~ be a dirty old man (an old lecher)
gubbstrutt vard. old buffer (dodderer)
gud god, divinity; *Gud [Fader]* God [the Father]; tig *för Guds skull!* ...for goodness' (God's, Heaven's) sake!; det var *en syn för* ~*ar* ...a sight for sore eyes
gudabenådad om pers. divinely gifted; friare supremely gifted, divine
gudagåva divine (godsent) gift; friare godsend; humorn är *en* ~ ...a gift of the gods
gudalära mythology
gudasaga [divine] myth; *den nordiska* ~*n* Scandinavian mythology
gudasänd godsent; *komma som* ~ come as a godsend
gudbarn godchild
gudfar godfather
gudfruktig God-fearing
gudinna goddess
gudlös godless; hädisk profane
gudmor godmother
gudom divinity, deity
gudomlig divine
gudsfruktan fromhet devoutness, piety
gudsförgäten om plats godforsaken
gudsförtröstan trust in God
gudskelov I *interj*, ~ *[att du kom]!* thank goodness (God, Heaven) [you came]! **II** *adv* lyckligtvis fortunately
gudstjänst [divine] service; allmännare worship; *bevista* ~*en* attend church (chapel); *förrätta (hålla)* ~*en* om präst officiate [at the service], conduct (hold) the service
gudstro belief (faith) in God
guida guide
guide guide
gul yellow; ~*a fläcken* anat. the yellow spot; ~*t ljus* trafik. amber light; ~*a ärter* yellow peas; *slå ngn* ~ *och blå (grön)* beat a p. black and blue; jfr äv. *blå* o. sammansättn.
gula yolk
gulaktig yellowish
gulasch kok. goulash
gulblek sallow
guld 1 gold; *god (trogen) som* ~ [as] good as gold (true as steel); *lova ngn* ~ *och gröna skogar* promise a p. the moon; *skära* ~ *med täljknivar* coin money, make

157

money hand over fist **2** sport., första plats gold medal
guldarmband gold bracelet
guldbröllop golden wedding
guldbågad om t.ex. glasögon gold-rimmed
gulddoublé o. **gulddubblé** rolled gold
guldfeber gold fever
guldfisk goldfish
guldfyndighet gold deposit
guldglänsande ...shining like gold
guldgruva gold mine äv. inkomstkälla; kunskapskälla mine of information; lyckträff pot of gold
guldgrävare gold-digger; guldletare prospector
guldgul golden yellow
guldhalt gold content; procentdel percentage of gold
guldkalven, *dansen kring* ~ the worship of the golden calf
guldkantad gilt-edged; *~e [värde]papper* gilt-edged securities
guldklimp 1 eg. [gold] nugget **2** bildl. *min lilla ~* my little treasure
guldklocka gold watch
guldkorn grain of gold; visdomsord pearl [of wisdom]
guldkrog first-class (vard. tip-top, posh) restaurant
guldlamé gold lamé fr.
guldmedalj sport. gold medal
guldmedaljör sport. gold medallist
guldpläterad gold-plated
guldrush o. **guldrusch** gold rush
guldsmed goldsmith; juvelerare vanl. jeweller
guldsmedsaffär jeweller's [shop]
guldsmycke gold ornament; *~n* äv. gold jewellery sg.
guldstämpel [gold] hallmark
guldtacka gold bar (ingot)
guldålder golden age
guldägg, *man skall inte slakta hönan (gåsen) som värper ~* one shouldn't kill the goose that lays the golden eggs
gulhyad yellow-skinned
gullegris vard. pet
gullgosse vard. [spoilt] darling; *en lyckans ~* a minion of Fortune
gullig vard. sweet, dear, darling
gullstol, *bära ngn i ~* chair a p., carry a p. in triumph
gullviva bot. cowslip
gulna become (turn) yellow; bli urblekt fade; *~d av ålder* yellowed with age
gulröd yellowish-red
gulsot med. jaundice
gult yellow; jfr *blått*

gumma old woman (pl. women); ibl. old lady; skämts. old girl
gummi 1 ämne rubber; klibbig substans gum **2** radergummi [india] rubber; isht amer. el. för bläck eraser **3** vard., kondom French letter; amer. rubber
gummiband rubber (elastic) band
gummiboll rubber ball
gummibåt rubber boat (dinghy)
gummiring rubber ring (till t.ex. cykel tyre, amer. tire, för emballage band)
gummislang rubber tube (större hose)
gummisnodd elastic (rubber) band
gummistövel rubber (gum) boot; *gummistövlar* äv. wellingtons
gummisula rubber sole
gump rump
gumse ram
gunga I *s* swing **II** *itr* i t.ex. gunga swing; på gungbräde seesaw; i gungstol el. på vågor rock; vaja [för vinden] wave; om t.ex. mark quake; svaja under ngns steg rock; *sitta och ~ på stolen* sit tilting one's chair **III** *tr* pers. give...a swing; ett barn på t.ex. knät dandle
gungbräde seesaw
gungfly quagmire äv. bildl.
gunghäst rocking-horse
gungning swinging osv., jfr *gunga II*; swing, rock; *sätta ngt i ~* set a th. rocking; t.ex. samhället rock a th. [to its foundations]
gungstol rocking-chair
gunst allm. favour
gunstling favourite
gupp 1 upphöjning bump; grop pit, hole; trafik., flera ~ uneven road; i skidbacke jump **2** stöt jolt
guppa på väg jolt; på vatten bob [up and down]
guppig om väg bumpy
gurgelvatten gargle
gurgla I *tr* o. *itr* **1** med t.ex. vatten gargle **2** om ljud gurgle **II** *rfl*, *~ sig* gargle [one's throat]
gurgling 1 med t.ex. vatten gargling **2** om ljud gurgling
gurka cucumber; liten inläggnings~ gherkin; koll. gherkins
guvernör governor
gyckel skämt fun; spe game[s pl.]; upptåg joking, larking-about, larks
gyckelmakare allm. joker; yrkesmässig, hist. jester
gyckla skoja joke; håna jeer; ha puts för sig play tricks (pranks); spela pajas play the buffoon; *~ med ngn* make fun of (poke fun at) a p.

gycklare allm. joker; yrkesmässig, hist. jester; neds. buffoon, clown
gylf fly [of the (resp. one's) trousers]; vard. flies
gyllene guldliknande golden; av guld gold; ibl. golden
gym vard. workout gymnasium
gymnasieskola [comprehensive] upper secondary school; i Engl. ung. motsv. open-access sixth form; i Amer. ung. motsv. senior high school
gymnasieutbildning ung. upper secondary school education, jfr äv. *gymnasieskola*
gymnasium i Engl. ung. motsv. sixth form [of a grammar school]; i Amer. ung. motsv. senior high school, jfr äv. *gymnasieskola*
gymnast gymnast; kvinnl. woman gymnast
gymnastik övningar o.d. gymnastics; skol. äv. physical training (förk. PT), physical education (förk. PE); vard. gym; som studieämne physical culture; morgon~ exercises
gymnastikdräkt gym suit (dams tunic, slip), leotard
gymnastiksal gymnasium; vard. gym
gymnastiksko gym shoe
gympa I *s* gymnastik gym, jfr *gymnastik*; gymping aerobics **II** *itr* gymnastisera do gymnastics (PT, PE); göra gymping do an aerobics workout
gymping aerobics
gympingdräkt leotard
gynekolog gynaecologist
gynekologi gynaecology
gynna favour; beskydda patronize; främja further, promote
gynnare 1 välgörare benefactor; beskyddare patron **2** skämts. fellow
gynnsam favourable; *ta en ~ vändning* take a turn for the better (a favourable turn)
gytter conglomeration, conglomerate; oredig anhopning confusion, muddle
gyttja mud; dy sludge; blöt, lös ooze; smuts mire
gyttjebad mudbath
gyttjig muddy; sludgy; oozy; miry; slushy; nedsmord med gyttja muddied; jfr *gyttja*
gyttra, ~ *ihop* (*samman*) cluster...together
gå I *itr* **1** allm.: **a)** ta sig fram till fots walk; med avmätta steg pace; med långa steg stride; med stolta el. gravitetiska steg stalk; med fasta steg march; i sakta mak stroll; stiga step; *ha svårt [för] att ~* find walking difficult (it difficult to walk); *~ tyst* tread (step) softly **b)** fara, ge sig i väg el. friare go; färdas travel äv. om t.ex. ljudet, ljuset; om samfärdsmedel äv. run; om fartyg äv. sail; regelbundet ply; bege sig av leave; avgå äv. depart, se vid.

avgå; passera pass; röra sig äv. move; om t.ex. vagn run; om maskin, hiss o.d. run; fungera work; vara be; *nu måste jag ~* äv. now I must be off (going); *klockan ~r* ...is going; *klockan ~r rätt (fel)* ...is right (wrong); *~ och lägga sig* go to bed; *~ och ta lektioner för...* be taking lessons from...; *~ i kyrkan* go to church; *det har ~tt politik i saken* it has become a political issue; *det gick med rasande fart* för oss we (vid t.ex. bilfärd the car) went at a tremendous pace; *~ under namnet...* pass under the name of... **c)** föra, leda: om väg, flod o.d. (i viss riktning) run; (till mål) go; om väg o.d. äv. lead; om trappa lead **2** spec. bet. **a)** avlöpa go [off]; låta sig göra be possible; lyckas succeed; passera pass; *det ~r nog* that will be all right; *så ~r det, när...* that's what happens...; *klockan ~r inte att laga* it is impossible to repair...; *hans affär ~r bra* ...is doing (going) well; *det gick bra för honom* i prov o.d. he got on (did) well; *hur ~r det för dig?* how are you getting on (making out)? **b)** äga rum, spelas o.d.: om idrottstävling come off; om t.ex. pjäs, radio be on; om film äv. be shown; om trumma be beating; om tapto sound; *pjäsen gick ett halvt år* the play ran for (had a run of) six months **c)** säljas: ha åtgång sell; t.ex. på auktion be sold; bära sig pay **d)** förflyta pass; *vad tiden ~r!* how time flies! **e)** vara spridd: om sjukdom el. rykte o.d. be about; vara gångbar be current; *det ~r rykten om att...* there are rumours [going about] that... **f)** sträcka sig go; nå reach **g)** *~ till* (*på*) belöpa sig till amount (come) to
II *tr*, *~ ed* take (swear) an oath; *~ ärenden* have some jobs to do; om t.ex. springpojke go [on] errands; för inköp go shopping
III med beton. part.
~ an **a)** passa, gå för sig do; vara passande äv. be proper; vara tillåten be allowed; vara möjlig be possible **b)** gå på [värre], vard. go on
~ av **a)** stiga av get off; jfr *stiga [av]* **b)** brista break; plötsligt äv. snap [in two] **c)** nötas av: om kedja, tråd o.d. wear through; om färg, hud o.d. wear (rub) off **d)** om skott el. eldvapen go off
~ bort **a)** avlägsna sig go (resp. walk) away **b)** på bjudning go out **c)** dö die; i högre stil pass away **d)** om t.ex. fläck disappear; avlägsnas be removed
~ efter **a)** följa walk (resp. go) behind **b)** om klocka be slow
~ emot **a)** möta go to meet; mil. äv. advance against **b)** stöta emot go (resp. run) against,

jfr [*stöta*] *emot* **c)** motsätta sig go against; rösta emot vote against **d)** *allt ~r mig emot är motigt* nothing goes (resp. is going) right for me, everything is against me
~ fram a) eg. go (resp. walk osv.) forward; mil. advance **b)** konfirmeras be confirmed **c)** om t.ex. flod, väg run **d)** om skott reach its mark **e)** svepa fram pass **f)** gå till väga proceed
~ förbi a) passera förbi go (resp. walk) past (by) **b)** gå om overtake...[in walking]; vid tävling go (get) ahead äv. bildl.; get past...
c) hoppa över pass over **d)** undgå escape **e)** se *förbigå*
~ före a) i ordningsföljd precede **b)** om klocka be [too] fast **c)** ha företräde framför go (rank) before
~ i: så mycket som *~r ryms i* [*den*] ...will go in (into it)
~ ifrån lämna leave; avlägsna sig get away; överge äv. desert; glömma [kvar] leave...behind
~ igen a) sluta sig, om dörr o.d. shut [to] **b)** spöka walk; *den gamle ägaren ~r igen i huset* ...haunts the house **c)** upprepa sig reappear; *allt ~r igen* everything repeats itself
~ igenom a) eg. go (resp. walk, pass) through; gå tvärs över cross, go osv. across; passera [igenom] pass; tränga igenom go through, penetrate; om vätska soak through **b)** behandla, undersöka go (hastigt run) through, look through; inspektera, granska go over **c)** uppleva pass (go) through; svårigheter experience, suffer; läkarbehandling go through, undergo **d)** läxa go over; årskurs go (pass) through; kortare kurs take **e)** antas: om förslag o.d. äv. be passed; om motion be carried; hos myndighet be approved; om begäran be granted
~ ihop a) sluta sig close up; mötas meet; förena sig join; sammanfalla äv. coincide **b)** passa ihop agree, match; överensstämma tally; *~ bra ihop* samsas get on well **c)** *få det att ~ ihop* ekonomiskt make both ends meet
~ in a) eg. go (resp. walk, step) in; gå inomhus go osv. inside **b)** t.ex. skor break (wear) in **c)** med prep.: *~ in för* go in for; t.ex. idé äv. embrace, adopt; slå sig på äv. take up; stödja äv. support; *~ in vid armén* join (enter) the army
~ isär eg. come apart; om åsikter o.d. diverge
~ itu i två delar go (come, break) in two; sönder break
~ med a) göra sällskap go (komma come) along (too, as well) **b)** deltaga join in **c)** *~ med i* klubb o.d. join, become a member of, enter **d)** *~ med på* samtycka till agree (consent) to; godkänna approve [of]; godta äv. accept; vara med på äv. be ready for; medge admit, agree
~ ned (ner) allm. go down äv. om t.ex. svullnad; eg. walk (resp. step) down; i nedre våningen go downstairs; flyg. äv. descend; landa alight; om ridå äv. fall; om himlakropp äv. set; *~ ned i* vikt äv. lose [in]...
~ om a) passera, se *~ förbi*; *~ om varandra* om pers. (utan att ses) pass each other; om brev cross in the post **b)** göras om be repeated (done again)
~ omkring promenera hit och dit walk osv. (allm. go) about; *han ~r omkring och säger att...* he goes around saying that...
~ omkull a) eg., se *falla* [*omkull*] **b)** bildl. firman *har ~tt omkull* ...has become (gone) bankrupt
~ på a) stiga [upp] på get on; se vid. *stiga* [*på*] **b)** fortsätta go on; skynda på make haste; gå an [värre] go (keep) on **c)** om kläder go on **d)** *han ~r på* (börjar tjänstgöra) kl. 17 he goes on duty... **e)** *han ~r på 'sväljer' vad som helst* he'll swallow anything
~ runt a) svänga runt go round; *det ~r runt för mig* my head is going round **b)** ihop ekonomiskt, vard. break even
~ samman se *~ ihop* ovan
~ sönder se under *sönder*
~ till a) försiggå come about (högtidl. to pass); hända happen; ordnas be arranged (done); *hur ska det ~ till?* how is that to be done (managed)? **b)** om fisk come in
~ tillbaka a) återvända go back; vända om äv. return båda äv. bildl. **b)** i tiden go (date) back **c)** upphävas be cancelled (annulled) **d)** minska recede **e)** försämras, gå utför deteriorate, fall off
~ undan a) gå ur vägen get out of the way **b)** gå fort get on fast; *låt det ~ undan!* get a move on!, hurry up!
~ under a) förolyckas: om pers. be ruined; om fartyg go down; om t.ex. stad be destroyed; om rike fall; om världen come to an end **b)** komma med lägre bud underbid, bid lower
~ upp a) i fråga om rörelse uppåt, äv. friare: allm. go up, rise; eg. walk (resp. step) up; i övre våningen vanl. go upstairs; ur säng get up; kliva upp get out **b)** öppna sig: om dörr o.d. open; om sjö (is) break up; om plagg rip om t.ex. brosch come unfastened; om knapp el. knäppt plagg come unbuttoned; om knut come undone **c)** *~ upp i rök* go up in

smoke; bildl., om projekt o.d. äv. come to nothing **d)** ~ *upp i* vara (resp. bli) fördjupad i be (resp. become) absorbed (engrossed) in; vara (resp. bli) införlivad med be (resp. become) merged in **e)** ~ *upp [e]mot* kunna mäta sig med come up to
~ **uppe** om patient be [up and] about
~ **uppför** om pers. go (resp. walk) up; kliva climb; om väg go up[hill]
~ **ur a)** om fläck, färg come out; blekas fade; försvinna disappear **b)** om knapp o.d. come (fall) off
~ **ut** (jfr äv. *utgå*) **a)** eg. el. friare go (resp. walk) out; gå utom dörren go outside; träda ut äv. step out[side]; ~ *ut [och gå]* go [out] for (take) a walk; som vana äv. go out walking; ~ *ut skolan* leave (genomgå finish) school **b)** tryckas appear **c)** om patiens come out **d)** utlöpa come to an end, run out
~ **utför** om pers. go (resp. walk) down (downwards), descend; om väg go downhill; *det ~r utför med honom* bildl. he is going downhill
~ **vidare** eg. go (resp. walk) on; fortsätta go on; *låta ngt ~ vidare* pass on a th. (a th. on)
~ **åt a)** behövas be needed osv., jfr *behövas* **b)** ta slut: förtäras be consumed; förbrukas be used up **c)** ha åtgång sell **d)** ~ *åt av skratt* be dying with laughter **e)** ~ *illa åt ngn* treat a p. harshly **f)** *vad ~r det åt dig?* what's the matter with (come over) you?
~ **över a)** färdas över go (resp. walk) across, cross [over]; ~ *över till* grannen go round (over) to... **b)** nå högre än go (resp. run, rise, be) above **c)** överstiga pass, jfr *övergå* **d)** upphöra abate; om smärta, vrede äv. pass [off]; *det ~r över med åren* you will grow out of it as you get older **e)** granska o.d. go over; syna look over (through) **f)** ~ *över i* t.ex. andra händer, förvandlas till pass into **g)** ~ *över till* friare el. bildl.: andra ägare pass to; reserven, flytande tillstånd pass into; t.ex. annat parti, fienden go over to; dagordningen, annan verksamhet, annat ämne pass on to; om egendom, makt be vested in; förändras till change (turn, be transformed) into; byta till change to
gång 1 a) gående [till fots] walking äv. sportgren; promenad walk; sätt att gå (om levande varelser): allm. gait, walk; om häst pace; *20 km* ~ 20 km walk; *en ostadig ~* an unsteady gait **b)** färd run; genom is, vatten passage **c)** rörelse, verksamhet o.d.: om maskin o.d. working, running, motion, action; *få i ~* t.ex. maskin, samtal get...going (started), start...; *hålla...i ~* keep...going;

det är någonting på ~ there's something going on (något lurt something brewing) **d)** fortgång progress; förlopp course; *världens ~* the way of the world; *allting går sin gilla (jämna, vanliga) ~* things are going on just as usual **2** väg path[way], walk; i o. mellan hus passage; i kyrka aisle; mellan bänkrader på teater, i buss o.d. gangway, isht amer. aisle; underjordisk gallery; under gata o.d. subway; anat. duct **3** tillfälle time **a)** ex. i sg.: *en ~* a) allm. once b) om framtid one (some) day, some time c) ens even; *någon ~ i maj* some time [or other]...; *det får räcka för den här ~en* that's enough for now; *två åt ~en* two at a time **b)** ex. i pl.: *några ~er* a couple of times; *två ~er två är...* twice (two times) two is...; *två ~er till* twice more, two more times
gångare sport. walker
gångavstånd, *på ~* at a walking distance
gångbana vid sidan av cykelbana o.d. footpath; trottoar pavement, isht amer. sidewalk
gången, *långt ~* om sjukdom o.d. far advanced
gångjärn hinge
gångstig footpath
gångtrafik, *endast ~* pedestrians only
gångtrafikant pedestrian
gångtunnel [public] subway; amer. underpass
gåpåig pushing, go-ahead; *en ~ typ* a go-ahead type, a hustler
går, *i ~* yesterday; *i ~ kväll* last evening (senare night); *det var inte i ~ [som]* vi sågs sist it's ages since...
gård 1 kringbyggd plats o.d.: allm. yard; bak~ backyard; borg~ court[yard]; på lantgård farmyard; gårdsplan framför t.ex. herrgård courtyard **2** egendom o.d.: bond~ farm; större, herr~ estate; boningshus: på bond~ farmhouse; på herr~ manor house
gårdskarl odd-job man; amer. janitor
gårdsplan courtyard
gås goose (pl. geese) äv. om pers.; *det är som att slå vatten på en ~* it's like water off a duck's back
gåsdun goose down
gåshud bildl. gooseflesh; *få ~* äv. get goose pimples
gåsleverpastej pâté de foie gras fr.
gåsmarsch, *gå i ~* walk in single file
gåta riddle; *det är mig en ~* it is a mystery to me; *tala i gåtor* speak (talk) in riddles
gåtfull mysterious
gåva allm. gift äv. bildl.; vard. present;

testamenterad bequest; donation donation; *få ngt i (som)* ~ get a th. as a present
gåvoskatt gift tax, tax on gifts
gäcka omintetgöra frustrate; undgå baffle; fly undan elude; *~de förhoppningar* disappointed (frustrated) hopes
gäckande elusive; *ett ~ skratt* a mocking laugh
gäckas, *~ med* håna mock (scoff) at; gyckla med make fun of; retas med trifle with
gädda pike (pl. äv. lika)
gäldenär debtor
gäll shrill; om färg crude
gälla 1 *~ [för]* räknas count; vara värd be worth **2** äga giltighet: allm. be valid; om lag, om mynt o.d. be current; vara tillämplig på apply to; biljetten *gäller [för] 1 månad* ...is valid (available) for a month; erbjudandet *gäller till 15 april...* ...is open to 15th April **3** anses be regarded; pass **4** angå: avse be intended for; röra concern; anmärkningen *gällde mig* ...was aimed at me; min första tanke *gällde henne* ...was for her **5** opers. *det gäller* är fråga om, vanl. it is a question (matter) of; *nu gäller det att handla snabbt* now we (you etc.) must act quickly; *när det gäller* i nödfall when it really matters; i en kritisk situation in an emergency; när det kommer till kritan when it comes to it
gällande giltig valid; tillämplig applicable; rådande present; *enligt ~ lag* according to existing law; *göra ~* hävda maintain, assert, claim; starkt framhäva argue, urge; *göra ~* t.ex. sitt inflytande, sina kunskaper bring...to bear [*gentemot* on]; *göra sig ~* a) hävda sig assert oneself b) vara framträdande be in evidence, manifest itself (resp. themselves), tell, make itself (resp. themselves) felt
gäng allm. gang
gänga I *s* [screw] thread; *känna sig (vara) ur gängorna* vard. feel off colour **II** *tr* thread **III** *rfl*, *~ sig* vard., gifta sig get hitched [up]
gänglig lanky
gängse current; vanlig usual
gärde 1 åker field **2** stängsel fence
gärna villigt willingly; med nöje gladly, with pleasure; i regel often; *~ det!* el. *så ~ [så]!* by all means!, with pleasure!, certainly!; *~ för mig!* I have no objection!, it is all right with me!, it's all the same to me!; det är mig likgiltigt I don't care!
gärning 1 handling deed; bedrift achievement; *i ord och ~* in word and deed **2** verksamhet work; kall duties

gärningsman, *~nen* the perpetrator [of the crime]
gäspa yawn
gäspning yawn
gäst allm. guest; på hotell resident; inackordering boarder
gästa besöka visit
gästarbetare guest (foreign) worker
gästartist guest artist (star)
gästbok guest (resandebok visitors') book
gästfrihet hospitality
gästgivargård o. **gästgiveri** inn
gästrum spare bedroom; finare guest room
gästspel teat. special (guest, star) performance (appearance)
gäststuga guest-house
gästvänlig hospitable
göda I *tr* **1** fatten [up]; *slakta den gödda kalven* kill the fatted calf **2** med konstgödning fertilize **II** *rfl*, *~ sig* feed (fatten) [oneself] up, fatten
gödsel naturlig manure, dung; konst~ fertilizer[s pl.]
gödselstack dunghill
gödsla manure, dung; konst~ fertilize
gök 1 zool. cuckoo; *~en gal* the cuckoo calls **2** vard., kurre fellow, guy, bloke
gökotta, *gå på ~* go on a picnic at dawn to hear the first birdsong
gökur cuckoo clock
göl pool
gömma I *s* hiding-place; isht bildl. secret place; *leta i sina gömmmor* lådor (skåp) search in one's drawers (cupboards) **II** *tr* **1** dölja hide [...away]; *hålla sig gömd* keep in (be [in]) hiding, lie low; *~ ansiktet i händerna* hide (bury) one's face in one's hands **2** förvara: allm. keep **III** *rfl*, *~ sig* hide [oneself], conceal oneself [*för* from; *undan* out of the way]
gömställe hiding-place; vard., för pers hide-out
göra I *tr* o. *itr* **1** med konkr. subst. som obj.: tillverka make; *~ en förteckning* äv. draw up a list **2** med abstr. subst. som obj.: a) do: i allm. vid obj. som betecknar mera obestämd verksamhet el. skada el. betecknar resultatet av konstnärligt el. tekniskt framställande b) make: i allm. i bet. åstadkomma [något nytt], skapa o.d. c) andra vb – *affärer* do business; *~ ett mål* score a goal; *~ ett porträtt* do a portrait; *~ en resa* make a journey; *~ stora ögon* open one's eyes wide, look wide-eyed **3** med neutr. pron. el. adj. som obj. samt i inf.-uttr. av typerna 'ha [ngt] (få) att göra [med]': allm. do; *det gör mig detsamma* it is all the same to me; *han vet vad han gör* he knows what he's

doing (he's about, vard. he's up to); *lätt att ha att ~ med* easy to deal (dra jämnt med get on) with; *vad har du med det att ~?* what's it got to do with you?, that is none of your business!; *det är ingenting att ~ åt det* it cannot be helped, there is nothing to be done **4** med att-sats som obj.: förorsaka make; *det gjorde att bilen stannade* that made the car (caused the car to) stop **5** med [ack.-obj. o.] obj. predf.: allm. make; *~ ngn galen* drive a p. mad; *~ ngn olycklig* make a p. unhappy **6** i stället för förut nämnt vb vanl. do; dock ofta utelämnat efter hjälpvb: han reste sig *och det gjorde jag också* ...and so did I **7** utgöra make; 100 pence *gör ett pund* ...make one pound **8** handla, gå till väga, bära sig åt act, behave; i ledigare stil do **9** särskilda fall: *~ en kvinna med barn* give...a baby (child); vard. put...in the family way; *hunden har gjort på mattan* the dog has made a mess (done something) on the carpet
II rfl, *~ sig* **1** allm. make oneself; låtsas vara make oneself out to be; *~ sig fin i håret* make one's hair [look] nice **2** passa *han gör sig alltid på kort* he always comes out well [in photographs]; *skämtet gjorde sig inte* i det sällskapet the joke didn't go down...
III med beton. part.
~ av: var skall jag ~ av brevet? where am I to put (what am I to do with)...?; *~ av med* a) förbruka, t.ex. pengar spend; göra slut på äv. get (run) through b) ta livet av kill, make away with; *~ sig av med* get rid of, dispose of
~ bort sig make a fool of oneself; misslyckas fail completely
~ ngn emot cross (thwart) a p.
~ fast fasten; surra secure; förtöja make...fast
~ ifrån sig avsluta get...done
~ ned a) eg., t.ex. fiende destroy b) bildl., t.ex. bok pull...to pieces
~ om på nytt do (resp. make)...over again; ändra alter; upprepa do...again
~ på sig do it in one's pants (i blöjan nappy)
~ till: detta gjorde sitt till att +inf. that contributed (did) its share to +inf.; *~ sig till* göra sig viktig, kokettera show off; sjåpa sig be affected, put it on
~ undan ngt get a th. done (out of the way, off one's hands)
~ upp betala settle [up]; enas settle; klara upp, hämnas settle [accounts]; *~ upp* [*i förväg*] fix beforehand, prearrange; *~ upp planer* äv. make (form) plans

~ åt: det går inte att ~ något åt det (*honom*) there is nothing to be done about it (him)
görande, *hans ~n och låtanden* his doings pl.
görlig practicable, feasible, possible; *för att i ~aste mån* +inf. in order as far as possible to +inf.
görningen, *det är något i ~* there is something brewing (in the wind)
göromål business; åliggande duty
Göteborg Gothenburg

h bokstav h [utt. eɪtʃ]

ha I *hjälpvb* tempusbildande have; *vem ~r sagt [dig] det?* ofta who told you [that]?; *det ~de jag aldrig trott [om honom]!* I would (should) never have thought it [of him]! **II** *tr* **1** äga **a)** allm. have; ledigare have got; formellare possess; inneha hold; hålla sig med keep; bära, t.ex. kläder wear; åtnjuta enjoy; *~ aktier* hold shares; *~ hund* keep a dog; *jag ~r huvudvärk* I have (I've) [got] a headache; *~ rätt (fel)* be right (wrong); *~ tur* have luck, be lucky; *vad ~r du här att göra?* what are you doing here?; *vad ~r du med det att göra?* what's it got to do with you?; *vad ska man ~ det till?* what is (what's) it for? **b)** med tids- el. rumsadverbial *idag ~r vi fredag* today is Friday, it is Friday today; *var ~r du handskarna?* where are (brukar du ha do you keep) your gloves? **2** få, erhålla have, get; *vad vill du ~?* what do you want?; om förtäring what will you have?, what would you like [to have]?; vard., om drink what's yours? **3** förmå *~ ngn [till] att göra ngt* get a p. to do a th., make a p. do a th. **4** i uttr. som betecknar omständigheter o.d. *~ det bra* gott ställt be well (comfortably) off; *hur ~r du det?* how are (vard. how's) things?; hur mår du? how are you?, how are you getting on?; *~ ledigt* be free, be off duty; *~ lätt (svårt) att* + inf. find it easy (difficult) to + inf.; *~ lätt för* språk have a gift for..., be good at...
III *rfl* vard. *hon skrek och ~de sig* she screamed and shouted
IV med beton. part.
~ bort tappa lose; få bort remove
~ emot: jag ~r inget emot... I have nothing against...; *om ni inte ~r något emot det* vill jag if you don't mind (object)...
~ för sig: vad ~r du för dig gör du*?* what are you doing?; isht ofog what are you up to?; *~r du något för dig i kväll?* have you anything on (are you doing anything) this evening?
~ en vara **inne** have...in stock

~ kvar ha över have...left; ännu ha still have; se vid. *kvar*
~ med [sig] **a)** föra (ta) med sig have with one; hit bring [along]; dit take along **b)** *det ~r det goda med sig att...* it has the advantage that..., the good thing about it is that... **c)** ha på sin sida have with one
~ på sig **a)** vara klädd i have...on, wear **b)** vara försedd med *~ pengar på sig* have [got]...about (on) one **c)** ha till sitt förfogande *vi ~r hela dagen på oss* we have all the day before us (at our disposal)
~ sönder t.ex. en vas break; t.ex. klänning tear; jfr *sönder*
1 hack, *följa ngn ~ i häl* follow hard on (close [up]on) a p.'s heels
2 hack skåra notch, hack, dent; isht mindre o. oavsiktligt nick
1 hacka 1 kortsp. small (low) card
2 penningsumma tjäna *en ~* ...a bit of cash
3 *han går inte av för hackor* he is not just a nobody, he's really someone
2 hacka I *s* spetsig pick; bred mattock; mindre hoe **II** *tr* **1** jord hoe **2** hacka i bitar chop; mycket fint mince **3** *~ hål på* pick (om fågel äv. peck) a hole (resp. holes) in **4** *han ~de tänder* his teeth chattered **III** *itr* **1** *~ i (på)* eg. hack at; om fågel pick (peck) at
2 stamma stammer, stutter, generat, osäkert hum and ha[w] **3** *~ och hosta* hack and cough; om motor cough
hackhosta hacking (dry) cough
hackig 1 om egg o.d. jagged **2** om framställningssätt stammering, stuttering, halting; om t.ex. rytm jerky
hackkyckling, *han är allas ~* they are always picking on him, he is at the bottom of the pecking order
hackmat bildl. mess; *göra ~ av* ta kål på make mincemeat (hay) of
hackspett zool. woodpecker
haffa vard. nab
hafsig slovenly
hagalen acquisitive
hage 1 beteshage enclosed pasture **2** lund grove **3** barnhage playpen **4** *hoppa ~* lek play hopscotch
hagel 1 meteor. hail **2** blyhagel [small] shot; grövre buckshot (båda pl. lika)
hagelgevär shotgun
hagelskur meteor. shower of hail
hagga käring hag
hagla hail; om t.ex. kulor rain; anbud (frågor) *~de över dem* ...showered down on them
Haiti Haiti
haj *s* shark äv. bildl. om pers.
1 haja vard. *~r du?* do you get it?
2 haja, *~ till* start, be startled

1 haka chin; *sticka ut ~n* vard. stick one's neck out
2 haka 1 *~ av* unhook, unhitch; *dörr o.d.* unhinge **2** *~ på* ngt hook (hitch)...on; t.ex. grind hang...; bildl., t.ex. idé catch on to, pick up **3** *~ upp sig* **a)** om mekanism o.d. get stuck; *det har ~t [upp] sig någonstans* bildl. there's a hitch somewhere **b)** om pers. *~ upp sig på* ngt get stuck at (over)
hake 1 eg. hook; typogr. square bracket **2** bildl. *det finns en ~* ett aber, hinder *någonstans* there is a snag in it (en nackdel a drawback to it) somewhere
hakkors swastika
haklapp bib
hal slippery; *vara ute (ha kommit ut) på ~ is* bildl. be skating on (over) thin ice
hala haul isht sjö.; pull; *~ in* haul in (home); *~ ut* haul out
halka I *s* slipperiness; *det är svår ~* the roads (resp. streets) are very slippery, it is very slippery **II** *itr* slip; slide; slira skid
halkbana bil. skidpan
halkfri non-skid, non-slip
halkig slippery; vard. slippy
hall hall; i hotell ofta lounge
hallick vard. pimp
hallon raspberry
hallonbuske raspberry bush
hallstämpel hallmark
hallucinera hallucinate
hallå I *interj* hallo!; isht tele. hullo!; *~, ~!* i högtalare o.d. attention, please! **II** *s* rop hallo etc.; rabalder o.d. hullabaloo, uproar
hallåa radio. el. TV. [female] announcer
hallåkvinna o. **hallåman** radio. el. TV. announcer
halm straw
halmhatt straw hat; vard. straw
halmstrå straw; *gripa efter ett ~* bildl. catch at a straw
halogenlampa halogen [head] lamp (light)
hals 1 eg. neck äv. friare på plagg, kärl, fiol etc. el. bildl.; strupe throat; anat. cervix; *~ över huvud* in a rush, headlong, precipitately; *skrika av (för) full ~* shout at the top of one's voice; *få ngn (ngt) på ~en* be saddled with a p. (th.); *det står mig upp i ~en* I am fed up with it **2** sjö. tack; *ligga för babords (styrbords) ~ar* be (stand) on the port (starboard) tack
halsa *tr, ~ en öl* swig a [bottle of] beer
halsband smycke necklace; för t.ex. hund collar
halsbloss deep drag; *dra ~* inhale; enstaka take a deep drag
halsbrytande breakneck..., hazardous

halsbränna heartburn; med. pyrosis
halsduk scar|f (pl. -fs el. -ves); stickad muffler, comforter; sjalett kerchief; slips necktie
halsfluss med. tonsillitis
halsgrop, *jag kom med hjärtat i ~en* ...with my heart in my mouth
halshuggning beheading
halsmandel anat. tonsil
halsont, *ha ~* have a sore throat
halssmycke necklace; hängsmycke pendant
halsstarrig obstinate, stubborn
halstablett throat lozenge (pastille)
halster gridiron; *hålla (steka) ngn på ~* keep a p. on tenterhooks
halstra kok. grill
1 halt 1 av t.ex. socker samt av metall i legering content; procentdel percentage **2** bildl. substance; värde worth
2 halt I *s* uppehåll halt; *göra ~* mil. halt; friare äv. come to a halt, [make a] stop **II** *interj* mil. halt!
3 halt lame
halta eg. limp, hobble; *~ på* vänster fot limp with...
halv half; *en ~* sida half a...; *en och en ~ timme* an hour and a half, one and a half hours; *ett och ett ~t år* vanl. eighteen months; *ett ~t löfte* a half (half-and-half) promise; *för (till) ~a priset* at half-price, at half the price; *gå ~a vägen var* bildl. meet half-way; *[klockan] ~ fem* at half past four, at four-thirty, vard. half four, amer. half after four
halvautomatisk semi-automatic
halvback sport. half-back
halvblind half-blind; *vara ~* be half blind
halvblod häst half-bred, half-blood; människa half-breed
halvbroder half-brother
halvbutelj half-bottle; *en ~ vin* half a bottle of...
halvcirkel semicircle
halvdann vard. half-and-half, medelmåttig mediocre
halvdunkel I *s* dusk, half-light **II** *adj* dusky
halvdöd half dead
halvera halve; geom. bisect; *~ kostnaderna* go halves
halvfabrikat semimanufactured article; koll. semimanufactures
halvfemtiden, *vid ~* [at] about half past four (four-thirty)
halvfet, *~ ost* low-fat cheese
halvfigur, porträtt *i ~* half-length...
halvfull 1 half full **2** vard., ngt berusad tipsy
halvfärdig half-finished
halvförsäkring, *~ för motorfordon* third-party insurance [only]

halvhjärtad half-hearted
halvhög 1 om klack o.d. rather low, ...of medium height **2** *med ~ röst* half aloud, in an undertone (a half-whisper)
halvkilo half kilo
halvklar, *~t* meteor. scattered clouds
halvklot geogr. hemisphere
halvlek sport. half (pl. halves)
halvligga recline; *i ~nde ställning* in a semi-recumbent (reclining) position
halvliter half litre
halvljus, *köra på ~* drive with dipped (amer. dimmed) headlights (headlamps), drive with dipped beams
halvlång om kjol o.d. half-length; *~ ärm* half-sleeve
halvmesyr half measure
halvmil, [*en*] *~* five kilometres; eng. motsv., ung. three miles
halvmåne half-moon äv. på nagel; *det är ~* äv. the moon is half full
halvofficiell semi-official, quasi-official
halvpension på hotell o.d. half board
halvsanning half-truth
halvsekel, *första halvseklet* the first half-century; *för ett ~ sedan* half a century ago
halvsova be half asleep; *~nde* ...half asleep, dozing
halvstatlig ...partly owned by the State
halvstor medium[-sized]; se äv. *halvvuxen*
halvsulning half-soling
halvsyskon half-brother[s pl.] and (resp. or) half-sister[s pl.]
halvsyster half-sister
halvt half; *~ på skämt* half in jest
halvtid 1 sport. half-time **2** *arbeta* [*på*] *~* have a half-time job, be on half-time
halvtidsanställd I *adj,* *vara ~* work half-time **II** *subst adj* half-timer
halvtimme, *en ~* half an hour, a half-hour; *en ~s resa* half an hour's..., a half-hour's...
halvtorr 1 half dry **2** om vin o.d. medium dry
halvtrappa, *en ~* half a flight (a half-flight) [of stairs]
halvvaken half awake
halvvuxen half grown-up; om djur half-grown; *~* [*person*] adolescent
halvvägs half-way, midway
halvår, [*ett*] *~* six months, [a] half-year; *varje ~* every six months; adv. äv. semi-annually, bi-annually, half-yearly
halvädelsten semiprecious stone
halvö peninsula
halvöppen half open; på glänt ajar
hambo o. **hambopolska** Hambo [polka]; *dansa ~* dance (do) the Hambo [polka]
hamburgare kok. hamburger

hamburgerbar hamburger bar
hamburgerbröd hamburger roll (bun)
hamburgerkött ung. smoked salt horseflesh
hammare hammer; anat. äv. malleus lat.
hammock garden hammock
hammondorgel Hammond organ
hamn isht mål för sjöresa port; isht om själva anläggningen, tilläggsplats harbour; dockhamn docks; bildl. el. poet. äv. haven; *isfri (naturlig) ~* ice-free (natural) harbour; *säker (trygg) ~* safe port (harbour, bildl. äv. haven)
hamna land up; vagare get; go; *sluta sin bana* end up; *brevet ~de i* papperskorgen the letter ended up in...
hamnarbetare dock worker, docker; stuvare stevedore; isht amer. longshoreman
hamnkontor port (harbour-master's) office
hamnkvarter dock district
hamnstad port
hampfrö hempseed äv. koll.
hamra hammer, beat; *~ på pianot* pound (thump) [on] the piano
hamster zool. hamster
hamstra hoard
hamstrare hoarder
han he; *honom* him
hand hand; *~en på hjärtat, tyckte du om det?* cross your heart (tell me honestly), did you like it?; *skaka ~* [*med ngn*] shake hands [with a p.]; *ta ~ om* take care (charge) of, look after; *i första ~* in the first place, first [of all]; helst preferably, jfr äv. *andra I*; *gå ~ i ~* walk hand in hand; *hålla ngn i ~[en]* hold a p.'s hand; *hålla varandra i ~*[en] hold hands; börja *med två tomma händer* ...empty-handed; *upp med händerna!* hands up!; *stå på händer* do a handstand; *på egen ~* all by oneself, on one's own; utan hjälp äv. single-handed; *ha till ~s* have handy (at hand, ready); *få ngt ur händerna* get a th. off one's hands, get a th. done (finished)
handarbeta do needlework etc., jfr *handarbete*
handarbete sömnad needlework; broderi embroidery; stickning knitting
handbagage hand-luggage, hand-baggage
handbalsam hand lotion (milk)
handbojor handcuffs; *sätta ~ på ngn* handcuff a p.
handbok handbook; *~ i psykologi* handbook of...
handboll sport. handball
handbroms handbrake
handduk towel; *kasta in ~en* boxn. el. bildl. throw in the towel (sponge)
handel 1 varu~ trade; handlande trading; i

stort el. som näring äv. commerce; affärer, affärsliv business; isht olovlig traffic; marknad market; ~ *med* (*i*) *bomull* trade in cotton, cotton trade **2** ~ *och vandel* dealings pl., conduct
handeldvapen firearm
handelsblockad commercial (economic) blockade
handelsbojkott trade embargo
handelsbolag trading company
handelsdepartement ministry of commerce; *~et* i Engl. the Department of Trade; i Amer. the Department of Commerce
handelsflotta fartyg mercantile (isht amer. merchant) marine, merchant fleet; som organisation merchant navy
handelsfrihet freedom of trade
handelskammare chamber of commerce
handelsman affärsinnehavare shopkeeper
handelsminister minister of commerce; i Engl. Secretary of State for Trade; i Amer. Secretary of Commerce
handelspolitik trade (commercial) policy
handelsresande commercial traveller; amer. äv. traveling salesman
handelsträdgård market garden, amer. truck garden (farm)
handelsutbyte trade [exchange]
handelsvara commodity; *handelsvaror* äv. merchandise sg., goods, mercantile (commercial) goods
handelsväg trade (commercial) route
handfallen handlingsförlamad ...unable to act; rådvill perplexed, at a loss
handfast om pers., robust sturdy; orubblig, bestämd firm; *~a regler* definite rules
handfat washbasin; amer. äv. washbowl
handflata palm
handfull bildl. a pocketful of; *en* ~ jord a handful of...
handgemäng scuffle; *råka i* ~ come to blows
handgjord hand-made
handgranat mil. hand grenade
handgrepp, *med ett enkelt* ~ in one simple operation
handgriplighet, *gå över till ~er* come to blows, become physically violent
handhava hantera: t.ex. vapen handle, [förstå att] sköta manage; ha hand om be in charge of, be responsible for; förvalta administer
handikapp handicap äv. sport.; invaliditet disablement
handikappad handicapped äv. bildl., ...with a handicap, invaliderad disabled
handikapp-OS the Paralympic Games pl.
handjur, *ett* ~ a male

handklappning det att applådera clapping; *~ar* clapping sg., [rounds of] applause sg.
handklaver se *dragspel*
handklovar se *handbojor*
handknuten om rya o.d. hand-made
handkyss kiss on the hand
handla 1 göra affärer **a)** driva handel trade, isht olovligt traffic **b)** göra sina uppköp shop; köpa buy **2** verka, bete sig act; *tänk först och ~ sen!* think before you act! **3** ~ *om* **a)** röra sig om be about; behandla deal with; *det är det det ~r om* that's what it's all about **b)** gälla be a question (matter) of
handlag skicklighet knack; *hans* ~ *med* sätt att handskas med his way of handling
handled wrist
handleda undervisa instruct; vägleda guide; i studier o.d. supervise
handledare instructor; studieledare o.d. supervisor
handledsväska clutch bag
handling 1 handlande action; *fientlig* ~ act of hostility, hostile act (action); mellan stater enemy action; *gå från ord till* ~ translate words into deeds **2** i bok story; intrig plot; *~en tilldrar sig i* London the scene is laid in... **3** urkund document; *lägga ngt till ~arna* put a th. aside
handlingsförlamad paralysed
handlingskraftig energetic, active; *en* ~ *regering* a strong government
handlingsmänniska man (resp. woman) of action
handlingssätt mode of action
handlån temporary loan
handlägga handha handle; behandla deal with
handläggare allm. person (tjänsteman official) in charge of (handling) a (resp. the) matter; som yrke administrative (executive) official; på brevhuvud o.d. motsv. our reference
handlöst headlong, precipitately
handpenning deposit; down payment
handplocka handpick äv. bildl.
handräckning 1 hjälp assistance; *ge ngn en* ~ lend a p. a [helping] hand, penninglån lend a person a bit of money **2** mil.: tjänst fatigue[-duty]; manskap fatigue-party
handskakning det att skaka hand handshaking; *en* ~ a handshake
handskas, ~ *med* hantera handle; behandla treat; ~ *vårdslöst med* skarpa vapen be careless with...
handske glove; krag~ gauntlet; *passa som hand i* ~ fit like a glove
handskfack i bil glove locker (isht amer. compartment)
handsknummer size in gloves

handskriven handwritten, ...written by hand, manuscript...
handslag handshake
handstickad hand-knitted
handstil handwriting
handsvett, *ha* ~ have clammy (perspiring) hands
handsydd hand-sewn
handtag 1 på dörr, kärl handle; runt knob **2** *ge ngn ett* ~ hjälp lend a p. a hand; *han har inte gjort ett* ~ skapande grand he has not done a stroke of work
handtryckning 1 eg. pressure of the hand; handslag handshake **2** *ge ngn en* ~ vard., dusör give a p. a tip (tips, a gratuity); muta grease a p.'s palm
handtvätt som tvättmärkning hand wash
handuppräckning, rösta *genom* ~ ...by [a] show of hands
handvändning, det är gjort *i en* ~ ...in no time, ...in a twinkling (jiffy, trice)
handväska handbag
1 hane allm. male; fågelhane ofta cock
2 hane 1 åld., tupp cock **2** på gevär cock; *spänna ~n* osäkra ett vapen (gevär) cock the trigger (gun)
hangar hangar
hangarfartyg aircraft carrier
hank 1 *inom stadens* ~ *och stör* within the confines (limits) of the city **2** hängare hanger
hanka, ~ *sig fram* [manage to] get along
hankatt male cat, tomcat; vard. tom
hankön eg. male sex; djur *av* ~ äv. male...
hanne se *1 hane*
hans his; om djur el. sak vanl. its
hantel dumbbell
hantera allm. handle; [förstå att] sköta manage; t.ex. maskin work; t.ex. yxa wield; använda use; behandla treat; tygla restrain
hanterlig handy; manageable äv. om pers.
hantlangare allm. helper; hejduk henchman
hantverk konst~ handicraft; yrke trade; stolen är *ett fint* ~ ...a good piece of (...good) craftsmanship (workmanship)
hantverkare craftsman; friare workman, carpenter (resp. painter etc.)
hantverksutställning arts and crafts exhibition
harang long speech, harangue; friare rigmarole
hare 1 zool. hare; ynkrygg coward, vard. funk; *rädd som en* ~ as timid as a hare **2** sport. pacemaker; i hundkapplöpning hare
harem harem
haricots verts French (string) beans
harig timid, cowardly; vard. funky

harkla, ~ *sig* clear one's throat, hawk; säga hm hem
harkling hawking; hemming
harlekin harlequin
harm indignation; förbittring resentment; poet. ire, wrath; förtret vexation; *med* ~ harmset indignantly
harmlig vard., förtretlig annoying
harmlös oförarglig inoffensive, innocent, harmless
harmoni harmony äv. mus.
harmoniera harmonize; ~ *med* harmonize (be in harmony, be in keeping) with
harmonisk allm. harmonious
harmsen upprörd indignant; förbittrad resentful; förtretad vexed
harmynt harelipped
harnesk rustning armour äv. bildl.; bröst~, rygg~ cuirass
harpa *s* **1** mus. harp **2** vard., käring [old] hag
harpun harpoon
harsyra bot. [wood] sorrel
hart, ~ *när* omöjligt well-nigh...
harts resin; isht stelnat rosin
hartsa rosin
harv harrow
harva harrow
has 1 på djur hock **2** vard., på människor: häl heel, ben leg; *ha ngn i ~orna* have a p. close on one's heels
hasa glida slide; dra fötterna efter sig shuffle [one's feet]; ~ *ned* om strumpa slip down
hasardspel gamble; hasardspelande gambling
hasardspelare gambler
hasch vard. hash
haschisch hashish
hasp hasp
haspelspö spinning rod
haspla reel; ~ *ur sig* vard. reel off
hasselbuske hazel bush (shrub)
hasselnöt hazelnut
hast hurry, haste; *i största* (*all*) ~ in great haste, in a great hurry, hastily, hurriedly; hals över huvud precipitately
hasta hasten; *det ~r inte* [*med det*] there is no hurry [about it], it is not urgent
hastig snabb rapid; skyndsam hurried; förhastad, brådstörtad hasty; plötslig, bråd sudden; *ta ett ~t slut* come to a sudden end
hastigast, *som* ~ in a hurry, hastily; flyktigt cursorily
hastighet 1 fart speed; isht vetensk. velocity; snabbhet rapidity; *högsta* [*tillåtna*] ~ the speed limit, the maximum speed **2** brådska *i ~en* glömde han... in his hurry...
hastighetsbegränsning speed restriction (limit); *införa en* ~ impose a speed limit

hastighetsmätare speedometer
hastighetsrekord speed record
hastigt rapidly etc., jfr *hastig*
hastverk, *ett* ~ a rush job; fuskverk a scamped piece of work
hat hatred; i mots. t. kärlek el. poet. hate; avsky detestation
hata hate; avsky detest, loathe; ~ *ngn som pesten* hate a p. like poison
hatfull o. **hatisk** spiteful, rancorous
hatkärlek love-hate
hatt hat; på tub o.d. el. på svamp cap; *hög* ~ top (silk) hat; *han är karl för sin* ~ he can hold his own
hatthylla hatrack
hattnummer size in hats
haussa 1 ekon. ~ [*upp*] *priserna* force up [the] prices **2** ~ [*upp*] uppreklamera boost, overrate
hav sea; världshav ocean; bildl. flood; [*som*] *en droppe i* ~*et* a drop in the ocean (bucket); *en stad vid* ~*et* a town [situated] on the sea
havande gravid pregnant
havandeskap pregnancy; *avbrytande av* ~ termination of pregnancy
haverera lida skeppsbrott be wrecked äv. friare; om flygplan crash, be crashed; få motorfel o.d. have a breakdown; ~*d* sjöoduglig disabled; skadad damaged
haveri skeppsbrott [ship]wreck; flyg~ crash; motor~ o.d. breakdown; skada damage
haverikommission commission (committee) of inquiry
havre oats; planta oat
havregryn koll. porridge (valsade rolled) oats
havregrynsgröt [oatmeal] porridge
havsarm arm of the sea
havsbad 1 badort seaside resort **2** badande sea-bathing; *bada* ~ bathe in the sea
havsband, *i* ~*et* i yttersta skärgården on the outskirts of the archipelago
havsbotten sea (ocean) bed; *på* ~ at (on) the bottom of the sea
havsdjup depth
havsfiske [deep-]sea fishing
havskryssare cruising yacht
havskräfta Norway lobster; *friterade havskräftor* scampi
havslax 1 salmon [caught in the sea] **2** gråsej smoked coalfish
havsluft sea air
havssalt sea salt
havssköldpadda turtle
havsstrand seashore
havsvatten sea water
havsvik bay; liten inlet

havsyta surface [of the sea]; 1000 m *över* ~*n* ...above sea level
havsörn sea eagle, white-tailed eagle
H-dur mus. B major
hebreiska språk Hebrew
hed moor; ljunghed heath
hedendom hednisk tro heathenism, heathendom; avguderi paganism
hedenhös, från (*sedan*) ~ from time immemorial
heder ära honour; beröm[melse] credit; hederlighet honesty; *göra* ~ *åt anrättningarna* do justice to the meal; *han har ingen* ~ *i sig* (*i kroppen*) he has no sense of honour (no self-respect); *ta* ~ *och ära av ngn* calumniate (defame, skriftl. libel) a p.; *försäkra på* ~ *och samvete* (*på tro och* ~) declare solemnly
hederlig ärlig, redbar honest; anständig decent; hedersam honourable
hederlighet ärlighet honesty
hedersam se *hedrande*
hedersbetygelse [mark of] honour; *under militära* ~*r* with military honours
hedersgäst guest of honour
hedersknyffel, *en riktig* ~ a real brick
hederskänsla sense of honour
hedersman, *en* ~ a man of honour; friare an honest man; vard. a decent old sort
hedersmord honour killing
hedersord word of honour; mil. parole; *på* ~*!* tro mig! word of honour!, honestly!
hedersplats place (sittplats seat) of honour
hederssak, *det är en* ~ *för honom* he makes it (regards it as) a point of honour
hedersuppdrag honorary task
hedervärd honourable, worthy
hedning heathen; vanl. före kristendomen pagan
hednisk heathen; vanl. före kristendomen pagan
hedra *tr* honour; *det* ~*r honom att han*... it does him credit that ...
hedrande efter hederns bud honourable; aktningsvärd creditable; smickrande flattering
hej vard., hälsning, utrop hallo!, isht amer. hi (hello) [there]!; ~ [*då*]*!* adjö bye-bye!, cheerio!
heja I *interj* come on!; amer. äv. attaboy!; bravo well done!; i hejaramsa rah! **II** *itr,* ~ *på* a) ett lag o.d. cheer [on]; hålla på support b) säga hej åt say hallo to
hejaklack sport. cheering section (crowd), supporters
hejaramsa cheer; amer. äv. yell
hejarop cheer

hejd, *det är ingen* ~ *på...* there are no bounds (is no limit) to...
hejda I *tr* stoppa stop; med abstr. obj.: tygla, få under kontroll check, hämma arrest, ström stem; ~ *farten* slow down; ~ *ngns framfart* check a p.'s progress; ~ *tårarna* keep back one's tears **II** *rfl,* ~ *sig* hålla igen check oneself; i tal äv. break off, stop
hejdlös obändig uncontrollable; vild wild; våldsam violent; ofantlig tremendous; obegränsad unlimited; måttlös inordinate, excessive
hejdlöst uncontrollably etc., jfr *hejdlös*; vard., väldigt awfully; *ha* ~ *roligt* el. *roa sig* ~ have the time of one's life
hejduk henchman
hejdundrande vard. tremendous; överdådig slap-up...; *ett* ~ *fiasko* äv. a complete flop
hektisk hectic
hekto o. **hektogram** (förk. *hg*) hectogram[me]; *ett* ~ eng. motsv., ung. 3.5 ounces
hel 1 total **a)** allm. whole (i vissa fall the whole of), känslobeton. quite, jfr ex. under *b*); *en* ~ *dag* a whole day; *~a dagen* adv. all day [long], all the day, the whole (entire) day; *under* (*i*) *~a sitt liv* var han all his life..., throughout ([for] the whole of) his life... **b)** ytterligare ex.: ~ *arbetsdag* full working day; ~ *namnet* the full name; det har jag vetat *~a tiden* ...all along **c)** i substantivisk anv.: *en* ~ och två femtedelar one...; fyra halva är *två ~a* ...two wholes; få en överblick av *det ~a* ...the whole of it **2** ej sönder whole; om glas o.d. unbroken, ...not cracked; om kläder o.d.: ej slitna ...not worn out (ej sönderrivna not torn), ...that do (did etc.) not need repairing, utan hål ...without any holes
hela I *tr* bibl. el. poet. heal **II** *s* **1** se *helbutelj* **2** *Helan och Halvan* film., komikerpar Laurel Halvan and Hardy Helan
helande healing
helautomatisk fully automatic
helbrägdagörare faith-healer
helbutelj large (whole, full-sized) bottle
heldag full day, all day; *arbeta* ~ work full time (all day)
heldragen om linje continuous
helfigur, *porträtt i* ~ full-length (whole-length) portrait
helförsäkring, ~ *för motorfordon* comprehensive motorcar insurance
helg holiday[s pl.]; vard., veckohelg weekend; kyrkl. festival, feast
helga, *ändamålet ~r medlen* the end justifies the means
helgardera, ~ *sig* cover oneself fully; vid vadslagning hedge [off]; vid tippning forecast a banker, use a three-way forecast
helgd okränkbarhet sanctity; helighet sacredness; *privatlivets* ~ the sanctity of private life
helgdag holiday; *allmän* ~ public (legal) holiday
helgdagsafton day (resp. evening) before a holiday (Church festival)
helgerån sacrilege
helgjuten eg. ...cast in one piece; bildl.: om t.ex. personlighet sterling..., harmonisk harmonious, fulländad consummate
helgon saint äv. bildl.
helgonbild image [of a saint]
helgondyrkan worship of saints
helgonlik saintly
helgsmålsringning ringing in of a (resp. the) sabbath (Church festival)
helhet whole; *bilda en* ~ form a whole; publicera en artikel *i sin* ~ ...in full, ...in its entirety
helhetsbild comprehensive (overall, general) picture
helhetsintryck overall (total, general) impression
helhetssyn comprehensive (overall) view
helhjärtad whole-hearted; *han gjorde en* ~ *insats* he put his heart and soul into it
helhjärtat whole-heartedly
helig till sitt väsen holy; som föremål för religiös vördnad sacred; okränkbar sacrosanct; from pious; helgonlik saintly; *den ~e ande* the Holy Ghost; *~t löfte* sacred (solemn) promise
helikopter helicopter; vard. chopper
helkväll, *ha en* ~ vard. make an evening of it
heller efter negation, ibl. underförstådd either; jag hade ingen biljett *och* [*det hade*] *inte han* ~ ...and he hadn't [got one] either, ...nor had he, ...[and] neither had he; jag förstår inte det här. — *Inte jag* ~ ...Nor (Neither) do I; [*det gör jag så*] *fan ~!* I'll be damned if I do (resp. will)!
helljus, *köra på* ~ drive with [one's] headlights (headlamps) on, drive with main beams
hellre rather; i vissa fall better; *mycket* (*långt*) ~ much rather (sooner); *jag vill* ~ (*skulle* ~ *vilja*) + inf. I would rather (sooner) + inf.
hellång full-length
helnykterist teetotaller, total abstainer
helomvändning mil. *göra en* ~ do an about turn (isht amer. face); bildl. äv. do a turnaround (turnabout), reverse one's policy (opinions etc.)

helpension på hotell o.d. full board [and lodging]
helsida full page
helsidesannons full-page advertisement
helsike vard., svag. variant för *helvete*; *i ~ heller!* my eye!, I'd watch it!
Helsingfors Helsinki
helskinnad, *komma (slippa) ~ undan* escape unhurt (safe and sound, unscathed)
helskägg full beard; *ha ~* wear a [full] beard
helspänn, *på ~* a) om pers. on tenterhooks, tense, vard. uptight b) om gevär at full cock
helst 1 företrädesvis preferably; isht i förb. med vb rather; *~ i dag* preferably today; *jag vill allra ~ (~ av allt)* +inf. I want most of all to +inf., I should like best to +inf. **2** i uttr. *som ~*: *hur mycket (länge* etc.) *som ~* hur mycket etc. ni vill as much (as long etc.) as [ever] you like; *jag skulle kunna sitta här hur länge som ~* I could go on and on sitting here, I could sit here any amount of time; *det var hur trevligt som ~* mycket trevligt it was very (ever so) nice; *ingen som ~ anledning* no reason whatever (stark. whatsoever); *när som ~* [at] any time; när ni vill whenever you like; *vad som ~* anything; vad ni vill anything (whatever) you like; *vem som ~* anybody; *vilken som ~* a) se *vem som ~* ovan b) av två either [of them] c) vilken ni vill whichever [of them] (resp. the two)] you like
helstekt ...roasted whole
helsyskon full brothers and sisters
helt fullständigt, alltigenom, i sin helhet (äv. *~ och hållet*) entirely, totally, all; alldeles quite; *~ eller delvis* wholly or partially; njuta *~ och fullt* ...to the full; *jag instämmer ~* I fully (quite) agree; *~ enkelt [omöjligt]* simply [impossible], jfr *enkelt*; *[inte förrän] ~ nyligen* [only] recently
heltid full-time äv. sport.; *arbeta [på] ~* work full-time, have a full-time job
heltidsanställd, *vara ~* be employed full-time
heltidsarbete full-time (whole-time) job
heltidstjänst full-time post (occupation, job)
heltokig vard. quite mad (crazy)
heltäckningsmatta wall-to-wall ([close-]fitted) carpet
helvete hell; *~t* hell; *i ~ heller!* like hell you (he etc.) will!, bugger that [for a lark]!; *vad i ~ gör du?* what the (isht amer. in) hell (svag. the deuce) are you doing?; *dra åt ~* go to hell (to the devil, svag. to blazes); *det gick åt ~* it was mucked up (stark. buggered up), ...went to pot
helylle all wool; tröja *av ~* all-wool (pure-wool)...
helårsprenumerant annual (yearly) subscriber
hem I *s* home äv. anstalt; *lämna ~met* leave home; *bort (borta) från ~met* away from home **II** *adv* **1** home; *följa ngn ~* see a p. home; *gå ~ till ngn* go to a p.'s home (house, place); *då kan vi hälsa ~!* iron. then it's all up with us (we're done for)!; jag ska *köpa ~ lite mat* ...buy some food **2** kortsp. *gå ~* i bridge make one's contract; friare win
hemarbete 1 hemläxa homework **2** hushållsarbete housework
hembageri local baker's [shop]
hembakad home-made
hembesök house call
hembränning home-distilling; olaglig illicit distilling
hembränt sl. hooch
hembygd, *~en* one's native (home) district
hemdator home computer
hemdragande, *komma ~[s] med* ngn (ngt) come home bringing (with)...
hemfalla, *~ åt (till)* t.ex. laster yield (give way) to; t.ex. en känsla äv. surrender [oneself] to; t.ex. dryckenskap become addicted to; t.ex. manér acquire, drift into; t.ex. glömskan fall [a] victim to
hemfridsbrott violation of the privacy of the home
hemförhållanden home conditions
hemförlova mil. disband, demobilize; riksdag adjourn
hemförsäkring householders' comprehensive insurance (policy); jfr *försäkring 2*
hemförsäljning house-to-house (door-to-door) selling (sales pl.)
hemhjälp pers. home help
hemifrån om t.ex. hälsning from home; borta från hemmet [away] from home; *gå (resa) ~* leave home, start (set out) from home
heminredning interior decoration
hemkunskap skol. home economics, domestic science
hemkänsla feeling of homeliness (cosiness, being at home)
hemkär, *vara ~* be fond of one's home
hemlagad om mat home-made
hemland native country (land); bildl. el. poet. home
hemlig allm. secret; *~ agent* secret agent; *~t [telefon]nummer* ex-directory (amer. unlisted) number

hemlighet secret; mysterium mystery; *en offentlig* (*väl bevarad*) ~ an open (a closely-guarded) secret
hemlighetsfull gåtfull mysterious; förtegen secretive
hemlighetsmakeri mystery-making; vard. hush-hush
hemlighålla keep...secret
hemligstämpla classify; *~d information* classified (top secret) information
hemliv home (domestic) life
hemlån, *som* ~ om bok for home reading
hemlängtan homesickness; *känna* (*ha*) ~ feel (be) homesick
hemläxa homework, jfr *läxa I 1*
hemlös homeless
hemma at home; bildl. at home, jfr *hemmastadd*; ~ [*hos oss*] brukar vi at home..., in our home..., jfr *härhemma*; du kan bo ~ *hos oss* ...at our place (house), ...with us; *ha ngt* ~ på lager have a th. in stock (hemköpt at home, in the place); *känn dig som* ~*!* make yourself at home!; *vara* ~ a) be at home; inne äv. be in b) hemkommen be home, be back [home]
hemmafru housewife; ibl. houseperson
hemmagjord home-made
hemmahörande, ~ *i* a) jur., om pers. domiciled in b) om fartyg of, belonging to
hemmakväll evening at home
hemmalag sport. home team (side)
hemmamatch sport. home match
hemman homestead
hemmaplan sport. home ground äv. bildl.; *spela på* ~ play at home
hemmastadd at home, end. pred.; *känna* (*göra*) *sig* ~ feel (make oneself) at home
hemmavarande ...living at home
hemort home district; jur. domicile; fartygs home port
hempermanent home perm
hemresa journey (till sjöss voyage) home; i mots. till utresa home journey, till sjöss home[ward] voyage; *på ~n* blev vi... on our way home...
hemsida data. home page
hemsjukvård home nursing
hemsk 1 allm. ghastly; svag. awful; kuslig, spöklik uncanny, eery; dyster dismal, gloomy **2** vard., förstärkande *en ~ massa* folk an awful lot of...
hemskillnad judicial separation
hemskt vard., väldigt awfully
hemslöjd handicraft; [domestic] arts and crafts, [home] arts and crafts
hemspråk home language
hemspråksträning o. **hemspråksundervisning** home-language instruction

hemstad home town
hemställa 1 ~ [*hos ngn*] *om ngt* anhålla request a th. [from a p.], petition [a p.] for a th. **2** föreslå suggest; hänskjuta submit (refer)
hemställan 1 anhållan request **2** förslag suggestion, proposal
hemsöka härja, drabba o.d.: om t.ex. sjukdom afflict; om t.ex. skadedjur infest; om spöken haunt
hemsökelse av t.ex. sjukdom affliction; av t.ex. skadedjur infestation; katastrof disaster, calamity
hemtam domesticated, [quite] at home
hemtjänst home help service
hemtrakt home district (area)
hemtrevlig ombonad cosy [and intimate]; hemlik homelike, homely; om pers. pleasant
hemtrevnad cosiness, hominess
hemvist, *vara* ~ *för* bildl. be a seat (centre) of
hemvårdare [trained] home help
hemväg way home; fartyg *på* ~ homeward bound...; *på ~en* blev jag... on my (the) way home...
hemvärn home defence; *~et* the Home Guard
hemvävd homespun äv. bildl.; hand-woven
hemåt homeward[s]; home; *vända* ~ return [home], turn back home
henne se under *hon*
hennes fören. her; om djur äv. el. om sak vanl. its; självst. hers; *den moderna människan och* ~ omgivning modern man and his...
Hercegovina Herzegovina
herde fåra~ o. bildl. shepherd
herdestund [hour of] dalliance
herkulesarbete Herculean task (labour)
hermafrodit hermaphrodite
hermelin zool. ermine äv. pälsverk
hermetiskt, ~ *sluten* hermetically sealed
heroin heroin
heroinist heroin addict
heroisk heroic[al]
herpes med. herpes
herr se *herre 2*
herravdelning i t.ex. affär men's department; i t.ex. simhall men's section (side)
herravälde makt[utövning] domination; styrelse rule; välde dominion; överhöghet supremacy; övertag samt behärskning mastery, command; kontroll control; *förlora ~t över bilen* lose control of the car
herrbesök, *ha* ~ have a man (male) visitor
herrdubbel men's doubles (pl. lika); match men's doubles match

herre 1 mansperson **a)** allm. gentle|man (pl. -men), man (pl. men); dams kavaljer partner **b)** i tilltal utan följ. personnamn *vill herrarna vänta?* would you [gentlemen] mind waiting, please? **2** *herr* som titel: allm. Mr. (Mr); *tycker herr A. det?* i tilltal do you think so, Mr. A?; *herr talman (ordförande, president)!* Mr. Speaker (Chairman, President)! **3** i spec. bet.: härskare master; i vissa fall lord; husbonde master; ägare master; *vara ~ över sig själv* be master (om kvinna vanl. mistress) over oneself, control oneself **4** *Herren* (åld. *Herran*) the Lord; *i (på) många herrans år* for ages [and ages], for donkey's years
herrekipering butik men's outfitter's, (amer. haberdasher's el. haberdashery)
herrelös ownerless; *~ hund* äv. stray dog
herrfinal sport. men's final
herrfrisör [men's] hairdresser
herrgård byggnad country house, country seat, mansion, manor house; gods country (residential) estate, manorial estate
herrgårdsvagn bil estate car, isht amer. station wagon, ibl. [shooting] brake
herrkläder men's clothes (wear sg.)
herrsingel men's singles (pl. lika); match men's singles match
herrskap 1 äkta makar; *~et Ek* Mr. (Mr) and Mrs. (Mrs) Ek **2** herrskapsfolk gentlefolk[s]; *herrskapsklassen* the gentry
herrsällskap, *i ~* **a)** om dam in male company **b)** bland herrar among [gentle]men
herrtidning men's paper (magazine); *med nakna flickor* girlie magazine
herrtoalett lokal [gentle]men's lavatory, vard. gents, amer. äv. men's room
herrunderkläder [gentle]men's (vard. gents) underwear
hertig duke
hertiginna duchess
hes hoarse
hesning *s* mavory
het i div. bet. hot; upphetsad heated; *~a linjen* the hot line; vard., för öppen telefonlinje, ung. talk-about; *~ klimatzon* torrid zone; *få det ~t [om öronen]* get into hot water; *vara ~ på gröten* be overeager, be too eager
heta 1 benämnas be called (named); *vad heter han?* vanl. what's his name?; *vad heter det ordet, uttrycket etc. på engelska?* what is that in English?, what is the English [word (equivalent)] for that?; *...eller vad det heter* ...or whatever it is called **2** opers., lyder *det heter i lagen...* the law says...; *som det heter* as the word (term) is, as the phrase goes (runs, is); *i ordspråket* as the saying goes; *som det heter* vi säger *på svenska* as we say in Swedish
heterosexuell heterosexual
hetlevrad hot-tempered
hetluft eg. hot air; *hamna (komma) i ~en* get into a tight (tough) spot
hets ansättande baiting; förföljelse persecution; uppviglande agitation [campaign]; upphetsad stämning frenzy; jäkt, hetsigt tempo bustle
hetsa jäkta rush, press; reta bait; tussa set; jakt., förfölja med hundar hunt; *~ jäkta mig inte!* don't rush me!; *~ upp sig* get excited (worked up, all hot and bothered)
hetsig 1 häftig hot; hetlevrad hot-tempered; lättretad hot-headed; om persons tal impetuous; lidelsefull passionate, vehement **2** jäktig bustling
hetsjakt jakt. hunt; jagande hunting; bildl. rush; *~en efter* t.ex. nöjen the chase after; t.ex. berömmelse the pursuit of; *~ på* agitation [campaign] (witch-hunt) against; förföljelse baiting (persecution) of
hetskampanj witch-hunt, smear (propaganda) campaign
hetsäta be a compulsive eater
hett hotly etc., jfr *het*; *solen brände ~* the sun burnt hot; *han kände att det började osa ~* ...the place began to be too hot for him
hetta I *s* heat; *i stridens* disputens *~* in the heat (ardour) of the debate **II** *itr* vara het be hot; alstra hetta give heat; om hetsande dryck o.d. be heating
hicka I *s* hiccup; *få (ha) ~* get (have) hiccups **II** *itr* hiccup, hiccough
hi-fi-anläggning hi-fi [set]
himla I *adj* vard. awful **II** *adv* vard. awfully **III** *itr,* *~ med ögonen* roll up one's eyes to heaven, look sanctimonious **IV** *rfl,* *~ sig* roll up one's eyes to heaven; förfasa sig be scandalized (shocked) [*över* at]
himlavalv vault (canopy) of heaven; *på ~et* in the firmament
himmel himlavalv, sky o.d. vanl. sky; himmelrike heaven; *det kom som sänt från himlen* it was a godsend; *allt mellan ~ och jord* everything under the sun
himmelrike heaven, paradise; *~t* bibl. the kingdom of heaven
himmelsblå sky-blue; jfr äv. *blått*
himmelsfärdsdag, Kristi ~ Ascension Day
himmelsk heavenly; *en ~ dryck* a divine drink
himmelssäng four-poster bed

himmelsvid, *en ~ skillnad* a huge (vast) difference, all the difference in the world

hin, *~ [håle (onde)]* the devil, the Evil One, Old Nick

hinder allm. obstacle; sport.: häck o.d. fence, hurdle; *lägga ~ i vägen för ngn* put (place) obstacles in a p.'s way; *det möter inget ~* there is nothing against it (no objection to that); *ta ett ~* sport. take (clear) an obstacle (a fence etc.)

hinderlöpning steeplechase; hinderlöpande steeplechasing

hindersprövning consideration of (inquiry into) impediments to marriage

hindra 1 förhindra prevent; avhålla keep; hejda stop; *~ ngn* i hans strävanden check a p...; *det är ingenting som ~r att du...* there is nothing to prevent your (you from, vard. you) ing-form **2** vara till hinders för hinder; stå el. lägga sig hindrande i vägen för ngt hamper; träden *~r utsikten* ...obstruct (block) the view; *låt inte mig ~* uppehålla *dig* don't let me detain (delay, störa disturb) you

hinduism Hinduism

hingst stallion

hink vatten~ bucket; mjölk~, slask~ pail

1 hinna I *tr* o. *itr* **1** uppnå reach **2** nå reach; han hade *hunnit halva vägen* ...got (i riktning mot den talande come) half the distance **3** hinna få färdig manage to accomplish; *jag måste ~ [med] läxorna* före middagen I must get my homework done (finished)... **4** ha tid have [the] time, få tid find (get) [the] time; lyckas manage it; *~ byta* have time to change **5** komma i tid [manage to] be (get there, *hit* come here) in time; *om vi skyndar oss, så hinner vi* if we hurry up we'll make it **II** tillsammans med beton. part. vanl.
~ **fram** arrive [in time]; get there (hit here)
~ **före** [**ngn**] manage to get there before a p.; vard. beat a p. to it
~ [**i**]**fatt** se *ifatt*
~ **med:** *~ [med] att äta* have time to eat, get in a bite to eat; *~ med tåget* [manage to] catch the (my etc.) train
~ **upp** ifatt catch...up; förfölja o. *~ upp* run down

2 hinna allm. film; skal skin; zool. el. bot. membrane

hiphoppare hip-hopper

1 hipp, *det är ~ som happ* it makes no difference, it comes to the same thing

2 hipp, *~, ~ hurra!* hip, hip hurrah!

hisklig förskräcklig horrible, terrifying; friare frightful

hiss lift; spannmåls~ o.d. el. isht amer. elevator; byggnads~ hoist

hissa eg. hoist [up]; *~ en flagga* hoist (run up) a flag; *~ segel* avsegla set sail; *~ hala ned* lower [down]

hissna feel dizzy (giddy); *~nde* höjd, djup dizzy (giddy)...

historia 1 skildring el. vetenskap history; *svensk (allmän) ~* Swedish (universal) history; *gå till historien* become (go down in el. to) history **2** berättelse: allm. story; *berätta en ~* tell a story; vard. spin a yarn **3** sak thing; *det blir en dyr ~ för honom* it will be an expensive affair (business) for him

historieberättare story-teller

historiebok history book

historielös ...without a history

historisk 1 allm. historical; *~t museum* history (historical) museum; *i ~ tid* within historical times **2** märklig historic; *~ mark* historic[al] (classical) ground

hit allm. here; åt det här hållet this way; dit thus far; *kom ~ (~ ner* etc.)*!* come (come down etc.) here!; *kom ~ med boken!* bring...here!; *~ och dit* eg. to and fro; i högre stil hither and thither; *han kom ~* i går he arrived [here]...

hiterst nearest

hitersta nearest

hithörande ...belonging to it (resp. them); hörande till saken relevant

hitintills se *hittills*

hitlista top-of-the-pops list; *toppa ~n* be top of the pops, top the charts

hitom on this side of

hitre, *den ~* the one nearer (nearest), the one on this side

hitresa, *på ~n* on the (my etc.) journey here

hitta I *tr* allm. find; träffa på come (hit, light) [up]on; komma över come across; *det är som ~t för det priset* it's dirt cheap (a gift), it's giving it away; *vad har du nu ~t på?* what are you up to (have you got up to) now?; now, what are you doing? **II** *itr* finna vägen find (känna vägen know) the (my etc.) way

hittegods lost property

hittegodsmagasin lost property office

hittelön reward; *1000 kr i ~* 1000 kr. reward

hittills up to now (the present); så här långt so (thus) far

hittillsvarande, *den ~* ordningen the...we (they etc.) have had up till now (the present)...

hitvägen, *på ~* on the (my etc.) way here

hitåt in this direction

hiv (förk. för *humant immunbristvirus*) med. HIV (förk. för human immunodeficiency virus)
hjord herd; får~ el. menighet flock
hjort deer (pl. lika); hanne: kron~ stag, dov~ buck
hjorthornssalt ammonium carbonate; hartshorn
hjortron cloudberry
hjortskinn läder deerskin; för handskar o.d. buckskin
hjul allm. wheel; trissa castor; *vara femte ~et under vagnen* play gooseberry, be odd man out; *byta ~ vid punktering* change wheels
hjula turn [cart]wheels
hjulbent bandy-legged
hjulnav wheel hub
hjulspår wheel track; djupare rut; fortsätta *i de gamla ~en* bildl. ...in the [same] old rut
hjulångare paddle steamer; isht amer. äv. side-wheeler
hjälm helmet
hjälp allm., äv. om pers. help; undsättning rescue; understöd support; botemedel remedy; *ekonomisk ~* economic aid; *söka ~ hos ngn* seek assistance from a p.; *tack för ~en!* thanks for the help!; *ta händerna till ~* make use of..., have recourse to...
hjälpa I *tr* o. *itr* allm. help; undsätta relieve; avhjälpa remedy; nytta, tjäna till avail; om botemedel be effective; *hjälp!* help!; vard., oj då o.d. oh, dear!; *det hjälpte!* that's done (that did) the trick!; *vad hjälper det att jag...?* what is the good (use) of my (me) ing-form?
II med beton. part.
~ ngn av med *rocken* help a p. off with...
~ fram ngn i livet help a p. [to get] on
~ ngn på med *rocken* help a p. on with...
~ till a) help [out], make oneself useful (helpful) b) bidraga till help
~ upp pers. help...[to get] up
hjälpaktion relief action (measures pl.)
hjälpas, *~ åt* help one another, join hands
hjälpbehövande ...that require (resp. requires) help (assistance); fattig needy
hjälpklass skol. remedial class
hjälplös helpless
hjälplöshet helplessness
hjälpmedel aid, means (pl. lika) [of assistance]; botemedel remedy
hjälpmotor auxiliary engine (motor)
hjälpreda 1 pers. helper; mammas lilla ~ ...help **2** handbok guide
hjälpsam helpful; *~ [mot]* äv. ...ready (willing) to help
hjälpsändning relief consignment

hjälpsökande ...seeking relief; *en ~* an applicant for relief (assistance)
hjälpverksamhet relief (välgörenhet charity) work
hjälte hero; *dagens ~* the hero of the day
hjältebragd o. **hjältedåd** heroic deed
hjältedöd, *dö ~en* die the death of a hero
hjältemod heroism, valour
hjältinna heroine
hjärna brain äv. om pers.; förstånd el. hjärnsubstans vanl. brains; *~n bakom organisationen* the brains (mastermind) of the organization; *han har fått det på ~n* vard. he has got it on the brain
hjärnblödning med. cerebral haemorrhage; *en lindrig ~* a slight attack of cerebral haemorrhage
hjärndöd I *adj* ...who is brain dead; *han är ~* he is brain dead **II** *s* brain death
hjärngymnastik mental gymnastics
hjärnhinneinflammation med. meningitis; *en lindrig ~* a slight attack of meningitis
hjärnkirurgi brain surgery
hjärnskada brain damage, brain lesion
hjärnskakning concussion [of the brain]
hjärnspöke figment [of the brain]
hjärnsubstans anat. brain tissue; *grå ~* grey matter
hjärntrust think tank, brain trust
hjärntumör brain tumour
hjärntvätt brainwashing
hjärntvätta brainwash
hjärta heart; *Alla ~ns dag* St. Valentine's Day; *av hela mitt ~* with all my heart; *i djupet av sitt ~* in one's heart [of hearts]; *med lätt (tungt) ~* with a light (heavy) heart; *saken ligger mig varmt om ~t* I have...very much at heart; *ha ngt på ~t* have a th. on one's mind; *tala fritt ur ~t* speak straight from the heart
hjärtattack heart attack
hjärtbesvär, *ha (lida av) ~* have a weak heart (a heart condition)
hjärtdöd cardiac death
hjärteangelägenhet affair of the heart (pl. affairs of the heart)
hjärtebarn pet [child], darling
hjärteblod lifeblood
hjärtekrossare heartbreaker
hjärter kortsp., koll. (äv. som bud) hearts; *en ~* a (resp. one) heart; *spela ~* ett hjärterkort play a heart
hjärterdam kortsp. [the] queen of hearts
hjärterfem kortsp. [the] five of hearts
hjärtesak, *det är en ~ för mig* I have it very much at heart
hjärtesorg deep-felt grief, heartache; *dö av ~* die of a broken heart

hjärtevän bosom friend; hjärtanskär sweetheart
hjärtfel [organic] heart disease
hjärtformig heart-shaped
hjärtinfarkt heart attack; med. infarct of the heart
hjärtinnerligt vard. most awfully; *~ trött på...* thoroughly tired of...
hjärtklappning palpitation [of the heart]; *få ~* get palpitations
hjärtlig cordial, stark. hearty, friare warm; *~a gratulationer på födelsedagen!* Many Happy Returns [of the Day]!; *~t tack!* thanks very much!, many thanks!
hjärtligt cordially etc., jfr *hjärtlig*; *~ trött på* heartily sick of
hjärtlös heartless; stark. callous
hjärtmedicin medicine (drug) for the heart
hjärtpunkt centralpunkt centre, core
hjärtsjuk ...suffering from [a] heart-disease
hjärtskärande heart-rending, heart-breaking; *det var ~* it was enough to break your heart
hjärtslag 1 pulsslag heartbeat **2** med. heart failure
hjärtslitande se *hjärtskärande*
hjärtspecialist heart specialist, cardiologist
hjärttransplantation heart transplantation; *en ~* a heart transplant
hjässa crown; *skallig ~* vard. bald pate
h-moll mus. B minor
ho trough; tvättho [laundry] sink
hobby hobby
hobbyrum recreation room, hobby room
hockey hockey
hockeyklubba hockey stick
hoj vard. bike
hojta shout; vard. el. amer. äv. holler
hokuspokus I *interj* hey presto!; som trollformel abracadabra **II** *s* hocus-pocus, mumbo jumbo
holdingbolag holding company
holk 1 fågel~ nesting box **2** bot. calyce
holka, *~ ur* hollow [out]; gräva ur dig out, excavate; jfr *urholkad*
Holland Holland
hollandaisesås kok. hollandaise sauce
holländare Dutchman; *holländarna* som nation el. lag o.d. the Dutch
holländsk Dutch
holländska (jfr *svenska*) **1** kvinna Dutchwoman **2** språk Dutch
holme islet; isht i flod holm
homeopat homeopath
homofil vard., man homo (pl. -s), queer
homosexuell homosexual
hon she; *henne* her; *~ el. henne* om djur äv. el. om sak vanl. it; Vad är klockan? - *Hon är tolv* ...It is twelve o'clock
hona female; om vissa hovdjur, val cow; om fåglar ofta hen
honkön eg. female sex; djur *av ~* äv. female...
honnör 1 mil.: hälsning salute, hedersbevisning honours; *göra ~* [*för*] salute **2** erkännande el. kortsp. honour
honnörsord ung. prestige word
honom him
honorar fee
honung honey
honungskaka i bikupa honeycomb
honungslen honeyed; *~ röst* mellifluous voice
honungsmelon honeydew melon
hop I *s* skara crowd, hög heap; friare lot; *en ~* [*med*]... a crowd osv. of... **II** *adv* se *ihop*
hopa I *tr* heap (pile, build) up; friare el. bildl. accumulate **II** *rfl*, *~ sig* accumulate [*över ngn* over a p.'s head]; t.ex. om moln mass; om snö drift, form drifts (resp. a drift); ökas increase
hopbyggd ...built together
hopfällbar folding..., foldaway...
hopfälld shut up; om paraply closed, rolled up; jfr äv. *hopslagen*
hopknycklad crumpled up
hopkok concoction
hopkurad huddled up
1 hopp hope; förhoppningar ofta hopes; förtröstan trust; *allt ~ är ute* there is no longer any hope; *ha* (*hysa*) *~* (*gott ~*) *om att* + inf. have (entertain) hopes (every hope) of ing-form; *sätta sitt ~ till...* set (centre) one's hopes on...
2 hopp 1 allm., data., sport. el. bildl. jump; lekfullt skutt skip; isht fågels hop; dykning på huvudet vanl. dive **2** hoppning: sport. jumping, gymn., över bock o.d. vaulting
hoppa I *itr* (ibl. *tr*) jump, leap, spring; isht om fågel hop; *~ och skutta* t.ex. om barn, lamm skip (gambol, frisk) about; *~ bock* o.d., se under resp. subst.
II med beton. part.
~ av a) eg. *~ av* [*bussen*] jump off [the bus] b) bildl. back out; polit. defect
~ i jump etc. (på huvudet dive) in
~ in som ersättare step in; blanda sig i interfere; sport. come in (on)
~ på a) *~ på* [*bussen*] jump on [to the bus] b) *~ på ngn* fly at a p.['s throat], jump on a p.
~ till give a jump, start
~ upp jump etc. up; från sin plats leap to one's feet; *~ upp i sadeln* leap (vault) into the saddle
~ över a) eg. jump over (across) b) bildl.: gå

förbi skip, leave out, omit; ofrivilligt miss out
hoppas hope; förlita sig trust; ibl. hope for, *jag ~ det* I hope so
hoppfull hopeful; confident
hoppig 1 om väg bumpy **2** om framställning disconnected, jerky
hoppjerka vard. job-hopper, amer. äv. floater
hopplös hopeless; desperate; *~ förtvivlan* äv. blank despair
hopplöshet hopelessness; despair
hopprep skipping-rope; amer. jump rope; *hoppa ~* skip; amer. jump rope
hoppsan whoops!
hopptorn diving tower
hopsjunken shrunk up, shrunken[-up]
hopslagen om bok closed; om bord o.d. folded up; jfr äv. *hopfälld* o. *slå [ihop]*
hopsparad saved up; *hans ~e slantar* äv. his savings
hopträngd ...crowded (packed) together
hopvikt folded up
hora I *s* whore **II** *itr* whore
hord allm. horde
horisont allm. horizon; *vidga sin ~* broaden one's mind, widen one's intellectual horizon
horisontal horizontal
horisontalläge horizontal [position]
hormon hormone
hormonpreparat hormone preparation
horn allm. horn; *ha ett ~ i sidan till ngn* have a grudge against ap.; *försedd med ~* horned; *ta tjuren vid ~en* bildl. take the bull by the horns, grasp the nettle
hornblåsare mus. horn player; mil. bugler
hornboskap horned cattle
hornbågad, *~e glasögon* horn-rimmed spectacles
horoskop horoscope; *ställa ngns ~* cast ap.'s horoscope
hos 1 rumsbet. el. friare: **a)** hemma ~ at, with; i personlig tjänsteställning hos el. ibl. äv. annars to; sekreterare *~ ngn* ...to ap.; *jag har varit ~ doktorn* I have been to the doctor (at the doctor's); *~ oss* i vårt land in this (our) country, with us; hemma hos oss at our place; *utgiven ~...* published by... **b)** bredvid by; tillsammans med, i sällskap med with; bland among; kom och sitt *~ mig i soffan* ...by me (by my side) on the sofa **2** bildl. **a)** i samband med uttr. som anger egenskap, känsla: i, inom in; in i into; över about; för att uttrycka fel with; *felet ligger ~ honom* the fault lies with him; *det finns något ~ henne...* there is something about (inom in) her... **b)** i en författares verk

o.d. in; uttrycket finns *~ Shakespeare* ...in Shakespeare
hospitalisering institutionalization
hosta I *s* cough; hostande coughing; *envis (våldsam) ~* hacking (racking) cough **II** *itr* eg. cough, have a cough; säga 'hm' hem; vard., yttra say
hostanfall o. **hostattack** fit (attack) of coughing
hostdämpande, *~ medicin* medicine that relieves coughs
hostmedicin cough mixture (syrup)
hosttablett cough lozenge (pastille)
hot allm. threat[s pl.]; ständigt hot: i högre stil menace; *tomt ~* empty (idle) threats
hota allm. threaten; i högre stil el. utan följ. inf. menace; sport. äv. challenge; *~ med* threaten with, threaten; *~ ngn med stryk* threaten to thrash ap.
hotande threatening; olycksbådande ominous; överhängande imminent; *en ~ fara* a menacing danger; *vädret ser ~ ut* the weather looks threatening
hotbild threatening picture
hotell hotel; *~ Svea* the Svea Hotel; *bo på (ta in på [ett]) ~* stay (put up) at a hotel
hotelldirektör hotel manager
hotellgäst hotel visitor (guest); på längre tid resident
hotellrum hotel room
hotellräkning hotel bill; *betala ~en* äv. check out
hotellstäderska chambermaid
hotelse threat; menace; *fara ut i ~r mot ngn* utter threats against ap., menace ap.
hotelsebrev threatening letter
hotfull threatening; olycksbådande ominous
1 hov på djur hoof (pl. äv. hooves)
2 hov hos kung etc. court; *vid ~et* at court
hovdam lady-in-waiting (pl. ladies-in-waiting)
hovleverantör, *[kunglig] ~* purveyor to His (resp. Her) Majesty the King (resp. Queen el. to the court)
hovmarskalk ung. marshal of the court; i Engl. Lord Chamberlain of the Household
hovmästare 1 på restaurang head waiter **2** i privathus butler; finare steward
hovmästarsås se *gravlaxsås*
hovrätt court of [civil and criminal] appeal
hovrättsråd judge of appeal
hovsam moderate; hänsynsfull considerate
hovslagare farrier
hovsorg court mourning
hovstall, *~et* the Royal Stables pl.; i Engl. the Royal Mews Department
hovstat, *~en* the royal household
hovsångare court singer [by special appointment to the King resp. Queen]

177

hovtång pincers
hu ugh!
huckle kerchief
hud allm. skin; på större djur el. tjock avflådd djur~ hide; *beredda (oberedda) ~ar* dressed (raw) hides; *ha tjock ~* bildl. be thick-skinned
hudflänga eg. el. bildl. scourge
hudfärg 1 eg. colour of the (one's) skin; hy complexion **2** färgnyans flesh colour
hudfärgad flesh-coloured
hudkräm skin cream
hudtransplantation skin-grafting; enstaka skin graft
hudvård skin care
hugad, *~e spekulanter* prospective (intending) buyers
hugg 1 med skärande vapen el. verktyg cut, med kniv o.d. stab, samtl. äv. ärr el. märke; slag blow, stroke; med tänder, äv. om fisk bite; *måtta ett ~ mot...* med kniv aim a knife (dagger) at...; slag aim a blow at... **2** häftig smärta stab of pain **3** bildl. blow; *vara på ~et* vard. be in great form, amer. äv. be on the ball; *han är på ~et igen* he's at it again
hugga I *tr* o. *itr* **1** med vapen el. verktyg cut; med kniv o.d. stab; klyva i små stycken chop; om bildhuggare carve; *~ timmer* hew timber **2** med tänderna o.d. grab, clutch; t.ex. om fisk bite **3** friare el. bildl.: gripa catch [hold of]; vard. nab, om smärta se *~ till* under *III*; *~ i sten* go wide of the mark; *det är hugget som stucket* it comes to the same thing [*om* whether]
II med beton. part.
~ av cut off, sever; i två bitar chop (cut)...in two; t.ex. gren lop off
~ för sig **a)** ta för sig help oneself [greedily] **b)** ta grovt betalt charge stiff prices
~ i hjälpa till lend a hand; ta i av alla krafter make a real effort; *~ i* sätta i gång [*med ngt*] get down to (vard. get cracking on) a th.
~ in på vard., t.ex. smörgåsen tuck into...
~ ned **a)** ett träd fell (cut down)... **b)** fienden cut...to pieces
~ till **a)** bita bite **b)** forma shape **c)** ta grovt betalt charge stiff prices **d)** *det högg till i tanden* there was a twinge... **e)** *~ till med* gissa på make a guess at
huggorm viper
huggsexa scramble
hugskott passing fancy; jfr äv. *nyck*
hugsvala comfort, solace
huj, *i ett ~* vard. in a flash (jiffy)
huk, *sitta på ~* squat, sit on one's heels
huka, *~ sig* crouch [down]

huld välvillig benignant; älskvärd gracious; trogen loyal; *min ~a maka* vard. my [ever-]loving wife
huligan hooligan
hull vanl. flesh; *tappa ~et* lose flesh (weight); *med ~ och hår* whole, entirely; *lägga på ~et* put on flesh (om pers. äv. weight), fill out
huller om buller, *allt ligger ~* ...all over the place, ...in a mess, ...higgledy-piggledy
hum, *ha en [liten] ~ om* have some idea (know a bit) about; *ett språk* have a smattering of
human människovänlig humane; hygglig kind, decent; *~t pris* reasonable price
humaniora arts subjects; isht klassiska språk o.d. the humanities
humanism humanism
humanitär humanitarian
humbug 1 bedrägeri humbug **2** pers. humbug
humla bumble-bee
humle hops pl.; planta hop
humma hum (hem) and haw
hummer lobster
hummertina lobster pot
humor humour; sinne för humor sense of humour; *ha ~* have a sense of humour
humorist humorist
humoristisk humorous
humör lynne temper; sinnesstämning humour, mood; *ha ett glatt ~* have a cheerful temperament; *hålla ~et uppe* keep up one's spirits; *på gott ~* in high (good) spirits; *inte vara på ~ att* + inf. not be in the mood to + inf.; not feel like + ing-form; *vara ur ~* be out of humour (spirits, vard. sorts)
hund dog; han~ male dog; *man skall inte döma ~en efter håren* you can't go by appearances, appearances are deceptive; *[få] slita ~* [have to] rough it, have a rough time of it; *här ligger en ~ begraven* there is something fishy about this, I smell a rat here
hundbajs dog mess
hundbiten ...who has (had etc.) been bitten by a dog; *bli ~* be bitten by a dog
hundgård kennels pl.
hundhalsband dog collar
hundhuvud dog's head; *få bära ~et för ngt* be made the scapegoat for a th.
hundkapplöpning dog (greyhound) racing (enstaka race); *gå på ~ar* go to the dogs (dog races)
hundkoja kennel; liten bil mini
hundkoppel leash; se vid. *koppel 1*
hundliv, *leva ett ~* lead a dog's life

hundmat dog food
hundra hundred; [*ett*] ~ a hundred; *fem* ~ five hundred; *år 1990* adv. in [the year] 1990 (nineteen ninety)
hundrade I *s* hundred **II** *räkn* hundredth; jfr ex. under *femte*
hundradel hundredth [part]
hundrafaldigt o. **hundrafalt** a hundredfold
hundrakronorssedel o. **hundralapp** one-hundred-krona note
hundrameterslopp hundred-metre race
hundraprocentig one-hundred-per-cent...; jfr *femprocentig*
hundras breed of dog (pl. breeds of dog[s]), dog breed
hundratal hundred; ~ *och tusental* hundreds and thousands
hundratals, ~ böcker hundreds of... (subst. i pl.)
hundratusen, [*ett*] ~ a (one) hundred thousand
hundratusentals, ~ böcker hundreds of thousands of... (subst. i pl.)
hundraårig (jfr *femårig*) **1** hundra år gammal hundred-year-old... **2** som varar (varat) i hundra år hundred-year[-long]..., hundred years'...
hundraårsjubileum o. **hundraårsminne** centenary, centennial
hundskatt dog tax; i Engl. motsv. dog licence; amer. dog license
hundskattemärke dog-tax plate; amer. dog tag
hunduppfödare dog breeder
hundutställning dog show
hundvalp pup
hundväder, [*ett*] ~ beastly (dirty) weather
hundår, *mina* ~ my years of hard struggle
hundöra dog's ear (pl. dogs' ears); *boken har hundöron* vanl. ...is dog['s]-eared
hunger allm. hunger; ~*n är den bästa kryddan* hunger is the best sauce
hungersnöd famine
hungerstrejk hunger-strike
hungra be hungry (starving); svälta starve, hunger; ~ *efter nyheter* hunger for news
hungrig allm. hungry; utsvulten starving; gåpåaraktig go-ahead
hunsa, ~ [*med*] bully, browbeat, hector; vard. äv. push...around
hur 1 allm. how; ibl. what; ~ *då?* how?; på vilket sätt in what way?; ~ *så?* varför why [, then]?, what do you mean?; ~ *menar du?* what (how) do you mean?; ~ *är han som lärare?* what is he like as a teacher?; ~ *är det med honom?* hans hälsa how is he? **2** i vissa förb. ~...[*än*] vanl. however; ~ *man än försöker* however [much] one tries, try as one may; ~ *som helst* se *helst 2*
hurdan, ~ *är han?* what is he like?, what sort (kind) of person is he?; *du vet* ~ *hon är* ...how she is
hurra I *interj* hurrah! **II** *s* cheer, hurray, hurrah; jfr *leve* **III** *itr* hurrah, hurray, cheer; ~ *för ngn* give a p. a cheer, cheer a p.; *ingenting* (*inte mycket*) *att* ~ *för* vard. nothing to write home about (to boast of)
hurrarop cheer
hurtbulle vard. hearty [type]
hurtig hurtfrisk hearty; rask brisk; munter cheerful; pigg lively; vaken alert; käck dashing
hurts på skrivbord pedestal
huruvida whether
hus 1 allm. el. isht mindre house; större byggnad building; familj house; ~*et Windsor* the house of Windsor; *gå* (resp. *spela*) *för fulla* ~ draw crowded houses (resp. play to capacity); *det var fullt* ~ *igår* there was a full house...; *hålla öppet* ~ keep open house; *var har du hållit* ~*?* wherever (where) have you been?; *han äter oss ur* ~*et* ...out of house and home **2** snigels shell **3** tekn., lager~, växel~ housing
husapotek [family] medicine chest (cabinet)
husarrest, *vara i* ~ be under house arrest
husbehov, *till* ~ a) eg. for household requirements b) någotsånär [just] passably (moderately)
husbåt houseboat
husdjur domestic animal
husera 1 ~ *i* hemsöka infest; om spöke o.d. haunt **2** vard., härja carry on; ~ *fritt* run riot
husesyn, *gå* ~ [*i huset*] make a tour of (go over) the house
husfrid domestic peace; *vad gör man inte för* ~*ens skull?* anything for the sake of peace and quiet (for a quiet life)!
husgeråd köksredskap household (kitchen) utensil (koll. utensils pl.)
husgud household god
hushåll household; större [domestic] establishment; hushållning housekeeping; *bilda eget* ~ set up house; *10 personers* ~ a household of 10 [persons]
hushålla 1 keep house **2** vara sparsam economize; be economical
hushållerska housekeeper
hushållning 1 eg. housekeeping **2** sparande economizing; sparsamhet economy
hushållsapparat domestic appliance

hushållsarbete housework, domestic (household) work
hushållsmaskin electrical domestic appliance
hushållspapper crepe (kitchen roll) paper
hushållspengar housekeeping money (allowance)
hushållsrulle kitchen roll
huskatt domestic cat
huskur household remedy
huslig domestic; intresserad av husligt arbete domesticated; överdrivet ~ house-proud
husläkare family doctor
husmanskost plain food
husmor housewife (pl. housewives); på internat o.d. matron
husockupant [house] squatter
husrum accommodation, lodging; *ha fritt ~* äv. live rent-free
husse vard. master
hustomte mytol. brownie
hustru wife; *ha ~ och barn* have a wife and children (and family)
hustrumisshandel wife-battering, wife-beating
hustyrann domestic tyrant
husundersökning search, domiciliary visit; razzia raid
husvagn caravan; amer. trailer
husvill homeless
husägare house-owner
hut I *interj, vet ~!* watch it!, none of your sauce (cheek)! **II** *s, lära ngn veta ~* teach a p. manners; *han har ingen ~ i sig (i kroppen)* he has no sense of shame [in him]
huta, *~ åt ngn* give a p. a good dressing-down (telling-off)
hutlös shameless; *~a priser* scandalous prices
hutt vard. snifter
huttra shiver
huv hood, cover; på penna cap; motorhuv på bil bonnet, amer. hood
huva hood
huvud allm. head; pers. brain; på brevpapper o.d. heading; *han har ett gott ~* he has got a good brain (got brains); *hålla ~et kallt* keep [vard. one's] cool, keep one's (a level) head; *få ngt i (ur) sitt ~* get a th. into (out of) one's head
huvudbry, *vålla ngn ~* cause a p. a lot of trouble, give a p. a headache (a lot of problems)
huvudbyggnad main building
huvuddel main (greater) part; *~en av* äv. the bulk of
huvuddrag fundamental (essential) feature

huvudentré main entrance
huvudgata main (principal) street
huvudgärd 1 på säng bed's head **2** kudde pillow
huvudingång main entrance
huvudjägare head-hunter äv. chefsrekryterare
huvudkontor head office
huvudkudde pillow
huvudled trafik. major road
huvudlös enfaldig, oförståndig brainless, foolish; dumdristig foolhardy, desperate
huvudman 1 för ätt head **2** jur. el. hand. principal; i sparbank trustee; myndighet responsible authority (organisation organization)
huvudmåltid principal meal
huvudnyckel master key
huvudnäring 1 ekon. principal (chief, primary) industry **2** föda primary (principal) nutriment
huvudort stad chief (main) town; huvudstad capital
huvudpart major (chief) part, bulk
huvudperson i drama principal (chief, leading) character
huvudpunkt main (chief, principal) point
huvudregel principal (chief) rule
huvudroll principal (leading) part; *med...i ~en (~erna)* starring...
huvudrollsinnehavare leading actor (kvinnl. actress), principal actor (kvinnl. actress)
huvudräkning mental arithmetic (calculation)
huvudrätt main course; viktigaste rätt principal dish
huvudsak main (principal) thing; *i ~* in the main, in substance, on the whole
huvudsaklig principal, main, chief; egentlig primary; väsentlig essential
huvudsakligen principally etc., jfr *huvudsaklig*; mostly, in the main
huvudstad capital; stor metropolis
huvudströmbrytare main power (master) switch
huvudstupa med huvudet före head first (foremost); headlong äv. bildl.; brådstörtat precipitately; *falla ~* fall head over heels
huvudstyrka mil. o.d. main body
huvudsyfte principal (main) aim (purpose)
huvudsysselsättning main (chief) occupation
huvuduppgift åläggande main task (funktion function)
huvudvikt, *lägga ~en på (vid) ngt* lay particular (the main) stress on a th.
huvudvittne principal witness
huvudväg main road
huvudvärk headache äv. huvudbry; *det är*

inte min ~ that's not my headache (my pigeon)
huvudvärkstablett headache tablet
huvudämne chief (principal, univ. äv. major) subject
huvudända på bord head [end]
hux flux vard. all of a sudden
hy allm. complexion; hud skin
hyckla I *tr* sham, simulate; *~d fromhet* sham piety **II** *itr* be hypocritical; play the hypocrite
hycklande hypocritical
hycklare hypocrite
hyckleri hypocrisy
hydda hut; stuga cabin, cottage
hydraulisk hydraulic; *~ broms* hydraulic brake
hyena hyena äv. bildl.
hyfs skick [good] manners
hyfsa 1 snygga upp ~ [*till*] trim (tidy) up, make...tidy (trim, presentable); manuskript o.d. touch up **2** ekvation simplify
hyfsad pers. well-behaved; *till ~e priser* at reasonable prices
hygge avverkat område clearing
hygglig 1 välvillig decent; snäll kind **2** skaplig decent; rimlig fair
hygien hygiene äv. bildl.; hygienics; *personlig ~* äv. personal care
hygienisk hygienic
1 hylla 1 eg., allm. shelf (pl. shelves); möbel med flera hyllor set of shelves; jfr *bokhylla*; bagage~ o.d. rack; *lägga ngt på ~n* äv. bildl. put a th. on the shelf **2** vard. el. teat. *~n* the gods
2 hylla *tr* **1** gratulera congratulate; hedra pay tribute (homage) to; m. offentligt bifall give...an ovation; m. hurrarop cheer; m. applåder applaud; m. fest fête; ny kung o.d. swear allegiance to **2** omfatta, princip embrace; stödja support
hyllmeter running metre
hyllning congratulations, tribute, ovation, applause; *bli föremål för ~ar* receive an ovation, be fêted
hyllpapper shelf paper
hylsa allm. case, casing; huv cap; bot. shell
hylsnyckel box spanner
hymla vard., hyckla pretend; *~ smussla med ngt* try to shuffle a th. away
hymn hymn; friare anthem
hynda bitch
hyperkänslig hypersensitive
hypermodern ultra-modern; tidsenlig extremely up-to-date; på modet very fashionable
hypernervös extremely nervous
hypnos hypnos|is (pl. -es)

hypnotisera hypnotize
hypnotisör hypnotist
hypokondriker psykol. hypochondriac
hypotek bank., inteckning mortgage; säkerhet security
hypotetisk hypothetic[al]
hyra I *s* **1** för bostad o.d. rent; belopp rental; för tillfällig lokal, bil hire; *betala 5000 kr i ~* pay a rent of...; *vad betalar du i ~ för* a) våningen o.d. how much (what) rent do you pay for... b) pianot o.d. what do you pay for the hire of... **2** sjö.: a) lön wages, pay b) tjänst berth; *ta ~ ship*, sign articles [*på* on board] **II** *tr* o. *itr* **1** förhyra rent; *att ~* annonsrubrik o.d. a) rum o.d. to let b) lösöre, båt o.d. for (on) hire; amer. i båda fallen äv. for rent; *~ ut* a) hus o.d. let; för lång tid lease b) lösöre, båt o.d. hire out, let out...on hire; *~ ut rum åt ngn* let a room (resp. rooms pl.) to a p. **2** sjö., anställa hire
hyrbil rental (hire) car
hyresannons 'to-let' advertisement
hyresbidrag housing (rent) allowance
hyresfastighet se *hyreshus*
hyresgäst i våning o.d. tenant; inneboende lodger; amer. roomer
hyresgästförening tenants' (residents') association
hyreshus block of flats; amer. apartment house
hyreshöjning rent increase
hyreskostnad förhyrningskostnad rental charge
hyreslägenhet rented flat (apartment)
hyresmarknad housing market
hyresreglering rent control
hyresvärd landlord
hysa 1 eg. house; ge skydd åt shelter; rymling o.d. harbour; *~ in ngn hos ngn* find lodgings (a lodging, quarters) for a p. with a p. **2** bildl. entertain; t.ex. förhoppningar cherish; t.ex. respekt feel; *~ förkärlek för...* have a special liking for...
hysch-hysch hush-hush
hyska sömnad. eye; *~ och hake* hook and eye
hyss, ha [*en massa*] *~ för sig* be up to [a lot of] mischief
hyssja, ropa hyssj *~* [*åt*] cry hush [to]
hysteri hysteria; anfall hysterics
hysteriker hysteric, hysterical person
hysterisk hysteric[al]
hytt sjö. cabin; elegantare stateroom
hyttplats berth
hyvel 1 snick. plane **2** se *osthyvel* o. *rakhyvel*
hyvelbänk planing (carpenter's) bench
hyvla plane; t.ex. ost slice; väg scrape; *~ av* jämna plane...smooth, smooth; ta bort plane (smooth)...off; kanter äv. shoot

håg 1 sinne mind; hjärta heart; *dyster (glad) i ~en* in low spirits (in a happy mood); *slå* ngt *ur ~en* dismiss...from one's mind (thoughts), give up all idea of... **2** lust inclination; önskan desire; *ha ~ och fallenhet för...* have an inclination and an aptitude for...

hågad inclined; *vara ~ att* äv. be minded to

håglös listless; oföretagsam unenterprising; loj indolent

hål hole i olika bet.; luft~ vent; gap gap; tandläk. cavity; springa, på t.ex. sparbössa slot; kantat eyelet; grop pit

håla I *s* **1** grotta cave; större djurs el. bildl. den; anat. cavity **2** småstad hole **II** *tr* hålslå punch

hålfotsinlägg arch support

hålighet konkr. cavity äv. anat.; hollow

håll 1 riktning direction; sida quarter; *från alla ~* [*och kanter*] from all directions (quarters, sides), from every direction (quarter), from everywhere; *på sina ~* in some places, here and there **2** avstånd distance, jfr ex. under *avstånd*; *inte på långa ~ så* bra not nearly so... **3** skott~ range **4** med. stitch; *få ~* get a stitch

hålla I *tr* o. *itr* **1** i fysisk bem. el. i viss ställning hold **2** [bi]behålla keep; *~ sitt löfte* keep one's promise; *~ en plats* [*åt* ngn] keep (save) a seat [for...]
II *tr* (jfr äv. *I*) **1** försvara hold **2** ha, kosta på [sig] keep **3** avhålla hold; framföra: t.ex. föredrag give, deliver **4** om mått o.d.: rymma hold; innehålla contain; mäta measure **5** vid vadhållning bet; *jag håller en* hundring *på att han vinner* I bet you a... [that] he will win **6** anse consider; *jag håller* [*det*] *för troligt att* I think (consider) it likely...; *~* ngt *kärt (heligt)* hold...dear (holy)
III *itr* (jfr äv. *I*) **1** vara stark nog: bibehållas, vara slitstark, äv. bildl. last, om t.ex. rep hold; inte spricka sönder not break; om is bear; glaset *håller (höll)* ...won't (didn't) break; *~ för* påfrestningen bear..., stand... **2** färdas i viss riktning: fortsätta keep, ta av turn, sjö. stand; sikta aim **3** *~ på* a) spara på hold on to; *~ på slantarna* be careful with one's money; *~ på* ngt *för (åt)* ngn reserve (keep) a th. for a p. b) hävda: t.ex. sin mening stick (adhere) to, t.ex. rättigheter stand on c) vara noga med make a point of d) satsa *~ på* en häst bet (put one's money) on..., back...
IV *rfl*, *~ sig* **1** med handen el. händerna *~ sig i* handtaget hold on to... **2** i viss ställning hold oneself; förbli, vara keep [oneself]; förhålla sig keep; förbli remain; *~ sig frisk* [*och kry*] keep fit (in good health); *~ sig*

hemma keep (stay) at home; *~ sig vaken* keep awake **3** behärska sig restrain (contain) oneself **4** stå sig: om t.ex. matvaror keep; om väderlek last; försvara sig hold out **5** kosta på sig *~ sig med bil* keep a car **6** *~ sig till* ngt: inte lämna keep (stick) to; rätta sig efter follow; åberopa go by
V med beton. part.
~ av tycka om be fond of; stark. love; jfr *avhållen*
~ sig borta keep (stay) away
~ efter: ~ efter ngn övervaka keep a close check on (a tight hand over) a p.
~ fast ngn, ngt hold [...fast]; fästa (om sak) äv. hold...on, hold (keep)...in place; *~* [*stadigt*] *fast i* keep [firm] hold of
~ fram hold out
~ sig framme se ex. under *framme* 4
~ i: ~ i sig [*i* handtaget] hold on [to...]
~ ifrån: ~...ifrån sig keep...off (away; på avstånd at a distance); *~ sig ifrån* ngn keep away from..., avoid...
~ igen a) stängd keep...shut (closed, t.ex. kappa together) b) *~* emot, inte släppa efter hold tight; bildl. act as a check c) bromsa hold back d) spara cut down on expenses
~ ihop a) tr.: samman (eg. o. bildl.) keep...together; stängd, se *~ igen a*) b) itr.: samman (eg. o. bildl.) keep together; vara lojal, vard. äv. stick together; inte gå sönder hold together; sällskapa be together; *~ ihop* sällskapa *med...* äv. go out with...
~ in a) dra in pull in b) häst pull up
~ inne a) *~ sig inne* keep indoors b) t.ex. lön withhold
~ isär keep...apart; skilja på tell...apart
~ kvar få att stanna kvar keep; fördröja äv. detain; fasthålla hold; *~ sig kvar* [manage to] remain (stay)
~ med ngn instämma agree with a p.; vard. go along with a p.; stå på ngns sida side (take sides) with a p.
~ om ngn hold (ta put) one's arms round a p.; *~ om* ngn *hårt* hold...tight
~ på a) vara i färd med *vad håller du på med?* what are you doing [just now]?; irriterat what do you think you're doing? b) fortsätta go (keep) on; vara last; vara i gång be going on c) vara nära att *~ på att* inf. be on the point of ing-form
~ samman se *~ ihop*
~ till vara be, vard. hang out; påträffas be met with; bo live; vara be
~ tillbaka hejda keep...back; återhålla restrain
~ undan a) väja keep out of the way b) behålla försprånget keep the lead c) *~ god fart* keep a good speed d) *~...borta* keep

(med händerna hold)...out of the way (...aside); ~ *sig undan* gömd keep in hiding [*för* from]; friare lie low; smita make oneself scarce ~ **upp a)** upplyft hold up; ~ *upp dörren för ngn* vanl. open the door to ap. **b)** göra uppehåll pause; sluta regna stop raining; ~ *upp* upphöra *med* stop, cease ~ **uppe:** ~ *sig uppe* inte sängliggande keep on one's legs, stay up; livnära sig support oneself ~ **ut a)** räcka ut hold out **b)** dra ut på, t.ex. en ton sustain **c)** uthärda hold out; inte ge tappt hold on, vard. stick it [out], tough it [out]
hållas, *låta ngn* ~ let ap. have his (resp. her) way; lämna ifred leave ap. alone
hållbar 1 slitstark durable, lasting; om tyg, ...that wears well (will wear); om färg fast; om födoämne non-perishable, ...that keeps well (will keep) **2** som kan försvaras tenable
hållbarhet 1 materials o. färgs durability; födoämnes keeping qualities **2** tenability
hållen fostrad *vara strängt* ~ be strictly brought up
hållfast strong, solid
hållhake, *ha en* ~ *på ngn* have a hold on ap.
hålligång vard. *det var [ett]* ~ hela natten på festen we had a ball (a rave-up)...
hållning kropps~ carriage, deportment; uppträdande bearing, conduct; inställning attitude; stadga backbone
hållningslös bildl. spineless
hållplats buss~ osv. stop; järnv. halt; taxi~ [cab]stand
hållpunkt basis (pl. bases), grounds; *några ~er i föreläsningen* some fixed points...
hålltid, *~er* set (fixed) times
hålslev perforated ladle
hålsöm hemstitching; *en* ~ a hemstitch
håltimme skol. gap [between lessons], free period
hålögd hollow-eyed
hån scorn; förlöjligande derision, mockery; hånfulla ord taunts, sneers; *ett* ~ *mot* an insult to
håna make fun of
hånfull scornful
hångla neck, pet
hånle smile scornfully, sneer
hånleende scornful smile
hånskratta laugh scornfully, jeer
hår hair; *du ger mig gråa* ~ you're enough to turn my hair grey; [*låta*] *klippa ~et* have one's hair cut; *på ~et* exakt to a hair
håravfall loss of hair; med. alopecia
hårband hair ribbon, headband; pannband fillet

hårborste hairbrush
hårborttagningsmedel hair remover
hårbotten scalp
hård allm. hard äv. bildl.; stadig tight; ljudlig loud; skarp harsh; foto., onyanserad contrasty; ~ *men rättvis* strict but fair; *hårt ljud* (*ljus*) harsh sound (light); *göra* ~ make (render)...hard, harden; *vara* ~ *mot* ngn be hard on..., treat...harshly
hårdband bokb. hardback, hardcover
hårddisk data. hard disk
hårdflörtad svårövertalad stand-offish; om t.ex. publik ...hard to please
hårdfrusen ...frozen hard
hårdför tough
hårdhandskar, *ta i med ~na* [*med*] take strong measures [against], take a strong line [against]; *ta i med ~na med ngn* get tough with ap.
hårdhet hardness
hårdhjärtad hard-hearted
hårdhudad thick-skinned
hårdhänt I *adj* omild rough; sträng heavy-handed, hard-handed **II** *adv*, *handskas* ~ *med*... handle...roughly, be rough with...
hårding vard. tough guy (customer, nut)
hårdkokt om ägg el. bildl. hard-boiled
hårdna harden; om konkurrens get tougher
hårdnackad stubborn; *göra hårdnackat motstånd* offer stubborn (dogged) resistance
hårdost hard cheese
hårdplast rigid (thermosetting) plastic
hårdporr hard-core porno (pornography)
hårdraga bildl. strain; *hårdragen* äv. far-fetched, forced
hårdrock mus. vard. hard rock
hårdträning hard training
hårdvaluta hard currency
hårfin minimal subtle
hårfrisör hairdresser
hårfrisörska hairdresser
hårfärg hair colour; *hans* ~ the colour of his hair
hårfärgningsmedel hair dye
hårgelé hair gel
hårklyveri, ~[*er*] hairsplitting sg.
hårklämma hair clip (grip); amer. äv. bobby pin
hårknut topknot, bun
hårnål hairpin
hårnät hairnet
hårpiska queue
hårresande hair-raising; *det är* ~ äv. it makes your hair stand on end
hårschampo [hair] shampoo

hårsmån hairbreadth; [*inte*] *en ~ bättre* [not] a shade (bit) better
hårspole curler
hårspray o. **hårsprej** hair spray
hårspänne hairslide
hårstrå hair
hårt intensivt, kraftigt hard; strängt severely; barskt harshly; stadigt tight; fast, tätt firmly; ljudligt loud; mycket [very] much resp. very; *~ beskattad* heavily taxed; *vara ~ packad* be tightly packed; *dra åt ~ (hårdare)* tighten very much (more)
hårtork hair drier
hårvatten hair lotion
hårväxt, *ha klen (dålig) ~* ...a poor growth of hair; *generande (missprydande) ~* superfluous hair[s pl.]
håv bag net; kyrk~ collection bag; *gå med ~en* bildl. fish for compliments
håva, *~ in* bildl. rake in
1 häck 1 planterad hedge; *bilda ~* bildl. form a lane **2** vid häcklöpning hurdle; *110 m ~* 110 metres hurdles
2 häck 1 foder~ rack **2** frukt~ crate **3** *ha ~en full* vard. be up to one's ears in work
3 häck 1 sjö. stern **2** vulg., rumpa behind; *ta dig i ~en* up your arse (amer. ass)!, up yours!
häcka breed
häcklöpning hurdle race, hurdles; häcklöpande hurdle racing
häckplats breeding place
häda (äv. *~ Gud*) blaspheme
hädan, *gå (skiljas) ~* depart this life
hädanefter in future
hädanfärd departure [from this life]
hädelse blasphemy; svordom curse
hädisk blasphemous, profane; vanvördig irreverent
häfta *tr* **1** bokb. stitch, sew; *~d* obunden paper-bound, unbound **2** *~ fast...(fast...vid)* fasten...on (...[on] to)
häftapparat stapling-machine
häfte liten bok booklet; frimärks~ book; skriv~ exercise book; av bok part; av tidskrift number
häftig 1 isht om sak: våldsam violent, hetsig hot, intensiv intense; ivrig eager, keen; hastig sudden; *~ feber* high fever **2** isht om pers.: hetlevrad hot-headed; lättretad quick-tempered; upphetsad excited **3** vard., bra great, smashing, groovy
häftigt violently osv., jfr *häftig*; hastigt quickly; t.ex. dricka fast; plötsligt suddenly; *andas ~* breathe quickly; *regna ~* rain heavily (fast)
häftplåster förband sticking-plaster, adhesive plaster

häftstift drawing-pin; amer. thumbtack
hägg bot. bird cherry
hägn beskydd protection; *i (under) lagens ~* under the protection of the law
hägra bildl. en bil *~r [för mig]* ...is my dream, I dream of getting...; *ett mål som ~r [för mig]* a goal which I dream of attaining
hägring mirage
häkta *tr* **1** fästa hook; *~ av* unhook [*från* off (from)] **2** jur. detain; *den ~de* the detainee, the person in custody, the detained person
häkte jur. custody; konkr. gaol, jail, prison
häktningsorder jur. warrant of arrest
häl anat. el. strump~ heel; *följa ngn [tätt] i ~arna* be [close] on a p.'s heels
hälare jur. receiver [of stolen goods], fence
häleri jur. receiving [stolen goods]
hälft half (pl. halves); *~en av boken* [one] half of the book, half the book; *jag förstod inte ~en av vad han sade* ...[one] half of what he said; *ta ~en var* take half each; *betala ~en var* pay half each, go halves
häll 1 berg~ flat rock **2** platta slab; av sten stone slab; på kokspis hob; i öppen spis hearth
1 hälla byx~ strap; skärp~ loop
2 hälla pour; *~ ur* tömma empty out; *~ ut ~ bort* pour (throw) away; spilla spill
hälleflundra zool. halibut
hällregna, *det ~r* it is pouring with rain
1 hälsa health; *bra för ~n* good for the health (for you)
2 hälsa 1 välkomna greet; högtidl. salute; *~ ngn välkommen* bid a p. welcome, welcome a p. **2** säga goddag o.d. vid personligt möte *~ [på ngn]* say how do you do (förtroligare say hallo) [to a p.]; ta i hand shake hands [with a p.]; buga bow (nicka nod) [to a p.]; lyfta på hatten el. mil. salute [a p.]; *~ tillbaka* return a p.'s greeting **3** skicka hälsning *~ [till ngn]* send [a p.] one's compliments (formellare respects, förtroligare regards, love) **4** *~ på [ngn]* besöka call round [on a p.], drop in (amer. stop by) [to see a p.]
hälsning allm. greeting; bugning bow; nick nod; isht mil. salute; *~[ar]* som man sänder, äv. compliments pl., respects pl.; förtroligare regards pl.; till närmare bekant love sg.; bud message[s pl.]; *hjärtliga ~ar från... (till...)* i brevslut love from... (kind[est] regards to...); *Med vänlig ~, Jan* i brevslut Yours [very] sincerely, Jan
hälsobrunn spa
hälsofarlig ...injurious (dangerous) to [the] health; *det är ~t* äv. it's a health hazard

hälsokontroll health control (screening); individuell health check-up
hälsokost health foods
hälsokostbutik health food store
hälsosam sund healthy äv. bildl.; nyttig, t.ex. om föda wholesome; *vara ~ för* vanl. be good for
hälsoskäl, *av ~* for reasons of health
hälsotillstånd, *hans ~* [the state of] his health
hälsovård hygiene; organisation health service
hälsovårdsnämnd public health committee (board)
hämma hejda check; hindra hamper, curb; fördröja retard; inhibit äv. psykol.; *~ blodflödet* stop (arrest, staunch) the bleeding
hämmad inhibited isht psykol.; jfr vid. *hämma*
hämnas I *vb tr* avenge; isht vedergälla revenge **II** *vb itr* avenge (revenge) oneself; *~ på ngn* äv. be revenged (avenged) on a p., take revenge on a p., get one's own back on (isht amer. get back at) a p.
hämnd revenge; högtidl. vengeance; *~en är ljuv* revenge is sweet
hämndbegär desire for revenge, vindictiveness; *av ~* out of revenge
hämndlysten vindictive
hämning inhibition äv. psykol.
hämningslös uninhibited; ohämmad unrestrained
hämsko bildl. drag, hindrance
hämta I *tr* eg.: allm. fetch; avhämta vanl. collect; bildl.: t.ex. upplysningar get, t.ex. näring draw; *~ ngt åt ngn (sig)* äv. get (bring) a p. (oneself) a th.; *~ ngn med bil* pick a p. up (fetch a p.) by car **II** *rfl*, *~ sig* t.ex. efter sjukdom recover äv. om marknadsläge o.d. [*efter (från)* from]
hämtpris cash-and-carry price
hända I *itr* happen; äga rum take place; *~ drabba ngn* happen to a p.; *det kan* [*nog*] *~* that may be [so] **II** *rfl*, *~ sig* happen, chance, come about
händelse 1 tilldragelse: allm. occurrence; viktigare event; obetydligare incident; episod episode **2** tillfällighet coincidence; *av en* [*ren*] *~* by [mere] accident, by [mere] chance **3** fall case; *i ~ av eldsvåda* in the event of fire, in case of fire; *i alla ~r* at all events, in any case
händelseförlopp course of events; handling story
händelselös uneventful
händelserik eventful; ...full of action

händelsevis by chance; *jag var ~ där* I happened to be there
händig handy; flink deft
hänförande fascinating
hänförelse rapture; *tala med ~ om* talk rapturously about, gush about
hänga I *tr* hang äv. avrätta; *~ ngt på en krok* hang (friare put) a th. on...; *~ ngt till tork* hang...up (utomhus out) to dry **II** *itr* **1** hang; *~ i taket* hang (be suspended) from...; *stå och ~* hang about, lounge [about] **2** *det hänger på* beror på it depends on **III** *rfl*, [*gå och*] *~ sig* hang oneself
IV med beton. part.
~ av: *~ av sig* [*ytterkläderna*] hang up one's things
~ efter ngn be running after a p.
~ fast vid bildl. cling (stick) to
~ fram kläder hang out
~ framme be hanging out; slarvigt be hanging about
~ för ett skynke hang...in front
~ ihop **a)** sitta ihop stick together; äga sammanhang hang together, be coherent; se vid. *hålla* [*ihop*] **b)** förhålla sig *så hänger det ihop* that is how it is (how matters stand) **c)** *~ ihop med* bero på be a consequence (result) of; höra ihop med be bound up (connected) with
~ med: *~ med* [*i svängen*] keep up with things; vard. be with it; *inte kunna ~ med* t.ex. i utvecklingen lose one's grasp (the hang) of things, get out of touch with things, not be able to keep up
~ på ngn (sig) ett halsband hang...round a p.'s neck (put on...); *~ sig på ngn* force oneself (one's company) [up]on a p.
~ samman se *~ ihop*
~ undan put...away; [*låta*] *~ undan* ngt, t.ex. i affär put by, lay aside
~ upp hang [up]; *~ upp sig* catch, get caught, hitch [*på* i samtl. fall on]
~ ut ngt hang (friare put) out...; t.ex. om skrynklig klänning den *hänger ut sig* the creases will go (disappear) if the...is left to hang
hängare i kläder samt galge hanger; se vid. *klädhängare*
hängbröst sagging (pendulous) breasts
hänge, *~ sig* let oneself go
hängfärdig, *vara ~* be [down] in the dumps
hängig om pers. ...out of sorts, limp
hängiven devoted
hängivenhet devotion, attachment; tillgivenhet affection
hänglås padlock; *sätta ~ för* put a padlock on, padlock

hängmatta hammock
hängning hanging äv. avrättning
hängslen braces; amer. suspenders
hängsmycke pendant
hänryckning rapture; extas ecstasy; *falla i ~ över* go into raptures (resp. ecstasies) over
hänseende respect; *i alla ~n* in all respects, in every respect (way)
hänsyftning allusion, hint; *med ~ på* in allusion (with reference) to
hänsyn consideration äv. hänsynsfullhet; regard; aktning deference; skäl reason; *utan att ta ~ till...* bry sig om äv. disregarding..., quite regardless of...; *av politiska ~* for political reasons; *med ~ till* beträffande with (in) regard to, as regards; i betraktande av in view (consideration) of, considering
hänsynsfull considerate; thoughtful
hänsynslös ruthless; ansvarslös reckless; taktlös inconsiderate; thoughtless
hänvisa refer; *han ~de till* sin bristande erfarenhet (som ursäkt) he pleaded...as an excuse; *~nde till...* with reference to..., referring to...
hänvisning reference; i ordbok o.d. cross-reference; *med ~ till...* hänvisande till with reference to..., referring to...; åberopande som ursäkt pleading...as an excuse
häpen amazed; svag. astonished; obehagligt förvånad startled; *bli ~* be amazed osv.; överraskad äv. be taken by surprise; förbluffad be taken aback
häpenhet amazement; *i ~en* glömde han in his amazement...
häpna be amazed osv., jfr [*bli*] *häpen*
häpnad amazement; *slå med ~* strike with amazement, amaze, astound
häpnadsväckande amazing, astounding; oerhörd stupendous
1 här army
2 här here; där there; *den* (*så*) *~* se under *den B II* o. *2 så*; *hos en firma ~ i staden* ofta ...a local firm; *~ går vägen till...* this is the way to...; *det var ~* [*som*]... this is [the place] where...
härborta over here
härbärge husrum shelter; ungkarlshem hostel
härd allm. hearth; fys., reaktor~ core; bildl. centre; isht med. äv. foc|us (pl. -uses el. -i); isht för något dåligt hotbed
härda I *tr* allm. harden; tekn. äv.: t.ex. metall temper, plast cure; *~ ngn* vanl. make a p. hardy; *~d* motståndskraftig hardy; okänslig hardened; *~t stål* hardened (tempered) steel **II** *itr,* *~ ut* endure **III** *rfl,* *~ sig* harden oneself [*mot* to]; *~ sig mot* äv. inure oneself to
härdsmälta fys., i kärnreaktor meltdown
härefter om tid: framdeles, se *hädanefter*; efter detta after this (that); från denna tid from now; senare subsequently; efteråt afterwards; härpå then
härframme over here; häruppe up here; härnere down here
härhemma at home; hos mig (oss) in this house; här i landet in this country; *~ i Sverige* here in...
häri in this; i detta avseende in this respect; *~ ligger* hemligheten in this lies...
häribland among them (these); inklusive including
härifrån (jfr äv. *därifrån*) lokalt from here; *långt ~* far from here, far off; *~ och dit* from here to there; *han kom ~* äv.: från det här hållet he came this way; från den utpekade platsen this is where he came from
härigenom på så sätt in this way, thus; genom detta (dessa) medel by this (these) means; på grund härav owing to this, by reason of this; tack vare detta thanks to this
härja I *tr* ravage; ödelägga devastate; *~d av* sjukdom wasted by... **II** *itr* **1** ravage; väsnas play about, run riot, grassera be prevalent **2** grassera be rife (prevalent), rage **3** vard., väsnas o.d. play about; rasa carry on; leva rövare run riot äv. svira
härjning, *~ar* ravages
härkomst börd extraction, parentage; härstamning descent, lineage; ursprung origin
härlig glorious äv. iron.; underbar wonderful, vard. gorgeous; förtjusande lovely; skön delightful; läcker delicious; storartad magnificent; *~t!* bra fine!; vard., smaskens goody, goody!
härlighet 1 glans el. bibl. glory; prakt splendour **2** *hela ~en* vard., alltihop the whole lot
härma imitate; vard. take off; förlöjligande el. naturv. mimic
härmas imitate; förlöjligande el. naturv. mimic
härmed med dessa ord with these words; *~ bifogas* enclosed please find
härnere down here (där there)
härnäst nu närmast next [of all]; nästa gång next time; sedan after this
härom I *adv* angående detta about this; staden ligger *norr ~* ...[to the] north from here **II** *prep,* affären ligger *alldeles ~ hörnet* ...just round the corner
häromdagen the other day

häromkring [all] round here (där there)
häromnatten the other night
häromsistens recently
häromåret a year or two (so) ago
härröra, ~ *från* ha sitt ursprung i originate (arise, spring, proceed) from; härstamma från derive from; datera sig från date from
härs, ~ *och tvärs* in all directions, this way and that way
härska rule isht med personsubj.; regera reign; vara allenarådande reign supreme; råda prevail; ~ *över* äv. dominate [over], hold rule over, master; *tystnad ~de i...* silence reigned in...
härskande eg. ruling; gängse prevalent, prevailing; förhärskande predominant
härskare ruler; regent sovereign; herre master
härsken rancid; om pers. moody; vard. uptight; sur sulky
härskna go (become, turn) rancid, go off; ~ *till* om pers. become moody (vard. uptight, sur sulky)
härstamma, ~ *från* vara ättling till be descended from, come of; komma från originate (come) from, derive one's origin from; datera sig från date from (back to); härleda sig från be derived from
härtappad i Sverige ...bottled in Sweden
häruppe up here (där there)
härute out here (där there)
härutöver in addition to this (that, it)
härva skein; virrvarr tangle äv. bildl.; *en trasslig ~* a tangled skein; bildl. a real tangle (mix-up), a confused (complicated) state of things; isht polit. an imbroglio; t.ex. narkotika~ ring
härvidlag i detta avseende in this respect; i detta fall in this case; i detta sammanhang in this [matter]; här here
häråt åt det här hållet this way; i den här riktningen in this direction
häst 1 horse; vard. el. barnspr. gee-gee; *man skall inte skåda given ~ i munnen* you (one) must not look a gift-horse in the mouth; poliser *till ~* mounted... **2** gymn. [vaulting-]horse; *hopp över ~* horse vault **3** schack. knight **4** *~ar* vard., se ex. under *hästkraft*
hästintresserad ...interested in horses
hästkapplöpning se *kapplöpning*
hästkraft horsepower (pl. lika) (förk. h.p.); *en motor på 50 ~er* a fifty horsepower engine
hästkrake jade
hästkur drastic remedy (cure)
hästkött kok. horseflesh

hästlängd sport. vinna *med en ~* ...by a length
hästminne phenomenal memory
hästrygg, *på ~en* on horseback
hästsko horseshoe
hästskojare horse-dealer
hästsport equestrian sports; *~en* hästkapplöpningarna horse-racing, the turf
hästsvans horse's tail; frisyr pony-tail
hästtagel horsehair
hästuppfödare horse breeder
hästväg, *något i ~* something quite extraordinary
hätsk hatisk spiteful; friare: t.ex. om utfall savage, t.ex. om fiende implacable, t.ex. om fiendskap bitter, fierce
häva I *tr* **1** lyfta heave **2** bildl.: upphäva, t.ex. blockad raise; annullera annul; bota cure
II *rfl*, ~ *sig* **1** lyfta sig raise (lift) oneself [up]; pull oneself up **2** höja och sänka sig heave
III med beton. part.
~ *i sig* put away
~ *upp ett skri* give a scream (yell); ~ *upp sin röst* open one's mouth, [begin to] speak
~ *ur sig* come out with
hävd tradition custom; jur., långvarigt innehav prescription; *gammal ~* sedvana old (time-honoured) custom; *vinna ~* om t.ex. bruk become sanctioned by long usage; om t.ex. ord be adopted into the language
hävda I *tr* förfäkta assert; upprätthålla uphold; ~ *att...* påstå assert (maintain) that...; göra gällande claim (argue) that... **II** *rfl*, ~ *sig* försvara sin ställning hold one's own [*gentemot ngt* with...]; göra sig gällande assert oneself
hävert siphon
hävstång lever äv. bildl.
häxa witch äv. käring
häxjakt witch-hunt äv. bildl.
häxkittel bildl. maelstrom
häxprocess witch trial äv. bildl.
hö hay; *bärga ~* slå o. torka make (köra in gather in) hay
höbärgning slåtter hay-making
höfeber med. hay-fever
1 höft, *på en ~* på måfå at random; planlöst in a slapdash (haphazard) way; på ett ungefär roughly, approximately
2 höft anat. hip
höfthållare girdle
1 hög 1 samling heap; staplad pile; *en ~ [med (av)] böcker* m.m. a heap osv. of...; [*stora*] *~ar* massor *med* heaps [and heaps] of, lots [and lots] of; *hela ~en* allesammans the whole lot **2** kulle mound

2 hög 1 allm. high; högt liggande elevated; lång tall; av imponerande höjd lofty; stor: t.ex. om belopp large, t.ex. om straff heavy, t.ex. om anspråk great; högt uppsatt el. rang eminent, exalted; högdragen haughty; *~a betyg* high marks (amer. grades); *~ gäst* distinguished guest; *~a stövlar* high[-legged] boots; *vid ~ ålder* at an advanced (a great) age **2** om ljud: högljudd loud; högt på tonskalan high; gäll high-pitched; *med ~ röst* in a loud voice **3** sl., narkotikapåverkad high
högakta respect; hold...in high esteem
högaktningsfullt respectfully; *Högaktningsfullt* i brev Yours faithfully ([very] truly), amer. äv. Very truly yours,
högaktuell ...of great immediate interest; jfr vid. *aktuell*
högavlönad highly paid; *vara ~* äv. be a high-salary (high-income) earner
högbarmad high-bosomed
högborg bildl. stronghold
högborgerlig ung. upper-class; lägre upper middle-class
högbro elevated (high-level) bridge
högburen, gå *med högburet huvud* ...with one's head erect
högdjur vard. VIP, bigwig, high-up
högdragen haughty, arrogant; överlägsen supercilious
höger I *adj* o. *subst adj* o. *adv* right, right-hand; *~ hand* el. *högra handen* the (one's) right hand; *till (åt) ~* to the right **II** *s* **1** polit. *~n* allm. the Right; som parti the Conservatives pl. **2** boxn. *en [rak] ~* a [straight] right
högerback sport. right back
högerhänt right-handed
högerorienterad right-wing
högerparti Conservative (right-wing) party
högerregel, *tillämpa ~n* give right-of-way to traffic coming from the right
högersväng right[-hand] turn
högertrafik right-hand traffic; *det är ~ i...* vanl. in...you keep to (drive on) the right
högervind polit. *det blåser ~[ar]* there is a drift towards Conservatism
högfjäll alp
högform, *vara i ~* be in great form
högfrekvens high frequency
högfärd pride; fåfänga vanity; inbilskhet conceit
högfärdig proud; vain; conceited; jfr *högfärd*; mallig stuck-up
högförräderi high treason
höggradig high-grade
höghalsad om kläder high-necked
höghastighetståg high-speed train

höghet 1 titel *Ers (Hans) Höghet* Your (His) Highness **2** upphöjdhet loftiness
höghus high rise; punkthus tower block
höginkomsttagare high-income earner
högintressant highly interesting
högklackad high-heeled
högklassig high-class
högkonjunktur boom
högkvarter headquarters (sg. el. pl.)
högljudd ljudlig loud; högröstad: om pers. loud-voiced, om t.ex. folkhop vociferous; bullersam noisy
högljutt loudly; *tala ~* talk loud (in a loud voice, talk at the top of one's voice)
högläsning reading aloud
högmod pride; överlägsenhet arrogance; högdragenhet haughtiness; *~ går före fall* pride goes before a fall
högmodig proud; arrogant; haughty; jfr *högmod*
högmässa prot. morning service; katol. high mass
högoktanig, *~ bensin* high-octane petrol (amer. gasoline)
högre I *adj* higher etc., jfr *2 hög*; övre upper; ledande high; *de ~ klasserna* skol. the upper (senior) forms (amer. grades); samhälls- the upper classes **II** *adv* higher osv., jfr *högt*; ganska högt highly; mera more; *~ avlönade* arbetare higher-paid (ganska högt highly paid)...
högrest reslig tall
högrev kok. prime (best) rib
högröd bright red; vermilion; *bli ~ [av ilska]* turn scarlet [with...]
högröstad se *högljudd*
högsinnad o. **högsint** high-minded, noble-minded; om t.ex. karaktär noble
högskola college; universitet university, mindre university college; *teknisk ~* university of technology
högskoleutbildning university (higher) education (studies pl.)
högsommar high summer; *på ~en* in the height of the summer
högspänning elektr. high tension (voltage)
högst I *adj* highest etc., jfr *2 hög*; om antal maximum, i makt el. rang supreme, yttersta extreme; *min ~a chef* my chief boss; *av ~a klass* of the highest class, first-rate...; *~a vikt* maximum weight; *av ~a vikt* of the highest (of the utmost, of supreme) importance **II** *adv* **1** highest osv., jfr *högt*; mest most; när aktierna *står [som] ~* ...are at their highest **2** mycket, synnerligen very, most; *~ oväntat* totally unexpected; *~ sällan* very seldom **3** inte mer än at [något stark. the] most; det varar *~ en timme*

...not more than an hour (på sin höjd one hour at the most)
högstadium the senior level (department) of the 'grundskola', jfr *grundskola*
högsäsong peak season; *under ~[en]* äv. during the height of the season
högsäte, *sitta i ~t* occupy the seat of honour; bildl. be allowed to rule
högt 1 high; i hög grad highly; högt upp high up; *vara ~ begåvad (betald)* be highly gifted (paid); kulturen *står ~* ...is on a high level; *~ ovan (över)* molnen far (high) above... **2** om ljud: så det hörs loud; högljutt loudly; ej tyst, ej för sig själv aloud; högt på tonskalan high; *läsa ~ för ngn* read aloud to a p.
högtalare loudspeaker
högtflygande high-flying; bildl.: om t.ex. planer ambitious; om t.ex. idéer high-flown
högtid festival, feast; *de stora ~erna* the high festivals
högtidlig allvarlig solemn; stämningsfull impressive; ceremoniell ceremonial, formal; *vid ~a tillfällen* on ceremonious (friare grand, special) occasions
högtidsdag festdag festival day; minnesdag commemoration day, vard. red-letter day; många lyckönskningar *på ~en (din ~)* ...on this great occasion
högtidsstund really enjoyable occasion
högtrafik, *vid ~* at peak hours
högtravande bombastic
högtryck meteor. el. tekn. high pressure; område area of high pressure; arbeta *för ~* ...at high pressure
högvakt main guard; *gå ~* be on main guard
högvatten high water
högvilt big game äv. bildl.
högvinst på lotteri top prize
högväxt tall
höja I *tr* (ibl. *itr*) raise äv. bildl.; isht bildl. heighten; förbättra improve; främja promote; mus. raise [...in pitch]; *~ sitt glas (en skål) för* raise one's glass (drink a health) to; *~ rösten* raise one's voice; *~ till skyarna* praise (extol) to the skies; *~ [på] ögonbrynen* raise one's eyebrows; *höjd över alla misstankar (allt tvivel)* above suspicion (beyond doubt) **II** *rfl*, *~ sig* rise; om t.ex. terräng äv. ascend; resa sig (i förhållande till omgivningen) äv. tower; om pers. äv. raise oneself
höjd 1 allm. height; abstr. el. geom. el. astron. äv. altitude; geogr. äv. elevation; storlek highness; längd tallness; nivå level; intensitet degree; mus. pitch; *det är [då] ~en!* that's the limit!; *~en av* elegans the [very] height (acme) of...; *i ~ med* **a)** i nivå med on a level with; lika högt som at the level of **b)** i jämbredd med abreast of **c)** den är 5 m *på ~en* ...high, ...in height **2** se *höjdhopp*
höjdare 1 vard., högt uppsatt person VIP, bigwig **2** sport. high ball (kast throw, spark kick)
höjdhopp sport. high jump (hoppning jumping)
höjdhoppare sport. high jumper
höjdpunkt bildl. climax; huvudattraktion highlight; kulmen height
höjdrädd ...[who is (was etc.)] afraid of heights
höjning 1 höjande raising osv., jfr *höja I*; increase; improvement; ökning rise (amer. raise), rising; *~ och sänkning* t.ex. om priser rising and falling, rise and fall **2** geol. rising; *en ~ i marken* a rise (an elevation) in the ground
höj- och sänkbar vertically adjustable
hök hawk äv. polit.
hölass hay load; lastad skrinda loaded hay-cart
hölje omhölje envelope; täcke cover[ing]; överdrag coat[ing]; av lådtyp o.d. case; på radioapparat o.d. cabinet
höna eg. hen; unghöna pullet; kok. chicken; *göra en ~ av en fjäder* make a mountain out of a molehill
höns eg. fowl; koll. poultry, fowls, chickens; kok. chicken; *vara högsta ~et* be [the] cock of the walk; *han vill vara högsta ~et* he wants to be top dog
hönsbuljong chicken broth (stock)
hönsgård inhägnad chicken run; hönseri poultry-farm, chicken-farm
hönshjärna vard. *ha en riktig ~* be featherbrained
hönshus poultry house
hönsminne vard. *ha ett riktigt ~* have a memory like a sieve
höra I *tr* o. *itr* eg. el. friare hear; uppfatta ofta catch; lyssna listen; ta reda på find out **a)** med enbart obj. *~ musik* listen to music; så får du inte göra, *hör du det?* ...do you hear? **b)** med inf. *~ sitt namn nämnas* hear one's name mentioned; *jag har hört sägas att...* I have been told that... **c)** med prep.-best. *~ av ngn att...* learn from (be told by) a p. that...; du måste *~ med fråga henne* ...ask her; *det hörs på honom (på hans röst) att...* you can tell by (from) his voice that...; *han ville inte ~ på det örat* he just wouldn't listen **d)** i pass. *det hörs att han är arg* you can hear... **e)** i imper. *hör!* listen!

II *itr* **1** ~ *till* **a)** om ägande el. medlemskap belong to; vara medlem av, äv. be a member of **b)** vara en av be one of; vara bland be among **c)** vara tillbehör till o.d. go with; *det hör till* yrket it goes with..., it is part of...
2 ~ *under* en rubrik o.d. come (fall, belong) under
III med beton. part.
~ **av ngn** hear from a p.
~ **efter a)** lyssna listen; lägga märke till listen to **b)** ta reda på find out; fråga inquire; *hör efter hos* portvakten vanl. ask...
~ **sig för** inquire
~ **hemma i** belong to äv. om fartyg; *han hör hemma bor i S.* he lives in (härstammar från hails from) S.
~ **hit a)** höra hemma här belong here; *det hör inte hit* (*dit*) till saken that's got nothing to do with it, that's beside the point **b)** *hör hit* lyssna *ett slag!* just listen a moment!
~ **ihop** belong together; bruka följas åt go together; ~ *ihop* (*samman*) *med* be connected with; bruka åtfölja go with
~ **på** listen
~ **samman** se ~ *ihop*
~ **till a)** tillhöra belong to, se vid. *II 1* **b)** *det hör till* anses korrekt [*att man skall* + inf.] it is the right and proper thing [that one should + inf.]
~ **upp** sluta cease osv., jfr *upphöra*
hörapparat hearing aid
hörfel mishearing
hörhåll, *inom* (*utom*) ~ within (out of) earshot
hörlur 1 tele. receiver; radio. o.d. earphone **2** för lomhörd ear trumpet
hörn corner; *från jordens alla* ~ from the four corners of the earth
hörna 1 se *hörn 2* sport. corner äv. boxn.; *lägga en* ~ take a corner
hörnsoffa corner settee (sofa)
hörnsten cornerstone äv. bildl.
hörsal lecture hall (theatre)
hörsam obedient
hörsel hearing; *ha dålig* (*god*) ~ be hard of (have a good sense of) hearing
hörselskadad hearing-impaired
hörselskydd hearing protector; *ett* ~ äv. a pair of earmuffs
hörslinga slags hörapparat hearing loop
hörsägen hearsay
höskulle hayloft
hösnuva hay-fever
höst autumn äv. bildl.; amer. vanl. fall; ~*en* [the] autumn; ~*en* (adv. [*på*] ~*en*) *2005* the (adv. in the) autumn of 2005; *det blev* ~ autumn came; [*nu*] *i* ~ this autumn; *i* ~

nästkommande, vanl. next autumn; *i* ~*as* last autumn; *på* ~*en* in [the] autumn; *till* ~*en* this autumn
höstack haystack
höstdag autumn (amer. fall) day
höstdagjämning autumnal (amer. fall) equinox
höstlik autumnal; *det är* ~*t i dag* it is quite like autumn (amer. fall)...
höstmörker autumn (amer. fall) darkness
höstrusk, *i* ~*et* in the nasty damp autumn (amer. fall) weather
hösttermin autumn term; amer. fall semester
höstväder autumn (amer. fall) weather; höstlikt autumnal weather
höta, ~ *åt ngn* [*med näven*] shake one's fist at a p.
hötorgskonst ung. trashy (third-rate) art
hövan, *över* ~ övermåttan beyond [all] measure; högeligen excessively; otillbörligt unduly
hövding indianhövding o.d. chief; anförare leader
hövisk artig courteous; ridderlig chivalrous
hövlig inte direkt ohövlig civil; artig polite; belevad courteous; aktningsfull respectful
hövlighet civility; jfr *hövlig; en* ~ an act of courtesy

1 i bokstav i [utt. aɪ]; *pricken över i* the dot over the i; bildl. the finishing touch

2 i A *prep* **I** om rumsförh. o. friare **1 a)** 'inuti', 'inne i', 'inom' in; 'vid' el. när prep.-uttr. anger en lokal vanl. at (Märk: Vid namn på större stad samt stad el. ort av intresse för den talande anv. vanl. in, framför mindre stad o. ort anv. annars vanl. at); arbeta ~ *en bank (fabrik)* ...at (in) a bank (factory); sitta ~ *fönstret* at (by, i öppningen in) the window **b)** 'på ytan av', 'ovanpå' o.d. vanl. on; uttrycket ~ *hans ansikte* ...on his face **c)** 'från' from; lampan *hänger ~ taket* ...hangs from the ceiling **d)** 'genom' vanl. through; höra ngt ~ *högtalaren* ...over the loudspeaker **e)** 'bland' among; sitta ~ *buskarna* ...among the bushes **f)** 'kring' round; kjolen *sitter för hårt ~ midjan* ...is too tight round the waist **g)** 'till' to; *göra ett besök ~ resa till...* pay a visit to...; *har du varit ~ till...* have you been to (in)... **h)** friare: i allm. in; angivande verksamhet m.m. ofta at; äv. andra prep. *~ arbete (vila)* at work (rest); *~ frihet* at liberty; *~ liten skala* on a small scale **2** uttr. riktning into; vid vissa vb in; i vissa uttr. to; 'på' on; *knacka ~ väggen* knock on the wall; *resultera ~* result in; slå ngn ~ *huvudet* ...on the head; *stampa ~ marken* stamp on the ground **II** om tidsförh. **1** prep.-uttr. som svarar på frågan när?: 'under' in; 'vid' at; 'före' to; 'nästa' next; 'sista' last; i uttr. som 'i höst', 'i natt' this, to-; ~ *april* in April; ~ *höst* this (nästkommande vanl. next) autumn **2** prep.-uttr. som svarar på frågan hur länge? for; ~ *månader (åratal)* for (in) months (years) **3** 'per' *med en fart av* 90 km ~ *timmen* at the rate of...an (per) hour **III** i olika förb. o. uttryck **1** 'gjord av' of; ibl. in; *ett bord ~ ek* an oak table, a table [made] of oak **2** 'medelst' by; ibl. in; om fart o.d. at; han fördes dit ~ *bil* ...by car; ~ *galopp* at a gallop; *hålla ngn ~ handen* hold a p. by the (hold a p.'s) hand **3** 'i och för' ofta on; han är här ~ *affärer* ...on business; jfr äv. *V 1* **4** 'på grund av' ~ *brist på* for want of; *ligga sjuk* ~ influensa be down with... **5** 'i form av' o.d. vanl. in; 'såsom' as; förlora 100 man ~ *döda och sårade* ...in dead and wounded **6** 'medlem av' ofta on; *gå* ~ andra klass be in...; sitta ~ *en kommitté (en jury)* ...on a committee (a jury) **7** 'angående' on; *ge föreläsningar* ~ fonetik give lectures on... **8** i uttr. av typen 'bra (dålig) i' o.d. vanl. at; *bra (dålig)* ~ engelska good (poor el. bad) at... **9** med andra adj. o. subst. *förtjust* ~ *blommor* fond of flowers; *galen* ~ crazy about

IV i prep.-attr. vanl. of; isht efter superl. samt i rent lokal bet. in; *en vacker morgon* ~ *april* a (adv. on a) fine April morning; *det roliga* ~ *historien* the amusing part of the story; *glaset* ~ *rutan* the glass in the pane

V i vissa prep. o. konj. förb. **1** ~ *och för sig* säger uttrycket föga in itself... **2** ~ *och med detta nederlag* var allt förlorat with this defeat...; ~ *och med att jag går* är jag in (genom by) going... **3** *du gjorde rätt* ~ *att hjälpa (du hjälpte) honom* you were right in helping him

B *adv, en vas* (resp. *vaser*) *med blommor* ~ a vase (resp. vases) with flowers in it (resp. them); ~ *vattnet med dig (det)!* in with you (it)!; *hoppa* ~ jump in (into the water); se vid. beton. part. under resp. vb

iaktta 1 eg. observe; [uppmärksamt] betrakta vanl. watch **2** bildl. observe; t.ex. försiktighet exercise; ~ *neutralitet (tystnad)* maintain neutrality (silence)

iakttagare observer

iakttagelse observation; *jag har gjort den ~n att...* I have noticed (erfarenheten it is my experience) that...

ibland I *prep* se *bland* **II** *adv* stundom sometimes; då och då occasionally

icing i ishockey icing

icke se *inte*

icke-rökare non-smoker

icke-våld non-violence

idag today, for ex. se under *dag*

idas have enough energy; *inte ~* [*göra ngt*] vara för lat be too lazy [to do a th.]; *jag ids inte* höra på längre I can't be bothered to...

ide winter quarters, winter lair; *gå i ~* eg. go into hibernation, hibernate; bildl. äv. shut oneself up in one's den

idé idea äv. filos.; begrepp concept; *en fix ~ hos honom* a fixed idea of his; *det är ingen ~ att göra (att han gör)...* it is no good el. use doing (his doing)..., there is no point in doing (his doing)...; *få en ~* hit on (be struck by) an idea; *jag skulle aldrig komma på den ~n att* inf. I would never dream of ing-form; *hur har du kommit på den ~n?* what put that idea into your head?

ideal ideal
idealisera idealize
idealisk ideal; friare perfect
idealism idealism
idealist idealist
ideell idealistic; ~ *förening* non-profit association (organization)
idéfattig ...devoid of ideas; friare unimaginative, uninspired
idéhistoria [the] history of ideas
idel om t.ex. avundsjuka sheer; om t.ex. skvaller mere; om t.ex. bekymmer nothing but
ideligen continually; ~ *fråga* samma sak keep [on] asking...
identifiera identify
identifiering o. **identifikation** identification
identisk identical
identitet identity; *styrka sin (fastställa ngns)* ~ prove one's (establish a p.'s) identity
identitetskort identity card
ideologi ideology
ideologisk ideological
idérik ...full of ideas; friare inventive
idétorka dearth of ideas
idiot idiot
idioti idiocy
idiotisk idiotic
idiotsäker foolproof, fail-safe
idissla 1 eg. ~ [*födan*] ruminate, chew the cud **2** bildl. repeat...[over and over again]; ~ *samma sak* vanl. be harping on the same string
idka bedriva carry on; utöva practise; studier pursue; ägna sig åt devote oneself to; t.ex. idrott go in for
id-kort o. **ID-kort** ID [card]
idog industrious; arbetsam laborious; trägen om t.ex. arbete assiduous
idol idol; favorit great favourite
idolbild picture (affisch poster) of one's favourite [film (pop etc.)] star
idrott 1 koll. sports, sport; fotboll, tennis o.d. games, som skolämne se *gymnastik* **2** se *idrottsgren*
idrotta go in for sport
idrottare sportsman; kvinna sportswoman; friidrottare athlete
idrottsanläggning sports (athletics) ground (centre)
idrottsdag ung. games day
idrottsevenemang sporting event
idrottsgren [kind of] sport; [type of] game; branch of athletics
idrottshall sports centre (hall); för gymnastik gymnasium
idrottsintresserad ...interested in sport
idrottsledare sports leader

idrottsplats sports ground (field)
ids se *idas*
idyllisk idyllic
ifall 1 såvida ~ (äv. ~ *att*) if; antag att supposing [that]; förutsatt att provided [that] **2** huruvida if
ifatt, *hinna (gå, köra* etc.) ~ *ngn* catch up with a p.
ifjol last year
ifred se [*i*] *fred*
ifråga se *fråga I* äv. för sammansättn.
ifrågasätta betvivla question
ifrån I *prep, flyga (köra* etc.) ~ *ngn* (ngt)
  a) bort ifrån fly (drive etc.) away from...
  b) genom överlägsen hastighet fly (drive etc.) ahead of...; *lägga* ~ *sig* ngt put...down [*på bordet* on...]; undan, bort put away..., put...aside; lämna kvar leave...[behind]; *vara* ~ utom *sig* be beside oneself **II** *adv* borta away; *kan du gå (komma)* ~ *en stund?* can you get away for a while?
IG (förk. för *icke godkänd*) skol. failed
igel leech äv. bildl.
igelkott hedgehog
igen 1 ånyo again; *om* [*och om*] ~ over [and over] again **2** tillbaka, åter back; *slå* ge ~ hit back **3** emot, se *hålla* [*igen*] **4** tillsluten shut (jfr *hålla* [*igen*]); to (jfr *slå* [*igen*]); *fylla* ~ fill up; med det innehåll som funnits där förut fill in **5** se *ta* [*igen*]
igenfrusen, sjön *är* ~ ...has (is) frozen over
igengrodd av t.ex. smuts blocked up
igenkännande, *ett* ~ *leende* a smile of recognition
igenmulen overclouded
igenom I *prep* through, se vid. *genom*; [*hela*] *dagen (livet, 1700-talet)* ~ throughout the day (one's life, the eighteenth century); [*hela*] *året* ~ all the year round, all through the year, throughout the year **II** *adv* through
igensnöad översnöad snowed over; blockerad ...blocked (obstructed) by snow
igenvuxen, ~ [*med ogräs*] ...overgrown with weeds
igloo 1 igloo **2** för glasavfall bottle bank
ignorera ignore; t.ex. varning disregard; ej hälsa på cut
igång se *i gång* under *gång 1 c*
igår yesterday; för ex. se *går*
ihjäl to death; plötsligt dead; *skjuta* ~ *ngn* shoot a p. dead. amer. äv. shoot a p. to death
ihjälfrusen ...frozen to death
ihjälklämd, *bli* ~ be squeezed to death
ihop 1 tillsammans together; gemensamt jointly **2** köra ~ ...into one another **3** till en enhet, igen o.d. up, jfr t.ex. *fälla* [*ihop*] o.

fästa [ihop] **4** uttryckande minskning up; *krympa ~* shrink up
lhåg, komma ~ remember; erinra sig recollect; återkalla i minnet call...to mind, recall; lägga på minnet bear (keep)...in mind
ihålig hollow
ihållande I *adj* om t.ex. köld prolonged; om t.ex. regn continuous; *[ett] ~ regn* äv. a steady downpour **II** *adv* continuously
ihärdig om pers. persevering; trägen assiduous; *~t nekande* persistent denial
ihärdighet perseverance; assiduity; seghet tenacity [of purpose]
ikapp 1 i tävlan *cykla (segla* etc.) *~* have a cycling (sailing etc.) race; *rida ~ [med ngn]* race [ap.] on horseback **2** se *ifatt*
iklädd dressed in; *endast ~* pyjamas with only...on, wearing only...
ikon *s* äv. data. icon, ikon
ikväll this evening
il vindil gust [of wind]; by squall
1 ila hasta speed; vardagligare hurry; rusa dash; *tiden ~r* time flies
2 ila, *det ~r i tänderna [på mig]* I have shooting pains in my teeth
ilbud meddelande express message; pers. express messenger
ilfart, köra i ~ drive (ride) at express (lightning) speed
ilgods koll. express goods, goods pl. sent (som skall sändas to be sent) by express train; *som ~* by express
illa badly; i vissa fall, bl.a. som predf. bad; *inte [så] ~!* not [half] bad!; *göra sig ~ i handen* hurt one's hand; *jag mår ~ bara jag tänker på det* it makes me sick to think of it; *ta inte ~ upp!* don't be offended!, no offence [was meant]!; *det var ~, det!* vard. that's a pity!; *så ~ kan det väl [ändå] inte vara?* it can't be that bad (as bad as all that), I hope!; *om det vill sig ~* if things are against you (me etc.), if you (we etc.) are really unlucky
illaluktande nasty-smelling; stark. evil-smelling
illamående I *s* indisposition; feeling of sickness **II** *adj, känna sig (vara) ~* känna kväljningar feel (be) sick; amer. feel (be) sick at (to, in) one's stomach
illasinnad om pers. ill-disposed, ill-intentioned; om handling malicious
illavarslande ominous, ill-boding
illdåd outrage, wicked (evil) deed
illegal illegal
iller zool. polecat
illmarig knowing, sly, cunning; skälmsk arch

illojal disloyal
illröd vivid (blazing) red; *vara ~ i ansiktet* be red as a beetroot
illtjut vard. terrific yell
illusion illusion; villa delusion; *göra sig ~er* cherish (have) illusions [*om* about; *om att* [to the effect] that]
illusionsfri o. **illusionslös** ...without illusions, ...free from all illusions
illustration illustration
illustratör illustrator
illustrera illustrate
illvilja groll spite; elakhet malevolence; djupt rotad malignity; *av ~* from (out of) spite
illvillig hätsk spiteful; elak malevolent; stark. malignant; jfr äv. *illasinnad*
illvrål se *illtjut*
ilning av glädje o.d. thrill; t.ex. i tand shooting pain
ilpaket express packet (större parcel)
ilsamtal tele. priority (express, urgent) call
ilska anger; stark. rage; *i ~n glömde han...* ...in his anger
ilsken ond angry; isht amer. mad; om djur savage, wild; ursinnig furious; argsint fierce; skärande piercing; *bli ~* get angry (mad, frantic) *[på ngn]* with ap.; *över ngt* at ath.]
image image; *partiets ~* the party image
imitation allm. imitation; vard., karikatyr takeoff; isht professionell impersonation
imitatör imitator; isht professionell impersonator
imitera imitate; isht professionellt impersonate; *~d* oäkta, vanl. imitation..., imitative
imma I *s* mist; *det är ~ på glaset* ...is misted over **II** *rfl, ~ sig* bli immig become misted over
immig misty
immigrant immigrant
immigration immigration
immigrera immigrate
immun immune; *göra ~* se *immunisera*
immunbrist med. immunodeficiency
immunförsvar immune defence
immunisera render...immune; immunize
immunitet med. el. jur. immunity
imorgon o. **imorron** tomorrow
imorse this morning
imperialism imperialism
imperialist imperialist
imperium empire
imponera impress, make a great impression; *han låter sig inte ~[s] av...* he is not impressed with (by)..., he is unimpressed by...

imponerande allm. impressive; om t.ex. storlek imposing; om t.ex. antal striking
impopulär unpopular
import importerande import; varor imports
importera import
importförbud import ban (prohibition); ~ *på* en vara a ban on the import of...
importtull import duty
impotens fysiol. el. friare impotence
impotent fysiol. el. friare impotent
impregnera impregnate; göra vattentät waterproof, proof, make...waterproof
impregneringsmedel impregnating ([water]proofing) agent
impressionism konst. impressionism
improduktiv unproductive; oräntabel unprofitable
improvisation improvisation äv. mus.
improvisera improvise äv. mus.; extemporize; vard. ad-lib; *~d* improvised; provisorisk makeshift; vard. ad-lib, off-the-cuff; *ett ~t tal* äv. an impromptu (extempore) speech
impuls impulse äv. elektr.; fysiol. *få (hämta) nya ~er från* get (receive) fresh inspiration from
impulsiv impulsive
impulsköp impulsköpande impulse buying; *ett ~* an impulse buy (purchase)
in allm. in; in i huset o.d. inside; *kom (stig) ~ ett tag!* step inside...!; *simma ~ mot stranden* swim towards...; *~ till staden* in (om storstad up) to town
inackordering 1 abstr. board and lodging 2 pers. boarder; *ha (ta emot) ~ar* take in boarders (paying guests)
inadekvat inapt
inaktiv inactive
inaktuell förlegad out of date; inte aktuell just nu ...not contemplated for the present; jfr *aktuell*
inalles, *~ 500 kr* ...in all, ...altogether
inandas breathe in
inandning breathing in; *en djup ~* a deep breath
inarbetad, *en ~ firma* an established firm; *~ tid* compensatory leave [for overtime done]; *en ~ vara* an article which sells well, a popular article; jfr vid. *arbeta [in]*
inatt förliden last night; kommande, innevarande tonight; denna natt, nu i natt this night
inavel inbreeding
inbakad bildl. included
inbegripa 1 innefatta comprise; medräkna include; jfr äv. *inberäkna* 2 *inbegripen i* t.ex. ett samtal engaged in; t.ex. ordväxling in the middle of

inberäkna include; *allt ~t* everything included
inbetalning payment; avbetalning part payment
inbetalningskort post. paying-in form
inbilla I *tr,* *~ ngn ngt* make a p. (lead a p. to) believe a th. II *rfl,* *~ sig* imagine, fancy
inbillad imagined; friare imaginary
inbillning imagination; *det är bara ~!* it is only your (his etc.) imagination!, you are (he is etc.) only imagining things!
inbillningsfoster figment of the imagination, illusion
inbillningssjuk, *en ~* subst. adj. an imaginary invalid
inbilsk conceited, stuck-up; *vara ~* äv. think a lot of oneself
inbiten t.ex. ungkarl confirmed; t.ex. rökare inveterate
inbjudan invitation; vard. invite; *på ~ av* by (at, on) the invitation of
inbjudande inviting; lockande tempting; om mat o.d. appetizing; *föga ~* uninviting, unappetizing
inbjudningskort invitation card
inblandad, *bli ~ i...* be (get) mixed up (involved) in...
inblandning 1 tillsats admixture 2 bildl.: ingripande intervention; i andras affärer interference, meddling
inblick glimpse; insight; breven ger oss *en ~ i hans hemliv* ...a glimpse of his home life
inbonad *adj* overluned
inbringa yield, fetch; *affären ~r...* avkastar the business yields...; *hans författarskap ~r* några tusen om året his literary work brings him...
inbrott 1 av tjuv: burglary; isht på dagen housebreaking; *ett ~* an act (a case) of housebreaking, a burglary; *det har varit ~ i huset* the house has been burgled (isht på dagen broken into) 2 inträdande setting in; *vid dagens ~* at break of day, at daybreak (dawn)
inbrottsförsäkring burglary insurance
inbrottsförsök attempted burglary
inbrottstjuv burglar; isht på dagen housebreaker
inbuktning inward bend
inbunden 1 om bok bound; *~ bok* hardback 2 om pers. reserved; vard. uptight
inbundenhet uncommunicativeness
inburad vard. *bli ~* be put in quod (clink)
inbyggd built-in, in-built; *~ veranda* closed-in veranda[h]
inbyte trade-in; *ta* t.ex. bil *i ~* trade in..., accept...in part payment

inbäddad i filtar wrapped [up]; i grönska embedded
inbördes I *adj* ömsesidig mutual; *ett sällskap för ~ beundran* a mutual admiration society; *~ likhet* similarity [between them (you etc.)] **II** *adv* mutually; sinsemellan between (resp. among) themselves
inbördeskrig civil war
incest incest
incheckning checking-in; *en ~* a check-in
incident incident
indela allm. divide [up]; i underavdelningar subdivide; klassificera classify, group
indelning division; i underavdelningar subdivision; klassificering classification
index fackspr. el. ekon. ind|ex (pl. -exes, i vetenskaplig stil -ices)
indexreglering index-linking
indian [American (Red)] Indian; *leka ~er [och vita]* play [cowboys and] Indians
indianhydda wigwam
indianhövding [Red-]Indian chief
indianreservat Indian reservation
indianstam American Indian tribe
indicium tecken o.d. indication, index; jur. döma *på indicier* ...on circumstantial evidence
Indien India
indier Indian
indignation indignation
indignerad indignant
indigoblå indigo blue
indikation indication äv. med.
indirekt I *adj* allm. indirect; *~ anföring* indirect (reported) speech **II** *adv* indirectly; på indirekt väg by indirect means
indisk Indian
indiska Indian woman (flicka girl)
indiskret indiscreet; taktlös tactless
indisponerad allm. indisposed; ej upplagd ...not in the right mood; om sångare ...out of voice
individ allm. individual; zool. äv. specimen; vard. *en avsigkommen ~* a shabby-looking individual (specimen)
individualism individualism
individualist individualist
individualistisk individualistic
individuell individual
indoktrinera indoctrinate
indoktrinering indoctrination
indones Indonesian
Indonesien Indonesia
indonesier Indonesian
indonesisk Indonesian
indragen, *bli ~* inblandad *i* be (get) mixed up (involved) in; jfr vid. *dra [in]*

indragning 1 återkallande withdrawal; inställande discontinuation; avskaffande abolition; konfiskering confiscation; jfr *dra [in]*; *dömas till ~ av körkortet* get one's driving licence suspended (taken away); för alltid be disqualified from driving **2** av vatten, elektricitet o.d. laying on
indriva fordringar, skatter collect; på rättslig väg recover
indrivning collection; jfr *indriva*
industri industry; rationaliseringen *inom ~n* vanl. industrial...
industrialisera industrialize; *det ~de England* industrial England
industrialisering industrialization
industriarbetare industrial worker
industridepartement ministry of industry
industriföretag industrial concern (undertaking, enterprise)
industriland industrialized (industrial) country (nation)
industriområde industrial estate (amer. park)
industrisamhälle industrial (industrialized) society
industrisemester ung. general industrial holiday
industrispionage industrial espionage
industristad industrial (manufacturing) town
ineffektiv om pers. o. sak inefficient
inemot framemot towards; nästan nearly; han är *~ 60* äv. ...close on 60
inexakt inexact
infall 1 påhitt, idé idea, thought; nyck whim, fancy; kvickt el. lustigt yttrande sally, flash of wit; *ett lyckligt ~* a bright idea **2** mil. invasion
infalla 1 inträffa fall; julafton *inföll på en onsdag* ...fell on a Wednesday; *den första perioden inföll i* början av seklet the first period took place... **2** inflicka put in; du har fel, *inföll han* ...he put in
infallen, *infallna kinder* sunken (hollow) cheeks
infanteri infantry; *vid ~et* in the Infantry
infanterist infantryman, foot soldier
infarkt med. infarct
infart infartsled approach äv. sjöledes; privat uppfartsväg drive[way]; infartsport o.d entrance; *förbjuden ~* trafik. no entry
infartsparkering park-and-ride facilities; *[systemet med] ~* the park-and-ride system
infatta kanta border; ädelsten o.d. set; *~ ngt i ram* frame a th.
infattning konkr. border, frame; jfr *infatta*
infektera infect; friare poison; *stämningen*

var ~d there was an atmosphere of hostility (a poisoned atmosphere)
infektion infection
infektionsrisk risk of infection
infernalisk infernal
infiltration infiltration äv. med.
infiltrera infiltrate äv. med.
infinna, *~ sig* visa sig appear, make one's appearance; inställa sig put in an appearance, turn up; isht med följ. prep.-best. present oneself
inflammation inflammation
inflammera inflame; *debatten hade blivit ~d* the debate had become heated (inflamed)
inflation inflation
inflationstakt rate (level) of inflation
inflicka o. **inflika** interpose; i skrift insert
influens influence äv. fys.
influensa influenza; vard. [vanl. the] flu; *han ligger i ~* he's down (laid up) with influenza ([the] flu)
influera, *~ [på]* influence, have an influence on
inflygning mot flygplats approach; överflygning overflight
inflytande bildl.: allm. influence; *ha (öva) ~ på* have (exert) an influence on, influence
inflytelserik influential; *en ~ man* äv. a man of influence
inflyttning moving in; i ett land immigration; *~en till* städerna har ökat the number of people moving into...
inflyttningsfest house-warming [party]
inflyttningsklar ...ready for occupation
inflöde influx
infoga fit...in; inkorporera incorporate; *~ ngt i (på)...* fit (insert) a th. into...
infordra allm. demand; hövligare request, solicit; *~ anbud på* invite tenders for
information 1 information; vard. info **2** *i ~en* vid informationsdisken at the information desk (counter)
informationsbyrå information bureau
informationsflöde information flow
informationssamhälle society dominated by massmedia
informativ informative
informatör informant; PR-man public relations officer
informell informal
informera inform, brief; *väl ~d* well-informed; *hålla ngn ~d om ngt* äv. keep a p. posted about a th.
infravärme infra-red heat; uppvärmning infra-red heating
infria förhoppning fulfil, redeem; skuld, lån discharge, pay off

infrusen frozen [in]; *infrusna tillgångar* frozen assets
infrysning freezing
infälld, *~ bild (karta* etc.) inset
infödd native[-born]; *en ~ svensk (londonbo)* a native of Sweden (London), a native-born Swede (Londoner)
inföding native; urinvånare aborigine
inför 1 i rumsbet. el. friare: allm. before; i närvaro av in the presence of; *ansvarig ~ ngn* responsible to a p.; *stå (ställas) ~ ett svårt problem* be confronted with... **2** i tidsbet. el. friare: omedelbart före on the eve; vid at; med...i sikte at the prospect of; full av förväntningar *~ julen* ...at the prospect of Xmas
införliva allm. incorporate; *~ ngt med sina samlingar* add a th. to...
införstådd, *vara ~ med* agree (be in agreement) with, accept
ingalunda förvisso inte by no means; inte alls not at all
inge 1 lämna in hand in **2** ingjuta inspire, instil; intala suggest; bibringa convey; *~ [ngn] förtroende (hopp)* inspire [a p. with] confidence (hope)
ingefära ginger
ingen (*intet* el. *inget, inga*) (se äv. ex. under *enda*) **1** fören. no; *det kom inga brev i dag* there were no (weren't any) letters today; *han är ~ dumbom (tyrann)* ...not a (känslobetonat: 'inte alls någon', 'motsatsen till' no) fool (tyrant) **2** självst. utan syftning **a)** om pers. *ingen, inga* nobody, no one (båda sg.); ibl. none pl.; *det var ~ (inga) där* som jag kände there was nobody el. no one (were no people el. none) there...; *~ mer* får komma in no more people... **b)** allmänt neutralt *intet, inget* nothing; *inget är omöjligt* nothing is impossible; jfr *ingenting* **3** självst. med underförstått huvudord el. med partitiv konstr. none; han letade i fickorna efter cigaretter (en cigarett) men *hittade inga (~)* ...found none, ...did not find any (one) **4** *~ annan* ingen annan människa vanl. nobody (no one) else
ingenjör engineer
ingenjörstrupper engineers
ingenmansland no man's land
ingenstans nowhere; *sådana metoder kommer du ~ med* ...will get you nowhere
ingenting nothing; med partitiv konstr. none
ingenvart se *2 vart*
ingift, *bli ~ i* en familj marry into...
ingivelse inspiration inspiration; idé impulse, idea; *följa stundens ~* act on the impulse (spur) of the moment

ingrediens ingredient
ingrepp med. [surgical] operation; *göra ett [operativt]* ~ perform an operation; göra ett snitt make an incision
ingripa inskrida intervene; isht hjälpande step in; störande interfere; göra intrång encroach, infringe; ~ *mot* take measures (med laga åtgärder action) against, intervene against
ingripande inskridande intervention; inblandning interference; *militärt* ~ military intervention
ingrodd t.ex. om smuts ingrained; t.ex. om misstro, motvilja deeply rooted, deep-rooted; t.ex. om agg inveterate; *en* ~ *vana* an ingrained habit
ingå I *itr* **1** höra till ~ *i* be (form) [an integral] part of; inbegripas i be included in; *P. ~r i* tillhör *laget* sport. P. is in the team **2** ankomma arrive **II** *tr* stifta, t.ex. förbund o.d. enter into; t.ex. överenskommelse o.d. make; ~ *avtal med* äv. arrive at (come to) an agreement with
ingående I *adj* **1** ankommande arriving; t.ex. om brev incoming attr. **2** hand., se *[ingående] saldo* **3** bildl.: grundlig thorough; t.ex. om beskrivning detailed; uttömmande exhaustive **II** *adv* thoroughly etc. **III** *s* av äktenskap contraction; *fartyget är på* ~ ... inward bound
ingång 1 konkr. entrance; biljetter *vid ~en* ...at the entrance (door[s]) **2** elektr. el. radio. input
ingångslön commencing (initial) wages pl. (isht månadslön salary)
ingångspsalm opening hymn
inhalator inhaler
inhandla buy
inhemsk domestic, home...; inrikes inland, internal; *den ~a befolkningen* the native population
inhopp 1 inblandning interference **2** sport. *göra ett* ~ come on as a substitute
inhoppare ersättare substitute; vard. sub äv. sport.; teat. understudy
inhägnad allm. enclosure; amer., för boskap o.d. corral
inhämta 1 få veta pick up; skaffa sig obtain, procure; ~ *kunskaper i* acquire knowledge of **2** ta igen make up for; ~ *försprånget* reduce the lead
infrån I *prep* from inside, from the interior of **II** *adv* from inside; isht friare from within
initialsvårighet initial difficulty
initiativ initiative
initiativförmåga o. **initiativkraft** power of initiative
initiativtagare initiator
initierad well-informed, initiated; vard. ...in the know
injaga bildl. ~ *skräck hos* (*i*) *ngn* strike terror into a p
injektion injection äv. bildl.
injektionsspruta syringe; för injektion under huden hypodermic [syringe]; vard. hypo
injicera inject
inkallad person called up for military service; amer. draftee
inkallelse allm. summons; mil., inkallande calling up; amer. drafting, induction; order om tjänstgöring call-up; amer. draft call
inkarnation incarnation
inkassera collect, take in; lösa in cash
inkasserare [debt] collector
inkassering o. **inkasso** collection [of debts]; inkasserande collecting
inkassobyrå debt-collecting agency
inkassouppdrag collection order
inkast 1 sport. throw-in; *göra [ett]* ~ take a throw-in **2** myntinkast slot; brevinkast [letter] slit (slot), amer. mail drop
inkludera include
inklusive including, ...included
inklämd jammed (squeezed, wedged) in; ~ *mellan* två personer sandwiched between...
inkognito I *adv* incognito **II** *adj* incognito **III** *s* incognito (pl. -s)
inkommande: som mottas ...that is (was etc.) received (som inlämnas handed in); t.ex. om brev incoming
inkompetent oduglig incompetent; ej kvalificerad unqualified
inkomst 1 persons regelbundna ~ income; förtjänst profit; *mina ~er och utgifter* my income and expenditure **2** ~[*er*] intäkter receipts [*av* from], takings [*av* from], proceeds [*av* of], (samtl. pl.); statens, kommunens revenue[s pl.] [*av* from]
inkomstbeskattning taxation of income
inkomstbringande profitable, lucrative
inkomstskatt income-tax
inkomsttagare wage (income) earner
inkomstökning increase in earnings
inkonsekvent inconsistent
inkontinens med. incontinence
inkorrekt I *adj* incorrect **II** *adv* incorrectly
inkråm i bröd crumb; se äv. *innanmäte*
inkräkta encroach, trespass [*på* [up]on]; ~ *på* t.ex. patent, rättigheter äv. infringe
inkräktare encroacher, intruder; i ett land invader
inkrökt self-absorbed; psykol. introverted
inkubationstid med. incubation period
inkvartera isht mil. billet

inkvartering 1 inlogering billeting **2** kvarter quarters, billet
inköp purchase; *jag gör mina ~* handlar *hos...* I shop (buy my things) at...; *jag måste göra några ~* I have some purchases to make, I must do some shopping
inköpare buyer, purchaser
inköpspris cost (purchase) price; sälja *till (under) ~[et]* ...at (below) cost (purchase) price
inköpsställe place of purchase
inkörd om bil: intrimmad run in; *vara väl ~ på* t.ex. jobbet have got the hang of...; jfr vid. *köra [in]*
inkörningsperiod running-in period äv. bildl.
inkörsport entrance [gate]; själva öppningen el. bildl. gateway
inlaga 1 skrivelse petition, address; jur. äv. plea **2** i bok insert
inlagd (jfr äv. *lägga [in]*) i ättika o.d. pickled; *~ sill* pickled herring
inland mots. till kustland interior, inland [parts pl.]
inleda börja begin; t.ex. affärsförbindelser, möte, samtal open; t.ex. undersökningar institute, initiate; t.ex. angrepp launch; jfr vid. *leda [in]*
inledande introductory, preliminary; *~ förberedande möte* opening (preliminary, initial) meeting
inledning 1 början beginning; förord introduction; upptakt prelude **2** inledande av vatten o.d. laying on
inledningsvis by way of introduction
inlevelse feeling; psykol. empathy
inlevelseförmåga power of insight; i en roll ability to live a (resp. the) part
inlindad wrapped up; *~e hot* veiled (disguised) threats
inlopp 1 infartsled entrance, approach; *~et till* Stockholm the sea-approach to... **2** flods inflöde inflow **3** tekn. inlet
inlåst, *vara (bli) ~* be locked in (up)
inlåta, *~ sig i (på)* a) t.ex. diskussion, tävlan enter into... b) t.ex. affärer embark (enter) [up]on... c) t.ex. samtal, politik, strid engage in... d) t.ex. tvivelaktig transaktion get mixed up in...
inlägg eg.: veck tuck; något inlagt insertion **2** bildl. contribution **3** fotb. cross centre
inläggning 1 putting in etc., jfr *lägga [in]*; insertion **2** konserv[ering] a) abstr. preserving etc., jfr *lägga [in]* b) preserved fruits pl. (vegetables pl.) etc. **3** snick. el. konst. a) abstr. inlaying b) konkr. inlay
inläggssula insole
inlämning 1 inlämnande handing (sending)
in, delivery; av post posting; till förvaring leaving **2** inlämningsställe receiving-office
inlämningsdag o. **inlämningsdatum** date of posting; sista *~* date (day) on which an application (coupon etc.) must be handed in (posted)
inlärd ...that has (had etc.) been learnt; han läste upp det *som en ~ läxa* ...like a lesson he had learnt off by heart
inlärning learning; utantill memorizing
inmundiga skämts. partake of
innan I *konj* before; i samband med nek. uttr. ibl. (i bet. 'förrän') until; *~ du berättade det*, visste jag ingenting om saken until (before) you told me... **II** *prep* before; *~ kvällen* before evening **III** *adv* **1** tidsbet., se *förut* **2** rumsbet. *utan och ~* se *utan II*
innanför I *prep* inside, within; bakom t.ex. disken behind; *alldeles ~ dörren* just inside the door; *~ murarna* within (inside) the walls; *~ rocken* under the (his etc.) coat **II** *adv*, *i rummet ~* in the room beyond
innanmäte innandöme inside; i djurkropp entrails; i frukt o.d. pulp
inne I *adv* **1** rumsförh. el. bildl.: allm. in; inomhus indoors; det är kallare *~ än ute* ...indoors than outdoors (out of doors); *~ i* a) t.ex. huset, bilen in, inside b) t.ex. staden, skogen in; *långt ~ i landet* far inland, far (a long way) up country; *längst ~ i* garderoben at the back of...; *medan vi är ~ på detta ämne* while we are on (we are dealing with) this subject; se äv. beton. part. under resp. vb **2** tidsförh.: *nu är tiden ~ att* +inf. now the time has come to +inf. **II** *adj*, *det är ~* vard., på modet it's with-it (the in-thing)
innebandy sport. indoor bandy
inneboende I *adj* naturlig inherent; egentlig intrinsic; *vara ~* innebo *hos ngn* lodge with a p. **II** *subst adj* lodger; amer. äv. roomer
innebränd, *bli ~* i ett hus (garage etc.) be burnt to death in a house (garage etc.)
innebära betyda imply, signify; *med allt vad detta innebär* with all that this implies (involves)
innebörd betydelse meaning, signification; innehåll content; innehåll o. räckvidd purport; orodalydelse, andemening tenor
innefatta innesluta i sig contain; inbegripa include; bestå av consist of; omfatta embrace
innegrej vard., modesak in-thing
inneha hold; occupy; *~ rekordet* hold the record
innehav ägande possession; mera konkr.

holding; *hans ~ av aktier* var stort his holding of shares...
innehavare t.ex. av mästerskap, värdepapper holder; besittare possessor; ägare owner; t.ex. av rörelse proprietor; *lägenhetens ~* the occupier of the flat; jfr äv. *licensinnehavare* m.fl. sammansättn.
innehåll contents pl.; tankeinnehåll el. innebörd samt procenthalt o.d. content; huvud~ substance; ordalydelse tenor; *hennes liv fick nytt ~* ...took on a new meaning (purpose)
innehålla 1 contain; *vad innehåller lådan (brevet)?* äv. what is there in...? **2** t.ex. lön withhold
innehållsdeklaration declaration of contents (av ingredienser ingredients)
innehållslös empty, ...containing very little
innehållsrik ...containing a great deal (lots of things); mångsidig comprehensive; *en ~ händelserik dag* an eventful day
innepryl vard., modesak in-thing
innerficka inside pocket
innerlig förtrolig intimate; djupt känd heartfelt; hängiven devoted, ardent; brinnande fervent
innerlighet intimacy; sincerity; devotedness, ardour; fervour, intensity; jfr *innerlig*
innersida inner side; handens inside, palm
innerst, *~ [inne]* a) eg. farthest in; *på den inre sittplatsen* on the inside; *i mitten* in the middle; *i bortre ändan* at the farthest end b) bildl. deep down, in one's heart of hearts; *i grund och botten* at heart
innersta eg. innermost; friare inmost; *hans ~ tankar* his inmost thoughts
innerstad, *i ~en* in the centre (central part) [of the town]
innertak ceiling
innesittare person who likes to keep indoors; hemmamänniska homebird
innesko indoor shoe
innesluta allm. enclose båda äv. mil.; omge encompass, surround äv. mil.; innefatta include
innestående insatt på bankkonto deposited; *hur mycket har jag (finns) ~ outtaget?* ...is still due to me?
inneställe vard. in place
innestängd shut (closed) in; inlåst locked in
inofficiell unofficial
inom 1 rumsförh. el. friare within; inuti, i äv. in; *han hade knappt kommit ~ dörren* ...got inside the door; *~ industrin* in [the sphere of] industry **2** tidsförh.: inom gränserna för within; i bet. 'om' ~ *[loppet av] ett år* in (within) [the course of] a year; *~ kort* in a short time, shortly
inombords 1 sjö. on board **2** friare: 'i kroppen' inside; *jag måste få litet* mat o. dryck *~* I must get something inside me
inomhus indoors
inomhusbana för idrott indoor track; för tennis covered court; för ishockey [indoor] rink
inordna placera, inrangera arrange [...in order]; *~ ngt i ett system* fit a th. in (into)...
inpackning 1 inslagning packing (wrapping) up **2** omslag med olja, vatten m.m. pack
inpiskad thorough-paced...; out-and-out...; *en ~ lögnare* an arrant (a consummate) liar
inplastad plasticized
inpränta, *~ ngt hos ngn* (*i ngns minne*) impress a th. on a p.; vard. drum a th. into a p.
inpyrd, *~ med rök* reeking with smoke; *~ med fördomar* steeped in prejudice[s]
inpå I *prep* **1** rumsförh. *våt ~ bara kroppen* wet to the [very] skin; *alldeles ~ ngn (ngt)* quite close [up] to..., right on top of... **2** tidsförh. *till långt ~ natten* until far into... **II** *adv*, *för tätt ~* too close (near) [to it (him etc.)]
inramad framed äv. bildl.
inre I *adj* **1** rumsförh.: längre in belägen inner, inside; invärtes, intern internal; inomhus indoor; *det ~ Afrika* the interior of Africa; *~ angelägenheter* lands, förenings internal affairs; lands äv. domestic affairs **2** bildl.: hörande t. sjävlivet inner; egentlig intrinsic; *en ~ drift* an impulse from within; *~ kamp* inner (inward) struggle **II** *subst adj* innandöme inside; persons inner man; *hela mitt ~ upprördes* my whole soul (being)...
inreda fit up; decorate; med möbler furnish; ordna arrange; *vackert inredd* beautifully appointed (decorated)
inredning 1 inredande fitting-up, equipment **2** konkr. [interior] fittings (appointments); väggfast ~ fixtures
inredningsarkitekt interior designer (decorator)
inresa till ett land entry; *vid ~* on arrival
inresetillstånd permission to enter the (resp. a) country; konkr. entry permit
inrikes I *adj* inländsk domestic; **II** *adv* within (in) the country
inrikesdepartement ministry (amer. department) of the interior; *~et i Engl.* the Home Office
inrikesflyg, *~et* flygbolagen the domestic airlines pl.; flygningarna domestic flights pl.

inrikesminister minister (amer. secretary) of the interior; i Engl. Home Secretary
inrikespolitik domestic politics pl. (politisk linje, tillvägagångssätt policy)
inriktad, *socialt* ~ verksamhet ...that has social aims in view; *vara* ~ *på att* inf. a) sikta mot aim at (be bent on) ing-form b) koncentrera sig på concentrate on (direct one's energies towards) ing-form; *alla var* ~*e* beredda *på att detta skulle hända* everybody was prepared for that to happen
inriktning 1 eg.: justering adjusting, putting...in position; i linje med något alignment; av vapen sighting **2** bildl.: målsättning [aim and] direction; koncentration concentration; tendens trend; jfr äv. *inställning 2*
inrop vid auktion purchase
inropning på scen o.d. call; efter ridåfallet curtain call
inrotad t.ex. om ovilja deep-rooted; t.ex. om respekt deep-seated; t.ex. om vana inveterate
inrutad, *en* ~ *tillvaro* a humdrum (stereotyped) existence
inryckning mil. **1** intåg entry **2** till militärtjänst ~ *sker* den 1 mars joining-up takes place...
inrådan, *på* (*mot*) *min* (*ngns*) ~ on (contrary to) my (a p.'s) advice
inräknad, *sex personer, föraren* ~ six, counting (including) the driver; *moms* ~ including VAT
inrätta I *tr* **1** grunda establish, start **2** anordna arrange; ~ *det bekvämt för sig* arrange things comfortably for oneself **II** *rfl,* ~ *sig* **1** bekvämt settle down... **2** anpassa sig adapt (accommodate) oneself
inrättning 1 anstalt establishment **2** anordning device, appliance, contrivance; vard., 'manick' contraption
insamling hopsamling collection; penning~, vard. whip-round
insats 1 lös del i ngt liner, insertion äv. sömnad.; t.ex. [pappers]~ i oljefilter cartridge **2** i spel o.d. stake[s pl.]; kontant~ deposit; det var ett uppdrag *med livet som* ~ ...in which [his (her) etc.] life was at stake **3** prestation achievement, effort; bidrag contribution; idrotts~ performance; *göra en* ~ *för* (*i*) make a contribution to, work (do something) for
insatslägenhet ung. co-operative [building-society] flat (apartment)
insatt 1 *vara* ~ *i...* hemmastadd be familiar (at home) with...; veta om know a lot about... **2** ~ *kapital* paid-in (invested) capital

inse see, understand
insekt insect; amer. äv. bug
insektsbekämpning insect control
insektsmedel insecticide
insemination insemination
insida inside, inner side; i bet. 'inre' interior; *från* ~*n* äv. from within
insikt inblick insight; kännedom knowledge; förståelse understanding
insiktsfull om pers. well-informed, ...showing insight; om skildring penetrating, discerning; t.ex. om ledning competent; jfr äv. *klok*
insinuera insinuate
insistera insist; ~ *på* [*att ngn kommer*] insist on [a p.'s coming]
insjukna fall (be taken) ill, go down
insjunken sunken; *insjunkna ögon* äv. hollow eyes
insjö lake
insjöfisk freshwater (lake) fish
inskjuta inflicka interpose; se vid. *skjuta* [*in*]
inskolning acclimatization [at school]
inskridande intervention; interference
inskription allm. inscription
inskriven, *vara* ~ *vid* skola, kår o.d. be enroled (amer. enrolled) at...; universitet o.d. be a registered student at...; t.ex. regemente äv. be enlisted at...
inskrivning i skola enrolment (amer. enrollment); mil. äv. enlistment; vid universitet o.d. registration
inskränka I *tr* begränsa restrict, confine; minska reduce, cut [down] **II** *rfl,* ~ *sig till* a) nöja sig med confine (restrict) oneself to [*till att* inf. to ing-form] b) endast röra sig om be limited (confined, restricted) to, only amount to [*till att* inf. i samtl. fall to ing-form]; inte överskrida äv. not exceed
inskränkning restriction, reduction, jfr *inskränka*; förbehåll qualification; *göra* ~*ar i* ngns rörelsefrihet put (impose) restrictions (restraints) on...
inskränkt bildl. limited; dum dense; trångsynt narrow[-minded]
inskränkthet dumhet denseness; trångsynthet narrowness of outlook
inslag 1 vävn., koll. weft **2** bildl., allm. element; del feature; *ett färgstarkt* ~ *i* gatubilden a colourful contribution to...; *ett intressant* ~ *i* programmet an interesting feature of...
inslagen 1 wrapped, ...that has been wrapped (done) up; ~ *som present* gift-wrapped **2** *inslagna fönsterrutor* smashed windows
insläpp luft~ inlet; ~ *av människor* admission
insmickrande ingratiating

insmord greased, oiled; med ngt tjockt smeared; *väl* ~ well-greased, well-oiled; *vara* ~ *med sololja* have sun oil [rubbed] on (i ansiktet one's face)
insnöad 1 *bli* ~ get (be) snowed up el. in, get (be) snow-bound; utsatt för snöhinder äv. get (be) held up by [the] snow **2** *vara* ~ *vard.* be square
inspark fotb. goal kick; *göra* ~ take a goal kick
in spe blivande future; *min svåger* ~ my brother-in-law to be
inspektera inspect
inspektion inspection
inspektionsresa tour of inspection
inspektör allm. inspector; kontrollör supervisor; polis~ inspector
inspelad, ~ *kassett* prerecorded cassette
inspelning allm. recording; film~ production
inspelningsband recording (magnetic) tape
inspiration inspiration
inspärrad shut (looked) up; *hålla ngn* ~ äv. detain a p.
inspärrning confinement, incarceration
installation allm. installation; elektr. äv. wiring
installatör electrician
installera allm. install äv. data.; ~ *sig* install (settle, establish) oneself
instans jur. instance; myndighet authority; *gå till högre* ~ carry the case to a higher court
insteg, *få* (*vinna*) ~ get (obtain, gain) a footing [*hos ngn* with a p.]; få spridning, t.ex. om åsikt, sed äv. be introduced; få fast fot, t.ex. om rörelse i ett land, nytt ord äv. establish itself; bli gynnsamt mottagen, t.ex. om vara på en marknad äv. find (come into) favour
instinkt instinct; *sunda* ~*er* healthy instincts; *av* ~ by instinct
instinktiv instinctive
institution allm. institution; *engelska* ~*en* vid univ. the Department of English, the English Department
instruera teach, instruct
instruktion 1 abstr. instruction; ~[*er*] föreskrift instructions; anvisning directions (båda pl.); information, isht mil. briefing **2** konkr. instructions
instruktionsbok instruction book
instrument allm. instrument
instrumentalmusik instrumental music
instrumentbräda instrument panel; på bil dashboard, fascia [panel]
instrumentpanel instrument panel; på bil fascia [panel]

instudering *av pjäs o.d.* rehearsal; ~*en av rollen* the studying of the part
inställa I *tr* upphöra med stop, discontinue; inhibera cancel; ~ *arbetet* strejka strike, go on strike, walk out; ~ *betalningarna* suspend (stop) payment **II** *rfl,* ~ *sig* om pers.: isht vid domstol appear, present oneself; vid mötesplats put in an (make one's) appearance; ~ *sig hos ngn* (resp. *till tjänstgöring*) äv. mil. report [oneself] to a p. (resp. report for duty); ~ *sig inför rätta* appear before (in) the (resp. a) court
inställbar adjustable
inställd, *vara* ~ beredd *på ngt* be prepared for a th.; *vara* ~ *på att* +inf. a) be prepared to +inf. b) ämna intend to +inf.
inställelse appearance äv. jur. o.d.; ~ *till tjänstgöring* reporting for duty
inställning 1 reglering o.d. adjustment; foto. focusing; radio. tuning-in; tids~ time-setting **2** bildl. attitude, outlook; *hans politiska* ~ his political outlook
inställsam ingratiating; krypande cringing
instämma 1 bildl. agree; concur; [*jag*] *instämmer!* I agree (vard. go along with that) **2** i t.ex. sång, se *1 stämma* [*in*]
instämmande I *s* bifall agreement; *med* ~ *i* föregående yttrande agreeing with... **II** *adj, en* ~ *nick* a nod of assent
instängd 1 eg. ...shut (inlåst locked) up; *känna sig* ~ feel shut in (confined, cooped up) **2** om luft stuffy, close
insulin kem. insulin
insupa 1 frisk luft o.d. drink in **2** bildl. imbibe
insvängd ...curved (rounded) inwards; ~ *i midjan* ...[that] goes in at the waist
insyltad vard. ~ *i* mixed up in, up to one's ears in
insyn 1 view; mil. observation; *här* i trädgården *har man ingen* (*är man skyddad från*) ~ the garden is shut off from people's view, people can't look into the garden **2** bildl. [public] control; *få en klar* ~ *i* obtain (gain) a clear insight into (a clear grasp of)
insändarspalt letters-to-the-editor column
insättning i bank deposition; insatt belopp deposit
intag intake äv. tekn.; insytt veck inlet
intaga 1 plats, ställning: a) placera sig i (på), t.ex. sin plats take b) försätta sig i (resp. befinna sig i), t.ex. liggande ställning place oneself in (resp. be in) c) [inne]ha occupy d) t.ex. en ståndpunkt take up; ~ *ngns plats* träda i stället för ngn fill a p.'s place **2** mil., erövra take **3** måltid o.d. have **4** betaga captivate

intagande *adj* captivating; charmig charming
intagen 1 *vara ~ på sjukhus* be in hospital; *en ~* subst. adj., på sjukhus a patient; på anstalt an inmate; på fängelse an internee; jfr vid. *intaga* **2** betagen *vara (bli) ~ av ngn* be captivated by a p.
intagning taking in etc., jfr *ta [in]*; av annons o.d. insertion; på sjukhus m.m. admission; på vårdanstalt commitment; till t.ex. universitet admission
intakt intact
intala bildl. *~ inge ngn (sig)* mod o.d. inspire a p. with (give oneself)...; *~* inbilla *ngn (sig) ngt* put a th. into a p.'s (one's) head
inte 1 allm. not, no (jfr äv. *3*); [*visst*] *~!* certainly not!, oh no!, by no means!; *~ [det]?* verkligen! no?, really?, is that so?; *jaså, ~ det?* konstaterande efter nekat yttrande oh, is that so?, oh you don't (aren't etc.)?; *jag vet ~* I do not el. don't know; *jag kan (vill) ~* I cannot el. can't (will not el. won't) **2** före isht jakande attr. adj. ibl. in- el. omskrivn. med rel. sats; *~ ätliga* svampar inedible...; *en ~ återkommande* utgift a non-recurrent... **3** ofta före komp. no; *det blir ~ bättre för det!* it'll be no (none the) better for that!, that won't make things better!; *~ senare än* not (mera känslobetonat no) later than **4** utan nek. bet. i utrop el. retorisk fråga vanl. utan motsv. i eng., jfr ex.; *hur skickligt har han ~ ...!* how cleverly he has...!
inteckna fastighet mortgage; *~ över skorstenarna* mortgage up to the hilt
inteckning i fastighet mortgage
integrera integrate
integrering integration
integritet integrity
intellekt intellect
intellektuell intellectual; själslig (motsats 'fysisk') mental; *en ~* an intellectual; vard. a highbrow
intelligens intelligence
intelligent intelligent; *vara ~* äv. have brains
intendent allm. föreståndare manager; förvaltare steward; vid museum curator, keeper; sjö. el. flyg. purser; mil.: lägre quartermaster; högre commissary
intensifiera intensify
intensitet intensity
intensiv I *adj* intense; koncentrerad intensive äv. om jordbruk; energisk energetic **II** *s* vard., på sjukhus intensive care unit
intensivkurs intensive (concentrated, crash) course
intensivvård intensive care

intensivvårdsavdelning intensive care unit
interaktiv interactive äv. data. o. TV.
interimsregering provisional government
interiör det inre interior; inomhusbild indoor picture; *~er från* finansvärlden inside (intimate) pictures of...
intermezzo mellanspel intermezz|o (pl. -os el. -i); polit. o.d., t.ex. vid en gräns incident
intern I *adj* internal **II** *s* internerad: på anstalt o.d. inmate; i fångläger internee
internat boarding school
internationalisera internationalize
internationell international
internera i fångläger intern; på anstalt o.d. detain
internering internment; detention; jfr *internera*
Internet the Internet (Net); *surfa på ~* surf the Internet (the Net)
internrekrytering recruitment within a (resp. the) company
interntelevision o. **intern-tv** closed-circuit television (TV)
internutbildning in-service (on-the-job) training
intervall interval äv. mus.
intervenera intervene
intervention intervention
intervju interview; *göra en ~ med ngn* have an interview with a p.
intervjua interview
intervjuare interviewer
intervjuobjekt o. **intervjuoffer** interviewee, subject of an (resp. the) interview
intet 1 allm., se *ingen* o. *ingenting* **2** spec. fall: **a)** *det tomma ~* empty nothingness **b)** *gå (göra...) om ~* come (bring...) to naught (nothing)
intetsägande om fraser, samtal o.d.: tom empty; meningslös meaningless, insignificant; intresselös uninteresting; trist äv. om pers., fadd vapid; om mat insipid; uttryckslös expressionless
intill I *prep* **1** om rum; fram till up to; *alldeles (tätt) ~* quite close to; med beröring [up] against **2** om tid until, up (down) to; *~ slutet* to the very end **3** om mått o.d. up to; bildl. ordentlig *~ pedanteri* ...to the point of pedantry **II** *adv, vi bor alldeles ~* we live next door
intilliggande adjacent, adjoining, situated close by
intim intimate; nära close; privat private; *~a detaljer* intimate details; *~t samarbete* close collaboration
intimhygien personal hygiene
intimitet intimacy
intolerans intolerance äv. med.

intolerant intolerant
intrasslad entangled äv. bildl., se vid.
inblandad
intressant interesting
intresse interest äv. hand. el. polit. m.m.;
...*har (är av) stort ~ för mig* ...is of great interest to me; *fatta (ha, hysa) ~ för ngt* take an interest in a th.; *ha ~n i* ett företag have interests (an interest) in...; *tappa ~t för* lose interest in
intressekonflikt conflict (clash) of interests
intresseorganisation professional and industrial organization
intressera I *tr* interest; *det ~r mig mycket (inte)* äv. it is of great (no) interest to me II *rfl*, *~ sig (sig mycket) för*... take an interest ([a] great interest) in..., be [very much] interested in...; vard. go in for...
intresserad interested
intresseväckande interesting
intrig intrigue, machination; plot äv. förveckling i roman, drama
intrigera intrigue
intrigmakare intriguer, schemer
intrikat invecklad intricate, complicated; svår difficult; delikat delicate
introducera introduce; lansera launch
introduktion introduction
introduktionserbjudande hand. trial (introductory) offer
introduktionskurs introductory course
intryck bildl. impression; *få (ha) det ~et att*... get (be under) the impression that...
intrång encroachment; *göra ~ på (i)*... vanl. encroach (trespass) [up]on...
inträde 1 entrance; isht friare entry; tillträde admission, admittance; *göra sitt ~ i*... eg. vanl. enter... **2** se *inträdesavgift*
inträdesavgift entrance fee
inträdesbiljett admission ticket
inträffa 1 hända happen; infalla occur, fall; *~ samtidigt* äv. coincide **2** ankomma arrive
intuition intuition
intuitiv intuitive
intyg certificate; isht av privatpers. testimonial; jur. affidavit
intyga skriftligen certify; bekräfta affirm; *härmed ~s att*... vanl. this is to certify that...
intåg entry; *hålla sitt ~* make one's entry [*i* into]
intäkt 1 *~er* influtna medel receipts [*av* from]; proceeds [*av* of]; statliga el. kommunala revenues; jfr f.ö. *inkomst* **2** *ta ngt till ~ för*... take a th. as a pretext (försvar justification) for...
inunder I *adv* underneath; *våningen ~* the apartment below II *prep* underneath, beneath
inuti I *adv* inside II *prep* inside
invadera invade
invagga, *~ ngn i säkerhet* lull a p. into security
invald, *bli ~ i* be elected to; t.ex. riksdag äv. get into
invalid disabled person; krigs~ disabled soldier
invalidiserad disabled, crippled
invaliditet disablement; isht försäkr. invalidity
invand habitual; *~a föreställningar* ingrained opinions
invandrare immigrant
Invandrarverket the [Swedish] Immigration Board
invandring immigration
invasion invasion
invasionsarmé invasion (invading) army
inveckla I *tr*, *~s (bli ~d) i ngt* get mixed up (involved) in a th. II *rfl*, *~ sig i ngt* get [oneself] mixed up (involved, entangled) in a th.
invecklad komplicerad complicated; *göra mer ~* complicate
inventarium 1 *inventarier* effects, movables, stores **2** pers. *ett gammalt ~* a fixture
inventering inventory; lager~ stocktaking
inverka, *~ på ngt* act (have an effect, have an influence, operate) on a th.; *~ på* äv. affect, influence
inverkan effect, action
investera invest
investering investment
investeringsobjekt object of investment
invid I *prep* by; utefter alongside; *alldeles (tätt) ~ väggen* very close to the wall II *adv* close (near) by
inviga 1 byggnad inaugurate; utställning, bro open; fana o.d. dedicate; kyrka consecrate **2** installera consecrate **3** kläder: bära wear (använda use)...for the first time **4** *~ ngn i ngt* göra ngn förtrogen med ngt initiate a p. into a th.
invigning inauguration, opening, dedication; jfr *inviga 1*
invigningsfest eg. inaugural (opening) ceremony; inflyttningsfest house-warming [party]
invit inbjudan invitation; vink hint
invånare inhabitant; i stadsdel o.d. resident; *per ~* äv. per head
invända, *jag invände att*... I objected (made el. raised the objection) that...
invändig internal; ficka o.d. inside...

invändigt internally; i det inre in the interior; på insidan [on the] inside
invändning objection; *göra (komma med) ~ar mot* object to, raise objections to el. against
invänta avvakta await; vänta på wait for
invärtes I *adj* sjukdom internal; *för ~ bruk* for internal use **II** *adv* inom sig inwardly
inympa 1 inoculate; trädg. graft **2** bildl. implant
inåt I *prep* toward[s] (into, betecknande befintl. in) the interior of; *~ landet* äv. up country **II** *adv* inward[s]; *dörren går ~* the door opens inwards
inåtvänd eg. ...turned inward[s]; självupptagen self-absorbed; psykol. introverted
inälvor bowels; djurs viscera, entrails; vard. guts
inälvsmat offal
Irak Iraq
irakier Iraqi
irakisk Iraqi
Iran Iran
iranier Iranian
iransk Iranian
iranska 1 kvinna Iranian woman **2** språk Iranian
Irland Ireland; *på ~* in Ireland
irländare Irishman; *irländarna* som nation el. lag o.d. the Irish
irländsk Irish
irländska 1 kvinna Irishwoman **2** språk Irish
ironi irony; hån sarcasm
ironisk ironic[al]; hånfull sarcastic
irra, *~ [omkring]* wander (rove) about
irrationell irrational; matem. äv. surd
irrbloss will-o'-the-wisp äv. bildl.
irrelevant irrelevant
irrfärd, ~er wanderings
irritation irritation
irritationsmoment source of irritation
irritera irritate äv. med.; annoy; *han ~r mig* äv. he gets on my nerves
irriterande irritating, exasperating; *mycket ~* äv. infuriating
is ice; *varning för svag ~* Notice: Ice unsafe here!; *när isen går (bryter) upp* when the ice breaks up; *~arna är osäkra* the ice is not safe
isa *tr* iskyla ice
isande icy eg. el. bildl.; *en ~ köld* eg. a biting cold (frost); bildl. an icy coldness [*mot* to (towards)]
isbana ice rink
isbelagd icy
isberg iceberg
isbergssallat iceberg lettuce

isbit piece (lump, bit) of ice
isbjörn polar bear
isbrytare icebreaker
iscensätta produce; bildl. stage
iscensättning production, staging; konkr. [stage-]setting
ischias med. sciatica
isdans ice dancing
isfri ice-free
isgata, *köra (halka) på ~n* ...on the icy road[s]
isglass pinne ice lolly; isht amer. popsicle
ishall indoor ice rink
ishink iskylare ice bucket, ice pail
ishockey ice hockey
ishockeyklubba ice hockey stick
ishockeymatch ice hockey match
ishockeyspelare ice hockey player
isig icy
iskall ...[as] cold as ice; isande icy
isklump lump of ice; *mina fötter är som ~ar* my feet are (feel) like lumps of ice (are like ice)
iskub ice cube
iskyla icy cold; bildl. iciness
iskyld om t.ex. dryck ice-cooled
islam Islam
islamisk Islamic
Island Iceland
islandssill Iceland herring (koll. herrings)
islossning break-up of the ice; bildl., polit. thaw
isländsk Icelandic
isländska 1 kvinna Icelandic woman **2** språk Icelandic
islänning Icelander
isolera 1 avskilja isolate; *han ~r sig* he keeps to himself, he withdraws from other people **2** fys. el. tekn. insulate **3** kem. isolate
isolering 1 avskiljande isolation **2** fys. el. tekn. insulation **3** kem., urskiljande isolation **4** isoleringsavdelning på sjukhus isolation ward (block); isoleringscell i fängelse solitary confinement cell
isoleringsband insulating tape
isoleringscell solitary confinement cell
isoleringsmaterial insulating (elektr. äv. non-conducting, lagging) material
isoleringsstraff solitary confinement
ispik ung. ice stick
Israel Israel
israel Israeli (pl. äv. lika)
israelisk Israeli
isskrapa för bil ice scraper
issörja på land ice slush; i vatten broken ice
istadig restive
istapp icicle
ister flott lard äv. kok.

isterband [kind of] coarsely-ground smoked sausage
isterbuk potbelly
istid geol. ice age, glacial period
istället se *i stället* under *ställe 2*
isvatten avkylt med is iced water, ice water
isänder se [*i*] *sänder*
isär åtskils apart; ifrån varandra away from each other
isärtagbar dismountable; *lätt* ~ äv. easily disassembled (dismantled), ...easy to take to pieces
IT IT (förk. för information technology)
Italien Italy
italienare Italian
italiensk Italian
italienska (jfr äv. *svenska*) **1** kvinna Italian woman **2** språk Italian
itu 1 i två delar in two; sönder *gå (vara)* ~ go to (be in) pieces **2** se *ta* [*itu med*]
iver eagerness, keenness; nit zeal; stark. fervour; *med stor* ~ with great zest, with alacrity
ivra, ~ *för* t.ex. nykterhet be an eager (a zealous, a keen) supporter of
ivrig eager, keen; stark. ardent; enträgen urgent; energisk energetic; nitisk zealous; innerlig devout; *bli (vara)* ~ lätt upphetsad get (be) excited
iväg se [*i*] *väg*
iögonfallande framträdande conspicuous; tydlig very obvious, very much in evidence; slående striking

j 1 bokstav j [utt. dʒeɪ] **2 J** (förk. för *joule*) J
ja I *interj* (ibl. *adv*) **1** bekräftande, bifallande o.d. yes; artigare el. isht till överordnad yes, Sir (resp. Madam); som utrop ay [, ay]!; vid upprop here!; uttr. motvilligt medgivande o. undvikande svar well **2** med försvagad innebörd, anknytande o.d. well; ~, *då går vi då* well, let's go then; ~ [, ~], *jag kommer all right* [, *all right*] (yes, yes,) I'm coming! **3** uttr. en stegring: *jag trodde, ~, jag var säker på att han var oskyldig* I thought he was innocent, in fact I was sure of it **4** i förb. med adv. el. annan itj. *~ då!* oh yes! **II** *s* yes (pl. yeses); vid röstning aye; *få ~* receive (have, get) an answer in the affirmative (a favourable answer el. reply); vid frieri be accepted; *rösta ~* vote for the proposal, vote in the affirmative
1 jack djup skåra gash
2 jack tele. socket; stickpropp plug; *dra ur ~en* (*~et*) unplug the phone
jacka jacket
jacketkrona jacket crown
jag I *pers pron* I; *mig* me; rfl. myself (i adverbial med beton. rumsprep. vanl. me); *äldre än ~* older than I [am] (than me, ibl. than myself); *han gav mig den* he gave it [to] me; *han tog mig i armen* he took my arm; *jag tror mig ha rätt i det* I think I am right in that **II** *s* filos. el. psykol. ego (pl. -s); *hans andra ~* his alter ego lat.; *hans bättre ~* his better self
jaga I *tr* allm. el. isht om hetsjakt hunt; med gevär ('skjuta') shoot (amer. dock hunt); friare el. *vara ute och ~* be out hunting (resp. shooting); *~ bort* drive away; *~ livet ur ngn* worry the life out of ap.; *~ ut* chase out **II** *itr* ila drive, chase; rusa hurry
jagare krigsfartyg destroyer
jagföreställning psykol. self-image
jaha betänksamt well [, let me see (think)]; bekräftande yes [, to be sure]; jag förstår oh, I see
jakande I *adj* affirmative **II** *adv* affirmatively; *svara ~* reply (answer) in the affirmative
1 jakt sjö. yacht
2 jakt allm. el. isht hetsjakt hunting; med gevär shooting (amer. dock hunting); jaktparti hunt (äv. bildl.) resp. shoot; *~ och fiske* hunting and fishing
jaktflygplan fighter
jaktgevär sporting-gun; hagelgevär shotgun
jakthund sporting dog; amer. hunting dog
jaktkniv hunting-knife
jaktlicens game licence
jaktlycka good luck in hunting; *har du haft ~?* have you had a good day's sport?
jaktmark, *~[er]* hunting-grounds pl.; *de sälla ~erna* the happy hunting-grounds
jaktsäsong hunting (resp. shooting) season
jaktvård game preservation
jalusi spjälgardin Venetian blind; skåpjalusi o.d. rollfront
jalusiskåp rollfront cabinet
jama miaow
Jamaika Jamaica
jamaikansk Jamaican
jamare vard. *ta sig en ~* have a dram
Janssons frestelse kok. 'Jansson's temptation', sliced herring, potatoes and onions baked in cream
januari January (förk. Jan.); för ex. jfr *april*
Japan Japan
japan Japanese (pl. lika); neds. Jap
japansk Japanese
japanska 1 kvinna Japanese woman **2** språk Japanese
jargong jargon, lingo (pl. -es), line of talk
jaröst vote in favour; *~erna är i majoritet* the ayes have it
jasmin bot. jasmine
jaså oh!, indeed!; *~, gjorde han det?* oh, [he did,] did he?; *~, inte det?* no?
jasägare yes-man
javanes Javanese (pl. lika)
javanesisk Javanese
javanesiska 1 kvinna Javanese woman **2** språk Javanese
javisst se [*ja*] *visst*
jazzbalett jazz ballet
jazzband jazz band
jazzmusik jazz music
jeans jeans
jeep jeep
jehu, *fara fram (komma) som ett ~* come rushing along like a hurricane
jeremiad jeremiad; vard. hard-luck story
jersey tyg jersey
jesuitorden the Society of Jesus
Jesus Jesus; *Jesu liv* the life of Jesus
Jesusbarnet the Infant (the Child) Jesus
jetflyg flygplan jet, jet plane (aircraft)
jetmotor jet engine
jetplan jet, jet plane (aircraft); linjeflyg jetliner

jfr (förk. för *jämför*) cp., cf.
jippo vard., reklam~ [publicity] stunt; *allsköns ~n* lots (all sorts) of ballyhoo (gimmickry)
jiujitsu sport. jujitsu, jiujitsu
JO förk., se *justitieombudsman*
jo (ibl. *adv*) **1** som svar på nekande el. tvivlande fråga el. påstående [oh (why),] yes; eftertänksamt well; oh; why; *fick du inte tag i honom? — Jo, det fick (gjorde) jag* didn't you get hold of him? — [Oh, yes,] I did **2** med försvagad innebörd, inledande, anknytande o.d. ~, *det var [så] sant...* oh, [yes,] that reminds me...; ~ ~, *så går det* well, that's what happens **3** i förb. med adv. el. annan itj. ~ *då!* oh yes!; *varför hör du inte på? — Jo då, det gör jag!* why aren't you listening? — I am beton. listening!
jobb job äv. arbetsplats; work; *jag har haft mycket ~ med (med att* + inf.) I've had a lot of work with (it was quite a job to + inf.)
jobba vard., arbeta work; ligga i go at it; ~ *på* keep at it, work away; ~ *över* på övertid work overtime
jobbare vard., arbetare worker
jobbarkompis vard. workmate
jobbig vard. *det är ~t* it's hard work (a tough job); *han är ~* besvärlig he's trying
jobspost bad news; *en ~* a piece of bad news
jockej o. **jockey** jockey
jod kem. iodine
joddla yodel
jodå se *jo 3*
jogga jog; mjuka upp sig före tävling limber up
joggare jogger
joggingsko jogging (track) shoe
joggning jogging; uppmjukning före tävling limbering up
jojo leksak yo-yo; *åka ~* yo-yo
joker kortsp. joker äv. bildl.; *~n i leken* the joker in the pack
jolle liten roddbåt el. segel~ dinghy; större jolly-boat; örlog. tender
joller babble, babbling
jollra babble; crow
jolmig fadd vapid, tasteless; blaskig wishy-washy; kväljande sickly; mjäkig mawkish, sloppy; kvav muggy
Jon Blund the sandman
jonglera juggle
jonglör juggler
jord 1 jordklot earth; värld world; *Moder ~* Mother Earth **2** mark ground; jordmån soil; mylla, mull earth; amer. äv. dirt; stoft dust; *odla ~en* cultivate the ground (soil); *av ~ är du kommen, ~ skall du åter varda* earth to earth, ashes to ashes, dust to dust; *kunna (vilja) sjunka genom ~en av blygsel* be ready to sink into the ground with shame; *gå under ~en* bildl. go underground (under ground), go to earth **3** område land
jorda 1 begrava bury **2** elektr. earth; amer. ground
Jordanien Jordan
jordanier Jordanian
jordansk Jordanian
jordbruk 1 verksamhet agriculture, farming **2** bondgård o.d. farm, holding; mindre plot
jordbrukare farmer
jordbruksarbete agricultural work
jordbruksbygd agricultural (farming) district
jordbruksdepartement ministry (amer. department) of agriculture
jordbruksminister minister (amer. secretary) of agriculture
jordbrukspolitik agricultural (farming) policy
jordbruksprodukt agricultural (farm) product; *~er* äv. agricultural (farm) produce sg.
jordbunden earth-bound, earthy; prosaisk prosaic
jordbävning earthquake
jordeliv, *~et* the (this) present life, our life on earth
jordenruntresa trip round the world
jordfästning funeral (enklare burial) service
jordglob globe
jordgubbe strawberry
jordgubbsglass strawberry ice cream; *en ~* äv. a strawberry ice
jordgubbsland strawberry bed
jordhög mound [of earth]
jordig nersmutsad ...soiled with earth
jordisk earthly, terrestrial; världslig worldly; relig. äv. mortal; timlig temporal; *det ~a livet* the (this) present life, our life on earth
jordklot earth; *~et* äv. the globe
jordkällare earth cellar
jordlott allotment
jordmån soil äv. bildl.
jordning elektr. earthing; amer. grounding
jordnära down-to-earth
jordnöt peanut; bot. äv. groundnut
jordreform land reform
jordskalv earthquake
jordskred landslide äv. polit.; mindre förskjutning [land]slip
jordskredsseger polit. landslide victory
jordyta markyta surface of the ground; *på*

~n jordens yta on the earth's surface, on the face of the earth
jordägare landowner
jordärtskocka Jerusalem artichoke
jota, *inte ett* ~ not a jot, not an iota (atom)
joule fys. joule
jour 1 *ha* ~[*en*] be on duty; *ha (vara)* ~ om läkare be on emergency (för hembesök on-call) duty **2** se *à jour*
jourhavande I *adj* ...on duty; för hembesök ...on call **II** *s*, ~[*n*] jourhavande läkare på sjukhus the doctor on duty; vid hembesök doctor on call
jourläkare på sjukhus doctor on duty; för hembesök doctor on call
journal 1 dagbok journal; med. case book; sjö. logbook, log **2** film newsreel
journalist journalist
journalistik journalism
jourtjänst läkares o.d. emergency (för hembesök on-call) duty; dygnet runt 24-hour duty; låssmeds o.d. emergency service; dygnet runt 24-hour (round-the-clock) service; *ha* ~ be on duty; om läkare be on emergency (on-call) duty
jovialisk jovial, genial
jox vard.: saker o. ting stuff; smörja, skräp trash, rubbish; besvär bother
joxig vard. awkward, ticklish; *det är ~t* it's a bother (a bind, a nuisance)
ju 1 bekräftande o.d. why först i den eng. satsen; naturligtvis of course; förstås to be sure; visserligen it is true; som bekant as we [all] know; det vet du ju [as] you know (see); *du kan ~ göra det* a) om du vill you can do so, to be sure b) med beton. 'du' you beton. can do it; *varför hör du inte på? — Ja, men jag gör ~ det!* why aren't you listening? — But I am beton. listening! **2** konj. ~ *förr dess (desto) bättre* the sooner the better
jubel hänförelse enthusiasm; triumferande exultation; glädjerop shout[s pl.] of joy, enthusiastic cheering (cheers pl.); munterhet hilarity
jubilar person celebrating his etc. (a special) anniversary
jubilera celebrate one's (a special) anniversary
jubileum [special] anniversary
jubla högljutt shout with joy; inom sig rejoice; *~nde* [enthusiastically] cheering, jubilant, exultant, joyful
jubonär *adj* tindy
judaskyss Judas kiss
jude Jew; neds. el. sl. Yid
judeförföljelse persecution of the Jews
judendom, ~[*en*] Judaism, Jewry

judinna Jewess
judisk Jewish; neds. äv. Jew end. attr.
judo sport. judo
Jugoslavien Yugoslavia, Jugoslavia
juice fruit juice
jul Christmas (förk. Xmas); avseende hednisk tid el. poet. Yule[tide]; *god ~!* [A] Merry Christmas!; han kommer *i* ~ ...at (denna jul this) Christmas; *i ~as* last Christmas
julafton, ~[*en*] Christmas Eve
julbock Christmas goat [av halm made of straw]
julbord middagsbord Christmas dinnertable; maten Christmas buffet
julbrådska, ~*n* the Christmas rush
juldag 1 ~[*en*] Christmas Day **2** *~arna* julhelgen Christmas, the Christmas holiday (båda sg.)
julevangeliet the gospel for Christmas Day
julgran Christmas tree; *det är ingenting att hänga i* ~[*en*] bildl. it is nothing to write home about
julgransbelysning Christmas tree illuminations
julgransplundring children's party after Christmas [at which the Christmas tree is stripped of decorations]
julhandla do one's Christmas shopping
julhelg jul Christmas; *under ~en* during Christmas (ledigheten the Christmas holidays)
julhälsning Christmas greeting
juli July; för ex. jfr *april*
julklapp Christmas present (gift); *köpa ~ar* äv. buy presents for Christmas; önska sig ngt *i (till)* ~ ...for Christmas
julkort Christmas card
jullov Christmas holidays pl. (vacation)
julmarknad Christmas fair
julotta early church service on Christmas Day
julpsalm Christmas hymn
julpynt Christmas decorations
julskyltning Christmas window display
julstjärna 1 i julgran star on the top of a (resp. the) Christmas tree; i fönster illuminated star [placed in a window at Christmas] **2** bot. poinsettia
julstämning Christmas spirit (atmosphere)
julstök preparations pl. for Christmas
julsång Christmas carol (song)
jultid Christmas time
jultomte, ~[*n*] Father Christmas, Santa Claus
jumbo, *komma (bli, ligga)* ~ come (be) bottom (last)
jumbojet jumbo jet; vard. jumbo
jumper jumper

jungfru 1 ungmö maid[en]; kysk kvinna virgin; *den heliga ~n* the Virgin Mary, the Holy (Blessed) Virgin **2** *Jungfrun* astrol. Virgo
jungfrudom virginity
jungfrulig maidenly; maidenlike; *~ mark* virgin soil
jungfruresa maiden trip (sjö. voyage, flyg. flight)
jungman sjö. ordinary seaman (pl. seamen), deckhand
juni June; för ex. jfr *april*
junior I *s* o. *adj* junior; Bo Ek *~* (förk. *jun., j:r)* ...,Junior (förk. Jun., Jr.) **II** *s* sport. junior
juniorlag junior team
junta militärjunta junta
juridik law; *studera ~* study [the] law
juridisk allm. legal; avseende rättsvetenskap jurisprudential; *den ~a banan* the legal profession
jurist 1 praktiserande lawyer osv., jfr *advokat;* rättslärd jurist **2** juridikstuderande law student
juristexamen Master of Laws [degree] (förk. LLM)
jury jury; *vara medlem av en ~* serve on a jury
1 just just; exakt exactly, precisely; egentligen really; *jag skall ~ gå [ut]* I'm just going [out]; *~ nu* i detta ögonblick just (right) now, [just] at this very moment; för närvarande at the present moment; *varför ~ jag?* why [just] me?; *~ det [,ja!]* that's right!, exactly!, quite!; *~ ingenting* ingenting särskilt nothing in particular; så gott som ingenting practically nothing, nothing much
2 just I *adj* regelmässig, rättvis, hederlig fair; korrekt correct; oklanderlig irreproachable; om uppträdande, klädsel unexceptionable; i sin ordning ...all right **II** *adv* fair[ly]; correctly osv., jfr *I*
justera 1 adjust; instrument regulate, set...right; mekanism true up; mått gauge; protokoll check, confirm **2** sport., skada injure
justerbar adjustable
justitiedepartement ministry (amer. department) of justice; *~et* eng. motsv. the Lord Chancellor's Office; i vissa funktioner the Home Office
justitieminister minister of justice; *~n* eng. motsv. the Lord Chancellor, the Home Secretary; i Amer. the Attorney General
justitiemord judicial murder; juridiskt misstag miscarriage of justice
justitieombudsman, *~nen* (förk. *JO)* the Ombudsman, the [Swedish] Parliamentary Commissioner for the Judiciary and Civil Administration
juteväv jute cloth
juvel jewel äv. bildl.; ädelsten gem; *~er* eg. äv. jewellery (amer. jewelry) sg.
juvelerare jeweller; affär jeweller's [shop]
juvelskrin jewel-case
juver udder
jycke hund dog; vard. pooch; neds. cur; prisse guy
jympa se *gympa*
jägare person som jagar sportsman; yrkesjägare el. bildl. hunter
jägmästare forest officer
jäkel vard. devil; *jäklar [också]!* damn [it]!, confound it!, damnation!
jäkla I *adj* vard. blasted, dashed; stark. damn[ed]; amer. äv. goddamn[ed] **II** *adv* damn[ed]; amer. äv. godamn[ed]
jäklas, *~ med ngn* be [damned] nasty to ap.
jäkt brådska hurry; fläng bustle, hustle, rush [and tear]; *storstadens (vardagens) ~* the rush and tear of the city (of everyday life)
jäkta I *itr* be always on the move (go); *~ inte!* don't rush (hurry)!; ta det lugnt take it easy! **II** *tr* hurry...on, never leave...in peace; *~ ihjäl sig* drive oneself to death
jäktad jagad driven; hetsad rushed; *~ av arbete* pushed with work
jäktig terribly busy, hectic
jämbredd, *i ~ med* side by side with; bildl. on a level with
jämbördig 1 jämngod ...equal in merit, ...of equal merit, ...in the same class; *utan ~ medtävlare* without a (any) competitor of his (her osv.) own class **2** av lika god börd ...equal in birth; bli behandlad *som [en] ~* ...as an equal
jämfota, *hoppa ~* jump with both feet together
jämföra compare; *~ med* a) anställa jämförelse mellan compare...with b) förlikna vid compare...to; *jämför...* (förk. *jfr)* confer... (förk. cf.), compare... (förk. cp.)
jämförelse comparison; *utan [all] ~* without [any] comparison, beyond [all] comparison
jämförelsevis comparatively; förhållandevis proportionately; relativt relatively
jämförlig comparable; likvärdig equivalent
jämförpris cost-per-unit price, price per kilo (litre etc.)
jämgammal se *jämnårig*
jämka 1 eg. *~ [på]* maka (flytta) på move, shift **2** bildl. a) avpassa adapt; *~ på* t.ex. sina åsikter, principer: justera adjust; modifiera modify; pruta på give way [a little] as

regards b) medla o.d. ~ *ihop* (*samman*) *olika uppfattningar* bring different (variant) opinions into line with each other
jämkning justering [re]adjustment; modifiering modification; ~ *av skatt* tax adjustment, adjustment of tax
jämlik equal
jämlike equal
jämlikhet equality; ~ *i arbetet* job equality
jämmer jämrande groaning; klagan lamentation; elände misery
jämmerdal vale of tears
jämmerlig 1 eländig, ömklig miserable **2** klagande mournful, wailing
jämn 1 om yta: utan ojämnheter even; plan level; slät smooth **2** likartad even; likformig uniform; alltigenom lika equable; konstant constant; kontinuerlig continuous; *~a andetag* regular (even) breathing sg.; *en ~ kamp* an even struggle; *en ~ ström av resande* a continuous stream of travellers **3** om tal, mått o.d., äv. i bet. 'avrundad' even; *~a par* an equal number of men and women; *det är ~t!* sagt t.ex. till en kypare never mind the change (what's over)!, [please,] keep the change!
jämna eg. level; kanterna på ngt even up; klippa jämn, 'putsa' trim; bildl., t.ex. vägen för ngn smooth; ~ *med marken* (*jorden*) level with the ground; *det ~r ut sig* it evens itself out
jämnan, för ~ all the time, continually
jämnhöjd, *i* ~ *med* on a level with, on the same level as båda äv. bildl.
jämnmod equanimity
jämnmulen, *en* ~ *himmel* an entirely overcast sky
jämnt 1 even[ly], level osv., jfr *jämn 1* o. *2*; *dela* ~ divide equally; *dra* ~ bildl. get on well **2** precis exactly; *och därmed* ~ *basta!* and that's that!
jämnårig ...of the same age; *han är* ~ *med mig* he's about my age
JämO förk., av *jämställdhetsombudsman*
jämra, ~ *sig* kvida wail, moan; stöna groan; gnälla whine; klaga complain [*över* i samtl. fall about]; beskärma sig lament [*över* about (over)]
jäms, ~ *med* (*efter*) a) i jämnhöjd med at the level of, level (flush) with b) längs, utmed alongside [of]
jämsides eg. side by side; sport. neck and neck, abreast; ~ *med* äv. alongside [of] äv. bildl.
jämspelt evenly matched, even
jämstark, *vara* *~a* be equal in strength, be equally strong
jämställd, *vara* ~ *med* be on an equal footing (a par) with
jämställdhet 1 mellan könen [sex] equality, equality of opportunity [between women and men] **2** parity; *det råder* ~ *mellan dem* they are on an equal footing (on a par)
jämställdhetsombudsman, *~nen* (förk. *JämO*) the Equal Opportunities Ombudsman
jämt alltid always; ~ [*och ständigt*] el. ~ *och samt* for ever; oupphörligt incessantly, perpetually; gång på gång constantly, continually
jämte tillika med in addition to; inklusive including
jämvikt allm. balance äv. bildl.; eg. el. fys. equilibrium; *återfå* (*återställa*) *~en* recover one's (redress the) balance; *vara i* ~ äv. bildl. be [well-]balanced
jänta vard. lass
järn iron äv. med. el. bildl. el. om skjutvapen el. golfklubbor; *ge ~et* vard.: ge full gas step on the gas (juice), step on it samtl. äv. bildl.; *ha* [*för*] *många* ~ *i elden* have got [too] many irons in the fire
järnaffär butik ironmonger's [shop]; amer. hardware store
järnbrist med. iron deficiency
järnfysik iron constitution
järngrepp iron grip
järnhaltig ...containing iron; ferruginous
järnhand, *styra* (*regera*) *med* ~ rule with a rod of iron
järnhandlare ironmonger; amer. hardware dealer
järnhård bildl. ...as hard as iron, iron; ~ *disciplin* iron (rigid) discipline
järnklubba golf. iron
järnmalm iron ore
järnnätter frosty nights [på senvåren in the late spring, på förhösten in the early autumn]
järnridå teat. safety curtain; polit. iron curtain
järnskrot scrap iron, refuse iron
järnspis iron range
järnvaror ironmongery, ironware; isht amer. hardware
järnverk ironworks (pl. lika)
järnvilja iron will, will of iron
järnväg railway; amer. vanl. railroad; *resa med* (*skicka med* el. *på*) ~ go (dispatch) by rail (train); *vara* [*anställd*] *vid ~en* be [employed] on the railway
järnvägsarbetare railway worker; järnvägsbyggare navvy; linjearbetare surfaceman; amer. section hand

järnvägsförbindelse railway connection
järnvägsknut junction
järnvägslinje railway line
järnvägsnät railway network (system)
järnvägsrestaurang railway (station) restaurant; mindre buffet
järnvägsspår railway track
järnvägsstation railway station; amer. railroad station, depot
järnvägstrafik railway traffic
järnvägsvagn railway carriage; amer. railroad car; godsvagn railway truck (waggon)
järnvägsövergång railway crossing; plankorsning level (amer. grade) crossing
järnåldern the Iron Age; *den yngre (äldre)* ~ the later (earlier) Iron Age
järtecken omen
järv zool. wolverine
jäsa ferment; *låta* degen ~ allow...to rise
jäsning fermentation; bildl. ferment
jäst yeast
jätte I *s* giant **II** *adj* vard. terrific
jättebra o. **jättefin** vard. first-rate
jätteförlust tremendous loss
jättegod vard. super
jättelik gigantic, huge
jätterolig vard. terrifically funny; *den är* ~ äv. it's a real scream (gas)
jättesteg giant stride
jättestor gigantic
jättesuccé vard. terrific (tremendous) success; *det blev en* ~ äv. it went like a bomb
jättevinst på en transaktion tremendous profit; på tips huge win (dividend)
jäv challenge; *anföra (inlägga)* ~ *mot* make (lodge) a challenge to, raise an objection against
jävig jur.: om vittne o.d. challengeable; ej behörig disqualified
jävla m.fl., se *djävla* m.fl.
jönsig vard. silly
jösses good heavens

k 1 bokstav k [utt. kei] **2** *K* (förk. för *kelvin*) K
kabaré underhållning o.d. cabaret, floor show
kabaréartist cabaret artiste
kabel 1 elektr. cable **2** sjö. hawser
kabelbro [cable] suspension bridge
kabel-tv cable television (TV), cablevision; vard. cable
kabin passagerares cabin
kabinett rum, skåp cabinet
kabinettssekreterare undersecretary of state for foreign affairs
kabinpersonal flyg. cabin personnel (crew)
kabla cable
kabriolett bil convertible
kabyss sjö. galley
kackerlacka cockroach
kackla cackle äv. bildl.
kadaver carcass; ruttnande as carrion
kadaverdisciplin slavish (blind) discipline
kadett armé~ el. flyg. cadet; sjö. naval cadet
kadmium kem. cadmium
kafé café; på hotell o.d. coffee room; med utomhusservering open-air café
kaféliv café life
kafeteria cafeteria
kaffe coffee; *två ~!* two coffees, please!; *dricka ~* have coffee
kaffeautomat coffee [vending] machine
kaffebord coffee table
kaffebryggare coffee percolator, coffee maker (machine)
kaffebröd koll., ung. buns and cakes [to go with the coffee]
kaffedags, *det är ~* it's time for coffee, it's coffee time
kaffefat small saucer
kaffekanna coffee pot
kaffekask vard., ung. laced coffee
kaffekopp coffee cup; kopp kaffe cup of coffee; mått (förk. *kkp*) coffee-cupful
kaffekvarn coffee mill
kaffepaus o. **kafferast** coffee break
kafferep coffee party
kaffeservis coffee service (set)
kaffesked coffee spoon
kaffesugen, *jag är ~* I feel like a cup of coffee
kaffetår vard. drop of coffee
kaffeved bildl. *göra ~ av* smash to smithereens
kagge keg
kainsmärke bibl. el. bildl. mark (brand) of Cain
kaj quay; last~, amer. dock; strandgata embankment
kaja jackdaw, daw; *full som en ~* [as] drunk as a lord
kajak kayak
kajalpenna charcoal pen
kajennpeppar cayenne
kajka, ~ *[omkring]* row (segla sail) aimlessly
kajplats quay berth
kajuta cabin; liten cuddy
kaka allm. cake; finare bakverk pastry äv. koll.; små~ biscuit; amer. cookie; kräva *sin del av ~n* bildl. ...one's slice (cut, share) of the cake; *ta hela ~n* bildl. take (bag) the lot; *man kan inte både äta ~n och ha den kvar* you can't have your cake and eat it, you can't have it both ways
kakao bot. cacao äv. likör; pulver cocoa
kakaoböna cocoa bean
kakaofett cocoa butter
kakburk cake tin
kakel platta [glazed] tile (koll. tiles pl.); *kulört ~* Dutch tile
kakelugn [tiled] stove
kakfat cake dish
kakform för bak baking tin
kaki färg o. tyg khaki
kakifärgad khaki[-coloured]
kakmått pastry cutter
kal mera allm. bare; skallig bald
kalabalik tumult uproar; rörig situation mix-up
kalas I *s* bjudning party; festmåltid feast; *betala ~et* bildl. pay for the whole show, foot the bill; *ställa till ~* throw (give) a party **II** *interj* vard., 'fint' smashing!
kalasa feast; *~ på ngt* feast on a th.
kalaskula paunch
kalasmat wonderful food; lyxmat delicacies
kalcium kem. calcium
kalebass bot. el. behållare calabash
kalejdoskop kaleidoscope
kalender 1 tidsindelning calendar **2** se *almanack[a]* **3** årsbok yearbook; adress~ o.d. directory
kalfjäll bare mountain region above the treeline
kalhygge clear-felled (clear-cut) area
kaliber calibre
Kalifornien California

1 kalk 1 bägare goblet äv. bildl.; nattvards~ chalice **2** bot. perianth
2 kalk kem. lime; som bergart limestone; som beståndsdel i föda calcium äv. i skelettet; *släckt ~* slaked lime
kalka 1 t.ex. vägg limewash **2** jorden lime
kalkbrist med. calcium deficiency
kalkbrott limestone quarry
kalkera 1 eg. trace **2** bildl. copy; *~ på...* model on...
kalkerpapper 1 genomskinligt tracing-paper **2** karbonpapper carbon paper
kalkon turkey
kalksten miner. el. geol. limestone
kalkyl 1 calculation; kostnadsberäkning cost estimate **2** matem. calcul|us (pl. äv. -i)
kalkylera calculate; *~ fel* äv. miscalculate
1 kall 1 mer el. mindre eg.: allm. cold; sval cool; kylig chilly; frostig frosty; flera grader *~t* ...below freezing-point **2** bildl. cold, jfr *kallsinnig*; okänslig frigid; *få ~a handen* be turned down flat; *det ~a kriget* the cold war
2 kall levnadskall vocation; livsuppgift mission in life
kalla I tr benämna allm. call; *~ ngn [för] lögnare* call a p. a liar **II** tr o. itr tillkalla send for, call; officiellt summon; utse appoint; *plikten ~r* duty calls; *~ på* ropa på call; tillkalla send for, call; *~ fram ngn* ask a p. to come forward; *~ in ngn som vittne* call (summon) a p. as a witness
kallbad ute bathe; i kar cold bath
kallblodig 1 eg. cold-blooded **2** bildl.: lugn cool, composed; oberörd indifferent; orädd fearless; beräknande calculating; *~t mord* murder in cold blood
kallbrand med. gangrene
kalldusch cold shower; *det kom som (gav mig* el. *honom* osv.) *en ~* it was like a dash of cold water [to me (him osv.)]
Kalle Anka seriefigur Donald Duck
kallelse, *~ till* sammanträde notice (summons) to attend...
kallfront meteor. cold front
kallgarage unheated (cold) garage
kallhamrad bildl. hard-boiled
kallhyra rent exclusive of heating and hot water
kallna get cold; isht tekn. el. bildl. cool
kallprat small talk
kallsinnig kall cold; likgiltig indifferent; t.ex. om publik unresponsive; *ställa sig ~ till* take up (assume) an unsympathetic (unresponsive) attitude towards
kallskuren, *kallskuret* subst. adj. cold cuts pl., cold buffet
kallskänka cold-buffet manageress

kallstart cold start (startande starting)
kallsup, *jag fick en ~* I swallowed a lot of cold water
kallsvettas be in a cold sweat (perspiration); *börja ~* break out in a cold sweat (perspiration)
kallsvettig, *vara ~* be in a cold sweat
kallt 1 bildl. coldly; oberört coolly; likgiltigt indifferently **2** *förvaras ~* keep in a cool place
kalops ung. Swedish beef stew [cooked with peppercorns and bay leaves]
kalori calorie
kalorifattig ...deficient in calories, ...with a low calorie content; *~ kost* a low-calorie diet
kaloririk ...with a high calorie value; *~ kost* a high-calorie diet
kalsonger [under]pants; *stå i bara ~na* stand (be) in one's underwear
kalufs o. **kaluv** forelock; tjock mane
kalv 1 djur calf (pl. calves) **2** kött veal **3** se *kalvskinn*
kalva calve äv. om isberg o. jökel
kalvfilé fillet of veal
kalvfärs råvara minced veal, veal forcemeat; rätt [minced] veal loaf
kalvkotlett veal chop (benfri cutlet)
kalvskinn calf[skin]
kalvskinnsband calf-binding
kalvstek joint of veal; tillagad roast veal; amer. veal roast
kalvsylta kok. veal brawn
kam comb; på tupp crest; på berg ridge; på våg crest; *skära alla över en ~* judge (behandla treat) everyone alike, lump everyone together
kamaxel bil. camshaft
Kambodja Cambodia
kambodjan o. **kambodjansk** Cambodian
kamé cameo (pl. -s)
kamel camel; enpucklig dromedary
kameleont zool. chameleon äv. bildl.
kamera camera
kameraobjektiv camera lens
kamerautrustning camera equipment
Kamerun Cameroon
kamerunsk Cameroonian
kamfer camphor
kamgarn worsted [yarn]
kamin [järn~ iron] stove; el~, fotogen~ heater
kamma comb; *~ sig (håret)* comb one's hair; *~ hem vinsten* vard. pull off the win (prize); *~ noll* vard. draw a blank
kammare 1 rum chamber; parl. äv. house; small room; *första (andra) ~n* the Upper (Lower) House; om sv. förh., hist. the First

(Second) Chamber [of the Riksdag] **2** i hjärta ventricle
kammarmusik chamber music
kammarrätt [Swedish] administrative court of appeal
kamning combing; frisyr hair style
kamomill camomile
kamomillte camomile tea
kamouflage camouflage
kamp strid fight båda äv. bildl.; mödosam struggle; *~en för tillvaron* the struggle for existence (life)
kampa se *campa*
kampanj allm. campaign; t.ex. insamlings~ drive
kampera camp [ute out]; *~ ihop* bo share rooms; hålla ihop keep together
kampsport t. ex. judo, karate m.fl. martial art
Kampuchea Kampuchea
kamrat companion; comrade äv. polit.; arbets~ fellow worker; vän friend; vard. mate; *en [gammal] ~ till mig* a (an old) friend of mine osv.; one of my osv. [old] school friends
kamratanda, *[god] ~ [vanl. a]* spirit of comradeship, esprit de corps fr.
kamratlig friendly; lojal, bussig sporting; *ett ~t råd* the advice of a friend
kamratskap comradeship, friendship
kamratäktenskap companionate marriage
kamrer i chefsställning senior accountant; chef för banks avdelningskontor branch manager; kontorschef head clerk; kassaföreståndare chief of the cashier's department
kan se *kunna*
kana I *s* slide; *åka (slå) ~* slide **II** *itr* slide
kanadensare 1 pers. Canadian **2** kanot Canadian [canoe]
kanadensisk Canadian
kanadensiska kvinna Canadian woman
kanal 1 byggd canal; naturlig channel; *Engelska ~en* the [English] Channel **2** anat. canal; t.ex. tår~, luft~ duct **3** TV. el. bildl. channel
kanalisera canalize
kanalje rascal; skämts., filur cunning devil
kanariefågel canary
Kanarieöarna the Canary Islands
kandelaber candelabra
kanderad candied
kandidat sökande candidate; uppsatt nominee
kandidatur candidature
kandidera allm. offer oneself (come forward) as a candidate; *~ till* polit. stand (isht amer. run) for
kanel cinnamon
kanhända perhaps; jfr *kanske*

kanin rabbit; amer. äv. cony; barnspr. bunny [rabbit]
kaninskinn hand. cony [skin]
kanna 1 kaffe~ o.d. pot; grädd~ jug; amer. pitcher; trädgårds~ o.d. [watering] can; dryckes~ med lock tankard **2** tekn. piston
kannibal cannibal
kannibalism cannibalism
kannstöpare armchair (amateur) politician
kanon I *s* **1** mil. gun; åld. cannon (pl. vanl. lika); *komma som skjuten ur en ~* come like a shot **2** *de stora ~erna* vard., pamparna the bigwigs; sport.: om spelare the crack players; om simmare the ace swimmers **3** sport. vard., hårt skott cannonball **II** *adj* sl. *vara ~* berusad be dead drunk
kanoneld gunfire
kanonisera canonize
kanonkula cannonball
kanonmat cannon fodder
kanonsalva salvo (pl. -s el. -es)
kanonskott cannon shot; sport. vard. cannonball
kanot allm. canoe; kanadensare Canadian [canoe]; kajak kayak; *paddla ~* paddle one's canoe
kanotist canoeist
kanske perhaps; kan du komma? *kanske* ...I may (might), ...I'll see; *du ~ har* råkar ha...? do you happen to have...?, do you have...by any chance?; *skulle jag ha* bett honom om ursäkt *~?* förtrytsamt I suppose you think that I should have...
kansler chancellor
kansli vid beskickning chancellery; vid ämbetsverk o.d. secretariat[e], secretary's (vid universitet registrar's, vid teater [general] manager's) office
kanslichef ung. head of [civil service] division; i nämnder o. på kanslier administrative director; i högsta domstolen, regeringsrätten senior judge referee; på ambassad head of chancery
kanslihus government building; *~et* the chancellery
kanslispråk officialese
kant 1 allm. edge; bård o.d. border, verge; på plagg edging, trimming; på tyg selvage; marginal margin; på kärl o. hatt brim; bröd~ crust; ost~ rind; hörn corner; trasig *i ~en* ...at the edge (om kopp o.dyl. brim) **2** bildl. *hålla sig på sin ~* keep oneself to oneself, keep aloof; *vara fin i ~en* lättstött be oversensitive (struntförnäm stuck-up)
kanta sätta kant på edge; sömnad. trim; utgöra kant vid line; gatan var *~d av folk* ...lined with people

kantarell chanterelle
kantband edging, trimming
kantig allm. angular; bildl. abrupt; tafatt awkward, gauche; isht om ungdom gawky
kantighet allm. angularity; bildl. abruptness; jfr *kantig*; *slipa av ngns ~er* rub the edges (corners) from ap.
kantra 1 sjö. capsize **2** ändra riktning: om tidvatten turn; om vind o. opinion veer
kantsten kerbstone; isht amer. curbstone
kanvas canvas; styv buckram
kanyl med. cannula (pl. cannulae); avledande drain; injektionsnål injection needle
kaos chaos; *det var ~ i trafiken* the traffic was chaotic
1 kap udde cape
2 kap fångst capture; *ett gott (fint) ~* a fine haul
1 kapa 1 sjö., uppbringa take **2** t.ex. flygplan, båt, last hijack **3** *~ åt sig* lay hands on, run off with
2 kapa hugga: sjö., t.ex. mast cut away; lina cut; skog. crosscut; *~ [av]* cut off (sjö. away); t.ex. kroppsdel chop off
kapabel able; capable
kapacitet 1 prestationsförmåga capacity; skicklighet ability **2** pers. able man (resp. woman)
kapare 1 vard., av t.ex. flygplan, båt, last hijacker **2** hist. el. sjö. privateer
1 kapell överdrag cover
2 kapell 1 kyrka, sido~ chapel; bönekammare oratory **2** mus. orchestra
kapellmästare mus. conductor
kapital allm. capital; mots. ränta principal; *~et* kapitalismen capitalism
kapitalflykt [the] flight of capital
kapitalisera capitalize
kapitalism, ~[en] capitalism
kapitalist capitalist
kapitalistisk capitalistic
kapitalkonto capital account (förk. C/A); bankräkning deposit account
kapitalplacering [capital] investment
kapitalstark ...well provided with capital, financially strong
kapitalt, *misslyckas ~* be a complete failure, fail completely
kapitalvaror capital goods
kapitel allm. chapter; ämne topic; *det är ett avslutat ~* that is a closed chapter; *det blir ett senare ~* we'll (I'll) come to that later
kapitulation surrender, capitulation båda äv. bildl.
kapitulera surrender äv. bildl.; capitulate; *~ för* ngns charm (*inför* ett hot) vanl. surrender to...

kapning av t.ex. flygplan, båt, last hijacking; *en ~* a hijack (av flygplan äv. skyjack)
kappa 1 dam~ coat; präst~ gown; *vända ~n efter vinden* trim one's sails to every wind, be a turncoat **2** på gardin pelmet, valance äv. på möbel
kappkörning kappkörande racing
kapplöpning race; kapplöpande racing (båda äv. bildl.); häst~ [horse-]race resp. [horse-]racing; *~en om att* + inf. the race to + inf.
kapplöpningsbana racetrack; häst~ racecourse
kapplöpningssport horse-racing
kapprak bolt upright
kapprodd boat race; kapproende boat-racing
kapprum cloakroom
kapprustning arms (armaments) race
kappsegling sailing-race; regatta regatta; kappseglande sailing boat racing; med större båtar yacht-racing
kappsimning swimming-race; simmande competition swimming
kappsäck portmanteau (pl. äv. -x); se vid. *resväska; bo i ~* live in suitcases
kaprifol o. **kaprifolium** bot. honeysuckle
kapris krydda capers
kapsejsa capsize; välta turn over
kapsel capsule äv. rymd. el. bot.
kapsyl på t.ex. vinbutelj [bottle] cap; på t.ex. ölflaska, läskedrycksflaska [bottle] top; skruv~ screw cap
kapsylöppnare bottle opener
kapten 1 sjö. el. sport. captain **2** inom armén captain; inom flottan lieutenant; inom flyget flight lieutenant; amer. captain
kapuschong hood; på munkkåpa cowl
kaputt ruined, ...done for
kar tub; större vat; bad~ bath [tub]
karaff decanter, utan propp carafe; vatten~ water bottle
karakterisera characterize; beteckna describe; vara betecknande för be characteristic (typical) of
karakteristisk characteristic, typical, distinctive
karaktär allm. character; beskaffenhet nature; läggning disposition, mentality; viljestyrka willpower; *hurdan är hans (hennes) ~?* what sort of person (man resp. woman) is he (resp. she)?; *jag har dålig ~* skämts. I've got no willpower, I've got a weak character
karaktärsdrag o. **karaktärsegenskap** characteristic, trait of character; framträdande drag salient feature
karaktärsfast ...of firm (stark strong)

character; *han är* ~ he has a firm (resp. strong) character
karaktärslös ...lacking in character (principle); vard. spineless, weak
karaktärsroll character part (role)
karamell sötsak sweet; amer. candy; kola~ toffee
karamellpåse fylld bag of sweets
karantän quarantine; *ligga (lägga) i* ~ be (put) in quarantine
karantänsflagga quarantine (yellow) flag
karat carat; *18 ~s guld* 18-carat gold
karate sport. karate
karateslag sport. karate chop
karavan caravan
karbin carbine
karbonat kem. carbonate
karbonpapper carbon paper, carbon
karburator carburettor
karda I *s* **1** redskap card **2** vard., hand mitt **II** *tr* card
kardanaxel propeller (drive) shaft
kardanknut universal (cardan) joint
kardborrband Velcro® [fastening]
kardborre växt burdock; blomkorg bur, burr äv. bildl.; teasel
kardemumma cardamom; *summan av ~n* the long and the short of it
kardinal cardinal äv. fågel
kardiogram med. cardiogram
karensdag försäkr. day of qualifying (waiting) period [before benefit may be claimed]; *~ar* koll. qualifying (waiting) period sg.
karg om landskap barren; *~ på ord* sparing of words, taciturn
karies med. caries
karikatyr caricature; politisk skämtteckning cartoon; bildl. travesty
karisma charisma
karl allm. man (pl. men); vard. fellow, chap; isht amer. guy; äkta man, vard. old man; *bra ~ reder sig själv* ung. everyone must depend on himself
karlakarl, *en* ~ a real man, a he-man
karlaktig manly, virile; om kvinna mannish
Karl Alfred seriefigur Popeye
karlatag, *han visade riktiga* ~ genom sitt ingripande he showed he was a real man...
Karlavagnen the Plough; amer. äv. (vard.) the [Big] Dipper
karlgöra, *[ett]* ~ a man's job
karljohanssvamp cep
karlslok fellow; neds. slouch
karltokig man-mad
karltycke, *ha* ~ have a way with men, have sex appeal
karm 1 armstöd arm **2** dörr~ frame

karmin carmine
karminröd carmine[-red], scarlet
karmosinröd crimson[-red]
karmstol armchair
karneval carnival
karnevalståg carnival procession
kaross 1 vagn coach **2** se *karosseri*
karosseri body[work]
karotin kem. carotin
karott fat deep dish
karottunderlägg table (dish) mat
karp zool. carp (pl. lika)
karriär allm. career; befordran advancement; *göra* ~ make a career, get on in the world
karriärist careerist
karsk oförskräckt plucky; morsk cocky; självsäker cocksure
kart koll. unripe (green) fruit sg. (bär berries pl.); *en äppel~* an unripe apple
karta 1 geogr. map; sjökort chart; geol. survey; *placera på ~n* bildl. put on the map **2** *en* ~ frimärken a sheet of...
kartbok atlas
kartell cartel
kartlägga map, survey; bildl. make a survey of
kartläggning mapping osv., jfr *kartlägga*
kartong 1 papp cardboard **2** pappask carton **3** konst. cartoon
kartotek 1 kortregister card index (register) **2** skåp filing cabinet
karusell merry-go-round; *åka* ~ ride on the roundabout
karva tälja whittle; chip; skära carve, cut; *~ i*... oskickligt hack away at...
kaschmir se *kashmir*
kasern mil. barracks (pl. lika); ibl. barrack; hyres~ tenement [house]
kasernförbud confinement to barracks
kashmir vävnad el. ull cashmere
kasino spelhus o.d. casino (pl. -s)
kaskad cascade äv. av ljus, toner; torrent äv. av ord
kaskelott zool. sperm whale, cachalot
kaskoförsäkring sjö. hull insurance; bil. insurance against material damage to a (resp. one's) motor vehicle; jfr *försäkring 2*
kasperteater ung. Punch and Judy show
kass vard. useless, worthless, no good
kassa 1 [tillgängliga] pengar money; intäkter, hand. takings, receipts; fond fund; *min ~ tillåter inte*... my finances (purse) won't allow...; *ha* 500 kr *i ~n* have...available (...in cash, i kassaskrinet ...in the el. one's cashbox o.d.) **2** ~kontor o.d.: allm. cashier's office; isht för löneutbetalning o.d. pay office; ~lucka o.d.: i bank cashier's (isht amer.

teller's) desk; i varuhus o.d. cashdesk, counter; i snabbköp o.d. cashpoint, check-out [counter]; på postkontor counter; teat. o.d. box office; *betala i ~n* pay at the desk (i t.ex. snabbköp cashpoint)
kassaapparat cash register
kassafack safe-deposit box
kassapjäs box office success
kassarabatt cash discount; *3% ~ 3% discount [for cash]*
kassaskrin cashbox
kassaskåp safe
kassavalv strongroom; större vault
kasse 1 isht av papper el. plast carrier (amer. carry) bag; av nät string bag **2** vard., i t.ex. ishockey goal
1 kassera utrangera discard; underkänna reject; utdöma condemn
2 kassera, *~ in* collect; lösa in cash
kassett till bandspelare, film, video cassette; *inspelad ~* prerecorded cassette
kassettbandspelare cassette tape-recorder
kassettdäck cassette [tape] deck
kassör cashier; i bank äv. teller; i förening o.d. treasurer
kassörska woman (female) cashier
1 kast allm. throw; som idrottsgren throwing; med metspö o.d. cast; med huvudet toss; förändring change; om vind gust; *det är ditt ~ it is your [turn to] throw*
2 kast samhälls~ caste
kasta I *tr* (ibl. *itr*) **1** allm. throw; vard. chuck; häftigt o. vårdslöst fling; lätt o. lekfullt (ofta uppåt) toss; lyfta o. slänga pitch; vräka hurl; isht bildl. el. vid fiske cast; kortsp., saka, göra sig av med discard; *~ [bort]* throw away; *~ i fängelse* put in prison **2** sömnad. overcast **II** *itr* (jfr äv. *I*) **1** om vind chop about **2** vet. med. abort **III** *rfl*, *~ sig* allm. throw oneself **IV** med beton. part.
~ av throw (vårdslöst fling) off; *~ av sig* t.ex. täcket throw off; kläderna äv. (snabbare) whip (helt o. hållet strip) off; *~ sig av och an* toss [about]
~ bort throw (chuck, fling, sling, jfr ovan) away; tid waste; pengar äv. squander
~ fram fråga, påstående put in; *~ fram ett förslag om ngt* propose (suggest) a th.
~ i a) *~ sig i* (*i vattnet*) plunge in (into the water) b) *han ~de i sig maten* he gulped down (wolfed down) his food
~ ifrån sig throw (etc., jfr *~ bort*) away (down)
~ in a) eg. el. friare throw (etc., jfr ovan)...in; *~ in* en sten *genom fönstret* throw (etc.)...through the window into the room (hall osv.) b) inflicka interject

~ loss a) sjö., tr. let go; itr. cast off b) bildl. let [oneself] go
~ ned a) *~ sig ned* omkull *på* marken throw oneself to... b) bildl. *~ ned några rader* jot down a few words
~ om a) ändra riktning (ordningsföljden på): om vinden veer round; t.ex. två rader transpose; *~ om rodret* shift the helm b) ändra åsikt o.d., se *sadla [om]*
~ omkring t.ex. skräp throw about, scatter, strew
~ omkull a) eg. throw (stark., isht m. saksubj. knock)...down (over) b) bildl., se *kullkasta*
~ upp kräkas: itr. vomit; tr. throw up
~ ut throw (etc.)...out; sjö., last jettison; *~ ut* pengar *på* waste (squander, vard. blow) one's...on
~ över: ~ sig över ngn fall [up]on (go for) a p.; *~ sig över* slå ned på *ngt* äv. bildl. pounce [up]on a th.; *~ sig över maten* tuck right into the food
kastanj o. **kastanje** träd el. frukt a) äkta chestnut b) häst~ horse chestnut
kastanjebrun om hår chestnut [brown]
kastby gust [of wind]
kastlös, *en ~* subst. adj. a pariah
kastrera castrate; *~d häst* gelding
kastrering castration
kastrull saucepan
kastspjut javelin
kastspö fiske. casting rod
kastsöm overcasting; stygn whipstitch
kastvind gust [of wind]
kastväsen, *~det* the caste system
katakomb catacomb
katalog catalogue; telefon~ directory
katalogisera catalogue
katalogpris catalogue (list) price
katalysator kem. el. bildl. catalyst
katalytisk kem. catalytic; *~ avgasrenare* catalytic converter
katamaran sjö. catamaran
katapult catapult
katapultstol ejection seat
katarakt vattenfall el. med. cataract
katarr catarrh
katastrof allm. catastrophe; t.ex. tåg~, flyg~ disaster; finanskrasch crash; litt. hist. dénouement fr.
katastrofal catastrophic
katastroflarm emergency alert
katastrofområde emergency area
kateder lärares teacher's (föreläsares lecturer's) desk
katedral cathedral
kategori category äv. filos.; klass class; grupp group; sort sort; *olika ~er av* skolor various types of...

kategorisk categorical; tvärsäker dogmatic; om t.ex. påstående definite; om t.ex. förnekande flat
katekes catechism
kateter med. catheter
katolicism, ~[en] Catholicism
katolik Catholic
katolsk Catholic; [den] *~a kyrkan* the [Roman] Catholic Church
katrinplommon prune
katt cat; vard. puss; han~ tomcat; *inte en ~ var där* not a soul…; *det osar ~* I smell a rat; *det ger jag ~en* [*i*] I don't care (give) a damn about that
katta she-cat; cat äv. om kvinna
kattdjur feline
Kattegatt the Cattegat
kattguld geol. yellow mica
kattras breed of cat (pl. breeds of cat[s]), cat breed
kattsand cat litter
kattsläkte, ~t the feline (cat) family
kattuggla tawny owl
kattun tyg calico
kattunge kitten; *lekfull som en ~* äv. kittenish
kattöga 1 på cykel rear reflector **2** halvädelsten cat's-eye
kautschuk 1 ämne rubber **2** radergummi [india] rubber; isht amer. el. för bläck eraser
kava, ~ [*sig*] *fram* flounder ahead
kavaj jacket äv. udda; coat; på bjudningskort informal dress
kavaljer hist. cavalier; gentleman gentleman; bords~ partner; beundrare beau (pl. -x); ledsagare escort
kavalkad cavalcade äv. bildl.
kavalleri cavalry
kavallerist cavalryman
kavat käck plucky; morsk cocky
kavel bröd~ rolling-pin
kaviar caviar[e]
kavla roll; *~ ned* strumpa roll down; ärm unroll; *~ ut* deg roll out
kavle bröd~ rolling-pin
kavring kok. [loaf of] dark rye bread
kaxe pamp bigwig; översittare bully
kaxig morsk cocky; kavat plucky; övermodig superior; översittaraktig overbearing
Kazachstan Kazakhstan
kedja I *s* chain äv. bildl.; sport. forward line; av poliser cordon; *bilda ~* form a chain; för avspärrning link hands **II** *tr* chain; *~d* äv. …in chains; *~ fast* chain […fast (on)]
kedjebrev chain letter
kedjehus 'chain' house, terraced (row) house linked by a garage etc. to the adjacent houses

kedjereaktion chain reaction
kedjeröka chain-smoke
kejsardöme empire; *~t Japan* the empire of…
kejsare emperor
kejsarinna empress
kejsarsnitt med. Caesarean section (operation)
kejserlig imperial
kela cuddle; *~ med* smeka cuddle, fondle, pet
kelgris pet; favorit favourite
kelig cuddly, affectionate
kelsjuk …wanting to be cuddled (fondled); cuddly
kelt Celt
keltisk Celt
keltiska språk Celtic
kemi chemistry
kemikalier chemicals
kemisk chemical; *~ krigföring* chemical warfare
kemist chemist
kemtoalett chemical toilet (closet)
kemtvätt metod dry-cleaning; tvätteri dry-cleaners
kennel kennels pl.
kennelklubb kennel club
Kenya Kenya
kenyansk Kenyan
keps [peaked] cap
keramik ceramics sg.; alster ceramics pl., ceramic ware
keramiker potter
keso cottage cheese
ketchup ketchup
kex biscuit; amer. cracker
khaki färg el. tyg khaki
1 kick vard. *på ett litet ~* i ett nafs in a jiffy
2 kick vard. **1** spark kick; *få ~en* bli avskedad get the push (sack, boot) **2** stimulans kick
1 kicka vard. **1** sparka kick **2** avskeda kick…out
2 kicka vard., liten flicka [little] girl
kickstart pedal kick-starter
kidnappa kidnap
kidnappare kidnapper
kika titta nyfiket peep, peek; *får jag ~ på det?* vard. can I have a squint at it?; jfr *titta*
kikare binoculars; tub~ telescope; *en ~* a pair of binoculars, a telescope; *ha ngt i kikaren* have [got] one's eye on a th.
kikhosta whooping-cough
kikna choke (be nearly suffocated) with coughing; vid kikhosta whoop; *~ av skratt* choke with laughter
kikärt bot. el. kok. chickpea

kil wedge; typogr. quoin; sömnad. gusset, gore; på strumpa slipper heel
1 kila med kil o.d. wedge; ~ *fast* wedge, fix...with a wedge; ~ *in* wedge in
2 kila 1 ila o.d. scamper; skynda hurry; jfr *2 springa*; *nu ~r jag [i väg]!* now I'll (I must) be off! **2** vard. ~ *vidare* kick the bucket
killa vard., se *kittla*
kille vard., pojke boy; karl fellow, chap
kilo (förk. *kg*) kilo (pl. -s); *ett* ~ eng. motsv., ung. 2.2 pounds (förk. Ib[s].)
kilogram (förk. *kg*) kilogram[me] (förk. kg)
kilometer (förk. *km*) kilometre (förk. km); *en* ~ eng. motsv., ung. 0.62 miles
kilometerskatt kilometre tax [on cars, trucks etc. that run on diesel etc.]
kilopris price per kilo
kilowatt kilowatt
kilowattimme (förk. *kwh*) kilowatt-hour (förk. kwh)
kilovis per kilo by the kilo; ~ *med...* kilos pl. of...
kilt kilt
kimono kimono (pl. -s)
Kina China
kinaschack sällskapsspel Chinese chequers (amer. checkers)
kind cheek; *vända andra ~en till* turn the other cheek
kindben cheekbone
kindtand molar, back tooth
kines Chinese (pl. lika); ofta neds. Chinaman (pl. Chinamen)
kineseri 1 konst. chinoiserie fr. **2** bildl. pedantry; byråkrati red tape
kinesisk Chinese; *Kinesiska muren* the Great Wall of China
kinesiska 1 kvinna Chinese woman **2** språk Chinese, jfr *svenska*
kinka gnälla, om småbarn fret; vara gnällig be fretful
kinkig 1 om pers.: fordrande exacting; granntyckt, kräsen particular, dainty; gnällig fretful **2** om sak: svår difficult; brydsam awkward; ömtålig ticklish
kiosk kiosk; tidnings~ newsstand; större bookstall; godis~ sweetstall; amer. candy stall
kioskliteratur neds. pulp literature
1 kippa, ~ *efter andan* gasp for breath (air)
2 kippa om sko flop about
kippskodd, *gå* ~ utan strumpor walk about in one's shoes without any stockings (resp. socks) on
kiropraktiker o. **kiropraktor** chiropractor
kirurg surgeon
kirurgi surgery

kirurgisk surgical; *~t ingrepp* [surgical] operation, surgery
kisa närsynt peer; ~ *med ögonen* (*mot*) *på...* look at...with screwed-up eyes; ~ *mot solen* screw up one's eyes för att utestänga ljus in (för att skärpa blicken because of)...
kisel kem. silicon
1 kiss, ~, ~*!* puss, puss!
2 kiss vard. wee-wee; mera vulg. piddle
kissa vard. wee-wee; mera vulg. piddle; ~ *på sig* wet oneself (one's pants); av skratt wet oneself (one's pants) laughing
kisse o. **kissekatt** o. **kissemiss** samtl. vard. pussycat
kissnödig vard. *jag är* ~ I've got to (I must) do a wee-wee (mera vulg. a pee)
kista 1 förvaringsmöbel chest; sjö. äv. locker; penning~ coffer; lik~ coffin; amer. äv. casket **2** vard., mage belly
kitslig 1 lättretad touchy; småaktig petty **2** om fråga: svår difficult
kitt allm. cement; fönster~ putty
kitta cement; med fönsterkitt putty
kittel stewpan; större cauldron äv. bildl.; grytliknande pot; te~, fisk~ kettle
kittla I *tr* tickle **II** *itr, det ~r i näsan på mig* my nose tickles
kittlare anat. clitoris; sl. clit
kittlas, ~ *inte!* don't tickle!
kittlig ticklish
kittling kittlande tickling; kittlande känsla, klåda tickling feeling, tickle
kiv quarrel; *~ande* quarrelling, squabbling
kivas gräla quarrel, squabble; munhuggas wrangle; tvista contend
kiwi o. **kiwifrukt** kiwi fruit
kjol skirt; under~ petticoat; *hänga i ~arna på ngn* bildl. be tied to a p.'s apron strings
klabb, *hela ~et* the whole lot (bag of tricks, shoot)
klabbig sticky
1 klack på skodon heel; *slå ~arna i taket* bildl. kick up one's heels
2 klack se *1 kläcka*
klacka heel; ~ *om* re-heel
klackbar heel bar
klackring signet ring
klacksparks fotb. backheel; *ta ngt* (*det hela*) *med en* ~ vard. not take a th. (things) too seriously
1 kladd rough copy; koncept [rough] draft
2 kladd kludd daub; klotter scribble
kladda kludda daub; klottra scribble; ~ *ner sig* make oneself all messy, make a mess all over oneself; ~ *på ngn* vard., tafsa på ngn paw (grope) a p.
kladdig klibbig sticky; nedkladdad smeary; *~t skriven* scribbly; degig doughy

klaff 1 flap; på sekretär fall-front; på blåsinstrument key; ventil på t.ex. trumpet valve; anat. valve; bro~ leaf **2** håll *~en!* vard. shut your trap!, stop your gob!
klaffa stämma tally; fungera bra work [well]
klaffbord folding (drop-leaf) table
klaffbro bascule bridge
klafsa squelch
klaga 1 beklaga sig complain; make complaints; knota grumble; högljutt lament; t.ex. sin nöd lament over, bewail; ingen kan ~ *på honom* (*maten*) ...find fault with him (the food) **2** inkomma med klagomål lodge a complaint
klagan klagomål complaint; veklagan lament; knot grumbling; högljudd wailing
klagolåt lamentation; *en* ~ a lot of wailing (moaning)
klagomur, *Klagomuren* the Wailing Wall
klagomål complaint, grievance
klagorop o. **klagoskri** lamentation[s pl.]
klammer häft~ staple
klammeri, *råka i* ~ *med ngn* (*rättvisan*) fall foul of a p. (the law)
klampa gå tungt tramp; ~ *iväg* stamp off
klamra, ~ *sig fast vid* eg. cling [tight on] to, hang on to; bildl. cling firmly to
kian clan
klander allm. blame; stark. censure; kritik criticism
klanderfri se *oklanderlig*
klandervärd blameworthy, censurable
klandra tadla blame, censure; kritisera criticize
klang allm. ring; stark. clang; ljud sound; av glas clink; av klockor ringing; av samstämda kyrkklockor peal; ordet har [*en*] *otrevlig* ~ bildl. ...an unpleasant ring
klangfull sonorous
klanka grouse
klanta, ~ *sig* vard. make a mess of things, muck things up; trampa i klaveret put one's foot in it
klantig vard., klumpig clumsy, heavy-handed; dum stupid
klantskalle vard. clot
klapp 1 smeksam pat; lätt slag tap; *en uppmuntrande* (*överlägsen*) ~ *på axeln* an encouraging (a patronizing) pat on the back **2** vard., se *julklapp*
klappa ge en klapp pat; stark. clap; smeka stroke; knacka knock; om hjärta beat; häftigt palpitate; hårdare throb; ~ [*i*] *händerna* clap one's hands, applaud; ~ *igenom* (*ihop*) vard., kollapsa go (fall) to pieces, crack up, break down
klappersten geol. rubble; koll. rubble stones
klappjakt eg. battue fr.; bildl. witch-hunt;

anställa ~ *på* (*efter*) start (raise) a hue and cry after; hound
klappra clatter; om hästhovar clip-clop; om tänder chatter; *han ~de med tänderna* his teeth chattered
klappstol folding chair
klar 1 ljus clear; om väder el. om t.ex. färg bright; om t.ex. hy transparent; om vatten, högtidl. äv. limpid; om framställning lucid; tydlig, om t.ex. språk plain; märkbar distinct; stark. manifest; begriplig intelligible; åskådlig perspicuous; tydlig pronounced; om t.ex motståndare avowed, declared, open; avgjord, om t.ex. seger clear; *~t besked* exact information, a straight answer; *i* (*vid*) *~t bra väder* in fair weather; *göra ~t för* ngn, se *klargöra*; *komma* (*vara*) *på det ~a med* ngt realize... **2** färdig ready; uppgjord arranged; vard. fixed up; gjord done; *~t slut!* over and out!; *~a, färdiga, gå!* ready, steady, go!; vid idrottstävlingar on your marks, get set, go!; *det är ~t fixat nu* it's OK now; *är du ~ [med arbetet]?* have you finished [your work]?; vard. are you through [with your work]?
klara I *tr* **1** eg.: göra klar clarify; strupen clear; bryggeri. fine **2** sjö., ankaret clear **3** komma över (förbi) clear **4** bildl. a) ~ (reda) upp settle; lösa, t.ex. problem solve, do; få...gjord get...done; gå i land med manage; lyckas med cope with; stöka undan do b) tåla: om pers. be able to stand; om sak be able to stand up to c) betala settle d) rädda *~...ur en knipa* help...out of straits; *~ en sjukdom* (*svår situation*) pull through; ~ *upp* clear up, se vid. *4 a* ovan **II** *rfl*, ~ *sig* reda sig, t.ex. bra manage, get on (by), do; isht amer. make out; t.ex. utan hjälp (missöde) get along; bli godkänd i examen pass; rädda sig get off, escape; vid sjukdom pull through; ~ *sig dåligt* come off (do) badly, give a poor account of oneself; ~ *sig utan* ngt do without..., dispense with...
klarbär sour cherry
klargöra förklara o.d. make...clear; utreda elucidate; påvisa demonstrate; ~ *för ngn* (*sig själv*) *att* (*hur*)... make it clear to a p. (to oneself) that (how)...
klarhet (jfr *klar 1*) clearness osv.; isht bildl. clarity; transparency; limpidity; lucidity; upplysning enlightenment; *bringa ~ i* ngt throw (shed) light on a th.
klarinett clarinet
klarläggande elucidation
klarmedel clarifier
klarna 1 bli ljus[are]: om himlen clear, become clear[er]; om vädret clear up;

ljusna brighten up äv. bildl.; bli klarare become clearer; *det* saken o.d. *börjar* ~ things are looking up; *det börjar* ~ *för mig* it is beginning to dawn [up]on me **2** om vätska clarify

klarsignal järnv. go-ahead (line clear) signal; sjö. el. flyg. clearance signal, all clear

klarspråk, *tala* ~ make things plain, not mince matters

klarsynt clear-sighted; skarpsynt perspicacious

klart clearly osv., jfr *klar*; avgjort decidedly, definitely; t.ex. fientligt openly; *se* ~ *i* en sak have a clear vision regarding...

klartecken, *få* (*ge ngn*) ~ bildl. get (give a p.) the green light (the go-ahead, the OK)

klartext, *i* ~ en clair fr.; friare in plain language (Swedish, English etc.)

klartänkt clear-thinking

klarvaken wide awake

klase cluster isht fastsittande; isht lös bunch; bot. raceme

klass allm. class; skolklass class; årskurs form, amer. i båda bet. grade; ~*rum* classroom; rang grade, order; *ett första* ~*ens hotell* a first-class (*utmärkt* first-rate) hotel; *åka* [*i*] *andra* ~ travel (go) second (på båt äv. cabin) class; *det är ingen* ~ *på henne* she's got no class; *han* (resp. *det*) *står i en* ~ *för sig* he (resp. it) is in a class by himself (resp. itself)

klassa class; ~ *ned* t.ex. en prestation belittle

klassamhälle class society

klassfest, *vi skall ha* ~ our class is going to have a party

klassföreståndare form master; kvinnl. form mistress; amer. homeroom teacher

klassificera classify

klassisk eg.: antik o. om t.ex. musik classical; friare classic; om exempel *den* ~*a litteraturen* the Classics pl.

klasskamp class struggle

klasskamrat classmate; *mina* ~*er* äv. the boys (resp. girls) in my form (amer. grade)

klassmamma skol. mother who is the representative of the (resp. a) class

klassmedveten class-conscious

klasspappa skol. father who is the representative of the (resp. a) class

klassrum classroom

klassutjämning levelling out of class distinctions, removal of class barriers

klatsch I *interj* crack! **II** *s* pisksmäll lash; ljudlig crack; dask slap

klatschig effektfull, iögonfallande striking; flott smart; snärtig witty; schvungfull dashing; djärv bold

klaustrofobi psykol. claustrophobia

klausul clause

klave se *krona* [*och klave*]

klaver 1 ngt åld., piano piano (pl. -s) **2** *trampa i* ~*et* put one's foot in it, drop a brick

klavertramp vard. clanger

klaviatur mus. keyboard

klema, ~ *med* pamper, coddle; ~ *bort* spoil [...by indulgence]

klemig veklig pampered, effeminate

klen 1 sjuklig o.d.: feeble; ömtålig delicate; bräcklig frail; svag weak; för tillfället poorly pred.; *hans* ~*a hälsa* his delicate health; *vara* ~ äv. be sickly, be of weak (delicate) health **2** spenslig *med* ~ *kroppsbyggnad* with a slender frame **3** underhaltig poor; svag feeble; mager meagre

klenmodig faint-hearted

klenod dyrgrip priceless article; gem äv. bildl. om sak o. pers.; familje~, släkt~ heirloom

klentrogen incredulous; svag i tron ...of little faith end. attr.

kleptoman kleptomaniac

kleta I *itr* mess about **II** *tr* färg o.d. daub; ~ *ner* soil, mess up

kletig gooey, mucky, sticky

kli bran

klia I *itr* itch; *det* ~*r i fingret* (*örat*) *på mig* my finger (ear) itches; *det* ~*r i fingrarna på mig att* +inf. my fingers are (I am) itching to +inf. **II** *tr* scratch **III** *rfl,* ~ *sig* scratch oneself

klibba vara klibbig be sticky (adhesive); fastna stick

klibbig allm. sticky; som fastnar adhesive; om vätska gluey

kliché sliten fras cliché fr.; stereotyped (hackneyed) phrase

1 klick klump lump; mindre knob; av grädde vanl. dollop; av färg daub

2 klick kotteri clique, set; polit. faction

1 klicka 1 knäppa click **2** data. ~ *på* ikonen med musen click on... **3** om skjutvapen, motor misfire; om skott fail to go off; 'strejka' go wrong; om t.ex. minnet, omdömet be at fault; misslyckas fail

2 klicka fördela i klickar ~ *degen på* plåten drop the dough on to...

klickbar data. clickable

klient client

klientel clientele, set of clients

klimakterium med. climacteric, menopause

klimat climate äv. bildl.; poet. clime

klimatförändring change of climate äv. bildl.; climatic change

klimax climax

klimp lump; av t.ex. levrat blod clot; guldklimp

nugget; kok., ung. dumpling; koll. dumplings
klimpa, ~ *sig* get lumpy
1 klinga blade; svärd, värja sword
2 klinga ring; ljuda, låta sound; genljuda resound; om mynt jingle; om glas tinkle; vid skålande clink; hans ord ~*de äkta* ...rang true, ...had a genuine ring; ~ *i glaset* för att hålla tal o.d. tap one's glass
klingande I *s* ringing osv., jfr *2 klinga* **II** *adj* ringing; ~ *mynt* hard cash; *på* ~ ren *svenska* in pure Swedish
klinik clinic; vid större sjukhus clinical department; privat sjukhem nursing home
klink pianoklink strumming (tinkling) on the piano
1 klinka dörrklinka latch
2 klinka, ~ [*på*] *piano* strum (tinkle) on the piano
klipp 1 med sax snip; hack cut; i biljett clip; tidningsklipp [press] cutting; amer. clipping **2** affär *göra ett* ~ vard. make a good bargain; i större sammanhang do a good stroke of business, bring off a big deal
1 klippa I *tr* allm. cut; gräs mow; vingar clip; får shear; biljett clip, punch; putsa, t.ex. skägg, häck trim; figurer o.d. cut out; film cut; redigera edit; [*låta*] ~ *håret* få håret klippt have one's hair cut; *som klippt och skuren till* det arbetet (*till att* inf.) just cut out for...(for + ing-form); *nu är det klippt!* vard. that's torn (done) it! **II** *rfl,* [*låta*] ~ *sig* få håret klippt have one's hair cut
III med beton. part.
~ **av** cut (hastigt snip) off; itu cut...in two; avbryta, t.ex. sina förbindelser sever; t.ex. samtal cut...short
~ **bort** cut
~ **itu** *ngt* off (away), cut...in two (half)
~ **ned** t.ex. en häck trim down
~ **sönder** *ngt* cut...[all] to pieces (bits); i små bitar cut (snip)...[up] into small pieces
~ **till** mönster o.d. cut out
~ **upp** cut open
~ **ur** (**ut**) *ngt* cut (clip)...out
2 klippa berg rock äv. bildl.; skarpkantig o. brant havsklippa cliff
klippdocka paper doll
klippig rocky; om berg craggy; om kust iron-bound; *Klippiga bergen* the Rocky Mountains, the Rockies
klippkort biljett punch ticket
klippning klippande cutting osv., jfr *1 klippa*; av håret hair-cutting; frisyr haircut
klipsk snabbtänkt quick-witted; förslagen crafty; se vid. *knipslug*
klirra allm. jingle; om glas clink, chink; om metall ring; om fönster rattle; om sporrar clink
klister paste; facksor. adhesive; *råka i klistret* get into a jam (fix, mess)
klistermärke sticker
klistra I *tr* paste; facksor. cement; mera allm. stick
II med beton. part.
~ **fast** *ngt* [**på**] paste (stick) a th. on [to...]
~ **igen** stick down
~ **ihop** t.ex. två papper paste (stick) together
~ **in** *ngt* paste (stick) a th. in
~ **upp** t.ex. *en affisch* paste (stick) up
klitoris anat. clitoris
kliv stride; *ta ett stort* ~ *framåt* bildl. take a large step forward
kliva I *itr* med långa steg stride; gravitetiskt stalk; stiga step; klättra climb; trampa tread **II** med beton. part. (jfr äv. *stiga II*)
~ **i** bil climb into; båt step into
~ **på** se äv. *stiga* [*på*]; han bara *klev på* a) gick vidare ...went striding (osv., jfr *I* ovan ahead b) steg in [utan att knacka] ...walked (marched) [straight] in
~ **över** dike o.d. stride (osv., jfr *I* ovan) across...; gärdesgård climb (get) over...
klo claw; på gaffel, grep o.d. prong; *dra in* ~*rna* draw in one's claws äv. bildl.; *slå* ~*rna i*... strike one's claws into...; bildl. äv. pounce on...
kloak sewer; zool. cloac|a (pl. -ae) lat.
kloakdjur zool. monotreme
kloakråtta zool. sewer rat
kloaksystem sewage system
kloaktrumma sewer
kloakvatten sewage
klocka I *s* **1** att ringa med el. bot. bell; *ringa på* ~*n* ring (elektrisk ~ press) the bell **2** ur: fickur watch; väggur o.d. clock; *lära sig* ~*n* learn to tell the time; *hur mycket* (*vad*) *är* ~*n?* what's the time?, what time is it?; ~*n är ett* (*halv ett*) it is one [o'clock] (half past twelve, twelve thirty, vard. half twelve, amer. äv. half after twelve); ~*n är fem minuter i ett* it is five [minutes] to (amer. äv. of) one; ~*n är fem minuter över ett* it is five [minutes] past (amer. äv. after) one
II *tr* **1** ~*d kjol* bell-shaped skirt **2** sport. *han* ~*des för 10,8* he [was] clocked 10.8
klockare ung. parish clerk and organist; kyrkomusiker precentor
klockarmband av läder watchstrap; amer. watchband; av metall watch bracelet
klockradio clock radio
klockren ...[as] clear as a bell
klockslag, *på* ~*et* on the stroke [of the clock]

klockspel 1 klockor chime [of bells]; ljud chimes; klockor el. ljud carillon **2** instrument glockenspiel ty.

klockstapel [detached] bell tower, belfry

klok förståndig wise; omdömesgill judicious; förnuftig sensible; förtänksam prudent; intelligent intelligent; skarp shrewd; nykter hard-headed; välbetänkt well-advised; tillrådlig advisable; vid sina sinnens fulla bruk sane, ...in one's senses; *vara ~ nog att* +inf. be sensible enough (have sense enough, have the good sense) to +inf.; *det är inte ~t* vard. it's crazy

klokhet (jfr *klok*) wisdom; judiciousness; sense; prudence; intelligence; shrewdness

kloning biol. cloning

klor kem. chlorine

kloroform kem. chloroform

klorofyll chlorophyll

klosett ngt. åld. toilet

kloss träklump block

kloster monastery; nunnekloster convent; *gå i ~* enter a monastery osv.

klosterkyrka abbey

klosterlöfte, *avlägga ~[t]* take the vow[s pl.]

klot kula ball äv. om jorden; glob globe; vetensk. sphere; astron. orb

klotformig ball-shaped; globular; spherical; jfr *klot*

klotrund ...round like a ball; om pers. rotund; vard. tubby; se äv. *klotformig*

klots se *kloss*

klotter scrawl; klottrande scrawling, scribbling; offentligt graffiti

klotterplank 'scribble board', board in a public place on which people may scribble what they like

klottra scrawl; meningslöst som ett barn scribble; tankspritt rita figurer doodle; *~ ned* a) skriva ned scrawl, jot down b) fullklottra scrawl (scribble) all over

klottrig om stil scrawling

klubb club

klubba I *s* club; mindre mallet; auktionsklubba hammer; ordförandeklubba gavel; slickepinne lolly; *föra ~n* act as chairman; *gå under ~n* go (come) under the hammer **II** *tr* **1** slå ihjäl club **2** bestämma fix; *tiden är redan ~d* the time has already been fixed **3** *~ [igenom]* driva igenom, t.ex. förslag push through **4** vid auktion *~s för 1000 kr* be knocked down for...

klubbjacka blazer

klubbmärke club badge

klubbmästare 1 anordnare av fester master of ceremonies **2** sport. club champion

klubbslag vid sammanträde fall of the [chairman's] gavel; vid auktion blow (rap) of the hammer

klucka 1 om höns o.d. cluck; *ett ~nde skratt* a chuckle **2** om vätska gurgle; om vågor lap

kludd 1 dålig målning daub; *bara ~* a mere daub **2** klåpare bungler

kluddig om målning dauby; fläckig blotchy, smudgy

klump 1 lump äv. i halsen; jordklump clod; klunga clump **2** *i ~* a) alla tillsammans in a lump; hand. by the bulk, wholesale b) utan åtskillnad indiscriminately

klumpa, *~ sig* bilda klumpar form lumps (clods)

klumpeduns clumsy lout, clodhopper; klåpare bungler

klumpig clumsy; taktlös tactless

klumpighet egenskap clumsiness etc., jfr *klumpig*; uttryck, anmärkning clumsy expression (remark)

klumpsumma lump sum

klunga grupp group; skock bunch; svärm, klase m.m. cluster

klunk gulp; mindre drop; *en ~ kaffe* a drink (liten sip) of coffee

kluns vard. **1** klump lump **2** klumpeduns clodhopper

klurig vard.: om pers. artful; fiffig ingenious

klut huvudklut kerchief; trasa rag; lapp patch; segel sail; *sätta till alla ~ar* bildl. pull out all the stops, sock it to 'em

kluven split osv., jfr *klyva*; om personlighet split, dual; bot. el. anat. cleft

klyfta 1 bergsklyfta cleft; ravin ravine; bred o. djup chasm; mellan branta klippor gorge; smal crevice **2** bildl. cleavage, breach; svalg gap äv. om generations~; gulf **3** apelsinklyfta segment; i dagligt tal piece; äggklyfta, äppelklyfta o.d. [wedge-shaped] slice; vitlöksklyfta clove

klyftig bright

klyka gren~ fork, crutch; år~ rowlock, amer. oarlock; telefon~ cradle

klyscha fras hackneyed phrase (expression)

klyva I *tr* allm. split; skära itu cut...in two (half); dela divide up; *~ vågorna* cleave (breast) the waves **II** *rfl,* *~ sig* split

klyvning splitting osv., jfr *klyva*

klå 1 ge stryk thrash; vard. lick samtl. äv. besegra; *~ upp [ordentligt]* give...a [good (sound)] thrashing (beating), beat...good and proper **2** lura *~ ngn på pengar* cheat (swindle, vard. do, diddle) a p. out of some money

klåda itch; kliande itching; retning irritation

klåfingrig, *vara ~* be unable to let things alone, be always at things

klåpare bungler, botcher

klä I *tr* **1** iföra kläder dress; förse med kläder clothe; pryda attire, array **2** bekläda: invändigt line; utvändigt face; t.ex. med blommor deck; förse med överdrag cover, jfr *~ över*; *~ julgranen* decorate (dress) the Christmas tree **3** passa suit; become äv. anstå; *rött ~r henne* el. *hon klär i rött* red suits her, she looks good in red **4** *få ~ skott för ngt* be made the scapegoat for a th. **II** *rfl*, *~ sig* dress, dress oneself, jfr *~ på sig*; om naturen o.d. clothe oneself; *~ sig i frack* put on (bära wear)...
III med beton. part.
~ av undress; *~ av ngn in på bara kroppen* strip a p. [to the skin]
~ in med t.ex. värmeisolerande material lag
~ om möbler o.d. re-cover
~ på: *~ på barn* (docka) dress...; *~ på sig* get dressed, dress, put on one's clothes; *~ på er ordentligt!* put plenty [of clothes] on!
~ upp i fina kläder dress...up
~ ut dress...up; *~ ut sig till cowboy* dress [oneself] up as a...
~ över möbler o.d. cover; upholster; tekn., linda om dress
1 kläcka, *det klack till i mig* I started, it gave me a start (jump)
2 kläcka hatch; bildl. hit [up]on
kläckning hatching
klädborste clothes brush
klädd dressed osv., jfr *klä* o. *utklädd*; *hur ska jag vara ~?* what am I to (what shall I) wear?; *en soffa ~ i skinn* äv. a leather-covered sofa
klädedräkt, *~[en]* isht nationaldräkt costume; klädsel dress (end. sg.)
kläder allm. clothes; vard. togs; klädsel clothing; isht hand. wear; *han äger inte ~na på kroppen* he has not got a shirt to his back
klädhängare galge [clothes] hanger; krok [coat] peg; list el. hylla med krokar rack; ställning hatstand
klädkammare clothes cupboard (amer. closet); skrubb boxroom
klädnypa clothes peg; amer. clothespin
klädsam becoming äv. bildl.
klädsel 1 påklädning dressing **2** sätt att klä sig dress; *vara noga med sin ~* be particular about one's dress, be a careful dresser **3** överdrag på möbler o.d. covering; i bil upholstery
klädskåp wardrobe; låsbart skåp i omklädningsrum locker
klädstreck clothes line
klädväg, *i ~* as regards (in the way of) clothes

kläm 1 eg. *få fingret i ~* get one's finger caught **2** kraft force; fart o.d. go **3** slut~ summing-up; kärnpunkt [main] point **4** *jag har inte ~ på...* I can't get the hang of...
klämdag working day between a holiday and a weekend (between two holidays)
klämma I *s* **1** för papper o.d. clip **2** knipa, trångmål straits, scrape; *råka (sitta) i ~* get into (be in) a mess (fix, tight corner, jam) **II** *tr* o. *itr* squeeze; om skodon pinch; *veta var skon klämmer* bildl. know where the shoe pinches; *han klämde fingret i dörren* he got his finger caught in...
III med beton. part.
~ fast fästa fix; med [pappers]klämma clip...[securely together]
~ fram: *~ fram med ngt* come out with a th.; *~ sig fram* squeeze oneself through
~ i med melodi strike up; hurrarop give
~ ihjäl squeeze...to death
~ in squeeze in[to]
~ sönder crush (squeeze) [i bitar...to pieces]
~ till a) eg.: förena med t.ex. tång press...together; t.ex locket press in (ned down)... b) vard., klå sock (give)...one c) bildl. go right ahead
~ ur sig bildl. come out with; vard. spit...out
~ åt bildl. clamp (crack) down on; straffa punish
klämmig om musik spirited; om pers. ...full of go (fun); modig plucky
klämta toll; *~ i klockan* toll the bell
klänga I *itr* t.ex. växt climb äv. om växt; jfr *klättra* **II** *rfl*, *~ sig* climb; om växt äv. creep
klängranka bildl. clinging vine
klängväxt climber; clinging vine
klänning dress
klärvoajans clairvoyance
klätterros climbing rose
klätterställning för barn climbing frame
klättra climb; med möda clamber; kravla scramble; *~ i träd* climb trees
klösa scratch; *~ ögonen ur ngn* scratch a p.'s eyes out
klöv [cloven] hoof (pl. äv. hooves)
klöver 1 bot. el. lantbr. clover; bot. äv. trefoil **2** kortsp., koll. clubs; *en ~* a (resp. one) club, jfr *hjärter* med sammansättn. **3** vard., koll. pengar dough, bread
knacka knock; hårt rap; lätt tap; om motor knock; på skrivmaskin tap-tap; *~ hål på ett ägg* crack an egg; *~ 'på* knock (osv., se ovan) [at the door]
knackigt vard. *ha det ~* be badly off [financially]

knackning knackande knocking osv., jfr *knacka*; *en ~ på dörren* a knock (resp. rap, tap) at the door
knaggla, *~ sig fram* struggle (plod) along
knagglig om väg o.d. rough, bumpy, uneven; om t.ex. vers rugged; *~ engelska* broken English
knaka creak; stark. crack; *golvet ~r* the floor creaks
knal, *det är ~t med födan* food is rather scarce; *det är ~t med hans kunskaper i engelska* his knowledge of English is not up to much
knall bang; gevärs crack; vid explosion detonation; åsk~ crash, peal; korks pop; *dö ~ och fall* segna ned fall down dead on the spot
1 knalla smälla bang; om åska crash; explodera detonate; om kork pop
2 knalla (ibl. *rfl*) gå långsamt trot; *det ~r [och går]* I am (he is osv.) jogging along (managing) [pretty well]
knallande smällande banging osv., jfr *1 knalla*; vid explosion detonation
knallhatt tändhatt percussion (detonating) cap
knallpulver fulminating powder
knallpulverpistol cap pistol
knallröd vivid (blazing, fiery) red; *vara alldeles ~ i ansiktet* be red as a beetroot
knaperstekt ...fried crisp
knapert, *ha det ~* be hard up
1 knapp 1 allm. button, jfr *manschett-* o. *skjort|knapp*; *trycka på ~en* press the button äv. bildl. **2** knopp knob; på svärd el. sadel pommel; på mast el. flaggstång (sjö.) truck **3** bot., ståndar~ anther
2 knapp 1 knappt tillmätt, om t.ex. ranson short, scarce; mager meagre; nätt och jämnt tillräcklig: om t.ex. utkomst bare; om t.ex. seger narrow; inskränkt reduced; kortfattad brief, jfr *knapphändig*; avmätt reserved; om rörelser sparing; *...är i ~aste laget* ...barely enough (sufficient), ...rather scanty; *[en] ~ majoritet* a bare (narrow) majority
knappa, *~ in (av) på* skära ned reduce, cut down, curtail
knappast se *knappt 2*
knapphål buttonhole
knapphändig meagre; kortfattad brief; om förklaring scantily worded, bald
knappnål pin; *fästa...med ~ar* fasten...[up (on)] with pins, pin...[on] [*vid* to]; *det var så tyst att man kunde höra en ~ falla* it was so quiet you could hear (have heard) a pin drop
knappnålshuvud pinhead

knappt 1 otillräckligt o.d. scantily osv., jfr *2 knapp*; snålt sparingly; fåordigt curtly; *ha det ~* be badly (poorly) off, be in straitened circumstances; *vinna ~* win by a narrow margin **2** knappast hardly; nätt och jämnt barely; *hon är ~ 15 år* she is scarcely (barely, not quite) 15; *det var ~ att jag hann undan* I barely managed to escape
knapptelefon pushbutton telephone
knapra nibble; *~ på* ngt nibble [at]...; hörbart munch away at..., crunch [up]...; mumsa på munch...
knaprig crisp
knark vard. dope
knarka use (take) drugs (dope)
knarkare drug (dope) addict (fiend); mera vard. junkie
knarklangare drug (dope) pusher (peddler)
knarra om t.ex. golv creak; om snö crunch
knasig vard. daft, crackers
knastra crackle; om grus o. något mellan tänderna crunch
knatte vard. little fellow (lad)
knattra rattle; om t.ex. skrivmaskin clatter
knega 1 toil **2** vard., arbeta slave away
knegare vard. nine-to-fiver
knekt 1 soldat soldier **2** kortsp. jack
knep trick; fint dodge; som man själv har nytta av knack; list stratagem; svag. device; i affärer bit of sharp practice; konstgrepp artifice; *~ och knåp* pastime, time-killer
knepig slug o.d. artful; sinnrik ingenious; besvärlig ticklish; kvistig tricky
knipa I *s* penning~ financial straits pl.; klämma *råka (vara) i ~* get into (be in) a fix (tight corner, jam, mess) **II** *tr* nypa pinch; *~ av* nip (pinch) off (itu...in two); *~ ihop* eg. pinch...together (igen...to) **III** *itr*, *om det kniper* bildl. at a pinch, if the worst comes to the worst
knippa rädisor bunch; sparris o.d. bundle; ris o.d. fag[g]ot
knippe 1 se *knippa* **2** ljus~ pencil **3** bot. cyme
knipsa, *~ av* bort clip (snip, nip) off
knipslug knowing, astute; listig crafty, cunning
kniptång tekn. pincers, nippers
kniv knife; rak~ razor
knivhugga stab (slash)...[with a knife]
knivig knepig tricky
knivkastning bildl. altercation; polit. crossfire
knivsegg knife-edge
knivskarp ...[as] sharp as a razor; *~ konkurrens* very close (fierce) competition

knivskära knife
knivsudd point of a (resp. the) knife; *en ~ salt* a pinch of salt
knocka boxn. knock out
knockout boxn. **I** *s* (förk. *KO*) knock-out (förk. KO); *teknisk ~* technical knock-out **II** *adj, slå ngn ~* knock a p. out
knog work; vard. fag; *ha ett väldigt ~ med att* + inf. have an awful job to + inf.
knoga arbeta work; med studier o.d. grind (slog) away; *~ brottas med* en uppgift o.d. struggle with...; *~ uppför* en backe trudge up...
knoge knuckle
knogjärn knuckle-duster; amer. brass knuckles
knop 1 knut knot 2 hastighetsmått knot
knopp 1 bot. bud 2 knapp knob; på mast el. flaggstång (sjö.) truck 3 vard., huvud nob; [*lite*] *konstig i ~en* a bit cracked
knoppas bud
1 knorr se *knot*
2 knorr curl; *ha ~ på svansen* have a curly tail
knorra 1 knota murmur; stark. grumble; vard. grouse 2 kurra rumble
knot knotande murmuring; stark. grumbling
1 knota murmur; stark. grumble; vard. grouse
2 knota ben bone
knott insekt gnat, black fly; koll. gnats
knottra, *skinnet ~r sig på mig* I get goose-pimples (goose-flesh)
knottrig skrovlig granular; om hud rough; om träd knotty
knubbig plump; om barn chubby; neds. podgy
knuff push; med armbågen för att väcka uppmärksamhet nudge; i sidan poke; av en vagn o.d. bump
knuffa I *tr* o. *itr* push; med axeln shoulder; med armbågen elbow, nudge; i sidan poke; *~ ngn i sidan* vanl. poke (dig) a p. in the ribs **II** med beton. part.
~ fram: ~ fram ngn bildl. push a p.; *~ sig fram* elbow (shoulder) one's way [along]
~ in ngn [*i...*] push (osv., se *I* ovan) a p. in[to...]
~ omkull push (shove, knock)...over
~ till knock (bump, pers. äv. push) into
~ undan push ...aside (out of the way)
~ upp dörren
knuffas, *~ inte!* don't push (shove)!
knull vulg. fuck, screw
knulla vulg. fuck, bang
knussel niggardliness, stinginess, cheeseparing [ways pl.]; svag. parsimony; *utan ~* without stint

knusslig niggardly, stingy, cheese-paring
knut 1 som knytes, äv. friare knot; *knyta (slå) en ~* make (tie) a knot [*på* in] 2 hus~ corner; *vi hade fienden inpå ~arna* ...at our very door[s] (doorstep) 3 se *knutpunkt* 4 vard., hastighetsmått kilometres per hour; *köra i hundra ~ar* km/tim do a ton
knuta anat. node; tumör tumour
knutpunkt centrum centre; järnvägs~ junction
knyck ryck jerk; svag. twitch
knycka I *itr* rycka jerk; svag. twitch; *~ på nacken* högdraget o.d. toss one's head, bridle **II** *tr* vard., stjäla pinch, swipe, nick; idéer o.d. lift, crib
knyckla, *~ ihop* crumple up
knyppla, *~* [*spetsar*] make lace
knyst, *inte ett ~* ljud not the least (slightest) sound
knyta I *tr* 1 eg. tie 2 *~ handen (näven)* clench one's hand (fist); hotfullt shake one's fist [*åt, mot* at] 3 bildl. *~ bekantskap med ngn* make a p.'s acquaintance, strike up an acquaintance with a p.; *knuten till* attached to, connected with; parti associated with **II** *rfl*, *~ sig* 1 om kål, sallad head, heart 2 lägga sig turn in
III med beton. part.
~ an se *anknyta II*
~ fast tie, fasten
~ igen tie up
~ ihop två föremål tie (knot)...together; säck o.d. tie up
~ om...om[*kring*] tie...round
~ samman eg. tie...together
~ till säck o.d. tie up; hårt tie...tight
~ upp a) lossa untie; knut, knyte o.d. äv. undo; öppna t.ex. säck open b) fästa upp tie up
~ åt hårt tie...tight
knyte bundle
knytkalas ung. Dutch treat
knytnäve clenched fist
knytnävsslag punch
knåda knead äv. massera
knåpa pyssla potter about; knoga plod (peg) away; *~ ihop* ett brev patch (put) together [some sort of]...
knä 1 eg. knee äv. på byxben o. strumpa; sköte lap 2 krök elbow äv. tekn.; bend
knäbyxor short trousers; till folkdräkt o.d [knee-]breeches
knäböja bend (bow) the knee; isht relig. genuflect
knäck 1 *det tog (höll på att ta) ~en på mig* it nearly killed me 2 karamell toffee; amer. vanl. taffy 3 bisyssla job on the side

knäcka I *tr* **1** eg.: spräcka o.d. crack; bryta av break; hastigt tvärs över snap; ~ *en flaska vin* vard. crack a bottle of wine **2** bildl.: pers. break; hälsa shatter; problemet *knäckte mig* ...floored me **II** *itr*, ~ *extra* vard. moonlight, have a job on the side
knäckebröd crispbread; amer. äv. ryecrisp
knähund lapdog
knähöjd, *i* ~ at knee-height
knäkort knee-length
1 knäpp 1 ljud click; smäll snap; av sträng twang; tickande tick; finger~ flick, flip; *inte ett (minsta)* ~ not a (the least little) sound **2** köld~ [cold] spell
2 knäpp vard. nuts
1 knäppa smälla m.m. **I** *tr* **1** foto. snap **2** skjuta: djur pot; person, sl. bump...off **3** ~ *nötter* crack nuts **II** *itr*, *det knäpper i elementet* there's a clicking (ticking) sound in...; ~ *på* sträng pluck; gitarr o.d. twang
2 knäppa 1 med knapp button [up]; med spänne buckle **2** ~ *[ihop] händerna* clasp (fold) one's hands **3** ~ *av (på)* t.ex. ljuset, radion switch off (on)
knäppe enklare clasp; låsbart catch
knäppinstrument mus. plucked string instrument
knäppning med knapp[ar] buttoning; klänning *med* ~ *bak* ...that buttons down (up at) the back
knäreflex med. knee-jerk
knäskål kneecap; vetensk. patell|a (pl. äv. -ae) lat.
knästrumpa knee[-length] stocking
knästående kneeling
knöl 1 ojämnhet bump; upphöjning o.d. boss, knot; mindre nodule; utväxt protuberance, wen; kyl~ chilblain; gikt~ o.d. node; svulst tumour; på träd knob; begonia~, potatis~ o.d. tuber **2** vard. bastard; svag. swine; isht amer. son-of-a-bitch (pl. sons-of-bitches)
knöla, ~ *ihop* crumple up; ~ *till* batter
knölig ojämn o.d.: om t.ex. väg bumpy; om madrass o.d. lumpy; om t.ex. finger knobbly, knotty, gnarled; med. nodular; bot. tuberous
knölpåk käpp knobbly stick; vapen cudgel
knös, *en rik* ~ a rich fellow, a plutocrat
KO förk., se *konsumentsombudsman*
K.O. boxn. (förk. för *knockout*) KO
ko cow; *det är ingen* ~ *på isen* there's no cause to panic
koagulera med. coagulate
koalition coalition
kobbe skär islet [rock]
kobent knock-kneed
koboltblå cobalt-blue...

kobra zool. cobra
kock cook; *ju flera* ~*ar dess sämre soppa* too many cooks spoil the broth
kod code; *knäcka en* ~ break a code
kodifiera codify, code
koffein caffeine
koffeinfri caffeine-free
koffert trunk; bagageutrymme på bil boot; amer. trunk
kofonist *s* maneller
kofot bräckjärn crowbar; isht inbrottsverktyg jemmy; amer. jimmy
kofta stickad cardigan; grövre jacket
kofångare på bil bumper; järnv. cowcatcher
koger till pilar quiver
kohandel polit. [*en*] ~ [a bit of] horse-trading (log-rolling)
koj sjö.: häng~ hammock; fast se *kojplats*; *gå (krypa) till* ~*s* turn in
koja cabin, hut; usel hovel; barnspr. little house
kojplats sjö. bunk
kok 1 *ett* ~ potatis a potful of... **2** *ett* [*ordentligt*] ~ *stryk* a [good] hiding (thrashing)
1 koka jord~ clod
2 koka I *tr* [ngt i] vätska boil; i kort spad stew; laga [till] (t.ex. kaffe o.d., soppa, gröt, äv. karameller, lim m.m.) make; ~ *köttet mört* boil the meat until tender **II** *itr* allm. boil; sjuda simmer **III** med beton. part.
~ *av* decoct
~ *bort* itr. boil away
~ *ihop* boil down; bildl., t.ex. en historia concoct, make (cook) up
~ *in* tr., frukt preserve; i glasburk bottle
~ *upp* a) itr. come to the boil b) tr. bring...to the boil
~ *över* boil over äv. bildl.
kokain cocaine; vard. coke
kokbok cookery book; isht amer. cookbook
kokerska [female (woman)] cook
kokett I *adj* coquettish; tillgjord affected **II** *s* coquette
kokhet boiling (piping, steaming) hot
kokhöns boiling fowl, boiler
kokkonst cookery
kokkärl cooking utensil; mil. messtin
kokmalen, *kokmalet kaffe* coarse-grind coffee
kokos coconut
kokosboll kok., ung. snowball
kokosfett coconut butter (oil)
kokosflingor koll. desiccated (shredded) coconut
kokosnöt coconut
kokospalm coconut palm, coco palm

kokplatta hot plate
kokpunkt, *på ~en* at the boiling point äv. bildl.; *nå ~en* reach boiling point äv. bildl.
koks coke
koksalt common salt
koksaltlösning salt-solution
kokvrå kitchenette
kol 1 bränsle: sten~ coal äv. koll.; trä~ charcoal; *ett ~ ~stycke* a coal, a piece (lump) of coal (resp. charcoal); *utbrända ~* cinders **2** rit~ drawing charcoal **3** kem. carbon
1 kola hård toffee; mjuk caramel
2 kola, *~ [av]* el. *~ vippen* vard., dö kick the bucket
kolasås kok. caramel sauce
kolbrikett coal briquet[te]
kolbrytning coalmining
koldioxid kem. carbon dioxide
kolera med. [Asiatic] cholera
kolerisk choleric, irascible
kolesterol kem. cholesterol
kolfyndighet coal deposit
kolgruva coalmine; stor colliery
kolgruvearbetare collier, pitman
kolhydrat carbohydrate
kolibri zool. humming-bird, colibri
kolik med. colic
kolja haddock
koll vard. *göra en extra ~ på...* check...specially, double-check...
kolla vard. check; sl., titta look; *~ [in] läget* check up on things (the situation), see how things are going; *~ upp ngt* check a th.
kollaboratör collaborator
kollaborera collaborate
kollage konst. collage
kollaps collapse
kollapsa collapse
kollega yrkesbroder colleague; *mina kolleger på kontoret* my fellow workers; ministern mötte *sin franske ~* ...his French counterpart (opposite number)
kollegieblock note pad (block)
kollegium 1 lärarkår [teaching] staff **2** sammanträde staff (teachers') meeting
kollekt collection; *ta upp ~* make a collection
kollekthåv collection bag
kollektion collection äv. hand.
kollektiv collective
kollektivanslutning polit. collective affiliation
kollektivanställd, *vara ~* be employed under a collective agreement
kollektivavtal collective agreement
kollektivfil bus lane, busway

kollektivtrafik public transport
kolli package
kollidera collide; bildl. clash
kollision collision; bildl. vanl. clash
kollisionskurs sjö. collision course; *vara på ~* be on a collision course; bildl. äv. be heading for a collision
kollra, *~ bort ngn* förvrida huvudet på ngn turn a p.'s head, jfr *bortkollrad*
kolmörk pitch-dark
kolna förkolna get charred; elden *har ~t* ...has turned to embers
kolon skiljetecken colon
koloni allm. colony, jfr *barnkoloni*
kolonialmakt colonial power
kolonialvaror colonial products (produce sg.)
kolonilott allotment
kolonisera colonize
kolonistuga allotment-garden cottage
kolonn byggn. el. mil. el. tekn. column
koloradoskalbagge Colorado beetle
kolorera eg. colour; *den ~de veckopressen* neds. [the] cheap popular weekly magazines pl., pulp magazines pl.
koloss coloss|us (pl. äv. -i); *en ~ på lerfötter* a colossus (an image) with feet of clay
kolossal colossal; häpnadsväckande stupendous
koloxid kem. carbon monoxide
koloxidförgiftning carbon monoxide poisoning
kolsvart pitch-dark; om t.ex. hål coal-black
kolsyra 1 syra carbonic acid **2** gas carbon dioxide
kolsyrad källa o.d. carbonated; *kolsyrat vatten* aerated (isht amer. carbonated) water
kolsyresnö carbon dioxide snow
koltablett charcoal tablet
koltrast zool. blackbird
kolugn ...[as] cool as a cucumber, completely calm (unruffled)
kolumn column (förk. col.)
kolv 1 i motor o.d piston; i tryckpump plunger **2** löd~ copper bit **3** på gevär butt **4** i lås bolt **5** kem., av glas flask **6** bot., blom~ spadix (pl. spadices)
koma med. coma; *ligga i ~* be in a coma
kombi bil estate car; isht amer. station wagon
kombination combination äv. till lås; *i ~ med* äv. combined with
kombinera combine
komedi 1 lustspel comedy **2** föreställning shamming
komet comet äv. bildl.

kometkarriär, *göra* ~ have a meteoric career
kometsvans comet's tail
komfort comfort
komfortabel comfortable
komik något komiskt comedy; komisk verkan comical effect; komisk konst comic art
komiker comedian; skådespelare comic actor
komisk komedi-, rolig comic; skrattretande comical, ridiculous
1 komma skiljetecken comma; i decimalbråk point
2 komma I *tr* föranleda o.d. ~ ngn *att* +inf. a) vanl. make... +ren inf. b) förmå induce (lead)...to +inf.
II *itr* **1** allm., spec. till den talandes verkliga el. tänkta uppehållsort come; till annan plats än den talandes upphållsort, el. i prep.-uttr. angivande situation o.d., råka komma get; infinna sig appear; vard. turn up; han (tåget) *kom klockan 9* ...arrived (came [here], *dit* got there) at 9 o'clock; *jag kommer inte (tänker inte ~)* på festen I'm not going [to go], I shan't be there; ~ *springande (cyklande* osv.*)* come running (cycling osv.) along; ~ *av* bero på be due to; *han kom efter* efterträdde... he came after (succeeded)...; ~ *från* en fin familj come of...; ~ *i beröring med* get into contact (touch) with; ~ *i jorden* a) begravas be buried b) om frö, växt be put into the soil; ~ *i tid* be (hit come, dit get there) in time; *varifrån kommer du?* where do (plötsligt eller närmast have) you come from?; *vad har du att ~ med?* säga what have you got to say (erbjuda offer, visa show, föreslå suggest)?; det är ingenting *att ~ med!* visa upp ...to make a show of!; *jag kommer kanske till* London inom kort I may be coming (*reser* be going) [over] to...; ~ *till* uppgörelse come to; beslut o. avgörande äv. el. t.ex. insikt, resultat, slutsats arrive at **2** ~ *på* uppgå till: *det kom [allt som allt] på* 500 kr it came to... **3** ~ *till* innebära tillägg: *till detta kommer, att han är* en bra föreläsare in addition to this he is...; se vid. ~ *till* under *IV* ned. **4** vard., få orgasm come **5** ~ *att* +inf. **a)** uttr. framtid *kommer att* +inf.: i första pers. will (shall) +inf.; i övriga pers. will +inf.; *kommer du (ni) att* +inf. äv.*?* are you going to +inf.? *ska* **b)** småningom come to +inf.; råka happen to +inf.; *hur kom du att* tänka på det, lära dig svenska, förälska dig i henne*?* how did you come (resp. happen) to...?

III *rfl,* ~ *sig av* bero på come from, be due (owing) to
IV med beton. part.
~ **an:** *kom an!* come on!
~ **av** se *stiga [av*]; ~ *av sig* stop [short], get stuck; tappa tråden lose the thread
~ **bort** avlägsna sig get away; gå förlorad get (be) lost; försvinna disappear; om brev äv. miscarry; *han kom bort från henne i trängseln* he lost her in the crowd
~ **efter** bakom come (gå go resp. walk) behind; följa [efter] follow; ~ senare come afterwards; bli efter get (fall) behind
~ **emellan** bildl. intervene
~ **emot** a) möta come (dit go) towards (to meet) b) stöta emot go (snabbare run, häftigare knock) against (into)..., jfr [*stöta*] *emot*
~ **fram a)** stiga fram: hit come (dit go) up (långsamt along); ur gömställe, led o.d. come out, emerge **b)** ~ vidare get on (igenom through, förbi past); på telefon get through **c)** hinna (nå) fram: dit get there; hit get here; anlända arrive; om brev äv. come to hand; bildl. *vi har kommit fram till* följande siffror we have arrived at...; *vi kom fram till* fann *att...* we came to the conclusion that... **d)** framträda come out; ~ till rätta turn up **e)** bli bekant come out **f)** lyckas ~ [*sig*] *fram* get on
~ **framåt** advance, go forward båda äv. bildl.
~ **för a)** *det kom för mig att...* it struck (occurred to) me... **b)** ~ *sig för med att* +inf. bring (induce) oneself to +inf.; besluta sig make up one's mind to +inf.
~ **förbi** eg. pass; ~ fram get past; ~ undan get past (round)
~ **före** eg. get there (hit here) before (ahead of); i tid, i rang come before (precede); vid tävling get ahead (in front) of
~ **ifrån a)** med obj.: ~ bort ifrån get away from; bli kvitt o.d get rid of; ~ *ifrån varandra* get separated; bildl. äv. drift apart **b)** utan obj. get away; bli ledig get off
~ **igen** återkomma; ännu en gång come again; *kom igen!* kom an come on!
~ **igenom** eg. come (resp. get) through; t.ex. en svårläst bok get (plough) through; t.ex. sjukdom get (go, come) through [...successfully]
~ **ihop sig** fall out
~ **ihåg** se *ihåg*
~ **in** (jfr *inkommande*) allm. come in äv. om t.ex. tåg, pengar, varor; om pengar be received; inträda äv. enter; lyckas ~ in get in; ~ inomhus come (resp. get) indoors; ~ *in i* a) rummet, butiken come (resp. get,

kliva walk, step) into, enter b) skola be admitted to c) tidningen (om artikel o.d.) be inserted (appear) in; ~ *in på* a) sjukhus o.d. be admitted to b) samtalsämne get (apropå drift) on to; ~ *in vid* t.ex. posten, filmen be (vard. get) taken on in
~ **i väg** get off (away, started)
~ **loss** a) om sak come off b) om pers.: eg. get away (ut out); bildl. get away
~ **med** a) göra sällskap come (dit go) along, come (dit go) with me (him osv.); ~ *med ngn* come (sluta sig till join) a p. b) deltaga join in; *kommer du med [oss] på* en promenad? are you coming with us for... c) hinna med tåg (båt) catch...
~ **ned** (**ner**) come down; klättra ned äv. go down; lyckas ~ ned o.d. get down; ~ *ned på fötterna* alight (bildl. fall) on one's feet
~ **omkring**: *när allt kommer omkring* after all; when all is said and done
~ **på** a) stiga på get (resp. come) on; se vid. *stiga [på]* b) erinra sig think of; *jag kan inte* ~ *på* namnet äv. ...escapes me c) upptäcka find out d) hitta på think of, hit [up]on; *han kom på* en bra idé ...struck him; jfr vid. *idé* ex.
~ **till** a) tilläggas be added; *dessutom kommer* moms *till* in addition there will be... b) uppstå arise, come about; ~ till stånd: om institution o.d. come into existence; om t.ex. dikt be written (om tavla made, om musik composed); grundas be established; födas be born
~ **tillbaka** return äv. bildl.; come (go resp. get) back, jfr *återkomma*
~ **undan** itr.: undkomma get off, escape
~ **upp** allm. come up; dit upp go up; ta sig (stiga) upp o.d. get up; om himlakropp vanl. rise; om växt come up, shoot [up]; om idé arise; om fråga come (be brought) up; ~ *sig upp* make one's way, get on
~ **ur** *ngt* get out of...
~ **ut** a) eg. come (dit go; lyckas ~ get) out; ur gömställe o.d. emerge; *så snart vi [hade] kommit ut* på gatan, till sjöss, ur svårigheterna äv. as soon as we were out... b) om bok o.d. come out; om förordning o.d. be issued, jfr *utkomma* c) om rykte o.d. get about (abroad); om hemlighet äv. be revealed
~ **åt** a) få tag i get hold of; nå reach b) komma till livs, få fast o.d. get at; skada äv. do a bad turn to c) sätta åt jag vet inte *vad som kom åt honom* ...what came over (possessed, got into) him d) röra vid touch e) få tillfälle get a chance (an opportunity)
~ **över** a) eg. come (*dit* go, *lyckas* ~ get) over (*tvärs över* t.ex. *flod* across); flod o.d.

äv. cross; *jag kommer över* på besök *senare!* I'll come round later on! b) friare come over (round) c) få tag i get hold of; hitta find; till billigt pris pick up
d) bemäktiga sig ngn, om känsla, raseri come over; drabba ngn come upon e) övervinna get over
kommande allm. coming; framtida, t.ex. tid utveckling future; nästkommande next
kommando command; *föra ~ över* be in command of, command; *ta ~t över* kommandot take command of; ansvaret take charge of
kommandobrygga sjö. [captain's] bridge
kommatera put [the] commas in; förse med skiljetecken i allm. punctuate
kommendant commandant
kommendera command; ~ *ngn* i befallande ton äv. order (vard. boss) a p. about; *bli ~d till...* receive orders for [service in]...; jfr f.ö. *befalla*
kommendering förordnande appointment; *få en ~ till...* receive orders for [service in]...
kommentar 1 allm. ~[*er*] skriftlig[a] notes pl., annotations pl.; muntlig[a] comment[s pl.] [*till* i samtl. fall on]; *inga ~er!* no comment! **2** utläggning, tolkning commentary
kommentator commentator
kommentera comment on; förse med noter annotate
kommers, *det var livlig ~* på torget there was a brisk trade...; *sköta ~en* run the business
kommersialisering commercialization
kommersiell commercial
kommissarie 1 utställningskommissarie o.d. commissioner **2** poliskommissarie superintendent; lägre inspector; amer. captain; lägre lieutenant
kommitté committee; *sitta i (tillsätta) en ~* be on (appoint) a committee
kommun som administrativ enhet: stadskommun municipality; landskommun rural district; myndigheterna local authority
kommunal local government attr.; ~ *dagmamma* childminder [employed by the local authorities]; ~ *vuxenutbildning* adult education [administered by local authorities]
kommunalarbetare local government (municipal) worker
kommunalnämnd ung. local government committee (board)
kommunalskatt koll. ung. local taxes
kommunalval local government (municipal) election

kommunfullmäktig pers., ung. [local government] councillor; ~e beslutande församling local [government] council, municipal council
kommunicera communicate
kommunikation communication
kommunikationsdepartement ministry of transport and communications; ~et i Engl. the Ministry of Transport
kommunikationsmedel means (pl. lika) of communication; *allmänna* ~ public services
kommunikationsminister minister of transport and communications; i Engl. Minister of Transport
kommuniké communiqué fr.; bulletin
kommunism, ~[en] Communism
kommunist Communist; neds. Commie
kommunistisk Communist
kommunstyrelse municipal (i vissa städer city) executive board
komocka kospillning cowpat
kompa vard., ackompanjera comp
kompakt compact
kompani mil. el. hand. company
kompanichef mil. company commander
kompanjon partner; *bli ~er* vanl. go into partnership [with each other]
kompanjonskap partnership
kompass compass; navigera *efter* ~ ...by [the aid of] the compass
kompassnål compass needle
kompassros compass card
kompensation compensation; *som* ~ *för* in (by way of) compensation for
kompensationsledig se *kompledig*
kompensera compensate; uppväga compensate [for]
kompetens allm. competence; kvalifikationer qualifications; jfr *behörighet*
kompetent competent
kompis vard. pal
kompledig vard. *vara* ~ be on compensatory leave
komplement complement; *vara (utgöra) ett* ~ *till* äv. be complementary to
komplett I *adj* complete; *han är en* ~ *idiot* äv. he is a downright fool (a blithering idiot) **II** *adv* alldeles completely
komplettera I *tr* complete; ~ *varandra* complement each other **II** *itr*, ~ *i engelska* take (läsa prepare for) a supplementary examination in English
komplex I *s* **1** abstr.: psykol. complex; friare set **2** konkr.: hus o.d. complex **II** *adj* complex äv. matem.; komplicerad complicated
komplicera complicate

komplikation complication
komplimang compliment; *säga (ge) en* ~ pay a compliment
komplott plot
komponent component
komponera mus. el. litt. compose; sammanställa, t.ex. matsedel o.d. put together
komposition composition äv. mus.
kompositör mus. composer
kompost trädg. compost
kompott kok. compote; fruktkompott stewed fruit; *en blandad* ~ bildl. a mixed bag, a hotchpotch
kompress med. compress
kompressor compressor
komprimera compress
kompromettera compromise; ~*nde* compromising
kompromiss compromise
kompromissa compromise
komvux (förk. för *kommunal vuxenutbildning*) se under *kommunal*
kon cone
koncentrat concentrate äv. kem. el. tekn.; *i* ~ in a concentrated form
koncentration concentration; *en stark (stor)* ~ a high degree of concentration
koncentrationsförmåga power of concentration
koncentrationsläger concentration camp
koncentrera concentrate; ~ *sig på ngt* äv. focus (centre) one's attention on a th.
koncept 1 utkast [rough] draft; *tappa ~erna* förlora fattningen lose one's head **2** begrepp, idé concept
koncern combine
koncis concise
kondensator condenser; elektr. äv. capacitor
kondensera condense
1 kondis vard., se *konditori*
2 kondis vard., se *kondition*
kondition kroppskondition condition; *jag har dålig* ~ I'm in bad shape (not fit, out of condition, out of training)
konditionstest fitness test
konditor pastrycook, confectioner
konditori med servering café; i Engl. ofta teashop, tea room; butik utan servering baker's, cake shop
konditorivaror cakes and pastries
kondoleans condolence[s pl.]
kondoleansbrev letter of condolence
kondolera, ~ *ngn* condole el. sympathize (express one's condolence[s] el. sympathy) with a p. [*med anledning av* on]
kondom sheath; vard. French letter; amer. rubber

konduktör buss~ conductor; järnvägs~ guard; amer. conductor; *kvinnlig* ~ conductress; vard. clippie

konfekt choklad~ [assorted] chocolates; karameller o.d. sweets; amer. candy; blandad chocolates and sweets; *han blev lurad (blåst) på ~en* he was done out of it

konfektion kläder ready-made (isht amer. ready-to-wear) clothing (garments pl.)

konferencié o. **konferencier** compère; isht amer. master of ceremonies (förk. MC)

konferens conference; sammanträde meeting

konferera confer

konfetti koll. confetti

konfidentiell confidential

konfirmand confirmand

konfirmation kyrkl. el. hand. confirmation

konfirmera kyrkl. el. hand. confirm

konfiskera confiscate

konfiskering confiscation

konflikt conflict äv. psykol.; strid clash; tvist dispute; arbets~ labour (industrial) dispute; *komma i ~ med lagen* come into conflict with the law

konfliktvarsel fackspr. strike (lockout lockout) notice

konformism conformism

konfrontation confrontation; för att identifiera en misstänkt identification parade, isht amer. line-up

konfrontera confront, bring...face to face

konfundera confuse

konfys confused, perplexed

kongress conference; större el. hist. congress; *~en* i USA [the] Congress

kongressdeltagare member of a (resp. the) conference; större el. hist. member of a (resp. the) congress

kongruens likformighet congruity; matem. congruence; språkv. concord

konisk konformig conical; matem., t.ex. sektion conic

konjak brandy; isht äkta cognac

konjaksglas o. **konjakskupa** cognac (balloon) glass

konjunktion conjunction

konjunktur konjunkturläge state of the market; konjunkturutsikter trade outlook; *~er* konjunkturförhållanden trade conditions; *goda ~er* a boom, times of prosperity äv. friare

konjunkturkänslig ...sensitive to economic fluctuations

konjunkturutveckling business (economic) trend (developments pl.)

konkav optik. el. geom. concave

konkret concrete; *ett ~ förslag* äv. a tangible proposal

konkretisera make...concrete

konkurrens competition; *fri* ~ open competition, freedom of competition; *ta upp ~en med...* enter into competition with...

konkurrensbefrämjande I *adj* ...promoting competition **II** *adv, verka* ~ have the effect of promoting competition

konkurrenskraftig competitive

konkurrent competitor

konkurrera compete; *~nde firmor* competing (rival) firms

konkurs (förk. *kk*) bankruptcy; *försätta ngn i* ~ declare (adjudge) a p. bankrupt

konkursbo bankrupt's (bankruptcy) estate

konkursförvaltare [official] receiver; mindre officiellt trustee

konkursmässig ung. insolvent; *vara* ~ be on the verge of bankruptcy

konnässör connoisseur

konsekvens överensstämmelse consistency; [på]följd consequence; *det finns ingen ~ i hans handlingssätt* äv. there is no sense (logik logic) in his actions

konsekvent I *adj* consistent **II** *adv* consistently; genomgående throughout; *handla* ~ act consistently (in a consistent manner)

konselj cabinet meeting; *~en* statsrådsmedlemmarna the Cabinet

konsert 1 concert; av solist recital **2** musikstycke concert|o (pl. -os el. -i)

konserthus concert hall

konsertmästare leader [of an (resp. the) orchestra]; amer. concertmaster

konserv, *~er* tinned (isht amer. canned) goods (food sg.)

konservatism conservatism

konservativ conservative; *de ~a* subst. adj., polit. the Conservatives

konservatorium academy of music, conservatoire fr.

konservburk tin; isht amer. can; av glas preserving jar

konservera bevara preserve äv. kok.; restaurera restore

konservering preservation; restaurering restoration

konserveringsmedel preservative

konservöppnare tin-opener; isht amer. can-opener

konsistens consistency; *anta fast* ~ stelna set; hårdna harden, solidify

konsistensgivare förtjockningsmedel thickener, thickening agent; stabiliseringsmedel stabilizer

konsonant consonant

konsortium syndicate, consortium

konspiration conspiracy, plot
konspiratör conspirator
konspirera conspire
konst 1 konstnärlig o. teknisk förmåga art; skicklighet skill; kunnande science; (koll.) konstverk [works pl. of] art; *~en att* + inf. the art of ing-form; förmågan the ability to + inf.; *de sköna ~erna* the [fine] arts; *det är (var) ingen ~!* that's easy [enough]!; *han kan ~en att* + inf. he knows how to + inf. **2** *~er* konststycken, trick tricks, dodges **3** *hon har alltid så mycket ~er för sig* ung. she is always so difficult (awkward)
konstant I *adj* constant äv. fys.; oföränderlig invariable; beständig perpetual **II** *s* matem. el. fys. constant
konstatera mera eg.: fastställa establish; bekräfta certify; verify; iakttaga notice, observe; lägga märke till note; bevittna see; utröna find [out]; [på]visa show; förvissa sig om ascertain; friare: (i yttrande) fastslå state; hävda declare; påpeka point out; framhålla call attention to; *jag bara ~r faktum (fakta)* I am merely stating a [simple] fact (the facts); *han ~de slog fast att...* he made the point that...
konstaterande establishing osv., jfr *konstatera*; establishment, verification, ascertainment; påstående statement; upptäckt finding
konstbevattna irrigate [artificially]
konstbevattning [artificial] irrigation
konstellation constellation äv. astron.
konsternerad, *bli ~* be taken aback, be dismayed, be nonplussed
konstfackskola school of arts and crafts (arts, crafts and design); *Konstfackskolan i Stockholm* College of Arts, Crafts and Design
konstfiber synthetic (artificial, man-made) fibre
konstflygning stunt (trick) flying, aerobatics
konstfull artistic
konstföremål object of art (pl. objets d'art) fr.
konstgalleri art gallery
konstgjord artificial; *~ befruktning* av människor o. djur artificial insemination; av växter artificial fertilization
konstgrepp [yrkes]knep trick [of the trade]; list [crafty] device, artifice
konstgödsel artificial manure, [artificial] fertilizer
konsthandel 1 försäljningslokal art [dealer's] shop; större art gallery **2** abstr. art trade
konsthandlare art dealer
konsthantverk [art] handicraft; arts and crafts; föremål (koll.) art wares, handicraft products

konsthistoria [the] history of art
konstig underlig odd; vard. funny; bisarr eccentric; invecklad intricate; svår difficult
konstighet oddity, strangeness; *~er* egendomliga drag oddities, strange features
konstindustri art industry, industry of applied arts
konstintresserad ...interested in art
konstis artificial ice
konstituera 1 utgöra, grunda constitute **2** utnämna tillfälligt appoint...temporarily (ad interim)
konstitution constitution
konstitutionell constitutional
konstkritiker art critic
konstkännare judge of art
konstlad affekterad affected; låtsad assumed; tvungen forced; onaturlig laboured; artificiell artificial
konstläder artificial (imitation) leather, leatherette
konstmuseum art museum
konstnär allm. artist; *han är en verklig ~ på sitt område* he is a master of his craft
konstnärlig artistic; *~ ledare* art director
konstnärskap 1 konstnärlighet artistry **2** *~et* (att vara konstnär) förpliktar [the fact of] being an artist...
konstnärskrets, *i ~ar* in artists' circles
konstpaus rhetorical pause, telling pause
konstra 1 krångla be awkward; *~ med* tamper (fiddle, meddle) with **2** göra invecklad *~ till saker* complicate matters, make a big business out of things
konstruera allm. construct äv. geom.; språkv. construe
konstruktion construction; design; påhitt device; uppfinning invention; *den bärande ~en* the supporting structure
konstruktiv constructive; om pers. positive, constructive-minded; *~ kritik* constructive criticism
konstruktör constructor
konstsamlare art collector, collector of works of art
konstsamling art collection; offentlig art gallery
konstsiden o. **konstsilke** rayon
konstsim synchronized swimming, vard. synchro
konstskola 1 art school **2** konstriktning school [of art]
konststycke trick; kraftprov tour de force (pl. tours de force) fr.; *de lyckades med [det] ~t att leva på* hans lilla lön they managed to live on... - no mean achievement
konstutställning art exhibition
konstverk work of art (pl. works of art)

konstvetenskap history of art
konståkning figure skating
konstälskare art lover (pl. -i), votary of art
konsul consul äv. hist.
konsulat consulate äv. hist., befattning
konsult consultant; statsråd ung. minister without portfolio
konsultation consultation
konsultativ consultative; *~t statsråd* ung. minister without portfolio
konsultbyrå consulting agency
konsultera consult; *~ en läkare* consult (friare see) a doctor
konsum butik el. förening co-op
konsumaffär o. **konsumbutik** co-operative shop (store)
konsument consumer
konsumentombudsman, ~nen (förk. *KO*) the [Swedish] Consumer Ombudsman
konsumentupplysning consumer guidance
Konsumentverket the [Swedish] National Board for Consumer Policies
konsumera consume
konsumtion consumption
konsumtionssamhälle consumer society
kontakt 1 beröring contact äv. pers.; exposure; *bra* (*goda*) *~er* förbindelser useful contacts; *få* (*ta, komma i*) *~ med* get into contact (touch) with, contact; *hålla ~en* (*vara* el. *stå i ~*) *med* keep (be) in touch with 2 elektr. contact; strömbrytare switch; stickpropp [connecting] plug; vägguttag point; amer. outlet, wall socket
kontakta contact
kontaktannons personal advertisement (vard. ad); *~erna* the personal column; vard. the lonely-hearts column (båda sg.)
kontaktlim impact adhesive
kontaktlins contact lens; *hårda* (*mjuka*) *~er* hard (soft) [plastic] contact lenses
kontaktman contact [man]
kontaktperson contact
kontaktsvårigheter contact problems, difficulty sg. in making contacts [with people]
kontant I *adj* 1 cash; *~ arbetsmarknadsstöd* cash unemployment allowance; *mot ~ betalning* for cash, for ready money 2 vard. *vara ~* be on good terms II *adv*, köpa (sälja) *~* ...for cash, ...for ready money
kontanter ready money; *i ~* äv. cash in hand
kontantinsats vid avbetalning el. t.ex. husköp down payment; bidrag cash contribution (i företag o.d. investment)
kontantköp cash purchase
kontantpris cash price
kontemplativ contemplative

kontenta, ~n *av*... the gist (substance, sum-total) of...
kontext context
kontinent continent; [*den europeiska*] *~en* the Continent [of Europe]
kontinental continental
kontinuerlig continuous
konto account; amer. äv. charge account; löpande räkning current account; *skaffa sig ~ hos* open (establish) an account with
kontoinnehavare holder of an (resp. the) account
kontokort account (credit) card
kontokund credit (charge) customer
kontonummer account number
kontor office; *vara* (*sitta*) *på ~et* be in (at) the office
kontorisering, *~ av lägenheter* conversion of...into offices
kontorist clerk; *hon* (*han*) *är ~* vanl. she (he) works in an office
kontorsarbete office (clerical) work
kontorslandskap open-plan office
kontorslokal, *~[er]* office premises pl.
kontorsmateriel office supplies, stationery
kontorspersonal office (clerical) staff
kontorstid office (business) hours
kontorsvana, *ha ~* be accustomed to office routine (work)
kontoutdrag statement of account
1 kontra versus lat.
2 kontra 1 sport. make a breakaway; boxn. counter **2** replikera counter
kontrabas mus. contrabass; basfiol vanl. double bass
kontrakt avtal o.d. contract äv. kortsp.; högtidl. covenant; överenskommelse agreement; hyreskontrakt lease; *ingå ett ~ med ngn om ngt* (*om att* + inf.) enter into (make) a contract with a p. about a th. (to + inf. el. +ing-form about; *bryta* (*uppsäga*) *ett ~*), break (give notice of termination of) a contract
kontraktera, *~ [om]* ngt contract for...
kontraktsbrott breach of contract
kontraktsprost kyrkl.: i stan dean; på landsbygden rural dean
kontrarevolution counter-revolution
kontraspionage counterespionage
kontrast contrast; *stå i skarp* (*bjärt*) *~ mot* (*till*) form a sharp (glaring) contrast to, be in sharp (glaring) contrast to
kontrastera contrast
kontrastmedel med. contrast medium
kontring 1 sport. breakaway; boxn. counter; *på ~* on the break **2** replik retort
kontroll 1 övervakning o.d.: **a)** övervakande åtgärd check; *göra* (*ta*) *en ~* make a check

b) tillsyn, övervakande control **2** [full] behärskning control, command; ha ngt *under* ~ ...under control; friare äv. ...well in hand **3** konkr.: **a)** kontrollställe checkpoint, control [station] **b)** kontrollanordning control
kontrollampa pilot (warning) lamp
kontrollant supervisor; controller äv. sport.
kontrollbesiktning av fordon vehicle test (abstr. testing); motsv. i England av MOT (förk. för Ministry of Transport) test
kontrollera 1 granska check [up on]; pröva test; övervaka supervise; inspektera inspect **2** behärska control
kontrollmärke check [mark]
kontrollräkna addering o.d. recount and check off
kontrollstation control station, checkpoint
kontrollstämpel på silver o.d. hallmark; på varor inspection stamp; på dokument control stamp
kontrolltorn flyg. control tower
kontrolluppgift till skattemyndighet statement of income
kontrollör controller
kontroversiell controversial
kontur outline
konung king; *vara ~ över* t.ex. ett stort rike be king of (t.ex. ett fritt folk over); jfr *kung*
konvalescens convalescence
konvalescent convalescent [patient]; *vara ~ efter* en sjukdom be recovering from...
konvalje bot. lily of the valley (pl. lilies of the valley)
konvenans propriety, convention; *~en* proprieties pl., convention, the conventions pl.; *bryta mot ~en* commit a breach of etiquette
konvent sammankomst convention
konvention överenskommelse o. bruk convention
konventionell conventional; *~a former* äv. conventionalities; *~a vapen* conventional weapons (weaponry sg.); *vara ~* äv. stand on ceremony
konversation conversation
konversera converse
konvertera I *tr* förvandla convert **II** *itr* relig. be converted
konvertering conversion
konvex optik. el. geom. convex
konvoj convoy; *segla i ~* sail in convoy
konvolut ngt åld., kuvert envelope, cover; med handlingar wrapper
konvulsion med. convulsion
kooperation, *~[en]* co-operation
kooperativ co-operative; *Kooperativa förbundet* the [Swedish] Cooperative Wholesale Society
koordination co-ordination
koordinera isht vetensk. el. tekn. co-ordinate
kopia copy äv bildl.; genomslagskopia [carbon] copy; foto. vanl. print; av konstverk o.d. replica; imitation imitation; *ta [en] ~ av...* copy..., make a copy (print osv.) of...
kopiator se *kopieringsapparat*
kopiera copy; foto. vanl. print
kopieringsapparat photocopier
kopiös copious, overwhelming
kopp cup; *en ~ te* a cup of tea
koppar copper; kopparslantar coppers; kastrull *av ~* äv. copper...
kopparfärgad copper-coloured
kopparkittel copper pan (osv., jfr *kittel*)
kopparmalm copper ore
kopparorm blindworm
kopparröd copper-coloured; *kopparrött hår* coppery[-red] hair
kopparslagare 1 eg. coppersmith **2** pl., vard., bakrus hangover; *ha ~* have a hangover
kopparstick abstr. el. konkr. copperplate [engraving]
koppel 1 hundkoppel leash; för två hundar couple; djuren: två hundar brace (pl. lika) el. couple (tre hundar leash, flera hundar pack) [of dogs (hounds)]; bildl.: hop, skara pack; *gå (ledas) i ~* be (be held) in leash (i band on the lead) äv. bildl. **2** mil. shoulder belt
koppla I *tr* **1** tekn. el. elektr. couple [up]; elektr. (t.ex. element) äv. connect; radio. connect [up (on)]; tele. connect **2** binda i koppel leash; jfr *koppel 1* **3** brottn. o.d. *~ ett grepp* put on (apply) a hold **II** *itr* **1** vard., fatta *han ~r långsamt* he is slow on the uptake **2** bedriva koppleri procure **III** med beton. part.
~ av **a)** tr., radio. o.d. switch (turn) off; bildl.: avlägsna remove; avskeda dismiss **b)** itr. relax
~ ngn fel tele. put...on to a wrong number
~ från järnv. o.d. uncouple; tekn. el. elektr. disconnect; motor. o.d. äv. throw...out of gear
~ ihop eg. couple...[up] together; connect äv. elektr.; join up; friare couple (put)...together
~ in **a)** ledning o.d. connect; t.ex. elektrisk apparat plug in **b)** anlita call in
~ om tele. connect [...over]
~ på elektr. el. radio. o.d. switch (turn) on; *~ på charmen* vard. turn on the charm
~ till t.ex. vagn put on
~ ur elektr. el. tele. disconnect; motor. declutch
kopplare sutenör procurer

koppleri procuring
kopplerska procuress
koppling kopplande coupling osv., jfr *koppla I 1* o. *2*; connection äv. elektr.; radio. el. tele.; bil. clutch
kopplingspedal clutch pedal
kopplingston tele. dial[ling] tone
koppärrig pock-marked
kor arkit. chancel; altarets plats sanctuary; gravkor chapel
kora choose, select
korall coral; ett halsband *av* ~ a coral...
korallrev coral reef
koran, *Koranen* the Koran
Korea Korea
korean Korean
koreansk Korean
koreograf dans. choreographer
koreografi dans. choreography
korg 1 allm. basket; större hamper; för bär o.d. (av spån) punnet; *en* ~ *med* äpplen vanl. a basket of... **2** bildl. *få ~en* be refused (turned down)
korgboll spel [an old form of] basketball
korgmöbler wicker (basketwork) furniture
korgosse choirboy
korgstol wicker (basketwork) chair
koriander bot. coriander
korint currant
kork 1 ämne el. propp cork; *dra ~en ur* flaskan uncork..., draw the cork out of...; dyna *av* ~ äv. cork... **2** bildl. *vara styv i ~en* be cocky (too big for one's boots)
korka cork; ~ *igen* (*till*) cork [up]; bildl. block up
korkad vard., inskränkt stupid, dense; amer. äv. dumb
korkek cork oak (tree)
korkmatta linoleummatta [stycke piece of] linoleum (lino)
korkskruv corkscrew
korkskruvslockar corkscrew curls
korn 1 sädeskorn grain; bildl. *ett ~ av sanning* a grain of truth **2** sädesslag barley **3** på skjutvapen bead; mil. äv. front sight **4** bildl. *få ~ på ngt* få syn på get sight (*få nys om* get wind) of a th.
kornblå cornflower blue
korngryn barley grain; koll. barley groats
kornig granular, granulous
kornisch gesims el. gardin~ cornice, valance
1 korp 1 zool. raven **2** hacka pick[axe]
2 korp se äv. *korpidrott*; *spela fotboll i ~en* play in the inter-company (inter-works) football league
korpgluggar vard. *upp med ~na!* open your eyes!

korpidrott inter-company (inter-works) athletics
korporation corporate body, body corporate
korpral corporal
korpsvart raven-black
korpulent stout, corpulent
korrekt correct; felfri faultless
korrektur proof[s pl.]; avdrag proof sheet
korrekturläsa proofread, read...in proof
korrelation correlation äv. språkv. el. statistik.
korrespondens brevväxling correspondence; undervisning *per* ~ ...by correspondence
korrespondenskurs correspondence course
korrespondent correspondent äv. till tidning; på kontor o.d. correspondence clerk
korrespondera brevväxla el. överensstämma correspond
korridor corridor äv. om landremsa; på tåg, amer. aisle; gång passage; amer. äv. hallway; i offentlig byggnad lobby; i tennis tramline
korridorpolitik lobbying
korrigera correct; revidera revise
korrigering rättelse correction; revidering revision
korrosionsbeständig corrosion-resistant, corrosion-proof
korrugerad, ~ *plåt* corrugated iron
korrumpera besticka el. språkv. corrupt
korrupt corrupt äv. språkv.
korruption corruption
kors I *s* cross äv. bildl.; mus. sharp; anat. loins; på häst croup; [*nu måste vi rita ett*] ~ *i taket!* wonders will never cease!, well, would you believe it!; *lägga armarna* (*benen*) *i* ~ fold el. cross one's arms (cross one's legs); **II** *interj,* ~ el. *i alla mina* (*all sin*) *dar!* well, I never!, good heavens (gracious)!; amer. äv. gee! **III** *adv,* ~ *och tvärs* åt alla håll in all directions, this way and that
korsa I *tr* cross äv. ta sig tvärs över el. i bet. 'stryka' el. 'korsa över'; biol. äv. interbreed; skära intersect; ~ *ngns planer* cross (thwart, foil) a p.'s plans **II** *rfl,* ~ *sig* **1** göra korstecknet cross oneself **2** biol. cross
korsband post. sända *som* ~ a) trycksak[er] ...as printed matter b) varuprov ...as sample[s] c) bok, böcker ...by bookpost
korsbefruktning bot. cross-fertilization
korsben anat. rump bone
korsdrag draught; amer. draft
korseld crossfire
korsett corset; av äldre typ, se *snörliv*
korsfarare hist. crusader
korsfästa crucify
korsfästelse crucifixion
korsförhör cross-examination
korsförhöra cross-examine

korslagd crossed; *med ~a armar* with folded arms
korsning allm. crossing; biol.: hybrid cross[breed]; *en ~ ett mellanting mellan* a cross between...
korsord crossword [puzzle]; *lösa ett ~* do (solve) a crossword
korsrygg, *~en* the small of the back, the lumbar region
korsstygn cross-stitch
korstecken 1 relig. *göra korstecknet* make the sign of the cross; *korsa sig* äv. cross oneself **2** mus. sharp [sign]
korståg hist. crusade äv. bildl.; holy war
korsvirkeshus half-timbered house
1 kort 1 spelkort card; postkort [post]card; *fina* el. *bra (dåliga) ~ spel.* a good (bad el. poor) hand; *ett säkert ~* bildl. a safe (sure) bet (card); *sätta allt på ett ~* stake everything on one card (throw); friare put all one's eggs in one basket; *visa sina ~* show one's cards (bildl. hand) **2** foto photo (pl. -s), picture; exponering exposure; *ta ett ~* take a photo (picture) **3** sjökort chart; *segla efter ~[et]* sail by chart **4** fotb. *gult (rött) ~* yellow (red) card
2 kort I *adj* **1** short; avfärdande curt, abrupt; *tämligen ~* ofta shortish; *med ~a mellanrum* at short (brief) intervals; *dra det ~aste strået* get the worst of it, come off the loser **2** *komma till ~a* fail, fall short; *dra det kortaste strået* get the worst of it **II** *adv* shortly isht i tidsuttr.; kortfattat vanl. briefly; koncist concisely; summariskt summarily; tvärt abruptly; ibl. short; *för att fatta mig ~* to be brief osv., jfr *fatta II*; *~ därefter* el. *efteråt (dessförinnan* el. *förut)* shortly el. a short time afterwards (before); *~ och gott* helt enkelt simply
korta shorten; *~ av (ned) [på]*... shorten...[down]; minska cut down (back), reduce; förkorta äv. abbreviate
kortbyxor för barn short trousers (amer. pants); för barn och som sommarplagg shorts
kortdistanslöpare sport. sprinter
kortege cortège fr.; festtåg procession; av bilar motorcade
kortfattad brief; summarisk summary; vard. potted
kortfilm short [film (movie)]; vard. quickie
kortfristig short-term...
korthet shortness, brevity; *i ~* briefly, in short (brief), in a few words
korthuggen bildl. abrupt
korthus house of cards; *falla ihop (samman) som ett ~* collapse like a house of cards
korthårig, *vara ~* om pers. have short hair; *~a hundar (katter)* short-haired dogs (cats)
kortklippt om pers. *vara ~* have (wear) one's hair short, have close-cropped (short-cropped) hair; snaggad have (wear) a crew-cut
kortkonst card trick
kortkort, *~ kjol* mini[skirt]
kortlek pack (amer. äv. deck) [of cards]
kortlivad short-lived; *~ succé* a flash in the pan äv. om person
kortregister card index
kortsida short side
kortsiktig short-term...
kortslutning elektr. short circuit; vard. short
kortspel 1 kortspelande card-playing; *fuska i ~* cheat at cards **2** enstaka spel card game
kortspelare card-player
kortsynt bildl. short-sighted
korttidsanställning short-time (temporary) employment
korttidsminne psykol. short-term memory
korttidsparkering short-stay (short-term) parking
korttänkt kortsynt short-sighted; tanklös thoughtless
kortvarig ...of short (brief) duration; övergående transitory, transient
kortvåg radio. short wave
kortväxt short
kortända short side
kortärmad short-sleeved
korus, *i ~* in chorus
korv sausage; *varm ~* hot dog; *stoppa (tycka om) ~* stuff (like) sausages
korva, *~ sig* om strumpa o.d. be sagging
korvbröd roll (bun) [for a (resp. the) hot dog]
korvkiosk hot-dog stand
korvspad, *klart som ~* vard. as plain as a pikestaff
korvstoppning bildl. cramming
korvöre, *inte ha ett ~* not have a brass farthing
kos, *gå (springa, flyga* o.d.) *sin ~* ...away
kosa, *styra (ställa) ~n till (mot, åt)*... head for..., wend (make) one's way towards...
kosing, *~[ar]* sl. dough sg., bread sg., lolly sg.
koskälla cowbell
kosmetik skönhetsvård beauty care
kosmetika cosmetics, make-up
kosmetolog cosmetologist
kosmisk cosmic
kosmonaut cosmonaut
kosmopolitisk cosmopolitan
kosmos cosmos; världsalltet the cosmos

kossa barnspr. moo-cow; neds., om kvinna cow

kost fare; *[en] allsidig (ensidig)* ~ a balanced (unbalanced) diet; *en mager* ~ a poor diet; bildl. a meagre fare

kosta cost; gå (belöpa sig) till go (amount, run) to; *hur mycket (vad) ~r...* how much (what) does...cost?, how much is...?; om ersättning för prestation (t.ex. lagning, klippning o.d.) ofta how much do I (resp. we) owe you for...?; *det spelar ingen roll vad det ~r* äv. money is no object; ~ *vad det ~ vill* bildl. no matter what (never mind) the cost; ~ '*på* **a)** lägga ut spend (pengar äv. lay out); ~ *på ngn* ngt go to the expense of giving a p... **b)** vara påkostande *det ~r på* it is trying (är ansträngande a great effort) *[att* + inf. to + inf.]

kostbar dyrbar costly; värdefull precious
kostcirkel balanced diet chart
kostfiber roughage
kosthåll fare, diet
kostnad, ~*[er]* allm. cost sg.; jur. el. bokföring vanl. costs pl.; utgift[er] expense[s pl.]; utlägg outlay[s pl.]; avgift[er] charge[s pl.]; *höga (stora) ~er* heavy expenses (expenditure sg.); *betala (bestrida) ~erna* pay (defray) the expenses (jur. [the] costs)
kostnadsberäkning costing, cost accounting; kalkyl estimate of cost[s]
kostnadsfritt free of cost (avgiftsfritt of charge)
kostnadsförslag estimate of cost[s]
kostnadsskäl, *av* ~ because of the expense
kostsam costly
kostvanor eating habits
kostym 1 suit; *mörk* ~ dark lounge suit **2** teat. o.d. costume; maskerad~ fancy dress
kostymbal fancy-dress (costume) ball
kostymering dressing; konkr. dress
kota anat. vertebr|a (pl. -ae)
kotknackare vard. bonesetter
kotlett chop; benfri cutlet
kotte 1 eg. cone **2** bildl. *inte en* ~ not a [living] soul
kovändning sjö. veering; *göra en* ~ bildl. perform a volte-face (fr.)
kpist kulsprutepistol submachine-gun
krabat vard. chap
krabba crab
krackelerad crackled; *krackelerat porslin (glas)* äv. crackle-ware
krafs 1 klotter scrawl **2** skräp trash; krimskrams knick-knacks
krafsa scratch; ~ *ned* hastigt nedskriva jot down, scrawl, scratch
kraft 1 allm. **a)** natur- o.d. force **b)** förmåga [till ngt], drivkraft m.m., äv. elektriskt power **c)** [kroppslig el. andlig] styrka strength **d)** spänst vigour; energi energy; intensitet intensity **e)** verkan active influence; t.ex. örts läkande ~ virtue; *skapande* ~ creative power; *av egen* ~ by one's own [unaided] efforts; *med all* ~ with all one's might (energy); t.ex. slungas *med våldsam* ~ with great force, violently **2** pers.: man man; kvinna woman; arbetare worker; *vara den drivande ~en* be the driving force (the leading spirit, the prime mover); firman (teatern etc.) har förvärvat *nya ~er* ...new people **3** jur., giltighet force; *bindande (laga)* ~ binding (legal) force; *träda i* ~ come into force, take effect **4** *i* ~ *av* by virtue (force, right) of; jur. in pursuance of

kraftanläggning power plant (station)
kraftansträngning exertion; *göra en* ~ exert oneself, make a real effort; ta sig samman pull oneself together
kraftfull mäktig powerful; effektfull o.d., t.ex. om stil forcible; t.ex. om tal forceful; vital vigorous; energisk energetic; *i ~a ordalag* in forcible words; *~a åtgärder* strong (energetic, forcible, *friare* drastic) measures
kraftig kraftfull powerful; stark strong; livlig vigorous; våldsam violent; *en* ~ *dos* a strong (stiff) dose; *~a påtryckningar* strong pressure sg. **2** stor, t.ex. förlust, ökning great, substantial; *en ~ prissänkning* äv. a drastic reduction of (in) prices **3** stor till växten el. omfånget big; stadigt byggd sturdy, robust; fetlagd samt om produkt o. utförande stout; tjock heavy äv. t.ex. om tyg; ~ *haka* powerful chin **4** om mat, måltid: bastant substantial; närande nourishing, nutritious; fet rich; 'tung' heavy
kraftigt 1 med kraft, starkt etc. powerfully etc., jfr *kraftig 1*; ~ *byggd* stongly (sturdily) built, sturdy **2** i hög grad, betydligt greatly etc., jfr *kraftig 2*; ~ *bidraga till* contribute greatly to..., be instrumental in...; ~ *förbättrade* villkor considerably improved...
kraftkarl bildl. man of action
kraftlös svag weak; orkeslös, utmattad effete; slapp (äv. bildl. om t.ex. stil) nerveless; maktlös powerless
kraftmätning friare el. bildl. trial of strength, showdown; tävlan contest; dragkamp tug of war
kraftprov trial (test) of strength
krafttag, *ett verkligt* ~ eg. a really strong pull (vard. big tug)

kraftuttryck oath, expletive; ~ pl. äv. strong language sg.
kraftverk power station (plant, house), generating station
kraftåtgärd strong (energetic, forcible, friare drastic) measure
krage collar; på strumpa o.d. top; *ta sig i ~n* rycka upp sig pull oneself together, get a grip on oneself
kragnummer size in collars
krake 1 ynkrygg coward; vard. funk; stackare wretch; *stackars ~!* äv. poor thing (creature)! **2** häst~ jade
kram hug; smeksam cuddle; i brevslut Love
krama 1 trycka, pressa, saften ur frukt squeeze; till mos o.d. squash; *~ ur* squeeze [...dry] **2** *~ [om]* omfamna hug, embrace; smeksamt cuddle
kramas rpr. embrace
kramdjur leksak cuddly toy
kramgod vard. huggable
kramp i ben, fot etc. cramp; krampryckning spasm; konvulsion[er] convulsion[s pl.]; *få ~ t.ex. i benet* be seized with cramp
krampaktig med. el. friare spasmodic; *~t försök* desperate effort
krampryckning spasm
kramsnö wet (packed) snow
kran vatten~ tap; isht amer. faucet; lyft~ crane; vard., näsa snout
kranbil crane lorry (truck)
kranium anat. skull; vetensk. crani|um (pl. äv. -a)
krans blomster~, lager~, ornament o.d. wreath; vid begravning [funeral] wreath; ringformigt föremål ring äv. bakverk; krets circle, ring
kransnedläggning wreath-laying [ceremony]
kranvatten tap water
kras crack; *gå i ~* go to pieces äv. bildl.; stark. fly into (burst to) pieces, be smashed [to smithereens]
krasa crunch
krasch I *interj* crash! **II** *s* crash
krascha krossa crash; göra bankrutt o.d. smash; *~ med bil* crash a car
kraschlanda crash-land
krass materialistisk materialistic; lumpen base; cynisk cynical
krasse bot., blomster~ nasturtium; krydd~ garden cress
krasslig seedy, ...out of sorts
krater crater
kratsa scrape; riva scratch
kratta I *s* **1** redskap rake **2** vard., pers. funk **II** *tr* rake
krav allm. demand; anspråk claim; anmaning att betala demand for payment; *ett*

rättmätigt ~ a legitimate claim; *höja ~en* raise the standards (requirements)
kravaller riots, disturbances
kravallstaket riot barrier
kravattnål tiepin
kravbrev demand note; påminnelse reminder
kravla crawl; *~ sig upp* a) crawl up [*på* on to] b) mödosamt resa sig struggle to (up on) one's feet
kravlös ung. permissive, liberal
kraxande croaking, cawing; enstaka croak
kreativ creative
kreativitet creativity, creativeness
kreatur djur [farm] animal; pl. (nöt~) cattle; *fem ~* nöt~ five head of cattle
kreatursbesättning stock [of cattle]; livestock
kredit [-'-] credit; *få ~* get (receive) credit; *köpa på ~* buy on credit (on tick)
kreditinstitut credit institution (agency)
kreditkort credit card
kreditkostnader extra charges in connection with credit transactions (with loans)
kreditköp credit buying; purchase on credit
kreditupplysning credit report (information); skaffa *~ på ngn* äv. ...information on a p.'s solvency
kreditvärdig creditworthy, sound
krematorium crematori|um (pl. vanl. -a), crematory
kremera cremate
kremering cremation
kreti och pleti every Tom, Dick and Harry
krets eg. el. friare circle; område district, jfr *valkrets*; förenings~ branch [organization]; tekn., t.ex. ström~ circuit; *en sluten (trängre) ~* några få a narrow circle; ett utvalt sällskap a select few pl.; *vi rör oss i olika ~ar* we move in different circles (spheres); *i välinformerade ~ar* in well-informed circles (quarters)
kretsa circle; om fågel wheel; sväva hover; *~ kring ngt* om planet o.d. revolve round (orbit) a th.
kretsgång cyclic (revolving, circular) motion; bildl. round; *gå i ~* move (go round) in a circle, revolve; jfr *kretslopp*
kretskort elektr. printed circuit card
kretslopp t.ex. blodets circulation; t.ex. jordens revolution; *årstidernas ~* the cycle (return) of the seasons
krevera explode; *~ av skratt (ilska)* explode with laughter (rage)
kricket cricket
kricketgrind wicket
kricketspelare cricketer
krig war; krigföring warfare; *det kalla ~et*

the cold war; *vara (ligga) i ~ med* be at war with
kriga war
krigare soldier; litt. el. åld. warrior
krigförande belligerent; *~ makt* belligerent [power], power at war
krigföring, *~[en]* warfare
krigsbyte trofé war trophy; *som ~* as booty (spoils [of war], loot)
krigsdans war dance
krigsfara danger of war
krigsfilm war film
krigsflotta sjövapen navy; samling fartyg battle (armed) fleet
krigsfånge prisoner of war (förk. POW)
krigsförbrytare war criminal
krigsförbrytelse war crime
krigsförklaring declaration of war
krigshetsare warmonger
krigshärjad war-torn, ...devastated by war
krigsinvalid disabled soldier
krigskorrespondent war correspondent
krigslag military law; *de internationella ~arna* the international rules of warfare
krigslist stratagem äv. bildl.
krigsmakt, *~en* the armed (fighting) forces pl. (services pl.)
krigsmålning indians o.d. warpaint; kvinnas, skämts. äv. heavy make-up
krigsorsak cause of war
krigspropaganda war propaganda
krigsrisk danger (risk) of war; försäkr. war risk[s pl.]
krigsrätt domstol court martial (pl. courts martial, court martials), military tribunal (court); *ställas inför ~* be court-martialled
krigsskadad om pers. [war] disabled
krigsskadestånd reparations pl. [for war damages]
krigsskådeplats theatre (seat) of war, theatre of operations
krigsstig, *vara på ~en* be on the warpath [*mot* against]; bildl. äv. be up in arms [*mot* against, about]
krigstid wartime; *i ~* in wartime; *i ~er* in [times of] war
krigstjänst active service; *göra ~* be on active service; *vägra att göra ~* refuse to bear arms
krigsutbrott outbreak of war
krigsveteran veteran, ex-service man
kriminalare vard. [police] detective
kriminalen vard. the criminal police; i Engl. the CID
kriminalisera criminalize, outlaw, make...a criminal offence
kriminalitet crime; criminality äv. brottslig egenskap; *~en ökar* crime is on the increase
kriminalpolis, *~en* the criminal police; i Engl. the Criminal Investigation Department (förk. the CID)
kriminalvård treatment of offenders
kriminell criminal
krimskrams knick-knacks, gewgaws, trumpery; isht i klädedräkt fripperies
kring I *prep* **1** [runt] om vanl. round; isht amer. around; [i trakten] omkring [round] about; omgivande surrounding; *kretsa ~ solen* revolve round (about, amer. around) the sun; *~ de femtio* [round] about fifty [years of age]; *~ kl. 7* äv. at about... **2** om about; *en debatt (tankar) ~ ett ämne* ett ämne a debate (thoughts) on... **II** *adv* se *omkring*
kringboende, *de ~* those living around; grannarna the neighbours
kringfartsled trafik. ring road; amer. beltway
kringflackande, *föra ett ~ liv* ströva (irra) omkring lead a wandering (roving) life, wander; resa hit o. dit travel about
kringgå lagen evade; *~ frågan* evade (sidestep) the question, evade (shirk, dodge) the issue
kringgärda omge fence (hedge) in; inskränka circumscribe; *~d av* restriktioner surrounded (hedged in) by...
kringliggande omgivande surrounding
kringsnack vard. discussion; tomprat empty talk
kringspridd o. **kringströdd** ...scattered about; *ligga ~[a] i rummet* be scattered about the room
kringutrustning peripheral equipment
kris crisis (pl. crises)
krisa, *~ ihop* have a nervous breakdown
krisdrabbad ...hit by a crisis (depression depression)
krismöte emergency meeting
krispaket polit. package solution for a (resp. the) crisis
krispig crispy
krispolitik policy to meet (combat) the crisis; friare emergency measures
kristall crystal; *vas av ~* crystal..., cut-glass...; *bilda ~er* form crystals, crystallize
kristallglas material crystal [glass]
kristalliseras crystallize
kristallklar crystal-clear, ...as clear as crystal
kristallkrona cut-glass chandelier
kristallkula crystal [ball]
kristallvas crystal vase

kristen I *adj* Christian; *den kristna världen* äv. Christendom **II** *subst adj* Christian
kristendom, ~[en] Christianity
kristenhet, ~[en] Christendom
kristid time (period) of crisis; ekon. äv. depression
Kristi Himmelsfärdsdag Ascension Day
kristna 1 omvända Christianize **2** döpa christen
Kristus Christ; *efter* ~ (förk. *e. Kr.*) AD (förk. för Anno Domini); *före* ~ (förk. *f. Kr.*) BC (förk. för before Christ)
krita I *s* **1** chalk; *färg*~ crayon; *en [bit]* ~ *a [piece (stick) of]* chalk; *en ask kritor* a box of chalks (resp. crayons) **2** *ta på* ~ vard. buy on tick; *när det kommer till* ~*n* when it comes to it **II** *tr* chalk; t.ex. *fönster* whiten
kritbit piece of chalk
kritik bedömning criticism; recension review; kort notice; kritisk avhandling critique; *under all* ~ beneath contempt
kritiker critic
kritisera 1 klandra criticize; småaktigt carp at; *du skall då alltid* ~ you are always finding fault **2** recensera review
kritisk 1 (till *kris*) critical; ~ *situation* critical situation; nödläge äv. emergency **2** (till *kritik*) critical
kritklippa chalk cliff
kritstrecksrandig chalk-stripe
kritvit ...[as] white as chalk (i ansiktet as a sheet)
kroat Croat
Kroatien Croatia
kroatisk Croatian
krock 1 *bil*~ o.d. collision **2** mellan t.ex. tv-program clash
krocka 1 om bil o.d. ~ *[med] ngt* collide with a th., run (crash, smash, *lätt* bump) into a th. **2** om t.ex. tv-program clash
krocket croquet
krockskadad ...damaged in a collision
krog restaurang restaurant; värdshus o.d. inn
krognota restaurant bill (amer. check)
krogrond, *gå* ~ go on the spree
krok 1 hake, *häng*~, *met*~ etc. hook äv. boxn.; *lägga [ut] sina* ~*ar för ngn* make a dead set at a p., spread one's net for (try to catch) a p. **2** krök[ning] bend; vindling winding **3** vard. *här i* ~*arna* in these parts, about (near) here, hereabouts
kroka hook; ~ *av* unhook; ~ *upp* hook up
krokben, *sätta* ~ *för ngn* (*ngns planer*) trip a p. up (upset a p.'s plans)
krokig crooked; i båge curved; böjd bent; ~*a deformerade fingrar* gnarled fingers; ~ *näsa* hooked nose; ~ *väg* curved (winding) road
krokna bågna bend; bli krokig get crooked (etc., jfr *krokig*); vard. el. sport., tappa orken fold up
kroknäst hook-nosed
krokodil crocodile
krokodiltårar crocodile tears; *gråta* ~ shed (weep) crocodile tears
krokryggig stooping; *gå* ~ walk with a stoop
krokus bot. crocus (pl. äv. croci)
krokväg omväg roundabout (circuitous) way; *gå* ~*ar* bildl. use underhand means (methods)
krom chromium
kromosom biol. chromosome
krona 1 *kunga*~ el. *träd*~ el. *tand*~ crown; *blom*~ corolla; *horn*~ antlers; på hjortdjur head; *ljus*~, *tak*~ chandelier; ~ *eller klave* heads or tails; *spela* ~ *och klave om ngt* toss for a th.; *sätta* ~*n på verket* supply the finishing touch, be the crowning glory **2** ~*n* kungamakten, staten the Crown; staten äv. the State (Government) **3** svenskt mynt [Swedish] krona (pl. kronor); ibl. Swedish crown (förk. SKr., SEK resp. Sw. cr.)
krondill dillkronor heads pl. of dill
kronisk chronic
kronjuveler Crown jewels
kronofogde head of an (resp. the) enforcement district; lägre senior enforcement officer
kronologi chronology
kronologisk chronological
kronopark crown (state) forest area
kronprins crown prince; *engelska* ~*en* vanl. the Prince of Wales
kronprinsessa crown princess; *engelska* ~*n* vanl. the Princess of Wales
krontal, *utjämna...till närmast högre* ~ round...off upwards to the nearest krona
kronvittne 1 huvudvittne principal witness **2** *bli* ~ vittne mot medbrottsling (i Engl.) turn King's (resp. Queen's, i USA State's) evidence
kronärtskocka [globe] artichoke
kronärtskocksbottnar artichoke bottoms
kropp body äv. fys. el. matem. o.d.; slakt. carcass, carcase; *darra (ha ont) i hela* ~*en* shake (have aches and pains) all over; *ha utslag över hela* ~*en* have spots (a rash) all over [one's body]
kroppkaka kok. potato dumpling [stuffed with chopped pork]
kroppsaga corporal punishment
kroppsarbetare manual labourer (worker)

kroppsarbete manual labour (work)
kroppsbyggare body-builder
kroppsbyggnad build; *en person med kraftig (spenslig)* ~ a strongly (slenderly) built person, a person of a powerful (slender) build
kroppshydda body
kroppslig bodily, physical
kroppslängd height, stature
kroppsnära om t.ex. klädesplagg body-hugging
kroppsskada physical injury; jur. bodily harm
kroppsspråk body language
kroppsstyrka physical strength
kroppsställning posture
kroppsvisitation [personal (bodily)] search; vard. frisk
kroppsvisitera search; vard. frisk
kroppsvård care of the (one's) body
kroppsövningar physical exercises (training sg.)
kross crusher, crushing mill (machine)
krossa crush; slå sönder break; förstöra wreck; benet *~des* ...was crushed; *~ allt motstånd* crush all resistance; *~de förhoppningar* shattered hopes
krubba I *s* manger; jul~ crib **II** *itr* vard., äta have some grub (a nosh)
kruka 1 blom~ o.d. pot; vatten~ o.d. pitcher **2** pers., vard. coward, funk
krukmakeri pottery
krukväxt potted plant
krulla, *~ sig* curl; [om] hår äv. frizz[le]
krullig curly; tätare frizzy; kort och småkrulligt woolly
krumbukt, *~er* a) kurvor windings b) bugningar obeisances; choser frills c) omsvep dodges, shuffling sg.
krumelur snirkel flourish; oläslig signatur o.d. squiggle; 'gubbe' doodle
krumsprång caper; *göra ~* caper [about], gambol, frisk
krupp med. croup
1 krus kärl jar; av flasktyp med handtag jug; isht vatten~ pitcher; [öl]sejdel mug; med lock tankard
2 krus krusande bildl. ceremony; beställsamhet fuss; trugande pressing; *utan ~* without [any] ceremony; utan vidare without [any] more ado
krusa I *tr* o. *rfl*, *~ sig* göra (resp. bli) krusig curl, crisp; [om] hår äv. frizzle; [om] vattenyta ripple, stir; rynka, t.ex. tyg ruffle **II** *tr* o. *itr*, *~ [för] ngn* vara [överdrivet] uppmärksam mot make a fuss of a p.; ställa sig in hos t.ex. överordnad make up to a p., curry favour with a p.

krusbär gooseberry
krusbärsbuske gooseberry bush
krusiduller [superfluous] ornaments; byggn. gingerbread work; i skrift flourishes; bildl. frills; jfr *krumbukt*
krusig curly; isht bot. curled; om vattenyta rippled
krut 1 gunpowder, powder; *det är ~ i honom* vard. he has got some go (pep) **2** *ont ~ förgås inte så lätt* it would take more than that to finish him etc. off
krutdurk powder magazine; *sitta på en ~* bildl. sit on top of a volcano (powder keg)
krutgubbe vard. tough old boy
krutgumma vard. tough old girl
krux crux (pl. äv. cruces); *det är det som är ~et!* there's (that's) the snag (crunch)!
kry well, fit; återställd recovered; isht om äldre pers. hale [and hearty]; jfr vid. *frisk*
krya, *~ på sig* get better, recover, pick up
krycka crutch; käpp~ handle
krydda I *s* växtprodukt spice äv. bildl.; smakförhöjande tillsats seasoning, flavouring (samtl. äv. *kryddor* i koll. bem.); bords~ condiment **II** *tr* isht med salt o. peppar season; isht med andra kryddor spice äv. bildl.; smaksätta flavour; *~ efter smak* i recept add seasoning to taste
kryddhylla spice rack
kryddnejlika clove
kryddpeppar allspice
krylla, *det ~de av myror på platsen* the place was alive (crawling) with ants
krympa shrink; *~ ihop* shrink [up], dwindle; förminskas äv. contract
krympfri unshrinkable; krympfribehandlad pre-shrunk
krympling cripple
krympmån allowance for shrinkage
kryp creepy-crawly; neds. om pers. creep; smeks., pyre [little] mite
krypa I *itr* crawl; isht tyst o. försiktigt creep; om barn crawl; amer. äv. creep; om växt creep, trail; klättra climb; söla dawdle; friare go; *det kryper i mig när jag ser det* it gives me the creeps (makes my flesh crawl el. creep) to see it; *~ ur skalet* come out of one's shell äv. bildl.
II med beton. part.
~ bakom t.ex. en buske creep (gömma sig hide) behind...
~ fram komma fram come out äv. bildl.
~ ihop t.ex. i soffan huddle [oneself] up, nestle up; huka sig crouch; isht av fruktan o.d. cower; krympa shrink; *sitta hopkrupen*

sit huddled up (resp. crouching, cowering) **~ in** t.ex. genom fönstret (smygande) creep in **~ intill ngn** cuddle (huddle) up against a p. **~ ner:** ~ *ner* [*i* sängen] nestle down (cuddle up) [in...] **~ omkring** om barn crawl (amer. äv. creep) about **~ upp:** ~ *upp* [*i* soffhörnet o.d.] huddle [in...]
krypfil slow-traffic lane; amer. creeper (truck) lane
kryphål bildl. loophole
krypin gömställe, hål nest; vrå nook, corner; lya den; *ett eget* ~ a place of one's own
krypköra edge along
krypskytt jakt. stalker; tjuvskytt poacher; mil. sniper
krypta crypt
kryptisk cryptic
kryss a) kors cross; vid tippning draw; *i* ~ crosswise **b)** korsord crossword
kryssa 1 sjö. a) segla mot vinden sail (beat) to windward b) segla omkring el. företa långfärd (om turistfartyg o.d.) cruise; [*ligga och*] ~ t.ex. i skärgården be [out] cruising, sail to and fro **2** friare: röra sig i sicksack walk (go, hit come) zigzag, zigzag **3** ~ *för* markera mark...with a cross, put a cross against
kryssning långfärd cruise
kryssningsrobot mil. cruise missile
krysta vid avföring strain [at stool]; vid förlossning bear down
krystad tvungen strained
kråka 1 fågel crow; *hoppa* ~ hop; *elda för kråkorna* ung. let the fire go up the chimney **2** märke tick; *sätta en* ~ *för ngt* mark a th. with a tick, put a tick against a th.
kråkfötter dålig handstil scrawl
kråksång, *det är det fina i* ~*en* that is [just] the beauty of it
kråma, ~ *sig* prance [about]; om pers. äv. strut (swagger) [about], preen oneself; om häst äv. arch its neck
krångel besvär trouble, fuss; svårigheter difficulties; olägenhet inconvenience; förvecklingar complications; *det är något* ~ *med motorn* there is something wrong with the engine
krångla I *itr* **1** ställa till krångel make a fuss; göra svårigheter el. invändningar make (raise) difficulties, be awkward; förorsaka besvär give (cause) trouble; vara obeslutsam shilly-shally, waver; erkänna *utan att* ~ ...without shuffling **2** 'klicka' o.d., om t.ex. motor go wrong; om t.ex. lås, broms jam; magen, motorn ~*r* there is something wrong with... **II** med beton. part. **~ sig ifrån ngt** slingra sig undan dodge (wriggle out of, shirk, get out of) a th. **~ sig igenom ngt** get through a th. in one way or other **~ till** t.ex. en fråga: röra till make a mess (a muddle) of; göra invecklad complicate
krånglig svår difficult; invecklad complicated, intricate; besvärlig (äv. om pers.) troublesome; kinkig awkward; dålig, t.ex. om mage weak, jfr äv. *krångla*
1 krås gås~ o.d. giblets; *smörja* ~*et* gorge oneself
2 krås på kläder ruffle
kräfta 1 zool. crayfish, crawfish (båda äv. *kräftor*); *vara röd som en kokt* ~ [*i synen*] look like a boiled lobster **2** med. cancer; bot. el. bildl. canker **3** *Kräftan* astrol. Cancer
kräftgång, *gå* ~ move backwards
kräk 1 neds. wretch; amer. äv. jerk; knöl brute **2** se *kreatur*
kräkas I *itr dep* vomit, be sick; amer. be sick at (to, in) one's stomach; *vilja* ~ feel sick; *det är så man kan* ~ [*åt det*] vard. it is enough to make you (one) sick (puke) **II** *tr dep,* ~ [*upp*] throw up, vomit
kräkning, ~*ar* vomiting; kräkningsanfall attack of vomiting (båda sg.)
kräla krypa crawl; ~ *i stoftet* bildl. grovel [in the dust] [*för* to]
kräldjur reptile
kräm allm. cream; maträtt, se *fruktkräm*
krämig creamy
krämpa ailment; *ålderdomens krämpor* the infirmities of old age
kränga I *tr* **1** vända ut och in på turn...inside out **2** mödosamt dra, t.ex. en tröja över huvudet force; ~ *av* [*sig*] pull off, wriggle out of **3** vard., sälja flog **II** *itr* sjö. heel [over]; slänga sway
kränka skymfa violate; överträda infringe; förorätta wrong mot; såra; förolämpa offend; stark. outrage
kränkande förolämpande insulting; om tillmäle abusive
kränkning (jfr *kränka*) violation; t.ex. av ngns rättigheter infringement; t.ex. av fördrag infraction; offence; insult; outrage
kräppad crinkled
kräppapper crêpe paper, crinkled paper
kräsen fastidious; vard. choosy; om smak o.d. discriminating
kräva 1 fordra a) med personsubj.: begära demand; resa krav på call for; jur. claim; yrka på insist [up]on; absolut fordra exact; ~

för mycket av livet ask too much of life **b)** med saksubj.: behöva require; påkalla call for; t.ex. ngns uppmärksamhet äv. claim; nödvändiggöra äv. necessitate; ta i anspråk take **2** fordra betalning av ~ *ngn [på betalning]* demand payment from a p., request a p. to pay **3** kosta *olyckan krävde tre liv* the accident claimed the lives of three people

krävande om arbete exacting; mödosam arduous, heavy; påfrestande trying; *en ~ uppgift* äv. a demanding task, a task that makes demands

krögare värdshusvärd innkeeper; källarmästare restaurant keeper

krök bend; av väg curve; sväng turn

1 kröka I *tr* o. *itr* böja bend; ~ *[på]* t.ex. armen, fingret crook, hook; t.ex. ryggen bend; ~ *rygg* a) om katt arch its back b) bildl., om pers. cringe *[för to]* **II** *itr* o. *rfl*, ~ *sig* allm. bend; om väg o.d. äv. curve

2 kröka dricka, vard. booze

kröken vard. booze; *spola ~* go on the [water] wagon

krön bergs- o.d. crest; mur- coping; allmännare (högsta del) top

kröna allm. crown

krönika chronicle; friare, t.ex. vecko- (resp. månads-) diary; tidningsartikel o.d. över visst [kulturellt] ämne review

kröning kunga- o.d. coronation

krösus Croesus; *han är en riktig ~* he's a proper Croesus, he's made of money

kub cube

Kuba Cuba

kuban Cuban

kubansk Cuban

kubik, *5 i ~* the cube of 5

kubikmeter cubic metre (förk. cu.m.)

kubism konst. cubism

kuckel vard. hanky-panky

kuckeliku *interj* cock-a-doodle-doo!

kudde cushion; huvud- pillow

kuddkrig pillow fight

kuddvar cushion case; till huvudkudde pillowcase

kuf odd customer

kufisk odd

kugga i tentamen o.d. fail; vard. plough; isht amer. flunk

kugge cog; *en [liten] ~ i det hela* bildl. a [small] cog in a big wheel

kuggfråga catch (tricky) question, poser

kugghjul gearwheel, cogwheel; drev pinion

kuk vulg. cock; prick äv. neds. om pers.

kul lustig funny; trevlig nice; roande amusing; underhållande entertaining; *vi hade väldigt ~ roligt* we had great fun (trevligt a very nice time)

1 kula 1 allm. ball; gevärs- bullet; bröd-, pappers- o.d. pellet; sten- (leksak) marble; på termometer bulb; i radband bead; *förlupen ~* stray bullet; *spela ~* play marbles **2** vard. *kulor* pengar marbles, bread sg. **3** sport.: a) redskap shot b) se *kulstötning*; *stöta ~* put the shot (weight) **4** *börja på ny ~* start afresh

2 kula grotta cave; håla hole; lya den, lair; vard., rum den

kulen om väderlek raw [and chilly], bleak

kuling meteor. gale; *frisk ~* strong breeze

kuliss teat.: vägg sidescene; sättstycke set piece; bildl. [false] front; *~er* dekor vanl. scenes; *i ~en (~erna)* mellan scendekorationerna in the wings

1 kull av däggdjur litter; av fåglar brood; friare, t.ex. student- batch; barnen *i den andra ~en* ...of the second marriage

2 kull, *leka ~* play he (tag)

kullager tekn. ball bearing

1 kulle hatt- crown; *en hatt med låg (hög) ~* äv. a low-crowned (high-crowned) hat

2 kulle höjd hill; liten hillock, mound

kullerbytta somersault; fall fall; *slå (göra) en ~* turn (do) a somersault

kullerstensgata cobbled street

kullkasta bildl., t.ex. ngns planer upset, throw over; t.ex. teori overthrow

kullrig kupig bulging; knölig bumpy; om stenläggning cobbled

kulmen culmination, highest point, summit, acme; höjdpunkt, t.ex. festens climax; ekon. el. statistik. o.d. peak

kulminera culminate; reach one's climax (statistik. o.d. peak)

kulspetspenna ball pen

kulspruta machine gun

kulstötare sport. shot-putter

kulstötning sport. putting the shot (weight)

kult cult

kultiverad cultivated; *en ~ man* äv. a man of culture

kultur 1 civilisation civilization (äv. *~en*); etnogr. el. [andlig] bildning culture (äv. *~en*); förfining refinement; *den antika ~en* the civilization of ancient times **2** lantbr. o.d. cultivation; isht trädg. el. bakterie- culture; skog. planting; växter plants

kulturarbetare cultural worker

kulturarv cultural heritage

kulturcentrum cultural (community) centre

kulturchock cultural shock

kulturell cultural

kulturhistoria cultural history, [the] history

of civilization; *Europas* ~ the history of European civilization
kulturhus cultural (arts) centre
kulturkollision cultural clash
kulturkrock cultural clash
kulturliv, ~*et i* Sverige cultural life in..., the cultural life of...
kulturminnesmärke relic of [ancient] culture; byggnadsverk o.d. vanl. ancient (historical) monument
kulturpersonlighet intellectual leader
kulturpolitik cultural [and educational] policy
kulturråd pers. Counsellor for Cultural Affairs; organ *Statens Kulturråd* the [Swedish] National Council for Cultural Affairs
kultursida i tidning cultural page
kulturutbyte cultural exchange[s pl.]
kulturväxt cultivated plant
kulvert culvert
kulört coloured; t.ex. om tyg: mönstrad el. [fler]färgad fancy...; randig striped; ~ *lykta* papperslykta Chinese lantern
kulörtvätt tvättande [the] washing of coloured garments; tvättgods coloured garments, coloureds
kummin caraway; spis~ cumin
kumpan kamrat companion; karl fellow; *A. och hans* ~*er* A. and his gang (cronies)
kund customer; artigt patron äv. på t.ex. restaurang; mera formellt client; ~*er* kundkrets äv. clientele sg.; *vara* ~ handla *hos A.* shop at A.'s; han är ~ *hos oss* ...a customer of ours
kunde se *kunna*
kundkrets circle of customers, clientele; förbindelser connection[s pl.]
kundservice o. **kundtjänst** [customer] service; avdelning service department
kundvagn [shopping] trolley (isht amer. cart)
kung king äv. kortsp., schack. el. bildl.; i kägelspel kingpin; jfr *konung*
kungadöme monarchy, jfr *kungarike*
kungahus royal family (ätt house)
kungamakt royal power
kungarike kingdom; ~*t Sverige* the Kingdom of Sweden
kunglig royal; om makt, glans regal
kunglighet 1 abstr. royalty **2** pers. royal personage; ~*er* royalties; vard. royals
kungöra announce, make...known (utan sakobj. ofta make it known); högtidl. notify; förordning o.d. promulgate
kungörelse announcement, [public] notice, notification; promulgation; advertisement; jfr *kungöra*
kunna I *tr* (m. subst. obj.) 'känna till', 'ha lärt sig' know; *han kan allt* vet allt he knows everything; kan göra allt he can do everything; *han kan flera språk* he knows (is acquainted with, kan tala can speak) several languages
II *hjälpvb* (m. utsatt el. underförstådd inf.); **1** *kan* (resp. *kunde*) uttr. förmåga, faktisk, ifrågasatt el. förnekad möjlighet m.m. vanl. can (resp. could); uttr. oviss möjlighet, tillåtelse m.m. vanl. may (resp. might); i vissa fall (mera stelt, högtidl., e.d. och ibl. då 'kan (kunde)' = 'skall (skulle) kunna') anv. äv. övers. enl. *6*; se vid. rubriker o. ex. nedan
2 om förmåga: 'förmår' can (resp. could); *jag skall göra allt jag kan* äv. ...everything in my power; *man kan vad man vill* where there's a will there's a way
3 om möjlighet **a)** nekad el. ifrågasatt can (resp. could); *jag kan inte förstå* I cannot (I fail to) understand; *han kan (kunde) inte hejdas* äv. he is (was) not to be stopped, there is (was) no stopping him **b)** säker: 'kan faktiskt', 'har tillfälle att' can (resp. could); i vissa talesätt may (resp. might); *man kan lätt föreställa sig*... you can (may) easily imagine...; *det kan ifrågasättas om*... it may (can) be questioned whether...; *du kan* det står dig fritt att *räkna pengarna själv* you can (may) count the money yourself **c)** tänkbar [men osäker]: (vanl. end. i jakande sammanhang) 'kan kanske (eventuellt, möjligen o.d.)' may (resp. might); *det kan (kunde) [tänkas] vara sant* it may (might) be true; *kan så vara* maybe; *det kan göra en galen* it's enough to make you [go] mad (crazy)
4 om tillåtelse o.d.: 'får' may (resp. might); ofta can (resp. could); *kan jag (kunde jag, skulle jag kunna) få lite mera te?* may el. can (might, could) I have some more tea, please?; *kan (kunde) jag få fråga dig om en sak?* may el. can (might, could) I ask you a question?
5 a) 'har rätt (goda skäl) att' may (resp. might); *det kan man kalla otur!* that's what I call bad luck! **b)** 'må' el. i förb. med 'lika väl', '[lika] gärna' vanl. may (resp. might); *du kan lika gärna göra det själv* you may as well do it yourself; *hur egendomligt det än kan synas* strange as it may seem **c)** i uttryck för försäkran may (resp. might), can (resp. could); *du kan räkna med mig* you may (can) count on me; *du kan vara övertygad om att*... you may (can) rest assured that... **d)** uttr. uppmaning vanl. can (resp. could); *ni kan behålla resten* you can keep the rest **e)** i

frågor uttr. indignation can (resp. could); *hur kan du vara så dum?* how can you be so stupid? **f)** i okunnighetsfrågor can (resp. could), may (resp. might); *vad kan klockan vara?* I wonder what the time is? **g)** 'torde [kunna]' *boken kan väl kosta...(kostar väl...kan jag tro)* I should think the book must cost about... **h)** 'brukar' will (resp. would); *sådant kan ofta hända i krigstid* such things will often occur in times of war; *barn kan vara mycket prövande* children can be very trying
6 *kunna* inf. (resp. *kunnat*) 'vara i stånd att' m.m. be (resp. been) able to; 'ha förmåga att' äv. have (resp. had) the power (om andlig förmåga ability) to; 'vara i tillfälle att' äv. be (resp. been) in a position to; 'förstå sig på att' äv. know (resp. known) how to; *inte ~* äv. be unable to; *skulle ~* 'kunde' ofta could (resp. might, jfr*4* o. *5* ovan); *skulle ha (hade) ~t [göra]* 'kunde ha [gjort]' ofta could (resp. might, jfr*1* ovan) have [done] **III** med beton. part. *jag kan inte med honom (det* resp. *att se...)* I can't stand him (it resp. seeing...)
kunnig som har reda på sig well-informed; erfaren experienced; kompetent competent; skicklig clever; skicklig o. förfaren expert; yrkesskicklig skilled; duglig capable; bevandrad versed
kunnighet kunskaper knowledge; erfarenhet experience; [yrkes]skicklighet skill; färdighet proficiency; duglighet capability
kunskap knowledge; *~er (grundliga ~er) i* ett ämne some (a) knowledge (a sound knowledge) of...
kunskapstörst thirst for knowledge
kupa I *s* skydds~ allm. shade äv. lamp~; globformig globe; bi~ hive; på behå cup **II** *tr* **1** *~ handen* cup one's hand **2** *~ potatis* earth up potatoes
kupé 1 järnv. compartment **2** bil el. vagn coupé
kupera kortsp. cut
kuperad kullig hilly; vågig undulating, rolling; *~ terräng* äv. broken ground
kupévärmare bil. car heater
kupig convex, rounded; om ögon bulging
kupol dome; liten cupola
kupong allm. coupon; på postanvisning o.d. counterfoil; amer. stub; hotell~, mat~ voucher
kupp coup; överrumpling surprise [stroke (attack)]; stats~ coup d'état (pl. coups d'état) fr.; upprorsförsök putsch ty.; förkyla sig *på ~en* ...as a result [of it]; till råga på allt ...on top of it

kuppförsök attempted coup etc., jfr *kupp*
1 kur vakt~ sentry box; skjul shed
2 kur med. cure äv. bildl.; [course of] treatment
kura, *~ ihop [sig]* huddle [oneself] up
kurage pluck
kurator allm., social~ [social] (skol~ school) welfare officer; sjukhus~ almoner
kurd Kurd
kurdisk Kurdish
kurera cure
kurhotell health resort hotel
kuriositet curiosity; *som en ~* kan nämnas äv. as a matter of curiosity...
kurir courier
kurirpost, *med ~* in the courier's bag
kurort health resort; brunnsort spa
kurra, *det ~r i magen på mig* my stomach is rumbling
kurragömma, *leka ~* play hide-and-seek
kurs 1 riktning: sjö. el. flyg. el. bildl. course; polit. o.d. äv. [line of] policy; *hålla ~en* sjö. el. flyg. keep (stand on) one's course; *ändra ~* change (alter) one's course; sjö. äv. veer **2** hand. rate, [market] price; på valutor rate [of exchange]; *stå högt i ~* be at a premium; bildl. be in great repute (om idéer o.d. favour) [*hos* with] **3** skol. el. univ. course; koll., kursdeltagare class, set; *gå en ~* attend a course
kursavgift skol. o.d. course fee
kursfall hand. fall (decline, drop) in prices (resp. rates); plötsligt slump
kursivera italicize; *~d* äv. ...in italics
kursivläsning rapid reading
kursivstil italics; *med ~* in italics
kurskamrat, *en ~* a person who is on the same course
kurslitteratur course books pl. (literature)
kursstegring hand. rise of (advance in) prices; plötslig boom
kurtis flirtation äv. bildl.; philandering
kurtisera, *~ en flicka* carry on a flirtation with (göra sin kur court) a girl
kurva allm. curve; diagram graph; dålig sikt *i ~n* ...at the curve (bend)
kurvdiagram curve chart
kurvig curving; om kvinnliga former curvy
kuscha *tr* browbeat; *~d* browbeaten, cowed, henpecked, ...kept down (under)
kusin [first] cousin
kusinbarn kusins barn first cousin once removed; syssling second cousin
kusk driver äv. sport.; isht privat coachman
kuska, *~ omkring [i]* gad (travel) about
kuslig ohygglig gruesome; hemsk, spöklik uncanny; ruskig horrible; stark. ghastly
kust coast; strand shore; *bo vid ~en* live on

the coast (för ferier at the seaside, by the sea)
kustartilleri coast artillery
kustbevakning sjö. (abstr.) coast watching; *~en* the coast guard
kustbo inhabitant of the coast
kustklimat coastal climate
kuta 1 gå krokig walk with a stoop **2** vard. springa, *~ [i väg]* trot (dart) [away]
kutryggig bent, stooping; jfr *krokryggig*
1 kutter duv~ cooing äv. bildl.
2 kutter båt: segel~ cutter; fiske~ vessel
kuttersmycke vard. 'boat bunny (belle)'
kuttra coo äv. bildl.
kutym usage, custom, practice
kuva allm. subdue; undertrycka repress; betvinga curb, bring...under control; *inte låta ~ sig* not give in
Kuwait Kuwait
kuwaitier Kuwaiti
kuwaitisk Kuwaiti
kuvert 1 brev~ envelope **2** bords~ cover; ...kr *per ~* ...a head
kuvertavgift på restaurang cover charge
kuvös incubator; amer. äv. isolette
kvacka 1 vard. practise quackery; use quack remedies; bildl., fuska dabble **2** som en anka quack
kvacksalvare quack [doctor]; fuskare dabbler
kvadda 1 krascha smash, crash **2** bildl. ruin, destroy
kvadrat square; *2 m i ~* 2 m. square
kvadratmeter square metre
kvadratrot square root; *dra ~en ur ett tal* extract the square root of a number
1 kval sport., se *kvalificering*
2 kval lidande suffering; pina torment; oro anguish; vånda agony; lida *hungerns (svartsjukans) [alla] ~* ...the pangs of hunger (the torments of jealousy)
kvala sport. **1** spela kvalmatch play a (resp. the) qualifying match **2** kvalificera sig qualify [[*in*] *till* for]
kvalificera, *~ sig* qualify [*till, för* for]
kvalificerad qualified; om t.ex. arbetskraft skilled; om t.ex. undervisning superior, advanced; om brott aggravated; *en ~ gissning* an educated guess
kvalificering qualification; *klara ~en till...* sport. manage to qualify for...
kvalificeringsmatch sport. qualifying match
kvalifikation allm. qualification
kvalitativ qualitative
kvalitet allm. quality; hand., äv. i bet. kvalitetsklass grade
kvalitetsmedveten quality-conscious
kvalmatch sport. qualifying match

kvalmig kvav o.d. close; äcklig sickly, nauseating
kvalster zool. mite
kvantfysik quantum physics
kvantitativ quantitative
kvantitet quantity
kvar på samma plats som förut [still] there (resp. here); kvarlämnad left [behind]; efter [sig] behind; vidare, längre (i förb. med verb som 'stanna) on; i behåll (i förb. med 'vara' o. 'finnas'): om institution o.d. in existence; om bok extant; bevarad preserved; återstående left; över left, over; fortfarande still; ytterligare more; *bli (finnas, stanna, vara) ~* äv. remain; *inte ha långt ~ [att leva]* not have long (a long time) left [to live]; *stå ~* friare el. bildl. remain [*som medlem i* a member of]; *det var bara fem minuter ~* äv. there were...to go (run)
kvarglömd, *~a effekter* lost property sg.
1 kvark surmjölksost curd [cheese]; fetare [fresh] cream cheese
2 kvark fys. quark
kvarleva 1 av mat *kvarlevorna* the remnants (remains) [*av (efter)* of] **2** bildl. remnant; rest residue; från det förflutna relic **3** *hans jordiska kvarlevor* his mortal remains
kvarlåtenskap property left [by a deceased person]; *hans ~ uppgår till...* the property left by him...
kvarn mill; *prata som en ~* talk nineteen to the dozen; *den som kommer först till ~en får först mala* first come, first served
kvarnhjul millwheel
kvarnsten millstone; *vara en ~ om halsen på ngn* bildl. be a millstone round a p.'s neck
kvarsittare pupil who has not been moved up
kvarskatt [income] tax arrears, back tax[es *pl.*]
kvarstad jur. sequestration; om fartyg embargo; om tryckalster impoundage; tillfällig suspension; *belägga med ~* sequestrate; embargo; *häva (upphäva) en ~ på* lift (raise, take of) a (resp. the) sequestration (etc., jfr ovan) on
1 kvart 1 fjärdedel quarter; *en (ett) ~s...* a quarter of a (resp. an)... **2** *~s* timme quarter of an hour; *klockan är en ~ i två* it is a quarter to (amer. äv. of) two; *klockan är en ~ över två* it is a quarter past (amer. äv. after) two
2 kvart vard.: nattlogi kip äv. ungkarlshotell; lya pad
kvartal quarter [of a (resp. the) year]
kvartalsvis quarterly
kvarter 1 hus~ block; område district; friare

neighbourhood; konstnärs~ o.d. quarter **2** mån~ quarter **3** logi quarters; mil. äv. (i privathus) billet
kvartersbutik local shop; isht amer. convenience store
kvarterspolis polisman local policeman
kvartett quartet äv. mus.
kvarting vard. *en* ~ [punsch] ung. a half bottle (37.5 cl) [of...]
kvartsfinal sport. quarterfinal; *gå till* ~ get to (go to, enter) the quarterfinals
kvartslampa ultraviolet lamp
kvartsur quartz watch (vägg~ o.d. clock)
kvast 1 eg. broom; ris~, viska whisk; *nya ~ar sopar bäst* new brooms sweep clean **2** knippa bunch
kvav I *adj* allm. close; tryckande oppressive; kvävande stifling; fuktig o. kvav muggy **II** *s*, *gå i* ~ sjö. founder, go down; bildl. come to nothing
kverulant grumbler, querulous (cantankerous) person
kvick 1 snabb quick; livlig, t.ex. om ögon lively; *~ i fingrarna* se *flink* **2** spirituell witty; ~ o. spetsig, t.ex. om replik smart; *en ~ och rolig bok* a clever (cleverly-written)..., a...sparkling with wit
kvicka I *itr*, *~ på* hurry up **II** *rfl*, *~ sig* hurry up
kvickhet 1 snabbhet quickness osv., jfr *kvick 1* **2** espri wit **3** kvickt uttryck witticism
kvickhuvud wit, witty fellow
kvickna, *~ till* revive; återfå sansen äv. come to (round); friare brighten up
kvicksand quicksand
kvicksilver kem. mercury; *kvicksilvret sjönk under noll* the mercury dropped to below zero
kvicktänkt quick-witted; *inte vidare ~* not very clever
kvida whimper; klaga whine
kviga zool. heifer
kvinna, *~[n]* woman (pl. women); *det är en ~ med i spelet* there's a woman in it somewhere, cherchez la femme fr.; *~ns frigörelse* women's liberation (emancipation emancipation); *~ns rättigheter* women's rights; *kvinnor* statistik. o.d. females
kvinnfolk koll. women; *~et* i byn o.d. äv. the womenfolk pl.
kvinnlig av el. för ~t kön female; framför yrkesbeteckning vanl. woman; typisk el. passande för en kvinna feminine; isht om [goda] egenskaper womanly; avsedd för kvinnor women's end. attr.; om man, neds. womanish; stark. effeminate; *~ rösträtt* women's suffrage, votes pl. for women

kvinnlighet womanliness; femininity; stark. effeminacy
kvinnoarbete women's work
kvinnofrid, *~en på gatorna har minskat* women are more often molested...
kvinnokarl ladies' man (pl. ladies' men)
kvinnoklinik women's clinic
kvinnoläkare specialist in women's diseases
kvinnorörelse, *~n* women's lib
kvinnoröst 1 woman's voice (pl. women's voices) **2** polit. o.d. woman's vote (pl. women's votes)
kvinnosaken women's liberation, feminism, women's rights
kvinnosakskvinna member of the women's liberation movement; vard. women's libber; hist. feminist; rösträttsförkämpe suffragette
kvinnosida, *~n* the female line, the distaff line
kvinnosjukdom woman's disease (pl. women's diseases)
kvinnotjusare lady-killer
kvintessens quintessence
kvintett quintet äv. mus.
kvissla [small] pimple
kvist 1 på träd o.d. twig; mindre sprig; isht avskuren som prydnad spray; större vanl. branch; *...blommor på bar ~* ...blooms on a bare (naked) twig **2** i virke knot
kvista I *tr* trädg. ~ *[av]* lop, trim **II** *itr* vard. ~ *i väg* slip off
kvistig 1 om träd o.d. twiggy; branchy **2** om virke knotty **3** svårlöst o.d. knotty; *en ~ fråga* äv. a tricky (sticky) question, a poser
kvitt 1 ej längre skyldig *därmed är vi ~* that makes us quits (square); *~ eller dubbelt* i spel double or quits (nothing) **2** *bli ~ ngn (ngt)* bli fri från get rid (quit, shot) of a p. (a th.); *göra sig ~...* rid oneself of...
kvitta set off; *det ~r* it's all one (the same) [to me]
kvittens receipt
kvitter chirp osv.; kvittrande chirping
kvittera räkning receipt; t.ex. belopp acknowledge; skriva under sign; sport. equalize
kvittering o. **kvitteringsmål** sport. equalizer
kvitto receipt; *ett skrivet ~* a written receipt
kvittra chirp äv. bildl.
kvot quota; vid division quotient
kvotera fördela i kvoter allocate...by quotas; *~d intagning* quota-based admission
kväka croak
kvälja äckla make...feel sick; *det kväljer mig*

att +inf. äv. it turns my stomach (friare makes me sick) to +inf.
kväljning, *~ar* sickness, nausea båda sg.; *man får ~ar bara man ser det* the mere sight of it is enough to make one sick
kväll afton: allm. evening; senare night äv. som motsats till 'morgon'; jfr äv. motsv. ex. under *dag 1*; *god ~!* a) vid ankomst good evening! b) vid avsked good evening (resp. night)!; *sent på ~en* late in the night; *kl. 10 på ~en* at 10 [o'clock] in the evening (at night)
kvällningen, *i ~* at nightfall (poet. even[tide])
kvällskröken, *på ~* in the evening
kvällskurs evening class (course)
kvällskvisten se *kvällskröken*
kvällsmat supper; *äta ~* have supper
kvällsmänniska person who is at his (resp. her) best in the evening
kvällsnyheter i radio late news
kvällstidning evening paper
kvällsöppen, *ha kvällsöppet* be open in the evening
kväsa ngns högmod humble; *~ [till] ngn* take a p. down [a peg or two]
kväva allm. choke; om gas asphyxiate; eld el. med t.ex. kudde smother; gäspning, skratt stifle, smother; hosta suppress; revolt quell; *vara nära att ~s* be almost choking (ready to choke) [*av* with]
kvävande om värme suffocating, stifling; om känsla choking
kväve kem. nitrogen
kvävning choking; suffocation, stifling; smothering; jfr *kväva*
kyckling chicken äv. kok.; isht nykläckt chick; som efterled i sammansättn. ofta young
kyffe poky hole; ruckel hovel
kyl vard. fridge; *~ och frys* fridge-freezer, refrigerator freezer; *~ och sval* fridge and cool larder
kyla I *s* **1** eg.: allm. cold; svalka chilliness; *vara ute i ~n* ...in the cold weather **2** bildl. coldness; t.ex. i förhållande mellan folk coolness, chilliness **II** *tr* **1** *~ [av]* cool [down], chill båda äv. bildl.; tekn. äv. refrigerate **2** *kännas kall ledstången kyler* ...feels cold
kylare 1 på bil radiator **2** kylapparat cooler **3** ishink [wine] cooler
kylargrill bil. radiator grill[e]
kylarvätska antifreeze [mixture]
kylig cool; stark. cold; obehagligt *~* chilly alla äv. bildl.
kylklamp ice pack
kylning cooling; tekn. refrigeration
kylskada frostbite

kylskåp refrigerator; amer. äv. icebox
kylväska cool bag (box), insulated bag
kymig vard.: nedrig nasty; obehaglig rotten; *han mår ~t* (adv.) he feels rotten (lousy)
kyndelsmässa Candlemas
kynne [natural] disposition; character, nature äv. om t.ex. landskap
kypare waiter
kyrka church; sekts o.d. chapel; *~n* a) som institution the Church b) gudstjänsten church; *en ~ns tjänare (man)* an ecclesiastic, a churchman; isht katol. a priest
kyrkbröllop church (white) wedding
kyrkklocka church bell (ur clock)
kyrklig 1 vanl. church...; formellare, t.ex. om myndighet ecclesiastical **2** se *kyrksam*
kyrkobesökare regelbunden churchgoer; tillfällig attender at church
kyrkofullmäktig ung. member of a (resp. the) vestry; *~e* pl. ung. the vestry sg.
kyrkogård cemetery; kring kyrka churchyard
kyrkoherde vicar; katol. parish priest; *~ [Bo] Ek* [the] Rev. (utläses the reverend) Bo Ek
kyrkohistoria church (ecclesiastical) history
kyrkomusik church (sacred) music
kyrkoråd church council
kyrkosamfund [church] communion, church
kyrkoår ecclesiastical year
kyrkråtta, *fattig som en ~* poor as a church mouse
kyrksam, *vara ~ [av sig]* be a regular churchgoer
kyrksilver church plate
kyrktorn church tower
kyrkvaktare o. **kyrkvaktmästare** verger
kyrkvärd churchwarden
kysk chaste äv. bildl.
kyskhet chastity
kyskhetslöfte vow of chastity
kyss 1 kiss **2** vard., slag knock, wallop
kyssa 1 kiss; *han kysste henne på munnen (hand[en])* he kissed her on the mouth (kissed her hand) **2** vulg. *Kyss mig [i arslet]!* Up yours!
kyssas rpr. kiss [each other]; *~ och smekas* äv. bill and coo
kyssäkta om läppstift kiss-proof
kåda resin
kåk 1 ruckel ramshackle (tumbledown) house; mindre hovel; vard. el. skämts. för hus house; byggnad building **2** vard., i poker full house **3** sl. *sitta på ~en* be in clink (the slammer)
kåkstad shanty town
kål 1 cabbage **2** vard. *göra (ta) ~ på* nearly

kill; vard. make short work of, do for; friare drive...mad

kåldolme kok., ung. stuffed cabbage roll

kålhuvud [head of] cabbage

kålrabbi kohlrabi

kålrot swede, Swedish turnip; amer. äv. rutabaga

kålsupare, *de är lika goda* ~ [*båda två*] they are [both] tarred with the same brush

kånka, ~ *på ngt* lug a th.

kåpa 1 munk~ cowl; kor~ cope **2** tekn.: skydds~ cover; rökhuv hood **3** hörselskydd earmuff

kår allm. body; mil. el. dipl. corps (pl. lika); *han är en prydnad för sin* ~ he graces his profession

kåre 1 vindil breeze; krusning på vatten ripple **2** bildl. *det går kalla kårar efter* (*längs*) *ryggen på mig när jag ser det* a cold shiver runs (goes) down my back..., I get the creeps...

kåserande chatty, informal

kåsör i tidning ung. columnist

kåt vulg. randy, horny

1 kåta [Lapp] cot (tent)

2 kåta vulg. ~ *upp ngn* feel a p. up, grope a p., make a p. feel randy (horny)

käbbel bickering osv., jfr *käbbla*

käbbla bicker, squabble; gnata nag; ~ *emot* answer back

käck hurtig ...full of go; pigg bright; oförskräckt plucky; frimodig frank äv. om t.ex. svar; piffig: om klädesplagg chic äv. piffigt klädd; om t.ex. uppnäsa pert; om t.ex. melodi sprightly

käft 1 ~[*ar*] käkar, gap jaws pl.; isht hos djur äv. chaps pl.; *håll* ~[*en*]*!* shut (belt) up! **2** på verktyg jaw **3** *inte en* ~ vard. not a [living] soul

käfta prata jaw; käbbla wrangle; ~ *emot* answer back

kägelbana skittle alley, ninepin alley

kägla 1 allm. cone **2** i kägelspel skittle

käk vard., mat grub

käka vard. **I** *itr* have some grub (nosh) **II** *tr* eat; ~ *middag* have dinner

käkben jawbone

käke jaw

kälkborgerlig philistine

kälke toboggan, sledge; *åka* ~ toboggan, sledge; göra en kälktur go tobogganing (sledging)

källa källsprång spring; flods source äv. bildl.

källare förvaringslokal cellar; jordvåning basement

källarmästare restaurant-keeper

källarvalv cellar-vault

källarvåning basement

källbeskattning taxation at the source; ~[*en*] systemet the Pay-As-You-Earn (förk. PAYE) system; amer. the Pay-As-You-Go plan

källskatt tax at [the] source [of income], Pay-As-You-Earn (förk. PAYE) tax; amer. withholding (Pay-As-You-Go) tax; jfr *källbeskattning*

källvatten spring water

kämpa I *itr* (ibl. *tr*) slåss fight; brottas struggle; ~ *för ngt* fight for a th.; ~ *mot fattigdomen* fight (struggle) against poverty; ~ *mot* (*med*) *gråten* struggle to fight (hold) back one's tears **II** *rfl,* ~ *sig fram* fight (struggle, battle) one's way; ~ *sig igenom* ngt fight one's way through...; isht bildl. struggle through...

kämpe 1 stridsman warrior **2** förkämpe champion

kämpig vard. tough; *ha det ~t* have a tough time of it

känd 1 bekant: mots. okänd known; väl~ well known; ryktbar famous; beryktad notorious; välbekant familiar; ~ *av alla* (*av polisen*) known by all (to the police); *bli* ~ yppad be disclosed; *vara* ~ *för att vara...* be known to be..., have the reputation of being...; *vara* ~ *under namnet...* äv. go by the name of... **2** förnummen felt; *vårt djupt* ~*a tack* our heartfelt thanks pl.

kändis vard. celebrity

känga boot; amer. shoe; *ge ngn en* ~ pik have a dig (make a crack) at a p.

känn, *göra ngt på* ~ do a th. by instinct (instinctively), play a th. by ear

känna I *tr* o. *itr* **1** förnimma: kroppsligt o. själsligt i allm. feel; ha en obestämd förkänsla av sense; pröva [try and] see; ~ *avund* (*besvikelse*) be (feel) envious (disappointed); ~ *trötthet* feel tired; *känn* [*efter*] *om* kniven är vass [try and] see whether..., jfr vid. ~ *efter* ned.; ~ *djupt för ngn* feel deeply for (feel with) a p., sympathize deeply with a p. **2** känna till know; ~ *ngn till namnet* (*utseendet*) know a p. by name (sight); *kännner jag henne rätt* så kommer hon if I know her at all (have summed her up right)... **II** *rfl,* ~ *sig* feel; märka [att man är] feel oneself; ~ *sig kry* (*trött*) feel well (tired)

III med beton. part

~ **av** t.ex. kölden feel; *få* ~ *av* t.ex. arbetslöshet experience

~ **efter:** ~ *efter i sina fickor* search (feel in) one's pockets; ~ *efter om* dörren är låst (potatisen är kokt) see if...

~ **sig för** eg. el. bildl. feel one's way

~ **igen** recognize; *jag skulle* ~ *igen*

honom genast (bland hundra) äv. I would know him...; ~ *igen ngn på* rösten (gången) äv. know a p. by...
~ **på** t.ex. motgång [have to] experience
~ **till** know, be acquainted with; veta av (om) know (have heard) of
kännare konst~ o.d. connoisseur; expert expert; authority
kännas 1 feel; jackan *känns våt* ...feels wet; *det känns inte* I (you osv.) don't feel it; *det känns lugnande för mig att veta det* it is a relief to me to know [that] **2** ~ *vid* erkänna acknowledge; *inte vilja* ~ *vid* refuse to acknowledge, disown; t.ex. sin egen far äv. be ashamed of
kännbar förnimbar perceptible; märkbar noticeable; påtaglig obvious; avsevärd considerable; svår severe; allvarlig serious; tung heavy; smärtsam painful; *ett ~t straff* a stiff penalty (sentence), a punishment that is (was etc.) really felt; behovet *gör sig ~t* ...is making itself felt
kännedom kunskap knowledge; bekantskap acquaintance; närmare familiarity; *det har kommit till vår ~ att...* we have been informed (information has reached us) that...
kännetecken 1 igenkänningstecken [distinctive] mark **2** utmärkande egenskap characteristic; symtom symptom; tecken mark, criteri|on (pl. -a)
kännetecknande characteristic; *ett ~ drag* äv. a distinctive trait
känning 1 kontakt touch; mil. äv. contact; *få ~ med botten* touch (strike) [the] bottom **2** smärtsam förnimmelse sensation of pain; *ha ~ av* t.ex. feber, sina nerver be troubled by... **3** förkänsla presentiment
känsel sinne feeling; perception of touch; jfr *känselsinne*; *ha fin ~* have a fine sense of feeling (resp. touch); *jag har inte någon ~ i foten* äv. my...is numb (asleep)
känselsinne för värme sense of feeling; för tryck [sense of] touch, tactile sense
känsla allm. feeling; sinnesförnimmelse sensation; sinne sense; andlig, isht moralisk sentiment; varm affection; förmåga att känna, stark ~ emotion; *mänskliga känslor* human feelings (emotions resp. sentiments)
känslig allm. sensitive [*för* to]; mottaglig för t.ex. smärta, smitta susceptible; om kroppsdel sensible; lättrörd, ömsint emotional; lättretlig touchy; ömtålig delicate; känslofull emotional; rörande moving; sentimental sentimental; *ett ~t ämne* a delicate (ticklish) subject
känslighet sensitivity; susceptibility; sensibility; emotionality; touchiness; delicacy; sentimentality; jfr *känslig*
känslofull ...full of feeling; jfr vid. *känslosam*
känslokall cold; hjärtlös callous; frigid frigid
känsloliv emotional life
känslolös allm. insensitive; domnad numb; isht själsligt callous; unfeeling; likgiltig indifferent; apatisk apathetic
känslomässig emotional
känslosam känslofull emotional; sentimental sentimental; stark. mawkish
käpp allm. stick; tunn, äv. rotting cane; stång rod; *sätta en ~ i hjulet* throw a spanner into the works; *sätta* [*en*] *~ i hjulet för ngn* put a spoke in a p.'s wheel, upset a p.'s applecart
käpphäst hobby-horse; fix idé obsession
käpprak bolt upright
käpprätt, *det gick ~ åt skogen* it went all to blazes
kär 1 avhållen dear; älskad beloved; kärkommen welcome; *~a barn* (*ni*)*!* my dear (till flera dears)!; *~a du!* my dear [fellow, girl etc.]; [*men*] *~a nån* varför... but my dear...; *kruset är ett ~t minne* från min resa the jar is a precious souvenir...; *ha ngn ~* be fond of (love) a p. **2** förälskad in love; stark. infatuated; *bli ~ i* fall in love with
kära vard. *~ ner sig i* [go and] fall in love with, fall for
kärande jur. plaintiff; i brottmål prosecutor
käresta sweetheart
käring i olika bet. old woman (pl. women); [*gammal*] *ful ~* äv. hag, crone
kärkommen [very] welcome
kärl allm. vessel äv. anat.; biol. äv. duct; förvarings~ receptacle
kärlek allm. ~[*en*] love [*till* vanl. of (for)]; tillgivenhet affection [*till* for]; hängivenhet devotion [*till* (*för*) t.ex. *studier* to]; lidelse passion [*till* for]; kristen ~ charity; 'flamma' love, vard. flame; *gifta sig av ~* marry for love; *dö av olycklig ~* die of a broken heart
kärleksaffär love affair
kärleksbarn love child
kärleksfull älskande loving; öm tender; hängiven devoted; kärlig, om t.ex. blick amorous
kärleksgnabb lovers' quarrels
kärleksgud god of love
kärlekshistoria 1 berättelse love story **2** se *kärleksaffär*
kärlekskrank lovesick
kärleksliv love life
kärlekslös 1 hårdhjärtad uncharitable **2** om t.ex. barndom loveless

kärlkramp med. vascular spasm
1 kärna I *s* smör~ churn **II** *tr,* ~ *smör* churn, make butter
2 kärna I *s* **1** frukt~: i äpple pip; i gurka seed; i stenfrukt stone; amer. pit; i nöt kernel; *ta ut kärnorna ur* remove the pips osv. from **2** i säd grain **3** friare: tekn. el. gaslågas core; jordens kernel; fys. el. naturv. nucle|us (pl. -i); i träd heart **4** bildl. *~n* det väsentliga the essence [*i* of] **II** *tr,* ~ [*ur*] äpplen core; se vid. *ta ut -orna ur* ovan *I 1*
kärnavfall nuclear waste
kärnbränsle nuclear fuel
kärnenergi nuclear energy
kärnfamilj sociol. nuclear family
kärnfri om citrusfrukt pipless, seedless; om russin seedless; urkärnad seeded; om stenfrukt stoneless; urkärnad stoned
kärnfrisk om pers. thoroughly healthy
kärnfull bildl. vigorous; mustig pithy; [*kort och*] ~ äv. sententious
kärnfysik nuclear physics
kärnhus core
kärnkraft nuclear power
kärnkraftverk nuclear power station (plant)
kärnpunkt, *~en i...* the principal (cardinal, main) point in (of)...
kärnreaktor nuclear reactor, atomic pile
kärnstridsspets nuclear warhead
kärnvapen nuclear weapons
kärnvapenbärande nuclear-armed
kärnvapenfri, ~ *zon* non-nuclear (nuclear-free) zone
kärnvapenförbud ban on nuclear weapons
kärnvapenkrig nuclear war (krigföring warfare)
kärnvapenmotståndare opponent of the use of nuclear weapons; vard. antinuke
kärnvapenprov nuclear test
kärnvapenstopp se *kärnvapenförbud*
käromål jur. plaintiff's case
kärr marsh; myr swamp, fen
kärra eg. cart; drag~ barrow; vard., om bil car; isht om äldre jalop[p]y
kärring se *käring*
kärv allm. harsh; om yta el. om motor rough; sammandragande astringent; bildl., språk rugged; om pers. gruff; om kritik pungent; *ett ~t läge* a difficult situation
kärva om motor o.d. bind; *det ~r till sig* things are getting difficult
kärve lantbr. sheaf (pl. sheaves); *binda* [*i*] *kärvar* sheaf
kärvänlig öm affectionate; överdrivet vänlig ingratiating; *kasta ~a blickar på ngn* make eyes at a p.
kättare heretic äv. friare
kätte lantbr. pen
kätteri heresy äv. friare
kätting chain
kättja lust[fulness]
käx se *kex*
kö 1 biljard~ cue **2** rad av väntande queue, file; isht amer. line; *bilda* ~ form a queue; *stå* (*ställa sig*) *i* ~ se *köa* **3** slutet av trupp rear
köa queue [up]; isht amer. stand in line, line up
köbricka queue number (check)
kök 1 eg. kitchen **2** kokkonst cuisine, cookery; känd för sitt *goda* ~ äv. ...fine cooking (food)
köksa kitchen-maid
köksavfall kitchen refuse, garbage
kökshandduk kitchen towel, tea cloth
köksingång kitchen (back) entrance, service entrance
köksinredning kitchen fixtures
köksmästare chef
köksrulle kitchen roll
köksspis kitchen range; elektrisk el. gasspis cooker
köksträdgård kitchen garden
köksväxt grönsak vegetable; kryddväxt pot herb
köl sjö. keel
kölapp queue [number] ticket
köld 1 eg.: allm. cold; frost frost; kall väderlek cold weather; köldperiod spell of cold [weather]; gå ut *i 10 graders* ~ ...in 10 degrees below freezing-point **2** bildl.: kylighet coldness; likgiltighet indifference
köldgrad degree of cold (frost), jfr *minusgrad*
köldknäpp sudden cold spell
köldvåg cold wave
kölvatten sjö. wake äv. bildl.
kön 1 allm. sex; *av kvinnligt* (*manligt*) ~ of the female (male) sex **2** gram. gender
könlös sexless; bot. el. zool. neuter
könsbyte change of one's sex
könsdelar, *yttre* ~ genitals, privates, private parts
könsdiskriminering discrimination between the sexes, sex discrimination
könsdrift sex[ual] instinct (urge); friare sexual desire
könshormon sex hormone
könskvotering *av tjänster* o.d. allocation...according to sex
könsliv sex[ual] life
könsmognad sexual maturity
könsord word referring to sex; vard. four-letter word
könsorgan sexual organ; *inre* ~ pl. internal sexual organs; jfr vid. *könsdelar*

könsroll sex role
könssjukdom venereal disease (förk. VD)
köp allm. purchase; vard. buy; köpande buying; transaktion, vard. deal; kortsp. exchange; *göra ett gott ~* make (get) a good bargain; *ta varor på öppet ~* take goods on approval (with the option of returning them); [*till*] *på ~et* allm. ...into the bargain; dessutom ...in addition, what's more...; till och med even; vad mer är ...over and above that; till råga på allt to crown (on top of) it all; *till på ~et* i London ...of all places
köpa buy äv. bildl.; purchase; tubba suborn; muta bribe; kortsp., byta ut exchange; vard., gå med på buy; *~ ngn (sig) ngt* buy a p. (oneself) a th.; *~ hem* t.ex. mat, frukt buy
köpare buyer
köpcentrum shopping centre, mall
köpekontrakt contract of sale
köpeskilling o. **köpesumma** jur. purchase sum
köpkraft purchasing (spending) power
köpkurs för värdepapper bid price (quotation); för valutor buying rate
köplust desire (inclination) to buy things; efterfrågan [buying] demand
köpslå bargain; kompromissa compromise
köpstark ...with great purchasing (spending) power, ...with [plenty of] money to spend
köptvång, *utan ~* with no obligation to purchase, without obligation to purchase
1 kör sång~ choir; t.ex. i opera chorus; sångstycke chorus äv. bildl.; *en ~ av protester* a chorus of protest; *i ~* in chorus
2 kör, *i ett ~* without stopping, continuously; t.ex. arbeta äv. at a stretch, without a break
3 kör vard. *hela ~et* klabbet the whole lot (caboodle)
köra I *tr* **1** framföra, styra: allm. drive; motorcykel ride; t.ex. skottkärra, barnvagn push; *~ en motor på* bensin run an engine on... **2** forsla: allm. take; i kärra cart, wheel; i barnvagn push; isht [tyngre] gods carry; *han körde henne* [*med bil*] till stationen äv. he gave her a lift... **3** stöta, sticka run, thrust; *~ fingrarna genom håret* run one's fingers through one's hair **4** jaga *~ ngn på dörren (porten)* turn (utan vidare bundle) a p. out **5** ~ visa *en film* show a film; filmen *har körts tre veckor* ...has run three weeks **6** kugga plough; isht amer. flunk
II *itr* **1** allm. drive; på [motor]cykel ride; åka go, ride; färdas travel, jfr *2 fara I 1* o. *åka I*

1; äv. betr. hastighet; om fabrik work; *kör!* i väg go ahead!; *han kör bra* he drives well, he is a good driver; *~ mot rött* [*ljus*] jump the lights **2** kuggas i tentamen o.d. be ploughed; amer. flunk **3** *~ med:* a) *~ med* jäkta *folk* boss (order) people about b) *han kör jämt med* t.ex. sina teorier, de oregelbundna verben osv. he is always going on about... **4** *kör hårt!* sätt igång get cracking!
III med beton. part.

~ av a) *~ av vägen* med bilen drive off the road b) *~ av ngn från* bussen turn a p. out of..., make a p. get out of...

~ bort a) tr.: forsla undan take osv. away; driva bort drive (send)...away (off), pack...off; jaga bort äv. chase...away b) itr. drive away

~ efter se *åka* [*efter*]

~ emot en lyktstolpe run into...

~ fast get stuck äv. bildl.; come (be brought) to a dead stop (a standstill); förhandlingarna *har kört fast* ...have come to a deadlock

~ fram a) itr. *bilen körde fram till* trappan the car drove up to... b) tr. *~ fram bilen (varorna) till* dörren drive the car (take etc. the goods) up to...

~ i ngn mat force...into a p. (down a p.'s throat); kunskaper cram...into a p.['s head]

~ ifatt catch up with, se vid. *ifatt*

~ ifrån ngn (ngt) se *ifrån I*

~ igång med vard., starta go ahead with

~ ihjäl ngn run over a p. and kill him (resp. her); *~ ihjäl sig* dödas i en bilolycka be killed in a car accident

~ ihop a) kollidera run into one another b) fösa ihop drive (pack, crowd)...together c) *det har kört ihop sig* [*för mig*] things are piling up

~ in a) eg. *~ in bilen* [*i garaget*] drive the car into the garage; *~ in* hö (säd) bring (äv. cart) in...; *tåget körde in* [*på* stationen] the train pulled in [at...]; *~ in* vid trottoarkant o.d. draw in b) *~ in* trimma in *en ny bil* run in a new car c) driva (jaga) in a p. (sak) (send)...in (indoors) d) *~* stöta (stoppa) *in...* [*i*] thrust (stick, push, vard. shove, poke)...in[to]

~ i väg a) itr. drive off b) tr., se *~ bort*

~ om passera overtake, pass

~ på a) itr.: fortare drive (resp. ride jfr ovan) faster; vidare drive osv. on b) tr. *~ på ngn* kollidera med run into a p.; omkull ngn knock a p. down; *~ på* ett annat fordon run (knock, bump) into...

kör till! all right!

~ upp a) itr. drive (resp. ride jfr ovan) up;

för körkort take one's driving test **b)** tr., eg. take osv. up; sticka upp stick (put) up; lura fleece; friare swindle; ~ *upp* ngn *ur sängen* make...get (rout...[up]) out of bed ~ **ut a)** itr. drive (resp. ride jfr ovan) out; ~ *ut på landet* med bil drive (göra en tur go for a drive) into the country **b)** tr. deliver; ~ kasta *ut ngn* turn a p. out [of doors] (ur rummet out of the room) ~ **över a)** t.ex. gata, bro drive (resp. ride jfr ovan) across **b)** ~ *över ngn* vanl. run over a p.; bildl. ride roughshod over a p.

körbana på gata road[way]; amer. pavement
körförbud, *belägga* bil *med* ~ impose a driving ban on...
körhastighet speed
körkort driving (driver's) licence
körkortsprov driving test
körledare mus. choirmaster
körning körande driving osv., jfr *köra*; data. run; körtur o.d.: med bil drive; mer yrkesmässig run; *olovlig* ~ ung. using a vehicle without lawful authority
körriktningsvisare [direction] indicator
körsbär cherry
körsbärslikör cherry brandy
körsbärsträd cherry [tree]
körskicklighet driving-skill; hos [motor]cyklist riding-skill
körsnär furrier
körsång sjungande choir-singing; komposition chorus, part-song
körtel anat. gland
körväg i mots. t. gångväg road[way], carriageway; i park el. till privathus drive; *det är* en kvarts (kilometers) ~ *dit* it is...drive (med [motor]cykel ride) there
kött allm. flesh äv. bildl.; slaktat meat; mitt eget ~ *och blod* ...flesh and blood; *få* ~ *på benen* fetma äv. put on flesh
köttaffär butik butcher's [shop]
köttbulle meatball
köttfärgad flesh-coloured
köttfärs råvara minced meat; beredd stuffing
köttfärslimpa meat loaf
köttfärssås mincemeat sauce
köttgryta rätt hotpot, steak casserole; *sitta vid maktens köttgrytor* ung. hold the reins of power
köttklubba steak hammer
köttkvarn [meat-]mincer; amer. meat grinder
köttslig 1 egen own; om t.ex. broder ...german **2** sinnlig carnal; bibl. fleshly
köttsår flesh wound
köttyxa [butcher's] chopper, cleaver
kötttätare människa vanl. meat-eater; djur flesh-eater, carnivore

l 1 bokstav l [utt. el] **2** (förk. för *liter*) l
labb på djur paw; på människa, vard. paw, mitt; näve fist
labil unstable, fluctuating; psykol. emotionally unstable
laboration experiment laboratory experiment; arbete (äv. *~er*) laboratory work; skol., övning laboratory lesson
laboratorium laboratory
laborera 1 eg. do laboratory work **2** bildl. *~ med* pröva work (go) on; experimentera med experiment with, try out; röra sig med play about with
labyrint labyrinth äv. anat.; maze
lack 1 sigill~ sealing wax; lacksigill seal **2** fernissa lacquer; nagel~ [nail] varnish; till konstföremål japan; färg enamel; ämne [gum] lac **3** se *lackering* **4** ~skinn patent leather
1 lacka 1 seal[...with sealing-wax]; *~ igen* (*ihop*) seal up..., seal...up with sealing-wax **2** se *lackera*
2 lacka, *han arbetade så att svetten ~de* he worked so hard that the sweat was dripping from him
3 lacka, *det ~r mot jul* Christmas is drawing near
lackera lacquer; måla enamel, paint; naglar el. fernissa varnish; med spruta spray
lackering abstr. varnishing osv., jfr *lackera*; konkr. varnish, enamel; bil~: abstr. [car] painting (spraying); konkr. paintwork, paint
lacknafta white spirit
lacksko patent leather shoe
lada barn
ladda fylla: allm. el. data. load; elektr. charge; *~ batterierna* bildl. recharge [one's batteries]; bössan, kameran *är ~d* ...is loaded; stämningen *var ~d* ...was charged; *~ om* reload; elektr. recharge; *~ upp* a) elektr. charge b) förbereda sig get ready; mentalt prepare oneself mentally; fysiskt do some hard training; *~ ur* elektr. discharge; om moln explode, burst; om batteri run down
ladugård cowhouse; amer. äv. barn
ladusvala swallow; amer. barn swallow

1 lag avkok decoction; lösning solution; spad liquor; socker~ syrup
2 lag 1 sport. el. arbets~ team; sport. äv. side; roddar~ crew; arbetar~ gang; sällskap company; krets set; *välja ~* pick [up] sides; *i glada vänners ~* in convivial company; *vara i ~ med* be in (involved) with; *ha ett ord med i ~et* have a say (a voice) in the matter **2** ordning *ur ~* out of order **3** belåtenhet *göra* (*vara*) *ngn till ~s* please (suit) a p. **4** *i kortaste ~et* rather (a bit) short, almost too short; om t.ex. kjol äv. a little on the short side
3 lag allm. law; jur.: antagen av statsmakterna act; förordning statute; lagbok code; *~ar och förordningar* rules and regulations; *det är ~ på* det (*på att* hel sats) there is a law about... (a law saying that...); *läsa ~en för ngn* give a p. a lecture; *stifta ~ar* make laws; lagstifta legislate; *ta ~en i egna händer* take the law into one's own hands
1 laga lagenlig legal; laggiltig lawful; giltig valid; *vinna ~ kraft* gain legal force, become law (legal); *i ~ ordning* according to the regulations prescribed by law
2 laga I *tr* **1** *~* [*till*] allm. make; gm stekning o.d. äv. cook; göra i ordning, t.ex. måltid prepare, get...ready; isht amer. äv. fix; t.ex. sallad äv. dress; tillblanda mix; medicin make up; *~ maten* do the cooking **2** reparera repair; isht amer. äv. fix; stoppa darn; lappa patch [up]; sy ihop stitch up; tänder fill **II** *itr*, *~* [*så*] *att...* se till see [to it] that...; ställa om arrange (manage) it so that...
lagarbete teamwork
lagbok statute book
lagbrytare lawbreaker
lagd om pers. *vara ~ åt* (*för*) ngt be naturally fitted (have a bent) for...; *vara praktiskt ~* be practical, have a practical turn of mind
lagenlig ...according to [the] law, lawful
1 lager 1 förråd stock; varu~ stock-in-trade; stort beredskaps~ stockpile; lokal: rum stockroom, store (storage) room[s pl.], magasin warehouse; *så länge lagret räcker* while stocks last; *ha...i* (*på*) *~* have...in stock (on hand); bildl. have a stock of... **2** skikt: allm. layer äv. kok.; av målarfärg coat; geol. äv. samt bildl. strat|um (pl. -a); geol. äv. bed; avlagring deposit; *de breda lagren* the broad mass sg. of the people, the masses **3** tekn. bearing
2 lager bot. laurel; *skörda* (*skära*) *lagrar* bildl. win (gain, reap) laurels
3 lager öl lager
lagerarbetare storeman
lagerbärsblad kok. bay leaf

lagerchef stores (store-room, magasin warehouse) manager
lagerkrans som utmärkelsetecken laurel wreath (crown)
lagerlokal stockroom, store (storage) room[s pl.]; magasin warehouse
lagervara stock line; *lagervaror* äv. stock goods
lagfart jur. *söka (få)* ~ *på fastighet* apply for the registration of one's title to...
lagfartsbevis jur. certificate of registration of title
lagförslag [proposed] bill
lagg 1 kok. frying-pan; för våfflor waffle iron; *en* ~ *våfflor* a round of... **2** vard., skida ski
lagkapten captain [of a (resp. the) team]
lagledare sport. manager of a (resp. the) team
laglig laga legal; erkänd av lagen, hustru lawful; t.ex. ägare rightful
laglott jur., ung. statutory share of inheritance
laglydig law-abiding
laglös lawless
lagman vid tingsrätt chief judge in district court; i vissa städer president of city court; vid länsrätt chief judge in county administrative court
lagning abstr. repairing; isht amer. äv. fixing; mending; konkr. repair; stoppning darn; *tand* ~ filling
lagom I *adv* just right; nog just enough; tillräckligt sufficiently; måttligt in moderation; *den är* ~ *stor* ...just large enough, ...just the right size **II** *adj* tillräcklig adequate; lämplig fitting; måttlig moderate; *det är [just]* ~ *åt honom* iron. it serves him right **III** *s,* ~ *är bäst* everything in moderation
lagparagraf section of a law (an Act)
lagra I *tr* förvara store äv. data.; magasinera warehouse; för kvalitetsförbättring: t.ex. vin lay down (leave)...to mature, t.ex. ost leave...to ripen **II** *rfl,* ~ *sig* **1** geol. stratify **2** om t.ex. damm settle [in layers]; ~ *av sig* be deposited in layers (strata)
lagrad 1 förbättrad gm lagring: om t.ex. ost ripe; om t.ex. vin matured **2** geol. stratified
lagring (jfr *lagra*) **1** storage; warehousing; för kvalitetsförbättring maturing, seasoning **2** geol. stratification
lagsport team game
lagstifta legislate
lagstridig ...contrary to [the] law; olaglig illegal
lagsöka sue
lagtext jur. words (wording) of an Act

lagtima, ~ *riksdag[en]* the ordinary (statutory) session of the Riksdag
lagtävlan o. **lagtävling** team competition
lagun lagoon
laguppställning sport. [team] line-up
lagvigd [lawfully, attr. äv. lawful] wedded
lagård se *ladugård*
lagöverträdelse an offence against (a transgression of) the law
laka, ~ *ur* leach äv. tekn.; kok. remove the salt from...by soaking; jfr *urlakad*
lakan sheet; *ligga mellan* ~ sjuk be in bed
lakej lackey äv. bildl.
lakonisk laconic
lakrits liquorice; isht amer. licorice
lalla sluddra mumble
lam förlamad paralysed; amer. vanl. paralyzed; domnad: isht av köld numb, av ansträngning stiff; bildl.: föga övertygande lame, svag feeble; *han är* ~ *i benen* vanl. his legs are paralysed osv.
lamé tyg lamé fr.
lamell 1 naturv. el. anat. lamell|a (pl. -ae); lamin|a (pl. -ae) äv. geol. **2** bil.: i koppling disc; i kylare rib **3** elektr. segment
lamhet paralysis, numbness osv.; jfr *lam*
laminat laminate
lamm lamb; *Guds* ~ the lamb of God
lamma lamb
lammkotlett lamb chop
lammkött kok. lamb
lammstek leg (joint) of lamb; tillagad roast lamb; amer. lamb roast
lammull lamb's-wool
lampa lamp; glöd~ vanl. bulb
lampfot lampstand
lampskärm lampshade
lamslå allm. paralyse; amer. vanl. paralyze; *lamslagen av skräck* paralysed (petrified) with...
land 1 rike: eg. country; i högre stil el. mera bildl. land; *både inom och utom ~et* inside and outside the country, at home and abroad **2** fastland land; strand shore; *lägga ut från* ~ put off from land (the shore); *gå (stiga) i* ~ a) go ashore [*på ön* on...] b) debarkera äv. go on shore; *ro ngt i* ~ pull a th. off (through); *på* ~ a) mots. till sjöss on shore, ashore b) mots. i vattnet on land, overland **3** jord land; trädgårds~ [garden] plot, med t.ex. grönsaker, potatis patch **4** landsbygd *vara från ~et* come from the country äv. neds.
landa I *itr* allm. land äv. bildl.; flyg. äv. come down; i havet splash down **II** *tr,* ~ *ett plan (en fisk)* land a plane (fish)
landbacke, *på ~n* on land (shore)
landbris land breeze

landförbindelse förbindelse med fastlandet connection with the mainland
landgång konkr. **1** sjö. gangway, gangplank **2** lång smörgås long open sandwich
landhockey [field] hockey
landkrabba vard. landlubber
landkänning 1 *få* (*ha*) ~ come (be) within sight of land, make land **2** grundstötning grounding; *få* ~ touch ground
landning landing; i havet splashdown
landningsbana flyg. runway
landningsförbud, *få* (*ha*) ~ be prohibited from landing
landningsljus flyg. landing light (flare)
landningsplats sjö. landing place; flyg. landing ground; i havet, om rymdfarkost splashdown
landningsställ flyg. undercarriage, landing gear
landningtillstånd permission to land; *ge* ~ give...permission to land, clear...for landing
landområde territory
landsbygd country; *~ens befolkning* the rural population
landsdel part of a (resp. the) country
landsfader father of the (his) people
landsflykt exile; *gå i* ~ go into exile
landsflyktig I *subst adj* exile **II** *adj* ...in exile
landsförrädare traitor [to one's country]
landsförräderi treason
landsförvisa exile, banish
landsförvisning exile
landshövding ung. county governor
landskamp international [match]
landskap 1 provins province **2** natur el. tavla landscape; sceneri scenery
landslag sport. international team; *svenska ~et* vanl. the Swedish team
landslagsspelare international [player]
landsman från samma land fellow countryman, compatriot
landsnummer tele. country code [number]
landsomfattande country-wide, nation-wide
Landsorganisationen, ~ *i Sverige* (förk. *LO*) the Swedish Confederation of Trade Unions
landsort, *-en* the provinces pl.
landsortsbo provincial
landsplåga [national] scourge; friare plague
landssorg national (public) mourning
landstigning landing
landsting ung. county council
landstridskrafter land forces
landstrykare tramp
landsväg main (mindre country) road; *på allmän* ~ on the public highway
landsvägsbuss coach

landsvägskörning med bil etc. driving on main (mindre country) roads
landsända part of a (resp. the) country
landsätta isht mil. land
landtunga udde tongue of land; näs neck of land
landvinning, *~ar* erövrade områden conquests; områden erhållna genom fördrag o.d. acquisitions; bildl. achievements
landväg, *-en* adv. by land, overland
landå fyrhjulig täckvagn landau
langa I *tr* räcka från hand till hand pass...from hand to hand; skicka hand; kasta chuck; ~ *hit* ge mig...! let me have...! **II** *tr* o. *itr*, ~ [*narkotika*] peddle (push) drugs (narcotics)
langare peddler; isht under förbudstiden bootlegger
lank vard. dishwater
lanka kortsp. low (poor) card
lanolin lanolin
lans lance; *bryta en* ~ *för* take up the cudgels for
lansera allm. introduce; göra populär popularize; föra fram, t.ex. mode, idé start; ~ *ngn* matcha ngn launch (build up) a p.
lantarbetare farm worker
lantbefolkning country (rural) population
lantbo rustic; *~r* vanl. country people
lantbrevbärare rural postman, amer. rural mail carrier
lantbruk 1 verksamhet agriculture **2** bondgård o.d. farm
lantbrukare farmer
lantbruksskola agricultural college
lantegendom estate
lanterna sjö. light; flyg. navigation (position) light
lantgård farm
lanthandel affär country (village) shop (isht amer. store)
lantis vard. country bumpkin
lantlig eg. rural; enkel rustic äv. neds.; landsortsmässig provincial
lantlighet rural simplicity
lantliv country life
lantlolla vard. country wench
lantmätare surveyor
lantställe place in the country, country house (mindre cottage, större residence, estate)
lantvin local wine; bordsvin table wine
lapa om djur lap; om människor: vard., dricka drink; ~ *luft* (*sol*) take in some air (bask in the sun)
1 lapp same Lapp, Laplander
2 lapp till lagning el. som ögonskydd patch; trasa cloth; etikett label; meddelande note;

bit: allm. piece, scrap, pappers~ piece (slip) of paper; skriva på *lösa ~ar* ...odd bits of paper
lappa 1 patch äv. data.; laga mend; *~ ihop* äv. bildl. patch up, repair **2** *~ till* slå till *ngn* slap (wallop) a p.
lappkast i skidsport kick turn
Lappland Lapland
lapplisa [woman] traffic warden; vard. meter maid
lappländsk Laplandish, ...of Lapland, Lapland...
lapplänning Laplander
lappning lappande patching, mending; lappat ställe mend
lapptäcke patchwork quilt
lappverk, [*ett*] ~ [a piece of] patchwork
lapska 1 kvinna Lapp woman **2** språk Lappish
lapskojs kok. lobscouse
larm 1 oväsen noise; buller din **2** alarm alarm; ~signal alert; *slå* ~ sound the alarm; bildl.: varna warn; protestera raise an outcry
larma I *itr* make a noise (din); *en ~nde hop* a clamorous crowd **II** *tr* **1** alarmera call **2** förse med larm huset *är ~t* ...has had an alarm installed in it
larmrapport alarming report; friare scare
larmsignal alarm [signal]
1 larv zool.: allm. larv|a (pl. -ae); av t.ex. fjäril caterpillar; av t.ex. skalbagge grub; av fluga maggot
2 larv vard., dumheter rubbish; dumt uppträdande silliness
larva I *itr* traska toddle **II** *rfl*, *~ sig* prata dumheter talk rubbish; vara dum be silly, play the fool; bråka play about
larvfötter tekn. caterpillars; *traktor med ~* caterpillar, crawler, caterpillar (crawler) tractor
larvig silly
lasarett hospital
laser fys. laser
laserstråle fys. laser beam
lass last load; lastad vagn loaded cart (jfr t.ex. *hölass*); *ett ~* [*av*] smörgåsar a big pile of...; *dra det tyngsta ~et* bildl. have the heaviest burden
lassa I *tr* load; *~ allt arbetet på ngn* load (pile)...on to a p. **II** med beton. part., se *I lasta II*
lasso lasso (pl. -s el. -es); *kasta ~* throw a (the) lasso
1 last 1 eg.: load; skepps~ cargo, freight; *med full ~* with a full load **2** *ligga* ngn *till ~* [*ekonomiskt*] become (be) a [financial] burden to...

2 last fel o.d. vice
1 lasta I *tr* o. *itr* allm. load; ta ombord take in; ta in last take in cargo; *~ och lossa* load and unload
II med beton. part.
~ av unload; *~ av sig bekymren på* andra unburden one's troubles to...
~ i (**in**) load
~ om a) på nytt reload b) till annat transportmedel transfer
~ på ngt på *vagnen* load a th. on to...; *~ på ngn* ngt load (bildl. saddle) a p. with...
~ ur unload
2 lasta klandra blame
lastbar vicious, depraved
lastbarhet depravity
lastbil lorry; isht tyngre el. amer. truck
lastfartyg cargo ship
lastflak platform [body]
lastgammal extremely old; *så ~ är jag inte* I am not that old
lastkaj sjö. whar|f (pl. -fs el. -ves); amer. dock; vid godsstationer loading platform
lastning loading; *för ~ med* S/S Mary to be shipped on board...
lastpall pallet
lastrum utrymme cargo (stowage) space; konkr.: sjö. hold; flyg. cargo compartment
lat allm. lazy; loj indolent; sysslolös idle
lata, *~ sig* be lazy, have a lazy time; slöa laze, idle
latent latent
later fasoner behaviour, manners; *stora ~* grand airs
lathund 1 lat person lazy dog (devil); lazybones (pl. lika), layabout **2** hjälpreda: för översättning crib; för räkning ready-reckoner
latin Latin; för konstr., jfr *svenska 2*
Latinamerika Latin America
latinsk Latin
latitud latitude äv. bildl.
latmansgöra, det är *inget ~* ...no easy job
latmask lazybones (pl. lika)
latrin 1 avträde latrine **2** exkrementer night soil
latsida, *ligga på ~n* be idle
lava lava
lavemang enema
lavendel bot. lavender
lavin avalanche äv. bildl.
lavinartad avalanche-like; *en ~ utveckling* an explosive development
lax zool. salmon (pl. lika); *en glad ~* vard. a bright spark, a lively fellow
laxering purging
laxermedel purgative, svagare laxative
laxfiske laxfiskande salmon-fishing

laxrosa salmon pink
laxöring zool. salmon trout (pl. lika)
le smile äv. iron.; ~ *mot* smile at (bildl. [up]on)
leasa ekon. lease
1 led väg way; rutt route; farled fairway; riktning direction
2 led 1 fog: anat. el. bot. el. tekn. joint; bot. äv. node; del av finger (tå) phalanx (pl. äv. phalanges); del av leddjur segment; *ur* ~ äv. bildl. out of joint **2 a)** länk, t.ex. i beviskedja link; stadium stage; beståndsdel part; *vara ett [viktigt] ~ i...* form [an essential] part of... **b)** matem. term **c)** mil. el. gymn.: personer bredvid varandra rank äv. bildl.; bakom varandra file; rad line; *bakre (främre) ~et* the rear (front) rank **3** släkt~ generation; släktskaps~ degree [of kindred]; linje line; *härstamma i rakt nedstigande ~ från...* be a lineal (direct) descendant of...
3 led 1 trött vara ~ *på* ...tired of, weary of, sick [and tired] of, ...fed up with **2** ful ugly **3** ond evil; stygg nasty; *den ~e* subst. adj. the Evil One

1 leda weariness; trötthet boredom, tedium; avsmak disgust, svag. distaste; motvilja repugnance; övermättnad satiety
2 leda I *tr* allm. lead; anföra äv. samt t.ex. undersökning conduct; mil. command; styra manage, vard. boss; ha hand om be in charge of; ha överinseende över superintend, supervise; vägleda guide; rikta direct; fys. el. elektr. conduct; transportera convey; härleda, t.ex. ursprung trace; ~ ett barn *vid handen* (en hund *i band*) lead...by the hand (...on a leash); *[låta sig] ~s av* ngt be governed (guided) by... **II** *itr* lead äv. sport.; Sverige *leder med 3-2* ...is leading (winning) [by] 3-2; *vart ska det ~?* bildl. where will it lead to?, what will the outcome of it be?; diskussionen *leder ingen vart* ...leads nowhere (doesn't take you anywhere)
III med beton. part.
~ **av**, ~ **bort** se *avleda*; ~ *bort* vatten, ånga etc. carry off
~ **in** ngn lead...in; ~ *in* t.ex. vatten lay on [*i* in]; ~ *in* samtalet *på* turn (direct)...on to
~ **tillbaka** lead back; bildl. trace back
ledamot member; i lärt sällskap o.d. fellow
ledande allm. leading; om t.ex. princip guiding; fys. conducting; en man *i* ~ *ställning* ...in a leading (framskjuten prominent) position
ledare 1 person: allm. leader; anförare conductor; arrangör organizer; ~ *för* ett företag manager (head) of... **2** i tidning leader, editorial **3** fys. conductor
ledarhund i spann leader dog; blindhund guide dog; amer. äv. seeing-eye dog
ledarskap leadership
ledband 1 anat. ligament **2** *gå i ngns* ~ be tied to a p.'s apron strings
ledbruten stiff; *känna sig alldeles* ~ be aching all over
ledgångsreumatism med. rheumatoid arthritis
ledig 1 fri **a)** om pers.: free, not occupied; sysslolös unoccupied; arbetslös unemployed **b)** om tid: free; inte upptagen leisure...; *en* ~ *dag i veckan* one day off a week; jag har aldrig *en* ~ *stund* ...a spare moment, ...a moment to spare; *få ~t en timme (en vecka)* get an hour off (a week's holiday); *vara* ~ *för studier* be on (have) leave of absence for study purposes; *är du* ~ *ikväll?* som inbjudan are you doing anything tonight? **2** obesatt vacant; om t.ex. sittplats vanl. unoccupied; ej upptagen, om t.ex. taxi free; disponibel: spare..., free; att tillgå available; som skylt: på taxi for hire; på t.ex. toalett vacant; *det finns inte en* ~ *bil* there isn't a taxi to be had (a taxi available); *är den här platsen ~?* is this seat taken (occupied)? **3** otvungen easy äv. om t.ex. hållning; flytande: om handstil flowing, om språk fluent; bekväm comfortable; smidig, om t.ex. rörelser relaxed; *~a!* mil. stand easy!; *ett ~t sätt* free and easy manners pl.
ledigförklara announce...as vacant
ledighet 1 ledig tid free time, time off; semester holiday **2** otvungenhet: i umgänge easiness (ease) of manner; stils o.d. ease, easy flow; i rörelser freedom
ledigt 1 *få (ge ngn)* osv. ~, se ex. under *ledig 1* **2** allm. easily; bekvämt comfortably; obehindrat freely; utan risk certainly; gladeligen gladly; röra sig ~ otvunget ...with ease; *sitta* ~ om kläder fit comfortably, be an easy fit
ledmotiv mus. recurrent theme
ledning 1 skötsel o.d. management; ledarskap leadership; inom t.ex. företag management; mil. command; väg~ guidance; ledtråd lead; sport. lead; *ta ~en* take the lead; sport. äv. go ahead; ta befälet take over command **2** koll. *~en* inom företag the management, the executives (managers) pl.; t.ex. inom parti the leaders pl., the leadership; mil. the command **3** tekn.: elektr., tråd wire; grövre cable; kraft~ el. tele. line; rör pipe
ledningsbrott tele. o.d. line breakdown

ledsaga allm. accompany äv. mus.; beskyddande escort; som uppvaktande attend
ledsam långtråkig boring; ointressant dull; se vid. *tråkig*
ledsen sorgsen sad; olycklig unhappy; bekymrad distressed; bedrövad grieved; förargad annoyed; besviken disappointed; sårad hurt; end. pred.: beklagande, ofta i hövlighetsfraser sorry; illa berörd upset; *var inte ~* bekymrad [*för det*]*!* vanl. don't worry [about that]!
ledsna grow (get) tired; *ha ~t på* äv. have had enough of, be (have got) fed up with
ledsnad bedrövelse distress; beklagande regret; *till min ~ hör jag att...* I hear with regret that...
ledstjärna guiding-star äv. bildl.
ledstång handrail
ledsyn, *han har ~* he can only just see his way about
ledtråd clue
leende I *adj* smiling äv. om t.ex. natur; hon nickade [*vänligt*] *~* ...with a [kindly] smile **II** *s* smile
legalisera legalize; t.ex. underskrift authenticate
legation legation
legend legend; uppdiktad historia myth
legendarisk legendary
legio oräknelig innumerable; *det finns ~ av dem* they are legion
legion legion
legionär legionary
legitim legitimate
legitimation 1 styrkande av identitet identification; konkr. identity (identification) paper; *har ni ~?* have you got an identity card?, can you prove your identity? **2** styrkande av behörighet authorization; *ha ~ som läkare* be a registered (fully qualified) doctor
legitimationshandling identity (identification) paper
legitimationskort identity (identification) card
legitimera I *tr* **1** göra laglig legitimate **2** ge behörighet authorize; *~d* läkare registered (fully qualified)... **II** *rfl*, *~ sig* identify oneself, prove one's identity
legoknekt o. **legosoldat** mercenary
legymer vegetables
leja hire äv. neds.; anställa take on; *lejd mördare* hired assassin; vard., t.ex. i gangsterliga hit man, contract killer
lejd garanti safe-conduct; *ge* ngn *fri ~* grant...a safe-conduct, safe-conduct
lejon 1 lion äv. bildl. **2** *Lejonet* astrol. Leo
lejonhona o. **lejoninna** lioness

lejonklo, *visa ~n* show one's mettle
lejonpart, *~en* the lion's share
lek 1 ordnad game; lekande play; t.ex. döden playing; bildl.: t.ex. vågornas dancing; t.ex. skuggornas play; *~ och idrott* games pl. and athletics; *det är en ~ med ord* ...a play on words **2** zool.: fiskars spawning; fåglars pairing **3** kort~ pack; amer. äv. deck
leka 1 allm. play äv. bildl.; vara el. utföra på lek play at; spela rollen av act; *~ lekar* play games; *~ mamma, pappa, barn* play mothers and fathers, play house; *~ med tanken* [*att* inf.] play (toy) with the idea [of ing-form]; han (det) *är inte att ~ med* ...is not to be trifled with; t.ex. om sjukdom äv. ...is no trifling matter; *livet lekte för henne* fortune smiled on her **2** zool.: om fiskar spawn; om fåglar pair
lekamen body; *Kristi ~s fest* [the feast of] Corpus Christi
lekande, *det går (är) ~ lätt* it is as easy as anything (as pie)
lekdräkt barns playsuit
lekfull playful
lekis se *lekskola*
lekkamrat playmate
lekledare games organizer
lekman layman; *lekmännen* äv. the laity sg.
lekmannamässig lay...
lekpark playground
lekplats 1 lekpark playground; *på ~en* in the playground **2** fiskars spawning-ground
leksak toy äv. bildl. om pers.
leksaksaffär toyshop
lekskola nursery school
lekstuga barns lekhus playhouse; bildl. playground
lektid zool.: fiskars spawning time; fåglars pairing-time, mating-time
lektion lesson äv. bildl.; *ge* (*hålla*) *~er* [*i engelska*] vanl. teach [English]
lektor univ. lecturer; skol., ung. senior master (kvinnl. mistress)
lektyr reading; konkr. something to read
lem limb äv. bildl.; manslem male organ
lemlästa maim; göra till invalid cripple
len mjuk soft; slät smooth; friare om t.ex. röst silky äv. bildl.; om t.ex. luft bland
lena lindra soothe
leopard leopard
ler, *de hänger ihop som ~ och långhalm* they are as thick as thieves
lera clay; sandblandad loam; gyttja mud
lerduveskytte sport. clay pigeon (skeet) shooting
lergods earthenware; kruka *av ~* earthenware..., pottery...
lergök mus. [primitive] ocarina

lerig lerhaltig clayey; gyttjig, smutsig muddy
lerkruka crock; förvaringskärl earthenware jar (pot)
lervälling, vägen är *en enda* ~ ...just a mass (sea) of mud
lesbisk Lesbian
leta I *itr* (ibl. *tr*) allm. look; ihärdigt search; ivrigt hunt; ~ *efter* äv.: treva efter feel (grope) for; söka komma på cast about for **II** *rfl,* ~ *sig dit* find one's way there **III** med beton. part.
~ **fram** hunt (hala fish, gräva rummage) out; ~ *sig fram* find (bana sig make, treva grope el. feel) one's way
~ **igenom** search; gå igenom ransack
~ **reda (rätt) på** find, lyckas manage to find
~ **upp** search out; hitta find
lett Latvian
lettisk Latvian
lettiska 1 kvinna Latvian (Lettish) woman **2** språk Latvian
Lettland Latvia
leukemi med. leukaemia; amer. leukemia
leva I *itr* o. *tr* **1** allm. live; vara i livet be alive; existera exist; livnära sig, fortleva survive; *leve* friheten, konungen*!* long live...!; *om jag lever och har hälsan* if I am spared and keep well; ~ *enkelt* lead a simple life; ~ *för dagen* live from day to day, live from hand to mouth; ~ *[ihop] med* live with; ~ *på* äta live on, om djur äv. feed on; försörja sig genom live (make a living) by **2** väsnas be noisy
II med beton. part.
~ **ihop** se under *1*
~ **sig in i** ngns känslor enter into...; ~ *sig in i rollen* live the part
~ **kvar** allm. live on; friare still exist; ~ *kvar i* gamla fördomar stick to...
~ **med i** *vad som händer* take an active interest in...
~ **om** a) itr., festa lead a fast life b) tr. live...over again, relive...
~ **upp** a) tr. run through; förbruka use up b) itr. ~ *upp igen* revive
~ **ut** känslor o.d. give full expression to...
levande allm. living; isht som mots. till död: pred. alive, attr. living...; om djur äv. live; bildl.: livfull, livlig lively, stark. vivid; naturtrogen life-like; ~ *blommor* natural (real) flowers; *ett* ~ *lexikon* a walking encyclopaedia; *i* ~ *livet* in real (actual) life; ~ *musik* live music; här finns *inte en* ~ *själ* ...not a [living] soul
leve cheer; *utbringa ett [fyrfaldigt]* ~ *för* give (föreslå call for) four (eng. motsv. three) cheers for
levebröd uppehälle [means of] livelihood, living; *det är mitt* ~ äv. it's my job, I make my living out of it
lever anat. el. kok. liver
leverans delivery äv. konkr.
leveransvillkor terms (conditions) of delivery
leverantör supplier; i stor omfattning contractor; isht av livsmedel purveyor; avlämnare deliverer
leverera tillhandahålla supply, provide; avlämna deliver
leverfläck liver spot; friare mole
leverne liv life; *bättra sitt* ~ mend one's ways; *liv och* ~ life [and way of living]
leverop cheer
leverpastej liver paste
levnad life
levnadsbana career
levnadsförhållanden circumstances; *hans* ~ the conditions under which he lives
levnadsglad ...full of vitality (zest)
levnadskonstnär connoisseur of the art of living; *vara* ~ äv. know how to live
levnadskostnader cost sg. of living
levnadsstandard standard of living
levnadssätt manner (way) of living (life)
levnadsteckning biography
levnadsår year of [one's] life
levra, ~ *sig* coagulate, clot
lexikograf lexicographer
lexikon dictionary; isht över ett dött språk lexicon; konversations~ encyclop[a]edia
lian liana, liane
libanes Lebanese (pl. lika)
libanesisk Lebanese
Libanon Lebanon
liberal liberal; *de ~a* subst. adj., polit. the Liberals
liberalisera liberalize
liberalism, ~*[en]* liberalism
Liberia Liberia
libero fotb. libero (pl. -s)
Libyen Libya
libyer Libyan
libysk Libyan
licens licence; amer. license; avgift för radio o. tv licence fee; tillverka *på* ~ ...under [a] licence
licensavgift licence fee
licensinnehavare licensee, licence-holder
1 lida gå pass [on]; framskrida, om tid draw (wear) on; *ju längre det led (det led på kvällen)* the later it grew (the night grew)
2 lida I *itr* plågas: allm. suffer; ~ *av* suffer from; t.ex. lyte äv. be afflicted with; vara behäftad med, t.ex. fel äv. be impaired (marred) by, have; ha anlag för, t.ex. svindel be subject to; *jag lider* pinas *av det (av att*

se det) it makes me suffer (I suffer when I see it); *få ~ för ngt* have to suffer (pay) for a th. **II** *tr* plågas av suffer; uthärda endure; drabbas av sustain; *~ nederlag* be defeated, sustain (suffer) a defeat

lidande I *adj* suffering; *~ av* äv. afflicted with **II** *s* **1** suffering; bibl. o.d. affliction; *Kristi ~* the Passion **2** åkomma disease

lidelse passion; hänförelse fervour, ardour, enthusiasm

lidelsefull allm. passionate; om tal impassioned; brinnande ardent; intensiv fervent; häftig vehement

liderlig om pers. lecherous; om liv dissolute; om t.ex. sång bawdy

lie scythe

liemannen bildl. the Reaper, Death

liera, *~ sig* ally (associate) oneself [*med* with]

lift 1 skid~ o.d. lift **2** *få ~* get a lift, hitch a lift (ride)

lifta hitch-hike; *får jag ~ med dig* till affären? can you give me a lift...?

liftare hitchhiker

liga 1 tjuv~ o.d. gang, mob; spion~ ring **2** fotbolls~ o.d. league

ligga I *itr* **1** lie; ej stå el. sitta be lying down; vara sängliggande be in bed; sova, ha sin sovplats sleep; vara, befinna sig be; vara belägen be; vistas stay; mil., vara förlagd be stationed (quartered); förvaras be kept; vara arrangerad, t.ex. i nummerföljd be arranged; hålla sig på plats, om t.ex. hår stay in place; vard. stay put; *~* [*begravd*] lie (*bildl.* be) buried; *~* [*sjuk*] be laid up, be ill in bed; huset *ligger nära* (*inte långt från*) *stationen* ...is close to (not far away from) the station; *låta ngt ~ där det ligger* leave a th. [lying] where it is **2** med obeton. prep.: avgörandet *ligger hos honom* ...lies (rests) with him; *det ligger i släkten* it runs in the family; *~ vid universitetet* be at [the] university; staden *ligger vid floden* (*kusten*) ...stands on the river (is on the coast); rummet *ligger åt* el. *mot gatan* (*norr*) ...overlooks the street (faces north); stationen *ligger åt det här hållet* ...lies (is [situated]) in this direction **3** om fågelhona *~ på ägg* sit [on her eggs] **4** vara frusen, om sjö o.d. be frozen over **II** med beton. part.

~ av sig om pers. get (be) out of practice (training)

~ bakom se ex. under *bakom*

~ efter **a)** vara efter be (lag) behind; *~ efter med* be behind (behindhand, betr. betalning äv. in arrears) with **b)** ansätta *~ efter ngn* keep on at a p. [*med tiggarbrev* with...]; hålla efter keep a close check on a p.

~ framme till bruk o.d. be out (ready); till påseende be displayed; skräpa lie about; *låt inte* pengarna *~ framme* don't leave...[lying] about

~ för: det *ligger inte för mig* ...is not in my line; passar mig inte ...doesn't suit me

~ i **a)** vara i, t.ex. i vattnet be in; korgen och *allt som ligger i* ...all there is in it **b)** knoga work hard

~ inne mil. serve; *~ inne* [*på sjukhuset*] be in hospital; *~ inne med ett stort lager* have a large stock [in hand]

~ kvar inte resa sig remain lying; *~ kvar* [*i sängen*] remain in bed

~ nere om t.ex. arbete be at a standstill; om t.ex. fabrik stand idle

~ på: duken *ligger på* ...is on; *här ligger solen på* there is a lot of sunshine here

~ bra (*illa*) *till* om t.ex. hus be well (badly) situated; om pers., i t.ex. tävling be well (badly) placed, be in a good (bad) position; *som det nu ligger till* as (the way) things are now

~ under vara underlägsen be inferior; sport.: *~ under* be losing; hans anbud *ligger under* [*mitt*] ...is lower [than mine]

~ ute: kan du ~ ute med pengarna tills imorgon? can you wait for the money till tomorrow?

~ över **a)** övernatta stay overnight (the night) **b)** arbetet *ligger över mig* bildl. ...is hanging over me

liggande allm. lying; vågrät horizontal; *bli ~* **a)** om pers.: i sängen remain in bed; inte kunna resa sig not be able to rise (get up) **b)** om sak: ligga kvar remain; bli kvarlämnad be left; inte slutbehandlas remain undealt with, get held up; inte göras färdig remain undone; *förvaras ~* be kept flat (in a horizontal position); om t.ex. flaskor be stored lying down

liggfåtölj järnv. o.d. reclining chair

ligghöna brood-hen

liggplats se *sovplats*

liggsår bedsore

ligist hooligan; amer. äv. hoodlum, mobster

1 lik corpse; amer. vard. äv. stiff, [dead] body; de hittade *~et* (*hans ~*) ...the (his) body; *ett ~ i garderoben* bildl. a skeleton in the cupboard

2 lik (attr. se *lika I*) like; *de är ~a* lika varandra they are alike; *~a som bär* as like as two peas; *vara sig ~* be (se ut äv. look) the same as ever

lika I *adj* (pred. jfr äv. *2 lik*) av samma storlek equal; om t.ex. antal even; samma the same;

helt överensstämmande identical; likformig uniform; ~ *barn leka bäst* birds of a feather flock together; 2 plus 2 *är* ~ *med 4* ...make[s] (is el. are, equal[s]) **II** *adv* **1** vid verb: likadant in the same way (manner); i lika delar equally; behandla alla ~ ...alike (the same); *vi står* ~ i spel we are even **2** vid adj. o. adv. [just] as; i lika grad equally; inte mindre none the less; lika mycket [just] as much; ~...*som*... as...as...; *vi är* ~ *gamla* äv. we are the same age; *jag är* ~ *glad* (*tacksam*) *om* han inte kommer I would be just as pleased if...; *ge* ~ *gott igen* give as good as one gets, give tit for tat

likaberättigad, *vara* (*bli*) ~ have (get, be given) equal rights [*med* with]
likadan similar, ...of the same sort (kind); alldeles lika the same; *de är* [*precis*] ~*a* inbördes jämförelse they are [quite] alike
likadant in the same way; t.ex. göra the same; ~ *klädda* inbördes jämförelse dressed alike
likafullt ändå nevertheless, none the less
likaledes sammaledes, ävenledes likewise; också also; [*tack*] ~*!* the same to you!, likewise!
likalydande om text ...identical in wording; *i två* ~ *exemplar* in duplicate, in two identical copies
likalönsprincipen the principle of equal pay [for equal work]
likartad similar; ...of a similar kind; *under i övrigt* ~*e förhållanden* other things being equal
likasinnad like-minded
likaså likaledes likewise; också also; hon kom och ~ *han* ...so did he, ...he did as well
likaväl just as well
likbil motor hearse
likblek deathly (ghastly) pale
likbränning cremation
like equal; *hans likar* his equals
likformig enhetlig uniform; homogen homogeneous; geom. similar
likgiltig indifferent äv. om sak; håglös listless; vårdslös nonchalant; oberörd impassive; oviktig unimportant, insignificant; ~*t* (*det är* ~*t*) *vad* (*vem*) no matter (it doesn't matter) what (who); *det är mig* [*fullkomligt*] ~*t* vad du gör it is [all] the same to me...
likgiltighet 1 (jfr *likgiltig*) indifference; listlessness, apathy; nonchalance; impassiveness; unimportance, insignificance **2** bagatell triviality
likhet isht till utseendet resemblance; till art similarity; överensstämmelse identity; jämlikhet samt mat. equality; *i* ~ *med* liksom like; i överensstämmelse med in conformity with
likhetstecken equals sign, sign of equality; *sätta* ~ *mellan lycka och* rikedom equate happiness with...
likkista coffin; amer. äv. casket; dålig båt, bil etc. death trap
likna I *itr* vara lik be like; se ut som look like; brås på take after; *nu börjar det* ~ *något* now we're getting somewhere **II** *tr,* ~ *vid* compare (liken) to
liknande likartad similar; dylik ...like that (this); i ett fall ~ *detta*... similar to (sådant som like, such as) this
liknelse jämförelse simile; bild metaphor; bibl. parable
likrikta elektr. rectify; bildl. standardize; t.ex. pressen control; t.ex. opinion regiment
liksom I *konj* framför subst. ord like; framför adv. samt inledande fullst. el. förk. sats as; *han är målare* ~ *jag* he is a painter, like me (just as I am) **II** *adv* så att säga as it were; på något sätt somehow; vard. sort (kind) of
likstelhet rigor mortis lat.
likström elektr. direct current
likställd, *vara* ~ *med* be on an equality (an equal footing, a par) with
likställdhet equality
liktorn corn
liktydig synonym synonymous; *vara* ~ *med* bildl. be tantamount to
likvagn hearse
likvaka vigil [over a dead body]
likvid I *s* payment; se vid. *betalning* **II** *adj* tillgänglig liquid, available; ~*a medel* liquid capital sg., available funds, floating assets; *han är* ~ he has available funds
likvidera ekon. liquidate äv. avliva
likvidering liquidation ekon. el. i bet. avlivning
likviditet ekon. liquidity
likvisst o. **likväl** ändå yet, still, nevertheless; i alla fall all the same
likvärdig equivalent; de är ~*a* ...equally good, ...equally valuable
likör liqueur
lila ljus~ lilac, mauve; mörk~ purple; violett violet
lilja lily
liljekonvalje bot. lily of the valley (pl. lilies of the valley)
liljevit lily-white
lilla se *liten*
lillan min (vår etc.) lillflicka my etc. little girl
lillasyster little (young, kid) sister
lille se *liten*
lillebror little (young, kid) brother
lillen min (vår etc.) lillpojke my etc. little boy

lillfinger little finger; amer. äv. pinkie
lillgammal old-fashioned; brådmogen precocious
lilltå little toe
lim glue
lime lime
limerick skämtvers limerick
limma hopfoga glue; ~ *fast* glue...on [*vid* to]; ~ *ihop* glue...together
limning glueing; limmat ställe glue joint
limousine limousine; vard. limo
limpa 1 avlång bulle loaf (pl. loaves); brödsort av rågmjöl rye bread **2** *en ~ cigaretter* a carton of cigarettes **3** cykelsadel banana seat
limstift glue stick
lin bot. flax äv. materialet
lina rope; smäckrare cord; isht sjö. line; stål~ wire; *löpa ~n ut* go the whole hog, go through with it
linbana häng~ cableway
lind bot. lime [tree]; isht poet. linden
linda I *s* för spädbarn swaddling-clothes; *kväva...i sin ~* bildl. nip...in the bud **II** *tr* vira wind; svepa wrap; binda tie; t.ex. en stukad vrist bind up; spädbarn swaddle; *hon kan ~ honom om sitt* [*lill*]*finger* she can twist him round her little finger
lindansare o. **lindanserska** [tight]rope walker
lindebarn infant in arms (pl. infants in arms)
lindra nöd relieve; smärtor äv. alleviate; verka lugnande [på] soothe; tillfälligt palliate; straffet *~des till böter* ...was reduced to a fine
lindrig mild mild äv. om sjukdom; inte våldsam gentle; lätt, inte allvarlig light; obetydlig slight
lindrigt mildly osv., jfr *lindrig*; *vara ~ förkyld* be suffering from a slight cold; *~ sagt* to put it mildly
lindring av smärta, nöd o.d. relief, alleviation; av straff reduction; *ge* (*skänka*) *~* bring (afford) relief
linfrö linseed
lingon lingonberry; *inte värd ett ruttet ~* not worth a fig (bean, damn)
lingonris koll. lingonberry sprigs (twigs)
lingul flax-coloured; om hår flaxen
lingvistik linguistics sg.
linhårig flaxen-haired
linjal ruler; tekn. rule
linje 1 allm. line; *får jag* [*be om*] *~n?* tele. can I have an outside line?; *i rät ~ med* in [a] line with, even with; tåget stannade *ute på ~n* ...on the line; förbättringar *över hela ~n* äv. all-round... **2** skol. course [programme]

linjebuss regular bus
linjedomare sport. linesman
linjefartyg liner
linjera rule; *~ upp* rule; bildl. draft, outline, sketch out; *svagt ~d* ruled feint, ruled with feint lines
linjetrafik regular traffic (services pl.); flyg. scheduled traffic (flights pl.)
linjeval skol. choice of course (univ. äv. study) programme
linka limp, hobble
linne 1 tyg linen; duk *av ~* äv. linen... **2** koll. linen **3** plagg vest; natt~ nightdress
linneduk linen cloth
linneförråd stock of linen
linneskåp linen cupboard
linning band
linoleum linoleum
lins 1 bot. lentil **2** optik. el. anat. el. geol. lens
linslus vard. lens louse
lintott pers. towhead
lip lipande blubbering; *ta till ~en* vard. turn on the waterworks
lipa vard. **1** gråta blubber, blub, howl **2** *~ räcka ut tungan åt ngn* stick one's tongue out at a p.
lipsill vard. cry-baby
lira vard., spela play
lirare vard., spelare player; *en riktig ~* rolig typ a real (proper) character
lirka, *~ med ngn* coax (wheedle, cajole) a p. [*för att få honom att* inf. into ing-form]; *~ upp* dörr, lås work...open; *~ ur ngn en hemlighet* worm (pry) a secret out of a p.
lisa I *s* lindring relief; tröst solace, comfort **II** *tr* lindra relieve; trösta solace
lismande fawning, oily
1 list listighet cunning; knep trick; krigs~ stratagem
2 list 1 långt o. smalt stycke trä resp. metall strip **2** bård border, edging **3** byggn., utskjutande kant moulding, beading; golv~ skirting-board; bandformig fillet **4** trädg. [narrow] bed, kant~ [narrow] border, gurk- o.d. ridge
1 lista I *s* list; *långt ner på ~n* low (a long way) down on the list; *stå överst på* (*toppa*) *~n* be at the top of the list, top (head) the list äv. bildl. **II** *tr* list
2 lista, *~ fundera ut* find (work) out
listig cunning; förslagen smart; vard., klyftig clever
lit, *sätta* [*sin*] *~ till* lita på put confidence in; förtrösta på put one's trust in, pin one's faith on
lita, *~ på* förlita sig på depend [up]on, rely [up]on, trust to; hysa förtroende för trust,

have confidence in; räkna på count [up]on; vara förvissad om be assured of
Litauen Lithuania
litauer Lithuanian
litauisk Lithuanian
litauiska 1 kvinna Lithuanian woman **2** språk Lithuanian
lit de parade, *ligga på* ~ lie in state
lite se *litet*
liten (*litet, lille, lilla, små*) **I** *adj* **a)** allm. small (vanl. som beton. best. till konkr. subst. o. subst. som betecknar antal, kvantitet, pris o.d.) **b)** allm. little (som best. till övr. abstr. subst. o. isht tillsammans med känslobetonade subst. o. adj., som vanl. obeton. best. till konkr. subst.: mera sällan som predf.) **c)** övr. övers.: ytterst liten tiny; kort short; obetydlig slight, insignificant; futtig petty; *barn lilla,* vad tänker du på? my dear child...; *de små obeton.* **barnen** the little ones; *små bekymmer* petty troubles; *en* ~ beton. *bit* a small bit; *en* ~ ~ *bit* a tiny weeny bit; *en* ~ obeton. *bit* a little [bit]; följa med ngn *en* ~ *bit* ...a little way; ~ *bokstav* small (typogr. lower-case) letter; *ett litet fel* har smugit sig in a slight error...; *en* ~ *inkomst* (*slant* summa) a small income (sum); *med små steg* with short steps; *det tog sin lilla tid att...* it took quite a while to...; *lilla visaren* på klockan the short (little) hand **II** *subst adj* **1** hon väntar *en* ~ ...a baby; *redan som* ~ even as (when quite) a child **2** *den lille* (*lilla*) se *lillen* resp. *lillan* **3** *de små* barnen the little ones; *stora och små* great and small, children and grown-ups (adults)
liter 1 rymdmått litre; *en* ~... ung. motsv.: om våtvaror el. bär two pints of...; om torra varor el. amer. a quart of... **2** vard., flaska brännvin e.d. litre bottle
litermått litre measure; tillbringare measuring jug
litervis per liter by the litre; ~ *med...* litres of...
litet (vard. *lite*) *subst adj* o. *adv* (jfr *mindre, minst*) **1** föga little; få few; *bara* ~ only a (just a, ngt åld. but) little (få few); *rätt* ~ (*mycket* ~) *folk* (*svenskar*) rather few (very few) people (Swedes); *det var* ~ *men gott* there was not much, but what there was of it was good; *det var inte* ~ *det!* that's quite a lot!; för all del, *det var så* ~*!* [it's] no trouble at all!; amer. äv. you're welcome! **2** något, en smula a little; obetydligt slightly; några få a few; ~ [*mer*] *bröd* some (a little) [more] bread; jag måste *sova* ~ ...have (get) a little (some) sleep; ~ *av varje* a little (a bit) of everything; ~ *för dyr* (*mycket*) rather (a little, a bit) too expensive (much)
litografi metod lithography
litteratur literature
litteraturhistoria [vanl. the] history of literature; *engelsk* ~ the history of English literature
litteraturhänvisning, ~[*ar*] [notes on] further reading, suggested reading
litteraturkritik literary criticism
litterär literary
liturgi kyrkl. liturgy
liv 1 allm. life; livstid lifetime; levnadssätt way of life; ~ *och leverne* way of life (living); *då blev det* ~ *i honom* then he suddenly came to life; *få* ~ come to life; *få* ~ *i* get some life into; *ge* (*skänka*) ~*et åt* föda give birth to; *springa för* ~*et* run for all one's worth (like mad, for dear life); *vänskap för* ~*et* lifelong friendship; *komma ifrån ngt med* ~*et* escape from a th. alive; *en strid på* ~ *och död* a life-and-death struggle; *hålla ngn* (*intresset*) *vid* ~ keep a p. alive (up the interest); *få sig ngt till* ~*s* have (get) a th. to eat; bildl. be treated to a th.; *riskera* ~ *och lem* risk life and limb **2** levande varelse living being; *de små* ~*en* the little (poor) dears **3** kropp body; *gå ngn inpå* ~*et* get to grips with a p.; bildl. äv. get closer to a p., get to know a p. intimately **4** midja waist äv. på plagg; *vara smal om* ~*et* have a small (slender) waist; *veka* ~*et* midriff, diaphragm **5** på plagg bodice **6** oväsen row, commotion; bråk, uppståndelse to-do, fuss; *för inte ett sånt* ~*!* stop that (this) row (noise)!
livad munter merry; uppsluppen hilarious
livboj lifebuoy
livbåt lifeboat
livegen *adj* o. *subst adj, en* ~ [*bonde*] a serf
livfull ...full of life; livlig lively; om skildring o.d. vivid
livförsäkring life insurance
livgarde, *Svea* ~ the Svea Life Guards pl.
livgivande life-giving
livhanken, *rädda* ~ save one's skin
livlig allm. lively; rörlig active; vaken alert; om skildring o.d. vivid; om debatt animated; om efterfrågan keen, brisk; om förhoppning sincere; om intresse great; om trafik heavy
livlighet liveliness; vivacity; animation; jfr *livlig*
livlina lifeline äv. bildl.
livlös allm. lifeless; uttryckslös expressionless
livmoder anat. womb; vetensk. uterus (pl. uteri)
livnära I *tr* föda feed; försörja support **II** *rfl,* ~

sig försörja sig support oneself [*av* (*på*) on; *med* by]
livré livery
livrem belt
livrädd terrified; vard. ...scared stiff
livräddningsbåt lifeboat
livränta life annuity
livsandar, *ngns* ~ a p.'s spirits
livsaptit appetite (lust) for life
livsavgörande ...of decisive importance
livsbejakande, *ha en* ~ *inställning* have a positive attitude to life
livsbetingelse condition governing one's life; *goda* ~*r* favourable conditions
livserfarenhet experience of life
livsfara mortal danger; *han svävar i* ~ his life is in danger
livsfarlig highly dangerous; vard., svag. dead dangerous; om skada o.d. grave; dödlig fatal; ~ *ledning* (*spänning*)*!* Danger! High Voltage!
livsfilosofi philosophy; livsåskådning, livssyn outlook on (view of) life
livsfråga question of vital importance, vital question
livsfunktion vital function
livsföring life, way of life
livsförnödenheter necessities of life
livsglädje joie de vivre fr.; joy of living
livsgärning lifework
livshotande om sjukdom o.d. grave; dödlig fatal
livskamrat life companion (partner), companion through life
livskraftig vigorous
livskvalitet quality of life
livsleda deep depression, weariness of life
livslevande lifelike; om minnen vivid; *där stod han* ~ ...as large as life, in the flesh, in person
livslinje i handen lifeline
livslust zest (lust) for life
livslögn lifelong deception (illusion); *hela hans tillvaro hade byggt på en* ~ he had been living a lie his whole life
livsmedel provisions; jfr *matvaror*
livsmedelsaffär provision merchant's (grocer's) [shop]
livsmedelsbrist food shortage
livsmedelsindustri food industry
livsmod courage to face (in facing) life
livsrum polit. lebensraum ty.; living space
livsrytm tempo
livsstil way of life
livssyn outlook on life, view of life
livstecken sign of life; *han har inte gett något* ~ *ifrån sig* bildl. there is no sign of life (news) from him

livstid life[time]; *i* (*under*) *vår* ~ in our lifetime
livstidsfånge prisoner for life; vard. lifer
livstycke bodice
livsuppehållande life-sustaining
livsuppgift mission (object) in life
livsverk lifework; *ett* ~ a lifetime achievement
livsviktig vital äv. bildl.; *det är inte så* ~*t* vard. it is not all that important
livsvillkor vital necessity; levnadsförhållanden living conditions
livsåskådning outlook on (philosophy of) life
livtag brottn. waistlock; *ta* ~ wrestle, grapple
livvakt bodyguard äv. koll.
lizzant *adv* flowly
ljud allm. (äv. ~*et*) sound; buller noise; klang, om instrument tone; *inte kunna få fram ett enda* ~ av heshet be unable to say a word; av rörelse o.d. be unable to utter a [single] sound
ljuda I *itr* låta sound; höras be heard; klinga, skalla ring; klämta toll; genljuda resound **II** *tr* språkv. sound
ljudband för bandspelare tape
ljudbang från överljudsplan sonic bang (boom)
ljuddämpare bil. el. på skjutvapen silencer; amer. muffler
ljudeffekt sound effect
ljudfilm soundfilm
ljudförstärkare radio. amplifier
ljudhärmande onomatopoeic
ljudisolerad soundproof
ljudlig allm. loud; om t.ex. örfil resounding; om kyss smacking
ljudlös soundless; utan buller noiseless; *den* ~*a natten* the silent night
ljudradio sound-broadcasting
ljudstyrka volume of sound
ljudtekniker sound technician (engineer, recordist)
ljudvall sound barrier, sonic barrier; *passera* ~*en* break through the sound (sonic) barrier
ljudöverföring sound transmission
ljuga I *itr* lie; tell a lie (lies); *du ljuger!* you're lying!, that's a lie! **II** *rfl,* ~ *sig fri från ngt* lie oneself out of a th.
ljum lukewarm, tepid äv. bildl.; om vind warm; om vänskap half-hearted
ljumskbråck med. inguinal hernia
ljumske o. **ljumskveck** anat. groin
ljung bot. heather
ljungande flashing; bildl. fulminating; *en* ~ *våldsam protest* a vehement protest

ljungeld blixt [flash of] lightning
ljus I *s* allm. el. bildl. light (äv. *~et*); skarpt ~ glare; stearin~ o.d. candle; snille shining light; *varde ~!* bibl. Let there be light!; *sitta som tända ~* sit straight as ramrods; *nu gick det upp ett ~ för mig* now a light has dawned on me, now the penny has dropped; *ha ~et på* på bil have the lights on; *kasta nytt ~ över ngt* throw a new (different) light on a th. **II** *adj* light; om dag clear; om hy fair, se vid. *blond*; om kött white; om öl pale; klar, lysande bright äv. bildl.; *mitt på ~a dagen* in broad daylight; *få (komma på) en ~ idé* get a bright idea (*vard.* a brain-wave); *~a lyckliga minnen* happy memories; *se det från den ~a sidan* look on the bright side [of things]
ljusblå light (pale) blue
ljusbrytning fys. refraction
ljuseffekt light (belysningseffekt lighting) effect
ljusfenomen light phenomenon
ljusglimt gleam of light; bildl. gleam (ray) of hope
ljushastighet speed of light
ljushuvud bildl. genius; *han är inte just något ~* äv. he's not very bright
ljushyad fair-skinned; *vara ~* äv. have a fair (clear) complexion
ljushårig fair[-haired], blond (om kvinna blonde)
ljuskrona chandelier
ljuskälla source of light
ljuskänslig ...sensitive to light; foto. photosensitive
ljuslåga candle flame
ljusmanschett candle-ring
ljusmätare light meter
ljusna eg. get (grow) light; om väder clear up; om färg become light[er]; blekna fade **2** bildl.: om ansiktsuttryck brighten, light up; *utsikterna ~r* the prospects are getting brighter
ljusning 1 gryning dawn **2** glänta glade, clearing **3** bildl. change for the better
ljuspenna data. light pen
ljuspunkt 1 allm. luminous point **2** lampa light[ing] point; strömuttag socket **3** bildl. bright spot
ljusreklam metod illuminated advertising (skylt o.d. advertisement)
ljussax [pair of] snuffers
ljusskygg 1 som ej tål ljus ...averse to light; med. photophobic **2** bildl. fishy
ljusskylt electric (neon) sign
ljusstake candlestick
ljusstrimma streak of light
ljusstråle ray (beam) of light
ljusstump candle-end
ljusstyrka brightness, luminosity äv. astron.; i ljusmätning luminous intensity; foto., om lins speed
ljussvag faint
ljuster fiske. [fishing-]spear
ljustuta bil. headlamp flasher
ljusår astron. light year äv. bildl.
ljusäkta ...that will not fade; gardinerna *är ~* ...will not fade
ljuta, *~ en ögonblicklig död* be killed instantly
ljuv allm. sweet; behaglig pleasing; *dela ~t och lett med ngn* stick together with a p. through thick and thin
ljuvlig härlig delightful; spec. om smak delicious; utsökt exquisite
ljuvlighet sweetness; *~er* delights, delightful things
LO förk., se *Landsorganisationen*
lo zool. lynx (pl. äv. lika)
lob anat. lobe
lobb sport. lob
lobba sport. lob
lobby vestibul el. påtryckningsgrupp lobby
1 lock hår~ curl; längre lock [of hair]; korkskruvs~ ringlet
2 lock på kokkärl, låda o.d. lid; kapsyl cap; fick~ flap; *lägga på ~et på* ngt bildl. hush...up, put the lid on
3 lock, *försöka med ~ och pock* try every means of persuasion (by hook or by crook)
1 locka lägga i lockar curl
2 locka I *tr* o. *itr* kalla o.d. ~ *[på]* call; *det ~r mig inte* I am not tempted; *~ ngn i fällan* trap a p.
II med beton. part.
~ fram: ~ fram ngn ur gömställe entice a p. out of...
~ med sig ngn entice a p. into coming (resp. going) along
~ till sig entice...to come [to one]; *~ kunder till sig* attract customers (custom)
~ ur ngn ngt draw (worm) a th. out of a p.
lockande tempting
lockbete bait äv. bildl.
lockelse enticement; frestelse lure; trollmakt charm
lockfågel decoy äv. bildl.
lockig curly
lockout lockout
lockoutvarsel lockout notice
lockrop zool. call
locktång curling tongs pl.
lockvara cut-price line; hand. loss-leader

lod byggn. plummet; sjö. äv. lead; klock~ weight
loda sjö. el. bildl. ~ [*djupet*] sound
lodare layabout
lodjur zool. lynx (pl. äv. lika)
lodrät vertical; ~*a* [*nyckel*]*ord* clues down
loft loft; vind attic
loftgångshus house with external galleries
1 loge tröskplats barn
2 loge 1 teat. box; kläd~ dressing-room **2** ordens~ lodge
logement kasernrum barrack room; i arbetarförläggning lodgings, dormitory
logga 1 ~ *in* (*ut*) data. log in (out) **2** sjö. el. flyg. log
loggbok sjö. el. flyg. logbook
logi husrum accommodation, lodging; *kost och* ~ board and lodging, bed and board
logik logic
logisk logical
logoped speech therapist
loj om pers. indolent; håglös listless; slö apathetic
lojal loyal
lojalitet loyalty
lok engine
lokal I *s* premises; rum room; sal hall; bot. el. zool. habitat; biblioteket *har sina ~er i skolan* ...is housed in the school **II** *adj* local
lokalavdelning local branch
lokalbedövning local anaesthesia; *en* ~ a local anaesthetic
lokalisera I *tr* **1** ange platsen för, förlägga locate **2** begränsa contain **3** anpassa adapt **II** *rfl*, ~ *sig på platsen* acquaint oneself with the place
lokaliseringsstöd [industrial] location aid
lokalkännedom, *ha god* ~ know a (resp. the) place (district, locality) well
lokalombud local representative
lokalpatriotism local patriotism; neds. parochialism
lokalradio local radio
lokalsamtal tele. local call
lokalsinne sense of direction; *ha dåligt* (*gott*) ~ have a poor (good) sense of direction
lokaltidning local [news]paper
lokaltrafik local traffic; järnv. suburban services
lokalvård cleaning, på kontor office cleaning
lokalvårdare cleaner, på kontor office cleaner
lokatt zool. lynx
lokförare engine-driver; amer. engineer
lokomotiv engine
loma, ~ *av* slouch (skamset äv. slink) away

lomhörd hard of hearing
longitud geogr. longitude
looping flyg. *göra en* ~ loop the loop
lopp 1 löpning run; tävling race; *dött* ~ dead heat; *~et är kört* bildl. it's all over, it's too late to do anything about it **2** flods utsträckning *flodens övre* (*nedre*) ~ the upper (lower) reaches pl. of the river **3** förlopp *i det långa ~et* in the long run; *inom ~et av* ett par dagar within... **4** bildl. *ge fritt* ~ *åt* sina känslor give vent to... **5** gevärs~ bore
loppa flea; *leva ~n* live it up, be (go) on the spree
loppmarknad flea market; på välgörenhetsbasar jumble sale
lort smuts dirt; stark. filth
lorta, ~ *ner* make...dirty, stark. make...filthy
lortgris om barn dirty little thing
loska vard. **I** *s* gob **II** *itr* gob
loss loose; off; *få* (*komma* osv.) ~ el. *skruva* ~ unscrew
lossa 1 lösgöra loose; sjö. let go; ~ förtöjningar på unmoor; ~ [*på*] band, knut untie, undo; göra lösare loosen äv. bildl.; ngt hårt spänt äv. slacken **2** urlasta unload
lossna come loose; gå upp (av) come off; om t.ex. knut come undone (om ngt limmat unstuck); om tänder get loose; börja bli lös loosen
lossning unloading; enstaka discharge, unloading
lossningsplats för fartyg discharging berth; bestämmelseort place (port) of discharge
lots pilot
lotsa sjö. el. friare pilot; vägleda guide; ~ *sig fram* gå *försiktigt* make one's way cautiously; ~ *in i* (*ut ur*) pilot into (out of)
lott del, öde m.m. lot; jord~ allotment; ~sedel lottery ticket; *~en får* måste *avgöra* it must be decided by lot; *det blev hans* ~ it fell to his lot (to him)
1 lotta member of the [Swedish] women's voluntary defence service; armé~ (i Engl.) WRAC, (i USA) WAC; flyg~ (i Engl.) WRAF, (i USA) WAF; marin~ (i Engl.) Wren, (i USA) member of the WAVES
2 lotta, ~ *om ngt* draw lots for a th.
lottad, *vara lyckligt* ~ *av naturen* be well favoured (endowed) by nature
lottdragning se *lottning*
lotteri lottery
lotterivinst prize
lottlös, *bli* ~ be left without any share
lottning [vanl. the] drawing of lots; *avgöra ngt genom* ~ decide a th. by drawing (casting) lots

lotto Lotto; i USA äv. ung. the numbers [game]
lottsedel lottery ticket
1 lov 1 ledighet holiday; ferier holidays; *få ~* get a day (an afternoon etc.) off; se vid. ex. under *ledig 1 b* **2** tillåtelse permission; *får jag ~?* vid uppbjudning may I [have the pleasure of this dance]?, shall we dance?; *vad får det ~ att vara?* i butik o.d. what can I do for you?, can I help you [sir resp. madam]? **3** *få ~* vara tvungen *att* have to **4** beröm praise; *Gud ske ~!* thank God!
2 lov 1 sjö. tack **2** bildl. *slå sina ~ar kring ngn (ngt)* hover (prowl) about a p. (a th.)
lova 1 ge löfte [om] promise; högtidl. äv. vow; *det ~r gott* för framtiden it promises well (bids fair)...; *~ bort sig* anta inbjudan accept an invitation [annorstädes elsewhere] **2** bedyra *jo, det vill jag ~!* I'll say!, I should say so! **3** berömma praise
lovande promising
lovart sjö. *i ~* to windward
lovdag holiday
lovlig tillåten permissible; om t.ex. avsikt lawful; *ej vara ~* sexuellt be below the age of consent; *vara ~t byte* bildl. be fair game; *~ tid* jakt. the open season
lovord praise; *få ~* be [highly] praised (commended)
lubba, *~ [i väg]* trot (dart) away
lucka 1 liten dörr, t.ex. ugns~ o.d. door; fönster~ shutter; tak~ hatch; damm~ gate; sjö. hatch [cover] **2** öppning hole, opening; expeditions~: disk counter; själva öppningen counter window; gallerförsedd grille; jfr *biljettkontor*; skepps~ hatch[way]; på t.ex. kassettbandspelare flap **3** tomrum gap; i t.ex. manuskript omission; *en ~ i lagen* a [legal] loophole; *en ~ i mitt minne* a blank in my memory; *nu blev det liv i ~n* vard. this made things hum **4** mil. vard., logement barrack room
luckra loosen; *~ upp* loosen [up]
ludd fjun fluff; dun down; på tyg nap; tarm~villi
ludda I *itr*, koftan *~r [av sig]* the fluff comes (is coming) off... **II** *rfl*, *~ sig* get fluffy (full of fluff)
luddig fjunig fluffy; dunig downy; oklar woolly
luden hairy; zool. äv. hirsute; bot. downy
luder vard., hora whore, trollop; amer. hooker
luff vard. *på ~en* on the road; *ge sig ut på ~en* take to (hit) the road
luffare tramp; amer. äv. hobo (pl. -s el. -es), bum
luffarschack noughts and crosses pl.

lufsa lumber
lufsig clumsy, ungainly
1 luft, *en ~ gardiner* a pair of curtains
2 luft air; *~en gick ur honom* bildl. he ran out of steam; *behandla ngn som ~* treat a p. as if he (she etc.) did not exist, cut a p. dead, give a p. the cold shoulder; *ge ~ åt sin vrede (sina känslor)* give vent to one's anger (feelings)
lufta I *tr* kläder o.d. air äv. bildl. **II** *itr* o. *rfl*, *~ [på] sig* go out for a breath of air
luftanfall o. **luftangrepp** air raid (strike)
luftballong [air] balloon
luftbolag bogus company
luftbro airlift
luftburen airborne
luftdrag draught
luftfart air traffic
luftfuktare air humidifier
luftfuktighet atmospheric humidity
luftfärd vid hopp o. fall passage through the air
luftförorening air pollution; ämne pollutant
luftförsvar air defence
luftgevär air gun
luftgrop air pocket
lufthav, *~et* the atmosphere
luftig airy; lätt light; verklighetsfrämmande airy-fairy
luftkonditionering air-conditioning
luftkudde i fordon airbag, air cushion
luftlager strat|um (pl. -a) of air
luftlandsättning landing of airborne troops
luftmadrass air bed (mattress)
luftombyte change of air (climate)
luftpump air pump
luftrenare air cleaner; filter air filter
luftrum 1 mellanrum air space **2** territorium air territory
luftrörskatarr med., bronkit bronchitis
luftsjuka airsickness
luftslott, *bygga ~* build castles in the air (in Spain)
luftsprång saltomortal somersault
luftstridskrafter aerial forces
luftstrupe windpipe; med. trache|a (pl. -ae)
lufttorka dry in the air; *~d* air-dried
lufttrumma tekn. ventilating shaft
lufttryck 1 meteor. atmospheric (air) pressure **2** vid explosion blast
lufttät airtight
luftväg 1 flyg. air route; *~en* adv. by air **2** *~ar* anat. respiratory (air) passages
luftvägsinfektion infection of the respiratory passage[s]
luftvärn anti-aircraft (förk. AA) defence (defences pl.); *~et* truppslaget Anti-Aircraft Command

luftvärnseld anti-aircraft fire; vard. ack-ack
1 lugg hårfrisyr fringe, bang; *titta under ~ på ngn* look furtively (stealthily) at a p.
2 lugg på kläde o.d. nap; på sammet o. mattor pile; borsta *mot (med) ~en* ...against (with) the nap
lugga, *~ ngn [i håret]* pull a p.'s hair
luggsliten eg. o. bildl. threadbare; friare shabby
lugn I *s* om vatten o. luft calm; lä shelter; ro peace; ordning order; sinnesjämvikt calm; fattning composure; självbehärskning self-control; *~et före stormen* the lull (calm) before the storm; *~ i stormen!* hold your horses!; *i ~ och ro* in peace and quiet **II** *adj* om väder och vatten calm; stilla quiet; fridfull peaceful; ej orolig (om pers., pred.) easy in one's mind; ej upprörd calm; fattad composed; med bibehållen behärskning self-possessed; om mönster quiet; om färg subdued; *du kan vara ~ för att han klarar det* don't worry, he'll manage it
lugna I *tr* calm, quiet; småbarn soothe; t.ex. tvivel settle; blidka appease; inge tillförsikt reassure; *~ ngns farhågor* allay a p.'s fears, set a p.'s mind at rest **II** *rfl*, *~ sig* calm down; *vi får ~ oss* några dar we must wait..., we must be patient...
lugnande om nyhet o.d. reassuring; om verkan o.d. soothing; *~ medel* sg. sedative, tranquillizer
lugnt t.ex. betrakta calmly; t.ex. sova peacefully; t.ex. svara with composure; tryggt safely, confidently; *ta det ~!* take it easy!
lukrativ lucrative
lukt 1 smell; behaglig scent, fragrance; odör bad (nasty) smell (odour); stank stench **2** luktsinne sense of smell
lukta I *tr* o. *itr* smell; *det ~r gott (illa)* it smells nice (bad); *det ~r tobak om honom* he smells of tobacco; *~ på ngt* smell (om hund äv. sniff at) a th. **II** *rfl*, *~ sig till ngt* bildl. scent a th. out
luktsalt smelling-salts
luktsinne sense of smell, olfactory sense
luktviol bot. sweet violet
luktärt bot. sweet pea
lukullisk, *en ~ måltid* a sumptuous (luxurious) repast (meal)
lull, *stå ~* om småbarn stand all by oneself [without support]
1 lulla, *~ ngn i sömn (till sömns)* sing (hum)...to sleep
2 lulla ragla reel; tulta toddle
lumberjacka lumber jacket
1 lummig om t.ex. park thickly wooded; lövrik leafy; skuggande shady

2 lummig vard., berusad tipsy
lump trasor rags; skräp junk
lumpa ligga inkallad do one's military service
lumpbod junk shop
lumpen småsint mean; tarvlig shabby; vard. dirty; om t.ex. uppförande base; om t.ex. instinkt low
lumpor rags
lumpsamlare rag-and-bone man
lunch lunch; formell luncheon; skol~ dinner; *äta ~* have (eat) lunch; äv. lunch; *han gick ett ärende på ~en* ...in the (his) lunch hour
lunchrast lunch hour
lunchrum dining-room; i fabrik, självservering canteen
lund grove
lunga lung äv. bildl.
lungcancer med. cancer of the lung, lung cancer
lunginflammation med. pneumonia
lungsjuk ...suffering from a lung-disease
lunk jog trot äv. bildl.; *allt här går i sin vanliga ~* som vanligt things are the same as usual
lunka, *~ ['på]* jog (trot) along
luns vard., tölp boor
lunta 1 tändsnodd fuse, slow match **2** bok tome; [pappers]packe bundle (pappershög heap) of papers
lupp förstoringsglas magnifying glass
1 lur 1 horn horn; bronsålders~ lur[e] **2** se *hörlur*
2 lur vard., slummer nap; *ta sig en ~* have (take) a nap, have forty winks
3 lur bakhåll *ligga på ~* lie in wait, lurk
lura I *itr* ligga på lur lie in wait; bildl. lurk **II** *tr* narra take...in; bedraga deceive; isht på pengar el. ngt utlovat cheat, swindle; vard. do; få [till] fool, hoax; gm övertalning o.d. coax; förleda, locka entice; gäcka elude; vilseleda delude; lead...astray; vard. lead...up the garden path; överlista get the better of; *~ ngn [till] att* skratta make a p... **III** med beton. part.
~ av ngn ngt genom övertalning wheedle a th. out of a p.; genom bedrägeri cheat (swindle, con) a p. out of a th.
~ i ngn ngt inbilla delude a p. into believing a th.; *~ i ngn* maten coax (cajole) a p. into eating...
~ på ngn ngt få ngn att köpa ngt trick (*gm prat* talk) a p. into buying a th.
~ till sig ngt secure a th. [for oneself] by trickery
~ ut ngt ta reda på get to know a th.
lurendrejare cheat
lurendrejeri cheat, fraud, trickery
lurifax sly dog

lurig listig deceptive
lurpassa 1 kortsp. hold back **2** ~ *på ngn* lie in wait for (waylay) a p.
lurvig 1 om t.ex. hår rough; om t.ex. hund shaggy **2** vard., berusad tipsy
lus louse (pl. lice); *läsa ~en av ngn* give a p. a good talking-to (a dressing-down)
luska, ~ *reda (rätt) på ngt* ferret (search) out a th.
lusläsa read through (scrutinize)... meticulously
luspank, *vara* ~ vard. be stony-broke (dead broke)
lust böjelse inclination; benägenhet bent, disposition; drift t.ex. skapar~ urge; åstundan desire; smak fancy; nöje delight; glädje joy; *när ~en faller på honom* when he is in the mood, when the fancy takes him; *[inte] ha ~ att* +inf. [not] feel like ing-form (feel inclined to +inf.); *jag har god ~ att* +inf. I have a good (great) mind to +inf.; *av hjärtans ~* to one's heart's content
lusta lust, desire
lustgas laughing gas
lustgård, *Edens ~* the Garden of Eden, Paradise
lustig rolig funny; roande amusing; skämtsam facetious; löjlig comic[al]; konstig odd; *göra sig ~ över* ngn (ngt) make fun of..., poke fun at...
lustighet, *säga en ~* say an amusing thing, make an amusing remark; vitsa crack a joke
lustigkurre joker
lustjakt yacht
lustmördare sex murderer
lustspel comedy
1 lut, *stå (ställa ngt) på ~* stand (stand a th.) slantwise (aslant)
2 lut tvättlut lye
1 luta mus. lute
2 luta I *itr* **1** vara lutande lean, incline; slutta slope; stå snett stand aslant; böja sig bend; vila recline **2** tendera tend; *jag ~r åt den åsikten* att... I am inclined to believe (think)... **II** *tr* lean; *~ mera på flaskan* så rinner det bättre tilt the bottle [a bit] more... **III** *rfl,* ~ *sig bakåt* el. *tillbaka* lean back; *~ sig fram mot ngn (ut genom fönstret)* lean towards a p. (out of the window); *~ sig mot* lean against (i riktning mot towards)
3 luta behandla med lut treat...with lye; lutlägga soak...in lye; *~ av* möbler remove old paint from...with lye
lutande leaning; om t.ex. plan inclined; om t.ex. bokstäver slanted; om t.ex. tak sloping; framåt~, om hållning stooping
lutfisk torkad fisk stockfish; maträtt boiled ling [previously soaked in lye]
luthersk Lutheran
luttrad om pers. chastened
luv, *ligga (vara) i ~en på varandra* be at loggerheads [with each other]
luva knitted (woollen) cap
Luxemburg Luxembourg
luxemburgare Luxembourger, Luxemburger
lya 1 djurs lair **2** vard., liten bostad den
lycka känsla av ~ happiness; t.ex. huslig felicity; sällhet bliss; tur luck; slump chance; öde fortune; framgång success; välgång prosperity; *~n står den djärve bi* Fortune favours the brave; *pröva ~n* try one's fortune
lyckad successful; *ett lyckat skämt* a good joke; *vara mycket ~* be a great success; om t.ex fest go (om t.ex. tal come) off very well
lyckas succeed; make a success; avlöpa bra go (come) off well; *~ bra med ngt* do well (succeed) in a th.
lycklig glad o.d. happy; gynnad av lyckan fortunate; tursam lucky; framgångsrik successful; lyckosam prosperous; auspicious; propitious; gynnsam favourable; *~ resa!* have a nice trip!, pleasant journey!; *ett ~t äktenskap* a happy marriage
lyckliggöra make (render)...happy
lyckligt happily etc., jfr *lycklig*; *det gick ~ den här gången* it went off all right...
lyckligtvis luckily, fortunately
lyckohjul wheel of fortune äv. lotterihjul
lyckokast bildl. unexpected success, real hit
lyckosam fortunate; framgångsrik successful
lyckotal lucky number
lycksalig blissful; salig blessed
lycksökare äventyrare adventurer; opportunist opportunist; som söker rik hustru fortune-hunter
lycksökerska äventyrerska adventuress; som söker rik make gold-digger
lyckt, *inom ~a dörrar* behind closed doors
lyckträff stroke of luck
lyckönskning, *~ar* congratulations, jfr vid. *gratulation*
1 lyda I *tr* **1** hörsamma obey; t.ex. förnuftets röst listen to; t.ex. ngns råd take; t.ex. rodret answer [to]; *inte ~* äv. disobey **2** lystra till answer to **II** *itr,* ~ *under* sortera under: a) om t.ex. land come under, be subject to, be under the control of, be administered by b) om pers. belong under, be

subordinate to c) om sak be within the competence of d) jur. be under (within) the jurisdiction of

2 lyda ha en viss lydelse run; vard. go; *domen löd på 2 års fängelse* the sentence [of the court] was two years' imprisonment

lydig obedient; foglig submissive; snäll good

lydnad obedience; foglighet submissiveness; lojalitet loyalty

lyft 1 lyftande rörelse *tunga ~ lifting* heavy things **2** sport. lift **3** vard., framgång improvement, big step forward, lift

lyfta I *tr* **1** lift; höja t.ex. armen raise; med ansträngning heave; *~ ankar[et]* weigh anchor; *~ bort (undan)* take away; *~ ned* take (person äv. help)...down; *~ upp* lift (raise)...up **2** uppbära, t.ex. lön draw; ta ut från konto withdraw (take out)...from one's account **II** *itr* **1** *dimman lyfter* the mist is lifting; *flygplanet lyfter* the plane is taking off (rising) **2** *~ på hatten* raise one's hat [*för ngn* to a p.]; *~ på locket* lift the lid

lyftkran [lifting] crane

lyhörd 1 om öra keen, sensitive; om pers. ...with (who has) a keen (sharp, sensitive) ear; *~ för* tidens krav keenly alive to (aware of)... **2** om t.ex. bostad *det är lyhört* här you [can] hear every sound...

lykta lantern; gat~ lamp; kulört Chinese lantern

lyktstolpe lamppost

lymfkörtel anat. lymphatic gland

lymmel blackguard; svag. rascal

lyncha lynch

lynchstämning violent feeling of hostility (resentment)

lynne läggning temperament; sinnelag disposition, äv. temper; sinnesstämning humour

lynnesutbrott fit (outburst) of temper

lynnig temperamental; nyckfull capricious

1 lyra bollkast throw; med slagträ hit; ball thrown (hit) into the air; *ta [en] ~* make a catch, catch

2 lyra mus. lyre

3 lyra, *på ~n* vard., berusad tipsy, tight

lyrik diktning lyric poetry; dikter lyric poems, lyrics

lyrisk lyric; *en ~ dikt* äv. a lyric; *bli ~ vid tanken på...* grow lyrical (quite poetic[al]) at the thought of...

lysa *itr* o. *tr* **1** skina shine; bländande glare; glänsa gleam; om t.ex. juveler glisten; *det lyser* i fönstret there is a light on... **2** bildl. *~ med sina kunskaper* show off (make a display of) one's learning; *föraktet lyser igenom* hans ord there is obvious

contempt in... **3** kungöra *det har lyst för dem* the banns have been published (put up, read) for them

lysande shining; klar bright; om kropp o.d. luminous; strålande radiant; om ögon sparkling; om resultat spectacular; storartad splendid; förnäm distinguished; om namn famous; *~ begåvning* brilliant talent

lysbomb flare

lyse belysning av bostad o.d. light[ing]; *tända ~t* i trappan put on the light...

lysmask zool. glow-worm

lysning [vanl. the] banns

lysningspresent ung. wedding present

lysraket star shell, light flare

lysrör elektr. fluorescent tube (lamp), strip light

lyssna listen; i smyg eavesdrop; *~ bara med ett öra* listen with [only] half an ear; *~ på radio* listen [in] to the radio

lyssnare listener

lyssnarpost 1 mil. listening post **2** från radiolyssnare letters pl. from listeners

lysten glupsk greedy; girig covetous; desirous

1 lyster glans lustre

2 lyster (pres.), *gör vad dig ~!* do [exactly] what (as) you like (please)!

lystmäte, *få sitt ~ av* ngt have one's fill of..., have as much as one wants of...

lystnad greediness; begär desire; stark craving

lystra, *~ till* ngt pay attention to...; order obey...

lystring mil. *~!* attention [to orders]!

lyte 1 kroppsfel bodily defect; missbildning deformity, malformation; vanställande *~* disfigurement; skavank blemish **2** brist failing, shortcoming; fel fault; ofullkomlighet imperfection

lyteskomik humour based on people's disabilities

lyx luxury; överdåd extravagance; prakt, ståt magnificence

lyxartikel luxury; *lyxartiklar* luxury goods

lyxhotell luxury hotel

lyxig luxurious

lyxkrog luxury (expensive) restaurant

lyxskatt tax on luxuries

låda 1 box; större case; med fastsittande lock o. lås chest; plåt~ tin [box]; drag~ drawer; *en ~ cigarrer* a box of... **2** kok. dish au gratin; ansjovis *i ~* ...au gratin **3** *hålla ~* vard. keep on talking [all the time], do all the talking

låg allm. low; kort, om t.ex. träd short; om t.ex. bil el. möbler low-slung; *~a böter* a small

(light) fine; flyga *på* ~ *höjd* ...at a low altitude; *med* ~ *röst* in a low voice
låga flame äv. bildl.; stark. blaze; fladdrande flare; på gasspis burner; *stå i lågor* be in flames (on fire, ablaze)
lågavlönad low-paid
lågenergisamhälle low-energy society
lågfrekvent low-frequency... äv. fys.; *vara* ~ have a low frequency
låghet bildl.: egenskap meanness; handling base (mean) act
låginkomsttagare low-income earner
lågklackad low-heeled
lågkonjunktur depression, recession
lågland lowland [area]
låglönegrupp low-wage (low-income) group
låglöneyrke low-wage (low-income) occupation
lågmäld low-voiced; bildl. quiet, unobtrusive
lågoktanig, ~ *bensin* low-octane petrol (amer. gasoline)
lågpris low price; *till* ~ at a low price
lågprisvaruhus discount store
lågsinnad o. **lågsint** base
lågsko [ordinary] shoe
lågstadielärare junior-level teacher [of 7-10 year-olds at the 'grundskola'], jfr *grundskola*
lågstadium the junior level (department) of the 'grundskola', jfr *grundskola*
lågsvavlig ...with a low sulphur content
lågsäsong low (off, off-peak) season
lågt low; viskande under one's breath; *flyga* ~ fly low; staden *ligger* ~ ...stands on low ground; ~ *räknat* at a low estimate
lågtrafik, *vid* ~ at off-peak hours
lågtryck meteor. el. tekn. low pressure
lågtstående om kultur, folk primitive
lågvatten low water; *det är* ~ the tide is out
lågväxt short
lån loan äv. bildl.
låna 1 få till låns borrow äv. bildl. el. vid subtraktion; *får jag* ~ *din telefon?* may I use your telephone? **2** ~ [*ut*] lend, se äv. *utlånad*; ~ *sig* (*sitt namn*) *till* ngt lend oneself (one's name) to...
lånebibliotek lending-library
lånedisk på bibliotek issuing counter
lånekort bibliot. library ticket
låneköp hire-purchase
låneränta lending rate
lång 1 allm. long (jfr också *långvarig*); väl lång, om muntlig el. skriftlig framställning lengthy; *tämligen* ~ ofta longish; *du har inte* ~ *tid på dig* you haven't got much time; *det tar inte* ~ *tid* (*stund*) [*för honom*] *att* +inf. it doesn't (kommer inte att won't) take [him] long to +inf.; se vid. ex. under *långt* samt *väg* m.fl. **2** lång till växten tall; ~ *och gänglig* lanky
långa zool. ling
långbyxor long trousers (amer. pants)
långbänk, *dra* en fråga *i* ~ discuss...endlessly (interminably)
långdans, *dansa* ~ *genom rummen* dance hand in hand in a long row through the rooms
långdistanslöpare sport. long-distance runner
långdragen som drar ut på tiden protracted; långtråkig tedious
långfilm long (feature) film
långfinger middle finger
långfingrad o. **långfingrig** eg. long-fingered; vard., tjuvaktig light-fingered
långfredag, ~[*en*] Good Friday
långfärdsbuss [motor] coach
långfärdsskridskor long-distance skates
långgrund shallow
långhelg long weekend
långhårig om djur, vanl. long-haired; *han är* ~ he has long hair; ovårdad el. oklippt his hair is too long
långivare lender
långkalsonger long [under]pants
långkok, *ett* ~ a dish that requires slow cooking
långkörare, filmen *har blivit en* ~ ...has had a [very] long run
långlivad som lever länge long-lived; ...*blir inte* ~ varar inte länge ...won't last long; stannar inte länge ...won't stay long
långläxa skol. assignment
långpanna roasting pan
långpromenad long walk
långrandig bildl. long-winded
långrev fiske. long line
långsam slow; senfärdig, gradvis gradual; långtråkig boring
långsamt slowly; småningom gradually; långtråkigt boringly
långsides, ~ [*med*] alongside
långsiktig long-term..., long-range...
långsint, *han är* ~ he doesn't forget things (forgive) easily, he is always bringing up the past
långsjal 1 halsduk muffler **2** vard., tusenlapp one-thousand-krona note; motsv. tusen dollar (pund) grand
långskott sport. long shot
långsmal long [and] narrow
långstrumpa stocking
långsträckt elongated, long
långsynt optik. long-sighted
långsökt far-fetched

långt i rumsbet. far (isht i nek. o. fråg. sammanhang samt i förb. med adv. o. prep.); a long way (distance) (isht i jak. sammanhang); i tidsskr. vanl. long; 'vida' far; *gå ~* eg. walk a long way (distance); i livet go far, get on, go places; *~ borta* far away (off); *~ ifrån* huset far from...; *det har gått ~* (*det är ~ gånget*) *med honom* he's far gone; *det är ~ mellan hans besök* his visits are few and far between; *~ bättre* far (mycket much, a good deal) better

långtgående far-reaching

långtidsparkering long-stay (long-term) parking [plats lot]

långtidsprognos meteor. long-range forecast

långtifrån se *långt* [*ifrån*]

långtradarchaufför truck-driver; amer. äv. trucker

långtradare lastbil long-distance lorry (truck); vard. juggernaut

långvarig allm. long; *~t lidande* (*regnande*) a long period of suffering (rain); *hans anställning blev inte ~* he did not keep the post (position) very long

långvåg long wave

långvård long-term (prolonged) medical treatment

långväga I *adj, ~ gäster* guests from a long way away, guests who have (resp. had) a long way to go **II** *adv, komma ~ ifrån* ...from far away

långärmad long-sleeved

låntagare borrower

1 lår låda large box; pack~ [packing-]case

2 lår anat. thigh; av slaktdjur leg

lårbensbrott fractured thigh[bone]

lås lock; häng~ padlock; på väska, armband o.d. clasp; i rörledning trap; *sätta ~ för* padlock; *inom ~ och bom* under lock and key; *hänga på ~et* vard. be at a shop (box-office etc.) just when it opens

låsa I *tr* lock äv. friare; med hänglås padlock; väska, armband o.d. clasp; *~* [*dörren*] *efter sig* lock the door, lock up **II** *rfl, ~ sig*: hjulen *låste sig* ...got locked **III** med beton. part. *~ igen* se *I* ovan
~ in lock...up (in)
~ sig inne lock oneself in
~ upp unlock
~ sig ute lock oneself out

låskolv bolt

låsningsfri bil. *~a bromsar* antilock brakes

låssmed locksmith

låt tune

1 låta ljuda sound; *han låter arg* (*arg på rösten*) he (his voice) sounds angry; *det låter verkar bra* that sounds fine; *det låter bättre* that's more like it, now you're talking; *det låter* (*låter på honom*) *som om* han skulle få platsen it seems (from what he says it seems) as if...

2 låta hjälpvb a) tillåta let, allow, permit b) laga att get, make, cause; *~ ngn* göra ngt a) inte hindra let a p...; tillåta allow (ge lov permit, överlåta åt leave) a p. to... b) laga att get a p. to...; förmå make a p....; be ask (säga till tell, beordra order) a p. to...; *~ göra ngt* have (get) a th. done (*tillverkat* made); föranstalta cause a th. to be done; ge order om order (give orders for) a th. to be done; *jag kan* (*vill*) *inte ~ honom göra det* äv. I can't (won't) have him doing that; *~ arrestera ngn* have a p. arrested; *låt[om] oss bedja* let us pray; *han lät bygga* ett hus he had...built; *~ ngt bli en vana* make a th. a habit (a habit of a th.); *låt honom få en vecka på sig* give him (let him have) a week; *~ ngn förstå* att give a p. to understand...; *låt det gå fort!* be quick about it!, make it snappy!; *~ ngt ligga* (*vara* etc.) *där det ligger* (*är* etc.) leave a th. where it is; *han lät meddela* att he sent word (a message [to say])...

låtande se under *görande*

låtsad pretended, feigned, simulated; hycklad, fingerad sham...

låtsas I *tr* o. *itr dep* pretend; spela simulate; *~ som om...* äv. make [a show] as if...; *inte ~ se* ngn pretend (affect) not to see..., turn a blind eye to...; ignorera cut...dead; *~ som* (*om*) *ingenting* behave (se ut look) as if nothing had happened; *inte ~* bry sig *om* ngn (ngt) take no notice of... **II** *s*, göra ngt *på ~* be pretending to...; *det är bara på ~* I'm (we're etc.) only pretending

lä lee; skydd mot vinden shelter; sitta *i ~* ...on the lee side (the leeward); *där ligger du nog i ~* bildl. that puts you in the shade, doesn't it

läck leaky; *springa ~* spring a leak

läcka I *s* leak **II** *itr* leak; *det läcker från* (*ur*) tanken ...is leaking; *~* sippra *in* leak in; *~ ut* leak out äv. bildl.; om t.ex. gas äv. escape **III** *tr* leak äv. bildl.

läckage leakage

läcker delicious; utsökt (om t.ex. färg) exquisite; piffig dainty; snygg nice; vard., toppen great, the tops, smashing

läckerbit titbit äv. bildl.; dainty

läder leather; väska *av ~* äv. leather...

läderimitation konkr. imitation leather

läge allm. situation äv. bildl.; position; plats site; i förhållande till väderstreck aspect; röst~ pitch; tillstånd state; *hur är ~t?* vard. how's things (tricks)?, what's the score?;

som *~t nu är* as the situation is now, as matters now stand
lägenhet 1 våning flat; isht större el. amer. apartment **2** transportmöjlighet means (*pl. lika*) of transport; förbindelse communication **3** *efter råd och ~* according to one's means
läger 1 tält~ o.d. camp äv. bildl.; *slå ~* pitch a camp; friare camp; *stå med en fot i vardera lägret* bildl. have a foot in both camps **2** bädd bed; djurs lair
lägerliv camp life; [*leva*] *~ friluftsliv* [be] camping
lägerplats camping ground
lägesrapport progress report; *en ~ från matchen* a report on how the match is going
lägga I *tr* **1** placera: allm. put; isht i liggande ställning lay; lägga till sängs put...to bed; bereda sängplats för put...to sleep; mots. resa (om saker) lay (place) flat (horizontal[ly]); anbringa (t.ex. förband) apply; ordna (t.ex. i bokstavsordning) arrange; låta ligga keep; lämna leave; göra (t.ex. ett snitt) make; planera plan; patiens play; tvätt till mangling fold; [*låta*] *~ håret* have one's hair set; *~ ansvaret (skulden) på* ngn lay the responsibility (blame) on...; *~ en duk på ett bord* lay (breda spread) a cloth on...; *lagt kort ligger* you can't take it back; bildl. äv. what's done is done **2** fackspr.: t.ex. golv lay; t.ex. vägar lay down
II *rfl, ~ sig* **1** i eg. bet. (äv. *~ sig ned*) lie down; gå till sängs go to bed; om sjuk take to one's bed; placera sig (t.ex. i bakhåll) place oneself; ramla fall; om säd be flattened; lägra sig (om t.ex. damm, dimma) settle; om sak land; sport.: boxn. o.d. take a dive; om lag throw the (resp. a) game; *~ sig att vila på en bänk* lie down [to rest] on...; *~ sig i* t.ex. veck form; *~ sig i rätt fil* get into...; *~ vända sig på sidan* turn on one's side **2** avta (om storm o.d.) abate, subside; gå över pass off; om svullnad go down **3** frysa: om vattendrag freeze over; om is freeze
III med beton. part.
~ an: ~ an på a) ngt make a point of..., go in for... b) ngn make up to..., make a dead set at... c) att inf. make a point of ing-form; go in for ing-form
~ av: a) spara, reservera put (lay) aside (by); ej mera begagna (om kläder) leave off, discard b) vard., upphöra pack it in, call it a day; *lägg av!* sluta med det där! stop it (that)!, cut it out!
~ bort ifrån sig put down (aside); undan put away; förlägga mislay; sluta med drop

~ emellan betala mellanskillnaden give...into the bargain
~ fram: a) ta fram put out; till påseende display b) bildl.: redogöra för (t.ex. planer, åsikter) put forward; utveckla (t.ex. idéer) set out; presentera: t.ex. förslag, uppsats submit; lagförslag present; förete (t.ex. bevis) produce; offentliggöra publish
~ för servera serve [out]
~ i put in; tillsätta add; bifoga enclose; *~ i ngt i...* put a th. in[to]...; tillsätta add a th. to...; bifoga enclose a th. in...; *~ i ettan[s växel]* äv. put the (resp. a) car in first [gear]
~ ifrån sig put...down; undan, bort put away (aside); lämna kvar leave [...behind]; förlägga mislay
~ ihop put (piece)...together; sammanslå äv. join; plocka ihop äv. collect; vika ihop fold [up]; tillsluta shut; addera ihop add up; *~ ihop till en* present club together to buy...
~ in a) stoppa o.d. in put...in; slå in wrap up; infoga put in; t.ex. ngt i ett program introduce; bifoga (t.ex. i brev) enclose; installera (t.ex. gas) lay on; anbringa (t.ex. parkettgolv) put down; sömnad. take in; vard., äta put away...; *~ in ngn på* sjukhus send (remove, admit) a p. to...
b) konservera: allm. preserve; på glasburk bottle; på bleckburk can; i salt pickle
c) inkomma med (t.ex. protest) enter, lodge
~ kvar leave; oavsiktligt leave...behind
~ ned: a) eg. put (i liggande ställning lay)...down; ~ från sig put (lay) down; packa ned pack; gräva ned (t.ex. ledning) lay; sömnad. let down b) upphöra med (t.ex. verksamhet) discontinue; inställa (t.ex. drift, järnvägslinje) shut down; stänga (t.ex. fabrik) close [down]; ej fullfölja (t.ex. process) withdraw; teaterpjäs take off; tidning discontinue c) använda spend, expend; *~ ned pengar i* ett företag put money into (invest money in)... d) jakt., döda bring down
~ om: a) förbinda bandage; sår dress; *~ om ett papper* [*om ngt*] put (wrap)...round [a th.] b) ändra change; ordna om rearrange; omorganisera reorganize; *~ om produktionen till...* switch over production to... c) förnya renew
~ på: a) eg. put on; t.ex. förband äv. apply; t.ex. färg äv. lay on; t.ex. te put in; tillsätta add; posta post; amer. mail; *~ på en duk på bordet* put (breda spread) a cloth on...
b) pålägga: t.ex. skatter impose; t.ex. straff inflict; *~ på ngn* arbete, ansvar saddle a p. with... c) öka *~ på* tio kronor *på priset* (*på*

varorna) raise the price (the price of the goods) by...
~ till: a) tr.: tillfoga add; bidra med contribute **b)** rfl ~ *sig till med* skaffa sig: t.ex. glasögon begin to wear; t.ex. skägg grow; t.ex. bil buy oneself; t.ex. vanor, åsikter adopt; lägga beslag på appropriate; vard. pinch **c)** itr., sjö.: förtöja berth; landa land; anlöpa call
~ undan lägga bort o. reservera put aside; plocka undan put away; spara put away, lay aside (by); **~ undan till** en bil save up for...
~ under sig subdue; erövra conquer; slå under sig monopolize
~ upp: a) placera put...up **b)** visa (t.ex. kort, pengar) put down; **~ *upp korten*** bildl. show one's cards (hand) **c)** kok. dish up; **~ *upp ngt på*** ett fat arrange (place) a th. on...
d) sömnad.: korta shorten; vika upp tuck up; stickning o.d.: maskor cast on; till plagg set up **e)** **~ *upp* håret *[på spolar]*** set...on rollers **f)** magasinera lay up (in)
g) planlägga: t.ex. arbete organize, plan; t.ex. program arrange; t.ex. kortregister make [out] **h)** sluta finish äv. sport.
~ ur *växeln* put...into neutral
~ ut: a) eg. lay (placera put)...out; breda ut äv. spread; **~ *ut ett kort*** i kortspel put down a card **b)** sömnad. let out **c)** pengar: ge ut spend; betala pay; jag kan **~ *ut för dig* ...**pay [the money] for you **d)** bli tjockare fill out, put on weight **e)** sjö. **~ *ut* *[ifrån* land*]*** put out (off) [from...] **f)** **~ *sig ut för ngn*** hjälpa intercede (plead) for a p.; söka vinna make up to a p. **g)** arbete farm out
läggdags se *sängdags*
läggning 1 karaktär disposition; sinnelag temperament; fallenhet bent; *han är* religiös *till sin* ~ he is...by nature (disposition) **2** av hår setting; beställa *[tvättning och]* ~ ...a [shampoo and] set
läggningsvätska setting lotion
läglig opportune, timely; passande convenient; *vid ~t tillfälle* at an opportune moment; när det passar dig (er) ...at your convenience
lägre I *adj* allm. lower osv., jfr *låg*; **~ *drifter*** baser instincts **II** *adv* lower; *gå* ~ sänka priset go lower
lägst I *adj* lowest osv., jfr *låg*; om antal notera *~a möjliga pris* ...the lowest possible (the minimum, the rock-bottom) price **II** *adv* lowest; man måste räkna med **~ *500 kronor*** ...500 kronor at the lowest; jfr *lågt*
läka heal; ~ *igen* (*ihop*) heal up (over)
läkararvode doctor's fee
läkarbehandling medical treatment
läkare allm. doctor; vard. medico; mera

högtidl. physician; tjänste~ medical officer; kirurg surgeon; *allmänt praktiserande* ~ general practitioner
läkarhus medical (health) centre
läkarintyg doctor's certificate
läkarundersökning medical examination (check-up)
läkarvård medical attendance (care, attention); *fri* ~ free medical treatment
läkekonst medicine
läkemedel medicine, drug; botemedel remedy
läkemedelsmissbruk abuse of medicines (pharmaceutical preparations)
läkkött, *bra* ~ flesh that heals readily
läkning healing
läktare inomhus gallery; utomhus platform; åskådar~ [grand]stand
lämmeltåg lemming migration; bildl. general exodus
lämna I *tr* **1** bege sig ifrån leave; överge: allm. abandon; ge upp give up; dra sig tillbaka från (t.ex. sin tjänst, politiken) retire from; ~ sluta *sitt arbete* leave (isht amer. quit) one's job **2** ge: allm. give; bevilja grant; t.ex. förklaring offer, present; t.ex. anbud make; t.ex. upplysningar provide; t.ex. hjälp afford, render; t.ex. varor supply; inlämna hand (take, skicka send) in; avlämna deliver; överlämna hand...over, relinquish; avkasta, inbringa yield; **~ *ngt till ngn*** ge give (överlämna hand over) a th. to a p.; låta få let a p. have a th.; komma med bring a p. a th.; gå med take a th. to a p.
II med beton. part.
~ av t.ex. varor deliver; passagerare drop; mil. hand over
~ bakom sig leave...behind; bildl. äv. outgrow; distansera outdistance
~ bort lämna ifrån sig give away; skicka bort send out
~ efter sig efterlämna leave; vid löpning o.d. leave...behind; se vid. *efterlämna*
~ fram överlämna hand over; avlämna äv. deliver
~ framme låta ligga och skräpa leave...about
~ ifrån sig ge ifrån sig hand over; avhända sig part with; till förvaring leave; avträda surrender
~ igen se *lämna tillbaka*
~ in: a) allm. hand (take) in, skicka send in; inkomma med äv. present, submit; t.ex. skrivelse give in; till förvaring leave **b)** vard., dra sig ur pack it in; dö kick the bucket; gå sönder conk out
~ kvar *ngt* leave...; oavsiktligt leave...behind
~ tillbaka return; ngt lånat äv. give back;

t.ex. skolskrivning hand back; se vid. *ge [tillbaka]*
~ ut t.ex. paket hand out; t.ex. varor deliver; från förråd o.d. issue; medicin dispense; dela ut distribute; jfr *utlämna*
~ över ledarskap o.d. hand over; se vid. *överlämna*
lämpa, ~ *sig* passa be convenient; ~ *sig för ngt* be suited for...
lämpad, *vara ~ för* **a)** vara anpassad för be suited (suitable, adapted) for **b)** ha fallenhet för be suited (fitted, cut out) for; jfr äv. *lämplig*
lämplig passande: allm. suitable; antagbar eligible; lagom (t.ex. ersättning) adequate; rätt proper; rådlig advisable, expedient; läglig opportune
lämplighet (jfr *lämplig*) suitability; appropriateness; eligibility; adequacy; fitness; advisability; opportuneness
lämplighetsintyg för körkort certificate of fitness [to drive]
län 'län', administrative province; eng. motsv. ung. county
länga rad row
längd 1 allm. length; kropps~ height; utförlighet lengthiness; vete~ flat long-shaped bun, fläta [long] bun plait; *i ~en* in the end (the long run); med tiden in the course of time; hur länge som helst indefinitely; *vinna med två ~er* win by two lengths; *skära (mäta) ngt på ~en* cut a th. lengthwise (measure the length of a th.) **2** geogr., se *longitud* **3** se *längdhopp* **4** lista register; regent~ table
längdhopp sport. long jump (hoppning jumping); *stående ~* standing long jump
längdhoppare sport. long jumper
längdmått long (linear) measure
längdåkning cross-country skiing (lopp race)
länge long (isht i nek. o. fråg. satser); [for] a long time (isht i jak. satser); *gå ~ om* t.ex. film have a long run, be on for a long time; *hur ~ är det sedan han for?* how long ago did he leave?; var har du varit *så ~?* ...all this time?; *ta det här så ~!* take this just for now!; *så ~ [som]* konj. as long as; medan ännu while; *för ~ sedan* a long time ago
längre I *adj* longer osv., jfr *lång*; *göra ~* äv. lengthen; *en ~* ganska lång *promenad* a longish (rather long) walk; jag kan inte stanna *någon ~ tid* ...for very long **II** *adv* further äv. friare; farther (vanl. end. om avstånd); i tidsbet. vanl. longer; *man kan inte komma ~* för vägen är spärrad you

can't get any further...; *han är inte lärare ~* he is not a teacher any more
längs, *~ med* along; sjö., längs utmed alongside
längst I *adj* longest osv., jfr *lång*; *i det ~a* så länge som möjligt as long as possible; in i det sista to the very last **II** *adv* i rumsbet. vanl. furthest äv. friare; farthest; ända right; i tidsbet. vanl. longest; *~ längsta tiden bodde jag i...* most of the time I stayed...; *jag har ~ att gå* I have the longest way to go; *vara (räcka) ~* last longest; *~ fram [i salen]* at the very front [of the hall]
längta long, stark. yearn; *~ efter* sakna miss; *~ till Italien* long to go to (få vara i be in)...; *~ bort* long to get (go) away
längtan longing; stark. yearning
länk 1 led link äv. bildl. **2** kedja chain **3** hår~ strand
läns *adj* eg. dry; *pumpa (ösa) en båt ~* pump...dry (bail out...)
länsa 1 se [*pumpa (ösa)*] *läns* **2** tömma empty; uttömma drain; göra slut på make a clean sweep of
länsstyrelse myndighet county administrative board
länstol armchair
läpp lip; *falla ngn på ~en* be to a p.'s taste; *ha ordet på ~arna* have...on the tip of one's tongue; *vara på allas ~ar* be on everybody's lips (tongue)
läppglans lip gloss
läppja, *~ på* dryck sip [at]...; bildl. dip into...
läppstift lipstick
lär (pres.) **1** sägs o.d. *han ~ sjunga bra* they say he sings well, he is said (förmodas is supposed) to sing well **2** torde *det ~ inte vara så lätt att...* it is probably not very easy to..., it is not likely to be very easy...
lära I *s* **1** vetenskapsgren science; teori[er] theory; lärosats doctrine; tro faith; förkunnelse teachings; *den rätta ~n* the true faith **2** *gå (komma, vara) i ~ hos ngn* be apprenticed to a p. **II** *tr* **1** lära andra teach; *jag skall ~ dig, jag!* I'll teach you! **2** lära sig learn; *man lär sig så länge man lever* we live and learn; jfr vid. *III* samt [*lära*] *känna*
III *rfl,* ~ *sig* learn; tillägna sig äv. acquire; snabbt el. isht ifråga om dålig vana o.d. pick up [*ngt av ngn* i samtl. fall a th. from a p.]
IV med beton. part.
~ ngn av med ngt vard. teach a p. to stop doing a th.
~ in learn
~ om relearn
~ upp ngn teach (öva upp train, instruera instruct) a p.

lärare allm. teacher; ibl. master; t.ex. tennislärare instructor; *vår ~ i engelska* our English teacher (master)
lärarhögskola school (institute) of education; mindre teachers' training college
lärarkår vid skola o.d. teaching staff
lärarrum teachers' staff room (common room)
lärarvikarie supply (substitute) teacher
lärd allm. learned; humanistiskt scholarly; naturvetenskapligt scientific; [*mycket*] ~ äv. erudite
lärdom 1 vetande learning 2 'läxa' lesson; *dra (ta) ~ av...* learn from...
lärka zool. lark; *glad som en ~* merry as a lark
lärling apprentice
läroanstalt educational institution (establishment); *högre ~* institute of higher education
lärobok textbook; handbok manual
läromästare master; friare teacher
läroplan curricul|um (pl. -a); t.ex. univ. course of study
lärorik instructive
lärpengar, *få betala dyra ~* bildl. have to pay [dear] for one's experience
läsa I *tr* o. *itr* 1 allm. read; framsäga say; välsignelse pronounce; ~ ngt *fel* misread... 2 studera study; isht univ. read; *~ engelska för ngn* ta lektioner take lessons in...with a p. 3 undervisa: *~ engelska med ngn* ge lektioner give a p. lessons in...; lära teach a p....; privat äv. coach a p. in...; *~ läxor med ngn* help a p. with his (resp. her) homework 4 *gå och ~* få konfirmationsundervisning be prepared for one's confirmation
II med beton. part.
~ igenom ngt read a th. [all right] through
~ in en kurs, ett ämne, en roll learn (study up)...[thoroughly (perfectly)]
~ om reread
~ på läxa o.d. prepare; fortsätta att läsa go on reading
~ upp read [out], read...aloud (out loud); något inlärt say; t.ex. dikt recite
~ ut läsa slut finish [reading]; uttala pronounce; förstå *vad kan man ~ ut av det här?* what can you gather (understand) from this?
läsbar readable; jfr äv. *läslig* o. *läsvärd*
läsebok reader; isht nybörjarbok reading-book; *~ i engelska* English reader
läsglasögon reading glasses
läshuvud, *ha gott* (*vara ett*) *~* have a good head for study[ing]

läsida lee-side; *på ~n* on the leeward, leewards
läsk vard., se *läskedryck*
läska, *~ sin strupe* (*törst*) quench one's thirst; *en ~nde dryck* a refreshing drink
läskedryck soft drink; lemonad lemonade
läskig vard., hemsk awful, terrible, horrible; otäck scary
läskunnig able to read; *inte ~* (*läs- och skrivkunnig*) äv. illiterate
läslig möjlig att läsa legible
läsning reading äv. parl.; deciphering osv., jfr *läsa*
läs- och skrivsvårigheter, *ett barn med ~* a child with a reading and writing disability
läspa lisp
läsrum reading-room
läst skom.: konkr. last; passform fitting; skoblock [shoe]tree
läsvärd, [*mycket*] *~* [very] readable, ...[well] worth reading
läsår skol. school year; isht amer. äv. session
läte [indistinct (inarticulate)] sound; djurs call
lätt I *adj* 1 ej tung light äv. friare (t.ex. lättbeväpnad, rörlig, tunn samt om t.ex. mat, vin, sömn, musik); lindrig slight; om tobak mild; obestämbar (om t.ex. doft) faint; om stigning o.d. gradual; *med ~a steg* with a light step; *~a tyger* light-weight (skira, luftiga flimsy, gossamer) fabrics; *göra...~are* mindre tung äv. lighten...; *~ till mods* light of heart, free and easy 2 ej svår easy; enkel simple; *göra det ~ för...* make things easy for...; friare äv. smooth the way for...; *ha ~ för att fatta* be quick on the uptake 3 lättfärdig fast, loose[-living]; lösaktig dissolute
II *adv* 1 ej tungt: eg. light; ytligt lightly; lindrigt, obetydligt, svagt osv. slightly osv. (jfr *I 1*); litet somewhat; *ta ngt* [*för*] *~* el. *ta* [*för*] *~ på ngt* take a th. [too] lightly (easily, vard. easy); bagatellisera ngt make [too] light of a th. 2 ej svårt easily; vard. easy; snart, ofta readily; *man blir ~* trött, om... one gets easily (is apt to get)...; *det går ~ att* + inf., när... it is easy (är enkelt äv. an easy matter) to + inf....; *man kan ~* [*och ledigt*] *gå dit på* en kvart you can walk there easily (vard. easy) in...; *det är ~are sagt än gjort* it is easier said than done
lätta I *tr* 1 göra lättare lighten; mildra relieve; lindra alleviate; *~ sitt hjärta för ngn* unburden one's mind (heart) to a p. 2 *~ ankar* weigh anchor **II** *itr* 1 bli lättare eg. become (get) lighter; bildl. ease; om depression o.d. lift; *det ~r* verkar befriande it

gives [some] relief (is a relief) **2** ~ *på ngt* allm., se *I 1*; lossa på (t.ex. förband, klädesplagg) loosen **3** skingras, lyfta (t.ex. om dimma) lift; *det ~r [på]* klarnar (om väder) the air is clearing **4** om fartyg weigh anchor; om flyg take off
lättantändlig ...easy to set fire to, [in]flammable
lättfattlig easily comprehensible, easy to understand
lättfotad bildl. loose, loose-living; *en ganska ~ flicka* äv. a rather fast girl
lättfångad easily caught (i snara trapped); *ett lättfångat byte* an easy prey äv. bildl.
lättfärdig om pers. loose, loose-living; om t.ex. visa, dans: vågad daring; oanständig indecent
lättförtjänt easily earned; *~a pengar* äv. easy money sg.
lätthet ringa tyngd lightness; ringa svårighet easiness; enkelhet simplicity; ledighet o.d.: t.ex. att lära sig språk ease; t.ex. att uttrycka sig facility; *med ~* ledigt with ease, easily
lättillgänglig eg. easily accessible (vard. get-at-able); om pers. approachable; se äv. *lättfattlig*
lättjefull lazy; loj indolent
lättklädd tunnklädd thinly (lightly) dressed (clad); mer el. mindre oklädd scantily clad
lättköpt billig cheap; t.ex. framgång ...easily come by (gained)
lättlurad gullible
lättmargarin low-fat margarine
lättmjölk low-fat milk
lättnad lisa relief; alleviation; mildring relaxation; lindring easing-off end. sg.; nedsättning, minskning reduction
lättretlig irritable; lättstött touchy; häftig quick-tempered
lättrogen credulous; lättlurad gullible
lättrökt om t.ex. skinka lightly smoked
lättrörd emotional; känslig sensitive
lättsam easy; sorglös easy-going, good-humoured
lättsinne rashness; irresponsibility; wantonness; jfr *lättsinnig*
lättsinnig 1 obetänksam rash; ansvarslös irresponsible **2** lättfärdig wanton
lättskrämd, *vara ~* be easily scared (frightened), scare easily
lättskött, *vara ~* be easy to handle (om t.ex. lägenhet to manage, el. to keep tidy om patient to nurse)
lättstött touchy, hypersensitive, [very] quick to take offence
lättvikt isht sport. lightweight
lättviktare sport. el. bildl. lightweight
lättvin light wine

lättvindigt, *ta (behandla) ngt ~* take (treat) a th. lightly (casually)
lättvunnen easily won, easy-won; jfr *lättförtjänt* o. *lättköpt*
lättåtkomlig ...[that is (was osv.)] easy to find, easily accessible, easy of access, within easy reach
lättöl low-alcohol beer, vard. lab
läxa I s **1** hemläxa homework; *få ...i (till) ~* get ...for homework **2** tillrättavisning lesson; *ge ngn en ~* teach a p. a lesson **II** *itr*, *~ upp ngn [ordentligt]* tell a p. off [properly]
läxfri, *~ dag* day without homework
läxläsning hemma homework
löda solder; *~ fast* solder...on [*vid* to]; *~ ihop* tillsammans solder...together
lödder allm. lather
löddrig lathery; om häst lathered
lödning soldering
löfte promise; högtidl. vow; förbindelse undertaking; *ge ett ~* make a promise; *hålla (stå vid) sitt ~* keep (stick to) one's promise
löftesbrott breach of faith
löftesrik promising
lögn lie; *en liten (oskyldig) ~* a fib
lögnaktig lying; om historia o.d. mendacious; om påstående o.d. untruthful; *han är så ~* he is such a liar
lögnare o. **lögnerska** liar
löje 1 åtlöje ridicule; *ett ~ts skimmer* an air of ridicule **2** leende smile; skratt laughter; hånlöje sneer; munterhet merriment
löjeväckande ridiculous; jfr vid. *löjlig*
löjlig ridiculous; lustig funny; komisk comical; tokrolig ludicrous; orimlig absurd; *~a familjerna* kortsp. happy families
löjrom whitefish roe
löjtnant inom armén lieutenant; inom flottan sub-lieutenant; inom flyget flying officer; amer.: inom armén el. flyget first lieutenant, inom flottan lieutenant junior grade
lök bot. onion; koll. onions; blomster~ el. jordstam bulb; (vild) växt field garlic; *lägga ~ på laxen* bildl. make matters worse, rub it in
lökformig bulb-shaped; om kupol onion-shaped
lömsk illistig wily, crafty; bakslug disingenuous; opålitlig undependable; förrädisk treacherous; försåtlig insidious
lömskhet wiliness osv., jfr *lömsk*
lön 1 avlöning: isht vecko~ wages pl.; månads~ salary amer. äv. veckolön; mera allm. pay; *en ~ som man kan leva på* a living wage **2** ersättning compensation, recompense; belöning reward; *få ~ för sin möda*

(*mödan*) be rewarded (requited) for one's pains
löna I *tr* belöna reward; *~ ont med gott* return good for evil **II** *rfl, ~ sig* pay; amer. äv. pay off äv. opers.; vara lönande äv. be profitable, yield a profit; *det ~r sig inte att* +inf. a) tjänar ingenting till it's no use (no good) +ing-form b) är inte värt pengarna it isn't worth it to +inf.
lönande om företag o.d. profitable
lönearbetare wage earner
löneavtal wage (resp. salary) contract; kollektivavtal wage[s] (resp. salary, pay) agreement
lönebesked pay slip
löneförhandlingar wage (resp. salary, pay) negotiations (talks)
löneförhöjning rise [in wages (resp. salary, pay)]
löneförmån ung. benefit [attaching to one's salary (resp. wages)], emolument
lönegrad [salary] grade; *komma upp i [en] högre ~* be promoted to a higher grade
löneklyfta difference in wages (resp. salary, pay)
lönekontor salaries department; kassakontor pay office
löneskillnad wage (pay) differential
lönestopp wage freeze; temporärt wage pause; *införa ~* freeze wages
lönesänkning wage (resp. salary, pay) cut
löneuppgift wage (resp. salary) statement
löneutbetalning payment of wages (resp. salary)
löning vard. pay; *få ~* get one's pay
lönlös gagnlös useless, futile; fruktlös fruitless; *det är ~t att göra det* it is no use (good) doing it; *det ~a i att* inf. the uselessness (futility) of ing-form
1 lönn bot. maple [tree]
2 lönn se *lönndom*
lönnbrännare illicit distiller
lönndom, *i ~* clandestinely, secretly, in secret
lönndörr secret (hidden) door
lönnfet ung. flabby
lönnkrog illicit liquor shop; amer., förr speakeasy
lönnmord assassination
lönnmördare assassin
lönsam profitable
lönsamhet profitability
lönt, *det är inte ~ att försöka* it is no use (no good) trying
löntagare wage earner, salary earner; jfr *lön*; anställd employee
löpa I *itr* o. *tr* eg. el. bildl. run; hastigt fly; *han löper aldrig längre distanser än* 800 meter he never competes in races of more than... **II** *itr* vara brunstig om hona be on (in) heat
III med beton. part.
~ ihop (**samman**) converge
~ in: båten löpte in [i hamnen] the vessel put into (entered, made) the harbour
~ om förbi **ngn** run past (overtake) ap.
~ ut **a)** sticka till sjöss put [out] to sea; lämna hamnen leave the harbour **b)** om avtal run out **c)** sträcka sig el. skjuta ut (i t.ex. spets) run out
löpande regelbundet återkommande running; fortlöpande current; [*på*] *~ band* se under *band I a*; *~ ärenden* current (routine) business sg. (matters)
löparbana track
löpare 1 sport. runner; **2** schack. bishop **3** duk runner **4** byggn. stretcher
löpeld, *sprida sig som en ~* spread like wildfire
löpning 1 sport.: löpande running; lopp run; tävling race **2** mus. run
löpsedel [newspaper] placard; i radio programme parade
lördag Saturday; jfr *fredag* o. sammansättn.
lördagsgodis Saturday sweets pl. (amer. candy)
lös I *adj* **1** ej fastsittande el. bunden loose; otjudrad untethered; löstagbar detachable; separat separate; *~a blommor* cut flowers; *en ~ hund* a dog off the leash; herrelös a stray dog; *vara ~ och ledig* be free, be at a loose end **2** ej hård el. fast, ej spänd loose; rinnande running; vard. runny; ägget *är för ~t* ...is too soft[-boiled] **3** friare el. i div. uttr.: om ammunition o.d. blank; om förmodan, påstående, rykte o.d. baseless; vag vague **II** *adv, gå ~ på* angripa **ngn** (*ngt*) attack ap. (a th.), go for ap. (go at a th.)
lösa I *tr* **1** ta (göra) loss: mera eg., se *lösgöra I*; friare (från förpliktelser o.d.) release **2** lossa [på] loose; *~ [upp]* loosen äv. verka lösande; knut o.d. äv. untie, untie; skosnöre o.d. unlace; håret let (take) down **3** upplösa: *~ [upp]* i vätska dissolve; i beståndsdelar disintegrate **4** finna lösningen på: problem o.d. solve; konflikt o.d. vanl. settle; *~ ett korsord* solve (do) a crossword **5** *~* [*in*] växel honour..., meet..., take up...; skuldförbindelse o.d. redeem... **II** *rfl, ~ sig* **1** i vätska dissolve **2** om problem o.d. *~a sig* [*av sig*] *själv* solve itself
lösaktig loose
lösande, *~ medel* laxermedel laxative
lösdriveri vagrancy
lösegendom personal property (estate), personalty

lösen 1 lösesumma ransom; stämpelavgift stamp fee (duty); post. surcharge; *begära ~ för ngn* hold a p. to ransom **2** lösenord watchword; mil. äv. countersign; *...är tidens ~* ...the order of the day
lösenord se *lösen 2*
lösgöra I *tr* lösa set...free, let...loose; befria release; ta loss detach; kapital o.d. free **II** *rfl*, *~ sig* eg. set oneself free, loosen oneself; bildl. release oneself; isht. om kvinna emancipate oneself
löshår false hair
löskoka ägg boil...lightly; *löskokt ägg* lightly boiled (soft-boiled) egg
löslig i vätska soluble; om problem o.d. solvable; lös loose
lösmynt, *vara ~* skvalleraktig have a loose tongue, be gossipy, be a [regular] gossip
lösning 1 av problem o.d. solution **2** vätska solution
lösningsmedel solvent
lösnummer single copy
lösryckt fristående (om ord o.d.) disconnected; *ett ~t yttrande* a detached remark; jfr vid. *rycka [loss]*
lösskägg false beard
lössläppt fri licentious; uppsluppen wild, abandoned; otyglad unbridled
löst allm. loosely; lätt lightly; obestämt vaguely; helt apropå casually, idly; *sitta ~* eg. be (om kläder fit) loose; bildl. be none too secure; jfr *lös II*
löstagbar detachable
löständer false teeth
lösöre se *lösegendom*
löv leaf (pl. leaves); koll. leaves
lövas leaf
lövfällning defoliation
lövruska branch [with its leaves on]
lövskog ung. deciduous forest
lövsprickning leafing; *i ~en* when the trees are (resp. were) leafing (coming into leaf)
lövträ hardwood
lövträd broad-leaf (årligen lövfällande deciduous) tree
lövtunn ...as thin as a leaf
lövverk foliage

m 1 bokstav m [utt. em] **2** (förk. för *meter*) m
mack ® se *bensinpump* o. *bensinstation*
macka vard. sandwich
Madagaskar Madagascar
Madeira egenn. o. **madeira** vin Madeira
madonnabild [picture of the] Madonna
madonnalik Madonna-like
madrass mattress
maffia Mafia, Maffia äv. bildl.
maffig vard. smashing, stunning
magasin 1 förrådshus storehouse; lager el. möbelmagasin warehouse **2** på skjutvapen magazine **3** tidskrift magazine
magasinera store [up]; hand. warehouse
magdansös belly-dancer
mage stomach; vard. belly; anat. abdomen; *ha [stor] ~* vanl. be paunchy (pot-bellied); *han har ont i ~n* he has a stomach ache (vard. a belly-ache); *hans ~ krånglar* his stomach is (ständigt gets) upset; *ligga på ~n* vanl. lie on one's face; *ha ~ att...* + inf. have the cheek (the nerve) to... + inf.
mager inte fet lean; smal (om pers. o. kroppsdelar) thin, vard. skinny; bildl. vanl. meagre; *ett ~t ansikte* a thin (lean) face; *~ halvfet ost* low-fat cheese
maggrop pit of the stomach
magi magic; *svart ~* black magic
magiker magician
maginfluensa gastric influenza (vard. flu)
magisk magic
magister lärare schoolmaster
magkatarr gastric catarrh
magknip, *ha ~* have a stomach ache (the gripes, vard. a belly-ache)
magnat magnate
magnesium kem. magnesium
magnet magnet
magnetfält fys. magnetic field
magnetisk magnetic
magnifik magnificent
magnumbutelj magnum
magplask belly-flop, bildl. fiasco
magplågor stomach (gastric) pains; stomach ache
magpumpa, *~ ngn* pump out a p.'s stomach
magra become (grow, get) thin (thinner); bli avtärd become emaciated; *~ 2 kilo* lose...in weight
magsaft gastric juice
magsjuka gastric influenza (vard. flu)
magstark, *det var ~t!* that's a bit thick (steep)!
magsyra acidity of the stomach
magsår gastric ulcer
magsäck stomach
magåkomma stomach complaint
mahogny mahogany; möbler *av ~* äv. mahogany...; för sammansättn. jfr äv. *björk-*
mail mail, e-mail
maila mail, e-mail
maj May; för ex. jfr *april*; *första ~* äv. May Day
majestät majesty; *Ers ~* Your Majesty
majestätisk majestic; friare (t.ex. om fura) stately
majonnäs mayonnaise
major major
majoritet majority; *absolut ~* absolute (clear, overall) majority; *få (ha) ~* get (have) a majority
majoritetsbeslut majority resolution
majs maize; amer. corn
majskolv corncob; *~ar* som maträtt corn on the cob sg.
majskorn grain of maize; amer. grain of corn
majstång maypole
mak, *gå i sakta ~* ...at an easy (a leisurely) pace, ...at an amble
1 maka wife; isht jur. el. åld. spouse; *hans [äkta] ~* his [wedded] wife
2 maka, *~ på ngt* flytta undan remove a th.; *~ ihop sig* move (press) closer together
makaber macabre
makadam macadam
makalös matchless, peerless; ojämförlig incomparable; sällsynt exceptional
makaroner o. **makaroni** koll. macaroni
makaronipudding macaroni pudding
make 1 en av ett par fellow; *~n till den här handsken* ofta the other glove [of this pair] **2** i äktenskap, man *[äkta] ~* husband; isht jur. el. åld. spouse; *äkta makar* husband and wife **3** motstycke match; *har man nånsin hört (sett) på ~n!* did you ever hear (see) the like!
Makedonien Macedonia
maklig bekväm easy-going; loj indolent; långsam, sävlig slow, leisurely
makrill mackerel
makt power äv. stat; isht i högre stil äv. might; drivande kraft force; herravälde dominion; [laglig] myndighet authority; *hans ~ inflytande över...* his hold over...; *mörkrets*

~er the powers of darkness; *vädrets ~er var onådiga* the weather gods...; *ha ~ att* +inf. have power (authority, full powers) to +inf.; *ha utöva ~en* be in authority; *ha ~en* [*i sin hand*] be in power; om han skulle *ta ~en* ...seize power föregånget av prep.: *ha ngn i sin ~* have a p. in one's power (at one's mercy); *komma till ~en* come (get) into power (parl. äv. office); *hålla vid ~* upprätthålla, bibehålla maintain, keep up; *vara (sitta) vid ~en* be in (hold) power
maktbalans balance of power
maktfaktor powerful factor; *han är en ~ inom politiken* he is a power in politics
maktfullkomlig diktatorisk dictatorial; enväldig autocratic
maktgalen power-mad
makthavande, *de ~* those in power, the powers that be
maktkamp struggle for power
maktlysten power-seeking
maktlös powerless; *stå (vara) ~* be powerless [*emot ngt* against (in the face of) a th.]
maktlöshet powerlessness
maktmedel force, forcible means; resurser resources
maktmissbruk abuse of power
maktskifte transfer of power
maktspel, *~et* the power game
maktställning dominating (powerful) position
maktutövning exercise (wielding) of power
makulera göra ogiltig cancel, obliterate; kassera (t.ex. trycksaker, bokupplaga) destroy; *~s!* som påskrift cancelled
makulering cancellation; obliteration; destruction; jfr *makulera*
mal insekt moth
mala 1 t.ex. säd, kaffe grind; kött vanl. mince **2** *~* [*om*] tjatigt upprepa *ngt* keep on repeating a th.
malaj 1 folk Malay[an] **2** mil., ung. C 3 man
malaria malaria
Malawi Malawi
Malaysia Malaysia
Maldiverna öarna the Maldives
Mali Mali
malign malignant
mall modell pattern äv. rit~; model; schablon templet, template
mallig stuck-up
Mallorca Majorca
malm miner. ore; bruten rock
malmbrytning ore-mining
malmfyndighet ore deposit
malmfält ore field

malplacerad opassande inappropriate; olägig ill-timed; onödig uncalled for
malpåse mothproof bag; *lägga i ~* bildl. mothball
malt malt
Malta Malta
maltdryck malt liquor
maltextrakt malt extract
malva bot. mallow; färg mauve
maläten 1 eg. moth-eaten, mothy **2** luggsliten shabby; avtärd emaciated
malör mishap
malört wormwood
mamma mother, jfr *mor*; vard. ma, något tillgjort mamma, amer. mom; barnspr. mummy, amer. mammy
mammaklänning maternity dress (gown)
mammaledig, *vara ~* be on maternity leave
mammografi med. mammography
mammonsdyrkan the worship of mammon
mammut mammoth äv. bildl.
1 man hästman o.d. mane äv. friare
2 man 1 allm. man (pl. men); besättningsman hand; *män* statistik. o.d. males; *tredje ~* jur. third party; [*alla*] *som en ~* samtliga [all] to a man, one and all; *en strid ~ mot ~* a hand-to-hand fight; *per ~* per person, per (a) head, per man, each; *till sista ~* eg. to the last man; samtliga to a man **2** make husband; *bli ~ och hustru* ...man and wife **3 man** a) den talande inbegripen one; 'jag', äv. vard. a fellow (resp. girl, woman); 'vi' we b) den tilltalade inbegripen, i anvisningar o.d. you c) 'folk' people; 'de' they; 'någon' someone resp. anyone d) återges ofta genom passiv el. opers. konstruktion *~ måste göra sin plikt* one must do one's duty; *så får ~ inte göra* you mustn't do that, that isn't done; *~ påstår att...* it is said (they el. people say) that...
mana uppmana exhort; pådriva urge; egga incite; uppfordra call [up]on; *känna sig ~d* feel called [up]on (prompted)
manager manager; teat. o.d. äv. impresario (pl. -s), publicity agent
manbyggnad manor house; på bondgård farmhouse
manchester corduroy; ofta om plagg cord
manchesterbyxor corduroys
Manchuriet Manchuria
mandarin frukt tangerine
mandat uppdrag commission; fullmakt authorization, authority; från organisation o.d. mandate; riksdagsmans: säte seat; mandattid term of office; folkrättsligt mandate
mandel 1 bot. almond; koll. almonds **2** anat. tonsil

mandelblom mandelträdsblom koll. almond blossoms
mandelblomma stenbräcka meadow saxifrage
mandelmassa almond paste
mandelolja almond oil
mandolin mandolin[e]
mandom manhood
mandomsprov trial (test) of manhood
manege ridbana ring
maner sätt manner; stil style; förkonstling mannerism; ha *fina* ~ ...fine (good) manners
manet jellyfish
manfall, *det blev stort* ~ i strid there were heavy losses; i examen a great many failed (were ploughed)
mangan kem. manganese
mangel mangle
mangla tvätt o.d. mangle; utan obj. do the mangling; guld o.d. beat, hammer
mangling mangling; ~[*ar*] bildl., ung. tough (protracted) negotiations pl.
mango frukt el. träd mango (pl. -s el. -es)
mangold bot. [Swiss] chard
mangrant in full numbers (force); *de infann sig* ~ äv. every one of them turned up
manhaftig karlaktig manly; om kvinna masculine
mani mania
manick vard. gadget
manifest polit. o.d. manifesto (pl. -s)
manifestation manifestation
manifestera manifest; ådagalägga display; ~ *sig* ta sig uttryck manifest (show) itself
manikyr manicure; *få* ~ have a manicure
manikyrist manicurist
maning uppmaning exhortation; t.ex. hjärtats prompting; varning admonition; vädjan appeal
manipulation manipulation
manipulera, ~ [*med*] manipulate
manisk manic
manke withers; *lägga* ~*n till* put one's back into it, put one's shoulder to the wheel
mankön male sex; *av* ~ of [the] male sex
manlig av mankön male; typisk för en man masculine; isht om goda egenskaper manly; viril virile; avsedd för män men's end. attr.
manlighet masculinity
manna manna äv. bildl.
mannagryn semolina
mannaminne, *i* ~ within living memory (the memory of men)
mannamån, *utan* ~ without respect of persons
mannekäng model; åld. mannequin

mannekänguppvisning fashion show (parade)
manodepressiv psykol. manic-depressive
manschauvinism male chauvinism
manschett cuff; tekn. sleeve; ljusmanschett candle-ring; *fast (lös)* ~ fixed (detachable) cuff
manschettknapp cuff link
mansgris vard. [*mullig*] ~ male chauvinist pig
manskap koll. men; sjö. äv. crew, hands, ship's company
manskör male [voice] choir
manslem pen|is (pl. vanl. -es), male organ
mansperson man (pl. men), male
mansroll man's role (pl. men's roles)
mansröst male voice
manstark numerically strong; vara *lika* ~*a* ...equal in number
mansålder generation
mantalsskriva, ~ *sig* register [for census purposes]
mantalsskriven, ~ *i* Stockholm registered (domiciled) in...
mantel **1** plagg cloak; kungamantel o.d. el. bildl. mantle; *ta upp ngns fallna* ~ step into a p.'s shoes, take over from one's predecessor **2** tekn. jacket
mantilj spansk sjal mantilla
manual handbok el. mus. manual
manuell manual
manus MS (pl. MSS); titta *i* ~ ...in the MS
manuskript manuscript; typogr. äv. copy; film~ o.d. script
manöver allm., mil. el. bildl. manœuvre; amer. maneuver
manövrera manœuvre (amer. maneuver) äv. bildl.; sköta handle, manage; ~ *bort (ut) ngn* get rid of a p. by manœuvring, jockey a p. out [of his post (job etc.)]
maoism polit. ~[*en*] Maoism
mapp för handlingar folder; stor portfolio (pl. -s); pärm file
mara **1** vard., ragata bitch **2** vard., maraton marathon
maratonlopp marathon [race]
maratonlöpare marathon runner
mardröm nightmare äv. bildl., bad dream
margarin margarine; vard. marge
marginal margin; typogr. äv. border; *i* ~*en* in the margin; *med god* ~ by a comfortable (wide) margin
marginalskatt marginal tax (rate, rate of tax)
marginell marginal
Maria som drottningnamn el. bibl. Mary; *jungfru* ~ the Virgin Mary, the Holy (Blessed) Virgin [Mary]

marig vard. knotty; brydsam, t.ex. om situation awkward, dicey
marijuana marijuana; vard. pot
marin I s mil. navy; *Marinen* i Sverige the Swedish Naval Forces pl. (Navy and Coast Artillery) **II** *adj* marine; mil. naval
marinad kok. marinade
marinblå navy blue, navy
marinera kok. marinate
marinsoldat marine
marinstab naval staff
marionett marionette, puppet äv. bildl.
marionetteater puppet theatre (föreställning show)
1 mark jordyta ground; jord[mån] soil; markområde land; åkerfält field; *~er* grounds; trakt, terräng äv. country sg.; ägor äv. domains; *på svensk ~* on Swedish soil
2 mark myntenhet mark
3 mark spelmark counter
markant påfallande marked, pronounced; framträdande prominent
markatta 1 zool. guenon **2** vard., 'häxa' bitch
markera ange, utmärka mark äv. sport.; ange, antyda indicate; pricka för put a mark against, tick off; belägga sittplats o.d. reserve; bildl. (poängtera) emphasize; accentuate
markerad allm. marked
markering marking etc., jfr *markera*
markis solskydd awning, sunblind
marknad 1 varumässa o.d. fair; *hålla ~* hold a fair **2** ekon. el. hand. market, marketplace; *i (på) öppna ~en* in the open market
marknadschef marketing manager
marknadsekonomi market economy
marknadsföra market, put on (introduce into) the market
marknadsföring marketing
marknadsplats torg el. friare market
marknadspris hand. market price
marknadsundersökning market research, market survey
marknadsvärde market (trade) value
markpersonal flyg. ground staff (crew)
marktjänst flyg. ground service; vard., hemarbete daily housekeeping
markvärdinna ground hostess
markägare landowner, property owner
marmelad jam; av citrusfrukter marmalade; konfekt jelly fruits
marmor marble; bord *av ~* äv. marble...
marmorskiva marble slab (på bord o.d. top); bord *med ~* marble-topped...
marockan Moroccan
marockansk Moroccan
Marocko Morocco
marodör marauder

Mars astron. el. mytol. Mars
mars månadsnamn March (förk. Mar.); för ex. jfr *april*
marsch I s march äv. mus. **II** *interj* kommandoord march!; *framåt ~!* forward, march!
marschall ung. [pitch] torch, link
marschera march; *det var raskt ~t* vard. that was quick (smart) work!; *~ in* [*i* el. *på*] march in[to]
marschtakt marching-step; mus. march time
marsipan marzipan
marskalk 1 mil. marshal; i Engl. field marshal **2** festmarskalk steward; amer. usher; vid bröllop 'marshal', male attendant of the bride and bridegroom
marsvin zool. guinea pig
martall bot. dwarfed (stunted) pine [tree]
martyr martyr; *spela ~* make a martyr of oneself
martyrium martyrdom
marulk zool. angler [fish]
marxism, *~[en]* Marxism
marxist Marxist
marxistisk Marxist
maräng kok. meringue
masa, *~ sig i väg* shuffle off; *~ sig upp ur sängen* drag oneself out of bed
mascara mascara
1 mask zool. worm; larv grub; i kött, ost maggot; koll. worms
2 mask mask; mil. el. bildl. äv. screen; skönhets~ face (mud) pack; teat. o.d. make-up; *hålla ~en* spela ovetande o.d. not give the show away
1 maska 1 *~ [på]* metkrok o.d. bait...with a worm **2** med. *~ av* deworm
2 maska i arbete make a pretence of working; organiserat go slow, work to rule; friare el. sport. play for time; vard. stall
3 maska I s mesh; vid stickning stitch; löpmaska ladder; *avig ~* purl; *rät ~* plain stitch **II** *tr*, *~ av* stickning o.d. cast off
maskera med mask el. bildl. mask; med sminkning make...up; t.ex. avsikt disguise; *~d* masked; med smink made up; utklädd dressed up; förklädd disguised [*till* as]
maskerad o. **maskeradbal** vanl. fancy-dress (costume) ball; hist. masquerade, masked ball
maskeraddräkt fancy dress
maskering 1 maskerande masking etc., jfr *maskera* **2** konkr. samt bildl. mask; isht mil. camouflage; förklädnad disguise; teat. o.d. make-up
maskeringstejp masking tape
maskin machine; motor engine; *~er*

maskinanläggning machinery sg., plant sg.; *för egen* ~ sjö. by its (resp. their) own engines; bildl. on one's own steam, without help; *för (med) full* ~ sjö. at full speed; friare on all cylinders, in top gear
maskinell mechanical; ~ *utrustning* machinery, machine equipment (outfit)
maskineri machinery äv. teat. el. bildl.; mechanism; på fartyg engines
maskinfel sjö. engine trouble; data. computer malfunction (fault)
maskingevär machine gun
maskinhall i fabrik machine room
maskinist engine-man; i fastighet boilerman; sjö. engineer; på biograf projectionist; teat. stage mechanic
maskinmässig mechanical; ~ *tillverkning* machining, machine-processing
maskinpark machinery
maskinrum sjö. engine room
maskinskada sjö. engine trouble
maskinskriven typewritten, typed
maskinskriverska typist
maskinskrivning typing
maskning going slow, working to rule; jfr 2 *maska*
maskopi, *stå (vara) i* ~ *med ngn* be working together (be in collusion) with a p.; vard. be in cahoots with a p.
maskot mascot
maskros dandelion
maskulin masculine äv. om kvinna el. gram., virile
maskulinum genus the masculine [gender]; ord masculine [noun]; *i* ~ in the masculine
maskäten worm-eaten; om tand decayed
maskör teat. o.d. make-up man
masochism masochism
masochist masochist
masonit ® masonite
massa 1 fys. mass **2** som råmaterial substance; smet o.d. mass; grötliknande, spec. trä~ pulp **3** kompakt samlad mängd mass; volym volume **4** folkhop crowd [of people]; pöbel mob; *massorna* el. *den stora* ~*n* the masses pl., the broad mass of the people; *den stora* ~*n flertalet av...* the great majority of... **5** *en [hel]* ~ mängd [quite] a lot; *det finns en* ~ *böcker* there are a lot of...
massafabrik pulp mill
massage massage
massageapparat massage apparatus; massagestav vibrator
massaindustri pulp industry
massaker massacre, slaughter
massakrera massacre äv. bildl.; slaughter

massarbetslöshet mass unemployment
massera massage
massgrav mass grave
masshysteri mass hysteria
massiv I *s* bergområde massif **II** *adj* solid; stadig massive
masskorsband bulk mail
massmedia the mass media
massmord wholesale (mass) murder (killings pl.)
massmöte mass meeting
massproduktion mass production
masspsykos mass psychosis
masstillverka mass-produce
masstillverkning mass production
massverkan mass effect
massvis, ~ *av (med)* lots (tons, heaps, loads) of...
massör masseur
massös masseuse
mast mast; flagg~ pole; fartygs samtliga ~*er* äv. masting sg.
mastig vard., stadig robust; om mat solid; 'tung' heavy; diger, om t.ex. program heavy
masturbation masturbation
masturbera masturbate
masugn blast furnace
masurbjörk masur birch
masurka mus. mazurka
mat food; måltid meal; *en bit* ~ something (a bite) to eat, a snack; ~ *och husrum* board and lodging; ~*en är inte så bra där* på hotellet o.d. the cooking is not very good there; ~*en middagen (lunchen) är klar (färdig)* vanl. dinner (lunch) is ready; *ge djuren* ~ feed...; *vill du ha lite* ~*?* vanl. do you want something to eat?
mata pers. el. tekn. feed; bildl. stuff; ~ *fram* tekn. transport; ~ *in* data. feed...into, input
matador matador
matarbuss feeder bus
matberedare köksmaskin food processor
matbit, *en* ~ lätt måltid a bite, a snack, something to eat
matbord dining-table
matbröd [plain] bread
match match; tävling competition; *det är en enkel* ~ bildl. it's child's play, it's a piece of cake
matcha vard. match äv. om färger, plagg
matchboll match point (ball)
matdags, *det är* ~ it is time to eat
matematik mathematics; förk., vard. maths (amer. math)
matematiker mathematician
matematisk mathematical
materia matter

material material; byggnads~ materials; uppgifter data, body of information
materialist materialist
materialistisk materialistic
materiel t.ex. elektrisk equipment; t.ex. skriv~ materials
materiell material; ~*a tillgångar* tangible assets
matfett cooking fat
matfrisk ...with a good appetite; hungrig hungry; *vara* ~ have a good appetite
matförgiftning food poisoning
mathållning kost food; *ha* ~ *för* cater (provide meals) for
matiné matinée
matjessill kok., ung. [sweet-]pickled herring
matjord ytskikt topsoil
matkorg hamper
matkupong luncheon voucher; amer. meal ticket
matkällare food cellar
matlagning cooking
matlust appetite; *dålig* ~ lack of appetite
matlåda lunch (resp. sandwich) box, jfr *matsäck*
matnyttig **1** lämplig som mat ...suitable as food; närande nourishing; ätlig edible **2** vard., t.ex. om kunskaper useful
matolja cooking oil
matos [unpleasant] smell of cooking (food)
matportion helping (serving) of food
matranson ration [of food]
matrast break for a meal
matrecept recipe
matrester [food] scraps, leavings
matris matr|ix (pl. -ices el. -ixes)
matrona matron
matros seaman; friare sailor
matrum dining-room
maträtt dish; del av meny course
matsal dining-room; större dining-hall; på fabrik o.d. canteen
matsedel menu
matservering se *servering 2*
matsilver table silver
matsked tablespoon; som mått (förk. *msk*) äv. tablespoonful (förk. tbs[p])
matsmältning digestion
matsmältningsbesvär indigestion
matstrejk hunger strike
matstrupe gullet; med. oesophag|us (pl. -i)
matställe restaurant; vard. eatery
matsäck lunch~ packed lunch, lunch packet; amer. box lunch; smörgåsar sandwiches; *rätta mun[nen] efter ~en* cut one's coat according to one's cloth
1 matt **1** kraftlös faint; svag weak båda äv. bildl. om t.ex. försök, intresse; tam tame; livlös lifeless; *känna sig* ~ feel faint (utmattad exhausted, done-up, 'hängig' out of sorts) **2** om t.ex. yta, guld, papper matt; mattslipad, om t.ex. glas frosted; glanslös: om t.ex. färg dull; om t.ex. hår, öga lustreless
2 matt schack. mate; *göra ngn* ~ mate (checkmate) a p.; *schack och* ~ *!* [check]mate!
matta mjuk ~ carpet äv. bildl., t.ex. av löv; mindre rug; dörr~ mat; *mattor* som handelsvara rugs and carpets; koll. carpeting sg.
mattas, ~ [*av*] bli mattare (svagare) become weaker etc., jfr *1 matt*; om färg, glans o.d. fade; bildl.: om t.ex. intresse flag; om kurs weaken; om t.ex. trafik slacken [off]; om blåst abate
1 matte vard., mots. t. 'husse' mistress
2 matte vard., matematik maths; amer. math
Matteus bibl. Matthew; ~ *evangelium* the Gospel according to St. Matthew
matthet faintness
mattpiskare sak carpet beater
matvanor eating habits
matvaror provisions, victuals
matvaruaffär provision shop
matvrak glutton
matvägrare person (child) who refuses to eat
Mauretanien republiken Mauritania
mausoleum mausoleum (pl. -ums el. -a)
max **1** vard. *till* ~ as much as possible **2** som förled, vard., se *maximi* i sammansättn.
maxim maxim
maximal maximal, maximum...
maximalt maximally
maximera maximize, put an upper limit to; ~*d till*... limited to...at the most, with an upper limit of...
maximihastighet maximum (top) speed; fartgräns speed limit
maximipris maximum price
maximitemperatur maximum temperature
maximum maxim|um (pl. vanl. -a); *nå sitt* ~ reach its maximum, reach its (a) peak, culminate
MBL (förk. för *medbestämmandelagen*) se d.o.
mecenat patron [of the arts resp. of literature]
1 med på kälke, släde o.d. runner; på gungstol, vagga rocker
2 med **I** *prep* **1** 'medelst': **a)** with; isht angivande [kommunikations]medel by; *skriva* ~ *blyertspenna* write with a pencil; ~ *post* by (per) post; ~ *samma* (*ett tidigt*) *tåg* on the same (an early) train **b)** by; *vinna* ~ *2-1* win [by] 2-1 **2** uttr. sätt with; t.ex.'~ hög

röst' in; om hastighet m.m. at; *skrivet ~ blyerts* written in pencil; *vara sysselsatt* (*upptagen*) *~ att* inf. be engaged (occupied) in ing-form **3** tillsammans ~ with; *hon har två barn ~ sin första man* she has two children by... **4** uttr. förening, släktskap samt jämförelse to; *förlovad* (*gift*) *~* engaged (married) to; *vara släkt ~* be related to, be a relative of **5** 'försedd el. utrustad ~' **a)** with; om klädsel ofta in, wearing; isht om psykisk egenskap of; *~ eller utan handtag* with or without... **b)** 'innehållande' containing, of; 'bestående av' consisting of; *en korg ~ frukt* a basket of fruit (with fruit in it) **c)** 'på grund av' with; *~ alla sina fel* är han ändå... with (in spite of) all his faults... **6** 'och' and; *~ flera* (förk. *m.fl.*) and others; *~ mera* (förk. *m.m.*) etcetera (förk. etc.), and so on; och andra saker and other things; *staden ~ omnejd* ...and [its] environs **7** 'inklusive' with, counting; *~ dricks* blir det ...with tips, ...tips included **8** t.ex. 'stiga upp ~ solen' with; *~ en gång* [all] at once **9** 'i fråga om', 'beträffande' **a)** with, about, for; *noga ~* particular about (as to) **b)** *hur går det ~* arbetet, boken? what about...?, how is...getting on?; *vad är det ~ dig?* what is the matter with you? **10** i prep.-attr. of, with: *avsikten ~ dessa anmärkningar* the purpose of these notes; *fördelen ~ detta system* the advantage of... **11** spec. fall *~ bifogande av* enclosing; *bort* (*upp*) *~ händerna!* hands off (up)! **II** *adv* **1** också too; i vissa fall so; *ge mig dem ~* give me those, too (those as well); *han är gammal han ~* he is old, too **2** *kommer* (*blir*) *du ~ ?* are you coming?
medalj medal
medaljong medallion; smycke locket
medaljör medallist
medan while; *han läste ~ han gick* ...while [he was] walking, ...as he walked
medansvarig, *vara ~* share the responsibility, be jointly responsible [*för* i båda fallen for]
medarbetare medhjälpare collaborator; kollega colleague; *medarbetarna redaktionen* äv. the [editorial] staff sg.; *från vår utsände ~* from our special correspondent
medbestämmande s participation [in decision-making]
medbestämmandelagen (förk. *MBL*) the law concerning right of participation in decision-making
medborgare citizen; *bli svensk ~* become a Swedish subject

medborgarskap citizenship; *få svenskt ~* acquire Swedish citizenship
medbrottsling accomplice; isht jur. accessory
meddela I *tr* ge besked let a p. know; *~ ngn ngt* underrätta inform a p. of a th.; delge, t.ex. nyhet communicate a th. to a p.; isht formellt el. officiellt notify a p. of a th. (a th. to a p.); *~ adressförändring till polisen* notify the police of a change of address; *jag låter ~* när... I'll let you know..., I'll send you a message...; *från London ~s att* it is reported from London that **II** *rfl*, *~ sig* om pers. communicate [*med* with]
meddelande bud[skap] message; i högre stil, isht skriftligt communication; kort skriftligt note; underrättelse information, news (båda end. sg.); tillkännagivande announcement; anslag o. [offentligt] i tidning o.d. notice; skriftligt, formellt, isht till el. från myndighet notification; uppgift, besked statement; nyhets~ o.d. i tidning report; kort notis notice, item [of news]; *ett ~ en* underrättelse a piece of information (news); *personligt ~* t.ex. i radio personal message
meddelsam communicative
meddetsamma se *genast*
mede på släde o.d. runner; på gungstol, vagga rocker
medel 1 sätt, metod means (pl. lika); verktyg instrument äv. bildl.; bote~ remedy äv. bildl.; läke~ medicine, drug; preparat agent; [*nerv*]*lugnande ~* sedative, tranquillizer; *med alla* [*till buds stående*] *~* with all the means at our (their etc.) disposal; *han skyr inga ~* he sticks (stops) at nothing **2** *~* pl.: pengar means [*till* for]; money sg., funds, resources
medelbetyg average mark (amer. grade)
medeldistanslöpare sport. middle-distance runner
medeldistansrobot mil. medium-range missile
medelhastighet average speed
Medelhavet the Mediterranean [Sea]
medelklass middle class; *~en* vanl. the middle classes pl.
medellivslängd average length of life
medellängd persons medium (average) height
medelmåtta neds., om pers. mediocrity
medelmåttig neds. mediocre
medelpunkt centre; *sällskapets ~* the life [and soul] of the party
medelst by
medelstor medium[-sized], ...of medium size

medelstorlek medium size
medelsvensson the (resp. an) average Swede
medeltal average; matem. äv. mean; *i ~ on an (the) average, on average*
medeltemperatur mean temperature; *årlig ~* mean annual temperature
medeltid hist. *~en* the Middle Ages pl.
medeltida medieval
medelväg middle course; *gå den gyllene ~en* strike the golden (happy) mean (a happy medium)
medelvärde mean value; matem. mean
medelålder 1 *~n* middle age; *en man i ~n* a middle-aged man 2 genomsnittlig ålder average age
medfaren, *illa ~* om t.ex. bok, bil ...that has (resp. had) been badly knocked about; utnött (om plagg) ...that is (resp. was) very much the worse for wear
medfödd isht med., om t.ex. blindhet congenital; friare om talang o.d. native, innate
medfölja, *~ [ngt]* bifogas be enclosed [with a th.]
medföra 1 om pers., se *föra [med sig]*; om tåg: passagerare convey; post o.d. carry 2 ha till följd involve, entail; vålla bring about; leda till lead to, result in; *detta medförde att han blev...* that led to his being...
medge o. **medgiva** 1 erkänna admit 2 tillåta allow; *tiden medger inte att jag* går time does not allow (permit) me to +inf.
medgivande erkännande admission; eftergift concession; tillåtelse permission; samtycke consent; *tyst ~* tacit consent
medgång välgång prosperity; framgång success
medgörlig resonabel reasonable, ...easy to get on with; foglig manageable; eftergiven compliant
medgörlighet reasonableness, easiness to get on with
medhavd, vi åt *de ~a smörgåsarna* ...the sandwiches we had [brought] with us
medhjälp assistance; jur. *~ till brott* complicity in crime
medhjälpare assistant, helper; jur. accomplice
medhåll stöd support; vard. backing-up; moraliskt stöd countenance; favoriserande favouring; *få ~ hos (av) ngn* be supported (vard. backed up) by a p.
medhårs with the fur; *stryka ngn ~* bildl. rub a p. [up] the right way
media the mass media
medicin medicine; *studera ~* study medicine

medicinare medical student; läkare doctor; vard. medic
medicine, *~ doktor* (förk. *med. dr*) Doctor of Medicine (förk. MD efter namnet); *~ kandidat* (förk. *med. kand.*) ung. graduate in medicine; eng. motsv. ung. Bachelor of Medicine (förk. MB efter namnet)
medicinsk medical; *~ fakultet* faculty of medicine
medicinskåp medicine cabinet (cupboard)
medinflytande participation
meditation meditation
meditera meditate
medium 1 kanal för informationsspridning medi|um (pl. vanl. -a) 2 fys. medi|um (pl. vanl. -a) 3 spiritistiskt medium 4 matem. mean 5 som klädstorlek o.d. medium
medkänsla sympathy; *ha ~ med* feel sympathy for, sympathize with
medla mediate; i äktenskapstvist try to bring about a reconciliation; uppträda som skiljedomare arbitrate; *~ mellan* förlika äv. conciliate, reconcile
medlare mediator; vard. go-between; skiljedomare arbitrator; förlikningsman conciliator
medlem member; *bli ~ i* become a member of, join
medlemsavgift membership fee; isht amer. dues
medlemskap membership
medlemskort membership card
medlidande pity; medkänsla sympathy; *hysa ~ med* feel pity for, pity
medlidsam compassionate; t.ex. om leende pitying
medling mediation, intervention; förlikning conciliation; i äktenskapstvist attempt to bring about a reconciliation; skiljedom arbitration; uppgörelse (resultat) settlement
medlöpare polit. fellow traveller
medmänniska fellow creature
medmänsklig brotherly
medresenär fellow traveller, fellow passenger; reskamrat travelling companion
medryckande fängslande captivating, fascinating; tändande stirring
medskyldig accessory
medsols clockwise
medspelare i t.ex. tennis, kortsp. partner; teat. o.d. co-actor; i lagspel fellow player
medströms with the current (tide)
medsökande fellow applicant; t. ämbete o.d. fellow candidate
medtagen utmattad exhausted; worn out äv. t.ex. av sorg, sjukdom; *i svårt medtaget tillstånd* utterly exhausted, in a serious condition

medtävlare competitor äv. sport.; rival
medurs clockwise
medverka bidraga contribute; aktivt delta take part; hjälpa till assist; *detta ~de till* det goda resultatet this contributed to[wards]...
medverkan bistånd assistance; deltagande participation; i morgon ges *en konsert under ~ av A.* ...a concert in which A. will take part
medverkande I *adj* contributory **II** *subst adj, de ~* vid konsert o.d. the performers; i pjäs o.d. the actors; allm. äv. those taking part
medvetande consciousness; *förlora ~t* lose consciousness, become unconscious
medveten conscious; avsiktlig deliberate; självsäker self-assured; *vara ~ om (om att)* be conscious el. aware of (that); *vara ~ om ngt* inse äv. be alive to (sensible of) a th.
medvetenhet insikt awareness
medvetet consciously; avsiktligt deliberately
medvetslös unconscious
medvetslöshet unconsciousness
medvind following wind; sjö. fair wind; *jag hade ~* eg. the wind was (I had the wind) behind me; *segla i ~* eg. sail with a fair wind (before the wind); bildl. be fighting a winning battle
medvurst German sausage [of a salami type]
medömkan pity, commiseration; se äv. *medlidande*
megabyte data. megabyte (förk. MB); vard. meg
megafon megaphone
megahertz megahertz
megawatt (förk. *MW*) megawatt (förk. MW)
meja mow; säd cut; *~ av* cut, reap
mejeri dairy
mejram bot. el. kok. marjoram
mejsel chisel; skruv~ screwdriver
mejsla chisel
meka vard. *~ med* bilen do repair work on...; mixtra med tinker about with...
mekanik lära mechanics, äv. bildl.; mekanism mechanism äv. bildl.; piano~ o.d. action
mekaniker t.ex. bil~ mechanic; flyg~ aircraftman; konstruktör mechanician
mekanisera mechanize
mekanisk mechanical äv. bildl.
mekanism mechanism; anordning contrivance; sak gadget
melankoli melancholy
melankolisk melancholy; vard. blue; med. melancholic
melerad mixed
mellan isht mellan två between; mellan flera among[st]; *natten ~ den 5 och 6* var det... on the night of the 5th to the 6th...
Mellanamerika Central America
mellandagarna mellan jul o. nyår the days between Christmas and New Year
Mellaneuropa Central Europe
mellangärde anat. diaphragm
mellanhand medlare intermediary; hand. middleman, agent
mellanhavande, *~n* affärer dealings, transactions; allm. äv. unsettled matters
mellankrigstiden the interwar period
mellanlanda make an intermediate landing
mellanlandning intermediate landing
mellanled medlare intermediary; hand. middleman
mellanliggande intermediate
mellanmål snack [between meals]
mellanrum intervall (isht tids~) interval; avstånd space; lucka gap; *med korta ~* at short intervals
mellanskillnad difference; *betala 50 kr i ~* pay an extra...
mellanslag space
mellanspel interlude, intermezz|o (pl. -i el. -os)
mellanstadium, *mellanstadiet* skol. the intermediate level (department) of the 'grundskola', jfr *grundskola*
mellanstorlek medium size
mellantid 1 sport. intermediate time **2** tidsperiod interval; *under ~en* in the meantime, meanwhile
mellanting, *ett ~ mellan...* something (a cross) between...
mellanvikt o. **mellanviktare** sport. middleweight
mellanvåg radio. medium wave
mellanvägg partition [wall]
mellanöl medium-strong beer, beer with a medium alcoholic content
Mellanöstern the Middle East; amer. äv. Mideast
mellerst in the middle
mellersta middle, central; mellanliggande intermediate; *~ Sverige* Central (the middle parts pl. of) Sweden
melodi melody; låt, sång tune
melodisk melodious
melodiös melodious
melodram o. **melodrama** melodrama
melodramatisk melodramatic
melon melon
membran anat. el. biol. membrane; tele. el. radio. o.d. el. i pump diaphragm
memoarer memoirs
memorandum memorand|um (pl. äv. -a); förk. memo (pl. -s)

memorera memorize
1 men I *konj* but; ~ ändå yet; emellertid however; han är bra ~ *alldeles för ung* ...but (, only he is) far too young; [*nej*] ~ *så trevligt!* how nice! **II** *s* hake snag; invändning but; *inga ~!* no arguing (arguments)!
2 men skada harm; förfång detriment; *han kommer att få* ~ *för livet av* den brutala behandlingen ...will leave a permanent mark on him; *till* ~ *för* to the detriment of
mena 1 åsyfta mean [*med* by]; avse intend; ~ *med* inlägga i understand by; *jag ~de inget illa* [*med det*] I meant no harm; *jag ~r bara väl med dig* I am only doing it for your own good **2** anse think; *han ~r att...* äv. he is of the opinion (he considers) that...
menande I *adj* meaning **II** *adv* meaningly; *se ~ på ngn* vanl. give ap. a look full of meaning
mened perjury; *begå* ~ commit perjury, perjure oneself
menig I *subst adj* i armén private; flyg.: i Engl. aircraft[s]man; i USA airman; i marinen [ordinary] seaman **II** *adj*, *~e man* ordinary people pl.
mening 1 uppfattning, åsikt opinion; *jag har sagt min ~* I have given (stated) my opinion, I have said what I think; *enligt min ~* in my opinion (omdöme judgement), to my mind **2** avsikt intention; syfte purpose; *det var inte ~en* (*min ~*) som ursäkt I didn't mean to; *vad är ~en med det här?* vad är det bra för what is the idea of this? **3** innebörd sense; betydelse meaning; *det är ingen ~ med att* inf. there is no sense (point) in ing-form **4** gram. sentence; av flera satser period
meningsbyggnad språkv. sentence structure
meningsfull o. **meningsfylld** om t.ex. arbete meaningful
meningslös meaningless; oförnuftig senseless; svamlig nonsensical; *~t prat* nonsense
meningsskiljaktighet difference of opinion, disagreement
meningsutbyte diskussion debate; dispyt controversy, dispute
menlös harmless; naiv artless; intetsägande vapid; om mat insipid
menlöshet harmlessness osv.; jfr *menlös*
mens [monthly] period; *ha ~* vanl. have one's period
mensskydd sanitary protection
menstruation menstruation
mental mental

mentalitet mentality
mentalsjuk mentally deranged (ill, disordered); *en ~* subst. adj. a mentally deranged person
mentalsjukdom mental disease (illness, disorder, derangement)
mentalsjukhus mental hospital
mentol menthol
menuett mus. minuet
meny menu äv. bildl. el. data.
mera more; ytterligare further, else; ganska, snarare rather; det kräver [*mycket*] ~ *arbete* ...[much] more (a [much] greater amount of) work; vill du ha [*lite*] ~ [*te*]? ...some more [tea]?; *finns det ~ te?* is there any more tea?; *det är ~* ganska *ovanligt* that is rather (somewhat) unusual; [*mycket*] ~ *finns det inte* vanl. that's [about] all there is; *ingen ~ än han* såg det no one [else] besides (except) him..., nobody but him...; *vem ~ än du* var där? who [else] besides (else but) you...?; ~ *än* 10 personer more than...; *inte mer än* 10 personer no (högst not) more than...; *mer och mer* el. *allt mer* [*och mer*] more and more; *mer eller mindre* more or less
merarbete extra work
meridian geogr. meridian
merit kvalifikation qualification; plus recommendation; förtjänst merit
meritera, ~ *sig* qualify [oneself] [*för* for]
meriterad qualified
meritförteckning list of qualifications, personal record
meritlista 1 se *meritförteckning*
2 syndaregister crime sheet
Merkurius astron. el. mytol. Mercury
merpart, *~en av...* the greater (major) part of..., the majority of...
mersmak, *det ger ~* it whets the appetite
mervärdesmat functional foods pl.
mervärdesskatt value-added tax
1 mes zool. tit|mouse (pl. -mice)
2 mes pers. namby-pamby, wimp
mesan sjö. mizzen; på tremastad båt vanl. spanker
mesig namby-pamby; feg faint-hearted
mesost whey cheese
Messias bibl. Messiah
messmör soft whey cheese
mest I *adj* o. *subst adj* most, the most; 'mer än hälften [av]' most, most of; *han fick ~* (~ *pengar*) he got [the] most ([the] most money); *där det finns ~* [*med*] mat where there is [the] most (the greatest amount el. quantity of)...; han har sett *det ~a* [*i livet*] ...most things [in life]; göra *det ~a man kan* ...as much as one can **II** *adv*

1 most, the most; *~ beundrad är hon* för sin skönhet she is most admired...; *hon är ~ beundrad (den ~ beundrade)* av dem she is the most (vid jämförelse mellan två äv. the more) admired...; *den är ~ efterfrågad* ...most in (in the greatest) demand **2** för det mesta mostly; vanligen generally; *han röker ~ pipa* he mostly smokes... **3** så gott som practically; *sova ~ hela dagen* ...practically all day
mestadels mostly; till största delen for the most part; i de flesta fall in most cases
meta angle
metafor metaphor
metaforisk metaphorical
metafysik metaphysics; äv. friare
metafysisk metaphysical
metall metal; knapp *av ~* äv. metal...
metallarbetare metalworker
metallindustri metal industry
metallisk metallic
metallslöjd metalwork
metamorfos biol. el. friare metamorphos|is (pl. -es)
metanol kem. methanol
metastas med. metastas|is (pl. -es)
mete metning angling
meteor meteor äv. bildl.
meteorit meteorite
meteorolog meteorologist, vard., t.ex. i tv weatherman, weather girl
meteorologi meteorology
meter längdmått (förk. *m*) metre (förk. m); amer. meter (ung. 90 cm)
metersystem, *~et* the metric system
metervis per meter by the metre; *~ med...* metres and metres (eng. äv. ung. yards and yards) of...
metkrok [fish-]hook
metmask angling-worm
metning angling
metod allm. method; isht tekn. process; friare (sätt) way
metodik metodlära methodology; metoder methods
metodisk methodical
metrev [fishing-]line
metrik litt. prosody
metropol metropolis
metspö [fishing-]rod
meviat *adj* dreen
Mexico Mexico
mexikanare Mexican
mexikansk Mexican; *Mexikanska bukten* the Gulf of Mexico
mexikanska kvinna Mexican woman
m.fl. (förk. för *med flera*) and others
mick vard., mikrofon mike

middag 1 tid noon; friare midday; *god ~!* good afternoon! **2** måltid: allm. dinner; *~en är färdig* dinner is ready; *äta ~* have [one's] dinner; högtidl. dine
middagsbjudning dinner party
middagsbord dinnertable; *duka ~et* äv. lay the table for dinner
middagsgäst, *ha ~er* have guests for dinner
midja waist; markerad waistline; ha *smal ~* ...a slim waistline
midjemått waist measurement
midjeväska belt (vard. bum) bag, amer. fanny pack
midnatt midnight; *vid ~* at midnight
midnattsmässa midnight mass
midnattssolen the midnight sun
midsommar midsummer; som helg Midsummer
midsommarafton, *~[en]* Midsummer Eve
midsommardag, *~[en]* Midsummer Day i Engl. 24 juni
midsommarstång maypole
midvinter midwinter
mig se under *jag*
migration migration
migrän migraine
mikrodator microcomputer
mikrofilm microfilm
mikrofon microphone; vard. mike; på telefonlur mouthpiece; *dold ~* hidden microphone; vard. bug
mikroorganism micro-organism
mikroskop microscope
mikroskopisk microscopical; mycket liten vanl. microscopic
mikrougn o. **mikrovågsugn** microwave oven
mil, *en ~* ten kilometres; eng. motsv. ung. six miles; *engelsk ~* mile
Milano Milan
mild allm. (t.ex. om förebråelse, klimat, luft, ost, sätt, vinter) mild; ej hård (t.ex. om blick, färg, ljus, regn, svar) soft; lindrig (t.ex. om straff) light; ej sträng: t.ex. om dom, bedömning lenient; t.ex. om röst, sätt gentle; *~a makter (~e tid)!* el. *du ~e!* Good gracious!, Gracious me!
mildhet mildness, softness, lenity; jfr *mild*
mildra lindra: allm. mitigate; t.ex. straff reduce; t.ex. sorg allay; göra mildare: allm. soften; t.ex. uttryck tone down; t.ex. lynne mellow; t.ex. stöt cushion
milis militia
militant militant
militarism, *~[en]* militarism
militaristisk militarist[ic]
militär I *s* **1** soldat service man **2** koll. *~en* the military pl.; armén the army **II** *adj*

military; *i det ~a* mots. i det civila in military life
militärdiktatur military dictatorship
militärförläggning military camp
militärisk militär- military; soldatmässig soldierly
militärsjukhus military hospital
militärtjänstgöring military service; *inkallad till ~* called up for military service
militärutbildning military training
miljard billion, åld. milliard
miljardär billionaire
miljon million; *~er [av] människor* millions of people
miljonaffär transaction involving (amounting to, running into) millions (resp. a million)
miljonbelopp, *~ står på spel* there are millions at stake
miljonstad town with over a million (resp. with millions of) inhabitants
miljontals, *~ böcker* millions of... (subst. i pl.)
miljonvinst på lotteri o.d. prize of a million kronor (pounds etc.)
miljonär millionaire
miljö yttre förhållanden environment; omgivning surroundings; ram setting
miljöaktivist environmentalist; vard. (ofta neds.) ecofreak
miljöfarlig ...harmful to the environment; *~t avfall* hazardous [chemical] waste
miljöförorening o. **miljöförstöring** [environmental] pollution
miljögift toxic substance injurious to the environment
miljökatastrof environmental disaster
miljöombyte change of environment (surroundings, scene)
miljöparti polit. environmental party; *~et de gröna* the Green Party
miljöpolitik environmental (ecological) policy
miljöskadad psykol. ...harmed by one's environment; missanpassad [socially] maladjusted
miljöskydd environmental protection (control)
miljövård environmental control (conservation), ecology
miljövänlig environment friendly
millibar millibar
milligram (förk. *mg*) milligramme (förk. mg)
milliliter (förk. *ml*) millilitre (förk. ml)
millimeter (förk. *mm*) millimetre (förk. mm)
milsten o. **milstolpe** milestone äv. bildl.
milsvid, *~a skogar* ...extending for miles and miles

mima mime
mimik facial expressions
1 min (*mitt, mina*) fören. my; självst. mine; *Mina damer och herrar!* Ladies and Gentlemen!; *jag har gjort mitt* I have done my part (bit); *jag sköter mitt [och du sköter ditt]* I mind my own business [and you mind yours]; [*jag och*] *de ~a* [I (me) and] my family (my people)
2 min ansiktsuttryck expression; uppsyn air; utseende look; *med [en] bister ~* with a grim expression; *utan att [för]ändra en ~* without turning a hair (batting an eyelid)
mina mine
minaret minaret
mindervärdeskomplex psykol. inferiority complex
mindervärdig inferior
minderårig omyndig ...under age; efterlämna *~a barn* ...young children
minderårighet minority; *hans ~ är ett hinder* [the fact of] his being under age (jur. a minor, an infant)...
mindre I *adj* mots. t. 'större' o.d. smaller; kortare shorter; yngre younger; ringare less; mindre betydande minor; [ganska] liten small; obetydlig slight, insignificant; *Mindre Asien* Asia Minor; *av ~ betydelse* of less (föga little, minor) importance; *det kostar en ~ liten förmögenhet* ...a small fortune; *jag har inte ~ än en hundralapp* I have no smaller change...; *produktionen är ~ lägre än...* the production is less (lower) than...; *vara ~ till storleken* (*växten*) be smaller in size (shorter el. smaller of stature)
II *subst adj* o. *adv* mots. t. 'mera' less; färre fewer; inte särdeles not very; det kräver *~ arbete* ...less (a smaller el. lesser amount of) work; *där var [mycket] ~ färre bilar* (*folk*) än vanligt there were [far] fewer cars (people)...; göra ngt *på ~ än en timme* ...in less [time] than (in under) an hour; *inte ~ än tio personer* no fewer (less) than...; *ett ~ lyckat* försök a not very successful...; det är *~ troligt* ...not very likely, ...rather unlikely
minera I *tr* mine **II** *itr* lay mines
mineral mineral
mineralvatten mineral water
minfartyg minelayer
minfält minefield
miniatyr miniature
minigolf miniature golf
minimal extremely small; om t.ex. skillnad negligible, hardly worth mentioning
minimera reduce...to a minimum, minimize

minimikrav minimum demand
minimilön minimum wage (salary)
minimipris minimum price; vid auktion reserve price
minimiålder minimum age
minimum minim|um (pl. -a); *reducera till ett ~* reduce to a minimum
miniräknare minicalculator, pocket calculator
minister allm. minister
ministerium se *departement 1*
ministär samtliga statsråd ministry; se vid. *regering*
mink mink
minkpäls mink coat
minnas remember; regeln är *lätt att ~* ...easy to remember; *jag vill ~ att han...* I seem to remember that he...; *om jag minns rätt* (*inte minns fel*) if I remember rightly, if my memory serves me right; *så länge* (*långt tillbaka*) *jag kan ~* ever since (as far back as) I can remember; *såvitt jag kan ~* as far as I can remember
minne 1 memory; data. äv. storage (memory) device, store; *ett ~ för livet* a memory for life; *ha* (*inte ha*) *~ för namn* have a good (a bad) memory for...; *jag har inget ~ av* vad som hände vad som hände I have no remembrance (recollection) of...; *återkalla* ngt *i ~t* erinra sig recall..., recollect..., bring...back to mind **2** minnessak remembrance; souvenir souvenir, keepsake; fornminne relic
minnesanteckning memorand|um (pl. äv. -a)
minnesbild visual picture; hans utseende stämmer *med min ~* ...with the picture in my mind
minnesdag åminnelsedag commemoration (remembrance, memorial) day; friare day to remember
minnesförlust loss of memory
minnesgod, *en ~ person* kom ihåg den a person with a good memory...
minneshögtid commemoration
minneslista memorand|um (pl. äv. -a); för inköp shopping list
minneslucka gap (lapse) in one's memory
minneslund memorial grove (park)
minnesmärke 1 minnesvård memorial, monument **2** relik relic
minnesrik ...rich in memories [of the past]; oförglömlig unforgettable
minnesskrift memorial publication
minnessten o. **minnesstod** se *minnesmärke 1*
minnestal commemorative speech
minnesvärd memorable; ...worth remembering
Minorca Menorca

minoritet minority; *vara i ~* be in the (a) minority
minoritetsregering minority government
minsann I *adv* sannerligen certainly; *det är ~ inte lätt* äv. that isn't easy, to be sure (I can tell you) **II** *interj, ~,* där är han*!* ...to be sure!, well (why)...!
minska I *tr* reduce; förminska decrease; förringa detract from; sänka lower; dämpa abate; *~* ngt *till hälften* halve..., diminish...to a half **II** *itr* decrease; avta fall off; sjunka decline, fall; dämpas abate; arbetslösheten *har ~t* ...has been reduced; *~* [5 kilo] *i vikt* go down [...] in weight; på grund av *~d efterfrågan* ...decreasing demand
minskas se *minska II*
minskning reduction; nedskärning cut
minspel facial expressions
minst I *adj* **1** mots. t. 'störst' smallest; t.ex. om antal minimum; kortast shortest; yngst youngest; ringast least; obetydligast slightest; *den ~a* (*~e*) *av* pojkarna the smallest (yngste youngest) of...; vid jämförelse mellan två äv. the smaller (resp. younger) of...; *jag har inte* [*den*] *~a anledning att...* I haven't the least (slightest) reason to..., I have no reason whatever to...; *~ till storleken* smallest in size **2** mots. t. 'mest' least; mots. t. 'flest' fewest; *han fick ~* (*~ pengar*) he got [the] least ([the] least money) **3** *det ~a du kan göra är att...* the least you can (could) do is to...; *hon är inte det ~a* blyg she is not a bit (the least [bit])..., she is not...in the least **II** *adv* least; åtminstone at least; inte mindre än not less than; *när man* [*allra*] *~* väntar det when you least [of all]...
minsvepare minesweeper
mint smakämne mint
minus I *s* matem. minus [sign]; underskott deficit, deficiency, shortage; nackdel drawback **II** *adv* minus; med avdrag av less; *~ 2* [*grader*] el. *2 grader ~* two degrees below zero
minusgrad degree of frost (below zero); *det är ~er* it is below zero, there is frost
minustecken minus [sign]
minut 1 minute; *fem ~ers promenad* [a] five minutes' walk, a five-minute walk; *komma i sista ~en* ...at the last moment (minute) **2** hand. *i ~* [by] retail; mots. t. 'flest' retail; amer. [at] retail; *sälja* ngt *i ~* sell...by retail, retail...
minutiös meticulous; detaljerad minute, elaborate
minutvisare minute hand
mirakel miracle
mirakulös miraculous

misantrop misanthrope
miserabel miserable
miss fel, bom miss; *en svår ~* a bad miss
missa miss; *~ poängen i* historien miss the point of...; *~ tåget* äv. lose one's train
missakta ringakta disdain; förakta despise
missanpassad maladjusted; *han är ~* äv. ...is a misfit
missbelåten displeased; jfr *missnöjd*
missbildad malformed
missbildning malformation; lyte deformity
missbruk av t.ex. frihet, förtroende, makt abuse; av alkohol, orättmätigt bruk improper (*starkare* wrongful, illegitimate) use; vanhelgande profanation
missbruka t.ex. frihet, förtroende abuse; t.ex. alkohol, narkotika be addicted to; t.ex. ngns godhet take [undue] advantage of; ngns gästfrihet trespass upon; göra missbruk av put...to an improper (a wrong) use
missbrukare av alkohol, narkotika addict
misse vard. pussy[cat]
missfall miscarriage; *få ~* have a miscarriage
missfoster eg. el. bildl. abortion
missfärga discolour
missförhållande 1 otillfredsställande tillstånd: a) *~[n]* allm. unsatisfactory state of things (affairs) sg., bad conditions pl. b) olägenhet inconvenience; nackdel drawback 2 disproportion disproportion, disparity, incongruity
missförstå misunderstand; vard. get...wrong; *~dd* misskänd misunderstood, unappreciated
missförstånd misunderstanding; oenighet disagreement; jfr *missuppfattning*
missgrepp bildl. mistake, blunder
missgynna treat...unfairly; vara orättvis mot be unfair to
missgärning misdeed; stark. evil (ill) deed
misshaga displease; *det ~de honom* äv. he disliked it
misshaglig displeasing; *en ~* person (åtgärd) an undesirable...
misshandel maltreatment; jur. assault and battery
misshandla maltreat, ill-treat; isht barn batter; isht jur. assault; bildl.: t.ex. en melodi, språket murder; t.ex. ett piano maltreat
misshällighet discord; *~er* äv. quarrels; meningsskiljaktigheter differences
mission 1 [livs]uppgift mission 2 relig. *~[en]* missions pl.
missionera missionize
missionär missionary
misskläda not suit (become)
missklädsam unbecoming

misskreditera discredit
misskund förbarmande mercy; medkänsla compassion
missköta I *tr* mismanage; försumma, tjänst neglect II *rfl*, *~ sig* neglect oneself (sin hälsa one's health)
missljud eg. el. bildl. jarring (discordant) sound; mus. el. misshällighet jar
misslyckad som misslyckats unsuccessful; felslagen, förfelad abortive; *ett misslyckat företag* a failure
misslyckande failure; fiasco (pl. -s); vard. flop
misslyckas fail; be (prove, turn out) unsuccessful; not succeed etc., jfr *lyckas*; planen *misslyckades totalt* äv. ...did not work at all, ...was a dead failure (vard. a complete flop)
misslynt ill-humoured; stark. cross
missminna, *om jag inte missminner mig* if my memory is not at fault, if I remember rightly
missmod downheartedness, dejection; nedslagenhet discouragement
missmodig downhearted; nedslagen discouraged
missnöjd isht tillfällig dissatisfied; missbelåten displeased; isht stadigvarande discontented; *vara ~ med* ogilla äv. disapprove of
missnöje dissatisfaction; missbelåtenhet displeasure; djupt o. utbrett discontent; ogillande disapproval; meddelandet *väckte allmänt ~* ...gave rise to general dissatisfaction
missnöjesyttring expression of dissatisfaction (discontent)
misspryda disfigure
missriktad misdirected
missräkna, *~ sig* bli besviken *på ngn* be deceived (disappointed) in a p.
missräkning disappointment
missta, *~ sig* make a mistake [*om (på)* about (as to)]; be mistaken, be wrong, be in error; *om jag inte misstar mig* if I am not mistaken; *~ sig på* (felbedöma) ngn, ngt be mistaken in..., get...wrong
misstag mistake; förbiseende oversight; *det måste vara ett ~* there must be some mistake
misstaga, *~ sig* se *missta*
misstanke suspicion; *fatta misstankar mot* begin to suspect, become suspicious of
misstolka missförstå misconstrue; vantolka misinterpret
misstro I *tr* distrust; tvivla på doubt; betvivla discredit II *s* se *misstroende*
misstroende distrust; *hysa ~ till* se *misstro* I
misstroendevotum vote of no confidence; *ställa ~* move a vote of no confidence

misstrogen distrustful, mistrustful, suspicious; skeptisk incredulous
misströsta despair
misströstan despair; svag. despondency
misstycka, *om du inte misstycker* if you don't mind
misstyda missförstå misconstrue; vantolka misinterpret
misstämning förstämning [feeling of] depression; misshumör bad mood; spänning [feeling of] discord (disharmony)
misstänka suspect; ~ *ngn* äv. be suspicious of a p.; *jag misstänker att han ljuger (han är en lögnare)* I suspect him of lying (him to be a liar el. that he is a liar)
misstänkliggöra throw (cast) suspicion on
misstänksam suspicious
misstänksamhet suspicion; egenskap suspiciousness, distrustfulness
misstänkt 1 suspected; *vara ~ för ngt (för att* inf.) be under suspicion of a th. (of ing-form); subst. adj.: *en ~* a suspect **2** tvivelaktig suspicious; *det ser ~ ut (verkar ~)* there is something suspicious (vard. fishy) about it
missunna grudge; avundas envy
missunnsam grudging; avundsam envious
missuppfatta t.ex. ngns avsikt misunderstand; t.ex. situationen misjudge; feltolka misread
missuppfattning missförstånd misunderstanding, misapprehension, mistake; felaktig uppfattning misconception
missvisande bildl. misleading, deceptive
missväxt failure of the crop[s]
missämja dissension
missöde mishap; *tekniskt ~* technical hitch
mist mist; tjocka fog
mista förlora lose; undvara do without
miste 1 orätt, galet wrong; *ta ~* se *missta[ga]* o. *[ta] fel III* **2** *gå ~ om* a) bli utan miss, fail to secure; vard. miss out on b) förlora (t.ex. sin plats) lose
mistel bot. mistletoe
mistlur foghorn
misär nöd extreme poverty
1 mitt se under *1 min*
2 mitt I *s* middle; *i (på, vid) ~en* in the middle **II** *adv,* käppen gick *~ av* ...[right] in two; *~ emot* just opposite; *~ för näsan på ngn* under a p.'s very nose; 'rakt i ansiktet' in a p.'s face; *~ i* in (vid riktning into) the [very] middle {*ngt* of a th.}; *~ i natten* right in the middle of the night; mera känslobetonat at (in the) dead of night; *~ under* ngt a) i rumsbet. immediately (exactly) under (nedanför below) b) i tidsbet. in the middle of...; *~ över* gatan straight across...

mittbena, *ha ~* have one's hair parted (have a parting) in (down) the middle
mittemot se *emot* o. *2 mitt II*
mittenparti polit. centre party
mitterst in the centre (middle)
mittersta, *[den] ~* kullen the middle (central)...
mittfält sport. midfield
mittfältsspelare sport. midfield player
mittför se under *2 mitt II*
mittlinje centre (central, median, på t.ex. fotbollsplan half-way) line
mittpunkt centre
mittunder se under *2 mitt II*
mittuppslag i tidning centrespread
mix kok. mix
mixa vard. mix äv. radio.
mixer kok. el. radio. mixer äv. om pers.
mixtra, *~ med* knåpa potter (manipulera juggle, krångla tamper, tinker) with
mixtur mixture
mjugg, *i ~* covertly; *le (skratta) i ~* laugh up one's sleeve
mjuk icke hård soft, t.ex. om anslag gentle, mör tender; icke stel limp, smidig lithe, pliable; flexible äv. medgörlig; *~a rörelser* graceful (lithe) movements; *bli ~* become (grow) soft (tender m.fl.), soften
mjuka, *~ [upp]* göra mjuk make...soft, soften; *~ upp sig* musklerna limber up
mjukglass soft ice cream
mjukhet softness etc., jfr *mjuk*; pliancy
mjuklanda make a soft landing äv. bildl.
mjukna soften, become (grow) soft[er] etc., jfr *mjuk*
mjukost soft cheese
mjukstart settling-in period
mjukvara data. software
mjäkig om t.ex. melodi sloppy, sentimental; om t.ex. pojke namby-pamby
mjäll i håret dandruff
mjälte anat. spleen
mjöd mead
mjöl något söndermalet, t.ex. osiktat ~, ben~ meal; siktat ~ flour; pulver powder; stoft dust; *inte ha rent ~ i påsen* have something to hide, be up to some mischief
mjöla flour, sprinkle...[over] (powder...) with flour
mjölig floury; *~ potatis* mealy...
mjölk milk
mjölka I *tr* milk **II** *itr* give (yield) milk; korna *~r bra* ...are milking well
mjölkchoklad milk chocolate
mjölke fisk~ milt äv. om organet; soft roe
mjölkko milch cow äv. bildl.; *en bra ~* a good milker

mjölkning milking
mjölksocker milk sugar
mjölksyra lactic acid
mjölktand milk tooth
mjölktillbringare milk jug
mjölkört bot. rose bay [willow herb]; amer. äv. fireweed
mjölnare miller
m.m. (förk. för *med mera*) etc.; se vid. under *2 med I 6*
mo hed sandy heath [with pines]
moatjé kavaljer partner
mobb mob
mobba bully; om fåglar o. djur mob
mobbning bullying, harassment; bland fåglar o. djur mobbing
mobil I *adj* mobile äv. mil. **II** *s* konst. mobile
mobilisera mil. mobilize äv. friare
mobilisering mil. mobilization äv. friare
mobiltelefon mobile [tele]phone, cellphone, cellular phone
Moçambique Mozambique
mocka 1 kaffe[sort] mocha **2** skinnsort suède [leather]
mockajacka suède [leather] jacket
mockakopp [small] coffee cup
mockasin moccasin
mod orädhet courage, heart; kurage mettle; vard. guts; hjälte~ bravery; livs~ spirits; *med glatt ~* cheerfully, unhesitatingly; *bli bättre till ~s* recover one's spirits; *vara vid gott ~* be in good heart (spirits)
modd slush
moddig slushy
mode fashion, style; 'fluga' rage; följa *~ts växlingar* ...the changes of fashion; *vara på ~t* be the (be in) fashion, be fashionable, be in vogue, be the craze, be all the rage
modedocka bildl. el. iron. fashion plate
modefluga craze, fad
modefärg fashionable colour
modelejon fashionmonger; sprätt dandy
modell model; mönster pattern; typ design; isht hand. style; *stå ~* pose [as an artist's (foto~ as a photographer's) model]; teckna *efter ~* ...from a model
1 modellera modelling clay; plastiskt material plasticine
2 modellera eg. el. bildl. model
modellflygplan model [aero]plane
modem data. modem
modemedveten fashion-conscious
modeord fashionable (vogue) word; vard. in-word
moder mother; *~ jord* Mother Earth; *blivande mödrar* expectant mothers
moderat 1 måttlig moderate; skälig reasonable **2** polit. Conservative; *en ~* subst. adj. a member of the Moderate (Swedish Conservative) Party
moderation moderation
moderbolag parent company
moderera moderate; dämpa, t.ex. sina uttalanden, äv. tone down
moderfirma o. **moderföretag** parent firm (company)
moderiktig fashionable, in fashion
moderiktning fashion trend
moderkaka anat. placenta (pl. äv. -ae)
moderland mother country
moderlig omhuldande motherly; som tillkommer en mor maternal
moderlös motherless
modern nutida modern, ...of today; tidsenlig up to date; på modet fashionable, in fashion, vard. all the rage; *~ engelska* present-day (modern) English; *~ lägenhet* flat (större o. isht amer. apartment) with modern conveniences (with mod cons)
modernisera modernize, bring...up to date
modernitet modernity; nymodig sak novelty
modersbunden, *vara ~* have a mother fixation
modersinstinkt maternal instinct
moderskap motherhood
modersmjölk mother's milk; *med ~en* with one's mother's milk
modersmål mother tongue; *på sitt eget ~* äv. in one's own [native] language
modesak 1 konkr. fashionable (fancy) article **2** abstr. *vara en ~* be the vogue (fashion); vard. be the in-thing
modeskapare couturier fr.; fashion designer
modetecknare fashion designer
modetidning fashion magazine (paper)
modevisning fashion show (display)
modfälld discouraged, disheartened, dispirited, downhearted
modifiera modify
modifikation modification; *en sanning med ~* a qualified truth
modig courageous; tapper brave; djärv bold; *vara ~ [av sig]* äv. have [got] pluck (courage m.fl., jfr *mod*)
modist milliner, modiste
modlös dispirited, jfr vid. *modfälld*
modul byggn. module
modulera mus. el. radio. modulate
mogen allm. ripe; *~ frukt* ripe (fullmogen mellow) fruit; *en ~ kvinna (skönhet)* a mature woman (ripe beauty); *~ för (att* inf.) ripe (ready) for (for ing-form)
mogna ripen; friare o. bildl. mature; ligga till sig season; *~ efter* ripen [with time]
mognad ripeness; isht bildl. maturity

mohair mohair
mojna lull, slacken
mojäng vard. gadget
mola småvärka ache slightly
molekyl fys. el. kem. molecule
moll mus. minor; *gå i* ~ be in the minor key äv. bildl.
mollskala mus. minor scale
moln cloud äv. bildl.; *gå i* ~ pass (vanish) into [the] clouds (cloud)
molnbank bank of clouds
molnfri cloudless, ...free from clouds; unclouded äv. bildl.
molnig cloudy
molnighet cloudiness; *ökad* ~ i väderleksrapport becoming cloudier
molntapp wisp of cloud
molntäcke cloud cover; *lättande* ~ decreasing cloud
moloken vard. downhearted, down; *vara* ~ äv. be down in the mouth
moltiga not say a word
moment 1 faktor element; punkt point; t.ex. i studiekurs item; stadium stage, phase; *det svåraste ~et i tävlingen* the most difficult part (element) of... **2** fys. el. tekn. moment **3** tidpunkt moment
moms VAT, jfr *mervärdesskatt*
momsfri ...exempt from (zero-rated for) VAT
Monaco Monaco
monark monarch
monarki monarchy
mondän fashionable; societets- society...
monetär ekon. monetary
Mongoliet Mongolia
mongolism med. Down's syndrome
mongoloid *adj* med. mongoloid
monitor radio. el. TV. monitor
monogam monogamous
monogami monogamy
monogram monogram
monokel monocle
monolog monologue
Monopol® sällskapsspel Monopoly
monopol monopoly; *ha* ~ *på ngt (att* inf.) have [got] a monopoly of a th. (of ing-form)
monoteism relig. monotheism
monoton monotonous
monotoni monotony
monster monster
monstruös monstrous
monsun monsoon
montage film. montage
monter showcase; på utställning o.d. exhibition case; utrymme [exhibition] stand

montera sätta ihop mount; t.ex. bil assemble; ~ *[upp]* uppföra äv. erect, set (fit) up; ~ *in* fit in, fix [up], install
montering abstr. mounting etc.; assembly; erection; installation; film. äv. montage; jfr *montera*
monteringsfärdig prefabricated
montör fitter; elektr. äv. electrician; t.ex. bil~, radio~ assembler
monument monument
monumental monumental
moped moped
mopp mop
moppa mop
moppe vard., moped moped
mops pug[dog]
mor mother; jfr äv. *mamma* o. *moder*; *~s dag* Mother's Day
moral 1 etik ethics; ~uppfattning morality; seder morals; anda; isht bland trupper morale; *slapp* ~ lax morals **2** sens moral moral
moralisera moralize
moralisk moral; etisk ethical
moralist moralist
moralkaka o. **moralpredikan** [moral] lecture, sermon
morbid morbid
morbroder [maternal] uncle
mord murder; jur. äv. homicide; lönn~ el. politiskt ~ assassination; *begå ett* ~ commit a murder
mordbrand incendiarism; jur. arson; *en* ~ an act of incendiarism
mordförsök attempted murder; göra *ett* ~ *på ngn* ...an attempt on a p.'s life
mordisk murderous
mordplats scene of the (resp. a) murder
mordutredning murder investigation
mordvapen murder weapon
morfader se *morfar*
morfar [maternal] grandfather; vard. grandpa; mother's father
morfin morphia; isht med. morphine
morfinist morphinist
morföräldrar, *mina* ~ my grandparents [on my mother's side]
morgon (jfr äv. ex. under *dag 1, kväll*) **1** mots. 'kväll' morning; gryning dawn; *god ~!* good morning!; *från ~ till kväll* from morning to night, from dawn to dusk **2** *i* ~ tomorrow; *tidigt i* ~ early tomorrow morning
morgonbön morning prayers
morgondag, *~en* tomorrow
morgonhumör, *han har dåligt* ~ he is in a bad mood in the morning[s]

morgonkröken o. **morgonkulan** o.
morgonkvisten, *på* ~ in the early morning
morgonmål morning meal
morgonmänniska person who is (was etc.) at his (resp. her) best in the morning
morgonnyheter i radio early [morning] news
morgonpigg, *vara* ~ be lively (alert) in the morning[s]
morgonrock dressing gown
morgonrodnad red light of dawn
morgonstund, ~ *har guld i mund* ordst., ung. the early bird catches the worm
morgontidning morning paper
morkulla zool. [European] woodcock
mormoder se *mormor*
mormon Mormon
mormor [maternal] grandmother; vard. grandma, gran; mother's mother
morot carrot äv. bildl.
morra growl
morrhår whiskers; fackspr. vibrissae
morrning growl, snarl
morron se *morgon*
1 morsa vard. ~[*n*] mum, ma; amer. mom
2 morsa vard. ~ *på* say hallo (amer. äv. hi) to
morse, *i* ~ this morning
morsealfabet Morse alphabet (code)
morsgris vard., kelgris mother's darling; vekling milksop
morsk självsäker self-assured; kaxig, kavat cocky; orädd bold; som inte ger tappt game; käck plucky
morska, ~ *sig* be cocky; ~ *upp sig* fatta mod pluck up courage
mortel mortar
mortelstöt pestle
mos kok. mash; av äpplen sauce; mjuk massa pulp; röra mush; *göra* ~ *av* bildl. make mincemeat of
mosa, ~ [*sönder*] pulp, reduce...to pulp; potatis o.d. mash; tillintetgöra t.ex. motståndare crush (smash)...completely; vard. beat...to a frazzle
mosaik mosaic; *lägga in med* ~ mosaic
mosebok, *de fem moseböckerna* vanl. the Pentateuch sg.
moselvin moselle
1 mosig mosad pulpy
2 mosig vard., om ansikte red and bloated; berusad fuddled
moské mosque
moskit mosquito
Moskva Moscow
mossa moss
mosse bog
mossig mossy
moster [maternal] aunt; *min fars* (*mors*) ~ äv. my great-aunt, my grand-aunt

mot I *prep* **1** i fråga om rumsförh.: **a)** i riktning mot towards; fönstret *vetter* ~ *öster* ...faces [the] east **b)** vid beröring against; ställa stolen ~ *väggen* ...against (intill [close] to) the wall **2** i fråga om tidsförh. towards; *se fram* ~ bättre tider look forward to... **3** i fråga om bemötande el. inställning to; *häftig* (*uppriktig*) ~ hot-tempered (honest) with; *sträng* ~ strict with, severe (hard) on **4** i fråga om förhållanden i övrigt: **a)** för att beteckna motstånd, fientlighet against; *brott* ~ en regel breach of...; *det hjälper* (*är bra*) ~... it is good for...; *reagera* ~ ljuset react to... **b)** för att beteckna kontrast el. jämförelse vanl. against; se ngt ~ *bakgrunden av* bildl. ...in the light of; det är ingenting ~ *vad jag har sett* ...to what I have seen **c)** för att beteckna byte el. motsvarighet for; ~ en årlig avgift on payment of...; göra ngt ~ *betalning* ...[in return (exchange)] for money **II** *adv* se *emot II*
mota 1 ~ spärra vägen för *ngn* (*ngt*) bar (block) the way for a p. (a th.) **2** fösa drive; vard. shoo; ~ *bort* (*undan*) drive...off (...away)
motanfall o. **motangrepp** counterattack
motarbeta motsätta sig oppose; sätta sig upp mot set oneself [up] against; motverka counteract; bekämpa combat; söka omintetgöra, t.ex. ngns planer try (seek) to thwart
motbjudande som väcker motvilja repugnant, repulsive; vämjelig disgusting; obehaglig offensive
motbud hand. counterbid
motdrag schack. el. friare countermove
motell motel
motgift antidote
motgång adversity; bakslag reverse; mil. check
mothugg bildl. opposition; *få* ~ meet with opposition
motig adverse; *det är* ~*t* things are not easy
motighet reverse
motion 1 kroppsrörelse [physical] exercise; *få* ~ get [some] exercise **2** förslag motion; lagförslag [private, member's] bill; *väcka* ~ propose (submit) a motion, introduce a bill, move a resolution
motionera I *tr,* ~ t.ex. en häst give...exercise, exercise... **II** *itr* **1** skaffa sig motion take exercise **2** väcka förslag, se [*väcka*] *motion*
motionscykel cycle exerciser
motionsgymnastik keep-fit exercises
motionsslinga jogging track
motionär 1 pers. som motionerar person who does physical exercise; joggare jogger

2 parl. proposer of a (resp. the) motion; jfr *motion 2*
motiv 1 bevekelsegrund motive; skäl reason; cause; *vad hade han för ~ för att* inf. what was his motive (reason) for ing-form **2** ämne, grundtanke motif; mus. äv. theme
motivation motivation äv. psykol.
motivera 1 utgöra skäl för give cause for; rättfärdiga justify, warrant; ange skäl för state [one's] reasons ([one's] motives) for **2** skapa lust el. intresse för motivate
motivering berättigande justification, explanation; angivande av skäl statement of [one's] reasons ([one's] motives); t.ex. för lagförslag explanatory statement; motivation; *med den ~en att* on the plea (ground[s]) that
motljus, *i ~* against the light
motocross moto-cross
motor förbrännings~ engine, motor; *elektrisk ~* electric motor; *slå av ~n* switch (cut, turn) off the engine (motor)
motorbränsle motor fuel
motorbåt motorboat
motorcykel motorcycle; vard. motorbike; *lätt* (*tung*) *~* light (heavy) motorcycle
motorcyklist motorcyclist
motordriven motor driven; t.ex. gräsklippare power...
motorfartyg motor ship (förk. M/S, MS), motor vessel (förk. MV)
motorfel engine (motor) fault (krångel trouble)
motorfordon motor vehicle
motorgräsklippare power lawn mower
motorhuv på bil [engine] bonnet (amer. hood); flyg. cowl
motorisera motorize
motorisk fysiol. motor...; *~ inlärning* motor learning
motorolja motor (engine) oil
motorsport motoring, motor sport[s pl.]
motorstopp engine (motor) failure (breakdown); *jag fick ~* bilen gick sönder the (my) car broke down; bilen tjuvstannade the (my) car stalled
motorsåg power saw
motortrafikled main arterial road
motorväg motorway; amer. expressway
motorvärmare engine preheater
motpart opponent isht jur.; *~en* äv. the other party (side)
motpol opposite pole; bildl. antithes|is (pl. -es), opposite; *de är ~er* they are poles apart
motprestation gentjänst service in return; *göra en ~* äv. do something in return
motsats opposite, reverse, antithes|is (pl. -es); motsättning contrast; *detta är raka ~en* [*till...*] this is the exact (very) opposite [of...], this is quite the contrary [of...]; *i ~ till mig* är han... unlike (by contrast with) me...
motsatsförhållande oppositionellt förhållande state of opposition; fientligt antagonism; *stå i ~ mot* (*till*) be in opposition to
motsatt opposite äv. bildl.; omvänd reverse; *i ~ fall* in the contrary case; i annat fall otherwise; [*det*] *~a könet* the opposite sex; *på ~a sidan* on the opposite side (bokuppslag page)
motse se fram emot look forward to; förutse expect; vänta sig await
motsols anti-clockwise
motspelare sport. o.d. opponent
motspänstig genstravig refractory; ohanterlig unmanageable; halsstarrig intractable
motstridig om uppgifter o.d. conflicting, contradictory
motsträvig motvillig reluctant
motströms against the current (stream)
motstycke counterpart; *det saknar ~* it is without parallel
motstå se *stå* [*emot*]
motstående opposite
motstånd 1 motvärn, hinder resistance äv. sport.; *ge upp ~et* give up one's opposition; mil. äv. surrender; *möta ~* meet with resistance (opposition) **2** fys. resistance; reostat rheostat
motståndare opponent äv. sport.; adversary; *vara ~ till ngt* be an opponent of (be opposed to, be against) a th.
motståndarlag sport. opposing team
motståndskraft [power of] resistance
motståndskraftig resistant
motståndsrörelse polit. resistance movement
motsvara correspond to; t.ex. beskrivningen answer [to]; uppfylla, t.ex. krav, förväntningar fulfil; vara likvärdig med be equivalent (equal, tantamount) to
motsvarande allm. corresponding
motsvarighet överensstämmelse correspondence; full equivalence; proportionell proportionateness; motstycke counterpart; parallell analogue
motsäga contradict
motsägande contradictory; själv~ inconsistent
motsägelse contradiction; oförenlighet incompatibility; *utan ~* oemotsägligen indisputably
motsägelsefull contradictory, ...full of contradictions (inkonsekvenser inconsistencies)

motsätta, ~ *sig* oppose, go against
motsättning motsatsförhållande opposition; fientligt förhållande antagonism; *stå i ~ mot (till)* be in contrast to, contrast to
mottaga se *ta* [*emot*]
mottagande reception; isht hand. receipt; *få ett vänligt ~* äv. be kindly received
mottagare 1 pers. receiver; adressat vanl. addressee; i tennis o.d. receiver **2** apparat receiver
mottaglig susceptible; känslig sensitive [*för* to]
mottaglighet susceptibility etc., jfr *mottaglig*; *~ för intryck* impressionability
mottagning reception äv. radio.; doktorn har *~ varje dag* ...surgery (betr. psykiater consulting) hours every day
mottagningsrum läkares consulting-room, surgery; amer. [doctor's] office
mottagningstid time for receiving visitors
motto motto (pl. -s el. -es); devis legend
moturs anti-clockwise, counter-clockwise
motverka motarbeta counteract; hindra obstruct; försöka sätta stopp för counter-check; uppväga compensate for; upphäva verkan av neutralize
motvikt eg. el. bildl. counterbalance, counterpoise
motvilja olust dislike, distaste; avsky antipathy; vedervilja aversion; *få (känna) ~ mot* take (feel) a dislike to
motvillig reluctant; stark. averse
motvind contrary (adverse) wind; *ha ~* äv. have the wind [dead] against one
motväga counterbalance; uppväga compensate for
motvärn resistance; *sätta sig till ~* make (offer) resistance, fight back
motåtgärd countermeasure
mousse mousse äv. hår~
moussera sparkle; skumma effervesce; vard. fizz; *~nde vin* sparkling wine
muck vard.: mil., ung. demob
1 mucka vard. tr, *~ gräl* pick a quarrel [*med* with]
2 mucka vard.: mil. be demobbed
mudd på plagg wristlet
muddra vard. *~ ngn* kroppsvisitera frisk a p.
muff 1 av skinn o.d. muff **2** tekn. sleeve; rör~ socket; på axlar coupling-box
muffins queen (fairy) cake; amer. muffin
mugg 1 kopp mug, cup; större jug; *arbeta för fulla ~ar* ...at full speed **2** sl., se *dass*
Muhammed Mohammed
muhammedan Mohammedan
mula zool. mule
mulatt mulatto (pl. -s el. -es)
mule muzzle
mulen om himmel clouded over end. pred.; overcast, cloudy äv. om väder; bildl. gloomy; *det är mulet* it is cloudy
mull earth; stoft dust
mullbär mulberry
muller rumble
mullig plump
mullra rumble, roll
mullvad zool. mole äv. bildl.
mulna cloud over, become overcast; bildl. darken; *det ~r* [*på*] the sky is clouding over
mul- och klövsjuka, *~[n]* foot-and-mouth disease
multinationell multinational
multiplicera multiply
multiplikation matem. multiplication
multiplikationstabell matem. multiplication table
multna moulder (rot) [away]
mulåsna eg. hinny; vanl. mule
mumie mummy äv. bildl.
mumifiera mummify
mumla tala (uttala) otydligt mumble; muttra mutter
mummel mumble etc.; mumlande mumbling etc., jfr *mumla*
mumsa vard., *~ på (i sig) ngt* munch a th.
mun mouth; *täppa till ~[nen] på ngn* silence (med munkavle o.d. gag) a p; vard. shut a p. up; *med 'en ~* with one voice, unanimously; *du tog ordet (orden) ur ~nen på mig* you took the words right out of my mouth
mundering åld., soldats equipment; neds. get-up; hästs trappings
mungiga mus. jew's harp
mungipa corner of one's mouth; *dra ner mungiporna* lower (droop) the corners of one's mouth
mungo zool. mongoose (pl. -s)
munhuggas wrangle
munhåla oral (mouth) cavity
munk 1 pers. monk **2** bakverk doughnut
munkavel o. **munkavle** eg. gag; bildl. muzzle; *sätta ~ på ngn* gag (muzzle) a p.
munkkloster monastery
munkorden monastic order
munkorg muzzle; *sätta ~ på* äv. bildl. muzzle
munläder vard. *ha gott ~* have the gift of the gab
mun-mot-munmetod mouth-to-mouth method
munsbit mouthful; tugga morsel; *ta ngt i en ~* swallow a th. in one go (at a mouthful)
munskydd mask
munspel mouth organ

munstycke mouthpiece; på slang nozzle; på rör, förgasare o.d. jet; löst, för cigarett etc. holder
munsår sore on the lips
munter merry; glättig cheerful; uppsluppen hilarious
munterhet merriness, jfr *munter*; *väcka ~* raise laughter (a laugh)
muntlig om t.ex. examen, tradition, översättning oral; om t.ex. meddelande, överenskommelse verbal; *~ tentamen* univ. oral examination
muntligen o. **muntligt** orally; t.ex. meddela ngt verbally
muntra, *~ [upp]* cheer...[up], exhilarate
munvig glib; slagfärdig ready-witted
mur wall äv. bildl.; *tiga (vara tyst) som ~en* maintain a wall of silence, keep completely silent (vard. mum)
mura bygga [av tegel (sten)] build...[of brick (stone)]; *~ igen (till)* wall (med tegel brick) up
murare tegel~ bricklayer; isht sten~ mason; för putsarbete plasterer
murbruk mortar
murgröna bot. ivy
murken decayed; stark. rotted
murkla bot. morel
murkna decay
murmel o. **murmeldjur** marmot
murrig om färg drab
murvel vard. hack journalist
murverk masonry; av tegel brick work; murad[e] vägg[ar] walling
mus 1 mouse (pl. mice); *tyst som en ~* quiet as a mouse **2** data. mouse (pl. mouses)
museiföremål museum specimen (piece äv. bildl.)
museum museum; *gå på ~* visit (go to) a museum
musicera, *vi brukar ~ [litet]* we usually play [some] music
musik music äv. bildl.; *levande ~* live music; *marschera till ~* ...to the sound of music
musikaffär music shop
musikal musical
musikalisk musical
musikant musician
musiker musician
musikhandel music shop
musikhistoria [vanl. the] history of music
musikinstrument musical instrument
musikkapell orchestra
musikkår band; *medlem av en ~* äv. bandsman
musiklektion music lesson
musiklärare music teacher (master)
musikskola school of music
musikstycke piece of music

musikverk musical composition (work)
musikvän o. **musikälskare** music lover, lover of music
musiköra musical ear; *ett bra ~* vanl. a good ear for music
muskel muscle; *spänna musklerna* tense one's muscles
muskelbristning muscle rupture
muskelknutte vard. muscle man
muskelkraft se *muskelstyrka*
muskelsträckning, *få en ~* get a sprained muscle, sprain a muscle
muskelstyrka muscular strength
muskelvärk muscular pain, pain in one's muscles
musketör hist. musketeer
muskot krydda nutmeg
muskotnöt bot. nutmeg
muskulatur musculature
muskulös muscular
muslim Muslim
muslimsk Muslim
muslin tyg muslin
Musse Pigg seriefigur Mickey Mouse
mussla djur tillhörande musselsläktet bivalve; isht ätlig mussel
must 1 ojäst fruktsaft: a) av druvor must b) av äpplen [apple] juice; amer. [sweet] cider **2** *suga ~en ur ngn* take the life out of a p.
mustang zool. mustang
mustasch moustache; *ha (lägga sig till med) ~* wear (grow) a moustache
mustaschprydd moustached
mustig 1 kraftig, närande rich; om t.ex. soppa nourishing; om t.ex. öl full-bodied **2** bildl., om t.ex. historia racy, juicy; grov coarse
muta I *s* bribe; vard. palm oil; för att tysta ngn hush money **II** *tr* besticka bribe; polit. äv. corrupt; isht vittne suborn; *~ ngn* vard. äv. square a p., oil (grease) a p.'s palm; *han lät inte ~ sig* he was not to be bribed
mutförsök attempt at bribery
mutter till skruv [screw] nut
muttra mutter; *~ för sig själv* mutter to oneself; *~ klaga över ngt* grumble (vard. grouse) about (at) a th.
MVG (förk. för *mycket väl godkänd*) skol. passed with great distinction
mycken (*myckna*) o. **mycket A** *mycken, mycket* i omedelbar anslutning till följ. subst.: a) much b) en hel del a great (good) deal of, a great amount (quantity) of, a great many, a great (large) number of; fullt med plenty (vard. a [great] lot) of c) stor great; *det var mycket folk* på mötet there were [a great] many (a lot of) people...; jag har aldrig sett *så mycket folk* ...so many (such

a lot of) people; *mycken glädje (omsorg)* much pleasure (care)
B *mycket* utan omedelbar anslutning till följ. subst. **1 a)** i positiv [very] much; stark.: synnerligen, t.ex. användbar most; högst, t.ex. populär highly; helt, t.ex. naturlig quite; den är *mycket användbar* ...very (most) useful, ...of great use; *jag är mycket förvånad* I am very (very much, greatly, highly, most, much, quite) astonished **b)** i komparativ samt i förbind. 'mycket för' = 'alltför' much; vida äv. far; en hel del äv. a great (good) deal; vard. a lot; *så mycket bättre* all (so much) the better; *mycket mer* much more **2** i övr. fall: much; en hel del, ganska mycket a great (good) deal; vard. a lot; många [saker] many [things]; en massa plenty; i hög grad very much; *det finns mycket (inte mycket) kvar* there is plenty (not much) left; *hon är mycket för* kläder she goes in a lot (is a great one) for...; *hon är inte mycket för* sötsaker she is not very keen on...; *det är inte mycket [mer] att tillägga* there is little [else] to be added; *det är inte mycket med honom (det)* he (it) isn't up to much; *jag beklagar mycket* att I very much (I deeply) regret...; *det förvånade mig mycket* att it very much (greatly) surprised me...; *jag går mycket (inte mycket) på bio* I go to the cinema quite a lot (I don't go to the cinema very much); *han läser mycket* he reads much (a great deal, a good deal, a lot); *koka* ngt *för mycket* boil...too long; *så mycket* fick jag inte ...as much as that (inte sådana mängder all that much)
C *myckna, det myckna arbete han lagt ned på...* the amount of work he has put into...
mycket se *mycken*
mygel vard. wangling, string-pulling; amer. äv. finagling; i större skala wheeling and dealing
mygg koll. mosquitoes; knott gnats
mygga mosquito (pl. -es el. -s); knott gnat
myggbett mosquito bite
myggmedel mosquito repellent
myggnät mosquito net
mygla vard. wangle; amer. äv. finagle; i större skala wheel and deal; ~ *till sig ngt* get a th. by wangling etc. jfr *mygel*
myglare vard. wangler; amer. äv. finagler; i större skala wheeler-dealer
mylla mould, humus
myller swarm
myllra swarm, be alive; jfr *vimla*
München Munich

myndig 1 jur., som har uppnått ~ ålder ...of age; *bli* ~ come of age **2** befallande authoritative; neds. masterful; t.ex. om stämma, ton peremptory
myndighet 1 samhällsorgan [public] authority; *~erna* the authorities **2** myndigt uppträdande o.d. authoritativeness etc.; uppträda *med* ~ ...with authority **3** myndig ålder majority, full age
mynna, ~ [*ut*] *i* a) om flod o.d. fall (flow, debouch) into; om gata o.d. lead to, run into b) bildl. end (result, conclude) in
mynning mouth äv. tekn.; ingång entrance; rör~ o.d. orifice; på skjutvapen muzzle
mynt coin äv. koll.; pengar money; valuta currency; *utländskt* ~ foreign currency; *betala ngn med samma* ~ bildl. pay a p. back in his own (the same) coin, repay a p. in kind
1 mynta bot. mint
2 mynta coin äv. bildl.
myntenhet monetary unit
myntfot monetary standard
myntinkast slot
myntsamling collection of coins
myr bog; geol. mire
myra ant; *vara flitig som en* ~ be as busy as a bee, be an eager beaver
myrslok zool. ant-eater
myrstack ant-hill
myrten bot. myrtle
mysa 1 belåtet smile contentedly; vänligt smile genially; strålande beam **2** vard., ha mysigt be enjoying oneself
mysig vard., trivsam [nice and] cosy; om pers. sweet
mysk musk
myskoxe musk ox
mysli o. **müsli** koll. muesli; amer. granola
mysterium mystery; *mysteriet med de försvunna...* the mystery of...
mystifiera mystify
mystifik vard. mysterious
mystik hemlighetsfullhet mystery; *skingra ~en* [*kring...*] clear up (solve) the mystery [surrounding (of)...]
mystiker mystic
mystisk gåtfull o.d. mysterious; relig. mystic[al]
myt myth
myteri mutiny; *göra* ~ mutiny, raise (stir up) a mutiny
myterist mutineer
mytisk mythical
mytologi mythology
mytologisk mythological
mytoman psykol. mythomaniac
1 må känna sig be; *hur ~r du?* how are you?;

jag ~r inte riktigt bra I'm not [feeling] (don't feel) quite well; *nu ~r njuter han [allt]* now he is happy (is in his element, is enjoying himself); *~ så gott!* keep well!; *~ illa* ha kväljningar feel (be) sick [amer. at (to, in) one's stomach], feel queasy **2 må,** ett exempel *~ anföras* ...may be cited; *man ~ besinna...* let it (bör it should) be borne in mind...; *det ~ vara [därmed] hur det vill* however that may be, be that as it may

måfå, *på ~* at random

måg son-in-law (pl. sons-in-law)

måhända maybe; jfr *kanske*

1 mål 1 röst *har du inte ~ i mun?* has the cat got your tongue?; *sväva på ~et* hesitate, hum (hem) and haw; svara undvikande be evasive **2** dialekt dialect **2 mål** jur. case; isht civil~ lawsuit; *förlora ~et* lose one's case **3 mål** måltid meal **4 mål 1 a)** vid skjutn. mark; skottavla el. mil., t.ex. för bombfällning target **b)** i bollspel goal äv. *~bur* o.d.; *göra (skjuta) [ett] ~* score a goal **c)** vid kapplöpning o.d.: finish; *~linje* finishing line; *~snöre* [finishing] tape; isht vid hästkapplöpning [winning-]post; *komma först i ~* come in (home) first **2** bildl.: t.ex. för sina drömmar goal; bestämmelseort destination; syfte[mål] aim, object; isht för mil. operationer objective; *hans ~ i livet* his aim in life

måla I *tr* o. *itr* paint; *~ av ngn* paint a p.'s portrait; *~ om* paint...over again, re-paint; *~ över* t.ex. namnet paint out; t.ex. golvet coat...with paint, paint over **II** *rfl*, *~ sig* sminka sig make [oneself] up

målande om stil, skildring graphic, vivid; om t.ex. ord, gest expressive

målare konstnär painter, artist; hantverkare [house] painter

målarfärg paint; *~er* konst. artist's colours

målarinna [woman] painter (artist)

målarkonst [art of] painting

målarpensel paintbrush

målarskola 1 konkr. art school **2** konstriktning school of painters

målbrott, *han är (har kommit) i ~et* his voice is breaking (is beginning to break)

målbur sport. goal

måldomare i ishockey o.d. referee; vid kapplöpning o.d. judge

måleri painting

målföre voice; *förlora ~t* lose the power of (be bereft of) speech

målgrupp target group

målinriktad psykol. goal-directed; mera generellt target-oriented

mållinje löpning o.d. finishing line (tape); fotb. o.d. goal line; *målöppningen* goalmouth

1 mållös stum speechless; *~ av häpnad* dumbfounded

2 mållös sport. goalless

målmedveten purposeful; ihärdig single-minded, stable; *vara ~* äv. have a fixed purpose

målmedvetenhet purposefulness

målning 1 målande, måleri painting **2** det målade paintwork; själva färgen paint **3** tavla painting

målområde på fotbollsplan o.d. goal area

målskillnad sport. goal difference

målskytt sport. [goal]scorer

målsman 1 förmyndare guardian; förälder parent **2** förespråkare advocate, spokesman

målsägande o. **målsägare** jur. plaintiff; i brottmål prosecutor

målsättning mål aim, purpose, objective, goal

måltavla target äv. bildl.

måltid meal; högtidl. repast; *en lätt ~* a light meal, a snack

måltidsdryck table drink

målvakt goalkeeper; vard. goalie

1 mån grad degree; mått measure; utsträckning extent; *i den ~ som* to the extent that; alltefter som [according] as; *i ~ av behov* as need arises (arose etc.); *i ~ av tillgång* as far as supplies admit (admitted etc.)

2 mån, *~ om* **a)** angelägen om anxious (concerned, solicitous) about **b)** aktsam med careful of **c)** noga med particular about **d)** avundsjukt *~ om,* t.ex. sina rättigheter jealous of

måna, *~ om* ngn watch...with loving care, nurse...; t.ex. sina rättigheter be jealous of...; t.ex. sitt eget bästa look after...

månad month; jfr äv. motsv. ex. under *2 vecka; i april ~* in [the month of] April; *hon är i femte ~en* she is in her fifth month; *hyra per ~* ...by the month

månadshyra monthly rent

månadskort biljett monthly season ticket

månadslön [monthly] salary; *ha ~* have a monthly salary, be paid by the month

månadsskifte turn of the month

månadssten birthstone

månadsvis monthly

månatlig monthly

månatligen monthly

måndag Monday; jfr *fredag* o. sammansättn.

måne 1 astron. moon **2** vard., flint bald patch (pate)

månfärd journey (trip) to the moon

månförmörkelse eclipse of the moon
många many; much; en hel del a good (great) many; en massa a lot (lots) [fören. of]; talrika numerous; ~ anser att many (a great number of, a lot of) people...; *köpte du* ~ böcker? did you buy many...? *lika* ~ bitar var the same number of...; [inte] *lika* ~ *som* i fjol [not] as many as...
mångahanda multifarious, multiple...
mångdubbel, *mångdubbla värdet* many times the value
mångdubbelt t.ex. öka many times over; ~ *större* many times greater
mången, *på* ~ *god dag* for many a day; *i mångt och mycket* i många avseenden in many respects
mångfald stort antal *en* ~ t.ex. plikter, städer a great number of, a [great] variety of, a multiplicity of
mångfaldig mera eg. manifold, multiplex; skiftande diverse; *~a* talrika multitudinous, numerous
mångfaldiga mångdubbla multiply; skrift o.d. duplicate
mångfasetterad om tolkning o.d. nuanced, ...full of nuances; mångsidig many-sided
mångfärgad multicoloured, multicolour...; many-coloured
månggifte polygamy
månghundraårig centuries old
mångkunnig all-round, versatile, polymathic
mångmiljonär multimillionaire
mångordig verbose
mångsidig many-sided; geom. äv. polygonal; om t.ex. utbildning all-round; *han är en* ~ *begåvning* he is a man of many gifts (a versatile and talented man)
mångstämmig many-voiced
mångsysslare, *vara en* ~ have many [and varied] occupations (pursuits)
mångtydig ...having (of, with) various meanings; tvetydig ambiguous
mångårig t.ex. om erfarenhet, arbete many years'...; t.ex. om bortovaro ...of many years[' duration]; t.ex. om vänskap ...of long (many years') standing
månlandning moon landing
månlandskap lunar (moon) landscape
månne o. **månntro,** vad vill han mig ~? ...I wonder; ~ *det?* verkligen indeed!, is that so, really?; tvivlande I wonder!; se äv. *kanske*
månraket moon rocket
månsken moonlight; *det är* ~ *ikväll* there's a moon tonight, the moon is out tonight
månskära crescent
mård zool. marten

mås gull
måste I *hjälpvb, han* ~ a) he must; isht angivande 'yttre tvång' he has (resp. will have) to, he is (resp. will be) obliged to; vard. he has got to b) var tvungen att he had to, he was obliged to; vard. he had got to; ~ *jag det?* must I?, do I have to?; *det* ~ *du inte* you don't (om framtid won't) have (need) to; vard. you haven't got to; *jag* ~ *göra det förr eller senare* I shall (will) have to (I must) do it sooner or later; *huset* ~ *repareras* the house must (imperf. had to) be repaired; *han har måst* betala he has had to (been obliged to)...; *jag* ~ *kan* (resp. kunde) inte låta bli att *skratta* I can't (resp. could not) help laughing; *du* ~ *måtte vara (ha varit)* mycket trött you must be (have been)...; *det* ~ *mera till än så för att* + inf. it takes more than that to + inf.; you need more than that to + inf. **II** *s, det är ett* ~ it's a must
mått measure; isht uppmätt storlek measurement; bildl., måttstock standard; storlek size, proportions; skala scale; mängd amount; grad degree; utsträckning extent; kakmått pastry-cutter; *~et är rågat* bildl. the cup is full to the brim; friare äv. that was the last straw!; jag har fått nog I've had enough of it!; *hålla ~et* bildl. be (come) up to standard (the mark); motsvara förväntningarna come up to expectations; *ta* ~ *på ngn* [*till* en kostym] take a p.'s measurements (measure a p.) [for...], fit a p. [for...]
måtta moderation; [*det ska vara*] ~ *i allt!* everything in moderation!, there is a limit!
måttband measuring-tape
måttbeställd ...made to measure; isht amer. custom-made, custom...
måtte 1 uttr. önskan ~ *du aldrig* [få] ångra det may you (I hope you will) never...; de uttalade en förhoppning om *att detta ej* ~ *upprepas* ...that this might not be repeated **2** uttr. subjektiv visshet *han* ~ *vara sjuk* eftersom... he must be ill...
måttenhet unit of measurement
måttfull allm. moderate; sansad el. diskret, om stil sober
måttfullhet moderation; temperance; sobriety; jfr *måttfull*
måttlig moderate; återhållsam abstemious; blygsam modest; obetydlig inconsiderable; om t.ex. nöje meagre; om t.ex. succé scant; *det är inte ~t* vad han begär ...is out of all proportion
måttlighet moderation
måttlös se *omåttlig*

måttstock measure; isht bildl. standard, gauge
måttsystem system of measurement
mähä vard. milksop
mäkla medla mediate; ~ *fred* mediate a peace
mäklararvode kurtage brokerage
mäklare hand. broker, jfr äv. *fastighetsmäklare*
mäklarfirma firm of brokers, jfr äv. *fastighetsmäklare*
mäkta I *tr* o. *itr,* ~ [*göra*] *ngt* be capable of [doing] a th., be able to do (manage) a th.; *jag ~r inte* [*göra*] *mera* I can do no more **II** *adv* vard. mightily; isht iron. mighty
mäktig 1 kraftfull powerful; känslobeton. mighty; storartad majestic, grandiose, great; väldig, stor tremendous, huge; tjock thick; *en ~ furste* a powerful sovereign **2** om föda heavy
mängd 1 kvantum quantity, amount; antal number; *en stor ~* (*stora ~er*) *te har* importerats a large (great) quantity of tea has..., [large] quantities of tea have...; *en hel ~* se *en hel del* under *del 2*; *i* [*stor*] *~* ([*stora*] *~er*) in [large] quantities (antal numbers) **2** *~en* folket, massan the crowd, the multitude; *skilja sig från ~en* stand out from the rest
mängdlära matem. theory of sets, set theory
mängdrabatt hand. quantity discount
människa man (pl. men); person person; mänsklig varelse human being; *~n* i allm. bem. man; *människorna* mänskligheten mankind, the human race, man, humanity (alla sg.); *vi människor* we humans (mortals); *den moderna ~n* modern man; *stackars ~!* poor thing (soul, creature)!; *unga människor* young people; *vad menar ~n* hon? what does that (the) woman (creature) mean?; *bli ~* [*igen*] be oneself [again]; hur är han (hon) *som ~?* ...as a person?
människofientlig misanthropic
människoföda human food; *otjänlig som* (*till*) *~* unfit for human consumption
människoförakt misanthropy
människokropp human body
människokännare judge of character (human nature)
människokärlek humanity, love of mankind; kristlig ~ charity; filantropi philanthropy
människoliv [human] life; *en förlust av fem ~* the loss of five lives; svåra *förluster av ~* ...loss sg. of life
människosläkte, *~t* the human race, mankind

Människosonen the Son of Man
människovän humanitarian, friend of humanity; filantrop philanthropist
människovärde human dignity
människovärdig ...fit for human beings
människoätare djur man-eater; kannibal cannibal
människoööde, *ett tragiskt ~* a human tragedy
mänsklig human; human humane; *ett ~are samhälle* a more humane society; *det är ~t att fela* ordst. to err is human
mänsklighet 1 humanitet humaneness **2** *~en* människosläktet mankind, humanity
märg 1 ben~ marrow; anat. medulla **2** bot. pith **3** bildl.: det innersta marrow; kraft o. mod pith; skriket *trängde genom ~ och ben* [*på mig*] ...pierced my very marrow
märgpipa marrowbone; bogstycke shoulder
märka 1 förse med märke mark; *märkt med rött* marked in red; *han är märkt för livet* he is marked for life, he is a marked man **2** lägga märke till notice, note; isht avsiktligt observe; bli medveten om become aware of; inse perceive; fläcken *märks syns inte* ...does not show; skillnaden *märks knappt* ...is hardly noticeable; *det märks* hörs (syns) *att* han är trött you (one) can hear (see) that... **3** ~ *ord* cavil, quibble, take up a p.'s words
märkbar iakttagbar noticeable, observable; skönjbar discernible; synbar perceivable; förnimbar perceptible; tydlig marked; uppenbar obvious
märke 1 mark; tecken sign; skåra notch, cut; spår trace; etikett label; fabrikat: t.ex. bils make; t.ex. kaffes brand; klubb~ o.d. badge; bot., pistills stigma; land~ landmark; *ha* (*bära*) *~n efter* misshandel show marks (signs) of... **2** lägga *~ till* notice
märkesdag red-letter day
märkesvaror proprietary (branded) products (koll. goods)
märklig anmärkningsvärd remarkable, signal; uppseendeväckande striking; betydelsefull significant; egendomlig strange, odd; *ett ~t sammanträffande* a remarkable (striking) coincidence
märkligt remarkably etc., jfr *märklig*; *~ nog* strangely (oddly) enough, strange to say, strange as it may seem (sound)
märkning marking etc., jfr *märka 1*
märkpenna marker
märkvärdig egendomlig strange, curious, peculiar; förunderlig wonderful; anmärkningsvärd remarkable; förträfflig marvellous; jfr vid. *märklig*; boken är *inte särskilt ~* ...nothing special

märkvärdighet egenskap strangeness etc., jfr *märkvärdig*; *-er* remarkable things; sevärdheter sights
märkvärdigt se *märkligt*
märr sto mare; hästkrake jade
mäss mess
mässa I *s* **1** katol. el. mus. mass; prot. [divine] service **2** hand. [trade] fair **II** *tr* o. *itr* sjunga liturgiskt (recitativartat) chant; tala (läsa) entonigt chant
mässhall exhibition hall
mässing 1 brass **2** vard. *i bara ~en* in the altogether, in one's birthday suit
mässingsinstrument brass [wind] instrument; *~en* i orkester the brass sg.
mässling [the] measles; *ha ~[en]* äv. be down with [the] measles
mästare master; sport. el. friare champion; *svensk ~ i tennis* Swedish tennis champion
mästarinna sport. [woman] champion
mästerkock master cook
mästerlig masterly; lysande brilliant
mästerskap mastership; sport. championship; *~ i simning* swimming championship
mästerskytt crack shot (marksman)
mästerstycke masterpiece; mästerkupp masterstroke
mästerverk masterpiece
mästra klandra criticize
mäta I *tr* measure; noggrannare el. beräkna calculate; *~ ngn med blicken* look a p. up and down; *~ av* measure off; *~ upp* a) ta mått på measure [up], take the measure[ments] (the size) of; lantmät. survey b) t.ex. mjölk measure out; t.ex. tyg measure off **II** *itr* hålla ett visst mått measure; *han mäter* 1.80 [i strumplästen] he stands...[in his stockings] **III** *rfl, han kan inte ~ sig med...* he cannot match (jämföras compare with)...; han når inte upp till he doesn't come up to...
mätare el~ meter; instrument gauge äv. bildl.
mätbar measurable; *icke ~* non-measurable
mätglas graduated (measuring) glass
mätinstrument measuring instrument
mätning mätande measuring osv., jfr *mäta I*; measurement; *göra ~ar* take (make) measurements; lantmät. el. sjö~ make surveys
mätsticka measuring-rod; olje~ dipstick
mätt ...who has had enough to eat; vard. full [up] end. pred.; *jag är ~* I have had enough [to eat]; vard. I'm full [up]; *äta sig (bli) ~* have enough to eat, satisfy one's hunger
mätta 1 satisfy **2** kem. el. hand. el. friare saturate

mättad kem. el. hand. el. friare saturated; *marknaden är ~* the market has reached saturation point
mättnad kem. el. hand. el. friare saturation
mö poet., flicka maid
möbel enstaka piece of furniture; koll. suite of furniture; som efterled i sammansättn. suite; *möbler* bohag furniture sg.
möbelaffär butik furniture store (shop)
möbelsnickare cabinet-maker
möbeltyg furnishing fabric
möblemang bohag furniture; *ett ~* a suite of furniture
möblera förse med möbler furnish; ordna möblerna arrange the furniture
möblering furnishing
möda besvär pains, trouble; tungt arbete labour, toil; slit drudgery; *göra sig [stor] ~* take [great] pains (trouble); *ha all ~ i världen att* + inf. have no end of trouble to + inf. (great difficulty in + ing-form)
mödom 1 virginity **2** anat., se *mödomshinna*
mödomshinna anat. hymen, maidenhead
mödosam laborious, strenuous
mödravård maternity welfare; före förlossning antenatal (efter postnatal) care
mödravårdscentral antenatal (prenatal) clinic
mögel mould; amer. mold; på papper o.d. mildew
mögla go (get) mouldy osv., jfr *möglig*
möglig mouldy; amer. moldy; om papper o.d. mildewy; unken samt isht bildl. musty, fusty
möhippa hen party [given for a bride-to-be]; isht amer. shower
möjlig possible; tänkbar conceivable; *alla ~a skäl* all sorts of reasons, every possible reason sg.; *det är ~t att jag tar fel* I may be wrong; *är det ~t att han...?* is it possible (can it be)...?; *så snart som ~t* as soon as possible, as soon as I (you etc.) possibly can; *snarast ~t* as soon as possible
möjligen possibly; kanhända perhaps; *~ har han* ändrat sig äv. he may have...; *kan man ~ få träffa...* I wonder if it is possible to meet...
möjliggöra make (render)...possible; underlätta facilitate
möjlighet possibility; chans chance; utsikt prospect; utväg, medel means; *det finns ingen annan ~* there is no other possibility (no alternative); *om det finns någon ~* så kommer jag äv. if I possibly can...; *det fanns bara en ~ att* fly there was only one way out...
möjligtvis se *möjligen*
mönja *s* red lead
mönster pattern; dekor, norm standard; på

bildäck tread; *ett ~ till en klänning* a pattern for a dress; *vara ett ~ av* dygd, flit be a pattern (model, paragon) of...
mönsterelev model pupil (student)
mönstergill model end. attr.; ideal; om t.ex. uppförande exemplary
mönstra I *tr* **1** förse med mönster pattern **2** granska inspect; *~ ngn [med blicken]* **3** inräkna muster **4** sjö., anställa på fartyg sign (take)...on **II** *itr* **1** sjö. sign on **2** mil., inskrivas enrol[l] **III** med beton. part. *~ av* a) tr. pay...off b) itr. sign (be paid) off *~ på* a) tr. sign (take)...on, ship b) itr. sign on
mönstrad t.ex. om tyg patterned
mönstring 1 mönster pattern[ing] **2** granskning inspection; scrutiny **3** mil., se *inskrivning*
mör 1 om kött tender; om skorpor o.d.: spröd crisp **2** bildl. meek
mörbulta person beat...black and blue; *alldeles ~d* efter matchen aching all over...
mörda murder; isht polit. assassinate; utan obj. commit a murder (murders); isht bildl. kill
mördande I *adj* friare, om t.ex. eld murderous; om t.ex. blick withering; *~ kritik* devastating (crushing) criticism **II** *adv*, *~ tråkig* deadly dull
mördare murderer; isht polit. assassin
mördeg rich shortcrust pastry
mörk dark; djup deep; dyster sombre; svart black äv. bildl.; *en ~ blick* a black look; *~t bröd* dark bread; *~ choklad* plain chocolate; *~ kostym* dark lounge suit
mörkblond om pers. dark blond (om kvinna blonde); om hår dark blond[e], light brown
mörkblå dark blue; polit. true-blue
mörkbrun dark brown
mörker darkness; mera konkr. dark; *mörkret faller på* nu darkness (night) is falling; *vid mörkrets inbrott* at nightfall
mörkerseende fysiol. twilight (fackspr. scotopic) vision
mörkertal number of unrecorded cases, hidden statistics
mörkhyad dark
mörkhårig dark-haired
mörklägga isht mil. black out; t.ex. genom strömavbrott plunge...into darkness; hemlighålla keep...secret (dark)
mörkläggning isht mil. blackout; *~en av* spionerimålet the keeping secret of...
mörkna get (grow, become) dark; *det ~r (börjar ~)* it is getting dark, night is falling; *han ~de* då han fick se... his face darkened (became sombre)...
mörkrum foto. o.d. dark room
mörkrädd, *vara ~* be afraid of the dark
mörkögd dark-eyed
mört roach; *pigg som en ~* [as] fit as a fiddle
mössa cap
mösskärm cap peak
möta meet; råka på come (run) across; råka på samt isht röna meet with; t.ex. svårigheter encounter; stå inför face; *~ ngn* i en match meet (encounter) a p.; *~ förståelse* meet with sympathy; en förtjusande anblick *mötte oss* ...met (presented itself to) our eyes, ...greeted us; *~ upp mangrant* muster in force
mötas meet; passera varandra pass [each other]; *deras blickar möttes* their eyes met
möte meeting; isht oväntat samt i match o.d. encounter; avtalat appointment; vard., träff date; konferens conference; *avtala ett ~* arrange (fix) a meeting (an appointment, vard. date)
mötesfrihet freedom of assembly
möteslokal mötesplats place of meeting; samlingsrum assembly (conference) room[s pl.]
mötesplats place of meeting; isht överenskommen rendezvous (pl. lika); på väg el. järnv. o.d. passing place

n bokstav n [utt. en]
nacka, ~ *en höna (ngn)* chop a hen's (a p.'s) head off
nackdel disadvantage; *väga fördelar och ~ar* weigh the pros and cons
nacke back of the (one's) head, nape of the (one's) neck; *bryta ~n [av sig]* break one's neck; *vrida ~n av ngn* wring a p.'s neck
nackspärr wryneck, vetensk. torticollis
nackstöd headrest
nafs snap; hugg grab; *i ett ~* vard. in a flash (jiffy), in two ticks
nafsa snap; ~ gräs nibble...; ~ *till (åt) sig* snap up
nafta kem. naphtha
nagel nail; *tugga på (peta) naglarna* bite (clean) one's nails
nagelband anat. cuticle
nagelborste nail brush
nagelfil nail file; sandpappersfil emery board
nagellack nail varnish (polish, enamel)
nagelsax nail scissors
nageltrång, *ha ~* have an ingrown (ingrowing) toenail (resp. ingrown el. ingrowing toenails)
nageltång nail nippers
nagga bröd prick; ~ *i kanten* göra hack i notch, nick, chip; bildl., t.ex. kapital begin to nibble at, make inroads into, eat into
naggande, *liten men ~ god* there's not much of it (resp. him etc.), but what there is, is good
nagla, ~ *fast* nail (bildl. rivet) [...on] [*vid* to]
naiv naive; troskyldig ingenuous
naivitet naivety, naïveness
naken naked äv. bildl.; vard. ...in the altogether; om rum bare; *klä av sig ~* strip naked (to the skin)
nakenbadare bather in the nude; vard. skinny-dipper
nakenbild nude (naked) picture; i herrtidning ofta girlie picture
nakenhet nakedness
nalkas se *lura II* o. *III*
nalla vard. pinch, swipe
nalle o. **nallebjörn** barnspr. teddy [bear]

Namibia Namibia
namn name; *hur var ~et?* what [is your] name, please?; *sätta sitt ~ under* skrivelse put one's name to...; *vad (varför) i Guds (herrans, fridens, himlens, jösse) ~...?* what (why) on earth (in the name of goodness el. heaven)...?; *till ~et* ...by name; *en man vid ~ Bo* ...called (namned) Bo, ...by (of) the name Bo; *kalla (nämna) saker och ting vid deras rätta ~* call a th. by its right name, call a spade a spade
namnbyte change of name
namne namesake
namnge name
namninsamling list of signatures; petition
namnkunnig renowned
namnlista list of names, jfr äv. *namninsamling*
namnlös nameless
namnsdag name day
namnteckning o. **namnunderskrift** signature
namnändring change of name
napalm kem. napalm
1 napp tröst~ dummy, amer. pacifier
2 napp fiske bite; svag. el. bildl. nibble; *få ~* have a bite (nibble), get a rise
1 nappa skinnsort nap[p]a [leather]
2 nappa om fisk bite; svag. el. bildl. nibble; om hund snap; ~ *till sig* snatch (catch) up (hold of); om hund snap up
nappatag tussle, set-to båda äv. bildl.; *ta ett ~ med* have a tussle (brush) with, come to grips with
nappflaska feeding (baby's) bottle
narciss bot. narciss|us (pl. äv. -i)
narig om hud chapped
narkoman narcotics (drug) addict; vard. junkie
narkomani drug addiction, narcomania
narkos narcos|is (pl. -es); *ge [ngn] ~* administer an anaesthetic (amer. anesthetic) [to a p.]
narkosläkare anaesthetist; amer. anesthetist
narkotika narcotics, drugs; vard. dope, junk
narkotikabrott narcotics (drug) crimes
narkotikahandel traffic in narcotics, drug traffic (racket)
narkotikalangare drug (dope) trafficker, drug (dope) pusher (peddler)
narkotikamissbruk narcotics (drug) abuse
narkotisk narcotic
narr allm. fool; pajas clown; *göra ~ av ngn* make fun (game) of (poke fun at) a p.
narra se *lura II* o. *III*
narras fib, tell fibs (resp. a fib); jfr *ljuga*
nasal I *adj* nasal **II** *s* nasal [sound]
nasse gris pig; liten piglet; barnspr. piggy
nation nation

nationaldag national [commemoration] day
nationaldräkt national costume
nationalekonom [political] economist
nationalekonomi economics, political economy
nationalförsamling national assembly
nationalinkomst national income
nationalisera nationalize
nationalism, ~[en] nationalism
nationalistisk nationalistic
nationalitet nationality
nationalitetsbeteckning på bil nationality sign; på flygplan nationality mark
nationalitetsmärke på bil nationality sign; på flygplan nationality mark
nationalkaraktär national character
nationalmuseum national museum (för konst gallery)
nationalpark national park
nationalsocialism, ~[en] National Socialism
nationalsocialist National Socialist
nationalsocialistisk National Socialist
nationalsång national anthem
nationell national
nativitet birthrate
NATO atlantpaktsorganisationen NATO (förk. för North Atlantic Treaty Organization)
natrium kem. sodium
natt night äv. bildl.; jfr äv. motsv. ex. under *dag* 1; *god ~!* good night!; *~en till* söndagen [som adv. on (under loppet av during)] the night before...; *mot ~en* mojnar det ...towards night[fall]; arbeta *till långt fram på ~en* ...far into the night; 2 tabletter *till ~en* ...for the night
nattarbete det att arbeta på natten night work; *ett ~* a night job
nattaxa på buss o.d. night-service fare
nattbuss night-service (late-night) bus
nattdräkt, *i ~* in nightwear
nattduksbord bedside table (med skåp cabinet)
nattetid at (by) night
nattfjäril zool. moth
nattflyg flygningar night flights; plan night plane
nattfrost night frost; vi har haft ~ [*i natt*] ...frost in the night
nattgäst guest for the night
nattjänstgöring, *ha ~* be on night duty
nattklubb nightclub, nightspot
nattkröken, *fram på ~* towards the small hours [of the night]
nattkärl chamber pot
nattlig nocturnal; varje natt nightly; under natten ...in the night
nattlinne nightdress; vard. nightie
nattliv night life

nattlogi husrum accommodation (lodging) for the night
nattmössa nightcap; *prata i ~n* ung. talk drivel, talk through one's hat
nattparkering [over]night parking
nattpermission night leave
nattportier night porter; amer. night clerk
nattrafik night services
nattro vila night's rest; lugn peace and quiet at night
nattskift nightshift
nattskjorta nightshirt; vard., för barn el. dam nightie
nattsköterska night nurse
nattsvart ...[as] black as night äv. bildl.
nattsömn ngns [night's] sleep; *ha god ~* sleep well at night
nattuggla bildl. night owl, nightbird
nattvak late hours, keeping late hours; nattjänst night duty
nattvakt 1 pers. night watchman 2 tjänstgöring night watch (duty)
nattvard kyrkl. ~*en* the Holy Communion; *begå (gå till) ~en* partake of the Communion, communicate
nattvardsvin kyrkl. sacramental wine
nattåg night train
nattöppen ...open all night (round the clock); *nattöppet kafé* all-night café
natur nature; läggning disposition; karaktär character; personlighet o.d. personality; natursceneri o.d [natural] scenery; ~*en* som skapande kraft o.d. nature; *Sveriges ~* nature in Sweden; *en vacker ~* omgivning beautiful scenery, a beautiful landscape; *det ligger i sakens ~* [*att* man...] it is in the nature of things (is quite natural) [that...]
natura, *in ~* in kind
naturaförmåner emoluments [paid] in kind; vard. perks
naturahushållning primitive (gm byteshandel barter) economy
naturalisera naturalize
naturalism naturalism
naturalistisk naturalist[ic]
naturbarn child of nature
naturbegåvning, *ha (vara en) ~* have (be a person resp. man osv. of) natural talents (gifts)
naturbeskrivning description of scenery (nature)
naturell *adj* natural
naturfenomen natural phenomenon (pl. -a)
naturfolk primitive people
naturforskare [natural] scientist
naturfärgad natural-coloured
naturföreteelse natural phenomenon

naturgas natural gas
naturhistorisk, ~*t museum* natural-history museum
naturkatastrof natural disaster
naturkraft natural (elemental) force
naturkunskap som skolämne science
naturkännedom knowledge of nature
naturlag natural law
naturlig allm. natural; *dö en* ~ *död* äv. jur. die from natural causes; ~*t urval* biol. natural selection; *det* ~*a* hade varit att gå the natural thing (course)...
naturligtvis of course; ~*!* ja (jo) visst äv. certainly!, sure!
naturliv 1 ~*et* naturens liv ung. wildlife **2** *leva* ~ lead an outdoor life
naturläkare nature healer; mera vetensk. naturopath
naturläkemedel nature-cure medicine; mera vetensk. naturopathic preparation
naturminne o. **naturminnesmärke** natural monument (landmark)
naturnödvändighet absolute (physical, natural) necessity; *med* ~ with absolute necessity
naturprodukt natural product
naturreligion nature religion
naturreservat nature reserve
naturriket the natural kingdom
naturrätt jur. natural law
natursiden real silk
naturskyddsområde nature reserve
naturskön ...of great natural beauty; *det* ~*a* Dalarna ...with its beautiful scenery
naturtillgång natural asset; ~*ar* äv. natural resources
naturtrogen ...true to life
naturvetare scientist; studerande science student
naturvetenskap [natural] science
naturvetenskaplig scientific
naturvetenskapsman scientist
naturvård nature conservation
naturvårdsverk, *Statens* ~ the [Swedish] National Environment Protection Board
nautisk sjö. nautical
nav hub; propeller~ boss
navel anat. navel
navelsträng navel-string
navigation navigation
navigatör navigator
navigera navigate
navkapsel hub-cap
nazism, ~[*en*] Nazism
nazist Nazi
nazistisk Nazi
neandertalare o. **neandertalmänniska** Neanderthal man

Neapel Naples
nebulosa astron. nebul|a (pl. -ae)
necessär toilet (vanity) bag (case)
ned down; nedför trappan downstairs; *uppifrån och* ~ from top to bottom; [*längst*] ~ *på* sidan at the [very] bottom of...; *ända* ~ right (all the way) down (to the bottom)
nedan I *s* wane; *månen är i* ~ the moon is on the wane **II** *adv* below; *här* ~ i skrift below; *se* ~*!* see below (längre fram further on el. down)!
nedanför I *prep* below; t.ex. trappan at the foot of; söder om [to the] south of **II** *adv* [down] below; söder därom to the south [of it]
nedanstående nedan angiven o.d. the...[mentioned] below
nedbantad, ~ *budget* reduced budget
nedbruten, *vara* ~ bildl.: knäckt, slut be broken [down]; av t.ex. dålig hälsa be shattered
nedbrytbar kem. degradable, decomposable; *biologiskt* ~ biodegradable
nedbäddad, *ligga* ~ have been tucked up in bed
neddragen, *neddragna mungipor* a drooping mouth; *med mössan* ~ *i pannan* with one's (his etc.) cap drawn (pulled) down over one's (his etc.) forehead
nederbörd meteor. precipitation; i väderrapport vanl.: regn rainfall, snö snowfall
nederbördsområde meteor. precipitation area; vanl. i väderrapport rainfall (resp. snowfall) area
nederdel lower part
nederlag mil. defeat äv. sport. el. friare; *lida* ~ äv. be defeated
nederländare Netherlander, Dutchman
Nederländerna the Netherlands
nederländsk vanl. Dutch; officiellare Netherlands...
nederländska (jfr *svenska*) **1** kvinna Netherland woman **2** språk vanl. Dutch
nederst at the [very] bottom; ~ *på* sidan äv. at the foot of...
nedersta, [*den*] ~ hyllan the lowest (bottom)...; ~ *våningen* vanl. the ground (amer. first) floor
nedfall, [*radioaktivt*] ~ [radioactive] fallout
nedfrysning refrigeration; med. äv. (total) hypothermia
nedfällbar om t.ex. sufflett, ...that can be lowered (let down); ~ *sits* (*stol*) tip-up seat
nedför I *prep* down; ~ *backen* äv. downhill **II** *adv* downward[s]

nedförsbacke downhill slope, descent; *vi hade (det var)* ~ *hela vägen* it (the road) was downhill [for us]...
nedgående I *s,* solen *är i (på)* ~ ...is going down (setting) **II** *adj* om solen setting
nedgång 1 till källare way (trappa stairs pl.) down **2** om himlakroppar setting; sjunkande decline äv. om kultur o.d.; fall; minskning decrease; *solens* ~ sunset
nedgången 1 om sko down at heel **2** utarbetad o.d. worn out
nedgörande om kritik scathing
nedhukad, *sitta* ~ *över en bok (en blomma)* sit crouched (crouching) [down] over...
nedhängande ...hanging down; fritt suspended
nedifrån I *prep,* ~ *gatan (hamnen)* from...[down] below **II** *adv* from below (underneath); *femte raden* ~ äv. from the bottom
nedisad överisad ...covered with ice; geol. glaciated; *vingarna var* ~*e* ...had iced up
nedkalla bildl. ~ *frid över ngn* call down...on a p.
nedklottrad se *fullklottrad*
nedkomma, ~ *med en son* give birth to a boy, be delivered of a boy
nedkomst förlossning delivery
nedlusad lousy, lice-infested; *vara* ~ *med pengar* vard. be lousy (filthy) with money
nedlåta, ~ *sig* förnedra sig stoop, descend [*till ngt* to...; *till att* + inf. to ing-form]; behaga condescend [*till ett svar* to give...; *till att* + inf. to + inf.]
nedlåtande överlägsen condescending
nedlägga se *lägga [ned]*
nedläggelse av verksamhet discontinuation; inställelse shutting-down; stängning closing-down
nedläggningshotad om t.ex. fabrik ...threatened with closure (closing-down)
nedre (*nedra*) lower; ~ *ändan* av bordet äv. the bottom...
nedresa journey down (söderut southwards)
nedrig gemen mean, dirty
nedringd, *bli* [*fullständigt*] ~ be showered with telephone calls
nedrusta disarm
nedrustning disarmament; begränsning arms limitations (reduction)
nedrustningsförhandlingar disarmament (begränsning arms limitation) negotiations
nedräkning inför start countdown
nedsatt, *ha* ~ *hörsel* have reduced (svag. impaired) hearing, be hard of hearing; *till* ~ *taxa* at a reduced (t.ex. tele. äv. cheap) rate

nedskrivning hand. writing-down; ibl. depreciation; av valuta m.m. devaluation
nedskräpning littering [up]
nedskärning minskning reduction; cut
nedslag 1 på tangentbord stroke **2** blixt~ stroke of lightning; mil., projektils [point of] impact
nedslagen bildl. depressed, dejected
nedsliten worn down; om maskin run-down
nedslående bildl. disheartening, discouraging; *resultatet blev* ~ ...was (proved) disappointing
nedsläpp i ishockey face-off; *göra* ~ face off
nedsmittad, *bli* ~ become infected; catch an infection [*av ngn* from...]
nedsmutsad om t.ex. händer very dirty
nedsmutsning dirtying; av t.ex. luften, luftförorening pollution, contamination
nedstämd bildl. depressed
nedstänkt, *bli* ~ get splashed (spattered, sprinkled) all over
nedsättande förklenande disparaging; om yttrande o.d. depreciatory
nedsättning sänkning lowering; minskning reduction; pris~, amer. äv. markdown; av hörsel o.d. impairment
nedsövd anaesthesized, ...under an anaesthetic
nedtill at the foot (bottom), down in the lower part; *därnere* [down] below
nedtrappning de-escalation; gradvis avveckling phasing out; av t.ex. konflikt defusing
nedtryckt bildl. depressed
nedtyngd bildl. ...weighed down
nedväg, *på* ~*en* on the (one's) way (resa journey) down (söderut southwards, down south)
nedvärdera 1 ekon. reduce the value of, depreciate **2** bildl. belittle
nedåt I *prep* allm. down; längs [all] down along; *gå* ~ *staden* ...down towards (in the direction of) town **II** *adv* allm. downwards; räkna (sy) *uppifrån [och]* ~ ...from above downwards
nedåtgående I *s, vara i* ~ om konjunkturer o.d. be on the downgrade, have a downward trend (tendency) **II** *adj* om pris falling; om tendens downward
nedärvd ...passed on (transmitted) by heredity, hereditary
negation negation
negativ I *adj* negative **II** *s* foto. negative
neger black, Negro; neds. blackie
negera negate; ~*d sats* vanl. ...containing a negative
negerande negative
negligé negligee

negligera allm. neglect, overlook; strunta i ignore
negress Negress
nej I *interj* **1** no; ~ *då!* visst inte oh, [dear me,] no!; not at all!; stark. certainly not! **2** med försvagad innebörd well; uttr. förvåning o.d. oh!; ~ *nu måste jag gå!* well, I must be off [now]!; ~ *men Bo [då]!* oh, Bo! **II** *s* no; avslag refusal; *tacka* ~ *till ngt* decline a. th. with thanks
nejlika 1 bot., stor, driven carnation; enklare pink **2** krydda clove
nejröst no, vote against; *~erna är i majoritet* the nays (noes) have it
neka I *itr* deny; *han ~de bestämt till att ha gjort det* he flatly denied having done it **II** *tr* vägra refuse; ~ *ngn sin hjälp* refuse to help a p.
nekande I *adj* vanl. negative; *ett* ~ *svar* avslag a refusal **II** *adv*, *svara* ~ reply (answer) in the negative **III** *s*, *dömas mot sitt* ~ ...in spite of one's denial [of the charge]
nekrolog obituary [notice]
nektar bot. el. bildl. nectar
nektarin nectarine
neon neon
neonljus neon light
neonskylt neon sign
Neptunus astron. el. mytol. Neptune
ner o. sammansättn., se *ned* o. sammansättn.
nere allm. down; deprimerad down [in the dumps]; ~ *i stan* in the centre of the town; amer. downtown; ~ *på* down on (botten at)
nerv nerve; bot. äv. vein, rib; bildl.: känsla feeling; kraft vigour; *ha dåliga ~er* have weak (shattered) nerves; *han (det) går mig på ~erna* he (it) gets on my nerves
nervcell nerve cell
nervgas nerve gas
nervig vard. highly-strung
nervkittlande thrilling
nervknippe bundle of nerves äv. bildl.
nervkollaps nervous breakdown
nervositet nervousness
nervpirrande se *nervkittlande*
nervpress nervous strain
nervpåfrestande nerve-racking
nervryckning nervous spasm
nervsammanbrott nervous breakdown
nervsjuk neurotic
nervsjukdom nervous disorder
nervspecialist nerve specialist
nervspänning nervous strain
nervsystem nervous system; *centrala ~et* the central nervous system
nervvrak nervous wreck

nervös allm. nervous; tillfälligt edgy, fidgety; rastlös restless; ~ *[av sig]* highly-strung; vard. nervy; *bli inte ~!* don't get excited!, keep calm!
netto I *adv* net; *betala [per]* ~ *kontant* pay net cash **II** *s, i rent* ~ net (clear) profit
nettobelopp net amount (sum)
nettoinkomst net income (förtjänst profit, intäkter proceeds pl.)
nettolön net wages; månadslön net salary; mera allm. net pay; vard. takehome pay
nettopris net [cost] price
nettovikt net weight
nettovinst net (clear) gain (profit)
neurolog neurologist
neuros psykol. neuros|is (pl. -es)
neurotiker psykol. neurotic
neurotisk psykol. neurotic
neutral neutral
neutralisera neutralize
neutralitet neutrality
neutralitetspolitik policy of neutrality
neutron fys. neutron
neutrum genus the neuter [gender]; *i* ~ in the neuter
ni you; *er* you; rfl. your|self (pl. -selves)
1 nia, ~ *ngn* address a p. as 'ni' [instead of using the familiar word 'du']
2 nia 1 siffra nine; jfr *femma* **2** vard., ansikte clock
Nicaragua Nicaragua
nick 1 allm. nod **2** fotb. header
nicka 1 allm. nod; ~ *till* somna drop off [to sleep] **2** fotb. head; ~ *bollen i mål (in bollen i mål)* head the ball into goal
nickel metall nickel
nidbild scurrilous (malicious) portrait
nidingsdåd wicked (dastardly) outrage
nidvisa satirical ballad (song)
niga curts[e]y
Nigeria Nigeria
nigning curts[e]y; nigande curts[e]ying
nikotin nicotine
nikotinförgiftning nicotine-poisoning
nikotinplåster nicotine patch
Nilen the Nile
nio nine
nionde ninth
niondedel ninth [part]; jfr *femtedel*
nippran vard. *få* ~ go off one's nut (chump)
nipprig vard. crazy, nuts
nirvana relig. el. friare nirvana
nisch niche äv. bildl.
1 nit iver zeal; stark. ardour, fervour
2 nit lott el. bildl. blank; *gå på en* ~ vard., kamma noll draw a blank, get nowhere
3 nit tekn. rivet

nita 1 ~ [*fast*] rivet [*vid* [on]to] **2** ~ [*till*] vard., slå till bash
nitisk ivrig zealous; trägen assiduous; stark. ardent; *alltför* ~ over-zealous
nitlott se *2 nit*
nitrat kem. nitrate
nitroglycerin kem. nitroglycerin[e]
nittio ninety
nittionde ninetieth
nitton nineteen
nittonde nineteenth; jfr *femte*
nittonhundratalet the twentieth century; jfr *femtonhundratalet*
nivå level; *hålla sig* (*vara*) *i ~ med* keep (be) on a level with
nivåskillnad difference in level (altitude)
njugg knusslig parsimonious; med (på) ord sparing; knappt tilltagen scanty
njure kidney
njursten stone in the kidney[s]; vetensk. renal calcul|us (pl. -i)
njurtransplantation kidney transplantation; *en* ~ a kidney transplant
njuta I *tr* enjoy **II** *itr* enjoy oneself; ~ *av ngt* (*av att resa*) enjoy a th. (travelling); stark. delight (take delight) in a th. (in travelling)
njutbar enjoyable; aptitlig appetizing; smaklig palatable äv. bildl.
njutning enjoyment; stark. delight; *en sann* (*verklig*) ~ *för* ngn a real pleasure for...; *ögat* (*örat*) ~ a real feast for...
njutningslysten pleasure-seeking, pleasure-loving
njutningsmedel stimulant; lyx luxury
Noak Noah; ~*s ark* Noah's ark
nobba vard. say no to; ~ *ett anbud* turn an offer down
nobben, *få* ~ vard. get the brush-off, be turned down, be cold-shouldered
nobel noble
nobelpris Nobel Prize
nobelpristagare Nobel Prize winner
nock 1 byggn. ridge **2** sjö., gaffel~ gaff-end; rå~ yardarm
nog 1 enough; *han var fräck* ~ *att* +inf. he had the cheek to +inf.; *stor* ~ (~ *stor*) large enough, sufficiently large; ha *mer än* ~ äv. ...enough and to spare; *man kan aldrig vara* ~ *försiktig* you (one) can't be too careful **2** ganska m.m. *konstigt* ~ kom hon curiously enough...; *nära* ~ se *nästan* **3** förmodligen probably; säkerligen no doubt; helt säkert certainly; *han är* ~ förmodligen *snart här* äv. I expect he will soon be here; *ni förstår mig* ~ säkerligen äv. you will understand me [, no doubt (I am el. feel sure)]; *det skall jag* ~ *ordna!* I'll see to that [don't worry]!; ~ *ser det så ut* it certainly looks like it; it looks like it, I (you osv.) must admit

noga I *adv* precis o.d. precisely, exactly; ingående closely; in i minsta detalj minutely; omsorgsfullt carefully; *akta sig* ~ *för att* +inf. take great (good) care not to +inf.; *lägga* ~ *märke till*... note (mark)...carefully; *se* ~ *på ngt* look closely at a th., scrutinize a th. closely **II** *adj* omsorgsfull careful; kinkig particular; fordrande exacting; *vara* ~ *med att* +inf. äv. make a point of ing-form; *det är inte så* ~ [*med det*]*!* it's not all that important!
noggrann omsorgsfull careful; exakt accurate, exact; ingående close; sträng strict
noggrannhet carefulness
nogräknad particular; isht moraliskt scrupulous
nojsa skoja be up to fun (larks); flörta flirt
noll nought (amer. naught); amer. vard. zilch; på instrument zero; isht i telefonnummer O [utt. əʊ]; *det är* ~ *grader* Celsius the thermometer is at zero (freezing-point); *leda med 30-0* i tennis lead thirty love
nolla eg. nought (amer. naught); *en* ~ om pers. a nobody (nonentity, cipher)
nollgradig, ~*t vatten* ...at freezing temperature
nollpunkt zero [point]; elektr. neutral [point]
nollställd om mätare o.d. set at (reset to) zero; *han är helt* ~ vard., dum he's a complete moron
nolltaxerare taxpayer who pays no income tax due to deductions that exceed tax on gross income
nolltid, *på* ~ vard. in [less than] no time
nolltillväxt ekon. zero (nil) growth
nolläge zero (neutral) position
noloma *s* noloitis
nomad nomad
nomadfolk nomadic people
nomenklatur nomenclature
nominativ gram. ~[*en*] the nominative
nominell nominal; ~*t värde* äv. face value
nominera nominate
nominering nomination
nonchalans nonchalance; inställning nonchalant attitude; vårdslöshet carelessness; försumlighet negligence; likgiltighet indifference
nonchalant nonchalant; vårdslös careless; försumlig negligent; likgiltig indifferent
nonchalera pay no attention to; person, medvetet cold-shoulder; försumma neglect
nonsens nonsense, rubbish

nonstop non-stop
noppa I *tr* ögonbryn pluck; fågeln *~r sina fjädrar* ...is preening its feathers **II** *rfl*, *~ sig* om tyg form burls (knots)
noppig om tyg burled
nord north (förk. N)
Nordafrika som enhet North Africa; norra Afrika Northern Africa
nordafrikansk North African
Nordamerika North America
nordamerikansk North American
nordan o. **nordanvind** north wind
nordbo Northerner; skandinav Scandinavian
Norden Skandinavien the Scandinavian (mer officiellt Nordic) countries, Scandinavia
Nordeuropa the north of Europe, Northern Europe
nordeuropeisk North European
Nordirland polit. Northern Ireland; norra Irland the north of Ireland
nordisk allm. northern; skandinavisk Scandinavian; mer officiellt Nordic
Nordkap the North Cape
Nordkorea North Korea
nordkust north coast
nordlig från el. mot norr, riktning, läge northerly; i norr northern
nordligare I *adj* more northerly **II** *adv* farther to the north
nordligast I *adj* most northerly, northernmost **II** *adv* farthest north
nordost I *s* väderstreck the north-east (förk. NE); vind north-easter **II** *adv* north-east (förk. NE)
nordostlig north-east[ern]
nordpolen the North Pole
nordsida north[ern] side
Nordsjön the North Sea
Nordsverige the north of Sweden, Northern Sweden
nordväst I *s* väderstreck the north-west (förk. NW); vind north-wester **II** *adv* north-west (förk. NW)
nordvästlig north-west[ern]
nordvästra the north-west[ern]..., jfr *norra*
nordöst se *nordost I* o. *II*
nordöstlig se *nordostlig*
nordöstra the north-east[ern]..., jfr *norra*
Norge Norway
norm måttstock standard; rättesnöre norm; regel rule
normal normal; genomsnitts- average, mean; *under ~a förhållanden* äv. normally
normalbegåvad ...of average (normal) intelligence
normalfall, *i ~et* normally
normalisera normalize äv. dipl.; genomföra enhetlighet i standardize

normalstorlek normal (standard) size
normalt normally; *förlöpa ~* take a (its, resp. their) normal course
normaltid standard time
normera standardize; reglera regularize
normgivande normative; *vara ~ för* äv. be a standard for
norr I *s* väderstreck the north **II** *adv* [to the] north
norra t.ex. sidan the north; t.ex. delen the northern; framför landsnamn o.d. the north of, Northern; *~ halvklotet* the Northern hemisphere; *i ~* Stockholm in the north of...
norrifrån from the north
norrländsk ...of Norrland, Norrland...
norrlänning Norrlander
norrman Norwegian
norrsken northern lights, aurora borealis lat.
norrut åt norr northward[s]; i norr in the north
norsk Norwegian; hist. Norse
norska 1 kvinna Norwegian woman **2** språk Norwegian
nos 1 zool.: om fyrfotadjur i allm. el. vard., 'näsa' nose; om häst muzzle **2** tekn., spets nose
nosa sniff; *~ på ngt* sniff (smell) at a th.; bildl. *~ upp* (*reda på, rätt på*) nose (sniff) out; om pers. äv. find out
noshörning rhinoceros (pl. -es el. lika)
nostalgi nostalgia
nostalgisk nostalgic
not mus., nottecken note; fot~ footnote; *~er* nothäfte[n] music sg.
nota 1 räkning bill; isht hand. account; *kan jag få ~n?* the bill (amer. äv. the check), please! **2** lista list
notarie [recording (articled)] clerk
notblad mus. sheet of music
notera anteckna note (take) down; konstatera note; bokföra enter, book; uppge (fastställa) priset på quote; sport. el. friare record; t.ex. framgång score
notering noterande noting down osv.; *en ~* a note, an entry, a quotation, a record
nothäfte bok music [book]; mindre sheet of music
notis 1 meddelande o.d. notice; i tidning vanl. [short] paragraph, kortare [news] item; tillkännagivande announcement **2** *inte ta ~ om* take no notice (heed) of
notorisk notorious
notpapper mus. music paper
notställ mus. music stand
nottecken mus. note
nougat soft chocolate nougat; *fransk ~* [French] nougat

novell short story
novellsamling collection of short stories
november November (förk. Nov.); för ex. jfr *april*
novis novice
nu I *adv* **1** now; vid det här laget by now; ~ *gällande* priser ruling (current)...; han har bott här *i snart 30 år* ~ ...for nearly (for what will soon be) thirty years; *först* (*inte förrän*) ~ *har jag sett*... not until now have I seen...; ~ (då) brast hans tålamod then... **2** obeton., med försvagad tidsbet. *för att* ~ ta ett exempel just to...; *om* ~ saken förhåller sig så if... **II** *s*, *~et* the present, the present time (moment resp. day); *i detta* (*samma*) ~ at this (the same) moment
nubb tack; koll. tacks
nubbe glas brännvin snaps (pl. lika)
nudda, ~ [*vid*] touch, brush against; skrapa lätt graze
nudel kok. noodle
nudism nudism
nudist nudist
nuförtiden nowadays, these days; *ungdomen* ~ *är*... the young people of today..., young people today...
nukleär fys. nuclear
nuläge, *i ~t* as things are at present
numera nu now
numerisk numerical
numerus gram. number
numerär I *s* number; partis [numerical] strength **II** *adj* numerical
nummer number; exemplar copy; om hela upplagan issue; sko~ size; i samling, på program item; varieté~ turn; *slå ett* ~ tele. dial a number; *göra ett stort* ~ *av* ngt make great play (a great feature, ngn a great fuss) of...
nummerlapp kölapp queue [number] ticket
nummerordning numerical order
nummerplåt bil. number (amer. vanl. license) plate
nummerskiva tele. dial
nummerskylt bil. number (amer. vanl. license) plate
nummerupplysning tele. *~en* directory enquiries pl. (amer. assistance)
numrera number; *~d plats* vanl. reserved seat
numrering numbering; paginering pagination
nunna nun; *bli* ~ äv. take the veil
nunnekloster convent, nunnery
nutid, *~en* [the] present times pl.; *~ens* krav present-day...; människor (ungdom) äv. ...of the present day (age)

nutida ...of today; modern modern; tidsenlig up to date
nutidsmänniska person (pl. people) of today; *~n* people pl. of today, modern man
nuvarande present; dagens ...of today; *i* ~ *stund* at the present moment
ny new; nutida, modern modern; hittills okänd novel; färsk fresh; nyligen inträffad recent; handduken är smutsig, ge mig *en* ~ en annan ...another [one]; *en ren* a clean (new) one; *ett ~tt* annat *pappersark* a fresh sheet of paper; *på ~tt* once more, [over] again; *~are* böcker (forskningar) recent...; metoder novel...
Nya Guinea New Guinea
nyanlagd recently (newly) built; *den ~a fabriken* äv. the new factory
nyanländ newly (recently) arrived; *den är* ~ it has recently arrived
nyans shade; skillnad slight difference; anstrykning tinge; betydelse~ shade of meaning
nyansera avtona shade off; variera vary, nuance
nyanserad shaded-off, varied, jfr *nyansera*; *en mera* ~ uppfattning a less rigid...
nyanskaffning new purchase (acquisition)
nyanställa, ~ *25 man* i fabrik employ 25 new hands
nyanställd newly (recently) employed; *han är* ~ he has been newly employed
Nya Zeeland New Zealand
nybakad o. **nybakt 1** newly baked **2** bildl. newly-fledged
nybearbetning new adaptation
nybildad recently formed; ...of recent formation
nybliven, *en* ~ bilägare a person who has recently (just) become a...; student a newly-fledged...
nybyggare allm. settler
nybyggd recently (newly) built; *den är* ~ it has been recently etc. built
nybygge 1 hus under byggnad House under construction; färdigt new building **2** koloni colony
nybörjare beginner, tyro (pl. -s)
nybörjarkurs beginners' course
nyck hugskott, påfund fancy; infall whim
nyckel key; bildl. äv. (ledtråd) clue
nyckelben collar bone; vetensk. clavicle
nyckelfigur key figure
nyckelhål keyhole
nyckelknippa bunch of keys
nyckelord keyword; till korsord clue
nyckelpiga ladybird; amer. vanl. ladybug
nyckelposition key position
nyckelring key-ring

nyckelroll key role (part)
nyckfull oberäknelig erratic, unpredictable äv. om väder; godtycklig arbitrary
nyckfullhet capriciousness, unpredictability
nydanare breaker of new ground; nyskapare innovator
nyetablering, ~*en av industrier* the setting up of new industries
nyfascism, ~[*en*] neo-Fascism
nyfiken curious; frågvis inquisitive; neds. prying; vard. nosy
nyfikenhet curiosity; frågvishet inquisitiveness; *av ren* ~ out of sheer curiosity
nyfödd eg. new-born...; om hopp new
nyförlovad, *de* ~*e* the recently-engaged (newly-engaged) couple
nyförvärv new (recent) acquisition (t.ex. fotbollsspelare signing)
nygift newly married; *de är* ~*a* äv. they have just been (have been recently) married
nyhet 1 något nytt, ny sak novelty; nytt påfund innovation; nytt drag new feature; *den senaste* ~*en i hattväg* äv. the last word (latest fashion) in hats; ~*er på bokmarknaden* äv. new publications **2** underrättelse ~[*er*] news sg.; i tidning news item[s]; *jag kan tala om en* ~ något nytt [*för dig*] I have got [some (a piece of)] news for you
nyhetsbyrå news agency
nyhetssammandrag news summary (round-up); *ett* ~ äv. the news in brief
nyhetssändning se *nyhetsutsändning*
nyhetsuppläsare i radio o. tv newscaster
nyhetsutsändning radio. news broadcast
nyinkommen ...that has (had osv.) just come in (arrived, mottagen been received), newly arrived
nyklippt om hår ...that has (had osv.) just been cut; *jag är* ~ I have just had my hair cut
nykläckt newly hatched
nykokt freshly boiled
nykomling allm. newcomer; nyligen anländ new (fresh) arrival
nykter eg. sober; måttlig temperate; saklig matter-of-fact
nykterhet allm. el. bildl. sobriety; avhållsamhet från alkohol temperance, abstemiousness
nykterhetsrörelse temperance movement
nykterist teetotaller
nyktra, ~ *till* become sober [again], sober up; bildl. sober down
nyköpt ...that has (had etc.) been recently (newly) bought (purchased); *den är* ~ *för i år* it was just bought this year
nylagad kok. freshly made

nyligen recently, newly
nylon nylon
nylonstrumpa nylon stocking; *nylonstrumpor* äv. nylons
nymald o. **nymalen** freshly ground
nymf nymph
nymodig modern; neds. newfangled
nymodighet modernity; neds. newfangledness; *en* ~ nytt påfund a newfangled thing (idé idea)
nymålad freshly (newly, recently) painted; bänken *är* ~ äv. ...has just been (has been recently) painted
nymåne new moon
nynazism, ~[*en*] neo-Nazism
nynna hum
nyordning reorganization; polit. el. hist. new order
nyp pinch
nypa I *s* **1** hålla ngt *i* ~*n* ...in one's hand; lyfta (ta) ngt *med* ~*n* (*nyporna*) ...with one's fingers **2** *en* ~ smula t.ex. mjöl a pinch of...; frisk luft a breath (mouthful) of...; *ta ngt med en* ~ *salt* bildl. take a th. with a grain (pinch) of salt **II** *tr* pinch, nip; ~ *av* pinch...off (itu in two)
nypon frukt [rose] hip
nyponbuske dogrose [bush]
nyponros bot. dogrose
nyponsoppa rosehip soup
nypremiär revival; *ha* ~ vanl. be revived; om pjäs äv. be given a new production
nypåstigen, *några nypåstigna?* järnv. any more tickets, please?
nyrakad newly shaved (shaven); *han är* ~ äv. he has recently shaved (blivit rakad been shaved)
nyrenoverad newly renovated; *den är* ~ it has been newly renovated
nys, *få* ~ *om* get wind of
nysa, ~ [*till*] sneeze
nysilver [electroplated] nickel silver (förk. EPNS); skedar *av* ~ electroplated...
nyskapande I *adj* innovative; om t.ex. fantasi creative **II** *s* innovation
nyskapare innovator; *en* ~ *av* andliga värden a creator of new...
nyskapelse new creation
nysning nysande sneezing; *en* ~ a sneeze
nysnö newly-fallen snow
nyss 1 från nu räknat *hon gick* ~ she left just now; *hon har* ~ *gått* she has just left; *en* ~ *utkommen* bok a...that has just come out (appeared), a recent... **2** från då räknat just [then]; *han hade* [*alldeles*] ~ *ätit middag, när*... he had [only] just had dinner, when...

nysta wind; ~ *av* unwind; ~ *upp* från ett nystan unwind...
nystan ball
nystartad recently (newly) started; firman *är* ~ ...has been recently etc. started
nyter, *glad (pigg) och* ~ bright and cheery
nytillskott tillskjutet bidrag additional (extra) contribution; tillökning new addition (acquisition)
nytolkning reinterpretation
nytryck reprint
nytt se *ny*
nytta use; fördel advantage; varaktig ~ benefit; vinst profit; *dra* ~ *av* ngt benefit (profit) by..., derive advantage from...; *få* ~ *av* ngt find...of use (useful, of service); kan jag göra (*vara till*) *någon* ~? ...be of [any] help?; nu måste jag *göra någon* (*litet*) ~ ...get something done; *vara ngn till stor* ~ be of great use to a p.
nyttig allm. useful; till nytta ...of use (service); hälsosam, bra (äv. bildl.) wholesome; *det blir ~t för honom* äv. it will do him good
nyttighet usefulness; utility äv. konkr.; hälsosamhet wholesomeness
nyttja, ~ *sprit* drink alcohol (spirits)
nyttoföremål article for everyday use
nyttotrafik commercial traffic
nyttoväxt utility plant
nytvättad newly washed; *jag är* ~ *i håret* I have just washed my hair
nyutkommen, *en* ~ bok a recent..., a...that has just come out (appeared)
nyutnämnd newly appointed
nyvaknad newly awakened äv. bildl.; hon (patriotismen) *är* ~ ...has been newly awakened
nyval new election
nyzeeländare New Zealander
nyår new year; som helg New Year
nyårsafton, ~[*en*] New Year's Eve
nyårsdag, ~[*en*] New Year's Day
nyårslöfte New Year resolution
nyårsvaka, *hålla* ~ see the New Year in
nyårsönskan o. **nyårsönskning** wish for the New Year
1 nå well!; förmanande now then!
2 nå I *tr* reach; t.ex. marken get (come) to; uppnå attain; med viss ansträngning achieve; *han ~ddes av underrättelsen* the news reached him **II** *itr* reach; *så långt ögat ~r* as far as the eye can reach; *han ~r mig till axeln* he comes up to my shoulder
nåd 1 isht relig. grace; barmhärtighet mercy; ynnest favour; *det var en Guds* ~ *att...* it was a great mercy...; *få* ~ be pardoned (*om dödsdömd*) reprieved); *ta ngn till ~er*

restore a p. to favour **2** titel *Ers* ~ Your Grace
nådastöt coup de grâce fr.; deathblow båda äv. bildl.; *ge ngn ~en* put a p. out of his (resp. her) misery
nådatid [period of] grace
nåde, *Gud* ~ *dig, om du...* God help you if you...
nådeansökan o. **nådeansökning** petition for mercy
nådig gracious; isht relig. äv. (barmhärtig) merciful; nedlåtande condescending
någon (*något några*) *indef pron* **a)** 'en viss' o.d. some, someone, somebody; 'en (ett)' one, a, an; 'ett eller annat' some, something; 'somliga', 'några stycken' o.d. some; 'några få' a few **b)** 'någon (osv.) alls' any, anybody, anyone, anything; 'en (ett)' a, one

I fören. *har du inte* ~ *gång* önskat...? haven't you at any time...?; *har du* ~ en *cigarett?* have you [got] (amer. do you have) a cigarette?; *om det skall bli (vara) till* ~ *nytta* if it is to be of any (åtminstone någon some) use; *om* ~ *vecka* in about a week, in a week or so
II med underförstått huvudord **a)** one; *något av* 'någon del av' vanl. some of; 'något som påminner om' o.d. something of **b)** any; 'en (ett)' one: har du någon cigarett? - Ja, jag tror *jag har* ~ *här* ...I have one here
III utan underförstått huvudord *någon* a) somebody, someone b) anybody, anyone; *något* a) something b) anything; *om* ~ *söker mig* if anybody (någon viss person somebody) calls; *han, om* ~, bör veta det he if anybody...; *jag har något viktigt* att säga I have something important (something of importance, an important thing)...; han vägrade, *något som* (vilket) *förvånade mig* ...which astonished me; han är *något för sig* ...not like other people; *om du vore något till karl* if you were a real man
några a) some people; 'några få' a few b) any; 'några människor alls' vanl. any people; *några* bananer *hade han inte* he hadn't got any...; *de, om några* bör veta det they, if any...
någondera (*någotdera*) av två vanl. either; han gick inte med på *någotdera av förslagen* ...either (om flera än två any [one]) of the proposals
någonsin ever; *aldrig* ~ never; *om du* ~ *skulle behöva pengar* if ever (at any time) you should want money
någonstans somewhere resp. anywhere; *var* ~ hittade du den? where[abouts]...?

någonting oftast something resp. anything; för ex. se ex. med *något* under *någon*; *inte* ~ jfr äv. *ingenting*
någonvart se *2 vart* ex.
någorlunda I *adv* fairly, tolerably, pretty **II** *adj* fairly good
något I *indef pron* se *någon* **II** *adv* en smula o.d. somewhat; vard. a bit; känslobet. rather
någotsånär fairly osv., jfr *någorlunda*
några se *någon III*
nåja, ~, gör som du vill då! [oh] well, ...!
nål needle; grammofon~ styl|us (pl. äv. -i); att fästa med el. för prydnad pin; *sitta som på ~ar* be on pins and needles
nåla, ~ *fast ngt* på (vid)... pin a th. on [to...]
nåldyna pincushion
nålstick o. **nålsting** stick pinprick äv. bildl.
nålsöga eye of a (resp. the) needle
nåväl nå well!; då så all right!
näbb bill; isht små- el. rovfågels beak; *försvara sig med ~ar och klor* defend oneself tooth and nail
näbbgädda bildl. saucy girl (thing), minx
näbbig saucy
näbbmus zool. shrew[mouse]
1 näck water sprite; *Näcken* the evil spirit of the water
2 näck vard., naken naked; *bada* ~ äv. bathe in the altogether, skinny-dip
näckros bot. water lily
näktergal zool. thrush nightingale; sydnäktergal nightingale
nämligen 1 ty for; eftersom since; emedan as; ser ni you see; ofta utan motsv. *staden var tom. Det var* ~ *söndag och...* the town was empty. It was Sunday and...; the town was empty, it being (for it was) Sunday and... **2** framför uppräkning el. som närmare upplysning namely; i skrift ofta viz. (läses vanl. namely); ibl. that is to say; *fem världsdelar,* ~ *Europa, Asien osv.* five continents, namely (viz.)...
nämna omnämna mention; säga say; uppge, ange state; i ditt brev *nämnde du att* ...you mentioned (told me) that; ~ *ngn vid namn* mention a p. by [his resp. her] name
nämnare matem. denominator
nämnd jur., ung. panel of lay assessors; utskott committee; kommission commission
nämndeman jur., ung. lay assessor
nämnvärd, ingen ~ (*inga ~a*)... no...to speak of (worth mentioning, of any note); *utan* ~ *förlust* äv. without [any] appreciable...
nämnvärt, situationen *har inte ändrats* ~ ...has not changed appreciably (to any appreciable extent)

näpen nice äv. iron.; pretty; amer. äv. cute
näppeligen knappast hardly
näpst rebuke; chastisement
1 när I *konj* om tid when; ~...*än* whenever **II** *adv* **1** frågande when; hur dags at what time; *kan du säga* ~ *den blir färdig?* äv. can you say (tell me) how soon (by when)...? **2** ~ *som helst* se under *helst 2*
2 när 1 eg. *från* ~ *och fjärran* from far and near **2** bildl. exakt vägt *på ett gram* ~ ...within a gram[me]; *inte på långt* ~ not by a long way (vard. a long chalk), nowhere near; *alla klarade sig så* ~ *som på en (på en* ~) ...except for one
1 nära I *adj* near; uttr. fysisk närhet el. större förtrolighet close; intim intimate; *i (inom) en* ~ *framtid* in the near (immediate) future **II** *adv* o. *prep* **1** near; helt nära close to (by), near (hard) by; t.ex. besläktad nearly; ~ *förestående* se *förestående*; *hon har* ~ *till tårar[na]* har lätt för att gråta she is always ready to cry; är nära att brista ut i gråt she is on the verge of tears; *stå ngn* ~ be very near (close) to a p.; *det var* ~ *att jag föll* I nearly (almost) fell **2** nästan, närapå almost
2 nära 1 föda nourish; underhålla support; underblåsa foment **2** se *hysa 2*
närande nourishing; stark. nutritious; kraftig sustaining, substantial
närbelägen nearby..., ...[situated] near (close) by; adjacent; neighbouring...
närbesläktad ...closely related (akin); kindred end. attr.
närbild close-up; Paris *i* ~ a close-up [picture] of...
närbutik neighbourhood (corner) shop; isht amer. convenience store
närgången näsvis, fräck impertinent, forward; indiskret indiscreet; påflugen obtrusive; *vara* ~ *mot* take liberties with; göra sexuella närmanden mot make a pass at; amer. äv. (vard.) be (get) fresh with
närhelst whenever
närhet 1 grannskap neighbourhood; *i* ~*en av* äv. near [to] **2** abstr. (närbelägenhet) ~*en till* vatten ökar tomtvärdet the nearness (proximity) to...
närig snål stingy; girig grasping
näring 1 föda nourishment äv. bildl.; food; näringsvärde sustenance; bildl. fuel; ryktet *fick ny* ~ ...got fresh support **2** näringsgren ~[*ar*] industry sg.
näringsfrihet freedom of trade
näringsgren branch of business (industry), industry
näringsliv [trade and] industry

näringspolitik ekon. economic (commercial) policy
näringsrik nutritious
näringsvärde nutritive (food) value
näringsämne nutritive (nutritious) substance (matter)
närkamp, *i* ~ boxn. in infighting; fotb. o.d. in tackles (tackling)
närkontakt close contact
närliggande 1 eg., se *närbelägen* **2** bildl. *en* ~ *lösning, slutsats a...*that lies near at hand, an obvious...
närma I *tr* bring...nearer (closer) båda äv. bildl. **II** *rfl,* ~ *sig* allm. approach; hitåt äv. come (ditåt äv. get) near[er]; *klockan ~r sig 10* vanl. it is getting near [to] ten o'clock
närmande, *göra vänskapliga* (*otillbörliga*) *~n* make friendly (improper) advances; *göra sexuella ~n mot ngn* make a pass at a p.; isht amer. be (get) fresh with a p.
närmare I *adj* nearer; genare more direct, kortare shorter; bildl.: om t.ex. bekantskap closer, om t.ex. vänskap, om t.ex. beskrivning, om t.ex. undersökning, ytterligare further; *vid ~ granskning* on [a] closer examination; *~ ingående kännedom om* an intimate knowledge of, a thorough familiarity with; *~ upplysningar hos* further (more exact) particulars (information) may be obtained from **II** *adv* **1** allm. nearer; stark. closer; bildl. äv. t.ex. granska more closely; t.ex. beskriva more exactly; *~ bestämt* more exactly (precisely), to be precise; *ta ~ reda på ngt* find out more about a th. **2** inemot close [up]on; nästan nearly; *han är ~ femtio* he is getting (going) on for fifty **III** *prep* (t.ex. ~ stationen, sanningen) nearer [to]; *dra stolen ~ bordet* draw one's chair up (closer) to the table
närmast I *adj* nearest; omedelbar immediate; om t.ex. vän closest; närmast (näst) i ordningen next; *två mil till ~e stad* ...the nearest town; *under de ~e dagarna efter...* during the days immediately after (succeeding, following)...; *den ~e släkten* vanl. the (resp. his el. her osv.) immediate family; *köra ~e vägen* drive the nearest (genaste most direct, kortaste shortest) way; *i det ~e* almost, nearly **II** *adv* **1** nearest; stark. closest; bildl., t.ex. ~ berörd most closely (intimately)...; närmast (näst) i ordningen next; *tiden ~ omedelbart före kriget* the time immediately before...; *var och en är sig själv ~* every man for himself; *~ följande* (*föregående*) *dag* the (som adv. on the) very day after (before); *~ motsvarande uttryck* the...that comes

closest (nearest) **2** först [och främst] first of all, in the first place (instance); främst primarily; huvudsakligen principally; *i det närmaste* almost **III** *prep* (t.ex. ~ dörren, värdinnan) nearest [to]; bredvid next to
närmevärde matem. approximate value
närradio community radio
närstrid mil. close combat
närstående om vän close; *inte besläktad ...closely akin* (related); *en mig ~* [*person*] one of my intimates, a person close to me
närsynt short-sighted, near-sighted
närsynthet short-sightedness, near-sightedness; optik. myopia
närtrafik local services
närvara, ~ *vid* be present at; bevista, t.ex. sammanträde äv. attend
närvarande 1 tillstädes present; *vara ~ vid* bevista äv. attend, be at **2** nuvarande present; *för ~* for the present (time being), at present; amer. äv. presently
närvaro presence; *i vittnens* (*gästernas*) *~* before (in the presence of) witnesses (the guests)
näs landremsa isthmus; udde foreland
näsa nose äv. bildl.; *gå dit ~n pekar* vard. follow one's nose; *inte se längre än ~n räcker* not see farther than (beyond) one's nose; *lägga sin ~* (*~n*) *i blöt* poke (stick, put) one's nose into other people's business; *sätta ~n i vädret* toss one's head; bildl. put on airs, be stuck-up
näsben anat. nasal bone
näsblod nose bleed[ing]; *jag blöder* (*har*) *~* my nose is bleeding
näsborre nostril
näsdroppar nose drops
näsduk handkerchief; vard. hanky
nässelfeber nettle-rash; vetensk. urticaria
nässla nettle
näsedray nasal spray
näst I *adv* next; *den ~ bästa* the second best; *den ~ sista* the last but one **II** *prep* after
nästa I *adj* next; *~ dag* nu följande next day, påföljande the next (following) day; *i ~ nummer* in the next (därpå följande following)... **II** *s* neighbour; *älska din ~* love your neighbour
nästan almost; praktiskt taget practically; *~ aldrig* hardly ever; stark. beton. almost never; *det är ~ omöjligt att segla* it is almost (all but) impossible to sail
näste nest äv. bildl.; rovfågels aerie, aery
nästipp tip of the (resp. one's) nose
nästkommande, ~ *måndag* next Monday
nästla, ~ *sig in hos ngn* ingratiate oneself

with a p., worm (insinuate) oneself into a p.'s favour
nästäppa, *ha* ~ vara nästäppt have one's nose blocked up
näsvis cheeky; oförskämd impudent
nät net; spindels web; tele. äv. system; elektr. mains; *ett* ~ *av lögner* a tissue of lies
näthinna anat. retina; *ha* en bild *på* *~n* bildl. have...before one's eyes
nätkasse string (net) bag
nätspänning elektr. mains voltage
nätstrumpa net stocking; *nätstrumpor* strumpbyxor fishnet tights, fishnets
nätt I *adj* söt pretty; isht amer. cute; prydlig neat; småelegant dapper; *en* ~ *summa* iron. a tidy sum, a pretty penny **II** *adv* prettily; ~ *och jämnt* t.ex. undgå barely, narrowly; t.ex. hinna med tåget only just
nätverk network äv. data.
näve fist; *en* ~ sand a handful (fistful) of...
näver bot. birch-bark
nöd nödvändighet necessity; nödställd belägenhet distress, svag. trouble; trångmål straits; behov, brist need, svag. want; armod destitution; *lida* ~ be in want *(stark.* need); *vara av* *~en* be necessary (needed)
nödbedd, *vara* ~ need pressing
nödbroms emergency brake
nödfall, *i* ~ if necessary, if need arises; om det kniper at a pinch
nödgas be constrained (compelled, obliged) to +inf.; have to +inf.
nödhamn, *söka* ~ put into a port of refuge
nödig 1 nödvändig necessary; *~a* t.ex. anvisningar äv. the...needed **2** vard. *jag är* ~ I must go to the loo (amer. john), I must go somewhere
nödlanda make an emergency (forced) landing
nödlandning emergency (forced) landing
nödlidande necessitous; utarmad destitute; svältande starving; *de* ~ subst. adj. those in want, the needy
nödläge distress
nödlögn white lie
nödlösning emergency (tillfällig temporary) solution (utväg expedient)
nödrop cry (call) of distress (rop på hjälp for help); han klarade sig *med ett* ~ ...by the skin of his teeth
nödsaka, *se sig* *~d att* +inf. find oneself compelled to +inf.
nödsignal sjö. distress signal; per radio SOS [signal]
nödställd distressed, ...in distress; *de ~a* subst. adj. those in distress
nödtorft, *livets* ~ the bare necessities pl. of life, enough to keep body and soul together
nödtorftig scanty
nödtvång, göra ngt *av* ~ ...out of necessity, ...under compulsion
nödutgång emergency exit
nödvändig necessary; väsentlig essential; stark. vital; oumbärlig indispensable; erforderlig requisite; *det är ~t* äv. it is a necessity
nödvändiggöra necessitate; medföra entail
nödvändighet necessity; oumbärlighet indispensability
nödvändigtvis necessarily; *måste du* ~ resa? vanl. must you really...?
nödvärn self-defence; *handla i* ~ act in self-defence
nödår year of famine
nöja, ~ *sig med* be satisfied (content) with, content oneself with; *han nöjde sig med* inskränkte sig till *en kort kommentar* he confined himself to a short comment
nöjaktig tillfredsställande satisfactory; precis tillräcklig adequate
nöjd tillfredsställd satisfied; content; belåten pleased
nöje 1 glädje pleasure; stark. delight; njutning enjoyment; *ett sant (utsökt)* ~ a real treat; *mycket ~!* have a good time!, enjoy yourself! båda äv. iron.; *det skall bli mig ett* ~ I shall be delighted (very pleased el. glad); *finna* ~ *i* derive pleasure (enjoyment) from **2** förströelse amusement; tidsfördriv diversion, pastime
nöjesbransch, *~en* show business; vard. show biz
nöjesfält amusement park; enklare funfair; amer. carnival
nöjesliv underhållning entertainments, amusements; hon kastade sig in i *ett hektiskt* ~ ...a hectic life of pleasure
nöjeslysten ...fond of amusement
nöjesresa pleasure trip
1 nöt bot. nut; *en hård* ~ *att knäcka* bildl. a hard (tough) nut to crack
2 nöt 1 se *nötkreatur* **2** vard., dumbom ass
nöta, ~ *[på]* wear; kläder wear out; *~s* get worn (rubbed osv.); *~[s] av (bort)* wear off; ojämnheter (bildl.) rub off; ~ *ut* wear out
nötboskap [neat] cattle
nötknäckare o. **nötknäppare** nutcrackers; *en* ~ a pair of nutcrackers
nötkreatur [neat] cattle; *fem* ~ five head of cattle
nötkärna kernel of a (resp. the) nut
nötkött beef

nötning wearing; stark. wear; isht bildl. wear and tear

nötskal nutshell; om båt cockleshell; *i ett ~* bildl. in a nutshell

nötskrika zool. jay

nött worn; om bokband o.d. rubbed; bildl. hackneyed

nötväcka zool. nuthatch

o bokstav o [utt. əʊ]
oaktat I *prep* notwithstanding; *det*[*ta*] ~ äv. for all that, all the same, nevertheless **II** *konj* although
oaktsamhet carelessness; *grov* (*ringa*) ~ gross (limited) negligence
oanad, *få ~e konsekvenser* (*följder*) have unforeseen (unsuspected) consequences
oangriplig unassailable
oansenlig insignificant, inconsiderable; om t.ex. lön modest; om t.ex. stuga humble; om utseende plain, ordinary
oanständig indecent; vard. dirty
oanständighet indecency; *~er* äv. indecent talk sg. (anmärkningar remarks, skämt jokes), smut sg.
oansvarig irresponsible
oantastlig se *oangriplig*; okränkbar inviolable
oanträffbar unavailable, not available; *han har varit ~ hela dagen* I (osv.) have been unable to get hold of him...; ej hemma he has not been at home...
oanvänd unused; om kapital o.d. idle; *rummet står oanvänt* ...is out of use (not used, not in use)
oanvändbar useless, of no use; unusable; ej tillämplig inapplicable
oaptitlig unappetizing
oartig ohövlig impolite
oas oasis (pl. oases) äv. bildl.
oavbrutet uninterruptedly, continuously; *arbeta ~ i 6 timmar* work for 6 hours on end (without a break, without respite)
oavgjort, *sluta ~* sport. el. friare end in a draw
oavhängig independent
oavkortad eg. unshortened; om upplaga o.d. unabridged; om lön unreduced
oavkortat, *beloppet går ~ till forskning* the entire amount (the amount in full) will go to...
oavsett oberoende av irrespective of; frånsett apart from; *~ vilka de är* no matter who they are, whoever they may be
oavsiktlig unintentional
oavvislig, *ett ~t krav* a claim that cannot be refused (rejected), an imperative demand
obalans unbalance; mera abstrakt disequilibrium; *komma i ~* get out of balance
obanad om terräng o.d. trackless; om stig o.d. untrodden äv. bildl.
obarmhärtig merciless, unmerciful; skoningslös relentless
obducent postmortem examiner, autopsist
obduktion postmortem [examination]
obeaktad unnoticed, unobserved, unheeded; *lämna ~* disregard, pay no attention to, take no account (notice) of, pass by
obearbetad om råvaror raw; om t.ex. malm unwrought; om sten, hudar undressed; om ull virgin
obebodd uninhabited
obedd se *oombedd*
obefintlig om sak non-existent; *...är ~* äv. ...does not exist
obefogad oberättigad unwarranted; grundlös unfounded, groundless
obefolkad uninhabited
obegriplig incomprehensible; otydbar unintelligible; ofattbar inconceivable; oförklarlig inexplicable; *det är ~t för mig* äv. it passes my comprehension, it is beyond me, it does not make sense to me
obegränsad allm. unlimited, unbounded
obehag olust discomfort, unpleasantness; förtret annoyance; omak trouble; olägenhet inconvenience; *få ~ besvärligheter* get into trouble
obehaglig allm. unpleasant; om situation awkward; *det är ~t för mig att göra det* I don't like doing it, I feel uncomfortable (stark. awful) about it; *~ till mods* ill at ease, uncomfortable
obehagligt unpleasantly osv., jfr *obehaglig*; *han blev ~ berörd av det* it affected him unpleasantly, it made him feel uncomfortable
obehindrat unimpededly; t.ex. få gå omkring *~* ...freely
obehörig allm. unauthorized; som saknar kompetens unqualified; om t.ex. vinst illegitimate; *~a äga ej tillträde* no admittance [except on business]
obekant I *adj* **1** okänd unknown; om t.ex. ansikte **2** med ngn (ngt) unacquainted; okunnig ignorant **II** *subst adj* pers. stranger
obekräftad unconfirmed
obekväm allm. uncomfortable; oläglig inconvenient; besvärlig awkward äv. om pers.; *en ~ ställning* äv. a cramped position; *~ arbetstid* unsocial (inconvenient) working hours
obekvämlighetstillägg unsocial hours bonus
obekvämt uncomfortably osv., jfr *obekväm*;

obekymrad unconcerned; heedless; *vara ~ om (för)* äv. not care (worry) about
man sitter ~ i den här stolen this is an uncomfortable chair to sit in
obemannad om t.ex. rymdraket unmanned; om fyr unattended
obemärkt I *adj* unnoticed; ringa humble **II** *adv* se *oförmärkt*; *leva ~* live in obscurity
obeprövad untried
oberoende I *s* independence **II** *adj* independent; *vara ~* äv. stand on one's own [two] feet (legs), be one's own master **III** *adv*, *~ av* independent[ly] of; *~ av om (hur)* se *oavsett* ex.
oberäknelig 1 omöjlig att förutsäga unpredictable äv. om pers. **2** omöjlig att beräkna incalculable
oberättigad orättvis unjustified; grundlös groundless
oberörd bildl. unmoved; likgiltig indifferent; obekymrad unconcerned; *det lämnade mig ~* it did not affect me, it left me cold
obesegrad unconquered; isht sport. undefeated, unbeaten
obeskrivlig indescribable; outsäglig inexpressible, unspeakable
obeslutsam irresolute
obesprutad organically grown
obestridlig indisputable, undoubted, unquestionable; om t.ex. argument unanswerable; *ett ~t faktum* äv. an incontrovertible fact
obestånd insolvency; *komma på ~* become insolvent
obeställbar post. undeliverable
obestämbar om sak indeterminable; om känsla o.d. indefinable; neds. nondescript
obestämd icke fastställd indefinite; oavgjord undecided; obeslutsam indecisive; oklar vague, indefinite; om känsla undefined; *uppskjuta ngt på ~ tid* postpone a th. indefinitely
obesvarad unanswered; om hälsning unreturned; *~ kärlek* unrequited love
obesvärad ostörd undisturbed; av t.ex. för mycket kläder el. inskränkningar unencumbered; otvungen unconstrained; nonchalant free and easy
obetalbar dråplig priceless
obetydlig allm. insignificant; bagatellartad trifling; ringa negligible; liten small; *~a detaljer* insignificant (trivial, minor) details; *en ~ skillnad* a slight (inappreciable) difference
obetydlighet insignificance; bagatell triviality, insignificant etc. matter

obetänksam tanklös thoughtless, inconsiderate
obevakad unguarded; om testamente unproved; *~ järnvägsövergång* open (unguarded) level crossing
obevandrad, *~ i* unconversant (unfamiliar) with, unversed in
obeveklig inexorable
obeväpnad unarmed; om öga naked
obildad olärd uneducated; okultiverad uncultured; ohyfsad ill-bred
objekt object
objektiv I *s* vanl. (kamera~ o.d.) lens; optik. objective **II** *adj* objective
objektivitet objectivity, detachment
objuden uninvited, unasked; *~ gäst* äv. self-invited guest, intruder; vard. gatecrasher
oblat kyrkl. [sacramental] wafer
oblekt unbleached; *~a varor* textil. grey goods
oblid ogunstig unpropitious; *se ngt med ~a ögon* take a stern view of a th., frown on a th.; *ett oblitt öde* a hard (an adverse) fate
obligation hand. bond
obligatorisk compulsory; moraliskt bindande o.d. obligatory; *~a böcker* skol. set (prescribed) books, required reading sg.
oblodig om statskupp o.d. bloodless; om offer unbloody
oboe mus. oboe
oborstad eg. unbrushed; om skor uncleaned; ohyfsad rough, rude
obotfärdig impenitent
obotlig allm. incurable; om skada irreparable, irremediable; *en ~ lögnare* an incorrigible (a born, a compulsive) liar
obrottslig om trohet unswerving; om löfte inviolable; om tystnad, neutralitet strict
obrukad om jord untilled
obruklig ...[that is (was etc.)] no longer in use, out of use
obruten allm. unbroken; om brev unopened; om serie uninterrupted; om kraft unimpaired
obs. o. **obs!** Note, NB
obscen obscene
obscenitet obscenity
observant observant
observation observation; *lägga in ngn på ~* place a p. in hospital for observation
observatör observer
observera observe, note; lägga märke till notice; betrakta watch
obskyr föga känd obscure; 'skum' shady, dubious
obstinat obstinate

obstruktion polit. el. sport. obstruction; amer. parl. filibustering
ob-tillägg vard., se *obekvämlighetstillägg*
obunden eg. unchained; om bok unbound; kem. uncombined; bildl. uncommitted; om pers. ...without ties; fri free
obygd, ~*en* the wilderness (backwoods pl.); vard. the sticks pl.
obäddad om säng unmade
obändig svårhanterlig intractable; oregerlig unruly; motspänstig refractory; ~ *kraft* colossal strength
ocean ocean
oceanångare [ocean] liner
ocensurerad uncensored
och and; ~ *dylikt* se under *dylik*; ~ *så vidare* (förk. *osv.*) and so on, and so forth, et cetera (förk. etc.); *härifrån* ~ *dit* from here to there; *hon har gått ut* ~ *handlat* she has gone out shopping
ociviliserad uncivilized
ock also; jfr *också*
ocker usury; amer. vard. loan sharking; med varor profiteering; *bedriva* ~ practise usury
ockerpris exorbitant (extortionate) price
ockerränta extortionate [rate of] interest
ockrare usurer; amer. vard. loan shark
också also, ...as well; till och med even; i själva verket in fact; *eller* ~ or else; *om* ~ even if; fastän even though; ...*och det gjorde.* beton. *han* ~ ...and so he did; ...*och det gjorde han* beton. ~ ...and so did he; *det var* ~ *en fråga!* what a question!
ockult occult
ockupation occupation; ockuperande av hus squatting; *en* hus~ a sit-in
ockupationsmakt occupying power
ockupera mil. occupy; ~ *hus* sit in, squat
o.d. förk., se under *dylik*
odds odds; *mot alla* ~ against the odds; *höga* ~ long odds
odelad eg. el. bildl. undivided; allmän universal; hel whole, entire; om bifall unqualified; mitt (hans) ~*e förtroende* ...entire confidence
odelat, *inte* ~ angenäm not wholly (entirely, altogether)...
odemokratisk undemocratic
Oden mytol. Woden
odiplomatisk undiplomatic; ej välbetänkt impolitic
odiskutabel indisputable, ...beyond dispute
odjur monster
odla bruka cultivate äv. bildl.; till; frambringa grow
odlare cultivator, grower
odling odlande cultivation äv. bildl. t.ex. av själen; av t.ex. grönsaker growing; av t.ex. bakterier culture; av fisk, musslor o.d. breeding; område plantation
odramatisk undramatic
odryg uneconomical
odräglig olidlig unbearable; ytterst tråkig awfully boring; *en* ~ *människa* an insufferable person; vard. a pest, a pain in the neck (amer. äv. ass)
oduglig inkompetent incompetent; olämplig unfit; incapable; oanvändbar useless, unusable, of no use; ~ *till* (*som*) människoföda unfit for...
odygdig mischievous
o.dyl. förk., se under *dylik*
odåga good-for-nothing, waster
odödlig immortal; om t.ex. ära undying
odödlighet immortality
odör bad (nasty) smell (odour)
oefterhärmlig inimitable
oegennytta disinterest, disinterestedness, unselfishness
oegentlighet, ~*er* i bokföring, förvaltning irregularities, falsifications; förskingring embezzlement sg.
oekonomisk uneconomical
oemotståndlig irresistible; överväldigande overwhelming
oemotsäglig irrefutable
oemottaglig insusceptible; för smitta immune; proof; för kritik impervious
oenig divided, disunited, discordant; som pred., se äv. *oense*
oense, *bli* ~ disagree; osams fall out, quarrel [*med* with]; *vara* ~ disagree, differ, be at variance [*om* i samtl. fall about]
oerfaren inexperienced; oövad unpractised; 'grön' callow
oerhörd 1 aldrig tidigare hörd unheard-of... (pred. unheard of); enastående unprecedented, unparalleled **2** allm. förstärkande enormous, tremendous, immense; vard. awful; ytterlig, om t.ex. noggrannhet extreme; isht betr. storlek huge; vidunderlig[t stor] prodigious
oerhört enormt enormously osv., jfr *oerhörd*; vard. awfully; ytterligt extremely; *det betyder* ~ *mycket för honom* it means an enormous (a tremendous) lot to him
oersättlig irreplaceable; om förlust o.d. irreparable, irretrievable; *ingen är* ~ äv. nobody is indispensable
ofantlig se *oerhörd 2*
ofantligt se *oerhört*
ofarlig not dangerous; om t.ex. pers. el. riskfri riskless; oskadlig innocuous; om tumör o.d. benign; om t.ex. kritik harmless
ofattbar incomprehensible, inconceivable;

det är [*mig*] ~*t* äv. I just can't (I am at a loss to) understand it
ofelbar felfri infallible
ofelbart säkert inevitably, without fail
offensiv I *s* offensive; *inleda (sätta igång) en* ~ launch (mount) an offensive **II** *adj* offensive, aggressive
offentlig allm. public; officiell official; ~ *försvarare* jur. public defence counsel; *i det* ~*a livet* in public life
offentliggöra announce, make...public; i tryck publish
offentlighet allmän kännedom publicity; ~*en* allmänheten the [general] public
offentligt publicly etc., jfr *offentlig*; *uppträda* ~ vanl. appear in public
offer byte victim; i krig, olyckshändelse victim; uppoffring sacrifice; relig., gåva sacrifice; *han är* ~ *för* sin egen dåraktighet he is the victim of...
offert hand. offer; pris~ quotation; vid anbudsgivning tender; kostnadsförslag estimate
offervilja spirit of self-sacrifice, generosity
officer o. **officerare** [commissioned] officer; *befordras till* ~ be promoted an officer, obtain a commission
officerskår officers, body of officers
officiell official
offra I *tr* uppoffra sacrifice; satsa spend; ägna devote; relig. sacrifice; ~ *sitt liv* give (lay down) one's life **II** *rfl*, ~ *sig* sacrifice oneself [*för* for]
offside sport. offside
ofin ohyfsad ill-mannered; grov coarse; *det verkar* ~*t att*... it is bad manners (form) to...
ofodrad unlined
ofog pojkstreck mischief; oskick nuisance
oformlig formlös formless; vanskapt deformed; mycket fet enormously fat, bloated; regelvidrig irregular
oframkomlig om väg impassable, impracticable äv. bildl.
ofrankerad om brev unstamped, unpaid
ofreda antasta molest
ofrivilligt involuntarily; oavsiktligt unintentionally
ofruktbar om t.ex. jord barren äv. bildl.; fåfäng unfruitful, unproductive
ofruktsam barren
ofrånkomlig oundviklig inevitable; om faktum inescapable
ofta allm. often; upprepade gånger frequently; poet. oft; ~ *återkommande* frequent, frequently recurring
ofullbordad unfinished, uncompleted
ofullgången om foster abortive; bildl. immature
ofullständig incomplete; bristfällig imperfect, defective; fragmentarisk fragmentary
ofärd olycka misfortune; fördärv destruction
ofärgad om t.ex. glas uncoloured; om t.ex. tyg undyed; om t.ex. skokräm neutral
oförarglig harmless, inoffensive
oförbehållsam reservationslös unreserved; öppenhjärtig frank
oförberett without preparation; oväntat unexpectedly; *tala* ~ speak extempore (improviserat impromptu, vard. off the cuff)
oförbätterlig ohjälplig incorrigible; *en* ~ *optimist* äv. an incurable optimist
ofördelaktig allm. disadvantageous; om affär unprofitable; om utseende unprepossessing; *i en* ~ *dager* in an unfavourable light
ofördragsam intolerant
ofördärvad om natur unspoiled; om t.ex. yngling uncorrupted
oförenlig incompatible; om t.ex. åsikter irreconcilable
oföretagsam unenterprising
oföretagsamhet lack of enterprise (initiative), unenterprisingness
oförfalskad eg. el. bildl. unadulterated; ren pure; äkta genuine; *en* ~ *lögn* an unmitigated (absolute) lie
oförfärad fearless
oförglömlig unforgettable, never to be forgotten
oförhappandes av en slump accidentally, by chance; oförmodat unexpectedly; oförberett unawares
oförklarlig inexplicable; gåtfull mysterious
oförliknelig incomparable; makalös matchless, unparalleled; enastående unique
oförlåtlig unforgivable
oförminskad undiminished, unreduced; om t.ex. energi
oförmodad unexpected, unlooked for
oförmåga inability; incapacity; incapability; inkompetens incompetence; vanmakt impotence
oförmärkt i smyg stealthily; omärkligt imperceptibly; diskret unobtrusively
oförmögen incapable; unable; unfit
oförrätt orätt wrong; kränkning injury; orättvisa injustice; *begå en* ~ *mot ngn* äv. wrong a p.
oförrättad, *med oförrättat ärende* without having achieved anything
oförskräckt orädd fearless; oförfärad

dauntless; modig intrepid; djärv bold, daring
oförskämd allm. insolent, impudent; vard. cheeky; näsvis impertinent; skamlös shameless
oförskämdhet egenskap insolence, impudence, boldness etc., jfr *oförskämd*; audacity, impertinence, sauce; handling, yttrande impertinence
oförsonlig allm. irreconcilable; obeveklig unrelenting, relentless
oförstående unsympathetic; inappreciative; likgiltig indifferent; *ställa sig ~ inför (till) ngt* take up an unsympathetic attitude towards a th.
oförstånd oklokhet lack of wisdom (common sense); dumhet foolishness; omdömeslöshet want (lack) of judgement; obetänksamhet imprudence
oförsvarlig indefensible; oursäktlig inexcusable
oförtjänt I *adj* allm. undeserved, unmerited; om värdestegring o.d. unearned; om pers. undeserving **II** *adv* undeservedly
oförtruten outtröttlig indefatigable, unwearied; trägen assiduous
oförtröttad o. **oförtröttlig** se *oförtruten*
oförtäckt unveiled
oförutsedd unforeseen, unlooked for; *om inget oförutsett inträffar* if nothing (unless something) unforeseen (unexpected) happens, barring accidents
oförvitlig om uppförande o.d. irreproachable; t.ex. karaktär unblemished
oförvållad ...that has (had etc.) not been brought about by oneself
oförändrad unchanged, unaltered
ogenerad otvungen free and easy; nonchalant offhand; oberörd unconcerned; fräck cool
ogenomförbar impracticable
ogenomskinlig opaque, not transparent
ogenomtränglig om t.ex. skog impenetrable äv. bildl.; för ljus impervious
ogenomtänkt ...[that is (was etc.)] not thoroughly (properly) thought out; vard. half-baked; överilad inconsiderate, rash
ogift unmarried
ogilla 1 ej tycka om disapprove of; göra invändningar mot object (take exception) to; ta avstånd från deprecate **2** jur., avslå disallow, reject; upphäva overrule; t.ex. besvär, talan dismiss
ogillande (jfr *ogilla*) **I** *s* disapproval; disallowance **II** *adj* disapproving, deprecating **III** *adv* disapprovingly etc.; *se ~ på ngn (ngt)* äv. frown at a p. ([up]on a th.)
ogiltig allm. invalid, not valid; sport., om t.ex. hopp, kast disallowed; *göra ~* invalidate, nullify, render invalid
ogiltigförklara jur. declare invalid (null and void)
ogin disobliging; ovänlig gruff
ogripbar impalpable, intangible, elusive
ogrundad allm. unfounded
ogräs weeds; bibl. tares; *rensa ~* weed
ogräsmedel weed-killer
ogudaktig ungodly, impious
ogynnsam unfavourable; isht om tidpunkt o.d. unpropitious
ogärna motvilligt unwillingly; motsträvigt reluctantly, grudgingly
ogärning missdåd misdeed; brott crime; illdåd outrage
ogästvänlig inhospitable; om plats forbidding
ogästvänlighet inhospitality
ohanterlig om sak unwieldy, cumbersome; om person unmanageable
oharmonisk inharmonious; disharmonisk disharmonious, discordant
ohederlig dishonest
ohejdad mera eg. unchecked; *av ~ vana* by force of habit
ohelig unholy
ohjälpligt hopelessly; *~ förlorad* irretrievably lost
ohoj, *skepp ~!* ship ahoy!
ohyfsad obelevad ill-mannered; oborstad rough; ohövlig impolite; plump coarse; tölpaktig boorish, churlish; om ngns yttre untidy
ohygglig förfärlig dreadful, frightful; hemsk ghastly; avskyvärd atrocious, hideous, monstrous; vard., förstärkande horrible
ohygienisk unhygienic
ohyra vermin äv. bildl.
ohållbar om ståndpunkt untenable, indefensible; om situation intolerable; prekär precarious; ogrundad baseless
ohälsosam om klimat unhealthy; om föda unwholesome; om bostad insanitary
ohämmad om t.ex. sorg unrestrained; utan hämninger uninhibited
ohängd fräck impudent; drumlig loutish
ohöljd bildl. unconcealed; oblyg unblushing
ohörbar inaudible
ohörsamhet disobedience
ohövlig oartig impolite; ohyfsad rude; vanvördig disrespectful
oigenkännlighet, vanställd *till ~ ...*past (beyond) recognition
oinfriad unredeemed; förbindelse unmet; växel undischarged; förhoppning, förväntning unfulfilled
oinskränkt unrestricted; om makt absolute

ointaglig mil. impregnable
ointresserad uninterested
oj oh!; vid smärta ow!; *oj [oj] då!* I say!
ojust I *adj* oriktig incorrect; orättvis unfair **II** *adv* incorrectly etc., se *I*; *spela* ~ sport. play dirty (rough); bryta mot reglerna commit a foul (resp. fouls)
ojämförlig incomparable
ojämn allm. uneven; om fördelning unequal; udda odd; skrovlig rough, rugged; om klimat, lynne unequable; oregelbunden irregular; växlande variable; ~ *kamp* unequal struggle; ~ *väg* bumpy (rough) road
ojämnhet egenskap unevenness etc., jfr *ojämn*; inequality; ojämnt ställe: i yta o.d. irregularity, i väg bump
ojävig opartisk unbias[s]ed; om vittne o.d. competent, unchallengeable
OK se *okej*
ok yoke äv. bildl.
okamratlig disloyal; osportslig unsporting; om t.ex. anda uncomradely
okej vard. **I** *adj* OK **II** *interj* OK
oklanderlig allm. irreproachable; felfri faultless; fläckfri immaculate; oförvitlig blameless
oklar 1 eg.: otydlig indistinct; grumlig turbid, cloudy; om ljus, sikt dim; disig hazy; om färg muddy; suddig blurred; om ton indistinct; om röst husky **2** bildl.: otydlig unclear; vag vague, hazy; dunkel, svårfattlig obscure; oredig muddled; tvetydig ambiguous **3** sjö. foul
oklok oförståndig unwise; omdömeslös injudicious; obetänksam ill-advised, rash; ej tillrådlig inadvisable
oklädd undressed, unclothed; om möbel unupholstered
oklädsam unbecoming äv. bildl.
oknäppt om plagg unbuttoned; knappen *är ~ ...is* not done up; har gått upp ...is undone
okomplicerad simple, uncomplicated
okonstlad oförställd unaffected; enkel artless; osofistikerad unsophisticated
okonventionell unconventional
okristlig 1 eg. unchristian **2** vard., oerhörd, ryslig awful, tremendous; *en ~ tidpunkt att bli väckt på* an ungodly hour to be woken up [at]
okritisk uncritical
okränkbar inviolable
okrönt om kung o.d. uncrowned äv. bildl.
oktan octane
oktantal octane rating (number); *bensin med högt ~* high-octane petrol
oktober October (förk. Oct.); för ex. jfr *april*
okunnig 1 ovetande: allm. ignorant; omedveten unaware; oupplyst uninformed **2** obevandrad ignorant, unacquainted; ej utbildad unlearned
okunnighet ignorance; *sväva i lycklig ~ om ngt* be blissfully ignorant (unaware) of a th.; *lämna ngn i ~ om ngt* leave a p. in the dark about a th.
okunskap ignorance
okuvlig indomitable; om t.ex. energi irrepressible
okvinnlig unwomanly, unfeminine; manhaftig mannish
okvädingsord term (word) of abuse; som pl. äv. abuse sg.
okynnig skälmsk mischievous, puckish; elak, isht om barn naughty
okänd allm. unknown; obekant unfamiliar; främmande strange; föga känd obscure, ...[that is (was etc.)] little known; *av ~ anledning* for some unknown reason
okänslig allm. insensitive; utan känsel numb; isht själsligt callous; likgiltig indifferent; oemottaglig insusceptible
okänslighet insensitiveness, insensibility; numbness; callousness, indifference; insusceptibility; jfr *okänslig*
oladdad unloaded; elektr. uncharged
olag, *bringa i ~* disorganize, upset
olaga o. **olaglig** unlawful, illegal
olat vice; *~er* äv. bad habits
olidlig insufferable
olik (jfr *olika I*) ej påminnande om unlike; skiljaktig different; ~ *ngt* different from (unlike) a th., dissimilar to a th.
olika I *adj* (jfr *olik*) olikartad different; skiftande varying; växlande various; *på ~ sätt* in different (various) ways; *barn i ~ åldrar* children of different ages; *smaken är ~* tastes differ **II** *adv* differently; *de är ~ stora* ...of different sizes, ...unequal in size
olikartad dissimilar; heterogeneous
olikhet eg. unlikeness; skillnad difference; i storlek disparity; skiljaktighet diversity, divergence; *sociala ~er* social inequalities
oliktänkande polit. dissident
oliv olive
olivolja olive oil
olja I *s* oil; *gjuta ~ på vågorna* pour oil on troubled waters **II** *tr* oil; ~ *in* oil [all over], lubricate
oljeborrplattform oilrig
oljebyte oil change
oljebälte [long] oilslick
oljecistern oil storage tank
oljeeldning oil-heating
oljefat oil drum
oljefält oilfield

oljekälla oil well
oljeledning [oil] pipeline
oljemålning abstr. el. konkr. oilpainting
oljepanna oil[fired] boiler
oljeraffinaderi oil refinery
oljesticka dipstick
oljeställ oilskins, oilskin clothes
oljetank oil tank
oljetanker oiltanker
oljeutsläpp oil spill (spillage), discharge (avsiktligt dumping) of oil [in the sea]
oljeväxt oil[-yielding] plant
oljig oily; vard. smarmy
oljud oväsen noise; *föra* ~ make a noise, be noisy
olle [thick] sweater
ollon bot., ek~ acorn; bok~ beechnut; anat. glans (pl. glandes)
ologisk illogical
olovandes without leave (permission)
olovlig olaglig unlawful; förbjuden forbidden; om jakttid close
olust 1 obehag uneasiness; missnöje dissatisfaction; ovilja displeasure **2** obenägenhet disinclination; motvilja dislike; distaste; aversion, repugnance
olustig ur humör out of spirits end. pred.; nedstämd low-spirited; håglös listless; illa till mods uncomfortable; obehaglig unpleasant
olustkänsla feeling of discomfort, uneasy feeling
olycka 1 ofärd misfortune, ill fortune; otur bad (ill) luck; motgång adversity; bedrövelse unhappiness; elände affliction; *när ~n är framme* om man har otur if things are against you, if your luck's out **2** missöde mishap; olyckshändelse accident; katastrof disaster, calamity; *en ~ kommer sällan ensam* it never rains but it pours **3** vard., om pers. wretch; skämts. rascal; jfr äv. *olycksfågel*
olycklig betryckt unhappy; djupt distressed; eländig miserable, wretched; drabbad av olycka el. otur unfortunate, hapless; beklaglig unfortunate, deplorable; dålig bad; misslyckad unsuccessful; olycksfödd ill-starred; olämplig infelicitous
olyckligtvis unfortunately
olycksbådande ominous
olycksfall accident, casualty
olycksfallsförsäkring accident insurance
olycksfågel vard. unlucky creature (person), person dogged by ill luck; som lätt råkar ut för olyckor person who is accident-prone
olyckshändelse accident; lindrigare mishap
olyckskorp vard. prophet of woe; amer. vard. calamity howler (kvinnl. Jane)

olycksplats, *~en* the scene of the accident
olyckstillbud near-accident; *ett allvarligt ~ inträffade* there was almost a serious accident
olycksöde unlucky fate
olydig disobedient; *vara ~ mot ngn* äv. disobey a p.; om barn äv. play a p. up
olydnad disobedience
olympiamästare Olympic champion
olympisk sport. Olympic; *~ guldmedaljör* Olympic gold medallist; *[de] ~a spelen* the Olympic Games, the Olympics
olåt oljud noise; missljud cacophony; tjut howling; jämmer lamentation
olägenhet besvär inconvenience, trouble; nackdel drawback; svårighet difficulty
oläglig olämplig inopportune; malplacerad untimely, ill-timed; obekväm inconvenient; ovälkommen unwelcome
olägligt inopportunely; *komma ~* om pers. el. sak come at an inconvenient moment
olämplig ej passande unsuitable, unfit; oantaglig ineligible; malplacerad ill-timed, out of place; oläglig inopportune; otillbörlig improper; oändamålsenlig inexpedient
oländig svårframkomlig rough, rugged; ofruktbar sterile
oläsbar o. **oläslig** om handstil o.d. illegible; om bok unreadable
1 om I *konj* **1** villkorlig, allm. if; 'för den händelse att' äv. in case; *~ så är* if that is the case, if so, in that case; *~ inte han hade varit* if it hadn't been for him; som en hjälp äv. but for him **2** jämförande *som ~* as though (if) **3** medgivande *även ~* even though (if) **4** vid förslag *~ vi skulle gå* på teatern? what (how) about going...? **5** frågande, 'huruvida' whether, it II *s* if; *om inte ~ hade varit* if things had been otherwise; *efter många ~ och men* after a lot of shilly-shallying
2 om A *prep* **I** i fråga om rum **1** 'omkring' **a)** eg. round; isht amer. around; ha en halsduk *~ halsen* ...round one's neck; *hon svepte sjalen tätt ~ sig* she wrapped her shawl tightly about her **b)** friare *jag är kall ~ händerna* my hands are cold; *vara ~ sig [och kring sig]* look after (take care of) number one **2** om läge of; *norr ~...* [to the] north of... **3** i spec. uttr. *par ~ par* in couples, two by two, se äv. *huller om buller* II i fråga om tid **1** 'på', 'under' *~ dagen (dagarna)* in the daytime, by day, during the day; *stiga upp tidigt ~ morgnarna* ...in the morning; *året ~* all the year round **2** efter viss tid, *~ ett år* in a year['s time] III bildl. **1** vid subst. o. vb **a)** 'angående' o.d. about, of; *drömmen (ryktet, uppgiften) ~*

the dream (rumour, report) of; *historien* ~ the story about (of) **b)** kring ett ämne o.d. on; *en bok* ~ a book on (about) **c)** 'för att få' for; *be (slåss, tävla)* ~ ask (fight, compete) for **d)** 'beträffande' as to; 'med avseende på' äv. regarding; *anvisningar* ~ *hur man skall* +inf. directions [as to] how to +inf. **2** vid adj. *angelägen* ~ *att* +inf. anxious to +inf.
B *adv* el. beton. part. v. vb **1** 'omkring' *binda* ~ paket o.d. tie up...; *röra* ~ *i teet* stir one's tea **2** 'tillbaka' *se sig (vända)* ~ look (turn) back **3** 'förbi' *gå (köra)* ~ *ngn* go (drive) past a p., overtake a p. **4** 'på nytt' **a)** *läsa* ~ *en bok* re-read...; *måla* ~ *en vägg* repaint..., paint...[over] again (afresh) **b)** *många gånger* ~ many times over **5** 'på annat sätt' *göra* ~ re-make, re-do

omak besvär trouble; olägenhet inconvenience; *göra sig ~et att* +inf. give oneself the trouble of +ing-form; go to the trouble of +ing-form; go out of one's way to +inf.

omaka eg. odd...; bildl. ill-matched, ill-assorted

omanlig unmanly; förveklgad effeminate

omarbetning av bok o.d. revision; för scenen adaptation, recast

ombesörja attend (see) to; behandla deal with; ta hand om take care of; göra do; ha hand om be in charge of

ombilda omskapa transform; omorganisera reorganize; t.ex. företag till bolag convert; från grunden el. regering reconstruct

ombonad om bostad o.d. [warm (nice) and] cosy; skyddad sheltered

ombord on board; ~ *på* m/s Mary on board the...

ombud representative; ställföreträdare deputy; vid konferens o.d. delegate; affärs~ agent

ombudsman representant representative; ibl. ombudsman; hos organisation o.d. secretary; jur.: hos bank o.d. solicitor

ombyggnad rebuilding, conversion; huset *är under* ...is being rebuilt

ombyte change; utbyte exchange

ombytlig changeable

omdaning remodelling, transformation, reform; omorganisation reorganization

omdebatterad o. **omdiskuterad** [much] debated (discussed); omstridd controversial

omdöme 1 omdömesförmåga judgement; urskillning discernment, discrimination; *ha [ett] gott* ~ have a sound judgement, be a good judge **2** åsikt opinion

omdömesförmåga discrimination, judgement

omdömesgill judicious

omdömeslös om pers. ...lacking in judgement (good taste); om handling o.d. injudicious

omedelbar direkt immediate, direct; naturlig natural, spontaneous; *i* ~ *närhet av...* in the immediate vicinity of..., in close vicinity to...

omedelbart direkt immediately; ~ *efter (före)* t.ex. valet on the morrow (eve) of...

omedgörlig oresonlig unreasonable; ej tillmötesgående uncooperative; ogin disobliging; oböjlig unbending, unyielding; envis stubborn; motspänstig intractable

omedveten unconscious end. pred.

omelett omelet[te]; *säg ~!* vid fotografering say cheese!

omfamna embrace, hug

omfatta 1 innefatta, inbegripa comprise, comprehend; innehålla contain; sträcka sig över extend (range) over; täcka cover **2** ansluta sig till embrace; en teori hold

omfattande vidsträckt extensive; om t.ex. kunskaper, befogenheter wide; innehållsrik comprehensive; utbredd widespread; vittgående: om t.ex. reform far-reaching, om t.ex. förändring sweeping; i stor skala large-scale...

omfattning omfång extent, scope; utsträckning range, compass; storlek proportions, dimensions, size; skala scale; *av betydande* ~ of considerable proportions

omforma ombilda transform; omgestalta remodel; elektr. convert

omformulera reformulate; t.ex. text reword; t.ex. kontrakt redraft; t.ex. plan reframe

omfång 1 eg.: storlek size, bulk, dimensions; omfattning extent; ytvidd area; volym volume; omkrets circumference; rösts range; *till ~et* in size (bulk, girth) **2** bildl.: räckvidd scope

omfångsrik allm. extensive, bulky

omfördela redistribute

omge surround

omgestalta remould, reshape, transform

omgift remarried; *han är* ~ he has remarried, he has married again

omgivning t.ex. en stads surroundings, environs (pl., båda äv. ~*ar*); trakt neighbourhood; miljö environment; han är en fara *för sin* ~ ...to those around him

omgjord på nytt redone..., remade...; ändrad altered...

omgruppera regroup

omgående I *adj,* ~ *svar* reply by return [of post]; friare prompt (immediate) reply **II** *adv* by return osv.
omgång 1 konkr.: uppsättning set; hop batch; *bjuda på en* ~ *öl* stand a round of beer **2** abstr.: sport. o.d. round; kortsp. äv. rubber; skift, tur turn; gång time; vard., stryk beating; *i ~ar* efter varandra by (in) turns, successively
omgärda eg. fence (close)...in, enclose; bildl. surround; skydda safeguard
omhulda t.ex. vetenskap o. konst foster; t.ex. teori cherish; pers. take good care of, make much of
omhändertaga ta hand om take care (charge) of, look after; om polis take...into custody
omild om behandling o.d. harsh; om klimat ungenial; om kritik severe
omintetgöra planer frustrate
omisskännelig unmistakable
omistlig oumbärlig indispensable; om rättighet o.d. inalienable; oskattbar priceless
omkastare elektr. change-over switch
omkastning i väderlek, lynne o.d. sudden change; i ngns känslor revulsion; i politik reversal; i vinden veer; av ordningen inversion; av bokstäver o.d. transposition
omklädd om möbel re-covered; *är du ~?* have you changed (till mörk kostym o.d. dressed)?
omklädningsrum dressing-room; med låsbara skåp locker room
omkomma be killed; ~ *vid* en bilolycka be killed in...
omkoppling tele. reconnection; elektr. change-over
omkostnad, *~er* allm. cost[s pl.]; utgifter expense[s pl.], expenditure sg.
omkrets circumference; geom. äv. perimeter
omkring I *prep* (jfr äv. *kring I 1*) **1** rum round, about; isht amer. around; *runt ~* around, round about **2** tid han kommer ~ *den första* ...[round] about the 1st **3** ungefär about **II** *adv* eg. [a]round; hit och dit about; *när allt kommer ~* after all
omkull down, over
omkörning omkörande overtaking; amer. passing; ~ *förbjuden* no overtaking (amer. passing)
omkörningsfil fast (overtaking, amer. passing) lane
omlopp allm. circulation; astron. revolution; *sätta i ~* pengar put...into circulation; rykten circulate, put about; blodet set...circulating
omlott, *gå ~* overlap
omläggning 1 omändring change; t.ex. av schema rearrangement; t.ex. av produktion switch-over; av trafik diversion; omorganisering reorganization **2** av gata: reparation repaving; mer omfattande reconstruction **3** av sår bandaging
ommöblering 1 omflyttning av möbler rearrangement of furniture; byte av möbler refurnishing **2** inom regering o.d. reshuffle
omnejd neighbourhood, surrounding country; Stockholm *med* ~ ...and environs
omnämnande mention; reference
omodern ej längre på modet out of date; gammalmodig old-fashioned, vard. old hat; *bli ~* go out of fashion (vogue), become old-fashioned, date
omogen unripe; om person immature; vard. half-baked
omoralisk immoral; oetisk unethical
omorganisera reorganize
omotiverad 1 oberättigad unjustified; opåkallad uncalled for, gratuitous, unprovoked; ogrundad unfounded; orimlig unreasonable **2** utan motivation unmotivated
omplacering av t.ex. möbler rearrangement; av tjänsteman o.d. transfer [to another post]; av pengar reinvestment
ompröva allm. reconsider; undersöka reinvestigate, re-examine, review äv. jur.
omprövning reconsideration; undersökning reinvestigation, review äv. jur.; examen new (fresh) examination
ompysslad, *bli ~* be looked after
omringa surround, close in on
område 1 eg. a) geogr. territory; mindre district, zone; trakt region b) inhägnat: allm. grounds, isht v. kyrka o.d. precincts; *förbjudet ~!* no trespassing! **2** bildl.: gebit o.d. field, range, domain; fack branch; *det är inte mitt ~* that is outside my province (vard. not in my line)
omrörning kok. o.d. stirring
omröstning voting; parl. äv. (i Engl.) division; med röstsedlar ballot voting
omsider småningom by degrees; till sist at last; *sent ~* at long last, at length
omskaka, *~s väl!* shake well before using!; se äv. *skaka* [om]
omskakad eg. shaken; stark. jolted; bildl. shocked
omskola I *tr* retrain; lära upp på nytt re-educate; omplantera transplant, replant **II** *rfl,* ~ *sig till...* train [oneself] to become...
omskriva geom. circumscribe; återge med andra ord paraphrase; *en mycket omskriven* händelse a much discussed...
omskrivning förnyad skrivning rewriting;

återgivande med andra ord circumlocution; förklarande paraphrase
omskärelse circumcision; *kvinnlig* ~ female circumcision (excision)
omslag 1 pärm på bok cover; löst bokomslag [dust] jacket, wrapper; för paket cover; isht post. wrapper; förband compress; skivfodral sleeve **2** förändring, i väder o.d. change
omslagsbild cover picture
omslagspapper wrapping (brown) paper
omsorg 1 omvårdnad care; ivrig solicitude; bekymmer o.d. anxiety **2** noggrannhet care; omtanke attention; samvetsgrannhet conscientiousness; överdriven meticulousness; besvär trouble
omsorgsfull allm. careful; samvetsgrann scrupulous, conscientious; grundlig thorough; i detalj utarbetad o.d. elaborate
omspel sport. replay; *det blir* ~ *i morgon* there will be a replay..., the match will be replayed...
omstridd disputed, ...in dispute; *en* ~ *fråga* äv. a controversial issue, a vexed question
omstrukturering restructuring
omställning 1 ändring, omkoppling change[-over]; inställning adjustment **2** bildl. adaptation, adjustment
omständighet allm. circumstance; faktor factor; *~er* äv. state of affairs sg., conditions; *bidragande* ~ contributory factor; *de närmare ~erna* är inte kända the immediate circumstances (exact particulars)...; *under alla ~er* at all events, at any rate, in any case
omständlig utförlig circumstantial, detailed; långrandig long-winded äv. om pers.; lengthy; vidlyftig prolix; ceremoniös ceremonious
omstörtande, ~ *verksamhet* polit. subversive activity
omsvep, säga ngt *utan* ~ ...straight out, ...in so many words, ...without beating about the bush
omsvängning plötslig förändring [sudden] change; i opinion äv. swing
omsätta 1 omvandla convert; ~ *i pengar* turn into cash; ~ *i praktiken* put into practice **2** hand., sälja sell, market; ha en omsättning av turn over; växel o.d. renew
omsättning 1 omplantering replanting **2** typogr. resetting **3** hand., allm. business; årlig affärs~ turnover, sales; växels renewal; intäkter receipts, returns; på arbetskraft turnover
omtagning upprepning repetition; film. retake; mus. repeat
omtala meddela report; omnämna mention; *mycket ~d* much discussed (talked of)

omtanke omsorg care; omtänksamhet consideration; thoughtfulness
omtapetsering repapering; *målning och* ~ [painting and] redecoration
omtumlad dazed, dizzy
omtvistad disputed, ...in dispute; *en* ~ *fråga* äv. a controversial (vexed) question, a moot point
omtyckt popular; på modet ...much in vogue (fashion)
omtänksam full av omtanke considerate; thoughtful; förtänksam foresighted, provident
omtänksamhet consideration, considerateness; foresight; jfr *omtänksam*
omtöcknad dazed; boxn. punch-drunk
omval 1 nytt val new (second) election **2** återval re-election; *ställa upp för (till)* ~ seek re-election; i Engl. äv. stand again; i USA äv. run again
omvandla omdana transform; omräkna convert
omvårdnad care; sjukvård nursing
omväg detour; *ta (köra osv.) en* ~ make a detour; *på ~ar* bildl. by roundabout methods, deviously, in a roundabout way
omvälvande om t.ex. plan revolutionary
omvälvning revolution
omvänd 1 omkastad inverted äv. matem.; motsatt converse; *han var som en* ~ *hand* he had turned (changed) round completely **2** relig. el. friare converted; *en* ~ *syndare* a reformed sinner
omvändelse relig. conversion äv. friare
omvänt inversely; å andra sidan on the other hand; *och (eller)* ~ and (or) vice versa lat.
omvärdera revalue; amer. revaluate; ompröva reappraise
omvärdering revaluation, reassessment; omprövning reappraisal
omvärld, *~en* the world around [one]
omväxlande I *adj* **1** om t.ex. natur varied; ej enformig ...full of variety **2** alternerande alternate **II** *adv* alternately
omväxling ombyte change; förändring variety; växling alternation; *för ~s skull* for (by way of) a change, for the sake of variety
omyndig minderårig ...under age; *han är* ~ äv. he is a minor
omyndigförklarad jur. incapacitated
omålad unpainted; utan makeup ...without make-up
omåttlig isht i mat o. dryck immoderate; isht om dryckesvanor intemperate; överdriven exorbitant; ofantlig tremendous, enormous
omåttligt immoderately etc., jfr *omåttlig*; to excess

omänsklig inhuman
omärklig imperceptible; osynlig indiscernible
omärkligt imperceptibly etc., jfr *omärklig*; i smyg stealthily
omättlig insatiable
omöblerad unfurnished
omöjlig impossible; ~ *att reparera* (*förbättra*) äv. beyond repair (improvement); *han brukar inte vara* ~ he is usually very reasonable
omöjligen, *jag kan* ~ *göra det* I cannot (can't) possibly do it
omöjliggöra make (render)...impossible; utesluta preclude
onanera masturbate
onani masturbation
onaturlig unnatural; onormal abnormal
ond I *adj* (jfr *värre, värst*) **1** isht i moraliskt hänseende: allm. evil; ~ *cirkel* vicious circle; aldrig säga *ett ont ord till* (*om*) *ngn* ...a nasty word to (about) a p. **2** arg angry; amer. mad; annoyed; *bli* ~ get angry etc. **3** öm sore **II** *s* o. *subst adj* **1** *den* (*hin*) ~*e* the Evil One **2** *det* ~*a* a) smärtorna the pain, the ache; sjukdomshärden the trouble, the complaint b) om last, omoral o.d. the evil **3** *ont* a) allm. *roten till allt ont* the root of all evil b) plåga pain; *göra ont* hurt; *ha ont* be in pain, suffer; *jag har ont i fingret* my finger hurts; *ha ont i magen* have a pain in the stomach, have [a] stomach-ache (vard. belly-ache) c) *ha ont om* knapphet på be short of **4** se *ondo*
ondo, *det är inte helt av* ~ it is not altogether a bad thing
ondsint illvillig malicious; elak ill-natured
ondska evil; syndighet wickedness; elakhet malice
ondskefull syndig wicked; elak spiteful
onekligen undeniably, certainly, doubtless
onormal abnormal; ovanlig exceptional
onsdag Wednesday; jfr *fredag* o. sammansättn.
ont se *ond II 3*
onumrerad unnumbered; ~*e platser* vanl. unreserved seats
onyanserad eg. el. bildl. ...without nuances (subtlety); bildl.: enformig uniform, unvaried; förenklad simplistic; ytlig, om synsätt o.d. superficial
onykter se *berusad*; köra bil *i* ~*t tillstånd* ...when under the influence of drink (liquor)
onyttig oduglig useless; ohälsosam unwholesome; föga givande unprofitable; gagnlös futile
onåd disfavour; *falla* (*råka*) *i* ~ *hos ngn* fall (get) into disfavour (disgrace) with a p., fall (get) out of favour with a p.
onämnbar unmentionable; *de* ~*a* skämts., byxorna the unmentionables
onödan, *i* ~ unnecessarily, without [due] cause; *han gör inte något i* ~ ...if he doesn't have to, ...unless he has (is obliged) to
onödig unnecessary, needless; opåkallad uncalled for; meningslös wanton
oombedd unasked; av fri vilja unsolicited; slå sig ned ~ vanl. ...without being asked
oomstridd undisputed, unchallenged
oomtvistlig indisputable
oordentlig 1 om pers.: slarvig careless; vårdslös, ovårdad slovenly, untidy **2** om sak: t.ex. om skick disorderly; ostädad untidy
oordnad mera eg. unarranged; i oordning disordered; om hår dishevelled; om förhållanden unsettled
oordning allm. disorder; *i* ~ in disorder, in confusion, in a muddle, in a mess
oorganiserad unorganized; ~ *arbetskraft* äv. non-union labour
oorganisk inorganic
opal miner. opal
opartisk allm. impartial; neutral neutral; fördomsfri unprejudiced; oegennyttig disinterested; självständig detached
opassande I *adj* allm. improper, unbecoming; oanständig indecent; *det är* ~ äv. it is bad form **II** *adv* improperly etc., jfr *I*; *uppföra sig* ~ äv. misbehave
opasslig indisposed, unwell
opera opera; byggnad opera house; *gå på* ~*n* go to the opera
operasångare o. **operasångerska** opera-singer
operation 1 allm. el. mil. operation; med. äv. surgical operation; *utföra en* ~ perform (carry out) an operation **2** kampanj campaign; göra ~ *dörrknackning* för insamling ...a house-to-house (door-to-door) collection; av polisen ...a house-to-house search
operationssal operating theatre (amer. room)
operationssköterska theatre nurse (sister); amer. operating-room nurse
operativsystem data. operating system
operera I *itr* allm. operate; ~ *med* laborera med operate with; arbeta med employ **II** *tr* med. operate on; *bli* ~*d för*... äv. have (undergo) an operation for...
operett klassisk operetta; humoristisk comic opera; mera modern musical comedy
operettmusik operetta (etc., jfr *operett*) music
opersonlig impersonal

opinion [public] opinion; *den allmänna ~en* public opinion, the general feeling
opinionsmätning [public] opinion survey (poll)
opinionsmöte ung. public meeting
opinionssiffror, *dåliga ~* poor poll ratings
opium opium
oplockad eg. unpicked; om fågel unplucked; *ha en gås ~ med ngn* have a bone to pick with a p.
opolerad unpolished; *opolerat ris* unpolished rice
oppalin *s* oppalinium
opponera I *itr* vid disputation o.d. act as opponent (resp. opponents) **II** *rfl, ~ sig* object, raise objections [*mot* to]
opportunist opportunist, timeserver
opportunistisk opportunist
opposition opposition; *~en* parl. the Opposition
oppositionsledare leader of the Opposition
oppositionsparti opposition party
oproportionerlig disproportionate
oprövad untried; friare el. bildl. untested
optik optics; linssystem i kamera o.d. lens system
optiker optician; affär optician's [shop]
optimal optimum...
optimism optimism
optimist optimist
optimistisk optimistic
optimistjolle sjö. optimist dinghy
option option äv. ekon.
optisk optic[al]
opåkallad uncalled for
opålitlig om pers. el. sak unreliable, untrustworthy; om t.ex. blick shifty
opåräknad unexpected; unlooked for
opåtald oanmärkt unchallenged; ostraffad unpunished
opåtalt 1 *det får inte ske ~* ...pass unnoticed (without a protest, unchallenged) **2** ostraffat with impunity
or zool. mite
oraffinerad 1 tekn. unrefined **2** enkel: om kläder inelegant; om sätt unrefined
orakad unshaved, unshaven
orange *adj* o. *s* orange, jfr *blå* o. sammansättn. samt *blått*
orangutang zool. orang-outang, orang-utan
ord word; ordstäv proverb; bibelord text; löfte word; *Guds ~* the Word of God, God's Word; *~et är fritt* vid möte the debate is opened; *ge (lämna) ~et till ngn* call on a p. to speak; parl. give a p. the floor; han kan inte *ett ~ latin* ...a word of Latin; *lägga ett gott ~ för ngn* put in a good word for a p. [*hos* with]; *jag saknar ~!* words fail me!; *välja sina ~* [pick and] choose one's words; *i ~ och handling* in word and deed; *ta ngn på ~en* take a p. at his (her *etc.*) word; *stå vid sitt ~* keep one's promise (word), be as good as one's word

orda, *~ om* talk about, discuss
ordagrann literal; om referat o.d. verbatim (lat.)...
ordalag words; *i allmänna ~* in general terms
ordbehandlare maskin word processor
ordbehandling data. word processing
ordblind word-blind; vetensk. dyslectic; *vara ~* äv. be a dyslectic
ordbok dictionary
orden samfund order; ordenstecken decoration
ordentlig 1 mera eg.: ordningsam orderly; noggrann careful; punktlig exact; regelbunden regular; välartad well-behaved; anständig decent; prydlig neat; proper tidy; välskött well-kept; *~t uppförande* orderly behaviour **2** friare: riktig proper; rejäl real, regular; grundlig thorough, sound; jag har fått *en ~ förkylning* ...a terrible (awful) cold; *ett ~t mål mat* a square meal; *en ~ smäll* slag a nasty bang (knock)
ordentligt in an orderly (osv.) manner etc., jfr *ordentlig*; *klä på sig ~* varmt wrap (cover) oneself up properly (really well); *bli ~ våt* get thoroughly wet
order 1 befallning order; instruktion instruction; *få ~ [om] att* + inf. be ordered (instructed) to + inf. **2** hand. order; *få en ~ på en vara* obtain (get) an order for an article
orderstock hand. volume of orders; av icke utförda order backlog [of orders]
ordfläta se *korsord*
ordflöde flow (spate) of words
ordföljd, *rak (omvänd) ~* normal (inverted) word order
ordförande vid sammanträde chairman; i större sammanhang el. i förening, domstol o.d. president; *sitta som ~ vid* ett möte be chairman (in the chair) at..., preside at (over)..., chair...
ordförråd vocabulary
ordinarie om tur o.d. regular; om tjänst permanent; vanlig ordinary; *~ arbetstid* regular working-hours pl.
ordinera med. prescribe; prästviga ordain; *han ~des fullständig vila* äv. he was ordered a complete rest
ordkarg fåordig taciturn; ordknapp ...sparing of words, ...of few words
ordklass gram. part of speech

ordlek pun, play on words
ordlista glossary, word list
ordna I *tr* o. *itr* **1** ställa...i ordning arrange; amer. äv. fix; sina affärer settle; dokument o.d. file; sortera sort; systematisera classify; reglera regulate; t.ex. sitt liv order; i rad range; trupper marshal; städa tidy [up]; ~ *håret* put one's hair straight, tidy (amer. fix) one's hair; ~ *slipsen* (*sin klädsel*) adjust one's tie (clothes) **2** ställa om arrange; isht amer. el. vard. fix [up]; reda upp settle, put...right; skaffa get; ta hand om see to; ~ [*med*] t.ex. tävlingar organize; t.ex. biljetter arrange, get **II** *rfl*, *det ~r sig nog!* it will be all right (sort itself out, straighten itself out) [don't you worry]! **III** med beton. part.
~ **om** ändra arrange...differently, rearrange; anordna arrange
~ **till** t.ex. håret el. en fest arrange
~ **upp** reda ut settle [up]; *det ~r nog upp sig så småningom* things will sort themselves out in the end
ordning 1 reda order; ordentlighet orderliness; snygghet tidiness; metod method; system system; föreskrift regulations; [*den*] *allmänna ~en* law and order; *upprätthålla* (*återställa*) *~en* maintain (restore) order; *jag får ingen ~ på det här* I can't get this straight (bli klok på make this out); *hålla ~ på...* keep...in order (under control); *det är helt i sin ~* ...quite in order (quite all right); vard. ...OK; *göra i ~ ngt* get...ready (in order), prepare (isht amer. fix)...; städa tidy (do)...; återgå *till ~en* ...to the normal state of things **2** följd order, succession; tur turn; mil., formering order
ordningsam orderly
ordningsföljd order; lapparna *ligger i ~* ...are in the right (in consecutive) order
ordningsmakt, *~en* vanl. the police pl.
ordningsman i skolklass monitor
ordningsmänniska methodical person
ordningsregler regulations
ordningsvakt t.ex. på nöjesplats, i tunnelbanan patrolman
ordrikedom språks largeness of vocabulary; verbosity; persons wordiness
ordspråk proverb
ordstäv [common] saying
ordväxling argument
oreda oordning disorder; förvirring confusion; röra muddle, shambles; *ställa till ~ i ngt* throw a th. into disorder (confusion), make a muddle (mess) of a th.
oredig förvirrad confused, muddled;

tilltrasslad entangled; osammanhängande incoherent; oordnad disorderly; ~ [*i huvudet*] muddle-headed
oregano bot. el. kok. oregano
oregelbunden irregular; avvikande från det normala anomalous; oberäknelig erratic; hand. unsettled
oregelbundenhet irregularity; anomaly; instability; jfr *oregelbunden*
oregerlig ohanterlig unmanageable; ostyrig unruly, ungovernable; bråkig wild, disorderly; motspänstig intractable; *bli ~* äv. get out of hand
orenlighet egenskap uncleanliness; smuts dirt; stark. filth
orensad om trädgårdsland unweeded; om bär o.d. unpicked; om fisk ungutted
orera hold forth
oresonlig omedgörlig unreasonable; envis stubborn
organ 1 kropps- el. växtdel organ **2** friare: organ; institution institution; myndighet authority, body; språkrör mouthpiece; tidning newspaper; redskap instrument; *kommunalt ~* municipal body
organisation organization
organisationsförmåga organizing ability, flair for organization
organisatör organizer
organisera organize; ordna arrange; *~ sig* fackligt organize; bilda fackförening äv. form (ansluta sig till join) a union
organisk organic
organism organism
orgasm orgasm; *få ~* have an orgasm; vard. come
orgel organ
orgie eg. el. bildl. orgy; *fira ~r i ngt* indulge in an orgy of a th.
orientalisk oriental
Orienten the Orient
orientera I *tr* orient, orientate; informera inform; i korthet brief **II** *rfl*, ~ *sig* eg. el. bildl. orientate (orient) oneself; eg. take one's bearings [*efter kartan* by (from)...]; polit. gravitate [*mot* towards] **III** *itr* sport. practise orienteering
orienterare sport. orienteer
orientering 1 geogr. el. bildl. orientation; information information; kort genomgång briefing; införande introduction; översikt survey; inriktning om sak trend; om pers. leanings **2** sport. orienteering
orienteringsförmåga sense of locality
orienteringstavla trafik. information (route) sign
original 1 sak original; *i ~* in the original **2** person eccentric; vard. character

originalitet originality
originalspråk original [language]; *på ~et* in the original
originell ursprunglig original; säregen eccentric; ovanlig ...out of the ordinary
oriktighet det oriktiga incorrectness, inaccuracy; jfr äv. *felaktighet*
orimlig förnuftsvidrig absurd; motsägande incongruous; oskälig unreasonable; *begära det ~a* ask for the impossible, make unreasonable demands
orimlighet det orimliga absurdity etc., jfr *orimlig*; exorbitance
ork kraft energy; styrka strength; uthållighet stamina; *han tappade ~en* he ran out of steam
orka, jag *~r (~de)* + inf. vanl. ...can (could) + inf.; *nu ~r jag inte [hålla på] längre* I cannot go on any longer, I am too tired to go on; *jag ~r inte mer* t.ex. mat I cannot manage any more, I have had enough, I simply couldn't; *springa så mycket (allt vad) man ~r* äv. run for all one is worth; *jag ~r inte med* barnen ...are too much for me; *han ~r inte med* skolarbetet he cannot cope with (is not up to)...
orkan hurricane
orkeslös feeble; ålderdomssvag infirm
orkester orchestra
orkesterackompanjemang orchestral accompaniment
orkesterledare bandleader
orkidé bot. orchid
orm snake; bibl. el. bildl. äv. serpent
orma, *~ sig* wind; om flod äv. meander
ormbiten snake-bitten
ormbo 1 snake's (bildl. serpent's) nest 2 lösa sladdar tangle of wires
ormbunke bot. fern
ormgift snake venom
ormmänniska contortionist
ormserum med. antivenin
ormtjusare snake-charmer
ornament ornament, decoration
ornitolog ornithologist
oro ängslan anxiety; uneasiness; stark. alarm; bekymmer concern; worry; trouble; farhåga apprehension; motsats t. lugn disquiet; rastlöshet restlessness; nervositet nervousness; upprördhet discomposure; upphetsning excitement, agitation; isht politisk el. social unrest; uppståndelse i församling o.d. commotion; *känna ~ [i kroppen]* feel restless [all over]
oroa I *tr* göra ängslig make...anxious (uneasy); stark. alarm; bekymra worry, trouble; störa disturb; uppröra agitate; mil., fienden harass; *~nde nyheter* alarming news II *rfl, ~ sig för* ngn be (feel) anxious about..., worry [oneself] (be troubled) about...; *~ sig för (över)* ngt be (feel) anxious (uneasy, troubled) about..., worry (trouble) about (over)..., fret about..., be alarmed at...
oroas se *oroa* II
orolig ängslig anxious; stark. alarmed; bekymrad concerned; upprörd excited; rädd apprehensive; om förhållanden troubled; rastlös restless; stormig turbulent; *~a tider* unsettled (troubled) times; havet var *~t* ...rough
orolighet, *~er* politiska el. sociala disturbances, riots, troubles, violence sg.
oroselement pers. troublemaker, mischief-maker; polit. agitator; källa t. oro source of unrest
oroshärd trouble (danger) spot
orosmoln threatening (storm) cloud
orovăckande alarming
orrhöna zool. grey (amer. gray) hen
orrspel tupps: läten blackcock's calls; parningslek blackcock's courting
orrtupp zool. blackcock
orsak cause; *~ och verkan* cause and effect; *ingen ~!* not at all!, don't mention it!, it is quite all right!; amer. you're welcome
orsaka cause
ort 1 plats place; trakt locality, district; *~ens* myndigheter äv. the local... 2 gruv. drift
ortnamn place name
ortoped orthop[a]edist
ortsbefolkning local population (inhabitants pl.)
orubbad eg. unmoved; oförändrad unaltered; ostörd undisturbed; oberörd unperturbed; om t.ex. förtroende unshaken
orubblig allm. immovable; om lugn o.d. imperturbable; om beslut o.d. unyielding; om tro o.d. unwavering; fast firm, steadfast; oböjlig inflexible
oråd, *ana ~* suspect mischief; vard. smell a rat
orädd fearless, unafraid
oräknelig innumerable; vard. no end of...
orätt I *adj* felaktig wrong; förkastlig, orättvis unjust; *falla i ~a händer* fall into [the] wrong hands II *adv* wrong; isht före perf. ptc. wrongly; incorrectly etc., jfr *I*; *handla ~* do wrong III *s* oförrätt wrong; *göra ~* do wrong
orättfärdig unjust, unrighteous; stark. iniquitous
orättmätig wrongful
orättvis unjust
orättvisa unfairness, injustice; oförrätt

wrong; *en skriande* ~ a glaring [piece of] injustice
orörd ej vidrörd untouched; ej bortflyttad un[re]moved; obruten intact; jungfrulig virgin...; ~ *natur* unspoiled countryside
OS (förk. för *Olympiska spelen*) the Olympic Games, the Olympics
os lukt [unpleasant] smell (odour); kol~ fumes
osa om lampa o.d. smoke; ryka reek; *det ~r bränt* there is a smell of [something] burning
o.s.a. (förk. för *om svar anhålles*) RSVP
osagd unsaid, unspoken; *det låter jag vara osagt* I would not like to say
osaklig om t.ex. argument ...not to the point
osalig unblessed; *som en* ~ *ande* like a lost soul
osammanhängande om tal incoherent, rambling; utan samband unconnected
osams, bli ~ quarrel, fall out; *jag vill inte vara* ~ *med henne* I don't want to quarrel (fall out) with her
osanning untruth; *tala (fara med)* ~ tell lies (resp. a lie)
osannolik unlikely; *det är ~t, att han har gjort det* he is unlikely to have...
osedlig omoralisk immoral; oanständig indecent; stark. obscene
osedvanlig unusual
osiktad, *osiktat mjöl* whole meal
osjälvständig om pers. (attr.) ...lacking in independence, ...who lacks (lack etc.) independence; om arbete unoriginal
oskadad o. **oskadd** unhurt; *i oskadat skick* safe[ly], in good (sound) condition
oskadlig harmless
oskadliggöra sak render...harmless (innocuous); mina disarm; fiende, kanon o.d. put...out of action; gift neutralize; förbrytare o.d. put...into safe custody
oskattbar priceless
oskick olat bad habit; osed bad practice; missbruk abuse; ofog nuisance; dåligt uppförande misbehaviour, bad behaviour (manners pl.)
oskiftad jur., om bo o.d. undivided
oskiljaktig inseparable; om följeslagare constant; *~a vänner* äv. bosom friends
oskolad oövad untrained; okunnig untutored
oskuld 1 egenskap innocence; kyskhet chastity; renhet purity; *i all* ~ in perfect innocence **2** person virgin; oskuldsfull person innocent
oskuldsfull innocent
oskyddad unprotected; för t.ex. väder o. vind unsheltered; jfr vid. *skydda*

oskyldig innocent; oförarglig inoffensive; oskadlig harmless; ren pure
oskyldigt innocently etc., jfr *oskyldig*; ~ *dömd* wrongfully convicted
oskälig 1 om djur dumb **2** obillig unreasonable, undue; om pris o.d. excessive
oslagbar om rekord unbeatable; om pers. undefeatable
oslipad om ädelsten o. glas uncut; bildl. unpolished; om verktyg unground; om kniv dull; *en* ~ *diamant* äv. a rough diamond
osläcklig inextinguishable
osmaklig eg. el. bildl. unappetizing; stark. disgusting; *ett ~t skämt* a joke in bad taste
osmidig eg. el. bildl.: klumpig clumsy; stel stiff; oelastisk inelastic
osminkad a) utan smink *hon var* ~ she had no make-up on **b)** bildl. unembellished; *den ~e sanningen* the naked (plain) truth
osnygg ovårdad untidy; smutsig dirty; sjaskig: om pers. slovenly; om sak shabby; gemen mean
osorterad unsorted
osportslig unsporting, unsportsmanlike
OSS (förk. för *Oberoende staters samvälde*) CIS (förk. för Commonwealth of Independent States)
oss se *vi*
1 ost east (förk. E)
2 ost cheese; *lycklig (lyckans)* ~ bildl. lucky dog (thing); *ge ngn betalt för gammal* ~ get even with a p., get one's own back on a p.
ostadig osäker unsteady; rankig rickety, wobbly; ombytlig changeable, inconstant; hand. fluctuating; *~t väder* changeable (unsettled, variable) weather
ostan o. **ostanvind** east wind
ostbricka cheese board
osthyvel cheese slicer (planer)
ostkaka [Swedish] cheese (curd) cake [without pastry]
ostkant cheese rind; *en* ~ äv. a crust of cheese
ostkust, ~en the East Coast
ostlig easterly; east; eastern; jfr *nordlig*
ostraffad unpunished; *en tidigare* ~ [*person*] a person without previous convictions; förstagångsförbrytare a first offender
ostraffat with impunity
ostron oyster äv. bildl.
ostskiva slice of cheese
ostsmörgås [open] cheese sandwich
ostyckad djurkropp unquartered; jordlott undivided

ostädad om rum untidy; bildl. ill-mannered; rummet *är ostädat* äv. ...has not been tidied [up]
ostämd mus. untuned, out of tune
ostörd undisturbed; oavbruten unbroken; *jag vill vara* ~ I don't want to be disturbed
osund allm. (eg. o. bildl.) unhealthy; om föda unwholesome; ohygienisk insanitary; om hy sickly; om luft foul; bildl.: t.ex. om inflytande unwholesome; t.ex. om principer unsound
osv. (förk. för *och så vidare*) etc.; se äv. d.o. under *och*
osvensk un-Swedish
osviklig om säkerhet o.d. unerring; ofelbar unfailing; om medel infallible; om trohet o.d. unswerving
osvuren, *osvuret är bäst* better not be too certain; man vet aldrig you never can tell
osympatisk otrevlig unpleasant; om utseende el. motbjudande forbidding; frånstötande repugnant
osynlig invisible
osyrad unleavened
osystematisk unsystematic; friare unmethodical
osårbar invulnerable
osäker allm. uncertain, unsure; otrygg insecure; riskfull unsafe, risky; ostadig unsteady, unstable; otillförlitlig unreliable; tvivelaktig doubtful; vacklande wavering, vacillating; trevande hesitant; *med* ~ *röst* in an unsteady (shaky) voice
osäkerhet uncertainty; insecurity, unsafeness, riskiness; instability, unreliability; vacillation; jfr *osäker*
osäkra gevär cock; handgranat pull out the pin of
osämja discord, dissension; stark. enmity; *leva i* ~ *med*... be on bad terms with...
osökt I *adj* naturlig natural II *adv* naturally; *påminna* ~ *om*... inevitably bring...to mind
osötad unsweetened
otack ingratitude; ~ *är världens lön* there is no (one can't expect) gratitude in this world
otacksam isht om pers. ungrateful; *en* ~ *uppgift* a thankless (an unrewarding) task
otakt, *gå (komma, dansa) i* ~ walk (get, dance) out of step
otal, *ett* ~... a countless (an endless) number of...; vard. no end of...
otalt, *ha ngt* ~ *med ngn* have a score to settle (a bone to pick) with a p.
otid, *i tid och* ~ at all (odd) times of the day
otidsenlig old-fashioned, unfashionable

otillbörlig orätt undue; olämplig inappropriate; opassande improper
otillfredsställande unsatisfactory, unsatisfying
otillfredsställd unsatisfied; om t.ex. hunger, om t.ex. önskan ungratified; missnöjd dissatisfied
otillförlitlig unreliable
otillgänglig eg. el. bildl. inaccessible, unapproachable; okänslig insusceptible
otillräcklig till kvantiteten insufficient; till kvaliteten inadequate; ...not up to the mark
otillräknelig ...not responsible (accountable) for one's actions, mentally deranged, non compos mentis lat.; vard. out of one's senses
otillåten förbjuden forbidden; mera officiellt prohibited; olovlig unlawful
otillåtlig inadmissible
otippad, *en* ~ *segrare* an unbacked winner
otjänlig olämplig unsuitable; obrukbar unserviceable; ~ (*till*) *som* människoföda unfit for...
otjänst, *göra ngn en* ~ do a p. a bad turn (a disservice)
otrevlig obehaglig disagreeable, unpleasant; mera vard. bad; otäck nasty; pinsam ugly; förarglig awkward; obekväm uncomfortable
otrevlighet egenskap disagreeableness etc., jfr *otrevlig*; *~er* disagreeable (unpleasant) things, disagreeables; *ställa till ~er för* ngn make things disagreeable (unpleasant, uncomfortable) for...
otrivsam unpleasant
otrogen t.ex. i äktenskap unfaithful; svekfull faithless; relig. unbelieving; *vara* ~ *mot* sina ideal not live up to...
otrohet unfaithfulness; svekfullhet faithlessness
otrolig eg. incredible; osannolik unlikely; otänkbar inconceivable; häpnadsväckande astounding; oerhörd monstrous
otrygg insecure
otränad untrained; för tillfället ...out of training; ovan unpractised
otröstlig inconsolable; ...not to be comforted
otta, *i* ~*n* early in the morning, in the early morning
otukt isht bibl. fornication; [*bedriva*] ~ *med minderårig* [commit] an indecent assault on a minor
otuktad ohyfsad undisciplined; om sten undressed; om träd o.d. unpruned
otur bad luck, misfortune; *vilken* ~*!* what [a stroke of] bad luck!; *ha* ~ äv. be unlucky, have no luck [*i* in (i spel at)]

oturlig o. **otursam** unlucky
otvivelaktigt undoubtedly; no doubt
otvungen unconstrained, unstrained
otydlig allm. indistinct
otyg smörja rubbish; oting nuisance; rackartyg mischief; trolldom witchcraft
otyglad om t.ex. fantasi unbridled; hejdlös uncontrolled
otymplig klumpig: t.ex. om kropp ungainly; t.ex. om metod, översättning clumsy; åbäkig unwieldy, cumbrous; tafatt awkward
otålig impatient
otäck allm. nasty; ful ugly; starkt känslobeton. om t.ex. väder foul; ryslig horrible
otäcking rascal; stark. devil
otämjd untamed
otänkbar inconceivable; att fortsätta *är ~t* ...is not to be thought of
otörstig, *dricka sig* ~ drink one's fill
oumbärlig indispensable; *...är ~ för oss* äv. we cannot do without...
oundviklig unavoidable; som ej kan undgås inevitable
ouppfostrad badly brought-up end. om pers.; ill-bred; ohyfsad ill-mannered
ouppfylld unfulfilled, unrealized, ungratified
oupphörligen o. **oupphörligt** incessantly
ouppklarad om t.ex. brott unsolved; oförklarad unexplained; om affär o.d. unsettled
oupplöslig bildl. indissoluble
ouppmärksam inattentive
ouppnåelig om t.ex. ideal, mål unattainable; om pers. unapproachable
ouppsåtlig unintentional
outbildad allm. uneducated; om t.ex. arbetskraft untrained, unskilled
outforskad unexplored, uninvestigated; outgrundad unfathomed
outgrundlig gåtfull inscrutable; ogenomtränglig impenetrable; ofattbar unfathomable
outhärdlig unbearable
outnyttjad oanvänd unused, unutilized; om fördelar, resurser o.d. unexploited; om naturtillgångar undeveloped; om kapital idle
outplånlig om t.ex. intryck, skam, spår indelible; om t.ex. minne, förflutet ineffaceable
outredd bildl.: outforskad uninvestigated; ej uppklarad (attr.) ...that has (had etc.) not been cleared up
outsider sport. el. bildl. outsider
outsinlig inexhaustible
outslagen om blomma unopened
outsäglig bildl. unspeakable, ...beyond words
outtröttlig isht om pers. indefatigable; om nit untiring; om energi o.d. tireless, unflagging
outvecklad undeveloped äv. bildl.; om pers. (omogen) immature
oval oval
1 ovan I *prep* above **II** *adv* above; *här ~* above
2 ovan ej van unaccustomed, unused; oövad unpractised; oerfaren inexperienced
ovana 1 brist på vana unaccustomedness; lack (want) of practice; bristande förtrogenhet unfamiliarity **2** ful vana bad (objectionable) habit
ovanför I *prep* above; t.ex. dörren at the top of; norr om [to the] north of **II** *adv* above, higher (farther el. further) up; norr därom to the north [of it]
ovanifrån from above
ovanlig unusual; sällan förekommande infrequent; utomordentlig extraordinary
ovanlighet unusualness etc., jfr *ovanlig*; infrequency; *det hör till ~en att han gör det* it is an unusual thing for him to do it
ovanligt unusually etc., jfr *ovanlig*; förstärkande extremely, abnormally; *~ nog* for once [in a way]
ovannämnd above-mentioned
ovanpå I *prep* on [the] top of; om tid after; han bor *~ oss* ...[in the flat] above us **II** *adv* on [the] top; i villa o.d. upstairs; efteråt after that; vem bor *~?* ...[in the flat (in the apartment, on the floor)] above?
ovanstående, *~* lista the above..., the...above; med anledning av *~* (upplysningar etc.) ...the [information (details etc.) furnished] above
ovarsam vårdslös careless; oförsiktig incautious
ovation ovation
ovederhäftig ej trovärdig untrustworthy; otillförlitlig unreliable; ansvarslös irresponsible
ovedersäglig incontrovertible; ovederlägglig irrefutable
overall arbets~ boilersuit; för småbarn zip suit; tränings~ track suit; skid~ ski suit; jogging~ jogging suit
overheadprojektor overhead projector
overklig unreal
overksam 1 sysslolös idle; passiv passive **2** utan verkan inefficacious, ineffective
overksamhet idleness, passivity; jfr *overksam 1*
ovetande, *mig ~* without my knowledge
ovetenskaplig unscientific
ovett bannor scolding; vard. telling-off; otidigheter abuse
ovettig abusive

ovidkommande irrelevant; *en* ~ [*person*] an outsider
ovig klumpig cumbersome, ungainly, clumsy; tung o. ~ heavy; otymplig unwieldy
oviktig unimportant, negligible
ovilja 1 ovillighet unwillingness **2** harm indignation; misshag displeasure; agg animosity; motvilja repugnance; stark. aversion
ovillig ej villig unwilling; ohågad reluctant; averse
ovillkorlig obetingad unconditional; absolut absolute; nödvändig necessary; ofrånkomlig inevitable
ovillkorligen absolutely
oviss uncertain; tveksam doubtful; tvivelaktig dubious; vansklig precarious; obestämd indefinite; *utgången är ännu* ~ äv. the result still hangs in the balance
ovisshet [state of] uncertainty, doubt[fulness] etc., jfr *oviss*
ovårdad om klädsel dishevelled; om pers. unkempt; om språk substandard; friare slipshod
oväder storm äv. bildl.; tempest
ovälkommen unwelcome; ej önskvärd undesirable
ovän enemy; poet. foe; *bli* ~ *med ngn* quarrel (fall out) with a p.; *vara* ~ *med ngn* be on bad terms with a p.
ovänlig ej vänskaplig unfriendly; ej snäll unkind; ej välvillig unkindly; fientlig hostile; om t.ex. sätt disobliging; tvär harsh
ovänlighet unfriendliness etc., jfr *ovänlig*; hostility
ovänskaplig unfriendly; fientlig hostile
oväntad unexpected; *ett oväntat besök* äv. a surprise visit
ovärderlig invaluable; inestimable
ovärdig allm. unworthy; skamlig shameful; ~ ngns förtroende unworthy of...
oväsen oljud noise; *föra* ~ make a noise
oväsentlig unessential
oxe 1 zool. ox (pl. oxen) äv. bildl.; stut bullock; kok. beef **2** astrol. *Oxen* Taurus
oxfilé fillet of beef
oxid kem. oxide
oxkött beef
oxstek kok. roast beef; slakt. el. kok. joint of beef
ozon kem. ozone
ozonskikt, ~*et* the ozone layer
oåterhållsam unrestrained; omåttlig intemperate
oåterkallelig irrevocable
oåtkomlig otillgänglig inaccessible; om pers. unapproachable; vard. unget-at-able; oanskaffbar unobtainable; [*bör*] *förvaras* ~*t för barn* påskrift to be kept out of children's reach
OÄ (förk. för *orienteringsämnen*) skol. general subjects
oäkta *adj* falsk false; imiterad imitation..., sham...; konstgjord artificial; tillgjord affected, artificial; ~ *barn* åld. illegitimate child
oändlig infinite äv. mat.; fortsätta *i det* ~*a* ...for ever [and ever], ...endlessly, ...interminably
oändlighet infinity; *i* [*all*] ~ se [*i det*] *oändlig*[*a*]
oändligt infinitely etc., jfr *oändlig*; ~ *liten* äv. infinitesimal; ~ *många* sandkorn an infinite number of..., innumerable..., an infinity of...; vard. no end of...
oärlig dishonest
oärlighet dishonesty
oätbar dåligt tillagad uneatable; onjutbar unpalatable
oätlig om t.ex. svamp inedible; jfr äv. *oätbar*
oöm om pers. robust, rugged; hållbar durable; härdig hardy
oönskad undesired; *ett oönskat barn* an unwanted child
oöppnad unopened
oöverlagd överilad rash; oövertänkt ill-considered; ej planlagd unpremeditated
oöverskådlig oredig confused; illa disponerad badly arranged; ofantlig immense; oändlig boundless; om följder o.d. incalculable; om tid indefinite
oöverstiglig insurmountable; ~ *klyfta* äv. bildl. unbridgeable gulf
oöverträffad unsurpassed; utan like unrivalled
oövervinnelig mera eg. invincible; om t.ex. blyghet unconquerable; om svårighet o.d. insuperable

p bokstav p [utt. piː]; *sätta ~ för...* put a stop to (vard. a stopper on)...
pacemaker med. el. sport. pacemaker
pacifist pacifist
1 pack rabble, riff-raff; vermin; *ett riktigt ~ slödder* a lot of riff-raff
2 pack se *pick och pack*
packa I *tr* pack [up]; stuva stow; *~d med folk* packed (crowded, crammed) [with people]; *sitta (stå) som ~de sillar* be packed like sardines [in a tin] **II** *rfl*, *~ [ihop] sig* om snö o.d. pack; jfr *III*
III med beton. part.
~ ihop a) eg. tr. pack...together b) itr. pack up äv. bildl.; *~ ihop sig* tränga ihop sig crowd [*i ett litet rum* into...]; jfr *II*
~ in pack up; slå (linda) in äv. wrap (do) up
~ sig i väg be off; schappa make off; *~ dig i väg!* vanl. clear off (out)!
~ ner pack up; undan pack away; *jag har redan ~t ner den* i kofferten I have already packed (put) it into (in)...
~ om repack
~ upp unpack
packad vard., berusad tight, sloshed
packe package; bunt bundle
packning konkr. **1** pack äv. mil.; bagage luggage; flyg. el. sjö. el. amer. baggage; *med full ~* mil. in full marching kit **2** tekn. gasket; till kran o.d. washer
padda toad
paddel o. **paddelåra** paddle; tvåbladig double[-bladed] paddle
paddla paddle [one's canoe]; *ge sig ut och ~* go [out] canoeing
paff *adj* staggered, dumbfounded; *jag blev alldeles ~* äv. I was completely taken aback
pagefrisyr page-boy [style]
pagod pagoda
pain riche French stick loaf (pl. loaves); amer. loaf of French bread
paj pie; utan deglock tart
paja vard. **I** *itr*, *~ [ihop]* allm. break down, go to pieces; om t.ex. planering collapse **II** *tr* ruin, cause...to break down
pajas clown; *spela ~* play the buffoon
pajdeg [pie] pastry

paket parcel; litet packet; större el. amer. el. bildl. (t.ex. läroboks~) package; *ett ~ cigaretter* a packet (amer. a pack) of cigarettes; *skicka som ~* send by parcel post; *slå in ett ~* wrap up a parcel
paketera packet
pakethållare luggage (baggage) carrier
paketinlämning receiving office; post. parcel counter
paketlösning package solution
paketpris package (all-in) price
paketresa allt-i-ett-resa package (all-inclusive) tour
Pakistan Pakistan
pakistanare Pakistani
pakistansk Pakistani
pakt pact; *ingå en ~* make (conclude) a pact (treaty)
palats palace
palatsliknande palatial
palatsrevolution palace (backstairs) revolution
palaver palaver
Palestina Palestine
palestinier Palestinian
palestinsk Palestinian
palett konst. palette, pallet
palissad palisade, stockade
paljett spangle; sequin; *~er* äv. tinsel sg.
1 pall 1 möbel stool; fotstöd footstool **2** lastpall pallet
2 pall vard. *stå ~* cope, manage; *stå ~ för ngt* cope with (manage) a th.; stå emot stand up to a th.
1 palla, *~ upp* chock [up], block up
2 palla vard. *~ för ngt* orka cope with (manage) a th.
3 palla vard. *~ äpplen (frukt)* scrump apples (fruit)
pallra, *~ sig av (i väg)* toddle off, get along; *~ sig upp (opp)* ur sängen get oneself out of bed
palm palm
palsternacka parsnip
palt kok., *blod~* blood bread; slags kroppkaka potato dumpling
paltor vard. rags, clobber
pamflett smädeskrift lampoon
pamp pers. bigwig
pampig magnificent
Panama Panama
panda zool. panda
panel 1 eg. panel [work]; boasering wainscot; fot~ skirting-board **2** diskussionspanel panel
paneldebatt panel debate
panelhöna ngt åld. el. vard. wallflower
panera kok. coat...with egg and breadcrumbs, breadcrumb

p – panera

341

pang bang!
panga *tr* vard., slå sönder smash
pangbrud sl. cracker
pangsuccé vard. roaring success
panik panic; [*det är*] *ingen ~!* don't panic!, take it easy!; *det utbröt* (*uppstod*) *~* panic broke out, there was a panic
panikslagen panic-stricken
panisk panic; *ha en ~ förskräckelse för* have a terrible dread of; vard. be scared stiff of
pank vard. broke, cleaned out; *~ och fågelfri* ung. footloose and fancy-free
1 panna 1 kok. pan; *kaffe~* kettle **2** *värme~* furnace; *ång~* boiler
2 panna forehead; isht poet. brow; *med rynkad ~* with a frown, frowning, se äv. *rynka II*; *torka svetten ur ~n* wipe [the perspiration off] one's forehead
pannband headband
pannkaka pancake; *grädda pannkakor* fry pancakes
pannlampa headlamp
pannrum boiler room
panorama panorama
pansar 1 mil. armour **2** zool. carapace
pansarbil armoured car
pansarglas armoured (bullet-proof) glass
pansarplåt armour-plate
pansarregemente armoured (tank) regiment
pansarvagn armoured car; stridsvagn tank
pant pledge äv. bildl.; pawn; i lek forfeit; *betala ~* för t.ex. tomglas pay a deposit
panta vard. *~ flaskor* get money on return bottles
pantalonger ngt åld. trousers; amer. äv. pants
pantbank pawnshop; *på ~en* at the pawnbroker's
panter zool. panther; *svart ~* black leopard (panther)
pantkvitto pawn ticket
pantlånekontor pawnbroker's [shop]
pantomim pantomime
pantsätta i pantbank pawn; pantförskriva pledge; *en pantsatt klocka* a...in pawn, a pawned...
papaya träd o. frukt papaw, pawpaw
papegoja parrot äv. bildl.
papiljott curler; *lägga upp håret på ~er* put one's hair in curlers
papp pasteboard; grov millboard; kartong cardboard
pappa father; vard. pa; ngt tillgjort pappy; amer. papa; barnspr. daddy; jfr *far*
pappaledig, *vara ~* be on paternity leave
pappaledighet paternity leave
papper som ämne el. koll. paper: *skriv~, brev~* (isht hand.) stationery; *omslags~* wrapping paper; jfr *värdepapper*; *ett ~* a piece (scrap) of paper; *gamla ~* handlingar ancient documents; *lägga ~en på bordet* put one's cards on the table; *tala om alltsammans* make a clean breast of it
pappersavfall waste paper
pappersbruk papermill
pappersdocka paper doll
pappersduk paper (disposable) table cloth
pappersinsamling paper collection
papperskasse paper carrier
papperskniv paperknife
papperskorg wastepaper basket; amer. wastebasket; utomhus litterbin
papperskvarn, *~en* the bureaucratic machinery, bureaucracy, red tape
papperslakan throwaway (disposable) sheet
pappersmassa paper (wood) pulp
pappersmugg paper drinking-cup
pappersnäsduk paper (disposable) handkerchief (tissue)
papperspengar paper money, paper currency
papperspåse paperbag
pappersservett paper napkin
papperstillverkning paper-making, paper manufacture
pappersvaror paper articles (goods); skrivmateriel stationery
pappkartong o. **papplåda** cardboard box
pappskalle vard. blockhead
paprika 1 bot. capsicum; kok. [sweet] pepper; *grön* (*gul, röd*) *~* green (yellow, red) pepper **2** krydda paprika
par 1 sammanhörande pair; två stycken couple; om dragare span; *ett ~ handskar* (*byxor*) a pair of...; *ett gift* (*ungt*) *~* a married (young) couple; *ett älskande ~* a pair of lovers, a loving couple **2** *ett ~ några...* a couple of..., two or three...; *ett ~* [*tre*] *dagar* a couple of days, two or three days, a few days
para I *tr* **1** ordna parvis *~* [*ihop*] match, pair [...together] **2** djur mate **3** förena combine **II** *rfl*, *~ sig* mate, pair, copulate
parabolantenn [satellite] dish
parad 1 mil. el. friare parade; *stå på ~* friare be on parade **2** sport.: fäktn. parry; boxn. block **3** mil., paraddräkt full uniform (dress)
paradera parade
paradexempel prime (classical) example
paradis paradise; *ett ~ på jorden* äv. a heaven on earth
paradisdräkt, *i ~* in one's birthday suit
paradnummer showpiece
paradox paradox

paradoxal paradoxical
paraduniform full uniform
paradvåning representationsvåning state apartment
paraffin [solid] paraffin
paragraf numrerat stycke section; jur. äv. paragraph; i traktat o.d. article
paragrafryttare bureaucrat
paragraftecken section mark
Paraguay Paraguay
paraguayare Paraguayan
paraguaysk Paraguayan
parallell parallel; *dra [upp] en ~* draw a parallel, make a comparison
parallellfall parallel case (instance)
parallellkopplad elektr. ...connected (coupled) in parallel
paralysera med. el. bildl. paralyse; amer. paralyze
paranoia med. paranoia
paranoid med. paranoid
parant elegant elegant; flott chic; iögonenfallande striking
paranöt Brazil nut
paraply umbrella; *fälla ihop (ned) ett ~* close (put down) an umbrella
paraplyorganisation umbrella organization
paraplyställ umbrella stand
parapsykologi parapsychology
parasit parasite; *leva som ~* live as a parasite
parasitisk parasitic
parasoll parasol; större trädgårds~ garden umbrella
paratyfoid o. **paratyfus** med. paratyphoid [fever]
pardans dancing with a partner
pardon quarter; *be om (ge) ~* ask for (give) quarter
parentes de båda ~tecknen parenthes|is (pl. -es) äv. inskott o. bildl.; brackets; *sätta...inom ~* put...in brackets (parenthesis); *inom ~ sagt* by the way, incidentally
parentetisk parenthetic[al]
parera parry; avvärja fend off
parfym perfume; billigare scent; *~er* koll. äv. perfumery sg.
parfymera perfume; med billig parfym scent
parfymeri perfumery [shop]
parhus semidetached house
parhäst 1 *en ~* a horse of a pair; *de hänger ihop som ~ar* they are inseparable [friends] **2** amer., vicepresidentkandidat running-mate
paria pariah; *samhällets ~s* the outcasts of society, social outcasts

pariserhjul big wheel; isht amer. Ferris wheel
paritet parity; *i ~ med* on a level (par) with
park 1 parkanläggning park **2** bestånd (av fordon, maskiner o.d.) park; ett företags *fordons~* ...fleet of cars (lorries)
parkanläggning konstr. [ornamental] park
parkas plagg parka
parkera 1 park; för kortare uppehåll wait **2** vard., placera park
parkering 1 parking; *~ förbjuden* no parking **2** område, se *parkeringsplats*
parkeringsautomat parking meter
parkeringsböter parking fine; *få ~* get a parking fine
parkeringsficka parking slot
parkeringsförbud, *det är ~* parking is prohibited
parkeringshus multistor[e]y car park
parkeringsljus parking light[s pl.], sidelights
parkeringsplats parking place; område car park; amer. parking lot; *~ med parkeringsrutor* parking bay; mindre parking ground; rastplats vid landsväg lay-by; amer. emergency roadside parking
parkeringsvakt för parkeringsmätare traffic warden; vid parkeringsplats car-park attendant
parkett 1 teat. stalls; amer. parquet, orchestra [seats *pl.*]; *främre ~* orchestra stalls pl. **2** golv parquet flooring (floor)
parkettgolv parquet floor
parkettplats seat in the stalls (amer. parquet)
parklek playground activities
parlament parliament; *sitta i ~et* be a member of parliament, be an MP; *gatans ~* the parliament of the street
parlamentarisk parliamentary
parlamentsledamot member of parliament
parlör phrase book
parning mating, copulation
parningslek courtship, mating dance
parningstid mating season
parodi parody; skit; *en ren ~ på...* a travesty of...
parodiera parody
paroll slagord watchword; lösenord password
part 1 andel portion, share **2** jur. *~ [i målet]* party; *det är bäst för alla ~er* ...for all parties (everybody) [concerned]
partaj vard. party, do
parti 1 del part äv. mus.; avdelning section; av bok passage **2** hand., kvantitet lot; varusändning consignment; isht sjö. äv. shipment; kvantitet quantity; *~er på (om)* minst 1 ton lots (osv.) of... **3** polit. party;

ansluta sig till (*skriva in sig i*) *ett* ~ join a party **4** spel~ game; *ett* ~ *schack* a game of chess **5** gifte match; *han är ett gott* (*bra*) ~ he is an eligible (a good) match **6** *ta* ~ *för ngn* take a p.'s part (side)
partibeteckning polit. party label
partifärg polit. political complexion, party colour
partihandel wholesale trade (handlande trading)
partikongress polit. party conference
partiledare polit. party leader (vard. boss)
partiledning polit., koll. party leaders; styrelse party executive [body]
partipamp polit. party bigwig (boss)
partipolitisk party-political
partipris hand. wholesale price
partisk partial
partivän polit. fellow party-member; *hans ~ner* äv. the members of his party
partner partner
party party
parvel vard. little fellow (chap)
parvis in pairs (couples)
paråkning sport. pairs-skating
1 pass 1 passage pass **2** legitimation passport **3** jakt. el. polis. o.d. (patrulleringsområde) beat; *stå på* ~ allm. be on guard (on the lookout) **4** tjänstgöring duty; skift spell; *vem har ~[et] i kväll?* who is on duty (in charge) tonight?, who has (is on for) night duty? **5** *så* ~ [*mycket*] tillräckligt *att* + sats [about] enough to +inf.; *så* ~ *mycket* (*nära, stor*) så [här] mycket osv. as much (near, big) as this (that); *så* ~ *mycket kan jag säga dig* I can tell you this much; *komma* [*ngn*] *väl* (*bra*) *till* ~ isht om konkr. ting come in handy; om kunskap o.d. stand a p. in good stead
2 pass kortsp. pass!
3 pass, ~ *för den!* that's mine!, I want that one!, bags I that one!
passa I *tr* o. *itr* **1** (ibl. äv. ~ '*på*) ge akt på attend (pay attention) to; hålla ett öga på keep (have) an eye on; [av]vakta, vänta på watch for, wait (hålla utkik efter look out) for; försåtligt waylay; se efter see to, look after; se till mind; sköta om take care of; betjäna wait [up]on; maskiner o.d.: sköta äv. operate; övervaka äv. watch [over]; ~ *på* utnyttja *tillfället* take the chance (opportunity); ~ *tåget* be in time for the train
2 a) vara lagom (avpassad), anpassa fit isht om konkr. ting; suit; vara lämplig be fit[ting]; be suitable; vara läglig be convenient; *den* (t.ex. hatten, rocken) *~r mycket bra* (*precis*) it fits perfectly (is a perfect fit); *möbeln ~r*

inte här ...is out of place here; *det ~r mig utmärkt* it suits me excellently (vard. down to the ground el. to a T). **b)** med prep.-konstr.: *de ~r för varandra* they are suited to each other; *han ~r inte för platsen* he is not the man (will not do, is not suited el. cut out) for the post; *det ~r* [*in*] *i sammanhanget* it fits [into] the context; *en slips som ~r till* kostymen a tie that goes well with (matches)...
3 vara klädsam suit; anstå be becoming osv., jfr *II 2*
4 kortsp. pass, say 'no bid'
5 sport. ~ [*bollen*] pass [the ball]
II *rfl*, ~ *sig* **1** lämpa sig be convenient (opportune) **2** anstå be becoming; become, befit; *det ~r sig inte* it is not proper (vard. not good form, not done); jfr äv. *passande* **3** look out; akta sig take care of oneself; ~ *sig att inte* +inf. take care not to inf.
III med beton. part.
~ **ihop a)** itr. eg. fit [together]; friare fit in; stämma tally; ~ *ihop* [*med varandra*] om pers. suit (be well suited to) each other, get on well together **b)** tr. fit...together; tekn. joint, join...together
~ **in a)** tr. fit...in (into) **b)** itr. fit [in]; tekn. äv. gear; *det ~r precis in på honom* the description fits him exactly
~ **på** look (watch) out; ~ *på medan...*(*att* +inf.) take the opportunity while...(to +inf.)
~ **upp a)** betjäna attend; vid bordet wait **b)** *pass upp* (*opp*)! pass på! look (watch) out!, watch it (yourself)!
passage passage abstr. o. konkr. (äv. avsnitt i bok o.d. el. mus.); astron. transit; arkad arcade; *lämna fri* ~ leave the way free
passagerare passenger; i taxi o.d. fare
passagerarfartyg passenger steamer (större liner)
passande lämplig suitable; fit isht pred. i bet. 'värdig'; läglig convenient; lämpad conformable; riktig, rätt appropriate, proper; tillbörlig becoming; vederbörlig due; *det är inte ~ för en ung flicka att...* it is not done (the thing) for a young girl to...; *känsla för det* ~ sense of propriety
passare cirkelinstrument compasses pl.; *en* ~ a pair of compasses
passera 1 ~ [*förbi*] pass äv. friare; pass by; överskrida cross; *filmen ~de censuren* the film was passed by the censor; *det låter jag ~* överser jag med I am willing to overlook that (let it pass); *ett ~t stadium* a stage that has passed (gone by) **2** hända happen osv., jfr *hända I* **3** kok. strain;

genom durkslag press...through a colander
4 i t.ex. tennis pass
passersedel pass
passform om kläder o.d. fit; kjolen *har bra ~* ...is a perfect fit
passgång isht om häst amble
passion lidelse passion; mani mania; käpphäst hobby
passionerad ivrig, entusiastisk keen; om t.ex. talare impassioned; varmblodig passionate
passionerat passionately; *vara ~ förälskad i...* äv. love...to distraction
passiv I *adj* passive; *~ delägare* sleeping partner; *~ medlem* associate member II *s* språkv. the passive [voice]
passivisera passivate
passivitet passivity
passkontroll kontrol passport examination (control); kontor passport office
passkontrollant immigration officer
passning 1 eftersyn attention; tillsyn tending; skötsel nursing; betjäning attendance **2** sport. pass
passopp attendant; pojke page[-boy]; *vara ~ åt...* fetch and carry for...
pasta 1 allm. paste **2** spaghetti o.d. pasta it.
pastej pie; liten patty
pastell pastel; *måla i ~* paint in pastel
pastellkrita pastel [crayon]
pastill pastille
pastor i frikyrkan el. isht om utländska förh. pastor; *~ [Bo] Ek* [the] Rev. Bo Ek
pastorsexpedition ung. [parish] registrar's (register) office
pastrami kok. pastrami
pastörisera pasteurize
patent patent; *~brev* letters patent
patentbrev letters patent
patentinnehavare holder of a (resp. the) patent
patentlås safety (yale®, patent) lock; smäcklås latch
patentlösning cure-all, instant recipe
patentmedicin patentskyddad patent medicine; universalmedicin nostrum; bildl. cure-all, nostrum
patentregister register of patents
patentskyddad patented
patentstickning double knitting
patentverk patent office; *Patent- och Registreringsverket* the [Swedish] Patent and Registration Office
patetisk lidelsefull passionate; högstämd lofty, elevated; högtravande highflown; gripande pathetic äv. löjeväckande; *en ~ anblick* a pathetic sight
patiens patience; amer. solitaire; *lägga ~* play patience (solitaire)

patient patient
patolog pathologist
patos lidelse passion; t.ex. ungdomligt fervour; t.ex. deklamatoriskt pathos; *socialt ~* passion for social justice
patrask rabble, riff-raff
patriarkalisk patriarchal
patriarkat 1 kyrkl., ämbete patriarchate **2** fadersvälde patriarchy, patriarchate
patriot patriot
patriotisk patriotic
patriotism patriotism
1 patron 1 godsägare [country] squire; husbonde master, principal; vard. boss **2** skydds~ patron saint
2 patron för skjutvapen cartridge äv. friare (om patronliknande förpackning el. föremål); rörpost~ [dispatch] carrier; för t.ex. kulpenna refill [cartridge]; film~ [film] cartridge
patronhylsa cartridge [case]
patrull patrol; *stöta på ~* bildl. (stöta på motstånd) meet with opposition [*hos ngn* from a p.]
patrullera patrol
patrulltjänst patrol service (duty)
patt vulg. tit, boob
paus 1 isht i tal pause; uppehåll break; teat. el. radio. interval; amer. intermission; *göra en ~ i t.ex. tal* make a pause; *i arbetet* have a break **2** mus. rest
pausera pause, stop
paviljong pavilion
pedagog educationalist; lärare pedagogue
pedagogik pedagogy
pedagogisk pedagogic[al]; uppfostrande educational
pedal pedal
pedant pedant; friare meticulous person; vard. nitpicker
pedantisk pedantic; friare meticulous; vard. nitpicking
pederast pederast
pediatrik paediatrics; amer. pediatrics
pedikyr pedicure, chiropody
pejla 1 bestämma riktningen till take a bearing of; flyg., med radio locate; orientera sig take one's bearings **2** loda sound; bildl. *~ läget* see how the land lies
pejling bearing; radio location; sounding; *få ~ på* sjö. get a bearing on; jfr *pejla 1 o. 2*
peka point; *~ tyda på att...* äv. indicate that...; *gå dit näsan ~r* follow one's nose; *hon får allt vad hon ~r på* her slightest wish is fulfilled, everything is hers for the asking; *~ ut* point out; välja ut single out; designera designate [*ngn som* a p. as]
pekannöt pecan

pekbok för småbarn [children's] picture book
pekfinger forefinger
pekinges o. **pekin[g]eser** hundras pekin[g]ese (båda pl. lika); vard. peke
pekoral pretentious (high-flown, corny) trash
pekpinne pointer; bildl. lecture; *för många pekpinnar* too much lecturing
pelare pillar äv. bildl.; kolonn column
pelargon o. **pelargonia** bot. pelargonium; ofta geranium
pelikan pelican
pendang counterpart, companion [piece, bok volume]; *bilda en ~ till* äv. match
pendel pendulum
pendeltåg commuter (suburban) train
pendla 1 svänga swing [to and fro]; tekn. oscillate; vackla vacillate; *~ mellan två ytterligheter* hover between two extremes **2** trafik. commute
pendlare trafik. commuter
pendyl ornamental (vägg~ wall, bords~ mantelpiece) clock
penetrera penetrate
peng slant coin; jfr *pengar*
pengar koll. money; kapital capital, funds; till biljett fare; *~na eller livet!* your money or your life!; *man kan inte få allt för ~* money won't buy everything
penibel pinsam painful; kinkig awkward; *vara i en ~ situation* be in a bit of a fix (in an awkward situation)
penicillin farmakol. penicillin
penis pen|is (pl. -es, vard. -ises)
penna allm. pen; blyerts~ pencil; skribent writer
pennfodral pen (för blyertspennor pencil) case
pennfäktare scribbler
penning, *~ens makt* the power of money; *få ngt för en billig (ringa) ~* get a th. cheap[ly] (vard. for a song); se äv. *peng* o. *pengar*
penningbehov need of money
penningbekymmer financial (pecuniary) worries
penningbrist shortage (lack) of money
penningfråga 1 penningangelägenhet money matter **2** *det är en ~ för honom* it is a question (matter) of money for him
penningförsändelse remittance [of money]
penningknipa lack of money; *vara i ~* be hard up (pushed for money)
penninglott [state] lottery ticket
penningplacering investment [of money (capital)]
penningpung moneybag, purse

penningstark ...in a strong financial position, moneyed; *~ person* äv. financially strong (wealthy) person, man (resp. woman) of money
penningsumma sum of money
penningvärde pengarnas köpkraft value of money
penningväsen myntsystem monetary system; finanser finances
pennkniv penknife; fickkniv pocketknife
pennskrin pencil box
pennteckning pen-and-ink drawing
pennvässare pencil-sharpener
pensé bot. pansy
pensel målar~ o.d. [paint]brush
pension 1 underhåll pension; *få (avgå med) ~* get (retire on) a pension **2** inackordering board; se äv. *pensionat* **3** flick~ girls' boarding school
pensionat inackorderingsställe boarding house; mindre hotell [private (family)] hotel; på kontinenten ofta pension
pensionera pension [off]; *~d* pensioned; ofta retired
pensionering pensioning; pensioneringssystemet the pension system; *till ~en var han...* up to his retirement...
pensionsförsäkring retirement annuity (pension insurance)
pensionsgrundande, *~ inkomst* pensionable income
pensionsålder pensionable (retirement) age
pensionär pensionstagare [retirement] pensioner
pensionärshem pensioners' home, home for aged (old, retired) people
pensla paint; *~ bröd med ägg* brush...with beaten egg
pentry sjö. el. flyg. galley; kokvrå kitchenette
peppa, *~ [upp]* vard. pep up
peppar pepper; *~, ~!* som besvärjelse touch (amer. knock on) wood!
pepparkaka gingerbread biscuit; *mjuk ~* gingerbread cake
pepparkakshus gingerbread house
pepparkvarn pepper mill
pepparmint o. **pepparmynt** smakämne peppermint
pepparrot horseradish
peppra pepper; *~ ngn med kulor (skott)* pepper a p. with bullets
per 1 medelst by; *~ brev (järnväg, telefon)* by letter (rail[way], telephone) **2** i distr. uttr.: *~ månad (styck, ton)* a) varje månad osv. a (per) month (piece, ton) b) månadsvis osv. by the month (piece, ton)
per capita per capita
perenn bot. perennial

perfekt I *adj* perfect; *en ~ kock* (*maskinskriverska*) ofta a first-rate cook (typist) **II** *adv* perfectly **III** *s* gram. the perfect [tense]
perfektionism perfectionism
perfektionist perfectionist
perforera perforate
perforering perforation
pergament parchment
perifer peripheral
periferi 1 cirkel~ circumference **2** utkant periphery; *i stadens ~* äv. on the outskirts of the town
period period äv. tele.; ämbets~ o.d. term; *en ~ av dåligt väder* (*melankoli*) a spell of bad weather (melancholy)
periodavgift tele. charge for one period
periodisk periodic; tekn. el. elektr. äv. cyclic
periodkort season ticket
periodsupare periodical drinker, dipsomaniac; vard. dipso
periodvis periodically
periskop periscope
permanent I *adj* permanent; *hans ~a penningbekymmmer* äv. his perpetual financial difficulties **II** *s* permanentning permanent waving; *en ~* a permanent wave; vard. a perm
permanenta 1 allm. make...permanent **2** hår perm; *är hon ~d?* has she had her hair permed?
permission mil. o.d. leave [of absence]; på längre tid furlough; *få ~* get (be granted) leave
permissionsansökan mil. o.d. application for leave
permissionsförbud mil. o.d. suspension (stoppage) of leave; *ha ~* be confined to barracks
permittera 1 entlediga (arbetare) dismiss [temporarily]; *vara ~d* be [temporarily] dismissed (laid off work) **2** mil. grant leave to
permittering av arbetare temporary dismissal
perplex perplexed; *bli ~ över ngt* äv. be taken aback by a th.
perrong platform
persedel mil. item of equipment; *persedlar* utrustning equipment, kit (båda sg.)
persienn Venetian blind
persika peach
persilja parsley
persiljesmör parsley (maître d'hôtel) butter
persiska språk Persian
person allm. person äv. gram.; neds. äv. individual; framstående personage; *~er* a) vanl. (isht mindre formellt) people b) passagerare passengers; *i egen hög ~* in person, personally; *per ~* per person, per (a) head, each, apiece
personal staff; isht mil. el. på sjukhus, offentlig institution o.d. personnel; *ha för liten* (*stor*) *~* be understaffed (overstaffed), be undermanned (overmanned)
personalavdelning staff (personnel) department
personalbrist shortage of staff (personnel)
personalingång service (staff) entrance
personalrabatt staff (personnel) discount
personalutbildning staff (personnel) training
personalvård staff welfare
personangrepp personal attack
personbevis [copy of] birth certificate
personbil private car
persondator personal computer (förk. PC)
personifiera personify; *han är den ~de hederligheten* he is honesty personified, he is the soul (incarnation) of honesty
personkemi vard. [personal] chemistry
personlig allm. personal äv. intim; närgången; individuell individual; *~t* på brev private; *~a tillhörigheter* (*~ åsikt*) personal el. private belongings (opinion); *min ~a åsikt är...* äv. personally, I think...
personligen personally; *han var ~ närvarande* äv. he was present himself
personlighet personality; person personage; *han är en ~* he has personality
personlighetsklyvning psykol. *lida av ~* have a split (dual, multiple) personality
personnummer personal code number
personsökare [radio] pager
persontåg mots. godståg passenger train; mots. snälltåg ordinary (slow) train
personundersökning jur. personal case study; amer. pre-sentence investigation
perspektiv konst. perspective äv. bildl.; *få ~ på ngt* get a th. into perspective; *öppna oanade ~* open completely new prospects (visions of the future); *i ett längre ~* måste vi taking the long view...; *se verkligheten ur barnets ~* ...from the (a) child's point of view, from the (a) child's angle
perspektivfönster picture (vista) window
peruk 1 eg. wig **2** vard., om naturligt hår mop; stor shock of hair
perukmakare wigmaker
pervers perverted, sexually depraved; *han är ~* äv. he is a pervert
perversitet pervertedness, sexual perversion
peseta myntenhet peseta
pessar diaphragm
pessimism pessimism
pessimist pessimist
pessimistisk pessimistic

pest allm. plague; böldpest vanl. the [bubonic] plague; *jag hatar (avskyr) honom som ~en* I hate him like poison (hate his guts)

peta I *tr* o. *itr* **1** allm. pick; *~ naglarna* clean one's nails; *~ [sig i] näsan* pick one's nose **2** bildl. oust; avskeda dismiss; *~ en spelare* sport. drop a player
II med beton. part.
~ av (bort) pick off (away)
~ in eg. el. bildl. push (poke) in[to]
~ sönder pick...to pieces
~ till ngt touch a th.
~ ut avlägsna remove

petgöra finicky (fiddly) job
petig smånoga, pedantisk finical; vard. nitpicking; *ett ~t arbete* a finicky job
petitess trifle; *förlora sig i ~er* get lost in petty details
petition petition
petnoga vard. fussy, pernickety
petroleum petroleum
petunia bot. petunia
p.g.a. (förk. för *på grund av*) se *1 grund 4*
pH-värde pH value
pianist pianist, piano-player
piano piano (pl. -s); som mots. till flygel upright piano
pianokonsert musikstycke piano concerto (pl. -s); konsert piano recital
pianolektion piano lesson
piccolo page[-boy]; amer. bellboy; vard. bellhop
picka 1 om fågel: *~ på ngt* peck at a th.; *~ hål på ngt* pick a hole in a th. **2** med nål el. gaffel (t.ex. frukt) prick **3** om klocka tick; om hjärtat flutter
pickels pickles
picknick picnic
pick och pack, *ta sitt ~* take (gather) one's traps (goods and chattels)
pick-up 1 på grammofon pick-up, cartridge **2** liten lastbil pick-up [truck]
piedestal pedestal
piff *s* zest; *sätta ~ på ngt* add zest (spice) to a th., add an extra touch (just that little extra) to a th.; *sätta ~ på maten* give a relish to the food
piffa vard. *~ upp* smarten (pep, jazz) up
piffig vard.: chic chic; pikant piquant; *en ~ hatt* äv. a saucy hat; *en ~ maträtt* a tasty (spicy) dish
piga hist. maid
1 pigg spike; tagg quill; spets point
2 pigg 1 brisk; kvick spirited; vaken alert, wide-awake; *en ~ unge* a bright (sharp) child **2** *vara ~ på ngt* be keen on a th.

pigga, *~ upp* buck up; muntra upp cheer up; stimulera stimulate
piggna, *~ till* come round
piggsvin porcupine
piggvar turbot
pigment pigment
pik 1 vapen pike **2** bergstopp peak **3** sjö. peak **4** spydighet dig, taunt, gibe; *jag förstår ~en* that was a dig at me, I get the message **5** i simhopp pike
pika taunt, have a dig at a p.
pikant piquant; *~a detaljer* spicy details; *en ~ historia* a spicy (racy) story
pikanteri piquancy; *~er* pikanta detaljer spicy details
piket 1 polisstyrka riot (flying) squad **2** polisbil police van; amer. patrol wagon
1 pil träd willow; för sammansättn., jfr äv. *björk-*
2 pil 1 pilbågs~ arrow; armborst~ bolt; pilkastnings~ dart; *Amors ~ar* Cupid's darts (shafts, arrows) **2** pilformigt tecken arrow; vägvisare fingerpost
pila, *~ i väg* dart (dash) away
pilbåge bow
pilgrim pilgrim
pilgrimsfärd pilgrimage; *göra en ~* go on a pilgrimage
pilkastning spel darts
pill knågöra finicky job
pilla, *~ knåpa med ngt* potter at a th.; *~ peta på ngt* pick (poke) at a th.
piller pill; *svälja det beska pillret* swallow the bitter pill
pillerburk pillbox äv. damhatt
pillra se *pilla*
pilot pilot
pilotstudie pilot study
pilsk vard. randy, horny
pilsner öl av pilsnertyp lager; äkta Pilsner [beer], Pilsener [beer]
pimpinett vard. natty
1 pimpla dricka tipple
2 pimpla fiske. jig
pimpsten pumice
pin I *adj*, *på ~ kiv* out of pure (sheer) cussedness, just to tease **II** *s, vill man vara fin får man lida ~* one has to go through a great deal for one's appearance
pina I *s* pain, torment[s pl.], suffering; *göra ~n kort* get it over quickly **II** *tr* torment, torture; *~ livet ur ngn (ihjäl ngn)* bildl. worry the life out of a p. (a p. to death)
pinal sak thing; *~er* tillhörigheter gear sg., things
pincett tweezers pl.; kir. forceps; *en ~* a pair of tweezers (forceps)
pingel tinkle

pingis vard. table tennis
pingla I s [small] bell; vard., flicka chick **II** itr tinkle **III** tr ringa upp *jag ~r [dig]* i eftermiddag I'll give you a ring (tinkle)...
pingpong ping-pong
pingst, ~[en] Whitsun; högtidl. Whitsuntide
pingstafton Whitsun Eve
pingstdag Whitsunday
pingstlilja [white] narciss|us (pl. äv. -i)
pingstvän relig. Pentecostalist
pingvin penguin
pinne allm. peg; större stick; för fåglar perch; steg~ rung; *stel (styv) som en ~* [as] stiff as a poker; *trilla av pinn[en]* dö peg out; svimma pass out
pinnhål, *komma ett par ~ högre* rise a step or two
pinnstol ung. Windsor-style chair
pinsam painful; besvärande, om t.ex. situation awkward; *vad ~t!* how awful (embarrassing)!
pinuppa vard. pin-up [girl]
pionjär 1 pioneer **2** mil. sapper
pionjärarbete pioneer[ing] work; *göra ett ~* do pioneer work, break new ground
1 pip I s ljud peep; råttas squeak **II** *interj* peep!
2 pip på kärl spout
1 pipa om fåglar chirp, cheep; om råttor squeak; gnälla whimper, whine, squeal; om vinden whistle
2 pipa allm. pipe; vissel~ whistle; gevärs~ barrel; skorstens~ flue; *gå åt ~n* go to pot
pipett pipette
piphuvud pipebowl
pipig om röst squeaky
pippi 1 barnspr. birdie **2** *få ~* go dotty
piprensare pipecleaner
pipskägg pointed beard
piptobak pipe tobacco
pir pier; vågbrytare mole
pirat sjörövare pirate
piratsändare pirate transmitter
piratupplaga o. **piratutgåva** pirated edition (av skivor release)
pirog 1 båt pirogue **2** pastej Russian pasty; ~*er* äv. piroshki
pirra t.ex. i fingret tingle; *det ~r i magen [på mig]* I have (vid upprepning, t.ex. då jag ser... get) butterflies in my stomach
pirrig jittery; enerverande nerve-racking
piruett pirouette
pisk stryk whipping; *få ~* be whipped; *ge ngn ~* give a p. a whipping
piska I s whip; ~*n och moroten* bildl. the stick and the carrot; *han kan inte arbeta om han inte har ~n över sig* he can't work unless he is driven **II** *tr* o. *itr* eg.
whip; stark. lash; mattor, kläder beat; *katten ~de med svansen* the cat was whisking its tail; *~ upp* t.ex. hatstämning stir (whip) up...
piskad vard. *vara ~* tvingad *att* + inf. be driven (forced) to +inf.
piskrapp lash; bildl. whiplash
piskställning carpet-beating rack
pissa vulg. piss; mindre vulg. pee, piddle
pissoar urinal
pist 1 skidbana o. tävlingsbana för fäktning piste **2** på cirkus ring fence
pistol vapen pistol; friare gun
pistolhot, *under ~* at gunpoint
pistolhölster holster
pitt vulg. cock, prick
pittoresk picturesque
pizzeria pizzeria; amer. äv. pizza parlor
pjoller pladder babble; struntprat drivel
pjoska, *~ med ngn* coddle (pamper) a p.
pjoskig namby-pamby
pjäs 1 teat. play **2** föremål, sak piece; mil. piece [of ordnance]; kanon gun **3** schack. man (pl. men)
pjäxa skid~ skiing boot
placera I *tr* **1** allm. place; förlägga, stationera: gäster seat; *~ ngn i* en lönegrad place (put) a p. in... **2** *~ pengar* invest money **II** *rfl,* ~ *sig* **a)** sätta sig seat oneself; ställa sig take one's stand **b)** sport. secure a place; *~ sig som etta* come first **III** med beton. part.
~ om allm. put...in another position; möbler o.d. rearrange; tjänsteman o.d. transfer...to another post; pengar re-invest
~ ut sätta ut set out; t.ex. barn i fosterhem place; flyktingar resettle
placering allm. placing osv., jfr *placera I 1*; om pengar investment; sport. place
plack tandläk. plaque
pladask, *falla ~* come down flop
pladder babble, cackle
pladdra babble, prattle
plagg garment
plagiat plagiarism
plagiera plagiarize
1 plakat affisch bill; större placard
2 plakat vard. dead drunk
plakett plaque; mindre plaquette
1 plan 1 öppen plats open space; boll~ o.d. ground, field; tennis~ court; *bäst på ~* sport. man (resp. woman) of the match **2** planritning plan **3** planering o.d.: allm. plan; avsikt scheme, project; *göra upp (smida) en ~ för att* + inf. make (form) a plan (isht i negativ bet. a scheme) to +inf.; *vad har du för ~er?* what are your plans?

2 plan 1 [plan] yta plane; våningsplan floor **2** flygplan plane, jfr äv. *flygplan*
3 plan plane, level; ~ *yta* plane surface
plana I *tr*, ~ [*av*] göra plan plane [down], level **II** *itr* om bil aquaplane; om båt plane
planekonomi planned economy
planenlig ...according to plan
planera planlägga plan, project; ~ göra förberedelser *för* make preparations for
planering planning, jfr *planera*
planeringsstadium, *på planeringsstadiet* at the planning stage, still on the drawing-board
planet planet; han fick bollen *mitt i ~en* vard. ...slap in the face
planetsystem planetary system
planhalva sport. half
plank 1 koll. deals, planking **2** staket fence; kring bygge o.d., för affischering hoarding[s pl.]; amer. äv. billboard
planka I *s* grov allm. plank; av furu el. gran deal; mindre batten **II** *tr* vard., plagiera crib, pinch **III** *itr* vard., smita in till match o.d. gatecrash
plankorsning level (amer. grade) crossing
planlägga plan, jfr vid. *planera*; *planlagt mord* premeditated murder
planlös planless, unmethodical; utan mål aimless; om t.ex. studier, sökande random; om bebyggelse o.d. rambling; t.ex. om läsning desultory
planlösning byggn. planning; design
plansch i bok o.d. plate, illustration; väggplansch wall chart (picture)
planskild, ~ *korsning* fly-over [junction], motorway junction; med viadukt äv. el. amer. overpass; med tunnel äv. el. amer. underpass
planslipa grind [...level]; *~d* botten ...ground level
planta allm. plant; uppdragen ur frö seedling; träd~ sapling
plantage plantation; amer. äv. estate
plantera plant; t.ex. häck set; ~ *...i en kruka* pot...; ~ *in* djur, växter transplant, introduce; fiskyngel äv. put out; ~ *ut* a) växt plant (set) [out] b) fisk put out
plantering konkr. plantation; anläggning park, garden; liten ~ square; abstr. planting
plantskola nursery; *en ~ för* bildl. a nursery for; i negativ bet. a hotbed of
plaska splash; ~ *omkring* splash about
plaskdamm paddling pool (pond)
plast plastic; föremål *av* ~ plastic...
plasta plasticize; ~ *in* plasticize, enclose in plastic, coat with plastic
plastbehandlad plastic-coated

plastfolie cling film (wrap)
plastikkirurg med. plastic surgeon
plastikkirurgi med. plastic surgery
plastisk plastic
plastkasse plastic carrier (amer. carry) bag
plastkort plastic card; vard., kreditkort credit card
platan 1 bot. plane [tree] **2** virke plane wood; för sammansättn. jfr *björk-*
platina platinum
platonisk Platonic
plats 1 ställe allm. place; 'ort och ställe' spot; tomt site; torg o.d. square; fri ~ open space; sittplats, mandat seat; utrymme space; tillräcklig ~ room; *~!* order t. hund [lie] down!; *allmän* (*offentlig*) ~ public place; *beställa* ~ t.ex. på bilfärja book a passage; *det finns inte ~ för...* there is no room for...; *lämna ~ för* a) bereda utrymme, väg make room (way) for b) bildl. leave room for, admit of; *tag ~!* järnv. take your seats, please!; *komma på första* (*andra*) ~ come first (second); *spela på* ~ hästsport make a place bet; *sätta ngn på* ~ put a p. in his (her etc.) place, take a p. down [a peg or two]; *vara den förste på ~en* be the first on the spot **2** anställning situation; befattning post; *fast* ~ permanent situation etc.
platsa vard. ~ *i* laget qualify (be good enough) for [a place in]...; *hon ~r inte i* den här miljön she doesn't fit into...
platsannons advertisement in the situations-vacant (betr. platssökande situations-wanted) column
platsbiljett seat reservation [ticket]
platschef local (branch) manager
platssökande I *adj* ...in search of (seeking, looking for, on the look-out for) employment **II** *subst adj* applicant [for a (resp. the) situation etc., jfr*plats 2*]; som rubrik situations wanted
platt I *adj* allm. flat; tillplattad äv. (pred.) flattened out; ~ *uttryck* platitude **II** *adv* flatly
platta I *s* allm. plate; tunn lamin|a (pl. -ae); rund disc (amer. disk); grammofon~ record; kok~ hot plate; sten~ flag[stone]; golv~ tile; flyg. apron **II** *itr*, ~ *till* (*ut*) flatten [out]; valsa ut laminate
plattfisk flatfish
plattform platform äv. bildl.
plattfotad flat-footed
plattityd platitude
plattnäst flat-nosed
platå allm. plateau (pl. -x el. -s)
platåsko platform shoe
plausibel plausible, likely

plebej allm. plebeian
plektrum mus. plectr|um (pl. -a)
plenum plenary (full) meeting (sitting, assembly); jur. full session
plexiglas® Plexiglass
pli manners; *militärisk* ~ military bearing; *få* ~ *på sig* learn how to carry (bear) oneself
plikt skyldighet duty; förpliktelse obligation; *~en framför allt* duty first; *göra sin* ~ do one's duty
plikta jur. pay a fine; *dömas att* ~ 200 kr be fined...
pliktig [in duty] bound; *ni är* ~ *att* + inf. you are under obligation (it is your duty) to + inf.
pliktkänsla sense of duty
pliktskyldig dutiful; tillbörlig obligatory
plikttrogen dutiful; faithful; lojal loyal; hängiven dedicated; samvetsgrann conscientious
plint 1 byggn. plinth **2** gymn. box [horse]
plira, ~ [*med ögonen*] peer, screw up one's eyes [*mot* (*på*, *åt*) at]; ~ *illmarigt* look quizzically
plissera pleat; *~d kjol* pleated skirt
1 plita, *han satt och ~de med* brevet he sat writing away at...
2 plita vard. pimple
plock konkr., småplock odds and ends
plocka I *tr* o. *itr* **1** allm. pick; samla gather; *gå och* ~ *pyssla* potter (mess) about **2** bildl. *bli ~d på* 2.000 kr be rooked of... **II** *rfl*, ~ *sig* om fågel plume (preen) oneself **III** med beton. part.
~ **av** a) ngt, ngn strip b) t.ex. bord clear
~ **bort** remove, take away (off), pick off
~ **fram** take out, produce
~ **ihop** t.ex. sina tillhörigheter gather...together; sätta ihop put...together; t.ex. maskindelar assemble
~ **ner** take down
~ **sönder** pick (take)...to pieces
~ **upp** pick up äv. om liftare; ur låda o.d. take out
~ **ut** välja pick (cull) [out]
~ **åt sig** grab
plockepinn spel spillikins
plockgodis pick'n mix
plockmat snacks; koll. snack meal
plog plough; amer. plow
ploga 1 ~ [*vägen*] clear the road [of snow] **2** sport., bromsa med skidor stem
plogbil snow plough (amer. plow)
ploj vard. ploy
plomb 1 tandläk. filling **2** försegling [lead] seal

plommon plum; gröngult, typ reine claude greengage
plommonstop bowler [hat], isht amer. derby [hat]
plotter krafs, strunt trifles
plottrig se *rörig*
plufsig bloated
plugg 1 tapp plug, stopper; i tunna tap **2** vard.: pluggande swotting; skola school; läxa homework; *i ~et* at school **3** vard., potatis spud
plugga I *itr*, ~ *igen* plug up **II** *tr* o. *itr* vard., pluggläsa swot [at...], grind [at (away at)...]; *jag måste plugga* I've got to do some studying; ~ *på* en examen cram (swot, grind, isht amer. bone up) for...
plugghäst vard. swot[ter]; amer. grind
1 plump coarse, rude
2 plump bläckfläck blot
plumphet plumpt sätt coarseness etc., jfr *1 plump*; *~er* coarse remarks (language sg., skämt jests)
plumpudding juldessert Christmas pudding
plumsa falla plop, splash
plundra utplundra plunder; råna rob; skövla t.ex. stad, butiker pillage, sack; ströva omkring för att ~ maraud
plundrare plunderer etc., jfr *plundra*
plundring plunder[ing], rifling, pillage; isht av erövrad stad sack, jfr *plundra*
plunta hip flask
plural gram. the plural [number]; *första person* ~ first person plural
pluralistisk pluralistic
plurr, *ramla i ~et* vard. fall into (land in) the water
plus I *s* tecken plus; fördel advantage; tillskott addition; *jag står på* ~ I am on the credit side (on the plus side, in the black) **II** *adv* plus, and; ~ *7* [*grader*] el. *7 grader* ~ seven degrees above zero
plussida, *på ~n* on the credit side
plussig bloated
plustecken plus [sign]
pluta, ~ [*med munnen*] pout
Pluto astron. el. mytol. Pluto äv. seriefigur
pluton mil. platoon
plutonium kem. plutonium
plutt vard., barn tiny tot; småväxt pers. little shrimp
pluttig ynklig tiny
plym plume
plysch plush
plywoodskiva sheet of plywood
plåga I *s* smärta pain; pina torment; lidande affliction; plågoris nuisance; hemsökelse infliction; oro worry; *han är en* ~ *för sin omgivning* ...a plague (pest, nuisance,

bother, tråkmåns bore) to those around him **II** *tr* pina torment; stark. torture; oroa, besvära worry, harass, bother; stark. plague; ansätta badger; tråka ut bore; *det ~r mig att se...* it hurts me...
plågas suffer [pain]
plågoris 'gissel' scourge; svagare pest, plague
plågsam painful; *ytterst ~* äv. excruciating
plån 1 på tändsticksask striking surface **2** skrivplån tablet
plånbok wallet; amer. äv. billfold; *en späckad ~* a well-lined wallet
plåster plaster; vard., efterhängsen person barnacle
plåstra, *~ ihop* bildl. patch...up
plåt 1 koll. sheet metal, sheet iron; sheetings, plates båda pl.; bleck tin **2** skiva el. foto. plate; tunn skiva sheet; bakplåt baking plate **3** vard., biljett ticket
plåta vard. **I** *tr* take a picture (snapshot) of, snapshot **II** *itr* take pictures (snapshots)
plåtburk tin
plåtslagare sheet-metal (tinplate, plate) worker
pläd [res]filt [travelling] rug; skotsk sjal plaid
plädera plead
plädering appeal
plätering silver-plating
plätt 1 fläck spot **2** kok. small pancake
plättlagg griddle [with rings for making small pancakes]
plöja plough; amer. plow; *~ igenom* en bok plough [one's way] (wade) through...; *~ ned* vinsten plough back...
plöjning ploughing; amer. plowing
plös tongue [of a (resp. the) shoe]
plötslig sudden; *~ avresa* abrupt departure
plötsligt suddenly, all of a sudden, all at once; *~ avbryta* äv. cut...short
PM memo (pl. -s); jfr vid. *promemoria*
pochera kok. poach
pocka, ett problem *som ~r på sin lösning* ...which is urgently in need of a solution
pockande enträgen importunate; fordrande exacting
pocketbok vanl. paperback; isht amer. äv. pocket book
podium estrad platform; t.ex. för talare rostr|um (pl. äv. -a); för dirigent o. på amfiteater o.d. podi|um (pl. äv. -a); vid modevisning catwalk
poem poem
poesi, *~[en]* poetry
poet poet
poetisk poetic[al]
pogrom pogrom
pojkaktig boyish; *ett ~t sätt* a boyish manner (way)
pojkaktighet boyishness
pojkbok, *en ~* a book for boys
pojke allm. boy äv. om pojkvän; ibl. youngster; *[redan] som ~* even as a boy, in his boyhood
pojknamn boy's name
pojkscout [boy] scout
pojkspoling stripling; neds. young whippersnapper
pojkstackare poor lad
pojkstreck boyish (schoolboy) prank
pojktycke, *ha ~* be popular with the boys
pojkvasker vard. young shaver; större stripling
pojkvän boyfriend; *hennes ~* äv. her young man
pokal isht pris cup; för dryck goblet
poker kortsp. poker
pokeransikte poker face
pokulera tipple; *de satt och ~de* they sat tippling (drinking together)
pol allm. pole; *~erna på* ett batteri the terminals of...
pola vard. knock about (around)
polack Pole
polare vard. buddy, pal
polarexpedition polar expedition
polarisera polarize äv. fys.
polaritet polarity äv. fys.
polarnatt polar night
polarräv arctic (ice) fox
polartrakt polar region
polcirkel polar circle; *norra (södra) ~n* the Arctic (Antarctic) circle
polemik polemic[s vanl. sg.]; *inlåta sig i (på) ~ med ngn* enter into a controversy...
polemisk polemic[al]
Polen Poland
polera allm. polish äv. bildl.
polermedel polish
policy policy
poliklinik polyclinic
polioskadad, *hon är ~* she is a polio victim, she suffers from polio
poliovaccin anti-polio vaccine
poliovaccinering polio vaccination
polis 1 polismyndighet el. koll. police pl., *~en* vard. the fuzz pl., the cops pl.; *ridande ~* mounted police; *anmäla ngn för ~en* report a p. to the police; *efterspanad av ~en* wanted by the police; *tillkalla ~en* call [in] (send for) the police **2** polisman policeman, police officer; amer. vanl. patrolman; vard. cop[per]; *en kvinnlig ~* a policewoman, a woman police officer
polisanmälan report to the police; *göra ~ om ngt* report (make a report of) a th. to the police

polisbevakning police supervision (eskort escort); *stå under* ~ be placed under police supervision; *huset står under* ~ the house is being watched by the police
polisbil [för trafikövervakning traffic] patrol car
polisbricka police badge
polischef chief of police, police commissioner
polisdistrikt police district; amer. [police] precinct
polisförhör police interrogation
polisförvar, *tas i* ~ be taken in charge (custody) by the police
polishus police headquarters
polisingripande police action; *det blev ett* ~ the police intervened (stepped in)
polisiär police...
poliskår police force, constabulary
polisman policeman etc., se *polis 2*
polismyndighet, *~en* el. *~erna* the police authorities pl.; *närmaste* ~ the nearest police station
polisonger side-whiskers; vard. sideboards; amer. sideburns; långa yviga mutton-chop whiskers
polispiket polisstyrka police picket; bil police van; amer. äv. wagon; *~en* äv. the riot (flying) squad
polispådrag force (muster) of police[men]; amer. äv. posse; *det blev ett stort* ~ a large force (number) of police[men] were called out
polisradio police radio
polisregister police records
polisspärr kedja police cordon; vägspärr roadblock
polisstation police station
polisstyrka police squad
politik statsangelägenheter politics; politisk linje policy; *det är dålig* ~ *att* + inf. it is bad policy to + inf.
politiker politician; neds. politico (pl. -s)
politikerförakt mistrust of (lack of faith in) politicians
politisera I *itr* politicize; kannstöpa talk politics **II** *tr* politicize
politisk political; ~ *förföljelse* political persecution
polityr polish; snick. French polish
polka polka; *dansa* ~ dance (do) the polka
polkagris [peppermint] rock, amer. rock candy
pollen pollen
pollenallergi pollen allergy
pollett check, token; gas~ gas meter token
pollettera, ~ [*bagaget*] have one's luggage (baggage) registered (amer. checked)

pollinera pollinate
pollinering bot. pollination
polo 1 sport. polo **2 a)** ~krage polo-neck (isht amer. turtleneck) [collar] **b)** ~tröja polo-neck (isht amer. turtleneck) sweater
polsk Polish; ~ *riksdag* vard. bear garden
polska 1 kvinna Polish woman, jfr *svenska 1* **2** språk Polish, jfr *svenska 2* **3** dans, ung. reel
Polstjärnan the pole-star (North Star)
polyester polyester
polygami polygamy
polyp 1 zool. polyp **2** med. polyp|us (pl. äv. -i); *~er i näsan* adenoids
pomada pomade
pomadera pomade
pomerans Seville (bitter, amer. äv. sour) orange
pommes frites chips, chipped potatoes; isht amer. French fries
pomp o. **pompa** pomp; ~ *och ståt* pomp and circumstance (splendour)
pompös ståtlig stately, grandiose; uppblåst pompous; högtravande declamatory
pondus authority; värdighet dignity; *han har* ~ äv. he has a commanding presence
ponera, ~ *nu, att jag...* suppose now that I...
ponny pony
pontonbro pontoon (floating) bridge
pool bassäng pool
pop musik m.m. pop
poplin poplin
popmusik pop music
poppel poplar; för sammansättn. jfr *björk-*
poppig typisk för popkulturen pop-cultural
poppis vard. with-it, trendy; *börja bli* ~ äv. be on the way in
popsångare pop singer
popularisera popularize
popularitet popularity
populistisk populist
populär popular; *bli* ~ 'slå', äv. catch on
populärpress popular press
populärvetenskap popular science
por pore
porig porous
porla murmur
pormask blackhead
pornografi pornography
pornografisk pornographic
porr vard. porn, porno
porrfilm vard. porno film (movie), blue film (movie)
porslin materialet china: äkta ~ porcelain; koll.: hushålls~ china[ware]; finare porcelain [ware]; ~ *i allm.* äv. pottery
porslinsblomma wax plant

porslinstallrik china plate
port ytterdörr streetdoor, front door; inkörs~, sluss~ gate äv. bildl.; portgång gateway; sjö. port[hole]; *helvetets ~ar* the gates of hell
portalfigur bildl. prominent figure
porter öl stout; svagare porter
portfölj av läder briefcase; dokument~ dispatch case; förvaringsfodral portfolio (pl. -s); *minister utan ~* minister without portfolio
portförbjuda, *~ ngn* refuse a p. admittance [to the house (på restaurangen to the restaurant, vid hovet to court)]
portier [chief] receptionist, reception clerk; amer. äv. hotel (desk) clerk; vaktmästare hall porter
portion 1 eg.: allm. portion; ranson ration; *en stor ~ [av]*... a generous helping (portion) of...; beställa *två ~er glass* ...two ice creams (ice cream for two) **2** bildl. *det behövs en god ~ fräckhet för att* + inf. it needs a good share (great deal) of impudence to + inf.
portionera, *~ [ut]* portion [out]; mil. ration out
portionsförpackning, *i ~* in individual portions (helpings)
portmonnä purse
portnyckel latchkey
porto postage; ~sats postage rate
portofritt post-free, ...free of postage
portosats postal rate
porträtt allm. portrait; isht foto picture; *det är ett bra ~* it (the portrait) is a good likeness
porträttlik lifelike; bilden var *mycket ~* äv. ...a very good (a speaking) likeness
porträttmålare portrait painter
porttelefon entry phone
Portugal Portugal
portugis Portuguese (pl. lika)
portugisisk Portuguese
portugisiska (jfr *svenska*) **1** kvinna Portuguese woman **2** språk Portuguese
portvakt dörrvakt porter, doorkeeper, gatekeeper; isht amer. doorman; i hyreshus caretaker; isht amer. janitor
portvin port [wine]
porös porous; svampaktig spongy
pose pose, attitude
posera 1 pose **2** naken pose [in the nude]
position position, jfr äv. *ställning 1*
1 positiv allm. positive; försök att vara *litet mera ~* ...a bit more constructive
2 positiv mus., bärbart barrel organ; större gatu~ street organ
post 1 brev~ o.d. post; *har jag någon ~?* [is there] any post (mail) ([are there] any letters) for me?; *sända...med (per) ~* post..., mail..., send...by post (mail); *med dagens ~* a) inkommande with today's letters (post etc.) b) avgående by today's post (mail)
2 post[kontor] post office; *Posten* postverket the Post Office (förk. the PO); *vara [anställd] vid ~en* be a Post Office employee, be working at the Post Office
3 hand., i bokföring o.d. item; belopp amount; varuparti lot, parcel, consignment
4 mil., vaktpost sentry, sentinel; poststäle post; *stå på ~* be on guard, stand sentry
5 befattning post, appointment; *en framskjuten ~* i samhället a prominent position
6 dörr~ doorframe; fönster~ [window] post; vatten~ hydrant
posta *tr* post; isht amer. mail
postadress postal (mailing) address
postanvisning allm. money order; i Engl. för fixerat lägre belopp postal order; *hämta pengar på en ~* cash a money order
postbox post office box (förk. POB, PO Box)
postbud post messenger
postdatera postdate
postera I *tr*, *~ [ut]* post, station **II** *itr* be on guard, be stationed
poste restante poste restante fr.; to be called for; amer. general delivery
postering picket
postfack ung. post office box (förk. POB, PO Box)
postförskott cash (amer. collect) on delivery (förk. COD); *sända ngt mot ~* send a th. COD
postförsändelse postal item (packet); *~r* äv. postal matter sg.
postgiro postal giro [banking] service (konto account); *per ~* by [postal] giro
postgirokonto postal giro account
postgymnasial, *~ utbildning* post-secondary (higher) education, jfr *gymnasium*
postgång postal service
postiljon sorting clerk; brevbärare postman; amer. mailman, mailcarrier; åld. mailcoach driver
postisch postiche
postkontor post office
postkort postcard; isht amer. (frankerat) postal card
postnummer postcode; amer. ZIP code
posto, *fatta ~* take one's stand, take up one's station [*vid* at]
postorder mail order; *köpa på ~* buy through a mail-order firm

postorderkatalog mail-order catalogue
postpaket post[al] parcel (etc., jfr *paket*); *som ~* by parcel post
postrån på postkontor post office robbery (hold-up)
poströsta vote by post
poströstare absent (amer. absentee) voter
postskriptum postscript
poststämpel postmark
postsäck mailbag
posttaxa 1 postage rate **2** bok table of postage rates
posttur [post] delivery; *med första ~en* by the first post
postum posthumous
postutbärning o. **postutdelning** postal (mail) delivery
Postverket the Post Office (Postal) Administration; i Engl. the [General] Post Office
postväxel ung. bank money order (draft)
posör poseur fr.; vard. phoney
potatis potato; vard. spud; koll. potatoes; *färsk~* new potatoes; *han har satt sin sista ~* ung. he has cooked his goose
potatischips [potato] crisps (amer. chips)
potatisgratäng potatoes pl. au gratin
potatismos creamed (vanl. utan tillsats mashed) potatoes, potato purée
potatisnäsa snub (pug) nose
potatissallad potato salad
potatisskalare redskap potato peeler
potens 1 fysiol. potency **2** matem. el. friare power
potent potent
potentiell potential
potpurri allm. potpourri fr.; mus. äv. [musical] medley
pott spel. pot, kitty; *spela om ~en* play for the kitty
potta nattkärl chamber [pot]; barnspr. pot[ty]; vard. jerry; vard., pers. wretch; *sätta ngn på ~n* bildl. put a p. in a spot, put (stick) a p. up against the wall
potträning potty (toilet) training
poäng 1 allm. point; skol., betygs~ mark; amer. grade; minus~ point off, minus point; i kricket run; *en ~ till dig!* bildl. that's one up to you! **2** udd point; *fatta (missa) ~en i* en historia catch el. see (miss) the point of...
poängställning score
poängtera emphasize
p-piller contraceptive (birth) pill; *ta (äta) ~* take (be on) the pill
PR PR; reklam publicity
pracka, *~ på ngn ngt* fob (palm) a th. off on a p., foist a th. [off] on a p.

prakt splendour; storslagenhet t.ex. i klädsel, inredning magnificence; ståt pomp; glans glory
praktexempel perfect (classical) example
praktexemplar splendid (magnificent, fine äv. iron.) specimen; *den här plantan är ett riktigt ~* ...real (perfect) beauty
praktfull splendid, magnificent; prunkande gorgeous
praktik 1 övning practice; *sakna ~ i (på)*... lack [practical] experience in (practical knowledge of)...; *i ~en* in practice **2** yrkesutövning av läkare o.d. practice äv. lokalen; *öppna [en] egen ~* open a practice of one's own
praktikant trainee; lärling apprentice
praktikantplats trainee (etc., se *praktikant*) post (job)
praktisera 1 practise; *han har ~t på kontor* he has office experience **2** inom ett yrke t.ex. som läkare practise, be in practice; *allmänt ~nde läkare* general practitioner (förk. GP)
praktisk practical; rådig resourceful; metodisk business-like; användbar useful; lätthanterlig handy
praktiskt practically; *~ omöjlig* impracticable
pralin chocolate; med krämfyllning chocolate cream
prao förk., se *arbetslivsorientering*
prassla 1 rustle; om t.ex. siden swish **2** vard. *~ med ngn* have an affair with a p.
prat samspråk talk; små~ chit-chat; pladder chatter; snack, strunt~ twaddle; skvaller gossip, tittle-tattle; *[sånt] ~!* nonsense!, rubbish!, bosh!
prata I itr o. tr (jfr äv. *tala*) talk, jfr *prat*; *du ~r!* nonsense!, rubbish!, fiddlesticks!; *~ bredvid mun[nen]* let the cat out of the bag, give the game away; *det har ~ts en del om* henne på sista tiden there has been a lot of talk (skvallrats gossip) about...
II med beton. part.
~ bort talk...away
~ förbi: vi ~r förbi varandra we are talking at cross-purposes
~ omkull ngn talk a p. down
~ på go on talking
~ ur sig (ut om ngt) get a th. off one's chest
~s vid: låt oss ~s vid om saken let us talk it over (have a talk about it)
pratbubbla i serieruta balloon
pratig chatty
pratkvarn pers. chatterbox
pratsam talkative, chatty; talför, talträngd loquacious; alltför *~* garrulous

pratsjuk ...very fond of talking
pratstund chat; *få sig en* ~ have a chat
praxis practice; bruk custom; *det är [allmän] ~* it is the practice *[att* + sats el. inf. to + inf.]; *bryta mot vedertagen ~* depart from established practice
precis I adj t.ex. om mått precise; t.ex. om uppgift exact **II** adv exactly; *inte* ~ not exactly; *just ~!* exactly!; alla är ~ *lika stora* ...exactly the same size; ~ *som förut* just as before; *han är sig ~ lik* he is the same as ever
precisera villkor o.d. specify; uttrycka klart define [...exactly (accurately)]; *närmare ~t* to be [more] precise (explicit)
precision precision, exactitude, accuracy; punktlighet punctuality
precisionsarbete precision work; urtillverkning *är ett verkligt ~* ...is a work requiring great precision
predika preach; hålla straffpredikan lecture
predikan sermon; *hålla ~* preach, deliver the sermon
predikant preacher
predikstol pulpit
preferens företräde o.d. preference
pregnant innehållsdiger ...packed with meaning, pregnant; kärnfull pithy, terse; precis concise
preja sjö., anropa hail; tvinga att stanna command...to heave to; bil o.d. force...to stop
prejudikat precedent; *det finns inget ~ på det* there is no precedent for this, it is without precedent (is unprecedented)
prekär precarious; kinkig awkward; osäker insecure
preliminär preliminary
preliminärskatt preliminary tax; jfr *källskatt*
premie [försäkrings]avgift premium; extra utdelning bonus; export~ o.d. bounty; pris prize
premieobligation premium (lottery) bond
premiss premise; förutsättning prerequisite
premium 1 skol. prize; *få ~* receive a prize **2** bensin premium; *tanka ~* fill (tank) up with premium petrol
premiär teat. o.d. first (opening) night (performance), première (fr.) äv. friare; *de nya bussarna hade ~ i går* the new buses made their first appearance...
premiärkväll, *~[en]* the evening of the first (opening) night (performance)
premiärminister prime minister, premier
prenumerant subscriber
prenumeration subscription
prenumerera subscribe; *~ på* en tidning äv. take in...

preparat preparation
preparatär *s* preparatist
preparera [för]bereda prepare; tekn. process; påverka pers. i förväg brief
preposition preposition
presenning tarpaulin
presens the present tense
present present, gift; *jag har fått den i ~ av honom* he gave it to me as a present
presentabel presentable
presentation presentation; i vanl. umgänge introduction
presentera 1 föreställa introduce; *får jag ~...* may I introduce..., have you met...; *~ sig* introduce oneself **2** framlägga present äv. hand.; exhibit
presentförpackning gift wrapping (kartong box, carton)
presentkort gift voucher (token, i postbanken cheque)
president allm. president; i högre domstol Chief Justice
presidentkandidat candidate for the presidency
presidentval presidential election
presidera preside, take the chair
preskribera jur. *~s* el. *bli ~d* om fordran o.d. be (become) statute-barred (amer. äv. outlawed), fall under (be barred by) the statute of limitations; *brottet är ~t* the period for prosecution has expired
press 1 tidnings~ press; *~en i London* ofta the London papers pl.; *figurera i ~en* vanl. appear in the [news]papers **2** redskap o.d. press; *gå i ~* go to press; växterna *ligger i ~* ...are being pressed **3** påtryckning pressure; påfrestning strain; pressning press
pressa I *tr* allm. press; krama squeeze; *~ ngn på pengar* extort money from a p.; *~ ngt* t.ex. vin *ur...* press (olja o.d. äv. extract) a th. out of...
II med beton. part.
~ fram en bekännelse extort...; *~ fram* ett ljud get out...; *~* klämma *fram en tår* squeeze out a tear; *~ sig fram* squeeze (force) one's way
~ ihop compress
~ ned press (force) down; priser o.d. äv. cut down; *~ ned* t.ex. kläder i en resväska cram
~ upp t.ex. fart, priser force (drive) up
pressande t.ex. värme oppressive; t.ex. arbete arduous; t.ex. förhör severe; t.ex. arbetsförhållanden trying
presscensur press censorship
pressfrihet freedom (liberty) of the press
pressklipp press cutting (*amer.* clipping)
pressläktare press gallery; sport. press stand

pressning pressing etc., jfr *pressa I*; press på kläder press
presstöd koll. press subsidy (subsidies pl.)
pressveck crease
prestanda 1 prestationsförmåga performance **2** ngt som måste fullgöras obligations
prestation arbets~ performance; verk, bedrift, färdighet achievement
prestationsförmåga capacity äv. om pers.; performance
prestationslön incentive pay (bonus), payment by results
prestera utföra perform; åstadkomma accomplish; anskaffa, komma med produce; ~ bevis, säkerhet furnish...
prestige prestige; *mån om sin* ~ jealous of one's prestige
prestigeförlust loss of prestige (vard. face)
prestigeskäl, *av* ~ for reasons of prestige
presumtiv förmodad supposed; blivande prospective
pretention pretension
pretentiös anspråksfull, förmäten pretentious; fordrande exacting
preventiv preventive
preventivmedel contraceptive
preventivpiller contraceptive (birth) pill; *ta (äta)* ~ take (be on) the pill
prick I *s* **1** punkt o.d. dot; fläck speck; på tyg spot; förprickning mark, tick; på måltavla bull's eye; *skjuta* ~ *på* try to hit; *på ~en* to a T (nicety, turn, hair), exactly **2** sport. o.d., minusprick penalty point **3** sjö.: flytande [spar] buoy; fast beacon **4** vard., pers. *en hygglig* ~ a decent fellow (guy) **II** *adv* vard. ~ *8 (8* ~) at 8 sharp (on the dot)
pricka I *s, till punkt och* ~ se under *punkt* **II** *tr* **1** t.ex. linje dot; med nål o.d. prick **2** träffa [prick] hit **3** märka ut mark [out]; farled med sjömärken äv. buoy **4** bildl.: ge en prickning censure; brännmärka denounce **III** med beton. part.
~ **av** tick off
~ **för** mark, tick off; ~ *för* [*ngt*] *med rött* mark a th. in red
~ **in:** a) på karta o.d. dot (mark, prick, *m. nålar o.d. äv.* peg) in b) t.ex. ett slag i boxning put in
prickfri sport. ...without any penalty points; jfr äv. *oklanderlig*
prickig spotted; fullprickad dotted; tätt ~ spotty
prickning bildl. reproof; brännmärkning stigma
prickskytt sharpshooter; mil. äv. sniper
pricksäker se *träffsäker*
prilla vard., portion snus pinch of snuff
prima I *adj* first-class; vard. tip-top; isht amer. äv. dandy **II** *adv, jag mår* ~ vard. I feel first-rate (vard. tip-top)
primadonna prima donna it.; på talscen leading lady; stjärna star
primitiv primitive
primitivism primitivism
primär primary; *~t behov* primary (basic) need
primärval parl. primary [election]
primärvård primary care
primör early vegetable (resp. fruit)
princip principle; *av* ~ on principle, as a matter of principle; *jag har för (som)* ~ *att* +inf. I make it a principle (it's a principle with me) to +inf.; *i* ~ håller jag med dig in principle...; det är *i* ~ *samma sak* ...fundamentally (essentially) the same thing
principfast firm; *en* ~ *man* a man of [firm] principle
principfråga question (matter) of principle
principiell ...of principle; [grund]väsentlig fundamental; *av ~a skäl* on grounds (for reasons of) of principle
principiellt se [*av* (*i*)] *princip*; det är ~ *oriktigt* ...fundamentally wrong
principlös unprincipled
prins prince; *må som en* ~ ung. have a lovely time, feel fine
prinsessa princess
prinskorv ung. chipolata sausage, small sausage for frying
prioritera give priority to
prioritet priority
1 pris 1 [salu]värde, kostnad allm. price; villkor terms; är det ert *lägsta ~?* ...lowest price (figure)?; jag vill inte vara utan det *för något* ~ [*i världen*] ...at any price, ...for anything; *till ett* ~ *av* at the price (rate) of; *till varje* ~ at all costs (any price)
2 belöning prize; *få (ta hem) första ~et* be awarded (carry off) the first prize; *sätta ett* ~ *på ngns huvud* set (put) a price [up]on a p.'s head
3 högtidl., lov praise
2 pris 1 sjö., byte prize **2** nypa pinch; *en* ~ *snus* a pinch of snuff
prisa praise; hålla lovtal över eulogize; ~ *sin lyckliga stjärna* thank one's lucky stars
prisbelöna award a prize (resp. prizes) to; en *~d* författare ...to whom a prize has been awarded
prisbomb vard. *det är en riktig* ~ it is sensationally low priced
prischock vard. heavy rise in price[s]
prisfall fall (decline, drop) in prices (resp. the price); på börsen break; *plötsligt (starkt)* ~ äv. slump

prisge o. **prisgiva** t.ex. åt fienden give...up; ~ *ngn* (*ngt*) *åt* löjet, offentligheten expose a p. (a th.) to...
prishöjning rise (increase, advance) in prices (resp. the price)
prislapp price label (tag, ticket)
prislista hand. price list; sport. prize list
prisläge price range (level); *i alla* (*olika*) *~n* at all (different) prices; *i vilket ~?* [at] about what price?
prisma optik. prism; i ljuskrona pendant
prismedveten price conscious
prisnedsättning price reduction
prisnivå price level
prispall winners' stand
prisskillnad difference in (of) price[s pl.], margin; på biljett excess fare
prisstegring se *prishöjning*
prisstopp price freeze; *införa* [*allmänt*] *~* freeze prices
prissättning price-fixing
pristagare prizewinner
pristävlan o. **pristävling** prize competition
prisutdelning distribution of prizes; *förrätta ~* give away the prizes
prisutveckling price trend
prisvärd 1 eg. ...worth its price **2** lovvärd praiseworthy
privat I *adj* private; *~* [*område*] private [grounds (premises) pl.] **II** *adv* privately; i förtroende confidentially; *läsa* (*ta lektioner*) *~* take private lessons [*för* with]
privatangelägenhet private (personal) matter
privatanställd, *~ person* person in private employment
privatbil [private] car
privatbostad private residence
privatbruk, *för ~* for private (personal) use
privatchaufför [private] chauffeur
privatdetektiv private detective; vard. private eye
privatisera överföra till privatägo privatize, put under private ownership (into private hands)
privatliv private life; *i ~et* in private life
privatläkare private doctor
privatperson private person; *som ~* är han in private [life] (utom tjänsten in his private capacity)...
privatpraktiserande, *~ läkare* doctor in private practice
privatsamtal private conversation (i telefon call)
privatsekreterare private secretary
privatskola private school
privilegiera privilege

privilegierad privileged
privilegium privilege; ensamrätt monopoly; tillstånd licence
PR-man PR (public-relations) officer
problem problem; *ett kinkigt* (*knepigt*) *~* a knotty problem, a poser; *ha ~ med magen* have trouble with one's stomach
problematik problems, complex of problems
problematisk problematic[al]; tvivelaktig doubtful, uncertain
problemlösare troubleshooter
problemställning problem problem; uttryckssätt presentation of a (resp. the) problem
procedur tillvägagångssätt, rättegångsordning procedure; förfarande process
procent 'per hundra' per cent; amer. percent (förk. p.c., procenttal %); percentage; *med 10 ~*[*s*] (*10%*) *rabatt* (*ränta*) at ten per cent (10%) discount (interest); *hur många ~ är det?* how much per cent is that?; *en stor ~* (*30%*) *av böckerna är...* a large percentage of the books are (30 per cent of the books are)...; *i ~* in percentages
procentare vard. money-lender; isht amer. loan shark
procenträkning calculation of percentages
procentsats rate per cent, percentage
process 1 förlopp process **2** jur. lawsuit, case, jfr *rättegång*; *göra ~en kort med ngn* bildl. make short work of a p., deal summarily with a p. **3** tekn. process
processa I *itr* jur. carry on a lawsuit (resp. lawsuits); *~* [*om*] äv. litigate **II** *tr* tekn. process
procession procession; *gå i ~* walk in procession
processrätt law of [legal] procedure
producent producer äv. film., radio. o.d.; odlare grower
producera allm. produce; spannmål raise
produkt product äv. matem.; isht jordens *~er* äv. produce (end. sg.)
produktion production; avkastning yield; isht lantbr. produce; hans litterära *~* ...output, ...production[s pl.], ...work[s pl.]
produktionskostnad cost of production
produktiv productive äv. språkv.; om t.ex. författare prolific; *~ verksamhet* productive activity
produktivitet productivity
produktutveckling product development
profan profane; om musik secular
profession profession, jfr *yrke*; *till ~en* by profession
professionalism professionalism

professionell I *adj* professional **II** *s* professional
professor professor; vard. prof
professur professorship; *~en i historia vid...* the chair of...
profet prophet
profetia prophecy, prediction
profetisk t.ex. gåva prophetic; t.ex. skrift prophetical
proffs vard. pro (pl. pros); *bli ~* turn pro
proffsboxare professional boxer
proffsig vard. professional
profil profile äv. bildl.; tekn. äv. [vertical] section; däcks profile; personlighet personality; *hålla en låg ~* bildl. keep a low profile
profilera I *tr* profile; tekn. äv. shape; byggn. set up profiles (resp. a profile) of **II** *rfl*, *~ sig* create a distinctive [personal] image for oneself
profit profit; *dra ~ av* profit by
profitbegär love of gain (profit)
profitera förtjäna profit; utnyttja take advantage; gain an advantage
profithungrig profit-seeking
proformasak, det är bara en *~* ...a mere matter of form
profylaktisk med. prophylactic; *~ medicin* preventive medicine
profylax med. prophylaxis, preventive medicine
prognos isht med. prognos|is (pl. -es); friare prediction; ekon. el. meteor. forecast; *ställa en ~* make a prognosis etc.; prognosticate
prognoskarta meteor. weather [forecast] chart
program programme; amer. el. data. program; polit. äv. platform; *ta upp ngt på sitt ~* include a th. in one's programme
programenlig ...according to [the] programme
programförklaring policy statement
programledare konferencier compère; radio. el. TV. linkman
programmera programme; amer. el. data. program
programmerare programmer
programmering programming; *~ av datorer* computer programming
programpunkt item on (of) a (resp. the) programme
programvara data. software
progression progression
progressiv progressive
projekt project, plan
projektera project, design
projektgrupp project team, research group
projektil projectile; friare missile

projektion projection
projektionsapparat [slide] projector
projicera o. **projiciera** project
proklamera proclaim; *~ strejk* call a strike
proletariat proletariat; *~ets diktatur* the dictatorship of the proletariat
proletär I *adj* proletarian **II** *s* proletarian; *~er i alla länder, förenen eder!* workers of the world, unite!
proletärförfattare proletarian author
prolog prologue
promemoria memorand|um (pl. -a el. -ums)
promenad 1 spatsertur walk; flanerande stroll, promenade; motions~, vard. constitutional; *ta [sig] en ~* go for a walk (a stroll, an airing) **2** ~plats promenade; isht strand~ seafront
promenadkäpp walking-stick; amer. äv. cane
promenadsko walking-shoe
promenadväder, *fint ~* nice weather for a walk
promenera I *itr* take a walk (stroll); promenade; *~ omkring* stroll [about], saunter **II** *tr*, *~ hem segern* romp home, win at a canter
promille I *adv* per thousand (mille, mil) **II** *s*, *hög ~* av alkohol, ung. high percentage (permillage) [of alcohol]
prominent prominent
promiskuös promiscuous
promotor 1 sport. promotor **2** univ. conferrer of doctor's degrees
prompt I *adv* ofördröjligen promptly; punktligt punctually; ovillkorligen absolutely; *han ville ~ att jag skulle* inf. he insisted on my ing-form **II** *adj* prompt
pronomen pronoun
propaganda propaganda; ibl. information; reklam publicity
propagandasyfte, *i ~* for propaganda (publicity) purposes
propagera I *tr* propagate **II** *itr* make (carry on) propaganda
propeller propeller; flyg. äv. airscrew
propellerdriven propeller-driven; flyg. äv. airscrew-driven
proper snygg tidy; ren[lig] clean; skötsam decent, nice
proportion proportion; *~er* dimensioner äv. dimensions, size sg.
proportionell proportional
proportionerlig proportionate
proposition lagförslag government bill; *lägga [fram] en ~* present (introduce) a bill
propp 1 avpassad *~* stopper; för badkar el. tvättställ plug; tuss wad; elektr., säkring fuse [plug]; av öronvax lump; öron~ t. hörapparat

o.d. earpiece; *en ~ har gått* a fuse has blown; *sätta en ~ i* ett hål plug (put a plug into)... **2** se *blodpropp* **3** polit., se *proposition*

proppa, *~...full* cram, stuff äv. bildl.; *~ i ngn* mat cram (stuff)...into ap. (kunskaper ...into ap.'s head)

proppfull cram-full, chock-a-block

proppmätt, *äta sig ~* gorge (glut) oneself [*på* with]

propsa, *~ på ngt (på att* inf.) insist [up]on ath. ([up]on ing-form)

propå förslag proposal

prosa prose; *på ~* in prose

prosaisk prosaic; torr unimaginative

prosit [God] bless you!

prospekt reklamtryck prospectus

prospektering prospecting

prost dean

prostata anat. prostate [gland]

prostataförstoring enlargement of the prostate gland

prostituera I *tr* prostitute **II** *rfl*, *~ sig* prostitute oneself äv. bildl.

prostituerad I *adj* prostitute **II** *s* prostitute; vard. pro; amer. äv. hooker

prostitution prostitution

protein protein

protektionism protectionism

protes arm artificial arm (resp. eye etc.); med. prostheslis (pl. -es); tandläk. denture, dental plate

protest protest äv. hand.; sport., invändning objection; *en skarp ~* a strong protest; *under ~[er]* (*livliga ~er*) under protest sg. (vigorous protests)

protestant Protestant

protestantisk Protestant

protestantism, *~[en]* Protestantism

protestera protest, object; *~ kraftigt mot ngt* cry out (remonstrate) against ath.

proteststorm storm of protest (remonstrance)

protokoll minutes, record; domstols~ report of the proceedings; isht dipl. protocol; kortspel. el. sport. score; *föra (sitta vid) ~et* keep (take) the minutes (record), act as a secretary; t.ex. i kortsp. keep the score; *ta ngt till ~et* enter...in the minutes, record (take down)...

protokollföra se [*ta till*] *protokoll[et]*

prototyp prototype

prov 1 test äv. tekn.; kem. el. kunskaps~ o.d.; tekn. o.d. äv. experiment; försök, prövning trial; examens~ examination; *muntligt (skriftligt) ~* oral (written) test (resp. examination); t.ex. anställa ngn, göra ngt *på ~* ...on trial **2** bevis proof; exempel specimen; *ge ett (visa) ~ på* t.ex. tapperhet display, give proof of **3** konkr., varu~ sample; av tyg, tapet etc. med mönster pattern; provexemplar, provbit specimen; *ta ett ~* med. take a specimen; jfr äv. *blodprov* o.d.

prova göra prov med test; försöka, provköra o.d. try; grundligt try out; kläder try on; *~ av* test, try, give...a [first] trial; ost, vin o.d. sample, taste

provbit sample

provborrning exploratory (trial, test) drilling

provdocka tailor's dummy, mannequin

provexemplar specimen; av bok specimen (sample) copy

provfilma have a [screen] test

provflygare test pilot

provhytt fitting cubicle (*större* room)

proviant provisions

proviantera I *tr* provision **II** *itr* take in (buy) supplies

provins province äv. biol.

provinsialläkare district medical officer

provinsiell provincial

provision agents o.d. commission; *mot fem procents ~* against (at) a five per cent commission

provisorisk tillfällig temporary; nödfalls- makeshift båda end. attr.; *~ regering* provisional government

provisorium provisional (temporary) arrangement; nödlösning makeshift

provkarta hand. sample card; *en ~ på* olika frisyrer, olika stilar a variety (medley) of...

provköra test

provkörning av bil o.d. trial (test) run; på väg road test

provningsanstalt testing laboratory (institute)

provocera provoke; *~nde* provocative

provokation provocation

provokatör isht polit. [agent] provocateur fr. (pl. [agents] provocateurs)

provrum att prova kläder i fitting room

provräkning arithmetic test; konkr. test paper [in arithmetic]

provrörsbarn test-tube child (baby)

provsjunga have an audition

provsmaka taste

provspela I *tr* ett instrument try out **II** *itr* have an audition

provstopp för kärnvapen [nuclear] test ban

provtagning med. [the] taking of specimens

provtjänstgöring probationary service, [period of] probation

prudentlig prim, finical

prunkande lysande dazzling, blazing, glowing; grann gaudy; bildl. flowery
prut 1 haggling **2** *utan* ~ without much ado
pruta om köpare haggle [over the price]; köpslå bargain; om säljare reduce (knock something off, beat down) the price
prutmån margin, margin for haggling (bargaining)
prutt vulg. fart
prutta vulg. fart
pryd prudish; *en* ~ *person* äv. a prude
pryda adorn; förskönä embellish (båda äv. ~ *upp*); passa become; vasen *pryder sin plats* ...is decorative [there (here)]
pryderi o. **prydhet** prudishness
prydlig välvårdad neat, trim; nätt o. ~ dainty; överdrivet ~ spruce, prim and proper; dekorativ decorative
prydlighet neatness etc., se *prydlig*
prydnad dekoration adornment, embellishment; prydnadssak el. bildl. ornament; *vara en* ~ *för* t.ex. sitt yrke, sin skola grace..., adorn...
prydnadssak ornament; mindre ~*er* knick-knacks, fancy goods; bric-a-brac sg.
prydnadsväxt ornamental plant
prygel flogging, whipping; stryk thrashing, beating
prygla flog; klå upp thrash
pryl 1 syl pricker; skom. awl **2** vard., sak gadget; ~*ar* äv. odds and ends, bits and pieces
prylsamhälle, ~*t* vard. the acquisitive society
prål ostentation, ostentatious display, showiness; grannlåt finery
pråla make a big show (parade), show off
prålig gaudy
pråm barge; hamn~ lighter
prång [narrow] passage; gränd alley; vrå: i t.ex. hus corner, nook; bland t.ex. klippor cranny
prångla, ~ *ut falska pengar* utter counterfeit coin (sedlar notes)
prägel avtryck impression äv. bildl.; på mynt samt bildl. stamp; drag touch; karaktär character
prägla mynta coin; slå [mynt] strike; typogr. emboss; stämpla stamp äv. bildl.; känneteckna characterize; ~*s av* äv. bear the stamp of
präktig utmärkt fine, grand; stadig stout; tjock thick; stark strong; *en* ~ *förkylning* a proper (*stark.* awful) cold
pränt, *på* ~ in print
prärie prairie
prärievarg coyote
präst isht prot. clergyman; isht katol. el. icke-kristen priest; grek.-katol. pope; frikyrklig el. i Skottl. minister; allm. minister of religion, isht vard. (ibl. neds.) parson; *kvinnliga* ~*er* women clergymen (ministers)
prästerskap clergy; isht katol. priesthood, priests
prästgård vicarage, rectory; katol. presbytery
prästinna priestess
prästkrage 1 prästs krage [Geneva] bands; rundkrage clerical collar **2** bot. oxeye daisy
prästvigning ordination
pröjsa vard. pay
pröva I *tr* prova try; grundligt try out; göra prov med test; undersöka, granska samt tentera examine; kontrollera [ett räknetal] check; ~ *om* repet håller try and see if...
II *itr* tentera sit for an examination **III** *rfl,* ~ *sig fram* feel one's way, proceed by trial and error
IV med beton. part.
~ *in* skol. sit for (undergo, take) an (the, one's) entrance examination; ~ *in vid teatern* have (be given) an audition
~ *på* försöka try one's hand at; erfara experience; [få] utstå suffer
prövad, *han är hårt* ~ he has had to put up with (go through) a good deal
prövande påfrestande trying; granskande searching
prövning 1 prov test; prövande testing; t.ex. av fullmakt investigation; noggrann scrutiny; prövningsprocedur, prövningstid probation; *förnyad* ~ *av en fråga* re-examination, reconsideration **2** hemsökelse trial
prövosten touchstone
prövotid trial (experimental) period; period of probation
P.S. PS
psalm i psalmboken hymn; i Psaltaren psalm
psalmbok hymn-book
psaltare 1 bibl., bok psalter; *Psaltaren* i Bibeln Psalms pl., the Book of Psalms **2** mus. psaltery
pseudonym I *s* pseudonym, nom de plume fr.; pen name **II** *adj* pseudonymous; om namn assumed
p-skiva trafik parking disc (amer. disk)
psyka vard. psych [out]
psyke 1 själsliv mentality, psyche; själ soul **2** vard., psykiatrisk klinik psychiatric clinic
psykedelisk psychedelic
psykiater psychiatrist; vard. shrink
psykiatri psychiatry
psykiatrisk psychiatric
psykisk mental; psychic; ~ *hälsa* mental

health; ~ *sjukdom* mental illness (disorder, disease)
psykoanalys psychoanalys|is (pl. -es)
psykoanalytiker psychoanalyst
psykofarmaka psychopharmacologic[al] (psychoactive) drugs, psychodrugs
psykolog psychologist
psykologi psychology
psykologisk psychological
psykopat psychopath; vard. psycho (pl. -s)
psykopatisk psychopathic; vard. psycho
psykos psychos|is (pl. -es)
psykosomatisk psychosomatic
psykoterapi psychotherapy
psykotisk psychotic; *en ~ person* a psychotic
ptro till häst whoa
pubertet puberty
publicera publish
publicering publishing, publication
publicist publicist, journalist
publicitet publicity
publik I *s* auditorium audience; åskådare spectators; författare ~, antal besökare attendance; restaurang~ o.d. guests (middagsgäster diners), people pl. present; församling assemblage; stam~ clientele; åskådarmassa crowd; tv-tittare [tele]viewers; *den breda (stora) ~en* allmänheten the general public, the public at large; *det är mycket ungdomlig ~ där* på det dansstället o.d. the people who go there are very young **II** *adj* allmän public
publikation publication
publikdragande popular, attractive; *~ film* box-office film
publikframgång se *publiksuccé*
publikfriande ...that panders (resp. pander) to the public, ...that plays (resp. play) to the gallery
publikrekord attendance record; record attendance
publiksiffra attendance; isht sport. gate
publiksuccé success with the public; film. el. teat. o.d. hit; bok best-seller
publikundersökning audience research poll
puck ishockey~ puck
1 puckel 1 hump **2** [temporär] ökning bulge
2 puckel vard., stryk bashing
puckelrygg hunchback, humpback
puckla, *~ på ngn* vard. bash (wallop) a p.; friare have a go at a p.
pudding 1 kok. pudding **2** vard., vacker flicka smasher
pudel poodle; *~ns kärna* the crux (heart) of the matter
puder powder; kosmetiskt [face] powder, toilet powder

pudersocker powdered (icing) sugar
pudra I *tr* powder; med socker o.d. dust **II** *rfl*, *~ sig* powder [oneself]
puff I *s* **1** knuff push; lätt med armbågen nudge, jfr äv. *knuff* **2** på plagg puff **3** möbel pouf[fe] **4** knall pop **5** rök~ o.d. puff **6** reklam~ puff **II** *interj* pop
puffa I *tr* knuffa push; lätt med armbågen nudge, jfr äv. *knuffa* **II** *itr* **1** knalla pop **2** *~ på en pipa* puff [away] at a pipe **3** göra reklam *~ för ngt* plug (puff) a th.
puffas knuffas push
puffärm puff[ed] sleeve
puka kettle-drum; *pukor* i orkester timpani (pl. el. sg.)
pulka pulka; liten släde sledge
pulla vard. **1** höna hen **2** smeknamn sweetie
pulpa anat. el. bot. pulp
puls pulse; *hastig (ojämn) ~* a rapid (an irregular) pulse; *ta ~en på ngn* med. feel a p.'s pulse
pulsa trudge, plod
pulsera beat, throb, pulsate, pulse; storstadens *~nde liv* the pulsating life of...
pulsåder fysiol. artery
pult [conductor's] desk; podium podi|um (pl. -a)
pulver powder
pulverform, *i ~* powdered
pulverkaffe instant coffee
pulvrisera pulverize; bildl. smash
pump pump; *gå (åka) på ~en* vard. make a blunder
1 pumpa pump; *~ däcken (cykeln)* blow up (pump up, inflate) the tyres; *~ läns* pump...dry (empty); *~ in* pump in
2 pumpa 1 bot. pumpkin **2** kaffe~ glass flask
pumps court shoes; amer. pumps
pund 1 myntenhet pound (förk. £); vard. quid (pl. lika); *fem ~* five pounds (£5) **2** vikt pound (förk. lb., pl. lb[s].) **3** bildl. *förvalta sitt ~ väl* make the most of one's talents
pundhuvud vard. blockhead
pundsedel pound note
pung 1 påse, t.ex. tobaks~ pouch; t.ex. penning~ bag; börs purse **2** hos pungdjur pouch **3** anat. scrot|um (pl. -a el. -ums), testicles
punga, *~ ut med* fork out, cough up, come across with
pungslå, *~ ngn* fleece a p. [of his money], bleed a p. white
punk punk
punkare punk
punkt allm. point äv. mus.; skiljetecken full stop; amer. period; sak point; stycke paragraph; i kontrakt, 'nummer' på program item; klausul clause; detalj particular; jur., i

anklagelse count; hänseende respect; bemöta invändningen ~ *för* ~ ...point by point; ~ *och slut!* and that's that (flat)!; *den springande* ~*en* the crux of the matter; *en öm* ~ bildl. a tender (sensitive) spot, a sore point; *på denna* ~ a) på detta ställe at this point (spot) b) härvidlag on this point, in this particular, in this respect; *låt mig tala till* ~*!* let me finish what I have to say!, let me have my say!; *till* ~ *och pricka* exactly; bokstavligt to the letter
punktering 1 på bilring o.d. el. med. puncture; *få* ~ have a puncture (vard. a flat tyre, a flat) 2 konst. stipple
punktinsats selective (enstaka isolated) measure
punktlig punctual
punktlighet punctuality
punktmarkering sport. man-to-man marking
punktskatt selective (specific) purchase tax
punktskrift braille
punsch Swedish (arrack) punch
pupill anat. pupil
puppa zool. pup|a (pl. -ae), chrysali|s (pl. äv. -des)
pur pure; *av* ~ *förvåning* from sheer surprise
puré purée
puritan puritan; hist. Puritan
puritansk puritan[ical]; hist. Puritan
purjolök leek
purken vard., sur sulky, sullen; stött huffy
purpurfärgad purple, se äv. *purpurröd*
purpurröd blåröd purple; högröd crimson; *bli* ~ *av ilska* o.d. turn purple (crimson)
1 puss pöl puddle, pool
2 puss kyss kiss
pussa kiss
pussas rpr. kiss
pussel puzzle; läggspel jigsaw [puzzle]; *lägga* ~ do a jigsaw puzzle; bildl. fit [all] the pieces together
pusselbit piece [eg. in a jigsaw puzzle]
pussig om ansikte bloated
pussla do a jig-saw puzzle; ~ *ihop* put together
pust vind~ breath of air (wind), puff [of wind]; stark gust
pusta flåsa puff [and blow]; stöna groan; ~ *ut* take a breather, recover one's breath
puta, ~ *med munnen* pout; ~ *ut* om kläder o.d. bulge, stick out
puts 1 rappning plaster; grov roughcast 2 putsmedel polish 3 renlighet tidiness
putsa 1 rengöra t.ex. fönster clean; polera polish; klippa [ren] t.ex. hår, häck trim; ~ *skor* clean (polish, vard. shine) shoes; ~ *av* clean; ngt blankt polish, give...a polish; hastigt o. lätt t.ex. fönster, skor give...a wipe-over; ~ *upp* clean (ngt blankt polish) up 2 rappa plaster; med grov puts rough-cast
putslustig droll
putsmedel polish
putta, ~ *till* push, give...a push; golf. putt
puttefnask neds. [little] shrimp; barn brat
puttra 1 kok. simmer; bubbla bubble 2 om motor[fordon] chug
pyjamas pyjamas (amer. pajamas); *en* ~ a pair (suit) of pyjamas
pynt grannlåt finery; t.ex. jul~ decorations
pynta smycka decorate; *hon gick och* ~*de i rummen* she walked about the rooms smartening things up
pyra smoulder
pyramid pyramid; i biljard pyramids
pyre mite
pyroman pyromaniac
pyroteknik pyrotechnics
pys vard. little chap (boy)
pysa vard., ge sig iväg buzz (pop) off
pyssel pottering
pyssla busy oneself; *gå och* ~ [*i huset*] potter about [(in) the house]
pysslig handy
pyton I s zool. python **II** adv vard. *det luktar* (*smakar*) ~ it smells (tastes) awful (like hell)
pytonorm python
pyts pot; hink bucket
pytteliten tiny, weeny...
pyttipanna kok. fried diced meat with onions and potatoes
på A prep **I** i rumsbet. 1 uttr. befintl. a) on; mera valt upon; 'inom' samt framför [namn på] isht större bekant ö vanl. in; 'vid' o.d. at; ~ *bilden* (*tavlan*) in the picture; träffa ngn ~ *bussen* (*tåget*) ...on el. ...in the bus (the train); ~ *gatan* (*Hamngatan*) in (amer. on) the street (Hamngatan); ~ *Hamngatan 25* at 25 Hamngatan; *mitt* ~ *golvet* in the middle of the floor; ~ *land* on land; *han hade inga pengar* ~ *sig* he had no money on (about) him; ~ *sjön* on the lake; till havs at sea; ~ *vinden* in the attic; ~ *en öde ö* on a desert island; ~ *Irland* in Ireland b) framför subst. som uttr. verksamhet, tillställning o.d. vanl. at; framför subst. som uttr. sysselsättning o.d. vanl. for; *vara* ~ *besök* be on a visit; *vara* ~ *bjudning* (*konsert*) be at a party (a concert) c) 'på en sträcka av' for; inte ett träd ~ *många kilometer* ...for many kilometres d) i vissa fall to; *göra ett besök* ~... pay a visit to... 2 uttr. riktn. el. rörelse on; 'i' into; 'till' to; 'i riktn. mot' at; *bjuda*

inbjuda *ngn* ~ *middag* invite a p. to dinner; *gå* ~ *banken* go to the bank; *lyssna (höra)* ~... listen to...; *stiga upp* ~ *tåget* get into (on to) the train; fara [*ut*] ~ *landet* ...into the country; *rusa ut* ~ *gatan* rush out into the street **3** 'per' in; *inte en* ~ *hundra* not one in a hundred **4** isht i förb. med kommunikationsmedel by; han kom ~ *cykel* ...on a (by) bike **II** i tidsbet. **1** uttr. tidpunkt at; isht vid angivande av dag (veckodag) on; framför ord som betecknar dygnets delar, årstider in; ~ *dagen (natten, den tiden)* osv., se ex. under resp. subst.; ~ *hösten* in [the] autumn (amer. the fall); ~ *fredag morgon* on Friday morning; ~ *1900-talet* in the 20th century **2** uttr. tidslängd **a)** 'under' vanl. on; angivande hela tidsavsnittet during; ~ *fritiden* in one's leisure time; jag läste boken ~ *resan hit* ...on (during) the journey here **b)** 'på en tid av' for; hyra ett hus ~ *en månad* ...for a month **c)** 'inom' in; det där gör du ~ *en minut* ...in a minute **3** uttr. ordningsföljd after; ibl. upon; *gång* ~ *gång* time after time, over and over again **III** i prep.attr. vanl. of; 'lydande på' for; 'innehållande' containing; 'vägande' weighing; *en check (räkning)* ~ *500 kr* a cheque (bill) for...; *en flicka* ~ *femton år* a girl of fifteen; *namnet* ~ *gatan* the name of the street **IV** i vissa fasta förb. **1** med subst. **a)** uttr. sätt, tillstånd m.m. vanl. in; 'föranledd av' at; 'såsom' for; 'av' out of; 'med' with; ~ *allvar* in earnest; *vara* ~ *dåligt humör* vresig be in a bad temper; ~ *detta sätt* in this way; ~ *vers (prosa)* in poetry (prose) **b)** uttr. exakthet to; *mäta* ~ *millimetern* measure to a millimetre **2** med verb **a)** uttr. sysselsättning med at; uttr. eftersträvande, tillkallande for; *arbeta* ~ *ngt* work at...; *hoppas (vänta)* ~ hope (wait) for **b)** 'med hjälp av' by; *man hör* ~ *henne (~ rösten)* att hon är trött one can hear (hear by her voice) that... **c)** uttr. föremål i eng., *lukta (smaka)* ~ *ngt* smell (taste) a th.; *ändra (flytta)* ~ *ngt* change (move) a th. **3** med adj. *arg (ond)* ~ ngn angry with... **B** *adv, en burk* (resp. *burkar*) *med lock* ~ a pot with a lid on it (resp. pots with lids on them)

påannonsera radio. el. TV. announce, present
påbackning vard. ~ *på straff* extended sentence
påbrå stock; arvsanlag hereditary disposition; *med italienskt* ~ of Italian stock
påbud decree

påbyggnad addition; konkr. additional storey; superstructure äv. bildl.
påbyltad muffled up
pådrag, maskinen gick *med fullt* ~ ...at full speed (steam); *det blev* [*ett*] *stort* ~ *av poliser* a great number of police were called out
pådrivare prompter; anstiftare instigator
pådyvla, ~ *ngn ngt* impute a th. to a p.
påfallande I *adj* striking, marked, remarkable **II** *adv* strikingly; det händer ~ *ofta* ...with remarkable frequency, ...markedly often
påfart entrance
påflugen pushy, pushing; närgången forward
påfrestande trying
påfrestning strain; prövning trial
påfund idea, invention, jfr *påhitt; nya* ~ neds. newfangled ideas; *ett djävulens* ~ the devil's own invention
påfyllning påfyllande filling up, replenishment; en portion till another helping; en kopp (ett glas etc.) till another cup (glass *etc.*); *vill du ha* ~? av mat, dryck äv. would you like some more?
påfågel peacock isht tupp; höna peahen
påföljd consequence; jur. sanction
påföra debitera ~ *ngn (ngns konto) ngt* charge a th. to a p.'s account
pågå go (be going) on; fortsätta continue; vara last; försiggå be in progress
påhitt idé idea; uppfinning, knep device; spratt trick; lögn, 'dikt' invention; *ett sådant* ~! what an idea!
påhittad made up; fiktiv fictitious
påhittig ingenious
påhopp bildl. attack
påhälsning, *göra en* ~ *hos* pay a visit to
påhäng drag; *ha ngn som* ~ have a p. hanging on
påhängsvagn semitrailer
påk thick stick, cudgel; vard. pin; *rör på* ~*arna!* get moving!
påkalla kräva call for; ~ *ngns uppmärksamhet* attract a p.'s attention
påklädd dressed
påkommen occurring; *ett hastigt påkommet illamående* a sudden indisposition
påkostad dyrbar expensive; om t.ex. bil ...lavishly fitted out
påkörd, *bli (vara)* ~ av ett annat fordon be run (bumped) into...; om pers., av en bil be knocked down..., be hit...
pålaga skatt tax; tullavgift o.d. duty
pålandsvind onshore wind
påle pole, post; mindre pale; byggn., t. grundläggning pile

pålitlig reliable; trovärdig trustworthy; *från ~ källa* from a reliable source, on good authority; vard. from the horse's mouth
pålitlighet reliability; trovärdighet trustworthiness
pålle vard. gee-gee, horsey
pålägg 1 smörgåsmat: skinka ham, cheese m.m. **2** extra avgift extra (additional) charge; höjning increase; hand. markup **3** lantbr. breeding
påläggskalv 1 lantbr. calf kept for breeding **2** bildl. [up-and-]coming young man, good prospect; sport. budding talent
påläst, *bra ~ väl förberedd* well prepared
påminna I *tr* o. *itr, ~ [ngn] om ngt* (resp. *om att* sats) a) få att minnas remind a p. of a th. (resp. [of the fact] that...) b) fästa uppmärksamheten på call [a p.'s] attention to a th. (resp. to the fact that...); *han påminner om sin bror* he resembles his brother, he reminds one (you) of his brother **II** *rfl, ~ sig* remember; med större ansträngning recollect, recall
påminnelse 1 erinran reminder; *få ~ om* äv. be reminded of **2** anmärkning remark
pånyttfödd reborn; *jag känner mig ~* I feel as if I were born again (anew)
påpasslig uppmärksam attentive; 'vaken' alert; färdig att ingripa prompt; vaksam vigilant
påpeka point out; *~ för ngn att* sats point out to a p. that..., call a p.'s attention to the fact that...
påpekande anmärkning remark, comment; antydan hint; påminnelse reminder
påpälsad well wrapped-up
påringning tele. phone call
påse bag; *en ~ [med] frukt* a bag of...; *ha påsar under ögonen* have bags el. pouches (be puffy) under the eyes; *slå sina påsar ihop* gifta sig get hitched (spliced); slå sig ihop join forces
påseende granskning inspection; *sända varor, böcker till ~* send...on approval
påsig baggy; *~a kinder* puffy cheeks
påsk Easter; jud. Passover; *glad ~!* Happy Easter!; *han kommer i ~* ...at (denna påsk this) Easter; jfr *jul* o. sammansättn.
påskafton Easter Eve
påskalamm paschal lamb
påskdag, *~en* Easter Day (Sunday)
påskhelg, *~en* Easter
påskina, *låta ~* låta förstå, låtsas pretend, make pretence of; antyda intimate, hint
påskkärring liten flicka young girl dressed up as an Easter witch
påsklilja daffodil
påsklov Easter holidays pl. (vacation)

påskrift utanskrift superscription; text inscription, text; etikett label; underskrift signature; endossering endorsement
påskveckan Easter week
påskynda hasten; t.ex. förloppet accelerate; stark. precipitate; driva på urge on; raska på med hurry on; *~ arbetet* speed (step) up the work; *~ beslutet* bring about a speedy (speedier) decision
påslag löne~ increase, rise; pris~ increase (rise) [in price]
påslakan quilt (duvet) cover
påssjuka mumps; med. parotitis; *ha ~* have [the] mumps
påste tepåsar teabags; dryck tea made with a teabag
påstigning trafik. boarding; *endast ~* boarding only
påstridig obstinate
påstå säga, yttra say; uppge state; med bestämdhet declare; [vilja] göra gällande allege; hävda assert; vidhålla maintain
påstådd alleged
påstående utsaga statement; hävdande assertion; logik. o.d. predication
påstötning påminnelse reminder; vink hint; pådrivning urging
påta, *[gå och] ~* peta, gräva poke [about]; pyssla potter about
påtaglig uppenbar obvious; märkbar marked; gripbar tangible; *~t bevis* tangible proof
påtala kritisera o.d. criticize; klaga över complain of; t.ex. fel, missförhållande call attention to
påtryckning pressure; *[upprepade] ~ar* [continual] pressure sg.; *utöva ~ar på ngn* bring pressure to bear on a p.; polit. äv. lobby
påtryckningsgrupp pressure group; polit. äv. lobby
påträffa se *träffa [på]*
påträngande 1 påflugen pushy; enträgen importunate **2** om t.ex. behov urgent
påtvinga, *~ ngn ngt* force (inflict) a th. on a p.
påtår ung. second cup; *vill du ha ~?* would you like another (a second) cup?
påtänd vard. *vara ~* narkotikapåverkad be high
påtänkt contemplated
påve pope äv. bildl.
påver poor; luggsliten threadbare
påverka influence; isht i yttre bem. t.ex. humöret affect; leda sway
påverkad lätt berusad tipsy; av narkotika high; jfr *påverka*; *~ av starka drycker* under the influence of (drink) liquor
påverkan influence

påverkbar, [*lätt*] ~ easily influenced, impressionable
påvisa påpeka point out; bevisa prove, demonstrate; konstatera establish
påökt, *få* ~ [*på lönen*] get a rise [in pay (wages resp. salary)]
päls på djur fur; plagg fur coat; *ge ngn på ~en stryk* give a p. a hiding (ovett a telling-off, isht kritik a slating)
pälsa, ~ *på sig ordentligt* wrap (muffle) oneself up well
pälsbesatt o. **pälsbrämad** fur-trimmed
pälscape fur cape
pälsdjur furred (fur-bearing) animal
pälsjacka fur jacket
pälskrage fur collar; ...*med* ~ äv. fur-collared...
pälsmössa fur cap
pälsverk fur; koll. furs
pärla I *s* pearl; av glas bead; droppe, t.ex. av dagg drop; bildl. gem; *odlade* (*imiterade*) *pärlor* culture[d] (imitation el. artificial) pearls **II** *itr, svetten ~de på hans panna* beads of perspiration stood on his forehead; *~nde viner* sparkling wines
pärlband string of pearls (resp. beads, jfr *pärla*); bildl. chain
pärlbroderad se *pärlstickad*
pärlemor mother-of-pearl
pärlemorskimrande iridescent
pärlhalsband pearl necklace
pärlhöns guinea fowl äv. koll.
pärlsocker ung. crushed loaf (fackspr. nib) sugar
pärlstickad ...embroidered with pearls (resp. beads), jfr *pärla*
pärlvit pearl[y] white
pärm bok~ cover; samlings~ file; för lösa blad [loose-leaf] binder; mapp folder; *från* ~ *till* ~ from cover to cover
päron 1 träd el. frukt pear **2** virke pearwood
päronformig pear-shaped
päronträ pearwood; ...*av* ~ äv. pearwood...
pärs prövning ordeal; *en svår* ~ äv. a severe test, a trying experience; slag a hard blow
pöbel mob
pöl vatten~ pool; [smutsig] vatten~ puddle; *~en* Atlanten, vard. the Pond
pö om pö bit by bit
pösa svälla swell [up]; jäsa rise; ~ *av stolthet* be puffed up (be swelling) with pride
pösig puffy; om t.ex. byxor baggy; om t.ex. pullover loose-fitting
pösmunk kok. fritter; bildl., pers. puffed-up person

q bokstav q [utt. kju:]
Qatar Qatar
qatarier Qatari
qatarisk Qatari
quenell kok. quenelle
quiche kok. quiche
quilta sömnad. quilt
quisling quisling

r bokstav r [utt. ɑ:]
rabalder uppståndelse commotion; oväsen uproar, vard. rumpus; tumult disorder, tumult; upplopp riot; stormigt uppträde row, vard. hullabaloo; i pressen outcry
rabarber bot. el. kok. rhubarb; *lägga ~ på ngt* vard. walk away (make off) with a th.
1 rabatt blomstersäng flower bed; kant~ [flower] border, border of flowers
2 rabatt hand. discount; nedsättning reduction; gottgörelse för t.ex. fel på vara allowance
rabattera, *~d resa* journey at a reduced rate
rabatthäfte hand. book of discount coupons
rabattkort reduced (cheap) rate ticket; klippkort punch ticket
rabbla, ~ [*upp*] rattle (reel, patter) off
rabiat rabid; fanatisk fanatical
racerbil racing car, racer
racerbåt speedboat, racer
racercykel racing cycle
racerförare racing driver
racka, *~ ner på* ngn (ngt) vard. run...down
rackare rascal; skälm rogue; skurk scoundrel
rackartyg mischief; *på rent ~* out of pure mischief
rackarunge young rascal
racket racket; bordtennis~ bat
rad 1 räcka row; serie series (pl. lika); följd succession; av t.ex. bilar train; antal number; *en ~ frågor* a number of...; *i ~* in a row; *tre dagar i ~* three days running **2** i skrift line; på tipskupong column; *skriv ett par ~er till mig* write (drop) me a line **3** teat. tier; [*på*] *första ~en* [in] the dress circle; *tredje ~en* the gallery; vard. the gods
rada, *~ upp* ställa i rad[er] put...in a row (resp. in rows), line...up; räkna upp enumerate, cite, mention, go through
radar radar
radarkontroll fartkontroll i trafiken radar speed check; konkr. radar trap (speed detector)
radarpar sport. el. friare *ett ~* a couple of players (actors etc.) who work perfectly together

radda vard. *en hel ~ med burkar* a whole pile of...; *en hel ~ människor* lots of people
radera 1 ~ el. *~ bort (ut)* sudda ut erase, rub out; skrapa bort scratch out **2** etsa etch
radergummi [india-]rubber; amer. el. för bläck eraser
radhus terrace[d] house; amer. row house
radialdäck radial, radial tyre (amer. tire), radial-ply tyre (amer. tire)
radikal I *adj* radical; grundlig thorough **II** *s* pers. radical; reformivrare reformer; polit. äv. extremist
radikalisera radicalize
radikalism radicalism
radio 1 telegrafi el. telefoni radio; åld. wireless; rund~ broadcasting; *Sveriges Radio* the Swedish Broadcasting Corporation; [*ut*]*sända i ~* broadcast [on (over) the radio]; *vad är det på ~?* what is on the radio (air)...? **2** radiomottagare radio [set]
radioaktiv radioactive; *~ strålning* nuclear (atomic) radiation; *~t avfall* nuclear waste; *~t nedfall* fallout
radioaktivitet radioactivity
radioamatör [shortwave] radio amateur
radioantenn aerial; amer. äv. antenna
radioapparat radio [set]
radiobil 1 polisbil radio patrol car; amer. prowl car **2** på nöjesfält dodgem [car] **3** för radioinspelning recording van
radioförbindelse radio link
radiolicens radio licence
radiologi radiology
radiomast radio (aerial) mast
radiomottagare radio [set]
radiopejling direction finding
radiopolis 'radio police', police department (styrka force) equipped with radio patrol cars
radioreportage direkt radio [running] commentary; bearbetat radio documentary
radiostation radio (broadcasting) station
radiostyrd radio-controlled, radio-guided
radiostörning gm annan sändare jamming; *~ar från motorer* o.d. interference sg.; atmosfäriska äv. atmospherics
radiosändare apparat [radio] transmitter; apparatur transmitting equipment; sändarstation radio (broadcasting) station
radioteater radio theatre
radiotelegrafist radio (åld. wireless) operator
radioterapi radiotherapy
radioutsändning broadcast
radiumbehandling radium treatment
radon kem. radon

radvis i rader in rows (lines); rad för rad one row (line) at a time
raffig vard. stunning; *vilken ~ hatt (klänning* m.m.)*!* äv. what a stunner!
raffinaderi refinery
raffinemang förfining refinement; isht om klädsel o.d. studied elegance, sophistication; fulländning perfection; sinnrikhet ingenuity
raffinerad tekn. refined äv. bildl.; utsökt exquisite; om klädsel elegant; sinnrik ingenious
rafflande hårresande hair-raising; nervkittlande thrilling; sensationssensational
rafsa, *~ ihop (samman)* sina saker scramble (scrape)...together, throw (rake)...together in a heap; *~ ihop* ett brev scribble (dash) down...
ragata bitch; litt. vixen
ragg gethår goat's hair; t.ex. björns hair; friare el. om människohår shaggy hair
ragga vard. *~ upp* en flicka pick up...
raggare vard. member of a gang of youths who ride about in cars
raggsocka ung. thick oversock (skiing-sock)
ragla stagger, reel
raglanrock raglan coat
rak straight; upprätt erect, upright; om ordföljd normal; ärlig straight, honest; jfr motsats; *på ~ arm* bildl. offhand, straight off, off the cuff
1 raka I *s* redskap rake **II** *tr* o. *itr* kratsa rake
2 raka, *~ i väg* dash (dart, rush, tear) off; *~ i höjden* växa fort shoot up, rocket
3 raka shave; *~ sig* shave
rakapparat elektrisk shaver; rakhyvel safety razor
rakblad razor blade
raken, *på ~* i följd in a row
raket rocket; rymd~ o.d. missile; *fara i väg som en ~* be off like lightning (a shot)
raketbas mil. missile (rocket) base
raketvapen missile [weapon]; koll. missilery
rakhyvel safety razor
rakkniv razor
raklång, *falla ~* fall flat; *ligga ~* lie stretched out (full length)
rakna become (get) straight; om hår go out of curl
rakning shaving; *be om ~* ask for a shave
rakryggad eg. straight-backed; bildl. upright
raksträcka straight stretch; straight äv. sport.; sport. äv. stretch; amer. straightaway
rakt rätt straight; i samband med väderstreck due; alldeles quite; stark. absolutely; riktigt downright; rent simply; totalt completely; det var *~ ingenting* ...just (absolutely, simply) nothing
rakvatten 1 aftershave aftershave lotion **2** vatten för rakning shaving water
raljant bantering, teasing; *en ~ person* a tease
raljera banter; *~ med ngn* tease (banter) a p.
rallare navvy
rally bil~ [motor] rally
1 ram infattning frame äv. bildl.; kant border; omfattning compass; utstakat område field; gräns limits, scope; *sätta inom glas och ~* frame; *det faller utom ~en för...* it (this) is outside (beyond) the scope of...
2 ram tass paw; *suga på ~arna* bildl., svälta go without food, starve
rama, *~ [in]* frame
ramantenn tele. frame aerial; radio. loop aerial (amer. antenna)
ramaskri outcry
ramberättelse frame story
ramla falla fall; störta ihop collapse; *~ över* konkr. fall over; bildl., råka på chance upon, stumble across; för övriga beton. part. se *falla III*
ramma ram
ramp 1 sluttande uppfart ramp **2** teat.: golv~ footlights; tak~ stage lights **3** uppskjutningsanordning [launching] pad
rampfeber stage fright; friare the jitters
rampljus belysning footlights; bildl. limelight; *stå (träda fram) i ~et* bildl. be (appear) in the limelight
ramsa av ord (namn etc.) [long] string of words (names etc.); barn~ jingle
ranch ranch
rand 1 streck o.d. stripe; upphöjd rib; strimma streak **2** kant edge; bård border; brädd brim; isht större ytas el. bildl. verge; gräns[område] border; *på gravens ~* on the brink of the grave
randas gry dawn; förestå come; *dagen ~* the day is dawning (breaking)
randig striped; om fläsk streaky; om t.ex. manchestersammet ribbed; *den är ~ på längden (tvären)* it is striped length-wise (is cross-striped)
rang rank; företrädesrätt precedence; *ha generals ~* hold the rank of general
rangerbangård shunting (marshalling) yard; amer. äv. switchyard
ranglig gänglig lanky; rankig rickety
ranglista ranking list äv. sport.
rangordna place...in order of precedence (rank); t.ex. sökande till arbete place...in order of preference

rangordning order of precedence (rank, preference), jfr *rangordna*
rangskala order of rank (importance); *den sociala ~n* the social ladder
rank 1 om båt unsteady; fackspr. crank, cranky **2** om pers.: lång o. slank tall and slender
1 ranka klängväxt creeper; reva tendril; stängel o.d. [pliant] stem, vine; gren branch
2 ranka, *låta ett barn rida ~* dandle a child on one's knee
3 ranka rangordna rank
rankinglista o. **rankningslista** isht sport. ranking list
rannsaka search; undersöka examine; jur. åld. try
rannsakan o. **rannsakning** search; examination, inquiry; jur. åld. trial
ranson ration
ransonera ration
ransonering rationing
ransoneringskort ration card
ranta, [*vara ute och*] *~* gad about
rapa belch; vard. burp; om barn ofta bring up wind
1 rapp 1 slag blow; snärt lash; stark. stroke; smäll rap **2** *inte ge sig i första ~et* not give up easily
2 rapp allm. quick; flink nimble; rask smart; *ett ~t svar* a prompt (ready) reply (answer)
1 rappa t.ex. vägg plaster
2 rappa skynda, vard. *~ på* get a move on, hurry [up]
3 rappa mus. rap
rappakalja rubbish
rappare mus. rapper
rapport report; redogörelse account; skriftlig write-up; uppgift statement; mil. message
rapportera report
raps bot. rape
rar 1 snäll nice; vänlig kind; söt sweet, lovely; intagande delightful; förtjusande charming; behaglig pleasant; älsklig (attr.) darling **2** sällsynt rare
raring darling
1 ras släkte race; om djur vanl. breed; stam stock
2 ras av jord landslide; av byggnad collapse
rasa 1 störta *~* [*ned*] fall down; om jord slide [down], give way; störta ihop collapse; störta in cave (fall) in; om t.ex. tak, mur äv. crash down; om priser o.d. tumble **2** stoja romp and play, gambol; stark. rampage; om vind, hav rage
rasande I *adj* **1** ilsken furious; raging; vred very angry, fuming; utom sig ...wild with rage (fury); vard. wild, mad; [ytterst] uppbragt enraged; uppretad exasperated; *bli ~ fly* (get) into a rage (passion); vard. see red; förlora självbehärskningen lose one's temper; vard. fly off the handle; tappa besinningen lose one's head **2** galen mad **3** snabb furious, terrific; häftig vehement; våldsam violent; väldig great, tremendous **II** *adv* vard., rysligt awfully; hemskt terribly; kolossalt tremendously
rasdiskriminering racial (race) discrimination
rasdjur om ko pedigree cow (dog m.m.); om häst thoroughbred
rasera eg.: riva ned demolish; förstöra destroy; jämna med marken raze[...to the ground]; lägga i ruiner lay...in ruins; bildl., t.ex. tullmurar abolish
raseri 1 ilska fury; vrede rage; vredesutbrott fit of rage; vredesmod anger **2** våldsamhet fury; stormens raging **3** våldsam galenskap madness
raseriutbrott fit of rage; *få ett ~* burst into a [fit of] rage
rasism racism, racialism
rasist racist, racialist
rasistisk racist
1 rask 1 snabb quick, fast **2** frisk *~ och kry* om åldring hale and hearty
2 rask, *hela ~et* alltsammans the whole lot (bag of tricks, caboodle)
raska, *~ på* hurry [up]; vard. get a move on, look snappy
rasmotsättning, *~ar* racial antagonism (tension) sg.
rasp 1 verktyg rasp **2** ljud rasp; från grammofonskiva scratch
raspa I *tr* tekn. rasp **II** *itr* rasp
raspig om ljud, röst rasping; om grammofonskiva scratchy
rassel 1 skrammel rattle äv. om sand; slammer clatter; klirr jingle; prassel rustle **2** med. råle
rassla rattle; clatter; jingle; ring; rustle; jfr *rassel 1*
rast paus break; amer. recess; vila rest; *frukost~* break [for lunch]; mil. halt
rasta I *tr* motionera exercise; hund air **II** *itr* have a break (rest); mil. halt
rastgård exercise yard
rastlös restless; ständigt i farten ...always on the move (vard. on the go)
rastlöshet restlessness
rastplats halting place, resting-place; vid vägen för bilister lay-by; med cafeteria pull-up; amer. emergency roadside parking; vid motorväg motsv. av service area; som skylt services
raststuga i fjällen rest hostel

370

rata reject; ej finna god nog, vard. turn up one's nose at; mat äv. (förkasta) refuse to eat; sökande (förslag), vard. turn down
ratificera ratify
rationalisera rationalize
rationalisering rationalization
rationalistisk rationalistic
rationell rational; vetenskaplig scientific
ratt allm. wheel; bil. el. sjö. o.d. äv. steering-wheel; på radio knob
ratta vard. drive
rattfylleri drink-driving; mera officiellt driving under the influence of drink
rattfyllerist drink-driver
rattlås steering-lock
rattväxel steering-column gear change
ravin ravine
razzia raid; med infångande av brottslingar m.m. roundup; *göra en ~ i...* raid...
rea I *s* se *realisation* II *tr* o. *itr* se *realisera*
reagera react; *~ för* låta sig påverkas av respond to
reaktion allm. reaction; isht positivt om pers. response
reaktionsförmåga ability to react (respond); kem. reactivity; *han har en snabb ~* he reacts very quickly
reaktionär reactionary
reaktivera reactivate
reaktor tekn. [nuclear] reactor
realia skol. o.d. life and institutions, realia
realinkomst real income
realisation försäljning till nedsatt pris [bargain] sale; utförsäljning clearance sale; slutförsäljning final clearance sale; *köpa på ~* buy at a sale (in the sales)
realisera I *tr* **1** sälja till nedsatt pris sell off **2** förvandla i pengar convert...into cash **3** förverkliga realize; t.ex. plan carry out, put...into practice II *itr* hold (have) sales
realism realism
realist realist
realistisk realistic; nykter matter-of-fact
realitet reality; *~er* äv. facts
realpolitik realist politics, realpolitik ty.; viss persons el. i visst fall realistic policy
rebell rebel
rebellisk rebellious
rebus picture puzzle
recensent critic, reviewer
recensera review
recension review; vard. write-up
recept 1 med. prescription; *expediera ett ~* make up a prescription **2** kok. el. bildl. recipe; tekn. äv. formul|a (pl. äv. -ae); *efter känt ~* bildl. ...on the same old lines, after the same old formula

receptbelagd ...available (sold, dispensed) only on [a doctor's] prescription
receptfri ...available without [a] prescription
reception 1 mottagning reception; upptagning i orden initiation **2** på hotell m.m. reception desk
receptionist receptionist
recett ~medel proceeds pl. from a (resp. the) benefit performance; ~föreställning benefit performance
recitation uppläsning: utantill recitation; från bladet reading
recitera läsa upp: utantill recite; från bladet read [aloud]
reda I *s* ordning order; klarhet clarity; *det är ingen ~ med honom* är slarvig he is careless (ometodisk unmethodical, opålitlig unreliable); *få ~ på* få veta find out, get to know, learn; få tag i find; *han har inte ~ på* vet inte *någonting* he never knows anything; *hålla ~ på* hålla uppsikt över look after; hålla i styr, hålla räkning på keep a check on; hålla ordning på, t.ex. sina tillhörigheter äv. keep...in order; hålla sig à jour med keep up with; hålla sig underrättad om, t.ex. ngns öden keep track of **II** *adj*, *~ pengar* ready money, [hard] cash **III** *tr* kok. *~ [av]* thicken **IV** *rfl*, *det reder sig [nog]* ordnar sig [nog] that (it) will be all right; se vid. *klara II*
redaktion 1 lokal editorial office[s pl.] **2** personal editorial staff; editors **3** redigering editing; avfattning wording
redaktör editor; isht om ansvarig för t.ex. modesida, matspalt o.d. feature editor
redan 1 allaredan already; så tidigt (långt tillbaka) som as early (far back) as; till och med even; ibl. very; *~ då (tidigare)* even then (earlier); *~ följande dag* the very next day; han ska i väg *~ i morgon* ...tomorrow at the latest **2** enbart *~ tanken därpå* är obehaglig the mere (very) thought of that (it)...
redare shipowner
redbar rättskaffens upright; ärlig honest; hederlig honourable
redd kok. *~ soppa* thick (cream) soup
rede 1 fågelbo nest **2** på fordon, se *underrede*
rederi 1 företag shipping company; ~bolag shipowners, firm of shipowners **2** verksamhet shipping [business (trade)] **3** kontor shipping office
redig 1 klar clear; tydlig plain; *klara och ~a* anvisningar clear and precise (exact)... **2** *vara fullt ~* a) vid full sans be quite conscious b) vid sina sinnens fulla bruk be in

full possession of one's senses **3** vard., 'ordentlig', se *rejäl*
redigera edit äv. film o.d.; avfatta write, draw up
redlig se *redbar*
redlöst 1 sjö. *driva* ~ drift in a disabled condition, be adrift **2** ~ *berusad* blind (dead) drunk
redning kok. thickening äv. konkr.
redo färdig ready; beredd prepared; *göra sig* ~ get (make oneself) ready, get prepared; *hålla sig* ~ hold (keep) oneself in readiness (prepared), stand by
redogöra, ~ *för ngt* avlägga räkenskap account for (avge rapport report on) a th.; beskriva describe (give an account of, isht i skrift narrate, förklara explain) a th.; *närmare* ~ *för...* give [further] details about...
redogörelse account; report; isht hand. statement
redovisa resultat o.d. show; ~ [*för*] *ngt* account for a th. osv., jfr *redogöra*
redovisning allm. account; räkenskapsbesked statement of account[s]; statistik. return
redskap 1 verktyg tool, implement; instrument instrument; isht hushålls~ utensil; gymn. [PT (PE)] appliance; koll. equipment; isht gymn. apparatus **2** bildl. tool
redskapsbod tool shed (house)
reducera I *tr* reduce äv. matem., kem. el. bildl.; förminska diminish; nedbringa, sänka: t.ex. löner cut; förvandla convert **II** *itr*, ~ *till 4-3* sport. reduce the score (vard. pull one back) to 4-3
reduceringsmål sport. *få ett* ~ reduce one's opponent's lead by one goal; vard. pull one back
reduktion reduction; cut; conversion; jfr *reducera*
reell verklig real
referat redogörelse account, report; utdrag abstract; översikt review; sammandrag summary
referens reference; *svar med* ~*er* reply stating [the names of] references
referensgrupp sociol. reference group; i samband med utredning consultative group
referenslitteratur works of reference
referensram frame of reference
referent reporter; rapportör rapporteur fr.
referera I *tr*, ~ *ngt* report (give an account of, cover) a th. **II** *itr*, ~ *till* ngn (ngt) refer to...
reflektera I *tr* reflect äv. bildl.; throw back **II** *itr* **1** fundera reflect; begrunda meditate; tänka think **2** ~ *på* vara intresserad av, t.ex. förslag consider, entertain
reflektion se *reflexion*
reflex 1 allm. reflex äv. fysiol.; återspegling reflection äv. bildl. **2** konkr., se *reflexband* o. *reflexbricka*
reflexband reflector tape
reflexbricka luminous (reflector) tag
reflexion 1 fys. reflection **2** begrundan reflection; anmärkning observation
reflexionsförmåga 1 fys. reflective power **2** bildl. power of reflection
reform reform; omdaning remodelling; nydaning reorganization; förbättring improvement
reformator reformer; omdanare remodeller; nydanare reorganizer
reformera reform; omdana remodel; nydana reorganize; förbättra improve
reformivrare advocate of reform, reformist
reformvänlig reformist, ...favourably inclined towards reform
refräng mus. refrain, chorus; litt. burden; han kom med *sin gamla, vanliga* ~ bildl. ...the same old story
refug o. **refuge** refuge
refusera förkasta reject, vard. turn down; avböja decline
regalier regalia
regalskepp hist. man-of-war (pl. men-of-war)
regatta sport. regatta
1 regel allm. rule; rättesnöre criteri|on (pl. -a); föreskrift regulation; maxim maxim; *som* ~ generellt as a rule, generally [speaking]
2 regel 1 på dörr bolt; *skjuta (dra) för* ~*n* [*för dörren*] bolt the door **2** byggn. joist, beam
regelbrott breach (contravention) of a (resp. the) rule (regulation)
regelbunden regular; ordnad settled
regelbundenhet regularity
regelbundet regularly; *gå* ~ *till sängs* äv. go to bed at a set (fixed) hour, keep regular hours
regelmässig regular
regelrätt I *adj* regular; enligt reglerna ...according to rule (the rules); ren downright; *en* ~ *utskällning* a proper telling-off **II** *adv* regularly; ~ *gjort* done in the normal way (according to rule el. the rules)
regemente 1 mil. regiment **2** styrelse rule; regering government; välde sway, dominion; befäl command
regementschef regimental commander
regementsofficer field officer

regent ruler; isht ställföreträdande regent; härskare sovereign
regentlängd list of monarchs
regera 1 härska rule (äv. bildl.); styra govern; vara kung o.d. reign; *den ~nde världsmästaren* the reigning world champion **2** väsnas make a noise; domdera bluster
regering allm. government; styrelse rule; monarks regeringstid reign; *~en* the Government; ministären the Ministry; i Engl. äv. (om den inre kretsen) the Cabinet; i USA vanl. the Administration
regeringschef head of government
regeringsförslag government proposal (proposition bill)
regeringsställning, *vara i ~* be in office (power)
regeringstid monarks reign
regeringstillträde assumption of office; monarks accession [to the throne]
regi 1 teat. el. TV. production; isht film. direction; *Påsk i B:s ~ (i ~ av B)* ...produced (resp. directed) by B **2** ledning *i egen (privat) ~* under personal (private) management
regim regime, rule; ledning management; förvaltning administration; med. regimen
region region
regional regional
regionalpolitik regional [development] policy
regissera teat. el. film. direct; i Engl., teat. äv. produce
regissör teat. el. film. director; i Engl., teat. äv. producer
register register äv. mus. el. språkv.; förteckning list, directory; innehållsförteckning contents, table of contents; alfabetiskt i bok index; kartotek card index
registerton sjö. register ton
registrera allm. register; enter...in a (resp. the) register; data. key
registrering (jfr *registrera*) registration osv.; anteckning entry, record; data. keying
registreringsbevis för motorfordon certificate of registration; i Engl. registration book
registreringsnummer på motorfordon registration (plate) number
registreringsskylt på bil number (amer. license) plate
regla med regel bolt; låsa lock
reglage regulator, control; spak lever; kontrollinstrument controls
reglementarisk ...in accordance with [the] regulations; *~ klädsel* regulation dress
reglemente regulations, rules (båda pl.)

reglementsenlig se *reglementarisk*
reglera regulate; normera regularize; avpassa adjust; fastställa fix; kontrollera control; göra upp, t.ex. arbetstvist, skuld settle
reglerbar adjustable
reglering 1 reglerande regulating osv.; regulation; regularization; adjustment; control; settlement; jfr *reglera* **2** menstruation menstruation
regn rain; skur shower båda äv. bildl.; *i ~ och sol[sken]* rain or shine
regna rain äv. bildl.; *det ~r* it is raining
regnblandad, *~ snö* sleet, rain mingled with snow
regnbåge 1 rainbow **2** zool. rainbow trout
regnfattig ...with [very] little rain; *sommaren var ganska ~* ...was not very rainy
regnig rainy, showery
regnkappa raincoat; enklare mackintosh; vard. mac
regnkläder rainwear, waterproof clothes
regnmätare rain gauge, pluviometer
regnrock se *regnkappa*
regnskog rain forest
regnskur shower [of rain]; häftig downpour
regnskydd vid hållplats shelter; *söka ~* seek (take) shelter from the rain
regnställ rainsuit
regntid rainy season; *~en* i tropikerna the rains pl.
reguljär regular; normal normal; *~a trupper* regular troops, regulars
reguljärflyg koll. scheduled airline service (flights pl.)
rehabilitera I *tr* allm. rehabilitate **II** *rfl*, *~ sig* rehabilitate oneself; friare make amends
rehabilitering rehabilitation
rejäl 1 pålitlig reliable; redbar honest; *en ~ karl* a sterling fellow, a good sort **2** förstärkande *en ~ förkylning* a nasty cold; *ett ~t mål mat* a substantial ([good] square, hearty) meal
rek brev registered letter; som påskrift to be registered
rekapitulation recapitulation
rekapitulera recapitulate
reklam *~erande* [commercial] advertising; konkr. advertisement[s pl.]; *~broschyrer* advertising brochures pl. (vard. handouts pl.); *~film*, på tv, bio commercials pl.; *göra ~* advertise; stark. plug, boost [*för ngt* a th.]
reklamation 1 klagomål complaint **2** ersättningsanspråk [compensation] claim **3** post., av brev (paket) inquiry concerning a missing letter (parcel)
reklambroschyr advertising brochure (folder, pamphlet, vard. handout)

reklambyrå advertising agency
reklamera *tr* **1** klaga på make a complaint about **2** begära ersättning för put in a claim for **3** efterlysa make an inquiry concerning
reklamerbjudande special offer
reklamfilm advertising (commercial) film, commercial
reklamkampanj advertising (publicity) campaign (drive)
reklamman publicity (advertising) expert; vard. adman
reklamtecknare commercial artist
reklam-tv commercial television
rekognoscera reconnoitre; mil. äv. scout
rekommendation 1 anbefallning recommendation; *på läkares* ~ on medical advice **2** post. registration
rekommendationsbrev letter of introduction (recommendation)
rekommendera *tr* **1** anbefalla recommend **2** post. register; *~s som påskrift* to be registered; *~t brev* registered letter; amer. certified mail
rekonstruera reconstruct
rekonstruktion reconstruction
rekord record äv. bildl.; *det slår alla ~!* vard. that's the limit!, can you beat that!
rekordartad record end. attr.; unprecedented
rekordförsök attempt at a (resp. the) record
rekordhållare record holder
rekordhög, *~a priser* record (sky-high) prices
rekortering *s* recorsion
rekreation recreation; vila rest
rekreationsort holiday (health) resort
rekryt 1 pers. recruit; värnpliktig conscript **2** utbildning *göra ~en* vard. go through one's recruit training
rekrytera recruit äv. bildl.
rekrytering recruitment
rektangel rectangle
rektangulär rectangular
rektor vid skola headmaster; kvinnl. headmistress; isht amer. principal; vid institut o. fackhögskolor principal; vid universitet rector; eng. motsv. vice-chancellor; amer., ung. president
rektorsexpedition i skola headmaster's (resp. headmistress's) office (i Engl. vanl. study)
rekvirera beställa order; skicka efter send (write away, write off) for; begära ask for; mil. requisition; tvångs~ commandeer
rekvisition beställning order; mil. requisition; jfr *rekvirera*
rekyl recoil
relatera 1 redogöra för relate **2** ~ *till* sätta i samband med put...in relation to
relation 1 redogörelse account **2** förhållande relation; intimare relationship (äv. ~er); ~er förbindelser äv. connections; *stå i ~ till* be related to, bear a relation to, have a bearing [up]on
relativ relative äv. gram.; *allting är ~t* everything is relative
relativitet relativity äv. fys.
relegera från skola expel, send down
relegering från skola expulsion
relevans relevance
relevant relevant, pertinent, to the point
relief relief; *ge ~ åt ngt* bildl. bring out a th. in full relief, enhance (set off) a th.
religion religion äv. ss skolämne; tro faith; bekännelse creed
religionsbekännelse se *trosbekännelse*
religionsfrihet freedom of religion
religionsförföljelse religious persecution
religionskunskap skol. religion
religionsutövning religious worship; *fri ~* freedom of worship
religiositet religiousness, religiosity; fromhet piety
religiös religious; from pious; mots. profan, musik sacred
relik relic
relikskrin reliquary, shrine
reling sjö. gunwale
relä tekn. relay
rem allm. strap; smal läder~ thong; liv~ belt; ändlös ~: driv~ [transmission] belt; för godstransport conveyer [belt]; *~mar* koll. strapping sg.
remarkabel remarkable
remi I *s* draw **II** *adj* drawn; *partiet blev ~* äv. ...was a draw
remiss 1 parl. o.d. *sända på ~ till...* refer [back] to...for consideration; *vi har det på ~* ...has been referred to us for consideration **2** med. referral
remissdebatt full-dress debate on the budget and the Government's policy
remittera 1 med.; parl. äv. submit **2** till läkare el. sjukhus refer, send; *~ande läkare* doctor who refers (resp. has referred) a patient **3** hand. remit
1 remmare vinglas rummer, kind of hock glass
2 remmare sjömärke spar buoy
remouladsås remoulade sauce
remsa allm. strip; avriven shred; strimla ribbon; klister~ tape; land~ strip of land
1 ren zool. reindeer (pl. lika)
2 ren fri från smuts clean äv. delvis bildl.; fläckfri spotless; oklanderlig immaculate; prydlig tidy; snygg neat; oblandad pure; icke legerad unalloyed; outspädd, om spritdrycker neat; om vin unwatered; oförfalskad

unadulterated; äkta genuine; bildl. pure; kysk chaste; oskyldig innocent; förstärkande: 'rena rama', 'bara' o.d. mere; ~ *lättja* sheer laziness, laziness pure and simple; *~t samvete* clear conscience; *~a [rama] sanningen* the plain (absolute) truth, the truth pure and simple; *~t spel* fair play; *det var ett ~t under* it was a pure (nothing short of a) miracle; *göra ~t* städa o.d. clean up; *hålla ~t [och snyggt]* omkring sig keep things clean and tidy; *skriva ~[t]* se *renskriva*
rena allm. clean; metall purify; destillera distil; sår clean; desinficera disinfect; bildl. purify; luttra purge
rendera förskaffa: t.ex. åtal bring; t.ex. öknamn give; t.ex. obehag cause
rengöra clean; tvätta wash; skura: t.ex. kokkärl scour, golv scrub; putsa polish
rengöring cleaning osv., jfr *rengöra*
rengöringskräm för ansiktet cold (cleansing) cream
rengöringsmedel cleaning agent
renhet cleanness; om luft, vatten, äkthet el. bildl. purity; kyskhet chastity; oskuld innocence
renhållning cleaning; sophämtning refuse (amer. garbage) collection [and disposal]
renhållningsarbetare o. **renhållningskarl** refuse collector; amer. garbage (trash) collector
renhårig ärlig honest; *han är ~* schysst he is a brick (is a good sort, is on the level)
rening cleaning osv.; kem. el. bildl. purification; jfr *rena*
renlevnad clean-living; avhållsamhet continence
renlig cleanly; *hon är inte särskilt ~ av sig* she's not particularly clean, she hasn't particularly clean habits
renlärig orthodox
renodla naturv. cultivate; förfina refine; *~d* pure; om bakterier äv. ...in a state of pure cultivation; bildl. äv. absolute, downright; om pers. äv. out-and-out
renommerad well-reputed; *en ~* forskare a...of [good] repute
renons I *s* kortsp. blank suit, void **II** *adj, vara ~ i ruter* kortsp. have no diamonds; *vara alldeles (fullständigt) ~ på* humor (karaktär) osv. be absolutely without any...
renovering renovation; restoration; repairs
renrakad barskrapad cleaned out; pank stony-broke (båda end. pred)
rensa rengöra clean; fågel draw; bär pick over, top [and tail]; sockerärter string; från ogräs weed; magen el. bildl. purge; *~ luften* bildl. clear the air

renskriva make a fair (clean) copy; *på maskin* type [out]
renskurad well-scrubbed..., well-scoured...; cleaned; jfr *skura*
renskötsel reindeer breeding (management, keeping)
rensning cleaning osv., jfr *rensa*
rensningsaktion polit. o.d. purge; mil. mopping-up operation
renstek joint of reindeer; tillagad roast reindeer
rent 1 eg. cleanly; *sjunga ~* sing in tune **2** alldeles quite; *~ av* faktiskt, i själva verket actually; helt enkelt simply; till och med even; *du kanske ~ av* kan det utantill perhaps you even...; *han blev ~ av oförskämd* ...downright impudent; *jag säger dig ~ ut* öppet I tell you frankly (vard. flat, straight); *jag sade honom ~ ut* vad jag tyckte vad jag tyckte I told him plainly (outright) ...; *~ ut sagt* to put it bluntly
rentvå bildl. clear, exonerate, exculpate
renässans allm. renaissance; *uppleva (få) en ~* bildl. experience (have) a renaissance osv.; return to favour
rep rope; lina cord; tross hawser
repa I *s* scratch; skära score **II** *tr* **1** rispa scratch; score **2** *~ [av]* stryka (rycka) av: löv strip off...; gräs, bär pluck handfuls of...; *~ upp vad man stickat* undo one's knitting **3** *~ mod* take heart, pluck up courage **III** *rfl, ~ sig* ta upp sig improve; tillfriskna recover [*efter* from], get better [*efter* after]
reparation repair[s pl.]; lagning mending; *lämna in bilen på verkstad för ~* hand in the car for repairs
reparationsarbete repairs; utfört *~* repair work
reparatör repairer, repairman
reparera allm. repair; laga mend; vard. fix [up]; *~ sin hälsa* restore one's health; *~ ett misstag* put a blunder right
repertoar repertoire äv. friare; repertory; spelplan programme; pjäsen *höll sig på ~en länge* (*i 6 månader*) ...had a long run (ran for 6 months)
repetera upprepa repeat; gå igenom: t.ex. läxa go through...again; skol-, studie|ämne revise; teat. el. mus., öva in rehearse
repetition repetition; revision; rehearsal; jfr *repetera*
repig scratched
replik 1 genmäle reply, answer; svar på tal retort; kvickt svar repartee; *snabb i ~en* quick-witted, quick at repartee **2** teat. line;

längre lines, speech; stick~ cue **3** konst. replica
repmånad mil. *göra [sin]* ~ do one's military refresher course
reportage i tidning o.d. report; direktsänt: i radio [running] commentary, i tv ung. live transmission; bearbetat documentary; bevakning coverage
reporter reporter
representant representative; parl. member, amer. congressman; vid konferens äv delegate; handelsresande commercial traveller, amer. äv. traveling salesman
representation 1 polit. o.d. representation **2** urval selection, [representative] presentation **3** värdskap entertainment
representativ representative; typisk typical; representabel distinguished[-looking]
representera I *tr* företräda represent; ~ *värdfolket* do the honours [of the house] **II** *itr* utöva värdskap entertain; *vara ute och* ~ be out [officially] entertaining
repressalier reprisals, acts of reprisal; *utöva* ~ *mot ngn för ngt* resort to reprisals against a p. for a th.
reprimand reprimand; mindre formellt rebuke, reproof
repris radio. el. TV. repeat; av pjäs revival; sport., i slowmotion action (instant) replay; mus. äv. recapitulation; *programmet ges i* ~ *nästa vecka* there will be a repeat of the programme...
reproducera reproduce; efterbilda copy
reproduktion konst. (konkr.) el. biol., fortplantning reproduction
repstege ropeladder
reptil reptile äv. bildl.
republik republic
republikan republican
republikansk republican
repövning mil. [compulsory military] refresher course
1 resa I *s* **1** färd: allm. el. bildl. journey; till sjöss voyage, över~ crossing, passage; om alla slags resor, mera vard. trip; utflykt excursion, kortare jaunt; rund~ tour, till sjöss cruise; med bil ride, trip; med flyg flight; forsknings~ expedition; uttr. avstånd journey, om sjö~ run; *resor*: a) journeys osv.; ngns samtl. (ofta längre) -or el. kringflackande travels b) att resa, resande travel sg.; *enkel ~ kostar* 150 kr the single fare is...; hurdant väder hade ni *på ~n?* ...on your trip? **2** jur., gång *första ~n* the (a, his etc.) first offence
II *itr* färdas travel, journey; med ortsbestämning vanl. go; avresa leave; på längre resa set out; ~ *för* en firma travel for...; ~ *första klass* travel first class
III med beton. part. (jfr äv. *2 fara*)
~ **bort** go away; ~ *bort från* äv. leave; se äv. *bortrest*
~ **efter [ngn]** follow a p.; söka hinna ifatt go after a p.; för att hämta go and (to) fetch a p.
~ **förbi** go past (by), pass by; passera pass
~ **före** go on ahead
~ **igenom** pass through; ett land äv. cross
~ **in i** *ett land* enter...
~ **omkring** travel [about]
~ **tillbaka** travel (dit go, hit come) back
~ **vidare** continue one's journey
~ **över till** go over (across) to; över vatten äv. cross over to
2 resa I *tr* (ibl. *itr*) **1** ~ *[upp]* sätta upp raise; ngn som fallit äv. lift...up; uppföra äv. erect, set up, build **2** bildl. ~ *hinder (invändningar)* raise obstacles (objections) **II** *rfl*, ~ *sig* **1** räta upp sig draw oneself up; stiga upp rise [to one's feet]; om häst o.d rear; *res dig [upp]!* get (stand) up!; ~ *sig från bordet* rise from (leave) the table **2** höja sig rise; stark. tower **3** om håret stand on end **4** *nya hinder reste sig uppstod* new obstacles arose (cropped up) **5** göra uppror rise
resande I *s* **1** travel[ling] **2** resenär traveller; passagerare passenger; besökande visitor; jfr *handelsresande* **II** *adj*, *han är ständigt på* ~ *fot* he is always travelling [about], he is always on the move
resdamm, tvätta av sig *~et* ...the dust of one's journey
reseapotek first-aid kit
researrangör travel organizer
resebeskrivning bok travel book
resebyrå travel (tourist) agency
resecheck traveller's cheque (amer. check)
reseffekter bagage luggage; isht amer. baggage; hand. travel requisites (som skylt equipment sg.)
reseförbud travel ban; *få* ~ be forbidden to leave one's place of residence
reseförsäkring travel insurance
resehandbok guide [book]
resekostnadsersättning travel allowance
reseledare guide
resenär traveller; passagerare passenger
reserv 1 förråd *ha (hålla) i* ~ have (keep) in reserve **2** mil., personalgrupp i krigsmakten *kapten i ~en* captain in the reserve **3** sport., ersättare reserve; *sätta in en* ~ i andra halvlek play (send on) a substitute...
reservat reserve; isht fågel~ sanctuary; isht

djur~ game (wild life) preserve; för infödingar reservation
reservation 1 gensaga protest **2** reservation; *med ~ för* prishöjningar subject to..., allowing for..., jfr vid. *förbehåll* **3** avvaktande hållning reserve
reservbänk, *på (från) ~en* sport. on (from) the substitutes' bench, on (from) the sidelines
reservdel spare (replacement) part
reservdäck för bil o.d. spare tyre (amer. tire)
reservera I *tr* reserve; hålla i reserv keep...in reserve; plats: a) förhandsbeställa book b) belägga take; *~* förhandsbeställa *plats* (*rum*) äv. make reservations **II** *rfl*, *~ sig* make a reservation [*mot* against (to)]; t.ex. mot kollektivanslutning till ett parti opt (contract) out [*mot* of]
reserverad reserved; vard. stand-offish; försiktig prudent
reservlag sport. reserve team; reserves
reservnyckel spare (extra) key
reservoar reservoir; cistern cistern
reservoarpenna fountain pen
reservofficer officer in (of) the reserve
reservutgång emergency exit (door)
reseskildring bok travel book; föredrag med ljusbilder travelogue
resevaluta tourist [travel] allowance
resevillkor för t.ex. charterresa conditions of travel
resfeber, *ha ~* be nervous (jittery, excited) before a (resp. the) journey osv., se *I resa I 1*
resgodsexpedition luggage (baggage) [delivery and booking] office
resgodsförvaring o. **resgodsinlämning** lokal left-luggage office; amer. checkroom
residens [official] residence; säte [official] seat
residensstad med länsstyrelse seat of a (resp. the) county government; i Engl. county town; säte för regering (regent) seat of the government (ruler); huvudstad capital
resignation resignation
resignera foga sig resign oneself; ge upp give [it] up
resignerad resigned; *med en ~ suck* with a sigh of resignation
resistent resistant
reskamrat travelling companion; *vara ~er* äv. travel together
reskassa travelling funds; *min ~* äv. the money for my journey (trip)
reskläder travelling wear
reslig tall; lång o. ståtlig stately
reslust wanderlust ty.; roving spirit

resmål destination [of one's journey (trip)]; turistställe place to visit (for a holiday)
resning 1 uppresande raising **2** höjd elevation; om pers. el. bildl. stature **3** uppror rising **4** jur. new trial; *begära ~* petition (move) for a new trial (a rehearing of the case)
resolut beslutsam resolute; rask prompt; bestämd determined
resolution allm. resolution; *anta en ~* pass (approve) a resolution
reson reason; *ta ~* listen to reason, be reasonable
resonans resonance; bildl. response; förståelse understanding
resonemang diskussion discussion; samtal talk, conversation; tankegång reasoning
resonemangsparti marriage of convenience
resonera diskutera discuss; samtala talk; tänka reason
resonlig reasonable
respass avsked dismissal; *få (ge ngn) ~* be dismissed (dismiss a p.); vard. get (give a p.) the sack (kick, push); köras (köra) ut be sent (send a p.) packing
respekt respect; aktning esteem; fruktan awe; *ha ~ med sig* inspire (command) respect; *sätta sig i ~ hos ngn* make a p. respect one; *med all ~ för...* with all [due] deference to...
respektabel respectable; anständig decent
respektera allm. respect
respektfull respectful
respektingivande ...that commands respect; imponerande imposing; stark. awe-inspiring
respektive I *adj* respective **II** *adv* respectively
respektlös disrespectful; vanvördig irreverent
respirator respirator
respit respite; *begära 5 dagars ~* äv. ask (apply) for five days of grace
resrutt route
ressällskap 1 konkr.: a) travelling companion b) grupp [med reseledare conducted] party of tourists **2** abstr. company on a (resp. the *el.* one's) journey
rest återstod remainder, rest; överskott surplus; lämning relic; kvarleva remnant; kem. el. jur. residue; lunch på uppvärmda *~er* ...leftovers; *för ~en* för övrigt besides, furthermore; för den delen, vad det anbelangar for that matter, for the matter of that
restaurang restaurant; *gå [ut] (äta) på ~* go to (eat at) a restaurant
restaurangkedja chain of restaurants
restaurangvagn dining-car, restaurant car

restaurering restoration
restera remain; ~ *för* hyran (*med* betalningen) be behindhand (in arrears) with...
resterande remaining; *det* ~ the remainder; om belopp äv. the balance
restid åtgående tid travelling time
restlager surplus (remaining) stock
restparti remnant
restplats på t.ex. charterresa seat still vacant
restriktion restriction
restriktiv restrictive
restskatt unpaid tax arrears; kvarskatt back tax (taxes pl.)
restupplaga av bok remainder edition, remainders; *hela ~n* all the rest of the edition
resultat allm. result; matem. answer; verkan effect; [slut]följd consequence; utgång outcome; slut~ upshot; utbyte return, profit; behållning proceeds; sport. äv. score; *med gott ~* with success, successfully; *komma till* uppnå ~ t.ex. vid förhandlingar reach agreement; *leda till ~* produce (yield) results, pay off
resultatlös fruktlös fruitless; utan effekt ineffective; fåfäng vain
resultera result; *~ i* äv. end in
resumé summary; résumé; av pjäs o.d. vanl. synops|is (pl. -es), jfr *sammandrag*
resumera summarize, sum up
resurs resource; hjälpmedel, utväg expedient; penningmedel means
resvan ...accustomed (used) to travelling
resväska suitcase; inredd ~ fitted case
resår 1 spiralfjäder coil (spiral) spring **2** gummiband, se *resårband*
resårband elastic; *ett ~* a piece of elastic
resårmadrass spring interior (interior sprung) mattress
resårstickning ribbed knitting
reta 1 framkalla retning irritate; kittla tickle; stimulera stimulate; fysiol. äv. excite; egga: t.ex. nyfikenhet excite; aptiten whet; ngns begär rouse, inflame **2** förarga ~ [*upp*] irritate, annoy, vex; stark. provoke, exasperate; jfr *retas*; *han blev ~d för sin brytning* he was teased about his accent
retande irritating osv., jfr *reta 1*
retas tease; *~ inte!* stop teasing!
rethosta irritating (nervous, dry) cough
retirera retreat, give way; dra sig tillbaka retire, withdraw; ge vika yield; backa ur back down
retlig 1 lättretad irritable, fretful; lättstött touchy; snar till vrede irascible; vresig peevish; isht om humör petulant **2** förarglig annoying

retlighet irritability; touchiness, over-sensitivity; irascibility; peevishness; petulance; jfr *retlig 1*
retorik rhetoric
retorisk rhetorical
retroaktiv om t.ex. lön retroactive, retrospective; psykol. retrospective
retrospektiv retrospective
reträtt mil. el. bildl. retreat; tillflykt refuge; *slå till ~, ta till ~en* beat a (the) retreat, retreat
reträttväg mil. el. bildl. line of retreat; *hålla ~ öppen* keep a line of retreat open
retsam irritating, tantalizing; förtretlig annoying; *han är så ~* [*av sig*] retas gärna he likes teasing
retsticka tease
retur 1 se *2 tur 2* **2** *~ avsändaren* return to sender; *vara på ~* i avtagande be decreasing, be diminishing **3** sport. **a)** se *returmatch* **b)** ~boll, ~puck return; *på ~en* on the rebound
returbiljett return (amer. round-trip) ticket
returglas flaska returnable bottle; glas till återanvändning recycling glass
returmatch return match (game)
returnera skicka tillbaka return äv. genmäla; send back
reumatiker rheumatic
reumatism rheumatism, rheumatics
1 rev fiske. fishing-line
2 rev sand~ sandbar; klipp~ reef; utskjutande spit
3 rev sjö., på segel reef
reva sjö. *~ segel* take in sail
revalvera ekon. revalue
revalvering ekon. revaluation
revansch revenge; *få ~* sport. have (get, gain) one's revenge; *ta ~ på ngn för ngt* take [one's] revenge (revenge oneself, vard. get one's own back) on a p. for a th.
revben rib
revbensspjäll slakt. sparerib; kok. spareribs, ribs pl. of pork
revidera revise; räkenskaper audit; förvaltning examine, scrutinize; ändra alter; priser readjust
revir 1 jaktområde preserve[s pl.]; zool. el. sociol. el. bildl. territory; *göra intrång på ngns ~* poach on a p.'s preserves **2** skog. forestry [officer's] district
revision revision; audit; examination; alteration, readjustment; jfr *revidera*
revisionistisk polit. revisionist
revisionsbyrå firm of accountants
revisor auditor; *auktoriserad ~* chartered (certified) accountant, amer. certified public accountant

revolt revolt, rising
revoltera revolt
revolution revolution äv. bildl.
revolutionera revolutionize; *~nde* epokgörande revolutionary
revolutionär revolutionary
revolver revolver, gun
revorm med. ringworm
revy review; teat. revue, variety (amer. vaudeville) [show]; *låta gamla minnen passera ~* review...
revyartist revue (variety) artiste
revär stripe
rhododendron rhododendron
ribba lath, strip [of wood]; kant~ edging; sport.: i fotboll crossbar; vid höjdhopp bar
ribbad ribbed
ribbstickad rib-knitted
ribbstickning ribbed knitting
rida I *itr* o. *tr* **1** eg. ride äv. på ngns axlar (knä); ride on horseback; *~ i galopp* ride at a gallop; i kort galopp canter **2** bildl. *~ på ord* quibble, cavil at words, be a quibbler **3** sjö. *~ för ankar* ride at anchor
II med beton. part.
~ bort ride away (off), leave
~ efter a) följa follow (*förfölja* pursue)...on horseback b) hämta ride and fetch
~ förbi a) tr. ride past; i tävling o.d. äv. outride, outstrip b) itr. ride past
~ in på arenan ride into...; *~ in* en häst dressera break [in]
~ om se *~ förbi*
~ omkull a) itr. [have a] fall [when riding] b) tr. knock...down [when riding]
~ på a) fortsätta att rida ride on b) kollidera med ride into
~ ut a) itr. go out riding b) tr. *~ ut stormen* ride out (bildl. äv. weather [out]) the storm
~ över: *~ över ett hinder* jump (clear) a fence
ridande riding; *~ polis* mounted police
ridbana riding ground, riding track
ridbyxor riding-breeches; långa jodhpurs
riddare allm. knight; av vissa ordnar chevalier; *dubba (slå) ngn till ~* dub a p. a knight, knight a p.
riddarspel tournament
riddartiden the age of chivalry
ridderlig mera eg. chivalrous; poet. chivalric; bildl. gallant, courteous
riddräkt riding dress; dams riding-habit
ridhus riding-school
ridlektion riding lesson
ridskola riding-school
ridsport riding
ridspö riding-whip; kort crop

ridstövel riding-boot
ridtur ride; *göra en ~* go out riding, go for a ride
ridväg bridle path
ridå curtain äv. bildl.; applåder *för öppen ~* ...with the curtain up
rigg 1 sjö. rig[ging] **2** vard., klädsel rig[-out]
rigga 1 sjö. rig; *~ av* unrig, untackle, dismantle **2** friare: *~ [upp (till)]* göra i ordning rig up, fix up; *~ upp sig* vard. rig oneself out, doll oneself up
rigid rigid, inflexible
rigorös rigorous, severe
rik allm. rich; yppig exuberant, luxuriant; om jordmån fertile; jfr vid. *riklig*; *ett ~t liv* bildl. a full life; *~ på* rich (abounding, fertile) in, full of; *bli ~* get rich, become a rich man (resp. woman), make money; *de ~a* the rich (wealthy)
rike stat state, realm; kungadöme el. relig. kingdom; kejsardöme empire; bildl. (område) realm, sphere
rikedom 1 förmögenhet wealth, fortune, riches, affluence **2** abstr. richness; wealth; riklighet copiousness; ymnighet abundance; stark. profusion; yppighet exuberance, luxuriance; om t.ex. fantasi fertility
rikhaltig se *riklig*; om program o.d. full and varied
riklig allm. abundant, ample; rik rich; överflödande profuse; frikostigt tilltagen liberal; *en ~ skörd* a heavy (an abundant) crop; *~t med* mat plenty of..., ...in abundance
rikligt abundantly osv., jfr *riklig*
rikoschett ricochet
riksangelägenhet matter of national concern
riksbekant nationally famous, ...famous (svag. known, ökänd notorious) throughout the country
riksdag institution riksdag; hist. äv. diet; session session of the Riksdag; friare, t.ex. idrotts~ [national] convention, [annual] congress; *Sveriges Riksdag* the Riksdag, the Swedish Parliament
riksdagsgrupp parliamentary party
riksdagsledamot member of the [Swedish] Riksdag, member of parliament
riksdagsparti party in the Riksdag (in Parliament)
riksdagsval general election
riksförbund national federation
riksföreståndare regent
riksgräns frontier
riksintresse national interest
rikslarm nationwide alert
rikslikare national standard äv. bildl.

riksmöte session of the Riksdag
riksomfattande nation-wide, country-wide
riksplan, *på* ~*et* on a national level
rikspolischef national police commissioner
riksregalier regalia
rikssamtal national (long-distance) call; amer. äv. toll call
riksspråk standard language
rikssvenska riksspråk Standard Swedish
rikstidning national daily
rikstäckande, *vara* ~ have nation-wide coverage, cover the whole nation
riksvapen national coat of arms
riksväg arterial (main) road
rikta I *tr* vända åt visst håll: allm. direct; vapen o.d. aim; framställa el. tekn.: räta straighten [...out]; justera adjust; ~ *en anmärkning* (*kritik*) *mot...* level criticism against..., pass censure on...; ~ *in sig på* se [*vara*] *inriktad* [*på*] **II** *rfl,* ~ *sig* om pers. (vända sig) address oneself [*till* to]; om bok o.d. be intended [*till* for], appeal [*till* to]; om kritik be directed [*mot* against], focus [*mot* on]

riktig (jfr äv. *3 rätt I*) rätt right; felfri correct; exakt accurate; passande right; berättigad just; välgrundad sound; sann true; verklig real, genuine, regular; förstärkande: äkta real, regular; ordentlig proper; sannskyldig veritable; fullständig downright, positive; han har *inget* ~*t arbete* ...no real (regular) work; *jag hade ett* ~*t arbete med* att få upp tavlan I had quite a job ing-form; han är *en* ~ *gentleman* ...quite a gentleman; de slogs *på* ~*t* på allvar ...in earnest; isht amer. vard. ...for real
riktighet rightness, correctness, justice, soundness; jfr *riktig*
riktigt (jfr äv. *3 rätt II 1*) korrekt rightly; vederbörligen duly; förstärkande: verkligen really (vard. real); alldeles quite, vard. perfectly; ordentligt properly; mycket very; något försvagande fairly osv., jfr *3 rätt II 2*; *alldeles* (*mycket*) ~*!* quite right!, quite (just) so!; ~ *bra* very (quite, svag. pretty) well; *ha det* ~ *bra* bekvämt be quite comfortable (ekonomiskt well off); han är *inte* ~ *klok* ...not quite right in the head, ...not all there; innan jag var ~ *vaken* ...properly awake
riktlinje bildl. *dra upp* ~*rna för ngt* lay down the general el. broad outlines (the guiding principles) for a th.
riktmärke 1 bildl. objective, target **2** sjö. landmark
riktning 1 eg.: håll (allm.) direction; *i nordlig* ~ in a northerly direction, northwards, to the north; *i* ~ *mot...* in the direction of...

2 bildl.: kurs, utvecklingslinje direction; linje line[s pl.]; vändning turn; inom konst: rörelse movement; skola school; tendens tendency **3** av vapen sighting **4** tekn., uträtning straightening
riktnummer tele., ung. dialling (amer. area) code
rim rhyme
rimfrost hoarfrost
rimlig skälig reasonable; sannolik probable; plausibel plausible
rimligen se *rimligtvis*
rimlighet reasonableness, fairness; probability; plausibility; jfr *rimlig*
rimligtvis rimligen reasonably; sannolikt quite likely
rimma bilda rim rhyme; gå ihop agree; ~ stämma *illa* strike a discordant note
rimsalta kok. salt...[lightly]
ring eg.: allm. ring; på bil o.d. tyre, amer. tire; tekn., på axel o.d. collar; i kedja link; ngt friare: på djurhals collar; kring solen el. månen halo (pl. -s el. -es); slinga coil; sport. ring
1 ringa liten small; obetydlig trifling; klen: om t.ex. tröst poor; om t.ex. förstånd[sgåvor] slender; anspråkslös humble, modest; oansenlig mean, obscure; *inte* (*ej*) ~... vanl. no little...; han har inte *den* ~*ste chans* ...the least (slightest, remotest) chance, ...an earthly [chance]
2 ringa I *tr* o. *itr* allm. ring (äv. ~ *med*); klämta toll; om klockspel chime; pingla tinkle; telefonera äv. phone; *det ringer* [*i telefonen*] the phone is ringing
II med beton. part.
~ *av* ring off
~ *in ngt* send...by (over the) [tele]phone; *det ringer in* skol. there goes the bell [for the lesson, for lessons]
~ *på hos ngn* ring a p.'s door-bell
~ *upp ngn* ring a p. [up]; isht amer. call a p.
~ *ut* ring out; *det ringer ut* skol. there goes the bell [for the end of the lesson (lessons)]
3 ringa 1 förse med ring ring **2** ~ *in* jakt. ring...in (round, about); mil. surround, encircle, close a ring round; bildl., om t.ex. problem narrow down **3** ~ [*ur*] sömnad. cut...low [at the neck]; se äv. *urringad*
ringakta pers. despise; sak make light of
ringdans ring (round) dance; *dansa* ~ dance in a ring
ringdomare sport. referee
ringfinger ring finger
ringförlovad officially (formally) engaged
ringhörna sport. corner [of the (resp. a) boxing ring] äv. bildl.

ringklocka allm. bell; dörrklocka doorbell; handklocka handbell
ringla, ~ *sig* om t.ex. väg, kö wind; om hår, rök curl; om orm äv. coil
ringlar av hår curls; av rök vanl. wreaths
ringlek ring game; jfr *ringdans*
ringmärka ring
ringning klock~ o.d. ringing osv., jfr *2 ringa I*; *ställa klockan på* ~ [*till*] kl. 6 set the alarm clock for...
ringrostig ...out of training
rink sport. rink
rinna I *itr* allm. run; sippra trickle; läcka leak **II** med beton. part.
~ **av** flow off (away); om små vätskemängder drain [off (away)]; *ilskan rann av henne* bildl. her anger simmered down
~ **bort** om vatten run (drain, flow) away
~ **iväg** om tid slip away (by)
~ **till** om vatten i en brunn o.d. [begin to] flow again
~ **undan** se ~ [*bort*]
~ **ur:** *vattnet har runnit ur* badkaret the water has run (flowed) out of...
~ **ut** run (flow) out; *floden rinner ut i* havet the river flows into...
~ **över** flow (run) over
rinnande running osv., jfr *rinna I*; *kunna ngt som ett* ~ *vatten* know a th. [off] pat
ripa zool. grouse (pl. lika); snö~ ptarmigan (pl. lika)
1 ris sädesslag rice
2 ris 1 koll: kvistar twigs, brushwood; amer. slash; snår scrub; blåbärs~, lingon~ sprigs **2** till aga birch[-rod]; *få* ~ (*få smaka* ~*et*) get a taste of the birch
risa *tr* **1** stödja med ris stick **2** strö ris strew...with twigs (greenery) **3** kritisera criticize...severely, lash; aga give...a birching
risbastu birching, flogging
risgryn koll. rice; *ett* ~ a grain of rice
risgrynsgröt [boiled] rice pudding
rishög 1 pile (heap) of brushwood (twigs) **2** vard., förfallen bil old jalopy (jaloppy)
risig 1 snårig scrubby; med torra grenar: ...with dry twigs **2** vard., usel lousy; förfallen tumbledown, ramshackle; ovårdad, sjabbig shabby, sleazy
risk allm. risk; vågspel hazard; *med* ~ *att* inf. at the risk of ing-form; *på egen* ~ at one's own risk
riskabel risky; vard. dicey
riskera allm. risk; run the risk of; äventyra jeopardize; *det kan jag väl* [*alltid*] ~! I'll chance it!
riskfaktor risk factor
riskfri safe

riskfylld ...full of risks; jfr *riskabel*
riskmoment element of risk (danger)
riskspridning ekon. spreading of risks
riskzon danger zone
rispa I *s* allm. scratch; i tyg rent **II** *tr* scratch; ~ *sönder* tear...badly; ~ *upp* tear...open; med kniv cut (slit) open **III** *rfl*, ~ *sig* om pers. scratch oneself; ett tyg *som* ~*r sig* ...that is apt to fray
rispapper rice paper
rispig allm. scratched; om tyg frayed
1 rista skära carve; med nål o.d. scratch; ~ *in* med nål o.d. engrave äv. bildl. [*i* on]; skära in carve (cut, inscribe) [*i* in]
2 rista skaka shake
rit rite
rita allm. draw; skissera sketch; göra ritning till design; ~ *av* draw, sketch, make a drawing (sketch) of; kopiera copy; ~ *upp* draw, trace [out]; t.ex. tennisplan mark (chalk) out
ritare konstruktions~ draughtsman
ritblock drawing block, sketchblock
ritning 1 abstr. drawing **2** konkr. drawing, draught; byggn. äv. design, plan; [blå]kopia blueprint; det hela gick *efter* (*enligt*) ~*arna* bildl. ...according to plan
ritpapper drawing paper, design paper
ritt ride
ritual ritual; kyrkl. äv. order
rituell ritual
riva I *tr* **1** klösa scratch; om rovdjur claw **2** slita tear; ~ *hål på* kläder tear a hole (resp. holes) in...; t.ex. förpackning, sårskorpa tear open... **3** rasera demolish, pull (tear) down **4** smula sönder: med rivjärn grate; färg grind **5** riva ihjäl kill, tear...to pieces **6** ~ [*ribban*] i höjd- o. stavhopp knock the bar off
II *itr* **1** rota rummage; poke (rummage) about; ~ [*och slita*] *i ngt* tear at a th.
2 svida ~ *i halsen* om t.ex. stark kryddning rasp (burn) the throat
III *rfl*, ~ *sig* **1** rispa sig ~ *sig* [*i handen*] *på en spik* scratch (stark. tear) one's hand on a nail **2** klia sig scratch [oneself]
IV med beton. part.
~ **av a)** tear (rip, strip) off **b)** vard. ~ *av* en låt tear off...
~ **bort** tear (rip) away
~ **itu** tear...in two
~ **lös** (**loss**) tear (rip) off
~ **ned** eg. pull (tear) down; bildl. demolish; ~ *ned en vas från* hyllan knock down a vase from...
~ **sönder** tear; ~ hål på tear a hole (resp. holes) in; ~ i bitar tear...up (to pieces); t.ex. händer scratch...all over

~ upp öppna tear (rip) open; gata o.d. take up; sår eg. reopen; beslut o.d. cancel; en gammal historia rake up; repa upp unravel **~ ut** tear out
~ åt sig snatch
rival rival
rivalitet rivalry, competition
rivebröd breadcrumbs
rivig vard. **1** med schvung i swinging, lively **2** om pers. go-ahead, pushing
rivjärn 1 redskap grater **2** vard., ragata shrew
rivningshus building (house) to be demolished
rivstart flying start äv. bildl.; *göra en ~* eg. make a tearaway start, tear off (away)
1 ro 1 vila rest; frid peace; lugn repose; stillhet stillness, quiet; *jag får ingen ~ för honom* he gives me no peace; *jag tog det med ~* I did not let it worry me; *slå sig till ~ med ngt* låta sig nöja be content with a th. **2** nöje *[bara] för ~ skull* [just] for fun
2 ro 1 row; isht itr. pull; *fara ut och ~* go out rowing (boating) **2** bildl. *~ hit med pengarna!* hand over the money!
roa I *tr* allm. amuse; underhålla entertain, divert; *det ~r mig att* inf. äv. I enjoy ing-form; *vara ~d av* astronomi be interested in... **II** *rfl, ~ sig* amuse (enjoy) oneself; vara ute på nöjen have a good time
roande amusing osv., jfr *roa I*
robot maskin robot; mil. [guided] missile
robotvapen guided missile
robust robust, rugged
1 rock överrock coat; kavaj jacket; arbets~, skydds~ overall; *vara för kort i ~en* be too short; ej duga not be up to the mark (job)
2 rock mus. rock; *dansa* (*spela*) *~* dance (play) rock-'n'-roll
rockad schack. castling; *göra [en] ~* castle
rockficka coat pocket
rockmusik rock music
rockvaktmästare cloakroom attendant
roddare oarsman, rower
roddbåt rowing-boat
roddsport rowing
roddtur row; *göra* (*ta*) *en ~* go for a row, go rowing
rodel sport. toboggan; sportgren tobogganing
roder sjö., roderblad rudder; hela styrinrättningen el. bildl. helm; *lägga om rodret* shift the helm
rodna allm. turn red, redden; om pers. vanl.: av blygsel o.d. blush; av t.ex. ilska flush [up]
rodnad hos sak redness; hos pers. blush, flush, jfr *rodna*; av hälsa ruddiness, glow; på huden red spot
rododendron bot. rhododendron
roffa rob; *~ åt sig* grab

rofferi robbery; utsugning extortion
rofylld peaceful
rogivande soothing; vilsam restful; *~ medel* med. sedative
rojalist royalist
rojalistisk royalist[ic]
rolig lustig funny; komisk comical; tokrolig droll; trevlig nice, pleasant; roande amusing; underhållande entertaining; intressant interesting; konstig funny; *en ~ historia* a funny story; *ha ~t åt...* laugh (be amused) at...; *han tycker det är ~t att* +inf. he likes to +inf. (enjoys +ing-form)
rolighet kvickhet witticism
roll eg. el. bildl. part, role fr.; rolltext lines; *~erna är ombytta* the tables are turned; *det har spelat ut sin ~* it has been played out, it has had its day
roller till målning roller
rollfack type of role; *ha sitt speciella ~* äv. be typecast
rollista teat. cast
rollspel role play; *~ande* role-playing
1 rom fisk~ [hard] roe äv. som maträtt; spawn; *leka ~men av sig* sow one's wild oats
2 rom dryck rum
roman bok novel; i mots. t. fackbok work of fiction; äventyrs~ romance
romanförfattare novelist
romani språk Romany
romans romance
romantik romance
romantiker romantic
romantisera romanticize
romantisk romantic
romersk-katolsk Roman Catholic
romkorn roe corn
rond allm. round äv. boxn.; *gå ~en* make one's rounds
rondell trafik. roundabout; amer. rotary
rop 1 eg. call; högre shout; ropande crying osv.; clamour[ing]; högljutt krav clamour; på auktion bid; *~ av fasa* cry of...; *utstöta ett ~* raise (utter) a cry, cry out **2** *komma i ~et* come into fashion (vogue); om pers. become popular; *vara i ~et* be the (in) fashion (vogue), be all the rage; om pers. be [highly] popular
ropa I *tr* o. *itr* call [out]; högre shout; högljutt kräva clamour; *~ efter ngn* call out after a p.; *~ på ngn* call out to (tillkalla call) a p.; *~ till* (*åt*) *ngn* call [out] to a p. **II** med beton. part.
~ **an** call; tele. call up; mil. challenge; sjö. hail

~ in kalla in call...in; en skådespelare give...a curtain-call; på auktion purchase
~ till cry out; *~ ngn till sig* call a p.
~ upp kalla upp call...up; namn read out; call over; jur. call
~ ut varor cry; meddela call out; kalla ut call...out; se äv. *utropa*
ror sjö. *sitta (stå) till ~s* be at the helm; se vid. *roder*
1 ros bot. rose; *ingen ~ utan törnen* no rose without a thorn
2 ros lovord commendation; *~ och ris* praise and blame
1 rosa commend; *inte ha anledning att ~ marknaden* have no reason to be satisfied
2 rosa I *adj* rose; **II** *s* rose; jfr *blått*
rosafärgad rosy
rosenblad roseleaf
rosenbuske rosebush
rosendoft scent of roses
rosengård rose-garden
rosenkindad rosy-cheeked
rosenknopp rosebud
rosenrasande ursinnig furious
rosenrött, *se allt i ~* see everything through rose-coloured spectacles
rosenträ rosewood
rosenvatten rosewater
rosett bot. el. byggn. rosette; prydnad bow; rosformig rosette; 'fluga' bow tie
rosettfönster rose window
rosévin rosé [wine]
rosmarin bot. rosemary
rossla wheeze; *det ~r i bröstet på honom* there is a wheeze (rattle) in his chest
rosslig wheezing, wheezy, rattling
rossling wheeze, rattle
1 rost på järn o. växter rust
2 rost tekn. grate; bröd~ toaster
1 rosta angripas av rost rust, get (become) rusty; *gammal kärlek ~r inte* old love is not soon forgotten; *~ igen* get rusted up; *~ sönder* rust away; se äv. *sönderrostad*
2 rosta kok. roast äv. tekn.; bröd toast; *~t bröd* toast; *en ~d brödskiva* a slice of toast
rostbiff roast beef
rostbrun eg. rust-brown; friare russet
rostfri rustless; *~tt stål* stainless steel
rostig rusty äv. bildl.
rostskador corrosion
rostskydd rust protection; medel rust preventive
rostskyddsmedel rust preventive, antirust agent
rot allm. root äv. matem. el. språkv.; *~en till allt ont* the root of all evil; *dra ~en ur* ett tal extract the root of...; *gröda (skog) på ~* standing crop (timber)
1 rota böka root, poke; *~ i* en byrålåda poke (rummage) about in...; *~ igenom* search, go through
2 rota, *~ sig* root, take (strike) root alla äv. bildl.
rotad, djupt ~ deeply rooted, deep-rooted
rotation rotation, revolution
rotblöta soaker
rotborste scrubbing-brush
rotel i stadsförvaltning department, division; polis. squad
rotera rotate, revolve, turn
rotfrukt root vegetable
rotfyllning tandläk. root filling
rotfäste roothold; *få ~* take root, get a roothold
rotknöl bot. tuber, bulb
rotlös rootless äv. bildl.
rotlöshet rootlessness; känsla sense of not belonging
rotmos mashed turnips
rotor tekn. rotor
rotsaker root vegetables; sopprötter potherbs
rotselleri bot. celeriac
rotting material el. käpp rattan
rottingstol cane chair
rotunda rotunda
rotvälska obegripligt språk double Dutch
rouge rouge
roulett roulette
rov rovdjurs föda el. bildl. prey; röveri pillage; högtidl. rapine; byte booty, spoil[s pl.], plunder
rova 1 bot. turnip **2** vard., fickur turnip [watch] **3** vard. *sätta en ~* fall on one's behind
rovdjur predatory animal; bildl. wild beast
rovdrift hänsynslöst utnyttjande ruthless exploitation; *~ på jorden* soil exhaustion
rovfisk fish of prey
rovfågel bird of prey
rovgirig rapacious
royalty royalty
rubank verktyg trying (jointer) plane
rubb vard. *~ och stubb* the whole lot
rubba eg.: flytta på move; i nek. sats budge; bildl.: bringa i oordning disturb; ngns förtroende o.d. shake; ändra alter; *~ ngns planer* upset a p.'s plans; *~ [på] sina principer* modify...
rubbad förryckt crazy
rubbning störning disturbance; i själsliga funktioner äv. samt i kroppsliga disorder; geol. el. hand. dislocation; ändring alteration
rubin ruby

rubricera förse med rubrik headline; beteckna characterize; inordna classify äv. jur.
rubrik i tidning headline; över hela sidan banner; t.ex. i brev el. över kapitel heading äv. jur.; titel title
rucka en klocka regulate; *~ på* en sten move...
ruckel kyffe hovel
ruckla rumla revel; leva utsvävande lead a dissolute life
rucklare fast liver, debauchee
rudimentär rudimentary
rudis vard. *vara ~ i (på)* ngt not have the slightest idea about a th.
ruelse contrition, remorse
1 ruff sjö. cabin
2 ruff sport. foul; rough play; *utvisas för ~* be sent off for a foul (for rough play)
ruffa sport. commit a foul
ruffad sjö., ...with a cabin
ruffel, *~ och båg* vard. monkey business, hanky-panky; fiffel fiddling, wangling
ruffig 1 sport. rough **2** sjaskig shabby; fallfärdig dilapidated; beryktad disreputable; 'skum' shady
rufsa, *~ [till] ngn i håret* ruffle (tousle) a p.'s hair
rufsig ruffled osv., jfr *rufsa*; dishevelled
rugby Rugby football; vard. rugger
ruggig 1 tovig matted; raggig shaggy; burrig ruffled **2** se *ruskig*
ruin 1 återstod ruin; *~er* rester äv. remains, remnants; spillror äv. debris, rubble (båda end. sg.) **2** sammanbrott ruin; *gå mot sin ~* be on the road to ruin
ruinera ruin, bring...to ruin (bankruptcy)
ruinerad ruined; vard. [stony-] broke, done for
ruljangs vard. *sköta ~en* run the business (show)
1 rulla mil. list; *stryka ngn ur rullorna* mil. strike a p. off the list
2 rulla, *leva ~n* vard. be (go) on the spree (binge); föra ett utsvävande liv lead a fast life
3 rulla I *tr* o. *itr* allm. roll äv. sjö.; *låta pengarna ~* make the money fly **II** *rfl*, *~ sig* roll; om blad o.d. curl [up]
III med beton. part.
~ igång: ~ igång en bil jumpstart a car
~ ihop roll up; *~ ihop sig* om djur roll (coil) itself up
~ in vagn o.d. wheel in; *~ in* ngn (ngt) *i en filt* roll up (wrap)...in a blanket; *tåget ~de in på* stationen the train pulled in at...
~ ned gardin o.d. draw (pull) down; strumpa roll down
~ på om år roll on (by)
~ upp ngt hoprullat unroll; gardin draw (pull) up; kavla upp roll up; mil., t.ex. front roll up; spioneriaffär o.d. reveal
~ ut ngt hoprullat unroll; *~ ut röda mattan* roll out the red carpet
rullband bandtransportör belt conveyor; för persontransport walkway
rullbräde skateboard
rullbälte inertia-reel [seat belt]
rulle 1 allm. roll; tråd~ el. film~ el. på metspö reel; tåg~ coil; pergament~ scroll; hår~ [hair] curler **2** vard. *det är full ~ på* arbetet it's going like a house on fire; på fest everyone's having a great time
rullgardin blind; amer. [window] shade
rullning allm. rolling äv. sjö.; *en ~* a roll äv. sjö.
rullskida roller ski
rullskridsko roller-skate; *åka ~r* roller-skate; go roller-skating
rullstensås boulder ridge
rullstol wheelchair
rullstolsbunden ...tied (bound) to one's wheel chair
rulltrappa escalator, moving staircase (stairway)
rulltårta med sylt jam (av choklad chocolate) Swiss roll
rulta I *itr* waddle **II** *s* [little] podge; *en liten ~* tulta a chubby little thing
1 rum 1 bonings~ room; uthyrnings~ lodgings; vard. digs; logi accommodation; *enskilt ~ på* sjukhus private ward **2** utrymme room; *ge (lämna) ~ för (åt)* bildl. leave room for, admit of **3** rymd space **4** sjö. hold **5** i spec. fraser *i främsta ~met* framför allt above all; *komma (sättas) i första ~met* come (be put) first (i första hand in the first place); *äga ~* take place; hända äv. happen
2 rum, *i ~ sjö* in the open sea
rumla, *~ [om]* be on the spree (vard. binge), revel; *vara ute och ~* have a night out
rumlare se *rucklare*
rumpa svans tail; vard., stuss backside, behind
rumsarrest, *få (ha) ~* be confined to one's room (mil. to one's own quarters)
rumsförmedling konkr.: för hotellrum o.d. agency for hotel accommodation; för uthyrningsrum accommodation agency
rumskamrat roommate
rumsren house-trained; isht amer. housebroken; bildl. on the level, on the up and up båda end. pred.; clean; *göra ~* house-train; amer. housebreak
rumstera 1 husera carry on; mycket högljutt run riot **2** *~ [om]* stöka rummage [about] [*i* in]

rumän Romanian
Rumänien Romania
rumänsk Romanian
rumänska 1 kvinna Romanian woman **2** språk Romanian
runa 1 skrivtecken rune **2** minnesruna obituary **3** finsk folkdikt rune
rund 1 allm. round; fyllig plump, rounded; ~ *i ansiktet* round-faced **2** om vinsmak smooth [and full]
runda I *tr* **1** göra rund round äv. bokb. el. fonet.; ~ *av* round off **2** fara (gå, springa) runt round; sjö. äv. double **II** *s* round; *gå (springa) en ~ i parken* take a stroll (a run) round...
rundabordskonferens round-table conference
rundel rund plan round (circular) space (plot), circus; rabatt round bed; cirkel circle
rundfråga inquiry
rundfärd se *rundresa*
rundgång 1 elektr. acoustic feedback **2** bildl. vicious circle; ekon. o.d. policy of giving with one hand and taking with the other
rundhänt open-handed, liberal
rundkindad round-cheeked
rundlagd plump
rundlig, *en ~ tid* a great while; se vid. *riklig*
rundning rundande rounding; böjning curve; t.ex. jordens curvature; utbuktning swell
rundnätt short and plump
rundradio broadcasting
rundresa circular (round) tour (trip); *en ~ i Sverige* a tour of (in)...
rundsmörjning bil. lubrication
rundsnack vard. empty talk
rundsticka circular [knitting] needle
rundtur sightseeing (round) tour; *göra en ~ i staden* make a [sightseeing] tour of...
runga resound
runka 1 *~ på huvudet* shake one's head **2** vulg., onanera wank (jerk, toss) off
runsten rune stone
runt I *adv* round; ~ *om[kring]* se *runtom*; *visa ngn ~* show a p. round **II** *prep* kring o.d. round; ~ *hörnet* round the corner; *resa jorden ~* go round the world
runtom I *adv* round about, [all] around; on all sides **II** *prep* [all] round, [all] around; on all sides of
runtomkring se *runtom*
rus intoxication äv. bildl.; inebriation; vard., fylla booze; *sova ~et av sig* sleep oneself sober, sleep off one's drink; vard. sleep it off; *gå i ett ständigt ~* be in a constant state of intoxication; *i ett ~ av glädje (lycka)* in transports (an ecstasy) of joy;

under ~ets inflytande under the influence of drink
rusa I *itr* allm. rush; störta dart; flänga tear; skynda hurry; ila el. om motor race; *~ efter hjälp* rush (dash) off for help **II** *tr*, *~ en motor* race an engine **III** med beton. part. *~ bort* rush etc. away (off) *~ efter ngn* a) för att hinna upp rush etc. after a p. b) hämta rush etc. for a p. *~ emot ngn* a) i riktning mot rush etc. towards... b) anfallande rush at... c) stöta emot knock against... *~ fram* rush etc. out; vidare rush etc. along (on) *~ in* [i] rush etc. in[to]; *~ in i* rummet äv. burst (bounce) into... *~ iväg* rush etc. off (away) *~ på* vidare rush etc. along (on) *~ upp* start (spring) up, spring (jump) to one's feet *~ uppför trappan* rush etc. up... *~ ut* rush etc. out *~ åstad och* + inf. rush off and + inf.
rusdryck intoxicant
rusdrycksförbud [liquor] prohibition
rush rush; sport. run
rusig eg. el. bildl. intoxicated; *~ av glädje* äv. flushed with joy
1 ruska branch, bunch of twigs
2 ruska skaka; om fordon jolt; *~ liv i ngn* rouse a p., shake up a p.; *~ i dörren* pull (tug) at...
ruskig om väder nasty; om pers.: motbjudande disgusting; om kvarter, bakgata o.d.: illa beryktad disreputable, skum shady, sjaskig shabby; om händelse o.d.: hemsk horrible, kuslig uncanny; *en ~ historia* an ugly (a nasty) affair
ruskväder nasty (foul, rough) weather
rusning allm. rush
rusningstid rush hour[s *pl.*]
russin raisin; *plocka ~en ur kakan* bildl. take the [best] plums
rusta I *tr* mil. arm; utrusta equip; isht fartyg fit out; *~ [i ordning]* ngt get...ready, put...in order **II** *itr* göra förberedelser prepare; mil. arm **III** *rfl*, *~ sig* förbereda sig prepare [oneself]; mil. arm [oneself] **IV** med beton. part. *~ ned* se *nedrusta* *~ upp* a) mil., se *upprusta* b) reparera repair; ge ökad kapacitet expand
rustad mil. armed; förberedd prepared; utrustad equipped
rustning 1 krigsförberedelse armament **2** *en ~* pansardräkt a suit of armour; *~ar* äv. armour sg.

ruta I *s* **1** fyrkant square; i vägg: fält panel; romb lozenge; på tv-apparat screen; på tidningssida box **2** i fönster o.d. pane [of glass]; *sätta rutor i* ett fönster glaze... **II** *tr* chequer; *rutat papper* squared (cross-ruled) paper
1 ruter kortsp., koll. diamonds; *en* ~ a (resp. one) diamond; jfr *hjärter* med sammansättn.
2 ruter go, spirit; vard. guts; *det är ingen* ~ *i honom* he has no go (no guts) in him
rutig checked, chequered (amer. checkered); *en* ~ *klänning* a check dress
rutin 1 förvärvad skicklighet experience; vana routine; *den dagliga ~en* the daily run of things (affairs) **2** procedur routine äv. data.
rutinerad experienced, practised
rutinkontroll routine check (check-up)
rutinsak matter of routine
rutscha slide, glide
rutschkana på lekplats slide, helter-skelter; *åka* ~ slide
rutt route
rutten rotten; bildl. rotten, corrupt; ~ *lukt* putrid smell
ruttna become rotten osv. (jfr *rutten*); rot; om död kropp o.d. decompose; ~ *bort* rot away äv. bildl.
ruva eg. sit, brood; bildl. hang; grubbla brood, ruminate
ryamatta rya rug
ryck knyck jerk; dragning tug; häftigt wrench; i tyngdlyftning snatch; sprittning start, twitch; bildl. fit; nyck whim, freak; *göra ett* ~ *sport.* put on a burst of speed
rycka I *tr* o. *itr* dra pull, tug; häftigare snatch; slita tear; våldsamt wrench; ~ *på axlarna åt ngt* shrug one's shoulders at a th. **II** *itr* **1** opers. spritta *det rycker i mitt ben* my leg is twitching **2** tåga ~ *närmare* om t.ex. fienden close in; om tidpunkt o.d. draw closer (nearer), approach
III med beton. part.
~ **av** sönder break; itu pull...in two; bort pull (tear etc.) off
~ **bort** tear etc. away; om döden carry off
~ **fram** mil. advance
~ **ifrån ngn ngt** snatch a th. [away] from a p. äv. bildl.; wrench (wrest) a th. from a p.
~ **in** itr.: mil., till tjänstgöring join up; suppleanten fick ~ *in* ...step in; ~ *in och hjälpa till* step into the breach
~ **loss** (**lös**) *ngt* pull (jerk, wrench)...loose; bildl. wrench
~ **med** [**sig**] carry...away
~ **sönder** tear (pull)...to pieces
~ **till** start, wince; ~ *till sig* snatch, grab, seize

~ **undan** bort pull (snatch) away...; åt sidan pull (snatch)...aside
~ **upp** a) eg.: t.ex. ogräs pull up; t.ex. en dörr pull...open b) bildl.: väcka [a]rouse, shake (stir) up; sätta fart på put life into; avancera advance; ~ *upp sig* pull oneself together, rouse oneself
~ **ut** a) tr. pull (tear) out b) itr., om brandkår o.d. turn out; mil.: lämna förläggningen march (move) out; hemförlovas be released
~ **åt sig** se ~ *till sig*
rycken, stå ~ stå emot stand up [*mot* (*för*) to]; hålla stånd hold out, hold one's own [*mot* against]; tåla en påfrestning stand the strain
ryckig knyckig jerky; osammanhängande disjointed; oregelbunden irregular; om t.ex. lynne fitful; om vind choppy
ryckning ryckande pulling, tugging; sprittande twitching; ryck pull, tug; sprittning twitch, wince; nervös äv. (isht ansikts~) tic
ryckvis I *adj* intermittent, jfr äv. *ryckig* **II** *adv* i ryck by jerks; då och då intermittently; arbeta ~ ...in (by) snatches, ...in sudden bursts
rygg 1 allm. back; bok~ spine; isht amer. backbone; geogr., bergskam o.d. ridge; mil. rear; ~ *mot* ~ back to back; *ha* (*hålla*) *~en fri* keep a line of retreat open; *vända ngn ~en* (*~en åt ngn*) turn one's back to (föraktfullt o. i bildl. anv. on) a p.; *så fort jag vänder ~en till* as soon as I turn my back; *gå bakom* ~*en på ngn* bildl. go (do things) behind a p.'s back; *vi hade vinden* (*solen*) *i ~en* the wind (sun) was behind us **2** ryggsim backstroke
rygga, ~ [*tillbaka*] shrink (start) back; flinch, recoil [*för* i båda fallen from]
ryggmärg anat. spinal marrow
ryggmärgsbedövning med. spinal anaesthesia
ryggrad anat. backbone, spinal (vertebral) column; bildl. backbone
ryggradslös invertebrate; bildl. spineless, ...without any backbone
ryggsim backstroke; *simma* ~ do the backstroke
ryggskott med. lumbago
ryggstöd eg. support for the back; på stol etc. back; bildl. support
ryggsäck rucksack; isht amer. knapsack
ryka I *itr* **1** avge rök smoke; osa reek; pyra smoulder; bolma belch out smoke; ånga steam; *dammet ryker* the dust is flying (whirling); *det ryker ur skorstenen* the

chimney is smoking **2** vard., gå förlorad *där rök* min sista tia there goes...
II med beton. part.
~ **ihop** fly at (go for) each other; gräla quarrel; ~ *ihop [och slåss]* come to blows
~ **in:** *det ryker in* the chimney is smoking [in here]
rykta dress, groom, curry
ryktas, *det* ~ *[om] att...* it is rumoured (there is a rumour, rumour has it) that..., the story goes that...
ryktbar namnkunnig renowned; berömd famous, famed; allmänt omtalad celebrated; stark. illustrious; ökänd notorious
ryktbarhet renown, fame; jfr *ryktbar*
ryktborste horse brush
rykte 1 kringlöpande nyhet rumour, report; hörsägen hearsay; *det kom ut ett* ~ word got about **2** allmänt omdöme om ngn (ngt) reputation, name; ryktbarhet fame; *ha gott (dåligt)* ~ *[om sig]* have a good (bad) reputation (name), be held in good (bad) repute, be well (ill) spoken of
ryktesspridare rumourmonger
ryktesvägen, jag känner honom ~ ...by repute (reputation)
rymd 1 världs~ space; luft air; himmel sky; bildl., i t.ex. målning space; *yttre* ~*en* outer space **2** ~innehåll capacity; volym volume
rymddräkt spacesuit
rymdfarare space traveller
rymdfarkost spacecraft (pl. lika)
rymdfärd spaceflight; ~*er* äv. space travel sg.
rymdfärja space shuttle
rymdmått cubic measure, measure of capacity
rymdraket space rocket
rymdskepp spaceship
rymdvarelse extraterrestial [being]
rymlig eg. spacious; om t.ex. ficka capacious; vid ample; bildl., om samvete flexible; om t.ex. definition broad
rymling fugitive, runaway
rymma I *itr* **1** allm. run away; om fånge o.d. escape; om kvinna med älskare elope; plötsligt ge sig i väg decamp; ~ *med* kassan äv. run (make) off with... **2** sjö., om vinden veer aft **II** *tr* kunna innehålla hold; bildl.: innefatta contain; omsluta embrace
rymmas, de *ryms i salen* there is room for...in the hall, the hall will hold (resp. seat)..., jfr *rymma II;* så liten att *den ryms i fickan* ...it goes into the pocket
rymmen, *på* ~ on the run
rymning ur fängelse o.d. escape
rymningsförsök attempted (attempt to) escape
rynka I *s* i huden wrinkle; fåra furrow;

skrynkla (på kläder) crease, wrinkle; *rynkor* sömnad. gathering sg., shirring sg. **II** *tr* o. *itr* **1** ~ *pannan* wrinkle [up] one's forehead; ögonbrynen knit one's brows, isht ogillande frown; ~ *på näsan åt* bildl. turn up one's nose at **2** sömnad. gather **III** *rfl,* ~ *sig* om tyg crease, crumple, wrinkle
rynkig 1 om hud wrinkled; fårad furrowed **2** skrynklig creased
rysa av köld shiver; av förtjusning o.d. thrill; *det ryser i mig när jag* tänker på... äv. it gives me the shudders (vard. the creeps) to +inf.; ~ *till* give a shiver (shudder)
rysare thriller
rysch ruche; ~ *och pysch* frillies pl.
rysk Russian
ryska (jfr *svenska*) **1** kvinna Russian woman **2** språk Russian
ryslig förskräcklig dreadful; fasansfull horrible; förfärlig terrible; otäck horrid samtl. äv. friare; vard. äv. awful
rysligt dreadfully etc., jfr *ryslig*; han är ~ *tråkig* ...a dreadful bore
rysning shiver, shudder
ryss Russian
Ryssland Russia
ryta allm. roar; ~ sina order roar (bark) out...; ~ *till* give a roar
rytande roaring etc., jfr *ryta; ett* ~ a roar
rytm rhythm
rytmisk rhythmic[al]
ryttare allm. rider; i kortsystem tab; *en häst utan* ~ a riderless horse
ryttarinna horsewoman
1 rå sjö. yard
2 rå andeväsen sprite; skogs~ siren of the woods
3 rå 1 ej kokt el. stekt raw **2** ej bearbetad: om t.ex. hudar raw; om t.ex. olja crude; om diamant rough **3** om väder raw **4** bildl.: grov coarse; brutal brutal; ~*tt spel* sport. rough play; *den* ~*a styrkan* brute force; *en* ~ *typ (sälle)* a rough customer
4 rå I *itr* **1** ~ +inf. be able to +inf., se vid. *orka* **2** se *råda II* **II** *rfl,* ~ *sig själv* be one's own master (resp. mistress); om han *får* ~ *sig själv* ...is left to himself
III med beton. part.
~ **för:** *jag* ~*r inte för det* I cannot help it; det är inte mitt fel it's not my fault, it's none of my doing
~ **om** own, possess; *vem* ~*r om det?* äv. whose is it?; *vem* ~*r om hunden?* äv. who does the dog belong to?
~ **på** mera eg. be stronger than; vara övermäktig get the better of; få bukt med cope with; bemästra master; *jag* ~*r inte på*

honom mera eg. I can't beat him; bildl. I can't manage (handle) him
råbarkad bildl. coarse, boorish
råd 1 advice; högtidl. counsel; *ett [gott] ~ a* piece of [good] advice, some [good] advice; *ge ngn ett ~* advise a p.; *lyda (följa) ngns ~* take (follow, act on) a p.'s advice **2** medel means, expedient; utväg way [out]; hjälp resource; *det blir väl någon ~* there will be some way out **3** pengar, *han har ~ att* +inf. he can afford to +inf. **4** rådsförsamling council; nämnd o.d. board
råda I *tr* ge råd advise; högtidl. counsel; tillråda recommend; *jag råder dig att inte* +inf. äv. I warn you not to +inf. **II** *itr* **1** ha makten rule; ha övertaget prevail; disponera dispose; *om jag fick ~* if I had my way **2** förhärska prevail; om t.ex. mörker reign; *det råder* inget tvivel there is...
rådande allm. prevailing, existing; förhärskande predominant
rådbråka bildl. murder; *på min ~de* engelska in my broken...
rådfråga consult; *~ en advokat (läkare)* äv. take legal (medical) advice
rådfrågning consultation; *~ar* besvaras av... inquiries...
rådgivare allm. adviser; högtidl. counsellor
rådgivningsbyrå advice (information) bureau
rådgöra, *~ med ngn om ngt* consult (confer) with a p. on (about) a th.
rådhus stadshus town hall; i större stad el. amer. city hall; jur. [town] law-court[s pl.]; *de gifte sig på ~et* they were married before the registrar
rådig resolut resolute; fyndig resourceful
rådighet 1 resolution; fyndighet resourcefulness; sinnesnärvaro presence of mind **2** förfogande right of disposition
rådjur roe deer (pl. lika), roe äv. koll.
rådjursstek joint of venison; tillagad roast venison
rådlig advisable; lämplig expedient
rådlös för tillfället perplexed, at a loss [what to do]
rådlöshet perplexity
rådman vid tingsrätt district court judge; i vissa städer city court judge; vid länsrätt county administrative court judge
rådpläga, *~ om ngt* deliberate [[up]on (over)] a th.
rådslag deliberation; bibl. counsel
rådvill villrådig perplexed, at a loss; obeslutsam irresolute
råg rye; *ha ~ i ryggen* vard., ung. have stamina (guts)

råga I *tr* heap; *en ~d tesked* a heaped teaspoonful; *i ~t mått* bildl. abundantly **II** *s, till ~ på allt* to crown (cap) it all, on top of that (it all)
rågbröd rye (black) bread
råge full (good) measure; *du skall få igen och det med ~* ...with interest
rågmjöl rye flour
rågsikt sifted rye flour
rågummisula crêpe [rubber] sole
råhet (jfr *3 rå*) egenskap rawness etc.; crudity, brutality; handling brutality; *~er* uttryck coarse expressions (anmärkningar remarks, skämt jokes etc.)
1 råka zool. rook
2 råka I *tr* träffa meet; stöta ihop med run (come) across, encounter **II** *itr* **1** händelsevis komma att happen (chance) to; *han ~de falla* he happened to fall; *om du skulle ~ se honom* äv. if you should see him by any chance **2** komma *~ i händerna på* fall into the hands of; *~ i svårigheter* get into trouble; se f.ö. resp. subst. **III** med beton. part.
~ in i get into; bli indragen i get involved in *~ på ngn* come (run) across a p.; *den första bok jag ~de på* vanl. ...came across
~ ut: ~ illa ut get into trouble (difficulties); stark. meet with misfortune, come to grief; i t.ex. slagsmål cop it; *~ ut för* en olycka meet with...; *~ ut för* ett oväder o.d. be caught in...
råkall raw [and chilly]; *i den ~a morgonen* äv. in the raw of the morning
råkas meet
råkost raw (uncooked) vegetables and fruit
råkostsallad raw vegetable salad
råkurr vard. roughhouse
råma moo; bellow äv. bildl.
råmande kos läte mooing
råmaterial raw (crude) material
råmärke eg. boundary mark; *~n* bildl. bounds, boundaries
1 rån bakverk wafer
2 rån stöld robbery
råna rob; *~ ngn på ngt* rob a p. of a th.
rånare robber
rånkupp robbery; jfr äv. *rånöverfall*
rånmord murder with robbery (with intent to rob)
rånöverfall assault with intent to rob; vard. hold-up
råolja crude oil
råraka kok., ung. [grated] potato pancake
råris unpolished (rough) rice
råriven, *rårivna* morötter grated raw...
rårörd, *~a* lingon, ung. ...preserved raw
råsegel sjö. square sail

råskinn bildl. rowdy, tough
råsop vard., slag sock; bildl. vicious attack, broadside
råtta rat; liten mouse (pl. mice)
råttfälla mousetrap, rat-trap
råttgift rat poison
råttgrå mouse-coloured
råtthål mousehole; bildl. rat-trap
råvara raw material (product), primary product; *råvaror* äv. primary produce sg.
räck 1 rail; se vid. *räcke* **2** gymn. horizontal bar
räcka I *s* **1** mera eg.: rad row **2** friare: av t.ex. händelser series (pl. lika), suite
II *tr* **1** överräcka hand; *vill du ~ mig saltet?* please pass [me] the salt; may I trouble you for the salt?; *~ ngn handen* give (offer) a p. one's hand; bildl. extend the hand of friendship to a p. **2** nå reach **3** tekn. stretch
III *itr* **1** förslå be enough (sufficient); *få* pengarna *att ~* make...do **2** vara last; *~ länge* last a long time **3** nå reach; sträcka sig (om sak) extend
IV med beton. part.
~ fram eg. hold (stretch) out; överräcka hand; som gåva present
~ till: få det att ~ till make it do; om tillgångar äv. make both ends meet
~ upp: ~ upp handen put (hold, stretch) up one's hand
~ ut: ~ ut handen om cyklist o.d. give a hand-signal; *~ ut tungan åt ngn* stick (put) out one's tongue at a p.; *~ ut tungan* hos läkaren put one's tongue out
räcke på t.ex. balkong rail; på trappa (inomhus) banisters; (utomhus) railing[s pl.]; på bro parapet
räckhåll, *utom ~ [för ngn]* out of el. beyond [a p.'s] reach (bildl. äv. grasp)
räckvidd t.ex. boxares reach; skjutvapens range; bildl., omfattning scope, compass; betydelse importance
räd raid; *göra en ~ mot (in i)...* äv. raid...
rädd 1 allm. afraid end. pred.; förskräckt frightened; alarmed; bekymrad anxious; räddhågad timid; *bli ~* get (be) frightened etc.; *det var just det jag var ~ för* I feared as much; *vara ~ [för] att* hugga i be afraid of ing-form **2** *vara ~ om* aktsam om be careful with; t.ex. sina kläder take care of; mån om be jealous of; sparsam med be sparing (economical) with
rädda I *tr* allm. save; bärga salvage, salve; friare preserve; *~ ansiktet* save one's face; *~ ngn från att drunkna* rescue (save) a p. from drowning; *komma som en ~nde ängel* ...like an angel to the rescue; *dagen är ~d* that's made my (our etc.) day **II** *rfl*, *~ sig* save oneself; genom flykt escape
Rädda Barnen [the] Save the Children Fund
räddare rescuer; befriare deliverer
räddning ur överhängande fara rescue; räddande saving, jfr *rädda I*; frälsning salvation äv. t.ex. stads, företags; bärgning salvage; befrielse deliverance; utväg resort; sport., målvakts save
räddningsaktion rescue action
räddningsarbete rescue work (operations pl.)
räddningskår rescue (salvage) corps; bil. breakdown [recovery] service
räddningsmanskap rescue party
räddningsplanka bildl. last resort (hope), sheet anchor; enkelt alternativ easy option
rädisa radish
rädsla fear; *av ~ för att* + sats for fear [that (lest)] + sats
räffla I *s* spår groove äv. i gevärspipa; ränna channel; i t.ex. pelare flute; t.ex. på gummisula rib **II** *tr* groove, channel, flute; vapen rifle; *~d* om t.ex. gummisula ribbed
räfsa I *s* rake **II** *tr* rake
räka liten el. allm. shrimp; större, djuphavs~ prawn
räkel, *en lång ~* a lanky fellow
räkenskap 1 redogörelse *avlägga ~ för ngt* render an account of a th., account for a th. **2** *föra ~er* keep accounts
räkenskapsår financial year
räkna I *tr* o. *itr* **1** allm. count; företa uträkningar reckon; beräkna calculate; *~ till tio* count [up] to ten; *fördelarna är lätt ~de* the advantages can be counted on the fingers of one hand; *~s som* omodern be regarded (reckoned) as...; *det här är mer än jag ~de med* this is more than I bargained for; *~ ngt på fingrarna* count a th. on one's fingers **2** matem. do arithmetic (sums); *~ ett tal* do (work out) a sum **3** uppgå till number; mäta measure
II med beton. part.
~ av dra av deduct
~ bort dra av deduct; lämna ur räkningen leave...out of account; extrainkomster exclude
~ efter: ~ efter hur mycket det blir work out how much it will be
~ från dra av deduct; frånse leave...out of account
~ igenom kontrollera check; kassan count [over]

~ ihop t.ex. pengar count (reckon, tally, tot) up; en summa add up
~ in t.ex. kreatur count; ngt i priset include
~ med count [in]
~ ned addera ned add (sum) up; inför start count down
~ om count...over again, recount; ett tal do...again
~ samman se ~ *ihop*
~ upp nämna i ordning enumerate; pengar count out; ekon., anslag o.d. adjust...upwards
~ ut beräkna calculate; fundera ut figure out; förstå make out; tänka ut think out; ett tal do; boxn. count out
~ över *sina pengar* count over...; vad det kommer att kosta calculate...
räknas, *han* (*det*) ~ *inte* he (that) does not count (counts for nothing)
räknebok isht skol., att räkna i sum book; lärobok arithmetic [book]
räknedosa minicalculator, calculator
räknemaskin calculating machine, calculator
räkneord numeral
räknesticka slide rule
räkning räknande counting; i vissa fall count äv. boxn.; beräkning calculation; matem. arithmetic; nota bill; amer. äv. check; månads~ account; faktura invoice; *en ~ på 500 kr* a bill for...; *vara nere för* ~ boxn. o. bildl. be down for the count; behålla ngt *för egen* ~ ...for oneself (one's own use); *vara bra i* ~ be good at arithmetic (mera elementärt sums, att räkna figures); *skriva* (*sätta*) *upp ngt på ngns* ~ put a th. down to a p.'s account (to a p.)
räls rail
rämna I *s* i t.ex. mur el. i jorden crack; i glaciär crevasse; i molnen rent; bred gap; bildl. split **II** *itr* spricka crack; om tyg rend, be rent, tear; om molntäcke part
ränker intriger intrigues; anslag plots
1 ränna allm. groove, furrow; transport~ shoot; vid flottning o.d. flume; dike trench; avlopps~ drain; kanal channel; farled channel; liten klyfta gully
2 ränna I *itr* run; ~ *i vädret* (*höjden*) växa shoot up
II med beton. part.
~ in: ~ *in ngt i...* run a th. into...
~ iväg run (rush) off
~ omkring på *gatorna* run (gad) about [in]...
~ upp på ett grund run aground (upon rocks)
~ ute *om kvällarna* run [out and] about...
rännande running (gadding) about; *det var*

ett fasligt ~ [*av folk*] hela dagen people kept running in and out (coming and going)...
rännil rill; friare, t.ex. av svett trickle
rännsten gutter; *hamna i ~en* bildl. land in the gutter
ränta ekon. interest end. sg.; räntefot rate [of interest]; ~ *på* ~ compound interest; *effektiv* ~ true (actual) rate of interest; *enkel* ~ simple interest; *rak* ~ flat rate; beräkna ~*n efter 10%* ...the interest at [the rate of] 10%; *ta 10% i* ~ charge 10% interest; *ge betalt för ngt med* ~ bildl. return a th. with interest
räntabel vinstgivande profitable, paying; räntebärande interest-bearing; *vara* ~ äv. pay its way
ränteavdrag deduction of interest; vid självdeklaration tax relief on interest
räntefri ...free of (without) interest
räntehöjning increase in the rate of interest
ränteinkomst income (end. sg.) from interest
räntekostnad cost of interest; ~*er* interest charges
räntesats rate of interest, interest rate
räntesänkning reduction in the rate of interest
räntetak ekon. interest-rate ceiling
rät rak right; om linje straight
räta I *s* right side **II** *tr* o. *itr*, ~ [*ut*] straighten [out], make...straight; ~ *ut sig* om pers. stretch oneself out; om sak become straight [again]
rätsida 1 right side; mynts o.d. obverse **2** bildl. *jag får ingen* ~ *på det här* I can't get this straight, I can't make head or tail of this; *försöka få* [*någon*] ~ *på sin ekonomi* try to get one's finances into [some sort of] order
rätstickning plain knitting
1 rätt mat~ dish; del av måltid course; *middag med tre* ~*er* a three-course dinner; *dagens* ~ på matsedel today's special
2 rätt 1 rättighet right; rättvisa justice; ~*en till arbete* el. ~*en att arbeta* the right to work; *få* ~ prove (be) right, turn out to be right; *ge ngn* ~ admit that a p. is right, agree with a p.; *ha* ~*en på sin sida* be in the right; *ha* ~ *till ngt* have a right (be entitled) to a th.; *komma till sin* ~ göra sig själv rättvisa do oneself justice, do justice to oneself; ta sig bra ut show (appear) to advantage; *tavlan kommer mera till sin* ~ *där* that position does the picture more justice; *åren börjar ta ut sin* ~ age is beginning to tell [on me (you etc.)]; *han*

är i sin fulla (goda) ~ he is perfectly (quite) within his rights; *med ~ eller orätt* rightly or wrongly **2 a)** rättsvetenskap, rättssystem law **b)** domstol court, lawcourt; *sitta i ~en* sit in court (on the bench) **3 rätt I** *adj* riktig right; tillbörlig proper; rättmätig rightful; sann, verklig true, real; rättvis fair, just; *~ skall vara ~* fair is fair; *det var ~ av henne att* +inf. it was right of her to +inf.; she was right to +inf. (in +ing-form); *det är ~ åt honom!* serve[s] him right!; *göra det ~a* do what is right (the right thing); *den ~e* the right man; *~ man på ~ plats* the right man in the right place; *ett ord i ~an tid* ...in season **II** *adv* **1** korrekt rightly; saken är *inte ~ skött* ...not properly handled; *det kan inte stå ~ till med* hans affärer there must be something wrong with...; *träffa ~* hit the mark; bildl. hit upon the right thing **2** förstärkande: riktigt quite; något försvagande: tämligen fairly; ganska (vanl. gillande) pretty; (vanl. ogillande) rather; jfr äv. *ganska*; han börjar *se ~ gammal ut* ...look quite an old man; filmen är *~ [så] bra* äv. ...not [too (so)] bad **3** *~ och slätt* simply **4** *~ som (vad) det var* plötsligt all at once, all of a sudden, suddenly; *~ som jag satt där* just as I was sitting there **5** rakt straight, right; bo, gå *~ över gatan* ...straight across the street **6** *få (leta, skaffa, ta) ~ på* se *reda I* ex.
rätta I *s* **1** *med ~* rightly, justly, with justice; *hjälpa ngn till ~* show a p. the way about; friare help a p., lend a p. a hand; vard. show a p. the ropes; *komma till ~* be found, turn up; *komma till ~ med* a) pers., få bukt med manage, handle; komma överens med get on (along) with b) t.ex. problem cope with, master; situation manage, handle; t.ex. svårigheter overcome, get the better of **2** jur. *inför ~* in court, before the court; *dra ngt inför ~* bring (take) a th. to court **II** *tr* o. *itr* **1** korrigera correct; skol. mark; amer. grade; *~ en skrivning (en uppsats)* mark (amer. grade) a paper (a composition, an essay); *~ till* a) t.ex. klädseln, håret, ledet put...straight, adjust b) t.ex. fel put (set)...right, rectify, correct; missförhållande o.d remedy **2** avpassa adjust, accommodate, suit **III** *rfl*, *~ sig* **1** rätta en felsägning correct oneself **2** *~ sig efter* a) om pers. comply with; instruktioner o.d. äv. conform to; beslut o.d. abide by, go by; order obey; andra människor accommodate (adapt) oneself to **b)** om sak *priserna ~r sig efter* tillgång och efterfrågan prices are dependent on (determined by)...

rättegång rannsakning trial; process [legal] proceedings; rättsfall case; isht civilmål lawsuit, action; se äv. *process 2* ex.
rättegångshandling, *~[ar]* allm. court records pl.; avseende visst mål documents pl. of a (resp. the) case
rättegångskostnad, *~[er]* law expenses pl.; isht ådömda court (legal) costs pl.
rättegångsprotokoll report of the proceedings
rätteligen med rätta by right, rightly; egentligen by rights
rättelse allm. correction; beriktigande rectification
rättesnöre guiding rule (principle), norm; *ta ngt till ~* take a th. as a guide (an example), be guided by a th.
rättfram straightforward; öppenhjärtig outspoken
rättfärdig just; isht bibl. äv. righteous; *en ~ sak* a just cause
rättfärdiga I *tr* allm. justify **II** *rfl*, *~ sig* justify oneself [*inför ngn* before (to) a p.]
rättfärdighet justness; isht bibl. äv. righteousness
rättighet allm. right; befogenhet authority; sprit*~er* licence sg.; *ha fullständiga* sprit*~er* be fully licensed
rättika black radish
rättmätig om t.ex. arvinge rightful; om krav o.d. legitimate; om harm righteous; *det ~a i* hans krav the legitimacy of...
rättning 1 korrigering correcting **2** mil. dressing; *~ höger (vänster)!* right (left) dress!
rättroende o. **rättrogen** faithful; friare orthodox; *en ~* subst. adj. a [true] believer
rättrådig rättvis just; redbar upright, honest
rättsanspråk legal claim
rättsfall [legal] case
rättsförfarande legal (judicial) procedure
rättshaveri dogmatism
rättshjälp legal aid
rättsinnig right-minded; se äv. *rättrådig*
rättskaffens honest, upright
rättskipning [the] administration of justice
rättskrivning spelling
rättskänsla sense of justice
rättslig laglig legal; i domstol judicial; juridisk juridical; *medföra ~ påföljd* involve legal consequences; *~t skydd* äv. protection of the law
rättsläkare medico-legal expert, medical examiner
rättslös om pers. ...without legal rights

(protection); om tillstånd lawless, anarchic[al]
rättslöshet lack of legal rights (protection); lawlessness; jfr *rättslös*
rättsmedicin forensic medicine
rättsmedvetande sense of justice
rättspsykiatrisk, ~ *undersökning* examination conducted by a forensic psychiatrist
rättsröta ung. corrupt legal practice
rättssak [legal] case; *göra ~ av ngt* bring (take) a th. before court (to court)
rättssal court, courtroom
rättsskydd legal protection
rättsstat state governed by law
rättsstridig unlawful; *~t tvång* duress
rättssäkerhet law and order; *den enskildes ~* the legal rights pl. of the individual
rättstavning spelling
rättsväsen judicial system, judicature
rättvis rättfärdig just; skälig fair; opartisk impartial; *det ~a i mina krav* the justice of...; *vad är en ~ klocka?* what is the right time?
rättvisa justice, jfr *rättvis*; *~n* lag o. rätt justice, the law
rättvänd allm. turned the right way round (right side up)
rättänkande right-minded; *en ~* subst. adj. a right-minded (right-thinking) person
rätvinklig om triangel o.d. right-angled
räv fox äv. bildl.; *din gamle ~!* you cunning old fox!; *svälta ~* kortsp. beggar-my-neighbour; *han har en ~ bakom örat* he is a sly fox (wily bird)
rävgryt fox burrow, fox earth
rävhona vixen
rävsax fox trap; *sitta i en ~* bildl. be in a tight corner (spot), be trapped
rävskinn som ämnesnamn fox skin; pälsverk fox [fur]
rävspel 1 spel fox and geese **2** bildl. intriguing, underhand games, hanky-panky; isht polit. gerrymandering
rö reed; *som ett ~ för vinden* like a reed shaken by the wind
röd red äv. polit.; hög~ scarlet; *~ som blod* blood-red, crimson; *~a hund* med. rubella, German measles sg.; *köra mot rött [ljus]* trafik. jump the [red] lights; *de ~a* polit. the Reds; *se rött [för ögonen]* see red, se äv. *blå* o. sammansättn.
rödaktig reddish, ruddy
rödbeta [red] beetroot, amer. [red] beet
rödblond om t.ex. hår sandy
rödbrusig om pers. red-faced...; om t.ex. ansikte red
rödflammig blotchy

rödfärg röd färg red paint; Falu ~ red ochre
rödglödga bring to [a] red heat; *~d* äv. red-hot äv. bildl.
rödgråten ...red (swollen) with weeping
rödhårig red-haired
röding zool. char
rödkantad, *~e ögon* red-rimmed eyes
rödkål red cabbage
Rödluvan sagofigur Little Red Riding Hood
rödlätt om t.ex. hy ruddy
rödlök [red] onion
rödmosig red and bloated, florid
rödnäst red-nosed; stark. purple-nosed
rödpeppar red pepper
rödsprit förr methylated spirit[s pl.]; vard. meth[s pl.]
rödsprängd om öga bloodshot
rödspätta zool. plaice (pl. lika)
rödvin allm. red wine; bordeaux claret; bourgogne burgundy
rödögd red-eyed
1 röja förråda betray; uppenbara, yppa reveal; avslöja, blotta expose; visa show, display; *~ en hemlighet* give away (betray) a secret
2 röja I *tr* skog clear; hygge clear up; *~ hinder ur vägen* remove obstacles
II med beton. part.
~ av tomt o.d. clear; *~ av bordet* clear the table
~ undan eg. o. bildl.: t.ex. hinder clear away; pers. remove; *~ undan på bordet* clear...
~ upp: ~ *upp [i ett rum]* tidy up [a room]
~ ur clear out
röjarskiva vard. rave-up
röjning av mark o.d. clearing äv. konkr.
rök allm. smoke; *ingen ~ utan eld* no smoke without fire; *ta sig en ~* have a smoke
röka I *itr* smoke **II** *tr* allm. smoke; *~ cigarr (pipa)* smoke a cigar (a pipe)
III med beton. part.
~ in pipa break in
~ upp: ~ *upp mycket pengar* spend a lot of money on smoking
~ ut ohyra o.d. fumigate
IV *s* vard., cigarrer smokes; *dra ner på ~t* reduce one's smoking, smoke less
rökare 1 tobaks~ smoker; *icke ~* non-smoker **2** sport. vard.: hårt skott scorcher; *lägga på en ~* en spurt put on a fast spurt
rökavvänjningsklinik [anti-]smoking clinic
rökdykare fireman [equipped with a smoke helmet]
rökelse incense
rökfri smokeless; *~ zon* smokeless zone; på arbetsplats non-smokers' area

rökfärgad smoke-coloured; om glasögon smoked
rökförbud ban on smoking; *det är ~ (~ råder)* i tunnelbanan there is no smoking..., smoking is prohibited...
rökförgiftad asphyxiated; *bli ~* äv. be overcome by [the] smoke
rökgång flue
rökhosta smoker's cough
rökig smoky, smoke-filled
rökkupé smoking-compartment, smoker
rökning allm. smoking; *~ förbjuden* no smoking
rökridå smokescreen äv. bildl.; *lägga ut en ~* lay out a smokescreen
rökrum smoking-room
rökskadad smoke-damaged
röksugen, *jag är ~* I feel like (stark. I'm dying for) a smoke
rökutveckling, *den kraftiga ~en* gjorde att the heavy build-up of smoke...
rön iakttagelse observation; upptäckt discovery; erfarenhet experience; pl. äv. (iakttagelser) findings
röna t.ex. bifall, motstånd meet with; t.ex. välvilja come in for; uppmuntran find; *~ [livlig] efterfrågan* be in [great] demand; hon borde ha *rönt ett bättre öde* ...enjoyed a better fate
rönn bot. mountain ash; isht Nordeng. o. Skottl. rowan; för sammansättn. jfr äv. **björk-**
rönnbär rowanberry; *surt, sa räven om ~en* ung. it's (that's) just sour grapes
röntga X-ray; *han ska ~s* imorgon he is to be X-rayed...
röntgen *~strålar* X-rays; *~behandling* X-ray treatment
röntgenbehandling X-ray treatment
röntgenbild X-ray picture
röntgenblick X-ray vision
röntgenplåt X-ray plate
röntgenstrålning [the] emission of X-rays
röntgenundersökning X-ray [examination]
rör 1 lednings~ pipe; isht vetensk. el. tekn. tube **2** i radio el. tv valve; amer. tube **3** bot. reed; bambu~ cane **4** vard. *vara rostig i ~en* vara hes have a frog in one's throat
röra I *s* allm. mess äv. bildl.; t.ex. tomat mixture; oreda confusion
II *tr* **1** sätta i rörelse move; *inte ~ ett finger för att...* not stir a finger (lift a hand) to... **2** vidröra touch; bildl. concern; *han rörde knappt* maten he hardly touched... **3** bildl. *~ ngn till tårar* move a p. to tears
III *itr,* *~ i brasan* stir (poke) the fire; jag vill inte *~ i den saken* ...poke into that matter
IV *rfl,* *~ sig* **1** eg. allm. move; absol. el. motionera get exercise; *rör dig inte!* don't move!; *~ sig fritt* move about freely **2** bildl. *~ sig i* de bästa kretsar move in...; *vad som rör sig i tiden* what is going on in our time; *vad rör det sig om?* what is it [all] about?
V med beton. part.
~ ihop kok. o.d. mix; bildl. mix (jumble) up; *han rörde ihop alltsammans* äv. he got it all muddled up
~ om [i] kok. stir
~ till kok. prepare; smet mix; *rör inte till [det]* på skrivbordet don't mess things up...
~ upp eg. stir up; damm äv. raise; gamla tvister rake up
~ ut: *~ ut ngt i (med) vatten* stir a th. into water, mix a th. with water
rörande I *adj* touching; stark. pathetic
II *prep* angående concerning; vad beträffar as regards
rörd 1 gripen moved, touched **2** *rört smör* creamed butter
rörelse 1 mots. t. vila motion äv. fys. el. tekn.; gest gesture; liv och *~* stir, bustle; uppståndelse commotion; lavinen *kom i ~* ...began to move; *sätta fantasin i ~* stir (excite)... **2** politisk movement **3** affärs~ business; *driva (öppna) egen ~* run (start, open) a business (firm) of one's own **4** själs~ emotion; oro agitation
rörelseförmåga hos levande organism locomotive power; ngns ability to move [about]; *förlora ~n i benen* lose the use of one's legs
rörelsehindrad disabled; *en ~* subst. adj. a disabled person
rörig som ett virrvarr messy; oredig jumbled, jumbly, muddled; *vad det är ~t!* what a mess (jumble)!
rörledning piping; större transportledning pipeline
rörlig flyttbar movable; föränderlig, om t.ex. anletsdrag mobile; om priser flexible; snabb agile; *~a kostnader* variable costs; *~t liv* active life
rörlighet (jfr *rörlig*) movability; agility, alertness, versatility; *~ på arbetsmarknaden* industrial mobility
rörmokare plumber
rörsocker cane sugar
rörtång pipe wrench (tongs pl.)
röse mound of stones; uppstaplat cairn
röst 1 stämma voice äv. bildl.; sångare singer; *med hög (låg) ~* in a loud (low) voice **2** polit. vote; *~er* votes; sammanfattande äv. vote sg.; avgivna äv. poll sg.
rösta I *itr* vote; *en ~nde* subst. adj. a voter; *~ för (mot) ngt* vote for (against) a th.; *~*

om ngt vote on a th.; ~ *på ngn* vote for
a p.; jfr *blankt* m.fl.
II med beton. part.
~ **igenom** *förslag o.d.* vote...through
~ **in** ngn *i t.ex. riksdagen* vote a p. into...
~ **ned** (**omkull**) vote down
röstberättigad ...entitled to vote; *vara* ~ äv.
have a vote
röstbrevlåda data. el. tele. voice mail box
röstetal number of votes; *vid lika* ~ avgör
lotten if the number of votes are equal...,
where the voting is even...
röstkort ung. voting (electoral) card
röstläge [vocal] pitch
röstlängd electoral register, register of
electors (voters)
röstning voting
röstresurser vocal powers
rösträtt ngns right to vote (of voting);
politisk franchise; *allmän (kvinnlig)* ~
universal (woman, women's) suffrage
rösträttskvinna suffragette
röstsedel voting paper
röstskolkare abstainer
röststyrka 1 hos pers. strength (power) of
one's (the) voice **2** polit. voting strength
röstövervikt majority [of votes]
1 röta I *s* rot; förruttnelse putrefaction;
förmultning decay; med., kallbrand
gangrene; på tänder caries; bildl.
corruption; *ta (angripas av*) ~ begin to
rot, putrefy **II** *tr* **1** rot **2** lin ret
2 röta, *vilken* ~ vard., tur what a piece (bit)
of luck
rötmånad, *~en* the dogdays pl.; friare
dödsäsongen the silly season
rött red; *sätta lite* ~ *på läpparna* put on
some lipstick
rötägg eg. addled (rotten) egg; bildl. bad egg
röva rob; stjäla steal; ~ *bort* run away with;
isht kvinna abduct; 'kidnappa' kidnap; boskap
o.d. lift
rövare 1 robber; åld. el. bibl. thief (pl.
thieves); *leva* ~ raise hell (Cain, the devil);
vara ute och leva ~ be on the rampage
2 *ta en* ~ vard. have a go, chance it
rövarhistoria cock-and-bull (tall) story
rövarkula robber's den; bildl. thieves' den
rövarpris, *det är rena rama ~et* oskäligt
mycket it's daylight robbery
rövslickare vulg. arse licker; amer. ass kisser

s bokstav s [utt. es]
sabba vard., förstöra ruin, spoil, muck up
sabbat Sabbath
sabel sabre
sabotage sabotage
sabotera sabotage; friare ruin, muck up
sabotör saboteur
sacka, ~ [*efter*] lag (drop) behind, straggle
sackarin kem. saccharin
sadel saddle äv. kok.; *stiga i ~n* get into the saddle, mount one's horse
sadelgjord [saddle] girth
sadelmakare saddler
sadism sadism
sadist sadist
sadistisk sadistic
sadla I *tr* saddle; ~ *av* (*på*) unsaddle (saddle [up]) II *itr*, ~ *om* byta yrke change one's profession
safari safari
saffran saffron
saffransbröd saffron[-flavoured] bread
safir sapphire
saft natur~ juice; kokt med socker (för spädning) cordial; *ett glas ~* a fruit drink
safta I *itr* 1 eg. make cordial 2 *~ på* vard., 'bre på' pile it on II *rfl*, *~ sig* run to juice
saftig juicy äv. bildl.; om frukt succulent; full av sav sappy
saga fairy tale äv. friare; [fairy] story; folk~ folk tale; nordisk saga; myt myth; *berätta en ~ [för mig]!* tell me a story!
sagesman informant
sagoberättare story-teller
sagobok book of fairy tales
sagoland fairyland
sagolik fabulous; vard., fantastisk fantastic; *en ~ röra* an incredible mess
sagoprins fairy prince
sagoslott fairy castle (palace)
sagostund story time
Sahara the Sahara
sak 1 konkr. thing äv. om pers.; *~er* tillhörigheter belongings 2 abstr.: omständighet o.d. thing; angelägenhet matter, affair; *~ att kämpa för* o.d. cause; *en ~ någonting* vanl. something; *var ~ har sin tid* there is a time for everything; *det gör inte ~en bättre* that doesn't mend matters; *kunna sin ~* (*sina ~er*) know one's job (vard. stuff, onions); *jag ska säga dig en ~* I tell you what; do you know what?; *det är* [*inte*] *min ~* that's [none of] my business; *det är samma ~ med mig* it is the same with me; *se till ~en* [*och ej till personen*] be objective 3 jur., rättsfall case; friare el. ngt att kämpa för cause; *göra ~ av det* take it to court; *ta sig an ngns ~* take up a p.'s cause; *döma i egen ~* be a judge of one's own cause

sakfel factual error
sakfråga question of fact; [*själva*] *~n* the point at issue
sakförhållande state of things (affairs); faktum fact
sakkunnig expert, competent; *vara ~ i* be [an] expert in
sakkunskap sakkännedom expert knowledge
saklig nykter o. torr matter-of-fact, businesslike; objektiv objective; baserad på fakta ...based (founded) on facts; *en ~ bedömning* an objective estimate
saklighet matter-of-factness; objektivitet objectivity
saklöst ostraffat with impunity; utan vidare just like that
sakna 1 inte ha lack; med bibet. av behov want; lida brist på be wanting (lacking, deficient) in; vara helt utan t.ex. talang, mening be devoid of; *~ anlag* lack aptitude; *han ~r humor* he has no (is devoid of a) sense of humour; *jag ~r ord för att uttrycka...* I am at a loss for (I lack) words with which to express... 2 inte kunna hitta *~r du något?* have you lost something? 3 märka frånvaron av miss; *jag ~de inte nycklarna förrän...* I didn't miss my keys until...
saknad I *adj* missed; borta missing; *~e* subst. adj. ...persons missing (missing persons) II *s*, *~ efter ngn* regret at a p.'s loss (at the loss of a p.)
saknas vara borta be missing; *motiv ~ inte* there is no lack of motive
sakprosa ordinary (factual, non-literary) prose; som mots. till skönlitteratur non-fiction
sakral sacred
sakrament sacrament
sakregister subject index
sakristia kyrkl. vestry
sakskäl positive argument; *mottaglig för ~* amenable to reason
sakta I *adj* långsam slow; varsam gentle; dämpad soft; *över ~ eld* over a slow fire
II *adv* långsamt slowly; varsamt gently; *gå ~*

walk slowly (tyst softly) **III** *tr* o. *itr,* ~ [*farten*] el. ~ *in* slow down **IV** *rfl,* klockan *~r sig* ...is losing [time]
saktmodig meek, gentle
sakuppgift factual information
sal hall; mat~ dining-room; salong drawing-room; sjukhus~ ward; *allmän* ~ public ward
salamikorv salami [sausage]
saldo balance; *ingående* ~ balance brought forward (förk. BF, b.f.)
salicylsyra kem. salicylic acid
salig bibl. blessed; poet. blest; vard., lycklig delighted, [very] happy; avliden late...; *en* ~ *röra* a glorious mess; ~ *i åminnelse* of blessed memory
salighet teol. blessedness; frälsning salvation; lycka bliss
saliv saliva
sallad 1 bot., [huvud]sallat lettuce **2** kok. salad
salladsbestick salad servers; *ett* ~ a pair of salad servers
salladsblad lettuce leaf
salladsdressing salad dressing
salladshuvud lettuce, head of lettuce
salmiak kem. sal ammoniac
salmonella ~bakterier salmonell|a (pl. -ae); sjukdomen salmonella; vetensk. salmonellosis
salong 1 i hem drawing-room; amer. parlor; [stort] sällskapsrum lounge äv. på hotell, båt o.d.; mindre saloon; *~en* publiken på teater o.d. the audience, the house **2** utställning exhibition, konst. äv salon
salpeter kem. saltpetre; kali~ potassium nitrate
salt I *s* salt; kok. [common] salt; *ta ngt med en nypa salt* bildl. take a th. with a grain (pinch) of salt **II** *adj* salt; bildl. pungent
salta salt; bildl. season; ~ *notan* vard. salt the bill; *en ~d räkning* a stiff bill; ~ *in* (*ned*) salt [down]; lägga i saltlake brine
saltgurka pickled gherkin
salthalt salt content; procentdel percentage of salt
saltkar för bordet saltcellar
saltlake kok. brine
saltomortal somersault; *göra en* ~ do (turn) a somersault, somersault; *baklänges* ~ backflip
saltsjö insjö salt lake
saltströare saltcellar, amer. saltshaker
saltsyra kem. hydrochloric acid
saltvatten salt water; saltlösning brine
salu, *till* ~ on (for) sale, to be sold; *ej till* ~ not for sale
salubjuda o. **saluföra** offer...for sale

saluhall market hall
salustånd stall; isht på marknad booth; isht på t.ex. mässa stand
salut salute; *ge* (*skjuta*) ~ give a salute
salutera salute
salutorg market place
1 salva skott~ o.d. el. bildl. volley; *avlossa* (*avfyra*) *en* ~ discharge (fire) a volley
2 salva till smörjning ointment
salvelsefull unctuous
salvia bot. sage
samarbeta co-operate; isht i litterärt arbete el. neds. el. polit. collaborate
samarbete co-operation; collaboration; jfr *samarbeta*; *bristande* ~ lack of co-operation
samarbetssvårigheter difficulty sg. in co-operating
samarbetsvillig co-operative
samarit bibl. el. bildl. Samaritan; *den barmhärtige ~en* the Good Samaritan
samba, *dansa* ~ dance (do) the samba
samband connection; mil. liaison; *i* ~ *härmed* in this connection
sambeskattning joint taxation
sambo I *s* samboende person live-in; mera formellt cohabitee, cohabiter **II** *itr* live together, live in; mera formellt cohabit
samboende I *adj* ...living together, ...that live (lived etc.) together; mera formellt cohabiting **II** *s* det att sammanbo living together, jfr vid. *sambo I*
same Lapp
samexistens coexistence
samfund förening society; kyrko~ communion
samfälld gemensam joint; enhällig unanimous
samfärdsel communications; trafik traffic
samfärdsmedel means (pl. lika) of transport
samförstånd [mutual] understanding; enighet agreement; *hemligt* ~ secret understanding; maskopi collusion; *i* ~ *med partiet* o.d. in agreement (accord, concert) with...
samgående sammanslagning fusion; gemensam aktion joint action; *ett* ~ *mellan*... [close] co-operation between...
samhälle 1 allm. society (äv. *~t*); mera konkr. som social enhet community; ort place; by village; förstad suburb; stad town **2** zool. colony
samhällelig social; ~ *plikt* public duty
samhällsanda public (community) spirit
samhällsbevarande conservative
samhällsdebatt public debate
samhällsekonomi national (public) economy (finances pl.)

samhällsfarlig ...dangerous to society (resp. the community); anti-social; *vara* ~ äv. be a public danger
samhällsfientlig anti-social
samhällsgrupp social group
samhällsklass class [of society], social class
samhällskritik criticism of society
samhällskunskap civics, social studies
samhällsliv social life
samhällsnyttig ...of advantage to society; *~t företag* [public] utility company
samhällsorgan public institution
samhällsorienterande, ~ *ämnen* social studies, civics sg.
samhällsplanering social (community el. town and country) planning
samhällsproblem social problem
samhällsskick social structure, type of society
samhällsskildring description of society
samhällsställning social position, position in society
samhällstillvänd social-minded; engagerad committed
samhällstjänst community service
samhällsvetare social scientist, sociologist
samhällsvetenskap social science
samhörighet solidarity; själsfrändskap affinity; *känna ~ med* äv. feel [intimately] allied (related, akin) to
samisk Lapp
samiska språk Lappish
samklang mus. harmony, unison äv. bildl.; enhällighet concord, unanimity; *stå i ~ med* bildl. be in harmony (tune, keeping) with
samkväm social [gathering]
samköra co-ordinate
samkörning co-ordination
samla I *tr* gather; isht mer planmässigt collect; få ihop get together; *~ på hög* amass, hoard up; förvärva acquire; lagra store [up]; dra till sig attract; förena unite; [*stå och*] *~ damm* collect (gather) dust; *~ många deltagare* attract many participants; *~ en förmögenhet* amass a fortune; *~ mod* pluck (get) up courage **II** *itr, ~ på* ngt collect... **III** *rfl, ~ sig* eg., se *samlas*; bildl. collect (compose) oneself; vard. pull oneself together; koncentrera sig concentrate **IV** med beton. part.
~ **ihop** se *samla I*; *~ ihop sina saker* get one's things together
~ **in** collect; t.ex. namnunderskrifter äv. get
~ **på sig** t.ex. en massa skräp pile up
samlad collected; församlad assembled etc.,

jfr *samla I*; *lugn och ~* calm and collected (composed)
samlag sexual intercourse; isht med. coitus, coition; *ett ~* an act of sexual intercourse
samlare collector
samlas om pers. gather; församlas assemble; träffas meet; hopas collect
samlevnad mellan människor social life; samliv life together; *äktenskaplig ~* married life
samling 1 abstr. gathering etc., jfr *samla I* o. *samlas*; uppslutning rallying; polit. coalition; *~* [*sker*] kl. 9 assembly (vi ska samlas we will assemble) at... **2** konkr. collection; av pers. gathering; grupp group; vard. bunch, lot; neds. pack
samlingslokal plats meeting-place; sal assembly hall
samlingsplats meeting-place; mil. el. friare rendezvous (pl. lika)
samlingspunkt meeting-point; bildl. foc|us (pl. -i el. -uses)
samlingspärm file
samlingsregering coalition government
samlingssal assembly hall, meeting-hall
samliv life together; *äktenskapligt ~* married life
samma (*samme*) the same; likadan similar, ...of the same kind (sort); *~ dag* han for [on] the day [that]...; *en och ~ person* [one and] the same person; *det är en och ~ sak* it comes to the same thing; *på ~ gång* at the same time
samman together, jfr *ihop* o. *tillsammans*
sammanbiten resolute
sammanblanda se *blanda ihop* (*samman*)
sammanblandning förväxling confusion
sammanbo live together; mera formellt cohabit; *~ med* ngn live with...
sammanboende se *samboende*
sammanbrott collapse; *nervöst ~* nervous breakdown
sammandrabbning mil. el. friare encounter; bildl. clash; ordstrid altercation
sammandrag summary, résumé, digest; isht vetensk. abstract; *nyheterna i ~* news summary, the news in brief
sammanfalla infalla samtidigt coincide
sammanfallande coincident
sammanfatta sum up
sammanfattning summary, outline
sammanfattningsvis to sum up
sammanfoga join
sammanföra bring...together; *~ presentera två personer* introduce two persons to each other
sammanhang samband connection; text~ context; logiskt *~* consistency; obrutet ~,

följd continuity; komplex, [sammanhängande] helt complex; han fattade *hela ~et* ...the whole situation (thing), ...how it had all happened (come about); han är *mogen att framträda i större ~* ...ready for greater tasks (om skådespelare roles)
sammanhållning samhörighet solidarity; enighet unity; samstämmighet concord; *god ~ i klassen* good spirit (fellowship)...
sammanhänga se *hänga* [*ihop*]
sammanhängande connected; utan avbrott continuous; *härmed ~ frågor* ...connected with it (this)
sammankalla call together, assemble
sammankomst meeting; större convention
sammanlagd total total; *deras ~a inkomster* their combined incomes
sammanlagt in all; *~ 1000 kr äv. a total of...*, ...all told
sammansatt om t.ex. ord, tal, ränta compound; av olika beståndsdelar composite; komplicerad complicated, complex; *vara ~ av* bestå av be composed (made up) of, consist of
sammanslagning uniting; fusion merger, fusion; av kapital o.d. pooling
sammanslutning förening association, society, club; sammanslutna organisationer union, amalgamation; syndikat combine; polit. union
sammansmältning fusion
sammanställa put together, compile
sammanställning putting together; av t.ex. antologi compilation; kombinerande combination
sammanstötning kollision collision; mindre stöt knock; kamp clash; mil. encounter; konflikt conflict
sammansvetsad bildl. closely united (knit)
sammansvärjning conspiracy, plot
sammansättning 1 det sätt varpå ngt är sammansatt composition, make-up; t.ex. riksdagens constitution; struktur structure; kombination combination **2** språkv. compound
sammanträda meet; hålla ett möte hold a meeting
sammanträde [committee] meeting; parl. o.d. sitting; *han sitter i (är på) ~* he is having (is at) a meeting, he is in a conference
sammanträffa råkas meet; *~ med ngn* meet a p.; händelsevis run across a p.
sammanträffande 1 möte meeting **2** *~ av omständigheter* coincidence
samme se *samma*
sammet velvet

sammetslen o. **sammetsmjuk** velvety, velvet...
samordna co-ordinate
samordning co-ordination
samproduktion co-production
samregering joint government (rule)
samråd consultation; *i ~ med* in consultation with
samråda consult each other; *~ med ngn* consult (confer with) a p.
samröre dealings, collaboration; *ha ~ med* have dealings (collaborate) with
sams a) *vara ~* vänner be [good] friends, be on good terms [with each other]; *bli ~ igen* be friends again, make it up **b)** *vara ~ eniga* be agreed, agree [*om ngt* on (about) a th.]
samsas 1 a) trivas tillsammans *~* [*bra*] get on well **b)** enas agree **2** dela *~ om* t.ex. utrymmet share
samspel mus. el. teat. o.d. ensemble; sport. teamwork; bildl. interplay
samspråk talk; förtroligt chat; *komma (slå sig) i ~ med* get into conversation with
samspråka talk; småprata chat
samstämd harmonierande attuned
samstämmig överensstämmande ...in accord, concordant; enhällig unanimous
samsändning radio. el. TV. joint (simultaneous) broadcast (transmission)
samt and [also]; tillsammans med [together (along)] with
samtal conversation; diskussion discussion; intervju interview; dialog dialogue; tele. call
samtala talk, converse; *~ om* diskutera äv. discuss
samtalsterapi psykol. conversational therapy
samtalsämne topic, topic (subject) of conversation (polit. o.d. discussion); *byta ~* change the subject
samtid, ~en a) vår tid our age (time), the age in which we live (are living); den tiden that period (age, time) **b)** våra (hans etc.) samtida our (his etc.) contemporaries pl.
samtida contemporary; *hans ~* subst. adj. his contemporaries
samtidig i samma ögonblick simultaneous
samtidigt at the same time
samtliga fören. all the...; självst. all [of them (resp. us etc.)]; *deras (våra) ~ tillgångar* all their (our)...; *~ närvarande* subst. adj. all those present
samtycka consent; foga sig acquiesce
samtycke consent; bifall assent; gillande approval, approbation, sanction; *ge sitt ~* äv. consent; bifalla assent
samvaro being together; tid tillsammans

time together; umgänge relations, intercourse; samkväm get-together
samverka co-operate; förena sig unite
samverkan co-operation; koordination co-ordination; gemensam aktion joint action; *i nära ~ med* in close co-operation with
samverkande t.ex. faktorer concurrent; ömsesidigt verkande interacting
samvete conscience; *ha dåligt ~ för ngt* have a bad conscience about (because of) a th.; *ha rent ~* have a clear conscience; *lätta sitt ~* relieve (ease) one's conscience; genom att erkänna make a clean breast of it
samvetsbetänkligheter scruples
samvetsfrid ease of conscience (mind); *ha ~* have a clear conscience
samvetsfråga delicate question; samvetssak matter (point) of conscience
samvetsgrann conscientious; ytterst noggrann scrupulous
samvetskval pangs (qualms) of conscience
samvetslös ...without any conscience; föga nogräknad unscrupulous
samvetssak matter (point) of conscience
samvälde, *Brittiska ~t* the British Commonwealth [of Nations], the Commonwealth
samåka car-pool; *vi samåker till jobbet* äv. we share one car to work
samåkning car-pooling
sanatorium sanatori|um (pl. äv. -a); amer. äv. sanitari|um (pl. äv. -a)
sand sand; grövre el. bildl. grit
sanda mot halka grit
sandal sandal
sandbank sandbank
sandbil gritting lorry (truck); vard. gritter; amer. sandtruck
sandbotten sand[y] bottom
sandfärgad sand-coloured; om tyg ofta drab
sandig sandy
sandkorn grain of sand
sandlåda för barn att leka i sandpit; amer. sandbox
sandning mot halka gritting
sandpapper sandpaper; *ett ~* a piece of sandpaper
sandpappra sandpaper
sandsten sandstone
sandstorm sandstorm
sandstrand [sandy] beach
sandsäck sandbag
sandwich ung. canapé, sandwich
sandöken sand desert
sanera 1 t.ex. stadsdel clear...of slums; t.ex. i fastighet renovate; riva pull down **2** bildl.

reconstruct; rationalisera rationalize; t.ex. veckopressen clean up; finanserna o.d. put...on a sound basis **3** avlägsna a) radioaktivitet decontaminate b) olja clear[...of oil] c) giftgas degas
sanering 1 av stadsdel o.d. slum-clearance; t.ex. av fastighet renovation; rivning pulling-down **2** bildl. reconstruction; rationalisering rationalization; av t.ex. veckopressen cleaning-up **3** avlägsnande av a) radioaktivitet, smitta decontamination b) olja clearing [...of oil] c) giftgas degasification
sanitetsbinda sanitary towel (amer. napkin)
sanitetsgods o. **sanitetsporslin** sanitary ware
sanitetsvaror sanitary articles
sanitär sanitary; *~ olägenhet* private nuisance
sank I *s, borra (skjuta)...i ~* sink **II** *adj* sumpig swampy
sankmark marsh
sankt saint (förk. St, St., S)
sanktbernhardshund St. Bernard [dog]
sanktion sanction
sanktionera sanction
San Marino San Marino
sann true; verklig real; äkta genuine; *en ~ berättelse* a true story; *det var en upplevelse! - Ja, inte sant?* ...Yes, wasn't it (don't you think so)?; *det var [så] sant* jag skulle ju [oh,] I am forgetting,...; apropå by the way (that reminds me),...
sanna, *~ mina ord!* mark my words!, you will see!
sanndröm dream that comes (resp. came) true
sannerligen verkligen indeed; i högre stil in truth; förvisso certainly; *det är ~ inte för tidigt* it is certainly not too soon
sanning truth; verklighet reality, fact; *~ens ögonblick (minut, stund)* the moment of truth; *säga ngn ett ~ens ord* tell a p. a few home truths
sanningsenlig truthful, veracious; sann true; trogen faithful
sanningshalt degree of truth[fulness]
sannolik probable; *det är ~t att han kommer* äv. he is [very] likely to come
sannolikhet probability äv. matem.; likelihood; *med all ~* in all probability
sannolikt probably, very (most) likely; *han kommer ~ inte* äv. it is not likely he will come, he is not likely to come
sannspådd, *han blev ~* his prophecies (predictions) came true
sans medvetande *förlora (mista) ~en* lose consciousness, become unconscious;

komma till ~ [*igen*] recover one's senses, come round
sansa, ~ *sig* lugna sig calm down, sober down
sansad besinningsfull sober[-minded]; samlad collected; vettig sensible; modererad moderate; *lugn och* ~ calm and collected (composed)
sanslös 1 medvetslös unconscious, senseless **2** besinningslös frantic **3** meningslös meaningless, senseless
sardell anchovy
sardin sardine
Sardinien Sardinia
sarg kant border, edging; ram frame; *~en* i ishockey the sideboards pl.
sarga skada lacerate äv. bildl.; skära cut [...badly]; såra wound; illa tilltyga mangle
sarkasm sarcasm
sarkastisk sarcastic; vard. sarky
sarkofag sarcophag|us (pl. vanl. -i)
s.a.s. förk., se under *3 så I 1*
satan 1 den onde Satan **2** i kraftuttr. *ett ~s oväsen* a bloody row, a (the) devil of a row; jfr *fan 2*
sate devil, fiend; *stackars* ~ poor devil
satellit astron., TV. el. bildl. satellite
satellitstat polit. satellite state
satellitsändning TV. satellite transmission; *en* ~ a satellite broadcast
satin textil. satin
satir satire
satiriker satirist
satirisk satiric[al]
satkärring o. **satmara** vard. bitch, cow
sats 1 språkv. sentence; om t.ex. huvud~ el. bi~ vanl. clause **2** ansats takeoff; *ta* ~ take a run **3** mus. movement **4** uppsättning set **5** kok., vid bakning o.d. batch
satsa I *tr* stake; riskera venture; investera invest; ~ *100 kr på* en häst stake (put, bet) 100 kr. on... **II** *itr* **1** göra insatser (i spel) make one's stake[s]; ~ *på* hålla på bet on, put one's money on; t.ex. häst äv. back; lita till pin one's faith (hope) on; inrikta sig på go in for, concentrate on; försöka få make a bid for; ~ *på fel häst* back the wrong horse äv. bildl. **2** ta sats take a run
satsdel språkv. component part of a (resp. the) sentence; äv. clause element; *ta ut ~arna* [*i en mening*] analyse a sentence
satslära språkv. syntax
satsmelodi språkv. [sentence] intonation
satsning i spel staking; inriktning concentration; försök bid; *en djärv* (*bred*) ~ a bold venture
satt undersätsig stocky
sattyg vard.: rackartyg mischief; elände damned nuisance (thing, business); *ha något* ~ *för sig* be up to mischief
satunge vard. little brat (devil)
Saturnus astron. el. mytol. Saturn
Saudi-Arabien Saudi Arabia
saudiarabisk Saudi Arabian
sav bot. sap
savann savanna[h]
sax 1 att klippa med scissors pl.; större, t.ex. plåt~ shears pl.; *en* ~ a pair of scissors etc.; ibl. a scissors **2** vard., saxofon sax
saxa 1 ~ *ngt ur* en tidning a) klippa cut a th. out of... b) citera take a th. over from... **2** korsa cross; ~ *skidorna* i uppförsbacke herringbone **3** segel wing [out]
saxofon saxophone
scanner tekn. scanner
scarf scarf (pl. äv. scarves)
scen på teater stage; del av akt el. bildl. scene; *ställa till en* ~ make (create) a scene; *bakom ~en* behind the stage (the scenes äv. bildl.)
scenarbetare stage hand
scenario teat. el. film. scenario (pl. -s) äv. bildl.
sceneri teat. el. film. scenery
sceningång stage door
scenisk stage...; ibl., verkan theatrical
scenograf teat. stage (set) designer
scenografi teat. stage (set) design
scenvana stage (acting) experience
schabbla, ~ *med* trassla till mess up, make a mess of
schablon tekn. template, templet, gauge; för målning stencil; friare pattern
schablonavdrag i självdeklaration standard (general) deduction
schablonmässig ...made to pattern, stereotyped; friare conventional, mechanical
schack I *s* **1** spel chess **2** hot mot kungen i schack check; *stå i* ~ be in check; *hålla...i* ~ bildl. keep...in check **II** *interj* check!; ~ *och matt!* checkmate! **III** *adj,* *göra ngn* ~ *och matt* checkmate a p.
schackbräde chessboard
schackdrag move [in chess]; bildl. move
schackmatt checkmate; vard., utmattad all in
schackparti game of chess
schackpjäs chessman (pl. chessmen)
schackra traffic, buy and sell; idka byteshandel barter äv. bildl.; köpslå, äv. bildl.: ~ *med* (*om*) *ngt* bargain for (with) a th.
schackruta chessboard square
schackrutig chequered
schackspel konkr. chess set
schackspelare chessplayer
schakal zool. jackal
schakt tekn. el. gruv. shaft; bildl. depth[s pl.]

schakta excavate, bulldoze; t.ex. lös jord remove; *~d grop* excavation
schal o. **schalett** se *sjal* o. *sjalett*
schalottenlök shallot
schampo shampoo (pl. -s)
schamponera shampoo
schamponering shampoo (pl. -s)
scharlakansfeber scarlet fever, scarlatina
scharlakansröd scarlet
schasa, *~ [bort]* shoo [away]
schattering shading; nyans shade
schatull casket; skriv~ writing case; med matsilver canteen
schavott scaffold
schejk sheik
schema t.ex. arbets~, rörelse~ schedule; t.ex. färg~ scheme; diagram diagram; skol. timetable; amer. [time] schedule; *lägga [ett] ~* skol. make a timetable (amer. schedule)
schemabunden timetabled
schemalagd timetabled
schematisk schematic; *en ~ framställning* an outline, a general (rough) outline
schimpans chimpanzee
schism schism
schizofren psykol. **I** *adj* schizophrenic **II** *subst adj* schizophrenic; vard. schizo
schizofreni psykol. schizophrenia
schlager [song] hit
schlagerfestival hit-song contest (festival)
schlagersångare popular singer
schnitzel kok. schnitzel
schottis schottische; *dansa ~* dance (do) the schottische
Schwarzwald the Black Forest
Schweiz Switzerland; *franska ~* French-speaking Switzerland
schweizare Swiss (pl. lika)
schweizerfranc myntenhet Swiss franc
schweizerost Swiss cheese; emmentaler Emmenthal
schweizisk Swiss
schweiziska kvinna Swiss woman
schvung fart go, dash
schyst vard. decent; se vid. *2 just*
schäfer zool. Alsatian [dog]; amer. German shepherd [dog]
scone kok. scone
scoop pangnyhet scoop
scout scout; flick~ guide, amer. girl scout
scoutledare scoutmaster
scripta TV. el. film. script (continuity) girl
se I *tr* o. *itr* see; titta look; märka notice; uppfatta perceive; åse witness; *om jag inte ~r fel* if my eyes do not deceive me; *jag ~r saken annorlunda* I take a different view of the matter; *jag såg honom komma* I saw him come (honom när han (hur han) kom him coming); *få* råka *~* see; ngn, ngt äv. catch sight of; *få ~ nu* let's see now; *du ska [få] ~ att han kommer* I bet he will come; he will come, you'll see; *väl (illa) ~dd* popular (unpopular); *ekonomiskt ~tt* economically; ur ekonomisk synpunkt from an economic point of view; *jag ~r av brevet* I see (find, learn) from...; *jag ~r för mig hur det ska se ut* I can visualize (just see)...; *~ på tv* watch (look at) TV **II** *rfl,* *~ sig i spegeln* look (have a look) at oneself in the mirror
III med beton. part.

~ efter a) ta reda på see; leta look; *~ efter [om det finns] i lådan* look (have a look) [for it] in... b) övervaka look after; passa mind, have an eye to
~ fram [e]mot glädja sig åt look forward to
~ sig för look out, take care; gå försiktigt watch one's step
~ igenom look (flyktigt run) through; granska revise
~ ned på bildl. look down on; förakta äv. despise
~ om a) se på nytt see...again b) se till look after; beställa om look to; sköta om attend to; *~ om sitt hus* bildl. set (put) one's house in order c) *~ sig om* vända sig look round; *~ sig om efter* söka look about (round, out) for d) *~ sig om (omkring) [i staden]* look (have a look) round [the town]
~ på look on; iakttaga watch; *~r man på!* överraskat well, what do you know!; jo jag tackar jag I say!, well, well!; då man får syn på ngn well, look who's here!
~ till a) see; få syn på catch sight of; *jag ~r inte till honom mycket* numera I don't see much of him... b) se *se efter b* c) styra om see to; *~ till att* ngt görs see [to it] that...
~ upp a) titta upp look up; *~ upp till* beundra look up to b) akta sig look (isht amer. watch) out; vara försiktig take care; *~ upp för* bilen, trappsteget*!* mind...!
~ ut a) titta ut look out b) ha visst utseende look; *~ ut att* + inf. look like ing-form; verka seem to + inf.; *~ ut som om* look (verka seem) as if; *hur ~r jag ut i håret?* how does my hair look?; *så här ~r ut!* what a state [a mess] things are in here!; *det ~r ut att bli regn* it looks like rain
~ över se igenom look over; gå över overhaul; revidera revise
seans sammankomst seance; sittning sitting
sebra zebra
sebu zool. zebu
sed bruk custom; praxis practice; sedvana

usage; *~er* moral morals; uppförande manners; *han har för ~ att* +inf. it is his custom to +inf.; *såsom ~ är* as the custom is; *man får ta ~en dit man kommer* when in Rome [you must] do as the Romans do

sedan (*sen*) **I** *adv* **1** därpå then; senare later [on]; efteråt afterwards; efter det after that; *vad kommer ~?* what comes after this (that)?, what comes next?; *och ~ då?* [and] what then?; *det är ett år ~ nu* it is a year ago now **2** vard. *än sen då?* iron. so what? **II** *prep* alltsedan: vid uttr. för tidpunkt since; vid uttr. för tidslängd for; *~ dess* since [then]; *hon bor utomlands ~ flera år* [*tillbaka*] she has been living abroad for several years [past] **III** *konj* alltsedan since; efter det att after; när when; [*ända*] *~ jag kom hit* (*reste*) [ever] since I came here (I left)

sedel banksedel banknote, note; amer. äv. bill; *sedlar* äv. paper [money] sg.

sedelautomat för bensin cash-operated fuel pump

sedelärande moral, moralizing; *en ~ berättelse* a story with a moral [to it], a cautionary tale

sedermera längre fram later on; efteråt afterwards

sedesam modest; tillgjort blyg demure

sedeslös immoral; förfallen depraved

sediment sediment äv. geol.

sedlig moral; filos. ethical

sedlighetsbrott jur. ngt åld. sexual offence; *~ mot minderårig* sexual offence against a minor

sedlighetspolis o. **sedlighetsrotel** vice squad

sedvanlig customary; vanlig usual; vedertagen accepted

sedvänja custom; praxis practice; *mot ~n* contrary to custom

seeda sport. seed; *~d spelare* seeded player, seed

seg allm. tough; trögflytande viscous; trådig ropy; klibbig sticky; envis stubborn; långtråkig long-winded

segdragen long drawn-out

segel sail äv. koll.; *bärga ~* take in sail; *sätta ~* set (*gå till segels* äv. make) sail

segelbar navigable

segelbåt sailing boat; större yacht

segelduk sailcloth

segelfartyg sailing ship; mindre sailing vessel

segelflyg flygning sailplaning

segelflygning 1 se *segelflyg* **2** färd sailplane (gliding) flight

segelflygplan sailplane; glidplan glider

segelsport yachting

segeltur sailing trip; *göra* (*vara ute på*) *en ~* äv. go (be out) for a sail

seger victory; sport. äv. win; besegrande conquest; isht bildl. triumph

segerherre se *segrare*

segerrik victorious, triumphant; sport. äv. winning

segertåg triumphal procession (bildl. progress, march)

segerviss om pers. ...confident of victory; triumferande triumphant

segeryra flush of victory

segflytande viscous

seghet toughness; leatheriness; viscosity; ropiness; stickiness; hardiness; tenacity; stubbornness etc.; jfr *seg*

segla I *itr* o. *tr* allm. sail äv. bildl.; i regelbunden trafik run; båten *~r bra* ...is a good sailer; *~ gå i trafik på London* ply the London route
II med beton. part.
~ förbi tr. o. itr. sail past, pass
~ omkring i skärgården cruise...
~ upp bildl., se [*vara under*] *uppsegling*
~ över havet sail across...; *~ över till...* sail to...

seglare 1 pers. yachtsman **2** segelfartyg sailing vessel; *en bra ~* a good sailer

seglarskola sailing school

seglats segeltur sailing tour (trip); kryssning cruise; längre sjöresa voyage; *vara ute på ~* be out sailing (out for a sail)

segling 1 seglande sailing **2** segeltur sailing tour osv., se *seglats*; *~ar* regatta [yachting] regatta sg.

seglivad tough, hardy; *seglivat rykte* persistent rumour

segment geom. el. zool. el. språkv. segment

segna, *~ till marken* sink to the ground

segra win; vinna seger be victorious; isht bildl. triumph; *~ i en tävling* win a competition

segrande om t.ex. här conquering; om t.ex. lag winning; segerrik victorious; *gå ~ ur striden* come out of the struggle victorious[ly]

segrare allm. victor; i tävling winner; besegrare conqueror

segregation segregation

segregera segregate

segsliten utdragen long drawn-out; svårlöst vexed

seismograf seismograph

seismologi seismology

seismologisk seismological

sej coalfish

sejdel tankard; utan lock mug

sekatör pruning shears pl., secateurs pl.; *en ~* a pair of pruning shears (secateurs)
sekel century
sekelgammal a) hundraårig century-old..., hundred-year-old... **b)** månghundraårig centuries old
sekelskifte, *vid ~t* at the turn of the century
sekret fysiol. secretion
sekretariat secretariat
sekreterare secretary
sekretess secrecy
sekretion fysiol. secretion
sekretär bureau (pl. -x), secretaire; amer. writing desk
sekt relig. m.m. sect
sektion avdelning section; univ. branch; frontavsnitt sector
sektor sector; *den statliga (offentliga) ~n* the public sector
sekularisering secularization
sekund second; vard. sec; *fem meter i ~en* sjö. five metres per second
sekunda sämre second-rate
sekundmeter metre per second (pl. metres per second)
sekundvisare på klocka second-hand
sekundär secondary; *av ~ betydelse* äv. of subordinate importance
sekvens sequence äv. mus.
sela, *~ [på]* en häst harness...
seldon harness
sele harness; för barn: bär*~* baby (kiddy) carrier; att leda barn med reins
selektiv selective
selen kem. selenium
selleri blek*~* celery; rot*~* celeriac; vild wild celery
semantik språkv. semantics
semester holiday[s pl.]; isht amer. vacation; *han har (är på) ~* he is on holiday
semesterby holiday camp
semesterersättning holiday compensation
semesterfirare holiday-maker; amer. vacationist
semesterort holiday resort
semesterstängning holiday closing
semestra ha semester be on holiday (amer. vanl. vacation); tillbringa semestern spend one's holiday etc.; amer. äv. vacation
semifinal semifinal; *gå till ~[en]* get to (go to, enter) the semifinals
semikolon semicolon
seminarium undervisningsform o.d. seminar äv. personer o. lokal
semitisk Semitic
semla bun filled with cream and almond paste [eaten during Lent]
1 sen se *sedan*

2 sen 1 mots. tidig late; *till ~a kvällen* until late in the evening; *det börjar bli ~t* it is getting late **2** senfärdig slow; *inte vara ~ att* + inf. not be slow (vara redo always be ready) to + inf.
sena sinew; anat. äv. tendon; på racket string
senap mustard
senapskorn mustard seed (pl. seed[s])
senare I *adj* mots. tidigare later; mots. förra latter; nyare [more] recent; efterföljande subsequent; kommande future; *den (det, de) ~ självst.* the latter; *på ~ år* de här åren in the last few years; nyligen in recent years **II** *adv* later; längre fram later on; efteråt afterwards; framdeles subsequently; nyligen more recently; *~ på* dagen later [on] in...; *en dag ~* one day later (efteråt after, afterwards)
senarelägga möte o.d. hold...later (...at a later date)
senast I *adj* latest; sist i ordning last; *de ~e dagarnas händelser* the events of the last few days; *han har varit sjuk de ~e veckorna* ...for the last (past) few weeks **II** *adv* **1** mots. tidigast latest; mots. först last; så sent som as late as; *jag såg honom ~ i* London the last time I saw him was in...; *jag såg honom ~ igår* ...only (as late as) yesterday **2** inte senare än at the latest; *[allra] ~ i morgon* ...at the [very] latest
senat senate
senator senator
sendrag cramp
senfärdig slow, tardy; sölande dilatory
sengångare zool. sloth
senig sinewy
senil senile
senilitet senility
senior I *adj* senior; Bo Ek *~* (förk. *sen., s:r*) ...Senior (förk. Sen., Sr.) **II** *s* sport. senior
sensation sensation; *göra (vålla) stor ~* create (cause) a great sensation
sensationell sensational
sensmoral moral
sensuell sensual
sent late; *bättre ~ än aldrig* better late than never; *gå och lägga sig ~* go to bed late; som vana keep late hours; *komma för ~ till* middagen a) inte passa tiden be late for... b) gå miste om be (come) too late for...
sentens maxim, sententious phrase
sentida nutida (attr.) ...of our days
sentimental sentimental; neds.: om t.ex. tal, vard. sloppy
sentimentalitet sentimentality; neds. mawkishness
separat I *adj* separate; särskild special **II** *adv*

separately; boken sänds ~ ...under separate cover
separation separation
separatiströrelse polit. separatist movement
separera separate
september September (förk. Sept.); för ex. jfr *april*
septett mus. septet
serb Serb[ian]
Serbien Serbia
serbisk Serb[ian]
serbiska språk Serbian
serbokroatisk Serbo-Croatian
serbokroatiska språk Serbo-Croatian
serenad serenade
sergeant ung. sergeant
serie 1 series (pl. lika); följd sequence; radio. el. TV. series; följeton serial; sport. league **2** [*tecknad*] ~ comic strip, cartoon; *~rna* äv. the comics (vard. funnies)
seriefigur character in a comic strip
seriekrock trafik. multiple collision
serietidning med tecknade serier comic [paper]
serietillverkad mass-produced
seriös serious; högtidlig solemn
serpentin pappersremsa streamer
serpentinväg serpentine road
serum med. serum (pl. äv. sera)
serva I *itr* sport. serve **II** *tr* **1** vard., förse ~ *ngn med ngt* supply a p. with a th. **2** vard., reparera o.d. ~ *bilen* have the car serviced
serve sport. service
servegame sport. service game
servera I *tr* serve; bjuda omkring hand round; hälla i pour out; lägga upp dish (serve) up; ~ *ngn* kött serve a p. with (lägga för help a p. to)...; *det är ~t* dinner is served (ready) **II** *itr* serve (wait) at table; amer. wait [on] table
servering 1 betjäning service; uppassning waiting; utskänkning serving **2** lokal restaurant; på järnvägsstation o.d. refreshment room, buffet; bar~ cafeteria
serveringsavgift service charge (fee); dricks tip
serveringsbord serving table
servett [table] napkin, serviette
service service; friare facilities; *lämna bilen på* ~ hand in the car to be serviced
servicebox bank. night safe; amer. night depository
servicebutik after-hours supermarket
servicehus block of service flats (apartments) [for the elderly or disabled]
servicelägenhet flat (apartment) in a block of service flats [for the elderly or disabled]

serviceyrke service occupation
servil servile; fjäskande cringing
servis porslin etc. service
servitris waitress
servitör waiter
servostyrning tekn. power steering
ses råkas meet; *vi* ~ *inte mycket* numera we don't see much of each other...
sesamfrö bot. el. kok. sesame seed (koll. seeds)
session session; parl. äv. sitting; friare meeting
set set äv. i tennis; i bordtennis el. badminton game; *ett* ~ kläder a set of...
setboll tennis o.d. set point; i bordtennis el. badminton game ball
setter zool. setter
sevärd ...[well] worth seeing; märklig remarkable
sevärdhet konkr. thing worth seeing; *~erna i staden* vanl. the sights of...
1 sex six
2 sex det sexuella sex; *ha* ~ *med* have sex with, make love to; för sammansättn. se äv. *sexual-* sammansättn.
sexa 1 six; jfr *femma* **2** måltid light supper
sexcylindrig six-cylinder..., jfr *femcylindrig*
sexhörning hexagon
sexig vard. sexy
sexliv sex life
sexsymbol sex symbol
sextant isht sjö. sextant
sextett mus. sextet
sextio sixty
sextionde sixtieth
sexton sixteen
sextonde sixteenth; jfr *femte*
sextondelsnot mus. semiquaver; amer. sixteenth note
sexualbrott sex crime
sexualdrift sexual (sex) drive
sexualförbrytare sex criminal; jur. sexual offender
sexualitet sexuality
sexualliv sexual (sex) life
sexualundervisning sex instruction
sexualupplysning information on sex[ual] matters
sexuell sexual, sex; *~a frågor* (*ting*) sexual (sex) matters
Seychellerna the Republic of Seychelles
sfinx sphinx
sfär sphere
sfärisk spherical
shah shah
sheriff sheriff
sherry sherry
Shetlandsöarna Shetland, the Shetlands

shoppa shop; *gå (vara ute) och* ~ go (be out) shopping
shoppingcenter o. **shoppingcentrum** shopping centre, mall
shoppingväska shopping bag
shorts shorts; *ett par* ~ a pair of shorts
si, *det är lite* ~ *och så med det* inte mycket bevänt med it isn't up to much; inte så noga med it is a bit haphazard
sia prophesy
siamesisk Siamese; *~a tvillingar* Siamese twins
siameskatt Siamese (pl. lika)
siare seer
Sibirien Siberia
Sicilien Sicily
sicksack, *i* ~ [in a] zigzag; *gå i* ~ vanl. zigzag
sicksacka zigzag
SIDA (förk. för *Swedish International Development Authority*) SIDA
sida 1 allm. side; egenskap point; aspekt aspect; håll part; flank flank; riktning direction; *~ vid ~* side by side; i jämbredd abreast; det är *hans starka ~* his strong point; *visa sig från sin bästa ~* appear at one's best, show to advantage; *från svensk ~ har man...* the Swedes have..., Sweden has...; *han står på vår ~* he is on our side, he is with us; nöjet är *helt på min ~* ...all mine; han förtjänar lite *vid ~n om* ...on the side; *gå åt ~n* step aside **2** i bok page; *se ~[n] 5* see page 5; *~ upp och ~ ned* page after page
sidbena, *ha ~* have one's hair parted at the side
sidbyte i bollspel change of ends
siden silk; blus *av ~* äv. silk...
sidentyg silk material (fabric); *~er* äv. silks
sidfläsk rökt el. saltat bacon
sidhänvisning page reference
sidled, *i ~* sideways, laterally
sidlinje sport. sideline; fotb. touchline
sidnummer page number
sidoblick side (sidelong) glance (look)
sidogata side street
sidospår järnv. sidetrack äv. bildl.; siding; *komma in på ett ~* bildl. get on to a sidetrack, get sidetracked
sidovind side wind; flyg. cross wind
sidoväg biväg side road
sierska seeress
siesta siesta; *ha (ta) ~* take a siesta
sifferminne, *ha [bra] ~* have a [good] memory for figures
siffra allm. figure; enstaka ~ i flersiffriga tal digit; antal number; *romerska siffror* Roman numerals; skriva *med siffror* ...in figures
sifon siphon
sig 1 *~ [själv]* mask. himself; fem. herself; neutr. itself; pl. themselves; bl.a. syftande på pron. 'man' (eng. 'one') oneself; *man måste försvara ~* one must defend oneself, you must defend yourself **2 a)** *hon hade inga pengar på ~* she hadn't any money about her **b)** *han tvättade ~ om händerna* he washed his hands **c)** *han sade ~ vara* nöjd he said that he was... **d)** utan direkt motsv. i eng. *föreställa (inbilla) ~* imagine, fancy **e)** *gråta ~ till sömns* cry oneself to sleep **f)** *rädd av ~* [inclined to be] timid; han hade *ingenting på ~* ...nothing on; *gå hem till ~* go home
sightseeing sightseeing; tur sightseeing tour; *vara ute på ~* be out sightseeing
sigill seal
sigillring seal ring
signal signal; ringning ring
signalement description; kännetecken distinguishing mark
signalera I *tr* signal; varsko om announce **II** *itr* signal; med signalhorn sound the horn
signalhorn horn
signatur signature; namnförkortning initials
signaturmelodi signature tune
signera sign
signifikativ significative; typisk typical; betydelsefull significant
signum särmärke distinguishing mark, characteristic; namnförkortning initials
sik zool. lavaret; vitfisk whitefish
1 sikt såll sieve; grövre för t.ex. grus screen; för hushåll strainer
2 sikt 1 möjlighet att se visibility; oskymd utsikt view; *dålig (god) ~* poor (good) visibility **2** tidrymd *på ~* in the long run; *på kort ~* at short sight
1 sikta sålla sift; t.ex. grus screen; i kvarn bolt
2 sikta *itr* aim äv. bildl.; *~ högt* aim high äv. bildl.
sikte sight äv. på skjutvapen; mål aim; *ta ~ på* ngt aim at...; bildl. äv. have...in view; arbeta *med ~ på framtiden (på att* inf.*)* ...with an eye to the future (with a view to ing-form); *förlora...ur ~* lose sight of...
sil 1 redskap strainer; durkslag colander **2** sl., narkotikainjektion shot
sila I *tr* strain **II** *itr* om t.ex. vatten trickle; om ljus filter; *ett ~nde regn* a gentle steady rain
silduk för silning straining-cloth
silhuett silhouette
silikon kem. silicone
silikos med. silicosis

silke silk; väv *av* ~ äv. silk...
silkeslen silky, silken båda äv. bildl.
silkesmask silkworm
silkespapper tissue paper
silkestråd silk filament; sysilke silk thread
silkesvantar, *behandla ngn med* ~ bildl. treat a p. with kid gloves
sill herring; *inlagd* (*salt*) ~ pickled (salt) herring
sillfiske sillfiskande herring fishing
silo silo (pl. -s)
silver 1 silver **2** sport., andra plats silver medal
silverarmband silver bracelet, jfr äv. *guld* o. sammansättn.
silverbröllop silver wedding
silverfat silver dish (tallrik plate); bildl. silver platter
silverfisk zool. silverfish
silvergran bot. silver fir
silvergruva silver mine
silvermedalj sport. silver medal
silvermedaljör sport. silver medallist
silversked silver spoon
silversmed silversmith
silverstämpel [silver] hallmark
silverte hot water with milk (cream)
simbassäng swimming-pool; inomhus swimming-bath
simblåsa zool. swim[ming] bladder
simbyxor [swimming] trunks
simdyna swimming float
simfena 1 zool. fin **2** i sportdykning *simfenor* diving flippers
simfågel web-footed bird
simfötter diving flippers
simhall [public] swimming baths (pl. lika)
simhopp hoppande diving; *ett* ~ a dive
simhud web; [*försedd*] *med* ~ webbed
simkunnig, *han är* ~ he can swim
simlärare swimming teacher (instructor)
simma swim; ~ *bra* be a good swimmer
simmare o. **simmerska** swimmer
simmig thick; om t.ex. sås well-thickened; om blick hazy
simning swimming
simpel 1 enkel simple; vanlig ordinary **2** lumpen base, common, low; grov, tarvlig vulgar
simpelt lumpet basely; *det var* ~ *gjort* it was a rotten (mean) thing to do
simsalabim hey presto
simskola swimming school
simtag stroke [in swimming]; *ta ett* ~ swim a stroke
simtur, *ta en* ~ have a swim
simtävling swimming competition
simulant isht mil. malingerer

simulator tekn. simulator
simulera I *tr* simulate, sham, feign **II** *itr* spela sjuk sham (feign) illness; isht mil. malinger
simultantolkning simultaneous interpretation (translation)
sin (*sitt, sina*) *poss pron* **a)** fören. his, her, its; med syftning på flera ägare their; med syftning på ett utsatt el. tänkt 'man' (eng. 'one') one's **b)** självst. his, hers, its [own], one's own; *vad i all* ~ *dar* gör du här? what on earth...?; *på* ~ *tid* var han in his time...; *sedan gick vi var och en till sitt* hem then each of us went home
sina go (bildl. become, run) dry: om t.ex. förråd give out; om t.ex. energi, tillgångar ebb [away]
sinekur sinecure; vard. cushy (feather-bed) job
singel 1 sport. singles (pl. lika); match singles match; *spela* ~ (*en* ~) play singles (a game of singles) **2** grammofonskiva single
singelolycka one-car accident
singelskiva grammofonskiva single
singla kasta toss; ~ *slant* toss up [a coin]; ~ *slant om* ngt toss for..., decide...by a toss-up
singular gram. the singular; *första person* ~ first person singular
sinka fördröja delay
sinnad lagd minded; inriktad disposed; hågad inclined; *fientligt* (*vänskapligt*) ~ nation hostile (friendly)...
sinne 1 fysiol. sense; *de fem* ~*na* the five senses; *vara från* (*vid*) *sina* ~*n* be out of one's (in one's right) mind el. senses; *vid sina* ~*ns fulla bruk* in full possession of all one's senses (faculties) **2** själ mind; hjärta heart; sinnelag disposition; *ha ett vaket* (*öppet*) ~ *för* allt nytt be alert (open-minded) to...; handla *efter sitt eget* ~ ...at one's [own] discretion
sinnebild symbol
sinnelag disposition, temperament; *ett kristligt* (*vänligt*) ~ a charitable (friendly) disposition
sinnesförvirrad mentally deranged, unhinged
sinnesförvirring mental derangement; begå självmord *i* ~ ...while of unsound mind
sinnesintryck sensory impression
sinneslugn tranquillity (calmness, serenity) of mind; jämvikt equanimity
sinnesnärvaro presence of mind; *ha* ~ *nog att* + inf. have the presence of mind to + inf.
sinnesorgan sense (sensory) organ, organ of perception

sinnesrörelse emotion; upphetsning mental agitation (excitement)
sinnessjuk o. sammansättn., se *mentalsjuk* o. sammansättn.
sinnesstämning frame (state) of mind, mood
sinnessvag feeble-minded
sinnestillstånd state of mind, mental condition
sinnesundersökning mental examination
sinnevärld, *-en* the material (external) world
sinnlig sensuell sensual; köttslig carnal; fysisk physical; som uppfattas med sinnena sensuous
sinnlighet sensuality, sensualism
sinnrik ingenious
sinom, *i ~ tid* in due [course of] time
sinsemellan between (vid fördelning m.m. among) themselves (resp. ourselves, yourselves; etc. them, us)
sionism Zionism
sipp pryd prudish
sippa bot. [wild] anemone
sippra smårinna trickle; droppvis tränga ooze; *~ fram* come oozing out, ooze forth; *~ ut* trickle (ooze, läcka leak) out samtl. äv. bildl.
sira pryda ornament
sirap treacle, [golden] syrup; amer. molasses
siren siren äv. mytol.
sirlig prydlig elegant; snirklad ceremonious
sist 1 last; i slutet at the end; *han kom [allra] ~* he came last [of all]; senare än alla äv. he was the [very] last to arrive; det har hänt mycket *sedan ~* ...since [the] last time 2 förra gången last time; *~ jag var där* [the] last time I was there, when I was there last
sista (*siste*) last; senaste latest; slutlig final; *på ~ bänk* i sal o.d. in the back row; [*den*] *~ delen* the last (av två the latter) part; *den ~* [*i månaden*] [som adv. on] the last of the month
siste se *sista*
sistnämnda last-mentioned; *den ~* (*sistnämnde*) av två äv. the latter
sistone, *på ~* lately
sisu never-say-die attitude (spirit)
sits 1 seat 2 situation, läge (vard.) *vi är i (har) en besvärlig ~* we are in a real fix (spot)
sitt se *sin*
sitta I *itr* 1 om levande varelser sit; sitta ned sit down; vara, befinna sig be; stanna stay, remain; *var så god och sitt!* sit down, please!, do take a seat!; *~ hemma* be (stanna stay, hålla sig stick) at home; hunden kan *~* [*vackert*] ...sit up; *få ~* få

sittplats get (ha sittplats have) a seat; *~ och läsa* sit (be sitting) reading; hålla på att be reading 2 om sak: vara be; ha sin plats be placed; om t.ex. sjukdom be located; hänga hang; vara satt be put (anbragt fixed, fitted); passa (om kläder) fit; inte lossna: om t.ex. spik, knapp hold; om t.ex. plåster keep in place; klänningen *sitter bra* ...fits well (is a good fit); *det skulle ~ (bra) med en kopp kaffe* a cup of coffee would be very welcome
II med beton. part.
~ av avtjäna t.ex. straff serve
~ emellan: [*få*] *~ emellan* bildl.: om pers. be the sufferer; om sak suffer
~ fast a) ha fastnat stick; bildl. have got stuck; vara fastklämd sit (om sak be) jammed (wedged) b) vara fastsatt be fixed; inte lossna (om t.ex. spik, knapp) hold
~ i om t.ex. skräck remain; fläcken *sitter i* ...is still there (går inte ur won't come out)
~ ihop inte gå sönder hold together; vara hopsatt be put (fastened) together
~ inne a) inomhus be (hålla sig keep, stay) indoors b) i fängelse be in prison (vard. clink, quod); vard. do time c) *~ inne med* t.ex. kunskaper, upplysningar possess; upplysningar äv. be in possession of
~ kvar a) inte resa sig remain sitting (seated) b) vara kvar remain; om pers. äv. stay [on]; om t.ex. regering remain in office; vad man lärt sig *sitter kvar* [*i minnet*] ...sticks [in one's memory]
~ med: ~ med i styrelsen be a member (resp. members) of..., be on...
~ ned (*ner*) sit down
~ upp: ~ upp [*på hästen*] mount [one's horse]; *~ upp i* vagnen get up into...
~ uppe a) inte lägga sig sit up; *~ uppe och vänta på* ngn sit (wait) up for... b) om sak: vara uppsatt be up
~ åt be tight; stark. be too tight; om kläder äv. fit tight; *den sitter åt i midjan* it fits close to (stramar is too tight round) the waist; *~ hårt åt* eg. be (resp. fit) very tight
sittande *adj* om levande varelser sitting; *middagen serverades vid ~ bord* a sit-down dinner was served
sittbrunn sjö. cockpit
sittning sammanträde meeting
sittplats seat
sittplatsbiljett järnv. seat reservation [ticket]; på t.ex. stadion seat ticket
sittstrejka, [*börja*] *~* go on a sit-down strike
sittvagn 1 järnv., ung. non-sleeper 2 för barn pushchair; amer. stroller
situation situation; tillfälle occasion; *~en är under kontroll* the situation is under control (well in hand); *sätta sig in i ~en*

make oneself acquainted with the situation
sjabbig shabby
sjakal zool. jackal
sjal shawl; halsduk scarf (pl. äv. scarves)
sjalett kerchief
sjasa, ~ [*bort*] shoo [away]
sjaskig slovenly; gemen mean
sjok t.ex. av tyg sheet; av dimma layer; friare large chunk
sju seven
sjua seven; jfr *femma*
sjuarmad, ~ *ljusstake* seven-branched candlestick
sjuda seethe båda äv. bildl.; småkoka simmer; ~ *av vrede* seethe (boil, simmer) with anger
sjuk 1 ill vanl. pred.; sick vanl. attr. (amer. attr. o. pred.); dålig unwell pred.; krasslig ailing; om kroppsdel bad; om kropp diseased; om inre organ el. hjärna, sinne disordered; *bli* ~ [*i influensa*] fall (be taken) ill [with the flu]; *bli* ~*are* get worse; *jag blir* ~ *när jag ser...* it makes me sick to see...; *en* ~ [*person*] a sick person **2** friare el. bildl.: osund (t.ex. fantasi) morbid; misstänkt suspicious; skum fishy; ~ *humor* sick humour
sjukanmäla, ~ *sig* report sick
sjukanmälan notification of illness
sjukbädd sickbed; *vid* ~*en* at the bedside
sjukdag day of illness
sjukdom illness, sickness; svårare disease äv. hos djur o. växter el. bildl.; i de inre organen samt mental disorder; åkomma complaint, affection; frånvarande *på grund av* ~ ...owing to illness (sickness)
sjukdomsfall case [of illness]; sjukdom illness
sjukdomsförlopp, ~*et* the course of the disease (illness)
sjukersättning sickness benefit
sjukfrånvaro absence due to illness
sjukförsäkring health insurance
sjukgymnast physiotherapist
sjukgymnastik physiotherapy
sjukhem nursing home
sjukhus hospital; *ligga på* ~ be in hospital
sjukhusvård hospital treatment (care)
sjukintyg allm. certificate of illness; utfärdat av läkare doctor's certificate
sjukledig, *vara* ~ be on sick-leave
sjukledighet sick leave
sjuklig lidande sickly; onormal, makaber morbid; ~*t begär* morbid craving
sjukling sick person; sjuklig person invalid
sjukpenning sickness benefit
sjukpension se *förtidspension*
sjukrum sickroom
sjukskriva put...on the sick-list; *vara sjukskriven* [*en vecka*] be on the sick-list [for a week]
sjukskötare male nurse
sjuksköterska [sick] nurse; examinerad trained nurse; manlig male nurse; på sjukhus hospital nurse
sjuksyster se *sjuksköterska*
sjuksäng sickbed
sjukvård skötsel nursing; behandling medical treatment (attendance); organisation medical service
sjukvårdare mil. medical orderly
sjukvårdsartiklar sanitary (medical) articles
sjukvårdsbiträde nurse's assistant
sjukvårdspersonal nursing (hospital) staff (personnel)
sjunde seventh; *vara i* ~ *himlen* be in the seventh heaven; jfr *femte* o. sammansättn.
sjundedel seventh [part]; jfr *femtedel*
sjunga I tr o. itr sing; ~ *en sång för ngn* sing a song to ap., sing ap. a song
II med beton. part.
~ **in:** ~ *in* ngt *på grammofonskiva* record...; ~ *in en grammofonskiva* make a record
~ **med** join in [the singing]; ~ *med i* refrängen join in...
~ **ut** eg. bet. sing up; bildl. speak one's mind
sjunka I *itr* sink; falla fall; gå ned el. sjö., gå under go down; bli lägre subside; minska decrease; priserna *har sjunkit* ...have fallen (gone down, declined); temperaturen *sjunker* ...is going down äv. om feber; ...is falling; ~ *djupt* bildl. sink low; *låta maten* ~ give one's food time to digest
II med beton. part.
~ **ihop** falla ihop collapse; krympa shrink
~ **ned:** ~ *ned i* gyttjan sink into...; ~ *ned i* en stol sink (drop, subside) into...
sjunken eg. sunken; *han är djupt* ~ he has sunk very low
sjusovare pers. som sover länge lie-abed
sjuttio seventy
sjuttionde seventieth
sjutton 1 seventeen; **2** i svordomar el. vissa uttryck ~ *också!* oh darn (hell)!
sjuttonde seventeenth; jfr *femte*
sjuttonhundratalet the eighteenth century
sjyst se *schyst*
sjå, *ett fasligt* ~ a tough (big) job
sjåpa, ~ *sig* be namby-pamby; göra sig till be affected, put it on
sjåpig namby-pamby; tillgjord affected
själ soul äv. pers.; hjärta heart; sinne mind; ande spirit; *de dödas* ~*ar* äv. the spirits of

the dead; *vara ~en i* ngt be the [life and] soul (drivande kraften the moving spirit) of...; *med hela min ~* with all my heart (helt och hållet heart and soul)
själaglad overjoyed, delighted
själavandring relig. transmigration
själavård relig. cure of souls, pastoral cure
Själland Zealand
själlös soulless; andefattig dull, vapid; uttryckslös vacuous
själsfrände kindred spirit (soul), soul mate
själslig mental; andlig spiritual; psykisk psychic[al]
själsliv intellectual (andlig spiritual) life; känsloliv emotional life
själsstyrka strength of mind
själv I *pron* **1** jag *~* myself; du *~* yourself; han *~* himself; hon *~* herself; den, det *~* itself; vi, ni, de *~a* ourselves, yourselves; *sig ~* himself osv., se *sig*; *jag ~* I myself; *jag har gjort det ~* I have...myself; *hon syr sina kläder ~* vanl. she makes her own dresses **2** i adj. anv.: *~a arbetet* arbetet i sig the work itself; det egentliga arbetet the actual (regular) work; *~a[ste] kungen* the king himself (personligen in person); t.o.m. kungen even the king; *i ~a verket* in reality; faktiskt as a matter of fact, in actual fact **II** *s* filos. el. psykol. self
självaktning self-respect; *ingen* människa *med ~* no self-respecting...
självbedrägeri self-deception
självbehärskning self-control, self-mastery; fattning self-possession
självbelåten self-satisfied; egenkär complacent
självbestämmanderätt right of self-determination
självbetjäning self-service
självbevarelsedrift instinct of self-preservation
självbiografi autobiography
självdeklaration income tax return; blankett income-tax return form
självdisciplin self-discipline
självdö om djur die a natural death; bildl. die out of itself (resp. themselves)
självfallen se *självklar*
självförakt self-contempt
självförebråelse self-reproach
självförsvar self-defence
självförsörjande self-supporting; om land self-sufficient; *hon är ~* vanl. she earns her own living
självförtroende self-confidence; *ha ~* be self-confident
självförverkligande self-fulfilment
självförvållad self-inflicted

självgod self-righteous, self-conceited, self-opinionated
självhjälp self-help; *hjälp till ~* aid to helping oneself
självhushåll 1 där man tillverkar o. producerar allt själv self-subsistent household; **2** där man kan laga mat själv *lägenhet för ~* self-catering accommodation
självhäftande [self-]adhesive; attr. äv. (om t.ex. plast) stick-on
självironi irony directed at oneself
självisk selfish
självklar uppenbar obvious; naturlig natural; *det är ~t (en ~ sak)* äv. it goes without saying, it stands to reason
självklarhet självklar sak matter of course; naturlighet naturalness
självklart uppenbart obviously; naturligt naturally
självkontroll se *självbehärskning*
självkostnadspris hand. cost price; *till ~* at cost [price]
självkritik self-criticism
självkännedom self-knowledge
självkänsla self-esteem
självlockig om hår naturally curly
självlysande luminous
självlärd I *adj* self-taught **II** *subst adj* self-taught person, autodidact
självmant of one's own accord
självmedveten säker self-assured
självmord suicide; *begå ~* commit suicide
självmordsbombare suicide bomber
självmordsförsök attempted suicide; *göra ett ~* attempt [to commit] suicide
självmål sport. own goal; *göra ~* score an own goal
självplågare self-tormentor
självporträtt self-portrait äv. i skildring
självrisk försäkr. excess; sjöförsäkr. franchise; *försäkring med ~* excess (resp. franchise) insurance
självservering abstr. self-service; lokal self-service restaurant; cafeteria
självskriven självklar natural; *vara ~ till* en plats be just the person (the very person) for...
självspricka i huden chap
självstudier private (individual) studies
självstyre self-government äv. skol.; autonomy
självständig independent; nyskapande original; egen (attr.) ...of one's own
självsvåldig egenmäktig arbitrary, self-willed, undisciplined, self-indulgent
självsäker self-assured; alltför *~* presumptuous
självtillräcklig self-sufficient

självtorka dry by itself (resp. themselves)
självuppoffring self-sacrifice
självupptagen self-centred
självutlösare foto. self-timer
självutplåning self-effacement
självvald som man själv valt self-chosen; som valt sig själv self-elected
självändamål end in itself; ~ pl. ends in themselves
självövervinnelse, *det kräver stor ~ [för mig] att* o. +inf. it takes [me] a lot of willpower to +inf.
sjätte sixth; *ett ~ sinne* a sixth sense; jfr *femte* o. sammansättn.
sjättedel sixth [part]; jfr *femtedel*
sjö insjö lake; hav sea; liten vattensamling pool; *när ~n* insjön *går upp* when the [ice on the] lake breaks up; *~n ligger* är isbelagd the lake is frozen up (over); *hoppa i ~n* jump into the water; dränka sig drown oneself; *på öppna ~n* on the open sea; *vara på ~n (till ~ss)* vara sjöman be at sea, be a sailor; *till ~ss* sjöledes by sea; på sjön at sea
sjöborre zool. sea urchin
sjöbotten i insjö *på ~* on the bottom of a (resp. the) lake; se vid. *havsbotten*
sjöduglig seaworthy
sjöfarare seafarer
sjöfart navigation; som verksamhet shipping; *handel och ~* trade and shipping
Sjöfartsverket the [Swedish] National Administration of Shipping and Navigation
sjöflygplan seaplane; isht amer. hydroplane
sjöfågel seabird; jakt. seafowl (pl. lika); koll. seabirds resp. seafowl
sjögräns territorial limit; mots. landgräns sea boundary
sjögräs seaweed
sjögång high (rough) sea; *det är svår ~* there is a heavy sea
sjöhäst zool. sea horse
sjöjungfru mermaid
sjökapten [sea] captain, master [mariner]
sjökort [nautical (marine)] chart
sjölejon zool. sea lion
sjöman sailor; i mera officiellt språk seaman (pl. seamen), mariner
sjömanskostym för barn sailor suit
sjömanspräst seamen's chaplain
sjömil nautisk mil nautical mile
sjömärke navigation mark
sjönöd distress at sea; *i ~* in distress
sjöodjur sea (i insjö lake) monster
sjöofficer naval officer
sjörapport väderleksrapport weather forecast for sea areas

sjöresa [sea] voyage; överresa crossing
sjöräddningstjänst sea rescue (coastguard) service
sjörövare pirate
sjösjuk seasick; *lätt bli ~* vanl. be a bad sailor
sjösjuka seasickness
sjöslag 1 mil. naval (sea) battle **2** vard., fest proper binge (booze-up)
sjöstjärna zool. starfish
sjöstridskrafter naval forces
sjösäker om båt seaworthy
sjösätta launch
sjösättning launching
sjötomt site (bebyggd piece of ground, med trädgård garden) bordering on the sea (vid insjö on a lake)
sjötunga sole
sjövatten sea water; insjövatten lake water
sjövett sea sense
sjövild vard., ursinnig raging mad; busig, om barn wild
s.k. (förk. för *så kallad*) se ex. under *3 så I 1*
ska I *hjälpvb* **1** will, shall; i ledig stil ofta sammandragna till 'll (t.ex. he'll, med 'not' till won't, shan't)
2 uttr. ren framtid: *ska (skall)* i första pers. will (britt. eng. äv. shall); i övriga pers. will; ofta äv. konstr. med be going to +inf.; *jag ~ träffa honom* i morgon I will (I shall, I'll) meet (be meeting) him..., I am going to meet him...; *det går nog bra ~ ni [få] se* ...you'll see
3 om något omedelbart förestående el. avsett = 'ska just', 'ämnar', 'tänker': **a)** konstr. med be going to +inf.; *jag ~ spela tennis* i eftermiddag I'm going to play tennis...; *jag ~ just [till att]* står i begrepp att *packa* I'm about (just going) to pack **b)** spec. vid rörelsevb: vanl. konstr. med be +ing-form av huvudverbet; *jag ~ resa* i morgon I am going (leaving)...; *han ~ gå på teatern* he is going to the theatre
4 uttr. något som bestämts på förhand (äv. av ödet): konstr. med be to +inf.; *jag ~ fortsätta i* tre veckor I am to continue for...; *tåget ~ komma klockan tio* the train is due at ten; *om vi ~ vara där* klockan tre måste vi... if we are to be there...
5 uttr. vilja, avsikt **a)** uttr. subjektets egen vilja: *vi ~ fråga honom* we will (we'll, friare let's) ask him; *det ~ jag [göra]!* som bekräftande svar I will (I'll) do that!; *jag ~* beton. *ta reda på saken* I will (beton. shall) find out about it **b)** uttr. annans vilja än subjektets: shall; *~ jag (han) öppna fönstret?* shall I (he) open the window?; *han föreslår att...~ höjas* he suggests

410

that...should be raised (that...be raised); *han vet inte vad han ~ tro* he doesn't know what to believe; *vad vill du att jag ~ göra?* what do you want me to do? **c)** i bet. 'bör', 'borde' should, ought to; *du ~ inte tala illa om någon* you should not (ought not to) speak ill of anybody **d)** i bet. 'måste' *allt det här ~ jag göra, innan jag kan gå hem* I must (have [got] to) do all this before...
6 'lär' o.d.: be said (förmodas be supposed) to +inf.: *hon ~ vara mycket musikalisk* she is said (supposed) to be very musical **7** i att-satser efter uttr. för känsla o.d.: *det är synd att han ~ vara så envis* it is a pity that he should be so stubborn; *att ni alltid ~ bråka!* why must you always make a noise (fuss)?
8 i vissa villkorsbisatser: i regel konstr. med be to +inf.; *om han ~ räddas*, måste något göras nu if he is to be saved,...
9 speciella fall: *de väntar på att vi ~ börja* they are waiting for us to begin; *och det ~ du säga!* a) det är lätt för dig that's easy for you to say! b) iron., du är just den rätte att säga det you are a fine one to talk!; *du ~ veta* (du förstår) *att jag...* well, you see I...; mer påpekande well, you know [that] I...
II med beton. part. o. utelämnat huvudvb (som sätts ut i eng.)
~ av: jag ~ av här tänker (vill) stiga av I'm getting (till konduktör I want to get) off here; enligt överenskommelse
~ bort (**hem, upp, ut**): *jag ~ bort* (*hem*) I'm going out (home); *hon ~* måste *ut ur huset!* she must leave the house!
~ in: jag ~ tänker fara *in till stan* i morgon I'm going into town...
~ i väg: jag ~ måste *i väg* I must be off (be going)
~ till: det ~ mycket till för att hon ~ gråta it takes a lot to make her cry
skabb med. scabies; hos får scab
skada I *s* persons injury; saks damage; sjuklig förändring lesion; ont harm; lindrigare mischief; förlust loss; förfång detriment, disadvantage; *det är ingen ~ skedd* there is no harm done; vard. there are no bones broken; *få svåra skador* suffer severe injuries (om sak damage sg.), be seriously injured (hurt, om sak damaged); *ta ~ [av]* bli lidande suffer [from]; få skador, om sak be damaged [by]; *till [stor] ~ för...* [greatly] to the detriment of
II *tr* göra illa: pers. injure; sak damage; vara skadlig för be bad for; vara till skada (förfång) för be detrimental to, do harm to; försämra impair; *~ [sig i] benet* hurt (stark. injure) one's leg; *det ~r ögonen* it is bad for...; *det skulle inte ~ med* lite regn ...would not do any harm; vi skulle behöva we could do with...

skadad om pers. el. kroppsdelar injured, hurt; om sak damaged; *är han ~?* is he hurt (stark. injured)?; subst. adj.: *en ~* an injured person
skadeanmälan notification of damage (loss)
skadedjur noxious animal; koll. vermin
skadeersättning, *begära ~* claim damages (indemnification, an indemnity)
skadeglad om t.ex. min malicious; *vara ~ över* ngt take a malicious delight in...
skadeglädje delight over other people's misfortunes
skadegörelse damage
skadereglering försäkr. claims adjustment
skadeslös, *hålla* ngn ~ indemnify (gottgöra compensate)... [*för* for]
skadestånd damages; polit. reparations; *begära ~ [av ngn]* sue [a p.] for damages
skadeståndsskyldig ...liable to damages (indemnification, polit. reparations)
skadeverkan o. **skadeverkning** skada damage; skadlig verkan injurious (harmful, deleterious) effect
skadlig injurious; isht om djur o. naturföreteelser noxious; ohälsosam, om mat o. dryck unwholesome; inte bra bad; *det är ~t [för hälsan] att röka* smoking is bad for (stark. is injurious to, is deleterious to) the health
skadskjuta wound
skaffa I *tr* get; [in]förskaffa procure; anskaffa provide; få tag på get hold of; få ihop find; uppdriva (t.ex. pengar) find; köpa buy; inhämta, erhålla obtain; skicka efter send for; *~ ngn ett arbete* get a p. a job, find (procure) a job for a p.; *~ barn* raise a family **II** *rfl, ~ sig* get [oneself]; förskaffa sig procure [for oneself]; t.ex. kunskaper acquire; t.ex. vänner make; köpa sig buy oneself; inhämta, erhålla obtain; försäkra sig om, lyckas få secure; tillvinna sig gain; ådraga sig contract; förse sig med provide (supply, furnish) oneself with; *~ sig upplysning om* obtain information about
III med beton. part.
~ fram anskaffa get; åstadkomma produce
~ hem köpa hem buy; beställa hem order...[to be sent home]; varor till affär get
~ hit bring...(låta skaffa have...brought) here
skafferi larder; större pantry
skaffötes, [*ligga*] *~* [*lie*] head to foot (tail)
skaft på t.ex. redskap, bestick handle; längre: på

t.ex. paraply shaft; på t.ex. kvast stick; stövel~ o.d. leg; bot. stalk
Skagerack the Skagerrak
skaka I *tr* allm. shake äv. bildl.; uppröra (t.ex. sinnet) agitate; underrättelsen *~de henne djupt* vanl. she was deeply shaken by...
II *itr* allm. shake; om åkdon jolt; vibrera vibrate; *jag fryser så jag ~r* I'm shivering with cold
III med beton. part.
~ av: ~ *av* (*bort*) snön [*från ngt*] shake...off [a th.]; ~ *av* mattan shake..., give...a shake
~ fram shake out; bildl. produce
~ om: ~ *om* ngt shake up..., shake...well
~ sönder **a)** tr. shake...to pieces **b)** itr. get shaken to pieces
skakad upprörd shaken
skakande uppskakande: om t.ex. skildring harrowing; om t.ex. nyheter upsetting
skakel skalm shaft; *hoppa över skaklarna* bildl. kick over the traces
skakig allm. shaky; om vagn jolting
skakis vard. shaky, se vid. *skraj*
skakning shaking; enstaka shake; av el. i vagn jolting; enstaka jolt; vibration vibration; med. tremor; *med en ~ på huvudet* with a shake of the head
skal hårt, på t.ex. nötter shell; mjukt: allm. skin; på t.ex. ris husk; avskalade (t.ex. potatis~) koll. peelings, parings; bildl. shell; yta exterior; *ett tomt ~* bildl. an empty shell; *dra sig inom sitt ~* go (retire) into one's shell
1 skala i olika bet. scale; på radio [tuning] dial; *hela ~n av* känslor the whole gamut of...
2 skala t.ex. frukt peel; ägg shell; t.ex. ris husk; t.ex. korn hull; mandel blanch
skalbagge beetle
skalbolag shell company
skald poet; fornnordisk scald
skaldjur shellfish äv. koll.
1 skall se *ska*
2 skall barking
skalla om trumpet o.d. blast; om sång ring out; eka resound; *ett ~nde skratt* a roar (peal) of laughter
skalle skull; vetensk. crani|um (pl. äv. -a); huvud head; vard. nut, noddle
skallerorm rattlesnake
skallgång efter bortsprungen o.d. search; efter förbrytare chase; *gå ~ efter* organize (institute) a search (resp. chase) for
skallig flintskallig bald
skallra I *s* rattle **II** *itr* rattle; *tänderna ~de på honom*
skallskada skull injury

skalm 1 skakel shaft **2** på glasögon sidepiece; amer. bow; på sax blade
skalp scalp
skalpell kir. scalpel
skalpera scalp
skalv quake
skam shame; vanära disgrace; något skamligt dishonour; stark. ignominy; *~ den som ger sig!* shame on him that...!; *komma på ~* om hopp o.d. come to nought
skamfila 1 möbeln *är ~d* ...is the worse for wear **2** *ett ~t rykte* a tarnished reputation
skamfläck stain; *han är en ~ för* sin familj he is a disgrace to...
skamkänsla sense (feeling) of shame
skamlig shameful, disgraceful, dishonourable; friare scandalous; *komma med ~a förslag* make improper suggestions; *det är verkligen ~t* äv. it is a great (crying) shame (stark. a scandal)
skamlös shameless; oblyg unblushing; fräck impudent, brazen
skampåle pillory; *stå vid ~n* bildl. be pilloried
skamsen ashamed; shamefaced; *vara ~* be ashamed
skamvrå, *stå i ~n* stand in the corner
skandal scandal; scen [scandalous] scene; *vilken ~!* äv. what a scandalous thing!, how scandalous!; *detta är* [*en*] *~* (*rena ~en*)*!* this is a disgrace (stark., ett illdåd o.d. an outrage)!
skandalisera skämma ut disgrace
skandalös scandalous; upprörande outrageous; förargelseväckande offensive
skandinav Scandinavian
Skandinavien Scandinavia
skandinavisk Scandinavian
skans 1 mil. redoubt, earthwork, fieldwork; fäste fortlet **2** sjö. forecastle
skapa create; grunda found; t.ex. hatkänslor engenders; *~ sig ett namn* make a name for oneself; *han är som ~d* (*skapt*) *till* lärare he is a born...
skapande creative; ibl. constructive
skapare creator; av t.ex. mode el. stil originator; grundare founder
skapelse creation; *~n* världen äv. nature, the universe
skaplig tolerable, passable; vard. pretty good; rimlig, om t.ex. pris o. lön reasonable
skara troop; hord tribe; [oordnad] mängd crowd; *en ~ arbetare* a gang (team) of workmen; *en utvald ~* a select group
skare frozen crust [on the snow]
skarp I *adj* sharp; brant steep; om smak o. lukt strong; om ljud piercing, shrill; om ljus

bright; om sinnen keen; ~ *ammunition* live ammunition; ställa en fråga *i ~ belysning* ...in a bright light; *en ~ bild* foto. el. TV. a sharp picture; *~ dager* bright (glaring) light; *en ~ protest* a strong protest **II** *s, säga till [ngn] på ~en* tell a p. off properly
skarpsinne acumen
skarpsinnig acute, sharp-witted; om t.ex. politiker astute, shrewd
skarpsynt sharp-sighted alla äv. bildl.; jfr *skarpsinnig*
skarsnö snow with a frozen crust (a frosted surface); jfr *skare*
1 skarv zool. cormorant
2 skarv 1 fog joint; sömnad. seam; tekn., äv. t.ex. om film o. inspelningsband splice **2** förlängningsstycke lengthening-piece
skarva I *tr* o. *itr* **1** lägga till ett stycke add a piece; *~ ngt på längden* lengthen (på bredden widen) a th. [by adding a piece] **2** hopfoga join; tekn. (äv. film o. inspelningsband) splice **II** *itr* vard., överdriva exaggerate
skarvsladd extension flex (amer. cord), extension
skata zool. magpie
skatbo magpie's nest
skateboard skateboard
skatt 1 rikedom treasure äv. bildl.; samlad hoard; *~er* riches; wealth sg. **2** avgift o.d.: allm. tax; kommunalskatt (koll.) ung. local taxes; i Engl. ung. rates; på vissa varor (tjänster) duty; *~[er]* [rates and] taxes pl.; *lön efter ~* takehome pay (salary, wages pl.)
skatta I *tr* värdera, uppskatta estimate; *~ högt* esteem (value) highly, prize **II** *itr* betala skatt pay taxes; *han ~r för* 130 000 kr *om året* he is assessed at...a year
skatteavdrag tax deduction
skattebetalare taxpayer resp. ratepayer; jfr *skatt 2*
skattefiffel tax evasion (fiddling, dodging)
skatteflykt undandragande av skatt tax evasion (avoidance)
skattefri tax-free; om vara duty-free
skattefusk [fraudulent] tax evasion (dodging)
skattehöjning increase in taxation
skattekort preliminary tax card
skattekrona, *skatten har fastställts till 35 kronor per ~* (vid kommunal inkomstskatt) ung. the rate has been fixed at 35 per cent of the ratable income
skattekvitto bil. car tax receipt; i Engl. road licence
skattelättnad tax relief (amer. break)

skattemyndighet, *~er* tax[ation] authorities; *lokala ~en* the local tax office
skatteparadis vard. tax haven
skatteplanering tax avoidance [schemes pl.]
skattepliktig om pers. ...liable to tax[ation]; om varor o.d. taxable; *~ inkomst* taxable (assessable) income
skattereform fiscal (taxation) reform
skattesats rate of tax, tax rate
skatteskuld tax debt (liability)
skattesmitare tax evader (dodger)
skattesänkning tax reduction
skattetabell tax table
skattetryck pressure (burden) of taxation
skatteåterbäring tax refund
skattkammare treasury
skattkista treasure chest
skattsedel ung. [income-tax] demand note, notice of assessment
skattskyldig ...liable to tax[ation]
skattsökare treasure hunter
skava gnida, riva rub; skrapa scrape; *~ mot* gnida rub, chafe [against, on]
skavank fel defect, fault; ofullkomlighet imperfection; skönhetsfläck flaw
skavsår sore; *jag har fått ~ på hälen (foten)* ...sores (a sore) on my heel (foot)
ske hända happen; hända sig come about; äga rum take place; försiggå go on; göras, verkställas be done; *det får inte ~ igen* it must not happen (occur) again, you osv. must not do it again; *det kommer att ~ en förbättring* there will be...; *vad som [händer och] ~r* what is going on (taking place)
sked 1 spoon; som mått spoonful (pl. spoonfuls); *en ~ medicin* a spoonful of... **2** vävn. reed
skede tidsskede period, era; [tids]avsnitt section [of time]; fas phase; stadium stage
skeende [händelse]förlopp course [of events]; fortskridande development; process process
skela squint äv. bildl.; vard. be cock-eyed; inåt be cross-eyed; utåt be wall-eyed
skelett skeleton
skelögd squint-eyed; cross-eyed; wall-eyed; jfr *skela*
skelögdhet squint; svag. cast
sken 1 ljus o.d. light; starkt el. bländande, äv. från eldsvåda glare; bildl. (skimmer) gleam; *~et från brasan* the light of... **2** [falskt] yttre o.d. semblance, appearance[s pl.]; förevändning pretext, pretence; *~et bedrar* appearances are deceptive; *under ~ av vänskap* under a show (the semblance, the pretext, the cloak, the guise) of...
1 skena bolt; *~ [i väg]* run away äv. bildl.; *~*

rusa *omkring* rush about; *en ~nde häst* a runaway horse
2 skena järnv. el. löpskena rail; list strip; fälg rim; på skridsko blade; med. splint
skenbar apparent, seeming; illusorisk illusory; påstådd ostensible
skenbarligen apparently, to all appearances
skenben anat. shinbone; med. tibi|a (pl. -ae)
skenhelig hycklande hypocritical; i ord canting; gudsnådlig sanctimonious
skenhelighet hypocrisy; i ord cant; sanctimoniousness, false piety
skenmanöver diversion
skenäktenskap pro forma marriage
skepnad gestalt figure; form shape, guise; vålnad phantom; *i en tiggares ~* in the guise of...
skepp 1 sjö.: allm. ship; *bränna sina ~* bildl. burn one's boats **2** arkit. nave; sidoskepp aisle
skeppa ship
skeppare [ship]master; vard. skipper
skepparhistoria traveller's tale; *berätta skepparhistorier* äv. spin a yarn
skeppning shipment
skeppsbrott [ship]wreck; *lida ~* be [ship]wrecked, suffer shipwreck; bildl. be wrecked
skeppsbruten shipwrecked; *en ~* subst. adj. a shipwrecked man (person etc.), a castaway
skeppsbyggare shipbuilder
skeppsklocka ship's bell
skeppslast cargo; *en ~ vete* a cargo (shipload) of...
skeppsläkare ship's doctor
skeppsredare shipowner
skeppsrederi företag shipping company
skeppsvarv shipbuilding yard
skepsis scepticism, scepsis; amer. vanl. skepticism; tvivel doubt
skeptiker sceptic; amer. vanl. skeptic
skeptisk sceptical; amer. vanl. skeptical
sketch teat. o.d. sketch
skev 1 vind warped; sned askew end. pred.; lopsided; om leende wry **2** bildl.: om t.ex. uppfattning distorted; oriktig false
skevhet warpedness; lopsidedness; wryness; distortion; falseness; jfr *skev*
skevning flyg. bank
skevroder flyg. aileron
skick 1 tillstånd condition; isht mer beständigt ofta state; *i dåligt (gott) ~* in bad (good) condition (isht om hus repair); *i sitt nuvarande ~* in its (resp. their) present state (shape); *i oförändrat ~* unchanged, unaltered; om lagförslag o.d. äv. unamended **2** uppförande behaviour; sätt [att skicka sig] manners

skicka I *tr* sända send; expediera forward, dispatch; vid bordet pass; hand., pengar remit; *~ bud efter ngn* send for a p.; *~ barnen i säng* send...(vard. bundle...off) to bed
II med beton. part.
~ bort send away
~ efter send for
~ hem send home; varor äv. deliver
~ hit varor o.d. send...here, send...to me (us osv.); *vill du ~ hit saltet?* vid bordet would you pass [me] the salt [please]?
~ in send in
~ i väg send off; sak äv. dispatch; vard., pers. äv. bundle...off; brev post; isht amer. mail
~ med ngt send...along (too); bifoga, hand. enclose...; *~ med ngn ngt* send a th. with a p.
~ omkring send (vid bordet pass) round; t.ex. skrivelse äv. circulate
~ tillbaka return
~ ut send out; *~ ut barnen ur rummet* send...out of the room
~ vidare send (vid bordet pass) on
skickad lämpad suited
skickelse bestämmelse dispensation, decree; *ödets ~* ofta Fate
skicklig duktig clever, skilful, able; kunnig capable; kompetent competent; *en ~ arbetare (kokerska)* a capable (good)...; *en ~ affärsman* a clever (slug smart) business man
skicklighet cleverness, skilfulness, skill; capability; jfr *skicklig*
1 skida 1 slida sheath **2** bot. siliqu|a (pl. -ae), silique; på ärter o. bönor pod
2 skida sport. ski (pl. äv. lika); *åka skidor* ski; göra en skidtur go skiing
skidbacke ski slope (för skidhopp jump)
skidbindning ski binding (fastening)
skidbyxor ski (skiing) trousers
skidföre, *det är bra (dåligt) ~* ung. the snow is good (bad) for skiing
skidlift skilift
skidlöpare skier
skidspår ski (upplagt skiing) track
skidstav ski stick (amer. äv. pole)
skidtur skiing tour
skidtävling skiing competition, ski race
skidutrustning skiing equipment
skidvalla ski wax
skidåkare skier
skidåkning skiing
skiffer ler~, olje~ shale; tak~ slate
skift shift; *arbeta i ~* ...in shifts
skifta I *itr* förändra sig change; isht om vind shift; omväxla med varandra alternate; *~ i rött* be shot (tinged) with red **II** *tr* **1** byta

change; sjö. shift; ~ *gestalt* shift (change) one's [outward] form **2** jur., fördela: arv distribute; bo, mark partition
skiftande changing osv., jfr *skifta I*; ombytlig changeable; om t.ex. vind variable; om t.ex. innehåll varied; om tyg o. färg shot; *med ~ framgång* with varying success
skiftarbete shift work
skifte 1 ombyte change **2** växling vicissitude; *i alla livets ~n* in all the vicissitudes (ups and downs) of life **3** fördelning: av arv distribution; av bo, mark partition
skiftning 1 förändring change; variation variation; *~ i rösten* modulation of the voice **2** fördelning: av arv distribution; av bo, mark partition
skiftnyckel adjustable spanner (isht amer. wrench)
skikt layer; på film coating; geol. strat|um (pl. -a), layer båda äv. bildl.; geol. äv. bed
skild 1 åtskild separated; frånskild divorced **2** *~a* olika different, differing, varying, various
skildra describe; isht livligare depict; t.ex. en karaktär delineate; i stora drag outline
skildring description; depiction, picture; jfr *skildra*
skilja I *tr* o. *itr* **1** avskilja separate; våldsamt sever; *~ ifrån (av)* t.ex. kupong detach; jfr *avskilja* **2** åtskilja separate; *tills döden skiljer oss åt* till death do us (us do) part **3** särskilja distinguish, differentiate; närmare discriminate; *~ mellan (på)* gott och ont tell the difference between...; *kunna ~ på sak och person* be able to make a distinction between person and thing **II** *rfl*, *~ sig* **1** allm. part; vara olik differ; *han skiljer sig från mängden* bildl. he stands out in a crowd (out from the rest) **2** [*låta*] *~ sig* get a divorce [*från sin hustru* from...]
skiljaktighet difference osv., jfr *olikhet*
skiljas 1 allm. part; *~ som* [*de bästa*] *vänner* part [the best of] friends; *~ åt* part [company]; om sällskap o.d. äv. break up, separate **2** ta ut skilsmässa get a divorce
skiljelinje dividing line
skiljetecken språkv. punctuation mark
skiljeväg crossroad; *stå vid ~en* bildl. be at the crossroads
skillnad olikhet difference; i storlek, åtskillnad distinction; skiljaktighet divergence; *det är ~ det!* vard., en annan sak that's quite another thing (matter)!; *till ~ från henne* unlike (in contrast to) her
skilsmässa 1 äktenskaplig divorce; *begära (söka) ~* jur. sue for a divorce, start (institute) divorce proceedings **2** avsked o.d. parting; *en lång ~* frånvaro a long separation
skilsmässobarn child of divorced parents, child from a broken home
skimmer shimmer, glimmer; månens light; brasans light; *ett romantiskt ~* a romantic light; *ett ~ av* löje an air of...
skimra shimmer
skina shine; stark. blaze; bländande glare; solen (månen) *skiner* ...is shining; *avsikten skiner igenom* his (her osv.) purpose is only too obvious (apparent)
skingra I *tr* allm. disperse; t.ex. folkmassa scatter; t.ex. farhågor, tvivel dispel; t.ex. mystiken clear up; *~ tankarna* divert one's mind (thoughts) **II** *rfl*, *~ sig* se *skingras*
skingras disperse
skinka 1 kok. ham **2** kroppsdel buttock
skinn skin; fäll fell; som matta o.d. skin rug; päls[verk] fur; beredd hud leather; *fara omkring som ett torrt ~* bustle about; *hon har ~ på näsan* she has got a will (mind) of her own, she knows what she wants; *rädda sitt eget ~* save one's skin (vard. bacon)
skinnband full leather binding; bok *i ~* leather-bound...
skinnflådd abraded
skinnfodrad leather-lined
skinnfåtölj leather-upholstered armchair
skinnjacka läderjacka leather jacket
skinnklädd om t.ex. möbel leather-upholstered
skinnkrage pälskrage fur collar
skinnskalle vard. skinhead
skinnsoffa leather sofa
skinntorr skinny, scraggy
skipa, *~ rätt* administer justice
skippa vard. skip
skir om tyg airy; om t.ex. grönska tender; om t.ex. poesi ethereal
skira smör melt
skiss sketch
skit vard. **1** exkrementer shit; djurs droppings **2** smuts filth; svag. dirt **3** skräp [damned] junk (trash); *han gjorde inte ett ~* he did not do a bloody (amer. goddam, vulg. fucking) thing **4** strunt *prata ~* talk tripe (crap, balls) **5** pers. rotter; vulg. shit, bastard **6** som utrop *~!* hell!; stark. shit!
skita I *itr* vard. shit; *det skiter jag i* I don't care a damn about that, to hell with that; vulg. bugger (fuck) that **II** *tr* vard. *~ ner* dirty osv., se *smutsa* [*ned*]
skitig vard. filthy
skitsnack vard., skitprat bullshit, balls; dösnack drivel

skitstövel vard. bastard; vulg. shit; amer. äv. asshole
skiva I s **1** platta o.d. plate; av trä o.d. board; tunn sheet; rund disc; grammofon~ record; bords~ top; lös leaf (pl. leaves) **2** uppskuren (av matvara) slice **3** vard., kalas party **4** data., skivminne disc (disk) store **II** tr slice
skivbroms tekn. disc (disk) brake
skivling svamp agaric
skivminne data. disc (disk) store
skivspelare record-player; av avancerad typ transcription turntable
skivstång barbell
skivtallrik turntable
skjorta shirt; *det kostar ~n* vard. it costs the earth (a bomb)
skjortblus shirtblouse; amer. shirtwaist
skjortbröst shirtfront
skjortknapp påsydd shirt button; lös bröstknapp shirt stud
skjortärm shirtsleeve
skjul redskaps~ o.d. shed; vagns~ coach house; kyffe hovel
skjuta I tr o. itr **1** med skjutvapen shoot äv. friare; ge eld fire; ~ *efter* (*mot, på*) *ngn* shoot (fire) at a p.; ~ *vilt omkring sig* shoot wildly (indiscriminately) all round **2** flytta o.d. push; vårdslöst el. stark. shove; knuffa elbow; kärra wheel; ~ maka [*på*] move; vard. shift; ~ *på* uppskjuta *ngt* put off (postpone) a th.; ~ ngt *åt sidan* push (resp. shove, jfr ovan)...aside; bildl. put...on one side, shelve...; något obehagligt brush aside (away) **3** ~ *knopp*[*ar*] bud **II** med beton. part.
~ **av** skjutvapen fire; pil shoot; skott äv. fire off
~ **fram a)** tr. ~ *fram stolen till* brasan push the chair up to... **b)** itr.: sticka ut jut out; ~ *fram över* äv. overhang; jfr *framskjuten*
~ **ifrån:** ~ *ifrån sig* sak el. pers. push (resp. shove, jfr*I* 2)...away
~ **igen** dörr o.d. push...to; stänga close, shut
~ **ihjäl** shoot...dead (amer. äv. to death)
~ **in:** t.ex. byrålåda push (resp. shove, jfr*I* 2)...in; inflicka interpose
~ **ned:** med skjutvapen shoot...down (levande varelse äv. dead); flygplan shoot (bring)...down; vard. down
~ **på** push [from behind]
~ **till:** t.ex. dörr, se ~ *igen*; bidra med contribute
~ **upp a)** t.ex. dörr push...open; rymdraket launch **b)** uppskjuta put off, defer; fördröja delay **c)** om växter shoot [up], sprout [up]
~ **ut** itr.: om t.ex. udde jut out
skjutbana shooting-range; täckt shooting-gallery; mil. rifle range
skjutdörr sliding door
skjuts 1 *ge ngn* ~ *till staden* give a p. a lift... **2** vard., knuff shove, push, impetus; *han fick en* ~ *i karriären* he got a boost in his career
skjutsa köra drive; ~ *ngn* give a p. a lift
skjutvapen firearm
skleros med. sclerosǀis (pl. -es)
sko I s **1** låg~ shoe; halvkänga bootee; känga boot **2** häst~ [horse]shoe **II** tr förse med skor shoe äv. häst **III** rfl, ~ *sig* göra sig oskälig vinst *på ngns bekostnad* line one's pocket (feather one's nest) at a p.'s expense
skoaffär shoe (footwear) shop (isht amer. store)
skoblock shoetree
skoborste shoebrush
skock skara troop; [oordnad] mängd crowd, body; [mindre] klunga group, bunch; av djur herd
skocka, ~ *sig* se *skockas*
skockas om människor crowd (cluster, troop) [together]; om djur herd (flock) [together]
skodon [boots and] shoes; hand. footwear
skog större forest äv. bildl.; mindre wood; ofta woods; *i* ~ *och mark* in woods and fields; *dra åt ~en!* go to blazes (hell)!
skogbevuxen o. **skogbeväxt** forested; *vara* ~ äv. be under timber
skogig woody
skogsarbetare woodman
skogsavverkning felling; isht amer. cutting; virkesmängd felling (isht amer. logging) volume
skogsbrand forest fire
skogsbruk forestry
skogsbryn edge of a (resp. the) wood (större skogs forest)
skogsbygd woodland, wooded district; avlägsen backwoods
skogsdunge grove
skogsduva stock dove
skogsgräns timber (tree) line
skogsindustri forest industry
skogsmyra, [*röd*] ~ wood ant
skogsparti stretch (piece) of woodland
skogsrå mytol., ung. siren of the woods
skogsskötsel silviculture
skogsskövling devastation (destruction) of forest land
skogstrakt se *skogsbygd*
skogsvård forestry
skogsväg forest (woodland) road, road through a wood (resp. the wood[s])
skogvaktare forester, forest warden, isht amer. forest ranger; spec. för jaktvård gamekeeper

skohorn shoehorn
skoj I s **1** skämt joke; upptåg frolic, lark; [pojk]streck prank; ofog mischief; drift joking; *för ~s skull* for fun (a lark), just for the fun of it **2** bedrägeri swindle; vard. racket **II** *adj* roligt nice; *så ~ att du kom!* vard. how nice of you to come!
skoja I *itr* skämta joke, jest; ha hyss för sig lark about; *~ driva med ngn* kid a p., take the mickey (mike) out of a p. **II** *itr* o. *tr* bedra cheat, swindle
skojare 1 bedragare cheat; svag. trickster; kanalje blackguard **2** skämtare joker, wag; spjuver rogue
skojig lustig, konstig funny; trevlig nice; skämtsam facetious; uppsluppen frolicsome; jfr vid. *rolig*
skokräm shoe polish (cream)
1 skola se *ska* o. *skulle*
2 skola I s school äv. bildl.; *~n* the school; *~n undervisningen börjar kl. 8.15* school begins at 8.15; *~n slutar* för terminen school breaks up (för dagen is over for the day) **II** *tr* utbilda train; *~d arbetskraft* skilled labour
skolarbete schoolwork; hemuppgift homework
skolavslutning breaking-up, jfr *avslutning 2*
skolbarn [young] school child
skolbespisning måltider school meals; lokal dining hall
skolbuss school bus
skolbänk desk; *sitta på ~en* bildl. be at school
skoldag schoolday; *~en är slut* school is over for today
skolexempel textbook case (example); *ett ~ på...* a typical (classic) example of...; om handling o.d. an object lesson in...
skolfartyg training ship
skolflicka schoolgirl; amer. äv. [girl] student
skolgång schooling; t.ex. obligatorisk *~*, avbryta sin *~*...school attendance
skolgård playground; isht mindre school yard; *på ~en* in the playground
skolk från skolan truancy; amer. äv. hook[e]y
skolka, ~ *[från skolan]* play truant (amer. äv. hook[e]y), cut class; *~ från arbetet* shirk (keep away from) one's work; en dag take a day off
skolkamrat schoolfellow; vän school friend; *vi var ~er* äv. we were at school together
skolkare från skolan truant
skolklass school class (form)
skollov ferier [school] holidays pl. (vacation)
skolläkare school doctor
skollärare schoolmaster, schoolteacher

skolmat, ~*[en]* food at school, school meals pl.
skolmatsal school dining-hall (mindre dining-room)
skolmogen, *vara ~* be ready for school
skolmåltid school meal
skolmästerskap idrott schools championship
skolning utbildning training; om t.ex. litterär (klassisk) *~* grounding
skolplikt compulsory school attendance
skolpojke schoolboy; amer. äv. student
skolradio broadcasting (program broadcast) for schools; program school[s] broadcast
skolresa school journey
skolsal klassrum classroom
skolschema [school] timetable; amer. schedule
skolsjuka feigned illness
skolskjuts transport school transport; konkr., bil, buss car (bus) for transporting children to school
skolsköterska school nurse
skolstyrelse ung. local education authority
skoltid år i skolan schooldays; lektionstid school hours
skoltidning school magazine (newspaper)
skoltrötthet school fatigue
skolungdom, ~*[ar]* schoolchildren pl.; isht om äldre schoolboys and schoolgirls pl.
Skolverket the [Swedish] Board of Education
skolväsen educational system
skolväska school bag (med axelrem satchel)
skolålder school age
skolår school year; pl. (skoltid) schooldays
skolämne school subject
skomakare shoemaker
skomakeri verkstad shoemaker's [work]shop, shoe repair shop
skona spare; vara aktsam om take care of; *~ ngns liv (ngn till livet)* spare a p.'s life
skonare o. **skonert** sjö. schooner
skoningslös merciless
skonsam mild lenient; överseende indulgent; fördragsam forbearing; hänsynsfull considerate; barmhärtig merciful; varsam careful; *~ för ögonen* restful to...
skonummer size in shoes, shoe size
skopa I s scoop; för vätska ladle; på mudderverk o.d. bucket; öskar bailer; få (ge ngn) *en ~ ovett* ...a good telling-off **II** *tr* scoop; *~ upp* scoop up
skoputsare shoeblack; amer. äv. shoeshine [boy]
skorpa 1 bakverk rusk; skepps*~* biscuit **2** hårdnad yta crust
skorpion 1 zool. scorpion **2** *Skorpionen* astrol. Scorpio

skorra 1 på 'r' speak with a burr **2** ljuda strävt grate; rasp
skorsten chimney; på fartyg o. lok funnel
skorstensfejare chimney-sweep[er]
1 skorv vard., gammalt fartyg old tub (hulk)
2 skorv med. scurf
skorvig scurfy
skoskav chafed (galled) feet; *jag har [fått] ~ på höger fot* my right foot is chafed
skosnöre shoelace; amer. shoestring
skosula sole [of a shoe]
skot sjö. sheet
skota sjö. *~ [hem]* ett segel sheet...home
skoter [motor]scooter
skotsk Scottish; ledigare Scotch isht om skotska produkter
skotska 1 kvinna Scotswoman **2** språk Scots
skotskrutig tartan, *~t tyg* tartan, plaid
skott 1 vid skjutning shot äv. i sport; laddning charge; knall report; signal~ gun **2** på växt shoot, sprout; *skjuta ~* put forth shoots, sprout **3** sjö. bulkhead
skotta shovel; *~ [snö från] taken* shovel [the] snow away from the roofs
skottavla target; *vara ~ för* bildl. be the butt (target) of
skottdag leap day
skotte pers. Scotsman, Scot; *skottarna* som nation el. lag o.d. the Scots; i Engl. äv. the Scotch
skottglugg loophole; *komma (hamna, råka) i ~en* bildl. come under fire, become the target of criticism
skotthåll gunshot; *inom (utom) ~* within (out of) gunshot (range) [*för* of]; *vara utom ~* bildl. be out of harm's way
skottkärra wheelbarrow
Skottland Scotland
skottlinje line of fire äv. bildl.; *komma i ~n för ngns kritik* become the butt (target) of...
skottlossning avfyring firing [off], discharge; skottväxling firing; *man hörde ljudet av ~* ...of shots being fired
skottspole, *fara omkring som en ~* dart about like mad
skottsäker ogenomtränglig bullet-proof
skottväxling exchange of shots
skottår leap year
skovel för snö, jord o.d. shovel
skraj o. **skrajsen** vard. *vara (bli) ~* have got (get) the wind up
skral 1 underhaltig poor **2** krasslig out of sorts
skraltig illa medfaren rickety, ramshackle
skramla I *s* rattle **II** *itr* **1** om vagn, kedjor, fönsterluckor m.m. rattle; om mynt jingle; om nycklar jangle, rattle; om kokkärl o.d. clatter; *~ med...* rattle... osv. **2** vard., sala club together
skrammel skramlande rattling osv.; *ett ~* a rattle osv.; jfr *skramla II 1*
skranglig 1 gänglig lanky **2** rankig rickety
skrank railing; vid domstol bar
skrap 1 skrapande ljud scraping, scrape; det att skrapa scratching **2** något avskrapat scrapings; rest remainder; avfall refuse; skräp trash
skrapa I *s* **1** redskap scraper; rykt~ curry-comb **2** skråma scratch **3** tillrättavisning scolding, talking-to; vard. telling-off **II** *tr* o. *itr* allm. scrape; riva, krafsa, raspa scratch; *~ med fötterna* scrape one's feet; om häst paw the ground; *~ sig på benet* graze [the skin off] one's leg
III med beton. part.
*~ **av** ngt* scrape off a th.; *~ av smutsen (snön) från sina skor* scrape...off one's shoes
*~ **bort*** scrape away (off); jfr *~ av*
*~ **ihop*** äv. t.ex. pengar scrape (rake) together
*~ **ur** en gryta* scrape...out
skrapning 1 ljud, se *skrap 1* **2** med. [dilatation and] curettage (förk. D&C)
skratt laughter; enstaka ~ laugh; gap~ guffaw; *få sig ett gott ~ åt...* have a good (hearty) laugh at...; *vara full i ~* be ready (fit) to burst [with laughter]
skratta laugh; gap~ guffaw; *~ ngn mitt (rakt) [upp] i ansiktet* laugh in a p.'s face; *~ ut ngn* laugh at a p., se äv. *utskrattad*
skrattgrop dimple
skrattmås zool. black-headed gull
skrattretande laughable, droll, comical; löjlig ridiculous
skrattsalva burst (stark. roar) of laughter
skrattspegel distorting (amer. funny) mirror
skred jord~ landslide äv. bildl.; snö~ avalanche
skrev anat. crutch, crotch
skreva I *s* klyfta cleft; spricka crevice **II** *itr,* *~ [med benen]* part one's legs
skri 1 människas scream, shriek; rop cry; *ge till (upp) ett ~* give a scream osv. **2** måsens scream; ugglans hoot; åsnans bray
skria scream, shriek; cry [out]; hoot; bray; jfr *skri*
skriande förtvivlad crying, acute; om orättvisa glaring; *ett ~ behov av* a crying (an acute) need for; *en ~ brist på* an acute shortage of
skribent writer; tidnings~ journalist; skämts. scribe; artikelförfattare writer of an (resp. the) article

skrida eg.: gå långsamt glide, pass slowly; med långa steg stride; gravitetiskt stalk; ~ *till handling* take action
skridsko skate; *åka ~[r]* skate; *göra en ~tur* go skating
skridskobana skating-rink
skridskoåkare skater
skridskoåkning skating
skrift 1 mots. tal o. tryck samt skrivkonst m.m. writing; skrivtecken characters; bokstäver letters **2** handling o.d. written (tryckt printed) document; tryckalster publication; mindre bok booklet; broschyr pamphlet, brochure
skriftlig written; ~*t* besked (svar) o.d. äv. ...in writing
skriftligen o. **skriftligt** in writing; genom brev by letter
skriftspråk, ~[*et*] the written language
skriftställare author
skrik cry; rop shout; tjut yell; gällt, oartikulerat scream; ~*ande* shouting, yelling, screaming; ~ *på hjälp* cry (call) for help
skrika I *itr* o. *tr* **1** utstöta skrik cry, call (cry) out; ropa shout; vard. holler; gällt scream; om småbarn squall; vråla howl; gall~ yell; ~ *som en stucken gris* vard. squeal like a [stuck] pig; ~ *av smärta* cry osv. (roar) with pain **2** gnissla squeak, creak, screech; *det skriker i magen på mig* I'm famished II *s* zool. jay
skrikande I *adj* **1** shouting **2** om färg glaring, loud II *s* shouting, shrieking; jfr *skrika*
skrikhals högljudd pers. loudmouth; om spädbarn bawling brat
skrikig 1 om barn screaming...; om röst shrill; *barnet är så ~t* ...screams (cries) such a lot **2** om färg glaring
skrin box; för bröd bin
skrinda rack wagon (cart)
skrinlägga uppge give up; lägga på hyllan shelve
skritt, *i ~* at a walking-pace
skriva I *itr* o. *tr* write; hastigt [o. slarvigt] scribble; t.ex. kontrakt draw up; ~ *sitt namn* write (underteckna sign) one's name; ~ *beloppet med bokstäver* set out...in writing; ~ *på* en roman be working at...
II med beton. part.
~ **av** kopiera copy [out], transcribe; plagiera copy; vard. crib
~ **in** föra in enter [up]; föra över, t.ex. uppsats copy out; ~ *in en elev* enter a pupil; ~ *in sig vid* universitet register...at
~ **ned (ner)** a) anteckna write down, set (put) down [...in writing]; efter diktamen take down b) hand., reducera write down; depreciate; devalvera devalue
~ **om** på nytt rewrite
~ **på** a) tr.: t.ex. lista write one's name on b) itr.: skriva sitt namn sign
~ **under** sign (put) one's name to...; utan obj. sign [one's name]; ~ *under* [*på*]... bildl. subscribe to..., endorse...
~ **upp** a) anteckna ~ *upp ngn*[*s namn*] take down ap.'s name b) debitera put...down, charge c) hand., höja värdet på write up; revalvera revalue; ~ *upp ngt på* t.ex. svarta tavlan write a th. on...
~ **ut** utfärda write out; på maskin type; check, räkning äv. make out; ~ *ut ngn från sjukhus* discharge ap...; ~ *ut recept på medicin* write out a prescription for...
skrivblock writing-pad
skrivbok skol. exercise book; för välskrivning copybook
skrivbord [writing-]desk; större writing-table
skrivbordslåda desk drawer
skrivbyrå maskinskrivningsbyrå typewriting agency
skrivelse [official] letter, [written] communication; jur. writ; *Er ~* hand. äv. your favour
skriveri writing; *det blev en massa ~er i tidningarna* there were lots of articles (was a lot [of writing]) about it etc. in the papers
skrivfel slip of the pen; på maskin typing error
skrivkramp writer's cramp
skrivkunnig ...able to write
skrivmaskin typewriter; *skriva på ~* type
skrivning 1 skrivande writing; formulering wording **2** skriftligt prov written test (för examen exam[ination])
skrivpapper writing-paper
skrivstil typogr. script
skrivunderlägg desk pad
skrock superstition
skrocka om höns cluck; om pers. chuckle
skrockfull superstitious
skrodera brag, swagger
skrot 1 a) scrap; metall~ scrapmetal; järn~ scrap iron; skräp refuse b) bildl. *de är av samma ~ och korn* they are birds of a feather **2** skrotupplag *sälja på* (*till*) *~en* sell at (to) a scrapyard (junkyard)
skrota I *tr* förvandla till skrot ~ [*ned*] scrap; fartyg äv. break up II *itr, gå och ~* vard. go idling (mooning) around
skrotbil dilapidated car; vard. [old] jalopy (jallopy)
skrothandlare scrap merchant, scrap dealer

skrothög 1 scrap heap **2** se *skrotbil*
skrov body; djurskelett carcass
skrovlig rough; om t.ex. klippa rugged; sträv harsh
skrovmål, *få sig ett* ~ have a good tuck-in (blow-out)
skrubb rum cubbyhole; skräprum lumberroom
skrubba skura scrub; gnida rub; skrapa scrape; ~ *tvätta sig* scrub oneself; ~ *tvätta sig ordentligt* äv. have a good scrub; ~ *sig på benet* scrape (graze, chafe) one's leg
skrubbsår graze, abrasion
skrud garb, apparel; kyrklig vestment
skrumpen shrivelled; hopkrympt shrunken
skrumpna shrivel [up]; krympa shrink
skrupel scruple
skrupelfri unscrupulous
skrupulös scrupulous
skrutt 1 vard., skräp *det är bara* ~ *med undervisningen* ...is useless **2** äppel~ core
skruttig vard., skraltig decrepit
skruv screw; på fiol peg; i tennis o.d. spin; *ha en* ~ *lös* vard. have a screw (tile) loose; *det tog* ~ that did it (the trick), that went home
skruva I *tr* o. *itr* screw; boll spin; isflak swirl; ~ *[på] sig* fidget [about], squirm, wriggle **II** med beton. part.
~ **av** unscrew, screw off; stänga av turn off
~ **fast** screw (fasten)...on (tight)
~ **i** o. ~ **in** screw (skruv äv. drive) in (ända in home)
~ **isär** unscrew
~ **ned** screw down; gas, radio o.d. turn down, lower
~ **på** screw...on; gas, radio o.d. turn on
~ **upp** screw up; pris äv. force up; gas, radio o.d. turn up; ~ *upp förväntningarna* raise expectations
~ **åt** screw...tight
skruvkork screw stopper (cap)
skruvmejsel screwdriver
skruvnyckel spanner; isht amer. wrench
skruvstäd vice
skrymmande bulky
skrymsle nook; bildl. recess
skrynkelfri creaseproof, crease-resisting
skrynkla I *s* crease; wrinkle äv. i huden **II** *tr* o. *itr,* ~ **ned** (*till*) crease, crumple, wrinkle; ~ **ihop** crumple up
skrynklig creased, crumpled; wrinkled äv. om hud
skryt skrytande boasting; *tomt* ~ an empty boast
skryta boast, show off
skrytsam om pers. boastful; om sak o. t.ex. sätt ostentatious; ~ *person* äv. braggart

skrå hist. [trade] guild; friare fraternity
skrål skrålande bawling, roaring
skråla bawl
skråma scratch, slight wound
skräck terror; fruktan fright, dread; fasa horror; plötslig scare; *injaga* ~ *hos ngn* sätta ~ *i ngn* strike terror into ap., strike ap. with terror
skräckexempel shocking example (illustration)
skräckfilm horror film
skräckinjagande terrifying; fasaväckande horrifying
skräckpropaganda scaremongering [propaganda]
skräckslagen terror-struck, terror-stricken
skräckvälde reign of terror
skräcködla zool. dinosaur; neds., om kvinna gorgon
skräda, *inte* ~ *orden* bildl. not mince matters (one's words)
skräddare tailor
skräddarsydd tailor-made äv. bildl., tailored; isht amer. custom-made äv. bildl.
skrädderi 1 yrke tailoring **2** butik tailor's shop (firma firm, verkstad workshop)
skräll 1 crash, smash båda äv. bildl.; smäll bang; brak clash; längre peal **2** sport. vard. sensation, upset, turn-up
skrälla 1 om trumpet blare; om väckarklocka jangle; om fönster rattle; om åska crash **2** sport. vard. cause a sensation (an upset)
skrälle, *ett* ~ *till* bil a ramshackle old...; *ett* ~ *till gubbe* a doddering old man
skrällig om musik o.d. blaring
skrämma frighten; vard. scare; oroa alarm; stark. terrify; plötsligt startle; ~ *ngn med* att + inf. scare (frighten) ap. by + ing-form; ~ **bort** frighten (scare) away (off)
skrämsel fright; jfr *skräck*
skrämselpropaganda scaremongering [propaganda]
skrämskott warning-shot; bildl.: tomt hot empty threat; falskt alarm false alarm
skrän yell; ogillande hoot; ~ande yelling osv.; gormande blustering
skräna yell, howl; ogillande hoot; gorma bluster
skränig yelling osv., jfr *skräna*; noisy
skräp rubbish, trash; bråte lumber; avfall litter; dumheter nonsense
skräpa, *[ligga och]* ~ *i rummet* etc. [lie about and] make the room etc. [look] untidy
skräpig untidy
skräpmat junk food
skräppost reklam o.d. i e-post spam
skrävla brag, swagger
skrävlare braggart, blusterer, swaggerer

skröplig bräcklig frail, infirm; orkeslös decrepit; svag, om hälsa weak
skuffa o. **skuffas** push osv., se vid. *knuffa*
skugga I *s* mots. ljus shade; av ett föremål el. person shadow äv. bildl.; *han är en ~ av sitt forna jag* he is a mere shadow of...; *kasta ~* eg. cast (throw) a shadow; *detta kastar en ~ på hans karaktär* this reflects on... **II** *tr* o. *itr* **1** ge skugga åt shade äv. konst.; *~ [för] ögonen med handen* shade (shield) one's eyes with one's hand **2** följa efter shadow, tail
skuggbild silhuett shadow picture
skuggig shady
skuggning skuggande shading äv. konst.; bevakning shadowing, tailing
skuggrik very shady
skuggsida shady (dark, seamy) side
skuld 1 gäld debt; amount (sum) due (outstanding); *~er* debts; mots. tillgångar liabilities
2 fel, förvållande fault; blame äv. ansvar; brottslighet guilt; *~en är min (faller på mig)* it is my fault, I am to blame; *jag fick ~en för det* I got (had) all the blame for it; *ta på sig ~en för...* take the blame [[up]on oneself] for..., confess oneself guilty of...; *vara ~ till...* be to blame for...; orsak till be the cause of...; ansvarig för be responsible for...
skuldbörda burden of debt (moralisk guilt)
skulderblad shoulder blade
skuldfri 1 utan skulder ...free from debt[s]; om egendom unencumbered; *göra sig ~* rid oneself of one's debts, get out of debt
2 oskyldig guiltless, blameless
skuldkänsla feeling (sense) of guilt
skuldmedveten ...conscious of [one's] guilt; om t.ex. blick guilty
skuldra shoulder
skuldränta interest on debt[s]
skuldsätta sin egendom encumber...[with debt]; *~ sig* run (get) into debt, incur debts
skull, *för din (vår) ~* for your sake (our sake[s]), jfr *för min ~* ned.; *för fredens ~* for the sake of peace; *för min ~* for my sake; för att göra mig till viljes [just] to please me; *jag älskar honom för hans egen ~* ...for himself
skulle *hjälpvb* **1** would, should; i ledig stil sammandragna till 'd (t.ex. he'd, med 'not' till wouldn't, shouldn't)
2 uttryckande framtid, i första pers. would (britt. eng. äv. should); i övriga pers. would; ofta äv. konstr. med was going to + inf.; *det ~ kosta honom* mycket pengar (förstod han) it would (was going to) cost him...; doktorn sade *att jag snart ~ bli frisk* ...that I would (motsvaras i det direkta talet av: 'you will') soon recover; *han var rädd att de ~ väcka henne* he was afraid that they would wake her
3 om något omedelbart förestående el. avsett = 'skulle just', 'ämnade', 'tänkte': *han ~ [just]* stod i begrepp att *säga något* he was on the point of saying (was about to say) something; hon sa att *hon ~ bo hos sin far* ...she was going (avsåg...she meant el. intended) to stay with her father
4 uttr. något som bestämts på förhand (äv. av ödet): konstr. med was to + inf.; *kriget ~ vara* mer än fyra år the war was to last...; *[hon frågade om] han också ~ delta* [she asked if] he was to take part too
5 uttryckande vilja, avsikt: **a)** *han ~* (var det meningen) *ge det* till din bror he was [supposed] to give it...; man kom överens *att vi (de) ~ fara* ...that we (they) should (were to) go; *hon bad mig att jag ~ komma genast* she asked (told) me to come immediately; *han ~* (borde) *ha varit mer försiktig* he should (ought to) have been more careful **b)** *du ~ bara våga!* you just dare!, just you dare (try)!
6 konditionalis, i första pers. would (should); britt. eng. äv., i övriga pers. would; *jag ~ inte bli förvånad om...* I wouldn't be surprised (shouldn't wonder) if...; *~ du resa dit* om du hade tid? would you go there...?; *~ det smaka med* en kopp te? would you like...?, what (how) about...?; *det ~ kunna tänkas* that's quite possible, that's not impossible
7 ifrågasättande, med innebörden 'skulle ngt verkligen (enligt uppgift)...': *~ hon vara...?* [do] you mean (are you trying) to say that she is...?; *~ det verkligen vara fallet?* I wonder if it is really the case?
8 i vissa villkorsbisatser: **a)** i betydelsen 'händelsevis skulle' should, mer osannolikt was (were) to + inf.; *om du ~ träffa honom, så säg [honom]*... if you should (should you el. in case you should) [happen to] see him, tell him...; *om* (antag att) *jag ~ vinna en miljon* kunde jag... if I were to win a million...; *~ jag se honom* ska jag underrätta dig if I should (should I) see him... **b)** i fristående villkorsbisats som innebär ett förslag *om vi ~ gå* på bio! suppose we (let's) go...!
9 i vissa andra bisatser för att uttrycka något tänkt, en avsikt o.d.: *jag gör det, även om jag (han) ~ förlora pengarna* I'll do it even if I (he) should lose the money
10 i vissa att-satser: *jag insisterade på att*

han ~ visa mig... I insisted on his (him) showing me...
skulptera i sten el. trä carve; i lera model; isht bildl. sculpture
skulptris sculptress
skulptur sculpture
skulptör sculptor
1 skum 1 mörk dark; halvmörk rather dark, darkish **2** suspekt shady; illa beryktad disreputable
2 skum foam; yrande spray; fradga froth äv. på öl; spume; lödder vanl. lather; vid kokning o. jäsning scum
skumbad foam bath
skumgummi foam rubber
skumma I *itr* foam; fradga froth; *~ av raseri* foam with rage **II** *tr* skim äv. bildl.; *~ en tidning* skim [through] a paper, scan a paper
skummjölk skim[med] milk
1 skumpa jog
2 skumpa vard., champagne champers, bubbly
skumplast foam plastic
skumrask, *i ~et* dunklet in the dark
skumsläckare apparat foam extinguisher
skunk djur o. pälsverk skunk
skur shower äv. bildl.; by squall; *spridda ~ar* scattered showers
skura golv scrub; metall o.d. polish; göra ren clean
skurborste scrubbing-brush
skurhink [scouring] pail (bucket)
skurk scoundrel; skojare rascal
skurkaktig scoundrelly, villainous
skurkstreck piece of villainy; svag. rotten (dirty) trick
skurtrasa floorcloth, swab
skuta mindre lastfartyg small cargo boat; vard., båt boat
skutt hopp leap, bound
skutta leap; *~ iväg (omkring)* scamper away (about)
skvala pour; forsa gush; radion *~r* ...pours out muzak (canned music) non-stop
skvaller gossip; skol. sneaking; förtal slander; sladder tittle-tattle
skvallerbytta vard. gossip, scandalmonger; isht skol. telltale
skvallerkärring vard. [old] gossip (gossipmonger); vard. [old] cat
skvallertidning gossip paper (magazine)
skvallra sprida skvaller gossip, talk scandal; sladdra tittle-tattle; sprida ut rykten tell tales; skol. sneak; *~ om ngt* let on about a th., give a th. away
skvalmusik non-stop pop [music]

skvalp skvalpande lapping, ripple; kluckande plash
skvalpa om vågor lap; i kärl splash to and fro, swish about; *~ ut (över)* a) tr. spill b) itr. splash (slop) over
1 skvatt, *inte ett ~* not a thing (bit), jfr *dugg 2*
2 skvatt, *vara ~ galen* be clean gone, be off one's rocker
skvimpa i kärl splash to and fro, se vid. *skvalpa*
skvätt drop; botten~ heeltap; som skvätt ut splash; *en ~* som kvantitet a drop [or two], a few drops
skvätta *tr* o. *itr* stänka splash; squirt; småregna drizzle
1 sky 1 moln cloud äv. bildl.; dimma, dis haze **2** himmel sky; *skrika i högan ~* scream (cry) blue murder; *höja ngn (ngt) till ~arna* praise (extol)...to the skies
2 sky kött~ gravy
3 sky shun; undvika avoid; rygga tillbaka för shrink [back] from; *bränt barn ~r elden* once bitten, twice shy; *~ ngn (ngt) som pesten* shun a p. (a th.) like the plague
skydd protection; mera konkr. shelter; trygghet, säkerhet security; betäckning cover; *söka (ta) ~* seek protection, seek (take) shelter; gömma sig go into hiding
skydda I *tr* protect; shelter isht mera konkr.; värna (t.ex. mot lidande, förtal, obehag) shield; försvara defend; skyla cover; bevaka, trygga [safe]guard; bevara preserve; säkerställa secure **II** *rfl, ~ sig* protect (safe-guard, mera konkr. shelter) oneself [*mot (för)* against (from)]
skyddande guardian spirit
skyddsglasögon eye protectors
skyddshelgon patron saint
skyddshjälm protective helmet
skyddsling ward, protégé (kvinna protégée)
skyddsnät protective netting
skyddsombud safety representative (ombudsman)
skyddsområde mil. prohibited (restricted) area
skyddsomslag på bok [dust] jacket
skyddsrum [air-raid] shelter; mil. äv. dug-out
skyddsräcke guard rail
skyddstillsyn jur. probation; dom probational sentence
skyddsängel guardian (ministering) angel
skyfall cloudburst
skyffel 1 skovel shovel; sop~ dustpan **2** trädgårds~ [thrust] hoe, Dutch hoe
skyffla skotta shovel; *~ undan* shove away (aside); *~ över ansvaret på ngn annan*

shove the responsibility on to someone else

skygg shy; blyg timid; tillbakadragen reserved; försagd bashful; ängslig timorous

skygga rygga take fright, start; om häst shy; ~ rygga tillbaka *för ngt* be (vard. fight) shy of a th., jib at a th.

skygghet shyness etc.; timidity, reserve; jfr *skygg*

skygglappar blinkers, amer. blinders båda äv. bildl.

skyhög extremely high; friare om t.ex. priser sky-high

skyhögt sky-high

skyla hölja cover; dölja hide, veil; ~ *över* cover up, bildl. äv. gloss over

skyldig 1 som bär skuld (till ngt) guilty; *bekänna (erkänna) sig* ~ confess; jur. plead guilty; *den ~e* subst. adj., isht jur. the guilty person (party); isht friare the culprit (offender) 2 som står i skuld (för ngt) *vara (bli)* ~ *ngn pengar (en förklaring)* owe a p. [some] money (an explanation); *vad är (blir) jag ~?* what do I owe [you]? 3 pliktig, förpliktad bound, obliged; ansvarig responsible

skyldighet duty

skylla, ~ *ngt på ngn* blame (throw el. lay el. put the blame on) a p. for a th., tax a p. with a th.; ~ *på ngn* throw etc. the blame on a p.; ~ *ifrån sig* skjuta skulden på någon annan throw etc. the blame on someone else

skylt butiks~ o.d. sign[board]; dörr~, namn~ plate; vägvisare signpost

skylta I *itr* arrangera ett skyltfönster dress a shop-window; ~ *med ngt* put a th. on show, show a th.; i skyltfönster display (expose) a th.; bildl. show off (display) a th. **II** *tr, vägarna är väl ~de* the roads are well signposted

skyltdocka [tailor's] dummy; mannequin

skyltfönster shopwindow, display window; [*gå och*] *titta i skyltfönstren* go window-shopping

skyltning konkr. display [of goods]; i skyltfönster window display

skymf förolämpning insult, affront; grov offence; kränkning indignity; neslighet ignominy

skymfa insult; kränka outrage

skymma I *tr* block [out]; fördunkla dim; dölja conceal, hide; ~ *sikten (utsikten)* block the view; *du skymmer mig* you are in my light **II** *itr* get dark; *det börjar* ~ el. *det skymmer [på]* it is getting dark (dusk)

skymning twilight, dusk; poet. gloaming; *i ~en* at twilight (dusk)

skymt glimpse; bildl.: glimt gleam, glimmer, spår, 'antydan' trace

skymta I *tr* få en skymt av catch (have) a glimpse of; isht bildl. (ana) glimpse **II** *itr* vara skönjbar: svagt o. otydligt be dimly to be seen; glimtvis be observable here and there; visa sig appear here and there äv. bildl.; ~ *fram* peep out; otydligare loom

skymundan, *hålla sig i* ~ i undangömdhet keep oneself out of the way (i bakgrunden in the background)

skynda I *itr* ila hasten; skynda sig, se *II* **II** *rfl*, ~ *sig* hurry [up]; hasten, make haste, be quick; ~ *sig att göra ngt* hasten osv. to do a th.; ~ *sig med ngt* hurry up about (over) a th., hurry (vard. push) on with a th. **III** med beton. part.
~ *fram till ngn (ngt)* hasten on (along) to...
~ *på* a) tr. ~ *på ngn* hurry a p.; jfr *påskynda* b) itr. hurry

skyndsam speedy; brådskande quick; påskyndad hurried; oförldrölig prompt

skyndsamt speedily osv.; jfr *skyndsam*

skynke täckelse cover[ing]; tygstycke cloth; dok veil; *vara (som) ett rött* ~ *för ngn* be like a red rag [to a bull] to a p.

skyskrapa skyscraper

skytt 1 shot **2** astrol. *Skytten* Sagittarius

skytte shooting; med gevär rifle-shooting

skyttegrav mil. trench

skyttel vävn. el. i symaskin shuttle

skytteltrafik shuttle service; *gå i* ~ shuttle

skåda behold; han var *hemsk att* ~ ...horrible (a horrible sight) to behold

skådebröd, *det är bara* ~ it is just for show

skådeplats scene [of action]

skådespel teat. play; bildl. spectacle; anblick, arrangerat show

skådespelare actor; *bli* ~ äv. go on the stage

skådespelerska actress

skådespelsförfattare playwright

skål I *s* **1** bunke bowl; flatare basin **2** välgångs~ toast; *dricka ngns* ~ (*en* ~ *för ngn*) drink [to] a p.'s health, drink to the health of a p. **II** *interj* [to] your health (till flera healths)!; vard. cheers!

skåla glas mot glas clink (touch) glasses; ~ *med ngn* drink a p.'s health

skålla scald; kok. blanch; ~ *sig (händerna)* scald (burn) oneself (one's hands)

skållhet scalding (boiling, vard. piping) hot

Skåne Skåne, Scania

skåning inhabitant of Skåne; *han är* ~ kommer från Skåne he comes from Skåne

skånsk Scanian, Skåne

skåp cupboard; särsk. för kläder, mat m.m. el.

amer. closet; väggfast wall cupboard; låsbart, t.ex. i omklädningsrum locker
skåpbil [delivery] van
skåpmat rester remnants; [*gammal*] ~ bildl. a rehash of old stuff (material)
skåpsupa have a drop (a little drink, a tipple) on the quiet (sly)
skåra hugg cut; av såg kerf; inskärning incision; hack score, nick; längre slit
skäckig om häst, nötkreatur piebald, pied; friare mottled
skägg beard; *ha* ~ have a beard, be bearded
skäggig bearded; orakad unshaved
skäggstrå hair
skäggstubb [beard-]stubble
skäggväxt growth of beard; *han har kraftig* ~ his beard grows fast
skäl 1 grund m.m. reason; orsak cause, ground[s pl.]; bevekelsegrund motive; argument argument; *det vore* ~ *att* +inf. it would be advisable (worthwhile, well) to +inf.; *ha goda* ~ *att*... have good (every) reason to...; *av det* [*enkla*] *~et* for that [simple] reason **2** *göra* ~ *för sig* **a)** göra nytta do one's share (bit) **b)** vara värd sin lön be worth one's salt **c)** en mästerskytt, *som* [*verkligen*] *gör* ~ *för namnet* ...who lives up to his name
skälig rimlig reasonable; rättvis fair; berättigad legitimate; giltig adequate
skäligen 1 tämligen rather; ~ *litet* precious little **2** reasonably; *vara* ~ *misstänkt* be suspected for good reason
skäll 1 hunds skällande bark, barking **2** vard., ovett telling-off; *få* ~ get a telling-off
1 skälla bell
2 skälla *itr* **1** om hund bark **2** om pers. ~ *på ngn* insult (abuse) a p.; ~ *ut* (*ner*) läxa upp scold, blow...up
skällsord vard. insult, ~ pl., äv. abuse sg.
skälm spjuver rogue
skälmaktig o. **skälmsk** roguish, mischievous; om blick arch...
skälva shake; stark. quake; tremble
skälvning shaking, trembling; rysning thrill
skämd om frukt rotten; om kött tainted; om luft bad; *ett skämt ägg* a bad (rotten) egg
skämma spoil, mar; ~ *bort* spoil [*med* by]; klema bort pamper, coddle [*med* with]; ~ *ut sig* disgrace oneself
skämmas 1 blygas be (feel) ashamed [*of* oneself]; *att du inte skäms!* aren't you ashamed of yourself? **2** bli skämd become rotten osv., jfr *skämd*
skämt joke, jest; lustighet pleasantry; nojs fun; skämtande joking; ~ *åsido!* joking apart!; *han förstår* (*tål*) *inte* ~ he can't take a joke

skämta joke; vitsa crack jokes; ~ *med ngn* driva med pull a p.'s leg; göra narr av make fun of a p.; ~ *om* ngt jest (yttra sig skämtsamt om make a joke) about...
skämtare joker, wag; humorist humorist
skämtartikel [party] novelty, novelty article
skämthistoria funny story, joke
skämtsam jocular; mots. allvarlig (om t.ex. ton) joking; lekfull playful; lustig funny
skämtteckning cartoon
skämttidning comic (funny) paper (magazine)
skända vanhelga desecrate; våldtaga violate
skändlig vanärande (om t.ex. handling) infamous; nedrig nefarious; avskyvärd (om t.ex. brott) atrocious
1 skänk matsalsmöbel sideboard
2 skänk gåva gift; *få ngt till ~s* som gåva ...as a gift (present); gratis ...for nothing
skänka give; förära present; donera donate; bevilja grant
skänkel 1 på t.ex. passare leg; på sax blade **2** ridn. leg
1 skär holme rocky islet; klippa rock
2 skär ljusröd pink, light red
3 skär, det är *ren och* ~ *lögn* ...a downright lie
skära I *s* redskap sickle **II** *tr* o. *itr* cut; snida samt ~ för t.ex. stek carve; korsa äv. intersect; om gata äv. cross; ~ ngt *i bitar* cut...in[to] pieces, cut up... **III** *rfl*, ~ *sig* **a)** såra sig cut oneself; ~ *sig i fingret* cut one's finger **b)** kok. curdle **c)** inte gå ihop (om t.ex. åsikter, färger) clash; *det skar sig mellan dem* they fell out
IV med beton. part.
~ *av* eg.: bort cut off (away); itu cut...in two; geom. intercept
~ *för*: ~ *för* [*steken*] carve the joint
~ *itu* cut...in (into) halves
~ *loss* de skadade ur fordonet cut...loose
~ *ned* cut down (back); minska (t.ex. utgifter) äv. reduce
~ *sönder i bitar* cut...to pieces
~ *till* **a)** tr. cut out **b)** itr. *det skar till i magen på mig* I felt a twinge...
~ *upp* **a)** i bitar cut up; i skivor cut up...into slices, slice; t.ex. stek äv. carve [up]
b) öppna cut...open; med., t.ex. böld incise
~ *ut* cut out; snida carve
skärande eg. cutting; geom., om linje secant; bildl.: om ljud piercing, shrill, strident; t.ex. om motsats glaring; t.ex. om dissonans jarring
skärbräda o. **skärbräde** chopping-board
skärböna French (isht amer. string) bean
skärgård archipelago (pl. -s), islands and

skerries; *Stockholms* ~ the Stockholm archipelago

skärm avdelnings~ o.d. screen; data~ [display] screen; skuggande (t.ex. lamp~, ögon~) shade; brätte peak; teknisk skyddsanordning shield

skärma, ~ *av* t.ex. ljus screen (shut) off; ~ *av* [*sig från*] yttervärlden shut oneself off from...

skärmbildsundersökning X-ray [examination]

skärmmössa peaked cap

skärmsläckare data. screen saver

skärning 1 korsning intersection **2** om kläder, snitt cut

skärningspunkt geom. [point of] intersection

skärp belt; långt knyt~ sash

skärpa I *s* **1** sharpness osv., jfr *skarp I*; stränghet (om t.ex. kyla, kritik) severity; fränhet (om ton) acerbity; klarhet clarity; stringens stringency **2** fotos, tv-bilds vanl. definition; *ställa in ~n* [*på*] focus, bring...into focus **II** *tr* **1** eg. sharpen **2** bildl., t.ex. uppmärksamheten sharpen; stegra intensify; t.ex. motsättningar accentuate; göra strängare (t.ex. bestämmelser) tighten up, make...more stringent; ~ *kraven* raise (intensify, stiffen) the (one's) demands **III** *rfl,* ~ *sig* rycka upp sig wake up, pull oneself together, pull one's socks up; vara uppmärksam be on the alert

skärpning vard. *det måste bli en ~* uppryckning hos oss we must pull our socks up (ourselves together)

skärpt, *vara* ~ begåvad be bright; vaken be on the alert (on the ball)

skärseld, *~en* relig. purgatory

skärskåda undersöka examine; syna scrutinize

skärtorsdag Maundy Thursday

skärva [broken] piece (fragment); smalare, splitter splinter

sköld shield; mindre, rund buckler; herald. äv. escutcheon; zool. carapace

sköldkörtel anat. thyroid gland

sköldpadda land~ el. sötvattens~ tortoise; havs~ turtle

skölja I *tr* rinse; tvätta wash; med. douche **II** med beton. part.
~ *av* a) ~ ren: t.ex. händer wash; t.ex. tallrik rinse b) ~ bort wash off; ~ *av sig* dammet wash off...
~ *ned:* ~ *ned maten med* öl wash (rinse) down one's food with...
~ *upp* a) tvätta upp give...a quick wash b) ~ *upp* ngt *på stranden* wash...up (ashore)

~ *ur* ren: t.ex. flaskor rinse (swill) [out]; t.ex. kläder give...a rinsing

sköljmedel rinsing agent (fluid)

sköljning konkr. rinse; med. douche

skön 1 vacker beautiful; poet. beauteous **2** angenäm nice; härlig lovely; bekväm comfortable; vard. comfy; ombonad snug, cosy; amer. cozy; *~t!* bra fine!; uttr. lättnad oh, good!; varm *och* ~ nice and... **3** iron. nice, pretty

skönhet beauty

skönhetsfel o. **skönhetsfläck** flaw

skönhetsmedel kosmetik cosmetic, beauty preparation

skönhetssalong beauty parlour (amer. parlor)

skönhetstävling beauty contest (competition)

skönhetsvård beauty care, beauty culture (behandling treatment)

skönja urskilja discern; spåra, märka see; ana get an inkling of; börja se (ana) begin to see

skönjbar discernible; synbar visible; märkbar perceptible; tydlig (om t.ex. förbättring) marked

skönlitteratur imaginative (pure) literature; end. på prosa fiction

skönlitterär om författare, verk o.d. (attr.) ...of imaginative (pure) literature (resp. of fiction)

skönmåla give a flattering (an idealized, a highly coloured) description of

skönstaxera, ~ *ngn* make a discretionary assessment of a p.'s income

skönt, *ha det* ~ a) bekvämt be comfortable b) angenämt have a nice time c) ombonat, 'mysigt' be snug (cosy)

skör som lätt bryts (om t.ex. naglar, porslin) brittle; svag fragile; tyget *är ~t* ...tears easily

skörd harvest; avkastning yield äv. bildl.; *få in ~en* get the crops in

skörda reap; t.ex. frukt gather; bär pick; *rökningen ~ar många offer varje år* smoking claims many victims every year

skördefest harvest home (kyrkl. festival)

skördemaskin reaping-machine

skördetröska combine [harvester]

skört på rock: delat tail; odelat skirt

sköta I *tr* **1** vårda nurse; behandla treat; om läkare attend; vara aktsam om be careful with; ~ *sin hälsa* look after (take care of) one's health **2** förestå manage; t.ex. hushållet, en affär run; handha conduct; hantera handle äv. bildl. (t.ex. folk); maskin o.d. work, operate; ha hand om (t.ex. trädgård, ngns affärer) look after; utföra do; kunna ~ *ett arbete* ...carry on a job; ~

böckerna på ett kontor keep the books **3** ~ [**om**] ombesörja attend (see) to; ta hand om take care of, look after; behandla deal with; göra do; ha hand om be in charge of, be responsible for **II** *rfl*, ~ *sig* **1** sköta om sig look after (take care of) oneself **2** uppföra sig conduct oneself; ~ *sig bra* (*illa*) acquit oneself well (badly), give a good (bad) account of oneself, do well (badly); *hur sköter* klarar *han sig i skolan?* how is he doing (getting on) at school?

skötare keeper; jfr vid. *sjuksköterska*
skötbord nursing (changing) table
sköte knä lap; moderliv womb; *i familjens* ~ in the bosom of the family
skötebarn 1 gunstling darling **2** huvudintresse chief (pet) concern
sköterska nurse
skötsam stadgad steady; plikttrogen conscientious
skötsel vård care; av sjuka nursing; ledning, förvaltning management; t.ex. av hushåll running
skötselråd t.ex. på plagg care instructions; etikett care label
skövla devastate; förhärja ravage, lay waste to; utplundra sack; förstöra (t.ex. lycka) ruin, wreck
skövling devastation; ravaging, pillage; ruining, wrecking, jfr *skövla*
slabba slosh (muck) about; slaska splash; ~ *ned sig* get oneself all mucky (messy)
sladd 1 elektr. flex, cord; repända [rope's] end; repstump piece of rope **2** bildl. *komma på ~en* bring up the rear **3** slirning skid; *jag fick ~ på bilen* my car skidded
sladda slira skid
sladdbarn child born several years after the other[s] [in a (resp. the) family]; skämts. afterthought
sladder 1 prat chatter **2** se *skvaller*
sladdrig slapp flabby; om tyg shapeless; om t.ex. siden flimsy
slaf sl., säng kip
slafsa sörpla gobble; ~ *i sig* ngt gobble up...
slafsig slarvig sloppy; om mat mushy
1 slag sort kind, sort; typ type; jag äter *all ~s mat* ...all kinds (sorts) of food; problemet *är av* [*ett*] *annat* ~ ...is different (of a different type); *problemet är av sådant ~ att...* the problem is of such a nature that...; *vad är det för ~s bil?* what kind (sort) of [a] car is it?; boken *är i sitt ~ utmärkt* ...is excellent in its way
2 slag 1 utdelat av person el. bildl. blow; i spel stroke; med handflatan slap, smack; med knytnäven punch; *ge ngn ett* ~ give (deal, strike) a p. a blow; *göra ~ i saken* settle (clinch) the matter (deal); slå till bring matters to a head **2** rytmisk rörelse beat; maskindels el. ving~ stroke; ~ pl., t.ex. vågornas, hjärtats beating sg. **3** klockslag stroke; *på ~et* on the stroke; punktligt äv. punctually, on the dot **4** *ett* ~ under (på) en kort stund for a moment (a little while); en tid for a time **5** mil. battle; *~et vid* Lund the battle of... **6** med. apoplexy; *få* ~ vanl. have a stroke (an apoplectic stroke); vard. have a fit; *skrämma* ~ *på ngn* frighten the daylights out of a p., frighten a p. out of his (resp. her) wits **7** på kavaj o.d. lapel; på byxor o. ärm turn-up, amer. cuff; på mössa flap

slaganfall med. [apoplectic] stroke
slagbord gateleg (gatelegged) table
slagdänga vard. popular song
slagen besegrad defeated, beaten; ~ *av* häpnad struck by...
slagfält battlefield, battleground
slagfärdig bildl. quick-witted, ...quick at repartee
slagg av metall slag; av kol o.d. clinker; bildl. dross
slaginstrument mus. percussion instrument; *~en* i orkester the percussion sg.
slagkraft effektivitet effectiveness; t.ex. vapens striking power, impetus
slagkraftig effective
slaglax s prode salmon
slagnummer hit
slagord slogan catchword, slogan; kliché cliché
slagsida list; *få* ~ [begin to] heel over
slagskepp battleship
slagskämpe fighter; bråkmakare rowdy
slagsmål fight; bråk row; *råka i* ~ *med...* get into a fight with...
slagträ i bollspel bat; bildl. weapon
slagverk 1 ur striking apparatus (mechanism) **2** mus. percussion instruments; *~et* i orkester the percussion
slak inte spänd slack; matt feeble
slakt slaktande slaughter
slakta djur kill; i större skala slaughter; människor slaughter, butcher; t.ex. bilar cannibalize
slaktare butcher
slakteri 1 se *slakthus* **2** slakteriaffär butcher's
slakthus slaughterhouse; offentligt abattoir fr.
slalom slalom; lära sig att *åka* ~ ...do slalom skiing
slalombacke slalom slope
slalomåkare slalom skiier
1 slam kortsp. slam; *göra* ~ make a slam
2 slam gyttja mud; kloak~ sludge; dy slime

slamma rena: t.ex. malm wash; krita purify; ~ *igen* itr. get filled with mud osv.; jfr *2 slam*
slammer clatter
slammig gyttjig muddy, sludgy
slampa vard. slut; gatflicka tart; amer. tramp
slamra skramla: om saker clatter; om pers. make a clattering (rattling) noise; ~ *med ngt* clatter (rattle) a th.
slamsa av t.ex. kött rag, scrap; hänga *i slamsor* ...in rags (tatters)
1 slang språkv. slang
2 slang, *slå sig i* ~ *med* ngn take up with...; börja prata med get into conversation with...
3 slang tube; som ämnesnamn tubing; grövre (t.ex. dammsugar~, brand~, vatten~) hose; cykel~ [inner] tube
slangbåge catapult; amer. slingshot
slangord slang word
slank slender, slim
slant mynt coin; koppar~ copper; ~*ar* pengar money sg.; ge ngn *en* ~ a little sum [of money]
slapp slak slack; om t.ex. hud loose; om t.ex. anletsdrag flabby; om pers. enervated, håglös listless, nonchalant easy-going
slappa vard., slöa take it easy
slapphet slackness; sloppiness, jfr *slapp*; nonchalans easy-goingness
slappna om t.ex. muskler slacken; om t.ex. grepp loosen; ~ *av* relax
slarv carelessness; försumlighet negligence; oreda disorder
slarva I *s* careless woman (girl); slampa slattern **II** *itr* be careless (negligent osv., jfr *slarvig*); ~ *med ngt* vara slarvig med be careless osv. about a th.; försumma neglect a th.; fuska med scamp (make a mess of) a th.
slarver careless fellow; odåga good-for-nothing
slarvfel careless mistake
slarvig careless; hafsig slipshod, slovenly; ovarsam heedless
1 slask 1 gatsmuts slush; slaskväder slushy weather **2** blask dishwater; ~vatten slops
2 slask vask sink
slaska I *tr* splash; ~ *ned* golvet splash... **II** *itr* **1** blaska dabble (splash) about **2** *det ~r* it is slushy weather; det töar it is thawing
slaskhink slop pail
slaskig om väder el. väglag slushy; slabbig wet
slasktratt sink
slaskvatten slops
slaskväder slushy weather
1 slav medlem av folkslag Slav
2 slav träl slave äv. bildl.; *vara* ~ *under ngt* (*ngn*) be a slave to a th. (be the slave of a p.)
slava slave
slavdrivare slave-driver äv. bildl.
slaveri slavery; ~*et under* modet slavery to...
slavgöra bildl. slavery, drudgery
slavhandel slave trade; *vit* ~ white-slave traffic
1 slavisk Slavonic
2 slavisk osjälvständig slavish
slejf sko~ strap; ärm~ tab; rygg~ half-belt
slem i t.ex. luftrören phlegm; avsöndring: anat. mucus; på växter mucilage
slemhinna anat. mucous membrane
slemlösande expectorant; ~ *medel* expectorant
slemmig slimy äv. bildl.; slemhaltig mucous; bot. mucilaginous; klibbig viscous
slentrian routine
slentrianmässig routine-like, routine
slev sopp~ o.d. ladle; mur~ trowel
sleva, ~ *i sig* ngt shovel down...; helt o. hållet put away...
slicka I *tr* lick; ~ *sig om munnen* lick one's lips
II *itr,* ~ *på* lick
III med beton. part.
~ *av* tallriken lick...clean
~ *i sig* ngt lick up...; om t.ex. katt samt bildl. (t.ex. beröm) lap up...
~ *upp* lick up
~ *ur* skålen lick...clean
slickepinne lolly
slida sheath äv. bot.; anat. vagin|a (pl. äv. -ae)
slidkniv sheath knife
slinga t.ex. rör~ coil; av rök o.d. wisp; ögla loop; hår~ lock
slingerväxt trailer, clinging vine
slingra I *tr* wind, twine **II** *rfl,* ~ *sig* om t.ex. väg wind; om flod äv. meander; om växt trail; om t.ex. rök wreathe; bildl., om pers. try to get round things
III med beton. part.
~ *sig ifrån* ngt (bildl.) wriggle out of..., dodge (evade, shirk)...
~ *sig undan* a) itr.: eg. wriggle (friare slip) away; bildl. get (dodge) out of it (things) b) tr., se ~ *sig ifrån*
~ *sig ur* ngt wriggle out of...; bildl. äv. get (dodge) out of...
slingrande o. **slingrig** winding; ålande wriggling; om växter trailing; bildl. tortuous, twisty
1 slinka hussy, wench, se vid. *slampa*
2 slinka 1 hänga lös dangle; slinta slide **2** kila slip; smyga slink; *får jag* ~ *emellan med en fråga?* may I butt in and ask a question?

slint, *slå* ~ misslyckas misfire, backfire, go wrong (amiss)
slinta slip; glida, om skidor glide, slide; *han slant med foten* his foot slipped
slipa grind; bryna whet; glätta polish äv. bildl.; glas el. ädelstenar cut; med sandpapper sandpaper
slipad bildl.: knivig smart; utstuderad cunning
slipmaskin grinding machine; för glasslipning cutting machine
slipning slipande grinding etc., jfr *slipa*; ädelsten med *en vacker* ~ ...a beautiful cut
slipover slipover
slippa I *tr* o. *itr* **1 a)** (äv. ~ *ifrån,* ~ *undan*) befrias från be excused from; undgå escape; undvika avoid; förskonas från be spared; bli kvitt get rid of **b)** inte behöva not have to; jag hoppas *jag slipper se honom mera* ...I have seen the last of him; *slipp* låt bli *då!* don't then! **2** släppas ~ *över* bron be allowed to pass...
II med beton. part.
~ **fram** komma igenom get (släppas igenom be let) through; släppas förbi be allowed to pass
~ **ifrån** se äv. *I 1 a)*; *du slipper inte ifrån* [*att göra*] *det* you can't get away from (you can't get out of) [doing] it
~ **igenom** get (släppas be let, slinka, äv. om sak slip) through
~ **in** get in; släppas in be let in
~ **lös** get (break) loose; bli släppt be set free; om eld break out
~ **undan** a) tr. escape, se vid. *I 1 a)* o. ~ *ifrån* b) itr. get (be let) off; ~ *lindrigt undan* get (be let) off lightly
~ **ur:** *det slapp ur mig* it slipped out of me [*att*... that...]
~ **ut** get (släppas be let, slinka slip) out; sippra ut leak out äv. bildl.; bli frigiven be released; rymma escape
slipprig slippery; bildl. indecent
slips tie
slipsten grindstone
slira om bil o.d. skid; spinna (om hjul) spin; om koppling o.d. slip; ~ *på kopplingen* slip the clutch
slirig slippery
sliskig 1 sickly-sweet; sirapslen sugary **2** om person oily, smarmy
slit arbete toil; vard. grind; sjå job; ~ *och släp* toil and moil
slita I *tr* o. *itr* **1** nöta ~ [*på*] t.ex. kläder wear out **2** riva tear; rycka pull; ~ *sina ögon från* take...off **3** knoga toil, drudge; ~ *med* ngt toil (slave away) at... **II** *rfl,* ~ *sig* om t.ex. djur break (get) loose; om båt break adrift;

~ *sig* [*loss* (*lös*)] *från...* om pers. tear oneself (break) away from... äv. bildl.
III med beton. part.
~ **av** sönder break; itu pull...in two; ~ **bort** tear off; ~ *av ngn* (*sig*) *kläderna* tear off ap.'s (one's) clothes
~ **ifrån ngn ngt** tear a th. from ap.
~ **loss** (**lös**) tear off (loose)
~ **sönder** tear; riva i bitar tear...up (to pieces)
~ **upp** öppna tear open
~ **ut** nöta ut wear out; trötta ut wear...out; ~ *ut sig* wear oneself out, work oneself to death
slitage wear [and tear]
sliten worn; om saker (äv. pred.) the worse for wear; luggsliten shabby; om t.ex. fras hackneyed, stereotyped
slitning 1 slitage wear **2** osämja discord, friction; dissension; samarbete *utan ~ar* frictionless (smooth)...
slits skåra slit
slitsad, ~ *kjol* slit skirt
slitsam strenuous
slitstark hard-wearing; hållbar durable
slitstyrka wearing qualities; hållbarhet durability
slockna go out; om vulkan become extinct; bildl.: ta slut die down; somna drop off
sloka droop
slokhatt slouch hat
slopa avskaffa abolish; ge upp abandon; utelämna leave out, omit; sluta med discontinue
slott palace; befäst castle; större herrgård manor house
slottsruin ruined castle
slottsvin château wine
slovakisk Slovakian; om t.ex. språk Slovak
sloven Slovene
Slovenien Slovenia
slovensk Slovenian; om t.ex. språk Slovene
sluddra slur one's words; om berusad speak (talk) thickly
sluddrig slurred; om berusad thick
slug shrewd; listig sly; vard. deep; förslagen smart, crafty; klipsk clever
sluka *tr* **1** eg. swallow; hastigt bolt; glupskt wolf [down]; hungrigt devour **2** bildl.: kosta, äta upp swallow (eat) up; förbruka consume; sträckläsa devour
slum slum; *~men* the slums pl.
slummer slumber; lur doze
slump 1 tillfällighet chance; *en lycklig* ~ a lucky chance (coincidence), good luck **2** rest remnant
slumpa I *tr,* ~ [*bort*] sell off...[in lots],

sell...at a loss; vard. **sell**...dirt cheap **II** *rfl*, *~ sig* happen, chance

slumpmässig random, haphazard, chance

slumra slumber; halvsova doze; bildl. be (lie) dormant; *~ in* somna fall asleep; somna till doze off [to sleep]; *~ till* doze off

slumrande slumbering; bildl.: om t.ex. anlag dormant; om t.ex. rikedomar unexploited

slunga I *s* sling **II** *tr* sling; häftigt fling, hurl; *~ ngt i ansiktet på ngn* bildl. fling a th. at a p., throw a th. into a p.'s face

slup sjö.: prakt~ barge; skeppsbåt el. ång~ launch; segelfartyg sloop

slurk skvätt spot; klunk swig; *en ~ kaffe* a spot (a few drops pl.) of...

sluskig shabby

sluss passage lock; dammlucka el. bildl. sluice

slussa passera (låta...passera) genom en sluss pass (pass...) through a lock; *han ~des mellan olika myndigheter* he was pushed around from one authority to the other

slut I *s* end; utgång: t.ex. lyckligt ending; *~et gott, allting gott* all's well that ends well; *få ett ~* come to an end; *han har gjort ~ med henne* he has broken it off with her (finished with her); *sälja ~ [på]* ngt sell out...; smöret *börjar ta ~* ...is running short; smöret *har tagit ~ [för oss]* we have no...left; *den andre (femte) från ~et* the last but one (four); *i ~et av maj* äv. late in May; *ända till ~et* to the last, to the very end **II** *adj* avslutad over, finished; förbrukad used up, [all] gone; slutsåld sold out, out of stock; utmattad [all] done up; utsliten done for; *det är ~ på* ngt ...is over

sluta A (*slutade slutat*) *tr* o. *itr* avsluta[s] end; göra färdig finish [off]; upphöra [med] stop; ge upp give up; lämna leave, amer. äv. quit; *här ~r vägen* ...ends here; *han har ~t hos oss (på firman)* he has left us (the firm); *~ upphöra med ngt* (*med att göra ngt*) stop a th. (stop doing a th.); *~ med* tillverkningen äv. discontinue...
B (*slöt slutit*) **I** *tr* **1** tillsluta close; *cirkeln är sluten* bildl. the wheel has come full circle; *~ ngn i sina armar* (*till sitt bröst*) clasp (fold)...in one's arms (to one's bosom) **2** *~ vänskap med* form a friendship with **II** *rfl*, *~ sig* **a)** stänga sig: om t.ex. dörr shut; om t.ex. mussla close; bildl. shut up; *~ sig inom sig själv* (*sitt skal*) retire into oneself (one's shell) **b)** ansluta sig *~ sig till* ngn attach oneself to...; förena sig med join... **c)** dra slutsats *~ sig till* ngt conclude (infer)... [*av* from]

slutare foto. shutter

slutbetyg skol. final (avgångsbetyg leaving) certificate

sluten 1 stängd closed; förseglad (om t.ex. försändelse) sealed; privat (om t.ex. sällskap) private; isolerad (om t.ex. värld) secluded **2** inbunden uncommunicative, reserved; inåtvänd introvert

slutföra fullfölja complete, finalize

slutförvaring av t.ex. kärnbränsle terminal storage

slutgiltig final, definitive; om t.ex. resultat conclusive

slutkapitel last (final, concluding) chapter

slutkläm slutpoäng final point; sammanfattning summing-up

slutkörd bildl. *vara ~* be worn out (done up, whacked)

slutledningsförmåga power of deduction

slutlig final; ytterst ultimate; slutgiltig definite; *~ skatt* final tax

slutligen finally; till sist in the end; äntligen at last (length); när allt kommer omkring after all

slutlikvid slutbetalning final payment (settlement)

slutomdöme final verdict

slutresultat final (ultimate) result (outcome)

slutsats conclusion, inference; *dra en ~ av* ngt draw a conclusion from..., conclude (infer) from...; *dra förhastade ~er* jump to conclusions

slutscen final (closing) scene

slutsignal sport. final whistle

slutskede final stage (*fas* phase)

slutspel sport. final tournament; i vissa sporter play-off; i schack endgame

slutspurt sport. final spurt äv. bildl.; finish

slutstation termin|us (pl. -i el. -uses), terminal

slutsumma [sum] total, total amount

slutsåld, *vara ~* be sold out, be out of stock; utgången, om bok be out of print

slutta slope; marken *~r* ...is sloping downwards

sluttande allm. sloping; om plan inclined

sluttning konkr. slope

sly koll. brushwood

slyna bitch

slyngel young rascal; svag. scamp

slå I *tr* o. *itr* **a)** tilldela flera slag el. besegra beat; träffa med (ge) ett slag strike, hit; stöta knock, bang; med flata handen smack; lätt tap; göra illa hurt **b)** i mera speciella bet.: meja mow; kasta (i tärningsspel) throw; göra: t.ex. knut tie; tele., ett nummer dial; *~ besegra ett lag med 2-1* beat a team two one; *~ ett nummer* dial a number; *klockan ~r två* the clock is striking two; *~ ngn i ansiktet* strike (hit, med handen äv.

slap, smack) a p. in the face; ~ ngt *i golvet* knock (kasta throw, fling)...on to the floor; ~ en boll *i nät* hit (sparka kick)...into the net; ~ näven *i bordet* bring down...on [to] the table with a bang; ~ *en spik i* ngt drive (hammer, knock) a nail into...; ~ *armarna om* ngn throw (put) one's arms round...
II *itr* **1** vara i rörelse beat; om dörr be banging; fladdra (om t.ex. segel) flap; dörren *står och ~r* ...keeps banging; *regnet ~r mot* fönstret the rain is beating against... **2** slå an be a [great] hit
III *rfl*, ~ *sig* **a)** skada sig hurt oneself **b)** klappa sig, ~ *sig på knäna* slap one's knees **c)** ~ *sig på* angripa attack, affect; t.ex. lungorna äv. settle on **d)** bågna warp, cast
IV med beton. part.
~ **an a)** tr.: ton strike; sträng äv. touch **b)** itr., vara tilltalande catch on, become popular
~ **av a)** hugga av knock off; bryta itu break...in two; meja av mow **b)** koppla ur o.d. switch off **c)** ~ *av* 50 kr [*på priset*] pruta knock off...[from the price]
~ **bort a)** hälla pour (kasta throw) away **b)** bildl. drive (chase) away; skaka av sig äv. shake off; bagatellisera make light of
~ **fast** bildl., se *fastslå*
~ **i a)** t.ex. spik drive (knock, hammer)...in **b)** ~ (lura) *i ngn ngt* talk a p. into believing a th.
~ **ifrån a)** koppla från switch off; t.ex. motor äv. cut out **b)** ~ *ifrån sig* försvara sig defend oneself
~ **igen** stänga: t.ex. bok close (shut)...[with a bang]; t.ex. dörr äv. slam...to (shut)
~ **igenom** bli populär (gängse) catch on; göra succé: om pers. make a name for oneself, om sak be a success (hit)
~ **ihjäl:** ~ *ihjäl* ngn kill...
~ **ihop a)** slå mot varandra: händer clap; klackar click...[together] **b)** slå igen (t.ex. bok) close **c)** slå samman put...together; förena join, combine; ~ *sig ihop* inbördes join together (forces), combine, unite
~ **in a)** hamra in drive (knock, hammer) in **b)** slå sönder: t.ex. fönster smash; t.ex. dörr batter...down, smash (bash) in **c)** ~ *in* ngt *i papper* wrap up...in paper **d)** gå i uppfyllelse come true; ~ *in* stämma *på* fit **e)** ~ *in på* en väg take..., turn into...
~ **sig lös** roa sig enjoy oneself; släppa sig lös let oneself go
~ **ned a)** slå omkull (till marken) knock...down, bowl...over; driva ned (t.ex. påle) drive (hammer)...down **b)** kuva: t.ex. uppror put down; bildl.: göra modfälld discourage **c)** ~ *sig ned* sätta sig sit (settle) down; bosätta sig settle [down]; ~ *dig ned!* sit down!, take a seat (vard. pew)!
~ **om a)** förändras change äv. om väder; om vind chop about (round) **b)** ~ *om* ett papper [*om ngt*] put (wrap)...round [a th.]
~ **omkull a)** tr. knock...down (over) **b)** itr. fall over
~ **på** koppla på (t.ex. motor) switch (turn) on; ~ *på* hälla på pour on
~ **runt a)** om t.ex. bil overturn **b)** festa have a fling
~ **samman** se ~ *ihop*
~ **sönder** break...[to pieces]; krossa äv. smash; ~...*sönder och samman* smash (batter)...to pieces
~ **till a)** ge...ett slag strike; ngn äv. hit...a blow; med flata handen slap; stöta till knock (bump) into **b)** ~ *till* i t.ex. en affär clinch (settle) the deal
~ **tillbaka** t.ex. anfall beat off, repel
~ **upp a)** uppföra put up; tält äv. pitch; anslag o.d. äv. post [up], stick up **b)** öppna open; t.ex. dörr throw (fling)...open; ~ *upp* sidan 10 [*i en bok*] open [a book] at...; se på turn to...[in a book]; ~ *upp ett ord i* ett lexikon look up a word in...
~ **ut a)** avlägsna knock out; krossa (t.ex. fönsterruta) break; hamra ut (t.ex. buckla) flatten [out] **b)** breda ut: hår take down; ~ *ut med armarna* throw (fling) one's arms about **c)** besegra: sport. knock out; konkurrera ut: pers. cut out, sak supersede **d)** spricka ut: om blomma come out
~ **över** bildl.: överdriva overdo it; ~ *över* övergå *i* change (turn) into
slående striking; *ett ~ bevis* convincing (eloquent) proof
slån bot. sloe
slånbär sloe
slåss fight
slåtter hay-making
slåttermaskin mower
släcka allm. put out; bildl. (t.ex. törst) quench, slake
släckning extinction
släde fordon sleigh; mindre (t.ex. hund~) sledge, sled
slägga **1** sledge[hammer] **2** sport. **a)** redskap hammer; *kasta* ~ throw the hammer **b)** se *släggkastning*
släggkastning sport. hammer throw som tävlingsgren
släkt I *s* **1** ätt family; *~en* Vasa the house of...; *det ligger i ~en* it runs in the family **2** släktingar relations, relatives; bjuda hem ~ *och vänner* (*hela ~en*) ...one's friends

and relations (all one's relations); *ha stor ~* have many relations (a large family) **II** *adj* related; bildl. (om t.ex. språk) cognate; *~ på långt håll* distantly related
släktdrag family trait (characteristic)
släkte generation generation; ras, stam race; slag species (pl. lika); naturv. gen|us (pl. -era); zool. äv. family; *de är ett ~ för sig* ...a race apart
släktforskning genealogical research
släkting relation, relative; avlägsen, friare cousin; amer. folks; *en ~ till mig* a relation osv. of mine
släktled generation generation; släktskapsled degree of relationship
släktmöte family gathering
släktnamn 1 family name **2** naturv. generic name
släktskap relationship; blodsband consanguinity; bildl. kinship, affinity
släkttavla genealogical table
slända zool.: troll~ dragonfly; dag~ mayfly
släng 1 a) sväng swerve; knyck jerk **b)** slag lash; gliring sneer **c)** lindrigt anfall touch; av t.ex. influensa äv. bout **2** slående banging
slänga I *tr* throw; vard. chuck; vårdslöst toss; häftigt fling; kasta bort throw (chuck) away **II** *itr* svänga swing; dingla dangle; *~ med armarna* fling (wave) one's arms about **III** *rfl*, *~ sig* allm. fling (throw) oneself [*på marken* ...]; *~ sig i en bil* jump (hop) into a car
slängd, *~ i* ngt clever (good) at..., [well] up (versed) in...
slängkappa [Spanish] cloak
slängkyss, *ge ngn en ~* blow a p. a kiss
slänt sluttning slope; backsluttning hillside; tekn. embankment side
släp 1 på klänning train **2** släpvagn trailer **3** *ha* (*ta*) *på ~* bogsera have (take)...in tow
släpa I *tr* dra drag; isht bära lug; *~ fötterna efter sig* drag one's feet **II** *itr* **1** ~ [*i marken*] om kläder trail [on...] **2** *~ på* bära på lug...along; dra på drag...along **3** uttr. långsamhet, *gå med ~nde steg* have a shuffling gait, shuffle [along] **4** knoga toil, drudge **III** med beton. part.
~ efter lag [behind]
~ fram **a)** eg. *~ fram ngt ur källaren* drag a th. out of **b)** *~ sig fram* drag oneself along; bildl.: om t.ex. tid drag [on]
~ med sig ngt drag (lug)...about with one
släpig om t.ex. gång shuffling; om t.ex. röst drawling; om t.ex. tempo slow
släplift sport. ski-tow, T-bar lift
släppa I *tr* inte hålla fast **a)** ngt leave hold of **b)** ngn let...go; *~ lös* let...loose; frige set...free, release; tappa let...fall, drop [*i golvet* on [to]...]; lämna leave; ge upp give up, abandon, relinquish; fälla cast, shed; lossna från come off; *~ vad man har för händer* lägga ifrån sig put down (lämna drop) what one has in one's hands; *~ ngn inpå livet* let a p. get closer to one **II** *itr* **1** lossna: om t.ex. färg come off; om t.ex. skruv get (work) loose; inte klibba fast unstick; *~ i sömmarna* come unsewn **2** ge vika: om t.ex. värk pass off; om spänning relax **III** *rfl*, *~ sig* vard., fjärta let off **IV** med beton. part.
~ efter koppla av relax; vara efterlåten give in
~ fram (*förbi*) let...pass
~ ifrån sig let...go; avhända sig part with; avstå från give up
~ igenom let...through; t.ex. ljus transmit; godkänna pass
~ in luft let in...
~ lös t.ex. fånge set...free, release; djur let (turn)...loose; t.ex. passioner give full rein to
~ på vatten, ström turn on; ström äv. switch on
~ till stå för supply; tillskjuta contribute; ställa till förfogande make...available
~ upp t.ex. ballong send up; drake fly; t.ex. pedal let...up (rise); *~ upp kopplingen på bil* let (slip) in the clutch
~ ut **a)** allm. let...out; fånge äv. release; *~ ut djur på bete* turn...out to grass **b)** sätta i omlopp: t.ex. aktier issue; t.ex. vara put (bring) out; *~ ut ngt i marknaden* put...on (bring...into) the market **c)** sömnad. let out
släpphänt bildl. easy-going
släptåg, *ha ngt i ~* have a th. in tow
släpvagn trailer; för spårväg trailer coach
slät 1 jämn smooth; plan level; enkel plain; *en ~ kopp kaffe* ung. just a cup of coffee [without anything] **2** skral poor; slätstruken indifferent
släta, *~ till* smooth [down]; plana flatten; *~ ut* vecken [*i*] smooth down (away)..., iron out...[from]; *~ över* ngt bildl. smooth (gloss) over..., cover up...
släthårig om hund smooth-haired
slätrakad clean-shaven
slätstruken bildl. mediocre, indifferent
1 slätt allm. plain; slättland flat land
2 slätt, *rätt och ~* [quite] simply
slätvar zool. brill
slö 1 trubbig blunt **2** bildl. indolent, dull; slapp slack; trög slow; dåsig drowsy; håglös listless, apathetic
slöa idle; lata sig have a lazy time; *~ till* [*i sitt arbete*] get slack

slödder mob
slöfock lazybones (pl. lika), sleepyhead
slöja veil äv. bildl.; foto. fog
slöjd handicraft äv. skol.; trä~ woodwork
slösa I *tr* waste; vara frikostig med lavish; ~ *bort* waste, squander **II** *itr* be wasteful; ~ *med* slösa bort waste; vara frikostig med be lavish with (t.ex. beröm of); t.ex. pengar spend...lavishly
slösaktig oekonomisk wasteful; frikostig lavish
slösaktighet wastefulness; lavishness, jfr *slösaktig*
slöseri wastefulness, extravagance; misshushållning waste
smacka, ~ [*när man äter*] eat noisily
smak taste; viss utmärkande flavour; angenäm relish; bismak savour äv. bildl.; ~*en är olika* tastes differ; maten *har ingen* ~ ...doesn't taste of anything; *ha (ta)* ~ *av* ngt have a (take on the) taste of...; krydda *efter* ~ ...to taste; *den är mild i* ~*en* it has a mild taste, it tastes mild; jfr äv. *tycke* [*och smak*]
smaka I *tr* o. *itr*, ~ [*på*] taste; ~ *bra* taste nice (good), have a nice taste; *det* ~*r citron* it tastes (har en svag smak av smacks) of..., it has a taste (flavour) of...; *det* ~*r ingenting* (*konstigt*) it has no (a queer) taste; ~ *på* ngt taste (prova try)...
II med beton. part.
~ **av** taste; ~ *av* såsen *med senap* flavour...with mustard
~ **på** try, experience
smakbit bit (piece) to taste; prov sample
smakfull tasteful; elegant stylish
smaklig välsmakande savoury, delicate; läcker tasty; aptitlig appetizing; ~ *måltid!* enjoy your meal!, have a nice meal!
smaklös tasteless
smaklöshet egenskap tastelessness; handling piece of bad taste
smakprov taste; bildl. sample
smaksak matter of taste
smaksinne [sense of] taste
smaksätta flavour; isht med kryddor season
smakämne flavouring
smal ej bred: om t.ex. band el. bildl. narrow; tunn: om t.ex. ben thin; slank: om t.ex. hand slender; *lång och* ~ om pers. tall and slim; *vara* ~ *om höfterna* (*midjan*) have narrow hips (a slim el. slender waist)
smalben ung. [lower part of the] shin, the small of the leg
smalfilm substandard film, cine-film; *16 mm* ~ 16 mm film
smalmat slimming food
smalna become (get) narrower (tunnare, magrare thin[ner]); banta slim; ~ [*av*] narrow, tail away [*till* into]
smalspårig järnv. narrow-gauge
smaragd emerald
smart smart; slug sly
smash sport. smash
smaska slurp, champ one's food
smaskig vard.: om mat yummy, scrumptious; om t.ex. bilder spicy
smatter clatter; rattle; blare, jfr *smattra*
smattra om skrivmaskin o.d. clatter; om gevär o. regn rattle; om trumpeter blare
smed smith; grov~ blacksmith
smedja smithy, forge
smek caressing; kel fondling; smekningar caresses
smeka caress; stryka stroke [gently]; kela med fondle; ~ *ngn över håret* stroke a p.'s hair
smekas caress each other
smekmånad honeymoon äv. bildl.
smeknamn pet name
smekning ömhetsbetygelse caress; strykning gentle stroke
smeksam caressing; om tonfall bland
smet blandning mixture; pannkaks~ o.d. batter; grötlik massa sticky mass (stuff), goo; sörja sludge
smeta I *tr* daub; något kladdigt smear **II** *itr* **1** kladda mess about **2** se ~ *av sig*
III med beton. part.
~ **av sig** make (leave) smears; om färg come off
~ **fast** ngt paste (stick) a th.
~ **ned** *ngt* daub (smear)...[all over]; ~ *ned sig* make oneself all messy, get oneself in (into) a mess
smetig smeary; klibbig sticky; degig doughy
smicker flattery; vard. soft soap; inställsamhet blandishment[s pl.], blarney; kryperi adulation
smickra flatter; ngn, äv. vard. butter...up; ~ *in sig hos* ngn ingratiate oneself with...
smickrande flattering
smida forge; hamra ut hammer out; bildl. (t.ex. planer) devise; ~ *medan järnet är varmt* strike while the iron is hot, make hay while the sun shines
smide 1 smideri forging **2** konkr. ~*n av järn* wrought-iron goods
smidig böjlig flexible; om material pliable; vig lithe; mjuk: om t.ex. övergång smooth and easy; slug: om t.ex. diplomat adroit, smart; anpasslig, om pers. adaptable
smidighet böjlighet, spänstighet flexibility; vighet litheness; mjukhet smoothness
smil smile
smila smile

smilfink vard. smarmy type (customer)
smilgrop dimple
smink make-up; sminkmedel paint; teat. greasepaint
sminka make...up äv. teat.; ~ *sig* make (make oneself) up
sminkning eg. making-up; konkr. make-up
smisk se *smäll 4*
smita *itr* **1** ge sig i väg run away, clear out; försvinna make off; vard. do a bunk; ~ *från olycksplatsen* leave the scene of the accident, hit and run; ~ *ifrån ngn* give a p. the slip **2** om kläder, ~ *efter* figuren cling (fit close) to...
smitta I *s* infection; isht gm beröring contagion båda äv. bildl. **II** *tr* infect äv. bildl.; *bli ~d* [*av* en sjukdom] be infected [with...] **III** *itr* be infectious äv. bildl.; gm beröring el. om pers. be contagious äv. bildl.; ~ *av sig på* bildl. rub off on, infect
smittbärare disease carrier
smittkoppor smallpox
smittsam infectious; bildl. äv. el. gm beröring contagious
smittämne infectious matter, contagion; virus virus
smocka vard. **I** *s* wallop, biff **II** *itr*, ~ *till ngn* wallop (sock, biff) a p.
smoking dinner jacket; amer. tuxedo (pl. -s), vard. tux; vard. el. på bjudningskort black tie
smolk, *det har kommit ~ i glädjebägaren* bildl. there is a fly in the ointment
smord bildl. *det går som smort* it is going swimmingly (like clockwork, like a house on fire)
sms tele. text message
sms:a tele. ~ [*till*] *ngn* text a p., send a text message to a p.
smuggelgods smuggled goods, contraband [goods pl.]
smuggla I *tr* smuggle; isht spritvaror i större skala bootleg; ~ *in ngt* smuggle a th. in [*in i* into] **II** *itr* smuggle
smugglare smuggler
smuggling smugglande smuggling
smula I *s* **1** isht bröd~ crumb äv. bildl.; allmännare bit **2** lite, *en* ~ a little; framför adj. o. adv. äv. a bit; en aning a trifle **II** *tr*, ~ [*sönder*] crumble; krossa crush
smulig som smular sig crumbly; full med smulor ...full of crumbs
smultron wild (wood) strawberry
smultronställe bildl. favourite [little] spot (haunt)
smussel hanky-panky; fiffel cheating
smussla I *itr* practise underhand tricks; fiffla cheat; ~ *med ngt* pilla med fiddle about with a th. on the sly **II** *tr*, ~ *ngt till ngn* (~

till ngn ngt) slip (pass)...to a p. on the sly (quiet)
smuts dirt; stark. filth båda äv. bildl.
smutsa dirty; bildl. sully; ~ [*ned*] äv. make...dirty; smörja ned äv. muck up; fläcka stain; ~ *ned sig om händerna* make one's hands [all] dirty
smutsgris om barn dirty [little] pig
smutsig dirty; stark. filthy båda äv. bildl.; nedsmutsad (om t.ex. kläder) soiled; inte ren, använd: om t.ex. disk unwashed, om t.ex. skjorta (pred.) not clean
smutskasta throw (fling) mud at; svärta ner smear; baktala malign; förtala defame
smutskläder dirty linen
smutstvätt dirty washing (linen)
smutta sip; ~ *på* a) dryck sip [at]... b) glas take sips (a sip) from...
smycka adorn äv. bildl.; pryda ornament; dekorera decorate; försköna embellish
smycke piece of jewellery (amer. jewelry); enklare trinket; med juveler o.d. jewel; prydnad ornament äv. bildl.; *~n* vanl. jewellery sg., jewels
smyckeskrin jewel case (box)
smyg, *i* ~ olovandes on the sly, on the quiet (vard. QT)
smyga I *tr* slip; ~ *ngt i handen på ngn* slip...into a p.'s hand **II** *itr* steal; slinka slink; smita slip; gå tyst creep el.; ~ *på tå* creep on tiptoe, tiptoe **III** *rfl*, ~ *sig* steal osv., se *II*; *ett fel har smugit sig in* an error has slipped (crept) in
smygande om t.ex. gång stealthy, sneaking; bildl.: om t.ex. förtal, sjukdom insidious; om t.ex. misstanke lurking
smygröka, ~ [cigaretter] smoke [...] on the sly (quiet)
små se *liten*
småaktig trångsynt petty; futtig mean; petnoga niggling; kitslig carping
småaktighet pettiness osv.; niggling; carping; jfr *småaktig*
småbarn small (little) child; spädbarn baby
småbarnsförälder parent of a small child (flera of small children)
småbil small car; mycket liten minicar
småbitar small pieces (bits); *riva i* ~ tear...into little pieces (bits, fragments)
småborgerlig [lower] middle-class
småbruk small-scale farming; konkr. smallholding
småbrukare smallholder, small farmer
småbröd koll. fancy biscuits; amer. cookies
smådjur small animals
småflickor little girls
småfolk enkelt folk humble folk; vard. small

småfranska – smälta

fry; koll. ~[*et*] a) se *småungar* b) älvor, tomtar o.d. little people pl.
småfranska [French] roll
småfrysa feel a bit chilly
småfågel small bird; koll. small birds
småföretag small[-scale] business (firm, enterprise)
småföretagare small businessman (enterpriser, trader); ekon. small entrepreneur
småhus small [self-contained] house
småkaka fancy biscuit; amer. cookie
småkoka simmer
småkryp eg. small creeping things (insects)
småle smile
småleende I *adj* smiling **II** *s* [faint] smile
småningom, [*så*] ~ efter hand gradually, by degrees, little by little, as time goes (resp. went) on
småpengar small coins; växel [small] change, loose cash
småpojkar little boys
småprata chat; för sig själv mumble [to oneself]
småregna drizzle
småretas tease [gently], chip
smårolig ...amusing (kvick witty) in a quiet way, droll
småruting mönstrad small-checked, ...with small checks
smårätter kok., ung. fancy dishes
småsak liten sak little (small) thing; bagatell trifle, small matter; ~*er* plock odds and ends
småsint petty
småsjunga sing softly; gnola hum
småskalig small-scale...
småskratta chuckle
smålantar small coins
småsnål niggardly
småsparare small saver (depositor)
småspringa jog along
småstad small town; landsortsstad provincial (country) town
småstadsbo inhabitant of a small town, small-town dweller
småsten koll. pebbles
småsyskon younger (small) sister and brother (sisters, resp. brothers), younger (small) sisters and brothers
småtimmarna the small hours; [*fram*] *på* ~ in the small hours [of the morning]
småtrevlig om pers. el. t.ex. kväll pleasant; om sak [nice and] cosy
smått I *adj* small osv., jfr *liten I* **II** *s*, *allt möjligt* ~ *och gott* all sorts (a great variety) of nice little things **III** *adv* en smula [just] a little, slightly; nästan rather;

i liten skala in a small way; *så* ~ sakta och försiktigt slowly, gradually, little by little
småttingar vard. little kids; mycket små tiny tots
småungar little children (kids)
småutgifter minor (petty) expenses (expenditure sg.)
småvarmt ung. small hot dishes
småvägar bypaths
småväxt kort short; (pred.) short of stature; liten small; om växt low
smäcker slender
smäda abuse; okväda rail at; förtala defame; häda blaspheme
smädelse abuse; förtal defamation; hädelse blasphemy; ~*r* defamatory words, abuse sg.; i skrift äv. libel sg.
smädlig om t.ex. tal abusive; ärekränkande defamatory; om skrift libellous; hädisk blasphemous
smäktande om t.ex. blickar languishing; om t.ex. röst melting
smäll 1 knall: bang; av piska o.d. crack; av kork pop; av eldvapen report; vid kollision smash; vid explosion detonation **2** slag med handen smack; lättare rap; med piska lash; stöt blow, bang **3** vard., bakslag blow; *det är jag som får ta* ~*en* I'm the one who has to carry the can (get the blame) **4** smisk smacking, spanking; *få* ~ *på fingrarna* get a rap over the knuckles **5** *vara på* ~*en* sl. have a bun in the oven
smälla I *tr* **1** slå bang, knock **2** smiska smack; ~ *ngn på fingrarna* rap a p. over the knuckles **II** *itr* om dörr o.d. bang; om piska crack; om kork pop; om skott go off; ~ *i* dörrarna bang (slam)...
III med beton. part. (jfr äv. under *slå IV*)
~ **av** a) ett skott fire off... b) vard. freak out
~ **i sig** vard.: proppa i sig gorge (cram) oneself
~ **ihop** a) stänga (t.ex. bok) close...with a snap b) krocka (om t.ex. bilar) smash (crash) into each other c) sätta ihop: t.ex. hus knock up (together); t.ex. historia make up
~ **till** a) ngn slap b) vard. ~ *till* och gifta sig go ahead...
smällare cracker
smällkall vard. bitingly (bitter) cold
smällkaramell cracker
smälta I *tr* o. *itr* **1** eg. bet. melt; isht [om] metaller fuse; [om] malm äv. smelt; till vätska liquefy; bildl., t.ex. [om] hjärta melt, soften **2** fysiol. el. i bet. tillgodogöra sig (bildl.) digest; svälja stomach, put up with; komma över get over; ~ *maten* digest one's food
II med beton. part.
~ **bort** itr. melt away äv. bildl.

~ **ihop** förena: eg. melt (fuse)...together; bildl. fuse, amalgamate
~ **in i** omgivningen go well (om sak äv. harmonize) with...
smältdegel melting-pot äv. bildl.; crucible
smältpunkt melting-point; isht metallers fusing-point
smärgelduk o. **smärgelpapper** emery cloth
smärre smaller osv., jfr *mindre I*
smärt slender; *hålla sig* ~ keep slim
smärta I *s* pain; häftig o. kortvarig pang, twinge [of pain]; lidande suffering; sorg grief; bedrövelse affliction; *ha* [*svåra*] *smärtor* be in [great] pain **II** *tr* bedröva grieve; *det ~r mig djupt* it grieves me deeply **III** *itr* värka ache
smärtfri eg. painless; smidig smooth
smärtgräns pain threshold äv. bildl.
smärting tyg canvas
smärtsam allm. painful; stark. afflicting
smärtstillande pain-relieving, analgesic; ~ *medel* pain-killer, analgesic
smör butter; ~ *och bröd* bread and butter
smöra vard. ~ *för ngn* butter a p. up
smörask butter dish
smörbakelse puff pastry
smörblomma buttercup
smördeg puff pastry
smörgås 1 *en* ~ utan pålägg a slice (piece) of bread and butter; med pålägg an open sandwich **2** *kasta* ~ lek play ducks and drakes, skip (skim) stones [across the water]
smörgåsbord smörgåsbord (äv. smorgasbord)
smörgåsmat se *pålägg*
smörj vard., se *stryk*
smörja I *s* **1** fett grease; salva ointment **2** skräp: allm. rubbish **3** smuts muck **II** *tr* **1** ~ ngt [*med fett* (*olja*)] grease (oil)...; rund~ lubricate; bestryka smear, daub [*med* with; *på* on] **2** ~ *ngn* muta grease (oil) a p.'s palm; smickra butter a p. up
smörjelse relig.: konkr. ointment; abstr. unction; *sista ~n* extreme unction
smörjkanna oilcan
smörjmedel tekn. lubricant
smörjning tekn. lubrication, greasing
smörklick pat (mindre dab) of butter
smörkniv butter knife
smörkräm butter cream (icing)
snabb om t.ex. framsteg, ström rapid; om t.ex. blick swift, quick; om t.ex. uppgörelse speedy; om t.ex. tåg fast; om t.ex. affär, hjälp prompt
snabba I *tr*, ~ *på* (*upp*) speed up **II** *itr* o. *rfl*, ~ *sig* el. ~ *på* hurry up, look lively (snappy)

snabbhet rapidity, swiftness, speediness, jfr *snabb*; fart speed
snabbkaffe instant coffee
snabbkassa ung. fast check-out counter
snabbkurs crash (rapid) course
snabbköp self-service [shop (amer. store)]; större supermarket
snabbmat fast (convenience, instant) food
snabbtelefon intercom telephone (anläggning system)
snabbtåg fast (express) train
snabbtänkt quick-witted, ready-witted
snabbuss express bus (coach)
snabel trunk
snabel-a @-tecknet [commercial] at sign
snack vard., se *prat*
snacka vard., se *prata*
snagga cut (crop)...short; *~d* pojke ...with his hair cut short (cropped), ...with a crew cut
snappa snatch; ~ *till* (*åt*) *sig* snatch, grab
snaps [glas] brännvin schnapps (pl. lika), dram
snar skyndsam speedy; omedelbar prompt; nära förestående near
snara [rep]slinga snare äv. bildl.; rännsnara noose; giller gin; fälla trap äv. bildl.; *fastna i ~n* fall into the trap
snarare förr, hellre rather; fastmer, närmast if anything; *jag tror ~ att*... I am more inclined to think that...; vinden har ~ *tilltagit* [*än avtagit*] ..., if anything, increased
snarast, ~ *möjligt* as soon as possible, at the earliest possible date (opportunity), very soon, at the (your etc.) earliest; sänd varorna ~ *möjligt* hand. äv. ...at your earliest convenience
snarka snore
snarkning, ~[*ar*] snarkande snoring sg.; *en* ~ a snore
snarlik rather like; *vara ~a* be rather (somewhat) like each other
snarstucken retlig, ömtålig touchy, quick to take offence; lättretad short-tempered
snart soon; inom kort shortly; *så* ~ [*som*] konj. a) så fort as soon as b) så ofta whenever; *så* ~ *som möjligt* se *snarast* [*möjligt*]; *det är* ~ *fort gjort* it will soon be done; *jag kommer* ~ *tillbaka* I'll soon be back
snask sötsaker sweets; amer. candy
snaska äta sötsaker eat (munch) sweets; ~ [*på*] *ngt* munch (chew) a th.
snatta pilfer; vard. pinch [things]; i butik shoplift
snattare pilferer; i butik shoplifter
snatteri pilfering; i butik shoplifting

snattra *itr* om t.ex. anka quack; pladdra gabble
snava stumble; jfr *snubbla*
sned I *adj* lutande slanting; sluttande sloping, inclined; skev warped; krokig crooked; på snedden diagonal **II** *s*, *på* ~ askew, aslant, on the slant, slantingly, slopingly, jfr *I ovan*
snedda I *tr*, ~ [*av*] t.ex. hörn cut...off obliquely **II** *tr* o. *itr*, ~ [*över*] gatan slant across..., cross...
snedden, *på* ~ obliquely, diagonally
snedfördelning uneven distribution
snedrekrytering uneven recruitment
snedsprång bildl. escapade; 'historia' affair
snedsteg eg. sidestep
snedstreck slanting line, [slanting] stroke; typogr. slash
snedvriden bildl. twisted
snedögd slant-eyed
snegla, ~ [*på*] ogle; ~ *på* ngn (ngt) förstulet glance furtively (misstänksamt look askance, lömskt leer) at...; vilja ha have one's eye on...
snett slantingly; aslant; askew; diagonally; jfr vid. *sned*; *gå* ~ vard., bli fel go wrong; *gå* ~ *över* gatan cross...diagonally, slant across...; *se* ~ *på* ngn (ngt) look askance at...
snibb hörn corner; spets point; tipp, ände tip; ör~ lobe; tre~ triangular cloth; blöja tie pants
snickarbyxor [bib-and-brace] overalls, dungarees
snickare isht inrednings~ joiner; timmerman carpenter; finare möbel~ cabinet-maker
snickarverkstad joiner's (cabinet-maker's) workshop; jfr *snickare*
snickeri abstr. el. koll. joinery (carpentry) [work]; möbel~ cabinet work, jfr *snickare*; konkr., se *snickarverkstad*
snickra I *itr* do joinery (carpentry) [work]; slöjda i trä do woodwork **II** *tr*, ~ [*ihop*] möbel o.d. make; bildl. put (patch) together
snida carve
sniffa sniff; ~ thinner sniff...
snigel slug; med snäcka snail
snigelfart, *med* ~ at a snail's pace
sniken girig avaricious; lysten greedy; covetous
snille genius; *han har* (*är ett*) ~ he has (is a man of) genius
snilleblixt brainwave; stark. flash of genius
snillrik brilliant
snipa båt ung. gig
snirklad scrolled; bildl. florid
snits style; *sätta* ~ *på ngt* give a th. style
snitsa vard. ~ *till* (*ihop*) t.ex. en middag knock up, fix; ett tal put together; piffa upp smarten up
snitsig vard. stylish
snitsla, ~ *en bana* mark...with paper-strips
snitt 1 cut äv. modell; isht kir. incision; preparat section; boksnitt edge **2** tvärsnitt section; genomsnitt cross-section; matem. intersection; *i* ~ on [the] average **3** sort type
sno I *tr* **1** hoptvinna twist; vira twine, wind; snurra twirl **2** vard., stjäla pinch **II** *rfl*, ~ *sig* **1** linda sig twist; trassla ihop sig get twisted (entangled) **2** bildl., slingra sig dodge **3** vard., skynda sig get cracking (moving), jfr äv. *skynda II*; ~ *dig* [*på*]*!* make it snappy!, get a move on!
III med beton. part.
~ **ihop** eg. twist together; ~ *ihop* t.ex. måltid, sockerkaka knock up
~**in**: ~ *trassla in sig i ngt* get [oneself] entangled in a th.
~ **på** se ovan *II 3*
~ **åt sig** vard. grab hold of
snobb snob; kläd~ dandy, fop, tailor's dummy; amer. äv. dude; intelligens~ highbrow
snobberi snobbery, snobbishness; kläddsnobberi dandyism
snobbig snobbish; dandified, foppish; jfr *snobb*
snobbighet o. **snobbism** se *snobberi*
snodd att dra el. knyta cord; till garnering braid, lace; av gummi band
snofsig vard. smart
snok zool. grass snake
snoka poke, ferret [about]; vard. snoop; *gå och* ~ go prying (vard. snooping) about
snopen besviken disappointed; obehagligt överraskad disconcerted; flat blank; slokörad crestfallen
snopp vard., penis thing
snoppa ljus snuff; krusbär o.d. top and tail; bönor string; ~ [*av*] cigarr cut (snip) [off]
snor vard. snot
snorig snotty[-nosed], ...with a running nose
snorkel snorkel
snorkig snooty, snotty
snorunge o. **snorvalp** vard., småbarn little kid; neds. snotty-nosed kid; som är uppkäftig saucy (cheeky) brat
snubbla vara nära att falla stumble; ~ *fram* stumble (*stappla* stagger) along
snudd eg. touch; det är ~ *på skandal* ...little short of a scandal
snudda, ~ *vid* a) eg.: komma i beröring med brush against; skrapa lätt graze b) bildl.: omtala flyktigt touch [up]on

snurra I *s* leksak top; vind~ windmill **II** *itr* o. tr, ~ [*runt*] spin, twirl; svänga, virvla whirl [*omkring* i samtl. fall round]; kring axel el. punkt turn [*omkring* on]; rotate, revolve [*omkring* round, about]
snurrig vard., yr giddy, dizzy; tokig crazy, nuts; *bli* ~ vimsig äv. go haywire
snus luktsnus snuff; 'svenskt' moist snuff
snusa 1 tobak take snuff **2** sova sleep
snusbrun snuff-coloured
snusdosa snuffbox
snusförnuftig förnumstig would-be wise; know-all end. attr.; sententious; lillgammal old-fashioned
snusk eg. el. bildl. dirt[iness], filth[iness]
snuskhummer vard. dirty old man
snuskig eg. el. bildl. dirty; ~ *fantasi* dirty (filthy) imagination
snustorr eg. el. bildl. dry-as-dust... (pred. as dry as dust)
snut vard., polis cop; ~*en* koll. the cops pl., the fuzz
snutt vard. bit; av t.ex. melodi snatch
1 snuva [head] cold; med. nasal catarrh; *få* (*ha*) ~ catch (have [got]) a cold [in the head]
2 snuva vard., lura cheat
snuvig, *bli* (*vara*) ~ se [*få* resp. *ha*] *snuva*
snyfta sob; ~ *fram* sob out
snyftning sob
snygg prydlig tidy; ren clean; vard., vacker o.d. pretty samtl. äv. bildl. el. iron.; om en man handsome, good-looking; *det var en ~ historia!* iron. that's (this is) a pretty (nice, fine) story (kettle of fish)!
snygga, ~ *till* (*upp*) *sig* make oneself [look] tidy (presentable), tidy oneself up; piffa upp sig smarten (spruce) oneself up; ~ *upp* tr. o. itr.: städa tidy up; tr.: ordna till, renovera do up
snylta be a parasite
snyltgäst parasite äv. biol.
snyta, ~ *sig* (*ett barn*) blow one's nose (a child's nose)
snål 1 stingy; gnidig tight-fisted; sniken greedy; njugg niggardly; knapp skimpy; ~ *portion* meagre (skimpy) portion **2** om vind biting
snåla vara snål be stingy (mean), save and scrape; nödgas leva snålt stint oneself; hushålla economize; ~ *in på* spara save on; knappa in skimp
snålhet stinginess etc., jfr *snål 1*; cheeseparing; greed
snåljåp vard. skinflint; isht amer. cheapskate
snålskjuts, *åka* ~ eg. get a lift; bildl. get a free ride, take advantage [*på* of], profit [*på* from]

snår thicket
snårig 1 eg. brushy, ...covered with brushwood **2** bildl., komplicerad tricky, complicated
snårskog brushwood; bildl. forest
snäcka 1 skal shell; snäckdjur mollusc; trädgårds~ heli|x (pl. -ces, äv. -xes) **2** ornament scroll äv. på fiol **3** i öra cochlea (pl. -e)
snäckskal shell
snäll hjälpsam el. mots. till stygg good; vänlig kind; ~ *och rar* nice; väluppfostrad well-behaved; hygglig decent; ~*a du* gör det el. *var* ~ *och* gör det ...[please], will (would) you?, please...; *men* ~*a du*, hur...! but my dear [fellow resp. girl etc.],...
snälltåg fast train
snärj 1 *ha ett fasligt* ~ knog have a tremendous job (jäkt a hectic time) **2** snår thicket
snärja [en]snare, trap; ~ *ngn i sina garn* bildl. ensnare a p. in one's toils
snärjigt, *ha det* ~ arbetsamt have a proper job (jäktigt a hectic time of it)
snärt 1 piskända lash **2** lätt slag flick; rapp lash; bildl.: stickord gibe; vard. crack **3** kläm sting, zip
snärtig om slag sharp, ...with force (a sting) in it; om replik o.d.: bitande cutting; sarkastisk caustic
snäsa, ~ [*till*] *ngn* snap at a p.; åthuta tell a p. off
snäsig brysk abrupt, brusque; retlig irritable
snäv 1 stramande tight, close; trång narrow; ~*a gränser* narrow limits **2** kort, ovänlig abrupt; onådig ungracious; *ett ~t svar* a curt answer
snö snow
snöa snow; *det* ~*r* it is snowing; vägen *har* ~*t igen* ...has been blocked (obstructed) by snow
snöblandad, *snöblandat regn* rain mixed with snow, sleet
snöblind snowblind
snöboll snowball
snödjup depth of snow
snödriva snowdrift
snödroppe bot. snowdrop
snöfall snowfall, fall of snow
snöflinga snowflake
snöglopp sleet
snögubbe snowman
snöig snowy
snökedja tyre chain
snöplig om t.ex. reträtt, nederlag ignominious; om t.ex. resultat disappointing; stark. deplorable, lamentable; *få* (*ta*) *ett ~t slut* come to a sorry (sad) end

snöplog snowplough; amer. snowplow
snöra *tr* lace [up]; ~ *på sig* pjäxorna put (ränseln strap) on...
snöre string; grövre cord; segelgarn twine; för garnering braid; för snörning lace; mål~ tape; *ett* ~ a piece of string (etc., se ovan)
snöripa zool. ptarmigan
snörliv stays; korsett corset
snörpa pucker; ~ *på munnen* purse one's lips
snörsko laced (lace-up) shoe (känga boot)
snörvla snuffle; tala i näsan speak in a snuffle
snöröjning snow clearance
snöskoter snowmobile; amer. snowcat
snöskottning clearing (shovelling) away [the] snow
snöskred avalanche
snöskyffel snowshovel
snöslask glopp sleet; sörja slush
snöslunga snow-blower
snösmältning melting away of [the] snow
snöstorm snowstorm; våldsam blizzard
snösväng vard., snöröjning snow clearance; arbetsstyrka snow-clearance force
snötäcke covering (blanket) of snow
snötäckt snow-covered, snowy; poet. snow-clad
snövit snowy
snöyra snowstorm
so sugga sow
soaré soirée fr.; friare evening entertainment; musikalisk etc. ~ ...evening
sobel zool. sable äv. pälsverk
sober allm. sober
social social; ~*a problem* social problems
socialarbetare social (welfare) worker
socialassistent se *socialsekreterare*
socialbidrag social allowance, supplementary benefit
socialbyrå social welfare office
socialdemokrat social democrat
socialdemokrati, ~[*n*] social democracy
socialdemokratisk social democratic
socialfall vard. social welfare case; utslagen drop-out
socialförsäkring social (national) insurance
socialgrupp social group (class); ~ *I* (*II* resp. *III*) äv. [the] upper (middle resp. working) class
socialhjälp ngt åld. public (social) assistance; i Engl. national assistance; amer. [public] relief
socialisering socialization; isht förstatligande nationalization
socialism, ~[*en*] socialism
socialist socialist
socialistisk socialistic

socialsekreterare ung. social welfare secretary
socialstyrelsen the National [Swedish] Board of Health and Welfare
socialtjänst, ~*en* social services pl.
socialvård social welfare; ~*en* äv. social services pl.
societet society; ~*en* Society
sociolog sociologist
sociologi sociology
sociologisk sociological
socionom graduate from a School of Social Studies
socka sock
sockel base; byggn., på möbel plinth, pedestal; arkit. äv. socle; lampfattning socket
socken parish
socker sugar
sockerbeta sugar beet
sockerbit lump of sugar; *två* ~*ar* two lumps of sugar
sockerdricka lemonade
sockerfri sugarless; t.ex. tuggummi sugar-free
sockerkaka sponge cake
sockerpiller med. placebo (pl. -s)
sockerrör sugar cane
sockersjuk med. diabetic; *en* ~ subst. adj. a diabetic
sockersjuka med. diabetes
sockerskål sugar basin (bowl)
sockerströare sugar castor (sifter, shaker)
sockervadd candy floss
sockerärt bot. sugar pea
sockra I *tr* sugar äv. bildl.; söta sweeten [...with sugar] **II** *itr*, ~ *i* (*på*) *ngt* sugar a th.
soda soda
sodavatten soda [water]
soffa sofa; mindre el. pinn~ settee; vil~ couch samtl. äv. bäddbara; isht amer., bädd~ davenport; t.ex. park~ seat
soffbord coffee (sofa) table
soffgrupp group of sofa and armchairs; enhetligt möblemang lounge (three-piece) suite
soffhörn med soffa sofa corner; i soffa corner of a (resp. the) sofa
soffliggare latmask idler; valskolkare abstainer
sofistikerad sophisticated
soja sås soya (soy) sauce
sojaböna soya [bean]
sol sun äv. bildl.; ~*en skiner* the sun is shining
sola, ~ *sig* sun oneself äv. bildl.; bask in the sun[shine]; bildl. bask
solarium solarium äv. lokal

solbad sunbath
solbada sunbathe
solbelyst sunlit
solblind sun-blind
solbränd brun sunburnt; förtorkad parched; *bli* ~ get sunburnt, tan
solbränna sunburn
solcell tekn. solar cell
soldat soldier
soldis heat haze
soldäck sjö. sun deck
soleksem sunrash; vetensk. solar dermatitis
solenergi solar energy
solfattig ...with very little sun[shine], not very sunny
solfjäder fan
solförmörkelse solar eclipse, eclipse of the sun; *total* ~ total solar eclipse
solgass blazing hot sunshine; *i ~et* äv. in the hot sun
solglasögon sunglasses
solglimt glimpse of the sun
solhatt sun hat (för t.ex. barn bonnet)
solid allm. solid; om hus ~ *ekonomi* sound economy
solidarisera, ~ *sig* fully identify oneself [*med* with]
solidarisk loyal
solidaritet solidarity
soliditet solidity; isht ekon. äv. soundness
solig sunny äv. bildl.
solist soloist
solka, ~ [*ned*] soil
solkatt reflection of the sun
solkig soiled
solklar uppenbar ...as clear as daylight, [self-]evident, obvious
solklänning sun dress
solkräm sun (suntan) lotion
solljus I *s* sunlight **II** *adj* sunny, bright
solnedgång sunset, sundown; *i (vid) ~en* äv. at the setting of the sun
solo I *adj* o. *adv* solo; helt ensam alone **II** *s* solo (pl. -s, mus. äv. soli)
solochvårare confidence trickster
sololja suntan oil (lotion)
solosång solo singing
solosångare o. **solosångerska** solo singer
solros bot. sunflower
solsida sunny side äv. bildl.
solsken sunshine äv. bildl.; *det är* ~ vanl. the sun is shining
solsting sunstroke; *få* ~ have a sunstroke
solstol sun chair
solstrimma streak of sunshine
solstråle sunbeam; ray of sunshine äv. om pers.
solsystem solar system

soltak sun shelter; på bil sunshine roof
soltorka, ~ [*ngt*] dry [a th.] in the sun
soluppgång sunrise; vard. sunup; *i (vid) ~en* äv. at the rising of the sun
solur sundial
solution lösning solution
solvarm om t.ex. sand ...warmed by the sun
solvent solvent; *vara* ~ vard. äv. be in the black
som I *rel pron* **1** med syftning på pers. who (som obj. whom); med syftning på djur el. sak which; allm. ofta that; *allt (mycket)* ~ all (much) that; *den* ~ *läser detta kommer att...* anyone who reads (anyone reading, those who read) this will...; *på den tiden* ~... at the time [when]...; *han var den förste (ende)* ~ *kom* he was the first (the only one) to come (that el. who came); *det är en herre* ~ *söker dig* there is a gentleman who (that) wants to see you; *vem var det [~] du talade med?* who was that (beton.) you spoke to? **2** specialfall: jag vet inte *vem* ~ *har rätt* ...who is right; *vem* ~ *än* whoever; *vad* ~ *än* whatever **II** *konj* **1** samordnande *såväl A.* ~ *B.* A. as well as B. **2** jämförande like; han är *lika (inte så) lång* ~ *du* ...as (not so el. as) tall as you are; varför gör du inte ~ *jag?* ...as (vard. like) I do?, ...like me?; ~ *pojke simmade han* ~ *en fisk* as a boy he used to swim like a fish; ~ *sagt* as I (you etc.) said before **3** villkorligt *han lever* ~ [*om*] *han vore miljonär* he lives as if (though)... **4** angivande tid *bäst (just)* ~ when, [just] as, at the very moment [when] **III** *adv* framför superlativ: när vattnet står ~ *högst* ...at its highest
Somalia Somalia
somlig, ~[*t*] el. ~*a* självst. some, some (certain) people
sommar summer; för ex. jfr *höst*
sommardag summer day; *en vacker* ~ [adv. on] a fine summer day
sommardäck ordinary (regular) tyre (amer. tire)
sommargäst holiday (summer) visitor
sommarjobb summer job
sommarkläder summer clothes (vard. things)
sommarkväll summer evening; *en* ~ [adv. on] a summer evening
sommarlov summer holidays pl. (isht amer. vacation)
sommarnatt summer night
sommarolympiaden o. **sommar-OS** the Olympic Summer Games, the Summer Olympics
sommarsolstånd summer solstice

sommarstuga summer (weekend) cottage
sommarställe place in the country, summer cottage (större house)
sommartid 1 framflyttad tid summer time, daylight saving time **2** årstid summer[time]; ~[*en*] (adv.) om sommaren in summer[time]
sommarvärme summer heat (temperature); *det är riktig* ~ it's just like (as hot as) summer
somna fall asleep äv. bildl.; go [off] (drop off, lätt dose off) to sleep; ~ *ifrån* t.ex. bok go (etc., se ovan) to sleep over...; ~ *om* fall asleep (etc., se ovan) again
son son
sona t.ex. brott atone for; t.ex. misstag redeem, make amends for
sonat mus. sonata
sond probe äv. rymd~; med. äv. sound; rörformig tube; ballong sounding balloon
sondera probe, sound; ~ möjligheterna explore...; ~ *terrängen* see how the land lies
sondotter granddaughter
sonett litt. sonnet
sonhustru daughter-in-law (pl. daughters-in-law)
sonson grandson
sopa sweep; ~ ett golv sweep...; ~ *av* sweep; ~ *bort* sweep (friare clear) away
sopbil refuse [collection] lorry; amer. garbage [removal] truck
sopborste [dust] brush; med längre skaft broom
sophink refuse bucket (bin); amer. garbage can
sophämtare refuse collector; vard. dustman; amer. garbage collector
sophämtning refuse (amer. garbage) collection (removal)
sophög dustheap, refuse (rubbish, amer. garbage) heap
sopkvast broom; av ris besom
sopnedkast refuse (rubbish, amer. garbage) chute
sopor avfall refuse; amer. vanl. garbage; skräp rubbish; som sopats ihop sweepings
sopp bot. boletus
soppa 1 soup **2** vard., se *röra I*
soppskål [soup] tureen
soppslev [soup] ladle
sopptallrik soup plate
soppåse bin-liner
sopran mus.: pers. el. röst soprano (pl. -s)
sopranstämma mus. soprano [voice]; parti soprano [part]
sopskyffel dustpan

sopstation förbränningsstation central refuse (amer. garbage) disposal plant
sopsäck i soptunna o.d. bin (amer. trash) bag
soptipp [refuse (amer. garbage)] dump, refuse tip
soptunna dustbin, refuse bin; amer. trash (ash, garbage) can
sorbet sorbet
sordin sordino (pl. sordini), mute; i piano ofta damper; *lägga ~ på* glädjen put a damper on...
sorg 1 bedrövelse sorrow; djup smärta distress; grief; bekymmer trouble; *den dagen den ~en* no use going to meet trouble halfway; *bereda (göra) ngn ~* cause a p. sorrow (etc., se ovan); om sak äv. grieve (distress) a p. **2** efter avliden mourning; förlust genom dödsfall bereavement; *bära ~* wear (be in) mourning
sorgband mourning band
sorgebarn problembarn problem child äv. friare; svart får black sheep
sorgebud mournful (sad) news (tidings pl.); om ngns död, se *dödsbud*
sorgfri bekymmerfri carefree; ekonomiskt tryggad ...free from want
sorgklädd ...in (wearing) mourning
sorgkläder mourning [attire]
sorglig ledsam, beklaglig sad; dyster melancholy; sorgesam mournful; tragisk tragic; bedrövlig deplorable; ömklig woeful, miserable; *ett ~t faktum* a melancholy fact; det var en ~ *syn* ...sad (pitiful, sorry) sight (spectacle)
sorgligt sadly etc., jfr *sorglig*; ~ *nog* unfortunately, worse luck; som utrop alas!
sorglustig tragi-comic[al]
sorglös 1 se *sorgfri* **2** obekymrad unconcerned; tanklös unthinking; glad light-hearted; lättsinnig happy-go-lucky
sorgmarsch funeral (ibl. dead) march
sorgmusik funeral music
sorgsen sad; end. pred. grieved; sorgmodig melancholy; nedslagen woeful
sork zool. vole, fieldmouse (pl. fieldmice)
sorl murmur; *bäckens ~* the murmur (ripple, rippling, purling) of the brook
sorla murmur
sort slag sort; typ type; kvalitet quality; hand., märke brand; *en ~s egendomliga insekter* a peculiar kind of insect sg.
sortera I *tr* sort; efter storlek äv. size; ~ *ut* gallra ut sort (winnow) out, screen [out] **II** *itr*, ~ *under* a) lyda under be subordinate to, be (come) under the supervision of b) höra under belong (come, fall) under
sortering 1 sorterande sorting etc., jfr *sortera*

I; classification; *av första (andra)* ~
...graded as firsts (seconds) **2** se *sortiment*
sorti teat. el. friare exit; *göra [sin]* ~ make one's exit
sortiment assortment; samling collection
SOS, *ett* ~ an SOS
sot soot; i motor carbon; smuts grime
1 sota 1 skorsten o.d. sweep **2** svärta black[en]; ~ *[ned]* smutsa soot, cover...with soot, make...sooty (grimy)
2 sota, *få* ~ *för ngt* pay (smart, suffer) for a th.
sotare pers. chimney-sweep
sothöna zool. coot
sotig allm. sooty; smutsig grimy; sotfläckad smutty äv. om säd
sotning [chimney-]sweeping
souvenir souvenir, keepsake
sova I *itr* eg. el. bildl. sleep; vara försänkt i sömn be asleep; ta en lur have a nap (sleep); ~ *gott* djupt sleep soundly, be sound (fast) asleep; *har du sovit gott* i natt? did you sleep well (have a good night)?
II med beton. part.
~ *av sig* t.ex. rus, ilska sleep off...
~ *ut* sova länge have a good sleep; sova tillräckligt länge have enough sleep
~ *över:* ~ *över [hos ngn]* stay the night [at a p.'s place]
sovalkov bedstead recess
Sovjet se *Sovjetunionen*; *Högsta* ~ hist. the Supreme Soviet
Sovjetunionen hist. the Soviet Union (förk. USSR)
sovkupé sleeping-compartment
sovmorgon, *ha en skön* ~ have a nice lie-in
sovplats sleeping-place; järnv. el. sjö. [sleeping] berth; järnv. äv. (vard.) sleeper
sovplatsbiljett sleeping-berth ticket
sovra t.ex. material sift; t.ex. stil prune; malm dress; ~ *bort* sort (winnow) out, eliminate
sovrum bedroom
sovstad dormitory [suburb]; amer. äv. bedroom town
sovsäck sleeping-bag
sovvagn sleeping-car; vard. sleeper
sovvagnsbiljett sleeping-berth ticket
spackel 1 verktyg putty knife **2** ~färg putty
spackla putty; ~ *igen* ett hål putty up...
spad liquid, water; för soppor o. såser stock; kött~ ofta broth; grönsaks~ ibl. juice
spade spade; *en* ~ *jord* a spadeful of earth
1 spader kortspr., koll. spades; *en* ~ a (resp. one) spade, jfr *hjärter* med sammansättn.
2 spader vard. *få* ~ do one's nut, go mad (crazy)
spadtag cut (dig) with a (resp. the) spade; *ta*

det första ~*et till...* cut (turn) the first sod for...
spaghetti koll. spaghetti
1 spak lever; sjö. handspike; flyg. [control] stick; *vid* ~*arna* flyg. at the controls
2 spak 1 lätthanterlig tractable; foglig docile; ödmjuk submissive **2** lugnflytande quiet
spaljé för växt trellis
spalt typogr. column
spalta klyva o. dela upp ~ *[upp]* split [up], divide
spaltfyllnad padding
spana med blicken gaze, look out; intensivt watch; speja scout; mil. el. flyg. äv. reconnoitre; om polis investigate; ~ *söka efter...* be on the look-out (search, hunt) for...; ~ *in* vard. have a look (peep, dekko) at, get an eyeful of
spanare spejare scout; mil. el. flyg. observer; polis investigator
Spanien Spain
spaning 1 search; mil. el. flyg. reconnaissance; *vara på* ~ *efter ngt* bildl. be on the look-out (the search) for a th.
2 spanande searching; scouting; jfr *spana*
spaningsflygplan reconnaissance (scouting) plane, scout
spanjor Spaniard; ~*erna* som nation el. lag o.d. the Spaniards, the Spanish
spanjorska Spanish woman (lady etc.); jfr *svenska 1*
1 spann bro~ span
2 spann se *hink*
spannmål corn; isht amer. grain; brödsäd cereals
spansk Spanish
spanska språk Spanish, jfr *svenska 2*
spant sjö.: allm. frame
spara I *tr* o. *itr* **1** samla, gömma save; ~ *till en bil* save up for a car **2** inbespara save; ~ *plats* save space **3** vara sparsam practise economy, be economical (saving); *den som spar han har* waste not, want not **4** hushålla med economize; skona, t.ex. sin hälsa spare; ~ *på krafterna* husband (save) one's strength **II** *rfl,* ~ *sig* spare oneself äv. bespara sig; husband one's strength; hålla igen not go all out; sport. äv. hold [oneself] back
III med beton. part.
~ *ihop* save (lay) up; hopa accumulate
~ *in* save; ~ *in* dra in *på ngt* economize (cut down) on a th.
sparare saver
sparbank savings bank
sparbanksbok savings [bank] book (passbook)
sparbössa money box, savings box

spargris pig[gy] bank
spark 1 kick; *få en* ~ get kicked; *få ~en* vard. get the sack (the push), be (get) fired; *ge ngn ~en* vard. give a p. the sack (the push), fire a p. **2** se *sparkstötting*
sparka I *tr* kick; ~ *boll* vard. kick a ball about, play football; *bli ~d* från jobbet, se *få sparken* under *spark*
II med beton. part.
~ **av:** ~ *av sig [täcket]* kick off one's bedclothes
~ **igen** *dörren* kick...shut
~ **i gång** *en verksamhet* vard. kick off...
~ **in** *dörren* kick...in
~ **till** *ngn, ngt* give...a kick
~ **upp** t.ex. dörr kick...open
~ **ut** *ngn* kick (boot) a p. out
sparkapital saved (savings) capital; *ett (hans)* ~ vanl. some (his) savings pl.
sparkcykel scooter
sparkdräkt romper suit, rompers
sparkstötting kick-sled
sparlåga 1 gas~ low jets **2** bildl. *gå på* ~ take it easy, not exert oneself too much
sparpengar savings
sparra, ~ *[mot] ngn* spar with a p., be a p.'s sparring-partner
sparringpartner sparring-partner äv. friare
sparris koll. asparagus; *en* ~ a stalk (spear) of asparagus
sparsam 1 ekonomisk economical; thrifty; snål parsimonious; *vara* ~ *med* bränslet economize on... **2** friare o. bildl.: njugg sparing; gles sparse; knapp scanty; sällsynt rare; ~ *med (på)* t.ex. beröm, ord sparing (chary) of
sparsamhet economy
spartansk Spartan
sparv sparrow
sparvhök sparrow hawk
spasm spasm
spastisk spastic
spatel spatula
spatiös spacious; typogr. widely spaced
spatsera walk; som en tupp strut, jfr vid. *promenera*
speaker utropare announcer; konferencier compère; eng. el. amer. parl. Speaker
speceriaffär grocer's (grocery) [shop [amer. store)]
specerier groceries
specialerbjudande special offer
specialisera, ~ *sig* specialize [*på, i* in]
specialisering specialization
specialist specialist; expert expert; *han är* ~ *på* försäkringsfrågor he is an expert on (in)...
specialitet speciality; fack specialty

speciallärare remedial teacher
specialslalom slalom proper
specialundervisning remedial teaching (instruction)
specialutbildad specially trained
speciell special, jfr äv. *särskild*
speciellt specially, particularly, jfr äv. *särskilt; detta gäller alldeles* ~ *om*... this is true about...in particular
specificera specify; räkning itemize
specifik specific
specifikation specification, detailed description
speditionsfirma forwarding (shipping) agency (agents pl.)
speditör forwarding (shipping) agent[s pl.]
speedway speedway [racing]
spegel allm. el. bildl. mirror; hand~ [hand] mirror
spegelbild reflection äv. bildl.; vetensk. mirror (reflected) image
spegelblank om t.ex. is glassy; om t.ex. golv, metall shiny
spegelreflexkamera [enögd single-lens (tvåögd twin-lens)] reflex camera
spegelvänd reversed, inverted
spegla I *tr* reflect; litteraturen *~r samtiden* ...reflects the age **II** *rfl,* ~ *sig* be reflected (mirrored); om pers. look [at oneself] in a mirror (a glass)
speja spy [about (round)], jfr vid. *spana*
spejare mil. [reconnaissance] scout; spion spy
spektakel 1 bråk row; förarglighet bit of a bother; elände nuisance; uppträde scene; skandal scandal **2** gyckel *bli till ett* ~ become a laughing-stock
spektakulär spectacular; sensationell sensational; uppseendeväckande striking
spektrum fys. spectr|um (pl. -a) äv. bildl.
spekulant 1 intending (prospective, would-be) buyer (purchaser); på auktion äv. bidder **2** börs~ speculator, operator; neds. jobber
spekulation speculation; hand. äv. venture
spekulera 1 fundera speculate; ponder; *det ~s över* orsaken people are wondering (making guesses) about... **2** göra osäkra affärer speculate; neds. gamble; ~ *i aktier* speculate in shares; ~ *i* våld och sex speculate (gamble) in ...
spel 1 mus. playing **2** teat., spelsätt acting **3** sällskaps~, idrotts~ game äv. bildl.; spelande playing; spelsätt vanl. play; hasard~ gambling; stick i kort~ trick; ~ *om pengar* playing for money; förlora (vinna) *på* ~ ...by gambling **4** spelrum clearance, play **5** spec.: *ha fritt* ~ have free (full) scope (play äv.

eg.); *rent* (*inte rent*) ~ fair (foul) play; *stå på* ~ be at stake (riskeras in jeopardy, at risk); *sätta* ngn, ngt *ur* ~ put...out of the running, eliminate...

spela I *tr* o. *itr* play äv. bildl., om t.ex. ljus; mus. äv. execute; visa [film] show; ~ hasard gamble; låtsas vara pretend; ~ *apa* play the ape, monkey about; ~ rollen *Hamlet* play (act) [the part of] H.; ~ *defensivt* sport. play a defensive game; ~ *för ngn* a) inför ngn play to a p. b) ta lektioner för ngn take music (piano etc.) lessons from a p.; ~ *på lotteri* take part in a lottery (lotteries pl.)
II med beton. part.
~ **av**: ~ *av ngn* pengar win...off a p.
~ **bort** gamble away
~ **in** a) (tr.) ~ *in en film* make (produce) a film; ~ *in ngt* [*på band*] tape a th., record a th. [on tape] b) (itr.) inverka come into play
~ **med** join in the game; ~ *med i* film o.d. appear in...
~ **om** mus. el. sport. o.d. replay, play...again; en scen take...[over] again
~ **upp** a) spelläxa play b) t.ex. en vals strike up; ~ *upp till dans* strike up for dancing c) ljudband play back
~ **ut** a) ett kort lead b) ~ *ut ngn mot ngn* play off a p. against a p.
~ **över** a) överdriva overdo it; om skådespelare overact b) ~ *över ett band* re-record (radera erase) a tape
spelare player; hasard~ gambler; vadhållare better
spelautomat [automatic] gaming (gambling) machine; vard., med spak one-armed bandit; av fortunatyp pintable
spelbord för kortspel card table; för hasardspel gambling (gaming) table
speldosa music[al] box
spelfilm feature film
spelhall amusement hall (arcade)
spelhåla gambling-den, gambling-house; isht amer. gambling-joint
spelkort playing-card
spelman [folk] musician; fiolspelare fiddler
spelmark counter
spelregel rule [of the game]
spelrum bildl. scope; *ge fritt* ~ *åt sin fantasi* give free scope to one's imagination; *lämna fritt* ~ *åt* sina känslor give free rein (give free play) to...
spelskuld gambling debt
spelsätt sport. way of playing äv. kortsp.; mus. el. mus. äv. execution; teat. [way of] acting
speltid för film screen (running) time; för musikkassett playing time

spelöppning schack. el. bildl. [opening] gambit; friare opening
spenat spinach
spendera spend
spene teat
spenslig slender; spröd delicate; smärt slim
sperma sperm
spermie sperm
1 spets udd point äv. bildl.; på reservoarpenna nib; ände t.ex. på cigarr tip; [smal]ända [narrow] end; topp apex (pl. äv. apices) äv. geom.; top; *stå i* ~*en för ngt* be at the head of a th., head a th.
2 spets trådarbete ~[*ar*] lace (end. sg.)
3 spets hund spitz; dvärg~ Pomeranian
spetsa 1 göra spetsig sharpen; ~ *öronen* prick (cock) up one's ears; ~ *till* t.ex. situation bring...to a head (a critical stage), render...critical **2** genomborra pierce **3** t.ex. mat, dryck lace
spetsfundighet subtlety; *komma med* ~*er* split hairs, chop logic
spetsig pointed; vass sharp; båda äv. bildl., avsmalnande tapering; om vinkel o.d. acute
spetskrage lace collar
spett 1 stek~ spit; grill~ skewer **2** järn~ [pointed] iron-bar lever
spetälsk leprous; *en* ~ subst. adj. a leper
spetälska leprosy
spex student~ students' farce (burlesque)
spexa skämta clown [about]
spexig funny, comical
spigg zool. stickleback
1 spik, ~ *nykter* (*rak, säker*) se *spiknykter* etc.
2 spik nail; stift tack; räls~ spike; *slå* (*träffa*) *huvudet på* ~*en* bildl. hit the nail on the head; om kritik o.d. äv. strike home
spika I *tr* o. *itr* nail; med nubb o.d. tack; bildl. fix, peg
II med beton. part.
~ **fast** fasten...with a nail (resp. nails pl.); nail
~ **igen** lock o.d. nail...down (dörr o.d. up)
~ **ihop** nail...together
~ **upp** nail...[up]; anslag äv. placard
spiknykter vard. ...as sober as a judge
spikrak dead straight
spiksko sport. spiked (track) shoe
spill 1 waste, loss; isht av vätska spillage; radioaktivt fallout **2** data. overflow
spilla I *tr* o. *itr* **1** eg. spill, drop; *spill inte!* take care you don't spill a drop!, don't spill it! **2** bildl. waste; ~ *ord* (*tid*) *på ngt* waste words (time) on a th., waste one's breath on a th.
II med beton. part.

~ ned *duken* make a mess on...; med kaffe etc. äv. spill coffee etc. all over...
~ på sig spill something (kaffe etc. some coffee) on one's clothes (over oneself)
~ ut vinet spill...[out], slop...
spillning droppings; gödsel dung
spillo, *gå till* ~ get (be) lost, be wasted, go (run) to waste
spillra skärva splinter; friare el. bildl. remnant; fragment fragment; *spillror* av t.ex. flygplan, hus wreckage
spilltid bortkastad tid time wasted (lost); extra tid time left over
spilta stall; lös ~ [loose] box
spindel zool. spider; *sitta som ~n i nätet* be the spider in the web
spindelnät cobweb; spider['s] web
spindelväv se *spindelnät*
spinett mus. spinet
spinkig [very] thin; *~a ben* spindly legs
spinn flyg. spin, spinning dive; *råka i ~* go down in (get into) a spin
spinna I *tr* o. *itr* eg. el. friare spin; *~ vidare på tråden* bildl. develop (elaborate, pursue) the idea **II** *itr* om katt, pers. purr; *~ av belåtenhet* purr with content
spinnfiske spinning; amer. äv. bait casting
spinnrock spinning wheel
spinnspö spinning (casting) rod
spion spy; hemlig agent secret (undercover) agent; vard. snooper
spionaffär spying (spy) affair
spionage espionage; spionerande spying
spionera spy; carry on espionage; vard. snoop [about]
spioneri spying; spionage espionage
spira I *s* **1** topp spire **2** trä~ spar äv. sjö.; rundhult pole **3** härskarstav sceptre **4** vard., kvinnoben gam **II** *itr,* ~ [*upp* (*fram*)] skjuta skott sprout, sprout up (forth) [*ur* out of]
spiral 1 spiral; *gå i ~* turn (wind) spirally (in a spiral) **2** preventivmedel intra-uterine contraceptive device (förk. IU[C]D), loop, coil
spiraltrappa spiral (winding, newel) staircase
spiritism, ~[*en*] spiritualism
spiritist spiritualist
spiritualitet elegans brilliance; fyndighet wit; kvickhet esprit
spirituell witty
spis allm. stove; köks~ vanl. [kitchen] range; elektrisk cooker; *öppen ~* fireplace
spisa vard. listen; *~ jazz* listen to jazz
spisplatta hot plate
spjut spear; kast~ javelin; kort dart; pik pike; *kasta ~* throw the javelin

spjutkastning sport. javelin throw, [throwing the] javelin som tävlingsgren
spjuver rogue
spjäla I *s* lath; på säng o.d. bar; i jalusi vanl. slat; i staket pale; långt spån sliver; med. splint **II** *tr* med. splint
spjälka 1 klyva el. kem. split; bryta ned break down, decompose **2** med. splint
spjäll i eldstad damper; i maskin throttle valve; förgasarventil vanl. throttle
spjälsäng för barn cot [with bars]; isht amer. crib
spjärn, *ta ~* [*med fötterna*] *mot ngt* put one's feet against a th.
spjärna, *~ emot* streta emot offer resistance, dig one's heels in, resist
split discord; *så ~* sow [the seeds of] dissension, make mischief
splitsa splice [up]
splitter splinter
splitterfri shatterproof, splinterproof; *~tt glas* äv. safety (laminated) glass
splitterny brand-new
splittra I *s* splinter **II** *tr* shatter, splinter; klyva split; bildl. divide [up]; meningarna [inom partiet] var *~de* ...divided **III** *rfl,* ~ *sig* splinter; bildl. dissipate (divide) one's energies
splittring brist på enhet lack of conformity; söndring disruption; tvedräkt division, schism
1 spola 1 *~ ren med vatten o.d.* flush, swill [down]; skölja rinse äv. om våg; skridskobana flood; med. syringe; *~ vatten* i badkaret let the water run... **2** vard., förkasta chuck up, scrap
2 spola vinda upp på spole wind äv. film; *~ av* wind off, unspool
spolarvätska windscreen (amer. windshield) washer fluid
spole 1 symaskins~ bobbin; amer. spool; för film, silke o.d. spool; rulle reel; hår~ curler, roller; i maskin bobbin **2** elektr. el. radio. coil
spoliera spoil; ödelägga ruin
spoling stripling; neds. whippersnapper
spolmask roundworm; med. ascarid
sponsor sponsor
sponsra sponsor
spontan spontaneous
spontanitet spontaneity
spor bot. spore
sporadisk sporadic; enstaka isolated; spridd scattered
sporra eg. el. bildl. spur; stark. goad; deg cut; *~ ngn att göra ngt* goad a p. into doing a th.
sporre spur; stark. goad; deg~ pastry (wheel)

cutter, jagging-wheel; på hund dewclaw; flyg. [tail] skid
sport sport; flera slags ~er sports; boll~ game[s pl.]
sporta go in for sports (games)
sportaffär sports shop (outfitter)
sportartiklar sports equipment sg. (articles, goods)
sportbil sports car
sportdykare skindiver
sportfiskare angler
sportfiske angling
sportflygplan private (sports) plane
sportfåne vard. sports freak
sporthall sports centre (hall)
sportig sporty
sportjournalist sports writer
sportkläder sports clothes; sportswear
sportlov [winter] sports holiday[s pl.]
sportnyheter sports news, sportscast
sportsida sports page
sportslig sporting; *en ~ chans* a sporting chance
sportstuga ung. [weekend] cottage; av timmer log cabin
1 spott saliv spittle
2 spott, *~ och spe* scorn and derision
spotta spit; isht med. expectorate; *~ ngn i ansiktet* spit in a p.'s face
spottstyver, *köpa ngt för en ~* ...for a song, ...for a paltry sum
spov zool.: stor~ curlew; små~ whimbrel
spraka knastra crackle; gnistra sparkle äv. bildl.; send out [crackling] sparks
sprallig lively
spratt trick; skämt hoax, prank, practical joke; *spela ngn ett ~* play a trick (practical joke) on a p., trick (hoax) a p.
sprattelgubbe jumping jack; bildl., person som är lättstyrd puppet; sprallig person jack-in-the-box
sprattla hoppa flounder; för att komma loss struggle; om småbarn kick about; om dansös o.d. do a lot of high-kicking
sprej spray
spreja spray
sprejflaska [aerosol] spray, atomizer
spreta om ben sprawl; *~ [ut]* stick (stand) out; *~ [ut] med fingrarna* spread (expand, splay, t.ex. lillfingret extend)...
spretig straggling, straggly; *~ handstil* sprawling hand
spricka I *s* crack; i hud chap; t.ex. i vänskap rift; t.ex. inom parti split **II** *itr* crack; om hud chap; brista break; sprängas sönder burst; rämna split; förlovningen *sprack* ...was broken off; förhandlingarna *har spruckit* vard. ...have broken down

sprida I *tr* spread; t.ex. doft diffuse; skingra disperse, scatter; *~ ett rykte* spread (circulate) a rumour; sätta i omlopp set a rumour afloat
II *rfl,* *~ sig* spread, diffuse, disperse, scatter, jfr *I*; utbreda sig, bildl. propagate oneself; elden *spred sig snabbt* ...spread rapidly
III med beton. part.
~ omkring scatter...about
~ ut eg. spread out; friare spread, circulate
spridd utbredd spread; enstaka isolated, sporadic; gles sparse; kring~ scattered; *~a anmärkningar* stray remarks; *~a skurar* scattered showers
spridning (jfr *sprida*) spreading [out] etc.; t.ex. av idéer, kunskaper, sjukdom el. statistik. spread; diffusion; distribution; dispersion; circulation; tidningar *med stor ~* ...with a wide circulation, widely-read...
spring springande running [about]; *det är ett ~ dagen i ända* there is a stream of people popping (running) in and out
1 springa [narrow] opening; t.ex. dörr~ chink; smal ~, t.ex. i brevlåda slit; för mynt o.d. slot
2 springa I *itr* **1** löpa run; rusa dash; *spring på (till)* posten med det här paketet! äv. pop round to...!; *~ sin väg (kos)* run away; fly äv. turn and run; 'sticka' make off; vard. cut and run, beat it **2** brista burst; gå av snap; *~ i luften* explode, be blown up
II med beton. part.
~ bort run away (off)
~ efter hämta run for
~ fatt ngn catch a p. up; vid förföljande äv. run down a p.
~ fram a) eg. run forward (up); t.ex. ur gömställe spring out b) friare: om flöde spring [forth]; om källa o.d. äv. spout (gush, well) out
~ förbi run past, pass
~ före a) framför run in front b) i förväg run on in front (in advance, ahead)
~ ifatt se *~ fatt*
~ ifrån ngn (ngt) run away from...
~ in: ~ in genom dörren run [in]...
~ ned run down (nedför trappan downstairs)
~ om ngn (ngt) overtake (outrun)...
~ på: ~ på ngn rusa fram till rush (anfalla fly) at a p.
~ upp a) löpa run up (uppför trappan upstairs); bildl. jump up, soar b) resa sig jump (spring) up c) öppna sig fly open, open all of a sudden
~ ut run out
~ över gata o.d. run across

springande, *den ~ punkten* the vital (crucial) point
springare 1 häst steed, courser **2** schack. knight
springbrunn fountain
springpojke errand (messenger, delivery) boy
sprinter sport. sprinter
sprinterlopp sport. sprint; isht amer. dash
sprit alkohol alcohol; industriell spirit[s pl.]; dryck spirits; stark~ [hard] liquor
sprita ärter o.d. shell, hull; fjäder strip
spritdryck alcoholic liquor (drink); ~*er* vanl. spirits
spritförbud prohibition of the sale of liquor
sprithaltig spirituous, alcoholic
spritkök spirit stove (heater)
spritlangare vard. bootlegger
spritpenna marker [pen]
spritpåverkad ...under the influence of drink (liquor, alcohol), intoxicated; vard. tipsy, ...under the influence
spriträttigheter, *ha ~* be [fully] licensed
spritsa t.ex. grädde, deg pipe
spritt, *~* [*språngande*] *galen* raving (stark staring) mad
spritta hoppa jump; darra, t.ex. av lust quiver; t.ex. av otålighet tremble; *~ av liv* bubble with life
spritärter shelling (kok. green) peas
sprudla bubble; spruta gush; *~ av liv* bubble over with high spirits (with life)
sprudlande I *adj* om t.ex. fantasi exuberant; om kvickhet sparkling **II** *adv, vara ~ glad* bubble over with high spirits
sprund på kläder slit, opening; på laggkärl bung[hole]
spruta I *s* injektion injection; för injektion el. hand~ syringe äv. med.; liten squirt; för besprutning sprayer; rafräschissör spray; brand~ fire engine; *få en ~* get an injection (vard. a shot) **II** *tr* o. *itr* spurt, spirt; med fin stråle squirt; *~ ut med stor kraft* spout; bespruta sprinkle; med slang hose; isht färg el. mot ohyra spray; stänka splash; *~ vatten på ngt* throw (spray) water on; spola
III med beton. part.
~ **fram** spurt [forth]; plötsligt äv. gush
~ **in** inject äv. med.; syringe
~ **ut** spurt [out]; eld eject, emit
sprutlackera spray
sprutmåla spray
språk language; isht litterärt uttryckssätt style; talspråk speech; idiom idiom
språka talk
språkbegåvad ...with a gift for languages; *han är ~* he has a gift for languages, he is a good linguist
språkbruk [linguistic] usage; *enligt vanligt ~* äv. in everyday language, in common (ordinary) parlance
språkfamilj family of languages
språkfel linguistic error; grövre blunder
språkforskare linguistic researcher; filolog philologist; lingvist linguist
språkforskning linguistic research; filologi philology; lingvistik linguistics
språkfärdighet language (linguistic) proficiency
språkförbistring confusion of languages (tongues)
språkhistoria [the] history of language; *engelsk ~* the history of the English language
språkkunnig, *en ~ flicka* a girl with a good knowledge of languages
språkkunskap, *allmän ~* general linguistics sg.; *~er* knowledge sg. of languages
språkkurs language course
språkkänsla feeling for language
språklig linguistic; filologisk philological
språklärare language teacher; i flera språk teacher of languages
språkområde speech area; *det engelska ~t* the English-speaking area
språkresa kurs utomlands language course abroad
språkriktighet linguistic (grammatical) correctness
språkrör mouthpiece
språksvårigheter difficulty sg. in speaking and understanding [a (resp. the) language]
språkundervisning language teaching
språkvetare vard., se *språkforskare*
språkvetenskap filologi philology; lingvistik linguistics
språkvård preservation of the purity of the language
språköra, *ha gott ~* have a good ear for languages; jfr *språkkänsla*
språng jump äv. bildl.; leap; springande run; *våga ~et* bildl. take the plunge
språngbräda springboard äv. bildl.
språngmarsch run; *i ~* at a run
spräcka crack äv. röst; plan spoil; tarm burst; trumhinna split; t.ex. kostnadsramar go far beyond
spräcklig prickig speckled, spotted; marmorerad mottled
spränga I *tr* burst; med sprängämne blast; *~ i luften* blow up; slå sönder, t.ex. dörr break (force)...open; skingra scatter; *polisen har*

sprängt ligan the police have busted the gang
II med beton. part.
~ **bort** tr.: med sprängämne blast away
~ **sönder** burst (med sprängämne blast) [i flera delar ...to pieces]
sprängkraft explosive force
sprängladdning explosive (bursting) charge
sprängstoff bildl. dynamite
sprängverkan explosive (blast) effect
sprängämne explosive
sprätt 1 snobb dandy, fop; amer. äv. dude 2 *han satte ~ på pengarna* he ran through (had a good time with) the money
1 sprätta 1 knäppa flick 2 stänka spatter 3 om höns scratch
2 sprätta vara sprättig *gå och ~ strut* [about], play the dandy
3 sprätta sömnad. ~ *bort* rip off (out)
spröd allm. brittle; om t.ex. sallad crisp; ömtålig fragile; om hud delicate; om röst frail; om klang tinny
spröjs i fönster [window] bar; vågrät transom; lodrät mullion
spröt 1 zool. antenn|a (pl. -ae), feeler 2 paraplyspröt rib
spurt spurt
spurta spurt, put on (make) a spurt
spy vomit; vard. throw up, spew; ~ [*ut*] eld (rök) belch forth (out)...
spydig malicious; ironisk sarcastic; svag. ironical
spydighet (jfr *spydig*) egenskap malice, irony; *en ~* a piece of malice osv.; *~er* malicious osv. remarks, sarcasms
spyfluga zool. bluebottle
spå 1 utöva spådom tell fortunes; ~ *ngn* [*i kort*] tell sb. his fortune [by the cards] 2 förutsäga predict
spådom förutsägelse prediction
spågubbe o. **spågumma** [old] fortune-teller
spåman fortune-teller; siare prophet; åld. soothsayer
spån flisa chip; takspån shingle; koll.: filspån filings; hyvelspån shavings
spåna vard., improvisera ad-lib
spång footbridge
spånplatta particle board
spånskiva material particle board; *en ~* a sheet of particle board (chipboard)
spår 1 märke a) mark; friare el. svag. trace äv. lämning; *bära ~ av* bear (show) traces (signs, bildl. äv. vestiges) of b) se *fotspår*; *följa ngn i ~en* be fast on the heels of ap.; bildl. follow in ap.'s footsteps c) i linje: skid~ el. efter t.ex. vagn track; *vara inne på fel ~* be on the wrong track, be barking up the wrong tree d) jakt.: fotavtryck print; i rad trail; lukt~ scent; friare track; *få upp ett ~* pick up a trail (resp. a scent) 2 ledtråd clue; *få upp ett ~* pick up a clue 3 järnv. o.d. track[s pl.]; rails, line 4 tillstymmelse trace, vestige
spåra I *tr* följa spåren av track, follow the trail of; jakt. äv. scent; friare el. i bet. 'märka' trace; ~ *upp* track down, friare el. bildl. hunt out **II** *itr* 1 skidsport. make a track 2 ~ *ur* om tåg o.d. leave the rails, leave the track; bildl. go off the rails, go astray, om t.ex. diskussion äv. get off the right track
spårhund tracker [dog]; sleuth-hound, bloodhound båda äv. bildl.
spårlöst, *han försvann ~* he vanished without a trace (vanished into thin air); *det gick honom ~ förbi* it made no impression on him at all
spårvagn tram, tramcar; amer. streetcar, trolley [car]
spårvidd gauge, width of track; motorfordons [wheel] track; *normal ~* standard gauge
spårväg tramway; amer. streetcar line
spä, ~ [*ut*] dilute; blanda mix; ~ *soppan* thin down...
späck 1 fettvävnad hos djur fat; hos val blubber 2 kok. bacon fat
späcka med späck lard; fylla stuff; bildl. [inter]lard, stud
späckad larded osv., jfr *späcka*; *en ~ plånbok* a bulging (fat, well-lined) wallet; *ett tal späckat med citat* ...studded with quotations
späd om t.ex. växt, ålder tender; om t.ex. gestalt slender; ovanligt liten tiny; bot. äv. young; ömtålig delicate
späda se *spä*
spädbarn infant
spädbarnsdödlighet infant mortality
spädgris sucking-pig
spädning spädande diluting osv., jfr *spä*; konkr. dilution
späka, ~ *sig* mortify the flesh
spänd [ut]sträckt stretched; om rep, muskel taut; bildl. tensed up; vard. uptight; ivrig [att få veta] anxious to know; *högt ~ förväntan* eager (tense, breathless) expectation; *spänt intresse* intense interest
1 spänn spänt tillstånd *vara (sitta) på ~* om pers. be in suspense (on tenterhooks); vard. be uptight
2 spänn vard., krona krona (pl. kronor)
spänna I *tr* sträcka [ut] o.d. stretch; dra åt, t.ex. rep tighten; muskler stretch; anstränga, nerver strain; ~ *sina krafter* [*till det yttersta*] strain every nerve [to the

utmost] äv. bildl.; ~ *ögonen i ngn* fasten (rivet) one's eyes on a p. **II** *itr* **1** kännas trång be [too] tight **2** ~ *över* omspänna: sträcka sig över cover, extend over, omfatta embrace **III** *rfl*, ~ *sig* **a)** eg. tense oneself **b)** anstränga sig strain (brace) oneself **c)** vard., spela tuff put on a show **IV** med beton. part.

~ **av**: ~ *av* [*sig*] unfasten; med rem unstrap; med spänne unbuckle, unclasp; ta av [sig] take off, undo
~ **fast** fasten (med rem strap, med spänne buckle)...on; ~ *fast* säkerhetsbältet fasten...
~ **för**: ~ *för* [*hästen*] harness (hitch) the horse
~ **på** [**sig**] skidor (skridskor) put on; sabel buckle (gird) on; säkerhetsbälte fasten
~ **upp a)** lossa undo; med rem unstrap; med spänne unclasp **b)** paraply put up
~ **ut** sträcka stretch; ~ *ut* bröstet expand...
~ **åt** tighten

spännande fylld av spänning exciting; stark. breathtaking; fängslande enthralling
spänne clasp; på skärp buckle; för håret slide
spänning allm. el. elektr. tension; uttryckt i volt voltage; tekn. strain, stress; bildl.: allm. excitement, iver eagerness, oro suspense
spännvidd byggn. el. flyg. span; omfattning extent
spänst kroppslig vigour; elasticitet, svikt springiness; t.ex. fjäders el. bildl. elasticity; vitalitet vitality
spänsta motionera take exercise to keep fit
spänstig om pers. fit; om gång springy; elastic, resilient; vital; jfr *spänst*; *hålla sig* ~ keep fit, keep in [good (physical)] form (trim)
spärr 1 tekn. catch, stop, lock **2** vid in- o. utgång barrier; järnv. äv. el. vid flygplats gate **3** hinder: allm. barrier; barrikad barricade; polisspärr på väg roadblock; hand., för export (import) embargo; psykol. barrier
spärra I *tr* block; hindra obstruct, block; telefon put...out of service; konto o.d. block;
~ *en check* stop [payment of] a cheque
II med beton. part.
~ **av** gata (väg) close; med t.ex. bockar block; med rep rope off; med poliskordon cordon off; isolera isolate
~ **in** allm. shut (låsa lock)...up
~ **upp**: ~ *upp ögonen* open one's eyes wide
~ **ut** fingrar (klor) spread out...
spärreld mil. barrage
spärrlista allm. ung. black list; t.ex. för konton list of blocked accounts
spärrvakt ticket collector
spätta zool. plaice (pl. lika)

spö kvist twig; metspö [fishing-]rod; ridspö horsewhip; smal käpp switch; *ge ngn* ~ give a p. a licking äv. besegra ngn
spöka *itr* **1** om en avliden haunt a (resp. the) place; *det ~r här* (*i huset*) this place (house) is haunted **2** bildl. *det är nog kabelfelet som ~r igen* ligger bakom it is probably...that is behind it (ställer till trassel is causing trouble) again; ~ *till* (*ut*) *sig* make a fright (guy) of oneself
spöke 1 vålnad ghost; vard. spook **2** bildl.: utspökad pers. scarecrow
spökhistoria ghost story
spöklik 1 eg. ghostlike; vard. spooky **2** kuslig, hemsk uncanny
spökrädd ...afraid of ghosts
spökstad ghost town
spöktimme ghostly (witching, midnight) hour
spöregn pouring rain
spöregna, *det ~r* it's pouring [down], it's coming down in buckets
spörsmål question; *juridiska* ~ legal matters
squash sport. el. bot. squash
stab allm. staff
stabbig 1 om pers. stocky äv. om ben; thick-set **2** om mat stodgy
stabil i jämvikt stable; stadig solid; om pers. steady
stabilisator sjö. el. flyg. stabilizer; flyg. äv. tailplane
stabilisera, ~ *sig* stabilize; läget *har ~t sig* äv. ...has settled down
stabilitet stability
stabschef mil. chief of staff
stack halmstack, höstack stack, rick; hög heap; myrstack ant-hill
stackare poor creature (stark. devil); krake weakling; ynkrygg weak-kneed creature
stackars poor; ~ *jag* (*mig*)! poor me!; ~ *jävel!* poor devil (stark. bugger)!
stackato mus. el. friare **I** *s* staccat|o (pl. -os el. -i) it. **II** *adv* staccato it.
stad town; i Engl. isht med katedral city; i administrativt avseende borough; *Stockholms* ~ the town (city) of Stockholm; *nere i stan* in the centre of town; amer. downtown
stadd, *vara* ~ *i utveckling* (*på tillbakagång*) be developing (diminishing)
stadfästa 1 dom confirm; lag establish; förordning sanction; fördrag ratify **2** relig., befästa establish
stadga I *s* **1** stadighet steadiness; stadgad karaktär firmness of character **2** förordning regulation[s pl.]; lag law; t.ex. Förenta

Nationernas charter **II** *tr* **1** göra stadig steady; bildl. consolidate **2** förordna direct, prescribe; påbjuda decree **III** *rfl*, ~ *sig* om pers. become settled, settle down, become steady

stadgad 1 om pers. steady; om karaktär firm; om rykte settled **2** föreskriven prescribed

stadig säker steady; fast firm äv. bildl.; stabil stable; kraftig: om t.ex. käpp, sko, tyg stout, om t.ex. mur strong, om mat o. måltid substantial, solid; varaktig permanent, durable; *ha ~t sällskap* go steady; *~t väder* settled weather

stadigvarande permanent; ständig constant
stadion stadium
stadium stage; med. äv. stadium; skede phase; grad degree; vid skola department
stadsbefolkning urban (town) population
stadsbibliotek town (city, municipal) library
stadsbo town-dweller; borgare citizen
stadsbud bärare porter; amer. äv. redcap
stadsdel quarter of a (resp. the) town, district
stadsfullmäktig hist. town (i större stad city) councillor; amer. councilman
stadshotell principal hotel in a (resp. the) town
stadshus town (i större stad el. amer. city) hall
stadsmur town (i större stad city) wall
stadsmänniska town (i större stad city) dweller
stadsområde town (om större stad city, urban, om storstad metropolitan) area
stadsplanering town planning; i större stad city planning
stadsteater municipal (i större stad city) theatre
stafett sport. **1** pinne baton **2** gren o.d. relay; jfr *stafettlöpning*
stafettlöpare relay runner
stafettlöpning relay race (stafettlöpande racing)
staffli konst. easel
stag lina o.d.: sjö. el. flyg. stay; flyg. äv. bracing-wire; till tält guy; till tennisnät o.d. cord; stång av trä el. metall strut
stagnation stagnation; stockning stoppage
stagnera stagnate
staka I *tr* **1** båt punt **2** t.ex. väg mark; ~ *ut* t.ex. tomt stake out (off); markera gränser för mark out, delimit **II** *itr* på skidor use one's [ski] sticks **III** *rfl*, ~ *sig* komma av sig stumble [*på* over]; hesitate
stake 1 stör stake; att staka båt med pole **2** ljusstake candlestick **3** vard., framåtanda go **4** vulg., penis prick, tool

staket vanl. av trä fence; av metall railing; spjälstaket trellis; av ståltråd wire fence
stall 1 byggnad stable; amer. ofta äv. barn; för cykel shed **2** uppsättning hästar stable, stud; grupp racerförare o.d. stable **3** på stråkinstrument bridge
stallbroder companion; neds. crony
stalltips, *ett* [*säkert*] ~ a tip straight from the horse's mouth, a straight (hot) tip
stam 1 bot. el. språkv. stem; trädstam trunk; fälld log **2** ätt family; folkstam tribe; djurstam strain; *en man av gamla ~men* ...of the old stock (friare school)
stambana järnv. trunk (main) line
stamfader progenitor
stamgäst regular [frequenter]
stamkund regular customer (client)
stamma i tal stammer, stutter; t.ex. av osäkerhet falter; ~ *fram* stammer (falter) out
stamning stammering, stuttering
1 stampa I *itr* o. *tr* **1** med fötterna stamp; ~ [*med foten*] *i golvet* stamp [one's foot] on the floor; ~ *i marken* om häst paw the ground; ~ *takten* beat time with one's foot (resp. feet) **2** sjö. pitch
II med beton. part.
~ *av* [*sig*] *smutsen* (*snön*) stamp...off one's feet
~ *sönder ngt* stamp a th. to pieces
2 stampa vard., pantsätta ~ [*på*] *ngt* pop a th., put a th. up the spout
stamtavla genealogical table; pedigree äv. djurs
stamträd genealogical (family) tree
stan (vard. för staden), se under *stad*
standar standard; friare banner
standard norm standard; *höja ~en* raise the standard (level), raise standards
standardformat standard size
standardhöjning om levnadsstandard rise in the standard of living
standardisera standardize
standardmått standard (stock) size
standardprov skol. standardized achievement test
standardsänkning om levnadsstandard lowering of the standard of living
standardutrustning standard equipment
stank stench, offensive smell; vard. stink
stanna I *itr* **1** bli kvar stay; ~ *hos ngn* stay with a p.; ~ *över natten* stay (vard. stop) the (over) night **2** bli stående stop; med el. om fordon (avsiktligt) pull up; ~ *tvärt* stop short, stop dead; ~ *i växten* stop growing; ~ *mitt i* talet break off in the middle of...; *det ~de vid hotelser* it got no further than threats **3** om vätska stop running; kok. set

II *tr* hejda stop; ~ *blödningen* stop (stem) the bleeding
III med beton. part.
~ **av** stop; om t.ex. arbete come to a standstill; om samtal o.d. die down, flag
~ **hemma** stay (remain) at home
~ **kvar** remain; om pers. äv. stay; där man är remain where one is
~ **ute**: ~ *ute i det fria* stay [out] in the open, stay out of doors
stanniol o. **stanniolpapper** tinfoil
stans tekn. punch
stansa, ~ [*ut*] punch
stapel 1 hög pile; av ved stack **2** sjö. stocks; *gå av ~n* a) sjö. leave the stocks b) bildl., äga rum come off, take place **3** i diagram column
stapeldiagram bar chart (graph)
stapelvara staple [commodity]
stapla, ~ [*upp*] pile […up]
stappla 1 gå ostadigt totter; vackla stagger; *gå med ~nde steg* walk with a tottering (staggering) gait **2** staka sig falter; *på ~nde franska* in halting (stumbling) French
stare zool. starling
stark strong; kraftig powerful; fast firm; slitstark, om t.ex. kläder solid; friare el. bildl.: stor great; intensiv, om t.ex. längtan intense, om t.ex. önskan violent; om ljud el. röst loud; ~ *hunger* great hunger; ~ brant *lutning* steep gradient; ~*a misstankar* äv. grave suspicions; *en* ~ *personlighet* äv. a forceful (dynamic) personality; ~ *storm* severe (hard) gale
starksprit [strong] spirits; amer. hard liquor
starkström elektr. power (heavy, high-tension) current
starkt strongly osv., jfr *stark*; ~ *kryddad* med stark smak hot; *min tid är* ~ *begränsad* …is strictly limited
starkvin dessert wine, wine with a high alcohol content
starköl strong beer
starr med. [*grå*] ~ cataract
start start; flyg. takeoff; startande starting; *flygande* (*stående*) ~ sport. flying (standing) start
starta I *itr* start; flyg. take off **II** *tr* start [up] äv. bil, motor o. friare; sätta i gång (äv. friare) set…going; ~ *eget* start out [in business] on one's own
 starta om data. restart, reboot
startavgift entrance stake
startbana flyg. runway; mindre landing-strip
startblock sport. starting-block
startförbud flyg., i dag *råder* ~ …all planes are grounded
startgrop, *ligga i ~arna* bildl. be ready to start [at any minute], be waiting for the signal to start
startkabel bil. jump lead; isht amer. jumper cable
startkapital initial capital
startklar …ready to start; flyg. …ready to take off (for take-off); vard. …all set to go
startlinje starting line
startmotor starter
startnyckel bil. ignition key
startpistol starter's gun (pistol)
startraket booster [rocket]
startsignal starting signal
startskott starting shot; ~*et gick* vanl. the pistol went off
stass finery; vard. glad rags
stat 1 polit. state; ~*en* the State; statsmakten the Government **2** budget budget; underhålls~ för tjänstemän establishment
statare förr agricultural labourer receiving allowance (payment) in kind
station allm. station; järnvägs~ el. buss~, amer. äv. depot; tele. exchange
stationera station
stationshus station building
stationär stationary
statisk static; ~ *elektricitet* static [electricity]
statist teat. walker-on (pl. walkers-on), supernumerary; vard. super; isht film. extra
statistik statistics pl.; ibl. figures; som läroämne statistics sg.
statistiker statistician
statistisk statistical
statistroll walk-on, walking-on part
stativ stand
statlig (jfr äv. sammansättn. med *stats-*) statens o.d. vanl. State…; statsägd State-owned; förstatligad nationalized; i statlig regi Government…
statsanslag Government (State, public) grant (appropriation)
statsanställd I *adj* …employed in Government (State, public) service, …in the Civil Service **II** *subst adj* Government (State, public) employee
statsbesök state visit
statsbidrag State (Government) subsidy (grant)
statsbudget budget; förslag, riksstat estimates
statschef head of State
statsfientlig hostile to the State; samhällsfientlig subversive
statsfinanser Government finances
statsförbund association of States; federation [con]federation; allians alliance; union union

statsförvaltning public (State) administration
statshemlighet State (official) secret
statsinkomster [national (State)] revenue
statskassa public treasury (exchequer)
statskunskap political science
statskupp coup d'état (pl. coups d'état) fr.
statskyrka established (State, national) church
statslös stateless
statsmakt, ~erna the Government sg., the Government authorities
statsman statesman; politiker politician
statsminister prime minister
statsobligation Government bond
statsreligion State (established) religion
statsråd minister cabinet minister
statssekreterare undersecretary of State
statsskick form of government
statsskuld national (public) debt
statstjänsteman civil (public) servant; amer. äv. office holder
statsunderstöd statsbidrag State (Government) subsidy (grant); statshjälp State aid
statsunderstödd State-aided, subsidized
statsvetare political scientist
statsvetenskap political science
statsägd State-owned
statsöverhuvud head of State
statuera, *för att ~ ett exempel* as a lesson (warning) to others
status status; *återgå till ~ quo* revert to the status quo
statuspryl status symbol
statussymbol status symbol
staty statue
statyett statuette, figurine
stav 1 käpp o.d. staff; vid stavhopp pole; skid~ ski stick (amer. äv. pole) **2** se *stavhopp* **3** anat., syncell rod
stava spell; *han ~r bra (dåligt)* he is a good (bad) speller; *hur ~s det?* how do you spell it?, how is it spelt?
stavelse syllable
stavfel spelling mistake
stavhopp pole vault; *hoppa ~* pole-vault
stavhoppare pole-vaulter
stavning spelling
stearin candle-grease; fackspr. stearin
stearinljus candle
steg step; kliv stride båda äv. bildl.; utvecklingsstadium el. raket~ stage; *~ för ~* step by step; *gå med tunga ~* walk with heavy steps; *ta första ~et* take the first step; bildl. äv. take the initiative; *ta ~et fullt ut* bildl. go the whole way (hog)

stega, ~ [*upp*] en sträcka pace (step) [out]...; amer. walk off...
stege ladder äv. bildl.; trapp~ stepladder
steglös tekn. variable
1 stegra öka: t.ex. priser increase, raise; t.ex. nyfikenhet heighten; förstärka intensify; förvärra aggravate; *de ~de levnadskostnaderna* the increase sg. in the cost of living
2 stegra, ~ sig rear; bildl. rebel, revolt
1 stegring ökning increase, rise
2 stegring hästs rearing
stegvis I *adv* steg för steg step by step **II** *adj* gradual, step-by-step...
stek joint; tillagad vanl. roast, joint of roast meat
steka I *tr* roast; i ugn äv. bake; i stekpanna fry; halstra grill; bräsera braise; *stekt* gås roast...; *den är för litet (mycket) stekt* it is underdone (overdone) **II** *itr* om solen be broiling (scorching) **III** *rfl, ~ sig i solen* be broiling (baking) in the sun
stekgryta [meat] roaster, stewpan
stekhet scorching (broiling) [hot]
stekos [unpleasant] smell of frying
stekpanna frying pan
steksky gravy
stekspade spatula
stekspett spit
stektermometer meat thermometer
stekugn roasting-oven
stel stiff äv. bildl.; styv rigid; kylig, om t.ex. sätt frigid; om språk, umgänge formal; om t.ex. leende, ansiktsuttryck fixed; *~ som en pinne* [as] stiff as a poker (a ramrod); *jag är ~ i fingrarna* I have stiff fingers, my fingers are stiff
stelbent 1 eg. stiff-legged, ...with stiff legs **2** bildl. formal; om språk stilted
stelfrusen om pers. numb; om sak frozen
stelhet stiffness; rigidity; frigidity; jfr *stel*
stelkramp tetanus; vard. lockjaw
stelna 1 om kroppsdel o.d. stiffen; av köld be numbed; av fasa be paralysed, become petrified (motionless); *~ till* eg. get stiff **2** om vätska congeal, solidify; kok. set
sten stone; amer. äv. rock; koll. stones, amer. äv. rocks; liten pebble; stor boulder, rock; *kasta ~ på...* throw stones (amer. ofta rocks) at...
stena stone
stenbock 1 zool. ibex **2** astrol. *Stenbocken* Capricorn
stenbrott quarry
stencil stencil; som delas ut handout
stencilera stencil
stendöd stone-dead
stendöv stone-deaf

stengods stoneware; kruka *av* ~ stone..., stoneware...
stengärdsgård stone fence
stenhuggare stonemason; enklare stone-cutter
stenhus stone (av tegel brick) house
stenhård ...[as] hard as a brick; isht bildl. stony; ...[as] hard as nails; ~ *konkurrens* very tough competition
stenhög heap (röse mound) of stones
stenig stony; om bergssluttning rocky
stenkast avstånd stone's throw (pl. stonethrows); *ett* ~ *från* within a stone's throw of, a stone's throw from
stenkol [pit] coal
stenkula leksak [stone] marble
stenläggning konkr. pavement
stenmur stone wall
stenograf shorthand writer; isht amer. stenographer (vard. steno)
stenografera I *tr* take down...(take...down) in shorthand **II** *itr* write shorthand
stenografi shorthand
stenparti trädg. rock garden, rockery
stenplatta slab of stone, flagstone; isht till stenläggning paving-stone
stenrik bildl. ...made of money, ...rolling in money
stenröse mound of stones; stenkummel cairn
stenskott, *ett* ~ a stone flying up from the road
stensätta stenlägga pave
stentavla bibl. stone tablet
stenyxa stone axe
stenåldern the Stone Age
stenåldersmänniska Stone-Age man; *stenåldersmänniskor* Stone-Age people
stenöken stony desert; om t.ex. storstad concrete jungle
stepp dans tap-dance; steppande tap-dancing
steppa tap-dance, do tap-dancing
sterbhus dödsbo estate [of a (resp. the) deceased person]; arvingar heirs pl. to the estate [osv.]
stereo 1 teknik stereo **2** se *stereoanläggning*
stereoanläggning, *en* ~ stereo equipment, a stereo
stereofonisk stereophonic
stereotyp I *adj* bildl. stereotyped **II** *s* typogr. el. sociol. o.d. stereotype
steril allm. sterile; ofruktbar barren
sterilisera sterilize
sterilisering sterilization
stetoskop med. stethoscope
steward sjö. el. flyg. steward
stewardess sjö. el. flyg. stewardess
stia svin~ [pig]sty
stick I *s* **1** av nål o.d. prick; av t.ex. bi sting; av mygga bite; av vapen stab **2** kortsp. trick **3** *lämna ngn i* ~*et* leave a p. in the lurch **II** *adv*, ~ *i stäv mot...* directly (completely) contrary (counter) to...
1 sticka I *s* flisa splinter; pinne stick; *få en* ~ *i* fingret get a splinter in...; *mager som en* ~ [as] thin as a rake
II *tr* **1** a) ge ett stick prick; stinga: om t.ex. bi sting, om mygga bite; bildl. sting; slakta (gris) stick b) köra stick; ~ *gaffeln i* en sillbit stick one's fork into...; ~ *hål i (på)* prick (make) a hole (på flera ställen holes) in; t.ex. ballong, böld puncture, prick; ~ *sig* prick oneself [*på* on] **2** stoppa: put; 'köra' thrust; låta glida slip; ~ *fötterna i* tofflorna slip (thrust) one's feet into...
III *itr* **1** ofta opers. *det sticker i benet [på mig]* I have twinges of pain in my leg **2** ~ *under stol med* se ex. under *stol* **3** vard., kila [sin väg] push off; ge sig (resa) iväg go off; smita run off, run away; *stick!* hop it!, scram!
IV med beton. part.
~ *av mot (från)* stand out against; om färger äv. clash with
~ *emellan*: ~ *emellan med* ett par ord put in...
~ *fram* itr. stick out
~ *ihjäl ngn* stab a p. to death
~ *in* a) tr. put (stick, 'köra' thrust)...in b) itr. (kila in) pop (nip) in
~ *ned* med vapen stab
~ *till* a) tr. ~ *till ngn* en tia slip...in[to] a p.'s hand b) itr. *det stack till i mig* bildl. I felt a pang
~ *upp* a) stoppa upp put (stick, 'köra' thrust, hastigt äv. bob) up b) skjuta upp: allm. stick up (out); om växt shoot [up] c) kila upp pop up d) vara uppnosig be cheeky
~ *ut* a) tr. ~ *ut ögonen på ngn* poke out a p.'s eyes b) itr. stick (stand, jut) out, protrude; kila ut pop out
2 sticka I *s* strump~ [knitting-]needle **II** *vb tr* o. *vb itr* som handarbete o.d. knit
stickande 1 smärtande shooting, svag. tingling; om lukt pungent; om ljus dazzling; om sol, hetta blazing; ~ *smak* äv. biting (sharp) taste **2** *komma* ~ *med ngt* come up with a th.
stickas om bi sting; om mygga bite; rivas be prickly
stickgarn knitting-yarn
stickig som sticks: eg. prickly; bildl., se *stickande 1*
stickkontakt elektr.: stickpropp plug; vägguttag point; propp o. uttag plug-and-socket connection

stickling trädg. cutting; *sätta ~ar* strike cuttings
stickmaskin knitting-machine
stickning sömnad., abstr. el. konkr. (arbete) knitting; *en ~* a piece of knitting
stickord 1 gliring taunt; *ge ngn ~* taunt a p. **2** uppslagsord headword
stickpropp elektr. plug
stickprov spot test (check); konkr. random sample
stickspår järnv. dead end [siding], anslutningsspår private siding; bildl. side issue; *komma in på ett ~* bildl. get on to a sidetrack
1 stift kyrkl. diocese, bishopric, episcopate
2 stift 1 att fästa med pin; spik utan huvud brad, tunnare sprig; häft~ drawing-pin, amer. thumbtack **2** att skriva med: blyerts~ lead; reserv~ lead refill; på reservoarpenna nib **3** tekn.: i tändare flint; tänd~ plug; grammofon~ (förr) needle **4** bot. style
stifta 1 grunda found; lagar make **2** åstadkomma *~ bekantskap med* become (get) acquainted with, get to know
stiftare grundare founder; skapare creator
stiftelse foundation; establishment; institution
stifttand pivot tooth
stig path; upptrampad track båda äv. bildl.
stiga I *itr* **1** gå step; trampa tread; *~ åt sidan* stand (step) aside **2** stiga uppåt: om t.ex. rök rise, ascend; om flygplan climb, gain height; om barometer rise; *~ i graderna* rise in rank; *~ ngn åt huvudet* go to a p.'s head; om vin äv. be heady **3** öka: allm. rise; om t.ex. efterfrågan grow; *~ i antal* increase in number
II med beton. part.
~ av gå av get off (out); från buss o.d. äv. alight; från cykel äv. dismount; *jag vill ~ av* bli avsläppt *vid...* could you put me down at...please?
~ fram step forward
~ in step (walk) in; *stig kom in!* vid knackning come in!; *~ in* [*i* bil o.d.] get in[to...]
~ ned (**ner**) step down
~ på a) se *~ in* b) gå på get on; *~ på bussen,* tåget board..., get on (into)..., enter...
~ undan step out of the way
~ upp rise; resa sig äv. get up; kliva upp get out; *~ upp på* en stege get up on..., mount...; *~ upp* [*ur sängen*] get out of bed
stigande *adj* rising; om ålder advancing; om t.ex. betydelse, missnöje, sympati growing; *~ efterfrågan* growing demand; *~ skala* ascending (progressive) scale; *~ tendens* rising (upward) tendency (trend)
stigbygel stirrup; anat. stirrup bone
stigmatisera stigmatize
stigning rise; i terräng el. flyg. ascent; backe rise; ökning increase
stil 1 hand~ [hand]writing **2** typogr. type, stilsats fount, font; tryck~ print, characters; *kursiv*[*erad*] *~* italics pl. **3** framställning el. friare: allm. style; *i stor ~ i* stor skala on a large scale; vräkigt in [grand] style; något *i den ~en* ...like that (in that line); något *i ~ med* Taube something like (in the same style as)...; *gå i ~ med* be in keeping with; passa ihop med match
stilart style; genre genre; språklig stilnivå level of usage
stilbrott breach of style
stilenlig ...in accordance with the particular style; tidstrogen ...in accordance with the style of the period
stilett stiletto (pl. -s); spring~ flick (switch-blade) knife
stilfull stylish; smakfull tasteful; elegant elegant
stilig stilfull stylish; elegant elegant; vacker handsome; om t.ex. karaktär fine
stilisera 1 konst. o.d. stylize, formalize **2** avfatta word, compose
stilist stylist
stilistisk stylistic, ...concerning style
stilkänsla artistic sense (smak taste)
still se *stilla I*
stilla I *adj* o. *adv* ej upprörd calm; stillsam quiet; rofylld tranquil; orörlig immovable; fridfull peaceful; svag gentle; tyst silent; *Stilla havet* the Pacific [Ocean]; *ligga* (*sitta*) *~* lie (sit) still; hålla sig *~* keep still (quiet); inte röra sig not move (stir); *stå ~* inte flytta sig stand still, not move (stir); om t.ex. fabrik, maskin stand (be) idle; *det står ~ i huvudet på mig* my mind is a blank, I just can't think [any more] **II** *tr* t.ex. hunger, nyfikenhet satisfy, appease; kuva subdue; lindra alleviate; lugna quiet; *~ blodflödet* staunch the bleeding; *~ törsten* slake (quench) one's thirst
stillasittande I *adj* om t.ex. arbete sedentary **II** *s* orörlighet sitting still
stillastående I *adj* om t.ex. fordon, luft stationary; om vatten el. bildl., liv stagnant; om maskin idle; orörlig immobile; utan utveckling unprogressive **II** *s* orörlighet standing still; bildl. stagnation
stillatigande *adv* silently; *~ åse* (förbigå) ngt ...in silence
stillbild film. still

stilleben konst. still life (pl. still lifes)
stillestånd 1 hand., stagnation stagnation, standstill **2** vapen~ armistice; vapenvila truce äv. bildl.
stillhet stillness; quiet[ness]; tranquillity; peace; silence, jfr *stilla I*; det skedde *i all* ~ ...quietly (in silence, utan ceremonier unceremoniously); vi roade oss *i all* ~ ...in a quiet way
stillsam quiet; rofylld tranquil
stilmöbel möblemang suite of period furniture; *stilmöbler* period furniture sg.
stilnivå språklig stylistic level
stilren stylistically pure (correct)
stilsort typogr. type
stiltje 1 vindstilla calm **2** bildl. period of calm; stillestånd stagnation
stim 1 fisk~ shoal **2** oväsen noise
stimma föra oväsen make a noise
stimmig noisy
stimulans stimulering stimulation; medel stimulant
stimulantia stimulants
stimulera stimulate; *bli ~d av* äv. (vard.) get a big kick out of
stimulerande stimulating
sting 1 stick: av t.ex. bi sting; av mygga bite; av nål o.d. prick; av vapen stab; bildl. pang; *jag kände ett ~ i hjärtat* bildl. I felt a pang **2** fart och kläm go; snärt sting
stinga prick osv., jfr *sticka II 1 a*)
stingslig snarstucken touchy
stinka stink; *~ av ngt* stink (reek) of a th.
stins stationmaster
stint, *se ~ på ngn* look hard at a p.
stipendiat isht studie~ holder of a scholarship
stipendium isht studie~ scholarship; bidrag grant; *söka ett ~* apply for a scholarship (resp. a grant)
stipulera stipulate
stirra I *itr* stare; elakt glower; *han ~de rakt framför sig* he stared straight in front of him; *~ se spänt på...* fix (rivet) one's eyes upon... **II** *rfl*, *~ sig blind på ngt* bildl. let oneself be hypnotized by a th.
stirrande *adj* staring; *~ blick* stare, fixed look; tom vacant look
stirrig 1 virrig confused **2** stirrande staring
stjäla steal äv. bildl.; snatta pilfer, tr. äv. (vard.) pinch; idéer o.d. crib; *~ ngt från ngn* äv. rob a p. of a th.
stjälk bot. stem; tjockare stalk
stjälpa I *tr* o. *itr* välta omkull overturn, upset; slå omkull knock...over; vända upp och ned på turn...upside down; omintetgöra upset **II** med beton. part.
~ av tip; isht sopor shoot
~ i sig gulp down
~ upp kok.: kaka turn out; gelé äv. unmould
~ ur (**ut**) innehåll pour (tip) out; spilla spill; tömma empty
stjärna 1 star äv. bildl.; asterisk asterisk; *en uppåtgående ~* a rising star **2** tele. *tryck ~* press the star button
stjärnbaneret the Star-Spangled Banner; the Stars and Stripes
stjärnbild astron. constellation
stjärnfall astron. shooting (falling) star
stjärnhimmel starry sky (firmament)
stjärnkikare [astronomical] telescope
stjärnklar starry; *det är ~t* it is a starry night, the stars are out
stjärntecken astrol. sign [of the Zodiac], star sign; *vilket ~ är du född i?* what star sign are you?
stjärntydare astrologer
stjärt tail äv. bildl.; på människa bottom; bak behind, backside äv. på djur
stjärtfena tail fin; flyg. äv. fin
stjärtparti flyg. tail unit
sto mare; ungt filly
stock *s* stam log; friare block; *sova som en ~* sleep like a log (top)
stocka, *~ sig* stagnate; om trafik get (be) held up
stockholmare Stockholmer, inhabitant of Stockholm; pl. äv. Stockholm people
stockholmska 1 kvinna Stockholm woman (flicka girl) **2** dialekt the Stockholm dialect
stockkonservativ ultra-conservative; vard. true-blue; *en ~* subst. adj. äv. a die-hard conservative
stockning avbrott stoppage; *~ i trafiken* traffic jam, [traffic] hold-up
stockros bot. hollyhock
stoff 1 abstr.: material material; innehåll [subject] matter; materia stuff; *samla ~ till en roman* collect material for a novel, jfr vid. *ämne* **2** konkr.: rå~ materials; färg~ matter; tyg material
stofil, *en [gammal] ~* an old fogey (fossil)
stoft 1 damm o.d. dust **2** avlidnes: lik [mortal] remains; aska ashes
stoiker filos. stoic
stoisk stoic
stoj oljud noise; larm uproar, hubbub
stoja make a noise; leka romp
stol chair; utan ryggstöd stool; sittplats seat; *han sticker inte under ~ med att...* he makes no secret of the fact that...
stolle fool, crazy fellow

stollift chair lift
stollig crazy
stolpe säng~ post; lednings~ pole; stöd prop; *stolpar* disposition, för uppsats o.d. main points, skeleton outline sg.
stolpiller med. suppository
stolsben chair leg
stolsrygg back of a (resp. the) chair
stolssits seat (bottom) of a (resp. the) chair
stolt proud [*över* of]
stolthet pride [*över* in]; han har *ingen* ~ äv. ...no self-respect; *känna* ~ *över* take [a] pride in
stoltsera boast, brag, pride oneself
stomme frame[work] äv. bildl.; utkast skeleton
stop 1 kärl stoup: kanna tankard **2** mått ung. quart
stopp I *s* tilltäppning stoppage; stagnation stagnation; *det är* ~ *i röret* (*i trafiken*) äv. the pipe (traffic) is blocked up; *säg* ~*!* vid påfyllning av glas o.d. say when! **II** *interj* stop!
1 stoppa I *tr* stanna stop; bromsa, hålla tillbaka check, arrest, hold up; sätta stopp för put a stop (an end) to **II** *itr* **1** stanna stop, come to a standstill **2** stå emot stand up; tåla en påfrestning stand the strain; hålla last **3** förslå *det* ~*r inte med* 1000 kr ...isn't enough, ...won't suffice
2 stoppa I *tr* **1** laga strumpor o.d. darn, mend **2** fylla fill; proppa cram; ~ *full* stuff; möbler upholster; ~ *fickorna fulla* fill (cram)...; ~ *korv* stuff (make) sausages **3** instoppa o.d.: allm. put; thrust
II med beton. part.
~ *i sig* äta put away...
~ *in* stoppa undan tuck (stuff) away
~ *ned* put (tuck) down
~ *om* **a)** möbler re-upholster; madrass re-stuff **b)** ett barn tuck...up [in bed]
~ *på sig ngt* put a th. into one's pocket (resp. pockets)
~ *till* fylla igen stop (med propp plug) [up]; täppa till, t.ex. rör choke
~ *undan* stow (vard. stash) away
~ *upp* djur o.d. stuff
stoppförbud trafik., som skylt no waiting; *det är* ~ äv. waiting is prohibited
stoppgarn av ull darning (mending) wool; av bomull darning cotton
stopplikt trafik. obligation to stop; *det är* ~ vanl. drivers must stop [and give way]
stoppljus trafikljus traffic lights; på bil brake light
stoppmärke trafikmärke stop sign
stoppning 1 lagning darning **2** fyllning stuffing; möbel~ upholstery båda äv. konkr.

stoppnål darning-needle
stoppsignal trafik. stop signal
stoppskylt trafik. stop sign
stopptecken trafik. stop (halt) signal
stoppur stopwatch
stor 1 large (särskilt i bet. rymlig, vidsträckt samt talrik, i stor skala); i ledigare stil vanl. big; vard., lång tall; isht om abstr. subst. el. i bet. framstående, betydande o.d. great; [*ett*] ~*t antal* a large (great) number; *en* ~ *beundrare av...* a great admirer of...; *en* ~ *del av tiden* a good (great) deal of the time; *det* ~*a flertalet* the great majority; ~*a förluster* heavy losses; *ett* ~*t hus* a big (large, large-sized) house; ~*t inflytande* great influence; *en* ~ *karl* a big (lång tall) man (fellow); *en* ~ *konstnär* a great artist; *ett* ~*t namn* a great (vard. big) name; *det är mig ett* ~*t nöje att* inf. I have much pleasure in ing-form; *i* ~ *stil* vräkigt in [grand] style; *uträtta* ~*a ting* achieve great things; ~ *vänkrets* many friends; *hur* ~ *är den?* how big (resp. large) is it?, what size is it?; *vara* ~ *i maten* be a big eater; *vara* ~ *i orden* talk big; beskriva läget *i* ~*t* ...in broad outline
2 vuxen grown-up; ~*a damen* vard. quite a [little] lady; *bli* ~ grow up
3 ~ *bokstav* versal capital letter, capital
storartad grand, magnificent, splendid
storasyster big sister
storblommig bot. ...with large flowers; om mönster ...with a large floral pattern
storbonde farmer with large holdings
Storbritannien Great Britain; isht polit. Britain
stordia overhead transparency
stordrift large-scale production
stordåd great (grand) achievement
storebror big brother
storfamilj extended family
storfinans, ~*en* high finance; neds. big business
storföretag large-scale (large, big) enterprise
storgråta cry loudly; *börja* ~ burst into a flood of tears
storhet 1 egenskap greatness, grandeur **2** matem. quantity, magnitude **3** person great man (personage); berömdhet celebrity
storhetstid period of greatness, days pl. of glory; glanstid palmy days
storhetsvansinne megalomania, delusions pl. of grandeur; *ha* ~ vard. have a big head
stork stork
storkna choke; *vara nära att* ~ *av skratt* äv. split one's sides with laughter

storkök institutional (large-scale) kitchen (catering department)
storlek size; isht vetensk. magnitude; *skor i ~ 5* size five shoes; *vilken ~ har ni?* what's your size?
storleksordning storlek size; belopp *av denna ~* ...of this size (order)
storm 1 hård vind gale; isht med oväder el. friare storm, ibl. tempest **2** mil. storm; *ta...med ~* take...by storm äv. bildl.
storma I *itr* **1** *det ~r* a gale is blowing, it is blowing a gale; stark. a storm is raging, it is storming **2** bildl. storm; rusa rush; *~ fram* rush (dash) forward **II** *tr* mil. el. friare storm; mil. äv. assault
stormakt great (big) power
stormaktspolitik power politics
stormande eg. el. bildl. stormy, tempestuous; *~ bifall* a storm of applause
stormarknad hypermarket; amer. discount house
stormby [heavy] squall
stormförtjust absolutely delighted, tickled (thrilled) to bits (death)
stormig eg. el. bildl. stormy
stormning assault; stormande storming
stormrik immensely (vard. stinking) rich
stormsteg bildl. *med ~* by leaps and bounds
stormstyrka gale force
stormtrivas se *stortrivas*
stormvarning, *det är ~* there is a gale warning
stormvind gale [of wind]; stormby squall
stormästare i ordenssällskap, schack o.d. grand master
storpolitisk, *~a frågor* top-level political issues, [political] issues of international importance; *~t möte* top-level meeting
storrengöring se *storstädning*
storrutig large-checked, ...with large checks; *den är ~* äv. it has large checks
storrökare heavy (big) smoker
storsegel sjö. main sail
storskalig large-scale...
storslagen grand
storslalom sport. giant slalom
storslägga, *ta till ~n* bildl. take (resort to) strong measures
storspov zool. curlew
storstad big city (town)
storstadsbo inhabitant of a big city (town), big-city dweller
storstadsdjungel vard. asphalt (concrete) jungle
storstilad grand; om t.ex. karaktär fine
Stor-Stockholm Greater Stockholm
storstrejk general strike
storstuga ung. large living room

storstädning thorough [house-]cleaning; ofta (vårstädning samt allm.) spring-cleaning
storsäljare best-seller
stort *adv* greatly; i nekande sats vanl. much; *~ anlagd* t.ex. kampanj ...on a large scale; *öka ~* greatly increase
stortrivas get on very (stark. wonderfully) well; ha trevligt have a wonderful time
stortvätt big wash
stortå big toe
storverk bedrift great achievement; konkr. arbete monumental work
storvilt big game
storvuxen big; om pers.
storätare big (heavy) eater, gourmand
storögd large-eyed; t.ex. av förvåning round-eyed
straff 1 påföljd allm. punishment; isht jur. penalty; böter fine; dom sentence; *ett strängt ~* a severe punishment; genom dom a severe (alltför strängt harsh) sentence; *belägga ngt med ~* penalize a th., impose a penalty [up]on a th., make a th. penal; *till ~* as a (by way of) punishment **2** kortsp. el. sport. penalty; jfr äv. *straffspark*
straffa punish
straffarbete [imprisonment with] hard labour; minst 5 år penal servitude
straffbar punishable, stark. penal, brottsligt criminal; *det är ~t att* + inf. it is an offence (a penal el. punishable offence) to + inf.
straffkast sport. penalty throw
straffflag criminal (penal) code (rätt law)
straffområde sport. penalty area; *~et* vard. the box
straffpredikan sermon
straffregister criminal (police) records pl. (register); *han finns i straffregistret* vanl. he has a criminal record
straffränta penal interest, interest on overdue payments
straffrätt lag criminal (penal) law
straffspark sport. penalty [kick]; *lägga en ~* take a penalty
straffånge convict
stram spänd tight äv. bildl.; friare: om stil o.d., sträng severe, knapp terse; om pers. distant, reserved, stel stiff; *[en] ~ hållning* inställning a reserved (severe) attitude
strama I *itr* om kläder o.d. be [too] tight (tight-fitting); *det ~r i huden* the (my etc.) skin feels tight **II** *tr,* *~ upp sig* inta givaktställning come to attention
stramalj canvas [for needlework]
strand shore; isht bad~ beach; flod~ bank; *på ~en* badstranden on the beach

stranda I *itr* om fartyg run ashore; bildl. fail, break down **II** *tr*, ~ *förhandlingarna* abandon (cause a breakdown in) the negotiations
strandhugg, *göra* ~ t.ex. om sjörövare descend [*i* on, upon], raid, foray; t.ex. om seglare go ashore
strandkant strand[brädd] beach; vattenbryn edge (margin, brink) of the water
strandning fartygs stranding, med förlisning wreck; bildl., misslyckande failure, t.ex. förhandlingars breakdown
strandremsa strip of shore (beach, riverbank)
strandsatt, *vara* ~ be stranded; på pengar be hard up
strandtomt se *sjötomt*
strapats, *~er* hardships
strapatsfylld o. **strapatsrik** adventurous
strass paste
strateg strategist
strategi strategy; mil. äv. strategics
strategisk strategic[al]
strax o. **straxt** *adv* **1** om tid: om en kort stund directly, in a minute (moment); snart presently; genast at once, straight (right) away; ~ *efter* middagen immediately (just) after... **2** om rum ~ *bredvid* (*intill*) close by
streber climber, careerist
streck 1 penn~, penseldrag o.d. stroke; linje el. skilje~ line; tvär~ cross; på skala mark; vid markering score; *dra* (*stryka*) *ett* ~ *över* draw a line through; *smal som ett* ~ om pers. as thin as a rake **2** rep cord; för tvätt [clothes] line **3** spratt trick; *ett fult* ~ *a* dirty trick **4** *hålla* ~ bildl. hold good, be true
strecka, ~ *en linje* draw a broken (dashed) line; ~ *för partier i en bok* mark (underline, score) passages in a book
streckkod bar-code
strejk strike; *vild* ~ unofficial (wildcat) strike; *utlysa* [*en*] ~ call a strike, se äv. *strejka*
strejka 1 gå i strejk go on strike, strike; vara i strejk be on strike **2** friare: bilen *~r* krånglar ...is out of order
strejkaktion strike (industrial) action
strejkande striking; ~ *hamnarbetare* dock strikers
strejkbrytare strikebreaker; neds. blackleg
strejkhot hot om strejk threat of a strike
strejkkassa strike fund
strejkrätt, *ha* ~ have the right to strike
strejkvakt, *~*[*er*] picket sg.
strejkvarsel strike notice; *utfärda* ~ give notice of a strike
stress stress, strain, [nervous] tension

stressa rush [and tear]; ~ *inte!* don't rush [and tear]!, take it easy!; ~ *av* relax
stressad ...suffering from stress, ...under stress; friare overstrained
stressande o. **stressig** stressful, ...causing stress
streta arbeta hårt, knoga work hard, toil; ihärdigt plod; hunden *~de* [*och drog*] *i kopplet* ...strained (tugged) at the leash; ~ *emot* resist, struggle
1 strid om ström o.d. swift; *stritt regn* torrential (lashing, pouring) rain
2 strid kamp fight äv. bildl.; fighting; isht hård o. långvarig struggle; isht mellan tävlande contest; slag, drabbning battle; stridshandling action; oenighet contention, discord; konflikt conflict; dispyt dispute; *~en om makten* the struggle for power; *politiska* (*religiösa*) *~er* political (religious) conflicts (strife sg., contention sg.); *ge upp ~en* give up the struggle (om tävlande the contest); *utkämpa en* ~ fight [out] a battle; *i ~ens hetta* in the heat of the debate (*gräl* quarrel)
strida 1 kämpa fight; litt., isht inbördes el. bildl. contend; friare el. tvista dispute; ~ *med* (*mot*) en fiende äv. fight... **2** *det strider mot* sunt förnuft it is contrary to (is against, conflicts with)...
stridande 1 fighting etc., jfr *strida I*; mil. äv. combatant; *de ~ parterna* the contending parties **2** ~ *mot* oförenlig med contrary to, incompatible with
stridbar 1 stridsduglig ...fit for active service; krigisk warlike; *i ~t skick* in fighting trim **2** om karaktär, temperament pugnacious; debattlysten argumentative; om pers. ...with plenty of fighting spirit
stridig motstridande conflicting; oförenlig incompatible; motsatt opposed; motsägande contradictory; *ett rov för ~a känslor* a prey to conflicting emotions
stridigheter conflicts; politiska, meningsskiljaktigheter differences
stridsanda fighting spirit
stridsberedskap readiness for action
stridsflygplan jaktflygplan fighter [aircraft]
stridsfråga controversial question (issue)
stridshumör, *på* ~ in a fighting mood
stridslust fighting (aggressive) spirit
stridslysten eg. ...eager to fight; krigisk warlike; isht friare o. bildl. aggressive; grälsjuk quarrelsome
stridsmedel, *konventionella* ~ conventional weapons
stridsrop war cry
stridsspets warhead
stridsvagn [caterpillar] tank

stridsyxa battle-axe; *gräva ned ~n* bury the hatchet (amer. äv. tomahawk)
stridsåtgärd offensive action; på arbetsmarknad strike (lockout lockout) action
stridsäpple apple of discord
stridsövning tactical exercise
strikt I *adj* sträng strict; *~ och korrekt* i klädsel, uppträdande sober and correct **II** *adv* noga strictly; *~ klädd* soberly dressed
stril på vattenkanna o.d. nozzle, sprinkler
strila sprinkle; *~nde regn* gentle (steady) rain; *regnet ~de ned* the rain came down steadily
strimla I *s* strip **II** *tr* kok. shred
strimma streak; på huden (märke efter slag) weal; *en ~ av hopp* a gleam (ray) of hope
strimmig streaked; om hud wealed
stringent om bevisning o.d. cogent; om pers. o framställningssätt ...logical and to the point
stripig lank
strippa I *s* vard., pers. stripper **II** *itr* vard., utföra striptease strip; klä av sig strip
striptease striptease
strof i dikt stanza; friare verse
stropp 1 strap; på sko o.d. loop **2** vard., pers. stuck-up (snooty) devil
stroppig vard. stuck-up, pompous
strosa, *gå och ~* [*på gatorna*] go mooching about (flanera be strolling about) [the streets]
struken, *struket mått* level measure
struktur structure; isht textil. texture
strukturell structural
strukturera structure
strul vard., krångel muddle; besvär trouble
strula vard. **I** *itr* muck things up **II** *tr*, *~ till ngt* make a mess (muck-up) of a th.
strulig vard., krånglig trying, bothersome
struma med. goitre, struma
strumpa stocking; socka, herr~ sock; *strumpor* koll. äv. hose pl., hosiery sg.
strumpbyxor tights, stretch tights, pantyhose sg.
strumpeband suspender; ringformigt (utan hållare) el. amer. garter
strumpebandshållare suspender (amer. garter) belt
strumpläst, *gå omkring i ~en* ...in one's stockinged (stocking) feet
strumpsticka knitting needle
strunt skräp rubbish; struntprat nonsense, rubbish; *prata ~* talk nonsense (rubbish)
strunta, *~ i* ej bry sig om not bother about; ej ta någon notis om äv. ignore; *jag ~r i att gå dit* I won't bother about going (bother to go) there; *jag ~r i* t.ex. läxorna! äv. hang

(stark. blow)...!; *det ~r jag blankt i!* I don't care a hang about that!; *strunt*[*a*] *i det!* never mind!, forget (skip) it!
struntförnäm stuck-up
struntprat nonsense, rubbish
struntsak bagatell trifle
struntsumma trifle
strupe allm. throat, jfr *luftstrupe* o. *matstrupe*
struphuvud anat. laryn|x (pl. vanl. -ges)
struptag, *ta ~ på ngn* seize a p. by the throat, throttle a p.
strut glass~ o.d. cone; mindre cornet; pappers~ cornet, screw (twist) [of paper]
struts ostrich
strutsägg ostrich egg
strutta strut; trippa trip
stryk beating, thrashing; vard. licking; *få ~* a) eg. get a beating etc.; be beaten (thrashed); vard. get licked b) sport., förlora be beaten, take a beating; vard. get a licking; *ge ngn ~* give a p. a beating etc.; beat (vard. lick) a p.
stryka I *tr* **1** fara över med handen stroke; gnida rub; *~ ngn över håret* vanl. pass one's hand over a p.'s... **2** med strykjärn o.d. iron **3** bestryka med färg o.d. coat, paint; breda på spread; *~ salva på såret* spread...on (apply...to, rikligt smear...on) the wound **4** utesluta, stryka ut (över) cancel, cut out äv. bildl.; *~ ett namn på en lista* strike a name off a list **5** avlägsna o.d. *~ svetten* ur pannan wipe the perspiration from...
II *itr* dra [fram], svepa o.d., planet *strök över hustaken* ...swept over the roofs; *~ kring* huset, knuten prowl round about...
III *rfl*, *~ sig mot* rub against; *~ sig om hakan* (*skägget*) stroke one's chin (one's beard)
IV med beton. part.
~ av torka av wipe
~ bort t.ex. en tår brush away; torka bort wipe off; ta bort remove
~ för ngt [*med rött*] mark a th. [in red]
~ med vard. a) gå åt be finished (polished) off; om pengar be used up b) dö die
~ ned förkorta cut down
~ omkring i skogarna, om rovdjur, rövare o.d. prowl...; *~ omkring på gatorna* t.ex. om ligor prowl (roam) the streets
~ på t.ex. salva spread, apply;
~ under underline; bildl. äv.: betona emphasize; påpeka point out
~ ut dra streck över cross out; sudda ut erase, rub out
~ över t.ex. ett ord cross (strike) out, delete
strykande, *ha ~ aptit* have a ravenous

appetite; böckerna, varorna *hade ~ åtgång* vard. ...went like hot cakes
strykbräda o. **strykbräde** ironing-board
strykfri om t.ex. skjorta crease-resistant
strykjärn iron, flat-iron
strykning 1 med handen o.d. stroke; gnidning rub **2** med strykjärn ironing **3** med färg (tjära etc.) coating; konkr. coat [of paint (tar etc.)]
stryktips results pool
strypa strangle; tekn. throttle
strypning strangulation; tekn. throttling
strå straw äv. koll.; hår~ hair; gräs~ blade of grass; *dra det kortaste ~et* get the worst of it; *den här är ett ~ vassare* ...just that bit better
stråk 1 [livligt trafikerad] gata, väg etc. thoroughfare; om landsväg el. friare highway; affärsgata shopping street **2** band, strimma (t.ex. dim~) band; malm~ vein
stråke mus. bow; *stråkar* i orkester strings
stråkinstrument stringed (bow) instrument; *~en* i orkester the strings, the string section
stråkkvartett string quartet
stråkorkester string band
stråla I *itr* beam, shine; om t.ex. ögon sparkle; *~ av* lycka etc. äv. radiate... **II** *tr* vard., strålbehandla apply radiation treatment to **III** med beton. part. *~ samman* a) eg. converge b) bildl. meet *~ ut* itr. radiate
strålande radiant; lysande brilliant båda äv. bildl.; *vara på ett ~ humör* be in a wonderful mood
strålbehandla med. apply radiation treatment to
stråle 1 ray; *en ~ av hopp* a gleam of hope **2** av vätska, gas o.d. jet; mkt fin squirt
strålglans radiance
strålkastare rörlig searchlight; fasadbelysning o.d. floodlight [projector]; teat. spotlight; på bil o.d. headlight
strålning radiation
strålningsrisk radiation hazard (risk)
strålskydd protection against radiation
strät väg, kosa way; stig, spår path
stråtrövare highwayman
sträck 1 *i* [*ett*] *~* t.ex. arbeta flera timmar at a stretch, without a break; t.ex. köra tio mil, läsa hela dagen without stopping; t.ex. läsa hela boken at one (a) sitting **2** om fåglar: flykt flight; sträckväg track
sträcka I *s* stretch; avstånd samt väg~ distance; del~, ban~ section; *tillryggalägga en ~* [*på* 5 km] cover a distance [of...]
II *tr* **1** räcka ut, tänja stretch **2** med. *~ en muskel* pull (stretch, strain) a muscle **3** *~ vapen* lay down one's arms, capitulate **III** *itr, ~ på benen* äv. i bet. röra på sig stretch one's legs; *~ på sig* tänja och sträcka stretch [oneself], give a stretch; röra på sig stretch one's legs; bildl., av stolthet be proud of oneself **IV** *rfl, ~ sig* **1** tänja och sträcka stretch [oneself]; *~ sig efter ngt* reach [out] for a th. **2** friare: ha viss utsträckning stretch; isht bildl. extend; löpa run; bergskedjan *sträcker sig från A till B* ...stretches (ranges) from A to B **V** med beton. part. *~ fram* t.ex. handen put (hold, reach) out *~ upp* t.ex. handen put (hold, tänja stretch up *~ ut* tr. räcka ut put (hold, reach, tänja stretch) out; dra ut stretch; bildl. extend; isht i tid äv. prolong; *~ ut sig* [*i* gräset etc.] stretch oneself out (lie down full length) [on...]
sträckbänk rack; *ligga på ~en* äv. bildl. be on the rack
sträckläsa read...at a stretch
sträckning sträckande stretching etc., jfr *sträcka*; med., behandling traction; ut~ extension; riktning direction; lopp o.d. running; *få en ~ muskel~* pull (stretch, strain) a muscle
1 sträng hård severe, mer vard. hard; stark., obevekligt ~ rigorous; bestämd, principfast strict; fordrande exacting; bister, allvarlig stern; *stå under ~* noggrann *bevakning* be under close surveillance; *hålla ~ diet* be on a strict diet; *vara ~ mot* be severe (mot barn strict) with, be hard on
2 sträng mus. el. båg~, racket~ string; *ha flera ~ar på sin lyra* have many strings to one's bow
stränga string; *~ om* t.ex. racket, gitarr restring
stränghet severity; rigour; strictness, rigidity; sternness; jfr *1 sträng*
stränginstrument string[ed] instrument
strängt severely, strictly etc., jfr *1 sträng*; *~ bevakad* closely guarded; *hålla ~ på* reglerna observe...rigorously, insist (lay stress) on...; *~ hållna* (*uppfostrade*) *barn* ...that have been brought up strictly
sträv rough; om smak el. om ljud harsh; naturv. scabrous
sträva strive; kämpa struggle; *~ efter att* +inf. endeavour (strive) to +inf.; *~ vidare* struggle along; vard. carry on
strävan åstundan striving; ambition; mål aim; bemödande endeavour, effort[s pl.]

strävhet roughness etc., jfr *sträv*
strävhårig om hund wire-haired
strävsam arbetsam industrious; mödosam laborious
strö sprinkle, scatter; *~ kvickheter omkring sig* crack jokes; *~ ut* strew, scatter; *~ ut...för vinden* scatter...to the winds
ströare castor
ströbröd brown dried [bread]crumbs
strödd [ut]spridd scattered
ströjobb odd (casual) job
strökund chance (stray) customer
ström 1 strömning current; vattendrag stream båda äv. bildl. **2** flöde stream; stark. flood; häftig torrent; *en ~ av bilar (ord)* a stream of cars (words); *i en jämn ~* in a constant stream **3** elektr. current; elkraft power; *bryta ~men* break (switch off) the current, break off the circuit
strömavbrott elektr. power failure (cut)
strömbrytare elektr. switch
strömförande elektr. live, alive
strömlinjeformad streamlined
strömlös elektr. dead; *det är ~t* strömavbrott there is a power failure (cut)
strömma I itr stream; flyta flow; stark. pour; *folk ~de till* byn äv. people flocked to...; *regnet ~de* the rain was pouring down, it was pouring [with rain]
II med beton. part.
~ in om vatten o.d. rush in, flow in; om t.ex. folk, brev stream (pour, roll) in
~ till om vatten o.d. [begin to] flow; om folk[skaror] come flocking, collect
~ ut stream (flow, pour, well) out; om gas escape, issue; om folk[skaror] stream (pour) out
~ över overflow
strömming Baltic (small) herring
strömning current; *litterära ~ar* literary currents
strömstyrka elektr. current [intensity]
strömställare elektr. switch
strösocker granulated sugar; finare castor (caster) sugar
strössel hundreds and thousands pl.
ströva, *~ [omkring]* roam, rove, ramble, stroll, walk about, wander; *~ omkring i staden* stroll (ramble, walk, wander) about...
strövområde area for country walks (rambles)
strövtåg ramble; excursion äv. bildl.; *ge sig ut på ~* i naturen go on a ramble (an excursion)...
stubb åker~ stubble

stubba, *~ [av]* hår, hästsvans, öron crop; hundsvans o.d. dock
1 stubbe stump
2 stubbe vard. *på ~n* on the spot
stubin fuse; *ha kort ~* vard., om pers. be short-tempered, be quick-tempered
stuckatur stucco [work]
stucken bildl., sårad offended, huffed
student 1 studerande student **2** *ta ~en* take one's A-levels, jfr *studentexamen*
studentbostad rum student's room; lägenhet student's lodgings
studentexamen higher [school] certificate [själva prövningen examination]; eng. motsv. ung. [examination for the] General Certificate of Education (förk. GCE) at Advanced (A) level; vard. A-levels
studenthem [students'] hostel; amer. äv. dormitory
studentkår students' union
studentliv, *~et* t.ex. i Stockholm student life...; t.ex. är krävande the life of a student..., a student's life...
studentmössa student's cap
studentsångare member of a students' choral society
studera study; granska, t.ex. ett förslag scan; *~ en karta* study a map; *~ in* en roll study...
studerande 1 skolpojke resp. skolflicka schoolboy resp. schoolgirl; isht amer. student **2** univ. [university] student
studeranderabatt student['s] discount
studie study äv. konst. el. teat. o.d.; litt. äv. essay
studiebesök visit [for the purposes of study]; studieresa study tour
studiebidrag study grant
studiecirkel study circle
studiedag för lärare teachers' seminar
studieförbund [adult] educational association
studiekamrat fellow student
studielån study loan
studiemedel ekonomiskt stöd study allowances (bidrag grants)
studierektor director of studies
studieresa study tour; *göra en ~ till England* go to England to study (for the purposes of study)
studierådgivning student counselling (guidance)
studieskuld study-loan debt
studiestöd study allowances; bidrag study grants
studieteknik [the] technique of studying, study technique
studietid time (period) of study
studievägledare study counsellor (adviser)

studievägledning study counselling (guidance)
studio studio (pl. -s)
studium study (äv. studier); *bedriva studier* study
studs bounce; bollen *har bra ~* ...bounces well
studsa I *tr* bounce **II** *itr* **1** om boll bounce; om gevärskula o.d. ricochet; *~ tillbaka* rebound, bounce back **2** om pers. *~ [till]* av förvåning start, be startled, be taken aback
studsmatta trampoline
stuga cottage; koja cabin
stugby 'holiday village'
stugknut cottage corner; *bakom ~en* bildl. round the corner
stugsittare homebird
stuka 1 skada sprain; *~ [sig i] handleden* sprain one's wrist **2** *~ [till]* platta till, t.ex. hatt batter, knock...out of shape
stukning skada spraining; *en ~* a sprain
stum 1 dumb; *~ av* förvåning etc. dumb (mute, speechless) with...; *~ av beundran* lost in admiration **2** om bokstav: ej uttalad mute
stumfilm silent [film]
stump 1 rest stump; t.ex. av penna stub, end **2** melodi~ tune
stumpa liten flicka tiny tot; *min lilla ~!* my pet!
stund kort tidrymd while; tidpunkt moment, hour; *stanna en ~* stay for a while; *en kort ~* a short while, a moment, a few minutes; *det dröjer bara en liten ~* it will only be a moment, it won't be long; *inte en lugn ~* not a moment's peace; *han trodde att hans sista ~ var kommen* he thought that his last hour had come; *i denna ~* at this [very] moment; *i skrivande ~* at the time of writing; *hej på en ~!* so long!
stunda approach, be at hand
stundande coming; *de ~ förhandlingarna* äv. the negotiations that are to start
stundom o. **stundtals** at times, now and then
stuntman film. stunt man
1 stup brant precipice, steep slope (descent)
2 stup, *~ i ett* all the time, non-stop
stupa 1 luta brant descend abruptly, fall steeply **2** falla fall; *nära att ~ av trötthet* ready to drop with fatigue **3** bildl. *han ~de på* uppgiften he did not manage... **4** dö i strid be killed [in action]; *de ~de* subst. adj. those killed in the war
stupfull vard. dead (blind) drunk
stupränna vard. (hängränna) [rain]gutter
stuprör drainpipe, amer. downspout

stursk näsvis cheeky; fräck insolent, brazen; mallig uppish, stuck-up
stuss seat; vard. bottom
stut oxe bullock
stuteri studfarm
stuv remnant [of cloth]; *~ar* äv. oddments
1 stuva packa, lasta stow; *~ in* stow in
2 stuva kok., grönsaker o.d. cook...in white sauce; *~de champinjoner* mushrooms cooked in cream
stuvare o. **stuveriarbetare** stevedore; isht amer. longshoreman
stuvning vit sås white sauce; t.ex. kött~ stew; *~ med räkor* prawns in white sauce (cream)
styck, tio kronor *[per] ~* ...each, ...apiece
stycka 1 kött o.d. cut up; *~ sönder* cut...into pieces **2** jord, mark parcel out; *~ av* mindre egendom från större carve out
stycke 1 del, avsnitt o.d. **a)** bit piece; *ett ~ land (mark)* a piece of land **b)** om väg, vi fick gå *ett ~ [av vägen]* ...part of the way **c)** om tid *ett gott ~ in på* 2000-talet well [on] into... **d)** text~ passage; del av sida där ny rad börjar, moment paragraph; sidan 10, *andra ~t* ...the second paragraph **2** exemplar, enhet *fem ~n apelsiner* five oranges; *några ~n* some, a few; tio kronor *~t* ...each, ...apiece **3** musik~ piece [of music]; teater~ play; *ett ~ av Bach* a piece (something) by Bach **4** *i många ~n* in many respects (ways, things)
styckevis 1 per styck by the piece; en efter en piece by piece **2** delvis partially
styckning av kött o.d. cutting-up; av mark parcelling [out]
stygg olydig, isht om barn naughty; elak nasty; ond bad; otäck, om t.ex. sår ugly
styggelse abomination
stygn sömnad. stitch
stylta stilt
stympa lemlästa mutilate, maim
stympning mutilation, maiming
1 styng sömnad. stitch
2 styng stick, se *sting 1*
3 styng insekt gadfly; häst~ horse botfly
styr, *hålla...i ~, hålla ~ på* keep...in check (in order), control; t.ex. sina känslor govern, restrain; t.ex. sin tunga curb
styra I *tr* **1** fordon steer; leda guide äv. bildl.; direct; *~ sina steg hemåt* direct one's steps towards home, make for home **2** regera govern; leda direct; stå i spetsen för be at the head of **3** behärska control, govern; *~ sin tunga* curb one's tongue **II** *itr* **1** sjö. o.d. steer; *~ mot land* stand in [towards land]; *~ rakt (ned) mot* bear down on **2** regera govern; friare be at the

head of affairs, be at the helm; *här är det jag som styr* I am the boss here **3** ordna *ha mycket att* ~ *[och ställa] med* have many things to attend to
III *rfl,* ~ *sig* control oneself, contain (restrain) oneself
IV med beton. part.
~ **om** ordna see to; ~ *om att...* see to it that...
~ **ut** tr. dress up, vard. rig out; garnera o.d. trim; ~ *ut sig* dress up; vard. rig oneself out

styrande governing; *de* ~ [*i samhället*] those in authority (power); vard. the powers that be

styrbord sjö. starboard

styre 1 cykel~ handlebars **2** styrelse rule; *sitta vid* ~*t* be in power, be at the helm

styrelse bolags~ board [of directors], directors; företagsledning management; bolags~ board [of directors], directors

styrelseledamot o. **styrelsemedlem** i bolag director; i förening o.d. member of the (resp. a) committee, officer

styrelseordförande i bolaget chairman of the board [of directors] (i föreningen o.d. of the committee)

styrelsesammanträde board (i förening committee) meeting

styresman för anstalt o.d. director

styrinrättning steering-gear

styrka I *s* **1** fysisk o. andlig strength; kraft power; spänst vigour; hållfasthet strength; intensitet, ljudets intensity; om dryck strength; *vindens* ~ the force of the wind; *andlig* ~ strength of mind; *pröva* (*mäta*) *sin* ~ *på* try one's strength on, measure one's strength against; hävda *med* ~ ...with force, ...vigorously **2** trupp force; arbets~ [working] staff, number of hands; antal strength **II** *tr* **1** göra starkare strengthen; ge kraft, mod fortify, invigorate; forskningsresultaten *styrker denna teori* ...strengthen (confirm) this theory **2** bevisa prove; med vittnen attest, verify; *styrkt avskrift* attested (certified) copy

styrkedemonstration show of force (strength); *militär* ~ display of military power

styrketräning fitness training

styrketår vard. pick-me-up

styrman sjö. **1** tjänstetitel mate; *förste* (*andre*) ~ first (second) mate **2** rorgängare helmsman

styrning styrande steering; *automatisk* ~ automatic control

styrsel stadga, fasthet firmness; 'ryggrad'

backbone; *utan* ~ vinglig wobbly; slapp, ryggradslös flabby, loose

styrspak flyg. control column

styrstång på cykel handlebars

styv 1 stiff; hård rigid; ~ *i lederna* stiff in the joints **2** ~ *i korken* vard. stuck-up, cocky, snooty **3** duktig ~ *i* matematik etc. good (clever) at...

styvbarn stepchild

styvbror stepbrother

styvdotter stepdaughter

styvfar stepfather

styvföräldrar step-parents

styvmoderligt, *vara* ~ *behandlad* be unfairly treated, be put at a disadvantage, be a Cinderella

styvmor stepmother

styvmorsviol bot. wild pansy

styvna stiffen, become stiff

styvnackad stiff-necked, obstinate

styvson stepson

styvsyster stepsister

styvt 1 stiffly; *hålla* ~ *på ngt* (*att* inf.) insist on a th. (on ing-form), make a point of a th. (of ing-form) **2** duktigt *det var* ~ *gjort!* well done!

stå I *itr* **1** stand; äga bestånd last, remain; vara placerad be placed (arranged); förvaras be kept; *han stod* hela tiden he stood (was standing) [up]...; ~ *orörlig* stand (förbli remain) motionless; *hur* ~*r det* (*spelet*)? what's the score?; teet ~*r och kallnar* ...is getting cold; ~ *efter ngt* aspire to a th.; ~ *för* ansvara för be responsible for, answer for; leda, ha hand om be at the head (in charge) of; ~ *för följderna* take (be responsible for) the consequences; *den åsikten får* ~ *för honom* that is [just] his opinion, he is only speaking for himself; ~ *i* acusativ be in the...; *vad* ~*r dollarn i?* what's the dollar worth?; *ha mycket att* ~ *i* have many things to attend to, have plenty to do; ~ *vid sitt ord* be as good as one's word **2** ha stannat have stopped; hålla stop; inte vara i gång: om maskiner o.d. be (stand) idle, om t.ex. fabrik be at (have come to) a standstill **3** äga rum take place; om slag be fought; *när ska bröllopet* ~? when is the wedding to be? **4** finnas skriven be [written]; *vad* ~*r det på skylten?* what does it say on the sign?; *läsa vad som* ~*r om...* read what is written (i tidning what they say) about...

II *tr,* ~ *sitt kast* take the consequences, face the music

III *rfl,* ~ *sig* hävda sig hold one's own; hålla sig, om mat o.d. keep; fortfarande gälla, om teori o.d. hold good (true), stand; bestå last,

om väder äv. hold; ~ klara *sig bra* do (get on) well, manage all right; *jag ~r mig på den frukosten* ...will keep me going
IV med beton. part.
~ **bakom** ngt, bildl. be behind, stötta support, ekonomiskt sponsor
~ **efter** bildl. ~ *efter* vara underlägsen ngn be inferior to a p.
~ **emot** tr. resist; tåla stand; om saker äv. stand up to; inte skadas av be proof against
~ **fast** om pers. be firm, stand pat; om t.ex. anbud be firm, stand (hold) good
~ **framme** till användning o.d. be out (ready); till påseende be displayed; skräpa be left about; *maten ~r framme* the meal is on the table
~ **i** arbeta work hard; *arbeta och ~ i hela dagen* be busy working...
~ **inne a)** om tåg o.d. be in **b)** om pengar ~ *inne [på banken]* be deposited in the bank
~ **kvar** om pers.: förbli stående remain (keep) standing; stanna remain
~ **på a)** *vad ~r på?* hur är det fatt what's the matter?; vard. what's up? **b)** dröja *det stod inte länge på innan...* it was not long before... **c)** ~ *på sig* stick to one's guns; inte ge vika äv. be firm; ~ *på dig!* don't give in!
~ **till:** *hur ~r det till [med dig]?* hur mår du how are you?; hur är det fatt what's the matter [with you]?
~ **tillbaka:** *få ~ tillbaka för* ställas i skuggan be pushed into the background by...; offras have to be sacrificed for ...
~ **upp** stiga upp rise
~ **ut** härda ut *jag ~r inte ut längre* I can't stand (bear, put up with) it any longer
~ **över a)** ~ *över ngn* vara överordnad be a p.'s superior; ~ *över* ngt: vara höjd över be above... **b)** uppskjutas lie (stand) over; *jag ~r över till...* I'll wait till...
stående standing; lodrätt vertical; stillastående stationary; om t.ex. samtalsämne constant; ~ *fras* set phrase; ~ *skämt* standing (uttjatat stock) joke; *bli ~* **a)** inte sätta sig remain standing **b)** stanna stop
ståhej hullabaloo
stål steel; *rostfritt ~* stainless steel; *nerver av ~* nerves of steel (iron)
stålindustri steel industry
Stålmannen Superman
stålpenna steel nib
stålsätta bildl. harden; ~ *sig mot...* steel (harden) oneself against...
ståltråd [steel] wire
stålull steel wool
stålverk steelworks (pl. lika)

stånd 1 civil~ [civil] status **2** samhällsklass [social] class **3** hist., riks~ estate; *de fyra ~en* the four estates **4** salu~ stall; isht marknads~ booth; isht på t.ex. mässa stand **5** växt plant **6** fysiol. erection **7** nivå height **8** ställning o.d. *hålla ~* hold one's ground (own), hold out [*mot fienden* against...] **9** skick o.d. condition; *vara i ~* [*till*] *att* + inf. be able to + inf.; be capable of ing-form; *få till ~* bring about; t.ex. uppgörelse effect; upprätta establish; *komma till ~* come (be brought) about; äga rum come off, take place
ståndaktig karaktärsfast firm; orubblig steadfast; uthållig persevering
ståndaktighet firmness; steadfastness; perseverance; jfr *ståndaktig*
ståndare bot. stamen
ståndpunkt bildl. standpoint; stadium state, stage; nivå level
ståndsmässig ...consistent (in accordance) with one's station; förnäm high-class
stång pole; horisontal samt i galler o.d. bar; räcke rail; tvär~, t.ex. på herrcykel crossbar; *hålla ngn ~en* bildl. hold one's own against a p.
stånga buffa butt; såra med hornen gore; ~ *ihjäl* ngn gore...to death
stångas butt; med varandra butt each other
stångjärn bar iron
stånka flåsa puff and blow, breathe heavily; stöna groan
ståplats biljett standing ticket; ~[*er*] ståplatsutrymme standing room sg.
ståplatsbiljett standing ticket
ståplatsläktare stand with standing accommodation only, the terraces
ståt pomp; prakt splendour; prål show; stass finery; *han visade sig i all sin ~* ...in all his splendour
ståta, ~ *i* fina kläder make a display of oneself in...
ståtlig storslagen grand; imponerande; om t.ex. pers. imposing, om t.ex. byggnad stately, impressive
städ anvil; anat. äv. incu|s (pl. -des) lat.
städa I *tr* rengöra clean; vard. do; snygga upp i tidy [up] **II** *itr* ha rengöring clean up; snygga upp tidy up; plocka i ordning put things straight (in order)
III med beton. part.
~ **bort** ngt remove...when tidying up
~ **undan** ngt clear (put) away...
~ **upp** [*i*] *ett rum* tidy (straighten) up...
städad bildl.: anständig decent; om t.ex. uppträdande proper; vårdad tidy
städare cleaner

städerska cleaner; på hotell [chamber]maid; på båt stewardess
städfirma cleaning firm
städhjälp städerska charwoman; vard. char
städning tidying up; cleaning äv. yrkesmässigt
städrock overall
städskrubb o. **städskåp** broom cupboard (amer. closet)
ställ **1** ställning stand; för disk, flaskor rack **2** omgång set; av segel suit
ställa I *tr* **1** placera put; mots. lägga put...up, place...upright; ordna t.ex. i storleksordning place, arrange; låta stå keep; lämna leave; ~ ngt *kallt* put...in a cool place; ~ en dörr *öppen* leave...open; ~ *ngn inför* en svårighet confront a p. with...; *man ställs ofta inför den frågan* one is often faced with that question; ~ ngt *under debatt* bring...up for discussion **2** ställa in set; ~ *sin klocka* set one's watch [*efter tidssignalen* by...], put one's watch right **3** rikta direct; t.ex. brev address; ~ *en fråga till* ngn ask...a question, put a question to... **4** ~ *allt till det bästa* act for the best **5** uppställa, t.ex. krav, villkor make; lämna: t.ex. garanti give, furnish; *frågan är felaktigt ställd* ...is wrongly put
II *rfl*, ~ *sig* **1** placera sig place oneself; *ställ dig här!* stand here!; ~ *sig i kö* (*rad*) queue (line) up; ~ *sig i vägen för ngn* put oneself in a p.'s way; ~ *sig upp* stand up, rise **2** jag vet inte *hur jag skall* ~ *mig* tycka ...what attitude (view) to take
III med beton. part.
~ **fram** se *sätta* [*fram*]
~ **ifrån sig** put (set)...down; undan, bort put away (aside); lämna, glömma leave [...behind]
~ **in a)** eg. put...in (inomhus inside); ~ *in ngt i* ett skåp put a th. in[to]... **b)** reglera adjust; ~ *in radion på program 1* tune in to the first programme **c)** ~ *in sig på ngt* bereda sig på prepare [oneself] for a th.; räkna med count on (expect) a th. **d)** ~ *sig in hos* ngn ingratiate oneself (curry favour) with...; vard. suck up to...
~ **om a)** placera om rearrange; omorganisera reorganize; produktion convert **b)** ombesörja: skaffa get, find; ordna med arrange, manage; ~ *om att...* arrange (manage) it so that...
~ **samman** samla, utarbeta: t.ex. antologi, register compile
~ **till a)** ~ *till* [*med*] anordna arrange, organize, get up; sätta i gång med start; t.ex. bråk make, vard. kick up; vålla cause; *vad har du nu ställt till* [*med*]? what have you been up to (gjort done) now? **b)** ~ *till* stöka till, smutsa ned make a mess [*i* (*på*) in (on)]
~ **tillbaka a)** på sin plats put...back **b)** klocka put (set)...back
~ **undan** ställa bort el. reservera put aside; plocka undan put away
~ **upp a)** placera put...up; t.ex. schackpjäser set up; ordna place **b)** uppbåda set up; ~ *upp med ett starkt lag* t.ex. i fotboll field (put up) a team **c)** göra upp draw up; t.ex. lista make [out]; ekvation form **d)** framställa put forward, advance; t.ex. villkor make; fastställa lay down **e)** deltaga take part; kandidera offer oneself as a candidate; ~ *upp i ett lopp* anmäla sig som deltagande enter for a race; deltaga compete in a race; *han ställer upp till omval* he is seeking re-election; polit. äv. he is standing (amer. running) again **f)** hjälpa till *han ställer alltid upp för sina vänner* he always stands by his friends
~ **ut a)** utfärda: allm. make out; växel o.d. äv. draw; pass o.d. äv. issue **b)** visa exhibit; varor i t.ex. skyltfönster äv. display; *konstnären ställer ut i Paris* just nu the artist is holding an exhibition (is exhibiting) in Paris...
ställbar adjustable
ställd svarslös nonplussed; bragt ur fattningen put out, embarrassed
ställe **1** allm. place; plats spot; passus i skrift o.d. passage; *på* ~*t* genast on the spot; just nu äv. here and now; just då äv. there and then; *här på* ~*t* platsen here, at this place **2** *i* ~*t* instead; i gengäld in return, in exchange; *något att sätta i* ~*t* ...to put in its place (to replace it by el. with); *komma i ngns* ~ come instead of a p., come in a p.'s place (stead); ersätta ngn take a p.'s place, replace a p.
ställföreträdare deputy; ersättare substitute; representant representative; ombud proxy
ställning **1** allm. position; pose pose; situation el. polit. el. jur. state; plats place; samhälls~ el. poäng~ score; *firmans ekonomiska* ~ the financial position (status) of the firm; *hålla* ~*arna* isht mil. stand one's ground, hold one's position (one's own); bildl. äv. hold the fort; *en man i god* (*hög*) ~ a man of good social (high) position; *i sittande* ~ in a sitting position (posture) **2** ställ stand; t.ex. att hänga tvätt på rack; stomme frame
ställningskrig positional war (krigföring warfare); skyttegravskrig trench warfare
ställningstagande ståndpunkt standpoint; inställning position, attitude

stämband anat. vocal cord
stämd inställd *välvilligt* (*vänligt*) ~ *mot*... favourably disposed (inclined) towards...
stämgaffel mus. tuning-fork
stämjärn [wood] chisel, mortise chisel
1 stämma A *s* röst voice; mus. part, i orgel stop, *första* (*andra*) ~ first (second) part **B I** *tr* mus. tune; ~...*en halv ton högre* (*lägre*) pitch...a semitone higher (lower) **II** *itr* gå ihop, överensstämma correspond; *räkningen stämmer* the account is correct; *det stämmer inte* there's something wrong somewhere **III** med beton. part.
~ **av**: ~ *av ngt mot en lista* tick...off on a list, check...against a list; ~ *av med ngn* check with a p.
~ **in** a) falla in *alla stämde in i sången* everyone joined (chimed) in the song b) passa in apply
~ **ned** a) ~ *ned tonen* bildl. come down a peg [or two], climb down b) göra förstämd depress
~ **upp** en sång break into; ett skri set up; orkestern *stämde upp* [*en melodi*] ...struck up [a tune]
~ **överens** agree; *inte* ~ *överens* disagree, fail to tally, fail to correspond [*med* with]
2 stämma hejda stem, check äv. bildl.; ~ *blod* äv. staunch blood
3 stämma I *s* sammanträde meeting **II** *tr* jur. summons; ~ *ngn för* ärekränkning sue a p. for...
1 stämning 1 mus. tune; *hålla ~en* keep in tune **2** sinnes~ mood, temper; atmosfär atmosphere; *en* ~ *av vemod* a note of melancholy; *det rådde en hög* ~ everybody was in high spirits; *vara i* ~ (*den rätta ~en*) *för*... be in the right mood for...; *i glad* (*festlig*) ~ in high spirits, in a holiday mood
2 stämning jur. [writ of] summons; *delgiva ngn* ~ serve a writ (process) [up]on a p.
stämningsfull ...full of (instinct with) feeling, poetic, lyrical; gripande impressive; högtidlig solemn
stämpel 1 verktyg stamp; gummi~ rubber stamp; för mynt die **2** avtryck stamp; på guld hallmark båda äv. bildl.; post~ postmark; *han har fått en* ~ *på sig som*... he has been branded (labelled) as...
stämpelavgift stamp duty
stämpeldyna [self-inking] stamp pad
stämpelkort clocking-in card
stämpelur time clock
stämpla I *tr* med stämpel stamp; mark; med brännjärn brand äv. bildl.; frimärke cancel; guld, silver hallmark; bildl. stamp; *brevet är ~t den 3 maj* the letter is postmarked...; *ett ~t använt frimärke* a used (cancelled) stamp; ~ *in* (*ut*) på stämpelur clock in (out), check in (out) **II** *itr*, [*gå och*] ~ vara arbetslös be on the dole
ständig oavbruten constant; stadigvarande permanent; aldrig sinande incessant; oupphörlig continual; evig perpetual; ~ *ledamot* life-member; ~ *sekreterare* permanent secretary
ständigt constantly osv., jfr *ständig*; always; jämt och ~ constantly
stänga I *tr* o. *itr* tillsluta shut; slå igen close; med lås lock; med regel bolt; ~ *butiken* för dagen el. för alltid äv. shut up shop; ~ [*dörren*] *efter sig* shut (close) the door after (behind) one; posten *är stängd* ...is closed; [*det är*] *stängt mellan 12 och 1* closed between 12 and 1
II med beton. part.
~ *av* shut off äv. bildl.; med stängsel fence off; inhägna fence in, enclose; gata, väg close; spärra av bar; med rep rope off; vatten, gas shut (vrida av turn) off; elström, radio switch off; huvudledning samt telef. cut off; tillförsel stop; från tjänst o.d. suspend; från tävling bar
~ **igen** shut (lock) up
~ **in** låsa in shut (lock)...up; inhägna hedge...in; ~ *in sig* shut (lock) oneself up
~ **till** close; t.ex. kassaskåp lock [up]
~ **ute** eg. shut (lock)...out; utesluta exclude
stängel bot., stjälk stalk; lång, bladlös scape
stängningsdags closing-time; *det är* ~ dags att stänga äv. it is time to close; till kund o.d. äv. we are closing now
stängsel fence; räcke rail[ing], enclosure; friare el. bildl. bar
stänk splash; droppe [tiny] drop; isht av gatsmuts splash; från vattenfall o.d. spray; *ett* ~ *regn*~ a drop (sprinkle) of rain
stänka I *tr* bestänka splash; svag. sprinkle äv. stryktvätt; ~ *smuts på ngn* spatter a p. with mud; ~ *ned* [be]spatter; bilen *stänkte ned honom* äv. ...splashed him all over **II** *itr* skvätta splash; *det stänker* småregnar it is spitting
stänkskydd på bil mudflap; amer. äv. splash guard
stänkskärm på bil (flygel) wing; mudguard äv. på cykel; amer. fender
stäpp steppe
stärka 1 göra starkare strengthen; t.ex. kroppen fortify; bekräfta confirm; ~ *ngn i hans beslut* confirm a p.'s resolution **2** med stärkelse starch
stärkande strengthening osv., jfr *stärka 1*; ~ *medel* tonic, restorative

stärkelse starch; kem. farina
stäv sjö.: för~ stem; akter~ sternpost
stäva sjö. el. friare head
stävja hejda check; undertrycka suppress; tygla restrain
stöd support; stötta prop, isht stag stay båda äv. bildl.; fot~ rest; underlag bearer; *moraliskt* ~ moral support; *ge ngn sitt* ~ äv. back a p. up; *vara ett* ~ *för sina föräldrar* be the support (prop) of...
stöda se *stödja*
stöddig vard., självsäker self-important; *vara* ~ *[av sig]* äv. throw one's weight about
stödförband med spjäla emergency splint; med mitella sling
stödja I *tr* support; luta rest, lean; bistå back [up], endorse; med statsunderstöd o.d. subsidize; konst el. vetenskap promote; grunda base; ~ *armbågarna mot bordet* rest one's elbows on the table **II** *itr, han kunde inte* ~ *på foten* he could not support himself on his foot **III** *rfl,* ~ *sig* support oneself; luta sig, vila sig lean, rest [*mot* against; *på* on]; ~ *sig mot ngn* lita till ngn lean on a p.; *mina uttalanden stödjer sig på fakta* ...are based [up]on facts
stödköp pegging (supporting) purchase
stödundervisning remedial instruction (teaching)
stök städning cleaning; fläng bustle; före jul o.d. preparations
stöka *itr* städa clean up; pyssla potter about; rumstera rummage (poke) about; *gå och* ~ *[i huset]* potter about, potter about (in) the house; ~ *till* make a mess [of it]; ~ *till i rummet* litter up the room
stökig ostädad untidy; bråkig noisy, rowdy; *rummet är* ~*t* äv. ...is in a mess
stöld theft, thieving; inbrotts~ burglary
stöldförsäkring theft insurance, insurance against theft (inbrott burglary)
stöldgods stolen goods; byte loot
stöldsäker theft-proof; inbrottssäker burglar-proof
stön groan; svag. moan
stöna groan; svag. moan
stöp, *gå i* ~*et* come to nothing
stöpa gjuta cast; ~ *ljus* make (dip) candles
stöpslev casting-ladle; *vara* (*ligga*) *i* ~*en* bildl. be in the melting-pot
1 stör zool. sturgeon
2 stör stång pole
störa disturb; avbryta interrupt; om t.ex. ordning ~ *ngn* äv. intrude on a p.; ~ *ngn i hans arbete* äv. interfere with a p.'s work; *jag hoppas jag inte stör* I hope I'm not disturbing you (tränger mig på intruding);

psykiskt (känslomässigt) störd mentally (emotionally) disturbed (deranged)
störande I *adj* om t.ex. uppträde disturbing; bullersam boisterous; besvärande troublesome; ~ *uppträdande* disorderly conduct **II** *adv, uppträda* ~ create a disturbance
störning 1 disturbance; avbrott interruption; i drift disruption; rubbning disorder; *psykisk (motorisk)* ~ mental (motor) disturbance (derangement) **2** radio.: gm annan sändare jamming; från motorer o.d. interference; *atmosfäriska* ~*ar* atmospherics, atmospheric disturbances
störningsskydd radio. [noise] suppressor
störningssändare radio. jamming station
större larger, bigger, greater etc., jfr *stor*; *bli* ~ äv. increase; ~ *delen av* klassen most (the major el. greater part) of...; t.ex. befolkningen, importen äv. the bulk of...
störst largest, biggest, greatest etc., jfr *stor*; ~ *i världen* biggest in the world; *i* ~*a möjliga utsträckning* to the greatest (utmost) possible extent
störta I *tr* beröva makten overthrow; ~ *ngn i fördärvet* bring about a p.'s ruin
II *itr* **1** falla fall (tumble, topple) [down]; om flygplan crash; om häst fall **2** rusa rush; flänga tear; skynda hurry
III *rfl,* ~ *sig* vard., kasta sig throw (hurl) oneself; rusa rush (dash) [headlong] [*i* i samtl. fall into]; ~ *sig över* t.ex. pers. throw oneself on; anfalla äv. rush at
IV med beton. part.
~ **efter:** a) rusa rush efter ngn rush (dash, tear) after b) för att hämta ngt rush (dash) for
~ **fram** rush (dash, tear) along (on); välla ut ur rush etc. out
~ **in: a)** rusa rush (dash) in; ~ *in i rummet* rush (burst) into the room **b)** rasa (om tak o.d.) fall (cave) in
~ **ned** falla fall (tumble) down; rasa come down; regnet ~*de ned* ...was pelting down
~ **nedför** rusa nedför t.ex. trappa rush (dash, dart) down...
~ **samman** collapse äv. bildl.; om byggnad äv. come down
~ **ut** rush (dart, dash) out; ~ *ut ur rummet* äv. fling out of the room
störtdyka dive steeply
störtdykning nose (vertical) dive
störtflod torrent
störthjälm crash helmet
störtlopp skidsport downhill race; som tävlingsgren downhill [racing]
störtregn torrential rain
störtregna, *det* ~*r* it's pouring (pelting) down

störtskur downpour; bildl. torrent
stöt 1 slag a) thrust; slag blow; knuff push; knyck jerk; i tyngdlyftning jerk; i trumpet o.d. blast b) vid kroppars sammanstötning shock äv. elektr. el. bildl.; fys. impact c) skakning hos fordon o.d. jolt; vid jordbävning shock; vind~ gust; *sätta in en avgörande ~ mot...* make a decisive thrust against... äv. bildl.; *få en elektrisk ~* get an electric shock **2** inbrott, vard. job **3** vard., stofil bloke; isht amer. guy
stöta I *tr* **1** thrust, prod; slå knock, bump; knuffa push, shove; *~ huvudet i* taket bang one's head against... **2** krossa pound **3** bildl.: väcka anstöt offend, stark. shock; såra hurt
II *itr* **1** knock, hit; *~ på* motstånd, svårigheter meet with..., encounter... **2** *~ i trumpet* blow (sound) the trumpet
III *rfl*, *~ sig* göra sig illa hurt (bruise) oneself; bildl. *~ sig med ngn* get on the wrong side of a p.
IV med beton. part.
~ bort eg. push away; bildl. repel; vänner alienate; ur gemenskap expel
~ emot [ngt] knock (bump, strike) against a th.
~ ifrån sig eg. push (thrust)...back (away); bildl.: t.ex. förslag reject; människor repel
~ ihop kollidera knock into each other; råkas run across each other, run into each other; *~ ihop med* kollidera run into, collide with; träffa run across (into)
~ omkull knock...down (over); sak äv. upset
~ på träffa, finna come across; t.ex. svårigheter meet with, stumble (come up) against; *stöt på* om jag skulle glömma det remind me...
~ till: knuffa till knock (bump) against
~ ut expel, drive out
stötande anstötlig offensive; svag. objectionable; stark. shocking
stötdämpare tekn. shock absorber
stötesten stumbling-block
stötfångare bil. bumper
stötsäker shockproof
stött 1 om frukt bruised **2** bildl. offended; *bli ~ över ngt* äv. take offence at a th., resent a th.
stötta I *s* prop, stay; stolpe stanchion **II** *tr*, *~ [upp]* tekn. allm. prop (stay, shore) [up] äv. bildl.
stöttepelare bildl. *hon är avdelningens ~* she is the mainstay of the department; *samhällets ~* [the] pillar of society
stövare zool. Swedish Foxhound

stövel high boot; amer. boot; *stövlar* isht av gummi äv. wellingtons
stövelknekt bootjack
stövla, *~ in* trudge in
subjekt subject äv. gram.
subjektiv subjective
sublim sublime
subskribera subscribe; *~d middag* subscription (subscribed) dinner
substans substance
substanslös ...without (lacking in) substance
substantiell substantial
substantiv noun
substitut substitute
substrat substrat|um (pl. -a) äv. språkv.; för bakterieodling culture medium
subtil subtle
subtilitet subtlety
subtrahera matem. subtract
subtraktion matem. subtraction
subtropisk subtropical; *de ~a trakterna* the subtropical regions, the subtropics
subvention subsidy
subventionera subsidize; *~d* äv. state-aided
succé success; om bok hit; *göra ~* meet with (be a) success, score a success; om pjäs o.d. äv. have a long run
succession succession
successiv stegvis gradual
successivt gradually, by gradual stages
suck sigh; *dra en djup ~* fetch (breathe, heave) a deep sigh
sucka sigh; "vilken otur" *~de hon* äv. ...she said with a sigh
Sudan [the] Sudan
sudd 1 tuss wad; tavel~ duster **2** ngt suddigt blur
sudda I *tr*, *~ bort (ut)* radera rub out, erase; *~ ut på* svarta tavlan rub (wipe)...clean **II** *itr* rumla *vara ute och ~* be out on the spree (vard. binge)
suddgummi vard. [india] rubber; amer. el. för bläck eraser
suddig otydlig blurred, indistinct; oredig confused; om minne hazy, dim; foto. fogged, foggy
suffix språkv. suffix
sufflé kok. soufflé fr.
sufflera teat. el. friare **I** *tr* prompt **II** *itr* prompt
sufflett hood; amer. top
sufflör teat. prompter
sufflös teat. [female] prompter
sug 1 sugande suction **2** apparat suction apparatus **3** *tappa ~en* lose heart, give up
suga I *tr* o. *itr* suck; *sjön suger* the sea air

gives you an appetite; ~ *på en pipa* suck at a pipe
II med beton. part.
~ **sig fast** stick fast, cling, adhere
~ **i** hugga i go at it; ~ *tag i ngn* grab a p.
~ **in** eg. suck in; luft äv. inhale; bildl. drink in, imbibe
~ **upp** suck up; om läskpapper o.d. äv. soak up, absorb; med en svamp äv. sponge up
~ **ur** t.ex. frukt el. med apparat suck
~ **ut** exploatera, utnyttja exploit, bleed...white; t.ex. arbetare äv. sweat; ~ *ut jorden* impoverish the soil
~ **åt sig** absorb äv. bildl.; suck up
sugande allm. sucking; *ha en ~ känsla i magen* av t.ex. hunger have a hollow (sinking) feeling in the (one's) stomach
sugen, *känna sig ~* hungrig feel peckish
sugga sow; neds., om kvinna cow
suggerera påverka influence [...by suggestion]; friare hypnotize; induce
suggestion suggestion
suggestiv suggestive
sugrör till saft etc. straw; tekn. suction pipe; zool. sucker
sukta vard. ~ *efter ngt* long [in vain] for a th.
sula I *s* på sko sole **II** *tr* sole
sulfa o. **sulfapreparat** sulpha (amer. sulfa) drug
sulfat kem. sulphate; amer. sulfate
sulfit kem. sulphite; amer. sulfite
sulky 1 sport. sulky **2** se *sittvagn 2*
sulning soling
sultan sultan
summa sum äv. bildl.; ~ 100 kr. a total of...
summarisk summary; *en ~ rättegång* summary proceedings pl.
summer buzzer
summera, ~ [*ihop, ned*] sum up äv. bildl.; add (vard. tot) up
summering eg. summation; bildl. summary, summing-up (pl. summings-up)
sump 1 kaffe~ grounds **2** fisk~ corf
sumpa vard. ~ *ngt* tappa lose a th.; missa o.d. blow a th.
sumpig swampy
sumpmark swamp, marsh
1 sund sound, strait[s pl.]; ibl. channel
2 sund frisk sound, healthy; om föda o.d. wholesome; om vanor healthy; bildl. (om t.ex. omdöme, åsikt) sound
sunnan o. **sunnanvind** south wind
sup dram, nip
supa *tr* o. *itr* drink; stark. booze; *börja ~* hit the bottle
supé supper äv. bjudning; evening meal
supera have supper

superlativ I *s* superlative äv. bildl.; *i ~* in the superlative **II** *adj* superlative
supermakt superpower
supertanker sjö. supertanker
suppleant deputy
supplement supplement; adjunct
supporter supporter
suput vard. drunkard, boozer, tippler
sur 1 mots. till söt sour äv. bildl.; syrlig acid äv. kem.; butter surly, tjurig sulky; *göra livet ~t för ngn* lead a p. a dog's life; *~ uppstötning* ung. heartburn; med. eructation; *det kommer ~t efter* one (you, he etc.) has (resp. have) to pay for it afterwards; *se ~ ut* look sour (surly etc.); *vara ~ över ngt* be sore about a th. **2** blöt wet; om mark waterlogged; om pipa foul
sura, *gå* (*sitta* etc.) *och ~* sulk
surdeg leaven
surfa 1 sport. go surfing; vindsurfa go windsurfing, windsurf **2** data. ~ *på nätet* (*Internet*) surf the Net (the Internet)
surfare sport. surfer; vindsurfare windsurfer
surfing sport. surf-riding; vindsurfing windsurfing
surfingbräda sport. surfboard; till vindsurfing sailboard
surkart eg., se *kart*; om pers. surly person; vard. sourpuss
surkål sauerkraut ty.
surmulen sullen
surna sour; värmen *får mjölken att ~* ...sours (turns) the milk
surr ljud hum; av insekter drone; vinande whir
1 surra hum, drone, whir, jfr *surr*; *det ~r i huvudet på mig* my head hums
2 surra med rep o.d. lash; ~ [*fast*] lash...down, make...fast, tie, secure
surrealism surrealism
surrealistisk surrealist[ic]
surrogat substitute; mera litt. surrogate
surströmming fermented Baltic herring
surt sourly; surlily, morosely, sulkily, jfr *sur*; *smaka* (*lukta*) ~ taste (smell) sour
sus 1 vindens whistling; svag. sough[ing]
2 *leva i ~ och dus* lead a wild life
susa 1 om vinden whistle; svag. sough, whisper, murmur **2** om kula o.d. whistle; om fordon o.d. rush, tear; ~ *fram* whistle (rush, tear) along
susen vard. *göra ~* ge resultat do the trick, clinch the matter, settle it
susning se *sus 1*
suspekt suspicious
suspendera suspend
sussa vard., sova sleep
sutenör souteneur fr.; pimp

suverän I *s* sovereign **II** *adj* självständig sovereign; vard. terrific
suveränitet sovereignty, supremacy; bildl. supremacy
svacka hollow; t.ex. ekonomisk decline, falling-off, downswing
svada talförhet volubility; ordflöde torrent of words
svag weak; medlidsamt el. klandrande feeble; kraftlös, utmattad faint; lätt, om t.ex. vin, öl light; liten, ringa faint, slight; otydlig faint; skral poor; *ha en ~ aning om ngt* have a faint (vague) idea of a th.; *en ~ känsla* a slight feeling; *~ puls* feeble pulse; *~ uppförsbacke (nedförsbacke)* gentle climb (slope); *han är ~ i engelska* he is weak at (in)...; *det är ~t att du inte gör det* it's a poor show...
svagdricka small beer
svaghet weakness; svag hälsa delicate constitution; brist, fel weakness, shortcoming, fault, failing; böjelse weakness [*för* for]; indulgence [*för* in]
svagsint feeble-minded
svagström low[-voltage] current, low voltage
svaj, *ligga på ~* sjö. swing at anchor
svaja sjö. swing; vaja om flagga o.d. float
sval I *adj* cool äv. bildl. **II** *s* cool (chiller) cupboard
svala swallow; *en ~ gör ingen sommar* one swallow doesn't make a summer
svalg 1 anat. throat; vetensk. pharynx (pl. pharynges) **2** avgrund gulf, abyss samtl. äv. bildl.
svalgång arkit. [external] gallery
svalka I *s* coolness, freshness **II** *tr* cool **III** *rfl, ~ [av] sig* cool [oneself] off (down); förfriska sig refresh oneself
svall av vågor surge; dyning swell; bildl.: av känslor flush, av ord spate; av lockar flow
svalla om vågor surge, swell; bildl.: om blod boil, om känslor o.d. run high; om hår flow; *~ över* overflow; bildl. boil over
svallning, *hans känslor råkade i ~* he flew into a passion
svallvåg brottsjö surge; efter fartyg el. bildl. [back]wash
svalna, *~ [av]* cool [down], cool off, become (get) cool[er] äv. bildl.
svamla drivel; utan sammanhang ramble
svammel drivel; osammanhängande ~ rambling
svamp 1 bot. fung|us (pl. -i el. -uses) äv. med.; isht ätlig mushroom; *plocka ~* pick (gather) mushrooms; *gå ut och plocka ~* go mushrooming **2** tvättsvamp sponge; *dricka som en ~* drink like a fish

svampgummi sponge rubber
svampig mjuk, porös spongy
svampkännare expert on mushrooms; vetensk. mycologist
svampstuvning creamed mushrooms
svan zool. swan
svanka ha svankrygg be swaybacked; *~ [med ryggen]* curve one's back inwards
svankryggig sway-backed
svans tail äv. bildl.; *sticka ~en mellan benen* put one's tail between one's legs; fly äv. turn tail
svansa, *gå och ~* kråma sig swagger [about]; *~ för ngn* krypa fawn on (cringe to) a p.
svanskota anat. caudal vertebra
svar 1 answer, reply; genmäle rejoinder; skarpt retort; kvickt repartee; gensvar response; *skriftligt ~* written answer (reply); *jag fick inget ~ [på telefon]* nobody answered [the telephone]; *ge [ngn] ~ på tal* give [a p.] tit for tat; *som ~ på* Ert brev in reply (answer) to... **2** *stå till ~s* till ansvar för ngt be held responsible (accountable) for a th.
svara 1 answer; reply; genmäla rejoin, högtidl. respond; skarpt el. kvickt retort; ohövligt el. näsvist answer back; reagera respond; med motåtgärd counter; *han ~de ingenting (inte)* he gave (made) no answer (reply), he did not answer (reply); *~ på* en fråga (ett brev, en annons) answer...; *~ på en hälsning* return a greeting **2** *~ för* a) ansvara för answer (be responsible) for; garantera vouch for; *jag ~r för att* det blir riktigt gjort I'll guarantee that... b) *Sverige ~r för* 6 % av produktionen Sweden accounts for... **3** *~ mot* motsvara correspond to; passa fit, suit, agree with, match
svarande jur. defendant; isht i skilsmässomål respondent
svaromål jur. defence, answer [to a charge]; *ingå i ~* äv. friare reply to a (resp. the) charge, defend oneself
svarslös, *vara (stå) ~* be nonplussed, not know what to reply; vard. be stuck for an answer
svarsporto return (reply) postage
svarston tele. dialling tone
svart I *adj* black äv. bildl.; dyster dark; *~ arbetskraft* bildl. black workers pl.; *[på] ~a börsen* [on] the black market; *familjens ~a får* the black sheep of the family; *Svarta havet* the Black Sea; *~a pengar* äv. dirty money **II** *adv* olagligt illegally; *arbeta ~* work on the side (moonlight) [without paying tax] **III** *s* färg black äv. i schack; *få (begära) ~ på vitt på...* have (demand)...in

black and white (on paper, in writing); *måla* skildra...*i* ~ paint...in black colours; *se allting i* ~ look on the dark (gloomy) side of things, be a pessimist; jfr äv. *blått* samt *blå* o. sammansättn.
svartabörshandel black-marketeering, black-market transactions
svartbygge house (building) constructed without a building permit
svarthårig black-haired; *han är* ~ äv. he has black hair
svartklädd ...[dressed] in black
svartkonst magi black art; vard. black magic
svartlista blacklist; av fackförening black
svartmuskig swarthy
svartmåla paint...black (in black colours)
svartna blacken; *det ~de för ögonen på mig* everything went black before my eyes
svartpeppar black pepper
svartsjuk jealous
svartsjuka jealousy
svartsjukedrama crime passionnel fr.
svartskäggig black-bearded
svartvit black and white
svartögd black-eyed, dark-eyed
svarv [turning] lathe
svarva turn; ~ *ihop* (*till*) historia o.d. devise, concoct, invent
svarvare turner
svassa, ~ [*omkring*] strut (swagger) about
svavel sulphur, amer. sulfur
svavelhaltig sulphurous, amer. sulfurous, ...containing sulphur (amer. sulfur)
svavelsyra sulphuric (amer. sulfuric) acid
sweater sweater
1 sveda smarting pain, smart; *ersättning för* ~ *och värk* compensation for pain and suffering
2 sveda allm. el. tekn. singe; förbränna scorch; om frost nip
svek förräderi treachery, perfidy; trolöshet deceit, guile; jur. fraud
svekfull treacherous, perfidious; deceitful, guileful; fraudulent, jfr *svek*
svensexa stag party
svensk I *adj* Swedish **II** *s* Swede
svenska 1 kvinna Swedish woman (dam lady, flicka girl); *hon är* ~ vanl. she is Swedish (a Swede) **2** språk Swedish; *på* ~ in Swedish; *vad heter...på ~?* what is the Swedish for...?, what is...in Swedish?
svensk-engelsk t.ex. ordbok Swedish-English; t.ex. förening Anglo-Swedish, Swedish-British
svenskfödd Swedish-born; *vara* ~ vanl. be Swedish by birth
svenskspråkig 1 Swedish-speaking...; ~ författare ...writing (who writes) in Swedish **2** avfattad på svenska Swedish; ~ *tidning* Swedish-language newspaper **3** där svenska talas, ...where Swedish is spoken
svensktalande Swedish-speaking...; *vara* ~ speak Swedish
svep sweep; razzia raid; *i ett* ~ at (in) one sweep; friare äv. at one go
svepa I *tr* wrap [up]; minor: röja sweep, söka sweep for; tömma (glas o.d.), vard. knock back; ~ *ett barn i en filt* wrap a baby [up] in a blanket **II** *itr* om t.ex. vind sweep; en våg av harm *svepte över landet* ...swept [over] the country **III** med beton. part. ~ **fram** om t.ex. vind sweep along; snöstormen *svepte fram över landet* ...swept over the country ~ **förbi** sweep by (past) ~ **i sig** tömma, vard. knock back ~ **in** tr. wrap [up]; ~ *in sig* wrap [oneself] up
svepskäl pretext; *komma med* ~ make excuses
Sverige Sweden
svets fog weld; apparat welding set (unit); svetsande welding
svetsa weld; ~ *fast* weld; ~ *ihop* (*samman*) weld [om två delar ...together] äv. bildl.
svetsare welder
svetslåga welding flame
svett sweat, perspiration; han arbetade *så att ~en lackade* (*rann*) ...so much that he was dripping with sweat (perspiration)
svettas sweat; *jag* ~ *om händerna* my hands are sweaty
svettdrivande sudorific; ~ *medel* vanl. sudorific
svettdroppe drop (bead) of perspiration
svettdrypande ...dripping with sweat
svettig sweaty, perspiring; *~t arbete* sweaty work; *vara alldeles* ~ be all in a sweat
svettkörtel sweatgland
svettlukt [the] smell of perspiration (sweat)
svettning sweating
svida smart; *det svider i halsen* [*på mig*] av t.ex. peppar my throat is burning; vid förkylning I have a sore throat
svidande eg. smarting etc., jfr *svida*; ~ *kritik* devastating (blistering) criticism; *ett* ~ *nederlag* a crushing defeat
svika I *tr* överge fail; vard. rat on; i kärlek jilt; bedra deceive; förråda betray; ~ *ngns förtroende* betray a p.'s confidence, let a p. down; *krafterna svek honom* his strength failed him; *modet svek mig* my courage failed (deserted) me **II** *itr* fail; om t.ex.

publik, anhängare fall off (away); utebli fail to come (appear)

svikande, [*med*] *aldrig* ~... [with] never-failing (unfailing, unflagging, umremitting)...

sviklig fraudulent

svikt 1 fjädring springiness; spänst elasticity, resilience; böjlighet flexibility **2** hoppredskap springboard

svikta böja sig bend; ge efter sag, yield; svaja under ngns steg sway up and down; ge svikt be springy (resilient); vackla totter; gunga quake; bildl.: om t.ex. tro waver, om t.ex. krafter give way, yield

svikthopp simhopp springboard diving

svimfärdig ...ready to faint

svimma faint, pass out

svimning faint

svimningsanfall fainting-fit

svin pig; swine (pl. lika); *han är ett* ~ he is a swine

svinaktig om t.ex. uppförande swinish, rotten; oanständig filthy; om t.ex. pris outrageous

svinaktigt swinishly; *det var* ~ *gjort* that was a dirty rotten trick; *uppföra sig* ~ behave like a swine (rotter)

svindel 1 yrsel dizziness; isht med. vertigo; *få* ~ become (turn, feel) dizzy (giddy) **2** bedrägeri swindle

svindla I *itr* få yrsel *det* ~*r för ögonen* [*på mig*] my head is going round (is swimming, is in a whirl), I feel dizzy (giddy) **II** *tr* bedra swindle, cheat; ~ *ngn på pengar* swindle money out of ap.

svindlande om t.ex. höjd dizzy, vertiginous; om pris, lycka o.d. enormous, prodigious; *i* ~ *fart* vanl. at [a] breakneck speed

svindlare swindler, cheat

svineri snuskighet filth[iness]; snuskig vana filthy (dirty) habit (practice)

swing dans o. musik swing

svinga I *tr* t.ex. klubba swing; svärd o.d. brandish **II** *itr* swing **III** *rfl,* ~ *sig* swing [oneself]; ~ *sig över ett staket* vault [over] a fence

svinkall, *det är* ~*t* it's freezing

svinläder pigskin

svinn waste, loss

svinstia pigsty

svira rumla be on the spree

sviskon prune

svit 1 följe suite, retinue; av rum suite; rad succession; kortsp. sequence; mus. suite **2** efterverkning aftereffect; följdsjukdom complication; med. sequel|a (pl. -ae)

svordom svärord swearword; förbannelse curse; ~*ar* koll. swearing sg.

svullen swollen; genom inflammation o.d. tumid, tumefied

svullna, ~ [*upp*] swell [up], become swollen; genom inflammation o.d. tumefy

svullnad swelling

svulst swelling; med. tumour, tumefaction

svulstig inflated; svassande grandiloquent

svulten mycket hungrig starving; utsvulten starved; famished

svuren sworn

svåger brother-in-law (pl. brothers-in-law, vard. brother-in-laws)

svågerpolitik nepotism

svål fläsk~ [bacon] rind; huvud~ scalp

svångrem belt; *dra åt* ~*men* tighten one's belt äv. bildl.

svår att förstå difficult, hard; att uthärda o.d. hard; mödosam heavy, vard. tough; påfrestande trying; brydsam awkward; farlig, allvarlig grave; *ett* ~*t fall* a difficult case; *ett* ~*t fel* misstag a serious (grave) error (mistake); *en* ~ *frestelse* a sore temptation; *en* ~ *förbrytelse* a serious crime; *en* ~ *förlust* a heavy (severe) loss; *ha* ~*a plågor* be in great pain; *en* ~ *sjukdom* (*skada*) a serious (severe, stark. grave) illness (injury); *ett* ~*t slag* bildl. a sad blow; *göra det* ~ *för ngn* make things difficult for ap.; *ha* ~*t* [*för*] *att* + inf. find it difficult (hard) to + inf.; have [some] difficulty in ing-form; *jag har* ~*t att höra* (*se*) på grund av avstånd o.d., äv. I can hardly hear (see)

svårartad om sjukdom malignant

svårbegriplig o. **svårfattlig** ...difficult (hard) to understand

svårflörtad, *vara* ~ bildl. be hard (difficult) to get round (approach); svår att entusiasmera be hard to please

svårframkomlig om väg o.d. almost impassable; om terräng difficult

svårförklarlig ...difficult (hard) to explain

svårförståelig se *svårbegriplig*

svårhanterlig ...difficult (hard) to handle (manage); bångstyrig recalcitrant; om sak äv. (otymplig) unwieldy

svårighet difficulty; möda hardship; besvär trouble; olägenhet inconvenience; hinder obstacle; *stöta på* ~*er* come up against (meet with) difficulties (hinder obstacles)

svårläst om bok ...difficult (hard) to read

svårlöst om problem m.m. difficult (hard) to solve

svårmod melancholy; dysterhet gloom; sorgsenhet sadness

svårskött ...difficult (hard) to handle (om t.ex. lägenhet to manage, om patient to keep tidy, to keep in order, to nurse)

svårsmält ...difficult (hard) to digest, indigestible
svårstartad ...difficult (hard) to start
svårsåld ...difficult (hard) to sell; varan är ~ äv.; ...sells slowly
svårt, ~ *sjuk* seriously ill; ~ *skadad* (*sårad*) badly (seriously) injured (wounded); *ha det* ~ m.fl. ex., se under *svår*
svårtillgänglig om plats ...difficult of access (approach); om pers. distant
svårtolkad o. **svårtydd** ...difficult (hard) to interpret
svägerska sister-in-law (pl. sisters-in-law, vard. sister-in-laws)
svälja I *tr* swallow äv. bildl.; ~ *en förolämpning* pocket (stomach) an insult; ~ *gråten* gulp down (choke back) one's sobs **II** *itr* swallow
svälla *itr* swell äv. bildl.; om deg rise; utvidga sig expand äv. bildl.; hans hjärta *svällde av stolthet* ...swelled with pride; ~ *ut* swell [out]; bildl. om t.ex. utgifter äv. grow
svält starvation; hungersnöd famine; *dö av* ~ die of starvation (famine)
svälta I *itr* starve; stark. famish; ~ *ihjäl* starve to death **II** *tr* starve
svältfödd underfed; *vara* ~ *på* t.ex. kärlek be starved of...
svältgräns hunger line; *leva på ~en* live on the hunger line
svältlön starvation wages
svämma, ~ *över* spill over; *floden ~de över sina bräddar* the river overflowed its banks
sväng krök turn; kurva curve; svepande rörelse sweep; vägen *gör en [tvär]* ~ ...takes a [sharp] turn, ...turns [sharply]; *göra (ta) en* ~ *tur till stationen* till fots take a stroll (med bil go for a drive) to the station; *vara med i ~en* be out and about a great deal
svänga I *tr* sätta i hastig kretsrörelse swing; vifta med wave; vända turn **II** *itr* 1 fram o. tillbaka swing [to and fro]; svaja sway; fys., som en pendel oscillate; vibrera vibrate 2 göra en sväng (vändning) turn; i båge swing; [som] på en tapp swivel; om vind change; ~ *om hörnet* turn (swing round) the corner; ~ *åt höger* turn to the right; *opinionen har svängt* public opinion has shifted (veered, swung round)
III *rfl*, ~ *sig* 1 göra undanflykter shuffle 2 ~ *sig med* latinska citat lard one's speech with (flaunt)...
IV med beton. part.
~ **av åt vänster** turn off to the left; ~ *av från* vägen turn off...
~ **in på** *en gata* turn (swing) into...
~ **om** turn round; om vind veer round äv.

bildl.; i dans swing round; ~ *om i sina åsikter* change (shift)...
~ **runt** turn (swing) round; hastigt spin round
~ **ut**: *bilen svängde ut* från trottoaren the car pulled (swung) out...
svängd böjd curved; välvd arched
svängdörr swing[ing] door; roterande revolving door
svänghjul flywheel
svängig, ~ *musik* vard. music that is full of go
svängning svängningsrörelse swing; vibrering vibration; viftning wave; kring~ rotation, revolution; variation fluctuation; friare: i t.ex. politik [sudden] change (swing, shift)
svängom, *ta [sig] en* ~ dansa shake a leg
svängrum space
svära 1 gå ed swear; ~ *ngn trohet* swear fidelity to a p.; *det kan jag inte* ~ *på* vanl. I won't swear to it 2 begagna svordomar swear, curse; vard. cuss
svärd sword
svärdfisk zool. swordfish
svärdotter daughter-in-law (pl. daughters-in-law, vard. daughter-in-laws)
svärdslilja iris
svärdsslukare sword-swallower
svärfar father-in-law (pl. fathers-in-law, vard. father-in-laws)
svärföräldrar parents-in-law
svärja se *svära*
svärm t.ex. av bin swarm; av fåglar flight; av frågor host
svärma 1 eg. swarm 2 bildl. *de satt och ~de* i månskenet they sat necking (spooning)...
svärmare 1 drömmare dreamer, visionary; fanatiker zealot 2 svärmarfjäril hawk (sphinx) moth
svärmeri 1 entusiasm enthusiasm; fanatism fanaticism 2 förälskelse infatuation; stark. passion
svärmor mother-in-law (pl. mothers-in-law, vard. mother-in-laws)
svärord vard. swearword
svärson son-in-law (pl. sons-in-law, vard. son-in-laws)
svärta I *s* svarthet blackness; färgämne blacking **II** *tr* black[en]; ~ *ned ngn* bildl. blacken (smear) a p.'s character, run a p. down [*inför ngn* to...]
sväva eg. float, be suspended; om fågel (högt uppe) soar; kretsa hover; hänga fritt hang; gå lätt o. ljudlöst glide; ~ *i fara* be in danger; ~ *i ovisshet om ngt* be in a state of uncertainty as to a th.
svävande floating osv., jfr *sväva*; obestämd vague

svävare o. **svävfarkost** hovercraft (pl. lika)
sy I *tr* o. *itr* sew; t.ex. kläder vanl. make; med. sew (stitch) up; ~ *korsstygn* make cross-stitches **II** med beton. part. ~ **fast (i)** t.ex. knapp sew on; t.ex. ficka som lossnat i kanten sew up; ~ *fast (i) en knapp i* rocken sew a button on... ~ **ihop** reva o.d. sew up; t.ex. två tyglappar sew (stitch) together; sår sew (stitch) up ~ **in a)** minska take in **b)** vard., sätta i fängelse put...away ~ **upp** låta sy have...made; korta shorten
syateljé dressmaker's [workshop]
sybehör sewing materials; hand. haberdashery
sybehörsaffär haberdasher's [shop]
sybord worktable
syd south (förk. S)
Sydafrika som enhet South (södra Afrika Southern) Africa
sydafrikansk South African
Sydamerika South America
sydamerikansk South American
Sydeuropa the south of Europe, Southern Europe
sydeuropeisk Southern European
Sydkorea South Korea
sydkust south coast
sydlig southerly; south; southern; jfr *nordlig*
sydligare m.fl., jfr *nordligare* m.fl.
sydländsk southern äv. om utseende o.d.; ...of the South
sydlänning southerner
sydost I *s* väderstreck the south-east (förk. SE); vind south-easter **II** *adv* south-east (förk. SE)
sydpolen the South Pole
sydsken southern lights, aurora australis lat.
Sydsverige the south of Sweden, Southern Sweden
sydväst I *s* väderstreck the south-west (förk. SW); vind south-wester **2** huvudbonad sou'-wester **II** *adv* south-west (förk. SW)
syfilis med. syphilis
syfta sikta aim; ~*r du på mig?* are you referring to me?; *vad ~r* försöken *till?* äv. what is the purpose of...?; ~ *tillbaka på ngt* refer [back] to a th.
syfte ändamål purpose; mål aim; ~*t med* hans resa the purpose of...; *i detta ~* with this in view; *i förebyggande ~* as a preventive measure
syftning hän- allusion, hint
syförening o. **syjunta** sewing circle; amer. sewing bee

sykorg work basket
syl skom. awl; allm. pricker; *inte få en ~ i vädret* not get a word in edgeways
syll järnv. sleeper, amer. crosstie, tie; byggn. sill
sylt jam, preserves pl.
sylta I *s* **1** kok. brawn; amer. headcheese **2** vard., sämre krog [third-rate] eating-house **II** *tr* o. *itr* **1** eg. preserve; göra sylt [av] äv. make jam [of] **2** bildl. ~ *in sig* trassla in sig get [oneself] involved (mixed up) [*i* in; *med* with]
syltburk tom jam-jar, jam-pot; med innehåll jar (pot) of jam
syltlök pickling onion; syltad lök pickled onions
syltning preserving
symaskin sewing-machine
symbol symbol
symbolisera symbolize
symbolisk symbolic[al]; om betalning token (end. attr.)
symfoni symphony
symfoniorkester symphony orchestra
symmetri symmetry
symmetrisk symmetric[al]
sympati medkänsla o.d. sympathy; uppskattning appreciation
sympatisera sympathize; ~ *med* friare (tycka om) like
sympatisk trevlig nice; tilltalande attractive; vinnande winning
sympatistrejk sympathy (sympathetic) strike
sympatisör sympathizer
symposium symposi|um (pl. äv. -a)
symtom symptom
symtomatisk symptomatic
syn 1 synsinne [eye]sight; synförmåga vision; ~ *och hörsel* sight and hearing; *få ~ på*... catch (get) sight of... **2** synsätt view; views, outlook; approach **3** anblick sight; *en ståtlig ~* a fine spectacle **4** vision vision; spökbild apparition; *se ~er* have visions **5** vard., ansikte face; *bli lång i ~en* pull a long face **6** utseende *för ~s skull* for the sake of appearances; *till ~es* som det ser ut apparently, to all appearance[s]; skenbart seemingly
syna 1 besiktiga inspect; granska examine; friare look over; ~ ngt *i sömmarna* scrutinize..., examine...closely; affär o.d. look thoroughly into...; ~ *ngn i sömmarna* look thoroughly into a p.'s affairs **2** kortsp. see
synagoga synagogue
synas 1 vara synlig be seen; visa sig appear; *fläcken syns inte* the spot does not show;

det syns [*tydligt*] *att* de är släkt it is obvious (evident) that..., it is plain to see that...; *ingen människa syntes till* nobody was to (could) be seen (var där had arrived) **2** framgå appear

synbar synlig visible; märkbar apparent; uppenbar obvious, evident

synbarligen uppenbart obviously; av allt att döma apparently

synd 1 försyndelse sin; överträdelse transgression; *ett ~ens näste* a hotbed of sin (vice); *begå en ~* commit a sin; *leva i ~* live in sin **2** skada *så* (*vad*) *~!* what a pity (shame)!

synda sin; transgress; *~ mot en regel* offend against a rule

syndabekännelse confession [of sin]; friare confession of one's sins

syndabock scapegoat

syndaflod flood; *~en* bibl. the Flood

syndare relig. sinner; friare offender

synderska se *syndare*

syndfri sinless

syndfull sinful

syndig sinful; stark. wicked

syndikalism polit. syndicalism

syndikat syndicate

syndrom med. el. friare syndrome

synfel defect of vision

synfält field of vision, visual field

synförmåga [faculty of] vision

synhåll, *inom* (*utom*) *~* within (in, out of) sight [*för* of]

synintryck visual impression

synkop mus. syncope

synkrets synfält field of vision; horisont horizon äv. bildl.

synkronisera synchronize

synlig som kan ses visible; märkbar perceptible, noticeable; *bli ~* komma i sikte come into sight (view); *hon har inte varit ~* på hela veckan I (resp. we) have not seen her...

synminne visual memory

synnerhet, *i* [*all*] *~* särskilt [more] particularly (especially), in particular; framför allt above all

synnerligen ytterst extremely, exceedingly; mycket very; ovanligt extraordinarily; särskilt particularly, specially

synnerv optic (visual) nerve

synonym I *adj* synonymous **II** *s* synonym

synops o. **synopsis** för t.ex. film synops|is (pl. -es)

synpunkt allm. point of view; ståndpunkt standpoint; åsikt view; *från* (*ur*) *juridisk ~* from a legal point of view

synrubbning visual disorder (disturbance)

synsinne eyesight, sight

synsk second-sighted; *vara ~* äv. have second sight

synskadad visually handicapped; synsvag partially-sighted

synskärpa keenness (acuteness) of vision; med. visual acuity

synt mus. vard. synth

syntax syntax

syntes synthes|is (pl. -es)

syntetfiber synthetic (man-made) fibre

syntetisk synthetic

synthesizer mus. synthesizer

synvidd range of vision äv. bildl.; visual range; siktbarhet visibility

synvilla optical illusion

synvinkel eg. visual (optic) angle; bildl. angle, aspect; synpunkt point of view, viewpoint

synål [sewing] needle

syo skol. (förk. för *studie- o. yrkesorientering*) study and vocational guidance

syokonsulent skol., ung. study and careers adviser (counsellor)

syra 1 kem. acid **2** syrlig smak acidity

syrabeständig o. **syrafast** acid-proof, acid-resisting

syre oxygen

syrebrist lack of oxygen

syrefattig ...deficient in oxygen

syren lilac

syrgas oxygen

Syrien Syria

syrier Syrian

syrisk Syrian

syrlig eg. sourish; bildl.: om t.ex leende, ton acid, om min sour; *~a karameller* acid drops

syrra vard. sister; ibl. sis

syrsa zool. cricket

syskon brother[s pl.] and sister[s pl.]; formellt sibling[s pl.]; han har bara *ett ~* ...a brother (resp. sister); *har du några ~?* have you any brothers and (or) sisters?; *de är ~* bror och syster they are brother and sister

syskonbarn pojke nephew; flicka niece

syskonkärlek love (affection) for one's (resp. between) brother and sister osv., jfr *syskon*

syskrin workbox

sysselsatt upptagen occupied; engaged; strängt upptagen [very] busy; anställd employed

sysselsätta I *tr* ge arbete åt employ; upptaga occupy, keep...busy; fabriken *sysselsätter 100 personer* ...employs 100 people; vi måste ~ *dem* ...set them to work **II** *rfl*, ~ *sig* occupy oneself [*med* with; *med att* inf. with ing-form]; busy oneself [*med* with (about); *med att* inf. [with] ing-form]

sysselsättning 1 arbete occupation, employment, work; *full* ~ ekon. full employment **2** friare something to do; *ha full* ~ [*med ngt*] have one's hands full [with a th.]

sysselsättningspolitik employment policy

syssla I *s* **1** göromål business, work båda utan pl.; i hushåll o.d. duty; sysselsättning occupation **2** tjänst: högre office, lägre occupation **II** *itr* vara sysselsatt busy oneself, be occupied; *han* ~*r* pysslar *med att* inf. he is pottering about ing-form; jag har *litet att* ~ *med* ...a few things to do (to attend to)

syssling second cousin

sysslolös idle

sysslolöshet idleness

system 1 system; friare method, plan; nät (av t.ex. kanaler) network; vid tippning permutation, vard. perm **2** ~*et* systembolaget the State liquor shop (amer. store)

systematisera systematize

systematisk systematic; friare methodical

systembolag 1 bolag state-controlled company for the sale of wines and spirits **2** se *systembutik*

systembutik State liquor shop (amer. store)

syster sister äv. om nunna; om sjuksköterska vanl. nurse; *systrarna Brontë* the Brontë sisters

systerbarn sister's child; *mina* ~ my sister's (resp. sisters') children, my nephews and nieces

systerdotter niece; ibl. sister's daughter

systerskap sisterhood

systerson nephew; ibl. sister's son

sytråd sewing-thread

1 så sow äv. bildl.

2 så I *adv* **1** uttr. sätt so; ~ *där (här)* like that (this), in that (this) way el. manner; ~ *förhåller det sig* that (this) is how it is; Beethovens sjätte symfoni, *den* ~ *kallade* (förk. *s.k.*) *Pastoralsymfonin* ...or the Pastoral Symphony, as it is called, ..., known as the Pastoral Symphony; *skrik inte* ~*!* don't shout like that (shout so)!; ~ *att säga* (förk. *s.a.s.*) so to speak (say), as it were; ~ *är det* that's how it is, det är rätt that's it, that's right; ~ *är (var) det med det (den saken)!* so that's that!; ~ *är det med mig också* it's the same with me; *om* ~ *är* if so, in that case

2 uttr. grad so; framför attr. adj. oftast such;

vid jämförelse as; ~ *här varmt är det sällan i mars* it is seldom as warm as this (vard. this warm)...; *han är rätt* ~ *gammal* he is rather (pretty) old; han är klokare *än* ~ ...than that; ~ (beton.) *dum är han inte* he is not as stupid as that (vard. that stupid); *hon var* ~ *arg att (så* [*att*]) hon darrade she was so (vard. that) angry that...; han är *inte* ~ *dum att han flyttar* ...not silly enough to move

3 i utrop ofta how, what; ~ *roligt!* how nice!; ~ *synd (tråkigt)!* what a pity!; ~ *du ser ut!* what a sight you are!; ~ *ja!* lugnande there! there!, there now!; uppmuntrande come! come!; ~ [*där*] *ja* nu är det klart well, that's that

4 sedan, därpå, då o.d. then; efter sats som uttr. uppmaning o.d. ofta and; i vissa fall utan motsv. i eng. *gå först till höger,* ~ *till vänster* first turn to the right, then to the left; ...*men* ~ *är han också rik* ...but then he is rich

II *konj* **1** uttr. avsikt ~ [*att*] so that, in order that; so as to + inf.; han talade högt, *att de skulle höra honom* ...so that (in order that) they might (should, could) hear him; ta bort kniven, ~ [*att*] *han inte skär sig* ...so that he won't (shan't) cut himself

2 uttr. följd ~ [*att*] so that; och därför [and] so; *det är* ~ [*att*] *man kan bli tokig* it is enough to drive one mad (up the wall)

III *pron, i* ~ *fall* in that case, if so

sådan (vard. *sån*) **1** fören. such; i utrop vanl. what; *en* ~ *bok* such a book; *en* ~ *vacker bok!* what (ibl. such) a...book!; jag går inte ut *i ett* ~*t väder* ...in such weather; [*ett*] ~*t väder!* what (ibl. such) weather!

2 självst. such; ~ *är han* that's how he is; jag hälsar inte på *en* ~ *där* neds. ...a person like that; *någon* ~ *(några* ~*a) har jag aldrig haft* I never had one (any) [like that etc.]; ~*t händer* these (such) things will happen, it's just one of those things; *det är* ~*t som händer* varje dag that sort of thing happens...

sådd sående sowing; brodd new (tender) crop

såg 1 verktyg saw **2** se *sågverk*

såga *tr* o. *itr* saw; ~ *av* saw off; itu saw...in two; ~ *av den gren man själv sitter på* ung. cut off one's nose to spite one's face, make it difficult for oneself

sågbock sawhorse

sågspån koll. sawdust

sågtandad serrated

sågverk sawmill

såld 1 sold osv., jfr *sälja* **2** *han är* ~ vard., förlorad he's done for, he's a goner

således följaktligen consequently, accordingly
såll sieve; grövre riddle; för t.ex. grus screen
sålla eg. sift, screen, jfr *såll*; bildl. sift; kandidater o.d. screen
sålunda thus, jfr *således*
sång 1 sjungande singing äv. som skolämne, song **2** sångstycke song; dikt poem
sångare 1 singer; diktare poet **2** zool. warbler; jfr *sångfågel*
sångbok songbook
sångerska [female] singer
sångfågel 1 zool. songbird **2** vard., pers. singer
sångkör choir
sånglektion singing lesson
sångröst singing-voice
sångstämma vocal part
såningsmaskin sowing machine
såpa soft soap
såpbubbla soapbubble; *blåsa såpbubblor* blow bubbles
såphal slippery
såpopera neds. soap opera
sår isht hugg~, stick~ wound äv. bildl.; inflammerat sore; bränn~ burn
såra 1 eg. wound; subst. adj.: *en ~d* a wounded person **2** kränka hurt, wound; förorätta injure; stöta offend; stark. outrage
sårbar vulnerable
sårbarhet vulnerability
sårig betäckt med sår ...covered with wounds etc., jfr *sår*; varig ulcered; bildl. wounded
sårsalva ointment [for wounds etc., jfr *sår*]
sås sauce
såsom as; 'på samma sätt som' like; *~ barn* brukade han... as a child...; *~ straff* as (by way of) punishment
såssked gravy spoon
såsskål sauceboat
såt, *~a vänner* intimate (bosom) friends; vard. great pals (buddies)
såtillvida i så måtto so far; *~ som* in so far as; isht amer. insofar as
såvida if; förutsatt att provided [that]; *~...inte* vanl. unless
såvitt så långt as (so) far as; *~ jag vet* as far as I know, to the best of my knowledge
såväl, *~ A som B* A as well as B
säck sack; mindre bag; *en ~ potatis* a sack of...
säcka sag; om kläder be baggy; *~ ihop* collapse, break down
säckig baggy
säcklöpning sack race; säcklöpande sack racing
säckpipa mus. bagpipe; ofta bagpipes
säckväv sacking

säd 1 växande el. uttröskad corn, isht amer. grain; utsäde seed, grain; gröda crops; skörd crop **2** fysiol. seed
sädesax ear of corn (pl. ears of corn)
sädesfält med gröda field of corn (pl. fields of corn)
sädeskorn grain of corn
sädesslag kind of corn, cereal
sädesvätska fysiol. seminal fluid
sädesärla zool. wagtail
säga I *tr* yttra say; tala 'om tell; betyda mean; kortsp.: bjuda bid; *~ ngt till (åt) ngn* say a th. to a p., tell a p. a th.; *han sade* (sade 'till mig) *att jag skulle komma* he told me to come; *han sade* (talade om för mig) *att han skulle komma* he told me (said) [that] he would come; *säg ingenting om det här till någon!* don't tell anybody [about this]!; *~ sanningen* tell the truth; *om jag får ~ det själv* though I say it myself; *det kan jag inte ~* I can't (couldn't) tell (say); *det må jag [då] ~!* well, I never!; well, what do you know!; *det vill ~* (förk. d.v.s.) that is [to say] (förk. i.e.); *det vill inte ~ så lite* that is saying a good deal (quite a lot); *~ vad man vill, men hon...* I'll say this for her, she...; say what you like (will), but she...; *gör som jag säger* do as I say (tell you); *säg det!* vem vet? who knows?, search me!; *då säger vi det!* that's settled, then!; all right, then!; OK, then!; *vad säger du om det?* what do you say to that?; *jag har hört ~s att...* I have heard [it said] (have been told) that...; *sagt och gjort* no sooner said than done; *därmed [är] inte sagt att...* it does not follow that..., that is not to say that... **II** *rfl, hon säger sig vara lycklig* she says she is happy
III med beton. part.

~ efter: *säg efter mig!* say (repeat) this after me!

~ emot contradict; isht i nekande o. frågande satser gainsay

~ ifrån: *säg ifrån* (säg till mig, honom etc.) *när* du blir trött tell me (him etc.) when..., let me etc. know when...

~ om upprepa say...again

~ till befalla tell; *~ till [ngn]* ge [ngn] besked tell a p., let a p. know; *~ till om ngt* beställa order (be om ask for) a th.; om ni önskar något *så säg till!* ..., just say so!, ...just say the word!

~ upp anställd vanl. give...notice; hyresgäst vanl. give... notice to quit; avtal cancel; kontrakt äv. give notice of termination of; fordran, inteckning call in

~ åt: *~ åt ngn att* +inf. tell a p. to +inf.

sägen legend
säker förvissad sure, certain; alldeles ~ vid påstående o.d. positive [*på* about]; full av tillförsikt confident [*på* of]; utom fara, riskfri, fullt pålitlig safe [*för* t.ex. anfall from]; trygg, inte utsatt för (utan känsla av) fara secure [*för* t.ex. anfall from, against]; tillförlitlig safe, reliable, sure; stadig steady; betryggad assured; *en ~ chaufför (bilförare)* a safe driver; *med ~ hand* with a sure (steady) hand; *vara på den säkra sidan* be on the safe side, play safe; *ett ~t tecken* a sure sign; *säkra uppgifter* reliable information sg.; *så mycket är ~t att...* so (this) much is certain that...; *det kan du vara ~ på (var så ~)* you may be certain (sure); vard. [you] bet your life, you bet, make no mistake; *han är ~ på att få* platsen he is certain (sure) of getting...; *det är bäst* (för mig, dig osv.) *att ta det säkra för det osäkra* I (you osv.) had better be on the safe side (take no chances, play safe)
säkerhet 1 visshet certainty; trygghet safety; i uppträdande assurance, poise; duktighet skill, mastery; *den allmänna ~en* public safety; *för ~s skull* for safety's sake, to be on the safe side; *vara i ~* be safe, be in safety; *med all ~* säkerligen certainly, without doubt **2** hand. security; *lämna ~ för* ett lån give security for...; *låna ut pengar mot ~* lend money on security
säkerhetsanordning safety device
säkerhetsbälte isht i bil seat belt; safety belt äv. som säkerhetsanordning
säkerhetskedja på dörr doorchain; på smycke safety chain
säkerhetsman security man (officer)
säkerhetsnål safety pin
säkerhetspolis security police
säkerhetsrisk security risk
säkerhetsråd, *~et* i FN the Security Council
säkerhetsskäl, *av ~* for reasons of security, for security reasons
säkerhetsåtgärd förebyggande precautionary measure; mot spioneri security measure
säkerligen certainly, doubtless
säkerställa guarantee
säkert med visshet certainly, undoubtedly, no doubt; [högst] sannolikt very (most) likely; tryggt safely; stadigt securely; [*ja*] *~!* certainly!, undoubtedly!, no doubt!; isht amer. sure!; *det vet jag* [*alldeles*] *~* I know that for certain (for a certainty, for a fact); *hon är ~ nog ganska ung* she is probably rather young; *han träffas säkrast* mellan 9 och 10 the surest time to get hold of him is...

säkra 1 säkerställa secure; t.ex. freden safeguard; *en ~d framtid* a secure future **2** skjutvapen put...at safety; låsa fasten
säkring 1 elektr. fuse; *en ~ har gått* a fuse has blown **2** på vapen safety catch, safety bolt
säl zool. seal
sälg bot. sallow; för sammansättn. jfr äv. *björk-*
sälja sell äv. bildl.; marknadsföra market; avyttra dispose of; jur.: salubjuda vend; *~ ngt för* 1000 kr sell a th. for...; *~ ut* sell out
säljare seller; jur. äv. vendor; försäljare salesman
säljbar salable, marketable
säljkurs för värdepapper asked price (quotation); för valutor selling rate
sälla, *~ sig till* join
sällan 1 seldom; *endast ~* vanl. only on rare occasions; *högst ~* very seldom etc.; *inte* [*så*] *~* not infrequently, rather often, more often than not **2** vard., visst inte certainly not!
sällsam strange, peculiar
sällskap umgänge company, companionship; tillfällig samling personer party, company; följeslagare companion; förening society; *han är ett angenämt ~* he is a pleasant companion, he makes pleasant company; *jag hade ~ med henne* dit she and I walked (reste travelled) together...; *ha (gå i) ~* 'hålla ihop' *med* en flicka be going out with...; *de har ~* 'håller ihop' they are going out together; *komma (råka) i dåligt ~* get into bad company
sällskapa 1 *~ med ngn* hålla ngn sällskap keep a p. company **2** 'hålla ihop' be going out together; *han ~de med henne* några månader he went out with her...
sällskaplig sällskaps- social; road av sällskap sociable; sällskapskär gregarious
sällskapsdam [lady's] companion
sällskapsdjur t.ex. hund pet
sällskapslek party (parlour) game
sällskapsliv umgängesliv social life; societetsliv society [life]
sällskapsmänniska sociable person
sällskapsresa conducted tour
sällskapsrum på hotell o.d. lounge, assembly room; privat drawing-room
sällskapssjuk, *han är ~* he needs (loves, tillfälligt is longing for) company
sällskapsspel party (parlour) game
sällsynt I *adj* rare; *en ~ gäst* an infrequent (a rare) visitor **II** *adv* exceptionally; *i ~ hög grad* to an exceptional degree
sällsynthet egenskap rarity; händelse rare event; sak rarity; *det hör till ~erna* [*att*

hon går ut] it is a rare thing [for her to go out]
sälskinn sealskin
sämja harmony, unity
sämre I *adj* worse; underlägsen inferior; absol.: om varor inferior, om nöjeslokal o.d. disreputable; *bli ~* become (get, grow) worse; om situation el. vädret äv. deteriorate, worsen **II** *adv* worse; *han har det ~ nu* he is worse off now
sämskskinn chamois [leather], shammy [leather], wash leather
sämst I *adj* worst; *i ~a fall* if the worst comes to the worst, at [the] worst; *det ~a [av alltsammans] var att...* the worst [part] of it was... **II** *adv* worst; *de ~ avlönade* grupperna i samhället the most poorly paid...
sända *tr* **1** send; hand. forward; isht med järnväg consign; pengar remit; *~ bud efter ngn* send for... **2** radio. broadcast, tekn. transmit; i tv vanl. televise, ibl. telecast; *konserten sänds i radio och tv* ...will be broadcast and televised
sändare allm. sender; radio. el. TV. transmitter
sändebud 1 ambassadör ambassador; envoyé envoy **2** budbärare messenger
sänder, *i ~* i taget at a time; *en efter one* by one; *lite i ~* little by little, by instalments
sändning (jfr *sända I*) **1** sändande sending etc. **2** varuparti consignment, shipment; leverans delivery **3** i radio o. tv broadcast; tekn. transmission, i tv ibl. telecast
sändningstid radio. broadcasting time, air time
säng 1 bed; utan sängkläder o.d. bedstead; barn~ cot, isht amer. crib; *hålla sig i ~en* stay in (keep to one's) bed; *gå i ~ med ngn* go to bed with ap.; *ta ngn på ~en* överraska take ap. by surprise; överrumpla catch ap. napping; *gå till ~s* go to bed; vid sjukdom take to one's bed; *stiga ur ~en* get out of bed **2** trädgårds~ bed
sängbotten bottom of a (resp. the) bed[stead]
sängdags, *det är ~* it is time for bed (bedtime)
sängfösare nightcap
sänggavel end of a (resp. the) bed (bedstead)
sänghimmel canopy
sängkammare bedroom
sängkant edge of a (resp. the) bed
sängkläder bedclothes
sänglampa bedside lamp
sängliggande, *vara ~* be confined to [one's] bed, be ill in bed; sedan länge be bedridden

sänglinne bed linen
sängläge, *tvingas inta ~* have to take to one's bed
sängplats säng bed; *~er* på hotell o.d. äv. sleeping accommodation (end. sg.)
sängtäcke quilt
sängvätare bed-wetter
sängöverkast bedspread
sänka I *s* **1** fördjupning depression; dal valley **2** med. sedimentation rate; *ta ~* carry out a sedimentation test [*på ngn* on ap.] **II** *tr* **1** minska, göra (placera) lägre lower; priser reduce; *~ ngns betyg* i ett ämne lower ap.'s mark (amer. grade); *~ farten* reduce speed; *~ huvudet* lower one's head; *~ ned* sink **2** *~ ett fartyg* sink a ship **III** *rfl, ~ sig* descend; om mark äv. sink, slope down [*mot* to]; om mörker, tystnad äv. fall [*över* on]
sänkning 1 abstr.: sänkande lowering osv., jfr *sänka II*; av fartyg sinking **2** konkr.: minskning av pris o.d. reduction; av pris cut
sära, *~ [på]* skilja [från varandra] separate, part
särbehandling special treatment
särbeskattning individual (separate) taxation (assessment)
särdeles synnerligen extremely; i synnerhet particularly; *han är inte ~ försiktig* he is not particularly (none too) careful
särdrag characteristic; egenhet peculiarity
säregen egendomlig strange
särklass, *stå i ~* be in a class by oneself, be outstanding
särprägel distinctive character
särpräglad individual, ...with a character of one's own
särskild speciell special; avskild separate; egen ...of one's own; egenartad peculiar; *för ett särskilt* bestämt *ändamål* for a specific purpose; *jag märkte ingenting särskilt* I did not notice anything particular; *jag har inte något särskilt för mig ikväll* I'm not doing anything special (particular) tonight
särskilja frånskilja separate; åtskilja distinguish [between]; urskilja discern
särskilt speciellt particularly; *jag ber att ~ få fästa er uppmärksamhet på...* I beg to call your special attention to...; *jag brydde mig inte ~ mycket om det* I did not bother too much (overmuch) about it
särskola special school [for mentally retarded children]
särställning, *inta en ~* isht om pers. hold (be in) an exceptional (a unique) position
säsong season; *det är ~ för* jordgubbar *nu* vanl. ...are in season now

säsongarbete seasonal employment (work)
säte 1 seat äv. i fordon; *ha sitt ~ i* residera reside in **2** persons bakdel seat
säteri ung. manor [farm]
sätt 1 vis way, i ngt högre stil manner, isht om sätt utmärkande för viss person e.d. fashion; med avseende på den yttre formen mode; stil style; medel means (pl. lika); *det billigaste ~et att resa* the cheapest way of travelling; *hans ~ att undervisa är...* the way he teaches..., his method of teaching...; *på alla (allt) ~ och vis* in every [possible] way; i alla avseenden in all respects; *på annat ~* in another (in a different) way; med andra metoder by other means; *på bästa [möjliga] ~* in the best [possible] way; om du fortsätter på *det ~et ...at this rate* (like this); *på ett eller annat ~* somehow [or other], [in] one way or (and) another; *på sitt ~* a) in his (her osv.) [own] way b) på ~ och vis in a way; *på så ~* in that way, so; i utrop I see **2** uppträdande manner; umgängessätt manners; *hon har ett trevligt ~* she has nice (agreeable) manners; *vad är det för ett ~?* what do you mean by behaving like that?, that's no way to behave
sätta I *tr* **1** placera put, place, set; i sittande ställning seat; fästa stick; sätta stadigt plant; anbringa fit; *var skall vi ~ placera det?* where shall we put (place) it?; *~ friheten högt* value freedom highly; *~ märke för* put a mark against, mark; pricka av tick off; *~ ord till en melodi* write the words for a melody **2** satsa stake; investera invest; *~ 100 kr på en häst* stake (put)...on a horse **3** plantera set; t.ex. potatis plant **4** typogr. compose **II** *itr, ~ i sken* bolt **III** *rfl, ~ sig* **1** sitta ned sit down; ta plats seat oneself; placera sig place oneself; ramla fall; slå sig ned settle; *~ sig [bekvämt] till rätta* settle oneself [comfortably]; *sätt dig här!* [come and] sit here!; *~ sig i bilen (på cykeln)* get into the car (get on the bicycle) **2** bildl., om pers. put oneself; *~ sig i förbindelse med...* get in touch with...; *~ sig på* spela översittare mot *ngn* bully (domineer over) a p. **3** om sak: sjunka settle, om t.ex. hus el. om bottensats settle to the bottom; fastna stick; värken *sätter sig i lederna* ...settles in (gets into) the joints **IV** med beton. part.

~ av a) släppa av put down (off); vard. drop b) reservera set aside; pengar äv. set apart
~ efter ngn run after...; börja jaga äv. start (set out) in pursuit of...
~ sig emot ngn (*ngt*) opponera sig oppose...; ngt äv. set one's face against...

~ fast a) fästa fix, fasten b) komma att fastna get...stuck; *~ sig fast* fastna stick, get stuck c) *~ fast ngn* put a p. away
~ fram a) ta fram put out; till beskådande display; duka fram put...on the table; flytta fram, t.ex. stolar draw up b) klocka put (set)...forward
~ för en skärm put (place)...in front
~ i allm. put in; fälla in: t.ex. ett tygstycke let in, t.ex. en lapp insert; sy i, t.ex. knapp sew...on; anbringa: t.ex. ett häftstift apply, t.ex. tändstift fit in; installera install; *~ i en kontakt (ett strykjärn)* put in a plug (plug in an iron); *~ i ngn* en idé put...into a p.'s head; *~ i sig* mat put away...
~ ihop allm. put...together; skarva ihop join [...together]; kombinera combine; författa, komponera compose; t.ex. ett program draw up; en artikel turn out; dikta ihop fabricate
~ in a) allm. put...in (inomhus inside); införa insert; installera install; bura in lock...up; *~ in ngt i ngt* allm. put a th. in[to] a th.; *~ in [i pärm]* file; *~ in* pengar [*på banken*] put in...[in the bank], deposit..., bank... b) koppla in put on; t.ex. extra personal put...on c) orientera o.d., *~ ngn (sig) in i* ngt acquaint a p. (oneself) with..., make a p. (oneself) acquainted with...; föreställa sig imagine...; leva sig in i, t.ex. någons känslor enter into...; inse realize... d) börja, om t.ex. värk set in
~ iväg set (dash, run) off
~ ned a) eg.: sätta ifrån sig put (set) down b) minska reduce; sänka lower; försämra impair; försvaga lower
~ om a) t.ex. en växel renew b) typogr. reset
~ på a) allm. put on; montera på fit on; *~ på ngt på* ngt put a th. on...; montera på fit a th. on to...; *~ på* göra *lite kaffe* make some coffee b) sätta i gång: t.ex. motor switch on; t.ex. radio turn on; grammofon[skiva] put on
~ till a) tillfoga el. kok. add b) satsa, offra devote; förlora lose; *~ till alla krafter* do one's utmost c) börja set in, begin; han kan vara *besvärlig när han sätter den sidan till* ...a nuisance when he is like that
~ upp a) placera o.d. put...up; resa, hänga upp hang; placera högre put...higher [up]; *~ upp* (debitera) ngt *på ngn (ngns räkning)* charge a p. with..., put...down to a p. (to a p.'s account) b) upprätta, t.ex. kontrakt draw up; göra upp make [out (up)] c) teat., iscensätta stage d) etablera, starta: t.ex. tidning start; t.ex. affär äv. set up e) uppvigla, *~ upp ngn emot* ngn stir a p. up against...
~ ut a) ställa ut put...out (utanför outside, utomhus outdoors); till beskådande display;

plantera ut plant (set) [...out] **b)** skriva ut: t.ex. datum put down, t.ex. komma put; ange: t.ex. ort på karta mark, t.ex. namn give ~ **åt** ansätta pester; klämma åt clamp down on; *när hungern sätter åt* when you get (start feeling) hungry ~ *sig över* ignore; inte respektera äv. disregard
sättare typogr. compositor
sätteri typogr. composing room
sättning 1 plantering setting [out]; av t.ex. potatis planting **2** hopsjunkning i hus o.d. settlement **3** typogr. composing, composition; uppsättning; skicka ngt *till* ~ ...to be set up [in type] **4** mus. arrangement
sättpotatis koll. seed potatoes
säv bot. rush
sävlig slow
söder I *s* väderstreck the south; *Södern* the South **II** *adv* [to the] south
Söderhavet the South Pacific, the South Sea[s pl.]
söderifrån from the south
söderläge, trädgård i ~ ...facing south
södersol, ett rum med ~ ...sun[shine] from the south
söderut åt söder southward[s]; i söder in the south
södra t.ex. sidan the south; t.ex. delen the southern; jfr *norra*
söka I *tr* o. *itr* **1** eftersträva (t.ex. lyckan) seek; önska få (t.ex. upplysningar) want; försöka få try to get; leta look; ~ [*efter*] leta efter look (ihärdigt search) for; vara på jakt efter be on the look-out for, be in search of; se sig om efter look about for; försöka hitta try to find; försöka komma på cast about for; ~ *en förklaring* cast about for (try to find) an explanation; ~ *lyckan* seek one's fortune; ~ *skydd* seek (ta take) shelter; *han söks av polisen* he is wanted by... **2** vilja träffa want to see; försöka träffa try to get hold of; *vem söks?* el. *vem söker ni?* who[m] do you want to see? **3** ansöka om, t.ex. anställning apply for; stipendium try (compete) for; *han sökte inte* he didn't apply **II** *rfl,* ~ *sig fram* [try to] find (pröva sig feel) one's way; ~ *sig till ngn* seek a p. (ngns sällskap a p.'s company) **III** med beton. part.
~ *sig bort från en stad* try to get away from...; söka nytt arbete try to get a job somewhere else than in...
~ **in i** (**vid**) *en skola* apply for admission in (entrance into)...
~ **upp** leta upp search out; hitta find; ~ *upp* ngn look...up, call on..., go (resp. come) to see...; söka reda på seek out...

~ **ut** utvälja choose; ta reda på åt sig find oneself
sökande aspirant applicant, candidate
sökare foto. view-finder
sökmotor data. search engine
sökning data. search; *göra en* ~ perform (run, do) a search
sökt långsökt far-fetched; tillgjord affected; ansträngt laboured
söla I *itr* gå och masa dawdle; dra ut på tiden waste time; ~ *bort* tiden dawdle away...; ~ *med* sitt arbete dawdle over... **II** *tr,* ~ *ned* smutsa soil, dirty, make...[all] grimy (grubby); kladda make...[all] messy (mucky)
sölig 1 långsam dawdling **2** kladdig messy
sölkorv vard. dawdler, slowcoach
söm 1 sömnad. o.d. seam; med. äv. suture; *gå upp i ~marna* come apart (rip) at the seams; sömnad. äv. come unsewn **2** hästskospik horse[shoe] nail
sömlös seamless, seamfree
sömmerska kläd~ dressmaker; linne~ o.d. seamstress, sempstress; fabriks~ sewer
sömn sleep; *ha god* ~ be a good (sound) sleeper, sleep well; *falla i* ~ fall asleep, go to sleep; gråta sig *till ~s* ...to sleep
sömnad sewing; *en* ~ a piece of needlework
sömndrucken ...heavy (drowsy) with sleep
sömngångare sleepwalker
sömnig sleepy äv. bildl.; dåsig drowsy; slö indolent
sömnlös sleepless; *en* ~ *natt* a sleepless night; *ligga* ~ en natt lie sleepless (wakeful)...
sömnlöshet sleeplessness; med. insomnia; *lida av* ~ suffer from insomnia
sömnmedel med. hypnotic; vard. sleeping-pill
sömnpiller sleeping-pill
sömnsjuka vanl. i Afrika sleeping sickness
sömntablett sleeping-tablet, sleeping-pill
sömntuta vard. great sleeper
söndag Sunday; *på sön- och helgdagar* on Sundays and holidays; jfr *fredag* o. sammansättn.
söndagsbarn, han är [*ett*] ~ he was born on a Sunday, bildl. he was born under a lucky star
söndagsbilaga Sunday supplement
söndagsklädd ...[dressed up] in one's Sunday clothes (Sunday best)
söndagsskola Sunday school
söndagsöppen ...open on Sunday[s]
sönder 1 sönderslagen, bruten, av o.d. broken; i bitar in pieces; sönderriven torn; söndernött worn through, [all] in holes; *gå* ~ brista o.d. break [itu in two]; krossas äv. smash; gå

av äv. snap [itu in two]; gå i bitar go (come, bildl. fall) to pieces; spricka burst; rivas sönder (om t.ex. papper) tear; *ha* slå (bryta etc.) ~ break...[*i* flera delar to pieces (bits), *itu* in two]; krossa smash; klämma ~ crush; mosa mash; t.ex. skära i bitar cut...up, cut...into pieces; riva ~ tear [...to pieces]; *slå ngn ~ och samman* smash (batter) a p. to pieces **2** i olag out of order; slut (om t.ex. glödlampa) gone; hissen *är* ~ äv. ...doesn't work (function); *gå ~* go (get) out of order; stanna, strejka break down

sönderbränd, *vara ~ av solen* be badly burnt by the sun

sönderdela dela i bitar divide...into pieces (parts); stycka cut (break) up; kem. decompose

sönderfall bildl. el. fys. disintegration; kem. decomposition

sönderfalla falla i bitar fall to pieces; bildl. el. fys. disintegrate; kem. decompose

sönderriven torn; *den är ~* äv. it is (has been) torn to pieces (bits)

sönderslagen om sak broken; om person battered

söndertrasad tattered [and torn]

söndra dela divide; splittra disunite, cause disunion in; t.ex. land, parti disrupt, break up

söndring splittring division; oenighet dissension; schism schism

1 sörja modd, slask slush; smuts mud; smörja sludge; oreda mess

2 sörja I *tr*, *~ ngn* en avliden mourn [for] (stark. lament [for]) a p.; sakna regret (grieve for, mourn, stark. lament) the loss of a p. **II** *itr* **1** mourn; *~ över* grieve for (over); sakna, beklaga regret; vara ledsen över be sorry about, grieve (be grieved) at; bekymra sig över worry about **2** *~ för* se till see to; sköta om take care of, look after; ta hand om care for; dra försorg om, ordna för provide for, make provision for; ordna med provide; skaffa äv. get, find; göra do; *~ för att* ngt görs see [to it] that...

sörjande, *de [närmast] ~* isht vid begravningen the [chief] mourners

sörpla I *tr*, *~ i sig* ngt drink (soppa o.d. guzzle) down...noisily **II** *itr*, *~ [när man dricker (äter)]* slurp, drink (eat) noisily

söt sweet; iron. el. rar äv. nice; vacker äv. pretty; amer. äv. cute; intagande charming, attractive; *en ~ flicka* a pretty (charming, lovely) girl; *en ~ klänning* a sweet (pretty, nice, lovely) dress; *~t vatten* i insjö fresh water

söta sweeten

sötma sweetness

sötmandel sweet almond (koll. almonds pl.)

sötningsmedel sweetening agent

sötnos vard. sweetie [pie], poppet; amer. cutie

sötsaker sweets; amer. äv. candy

sötsliskig sickly-sweet, sweet and sickly; inställsam: om pers. oily, om t.ex. leende sugary

sötsur 1 kok. sweet-sour **2** bildl. forced

sött rart o.d. sweetly; *det smakar ~* it tastes sweet, it has a sweet taste

sötvatten fresh water

sötvattensfisk freshwater fish

söva 1 put (send, vagga lull)...to sleep; bildl.: sitt samvete silence; insöva lull; suset *är ~nde* ...makes you sleepy (drowsy) **2** med. *~ [ned]* ge narkos administer an anaesthetic to

T

t bokstav t [utt. ti:]

ta I *tr* o. *itr* take äv. friare el. bildl.; ta [med sig] hit bring; ta [med sig] bort, gå [dit] med take; fånga, ta fast catch; lägga beslag på seize; ta sig, t.ex. en kopp kaffe, en tupplur have; tillsätta (t.ex. socker på gröten) put, kok. add; ta betalt, debitera charge; träffa hit; göra verkan take (have some) effect, om kniv bite; ~ [en] *taxi* take a taxi; ~ *ett lån* raise a loan; *vem ~r ni mig för?* who (what) do you take me for?, who (what) do you think I am?; *han tog* 50 kronor *för den* he charged [me]...for it; ~ *i (på)* vidröra *ngt* touch a th.; ~ *ngn i armen* take [hold of] a p. by the arm; *det ~r på krafterna* it tells on one's (your) strength, it takes a great deal out of one (you) **II** *rfl*, ~ *sig* **1** skaffa sig, företa, t.ex. en ledig dag take; t.ex. en bit mat have **2** [lyckas] komma get; *kan du ~ dig* hitta *hit?* can you find your way here? **3** förkovra sig improve, make progress; bli bättre get better; om planta [begin to] grow; om eld [begin to] burn up **III** med beton. part.

~ **sig an** ngn (ngt) take care of

~ **av a)** tr. take off; ~ *av sig* take off **b)** itr.: vika av turn [off]

~ **bort** avlägsna take away, remove

~ **efter** ngn **(ngt)** imitate (copy) a p. (a th.)

~ **emot** mottaga receive; lämna tillträde till admit; ta [hand om]: för annans räkning take, yrkesmässigt, t.ex. inackorderingar, tvätt take in; ~ *emot [besök]* receive (see, admit) visitors (callers); hemma äv. be at home [to visitors (callers)]; *ansökningar (anmälningar) ~s emot av...* applications (entries) may be handed in (per telefon be phoned in) to...; *förslaget (skådespelaren) togs emot med* livligt bifall the proposal (the actor) was received (hälsades was greeted) with...

~ **fast** [in]fånga catch; få fast get hold of; ~ *fast tjuven!* stop thief!

~ **fram** ngt take out a th.; ~ *fram* för att visa upp (t.ex. biljett, pass) äv. produce [*ur* out of]; dra fram pull out; ~ *sig fram* bana sig väg make (force) one's way, get through; klara sig [ekonomiskt] get on (along); hitta find one's way, get there (resp. here)

~ **för sig** servera sig help oneself; ~ *sig för* göra do; gripa sig an med set about [*att skriva* writing]

~ **hit** bring...here

~ **i** itr: hugga i put one's back into it; hjälpa till lend (bear) a hand; ~ *i* anstränga sig *ordentligt* äv. fall to properly; ~ *inte i så där!* el. *vad du ~r i!* ta det lugnt, säg inte så don't go on like that!, take it easy!

~ **ifrån** ngn *ngt* eg. take...away from a p.; beröva deprive (rob) a p. of...

~ **igen** tillbaka take...back [again]; något försummat recover, make good; ~ *igen förlorad tid* make up for lost time

~ **in a)** tr. take (resp. bring) in; station i radio o.d.: ställa in tune in to, få in pick up; låta ingå (t.ex. artikel el. annons i tidning) put in; publicera publish, print; sömnad. take in; ~ *in ngn* ge tillträde admit a p. [*i* t.ex. förening, skola, *på* t.ex. sjukhus [in]to]; ~ *in ngn på* t.ex. en vårdanstalt commit a p. to... **b)** itr.: ~ *in på hotell (hos ngn)* put up at a (an) hotel (at a p.'s house) **c)** rfl.: ~ *sig in* get in

~ **isär** take...to pieces

~ **itu med:** ~ *itu med ngt* set about (set to work at) a th.

~ **med** medföra (äv. ~ *med sig*): föra hit, ha med sig bring...; föra bort take (bära carry)...[along] with one, take...along; inbegripa include; ~ *med ngn på* en lista include a p. in...

~ **ned (ner)** take (från hylla o.d. äv. reach) down; hämta ned (t.ex. från vinden) fetch (bring) down; ~ *ned ett segel* take in (down) a sail

~ **om** upprepa take (säga, läsa resp. sjunga om osv. say, read resp. sing osv.)...[over] again; isht mus. el. teat. äv. repeat; ~ *om av* soppan take another helping of...

~ **på:** ~ *på [sig]* t.ex. byxor, skor, glasögon put on; ~ *på sig* åtaga sig *för mycket* take on too much

~ **sig samman** pull oneself together

~ **till** börja använda take to; begagna sig av use; tillgripa resort to; överdriva exaggerate [things]; *du ~r då till!* brer på you are piling it on (overdoing it), aren't you?; ~ *sig till* göra do; börja med start; gripa sig an med set about

~ **upp a)** take up äv. bildl. (t.ex. en fråga, kampen); hämta upp bring up; från marken, ur vattnet pick up äv. ta upp [tillfälliga] passagerare o.d.; ur ficka take (plocka upp fish) out; samla (plocka) upp gather up; insamla collect; diskutera discuss; föra upp

äv. put down, enter [up]; ~ *upp ngt till diskussion* bring a th. up for discussion; ~ *väl* (*illa*) *upp* i fråga om ngt take...in good (bad) part; *han tog upp sig* mot slutet av matchen he improved... **b)** öppna (t.ex. ett paket, en konservburk) open; ~ *upp* göra *en dörr i* en vägg have a door made in... ~ **ur** take out; tömma empty; avlägsna (t.ex. kärnor, en fläck) remove; rensa: fågel draw, fisk clean, gut
~ **ut a)** mera eg. take (resp. bring) out; bära (flytta) ut äv. carry (move) out; få ut get out; ~ *sig ut* [manage to] get out, find (make) one's way out [*ur* of] **b)** friare: anskaffa withdraw (draw) **c)** spec. bet.: lösa, problem o.d. solve; lösa rebus make out; ~ *ut kurvan* not cut a (resp. the) corner (curve) [too fine], take a (resp. the) corner (curve) wide; ~ *ut en melodi på* ett instrument pick out a tune on...; *de ~r ut varandra* they cancel each other out; ~ trötta *ut sig* tire oneself out
~ **vid** börja begin; fortsätta follow [on]; om pers. äv. step in; ~ [*illa*] *vid sig* be upset (put out) [*av* (*över*) about]
~ **åt sig a)** känna sig träffad feel guilty **b)** dra till sig attract; fukt absorb, soak up **c)** *vad ~r det åt dig?* what's the matter with you?
~ **över** överta ledningen take over
tabbe vard. blunder
tabell table
tablett 1 farmakol. tablet, pill; pastill pastille **2** liten duk table mat
tablå 1 teat. tableau (pl. -x) **2** översikt schedule
tabu I *s* taboo (pl. -s); *belägga med* ~ taboo **II** *adj* taboo
tabulator tabulator
taburett 1 eg. stool; antik tabouret **2** bildl. ministerial post
tack thanks; barnspr. el. vard. ta; *ja ~!* **a)** som svar på: Vill du ha...? yes, please! **b)** som svar på: Har du fått...? yes, thanks (thank you)!; *tusen ~!* thanks a lot (awfully)!; ~ *så förfärligt* (*hemskt*) *mycket!* thank you very much indeed!; ~ *för i går* (*senast*)*!* motsvaras ofta av we had a nice (wonderful) time yesterday (the other day, evening etc.); ~ *för maten!* I did enjoy the meal!, what a nice meal!; *med* ~ *på förhand* thanking you in advance; *till* ~ *för* hjälpen in acknowledgement for..., by way of thanks for...; ~ *vare* hans hjälp thanks (owing) to...
1 tacka thank; *skriva och* ~ write and say 'Thank you'; *jo jag ~r jag! det var inte dåligt* well, I say!; well, well!; ~ *ja* (*nej*) *till ngt* accept (decline) a th. [with many thanks]; ~ *för maten* ung. say 'thank you' after a meal (ej brukligt i eng.); ~ [*ngn*] *för senast* bjudning, ung. thank a p. for his (resp. her) hospitality; *vi kan* ~ *honom för att...* we are indebted to him for the fact that..., we owe it to him that...; ~ *vet jag...* give me...[any day]
2 tacka fårhona ewe
3 tacka av järn, bly pig; av guld bar; av stål billet
tackkort, *ett* ~ a thank-you card
tackla I *tr* **1** sjö. rig **2** sport. el. bildl. tackle **II** *itr*, ~ *av* bli sämre, magra fall away
tackling 1 sjö., rigg rigging **2** sport. tackle; tacklande tackling
tacksam grateful; stark. el. t.ex. mot försynen o.d. thankful; *visa sig* ~ show that one is grateful
tacksamhet gratitude
tacksamhetsskuld, *stå i* ~ *till ngn* owe a debt of gratitude to a p., be under an obligation to a p.
tacksamt gratefully; thankfully; jfr *tacksam*
tacksägelse thanksgiving, thanks
tacktal speech of thanks; *han höll ~et* he returned formal thanks [on behalf of the guests]
1 tafatt lek tag; *leka* ~ play tag
2 tafatt awkward
tafatthet awkwardness
tafs fiske. snell, snood
tafsa vard., ~ fingra *på ngt* fiddle [about] (tamper) with a th.; ~ *på* en kvinna paw...about, grope...
taft tyg taffeta
tag 1 grepp grip, grasp; hold äv. bildl.; rörelse: sim~ stroke, ryck pull; *det blev hårda* ~ för oss, ung. we had a tough struggle; *släppa ~et* let go; *fatta* (*gripa*, *hugga*, *ta*) ~ *i* catch (clutch, seize, take) [hold of]; *få* ~ *i* (*på*) get hold of; hitta find; komma över pick up **2** jag glömmer det inte *i första ~et* ...in a hurry; *två i ~et* two at a time
taga se *ta*
tagel horsehair
tagen medtagen tired out, vard. done up; gripen touched (samtl. end. pred.), stark. thrilled; upprörd excited
tagetes bot. Tagetes, French (större African) marigold
tagg prickle; skarp spets jag; pigg spike; biol., oftast spine; törn~ thorn; *vända ~arna utåt* bildl. show one's claws
taggig prickly; spiny, spinous; thorny; jfr *tagg*
taggtråd barb[ed] wire
tagning foto., exponering exposure; film.

filming, shooting, enstaka **take;** tystnad, ~*!* ofta **camera!**
tajma vard. **time** äv. sport.
tajt vard. **tight**
tak ytter~ **roof** (äv. om dess undersida, då ett särsk. innertak saknas, t.ex. i kyrka, vindsvåning, vagn); inner~ **ceiling** äv. bildl.; *ha ~ över huvudet* **have [got] a roof over one's head;** rummet *är högt (lågt) i ~[et]* ...**has a high (low) ceiling;** *lägga ~ på...* **put (lay) a roof on...,** **roof...;** bo *under samma ~* ...**under the same roof**
takbjälke **beam of a (resp. the) roof**
takdropp utomhus **eavesdrop, eavesdroppings;** i rum **dropping from the ceiling** (resp. **roof**)
takfönster **skylight [window]**
takkrona **chandelier**
taklampa **ceiling lamp;** i bil **interior (dome, roof) light**
taklucka **roof hatch**
takmålning konst. **ceiling painting (picture)**
taknock **roofridge**
takpanna **[roofing] tile**
takräcke på bil **roofrack**
takränna **gutter**
takt 1 tempo: mus. **time;** fart **pace;** *hålla ~en* **keep pace** (mus. **time**); *stampa ~en* **beat time with one's foot;** *öka ~en* **increase the pace (speed);** *gå i ~* **keep (walk) in step 2** rytmisk enhet **bar;** versfot **foot;** motor. **stroke 3** finkänslighet **tact[fulness], discretion**
taktegel koll. **[roofing] tiles**
takterrass **roof terrace, flat roof;** restaurang **roof restaurant**
taktfast *adj* om steg **measured;** rytmisk **rhythmic[al]**
taktfull **tactful, discreet**
taktfullhet **tactfulness, discretion**
taktik **tactics**
taktisk **tactical**
taktkänsla 1 taktfullhet **sense of tact 2** mus. **sense of rhythm**
taktlös **tactless**
taktlöshet **tactlessness;** *en ~* **a piece of tactlessness;** t.ex. anmärkning **a tactless remark**
taktpinne mus. **[conductor's] baton**
taktstreck mus. **bar line**
takås **[roof]ridge**
tal 1 antal, siffertal **number;** räkneuppgift **sum;** *räkna ett ~* **do (work out) a sum 2** talande **speech;** samtal **conversation;** *~ets gåva* **the gift of speech;** *det har aldrig varit ~ om det* (*om att* inf.) **kommit i fråga there has never been any question of that** (of ing-form); *hålla [ett] ~* **make (give, deliver) a speech** [*för ngn* **for (in honour of)** a p.]; *på ~ om...* **speaking (talking) of...;** *på ~ om det* **apropå** äv. **by the way;** *komma på ~* **come up**

tala I *tr* o. *itr* **speak;** prata **talk;** *~ affärer (politik)* **talk business (politics);** *~ sanning* **speak (tell) the truth;** *allvarligt (bildligt) ~t* **seriously (figuratively) speaking**
med prep.: *~ emot* ett förslag **speak against...;** *det är mycket som ~r för* till förmån för *det* **there is a lot to be said for (in favour of) it;** *allting ~r för* vittnar om *hans oskuld* **everything goes to prove (indicates) his innocence;** *det är mycket som ~r för* tyder på *att han har...* **there is a lot that points towards his having (that indicates that he has)...;** *~ för sig själv* om pers. a) utan åhörare **talk to oneself** b) å egna vägnar **speak for oneself;** *~ med ngn* **speak (talk) to** (i fråga om längre o. viktigare samtal **with**) a p.; *kan jag få ~ med...* äv. **can I see (have a word with)...;** *~ om* a) samtala om **speak (talk) of** (isht mera ingående **about**) b) dryfta **discuss, talk...over** c) nämna **mention** d) hålla föredrag o.d. om (över) **speak on (about);** *det är ingen sko att ~ om* ...**worth mentioning,** ...**to speak of;** *det är ingenting att ~ om!* avböjande **don't mention it!, not at all!;** *han har låtit ~ mycket om sig* **there has been a lot of talk about him**
II med beton. part.
~ igenom **problemet thrash...out**
~ in...[på band] **record...**
~ om **tell;** berätta utförligare **relate;** omnämna **mention;** *~ inte om det [för någon]!* **don't tell anybody!, don't breathe a word about it!**
~ ut så att det hörs **speak up;** rent ut **speak one's mind;** *~ ut [med ngn] om ngt* **have (thrash) a th. out [with** a p.**]**
talan, *föra ~* **plead** a p.'s **cause;** bildl. **be** a p.'s **spokesman, represent** a p.; *han har ingen ~* **he has no say in the matter**
talande uttrycksfull **expressive;** om blick **significant;** om siffror o.d. **telling, striking;** *den ~* subst. adj. **the speaker**
talang **talent;** *~er* äv.: medfödda **endowments;** förvärvade **accomplishments, acquirements**
talangfull **talented**
talare **speaker;** väl~ **orator;** *jag är inte någon ~* **I am not much of a speaker**
talarstol **rostr|um** (pl. äv. **-a**); vid möte o.d. ofta **platform**
talas, *vi får ~ vid om saken* **we must have a talk about it (talk the matter over)**

talbok talking (cassette) book
talesman spokesman
talesätt locution, set el. stock (ordspråksliknande proverbial) phrase
talfel speech defect (impediment)
talför talkative, voluble
talförmåga faculty (power) of speech; *har du tappat ~n?* vard. äv. has the cat got your tongue?
talg tallow; njur~ suet
talgoxe zool. great tit, great tit|mouse (pl. -mice)
talk puder talcum [powder]
talka powder...with talcum, talc
tall träd pine [tree]
tallbarr pine needle
tallkotte pine cone
tallrik plate; *en ~ soppa* a plate[ful] of soup
tallskog pinewood[s pl.]; större pine forest
tallös numberless
talman parl. speaker; *Herr ~!* Mr. Speaker!
talong på biljetthäfte o.d. counterfoil, amer. stub
talorgan speech organ, organ of speech
talpedagog speech trainer; logoped speech therapist
talrik numerous; *~a vänner* äv. many..., a great number of...
talrikt numerously; in large (great) numbers
talrubbning speech disturbance (disorder)
talspråk spoken language
talspråksuttryck colloquial expression
talteknik skol. speech training
taltrast zool. song thrush
tam tame äv. bildl.; *~a djur* husdjur domestic animals
tamboskap koll. domestic cattle
tambur förstuga hall, amer. hallway; kapprum cloakroom
tamburin mus. tambourine
tamdjur tame (husdjur domestic[ated]) animal
tamkatt domestic[ated] cat
tamp rope's end; piece of rope
tampas, *~ [med varandra]* tussle
tampong tampon
tand tooth (pl. teeth) äv. på kam, såg m.m.; tekn. cog; *tidens ~* the ravages (pl.) of time; *försedd med tänder* toothed; *borsta tänderna* brush (clean, do) one's teeth
tandad toothed osv.; sågtandad serrated; bot. dentate
tandagnisslan, *gråt och ~* weeping and gnashing of teeth
tandborste toothbrush
tandborstglas toothbrush glass
tandbro o. **tandbrygga** [dental] bridge

tandem tandem
tandemcykel tandem [bicycle]
tandfyllning filling
tandgarnityr tänder set of teeth; protes denture
tandhals neck of a (resp. the) tooth
tandhygien dental hygiene
tandhygienist dental hygienist
tandkräm toothpaste
tandkrämstub med innehåll tube of toothpaste
tandkött gums
tandlossning loosening of the teeth
tandläkare dentist
tandlös toothless äv. bildl.
tandpetare toothpick
tandprotes denture, dental plate
tandreglering correction of irregularities of the teeth; tandläk. orthodontics
tandröta [dental] caries
tandsköterska dental nurse (assistant)
tandsprickning teething; tandläk. dentition
tandsten tartar
tandställning 1 tändernas placering position of the teeth; tandläk. dentition **2** för tandreglering brace[s pl.]
tandtekniker dental technician
tandtråd dental floss
tandvård som organisation dental service; personlig dental care (hygiene)
tandvärk, *ha ~* have [a] toothache
tanga o. **tangatrosa** tanga [brief]
tangent 1 mus. el. på tangentbord key **2** matem. tangent
tangentbord data. o.d. keyboard
tangera mat. touch; bildl. touch [up]on; *~ världsrekordet* equal (touch) the world record
tango tango (pl. -s); *dansa ~* dance (do) the tango
tanig mager thin
tank 1 behållare tank; *full ~, tack!* fill her up, please! **2** stridsvagn tank
tanka bil fill (vard. tank) up; itr., om fartyg, flygplan refuel; *~ 50 liter bensin* put...in [the tank]; *jag måste ~* äv. I must get some petrol (amer. gas)
tankbil tank lorry (isht amer. gasoline truck)
tankbåt tanker
tanke thought; idé idea; *snabb[t] som ~n* [as] quick as thought; *det är min ~ avsikt att* + inf. I intend to + inf.; *ha låga tankar om...* have a poor opinion (idea) of..., think poorly of...; *ha höga tankar om...* think highly of...; *det för (leder) ~n till...* it makes one think of...; påminner om it reminds one of...; *läsa ngns ~ar* read a p.'s thoughts (mind); *utbyta tankar*

[*med varandra*] exchange ideas; *inte ägna en ~ åt...* not give a thought to... föregånget av prep.: *gå i* (*vara försjunken i*) *tankar* be lost (deep, wrapped up) in thought; *ha ngt i tankarna* have a th. in mind; *komma* (*få ngn*) *på andra tankar* change one's mind (make a p. change his resp. her mind); *hur kunde du komma på den ~n?* förebrående what put that into your head?; *utan ~ på* without a thought of, mindless of

tankearbete brain work; tänkande thought; *låt mig sköta ~t!* let me do the thinking!

tankeexperiment intellectual experiment, supposition

tankefel error in thinking, logical error

tankeförmåga capacity for thinking (thought)

tankegång tankebana train (line) of thought; sätt att tänka way of thinking

tankeläsare thought-reader

tankeställare eye-opener; *vi fick* [*oss*] *en ~* äv. that gave us something to think about

tankeutbyte exchange of ideas (thoughts, views)

tankeverksamhet mental activity

tankeväckande thought-provoking, ...providing food for thought

tankeöverföring telepathy

tankfartyg tanker

tankfull thoughtful, meditative; drömmande musing, wistful

tanklös thoughtless, jfr *obetänksam*

tanklöshet thoughtlessness

tankning av bil filling-up [with petrol (amer. gas)], putting petrol (amer. gas) in; sjö. el. flyg. refuelling

tankomat automatic petrol (amer. gasoline) pump

tankspridd absent-minded

tankspriddhet absent-mindedness

tankstreck dash

tant aunt, vard. el. barnspr. auntie; friare [nice] lady; *~ Klara* Aunt Klara; *vad är det för en ~?* barnspr. who is that (this) lady?

tantig old-maidish; isht om sätt att klä sig frumpish

Tanzania Tanzania

taoism, ~[*en*] Taoism

tapet wallpaper; vävnad tapestry; rummet behöver *nya ~er* ...new wallpaper sg.; *sätta upp ~er i ett rum* hang wallpaper in a room, paper a room; *vara på ~en* bildl. be on the carpet, be under discussion; om t.ex. projekt be in the pipeline

tapetrulle roll of wallpaper

tapetsera paper; med väv o.d. [hang with] tapestry; *~ om* repaper

tapetserare upholsterer

tapetsering paperhanging

tapisseri vävnad tapestry; stramaljbroderi needlepoint

tapp 1 i tunna o.d. tap; i badkar plug **2** till hopfästning peg; snick. tenon

1 tappa I *tr* tömma, hälla tap off, draw [off]; jfr *II*; *~* vin *på buteljer* draw...off into bottles, bottle...
II med beton. part.
~ **i:** *~ i vattnet* [*i badkaret*] let (run) the water into the bath; jfr äv. *~ på*
~ **på:** *~ på vatten* run... [*i into*]
~ **upp:** *~ upp ett bad* run a bath
~ **ur** draw (run) off; tömma behållare o.d. äv. empty

2 tappa 1 låta falla drop **2** förlora lose äv. bildl.; *~ håret* (*en tand*) lose one's hair (a tooth); *~ huvudet* bildl. lose one's head; *~ intresset* lose interest

tapper brave; i högre stil valiant; vard. plucky

tapperhet bravery; vard. pluckiness; *~ i fält* bravery in the field

tapperhetsmedalj medal for valour (bravery)

tappning avtappning tapping; på flaska bottling; årgång vintage; *i ny ~* bildl. in a new version

tappt, *ge ~* give in

tapto mil. tattoo (pl. -s); *blåsa ~* beat (sound) the tattoo

tariff tariff; över avgifter schedule (list) of rates

tarm anat. intestine; *~arna* äv. the bowels; vard. the guts

tarmkatarr med. intestinal catarrh

tarmludd anat. intestinal villi

tarmvred med. ileus

tarvlig simpel vulgar, common; lumpen shabby; billig poor; enkel homely

tarvligt vulgarly osv.; jfr *tarvlig*; *bära sig ~ åt* behave shabbily [*mot* to]

tas (*tagas*) strida dispute, wrangle; *han är inte god att ~ med* he is not easy (an easy customer) to deal with

taskig vard. rotten, lousy

taskspelare juggler

tass paw äv. (vard.) om hand; *räcka vacker ~* om hund put out a (its) paw [nicely]; *bort med ~arna!* äv. hands off!

tassa patter; smyga sneak

tassel se *tissel*

tassla se *tissla*

tatar Tatar

tattare vagrant; oeg. gipsy

tatuera tattoo

tatuering tatuerande tattooing; *en ~* a tattoo

tavelgalleri picture gallery
taverna tavern
tavla 1 picture äv. bildl.; målning painting **2** anslags~ el. skol. board; för inskrift tablet; skott~ target; ur~ face **3** vard. *göra en ~* put one's foot in it, make a blunder (bloomer)
tax zool. dachshund ty.
taxa rate, charge; tabell list (table) of rates; avgift, t.ex. för körning fare, t.ex. för telefonering fee; *enhetlig (nedsatt) ~* standard (reduced) rate
taxameter [taxi]meter, fare meter
taxera för beskattning assess...[for taxes]; *vara ~d för...* be assessed at (for)...; *~d förmögenhet* taxed property (assets pl.)
taxering av myndighet för skatt assessing [of taxes]
taxeringsnämnd assessment committee
taxeringsvärde ratable value
taxi taxi[cab]; rörelse taxi service
taxichaufför taxi (cab) driver
taxiflyg flygplan taxiplane; rörelse taxiplane service
taxistation taxi rank; amer. taxistand
T-bana se *tunnelbana*
tbc med. TB
Tchad Chad
TCO förk., se ex. under *tjänsteman*
1 te tea äv. måltid; vard. char; *dricka ~* have tea; vard. have a cuppa; *koka ~* make tea
2 te, ~ sig förefalla appear, seem; ta sig (se) ut look [like]
teak virke teak [wood]; möbler *av ~* äv. teak[-wood]...; för sammansättn. jfr *björk-*
team team
teater theatre; *spela ~* act; deltaga i ett uppförande take part in a play; *gå på ~n* go to the theatre; sådana scener får man sällan se *på ~n* ...on the stage
teaterbesök, *ett ~* a visit to the theatre
teaterbesökare theatregoer, playgoer
teaterbiljett theatre ticket; *beställa ~er* äv. book seats
teaterbiten förtjust i att gå på teatern ...mad about the theatre; som vill bli skådespelare stage-struck
teaterchef theatre (theatrical) manager
teaterdirektör theatre (theatrical) manager
teaterföreställning theatrical performance; lättare show
teaterkikare opera glasses; *en ~* a pair of opera glasses
teaterkritiker dramatic (theatre) critic
teaterpjäs [stage] play
teaterpublik allm. audience; *~en* i salongen the house
teaterrecensent dramatic (theatre) critic

teatersalong auditorium; *en glest besatt ~* a sparsely-filled house
teaterscen [theatrical] stage
teatersällskap theatrical (theatre) company
teatralisk theatrical
tebjudning tea party
teburk tea caddy, tea canister
tebuske tea plant, tea shrub
tecken sign; känne~ mark, högtidl. token; symtom symptom; sinnebild emblem; symbol äv. matem.; skriv~ character; emblem badge; *djurkretsens (zodiakens) ~* the signs of the zodiac; *det är ett ~ på* hälsa it is a sign (mark) of...; *det är ett ~* förebud *på att...* it is an indication (a sign) that...; *ge ~* trafik. give a signal, signal; *göra (ge) [ett] ~ till ngn* make a sign to (motion) a p.
teckenspråk sign language
teckna I *tr* o. *itr* **1** avbilda draw; skissera sketch, outline; bildl. (skildra) describe, depict; *~ efter* modell (naturen) draw from... **2** skriva [under (på)] sign; endossera endorse; *~ aktier* subscribe [for] (apply for) shares **II** *rfl, ~ sig för* ngn på en lista put down one's name (oneself) for...
tecknad om film animated
tecknare 1 artist drawer **2** av aktier o.d. subscriber
teckning 1 avbildning drawing; skiss sketch; skol. art, art education; på djur markings **2** av aktier o.d. subscription
teckningslärare drawing teacher
teckningssal skol. art [class]room
tedags, *vid ~* at (about) teatime
teddybjörn teddy bear
tefat saucer; *flygande ~* flying saucer
teflon® Teflon
teg åkerlapp [field] allotment
tegel mur~ brick äv. som ämne; koll. vanl. bricks; tak~ tile, koll. tiles; *lägga ~ på ett tak* tile a roof
tegelbruk brickworks (pl. lika), brickyard; tileworks (pl. lika), tilery; jfr *tegel*
tegelpanna [roofing] tile
tegelsten brick; koll. vanl. bricks
tegeltak tile[d] (pantile) roof
tehuv tea cosy
teism filos. theism
tejp [adhesive (sticky)] tape
tejpa 1 laga med tejp mend...with tape **2** *~ fast (igen)* tape up
teka ishockey face off
tekaka teacake
tekanna teapot
teknik metod samt konstfärdighet technique; ingenjörskonst engineering; som vetenskap

äv. technology; **~ens framsteg** technological advances
tekniker technician; ingenjör engineer; **radio~ programme** engineer
teknisk technical
teknokrat technocrat
teknolog student student of technology
teknologi technology
teknologisk technological
tekopp teacup; kopp te cup of tea; som mått teacupful
telefax tele. facsimile transmission
telefon telephone; vard. phone; *det är ~ till dig* you are wanted on the [tele]phone; *ha inneha ~* be on the [tele]phone; *sitta vara upptagen i ~* be engaged on the [tele]phone; *tala [med ngn] i ~* talk (speak) [to a p.] on (over) the [tele]phone
telefonabonnemang telephone subscription
telefonabonnent telephone subscriber
telefonautomat payphone; amer. pay station
telefonavgift för abonnemang telephone charge (rental); för samtal call fee
telefonavlyssning telephone (wire) tapping
telefonera telephone; vard. phone; *~ till ngn* [tele]phone a p., call (ring) a p. up; isht amer. call a p.
telefonförbindelse telephone connection; **~r** telecommunications
telefonhytt telephone cubicle, se äv. *telefonkiosk*
telefonist [telephone] operator
telefonkatalog telephone directory (book)
telefonkiosk payphone; amer. pay station
telefonkö ung. telephone queue [service]
telefonledning telephone line (wire)
telefonlur [telephone] receiver, handset
telefonnummer telephone number
telefonräkning telephone bill (account)
telefonsamtal påringning [tele]phone call; *vi hade ett långt ~* we had a long conversation over the telephone
telefonstation telephone exchange (call office, isht amer. [central] office)
telefonstolpe telephone pole
telefonsvarare answering machine, answerphone
telefonterror, *utsättas för ~* be subjected to a series of anonymous (malicious) telephone calls
telefontid telephone hours
telefontråd telephone wire
telefonväckning, *beställa ~* order an alarm call
telefonväxel abonnentväxel private branch exchange; konkr. switchboard; central telephone exchange
telegraf telegraph; **~station** telegraph office

telegrafera telegraph; vard. wire
telegrafering o. **telegrafi** telegraphy
telegrafist telegraphist, telegraph (radio~ wireless) operator; sjö. radio officer
telegram telegram; vard. wire
telegrambyrå nyhetsbyrå news agency; *tidningarnas ~* (förk. *TT*) the Swedish Central News Agency
telekommunikation telecommunication
teleobjektiv foto. telephoto lens
telepati telepathy
teleprinter teleprinter, teletypewriter
telesatellit rymd. communication satellite
teleskop telescope
telestation telephone and telegraph office
teleteknik telecommunication[s *pl.*]
teletekniker telecommunication expert
Televerket the [Swedish] Telecommunications Administration; vard. Swedish Telecom
television television
telex telex
telexa telex
telning 1 skott sapling **2** vard., barn kid
tema 1 ämne theme äv. mus.; subject, topic **2** gram. *säga (ta) ~t på ett verb* give the principal parts of a verb
temanummer av tidskrift special feature issue
temp se *temperatur*
tempel temple
temperament temperament; *ha ~* be temperamental
temperamentsfull temperamental
temperatur temperature äv. bildl.; *ta ~en* take one's temperature
temperaturförändring change of (in) temperature
temperaturkurva temperature curve
temperatursvängning o. **temperaturväxling** fluctuation (variation) of (in) temperature
tempererad tempered; om klimat temperate
tempo 1 fart pace, rate; takt temp|o (pl. -os, mus. vanl. -i) **2** moment moment; stadium stage
tempoarbete ung. serial (på löpande band assembly-line) production
temporär temporary
tempus tense
Temsen the [River] Thames
tendens tendency; isht om priser, idéer trend; *ha (visa) ~ att* + inf. ...a tendency (disposition) to + inf. (towards ing-form)
tendentiös tendentious; friare (ensidig) bias[s]ed
tendera tend
tenn tin; legering för tennföremål pewter
tennfat pewter dish

tennis tennis
tennisbana tennis court
tennisboll tennis ball
tennishall covered tennis court[s *pl.*]
tennisracket tennis racket
tennisspelare tennis player
tennsoldat tin soldier
tenor pers. el. röst tenor
tenorstämma tenor [voice]; parti tenor [part]
tenta vard. **I** *s* [preliminary] exam **II** *itr* se *tentera*
tentakel zool. el. bildl. tentacle, feeler
tentamen [preliminary] examination; *muntlig* ~ oral examination
tentamensläsa study (vard. cram) for an examination
tentamensperiod examination period
tentera I *tr*, ~ *ngn* examine a p. [*i* in; *på* on] **II** *itr* prövas be examined
teokrati theocracy
teolog theologian
teologi theology
teologisk theological
teoretiker theorist
teoretisera theorize
teoretisk theoretic[al]
teori theory; *i ~n* in theory
teosofi theosophy
tepåse tea bag
terapeut therapist
terapeutisk therapeutic[al]
terapi therapy
term term äv. mat.
termin 1 univ. el. skol., ung. term, amer. äv. semester **2** tidpunkt stated (fixed) time; förfallotid due date; period period
terminal terminal äv. data.
terminologi terminology
terminsavgift term fee
terminsbetyg handling end of term (amer. end of semester) report; betygsgrad term mark, amer. semester grade
termisk thermal
termit zool. termite, white ant
termometer thermometer; *~n står på (visar)...* the thermometer stands at (is at, registers)...
termos ®Thermos
termosflaska vacuum (Thermos®) flask
termoskanna vacuum (Thermos®) jug
termostat thermostat
terpentin kem. turpentine
terrakotta terracotta
terrarium vivarium; mindre terrarium
terrass terrace
terrier zool. terrier
terrin tureen

territorialgräns limit of territorial waters
territorialvatten territorial waters
territoriell territorial
territorium territory
terror terror
terrordåd act of terror
terrorisera terrorize [over]
terrorism terrorism
terrorist terrorist
terräng område, mark ground; isht mil. terrain; *kuperad* ~ hilly country; *i svår* ~ over difficult terrain; *förlora (vinna)* ~ lose (gain) ground
terrängcykel mountainbike
terränglöpning cross-country running (tävling run, race)
ters mus. third; *liten (stor)* ~ minor (major) third
tertiärperioden o. **tertiärtiden** geol. the Tertiary period
tes thes|is (pl. -es)
teservis tea set
tesil tea-strainer
tesked teaspoon; som mått (förk. *tsk*) teaspoonful; *två ~ar salt* two teaspoonfuls of salt
tesort [kind of] tea
1 test hår~ wisp [of hair]
2 test prov test
testa test
testamente will; *Gamla (Nya) Testamentet* the Old (New) Testament; *inbördes* ~ joint (conjoint) will
testamentera, ~ *ngt till ngn* bequeath a th. to a p., leave a p. a th. (a th. to a p.); ~ *bort* will (bequeath) away
testbild TV. test pattern
testcykel exercise bicycle
testikel anat. testicle
testning testing
tevagn tea trolley, tea waggon
tevatten water for the tea; *sätta på* ~ put the water on for tea, put the kettle on
teve med sammansättn., se *tv* med sammansättn.
t.ex. förk., se under [*till*] *exempel*
text text; bild~ caption; film~ vanl. subtitles; sång~ lyrics; sång~*en* är av... the words...; *en fransk film med svensk* ~ ...with Swedish subtitles (captions)
texta 1 med tryckbokstäver write...in block letters; pränta engross **2** uttala tydligt articulate [the words] **3** förse film med (t.ex. svensk) text subtitle
textbehandling study of a text; data. text processing
textförfattare allm. author of the text (the words)

textil textile
textilarbetare textile worker
textilier textiles
textilindustri textile industry
textillärare teacher of textile handicraft
textilslöjd textile handicraft
text-tv teletext
Thailand Thailand
Themsen the [River] Thames
thinner thinner
thriller thriller
tia ten; hist., sedel ten-krona note; mynt ten-krona piece; jfr *femma*
Tibern the Tiber
Tibet Tibet
ticka tick
ticktack I *s* tick-tack; större urs tick-tock
II *interj* tick-tack; större urs tick-tock
tid time; nuvarande, dåvarande ofta times, day[s pl.]; [bestämd] tidrymd, tidevarv, isht tjänste~ term; kort spell, intervall interval; kontors~ o.d. hours; avtalad ~ appointment; tillfälle opportunity
utan föreg. prep. **1** i obest. form: stanna *en (någon)* ~ ...for a (some) time; *långa ~er* kunde han... for long periods...; *~s nog* får du veta det ...soon (early) enough; *beställa ~ hos* läkare o.d., vanl. make an appointment with...; när jag *får* ~ ...get (find) time (tillfälle an opportunity) [*med (till) ngt* for...; [*till*] *att* + inf. to + inf.]; *har du ~* för mig *ett slag?* can you spare me a moment?; *när du har ~* when you can find time (can spare a moment); *ta ~ på* tävlande time...; *ta ~en* sport. take the time; *ta god ~ på sig* take one's time [*med ngt* (*med att* + inf.) over... (over ing-form)]; *det tar sin [lilla] ~* it takes time, you know
2 i best. form: *~en* time; den nu- resp. dåvarande the times pl.; t.ex. är knapp [the] time; t.ex. för ngns vistelse the time [*för* of]; *~en* tidpunkten *för avresan* the time (moment) of departure; *få ~en att gå* kill time; *~en är ute!* time's up!; jag var sjuk *första ~en* dagarna (veckorna etc.) ...during the first few days (weeks etc.)
med föreg. prep. **a)** *efter en (någon)* ~ after some (a) time, after a while; syftande på spec. händelse some time afterwards **b)** *för en (någon)* ~ for some (a) time **c)** *vara före sin* ~ be ahead of one's time[s] **d)** *i ~* in time [*för, till* for; *att* + inf. to + inf.; *för att* + inf. for ing-form]; *i gamla ~er* in days (times) of old (yore); *i två års ~* for [the space (a period) of] two years **e)** *inom den närmaste ~en* in the immediate (near) future **f)** *med ~en* in [course of] time, as time goes (resp. went) on; det blir nog bra *med ~en* ...in time **g)** springa *på ~* ...against time; *det är på ~en att gå* it is about time to leave; *på* (*under*) *Gustav III:s* ~ livstid in Gustavus III's time (dagar day[s]); period in (during) the times of Gustavus III; resa bort *på en (någon)* ~ ...for a (some) time; vi har inte sett honom *nu på en (någon)* ~ ...for some time past [now]; *på senare* ~ el. *på senaste* (*sista*) *~en* recently, of late, lately **h)** *under ~en* [in the] meantime, meanwhile **i)** *gå ur ~en* depart this life **j)** *vid ~en för* t.ex. sammanbrottet at the time of; *vid samma ~* i morgon at this time... **k)** några dagar *över ~en* ...beyond (past) the proper time
tideräkning kronologi chronology; kalender calendar; epok era
tidevarv period
tidig early; *för ~* förtidig premature; *~are* föregående äv. previous, former; jfr äv. *tidigare, tidigast* under *tidigt*
tidigarelägga möte o.d. hold...earlier, bring forward
tidigt early; *för ~* eg. äv. too soon; i förtid prematurely; *tidigare* allm. earlier [on]; at an earlier hour (time o.d.); förr äv. sooner; förut äv. previously, formerly; hon kommer *tidigast i morgon* ...tomorrow at the earliest
tidlös timeless
tidning newspaper, vard. paper; vecko~ magazine; *det står i ~en* it is in the paper
tidningsanka canard fr.
tidningsartikel newspaper article
tidningsbilaga supplement to a (resp. the) paper
tidningsbud [news]paper woman (resp. man, boy, girl)
tidningsförsäljare newsvendor; på gatan vanl. newspaper man
tidningskiosk newsstand; större bookstall
tidningsläsare newspaper reader
tidningsnotis news[paper] item
tidningspapper hand. newsprint
tidningsredaktion lokalen newspaper office
tidningsrubrik [newspaper] headline
tidningsurklipp press cutting; amer. clipping
tidpunkt point [of time]; *vid denna ~* at this moment (isht kritisk juncture); *vid ~en för...* at the time of...
tidrymd period; geologisk o.d. epoch
tidsanda, ~n the spirit of the time[s]
tidsbegränsning time limit
tidsbesparing sparande av tid [the] saving of time; sparad tid time saved; *göra stora ~ar* save a lot of time
tidsbeställning appointment

tidsbrist lack of time
tidsenlig nutida up to date; modern modern
tidsform språkv. tense
tidsfrist se *frist*
tidsfråga, det är bara en ~ ...a matter of time
tidsföljd chronological order
tidsfördriv, *till* ~ as a pastime
tidsförlust loss of time
tidsinställd, ~ *bomb* time-bomb, delayed-action bomb
tidsinställning foto. [the] timing of the exposure; tid time of exposure; värde shutter setting
tidskrift periodical; isht teknisk o. vetenskaplig journal; isht litterär review; lättare magazine
tidskrävande time-consuming
tidsnöd shortage of time; *vara i* ~ be pressed for (short of) time
tidsplan 1 tidsschema timetable **2** avsnitt av tiden time plane
tidspress, *arbeta under* ~ work under pressure (against the clock)
tidsrymd se *tidrymd*
tidssignal i radio time signal
tidsskillnad difference in (of) time
tidstypisk ...characteristic (typical) of the period
tidsvinst, ~[*er*] saving sg. of time, gain sg. in time
tidsålder age
tidsödande time-wasting
tidtabell timetable; amer. ofta äv. schedule
tidtagarur stopwatch
tidtagning timekeeping; *elektronisk* ~ electronic timing
tidur timer
tidvatten tide
tidvis ibland at times; med mellanrum periodically; långa tider for periods together
tiga be (remain) silent; keep silent; ~ *med* ngt äv. keep...to oneself; *tig!* be quiet!, hold your tongue!; vard. shut (dry) up!
tiger tiger
tigerunge tiger cub
tigga beg; ~ [*om*] beg for; ~ *och be ngn om* ngt beg a p. for..., implore a p. for...; *han tigger stryk* he's asking for a thrashing (svag. for trouble)
tiggare beggar
tiggeri begging; isht yrkesmässigt mendicancy; hans ~[*er*] ...begging [appeals pl.]
tigrinna tigress
tik bitch
till I *prep* **1** om rum el. friare **a)** allm. to; in i into; mot towards; [ned] på on; *en dörr* ~ ledande till *köket* a door leading to the kitchen; *falla* ~ *marken* fall to the ground; *få soppa* ~ *middag* have soup for dinner; *sitta (sätta sig)* ~ *bords* sit at table (sit down to dinner resp. lunch etc.); *ta av* ~ *höger* turn to the right; *det går tåg* ~ *S.* varje timme there is a train to S... **b)** i förb. med 'ankomma', 'ankomst' o.d. at; betr. land o. större stad el. ö in; *anlända* ~ *staden* arrive at (in)..., get to..., reach... **c)** i förb. med vissa uttr. med bet. 'avresa', 'avgå', 'vara destinerad' med tanke på syftet med rörelsen for; *tåget (båten)* ~ *S.* the train (boat) for S.
2 om tid: **a)** som svar på frågan 'hur länge' till, until; ända till to; med bibet. av ändamål, avsikt o.d., uttr. att ngt är bestämt (avsett) till en viss tid for; *från 9* ~ *12* from 9 to 12 **b)** som svar på frågan 'när': när tiden ifråga är inne at, senast by; uttr. att ngt är bestämt (avsett) till en viss tid for; före before; vigseln är bestämd ~ *den 15:e* ...for the 15th; han kommer hem ~ *våren* i vår ...this spring; nästa vår ...next spring; *natten* ~ tisdagen the night before (preceding)...; två tabletter ~ *natten* ...for the night; *läxorna* ~ *torsdag* the homework for Thursday, Thursday's homework
3 åt to; avsedd för for; uttr. föremålet för en känsla, strävan to, on; *två biljetter* ~ nioföreställningen two tickets for...; här är ett brev ~ *dig* ...for you
4 uttr. tillhörighet, förhållande, förbindelse o.d.: vanl. of, ibl. to; *han är son* ~ *en läkare* he is the son of...; *han är bror* ~ *den åtalade* (jur.) he is brother to...; *dörren* ~ *huset* the door of...; *en vän* ~ *mig (min bror)* ...of mine (my brother's); *ägaren* ~ *huset* the owner of...
5 uttr. ändamål, lämplighet el. avsikt for; såsom as; ~ *förklaring av...* as an explanation of..., to explain...
6 uttr. verkan el. resultat to; ~ *min fasa* (förvåning, skräck) to my...; *vara skyldig* ~ ngt be guilty of...
7 uttr. övergång into; *förvandla* ~ transform (change, turn) into; *en förändring* ~ *det sämre* a change for the worse
8 oftast utan motsv. i eng.; ibl. as; *...är döpt* ~ *N.* ...was christened N.; *detta gjorde honom* ~ en berömd man this made him...; *hans utnämning* ~ chef his appointment as...
9 i fråga om in; genom by; ~ *antalet (namnet)* in number (name); ~ *yrket* by profession
10 uttr. gräns m.m. **a)** i samband med

beräkning (värdering) av summa o.d. at; ~ *billigt* (*högt*) *pris* at a low (high) price **b)** betr. mått of; gardiner ~ *en längd av 3 meter* ...of the length of 3 meters **c)** à *3 – 4 dagar* (*personer*) 3 or (to) 4 days (people)
11 ~ *och med* (förk. *t.o.m.*) up to (om datum äv. until) [and including]
II *adv* **1** ytterligare more; *en dag* (*vecka*) ~ one day (week) more (longer), another day (week) **2** tillhörande to it (resp. them); *en regnkappa med kapuschong* ~ ...with a hood to it (attached) **3** i vissa förb. *vi skulle just* [~ *att*] *gå* we were just on the point of leaving; *det gör varken* ~ *eller från* (*från eller* ~) it makes no difference, it is all the same (all one); ~ *och med* even, jfr *I 12 b*
tillaga se *2 laga I 1*
tillagning making osv., se *2 laga I 1*; av t.ex. måltid preparation; ~ *av mat* cooking
tillbaka back; bakåt backward[s]; jfr äv. beton. part. under resp. vb; *känna ngn sedan* ~ have known a p. for the last (past)...; *det ligger långt* ~ [*i tiden*] it is a long way back in time, it is long ago
tillbakablick retrospect; i film o.d. flashback
tillbakadragen bildl.: försynt retiring; reserverad reserved; om liv o.d. retired
tillbakadraget, *leva* ~ live in retirement (seclusion)
tillbakagång bildl. retrogression; ~ återgående *till...* return to...; *vara på* ~ be on the decline, be on the wane, be declining (falling off)
tillbakavisa avvisa o.d.: t.ex. förslag reject; beskyllning repudiate; angrepp repel
tillbedja isht relig. worship; älska adore
tillbedjare beundrare o.d. admirer, stark. worshipper
tillbehör, ~ pl.: till bil, dammsugare, kamera o.d. accessories; friare appurtenances; kok. accompaniments, garnering trimmings
tillblivelse coming into being (existence)
tillbringa spend; ~ *natten på* ett hotell äv. stay the night at...
tillbringare jug; amer. pitcher
tillbud olycks~ near-accident; *det var ett allvarligt* ~ there might have been a serious accident
tillbyggnad addition; annex annex[e]; *sjukhusets* ~ utvidgning the enlarging (extension) of the hospital
tillbörlig due; lämplig fitting; vederbörlig proper; *på ~t säkert avstånd* at a safe distance
tilldela, ~ *ngn ngt* allot (assign) a th. to a p.; utmärkelse confer (bestow) a th. on a p.; pris award a p. a th. (a th. to a p.)
tilldelning ranson allowance; ransonerande allocation, rationing
tilldraga, ~ *sig* **a)** ske happen; utspelas take place; *det tilldrog sig i...* the scene was laid in... **b)** attrahera attract
tilldragande attractive; om sätt, leende engaging
tilldragelse occurrence; viktigare event; obetydligare incident; *lycklig* ~ barnafödsel happy event
tilldöma jur. ~ *ngn ngt* adjudge a th. to a p., award a p. a th.
tillfalla, ~ *ngn* go (ss. ngns rätt accrue) to a p.; oväntat äv. fall to a p.['s lot]
tillfart konkr. o. **tillfartsväg** approach (access) road; *~en till staden* the road leading [in]to...
tillflykt refuge; tillflyktsort haven [of refuge]; fristad retreat; tillfällig resort; medel, utväg resort; *ta sin* ~ *till* take refuge in, en pers. take refuge with, go to...for refuge
tillflyktsort place (haven) of refuge (tillfällig resort)
tillflöde abstr. inflow båda äv. bildl.; konkr. feeder stream; biflod tributary [river (stream)]
tillfoga 1 tillägga add; bifoga affix **2** vålla ~ *ngn ngt* t.ex. smärta, förlust: allm. inflict a th. [up]on a p.; cause a p. a th. äv. lidande
tillfreds satisfied, contented [*with* med]
tillfredsställa satisfy äv. sexuellt; göra till lags suit; behov meet; nyck indulge; hunger appease; lust gratify
tillfredsställande satisfactory; glädjande gratifying; tillräcklig sufficient
tillfredsställd satisfied osv.; content end. pred., jfr *tillfredsställa*
tillfredsställelse känsla av glädje satisfaction; gratification; uppskattning appreciation
tillfriskna recover; *han har ~t* äv. he has got well (vard. better) again
tillfrisknande recovery [to health]
tillfråga ask; rådfråga consult
tillfångataga se *fånga I*
tillfälle när ngt inträffar occasion; lägligt (gynnsamt) ~ opportunity, slumpartat chance; *det finns ~n då...* there are times (occasions) when...; *få* ~ [*till*] *att fiska* find (get) an opportunity of fishing (to fish); *för ~t* för ögonblicket for the time being; för närvarande at present; chefen är ute *för ~t* ...just now, ...[just] at the moment
tillfällig då och då förekommande occasional; händelsevis förekommande, slumpartad accidental; om t.ex. upptäckt chance...; om

t.ex. inkomst incidental; kortvarig, provisorisk temporary; temporär, övergående momentary; ~ *adress* temporary address; ~*t arbete* casual work; odd jobs pl.
tillfällighet tillfällig händelse (omständighet) accidental occurrence (circumstance); slump chance; slumpartat sammanträffande coincidence; *av en* [*ren*] ~ by pure chance, by sheer accident, quite accidentally
tillfälligt för kort tid temporarily; för ögonblicket [just] for the time being
tillfälligtvis 1 händelsevis accidentally, by accident; av en slump by chance; apropå casually; oförutsett incidentally **2** se *tillfälligt*
tillföra, ~ skaffa *ngt till...* supply (provide)...with a th.; ~ debatten *nya idéer* bring new ideas into...
tillförlitlig reliable, ...to be relied on
tillförlitlighet reliability
tillförordna appoint...temporarily (provisionally)
tillförordnad, ~ (förk. *t.f.*) professor acting...
tillförsel tillförande supplying; av t.ex. frisk luft supply
tillförsikt confidence
tillförsäkra, ~ *sig* ngt secure (make sure of)...
tillgiven 1 allm. attached; gällande nära släkting affectionate; trogen devoted; om djur faithful **2** i brevunderskrift *Din tillgivne...* vanl. Yours sincerely (till nära släkting el. vän affectionately),...
tillgivenhet attachment; hängivenhet devotion; kärlek affection
tillgjord affected; konstlad artificial
tillgjordhet affectation; affected (resp. artificial) manner
tillgodo se [*till*] *godo*
tillgodogöra, ~ *sig* assimilate äv. bildl.; t.ex. undervisningen profit by
tillgodohavande för sålda varor o.d. outstanding account [owing to one]; i bank o.d. [credit] balance
tillgodokvitto hand. credit note
tillgodoräkna, *för...~r vi oss ett arvode av kr. 20 000:—* the fee for...is 20,000 kr.
tillgodose krav meet, satisfy; behov supply, provide for; ~ *ngns intressen* look after a p.'s interests
tillgripa 1 stjäla take...unlawfully; snatta thieve; försnilla misappropriate **2** bildl.: åtgärd, utväg resort (have recourse) to; ~ *alla medel* för att go to any lengths..., use any means available...
tillgå *tr, det finns att* ~ it is to be had (is obtainable) [*hos* from]

tillgång 1 tillträde access; *ge ngn* ~ *till* sitt bibliotek allow a p. the use of... **2** förråd supply; ~ *och efterfrågan* supply and demand **3** tillgångspost asset; ~*ar* penningmedel means; resurser resources; *leva över sina* ~*ar* live beyond one's means
tillgänglig 1 om sak accessible; som finns att tillgå (om t.ex. sittplats, resurser) available; som kan erhållas (t.ex. i butik) obtainable; *med alla* ~*a medel* by every available means **2** om pers. ...easy to approach, vard. get-at-able
tillhandahålla, ~ *ngn ngt* supply a p. with a th.; *tidningen tillhandahålls* (säljs) i alla kiosker the paper is obtainable (to be had el. bought, on sale)...
tillhands se *till hands* under *hand*
tillhygge eg. weapon
tillhåll haunt; tillflyktsort retreat
tillhöra 1 om ägande el. medlemskap belong to, se vid. *höra II 1* **2** se *tillkomma 2*
tillhörande som hör till det (dem) ...belonging to it (them); låda *med* ~ *lock* ...with (and) the lid belonging to it
tillhörig, *en bil* ~ *X* a car belonging to X
tillhörighet ägodel possession; [private] property; mina (dina osv.) ~*er* äv. ...belongings; *politisk* ~ political affiliation
tillika also, ...too; dessutom besides, moreover; ~ *med* together with
tillintetgöra nedgöra defeat...completely; förstöra destroy; förinta annihilate; krossa (äv. bildl.) crush; utrota wipe out; bildl.: planer frustrate
tillintetgörelse defeat; destruction; annihilation; crushing; wiping out; frustration, shattering; jfr *tillintetgöra*
tillit trust; *sätta* [*sin*] ~ *till* put [one's] confidence in, place [one's] reliance [up]on (in)
tillitsfull förtröstansfull confident; ~ mot andra confiding, trustful
tillkalla send for; ~ hjälp (en specialist) äv. summon (call in)...
tillknäppt bildl. reserved
tillkomma 1 se *2 komma* [*till*] **2** ~ tillhöra *ngn*: vara ngns rättighet be a p.'s due; vara ngns plikt be a p.'s duty; åligga ngn devolve [up]on a p.; anstå ngn be fit (fitting, right) for a p.; komma på ngns lott be due to a p.; *det tillkommer inte mig att* döma it is not for me to +inf.
tillkommande future; *hennes* ~ subst. adj. her husband to-be
tillkomst uppkomst origin; födelse birth;

tillblivelse coming into being, creation; om stat rise
tillkrånglad complicated, intricate, entangled; rörig muddled
tillkänna, *ge* ~ se *tillkännage*
tillkännage meddela o.d. make...known; t.ex. avsikt signify; mer antydande intimate; mer öppet (bestämt) declare
tillkännagivande kungörelse notification, announcement; anslag notice
tillmäta tillerkänna, tillskriva ~ *ngt stor betydelse* attach great importance to a th.
tillmötesgå pers. oblige; begäran o.d. comply with; ~ *ngns önskan* meet a p.'s wishes
tillmötesgående I *adj* obliging; vard. forthcoming **II** *s* förbindlighet o.d. obligingness; välvilja courtesy
tillnamn surname; binamn byname
tillnärmelsevis approximately; *inte* ~ så stor som... nothing (not anything) like...
tillplattad ...squashed flat, flattened; bildl. squashed
tillreda bereda prepare; t.ex. sallad med dressing dress; göra i ordning get...ready
tillrop call; *glada* ~ joyous acclamation[s pl.]
tillryggalägga cover
tillråda råda advise; rekommendera recommend; högtidl. counsel; varnande caution
tillrådan, *på min* (*ngns*) ~ on my (a p.'s) advice
tillrådlig advisable
tillräcklig sufficient; nog enough; ~ *för* ändamålet, om t.ex. kunskaper, ventilation adequate; ~*t med* tid, mat sufficient (enough, mycket plenty of)...
tillräckligt sufficiently; ~ *stor* (tung, ofta osv.) sufficiently..., ...enough; *ha* ~ *mycket* mod have sufficient (enough)..., have...enough
tillräkna se *tillskriva 2*
tillräknelig om pers. responsible for one's actions end. pred.; sane; *icke* ~ äv. non compos mentis lat.
tillrätta se *rätta I 1*
tillrättavisa rebuke; vard. tell...off; stark. reprimand
tillrättavisning reprimand rebuke, reproof; vard. telling-off; stark. reprimand; skrapa scolding
tills I *konj* till dess att till; du måste vara färdig ~ *han kommer tillbaka* ...by the time he comes back **II** *prep* till, until; [ända] till up (down) to; ~ *vidare* se *vidare 2*; ~ *i morgon* (*på torsdag*) until (till, senast by) tomorrow (Thursday); ~ *när* kan den vara färdig? by when...?
tillsammans together; inalles altogether;

föregånget av sifferuppgift i eng. in all; gemensamt jointly; *alla* ~ all together; ~ *har vi* 100 kr we have...between (om fler än två among) us
tillsats 1 tillsättande addition **2 a)** ngt inblandat added ingredient; admixture äv. bildl.; liten ~ av sprit o.d. dash; av kryddor seasoning; smak~ flavouring **b)** tillfogat stycke piece added on, addition **c)** apparat o.d. attachment [unit]
tillse se [*till*]
tillskansa, ~ *sig* [unfairly] appropriate...[to oneself]
tillskott tillskjutet bidrag [additional (extra)] contribution; tillökning addition äv. om pers.
tillskriva 1 eg. ~ *ngn* write to a p. **2** tillerkänna ~ *ngn* en dikt (egenskap) ascribe (attribute)...to a p.; ~ *ngn förtjänsten* [*av* ngt] put the credit [for...] [up]on a p., give a p. the credit [for...]
tillskyndan, *det skedde utan min* ~ it was none of my doing
tillskärare [tailor's] cutter
tillspetsad, *en* ~ *formulering* an incisive wording
tillspillo se *spillo*
tillströmning av vatten inflow; av människor influx; rusning rush
tillstymmelse ansats suggestion; suspicion; *inte en* ~ *till* sanning, bevis not a shred (vestige) of...
tillstyrka support; *tillstyrkes!* som påskrift o.d. approved
tillstå bekänna confess; medge admit
1 tillstånd tillåtelse permission; godkännande sanction; bifall consent; bemyndigande authorization; skriftligt permit; tillståndsbevis licence; *ha* ~ *att* + inf. have [been granted] permission (have been authorized resp. licensed) to + inf.; be permitted (resp. licensed) to + inf.
2 tillstånd skick state; läge condition; *i dåligt* (*gott*) ~ in bad (good) condition (illa resp. väl underhållen, isht om hus repair); *i medtaget* ~ in an exhausted state (condition)
tillståndsbevis licence
tillställning sammankomst entertainment; fest party, vard. do
tillstöta tillkomma occur; om sjukdom set in
tillsvidare se *vidare 2*
tillsvidareanställning o.
 tillsvidareförordnande post with conditional tenure
tillsyn supervision; *ha* ~ *över* supervise, superintend; barn look after
tillsynes se *syn 6*

494

tillsägelse 1 befallning order[s pl.]; kallelse summons; anmälan notice; begäran demand **2** tillrättavisning *få en* ~ be given a rebuke (stark. reprimand)
tillsätta 1 se *sätta [till]* **2** förordna appoint; besätta (befattning, plats) fill; platsen *är (har blivit) tillsatt* ...is (has been) filled
tillta se *tilltaga*
tilltag streck prank; *ett djärvt* ~ a bold venture
tilltaga increase; om t.ex. inflytande grow; utbreda sig spread
tilltagande (jfr *tilltaga*) **I** *adj* increasing osv.; ~ *storm* gathering storm **II** *s* increasing osv.; increase; growth; *vara i* ~ be on the increase, be increasing osv.
tilltagen, siffran *är för högt (lågt)* ~ ...is on the high (low) side, ...is too high (low); tiden *är för knappt* ~ ...is too restricted, ...has been cut too fine
tilltal address; *svara på* ~ answer when [one is] spoken to (addressed)
tilltala 1 tala till address, speak to; *den ~de* subst. adj. the person addressed (spoken to); jur. vanl. the defendant **2** behaga: isht om sak appeal to; om pers. o. sak attract, please
tilltalande attractive; om t.ex. förslag acceptable
tilltalsnamn first (given) name; *~et understrykes* please underline the most commonly used first (given) name
tilltalsord form (term) of address
tilltrasslad, *en ~ situation* a complicated situation
tilltro I *s* tro credit; förtroende confidence; *vinna* ~ om rykte o.d. be believed (credited) [*hos* by]; gain credence [*hos* with] **II** *tr,* ~ *ngn ngt (att* inf.) believe a p. capable of a th. ing-form; give a p. credit for ing-form; credit a p. with a th. ing-form; ~ *sig ngt (att* inf.) believe (fancy) oneself capable of a th.
tillträda egendom o.d. take over; arv come into [possession of]; ~ *tjänsten* enter [up]on one's duties
tillträde 1 inträde o.d. entrance, admission; tillåtelse att gå in admittance; ~ *förbjudet* som anslag No Admittance **2** tillträdande: av egendom entry; taking possession; ~ (av anställning) *snarast möjligt* duties to begin as soon as possible
tilltugg, ett glas vin *med* ~ ...with something to eat with it (with snacks)
tilltyga, ~...[*illa*] treat (handle)...roughly, knock...about; isht levande varelse äv. manhandle, maul; isht sak äv. batter; *han var så [illa]* ~*d att*... he had been so badly knocked about (manhandled)...
tilltänkt contemplated; tillämnad intended; planerad projected; blivande future; vanl. neds. el. iron. would be; *hans ~a* his wife to be
tillvalsämne skol. optional (amer. elective) subject
tillvarataga ta hand om take care (charge) of; t.ex. mat[rester] make use of; ngns intressen: bevaka look after, skydda safeguard; utnyttja take advantage of, utilize
tillvaratagande, *~t av*... the taking care (charge) of...; jfr f.ö. *tillvarataga*
tillvaro existence; friare: liv life; *en bekymmerslös* ~ a carefree existence (life), a life of ease
tillverka manufacture; framställa produce; om maskin el. fabrik turn out
tillverkare manufacturer; friare maker; framställare producer
tillverkning fabrikation manufacture, manufacturing; friare making; produktion production; [*den är av*] *svensk* ~ [it is] made in Sweden
tillverkningskostnad cost[s pl.] of production (manufacture)
tillväga se *till väga* under *väg*
tillvägagångssätt [mode of] procedure, course (line) of action
tillvänjning accustoming; beroende dependence
tillväxt growth äv. bildl.; ökning increase; skog. increment, accretion
tillväxttakt growth rate
tillåta I *tr* allow; uttryckligt permit; ej hindra, finna sig i suffer; gå med på consent to; *tillåt mig att ställa en fråga* let me (allow me to) ask you a question; *om ni tillåter* if you will allow (permit) me; *om vädret tillåter* weather permitting **II** *rfl,* ~ *sig* permit (allow) oneself; unna sig [att njuta av] indulge in [the luxury of]; ~ *sig* ta sig friheten *att* +inf. take the liberty to +inf. (of +ing-form) +inf.
tillåtelse uttrycklig permission; isht om självtagen leave; *be om* ~ *att* +inf. ask permission (leave) to +inf.; ask (beg) to be allowed to +inf.
tillåten allowed, permitted; laglig lawful
tillåtlig allowable, permissible
tillägg addition; tillagd (skriftlig) anmärkning addend|um (pl. -a); supplement supplement; pris~ extra (additional) charge, extra; järnv. excess (extra) fare; löne~ (ökning) increase (rise), increment
tillägga tillfoga add
tilläggsavgift surcharge, extra fee

tilläggspension, *allmän* ~ (förk. *ATP*) supplementary pension
tilläggsporto surcharge, excess postage
tillägna I *tr,* ~ *ngn* en bok o.d. dedicate...to a p. **II** *rfl,* ~ *sig* **a)** förvärva acquire; med lätthet pick up; tillgodogöra sig assimilate, take in **b)** lägga sig till med: med orätt appropriate; med våld seize [upon]
tillägnan dedication
tillämpa apply; t.ex. sin erfarenhet bring...to bear; praktiskt ~ put...into practice; regeln *kan* ~*s* äv. ...is applicable [*på* to]; ~*d matematik* (*kemi* etc.) applied mathematics (chemistry etc.)
tillämplig applicable; *vara* ~ *på*... om regel o.d. äv. apply to...
tillämpning application; *ha* (*äga*) [*sin*] ~ be applicable [*på* to]
tillökning tillökande increasing; förstorande enlarging; enlargement äv. konkr.; påökning increase; tillskott addition; *vänta* ~ [*i familjen*] be expecting an addition to the family
tillönska wish
tillönskan wish; *med* ~ *om* lycklig resa o.d. best wishes for...
tillövers se [*till*] *övers*
timförtjänst hourly earnings
timglas hourglass
timid timid
timjan bot. el. kok. thyme
timlärare non-permanent teacher [paid on an hourly basis]
timlön hourly wage[s pl.], wages pl. [paid] by the (per) hour
timma o. **timme** hour äv. bildl.; skol. (i undervisningsplan) period; jfr äv. motsv. ex. under *minut 1*; ~*n T* zero hour, H-hour; vänta *i* [*flera*] *timmar* ...for [several] hours, ...for hours and hours
timmer timber; amer. lumber
timmeravverkning [timber] felling; amer. äv. lumbering
timmerflottning log-driving
timmerhuggare [timber] feller
timmerman pers. carpenter
timmerstock log; *dra* ~*ar* snarka be driving one's hogs to market
timotej bot. timothy [grass]
timpenning se *timlön*
timplan timetable
timra I *tr,* ~ [*ihop* (*upp*)] eg. build (construct) [...of logs (out of timber)]; bildl. construct **II** *itr* carpenter
timslång hour-long, ...lasting an hour
timtals i timmar for hours [together]
timvisare hour (small) hand

tina, ~ [*upp*] thaw [out] äv. om djupfrysta varor el. bildl.; smälta melt
tindra twinkle; gnistra sparkle
1 ting 1 domstolssammanträde [district-court] sessions **2** hist. thing
2 ting sak thing; *en del saker och* ~ a number of things
tinga, ~ [*på*] order [...in advance], bespeak; reservera reserve, book; pers. engage
tingest thing; föremål object; manick contraption
tingshus [district] court house
tingsrätt jur. district (i vissa städer city) court
tinne pinnacle; *tinnar och torn* towers and pinnacles
tinning temple
tio ten; jfr *fem;* ~ *i topp* [the] top ten
tiodubbel tenfold; jfr *femdubbel*
tiokamp sport. decathlon
tiokrona ten-krona piece
tionde I *räkn* tenth; **II** *s* tithes pl.
tiondedel o. **tiondel** tenth [part]; jfr *femtedel*
tiotal ten; ~ *och hundratal* tens and hundreds
tiotusentals, ~ människor tens of thousands of... (subst. i pl.)
tioöring hist. ten-öre piece
1 tipp spets tip
2 tipp 1 avstjälpningsplats dump, refuse (amer. garbage) dump
   2 avstjälpningsanordning tipping device
1 tippa I *tr* stjälpa (äv. ~ *ut*) tip **II** *itr* (äv. ~ *över*) tip (tilt) [over]
2 tippa 1 förutsäga tip; *jag* ~*r att han vinner* I tip him to win (as the winner) **2** med tipskupong do the [football] pools, fill in a [football] pools coupon
1 tippning avstjälpning tipping
2 tippning fotbolls~ doing the [football] pools
tips 1 upplysning tip; förslag suggestion; *ge ngn ett* (*några*) ~ give a p. a tip **2** *vinna på* ~ [*et*] win on the [football] pools
tipsa vard. ~ *ngn om ngt* tip a p. [off] about a th., give a p. a tip (tip-off) about a th.
tipskupong [football] pools coupon
tipsrad line on a (resp. the) [football] pools coupon
tirad tirade
tisdag Tuesday; jfr *fredag* o. sammansättn.
tissel, ~ *och tassel* viskande whispering; hemlighetsmakeri hush-hush; skvaller tittle-tattle
tissla, ~ *och tassla* viska whisper
tistel bot. thistle
titel person~ title; ekon. heading
titelblad title page
titelroll title role

titelsida title page
1 titt, ~ **och tätt** (*ofta*) frequently, repeatedly, time and again **2 titt 1** blick look; hastig glance; i smyg peep; *ta [sig] en* ~ *på...* have (take) a look osv. at... **2** kort besök call; *tack för ~en!* ung. it was kind of you to look me up!
titta (för ex. se äv. *se*) **I** *itr* look; ta en titt have a look; kika peep; flyktigt glance; oavvänt gaze; ~ [*själv*]! look [for yourself]! **II** med beton. part.
~ **efter** se *se* [*efter*] under *se III*
~ **fram** kika fram peep out (forth); synas show
~ **igenom** look (flyktigt glance) through
~ **in** komma in [och hälsa på] look (drop) in, come round and see...; gå in call in
~ **till** se *se* [*efter*] under *se III*
~ **ut:** ~ *ut ngn* närgånget glo på ngn stare a p. up and down
~ **över till oss** *någon gång* come (call) round [and see us]...
tittare tv-tittare viewer; fönster~ peeping Tom
tittarstorm TV. storm of protest[s] from televiewers (TV viewers)
titthål peep hole
tittut, *leka* ~ play peekaboo (peep-bo)
titulera style, call; ~ *ngn* professor äv. address a p. as...
tivoli amusement park, amer. äv. carnival
tja well!
tjafs prat drivel; strunt rubbish; fjant fuss
tjafsa prata talk drivel (tommy rot); fjanta fuss
tjalla skvallra tell tales; om angivare squeal, snitch, shop
tjallare angivare squealer, snitcher
tjat nagging; continual (persistent) asking; harping; jfr *tjata*
tjata gnata nag; ~ *på ngn om ngt* ständigt (envist) be el. tigga om [att få] ngt continually (persistently) ask a p. for a th.; ~ *sig till ngt* get a th. by continually (persistently) asking for it
tjatig 1 gnatig nagging; *hon är så* ~ she is always nagging (going on) **2** långtråkig boring, tedious
tjattra jabber
tjeck Czech
tjeckisk Czech
tjeckiska 1 kvinna Czech woman **2** språk Czech
Tjeckoslovakien hist. Czechoslovakia
tjej vard. girl, mera vard. chick
tjock thick ej om pers.; om pers. samt om sak i bet. 'kraftig' stout, fet fat, knubbig chubby; tät, t.ex. skog, rök dense; ~ *och fet* stout, fat; *hela ~a släkten* all the relations; skämts. the whole clan
tjocka fog
tjockflytande viscous
tjockis fatty
tjocklek thickness; ...*av två tums* ~ ...two inches thick (in thickness)
tjockolja heavy (viscous) oil
tjockskalle vard. fathead
tjockskallig vard. thick-headed; friare dense
tjocktarm large intestine
tjog score
tjogtals, ~ [*med*] *ägg* scores of... (subst. i pl.)
tjudra tether; ~ *fast* tether up [*vid* to]
tjugo twenty
tjugohundratalet the twenty-first century; jfr *femtonhundratalet*
tjugokronorssedel twenty-krona note
tjugonde twentieth; jfr *femte*
tjugondedel twentieth [part]; jfr *femtedel*
tjur zool. bull; *ta ~en vid hornen* bildl. take the bull by the horns
tjura sulk, have the sulks
tjurfäktare bullfighter
tjurfäktning tjurfäktande bullfighting; *en* ~ a bullfight
tjurig sulky; *vara* ~ äv. have the sulks, be in a sulk
tjurskalle vard. obstinate (pig-headed) person, mule
tjurskallig pig-headed
tjusa poet. charm; friare fascinate
tjusig charming
tjuskraft charm
tjusning charm; fascination; *fartens* ~ the fascination of speed
tjut tjutande howling; vrålande roaring; *ett* ~ a howl, a roar
tjuta howl; vråla roar; om mistlur hoot; gråta cry; ~ *av skratt* howl (shriek) with laughter
tjuv thie|f (pl. -ves); inbrottstjuv burglar, isht på dagen housebreaker
tjuvaktig thieving...; *han är* ~ he is inclined to thieve (steal)
tjuvfiske fish poaching
tjuvgods koll. stolen property (goods pl.)
tjuvknep bildl. dirty trick
tjuvkoppla bil. jumper; vard. hot-wire
tjuvlarm burglar alarm
tjuvlyssna eavesdrop
tjuvnyp, *ge ngn ett* ~ bildl. have a [sly] dig at a p.
tjuvpojke [young] rogue, [young] rascal, scapegrace
tjuvskytt [game] poacher
tjuvskytte [game] poaching
tjuvstart sport. false start

tjuvtitta, ~ *i* en bok (tidning) take a look into (have a peep at)...on the sly
tjuvåka steal a ride; på t.ex. tunnelbanan dodge paying one's fare
tjäder capercaillie, great (wood) grouse
tjäle frost in the ground
tjällossning [the] breaking up of the frost in the ground; *i ~en* when the ground is thawing
tjälskada trafik. frost damage
tjälskott hål o.d. pot-hole [due to frost]; ~ pl. upphöjningar frost heave sg.
tjäna I *tr* o. *itr* **1** förtjäna earn; mera allm. make; *han ~r bra* he earns (makes) a lot [of money]; *hon ~r 9000 i månaden* she earns 9,000 a month; *~ pengar på* t.ex. affären make a profit on...; utnyttja, slå mynt av cash in on: *vi ~de en timme på att ta bilen* we gained (saved) an hour by taking the car **2** göra tjänst [åt] serve; *~ som (till)*... t.ex. förebild, ursäkt serve as...; t.ex. bostad, föda äv. do duty as (i stället för for)...; *det ~r ingenting till att du går dit* it's no use (there's no point in) your (vard. you) going there
II med beton. part.
~ **ihop** *en summa* save up...out of one's earnings
~ **in:** *~ in sina utlägg* recover (clear) one's expenses
~ **ut:** den här rocken *har ~t ut* ...has seen its best days, ...has done good service
tjänare I *s* allm. servant **II** *interj* hej! hallo!, amer. hi [there]!; hej då! bye-bye!, cheerio!
tjänarinna åld. [maid] servant
tjänlig passande suitable; användbar serviceable; *inte ~ som människoföda* äv. not fit for (unfit for) human food; *vid ~ väderlek* when (utifall in case) the weather is suitable
tjänst service; plats place; befattning post; isht stats~ appointment; ämbete office; prästerlig charge, ministry; *ta ngn i sin ~* engage (take on, employ) ap.; *vara i ~* be on duty; *inte vara i ~* be off duty; *be ngn om en ~* ask ap. a favour, ask a favour of ap.
tjänstebil official car, car for official use; bolags company (firm's etc.) car
tjänstebostad våning flat (apartment, hus house) attached to one's post (job); högre ämbetsmans official residence
tjänstebrev post. official matter (mail), amer. äv. penalty mail; mots. privatbrev official letter
tjänstefel breach of duty, [official] misconduct; mil. service irregularity; ämbetsbrott malpractice

tjänsteflicka servant [girl], maid; amer. äv. hired girl
tjänstefolk servants
tjänsteman statlig civil servant; i enskild tjänst [salaried] employee; kontorist clerk; *Tjänstemännens Centralorganisation* (förk. *TCO*) The Swedish Central Organization of Salaried Employees
tjänstepension occupational (service) pension
tjänsteplikt 1 plikt i tjänsten official duty **2** plikt att göra tjänst compulsory [national] service
tjänsteresa i statstjänst official journey; affärsresa business journey (trip)
tjänsterum office
tjänsteutövning, våld mot polisman *i hans ~* ...during the exercise of his duties
tjänsteår year of service
tjänsteärende official matter (business end. sg.); *vara ute på ~* be on official business
tjänstgöra serve; isht kyrkl. el. sport. officiate; vara i tjänst be on duty; *han tjänstgjorde många år som...* he worked (isht mil. o.d. served)...
tjänstgörande ...on duty isht mil. o.d.; ...in charge
tjänstgöring duty; arbete work; *~en* omfattar... äv. the duties (pl.)...; *ha ~* be on duty; *efter 5 års ~ som lärare* after five years' service as a teacher
tjänstgöringsbetyg testimonial, se vid. *betyg 1*
tjänstgöringstid 1 [daglig] arbetstid hours pl. of duty **2** anställningstid period of service
tjänstledig, *vara ~* be on leave [of absence]; *ta ~t* take leave
tjänstledighet leave of absence
tjänstvillig obliging, willing to help
tjära tar
tjärn small lake
tjärpapp takpapp [tarred] roofing felt
T-korsning trafik. T-junction
toa vard. *gå på ~* go to the lav (loo, isht amer. john); se äv. *toalett 1*
toalett 1 rum lavatory, amer. ofta bathroom; wc toilet, WC; på restaurang o.d. cloakroom, amer. washroom; isht dam~ rest room; offentlig public convenience, amer. comfort station; *gå på ~en* go to the lavatory etc.; se ovan **2** klädsel dress, toilet
toalettartikel toilet requisite; *toalettartiklar* äv. toiletries
toalettbord dressing (toilet) table; amer. dresser
toalettpapper toilet paper
toalettrum lavatory; jfr *toalett 1*
toalettsaker toilet requisites

toalettstol toilet, water closet
toalettväska toilet (vanity) bag (case); finare nécessaire fr.
tobak tobacco äv. bot.; vard. baccy
tobaksaffär butik tobacconist's [shop]; amer. äv. cigarstore
tobakshandlare detaljist tobacconist
tobaksrök tobacco smoke
tobaksvaror tobacco; koll. tobacco goods
toddy toddy
toffel slipper
toffelhjälte henpecked husband
tofs tuft; på möbler tassel
tofsmes zool. crested tit (titmouse (pl. titmice))
tofsvipa zool. lapwing
toft sjö. thwart
toga toga
tok 1 pers. fool, idiot **2** *gå (vara) på* ~ *galet* go (be) wrong [*för*, *med* with]; *det är på* ~ *alldeles för många* there are far too many
toka fool of a woman (resp. girl)
tokeri dumhet nonsense, folly
tokig mad osv.; dum foolish; löjlig ridiculous; tokrolig funny, comic[al]; *inte så* ~ not [too] bad, pretty good
tokigt 1 madly osv., jfr *tokig* **2** se *galet*
tokrolig funny
tokstolle galenpanna madcap; *din* ~*!* [you] silly!
tolerans tolerance äv. tekn. el. med.
tolerant tolerant
tolerera tolerate, put up with
tolfte twelfth; jfr *femte*
tolftedel twelfth [part]; jfr *femtedel*
tolk pers. interpreter; *göra sig till* ~ *för* uttrycka (t.ex. känslor) voice, give voice to; förfäkta (t.ex. en åsikt) advocate
tolka som tolk interpret; tyda construe; återge render; översätta translate; uttrycka express, voice; *talet* ~*des på svenska* ...was rendered (translated) into Swedish
tolkning tolkande interpreting osv., jfr *tolka*; interpretation; version version
tolv twelve; *klockan* ~ *på dagen* (*natten*) vanl. at noon (midnight); jfr *fem*[*ton*] o. sammansättn.
tolva twelve; jfr f.ö. *femma*
tolvfingertarm anat. duodenum; *sår på* ~*en* duodenal ulcer
tolvtiden, *vid* ~ about twelve etc., jfr *femtiden*; about noon; om natten about midnight
tom empty äv. bildl. (om t.ex. löften, fraser); meningslös idle; ~*ma sidor* blank pages; *en* ~ *stol* a vacant chair
t.o.m. förk., se *till I 11*

tomat tomato
tomatjuice tomato juice
tomatketchup tomato ketchup
tomatpuré tomato paste (purée)
tomatsås tomato sauce
tombola tombola
tombutelj o. **tomflaska** empty bottle
tomglas tombutelj empty bottle (koll. bottles pl.)
tomgång motor. idling; *bilen går på* ~ ...is idling (ticking over); *arbetet går på* ~ ...is ticking over
tomhet emptiness, vacancy
tomhänt empty-handed
tomrum ej utfylld plats vacant space (mera avgränsat place); tomhet o.d. void, vacuity; mellanrum, lucka gap; t.ex. på en blankett blank space; fys. vacuum
tomt obebyggd building site, site [for building], piece of land (ground), mindre plot [of land], isht amer. lot; kring villa o.d. garden, större grounds
tomte 1 hustomte ung. brownie **2** se *jultomte*
1 ton vikt metric ton; eng. motsv. (1016 kg) ton
2 ton mus. m.m. tone äv. bildl.; om viss ton note; *hålla* ~*en* keep in tune; *tala i* (*använda*) *en annan* ~ el. *ändra* ~[*en*] change one's tune; *slå ner* (*sänk*) ~*en!* don't take that tone [of voice] with me!; *det hör till god* ~ it is good form (manners)
tona I itr ljuda sound, ring; ~ *bort* förklinga die away; ~ *fram* framträda tydligare emerge, loom båda äv. bildl. **II** tr ge färgton åt tone; håret tint; ~ *bort* ljud, bild (i radio o. tv) fade out; ~ *ner* bildl. tone (play) down, defuse
tonande ljudande sounding; fonet. voiced
tonart mus. key
tonfall intonation, tone [of voice]
tonfisk tunny [fish] (pl. tuna el. tunas), tuna fish
tongivande bildl. *vara* ~ set the tone (fashion)
tongång mus. progression, succession of notes (tones); *kända* ~*ar* familiar strains äv. bildl.
tonhöjd mus. [musical] pitch
toning toning; av hår tinting; preparat för hårtoning rinse
tonläge tonhöjd pitch
tonlös fonet. voiceless
tonnage tonnage i olika bet.
tonsill anat. tonsil
tonsteg tone, step (degree) [of a scale]
tonsäker, *vara* ~ have a good sense of pitch

tonsätta set...to music
tonsättare composer
tonvalstelefon tone dialling telephone
tonvikt stress; bildl. vanl. emphasis; *lägga ~[en] på* stress, put [the] stress on, emphasize äv. bildl.
tonåren, en flicka *i ~* ...in her teens
tonåring teenager
topas miner. topaz
topless topless
topografi topography
1 topp done!, it's a bargain!
2 topp 1 top; krön, övre kant crest; spets pinnacle; *~arna inom* politiken, societeten the leading (top-ranking) figures in...; vard. the bigwigs of...; *beväpnad från ~ till tå* armed from head to foot; *hissa flaggan i ~* run up the flag [sjö. to the masthead]; *med flaggan i ~* with the flag aloft (sjö. at the masthead); bildl. with all flags flying; *tio i ~* the top ten; *vara (stå) på ~en av sin kraft* be at the summit of one's power **2** plagg top
toppa 1 ta av toppen på top **2** stå överst på (t.ex. lista) top
toppfart top speed
toppform, *vara i ~* be in top form, be fighting fit
topphastighet top speed
topphemlig, *vara ~* be top secret
toppig spetsig pointed; konisk conical
toppkonferens summit (top-level) conference
toppkraft person person of top calibre (of great ability)
toppluva knitted (woollen) cap
topplån last mortgage loan
toppmodern ultramodern
toppmöte summit (top-level) meeting
toppnotering 1 toppkurs top (peak) rate **2** toppris top price
toppprestation top (record) performance, record achievement
topprida bully; svag. come it over
Tor mytol. Thor
tordas se *töras*
torde 1 uttr. uppmaning will, hövligare will please; *ni ~ observera* you will (behagade will please el. will kindly, anmodas are requested to, bör should) observe **2** uttr. förmodan probably; *det ~ finnas* många som... there are probably...
tordyvel zool. dor[-beetle], dung beetle
tordön thunder
torftig enkel plain; fattig poor; t.ex. om omständigheter needy; ynklig threadbare; knapp, skral scanty; luggsliten shabby; *~a kunskaper* scanty knowledge sg.

torg 1 salu~ market place; *gå på (till) ~et* för att handla go to [the] market **2** öppen plats i stad square
torgföra 1 saluföra offer...for sale [in the market] **2** bildl. trot out
torggumma market woman
torghandel market trade, marketing
torgskräck psykol. agoraphobia, dread of open spaces
torgstånd market stall
tork 1 apparat drier, dryer **2** *hänga [ut] på (till) ~* hang...out to dry (to get dry)
torka I *s* [spell of] drought; bildl. drought **II** *tr* **1** göra torr dry; luft~ air[-dry]; sol~ sun-dry; med en sudd o.d. mop; *~ ansiktet* dry (wipe, mop) one's face; *~ disk[en]* dry (wipe) the dishes **2** torka (stryka) bort *~ dammet av (från) bordet* wipe the dust off (damma dust) the table **III** *itr* bli torr dry, get dry (parched) **IV** *rfl, ~ sig* dry oneself; torka av sig wipe oneself [dry] **V** med beton. part.

~ av **a)** ren: t.ex. fötterna wipe; glasögon äv. clean; damma av dust **b)** *~ bort:* damm wipe off; *~ av dammet på (från) ngt* wipe the dust off a th.

~ bort fläck o.d. wipe (gnida rub) off; *~ bort en tår* dry (brush) away a tear

~ in itr. **a)** om färg o.d. dry (get dried) up **b)** bildl., vard. come to nothing, not come off, be washed out

~ upp **a)** tr. wipe (mop) up **b)** itr. dry up

~ ut om flod etc. dry up
torkarblad bil. wiper blade
torkhuv hood hair drier
torkning drying osv., jfr *torka II*
torkrum drying room (chamber)
torkskåp för tvätt drying (airing) cupboard; kem. desiccator [cabinet]
torkställ för disk plate rack; foto. drying frame
torktumlare tumble-drier
torn tower; spetsigt kyrk~ steeple; klock~ belfry; mil. turret; schack. rook
torna, *~ upp* pile up
tornado tornado (pl. -es el. -s)
tornering o. **tornerspel** hist. tournament
tornspira spire; spetsigt kyrktorn steeple
tornsvala zool. [common] swift
tornur tower clock
torp crofter's holding (torpstuga cottage); sommar~ little summer cottage (house)
torpare crofter
torped torpedo
torpedbåt torpedo boat (förk. TB)
torpedera torpedo äv. bildl.
torr dry äv. bildl. samt om vin; om jord: uttorkad parched, ofruktbar arid; om klimat

torrid; om växter, löv o.d. vanl. withered; *~a fakta* äv. plain facts; *~ humor* dry (wry) humour; *på ~a land* on dry land; *han är inte ~ bakom öronen* he is wet behind the ears, he is very green; *vara ~ i halsen* törstig feel like a drink
torrboll vard. dry stick, bore
torrdocka dry dock
torrjäst dry yeast
torrlägga drain; för att utvinna ny mark reclaim; bildl., vard. make...dry
torrläggning drainage; reclamation
torrmjölk powdered (dried) milk
torrskodd dry-shod
torrt drily; *förvaras ~* vanl. to be stored in a dry place; *koka ~* boil dry
torsdag Thursday; jfr *fredag* o. sammansättn.
torsk 1 cod (pl. lika), codfish **2** sl., kund hos prostituerad John
torska vard., åka fast be (get) nailed; sport. lose
torso torso (pl. -s)
tortera torture
tortyr torture äv. friare
tortyrredskap implement (instrument) of torture
torv 1 geol. peat; *ta upp ~* dig [out] peat[s] **2** grästorv sod
torva grästorva [piece (sod) of] turf
torvmosse peat moss (bog)
torvtak turf roof
tota vard. *~ ihop (till)* (knåpa ihop) t.ex. ett brev patch (put) together [some sort of]...
total total
totalförbjuda totally prohibit
totalförbud total prohibition
totalförstöra wreck...completely
totalförsvar total (overall) defence
totalintryck total (allmänt intryck general) impression
totalitär totalitarian
totalvägra att göra militärtjänst refuse unconditionally (strictly) to do military service
totempåle totem [pole]
toto 1 vard., totalisator tote **2** barnspr., häst gee-gee
touche beröring tap; anstrykning, konst. el. fäktn. touch
toupé liten peruk toupee
tova I *s* twisted (tangled) knot **II** *rfl*, *~ [ihop] sig* become tangled
tovig tangled
tradig vard., långtråkig boring
tradition tradition; *enligt gammal ~* by (in accordance with) [an] ancient tradition
traditionell traditional
trafik traffic äv. friare ([olaga] hantering); som bedrivs av trafikföretag service; *tung ~* tunga fordon heavy vehicles pl.; *mitt i värsta ~en* in the very thick of the traffic; *sätta i ~* put into service; *ta ur (i) ~* take out of (put into) service
trafikant vägtrafikant road-user; passagerare passenger
trafikdöd, *~en* death on the roads (in road accidents)
trafikera en bana, rutt o.d.: om resande use; om trafikföretag work, operate; om buss o.d. run on, ply; *en livligt (starkt, hårt) ~d gata* a busy street, a street crowded with traffic
trafikfara danger to [other] traffic (on the roads)
trafikfarlig ...that is a danger to traffic
trafikflyg flygväsen civil aviation; flygtrafik air services
trafikflygplan passenger plane; större air liner
trafikförseelse traffic offence
trafikförsäkring third party [liability] insurance
trafikkaos chaos on the roads; stockning snarl-up
trafikkort heavy-vehicle licence
trafikled traffic route
trafikljus traffic lights
trafikmärke road (traffic) sign
trafikolycka traffic accident
trafikpolis avdelning traffic police; polisman traffic policeman
trafikregel traffic regulation
trafiksignal traffic signal (light)
trafikskola se *bilskola*
trafikstockning traffic jam
trafikstopp stoppage (hold-up) in the traffic
trafikvakt traffic warden
trafikvett traffic sense; *ha ~* äv. be road-minded
trafikövervakare traffic warden
trafikövervakning traffic control
tragedi tragedy äv. litt.
traggla vard. **1** tjata go on **2** knoga *~ med ngn* cram a p.
tragik tragisk händelse o.d. tragedy
tragikomisk tragicomic[al]
tragisk tragic
trailer släpvagn el. film. trailer
trakassera ansätta harass, pester; förfölja persecute
trakasseri, *~[er]* harassment, pestering, badgering, persecution (samtl. sg.)
trakt område district; region region; grannskap neighbourhood; *i ~en av Siljan (hjärtat)* in the neighbourhood of Siljan (the region of the heart); *här i ~en* äv. in these parts, round about here, hereabouts

traktamente allowance for expenses, subsistence allowance
traktat fördrag treaty; skrift tract
traktera 1 *inte vara vidare ~d av...* not be particularly pleased by... **2** spela på (instrument o.d.): play; blåsa blow
traktor tractor; bandtraktor caterpillar
1 trall spjälgaller duckboards
2 trall mus. tune; *den gamla [vanliga] ~en* bildl. the same old routine
1 tralla trolley
2 tralla mus. warble, troll; sjunga sing
trampa I *tr* o. *itr* kliva omkring tramp; trycka ned (med foten) tread; ivrigt o. upprepat trample äv. bildl.; stampa stamp; *~ sin cykel uppför backen* pedal one's cycle...; *~ ngt i smutsen* bildl. trample...in the dirt; *~ gasen i botten* vard. step on the accelerator (vard. the gas)
II med beton. part.
~ ihjäl trample...to death
~ ned gräs o.d. trample [down]...
~ sönder i bitar tread...to pieces
~ upp en stig i gräset tread..., wear...
~ ur motor. declutch
~ ut skor stretch...
III *s* cykel~ o.d. pedal; vävstols~ treadle
trampbil för barn pedal car
trampdyna pad
trampolin fast hoppställning för simhopp highboard; gymn. springboard
trams nonsense, rot
tramsa vard. be silly; prata strunt talk drivel
trana zool. crane
tranbär cranberry
tranchera carve
trans trance; *försätta...i ~* send...into a trance
transaktion transaction
transfer transfer
transformator transformer
transfusion blod~ blood transfusion
transistor transistor; vard., ~radio tranny
transistorradio transistor radio; vard. tranny
transit transit
transithall flyg. transit (departure) hall
transitiv språkv. transitive
transkribera transcribe
translator translator
transmission tekn. el. data. transmission; meteor. äv. transmittance
transparang transparency
transparent transparent
transpiration perspiration; bot. transpiration
transpirera perspire; bot. transpire
transplantation transplantation; enstaka transplant; av hud grafting; enstaka graft
transplantera transplant; hud graft
transponering mus. transposition
transport 1 frakt transport, isht amer. transportation; freight; shipment äv. konkr. (försändelse, last); jfr *transportera 1*; konvoj convoy; *under ~en* äv. in [course of] transit **2** hand., från föreg. (resp. till nästa) sida el. kolumn [amount] brought (resp. [amount] carried) forward
transportarbetare transport worker
transportband conveyor belt
transportera 1 frakta transport, till sjöss el. isht amer. freight, ship; på landsväg el. järnv. äv. haul; sända forward; flytta move **2** hand., belopp (vid bokföring) bring (resp. carry, jfr*transport 2*)...forward
transportföretag firm of haulage
transportmedel means (pl. lika) of transport
transsexuell transsexual
transsibirisk trans-Siberian
transvestit transvestite
trapets 1 gymn. trapeze **2** geom. trapezi|um (pl. -ums el. -a); amer. trapezoid
trappa I *s* stairs; isht utomhus steps; inomhus: bredare el. isht amer. stairway; *en ~* a flight of stairs (resp. steps); bo *en ~ upp* ...on the first (amer. second) floor **II** *itr*, *~ ned* de-escalate, phase out; t.ex. konflikt äv. defuse, play down
trappavsats inomhus landing
trapphus stairwell
trappräcke [staircase] banisters
trappsteg step äv. bildl.
trappstege stepladder
trappuppgång staircase, stairs; *i ~en* on the stairs
trasa I *s* **1** trasigt tygstycke rag äv. vard. om plagg; remsa shred; *i trasor* sönderriven, äv. torn to rags; *känna sig som en ~* feel washed out **2** se *dammtrasa* o. *skurtrasa*
II *itr*, *~ sönder* tear...[in]to rags (shreds äv. bildl.)
trasdocka rag doll
trashank ragamuffin
trasig 1 söndertrasad ragged äv. bildl.; tattered; sönderriven torn; fransig frayed **2** sönderbruten broken; *vara ~ i bitar* be in pieces (itu in two) **3** i olag ...out of order
traska lunka trot, jog; mödosamt trudge
trasmatta rag-mat; större rag-rug
trassel 1 bomulls~ cotton waste **2** oreda tangle äv. mera konkr., muddle; förvirring confusion; besvär trouble; komplikationer complications; *ställa till ~* make a muddle, cause a confusion (resp. a lot of trouble resp. complications); bråka kick up a fuss
trasselsudd ball of cotton waste

trassera hand. draw
trassla I *itr* se [*ställa till*] *trassel* **II** *rfl*, ~ *sig* om t.ex. tråd get entangled **III** med beton. part.
~ **ihop sig**: *garnet har ~t ihop sig* ...has got all tangled [up]
~ **in sig** get oneself entangled; bildl. äv. entangle oneself
~ **till** get...into a tangle, entangle; bildl. muddle; ~ *till sina affärer* get one's finances into a mess (muddle); *det bara ~r till saken att* + inf. it just confuses the issue to + inf.
trasslig tangled; friare muddled, confused; *han har ~a affärer* his finances are [rather] shaky
trast zool. thrush
tratt funnel; tekn. äv. hopper
tratta, ~ *i ngn ngt* stuff a p. with a th.
trattformig funnel-shaped
trauma psykol. trauma (pl. -ta el. -s)
trav trot; travande el. travsport trotting; rida *i* ~ ...at a trot; *falla i* ~ fall into a trot; *hjälpa ngn på ~en* put a p. on the right track
1 trava stapla ~ [*upp*] pile (stack) up
2 trava trot; *komma ~nde* vard. come trotting (traipsing) along
travbana trotting track (course)
trave av böcker pile, stack båda med of framför följ. best.
travers overhead [travelling] crane
travestera travesty
travesti travesty
travhäst trotter, trotting horse
travsport trotting
travtävling trotting race
tre three; jfr *fem* o. sammansättn.
tre- i sammansättn. jfr äv. *fem-*
trea 1 three; ~*n*[*s växel*] third, [the] third gear; jfr *femma* **2** vard. *en ~a* trerumslägenhet a three-room flat (apartment)
tredimensionell three-dimensional
tredje third (förk. 3rd); *den* ~ *från slutet* the last but two; *för det* ~ in the third place; vid uppräkning thirdly; ~ *man* jur. el. friare [vanl. a] third party; ~ *världen* the Third World; jfr *femte* o. *andra* med sammansättn.
tredjedel third [part]; jfr *femtedel*
tredskas be refractory
tredubbel tre gånger så stor o.d. vanl. treble; i tre skikt o.d. vanl. triple; trefaldig threefold; *betala tredubbla priset* (*det tredubbla*) pay treble (three times) the price (amount)
tredubbla treble; ~*s* treble

treenighet, ~*en* teol. the Trinity
trefaldighet 1 trinity **2** helgdag Trinity Sunday
trefasig three-phase...
trefjärdedelstakt mus. three-four time
trefot tripod
treglasfönster triple-glazed window
trehjuling three-wheeler; cykel tricycle; bil tricar
trekant triangle
trekantig triangular
treklang mus. triad
treklöver three-leaf clover; bildl. trio (pl. -s)
trekvart 1 three quarters; ~[*s timme*] three quarters of an hour **2** *vara på* ~ vard. be half seas over
trema diaeres|is (pl. -es)
trenchcoat trench coat
trend trend; *bryta ~en* break the trend
trendig vard. trendy
trepunktsbälte i bil lap-diagonal belt
trerummare o. **trerumslägenhet** three-room[ed] flat (apartment)
trestegshopp sport. triple jump; förr hop
trestegsraket three-stage rocket
trestjärnig three-star...
trestämmig mus. ...for three voices, three-voice
tretakt mus. triple time
trettio thirty
trettionde thirtieth; jfr *femte*
trettioårig, ~*a kriget* the Thirty Years' War; jfr äv. *femårig*
tretton thirteen; *det går* ~ *på dussinet* they are ten (two) a penny; jfr äv. *fem*[*ton*] o. sammansättn.
trettondagen [the] Epiphany
trettondagsafton, ~[*en*] the Eve of Epiphany, Twelfth Night
trettonde thirteenth; jfr *femte*
treva I *itr* grope [about] **II** *rfl*, ~ *sig fram* grope (fumble) one's way [along]
trevande, ~ *försök* fumbling (tentative) effort
trevare feeler; *skicka ut en* ~ throw out a feeler
trevlig nice; glad o. munter jolly; angenäm pleasant; rolig enjoyable; sympatisk attractive; vänlig genial; *en ~ flicka* a nice [sort of] girl; *det var just ~t* (*en ~ historia*)! a nice story (business) [and no mistake]!
trevnad comfort [and well-being]; trivsamhet cosy atmosphere
triangel triangle äv. mus.
triangeldrama bildl. domestic triangle
triangulär triangular, triangulate
tribun estrad o.d. platform

tribunal tribunal
tribut tribute
1 trick kortsp. odd trick
2 trick knep trick; jfr *knep*
trickfilm trick film
trikin zool. trichin|a (pl. -ae)
trikå 1 tyg tricot fr.; stockinet **2** ~*er* plagg tights; hudfärgade äv. fleshings
trikåvaror hosiery, knitted goods, knitwear
triljon trillion; amer. quintillion
trilla rulla roll; ramla tumble; falla fall; ~ *dit* land (get) into trouble
trilling triplet
trilogi litt. trilogy
trilsk enveten, egensinnig wilful; omedgörlig cussed, intractable; motspänstig stubborn; tredsk refractory
trilskas vara trilsk be wilful etc., jfr *trilsk*
trim trim; *vara (hålla sig) i god* ~ be (keep) in good (proper) trim
trimma sjö. el. om putsning av hund trim; träna get...into trim; ~ *in* den nya organisationen get...into shape; ~ [*upp*] *en motor* tune (vard. soup) up an engine
trimning trim; trimmande trimming etc., jfr *trimma*
trind round[-shaped]; knubbig chubby
trio trio (pl. -s) äv. mus.
tripp 1 kortare resa [short] trip; *ta sig (göra) en* ~ *till...* go for a trip to... **2** vard., narkotikarus trip
trippa trip (go tripping) along; affekterat walk along with mincing steps
trippelvaccin triple vaccine; vaccine against diphtheria, tetanus and whooping cough
trippmätare bil. o.d. trip [distance] meter (recorder)
trissa I *s* trundle; tekn. pulley; på möbel castor, caster **II** *itr*, ~ *upp priset* force up the price
trist dyster gloomy; om förhållanden o.d. dreary; glädjelös cheerless; sorglig sad
tristess gloominess etc., jfr *trist*; melancholy
triumf triumph
triumfbåge triumphal arch
triumfera triumph; jubla exult
triumferande triumphant; jublande exultant; skadeglad gloating
triumftåg triumphal procession (bildl. march)
trivas känna sig lycklig be (feel) happy; känna sig som hemma feel at home; ha det bra get on well; frodas thrive; blomstra flourish; *jag trivs alldeles utmärkt här* I'm having such a wonderful time here, I feel so very much at home here; *han trivs inte i* Sverige he isn't happy (is unhappy) in..., he doesn't like [being (living) in]...

trivial trivial; utsliten, utnött (om uttryck o.d.) commonplace
trivialitet triviality
trivsam pleasant äv. om pers.
trivsel trivsamhet cosy atmosphere
tro I *s* belief; åsikt opinion; tilltro el. relig. faith; ~, *hopp och kärlek* faith, hope, and charity; *i den* ~*n att* thinking (believing, in the belief) that; *handla i god* ~ act in good faith **II** *tr* o. *itr* allm. believe (äv. ~ *på*); anse, förmoda äv. think, suppose, vard. reckon, isht amer. guess; föreställa sig fancy, imagine, amer. äv. figure **a)** utan prep.-best.: har han kommit? - *Ja, jag* ~*r det* ...Yes, I think (believe) so, ...Yes, I think (believe) he has; *det var det jag* ~*dde* [that is] just what I thought, I thought as much; *det* ~*r jag också* (vard. *med*) that's what I think (vard. reckon)!, I think (vard. reckon) so, too!; ~ *sina* [*egna*] *ögon* believe (trust) one's [own] eyes; *jag kan (kunde* [*just*]) ~ *det!* I dare say!, I am not surprised!; det var roligt, *må du* ~*!* ...,I can tell you!; ...you may be sure!; you bet...! **b)** med prep.-best. *det hade jag inte* ~*tt om dig* det hade jag inte trott dig kapabel till I didn't think you had it in you; det hade jag inte väntat mig av dig I had not (I wouldn't have) expected that from you, I didn't expect it of you; *det skulle jag (man) kunna* ~ *honom om* I would have expected that of him äv. som positivt omdöme, I would not put it past him; ~ *ngn om att kunna göra ngt* believe a p. capable of doing a th.; ~ *på* ngn (ngt) believe in; förlita sig på trust, have faith (confidence) in; *han* ~*r inte på det* ~r inte det är sant, vard. äv. he won't buy it **III** *rfl*, ~ *sig vara...* think (believe) that one is..., believe (imagine) oneself to be...; ~ *sig om* ngt think (believe) oneself (that one is) capable of...
troende believing; *en* ~ subst. adj. a believer
trofast om kärlek faithful; om vänskap loyal
trofasthet faithfulness
trofé trophy
trogen faithful äv. verklighets~; lojal, pålitlig loyal; *vara ngn (ngt)* ~ be faithful (true) to a p. (a th.)
trohet fidelity; trofasthet faithfulness
trohetsed oath of allegiance
trohjärtad true-hearted; naiv, oskuldsfull naive
trojansk Trojan
troké metrik. trochee
trolig sannolik probable; rimlig plausible; trovärdig credible; *det är* ~*t att han*

kommer vanl. he will probably (very likely, most likely) come
troligen o. **troligtvis** very (most) likely; *han kommer ~ inte* äv. he is not likely to come
troll troll; elakt hobgoblin, goblin; jätte ogre; kvinnligt ogress; han är *rik som ett ~* ...rolling in money
trolla eg. practise witchcraft, conjure; göra trollkonster do (perform) conjuring tricks; *jag kan inte ~* bildl. I am not a magician, I can't work miracles; *~ fram* om t.ex. illusionist conjure forth, produce...by magic
trollbunden bildl. spellbound
trolldom witchcraft, sorcery
trolldryck magic potion, philtre
trolleri, *~[er]* magic, enchantment; *som genom [ett] ~* as if by [a stroke of] magic
trollformel magic formula
trollkarl eg. magician, sorcerer samtl. äv. bildl.; trollkonstnär [professional] conjurer
trollkonst trollkonstnärs o. friare conjuring trick; *~er* magi magic sg.
trollkonstnär [professional] conjurer, magician
trollslag, *som genom ett ~* as if by [a stroke of] magic
trollslända zool. dragonfly
trollspö o. **trollstav** magic (magician's) wand
trolovad betrothed; *hans (hennes) ~e* subst. adj. his (her) betrothed
trolovning betrothal
trolös svekfull faithless, disloyal; förrädisk treacherous
trolöshet faithlessness; breach of faith
tromb meteor. tornado (pl. -s el. -es)
trombon trombone
tron throne; *avsäga sig ~en* abdicate
trona be enthroned; friare sit in state
tronarvinge heir to the (resp. a) throne
tronföljare successor to the (resp. a) throne
tronföljd [order of] succession to the throne; *kvinnlig ~* female succession to the throne
trontal speech from the throne
tropikerna the tropics, the tropic (torrid) zone
tropikhjälm sunhelmet
tropisk tropical; isht geogr. tropic
tropp mil., infanteri~ section; gymn. squad; friare troop
troppa *itr*, *~ av* go (move) off; skingras drift away
trosa, *en ~* el. *ett par trosor* a pair of briefs
trosbekännelse som avlägges profession (confession) of [one's] faith; lära confession; tro creed

trosfrihet religious liberty (tolerance)
troskyldig se *trohjärtad*
tross rep hawser
trossamfund [religious] community
trossats dogm dogma
trosskydd panty liner
trosviss ...full of implicit faith
trosvisshet certainty of belief
trotjänare o. **trotjänarinna**, *[gammal] ~* faithful old servant (retainer)
trots I *s* motspänstighet obstinacy; motstånd defiance; övermod bravado; spotskhet scorn
II *prep* in spite of, despite; *~ allt* (i alla fall) äv. after all [is said and done], all the same, for all that; *~ att...* though..., in spite of the fact that...
trotsa I *tr* defy, bid defiance to; djärvt möta (t.ex. stormen, döden) brave; förakfullt negligera (t.ex. någons råd) flout; sätta sig över (t.ex. lagar) set...at defiance; uthärda stand up to; *det ~r all beskrivning* it is beyond (it beggars) description **II** *itr* vara trotsig be defiant (obstinate etc., jfr*trotsig*)
trotsig utmanande defiant; motspänstig obstinate; uppstudsig refractory; spotsk scornful
trotsighet defiance; refractoriness; scornfulness, jfr *trotsig*
trotsålder, *vara i ~n* be at a defiant (rebellious) age
trottoar pavement; amer. sidewalk
trottoarkant kerb; amer. curb
trottoarservering konkr. pavement (amer. sidewalk) restaurant (café)
trovärdig credible; om pers. trustworthy; tillförlitlig (om pers. o. sak) reliable
trovärdighet credibility; trustworthiness; reliability; jfr *trovärdig*
trubadur troubadour; hist. äv. minstrel
trubba, *~ av* blunt äv. bildl.; eg. äv. make...blunt; t.ex. känslor deaden, dull
trubbel vard. trouble
trubbig oskarp blunt
trubbnos o. **trubbnäsa** snub nose; bred o. platt pug-nose
truck truck
truga, *~ ngn [att* +inf.*]* press a p. [to +inf.]; *~ ngn att äta* äv. press food [up]on a p., ply a p. with food; *~ på ngn ngt* press (force, push) a th. [up]on a p., coax a p. into taking a th.; *~ sig på ngn* force (obtrude) oneself [up]on a p.
trumbroms tekn. drum brake
trumf trump; *ha (sitta med) ~ på hand* hold trumps (bildl. äv. the winning cards)
trumfa I *itr* kortsp., spela trumf play a trump (resp. trumps); *~ med...* trump with...
II med beton. part.

~ slå **i ngn ngt** drum (din, pound) a th. into a p.['s head]
~ driva **igenom** force...through
~ **över** kortsp. overtrump
trumfess ace of trumps
trumhinna anat. eardrum; vetensk. tympanic membrane
trumma I *s* **1** mus. drum; afrikansk ~ o.d. tomtom; *spela ~ (trummor)* play the drum (drums) **2** tekn.: ledning, rör duct; kulvert (t.ex. under väg) culvert; cylinder drum äv. data, barrel; för hiss shaft; **II** *itr* o. *tr* drum äv. bildl.; om t.ex. regn beat; ~ *ihop* vänner och bekanta drum...together, drum up...
trummis vard. drummer
trumpen sullen, glum
trumpet trumpet; *spela (blåsa i)* ~ play (som signal sound) the trumpet
trumpetare trumpeter
trumpetstöt trumpet blast
trumpinne drumstick
trumslagare drummer
trumvirvel drumroll
trupp troop; mil., avdelning contingent, detachment; lag: gymn. el. sport. team, fotb. squad; teat. troupe; *~er* styrkor äv. forces
truppförband enhet military unit
truppslag branch of the army
truppstyrka [military] force
trust ekon. trust
1 trut zool. gull
2 trut vard., mun mouth; *hålla ~en* hold one's jaw; tystna shut up
truta, ~ *med munnen* pout one's lips
tryck 1 allm. pressure; tonvikt stress; påfrestning strain **2** typogr. el. på tyg o.d.: konkr. print; tryckning printing; tryckalster publication; koll. (trycksaker) printed matter; *ge ut i* ~ print, publish; låta trycka have...printed; *komma ut i* ~ appear (come out) in print; *se* ngt *i* ~ see...in print **3** vard., hög stämning go, life; *vilket ~ det var* om t.ex. fest there was plenty of go (life), the atmosphere was terrific
trycka I *tr* o. *itr* **1** press; krama squeeze; tynga weigh...down, press [heavily] [up]on; kännas tung be (weigh) heavy; vara trång be too tight, ~ *ngns hand* shake (hjärtligare clasp el. press) a p.'s hand; ~ *ngn till sitt bröst* press (mera känslobetonat clasp) a p. to one's bosom **2** ~ *på ngt* framhäva, betona emphasize a th. **3** jakt. el. friare (dölja sig): om djur squat; *[ligga och]* ~ om pers. lie low ([in] hiding) **4** typogr. el. på tyg o.d. print; boken *håller på att ~s* ...is being printed (in the press) **II** *rfl,* ~ *sig tätt intill ngn* a) kelande cuddle (om barn nestle) up to a p. b) ängsligt press close against a p.; ~ *sig mot* en vägg press (tätt intill flatten) oneself against...
III med beton. part.
~ **av** avfyra fire; itr. äv. pull the trigger
~ **fast** press...[securely] on
~ **ihop** *flera föremål* press (klämma squeeze)...together; packa compress; platta till flatten
~ **in** press (klämma squeeze) in
~ **ned (ner)** press down; friare el. bildl. depress
~ **om** bok o.d. reprint
~ **på** utöva tryck exert pressure
~ **sönder** ngt break a th. [i bitar to pieces] by pressing it
tryckalster publication; ~ pl. (trycksaker) printed matter sg.
tryckande bildl. oppressive; om väder sultry
tryckbokstav block letter; skriva *med tryckbokstäver* ...in block letters
tryckeri printing works (pl. lika), printing office; mots. sätteri press-room
tryckfel misprint, printer's error
tryckfrihet freedom (liberty) of the press
tryckfrihetsförordning jur., ung. press law
tryckkabin flyg. pressurized cabin
tryckknapp 1 för knäppning press stud; isht amer. snap [fastener] **2** strömbrytare push-button
tryckkokare pressure-cooker
tryckluft compressed air
tryckning 1 allm. pressure; med fingret o.d. press **2** typogr. printing
tryckpress printing press
trycksak piece of printed matter, printed paper; *~er* äv. printed matter sg.
trycksvärta printer's (printing) ink
tryckt nedstämd depressed
tryckår year of publication
tryffel bot. el. choklad[massa] truffle; kok. truffles
trygg säker secure; utom fara safe; full av självtillit confident
trygga make...secure (safe); ~ *sin framtid (ålderdom)* provide for one's future (old age)
trygghet security; utom fara safety; lugn självtillit confidence; självmedvetenhet assurance
tryggt safely; utan känsla av fara securely; förtroendefullt confidently
tryne på svin snout; vard., näsa snout, conk, ansikte mug
tryta give out; *börja* ~ om förråd äv. begin to get low (om kroppskrafter to ebb); till slut *tröt hans tålamod* ...his patience gave out
tråckla sömnad. tack; ~ *fast* tack on [*på* to]

tråd thread äv. bildl.; bomulls~ cotton; sy~ sewing-thread; metall~ wire; i glödlampa filament; fiber fibre; *hans liv hänger på en ~* his life hangs by (on) a [single] thread
trådig thready; om struktur o.d. filamentous; *~t kött* stringy (ropy) meat
trådlös wireless
trådrulle med tråd reel of cotton, amer. spool of thread; tom cotton reel, amer. spool
trådsmal ...[as] thin as a thread
tråg kärl trough, flatare tray; för murbruk hod
tråka 1 *~ ihjäl* (*ut*) *ngn* bore a p. to death, bore a p. stiff **2** trakassera annoy, pester; retas med tease
tråkig långtråkig boring; trist drab; ointressant uninteresting, dull; obehaglig disagreeable; förarglig awkward; beklaglig unfortunate; sorglig sad; *~a följder* obehagliga unpleasant (icke önskvärda undesirable) consequences; *en ~* obehaglig *historia* vanl. a nasty business (affair)
tråkighet långtråkighet boredom; tristhet drabness; *~er* besvär, obehag trouble sg., bother sg., inconvenience sg.; svårigheter difficulties; förtret annoyance sg., vexation sg.; prövningar hardships
tråkigt boringly osv., jfr *tråkig*; *~ nog* tyvärr *måste jag* gå unfortunately (I'm sorry to say) I must...; *ha ~* be bored; mera långvarigt have a boring (dull) time
tråkmåns bore; *en riktig ~* a crashing bore
trål trawl
trålare trawler
tråna yearn, languish
trånande om pers. yearning; om blick languishing
trång narrow äv. bildl.; om t.ex. byxor tight-fitting; om skor tight; begränsad limited; *~a lägenheter* ...which are too small; klänningen *är ~ i halsen* (*över ryggen*) ...is tight round the neck (across the back)
trångbodd, *vara ~* ha liten bostad be cramped (restricted, limited, confined) for space [in one's home]; vara många live in overcrowded conditions
trångmål isht ekonomiskt embarrassment, nöd[läge] distress; *råka i ~* get into straits (vard. a tight corner)
trångsynt narrow-minded
trångsynthet trångsyn narrow outlook; trångsinthet narrow-mindedness, intolerance, bigotry
trångt, *bo ~* se [*vara*] *trångbodd*; *sitta ~* eg. be cramped; om flera pers. äv. sit (be sitting) close together; om plagg fit too tight
trånsjuk ...full of yearning

1 trä (*träda*); *trä* på (upp) thread [*på* on]; t.ex. halsband äv. string; sticka: t.ex. armen genom rockärmen pass, slip; t.ex. en nål (ett band) genom ngt run; *~ in* (t.ex. handen genom hålet) pass...
2 trä 1 som ämne wood; virke timber, isht amer. lumber; stolar *av ~* äv. wooden...; *ta i ~!* som besvärjelse touch (amer. knock on) wood! **2** vedträ log (billet) [of wood]
träaktig bildl.: torr woody; livlös, stel o.d. wooden
träben wooden leg
träbit piece (bit) of wood
träbock 1 ställning wooden trestle **2** pers. dry stick
träck excrement; djurs dung
träd tree
1 träda 1 mark fallow field **2** *ligga* (*lägga*) *i ~* lie (lay) fallow äv. bildl.
2 träda se *1 trä*
3 träda I *itr* stiga step; gå go; trampa tread; *~ i dagen* come to light äv. bildl.; *~ i kraft* come into force (effect), take effect
II med beton. part.
~ emellan step (go) between; ingripa äv. step in
~ fram eg. step (go, komma come) forward; plötsligt, oväntat come forth
~ in eg. step (go, komma come) in, enter; *~ in i* ett rum enter...
~ tillbaka bildl. withdraw, retire, step down; om regering o.d. resign
~ ut step (go, komma come) out; plötsligt emerge
trädgräns, *~en* the timberline, the tree line (limit)
trädgård garden, amer. äv. yard; större o. isht offentlig (t.ex. botanisk) gardens
trädgårdsland garden plot
trädgårdsmästare gardener
trädgårdsmöbler garden furniture sg.
trädgårdsodling horticulture
trädgårdsredskap garden tool
trädgårdsskötsel gardening
trädgårdstäppa little garden
trädkrona crown (head) of a (resp. the) tree
trädslag variety (type) of tree
trädstam [tree] trunk
trädtopp tree-top
träff 1 hit; slag blow; *skjuta ~* score a hit **2** vard. date; sammankomst get-together; *stämma ~ med* arrange a meeting with; vard. make a date with
träffa 1 möta meet; händelsevis run across; finna find; få tag i get hold of; *jag skall ~ honom i morgon* I'll see (be seeing) him...; jag hoppades *att ~ honom hemma* ...to find him at home; *han ~s på sitt kontor* you

can see (i telefon get, reach) him at his office; *han ~s mellan 9 och 10* he is available between 9 and 10; *~ på* möta, råka på meet with, run (come) across **2** ej missa hit; slå till strike; *kulan ~de [målet (honom)]* ...hit the target (him) **3** göra make; *~ [ett] avtal* komma överens om come to (ingå enter [up]on) an agreement

träffad, *hon kände sig ~ av hans antydningar* she took his insinuations personally

träffande välfunnen apposite; passande, adekvat pertinent; talande telling; på kornet to the point

träffas meet; händelsevis chance (happen) to meet

träffpunkt mötesplats rendezvous

träffsäker eg.: om pers. ...good at hitting the mark; om vapen accurate; bildl. (t.ex. i omdömesförmåga) sure

träffsäkerhet eg.: persons sureness (accuracy) of aim; vapens accuracy in firing

träfiberplatta [wood] fibreboard

trägen persevering, sedulous

trägolv wooden floor

trähus wooden house

trähäst wooden horse äv. grek. myt.

träindustri wood industry; virkesindustri timber (isht amer. lumber) industry

träkol charcoal

träl hist. bond[s]man; bildl. slave

träla toil [like a slave (resp. slaves)]; drudge

träldom bondage; isht bildl. slavery

trämassa wood pulp

träna I *tr* o. *itr* train; öva sig [i] vanl. practise; *~ öva in* train resp. practise; *~ upp sin förmåga att...* develop (perfect) one's ability to... II *rfl, ~ sig* se *öva II*

tränare trainer; instruktör coach

tränga I *tr* driva drive; skjuta push, jostle; tvinga force

II med beton. part.

~ bort psykol. repress

~ sig fram push one's way forward

~ sig före i kön push oneself forward in (jump) the queue

~ igenom penetrate, permeate

~ ihop t.ex. *en massa människor* crowd (pack)...together; *~ ihop sig* om flera pers. crowd together

~ in a) tr.: *~ in ngn i ett hörn* press (osv., jfr *I*) a p. into a corner **b)** itr. o. rfl.: *~ (~ sig) in i...* force one's way into...

~ sig på vara påträngande thrust oneself (obtrude, butt in) on a p.

~ tillbaka: polisnera trängde tillbaka de nyfikna the policemen pressed (thrust)...back

~ undan: ~ undan ngn push a p. aside (out of his resp. her place)

~ ut om t.ex. folkhop crowd out; *~ ut ngn i gatan* force a p. out...

trängande urgent

trängas samlas crowd; knuffas jostle one another

trängsel crowding; människomassa crowd, throng; *i ~n* in the crowd (crush, throng)

träning training; practice; coaching; jfr *träna; ligga i ~ för...* be training for...

träningsläger training camp

träningsoverall track (training, sweat) suit

träningspass training session

träningsvärk, *ha ~* be stiff (full of aches) [after training (exercise)]

träns 1 *~[bett]* ridn. snaffle **2** snodd braid, cord

träpanel wood[en] panelling

träsk 1 kärr fen **2** bildl. slough

träskalle vard. blockhead, fathead

träsked wooden spoon

träsko clog

träslag sort (kind) of wood; *~ pl.* äv. woods

träslöjd woodwork äv. skol., carpentry; konst. wood handicraft

träsmak ömmande känsla feeling of soreness [from sitting on a hard seat]

träsnitt woodcut

träsprit wood alcohol, methanol

träta I *s* quarrel **II** *itr* quarrel; svag. bicker

trävaruhandlare virkeshandlare timber merchant; detaljist timber dealer

trävirke se *virke*

trävit whitewood...; *stolen är ~* ...is made of whitewood

trög sluggish; långsam slow, slack; fys. el. om pers. (overksam) inert; flegmatisk phlegmatic; slö dull; senfärdig tardy; *vara ~ i magen* be constipated

trögfattad vard. ...slow on the uptake

trögflytande tjockflytande viscous; om vattendrag sluggish

tröghet sluggishness etc.; inertia; phlegm; tardiness; jfr *trög*

trögtänkt slow-witted

tröja olle sweater; jumper jumper; t.ex. fotbolls~ shirt; kortärmad T-shirt; under~ vest, amer. undershirt

tröska lantbr. **I** *tr* thresh **II** *s* thresher

tröskel threshold äv. bildl.; damm- el. på bil sill

tröskverk threshing machine

tröst hjälp, lindring comfort; i högre stil solace; *en klen (dålig) ~* a poor consolation

trösta I *tr* comfort, console; i högre stil solace **II** *rfl*, ~ *sig* console oneself [*med by*]
trösterik consoling, ...full of consolation
tröstlös disconsolate, inconsolable; hopplös, förtvivlad hopeless, desperate; trist dreary, drab
tröstnapp comforter; amer. pacifier
tröstpris consolation prize
tröstäta console oneself by eating
trött tired; uttröttad wearied; vard. fagged; i högre stil weary; *ett ~ leende* a weary smile; *jag är ~ på honom* äv. I've had enough of him
trötta tire, fatigue; tråka ut weary; *~ sina ögon med att läsa* vanl. strain one's eyes reading; *det ~r [en] ganska mycket* it tires you a good deal, it is rather tiring
trötthet tiredness; fatigue; falla ihop *av ~* ...with fatigue
tröttkörd utarbetad overworked
tröttna become (get, grow) tired; *~ på...* äv. tire (weary) of...
tröttsam tiring
tsar tsar, czar
T-sprit methylated spirit[s pl.]; vard. meth[s pl.]
TT (förk. för *Tidningarnas Telegrambyrå*) the Swedish Central News Agency
T-tröja T-shirt
tu two; *ett ~ tre* plötsligt all of a sudden; *de unga ~* the young couple
tub 1 färg~ o.d. el. tekn. tube **2** kikare telescope
tuba mus. tuba
tuberkulos med. tuberculosis
tudela divide...into two [parts]; *~d se tvådelad*
tudelning division (tudelande dividing) into two [parts]
tuff vard. tough; snygg smart; *~a tag* rough stuff sg.
1 tuffa om tåg puff; om bil el. motorbåt chug
2 tuffa I *itr*, *~ till* t.ex. till sitt yttre smarten up **II** *rfl*, *~ till sig* become tougher, toughen up
tuffing vard. tough customer (nut, guy); *han är en riktig ~* äv. he's as tough as they make them
tugg 1 vard., prat talk **2** träavfall wood chippings
tugga I *s* munfull bite; vad som tuggas chew **II** *tr* o. *itr* chew; isht om hästar champ; *~ på en kaka* chew (mumsa munch)...; *~ sönder* bite...to bits
tuggbuss quid [of tobacco]
tuggtobak chewing-tobacco
tuggummi chewing-gum, a piece of (paket a packet of) chewing-gum
tukt discipline
tukta 1 hålla i tukt o. lydnad chastise, discipline, castigate; kväsa tame **2** forma (t.ex. träd, häck) prune
tull 1 avgift [customs] duty, vard. customs; *~sats* customs tariff; *betala ~ på (för) ngt* pay duty (customs) on (for) a th. **2** tullmyndighet Customs; tullhus custom house; *passera [genom] ~en* get through (pass [through]) the Customs **3** *bo utanför ~arna* ung. live outside the (out of [the]) town
tulla 1 betala tull *~ för* ngt pay duty on (for)... **2** vard., ta *~ av (på)* cigarrerna take (pinch) some of...
tullavgift [customs] duty
tullbehandla clear [...through the Customs]; resgods examine [...for customs purposes]
tulldeklaration customs declaration
tullfri duty-free, ...free of duty
tullkontroll customs check
tullpliktig dutiable
tullstation customs station, custom house
tulltjänsteman customs officer (official)
tullunion customs (tariff) union
tullvisitation av resgods customs examination; kroppsvisitation personal search [by the Customs]; av fartyg o.d. search [by the Customs]
tulpan tulip
tum inch
tumla I *itr* falla fall, tumble; vältra sig roll **II** *tr* torka tvätt tumble-dry
tumlare 1 zool. [common] porpoise **2** glas tumbler **3** tork~ tumbler
tumma, *~ på ngt* fingra på ngt finger a th.; nöta på ngt thumb a th.; *~de sedlar (böcker)* well-thumbed [bank-]notes (books); *~ på ngt* a) komma överens om shake hands (agree) on a th. b) rucka på tamper with a th., make modifications in a th.
tumme thumb äv. på handske o.d.; *ha ~n i ögat på ngn* hålla i styr keep a tight hand on a p.; *hålla tummarna för ngn* keep one's fingers crossed for a p.
tummeliten, *en ~* a hop-o'-my-thumb
tumregel rule of thumb
tumskruv thumbscrew; *sätta ~ar (dra åt ~arna) på ngn* bildl. put the screws on a p.
tumstock folding rule
tumult tumult, vard. hullabaloo; rabalder, villervalla uproar; bråk row, vard. rumpus; upplopp disturbance

tumvante [woollen (resp. leather, fabric)] mitten
tumör med. tumour; *godartad* (*elakartad*) ~ benign (malignant) tumour
tundra geogr. tundra
tung heavy äv. bildl.; klumpig unwieldy; åbäkig cumbersome; svår hard; isht bildl. ponderous; viktig important; ~ *som bly* as heavy as lead, like a lump of lead; *ett ~t ansvar* a heavy (grave) responsibility
tunga 1 anat. el. friare tongue; på flagga tail; mus.: i orgel reed; *onda* (*elaka*) *tungor påstår att...* a malicious rumour has it that...; *vara ~n på vågen* hold the balance, tip the scale **2** zool., fisk sole
tunghäfta tongue-tiedness; *ha* (*få*) ~ be (get) tongue-tied
tungomål språk language
tungrodd bildl.: trög heavy; osmidig, om t.ex. organisation unwieldy
tungsinne melancholy, gloom
tungsint melancholy, gloomy
tungspets tip (fonet. äv. point) of the tongue
tungt heavily, heavy; ~ *beväpnad* heavily armed; ansvaret *föll* (*vilade*) ~ *på honom* ...fell (weighed) heavy upon him
tungvikt heavyweight
tungviktare sport. el. bildl. heavyweight; motorcykel heavyweight [motorcycle]
tunik o. **tunika** tunic
Tunisien Tunisia
tunisier Tunisian
tunisisk Tunisian
tunn allm. thin; svag weak; utspädd diluted; vard., om pers. skinny; *~a kinder* thin (infallna pinched) cheeks; ~ *tråd* äv. fine (slender) thread; *tunt tyg* äv. flimsy (skirt sheer) material
1 tunna barrel; mindre cask; *hoppa i galen ~* do the wrong thing, make a blunder
2 tunna I *tr*, ~ *ut* (*ur*) göra tunnare make...thinner; gallra äv. thin [out (down)]; späda äv. dilute; göra innehållslös bildl. water down **II** *itr*, ~ *av* (*ut*) grow (get) thinner; glesna thin; minska decrease (diminish) in number[s]
tunnbröd ung. thin flat unleavened bread
tunnel tunnel; amer. underpass
tunnelbana underground [railway], vard. tube; amer. subway, vard. sub
tunnelbanestation underground (tube, jfr *tunnelbana*) station
tunnflytande thin
tunnhårig thin-haired
tunnklädd thinly dressed (clad)
tunnland ung. acre
tunnsliten ...worn thin; trådsliten threadbare
tunnsådd thinly sown; framgångarna *var ~a* bildl. ...were few and far between
tunntarm anat. small intestine
tupera hår backcomb
tupp cock, amer. rooster
tuppa, ~ *av* svimma pass out, flake out; kollapsa collapse; slumra till nod off
tuppkam zool. cock's crest (pl. vanl. cocks' crests)
tupplur [little (short)] nap; vard. catnap; *ta sig en* ~ take (have) a nap (catnap), have forty winks
1 tur lycka luck; öde fortune; *föra* ~ *med sig* bring luck; *ha* ~ *med* vädret be lucky with...; *ha* ~ *med sig* (*~en på sin sida*) be lucky, have fortune on one's side, be favoured by fortune; *det är* ~ *att...* it's lucky (fortunate) that..., it's a good thing (vard. job) that...; *det är* ~ *för dig att ha* (*att du har*)... it's lucky for you that you have...; *vilken* (*en sån*) *~!* what [a piece (stroke) of] luck!; *mera* ~ *än skicklighet* more good luck than skill
2 tur 1 ordning turn; *han i sin* ~ å sin sida he on his part **2** resa, utflykt trip, vard. spin; på cykel ride; till fots turn; spatser~ stroll; båten *gör fyra ~er dagligen...* runs four times daily; biljetten kostar 150 kr ~ *och retur* ...return (there and back) **3** i dans figure; bildl. *de många ~erna* i kärnkraftsfrågan the many turnabouts (chops and changes)...; *efter många ~er* kunde de återförenas after many vicissitudes (ups and downs)...
turas, ~ *om att* + inf. take it in turn[s] to + inf.; take turns in (at) + ing-form
turban turban
turbin turbine
turbojetmotor turbo-jet [engine]
turbomotor turbo motor
turbulens turbulence
turism tourism
turist tourist
turista vard. tour
turistbuss touring (long-distance) coach
turistbyrå travel (tourist) agency
turistinformation lokal tourist [information] office
turistort tourist resort
turistsäsong tourist season
turk Turk
Turkiet Turkey
turkisk Turkish
turkiska 1 språk Turkish **2** kvinna Turkish woman
turkos turquoise
turlista tidtabell timetable
turné rundresa tour; *göra en* ~ go on (make) a tour

turnera tour; ~ *i landsorten* tour [in] the provinces
turnering tournament
tur och returbiljett return (amer. round-trip) ticket
turordning priority
tursam lucky, fortunate
turturduva turtle dove
turtäthet frequency of train (bus etc.) services; *vilken* ~ *har* den här bussen? how often does...run?
turvis by (in) turns
tusan, för ~! hang it!
tusch färg Indian ink
tuschpenna filtpenna felt (felt-tip) pen
tusen (jfr äv. ex. under *hundra*) thousand; [*ett*] ~ a (one) thousand; *Tusen och en natt* titel vanl. the Arabian Nights; vara hungrig *till* ~ vard. ...like hell; *gilla ngn* (*ngt*) *till* ~ like a p. (a th.) no end (vard. a hell of a lot)
tusende I *s* thousand **II** *räkn* thousandth; jfr ex. under *femte*
tusendel thousandth [part]; jfr *hundradel*
tusenfoting centipede
tusenkonstnär Jack-of-all-trades (pl. Jacks-of-all-trades)
tusenkronorssedel o. **tusenlapp** one-thousand-krona note
tusensköna [common] daisy
tusental thousand; [*på*] *~et* år 1000-1100 [in] the eleventh century; jfr vid. ex. under *hundratal*
tusentals, ~ *böcker* thousands of... (subst. i pl.)
tuss av bomull, tråd wad; av damm piece of fluff; hopknycklad boll av t.ex. papper ball
tussa, ~ *en hund på ngn* set a dog on to a p.
tussilago bot. coltsfoot (pl. -s)
tut toot!
1 tuta fingerstall; för tumme thumbstall
2 tuta I *tr* o. *itr* mus. toot; med signalhorn på bil, ångvissla o.d. hoot; ~ *och köra* bildl. go [straight] ahead; *det ~r upptaget* i telefon there's an engaged (amer. busy) tone; *~ 'i ngn* ngt put...into a p.'s head **II** *s* signalhorn horn
tuva gräs~ tuft (clump) [of grass]; större grassy hillock
tv television, TV (pl. TVs), vard. telly samtl. äv. apparat; *se* (*titta*) *på* ~ watch television (TV, vard. the telly); *se ngt på* ~ see (look at) a th. on television (vard. the box, amer. the tube); *vad är det på* ~ *i kväll?* what is on television (osv.)...?
tv-antenn television (TV) aerial (amer. äv. antenna)

tv-apparat television (TV) set (receiver); vard. telly
tweed tweed
tveeggad two-edged
tvehågsen doubtful
tveka hesitate; *utan att* ~ without hesitating (hesitation)
tvekamp duel äv. bildl.
tvekan hesitation; tvivel doubt; *det råder ingen* ~ *om det* there is no doubt (question) about it
tveklöst doubtless
tveksam tvekande hesitant; osäker doubtful, uncertain; obeslutsam irresolute, undecided
tveksamhet hesitation, hesitance
tvestjärt zool. earwig
tvetydig eg. ambiguous, equivocal; ekivok, oanständig risky, improper; skum shady
tvilling 1 pers. twin **2** *Tvillingarna* astrol. Gemini
tvillingbror twin brother
tvillingsyster twin sister
tvina, ~ [*bort*] languish [away]
tvinga I *tr* force; stark. el. isht genom maktmedel coerce; vard. twist a p.'s arm; högtidl. constrain; ~ *ngn* [*till*] *att göra* ngt force a p. to do (into doing)..., compel a p. to do..., coerce a p. into doing...; svag., förmå make a p. do...; *han hade ~ts* nödgats [*att*] nödlanda he had been forced (obliged) to... **II** *rfl,* ~ *sig* force oneself [[*till*] *att* + inf. to + inf., into ing-form]; högtidl. constrain oneself [[*till*] *att* + inf. to + inf.]
III med beton. part.
~ **fram:** ~ *fram ett avgörande* (*ett leende*) force a decision (a smile)
~ **i:** ~ *i ngn ngt* få ngn att äta force a p. to eat (dricka to drink) a th.
~ **på:** ~ *på ngn ngt* force (truga push) a th. on a p. (vard. down a p.'s throat); ~ *sig på ngn* force (impose) oneself on a p.
~ **till sig** (*sig till*) ngt obtain (secure) a th. by force
~ **ur** *ngn ngt* extort a th. from a p.
tvingande oavvislig imperative; trängande urgent; *en* ~ *nödvändighet* an imperative necessity
tvinna twine; silke throw
tvist kontrovers dispute; gräl quarrel; *avgöra* (*bilägga, slita*) *en* ~ decide (settle) a dispute osv.
tvista dispute; gräla quarrel
tvistemål jur. civil case (suit)
tvivel doubt; *det är* (*råder*) *inget* ~ *om det* there is no doubt [at all] (no question)

about it; *utan* ~ otvivelaktigt no doubt, without any doubt, undoubtedly
tvivelaktig doubtful; misstänkt suspicious; skum shady; *en* ~ *figur* a character of doubtful reputation
tvivelsmål doubt; *sväva (vara) i* ~ have doubts [in one's mind] [*om* about]
tvivla doubt; ~ *på* betvivla doubt
tvivlande klentrogen incredulous; skeptisk sceptical; *ställa sig* ~ *till...* take up an attitude of doubt (scepticism) towards..., feel dubious about...
tvivlare doubter; relig. el. filos. o.d. äv. sceptic
tv-kamera television (TV) camera
tv-kanal television (TV) channel
tv-licens television (TV) licence
tv-pjäs television (TV) play
tv-program television (TV) programme
tv-reklam reklam i tv [television] commercials
tv-ruta [viewing] screen, telescreen
tv-serie television (TV) series (pl. lika)
tv-tittare televiewer
tvungen 1 nödd forced; *bli (vara)* ~ *att...* be forced (compelled) to...; stark. be constrained to...; isht av inre tvång be obliged (bound) to...; svag., 'måste' have to; *jag är* ~ *att göra det* äv. I have got to (I must) do it **2** stel forced; om ställning strained, cramped
1 två, *jag* ~*r mina händer* bildl. I wash my hands of it
2 två two; *båda* ~ both, se vid. under *2 båda*; ~ *gånger* twice; jfr *fem* o. sammansättn.
två- för sammansättn. jfr äv. *fem-*
tvåa 1 two; ~*n[s växel]* the second gear (speed) **2** vard. *en* ~ tvårumslägenhet a two-room flat (apartment)
tvådelad, ~ *baddräkt* two-piece bathing-suit
tvåfilig two-laned; *den är* ~ it has two lanes
tvåhjuling vagn two-wheeler; cykel bicycle
tvål soap; *en* ~ a piece (tablet, bar, cake) of soap
tvåla, ~ *in* soap, rub...over with soap; haka, skägg äv. lather; ~ *till ngn* knock a p. about; tillrättavisa tell a p. off
tvålask att förvara tvål i soap container
tvålfager, *vara* ~ vard. be good-looking in a slick way, be pretty-pretty
tvålflingor soapflakes
tvålkopp soapdish
tvållödder soap lather
tvålopera vard. soap opera
tvåmotorig twin-engined
tvång compulsion, stark. coercion; återhållande, 'band' constraint, restraint;

våld force; nödvändighet necessity; *göra ngt av* ~ ...under compulsion (constraint)
tvångsarbete forced labour
tvångsföreställning psykol. obsession
tvångsförflyttning av t.ex. tjänsteman compulsory transfer [to another post]; av t.ex. folkgrupp compulsory transfer [of population]
tvångsintagen, *vara* ~ *för* vård be committed to...
tvångsintagning commitment
tvångsläge, befinna sig (vara) *i* ~ ...in an emergency situation
tvångsmata force-feed äv. bildl.; feed...forcibly
tvångsmässig compulsory, forced; psykol. compulsive
tvångstanke psykol. obsession
tvångströja straitjacket äv. bildl.
tvångsåtgärd coercive measure
tvåplansvilla two-storeyed house
tvåradig dubbelknäppt double-breasted, jfr f.ö.
tvårummare o. **tvårumslägenhet** two-room[ed] flat (apartment)
tvåsidig two-sided
tvåspråkig bilingual
tvåspråkighet bilingualism
tvåstämmig mus. ...for two voices, two-voice
tvåtaktare o. **tvåtaktsmotor** two-stroke engine
tvåtusentalet the twenty-first century, jfr *femtonhundratalet*
tvåårig om växt biennial; jfr f.ö. *femårig*
tvär I *s*, t.ex. ligga *på* ~*en* ...crosswise; ...across; *sätta sig på* ~*en* eg., om föremål get stuck crossways; bildl., om pers. become awkward (cussed) **II** *adj* ~t avskuren square; brant sheer; skarp, oförmodad, om t.ex. krök, övergång, vändning abrupt, sharp; plötslig sudden; kort, ogin blunt, brusque, isht om svar curt; sur surly
tvärbalk o. **tvärbjälke** crossbeam, transverse beam
tvärbrant precipitous
tvärbromsa brake suddenly, jam (slam) on the brakes
tvärbromsning sudden braking
tvärflöjt transverse flute
tvärgata crossroad; *nästa* ~ *till höger* the next turning on the right
tvärnita vard. jam (slam) on the brakes
tvärs, ~ *igenom (över)* right (straight) through (across)
tvärslå crossbar; isht sömnad. crosspiece; regel bolt
tvärsnitt cross section äv. bildl.; transverse section

tvärstanna stop dead (short)
tvärstopp dead stop
tvärsäker absolutely sure (certain); vard. dead certain; självsäker cocksure
tvärsöver se under *tvärs*
tvärt squarely; sheer, steeply osv., jfr *tvär II*; plötsligt all at once; t.ex. stanna dead; t.ex. avbryta [sig] abruptly
tvärtemot I *prep* quite contrary to; *handla ~ order* o.d. act exactly contrary to... **II** *adv* just the opposite
tvärtom on the contrary; långtifrån quite the reverse; i stället instead [of that]; *~!* on the contrary!, far from it!; *det förhåller sig ~* it is the other way round (about); *...och (eller) ~* ...and (or) vice versa lat. (the reverse); *nej, snarare ~* no, rather (mera troligt more likely) [just] the opposite (contrary, reverse)
tvärvetenskaplig interdisciplinary
tvärvändning, *göra en ~* make a sharp turn
tvätt washing, wash; tvättinrättning laundry, samtl. äv. tvättkläder; *kemisk ~* dry cleaning; tvättinrättning dry-cleaners; fläcken *går bort i ~en* ...will wash off, ...will come (go) out in the wash
tvätta I *tr* o. *itr* wash; kemiskt dry-clean; bildl. launder; *hon ~r i dag* she is washing today; *~ golvet* wash the floor **II** *rfl*, *~ sig* wash; have a wash
III med beton. part.
~ av t.ex. smutsen wash off; *~ av bilen* wash down..., give...a wash-down
~ bort wash off (away); bildl. wipe off
~ upp give...a quick wash
~ ur wash out
tvättanvisningar washing instructions
tvättbar washable
tvättbjörn zool. raccoon; vard. coon
tvättbräde washboard
tvätterska laundress; 'tvättgumma' washerwoman, amer. vanl. wash woman
tvättfat washbasin; amer. äv. washbowl
tvättinrättning laundry
tvättkläder wash[ing], laundry, clothes to be washed (som just tvättats that have been washed)
tvättkorg clothes basket, laundry basket
tvättlapp face flannel, face cloth; isht amer. washcloth
tvättmaskin washing machine
tvättmedel [washing] detergent; *syntetiskt ~* [synthetic] detergent
tvättning washing; cleaning (äv. kemisk); *en ~ skulle göra susen* a wash...
tvättomat launderette®, laundrette®; isht amer. washeteria
tvättprogram washing programme

tvättrum toalettrum lavatory, jfr äv. *toalett 1*
tvättstuga laundry room
tvättställ väggfast washbasin; kommod washstand
tvättsvamp sponge; badsvamp bath sponge
tvättäkta om tyg washproof; bildl.: sann true, genuin genuine, inbiten out-and-out...
1 ty *konj* for; därför att because
2 ty, *~ sig till ngn (ngt)* have recourse to a p. (a th.); stark. cling to a p. (a th.); söka skydd hos turn to...[for protection]
tycka I *tr* o. *itr* **1** allm. think; anse äv. be of the opinion; *jag tycker [att]...* äv. it seems (appears) to me [that]...; *jag tyckte jag hörde någon* I thought I heard someone; *det tycker inte jag* I beton. don't think so; *vad tycker du (skulle du ~) om det?* äv. how do you feel about that?, how's that?
2 gilla, *~ [bra] om* like; vara förtjust i, hålla av äv. be fond of, care for, stark. love; finna nöje i enjoy, appreciate; *~ mycket om* ngt like osv....very much, be very fond of...; *~ bättre (mer) om...än* like...better than, prefer...to **II** *rfl, ~ sig höra (se)...* think (fancy, imagine) that one hears (sees)..., seem to hear (see)...
tyckas seem; *han tycks vara rik* he seems to be rich
tycke 1 åsikt opinion; *i mitt ~* in my opinion, to my [way of] thinking (my mind) **2** smak fancy; *om ~ och smak ska man inte diskutera (disputera)* there is no accounting for tastes **3** böjelse fancy; *fatta ~ för* ngn (ngt) take a fancy (liking) to...
tyda I *tr* tolka interpret; dechiffrera decipher; lösa solve; *~ allt till det bästa* put the best construction on everything **II** *itr, ~ på* allm. indicate; friare point to
tydlig lätt att se, inse plain, clear; lätt att urskilja, om t.ex. fotspår, stil, uttal distinct; markerad marked; läslig legible; om abstr. subst.: uppenbar obvious; synbar evident; påtaglig palpable; uttrycklig express; i formulering explicit; *i ~a ordalag* in plain (resp. explicit) terms; *en ~ vink* an unmistakable (a broad) hint
tydligen evidently, manifestly; *jag har ~ glömt det* I seem (appear) to have forgotten it
tydlighet plainness osv., jfr *tydlig*; clarity; legibility; *för ~ens skull* for the sake of clarity
tydligt t.ex. skriva, avteckna sig plainly; t.ex. synas clearly; *jag minns ~* I distinctly remember; *synas ~* appear distinctly; framgå tydligt be evident
tyfon 1 storm typhoon **2** signal siren

tyfus med. typhoid fever
tyg 1 material; stuff; vävnad [textile] fabric; isht ylle~ cloth; *~er* textile fabrics (goods), textiles, cloths **2** *allt vad ~en håller* for all one is worth; t.ex. springa äv. for one's life
tygel rein äv. bildl.; *ge ngn fria tyglar* give a p. a free rein (hand), give a p. plenty of rope; *lösa tyglar* slack reins; *dra* (*strama*) *åt tyglarna* tighten the reins äv. bildl.; *hålla* ngn *i ~n* (*strama tyglar*) keep a tight rein (close check) on..., hold (keep)...in check
tygellös bildl.: otyglad unrestrained, unbridled; friare wild; utsvävande dissolute
tygla eg. rein [in]; bildl.: lidelser o.d. bridle; sin otålighet restrain, keep...in check
tygremsa strip of cloth (material)
tygstycke tygbit piece (längre length, tygrulle roll) of cloth (material)
tyll silkestyll o.d. tulle; isht bomullstyll bobbinet
tyna, *~ bort* languish [away], waste away; isht om pers. äv. pine (fade) away
tynande, *föra en ~ tillvaro* lead a languishing life, linger out one's days
tynga I *itr* vara tung (en börda) weigh, stark. weigh heavy; trycka press; kännas tung be (feel) heavy; *detta tynger [hårt] på* mitt samvete this lies heavy (weighs, preys) [up]on... **II** *tr* belasta burden, load; frukten *tynger* [*ned*] *grenen* ...weighs the branch down; *tyngd av* skulder weighed down (encumbered) by...
tyngande heavy; tungt vägande weighty; betungande: om t.ex. skatt grinding, oppressive, om uppgift burdensome
tyngd weight, end. abstr. heaviness, weightiness, tungt föremål o.d. load, alla äv. bildl.; isht fys. gravity
tyngdkraft, *~[en]* fys. [the force of] gravity (gravitation); *~ens verkning* gravitational pull
tyngdlagen fys. the law of gravity (gravitation)
tyngdlyftning sport. weightlifting
tyngdlöshet weightlessness
tyngdpunkt fys. centre of gravity; bildl. main focus; tonvikt main emphasis (stress); *~en* i resonemanget the central (main) point (feature)...
typ 1 sort, slag type; *han är inte min ~* he's not my type (vard. cup of tea) **2** otrevlig figur type; *han är en underlig ~* vard. he is a queer fish (customer) **3** typogr. type
typexempel typical (standardexempel stock) example; *ett ~* äv. a case in point
typisk typical [*för* of]; karaktäristisk peculiar; *~ för* äv. proper to

typograf typographer; vard. typo (pl. -s), printer; sättare compositor
typografi typography
typsnitt o. **typsort** typogr. typeface
tyrann tyrant
tyranni tyranny
tyrannisera tyrannize [over]; friare domineer over
tyrannisk tyrannical; friare domineering
Tyrolen [the] Tyrol (Tirol)
tysk I *adj* German **II** *s* German
tyska 1 kvinna German woman **2** språk German
Tyskland Germany
tyst I *adj* silent; *~ och stilla* quiet; ljudlös noiseless; stum mute; stillatigande, om t.ex. samtycke tacit; *~ förbehåll* mental reservation; plötsligt *blev det ~ i rummet* ...there was silence (it was quiet) in the room, ...a silence came over the room; *bli ~* tystna become (fall) silent; vard. dry up; *få ~ på ngn* get a p. to be silent (vard. to shut up); vard. shut a p. up **II** *adv* allm. silently, quietly osv., jfr *I*; t.ex. åse ngt in silence; t.ex. gå, tala softly; *håll ~!* keep quiet!; *hålla ~ med ngt* keep a th. quiet (to oneself), keep quiet (vard. mum) about a th., not let a th. [come (leak)] out **III** *interj* hush!
tysta silence; *~* [*munnen på*] *ngn* stop a p.'s mouth, make a p. hold his (resp. her) tongue
tystgående om maskin o.d. silent[-running]
tysthet tystnad silence; tystlåtenhet quietness; *i* [*all*] *~* i hemlighet in secrecy, secretly, privately
tysthetslöfte promise of secrecy
tystlåten fåordig taciturn; tyst av sig quiet; ej meddelsam uncommunicative; förtegen reticent
tystna become (fall) silent; om musikinstrument stop [playing]; upphöra cease; dö bort die away
tystnad silence; *~!* äv. hush!; *förbigå ngt med ~* pass a th. over in silence
tystnadsplikt läkares o.d. professional secrecy
tyvärr unfortunately; *~!* worse luck!, bad luck!; Har han kommit? - *Tyvärr inte* äv. ...- I'm afraid not
tå toe; anat. el. zool. äv. digit; skorna är för trånga *i ~n* ...at the toes; *gå på ~* walk on one's toes (on tiptoe), tiptoe
1 tåg rep rope; grövre cable; tross hawser
2 tåg 1 allm. march; tågande marching; isht mil. äv. expedition; festtåg o.d. procession **2** järnv. train; spårv. tram; *byta ~* change trains; *det går flera ~* bildl. there's always another train

1 tåga, *det är ingen* ~ *i honom* there's no stamina (go) in him
2 tåga march; vid festlighet o.d. walk (march) in procession; friare walk, i rad file; ~ *bort* march away (off)
tågbiljett train ticket; *betala ~en* pay one's railway fare
tågbyte change of trains
tågförbindelse train service
tågförsening train delay
tågluffa interrail
tågluffare interrailer, person who travels on an Interrail card
tågolycka railway accident (stark. disaster)
tågordning bildl. ung. procedure
tågresa journey by train; *tågresor* äv. travelling sg. by train
tågtidtabell railway (train, amer. railroad) timetable (amer. ofta schedule); i bokform railway guide
tågurspårning derailment [of a (resp. the) train]
tåhätta toecap; [*försedd*] *med* ~ äv. toe-capped
tåla I *tr* uthärda, fördraga bear, endure; stå ut med, inte ta skada av stand; finna sig i suffer, put up with; *jag tål* det (honom) *inte* I can't bear (stand, put up with)...; *han tål en hel del* [*sprit*] he can hold his (has a good head for) liquor; ~ [*en*] *jämförelse med* bear (stand) comparison with; *han har fått så mycket han tål* a) starka drycker he has had as much as he can stand (carry) b) stryk, ovett o.d. he has had all he can bear **II** *rfl,* ~ *sig* vard. have patience, be patient
tålamod patience; fördrag forbearance; långmodighet long-suffering; *mitt* ~ *är slut* my patience is exhausted; *ha* ~ äv. be patient; *förlora ~et* lose [one's] patience
tålamodsprövande trying; *vara* ~ be trying [to one's patience]
tålig tålmodig patient; långmodig long-suffering; härdig hardy; slitstark durable
tålmodig patient; långmodig long-suffering
tåls, *ge sig till* ~ have patience, be patient
tånagel toenail
1 tång verktyg tongs; om spec. tänger nippers; stans punch; *en* ~ (*två tänger*) a pair (two pairs) of tongs osv.
2 tång bot. seaweed
tår 1 eg. tear; *hon fick ~ar i ögonen* tears came into her eyes, it brought tears to her eyes; *han skrattade så att ~arna rann* äv. ...till the tears came; *brista i ~ar* burst into tears **2** skvätt drop, spot; *en* ~ *kaffe* a few drops (a mouthful) of coffee

tåras fill with tears
tårdrypande tearful
tårfylld om ögon ...filled with tears; om t.ex. blick, röst tearful
tårgas tear gas; fackspr. lachrymator
tårkanal anat. lachrymal (tear) duct
tårpil bot. weeping willow
tårta cake; isht med grädde el. kräm gâteau (pl. -x) fr.; av mördeg el. smördeg med fruktfyllning vanl. tart; *det är* ~ *på* ~ vard. it's the same thing twice over (saying the same thing twice)
tårtbit piece of cake (gâteau etc., jfr *tårta*)
tårtbotten ung. flan case
tårtspade cake slice
tårögd, *vara* ~ have tears in one's eyes, have one's eyes filled (brimming) with tears
tåspets tip of the (one's) toe
tåt, *dra i ~arna* vard. pull the strings
täck, *det ~a könet* the fair sex
täcka cover äv. sport. el. bildl.; i form av [skyddande] lager coat; skydda protect äv. mil.; fylla supply; fylla t.ex. en tidsperiod fill up; isht hand. meet; t.ex. en kostnad cover, meet, defray; ~ *för* ett hål (fönster) o.d. cover [over (up)]; ~ *över* cover [over]; bildl. cover up
täckdikning pipe draining
täcke cover; sängtäcke quilt, amer. äv. comforter; duntäcke down (continental) quilt
täckelse, *låta ~t falla från* en staty unveil...
täckjacka quilted jacket
täckmantel cover; *arbeta under* ~ work under cover
täcknamn cover (assumed) name
täckning allm. covering; hand. cover; *ha* ~ hand. be covered; *check utan* ~ uncovered (vard. dud) cheque; amer. rubber check
täckt covered; överdragen coated [over]; ~ *bil* closed car
tälja skära ~ [*på ngt*] cut [a th.]; t.ex. barkbåt whittle [at...]; snida carve
täljare matem. numerator
täljkniv sheath knife; isht amer. (större) bowie knife
täljsten miner. soapstone
tält tent; större, vid fest o.d. marquee, *slå* [*upp ett*] ~ pitch (put up) one's tent
tälta campa camp [out]
tältare tenter
tältduk canvas
tältpinne tent peg
tältplats camping ground, camp (camping) site
tältstol camp stool; med ryggstöd camp chair
tältsäng camp bed

tämja tame; kontrollera harness
tämligen fairly; ofta känslobet. rather; ~ *gammal* äv. oldish
tänd vard. *vara (bli) ~ på* be (get) sold (hooked) on...
tända I *tr* få att brinna light; elljus turn (switch, put) on; det är dags att ~ *[belysningen (ljuset)]* ...put (turn) on the light[s]; ~ *[eld] på...* set fire to... **II** *itr* **1** fatta eld catch fire; om tändsticka ignite **2** vard., brusa upp flare up; få erotiska känslor be (get) turned on, turn on; vard. *vara (bli) tänd på...* be (get) hooked on...; *hon är tänd på honom* he turns her on
tändare cigarettändare o.d. lighter
tändhatt percussion cap
tändning 1 tändande lighting **2** bil. ignition
tändrör mil. [blasting] fuse
tändsats mil. el. tekn. detonating (exploding) composition; på tändsticka [match]head
tändsticka match
tändsticksask matchbox; ask tändstickor box of matches
tändstift motor. sparking (spark) plug; på eldvapen firing-pin
tändvätska fire-lighting (barbecue) fluid
tänja I *tr* stretch; ~ *på* bestämmelserna, krediten stretch...; ~ *ut* eg. stretch; bildl., t.ex. berättelse draw out, prolong, t.ex. en paus äv. drag out **II** *rfl*, ~ *[ut] sig* stretch
tänjbar eg. stretchable; elastic äv. bildl.
tänka I *itr* o. *tr* think; använda sin tankeförmåga reason; förmoda suppose; vänta sig expect; föreställa sig imagine; *tänk, att hon är så rik!* to think that she is...!; *tänk själv!* använd hjärnan think for yourself!; *var det inte det jag tänkte!* just as I thought!; *tänk på...!* a) t.ex. följderna [just] think of...! b) t.ex. vad du gör consider (ge akt på mind)...! c) t.ex. din hälsa äv. bear...in mind; *tänk på saken!* think it over; tills i morgon sleep on it; ~ *på* (låta tankarna dröja vid) ngn (ngt) think about...; *gå och* ~ fundera *på ngt* have a th. on one's mind; *det tål att* ~ *på* that's [a thing] worth considering (thinking about); *när jag tänker [rätt] på saken,* så är jag on second thoughts, I...
II *tr,* ~ *[att]* o. + inf.: ämna, avse att be going (intend, mean, propose, amer. äv. aim) to + inf.; fundera på att be thinking of ing-form; *jag hade tänkt* att du skulle diska my idea was...
III *rfl,* ~ *sig* **1** föreställa sig imagine; ~ *ut* t.ex. en annan möjlighet conceive; *[kan man (att)]* ~ *sig!* just think (imagine, fancy); ~ *sig [väl] för* think carefully (twice) **2** ämna [bege] sig *vart har du tänkt dig [resa]?*

where have you thought (did you think) of going [to]?
IV med beton. part.
~ **efter** think, consider; *tänk efter!* try to remember!
~ **igenom** *en sak* think...out (isht amer. through)
~ **sig in i** sätta sig in i get into; föreställa sig imagine; leva sig in i enter into; inse realize
~ **om** do a bit of rethinking
~ **tillbaka på** let one's thoughts go back to; ~ *tillbaka på gamla tider* think of the old times (days)
~ **ut** fundera ut think (work) out
~ **över** think over, consider
tänkande I *s* thinking osv., jfr *tänka I*; begrundan meditation; filosofi o.d. thought **II** *adj* thinking osv., jfr *tänka I*; *en ~ människa* vanl. a thoughtful (reflecting) person
tänkare thinker
tänkbar conceivable; möjlig possible; *den enda ~a* lösningen the only conceivable (thinkable)...
tänkvärd ...worth considering; minnesvärd memorable; beaktansvärd remarkable
täppa I *s* patch; trädgårdstäppa garden patch **II** *itr,* ~ *till (igen)* stop (choke) up, obstruct; *jag är täppt i näsan* vanl. my nose is (feels) stopped (bunged) up
tära förtära consume; ~ *på* t.ex. ngns krafter tax...; t.ex. ett kapital break (eat) into..., make inroads [up]on...
tärd worn out
1 tärna zool. tern
2 tärna brudtärna bridesmaid
3 tärna kok. dice
tärning speltärning dice, vard. bones; kok. cube; *en* spel~ one of the dice
tärningsspel game of dice; spelande dice-playing, playing [at] dice, gambling with dice
1 tät head; *gå (lägga sig) i ~en* take the lead; *ligga i ~en* lead
2 tät 1 eg. close; svårgenomtränglig thick; om skog o. dimma samt fys. dense; ogenomtränglig för t.ex. luft tight; icke porös el. ihålig massive; om snöfall el. trafik heavy **2** ofta förekommande frequent; upprepad repeated **3** vard., förmögen well-to-do
täta täppa till stop up; läcka stop; göra...lufttät (vattentät) make...airtight (watertight); fönster (dörrar) make...draughtproof
täthet closeness osv., jfr *2 tät 1-2*; density; compactness; impenetrability; frequency
tätna become (get, grow) dense[r] ([more] compact, thick[er]); om t.ex. rök thicken

tätningslist sealing jointing; för fönster, dörrar draught excluder
tätort tätbebyggd ort densely built-up (tätbefolkad ort populated) area
tätt closely; thick[ly] osv., jfr *2 tät 1* o. *2*; *~ hoppackade* tightly packed; pred. äv. ...packed tightly together; om pers. äv. ...squeezed (crowded) together; *han höll ~ tyst [med saken]* he kept close [about the whole thing]; *~ liggande* ...lying closely together; *locket sluter ~* the lid fits tight; *stå ~* om träd stand closely together; om t.ex. säd be (stand) thick; *~ efter* close behind
tättbebyggd densely built-up...
tättbefolkad densely populated
tätting zool. passerine; *springa som en ~* bustle (hop) about like mad
tättskriven closely written
tävla compete; *~ [med varandra] i artighet* vie with (emulate) each other in...
tävlan competition; jfr *tävling*; tävlande rivalry
tävlande I *adj* competing; rivaliserande rival **II** *s, en ~* a competitor (resp. a rival)
tävling competition äv. pristävling; contest äv. sport.; t.ex. i löpning race; vanl. mellan två lag match; turnering tournament; programpunkt event
tävlingsbana löparbana racetrack; hästtävlingsbana racecourse
tävlingsbidrag [competition] entry; lösning av tävlingsuppgift solution
tävlingsbil racing car
tävlingsförare racing driver
tö thaw
töa thaw; *~ bort* thaw [away]
töcken dimma mist; dis haze båda äv. bildl.
töja, *~ sig* stretch
töjbar stretchable; elastic äv. bildl.
tölp boor
tölpaktig boorish, clodhopping, loutish
töm rein; jfr *tygel*
tömma 1 göra tom empty; låda, brevlåda clear; *brevlådan töms 4 ggr dagligen* there are four collections daily (a day) **2** *~ tappa på flaskor* pour into bottles
tömning emptying, clearing; post. collection
tönt vard. drip, wet
töntig vard., om t.ex. skämt, underhållning corny; fånig sloppy; insnöad square
töras 1 våga dare [to]; *gör det om du törs* do it if you dare, I dare (defy) you to do it **2** få lov att *törs man sätta sig här?* may I (is it all right to) sit down here?
törn stöt blow äv. bildl.; bump; *ta ~* sjö. bear off, fend [her] off

törna, *~ emot* ngt bump (knock) into (against)...; stark. crash into...
törne tagg thorn; mindre prickle
törnekrona crown of thorns
Törnrosa the Sleeping Beauty
törnrosbuske vild brier [bush]
törntagg thorn; mindre prickle
törst thirst
törsta thirst äv. bildl.; *~ ihjäl* die of thirst
törstig thirsty
tös vard. girl; poet. maid
tövalla ski wax for thawing conditions
töväder thaw äv. bildl.; *det är ~* a thaw has set in

u bokstav u [utt. ju:]
ubåt submarine; vard. sub
UD förk., se *utrikesdepartement*
udd point äv. bildl.; på gaffel o.d. prong; *bryta (ta) ~en av* ett angrepp take the sting out of...
udda allm. odd; originell, ovanlig unusual; *~ eller jämnt* odd or even; *~ nummer (tal)* odd (uneven) number; *en ~ sko* an odd shoe
udde hög cape; låg el. smal point [of land]
uddlös pointless
ufo (förk. för *unidentified flying object*) UFO (pl. -s)
Uganda Uganda
ugandier Ugandan
ugandisk Ugandan
uggla owl
ugn oven; stor smältugn furnace
ugnsbaka bake (roast) [...in an (resp. the) oven]; *~d potatis* baked (jacket) potatoes
ugnseldfast ovenproof; *~ glas (gods)* äv. oven glassware, ovenware
ugnssteka roast [...in an (resp. the) oven]; isht potatis bake
Ukraina [the] Ukraine
ukrainare Ukrainian
ukrainsk Ukrainian
ukulele mus. ukulele
u-land developing country
ull wool; ullbeklädnad fleece; *...av ~* ...[made] of wool, woollen...
ullgarn wool[len] yarn, wool
ullig woolly, fleecy
ullsax sheep shears
ulster ulster
ultimatum ultimat|um (pl. -ums el. -a); *ställa ~ till ngn* present a p. with an ultimatum
ultrakonservativ ultraconservative
ultrakortvåg (förk. *UKV*) radio. ultrashort waves, very high frequency (förk. VHF)
ultraljud ultrasound
ultramarin ultramarine
ultraradikal ultraradical
ultrarapid I *s, i ~* in slow motion **II** *adj, ~ film (bild)* slow motion picture
ultraviolett ultraviolet; *~ strålning* ultraviolet radiation

ulv wolf (pl. wolves)
umbärande försakelse privation; strapats, möda hardship
umbärlig dispensable, expendable
umgås **1** med varandra see each other; formellt be on visiting terms; *~ i fina kretsar* move (mix) in good society **2** *~ med* handskas med handle; behandla deal with
umgänge förbindelse relations, dealings; sällskap company; vänkrets friends, circle of friends; *dåligt ~* bad (low) company; *intimt (sexuellt) ~* sexual intercourse
umgängesliv social life
umgängesrätt jur., efter skilsmässa right of access [to one's child (resp. children)]
undan I *adv* **1** bort away; ur vägen out of the way; åt sidan aside; *gå ~* (jfr 2) väja get out of the way, stand clear [*för* of]; gå åt sidan äv. step aside; *komma ~* get off, escape **2** fort fast, rapidly; *det går ~ med arbetet* the work is getting on fine (is proceeding el. progressing fast) **3** *~ för ~* little by little, bit by bit, by degrees, gradually; en i taget one by one **II** *prep* from; ut ur out of
undanbedja I *rfl, ~ sig* t.ex. återval decline... **II** *tr, besök undanbedes* no visitors, please
undandraga, *~ sig* t.ex. sina plikter shirk, evade; t.ex. analys elude
undanflykt undvikande svar evasive answer; svepskäl subterfuge; *göra (komma med) ~er* be evasive, make excuses, prevaricate, shuffle
undangömd ...hidden (put) away (out of sight); isht om plats secluded, retired, out-of-the-way...
undanhålla dölja *~ ngn ngt* withhold a th. (keep a th. back) from a p.
undanröja **1** jur., t.ex. dom set aside **2** hinder o.d., se *2 röja* [*undan*]
undanskymd dold hidden away; i skymundan out of the way (jfr *undangömd*)
undanstökad, få en sak *~* ...done (ready) [i förväg beforehand (in advance)]
undantag avvikelse exception; *ett ~ från regeln* an exception to the rule; *ett ~ som bekräftar regeln* an exception that proves the rule; *göra ~ för* make an exception for; *med ~ av (för)* with the exception of, except; *det hör till ~en att han* går så it is quite exceptional for him to...
undantaga utesluta except; fritaga exempt
undantagsfall exceptional case; *i ~* in exceptional cases
undantagslöst without exception
undantagstillstånd, *proklamera ~* proclaim a state of emergency

undantagsvis in exceptional cases, by way of exception
1 under wonder, marvel
2 under I *prep* **1** i rumsbet. under äv. friare el. bildl.; nedanför below, beneath; gömma sig (ligga) ~ *ngt* ...under a th.; *sortera ~ ngt* belong under a th.; *stå ~ ngn i rang* be (rank) below a p.; ~ *inköpspriset* below cost price; *simma ~ vattnet* swim under the water **2** i tidsbet. **a)** under loppet av during, ibl. in; svarande på frågan 'hur länge' for; ~ *dagen* (*sommaren*) during the day ([the] summer); det regnade oavbrutet ~ *fem dagar* ...for five days; ~ *hela* kriget (året) äv. (för att särskilt framhäva hela förloppet) throughout...; *stängt ~ reparationen* closed during repairs **b)** ~ *det att detta pågick* while this was going on **3** mindre än under, less than; ~ *50* kronor (kilo, år) under fifty... **II** *adv* underneath; nedanför below; litt. samt i vissa fall beneath; en platta med filt ~ ...under it, ...underneath [it]; *lägga ~* en platta [*under ngt*] put...underneath [a th.], put...under a th.
underarm forearm
underavdelning subdivision; *dela upp i ~ar* subdivide
underbar wonderful
underbarn infant prodigy (phenomenon), wonder child
underbemannad undermanned; *vara* ~ äv. be below strength
underbetala underpay
underbetyg mark below the pass standard; *det är ett klart ~ åt* systemet it is clear evidence of the failure of...
underblåsa öka: misstankar heighten, hat, missnöje foment, kindle
underbygga bildl. support, substantiate; *en väl* (*illa*) *underbyggd teori* a well-founded (an ill-founded) theory
underbyggnad eg. el. bildl. foundation; byggn. äv. substructure; utbildning grounding
underbyxor herr~ [under]pants; i trosmodell briefs; dam~ knickers, panties; trosor briefs
underdel lower part; nedersta del bottom; fot foot; bas base
underdånig ödmjuk humble; lydaktig obedient; servil subservient; Ers Majestäts *~e tjänare* ...[humble and] obedient servant
underexponera foto. underexpose
underfund, *komma ~ med* ta reda på, lista ut find out; förstå, fatta understand, make out; vard. figure out, get the hang of; inse äv. realize
underfundig illmarig sly, crafty

underförstå, subjektet *är ~tt* ...is understood
undergiven submissive
undergräva undermine
undergå undergo; ~ *förändring* undergo (suffer) a change
undergång 1 fall ruin, fall; förstörelse destruction; utdöende extinction; fartygs wreck; *världens ~* the end of the world **2** se *gångtunnel*
undergörande om t.ex. medicin miraculous; relig. o.d. wonder-working; ~ *medicin* äv. wonder drug
underhaltig ...below (not up to) standard (friare the mark); bristande deficient
underhandla negotiate
underhuggare underling
underhuset i Engl. the House of Commons
underhåll 1 understöd maintenance äv. frånskilds; jur. äv. alimony; t.ex. årligt allowance **2** skötsel maintenance, upkeep
underhålla 1 försörja support **2** sköta, hålla i stånd maintain; keep up äv. friare, t.ex. kunskaper **3** roa entertain
underhållande roande entertaining
underhållare entertainer
underhållning entertainment
underhållningsmusik light music
underhållningsprogram i radio light (entertainment) programme
underhållsbidrag jur. alimony
underhållsfri ...requiring no maintenance
underhållsplikt o. **underhållsskyldighet** maintenance obligation[s pl.]; ~ *för* barn duty to support...
underifrån from below (underneath)
underjorden mytol. the lower (nether, infernal) regions, the underworld; i grek. mytologi Hades
underjordisk underground...; subterranean; mytol. infernal
underkant, [*tilltagen*] *i* ~ [rather] on the small (resp. short, om t.ex. pris low) side, too small etc. if anything
underkasta I *tr,* ~ *ngn* t.ex. prov, straff, tortyr subject a p. to...; t.ex. förhör äv. put a p. through... **II** *rfl,* ~ *sig* finna sig i submit to; t.ex. sitt öde äv. resign oneself to; ngns beslut o.d. äv. defer to; kapitulera, ge sig surrender
underkastelse submission; t.ex. under ödet resignation; kapitulation surrender
underkjol waist slip
underklass lower class; *~en* the lower classes (orders) pl.
underkläder underclothes, underwear
underklänning slip
underkropp lower part of the body
underkuva subdue; *~d* förtryckt oppressed

underkyld, *underkylt regn* supercooled (freezing) rain
underkäke lower jaw
underkänna avvisa reject; ej godtaga not accept; ogilla not approve of; ~ *ngn* skol. fail a p.
underkänt, *få* ~ fail, be failed [*i* in]
underlag grund[val] foundation; tekn. el. geol. o.d. bed; byggn. äv. bedding; statistik. o.d. basic data; *bilda* ~ *för* bildl. form the basis of
underlakan bottom sheet
underleverantör subcontractor
underlig strange; svag. odd; neds. peculiar; vard. funny
underligt, ~ *nog* stötte jag på honom i London oddly (curiously, strangely) enough,...
underliv [nedre del av] buk [lower] abdomen; könsdelar genitals
underlydande I *adj,* ~ *myndigheter* lower... **II** *subst adj* underordnad subordinate
underlåta omit
underlåtenhet omission; att rösta, att betala etc. failure
underläge weak (disadvantageous) position; *vara i* ~ äv. be at a disadvantage, labour under a disadvantage
underlägg t.ex. karott~ mat; för glas coaster; för ölglas beer mat; skriv~ [writing] pad
underlägsen inferior
underlägsenhet inferiority; *känsla av* ~ feeling of inferiority
underläkare assistant physician
underläpp lower lip, underlip
underlätta facilitate
undermedveten subconscious; psykol. vanl. unconscious
undermening hidden meaning; antydning implication
underminera undermine
undermålig dålig inferior, poor; otillräcklig deficient
undernärd underfed
undernäring undernourishment; isht gm felaktigt sammansatt kost malnutrition
underordna I *tr* subordinate **II** *rfl,* ~ *sig* subordinate oneself [*ngn* (*ngt*) to a p. (a th.)]
underordnad I *adj* subordinate; det är *av* ~ *betydelse* ...of secondary (minor) importance **II** *subst adj* subordinate
underpris losing price; *sälja* ngt *till* ~ sell...at a loss, sell...below cost [price]
underrede [under]frame; på bil chassis (pl. lika)
underrepresenterad underrepresented
underrubrik subheading
underrätta I *tr,* ~ *ngn om ngt* inform (hand. äv. advise, isht formellt el. officiellt äv. notify) a p. of a th **II** *rfl,* ~ *sig* inform oneself, procure information [*om ngt* of (as to) a th.]
underrättad informed; *vara väl* (*illa*) ~ be well (badly) informed; *hålla ngn* ~ *om* keep a p. informed (hand. äv. advised) about (on)
underrättelse, ~[r] information [*om* about, on]; isht mil. o.d. intelligence [*om* of]; nyhet[er] news [*om* of] (samtl. end. sg.)
underrättelsetjänst mil. intelligence [service]; polit. intelligence agency
undersida under side; *från* ~*n av ngt* from under (beneath, below) a th.; *på* ~*n* underneath
underskatta underrate; förringa [värdet av] minimize [the value of]
underskott deficit; förlust loss; brist deficiency; ~ *på arbetskraft* shortage of labour
underskrida be (go, fall) below; ~ *rekordet med* två sekunder go under the record by...
underskrift namnteckning signature; *förse* en skrivelse *med* [*sin*] ~ sign..., put one's signature (name) to...
undersköterska assistant nurse
underst at the bottom; lägst lowest
understa, [*den*] ~ lådan etc. the lowest (av två the lower)..., the bottom...
understiga be below (under, less than); fall (go) below; summa not come up to
understimulerad understimulated
understryka betona emphasize; påpeka point out
understrykning av ord o.d. underlining
underström undercurrent båda äv. bildl.
understå, ~ *sig att* o. + inf. dare [to] + inf.; have the cheek to + inf.
underställa, ~ *ngn* ett förslag o.d. submit...to a p., place (put)...before a p.; *underställd* (underordnad) ngn (ngt) placed under..., subordinate[d] to...
understöd till behövande relief [payment]; bidrag, ersättning benefit; periodiskt (isht av privatpers.) allowance; anslag subsidy; bildl. support; *leva på* ~ socialhjälp live on public (social) assistance; amer. be on welfare
understödja support; med anslag subsidize
undersåte subject
undersätsig stocky, squat
undersöka examine äv. med.; granska go over; genomsöka search; efterforska inquire (look) into; isht systematiskt investigate; analysera analyse; pröva, testa test; ~ *saken närmare* go more closely into the matter

undersökande, *~ jornalistik* investigative reporting (journalism)
undersökning examination; scrutiny; genomsökning search; efterforskning inquiry; isht systematisk investigation; opinions~ poll; studium study; analys analys|is (pl. -es); prov test[ing]; *medicinsk ~* medical examination; *rättslig ~* judicial (legal) inquiry; *vetenskapliga ~ar* [scientific] research[es]
undersökningsmetod method of investigation (inquiry)
underteckna sign; *~d* (resp. *~de*) intygar härmed I, the undersigned (resp. [we,] the undersigned)...; *~t* Bo Ek signed...
underton bildl. undertone
undertryck fys. underpressure
undertrycka suppress; slå ned put down, crush; underkuva subdue
undertröja vest; amer. undershirt
underutvecklad underdeveloped
undervattensbåt submarine; vard. sub
undervattenskabel submarine cable
undervegetation undergrowth
underverk miracle; *göra ~ friare* work (do) wonders
undervisa ge undervisning teach; handleda instruct; *han ~r i engelska* he teaches (ger lektioner i gives lessons in) English
undervisning undervisnings-, lärarverksamhet teaching; i visst ämne instruction; isht individuell tuition; utbildning education
undervisningsväsen educational system
undervåning lower floor (storey, amer. vanl. story)
undervärdera se *underskatta*
underårig ...under age; *vara ~* äv. be a minor
undfalla, *låta ~ sig* en anmärkning o.d. let slip...
undfallande eftergiven compliant, yielding
undfly undvika avoid, keep away from, shun; t.ex. faran escape
undfägna treat, entertain
undgå slippa undan escape; undvika avoid; *~ straff* escape punishment; *ingenting ~r honom* nothing escapes him; *jag kunde inte ~ att* t.ex. höra det I couldn't avoid (help) ing-form
undkomma I itr escape **II** tr t.ex. sina förföljare escape from
undra wonder; *det ~r jag* I wonder; *~ på det!* no wonder!
undran wonder
undre lower; *~* t.ex. lådan äv. the bottom...
undslippa escape, jfr *undgå*; ett glädjerop *undslapp honom* el. *han lät ~ sig* ett glädjerop ...escaped his lips

undsätta isht mil. relieve; rädda rescue
undsättning relief; rescue; succour; *komma till ngns ~* come to a p.'s rescue (succour)
undulat budgerigar; vard. budgie
undvara do without; avvara spare; *hans hjälp kan inte ~s* ...cannot be dispensed with, ...is indispensable
undvika avoid; sky shun
undvikande I s avoiding **II** *adj* om t.ex. svar evasive **III** *adv* evasively
ung young; *den ~a generationen* vanl. the rising generation; *de ~a* i allmänhet the young, young people; t.ex. i ett sällskap the young people
ungdom 1 abstr. youth; uppväxttid adolescence **2** pers. young people (äv. *~ar*), youth
ungdomlig youthful; *ha ett ~t utseende* look young
ungdomlighet youthfulness
ungdomsbrottslighet, *~[en]* juvenile delinquency (crime)
ungdomsgård youth centre
ungdomskärlek abstr. early (young) love; pers. sweetheart (love) of one's youth
ungdomsvårdsskola ung. community home; amer. reformatory
ungdomsvän, *en ~ [till mig]* a friend of my youth
ungdomsår early years
unge 1 av djur: allm. *ungar* young, little ones; spec.: katt~ kitten; björn~, lejon~, räv~, varg~ m.fl. cub; fågel~ young bird; katten ska *få ungar* ...get (have) kittens **2** vard., barn kid; neds. brat
ungefär I *adv* about; *~ klockan två* around two [o'clock], twoish **II** s, *på ett ~* approximately, roughly
ungefärlig approximate
Ungern Hungary
ungersk Hungarian
ungerska 1 kvinna Hungarian woman **2** språk Hungarian
ungkarl bachelor
ungkarlshotell working men's hotel, common lodging house
ungkarlsliv bachelor life
ungkarlslya bachelor's den (lair)
ungmö maid; *gammal ~* old maid, spinster
ungrare Hungarian
uniform I s uniform **II** *adj* uniform
uniformitet uniformity
uniformsmössa military (dress) cap
uniformsrock tunic
unik unique
union union
unison unison äv. friare
unisont in unison äv. friare

unitrium s unitite
universalmedel panacea; vard. cure-all båda äv. bildl.
universell universal
universitet university; *ligga vid ~et* be at [the] (amer. at the) university
universitetsstudier university studies
universum universe; världsalltet the Universe
unken musty
unna I *tr*, *~ ngn ngt* not grudge (begrudge) a p. a th.; *det är dig väl unt!* you certainly deserve it! **II** *rfl*, *~ sig ngt* allow oneself a th.
uns vikt ounce; friare *inte ett ~* [*sanning*] not a scrap [of truth]
upp 1 allm. up; uppför trappan upstairs; *denna sida ~!* this side up; *~ och ned* än högre, än lägre up and down; uppochnedvänd upside-down äv. bildl.; [with] the wrong side up[wards]; *kliva ~ på* en stol get on...; *resa ~ till* Åre go up to...; *vända* ngt *~ och ned* turn...upside-down (bildl. äv. ...topsy-turvy); *~ med dig!* ur sängen o.d. get up!; uppför stegen o.d. up you go!; *~ med händerna!* hands up!, put them (mera vard. stick'em) up! **2** uttr. mots. till det enkla verbets bet.: konstr. med un-; *knyta ~* untie; *låsa ~* unlock; *packa ~* unpack **3** uttr. eg. öppnande open; *få* (*slå*) *~* t.ex. dörr get (throw)...open, open...; *få ~* t.ex. lock get...off; kork get...out
upparbetning av använt kärnbränsle reprocessing
uppassare servitör waiter; på båt o. flyg steward
uppasserska servitris waitress; på båt o. flyg stewardess
uppassning vid bordet waiting
uppbjuda, *~ alla* [*sina*] *krafter* summon (mobilize) all one's strength
uppbjuden, *bli ~* till dans be asked to dance
uppblandad mixed
uppblomstring prosperity
uppblossande, *med ~ vrede* in a flood of anger, with rising anger
uppblåsbar inflatable
uppblåst 1 luftfylld blown up; *magen känns ~* my stomach feels bloated **2** bildl. conceited; vard. stuck-up
uppblött soaked, sodden
uppbragt indignant; arg angry; förbittrad furious; stark. exasperated; *bli ~* äv. fly into a passion
uppbringa 1 skaffa procure **2** kapa capture
uppbrott allm. breaking up; från bordet rising; avresa departure; mil. decampment
uppbrottsstämning, *det rådde ~* there was a mood (an atmosphere) of leave-taking

uppbränd, *~* [*av solen*] scorched
uppburen uppskattad esteemed; firad celebrated; omsvärmad lionized
uppbygglig edifying
uppbåd mängd crowd; skara o.d. troop; *ett stort ~ av poliser* a strong force (posse) of policemen
uppbåda 1 folk, se *1 båda 2* **2** t.ex. hjälp mobilize, se vid. *uppbjuda*
uppbära erhålla, t.ex. lön draw; inkassera collect
uppbörd inkassering collection
uppdaga upptäcka discover; avslöja reveal; bringa i dagen bring...to light
uppdatera update
uppdelning indelning division; fördelning distribution
uppdiktad invented; fiktiv fictitious; *~ historia* äv. fabrication, invention
uppdra, *~ åt ngn att* + inf. commission a p. to + inf.
uppdrag allm. commission; uppgift task; amer. äv. assignment; åliggande el. hand. order; jur. mandate; isht polit. mission; *få* (*ha*) *i ~* be commissioned (instructed) [*att* + inf. to + inf.]; *på ~ av* styrelsen o.d. by order of...; å...vägnar on behalf of...
uppdragsgivare 1 arbetsgivare employer **2** hand. principal; klient client
uppdämd dammed up; bildl. (om t.ex. vrede) pent-up
uppe allm. up; i övre våningen upstairs; upptill at the top, above; *~ i landet* norrut up [in the] country; *han är ~ hos oss* ...up at our place; *han är ~* uppstigen he is up (out of bed); efter sjukdom he is up [and about]; *han är fortfarande ~* ...still up (not in bed yet)
uppehåll 1 avbrott, paus break; järnv., flyg. o.d. stop; *göra ~* allm. stop, halt; järnv. o.d. äv. wait; t.ex. i arbete (förhandlingar) make a break; *tåget gör 10 minuters ~ i* Laxå the train stops (halts, waits) [for] 10 minutes in (at)... **2** meteor., se *uppehållsväder* **3** vistelse sojourn; kortare stay
uppehålla I *tr* **1** hindra hinder; fördröja detain; låta ngn vänta keep...waiting **2** vidmakthålla, t.ex. bekantskap keep up, maintain; *~ livet* support (sustain) life **II** *rfl*, *~ sig* vistas: tillfälligt stay; bo live; ha sin hemvist reside; *~ sig* dröja *vid småsaker* dwell [up]on (fästa sig vid take notice of) trifles
uppehållstillstånd residence permit
uppehållsväder, [*mest*] *~* [mainly] dry (fair)
uppehälle living; *fritt ~* free board and lodging; *det är svårt att förtjäna sitt ~* ...make a living

uppenbar obvious; [själv]klar evident
uppenbara I *tr* manifest; röja reveal; yppa disclose **II** *rfl*, *~ sig* reveal oneself [*för* to] äv. relig.; visa sig appear, make one's appearance
uppenbarelse 1 relig. revelation; drömsyn vision **2** varelse creature
Uppenbareiseboken [the] Revelation [of St. John the Divine], the Apocalypse
uppenbarligen obviously
uppfart o. **uppfartsväg** drive
uppfatta apprehend; höra catch; begripa understand, grasp; tolka interpret
uppfattning apprehension; förstående understanding; begrepp conception, notion; tolkning interpretation; åsikt, föreställning opinion; conception; *bilda sig en ~ om ngt* form an opinion (idea) of a th.; *jag delar din ~* I share your opinion
uppfattningsförmåga apprehension; psykol. [ap]perception
uppfinna invent äv. hitta på; t.ex. metod devise
uppfinnare inventor
uppfinning invention; *ny ~* äv. innovation
uppfinningsrik inventive; fyndig ingenious
uppflugen perched
uppflyttad, *bli ~* sport. be promoted, go up; skol. be moved up
uppfostra bring up; amer. äv. raise; utbilda educate
uppfostran upbringing; utbildning o.d. education; *få [en] god ~* get (have) a good education; *ha fått [en] god ~* äv. be well brought up (well-bred)
uppfriskande refreshing
uppfylla 1 bildl.: genomsyra fill; *~ ngn med fasa* äv. strike horror into a p. **2** fullgöra: allm. fulfil, ngns önskningar comply with; begäran, bön grant, comply with; *~ sina förpliktelser* fulfil one's obligations, meet one's engagements
uppfyllelse uppfyllande filling osv.; fulfilment; performance; compliance; satisfaction; jfr *uppfylla; gå i ~* be fulfilled; om önskan, dröm, spådom äv. come true
uppfånga eg. catch; signaler, [radio]meddelanden pick up; ljus, ljud intercept
uppfällbar om t.ex. säng ...that can be raised; om sits, stol tip-up
uppfödare breeder
uppfödning av djur breeding; amer. raising
uppföljning follow-up
uppför I *prep* up; *~ backen* uphill; *gå ~ trappan* äv. ascend the stairs **II** *adv* uphill
uppföra I *tr* **1** bygga build; hastigt run up; t.ex. monument erect **2** framföra: pjäs, opera, musik perform **II** *rfl*, *~ sig* sköta sig behave [oneself] [*mot* towards, to]
uppförande 1 byggande building, erection; *huset är under ~* ...is being built, ...is under construction **2** framförande: teat. el. mus. performance; teat. äv. production **3** beteende behaviour; uppträdande conduct äv. skolbetyg; hållning demeanour; [*ett*] *dåligt ~* bad behaviour (resp. conduct), misbehaviour resp. misconduct
uppförsbacke uphill slope
uppge 1 ange: allm. state; t.ex. namn och adress give; påstå declare; säga say; tala om tell; nämna mention; rapportera report; *noga ~* specify, detail; *~ [namnet på] name*; *~ ett pris* state (hand. quote) a price **2** se *ge* [*upp*]
uppgift 1 upplysning information; påstående statement; *närmare ~er* further information sg. (particulars); *~ står mot ~* one statement contradicts the other; *enligt ~* according to reports, from (according to) information received **2** åliggande task, business; amer. assignment; kall mission; skol. o.d. exercise; enstaka fråga (i prov o.d.) question; matematik~ problem; *få i ~ att göra ngt* be given (assigned) the task of doing a th.; *han har till ~ att* +inf. it is his task (business, vard. job) to +inf.
uppgiva se *uppge*
uppgiven resignerad resigned; modfälld dejected; *~ av* tröttnet overcome by (with)..., ready to drop with...; *en ~ gest* a gesture of resignation
uppgjord, *~ i förväg* prearranged, preconcerted
uppgå 1 *~ belöpa sig till* amount (come, run [up]) to, total **2** *~ i* se *gå* [*upp i*]
uppgång 1 väg upp way (trappa stairs pl.) up; ingång entrance; trappuppgång staircase **2** himlakroppars rise; prisers o.d. rise äv. kulturs o.d.; ökning increase; stark. boom
uppgörelse 1 avtal agreement; affär transaction; *träffa en ~* come to (make) an agreement **2** avräkning settlement [of accounts] **3** meningsutbyte controversy, dispute; scen scene; *det kom till en häftig ~ mellan dem* matters came to a real head between them
upphetsa mfl., se *hetsa* [*upp*] m.fl.
upphetsande exciting
upphetsning excitement
upphittad found
upphittare finder
upphov origin; källa source; orsak cause; början beginning; *ge ~ till* ovilja give rise

(birth) to...; en diskussion start..., give rise to...
upphovsman originator; anstiftare instigator
upphovsmannarätt copyright
upphällning, ngt *är på ~en* ...is on the decline (wane)
upphäva *tr* **1** låta höra: se *häva* [*upp*] **2** avskaffa abolish, annul; lag rescind; dom reverse; återkalla revoke; tillfälligt suspend; avbryta raise; kvarstad lift, raise; *~ varandra* naturv. el. friare neutralize each other
upphöja allm. raise; befordra advance; i rang exalt; *~ till lag* give the force of law äv. bildl.
upphöjd ädel: om pers. el. tänkesätt elevated, om t.ex. ideal lofty, om t.ex. känsla el. om t.ex. värdighet exalted; *med upphöjt lugn* with serene calm
upphöjelse advancement; promotion
upphöra allm. cease; *~ att gälla* expire; om t.ex. tidning cease to appear; om t.ex. förening be dissolved; firman *har upphört* ...has closed down, ...no longer exists
uppifrån I *prep* [down] from **II** *adv* from above; *~ och ned* from top to bottom, from the top downwards
uppiggande I *adj* stärkande bracing; stimulerande stimulating; uppfriskande refreshing; hans sällskap *är ~* [*för mig*] ...cheers me up **II** *adv,* verka *~* have a bracing (osv., jfr *I*) effect
uppjagad upprörd upset
uppkalla benämna name
uppkastning, *~ar* konkr. vomit (end. sg.)
uppklarnande, *tidvis ~* i väderleksrapport bright intervals (spells)
uppklädd ...all dressed up
uppknäppt om t.ex. blus unbuttoned; bildl. relaxed
uppkok, *ge* såsen *ett hastigt ~* bring...to a quick boil
uppkomling upstart
uppkomma arise; se vid. *uppstå 1*
uppkomst ursprung origin; vetensk. genesis
uppkrupen ...huddled (curled) up
uppkäftig vard. cheeky, saucy
uppköp inköp purchase; upphandling i stora partier bulk purchase; jfr *inköp*
uppköpare buyer; spekulant buyer-up (pl. buyers-up)
uppkörning driving test
uppladdning elektr. recharging; mil. concentration of forces; sport. el. friare final preparations, final workout
upplag förråd stock; lagerlokal storehouse; magasin warehouse

upplaga edition; tidnings o.d. (spridning) circulation
upplagd, *jag känner mig inte ~ för att* inf. I'm not in the mood for (I don't feel like) ing-form
uppleva erfara experience, know; t.ex. äventyr meet with; delta i take part in; genomleva live (go) through; bevittna witness
upplevelse erfarenhet experience; äventyr adventure; *det var en stor ~* äv. ...really something to remember
uppliva se *återuppliva*
upplopp 1 tumult riot, tumult **2** sport. finish
upplupen, *~ ränta* accrued interest
upplyftande elevating; uppbyggligt edifying
upplysa, *~ ngn om* ngt underrätta inform a p. of..., ge besked tell a p..., meddela let a p. know..., isht nyhet o.d. communicate (mer formellt el. officiellt notify)...to a p., ge upplysning give a p. a piece of information on (about)...
upplysande informative; lärorik instructive; förklarande explanatory
upplysning 1 belysning lighting; fest-, fasadbelysning illumination **2** underrättelse information; förklaring explanation; *en ~* a piece of information; *närmare ~ar* [*fås*] *hos*... further particulars (information) may be obtained from..., for particulars apply to... **3** bibringande av bildning enlightenment; *~en* filosofisk o. litterär riktning the Enlightenment, se vid. *upplysningstiden*
upplysningstiden the Age of Enlightenment
upplysningsvis by way of information
upplyst 1 eg. *en väl ~ gata* a well-lit street **2** bildl. enlightened
upplåning ekon. borrowing, borrowing transactions
upplåta, *~ ngt åt ngn* ställa till ngns förfogande put a th. at a p.'s disposal, grant a p. the use of a th.
uppläsning reading äv. offentlig; recitation recitation
upplösa I *tr* **1** dissolve **2** skingra: t.ex. familj break up, t.ex. möte disperse, trupp disband **II** *rfl, ~ sig* allm. dissolve; sönderfalla decompose; upphöra be dissolved; skingras: om t.ex. möte, skyar disperse; om trupp, äv. teat. disband
upplösning allm. dissolution; i beståndsdelar disintegration äv. samhällsupplösning; sönderfall decomposition; dramas denouement, unravelling
upplösningstillstånd state of decomposition (dissolution); *vara i ~* bildl. be on the verge of a breakdown (a collapse)

uppmana exhort; hövligt invite; uppmuntrande encourage
uppmaning exhortation; invitation; urgent request; *på ~ av* at the request of; hövlig on the invitation of; inrådan on the recommendation of
uppmjukning softening osv., se *mjuka* [*upp*]
uppmuntra allm. encourage
uppmuntran encouragement
uppmuntrande encouraging; *föga ~* anything but encouraging, discouraging
uppmärksam attentive äv. artigt tillmötesgående; iakttagande observant; [*spänt*] *~* intent [*på* [up]on]; *göra ngn ~ på* ngt draw (call) a p.'s attention to..., point...out to a p.; varnande warn a p. of...
uppmärksamhet attention äv. visad artighet; artighet som egenskap attentiveness; iakttagelseförmåga observation; *bristande ~* want (lack) of attention, inattention; *avleda ngns ~* divert a p.'s attention; *visa ngn stor ~* show (pay) marked attention to a p.
uppmärksamma lägga märke till: allm. notice; ha sin uppmärksamhet riktad på pay attention to, attend to; *en ~d bok* a book that [has (resp. had)] attracted much attention
uppnosig cheeky, saucy
uppnå reach; lyckas nå (åstadkomma) attain; med viss ansträngning achieve; vinna obtain
uppnäsa snub (turned-up) nose
uppochnedvänd eg. el. bildl. ...[turned] upside-down
uppoffra sacrifice; avstå från give up; *~ sig* sacrifice oneself [*för* for]; *~ sig för* sitt barn äv. make sacrifices for...
uppoffrande self-sacrificing; *~ kärlek* äv. devotion
uppoffring sacrifice; *om det inte är för stor ~ för dig* äv. if that is not asking too much of you
upprensning cleaning out; av t.ex. avlopp, hamn clearing out; jfr *upprensningsaktion*
upprensningsaktion polit. o.d. purge; mil. mopping-up operation
upprepa I *tr* repeat **II** *rfl, ~ sig* om sak repeat itself, happen again; återkomma äv. recur; om pers. repeat oneself
upprepning repetition
uppretad irritated; *en ~ tjur* an enraged bull
uppriktig sincere; öppenhjärtig frank, candid; ärlig honest; rättfram straightforward; om t.ex. vän, vänskap true, genuine; allvarlig earnest
uppriktighet sincerity; öppenhjärtighet frankness; ärlighet honesty

uppriktigt sincerely osv., jfr *uppriktig*; *~ sagt* [quite] frankly, honestly, to be [quite] frank (honest)
uppringning [telephone] call
upprinnelse origin; jfr *ursprung*
uppriven om pers. shaken; *~ av sorg* broken down with...; jfr äv. *riva* [*upp*]
upprop 1 skol., mil. o.d. rollcall, call-over; uppropande calling over [of names]; *förrätta ~* call the roll [*med* of] **2** vädjan appeal
uppror 1 resning o.d. rebellion, insurrection; isht mindre rising, revolt; *anstifta ~* stir up (instigate) a rebellion osv.; friare el. svag. make trouble **2** bildl.: upphetsning excitement; *vara i ~* om t.ex. stad be in a commotion (an uproar); om sinne be in a tumult; om havet be agitated (rough, troubled)
upprorisk rebellious äv. bildl.
upprorsanda rebellious spirit, spirit of revolt
upprusta mil. rearm, increase [one's] armaments; reparera repair; förbättra improve; utrusta re-equip
upprustning mil. rearmament; reparation repair; för ökad kapacitet improvement; utrustande re-equipment
upprymd elated; lätt berusad tipsy
uppräkning i ordning enumeration; av pengar (visst belopp) counting out; ekon., justering uppåt adjustment (adjusting) upwards
upprätt I *adj* upright **II** *adv* upright
upprätta 1 inrätta establish; grunda found; t.ex. fond, befattning create; t.ex. system institute; t.ex. organisation form **2** avfatta, t.ex. kontrakt, protokoll draw up; lista make [up (out)]; karta, plan draw **3** rehabilitera rehabilitate; *~ ngn* (*ngns rykte*) restore a p.'s reputation
upprättelse gottgörelse redress; rehabilitering rehabilitation; *ge ngn ~* redress a p.'s wrongs; rehabilitera ngn rehabilitate a p.
upprätthålla t.ex. vänskapliga förbindelser maintain, keep up; t.ex. disciplin uphold; t.ex. fred preserve
uppröjning clearing; bildl. clean-up
uppröra bildl.: väcka avsky hos revolt, rouse...to indignation; chockera shock; reta upp irritate
upprörande revolting; shocking osv., jfr *uppröra*; om t.ex. behandling outrageous; *det är ~* äv. it's a crying shame
upprörd harmsen indignant; uppretad irritated; skakad agitated; uppskakad upset
uppsagd ...who has (resp. had) been given notice [to quit] osv., jfr *säga* [*upp*]

uppsamling uppsamlande gathering, collecting; uppfångande catching
uppsats skol. [written] composition; mer avancerad essay; univ. äv. paper; i tidskrift o.d. article; större essay
uppsatsämne skol. subject [set] for composition (resp. for an essay), essay topic
uppsatt, *högt* ~ highly placed; *en högt* ~ *person* äv. a person of high station
uppseende uppmärksamhet attention; sensation sensation; uppståndelse stir; *väcka* ~ vanl. attract attention (notice), create a sensation, make (create) a stir
uppseendeväckande sensational; om t.ex. upptäckt startling; iögonfallande conspicuous
uppsegling, *vara under* ~ bildl. be under way, be brewing, be in the offing
uppsikt bevakning supervision, superintendence, control; överblick view
uppsjö, *en* ~ *av* an abundance of, a wealth of
uppskakad upset; stark. shocked
uppskakande upsetting; stark. shocking
uppskatta 1 beräkna o.d. estimate; utvärdera evaluate **2** sätta värde på appreciate
uppskattning estimate; valuation; appreciation
uppskattningsvis approximately, at a rough estimate
uppskjuta se *skjuta* [*upp*]
uppskjutning av rymdraket launching
uppskov uppskjutande postponement, delay; anstånd respite; hand. äv. prolongation; *få* ~ *med* [*att fullgöra*] värnplikten get a respite from...
uppskrämd rädd frightened osv.
uppskärrad, *vara* ~ uppskakad, uppjagad be [all] wrought up, be [all] on edge (uptight)
uppslag 1 idé idea; förslag suggestion **2** på byxa turn-up; amer. cuff; på ärm cuff **3** motstående sidor: i bok opening; i tidning o.d. spread
uppslagsbok reference book; encyklopedi encyclopedia
uppslagsord headword, [main] entry
uppslagsrik ...full of suggestions; friare inventive
uppslitande psykiskt påfrestande trying; hjärtskärande heart-rending
uppsluka bildl. engulf; fängsla absorb; *som* ~*d av jorden* as if swallowed up by the earth
uppsluppen på glatt humör exhilarated; munter merry
uppslutning anslutning support; *det var god*

(resp. *dålig*) ~ *på mötet* many (not very many) people attended the meeting
uppspelt se *uppsluppen*
uppspärrad wide open
uppstigen uppe *han är inte* ~ [*ur sängen*] he has not got (is not) up
uppstigning rise; ur sängen getting up; flyg. el. på berg ascent; ur havet emersion
uppstoppad om djur stuffed
uppsträckning bildl.: stark. reprimand, svag. talking-to, vard. telling-off
uppsträckt finklädd [all] dressed up
uppstudsig refractory, recalcitrant, insubordinate; motspänstig obstinate
uppstyltad stilted, affected; svulstig bombastic, turgid
uppstå 1 uppkomma arise; originate; börja begin; om t.ex. mode appear; plötsligt spring up; som resultat av ngt result; om rykte spread **2** bibl. ~ *från de döda* rise from the dead
uppståndelse 1 oro excitement; vard. fuss; *väcka* [*stor*] ~ make a [great] stir (commotion) **2** bibl. resurrection
uppställa se *ställa* [*upp*]
uppställning 1 uppställande putting up osv., jfr *ställa* [*upp*]; anordning arrangement, disposition **2** mil. formation **3** sport. line-up
uppstötning belch; med. eructation; *få en* ~ (*ha* ~*ar*) belch
uppsving advance; hand. boom; efter nedgång recovery
uppsvullen o. **uppsvälld** swollen; pussig bloated
uppsyn 1 ansiktsuttryck [facial] expression; min air; utseende look **2** se *uppsikt*
uppsyningsman overseer, supervisor
uppsåt isht jur. intent; avsikt intention; *i* (*med*) ~ *att döda* with intent to kill
uppsåtlig intentional
uppsägning allm. notice; av anställd el. hyresgäst notice to quit; av kontrakt notice of termination
uppsägningstid term (period) of notice; *med en månads* (*tre månaders*) ~ with one month's (three months') notice
uppsättning 1 uppsättande putting up osv., jfr *sätta* [*upp*] **2** teat. production **3** sats, omgång set
uppsöka se *söka* [*upp*]
upptaga 1 antaga: ~ *ngn i en förening* admit a p. into... **2** ta i anspråk take up; ~ *ngns tid* äv. occupy a p.'s time **3** uppfatta take **4** se *ta* [*upp*]
upptagen 1 sysselsatt busy; occupied; *jag är* ~ *i kväll*: bortbjuden o.d. I am engaged..., av arbete I shall be busy... **2** besatt occupied;

reserverad booked; *platsen* stolen *är* ~ the seat is taken; [*det är*] *upptaget!* tele. [number] engaged!; amer. [line] busy!
upptagetton engaged (amer. busy) tone
upptagning film. filming, shooting; på skiva (band) recording
upptakt bildl. beginning; introduction
upptaxera, *bli ~d till 200 000 kronors inkomst* have (get) the assessment of one's income raised (put up) to 200,000 kronor
uppteckna take down, record; om krönikör o.d. chronicle
upptill at the top
upptrappning intensifiering escalation; av t.ex. konflikt intensification
uppträda 1 framträda appear; make one's appearance; om teatertrupp give performances (resp. a performance); *~ offentligt* appear in public **2** uppföra sig behave [ibl. oneself]; på visst sätt, bestämt act; *~ bestämt mot...* act firmly against... **3** fungera act
uppträdande framträdande appearance; uppförande behaviour, conduct; sätt manner; hållning bearing; handlande action; förekomst occurrence
uppträde scene; bullersamt disturbance; vard. shindy; *ställa till ett* [*häftigt*] *~* make a [terrible] scene
upptuktelse, *ta ngn i ~* give a p. a lecture (talking-to)
upptåg trick; spratt practical joke; muntert lark
upptågsmakare practical joker
upptäcka allm. discover; komma på detect; få reda på find out; *man kunde inte ~ något spår* there was no trace to be found (seen)
upptäckare discoverer
upptäckt discovery; jfr *upptäcka*
upptäcktsfärd o. **upptäcktsresa** expedition; sjöledes voyage of discovery; *göra en ~ i...* explore...
upptäcktsresande explorer
upptänklig imaginable; *på alla ~a sätt* äv. in every possible way
uppvaknande awakening äv. bildl.
uppvakta göra...sin kur court; hylla: gratulera congratulate, hedra honour
uppvaktning 1 visit [gratulations~ congratulatory (hövlighets~ complimentary)] call; *han fick stor ~ på sin födelsedag* many people congratulated (came to congratulate) him on his birthday **2** följe attendants; prins C. *med ~* ...with his suite
uppvigla stir up
uppviglare agitator agitator

uppvind meteor. el. flyg. upwind
uppvisa 1 se *visa* [*upp*] **2** påvisa show; bevisa prove **3** visa prov på present; vara behäftad med be marred (impaired) by; ståta med boast of
uppvisning 1 exhibition; t.ex. flyg~ show; mannekäng~ parade; t.ex. gymnastik~ display; *en bländande ~* friare a brilliant display **2** framförande av t.ex. hästar presentation
uppvuxen, *han är ~ i staden* (*på landet*) he has grown up in the town (country), he is town-bred (country-bred)
uppväcka bildl.: framkalla awaken osv., se *väcka 2*
uppväg, *på ~en* on the (one's) way (resa journey) up (norrut northwards, up north)
uppväga bildl. counterbalance; neutralisera neutralize; ersätta compensate (make up) for; *det ena uppväger det andra* one makes up for the other
uppvärmning heating; svag. warming; *elektrisk ~* electric heating
uppväxande growing [up]; *det ~ släktet* the rising generation
uppväxttid o. **uppväxtår** persons [childhood and] adolescence
uppåt I *prep* up to[wards]; längs [all] up along; *~ floden* up the river **II** *adv* upwards; brädan är tjockare *~* upptill ...towards the (its) upper end (the top); *det bär ~* uppför *hela vägen* it is uphill all the way; *gå ~* stiga ascend, rise **III** *adj,* *vara ~ glad* be in high spirits
1 ur klocka: fick~ watch; vägg~ o.d. clock; *Fröken Ur* the speaking clock
2 ur, *i ~ och skur* in all weathers, rain or (and) shine
3 ur I *prep* allm. out of; inifrån from within (inside); *få ngn ~ balans* throw a p. off [his resp. her] balance; *gå ut ~ rummet* leave (go el. walk out of)...; se äv. under resp. subst. o. vb **II** *adv* out; *ta ~ ngt ur...* take a th. out of...; se vid. beton. part. under resp. vb
uraktlåtenhet omission, failure
Uralbergen the Ural Mountains
uran kem. uranium
Uranus astron. Uranus
urarta degenerera degenerate
urbanisering urbanization
urbefolkning original population; *~en* äv. the aborigines pl.
urberg primary (primitive) rock[s pl.]
urblekt faded äv. bildl.; discoloured
urblåst 1 eg. blown out; gm bombning

gutted; gm eld ...gutted by fire **2** vard., dum stupid
urbota I *adj* ohjälplig hopeless **II** *adv*, ~ *dum* (*tråkig*) hopelessly stupid (boring)
urdjur protozo protozo|on (pl. -a)
urfånig vard. very silly (stupid), idiotic
urgammal extremely old; forntida ancient
urgröpning hollow
urgröpt hollowed (scooped) out; om kinder hollow
urholka bildl. undermine; göra sämre impair; jfr vid. *holka* [*ur*]
urholkad eg. hollow, concave; jfr vid. *holka* [*ur*] o. *urholka*
urholkning 1 urholkande hollowing [out] osv., jfr *holka* [*ur*]; undermining osv., jfr *urholka* **2** fördjupning hollow, excavation
urin urine
urinblåsa anat. [urinary] bladder
urindrivande med. diuretic; ~ *medel* diuretic
urinera urinate
urinnevånare aboriginal (original) inhabitant, aboriginal; *urinnevånarna* äv. the aborigines
urinprov specimen of urine
urinvånare se *urinnevånare*
urinvägsinfektion med. infection of the urinary tract, urinary infection
urklipp [press] cutting
urkokt overboiled
urkraft primitive (primordial) force; bildl. immense power
urkund document; jur. äv. deed; officiell roll; ~*er* jur. äv. muniments
urladdning eg. discharge båda äv. bildl.
urlakad tekn. leached; urvattnad soaked; utmattad exhausted, washed out
urlastning unloading
urmakare [clock and] watchmaker
urmakeri verkstad watchmaker's [work]shop
urminnes, *sedan* ~ *tid*[*er*] from time immemorial
urmodig out of date; gammaldags old-fashioned
urna urn
urolog 1 läkare urologist **2** ~*en* avdelning på sjukhus the department of urology
urpremiär [very] first performance (films showing)
urringad low-cut, décolleté fr.
urringning décolletage fr.
ursinne raseri fury; förbittring, vrede rage; *driva ngn till* ~ drive a p. frantic
ursinnig allm. furious; *göra ngn* ~ äv. enrage (infuriate) a p.
urskilja discern, distinguish äv. bildl.; en ny tendens *kan* ~*s* ...can be seen (perceived)
urskiljbar discernible; distinguishable

urskillning insikt discrimination, discernment; omdömesförmåga judgement
urskillningsförmåga discrimination, discernment; jfr *urskillning*; *en person med* ~ a discerning person
urskillningslös om pers. ...lacking in discrimination (discernment, judgement); jfr *urskillning*
urskog primeval (virgin) forest; amer. äv. backwoods
urskulda I *tr* excuse **II** *rfl*, ~ *sig* excuse oneself
ursprung origin; uppkomst rise; källa source; *det har sitt* ~ *i* äv. it springs (originates) from
ursprunglig ursprungs- original; naturlig natural
ursprungligen originally
urspårning derailment
ursäkt allm. excuse äv. i bet. försvar; erkännande av fel el. försumlighet apology; *komma med* ~*er* urskuldanden offer excuses; *be ngn om* ~ ask (beg) a p.'s pardon (forgiveness), apologize to a p.
ursäkta I *tr* excuse; förlåta forgive; ~ [*mig*] som hövlig inledning excuse me!; förlåt I'm sorry!, pardon me! **II** *rfl*, ~ *sig* excuse oneself [*för* att-sats for ing-form]
ursäktlig pardonable
urtavla dial; clockface, jfr *1 ur*
urtiden prehistoric (the earliest) times
urtidsmänniska, ~[*n*] primitive man
urtima, ~ *riksdag* extraordinary session of the Riksdag
urtråkig vard. deadly dull (boring), a real bore
Uruguay Uruguay
uruguayare Uruguayan
uruguaysk Uruguayan
uruppförande first performance
urusel vard. lousy, rotten
urval choice; hand. äv. assortment; *göra ett* ~ make a choice (selection), choose
urvattnad eg.: ursaltad soaked, om fisk freshened; bildl. watered down; fadd insipid, wishy-washy; om färg watery
urverk works pl. of a (resp. the) watch (clock, jfr *1 ur*); *som ett* ~ like clockwork
urvuxen o. **urväxt,** *min kostym är* ~ I have grown out of this suit
uråldrig extremely old
USA [the] US, [the] USA
usch ooh; ~ *då!* ugh!
usel allm., mat, väder wretched; tarvlig vile, base, mean
usling wretch; skurk villain
U-sväng trafik. U-turn
ut out; ~ [*med dig*]! out [you go]!; *vända* ~

och in på ngt turn a th. inside out; *~ ur* out of; *inifrån* from within (inside)
utagera, *saken är ~d* the matter is (has been) settled, it is over and done with
utan I *prep* without; *helt berövad* destitute (deprived) of; *~ arbete* out of work; *~ avgift vanl.* free of charge; *~ något på sig* without anything (with nothing) on; *~ vänner* without [any] friends; *mer känslobeton.* friendless; *~ värde* without any value, of no value; *vara ~ ngt* be (go) without...; *sakna* have no..., lack...; *~ att* inf. without ing-form; *det går inte en dag ~ att han kommer hit* ...without him coming (but he comes) here; *~ att han märker (märkte) det* without him (his) noticing it **II** *adv* outside; *~ och innan* inside and out (outside), outside and in (inside) *båda äv. bildl.* **III** *konj* but; *hon var inte stött, ~ smickrad* she was not offended, [on the contrary] she was flattered; she was flattered, not offended
utandning exhalation, expiration
utanför I *prep* outside; *sjö.*, angivande position off; *jfr äv. utom 1*; *det ligger ~ hans område bildl.* ...outside his province (sphere) **II** *adv* outside; *känna sig ~* feel out of it; *lämna (hålla) mig ~! bildl.* leave (keep) me out of it!
utannonsera advertise
utanordna *ekon.* *~ ett belopp* order a sum [of money] to be paid
utanpå I *prep* outside; *över* on [the] top of, above, over; *gå ~ vard.*, överträffa surpass **II** *adv* [on the] outside; *ovanpå* on [the] top
utantill by heart; *lära sig ngt ~* learn a th. [off] by heart; *det där kan jag ~! äv.* I know that backwards!
utanverk *bildl.* façade; *det är bara ett ~ äv.* it is just empty show, it lacks real content
utarbeta *t.ex.* karta prepare; *t.ex.* förslag, schema draw up; *t.ex.* tal compose; *i detalj* work out; *noggrant* elaborate
utarbetad 1 överansträngd ...worn out [with hard work], overworked **2** prepared etc., se *utarbeta*
utarbetande preparation *osv., jfr utarbeta*; *den är under ~* ...in [course of] preparation
utarma impoverish *äv.* jord; reduce...to poverty; *uttömma, förbruka* deplete; *~d äv.* destitute
utav se *av*
utbetala pay
utbetalning payment, disbursement
utbetalningskort *post.* postal cheque [paying-out form]
utbilda *allm.* educate; *i visst syfte* train; *undervisa* instruct; *utveckla* develop; *~ sig till sekreterare* qualify as a...
utbildning education; training; instruction; *jfr utbilda*; *akademisk ~* university education
utbildningsdepartement ministry of education [i Sverige and cultural affairs]
utbildningsminister minister of education [i Sverige and cultural affairs]
utbjuda offer, *jfr bjuda* [*ut*]
utblottad destitute; *i utblottat tillstånd* in a state of destitution
utbombad bombed out
utbreda (*se äv. breda* [*ut*]) **I** *tr* spread; *utsträcka* extend **II** *rfl*, *~ sig* spread
utbredd spread etc., *jfr utbreda* o. *breda* [*ut*]; [*allmänt* (*vida*)] *~* widely spread, widespread; *om t.ex. bruk äv.* prevailing
utbredning spreading; extension; *idéerna har vunnit ~* ...spread (gained ground)
utbrista 1 *häftigt yttra* exclaim, burst out **2** *~ i gråt (skratt)* burst into...
utbrott *av t.ex.* krig outbreak; *vulkans* eruption; *av känslor* outburst, burst, fit; *häftigt* explosion
utbrytare *isht polit.* secessionist, separatist; *oliktänkande* dissident
utbränd *eg. el. bildl.* burnt out; *bli ~* burn out
utbuad booed
utbud 1 *erbjudande* offer; *~et av varor har ökat* the offering of...for sale has increased **2** *tillgång på t.ex.* varor supply **3** *urval* choice
utbuktning bulge, convexity
utbyggnad 1 *tillbyggnad* (konkr.) extension; *hus* annex[e] **2** *utvidgning* enlargement, extension, expansion; *ytterligare förbättring* development
utbyta exchange; *~ erfarenheter* compare notes
utbytbar replaceable; *delar ~a mot varandra* ...interchangeable with each other
utbyte exchange; *bildl., behållning* profit; *ha ~ av bildl.* profit (benefit) by, derive benefit (*nöje* pleasure) from
utbytesstudent exchange student
utböling outsider, stranger
utdelning *utdelande* distribution etc.; *administration*; *delivery* etc.; *jfr dela* [*ut*]; *på t.ex. aktie el. tips* dividend; *~en bestämdes till 8%* a dividend of...was declared
utdrag *direkt ur text* extract; *referat* abstract
utdragbar *möjlig att förlänga* extensible; *~t bord* extension table
utdragen drawn out; *långvarig* long [drawn-out]; *långrandig* lengthy

utdragsskiva [sliding] leaf
utdragssoffa ung. sofa bed
utdunstning exhalation; lukt [unpleasant] odour (smell)
utdöd utslocknad extinct; om t.ex. sed obsolete; folktom deserted; helt övergiven dead
utdöende I *adj* dying **II** *s* dying out; arten *befinner sig i* ~ ...is dying out, ...is on the point of extinction
utdöma 1 straff impose; ~ *böter till ngn* impose a fine on a p. **2** förklara oduglig condemn; förkasta reject
ute I *adv* **1** rumsbet.: allm. out; utomlands abroad; *där* ~ t.ex. på isen out there; utanför outside; *han är mycket* ~ [*i sällskapslivet*] he goes out (about) a great deal; *vara* ~ *på havet* (*landet*) be [out] at sea (in the country); *vara* ~ *på en resa* be out travelling, be on a journey; *äta* [*middag* (resp. *lunch*)] ~ *tillfälligtvis* dine (resp. have lunch) out (i det fria out of doors); se äv. beton. part. under resp. vb samt sammansättn. **2** tidsbet.: slut *allt hopp är* ~ all hope is at an end (is gone); *tiden är* ~ [the] time is up; isht sport. el. parl. time! **3** bildl. *vara illa* ~ i knipa be in trouble (a bad fix); vard. be in a spot (a jam); *vara* ~ *komma i sista minuten* come (göra saker och ting do things) at the last minute; vara sen be late; *vara* ~ *efter* ngn (ngt) be after...; *vara* ~ *efter* eftertrakta *ngt* be out for a th.; mer uttänkt have designs on a th.; historien är ~ (~ *i hela stan*) ...out (...all over the town) **II** *adj* vard.: omodern *det är* ~ it's out, its not with-it
utebliva om pers. fail to come (appear, turn up, arrive); jur. default; om sak not be forthcoming; ej bli av not (fail to) come off
utefter [all] along
utegångsförbud under viss tid curfew
uteliggare down-and-out, dosser; amer. hobo
uteliv 1 friluftsliv outdoor life **2** nattliv night life; *leva* ~ go out and about
utelåst, *han är* ~ he has been locked (har låst sig ute has locked himself) out
utelämna leave out, omit; förbigå pass over; för att förkorta cut
utemöbler koll. outdoor furniture sg.
uteservering open-air café (restaurang restaurant); ölservering beer garden
utesluta allm. exclude; isht vetensk. äv. eliminate; utelämna äv. leave out; *det utesluter* hindrar *inte att han gör det* this does not prevent his (him from) doing it; *det ena utesluter inte det andra* the one does not exclude the other

uteslutande I *adj* exclusive, sole **II** *adv* solely, exclusively; ~ *för din skull* solely for your sake **III** *s* se *uteslutning*
uteslutning exclusion; expulsion; disbarment, jfr *utesluta*
utestående bildl. outstanding; ~ *fordringar* outstanding debts (accounts)
utestänga se *stänga* [*ute*]
utexaminerad trained, certificated; *bli* ~ *från* handelshögskolan graduate from..., get one's degree at...
utfall 1 fäktn. lunge; mil. sortie (äv. bildl.); bildl. attack; *göra ett* ~ make a lunge etc. **2** slutresultat result; ~*et av* löneförhandlingarna the outcome (result) of...
utfalla 1 om vinst go; förfalla till betalning fall (become) due; *lotten utföll med vinst* it was a winning ticket, the ticket gave a prize **2** få en viss utgång turn out, jfr äv. *avlöpa*; jämförelsen *utföll till hans fördel* ...was favourable to him
utfart väg ut exit, way (vattenled passage) out, ur stad o.d. main road [out of the town]
utfartsväg exit [road (way)]
utfattig miserably poor; utblottad [quite] destitute
utflugen, ungarna *är utflugna* ...have left their nest[s]; om barn ...have left home
utflykt utfärd excursion, trip; med matkorg picnic; ~ *i bil* trip (excursion) by car; *göra en* ~ make (go on) an excursion (a trip), go for an outing; have (go for) a picnic, go picnicking
utflöde utlopp flowing out; bildl. emanation; ~ *av valuta* ekon. drain of foreign exchange
utfodra feed
utforma ge form åt design; utarbeta work out, frame; formulera draw up
utformning design, shaping etc.; formulation; jfr *utforma*
utforska ta reda på find out; undersöka search into; isht land explore
utfrusen, *bli* (*vara*) ~ be frozen out, be sent to Coventry
utfrågning interrogation; korsförhör cross-examination
utfyllnad material filling; tillägg supplement
utfällbar som kan fällas ut (attr.) folding; skivan *är* ~ ...can be pulled out (opened out)
utfällning kem., utfällande precipitation; det som utfällts precipitate; geol. deposit, sediment
utfärda allm. issue; lag promulgate; t.ex. kontrakt draw up, execute; t.ex. revers make

out; ~ *en fullmakt* issue a power of attorney
utfästa, ~ *sig att göra ngt* undertake (pledge) to do a th.
utfästelse löfte promise, stark. pledge
utför I *prep* t.ex. berget down; ~ *backen* downhill **II** *adv* down; *det bär (sluttar)* ~ it is (slopes) downhill
utföra 1 se *föra* [*ut*] *2* **2** allm. perform, execute; ~ *ett arbete* do (perform) a piece of work; ~ *en beställning* execute (carry out) an order
utförande 1 utförsel av varor exportation **2** (jfr *utföra*) verkställande, framförande o.d. performance, execution isht konst.; arbete workmanship; modell design; framföringssätt delivery
utförbar practicable
utförlig detailed; uttömmande exhaustive
utförlighet fullness (completeness) [of detail]
utförligt in [full] detail; *redogöra* ~ *för ngt* give a full (detailed) account of a th.
utförsel med sammansättn., se *export* med sammansättn.
utförsåkare downhill skier
utförsåkning sport. downhill skiing
utförsäljning sale, clearance (amer. äv. closing-down) sale, closeout
utgallring (se äv. *gallring*) bildl. elimination
utge, ~ *sig* se *ge* [*ut*]; ~ *sig (ngn) för* [*att vara*]... give oneself (a p.) out as (as being)...
utgift expense; ~[*er*] mera abstr. expenditure sg.
utgivare av bok o.d. publisher; som sammanställer utgåva o.d. editor; han är *ansvarig* ~ [*för tidskriften*] ...legally responsible [for the publication of the periodical]
utgivning publication; av sedlar o.d. issue; *boken är under* ~ ...in course of publication, ...in preparation
utgjuta, ~ *sig* sina känslor pour out (vent) one's feelings; utbreda sig i tal el. skrift dilate
utgjutelse bildl. effusion; ~*r* äv. outpourings
utgjutning med. extravasation
utgrävning excavation äv. arkeol.; digging
utgå 1 om buss, tåg o.d. start out **2** ~ *från* förutsätta assume, presuppose, take...for granted **3** [ut]betalas be paid; *lönen* ~*r med*... the salary payable (to be paid) is [fixed at]... **4** uteslutas be excluded (utelämnas left out, omitted); strykas be cancelled (cut out, struck out); *varorna har* ~*tt ur sortimentet* ...are no longer in stock **5** utlöpa [om tidsfrist] run out

utgående I *adj* **1** om t.ex. post outgoing; sjö. äv. outward-bound; ~ *last* outward cargo **2** 50% lämnas på *dessa* ~ *varor* ...these discontinued lines **II** *s*, *vara på* ~ om pers. be about to leave, be on one's way out; om fartyg be leaving port, be outward-bound
utgång 1 väg ut exit; huset har flera ~*ar* ...exits (doors) **2** slut [på tidsfrist] end, close; expiration; *vid ansökningstidens* ~ on the expiration (expiry) of the time for applications **3** slut[resultat] result, outcome; *sjukdomen fick dödlig* ~ ...proved fatal
utgångshastighet initial (muzzle) velocity
utgångsläge starting (initial) position
utgångspunkt allm. starting-point, point of departure
utgåva edition
utgöra bilda: allm. constitute; t.ex. miljö provide; tillsammans make up, compose; representera represent; ~ *ett hot mot* pose (present, constitute) a threat to
uthungrad famished, starving
uthus outhouse
uthyrning letting etc., jfr *hyra* [*ut*]; *till* ~ om t.ex. båt for hire; om t.ex. rum to let; amer., i båda fallen for rent
uthållig fysiskt (attr.) ...with (that has resp. had) [good] staying power; ståndaktig persevering; tålig patient; seg wiry
uthållighet staying power, [power of] endurance; perseverance; patience; wiriness
uthärda stand; motstå withstand, sustain; rida ut weather; ~ *smärta (åsynen av...)* stand (bear, endure) pain (the sight of...)
uthärdlig bearable, endurable
utifrån I *prep* from **II** *adv* from outside; från utlandet from abroad; *impulser* ~ outside (external) influence sg.; *sedd* ~ bildl. as seen from without
utjämna 1 skillnad level out, level; göra lika equalize äv. sport. **2** hand., konto balance, square; skuld pay **3** t.ex. meningsskiljaktigheter straighten out; t.ex. stridigheter settle; t.ex. svårigheter smooth out (away, down)
utjämnande o. **utjämning** levelling out etc.; equalization; adjustment; neutralization; compensation; jfr *utjämna*
utkant av t.ex. skog fringe[s *pl.*]; av t.ex. fält border; av t.ex. stad outskirts; *i* ~*en av...* on the fringe[s] osv. of...
utkast 1 sport. throw **2** bildl.: koncept [rough] draft; skiss sketch; outline
utkastare chucker-out, bouncer
utkik pers. o. utkiksplats lookout; *hålla* ~ keep a lookout [*efter* for]

utklarera ett fartyg clear...outwards
utklassa outclass
utklassning outclassing; *det var rena ~en* it was a proper walkover
utklädd dressed up; vard. rigged out; förklädd disguised
utkommen, *en nyligen ~ bok* a book that has recently appeared ([that has been] recently published)
utkomst uppehälle living
utkonkurrera drive...out of competition (ekonomiskt business)
utkora choose, elect; *~ ngn till...* elect a p...; t.ex. bäste fotbollsspelare vote a p....
utkristallisera, *~ sig* crystallize
utkräva, *~ hämnd* take (wreak) vengeance [*på* [up]on]
utkämpa fight äv. bildl.; kämpa t. slut fight out
utkörd utkastad ...turned out [of doors]; trött ...worn out; vard. ...done up
utkörning av varor delivery
utlandet (jfr äv. *utländsk*) foreign (overseas) countries; *från ~* from abroad; utländsk äv. foreign...; *i ~* abroad
utlandskorrespondent journalist foreign correspondent
utlandsskuld foreign (external) debt
utlandssvensk expatriate Swede
utledsen thoroughly tired etc., jfr *3 led 1*
utlevad decrepit; genom utsvävningar debauched
utlokalisera relocate
utlopp utflöde outflow; avlopp el. bildl. outlet; *sjön har inget ~* ...no outlet
utlottning av vinst raffle; av obligation drawing; för inlösen redemption
utlova promise; offer
utlysa give notice (publish notice[s pl.]) of, advertise; *~ ett möte* call (summon)...; *~ en tävling* announce...; *~ ledigförklara en tjänst* advertise a post
utlånad, *boken är ~* ...has been lent to somebody, från biblioteket ...is out [on loan]
utlåning utlånande lending; konkr. loans
utlåningsränta interest on a loan (resp. the loan, loans); räntefot lending rate
utlåtande [stated] opinion; sakkunnigas [formal] report
utlägg outlay, expenses, disbursement[s pl.]
utläggning tolkning o.d. exposition; tolkande expounding
utlämna (se äv. *lämna* [*ut*]) överlämna give up, surrender; t. annan stat extradite; *känna sig ~d* ensam feel deserted (blottställd exposed, sårbar vulnerable); *vara ~d åt ngn* be at a p.'s mercy

utlämnande o. **utlämning** handing out etc.; delivery äv. av post; issue; surrender; extradition; jfr *lämna* [*ut*] o. *utlämna*
utländsk foreign; från andra sidan havet overseas...; främmande exotic
utlänning foreigner; isht jur. alien
utläsa se *läsa* [*ut*]
utlöpa se *löpa* [*ut*]
utlöpare allm. offshoot båda äv. bildl.; bot. äv. runner; rotskott sucker
utlösa frigöra: tekn. release äv. bildl.; fjäder trip; sätta igång start äv. bildl.; framkalla provoke; *~ en kedjereaktion* start (trigger off) a chain reaction
utlösare foto. release
utlösning **1** releasing etc., jfr *utlösa 1* **2** sexuell orgasm
utmana challenge; trotsa defy; *~ ödet* tempt (court) Fate, stark. court disaster
utmanande challenging...; trotsigt defiant; om uppträdande provocative
utmanare challenger
utmaning challenge
utmanövrera outmanœuvre; amer. outmaneuver
utmatta fatigue äv. tekn.; exhaust; försvaga weaken; *~d* äv. worn out
utmattning fatigue äv. tekn.; exhaustion
utmed [all] along; *segla ~ kusten* [*av*...] coast [along...]
utmynna se *mynna* [*ut*]
utmåla paint
utmärglad avtärd emaciated; härjad gaunt
utmärka I *tr* känneteckna characterize, distinguish; märka ut mark [out]; ange, beteckna denote **II** *rfl*, *~ sig* hedra sig distinguish oneself äv. iron. [*genom* by]
utmärkande characteristic; *~ egenskap* characteristic, distinguishing quality
utmärkelse distinction, honour
utmärkt I *adj* allm. excellent; beundransvärd admirable; utomordentlig eminent; ypperlig superb, first-rate; vard. splendid; *i ~ skick* in perfect (excellent) condition **II** *adv* excellently etc., jfr *I*; *må ~* [*bra*] feel fine (first-rate)
utmätning jur. distraint, execution
utnyttja tillgodogöra sig utilize, make the most of; exploatera (äv. orättmätigt) exploit; *~ ngt på bästa sätt* make the best use of a th.
utnyttjande utilization, exploitation etc., jfr *utnyttja*
utnämna appoint; *~ ngn till* bäste fotbollsspelare vote a p....
utnämning appointment
utnött worn out; well-worn båda isht bildl.; jfr äv. *utsliten*

utochinvänd ...turned inside out
utom 1 utanför outside; utöver beyond; jfr äv.
ex. under *utanför I*; ~ [*all*] *fara* out of
danger; *bli ~ sig* be beside oneself; stark.
go frantic [*av* with]; *göra ngn ~ sig* drive
a p. frantic; av vrede äv. drive a p. mad,
madden (exasperate) a p. **2** med undantag av
except; litt. save, but; oberäknat not
counting; excluding; förutom besides,
apart from; *alla ~ han* all except (with the
exception of) him..., all but he...; *vara allt
~ tilltalande* be anything but...
utombordare motor outboard [motor
(engine)]; båt outboard [motorboat]
utombords outboard
utombordsmotor outboard [motor (engine)]
utomeuropeisk non-European
utomhus outdoors, out of doors
utomhusbana för tennis outdoor court; för
ishockey outdoor rink
utomhusidrott outdoor sports pl. (friidrott
athletics pl.)
utomkvedshavandeskap extrauterine
pregnancy
utomlands abroad
utomordentlig allm. extraordinary; förträfflig
excellent; ovanlig exceptional; fråga *av ~
vikt* ...of extreme (outstanding)
importance
utomordentligt extraordinarily etc., jfr
utomordentlig
utomstående, *en ~* an outsider
utomäktenskaplig om barn illegitimate; *~a
förbindelser* extra-marital relations
utopi utopia; utopisk idé utopian scheme
(idea)
utopisk utopian
utpeka, *~ ngn som* gärningsman point a p.
out (identify a p.) as...; *den ~de*
brottslingen the alleged...
utplåna allm. obliterate; efface; förinta
annihilate, extinguish; utrota exterminate;
~ ngt ur minnet obliterate (blot out) the
memory of a th.; hela byn *~des* ...was
wiped out
utpost outpost
utpressare blackmailer; utsugare extortioner
utpressning blackmail; utsugning extortion
utprova try out, test
utprovning konkr. try-out; abstr. trying out,
testing out
utpräglad bildl. marked; typisk typical
utpumpad eg. pumped out; vard., utmattad
fagged out, whacked
utreda undersöka investigate; grundligt
analyse
utredare investigator
utredning 1 undersökning investigation,
inquiry; betänkande report; ärendet *är
under ~* äv. ...is being investigated
2 kommitté o.d. commission [of inquiry]
utrensning utrensande weeding out; bildl.
purge
utresa outward journey (sjö. voyage,
passage); flyg. outbound flight; ur ett land
exit
utresevisum exit visa
utrikes I *adj* foreign **II** *adv* abroad
utrikesdepartement ministry for (of) foreign
affairs; *~et* i Engl. the Foreign and
Commonwealth Office, ofta the Foreign
Office; i USA the Department of State, ofta
the State Department
utrikesflyg international aviation; *~et*
flygbolagen international airlines pl.
(flygningarna flights pl.)
utrikeshandel foreign (external) trade
utrikeshandelsminister minister for foreign
trade
utrikeskorrespondent se
utlandskorrespondent
utrikesminister foreign minister; *~n* i Engl.
the Secretary of State for Foreign and
Commonwealth Affairs, ofta the Foreign
Secretary; i USA the Secretary of State
utrikespolitik foreign (external) politics pl.
(politisk linje, tillvägagångssätt policy)
utrikespolitisk, *en ~ debatt* a debate on
foreign policy
utrikesterminal flyg. international terminal
utrop 1 rop cry; känsloyttring exclamation;
ge till ett ~ av glädje äv. give (utter) a cry
of delight **2** vid auktion cry
utropa (jfr äv. *ropa* [*ut*]) **1** ropa högt exclaim
2 offentligt förkunna proclaim
utropstecken exclamation mark
utrota root out; t.ex. brottslighet wipe out;
t.ex. social orättvisa extirpate; t.ex. ett folk
exterminate
utrotning rooting out etc., jfr *utrota*;
extirpation, extermination
utrotningshotad ...under threat of
extermination (extinction)
utrusta equip; isht fartyg fit out
utrustning equipment; grejor kit
utryckning 1 efter alarm turn-out; utmarsch
march out, departure **2** mil. discharge
(release) from active service
utrymma 1 lämna evacuate; överge abandon;
t.ex. hus vanl. vacate **2** röja ur clear out
utrymme plats space; *vi har dåligt* [*med*] *~*
(husrum) vanl. we are cramped for room; *i
mån av ~* as far as space allows (allowed
etc.)
utrymning (jfr *utrymma*) **1** evacuation,
abandonment **2** clearing

uträkning working (reckoning etc., jfr *räkna [ut]*) out; beräkning calculation; *vad har han för ~ med det?* what can he hope to gain by that?, what is his idea in doing that?
uträtta allm. do; t.ex. uppdrag perform; åstadkomma accomplish
utröna ascertain
utsaga o. **utsago** statement; jur. äv. evidence; *enligt [egen] utsaga (utsago)* har han according to him..., his version is that...
utsatt 1 blottställd: allm. exposed, sårbar vulnerable; *~ läge (ställning)* exposed position; *vara ~ för...* föremål för be subjected to... **2** bestämd fixed; *~ pris* marked price
utschasad dead-tired
utse välja: t.ex. ledare choose; t.ex. sin efterträdare designate; se ut pick out; utnämna appoint
utseende yttre appearance; persons vanl. looks; uppsyn aspect; yttre sken vanl. appearances; *ändra ~* change [one's appearance]; *av (efter) ~t att döma* är det (han)... to judge by (from) appearances...; *känna ngn till ~t* know ap. by sight (appearance)
utsida outside; fasad façade; yta surface äv. bildl.; exterior isht bildl.; *från ~n* äv. from without
utsikt 1 överblick view; vidsträckt prospect; *fri ~* an unobstructed view; *beundra [den härliga] ~en* admire the [magnificent] view (landskapet äv. scenery end. sg.); rummet *har ~ mot (över) parken* ...looks (opens) on [to] (...overlooks) the park; *~ över* hamnen view over (på t.ex. vykort of)... **2** bildl. prospect; *han har goda ~er att* inf. his prospects of ing-form are good; *det finns alla ~er (föga ~) till...* there is every prospect el. chance (not much chance) of...
utsiktslös ...without any prospect of success; friare hopeless
utsiktstorn outlook tower, belvedere
utsirad ornamented; om t.ex. bokstav ornamental
utsirning ornament; utsmyckande ornamentation
utskick, *göra ett ~ av* ngt send out...
utskjutande om t.ex. burspråk projecting; om t.ex. tak overhanging; om t.ex. käke, udde jutting; utstående protruding, prominent; om t.ex. vinkel salient
utskott arbetsgrupp committee
utskrattad, talaren *blev ~* ...was laughed down

utskrift transcription; data~ print-out; *göra en ~ av* ngt på skrivare print out a th.
utskällning vard. telling-off, scolding; *få en ~* get a telling-off, be blown up
utskänkning [the] serving of wine, spirits and beer on the premises
utslag 1 hud~ rash; *få ~ över hela kroppen* break out in a rash..., come (break) out in spots... **2** på våg turn of the scale; av visare o.d. deflection; *ge ~* om visare o.d. be deflected, deviate, turn; om instrument give response (visst värde a reading) **3** avgörande decision; dom judgement etc., jfr *3 dom*; *avkunna (fälla) [ett] ~* give a decision (verdict); jur. pronounce (pass) judgement **4** yttring manifestation
utslagen 1 om t.ex. blomma full-blown; hon har *utslaget hår* ...her hair [hanging] down **2** sport. eliminated; boxn. knocked out **3** socialt *en ~* subst. adj. a dropout, an outcast
utslagning 1 sport. elimination; boxn. knock-out **2** social missanpassning social maladjustment
utslagsfråga tiebreaker
utslagsgivande decisive
utslagsröst, *ha ~* have the casting vote
utslagstävling sport. elimination (knock-out) competition
utsliten allm. worn out; om t.ex. argument threadbare, stale, trite
utslocknad om vulkan, ätt extinct
utsläpad bildl. worn out
utsläpp 1 avlopp outlet **2** utsläppande letting out; dumpning dumping; *ett ~ av* t.ex. olja a discharge (av industriföroreningar an effluent)
utsmyckning adornment; ornament end. konkr.; ornamentation, decoration, embellishment, jfr *smycka*
utspark sport. goalkick
utspel bildl.: åtgärd move, measures; initiativ initiative; förslag proposals; *du har ~et!* kortsp. [it is] your lead!
utspelas take place; be enacted; *scenen ~ på* ett värdshus äv. the scene is laid in...
utspisa feed
utspisning utspisande feeding
utspridd scattered; *soldaterna var ~a över landet* the soldiers were dispersed...
utspädd diluted
utspädning dilution
utspökad ...dressed (dolled) up
utstakad ...that has (resp. had) been staked out etc.; delimited; determined, jfr *staka [ut]*
utstråla I *itr* radiate; utströmma emanate
II *tr* radiate äv. bildl. m. avs. på hälsa, energi,

lycka; send out; t.ex. ljus emit; t.ex. lycka, vänlighet beam forth
utstrålning 1 eg. radiation, emanation **2** persons charisma
utsträckning utsträckande extension; i tid prolongation; vidd extent; *i större eller mindre* ~ to a greater or less extent; *i viss* ~ to some extent
utsträckt eg. outstretched; friare extended; *i* ~ *bemärkelse* in a wider (larger) sense
utstuderad raffinerad studied, consummate; listig artful; inpiskad thorough-paced...
utstyrd dressed up etc., jfr *styra* [*ut*]
utstyrsel utrustning outfit; utsmyckning get-up; klädsel, vard. äv. rig-out
utstå stå ut med endure; genomgå, drabbas av suffer, undergo; genomlida go through
utstående om t.ex. tänder, öron protruding; om t.ex. kindknotor prominent; utskjutande projecting; utbuktande protuberant; *rakt* ~ ...standing (sticking) straight out
utställa se *ställa* [*ut*]
utställare 1 på utställning exhibitor **2** av värdehandling drawer
utställning allm. exhibition; av t.ex. blommor, hundar (vanl.) show; visning display
utställningsföremål exhibit
utställningslokal exhibition room, showroom; konst. gallery
utstöta ljud utter; ~ *ett skri* äv. cry [out]; se f.ö. *stöta* [*ut*]
utstött, *vara* ~ ur t.ex. kamratkretsen be kept out (rejected)
utsugare polit. sweater
utsvulten starved
utsvängd ...curved (bent) out[wards]; ~*a byxor* äv. bell-bottom[ed] trousers
utsvävande liderlig debauched
utsvävningar 1 levnadssätt debauchery, excesses **2** avvikelser från ämnet digressions
utsåld sold out; *utsålt* i annons o.d. full house, no more seats; *det var utsålt* [*hus*] all tickets were sold, all the seats were taken, there was a full house
utsäde frö seed [corn]
utsändning radio. el. TV. transmission; TV. äv. telecast
utsätta I *tr* **1** blottställa expose; underkasta subject; ~ *ngn för kritik* subject a p. to criticism **2** bestämma fix, appoint **II** *rfl*, ~ *sig för* expose oneself to
utsökt I *adj* exquisite; utvald select **II** *adv* exquisitely
utsöndra fysiol. secrete
utsöndring fysiol. secretion äv. konkr.
utsövd thoroughly rested; *jag är inte* ~ I haven't had enough sleep

uttag 1 elektr. [wall] socket; amer. outlet, wall socket **2** penning~ withdrawal
uttagning av pengar withdrawal; sport. selection; för specialuppdrag draft[ing]
uttal pronunciation; persons sätt att tala accent; artikulation articulation; *ha bra engelskt* ~ äv. have a good English accent
uttala 1 ord o.d. pronounce **2** uttrycka express; t.ex. ogillande give utterance to; ~ *sig* express oneself, comment
uttalad tydlig marked; uttrycklig explicit
uttalande yttrande utterance; förklaring statement
uttaxering levying äv. konkr.
utter zool., skinn otter
uttittad, *känna sig* ~ feel that everyone is staring at one
uttjatad hackneyed, trite
uttjänad o. **uttjänt** om sak (attr.) ...which has served its time; utsliten worn out
uttorkad dry; om damm dried up; om mark parched; med. dehydrated
uttryck allm. expression äv. matem.; isht idiomatiskt locution; *ge* ~ *åt*... give expression (i ord äv. utterance) to...; t.ex. häpnad, missnöje give vent to...; *det var ett* ~ *för* t.ex. missnöje, förakt, nationalism it was a manifestation of...
uttrycka I *tr* ge uttryck åt: allm. express; t.ex. tankar put...into words, give utterance to; t.ex. den allmänna meningen voice; formulera put; ~ *en önskan* express (utter) a wish; jag vet inte *hur jag skall* ~ *det* äv. ...how to put it **II** *rfl*, ~ *sig* express oneself; speak
uttrycklig om t.ex. order express...; klar, tydlig explicit, definite
uttryckligen expressly; *beordra ngn* ~ *att*... order a p. in so many words (in express terms)...
uttrycksfull expressive, ...full of expression
uttryckslös expressionless; om blick vacant
uttrycksmedel means (pl. lika) of expression
uttryckssätt way of expressing oneself; författarens stil diction, style; fras phrase
utträkad bored, bored to death
utträda avgå ~ *ur* leave, withdraw (retire) from; förening äv. resign one's membership of (in)
utträde avgång withdrawal; *anmäla sitt* ~ *ur* föreningen announce one's resignation from...
uttröttad weary; utmattad exhausted
uttåg march out; isht bibl. exodus
uttänjd extended; uttöjd baggy, sagging
uttömma bildl. exhaust; *ha uttömt alla resurser* be at the end of one's resources
uttömmande I *adj* om t.ex. behandling exhaustive; om t.ex. redogörelse very

thorough, comprehensive **II** *adv* utförligt exhaustively; grundligt thoroughly
utvakad ...tired (worn) out through lack of sleep
utvald chosen; select; choice..., ...elect; *slumpvis* ~ randomly selected, randomized; subst. adj.: *den ~e* the one chosen (chosen one)
utvandra ur landet emigrate; flytta migrate
utvandrare emigrant
utvandring emigration; friare migration
utveckla I *tr* friare el. bildl.: allm. develop, framställa evolve; frambringa: t.ex. elektricitet generate, t.ex. rök emit; ~ *förbättra en metod* improve (elaborate) a method; ~ *en plan närmare* enlarge [up]on a plan **II** *rfl*, ~ *sig* develop; växa äv. grow [*till* into; *från* out of, from]; öka äv. increase; bli bättre improve
utveckling framåtskridande development; långsammare förändring evolution; framsteg progress; *följa* bevaka *~en* watch over developments; *vara stadd i* ~ be developing (växande growing)
utvecklingsland developing country
utvecklingslära theory (doctrine) of evolution
utvecklingsstadium stage of development; isht vetensk. evolutionary stage
utvecklingsstörd, [*psykiskt*] ~ [mentally] retarded
utverka få obtain, secure
utvidga göra bredare widen; friare el. bildl.: t.ex. sitt företag extend, t.ex. marknaden expand; t.ex. hål, kunskaper enlarge; öka amplify; tänja ut el. fys. dilate
utvidgning widening; extension; enlargement; amplification; dilation
utvikning avvikelse deviation; från ämne digression
utvikningsbild gatefold pin-up [picture]
utvilad [thoroughly] rested
utvinna extract
utvinning extraction
utvisa 1 ur landet order...to leave (quit) [the country]; deportera deport **2** visa show; utmärka indicate; *det får framtiden* ~ time must (will) show **3** fotb. o.d. send (order)...off
utvisning förvisning expulsion
utvisslad, *bli* ~ get the bird (the raspberry, amer. the Bronx cheer)
utväg 1 bildl. expedient, way; *~ar* äv. ways and means; *jag ser* [*mig*] *ingen* ~ *att* inf. I don't see any way of ing-form **2** väg ut way out
utvändig external
utvändigt externally

utvärdera evaluate
utvärdering evaluation
utvärtes I *adj* external; *för* ~ *bruk* for external use (application) **II** *adv* externally
utväxla t.ex. fångar exchange
utväxling 1 utbyte exchange **2** tekn. gear; kraftöverföring transmission
utväxt allm. outgrowth
utåt I *prep* uttr. riktn. [out] towards; t.ex. landet out into; ett rum ~ *gatan* ...facing the street **II** *adv* outward[s]; *längre* ~ further out; [*han är*] *partiets ansikte* ~ [he represents] the party image
utåtriktad o. **utåtvänd** eg. out-turned, ...turned (directed) outward[s]; psykol. extrovert
utöka increase; *~d upplaga* enlarged edition
utöva t.ex. funktion exercise; t.ex. välgörenhet, yrke practise; t.ex. hantverk carry on; t.ex. inflytande, press exert; ~ *sitt ämbete* discharge one's official duties
utövare practiser; av konst practician
utöver utom over and above; utanför beyond; mer än in excess of; jag har tre pennor ~ *den här* ...besides (in addition to) this
uv zool. great horned owl, eagle owl

v 1 bokstav v [utt. vi:]; *dubbelt ~ (w)* double-u [utt. 'dʌblju(:)] **2** *W* (förk. för *watt*) W
vaccin vaccine
vaccination vaccination; ibl. immunization
vaccinera vaccinate; ibl. immunize
vacker 1 skön o.d. beautiful; förtjusande lovely; stilig handsome; söt, intagande pretty äv. iron.; storslagen, grann fine äv. iron.; trevlig nice äv. iron.; *ett ~t arbete* a beautiful (fine, good) piece of work; *~ som en dag* om kvinna [as] pretty as a picture, really lovely (beautiful); *vackra tomma löften* fair promises; *en ~ röst* a beautiful (sångröst äv. fine) voice; *~t* [*väder*] beautiful (lovely, fine) weather **2** ansenlig, om t.ex. summa considerable; om inkomst respectable
vackert 1 eg. beautifully; prettily; finely; nicely; *be ~ om...* ask nicely (properly) for...; *sitta ~* om hund sit up [and beg]; *sjunga ~* sing well; *~ klädd* handsomely (beautifully) dressed **2** varligt carefully; *ta det ~!* take it easy! **3** vard., i befallningar *du stannar ~ hemma!* just you stay [quietly] at home! **4** *~!* vard., bra gjort well done!; 'fint' fine!
vackla totter äv. om sak; ragla reel; göra en överhalning lurch; isht bildl., t.ex. i sin tro falter; vara obestämd vacillate; skifta, t.ex. om priser fluctuate; *hans hälsa började ~ ...* began to give way; *komma ngn att ~ i sitt beslut* cause a p. to waver..., shake (unsettle) a p.; *~ hit och dit* äv. sway to and fro
vacklan bildl. tottering; fluctuation; jfr *vackla*; obeslutsamhet irresolution, indecision
vacklande *adj* tottering osv., jfr *vackla*; obeslutsam unsettled; om hälsa uncertain, failing
vacuum vacu|um (vetensk., pl. -a)
1 vad anat. calf (pl. calves)
2 vad vadhållning bet, wager; *hålla (slå) ~* bet, wager, make a bet; *skall vi slå ~ [om det]?* shall we bet on it (that)?
3 vad I *pron* **1** interr. what; *~ (va)?* hur sa what?; artigare [I] beg your pardon?,

pardon?; *~ för* + subst.*? what...?*; *~ för en (ett, ena, några)* fören. el. självst. what; avseende urval which; självst. äv. which one (pl. ones); *~ gråter du för?* why are you crying?, what are you crying for (about)?; *~ har du för anledning att* inf.*?* what reason have you (is your reason) for ing-form*?*; *~ är det för dag i dag?* what day is it today?; *~ heter hon?* what's her name?; *nej, ~ säger du!* really!, you don't say!, well, I never! **2** rel.: det som what; *~ värre är* what is [still] worse; *göra ~ man vill* do what one likes; få sin vilja fram have one's own way; [*efter*] *~ jag vet* as (so) far as I know; *~ helst* whatever **II** *adv* how; *~ du är lycklig!* how happy you are!
vada wade; *~ över en flod* wade [across] a river, ford a river
vadarfågel wading bird
vadd allm.: uppluckrade fibrer wadding; *bomulls~* vanl. cotton wool; amer. absorbent cotton; t.täcke batting
vaddera pad [out]; täcke quilt; *~de axlar* padded shoulders
vaddering padding
vadhållning betting
vadställe ford, fordable place
vag vague; obestämd undefined; dimmig hazy
vagabond vagabond; landstrykare tramp; lösdrivare vagrant
vagel med. sty
vagga I *s* cradle äv. bildl.; *från ~n till graven* from the cradle to the grave **II** *tr* rock; svänga sway; *~...i sömn* rock...to sleep **III** *itr* rock; gå vaggande waddle
vaggvisa cradle song, lullaby
vagina anat. vagina
vagn allm. carriage; åkdon vehicle; större, äv. coach; last~ o.d. wag[g]on, truck; tvåhjulig kärra cart
vagnskadeförsäkring insurance against damage [to a (resp. the) motor vehicle]
vagnslast carriage load, wa[g]onload osv., jfr *vagn*
vaja om t.ex. flagga fly; om sädesfält wave; om t.ex. träd sway; fladdra flutter
vajer cable; tunnare wire
vajsing vard. *det är ~ på motorn* there's something wrong with...
1 vak is~ hole in the ice
2 vak vakande watching
vaka I *s* natt~ vigil **II** *itr* hålla vaka sit up; ha nattjänst be on night duty; *~ hos* on patient watch by...; *~ över* övervaka *ngn (ngt)* watch (keep watch) over a p. (a th.); *~ in det nya året* see the New Year in
vakans vacancy
vakant vacant

vaken 1 ej sovande awake end. pred.; waking...; *i vaket tillstånd* in the waking state **2** mottaglig för intryck alert; pigg bright; vard. all there end. pred.; uppmärksam wide-awake
vakna, ~ [*upp*] wake [up]; isht bildl. awake; bildl. äv. stir; ~ *på fel sida* get out of bed on the wrong side
vaksam vigilant, on the alert
vaksamhet vigilance, watchfulness
vakt 1 vakthållning watch äv. sjö.; watching; isht mil. guard; *ha* ~[*en*] be on duty (mil. äv. guard); sjö. have the watch **2** pers.: som bevakar guard; som utövar tillsyn attendant; vaktpost sentry; manskap [men pl. on] guard; sjö. watch
vakta allm. watch; bevaka guard; övervaka watch over; t.ex. barn look after; hålla vakt keep guard (watch); ~ *på ngn* watch a p.
vaktavlösning relief of the guard (sjö. the watch); utanför palatsbyggnad o.d. changing of the guard
vaktbolag security company
vaktel zool. quail
vakthavande, ~ *officer* officer on duty
vakthund watchdog
vakthållning bevakning watch; mil., vakttjänst guard (sjö. watch) duty
vaktmästare på kontor messenger; skol. el. univ. porter, beadle; uppsyningsman caretaker; dörrvakt doorman, commissionaire; isht amer. janitor; i kyrka verger; i museum attendant; på bio o. teater attendant, usher; i rättssal usher
vaktparad mil., parad parade of soldiers mounting the guard; *~en* styrkan the guard
vaktpost sentry
vakuum vacuum
vakuumförpackad vacuum-packed
vakuumförpackning vacuum packaging (konkr. pack, package)
vakuumtorka vacuum-dry
1 val zool. whale
2 val 1 allm. choice; *eget* ~ option; isht mellan två saker alternative; *det finns inget annat* ~ there is no alternative; *ha fritt* ~ have liberty of (have a free) choice; *vara i ~et och kvalet* be on the horns of a dilemma, be faced with a difficult choice (decision) **2** gm omröstning election; själva röstandet voting, polling; det blir *allmänna* ~ ...a general election
valack zool. gelding
valbar eligible; *icke* ~ ineligible
valbarhet eligibility
valberedning election (nominating) committee
valberättigad ...entitled to vote; *de ~e* äv. the electorate sg.
valborg o. **valborgsmässoafton** the eve of May Day
vald chosen
valdag polling (election) day
valdeltagande participation in the (resp. an) election; *~t var stort* (*litet*) polling was heavy (low, small), there was a large (small) turnout
valdistrikt electoral (voting) area (district, amer. precinct)
walesare Welshman; *walesarna* som nation el. lag o.d. the Welsh
walesisk Welsh
walesiska 1 kvinna Welshwoman **2** språk Welsh
valfisk whale
valfläsk vard. election promises, bid for votes
valfri optional; amer. äv. elective
valfrihet persons freedom (liberty) of choice
valfusk electoral (ballot) rigging; *bedriva* ~ rig an election
valfångare whaler
valförrättare presider at a (resp. the) poll (an resp. the election)
valhänt klumpig clumsy; om t.ex. ursäkt lame; *han är* ~ äv. his fingers are all thumbs
valk i huden callus; av fett roll
valkampanj election (electoral) campaign; electioneering
walkie-talkie walkie-talkie
valkrets constituency
1 vall upphöjning bank; bank embankment; fästnings~ rampart
2 vall betes~ grazing-ground
1 valla låta beta graze
2 valla I *s* skid~ skiwax **II** *tr,* ~ *skidor* wax skis
vallfart o. **vallfärd** pilgrimage
vallfärda go on (make) a pilgrimage äv. bildl.
vallgrav moat
vallhund shepherd's dog
vallmo poppy
vallmofrö poppy seed äv. koll.
vallokal polling-station; amer. polling place
vallon Walloon
vallonsk Walloon
vallöfte electoral pledge (promise)
valmöte election meeting
valnöt walnut äv. virke; bord *av* ~ äv. walnut...
valnötsträd walnut tree
valp pup[py] äv. bildl.; tik *med sina ~ar* äv. ...with her young
valpa whelp

valpaktig puppyish; om pers. callow
valresultat election result
valross walrus
1 vals 1 dans waltz; *dansa ~* dance (do) a waltz **2** vard., lögn yarn; *den ~en går jag inte på* I won't buy that [one]; *dra en ~* tell a fib (stark. whopper)
2 vals tekn.: i kvarn o.d. roller; i valsverk roll
1 valsa waltz
2 valsa tekn. *~ [ut]* roll [out]
valsedel voting paper
valspråk motto (pl. -s el. -es), device
valsverk tekn.: verk rolling-mill; maskin laminating (för papper pressing) rollers
valtalare election speaker
valthorn mus. French horn
valurna ballot box
valuta 1 myntslag currency; utländsk ~ [foreign] exchange **2** värde value; *få [god] ~ för pengarna* get [good] value for one's money
valutabrott violation of currency regulations
valutahandel [foreign] exchange dealings pl. (transactions pl.)
valutakurs rate of exchange
valutamarknad [foreign] exchange market
valutareform currency reform
valutareserv [foreign] exchange (currency) reserve[s pl.]
valutautflöde drain of foreign exchange
valv allm. vault; *~båge* arch
valvaka, *de höll ~* ung. they sat up waiting for the election results to come in
valör allm. value; på sedel o.d. denomination
vamp seductive woman
vampyr vampire äv. bildl.
van isht attr.: övad practised; skicklig skilled; förtrogen *vara ~ vid ngt* be used (accustomed) to a th.; *vara ~ vid att* inf. be used (accustomed) to ing-form; *med ~ hand* with a deft (skilled, practised) hand
vana isht omedveten habit; isht medveten practice; sed[vana] custom; vedertaget bruk usage; erfarenhet experience; färdighet practice; förtrogenhet accustomedness; *~ns makt* the force of habit (resp. custom el. long usage); *han har ~n inne* he is used to it; *här har man för ~ att* +inf. it is the custom here to +inf.
vanartig vicious
vandal hist. Vandal; bildl. vandal
vandalisera vandalize
vandra I *itr (tr)* gå till fots: allm. walk äv. bildl.; go on foot; isht fot~ ramble; vard. hike; om djur migrate äv. kem.; friare el. bildl. go; bildl. travel; *vara ute och ~* be out walking (resp. hiking) **II** med beton. part.
~ i väg på långtur set off on...
~ omkring walk about; *~ omkring* fram o. tillbaka *i* rummet pace...; *~ omkring på gatorna* wander (roam) about...
vandrande walking
vandrare allm. wanderer; fot~ walker; vard. hiker; resande traveller
vandrarhem youth hostel
vandring allm. wandering; utflykt walking-tour; fot~ ramble; vard. hike; zool. migration äv. folk~; *på vår ~ genom livet* on our way (pilgrimage) through life
vandringspris challenge trophy
vanebildande habit-forming
vaneförbrytare habitual criminal; återfallsförbrytare recidivist
vanemänniska creature of habit
vanemässig habitual; rutinmässig routine...
vanesak matter of habit
vanföreställning fallacy, delusion
vanheder disgrace; skam shame
vanhedra disgrace, dishonour
vanhedrande disgraceful; ovärdig shameful
vanhelga profane
vanhelgande I *s* profanation **II** *adj* profanatory, sacrilegious
vanilj vanilla
vaniljsocker vanilla sugar
vaniljsås custard sauce
vanka, *[gå och] ~* saunter, wander *[omkring* about]
vankas, *det vankades* bullar (för oss) we were treated to...
vankelmod obeslutsamhet irresolution; tvekan hesitation; vacklan vacillation
vankelmodig obeslutsam irresolute; vacklande wavering, vacillating
vanlig a) bruklig usual; 'gammal', sed~ customary b) vanligen förekommande ordinary; gemensam för många, isht mots. sällsynt common; allmän general; ofta förekommande frequent; förhärskande prevalent; genomsnitts~, om t.ex. människa average; *en helt ~* (*~ enkel*) affärsman, händelse, växt a common [or garden]...; *i ~a fall* vanligen in ordinary cases, as a rule; *den gamla ~a historien* the [same] old story; *~a människor* ordinary people; *på sin ~a plats* in its (their osv.) usual place; *den ~a åsikten bland...* the usual opinion among..., the opinion generally held by...
vanligen generally; ordinarily; jfr *vanlig*; för det mesta in general; i regel as a rule
vanmakt maktlöshet powerlessness; impotence

vanmäktig powerless; vain
vanpryda disfigure, spoil the look of; *~nde* disfiguring, unsightly
vanrykte disrepute; *bringa (råka) i ~* bring (fall) into disrepute
vansinne insanity; galenskap madness; dårskap folly; *det vore rena ~t att* +inf. it would be insane (sheer madness) to +inf.
vansinnig allm. mad; tokig crazy; mentalt sjuk insane; utom sig frantic; *~ fart* breakneck (frantic) speed; *bli ~* go mad, become insane (demented)
vansinnigt madly; insanely; vilt frantically; jfr *vansinnig*; vard., end. förstärkande awfully; *vi hade ~ bråttom* we were in an awful (a terrible, a frightful) hurry; *vara ~ förälskad i ngn* be madly in love with a p.
vanskapad o. **vanskapt** deformed; oformlig monstrous
vansklig svår difficult; riskabel hazardous; brydsam awkward
vansklighet difficulty; riskiness; awkwardness; jfr *vansklig*
vansköta *tr* mismanage; försumma neglect; parken *är vanskött* ...is badly looked after
vanskötsel mismanagement, negligence, neglect
vansläktas degenerate
vanstyre persons misrule; regerings o.d. misgovernment
vanställa allm. disfigure; friare spoil [the look of], mar; förvrida distort; förvränga misrepresent
vant sjö. shroud
vante [bomulls~ cotton] glove; tum~ vanl. mitten; *lägga vantarna på...* vard. lay hands [up]on...
vantrivas be (feel) uncomfortable (ill at ease) [in one's surroundings]; not feel at home; *jag vantrivs med arbetet* I am not at all happy in my job
vantrivsel oförmåga att trivas inability to get on [i sin miljö in one's surroundings]; otrevnad dissatisfaction
vantro vanföreställning false belief, misbelief; misstro disbelief
vanvett insanity; besatthet mania; galenskap madness
vanvettig insane; jfr *vansinnig*; vild raving; om t.ex. påhitt absurd
vanvördig disrespectful; mot heliga ting irreverent
vanvördnad disrespect, lack of respect; irreverence
vanära I *s* disgrace; skam ignominy **II** *tr* disgrace
vapen 1 redskap weapon; i pl. (sammanfattande) vanl. arms; koll. weaponry; *sträcka ~* lay down [one's] arms, surrender [*för ngn* to a p.] **2** herald. coat of arms, arms
vapenbroder brother-in-arms (pl. brothers-in-arms)
vapendragare armour-bearer; bildl. supporter, partisan
vapenfri, *~ tjänst* mil. non-combatant service, military service as a conscientious objector
vapenför ...fit for military service, ...capable of bearing arms
vapenhus [church] porch
vapeninnehav, *olaga ~* illegal possession of a weapon (resp. weapons)
vapenlicens licence to carry a gun
vapensköld herald. coat of arms, escutcheon
vapenslag arm [of the service]
vapenstillestånd armistice; vapenvila truce
vapenvila truce; tillfällig cease-fire
vapenvägrare conscientious objector; förk. CO (pl. CO's); vard. conchy; amer. draft resister (evader)
1 var med. pus
2 var (*vart*) **1** allm. **a)** fören.: varje särskild, var och en för sig each; varenda every; före räkneord every; *~ dag* every (each) day **b)** självst. ge dem *ett äpple ~* ...an apple each **2** *~ och en* a) fören., se *varje 1* b) självst.: var och en för sig each [om flera än två äv. one]; varenda en, alla (om pers.) everyone, everybody, every man (person); *~ och en av...* each [resp. one] of (alla every one of)...; *vi betalar ~ och en för sig* each [resp. one] of us will pay for himself (om kvinnor herself) **3** *~ sin*: *vi fick ~ sina två glas* we got two glasses each
3 var 1 fråg. where; *~ då (någonstans)?* where? **2** andra fall *här och ~* here and there
1 vara I *itr* allm. be; existera exist, för ex. se vid. under resp. huvudord; *hans sätt att ~* his way of behaving; *för att ~ så ung är du...* considering [that] you are (you're) so young you are (you're)...; *vi är fem* [*stycken*] there are five of us; *det är Eva* sagt i telefon [this is] Eva speaking, Eva here; *det var det som var* fel that's what was...; *hur vore det om vi skulle gå på teater i kväll?* what about going to the theatre tonight?; *om jag vore (var) rik ändå!* I wish I were (was)...!; *om det så vore (hade varit)* min bror even if it were (had been)...; *var försiktig!* be...!; *var inte dum!* don't be...!; *får det ~ en kopp te?* would you like (may I offer you)...?; *det får ~* [*för mig*] jag vill inte I would rather

not; jag gitter inte I can't be bothered; *det får* (*kan*) ~ *tills senare* that can wait...; *hon är och handlar* she is out shopping; *han är och förblir en skurk* he always has been...and always will be; ~ *från* England a) om pers. be from... b) om produkter come from...; *jag var hos hälsade på honom* I went to see him; *jag var på* (*var och såg*) *Hamlet* (gick på went to see)...; *jag var på middag där* i går I had dinner (på bjudning was at a dinner) there...
II *hjälpvb* **1** i förb. med perf. particip av tr. vb: a) isht uttr. varaktighet o. resultat be b) passivbildande (= ha blivit) vanl. have been; *när* (*var*) *är han född?* when (where) was he born?; *bilen är gjord* för export the car is made... **2** i förb. med perf. particip av itr. rörelsevb o.d. vanl. have; *han är* (*var*) *bortrest* he has (had) gone away
III med beton. part.
~ *av:* ~ *av med* ha förlorat have lost; vara kvitt have got (be) rid of
~ *efter* a) förfölja ~ *efter ngn* be after a p., be on a p.'s tracks b) vara på efterkälken ~ *efter i* (*med*) ngt be behind in (behind[hand] with)...
~ *före:* ~ *före* [*ngn*] be ahead [of a p.]; bildl. äv. be in advance of a p.; i tid o. ordning be before (in front of) a p.
~ *kvar* stanna remain
~ *med* a) deltaga take part; närvara be present; finnas med be included; *är* böckerna *med?* har vi fått med have we got...?; hade du med did you bring...?; *får jag* ~ *med?* may I join in (göra er sällskap join you)? b) ~ *med på* samtycka till agree (consent) to; gilla approve of c) ~ *med om* bevittna see, witness; deltaga i take part in; uppleva experience; genomgå go (live) through; råka ut för meet with; han berättade *allt han varit med om* ...all that had happened to him, ...all his experiences d) *hur är det med henne?* hur mår hon how is she?, how does she feel?
~ *på* a) allm. be on b) bildl.: ~ *på ngn* ligga efter be on at a p.; slå ner på be down on a p.
~ *till* exist, be; *den är till för att* + inf. it is there to + inf.; *den är till för det* that's what it is there (avsedd meant) for
2 vara räcka last; pågå go on; fortsätta continue; hålla i sig hold; i högre stil endure; hålla wear; ~ *hålla länge* äv. be durable (lasting); ~ *längre än* äv. outlast
3 vara hand.: artikel article; specialartikel line; produkt product; *varor* koll. äv.: vanl. goods
4 vara, *ta* ~ *på* ta hand om take care of, look after; utnyttja make the most of, make use of, exploit

5 vara, ~ *sig* om sår o.d. fester, suppurate
varaktig långvarig lasting, enduring; om t.ex. popularitet abiding; hållbar durable
varaktighet fortvaro duration; hållbarhet durability; beständighet permanence
varandra (vard. *varann*) each other
varannan (*vartannat*) **I** *räkn* every other (second); en gång ~ *dag* äv. ...every two days **II** *pron,* *om vartannat* omväxlande by turns; huller om buller all over the place
varav of which (etc.); vi såg tio bilar, ~ *tre skåpbilar* ...three of them (three of which were) vans
varbildning purulence; konkr. abscess
vardag weekday; ~*ens* mödor the...of everyday life; *till* ~*s* vardagsbruk for everyday use (om kläder wear)
vardaglig everyday...; banal commonplace; om utseende plain
vardagskläder everyday (ordinary) clothes
vardagslag, *i* ~ om vardagarna on weekdays; vanligtvis usually; till vardagsbruk for everyday use
vardagsliv everyday (ordinary) life
vardagsmat everyday (ordinary) food (fare); *det är* ~ förekommer ofta it happens every day, there's nothing special about it
vardagsrum living room; amer. äv. parlor
vardagsspråk everyday (colloquial) language
vardera each; *på* ~ *sidan* [*av* floden] on either side [of...]
varefter after which; rel. i tidsbet. ('varpå') äv. on which
varelse väsen being; person person; *en levande* ~ äv. a living creature
varenda every [single]
vare sig 1 either; *jag känner inte* ~ *honom eller hans bror* I don't know either him or his brother **2** antingen whether; han måste gå ~ *han vill eller inte* ...whether he wants to or not
vareviga vard. every single
varför 1 interr. why; vard. what...for; ~ *det* (*då*)? why?; ~ *tror du det?* vanl. what makes you believe that? **2** rel. **a)** och fördenskull [and] so; och följaktligen and consequently; av vilken anledning for which reason; och av den anledningen and for that reason; formellare wherefore; jag var förkyld, ~ *jag stannade hemma* ...[and] so (and therefore) I stayed at home **b)** för vilk|en (-et -a) for which
varg wolf (pl. wolves) äv. bildl.; *jag är hungrig som en* ~ I could eat a horse
varghona o. **varginna** she-wolf
vargunge zool. wolf cub
varhelst, ~ [*än*] wherever

vari in which; **varest** where
variabel I *s* matem. el. statistik. variable **II** *adj* variable, changeable
variant variant; biol. äv. el. friare variation
variation variation äv. mus.
variera I *itr* vary; vara ostadig fluctuate; *priser som ~r mellan 80 och 100 kr* prices varying (ranging) between 80 and 100 kr (from 80 to 100 kr) **II** *tr* allm. vary
varierande allm. varying; om t.ex. humör variable
varieté 1 föreställning variety; amer. äv. burlesque, vaudeville [show] **2** lokal variety theatre; amer. äv. vaudeville theater
varietet variety
varifrån 1 interr. from where; var...ifrån where...from; *~ har du [fått]* hört *det?* where did you get that from?; vem har sagt det? who says so?; hur vet du det? how do you know? **2** rel.: från vilk|en (-et, -a) from which; från vilken plats from where
varig om t.ex. sår festering, purulent, suppurating
varigenom through which; interr.: på vilket sätt in what way; genom vilka medel by what means; i formell stil whereby
varje 1 fören.: varje särskild, var och en för sig each; varenda every; vardera av endast två vanl. either; vilken som helst any; *i ~ fall* in any case, at all events **2** självst. *lite[t] av ~* a little of everything; allt möjligt all sorts of things
varjämte in addition to (besides) which (om pers. whom)
varken, *~ eller* neither...nor
varm eg.: allm. warm; stark. hot; bildl., om t.ex. vänskap, rekommendation warm; hjärtlig hearty; *tre grader ~t* three degrees above zero (above freezing-point); *~t bifall* hearty (cordial) applause; *mina ~aste lyckönskningar!* heartiest congratulations!; *bli ~ i kläderna* bildl. begin to find one's feet; *tala sig ~* warm to one's subject
varmbad hot bath
varmblod häst thoroughbred
varmed with which; *~ kan jag stå till tjänst?* what can I do for you?
varmfront meteor. warm front
varmhjärtad warm-hearted
varmluft hot air
varmluftsugn circotherm oven
varmrätt huvudrätt main dish (course)
varmvatten hot water
varmvattenberedare geyser
varna warn; på förhand forewarn; förmana admonish; sport. caution; *han ~de [oss]*

för farorna av att göra det (för det) he warned us of the dangers of doing it (against it)
varnande allm. warning; på förhand premonitory; *en ~ blick* a warning glance
varning warning; caution äv. varningsord; vink hint; på förhand premonition; förmaning admonition; *~ för hunden (ficktjuvar)!* beware of the dog (of pickpockets)!
varningslampa warning lamp (light)
varningssignal warning signal
varningstriangel bil. warning (reflecting) triangle
varp 1 i väv warp äv. bildl. **2** not~ haul
varpå on which; rel. i tidsbet. ('varefter') after (on) which, whereupon
vars rel. whose; *Agö, ~ fyr* är... Agö, whose lighthouse..., Agö, the lighthouse of which...
varsam aktsam careful; förtänksam cautious, prudent; *med ~ hand* with a cautious hand, cautiously, gingerly
varsamhet care[fulness], wariness
varse, *bli ~* märka notice, observe, see; upptäcka discover; förnimma perceive
varsel 1 förebud premonition **2** förvarning notice; *med kort ~* at short notice
varselljus bil. day-notice (side, day-running) lights
varsko underrätta inform; förvarna warn
varsla 1 förebåda *~ [om]* ngt portend, forebode, presage, augur, be ominous of **2** förvarna *~ om strejk* give (serve) notice of a strike
varstans vard. det ligger papper *lite ~* ...here, there, and everywhere
Warszawa Warsaw
varsågod se *god I 1*
1 vart where; *~ än (helst)* wherever
2 vart, *jag kommer inte någon (ingen) ~* I am getting nowhere; bildl. äv. I am making no headway (progress) [whatever]; *jag kommer inte någon (ingen) ~ med honom* jag kan inte rubba honom I cannot budge him at all; han är så ohanterlig I can do nothing with him
vartefter efter hand som as
varthelst wherever
vartill to which
varubil delivery van
varudeklaration description of goods; intyg om kvalitet informative label; såsom rubrik på varuförpackning: innehåll contents; ingredienser ingredients used
varuhus department store
varuhuskedja multiple (chain) stores group

varulager 1 lager av varor stock[-in-trade] **2** magasin warehouse
varulv werewolf (pl. werewolves)
varumärke trademark; *inregistrerat ~* registered trademark
varunder under which
varuprov sample; påskrift på kuvert by sample-post
varur out of which
varuslag o. **varusort** type of goods (article, commodity)
1 varv skepps~ shipyard, shipbuilding yard
2 varv 1 [om]gång turn; sport., ban~ lap; tekn. el. astron. revolution; vid stickning och virkning row; *1000 ~ i minuten* ...revolutions (vard. revs) per minute; *linda ett band två ~* [*runt*] wind...twice round (about) **2** lager, skikt layer
varva I *tr* **1** lägga i skikt put...in layers; *~ studier och* (*med*) *praktik* bildl. sandwich study and practical work **2** sport. lap **II** *itr*, *~ ner* bildl. move into low gear, ease off (up)
varvid at which; om tid, när when
varvsarbetare shipyard worker, dockyard hand
varvsindustri shipbuilding industry
varvtal number of revolutions; *komma upp i högre ~* a) eg. pick up b) bildl. move into high gear, really get going
varöver over which
vas vase
vaselin vaseline, petroleum jelly; amer. äv. petrolatum
vask avlopp sink
vaska tvätta wash; *~ guld* wash (pan) gold
1 vass allm. sharp; spetsig pointed; om verktyg sharp-edged; stickande, om t.ex. blick, ljud piercing; sarkastisk, bitande, om t.ex. ton caustic, mordant; *ha en ~ tunga* have a sharp (biting) tongue
2 vass bot. [common] reed; koll. reeds; *i ~en* among the reeds
vassbevuxen reedy, reeded
vassla whey
Vatikanen the Vatican
watt (förk. *W*) elektr. watt (förk. *W*)
vatten 1 allm. water; vichy~, soda~ soda [water]; *hårt* (*mjukt*) *~* hard (soft) water; *ta sig ~ över huvudet* take on more than one can manage, bite off more than one can chew; *vara ute* (*ge sig ut*) *på djupt ~* bildl. be in (get into) deep water[s] **2** urin *kasta ~* pass (make) water
vattenavstötande water-repellent
vattenbehållare water tank; större reservoir; f.varmvatten boiler

vattenbrist shortage (scarcity) of water; i jorden deficiency of water
vattenbryn, *i ~et* i strandkanten at the water's edge; vid vattenytan at (on) the surface of the water
vattendelare geogr. watershed
vattendjur i havet marine animal; i insjö lacustrine animal
vattendrag watercourse
vattendrivande med. diuretic; *~ medel* diuretic
vattendroppe drop of water
vattenfall waterfall; isht mindre cascade; större falls
vattenfast waterproof
vattenfågel waterfowl (pl. lika)
vattenfärg watercolour
vattenförorening water pollution
vattenförsörjning water supply
vattenglas dricksglas [drinking-]glass; glas vatten glass of water
vattengrav sport. water jump; vallgrav moat
vattenhalt water content; procentdel percentage of water
vattenho watering-trough
vattenkanna water jug (amer. water pitcher); för vattning watering-can; amer. sprinkling can
vattenkanon water cannon (pl. lika)
vattenkoppor med. chickenpox
vattenkraft water power
vattenkraftverk hydroelectric power station
vattenkran [water] tap; amer. faucet
vattenkrasse bot. watercress
vattenledning rör waterpipe; huvudledning water main; akvedukt aqueduct
vattenledningsrör waterpipe; huvudrör water main
vattenlinje sjö. waterline
vattenlås tekn. [water] trap
vattenmelon watermelon
vattenmätare water gauge
vattenpistol water pistol, squirt [gun]
vattenplaning trafik. aquaplaning; *råka ut för* (*få*) *~* aquaplane
vattenpolo water polo
vattenpost brand. hydrant
vattenpump bil. water pump
vattenpuss o. **vattenpöl** puddle
vattenreningsverk water purification plant (works pl. lika)
vattenrutschbana waterchute
vattensjuk vattendränkt waterlogged; sank boggy
vattenskada water damage
vattenskida water-ski; *åka vattenskidor* water-ski
vattenslang [water] hose

vattenspegel mirror (surface) of the water
vattenspridare [water] sprinkler
vattenstånd water level; *högsta ~et* high-water level
vattensäng waterbed
vattentillförsel o. **vattentillgång** water supply
vattentorn water tower
vattentunna waterbutt
vattentäkt 1 anläggning water catchment **2** vattentillgång source of water supply
vattentät waterproof; om kärl el. bildl. watertight; *vara ~* äv. hold water; *ett ~t alibi* a cast-iron (an airtight) alibi; *~t armbandsur* waterproof watch
vattenväg waterway; *komma ~en* come by water
vattenväxt aquatic (water) plant
vattenyta surface of water; *på ~n* on the surface of the water
vattenånga steam
vattenödla newt
vattna water äv. djur; gräsmattor sprinkle; med slang hose
vattnas, *det ~ i munnen på mig* när jag it makes my mouth water...
vattnig watery
vattrad watered
Vattumannen astrol. Aquarius
vax wax; *han är som [ett] ~ i hennes händer* he is [like] wax (clay)...
vaxa wax
vaxartad waxlike
vaxduk vävnad oilcloth, American cloth äv. duk
vaxkabinett waxworks (pl. lika)
vaxkaka honeycomb
vaxljus wax candle (smalt taper)
vaxpropp i örat plug of wax
wc WC
vd (förk. för *verkställande direktör*) se under *verkställande*
ve, *~ och fasa!* litt. damnation!, blast!, God help us!
webbadress data. web address
webbansvarig data. web master
webben data. the Web, the World Wide Web
webbläsare data. web browser
webbsida data. web page
veck löst fallande fold; i sömnad pleat; invikning tuck; byx~ o.d. samt oavsiktligt crease äv. på papper; i ansiktet wrinkle; *bilda ~* fold
1 vecka I *tr* ett tyg o.d. pleat; pannan pucker; jfr *veck*; *~d* geol. folded **II** *rfl*, *~ sig* fold; crease; isht om papper crumple, crinkle; jfr *veck*
2 vecka week; *~n ut* to the end of the week; *på mindre än en ~* in less than (inside of) a week
veckig creased; skrynklig crumpled
veckla vira wind; svepa wrap; *~ ihop* fold...up (together); *~ ut sig* unfurl
veckodag day of the week
veckohelg weekend
veckolön weekly wages
veckopeng, *~[ar]* weekly pocket money (allowance) sg.
veckoslut weekend
veckotidning weekly publication (magazine), weekly
ved wood
vederbörande I *adj* the...concerned; ifrågavarande the...in question; behörig the proper (competent, appropriate)... **II** *s* the person (jur. party) concerned; pl. those concerned
vederbörlig due, proper; *på ~t* säkert *avstånd* at a safe distance
vederbörligen duly, ...in due form
vedergälla allm. repay; gengälda return, requite; löna reward; hämnas retaliate, avenge
vedergällning retribution äv. teol.; lön requital; gottgörelse recompense; hämnd retaliation; *massiv ~* mil. massive retaliation
vederhäftig 1 tillförlitlig reliable, trustworthy **2** hand., solid solvent; *icke ~* insolvent
vederhäftighet (jfr *vederhäftig*) **1** reliability **2** solvency
vederkvicka I *tr* uppfriska refresh; stärka invigorate **II** *rfl*, *~ sig med ngt* refresh (stärka invigorate) oneself with a th.
vederlag ersättning compensation
vederlägga confute; bevisa felaktigheten hos refute; dementera, t.ex. ett påstående contradict, disprove
vederläggning confutation; refutation; disproof; jfr *vederlägga*
vedermöda hardship[s pl.]
vedertagen erkänd accepted; fastställd: om t.ex. sed established; om t.ex. uppfattning conventional
vedervärdig repulsive; avskyvärd disgusting; äcklig nauseous
vedhuggare wood cutter (chopper)
vedkap cirkelsåg circular saw
vedlår firewood bin
vedspis [fire]wood stove
vedtrave woodpile, stack of [fire]wood (logs)
vedträ log (stort billet) of wood
weekend weekend
vegetabilier vegetables

vegetabilisk vegetable
vegetarian vegetarian
vegetarisk vegetarian
vegetation vegetation
vek böjlig pliable alla äv. bildl.; svag weak; mjuk, lättrörd soft; känslig gentle, tender; eftergiven indulgent; *bli* ~ soften, grow soft
veke wick
vekhet weakness osv.; pliancy; jfr *vek*
veklig soft; slapp nerveless; svag weak[ly]; klemig coddled, delicate
vekling weakling; vard. milksop
vekna soften; ge vika relent; låta beveka sig be moved to pity
vela, ~ *hit och dit* vacillate, shilly-shally
velig obeslutsam vacillating...; vard. shilly-shally
vellpapp o. **wellpapp** corrugated paper (tjockare cardboard)
velours velour[s]
weltervikt sport. welterweight
vem 1 interr. who; som obj. who[m]; efter prep. whom; vilkendera which [of them]; ~ *där?* who is (mil. goes) there?; ~ *av er...?* which of you...?; ~ *får jag hälsa [i\från?* anmäla what name, please?; *~s fel är det?* whose fault is it?, who is to blame? **2** i rel. satser o. likn. uttr. ~ *det än är* whoever it may be; *ge det till* ~ *du vill* give it to who[m]ever you like
vemod [tender] sadness
vemodig sad, melancholy
ven åder vein
vendetta vendetta
Venedig Venice
venerisk venereal; ~ *sjukdom* venereal disease (förk. VD)
venetiansk Venetian
Venezuela Venezuela
venezuelan Venezuelan
venezuelansk Venezuelan
ventil 1 till luftväxling ventilator; sjö., i hytt porthole **2** i maskin valve; på fartyg scuttle; på blåsinstrument valve
ventilation luftväxling ventilation
ventilera 1 eg. ventilate; vädra air **2** dryfta ventilate, debate
ventilgummi valve rubber
Venus astron. el. mytol. Venus
veranda veranda[h]; amer. äv. porch
verb verb
verbal verbal äv. gram.; ~ *inlärning* verbal learning
verbböjning conjugation (inflection) of a verb (resp. of verbs)
verifiera allm. verify; bestyrka attest; bekräfta confirm; intyga certify; gm dokument support...with documents
verifikation verification osv., jfr *verifiera*; kvitto receipt, voucher
veritabel veritable, true
verk 1 arbete: allm. work; abstr. el. i högre stil äv. labour; isht om litterärt o. konstnärligt ~ work; skapelse creation; *allt detta är hans* ~ all this is his handiwork (work, isht neds. doing); *sätta...i ~et* carry out **2** ämbetsverk [civil service] department **3** fabrik works (pl. lika); om t.ex. såg~ mill **4** tekn., t.ex. i ur works; mekanism mechanism
verka I *itr* **1** handla work; ~ *för...* work for..., devote oneself to..., interest oneself in... **2** göra verkan work, act; ~ *befruktande (stimulerande) på...* bildl. act as a stimulus (stimulant) to..., have a stimulating effect on... **3** förefalla seem; *det ~r äkta* äv. it strikes one as [being]..., it looks...; ~ *sympatisk* make an agreeable (a pleasing) impression [upon one] **II** *tr*, ~ *gott* do good
verkan allm.: resultat effect; följd consequence; kem. el. astron. action; verkningskraft effectiveness; inflytande influence; intryck impression; *förta* ~ *av...* take away (obliterate) the effect[s pl.] of..., render...ineffective; neutralisera neutralize...
verklig allm. real; filos. äv. substantial; sann, äkta true; sannskyldig: riktig regular, förstärkande veritable; egentlig essential; säker positive; faktisk actual; ~ *händelse* [actual] fact; *den ~e* ej blott nominelle *ledaren* the virtual leader; *i ~a livet* in real life
verkligen really; faktiskt actually; förvisso certainly; återges i jak. påståendesats ofta gm omskrivn. av huvudverbet med do; ~*?* äv. you don't say [so]?; isht amer. is that so?; *nej* ~*?* really?; *jag hoppas* ~ *att...* äv. I do beton. hope...; *jag kan* ~ *inte komma* I really (positively) can't come; han lovade komma *och han kom* ~ ...and he did beton. come
verklighet allm. reality (äv. *~en*); faktum fact[s pl.]; sanning truth; *bli* ~ become a reality, be realized, materialize, come (prove) true; *i ~en* i verkliga livet in real life; i själva verket in reality; faktiskt as a matter of fact
verklighetsflykt escape [from reality]; som idé escapism
verklighetsfrämmande ...divorced from reality, unrealistic; vard. airy-fairy
verklighetstrogen realistic; om porträtt lifelike; om beskrivning faithful

verklighetsunderlag, boken har ~ ...is founded on fact
verkningsfull allm. effective; effektfull telling
verkningsgrad efficiency
verkningslös ineffective
verksam allm. active; driftig energetic; arbetsam industrious, busy; om t.ex. läkemedel effective, efficacious
verksamhet aktivitet: allm. activity; handling, rörelse action äv. vetensk.; fabriks~ o.d. enterprise; affärs~ business; *politisk ~* political activities, politics (båda pl.); firman *började sin ~ i fjol* ...started up (in business) last year; *vara i full ~* om pers. be in full activity (om sak swing, operation)
verksamhetsberättelse årsberättelse annual (chairman's) report
verksamhetsfält sphere (field) of activities (action)
verksamhetsår year of activity; hand. financial year
verkstad workshop; för reparationer repair shop; bil~ garage; friare el. bildl. laboratory
verkstadsarbetare [engine] fitter
verkstadsindustri engineering (manufacturing) industry
verkställa utföra carry out, perform; fullborda accomplish; order execute, effect; dom execute; t.ex. inspektion make
verkställande I *adj* executive; *~ direktör* managing director; amer. president; *vice ~ direktör* deputy (assistant) managing director; amer. vice-president **II** *s* carrying out osv.; performance; accomplishment; execution, enforcement; jfr *verkställa*
verkställighet execution
verktyg tool; instrument instrument; redskap implement samtl. äv. bildl.
verktygslåda toolbox
vernissage öppnande opening of an (resp. the) exhibition; ibl. vernissage
vers verse; dikt poem; *på ~* in verse (poetry); *en...på ~* a versified (verse)...; *sjunga på sista ~en* vard. be on one's last legs; vara på upphällningen be on the way out
versal typogr. capital; vard. cap; mera tekn. upper-case [letter]
versfot [metrical] foot
version version
versmått metre
versrad line of poetry
vertikal I *adj* vertical **II** *s* vertical
vesper kyrkl. vespers
vessla **1** zool. weasel, ferret **2** fordon snowmobile; amer. äv. snowcat
western västernfilm western

vestibul vestibule, entrance hall; i hotell ofta lounge, foyer
veta I *tr* allm. know äv. känna till, ha insikter i; *kom med, vet jag!* do come along!; *nu vet jag!* äv. I have it!; *såvitt (vad) jag vet* as far as I know, to my knowledge; *[det] vete katten (fan)!* [I'm] blessed (damned, buggered) if I know!; *jag vet* har hört *det från...* I have heard it from...; *det vet jag visst [det]!* I certainly do know!; *man vet aldrig* there's no telling; *vet du vad [vi gör]*, *vi* går på bio*!* I tell you what, let's...!; *~ förstå att* + inf. know (understand) how to + inf.; *ni vet väl att...* I suppose (isht amer. guess) you know (are aware of the fact) that...; *få* ~ få reda på find out, get to know, learn; få höra hear [of (about)], be told [of]; bli upplyst om be informed of; *jag fick inte ~ det* förrän det var för sent I didn't know (*höra* hear about it)...
II med beton. part.
~ av att... know that...; *~ av* ngt know of..., be aware of...; *några dumheter vill jag inte ~ av* I won't have (stark. put up with) any nonsense, I'll stand no nonsense
~ med sig be conscious (aware)
~ till sig: *inte ~ till sig av* glädje be beside oneself with...
~ varken ut eller in be at one's wit's end
vetande I *adj* knowing; *väl ~ att* knowing [quite] well that; högtidl. with (in) the certain knowledge that **II** *s* knowledge; *mot bättre ~* against one's better judgement
vete wheat
vetebröd wheat[en] bread; i Engl. vanl. white bread; kaffebröd buns
vetekli wheat bran
vetekross som hälsokost crushed wheat
vetelängd flat long-shaped bun
vetemjöl wheatflour
vetenskap allm. science (äv. *~en*); gren: inom naturvetenskapen [branch of] science, inom humaniora branch of scholarship, i båda fallen äv. discipline
vetenskaplig allm. el. natur~ scientific; humanistisk vanl. scholarly
vetenskapligt scientifically; in a scholarly manner (way); jfr *vetenskaplig*
vetenskapsakademi academy of sciences
vetenskapsman allm. el. isht natur~ scientist; isht humanist scholar
veteran veteran
veteranbil veteran (isht från 1919-1930 vintage) car
veterinär veterinary surgeon; amer. veterinarian; vard. vet

vetgirig ...eager to learn (of an inquiring mind); *vara* ~ äv. have an inquiring mind
vetgirighet inquiring mind; kunskapstörst thirst (hunger) for knowledge
veto veto; *inlägga* ~ *mot* ngt put a veto on..., veto...
vetorätt [right of] veto
vetskap knowledge; *få* ~ *om* get to know, learn about, get knowledge of
vett 1 förstånd sense fr.; *ha* ~ *att*... have the [good] sense (t.ex. att tiga have sense enough) to...; *vara från* ~*et* galen be out of one's senses (wits) **2** levnadsvett good breeding
vetta, ~ *mot* (*åt*) face [on to (on)]; ~ *åt gatan* äv. open on to...
vettig sensible; omdömesgill judicious; *varje* ~ *människa* äv. every sane person
vettlös oförståndig senseless
vettskrämd ...frightened (scared) out of one's senses (wits), scared stiff
vettvilling madman
vev crank
veva I *s, i den* ~*n* el. *i samma* ~ [just] at that (the same) moment (time), in the midst of it all **II** *itr* (ibl. *tr*) dra veven turn the crank (handle)
III med beton. part.
~ *i gång motor* crank up...
~ *på* grind away
~ *hissa* **upp** wind up
VG (förk. för *väl godkänd*) skol. passed with distinction
whisky whisky; amer. o. irländsk whiskey; *skotsk* ~ äv. Scotch
vi we; *oss* us; rfl. ourselves (i adverbial med beton. rumsprep. vanl. us)
via om resrutt o.d. via; genom, medelst through
viadukt viaduct
vibration vibration
vibrera vibrate, oscillate
vice vice-; ~ *ordförande* vice-chairman osv., jfr *ordförande*; ~ *talman* deputy speaker
vice versa vice versa lat.
vicevärd landlord's agent
vicka I *itr* vara ostadig wobble; gunga rock; ~ *med tårna* wiggle one's toes; ~ *skaka på* ngt shake a th., set a th. rocking
II med beton. part.
~ **omkull** a) itr. tip (tilt) over b) tr. tip (tilt)...over, upset
~ **till** itr. tip up; om båt äv. give a lurch
1 vid allm. wide äv. bildl.; bildl. broad; ej åtsittande loosely-fitting; ~ *kjol* wide (veckrik o.d. full) skirt; ~*a världen* the wide world
2 vid A *prep* **I** i rumsbet. el. friare **1** eg.: allm. at; bredvid by; nära near; utefter, t.ex. vattendrag, väg el. gränslinje on; inom in; mot against; tillsammans med with; i prep.-attr. vanl. of; *sitta* ~ *ett bord* sit at (bredvid by) a table; *staden ligger* ~ *en flod* the town stands on a river; *vi bor* ~ *en flod* we live by (nära near) a river; *huset ligger* (*jag bor*) ~ *en gata* nära centrum the house is (I live) in (amer. on) a street...; klimatet ~ *kusten* ...at the coast **2** uttr. anställning o.d.: inom in; på at; uttr. ett genitivförhållande of; *vara* [*anställd*] ~ en firma be employed in (at)...; *komma in* ~ en skola get into (be admitted to)...; han är professor ~ *universitetet i Lund* ...at (in) the university of Lund **3** vid ord som betecknar fastgörande to; *binda* [*fast*] ngt ~... tie a th. [on] to...
II i tidsbet. el. friare: angivande [samtidig] tidpunkt samt orsak at; angivande tid omedelbart efter samt följd on; i in; omkring about; senast vid by; i samband med in connection with; för for; i händelse av in case of; prep.-uttr. med 'vid' angivande pågående handling resp. omedelbar följd el. villkor omskrives ofta med when, in resp. on el. if + sats el. satsförkortning; sluta skolan ~ *arton* [*år*] ...at [the age of] eighteen; *redan* ~ *första besöket* at the very first visit; ~ *kaffet* när vi drack kaffe when we were having coffee; ~ *midnatt* at (omkring about, inte senare än by) midnight; ~ *dåligt väder* in bad weather; när (om) vädret är dåligt when (if) the weather is bad
III övriga fall: i edsformler by; på [up]on; uttr. tillstånd in; med påföljd av on (under) pain of; ~ *Gud* by God
B *adv* beton. part. *den klibbar* ~ [*överallt*] it sticks to everything; se vid. beton. part. under resp. vb
vida 1 i vida kretsar widely; ~ *omkring* far and wide, wide around **2** i hög grad: vid komp. far; ...by far äv. vid verb; *det överträffar* ~... it surpasses by far...
vidare 1 ytterligare further; mera more; dessutom further[more], moreover; igen again; längre: i rum farther, further; i tid longer; ~ *meddelas att*... it is further[more] reported that...; ~ *måste vi* betänka att..., vanl. also, we must... **2** *tills* ~ så länge for the present; tills annat besked ges until further notice; du kan inte försvinna *så där utan* ~ ...just like that **3** *ingen* (*inte någon*) ~ + subst. a) ingen nämnvärd no...to speak of b) ingen särskilt bra not (resp. not a) very good...; *inte* ~ särskilt... not very (too, particularly)...
4 beton. part. vid vb on; 'vidare' + vb i bet.

'fortsätta att' + vb återges ofta med go on (continue) +ing-form el. +inf. av verbet continue to; *flyga* ~ fly on [*till London* to...]; ~ [*i texten*]*!* go on!; se f.ö. beton. part. under resp. vb

vidarebefordra forward; föra vidare pass on
vidarebefordran forwarding; *för* ~ [*till*] to be forwarded (sent on) [to]
vidareutbildning further education (training)
vidareutveckla develop (elaborate)...further
vidbränd, gröten *är* ~ ...has got burnt
vidd 1 omfång width; ledighet looseness; isht vetensk. amplitude **2** bildl.: omfattning extent; räckvidd range; *~en av* olyckan the extent of... **3** vidsträckt yta, *~er* vast expanses, wide open spaces
vide av busktyp osier; av trädtyp willow
video apparat el. system video; *spela in på* ~ video-record
videoband video tape
videobandspelare videocasette recorder (förk. VCR)
videoblas *s* videofreen
videokamera video camera, camcorder
videokassett videocassette
videospel video game
videoteknik video technology (engineering)
videovåld video nasties
vidga I *tr* widen äv. bildl.; göra större: allm. enlarge; t.ex. metall expand; spänna ut dilate; ~ *sin horisont* (*sina vyer*) open one's mind **II** *rfl,* ~ *sig* widen äv. bildl.; enlarge, expand, dilate
vidgning widening; enlargement, expansion; dilation
vidgå own; bekänna confess
vidhålla hold (keep, adhere, stick) to; t.ex. krav insist on; ~ *att...* maintain (insist) that...
vidimera attest, certify; *~d avskrift* attested (certified) copy
vidimering attestation
vidja osier
vidkommande, *för mitt* ~ tänker jag... as far as I am concerned..., as (speaking) for myself...
vidkännas bära *få* ~ kostnaderna have to bear...; *få* ~ förluster have to suffer (sustain)...
vidlyftig 1 utförlig circumstantial; mångordig wordy; långrandig lengthy; långvarig protracted **2** tvivelaktig, om t.ex. affär shady, questionable; lättfärdig fast, loose
vidlyftighet 1 i tal o. skrift circumstantiality; wordiness **2** *~er* affärer shady transactions; eskapader escapades
vidmakthålla maintain

vidmakthållande maintenance, upholding
vidrig vedervärdig disgusting; avskyvärd loathsome; otäck nasty, horrid
vidräkning, ~ *med* kritik mot [severe] criticism on; angrepp på attack on
vidröra touch; omnämna touch [up]on
vidskepelse superstition
vidskeplig superstitious
vidsträckt allm. extensive; mycket ~ vast; utbredd, om t.ex. sjö expansive; utsträckt, om t.ex. område extended
vidsynt tolerant liberal
vidsynthet tolerans liberalism
vidtaga *tr* t.ex. åtgärder take; göra make
vidtala, ~ *ngn* underrätta inform a p.; komma överens med make an arrangement with a p. [*om* about; *att* +inf. to +inf.]; be ask a p. [*att* inf. to +inf.]
vidunder monster monster
vidunderlig fantastisk fantastic, marvellous; ohygglig monstrous
vidöppen wide open
Wien Vienna
wienerbröd Danish pastry äv. koll., Danish
wienerkorv frankfurter; isht amer. wienerwurst; vard. wiener
wienervals Viennese waltz
Vietnam Vietnam
vietnames Vietnamese (pl. lika)
vietnamesisk Vietnamese
vietnamesiska 1 kvinna Vietnamese (pl. lika) **2** språk Vietnamese
vift, *vara ute på* ~ be out and about, be on the loose
vifta allm. wave; ~ *på svansen* om hund wag its tail; ~ *av ngn* vid tåget wave goodbye to a p...; ~ *bort* flugor whisk away...
viftning wave [of the (one's) hand]; av svans wag [of the tail]
vig smidig lithe; rörlig agile
viga 1 helga consecrate **2** samman~ marry
vigsel marriage; isht ceremonin wedding; *borgerlig* ~ civil marriage; eng. motsv. marriage before a registrar
vigselakt marriage (högtidlig wedding) ceremony
vigselbevis marriage certificate, marriage lines
vigselring wedding ring
vigvatten holy water
vigör vigour; *vid full* ~ in full vigour; vard. full of life (beans)
vik vid bay; större gulf; mindre creek
vika I *tr* **1** eg. fold, bend äv. tekn.; ~ *ett papper i fyra delar* fold a piece of paper into four; ~ *en fåll* turn in a hem; *får ej ~s* på brev do not bend **2** reservera o.d. ~ *en kväll* för ett sammanträde set aside an

evening...; ~ *en plats* reserve a seat **II** *itr* ge vika yield, give way (in); isht mil. retreat; hand. recede; *han vek inte från hennes sida* he did not budge from..., he hardly left...; ~ *åt sidan* turn (stiga step, stand) aside **III** *rfl*, ~ *sig* böja sig bend; ~ *sig dubbel av skratt* (*smärta*) double up with laughter (pain); *benen vek sig under henne* her legs gave way under her **IV** med beton. part. ~ *av* [*från vägen*] turn (branch) off [from the road]; ~ *av från* den rätta vägen bildl. diverge from...; jfr *avvika 1* ~ **ihop** fold up; *den går att ~ ihop* it can be folded, it folds ~ **in a)** tr. turn (fold) in **b)** itr. ~ *in på en* sidogata turn into (down)... ~ **ned** t.ex. krage turn down ~ **upp** turn up ~ **ut** veckla ut unfold; ~ *ut sig* vard. appear in a pin-up magazine (paper) **V** *adv, ge* ~ give way (in); böja sig äv. yield, submit [*för* i samtl. fall to]; falla ihop collapse
vikande t.ex. priser receding
vikariat anställning deputyship, post (work) as a substitute (a deputy), temporary post (job); som lärare post (job) as a supply teacher
vikarie för t.ex. lärare substitute
vikariera, ~ *för ngn* substitute (deputize) for a p., stand in for a p.
vikarierande deputy; om t.ex. rektor acting
viking Viking
vikingatiden the Viking Age
vikt 1 allm. weight; *gå ned* (*upp*) *i* ~ lose (put on) weight **2** betydelse importance; *fästa* (*lägga*) *stor* ~ *vid ngt* attach great importance (weight) to a th., lay stress on a th.
viktig 1 betydelsefull important; stark. momentous; väsentlig essential; angelägen urgent; [tungt] vägande, om t.ex. skäl weighty; *en ytterst* ~ fråga äv. a vital... **2** högfärdig self-important; mallig stuck-up; *göra sig* ~ give oneself (put on) airs
viktighet högfärdighet self-importance
viktigpetter vard. pompous (conceited) ass (fool)
viktminskning decrease (reduction) in weight
viktökning increase in weight
vila I *s* allm. rest; uppehåll pause **II** *tr* rest; ~ *benen* rest one's legs, take the weight off one's feet **III** *itr* allm. rest äv. vara stödd; högtidl. repose; om verksamhet be suspended, be at a standstill; *lägga sig och* ~ have a lie-down, lie down and have

a rest (for a rest); *här ~r...* here lies...; *avgörandet ~r hos henne* the decision rests with her **IV** *rfl*, ~ *sig* rest, take a rest; ~ *upp sig* take (have) a good rest
vilande resting
vild allm. wild; ociviliserad, om längtan o.d. furious; *~a blommor* (*djur*) wild flowers (animals); *~a rykten* wild rumours; ~ *av glädje* (*raseri*) wild (mad, frantic) with joy (rage)
vildbasare madcap
vilddjur wild beast; *rasa som ett* ~ rage like a caged animal
vilde savage; polit. independent; amer. äv. maverick
vildhet wildness; vildsinthet ferocity
vildhjärna madcap
vildkatt wild cat äv. bildl.
vildmark wilderness, wild region (country); obygd wilds; ödemark waste
vildsint fierce
vildsvin wild boar
vildvuxen förvildad ...that has (had etc.) run wild
Vilhelm som kunganamn William; ~ *Erövraren* William the Conqueror
vilja I *s* allm. will; önskan wish, desire; avsikt intention; *den fria ~n* free will; *få sin* ~ *fram* have (get) one's own way; *av* [*egen*] *fri* ~ of one's own free will; *göra ngt med* ~ med flit ...wilfully; *det går nog med lite god* ~ ...with a little good will; *han måste skratta mot sin* ~ he had to laugh in spite of himself
II *tr* o. *itr* o. *hjälpvb*: önska: allm. want, svag. wish, högtidl. desire; ha lust, tycka om like; ha lust, vara benägen care; finna för gott choose; behaga please; mena, ämna mean; vara villig be willing; *vill* (resp. *ville*) isht i fråg., nek. o. villkorliga satser will (resp. would); ~ *ha* ofta want äv. i betyd. åtrå; *vill du vara snäll och* (*skulle du* ~) + inf. (hövlig uppmaning) [will you] please +inf.; would you mind ing-form;*jag vill att du skall göra* (*gör*) *det* önskar I want (wish, desire, ser gärna would el. should like) you to do it; *jag vill* tillåter *inte att du skall göra* (*gör*) *det* I won't have you doing it; *vill du ha* lite mera te? — *Ja, det vill jag* would you like...? - Yes, I would el. - Yes, please; *om du vill* göra det, måste du... if you want (ämnar mean) to...
Ex.: **a)** med att-sats (för konstr. i allm. se ovan): *jag vill inte att man skall säga att...* I don't want (stark. I won't have) it said that...; *vad vill du* [*att*] *han skall göra?* what do you want (wish) him to do?, what would you like him to do?; *han kan ju ändå*

inte göra något what do you expect him to do? **b)** övriga fall: *att ~ är ett,* att kunna ett annat to be willing is one thing...; *jag både vill och inte vill* I am in two minds about it; *jag vill inte gärna* vill helst slippa I would rather not; *kom när du vill* come when[ever] you like (please, wish); *du kan om du bara vill* you can if only you want to; om du vill kan vi gå dit? - *Vill du det? ...*Would you like to (that)?; *vad vill du mig?* what do you want [from me]?; *jag vill bara ditt bästa* I only want what's best for you, I only wish your good; *jag vill* önskar *[fara] till* Stockholm I want to go to...; *jag vill inte [fara] till S.* I don't want to (har inte lust att I don't care to, är inte villig att I am not willing to, I won't, stark., vägrar I refuse to) go to S.; *jag vill gärna hjälpa dig, men...* I would (should) be glad to..., I would (should) willingly...; *jag vill hellre ha* te än kaffe I would rather have...; *du vill väl inte påstå att...* you surely don't mean (you are not trying) to say that...; *han vill gärna* skylla ifrån sig he is apt (inclined) to..., he tends to...
III *rfl, det ville sig inte riktigt för mig* things just didn't go my way, I just couldn't manage it; *om det vill sig väl* if all goes well
IV med beton. part. o. utelämnat huvudvb (som sätts ut i eng.)
~ fram: jag vill önskar komma *fram* I want to get through
~ till: det vill till att du skyndar dig you will have to hurry up
~ ut: jag vill önskar komma *ut härifrån* I want to get out of here; *jag vill ut och gå* I want to go out for a walk
~ åt: ~ åt skada *ngn* want to get at a p.; *han vill åt* ha *dina pengar* he wants to get hold of (has designs on) your money
viljelös ...who has no will of his (resp. her) own båda end. attr.; stark. apathetic; *ett ~t redskap* a passive tool
viljelöshet lack of willpower; stark. apathy
viljestark strong-willed
viljestyrka willpower
viljesvag weak-willed
vilken (*-et, -a*) **1** rel. a) självst.: med syftning på pers. who (om obj. whom, mera vard. who, efter prep. whom); med syftning på djur el. sak which; med syftning på pers., djur el. sak i nödvändig rel.-sats ofta that b) fören. which; *vilkens, vilkets, vilkas* whose; *dessa böcker, vilka alla* (etc., jfr föreg. ex.) är... these books, all (etc.) of which... **2** interr. a) i obegränsad bet. what; självst. om pers. who (som obj. who[m], efter prep. whom)

b) avseende urval, med utsatt eller underförstått 'av', which; *vilkens, vilkas* whose; *vilka böcker* har du läst? what (av ett begränsat antal which) books...?; *~ vad för slags tobak* röker du? what tobacco...?; *~ är* (vad heter) Sveriges största stad? what is...?; *~ av dem menar du?* which [one] do you mean?; *vilka är* de där pojkarna? who are...? **3** specialfall **a)** i rel. satser o. likn. uttr. *kan man säga vilket som helst* (vard. *vilket som*)? av två saker can you say either?; res *~ dag du vill* ...any day you like **b)** i utrop *~ dag!* what a day!
vilkendera (*vilketdera*) which
1 villa I *s* villfarelse illusion **II** *tr, ~ bort ngn* confound a p.; *~ bort sig* gå vilse lose one's way (oneself)
2 villa hus [private] house; amer. äv. home; isht på kontinenten el. ibl. i Engl. villa; enplans~ ofta bungalow; på landet ibl. cottage
villaområde residential district
villaägare house-owner
villebråd game; förföljt el. nedlagt quarry
villervalla confusion
villfarelse error; *sväva i den ~n att...* be under the delusion that...
villig willing; inviterande easily persuaded; bered~ äv. ready
villighet willingness, readiness
villkor betingelse condition; pl. (avtalade ~, köpe~ o.d.) ofta terms; i kontrakt o.d. stipulation; förbehåll provision; *ställa ~* make demands, dictate one's terms; *på ~ att...* on condition that..., provided [that]...
villkorlig conditional; *de fick ~ dom* they were given a conditional (suspended, probational) sentence; eng. motsv. ung. they were placed on probation (were bound over)
villkorslös unconditional
villospår, *leda (föra) ngn på ~* throw a p. off the track (scent)
villoväg, *leda (föra) ngn på ~ar* isht bildl. lead a p. astray
villrådig obeslutsam irresolute
villrådighet irresolution
vilodag day of rest
vilohem rest home
vilopaus break, rest
vilsam restful
vilse, *gå (köra, flyga* osv.) *~* lose one's way, get lost
vilsegången o. **vilsekommen** lost, stray
vilseleda mislead; lura deceive
vilseledande misleading
vilsen lost, stray

vilstol lounge chair; utomhus deckchair
vilt I *adv* **1** eg. wildly; vildsint fiercely, ferociously; *växa* ~ grow wild **2** 'helt' ~ *främmande* quite (perfectly) strange **II** *s* game
viltvård game preservation
vimla swarm; överflöda abound, teem
vimmel folk~ throng, [swarming] crowd [of people]; gatu~ crowd[s pl.] in the street[s]
vimmelkantig yr giddy; förvirrad dazed, confused
vimpel streamer; banderoll banderole; isht mil. el. sjö. pennant
vimsa vard. ~ [*omkring*] fiddle (muddle, muck) about
vimsig vard. scatterbrained; ombytlig flighty, volatile
vin 1 dryck wine; *en flaska* (*ett glas*) ~ *a* bottle (glass) of wine; ~ *av årets skörd* this year's vintage **2** växt vine
vina whine; om pil o.d. whiz[z], whistle
vinbär currant; *rött* ~ redcurrant; *svart* ~ blackcurrant
1 vind blåst wind; lätt ~ breeze; ~*en har vänt sig* the wind has shifted (veered) äv. bildl.; *vi måste vart ~en blåser* bildl. we'll have to see which way the wind blows; *fara med ~ens hastighet* go like the wind
2 vind i byggnad attic; enklare loft; *på* ~*en* in the attic
3 vind warped; skev askew end. pred.
vinda linda wind; ~ *upp* wind up, hoist; t.ex. ankare äv. heave [up], windlass
vindbrygga drawbridge
vinddriven weather-driven; bildl. rootless
vindfläkt breath (puff) of air (wind)
vindflöjel [weather]vane; pers. weathercock
vindil breeze
vindkraft wind power
vindkraftverk wind power station
vindla om flod, väg o.d., slingra [sig] wind, meander
vindling winding; anat. convolution; i snäckskal o.d. whorl
vindpinad windswept
vindpust breath (puff) of air (wind)
vindriktning direction of the wind, wind direction
vindruta på bil windscreen; amer. windshield
vindrutespolare windscreen (amer. windshield) washer
vindrutetorkare windscreen (amer. windshield) wiper
vindruva grape
vindskontor lumberroom (box-room) [in the attic]; vard., förstånd upper storey
vindspel sjö. windlass, winch; stående capstan

vindsröjning removal of lumber from the attic; städning clearing up [of] the attic
vindstilla I *adj* calm, windless **II** *s* stiltje [dead] calm
vindstyrka wind-force
vindstöt gust [of wind]
vindsurfa sport. windsurf
vindsurfare sport. windsurfer
vindsvåning attic [storey]; lägenhet attic flat; ateljévåning penthouse
vindtygsjacka windproof (isht vattenfrånstötande weatherproof) jacket; amer. äv. windbreaker
vindtät windproof
vindögd se *skelögd*
vinflaska tom wine bottle; flaska vin bottle of wine
vingbruten eg. broken-winged; jakt. äv. winged
vinge wing; på väderkvarn o.d. vane; *pröva vingarna* spread (try) one's wings; *ta ngn under sina vingars skugga* take a p. under one's wing
vingklippa, ~ *en fågel* (*ngn*) clip a bird's (a p.'s) wings
vingla gå ostadigt stagger; stå ostadigt sway; om t.ex. möbler wobble; bildl. vacillate, waver, not know one's own mind
vinglas wineglass; glas vin glass of wine
vinglig staggering, reeling; om möbler wobbly; bildl. vacillating
vingslag wing stroke
vingspets wing tip båda äv. flyg.; pinion
vingård vineyard
vinjett vignette
vink eg. med handen wave; tecken [att göra ngt] sign; antydan hint; vard. tip[-off]; *en fin* ~ äv. a gentle reminder; *förstå* ~*en* take the hint; vard. get the message
vinka 1 beckon; motion; vifta wave; ~ *med handen* wave one's hand; ~ *ngn till sig* beckon a p. to come up to one (to approach) **2** *inte ha någon tid att* ~ *på* till förfogande have no time to spare
vinkel matem. angle; hörn corner; vrå nook; *rät* (*spetsig*, *trubbig*) ~ right (acute, obtuse) angle; *byggd i* ~ built L-shaped
vinkelhake tekn. set square, triangle
vinkeljärn angle iron
vinkelrät perpendicular; ~ *mot...* äv. at right angles to...
vinkla slant båda äv. bildl.
vinklad slanted, angled
vinkling bildl., t.ex. av ett reportage slant
vinkällare förvaringsutrymme wine cellar; vinlager cellar
vinkännare connoisseur (good judge) of wine

vinlista winelist, wine card
vinna i strid win; [lyckas] förskaffa sig, t.ex. erfarenhet, tid, terräng gain; uppnå attain; ha vinst profit; [för]tjäna earn; ha nytta benefit; *~ med 3-0* t.ex. i fotboll win 3-0 (utläses three 0 el. nil); *~ ett pris* win (i lotteri äv. draw) a prize; *rummet vann på* ommöbleringen the room gained by...
vinnande winning; stark. captivating; tilltalande appealing; pleasant; *~ sätt* äv. endearing manner
vinnare winner
vinning gain; profit
vinningslysten greedy, grasping
vinnlägga, *~ sig om ngt* strive after a th.; *~ sig om att* + inf. take [great] pains to + inf.
vinodlare wine-grower
vinodling abstr. wine-growing; konkr. vineyard
vinprovning wine-tasting
vinranka [grape]vine; gren stem of a vine
vinrättigheter, *ha ~* be licensed to serve wine; *ha vin- och spriträttigheter* be fully licensed
vinröd wine-coloured
vinsch winch
vinscha, *~* [*upp*] hoist, winch
vinskörd vinskördande grape harvesting; konkr. grape (wine) harvest; årgång vintage
vinst allm. gain; hand. profit[s pl.]; avkastning yield, return[s pl.]; behållning proceeds, förtjänst earnings; utdelning dividend; på spel winnings; i lotteri o.d. [lottery] prize; fördel advantage; *högsta ~en* the first prize; *det blir en ren ~ på* 1000 kr there will be a net profit of...; *sälja...med ~* sell...at a profit
vinstandel share of (in) the profits; utdelning dividend
vinstgivande profitable, remunerative; stark. lucrative
vinstlott winning ticket
vinstmarginal margin of profit
vinstock [grape]vine
vinsyra tartaric acid
vinter winter; för ex. jfr *höst*
vinterdag winter day
vinterdäck snow (winter) tyre (amer. tire)
vintergata astron. galaxy; *Vintergatan* the Milky Way, the Galaxy
vinterkläder winter clothes (vard. things)
vinterolympiaden o. **vinter-OS** the Winter Olympic Games, the Winter Olympics
vintersolstånd winter solstice
vintersport winter sport
vintertid 1 normaltid standard time **2** på vintern (adv.) in winter[time]
vinthund greyhound

vinyl kem. vinyl
vinäger wine vinegar
vinägrettsås vinaigrette [sauce]
viol violet
viola altfiol viola
violett I *s* violet; för ex. jfr *blått* **II** *adj* violet
violin violin; vard. fiddle
violinist violinist
violoncell [violon]cello (pl. -s)
violoncellist [violon]cellist
VIP VIP (förk. för *very important person*)
vipa zool. lapwing
vipp, *vara på ~en att* inf. be on the point of (be on the verge of) ing-form
vippa I *s* puder~ puff; damm~ feather duster **II** *itr* swing up and down
vips swish!, zip!; *~ var han borta* he was off like a shot
vira allm. wind
wire cable; tunnare wire
viril virile
virka crochet
virke 1 trä wood, timber; isht amer. lumber; byggnads~ building timber **2** bildl. stuff; *det är gott ~ i honom* he is made of the right stuff
virknål crochet hook
virra, *~ omkring* (*runt*) meander (gad) about (around) [aimlessly]
virrig om pers. muddle-headed; oredig confused; muddled äv. om t.ex. framställning; osammanhängande disconnected
virrvarr förvirring confusion; villervalla muddle; röra jumble; oreda mess; stark. chaos
virtuos I *s* virtuos|o (pl. -i el. -os) **II** *adj* masterly, brilliant, virtuoso
virulent virulent
virus med. virus
virvel 1 allm. whirl äv. bildl.; swirl; ström~ whirlpool; mindre eddy; vetensk. el. bildl. vort|ex (pl. -ices el. -exes); hår~ crown **2** trum~ roll
virvelvind whirlwind
virvla whirl; *~ omkring* (*runt*) whirl round; *~ upp* tr. o. itr. whirl up
1 vis way; *jaså, är det på det ~et?* so that's how it is, is it?
2 vis wise; sage; *de tre ~e männen* the three wise men, the Magi
1 visa allm. song; folk~ ballad
2 visa I *tr* (ibl. *itr*), allm. show; peka point; visa tecken på exhibit; be~ prove; avslöja disclose; *kyrkklockan ~r rätt tid* (*~de 12.15*) the church clock tells the right time (pointed to 12.15); *~ ngn till rätta* eg. show a p. the way; vägleda show a p. the

way about **II** *rfl*, ~ *sig* show oneself; framträda appear; om pers. äv. make one's appearance; bli tydlig become apparent; synas äv. be seen; om sak äv. manifest itself **III** med beton. part.
~ **fram** förete show; lägga fram [till beskådande] exhibit
~ **ifrån sig**: ~ *ngn (ngt) ifrån sig* av~ dismiss (reject) a p. (a th.)
~ **in**: ~ *in ngn i ett rum* show a p. into a room
~ **omkring**: ~ *ngn i fabriken* show a p. round the factory
~ **upp** fram show; resultat show; t.ex. ett bokslut äv. produce
visare på ur hand; på instrument pointer, needle
visavi I *s* vis-à-vis (pl. lika); man (resp. woman) opposite **II** *prep* mitt emot opposite; beträffande regarding
vischan, *på* ~ out in the wilds (sticks, amer. boondocks)
visdom wisdom; lärdom learning
visdomstand wisdom tooth
visera pass visa
visering visaing; visum visa
vishet wisdom
vision vision
visionär I *adj* visionary **II** *s* visionary
visit call; *avlägga* ~ *hos ngn* pay a p. a visit, call (pay a call) on a p., visit a p.
visitation examination; kropps~ search; [besök för] granskning, besiktning inspection
visitera examine; search; inspect
visitkort [visiting-]card; amer. calling card; i affärssammanhang business card
viska whisper; ~ *till ngn* skol., i hjälpande syfte prompt a p.
viskning whisper
viskos textil. viscose
vismut kem. bismuth
visning visande showing; demonstration demonstration; före~ exhibition
visp whisk; elektrisk [hand]mixer
vispa whip, whisk; ägg o.d. beat
vispgrädde whipped (till vispning whipping) cream
viss 1 vanl. pred.: säker certain; sure; förvissad assured **2** särskild certain; bestämd, om summa fixed; *en* ~ t.ex. hr Andersson a certain...
visselpipa whistle
vissen faded äv. bildl.; förtorkad withered, wilted; död dead; *känna sig* ~ ur form feel out of sorts; 'nere' feel off colour, feel rotten
visserligen [it is] true, indeed; *han är* ~ *duktig, men...* it is true that he is clever, but...
visshet certainty; tillförsikt assurance; *få* ~ *om...* find out...[for certain]
vissla I *s* whistle **II** *tr* o. *itr* whistle; ~ *på hunden* whistle to the dog
vissling whistle; vinande whiz[z]
vissna fade, wither
visst säkert certainly; utan tvivel no doubt; sannolikt probably; ~ *[skall du göra det]!* äv. [you should do it (so)] by all means!; *ja* ~*!* certainly!, of course!, yes, indeed!; *jo* ~*, men...* that is (quite) so, but...; *han har* ~ *rest* he has probably left; he has left, I think
vistas stay; bo längre tid reside; ~ *inomhus* äv. keep indoors
vistelse stay; boende residence
visualisera visualize
visuell visual; ~*a hjälpmedel* visual aids
visum visa
vit I *adj* white; ~*t brus* elektr. white noise; *en* ~ a white [man]; neds. a whitey; *de* ~*a* the whites; jfr äv. *blå* o. sammansättn. **II** *s* schack. white
vita ägg~ white
vitaktig whitish
vital vital
vitalitet vitality
vitamin vitamin
vitaminbrist vitamin deficiency
vitaminfattig ...deficient (poor) in vitamins, vitamin-deficient
vitaminrik ...rich in vitamins
vite jur. fine; *vid* ~ *av* under penalty of a fine of
vitglödande white-hot
vitguld white gold
vithårig white-haired; *bli* ~ turn white
vitkalka whitewash
vitkål [white] cabbage
vitling zool. whiting
vitlök garlic
vitlöksklyfta clove of garlic
vitna whiten, turn (grow, go) white
vitpeppar white pepper
vitrinskåp [glass] showcase (display case)
vitrysk Byelorussian, Belorussian, White Russian
vitryss Byelorussian, White Russian
Vitryssland Byelorussia, Belorussia
vits ordlek pun; kvickhet joke; neds. witticism; *det är det som är* ~*en med det hela* that's just the point of it
vitsa make puns (resp. a pun); skämta joke
vitsig kvick witty
vitsippa wood anemone
vitsord skriftligt betyg testimonial

vitsorda intyga testify to; *~ att ngn är...* certify that a p. is...; stark. vouch for a p.'s being...
1 vitt white; jfr *blått* o. se ex. under *svart* III
2 vitt widely; *~ och brett* far and wide
vittberömd renowned, illustrious
vitterhet skönlitteratur belles-lettres fr.
vittförgrenad ...with many ramifications
vittgående far-reaching; *~ reformer* äv. extensive reforms
vittja, *~ näten* search (go through) and empty the [fishing-]nets; *~ ngns fickor* pick a p.'s pockets
vittna witness; intyga testify; *~ mot (för) ngn* give evidence against (in favour of) a p.
vittne witness; *vara ~ till ngt* be a witness of a th., witness a th.; *i ~ns närvaro* before (in the presence of) witnesses; *höra ~n* äv. take evidence; hos polisen take statements; *jag tar dig till ~ på att jag...* äv. you are my witness that I...
vittnesbås witness box (amer. stand)
vittnesbörd testimony, evidence
vittnesmål evidence; isht skriftl. deposition; *avlägga ~* give evidence (testimony)
vittra geol. weather; falla sönder moulder; vetensk. effloresce; *~ bort* crumble away
vittring jakt. scent
vittsvävande, *~ planer* ambitious (vast) plans
vittvätt tvättande [the] washing of white laundry (linen); tvättgods white laundry (linen), whites; amer. white goods
vitval zool. white whale, beluga
vitvaror textilier el. hushållsmaskiner white goods
vitöga, [*modigt*] *se döden i ~t* face death [bravely (courageously)]
vodka vodka
wok wok
woka wok
vokabulär ordförråd vocabulary
vokal I *s* vowel **II** *adj* vocal
vokalist mus. vocalist
volang flounce; smalare frill
volfram tungsten; ibl. wolfram
volley sport. volley
volleyboll bollspel volleyball
volontär åld. volunteer äv. mil.
1 volt (förk. *V*) elektr. volt (förk. V)
2 volt 1 gymn. somersault; *göra (slå) en ~* gymn. turn a somersault, turn head over heels; *slå ~er* äv. tumble **2** ridn. volt[e]
volta slå runt overturn
voluminös voluminous äv. om röst
volym 1 volume äv. om röst **2** bok[band] volume; större tome

volymkontroll volume control
votera vote
votering voting
vov, *~ ~!* bow-wow!
vovve barnspr. bow-wow
voyeur voyeur fr.
vrak wreck äv. bildl.
vraka 1 förkasta reject **2** *~ bort* sälja till vrakpris sell...at a bargain price
vrakdel av flygplan etc. part of a (resp. the) wrecked plane etc.
vrakgods wreckage; wrecked goods
vrakplundrare wrecker
vrakpris bargain (giveaway, throwaway) price; *till ~* at a bargain etc. price; at bargain prices
vrakspillra piece of wreckage
1 vred handle
2 vred wrathful; ond angry; stark. furious
vrede wrath; harm anger; ursinne fury; *låta sin ~ gå ut över ngn* vent one's anger on a p.
vredesmod, *i ~* in wrath (anger)
vredesutbrott [out]burst of fury
vredgad angry; stark. furious
vresig om pers. peevish, cross-grained
vresighet peevishness
vricka stuka sprain; rycka ur led dislocate; *jag har ~t foten* I have sprained (twisted, ricked) my ankle
vrickad vard., tokig crazy samtl. end. pred.; *alldeles* (*helt*) *~* äv. ...off one's rocker (chump)
vrickning stukning sprain; dislocation
vrida I *tr* o. *itr* turn; sno twist; *~ händerna* wring one's hands; *~ halsen av ngn* wring a p.'s neck; *~ på huvudet* turn one's head **II** *rfl*, *~ sig* turn; *~ sig av smärta* (*i plågor*) writhe in pain
III med beton. part.
~ av twist (wrench) off; t.ex. kranen turn off
~ fram klockan put (set) the clock forward
~ loss twist (wrench) off (loose); *~ sig loss* wriggle oneself free
~ om: han vred om armen på mig he gave my arm a twist, he twisted my arm; *~ om nyckeln* turn...
~ på t.ex. kranen turn on; t.ex. radion äv. switch on
~ tillbaka: ~ tillbaka klockan put (set) the clock back
~ upp klockan wind up the clock
~ ur t.ex. en trasa wring out
vridbar turnable, ...that can be turned
vriden 1 snodd twisted **2** tokig crazy; *han är en smula ~* he is not quite all there
vrist instep; ankel ankle

vrå corner; *en lugn* ~ a sheltered spot
vråk zool. buzzard
vrål roar
vråla roar
vrålapa howler [monkey]; bildl. bawler
vrång allm. perverse; ogin disobliging; krånglig: om pers. contrary; om häst restive; orättvis wrong, unjust
vrångbild distorted picture
vrångstrupe, *jag fick det i ~n* it went down the wrong way, I choked on it
vräka I *tr* **1** eg. heave; kasta toss **2** jur., avhysa evict **II** *itr, regnet vräker ned* it's (the rain is) pouring (teeming) down **III** *rfl, sitta och ~ sig* lounge (loll) about; *~ sig i lyx* roll (wallow) in...
IV med beton. part.
~ **bort** throw away; sälja billigt sell at greatly reduced prices
~ **i sig** *mat* guzzle down
~ **omkull** throw...over; pers. send...sprawling
~ **ur sig** *skällsord o.d.* let fly...
vräkig ostentatious; flott flashy, showy; slösaktig extravagant
vräkning avhysning eviction, ejection
vränga vända ut o. in på turn...inside out; framställa el. återge oriktigt distort
vulgär vulgar, common
vulkan vulcano
vulkanisk volcanic
vulkanutbrott volcanic eruption
vulva anat. vulva
vurm passion, fad
vurma, *~ för ngt* have a passion (craze, mania, yen) for a th.
vurpa I *s* somersault; *göra en ~* se *II* **II** *itr* turn a somersault
vuxen adult, grown-up
vuxenutbildning adult education
vy allm. view
vykort [picture] postcard
vyssja lull
våd kjol~ gore; tyg~ width; tapet~ length
våda fara danger; risk risk
vådaskott accidental shot
vådlig farlig dangerous
våffla waffle
1 våg 1 redskap scale[s pl.]; större weighing-machine; med skål[ar] balance; *en ~* a scale, a pair of scales **2** *Vågen* astrol. Libra
2 våg t.ex. i vattnet wave; dyning roller; *~orna går höga* the sea runs high; *diskussionens ~or gick höga* ung. there was a heated discussion
våga I *tr* o. *itr* ha mod att dare; våga sig på o. riskera venture; satsa stake; *~r jag be om...?* dare (får jag may, might) I ask for...?; *~* ta risken att *göra ngt* risk (take the risk of) doing a th.; *jag ~r påstå att...* I venture to assert (say) that...; tar mig friheten *~ livet* venture (risk, som insats stake) one's life **II** *rfl, ~ sig dit* venture el. dare to go there; *~ sig på ngn* angripa dare to tackle (attack) a p.; tilltala o.d. venture to approach a p.
vågad djärv daring; riskfylld risky, hazardous; oanständig risqué fr.; indecent
vågbrytare breakwater
vågdal eg. trough of the sea (the waves)
vågformig, *~ rörelse* wave-like (undulating) movement
våghals daredevil
våghalsig reckless
vågig wavy
våglängd radio. wavelength äv. bildl.
vågmästarroll, *ha ~en* vara tungan på vågen hold the balance [of power]
vågrät horizontal; plan level; *~a* [*nyckel*]*ord* i korsord clues across
vågrörelse undulation; fys. wave motion (propagation)
vågsam risky, hazardous; djärv daring
vågspel o. **vågstycke** vågsamt företag bold (daring) venture, risky (daring, hazardous) undertaking; vågsam handling daring act (deed)
vågsvall surging sea
våld makt power; besittning possession; tvång force, compulsion; våldsamhet violence; övervåld outrage; bildl. äv. (kränkning) violation; *yttre ~* violence; *bruka* (*öva*) *~* använda use force el. violence [*mot* against]; ta till resort to violence; *vara i ngns ~* be in a p.'s power, be at a p.'s mercy
våldföra, *~ sig på en kvinna* begå våldtäkt rape a woman
våldgästa, [*komma och*] *~* [*hos*] ngn descend [up]on...; vard. gatecrash on...
våldsam allm. violent; intensiv intense; stark.: om t.ex. applåd tremendous, om hunger ravenous; vild furious; oerhörd terrible; *få en ~ död* die a violent death
våldsamhet violence; intensity; fury, jfr *våldsam*; *~er* acts of violence, violence sg.
våldsbrott crime of violence
våldsrotel polis. homicide and crimes of violence department
våldtaga rape
våldtäkt rape
våldtäktsman rapist
vålla förorsaka cause, occasion; vara skuld till be the cause of; ge upphov till give rise to;

framkalla provoke; **frambringa** produce; ~ **bereda** *ngn...* cause (give) a p...
vållande *s,* ~ *till annans död* manslaughter
vålnad ghost
vånda agony; ångest anguish; kval torment
våndas suffer agony (agonies); ~ *gruva sig inför ngt* dread a th.
våning **1** lägenhet flat; isht större el. amer. apartment; *en ~ på tre rum* a three-roomed flat **2** etage storey (amer. vanl. story); våningsplan floor; *ett sex ~ar högt hus* a six-storeyed (six-storied) house; *på* (*i*) *andra ~en* en trappa upp on the first (amer. second) floor
våningsbyte exchange of flats (apartments)
våningssäng bunk bed
våp goose (pl. geese), silly
1 vår fören. our; självst. ours; *de ~a* our people; våra spelare our players; vårt lag our team sg.
2 vår spring; ibl. springtime; poet. springtide samtl. äv. bildl., för ex. jfr *höst*
våras, *det ~* [the] spring is coming (is on the way)
vård omvårdnad allm. care; jur. custody; förvar keeping; behandling treatment; bevarande preservation; *sluten ~* institutional care; på sjukhus care (behandling treatment) of in-patients, hospital treatment; *öppen ~* non-institutional care; sjukvård care (behandling treatment) of out-patients; *lämna...i ngns ~* leave...in a p.'s care (förvar keeping)
vårda take care of; se till look after; sköta tend; bevara preserve; *han ~s på sjukhus* he is [being treated] in hospital
vårdad välskött well-kept; om pers. o. yttre well-groomed; om t.ex. språk, stil polished
vårdag spring day
vårdagjämning vernal (spring) equinox
vårdare keeper; sjuk~ male nurse
vårdbidrag care allowance
vårdcentral care (welfare) centre
vårdhem sjukhem nursing home
vårdnad custody
vårdnadsbidrag child-care allowance
vårdnadshavare förmyndare guardian; *vara ~ efter skilsmässa* have custody [of a child]
vårdpersonal på sjukhus nursing staff
vårdslös careless, negligent; slarvig slovenly; försumlig neglectful; *vara ~ med pengar* squander (fritter away) one's money
vårdslöshet carelessness; slovenliness, slipshodness; neglect; nonchalance; recklessness; ~ *ovarsamhet i trafik* dangerous (reckless) driving

vårdyrke ung. social service (sjukvårdande nursing) occupation
vårflod spring flood
vårgrönska greenness of spring
vårkänslor, *få ~* get the spring feeling
vårlik spring-like, vernal; *det är ~t i dag* it is quite like spring...
vårlök bot. gagea, yellow star-of-Bethlehem
vårrulle kok. spring roll
vårsådd lantbr. spring sowing
vårta 1 wart; vetensk. äv. verruc|a (pl. -ae) **2** bröst~ nipple
vårtbitare zool. green grasshopper
vårtermin i Sverige spring term [which ends early in June]
vårtrötthet spring fatigue (tiredness)
vårväder spring (vårlikt springlike) weather
våt wet; fuktig damp; vetensk. äv. humid; flytande fluid; *bli ~ om fötterna* get one's feet wet
våtdräkt wet suit
våtmarker wetlands
våtservett wet wipe
våtvaror liquids äv. starkvaror
våtvärmande, ~ *omslag* fomentation
väck vard. [*puts*] ~ gone [completely]
väcka 1 göra vaken wake [...up]; på beställning (isht vid visst klockslag) vanl. call; mera häftigt samt bildl. (rycka upp) rouse; ljud som kan ~ *de döda* ...raise (wake, awaken) the dead; ~*s av* bullret be woken up (roused, awakened) by...; ~ *ngn till besinning* call a p. to his (resp. her) senses; ~ *ngn till liv* bring (call) a p. back to life; ur svimning revive a p. **2** framkalla: allm. arouse; uppväcka, äv. awaken; vålla: t.ex. förvåning cause; ge upphov till: t.ex. beundran excite; t.ex. missnöje stir up; åstadkomma make; tilldra sig, t.ex. uppmärksamhet attract; ~ *avund* [*hos ngn*] excite (arouse) [a p.'s] envy **3** framställa, t.ex. fråga raise
väckarklocka alarm [clock]
väckelserörelse revivalism
väckning, *beställa ~* book an alarm call; *får jag be om ~ till kl. 7* will you call me at 7, please
väder 1 väderlek weather; *vad är det för ~ i dag?* what's the weather like today?, what sort of day is it?; *trotsa vädrets makter* brave the weather; *i alla ~* in all weathers; *följa ngn i alla ~* bildl. stick to a p. through thick and thin **2** luft air; vind wind; *släppa ~* en fjärt break wind
väderbiten weather-beaten
väderkarta weather chart (map)
väderkorn, *ha gott ~* have a keen scent (om pers. a sharp nose)
väderkvarn windmill

väderlek weather
väderleksutsikter rapport weather forecast
väderrapport weather bulletin (forecast, report)
vädersatellit weather satellite
väderstreck point of the compass; *de fyra ~en* äv. the [four] cardinal points
vädertjänst meteorological (weather forecast) service; byrå meteorological office
vädja appeal äv. jur.
vädjan appeal äv. jur.; entreaty
vädra 1 lufta (t.ex. kläder) air; *~ [i] ett rum* air a room **2** få väderkorn på scent äv. bildl.
vädring luftning airing; *hänga ut* kläder *till ~* hang...out to air
vädur, *Väduren* astrol. Aries
väg eg. (anlagd) road; isht mera abstr. o. bildl. way; sträcka distance; stig, bana path; lopp course äv. bildl.; färd~ journey; gång~ walk; åk~ drive; *gå den långa ~en* come up (do it) the hard way; *bana ~ för* clear (bildl. pave) the way *[för* for]; *gå din ~!* go away!, clear (push) off!, make yourself scarce!; *gå sin egen ~* go one's own way, take one's own line; *ta ~en förbi* affären pass by...; *vart har hon tagit ~en?* where has she gone (got to)?, what's become of her?; *visa ngn ~en* show a p. the way med föreg. prep.: *i ~* adv. off; *stå (vara) i ~en för ngn* stand (be) in a p.'s way äv. bildl.; skymma stand in a p.'s light; *på under ~en såg vi...* on the (our) way we saw...; *på den ~en är det* vard., så förhåller det sig that's how (the way) it is; *stanna (mötas* äv. bildl.*) på halva ~en* stop (meet) halfway; *han är på god ~ att bli ruinerad* vanl. he is well on the road to (is heading straight for) ruin; *jag var [just] på ~ att säga det* I was about (was just going) to say it; var nära att I was on the point of saying it; *inte på långa ~ar* not by a long way (vard. chalk); hur ska man *gå till ~a?* ...set (go) about it?; *gå ur ~en för ngn* go (get) out of a p.'s way, keep clear of a p.
väga I *tr* weigh äv. bildl.; *~ in* bildl., ta med i beräkningen take into account; *~ sina ord* weigh one's words, choose one's words carefully **II** *itr* weigh; hans ord *väger tungt* ...carry [great] weight; *sitta och ~ på stolen* sit balancing on one's chair; *det står och väger [mellan...]* bildl. it's in the balance between
vägande, *[tungt] ~ skäl* [very] weighty (important) reasons
vägarbetare roadworker
vägarbete, *~[n]* roadworks pl., road repairs pl.

vägbana roadway
vägbeläggning konkr. road surface
vägegenskaper motor. roadholding qualities, roadability
vägg wall äv. anat.; tunn mellan~ partition; *bo ~ i ~ med ngn* i rummet intill occupy the room next to a p.; i lägenheten intill live next door to a p.
väggfast ...fixed to the wall; *~a inventarier* fixtures
väggkontakt se *vägguttag;* strömbrytare wall switch
vägglampa wall lamp
väggmålning mural (wall) painting, mural
väggrepp hos bil el. bildäck grip
vägguttag elektr. [wall] socket; amer. outlet, wall socket
vägkant allm. roadside, wayside; mera konkr. (vägren) verge; isht amer. shoulder; dikeskant edge [of a (resp. the) ditch]
vägkorsning crossroads (pl. lika), crossing, intersection
väglag state of the road[s]; *det är dåligt (torrt) ~* the roads are in a bad state (are dry)
vägleda guide; t.ex. i studier supervise; t.ex. i forskningsarbete direct
vägledning abstr. guidance, direction; *till ~ för ngn* for the guidance of a p.
vägmärke road (traffic) sign; vägvisare signpost; enklare fingerpost
vägnar, *[på] ngns ~* on behalf of a p., on a p.'s behalf; i ngns namn in the name of a p.; för ngns räkning for a p.
vägning weighing
vägnät road network (system)
vägra refuse; avböja decline; neka deny; *han ~des att* +inf. he was refused permission to +inf.
vägran refusal, declining; jfr *vägra*
vägren vägkant verge
vägskylt road sign; enklare signpost
vägskäl fork [in the road]; *vid ~et* vanl. at the crossroads
vägspärr road block
vägsträcka distance
vägtrafikant road-user
vägvisare 1 pers. guide **2** vägskylt signpost; enklare fingerpost **3** bok, vägledning o.d. guide[book]
vägöverfart o. **vägövergång** över annan led viaduct, flyover; amer. overpass
väja, *~ [undan]* make way *[för* for]; give way *[för* to]; *~ undan för* t.ex. slag dodge; *~ åt höger* move to the right
väjningsplikt trafik. el. sjö. *det råder ~* one has (has a duty) to give way
väktare allm. watchman; nattvakt security

officer; *lagens* ~ pl. the guardians of the law (of law and order)

väl I *s,* ~ [*och ve*] welfare, well-being **II** *adv* **1** beton. **a)** bra well; omsorgsfullt carefully; *allt ~!* everything is all right!; *så ~* [*då*]*!* what a good thing (sån tur, vard. good job)!; platsen är ~ *betald* ...well paid; *om allt går* (*vill sig*) ~ if everything goes (if things go) well (according to plan); *veta mycket ~ att*... know very well that..., be quite (perfectly) aware that... **b)** uttr. grad. [*gott och*] ~ drygt *en timme* well over one hour **c)** andra bet. *när han ~ en gång somnat* var han... once he had fallen asleep...; jag mötte inte henne *men ~ däremot hennes bror* ...but her brother **2** obeton. **a)** uttr. den talandes förmodan el. förhoppning: förmodligen probably osv.; *du är ~ inte* sjuk? you are not..., are you?; *han tänker ~ inte* göra det! surely he is not going to...?; *det är ~ det bästa* that is the best thing[, I suppose]; *det hade ~ varit* bättre att...? wouldn't it have been...?; *du vet ~ att*... I suppose (högtidl. trust) you know..., you must know... **b)** som fyllnadsord i frågor *vem skulle ~ ha trott*...? who would have believed...?

välanpassad om pers. well-adjusted; om företeelse well-adapted

välartad väluppfostrad well-behaved; lovande promising

välbefinnande well-being; känsla av ~ sense of well-being

välbehag pleasure, delight; tillfredsställelse satisfaction

välbehållen om pers. ...safe and sound; om sak ...in good condition; *komma ~ fram* om pers. äv. arrive safely

välbehövlig badly needed

välbekant well-known, well known

välbeställd välbemedlad well-to-do

välbesökt well-attended; om t.ex. badort much frequented

välbetald well-paid

välbetänkt well-advised, judicious; välövervägd deliberate

välbyggd well-built

välbärgad well-to-do; om pers. äv. (pred.) well off

välde rike empire; makt domination

väldig mäktig mighty; enorm enormous; stark tremendous; vard. awful; kraftig powerful; vidsträckt vast

väldigt enormously etc., jfr *väldig*

välfärd welfare

välfärdssamhälle o. **välfärdsstat** welfare state

välfödd well-fed; korpulent plump

välförsedd well-stocked; well-supplied äv. om pers.

välförtjänt om t.ex. vila well-earned; om belöning (beröm) well-merited; om t.ex. popularitet well-deserved; om t.ex. kritik (straff) rightly-deserved

välgjord well-made

välgång framgång prosperity

välgärning kind (charitable) deed (action)

välgödd om djur [well-]fattened; om pers. well-nourished, well-fed

välgörande barmhärtig charitable; om sak beneficial; hälsosam salutary; om t.ex. klimat salubrious; uppfriskande refreshing

välgörenhet charity

välinformerad well-informed

välja 1 allm. choose; noga select; ~ *ut* pick out [*bland* from]; bestämma sig för **a)** sak fix [up]on **b)** yrke adopt, take up; *välj!* take your choice!; ~ *och vraka* pick and choose; ~ *ut* select, pick out **2** gm röstning utse elect; till riksdag o.d. (om valkrets) return; ~ *ngn till* president elect a p...

väljare vid allm. val vanl. voter; ibl. elector

väljarkår polit. electorate

välkammad well-groomed äv. bildl.

välklädd well-dressed; prydlig spruce

välkommen welcome; *hälsa ngn ~* welcome a p., wish (bid) a p. welcome

välkomna welcome

välkänd 1 well-known **2** ansedd (attr.) ...of good repute

välla I *itr,* ~ [*fram*] well (strömma stream, pour, flow, våldsamt gush, rush) forth **II** *tr* svetsa weld

vällagrad om ost ripe

vällevnad luxurious (gracious) living

välling på mjöl gruel

välljudande euphonious; melodisk harmonious äv. om röst

vällukt fragrance, perfume

välluktande sweet-scented

vällust sensual pleasure

vällustig sensual

välmatad om skaldjur meaty

välmenande 1 om pers. well-meaning **2** om råd well-meant

välmening good intention; *i all* (*bästa*) ~ with the best of intentions

välment well-meant

välmående 1 vid god hälsa healthy; blomstrande flourishing; frodig well-fed **2** välbärgad prosperous; förmögen wealthy; *vara ~* äv. be well off

välmåga hälsa good health; *leva i högönsklig ~* be in the best of health

välrenommerad well-reputed

välsedd welcome; omtyckt popular

välsigna bless
välsignad blessed; *i välsignat tillstånd* in the family way
välsignelse blessing; uttalad benediction
välsituerad well-to-do; amer. äv. well-fixed; well off end. pred.
välskapad well-made; *~e ben* osv. shapely legs osv.
välskött well-managed; om t.ex. hushåll well-run; om t.ex. händer well-kept, well-tended; om t.ex. naglar (tänder) well-cared-for; om t.ex. yttre (hår) well-groomed; om barn (attr. o. pred.) well-looked-after
välsmakande ...pleasant to the taste; om rätt savoury; läcker tasty; stark. delicious
välsorterad well-assorted, well-stocked
välstekt well-done
välstånd prosperity; rikedom wealth
vält roller
välta, *jag välte med cykeln* my bike overturned
vältalig eloquent
vältalighet eloquence
vältra I *tr* roll; *~ [över] skulden på ngn* lay the blame [up]on a p. **II** *itr* välla pour; om rök billow **III** *rfl*, *~ sig i* smutsen (synd) wallow in...
vältränad well-trained
välunderrättad well-informed; *från välunderrättat håll* from well-informed sources
väluppfostrad well-bred, well-mannered
välutbildad well-educated; i visst syfte well-trained, very qualified
välvd arched; sedd utifrån dome-shaped; om panna domed; om hålfot arched
välvilja benevolence; förslaget *mottogs med ~* ...was favourably received
välvillig benevolent; överseende indulgent; *ha en ~ syn på (inställning till)* take a benevolent view of (have a benevolent attitude to); *han visade sig ~ mot* mina planer he was well disposed towards...
välvårdad well-kept osv., jfr *välskött*
välväxt shapely; *vara ~* have a fine figure
vämjas, *~ vid ngt* be disgusted (nauseated) by a th.
vämjelig disgusting
vämjelse disgust, loathing
1 vän fager fair
2 vän friend; vard. pal, mate; isht amer. buddy; *~nen (din ~)* Bo (brevunderskrift) Yours...; *en [god] ~ till min bror* a friend of my brother's; *bli [god] ~ med...* make friends with...; *bli goda ~ner igen* be (make) friends again, make (vard. patch) it

up; *jag är mycket god ~ med honom* he is one of my closest friends
vända I *tr* o. *itr* turn; hö turn over, toss; *~ om (tillbaka)* turn back; åter*~* return; *[var god] vänd !* (förk. *v.g.v.*) please turn over (förk. PTO); *~ genom vinden* go about, tack; *~ på steken* bildl. turn (take) it the other way round **II** *rfl*, *~ sig* turn; kring en axel äv. revolve; om vind shift, veer; *lyckan vände sig* the (his etc.) luck changed (turned); *~ sig ifrån* turn away from; överge desert; *inte veta vart man skall ~ sig* not know where to turn
III med beton. part.
~ bort: *~ bort ansiktet från ngt* turn away one's face from a th.
~ om a) itr. *~ tillbaka* turn back; åter*~* return b) tr. turn [over]...; *~ sig om* turn [about], turn (plötsligt swing) round
~ upp och ned på ngt turn...upside-down; bringa i oordning turn...topsy-turvy; t.ex. ngns planer mess up...
~ ut och in på vränga turn...inside out; fickor turn out...
IV *s* **1** sväng *gå en [liten] ~* take a [little] turn **2** omgång *i två vändor* in two goes (shifts)
vändbar om t.ex. plagg reversible; vridbar turnable, ...that can be turned
vändkrets tropic; *Kräftans (Stenbockens) ~* the Tropic of Cancer (Capricorn)
vändning turn; förändring change; uttryckssätt: fras phrase; uttryck expression; vändande turning
vändpunkt turning-point äv. bildl.; kris cris|is (pl. -es)
vändstekt ...fried on both sides
väninna girlfriend; *en (min) ~* vanl. a (my) friend
vänja I *tr* accustom, habituate; härda harden; öva train a p. to + inf.; *~ ngn vid* förhållandena acclimatize a p. to...; *~ in* ett barn *på dagis* settle...in at the day nursery **II** *rfl*, *~ sig* accustom (habituate) oneself; bli van grow (get) accustomed, get used; *~ sig vid* ta för vana *att* + inf. get into the habit of ing-form; *~ sig av med att* + inf. break oneself (get out) of the habit of ing-form
vänkrets circle of friends
vänlig kind; vänskaplig, leende friendly; älskvärd amiable; tjänstvillig obliging; som efterled i sammansättn. ibl. pro-; *ett ~t mottagande* a kind (av t.ex. bok a favourable) reception, a friendly welcome
vänlighet kindness osv., jfr *vänlig*; amiability; *visa ngn en ~* do a p. a kindness (a friendly turn)

vänligt kindly; amicably; amiably; obligingly, jfr *vänlig*; ~ *sinnad* kindly disposed
vänskap friendship; *för gammal ~s skull* for old friendship's sake, for the sake of old times
vänskaplig friendly; om sätt amicable; *stå på ~ fot med ngn* be on friendly terms with a p.
vänskapsmatch sport. friendly [match]
vänskapspris, *för ~* at a special price
vänslas smekas [o. kyssas] cuddle [and kiss]
vänster I *adj* o. *subst adj* o. *adv* left, left-hand; *~ hand* el. *vänstra handen* the (one's) left hand; *till (åt) ~* to the left **II** *s* **a)** polit. *~n* allm. the Left **b)** boxn. *en* [*rak*] *~ a* [straight] left
vänsterback sport. left back
vänsterhänt left-handed
vänsterorienterad left-wing
vänsterparti left-wing party
vänsterprassel vard. *ett ~* an affair on the side
vänsterradikal I *adj* left-wing radical **II** *s* left-wing radical; vard. el. neds. leftie
vänstersväng left[-hand] turn; *förbjuden ~* no left turn
vänstertrafik left-hand traffic; *det är ~ i...* vanl. in...you keep to (drive on) the right
vänstervriden polit. vard. left-wing
vänta sitta (gå osv.) o. vänta wait; invänta, emotse ankomsten av el. (om sak) förestå await; förvänta sig expect; förutse anticipate; *~ bara!* **a)** hotande just you wait [and see]! **b)** tills jag hinner... wait a minute...!; inte veta *vad som ~r en* ...what may be in store for one; *jag ~r dem i morgon* I am expecting them...; *den som ~r på något gott ~r aldrig för länge* everything comes to those who wait; *~ ut ngn* tills ngn kommer wait for a p. to come (tills ngn går to go)
väntan väntande waiting; förväntan expectation; orolig *~* suspense; *en lång ~* a long wait
väntelista waiting list
väntetid wait; *under ~en kan du...* while [you are] waiting (you wait) you may...
väntjänst friendly turn, act of friendship; *göra ngn en ~* do a p. a good turn
väntrum på läkarmottagning waiting room
väntsal på station waiting room
väpna arm; *~t rån* armed robbery; vard. hold-up
1 värd host äv. bildl.; hyres~ o.d. landlord; restaurang~ proprietor
2 värd worth; värdig (förtjänt av) worthy of; *han är ~ allt beröm* he deserves the highest praise; *det är inte värt att* inf. it is not worth [your etc.] while ing-form
värde value; isht inre (personligt) *~* worth; förtjänst merit; *det har stort ~* it is of great value; *falla (minska, sjunka) i ~* drop el. fall (decrease) in value; ekon. äv. depreciate; uppskattas *till sitt fulla ~* ...at its (his osv.) full value (worth)
värdebeständig stable; inflationsfri inflation-proof
värdebrev post.: rek. registered (ass. insured) letter
värdefull valuable; dyrbar precious
värdeförsändelse post., assurerat paket insured parcel
värdehandling valuable document
värdelös worthless
värdeminskning decrease (fall) in value, depreciation
värdepapper ekon. security; obligation bond; aktie share; amer. stock; friare valuable paper
värdera 1 beräkna, taxera value; på uppdrag appraise; om myndighet assess; *~ för högt (lågt)* overestimate (underestimate) **2** uppskatta value; sätta värde på appreciate; högakta esteem; *...kan inte ~s högt nog* ...cannot be too highly praised
värdering 1 valuation; estimation; appraisement, appraisal; assessment; jfr *värdera 1* **2** *~ar* normer values; *han har andra ~ar* ...a different set of values
värdesak article (object) of value; *~er* äv. valuables
värdestegring increase (rise) in value, appreciation
värdfamilj host family
värdfolk vid bjudning host and hostess
värdig 1 jämbördig worthy; förtjänt av o.d. worthy of; *visa sig ~ förtroendet* prove to be trustworthy **2** korrekt [till det yttre] dignified
värdighet egenskap dignity; värdigt sätt dignified manner; *han ansåg det vara under sin ~ att* +inf. he considered it [to be] beneath (below) him (his dignity) to + inf.
värdigt with dignity, in a dignified manner
värdinna hostess
värdland host country
värdshus gästgivargård inn; restaurang restaurant
värdshusvärd innkeeper
värdskap, *sköta (utöva) ~et* act as host (om dam hostess), do the honours; vid bordet äv. preside at table
värja I *tr* försvara defend **II** *rfl*, *~ sig* defend

oneself [*mot* against] **III** *s* rapier; fäktn. épée fr.
värk ache, pain; *~ar* födslovärkar [labour] pains, labour sg.
värka ache
värktablett painkiller
värld world; jorden earth; *gamla (nya) ~en* geogr. the Old (New) World; *tredje ~en* polit. the Third World; [*vad*] *~en är liten!* it's a small world!; maten *är inte av denna ~en* vard. ...is out of this world; *vad i all ~en har hänt?* what on earth...?; *bringa...ur ~en* put an end to..., get rid of...for good; *vi måste få saken ur ~en* let's have done with it
världsatlas atlas of the world
världsbekant ...known all over the world
världsberömd world-famous
världsbäst, *vara ~* be the best in the world
världsdel part of the world, continent
världsetta first (number one) in the world
världsfred world (universal) peace
världsfrånvarande ...who is (are etc.) living in a world of his etc. own; försjunken i drömmerier absorbed, far away
världsfrånvänd detached, ...who is aloof from the world; världsföraktande misanthropic
världsfrämmande ...ignorant of the world, unworldly; om t.ex. attityd unrealistic
världshandel world (international) trade (commerce)
världshav ocean; *de sju ~en* the Seven Seas; *herraväldet över ~en* the command of the seas
världsherravälde world dominion (hegemony); *eftersträva ~t* seek to dominate the world
världshistoria world (universal) history; *världshistorien* äv. the history of the world
världshändelse historic event
världskrig world war; *första (andra) ~et* World War I (World War II), the First (Second) World War
världslig timlig o. som mots. till andlig worldly; världsligt sinnad worldly-minded; av denna världen, om t.ex. nöjen mundane; icke kyrklig secular
världslighet worldliness etc., jfr *världslig*; secularity
världslitteratur, *~[en]* world literature
världsläge, *~t* the world situation, the situation in the world
världsmakt stormakt world power
världsman med världsvana man of the world; elegant klädd man of fashion
världsmarknad world market

världsmästare o. **världsmästarinna** world champion äv. friare
världsmästerskap world championship
världsomsegling circumnavigation of the earth (world); seglats sailing trip round the world
världsrekord world record
världsrykte world (world-wide) fame
världsrymden outer space
världsutställning world exhibition (fair)
världsvan urbane; sällskapsvan familiar with the ways of society
världsvana urbanity
världsåskådning outlook on (view of) life, world view
värma I *tr* göra varm warm; ljumma take the chill off...; göra het heat; *~ på* el. *upp maten* warm (heat) up the food **II** *itr* ge värme give off heat; kaminen *värmer bra* ...gives off good heat **III** *rfl, ~ sig* warm oneself, get warm, have (get) a warm
värme allm. warmth; fys. el. hög heat; eldning heating; *~n i* hans hälsning the warmth (cordiality) of...
värmealstrande heat-producing, calorific
värmebeständig heatproof, heat resistant
värmebölja heatwave
värmeelement radiator; elektriskt electric heater
värmeflaska hot-water bottle
värmekraftverk thermal power station
värmeledande heat-conducting
värmeledning 1 fys. conduction of heat; heat (thermal) conduction **2** anläggning [central] heating
värmepanna boiler
värmeplatta hotplate
värmepump heat pump
värmeslag med. heat stroke
värmestuga warm shelter
värn försvar defence; beskydd protection; skydd safeguard; försvarsanläggning bulwark
värna, *~ [om]* defend, protect, safeguard [*mot* against]; shield [*mot* from]; jfr *värn*
värnlös defenceless
värnplikt national service; *allmän ~* compulsory military service; *göra ~en (sin ~)* do one's military service
värnpliktig ...liable for military service; *en ~* subst. adj. a military (national) serviceman, a conscript; amer. a draftee
värnpliktsarmé conscript army
värnpliktsvägrare conscientious objector (förk. CO, pl. CO's); vard. conchy; amer. draft resister (evader)
värpa I *tr* lay **II** *itr* lay [eggs]; hönan *värper bra* vanl. ...is a good layer
värphöna laying hen

värre worse; *det blir bara ~ och ~ things are (it's) going from bad to worse; hotellet har blivit fint ~* the hotel has become really fine; *det var ~ det* det var tråkigt what a nuisance, that's [too] bad; det går [nog] inte that's not so easy; *var det inte ~!* var det allt? is that all?

värst I *adj* worst; *i ~a fall* if the worst (if it) comes to the worst; *den ~a lögn jag [någonsin] har hört* the biggest lie I (I've) ever heard; *som den ~a tjuv* just like a...; *han skall alltid vara ~* he's always trying to be one up [on you]; *det var det ~a!* that's the limit! **II** *adv* [the] worst; *han blev ~ skadad* he got injured [the] worst; filmen var *inte så ~ [bra]* ...not very (not all that) good

värv uppdrag task; commission; yrke profession

värva rekrytera recruit; mil. äv. enlist båda äv. friare; sport. sign [on (up)]

värvning recruiting; signing; mil. recruitment; *ta ~* enlist [*vid* in]; join up, join the army (the Forces), sign on

väsa hiss; *~ fram* orden hiss [out]...

väsen 1 väsende **a)** [någots innersta] natur essence; beskaffenhet nature; läggning character; sätt manner[s pl.]; person[lighet] being; *han är till hela sitt ~ en fredlig man* he is an essentially peaceful man **b)** varelse being; filos. äv. entity; ande~ genius, spirit **c)** som efterled i sammansättn. vanl. system **2** oväsen noise, row; *göra [stort] ~ av ngt* make a [great] fuss (song and dance) about a th.

väsensskild essentially (completely) different

väsentlig essential; *en ~ del av* ngt a considerable (an essential) part of...

väsentlighet något väsentligt essential (important) thing (matter); *~er* essentials

väska bag; hand~ handbag; res~ case

väskryckare [hand]bag snatcher

väsnas make a noise (fuss)

väsning väsande hissing; *en ~ a hiss, a hissing sound

vässa sharpen äv. bildl.; bryna whet

1 väst plagg waistcoat; amer. vest

2 väst west (förk. W); inflationen (korrespondenter) *i ~* ...in the West, Western...

västan o. **västanvind** west wind

väster I *s* väderstreck the west; *Västern* the West; ibl. the Occident **II** *adv* [to the] west

västerifrån from the west

västerländsk western, occidental

västerut åt väster westward[s]; i väster in the west

Västeuropa Western Europe
Västindien the West Indies
västkust west coast
västlig westerly; west; western; jfr *nordlig*
västligare m.fl., jfr *nordligare* m.fl.
västra t.ex. sidan the west; t.ex. delen the western; jfr *norra*
Västtyskland hist. West Germany
västvärlden the Western World
väta I *s* wet, moisture **II** *tr* o. *itr* wet; fukta moisten; *~ i sängen* wet the bed
väte kem. hydrogen
väteklorid kem. hydrogen chloride
vätska I *s* liquid; kropps~ body fluid; sår~ discharge, serum; *vara vid sunda vätskor* be in good form **II** *itr* o. *rfl*, såret *~r [sig]* ...is running (discharging)
väv t.ex. i en vävstol el. spindel~ el. bildl. web; som material [woven] fabric; vävnadssätt weave
väva weave äv. bildl.
väveri weaving (textile) mill; fabrik textile factory
vävnad 1 vävning weaving **2** konkr. woven fabric; tissue äv. biol. el. bildl.
vävnadsindustri textile industry
vävning weaving
vävplast [plastic-]coated fabric
vävstol loom
växa I *itr* grow; om t.ex. befolkning, ha sin växtplats occur; *vad du har vuxit!* how you have grown!
II med beton. part.
~ bort: det växer bort med tiden it (this) will disappear (om ovana he etc. will grow out of it)
~ fast take [firm] root; bildl. äv. get firmly rooted; *~ fast vid ngt* grow on to a th.
~ fatt ngn catch...up in height (size, growth)
~ fram grow (come) up; bildl. äv. develop
~ i ngt grow into...
~ ifrån ngt grow out of..., outgrow...
~ igen om sår heal [up]; om stig become overgrown with weeds; om t.ex. dike o.d. fill up [with weeds]
~ ihop grow together
~ om ngn outgrow...; eg. äv. shoot ahead of...[in height]
~ till: ~ till sig bli vackrare improve in looks
~ upp grow up; *han har växt upp i staden (på landet)* he is town-bred (country-bred)
~ ur sina kläder grow out of..., outgrow...
~ ut fram, om t.ex. gren grow out
~ över overgrow; gräset *har växt över*

stigen ...has grown over the path, the path is overgrown with...
växande I *adj* growing; ökande increasing **II** *s* growing; ökning increase; utveckling development
växel 1 bank~ bill [of exchange] (förk. B/E); dragen ~ draft **2** växelpengar [small] change; *kan du ge ~ tillbaka (har du ~) på* en hundralapp? can you change...?; *jag har ingen ~ på mig* I have no [small] change on (about) me **3** på bil gear, gearshift; *köra på tvåans ~* drive in second gear **4** spår~ points, switches **5** tele. exchange; ~bord switchboard; ~*n!* operator!
växelkontor exchange office (bureau)
växelkurs exchange rate
växellåda gear box
växelpengar [small] change
växelström alternating current (förk. AC)
växeltelefonist switchboard operator
växelverkan interaction, reciprocal action; samspel interplay
växelvis alternately; i tur och ordning in turn, in rotation
växla I *tr* **1** t.ex. pengar change; utbyta exchange; ~ *ett par ord med ngn* exchange a few remarks (ha ett samtal med have a word) with a p., pass the time of day with a p. **2** järnv. shunt, switch, jfr ~ *in a*) **II** *itr* **1** skifta vary; ändra sig change; i stafett change over; priserna ~*r* a) för samma vara på olika orter ...vary b) höjs el. sänks oregelbundet ...fluctuate **2** bil. change (isht amer. shift) gear[s]; ~ *till lägre växel* change to a lower gear **3** om tåg shunt **III** med beton. part.
~ **in:** ~ *in pengar* change (cash) [some] money
~ **ner** bil. change (gear) down
~ **till sig enkronor** change one's money into one-krona pieces
~ **upp** bil. change (gear) up
växlande varying; om t.ex. vindar variable; om t.ex. natur, program varied; *med ~ framgång* with varying success
växling växlande changing; ombyte change; förändring variation; utväxling exchange; regelbunden succession; järnv. shunting; i stafettlopp changeover; *marknadens ~ar* the fluctuations of the market
växt 1 tillväxt growth; utveckling development; ökning increase; kroppsbyggnad build, shape; längd height; *hämmad i ~en* stunted **2 a)** planta plant; mots. djur vegetable **b)** svulst growth; tumör tumour; ut~ äv. excrescence
växtfärg vegetable dye

växtförädling plant breeding (improvement)
växthus greenhouse, glasshouse; uppvärmt hothouse
växthuseffekt greenhouse effect
växtlighet vegetation
växtliv plant (vegetable) life; vegetation vegetation
växtriket the vegetable kingdom
växtvärk growing pains
växtätande zool. herbivorous
växtätare zool. herbivore
vörda revere; stark. venerate; högakta respect; hedra, ära honour
vördnad reverence; aktning respect; hänsyn deference; *betyga ngn sin ~* pay reverence (one's respects) to a p.
vördnadsbetygelse token (mark) of respect (reverence)
vördnadsfull reverent; aktningsfull respectful; stark. awestruck
vördsam respectful
vördsamt respectfully; brevslut Yours respectfully
vört [brewer's] wort

x bokstav x [utt. eks] äv. matem.
x-a vard. ~ [*över*] *ett ord* cross a word out, cancel a word
x-axel matem. x-axis
X-krok X-hook, [angle pin] picture hook
X-kromosom biol. X-chromosome
xylofon mus. xylophone
xylograf xylographer
xylografi xylography

y bokstav y [utt. waɪ] äv. matem.
yacht yacht
yankee Yankee; vard. Yank
y-axel matem. y-axis
Yemen Yemen
Y-kromosom biol. Y-chromosome
yla howl
ylande howling; *ett ~* a howl
ylle wool; filt *av ~* äv. woollen...
yllestrumpa woollen stocking (socka sock)
ylletröja jersey
ylletyg woollen cloth (fabric)
yllevaror woollens
ymnig riklig abundant; om regn, om tårar copious; överflödande profuse
ymnighet abundance, plentifulness etc., jfr *ymnig*; profusion
ymnigt abundantly etc., jfr *ymnig*; *blöda ~* bleed profusely; *förekomma ~* abound, be abundant (plentiful)
ymp trädg. grafting-shoot
ympa 1 trädg. *~ [in]* graft, engraft [*på* [up]on, into] **2** med. inoculate; *~ in ngt på ngn* inoculate a p. with a th.
ympning 1 trädg. grafting, graft **2** med. inoculation
yngel 1 koll. fry **2** neds., om barn brat; avföda brood
yngla om t.ex. groda spawn; *~ av sig* breed
yngling youth, adolescent
yngre younger; senare later; nyare more recent; i tjänsten junior; *av ~ datum* of a later (a more recent) date; *en ~ rätt ung herre* a youngish (fairly young) gentleman; Sten Sture *den ~* ...the Younger; *hon ser ~ ut än hon är* äv. she does not look her age
yngst youngest; senast latest; nyast most recent; *den ~e (~a) i* familjen the youngest [member] of...; ett program för *de allra ~a* ...the very young; *den ~e i tjänsten* the last (most recently) appointed member [of the staff]; *vem är ~?* who is the youngest (av två äv. the younger)?
ynka insignificant; *en ~ liten kopp kaffe* a miserable (pitiful) little cup of coffee
ynkedom pitiableness etc., jfr *ynklig*; *det är en ~ om ngns uppträdande* o.d. it is a miserable (pitiable) performance
ynklig ömklig pitiable; eländig poor; jämmerlig piteous; futtig paltry, footling; liten puny; *med ~ röst* in a piteous voice
ynkrygg feg pers. coward; mes milksop
ynnest litt. favour
ynnestbevis [mark of] favour
yoga filos. yoga
yoghurt yoghurt, yogurt
yppa I *tr* röja reveal **II** *rfl*, *~ sig* erbjuda sig present itself; om tillfälle o.d. äv. arise, turn up
yppas se *yppa II*
ypperlig utmärkt excellent; präktig splendid; utsökt choice; förstklassig first-rate..., prime
ypperst förnämst finest; om t.ex. vin choicest; *av ~a kvalitet* äv. of the very best quality; *räknas bland de ~a* rank among the best
yppig om växtlighet o.d. luxuriant; stark. rank; fyllig buxom; om figur, kroppsdel full, ample; vard., om kvinna busty
yppighet luxuriance, exuberance, lushness etc., jfr *yppig*
yr 1 i huvudet dizzy, giddy; *bli (vara) ~ [i huvudet]* get (feel, be) dizzy (giddy) **2** yster romping; vild wild
yra I *s* **1** vild framfart frenzy; glädje~ delirium [of joy]; *i segerns ~* in the flush of victory **2** snö~ snowstorm **3** feber~ delirium **II** *itr* **1** om febersjuk be delirious; svamla rave **2** om snö whirl (drift) about; om damm fly; *dammet yr på* vägarna the dust is rising from...
yrhätta tomboy, madcap
yrka, *~ [på]* begära, fordra demand; resa krav på call for; som rättighet claim; kräva insist [up]on, stand out for; ihärdigt urge, press for; parl. o.d., t.ex. avslag move; *~ på att ngn skall* + inf. äv. insist [up]on a p.'s + ing-form; urge a p. to + inf.
yrkande begäran demand; claim äv. jur.; parl. motion
yrke lärt, konstnärligt profession; isht inom hantverk o. handel trade; i högre stil craft; sysselsättning occupation; arbete job; *han kan sitt ~* he knows his job; *utöva ett ~* practise a profession, resp. carry on a trade; *han är advokat (skräddare) till ~t* he is a lawyer by profession (a tailor by trade)
yrkeserfarenhet professional experience
yrkesfiskare professional fisherman
yrkeshemlighet trade secret
yrkesinriktad vocational, vocationally-oriented
yrkeskunnig skilled

565

yrkeskvinna career (professional) woman
yrkesliv working (professional) life
yrkesman fackman professional; sakkunnig expert; hantverkare craftsman
yrkesmässig t.ex. om förfarande professional; t.ex. om försäljning commercial
yrkessjukdom occupational disease
yrkesskada occupational (inom industrin industrial) injury
yrkesskicklig skilled, ...skilled in one's trade (craft)
yrkesskicklighet professional skill, skill in one's trade (craft)
yrkesskola vocational school
yrkestrafik commercial traffic
yrkesutbildad skilled, trained
yrkesutbildning vocational training (education)
yrkesval choice of a vocation, choice of a profession (resp. trade, jfr *yrke*)
yrkesvan professionally experienced
yrkesvana professional experience
yrkesvägledare vocational guidance officer, careers officer
yrkesvägledning vocational (careers) guidance (amer. counseling)
yrsel 1 svindel dizziness, giddiness; *jag greps av ~* I suddenly felt dizzy (giddy) **2** feberyra delirium
yrsnö drift snow, whirls pl. of snow
yrvaken ...dazed (drowsy) [with sleep]
yrväder snowstorm, blizzard; *som ett ~* like a whirlwind
ysta I *tr* mjölk curdle; ost make **II** *itr* make cheese **III** *rfl*, *~ sig* curdle
yster livlig frisky; stojande romping; uppsluppen rollicking
yta ngts yttre surface äv. bildl.; areal area; utrymme space; *ha en ~ av 15 kvadratmeter* äv. be 15 square metres in area; *under ~n* below the surface äv. bildl.
ytbehandla tekn. finish
ytlig allm. superficial; om t.ex. bekantskap passing
ytlighet superficiality
ytmått square measure
ytter sport. winger
ytterbana outside track
ytterdörr outer door; mot gata front (street) door
ytterkant outer (outside) edge; på väg edge
ytterkläder outdoor clothes
ytterlig extrem extreme; överdriven excessive; fullständig utter
ytterligare I *adj* vidare further; därtill kommande additional; mera more; *ett ~ tillägg* äv. another... **II** *adv* vidare further; i ännu högre grad additionally; ännu mera still

more; *~ två månader* another (a further) two months; *~ 100 kr* an additional 100 kronor
ytterlighet extreme; ytterlighetsåtgärd extremity
ytterlighetsparti extremist party
ytterlighetsåtgärd extreme measure; *tillgripa ~er* äv. resort to extremities
ytterligt se *ytterst*
ytterområde fringe area; förort suburban area
ytterrock overcoat
yttersida outer side; utsida outside
ytterst 1 längst ut farthest out (off, away); på den yttre sittplatsen on the outside; i bortre ändan at the farthest end; *~ i raden* at the [very] end of the row **2** i högsta grad extremely, exceedingly, most; *~ framgångsrik* äv. highly successful; *~ sällan* very seldom indeed; *~ viktig* äv. vitally (highly) important **3** i sista hand ultimately
yttersta 1 eg.: längst ut belägen outermost, längst bort belägen farthest; friare utmost; *den ~ gränsen* the utmost (extreme) limit **2** sist last; om t.ex. orsak ultimate; *~ domen* the last judgement **3** störst utmost; *med ~ försiktighet* with extreme (the utmost) care; *i ~ nöd* in utter destitution; *av ~ vikt* of vital (the utmost) importance; *göra sitt ~* do one's utmost
yttertak roof
yttertrappa front door steps, flight of steps; farstutrappa doorstep[s pl.]; amer. äv. stoop
yttervägg outer (exterior, external) wall
yttervärld, ~en the outer (outside) world
ytteröra anat. external ear; vetensk. auricle
yttra I *tr* uttala utter; säga say; t.ex. en önskan express; *inte ~ ett ord* äv. not breathe a word **II** *rfl*, *~ sig* **1** uttala sig express (deliver, give) an (one's) opinion; ta till orda speak; *jag vill inte ~ mig i denna fråga* vanl. ...comment on this matter; *~ sig över* ett förslag express one's opinion on... **2** visa sig show (manifest) itself; *hur ~r sig sjukdomen?* vanl. what are the symptoms of...?
yttrande uttalande remark, utterance; anmärkning observation; anförande statement; utlåtande av myndighet [expert] opinion
yttrandefrihet freedom of speech (expression)
yttranderätt right of free speech
yttre I *adj* **1** längre ut belägen outer; *~ diameter* exterior diameter; *~ företräden* outward (extrinsic) advantages; *bevara det ~ skenet* keep up appearances **2** utifrån

kommande o.d., orsak, tvång external; *~ våld* physical violence **II** *subst adj* exterior; hon har *ett tilldragande ~* ...an attractive appearance; *till det ~* in external appearance, outwardly, externally; *vad det ~ beträffar* as far as externals go

yttring manifestation
ytvidd area
yuppie yuppie
yvas, *~ över ngt* pride oneself on a th., be proud of a th.
yvig om hår bushy; om gest sweeping; om stil turgid
yxa I *s* axe; isht amer. ax; med kort skaft hatchet; *kasta ~n i sjön* bildl. throw up the sponge, throw in the towel **II** *tr,* *~ till* rough[-hew], adze
yxskaft axe handle, axehelve

z bokstav z [utt. zed; amer. zi:]
Zaire Zaire
zairier Zairian
zairisk Zairian, Zairean
Zambia Zambia
zambier Zambian
zambisk Zambian
zebra zebra
zenbuddism relig. Zen Buddhism
zenit astron. zenith; *stå i* ~ be at the zenith äv. bildl.
zigenare gipsy; ungersk zigane
zigenarliv gipsy life
zigenerska gipsy [woman]
zigensk gipsy
Zimbabwe Zimbabwe
zimbabwier Zimbabwean
zimbabwisk Zimbabwean
zink zinc
zinkhaltig zinciferous
zodiaken astrol. the zodiac
zon zone; friare area
zontariff o. **zontaxa** som system zone fare system; avgift zone tariff
zonterapi zone therapy
zoo zoologisk affär pet shop; zoologisk trädgård zoo
zoolog zoologist
zoologi zoology
zoologisk zoological; ~ *affär* pet shop
zooma, ~ *in* (*ut*) zoom in (out)
zucchini bot. el. kok. courgette; isht amer. zucchini (pl. lika el. -s)

1 å bokstav the letter å
2 å [small] river; amer. äv. creek; *gå över ~n efter vatten* ung. give oneself (take) a lot of unnecessary trouble
3 å se på samtl. ex. under resp. subst.
4 å oh!; amer. gee!; *~ tusan (fan)!* well, I'll be damned!
åberopa, ~ [*sig på*] *ngn (ngt)* hänvisa till refer to (cite, quote) a p. (a th.)
åberopande, *under ~ av* with reference to
åbäke vard., om sak great big [lumping] thing, monstrosity
åder blod~ vein; puls~ artery
åderbråck med. varicose vein[s pl.]
åderförkalkad, *han börjar bli ~* he is getting senile
åderförkalkning med. hardening of the arteries; vetensk. arteriosclerosis; friare senile decay
ådra I *s* vein äv. bildl.; *ha en poetisk ~* have a poetic vein **II** *tr* vein; tekn. (sten, trä) äv. grain
ådraga I *tr* cause **II** *rfl*, *~ sig* sjukdom contract; förkylning catch; skada suffer; utsätta sig för: t.ex. kritik, straff, ngns misshag incur, bring down...on oneself (one's head); uppmärksamhet attract; utgifter run into; *~ sig skulder* incur (contract) debts
ådrig allm. veined
ådring veining, graining; konkr. venation äv. bot.; grain
åh se *4 å*
åhå aha! oh!
åhöra listen to, hear; föreläsning attend
åhörare listener; ~ pl. äv. audience sg.
åhörarläktare t.ex. i parlament public (strangers') gallery
åja 1 tämligen bra not too bad **2** upprört el. varnande now, now!, now then!; *~, så märkvärdigt är det väl inte* well,...
åjo 1 se *åja 1 2* uppmuntrande come on!; jo då oh yes!
åk 1 vard., om åkdon vehicle; om bil car **2** sport. run
åka I *itr* o. *tr* **1** allm.: fara go; köra drive; färdas på [motor]cykel o.d. ride; vara på resa travel; bil go by car (bus etc.); *vi skall ~ nu* ge oss i väg we are leaving (going) now; *~ en annan väg* take (go el. travel by) a different route; *~ hiss* go by lift (amer. elevator); *~ motorcykel* ride a motor cycle; *vi åkte [längs] Nygatan* we went (drove resp. rode) along...; *~ i fängelse* go to (be sent to) prison (jail); *jag fick ~ med honom till stationen* he gave me a lift to...; *han åker till England i morgon* he will leave for...; se vid. under resp. subst. **2** glida, halka slip, slide, glide; *~ i golvet* fall on the floor

II med beton. part.

~ av halka av slip etc. off

~ bort resa go away

~ dit vard., bli fast be (get) caught; sport., förlora lose

~ efter: ~ efter hämta ngn go (köra drive, som passagerare ride) and (to) fetch a p.

~ fast be (get) caught

~ förbi go etc. past (by); passera pass

~ hit och dit halka slide (glide) about

~ ifrån ngn bort från go etc. away from a p., leave a p. [behind]; genom överlägsen hastighet drive ahead of a p.

~ med: låta ngn [få] ~ med give a p. a lift; *ska du ~ med?* are you coming (resp. going) with us (me etc.)?

~ ned glida ned slip (come, glide) down; hissen *åkte ned* ...went down; *~ ned till Skåne* go etc. down to...

~ om ngn overtake...

~ på vard., råka ut för: *~ på en smäll (snyting)* catch (cop) a packet

~ ut **a)** eg. go (köra drive) out; *~ ut på (till) landet* go into the country **b)** bildl., bli avlägsnad: om pers. be turned (kicked, thrown) out; om sak be got rid of

åkalla invoke
åkallan invocation
åkarbrasa, *ta sig en ~* buffet (slap) one's arms against one's sides [to keep warm]
åkare åkeriägare haulage contractor
åker åkerjord arable (tilled) land; åkerfält field; *ute på ~n* out in the field[s pl.]
åkerbruk agriculture
åkeri [firm of] haulage contractors
åkerlapp patch [of arable land]
åkersenap bot. field (wild) mustard, charlock
åklagare prosecutor; *allmän ~* public prosecutor; amer. prosecuting (district) attorney
åklagarmyndighet ämbete office of the public prosecutor
åkomma complaint, affection
åkpåse i barnvagn toes muff
åksjuk travel-sick
åksjuka travel (motion) sickness

åktur drive, ride
ål fisk eel; havs~ conger [eel]
åla, ~ *sig* crawl [on one's knees and elbows]
ålder age äv. epok; *ha ~n inne* be old enough [*för att* to]; vara myndig be of age; *uppnå en hög* ~ live to (reach) a great age, live to be very old; *i en ~ av 70 år* at the age of 70, at 70 years of age; barn *i ~n 10-15 år* ...between 10 and 15 years of age, ...aged between 10 and 15
ålderdom old age; *på ~en* in one's old age
ålderdomlig gammal old; gammaldags old-fashioned, old-world...; om språk o.d. archaic
ålderdomshem old people's home
ålderdomssvag infirm
ålderdomssvaghet infirmity
åldersgrupp age group (range)
åldersgräns age limit
ålderskrämpa infirmity of (ailment due to) old age
ålderspension retirement (vard. old-age) pension
åldersskillnad difference in (of) age
åldersskäl, *av* ~ for age reasons, for reasons of age
ålderstecken mark (sign) of old age
ålderstigen old äv. om sak; åldrad aged
ålderstillägg ung. seniority (age) allowance (bonus, increment)
åldrad aged; ~ *i förtid* old before one's time
åldrande I *adj* aging **II** *s* aging
åldras age
åldring pers. old man (resp. lady el. woman); geriatric; ~*ar* äv. old people
åldringsvård care of the aged (of old people), geriatric care (nursing); amer. äv. eldercare
åligga om t.ex. plikt, kostnader fall on
åliggande *s* plikt duty; skyldighet obligation; uppgift task; ämbets~ function
ålägga anbefalla enjoin; pålägga impose; ~ *ngn* ett ansvar lay...on a p.
åläggande injunction
åminnelse commemoration; minne memory; hågkomst remembrance
ånej nej då oh no!; uttr. förvåning well, I never!
ånga I *s* allm. steam; dunst vapour; utdunstning exhalation; *ångor* dunster fumes; *ha ~n uppe* have steam up; bildl. be in full swing **II** *itr* o. *tr* steam; itr. smoke; ~ *av* svett steam with...
ångare steamer
ångbåt steamboat; större steamer
ångbåtstrafik steamship traffic

ånger repentance; samvetskval remorse; botfärdighet penitence; ledsnad regret
ångerfull o. **ångerköpt** repentant; remorseful; penitent; regretful; jfr *ånger*
ångervecka week [after date of purchase] in which one has the right to cancel a hire-purchase agreement
ångest [state of] anxiety; vånda anguish; fasa dread, terror; fruktan fear; *i dödlig* ~ in deadly fear
ångestfylld anxiety-ridden, agonized, anguished
ångfartyg steamship (förk. S/S, SS)
ångkraft steam power
ångkraftverk steam power station
ånglok steam engine
ångmaskin steam engine
ångpanna [steam-]boiler
ångra I *tr* regret, repent; *jag ~r att jag gjorde det* I regret (repent) doing it; *det skall du inte behöva* ~ you will have no cause to regret it **II** *rfl*, ~ *sig* känna ånger regret it, be sorry, repent it; komma på andra tankar change one's mind
ångstrykjärn steam iron
ånyo åter afresh; än en gång [once] again
år year; i ex.: **a)** utan föreg. prep.: ~[*et*] *1987* som t.ex. subj. el. obj. the year 1987; *ett halvt* ~ vanl. six months; *ett och ett halvt* ~ vanl. eighteen months; ~*et om* (*runt*) all the year round; hon skall stanna här ~*et ut* ...till the end of the year; *ett två ~s* (*två ~ gammalt*) *barn* a two-year-old child, a child of two; *1870 ~s krig* the war of 1870; ~*ets skörd* this year's harvest **b)** med föreg. prep.: ~ *efter* ~ year after year; hon blir dövare *för varje* ~ ...every year, ...with every year that passes; *i alla* ~ through all the years; *i två* ~ [for] two (nu gångna äv. the last two, nu kommande äv. the next two) years; *i många* ~ for many years [om framtid to come]; *en man i sina bästa* ~ a man in the prime of life (in his prime, in his best years); två gånger *om ~et* ...a year; hyra ut *per* ~ ...by the year; jag har inte sett henne *på ~ och dag* ...for years [and years]
åra oar; mindre scull; paddel~ paddle
åratal, *i (på)* ~ for years [and years]
årgång 1 av tidskrift [annual] volume; *1991 års* ~ *av* tidningen the 1991 issue of... **2** av vin vintage
årgångsvin vintage wine
århundrade century
årlig annual; *10%* ~ *ränta* äv. 10% per annum interest
årligen annually, yearly; *två gånger* ~ twice

a year; *det inträffar ~* it happens every year
årsavgift allm. annual charge; i förening o.d. annual subscription
årsberättelse annual report
årsbok yearbook, annual; ekon. annual accounts book
årsdag anniversary
årsinkomst annual (yearly) income (förtjänst profit)
årskontrakt contract by the year
årskort annual (yearly) season ticket; medlemskort annual membership card
årskull age group; t.ex. studenter batch
årskurs skol. form; amer. grade; läroplan curricul|um (pl. äv. -a)
årslång, *~a* fleråriga *förberedelser* [many] years of preparations; *en ~* ettårig *kamp* a year-long struggle
årslön annual (yearly) salary; *ha* 140 000 kr *i ~* have an annual income of...
årsmodell, *en bil av senaste ~* a car of the latest model
årsmöte annual meeting
årsring bot. annual ring
årsskifte turn of the year
årstid season, time of the year
årtag stroke [of an (resp. the) oar (the oars)]
årtal date
årtionde decade
årtusende millenni|um (pl. äv. -a); *ett ~* vanl. a thousand years; *årtusenden* vanl. thousands of years
ås geol. el. byggn. ridge
åsamka cause
åse betrakta watch; bevittna witness
åsido on one side; *skämt ~!* joking apart!
åsidosatt, känna sig ~ feel slighted
åsidosätta inte beakta disregard, set aside; försumma neglect, ignore
åsikt view; *han har inga egna ~er* he has no views of his own; *~erna är delade* opinions differ, opinions are divided
åsiktsfrihet freedom of opinion
åsiktsförföljelse o. **åsiktsförtryck** [the] suppression of [free] opinion
åsiktsregistrering polit. registration of political opinions (affiliations)
åsiktsutbyte exchange of views (opinions); *ett häftigt ~* gräl äv. a violent altercation
åska thunder äv. bildl.; åskväder thunderstorm; *~n går* it is thundering, there is a thunderstorm, there is thunder [and lightning]; *~n har slagit ned i* trädet the lightning has struck...; *det är ~ i luften* there is thunder in the air äv. bildl.
åskknall thunderclap

åskledare lightning conductor
åskmoln thundercloud; *han var som ett ~* he had a face like (as black as) thunder
åsknedslag stroke of lightning
åskrädd ...afraid of thunderstorms
åskvigg thunderbolt
åskväder thunderstorm
åskådare spectator; mera passiv onlooker (pl. lookers-on); mera tillfällig bystander; *åskådarna* publiken: på teater o.d. the audience; vid idrottstävling vanl. the crowd (båda sg.)
åskådarläktare på idrottsplats o.d. [grand]stand
åskådlig klar clear; målande, om t.ex. skildring graphic; tydlig perspicuous
åskådliggöra make...clear; belysa illustrate
åskådlighet clarity; jfr *åskådlig*
åskådning sätt att se outlook; uppfattning opinions, views; ståndpunkt attitude; friare way of thinking
åsna donkey, ass (båda äv. neds. om pers.)
åstad iväg off; *bege sig ~* go away (off), set out (off), leave
åstadkomma få till stånd bring about; förorsaka cause, make; frambringa produce; prestera achieve; uppnå attain, effect; skaffa procure; *~ underverk* work wonders
åsyfta allm. aim at; avse intend
åsyftad, ha ~ verkan have (produce) the desired effect
åsyn sight; *i allas ~* in full view of all (everybody); *han försvann ur deras ~* he was lost to (he passed out of) their sight (view)
åt I *prep* **1** om rumsförh. **a)** eg.: till to; [i riktning] mot towards, in the direction of; rummet *ligger ~ norr* ...faces north; segla *~ norr* ...north (northward[s]) **b)** friare, angivande [före]målet för en åtbörd, [sinnes]rörelse o.d. at, to; *nicka ~ ngn* nod at (to) a p.; *ropa ~ ngn* call out to a p. **2** uttr. dativförh. vanl. to; för ngn[s räkning] vanl. for; *ge ngt ~ ngn* give a th. to a p., give a p. a th.; *ägna sig ~ ngt (~ att* inf.) devote oneself to a th. (to ing-form) **3** han jämrade sig *så det var hemskt ~ det* it was terrible the way... **4** *två ~ gången* two at a time **II** *adv* hårt tight; *skruva* etc. *~* screw etc....tight
åtaga, *~ sig* ta på sig undertake, take [up]on oneself [*att* + inf. to + inf.]; ansvar o.d. äv. take on, assume
åtagande undertaking
åtal av åklagare prosecution; av målsägare [legal] action
åtala om åklagare prosecute, indict; om målsägare bring an action against

åtanke, *ha ngn (ngt) i* ~ remember a p. (a th.), bear a p. (a th.) in mind
åtbörd gesture, motion
åter 1 tillbaka back [again] **2** ånyo again; uttrycks vid många vb med prefixet re-; jfr ex. nedan; *nej och* ~ *nej* no, and no again!; no, a thousand times, no!; *skolan öppnas* ~ vanl. school reopens (will be reopened) **3** däremot again; å andra sidan on the other hand
återanpassa I *tr* rehabilitera rehabilitate **II** *rfl*, ~ *sig* readjust oneself [*till* to]
återanpassning rehabilitation
återanvända use...again, re-use; tekn., t.ex. skrot recycle
återanvändning re-use, re-utilization; tekn., t.ex. av skrot recycling
återberätta retell; i ord återge relate
återbesök nästa besök (hos läkare) next visit (appointment); *göra ett* ~ make another visit
återbetala repay, pay back; pengar refund; gottgöra [ngn] reimburse; *lånet skall* ~*s* efter fem år vanl. the loan is repayable...
återbetalning repayment; jfr *återbetala*
återblick retrospect; i bok flashback
återbud till inbjudan excuse; avbeställning cancellation; *vi fick flera* ~ till t.ex. middag several people [sent word that they] could not come; *ge (skicka)* ~ om inbjuden send word (ringa ~ phone) to say that one cannot come
återbäring allm. refund; hand. rebate; försäkr. dividend
återbörda restore
återerövra recapture, win back
återfall allm. relapse; i t.ex. sjukdom recurrence
återfalla 1 i synd relapse **2** falla tillbaka, skulden *återfaller på honom* ...recoils [up]on him
återfinna find...again; återfå recover; isht ngt förlorat retrieve; citatet *återfinns på sid. 27* ...is to be found on page 27
återfå allm. get...back; t.ex. hälsa recover; ~ *krafterna* regain one's strength, recuperate
återfärd journey back; *på* ~*en* on one's (the) way back
återföra eg. bring...back
återförena reunite; ~ *sig med...* rejoin...
återförening reunion; *Tysklands* ~ the reunification of Germany
återförsäljare detaljist retailer
återge o. **återgiva 1** tolka render; äv. om ljud o.d. represent; skildra depict **2** ge tillbaka ~ *ngn friheten* restore a p. to liberty
återgivande o. **återgivning** (jfr *återge 1*) rendering, reproduction, representation, depiction; ljud~ o.d. reproduction
återgå 1 återvända go back **2** upphävas be cancelled
återgång 1 återvändande return **2** av köp cancellation
återgälda återbetala repay; ~ *ont med gott* return good for evil
återhållen, *med* ~ *rörelse (vrede)* with suppressed emotion (anger)
återhållsam behärskad restrained; måttfull moderate, temperate
återhållsamhet restraint; moderation; jfr *återhållsam*
återhämta I *tr* hand. recover **II** *rfl*, ~ *sig* recover [*efter, från* from]
återhämtning recovery
återigen again
återinföra allm. reintroduce; varor reimport
återinsätta reinstate
återinträde re-entry; resumption; return
återkalla 1 kalla tillbaka call...back; t.ex. ett sändebud recall; ~ *ngn till livet (verkligheten)* bring a p. back to life (reality) **2** ställa in cancel; t.ex. befallning, erbjudande withdraw
återklang bildl. echo
återknyta förbindelser re-establish; vänskap renew; umgänge resume; ~ *till* vad man tidigare sagt refer (go back) to...
återkomma return äv. bildl.; come back
återkommande regelbundet recurrent; *ofta* ~ frequent
återkomst return
återköp repurchase
återlämna se *lämna* [*tillbaka*]
återresa journey back; *på* ~*n* on one's (the) way back
återse see (träffa meet)...again
återseende reunion; *på* ~*!* i brevslut hoping to meet you again [soon]
återsken reflection; *kasta ett* ~ *på* bildl. be reflected in
återspegla reflect båda äv. bildl.
återspegling reflection
återstod rest, remainder; hand. el. amer. äv. balance; lämning remnant; ~*en av* förmögenheten vanl. the residue of...
återstå remain; *det* ~*r att bevisa* it remains to be proved; *det värsta* ~*r ännu* the worst is still to come; att göra the worst still remains to be done (att säga to be said)
återstående remaining
återställa 1 försätta i sitt förra tillstånd restore; återupprätta re-establish; iståndsätta repair; ~ *ngt i dess tidigare (forna) skick* restore

a th. to its former condition **2** återlämna restore
återställare vard. pick-me-up, bracer
återställd, *han är [fullt] ~ efter* sin sjukdom he is [quite] restored after..., he has [quite] recovered from...
återsända send back
återtaga 1 eg. take back; återerövra recapture; återvinna recover **2** återuppta, återgå till resume; *hon återtog sitt flicknamn* she reassumed her maiden name **3** återkalla withdraw; löfte retract
återtåg mil. retreat
återuppbygga rebuild, reconstruct
återuppleva, *~ sitt liv* live one's life over again
återuppliva allm. bring...back to life, revive; bekantskap renew
återupprätta på nytt upprätta re-establish, restore; ge upprättelse åt rehabilitate
återupprättelse rehabilitation
återuppstå rise again; friare be revived, emerge again; *~ från de döda* rise from the dead
återupptaga resume
återupptäcka rediscover
återuppväcka reawaken; *~ ngn från de döda* raise a p. from the dead
återval re-election
återverka react, have repercussions
återverkan o. **återverkning** repercussion
återvinna eg. win back; återfå recover, regain; avfall, mark reclaim; t.ex. aluminium från ölburkar recycle
återvinning av avfall reclamation; av t.ex. aluminium från ölburkar recycling
återväg way back; *på ~en blev jag...* on my (the) way back...
återvända return äv. friare; turn (go, come) back
återvändo, *det finns (ges) ingen ~* there is no turning (going) back, we are at the point of no return; *utan ~* oåterkallelig irrevocable
återvändsgata cul-de-sac fr.; dead end street
återvändsgränd blind alley; bildl. impasse; *råka in i en ~* bildl. come to (reach) a dead end
återväxt 1 eg. regrowth **2** bildl. coming (young) generation; *sörja för ~en inom teatern* provide...with young (fresh) talent
åtfölja [be]ledsaga accompany; följa efter follow; vara bifogad till be enclosed in
åtgång förbrukning consumption; avsättning sale; *ha stor (liten) ~* sell well (badly)
åtgången, *illa ~* ...that has (had osv.) been roughly treated (handled)

åtgärd measure; [mått o.] steg step, move; *vidta ~er* take measures (steps, action)
åtgärda attend to; *det måste vi ~* göra något åt we must do something about it
åthutning reprimand; *ge ngn en [ordentlig] ~* äv. give a p. a good dressing-down
åthävor behaviour, manners; *utan ~* without a lot of fuss
åtkomlig som kan nås ...within reach
åtlyda lyda obey; efterleva observe; rätta sig efter conform to; *bli åtlydd* be obeyed
åtlydnad obedience
åtlöje löje ridicule, derision; föremål för löje laughing-stock; *bli till ett ~* hela staden become the laughing-stock of...
åtminstone allm. at least
åtnjuta allm. enjoy; respekt possess; uppbära receive, be in receipt of; *~ gott anseende* äv. have a good reputation
åtnjutande enjoyment; *han är (har kommit) i ~ av* särskilda förmåner he receives (has received)...
åtrå I *s* desire **II** *tr* desire; trakta efter covet
åtråvärd desirable
åtsittande tight[-fitting]
åtskild separate
åtskillig 1 *~[t]* fören. a great (good) deal of, considerable, not a little; självst. a great (good) deal **2** *~a* fören. el. självst.: flera several; några some; fören. äv.: många quite a number of, a great (good) many; olika various
åtskilligt a good deal
åtskillnad, *göra ~ mellan* make a distinction between, distinguish (differentiate) between
åtstramning av kredit o.d. squeeze; av t.ex. ekonomin tightening[-up]; på börsen stiffening
åtstramningspolitik policy of austerity (restraint)
åtta I *räkn* eight; *~ dagar* vanl. a week; *i dag [om] ~ dagar* this day week, a week today, this day [next] week; jfr *fem* o. sammansättn. **II** *s* eight äv. roddsport o. skridskofigur; jfr *femma*
åttasidig eight-sided, octagonal
åttatimmarsdag eight-hour [working-]day
åttio eighty
åttionde eightieth
åttkantig octagonal
åttonde eighth; *var ~ dag* every (once a) week; jfr *femte* o. sammansättn.
åttondedel eighth [part]; jfr *femtedel*
åttondelsnot mus. quaver, amer. eighth note
åverkan damage

1 ä bokstav the letter ä
2 ä oh!, ah!
äckel 1 disgust, repugnance; *känna ~ för (över) ngt* feel sick (nauseated) at a th., loathe a th. **2** äcklig person disgusting creature, creep
äckla 1 nauseate; friare disgust; *det ~r mig* äv. it makes me sick, it turns my stomach **2** vard., göra avundsjuk tantalize
äcklas be disgusted (nauseated)
äcklig eg. nauseating; om t.ex. smak, vard. yucky; motbjudande repulsive; vidrig disgusting
ädel noble
ädelmetall precious metal
ädelmod generosity; storsinthet magnanimity
ädelmodig generous; storsint magnanimous
ädelost blue (blue-veined) cheese
ädelsten precious stone; juvel gem
ädling noble[man], man of noble birth
äga I *s, ägor* grounds; estate, property (båda sg.); se äv. *ägo* **II** *tr* **1** ha i sin ägo, besitta possess; ha have; rå om own, be the owner (resp. proprietor, jfr *ägare*) of; åtnjuta, t.ex. förtroende enjoy; inneha hold; *~ ngt gemensamt (tillsammans)* share a th., own a th. in common **2** friare *~ frihet att* +inf. be at liberty (be free) to ~inf.; *~ rätt att* +inf. have a (the) right (be entitled) to +inf.
äganderätt ownership; jfr *ägare*; besittningsrätt right of possession; upphovsrätt copyright
ägare owner; isht till restaurang proprietor; innehavare (äv. tillfällig) possessor; *byta ~* äv. change hands
ägg egg; vetensk. ovum (pl. ova); *ruva (ligga) på ~* sit on eggs, brood
äggcell anat. ovum (pl. ova)
äggklocka [egg] timer
äggkläckningsmaskin hatcher
äggkopp egg cup
äggledare anat. Fallopian tube, oviduct
ägglossning fysiol. ovulation
äggröra scrambled eggs
äggskal eggshell
äggstanning kok. baked egg
äggstock anat. ovary
äggtoddy egg nog, egg flip
äggula [egg] yolk; *en ~* vanl. the yolk of an egg
äggvita 1 vitan i ett ägg egg white; *en ~* vanl. the white of an egg **2** ämne albumin; i ägg albumen
äggviteämne protein; enkelt albumin
ägna I *tr* devote; högtidl. dedicate; skänka bestow **II** *rfl* **1** *~ sig åt* devote oneself to [*att göra ngt* doing a th.] **2** *~ lämpa sig för* be suited (adapted) for (to); om sak äv. lend itself to
ägo, *ha i sin ~* possess; *komma i ngns ~* come into a p.'s hands; *vara i privat ~* be private property (privately-owned); om konstverk be in a private collection
ägodelar property, possessions; *jordiska ~* worldly goods
ägor se *äga I*
äh se *2 ä*
äkta I *adj* **1** mots. falsk: allm. genuine; autentisk authentic; om t.ex. porslin, silver real; ren pure; uppriktig sincere; sann, om t.ex. poet true; sannskyldig veritable; *det här är ~ vara* this is the real thing (vard. the goods) **2** om börd *~ barn (börd)* åld. legitimate child (birth); *~ maka (make)* [högtidl. wedded (lawful)] wife (husband); *~ makar* husband (man) and wife, married people **II** *adv* genuinely; *så ~ svenskt!* how very Swedish!
äktenskap marriage; *~et* jur. äv. el. högtidl. matrimony
äktenskaplig matrimonial; om t.ex. plikt conjugal; om t.ex. lycka married, connubial; *~t samliv* married life
äktenskapsbrott adultery
äktenskapsförord jur. premarital (marriage) settlement
äktenskapshinder jur. impediment to marriage
äktenskapslöfte promise of marriage; *brutet ~* breach of promise
äktenskapsmäklare o. **äktenskapsmäklerska** vard. matchmaker
äktenskapsrådgivning marriage guidance (counselling)
äktenskapsskillnad jur. divorce
äkthet genuineness; jfr *äkta I 1*
äldre older; om familjemedlemmar elder; amer. vanl. older; i tjänst o.d. senior; tidigare earlier; prior, anterior; ursprungligare more primitive; Sten Sture *den ~* ...the Elder; *på ~ dagar (dar) var han...* as an old man (in his old age) he was...; *av ~ datum* of an earlier date; *rätt gammalt en ~ rätt gammal herre* an elderly gentleman; *~*

[*människor*] ~ än andra older (rätt gamla old, elderly) people; *i ~ tider* in older (more ancient, rätt gamla ancient) times; *~ årgång av* t.ex. tidskrift old (back) volume
äldreomsorg [the] care of old people; isht amer. eldercare
äldst oldest; om familjemedlemmar ofta eldest; amer. vanl. oldest; i tjänst o.d. senior; tidigast earliest; *vem är ~ av oss?* which of us is the oldest (resp. eldest, av två äv. older resp. elder)?
älg elk; amer. moose (pl. lika)
älgjakt jagande elk-hunting; amer. moose-hunting; expedition elk-hunt; amer. moose-hunt
älgstek maträtt roast elk (amer. moose)
älska love; tycka om like; dyrka adore; *~ med ngn* make love to a p., have sex with a p.; *han ~r att dansa* he loves (is [very] fond of) dancing
älskad beloved, loved; *hans ~e böcker* his beloved (precious) books; *hennes ~e* subst. adj. her beloved (darling, älskare lover)
älskande kärleksfull loving
älskare lover; *en ~ av god litteratur* a lover of...
älskarinna mistress
älsklig intagande lovable; behaglig charming
älskling darling; isht amer. honey; käresta sweetheart; favorit pet
älsklingsbarn favourite child; *familjens ~* the pet of the family
älsklingsrätt favourite dish
älskog litt. love-making
älskvärd vänlig kind, amiable; förtjusande charming; förbindlig complaisant
älskvärdhet egenskap kindness; charm; complaisance; jfr *älskvärd*
älta knåda knead; bildl. go over...again and again, dwell on; *~ samma sak* vanl. be harping on the same string
älv river
älva fairy, elf (pl. elves)
ämbete office; *inneha ett offentligt ~* hold an official position (an office); *i kraft av sitt ~* by (in) virtue of [one's] office; *i egenskap av ämbetsutövare* in one's official capacity
ämbetsman public (Government) official, official
ämbetsrum office
ämbetsverk civil service department
ämna ha för avsikt intend, propose; amer. äv. aim
ämnad avsedd intended, meant; förutbestämd destined; *glåpordet var ämnat åt* riktat mot *mig* ...was aimed at me

ämne 1 material material; tekn., metallstycke till mynt, nycklar o.d. blank; *det finns ~ till en stor författare hos honom* he has the makings of (is cut out to be)... **2** stoff, materia matter; t.ex. organiskt substance, stuff; *flytande ~n* liquids **3** tema, samtals~ subject; *frivilligt ~* skol. optional subject; amer. elective [subject]; *byta samtals~* change the subject; *litteraturen i ~t* ...on this subject; *hålla sig till ~t* keep to the subject (point, matter in question); *komma till ~t* come to the point
ämneslärare specialist teacher, teacher of a special subject
ämnesområde subject field
ämnesomsättning fysiol. el. kem. metabolism
ämnesval choice of subject
än I *adv* **1** se *ännu* **2** också *om ~* even if; fastän, ehuru (vanl.) [even] though; *ett rum om ~ aldrig så litet* ...however small [it may be], ...no matter how small; *hur mycket jag ~ tycker om honom* however much I like him, much as I [may] like him, fond as I am of him **3** *~ sen då?* vad är det med det då? well, what of it?; vard. so what? **4** *~...~...* ibland...ibland... sometimes..., sometimes...; now..., now...; *ena minuten...andra minuten...* one moment..., the next moment... **II** *prep* o. *konj* **1** efter komp. than; *äldre ~* older than; se äv. under *mera* o. *mindre* **2** *annan* osv. *~* se under *annan* 3
ända I *s* **1** end; spetsig *~* tip; stump bit, piece; sjö., tåg*~* [bit of] rope; *~n på stången* the end of...; *resa till världens ände* ...the ends pl. of the earth; *börja i fel (galen) ~* begin (start) at the wrong end; *[hela] dagen i ~* all [the] day long **2** vard., persons bakdel behind; *få ~n ur vagnen* get on with it, pull one's finger out; *ge ngn en spark i ~n* give a p. a kick on the behind (in the pants) **II** *tr* o. *itr* end **III** *adv* längst, helt o.d. right; så långt som as far as; hela vägen all the way; *~ [bort] till...* fram till right to...; så långt som till as far as...; hela vägen till all the way to...; *~ fram till dörren*, jul right up to...; *~ till* jul until (till)...; fram till right up to...; *~ ut i fingerspetsarna* to the (his osv.) very finger-tips
ändamål purpose; end; avsikt aim; *~et med resan* the purpose (object) of...; *det fyller sitt ~* it serves its purpose; *för detta ~* for this purpose, to this end; *för välgörande ~* for charitable (benevolent) purposes; *ha ngt till ~* have...as an end
ändamålsenlig ...[well] adapted (suited, fitted) to its purpose, suitable; lämplig

expedient; praktisk practical; *den är mycket ~* it is very much to the purpose

ändamålslös purposeless; objectless; aimless; jfr *ändamål*; gagnlös useless; olämplig inappropriate

ände se *ända I*

ändelse språkv. ending, termination

ändhållplats termin|us (pl. äv. -i)

ändlös endless; som aldrig tar slut interminable

ändpunkt terminal (extreme) point; järnv. o.d. termin|us (pl. äv. -i)

ändra I *tr* o. *itr* allm. alter; mera genomgripande change; byta, ställning shift; rätta correct; förbättra amend; delvis ~ modify; *~ om* ngt *[till]* change (förvandla convert, transform)...[into] **II** *rfl, ~ sig* förändras alter, change; besluta sig annorlunda change one's mind; ändra åsikt äv. change one's opinion; komma på bättre tankar think better of it

ändring alteration äv. av kläder; change; shift; correction; jfr *ändra I*; *en ~ till det bättre* a change for the better

ändringsförslag proposed alteration; betr. lag o.d. amendment

ändstation järnv. termin|us (pl. äv. -i), terminal

ändtarm anat. rectum

ändå 1 likväl yet; icke desto mindre nevertheless; trots allt all the same, for all that; när allt kommer omkring after all; i vilket fall som helst anyway, anyhow; *medan du ~ håller på* while you're about (at) it; *jag har ~ i alla fall redan mycket att göra* I have got a lot to do anyway (anyhow el. as it is) **2** vid komp. still; *~ bättre* still (even) better **3** i önskesats only; *om du ~ vore här!* if only you were here!, [how] I do wish you were here!

äng meadow; poet. mead

ängel angel äv. bildl.; isht konst. cherub (pl. äv. -im); *ha en ~s tålamod* have the patience of Job (of a saint)

änglalik angelic, angelical

ängsblomma meadow flower

ängslan anxiety; stark. apprehension; oro alarm, nervousness

ängslas be (feel) anxious (alarmed) *[för, över* about]; oroa sig worry *[för, över* about]

ängslig 1 rädd anxious; nervös nervous, upset; oroande worrying; *var inte ~!* don't worry!, don't be afraid!; *vara ~ för* följderna fear (stark. dread)... **2** *med ~* pinsam *noggrannhet* with [over-]scrupulousness

ängsmark meadowland; *~er* äv. meadows

änka widow

änkedrottning queen dowager (regents moder mother)

änkeman widower

änkepension widow's pension

änkestånd widowhood

änkling widower

ännu 1 om tid: isht om ngt ej inträffat yet; fortfarande still; hittills [as] yet; så sent som only, as late as; *är han här ~?* has he come is he here yet?; är han kvar is he still here?; *~ så länge* hittills so far, up to now **2** ytterligare more; *~ en* one more, [yet] another **3** framför komp. still; ibl. (stark.) yet; *~ bättre* even better, better still

äntligen om tid: till slut at last, finally

äntra sjö. el. allm. **I** *tr* board **II** *itr* climb

äppelkaka apple cake

äppelkart green (unripe) apple (koll. apples pl.)

äppelmos mashed apples, apple sauce

äppelpaj apple pie

äppelskrott o. **äppelskrutt** apple core

äppelträd apple [tree]

äppelvin ung. cider

äpple apple; herald. pomey; *~t faller inte långt från trädet* like father, like son; he (resp. she) is a chip of the old block

ära I *s* honour; beröm credit; berömmelse glory; *det är en [stor] ~ för mig att* + inf. it is a great honour for me to + inf.; *få ~n för* ngt get the credit for...; *[jag] har den ~n [att gratulera]!* congratulations!; *ta åt sig ~n* take the credit; uppslagsböcker *i all ~* with all due deference to...; *på (vid) min ~!* [up]on my honour (word)!; *dagen till ~* in honour of the day **II** *tr* honour, do (pay) honour to; vörda venerate; *~[s] den som ~s bör* honour where (to whom) honour is due

ärad honoured; aktad el. korrespondent esteemed; *~e kollega!* i brev Dear Colleague, *~e åhörare!* ladies and gentlemen!

ärbar decent, modest

ärbarhet decency, modesty

äregirig ambitious, aspiring

ärekränkande defamatory

ärekränkning defamation

ärelysten ambitious

ärende 1 uträttning errand; uppdrag commission; budskap message; *vad är ert ~?* is there anything I can do for you?, what brings you here?; *ha ett ~ till stan* have business in town; *skicka ngn [i] ett ~* send a p. on an errand; *många är ute i samma ~* many people are after the same

thing 2 fråga matter; fall case; *nästa ~ [på föredragningslistan]* the next item [on the agenda]
ärevarv sport. lap of honour (pl. laps of honour)
ärevördig venerable; stark. reverend
ärftlig hereditary; som går i arv inheritable; *det är ~t* vanl. it runs in the family
ärftlighet biol. heredity; om t.ex. sjukdom hereditariness
ärftlighetslära theory of heredity, genetics
ärg verdigris; isht konst. patina
ärgig verdigrised; isht konst. patinated
ärkebiskop archbishop
ärkefiende arch-enemy
ärkehertig archduke
ärkenöt vard. utter fool
ärkeängel archangel
ärla zool. wagtail
ärlig honest; vard. straight; rättfram straightforward; redbar, om t.ex. karaktär upright; hederlig honourable; om t.ex. blick frank; uppriktig sincere; rättvis fair; *om jag skall vara ~* tror jag honestly (to be honest)...; *ett ~t svar* an honest (a straight) answer
ärligen honestly osv., jfr *ärlig*
ärlighet honesty, straightforwardness osv., jfr *ärlig*; *~ varar längst* honesty is the best policy
ärligt, *~ talat* to tell the truth, to be honest, honestly; *se till att det går ~ till* see that there is fair play
ärm sleeve
ärmhål armhole
ärmlös sleeveless
ärofull glorious; om t.ex. reträtt honourable
ärorik glorious; om pers. illustrious
ärr scar äv. bot.; isht vetensk. cicatrice; kopp~ pockmark; rispa scratch
ärrig scarred; kopp~ pockmarked
ärt o. **ärta** pea; *ärter och fläsk* soppa [yellow split] pea soup with pork
ärtbalja [pea] pod; utan ärtor [pea] shell
ärtsoppa pea soup
ärtväxt leguminous plant
ärva, *[få] ~* inherit *[av, efter* from]; en tron succeed to...; *jag har fått ~ [pengar]* I've come into money, I've been left some money
ärvd inherited; medfödd hereditary
äsch oh!; tusan också bother!; *~,* det spelar ingen roll! oh well,...!
äska, *~ tystnad* call for silence
äss kortsp., tennis el. bildl. om pers. ace
ässja forge
äta I *tr* o. *itr* eat; inta (t.ex. frukost osv. el. enstaka maträtt) vanl. have; bruka inta sina måltider, vanl. have (take) one's meals; om djur (livnära sig på) feed on; ta (t.ex. piller, medicin) take; *vi äter [frukost (lunch* etc.)] *kl...* we have (eat) [our] breakfast (lunch etc.)...; *~ lunch* have lunch; *~ middag* have dinner, dine; *~ glupskt* eat greedily, devour one's food, guzzle, gobble; *~ gott* el. *bra (dåligt)* få god (dålig) mat get good (poor) food; *~ litet* el. *dåligt (mycket)* vara liten (stor) i maten be a poor (big, hearty) eater; *ät lite* nu*!* have some food (a bite)!; *duga att ~* vara njutbar be eatable (ej giftig edible) **II** *rfl,* *~ sig mätt* have enough to eat, satisfy one's hunger
III med beton. part.
~ sig igenom gm nötning wear its way through
~ ihjäl sig gorge oneself to death
~ sig in i... om djur eat into...; om stickor o. dyl. (i kroppen) bore into...
~ upp eat [up]; *jag har ätit upp [maten]* I have finished my food; *det skall han få ~ upp!* bildl. he'll have that back [with interest]!, he hasn't heard the last of that yet!
ätbar njutbar eatable; ej giftig, se *ätlig*
ätlig edible; vetensk. esculent
ätt family; kunglig dynasty; *den siste av sin ~* ...of his line
ättika vinegar; kem. acetum; *lägga in i ~* pickle
ättiksgurka sour pickled gherkin
ättiksprit vinegar essence
ättiksyra kem. acetic acid
ättling descendant; offspring (pl. lika)
även också also, ...too; likaledes ...likewise; till och med even; *~ om* even if; fastän even though
ävenledes also
ävensom as well as
ävenså also
äventyr 1 allm. adventure; missöde misadventure; *gå ut på ~* go [out] in search of adventure **2** kärleksaffär love affair, romance **3** vågsamt företag hazardous venture (enterprise) **4** *till ~s* perchance, peradventure
äventyra sätta på spel risk; utsätta för fara endanger, imperil
äventyrare adventurer, soldier of fortune
äventyrerska adventuress
äventyrlig adventurous; riskabel venturesome; lättsinnig loose
äventyrlighet adventurousness etc., jfr *äventyrlig; inlåta sig på ~er* enter [up]on risky (hazardous) undertakings
äventyrslusta love of adventure
äventyrslysten adventure-loving

äventyrsroman story of adventure; klassisk romance

1 ö bokstav the letter ö, o with two dots
2 ö island; poet. el. vissa önamn isle
öbo islander
1 öde fate; bestämmelse destiny; lott lot; *~t* som personifikation Fate, Destiny; lyckan Fortune; *förena sitt ~ med...* throw (cast) in one's lot with...; *gå sitt ~ till mötes* [go to] meet one's fate
2 öde desert, waste; enslig solitary; ödslig desolate; obebodd uninhabited, övergiven deserted; tom empty, vacant
ödelägga lägga öde lay...waste; förhärja ravage; förstöra ruin, destroy
ödeläggelse ödeläggande laying waste; som resultat waste; härjning devastation; förstörelse ruin
ödemark waste; obygd wilds, amer. backwoods
ödesbestämd fated
ödesdiger ödesmättad fateful; katastrofal fatal; olycksbringande disastrous, ill-fated
ödesmättad fateful
ödla lizard
ödmjuk allm. humble; undergiven submissive, meek; vördnadsfull respectful
ödmjuka, *~ sig* humble oneself [*inför* before]
ödmjukhet humility; submission
ödsla, *~ med (bort)* waste, squander
ödslig desolate; övergiven deserted; dyster dreary
ödslighet desolateness; övergivenhet desertedness; dysterhet dreariness
öga 1 allm. eye äv. nåls~ o.d.; *så långt ~t når* as far as the eye can reach; *ge ngn ögon* make eyes at a p., give a p. the glad eye; *ha ~ för...* have an eye for...; *ha (hålla) ett ~ (ögonen) på...* keep an eye on...; *hålla ögonen öppna* keep one's eyes open; *i mina (folks) ögon* in my (people's) eyes (opinion, view); *jag har ljuset (solen) i ögonen* ...is in my eyes; **2** på tärning o. kort pip
ögla loop; *slå (göra) en ~ på* tråden loop...
ögna, *~ i ngt* have a glance (look) at a th., glance at a th.
ögonblick moment; *ett ~!* one moment [please]!, just a moment (minute, second)!; *det tror jag inte ett ~* I don't believe that for a (one single) moment; *det avgörande ~et* the critical moment; *i samma ~* [*som*] jag såg honom the moment (instant, minute)...; *i* [*allra*] *sista ~et* at the [very] last moment, in the nick of time; *om ett ~* el. *på ~et* in a moment, in an instant
ögonblicklig instantaneous; omedelbar instant
ögonblickligen instantaneously; omedelbart instantly, immediately; genast at once, right now
ögonblicksbild skildring on-the-spot account
ögonbryn eyebrow; *rynka (höja [på]) ~en* knit (raise) one's [eye]brows
ögondroppar eye drops
ögonfrans [eye]lash
ögonglob eyeball
ögonhåla [eye] socket
ögonkast glance; *vid första ~et* at first sight, at the first glance
ögonlock eyelid
ögonläkare eye specialist
ögonmått, *ha gott ~* have a sure eye
ögonmärke aiming (sighting) point; *ta ~ sikte på...* aim at...
ögonsjukdom eye (ophthalmic) disease
ögonskugga kosmetisk eyeshadow
ögonsten bildl. *ngns ~* the apple of a p.'s eye; *om favorit o.d. äv. a p.'s* darling (pet)
ögontjänare timeserver
ögonvita white of the eye (pl. whites of the eyes)
ögonvittne eyewitness
ögonvrå corner of the (resp. one's) eye
ögrupp group (cluster) of islands
öka I *tr* allm., t.ex. pris, fodringar increase; förstärka augment; *till~* add to; utvidga enlarge; förhöja (med saksubj.), värdet av enhance; *~ farten (hastigheten)* speed up, pick up speed; *~ kapitalet med 5 miljoner* add...to the capital **II** *itr* increase; utvidga augment; *om sjö el. brottsligheten ~r ...is on* the increase
öken desert
ökenartad desert-like
öknamn nickname; *ge...*[*ett*] *~* nickname...
ökning increase; augmentation, addition; enlargement, enhancement
ökänd notorious
öl beer; [*ljust*] *~* äv. pale ale; *mörkt ~* stout
ölback beer crate
ölburk tom beer can; med innehåll can of beer
ölflaska tom beer bottle; full bottle of beer
ölglas tomt beer glass; glas öl glass of beer
öljäst brewer's yeast

ölsinne, *ha gott (dåligt)* ~ be able (unable) to hold one's liquor, carry one's liquor well (badly)
ölunderlägg beer mat
ölöppnare bottle opener
öm 1 ömtålig tender; känslig sensitive; hudlös raw; *en ~ punkt* bildl. a tender (sensitive) spot, a sore point **2** kärleksfull tender; *~ omtanke* solicitude
ömfotad, *vara* ~ have tender (sore) feet, be footsore
ömhet 1 smärta o.d. tenderness **2** kärleksfullhet tenderness, [tender] affection
ömhetsbehov need (craving) for affection
ömhetsbetygelse o. **ömhetsbevis** proof (token, mark) of affection, endearment
ömhjärtad vek tender-hearted; deltagande sympathetic
ömka I *tr* commiserate, pity **II** *rfl,* ~ *sig över* ngn: hysa medkänsla med feel sorry for...; tycka synd om pity...; förbarma sig över take pity on...
ömkan pity
ömkansvärd pitiable; stackars poor
ömklig bedrövlig deplorable; *en ~ syn* a sad (pitiful, sorry) sight
ömma 1 göra ont be (feel) tender (sore) **2** *~ för* hysa medlidande med feel [compassion] for, sympathize with
ömmande behjärtansvärd *ett ~ fall* a distressing (om pers. deserving) case
ömsa change; *ormen ~de skinn* ...sloughed (cast, shed) its skin
ömse, *på ~ håll (sidor)* on both sides, on each (either) side
ömsesidig mutual; *~t beroende* interdependence
ömsesidighet reciprocity
ömsevis alternately; i tur och ordning by turns
ömsinnad o. **ömsint** ömhjärtad tender[-hearted]; *vara ~* äv. have a tender heart
ömsinthet tenderness of heart
ömsom, *~...~...* sometimes..., sometimes...; ...and...alternately
ömt, *älska ~* love dearly
ömtålig a) mer eg.: som lätt tar skada easily damaged; om t.ex. tyg flimsy; skör fragile; lättförstörd perishable b) friare: klen (om t.ex. mage), kinkig (om t.ex. fråga) delicate; känslig sensitive; mottaglig susceptible; lättretlig irritable; *en ~ blomma* a delicate flower
ömtålighet liability to damage; flimsiness, brittleness; perishableness; susceptibility; irritability; jfr *ömtålig*
önska wish äv. tillönska; *~ sig* vanl. wish for; åstunda desire; livligt ~ be desirous [*ngt* of a th.; *att* +inf. to +inf.]; behöva, begära require; gärna vilja, vilja ha want; *~ ngn hjärtligt välkommen* give a p. a hearty welcome
önskan wish; desire; begäran request; jfr *önska*; *efter ~* according to one's wishes; den var *efter ~* ...to his (her osv.) liking; *mot min ~* against (contrary to) my wishes
önskedröm dream; *det är bara en ~* ...just a pipedream
önskelista list of presents one would like [inför födelsedag (jul) for one's birthday (for Christmas)]
önskemål wish; *var det några andra ~?* is there anything else you would like?; *särskilda ~* special requirements
önskeprogram i radio o. tv request programme
önsketänkande wishful thinking
önskeväder ideal weather
önskning, *nå sina ~ars mål* attain the object of one's desire[s] (wishes)
önskvärd desirable; *icke ~* undesirable
önskvärdhet desirability
öppen open äv. språkv.; vid free; tom blank; offentlig public; om t.ex. uppsyn ingenuous; ärlig above-board end. pred.; oförtäckt undisguised, plain; mottaglig susceptible; *~ anstalt* open institution; *~ blick* candid (ingenuous) look; *ute på öppna sjön* out on the open sea; *öppet dygnet runt* open night and day, open all round the clock; *vara ~ för nya idéer* have an open mind
öppenhet openness; uppriktighet frankness; mottaglighet susceptibility
öppenhjärtig open-hearted; *vara ~* äv. wear one's heart on one's sleeve
öppenvård se *vård*
öppettid, *~er* opening hours pl., opening and closing times (hours) pl.
öppna I *tr* open; låsa upp unlock; slå upp broach; veckla ut open out, expand; *~ för* ngn open the door for..., let...in **II** *rfl,* ~ *sig* open; visa sig äv. open up; slå ut äv. expand; vidga sig open out
öppnande opening
öppning allm. opening äv. schack.; mynning orifice; hål aperture; ingång inlet; i skog glade
öra 1 anat. ear äv. bildl.; *man ska höra mycket innan öronen faller av!* well, that beats everything!, I've never heard such a thing!; *ha ~ för musik* have an ear for music; *klia sig bakom ~t* scratch one's head; *det ringer (susar) i öronen på mig*

my ears are ringing (buzzing); *höra dåligt (vara döv) på högra ~t* hear badly with (be deaf in) one's right ear; *vara på ~t vard.* be tipsy **2** handtag på kopp, tillbringare handle
öre öre; *vara utan ett ~* not have a penny; *inte värd ett rött ~* not worth a brass farthing (tuppence, amer. [red] cent)
Öresund the Sound
örfil box on the ear[s]; *ge ngn en ~* give a p. a box on the ear[s], se äv. *örfila*
örfila, *~ [upp] ngn* box a p.'s ears, smack a p.'s face, clout a p.
örhänge 1 smycke earring; isht långt eardrop; öronclips earclip **2** schlager hit
örike island (insular) state (country); *det brittiska ~t* Britain, the British Isles pl.
öring zool. salmon trout (pl. lika)
örlogsbas naval base
örlogsfartyg warship (pl. men-of-war)
örlogsflotta navy; samling fartyg battle fleet
örlogskapten lieutenant commander
örn eagle
örngott pillow case (slip)
örnnäsa aquiline (hook) nose
örnnäste aerie
öronbedövande ear-splitting
öronclips earclip
öroninflammation inflammation of the ear (ears); vetensk. otitis
öronlapp på mössa earflap
öronlappsfåtölj wing chair
öronläkare ear specialist; *öron-, näs- och halsläkare* ear, nose, and throat specialist
öronmärka earmark
öronpropp 1 vaxpropp plug of wax **2** skyddspropp earplug **3** radio earphone
öronsjukdom disease of the ear, aural disease
öronskydd, *ett ~* a pair of earmuffs
örring earring
örsnibb anat. [ear] lobe
ört herb; *~er* äv. herbaceous plants
örtagård herb garden; bildl. garden
örtte herb tea
ösa I *tr* scoop; sleva ladle; isht tekn. lade; hälla pour; *~ en båt [läns]* bale (bail) [out] a boat; *~ en stek* baste a joint **II** *itr, det öser ned* nu it's pouring (pelting) down; vard. it's raining cats and dogs
öskar bailer
ösregn pouring rain, downpour
ösregna pour; *det ~r* it's pouring (pelting) down, it's coming down in buckets
öst east (förk. E)
östan o. **östanvind** east wind
Östasien Eastern Asia
östblocket hist. the Eastern bloc

öster I *s* väderstreck the east; *Östern* the East, the Orient **II** *adv* [to the] east
österifrån from the east
österländsk oriental
österrikare Austrian
Österrike Austria
österrikisk Austrian
Östersjön the Baltic [Sea]
österut åt öster eastward[s]; i öster in the east
Östeuropa Eastern Europe
östkust east coast
östlig easterly; east; eastern; jfr *nordlig*
östligare m.fl., jfr *nordligare* m.fl.
östra t.ex. sidan the east; t.ex. delen the eastern; jfr *norra*
östrogen fysiol. oestrogen; amer. estrogen
Östtyskland hist. East Germany
öva I *tr* **1** träna train; *~ skalor* mus. practise scales **2** utöva: t.ex. grymhet commit; rättvisa do; inflytande exercise **II** *rfl, ~ sig* practise
över I *prep* **1** i rumsbet. **a)** allm. over; ovanför above; tvärsöver across; ned över [up]on; utöver beyond vanl. bildl.; *bred ~ axlarna* broad across the shoulders; *~ all beskrivning [vacker]* [beautiful] beyond description; *bo ~ gården* live across the [court]yard; *det går ~ min förmåga (mitt förstånd, min horisont)* it is beyond me (above my head); *lägg [över] någonting ~ maten* put something over...; *plötsligt var ovädret ~ oss* suddenly the storm was (came) [up]on us; *han är inte ~ sig* t.ex. nöjd, lycklig he's none too...; t.ex. rik, begåvad he's not all that... **b)** via via; ibl. by [way of]; *tåg till London ~ Ostende* ...London via Ostend **c)** för att beteckna överhöghet o.d. vanl. over; i fråga om rang above; *makt (seger) ~ power (victory)* over; *bestämma ~...* avgöra decide...; dominera, leda dominate... **2** i tidsbet. **a)** uttr. tidrymd over; resa bort, bortrest *~ julen (sommaren)* ...over Christmas (the summer) **b)** *klockan är fem ~ [fem]* it is five past (amer. äv. after) [five] **3** mer än over, more than, upward[s] of; *~ 50 kronor (kilo, år)* over fifty... **4** i prep. attr. uttr. genitivförh. of; *en karta ~ Sverige* a map of Sweden **5** om, angående [up]on; *grubbla ~* ponder over (on) **6** med anledning av o.d. oftast at; ibl. of; *förtjust (otålig) ~* delighted (impatient) at; *stolt ~* proud of; *svära ~* swear at; *undra ~* wonder at
II *adv* **1** over; above; across; en säng *med en filt ~* ...with a blanket over it; *resa ~ till England* go over to England **2** slut over; *faran är ~* the danger is over (past)

3 kvar left, [left] over; till förfogande to spare; *jag har* 50 *kronor* ~ I have...left [over]

överallt everywhere; var som helst anywhere; ~ *där* det finns (vanl.) wherever...

överanstränga I *tr* t.ex. hjärtat, ögonen overstrain **II** *rfl,* ~ *sig* fysiskt overstrain (overexert) oneself; psykiskt o.d. overwork [oneself], work too hard

överansträngning t.ex. av hjärtat overstrain; p.g.a. för mycket arbete overwork

överarbeta bearbeta alltför noggrant overelaborate

överarm upper [part of the] arm

överbefolkad overpopulated

överbefolkning abstr. overpopulation

överbefäl abstr. supreme (chief) command

överbefälhavare supreme commander, commander-in-chief

överbelagd om t.ex. hotell overbooked; om t.ex. sjukhus overcrowded

överbelasta overload; elektr. äv. overcharge; bildl. overtax

överbetona over-emphasize

överbett overbite; friare protruding teeth; vet. med. overshot jaw

överbevisa jur. convict; friare convince

överbjuda 1 eg. outbid äv. kortsp. **2** bildl. [try to] outdo, rival; *de överbjöd varandra i* älskvärdhet they tried to outdo one another in...

överblick survey, general view; *ta en* ~ *över läget* äv. survey the situation

överblicka survey; bilda sig en uppfattning om take in; förutse foresee

överbliven remaining

överboka overbook

överbord, *falla (lämpa, spolas)* ~ fall (heave, be washed) overboard

överbrygga bridge [over] äv. bildl.; ~ *motsättningar* overcome (reconcile) differences

överbud higher bid

överbyggnad superstructure äv. bildl.

överbädd upper bed (i sovkupé, hytt berth)

överdel top äv. plagg; top (upper) part

överdos overdose; vard. OD

överdrag 1 hölje, skynke o.d. cover[ing]; på möbel loose cover; lager av färg o.d. coat[ing] **2** på konto overdraft

överdragskläder overalls

överdrift exaggeration; ytterlighet excess; *fallen (benägen) för* ~*er* given to exaggeration; *gå till* ~ go too far, go to extremes; om pers. äv. carry things too far, overdo it

överdriva exaggerate; påstående, uppgift overstate; t.ex. en roll overdo; *nu överdriver du allt!* i berättelse o.d. now you're exaggerating!, you're laying it on thick!

överdriven exaggerated; till ytterlighet gående excessive, exorbitant; *överdrivet påstående* äv. overstatement

överdrivet exaggeratedly; excessively; ~ *noga,* artig etc. too..., over-...; ~ *kritisk* hypercritical, over-critical; *inte* ~ över sig *vänlig* none too friendly

överdåd 1 slöseri extravagance; lyx luxury **2** dumdristighet foolhardiness

överdådig 1 slösande extravagant; lyxig, dyrbar luxurious, sumptuous **2** dumdristig foolhardy

överdängare, *han är en* ~ *i* t.ex. matematik, tennis he is terrifically good at...

överens, *vara* ~ ense be agreed (in agreement, in accord), agree [*om* on]

överenskomma, *de överenskomna villkoren (den överenskomna tiden)* the conditions (the time) agreed upon

överenskommelse agreement; arrangement; *tyst* ~ tacit understanding; *träffa* [*en*] ~ reach (come to, arrive at) an agreement; *enligt* ~ by (according to, hand. äv. as per) agreement, as agreed (arranged)

överensstämmelse agreement; t.ex. i vittnesmål concordance; t.ex. i känslor conformity; motsvarighet correspondence; ~*r* points of agreement (of correspondence)

överexponering foto. overexposure

överfall angrepp assault

överfalla angripa assault, attack

överfart 1 överresa crossing **2** viadukt overpass

överflygning overflight

överflöd ymnighet abundance; stark. profusion; rikedom affluence; övermått superabundance; på t.ex. arbetskraft redundance; *ha* ~ *på* mat el. *mat finns i* ~ there is food in plenty (in abundance)

överflöda abound; ~*nde* riklig abundant, profuse, affluent; yppig, frodig luxuriant, exuberant; slösande lavish

överflödig superfluous; *känna sig* ~ feel unwanted

överflödssamhälle, ~*t* the Affluent Society

överfull overfull, too full; packad crammed; bräddfull brimful; om lokal overcrowded

överföra överflytta, sprida transfer; *i överförd bemärkelse* in a transferred (a figurative) sense

överförfriskad tipsy

överföring överflyttning transfer äv. t.ex. av pengar; transference äv. tekn.; t.ex. av varor,

trupper conveyance; t.ex. av elkraft transmission; radio. transmission
överförmyndare chief guardian
överförtjust delighted; overjoyed båda end. pred.
överge o. **övergiva** abandon; ~ *sin familj* vanl. leave (desert) one's family
övergiven abandoned, deserted; forsaken; [*ensam och*] ~ forlorn
överglänsa bildl. outshine
övergrepp övervåld outrage; oförrätt wrong, unfair treatment; intrång encroachment [on a person's rights]; ~ pl., grymheter excesses, acts of cruelty
övergripande overall; allomfattande all-embracing
övergå, *det ~r mitt förstånd* it passes (is above) my comprehension, it is beyond me
övergående som [snart] går över passing; *av ~ natur* of a temporary nature
övergång 1 abstr.: eg. crossing; bildl.: omställning, skifte changeover; från ett tillstånd till ett annat transition; mellantillstånd intermediate (transition[al]) stage; förändring change; omvändelse conversion äv. polit.
2 övergångsställe: vid järnväg o.d. crossing; för fotgängare [pedestrian] crossing; amer. äv. crosswalk
övergångsskede o. **övergångsstadium** transition[al] (transitory) stage
övergångsställe vid järnväg o.d. crossing; för fotgängare [pedestrian] crossing; amer. äv. crosswalk
övergångstid transition[al] period
övergångsålder klimakterium menopause; pubertet years pl. of puberty
överhalning 1 fartygs krängning lurch; *göra en ~* lurch äv. om pers.; give a lurch 2 utskällning *ge ngn en ~* give a p. a good rating
överhand, *få (ta) ~[en]*: a) få övertaget get the upper hand [*över* of]; prevail [*över* over]; get out of control, get out of hand b) sprida sig, om t.ex. ogräs, epidemi, idéer be (become) rampant
överhet, *~en* the powers pl. that be, the authorities pl.
överhetta overheat äv. ekon.; superheat
överhettning overheating äv. ekon.; superheating
överhopa, ~ *ngn med* t.ex. ynnestbevis heap (shower)...[up]on a p.; *~d med skulder* loaded with debts; vard. over head and ears in debt
överhud anat. epidermis
överhuset i Engl. the House of Lords

överhuvud head; ledare chief
överhuvudtaget i jakande sats on the whole; i nekande, frågande el. villkorlig sats at all; *om det ~ är möjligt* if [it is] at all possible
överhängande 1 nära förestående, hotande impending; *vid ~ fara* in an (in case of) emergency 2 brådskande urgent
överila, ~ *sig* förhasta sig act rashly (precipitately), be hasty (rash); förivra sig be carried away
överilad förhastad rash; *gör inget överilat!* don't do anything rash!, don't be overhasty!
överinseende supervision, superintendence
överjordisk himmelsk unearthly; översinnlig ethereal; gudomlig divine
överkant eg. upper edge (side); [*tilltagen*] *i ~* för stor rather on the large (resp. big, för lång long, för hög, äv. om t.ex. siffra, pris high) side, too large etc. if anything
överkast säng~ bedspread
överklaga beslut appeal against; *tävlingsjuryns beslut kan ej ~s* ...is final
överklagande appeal
överklass upper class; *~en* the upper classes pl.; vard. the upper crust
överkomlig om hinder surmountable; om pris reasonable
överkropp upper part of the body; *med naken ~* stripped to the waist
överkultiverad over-refined
överkurs 1 hand. premium; *till ~* at a premium 2 skol., ung. extra (supplementary) study
överkvalificerad overqualified, too qualified
överkäke upper jaw
överkänslig hypersensitive; allergisk allergic
överkörd 1 eg. *bli ~* be (get) run over 2 bildl. *han blev ~* i diskussionen he was steamrollered (completely disregarded)...
överlagd uppsåtlig premeditated; *överlagt mord* premeditated (wilful) murder; *noga ~* övertänkt well considered
överlakan top sheet
överlappa overlap
överlastad overloaded; *~ med arbete* overburdened (overwhelmed) with work; *ett överlastat rum* alltför utsmyckat a room overburdened with ornaments
överleva survive; *han kommer inte att ~ natten* he won't live through the night
överlevande surviving; *de ~* [*från jordbävningen*] the survivors [of the earthquake]
överlevare survivor
överlevnad survival
överlevnadsinstinkt instinct for survival

överlista outwit, dupe; *han ~de mig* äv. he was too sharp for me
överljudsplan supersonic aircraft
överlupen 1 *~ av besökare* overrun (swamped) with... **2** *övervuxen ~ av (med) mossa* overgrown (covered) with...
överlycklig extremely happy end. pred.; ...over the moon
överlåta 1 överföra transfer; delegera delegate; jur.: egendom el. rättighet release; *skriftligen ~* sign over **2** hänskjuta leave; *jag överlåter åt dig att* +inf. I leave it to you (to your discretion) to +inf.
överlåtelse transfer; jur. äv. conveyance
överläge bildl. advantage; *vara i ~* be in a strong (an advantageous) position
överlägga confer; deliberate; *~ om* diskutera äv. discuss, debate
överläggning deliberation; *~ar* samtal talks
överlägsen superior; högdragen supercilious; *han är mig ~* äv. he is my superior; *~ seger* easy (runaway) victory
överlägsenhet superiority; förträfflighet excellence; högdragenhet superciliousness
överläkare avdelningschef chief (senior) physician (kirurg surgeon); sjukhuschef medical superintendent
överlämna I *tr* avlämna deliver [up (over)]; framlämna hand...over; räcka pass[...over]; skänka present; *~ ett brev* deliver a letter [*till ngn* to a p.]; *jag ~r åt dig att* +inf. I leave it to you to +inf. **II** *rfl*, *~ sig till (åt) fienden* surrender (give oneself up) to the enemy
överläpp upper lip
överlöpare deserter; polit. defector; vard. rat
övermakt i antal superior numbers; i stridskrafter superiority in forces; vreden *fick ~ över honom* ...got the better of him
överman superior; *finna sin ~* meet (find) one's match
övermanna overpower
övermod förmätenhet presumption; våghalsighet recklessness
övermodig förmäten presumptuous, overbearing; våghalsig reckless
övermogen overripe
övermorgon, *i ~* the day after tomorrow
övermått bildl. excess
övermäktig om t.ex. motståndare superior; *smärtan blev henne ~* ...became too much for her
övermänniska superman
övermänsklig superhuman
övernatta stay overnight
övernattning nattlogi [sleeping] accommodation

övernaturlig supernatural; *i ~ storlek* larger than life
överord överdrift exaggeration; skryt boasting; *det är inga ~* that's no exaggeration, that's an understatement
överordnad I *adj* superior; *~e tjänstemän* senior (head) officials **II** *subst adj* superior; *han är min ~e* äv. he is above me, he's my boss
överpris excessive (exorbitant) price; *vi fick betala ~ för* äggen we were overcharged for...
överproduktion overproduction
överraska surprise; obehagligt startle; *~ ngn med att stjäla* surprise (catch) a p. in the act of stealing; *~s av regnet* be caught in the rain
överraskande I *adj* surprising; *~ besök* surprise visit **II** *adv* surprisingly
överraskning surprise; *det kom som en ~ för mig* it came as (was) a surprise to me, it took me by surprise
överreklamerad överskattad overrated
överresa crossing
överrock overcoat
överrumpla surprise äv. mil.
överrumpling surprise; mil. äv. surprise attack
överräcka hand [over]; skänka present
överrösta, oväsendet *~de honom* ...drowned his voice
övers, *ha tid (pengar) till ~* have spare time (money)
överse, *~ med ngt* overlook...; se genom fingrarna med wink (connive) at...
överseende I *adj* indulgent **II** *s* indulgence; *ha ~ med ngn, ngt* be indulgent towards (lenient with)...
översida top side
översikt survey; sammanfattning outline, summary; *en ~ över* svensk historia an outline of...
översiktskarta key map
översinnlig supersensual; andlig spiritual
översittare bully
översitteri bullying; överlägset sätt bullying (overbearing) manner
överskatta overrate, overestimate; ibl. think too much (highly) of; *man kan inte ~ värdet av* ...exaggerate the value of
överskattning overrating, overestimation
överskjutande, *~ belopp* surplus (excess) amount, surplus, excess
överskott surplus; hand. äv. profit
överskrida eg. cross; bildl.: t.ex. sina befogenheter exceed, overstep, go beyond; konto overdraw

överskrift till artikel o.d. heading, caption; till dikt o.d. title; i brev [form of] address
överskugga overshadow äv. bildl.; *det allt ~nde problemet är...* the overriding problem is...
överskådlig klar och redig clear; väldisponerad well-arranged; *inom ~ framtid* in the foreseeable future
överskådlighet t.ex. framställningens clearness
överslag 1 förhandsberäkning [rough] estimate 2 elektr. flash-over
översnöad ...snowed over, ...covered with snow
överspelad sport. outplayed; *det är överspelat* bildl. it's a thing of the past
överspänd ytterst spänd overstrung
överspändhet spänt tillstånd overstrung state
överst uppermost; on top; *~ på sidan* at the top of the page; *stå ~ på listan* head (be at the head of) the list
översta, [den] *~ hyllan,* klassen, våningen the top...; *av två* the upper...; *den allra ~ grenen,* hyllan the topmost (uppermost)...
överste colonel; inom flyget i Engl. group captain; högre (av första graden): inom armén brigadier; inom flyget air commodore; amer. i båda fallen brigadier general
överstelöjtnant lieutenant colonel; inom flygvapnet ung. wing commander
överstepräst high (chief) priest
överstiga exceed; *det överstiger mina krafter* it is beyond my powers
överstycke allm. top; dörr~ lintel
överstökad ...over (and done with)
översvallande om t.ex. beröm exuberant; om pers. effusive, gushing; *~ entusiasm* unbounded (overwhelming) enthusiasm; *~ glädje* transports pl. of joy, rapturous delight
översvämma flood, inundate båda äv. bildl.; *~ marknaden* flood (glut) the market
översvämning flood; översvämmande flooding
översyn overhaul; *ge bilen en ~* give...an overhaul, overhaul...
översynt long-sighted; vetensk. hypermetropic
översålla strew; *~d* äv. studded; med ngt glittrande äv. spangled
översända sända send; pengar o.d. (per post) remit
översätta translate; återge render
översättare translator
översättning translation; återgivning rendering; *göra en trogen ~* make a close (faithful) translation; *i ~ av N.N.* translated by...
översättningsprov translation test (examensprov examination)

överta take over; t.ex. ansvaret take; *~ efter ngn,* t.ex. praktik, affär succeed to
övertag bildl. advantage; *få ~et över ngn* get the better of a p.
övertagande takeover
övertala persuade; *~ ngn att* inf. äv. persuade (talk) a p. into ing-form
övertalig ...too many in number; överbemannad ...above strength
övertalning persuasion
övertalningsförmåga persuasive powers, powers pl. of persuasion
övertalningsförsök attempt at persuasion
övertid overtime; *arbeta på ~* work overtime
övertidsblockad förbud overtime ban
övertidsersättning overtime pay (compensation)
övertramp bildl. violation, infringement; *göra ~* sport. overstep the takeoff; bildl.: bryta mot reglerna violate the rules
övertrassera bank. overdraw
övertrassering bank. overdraft
övertro vidskepelse superstition; blind tro blind faith; *~ på* den egna förmågan etc. overconfidence in...
övertrumfa kortsp. overtrump; bildl. go one better than, outdo
överträda transgress; kränka violate
överträdelse transgression; breach; trespass äv. teol.; *~ beivras (åtalas)* offenders (vid förbud att beträda område trespassers) will be prosecuted
överträffa surpass [*ngn i ngt* a p. in a th.]; outdo; vard. beat
övertydlig over-explicit
övertyga convince
övertygad 1 säker *vara ~ om att* sats (*om ngt*) be sure (convinced) that sats (of a th.); *ni kan vara ~ om att...* you may rest assured that... 2 trosviss *en ~ socialist* a convinced (dedicated) socialist; *en ~ katolik* a devout Catholic
övertygande convincing; *verka ~* äv. carry conviction
övertygelse conviction; *av ~* by conviction; *handla efter sin ~* act up to one's convictions
övertäckt allm. covered; om båt decked-in
övervaka ha tillsyn (uppsikt) över supervise; bevaka watch over; *~ se till att...* see [to it] that...
övervakare supervisor; jur. probation officer
övervakning supervision; jur. probation; *stå (ställas) under ~* be (be put) on probation
övervakningskamera surveillance camera; system med kameror CCTV (förk. för closed circuit television)

övervikt 1 eg. overweight; *betala ~* pay [an] excess luggage charge; *patienten har ~* ...is overweight **2** bildl. predominance, preponderance; *med tio rösters ~* with (by) a majority of ten
övervinna overcome; *~ sin fruktan (sig själv)* get the better of one's fear (of oneself)
övervintra winter, pass the winter; ligga i ide hibernate
övervuxen overgrown; *~ med* t.ex. ogräs äv. overrun with...
övervåld outrage; jur. assault; *bli utsatt för ~* be assaulted
övervåning upper floor (storey, amer. vanl. story)
1 överväga betänka consider; begrunda reflect [up]on, ponder over ([up]on); överlägga med sig själv om deliberate; ha planer på contemplate; *han överväger att emigrera* he is contemplating (considering) ing-form
2 överväga, ja-rösterna *överväger* ...are in the majority
1 övervägande consideration; *efter moget ~* after careful consideration (inre överläggning äv. long deliberation); *vid närmare ~* on [further] consideration, on second thoughts
2 övervägande I *adj* förhärskande predominant; *den ~ delen av* the greater part of; flertalet the [great] majority of; *till ~ del* mainly, chiefly **II** *adv* huvudsakligen mainly
överväldiga overwhelm båda äv. bildl.
överväldigande overwhelming
övervärme kok. top heat, heat from above
överväxel bil. overdrive
överårig över pensionsålder superannuated; över en viss maximiålder over age
överösa, *~ ngn med* t.ex. gåvor, ovett shower (heap)...[up]on a p.
övning 1 utövande o. praktik practice; träning training; *~ i att dansa, räkna* practice in ing-form **2** enstaka *~* exercise
övningsbil driving-school car; i Engl. motsv. learner['s] car; som skylt Learner (förk. L)
övningsbok exercise book
övningsexempel uppgift exercise; matem. o.d. problem
övningsförare bil. learner driver
övningskörning driving practice, driving a learner['s] car; som skylt Learner (förk. L)
övningsuppgift exercise
övningsämne skol. practical subject
övre upper end. attr.; *i ~ vänstra hörnet* (på boksida o.d.) in the top (upper) left-hand corner

övrig återstående remaining end. attr.; annan other; *allt ~t* everything else; *för ~t hade vi inga pengar* besides (moreover), we had no money; we had no money, anyway; *han var för ~t här i går* he was here yesterday, by the way (incidentally)
övärld arkipelag, skärgård archipelago (pl. -s); poet. island world

A BUSINESS GUIDE TO EUROPEAN COMMUNITY LEGISLATION

By
Stanbrook and Hooper
KPMG European Headquarters

Editor
Bernard O'Connor

Assistant editor
Jonathan Campbell

John Wiley & Sons
Chichester, New York, Brisbane, Toronto, Singapore

This edition published in the United Kingdom in 1995 by

Chancery Law Publishing Ltd
Baffins Lane, Chichester,
West Sussex PO19 1UD, England
National Chichester 01243 779777
International (+44) 1243 779777

Published in North America by

John Wiley & Sons Inc
7222 Commerce Center Drive,
Colorado Springs CO 80919, USA
International (+1) 719 548 1900

First Edition 1993

All rights reserved. No part of this publication may be reproduced in any form or by any means, electronic, mechanical, photocopying, recording or otherwise, or stored in any retrieval system without the written permission of the copyright holders and the publishers.

The information given and the views expressed herein are for further consideration only and should not be acted upon without independent consideration and professional advice. Neither the publishers nor the authors can accept any responsibility for any loss occasioned to any person no matter however caused or arising as a result of or in consequence of action taken or refrained from in reliance on the contents hereof.

The moral rights of the authors have been asserted.

© Stanbrook and Hooper 1995

Library of Congress Cataloguing-in-Publication Data

A business guide to European Community legislation / by Stanbrook and
  Hooper [and] KPMG European Headquarters : editor, Bernard O'Connor.
  – [2nd ed.]
      p.   cm.
    Includes index.
    ISBN 0-471-95341-5 :
    1. Commercial law – European union countries – Digests. 2. Trade
regulation – European Union Countries – Digests. 3. Business law –
European Union countries – Digests. I. O'Connor, Bernard.
II. Stanbrook and Hooper. III. KPMG European Headquarters.
KJE2043.8.B87 1995
346.4'07 – dc20
[344.067]   95-5155
                                                                 CIP

British Library Cataloguing-in-Publication Data

A copy of the CIP entry for this book is available from the British Library.

ISBN 0471 95341 5

Typeset in 10½/12pt New Baskerville by The Setting Studio, Newcastle upon Tyne

Printed and bound in Great Britain by Bookcraft (Bath) Ltd.

Contents

	Page
Foreword to the second edition by the Rt. Hon. Lord Cockfield	xi
Preface	xv
Acknowledgements	xvii
Table of Regulations	xix
Table of Directives	xxiii
Table of Decisions	xxxv
Table of Recommendations and Resolutions	xxxvii
Table of Cases	xxxviii
List of Abbreviations and Acronyms	xliii
ECU Exchange Rate Table	li

1. INTRODUCTION TO THE EUROPEAN UNION — 1

1. *History, principles and membership*	3
2. *Institutions*	9
Other major Community bodies	27
Other Community agencies	31
Other European organisations	32
Financial assistance from the Community	35
3. *The legislative process in the Community*	37
4. *Sources of Community law*	47
5. *Lobbying in the European Community*	52
Appendices	
1 European Commissioners	63
2 European Commission Officials	67
3 European Parliment	70
4 Court of Justice of the European Communities	72
5 Court of First Instance of the European Communities	73
6 European Information Offices and Heads of Delegations	74
7 Useful Directories	81
8 Permanent Representations of the Member States	82

2. COMPANY LAW — 85

Introduction	87
– Scope and purpose of the legislation	87

– Future developments	89
– Responsibility within the European Commission	90
Case law	90
Legislation	91
– Companies	91
– Enterprise policy	103
– Proposed company legislation	106
– Conventions on company law	114
– Proposed Conventions on company law	115

3. COMPETITION LAW — 117

Introduction	121
– Basic notions	121
– Future developments	130
Legislation and case law	153
– Block exemptions and other rules	153
– Informal notices and communications of the European Commission	181
– Procedural legislation	206
– EC merger control system	213
– State aids legislation and informal policy statements	226
– EC competition law in EC external relations	236

4. CONSUMER PROTECTION — 241

1. *General consumer legislation*	247
Introduction	247
– Function of the legislation	248
– Future developments	249
– Responsibility within the European Commission	249
Case law	250
Legislation	251
– Commercial transactions and liability legislation	251
– Proposed commercial transactions and liability legislation	258
– Health and safety legislation	264
– Proposed health and safety legislation	276
– Tourism legislation	281
2. *Foodstuffs*	284
Introduction	284
– Scope and purpose of the legislation	285
– Future developments	285
– Responsibility within the European Commission	286
Case law	286
Legislation	287
– Labelling, presentation and advertising of foodstuffs legislation	287

CONTENTS

- Proposed labelling, presentation and advertising of foodstuffs legislation — 295
- Packaging of, and materials in contact with, foodstuffs — 296
- Additives legislation — 303
- Proposed additives legislation — 310
- Methods of food preservation legislation — 315
- Proposed methods of food preservation legislation — 317
- Inspection of foodstuffs and hygiene legislation — 318
- Proposed legislation concerning inspection and hygiene of foodstuffs — 325
- Food for particular nutritional uses legislation — 325
- Proposed legislation relating to food for particular nutritional uses — 327
- Legislation concerning specific products — 328
- Proposed specific product legislation — 335

3. *Pharmaceutical products* — 336
Introduction — 336
- Scope and purpose of the legislation — 336
- Future developments — 337
- Responsibility within the European Commission — 337
Case law — 337
Legislation — 339
- Legislation covering pharmaceutical products for human use — 339
- Proposed legislation regarding pharmaceutical products for human use — 360
- Legislation concerning pharmaceutical products for veterinary use — 361

5. EMPLOYMENT — 367

Introduction — 371
- Scope and purpose of the legislation — 371
- Future developments — 373
- Responsibility within the European Commission — 374
Case law — 374
Legislation — 376
- Industrial relations legislation — 376
- Proposed industrial relations legislation — 383
- Health and safety at work legislation — 387
- Proposed health and safety at work legislation — 414
- Equal treatment legislation — 419
- Proposed equal treatment legislation — 430
- Legislation on the organisation of working time — 432
- Proposed legislation on the organisation of working time — 436
- Vocational training legislation — 437
- Proposed vocational training legislation — 446
- Mutual recognition of diplomas legislation — 447

v

6. ENVIRONMENT — 451

Introduction	457
Case law	461
Legislation	464
– General environment protection legislation	464
– Proposed general environment protection legislation	480
– Flora and fauna legislation	485
– Proposed flora and fauna legislation	498
– Water protection legislation	498
– Proposed water protection legislation	512
– Atmospheric pollution legislation	518
– Proposed atmospheric pollution legislation	537
– Waste management and clean technology legislation	543
– Proposed waste management and clean technology legislation	559
– Dangerous chemicals, substances and preparations legislation	570
– Proposed dangerous chemicals, substances and preparations legislation	587
– International co-operation	591

7. FINANCIAL SERVICES — 595

1. *Banking and capital movements*	601
Introduction	601
– Scope and purpose of the legislation	601
– Future developments	602
– Responsibility within the European Commission	603
Case law	603
Legislation	605
– Banking legislation	605
– Proposed banking legislation	630
– Banking recommendations	632
– Free movement of capital legislation	636
2. *Insurance*	638
Introduction	638
– Scope and purpose of the legislation	638
– Future developments	639
– Responsibility within the European Commission	640
Case law	640
Legislation	643
– Non-life insurance	643
– Proposed non-life insurance legislation	654
– Life assurance	655
– Motor vehicle insurance	659
– Regulatory legislation	664
– Proposed regulatory legislation	670

3. *Securities*	674
Introduction	674
– Scope and purpose of the legislation	674
– Future developments	674
– Responsibility within the European Commission	675
Case law	675
Legislation	675
– Securities legislation	675
– Proposed securities legislation	697

8. INTELLECTUAL PROPERTY — 701

Introduction	703
– Scope and purpose of the legislation	703
– Future developments	704
– Responsibility within the European Commission	705
Case law	705
Legislation	710
– Intellectual property legislation	710
– Proposed intellectual property legislation	723

9. PUBLIC PROCUREMENT — 733

Introduction	735
– Scope and purpose of the legislation	735
– Future developments	736
– Responsibility within the European Commission	736
Case law	736
Legislation	741
– Public service contracts legislation	741
– Public supply contracts legislation	743
– Public works contracts legislation	745
– Remedies	751
– Utilities legislation	752
– General public procurement legislation	756

10. TAXATION — 763

Introduction	765
– Scope and purpose of the legislation	765
– Future developments	766
– Responsibility within the European Commission	768
Case law	768
– Indirect taxation – capital duties and securities transactions	769
– Indirect taxation – value added tax (VAT)	770
– Indirect taxation – excise duty legislation	781

A BUSINESS GUIDE TO EC LEGISLATION

– Administrative co-operation	785
– Proposed indirect taxation legislation	787
– Direct taxation legislation	789
– Proposed direct taxation legislation	793

11. TECHNICAL STANDARDS — 801

Introduction	805
– Scope and purpose of the legislation	805
– Future developments	807
– Responsibility within the European Commission	807
Case law	807
Legislation	809
– General legislation	809
– Motor vehicles – cars, utility vehicles and HGVs	812
– Cars, utility vehicles and HGVs – proposed legislation	822
– Motor vehicles – two- and three-wheel vehicles	823
– Two- and three-wheel vehicles – proposed legislation	825
– Agricultural and forestry tractors	827
– Agricultural and forestry tractors – proposed legislation	830
– Fertilisers	830
– Metrology legislation	833
– Proposed metrology legislation	845
– Electrical materials and equipment	846
– Noise limitation legislation	854
– Legislation in other sectors	859
– Proposed legislation in other sectors	875

12. TELECOMMUNICATIONS AND INFORMATION TECHNOLOGY — 879

Introduction	881
– Scope and purpose of the legislation	881
– Future developments	882
– Responsibility within the European Commission	882
Case law	883
Legislation	885
– Telecommunications and information technology legislation	885
– Proposed telecommunications and information technology legislation	912
– Data privacy and protection legislation	916
– Proposed data privacy and protection legislation	917

13. TRADE — 921

1. *Common commercial policy*	925
Introduction	925
– Scope and purpose of the legislation	926

– Future developments	928
– Responsibility within the European Commission	929
Case law	929
Legislation	930
– Trade defence mechanisms	930
– Common rules for imports	942
– International trade agreements	951
– Proposed international trade agreements	957
– Export credit legislation	958
– Proposed export credit legislation	961
2. *Customs*	962
Introduction	962
– Scope and purpose of the legislation	963
– Future developments	963
– Responsibility within the European Commission	964
Case law	964
Legislation	964
– The Customs Code	964
– Export legislation	984
– Other customs legislation	986

14. TRANSPORT 993

Introduction	997
– Scope and purpose of the legislation	997
– Future developments	998
– Responsibility within the European Commision	999
Case law	999
Legislation	1001
– Air transport	1001
– Proposed air transport legislation	1015
– Inland waterways	1018
– Maritime transport	1025
– Proposed maritime transport legislation	1035
– Rail transport	1039
– Proposed rail transport legislation	1044
– Road transport	1047
– Proposed road transport legislation	1068
– Combined transport	1074
– Proposed combined transport legislation	1079
– General transport legislation	1080
– Proposed general transport legislation	1086

INDEX 1087

Foreword to the second edition

We now face a very different scenario. The mood of pessimism coinciding with Europe's plunge into recession and the doubts and difficulties over the Maastricht Treaty is just beginning to give way to a new born optimism. This reflects Europe's emergence from recession, coupled with a determination to make a success of the Maastricht Treaty (however inadequate that was) and to plan ahead for the 1996 Intergovernmental Conference and a significant move forward by the European Union.

I argued at the time that the Intergovernmental review was the most important provision in the Maastricht Treaty, on the ground that by 1996 there was a good chance of economic revival, of the emergence of a new spirit of endeavour and the hope that the defects and deficiencies of the Maastricht Treaty could be remedied. Our own Government was among the first to recognise the importance of the 1996 review and it set up a special Committee in the Foreign Office to plan the United Kingdom approach – although experience could well suggest that the motive was more to sabotage the review than to make a success of it. Increasingly, other governments are now turning their full attention to the matter, not least the Governments of France, Germany and the Benelux countries. There is talk of a "multi-tier", or "multi-speed" Europe of "concentric circles" and so forth. There is nothing new about this. There was much talk even in my days in the Commission, when the "widening" versus "deepening" debate (enlargement versus integration) was first joined: and it was out of these disputations that the concept of a "multi-tier" Europe emerged. I, myself, reviewed all these possibilities in a lecture I delivered at the European University Institute in Florence in late 1989, a lecture reproduced in a recent book I wrote on the genesis and importance of the Single Market Programme.[1] It would be a tragedy if Britain was to find itself in the slow lane of a multi-speed Europe. If it did, it would have no one to blame but itself.

The expansion of the Union, both in terms of widening (or enlargement), and of (deepening or increasing integration), is now well under way – with Sweden, Finland and Austria to join the Union on 1 January 1995. The countries of Central and Eastern Europe are already knocking loudly on the door, although the next round of enlargement is likely to take longer than most people expected – it has always been so. At the same time, vigorous support for Economic and Monetary Union, and

---

[1] Cockfield, *The European Union: Creating the Single Market* (Wiley Chancery, 1994).

particularly the Single Currency, is growing. Furthermore, despite – or perhaps because of – indifferent success so far, support for a more vigorous and properly organised foreign and security policy is growing. In the wings the European Parliament is clamouring for more power. Throughout history, Parliaments have always done so: the difference here is essentially that the European Parliament is trying to compress into a few decades progress which took centuries in the United Kingdom and in France.

The troubles which have beset the European Union are due as much as anything to trying to make progress too quickly, not least in embarking on political union before economic union had been achieved, or had reached the point where progress had become "irreversible". After cataclysmic events, such as major wars or civil wars, it is possible, often inevitable, to build anew, to construct afresh the complete edifice. Indeed, if the old order has been swept away, there is little alternative. Restoring the Bourbons is rarely a practicable option, never a successful one. In the years immediately after the War, many countries were in that position and the early construction of what was to become the European Union was both rapid and fundamental. However, these days have passed. Progress must now be more deliberate; but it must be progress and it must have a goal, clearly perceived if not yet capable of detailed definition.

Trade and industry will thus face, in the years immediately ahead, a developing and, often, rapidly changing scenario. But it is important to bear in mind that this process of change, however unwelcome to politicians and others devoted to the status quo, is opening up opportunities. It is essential to identify these opportunities well ahead, to plan for them and to take early advantage of them. This is truly a field in which the early bird does catch the worm.

The opportunities will occur in two dimensions – themselves reflecting the twin concepts of widening and deepening. The accession of the new Member States from the EFTA group will increase the Community Single Market from 325 million people to 345 million. The acceding countries are highly developed prosperous, progressive states. The successful negotiation of the European Economic Area has already brought the first taste of those advantages, and membership of the European Union will consolidate these benefits for all Union members. Over and above this, we are already on the brink of creating a free trade area extending right up to the borders of the old Soviet Union: many of these countries ultimately will join the Union – some years hence, but not too soon to plan. What we are looking at is the potential of an economic area approaching 500 million people, against which the much trumpeted NAFTA – the North American Free Trade Union – will lag far behind.

In parallel with this, the full development of Economic and Monetary Union, even if confined, at least in the early stages, to a hard core of Member States, will reduce costs, improve efficiency and widen opportunities – but only for those (whether in government or in industry) who identify the opportunities and are prepared to seize them.

FOREWORD TO THE SECOND EDITION

All these developments mean a great expansion in Community law and jurisprudence. It may seem odd to say this in view of the present obsession with "subsidiarity". To some degree, however, that argument, or at least the way it is presented, misses the point. In any federal type of organisation, whether in the public or in the private sector, the powers allocated to the centre must be clearly defined; but within that area it is the centre which must act or legislate. So it is true with the European Union: the powers of the Union must be clearly defined, but within those areas legislation must be primarily Community legislation. The legislation should not be excessively detailed, just as national legislation should not be excessively detailed. In this respect, the example set by the "New Approach to Standards", developed as part of my own portfolio responsibility when I was at the Commission, namely that the "essential requirements" should be laid down at Community level and the detail left to the Institutions of the Member States, provides a more valuable and practical guide than "subsidiarity". However, so much political capital has been invested in "subsidiarity" that it is unlikely to be abandoned: but it should develop, and with wisdom may well do so on the lines I have indicated, namely a clear division of areas of responsibility with legislation at the Community, or Union, level, following the principles of the "New Approach".

Because the Union is a legally based concept, the European Court of Justice will play an ever-increasing role, as the Supreme Court has done in the United States. In recent years, some Member States have objected strongly to what they regard as "judge-made law" and attempts have been made to restrict the powers and activities of the European Court. Indeed, this was one of the major considerations underlying the "Three Pillar" approach in the Maastricht Treaty – the jurisdiction of the court being excluded from the second and third pillars. Nevertheless, the position is and will remain that much "judge-made" law is inevitable in a developing society. In the United Kingdom, the common law was itself "judge-made" and so was equity. Now, despite the vast increase in statutory law, or possibly because of it, we see no inclination on the part of the judiciary to stand aside. Indeed, the more statute law there is, the greater scope there is for the judiciary to play a significant role. So far as the Community, or the Union, is concerned, these developments mean that it is essential to keep abreast not only of the legislative provisions but also of the jurisprudence of the European Court of Justice.

The increasing role and power of the European Parliament is a further factor to be reckoned with. It is not simply that the proceedings of the Parliament give early warning of the nature and extent of forthcoming legislation; they also present an opportunity for those who may be affected to make their views known and to influence legislation before it is adopted.

The *Business Guide to European Community Legislation*, of which this is the second edition, is, therefore, the essential companion for every businessman wishing, not simply to understand what is going on in the European Union and how the Union is developing, but to be in a position to take informed decisions about his own business strategy in order to maximise the opportunities now opening up in what is fast becoming the world's greatest trading area. This, indeed, is a field in which knowledge is the pre-requisite of success.

Rt. Hon. Lord Cockfield

Preface

The removal of internal borders and the creation of a common external frontier are central to the creation of a single market between the members of the European Union. The harmonisation of the laws regulating the market is another such element.

This Guide accepts the removal of the internal frontiers and examines the single market as a unity, with common rules and a common external frontier. Harmonisation of laws has not been achieved in all areas and there is continuing debate as to the extent to which local rules for business may remain, without disturbing the single market. However, that being said, the regulatory framework for doing business in the single market is nearly always set by the Community and where gaps exist the underlying principles on the free movement of goods, services, capital and people seem to allow the European Court of Justice to fill those gaps.

A Business Guide to European Community Legislation is designed as an accessible source of information on the laws and regulations governing commercial activity within the single market. The Guide is set out in such a fashion as to permit rapid reference to specific sections, containing the elements necessary to understand the rules governing that sector. Each chapter contains an introduction with the background and history of a specific sector; an overview of the important law cases which have helped shape that sector; a detailed examination of the rules regulating the sector; a detailed look at pending legislation, and finally details those responsible for administering the law within the European Commission.

Chapter 1 is designed for those unfamiliar with the Community, and sets out in detail the Community's history, its principal institutions, the decision-making procedures and, in an annex, the names of the main actors currently in office. A special section is included dealing with lobbying and how to influence the decision-making procedures.

Chapter 3 on competition law is also somewhat different from the others in that it sets out the basic rules and then examines in great detail the administrative practice of the European Commission in the enforcement of the law.

We have chosen to exclude certain sectors from the Business Guide because of their specialised nature. Most notable is agriculture, spending on which accounts for more than 50% of the total Community budget. However, food law is dealt with in great detail in Chapter 4 on consumer protection. Chapters 4, 7 and 13 (consumer affairs, financial services and trade) are further subdivided to cover the often quite distinct subjects involved, and allowing the reader interested in, for example, banking or insurance law to have access to the same information.

Since the completion of the text of the Guide on 30 September 1994, Norway has voted not to join the Union. The new members, as of 1 January 1995 will therefore be Sweden, Finland and Austria. The votes assigned to each country are as set out. However a qualified majority in the EU Council will be 65 votes and a blocking minority in the EU Council will be 23 to 25 votes.

Doing business in the Community requires knowledge of different commercial traditions, different languages and different consumer tastes. Yet with the completion of the 1992 single market programme, doing business requires knowledge of only one set of regulations. This Guide sets out those regulations in a single volume. It should make at least one element of doing business easier.

Bernard O' Connor
Milan, 8 January 1995

Acknowledgments

The *Business Guide to European Community Legislation* has developed over a period of six years. It involved an intense amount of work from a great number of people. The editor would especially like to thank the following people for their skills, time and commitment in preparing the Second Edition:

Carlos Bermejo Acosta, Philip Bentley, David Chijner, Adam Farr, Catriona Hatton, Mathew Heim, Jacqueline Mailly, George Metaxas, John Ratliff, Anthony van de Ven, Elisabethann Wright and finally Jonathan Campbell who has acted as an admirable assistant editor.

We are honoured that Lord Cockfield, the architect of the single market programme and an inspiration in European integration, has contributed a challenging Introduction. In addition, we would like to thank KPMG without whose support this project would not have been realised.

Bernard O' Connor
Brussels, 10 January 1995

Tables

REGULATIONS

Entries in bold denote originating legislation which is treated in full in the text.

	Para
Reg 11/60 General transport tariffs (Amended) **14.98**	
Reg 17/62 Administration and enforcement of EC competition rules (Amended) **3.43**	
Reg 27/62 Applications and notifications (Amended) **3.44**	
Reg 59/62 Administration and enforcement of EC competition rules (Amendment) 3.43	
Reg 153/62 Applications and notifications (Amendment) 3.44	
Reg 99/63 Hearings **3.45**	
Reg 118/63 Administration and enforcement of EC competition rules (Amendment) 3.43	
Reg 19/65 Establishment of the block exemption system (1) (Amended) **3.16**	
Reg 67/67 Applications and notifications (Amendment) 3.44	
Reg 1017/68 Rail, road and inland waterway transport – Application of competition rules (Amended) **14.102**	
Reg 1133/68 Applications and notifications (Amendment) 3.44	
Reg 1191/69 Rail, road and inland waterway transport – Public service obligations (Amended) **14.100**	
Reg 1192/69 Normalisation of accounts – Railways (Amended) **14.49**	
Reg 1629/69 Rail, road and inland waterway transport – Application of competition rules (Amendment) 14.102	
Reg 1630/69 Rail, road and inland waterway transport – Application of competition rules (Amendment) 14.102	
Reg 1107/70 Rail, road and inland waterway transport – State aids (Amended) **14.101**	
Reg 1108/70 Accounting system for infrastructure expenditure (Amended) **14.99**	
Reg 2821/71 Establishment of the block exemption system (Amended) **3.19**	
Reg 2822/71 Administration and enforcement of EC competition rules (Amendment) 3.43	

	Para
Reg 2988/74 Limitation periods **3.46**	
Rail, road and inland waterway transport – Application of competition rules (Amendment)...14.102	
Reg 337/75 European centre for the development of vocational training **5.75**	
Reg 1473/75 Rail, road and inland waterway transport – State aids (Amendment) ..14.101	
Reg 1699/75 Applications and notifications (Amendment) 3.44	
Reg 2830/77 Comparability of railway accounts (Amended) **14.53**	
Reg 2183/78 Uniform costing principles for rail transport (Amendment) 14.54	
Reg 954/79 United Nations liner conference convention (Amended) **14.35**	
Reg 348/81 Imports of whale products (Amended) **6.29**	
Reg 1658/82 Rail, road and inland waterway transport – State aids (Amendment) ..14.101	
Reg 918/83 Community system of reliefs from customs duty (Amended) **13.2.30**	
Reg 1983/83 Block exemption – Exclusive distribution agreements (Amended) **3.20**	
Reg 1984/83 Block exemption – Exclusive purchasing agreements (Amended) **3.21**	
Reg 2288/83 Community system of reliefs from customs duty (Implementing) (Amended) **13.2.30**	
Reg 2289/83 Community system of reliefs from customs duty (Implementing) (Amended) **13.2.30**	
Reg 2290/83 Community system of reliefs from customs duty (Implementing) (Amended) **13.2.30**	
Reg 2349/84 Block exemption – Patent licensing agreements (Amended) **3.22**	
Reg 2641/84 Protection against illicit commercial practices (Amended) **13.1.6**	
Reg 3626/84 General transport tariffs (Amendment) 14.98	
Reg 123/85 Block exemption – Motor vehicle distribution and services agreements (Amended) **3.24**	
Reg 417/85 Block exemption –	

xix

	Para
Specialisation agreements (Amended)	3.26
Reg 418/85 Block exemption – Research and development (Amended)	3.27
Reg 2137/85 European Economic Interest Grouping (EEIG)	2.15
Reg 2526/85 Applications and notifications (Amendment)	3.44
Reg 2919/85 Rhine convention (Amended)	14.27
Reg 3768/85 Prohibitions on the marketing and use of pesticides (Amendment)	6.128
Reg 3820/85 Harmonisation of social legislation – Road transport (Amended)	14.61
Reg 3821/85 Tachograph equipment (Amended)	14.62
Reg 3822/85 Community system of reliefs from customs duty (Amendment)	13.2.30
Reg 3528/86 Acid rain (Amended)	6.38
Reg 3529/86 Forest fires (Amended)	6.42
Reg 3842/86 Counterfeit goods	8.6
Counterfeit goods (Amended)	13.2.28
Reg 4055/86 Freedom to provide services to maritime transport (Amended)	14.36
Reg 4056/86 Application of competition rules to maritime transport (Amended)	14.42
Reg 4057/86 Protection against unfair pricing practices in maritime transport	13.1.10
Reg 4058/86 Free access to maritime transport cargo	13.1.13
Reg 525/87 Application of forest fire rules	6.43
Reg 526/87 Application of acid rain rules	6.39
Reg 1696/87 Forest damage inventory (Amended)	6.40
Reg 1697/87 Community forests – Aid for protection against atmospheric pollution (Amended)	6.41
Reg 3077/87 Counterfeit goods (Amendment)	13.2.28
Counterfeit goods – Implementation	13.2.29
Reg 3691/87 Community system of reliefs from customs duty (Amendment)	13.2.30
Reg 3975/87 Application of community competition rules to air transport (Amended)	14.16
Reg 3976/87 Block exemptions – Certain categories of air transport agreements (Amended)	14.18
Reg 1315/88 Community system of reliefs from customs duty (Amendment)	13.2.30
Reg 2423/88 Protection against dumped and subsidised imports (Amended)	13.1.7
Reg 3915/88 Community system of reliefs from customs duty (Amendment)	13.2.30

	Para
Reg 4087/88 Block exemption – Franchising agreements	3.28
Reg 4235/88 Community system of relief from customs duty (Amendment)	13.2.30
Reg 4260/88 Application of competition rules to maritime transport (Amendment)	14.42
Maritime transport – Competition law complaints procedure (Amended)	14.43
Reg 4261/88 Simplification of complaints procedure in air transport competition matters (Amended)	14.17
Reg 4283/88 Common border posts	7.28
Reg 213/89 Community system of reliefs from customs duty (Implementing) (Amendment)	13.2.30
Reg 428/89 Export of certain chemicals	6.131
Reg 556/89 Block exemption – Know-how licensing agreements (Amended)	3.30
Reg 1100/89 Rail, road and inland waterway transport – State aids (Amendment)	14.101
Reg 1101/89 Inland waterway scrapping fund (Amended)	14.31
Reg 2299/89 Computer reservation systems – Code of conduct (Amended)	14.9
Reg 2469/89 African ivory	6.31
Reg 4058/89 Fixing of rates (Amended)	14.74
Reg 4064/89 General system for control of concentrations of a Community dimension	3.48
Reg 1210/90 European Environment Agency	6.8
Reg 2367/90 Procedural rules for notifications, time limits and hearings in the EC Merger Control System (Amended)	3.50
Reg 2377/90 Maximum residue levels for veterinary medical products (Amended)	4.3.31
Reg 3314/90 Tachograph equipment (Amendment)	14.62
Reg 3572/90 Community driving licence (1) (Amendment)	14.69
Rail, road and inland waterway transport – Public service obligations (Amendment)	14.100
Rail passenger and luggage traffic (Amendment)	14.52
Rail transport rates (Amendment)	14.51
Tachographical equipment (Amendment)	14.62
Reg 3573/90 Freedom to provide services to maritime transport (Amendment)	14.36
Reg 3831/90 Generalised system of preferences (GSP)	13.1.24
Reg 3832/90 Generalised system of	

TABLES

	Para
preferences (GSP)	**13.1.24**
Reg 3833/90 Generalised system of preferences (GSP)	**13.1.24**
Reg 3835/90 Generalised system of preferences (GSP) (Amendment)	13.1.24
Reg 3916/90 Crisis management – Road haulage	**14.75**
Reg 295/91 Compensation scheme for airline passengers (Amended)	**14.11**
Reg 594/91 Depletion of the ozone layer (1) (Amended)	**6.85**
Reg 613/91 Transfer of ships between registers (Amended)	**14.39**
Reg 1194/91 Trade sanctions and embargo – Iraq	13.1.26
Reg 1284/91 Application of community competition rules to air transport (Amendment)	14.16
Reg 1534/91 Block exemption enabling regulation – Insurance sector	**7.2.25**
Reg 1893/91 Rail, road and inland waterway transport – Public service obligations (Amendment)	14.100
Reg 2092/91 Basic obligations relating to organic production (Amended)	**4.2.71**
Reg 2155/91 Insurance agreement between the European Community and Switzerland	**7.2.11**
Reg 3254/91 Leghold traps and import of furs	**6.32**
Reg 3357/91 Community system of reliefs from customs duty (Amendment)	13.2.30
Reg 3587/91 Generalised system of preferences (GSP) (Amendment)	13.1.24
Reg 3862/91 Generalised system of preferences (GSP) (Amendment)	13.1.24
Reg 3921/91 Inland waterway cabotage	14.32
Reg 3392/91 Civil aircraft	**11.90**
Reg 218/92 Administrative co-operation in VAT matters	**10.15**
Reg 282/92 Generalised system of preferences (GSP) (Amendment)	13.1.24
Reg 479/92 Competition law exemptions – Shipping consortia	**14.44**
Reg 675/92 Maximum residue levels for veterinary medical products (Amended)	4.3.31
Reg 684/92 Common rules covering international bus and coach services (Amended)	**14.79**
Reg 734/92 Community system of reliefs from customs duty (Implementing) (Amendment)	13.2.30
Reg 735/92 Community system of reliefs from customs duty (Implementing) (Amendment)	13.2.30
Reg 762/92 Maximum residue levels for veterinary medical products (Amended)	4.3.31
Reg 880/92 Community award for an Eco-label	**6.11**

	Para
Reg 881/92 Common rules for the carriage of goods by road (Amendment)	14.60
Road haulage – Free market access	**14.81**
Reg 1768/92 Supplementary protection certificates	**4.3.22**
Reg 1839/92 Common rules covering international bus and coach services (Amendment)	14.79
Reg 1973/92 Financial instrument for the Environment (Amended)	**6.12**
Reg 2078/92 Agricultural production methods	**6.37**
Reg 2081/92 Geographical indication	**4.2.12**
Reg 2082/92 Certificates of special character	**4.2.14**
Reg 2083/92 Basic obligations relating to organic production (Amendment)	4.2.71
Reg 2157/92 Acid rain (Amendment)	**6.38**
Reg 2158/92 Forest fires (Amendment)	**6.42**
Reg 2407/92 Licensing of air carriers	**14.6**
Reg 2408/92 Market access for air carriers	**14.7**
Reg 2409/92 Fares and rates for air services	**14.8**
Reg 2410/92 Application of community competition rules to air transport (Amendment)	14.16
Reg 2411/92 Block exemptions – Certain categories of air transport agreements (Amendment)	14.18
Reg 2454/92 Road passenger cabotage	**14.80**
Reg 2455/92 Export and import of dangerous chemicals	**6.129**
Reg 2719/92 Administrative document for the movement of products (Amended)	**10.13**
Movement of goods subject to excise under duty-suspension arrangements	7.92
Reg 2913/92 The customs code (Amended)	**13.2.6–13.2.25**
Reg 3093/92 Maximum residue levels for veterinary medical products (Amended)	4.3.31
Reg 3269/92 Customs code (Implementing)	13.2.6–13.2.25
Reg 3578/92 Rail, road and inland waterway transport – State aids (Amendment)	14.101
Reg 3877/92 .. Maritime cabotage (Amended)	**14.37**
Reg 3688/92 Tachographical equipment (Amendment)	**14.62**
Reg 3917/92 Generalised system of preferences (GSP) (Amendment)	13.1.24
Reg 3932/92 Block exemption for insurance agreements	**7.2.26**
Reg 3952/92 Depletion of the Ozone layer (Amendment)	6.85
Reg 95/93 Slot allocation	**14.14**
Reg 151/93 Block exemption – Patent licensing agreements (Amendment)	3.22

xxi

	Para
Block exemption – Research and development agreements (Amendment)	3.26
Block exemption – Know-how licensing agreements (Amendment)	3.30
Reg 207/93 Basic obligations relating to organic production	4.2.71
Reg 259/93 Transfrontier shipment of hazardous waste (1)	6.111
Reg 315/93 Contaminants in food	**4.2.56**
Reg 793/93 Risk assessment of dangerous substances (1)	**6.122**
Reg 895/93 Maximum residue levels for veterinary medical products (Amended)	4.3.31
Reg 990/93 Trade sanctions and embargoes – Yugoslavia	13.1.6
Reg 1028/93 Generalised system of preferences (GSP) (Amendment)	13.1.24
Reg 1461/93 European Community/United States relations	9.18
Reg 1617/93 Block exemption – Various air transport agreements	**14.19**
Reg 1738/93 Integrated transport infrastructure action programme	**14.95**
Reg 1836/93 Eco-Audit	**6.16**
Reg 1848/93 Specific character – Application	**4.2.15**
Reg 2037/93 Geographical origin – Application	**4.2.13**
Reg 2186/93 Business register	**2.19**
Reg 2225/93 Future developments	**10.3**
Reg 2309/93 Authorisation of medical products	4.3.24
Reg 2454/93 Customs code (Implementing)	13.2.6–13.2.25
Reg 2608/93 Basic obligations relating to organic production (Amendment)	4.2.71
Reg 2901/93 Maximum residue levels for veterinary medical products (Amended)	4.3.31
Reg 990/93 Trade sanctions and embargoes – Haiti	13.1.26
Reg 2967/93 Trade sanctions and embargoes – Unita	13.1.26
Reg 3089/93 Computer reservation systems – Code of conduct (Amendment)	14.9
Reg 3118/93 Road haulage cabotage (Amended)	**17.73**
Reg 3274/93 Trade sanctions and embargoes (Libya)	13.1.26
Reg 3275/93 Trade sanctions and embargoes (Libya)	13.1.26
Reg 3667/93 Generalised system of preferences (GSP) (Amendment)	13.1.24
Reg 3668/93 Generalised system of preferences (GSP) (Amendment)	13.1.24
Reg 3425/93 Maximum residue levels for veterinary medical products (Amended)	4.3.31
Reg 3426/93 Maximum residue levels for veterinary medical products (Amended)	4.3.31
Reg 3652/93 Block exemption – computerised reservation systems	**14.10**
Reg 3665/93 Customs code (Amendment)	13.2.6 – 13.2.25
Reg 3666/93 Procedural rules for notifications, time limits and hearings in the EC Merger Control System (Amendment)	3.50
Applications and notifications (Amendment)	3.44
Simplification of complaints procedure in air transport competition matters (Amendment)	14.17
Maritime transport – Competition law complaints procedure (Amendment)	14.43
Reg 40/94 Community trade mark	**8.16**
Reg 517/94 Common rules for imports of textile products from certain Third World countries	**13.1.21**
Reg 518/94 Common rules for imports	**13.1.14**
Reg 519/94 Common rules on imports from current and former state trading countries	**13.1.15**
Reg 520/94 Administration of import quotas	**13.1.16**
Reg 521/94 Protection against dumped and subsidised imports (Amendment)	13.1.7
Reg 522/94 Protection against illicit commercial practices (Amendment)	13.1.6
Protection against dumped and subsidised imports (Amendment)	13.1.7
Protection against dumped and subsidised imports – Acceleration of procedure	**13.1.8**
Reg 655/94 Customs code (Amendment)	13.2.6–13.2.25
Reg 738/94 Administration of import quotas – implementation	**13.1.17**
Reg 747/94 Administration of import quotas	**13.1.18**
Reg 792/94 Road haulage cabotage (Amendment)	14.73
Reg 836/94 Forest damage inventory (Amendment)	6.40
Reg 844/94 Inland waterway scrapping fund (Amendment)	14.31
Reg 955/94 Maximum residue levels for veterinary medical products (Amended)	4.3.31
Reg 1091/94 Acid rain (Amendment)	6.41
Reg 1488/94 Risk assessment of dangerous substances (3)	**6.124**
Reg 1771/94 Imports of furs	**6.33**
Reg 2060/94 European agency – Health and safety	**5.46**
Reg 2100/94 Plant variety rights	**8.17**
Reg 2225/94 Administrative document for the movement of products (Amendment)	10.13

TABLES

DIRECTIVES

Entries in bold denote originating legislation which is treated in full in the text.

	Para
Dir 59/22 Ionizing radiations (Amended)	**5.17**
Dir 62/279 Food colorants (Amended)..........	4.2.28
Dir 62/2005 Common rules for the carriage of goods by road (Amended)	**14.60**
Dir 64/54 Preservatives (Amended).....**4.2.29**	
Dir 64/225 Re-insurance and retrocession	7.2.6
Dir 65/65 Marketing and licensing of proprietary medicines (PMPs) (Amended) ..	**4.3.6**
Dir 65/66 Purity criteria for preservatives (Amended) **4.2.30**	
Dir 65/469 Food colorants (Amendment).....	4.2.28
Dir 66/454 Marketing and licensing of proprietary medicines (PMPs) (Amendment)...4.3.6	
Dir 67/548 Classification of dangerous substances (Amended)	**6.121**
Dir 67/653 Food colorants (Amendment).....	4.2.28
Dir 68/89 Classification of wood in the rough (Amended)	**11.70**
Dir 68/151 First company law directive on disclosure, validity of acts, stationery and nullity of companies (Amended)	**2.6**
Dir 68/419 Food colorants (Amendment).....	4.2.28
Dir 69/81 Classification of dangerous substances (Amendment).......................	6.121
Dir 69/335 Indirect taxes on the raising of capital (Amended)	**10.6**
Dir 69/493 Crystal glass (Amended)	**11.71**
Dir 70/156 Type-approval of motor vehicles and their trailers (Amended)	**11.8**
Dir 70/157 Sound levels and exhaust systems (Amended)	11.9
Dir 70/189 Classification of dangerous substances (Amendment).......................	6.121
Dir 70/220 Anti-pollution measures for positive-ignition vehicles (Amended)	11.9
Dir 70/221 Fuel tanks and rear protection devices (Amended)	11.9
Dir 70/222 Mounting and fixing of rear registration plates (Amended)	11.9
Dir 70/311 Steering equipment (Amended)	11.9
Dir 70/357 Antitoxins (Amended) **4.2.31**	
Dir 70/358 Food colorants (Amendment).....	4.2.28
Dir 70/387 Motor vehicle doors (Amended)	11.9
Dir 70/388 Audible warning devices	

	Para
(Amended)	11.9
Dir 70/509 Adoption of a common credit insurance policy (Amended)	**13.1.29**
Dir 70/510 Adopted legislation in the field of credit insurance (not yet implemented)	13.1.29
Dir 71/86 Harmonisation of basic provisions for short term transactions	13.1.28
Dir 71/127 Rear-view mirrors (Amended)	11.9
Dir 71/144 Classification of dangerous substances (Amendment)	6.121
Dir 71/304 Freedom to provide services (Contractors)	9.8
Dir 71/316 Measuring instruments and metrological control methods (Amended)	**11.28**
Weight accuracy specifications (1–50kg)	13.100
Dir 71/317 5 to 50 kilogram medium accuracy rectangular bar weights and 1 to 10 kilogram accuracy cylindrical weights (Amended)	**11.29**
Dir 71/318 Gas volume meters (Amended)	**11.31**
Dir 71/319 Meters for liquids other than water (Amended)	**11.32**
Dir 71/320 Braking devices (Amended) .11.9	
Dir 71/348 Ancillary equipment for liquid meters other than water (Amended)....**11.33**	
Dir 71/349 Calibration of tanks on vessels (Amended)	**11.39**
Dir 72/166 First motor vehicle insurance directive (Amended)	**7.2.17**
Dir 72/245 Radio interference from spark-ignition engines (Amended)	11.9
Dir 72/306 Diesel engines – Emission of pollutants (Amended)	11.9
Dir 72/426 Common rules for the carriage of goods by road (Amendment)	14.60
Dir 72/427 Measuring instruments and metrological control methods (Amendment)..	11.28
Dir 72/430 First motor vehicle insurance directive (Amendment)	7.2.17
Dir 72/464 First directive on tobacco duties (First and second stages) (Amended) .10.12	
Dir 73/23 Electrical equipment for use within certain voltage limits (Amended)	**11.51**
Dir 73/101 Adoption of a common credit insurance policy (Amendment)	13.1.29
Measuring instruments and metrological control methods (Amendment)	11.28
Dir 73/146 Classification of dangerous	

xxiii

	Para
substances (Amendment)	6.121
Dir 73/239 First non-life insurance directives (Amended)	**7.2.7**
Dir 73/240 First non-life insurance directives (Amended)	**7.2.7**
Dir 73/241 Cocoa and chocolate products (Amended)	**4.2.61**
Dir 73/361 Certification and marking of wire-ropes, chains and hooks (Amended)	**11.71**
Dir 73/362 Material measures of length (Amended)	**11.40**
Dir 73/404 Marketing and use of detergents (Amended)	**4.1.19**
Dir 73/405 Biodegradability of anionic surfactant – Testing methods (Amended)	**4.1.20**
Dir 73/779 Indirect taxes on the raising of capital (Amendment)	10.6
Dir 73/780 Indirect taxes on the raising of capital (Amendment)	10.6
Dir 74/60 Interior fittings – Partial provisions (Amended)	11.9
Dir 74/61 Devices to prevent unauthorised use of motor vehicles (Amended)	11.9
Dir 74/148 Weights from 1 milligram to 50 kilograms of above medium accuracy (Amended)	**11.30**
Dir 74/149 Common rules for the carriage of goods by road (Amendment)	14.60
Dir 74/150 Type approval (Amended)	**11.21**
Dir 74/151 Maximum laden weights, rear registration plates, fuel tanks, ballast weights, audible warning devices, sound levels and exhaust systems and testing procedures (Amended)	11.22
Dir 74/152 Maximum design speed and load platforms (Amended)	11.22
Dir 74/297 Steering mechanism – Behaviour on impact (Amended)	11.9
Dir 74/329 Emulsifiers, stabilisers, thickeners and gelling agents (Amended)	**4.2.32**
Dir 74/346 Rear-view mirrors (Amended)	11.22
Dir 74/347 Fields of vision and windscreen wipers (Amended)	11.22
Dir 74/408 Interior fittings, seats and anchorages (Amended)	11.9
Dir 74/483 External projections (Amended)	11.9
Dir 74/553 Indirect taxes on the raising of capital (Amendment)	10.6
Dir 74/561 Admission to the road haulage profession (Amended)	**14.64**
Dir 74/562 Admission to the road passenger transport profession (Amended)	**14.65**
Dir 75/33 Cold water meters (Amended)	**11.35**
Dir 75/106 Pre-packaged liquids (Amended)	

	Para
	4.2.18
Dir 75/107 Use of bottles as measuring containers (Amended)	**11.41**
Dir 75/117 Pay	**5.52**
Dir 75/129 Collective redundancies (amended)	**5.6**
Dir 75/318 Testing of proprietary medicines (Amended)	**4.3.7**
Dir 75/319 Marketing and licensing of proprietary medicines (PMPs)	**4.3.6**
Dir 75/321 Steering equipment (Amended)	11.22
Dir 75/322 Suppression of radio interference – Spark-ignition engines (Amended)	11.22
Dir 75/323 Power connection for lighting and light-signalling devices – on tools, machinery or trailers	11.22
Dir 75/324 Aerosol dispensers (Amended)	**11.73**
Dir 75/362 Mutual recognition – Doctors	5.89
Dir 75/409 Classification of dangerous substances (Amendment)	6.121
Dir 75/410 Continuous totalising weight machines (Amended)	**11.42**
Dir 75/439 Disposal of waste oils (Amended)	**6.96**
Dir 75/440 Surface water quality (Amended)	**6.46**
Dir 75/442 Waste (Amended)	**6.97**
Dir 75/443 Motor vehicles reverse and speedometer	13.25
Dir 76/114 Statutory plates and inscriptions, location and fitting (Amended)	11.9
Dir 76/115 Safety belts – Anchorages (Amended)	11.9
Dir 76/116 Fertilisers (Amended)	**11.24**
Dir 76/117 Electrical equipment for the use in potentially explosive atmospheres (Amended)	**11.52**
Dir 76/118 Preserved milk (Amended)	**4.2.63**
Dir 76/135 Mutual recognition of navigability licences (Amended)	**14.25**
Dir 76/160 Bathing water quality (Amended)	**6.47**
Dir 76/207 Access to training and conditions	**5.53**
Dir 76/211 Pre-packaged products	**4.2.19**
Dir 76/399 Food colorants (Amendment)	**4.2.28**
Dir 76/403 Disposal of PCBs and PCTs	**6.99**
Dir 76/432 Braking devices (Amended)	11.22
Dir 76/464 Discharge of dangerous substances (1)	**6.51**
Dir 76/580 First non-life insurance directive (Amendment)	**7.2.7**
Dir 76/621 Erucic acid – Maximum levels	

TABLES

	Para
	....4.2.64
Dir 76/756	Lighting and light – Signalling devices (Amended) 11.9
Dir 76/757	Reflex reflectors (Amended) 11.9
Dir 76/758	Lamps – Outline, front, rear and stop (Amended) 11.9
Dir 76/759	Lamps – Direction indicators (Amended) 11.9
Dir 76/760	Lamps – Rear registration plate (Amended) 11.9
Dir 76/761	Lamps – Main or dipped-beam headlamps (Amended) 11.9
Dir 76/762	Lamps – Front fog lamps (Amended) 11.9
Dir 76/763	Passenger seats (Amended) 11.22
Dir 76/764	Clinical mercury-in-glass maximum reading thermometers (Amended) **11.45**
Dir 76/765	Alcohol meters and alcohol hydrometers (Amended) **11.46**
Dir 76/766	Alcohol tables (Amended) ..**11.47**
Dir 76/767	Pressure vessels and methods of inspection (Amended) **11.74**
Dir 76/768	Composition of cosmetics (Amended) **4.1.22**
Dir 76/769	Marketing and use of dangerous substances (Amended) **6.125**
Dir 76/891	Electrical energy meters (Amended) **11.37**
Dir 76/907	Classification of dangerous substances (Amendment) 6.121
Dir 76/914	Driver training standards (Amended) **14.66**
Dir 77/91	Second law directive – Formation of public companies and safeguarding of share capital (Amended) **2.7**
Dir 77/92	Insurance agents and brokers (Amended) **7.2.21**
Dir 77/95	Taximeters (Amended) **11.38**
Dir 77/143	Roadworthiness tests (Amended) **11.10**
Dir 77/158	Common rules for the carriage of goods by road (Amendment) 14.60
Dir 77/187	Safeguards in the event of transfer **5.7**
Dir 77/311	Driver-perceived noise levels (Amended) 11.22
Dir 77/313	Measuring systems for liquids other than water (Amended) **11.36**
Dir 77/388	Sixth directive – Uniform basis for assessment of VAT (Amended) **10.7**
Dir 77/389	Towing devices (Amended) ..11.9
Dir 77/452	Mutual recognition – Nurses 5.89
Dir 77/535	Sampling and analysis methods (Amended) **11.25**
Dir 77/536	Roll-over protection structure (Dynamic testing) (Amended) 11.22
Dir 77/537	Diesel engine – Emission control (Amended) 11.22

	Para
Dir 77/538	Lamps – Rear fog lamps (Amended) 11.9
Dir 77/539	Lamps – Reversing (Amended) ...11.9
Dir 77/540	Lamps – Parking (Amended) 11.9
Dir 77/541	Safety belts and restraint systems (Amended) 11.9
Dir 77/649	Fields of vision (Amended)...11.9
Dir 77/780	First banking co-ordination directive (Amended) **7.1.6**
Dir 77/796	Mutual recognition of driver qualifications (Amended) **14.67**
Dir 77/799	Mutual assistance between tax authorities – Direct taxation (Amended) **10.14**
Dir 78/25	Colorants in proprietary medicines (Amended) **4.3.9**
Dir 78/144	Food colorants (Amendment) 4.2.28
Dir 78/175	Common rules for the carriage of goods by road (Amendment) 14.60
Dir 78/176	Titanium dioxide waste (Amended) **6.101**
Dir 78/315	Type-approval of motor vehicles and their trailers (Amendment) 11.8
Dir 78/316	Interior fittings – Identification of controls, telltales and indicators (Amended) 11.9
Dir 78/317	Defrosting and demisting systems (Amended) 11.9
Dir 78/318	Wiper and washer systems (Amended) 11.9
Dir 78/473	Co-insurance **7.2.8**
Dir 78/547	Type-approval of motor vehicles and their trailers (Amendment) 11.8
Dir 78/548	Passenger compartment heating systems (Amended) 11.9
Dir 78/549	Wheel guards (Amended) 11.9
Dir 78/610	Vinyl chloride monomer **5.18**
Dir 78/612	Emulsifiers, stabilisers, thickeners and gelling agents (Amendment) 4.2.32
Dir 78/630	Preserved milk (Amendment) 4.2.63
Dir 78/631	Classification of packaging, labelling of pesticides (Amended) **6.126**
Dir 78/659	Quality of fresh waters for the support of fish life (Amended) **6.35**
Dir 78/660	Fourth company law directive – Company accounts (Amended) **2.9**
Dir 78/686	Mutual recognition – Dentists 5.89
Dir 78/764	Driver's seat (Amended) 11.22
Dir 78/855	Third company law directive – Mergers of public companies (Amended) **2.8**
Dir 78/891	Pre-packaged liquids (Amendment) 4.2.18
	Pre-packaged products (Amendment) ....

XXV

	Para
Dir 78/932 Head restraints (Amended)	11.9
Dir 78/933 Light and light signalling devices – Installation (Amended)	11.22
Dir 78/1015 Motorcycles – Permissible sound levels and exhaust systems	11.18
Dir 78/1016 Mutual recognition of navigability licences (Amendment)	14.25
Dir 78/1026 Mutual recognition – Vets	5.89
Dir 78/1031 Automatic check weighing and weight grading machines (Amended)	11.43
Dir 79/7 Statutory social security	5.54
Dir 79/116 Tanker safety (Amended)	14.34
Dir 79/117 Prohibitions on the marketing and use of pesticides (Amended)	6.127
Dir 79/196 Electrical equipment for use in potentially explosive atmospheres employing certain types of protection (Amended)	11.53
Dir 79/267 First life assurance directive (Amended)	7.2.17
Dir 79/279 Admission of securities to official stock exchange listing (Amended)	7.3.7
Dir 79/370 Classification of dangerous substances (Amendment)	6.121
Dir 79/409 Conservation of wild birds (Amended)	6.28
Dir 79/532 Lighting and light-signalling devices – Component type approval (Amended)	11.22
Dir 79/533 Coupling devices and reverse (Amended)	11.22
Dir 79/581 Price indication on foodstuffs (Amended)	4.2.8
Dir 79/622 Roll-over protection structures (static testing) (Amended)	11.22
Dir 79/663 Marketing and use of dangerous substances (Amendment)	1.125
Dir 79/693 Fruit jams, jellies, marmalades and chestnut puree (Amended)	4.2.66
Dir 79/694 Type approval (Amendment)	11.21
Dir 79/830 Hot water meters (Amended)	11.36
Dir 79/831 Classification of dangerous substances (Amendment)	6.121
Classification, packaging and labelling of pesticides (Amendment)	6.126
Dir 79/869 Sampling and analysis of surface water	6.49
Surface water quality (Amendment)	6.46
Dir 79/923 Shellfish waters (Amended)	6.36
Dir 79/1005 Pre-packaged liquids (Amendment)	4.2.18
Dir 79/1070 Mutual assistance between tax authorities – Direct taxation (Amendment)	10.14
Dir 79/1072 Eighth directive – VAT refunds for taxable persons in other states	10.8
Dir 80/49 Common rules for the carriage of goods by road (Amendment)	14.60
Dir 80/51 Aircraft (Amended)	11.60
Dir 80/68 Protection of groundwater	6.52
Dir 80/154 Mutual recognition – Midwives	5.89
Dir 80/181 Units of measurement (Amended)	11.49
Dir 80/390 Listing particulars for officially quoted shares and securities (Amended)	7.3.8
Dir 80/590 Community symbol for products in contact with foodstuffs	4.2.20
Dir 80/597 Emulsifiers, stabilisers, thickeners and gelling agents (Amendment)	4.2.32
Dir 80/720 Operating space, access to driving position, doors and windows (Amended)	11.22
Dir 80/766 Vinyl chloride monomer levels	4.2.21
Dir 80/777 Marketing of natural mineral waters	4.2.67
Dir 80/780 Rear-view mirrors	11.18
Dir 80/778 Drinking water quality (Amended)	6.50
Dir 80/779 Air quality limit values for sulphur dioxide (Amended)	6.70
Dir 80/876 Ammonium nitrate fertilisers of high nitrogen content (Amended)	11.26
Dir 80/891 Erucic acid – Analysis	4.2.65
Dir 80/987 Insolvency (Amended)	5.8
Dir 80/1107 Protection from exposure to risks (1) (Amended)	5.19
Dir 80/1189 Classification of dangerous substances (Amendment)	6.121
Dir 80/1263 Community driving licence (1) (Amended)	14.69
Dir 80/1267 Type-approval of motor vehicles and their trailers (Amendment)	11.8
Dir 80/1268 Fuel consumption (Amended)	11.9
Dir 80/1269 Engine power (Amended)	11.9
Dir 80/1276 Fruit jams, jellies, marmalades and chestnut puree (Amendment)	4.2.66
Dir 80/1335 Analysis of cosmetic products (Amended)	4.1.23
Dir 81/20 Food colorants (Amendment)	4.2.28
Dir 81/187 Classification, packaging and labelling of pesticides (Amendment)	6.126
Dir 81/432 Release of vinyl chloride monomers	4.2.22
Dir 81/464 Colorants in proprietary medicines (Amendment)	4.3.9
Dir 81/712 Testing of additives	4.2.33
Dir 81/851 Veterinary medicinal products – Marketing and licensing (1) (Amended)	4.3.27
Dir 81/852 Testing of veterinary medicinal products (Amended)	4.3.30

	Para
Dir 81/854 Conservation of wild birds (Amendment)	6.28
Dir 81/857 Air quality limit values for sulphur dioxide (Amendment)	6.70
Dir 81/957 Classification of dangerous substances (Amendment)	6.121
Dir 82/50 Common rules for the carriage of goods by road (Amendment)	14.60
Dir 82/121 Half-yearly information to be published by officially listed companies (Amended)	**7.3.9**
Dir 82/130 Electrical equipment for use in potentially explosive atmospheres in mines susceptible to fire damp (Amended)	**11.54**
Dir 82/148 Admission of securities to official stock exchange listing (Amendment)	7.3.6
Half-yearly information to be published by officially listed companies (Amendment)	7.3.9
Dir 82/176 Mercury discharges (1)	**6.53**
Dir 82/232 Classification of dangerous substances (Amendment)	6.121
Dir 82/242 Marketing and use of detergents (Amendment)	4.1.19
Dir 82/243 Biodegradability of anionic surfactants – Testing methods (Amendment)	4.1.20
Dir 82/501 Prevention of major accidents ("Seveso") (Amended)	**6.6**
Dir 82/605 Metallic lead	**5.21**
Dir 82/714 Inland waterway vessels – Technical characteristics (Amended)	**14.26**
Dir 82/806 Marketing and use of dangerous substances (Amendment)	6.125
Dir 82/828 Marketing and use of dangerous substances (Amendment)	6.125
Dir 82/883 Monitoring – Titanium dioxide industry	**6.102**
Titanium dioxide waste (Amendment)	6.101
Dir 82//884 Air quality limits for lead (Amended)	**6.72**
Dir 82/890 Type approval (Amendment)	11.21
Dir 82/891 Sixth company law directive – Company divisions	**2.10**
Dir 83/29 Titanium dioxide waste (Amendment)	6.101
Dir 83/129 Imports of seal products (Amended)	**6.30**
Dir 83/131 Prohibitions on the marketing and use of pesticides (Amendment)	6.127
Dir 83/189 Provision of information on technical standards and regulations (Amended)	11.6
Dir 83/264 Marketing and use of dangerous substances (Amendment)	6.125
Dir 83/349 Fourth company law directive – Company accounts (Amendment)	2.9
Dir 83/417 Lactoproteins	**4.2.68**

	Para
Dir 83/447 Radio interference	11.55
Dir 83/467 Classification of dangerous substances (Amendment)	6.121
Dir 83/477 Asbestos (Amended)	**5.22**
Dir 83/478 Marketing and use of dangerous substances (Amendment)	6.125
Dir 83/513 Cadmium discharges	**6.55**
Dir 83/570 Marketing and licensing of proprietary medicines (PMPs) (Amendment)	4.3.6
Testing of proprietary medicines (Amendment)	4.3.7
Dir 83/572 Common rules for the carriage of goods by road (Amendment)	14.60
Dir 83/573 Consultations over counter-measures in maritime transport	**13.1.12**
Dir 83/575 Measuring instruments and meteorological control methods (Amendment)	11.28
Dir 83/635 Preserved milk (Amendment)	4.2.63
Dir 84/5 First motor vehicle insurance directive (Amendment)	7.2.17
Second motor vehicle insurance directive	**7.2.18**
Dir 84/156 Mercury discharges (2)	**6.54**
Dir 84/253 Eighth company law directive – Auditors	**2.12**
Dir 84/291 Classification, packaging and labelling of pesticides (Amendment)	6.126
Dir 84/360 Air pollution from industrial plants	**6.76**
Dir 84/386 Tenth directive – Uniform basis for assessment of VAT (Amendment)	10.7
Dir 84/449 Classification of dangerous substances (Amendment)	6.121
Dir 84/450 Misleading advertising	**4.1.6**
Dir 84/467 Ionizing radiations (Amendment)	5.17
Dir 84/491 Hexachlorocyclohexane discharges	**6.56**
Dir 84/500 Ceramic articles	**4.2.23**
Dir 84/525 Seamless steel gas cylinders (Amended)	**11.76**
Dir 84/526 Seamless unalloyed aluminium and aluminium alloy gas cylinders (amended)	**11.77**
Dir 84/527 Welded unalloyed steel gas cylinders (Amended)	**11.78**
Dir 84/528 Lifting and mechanical handling appliances (Amended)	**11.79**
Dir 84/529 Electrically operated lifts (Amended)	**11.80**
Dir 84/532 Construction plant and equipment	**11.62**
Dir 84/533 Compressors (Amended)	**11.63**
Dir 84/534 Tower cranes (Amended)	**11.64**
Dir 84/535 Welding generators (Amended)	**11.65**
Dir 84/536 Power generators (Amended)	

xxvii

A BUSINESS GUIDE TO EC LEGISLATION

Para

....**11.66**
Dir 84/537 Powered hand-held concrete-breakers and picks (Amended) **11.67**
Dir 84/538 Lawnmowers (Amended) ...**11.68**
Dir 84/539 Electro-medical equipment for use in human or veterinary medicine (Amended) **11.56**
Dir 84/568 Reciprocal obligations of export credit insurance companies.................**13.1.31**
Dir 84/569 Fourth company law directive – Company accounts (Amendment) **2.9**
Dir 84/641 First non-life insurance directive (Amendment)...**7.2.7**
Dir 84/647 Common rules for the carriage of goods by road (Amendment) **14.60**
Hiring of goods vehicles (Amended) ...**14.71**
Dir 85/1 Units of measurement (Amendment)...**11.49**
Dir 85/3 Weights, dimensions and other characteristics of certain road vehicles – Goods vehicles (Amended) **11.11**
Dir 85/6 Emulsifiers, stabilisers, thickeners and gelling agents (Amendment).........**4.2.32**
Dir 85/7 Basic food labelling requirements (Amendment) **4.2.6**
Emulsifiers, stabilisers, thickeners and gelling agents (Amendment) **4.2.32**
Food colorants (Amendment) **4.2.28**
Dir 85/10 Pre-packaged liquids (Amendment)..**4.2.18**
Dir 85/203 Air quality limit values for nitrogen dioxide (Amended)..................**6.74**
Dir 85/210 Lead in petrol (Amended) ...**6.73**
Dir 85/298 Prohibitions on the marketing and use of pesticides (Amendment) **6.127**
Dir 85/303 Indirect taxes on the raising of capital (Amendment) **10.6**
Dir 85/336 Environmental impact assessments..**6.7**
Dir 85/339 Liquid containers – For human consumption **6.107**
Dir 85/345 First banking co-ordination directive (Amendment) **7.1.6**
Dir 85/362 Seventeenth directive – Exemptions for temporary imports (Amended) **10.10**
Dir 85/374 Product liability....................**4.1.7**
Dir 85/384 Mutual recognition – Architects **5.89**
Dir 85/411 Conservation of wild birds (Amendment)...**6.28**
Dir 85/433 Mutual recognition – Pharmacists... **5.89**
Dir 85/444 Imports of seal products (Amendment)..**6.30**
Dir 85/467 Marketing and use of dangerous substances (Amendment).....................**6.125**
Dir 85/577 Doorstep sales........................**4.1.8**
Dir 85/580 Air quality limit values for nitrogen dioxide (Amendment) **6.74**

Para

Dir 85/581 Lead in petrol (Amendment) **6.73**
Dir 85/585 Preservatives (Amendment) **4.2.29**
Dir 85/591 Sampling and analysis of foodstuffs **4.2.51**
Dir 85/610 Marketing and use of dangerous substances (Amendment).......................**6.125**
Dir 85/611 UCITS (Amended).............**7.3.10**
Dir 86/94 Marketing and use of detergents (Amendment) **4.1.19**
Dir 86/102 Emulsifiers, stabilisers, thickeners and gelling agents (Amendment)..**4.2.32**
Dir 86/122 Conservation of wild birds (Amendment)...**6.28**
Dir 86/137 First banking co-ordination directive (Amendment) **7.1.6**
Dir 86/188 Noise......................................**5.23**
Dir 86/197 Basic food labelling requirements (Amendment)..................**4.2.6**
Dir 86/214 Prohibitions on the marketing and use of pesticides (Amendment).....**6.127**
Dir 86/217 Tyre pressure gauges for motor vehicles (Amended) **11.48**
Dir 86/278 Sewage sludge **6.108**
Dir 86/280 Control of specified dangerous substances (Amended) **6.57**
Dir 86/295 Roll-over protection structures – Certain construction plant (Amended).......... ....**11.81**
Dir 86/296 Protection against falling objects (Amended) **11.82**
Dir 86/297 Power take-offs and protection measures (Amended).............................**11.22**
Dir 86/298 Roll-over protection structures – Rear-mounted (Amended) **11.22**
Dir 86/355 Prohibitions on the marketing and use of pesticides (Amendment).....**6.127**
Dir 86/360 Weights, Dimensions and other characteristics of certain road vehicles – Goods vehicles (Amendment) **11.11**
Dir 86/364 Weights, Dimensions and other characteristics of certain road vehicles – Goods vehicles (Amendment) **11.11**
Dir 86/378 Occupational social security schemes..**5.55**
Dir 86/415 Installation, location, operation and identification of controls (Amended) **11.22**
Dir 86/431 Classification of dangerous substances (Amendment).......................**6.121**
Dir 86/524 First banking co-ordination directive (Amendment) **7.1.6**
Dir 86/560 Thirteenth directive – VAT refunds for non-EU persons....................**10.9**
Dir 86/594 Airborne noise emitted by household appliances (Amended) **11.57**
Dir 86/604 Purity criteria for preservatives (Amendment)...**4.2.30**

xxviii

TABLES

	Para
Dir 86/613 Equal treatment for the self-employed	**5.59**
Dir 86/635 Annual and consolidated accounts of banks and other financial institutions	**7.1.8**
Dir 86/662 Hydraulic excavators, rope-operated excavators, dosers, loaders and excavator-loaders (Amended)	**11.69**
Dir 86/663 Self-propelled industrial trucks (Amended)	**11.83**
Dir 87/18 Application and verification of good laboratory practice (Amended)	**4.3.10**
Dir 87/19 Testing of proprietary medicines (Amendment)	4.3.7
Dir 87/20 Testing of veterinary medicinal products (Amendment)	4.3.30
Dir 87/21 Marketing and licensing of proprietary medicines (PMPs) (Amendment)	4.3.6
Dir 87/22 Marketing of high technology medicinal products (Amended)	**4.3.13**
Dir 87/54 Protection of topographies of semiconductor products (Amended)	**8.7**
Dir 87/55 Antitoxidants (Amendment)	4.2.32
Dir 87/94 Procedures for the control of characteristics, limits and resistance to detonation of straight ammonium nitrate fertilisers of high nitrogen content (Amended)	11.27
Dir 87/101 Disposal of waste oils (Amendment)	6.96
Dir 87/102 Consumer credit (Amended)	**4.1.9**
Dir 87/143 Analysis of cosmetic products (Amendment)	4.1.23
Dir 87/164 Insolvency (Amendment)	5.8
Dir 87/181 Prohibitions on the marketing and use of pesticides (Amendment)	6.127
Dir 87/216 Prevention of major accidents ("Seveso") (Amendment)	6.6
Dir 87/217 Prevention of asbestos pollution	6.79
Dir 87/250 Labelling of alcoholic beverages	**4.2.69**
Dir 87/343 First non-life insurance directive (Amendment)	7.2.7
Dir 87/344 First non-life insurance directive (Amendment)	7.2.7
Legal expenses insurance	**7.2.9**
Dir 87/345 Listing particulars for officially quoted shares and securities (Amendment)	7.3.8
Dir 87/354 Lifting and mechanical handling appliances (Amendment)	11.79
Dir 87/355 Measuring instruments and meteorological control methods (Amendment)	11.28
Dir 87/357 Dangerous imitations	**4.1.25**
Dir 87/358 Type-approval of motor vehicles and their trailers (Amendment)	11.8
Dir 87/372 Mobile communications – Frequency bands	**12.10**
Dir 87/402 Roll-over protection structures – Front-mounted (Amended)	11.22
Dir 87/403 Type-approval of motor vehicles and their trailers (Amendment)	11.8
Dir 87/404 Pressure vessels (Amended)	**11.75**
Dir 87/416 Lead in petrol (Amendment)	6.73
Dir 87/432 Classification of dangerous substances (Amendment)	6.121
Dir 87/477 Prohibitions on the marketing and use of pesticides (Amendment)	6.127
Dir 87/540 Access to inland waterway professions (Amended)	**14.29**
Mutual recognition – Inland waterway vessel operators	5.89
Dir 88/77 Diesel engines – Gaseous emission control (Amended)	11.9
Dir 88/182 Provision of information on technical standards and regulations (Amendment)	11.6
Dir 88/183 Fertilisers (Amendment)	11.24
Dir 88/218 Weights, Dimensions and other characteristics of certain road vehicles – Goods vehicles (Amendment)	11.11
Dir 88/220 UCITS (Amendment)	7.3.10
Dir 88/297 Type approval (Amendment)	11.21
Dir 88/301 Liberalization of telecommunications terminal equipment markets	**12.37**
Dir 88/302 Classification of dangerous substances	6.121
Dir 88/314 Price indication of non-food products	**4.1.10**
Dir 88/315 Price indication on foodstuffs (Amendment)	4.2.8
Dir 88/316 Pre-packaged liquids (Amendment)	4.2.18
Dir 88/320 Inspection and verification of good laboratory practice (Amended)	**4.3.11**
Dir 88/344 Extraction of solvents (1) (Amended)	**4.2.34**
Dir 88/347 Control of specified dangerous substances (Amendment)	6.57
Dir 88/357 First non-life insurance directive (Amendment)	7.2.7
Second non-life insurance directive (Amended)	**7.2.10**
Dir 88/361 Liberalisation of capital movements and regulation of exceptionally large international capital flows	**7.1.22**
Dir 88/364 Banning of certain agents or activities	**5.24**
Dir 88/378 Toy safety	**4.1.26**
Dir 88/379 Dangerous preparations (Amended)	6.132
Dir 88/388 Flavourings	**4.2.35**

xxix

	Para
Dir 88/449 Roadworthiness tests (Amendment)	11.10
Dir 88/490 Classification of dangerous substances (Amendment)	6.121
Dir 88/593 Fruit jams, jellies, marmalades and chestnut puree (Amendment)	4.2.66
Dir 88/599 Road transport social legislation – Compliance (Amended)	**14.63**
Dir 88/609 Large combustion plants	**6.80**
Dir 88/610 Prevention of major accidents ("Seveso") (Amendment)	6.6
Dir 88/627 Notification of acquisitions/disposals of major holdings	**7.3.11**
Dir 88/642 Protection from exposure to risks (1) (Amendment)	5.19
Dir 88/665 Measuring instruments and meteorological control methods (Amendment)	11.28
Lifting and mechanical handling appliances (Amendment)	11.79
Dir 89/48 Mutual recognition of higher education diplomas	**5.90**
Dir 89/104 Trade marks – Harmonisation (Amended)	**8.10**
Dir 89/105 Transparency of national price control measures	4.3.14
Dir 89/106 Construction products (Amended)	**11.84**
Dir 89/107 General provisions covering additives (1)	**4.2.27**
Dir 89/108 Quick-freezing of foodstuffs	**4.2.44**
Dir 89/109 Harmonisation of national laws on materials in contact with foodstuffs (Amended)	**4.2.24**
Dir 89/117 Annual accounts of foreign branches of credit and other financial institutions	**7.1.9**
Dir 89/173 Dimensions and masses, speed governors, protection of drive components, projections and wheels, trailer-brake control, windscreens and other glazing, mechanical linkages between tractor and trailer and statutory plates and inscriptions (Amended)	11.22
Dir 89/178 Dangerous preparations (Amendment)	6.132
Dir 89/284 Fertilisers (Amendment)	11.24
Dir 89/297 Lateral protection devices (Amendment)	11.9
Dir 89/298 Public offer prospectuses	**7.3.12**
Dir 89/299 Own funds (Amended)	**7.1.11**
Dir 89/336 Electromagnetic compatibility (Amended)	**11.85**
Dir 89/338 Weights, Dimensions and other characteristics of certain road vehicles – Goods vehicles (Amendment)	11.11
Dir 89/341 Marketing and licensing of proprietary medicines (PMPs)	

	Para
(Amendment)	4.3.6
Testing of proprietary medicines (Amendment)	4.3.7
Dir 89/342 Marketing and licensing of proprietary medicines (PMPs) (Amendment)	4.3.6
Dir 89/343 Marketing and licensing of proprietary medicines (PMPs) (Amendment)	4.3.6
Dir 89/344 Cocoa and chocolate products	**4.2.61**
Dir 89/365 Prohibitions on the marketing and use of pesticides (Amendment)	6.128
Dir 89/369 Prevention of pollution by new incinerations	**6.77**
Dir 89/370 Imports of seal products (Amendment)	6.30
Dir 89/381 Marketing and licensing of proprietary medicines (PMPs) (Amendment)	4.3.6
Dir 89/391 Improvements in the safety and health of workers at work	**5.43**
Dir 89/392 Machinery (Amended)	**11.86**
	5.33
Dir 89/393 Emulsifiers, stabilisers, thickeners and gelling agents (Amendment)	4.2.32
Dir 89/395 Basic food labelling requirements (Amendment)	4.2.6
Dir 89/396 Lot identification of foodstuffs (Amendment)	**4.2.10**
Dir 89/397 Official control of foodstuffs (1)	**4.2.48**
Dir 89/398 General provision covering food for particular nutritional uses	**4.2.58**
Dir 89/427 Air quality limit values for sulphur dioxide (Amendment)	6.70
Dir 89/429 Reduction of pollution from existing incineration plants	**6.78**
Dir 89/437 Hygiene and health of egg products	**4.2.70**
Dir 89/459 Tyres – Tread depth (Amended)	11.9
Dir 89/460 Weights, Dimensions and other characteristics of certain road vehicles – Goods vehicles (Amendment)	11.11
Dir 89/461 Weights, Dimensions and other characteristics of certain road vehicles – Good vehicles (Amendment)	11.11
Dir 89/530 Fertilisers (Amendment)	11.24
Dir 89/592 Prevention of insider dealing	**7.3.13**
Dir 89/617 Units of measurement (Amendments)	11.49
Dir 89/622 Labelling of tobacco products (Amended)	**4.1.28**
Dir 89/629 Aircraft (Amendment)	11.60
Dir 89/646 Second banking co-ordination directive (Home state control and single licence)	**7.1.7**

TABLES

	Para
Dir 89/647 Solvency ratio (Amended)	**7.1.12**
Dir 89/654 Minimum safety and health requirements in the workplace	**5.44**
Dir 89/655 Machines, equipment and installations	**5.34**
Dir 89/656 Personal protective equipment (Amended)	**5.36**
Dir 89/665 Remedies regarding supplies, services and works	**9.13**
Dir 89/666 Eleventh company law directive – Disclosure of branches	**2.13**
Fourth company law directive – Company accounts (Amendment)	2.9
Seventh company law directive – Consolidated accounts (Amendment)	2.11
Dir 89/667 Twelfth company law directive – Single member companies	**2.14**
Dir 89/676 Prepackaged liquids (Amendment)	**4.2.18**
Dir 89/677 Marketing and use of dangerous substances (Amendment)	6.125
Dir 89/678 Marketing and use of dangerous substances (Amendment)	6.125
Dir 89/684 Vocational training – Drivers of dangerous goods vehicles (Amended)	**14.68**
Dir 90/18 Inspection and verification of good laboratory practice (Amendment)	4.3.11
Dir 90/35 Child-resistant fastenings and tactile warnings	**6.133**
Dir 90/88 Consumer credit (Amendment)	4.1.9
Dir 90/128 Plastic materials and articles coming into contact with foodstuffs (Amended)	**4.2.25**
Dir 90/207 Composition of cosmetics – Formaldehyde	**4.1.24**
Dir 90/211 Listing particulars for officially quoted shares and securities	**7.3.8**
Dir 90/219 Genetically modified micro-organisms – Contained use	**6.21**
Dir 90/220 Genetically modified organisms – Deliberate release (Amended)	**6.19**
Dir 90/232 First motor vehicle insurance directive (Amendment)	**7.2.17**
Second motor vehicle insurance directive (Amendment)	**7.2.18**
Third motor vehicle insurance directive	**7.2.19**
Dir 90/237 Seventeenth directive – Exemptions for temporary imports (Amendment)	10.10
Dir 90/239 Maximum tar yield of cigarettes	**4.1.29**
Dir 90/269 Heavy loads	**5.37**
Dir 90/270 Display screen equipment	**5.35**
Dir 90/313 Access to information – Environment	6.9
Dir 90/314 Package tours	**4.1.39**

	Para
Dir 90/335 Prohibitions on the marketing and use of pesticides (Amendment)	6.128
Dir 90/384 Non-automatic weighing instruments (Amended)	**11.44**
Dir 90/385 Active implantable electro-medical equipment (Amended)	**11.58**
Active implantable medical devices	**4.3.15**
Dir 90/387 Open network provision (ONP) – Harmonised conditions	**12.19**
Dir 90/388 Competition in the telecommunications services	**12.38**
Dir 90/394 Carcinogens	**5.26**
Dir 90/396 Appliances burning gaseous fuels (Amended)	**11.87**
Dir 90/398 Hiring of goods vehicles (Amendment)	14.71
Dir 90/415 Control of specified dangerous substances (Amendment)	6.57
Dir 90/434 Taxation of mergers	**10.18**
Dir 90/492 Dangerous preparations (Amendment)	6.132
Dir 90/435 Taxation of parent companies and subsidiaries	**10.18**
Dir 90/496 Nutrition labelling	**4.2.11**
Dir 90/517 Classification of dangerous substances (Amendment)	6.121
Dir 90/533 Prohibitions on the marketing and use of pesticides (Amendment)	6.127
Dir 90/544 European paging services – Frequency bands	**12.25**
Dir 90/604 Fourth company law directive – Company accounts (Amendment)	2.9
Seventh company law directive – Consolidated accounts (Amendment)	2.11
Dir 90/605 Fourth company law directive- Company accounts (Amendment)	2.9
Seventh company law directive – Consolidated accounts (Amendment)	2.11
Dir 90/618 First non-life insurance directive (Amendment)	7.2.7
Freedom to supply cross-frontier motor insurance	**7.2.20**
Second non-life insurance directive (Amendment)	7.2.10
Dir 90/619 First life assurance directive (Amendment)	7.2.14
Second life assurance co-ordination directive	7.2.15
Insurance agents and brokers (Amendment)	7.2.21
Dir 90/642 Maximum permitted levels of pesticide residues (Amended)	**4.2.52**
Dir 90/656 Air quality limits for lead (Amendment)	6.72
Air quality limit values for nitrogen dioxide (Amendment)	6.74
Large combustion plants	6.80
Dir 90/657 Interim measures – German reunification	**11.89**
Dir 90/660 Air quality limit values for	

xxxi

	Para
sulphur dioxide (Amendment)	6.70
Dir 90/676 Veterinary medicinal products – marketing and licensing (1) (Amendment)	4.3.27
Veterinary medicinal products – marketing and licensing (2)	**4.3.28**
Dir 90/677 Immunological veterinary medicinal products	**4.3.29**
Dir 90/679 Biological agents	**5.27**
Dir 90/684 Aid to shipbuilding	**3.59**
Dir 91/31 Solvency ratio (Amendment)	7.1.12
Dir 91/60 Weights, dimensions and other characteristics of certain road vehicles – goods vehicles (Amendment)	11.11
Dir 91/71 Approximation of national flavouring laws	**4.2.37**
Dir 91/72 Basic food labelling requirements (Amendment)	4.2.6
Designation of flavourings in ingredients lists	**4.2.7**
Dir 91/155 Safety data sheets for dangerous preparations	**6.133**
Dir 91/156 Waste (Amendment)	6.97
Dir 91/157 Batteries and accumulators	**6.113**
Marketing and use of dangerous substances (Amendment)	6.125
Dir 91/173 Marketing and use of dangerous substances (Amendment)	6.125
Dir 91/188 Prohibitions on the marketing and use of pesticides (Amendment)	6.128
Dir 91/225 Roadworthiness tests (Amendment)	11.10
Dir 91/226 Spray suppression devices	11.9
Dir 91/238 Lot identification of foodstuffs (Amendment)	4.2.10
Dir 91/244 Conservation of wild birds (Amendment)	6.28
Dir 91/250 Computer programmes	**8.11**
Dir 91/263 Electromagnetic compatibility (Amendment)	11.85
Telecommunications terminals – Technical standards (Amended)	**12.28**
Dir 91/271 Urban waste water treatment	**6.58**
Dir 91/287 Digital European cordless telecommunications (DECT) – Frequency band	**12.27**
Dir 91/308 Prevention of money laundering	**7.1.16**
Dir 91/321 Infant formulae and follow up milk	**4.2.59**
Dir 91/322 Protection from exposure to risks – indicative exposure limits	**5.20**
Dir 91/325 Classification of dangerous substances (Amendment)	6.121
Dir 91/326 Classification of dangerous substances (Amendment)	6.121
Dir 91/328 Roadworthiness tests (Amendment)	11.10
Dir 91/338 Marketing and use of dangerous substances (Amendment)	6.125

	Para
Dir 91/339 Marketing and use of dangerous substances (Amendment)	6.125
Dir 91/368 Machinery (Amendment)	11.86
Self-propelled industrial trucks (Amendment)	11.83
Roll-over protection structures – certain construction plant (Amendment)	11.81
Dir 91/371 Insurance agreement between the European Community and Switzerland (Amendment)	7.2.11
Dir 91/382 Asbestos (Amendment)	5.22
Dir 91/383 Health and safety – Part time workers	**5.45**
Dir 91/410 Classification of dangerous substances (Amendment)	6.121
Dir 91/414 Marketing and use of plant protection products	**6.134**
Dir 91/439 Community driving licence (2)	14.70
Dir 91/440 Development of Community railways	**14.50**
Dir 91/442 Child-resistant fastenings	**6.135**
Dir 91/507 Testing of proprietary medicinal products	**4.3.7**
Dir 91/533 Proof of employment relationship contract	**5.9**
Dir 91/628 Protection of animals during transport (Amended)	**14.76**
Dir 91/629 Harmonising reports on the environment	**6.10**
Dir 91/632 Classification of dangerous substances (Amendment)	6.121
Dir 91/633 Own funds of credit institutions (Amendment)	7.1.11
Dir 91/659 Marketing and use of dangerous substances (Amendment)	6.125
Dir 91/670 Mutual acceptance of personnel licences in civil aviation	**14.12**
Dir 91/672 Reciprocal recognition of boatmasters certificates	**14.30**
Dir 91/674 Annual accounts of insurance companies	7.2.22
Dir 91/675 Insurance committee	**7.2.23**
Dir 91/676 Protection of fresh, coastal and marine waters against nitrate pollution	**6.59**
Dir 91/680 Abolition of fiscal frontiers – VAT (Amended)	**10.11**
Sixth directive – Uniform basis for assessment of VAT (Amendment)	10.7
Dir 91/689 Hazardous waste	**6.104**
Dir 91/692 Shellfish waters (Amendment)	6.36
Dir 92/1 Transport, warehousing and storage of quick-frozen foodstuffs	**4.2.45**
Dir 92/2 Temperature analysis for quick-frozen foodstuffs	**4.2.46**
Dir 92/6 Speed limitation devices – Installation and use	**11.12**
Speed limitation devices (1)	**14.77**
Dir 92/7 Weights, dimensions and other characteristics of certain road vehicles –	

TABLES

	Para
Goods vehicles (Amendment)	11.11
Dir 92/10 Trade marks (Amendment)	8.10
Dir 92/11 Lot identification of foodstuffs (Amendment)	4.2.10
Dir 92/12 Application of fiscal frontiers (Excise duty) (Amended)	**10.12**
Dir 92/13 Public procurement procedures	9.15
Dir 92/14 Limitation of operation of chapter 2 aircraft	**11.61**
Dir 92/16 Own funds (Amendment)	7.1.11
Dir 92/18 Testing of veterinary medicinal products	4.3.30
Dir 92/21 Masses and dimensions – Category M1 vehicles	11.9
Dir 92/22 Safety and glazing materials	11.9
Dir 92/23 Pneumatic tyres	11.9
Dir 92/24 Speed limitation devices	11.9
Speed limitation devices (2)	**14.78**
Dir 92/25 Wholesale distribution of medicinal products for human use	4.3.17
Dir 92/26 Legal status for supply of medicinal products for human use	4.3.19
Dir 92/27 Marketing and licensing of proprietary medicines (PMPs) (Amendment)	4.3.6
Labelling of medicinal products for human use	**4.3.20**
Dir 92/28 Advertising medicinal products	**4.3.21**
Dir 92/29 Health and safety on board vessels	**5.28**
Dir 92/30 Consolidated supervision	**7.1.10**
Dir 92/31 Electromagnetic compatibility (Amendment)	11.85
Dir 92/32 Classification of dangerous substances (Amendment)	6.121
Classification, packaging and labelling of pesticides (Amendment)	6.126
Dir 92/37 Classification of dangerous substances (Amendment)	6.121
Dir 92/38 High-definition television (HDTV) (3) – Standards	**12.14**
Dir 92/39 Harmonisation of the national laws on materials in contact with foodstuffs (Amendment)	4.2.25
Dir 92/41 Labelling of tobacco products (Amendment)	4.1.28
Dir 92/42 Efficiency requirements for hot water boilers (Amended)	**11.88**
Dir 92/43 Conservation of natural habitats	**6.34**
Dir 92/44 Open network provision – Leased lines (Amended)	**12.20**
Dir 92/49 First non-life insurance directive (Amendment)	7.2.7
Second non-life insurance directive (Amendment)	7.2.10
Third non-life insurance directive	**7.2.12**
Dir 92/50 Public service contracts	9.6
Dir 92/53 Type-approval of motor vehicles and their trailers (Amendment)	11.8
Dir 92/54 Roadworthiness tests (Amendment)	11.10
Dir 92/55 Roadworthiness tests (Amendment)	11.10
Dir 92/56 Collective redundancies (Amendment)	5.6
Dir 92/57 Health and safety – Temporary and mobile work sites	**5.29**
Dir 92/58 Health and safety signs at work	**5.30**
Dir 92/59 Product safety	**4.1.30**
Dir 92/61 Type approval of two/three wheel vehicles	**11.16**
Dir 92/69 Classification of dangerous substances (Amendment)	6.121
Dir 92/72 Ground level ozone	**6.87**
Dir 92/73 Homeopathic medicinal products	4.3.23
Dir 92/74 Homeopathic veterinary medicinal products	**4.3.32**
Dir 92/75 Energy labelling for household appliances (Amended)	**11.59**
Dir 92/77 Sixth directive – Basis for assessment of VAT (Amendment)	10.7
Abolition of fiscal frontiers – VAT (Amendment)	10.11
Dir 92/78 First directive on tobacco duties (First and Second stages) (Amendment)	10.12
Second directive on tobacco duties (Definition of products) (Amendment)	10.12
Dir 92/79 Cigarette duties – Rates	10.12
Dir 92/80 Manufactured tobacco other than cigarettes – Rates	10.12
Dir 92/81 Mineral oil duties – Structure	10.12
Dir 92/82 Mineral oil duties – Rates	10.12
Dir 92/83 Alcohol duties – Structure	10.12
Dir 92/84 Alcohol duties – Rates	10.12
Dir 92/85 Protection at work for pregnant women	**5.63**
Dir 92/91 Workers in extractive industries	**5.31**
Dir 92/96 First life assurance directive (Amendment)	7.2.14
Third life assurance directive	**7.2.16**
Insurance agents and brokers (Amendment)	7.2.21
Dir 92/97 Sound levels and exhaust systems (Amendment)	11.9
Dir 92/100 Rental and lending rights	**8.13**
Dir 92/101 Second company law directive – Formation of public companies and safeguarding of share capital (Amendment)	2.7
Dir 92/104 Workers in the mining industry	**5.32**
Dir 92/106 Liberalisation of combined transport	**14.92**

xxxiii

	Para		Para
Dir 92/108	Application of fiscal frontiers (Excise duty) (Amendment) 10.12	Dir 93/65	Air traffic management equipment standards **14.15**
Dir 92/111	Sixth directive – Uniform basis for assessment of VAT (Amendment) 10.7	Dir 93/67	Risk assessment of dangerous substances (2) **6.123**
	Abolition of fiscal frontiers – VAT (Amendment)...10.11	Dir 93/68	Electrical equipment for use within certain voltage limits (Amendment) 11.51
Dir 92/112	Titanium dioxide waste management – Harmonisation procedures **6.103**		Active implantable electro-medical equipment (Amendment) 11.58
Dir 92/114	External projections of cab...11.9		Construction products (Amendment) .11.84
Dir 92/115	Extraction solvents..............4.2.34		Electromagnetic compatibility (Amendment)..11.85
Dir 92/121	Large exposures..................**7.1.14**		Machinery (Amendment) 11.86
Dir 93/5	Scientific examination of foodstuffs **4.2.53**		Appliances burning gaseous fuels (Amendment)..11.87
Dir 93/6	Capital adequacy – Banking...**7.1.13**		Efficiency requirements for hot water boilers (Amendment) 11.88
	Capital adequacy – Securities **7.3.15**	Dir 93/72	Classification of dangerous substances (Amendment) **6.121**
Dir 93/9	Plastic materials and articles coming into contact with foodstuffs (Amendment)...4.2.25	Dir 93/75	Tanker safety (Amendment) 14.34
Dir 93/10	Regenerated cellulose film (Amended) **4.2.26**		Vessels entering/leaving Community ports carrying dangerous or polluting goods **14.41**
Dir 93/12	Sulphur content of gas oil........**6.75**	Dir 93/76	Limited carbon monoxide emissions **6.89**
Dir 93/13	Consumer contracts – unfair terms...**4.1.14**	Dir 93/77	Fruit juices and similar products **4.2.62**
Dir 93/14	Brakes 11.17	Dir 93/81	Type-approval of motor vehicles and their trailers (Amendment) 11.8
Dir 93/15	Explosives for civil use **11.91**	Dir 93/83	Satellite broadcasting and cable retransmissions **8.14**
Dir 93/21	Classification of dangerous substances (Amendment) **6.121**	Dir 93/89	Road tax **14.82**
Dir 93/22	Investment services...............**7.3.14**	Dir 93/92	Light and light-signalling devices 11.17
Dir 93/29	Identification of controls, telltales and indicators 11.17	Dir 93/93	Masses and dimensions 11.17
Dir 93/30	Audible warning devices 11.17	Dir 93/94	Machinery (Amendment) 11.86
Dir 93/31	Stands 11.17		Rear registration plate...........................11.17
Dir 93/32	Passenger hand holds............11.17	Dir 93/95	Personal protective equipment (Amended) **5.36**
Dir 93/33	Devices to prevent unauthorised use (anti-theft devices) 11.17	Dir 93/97	Electromagnetic compatibility (Amendment)..11.85
Dir 93/34	Statutory markings 11.17		Telecommunications terminals – Technical standards (Amendment) 12.28
Dir 93/36	Public supply contracts.............**9.7**		Satellite earth station equipment – Technical standards...............................**12.29**
Dir 93/37	Public works contracts............**9.11**	Dir 93/98	Duration of copyright and related rights..**8.15**
Dir 93/38	Utilities **9.14**		Computer programmes (Amendment)..**8.11**
	Rental and lending rights (Amendment)...... ....**8.13**	Dir 93/99	Official control of foodstuffs – Inspection **4.2.50**
Dir 93/39	Marketing and licensing of proprietary medicines (PMPs) (Amendment)...4.3.6	Dir 93/101	Classification of dangerous substances (Amendment) **6.121**
Dir 93/40	Veterinary medicinal products – Marketing and licensing (1) (Amendment) 4.3.27	Dir 93/102	Basic food labelling requirements (Amendment)..................**4.2.6**
	Testing of veterinary medicinal products (Amendment)...4.3.30	Dir 93/104	Organisation of working time...... ....**5.70**
Dir 93/41	Marketing of high technology medicinal products (Amendment) 4.3.13	Dir 93/105	Classification of dangerous substances (Amendment) **6.121**
Dir 93/42	Medical devices **4.3.16**	Dir 93/111	Regenerated cellulose film (Amendment)..**4.2.26**
	Electro-medical equipment for use in human or veterinary medicinal products (Amendment)...11.56	Dir 93/116	Engine power (Amendment) 11.9
	Active implantable electro-medical equipment (Amendment) 11.58		
Dir 93/43	General provisions governing hygiene of foodstuffs............................**4.2.55**		
Dir 93/44	Machinery **11.86**		

TABLES

	Para
Dir 94/1	Aerosol dispensers (Amendment) 11.73
Dir 94/2	Energy labelling for household appliances (Amendment).......................11.59
Dir 94/5	Sixth Directive – Uniform basis for assessment of VAT (Amendment)...........10.7
Dir 94/7	Solvency ratio (Amendment) 7.1.12
Dir 94/8	Fourth company law directive – Company accounts (Amendment) 2.9
Dir 94/9	Electrical equipment for the use in potentially explosive atmospheres (Amendment)...11.52 Electrical equipment for use in potentially explosive atmospheres in mines susceptible to fire damp (Amendment) 11.54
Dir 94/10	Provision of information on technical standards and regulations (Amendment)...11.6
Dir 94/11	Labelling of footwear **4.1.13**
Dir 94/15	Genetically modified organisms – Deliberate Release (Amendment) 6.19
Dir 94/18	Listing particulars for officially quoted shares and securities (Amendment) 7.3.8
Dir 94/19	Deposit-guarantee schemes .**7.1.15**
Dir 94/24	Conservation of wild birds (Amendment)...6.28
Dir 94/26	Electrical equipment for use in potentially explosive atmospheres employing certain types of protection (Amendment) 11.53
Dir 94/27	Marketing and use of dangerous substances (Amendment).......................6.125
Dir 94/30	Maximum permitted levels of pesticide residues (Amendment).........4.2.52
Dir 94/32	Composition of cosmetics (Amendment)...4.1.22 Roadworthiness tests (Amendment) 11.10
Dir 94/33	Young people at work..............**5.47**

DECISIONS

Entries in bold denote originating legislation which is treated in full in the text.

	Para
Dec 60/1339	Establishment of a policy co-ordination group on credit matters...13.1.28
Dec 63/266	Common vocational training policy **5.74**
Dec 71/306	Advisory committee for public works (Amended) ....9.10 Type-approval of motor vehicles and their trailers (Amendment)..............................11.8
Dec 73/101	Rail, road and inland waterway transport – Public service obligations (Amendment) 14.100
Dec 73/391	Consultation and information procedure on credit matters (Amended)...... ....13.1.28
Dec 74/325	Safety, hygiene and health protection advisory committee (Amended) **5.38**
Dec 74/326	Safety, hygiene and health protection advisory committee (Amendment)...5.38
Dec 76/431	Waste management committee (Amended) 6.100
Dec 76/641	Consultation and information procedure on credit matters (Amendment) 13.1.28
Dec 77/63	Advisory committee on public works (Amendment) 9.10
Dec 77/527	Mutual recognition of navigability licences (Amendment) 14.25
Dec 77/795	Quality of surface fresh water **6.48**
Dec 78/618	Advisory committee on chemicals (Amended)............................6.129
Dec 78/774	Information gathering as regards maritime transport (1) (Amended) 13.1.11
Dec 80/271	The GATT agreement on government procurement (Amended) ..**9.17**
Dec 80/686	Prevention of oil pollution at sea (Amended) 6.60
Dec 80/991	Inland waterway transport committee **14.28**
Dec 81/437	Classification of dangerous substances (Amendment).......................6.121
Dec 82/43	Advisory committee – Equal opportunities **5.56**
Dec 82/529	Rail transport rates (Amended) **14.51**
Dec 82/795	Chlorofluoro-carbon precautionary measures...........................6.71
Dec 82/854	Export credit subcontracts.......... .... 13.1.30
Dec 83/418	Rail passenger and luggage traffic (Amended) **14.52**
Dec 83/573	Consultations over counter-measures in maritime transport.........**13.1.12**
Dec 85/13	Rail transport committee (Amended) **14.55**
Dec 85/71	Classification of dangerous substances (Amendment).....................6.121
Dec 85/187	Customs fraud – Containers 13.2.26

XXXV

	Para
Dec 85/368 Comparability of vocational training qualifications	**5.77**
Dec 85/516 Road transport committee (Amended)	**14.72**
Dec 86/85 Hydrocarbon spillage – Information system (Amended)	**6.61**
Dec 86/218 First motor vehicle insurance directive (Amendment)	7.2.17
Dec 86/219 First motor vehicle insurance directive (Amendment)	7.2.17
Dec 86/220 First motor vehicle insurance directive (Amendment)	7.2.17
Dec 87/95 Standardisation in information technology and telecommunications	**12.8**
Dec 87/144 Prevention of oil pollution at sea (Amendment)	6.60
Dec 87/305 Advisory committee on the opening up of public procurement (Amended)	**9.19**
Dec 87/433 Implementation of Article 115 of the EC treaty	**13.1.19**
Dec 87/447 Road transport committee (Amendment)	14.72
Dec 87/467 Maritime transport committee	**14.38**
Dec 87/560 Advisory committee on the opening up of public procurement (Amendment)	9.19
Dec 87/565 The GATT agreement on government procurement (Amendment)	9.17
Dec 88/241 Advisory Committee on Chemicals (Amendment)	6.129
Dec 88/346 Hydrocarbon spillage – Information spillage (Amendment)	6.61
Dec 88/367 First motor vehicle insurance directive (Amendment)	7.2.17
Dec 88/368 First motor vehicle insurance directive (Amendment)	7.2.17
Dec 88/369 First motor vehicle insurance directive (Amendment)	7.2.17
Dec 88/383 Improvement of information on safety, hygiene and health at work	**5.42**
Dec 88/389 Inventory of flavourings	**4.2.36**
Dec 88/540 Ozone layer	**6.81**
Dec 88/2424 Dumped and subsidised imports – ECSC decision	**13.1.9**
Dec 89/27 COMETT II	**5.79**
Dec 89/242 Information gathering as regards maritime transport (1) (Amendment)	13.1.11
Dec 89/285 Sealed containers	**13.2.27**
Dec 89/337 High-definition television (HDTV) (1) – Promotion	**12.12**
Dec 89/367 Standing forestry committee	**6.44**
Dec 89/569 OECD decision/recommendation on good laboratory practice	**4.3.12**

	Para
Dec 89/610 Plastic materials and articles coming into contact with foodstuffs	**4.2.25**
Dec 89/630 High-definition television (HDTV) (2) – Eureka 95	**12.13**
Dec 90/170 Transfrontier movements of hazardous waste	**6.110**
Dec 90/274 Genetically modified organisms – Deliberate release (Amendment)	6.19
Dec 90/450 Joint committee on telecommunications services	**12.23**
Dec 90/510 Protection of topographies of semiconductor products (Amendment)	**8.7**
Protection of topographies of semiconductor products Decision (1) (Amended)	**8.8**
Dec 91/274 Genetically modified organisms – Deliberate release (Amendment)	6.19
Dec 91/323 First motor vehicle insurance directive (Amendment)	7.2.17
Dec 91/370 Insurance agreement between the European Community and Switzerland (Amendment)	7.2.11
Dec 91/387 Vocational qualification for young people	**5.86**
Dec 91/396 Europe-wide emergency call number	**12.32**
Dec 91/400 Fourth Lomé convention (Amended)	**13.1.25**
Dec 91/407 Rail transport committee (Amendment)	14.55
Dec 91/596 Genetically modified organisms – Deliberate release (Amendment)	6.19
Dec 92/3 Classification of dangerous substances (Amendment)	6.121
Dec 92/10 Trade marks harmonisation	**8.10**
Dec 92/264 International access code	**12.33**
Dec 92/41 Action plan to assist tourism	**4.1.40**
Dec 92/438 Protection of animals during transport (Amendment)	14.76
Dec 92/496 EC-US Aircraft trade agreement	**14.13**
Dec 92/510 Mineral oil duties – Exemptions/Reductions in rates	10.12
Dec 92/578 EC-Swiss agreement on goods transport by road and rail	**14.93**
Dec 93/16 Protection of topographies of semiconductor products (Amendment)	**8.7**
Protection of topographies of semiconductor products – Decision (2) (Amended)	**8.9**
Dec 93/17 Protection of topographies of semiconductor products (Amendment)	8.8
Dec 93/43 First motor vehicle insurance directive (Amendment)	7.2.17
Dec 93/45 Financial support for combined transport	**14.94**
Dec 93/53 Scientific committee (Amended)	**4.2.16**
Dec 93/329 Convention on temporary	

TABLES

	Para
admission	**13.2.31**
Dec 93/379 Multi-annual programme for SME's	**2.16**
Dec 93/389 Gas emissions	**6.88**
Dec 93/396 Maritime cabotage (Amendment)	14.37
Dec 93/424 High-definition television (HDTV) (4) – Action plan	**12.15**
Dec 93/465 Conformity assessment procedures and CE marking	**11.7**
Dec 93/464 Environmental Statistics	**6.17**
Dec 93/500 Promotion of renewable energy sources	**6.90**
Dec 93/520 Protection of topographies of semiconductor products – Decision (2) (Amendment)	8.9
Dec 93/548 Genetically Modified Organisms – Simplified Procedure	**6.20**
Dec 93/587 Fourth Lomé convention (Amendment)	13.1.25
Dec 93/628 Trans-European combined transport network	**14.97**
Dec 93/629 Trans-European road network	**14.83**
Dec 93/630 European inland waterway network	**14.33**
Dec 93/701 Consultative Forum on the Environment	**6.18**
Dec 93/704 Community data-base on road accidents	**14.84**

	Para
Dec 94/1 Insurance agents and brokers (Amendment)	7.2.210
Dec 94/3 Waste catalogue	**6.98**
Dec 94/4 Protection of Topographies of semiconductor products – Decision (2)	8.9
Dec 94/69 Protection of animals during transport (Amendment)	14.76
Dec 94/211 Genetically modified organisms – Deliberate Release (Amendment)	**6.19**
Dec 94/216 Agreements of international trade in textiles	**13.1.22**
Dec 94/228 Trade in textile products	**13.1.20**
Dec 94/277 Agreements of international trade in textiles – Provisional measures	13.1.23
Dec 94/373 Protection of topographies of semiconductor products – Decision (2) (Amendment)	8.9
Dec 94/437 Scientific committee (Amendment)	**4.2.16**
Dec 94/439 Open network provision – Leased lines (Amendment)	12.20
Dec 94/458 Scientific examination of foodstuffs – Administrative management	**4.2.54**
Dec 94/575 Transfrontier shipment of hazardous waste (2)	**6.112**
Dec 94/583 Depletion of the ozone layer (2)	**6.86**

RECOMMENDATIONS AND RESOLUTIONS

Entries in bold denote originating legislation which is treated in full in the text.

	Para
Rec 75/457 Forty hour week	**5.68**
Rec 77/534 European code of conduct for transactions in transferable securities	**7.3.6**
Rec 79/3 Pollution cost evaluation	**6.105**
Rec 81/679 Protection of individuals	12.42
Rec 81/972 Waste paper	**6.106**
Rec 82/857 Retirement age	**5.71**
Rec 83/571 Proprietary medicinal products – Marketing tests	**4.3.8**
Rec 86/659 Integrated services digital network (ISDN)	12.6
Rec 86/665 Standardised information in hotels	**4.1.37**
Rec 86/666 Fire safety in hotels	**4.1.38**
Rec 87/371 Mobile telecommunications – Introduction into the Community	12.9
Rec 87/567 Vocational training for women	**5.84**
Rec 87/598 European "Code of conduct" for electronic payments	**7.1.19**
Rec 88/590 Payment cards	**7.1.20**
Rec 89/349 Reduction of chlorofluro-	

	Para
carbons	**6.83**
Rec 89/542 Detergent labelling	**4.1.21**
Rec 90/109 Transparency of conditions and charges for cross border financial transactions	**7.1.21**
Rec 90/143 Protection against indoor exposure to radon	**5.25**
Rec 90/246 Administrative simplification of SMEs	**2.17**
Rec 90/543 European paging services – Introduction into the Community	12.24
Rec 91/228 Digital European cordless telecommunications (DECT) – Introduction into the Community	12.26
Rec 90/249 Administrative simplification for SMEs	**2.17**
Rec 92/48 Insurance agents and brokers (Amendment)	7.2.21
Recommendation on insurance intermediaries	7.2.24
Rec 92/131 Dignity of men and women at work	**5.61**

xxxvii

	Para
Rec 92/214 Confidentiality of chemical names	6.136
Rec 92/241 Child care	5.62
Rec 92/288 Digital European cordless telecommunications (DECT) – Introduction into the Community	12.26
Rec 92/382 Open network provision – PSDS	12.21
Rec 92/383 Open network provision – ISDN	12.22
Rec 92/443 Employee participation in profits and enterprise results	5.10
Rec 93/404 Access to continuing vocational training	5.82
Rec 94/175 Official control of foodstuffs (2)	4.2.49
Rec 74/C98 Mutual recognition of diplomas	5.88
Rec 78/C165 First action programme	5.39
Rec 80/C1 Linked work and training for young persons	5.85
Rec 80/C2 Adoption of working time	5.69
Rec 82/C186 First action programme – Equal opportunities for women	5.57
Rec 83/C166 Vocational training in new information technologies	5.76
Rec 84/C67 Second action programme	5.40
Rec 86/C203 Equal opportunities for women	5.58
Rec 88/C28 Safety, hygiene and health at work	5.41
Rec 88/C153 Council resolution on price indication	4.2.9
Council resolution on price indication	12.73
Rec 88/C285 Chlorofluro-carbons and halons	6.82
Rec 88/C314 Price indication of non-food products	4.1.10
Rec 89/C148 Continuing vocational training	5.80
Rec 89/C183 Greenhouse effect	6.84

	Para
Rec 89/C189 Banning of smoking in public places	4.1.27
Rec 90/C166 Radio frequencies	12.17
Rec 90/C329 Mobile communications – GSM	12.11
Rec 91/C8 Satellite communications services and equipment (1)	12.30
Rec 91/C33 High speed train network	14.56
Rec 92/C138 Copyright (Berne and Rome conventions)	8.12
Rec 92/C158 ISDN – Resolution	12.7
Rec 92/C318 Numbering of telecommunications services	12.34
Rec 92/C331 Industrial competitiveness and environmental protection	6.13
Rec 93/C49 Deteriorating situation concerning unemployment in the Community	5.11
Rec 93/C110 Product labelling	4.1.12
Rec 93/C138 Fifth Action Programme on the environment	6.14
Rec 93/C166 Quality and drafting of Community legislation	1.5.1
Rec 93/C186 Vocational education and training in the 1990s	5.81
Rec 93/C188 Retirement arrangement	5.71
Rec 93/C213 Review of the situation in the telecommunications sector	12.35
Rec 93/C271 Common policy on safe seas	14.40
Rec 93/C326 Resolution on strengthening the competitiveness of SMEs	2.18
Rec 93/C339 Satellite communications services and equipment (2)	12.31
Rec 94/C48 Universal service provision	12.36
Rec 94/C181 High-Definition Television (HDTV) (5) – Digital video broadcasting	12.16
Rec 94/C231 Equal opportunities – European structural funds	5.64

CASES

European Court of Justice and Court of First Instance

	Para
ABP case (Case C–7/93, not yet reported)	7.2.5
AEG-Telefunken case (Case C–107/82, [1983] ECR 3151)	3.2
Ahmed Saeed Flugreizen and Silverline Reizebüro GmbH v Zentrale zur Bekämfung unlauteren Wettbewerbs eV (Case C–66/86, [1989] ECR 803)	14.5
Alusuisse case (Case C–307/81, [1982] ECR 3463)	13.1.7
Apple and Pear Development Council v	

	Para
Commissioners of Customs and Excise (Case C–102/86, [1988] ECR 1443)	10.5
Bachmann v Belgium (Case C–204/90, [1992] ECR I – 249)	7.2.2, 7.2.5, 10.5
Ballast Nedam Groep NV v Belgische Staat (Case C–389/92, not yet reported)	9.3
Ballbearing case (Case C–113/77, [1979] ECR 1185)	13.1.7
Barber v Guardian Royal Exchange Assurance Group (Case C–262/88, [1990] ECR 889)	

TABLES

Para	*Para*

..................................5.5, 7.2.2, 7.2.5
BAT case (Case C–35/83, [1985] ECR 363)......
....1.23
BAT and Reynolds v Commission (Joined Cases C–142-156/84, [1987] ECR 4487) 3.23
Bellini v Régie des Bâtiments, Bellini v Belgian State (Joined Cases C–27/86, C–28/86 and C–29/86, [1987] ECR 3347) 9.5
Bethell v Commission (Case C–246/81, [1982] ECR 2277)..14.5
Bock v Commission (Case C–62/70, [1971] ECR 897)..13.1.19
Brasserie de Haecht v Wilkin (No 1) (Case C–23/67 [1967] ECR 407) 3.6
Camera Care v Commission (Case 792/79R, [1980] ECR 119) 3.47
Carbone case (Case C–26/83, [1984] ECR 377)
....7.1.5
Cassis de Dijon case, see Rewe-Zentral AG v Bundesmonopolverwaltung für Branntwein
Clinique (Case C–315/92, [1994] ECR I-17) ....
....8.5
Coditel v Ciné Vog Films (Case C–62/79, [1980] ECR 881) 8.5
Coditel (No 2) (Case C–262/81, [1982] ECR 3381) 3.23
Coloroll case (Case C–200/91, not yet reported)..7.2.5
Commerzbank case (Case C–330/91, 13 July 1993) 10.5
Commission v Belgium (Case C–2/90, [1992] ECR I-4431)..6.5
Commission v Belgium (Case C–300/90, [1992] ECR I-305) 7.2.2, 7.2.5
Commission v Belgium (Case C–80/92, [1994] ECR I-1019)..12.5
Commission v Council (Case C–22/70, [1971] ECR 263) 1.2.7, 14.5
Commission v Council (Case C–242/87, [1989] ECR 1425) 1.2.7
Commission v Council (Case C–300/89, [1991] ECR I-2687)..6.5
Commission v Denmark (Case C–252/83, [1986] ECR 3713) 7.2.5
Commission v Denmark (Case C–302/86, [1988] ECR 4607) 6.5
Commission v France (Case C–167/73, [1974] ECR 359) 14.5
Commission v France (Case C–220/83, [1986] ECR 3663) 7.2.5
Commission v France (Case C–270/83, [1986] ECR 273) 10.5
Commission v France (Case C–344/90, [1992] ECR 4719) 4.2.5
Commission v Germany (Case C–205/84, [1986] ECR 3755) 7.1.5, 7.2.5
Commission v Germany (Case C–62/90, [1992] ECR 2575) 4.3.5
Commission v Greece (Case C–293/89, [1992] ECR 4577) 4.2.5
Commission v Ireland (Case C–206/84, [1986] ECR 3817) 7.2.5
Commission v Ireland (Case C–415/85, [1988] ECR 3097) 10.5
Commission v Ireland (Case C–45/87, [1988] ECR 4929 and Case 45/87R, [1987] ECR 783) 9.5
Commission v Italy (Cases C–194/88 and 194/88R, [1988] ECR 4547) 9.5
Commission v Italy (Case C–95/89, [1992] ECR 4545) 4.2.5
Commission v Italy (Case C–235/89; [1992] ECR I-777) 8.5
Commission v United Kingdom (Case C–30/90, [1992] ECR I-829) 8.5
Consten & Grundig v Commission (Cases C–56 and C–58/64, [1966] ECR 299) 8.5
Constructions et Entreprises Industrielles SA (CEI) and Bellini v Association Intercommunale pour les Autoroutes des Ardennes (Joined Cases C–27/86, C–28/86 and C–29/86, [1987] ECR 3347) 9.5
Continental Can Case (Case C–6/72, [1973] ECR 215) 3.49
Council v Parliament (Case C–34/86, [1986] ECR 2155) 1.2.7
Dassonville case (Case C–8/74, [1974] ECR 837) 11.5
Delimitis v Henninger Brau (Case C–234/89, [1990] ECR I-935) 3.42
Donckerwolcke case (Case C–41/76, [1976] ECR 1921) 13.1.5
Dori v Recreb Srl (Case C–91/92, 14 July 1994, not yet reported) 4.1.5
FEDIOL v Commission (Case C–70/87, [1989] ECR 1781) 13.1.5, 13.1.7
Fisscher case (Case C–128/93, not yet reported)
....7.2.5
Flemish Travel Agents case (Case C–311/85, [1987] ECR 3801) 3.9, 3.31
France v Commission (Case C–202/88, [1991] ECR I-1223)..12.5
France v Commission (Case C–327/91, not yet reported)..................................1.2.7, 3.2.64
France v Commission (Case C–41/93, [1994] ECR I-1829) 6.5, 11.5
Francovich and Others v Italian Republic (Joined Cases C–6/90 and C–9/90, [1991] ECR I-5357) 1.4.2, 5.5
Gebroeders Beentjes BV v The Netherlands (Case C–31/87, [1988] ECR 4635) 9.5
Gestetner Holdings Plc v Council and Commission (Case C–156/87, [1990] ECR 781)..13.1.7
Groupement des Cartes Bancaires (Joined Cases T-39 and T-40/92, [1994] ECR II-49) ..
....7.1.5
Hag II case (Case C–10/89, [1990] ECR I-3711)
....8.5

xxxix

	Para
Halliburton Services case (Case C–1/93, [1994] ECR I-1137)	10.5
Hoechst (Joined Cases 46/87 and 227/88, [1989] ECR 2859)	3.43
Huenermund v Landesapothekerkammer Baden-Wuertemberg (Case C–292/92, [1993] ECR 6787)	4.3.5
ICI case (Case C–48/69, [1972] ECR 619)	3.2
Ideal Standard Trademark case (Case C-9/93, not yet reported)	8.5
International Rubber Agreement (Opinion C–1/78, [1979] ECR 2817)	13.1.2
Italy v Commission (Case C–41/83, [1985] ECR 873)	12.5
Karella and Karellas v Minister of Industry, Energy and Technology, and Organismos Anasygkrotiseos Epicheiriseon AE (Cases C–19/90 and C–20/90, [1991] ECR 2691)	2.2, 2.5
Kaufhof v Commission (Case C–29/75, [1976] ECR 431)	13.1.19
Keck & Mithouard (Cases C–267 and C–268/91, unreported)	11.5
Levy v Ministère Public (Case C–212/88, [1989] ECR 3511)	13.1.19
Luisi case (Case C–286/82, [1984] ECR 377)	7.1.5
Magill TV Guide (Case T-76/89, [1991] ECR II-575)	8.5
Maizena GmbH v Council (Case C–139/79, [1980] ECR 3393)	1.2.7
Marleasing SA v Le Commercial International de Alimentación SA (Case C–106/89, [1990] ECR 4135)	2.5
Maxicar v Renault (Case C–53/87, [1988] ECR 6039)	3.23, 8.5
Merck v Stephar (Case C–187/80, [1981] ECR 2063)	8.5
Metro (No 1) (Case C–26/76, [1977] ECR 1875)	3.25
Metro (No 2) (Case C–75/84, [1986] ECR 3021)	3.25
Ministère Publique v Asjes et al (Cases C–209/84 to C–213/84, [1986] ECR 1425 ("Nouvelles Frontières"))	14.5
Motte case (Case C–247/84, [1985] ECR 3887)	4.2.5
Neath case (Case C–152/91, [1993] ECR I-6935)	7.2.5
Nungesser v Commission (Case C–258/78, [1982] ECR 2015)	3.23, 8.5
Openbaar Ministerie of the Netherlands v Van Tiggele (Case C–82/77, [1978] ECR 35)	4.1.5
Pall v Dahlhausen (Case C–238/89, [1990] ECR I-4827)	8.5
Parliament v Council (Case C–13/83, [1985] ECR 1513)	1.2.7, 14.5
Parliament v Council (Case C–377/87, [1988] ECR 4017)	1.2.7, 1.3.2

	Para
Parliament v Council (Case C–70/88, [1990] I-2041)	1.2.7
Parliament v Council (Case C–187/93, not yet reported)	6.5
Pharmon v Hoechst (Case C–19/84, [1985] ECR 2281)	8.5
Phil Collins case (Joined Cases C–92 and C–326/92, [1993] ECR I-5145)	8.5
Pronuptia v Schillgalis (Case C–161/84, [1986] ECR 353)	3.29
Quattro case (Case C–317/91, [1993] ECR I-6227)	8.5
Régie des Télégraphes et des Téléphones/SA GB-Inno-BM (Case C–18/88, [1991] ECR I-5941)	12.5
Rewe-Zentral AG v Bundesmonopolverwaltung für Branntwein ("Cassis de Dijon case") (Case C–120/78, [1979] ECR 649)	4.2.5, 11.5
Roquette Frères SA v Council (Case 138/79, [1980] ECR 3333)	1.2.7
Schumacher v Hauptzollamt Frankfurt am Main-ost (Case C–215/87, [1989] ECR 617)	4.3.5
Säger v Dennemeyer (Case C–76/90, [1991] ECR I-4221)	8.5
Sindesmos Melon Tis Eleftheras Evangelikis Ekklisias and Others v Greek State and Others (Case C–381/89, [1992] ECR 2111)	2.5
Smith case (Case C–408/92, not yet reported)	7.2.5
Ten Oever case (Case C–109/91, [1993] ECR I-4879)	7.2.5
Terrapin v Terranova (Case C–119/75, [1976] ECR 1039)	8.5
Tezi case (Case C–59/84, [1986] ECR 887)	13.1.5, 13.1.16, 13.1.19
Transporoute v Minister of Public Works (Case C–76/81, [1982] ECR 417)	9.5
Ubbink Isolatie BV v Dak- en Wandtechniek BV (Case C–136/87, [1988] ECR 4665)	2.5
Van Binsbergen case (Case C–33/74, [1974] ECR 1299)	7.1.5
Van den Akker case (Case C–28/93, not yet reported)	5.5, 7.2.5
Van Eycke v ASPA (Case 267/86, [1988] ECR 4769)	7.1.5
Van Gend en Loos v Commission (Case C–26/62, [1963] ECR 1)	6.2
Van Wesemael case (Joined Cases C–110 and C–111/78, [1979] ECR 35)	7.1.5
Van Zuylen v Hag (Case C–192/73, [1974] ECR 731)	8.5
Verband der Sachversicherer eV v Commission (Case C–45/85, [1987] ECR 405)	7.2.5
Volvo v Veng (Case C–238/87, [1988] 6211)	3.23, 8.5
Vroege case (Case C–547/93, not yet reported)	7.2.5

	Para
Webb case (Case C–279/80, [1981] ECR 3305)	7.1.5
Windsurfing v Commission (Case C–193/83, [1986] ECR 611)	8.5

	Para
Wood Pulp case (Joined Cases 89, 104, 114, 116, 117, 125-129/85, [1988] ECR 5193)	3.35
Züchner v Bayerische Vereinsbank (Case C–172/83, [1981] ECR 2021)	7.1.5

Abbreviations and Acronyms

A

ACE	Action by the Community relating to the Environment
ACMDP	Advisory Committee on Management of Demonstration Projects
ACOR	Advisory Committee on Own Resources
ACP	African Caribbean Pacific countries
ADR	European Agreement concerning the International Carriage of Dangerous Goods by Road
APEX	Advanced Project for European Information Exchange in Aerospace
APM	Action Plan for the Mediterranean
ARI	Appraisal of Regional Impact
ASCOT	Assessment of Systems and Components for Optical Telecommunications
ASEAN	Association of South-East Asian Nations
ATA	Temporary Admission of Goods

B

BAT	Best Available Techniques
BATNEEC	Best Available Technology Not Entailing Excessive Costs
BERD	European Bank for Reconstruction and Development (also EBRD)
BEUC	European Bureau of Consumers' Unions
BIAC	Business and Industry Advisory Committee
BIS	Bank for International Settlements

C

CAC	Consumer Advisory Council
CADDA	Co-operation in Data and Documentation in Trade and Agriculture
CAP	Common Agricultural Policy
CBP	Cross-Border Payments
CCBE	Consultative Committee of the Bars and Law Societies of the European Community
CCC	Consumer's Consultative Committee

A BUSINESS GUIDE TO EC LEGISLATION

CCG	Co-ordination Group on Credit Guarantees
CCIR	International Radio Consultative Committee
CCITT	Consultative Committee on International Telegraphs and Telephones
CCP	Common Commercial Policy
CCT	Common Customs Tariff
CDI	Centre for Development of Industry
CEA	Confederation of European Agriculture
CEN	European Committee for Standardisation
CENELEC	European Committee for Electrotechnical Standards
CERD	Committee for European Research and Development
CERI	Centre for Education Research and Innovation (of the OECD)
CERN	European Centre for Nuclear Research
CET	Common External Tariff
CEPT	European Conference of Postal and Telecommunications Administrations
CFC	Chlorofluoro-carbons
CFI	Court of First Instance
CFP	Common Fisheries Policy
CFSP	Common Foreign and Security Policy
CIS	Confederation of Independent States
CN	Combined Nomenclature
COFACE	Committee of Family Organisations in the European Communities
COMDOC	Commission Document
COMETT	Community Action Programme for Education and Training for Technology
COPMEC	Committee for Small and Medium-sized Enterprises
COREPER	Committee of Permanent Representatives
COST	Committee on European Co-operation in Science and Technical Research
CPC	Community Patent Convention (also EPC)
CPMP	Committee for Proprietary Medicinal Products
CPR	Regional Policy Committee
CPS	Consumer Policy Service
CRAFT	Co-operative Research Action for Technology
CREST	Committee on Scientific and Technical Research
CRS	Computerised Reservation System
CSCE	Conference on Security and Co-operation in Europe (Helsinki Conference)
CSF	Community Support Framework
CST	Statistical and Tariff Classification for International Trade
CTC	Community Telecommunications Committee
CTMO	Community Trademarks Office

ABBREVIATIONS AND ACRONYMS

CTR	Common Technical Regulation
CUC	Central Accounting Unit
CVMP	Committee for Veterinary Medicinal Products

D

DAC	Development Assistance Committee (of the OECD)
DECT	Digital European Cordless Telecommunications
DELTA	Developing European Learning Through Technology Programme
DG	Directorate-General
Dir	Directive
DRIVE	Dedicated Road Infrastructure for Vehicle Safety in Europe

E

EA	European Association
EACRO	European Association of Contract Research Organisations
EAEC	European Atomic Energy Community
EAGGF	European Agriculture Guidance and Guarantee Fund
EBRD	European Bank for Reconstruction and Development
EC	European Community
ECB	European Central Bank
EC Treaty	Treaty establishing the European Community
ECE	United Nations Economic Commission for Europe
ECHR	European Convention on Human Rights
ECJ	European Court of Justice
ECTHR	European Court for Human Rights
ECOFIN	Economic and Finance Council of Ministers
ECR	European Court Reports
ECS	European Company Statute
ECSC	European Coal and Steel Community
ECTRA	European Committee of Telecommunications Regulatory Affairs
ECU	European Currency Unit
ED	European Document
EDC	European Documentation Centre
EDF	European Development Fund (of the ACP)
EDUC	European Monitoring Centre for Drugs and Drug Addiction
EEA	European Economic Area
EEC	European Economic Community
EECIF	European Export Credit Insurance Facility
EEIG	European Economic Interest Grouping
EFA	European Fighter Aircraft

EFTA	European Free Trade Association
EHLASS	European Home and Leisure Accident Monitoring Surveillance System
EIB	European Investment Bank
EIC	European Information Centre
EIF	European Investment Fund
EINECS	European Inventory of Existing Chemical Substances
EMCF	European Monetary Co-operation Fund
EMF	European Monetary Fund
EMI	European Monetary Institute
EMS	European Monetary System
EMU	Economic and Monetary Union
EP	European Parliament (also PE)
EPC	European Patent Convention
	European Political Co-operation
EPO	European Patent Office
ERASMUS	European Action Scheme for the Mobility of University Students
ERC	European Radiocommunications Committee
ERDF	European Regional Development Fund
ERMES	European Radio Messaging System
ERTA	European Road Transport Agreement
ESA	European Space Agency
ESC	Economic and Social Committee
ESCB	European System of Central Banks
ESF	European Social Fund
ESI	European Standards Institute
ESPRIT	Strategic Programme for Research and Development in Information Technology
ETSI	European Telecommuications Standards Institute
ETUC	European Trade Union Confederation
EU	European Union
EU COUNCIL	Council of the European Union
EURATOM	European Atomic Energy Community
EUREKA	European Research Co-ordination Agency
EUROCO-OP	European Community of Consumer Co-operatives
EUROPME	European Committee for Small and Medium-sized Enterprises
EUROSTAT	European Statistical Office
EURYDICE	European Information Network in Education

F

FAO	Food and Agriculture Organisation (of the UN)
FAST	Forecasting and Assessment in Science and Technology
FIEC	European Construction Federation

ABBREVIATIONS AND ACRONYMS

FORCE	Programme for development of vocational training
FOREST	Forest Research Programme

G

GATS	General Agreement on Trade in Services
GATT	General Agreement on Tariffs and Trade
GDP	Gross domestic product
GLP	Good laboratory practice
GSP	Generalised System of Preferences
GVA	Gross Value Added
G7	Group of seven major industrialised countries

H

HDTV	High-Definition Television
HWI	Hazardous Waste Incinerator

I

IAEA	International Atomic Energy Agency (of the UN)
IAP	Integrated Action Programme
IBRD	International Bank for Reconstruction and Development (the World Bank)
ICAO	International Civil Aviation Organisation
IDMS	Integrated Data Management System
IDN	Integrated Digital Network
IEA	International Energy Agency (of the OEC)
IGC	Inter-governmental conference
IMF	International Monetary Fund
IMP	Integrated Mediterranean Programmes
ISDN	Integrated Services Digital Network
ISO	International Standards Organisation
IT	Information Technology
ITER	International Thermonuclear Experimental Reactor (of the EURATOM)
ITTTF	Information Technology and Telecommunications Task Force
ITU	International Telecommunications Union

J

JAA	Joint Aviation Authority
JET	Joint Europe Torus research project in thermonuclear fusion

JOULE	Joint Opportunities for Unconventional or long-term Energy Supply
JRC	Joint Research Centre
JV	Joint Venture

L

LDCs	Less Developed Countries
LIFE	Instrument for the Environment

M

MAST	Marine Science and Technology
MCA	Monetary Compensation Amount (agriculture)
MCR	Merger Control Regulation
ME	European Mutual Society
MEP	Member of the European Parliament
MFA	Multi Fibre Arrangement
MIDAS	Management Information Dissemination Administrative System of the European Parliament
MNC	Multinational corporation
MSDS	Material Safety Data Sheet
MTF	Merger Task Force
MTFA	Medium-term Financial Assistance

N

NATO	North Atlantic Treaty Organisation
NEA	Nuclear Energy Agency (of the OECD)
NEPTUNE	Programme for Technology Utilisation in Education
NET	Next European Torus
NGO	Non-Governmental Organisation
NICE	Nomenclature of Industries in the European Communities
NIMEXE	Nomenclature of goods in external trade statistics
NTB	Non-Tariff Barrier
NVA	Net Value Added

O

OCTs	Overseas countries associated with Community
OECD	Organisation for Economic Co-operation and Development
OJ	Official Journal of the European Communities
ONP	Open Network Provision
OOPEC	Office of official publications

ABBREVIATIONS AND ACRONYMS

P

PARNUTS	Food for Particular Nutritional Uses
PCB	Polychlorinated biphenyls
PCTs	Polychlorinated terphenyls
PDN	Public Data Network
PDO	Protected Designation of Origin
PERMREPs	Permanent Representative
PETRA	Vocational training development programme
PGI	Protected Geographical Indication
PHARE	Funding programme for Central European States
PMPs	Proprietary Medicinal Products
PPP	Polluter pays Principle
PROMETHEUS	Programme for road system improvement

Q

QR	Quantitative restriction

R

RACE	Research and Development in Advanced Communications Technologies for Europe
RDA	Recommended Daily Allowance
R&TD	Research and Technical Development

S

SAD	Single administrative document (for transport)
SAVE	Programme for saving energy
SD	Special Directive
SDR	Special Drawing Rights
SE	Societas Europaea
SEA	Single European Act
SEM	Single European Market
SFAC	Social Fund Advisory Committee
SG	Secretariat-General
SGM	Standard Gross Margin
SITC	Standard international trade classification
SME	Small and Medium-sized Enterprise
SOGT	Senior Officials Group on Telecommunications
SPRINT	Strategic Programme for Innovation and Technology transfer
STABEX	Scheme for Stabilisation of the foreign exchange earnings of ACP countries
STC	Scientific and Technical Committee (of the EURATOM)

STMS   Short-term monetary support

T

TACIS   Funding Programme for former Soviet States
TARIC   Integrated Tariff of the European Communities
TED   Tenders Electronic Daily
TEN   Trans-European Networks
TEU   Treaty on European Union (Maastricht Treaty)
TIR   International Road Transport
TSI   Technical specifications for interoperability

U

UCITS   Undertakings for Collective Investment in Transferable Securities
UNEP   United Nations Environment Programme
USP   Universal service provision

V

VAT   Value Added Tax
VMP   Veterinary Medicinal Products
VOC   Volatile Organic Compound

W

WEU   Western European Union
WHO   World Health Organisation
WTO   World Trade Organsation

ECU Exchange Rate Table

The Ecu exchange-rate table is an indicator of the ECU's value, taken from the average exchange-rate figures for the first week of January 1995. These figures have been rounded up to two decimal points.

National Currency	*Rate per 1 ECU*
Austria (Öestereichesches Schilling)	ÖS 13.4
Belgium (Franc Belge)	FB 39.2
Denmark (Danske Krone)	DKR 7.5
Finland (Suomen Markka)	SM 5.8
France (Franc Français)	FF 6.6
Germany (Deutsch Mark)	DM 1.9
Greece (Drachma)	DRA 295.7
Ireland (Irish Punt)	IRL 0.79
Italy (Lira)	LIT 1991.3
Japan (Yen)	YEN 123.1
Luxembourg (Franc Luxembourgois)	FLUX 39.2
Netherlands (Guilder)	HFL 2.13
Portugal (Escudo)	ESC 195.9
Spain (Peseta)	PTA 162.2
Sweden (Svensk Krunor)	SKR 9.1
United Kingdom (Pound Sterling)	UKL 0.78
United States (US Dollar)	USD 1.2

CONTENTS OF CHAPTER 1

Introduction to the European Union

Para

1. History, principles and membership

History	1.1.1
Terminology	1.1.2
Membership of the European Union	1.1.3
Enlargement	1.1.4
European Economic Area (EEA)	1.1.5
The Treaty on European Union (TEU)	1.1.6
The Presidency of the Community	1.1.7
1996 Inter-Governmental Conference	1.1.8

2. Institutions

The European Council	1.2.1
The Council of the European Union (EU Council)	1.2.2
The European Commission	1.2.3
The European Parliament	1.2.4
The European Court of Justice	1.2.5
The Court of Auditors	1.2.6
The Balance of Powers between the Union and Community Institutions	1.2.7

Other major Community bodies

The Economic and Social Committee (ESC or ECOSOC)	1.2.8
Committee of the Regions	1.2.9
European Investment Bank (EIB)	1.2.10
The Institutions of European Economic and Monetary Union	1.2.11

Other Community agencies

The Agency for the Evaluation of Medicinal Products	1.2.12
The Agency for Health and Safety at Work	1.2.13
The Common Appeal Court for Community Patents	1.2.14
European Centre for the Development of Vocational Training (CEDEFOP)	1.2.15
European Foundation for the Improvement of Living and Working Conditions	1.2.16
The European Drugs and Drug Addiction Centre	1.2.17
European Environment Agency	1.2.18
The European Training Foundation	1.2.19

Other European organisations

European Bank of Reconstruction and Development (EBRD)	1.2.20

CONTENTS OF CHAPTER 1

Council of Europe	1.2.21
European Free Trade Association (EFTA)	1.2.22
Organisation for Economic Co-operation and Development (OECD)	1.2.23
United Nations Economic Commission for Europe (ECE)	1.2.24
Western European Union (WEU)	1.2.25

Financial assistance from the Community

The Structural Funds	1.2.26
Cohesion Fund	1.2.27

3. The legislative process in the Community

EU Council Legislation	1.3.1
European Commission legislation	1.3.2

4. Sources of Community Law

Treaties	1.4.1
Community Legislation	1.4.2
Judgments of the European Court of Justice	1.4.3
Conventions	1.4.4
International Agreements	1.4.5

5. Lobbying in the European Community

Information on the European Communities	1.5.1
The European Commission	1.5.2
The European Parliament	1.5.3
The Economic and Social Committee	1.5.4
The Committee of the Regions	1.5.5
The Council of the European Union	1.5.6
Other bodies	1.5.7
The Court of Justice	1.5.8
General advice on lobbying	1.5.9
Lobbying – a legitimate activity?	1.5.10
Conclusion	1.5.11

Appendices

	Page
1 European Commissioners	63
2 European Commission officials	67
3 European Parliament	70
4 Court of Justice of the European Communities	72
5 Court of First Instance of the European Communities	73
6 European Information Offices and Heads of Delegations	74
7 Useful Directories	81
8 Permanent Representations of the Member States	82

Chapter 1
Introduction to the European Union

1. *History, principles and membership*

History

It was concern about their security which brought the countries of Western Europe together in the 1950s to form what eventually became the European Union. In due course it became obvious that lasting peace in Europe depended not only on defensive alliances but also on measures of economic and social integration.

The Treaty of Paris of 18 April 1951 was the first such measure. It established a European Coal and Steel Community (ECSC) to organise the fusion of the coal and steel policies of the Member States.

The United Kingdom, objecting to the supranational role of the High Authority of the proposed Community, stood aside from this development, as it did on many future occasions when European integration was planned.

The other countries pressed on. On 25 March 1957, two further instruments of economic co-operation were signed in Rome, providing for the establishment of a European Economic Community (EEC) and a European Atomic Energy Community (Euratom).

The preamble to the 1957 EEC Treaty expressed the determination of the High Contracting Parties "to lay the foundations of an ever closer union among the peoples of Europe". The purpose of the new Community was to promote "a harmonious development of economic activities, a continuous and balanced expansion, an increase in stability, an accelerated raising of the standard of living, and closer relations between the states belonging to it". According to Article 2, this was to be achieved by "establishing a common market and progressively approximating the economic policies of Member States".

The Treaty purported to cover all the economic activity of Western Europe not covered by the ECSC and Euratom Treaties. It postulated "Four Freedoms": the free movement of goods, persons, services and capital, as well as providing for common agriculture and transport policies, a customs union, free competition, and legal machinery to resolve disputes and to harmonise the legislation of Member States.

In 1965, the Member States of the three Communities signed the "Merger" Treaty, which created one executive (the Commission) and one legislative (the Council) to administer all three Treaties.

The United Kingdom, Ireland and Denmark became full Member States of the Communities on 1 January 1973. Greece became a member in 1981, Spain and Portugal in 1986 while Sweden, Finland and Austria became members in 1995.

The Single European Act (SEA) came into force on 1 July 1987. It was so named because it incorporated amendments to the three earlier Treaties, as well as making fresh provisions in the field of international co-operation and inter-governmental relations in matters of foreign policy and other subjects not covered by the earlier Treaties. It set the date of 31 January 1992 as the deadline for the completion of the internal market.

The most recent changes in the constitutional structure of the Community were made by the Treaty on European Union (TEU) signed at Maastricht on 7 March 1992. The Treaty came into force in November 1993. It amends the 1957 (EC) Treaty by enlarging the powers of the European Parliament, providing for further political, economic and monetary integration and expanding the role of the Community (now designated the European Union) in other spheres.

For the most part, this chapter focuses on the provisions of the EC Treaty, as amended by the Single European Act and by the Maastricht Treaty. It does not examine in detail the provisions for political or monetary union, which are outside the scope of a business guide.

Terminology

1.1.2 Although the Treaty on European Union (TEU), which was concluded at Maastricht in 1991, amended the Treaty establishing the European Economic Community (changing its name to the Treaty establishing the European Community), it did not supersede it. By providing for inter-governmental co-operation on a common foreign and security policy and on internal and judicial affairs, the TEU went into areas beyond the scope of the EC Treaties (*i.e.* the European Community, the European Coal and Steel Community and the European Atomic Energy Community). Hence, legally speaking, the European Union now co-exists with the European Communities. Informally, it has also become a synonym for the geographical territory of the Member States and a general term for activities arising out of any of the Treaties.

In this book, except where matters referred to derive specifically from the TEU, the name "Community" is used when dealing with acts of the European Institutions. Indeed, in practice, the vast majority of the measures included within the scope of this publication find their legal basis in the EC Treaty, as amended.

The European Commission is the designation adopted by the Commission itself in non-legal documents, although its formal title – "the Commission of the European Communities" – was not changed by the TEU. The European Council is the body composed of the heads of state and government of the

Member States which meets at half-yearly intervals (sometimes known as "summits"). It is the highest political decision-making body in the Union, dealing also with matters pertaining to all the Communities. It should not be confused with the Council of the European Union, also known as the EU Council which, composed of representatives – usually at ministerial level – of the Member States, is the principal Institution responsible for the adoption of legislation under all of the Treaties.

A list of abbreviations and acronyms relating to Community legislation is given above at p xxxv.

Membership of the European Union

The members of the European Union and the dates of their accession are as follows:

Original members:	Belgium
	France
	Germany
	Italy
	Luxembourg
	The Netherlands
1973 enlargement:	Denmark
	Ireland
	The United Kingdom
	(1972 Act of Accession; OJ L73, 27.3.72)
1981 enlargement:	Greece
	(1979 Act of Accession; OJ L63, 13.3.79)
1986 enlargement:	Portugal
	Spain
	(1985 Act of Accession; OJ L302, 15.11.85)
1995 enlargement:	Austria
	Finland
	Sweden

Enlargement

Enlargement negotiations with Austria, Sweden, Finland and Norway were concluded in March 1994 (1994 Act of Accession; OJ C241, 29.8.94). Assent was given by the European Parliament on 4 May 1994 with the aim of these countries joining the EU on 1 January 1995. Austria approved its accession by referendum on 12 June 1994. Finland and Sweden approved accession on 16 October and 13 November 1994 respectively. Norway rejected membership by means of a referendum on 28 November 1994. The 12 Member States will then have to ratify the Accession Treaties. At the time of writing, in late 1994, the outcome of these referenda is uncertain. These countries are treated separately from Member States.

Six more states have officially applied for EU membership to date. Three applicants, Turkey, Cyprus and Malta, have concluded Association

Agreements with the Community but are unlikely, due to their economic and political records, to be invited to join in the near future. The fourth official applicant, Switzerland, suspended its application after failing to ratify the EEA Agreement (see below). Several Central and Eastern European countries, such as the Czech and Slovak Republics, which also have Association Agreements with the Community, have indicated their desire to join in the longer term. Hungary and Poland have both lodged official applications and might also be able to join the EU by the end of the century.

European Economic Area (EEA)

1.1.5 The EEA Agreement between the European Community and the participating EFTA States (Austria, Finland, Iceland, Norway and Sweden) came into force on 1 January 1994. The Agreement was seen as a halfway house for applicant EFTA countries. A main feature of the EEA agreement, which was signed on 2 May 1992, is their acceptance of the "*acquis communautaire*", especially in respect of the four freedoms (free movement of goods, people, capital and services) and competition. Should enlargement go ahead as planned, Iceland will be the only EFTA country left participating (although Liechtenstein, which delayed its participation after Switzerland failed to ratify the EEA Agreement, may join in the near future).

The Treaty on European Union (TEU)

1.1.6 The Maastricht Treaty (TEU) entered into force in November 1993 after a successful referendum in Denmark approving the Treaty and an unsuccessful challenge in the Constitutional Court in Germany against the Treaty.

The Treaty lays the foundation for political union between the Member States of the Communities and for economic and monetary union. Economic and monetary union is planned to take place on 1 January 1999, if certain preconditions of economic convergence between the economies of the Member States have been met. At the time of writing in autumn 1994, not all Member States are on course to respect this timetable.

The Treaty creates the European Union. It does not, however, provide a timetable for the achievement of political union. The Union has been given competence in three broad areas, known as the three pillars of the European Union:

– economic matters, including economic and monetary union as part of the EC Treaty;
– common foreign and security policy (CFSP); and
– co-operation in the fields of justice and home affairs.

Separate institutional structures have been established to administer the second and third pillars. These structures reflect an inter-governmental approach, rather than the supranational approach which characterises the economic pillar. This reflects the general satisfaction of Member States with the progress of economic integration and the unwillingness to grant to Community or Union institutions responsibility for foreign and home affairs.

The Treaty itself reflects this dichotomy. Article A of the Treaty, third paragraph, provides that: "The Union shall be founded on the European Communities, supplemented by the policies and forms of co-operation established by this Treaty".

The Union Treaty provides that the name of the European Economic Community shall be changed to the European Community or the EC. In response to this change Jacques Delors, current President of the Commission, unilaterally changed the name of the Commission of the European Communities to the European Commission. There is continuing debate as to the correct title of the Communities. Most Anglo-Saxons refer to the European Union or EU.

The main provisions of the Treaty on European Union include:

- Union citizenship: enhanced rights for European citizens, to include the right to reside in any Member State and to vote there in municipal and European elections or stand in that state as a candidate in such elections. The right to petition the European Parliament and to refer a complaint to an ombudsman appointed by Parliament are also guaranteed. Existing national citizenship is not affected.
- Economic and monetary union (EMU): co-ordination/convergence of Member States' economic policies and the maintenance of price stability. Responsibility for maintaining this stability will lie primarily with the European Central Bank (ECB), which, together with the central banks of the Member States, will form the European System of Central Banks (ESCB), which will be responsible for a single monetary policy. The final stage of EMU, involving the adoption of a common European currency, is planned to start by the beginning of 1999 at the latest.
- Economic and social cohesion: the EC Structural Funds (see below) are already working towards economic and social cohesion, and are gradually reducing the economic disparities between different regions of the Community. A new Cohesion Fund has been set up alongside the existing Funds to help finance environmental protection projects and major transport links in the less prosperous Member States.
- Increased role for the European Community: including a more active role in consumer protection; public health; development co-operation; the establishment of trans-European transport, telecommunications and energy networks; industrial policy; education; culture; greater emphasis on environmental protection; an increase in research and development; further progress on social policy (with the United Kingdom opting out), and co-operation at an inter-governmental level in the fields of justice, home affairs and visa policy.
- Increased powers for the European Parliament: the new co-decision procedure will give it greater involvement in the enactment of legislation

(see "The legislative process in the Community", below at p 37). The European Parliament also has the right of approval, prior to appointment, of the Commission and the power of assent for all major international agreements.
- The introduction of a common foreign and security policy, eventually to include defence.
- Subsidiarity: this concept is somewhat nebulous. It is, nevertheless, emphasised in the Maastricht Treaty. Action may only be taken at EU level if the objectives cannot be achieved satisfactorily at Member State or regional level.

The Presidency of the Community

1.1.7 The Presidency is held by each Member State for a period of six months. For the first six years following signature of the Single European Act, from 1 January 1987, the Presidency of the Community rotated among the Member States in alphabetical order, with each country's name spelled in its own language, ending with the UK Presidency (1 July to 31 December 1992). For the second six-year period the sequence is as follows:

Denmark	1 January 1993	30 June 1993
Belgium	1 July 1993	31 December 1993
Greece	1 January 1994	30 June 1994
Germany	1 July 1994	31 December 1994
France	1 January 1995	30 June 1995
Spain	1 July 1995	31 December 1995
Italy	1 January 1996	30 June 1996
Ireland	1 July 1996	31 December 1996
The Netherlands	1 January 1997	30 June 1997
Luxembourg	1 July 1997	31 December 1997
United Kingdom	1 January 1998	30 June 1998
Portugal	1 July 1998	31 December 1998

Although the four new Member States have been accepted under current institutional arrangements, it is as yet unclear how this rotation will be affected by their arrival.

In order to ensure a smooth transition between Presidencies and to improve policy co-ordination, the outgoing, present and incoming Presidencies meet in a co-ordinating body known as the "Troika" (*e.g.* Germany, France and Spain from 1 January to 30 June 1995).

1996 Inter-governmental Conference

1.1.8 The year 1996 is set for the next inter-governmental conference by the Maastricht Treaty. This conference is to discuss institutional issues consequent on the accession of new Member States. Without change, the number of Commissioners under existing arrangements would rise from

17 to 20 and the administration of the Commission would become unwieldy. There have been suggestions that the larger Member States, which have two Commissioners each, should have only one, but this reform would still leave the Commission with more Commissioners than real jobs available. Another solution would allow a number of the smaller Member States to be grouped under a single Commissioner.

The European Parliament is seeking increased legislative competence as part of the 1996 reforms. The Community still maintains many of the attributes of an inter-governmental organisation. A "democratic deficit" exists. The term has been coined to describe the absence of full parliamentary control over Community decision-making.

The 1996 inter-governmental conference will also address the issue of the Council Presidency. With the proliferation of Member States the situation could arise whereby the Presidency is held in succession by smaller Member States which lack the resources of an extensive domestic or foreign administration required for the task. Managing the Presidency of the Council requires resources which Member States such as Luxembourg, Ireland, Greece and Portugal presently do not possess. The larger Member States are expected to seek a system whereby the Presidency falls to them more frequently.

The 1996 inter-governmental conference is likely to raise a series of debates as between large and small Member States, the Northern and Southern States, and those close to economic convergence and those which are not. The debate has already commenced with Germany and France seeking an ever-closer union, while the United Kingdom is likely to seek more flexible arrangements.

What was seen as a technical meeting to review institutional issues is developing into a wide-ranging debate on the future direction of the Community.

2. Institutions

This section examines the functions of the five principal Institutions which administer the Community and the European Union. It describes in outline the other major administrative bodies and agencies of the Community and the Union, and its principal funding systems. In addition, it takes account of the separate political and economic organisations, whose work in Europe is relevant to that of the European Union.

The European Council

It is important to distinguish between the Council of the European Union (hereinafter referred to as the EU Council) and the European Council. The European Council is made up of the heads of state or government of the Member States and the President of the European Commission, assisted by the ministers for foreign affairs. The existence of such a body was not officially recognised until the Single European Act. However, it has not become an official Institution of the Community as such. Its functions and powers have not been defined in Community legislation.

Meetings of the European Council, known informally as "European summits", are chaired by the President of the Council (the head of state or government of the Member State currently holding the Presidency), and are held at least twice a year, usually at the end of each six-month period of Presidency.

The European Council has evolved pragmatically. It was originally conceived as having a strategic role removed from the day-to-day management of the Community, providing political impetus or laying down guidelines in areas of importance such as reform of agricultural policy, completion of the internal market, accession of new Member States and economic and monetary union. However, in recent years, it has come to be regarded as an appeal body for the settlement of particularly contentious policy disputes. Thus, it has become the forum in which long drawn-out political battles are fought.

The Council of the European Union (EU Council)

COMPOSITION

1.2.2 The EU Council consists of ministers of the Member State governments, each Member State being entitled to one seat, sitting with the representative of the Member State holding the Presidency. A member of the Commission almost always attends, but has no vote. Where a minister cannot attend and his seat is taken by a diplomatic representative, that person cannot vote. The foreign ministers are regarded as the chief national representatives in the EU Council, which meets monthly and deals with all institutional matters and general Community affairs, as well as preparing the groundwork for meetings of the European Council.

However, in practice membership of "the Council" varies depending on the subject-matter under discussion. Thus, Council meetings may become the "Industry Council" or the "Agriculture Council" as appropriate, attended by the relevant ministers from the Member States. Legally, however, there is only one Council, whichever ministers are sitting in it.

EU Council meetings are generally held in Brussels, although a few each year are held in Luxembourg, and informal meetings are held in the Member State currently holding the Presidency; the meetings are chaired by a representative of the Member State currently holding the Presidency.

The Member State holding the Presidency of the Council has an important influence on the shaping of Community policy since the Presidency sets the priorities for its six-month term in office and draws up the agenda for future EU Council meetings. It also has an important role to play in helping to bring about agreement during difficult EU Council negotiations, and drafting compromises acceptable to all Member States.

THE COMMITTEE OF THE PERMANENT REPRESENTATIVES (COREPER)

The Committee of the Permanent Representatives (COREPER) acts as a preparatory committee for the EU Council. Its members are civil servants appointed by national governments, serving in a diplomatic function. COREPER scrutinises proposed legislation and prepares the agenda for EU Council meetings. It plays a very important role in the Community legislative process, providing the essential continuity in the EU Council's work which the EU Council itself lacks because of the infrequency of its meetings.

COREPER is divided into two parts: COREPER II is composed of the permanent representatives of the Member States, all of whom have ambassadorial status; COREPER I consists of deputy permanent representatives. The agenda of EU Council meetings is divided by COREPER into List "A" and List "B" points. List A includes non-contentious points which have already been agreed in COREPER and which need only the formal agreement of the EU Council. List B points are matters upon which no agreement has been reached in COREPER, and which require further debate and negotiation within the EU Council. Agricultural issues are dealt with in the Special Agriculture Committee which is made up of agricultural experts.

List A points, once approved in COREPER, are likely to be adopted at the next Council meeting, whatever its make-up, whereas List B points will be placed on the agenda of the following Council meeting which will be dealing with that type of issue.

POWERS OF THE EU COUNCIL

The EU Council is the undisputed focus of political control within the Community.

It is the principal law maker of the Community even though it acts only on a proposal from the European Commission and increasingly in co-operation and in co-decision with the European Parliament. The EU Council does, however, have the power to request the European Commission to undertake studies on a particular question and to submit proposals for legislation. In addition, it has the power to delegate legislative powers to the European Commission, a notable example being in the field of competition law (see "The legislative process in the Community", below at p 37).

The EU Council also has the power to ratify certain Treaties negotiated by the European Commission but only after consultation with or, in certain cases, with the approval of, the European Parliament. Such Treaties include those which cover agreements with third countries (*e.g.* the Common Commercial Policy and Association Agreements).

VOTING IN THE EU COUNCIL

The EU Council may act in one of three ways: by simple majority, qualified majority or unanimity.

Simple majority

The simple majority method of voting is used only in a limited number of instances. These include:

- convening of an inter-governmental conference to amend the EC Treaty;
- conditions for the collection of information and the carrying out of checks;
- rules governing the committees provided for in the EC Treaty;
- requests to the European Commission to submit proposals;
- amendments to the EU Council's rules of procedure; and
- implementation of a common vocational training policy.

In these circumstances, each Member State has one vote. A legislative item will be adopted if seven (nine after the 1995 enlargement) or more of the Member States vote for that item.

Qualified majority

Of the three voting methods (above), the EU Council acts on a qualified majority more frequently than the other two methods combined. The instances in which the EU Council is empowered to act on a qualified majority are specified in the provisions of the EC Treaty. These include decisions taken under the following generic headings:

- non-discrimination on the grounds of nationality;
- freedom of establishment;
- freedom to provide services;
- free movement of capital;
- mutual recognition of diplomas; and
- establishment and functioning of the internal market.

At present a qualified majority is made up of 54 votes out of a total of 76. Each Member State has a weighted vote, as follows:

France	10
Germany	10
Italy	10
United Kingdom	10
Spain	8
Belgium	5
Greece	5
Portugal	5
The Netherlands	5
Ireland	3
Denmark	3
Luxembourg	2
	76

The system is intentionally designed so that a group of larger countries voting together cannot constitute a winning block. A group of smaller countries voting together represents sufficient votes to block a decision (a blocking minority being at least 23 votes).

Under the post-enlargement arrangement, the new Member States would receive votes as follows:

Austria	4
Sweden	4
Finland	3
New total	87

The debate over proposals to increase the blocking minority threatened to derail the enlargement timetable, but was ended by a political compromise, the precise method of application of which is still unclear. The blocking minority needed will be raised to 27 votes. When this figure is not reached, but 23 or more opposing votes are registered, a decision may be postponed for a "reasonable period of time". It is unclear how long this period is intended to last and what will happen afterwards.

A qualified majority in the post enlargement scenario would be 61.

Unanimity

Unanimity is required for approval of the following types of measures:
- the enlargement of the Community;
- Association Agreements;
- the extension of powers of the Community;
- amendment of laws governing the training of and conditions for access to professions;
- harmonisation of turnover taxes, excise duties and other forms of direct taxation; and
- Community action relating to the environment (except where this relates to the completion of the internal market).

Abstentions by Member States will not prevent the adoption of measures by unanimity (if all but one Member States vote in favour and one Member State abstains, the measure will pass).

The European Commission

COMPOSITION

The European Commission is a collegiate body of 17 (20 after enlargement) Commissioners, nominated by common accord between the Member States. France, Germany, Italy, Spain and the United Kingdom each nominate two Commissioners; all other Member States nominate one each. Once appointed, Commissioners undertake to put the interests of the

Community before any national interest, remaining independent of their governments and of the Council. Each serves a five-year renewable term of office. A Commissioner may not be removed from office unless he "no longer fulfils the conditions required for the performance of his duties or has been guilty of serious misconduct", in which case the European Court of Justice has the power, on application by the EU Council or the European Commission, to retire him compulsorily (Art 13 of the 1975 Merger Treaty). The European Parliament must approve the Commission as a body prior to its appointment. Parliament also has the power to pass a motion of censure compelling the Commission to resign as a body – but this has never yet been exercised.

The President of the European Commission is nominated from among the ranks of the Commissioners for a renewable term of five years. The appointment is made in the first instance by the European Council at a "European summit", and is subject to confirmation by the EU Council after consultation with the Parliament. Two vice-presidents of the European Commission are appointed from among the members, each for a term of five years.

Meetings of the European Commission are chaired by its President, who sets the agenda. The personality of the President is usually stamped on the actions and priorities of the European Commission. The current President is Jacques Delors. As an interim measure, the term of office of the President and other Commissioners which began in January 1993 will expire in January 1995. The new President will be Jacques Santer, formerly the Prime Minister of Luxembourg.

Each Commissioner is assigned one or more portfolios (*e.g.* agriculture, environment, internal market), and becomes the political head of one or more Directorates-General and the relevant specialised services. The Commissioners expected to hold office as of January 1995, with their spheres of responsibility, are listed in Appendix 1A to this chapter.

Each Commissioner is assisted by a private office of advisory staff (or "Cabinet") whose duty is to keep the Commissioner in touch with developments in all policy fields. The Chef de Cabinet is regarded as the Commissioner's replacement in his absence (see Appendix 1A for a list of the expected Chefs de Cabinet). Meetings of the Chefs de Cabinet precede European Commission meetings. Decisions taken at a meeting of Chefs de Cabinet usually require only the formal agreement of the European Commission. Thus, the Cabinet plays a very important role as a point of contact between the Commissioner, the Directorate(s)- General for which he is responsible, and all other interested parties.

The President of the European Commission also has a special forward-planning unit whose specific function is to advise on future policy issues. The activities of this unit are a key indicator of future Commission activity.

"The Commission" is also understood by most people to mean the executive body, or European civil service, based mainly in Brussels and Luxembourg, which consists of 23 Directorates-General, plus a Secretariat-

General, Legal Service, Statistical Office and a small number of other specialised services. The total number of staff is about 14,000, of whom only 5,000 are executive grade and about 2,000 of whom are engaged in translation. Approximately 2,600 of the European Commission's staff are based in Luxembourg. In addition, there are about 2,800 other staff engaged in research work, mostly within the Joint Research Centre Institutes.

The areas of activity of each of the numbered European Commission Directorates-General, including a list of the specialised services, are set out in Appendix 2.

POWERS

The European Commission is the "guardian of the Treaties". It initiates legislation and is responsible for management. Its main functions can be summarised as falling within the following seven categories:

- initiating legislation – the European Commission is the initiator of all Community legislation. However, there is debate as to whether it has sole right of initiation;
- use of delegated powers conferred upon it by the EU Council, which allows the European Commission to implement policy (*e.g.* the Common Agricultural Policy);
- policing the provisions of the Treaties. If a Member State fails to fulfil an obligation under the EC Treaty, the European Commission may address a "reasoned opinion" to that Member State which, if it then fails to comply with the opinion within the period laid down by the European Commission, can be brought before the European Court of Justice;
- formulating recommendations or opinions. This allows the European Commission to review developments in the various policy sectors and to signal the initiation of new policies. The European Commission's opinion is also a necessary prerequisite in some major legislative decisions, such as the admission of new members to the Community;
- managing funds and common policies;
- negotiating on behalf of the Community (*e.g.* in the field of the Common Commercial Policy). Any agreements resulting from such negotiations must be ratified by the EU Council;
- performing a quasi-judicial role in anti-trust and anti-dumping actions, where the European Commission investigates complaints made by Community enterprises regarding anti-competitive behaviour or the dumping of products by third country manufacturers on to the Community market. The European Commission has the power to fine companies involved in unfair competitive practices and to impose provisional dumping duties (see Chapters 3 and 13).

The European Parliament

COMPOSITION

1.2.4 The European Parliament consists of 567 members (MEPs) directly elected for a period of five years. The most recent elections to the European Parliament were held in June 1994. Each Member State has the following number of MEPs:

Germany	99
France	87
Italy	87
United Kingdom	87
Spain	64
The Netherlands	31
Portugal	25
Belgium	25
Greece	25
Denmark	16
Ireland	15
Luxembourg	6
	567

The new Member States would receive seats as follows:

Austria	20
Sweden	21
Finland	16
New total	624

The President of the European Parliament is elected by the MEPs in a secret ballot. The current President is Klaus Hänsch from Germany.

Members of the European Parliament do not sit in national groups but in transnational party groupings. The current breakdown of these groupings is set out in Appendix 3 to this chapter. The group leaders, both in the Parliament as a whole and the group representatives in committees, have key roles in the functioning of parliamentary decision-making.

In general, MEPs vote with their transnational party grouping. However, there is an increasing trend towards cross-party co-operation and voting behaviour. This reflects the European Parliament's increased drive for credibility and the opportunity given to it under the Single European Act to influence legislation through the new co-operation procedure and through the new co-decision procedure granted to it by the Maastricht

Treaty (see below). In order to do so effectively, however, a two-thirds' majority must be assembled, which requires wide cross-party support. An important part of this process has been the creation of "Intergroups", whose role it is to build majority support for certain measures (*e.g.* the Kangaroo Group on the internal market; the Ibis Group on new technologies, etc).

There are 20 standing committees in the European Parliament, covering all important areas of EU policy-making (see Appendix 3). The chairmanships and vice-chairmanships are shared out among the party groups in proportion to their voting strength, as are the membership of the committees. Committees draw up reports on draft legislation, drafted by a "*rapporteur*", which, if approved by the committee, is then presented to the plenary session of the European Parliament in Strasbourg.

The appropriate Commissioner or his representative appears before meetings of the committee to give an account of the relevant decisions taken by the European Commission, proposals presented to the EU Council and the European Commission's position on those proposals.

The European Parliament has three venues, termed "provisional places of work": the plenary session is held in Strasbourg; European Parliament committee meetings are held in Brussels; and the *Secretariat* of the European Parliament is in Luxembourg.

The "nomadic" existence of the European Parliament has been strongly criticised, not least by many MEPs, but was confirmed by the Edinburgh Summit in December 1992. The current practice wastes time and resources and lessens the credibility of the Institution. While MEPs would like to see the European Parliament in one fixed location, the Luxembourg, French and Belgian authorities have found it difficult to come to an agreement.

POWERS

The European Parliament's powers can be divided into the following categories: (i) legislative; (ii) budgetary; (iii) supervisory; and (iv) censure. Each is examined below.

Legislative
The European Parliament's role and powers in the Community legislative process have been increasing slowly. An important development in this respect was the enhanced role given to the Parliament under the co-operation procedure introduced by the Single European Act, which allows Parliament to have two "readings" of certain draft legislation. The Parliament can reject draft proposals. Its decision can be overturned only by the EU Council voting unanimously. In addition, the European Parliament can propose amendments which, if they have European Commission support, can be overturned only with similar difficulty. The co-operation procedure is more fully explained in "The legislative process in the Community", below at p 37.

The co-decision procedure introduced by the Maastricht Treaty further increased the Parliament's powers, by allowing it to block the adoption of legislation on which it cannot come to an agreement with the Council (see below at p 42).

A number of EC Treaty provisions require that the EU Council must consult the Parliament before making a decision. If the opinion of the European Parliament is not sought when there is a Treaty obligation to do so, the decision will be invalid. The European Parliament may also issue resolutions on its own initiative, although these have no binding effect.

Under the Single European Act, Parliamentary consent is needed for any future enlargement of the Community and for the conclusion of Association Agreements with third countries.

Budgetary

The European Parliament, jointly with the EU Council, constitutes the Community's budgetary authority. The European Parliament has the power to reject the European Commission's draft annual budget and to ask it to prepare a revised draft. The President of the European Parliament is responsible for declaring that the budget has been adopted once all the procedures have been completed.

In addition, the European Parliament has the last word on the approval of all non-compulsory expenditure in the budget (*i.e.* expenditure that is not the inevitable consequence of Community legislation). Parliament's budgetary powers cover the Institutions' administrative costs and, above all, certain operational expenditure (Social Fund, Regional Fund, research and energy, etc). The expenditure so covered is considerable, representing some 36% of the total budget or some 15,500 million ECU in 1990. The European Parliament has the power not only to re-allocate expenditure between different activities but also to increase expenditure within certain limits.

The remainder of the budget is made up of "compulsory" expenditure (some 64% of the budget, mainly attributable to the Common Agricultural Policy and, in particular, price support). The European Parliament may propose "modifications" to this category of expenditure as long as total expenditure is not increased. Any such modifications are deemed to be accepted unless the EU Council rejects them by a qualified majority.

In 1988 the Inter-institutional Agreement on budgetary discipline and improvement of the budgetary procedure established the joint responsibility of the European Parliament, the EU Council and the European Commission in this field, while respecting the various competencies attributed to them under the Treaties. It fixed new rules for co-operation between the institutions which were aimed at avoiding potential dispute in the annual budget procedure.

Supervisory

Members of the European Parliament have the right to submit questions to the European Commission which the Commission is obliged to answer orally or in writing. Questions for oral or written answers may also be tabled to the EU Council. In the case of oral questions, once the relevant

Commissioner or the President of the EU Council has replied, members may put short supplementary questions.

The European Commission must submit an annual report on the activities of the Community to the European Parliament. The College of Commissioners must now be approved as a body by the European Parliament, under the Maastricht Treaty.

Censure (dismissal of the Commission)

The European Parliament is empowered to dismiss the whole European Commission by a vote of censure, which must be carried by a two-thirds' majority of all its members. It has never used this power.

In circumstances where the European Commission or EU Council fails to act on an issue, the European Parliament may take the issue to the European Court of Justice. In 1986 the court upheld the Parliament's complaint in a case where the European Commission and EU Council were found to have failed to act on a common transport policy.

Committees of enquiry and ombudsman

The Maastricht Treaty gave the European Parliament power to set up committees of inquiry, to hear petitions from individuals and to appoint an ombudsman. The ombudsman has yet to be appointed.

The Parliament issued a Decision on 9 March 1994 (OJ L113, 4.5.94) on the performance of the ombudsman's duties. The ombudsman's task will be to help uncover maladministration in the activities of the Community Institutions and bodies (except in the case of the Court of Justice and the Court of First Instance, when acting in their judicial capacity) and to make recommendations with a view to remedying the situation.

Any citizen of the Union may, either directly or through an MEP, make a complaint to the ombudsman within two years of the incident giving rise to the complaint.

It was agreed at Maastricht that the inter-governmental conference to be convened in 1996 should discuss further moves towards giving the European Parliament full legislative powers.

The European Court of Justice

COMPOSITION

The European Court of Justice is based in Luxembourg and is composed of 13 judges – one from each Member State, with the thirteenth chosen by each of the larger Member States in rotation. The current composition of the Court is given in Appendix 4. The impartiality of the judges is a condition of their appointment, which is for a renewable six-year term. Every three years there is a partial replacement of the judges. The President of the Court is appointed by the judges from among their own number, for a renewable term of three years. The current President is Gil Carlos Rodrigues Iglesias, a Spaniard.

The judges are assisted by six advocates-general, four of whom are appointed by the largest Member States. The fifth and sixth are appointed by the smaller States in rotation. The current list of advocates-general is given in Appendix 4. Each has the same status and terms of appointment as a judge. The role of the advocate-general is to give a reasoned opinion on cases put before the European Court of Justice before the Court itself passes judgment.

The European Court of Justice has six chambers; four chambers consisting of three judges and two chambers of six judges. Chambers carry out preparatory work and can decide on certain types of case. The more important cases are heard by all judges sitting in plenary session.

Enlargement will increase the number of judges to 16 and the number of advocates-general to eight.

There are restrictions on those who have the right to bring actions directly before the European Court. In general, the other EU Institutions have privileged status in that they merely have to comply with the set time-limits in order to be entitled to bring an action directly before the Court. In order to be granted a right of audience, natural or legal persons must prove that the action is of direct and individual concern to them.

Following a request from the European Court of Justice in September 1988, pursuant to Article 168A of the EC Treaty as amended by the Single European Act, the EU Council established a Court of First Instance in 1989 to alleviate the increasing work-load of the Court of Justice (see Council Decision 88/591/ECSC, EEC, Euratom; OJ L319, 25.11.88, as amended by OJ C215, 21.8.89).

The EU Council adopted a Decision, on 8 June 1993, enlarging the jurisdiction of the Court of First Instance (Council Decision; OJ L144/21, 16.6.93). This jurisdiction of the Court of First Instance now includes the following actions where the action is brought by natural or legal persons:

- staff cases;
- the Common Agricultural Policy;
- arbitration clauses in contracts concluded with the ECSC and EEC;
- direct action for annulments;
- action for failure to act; and
- Community liability in tort.

In addition, the Decision states that the Court of First Instance shall have jurisdiction on all cases concerning the elimination of quantitative restrictions between the Member States, as well as dumping and subsidies issues. This provision, however, does not take effect until the Council so determines.

The Court of First Instance has 12 members (listed in Appendix 5), any of whom may act as advocate-general. The judges are appointed for a six-year period. The current President is the Portuguese judge, José Luis da Cruz Vilaca. The new Court took up its duties in October 1989 and sits either in chambers of three or five, or in plenary session. The first President,

INTRODUCTION TO THE EUROPEAN UNION　　　1.2.5

who has a three-year mandate, was appointed by EU Council ministers; thereafter appointment is by members of the Court.

Enlargement would increase the number of judges in the Court of First Instance to 16.

There is a right of appeal from decisions of the Court of First Instance to the European Court of Justice on points of law. Litigants should bear in mind that costs will be borne by the losing party.

POWERS

The work of the European Court of Justice can be divided into four major areas: (i) judicial review; (ii) actions against Member States; (iii) actions for damages; and (iv) preliminary reference procedures.

(i) *Judicial review*

Judicial review of Community acts, or acts of the institutions under Article 173 of the EC Treaty (action for annulment) or under Article 175 (action for failure to act) requires an examination of three separate questions: first, that of *locus standi* – whether the applicant has the right to bring proceedings; secondly, if the action is brought under Article 173, whether the action has been brought in time. These two questions relate to admissibility (*i.e.* the action will fail if the response to either or both is negative). Finally, the question whether the applicant is entitled to succeed on the merits of the case is examined.

Action for annulment (Art 173)　Acts of the European Commission or the EU Council, other than recommendations or opinions, may be annulled if they infringe Community law. The European Court of Justice has held that such acts include all measures taken by the Institutions designed to have legal effect, whatever their nature or form. The Court has also held that the European Parliament's acts may also be challenged (see para **1.2.7** below).

Actions for annulment can be brought by:

- the EU Council or the European Commission, which have privileged status;
- the European Parliament, which may intervene on behalf of an individual or a legal person, but is not entitled under the EC Treaty to bring an action itself (but see para **1.2.7** below); and
- natural or legal persons, provided that the regulation or decision is addressed to them or, if it is addressed to another person, that they can prove it to be of direct and individual concern to them.

Article 173 is subject to a strict two-month time-limit. If a measure is not challenged in time, the proposed action will be declared inadmissible, whatever its merits.

The grounds for annulment are: lack of competence; infringement of an essential procedural requirement; infringement of the EC Treaty or any rule of law relating to its application; and misuse of powers.

Where a party has challenged the operation of a measure and has asked for its suspension, the European Court of Justice may prescribe interim measures. In order for interim relief to be granted, the applicant must be threatened with serious and irreparable damage which will occur before final judgment is given.

If the Court annuls an act, the Institution concerned must take the necessary measures to comply with the judgment.

Action for failure to act (Art 175)   An action can be brought for infringement of the EC Treaty if either the European Commission or the EU Council fails to act. Such actions can be brought by:

- all Community Institutions, including the European Parliament, and Member States, all of which have privileged status; and
- natural or legal persons, where the European Commission or the EU Council has failed to notify that person of the act, other than a recommendation or an opinion, which would have been of direct and individual concern to the complainant.

Illegality (Art 184)   Any party may dispute the legality of a Community act which is invoked against it.

Action against penalties imposed by Community Institutions (Art 172)   The European Court of Justice can reduce, increase or abolish the penalties imposed by Community Institutions. In some cases, it can also order the Community Institution to pay compensation. An action under Article 172 will normally be brought in conjunction with an action for judicial review of the act (*e.g.* a European Commission Decision) imposing the penalty.

(ii)   Action against Member States for failure to fulfil an obligation under the Treaties (Arts 169 and 170)

Such actions may be brought by:

- the European Commission (Art 169); and
- another Member State or States (Art 170).

If the European Court of Justice finds that a Member State has failed to fulfil an obligation under the EC Treaty, that State is obliged to take the necessary measures to comply with the Court's judgment.

The Maastricht Treaty gave the European Court of Justice the power to impose a fine or penalty on any Member State which has failed to comply with a previous judgment of the Court.

(iii)   Actions for damages (Arts 178 and 215(2))

The Community is liable to make good any damage caused by its institutions or its servants in the performance of their duties. However, an action must be brought within five years of the damage being suffered. Applicants need to establish that they have suffered damage as a result of the Community's conduct.

(iv) Preliminary reference procedures (Art 177)

Where a possible conflict arises between Community law and national law or where a national court needs assistance in interpreting Community law, a preliminary reference procedure is available to national courts under Article 177 of the EC Treaty. When requested to do so by a national court or tribunal, the European Court of Justice will rule on:

- the interpretation of the EC Treaty; and
- the validity and interpretation of acts of other Community Institutions.

Any national court or tribunal which has a judicial function may request a preliminary reference. It should be stressed that, in this case, the Court's role is one of interpretation. It is the role of the national court to make a ruling in the case and carry out its application.

The Court of Auditors

COMPOSITION

The Court of Auditors, set up under the 1975 "Merger Treaty", is based in Luxembourg and is composed of 12 (15 after enlargement) members, one from each Member State. Members are appointed for a renewable six-year term by unanimous decision of the Council of Ministers, following consultation with the European Parliament.

POWERS

This Court, which began operating in 1977, examines the accounts, revenue and expenditure of the Community and of all bodies set up by the Community. It can extend its investigations to operations carried out in and by the Member States on behalf of the Community (such as expenditure on agriculture or the collection of customs duties) and in non-member countries which receive Community aid (*e.g.* under the Lomé Convention). The Court of Auditors may, at any time, submit observations on specific questions and deliver opinions at the request of one of the Community Institutions.

At the end of each financial year the Court of Auditors draws up a report on its work, which is published in the Official Journal with the replies given by the relevant institutions to its observations. The Court may also produce special reports on any topic.

Under the provisions of the Maastricht Treaty, the Court of Auditors is to assist the European Parliament and the EU Council in exercising their powers of control over the implementation of the budget.

The Balance of Powers between the Union and Community Institutions

1.2.7 The Community Treaties set up a system for distributing powers among the different Community Institutions, assigning to each Institution its own role in the institutional structure of the Community and the accomplishment of the tasks entrusted to the Community. Observance of the institutional balance means that each Institution must exercise its powers with due regard for the powers of the other Institutions. The European Court of Justice has a duty to ensure that the provisions of the Treaties concerning institutional balance are fully applied.

Inevitably there have been some inter-institutional disputes about the division of powers and the extent of respective competence. The Commission, EU Council and European Parliament have all, on different occasions, brought various proceedings before the European Court of Justice in order to resolve differences.

COMMISSION v COUNCIL

In the "*ERTA*" case (Case 22/70 *Commission* v *Council (Re a European Road Transport Agreement)* [1971] ECR 263), the European Court of Justice defined "reviewable acts" (acts which the Court is entitled to review as to their legality) as including all measures taken by the Institutions designed to have legal effect, whatever their nature or form. The measures in this case were minuted "discussions", in which the Council had participated prior to the signing of the road transport agreement. The Commission sought to challenge the Council's power to participate in the shaping of that agreement, since under Article 228 of the EC Treaty it is the Commission which is entitled to negotiate international agreements, and the Council which is entitled to conclude them. Whilst supporting the Commission on this point of principle, the Court of Justice found that, on the facts, the Council had not exceeded its powers.

This case also established the principle that once the Community lays down common rules in the implementation of a common policy, Member States no longer have the right, individually or collectively, to contract obligations towards non-Member States affecting those common rules; and that a treaty concluded by the Community in pursuance of a common policy excludes the possibility of a concurrent authority on the part of the Member States.

In Case 242/87 *Commission* v *Council* [1989] ECR 1425, the Commission challenged the Council on the grounds of infringement of the EC Treaty by the Council, which had added Article 235 to the legal basis of a draft Decision proposed by the Commission on the basis of Article 128; it also alleged infringement of essential procedural requirements in not giving adequate reasons. The Commission sought annulment of the Decision laying down a common vocational training policy (EC Action Scheme for the Mobility of University Students (ERASMUS)). Adoption of the Decision under Article 235 gave the Member States (and thus the Council) more power in the implementation of the policy than would have been the case had it been adopted solely on the basis of Article 128.

The use of Article 235 as a legal basis for a measure is justified only where no other provision of the EC Treaty gives the Community Institutions the necessary power to adopt the measure in question. In this case, however, the Court held that since the ERASMUS scheme concerned not only vocational training but also scientific research, the Council did not have the power to adopt it under Article 128 alone and was thus bound, before the Single European Act entered into force, to base its decision on Article 235 as well.

The choice of legal basis has been the subject of several inter-institutional disputes concerning the balance of powers, which has become even more important since the Single European Act gave the European Parliament more say in the legislative process under the co-operation procedure (see "The legislative process in the Community", below at p 37).

Case 300/89 *Commission* v *Council* [1991] ECR I-2687, concerned the adoption of a 1989 Directive on titanium dioxide waste. Before the Single European Act amended the EC Treaty, all Community environmental legislation had been based on either Article 100 of the Treaty (harmonisation of measures affecting the internal market) or on Article 235, or both. Articles 100 and 235 required legislation to be adopted unanimously by the Council. However, the new Article 100a brought in by the Single European Act, dealing with harmonisation measures, provided not only that legislation could be adopted by qualified majority vote in the Council, but also that the European Parliament should have an increased opportunity to influence draft legislation through a second reading procedure. Legislation relating to express environmental protection measures was required to be adopted under the new Article 130s, which retained unanimity at Council level and did not allow Parliament to have a second reading of proposed legislation.

Since 1986, a number of environmental Directives, clearly relating to product standards, and thus capable of affecting the internal market, had been adopted on the basis of Article 100a. Others had been based on Article 130s. The Commission chose Article 100a as the legal basis for the titanium dioxide Directive but the Council changed this to Article 130s and adopted it on that basis. The Commission, supported by the European Parliament, challenged the Council's decision.

The European Court of Justice ruled in favour of the Commission's assertion that Article 100a was the correct legal basis, and annulled the Directive. It is significant that in its judgment the Court noted that Article 100a involves co-operation procedure with the European Parliament, giving the Parliament increased powers of influence, and that this represents a "fundamental democratic principle under which citizens participate in the exercise of power through the intermediary of a representative assembly".

In Case C-327/91 *France* v *Commission*, judgment given on 9 August 1994 (not yet reported), the French Government successfully challenged the competence of the Commission to bind the Community in international relations. The Court found that under Article 228 of the EC Treaty it is the Commission which negotiates agreements, but it is the Council, after receiving the opinion of the Parliament, which adopts them. The Community, as such, is not bound until such time as the Community ratification procedures have been completed.

EUROPEAN PARLIAMENT v COUNCIL

In Cases 138/79 *Roquette Frères SA v Council* [1980] ECR 3333 and 139/79 *Maizena GmbH v Council* [1980] ECR 3393, where the European Parliament intervened in an action for annulment under Article 173 of the EC Treaty, a Council Regulation was annulled on the grounds of the Council's failure to consult Parliament as required under Article 43(2). Although the Council had in fact consulted the European Parliament, it was held that it had not given Parliament sufficient time to express an opinion on the measure.

In Case 13/83 *Parliament v Council* [1985] ECR 1513, regarding the implementation of a transport policy, the European Parliament brought an action against the Council under Article 175 of the EC Treaty for failure to act or to define its position as required under that Article. The Council's definition of its position was found to be inadequate.

In Case 377/87 *Parliament v Council* [1988] ECR 4017, the European Court of Justice held that as long as a draft budget has not been presented by the Council to the European Parliament, the latter can obtain a judgment establishing the Council's failure to act under Article 175 of the EC Treaty.

Although the European Court of Justice had ruled in *Roquette Frères* (see above) that the European Parliament may intervene in actions for annulment brought by natural or legal persons under Article 173, the Court held in Case 302/87 (the so-called "comitology" dispute – see "The legislative process in the community", below at p 37), that Parliament had no *locus standi* to bring such actions on its own behalf.

However, in Case 70/88 *Parliament v Council* [1990] I-2041, the European Court of Justice ruled that the European Parliament did have the right to bring such an action where its prerogatives under the Treaties had been breached. Since the European Parliament's prerogatives include participation in the co-operation procedure laid down in the EC Treaty for the adoption of legislation, and that participation depends on the legal basis on which the measure to be adopted is based, it follows that if the Council had chosen a legal basis other than that required by the EC Treaty, the European Parliament would have been able to have recourse to one of the legal remedies provided by that Treaty.

COUNCIL v EUROPEAN PARLIAMENT

Cases have been brought against the European Parliament on the basis of Article 173, notably in Case 34/86 *Council v Parliament* [1986] ECR 2155, the so-called "budget case". The European Court of Justice held that a declaration of the President of the European Parliament that a Community budget had been finally adopted was void because there had been no agreement between the Council and Parliament to amend the maximum rate of increase of non-compulsory expenditure.

Since the provisions of the Maastricht Treaty allow majority voting for the adoption of most Community legislation, disputes as to legal basis of the legislation should become less frequent. The Maastricht Treaty amends Article 173 of the EC Treaty to remove any doubt as to the European Parliament's legal capacity to bring an action for annulment against the other Community institutions before the European Court of Justice.

Other major Community bodies

The Economic and Social Committee (ESC)

COMPOSITION

The Economic and Social Committee is an advisory body of 189 members, consisting of representatives of the various categories of economic and social activity (*e.g.* producers, farmers, workers, craftsmen, etc). The Committee is based in Brussels and is divided into three main groups:

Employers	Group	63 seats
Workers	Group II	63 seats
Various interest groups	Group III	63 seats

Members are appointed by the EU Council for a renewable term of four years from lists of candidates proposed by Member State governments, drawn from the most representative national organisations. The breakdown of members country-by-country is as follows:

France	24
Germany	24
Italy	24
United Kingdom	24
Spain	21
Belgium	12
Greece	12

The Netherlands	12
Portugal	12
Denmark	9
Ireland	9
Luxembourg	6
	189

The term of office of the present Committee is from September 1990 to September 1994.

Enlargement would increase the number of members as follows:

Austria	12
Sweden	12
Finland	9
New total	222

POWERS

The role of the Committee is to ensure that there is adequate involvement and consultation with the various interests concerned during the formulation of Community legislation.

The Committee must be consulted by the EU Council in certain circumstances provided for by the EC Treaty (*e.g.* agriculture, freedom of movement for workers, approximation of laws, etc). If the EU Council does not consult the ESC when it is required to do so, this will constitute a procedural irregularity and will render the legislation involved void. The European Commission consults the ESC on most issues, although the latter's opinion is not binding. The Committee can publish opinions on its own initiative.

Committee of the Regions

1.2.9 The Maastricht Treaty created a new Community body, to be known as the Committee of the Regions. The Committee is made up of representatives of regional and local bodies in the Member States and will number 189 members.

The number of members of the Committee of the Regions will be as follows:

France	24
Germany	24
Italy	24
United Kingdom	24
Spain	21

Belgium	12
Greece	12
The Netherlands	12
Portugal	12
Ireland	9
Luxembourg	6
Denmark	9
	189

The Committee is to be housed within the framework of the Economic and Social Committee and is gradually expected to supersede or replace that body.

The Committee of the Regions is to be consulted by the EU Council, where provided for in the Treaty. In addition, the Committee may give opinions on matters submitted to the Economic and Social Committee. It is expected that the Committee will issue reports on its own initiatives.

European Investment Bank (EIB)

COMPOSITION

The European Investment Bank, which is based in Luxembourg, is directed and managed by a board of governors (composed of one minister from each Member State), a board of directors (22 directors and 12 alternates, appointed by the board of governors, with one director and one alternate nominated by the European Commission) and a management committee, made up of the president and six vice-presidents of the Bank, appointed by the board of governors on a proposal of the board of directors for a renewable term of six years.

The members of the EIB are the EC Member States, which subscribe to the Bank's capital (ECU 57,600 million as at 31 December 1991).

POWERS

The EIB has the task of providing loans to help finance public and private investment in industry and infrastructure. It finances projects which contribute towards the economic advancement of regions with development problems or which serve the interests of several Member States. It raises money on capital markets and re-lends it out on a non-profit-making basis.

Although the Bank's activities were at first confined to the Member States, it now helps finance development projects in other countries, in particular those whose governments have signed conventions or financial protocols with the Community. In 1991, the Bank provided finance of more than ECU 15.3 billion within the Community and ECU 916 million outside.

The Institutions of European Economic and Monetary Union

1.2.11 In revising the EC Treaty, the Treaty on European Union establishes an Economic and Monetary Union (EMU). The EMU is to be achieved by closer economic and monetary co-operation, until a single currency with a single institution, the European Central Bank, is established. The EMU is to have its own institutional framework, composed, first, of the European Monetary Institute (EMI), and, secondly, of the European Central Bank. Both have their seat in Frankfurt, Germany.

THE EUROPEAN MONETARY INSTITUTE (EMI)

The EMI is the precursor to the European Central Bank. Its role is to prepare the necessary conditions for the transition to full economic and monetary union. It does so by increasing co-operation between the National Central Banks and by aiding the co-ordination of monetary policies of the Member States. The EMI is to establish any monetary instruments or procedures necessary for the creation of a single monetary policy, a European Central Bank and the future System of European Central Banks. It is also to encourage the use of the European Currency Unit (ECU).

The EMI works in consultation with Community Institutions, although it is a fully independent body.

THE EUROPEAN CENTRAL BANK

The European Central Bank (the Bank) is to take over from the EMI at the beginning of the last stage of monetary integration. The Council of the EMI will become the Governing Council of the Bank, together with an executive Board, made up of independent persons. The Bank will be fully independent.

The Bank's main objective will be price stability. Secondary to that, it is to support the general economic policies of the Community. The bank will do this bearing in mind the principles of open market economy, free competition and the efficient allocation of resources.

The Bank's main tasks will be:

- the definition and implementation of the economic and monetary policy of the Community;
- the conduct of foreign exchange operations;
- to hold the official foreign reserves of the Member States;
- to ensure the smooth operation of payment systems; and
- to issue currency.

The Bank will be able to conduct central banking operations, such as holding minimum reserves and foreign reserve assets. It will also be able to issue binding regulations, as well as decisions and opinions, within its field of competence. Its acts will be open to review by the European Court of Justice.

The extent of the Bank's supervisory and prudential authority has not yet been clearly defined

THE EUROPEAN SYSTEM OF CENTRAL BANKS

The European Central Bank is to function within a system of central banks. These are the national central banks of the Member States. They play an integral part of EMU and carry out the European Central Bank's policies and instructions. The national central banks are to change their national statutes to become independent of national political control. They will remain able to conduct independent action in areas outside the European Central Bank's competence.

Other Community agencies

The Agency for the Evaluation of Medicinal Products

The Agency was established by Council Regulation (EEC) 2309/93; OJ L214, 24.8.93 and provides for marketing authorisations for human and veterinary products from the new Agency. It is responsible for co-ordinating the activities of the Member States in the field of evaluation of new products. It will be located in London.

1.2.12

The Agency for Health and Safety and Work

The European Agency for Health and Safety at Work was established by Council Regulation (EEC) 2062/94; OJ L216, 20.8.94 in order to encourage improvements, especially in the working environment, as regards the protection of the safety and health of workers as provided for in the Treaty, by promoting technical, scientific and economic information. It will be located in Spain.

1.2.13

The Common Appeal Court for Community Patents

A joint declaration of the governments of the Members States established, by Protocol a court to settle litigation on Community Patents (OJ L401, 30.12.89). The Court will have jurisdiction over the infringement and validity of Community patents.

1.2.14

European Centre for the Development of Vocational Training (CEDEFOP)

Established by the EU Council in 1975 and based in Berlin, this organisation provides technical support to the European Commission and has information, research and consultation functions relating to vocational training.

1.2.15

European Foundation for the Improvement of Living and Working Conditions

1.2.16 The Foundation, an autonomous Community body based in Dublin, was established in 1975 by the EU Council to help solve growing problems associated with improving living and working conditions in the Community.

The European Drugs and Drug Addiction Centre

1.2.17 The Centre was established by Council Regulation (EEC) 302/93; OJ L36, 12.2.93, to provide the Community and its Member States with objective, reliable and comparable information at European level concerning drugs and drug addiction and their consequences. Its official title is "The European Monitoring Centre for Drugs and Drug Addiction" (EDUC). It will be located in Lisbon.

European Environment Agency

1.2.18 The European Environment Agency was established by Council Regulation (EEC) 1210/90; OJ L120, 11.5.90. The task of the Agency is to provide the Community and the Member States with objective, reliable and scientific information on the state of the environment so as to allow the Member States and the Community to take appropriate measures to protect the environment. It will be located in Copenhagen.

The European Training Foundation

1.2.19 The European Training Foundation was established by Council Regulation (EEC) 1360/90; OJ L131, 23.5.90, with the objective of contributing to the development of vocational training systems of the countries of Central and Eastern Europe. The Foundation will co-ordinate the efforts of the Community and the Member States in this sector. It has been established in Turin.

Other European organisations

European Bank of Reconstruction and Development (EBRD)

1.2.20 The European Bank of Reconstruction and Development (EBRD, or the "bird" as it is becoming known after its French title BERD), was established in 1990 to contribute to the economic progress and reconstruction of Central and Eastern European countries and to foster their transition towards open market-oriented economies. It is also designed to promote private and entrepreneurial initiatives in those countries committed to the principles of multi-party democracy, pluralism and market economies. The

Bank is located in London. It is funded by up to ECU 10,000 million, contributed by the participating countries. The members of the EBRD include not only the Member States of the European Union, but also CSCE countries, Egypt, Japan, Korea, and others, totalling 40 countries.

Council of Europe

The Council of Europe was founded by 10 European nations in 1949 to "achieve a greater unity between its members for the purpose of safeguarding and realising the ideals and principles which are their common heritage and facilitating their economic and social progress". It was the first European political organisation with an international Parliament.

Membership of the Council of Europe now stands at 27 nations. All Member States and EFTA countries are members. On 12 May 1989, the Parliamentary Assembly of the Council of Europe adopted a Resolution permitting "special member" status for the Eastern European countries which respect the principal international agreements on human rights (*e.g.* the Helsinki Fund Act). Hungary and Poland are the first Eastern European countries to hold special member status.

Although it is active in economic, social, cultural, scientific, legal and administrative matters, the most significant role of the Council of Europe is in the sphere of human rights. The European Convention on Human Rights, which was signed on 4 November 1950 and came into force on 3 September 1953, represents a collective guarantee, at a European level, of a number of the principles of the United Nations based on those set out in the Universal Declaration of Human Rights. Proceedings for breach of these principles may be brought before the Commission or Court of Human Rights, Institutions which were set up by the Convention under the auspices of the Council of Europe. The Secretariat of the Council of Europe, as well as the European Commission of Human Rights and its Court, is based in Strasbourg.

European Free Trade Association (EFTA)

The future of the EFTA group of countries remains in doubt. If three of the remaining members of EFTA join the European Union as expected on 1 January 1995, there will be only Norway, Liechtenstein, Iceland and Switzerland remaining. What these three countries will decide to do remains to be seen.

Organisation for Economic Co-operation and Development (OECD)

The aims of this Organisation are to promote economic and social welfare throughout the OECD area by assisting its member governments in the formulation and co-ordination of suitable policies, and to stimulate and harmonise members' efforts in favour of developing countries. The 24 members of the OECD consist mainly of European nations, but include Australia, Canada, New Zealand, the United States and Japan. Much of the work of the OECD is prepared and carried out in numerous specialised committees, of which there are more than 200, covering such diverse topics as development assistance, trade, environment, consumer policy, maritime transport, energy policy, steel, education and urban affairs.

The OECD member countries are involved in giving financial assistance, co-ordinated by the European Commission, to developing countries under the auspices of a group (the G–24), set up by the G–7 meeting of major industrialised nations.

The OECD is located in Paris. Several autonomous or semi-autonomous bodies have been set up within the framework of the Organisation, including: the Nuclear Energy Agency (NEA) in 1958; the Centre for Education Research and Innovation (CERI) in 1968; and the International Energy Agency (IEA) in 1974. Each has its own governing committee.

United Nations Economic Commission for Europe (ECE)

1.2.24 The ECE was created by the Economic and Social Council of the United Nations in 1947 "to initiate and participate in measures for facilitating concerted action for the economic reconstruction of Europe, for raising the level of European economic activity, and for maintaining and strengthening the economic relations of the European countries, both among themselves and with other countries of the world". Its primary purpose is to strengthen and promote economic relations among countries in Europe having different economic and social systems (*i.e.* east-west economic relations).

The membership of the ECE now numbers 43 countries from Eastern and Western Europe. Its fields of activity cover trade, science and technology, economic projections and programming, environment, energy, industry, inland transport, human settlements, agriculture and timber, statistics and economic research. The Secretariat is based in Geneva.

Western European Union (WEU)

1.2.25 The Western European Union is a mutual assistance pact in the field of defence, formed in Europe after the Second World War. It is based in London (Secretariat) and Paris (Institute and Assembly). Its members include all Member States, with the exception of Denmark, Greece and Ireland.

Security policy in Europe has hitherto been primarily a matter for NATO, but under the Maastricht Treaty WEU is to be developed as the defence arm of the Community, formulating and implementing a common European defence policy and working in co-operation with NATO. Denmark, Greece and Ireland have been invited to join WEU, and Turkey, Norway and Iceland (all members of NATO) are to have associate membership status in WEU. WEU has also established and is developing contacts with the democratically elected governments in Central and Eastern Europe.

The inter-governmental conference scheduled for 1996 is expected to discuss further steps towards a common European Foreign and Security Policy.

Financial assistance from the Community

The Structural Funds

The European Structural Funds are among the Community's chief tools for the strengthening of economic and social cohesion. There are three separate funds:

- The European Regional Development Fund (ERDF) is the largest of the funds, established in 1975 to help reduce regional disparities within the Community by providing financial aid to infrastructure and production projects in those regions defined by national authorities as in need of development, and in the conversion of declining industrial regions.
- The European Social Fund (ESF), originally established in 1960 and altered several times since then, is intended to improve employment opportunities for Community workers, increasing their geographical and occupational mobility throughout the Community. The more recent reforms have provided funds for programmes designed to support vocational training in order to combat long-term unemployment and increase employment opportunities for young people under 25.
- The European Agricultural Guidance and Guarantee Fund (EAGGF or FEOGA), set up in 1962, consists of two sections – the first section financing marketing and pricing policies under the Common Agricultural Policy, and the second (Guidance) section financing the modernisation of agricultural structures and the development of rural areas.

There has recently been a major reform of the operation of the Structural Funds, provided for under the Single European Act and put into effect by Regulation (EEC) 2052/88; OJ L185, 15.7.88. This reform was intended to focus Community assistance on those regions or areas experiencing the greatest difficulties, and on priority fields. Identification of those regions which should be entitled to benefit from available finance was made at Community level.

As financing from the Structural Funds was to be doubled in real terms by 1993, the aim of the reform was to strengthen their impact by concentrating on five objectives:

- *Objective 1:* promoting the development and structural adjustment of those regions whose development is lagging behind the others (*i.e.* where the *per capita* GDP is less than 75% of the Community average). These regions

include the whole of Ireland, Greece and Portugal, as well as parts of Spain, France (Corsica and overseas territories), Italy and the United Kingdom. Some 80% of ERDF funding is dedicated to these regions, although all three Structural Funds contribute to financing projects there.
- *Objective 2:* converting regions hit by the decline of certain industries where both the percentage share of industrial activity and the average rate of unemployment exceed the Community average. Again, financing from all three Funds may be used to assist projects falling within this objective.
- *Objective 3:* combating long-term unemployment among adults aged 25 or over who have been unemployed for more than 12 months. This objective is funded largely from the ESF.
- *Objective 4:* facilitating the occupational integration of young people below the age of 25 who have been unemployed for more than six months, largely funded from the ESF.
- *Objective 5(a):* modernisation of agricultural structures – the adaptation of producing, processing and marketing structures in agriculture and forestry. Funding for this objective comes mainly from the EAGGF.
- *Objective 5(b):* diversification of economic activity in less-favoured rural areas affected by serious development difficulties, involving the creation of jobs outside agriculture, particularly in tourism and small and medium-sized businesses. Projects falling within this objective are also largely funded by the EAGGF.

COMMUNITY SUPPORT FRAMEWORK SECTORS

The regions and general priority areas to benefit from available financing were initially established within Community Support Frameworks (CSFs). Each Member State was required to submit a National Development Plan to the European Commission, giving a general overview of all the development plans intended to be carried out. On the basis of these Plans, a Community Support Framework is drawn up for each Member State by the European Commission in co-operation with national authorities.

The CSFs effectively identify which parts of each National Development Plan the European Commission is prepared to co-finance. The specific projects or priority areas which would receive support were set out in "Operational Programmes", detailed projects developed in close co-operation between the European Commission and the national authorities of Member States. Implementation of these programmes is carried out by national and regional authorities. Monitoring committees, made up of national and regional officials, monitor the execution of projects and assess their impact, in accordance with the principle of subsidiarity.

The 1988 Regulation reforming the tasks of the Structural Funds includes a provision whereby the European Commission may initiate its own development programmes not covered by any CSF. This power has been used on several occasions to develop programmes such as ENVIREG, RECHAR, RESIDER and RENAVAL. Each programme includes an outline of the type of projects it is able to fund and invites applications from Member States for funding. The choice of eligible projects follows a procedure similar to that used to establish Operational Programmes.

The Community's assistance is global and coherent, combining the resources of the three Structural Funds. In some cases, additional funds are provided by the European Investment Bank. Member States are also required to contribute to the financing of projects in their territories. According to the principle of additionality, Community assistance is given to supplement the financial efforts of the regions and Member States, without actually replacing them.

Cohesion Fund

The Cohesion Fund was established by Council Regulation (EC) 566/94; OJ L72, 16.3.93 and came into effect on 31 December 1994. The focuses of cohesion funding are Ireland, Spain, Portugal and Greece and, in particular, infrastructure and environment projects.

The Cohesion Fund took effect on 31 December 1994. The available funds totalled ECU 1.5 billion for 1993 and ECU 1.75 billion for 1994. Their distribution is based on population, GNP *per capita* and surface area. This means that Spain will receive up to 60% of the funds, Greece and Portugal around 15% each, and Ireland 10%.

The Fund will provide financing at a rate of 80% to 85% of full costs. To receive funding, projects must be compatible with other Community policies. They will be co-ordinated by the European Commission in line with other Community regional measures. The projects will be agreed jointly by the European Commission and the Member State concerned.

3. *The legislative process in the Community*

Having discussed the composition and the role of the various Community Institutions above, this section will examine the legislative process of the Community. This process is relatively open, compared with that of most Western European legislatures. Consultation is sought at most stages of the process.

There are two principal types of Community legislation:

(i) legislation adopted by the EU Council; and
(ii) legislation adopted by the European Commission.

Community legislation is currently enacted in accordance with three types of legislative procedure:

(i) the consultation procedure, provided for by the EC Treaty;
(ii) the co-operation procedure brought in by the Single European Act; and
(iii) the co-decision procedure introduced by the Maastricht Treaty on European Union.

Each type of legislation, with the relevant procedure, is discussed below.

EU Council legislation

1.3.1 Binding legal instruments of the Community Institutions (regulations or directives) are enacted at the end of a legislative process that begins with a proposal. This process rests on a division of labour between the European Commission, the EU Council and the European Parliament. Put briefly, the Commission proposes and the Council disposes. Increasingly, however the Council acts in co-decision with the European Parliament, such that acts under this procedure are known as Council and Parliament acts.

THE INITIATION OF LEGISLATION

The Commission maintains the formal right of legislative initiative. However, the European Parliament may suggest the initiation of action by the European Commission, and the EU Council, acting by majority, can request the Commission to initiate proposals. The exclusive right of the Commission to initiate legislation has been questioned recently by the EU Council Legal Service, and may well be a matter to be determined after a reference to the European Court of Justice in the near future.

Decision-making within the European Commission

Proposals for legislation are drafted by the staff of the European Commission, the first draft of a proposal being known as a "working document". Before such a document is drafted, the staff will usually have taken soundings from the other Community Institutions, trade associations and interest groups. The working document will be drawn up by the appropriate Directorate-General of the European Commission, after consultation with all associated Directorates-General.

Once these consultations have been completed, the draft proposal will be sent for scrutiny to the Cabinets of the European Commissioners. The College of Commissioners is the decision-making body of the Commission.

Agreement may be reached on the draft proposal at the Chefs de Cabinet level, in which case the proposal will need the formal approval of the European Commission only. If no agreement is reached here, it will be submitted to the European Commission for negotiation and voting. A simple majority vote suffices for the proposal to be adopted; however, any one Commissioner may block a proposal by using his power of veto if the procedure used is the written procedure. The "written procedure", is one form of accelerated agreement whereby the draft proposal is circulated amongst Commissioners and is deemed to have been accepted if no objections have been raised.

Once a draft proposal has been adopted by the College of Commissioners it becomes a formal proposal. It is published as a "Commission Document" and is sent to the EU Council with a detailed explanation of the grounds on which it is based.

THE CONSULTATION PROCEDURE

When the EU Council receives a Commission proposal for legislation it is checked against the need to consult other bodies before a decision is made on the proposal. The EC Treaty gives the European Parliament the right to be consulted on all politically important measures ("compulsory consultation"). Failure to consult the Parliament in such cases is a serious irregularity and an infringement of the EC Treaty. The European Parliament is, in practice, also consulted on all other draft legislation ("optional consultation").

As well as consulting the European Parliament, the EU Council is also obliged by the EC Treaty, in most cases, to consult the Economic and Social Committee (*e.g.* on measures relating to the freedom of establishment). The EU Council may, and frequently does, also consult the ESC in other cases.

Opinion of the European Parliament

The proposed measure is forwarded to the appropriate European Parliament committee and a *rapporteur* is chosen from that committee to draft an Opinion. Other related European Parliament committees may also be asked to provide an Opinion. Once adopted by the committee the draft Opinion is then forwarded to the Parliament sitting in plenary session for formal adoption.

The appropriate Commissioner or his representative appears before the committees to give an account of the decisions taken by the Commission. The European Parliament also has the power to invite interested parties to attend or speak at these committees. European Parliament committees can draw up proposed amendments to draft legislation.

Under Rule 40 of its Rules of Procedure, the European Parliament has introduced a procedure whereby it may oblige the European Commission to modify proposals which meet with European Parliament disapproval. The European Parliament will not adopt an Opinion until the European Commission has commented upon proposed amendments. If the European Commission does not accept the European Parliament's amendments, the proposal will be referred back to committee by the plenary session of Parliament. This "shuttle" process is repeated until the European Parliament is satisfied that the European Commission has taken full note of its proposed amendments.

The European Parliament's part in the procedure ends with the adoption, by the plenary session of the Parliament, of a formal written Opinion called a "Resolution", which the President of the European Parliament transmits to the EU Council and the European Commission, and which may recommend amendments to the proposal.

Opinion of the Economic and Social Committee (ESC)

The legislative procedure within the ESC is similar to that of the European Parliament. A draft Opinion is drawn up by a *rapporteur* and any amendments can be added at the committee stage. The draft Opinion is then submitted to the plenary session of the ESC for final approval, and it is then sent to the EU Council and European Commission.

Consideration by EU Council Working Party and COREPER

After the European Parliament and the ESC have been consulted, the Commission proposal (possibly amended in the light of the Opinions of Parliament and the ESC) is once again put before the EU Council.

The proposal will then be examined by a working party of experts from the relevant government departments of each Member State, together with a representative of the European Commission, chaired by a representative of the Member State currently holding the Presidency of the EU Council. Discussions at this level are mainly technical in nature, the experts having limited negotiating briefs. Working parties prepare the ground for consideration by the Committee of Permanent Representatives (COREPER).

If agreement is reached at the working party stage, the proposal goes for formal agreement to COREPER and, if adopted unanimously, is submitted to the EU Council under the "A" list procedure (see above at p 11). If no agreement is reached in the working group, the proposal will be further examined by COREPER, and if an agreement is still pending, it may be passed to the EU Council under the "B" list procedure.

Submission to the EU Council

As long as the EU Council has not adopted a proposal, the European Commission may amend the original proposal. The EU Council can also amend a European Commission proposal, but only by a unanimous vote. The majority needed to adopt a proposal (*e.g.* simple majority, qualified majority or unanimity) is dependent on the legal basis of the proposal. Adoption of the proposal by the EU Council is the final stage in the legislative process. The final text, in all nine official languages of the Community (11 after enlargement), is adopted by the EU Council, signed by the President of the Council, and published in the *Official Journal*.

THE CO-OPERATION PROCEDURE

Scope

A different legislative process (the co-operation procedure, introduced by the Single European Act) will apply if the Commission proposal falls within one of the following generic areas of Community legislative action:

- non-discrimination on the basis of nationality;
- the free movement of workers;
- freedom of establishment;
- creation and completion of the internal market;

- the health and safety of workers;
- regional development; and
- research and technological development.

This differs from the procedure originally laid down in the EC Treaty in that it gives the European Parliament the opportunity to consider a proposed measure a second time (the "second reading procedure") and to deliver a second Opinion.

Procedure

As with the consultation procedure outlined above, the European Commission produces a proposal which is sent to the EU Council, European Parliament and the ESC. The Opinions of the Parliament and the ESC are communicated to the EU Council.

The EU Council, acting by a qualified majority, adopts a "common position" on the basis of the Commission proposal, the European Parliament's (and, where appropriate the ESC's) Opinion and its own deliberations, which it then communicates to the European Parliament, together with the reasons for adopting its position. The Commission also informs the European Parliament of its own position.

The "common position" is then the subject of a second reading in the European Parliament, which is given a period of three months during which it may approve, reject or propose amendments to the common position:

(i) if the European Parliament approves the common position or fails to take a decision within three months, the EU Council may adopt the legislation in accordance with the common position;

(ii) if the European Parliament rejects the common position by an absolute majority the common position can then be adopted by the EU Council only on a unanimous vote;

(iii) the European Parliament may propose amendments to the common position but only by an absolute majority; these amendments are then sent to the EU Council and to the European Commission, which has one month in which to re-examine its proposal:
- if the European Commission accepts the European Parliament's proposed amendments, its amended proposal is sent to the EU Council, which may adopt it by a qualified majority;
- if the EU Council wants to make any further amendments to the proposal, unanimity is required for those further amendments to be adopted;
- however, if the European Commission does not endorse the European Parliament's proposed amendments, the EU Council may adopt the European Parliament's amendments only by a unanimous vote.

If the EU Council fails to reach a decision within three months, the European Commission proposal is deemed not to have been adopted. The periods prescribed for the second reading in both the European Parliament and the EU Council may, however, be extended by up to one month by common accord.

Effects of the co-operation procedure

The co-operation procedure has had the following effects upon the legislative procedure of the Community:

(i) it has increased the power of the European Parliament, which now has the opportunity for a second reading of proposed legislation and the power to reject it;
(ii) as the name implies, it fosters co-operation amongst the Community Institutions. Co-operation between the Institutions is encouraged before the adoption of the EU Council's common position, in order to facilitate the passage of legislation; and
(iii) the power of the European Commission is enhanced because:
 – if the European Commission rejects amendments suggested by the European Parliament, and the EU Council agrees with the European Commission in that it also wishes to reject the suggested amendments, the EU Council can adopt the unamended text by qualified majority;
 – if, however, the European Commission rejects amendments suggested by the European Parliament and the EU Council is not in agreement with the European Commission (*i.e.* it wishes to incorporate the amendments suggested by Parliament), the EU Council must act unanimously to adopt the text as amended by the European Parliament.

The co-operation procedure is not a framework for actual joint decision-making between the European Parliament and the EU Council. In order for the Parliament's views to prevail against the EU Council it must have the European Commission's support. The EU Council can ignore the European Parliament's rejection of its common position or can exercise a veto by not taking any decision on Parliament's proposed amendments or on the amended European Commission proposal, thereby blocking that particular piece of legislation.

In order to redress this perceived imbalance, and to help reduce the "democratic deficit", the provisions of the Maastricht Treaty on European Union have given the European Parliament enhanced powers in the enactment of legislation in a new "co-decision" procedure.

THE CO-DECISION PROCEDURE

Scope

The co-decision procedure gives the European Parliament joint decision-making powers in the enactment of legislation in certain areas, including completion of the internal market, freedom of movement for workers and some aspects of the right of establishment, as well as new initiatives on the environment and consumer protection, public health, culture and the establishment of trans-European transport, energy and telecommunications networks.

INTRODUCTION TO THE EUROPEAN UNION — 1.3.1

Procedure

The co-decision procedure is identical to the co-operation procedure up to the second reading stage, as outlined above. Again, as in (i) above, if the European Parliament approves the common position or fails to take a decision within three months, the EU Council may adopt the legislation in accordance with that common position.

The co-decision procedure differs from the co-operation procedure in (ii) above, however, in that if the European Parliament indicates, by an absolute majority, that it intends to reject the common position, the EU Council may convene a Conciliation Committee (see below) to explain its position further.

Thereafter, the European Parliament may either:

- confirm, by an absolute majority, its rejection of the common position, in which case the proposed legislation is deemed not to have been adopted; or
- propose amendments as in (iii) of the co-operation procedure (above).

The next stage in the co-decision procedure is identical to that of the co-operation procedure except that, where the EU Council does not approve the proposal, the President of the EU Council, in agreement with the President of the European Parliament, will convene a meeting of the Conciliation Committee.

The Conciliation Committee

This Committee is comprised of members of the EU Council or their representatives and an equal number of representatives of the European Parliament. It is charged with the task of reaching agreement on a joint text, by a qualified majority of the members of the EU Council and by a majority of the representatives of Parliament. The European Commission takes part in the Committee's proceedings and endeavours to reconcile the positions of the other two Institutions.

If a joint text can be agreed by the Committee within six weeks of being convened, the European Parliament (acting by an absolute majority) and the EU Council (acting by a qualified majority) have a further period of six weeks from the date of that agreement to adopt the joint text. If one of them fails to approve the text, it is deemed not to be adopted.

Where the Conciliation Committee cannot agree a joint text, the proposal is deemed not to have been adopted unless the EU Council, on a qualified majority vote within six weeks of expiry of the period granted to the Conciliation Committee, confirms the common position which it adopted prior to the initiation of the conciliation procedure, possibly with amendments proposed by the European Parliament. The proposal may be finally adopted by the EU Council unless the Parliament, within six weeks of confirmation by the EU Council of its common position, rejects the text by an absolute majority, in which case the proposed legislation falls.

The periods of three months and six weeks may be extended by up to one month and two weeks respectively by common accord. The period of three months given to the European Parliament to make its decision will be extended automatically by two months where the conciliation procedure is initiated.

Finally, the scope of the co-decision procedure may be widened on the basis of a report which is to be submitted to the EU Council by the European Commission by 1996 at the latest. This will be decided at the inter-governmental conference scheduled to be held in that year.

Where measures are adopted under this procedure they are known as, for example, a "Council and European Parliament Directive".

The co-operation procedure is retained under the Maastricht Treaty, to be used wherever the Treaty so provides.

European Commission Legislation

POWERS

1.3.2 The European Commission has powers delegated to it by the EU Council under Article 145 of the EC Treaty, as amended by the Single European Act. In addition, the Commission has direct powers under the Treaty to enact legislation in certain circumstances in order to authorise Member States to take action in derogation of their obligation under the Treaty. Under Article 90(3) the Commission is authorised to "address appropriate Directives or Decisions to Member States". In a recent case (C271/90 *Spain* v *Commission*, 17 November 1992) the Court of Justice held that this provision was sufficient legal basis for the Commission to issue a Directive deregulating certain telecommunication services which had been exclusive to national telecommunications providers.

An example of the powers of the Commission to authorise Member State action is found in Article 115 of the EC Treaty, where "the Commission shall recognise the methods for co-operation between Member States" and failing this shall "authorise Member States to take the necessary protective measures".

The most common form of delegated powers are in the Community Agriculture Policy, where the Commission determines prices or import conditions daily, approves export establishment and manages the details of complex market organisations.

"Comitology"

The European Commission does not have a completely free rein in dealing with its delegated legislation. In order to ensure that the powers delegated by the EU Council to the Commission in relation to secondary legislation are exercised in close consultation with the Member State governments, a number of committees have been established, which are made up of national officials and chaired by a member of the European Commission.

The rules governing the operation of these committees are set out in Council Decision 87/373/EEC on committee procedures (OJ L197, 13.7.87) which lays down four different procedures for the exercise of implementing powers conferred on the European Commission.

(i) Advisory committee procedure   In advisory committees, the European Commission listens to the opinions of representatives of the Member States. The European Commission has undertaken to take the fullest possible account of any views expressed, but is in no way bound by them and the committee has no further influence on the procedure. The declarations annexed to the Single European Act recommended the use of the advisory committee procedure for measures relating to completion of the internal market.

(ii) Management committee procedure   Management committees were first set up in 1962 under arrangements for agricultural markets (one committee for each category of products) and have proved to be valuable and effective.

Under this procedure, the implementing measure which the European Commission intends to enact is submitted in draft form to the appropriate management committee, which gives its opinion by qualified majority (64 votes out of 90 after enlargement, votes being weighted as in EU Council meetings). Again, the European Commission is not bound by this opinion.

However, if the European Commission decides to go against the opinion of the committee, the matter is referred to the EU Council, which may reverse the European Commission's decision within one month. (*N.B.* In cases where there has been no decision by the committee or where the Commission decision is in line with the committee's opinion, there is no appeal to the EU Council.)

The management committee procedure is widely used and works well. In 1989, for example, there were 359 meetings of various management committees within the framework of the Common Agricultural Policy (CAP). Favourable opinions were given in 1,609 out of 1,749 cases. Only one adverse opinion was given. The system works well due to the co-operation and mutual confidence which have developed in the committees between representatives of national governments and of the European Commission.

(iii) Regulatory committee procedure   Under this procedure, the management committee procedure used under the CAP is applied to other fields. Used initially in the management of the Common Customs Tariff, it was used subsequently for the management and adaptation of common standards (*e.g.* in the fields of food, veterinary and plant health regulations, environmental legislation, etc). The procedure is very similar to that for management committees but with greater scope for appeals to the EU Council.

When the committee's opinion is adverse to the measures proposed by the European Commission or when there is no opinion, the European Commission makes a proposal to the EU Council on the measures to be taken. The EU Council then takes a decision by qualified majority vote within a certain time (usually three months). If it does not do so within the specified time, the European Commission takes the decision itself. It cannot do so if the EU Council expressly rejects the European Commission's proposal by a simple majority, in which case the European Commission has to present a new proposal.

(iv) Commercial policy measures   Finally, a special procedure has been set up for commercial policy measures or action under the safeguard clauses, enabling the European Commission to take directly applicable decisions once it has received the opinion of the advisory committee. Such decisions have to be approved by the EU Council within three months, failing which they become null and void.

POWER OF THE PARLIAMENT IN REGULATORY COMMITTEES

The European Parliament objected to the new rules governing the operation of the committees and brought an action against the EU Council in the European Court of Justice in what is now referred to as the "comitology" dispute (Case 302/87 *European Parliament* v *Council of the European Communities* [1988] ECR 5615).

The European Parliament sought a declaration under Article 173 of the EC Treaty that Council Decision Dec 87/373/EEC of 13 July 1987 laying down the procedures for the exercise of implementing powers conferred on the Commission was void, on the grounds that the Council would still have the last word in the majority of cases, despite the principle of delegation of powers; that the Council had infringed the prerogative of the European Parliament in regard to political control of the Commission; and that there should have been further consultation with the European Parliament before the Council adopted its Decision.

However, the Council raised an objection of inadmissibility which was upheld by the European Court without considering the substance of the case. The Court ruled that the European Parliament had no capacity to bring an action for annulment under Article 173 and that therefore the action must be dismissed as inadmissible.

In a later case, (C-70/88 *Parliament* v *Council* [1990] I-2041), however, the European Court of Justice ruled that the European Parliament did have the right to bring such an action where its prerogatives under the Treaties had been breached (see para **1.2.7** above).

The Maastricht Treaty amends Article 173 to give the European Parliament (and the newly created European Central Bank) *locus standi* to challenge acts of the other Community Institutions.

4. Sources of Community Law

The principal sources of Community law are:

- Treaties;
- primary and secondary Community legislation in the form of Regulations;
- Directives and Decisions of the EU Council and the European Commission;
- judgments of the European Court of Justice;
- Conventions; and
- International Agreements.

Each of the above is discussed below.

Treaties

The principles which underlie the Community and the powers accorded to Community Institutions are set out in the three Treaties which set up the European Communities:

- The Treaty of Paris of 18 April 1951, establishing the European Coal and Steel Community (the ECSC Treaty);
- The Treaty of Rome of 25 March 1957, establishing the European Economic Community (the EEC Treaty);
- The Treaty of Rome of 25 March 1957, establishing the European Atomic Energy Community (the Euratom Treaty).

In 1965, the Community signed the "Merger" Treaty, which created one executive and one legislature to administer each of these three Treaties. The most recent amendment came in 1986 by way of the Single European Act (17 February 1986) and the Final Act (28 February 1986). The Single European Act, which made profound changes to the functioning of the European Community, came into force on 1 July 1987. The Maastricht Treaty came into effect in November 1993. It greatly expanded the competence of the Community and added foreign and home affairs matters. The Treaty introduced the principle of subsidiarity, by which action should be taken at Community level only if the objective cannot be better achieved at the national level. The scope of the subsidiarity principle has yet to be tested in the courts.

These Treaties, and the subsequent amending Treaties, are legally binding agreements among the Member States. For citizens of Member States, their legal effect depends upon their constitutional incorporation into national law.

Community legislation

The EC Treaty (Article 189) provides that "in order to carry out their task the Council and the Commission shall, in accordance with the provisions of this Treaty, make regulations, issue directives, take decisions, make recommendations, or deliver opinions". Each type of legislative act (*i.e.*

Regulations, Directives, Decisions, Recommendations, Opinions, Resolutions and Declarations) is examined below.

REGULATIONS

Scope

A Regulation has general application. It is binding in its entirety and is directly applicable in all Member States.

Description

Regulations are addressed to all Member States. A Regulation passes directly into the legal system of all Member States without the need for further administrative or legal implementation. A Regulation creates rights, powers and duties which are enforceable in any national court of a Member State or in the European Court of Justice. It is typically used to regulate prices and to manage the common organisation of the agricultural market. The Regulation must (i) state the reasons, powers and Articles of the Treaties upon which it is based and (ii) identify the proposals and opinions which were taken into consideration prior to the adoption of the Regulation.

Publication

All regulations must be published in the *Official Journal* "L" series.

Entry into force

Regulations will either enter into force on the twentieth day after publication, or on a date specified within the provisions of the Regulations.

DIRECTIVES

Scope

A Directive is binding, as to the result to be achieved, upon each Member State to which it is addressed, but leaves to national authorities the choice of form and methods.

Description

Directives can be addressed either to all Member States or to one or more of them. A Directive is binding upon the Member State concerned as to the results to be achieved. The choices of methods of implementation, form and enactment are left to each Member State. The European Commission is responsible for ensuring that the Member States implement a Directive. It may take Member States to the European Court of Justice for failure to comply. Although, in general, a Directive does not create rights for individuals until the Member State concerned has given effect to it, the European Court of Justice has held, in certain special circumstances, that

Directives can create individual rights in much the same way as Regulations. In a recent case, *Frankovich* (Joined Cases C-6/90 and C-9/90, [1991] ECR I-5357), the Court ruled that a citizen can seek damages against a Member State if he has suffered loss because of that State's failure to implement a Directive within the time foreseen.

Publication

All Directives must be published in the *Official Journal* "L" series. In addition, all addressees of the Directive must be notified of its adoption.

Entry into force

Directives enter into force on the date of their notification to the addressees.

DECISIONS

Scope

A Decision is binding in its entirety upon those to whom it is addressed.

Description

Decisions are used by the European Commission to pass judgment or impose penalties on legal persons or Member States which have infringed Community rules. Decisions may be addressed to all Member States or to individual Member States.

Decisions, like Regulations, have direct effect, except that they are binding only upon the individual or Member State to whom they are specifically addressed. The European Commission has the responsibility to monitor whether Decisions are being properly implemented.

Publication

There is no formal obligation to publish Decisions. However, Decisions are published in the *Official Journal* "C" and "L" series. Addressees must be notified.

Entry into force

Decisions enter into force on the date of their notification to the addressees.

RECOMMENDATIONS, OPINIONS, RESOLUTIONS AND DECLARATIONS

Scope

These legislative communications are not legal acts and are not binding upon Member States.

Description

These communications have no binding force and serve merely to express the views and expectations of the Institutions making them. They are often used to review developments in policy sectors. The European Commission uses them as a vehicle for declarations of intent. The European Parliament and the Economic and Social Committee give Opinions as part of the legislative process (see "The legislative process in the community", above at p 37).

Publication

These legislative communications are published in the *Official Journal* "C" series.

Entry into force

These communications are not binding and, therefore, do not formally enter into force.

Judgments of the European Court of Justice

1.4.3 The European Court of Justice is the final arbiter in the interpretation and application of Community law. The Court has developed a wholly new corpus of law out of the brief references to legal machinery in the Treaties.

The laws on restrictive trade practices and the breaking-down of internal trade barriers in the Community are examples of such developments. The judgments of the Court interpreting the Treaties and the legislation made thereunder have been accepted by all the national courts of the Member States as being the definitive interpretation of Community law. The Court's interpretation of the spirit of Community law can seem very wide indeed. Some commentators have been led to describe this as a "theleological" or a "policy oriented" approach. Judgments of the Court can be overturned only by amendments to the EC Treaty.

Judgments of the European Court of Justice are published in all the official languages of the Community and can be found in the *European Court Reports* as well as in the "C" series of the *Official Journal*.

Conventions

1.4.4 Conventions, or "legislation treaties", are agreements drawn up between Member States upon Community-related matters which the Community institutions themselves are not competent to deal with under the strict terms of the Treaties. The EC Treaty (Art 220) provides that Member States may draw up Conventions among themselves on a number of matters:

- protection of persons and their rights;
- abolition of double taxation;
- the mutual recognition of companies or firms including the retention of a company's legal personality when transferring its seat; and

- simplification of the reciprocal recognition and enforcement of judgments of courts or tribunals and/or arbitration awards.

In accordance with this provision of the EC Treaty, certain Member States have already finalised, or are in the process of finalising, a number of Conventions (see, *e.g.*, Convention on mutual recognition of companies, draft Convention on double taxation of associated companies, etc).

Included among these is the "Brussels Convention", which relates to jurisdiction and the enforcement of judgments in civil and commercial matters. That Convention determines the international jurisdiction of the courts of the contracting States in such matters, and facilitates the recognition and enforcement of judgments, authentic instruments and court settlements.

International Agreements

Community institutions have been given certain Treaty-making powers. Treaties concluded between the Community and non-Community countries are not binding upon Member States or on citizens of Member States until they are transposed into national law by way of, for example, an implementing Regulation (*e.g.* the Lomé Convention between the Community and the African, Caribbean and Pacific states). The Treaty-making powers of Community Institutions fall into certain categories: (i) Common Commercial Policy; (ii) Association Agreements; and (iii) Special Association Agreements.

1.4.5

COMMON COMMERCIAL POLICY

The Community's Treaty-making powers under this category cover such areas as tariff and trade agreements, export policy, dumping and subsidies. The EU Council authorises the European Commission to negotiate these Treaties, supervised by an EU Council committee. All agreements must be ratified by the EU Council voting by qualified majority.

ASSOCIATION AGREEMENTS

The Community may conclude with a third country, or an international organisation, agreements establishing an association involving reciprocal rights and obligations, common action and special procedures. Such Association Agreements are used to promote economic, technical and financial co-operation between the Community and the other party to the Agreement. Association Agreements are negotiated by the European Commission and are ratified by the EU Council. The European Parliament must also give its assent, by absolute majority, before the Association Agreement can be deemed to have been concluded.

SPECIAL ASSOCIATION AGREEMENTS

Special Association Agreements are concluded with those countries and territories which have special relationships with a particular Member State (*e.g.* the Bahamas (United Kingdom), Greenland (Denmark), Senegal (France), etc). Most of these Agreements are reserved for former overseas territorial possessions of Member States. The aim of these Agreements is the promotion of economic and social development in the subject areas. This is achieved through trading Agreements which abolish customs duties on imports into the Community. All such Agreements are published in the *Official Journal* "L" series and enter into force on the dates specified in the Agreements.

In addition to Treaty-making powers, Community Institutions are also responsible for maintaining relations with the United Nations and the organisations responsible for the General Agreement on Tariffs and Trade (GATT). As regards the United Nations, the Community generally has Observer status. The Community participates in the GATT negotiations although its participation is subject to certain restraints in deference to the interests of individual Member States.

5. *Lobbying in the European Community*

This section gives specific guidelines on lobbying in the European Community and, in particular, some advice in relation to the different Community and non-Community Institutions which may be the necessary target of a lobby. In addition, it sets out some general points on how best to lobby.

Information on the European Communities

1.5.1 All official acts of the Communities are published in the *Official Journal* (OJ) of the Communities and in all working languages of the Community. Currently, there are nine working languages – English, French, German, Spanish, Italian, Dutch, Danish, Portuguese and Greek. Irish is an official language but not a working language. After enlargement, Finnish and Swedish will also become official languages.

There are three main series of the OJ: the "L" series, which publishes legislation; the "C" series, which publishes proposals for legislation, Commission communications, notices and information pertaining to the proper functioning of the Commission, the Parliament, the Economic and Social Committee, the Court of Auditors and the Court of Justice; and the "S" series, which publishes notices on public works and services contracts.

In addition to the OJ series there are various other informative publications about the Community. The monthly *EC Bulletin* covers the major events of the previous month. There are various publications covering particular sectors or Community policies. The agendas of the European Parliament and the Economic and Social Committee, as well as the Court of Justice schedule of hearings, judgments and opinions are also available.

However, most of these publications are reports on the completed activities of the Community Institutions. In many cases they do not appear in sufficient time or are not distributed in an efficient manner so as to enable the concerned citizen or lobby group to influence the formulation of the text.

The availability of timely or open information in the European Community depends on a variety of factors. The Community retains many of the characteristics of an inter-governmental organisation and continues to classify the deliberations between governments as confidential. Thus, it is not always easy to follow closely the debates in the EU Council. Regular press briefings are held after all ministerial meetings, but not after equally important COREPER or working party meetings.

At the adoption of the Treaty on European Union at Maastricht, a declaration was made calling for an improvement in public access to Community information. The European Council in this declaration recommended that the Commission should submit a report on measures to achieve these aims. The Council restated this at Birmingham in October 1992. The spring of 1993 saw the adoption of a number of communications by the Commission in order to achieve the goals of these declarations (COM(93) 228; OJ C166/4, 17.6.93; OJ C63/8, 5.5.93; COM(93) 199; OJ C156/5, 8.6.93).

The European Commission has proposed to take a number of steps to improve public access to information and decision-making, including a system whereby wide-ranging advice is sought on certain key proposals at an early stage. It is proposed to ensure that the Commission's documents are made directly available to the public in the nine official languages, to consolidate and codify legislation, and to prepare the Commission work programme at an early stage. It is, however, important to note that the Commission's communications state clearly that access to the minutes and individual points of view expressed at committee meetings by the Commission and Member States' representatives should remain restricted.

In addition, a Council Resolution has been passed on the quality and drafting of Community legislation (Council Resolution; OJ C166/1, 17.6.93). The purpose of the Resolution is to make Community legislation more accessible by ensuring that the wording of text is clear, concise and unambiguous; that imprecise references to other texts are avoided; that internal consistency in wording is ensured; that the rights and obligations of those to whom the text applies should be clearly defined; that non-legislative provisions should be avoided; and that autonomous substantive provisions should not be incorporated when amending acts.

Early information on the activities of the Commission services, the

European Parliament committees or the activities of the Council can only be obtained in an *ad hoc* way. It often comes down to individuals and opportunity. This is clearly an issue to be addressed in the forthcoming debate on the regulation of lobbying or lobbyists.

EUROPEAN COMMISSION OFFICES IN THE MEMBER STATES

The European Commission has established information offices in each Member State and has diplomatic missions, which also provide information on the activities of the Community, in many third countries. A list of the information and diplomatic missions can be found in Appendix 6 to this chapter.

The European Commission

1.5.2   The European Commission is, as has been seen, something more than an administration and less than an executive. However, while the debate continues as to the appropriate number of Commissioners (17 at present), there is no disagreement about the fact that the administrative element is small and efficient.

The Commission, which administers a budget of ECU 60 million, has a professional administrative staff of less than 5,000 persons. Total staff is approximately 14,000. This is less than many single ministries in Member States. In many cases the number of staff allocated to an issue is very small. One officer, or "*fonctionnaire*", may be the responsible contact person for a whole industry or policy initiative.

As has been seen, the Commission is divided into 23 Directorates-General, some of which have specific sector responsibilities while others, such as the Competition or External Relations Directorates, have horizontal responsibilities. While there may be only one contact person there will be other officers whose opinions and responsibilities will have a bearing on the contact person's sector.

Lobbying the Commission can be divided into three broad categories: promoting a proposal for legislation; influencing or blocking a proposal for legislation; and influencing the Commission's exercise of its discretionary powers.

The third category of lobbying is the most common. It can range from highly legal issues such as competition law, State aids, mergers and acquisitions, anti-dumping, trade privileges, market access, rules of origin, and customs classification, to the highly political issues such as the allocation of funds between regions and between projects within regions or the allocation of research and development funding. Many decisions are increasingly a mixture between the legal and the political.

Early presentation of arguments is a particularly effective means of influencing the Commission. The initial draft of a document often determines the course of the subsequent debate on the issue.

In theory, Commission rules forbid discussions with outside bodies other than Euro-Federations, but, in practice, individual officials are willing to hear good arguments on an informal basis. A good official will wish to hear all sides to assist him in getting the range of the issue for which he is responsible.

Finally, a good lobbyist should be familiar with the rules and procedures of the Common Agricultural Policy. Many Commission procedural practices have been developed in Directorate-General VI, which has responsibility for this sector. In the early years of the Community, when the agricultural budget made up 85% of total Community spending, many of the checks and balances between different interests were forged. The balance between national and Community responsibility will be a guide in the emerging subsidiarity debate.

The European Parliament

The role of the European Parliament in the Community legislative process is increasing. As the one democratic body within the Community it is only appropriate that this should be the case. The Parliament is also beginning to use its limited powers to greater effect.

As will be seen from the previous section, the Parliament has the right to introduce amendments into Commission proposals for legislation and does so with increasing effect. Parliamentary amendments can effectively change the tenor of a particular measure. In addition, co-operation between the Commission and the Parliament can limit or confine the powers of the EU Council to act as the legislator.

The European Parliament is, in general, open to the public but an individual requires the invitation of a Member before access to the plenary sessions is granted. Access to some of the committees is open, but some, like the influential Foreign Relations Committee, sit *in camera*.

The Parliament has its own rules and procedures and sits in Strasbourg, Luxembourg and Brussels. The Secretariat is divided between Luxembourg and Brussels. Committees, however, sit almost exclusively in Brussels. This allows for the attendance of Commission officials and Commissioners at committee meetings to explain proposals.

The powers of the Parliament depend on the nature of the measure at hand and the decision-making procedure chosen. (A more detailed look at these powers and how the Parliament has used and extended them is contained in "The legislative process in the community", above at p 37). A feature of future Parliamentary activity is likely to be US- or UK-style Committee hearings in public where the Parliament will call expert witnesses before it to give evidence on a particular issue.

The key Member of Parliament on any one issue is the *rapporteur*. The *rapporteur* is a member of the Parliamentary committee which has prime responsibility for examining a new measure and reporting on it. The choice of *rapporteur* can be a very important decision and for the internal market measures the *rapporteur* has often been nominated prior to the formal adoption of a Commission proposal.

The *rapporteur* draws up a draft report with amendments and submits it to debate in the relevant committee. The committee members will debate the amendments, suggest others, and draw up a final report which may then be adopted by the committee.

The committee report is then forwarded to the Parliamentary plenary session, where it is formally adopted by the Parliament. It is rare that a report is rejected or amended at a plenary session. The members of the different political groups vote normally according to the way they are whipped and the group's position will have been debated and determined prior to the plenary session.

Thus, the committee opinion and report are central to the Parliamentary decision-making. Lobbying should target on the committee and its *rapporteur*. The other important targets in Parliamentary lobbying are the political groups.

Political groups are the key to the operation of the Parliament. The composition of all committees and bodies and the chairmen thereof are determined according to the number of members in the different groups. Deals are made between the different groups and voting patterns are most often agreed between the group Whips. (A list of Political Groups and Committees can be found in Appendix 3 to this chapter.)

The European Parliament's role in the adoption of the Community budget is an increasingly important means of influencing Community policies. The budgetary debates provide an annual opportunity to raise any Community policy for which funding is provided and to debate the merits of that policy. In the debates on the 1992 budget there was a radical shift in energy research and development funding away from nuclear power to renewable energy sources. The effect on Community energy policy will not be immediate but is likely to lead to a fundamental shift in policy over the coming decade.

The Economic and Social Committee

1.5.4 The Economic and Social Committee (ESC) must be consulted during the legislative process. It has the right to propose amendments and will accept direct representations from interested parties. ESC reports can be influential in debates in the other Institutions, and the concerned lobbyist should not ignore this official Institution of the Community.

Under the Maastricht Treaty the Committee of the Regions will share the same infrastructure as the ESC. This reflects well on the ESC and will boost its role in the future.

The Committee of the Regions

The Maastricht Treaty created a new Community body, to be known as the Committee of the Regions. The Committee is made up of representatives of regional and local bodies in the Member States and will number 189 members.

The Committee is to be housed within the framework of the Economic and Social Committee and is expected gradually to supersede or replace that body.

The Committee of the Regions is to be consulted by the Council where provided for in the Treaty. In addition, the Committee may give opinions on matters submitted to the Economic and Social Committee. Own initiative reports are also foreseen.

The Council of the European Union

The EU Council is the Community legislature and, subject to Court of Justice review, has final competence in all Community matters. The Council retains many of the features of an inter-governmental organisation. Its meetings are not open to the public, nor are its debates published.

Influencing EU Council decision-making is a more complex task than with any of the other Community Institutions, and requires greater resources. In simple terms, if a lobbyist wishes to influence a Member State's vote in the EU Council the best place to do this is in its national capital where national policy is determined.

Commission officials are often present at EU Council meetings and the Commission retains a role especially in the adoption or rejection of amendments. As we have seen, the Commission's opinion on amendments determines the voting procedure in the Council. In general, if the Commission is against an amendment, unanimity will be required. If the Commission is in favour, qualified majority will be required.

COREPER has a central role in the functioning of the Council, and the Member State officials who make up this body are influential in shaping the final measure. The officials are usually national civil servants located in Brussels in what is known as the Permanent Representation (a list of Member States' Permanent Representations is given in Appendix 8 to this chapter).

Other bodies

The actions of institutions are constrained by their allotted jurisdiction and the influences of other bodies. The Community is an international organisation and is subject to rules such as the trade rules of the General Agreement on Tariffs and Trade (GATT), the Human Rights Convention of the Council of Europe, International Agreements on Trade in Endangered Species, and many more.

In addition, the Community participates in many international organisations either as a full party or as an observer. The opinions and decisions of these bodies may determine what actions the Community may or may not take.

On trade matters the most important body is the GATT, which establishes rules as to how contracting parties may regulate trade. The Community is bound by these rules and all Community external trade relations must comply with them.

On environmental questions there is a range of international conventions negotiated under the auspices of the United Nations and its subsidiary agencies. Increasingly, the Community is a party to these conventions.

The Court of Justice

1.5.8 The Community and its Institutions are subject to law, and all decisions must be taken in compliance with the rules of good administration. The arbiter of what is proper conduct is the Court of Justice. Regard should be had to its opinions. This is an evolving body of law which will continue to grow in importance.

In the day-to-day administration of policies the Commission and its officials must also act in accordance with the rules of good administration. Commission actions are challenged regularly in the Court of Justice. The highest profile cases are those which challenge fines imposed by the Commission for breach of the competition rules. More mundane cases are disputes over the improper allocation of, for example, a beef import licence or mismanagement of milk quotas.

The clear message to lobbyists is that the legislative process is becoming more and more "legalised" as the measures adopted have a more biting effect on people and companies in the Community (the composition of the Court of Justice and the Court of First Instance is given below in Appendices 4 and 5 of this chapter).

General advice on lobbying

1.5.9 Lobbying is a right of all citizens in a democracy. All those with a special interest are entitled to lobby to obtain support for that interest. Whether to lobby as an individual or as a group will depend on circumstances and resources. Whether to lobby through a professional agency or not will depend on circumstances, but the advice of a professional person in this field should always be sought.

INFORMATION

Information is the basis of any lobbying. The interested party needs to know what is going on, who is doing what, why and when. Information needs to be obtained in good time so as to allow for reflection and proper response.

ANALYSIS

Analysis of the information is the second basic element in lobbying. The analysis is in two directions: an analysis of the general criteria driving the issue and the likely forces that wish to shape it; and the analysis of the impact on the group, company or sector. The different interests seeking to shape Community measures on a daily basis are numerous and it is best not to be over-confident in the reasonableness of a case. Many reasonable cases have foundered when met by a stronger case. The analysis of the different forces interested in a particular issues is, therefore, essential.

STRATEGY

A clear and simple strategy is essential to successful lobbying. In designing the strategy the lobbyist must be mindful of the competencies of the target. More cannot be obtained from the Community than the Community is capable of giving. There will always be other interests for the Community to reconcile.

There will often be a number of sub-strategies concerning different target Community Institutions or different services or individuals within the Institutions. These should never distract the lobbyist from the simply defined goal.

PRESENTATION

Presentation is important. Clarity of reasoning, brevity of arguments and a few good points are essential to good presentation. The lobbyist should not be worried about making only one point.

CO-OPERATION AND WHEN TO SEEK ASSISTANCE

Assistance is important in all phases of the lobbying process. On the information side no one company, group or individual can hope to cover all the Institutions or the individuals within the Community Institutions. Co-operation is, therefore, necessary. On strategy, professional advice can go a long way to determining what is achievable and the outside forces that might have a greater or lesser influence on the issue in question. On presentation, various types of assistance may be necessary. A lawyer should always be a key element in any team.

Co-operation is a means of improving the management of the range of issues which will have to be considered in organising an effective lobby. Co-operation is most common in the form of trade associations where various interested parties group together to lobby on themes of common interest.

In the non-profit sector interest groups from different Member States often group together to influence Community policy.

Lobbying – a legitimate activity?

1.5.10 The word "lobbying" conjures up many ideas in the minds of the public. It is as well to address these ideas, because "lobbying" has many negative connotations.

It is a legitimate activity and one that becomes increasingly important as the management of economic and social issues on a pan-European scale becomes more complex. Good government requires input from interested parties so as best to reflect and balance diffuse interests. Lobbying is thus part of the democratic process.

This is especially the case in the European Community. The European Community maintains its democratic legitimacy through the democratic nature of the Member States and their elected parliaments. Some may question the remoteness of national parliaments from Community decision-making and, thus, question the democratic legitimacy of the Community. The direct election of the Members of the European Parliament and the increase in that body's powers go some way to remedying this democratic deficit; direct representation to Community Institutions by interested parties is another.

Lobbying is not about using corrupt, immoral or unfair means to attempt to influence public officials or elected representatives; it is about fair presentation of a case.

The Commission, in conjunction with the communications on transparency discussed above, has issued a communication on lobbying (OJ C63/2, 5.3.93), which aims at formalising the relationship between lobbyists and the Commission. In addition, the possibility remains for the preparation of formal rules of conduct. The guiding principles should be the preservation of an open relationship, the equal treatment of all interest groups, and the possibility of co-ordinating lobbying policy with other Community Institutions.

As a first step to future developments in this field, the Commission has called for the adoption of a single directory of non-profit organisations, the drawing-up of its own directory by the for-profit lobby sector, and the drawing up of their own rules of conduct by the lobbyists. The minimum requirements for a code of conduct, as recommended by the Commission, are proper representation of the special interest group to the public; behaviour according to the highest possible professional standards; the avoidance of situations where conflicts of interest are likely to arise; disclosure of the name of the client for whom the work is being done; and disclosure of Commission officials contacted on the same issue. Misleading information should not be disseminated, Commission documents should not be traded for profit, and information should not be obtained by dishonest means.

Conclusion

The European Community has an increasing influence on the day-to-day activities of the individuals who live and work within its borders. Since Maastricht, these individuals have become Euro citizens. To influence the activities of the Community is a fundamental need, and a citizen's basic right.

New means of reaching political consensus are developing as the Community develops. The powers of the Institutions are expanding and contracting. The science of influencing these Institutions is an evolving study. The best way to understand it is to do it.

INTRODUCTION TO THE EUROPEAN UNION

Appendix 1

European Commissioners

Commissioners taking office as of January 1995

(The Vice-Presidencies will be decided in January 1995. The Commissioners' areas of responsibility will be formally adopted in January 1995.)

President:	Jacques SANTER (Luxembourg)
Areas:	Secretariat-General
	Legal Service
	Security Office
	Forward Studies Unit
	Inspectorate General
	Joint Interpreting and Conference Services (SCIC)
	Spokesman's Service
	Monetary Matters (with de Silguy)
	Common Foreign and Security Policy (with van den Broek)
	Institutional Questions and Intergovernmental Conference (with Oreja)
Commissioner:	Martin BANGEMANN (Germany)
Areas:	Industrial Affairs
	Information Technologies and Telecommunications
Commissioner:	Ritt BJERREGAARD (Denmark)
Areas:	Environment
	Nuclear Security
Commissioner:	Leon BRITTAN (United Kingdom)
Areas:	External relations with North America, Australia, New Zealand, Japan, China, South Korea, Hong Kong, Macao, Taiwan
	Common Commercial Policy
	Relations with OECD and WTO
Commissioner:	Emma BONINO (Italy)
Areas:	Consumer Policy
	European Community Humanitarian Office

A BUSINESS GUIDE TO EC LEGISLATION

Commissioner: Hans van den BROEK (The Netherlands)

Areas: External relations with countries of Central and Eastern Europe (PECO) and countries of former Soviet Union, Turkey, Cyprus, Malta and other European Countries
Common Foreign and Security Policy (PESC) (in agreement with the President)
External Service

Commissioner: Edith CRESSON (France)

Areas: Science, Research and Development
Joint Research Centre
Human Resources, Education, Training and Youth

Commissioner: Joao de DUES PINHEIRO (Portugal)

Areas: External relations with the countries of Africa, Caribbean and Pacific (ACP), South Africa, Lomé Convention

Commissioner: Franz FISCHLER (Austria)

Areas: Agricultural and Rural Development

Commissioner: Padraig FLYNN (Ireland)

Areas: Employment and Social Affairs
Relations with the Economic and Social Committee

Commissioner: Anita GRADIN (Sweden)

Areas: Questions linked with Immigration and Home and Judicial Affairs
Relation with the Ombudsman
Financial Control
Anti-fraud Measures

Commissioner: Neil KINNOCK (United Kingdom)

Areas: Transport (including the Transeuropan networks)

INTRODUCTION TO THE EUROPEAN UNION

Commissioner: Erkki LIIKANEN (Finland)

Areas: Budget
Personnel and Administration
Translation and Information Technology

Commissioner: Manuel MARIN (Spain)

Areas: External relations with the Mediterranean (South), Middle and Near East, Latin America and Asia (except Japan, China, South Korea, Hong Kong, Macao, Taiwan)

Commissioner: Mario MONTI (Italy)

Areas: Internal Market
Financial Services
Customs and Indirect Taxation
Direct Taxation

Commissioner: Marcelino OREJA (Spain)

Areas: Relations with the European Parliament
Relations on Member States on Openness, Communication and Information
Culture and Audiovisual
Publications Office
Institutional Questions and Intergovernmental Conference (in agreement with the Presidency)

Commissioner: Christos PAPOUTSIS (Greece)

Areas: Energy and Euroatom Supply Agency
Small and Medium Enterprises (SME), Tourism

Commissioner: Yves-Thibault de SILGUY (France)

Areas: Economic and Financial Affairs
Monetary Matters (in agreement with the President)
Credit and Investment
Statistical Office

Commissioner: Karl VAN MIERT (Belgium)

Areas: Competition

65

A BUSINESS GUIDE TO EC LEGISLATION

Commissioner: Monika WULF-MATHIES (Germany)

Areas: Regional policies
Relations with the Committee of the Regions
Cohesion Fund (in agreement with Kinnock and Bjerregaard)

Address: 200 Rue de la Loi, B-1049 Brussels. Tel: +32.2/29.11.11

Appendix 2

European Commission Officials

The present list is correct as of Sepember 1994. The list is to be revised in February 1995.

Directorates-General

Directorate-General I
External Relations: Horst-Gunter KRENZLER

Directorate-General II
Economic and Financial Affairs: Giovanni RAVASIO

Directorate-General III
Industrial Affairs: Riccardo PERRISSICH

Directorate-General IV
Competition: Claus-Dieter EHLERMANN

Directorate-General V
Employment, Industrial
   Relations and Social Affairs: Hywei Ceri JONES
Acting Director General

Directorate-General VI
Agriculture: Guy LEGRAS

Directorate-General VII
Transport: Robert COLEMAN

Directorate-General VIII
Development: Peter POOLEY
Acting Director General

Directorate-General IX
Personnel and Administration: Frans DE KOSTER

Directorate-General X
Information, Communication,
   Culture and Audiovisual: Colette FLESCH

Directorate-General XI
Environment, Consumer
   Protection and Nuclear Safety: Marius ENTHOZEN

Directorate-General XII
Science, Research and
   Development: Paolo FASELLA

Directorate-General XIII
Telecommunications,
  Information Industries
  and Innovation: Michel CARPENTIER

Directorate-General XIV
Fisheries: José ALMEIDA SERRA

Directorate-General XV
Financial Institutions and
  Internal Market: John MOGG

Directorate-General XVI
Regional Policy: Eneko LANDABURY ILLARAMENDE

Directorate-General XVII
Energy: Konstantinos S. MANIATOPOULOS

Directorate-General XVIII
Credit and Investments: Enrico CIOFFI

Directorate-General XIX
Budgets: Jean-Paul MINGASSON

Directorate-General XX
Financial Control: Lucien DE MOOR

Directorate-General XXI
Customs Union and
  Indirect Taxation: Peter WILMOTT

Directorate-General XXIII
Enterprise Policy, Distributive
  Trade, Tourism and
  Social Economics: Heinrich VON MOLTKE

Directors of Specialised Services

*Secretariat-General of
the European Commission:*   David Williamson

Legal Service: Jean-Louis DEWOST

Spokesman's Group: Bruno DETHOMAS

*Joint Interpreting and
Conference Service:*   Noël MUYLLE
                                                    Acting Director

Statistical Office: Yves FRANCHET

Euratom Supply Agency: Michael GOPPEL

INTRODUCTION TO THE EUROPEAN UNION

Security Office: Pieter DE HAAN

Office for Official Publications of the European Communities: Lucien EMRINGER

European Foundation for the Improvement of Living and Working Conditions: Clive J. PURKISS

European Centre for the Development of Vocational Training (CEDEFOP):   Johanne VANRENZ

Consumer Policy Service: Peter PIENGERGAST

69

Appendix 3

European Parliament

Political groups

Party		Seats
PSE	– Group of the Party of the European Socialist	198
PPE	– Group of the European People's Party	157
ELDR	– Group of the European Liberal, Democratic and Reformist Party	43
GUE	– Confederal Group of the European United Left	28
FE	– Forza Europa Group	27
RDE	– Group of the European Democratic Alliance	26
V	– Green Group in the European Parliament	23
ARE	– Group of the European Radical Alliance	19
EN	– Europe of Nations Group	19
NI	– Non-attached	27
Total		567

Standing committees

1. Political Affairs Committee
2. Committee on Agriculture, Fisheries and Rural Development
3. Committee on Budgets
4. Committee on Economic and Monetary Affairs and Industrial Policy
5. Committee on Energy, Research and Technology
6. Committee on External Economic Relations
7. Committee on Legal Affairs and Citizens' Rights
8. Committee on Social Affairs, Employment and the Working Environment
9. Committee on Regional Policy and Regional Planning
10. Committee on Transport and Tourism
11. Committee on the Environment, Public Health and Consumer Protection
12. Committee on Youth, Culture, Education, the Media and Sport
13. Committee on Development and Co-operation
14. Committee on Budgetary Control
15. Committee on Institutional Affairs
16. Committee on the Rules of Procedure and the Verification of Credentials and Immunities
17. Committee on Women's Rights
18. Committee on Petitions
19. Committee on Civil Liberties and Internal Affairs
20. Committee on Fisheries

There is also a temporary Committee on employment.

INTRODUCTION TO THE EUROPEAN UNION

Addresses

Brussels
79-113 Rue Belliard
B-1047 Brussels
Tel: +32.2/284.21.11

Strasbourg
Palais de l'Europe
F-67006 Strasbourg Cedex
Tel: +33/881.74.001

Luxembourg
Plateau de Kirchberg
L-2929 Luxembourg
Tel: +352/43.001

Appendix 4

Court of Justice of the European Communities

Composition

Judges	
Name	*Term of Office*
G.C. RODRIGUEZ IGLESIAS (President) (Spain)	31.1.86–6.10.97
R. JOLIET (President of the First Chamber) (Belgium)	10.4.84–6.10.97
F.A. SCHOCKWEILER (President of the Second and Sixth Chambers) (Luxembourg)	7.10.85 – 6.10.97
C. GULMANN (President of the Third Chamber) (Denmark)	7.10.94–6.10.2000
P.J.G. KAPTEYN (President of the Fourth Chamber) (The Netherlands)	1.4.90–6.10.2000
G.F. MANCINI (Italy)	7.10.88–6.10.2000
C.N. KAKOURIS (German)	14.3.83–6.10.97
J.C. MOITINHO DE ALMEIDA (Portugal)	31.1.86–6.10.97
J.L. MURRAY (Ireland)	7.10.91–6.10.97
D.A.O. EDWARD (United Kingdom)	10.3.92–6.10.2000
A.M. LA PERGOLA (Italy)	7.10.94–6.10.2000
J.P. PUISSOCHET (France)	7.10.94–6.10.2000
G. HIRSH (Germany)	7.10.94–6.10.2000

Advocates-General	
Name	*Term of Office*
F.G. JACOBS (First Advocate General) (United Kingdom)	7.10.88–6.10.97
C.O. LENZ (Germany)	12.1.84–6.10.97
G. TESAURO (Italy)	7.10.88–6.10.97
G. COSMAS (Greece)	7.10.94–6.10.2000
P. LEGER (France)	7.10.94–6.10.2000
M. ELMER (Denmark)	7.10.94–6.10.2000

Registrar
R. GRASS
Address: Palais de la Cour de Justice, L-2925 Luxembourg/Kirchberg, Tel +35.2/43.031

Appendix 5

Court of First Instance of the European Communities

Composition

Judges	
Name	*Term of Office*
J.L. CRUZ VILACA (President) (Portugal)	1.9.89–31.8.95
B. VESTERDORF (President of the Second Chamber) (Germany)	1.9.89–31.8.98
J. BIANCARELLI (President of the Third Chamber) (France)	1.9.89–31.8.95
K. LENAERTS (President of the Fifth Chamber) (Belgium)	1.9.89–31.8.98
D.P.M. BARRINGTON (Ireland)	1.9.89–31.8.95
A. SAGGIO (Italy)	1.9.89–31.8.95
H. KIRSCHNER (Germany)	1.9.89–31.8.95
R. SCHINTGEN (Luxembourg)	1.9.89–31.8.98
C.P. BRIET (The Netherlands)	1.9.89–31.8.98
R. GARCIA-VALDECASAS y FERNANDEZ (Spain)	1.9.89–31.8.95
C.W. BELLAMY (United Kingdom)	10.3.92–31.8.95
A. KALOGEROPOULOS (Greece)	1.9.92–31.8.98

Registrar
M.H. JUNG
Address: Palais de la Cour de Justice, L-2925 Luxembourg, Tel +35.2/43.031

A BUSINESS GUIDE TO EC LEGISLATION

Appendix 6

European Information Offices and Heads of Delegations

Albania
: Rruga Domika Kastrioti
Villa 42
Tirana
Tel: +335./42/28.320
M. FOTEADES

Algeria
: Rue Larbi Alik 7
16305 Hydra, Alger
Tel: +213.2/59.21.70
Agostina TRAPANI

Australia
: Arkana Street 18 – Yarralumla ACT
2600 Canberra
Tel: +61.6/71.27.77
Dietrich HAMMER

Austria
: Hoyosgasse 5
1040 Wien
Tel: +43.1/505.33.79
Corrado PIRZIO BIROLI

Belgium
: Rue Archimède 73
B–1040 Brussels
Tel: +32.2/295.38.44
Joseph VAN DEN BROEK (*Director*)

Brazil
: Q.1.7. Bloc A–Lago Sul
71600 Brazilia, D.F.
Tel: +55.61/248.31.22
Ian BOAG

Bulgaria
: POB 668
BG–1000 SOFIA
Tel: +359.2/73.98.415
Thomas O'SULLIVAN

Canada
: Sparks Street 350
Ottawa Ont. K1R 7S8
Tel: +1.613/238.64.64
John BECK

INTRODUCTION TO THE EUROPEAN UNION

Chile
Casilla 10093
Santiago 1
Avenida Americo Vespucio
SUR 1835
Tel: +56.2/206.02.67

China
Dong Zhi Men Wai Dajie 15
Sanlitun, 100600 Beijing
Tel: +86.1/532.44.43
Pierre DUCHATEAU

Cyprus
Iris Tower – Agapinor Street 242
Nicosia 137
Tel: +357.2/36.92.02
Jean-Pierre DERISBOURG

Czech Republic
Pod Hradbami 17
CS–16000 Praha 6
Tel: +42.2/32 20 51 55
Leopoldo GIUNTI

Denmark
Hojbrohus Ostergade 61
Postbox 144
DK–1004 Copenhagen
Tel: +45.33/14.41.40
Gunnar RIBERHOLDT

Egypt
Ibn Sanki Str. 6
Zamalek Cairo
Tel: +20.202/341.93.93
Michael MCGEEVER

Finland
Pohjosesplanadi 31 – POB 234
SF–00131 Helsinki
Tel: +358.0/656.420
Eric HAYES

France
Rue Henri Barbusse 2
F–13241 Marseille Cedex 01
Tel: +33/91.91.46.00
Charles ANDRE

Bd Saint-Germain 288
F–75007 Paris
Tel: +33/91.91.46.00
Jean-Michel BAER

Georgia
Tbilissi
Tel: + 7.8832/98 85 37

Germany	Kurfürstendamm 102 10711 Berlin Tel: +49.30/896.09.30 Eckhard JAEDTKE
	Zitelmannstrasse 22 53113 Bonn Tel: +49.228/5300.90
	Erhardtstrasse 27 80331 Munchen Tel: +49.89/202.10.11 Otto HIEBER
Greece	Vassilissis Sofias 2 PO Box 11002 10674 Athens Tel: +30.1/724.39.82 Maria SAVVAIDES-POLYZOU
Hungary	Bérc Ulca 23 1016 Budapest Tel: +36.1/166.44.87 Hans BECK
India	Golf Links 65 110003 New Delhi Tel: +91.11/462.92.37 Francine HENRICH
Indonesia	J.L. Jendral Sudirman 32 10220 Jakarta Tel: +62.21/570 60 76 Robert VAN DER MEULEN
International Organisations	*To the OECD* 12 av. d'Eylau 75116 Paris Cedex 16 France Tel: +33.1/44.05.31.60 Raymond PHAN VAN PHI
	To the UN Case postale 195 37-39, rue de Vermont CH-1211 Genèva 20 CIC Tel: +41.22/734.97.50 Jean-Pierre LENG

INTRODUCTION TO THE EUROPEAN UNION

	To the UN 3 Dag Hammarskjold Plaza 305 East, 47th Street NY 10017 New York United States Tel: +1.212/371.38.04 Angel VIÑAS
	To the UNICE Hoyosgasse 5 A-1040 Vienna Austria Tel: +43.1/50.53.37.97 Corrado PIRZIO BIROLI
	To the FAO Via Poli 29 I–00187 Rome Italy Tel: +39.6/678.97.22 Gian Paolo PAPA
Ireland	Jean Monnet Centre 39 Molesworth Street Dublin 2 Tel: +353.1/71.22.44 Larkin COLM
Israel	Daniel Frisch Street 3 Tel Aviv 64731 Tel: +972.3/696.41.66 Albert MAES
Italy	Corso Magenta 59 20123 MILANO Tel: +39.2/480.15.05 Marina MANFREDI
	Via Poli 29 00187 Roma Tel: +39.2./480.15.05 Gerardo MOMBELLI
Japan	Sanbancho 9–15 – Chiyoda-Ku Tokyo 102 Tel: +81.3/239.04.41 Jean-Pierre LENG
Kazakhstan	Not yet opened

Luxembourg	Bëtiment Jean Monnet rue Alcide de Gasperi L-2920 Luxembourg Tel: +352/430.11 Alphonse THEIS (*Director*)
Malta	The Vines – Seafront 51 Ta'Xbien Ta'xbiex/Malta G.C. Tel: +356/34.51.11 Günter WEISS
Mexico	Lomas de Chapultepec C.P. 11000 Mexico–DF Tel: +52.5/540.33.45 Jacques LECOMTE
Morocco	Rue de Meknè-Rabat 2bis–BP 1302 Rabat Tel: +212.7/76.12.17 Marc PIERINI
The Netherlands	Korte Vivjverberg 5 NL–2500 AB Den Haag Tel: +31.70/346.93.26 Théo HUSTINX
Norway	Haakon's VII Gate No 6 0161 Oslo 1 Tel: +47.2/83.35.83 Aneurin HUGHES
Poland	Aleja Vjazdowskie 14 00567 Warsaw Tel: +48.22/21.64.01 Alexander DIJCKMEESTER
Portugal	Centro Europeu Jean Monnet Largo Jean Monnet 1–10 1200 Lisbon Tel: +351.1/154.11.44 Francisco SARSFIELD CABRAL
Romania	Bd Magheru 7, Scara A, Etaj 3 Camera 70, Bucarest Tel: +40.1/312.00.74 Karen FOGG
Russia	Astakhovsky Pereulok 2/10 129028 Moscow Tel: 7.502/220.46.58 Michael EMERSON

INTRODUCTION TO THE EUROPEAN UNION

Slovenia	Trg Republike 3 SLO 6100, Ljubjana Tel: +386.61/151.303
South Korea	CPO Box 9553 Seoul Tel: +82.2/271.07.81 Giles ANOUIL
Spain	Av. Diagonal 407bis 08008 Barcelona Tel: 34.3/415/81.77 Miguel ARGIMON
	Calle Serrano 41 5th floor 28001 Madrid Tel: +34.1/435.17.00
Sweden	Hamngatan 6 box 7323 11147 Stockholm Tel: +46.8/611.11.72
Switzerland	Rue de Vermont 37–39 1211 Geneva 20 CIC Tel: +41.22/734 97 50 Henri SCHWAMM
Thailand	140/1 Wireless Road Bangkok 10330 Tel: +66.2/255.91.00 Gwyn MORGAN
Turkey	Gazi Osman Pasa 06700 Ankara Tel: +90.312/137 68 40 Michael LAKE
Ukraine	Hotel National Lipsca 5 Kiev Tel: +7.044/291 89 63
United Kingdom	Jean Monnet House 8 Storey's Gate London SW1P 3AT Tel: +44.71/973.19.92

	Beford Street 9/15 Belfast BT2 7EG Tel: +44.232/24.07.08
	Cathedral Road 4 Cardiff CF1 9SG Tel: +44.222/37.16.31 Jorge HANSEN
United States	2100 M Street, NW (Suite 707) Washington, DC 20037 Tel: +1.202/862.95.00 Angel VINAS
	305 East 47th Street New York, NY 10017 Tel: +1.212/371/38.04 Angel VINAS
	44 Montgomery Street, Suite 2715 San Francisco CA 94104 Tel: +1.415/391.34.76 Bärber JACOB
Venezuela	Calle Orinoco, Las Mercedes Apartado 67076 Las Americas 1061A Caracas Tel: +58.2/91.51.33
Yugoslavia	Kablarsku 29 – Senjak 11040 Belgrad Tel: +381.11/64.86.66
Zaire	Av. des Trois Z 71 PO Box 2000 Kinshasa Tel: +243.871/154.62.21

Appendix 7

Useful Directories

European Commission

Directory of the European Commission: lists the staff, at Director-General and Chef de Cabinet grade, and the responsibilities of each Directorate-General.

European Parliament

Official Handbook of the European Parliament: lists biographies of MEPs.

List of members of the European Parliament: lists MEPs and gives information regarding their membership on committees.

European Council

Guide to the Council of the European Communities.

Economic and Social Committee

Vademecum of the Economic and Social Committee.

Bulletin of the Economic and Social Committee.

Trade and Professional Associations

Directory of the Professional Organizations set up at Community level.

General

The European Public Affairs Directory: a comprehensive guide to opinion-formers in the European capital.

Insti-Contact: a guide to contacts in the European Institutions.

Vacher's European Companion and Consultant's Register: a diplomatic, political and commercial reference book.

Appendix 8

Permanent Representations of the Member States

Member States

Austria	Avenue de Cortenburg 118 B–1040 Brussels Tel +32.2/741.21.11
Belgium	Rue Belliard 62 B–1040 Brussels Tel +32.2/233.21.11
Denmark	Rue d'Arlon 73 B–1040 Brussels Tel +32.2/233.08.11
Finland	Rue Trèves 100 B–1040 Brussels Tel +32.2/287.84.11
France	Place Louvain 14 B–1000 Brussels Tel +32.2/229.82.11
Germany	Rue Jacques de Lalaeng 19-21 B–1040 Brussels Tel +32.2/238.18.11
Greece	Avenue de Cortenburg 71 B–1040 Brussels Tel +32.2/739.56.11
Ireland	Avenue Galilée 5 B–1030 Brussels Tel +32.2/218.06.05
Italy	Rue du Marteau 5–11 B–1040 Brussels Tel +32.2/220.04.11
Luxembourg	Rue du Noyer 211 B–1040 Brussels Tel +32.2/735.20.60
The Netherlands	Avenue Hermann Debroux 48 B–1040 Brussels Tel +32.2/679.15.11

INTRODUCTION TO THE EUROPEAN UNION

Portugal	Rue Marie-Thérèse 11–13 B–1040 Brussels Tel +32.2/211.12.11
Spain	Bld du Régent 52 B–1000 Brussels Tel +32.2/509.86.11
Sweden	Square de Meeus 30 B–1040 Brussels Tel +32.2/289.56.11
United Kingdom	Rond Point Schuman 6 B–1040 Brussels Tel +32.2/230.62.05

Company Law

	Para
Introduction	**2.1**
Scope and purpose of the legislation	2.2
Future developments	2.3
Responsibility within the European Commission	2.4
Case law	**2.5**

Legislation

Companies

First Company Law Directive – disclosure, validity of acts, stationery and nullity of companies	2.6
Second Company Law Directive – formation of public companies and safeguarding of share capital	2.7
Third Company Law Directive – Mergers of public companies	2.8
Fourth Company Law Directive – company accounts	2.9
Sixth Company Law Directive – company divisions	2.10
Seventh Company Law Directive – consolidated accounts	2.11
Eighth Company Law Directive – auditors	2.12
Eleventh Company Law Directive – disclosure of branches	2.13
Twelfth Company Law Directive – single member companies	2.14
European Economic Interest Grouping (EEIG)	2.15

Enterprise policy

Multi-annual programme for SMEs	2.16
Recommendation on administrative simplification for SMEs	2.17
Resolution on strengthening the competitiveness of SMEs	2.18
Business register	2.19

Proposed company legislation

Fifth Company Law Directive – harmonisation	2.20
Tenth Company Law Directive – cross-border mergers	2.21
Thirteenth Company Law Directive – takeover bids	2.22
The European Company (*Societas Europaea*)	2.23
European Association Statute	2.24
European Co-operative Society Statute	2.25
European Mutual Society Statute	2.26

CONTENTS OF CHAPTER 2

Conventions on company law

Mutual recognition of companies   **2.27**

Proposed Conventions on company law

Bankruptcy and similar proceedings   **2.28**

Chapter 2
Company Law

Introduction

This chapter covers Community law on the subject of companies (as contained in Directives in numerical order as adopted and as proposed) and enterprise policy, together with multilateral company law Conventions and policy initiatives in the same field.

For specific provisions relating to company procedures for banks, insurance companies and procedures in the securities sector, readers should refer to Chapter 7.

Scope and purpose of the legislation

Among the fundamental freedoms accorded to citizens of the European Union under the EC Treaty are the rights freely to establish and provide services in other Member States. These freedoms apply not only to individuals but also to all European Union companies which pursue an economic objective. The adoption of Community company legislation is designed to achieve the necessary harmonisation or co-ordination of Member States' company laws to allow for the effective exercise of these rights. The rationale behind the legislation is to establish an equivalent degree of protection throughout the Community of the interests of shareholders, employees, creditors and third parties and to ensure that divergent national laws do not distort competition between Member States.

The European Commission has secured the adoption of several Directives in this field, dealing mostly with specific aspects of company law such as company accounts, disclosure, national mergers and divisions. However, it has encountered serious political opposition to legislation which seeks widespread harmonisation or which touches on such thorny issues as the participation of employees in the management of companies. Proposals of this nature have almost reached a stalemate. For example, the proposal for a Fifth Company Law Directive which seeks to harmonise the structure and operation of public limited companies was first put forward in 1972. More than 20 years later, Member States remain as divided as ever on issues such as the "one share, one vote" principle and employee participation in management. Similar issues have also impeded progress on the proposal for a European Company, which would create a supranational European

Company subject mainly to Community law. Although most Member States would favour the concept of a company which could operate throughout the Community on the basis of a single system of Community law, over five years of discussion have not produced any agreement. Originally, the proposal consisted of one measure; a Regulation on the Statute for a European Company dealing with company formation, shareholdings, voting rights, procedures etc and employee participation in management. Since the latter proved to be a major stumbling block in the negotiations, the Commission, in 1989, split the proposal into two separate but related measures, namely: the proposed Regulation on the Statute for a European Company, and the proposed Directive complementing the Statute with regard to the involvement of employees in the European Company. However, since both measures are interlinked, they have continued to be treated by Member States as one proposal so that, without a resolution of the worker participation issue, there can be no agreement on the Statute.

It is thought by some that the recent adoption of the European Works Council Directive will inject some new life into EU Council discussions on the European Company. That Directive (which is covered in Chapter 5), provides for the provision of information to and consultation with workers in respect of certain major issues in companies of a specified size which operate in at least two Member States. Since one of the main stumbling blocks in negotiations on the European Company has been the proposal for employee participation in management, some believe that the European Works Council Directive may provide a basis for agreement. The expected "domino effect" was expected to extend as far as the Fifth Company Law Directive. However, this may not work out in practice, since the carefully couched terms of the European Works Council Directive providing for information and consultation, are far less radical than the European Company and Fifth Directive proposals for employee participation in management.

Given the difficulties encountered by these proposals, agreement appears to be a long way off. Indeed, it seems unlikely that the Fifth Company Law Directive, in particular, will ever be adopted in its current form. However, the Commission has not indicated that it intends to revise either of these proposals. The Commission has recognised that an impasse has been reached on the proposed Thirteenth Company Law Directive on the regulation of public takeover bids. That Directive set out to lay down detailed harmonised rules for public takeover bids. It covered, for example, the requirement that a shareholder which reached the one-third shareholding threshold should make a public bid for all the shares. It laid down rules on the procedural steps to be followed. The Directive was first proposed in 1989. The Commission, following more than three years of discussion, has now decided to issue a revised proposal.

While many current proposals in the area of company law seem beset with difficulties, this should not detract from the progress which has been achieved to date in developing harmonised company law rules. A good example of this is provided by the Second Company Law Directive, which has a far-reaching impact on the formation of public companies and on the maintenance and alteration of their share capital. Rules limiting companies' rights to acquire their own shares, suspending the voting rights attaching to such shares, and requiring the consent of a general meeting to increase share capital, have had a significant impact on the conduct of business in the Community. This was demonstrated by the *Karellas* case, where the plaintiffs successfully challenged Greek rules providing for the capital of a company in difficulties to be increased by administrative act, by relying on the direct effect of Article 25(1) of the Second Directive. The European Court of Justice found that Article 25(1), which requires that any increase in capital must be by decision of the general meeting, was sufficiently precise and unconditional for it to have direct effect. Therefore, the plaintiffs could invoke it against the public authorities in the national courts, even though the Greek Government had not implemented the Second Company Law Directive (see summary of case below). This is just one example of the impact of Community company law which demonstrates that it cannot be ignored.

Future developments

Until recently, it had been expected that agreement on the Statute for a European Company could be reached within a matter of months. This now seems unrealistic. There are still some major issues to be resolved. Whether any progress is made will depend to a large extent on whether the Presidency of the EU Council chooses to include this proposal on its list of priorities. This did not happen under the German Presidency (July-December 1994), nor is it expected to happen under the French Presidency during the first six months of 1995.

As regards the Thirteenth Company Law Directive on the regulation of public takeover bids, the Commission has promised a revised proposal. It has circulated a questionnaire to Member States in order to assess their views and the level of consensus and will draft its revised proposal in the light of this assessment. The revised proposal is expected to lay down more general rules, leaving the details to be worked out by the Member States.

Agreement is expected in the near future on the Statute for a European Co-operative. This is modelled on the proposed Statute for a European Company but would apply to co-operatives and would facilitate cross-border co-operation between co-operatives. If this proposal is adopted, it should hasten the adoption of the proposals for Statutes for European Associations and Mutuals.

Progress is also expected on the Draft Convention on bankruptcy, winding-up, arrangements, compositions and similar proceedings. This Convention would give European-wide effect to bankruptcies by settling conflicts between national laws and between different national courts. The proposal for a Convention was put forward in 1987. The past year has, however, seen significant progress made. Perhaps this may provide an example of how a proposal which has been on the table for many years can suddenly become the focus of attention and eventually secure Member State agreement.

Responsibility within the European Commission

2.4 Directorate-General XV (Internal Market and Financial Institutions), Directorate D, is responsible for the harmonisation of company law. Certain specialised topics are handled by other Directorates, although in close co-operation with DG XV.

Case law

2.5 Among the cases illustrating the approach of the European Court of Justice to this legislation are the following.

Case 136/87 *Ubbink Isolatie BV* v *Dak- en Wandtechniek BV* [1988] ECR 4665

In this case the Hoge Raad der Nederlanden (Dutch Supreme Court) requested the European Court of Justice to give a preliminary ruling under Article 177 of the EC Treaty on the interpretation of the rules on nullity laid down in the First Company Law Directive. The question was whether the First Company Law Directive rules governing nullity are applicable when acts have been carried out in the name of a limited liability company, which has not been constituted under national law due to failure to complete the national law formalities on company formation. The Court came to the conclusion that the rules on nullity do not apply where the incorporation formalities have not been completed.

Case C-106/89 *Marleasing SA* v *Le Commercial International de Alimentación SA* [1990] ECR 4135

In this case the Court decided that national law must be interpreted in conformity with the First Company Law Directive so as to preclude a declaration of nullity of a public limited company on a ground other than those listed in Article 11 of the Directive.

Cases C-19/90 and C-20/90 *Karella and Karellas* v *Minister of Industry, Energy and Technology, and Organismos Anasygkrotiseos Epicheiriseon AE* [1991] ECR 2691

A Greek national court requested the European Court of Justice to rule on whether Article 25(1) of the Second Company Law Directive has direct effect. In other words, whether where it has not been implemented in national law, an individual can, nonetheless, rely on it against the administration in national court proceedings. The national court also asked whether Article 25(1) is applicable to public rules which govern the exceptional cases of undertakings of economic and social importance for society and which are undergoing serious financial difficulties. Article 25(1) requires that any increase in capital must be decided on by the general meeting. The Court decided that Article 25(1) has direct effect and that, in the absence of a derogation provided for by Community law, Article 25(1) of the Second Directive must be interpreted as precluding the Member States from maintaining in force rules incompatible with the principle set forth in that article, even if those rules cover only exceptional situations. (See also Case C-381/89 *Sindesmos Melon Tis Eleftheras Evangelikis Ekklisias and Others* v *Greek State and Others* [1992] ECR 2111.)

Legislation

Companies

FIRST COMPANY LAW DIRECTIVE – DISCLOSURE, VALIDITY OF ACTS, STATIONERY AND NULLITY OF COMPANIES

Official title
First Council Directive of 9 March 1968 on the co-ordination of safeguards which, for the protection of the interests of members and others, are required by Member States of companies within the meaning of the second paragraph of Article 58 of the EEC Treaty, with a view to making such safeguards equivalent throughout the Community.

Reference
Council Directive 68/151/EEC; OJ L65, 14.3.68.

Amendments
Accession of United Kingdom, Denmark and Ireland (1973).
Accession of Greece (1981).
Accession of Spain and Portugal (1986).

Impact

Regulates the disclosure of information, the validity of acts, company stationery, obligations and the nullity of companies.

Details

The Directive concerns stock companies, partnerships limited by shares, and limited liability companies. Companies must publish their constitutive acts and statutes, the names of all persons authorised to represent them and to enter into binding agreements in their name as well as the names of administrative and executive officers.

Company stationery, business forms and registration of disclosed information are all regulated in detail.

The circumstances where a company will be liable for the acts of its officers and agents, and the six conditions where a company will be null and void, are also set out in the Directive.

Date of implementation

Member States had to comply with the provisions of this Directive by 14 September 1969.

SECOND COMPANY LAW DIRECTIVE – FORMATION OF PUBLIC COMPANIES AND SAFEGUARDING OF SHARE CAPITAL

Official title

Second Council Directive of 13 December 1976 on the co-ordination of safeguards which, for the protection of the interests of members and others, are required by Member States of companies within the meaning of the second paragraph of Article 58 of the EEC Treaty, in respect of the formation of public limited liability companies and the maintenance and alteration of their capital, with a view to making such safeguards equivalent.

Reference

Council Directive 77/91/EEC; OJ L26, 30.1.77.

Amendments

Accession of Greece (1981).
Accession of Spain and Portugal (1986).
Directive 92/101/EEC; OJ L347, 28.11.92.

Impact

Safeguards and protects shareholders and share capital in the formation of public companies.

Details

The Directive applies to "public companies limited by shares" and "public companies limited by guarantee but having a share capital". Member States may exclude investment trusts and co-operatives from its scope. The Directive deals with the formation of public limited companies, laying down the minimum information to be provided by the company statutes or instrument of incorporation so as to allow any interested person to ascertain the basic particulars of the company, including the exact composition of its capital. It also lays down the minimum subscribed share capital for formation of a public limited company, defines what constitutes subscribed share capital, and deals with distributions to shareholders and the increase and reduction of share capital. The Directive prohibits a company from subscribing for its own shares. Strict limitations are imposed on the acquisition of its own shares by a company and voting rights attaching to such shares must be suspended. Derogations from certain of the Directive's provisions are allowed where these are necessary for adoption or application of provisions designed to encourage employee participation in the capital of the company or participation by other groups of people defined by the law of the Member State concerned.

The amendment made by Directive 92/101/EEC is intended to ensure that a company cannot use another company in which it holds majority voting rights or over which it may exercise a dominant influence, in order to avoid the restrictions of the Second Company Law Directive on the subscription or acquisition by a company of its own shares. This amendment formed part of the so-called "Bangemann proposals on the removal of obstacles to takeovers".

Date of implementation
Member States had to comply with the provisions of this Directive by 31 January 1979.

The amendment to the Directive will take effect in 11 of the 12 EU Member States on 1 January 1995. Belgium has been granted a limited derogation until 1 January 1998.

THIRD COMPANY LAW DIRECTIVE – MERGERS OF PUBLIC COMPANIES

Official title
Third Council Directive of 9 October 1978 based on Article 54(3)(g) of the EEC Treaty concerning mergers of public limited liability companies.

Reference
Council Directive 78/855/EEC; OJ L295, 20.10.78.

Amendments
Accession of Greece (1981).
Accession of Spain and Portugal (1986).

Impact

Protects the interests of shareholders, creditors and employees by means of standardised rules on the conduct of mergers between companies established under the law of the same Member State.

Details

The Directive applies to "public companies limited by shares" and "public companies limited by guarantee but having a share capital" where the merging companies are established under the law of the same Member State. It requires the drawing-up of an independent expert's report for the shareholders, which must state whether the expert thinks the share exchange ratio is fair and reasonable. It provides for the disclosure and publication of certain information. Prior to the approval of the merger, shareholders must be able to inspect the draft terms of the merger, the reports of management explaining the draft terms, the annual accounts and reports of the merging companies and an up-to-date accounting statement. Shareholders' approval is required prior to implementation of the merger. The requirements are relaxed slightly if the acquiring company already holds at least 90% of the share capital of the acquired company. A merger is defined to include both the absorption of one company by another and also the amalgamation of several companies into a newly formed company.

The rights of employees are protected by Directive 77/187/EEC on safeguards in the event of transfer (see Chapter 5 at para **5.7**).

Date of implementation

Member States had to comply with the provisions of this Directive by 20 October 1981. In the United Kingdom and Ireland, the deadline for implementation with respect to unregistered companies was 20 October 1983. In an action taken by the European Commission against Belgium, the European Court of Justice condemned Belgium for its failure to take the necessary national implementing measures within the specified time-limit.

FOURTH COMPANY LAW DIRECTIVE – COMPANY ACCOUNTS

Official title

2.9 Fourth Council Directive of 25 July 1978 based on Article 54(3)(g) of the EEC Treaty on the annual accounts of certain types of companies.

Reference

Council Directive 78/660/EEC; OJ L222, 14.8.78.

Amendments

Accession of Greece (1981).

COMPANY LAW 2.9

Directive 83/349/EEC; OJ L193, 18.7.83.
Directive 84/569/EEC; OJ L314, 4.12.84.
Accession of Spain and Portugal (1986).
Directive 89/666/EEC; OJ L395, 30.12.89.
Directive 90/604/EEC; OJ L317, 16.11.90.
Directive 90/605/EEC; OJ L317, 16.11.90.
Directive 94/8/EC; OJ L82, 25.3.94.

Impact

Aims at harmonising the content, auditing and publication of the annual accounts of companies in the Member States.

Details

The Directive applies to both private and public limited companies. Its principles have been extended to banks, other financial institutions and insurance companies and adapted, where necessary, to the specific nature of their activities (see Chapter 7).

The annual accounts must give a "true and fair view" of the company's financial position. The Directive sets standards for the consistency, detail and format of accounts. A specified order of items must be followed. Two formats for balance sheets are provided, one or both of which may be prescribed by Member States. With regard to profit and loss accounts, Member States must prescribe one or more of the four lay-outs specified. If more than one format is prescribed, companies may be permitted to choose between them. General rules of valuation are stipulated. Valuation is based on the principle of purchase price or production cost (*i.e.* historic cost). Member States may permit preparation of accounts on a replacement value, current purchasing power, or other basis. Value adjustments must be disclosed. The Directive also deals with the contents of notes on accounts, publication and auditing. The Directive calls for the setting-up of a Contact Committee to facilitate the application of the Directive and to advise, if necessary, on amendments or additions.

Directive 83/349/EEC (the Seventh Company Law Directive on consolidated accounts) amended this Directive in an effort to keep the two Directives compatible.

Directive 84/569/EEC amended the financial limits for determining what constitutes small and medium-sized enterprises (SMEs) for the purpose of the Directive. Member States may allow SMEs to provide less detailed annual accounts than are required for other companies.

Directive 89/666/EEC (the Eleventh Company Law Directive) extended to branches in another Member State the requirement to produce annual accounts in accordance with the Fourth Company Law Directive (or to an equivalent standard in the case of branches of companies incorporated outside the Community).

Directive 90/604/EEC further amended the financial limits in the Fourth Company Law Directive for derogations as regards the establishment, audit and publication of accounts of SMEs. It relaxes the obligations imposed on SMEs as regards the drawing-up and publication of the notes to the accounts while reviewing the thresholds used for the definition of SMEs. Member States may also exempt such companies from the obligation to draw up an annual report.

Directive 90/605/EEC extends the scope of the Fourth Directive to partnerships and limited partnerships whose members are constituted either as public or private limited companies.

Directive 94/8/EC further amended the financial limits in the Fourth Company Law Directive for determining what constitutes SMEs for the purpose of derogations regarding the form and layout of accounts.

Date of implementation

Member States had to comply with the provisions of this Directive by 14 August 1980.

Italy was condemned by the European Court of Justice for failure to take the necessary national implementing measures within the specified time-limit.

Member States had to implement Directives 83/349/EEC, 84/569/EEC and 89/666/EEC on 1 July 1985, 27 November 1984 and 1 January 1993, respectively.

Member States had to implement the amending Directives 90/604/EEC and 90/605/EEC by 1 January 1993. However, they were able to provide that the implementing provisions should apply to the annual accounts for financial years beginning on 1 January 1995 or during the 1995 calendar year.

Member States may implement Directive 94/8/EC at any time after 25 March 1994.

SIXTH COMPANY LAW DIRECTIVE – COMPANY DIVISIONS

Official title

2.10 Sixth Council Directive of 17 December 1982 based on Article 54(3)(g) of the EEC Treaty, concerning the division of public limited liability companies.

Reference

Council Directive 82/891/EEC; OJ L378, 31.12.82.

Amendments

None.

Impact

Where Member States already permit division by acquisition, or division by creation of new companies, or a combination of the two, they are obliged to harmonise their laws on the subject in accordance with the Directive, which is designed to protect the interests of shareholders and creditors.

Details

The Directive applies to "public companies limited by shares" and "public companies limited by guarantee". Like the Third Company Law Directive (see para **2.8** above) this Directive applies only to transactions involving companies established under the law of the same Member State. The Directive requires that the draft terms of a division be published, examined by experts, and submitted for approval to the general meeting of shareholders of the company to be divided. Approval by the shareholders of the recipient company is only required in certain circumstances.

Member States are required to enact adequate safeguards for the protection of creditors and the holders of other securities. In particular, where a creditor has not obtained satisfaction from the company being divided he may pursue the recipient companies jointly.

Date of implementation

The deadline for implementation of this Directive was 1 January 1986. A further period of five years was allowed for the United Kingdom and Ireland to apply the provisions to unregistered companies. All countries implemented this Directive with the exception of Germany, Denmark and The Netherlands, who have informed the European Commission that they do not intend to legislate on the subject as they do not consider themselves bound to do so under the terms of the Directive. However, it seems that Germany and Denmark may now be considering introducing legislation.

In an action taken by the European Commission against Belgium, the European Court of Justice condemned Belgium for its failure to implement this Directive.

SEVENTH COMPANY LAW DIRECTIVE – CONSOLIDATED ACCOUNTS

Official title

Seventh Council Directive of 13 June 1983 based on Article 54(3)(g) of the EEC Treaty on consolidated accounts.

Reference

Council Directive 83/349/EEC; OJ L193, 18.7.83.

Amendments

Accession of Spain and Portugal (1986).
Directive 89/666/EEC; OJ L395, 30.12.89.
Directive 90/604/EEC; OJ L317, 16.11.90.
Directive 90/605/EEC; OJ L317, 16.11.90.

Impact

Provides for and regulates the consolidation of the accounts of companies in a group.

Details

This Directive is the second stage in the creation of Community accountancy law. Unlike the Fourth Company Law Directive, it will apply to insurance companies and credit institutions insofar as it prescribes the obligations to prepare group accounts in certain circumstances. It lays down general principles to be followed in making any consolidation.

The Directive is based on the notion of a group of companies. Consolidation will take place if there is a statutory power of control. However, Member States are also given the option of requiring consolidation in respect of subsidiaries under *de facto* control. A company must prepare consolidated accounts where the parent company:

- has the majority of voting rights over another company;
- is entitled to appoint or dismiss the majority of the persons directing or managing another company;
- where a control contract has been concluded with another company; or
- where an agreement between shareholders permits one of them to control another company.

The principle of consolidation is that of the "world balance sheet" (*i.e.* the balance sheet includes all subsidiaries of a parent company registered in the Community). In view of the difficulties created by consolidation for small and medium-sized enterprises (SMEs), the Directive provides for concessions linked to size criteria.

Holding companies may be released from the obligation to consolidate provided they do not interfere in the management of their subsidiaries. Nevertheless, the company's obligation to draw up individual accounts remains, and where it does not consolidate it will have to identify its majority holding in its subsidiaries.

The techniques of consolidation, which consist of presenting the group's accounts as those of a single company and in eliminating intra-group transactions, have also been standardised extensively. The consolidated accounts must be presented using formats already introduced by the Fourth Company Law Directive. Notes to the accounts will give information in addition to that included under such formats. The consolidated accounts will have to be audited by an auditor independent of the parent. With the obligation to draw up group accounts goes a collateral obligation to prepare a group annual report containing a detailed review of the group's business and of its position.

The Contact Committee set up by the Fourth Company Law Directive is also made responsible for dealing with practical problems arising out of implementation of the Seventh Directive and advising the European Commission accordingly.

COMPANY LAW

Directive 89/666/EEC, the Eleventh Company Law Directive, extended the consolidated accounts requirements to cover branches in another Member State.

Directive 90/604/EEC amends the Seventh Company Law Directive by increasing the derogations as regards the establishment, audit and publication of accounts of SMEs. It relaxes the obligations imposed on SMEs as regards the drawing-up and publication of the notes to the accounts, while reviewing the thresholds used for the definition of SMEs. Member States may also exempt such companies from the obligation to draw up an annual report.

Directive 90/605/EEC extends the scope of the Seventh Directive to partnerships and limited partnerships whose members are constituted either as public or private limited companies.

Date of implementation

Member States had to implement the Directive by 1 January 1988 in order to apply it to financial years commencing from 1 January 1990.

Member States had to implement the amending Directives 90/604/EEC and 90/605/EEC by 1 January 1993. However, they were able to provide that the implementing provisions should apply to the consolidated accounts for financial years beginning on 1 January 1995 or during the 1995 calendar year.

EIGHTH COMPANY LAW DIRECTIVE – AUDITORS

Official title

Eighth Council Directive of 10 April 1984 based on Article 54(3)(g) of the EEC Treaty on the approval of persons responsible for carrying out the statutory audits of accounting documents.

Reference

Council Directive 84/253/EEC; OJ L126, 12.5.84.

Amendments

None.

Impact

Requires those seeking authorisation to act as auditors of companies to pass a professional examination.

Details

This Directive complements the Fourth and Seventh Company Law Directives, which establish the principle that accounts should be audited by suitably qualified persons. It applies to the auditors of "public companies limited by shares or by guarantee", and "private companies limited by shares or by guarantee". Auditors will be required to have attained university entrance level, to have followed a programme of professional education and training, and to have passed theoretical and practical examinations of professional competence at graduate level which are organised or recognised by the Member State. The practical examination must be preceded by three years of practical training with an approved auditor. The requirement of having attained university entrance level may be waived in the case of persons having professional experience commensurate with such a level. Transitional provisions exist to allow approval of existing approved auditors or students undergoing training at the time of entry into force of the Directive. An auditor must be totally independent of his clients.

The same Contact Committee as set up by the Fourth Company Law Directive will have responsibility for overseeing the implementation of the Eighth Company Law Directive and for dealing with the practical problems arising therefrom.

Date of implementation

The Member States had to implement this Directive by 1 January 1988, although they could postpone entry into force of the laws until 1990.

ELEVENTH COMPANY LAW DIRECTIVE – DISCLOSURE OF BRANCHES

Official title

2.13 Eleventh Council Directive of 21 December 1989 concerning disclosure requirements in respect of branches opened in a Member State by certain types of company governed by the law of another State.

Reference

Council Directive 89/666/EEC; OJ L395, 30.12.89.

Amendments

None.

Impact

Sets out the disclosure requirements for branches of companies registered in another State and allows branches to comply with requirements for disclosure of accounting documents throughout the Community, by producing the accounts of the parent company, rather than individual accounts for each separate branch.

Details

The Directive prevents Member States from requiring separate accounts in respect of the branch. The branch simply has to produce the annual accounts of the whole company prepared in accordance with the Fourth, Seventh and Eighth Company Law Directives (or an equivalent standard in the case of branches of companies incorporated outside the Community).

The Directive sets out an exhaustive list of the supplementary information to be supplied concerning the branch (*e.g.* the names of the branch managers, the address of the company, etc).

Date of implementation
Member States were required to implement the Directive by 1 January 1992, with the national implementing provisions applying to the annual and consolidated accounts for financial years beginning on 1 January 1993 or during the 1993 calendar year.

TWELFTH COMPANY LAW DIRECTIVE – SINGLE MEMBER COMPANIES

Official title
Twelfth Council Directive of 21 December 1989 on single member private limited liability companies.

Reference
Council Directive 89/667/EEC; OJ L395, 30.12.89.

Amendments
None.

Impact
This Directive gives sole traders the right to obtain limited liability by incorporation as a single member company.

Details
The Directive is intended to constitute a practical step in making self-employment more attractive and facilitating the start-up, expansion and transfer of small businesses, while ensuring adequate protection for third parties dealing with such businesses. The Directive contains detailed provisions on minimum capital, records to be kept and publicity requirements for single member companies. Single member companies are further intended to function in the form of private limited companies, with the ability to separate the assets of the business from the private assets of the entrepreneur. Finally, not only individuals but also legal persons (*i.e.* other companies) are allowed to form single member companies.

Date of implementation
Member States had until 1 January 1992 to implement the Directive. For companies already in existence on that day the Directive only applied from 1 January 1993.

EUROPEAN ECONOMIC INTEREST GROUPING (EEIG)

Official title

Council Regulation (EEC) 2137/85 of 25 July 1985 on the European Economic Interest Grouping (EEIG).

Reference

Council Regulation 2137/85; OJ L199, 31.7.85.

Amendments

None.

Impact

Allows legal entities to embark on cross-frontier co-operation through a form of incorporated partnership.

Details

The Regulation permits an EEIG to be established by contract to facilitate or develop the economic activities of its members and to improve or increase the results of those activities. As a result, any activity pursued by an EEIG must be related to and be purely accessory to the activities of its members. The purpose of an EEIG is not to make profits for itself. Any profits or losses accruing to it are taxable only in the hands of its members.

EEIGs' members may be companies, firms and other legal bodies whose registered offices and central administrations are within the Community, as well as individuals who carry on an activity or provide a service in the Community (at least two members must have their centre of activities in different Member States). An EEIG must be established and conduct its activities in accordance with the provisions laid down in the Regulation. Its official address must be in a Member State, but need not necessarily correspond to the place where the principal activity is carried out. This may be either in another Member State, or even outside the Community.

Date of implementation

Strictly speaking a Regulation is directly applicable and thus enforceable in the Member States upon entering into force. The Regulation entered into force on 3 August 1985. However, Member States had first to set up the registration procedures required by the Regulation before 1 July 1989 so that the Regulation could be fully effective.

Enterprise policy

MULTI-ANNUAL PROGRAMME FOR SMEs

Official title
Council Decision of 14 June 1993 on a multi-annual programme of Community measures to intensify the priority areas and to ensure the continuity and consolidation of policy for enterprise, in particular small and medium-sized enterprises, in the Community.

Reference
Council Decision 93/379/EEC; OJ L161, 2.7.93.

Amendments
None.

Impact
Provides for Community and Member State action to intensify the priority measures and to ensure the continuity of policy for enterprises, in particular SMEs.

Details
In order to intensify the priority measures for, and ensure the continuity and consolidation of, enterprise policy, the programme shall have the following objectives:

- improvement of the administrative and legal environment of enterprises, notably in the area of indirect taxation;
- better access to Community information for enterprises;
- improving the business-partner-search network;
- continued development of instruments permitting direct contact between entrepreneurs and aimed at promoting transnational sub-contracting;
- encouraging SMEs to adapt to structural changes and to changes brought about by the internal market, in particular through information, exchange of experiences and transnational co-operation activities; and
- promoting a better financial environment for enterprises.

In order to achieve these objectives, the European Commission shall be assisted by a committee composed of Member States' representatives, following the Management Committee procedure as described above under para **1.3.2**. The Commission will propose and take the necessary measures to be taken at Community level, having regard to the principle of subsidiarity.

A budget allocation of ECU 112.2 million is granted for implementation of the Decision for the period 1993-1996.

The Commission shall submit a report on the implementation of this Decision every year to the committee, and no later than the end of March

1996 to the European Parliament, the Council and the Economic and Social Committee.

The Commission shall also submit to the European Parliament, the Council and the Economic and Social Committee, during the first half of 1995, reports on:
- the future operation of networks; and
- co-ordination between the different Community programmes, in the interests of SMEs, not covered by this Decision and on the initiatives taken in pursuance of this Decision.

Date of implementation

A Decision does not require implementation into national law by the Member States. The Decision entered into force on 1 July 1993 and covers the period up to 31 December 1996.

RECOMMENDATION ON ADMINISTRATIVE SIMPLIFICATION FOR SMEs

Official title

2.17 Council Recommendation of 28 May 1990 relating to the implementation of a policy of administrative simplification in favour of small and medium-sized enterprises (SMEs) in the Member States.

Reference

Council Recommendation 90/246/EEC; OJ L141, 2.6.90.

Amendments

None.

Impact

Introduces simplified business procedures for SMEs.

Details

Member States are urged to implement programmes of administrative simplification in favour of small business. Particular attention should be paid to standardisation of forms used in accountancy, taxation, etc and the establishment of one-stop shops providing guidance on formalities needed to set up an enterprise.

Member States should create or maintain a consultative committee which should include representatives of business. They are asked to inform the European Commission regularly of major achievements in the field of administrative simplification and to take into account the need for such simplification when considering new legislation.

Date of implementation
A Recommendation is an indication of policy and has no binding force.

RESOLUTION ON STRENGTHENING THE COMPETITIVENESS OF SMEs

Official title
Council Resolution of 22 November 1993 on strengthening the competitiveness of enterprises in particular of small and medium-sized enterprises and craft enterprises, and developing employment.

Reference
Council Resolution 93/C/326/01; OJ C326, 3.12.93.

Amendments
None.

Impact
Seeks to strengthen the position of SMEs by advocating the adoption of concrete measures by the Community. It is hoped that SMEs can make a meaningful contribution to the Community's efforts aimed at reducing unemployment.

Details
The Resolution stresses the importance of a global and horizontal approach to the policy developed on behalf of SMEs by the Community. To that end, it calls for closer co-operation between all parties involved in the development of SMEs at the Community, national and regional levels. It calls upon the Commission to adopt policies which would help SMEs to develop to their fullest potential. Certain priority areas needing attention are identified by the Resolution. In particular, the Commission is invited to encourage the European Investment Bank (EIB) and European Investment Fund (EIF) to make funds available to SMEs and help them train their management.

Member States, on their part, are encouraged to provide a favourable climate in which SMEs can operate with the least difficulty. They are invited, for example, to adopt policies which would make it easier for SMEs to get funds from the EIF and EIB. They are further urged to encourage SMEs to participate in public works, public supply and public service contracts.

Date of implementation
A Resolution is an indication of policy and has no binding force.

BUSINESS REGISTER

Official title

2.19 Council Regulation (EEC) 2186/93 of 22 July 1993 on Community co-ordination in drawing up business registers for statistical purposes.

Reference

Council Regulation (EEC) 2186/93; OJ L196, 5.8.93.

Impact

The Regulation requires Member States to set up, for statistical purposes, one or more harmonised registers within the definition and scope specified in the Regulation.

Details

The Regulation applies to all enterprises that contribute to the GDP, the legal entities responsible for those enterprises and the local unit dependent on those enterprises. The Regulation sets out the details that must be set out in the register. In addition, it requires that Member States update the information in the register at least once a year.

Date of implementation

Member States were required to implement this Directive by 25 August 1993.

Proposed company legislation

FIFTH COMPANY LAW DIRECTIVE – HARMONISATION

Official title

2.20 Amended proposal for a Fifth Council Directive founded on Article 54(3) of the EEC Treaty concerning the structure of public limited companies and the powers and obligations of their organs.

Reference

Original proposal; OJ C131, 13.12.72.

Amendments

Amended proposal; OJ C240, 9.9.83.
Second amendment to the proposal; OJ C7, 11.1.91.

Impact

The proposed Directive aims at harmonising the company laws of the Member States.

Details

The amended proposal of 9 September 1983 replaces totally the original proposal. The proposed Directive would apply to public companies limited by shares and public companies limited by guarantee and having a share capital. The proposal would harmonise Member States' laws on the structural composition of boards, employee participation in management, the conduct of general meetings and the adoption and auditing of annual accounts.

The most controversial aspects of the proposed Directive are the provisions on voting structures, which apply the "one share, one vote" principle, subject to some limited exceptions, and the provisions on employee participation in management. Employee participation would be mandatory only for undertakings employing more than 1,000 workers in the Community on a consolidated group basis. Member States would be allowed to choose from four systems of employee participation.

The proposed second amendment would further reinforce the one share, one vote principle by limiting the exceptions to allow restriction or exclusion of the right to vote only in respect of shares which carry special pecuniary advantages and which cannot be issued for an amount exceeding 50% of the subscribed capital. It also provides that the nomination for appointment of the majority of board members is a matter for the general meeting of shareholders and not the exclusive right of the holders of a particular category of shares, and that no special majority can be required for appointment or dismissal of board members. These amendments form part of the so-called "Bangemann proposals on the removal of obstacles to takeovers".

Proposed date of implementation

There is no proposed date of implementation. Progress on the proposed Directive has been slow due to its controversial nature and technical complexity. Currently, progress on the proposal is linked to the twin proposals on the European Company Statute and employee participation in the European Company (see paras **2.23-2.26** below). Agreement on the European Company Statute may be easier since it provides an optional form of incorporation for companies. This could then pave the way for agreement on the proposed Fifth Directive.

TENTH COMPANY LAW DIRECTIVE – CROSS-BORDER MERGERS

Official title

Proposal for a Tenth Council Directive based on Article 54(3)(g) of the EEC Treaty concerning cross-border mergers of public limited companies.

Reference

Original proposal; OJ C23, 25.1.85.

Amendments

None.

Impact

Would establish rules to regulate cross-border mergers.

Details

The Third Company Law Directive harmonises the legal framework for mergers between public limited companies established under the law of the same Member State. The proposed Tenth Company Law Directive is concerned with harmonising the framework for cross-border mergers between public limited companies, and replacing the 1973 proposal for a convention on international mergers.

The proposal sets out the conditions for the drawing-up and publication of the draft terms of cross-border mergers and for the co-ordination of publicity on the completion of a merger. Other provisions deal with the protection of creditors of acquired companies, the date on which the merger takes effect and the causes of nullity of mergers.

Proposed date of implementation

The proposal had a projected implementation date of 1 January 1988. However, it has made little progress due, in large part, to its provisions which allow Member States to exclude companies from the application of the Directive where the cross-border merger would have a detrimental effect on the employees of one of the companies involved, in particular by precluding the application of rules providing for employee participation in the appointment and dismissal of board members. The progress of this proposal is linked to progress on the proposed Fifth Company Law Directive (see para **2.20** above) and the proposed Statute for a European Company (see para. **2.23** below), both of which tackle the issue of employee participation.

THIRTEENTH COMPANY LAW DIRECTIVE – TAKEOVER BIDS

Official title

2.22 Proposal for a Thirteenth Council Directive on company law concerning takeover and other general bids.

Reference

Original proposal; OJ C64, 14.3.89.

Amendments

Amended proposal; OJ C240, 26.9.90.

Impact
Would establish a regulatory framework for takeover and other general bids.

Details
The amended proposal of 26 September 1990 replaces totally the original proposal. The proposed Directive would apply only to corporate securities admitted to trading on one or more regulated markets in the Community. Five years following the date of entry into force of the Directive, the European Commission would be required to submit a report to the EU Council on whether the scope of the proposed Directive should be extended to cover securities issued by non-listed companies.

The proposal would establish safeguards giving a minimum level of protection to those to whom a bid is addressed, in particular by requiring complete information and equal treatment for all holders of the securities. All Member States would be obliged to require that a person make a public bid for all the shares in a listed company once that person had increased his total shareholding above one-third of the total share capital. (Member States would be free to impose a lower threshold.) The proposed Directive lays down all the procedural steps to be followed in the case of a bid including the requirements with regard to the contents and publication of the offer document. The public bid should stay open for at least four and not more than 10 weeks. If a competing bid is made and the original bid is not withdrawn, the offer period for the prior bid is extended so as to expire at the same time as the offer period of the competing bid. Bids may be revised at any time prior to the last week of the offer period and the offer period is to be extended by one week in such cases. An offer period is deemed to have been revised if the offeror purchases shares during the offer period at a price higher than that contained in the public offer.

An important aspect of the proposed Directive is that the board of directors of the offeror company will not be able to issue securities on behalf of the company, enter into substantial commitments on behalf of the company or have the company acquire its own shares without a specific authorisation of the general meeting of shareholders given during the offer period. The application of this authorisation requirement to the acquisition by a company of its own shares forms part of the so-called "Bangemann proposals on the removal of obstacles to takeovers".

Proposed date of implementation
The proposed date of implementation was 1 January 1992.

Many of the provisions of this Directive, including the obligation to bid for all of the shares once the threshold of one-third is reached, have proved to be extremely controversial. The European Commission has announced its intention to revise this proposal so that it sets out more general principles, leaving the details to be worked out by the Member States. So far, there has been little progress on the planned revision.

THE EUROPEAN COMPANY (*SOCIETAS EUROPAEA*)

Official title

2.23 Proposal for a Council Regulation on the Statute for a European Company and a proposal for a Council Directive complementing the Statute for a European Company with regard to the involvement of employees in the European Company.

Reference

Original proposal; OJ C263, 16.10.89.

Amendments

Amended proposal; OJ C138, 29.5.91.
Amended proposal; OJ C176, 8.7.91.

Impact

Would create a supranational European company, the "*Societas Europaea*" (SE), subject mainly to Community company law rather than the national company laws of the Member States.

Details

The original proposal has been replaced by two amended proposals, a Regulation dealing with the European Company, and a Directive providing for employee participation in the management of a European Company. The proposed Regulation for a European Company Statute (ECS) would provide an optional form of incorporation for companies, which would allow them to operate throughout the Community governed largely by a single system of Community company law. National law would be applicable only in the fields not covered by the Statute.

A European company, generally referred to as an SE (*Societas Europaea*), could be formed by two or more companies through merger, formation of a holding company or creation of a joint subsidiary. Since the ECS is designed as a vehicle for cross-border business in the Community, in each of these cases at least two of the companies concerned must be in different Member States or alternatively, in the case of the creation of a joint subsidiary or holding company, they must have a subsidiary or branch in another Member State. An SE could also be formed by transformation of an existing public limited company formed under the laws of one of the Member States, again provided the company has a subsidiary or branch in another Member State. The minimum capital level is set at ECU 100,000, except where particular sector restrictions apply (*e.g.* for a credit establishment, the minimum limit is ECU 5 million). The creation or dissolution of an SE must be noted by publication in the *Official Journal* of the Community. The registered office must be within the Community and in the same place as the central administration of the company. The national law of the Member State in which the SE has its registered office will govern those matters which are not expressly governed by the Regulation. The European Court of Justice will maintain a company register in Luxembourg.

Taxation of the European company will be based in the country where the headquarters are situated. Where a European company sustains losses in permanent establishments in Member States other than that in which the head office is situated, those losses may be set-off against the European company profits.

It should be noted that non-Community credit institutions will only be given authorisation to establish subsidiaries within the Community if their country of origin accords Community credit institutions equal treatment. Thus, the ECS may not be used as a means of circumventing the reciprocity requirements of the proposed Second Banking Co-ordination Directive.

European companies would be managed either on a two-tier basis, with a management board conducting day-to-day affairs, under the aegis of a supervisory board, composed of representatives of employees and shareholders, or by a one-tier administrative board.

The accompanying proposed Directive provides three models for employee participation in an SE. The Member States could choose the model which would apply to SEs in its territory, or they could leave the choice to the companies concerned. The first model, based on the German system, would allow employees to appoint at least one-third of the company board and would guarantee employees certain rights to information and consultation on the running of the company. The second follows the French system and provides for the creation of an independent forum ("the employees' participatory body"), with similar rights of consultation and information. The third model would allow the participation of employees to be defined by collective agreement between representative organisations of employers and employees, or by agreement between the board of the particular SE and its employees' representatives. Even if this model was chosen, the Directive would still guarantee employees specific rights of consultation and information. The proposed Directive on worker participation is further discussed in Chapter 5 at para **5.14**.

Proposed date of implementation

The proposed date of implementation was 1 January 1992.

Progress has been extremely slow due mainly to the lack of agreement on employee participation in management and on the one share, one vote principle. A breakthrough on this proposal does not seem likely in the near future.

EUROPEAN ASSOCIATION STATUTE

Official title

Amended proposal for a Council Regulation on the Statute for a European Association and an amended proposal for a Council Directive supplementing the Statute for a European Association with regard to the involvement of employees.

Reference

Original proposal; OJ C99, 21.4.92.

Amendments

Amended proposal; OJ C236, 31.8.93.

Impact

Will introduce a European form of organisation to facilitate cross-border co-operation between associations and foundations in the Community.

Details

The proposal is modelled on the proposal for a European Company Statute. The European Association (EA) could be formed in one of three ways: by two legal entities formed under the laws of a Member State and having their registered office and central administration in different Member States; by a minimum of seven natural persons from at least two Member States; or by conversion of an existing association formed under the laws of a Member State, if it has an establishment in another Member State and is carrying on genuine and effective cross-border activities.

The EA would be governed by the provisions of the Regulation and the EA Statutes. The national law of the Member State of the registered office and Community law would apply where neither of these is applicable, for example, with regard to employment law, taxation law or competition law.

The EA would be subject to employee participation provisions, as laid down in the accompanying proposed Directive. This Directive requires that the employees be allowed to participate in the board of the EA, or at least that they be informed and consulted about activities and strategies of the EA capable of affecting employees' interests.

Proposed date of implementation

This proposal had a projected implementation set for 1 January 1994. However, there has been little progress on the proposal with most of the focus going, instead, to progress on the European Co-operative Statute.

EUROPEAN CO-OPERATIVE SOCIETY STATUTE

Official title

2.25 Amended proposal for a Council Regulation on the Statute for a European Co-operative Society and an amended proposal for a Council Directive supplementing the Statute for a European Co-operative Society with regard to the involvement of employees.

Reference
Original proposal; OJ C99, 21.4.92.

Amendments
Amended proposal; OJ C236, 31.8.93.

Impact
Will introduce a European form of organisation to facilitate cross-border co-operation between Community co-operative societies.

Details
The proposal is similar to that for a European Association (see para **2.24** above).

The European Co-operative Society (SCE) could be formed in one of four ways: by at least five natural persons resident in at least two different Member States; by at least five natural persons resident in at least two different Member States and one or more legal entities governed by the laws of the Member State; by two or more legal entities formed under the laws of a Member State and having their registered office and central administration in two different Member States; or by conversion of an existing co-operative formed under the laws of a Member State, provided it has an establishment or subsidiary in another Member State and is carrying on genuine and effective cross-border activities.

The law applicable to the SCE is similar to that applicable to the European Association. The accompanying proposed Directive provides for employee participation in management.

Proposed date of implementation
The proposed date of implementation was 1 January 1994. There has been steady progress on the proposal although there is some disagreement on technical issues. The EU Council may well reach agreement on this proposal in the course of 1995.

EUROPEAN MUTUAL SOCIETY STATUTE

Official title
Amended proposal for a Council Regulation on the Statute for a European Mutual Society and an amended proposal for a Council Directive supplementing the statute for a European Mutual Society with regard to the involvement of employees.

Reference
Original proposal; OJ C99, 21.4.92.

Amendments

Amended proposal; OJ C236, 31.8.93.

Impact

Will introduce a European form of organisation to facilitate cross-border co-operation between Community mutual societies.

Details

This proposal is similar to the proposals for the European Association and the European Co-operative Society (see above).

A European Mutual Society (ME) may be formed in one of four ways: by any two or more legal entities listed in Annex 1 of the Regulation and formed under the laws of a Member State, provided at least two of them have their central administration and registered office in different Member States (Annex 1 MEs will be able to carry out all the activities specified in Article 1(1) of the Regulation, for example, health assistance, insurance or credit); by any two or more legal entities which are listed in Annex 2 of the Regulation and formed under the laws of a Member State, provided at least two of them have their central administration and registered office in different Member States (Annex 2 MEs can only be formed and carry out activities to the extent allowed by Member States to the founding entities); at least 500 natural persons resident in at least two Member States where the ME is essentially carrying on activities other than providence; by conversion of an existing mutual formed under the laws of a Member State provided it has an establishment or subsidiary in another Member State and is carrying on genuine and effective cross-border activities.

The provisions on applicable law are similar to those for European Associations and Co-operatives. The accompanying proposed Directive provides for employee participation in management.

Proposed date of implementation

The proposal had a projected implementation date of 1 January 1994. However, there has been little progress on the proposal. The EU Council is concentrating instead on the European Co-operative Statute, leaving this proposal and the proposal for a European Association at the end of the queue.

Conventions on company law

MUTUAL RECOGNITION OF COMPANIES

Official title

2.27 Convention relating to the mutual recognition of companies and legal persons.

Reference
Convention; *EC Bulletin Supplement*, 2/68.

Amendments
None.

Impact
Provides for the mutual legal recognition of companies.

Details
The Convention (signed on 29 February 1968) would enable all companies, including co-operatives and partnerships, established under the law of a Member State, to be recognised in law by the other Member States, even if their legal form was unknown in any of those States.

The companies must be situated and registered in the European territory of a Member State and exercise economic activity as their primary or secondary purpose. Recognition would apply only for civil and commercial law purposes. It would take precedence over any other provisions of existing or future Conventions in the same area.

Date of implementation
This has not been ratified by a number of Member States and is unlikely ever to enter into force.

Proposed Conventions on company law

BANKRUPTCY AND SIMILAR PROCEEDINGS

Official title
Draft of a Convention on bankruptcy, winding-up arrangements, compositions and similar proceedings.

Reference
Original proposal; *EC Bulletin Supplement*, 2/82.

Amendments
None.

Impact
Gives European-wide effect to bankruptcies by settling conflicts between national laws and between different national courts.

Details
This Convention would supplement the Convention on jurisdiction and the enforcement of judgments in civil and commercial matters signed in

Brussels on 27 September 1968, from which bankruptcies, compositions, etc were excluded. The draft provides for the enforcement and execution of bankruptcy judgments by providing a single set of conflict rules throughout the Community. Thus, once declared bankrupt in one Member State, a person would not be able to administer his property in any country in the Community.

Proposed date of implementation

The proposal is being considered by the Member States, and has been making steady progress over the past year.

CONTENTS OF CHAPTER 3

Competition Law

	Para
Introduction	**3.1**

Basic notions

Competition (Anti-trust) rules applicable to companies: Articles 85 and 86 of the EC Treaty	3.2
Competition and State measures: Article 90 of the EC Treaty	3.3
State aids: Articles 92–94 of the EC Treaty	3.4
Implementation of the EC rules	3.5
Effect on trade between Member States	3.6
Agreements not caught by the EC competition rules	3.7

Future developments

Consequences of enlargement	3.8
Commercial agents notice	3.9
Proposed expansion of Form A/B	3.10
Film and media	3.11
Revision of the notice on agreements of minor importance	3.12
Review of thresholds and EC Merger Control Regulation	3.13
Renewal of motor vehicle distribution block exemption	3.14
The agenda for 1996 – Possible reform of Regulation 17/62	3.15
Replacement of patent licensing block exemption with new block exemption for technology transfer agreements	3.16
Responsibility within the European Commission	3.17

Legislation and case law

Block exemptions and other rules

Establishment of the block exemption system (1)	3.18
Establishment of the block exemption system (2)	3.19
Block exemption – exclusive distribution agreements	3.20
Block exemption – exclusive purchasing agreements	3.21
Block exemption – patent licensing agreements	3.22
Application of EC competition rules to other intellectual property rights (plant breeders' rights, trade marks, copyright and designs/models)	3.23
Block exemption – motor vehicle distribution and services agreements	3.24
Application of EC competition rules to selective distribution	3.25
Block exemption – specialisation agreements	3.26

117

CONTENTS OF CHAPTER 3

Block exemption – research and development agreements	**3.27**
Block exemption – franchising agreements	**3.28**
Application of EC competition rules to franchising agreements	**3.29**
Block exemption – know-how licensing agreements	**3.30**

Informal notices and communications of the European Commission

Notice – exclusive dealing contracts with commercial agents	**3.31**
Notice – co-operation agreements	**3.32**
Notice – co-operative joint ventures	**3.33**
Accelerated JV clearance procedure	**3.34**
Notice – imports of Japanese products	**3.35**
Notice – sub-contracting agreements	**3.36**
Notice – exclusive distribution and exclusive purchasing	**3.37**
Notice – motor vehicle distribution	**3.38**
Notice – agreements of minor importance	**3.39**
Telecommunications guidelines	**3.40**
Motor vehicle intermediaries – clarification	**3.41**
Notice on co-operation between national courts and the Commission	**3.42**

Procedural legislation

Administration and enforcement of EC competition rules	**3.43**
Applications and notifications	**3.44**
Hearings	**3.45**
Limitation periods	**3.46**
Note – interim measures	**3.47**

EC merger control system

General system for control of concentrations of a Community dimension	**3.48**
Case law applying Articles 85 and 86 of the EC Treaty to concentrations and minority share acquisitions	**3.49**
Procedural rules for notifications, time-limits and hearings in the EC merger control system	**3.50**
Notice – concentrative and co-operative operations in the EC merger control system	**3.51**
Notice – restrictions ancillary to concentrations	**3.52**

State aids legislation and informal policy statements

Research and development	**3.53**
Small and medium-sized enterprises	**3.54**
Aid schemes of minor importance	**3.55**

CONTENTS OF CHAPTER 3

Regional aid schemes	**3.56**
Aids to public undertakings in the manufacturing sector	**3.57**
Motor vehicles	**3.58**
Aid to shipbuilding	**3.59**
Synthetic fibres	**3.60**
Aid for environmental protection	**3.61**
Aid to fisheries and aquaculture	**3.62**

EC competition law in EC external relations

US–EC Competition Co-operation Pact	**3.63**
Agreement on the European Economic Area	**3.64**
Recent EC initiatives to increase competition in non-EC markets	**3.65**
Competition and the Europe Agreements	**3.66**

Chapter 3
Competition Law

Introduction

This chapter outlines the principles of EC competition law as they apply generally to firms doing business in the Community, offering an overview as to how the rules apply and detailed summaries of the many Regulations and informal notices which exist. This chapter is not intended to be exhaustive, but to highlight basic rules and issues.

The Regulations applying Articles 85 and 86 of the EC Treaty to land, maritime and air transport and related block exemptions are covered in Chapter 14. The block exemption for insurance is covered in Chapter 7. Cases applying the competition rules are also described in Chapters 7, 8, and 12. This chapter does not cover the competition rules applicable to the agricultural sector, nor the competition rules of the European Coal and Steel Treaty (ECSC) and the European Atomic Energy Treaty (EURATOM), since these are very specific to the sectors concerned.

A chapter of this type cannot attempt to analyse or discuss the very extensive amount of case law and informal Commission decisions in this area. However, there are two exceptions to this. In the case of selective distribution, and intellectual property rights (other than patent and know-how) there is currently no Community legislation, but there is important case law. The main rules arising from this case law are therefore set out. Leading cases are also referred to, if they are of considerable importance.

Readers should be aware that the application of the EC competition rules to particular circumstances is often complex, with much usually turning on the precise appreciation of the factual, regulatory and economic circumstances. Consequently, detailed advice should always be obtained before significant decisions are taken in relation to such rules.

Basic notions

The aim of EC competition law is to ensure that competition and trade between Member States are not distorted by:
- restrictive practices between companies;
- a company or companies abusing its (their) dominant position on a given (product/geographical) market;
- companies creating or strengthening dominant positions through merger or acquisition;

121

- a Member State giving unfair competitive advantages to state-owned undertakings, or private companies entrusted with public tasks, through legislative measures; and
- the grant of subsidies to companies by Member States.

Anti-competitive behaviour by companies is governed by Articles 85 and 86 of the EC Treaty. Mergers and acquisitions of a Community dimension are governed by Regulation (EEC) 4064/89. The position of public undertakings and private companies granted special or exclusive rights by a Member State is dealt with in Article 90 of the EC Treaty. Government subsidies to companies (also known as "state aids") are governed by Articles 92-94 of the EC Treaty.

Companies doing business in Austria, Finland, Iceland, Norway, and Sweden should also be aware that comparable rules to those in EC law are now in force for industrial goods (Chapters 25-97 of the Harmonised Customs Code) as a result of the agreement on the European Economic Area (see para **3.64** below). Austria, Finland, Norway and Sweden have also reached agreement with the EU on full accession to the Common Market which accession, if ratified by the relevant referenda/national approvals, should take place in 1995.

COMPETITION (ANTI-TRUST) RULES, APPLICABLE TO COMPANIES: ARTICLES 85 AND 86 OF THE EC TREATY

3.2 Article 85(1) of the EC Treaty prohibits any form of agreement or concerted practice by two or more independent firms/economic operators which has the object or effect of distorting competition and which is liable to affect trade between Member States. Both agreements between competing companies and between suppliers and distributors may be caught by Article 85(1). "Concerted practice" is a term intended to cover informal collusion between companies, and is defined to be where companies knowingly substitute practical co-operation between them for the risks of competition (Case 48/69 *ICI* [1972] ECR 619). Particular care should be taken before relying on the argument that a company's acts are unilateral, because a tacit agreement may often be found to have existed from a detailed analysis of the surrounding facts and circumstances. For example, in *AEG* the European Court of Justice considered that AEG's refusal to admit a new dealer to its distribution network was not a unilateral decision but the result of a tacit agreement between the supplier and those dealers already admitted to the network (Case 107/82 *AEG-Telefunken* [1983] ECR 3151). Trade association recommendations may also be caught if they are, in fact, anti-competitive agreements, or part of a concerted practice between companies.

Classic infringements of Article 85(1) are:

- export bans and other restrictions on parallel imports;
- customer restrictions imposed on distributors;

- price-fixing between competitors;
- agreements to exchange price information;
- joint ventures between competitors;
- agreements to divide-up markets;
- agreements to allocate production quotas; and
- restrictive agreements concerning participation in trade exhibitions.

Thus, for example, in *Polypropylene* (OJ L230, 18.8.86), the European Commission intervened against an agreement between various plastics producers to fix target prices, and in *UNIDI* (OJ L228, 29.8.75), exhibitors in an Italian dental trade exhibition had to agree not to take part in another exhibition in Italy for six months beforehand.

Article 85(2) of the EC Treaty provides that restrictions prohibited by Article 85 are automatically void. If fundamental to an agreement, it may also be the case that the whole agreement is unenforceable (*i.e.* if the restrictive clause cannot be severed from the agreement without radically altering its whole nature). Infringement of Articles 85(1) and 86 may also lead to fines and liability for damages as explained in para **3.43** below.

Article 85(3) provides that an agreement caught by the prohibition in Article 85(1) can be authorised by the European Commission, provided that the agreement or decision has positive aspects which outweigh its negative effects, and that these benefits are shared with the relevant consumers/customers for the goods or services in question.

To be exempted under this provision the agreement must satisfy four tests, namely:

- contribute to improving the production or distribution of goods (interpreted to include services), or promote technical or economic progress; and
- pass on to consumers (interpreted to include trade customers) a fair share of the resulting benefits; and
- contain only those restrictions indispensable for the achievement of these objectives; and
- not eliminate competition in respect of a substantial part of the products in question.

Article 86 of the EC Treaty prohibits a company (or companies) which has (have) a dominant position on a given market from abusing that position of strength. Mere dominance is not in itself prohibited; there must be an additional abuse of the market power resulting therefrom. Dominance is defined by reference to the relevant product and geographical market; in other words, it is necessary to determine to what extent the products in question are functionally interchangeable with other products from the consumer's view point. Equally, it must be established how easy it might be for other companies to enter the market and in what geographical area the company in question actually competes. Having defined the relevant market, dominance is assessed by looking at market share and other evidence of a market lead over competitors, such as superior technology, vertical integration, access to capital, etc.

Being in a dominant position has been defined as having such power that a company is capable of behaving, to an appreciable extent, independently of its competitors and customers. Another practical way of dealing with the issue is to ask: could the company in question significantly raise prices and keep market share? Are other parties (customers or suppliers) forced to deal with the company so that they are dependent on the company? If so, the company may well be dominant.

Classic infringements of Article 86 are:

- excessively high prices;
- output restrictions;
- price discrimination;
- tying;
- refusals to supply;
- predatory prices (*e.g.* unfairly low prices designed to eliminate competitors);
- exclusive dealing requirements; and
- fidelity rebates.

Acts by dominant companies will be considered abusive if they involve an unfair leveraging on the dominant company's market power, resulting in a benefit to the dominant company, or a foreclosure or prevention of competition *vis-à-vis* third parties, other than through normal competition by performance (*e.g.* greater efficiency, better products, etc).

The strengthening of a dominant position by acquisition or joint venture, which substantially weakens the structure of competition in the EU, may also be abusive. (Where mergers or acquisitions are particularly large, such that they have a "Community dimension", a special EC Merger Control Regulation applies – see para **3.48**.)

COMPETITION AND STATE MEASURES: ARTICLE 90 OF THE EC TREATY

3.3 Article 90(1) of the EC Treaty provides that, with regard to public undertakings and undertakings granted special or exclusive rights by a Member State, Member States must not enact or maintain in force any measure contrary to the EC Treaty, in particular Article 7 (which prohibits discrimination on the basis of nationality) and Articles 85-94 (which prohibit distortions of competition). Although addressed to Member States, this provision requires such public or "entrusted" undertakings to respect the ordinary competition rules for companies.

Article 90(2) provides that undertakings entrusted with the operation of services of general economic interest or revenue-producing monopolies are subject to the EC Treaty rules provided that this does not obstruct or prevent them performing their assigned tasks. Again, this provision confirms that the undertakings concerned are, in general, required to comply with the ordinary competition rules.

Article 90(3) provides that the European Commission may address appropriate Directives or Decisions to Member States in order to ensure the application of the provisions of Article 90. The European Commission has done so with regard to the liberalisation of markets in telecommunications terminal equipment and services (see Chapter 12).

These Articles are of great importance to certain industries, such as public utility services (water, gas, transport, telecommunications, telephones and postal services) and national monopolies. They have recently been the subject of much litigation, and various initiatives by the European Commission.

STATE AIDS: ARTICLES 92-94 OF THE EC TREATY

General aids

Under the EC competition rules related to state subsidies, known in EC law as "state aids" (Articles 92-94), any form of aid by a Member State or through State resources which distorts or threatens to distort competition shall be incompatible with the Common Market in-so-far as it affects trade between Member States (Art 92(1)). Aid is interpreted very broadly and can include direct grants, loans at reduced rates of interest, tax concessions, state guarantees, the provision of goods and services on preferential terms, and state participation in a business. Aid from local public authorities is also covered.

However, certain types of aid are considered compatible with the Common Market (Art 92(2)), notably:

- aid having a social character, granted to individual consumers, without discrimination related to the origin of the products concerned; and
- aid to make good the damage caused by natural disasters or exceptional occurrences.

Moreover, certain other types of aid (Art 92(3)) may be considered compatible with the Common Market. These include:

- aid to promote the economic development of areas where the standard of living is abnormally low or where there is serious under-employment;
- aid to promote the execution of an important project of common European interest or to remedy a serious disturbance in the economy of a Member State;
- aid to facilitate the development of specific economic activities of certain economic areas, where such aid does not adversely affect trading conditions to an extent contrary to the common interest; and
- such other categories of aids as may be specified by decision of the EU Council acting by a qualified majority on a proposal from the European Commission.

Procedural aspects

Under the EC Treaty, Member States are required to notify the European Commission of any plans to grant or alter aid (Art 93(3)). The European

Commission has two months to consider whether such a plan is compatible with the Common Market. If the European Commission takes no action within two months of notification then the Member States can grant the aid. If, however, the European Commission decides to take action, then it is required to open a special investigative procedure (Art 93(2)). In those circumstances, the EU Member State must not put the proposed measures into effect until after a final decision has been reached.

If, after giving the parties the opportunity to submit comments, the European Commission finds that the aid is not compatible with the Common Market, or that such aid is being misused, the European Commission has the right to require the aid to be either abolished or altered (Art 93(2)). The Member State has two months from the date of the European Commission's decision to appeal such a decision to the European Court in Luxembourg.

If a Member State fails to comply with a European Commission decision within the prescribed time, the European Commission, or any other interested Member State, can refer the matter to the European Court.

Under Article 93(1) the European Commission is also required to keep under constant review all systems of aid existing in the Member States. A system of aid is considered "existing" if it was in force at the time the EU was established, or for Member States which entered later, at the time of accession, or if it is a system of aid which has been notified to the European Commission and approved. The European Commission is required to propose appropriate additional measures as required by the progressive development of functioning of the Common Market.

Article 94 of the EC Treaty requires the EU Council to adopt Regulations to ensure proper application of Articles 92 and 93. In particular, Article 94 requires the EU Council to establish criteria for the application of Article 93(3) and the categories of aid exempted from this procedure. Article 94 has rarely been invoked.

The European Commission has recently circulated a draft "Guide to procedure in State aid cases" which it proposes to publish in Volume II of the Commission's Compendium of EC Competition laws.

Practical consequences for companies – repayment of aid

Companies should be aware that the European Commission has the power to require a Member State to recover aid which is unlawfully granted, and the European Commission is exercising this power increasingly. There have been several prominent cases in which repayment has been ordered. These have included actions involving Renault, Rover, British Aerospace, Daimler Benz and Bull. The European Commission has reported that, since it started seeking repayment of illegally granted aids, it has ordered repayment of more than ECU 1 billion.

A company which receives aid can challenge a European Commission decision prohibiting the award before the European Court. A company which suspects that a competitor is receiving illegal aid can also complain to the European Commission. In the event the European Commission decides to approve aid, companies which participated in the procedural process outlined above (*i.e.* either complained or submitted comments), and which can show significant effect upon their business, are entitled to challenge the decision before the European Court.

The Maastricht Treaty gave the European Commission a new power which may also be highly relevant to State aids. Under Article 171 of the revised EC Treaty, the European Commission may apply to the European Court for a fine or penalty payment to be imposed on a Member State which has not complied with a European Court judgment. At the time of formulation of Article 171, the then Competition Commissioner, Sir Leon Brittan, suggested that one potential area for its application was State aids.

IMPLEMENTATION OF THE EC RULES

Articles 85 and 86 of the EC Treaty have been implemented by various Regulations and informal European Commission notices and guidelines, and applied in numerous cases, both by European Commission proceedings and through cases in national courts.

The first general administrative Regulation, Regulation (EEC) 17/62 (see para **3.43** below), gave the European Commission wide enforcement powers, including the power to:

- send requests for information to companies;
- carry out unannounced investigations at company premises (so-called "dawn raids"); and
- take decisions imposing fines of up to 10% of a company's turnover in the previous year for infringement of the EC competition rules.

Since the end of the 1970s, the European Commission has pursued a policy of imposing high fines set "at a level sufficient to deter", as is amply illustrated by the following list indicating some recent fines:

- Siemens (1985): ECU 1,000,000 (market sharing agreement);
- Montedipe (1986): ECU 11,000,000 (polypropylene cartel);
- Melkunie Holland (1986) ECU 3,150,000 (dutch dairy cartel);
- Hilti (1987): ECU 6,000,000 (tying and other abusive practices);
- British Sugar (1988): ECU 3,000,000 illegal pricing practices;
- Baustahlgewerbe GmbH (1989): ECU 4,500,000 (welded steel mesh cartel);
- Solvay (1990): ECU 20,000,000 (soda ash market foreclosing practices);
- Toshiba (1991): ECU 2,000,000 (contractual export ban);
- Tetrapak (1991): ECU 75,000,000 (Article 86 infringements, including predatory pricing);
- Dutch Construction Industry (1992): ECU 22,500,000 (agreements on tenders, price-fixing, exchange of information and market sharing);
- French-West African Shipowners Committees: ECU 15,300,000 (unlawful cargo joint sharing, action to drive out competitors);
- French Groupement de Cartes Bancaires and Eurocheque International:

ECU 5,000,000 and ECU 1,000,000 each (agreements imposing fees on retailers, as well as Eurocheque users);
- UIC (1992): ECU 1,000,000 (conditions for the approval of travel agencies, rates of commission, prohibition on agencies passing on their commission to customers);
- Cewal & Others (1993): ECU 9,600,000 (market sharing);
- Deutsche Bahn & Others (1994): ECU 11,000,000 (discriminatory rail transport tariffs);
- PVC (1994): ECU 19,250,000 (fixing of target prices and target quotas, planning of concerted initiatives to raise price levels (re-adoption).

Regulation (EEC) 17/62 has been supplemented with several procedural Regulations governing the conduct of oral hearings (Regulation (EEC) 99/63), applications and notifications to the European Commission (Regulation (EEC) 27/62 as amended in 1994), and limitation (Regulation (EEC) 2988/74) (see paras **3.45**, **3.44** and **3.46** below).

In the early years of enforcement of the EC competition rules, the European Commission was inundated with individual applications and notifications of agreements seeking either a decision that the prohibition of Article 85(1) of the EC Treaty did not apply (called "negative clearance"), or exemption under Article 85(3).

In order to alleviate the resulting congestion, a system called "group" or "block" exemption was developed. Under this system, if an agreement is drafted in accordance with certain defined and published rules, it will be considered exempt from the prohibition in Article 85(1) and need not be notified for individual exemption.

There are now such exemptions for:

- exclusive distribution agreements;
- exclusive purchasing agreements (including beer supply and petrol station agreements);
- motor vehicle distribution and servicing agreements;
- patent licensing agreements;
- specialisation agreements;
- research and development agreements;
- franchising agreements; and
- know-how licensing agreements.

There are also specialised enabling Regulations for block exemptions and block exemptions in the air and maritime transport sectors (see Chapter 14), and for certain categories of insurance agreements (see Chapter 7).

In order to clarify its administrative practices further, the European Commission has also issued a number of informal notices which, although not technically binding on the European Commission (save in so far as they raise legitimate expectations) or the national courts, offer useful guidance.

There are now informal notices relating to:

- exclusive dealing contracts with commercial agents;
- co-operation agreements;

- imports of Japanese products;
- sub-contracting agreements;
- exclusive distribution and exclusive purchasing;
- motor vehicle distribution;
- agreements of minor importance;
- interim measures in competition cases;
- motor vehicle intermediaries;
- co-operative joint ventures; and
- co-operation with national courts.

EC competition law is also applied regularly through European Commission decisions, rulings of the European Court of Justice (on appeal from European Commission decisions, or when questions are referred from national courts), and in national court cases.

Every year there are approximately 12 decisions by the European Commission, between 10 and 20 cases decided by the Court and many more cases at national level in which Articles 85, 86 and 90 are invoked. There is also an extensive body of administrative practice, where the European Commission has intervened and obtained compliance with EC rules through informal settlement with the companies concerned.

EFFECT ON TRADE BETWEEN EC MEMBER STATES

The EC competition rules apply only to agreements which have an appreciable effect on trade between Member States. This effect has been interpreted very widely in the case law. For example, the Community authorities will look at an agreement not only in isolation, but as part of a "network" of similar agreements having a cumulative effect and will look to see whether the agreement in question may have an influence, "direct or indirect, actual or potential", on the pattern of trade between Member States. Thus, in Case 23/67 *Brasserie de Haecht* v *Wilkin (No 1)* [1967] ECR 407, the European Court of Justice looked at a brewery "tied house" agreement, containing an exclusive purchasing clause, not in isolation but as one of several similar contracts forming a network in a certain area. Nevertheless, some agreements are considered to have effects too minor to be caught by the EC rules and, in recent years, more emphasis has been given to a 'realistic' economic assessment to determine whether an effect on trade and competition is appreciable (see "Informal notices and communications of the European Commission", below at para **3.31**).

3.6

AGREEMENTS NOT CAUGHT BY THE EC COMPETITION RULES

Agreements between parent companies and their subsidiaries, in principle, will not be caught by the prohibition of Article 85(1), provided:

3.7

- the subsidiary has no freedom to determine its course of action, but merely takes instructions from its parent; and
- the agreement relates merely to the internal allocation of tasks within the unit.

Agreements made with a commercial agent (who takes no financial risk, is the mere auxiliary of a principal and who simply transacts business on behalf of the principal) are not, in principle, caught by the prohibition of Article 85(1) of the EC Treaty (see "Informal notices and communications of the European Commission", below at para **3.31**). However, a new notice on the subject is currently being considered by the European Commission, which may redefine which types of agency agreement are outside Article 85(1) (see "Future developments" at para **3.9** below).

Future developments

CONSEQUENCES OF ENLARGEMENT

3.8 The main competition impact of the proposed enlargement, which at present concerns Austria, Finland, Norway and Sweden, is fourfold (see, generally, 1994 Act of Accession; OJ C241, 29.8.94). First, the competition rules will apply fully in these countries (*i.e.* not only to industrial goods already covered by Art 53(1) of the EEA Agreement (subject to existing qualifications and exemptions)). Secondly, there will be a six-month transitional period for agreements which are subject to those rules for the first time. Thirdly, Austria is to "progressively adjust" its State monopoly in manufactured tobacco, relaxing exclusive import rights by a sequence of increasing quotas from 15% to 40% to 70% over three years (Art 71 and Annex IX of the Act of Accession). Fourthly, customs barriers will fall between the EU and these countries for many products, making trade viable and forcing a reassessment as to whether restrictions, previously thought to have no impact on competition in the EU, are now caught by EC rules.

COMMERCIAL AGENTS NOTICE

3.9 In the light of the *Flemish Travel Agents* case (Case 311/85, [1987] ECR 3801) the European Commission has been reconsidering its notice on exclusive agency contracts from 24 December 1962 (OJ 139, 24.12.62).

In *Flemish Travel Agents* the European Court held that Article 85(1) could apply to agreements between tour operators and travel agents. The Court considered a travel agent independent because he sells travel organised by a large number of different tour operators, and a tour operator sells travel through a very large number of agents. In such circumstances, a travel agent "could not be treated as an auxiliary organ forming an integral part of a tour operator's undertaking", and is therefore a separate undertaking for the purpose of applying Article 85(1) of the EC Treaty.

Since then, there has been much discussion as to the position of the "*agent multi-carte*" – the agent representing several principals; and the European Commission has revised the 1962 notice so as to apply Article

85(1), more generally to restrictions on competition in agency agreements, notably those providing for absolute territorial protection, where an agent is considered not to be "integrated" with the activity of his principal. A preliminary draft proposal was circulated and discussed with representatives of the Member States.

If adopted, the most important changes would be: the new notice would apply expressly to services; the new notice envisages that a distinction will be made between "integrated" and "non-integrated" agents. In deciding whether an agent is integrated or not the European Commission will look at the nature of the link between the agent and the principal. If the agent acts only on behalf of one principal, the agent will be considered "integrated" with the principal. On the other hand, if the agent acts for several principals, the European Commission would apply a twofold test. An agent is "integrated":

- if he only has limited outside interests (*e.g.* generally he devotes at least one-third of his activity to the principal); and
- if the agent's outside interests do not interfere with the agent-principal relationship concerned (*i.e.* he does not handle competing product ranges, either as an agent or an independent trader).

Where an agent is integrated with his principal, sole or exclusive agency clauses and a ban on active promotion outside a given territory will be considered not to infringe Article 85(1). Such clauses are seen as furthering the objective of "integrating" the activities of the agent into the organization of the principal. On the other hand, where an agent is not integrated with his principal, he is treated like an independent trader and restrictions on his behaviour may be caught by Article 85(1).

Clearly this would have a major impact on many existing agency arrangements which may be caught by Article 85(1). The proposals are highly controversial and much criticised. Recent reports suggest that finalisation of a new notice has now been put back to 1995. Some argue that the new draft notice may even be withdrawn, noting that the EFTA Surveillance Authority has adopted the old 1962 notice in the course of 1994 for application in the EEA. There have also been some recent cases emphasising that prohibitions on agents rebating their commissions are illegal (see, *UIC* OJ L366, 15.12.92).

PROPOSED EXPANSION OF FORM A/B

The European Commission is considering expansion of its general notification form for negative clearances and exemptions "Form A/B" (see para **3.44** below). The idea is to demand more information at the outset, so that the European Commission does not have to send further requests for information to applicants.

In January 1994, the European Commission circulated a draft of what it is considering. The draft is clearly inspired by EC Merger Control. Initial reactions from practitioners appear to have been generally favourable (above all because the expanded form should lead to faster Commission responses). However, there are some reservations because, to gain time at the Commission's end, a great deal is required of the notifying parties, which is not always easy or appropriate.

The main points to note are as follows:

- The new form will require a great deal of precise and detailed information, both on the arrangements concerned and the market.
- As in EC Merger Control Regulation (MCR) cases, the Commission is to have the right to waive the provision of certain information. There is no express reference to the advisability of seeking a pre-filing informal meeting with the Commission, as usually occurs in EC MCR cases. Rather, material may be left out, with an explanation/request for a ruling on whether it is required or not.
- The Commission undertakes to indicate, within one month from receipt of the notification, whether it considers the notification is complete and, if not, the nature of the missing information. Notification is effective from the date on which the complete information is received.
- Confidential information is to be clearly indicated as "Business Secrets", since otherwise the Commission may use it in any third-party notice without further reference to the notifying parties. Currently, the Commission usually submits such draft Notices to the parties for approval. However, there is now a trend to submit early notices by the Commission, before it has reached a view on a case.
- The Commission also requires a precise summary of the notification, covering some 12 questions, partly to facilitate preparation of such third-party notices. The impression given is that 3-4 pages would be a lot (*e.g.* the factors justifying negative clearance/exemption should not be more than one page of A4).
- The new form appears to be designed, at the moment, as a complement to the accelerated joint venture procedure (see para **3.34** below), but will apply to all notifications. It is argued that if the parties wish a quick response, they should have to give all relevant information. Clearly, this should not matter much for the larger deals (which may often be greater in size than MCR cases). Problems may, however, now occur in the smaller cases, still caught by the EC rules, where the increased compliance cost of preparing notifications may deter companies from filing.
- Interestingly, notifying parties are now also being asked:
  • to provide data on trade flows between Member States, to facilitate a determination as to whether geographic markets are national, regional, or EC-wide;
  • to explain what the relevant product market is and to justify their view; and
  • to explain what is the current rate of capacity utilisation of the parties and the industry in general in the relevant market.
- As in the case of Form CO, there are also questions on: group members operating on the same or neighbouring markets; the position of competitors and customers on the market (*e.g.* who are the parties' five largest customers for each relevant product market – together with contact names and numbers); market entry; and potential competition.

The result is that a far more detailed market picture must be provided than in the current Form A/B.

FILM AND MEDIA

It has been suggested that the European Commission is considering a block exemption for agreements concerning the production and distribution of television and cinema films. Some members of the European Parliament have also asked for a specific Merger Control Regulation for the media sector. The EC merger control Regulation already provides that Member States may take appropriate measures to protect the "legitimate interest" in the "plurality of the media" (Art 21(3)), but it is being suggested that a more comprehensive set of rules is needed at Community level, comparable to the special provisions in some EC Member States' laws (*e.g.* newspaper mergers in the UK Fair Trading Act).

3.11

REVISION OF THE NOTICE ON AGREEMENTS OF MINOR IMPORTANCE

The European Commission is considering a revision to this notice in order to eliminate ambiguities in the text and adapt it to changed circumstances since 1986. It is understood that current proposals are still very much at a discussion stage, but it is interesting to see what options DG IV is considering.

3.12

Suggested reasons for change

First, it is argued that the current notice fails to provide adequate legal certainty in so far as some agreements under the relevant thresholds may still be caught by Article 85(1), and others over the thresholds may not restrict competition appreciably.

Secondly, the Commission considers that the current notice fails to distinguish sufficiently between agreements whose impact is geographically limited (which the Commission argues are matters for national competition law), and those which affect trade between several Member States but do not appreciably restrict competition (which are in the domain of EC competition law). The Commission proposes that the sole object of the notice should be to deal with that second type of agreement.

Thirdly, it is thought necessary to adjust the previous financial/turnover threshold in the light of monetary depreciation, so that the current turnover threshold of ECU 200 million would move up to ECU 300 million.

Fourthly, the Commission aims to distinguish between certain "hard core" restrictions, which are particularly anti-competitive and will be treated severely, and other restrictions which may be considered more favourably. The Commission states that some agreements "by their very nature" are restrictive of competition, such clauses being incapable of exemption under Article 85(3). The Commission defines these most harmful agreements as:

- in respect of horizontal agreements, those for price-fixing, quotas and market sharing, collective boycotts, and the imposition of linked sales;
- in respect of vertical agreements, agreements for price maintenance, exclusivity with absolute territorial protection and export bans.

Options for change

The Commission proposes three main ideas. First, it proposes abandoning the turnover criterion and market share threshold for the most harmful agreements, whilst raising the market share threshold to 10% for other restrictions of competition considered as less serious. One variation might be to keep the 5% market share threshold for horizontal agreements, and have a 10% threshold for vertical agreements.

Secondly, it proposes to maintain the turnover criterion but raise it to ECU 300 million and make a distinction between the most harmful and less serious restrictions in the market share thresholds along the lines set out in the first option.

Thirdly, the Commission proposes to maintain the market share threshold at 5%, while making a distinction between the most harmful and less serious restrictions in the turnover thresholds. The more serious restrictions would be caught if the parties exceed the current ECU 200 million threshold, the less serious restrictions would be caught only if the parties had turnover of ECU 300 million.

In any event, the Commission proposes to continue its review as to whether the market share threshold should be raised to 10% for vertical agreements. It appears that the Commission is considering building in such a horizontal/vertical distinction into a more general framework block exemption. This would indicate that agreements involving less harmful vertical restrictions between parties with between 5% and 10% market share would be considered within Article 85(1), but capable of exemption under Article 85(3).

All of this is of great interest in so far as it shows Commission thinking on "appreciability", a varied approach on horizontal and vertical agreements and ideas on the appropriate dividing line/interface between the application of EC and national competition laws. However, as the Commission recognises in its proposal, it is not entirely clear that these ideas are better for small and medium-sized undertakings for which the notice was originally designed. The proposed approach is also a complex one for both businessmen and their lawyers to apply.

REVIEW OF THRESHOLDS AND EC MERGER CONTROL REGULATION

EC Merger Control – Proposed changes to procedure and notices

3.13 In July 1993 the European Commission prepared a report on the operations of the EC Merger Control Regulation. This focused on what technical improvements might be required and on the issue of lowering the thresholds to the level which the Commission originally wanted when the Regulation was adopted; in other words, to a worldwide turnover of ECU 2,000 million and a Community-wide turnover of ECU 100 million. The question of lowering these thresholds was due for review in 1994.

With the delicate political balance of Maastricht in mind, the Commission did not push ultimately for the lower thresholds in 1994, but there has been Member State agreement that the matter would be reviewed again in 1996. As regards technical improvements, the Commission has now circulated working documents suggesting changes to:

- the notice on concentrative and co-operative joint ventures;
- the implementing of Regulation (EEC) 2367/90;
- Form CO; and
- the Commission's guidance notes on the calculation of turnover.

The Commission is also expected shortly to issue other notices designed to deal with the concept of what is a concentration (including sole and joint control), the calculation of turnover, and the notion of undertakings concerned. All these notices will still have to go to the Member States' Advisory Committee for Restrictive Practices for discussion. It is understood that the Commission hopes to finalise the texts for the end of 1994.

The notice on concentrative and co-operative joint ventures
(See para **3.51** below).

This notice aims to restate the Commission's practice as regards the distinction between concentrative and co-operative joint ventures (JVs), in the light of the Commission's experience in the first three-and-a-half years of applying the EC Merger Control Regulation. The Commission states specifically that the old notice no longer accurately reflects current policy on this subject.

The most important aspects of the proposed notice are as follows:

Concentrative/co-operative distinction: The Commission indicates that, for the jurisdictional purpose of defining whether JVs are co-operative or concentrative, coordination between the parents and the JV is only relevant in so far as it is an instrument for producing or reinforcing co-ordination between the parents and that, to be relevant, co-ordination of competitive behaviour must be likely to result in a restriction of competition within the meaning of Article 85(1) (paras 8 and 18). The current notice states that, for this purpose, it is necessary to look not only at the relationship between the parent undertakings, but also at the relationship between the parents and the JV.

Concentrative JVs – key elements: The notice emphasises that to be concentrative, a JV must perform on a lasting basis all the functions of an autonomous economic entity. What the Commission now appears to be looking for is clear evidence that the JV is "full-function":

- The JV must operate on a market performing the functions normally

carried out by other undertakings operating on the same market. The relevant market could, however, be a "trade market" (Art 85(1), paras 13 and 14).
- If the JV only has a function within the parents' business activities without access to the market then it is normally not concentrative. Thus, JVs limited to R&D or production or joint sales agencies are likely to be considered co-operative.
- The fact that the JV may use the distribution network or outlets of one or more of its parents will not bar the JV from being full-function so long as the JV is active in the market itself.
- The strong presence of the parents in upstream or downstream markets, leading to substantial sales or purchases between the parents and the JV, may lead the full-function character of the JV to be questioned. If those sales are only for an initial start-up period they may be a substantial part of the JV's production (without the JV being considered co-operative). However, if such sales are to be on a permanent basis, then the relative proportion of those sales to the total production/sales of the JV is relevant. In other words, if the proportion is too high, the JV may be viewed as co-operative, because not sufficiently autonomous. In this context it is also relevant whether the sales are made on normal commercial conditions (Art 85(1), paras 14 and 15).
- If a JV buys from its parents and sells on whilst adding little value, that may also put the full-function nature of the JV in doubt.
- To be concentrative a full-function JV must also have the necessary resources to operate a business activity, including finance, staff and assets. Intellectual property rights need only be licensed to the JV for its duration.

Assessment as to whether a JV is co-operative: The Commission then offers a number of indications as to when co-ordination between the parents as regards prices, markets, output or innovation may be thought likely, leading to the conclusion that the JV is co-operative:

- Deadlock termination provisions and a fixed duration for the JV do not prevent a conclusion that a JV is concentrative, unless the JV is only established for a short finite duration.
- There is thought to be no possibility of co-ordination where the parents transfer their entire business or total activities in a given sector to the JV.
- Co-ordination can normally also be excluded where only one parent remains active in the JV market or the parents retain only very residual activities in the market of the JV.
- There is normally a high probability of co-ordination where the parents retain to a significant extent activities in the same products as the JV itself, in so far as these activities are in the same geographic markets.
- There is also a probability of co-ordination where the parents or the JV specialise in specific segments of an overall product market.
- Where a network of co-operative links already exists between the parents in the JV's market, the object or the effect of the JV may also be viewed adding a further link and strengthening existing co-ordination between the parents.
- Where the parents are active in a market which is downstream from the JV it is thought that co-ordination of their competitive behaviour may occur

- if the JV is their main supplier and little further value is added by the parents.
- Co-ordination may also be inferred where two or more parents have significant activity in a neighbouring market which is of significant economic importance compared to that of the JV.
- The Commission considers that where the parents and JV are each in different geographic markets it is necessary to examine closely the likelihood of co-ordination between the parents, taking into account the interaction between the markets and the foreseeable development of wider geographic markets in the European Community.
- Where the parents are in the same geographic market which is different from that of the JV, it is thought that there is scope for co-ordination of the parents' behaviour where the JV's activities have a substantial economic importance compared with the parents' activities on their home market.
- The Commission indicates that where the co-operative elements of a JV are only of a minor economic importance relative to the operation as a whole, that does not prevent a finding of a concentration.

Miscellaneous changes: The new notice is shorter than the old one, first because it does not address joint control (now dealt with in a special notice) and, secondly, because the Commission has dropped whole sections related to the composition of the JV's board in relationship to its parents. Previously the Commission made distinctions according to whether the JV parent's control related *only* to strategic financial decisions, rather than commercial decisions. If such control was only financial the JV might be concentrative (provided the other relevant conditions were met); if it was more "hands-on" and commercial the JV was regarded as not sufficiently autonomous.

Proposed changes to the implementing regulation

This proposed text involves some significant changes, notably to the rules concerning material changes in the facts and changes to the concentration plan, the rights of interested parties, the calculation of deadlines and the submission of documents.

The main changes are as follows:

Material changes in facts relating to notifications: It is provided that if there are material changes in the facts relating to the notification which the notifying parties know or ought to have known, then these must be communicated to the Commission. If the Commission considers that these could have a significant effect on its assessment, the notification may only be treated as effective from the date on which the information is received by the Commission (Art 4(3)).

Changes to the concentration plan: A new rule is introduced whereby modifications to the original concentration plan which are made by the undertakings in the second phase of Commission review have to be submitted to the Commission within not more than three months of the beginning of that review (Art 16(1)). Thus, if there are modifications to the plan in the course of second phase negotiations with the Commission, they must be communicated to the Commission so that it has at least one month in which to assess them.

Rights of involved and third parties: The Commission appears to be proposing that there should be two categories of interested party. First, there should be "other involved parties", meaning firms directly concerned by the concentration, which may, however, not have made the notification to the Commission – in other words, the seller and target of a proposed concentration. Secondly, there would be "third parties", such as concerned competitors, employees etc.

The Commission plans to send details of its objections to completion of a concentration whilst that concentration is still under review to other involved parties, thereby giving them an opportunity to make known their views (Art 11).

Similarly, where the Commission intends to take a decision on the substance of the case and sends its objections to the notifying parties giving them an opportunity to respond, the Commission also now proposes to send those objections to other involved parties, where appropriate. It is emphasised that business secrets and other confidential information will be omitted.

Both the notifying parties and involved parties would have access to the file to prepare their observations (within the limits of the European Court's case law).

The Commission also states that the notifying parties, other involved parties who have requested the right to be heard orally and show sufficient interest, and third parties showing such an interest will be entitled to an oral hearing (Arts 12-15).

Calculation of deadlines

It is specified that in calculating time periods, the number of public holidays or other Commission holidays which fall in the relevant period are to be recovered in working days at the end of the relevant period (Art 8), and the one-month and fourth-month review periods are to start on the first working day following the effective date of notification (Art 6).

It will now be necessary to provide 21 copies of each notification and 16 copies of the supporting documents (Art 2).

It is emphasised that a notification is not complete unless all the documents requested are included (Arts 3 and 4).

Finally, as a sign of the changing technological times, the Commission indicates that it will both send and receive documents by electronic mail (Art 17).

Form CO – proposed amendments

The Commission is proposing major amendments to Form CO. On the one hand, the Commission is establishing a so-called "short form notification" for cases of minor impact in the EEA and aims to reduce the amount of information required in a full notification as regards the less important markets. On the other hand, the new form is more demanding as regards information and documents to be supplied to the Commission, requiring far more precise and detailed information concerning the main markets affected.

The main points are as follows.

Short form notification: The proposed change would establish a so-called "short form notification" which would apply in cases where a JV has no, or *de minimis,* actual or foreseen activities within the EEA. Such cases are defined as occurring where a JV:

- is established by combining pre-existing operations or created as a start-up JV;
- there are no affected markets in a sense of the form (see below); and
- the turnover of the JV is less than ECU 50 million in the EEA or, or in the case of a start-up JV, the total value of assets transferred to the JV is less than ECU 50 million in the EEA (Section C).

In the event that these criteria are met, the notifying party can ask the Commission to dispense it from the fuller notification.

The short form notification still involves the provision of basic information on the parties, the details of the concentration and ownership/control changes arising through the concentration. No information is required as regards personal and financial links of the parties or their board members to other undertakings and previous acquisitions. Less information is required about markets.

The Commission indicates that they will review the short-form notifications submitted and indicate in writing and without undue delay whether such notification is incomplete or if it requires a full or, where appropriate, partial notification.

Details of the concentration: There are various changes

- It will now be necessary to give a description including the value of the securities and general classes of assets being acquired and to state separately the total transactional value of the notified concentration (Question 2.1(c)).
- Basic turnover information for the parties to the concentration would have to be provided only for the last financial year instead of the last three financial years (Question 2.3).
- It would be necessary to provide details of acquisitions made during the last three years by the groups involved in the concentration of undertakings active in affected markets (Question 4.3).
- The parties will be required to provide, where at least one affected market is identified, copies of reports and analyses which have been prepared by or for any officer(s) or director(s) of the parties for the purposes of evaluating or analysing the concentration, and copies of the most recent in-house or external market studies or planning documents for the purpose of assessing the affected markets and other competition and market issues (Question 5.3). At present only documents used in the preparation of the Form CO filing have to be included.

- The parties will be required to identify each relevant product market in which more than one party to the concentration is active or in which one party holds a market share of 15% and give a detailed explanation as to the factors justifying that definition (Question 6.1).
- The parties will have to identify the relevant geographic market for each product market (Question 6.3).

Narrower definition of "affected market": The concept of "affected markets" is a trigger in Form CO in so far as for each affected market a whole series of questions on market conditions have to be answered. The Commission now proposes that an affected market should be defined as:

- one in which two or more of the parties to the concentration are engaged in business activities in the same product market and where the concentration will lead to a combined market share of 15% or more (horizontal relationships); or
- where any of the parties to the concentration are engaged in business in a product market which is upstream or downstream of a product market in which any other party to the concentration is engaged and where the concentration would lead to a market share of 25% or more for any of these parties (vertical relationships).

In both cases, the current requirement is 10% market share.

On the basis of these definitions, the parties have to indicate the "affected markets" in the concentration (Question 6.4).

Information on the affected markets: The parties will have to provide information:

- relating to the total size of the market in sales value and volume for the last three years;
- on the market size and structure within the EEA: for example: estimates of market shares of the main competitors and their contact details; the implications of transport and other costs; the degree of vertical integration of the parties and their three largest competitors; details of production, sales and distribution of the parties; price comparisons as between different EEA Member States and as between the EEA and other areas where the relevant products are made, such as Eastern Europe, the United States, Japan (Section 7);
- a detailed analysis of the structure of supply, focusing on the capacity utilisation of the parties in comparison to the industry as a whole, and indicating the five largest suppliers of each party to the concentration (Sections 8.1 and 8.2); and
- a detailed analysis of the structure of demand, indicating the phase of the market in terms of take-off, expansion, maturity and decline and the way that customers are organised. Details must be given of the 10 largest customers of each party (Sections 8.3 and 8.4).

Further market information:

- including information on companies that have entered the market in the last five years and companies that are likely to enter the market, as well as

a detailed description of the various factors influencing entry and an assessment of the "minimum efficient scale" for operating in the affected markets (Sections 8.5 to 8.7);
- the importance of research and development;
- co-operation agreements;
- trade associations (Sections 8.8 to 8.11);
- market data on conglomerate aspects.

There must be an overview of the markets from a worldwide perspective, indicating the position of each of the parties to the concentration outside the EEA in terms of size and competitive strength (Section 9).

Finally, reference is made to ancillary restrictions. If these are considered related and necessary to the implementation of the concentration such that they should not be dealt with separately under Articles 85 and 86 of the EC Treaty, this must be explained and justified.

Guidance notes on turnover

In these guidance notes, the calculation of turnover for joint undertakings previously in Section II(e) has been deleted. This provided that any joint undertakings existing between one of the undertakings concerned and any third undertaking would not be taken into account.

RENEWAL OF MOTOR VEHICLE DISTRIBUTION BLOCK EXEMPTION

Regulation (EEC) 123/85 expires in June 1995. As a result, for some time now significant lobbying has been going on as to its renewal. European car manufacturers are anxious to preserve the *status quo* and keep tight controls on Far Eastern imports. BEUC is concerned to reduce price differentials between Member States and argues that selective distribution with multiple franchises should be the norm (not exclusive franchises). Independent spare parts producers are looking for greater access to dealer networks. The Commission has now indicated that it is planning renewal of the block exemption (in doubt at one stage), but there is much controversy as to the future terms.

DG IV May Draft

In May 1994, the Commission's Competition Directorate, DG IV of the Commission, proposed a Draft for the renewal of Regulation 123/85. It was leaked and published in *Le Journal de l'Automobile* (No 440 of 9 May 1994). The Draft envisaged major changes. Notably, it proposed a reduction in the scope of exclusivity permitted, provided for increased rights for producers of spare parts, introduced obligatory arbitration for various issues, substantially increased the "blacklist" (of prohibited clauses) and provided for whole networks being excluded from the block exemption, if there are blacklisted infringements.

The main points on the Draft are as follows.

Exclusive purchasing: The freedom to prevent a dealer handling other brands would be limited. The Draft provides that, under the new block exemption, an obligation on the dealer not to sell competing new cars can only be imposed if such an activity would jeopardise the achievement of minimum sales objectives for the dealer's territory (Draft, Art 3.3).

Dealers can also only be prevented from selling competing new cars in the same sales premises if the supplier shows objective justifications for such restriction and offers arbitration in the event of disagreement between the parties (Draft, Art 3.5).

Territorial exclusivity: The scope for providing dealers with territorial protection would be limited by the removal from the "white list" (of permitted clauses) of the ban on active sales outside the territory. The only territorial protection which would be permitted would be a ban on opening branches or distribution depots outside the territory (Draft, Art 3.8). In principle, advertising outside the territory would, therefore, be permitted.

Notice provisions on termination: The minimum contract term would, in principle, be increased from four to five years, with an obligation to inform the other party six months before the end of the term if the contract will not be renewed for a fixed term. The minimum notice period for termination of an unlimited contract would be two years. Any party seeking to terminate the contract would have to show objective justifications for so doing. Such justifications would have to be set out in detail when the contract was concluded and applied without discrimination. Again, the possibility of arbitration in the event of disagreement between the parties must be offered (Art 5.2 and 5.3).

Spare parts and independent repairers: There are several provisions which improve the position of independent producers of spare parts in the post-guarantee period. First, the dealer can be prevented from selling competing spare parts or using them for repairs of contract goods *only* if those spare parts have been proved to be sub-standard by an independent technical testing body (Art 3.4). In such cases, the dealer must inform the customer accordingly (Art 4.1.8 and 4.1.9). Secondly, the blacklist now prohibits (i) restraining dealers from purchasing independent spare parts of equivalent quality to the contract goods, (ii) interfering with the freedom of independent spare parts of producers or distributors to sell to authorised dealers and (iii) preventing independent spare parts producers clearly affixing their trade mark or sign to the goods used in repairs (Art 6.1.8, 6.1.9 and 6.1.10). The position in relation to repairs under the guarantee remains unchanged – suppliers are still able to insist on the manufacturer's parts being used (Art 4.1.7).

In a related development, the manufacturer would be obliged to provide all competent independent repairers with the technical information necessary for them to carry out repairs, at least to the extent that such information is available to authorised dealers (Art 5.1.2).

COMPETITION LAW 3.14

Sales targets: The Draft still envisages the setting of targets for sales in the territory. However, whereas previously these were set by the supplier on the basis of dealer forecasts, they are now to be mutually agreed by the supplier and dealer starting from dealer forecasts with arbitration in the event of disagreements between the parties (Art 4.1.3).

Sub-dealers: If the supplier wishes to prevent the dealer entering into sub-dealerships or other after-sales arrangements in the territory, he must now show objective justifications for so doing and offer arbitration in the event of disagreement between the parties (Art 3.6).

Arbitration: As already mentioned, arbitration would have to be available for disputes over the sale of competing products (Art 3.5) and termination of the dealership (Art 5.2 and 5.3). The same is true for disputes over the fixing of sales targets (Art 4.1.3), minimum stocking requirements (Art 4.1.4), the number and range of demonstration models (Art 4.1.5), sub-dealerships (Art 3.6), variations in prices and conditions of sale (Art 6.1.6) and network reorganisation (Art 5.4). The Draft does not explain the procedure to be adopted in relation to independent arbitration.

Blacklist: There would be 12 items in the blacklist of prohibited clauses.

Two of these items are general and echo provisions in Regulation (EEC) 123/85:

- distribution agreements between manufacturers (Art 6.1.1);
- restrictions going beyond those defined in the block exemption or not specifically provided for under the exemption (Art 6.1.2 and 6.1.3). (This goes further than Reg 123/85 in so far as further restrictions would be black-listed/prohibited).

Three of these items relate to independent spare parts:

- restrictions on the freedom of the dealer to obtain spare parts of the same quality as the contract goods from third parties (Art 6.1.8);
- restrictions on the freedom of spare parts producers or distributors to supply resellers, in so far as those parts are of the same quality as the contract goods (Art 6.1.9);
- restrictions on such producers or distributors fixing their trade marks effectively and in a clearly visible manner on the parts they supply (Art 6.1.10).

Another two items were previously grounds for withdrawal of the block exemption:

- making it difficult for final users, intermediaries or other distributors to obtain the cars wherever they want within the network in the Common Market (Art 6.1.5);
- in agreements for the supply of specific cars corresponding to a model in the range covered by the agreement, charging prices or imposing conditions which are not objectively justified and which have the object or effect either of dividing up the Common Market or of putting the viability or independence of the dealer in question (Art 6.1.11).

143

The other items cover various matters from pricing variations to tying unrelated services:

- the application by the manufacturer (or through a company in the manufacturer's network) of different prices or conditions of sale, which are not objectively justified and confirmed through arbitration (Art 6.1.6);
- the reservation by the supplier of the right to appoint other identified dealers within the territory or to modify the territory (without prejudice to the right of the supplier to reorganise the network in case of urgent need, in agreement with the dealers or after arbitration if disagreement (Arts 5.4 and 6.1.4);
- the grant to dealers by the supplier of remuneration based on the destination of the cars resold or the domicile of the purchaser (Art 6.1.7);
- for the parties to tie their agreement to or apply provisions or stipulations concerning products or services than those envisaged by the block exemption (Art 6.1.12).

Scope of inapplicability of block exemption (if blacklisted infringement): If the blacklisted behaviour distorts competition in at least two territories within an EU Member State, the exemption would be inapplicable to all the agreements of that dealership network in that EU Member State (Art 6.2). If the behaviour distorts competition in at least two Member States, then the block exemption is inapplicable for all the dealer networks in the whole of the Common Market (Art 6.2).

Post-termination restraints: Regulation (EEC) 123/85 allows certain post-termination non-competition clauses to be included. This provision is not repeated in the Draft.

Transitional period and duration: The parties concerned would have until 31 December 1995 (six months) to modify their agreements. The intended period is 1 July 1995 until 30 June 2005, with a review on 1 January 2000 (Art 11).

DG IV August Draft

A new second DG IV Draft was produced in August and was discussed at Cabinet level.

The main developments in the August Draft, which is still something of a moving target, are that:

- the arbitration provisions were dropped in many cases. They were retained as regards only two issues – the setting of sales objectives and the issue as to whether there are objective reasons for termination;
- as regards the issue of the appointment of sub-dealers or agents, the text went back to the position under Regulation (EEC) 123/85, whereby this can be done only with the consent of the manufacturer;
- as regards spare parts, the earlier Draft had a provision which was thought to be highly burdensome for manufacturers, whereby they had to show that a third-party producer's spare parts were of inferior quality. This was changed so that the third-party producer has to bear the burden of showing that his product is comparable to the manufacturer's;

COMPETITION LAW 3.14

- as regards brand exclusivity, the first Draft contemplated that a dealer could take on any other franchise and even have two different brands on display under the same roof. Under the August Draft, although the dealer could have another franchise without the consent of the manufacturer, he is not allowed to offer cars of a different make at the same point of sale (which was generally interpreted to mean that there should be separate premises);
- there was still some concern from manufacturers about a provision in the Draft whereby it could be argued that manufacturers should have uniform pricing as between Member States, or at least that they must justify why they do not have one price. Manufacturers would be allowed to have different prices if they had objective reasons for doing so, but there was some debate as to what is an objective reason;
- the Draft envisaged an exemption for 10 years reviewable after five years.

DG IV September 1994 Draft

In September 1994, DG IV proposed a third Draft including the following changes, compared with the August Draft.

- The Draft envisages an exemption for seven years without review.
- Dealers would be allowed to engage in multi-dealerships, provided this is done on separate premises, under separate management and there can be no possible confusion between car makes. The link with the fulfilment of sales targets has disappeared.
- The position relating to spare parts went back to the existing rules under Regulation (EEC) 123/85.
- Car manufacturers were to supply technical information to independent garages to allow them to carry out repairs unless the information was protected by industrial property rights or constituted secret know-how.

The first Commission Draft

The first official Commission Draft is expected at the end of October 1994. It is expected to include a number of changes to the DG IV September Draft and, amongst other things, provide clearer definitions. The most important changes expected are:

- that the exemption would be granted for a period of 10 years;
- joint setting of sales targets by the manufacturer and the dealer based on previous sales and forecasts of future sales;
- that the Regulation would protect the dealers' right to obtain spare parts from independent suppliers that match the quality of original products and the right of component manufacturers to place their logo or trade mark on the products concerned. It is thought that this will open up the spare parts market. Component manufacturers which supply original parts to the car manufacturer will not have to prove that their products are of matching quality to original parts because, due to the logo/trade mark placed on the product, it will be clear that their product is not the same as the original part.

When approved, the Commission Draft will go to the Advisory Committee on Restrictive Practices for review and consultation. It is expected that the Draft will also be published, seeking the comments of interested parties, in November 1944.

THE AGENDA FOR 1996 – POSSIBLE REFORM OF REGULATION (EEC) 17/62

3.15 In 1996, an Intergovernmental Conference is scheduled on the current operation of the Maastricht and other European Treaties. It is already being suggested that this may have an impact on competition enforcement in two senses.

First, various parties led by the German *Bundeskartellamt* argue that Regulation (EEC) 17/62 should be amended to give national competition authorities the power to grant Article 85(3) exemption in appropriate cases. Discussion here is currently focused on how to achieve (i) a proper delineation of which cases should be dealt with at the European Commission level and which should be dealt with by national authorities, and (ii) proper co-ordination and cohesion between the Commission and the various national authorities concerned. It is an old issue, but, nevertheless, one which needs to be taken seriously in view of the call for increased subsidiarity and administrative efficiency since Maastricht.

Secondly, DG IV is seeking the right to issue short decisions confirming comfort letters where appropriate. The idea of a short decision has been tried before, but this time the Commission is suggesting that its short decision would be taken without detailed consultation of Member States (*i.e.* similar to the procedure for first phase decisions in EC Merger Control). The balance of power between the Commission and the Member States again is the main issue, some Member States seeing such a development as a centralising step, weakening their position in the decision-making process. On the other hand, it is clear that administratively, such a short decision is attractive, reducing the need for the necessary translation and consultation phases.

REPLACEMENT OF PATENT LICENSING BLOCK EXEMPTION WITH NEW BLOCK EXEMPTION FOR TECHNOLOGY TRANSFER AGREEMENTS

Overview

3.16 The patent licensing block exemption expires in December 1994. As a result the Commission has been pursuing a widespread consultation process and decided ultimately to merge the patent licensing block exemption and the know-how block exemption (which would expire normally in 1999) into one new "technology transfer" block exemption which would enter into force on 1 January 1995 and apply until 31 December 2002.

Following a first round of comments on its published Draft, the Commission has been working on possible amendments. Recently, it was doubted whether the new Regulation could still be adopted before the end of 1994. It is thought that the Commission may well prefer to extend the current Regulation for another six months in order to give itself more room for manoeuvre.

The new block exemption would introduce several innovations. On the positive side, industry will probably welcome the Commission's suggestion that the number of "blacklisted" clauses should be radically reduced. Another advantage will be that former differences in the way patent and know-how licences were treated until now will apparently be eliminated.

On the negative side, a serious disadvantage of the new text appears to be its new provisions on market shares. High market shares will deprive parties of the benefits of the block exemption and make individual notification necessary. Thus, if the licensee has more than a 40% market share or if he is operating in an oligopolistic market, he cannot ensure exclusivity in his territory under the block exemption. Such requirements may introduce uncertainties, both with regards to the definition of the relevant market and the actual market share which a licensee holds at any given moment. In practice, this may mean that any licensing agreement of some economic importance will have to be notified individually to the Commission.

Under the present version of the text, licences in force on 1 January 1995 and exempted under one of the previous block exemptions would remain exempted until 30 June 1995 as regards patent licences, and until 31 December 1999 as regards know-how licences.

Provisions of the Commission's proposal (published in OJ C178, 30.6.94)

These are very detailed and complex.

The proposed block exemption states that the prohibitions contained in Article 85(1) shall not apply to certain pure patent licensing or know-how licensing agreements and to mixed patent and know-how licensing agreements. The block exemption will also apply to those agreements containing ancillary provisions relating to trade marks or other intellectual property rights, to which two undertakings are a party and which comply with certain defined rules (Art 1.1).

The proposed block exemption will apply to patents, utility models, applications for the registration of utility models, *certificats d'utilité, certificats d'addition*, applications for such certificates and supplementary protection certificates for medicinal products, or other products, to which the certificate applies. It will also apply to agreements relating to the exploitation of an invention if an application is made for the invention for a licensed territory within one year from the date when the agreement was entered into.

Under the proposed block exemption, the licensor may agree not to license undertakings other than the licensee to exploit the licensed technology in the licensed territory, provided:

- the products manufactured by the licensee which are capable of being improved or replaced by the contract products and other goods manufactured by him which are considered by users to be equivalent in view of their characteristics, price and intended use, account for no more than 40% of the entire market in those products in the Common Market or a substantial part of it; and
- the licensee is not operating on an oligopolistic market, which, for this Regulation, means that on the relevant product and geographic market, three or less undertakings hold a market share of more than 50% together, or if five undertakings or less hold together a market share of more than 66%, and provided the licensee is one of the undertakings which make up this group of companies and that it holds a market share of more than 10% (Art 1.1.(1) and 1.5);
- the licensee does not exploit the licensed technology in the licensed territory himself (Art 1.1.(2)).

The licensee may be required (Art 1.1.(3) to 1.1.(6)):

- not to exploit the licensed technology in territories within the Common Market which are reserved for the licensor;
- not to manufacture or use the licensed product, or the licensed process, in territories within the Common Market which are licensed to other licensees;
- not to pursue an active policy of putting the licensed product on the market in territories within the Common Market which are licensed to other licensees, and in particular not to engage in advertising specifically aimed at those territories or to establish any branch or maintain any distribution depot in those territories;
- not to put the licensed product on the market in the territories licensed to other licensees within the Common Market.

These obligations (Art 1.1.(3) to 1.1.(6)) apply only where the protected party holds no more than 20% market share (Art 1.6).

In addition, the licensee may be required:

- to use only the licensor's trade mark or get up to distinguish the product during the term of the agreement, provided that licensee is not prevented from identifying himself as the manufacturer of the licensed products (Art 1.1.(7));
- to limit his production of the licensed product to the quantities he requires in manufacturing his own products and to sell the licensed product only as an integral part or replacement part for his own products, or otherwise in connection with the sale of his own products, provided that such quantities are freely determined by the licensee (Art 1.1.(8)).

These provisions also apply where the parties undertake the above obligations in a more limited form than as described above (Art 1.7).

Where the agreement is a pure patent licensing agreement, the exemption is granted only to the extent that and for as long as the licensed product is protected by parallel patents in the territories concerned (Art 1.2).

The obligation on the licensee not to put the licensed product on the market in territories licensed to other licensees is granted an exemption for five years from the date the product is first put on the market within the Common Market by the licensor or one of his licensees, provided, again, that it is protected by parallel patents (Art 1.2).

If the agreement is a pure know-how licensing agreement the obligations in Article 1.1.(1)-1.1.(5) can be exempted for not more than 10 years from the date of first marketing in the Common Market. In the case of the obligation on the licensee not to put the product on the market in territories licensed to others exemption runs for five years from the date of first marketing. Obligations to use the licensor's trade mark or to limit his production are exempt for the lifetime of the agreement (Art 1.3). However, these exemptions apply only where the parties have identified, in the appropriate form, the initial know-how and any subsequent improvements to it, which are to be communicated pursuant to the terms of the agreement, and only so long as the know-how remains secret and substantial (Art 1.3).

Where the agreement is a mixed patent and know-how licensing agreement, the exemptions in Article 1.1.(1)-1.1.(5) shall apply in the Member States in which the licensed technology is protected by patents for as long as the licensed product or process is protected by the patents. In the case of the obligation on the licensee not to put the product on the market in the territories licensed to others, this cannot be for longer than five years, exemption is still dependent on the patents remaining in force and the know-how being identified, substantial and secret (Art 1.4).

In addition, the block exemption provides that certain obligations are generally not considered restrictive of competition (Art 2). Thus, the licensee can be obliged:

- not to divulge the know-how communicated by the licensor – the licensee may be held to this obligation after the agreement has expired;
- not to grant sub-licences or assign the licence;
- not to exploit the licensed know-how or patents after termination of the agreement in so far as and as long as the know-how is still secret or the patents are still in force;
- to communicate to the licensor any experience gained in exploiting the licensed technology and to grant him a licence in respect of improvements or new technology applications – this is provided that the communication or licence is not exclusive and that the licensor has accepted an obligation, whether exclusive or not, to communicate his own improvements to the licensee;
- to observe minimum quality specifications for the licensed product or to procure goods or services from the licensor or from an undertaking designated by the licensor, in so far as such quality specifications, products or services are necessary for:
    (i) a technically satisfactory exploitation of the licensed technology; or
    (ii) for ensuring that the product of the licensee conforms to the quality standards that are respected by the licensor and other licensees,
  and to allow the licensor to carry out related checks;

- to inform the licensor of misappropriation of the know-how or infringements of the licensed patents, or to take or to assist the licensor in taking legal action against such misappropriation or infringements;
- in the event of the know-how becoming publicly known or the patents losing their validity prematurely other than by action of the licensor, to continue paying royalties until the end of the agreement or the regular expiry of the patents, in the amounts, for the periods and according to the methods freely determined by the parties; this obligation is without prejudice to the payment of any damages in the event of the know-how becoming publicly known or the patents losing their validity by the action of the licensee in breach of the agreement;
- to restrict his exploitation of the licensed technology to one or more technical fields of application covered by the licensed technology or to one or more product markets;
- to give the licensor the option to continue to use the improvements after the licensee's right to exploit the licensor's know-how comes to an end if, at the same time, the licensor relinquishes the post-term use ban or agrees, after having had an opportunity to examine the licensee's improvements, to pay the appropriate royalties for their use;
- to pay a minimum royalty or to produce a minimum quantity of the licensed product or to carry out a minimum number of operations exploiting the licensed technology;
- to mark the licensed product with an indication of the licensor's name or of the licensed patent;
- not to use the licensor's know-how to construct facilities for third parties; this is without prejudice to the right of the licensee to increase the capacity of his facilities or to set up additional facilities for his own use on normal commercial terms, including the payment of additional royalties;
- to supply only a limited quantity of the licensed product to a particular customer, where a know-how licence was granted at a customer's request so that he might have a second supplier inside a licensed territory. This provision shall also apply where the customer is the licensee, and the licence which was granted in order to provide a second source of supply provides that the customer is himself to manufacture the licensed products or to have them manufactured by a sub-contractor.

The licensor can be obliged to grant the licensee any more favourable terms that the licensor may grant to another undertaking after the agreement is entered into (Art 2.1.(11)).

If, because of the particular circumstances, the obligations referred to in Article 2 fall within the scope of Article 85(1), they are exempt (even if they do not contain any of the obligations exempted in Art 1) (Art 2).

The block exemption does not apply if (Art 3):

- one party is restricted in the determination of prices, components of prices or discounts for the licensed products;
- one party is restricted from competing with the other party, with undertakings connected with the other party or with other undertakings within the Common Market in respect of R&D, production, use or distribution of products deriving from R&D or from the exploitation of

COMPETITION LAW　　3.16

the interested party's own processes; this is without prejudice to an obligation on the licensee to use his best endeavours to exploit the licensed technology;
- one or both of the parties are required:
    (i) to refuse without any objectively justified reason to meet demand from users or resellers in their respective territories who would market products in other territories within the Common Market;
    (ii) to make it difficult for users or resellers to obtain products from other resellers within the Common Market, and in particular, to exercise intellectual property rights or to take measures so as to prevent users or resellers from obtaining outside, or from putting on the market in the licensed territory, products which have been lawfully put on the market within the Common Market by the licensor or with his consent,
  or do so as a result of a concerted practice between them;
- one party is restricted within the same technological field of use within the same product market as to the customers he may serve, in particular by being prohibited from supplying certain classes of user, employing certain forms of distribution or, with the aim of sharing customers, using certain types of packaging for the products (other than provisions for the use of the licensor's trade mark or the supply of only a limited quantity of the licensor's product to a particular customer referred to above);
- the quantity of the licensed products one party may manufacture or sell or the number of operations exploiting the licensed technology he may carry out are subject to limitations (unless, as indicated above, there is a field-of-use restriction on the licensee or an obligation on the licensee only to supply a limited quantity of the licensed product to a particular customer);
- the licensee is obliged to assign in whole or in part to the licensor rights to improvements to or new applications of the licensed technology.

The block exemption indicates that it may still apply to agreements containing restrictions on competition other than those covered in the Regulation. In such cases, restrictions covered by the block exemption remain so, and other restrictions fall within Article 85 of the EC Treaty in the ordinary way (*i.e.* may need individual notification for clearance) (Art 4).

The Regulation does not apply to the following agreements:

- those between members of a patent or know-how pool which relate to the pooled technologies;
- licensing agreements between competing undertakings which hold interests in a joint venture, or between one of them and a joint venture, if the licensing agreements relate to the activities of the joint venture;
- agreements in which one party grants the other a patent and/or know-how licence and the other party, albeit in separate agreements or through connected undertakings, grants the first party a patent, trade mark or know-how licence or exclusive sales rights, where the parties are competitors in relation to the products covered by those agreements;
- agreements including the licensing of intellectual property rights other than patents (in particular trade marks, copyright and design rights) or the licensing of software except where these rights or the software are of

assistance in achieving the object of the licensed technology and there are no obligations restrictive of competition other than those attached to the licensed know-how or patents and exempted under the present Regulation (Art 5).

The Regulation shall, nevertheless, apply to:

- agreements between competing undertakings relating to the activities of their joint venture, under which a parent undertaking grants the joint venture a patent or know-how licence, provided that the licensed products and the other products of the participating undertakings which are considered by their users to be equivalent in view of their characteristics, price and intended use represent:
  (i) in the case of a licence limited to production, not more than 20%; and
  (ii) in the case of a licence covering production and distribution not more than 10%, of the market for such products in the Common Market or a substantial part thereof;
- agreements in patent pools related to the pooled technologies, and reciprocal licences, provided the parties are not subject to any territorial restrictions in the Common Market concerning the licensed products or technologies (Art 5.2).

The Regulation shall also apply to:

- agreements where the licensor is not the holder of the know-how or the patentee but is authorised to grant a licence or sub-licence;
- assignments of know-how, patents or both where the risk associated with exploitation remains with the assignor, in particular where the sum payable in consideration of the assignment is dependent on (i) the turnover obtained by the assignee in respect of the products made using the know-how or patents, (ii) the quantity of such products manufactured or (iii) the number of operations carried out employing the know-how or the patents;
- licensing agreements in which rights or obligations of the licensor or the licensee are assumed by undertakings connected with them (Art 6).

The Commission may withdraw the benefit of the block exemption where it finds, in a particular case, that an agreement exempted by this Regulation nevertheless has certain effects which are incompatible with the conditions laid down in Article 85(3) of the EC Treaty, and, in particular, where:

- the effect of the agreement is to prevent the licensed products from being exposed to effective competition in the licensed territory from identical products or products considered by users as equivalent in view of their characteristics, price and intended use;
- without prejudice to the obligation on a licensee not to put the licensed product on the market in the territories licensed to other licensees within the Common Market (Article 1.1.(6)), the licensee refuses, without valid reason, to meet unsolicited demand from users or resellers in the territory of other licensees;
- the parties:
  (i) without any objectively justified reason, refuse to meet demand from users or resellers in their respective territories who would market the products in other territories within the Common Market; or

(ii) make it difficult for users or resellers to obtain the products from other resellers within the Common Market, and, in particular, where they exercise intellectual property rights or take measures so as to prevent resellers from obtaining outside, or from putting on the market in the licensed territory, products which have been lawfully put on the market within the Common Market by the licensor or with his consent;
- the parties were already competitors before the grant of the licence and obligations are imposed on the licensee to produce a minimum quantity or to use his best endeavours as referred to in the obligation to pay minimum royalties or produce minimum quantities, and to exploit the licence (Arts 2.1.(10) and 3.2), preventing the licensee from using competing technologies.

RESPONSIBILITY WITHIN THE EUROPEAN COMMISSION

3.17 Directorate-General IV (Competition) is responsible for the enforcement of the EC competition rules.

DG IV is organised on industry lines and divided into five sections: Directorate A deals with general competition policy and co-ordination, including international aspects; Directorate B deals with individual cases, electronics, information technology, telecommunications, media and the financial services sector; Directorate C deals with individual cases in the building and construction, energy, chemicals and agriculture sectors; Directorate D deals with individual cases in coal and steel, transport, tourism and other manufacturing industries; and Directorate E deals with state aids. There is also a special unit called the "Merger Task Force" for cases falling under the EC Merger Control Regulation.

Legislation and case law

Block exemptions and other rules

ESTABLISHMENT OF THE BLOCK EXEMPTION SYSTEM (1)

Official title
3.18 Council Regulation (EEC) 19/65 of 2 March 1965, on the application of Article 85(3) of the EC Treaty to certain categories of agreements and concerted practices.

Reference
Council Regulation 19/65; OJ 36, 6.3.65.

Amendments
Accession of United Kingdom, Denmark and Ireland (1973).

Accession of Greece (1981).
Accession of Spain and Portugal (1986).

Impact

Enables the European Commission to make Regulations exempting by category exclusive dealing agreements and agreements which concern intellectual property.

Details

This Regulation empowers the European Commission to adopt Regulations declaring Article 85(1) of the EC Treaty inapplicable in respect of certain categories of agreements which meet the conditions set out in Article 85(3) (so-called "block exemptions").

Before adopting a Regulation, the European Commission must first gain sufficient experience in the light of individual decisions. The power given by the Regulation can be used only where two undertakings are a party to a relevant agreement and that agreement relates to exclusive dealing or the acquisition, or use, of intellectual property rights (*e.g.* licensing agreements).

If an agreement complies with the rules set out in the relevant block exemption it need not be notified to the European Commission.

Block exemptions define the categories of agreements to which they apply. They also specify the clauses which must not be contained in any given agreement, the clauses which must be contained in those agreements, and the conditions which must be satisfied if an agreement is to be exempt by virtue of the Regulation.

So far, the European Commission has exercised its power under this Regulation for five categories of agreement: (i) Regulation (EEC) 67/67 covering exclusive dealing agreements (subsequently replaced by Regulation (EEC) 1983/83 on exclusive distribution agreements and Regulation (EEC) 1984/83 on exclusive purchasing agreements); (ii) Regulation (EEC) 123/85 on motor vehicle distribution and servicing agreements; (iii) Regulation (EEC) 2349/84 on patent licensing agreements; (iv) Regulation (EEC) 4087/88 on franchising agreements; and (v) Regulation (EEC) 556/89 on know-how licensing agreements (see below).

Date of implementation

The Regulation entered into force on 26 March 1965.

ESTABLISHMENT OF THE BLOCK EXEMPTION SYSTEM (2)

Official title

3.19 Council Regulation (EEC) 2821/71 of 20 December 1971, on the application of Article 85(3) of the EC Treaty to categories of agreements, decisions and concerted practices.

Reference
Council Regulation 2821/71; OJ L285, 29.12.71.

Amendments
Accession of United Kingdom, Denmark and Ireland (1973).
Accession of Greece (1981).
Accession of Spain and Portugal (1986).

Impact
Enables the European Commission to make Regulations exempting by category certain types of co-operation agreements.

Details
This Regulation empowers the European Commission to make block exemptions for co-operation arrangements between companies which enable the companies to work more rationally and adapt their productivity and competitiveness to the enlarged market.

The European Commission may use such powers with respect to agreements and practices relating to the application of standards and types, research and development of products or processes up to the stage of industrial application and exploitation of the results (including provisions regarding industrial property rights and confidential technical knowledge), and for specialisation.

If an agreement complies with the rules set out in the relevant block exemption Regulation, then it need not be individually notified to the European Commission.

The Regulations define the categories of agreements to which they apply, the clauses which must not be contained in an agreement, the clauses which must be contained in an agreement and the conditions which must be satisfied if an agreement is to be exempt by virtue of the Regulation.

So far the European Commission has exercised its powers under this Regulation for two categories of agreement: (i) Regulation (EEC) 2779/72, which provides for the exemption of certain specialisation agreements (later superseded by Regulation (EEC) 3604/82 and Regulation (EEC) 417/85); and (ii) Regulation (EEC) 418/85 on research and development agreements.

Date of implementation
The Regulation entered into force on 18 January 1972.

BLOCK EXEMPTION – EXCLUSIVE DISTRIBUTION AGREEMENTS

Official title
Commission Regulation (EEC) 1983/83 of 22 June 1983, on the application of Article 85(3) of the EC Treaty to categories of exclusive distribution agreements.

Reference
Commission Regulation 1983/83; OJ L173, 30.6.83.

Amendments
Corrigendum; OJ L281, 13.10.83.
Accession of Spain and Portugal (1986).

Impact
Lays down rules for exclusive distribution agreements which, if followed, mean that the relevant agreements are deemed to comply with Article 85(1) of the EC Treaty and are therefore exempt from individual notification.

Details
This Regulation provides that the prohibitions contained in Article 85(1) shall not apply to exclusive distribution agreements under certain stated conditions. The Regulation applies only to two-party agreements.

In order to comply with the terms of this Regulation, distribution agreements can contain only two types of restrictions on the supplier: (i) that the supplier will supply the contract goods to the distributor only within the whole or a defined area of the Community; and (ii) that the supplier will not supply the contract goods to end users in the territory given to the distributor. The first restriction must be present for the agreement to be considered an exclusive distribution agreement. The second restriction is optional (*i.e.* the supplier can reserve the right to supply end users in the distributor's allocated territory or not, as the parties wish).

The following obligations can be imposed on the distributor:

- the obligation not to manufacture or distribute goods which compete with the contract goods;
- the obligation to obtain the contract goods for resale only from the supplier;
- the obligation to refrain from seeking customers, establishing any branch and maintaining any distribution depot outside the allocated territory for the contract goods.

In addition, the exclusive distributor may be required:

- to purchase complete ranges of goods or minimum quantities;
- to sell the contract goods under trade marks or packed and presented as specified by the supplier; and
- to take measures for the promotion of sales, in particular to advertise, to maintain a sales network or stock of goods, to provide customer and guarantee services and to employ staff having specialised or technical training.

Thus, the structure of the Regulation is that, in return for an undertaking by the supplier not to compete with the distributor in a given area at the distributor's (resale) level (and, optionally, at end-user level also), the distributor gives undertakings that he will focus his sales efforts on the supplier's goods in that area. These undertakings come in the form of: an obligation not to buy for competing products and from other sources of supply; an obligation not to pursue an active sales policy outside the given area (it should be noted, however, that the distributor can still supply customers outside his territory when the sale is unsolicited); and various undertakings designed to promote sales.

The supplier's right to control the appearance of the goods is also protected.

It is essential to appreciate that these are the only restrictions permitted. In other words, the block exemption is like a stencil which, if applied to an agreement, shows all the restrictions on competition therein, and no others. If any other restrictions (such as customer or pricing restrictions) are included the whole agreement cannot benefit from the block exemption, and the restrictions concerned are void unless individually exempted.

This Regulation does not apply to reciprocal agreements between competing manufacturers, since such agreements are considered likely to lead to market sharing. However, the Regulation can apply to a non-reciprocal exclusive distribution agreement between competing manufacturers, where one is a small or medium-sized enterprise (*e.g.* one that has a total annual turnover of no more than ECU 100 million, or one that only exceeds that turnover by no more than 10% during any period of two consecutive financial years).

The European Commission has also indicated that an OEM (own label purchase agreement) is not considered to fall within the block exemption (*ICL/Fujitsu*; OJ C210, 21.8.86).

The Regulation applies provided that there is an alternative source of supply outside the territory allocated to the distributor for users in the distributor's territory. If this is not the case, or if the supplier (and/or the distributor) makes it difficult for intermediaries or users to obtain the goods (through the exercise of industrial property rights or otherwise), then the benefit of the Regulation is not available.

The European Commission may withdraw the benefit of the block exemption if it finds that an agreement has effects incompatible with Article 85(3). This may arise where the contract goods are not subject to effective competition in the allocated territory, or access by other suppliers to the different stages of distribution in the allocated territory is made difficult, or where the exclusive distributor sells the contract goods at an excessively high price.

This Regulation, together with Regulation (EEC) 1984/83 (see below), replaced Regulation (EEC) 67/67, which expired on 30 June 1983. The European Commission has published guidelines to assist in the interpretation of this Regulation (see para **3.37** below).

Date of implementation

This Regulation entered into force on 1 July 1983 and is due to expire on 31 December 1997.

BLOCK EXEMPTION – EXCLUSIVE PURCHASING AGREEMENTS

Official title

3.21 Commission Regulation (EEC) 1984/83 of 22 June 1983, on the application of Article 85(3) of the EC Treaty to categories of exclusive purchasing agreements.

Reference

Commission Regulation 1984/83; OJ L173, 30.6.83.

Amendments

Corrigendum; OJ L281, 13.10.83.
Accession of Spain and Portugal (1986).

Impact

Lays down rules for exclusive purchasing agreements which, if followed, mean that the relevant agreements are deemed to comply with Article 85(1) of the EC Treaty and are therefore exempt from individual notification.

Details

This Regulation provides that the prohibitions contained in Article 85(1) shall not apply to exclusive purchasing agreements under certain conditions. This Regulation contains general rules, and special rules for beer supply agreements and service station agreements.

The Regulation applies only to two-party agreements. In order to comply with the general rules set out in the Regulation, exclusive purchasing agreements can contain only one type of restriction on the supplier: the obligation not to distribute the contract goods, or goods which compete with the contract goods in the reseller's principal sales area and at the reseller's level of distribution.

The following obligations can be imposed on the reseller:

- to purchase specified goods for resale only from the supplier, or from a connected company, or from another company which the supplier has entrusted with the sale of his goods; and
- not to manufacture or distribute goods which compete with the contract goods.

In addition, the reseller can undertake:

- to purchase complete ranges of goods and to purchase minimum quantities of goods subject to the exclusive purchasing obligation;

- to sell the contract goods under trade marks, or packed and presented as specified by the supplier; and
- to take measures for the promotion of sales, in particular: to advertise, to maintain a sales network or stock of goods, to provide customer and guarantee services and to employ staff having specialised or technical training.

However, the exclusive purchasing obligation can only be agreed for one type of product. Products are deemed to belong to a type if they are connected to each other by nature or according to commercial usage. The exclusive purchasing agreement cannot be concluded for an indefinite duration or for a period of more than five years. The object of these conditions is to prevent too great a foreclosure of the market. The underlying idea is that the concerned contracts will be up for renewal periodically, and other suppliers will be able to supply purchasers with other products of different types thereby increasing market access and competition by third parties.

In general, this Regulation does not apply to reciprocal agreements between competing manufacturers. There is an exception, however, for non-reciprocal agreements where one competing manufacturer is a small or medium-sized enterprise (*e.g.* one that has a total annual turnover of no more than ECU 100 million, or one that only exceeds that turnover by no more than 10% during any period of two consecutive financial years).

The European Commission may withdraw the benefit of the block exemption when it finds, in a particular case, that an agreement has effects incompatible with Article 85(3) (*e.g.* where the contract goods are not subject to effective competition in a substantial part of the Community, where access by other suppliers to the different stages of distribution in a substantial part of the Community is made difficult to a significant extent, or where the supplier discriminates against his exclusive purchaser in prices or other conditions of sale).

The Regulation also sets out specific rules for beer supply and service station agreements designed to deal with the special nature of the relevant agreements; in particular, the fact that the exclusive purchasing obligation is usually agreed in return for special commercial or financial advantages (*e.g.* a favourable letting arrangement) and may, therefore, justify a longer tie. These rules define in more detail the scope and duration of the "ties" concerned (*e.g.* beer and other drinks, or motor vehicle fuels and other lubricants). The scope of exclusive purchase obligation is limited more strictly, the longer the permitted duration of the contract.

Date of implementation

This Regulation, together with Regulation (EEC) 1983/83 (see above) replaced Regulation (EEC) 67/67, which expired on 30 June 1983.

The European Commission has published guidelines to assist in the interpretation of this Regulation (see para **3.37** below).

This Regulation entered into force on 1 July 1983 and is due to expire on 31 December 1997.

BLOCK EXEMPTION – PATENT LICENSING AGREEMENTS

Official title

3.22 Commission Regulation (EEC) 2349/84 of 23 July 1984, on the application of Article 85(3) of the EC Treaty to certain categories of patent licensing agreements.

Reference

Commission Regulation 2349/84; OJ L219, 16.8.84.

Amendments

Corrigendum; OJ L113, 26.4.85.
Accession of Spain and Portugal (1986).
Regulation (EEC) 151/93; OJ L21, 29.1.93.

Impact

Lays down rules for patent licensing agreements which, if followed, mean that relevant agreements are deemed to comply with Article 85(1) and are, therefore, exempt from individual notification.

Details

This Regulation provides that the prohibitions contained in Article 85(1) shall not apply to patent licensing agreements where those agreements comply with certain defined rules. This Regulation applies to two-party agreements. There are very specific rules on the scope of application of the block exemption.

The Regulation applies to patent licensing agreements involving national patents, Community patents (*i.e.* those granted under the Community Patent Convention of 15 December 1975), and European Patents (*i.e.* those granted under the European Patents Convention of 5 October 1973).

This Regulation also applies to: patent applications; utility models; applications for the registration of utility models; *certificats d'utilité* and *certificats d'addition* and applications for such certificates; agreements relating to the exploitation of an invention for which application was made within one year from the date of the agreement; agreements where the licensor is not the patent holder but authorised by the patent holder to grant a licence or sub-licence; and assignments of a patent or a right to a patent, where the consideration of the assignment is dependent on the assignee's turnover in the patented products, the quantity of such products manufactured, or the number of operations for which the patented invention was used.

The Regulation also applies to patent licensing agreements which contain provisions assigning or granting the right to use non-patented technical know-how, where such know-how is secret and permits a better exploitation of the licensed patents.

The Regulation does not apply to agreements concerning sales alone. Those agreements may, however, be covered by Regulation (EEC) 1983/83 (see para **3.20** below).

In addition, this Regulation does not apply to (i) patent pools, (ii) patent licensing agreements entered into in connection with joint ventures, (iii) agreements relating to products not protected by patents, and (iv) licensing agreements in respect of plant breeders' rights.

However, the Regulation does apply, in the case of production licences, where the combined production of the products which are the subject of the agreement (and other equivalent products manufactured by the parties) represents not more than 20% of the market for such products in the Common Market (or a substantial part thereof), or, in the case where the licence covers production and distribution of the products, they represent not more than 10% of the market. Further, the Regulation applies to reciprocal licences of the type referred to in (i) to (iv) above, where the parties are not subject to territorial restrictions in the Community on the manufacture, use or marketing of the products covered by the agreements.

Under the Regulation, the licensor may agree:

- not to license parties, other than the licensee, to exploit the licensed invention within the licensed territory as long as one of the licensed patents remains in force; and
- not to exploit the licensed invention himself in that territory, as long as one of the licensed patents remains in force.

The licensee may be required:

- not to exploit the licensed invention in territories within the Community which are reserved for the licensor;
- not to manufacture or use the licensed product or use the patented process or know-how in territories in the Community which are licensed to other licensees;
- not to pursue an active sales policy for the licensed product in territories in the Community which are licensed to other licensees and, in particular, not to advertise, or establish a branch or maintain a distribution depot there;
- not to put the licensed product on the market in territories licensed to other licensees within the Community for a period not exceeding five years from the date when the product is first put on the market in the Common Market by the licensor or one of his licensees; and
- only to use the licensor's trade mark to distinguish the product, provided that the licensee can identify himself as the manufacturer of the licensed product.

These obligations, however, are only permitted where the patented product is protected by parallel patents.

In addition, the Regulation provides that certain obligations are not considered restrictive of competition. Thus, the licensee can be obliged:

- to procure goods or services from the licensor or from an undertaking designated by the licensor, in so far as such products or services are necessary for a technically satisfactory exploitation of the licensed invention;
- to pay a minimum royalty, or produce a minimum quantity of the licensed product, or to perform a minimum number of operations using the licensed invention;
- to restrict his exploitation of the licensed invention to one or more technical fields of application covered by the licensed patent;
- not to use the patent after the agreement is terminated;
- not to grant sub-licences or assign the licence;
- to mark the licensed product with an indication of the patent holder's name, the patent or the patent licensing agreement;
- not to divulge know-how communicated by the licensor (even after the licensing agreement has expired);
- to inform the licensor of infringements of the patent;
- to take legal action against an infringer; and
- to observe minimum quality specifications for the licensed product, provided that these are necessary for a technically satisfactory exploitation of the licensed invention.

The parties may also agree to communicate to each other experience gained in exploiting the licensed invention and to grant each other licences for improvements and new applications, provided such communications or licences are non-exclusive. The licensor may also agree to grant the licensee any more favourable terms that the licensor may grant to another party.

On the other hand the benefits of the Regulation cannot be claimed where:

- the licensee is prohibited from challenging the validity of licensed products;
- the duration of the licensing agreement is automatically prolonged beyond the life of the licensed patents by the inclusion of any new patent obtained by the licensor;
- one party is restricted from competing with the other party in respect of research and development, manufacture, use or sales (other than as indicated above, as regards the licensed patents);
- the licensee is charged royalties on products which are not entirely or partially patented or manufactured by means of a patented process, or for the use of know-how which has entered the public domain (unless there has been a specific arrangement for spreading payments for the use of the licensed invention over a longer period);
- a party is restricted in the quantities which may be manufactured or sold or the number of inventions in which he may exploit the licensed invention;
- a party is restricted as regards prices, or as regards customers; or
- the licensee is obliged to assign to the licensor any improvements or new applications for the licensed patent, or is required to accept further licences for patents, goods or services which he does not want.

The Regulation also indicates that it may apply to agreements containing restrictions on competition other than those dealt with, provided that such agreements are notified to the European Commission and that the European Commission does not oppose such exemption within a period of six months.

The European Commission reserves the right to withdraw the benefit of the Regulation where it finds, in a particular case, that an agreement has effects incompatible with Article 85(3) of the EC Treaty, for example where:

- such effects arise from an arbitration award;
- the licensed products are not exposed to effective competition in the licensed territory;
- the licensor does not have the right to terminate the exclusivity granted to the licensee within five years from the date the agreement was made, where the licensee has not exploited the patent or has done so inadequately;
- the licensee refuses to meet unsolicited demand from users or resellers in the territory of other licensees without objectively valid reasons;
- one or both parties refuse to meet demand from users or resellers who would market the products in other territories; and/or
- one or both parties make it difficult for users or resellers to obtain the products from other resellers within the Community, in particular exercising rights or taking measures so as to prevent resellers or users from obtaining or marketing products which have been lawfully put on the market by the patent holder or with his consent.

Date of implementation

This Regulation entered into force on 1 January 1985 and is due to expire on 31 December 1994. Regulation (EEC) 151/93 entered into force on 1 April 1993 (see Future developments for the proposed replacement Regulation).

APPLICATION OF EC COMPETITION RULES TO OTHER INTELLECTUAL PROPERTY RIGHTS (PLANT BREEDERS' RIGHTS, TRADE MARKS, COPYRIGHT, AND DESIGNS/MODELS)

3.23 Know-how licences are dealt with at para **3.30** below. There is also extensive case law concerning competition law and other types of intellectual property (see further, Chapter 8). For present purposes, it may suffice to note the following points.

First, in the context of the licensing of plant breeders' rights, the European Court of Justice has held that certain types of exclusive licence may not fall within Article 85(1). In Case 258/78 *Nungesser* [1982] ECR 2015, the Court held that an "open" licence might be considered in this way – an open licence being a licence whereby the licensor agrees not to compete with the licensee in the licensed territory and not to grant additional licences for that territory to others but which does not affect the position of third parties, such as parallel importers and licensees for other territories. If a licence goes further and attempts to give the licensee a greater degree of territorial protection, Article 85(1) may be infringed. A licence which provides for absolute territorial protection infringes Article 85(1) and is incapable of Article 85(3) exemption. This line of reasoning is now invoked frequently in other contexts to argue that Article 85(1) does not apply.

Secondly, while to date there is no legislation on trade mark, copyright and registered design licences, Article 85 may apply to these licensing agreements.

Thus, in the case of trade marks in *Campari*, Decision 78/253; OJ L70, 13.3.78, the European Commission held that Article 85(1) applies to an exclusive trade mark licence where the bitter-drink manufacturer agreed not to licence the trade mark to anyone else in various Member States, nor itself to manufacture products under the trade mark in those territories. On the facts, Article 85(3) exemption was granted. However, in the same case, the European Commission found that measures imposed on the licensee by the licensor to control the quality of goods sold under the trade mark would generally fall outside the scope of Article 85(1). Agreements between companies delineating the scope in which trade marks may be used (*i.e.* because they are similar or confusing) may infringe Article 85(1) if they are not the result of a genuine dispute between the parties and do not reflect the least restrictive solution (Case 35/83 *BAT* [1985] ECR 363).

In the case of copyright, in Case 262/81 *Coditel (No 2)* [1982] ECR 3381, the Court held, on the facts, that an exclusive licence to exhibit a film did not infringe Article 85(1) but stressed that the exercise of copyright might do so in some circumstances.

In two more recent cases concerning spare parts, Case 238/87 *Volvo* v *Veng* [1988] ECR 6211 and Case 53/87 *Maxicar* v *Renault* [1988] ECR 6039, both judgments of 5 October 1988, the Court considered the protection of designs and models in the light of Article 86. The Court held that the refusal, by the proprietor of a registered design, to grant licences to third parties, even in return for reasonable royalties, does not, in itself, constitute an abuse of a dominant position.

BLOCK EXEMPTION – MOTOR VEHICLE DISTRIBUTION AND SERVICES AGREEMENTS

Official title

3.24 Commission Regulation (EEC) 123/85 of 12 December 1984, on the application of Article 85(3) of the Treaty to certain categories of motor vehicle distribution and servicing agreements.

Reference

Commission Regulation 123/85; OJ L15, 18.1.85.

Amendments

Accession of Spain and Portugal (1986).

Impact

Lays down rules for motor vehicle distribution and servicing agreements which, if followed, mean that relevant agreements are deemed to comply with Article 85(1) of the EC Treaty and are therefore exempt from individual notification.

Details

This Regulation provides that the prohibitions contained in Article 85(1) of the EC Treaty shall not apply to motor vehicle distribution and servicing agreements where certain defined conditions are complied with.

The Regulation applies to agreements for the resale of motor vehicles which have three or more road wheels and are intended for use on public roads, together with related spare parts. This Regulation applies only to two-party agreements.

The supplier can undertake (i) to supply motor vehicles and spare parts for resale within a defined territory only to the other party (*e.g.* the dealer), or to the other party and to a specified number of other firms within the distribution system, and (ii) not to sell the contract goods to final consumers, nor to provide them with servicing for contract goods in the contract territory.

The Regulation sets out detailed rules governing the restrictions which may be imposed on the dealer. For example, the dealer can generally be required:

- not to modify the contract goods without the supplier's consent;
- not to sell competing new motor vehicles;
- not to sell new motor vehicles other than those offered for supply by the manufacturer; and
- not to sell competing spare parts which do not match the quality of the contract goods, nor to use them for repair or maintenance of contract goods.

The dealer can be required to concentrate his sales efforts in a specific area (*e.g.* not to seek customers for contract goods or to maintain branches or depots for distribution of contract goods outside the contract territory).

The dealer can also be required to meet minimum standards for the equipping of his premises, the training of his staff and delivery of contract goods to customers. A dealer may also be required to order contract goods from the supplier only at certain times, to sell a minimum quantity of goods, to hold agreed levels of stock and to keep demonstration vehicles.

The exemption does not apply if both parties to the agreement are motor vehicle manufacturers, if resale price maintenance is imposed on the dealer through minimum prices or maximum trade discounts, or if the parties engage in concerted practices concerning motor vehicles or spare parts to an extent not provided for by the Regulation.

The European Commission retains the right to withdraw the benefit of the Regulation where, in an individual case, an agreement has effects incompatible with Article 85(3) (*e.g.* where: (i) the contract goods are not subject to competition in the Community or a substantial part thereof; or (ii) the manufacturer or firms of the distribution system "continuously or systematically" make it difficult for final consumers or firms in the distribution system to obtain contract goods or servicing; or (iii) over a considerable period, prices for contract goods differ substantially as between Member States, and such differences are due chiefly to obligations exempted by the Regulation; or (iv) the agreement has the effect of partitioning the Community).

The European Commission has published guidelines to assist in the interpretation of this Regulation, and, more recently, a clarification of motor vehicle intermediaries, because of the recent growth in parallel importing through professional intermediaries, which are not part of the supplier's authorised distribution network (see para **3.41** below).

Date of implementation

This Regulation entered into force on 1 July 1985 and is due to expire on 30 June 1995 (see Future developments for details of the proposed replacement Regulation).

APPLICATION OF EC COMPETITION RULES TO SELECTIVE DISTRIBUTION

3.25 Regulation (EEC) 123/85 allows a supplier to sell only to dealers meeting defined standards and conditions as to the services they can provide on resale. It also allows a limit on the number of dealers in a given area, within the distribution system. There is considerable case law on such selective distribution systems, which are used widely for the sale of various goods – from hi-tech stereos to clocks, watches and perfumes.

The position on the case law is that, generally, a supplier may restrict sales of his products to certain outlets without infringing Article 85(1) of the EC Treaty, provided that the products in question justify such restriction (*i.e.* because of their dangerous or technical nature).

To comply with this case law, resellers allowed to sell the products must be chosen on the basis of objective qualitative criteria (*e.g.* related to the technical qualifications of the reseller and his staff and the suitability of his premises) and such admission criteria must be applied uniformly without discrimination. If there are limits on the number of dealers admitted in a given area, however, Article 85(1) will usually be infringed and individual exemption will be required. This may also be the case if additional promotional obligations are imposed on dealers Case 26/76 (*Metro (No 1)* [1977] ECR 1875). If there are a number of selective distribution systems in the market, such that competition from other kinds of distribution is excluded or a rigid price structure indicating a lack of effective competition exists, Article 85(1) may also apply Case 75/84 (*Metro (No 2)* [1986] ECR 3021).

BLOCK EXEMPTION – SPECIALISATION AGREEMENTS

Official title
Commission Regulation (EEC) 417/85 of 19 December 1984 on the application of Article 85(3) of the EC Treaty to categories of specialisation agreements.

Reference
Commission Regulation 417/85; OJ L53, 22.2.85.

Amendments
Accession of Spain and Portugal (1986).
Regulation (EEC) 151/93; OJ L21, 29.1.93.

Impact
Agreements between companies to divide up the production of certain goods, or to produce them jointly may, in certain circumstances, be deemed to comply with Article 85(1) and, therefore, be exempt from individual notification.

Details
This Regulation indicates that the prohibitions contained in Article 85(1) shall not apply to agreements on specialisation, where those agreements comply with certain defined conditions. A specialisation agreement is defined as one whereby, for the duration of the agreement, the firms involved accept reciprocal obligations not to manufacture certain products, but leave it to other parties to manufacture the products; or the parties agree to manufacture certain products jointly; or the parties agree to have the products concerned manufactured for them by third parties.

The Regulation applies only if certain quantitative criteria are met: the products which are the subject of the specialisation (together with other equivalent products made by the parties) must not represent more than 20% of the market (being the Common Market or a substantial part thereof) for such products or more than 10% where one of the parties, joint undertakings, or third parties are entrusted with the distribution of those products and the aggregate annual turnover of the participating firms must not exceed ECU 1,000 million.

The Regulation will still apply if either the market share or the turnover threshold is exceeded by not more than one-tenth in two consecutive years. If either limit is exceeded by more than one-tenth, the Regulation will still apply for six months following the end of the financial year during which it was exceeded.

Under the Regulation, the parties may undertake:

- not to conclude with third parties specialisation agreements for related products or products considered equivalent;
- to procure the products which are the subject of the specialisation exclusively from another (usually the other) party, a joint undertaking, or an undertaking jointly charged with their manufacture, except where they are obtainable on more favourable terms elsewhere and the joint undertaking is not prepared to offer the same terms; and
- to grant other parties the exclusive right to distribute products which are the subject of the specialisation. The 1993 amendment extended the provisions of the original Regulation so that one party to a specialisation agreement can be obliged to grant the other party, a joint undertaking, or a third party, the exclusive right to distribute products. This is permitted only in two situations: first, in the case of a party to the agreement, provided that the party does not distribute the competing products of a third undertaking; and secondly, in the case of a joint undertaking, that the party neither manufactures nor distributes the competing product of a third undertaking. Furthermore, all exclusive distribution rights will be permitted only if users and intermediaries can also obtain the contract products from other suppliers and the parties do not make it difficult for them to do so.

The parties may also be required to supply other parties with products which are the subject of the specialisation and, in so doing, to observe minimum standards of quality, to maintain minimum stocks and corresponding replacement parts and to provide customer and guarantee services for such products.

The Regulation can also apply to agreements between firms whose aggregate turnover exceeds the above-stated limits, if the agreement is notified to the European Commission in accordance with the Regulation and the European Commission does not oppose such exemption within six months.

Turnover, for the purposes of this Regulation, is defined as the turnover of the participating undertakings during the last financial year in respect of all goods and services excluding tax, and excluding dealings between the participating undertakings or between those undertakings and a third undertaking jointly charged with manufacture.

The European Commission may withdraw the benefit of this Regulation where it finds, in a particular case, that an agreement has effects incompatible with Article 85(3) of the EC Treaty, such as where the agreement is not yielding significant results in terms of rationalisation, or consumers are not receiving a fair share of the benefit, or the products which are the subject of the specialisation are not subject to effective competition in the Community or a substantial part of it.

Date of implementation

This Regulation entered into force on 1 March 1985 and is due to expire on 31 December 1997. Regulation (EEC) 151/93 entered into force on 1 April 1993.

BLOCK EXEMPTION – RESEARCH AND DEVELOPMENT AGREEMENTS

Official title

Commission Regulation (EEC) 418/85 of 19 December 1984, on the application of Article 85(3) of the EC Treaty to categories of research and development agreements.

Reference

Commission Regulation 418/85; OJ L53, 22.2.85.

Amendments

Accession of Spain and Portugal (1986).
Regulation (EEC) 151/93; OJ L21, 29.1.93.

Impact

Agreements between companies to undertake joint research and development projects, or to share jointly in the outcome of a research and development project may, in certain circumstances, be deemed to comply with Article 85(1), and therefore be exempt from individual notification.

Details

This Regulation provides that the prohibitions contained in Article 85(1) of the EC Treaty shall not apply to agreements between firms for the purpose of:

- joint research and development (R&D) of products or processes and joint exploitation of the results of that R&D;
- joint exploitation of the results of R&D of products or processes jointly carried out, pursuant to a prior agreement between the firms; or
- joint research and development of products or processes excluding joint exploitation, in so far as such agreements fall within Article 85(1).

The exemption provided for under this Regulation applies on condition that:

- the joint R&D work is carried out within the framework of a programme defining the objectives of the work and the field in which it is to be carried out;
- all the parties have access to the results of the work;
- the joint exploitation relates only to results that are protected by intellectual property rights or constitute know-how that contributes substantially to technical or economic progress, and the results are decisive

for the manufacture of the contract products or the application of the contract processes;
- any undertakings charged with manufacture by way of specialisation in production are required to fulfil orders or supplies from all the parties.

If the parties are not competing manufacturers of products capable of being improved or replaced by the contract products, the exemption applies only for the duration of the R&D programme. If those parties also jointly exploit the results of the R&D, the exemption extends for five years from the time the contract products are first put on the market in the Community.

Where two or more of the parties are competitors this exemption applies only if, at the time the agreement is entered into, the parties' combined production of the goods capable of being improved or replaced by the contract products does not exceed 20% of the market for such products in the Community or a substantial part of it.

Where the parties are not competing manufacturers, the exemption shall continue to apply beyond the periods indicated above as long as the production of the contract products, together with the parties' combined production of other equivalent products, does not exceed 20% of the total market for such products in the Community or a substantial part of it.

The Regulation continues to apply if this 20% market-share threshold is exceeded by not more than one-tenth in two consecutive years. If the threshold is further exceeded, the Regulation will continue to apply only for a period of six months following the financial year during which it was exceeded.

Under this Regulation, the parties may be required:
- not to carry out independent R&D and not to enter into agreements with third parties on R&D in the field to which the programme relates or in a closely connected field during the execution of the programme;
- to procure the contract products exclusively from parties, joint organisations or undertakings or third parties jointly charged with their manufacture;
- not to manufacture the contract products or apply the contract processes in territories reserved for other parties;
- to restrict the manufacture of the contract products or application of the contract processes to one or more technical fields of application (except where two or more of the parties are competitors);
- not to pursue, for a period of five years from the time the contract products are first put on the market within the Community, an active policy of putting the products on the market in territories reserved for other parties; and, in particular, not to engage in advertising aimed specifically at such territories or to establish any branch or maintain any distribution depot there for the distribution of the products, provided that users and intermediaries can obtain the contract products from other suppliers and the parties do not render it difficult for intermediaries and users to obtain the products in that way; and
- to grant the other party, a joint undertaking, or a third party the exclusive

right to distribute products. This is permitted, however, only where (in the case of a party to the agreement) that party does not distribute the competing products of a third undertaking and (in the case of a joint undertaking) the party neither manufactures nor distributes the competing product of a third undertaking. Furthermore, exclusive distribution rights will be permitted only if users and intermediaries can also obtain the contract products from other suppliers and the parties do not make it difficult for them to do so.

The parties may also agree:
- to communicate patented or non-patented technical knowledge necessary for the carrying out of the R&D programme and the exploitation of its results;
- not to use any know-how received from another party for purposes other than carrying out the R&D programme and the exploitation of its results;
- to obtain and maintain in force intellectual property rights for the contract products or processes;
- to preserve the confidentiality of any know-how received or developed jointly under the R&D programme (even after the expiration of the agreement);
- to inform other parties of infringements of their intellectual property rights;
- to take legal action against infringers;
- to pay royalties or render service to other parties to compensate for unequal contributions to the joint R&D or unequal exploitation of its results;
- to share royalties received from third parties with other parties;
- to supply other parties with minimum quantities of contract products and to observe minimum standards of quality; and
- to entrust one of the parties, joint undertakings, or third parties with the distribution of the products which are the subject of the R&D agreement, if the parties' combined production during the periods covered by the Regulation does not exceed more than 10% of the market for such products in the Common Market or a substantial part thereof.

On the other hand, the exemption under this Regulation does not apply where the parties are:
- restricted in their freedom to carry out R&D independently or in co-operation with third parties in a field unconnected with that to which the programme relates or, after its completion, in the field to which the programme relates or in a connected field;
- prohibited after completion of the R&D programme from challenging the validity of intellectual property rights which the parties hold in the Community and which are relevant to the programme or, after the expiration of the agreement, from challenging the validity of intellectual property rights which the parties hold in the Community and which protect the results of the R&D;
- restricted as to the quantity of the contract products they may manufacture or sell, or as to the number of operations employing the contract process they may carry out;

- restricted in their determination of prices, components of prices or discounts for the contract products or the customers they may serve; or
- prohibited from putting the contract products on the market or pursuing an active sales policy for them in territories within the Common Market that are reserved for other parties after the five-year period from when the contract products are first put on the market in the Community indicated above; or
- where the parties are prohibited from granting licences to third parties to manufacture the contract products or apply the contract process, even though exploitation of the joint research and development by the parties themselves is not provided for or does not take place.

Agreements containing other restrictions on competition may also benefit from the exemption, provided that the agreements are duly notified under the Regulation and the European Commission does not oppose such exemption within six months.

The European Commission reserves the right to withdraw the benefit of the Regulation if it finds, in a particular case, that an agreement has effects incompatible with Article 85(3) of the EC Treaty, in particular where:

- the existence of the agreement substantially restricts the scope for third parties to carry out R&D in the relevant field because of the limited research capacity available elsewhere;
- the existence of the agreement substantially restricts the access of third parties to the market for the contract products;
- the parties fail, without any objectively valid reason, to exploit the results of the joint research and development; and
- the contract products are not subject to effective competition from identical products or equivalent products in the Common Market or a substantial part of it.

Date of implementation

This Regulation entered into force on 1 March 1985, and is due to expire on 31 December 1997. Regulation (EEC) 151/93 entered into force on 1 April 1993.

BLOCK EXEMPTION – FRANCHISING AGREEMENTS

Official title

3.28 Commission Regulation (EEC) 4087/88 of 30 November 1988 on the application of Article 85(3) of the EC Treaty to categories of franchise agreements.

Reference

Commission Regulation 4087/88; OJ L359, 28.12.88.

Amendments

None.

Impact

Lays down rules for certain franchise agreements which, if followed, mean that relevant agreements are deemed to comply with Article 85(1) of the EC Treaty and are, therefore, exempt from individual notification.

Details

This Regulation provides that the prohibitions contained in Article 85(1) shall not apply to franchise agreements, whereby one of the parties supplies goods or provides services to end users, under certain stated conditions.

The Regulation, therefore, does not apply to industrial franchise agreements, or to wholesale franchise agreements. Both individual franchise agreements and master franchise agreements (*i.e.* agreements giving a party a franchise for a certain area with the ability to sub-franchise therein) are covered. The Regulation applies only to two-party agreements.

In order to qualify as a franchise agreement under this Regulation, the agreement must involve a grant by the franchiser to the franchisee of the right to exploit a franchise for the purposes of marketing specified types of goods and/or services in exchange for direct or indirect financial consideration.

A franchise means a package of intellectual property rights, relating notably to trade marks, designs and know-how to be exploited for the resale of goods or provision of services to end users.

The franchise agreement must include at least obligations relating to:

- the use of a common name or shop sign and a uniform presentation of contract premises and/or means of transport;
- the communication by the franchiser to the franchisee of know-how; and
- the continuing provision by the franchiser to the franchisee of commercial or technical assistance during the life of the agreement.

Under the Regulation, a franchiser can undertake to give the franchisee a degree of territorial protection. Thus, in the defined area of the Common Market allocated to the franchisee as the contract territory, the franchiser can undertake:

- not to grant the right to exploit all or part of the franchise to third parties;
- not, itself, to exploit the franchise or market the goods or services in question under a similar formula; and
- not, itself, to supply the goods in question to third parties.

The principal obligations which can be imposed on the franchisee are as follows:

- to exploit the franchise only from the premises specified in the franchise agreement;
- to refrain from seeking customers for the goods or services outside the contract territory (if a master franchisee, not to conclude franchise agreements with third parties outside the contract territory); and
- not to manufacture, sell or use in the course of the provision of services,

goods competing with the goods which are the subject-matter of the franchise.

The following obligations can be imposed on the franchisee, in so far as they are necessary to protect the franchiser's industrial or intellectual property rights, or to maintain the common identity and reputation of the franchised network:

- to sell or use exclusively in the provision of services goods matching minimum objective quality specifications laid down by the franchiser;
- to sell or use in the provision of services, goods which are manufactured only by the franchiser or by third parties designated by the franchiser. Such provision is, however, only permitted where it is impracticable, owing to the nature of the goods in question, to apply objective quality specifications;
- during the life of the agreement, not to engage, directly or indirectly, in any similar business in a territory where that business would compete with a member of the franchised network, including the franchiser;
- on termination of the agreement, not to engage, directly or indirectly, in any similar business in the territory where the franchisee exploited the franchise for a reasonable period not exceeding one year;
- not to acquire financial interests in the capital of a competing firm, which would give the franchisee the power to influence the economic conduct of that firm;
- to sell the goods which are the subject-matter of the franchise only to end users, to other franchisees (and, where appropriate, to resellers within other channels of distribution, supplied by the manufacturer of these goods or with the manufacturer's consent);
- to use its best endeavours to sell the goods or to provide the services which are the subject-matter of the franchise (including obligations to offer a minimum range, achieve a minimum turnover, plan orders in advance, to keep minimum stocks and provide customer and warranty services); and
- to pay to the franchiser a specified proportion of revenue for advertising. The franchisee can also be required to carry out advertising subject to the franchiser's approval as to the nature of the advertising.

The Regulation also sets out various obligations which can be imposed on the franchisee, and are normally considered not to be restrictive of competition, for example concerning:

- non-disclosure of the franchiser's know-how;
- communication of experience gained in exploiting the franchise and grant of a non-exclusive licence to resulting know-how;
- an obligation not to change the location of the premises specified for exploitation of the franchise without the franchiser's consent; and
- an obligation not to assign the franchise agreement without the franchiser's consent.

In order to benefit from the Regulation, certain conditions must be met, and certain obligations must not be entered into. Thus, the Regulation applies on condition that:

- the franchisee is free to obtain the goods which are the subject-matter of the franchise from other franchisees (and, where appropriate, from other authorised distributors);
- where the franchiser obliges the franchisee to honour guarantees for the franchiser's goods, that obligation applies to goods supplied by other franchisees or other distributors which give a similar guarantee, in the Common Market; and
- the franchisee is obliged to indicate its status as an independent undertaking (without interfering with provisions concerning the common identity of the franchised network).

Exemption under this Regulation does not apply where:
- firms producing competing goods or providing competing services enter into franchise agreements for such goods or services;
- the franchisee is "tied" to the franchiser. In other words, the franchisee is prevented from obtaining supplies of goods of a quality equivalent to those offered by the franchiser, and the goods in question are not the essential subject-matter of the franchise, nor is it necessary that the source of such goods be restricted in this way, in order to protect the franchiser's rights or the franchised network;
- the franchiser requires the franchisee to sell or use goods manufactured by the franchiser or third parties designated by the franchiser, and the franchiser refuses to designate, as authorised manufacturers, third parties proposed by the franchisee, for reasons other than protecting the franchiser's rights or the franchised network;
- the franchisee is prevented from continuing to use the licensed know-how after termination of the agreement, where the know-how has become generally known or easily accessible, other than by breach of an obligation by the franchisee;
- the franchisee is restricted by the franchiser, directly or indirectly, in the determination of sales prices for the goods and services which are the subject-matter of the franchise;
- the franchiser prohibits the franchisee from challenging the validity of the industrial or intellectual property rights which form part of the franchise; and
- franchisees are obliged not to supply the goods or services in question to end users within the Common Market because of their place of residence.

Agreements containing other restrictions on competition may also benefit from the exemption, provided that the agreements are duly notified under the Regulation and the European Commission does not oppose such exemption within six months.

The European Commission reserves the right to withdraw the benefit of the Regulation if it finds, in a particular case, that an agreement has effects incompatible with Article 85(3) of the EC Treaty, in particular where territorial protection is awarded to the franchisee and:
- access to the relevant market or competition on that market is significantly restricted by the cumulative effect of parallel networks of similar agreements established by competing manufacturers or distributors;

- the goods or services which are the subject-matter of the franchise do not face effective competition from identical or comparable goods or services, in a substantial part of the Common Market;
- the parties, or one of them, prevent end users within the Common Market from obtaining the goods or services because of their place of residence, or otherwise seek to isolate markets;
- franchisees engage in concerted practices relating to the sale price of the goods or services which are the subject-matter of the franchise;
- the franchiser uses its rights to check the franchise premises, to refuse a request of the franchisee to move the franchise premises or to assign the franchise agreement, for reasons other than protecting the franchiser's rights, or the franchised network, or verifying that the franchisee abides by its obligations under the agreement.

Date of implementation
This Regulation entered into force on 1 February 1988 and is due to expire on 31 December 1999.

APPLICATION OF EC COMPETITION RULES TO FRANCHISING AGREEMENTS

3.29 The Regulation on franchising agreements (see para **3.28** above) is based on the approach set out by the European Court of Justice in its judgment in Case 161/84 *Pronuptia* v *Schillgalis* [1986] ECR 353. In this case, which arose in the context of litigation concerning a bridal wear franchise, the Court held that two types of clause may not fall within the scope of Article 85(1) of the EC Treaty: clauses that are indispensable to prevent the know-how being made available and the assistance given by the franchiser from benefiting competitors; and clauses that provide the control essential to preserve the common identity and reputation of the network trading under the franchiser's trade mark and name.

BLOCK EXEMPTION – KNOW-HOW LICENSING AGREEMENTS

Official title
3.30 Commission Regulation (EEC) 556/89 of 30 November 1988 on the application of Article 85(3) of the Treaty to certain categories of know-how licensing agreements.

Reference
Commission Regulation 556/89; OJ L61, 4.3.89.

Amendments
Regulation (EEC) 151/93; OJ L21, 29.1.93.

COMPETITION LAW 3.30

Impact

Lays down rules for certain know-how agreements which, if followed, mean that the relevant agreements are deemed to comply with Article 85(1) of the EC Treaty and are therefore exempt from individual notification.

Details

This Regulation provides that the prohibitions contained in Article 85(1) shall not apply to know-how licensing agreements where those agreements comply with certain defined rules. The Regulation applies to two-party agreements.

There are very specific rules on the scope of application of the block exemption.

The Regulation applies to two types of know-how licence: (i) "pure" know-how licences (*e.g.* agreements solely for the exploitation of know-how); and (ii) "mixed" know-how licences (*e.g.* agreements combining a know-how licence with a patent licence, where the licensed patents are not necessary for the achievement of the objects of the licensed technology); or mixed agreements which are in Member States without patent protection, where the obligations involved are based in whole or in part on the exploitation of the licensed know-how.

The Regulation applies to technical know-how (*e.g.* related to a method of manufacture or the use or application of an industrial process), and does not apply to marketing know-how (*e.g.* as communicated in the context of franchising agreements).

In addition, the Regulation does not apply to: (i) patent or know-how pool agreements; (ii) know-how licences granted to a party, where that party grants the first party a patent, trade mark or know-how licence or exclusive sales rights, and the parties are competitors for the products covered by the agreements; (iii) agreements including the licensing of trade marks, copyright and design rights, or the licensing of software except where these rights or the software are of assistance in achieving the object of the licensed technology, and there are no obligations restrictive of competition other than those also attached to the licensed know-how and exempted under the present Regulation; or (iv) know-how licensing agreements entered into in connection with joint ventures. However, the Regulation will apply, in the case of an exploitation licence, where the combined production of the products (which are the subject of the agreement and other equivalent products manufactured by the parties) represents not more than 20% of the market for such products in the Common Market, or a substantial part thereof. This also includes cases where the licence is extended to cover production and distribution of the products where they do not represent more than 10% of the market,

However, the Regulation does apply to reciprocal licences of the type referred to in (iii), where the parties are not subject to territorial restrictions within the Common Market on the manufacture, use or marketing of

177

products covered by the agreements or on the use of the licensed technologies.

In order to be capable of benefiting from the block exemption, the know-how must meet three criteria:

- the know-how must be "secret", in the sense that the package of information as a body or in the precise configuration and assembly of its components is not generally known or easily accessible;
- the know-how must be "substantial" (*i.e.* include information which is of importance for the whole or a significant part of (i) a manufacturing process, (ii) a product or service, or (iii) for the development thereof) and excludes information which is "trivial"; and
- the know-how must be "identified" in an appropriate form (*i.e.* described or recorded so that it is possible to verify that it is secret and substantial (in the sense explained above), and to ensure that the licensee is not unduly restricted in the exploitation of his own technology).

The structure of the Regulation is similar to the block exemption for patent licensing (see para **3.22** above).

Under the Regulation it is possible to give a licensee a degree of territorial protection, both as against the licensor and with respect to other licensees.

Thus, the licensor can undertake not to license other undertakings to exploit the licensed technology in the licensed territory, for a period of 10 years from the date of the first licence entered into by the licensor for that territory in respect of the same technology.

The licensee can also be required to respect certain sales restrictions. Thus, the licensee can be required not to put the licensed product on the market in the territories licensed to other licensees within the Common Market, for five years from the date of the first licence entered into by the licensor within the EC in respect of the same technology. Thereafter, the licensee can be required not actively to market the licensed product in other licensees' territories in the Common Market (*e.g.* not to advertise, or establish a branch or distribution depot in such territories) for 10 years from the date of the first licence entered into by the licensor within the EC in respect of the same technology.

The licensee can also be required to respect certain territorial restrictions on manufacturing (*e.g.* not to manufacture or use the licensed product or process, in territories within the Common Market which are licensed to other licensees), for 10 years from the date of the first licence entered into by the licensor within the EC in respect of the same technology.

A licensor can also keep certain territories for his own exploitation and require the licensee not to exploit the licensed technology in territories within the Common Market, which are reserved for the licensor, for 10 years from the date of the first licence for each territory.

A list of obligations is set out which are generally considered not to be restrictive of competition, and which may therefore be included in a know-how licence while benefiting from exemption under the Regulation. In particular, a licensee can be required:

- not to divulge the know-how communicated by the licensor (even after the agreement has expired);
- not to grant sub-licences or to assign the licence;
- not to exploit the licensed know-how after termination of the agreement if the know-how is still secret;
- to communicate to the licensor experience gained in exploiting the licensed technology, and to grant him a non-exclusive licence in respect of improvements or new applications. However, this is provided that the licensee is free to use his own improvements, where these are severable from the licensor's know-how, and to license them to third parties where such licence does not disclose the licensor's know-how, if it is still secret. That the licensor for his part has accepted to communicate his own improvements to the licensee, and that the licensor's right to use such of the licensee's improvements which are not severable from the licensed know-how does not extend beyond the date on which the licensee's right to exploit the licensor's know-how comes to an end;
- to observe minimum quality specifications for the licensed product, or to procure goods or services from the licensor, provided that such requirements are necessary for a technically satisfactory exploitation of the licensed technology, or to meet quality standards;
- to continue paying royalties until the end of the agreement, in the event of the know-how becoming publicly known other than by the action of the licensor;
- to restrict his exploitation of the licensed technology to one or more technical fields of application covered by the licensed technology, or to one or more product markets;
- to pay a minimum royalty or to produce a minimum quantity of the licensed product, or to carry out a minimum number of operations exploiting the licensed technology; and
- not to use the licensor's know-how to construct facilities for third parties.

An obligation on the licensor to grant the licensee any more favourable terms that the licensor may grant to another undertaking after the agreement is entered into, would also be considered generally not restrictive of competition.

On the other hand, the benefits of the Regulation cannot be claimed where:

- the licensee is prevented from continuing to use the licensed know-how after the termination of the agreement, where the know-how has become publicly known, other than by action of the licensee in breach of the agreement;
- the licensee is obliged to assign in whole or in part to the licensor rights to improvements or new applications of the licensed technology;
- the licensee is obliged to grant the licensor an exclusive licence for improvements or new applications of the licensed technology, which would prevent the licensee from using his own improvements (and these are severable from the licensor's know-how), or which would prevent the licensee from licensing such improvements to third parties, where such licensing would not disclose the licensor's know-how that is still secret;

- the licensee is obliged to grant the licensor a licence for improvements, which are not severable from the licensor's know-how, if that grant is to be of longer duration than the licensee's right to use the licensor's know-how, and the agreement includes a post-term use ban on the licensee;
- the licensee is obliged at the time of entering into the agreement to accept quality specifications, or further licences, or to procure goods or services which he does not want, and those requirements are not necessary for a technically satisfactory exploitation of the licensed technology, or ensuring quality standards;
- the licensee is prohibited from contesting the secrecy of the licensed know-how, or from challenging the validity of licensed patents belonging to the licensor within the Common Market;
- the licensee is charged royalties on goods or services which are not entirely or partially produced by means of the licensed technology, or for the use of know-how which has become publicly known by the action of the licensor;
- one party is restricted within the same technological field of use or within the same product market as to the customers he may serve;
- the quantity of licensed products which one party may manufacture or sell or the number of operations exploiting the licensed technology he may carry out are subject to limitations (other than those expressly permitted under the Regulation);
- one party is restricted in the determination of prices, components of prices, or discounts for licensed products;
- one party is restricted from competing with the other party, or with other undertakings within the Common Market in respect of R&D, production or use of competing products and their distribution; and
- the initial duration of the licensing agreement is prolonged automatically through the inclusion in it of any new improvements communicated by the licensor.

The Regulation also indicates that it may apply to agreements containing restrictions on competition other than those expressly dealt with, provided that such agreements are notified to the European Commission in accordance with the Regulation and that the European Commission does not oppose such exemption within a period of six months.

The European Commission reserves the right to withdraw the benefit of the Regulation where it finds, in a particular case, that an agreement has effects incompatible with Article 85(3) of the EC Treaty.

This is the case, for example, where:

- such effects arise from an arbitration award;
- the licensed products are not exposed to effective competition in the licensed territory;
- the licensor does not have the right to terminate the exclusivity granted to the licensee within five years from the date the agreement was entered into, where the licensee has not exploited the licensed technology or has not done so adequately (without legitimate reason);
- the licensee refuses to meet unsolicited demand from users or resellers in the territory of other licensees without objectively valid reasons; and

- one or both parties refuse to meet demand from users or resellers in their respective territories who would market the products in other territories within the Common Market; or one or both parties make it difficult for users or resellers to obtain the products from other resellers within the Common Market, in particular by exercising intellectual property rights or taking measures so as to prevent resellers or users from obtaining or marketing products which have been lawfully put on the market within the Common Market by the licensor or with his consent.

Date of implementation

This Regulation entered into force on 1 April 1989 and is due to expire on 31 December 1999. Regulation (EEC) 151/93 entered into force on 1 April 1993 (see also Future developments for the proposed replacement Regulation after 1999 at para **3.16** above).

Informal notices and communications of the European Commission

NOTICE – EXCLUSIVE DEALING CONTRACTS WITH COMMERCIAL AGENTS

Official title

Notice of 24 December 1962 on exclusive dealing contracts made with commercial agents.

Reference

Commission Notice; OJ 139, 24.12.62.

Amendments

None.

Impact

Indicates European Commission practice on the application of Article 85(1) of the EC Treaty to agency agreements.

Details

This Notice sets out the European Commission practice that Article 85(1) does not apply to agency agreements where the agent undertakes, for a specified part of the Community territory, only to negotiate and conclude transactions in the name or on behalf of the principal, and the agent does not act as an independent trader operating on his own account, but is merely ancillary to the principal's business.

However, in the Notice, the European Commission indicates that if the agent does assume responsibility for the financial risks resulting from the transaction (apart from a *del credere* guarantee), he may be treated as an independent trader, and any agreement with his principal supplier will be governed by Article 85(1).

The European Commission may infer that an agent is an independent trader where, for example, the agent is required to hold as his own property, a considerable stock of products, or is required to offer a substantial service to customers at his own expense, or determines his own prices and terms of business.

The European Commission indicates that an exclusive agency agreement (*i.e.* an agreement which allocates to the agent an exclusive territory in which the principal will not compete with the agent) is not caught by Article 85(1), since the object and effect of the agreement is not to restrict competition, but to organise the "auxiliary function" of the agent in the principal's business.

Agreements covered by the Notice need not generally be notified to the European Commission for negative clearance or individual exemption.

There have been important developments in the case law since 1962. Notably, in Case 311/85 *Flemish Travel Agents* [1987] ECR 3801, the European Court of Justice found that an agent may be considered independent where he represents a large number of different principals, each of which sells through a large number of agents. The European Commission has since indicated that it plans to revise the above notice (see Future developments at para **3.9**).

Date of implementation

This Notice declares administrative practice and is not, therefore, "in force" in the sense of legislation such as Regulations or Directives. Although technically not binding on the European Commission or national courts, the Notice does offer useful guidance and its substantive provisions have been upheld by decisions of the European Court of Justice. The Notice was issued in December 1962.

NOTICE – CO-OPERATION AGREEMENTS

Official title

3.32 Notice on agreements, decisions, and concerted practices concerning co-operation between enterprises.

Reference

Commission Notice; OJ C75, 29.7.68.

Amendments

None.

Impact

Indicates which categories of co-operation agreements between firms are generally considered by the European Commission as falling outside the prohibition contained in Article 85(1) of the EC Treaty.

Details

In this Notice, the European Commission lists eight types of co-operation agreements between companies which, in its view, do not generally restrict competition:

- agreements whose sole object is the joint procurement of information, which the companies involved need to determine their future market behaviour freely and independently (such as joint market research);
- agreements for co-operation in areas not related to supply of goods or services (such as co-operation in accounting, and joint debt-collecting associations);
- agreements for the joint execution of research work, or the joint development of the results of research up to industrial application;
- agreements for the joint use of production facilities and storing and transport equipment;
- agreements between companies to set up partnerships for the common execution of orders, where the companies are not in competition with each other or where each of them by itself is unable to execute the orders;
- agreements between companies not in competition with each other for joint sales, or after-sales and repair services;
- agreements for joint advertising; and
- agreements for the use of a common quality label, provided that the label is available to all competitors on the same conditions.

The Notice includes commentary on each type of agreement, indicating in each case the circumstances in which the agreement might fall within Article 85(1) (*e.g.* in the case of joint market research, where the participating companies co-ordinate their marketing behaviour, or in the case of joint research and development, where the parties restrict their ability to pursue their own research outside the joint project or the parties accept restrictions on their ability to exploit the results of the joint research and development). The European Commission stresses that the sole object of the agreement must be the one indicated.

The Notice was issued in 1968. The law has since developed in certain areas, notably through the block exemption on research and development agreements, and various European Commission Decisions. The text is, however, still an important guide to European Commission practice. Further guidelines on joint ventures are now proposed (see Future developments, at para **3.13** above).

The European Commission has indicated that agreements covered by the Notice need not, generally, be notified to the European Commission for negative clearance or individual exemption.

Date of implementation

This Notice declares administrative practice and is not, therefore, "in force" in the sense of legislation such as Regulations or Directives. Although technically not binding on the European Commission or the national courts, the Notice does offer useful guidance. The Notice was issued in July 1968.

NOTICE – CO-OPERATIVE JOINT VENTURES

Official title

3.33 Commission Notice concerning the assessment of co-operative joint ventures pursuant to Article 85 of the EC Treaty.

Reference

Commission Notice: OJ C43, 16.02.93.

Amendments

None.

Impact

Summarises the Commission's administrative practice in relation to co-operative joint ventures (JVs), to date dealing with, in particular: the concept of a co-operative JV; when co-operative JVs are caught by Article 85(1) of the EC Treaty; when co-operative JVs may qualify for block or individual exemption, and the treatment of ancillary restrictions to JVs.

Details

Since the early 1980s, the Commission has been planning to issue some general consolidatory guidelines on the application of Article 85 of the EC Treaty to co-operative JVs. The Notice setting out those guidelines had been delayed, partly by the difficulty of establishing general rules in this area (where a great many variations are possible), and partly by the negotiations for an EC Merger Control system (since that system applies to "concentrative" JVs; see para **3.51** below). This Notice now fulfils the Commission's aim, providing a useful, although general, summary of the Commission's approach.

General The Commission first emphasises the great variety of business activities which may be undertaken through JVs, and that the EC competition assessment of such JVs has, therefore, to be correspondingly varied. Thus:

- not all JVs by their nature fall within the scope of Article 85(1) (see, *e.g.* the Commission's Notice on co-operation between enterprises 1968 at para **3.32** above);
- many JVs may not involve an appreciable impact on competition or inter-state trade (*e.g.* if the criteria of the Commission's Notice on minor agreements 1986 are met – see para **3.39** below);
- if JVs restrict competition, they may still benefit from block exemptions on

specialisation agreements (see para **3.26** above), R&D agreements (see para **3.27**), patent licensing agreements (see para **3.22**), and know-how licensing agreements (see para **3.30**);
- some JVs may be concentrative and therefore fall under Regulation (EEC) 4064/89, and the related Notice on concentrative JVs (see paras **3.48** and **3.51**);
- co-operation between companies may also take other forms, such as cross-shareholdings and minority stakes, which may be caught by Article 85(1) in appropriate cases (this is discussed in the Commission's Notice on concentrative JVs at para **3.51** below).

Co-operative JV definition The concept of a "co-operative" JV, which is the focus of this Notice, is the definition of a JV given in Regulation (EEC) 4064/89. Thus:
- a "JV" is an undertaking under the joint control (*i.e.* decisive influence) of several other undertakings, its "parents"; and
- a JV is co-operative if:
  - its activities are not to be performed on a lasting basis;
  - it does not perform all the functions of an autonomous economic entity; (*i.e.* so-called "partial function" JVs, where the parents entrust only certain functions to the JV); or
  - it performs all the functions of an autonomous economic activity (a so-called "full-function" JV) but it gives rise to co-ordination of competitive behaviour by the parents in relation to each other, or in relation to the JV.

Application of Article 85(1) The Commission indicates that a JV will be caught by Article 85(1) only if it comes about through an agreement, or through a concerted practice (*e.g.* a co-ordinated exercise of voting rights giving joint control in a company), and if the agreement or practices in question are likely to affect trade between Member States. If the effects of a JV are limited to the territory of one Member State, or to territories outside the European Community, Article 85(1) does not apply.

Article 85(1) also does not apply to:
- JVs between firms in the same group;
- JVs whose effect on competition is not appreciable in the sense of the Commission's Notice on minor agreements;
- JVs which are covered by the Commission's Notice on co-operation between enterprises.

In other cases, an individual examination will be required in order to decide whether a JV infringes Article 85(1). For the purposes of that examination the Commission considers:
- whether a JV is likely to restrict competition between the parents;
- whether the JV is likely appreciably to affect the competitive position of third parties, especially with regard to supply and sales possibilities;
- in the case of full-function JVs, the relationship of the JV to its parents;
- whether the effects of the restrictions on competition concerned are appreciable on the relevant market;

- whether there are networks of JVs (*e.g.* set up by the same parents, or one parent with different partners, or by different parents in parallel), which have a bearing on market structure; and
- whether the JV involves restrictions of competition.

The Commission offers detailed guidance as to how it approaches these various issues. Notably, in order to assess whether competition between the JV's parents is restricted, the Commission considers whether the parents are actual or potential competitors, and whether each could reasonably be expected to "go it alone" instead of pursuing the relevant activities through a JV. If so, Article 85(1) may apply.

Thus, the Commission looks at:

- the parents' individual resources (financial capacity, managerial qualifications, availability of input products);
- the parents' abilities to perform the production activity of the JV (access to techniques, related materials, and production facilities);
- whether the likely demand for the sales of the JV is such as to justify each parent going it alone;
- whether each parent could bear the technical and financial risks involved on its own; and
- whether each parent could gain access to the relevant market on its own.

The Commission indicates that it also distinguishes between the various stages of activity – R&D, production and distribution. Each type of co-operation has to be separately justified because, in the Commission's view, economic pressure to co-operate at one level may not mean that co-operation at another level is necessarily justified (*e.g.* if the parents may need to co-operate on R&D, that may not mean that they need to co-operate on either production or distribution).

The Commission sets out some general guidelines on what it considers to be the most important types of JV:

- JVs between non-competitors are viewed as rarely causing problems for competition;
- JVs between competitors, if there is any interplay between the activities of the JV and its parents, are viewed as falling usually under Article 85(1);
- an R&D JV may restrict competition if it excludes individual activity in an area by the parents, or if competition by the parents on the market for the resulting products will be restricted (*e.g.* by the JV exploiting the goods or processes concerned);
- sales JVs, selling the products of competing manufacturers, usually infringe Article 85(1) if they have an appreciable effect on the market;
- purchasing JVs set up by competitors may also infringe Article 85(1) by weakening price competition between the participants, depending on how significant the jointly purchased products are to the parents' production and sales activities;
- the same is true in the case of production JVs, where JVs manufacture primary or intermediate products for competing parents, or undertake processing of inputs from the parents, which are then re-supplied to the

parents. In the Commission's view, if the entire production activities of the parents are concentrated in the JV, and the parents withdraw to being pure distributors, there is a considerable restriction of competition.

The Commission distinguishes three situations when assessing full-function JVs between competitors:
- Where the JV operates on the same market as its parents; here, in the Commission's view, the normal consequence is that competition is restricted.
- Where the JV operates on a market upstream or downstream of that of the parents, with which it has supply or delivery links; here, the effects on competition will be the same as in the case of a production JV.
- Where the JV operates on a market adjacent to that of its parents; here, competition will be restricted only if there is a high degree of interdependence between the two markets (*e.g.* because the products made by the JV are complementary to those of its parents).

The Commission emphasises, however, that since JVs often contain combinations of these various types of JV, in practice, an overall assessment of the restrictions and economic circumstances is required.

Exemption under Article 85(3) The Commission first emphasises that certain types of JV may be exempt from Article 85(3) under block exemption Regulations:
- "specialisation" JVs where, for example, several undertakings leave the manufacture of certain products to a JV set up by them; and
- "research and development" JVs whose activities range from R&D to the joint exploitation of results (see para **3.27** above);
- the patent and know-how licensing block exemptions also allow for such agreements between any one of the parents and the JV affecting the activities of a JV, within stated market share thresholds (20% if the JV is engaged in production only, 10% if it carries out marketing of the licensed products also).

As regards individual exemption, the Commission generally emphasises that for Article 85(3) to be satisfied there must be appreciable objective advantages for third parties, which outweigh the negative effects on competition.

Such advantages may be:
- the development of new or improved products or processes;
- the opening up of new markets;
- the expansion of geographic activities;
- the expansion of product range;
- the rationalisation of production activities and distribution networks; and
- the reduction of production capacity, if that improves a structural crisis and re-establishes competition in the medium term.

On the other hand, the Commission will not accept agreements whose main purpose are:

- joint price-fixing;
- the reduction of production and sales by establishing quotas;
- the division of markets; and
- restrictions on investment.

The Commission indicates that it weighs up the pros and cons of a JV on "an overall economic balance" of the respective advantages and risks. JVs will be subject to rigorous examination if they are between parents which are economically powerful, which have a high market share, or which reinforce an existing narrow oligopoly, or if they are part of a network of JVs. Contractual restrictions on the parents' freedom in JVs must be directly connected to the JV and must be indispensable for its existence. Moreover, JVs which achieve, consolidate or strengthen a dominant position cannot be exempted.

Considering individual types of JV, the Commission states:

- R&D JVs not covered by the R&D block exemption can still, in general, be viewed positively.
- Sales JVs are viewed as classic cartels and, in principle, are viewed negatively (unless part of a global co-operation which is considered favourably, such as joint exploitation of joint R&D).
- Purchasing JVs are also, in general, viewed critically and exempted only in exceptional cases, where the parents retain the possibility of purchasing individually.
- Exemption of production JVs is considered differently, according to the tasks concerned. Thus:
  - JVs, for the expansion of production capacity or product range may be viewed favourably;
  - combinations to reduce existing production capacity are viewed primarily as rationalisation measures which have to be justified individually;
  - the Commission does not have a fixed market share criterion for production JVs, but takes the market share limit of 20%, indicated in the specialisation and R&D block exemption Regulations as a starting point for assessment. In other words, JVs with a market share below 20% may be viewed positively.
- Full function JVs, provided that they are not price-fixing or market sharing, etc, are viewed positively by the Commission. However, since in such cases the co-operation also includes distribution, the Commission takes special care to ensure that no position of market power will be created or strengthened by entrusting the JV with all the functions of an undertaking, combined with all the resources of the parents. Here, the Commission indicates that an important point of reference for assessing whether the JV raises problems of competition, is the market share limit of 10% contained in the specialisation and R&D block exemption Regulations. In other words, below this percentage, the Commission would think that the effect on competition would be within justifiable limits.

Ancillary restrictions   As in the case of ancillary restrictions related to concentrations, the Commission sets out certain basic principles concerning restrictions which are directly related to and necessary for the establishment and operation of a JV.

The Commission indicates that if a JV does not fall within the scope of Article 85(1) then neither do additional restrictions ancillary to the JV. Conversely, if a JV falls within the scope of Article 85(1) then so will any ancillary restrictions. Additional agreements to a JV which are not ancillary to it come within the ordinary scope of Article 85 and have to be justified separately.

The Commission then indicates its views concerning certain typical additional restrictions to a JV. For example:

- clauses which specify the product range or the location of production of a JV are regarded as ancillary;
- additional restrictions covering, for example, the quantities, prices or customers that a JV may serve are not viewed as ancillary. The same view is taken of export bans;
- if the setting up of a JV involves the creation of new production capacity, or the transfer of technology of the parent, the obligation imposed on the JV not to manufacture or market products competing with the licence products may usually be considered ancillary;
- restrictions which prohibit the parent companies from competing with a JV, or from actively competing within its area of activity are also regarded as ancillary, at least during the JV's start-up period;
- on the other hand, additional restrictions on the parents regarding quantities, prices, or customers and export bans go beyond what is required for the setting up and operation of the JV, and therefore have to be justified separately under Article 85(1).

Date of implementation

The Notice declares administrative practice and is not, therefore, "in force" in the sense of legislation such as Regulations or Directives. Although technically not binding on the European Commission or the national courts the Notice does offer useful guidance. The Notice was issued in February 1993.

ACCELERATED JV CLEARANCE PROCEDURE

At the beginning of 1993, the European Commission introduced a new accelerated procedure for co-operative joint ventures in "structural cases". "Structural co-operative JVs" are described as all forms of co-operation entailing major changes in the structures of the parties to the agreement. These are joint ventures pooling a significant number of assets, particularly in the production field and in connection with the manufacture and marketing of contract goods.

The accelerated procedure is modelled on experience of the EC Merger Control Regulation. The European Commission has set itself a first period of two months in which to indicate whether it has serious doubts about the compatibility of an agreement with the competition rules. If there are such doubts there may then be a second phase of review.

Several points on the procedure may be noted:

- the procedure does not involve a binding tacit clearance deadline but a "system ... based entirely on the principle of self-discipline by the relevant European Commission departments";
- the two-month review period does not start until the European Commission considers it has all the information required;
- the procedure may not be available in all cases. European Commission officials have emphasised that the procedure cannot reasonably be expected to apply to very large, technically difficult and political cases;
- at the outset of the procedure, the European Commission usually puts out a short notice, similar to that in the EC Merger Control Regulation inviting comments from third parties within 10 days;
- during the procedure, if the European Commission needs further information it contacts the parties by fax asking for responses within a few days, as opposed to weeks;
- at the end of the two-month period there are essentially three options: a comfort letter confirming compatibility with Article 85(1) or 85(3) (in cases not posing any problems); an interim response indicating that the European Commission has decided to deal with the matter by formal decision; a "warning letter", in which the European Commission indicates that it has serious doubts about the compatibility of the agreement with the competition rules, so that it envisages an in-depth examination leading to a decision. In cases where a formal decision is envisaged, the European Commission proposes to inform the parties of the proposed date for adoption of the final decision.

The procedure has now been applied in a number of cases. The European Commission has stated that if the procedure is considered successful, it hopes to extend it to other types of agreement (together with the introduction of a more detailed notification form (see para **3.10** above).

NOTICE – IMPORTS OF JAPANESE PRODUCTS

Official title

3.35 Notice on imports of Japanese products into the European Community falling within the scope of Article 85(1) of the EC Treaty.

Reference
Commission Notice; OJ C111, 21.10.72.

Amendments
None.

Impact
Reminds certain Japanese industries that the EC competition rules apply to

anti-competitive practices between firms outside the Community whose results spread to the territory of the EC.

Details

This Notice was issued after the European Commission had noted cases of Japanese industries preparing measures, in part independently, in part after consultation with corresponding European industries, which were intended to restrict imports of Japanese products into the Community, or to control such imports as regards quantity, price, quality, etc.

The European Commission reminded those concerned that Article 85(1) of the EC Treaty applies to all anti-competitive agreements or concerted practices which are liable to affect trade and competition in the EC. Even if the head offices of the companies concerned are outside the Community, Article 85(1) will apply as long as the results of the agreements or concerted practices spread to the territory of the Community.

Community law on this issue has been confirmed since the publication of this Notice, notably through the European Court of Justice's decision in the W*ood Pulp* case (Joined Cases 89, 104, 114, 116, 117, 125-129/85, [1988] ECR 5193).

Date of implementation

This Notice declares administrative practice and is not, therefore, "in force" in the sense of legislation such as Regulations or Directives. Although technically not binding on the European Commission or the national courts, the Notice does offer useful guidance. This Notice was issued in October 1972.

NOTICE – SUBCONTRACTING AGREEMENTS

Official title

Notice of 18 December 1978 on subcontracting agreements.

Reference

Commission Notice; OJ C1, 3.1.79.

Amendments

None.

Impact

Indicates the circumstances in which the European Commission considers that subcontracting agreements fall outside Article 85(1) of the EC Treaty.

Details

In this Notice the European Commission indicates that, in its opinion, subcontracting agreements are not generally caught by the prohibitions contained in Article 85(1). Such agreements are defined as agreements whereby one firm entrusts to another the manufacture of goods, the supply of services or the performance of work under the contractor's instructions, to be provided to the contractor, or performed on his behalf.

The European Commission states its view that Article 85(1) does not apply to clauses in such agreements whereby:

- technology or equipment provided by the contractor may not be used except for the purposes of the subcontracting agreement;
- technology or equipment provided by the contractor may not be made available to third parties; or
- the goods, services or work resulting from the use of such technology or equipment may be supplied only to the contractor or performed on his behalf.

Such clauses will fall outside Article 85(1), provided that, and in so far as, the technology or equipment is necessary for the subcontractor to carry out his allocated tasks, for example:

- where the performance of the subcontracting agreement makes necessary the use by the subcontractor of industrial property rights, or secret know-how of the contractor; or
- where the subcontractor needs to use studies, plans or documents prepared by or for the contractor, or dyes, patterns, tools or accessory equipment that are distinctively the contractor's and which permit the manufacture of goods which differ in form, function or composition from other goods manufactured or supplied on the market.

On the other hand, such restrictions are not considered justifiable where the subcontractor has at his disposal or could, under reasonable conditions, obtain access to the technology and equipment needed to produce the goods, provide the services or carry out the work (*e.g.* when the contractor provides only general information to the subcontractor, which merely describes the work to be done).

The Notice also specifies that the following restrictions on the use of technology may be imposed without infringing Article 85(1):

- obligations by either party not to reveal manufacturing processes, secret know-how or other confidential information during the negotiation and performance of the agreement (provided such information is not in the public domain);
- an undertaking on the subcontractor not to make use, even after the expiry of the agreement, of manufacturing processes or know-how received during the currency of the agreement (provided they are not in the public domain);
- an undertaking on the subcontractor to pass on to the contractor on a non-exclusive basis any technical improvements which he has made; or
- where a patentable invention has been discovered by the subcontractor, to grant non-exclusive licences in respect of patented inventions relating to improvements and new applications of the original invention to the contractor for the term of the patent held by the latter (such a grant to the contractor can, however, be exclusive if the new improvement or inventions

are incapable of being used independently of the contractor's secret know-how or patent).

A subcontractor cannot be restricted in his rights to dispose of the results of his own R&D work, where such results are capable of being used independently. If such a restriction is included in the subcontracting agreement, it may infringe Article 85(1).

Finally, if the subcontractor is authorised by the subcontracting agreement to use a specified trade mark, trade name or get-up, the contractor may forbid such use by the subcontractor for goods, services or work which are not to be supplied to the contractor.

The European Commission has indicated that agreements covered by the Notice need not generally be notified to the European Commission for negative clearance or individual exemption.

Date of implementation
The Notice declares administrative practice and is not, therefore, "in force" in the sense of legislation such as Regulations or Directives. Although technically not binding on the European Commission or the national courts, the Notice does offer useful guidance. The Notice was issued in September 1986.

NOTICE – EXCLUSIVE DISTRIBUTION AND EXCLUSIVE PURCHASING

Official title
Commission Notice concerning Commission Regulations (EEC) 1983/83 and (EEC) 1984/83 of 22 June 1983 on the application of Article 85(3) of the EC Treaty to categories of exclusive distribution agreements and exclusive purchasing agreements.

Reference
Commission Notice; OJ C101, 13.4.84.

Amendments
Commission Notice concerning agreements of minor importance in the beer sector; OJ C121, 13.5.92.

Impact
Sets out interpretative guidance on the application of the European Commission's block exemptions for exclusive distribution and exclusive purchasing agreements.

Details
This Notice offers interpretative guidance on the block exemptions for exclusive distribution and exclusive purchasing agreements.

The European Commission first emphasises the general distinction between the two types of agreement. In an exclusive distribution agreement, the distributor is given a degree of territorial exclusivity, in the sense that the supplier undertakes not to supply other resellers in that territory, in return for the distributor's commitment to concentrate his sales there. In an exclusive purchasing agreement, there are, in principle, no such territorial restrictions: the supplier can supply other resellers in the same sales area, and at the same level of distribution. Equally, the purchaser can sell wherever he wishes. The exclusive purchaser undertakes merely not to buy the goods in question from another party, and not from another supplier.

The European Commission offers detailed comments on how particular features of the two block exemptions are to be interpreted. Some of these comments are very important in practice. For example:

- *For resale:* goods are not supplied or purchased for resale if they are transformed or processed into other goods, or consumed in manufacturing other goods. On the other hand, repackaging, or slight additions in value, such as rust-proofing metals or adding water to a concentrate drink extract and bottling, do not take the agreements concerned outside the scope of the block exemptions.
- *The supply of services:* services are not, in principle, covered by the block exemptions. Nevertheless, the provision of customer or after-sales services incidental to the resale of goods would not take the agreements concerned outside the scope of the block exemption.
- *Hiring/leasing:* exclusive agreements where the purchasing party hires out or leases the goods supplied to others are covered by the block exemptions.
- *Block exemptions as stencils:* the European Commission emphasises that no restrictions on competition, other than those set out in the block exemptions, can be agreed on by the parties. In particular, resellers must be able to determine their resale prices, to choose their customers, and be able to make cross-border sales within the rules indicated.
- *Post-termination/non-competition clauses:* such clauses, whether on the supplier or the purchaser, are outside the scope of the block exemption. All restrictions on competition must be for the duration of the agreement only.
- *Selective distribution:* resellers may be forbidden to supply unsuitable dealers, provided that such a distribution system is objectively justified in the circumstances (see case law on selective distribution at para **3.24** above).
- *Qualified exclusivity:* the European Commission emphasises how an exclusive distributor does not have absolute territorial protection under Regulation (EEC) 1983/83. In particular, the supplier can supply resellers in an exclusive distributor's territory if (i) the reseller requests the goods, (ii) the goods are handed over outside that territory, and (iii) the reseller pays transport into the territory. An exclusive distributor also cannot be prevented from selling outside his territory, provided that he does not actively seek customers there. On the other hand, a supplier cannot

COMPETITION LAW 3.37

appoint different distributors from different sales channels in a given territory, and prohibit them from selling to the different categories of customers concerned. A supplier can, however, retain the right to supply certain customers in the exclusive distributor's territory, provided that they are end-users and not resellers. The block exemption does not apply if there is no alternative source of supply for dealers and users outside the contract territory.
- *General exclusive purchasing rules:* for an exclusive purchasing agreement to be covered by the general rules of Regulation (EEC) 1984/83, the European Commission emphasises that the reseller must agree to purchase all his requirements from the supplier. Clauses permitting purchases from third parties, if they offer better prices or terms or if the supplier is unable to supply, do not affect this. The contract goods must be specified by brand or denomination in the agreement. A supplier and reseller can agree that the supplier is not to distribute to third parties in the reseller's principal sales area, and at his level of distribution. (However, this does not amount to an "exclusive territory", in the sense of Regulation (EEC) 1983/83 because there is no protection from other resellers which supply in that area.) The exclusive purchasing obligation can extend to more than one type of goods provided that these are related technically, or on commercial grounds, or in trade usage for the market concerned.
- *Five-year duration:* agreements for an indefinite period, or for more than five years, are outside the scope of the block exemption. Agreements for a fixed term, which are renewable automatically unless notice to terminate is given, are considered to be of indefinite duration.

The Notice also contains detailed guidance on the special rules applicable to beer supply and service station "ties" (where exclusivity purchasing is the *quid pro quo* for special commercial or financial advantages given by the supplier. Since these rules are very specific to those sectors, they are not summarised here. However, it may be noted that, in 1992, the European Commission published a further Notice concerning minor agreements in the beer sector, amending the Notice on Regulation (EEC) 1984/83. The European Commission is of the view that beer supply agreements concluded by a brewery do not, in general, fall within Article 85(1) of the EC Treaty if the market share of that brewery is not higher than 1% on the national market for the resale of beer in premises used for the sale and consumption of drinks, and if that brewery does not produce more than 200,000hl of beer per annum.

However, these principles will not apply if the agreement in question is concluded for more than seven-and-a-half years, in so far as it covers beer and other drinks, and for 15 years, if it covers beer only.

Similar principles apply to beer supply agreements entered into by wholesalers, taking into account the position of the brewery whose beer is the main subject of the agreement in question.

Date of implementation

This Notice declares administrative practice and is not therefore, "in force" in the sense of legislation such as Regulations or Directives. Although technically not binding, the Notice does offer useful guidance. The Notice was issued in April 1984.

NOTICE – MOTOR VEHICLE DISTRIBUTION

Official title

3.38 Commission Notice on Regulation (EEC) 123/85.

Reference

Commission Notice; OJ C17, 18.1.85.

Amendments

Supplemented by the clarification of motor vehicles intermediaries (1991) (see para **3.41** below).

Impact

Explains further some of the conditions for the application of the European Commission's block exemption on motor vehicle distribution, and the circumstances in which the European Commission might withdraw the exemption in an individual case.

Details

The Notice aims to clarify some of the conditions of the European Commission's block exemption for motor vehicle distribution, so that parties concerned can be clearer as to when the European Commission might withdraw the benefit of such exemption in individual circumstances.

The European Commission emphasises that European consumers must be able to buy a motor vehicle, and have it serviced, wherever prices and quality are most advantageous to them. In practice, this principle has several aspects.

First, any dealer in a distribution system must be able to order from a supplier in the distribution system any volume-produced passenger car which a final consumer orders through him, and intends to register in another Member State, in the form and specification marketed by the manufacturer in that Member State. In short, cross-sales must be permitted between traders in the distribution system and a (continental) right-hand-drive car dealer must be able to purchase a left-hand-drive car for a UK customer.

Secondly, there must not be further agreements or concerted practices or unilateral measures of manufacturers, importers or dealers in the distribution system which abusively hinder consumer choice, such as refusal to guarantee work for or to help register cars, or abnormally long delivery periods.

Thirdly, European consumers must be able to use intermediaries to assist in the purchase of new vehicles in another Member State. Undertakings within the distribution system can be obliged not to sell new motor vehicles to an unauthorised reseller, or to or through a third party who claims to be such a reseller, or carry on an activity equivalent to that of a reseller. The intermediary or consumer must give the dealer in the distribution system documentary evidence that the intermediary is buying and accepting the vehicle on behalf and for the account of the consumer.

The European Commission also indicates that it may withdraw the benefit of the block exemption in individual cases if there are substantial price differences between Member States. The European Commission states that such differences generally raise the suspicion that there are national measures or restrictive practices behind them. The European Commission indicates that "for the time being" it will, however, not generally intervene if:

- the difference between recommended net resale prices ("list price") to final consumers of a motor vehicle between Member States does not exceed 12% of the lower price; or
- for less than one year exceeds that percentage by not more than 6% of the list price; or
- if the difference is attributable to lawful taxes, charges or fees; or
- when selling to a dealer a new passenger car, the supplier charges an objectively justifiable supplement for special distribution costs, and differences in equipment and specification.

Date of implementation

This Notice declares administrative practice and is not, therefore, "in force" in the sense of legislation such as Regulations or Directives. Although technically not binding on the European Commission or the national courts, the Notice does offer useful guidance. The Notice was issued in January 1985.

NOTICE – AGREEMENTS OF MINOR IMPORTANCE

Official title

Commission Notice of 3 September 1986 on agreements, decisions and concerted practices of minor importance.

Reference

Commission Notice; OJ C231, 12.9.86.

Amendments

None.

Impact

Indicates which types of agreements are generally considered by the

European Commission as being of such minor importance as to fall outside the prohibition contained in Article 85(1) of the EC Treaty.

Details

In this notice the European Commission indicates the types of agreements between companies engaged in the production or distribution of goods or in the provision of services, which do not fall under the prohibition contained in Article 85(1) of the EC Treaty.

The European Commission states that, generally, such agreements will not have an appreciable effect on the market (and, therefore, fall outside Article 85(1)) if two quantitative criteria are met:

- the goods or services which are the subject of the agreement (together with other equivalent goods or services produced or provided by the companies participating in the agreement), do not represent more than 5% of the total market for such goods or services in the area of the Community affected by the agreement; and
- the aggregate annual turnover of the participating companies does not exceed ECU 200 million.

The European Commission also considers that agreements will not fall under the prohibition of Article 85(1) if the market share or turnover criteria are exceeded by not more than one-tenth during two successive financial years.

However, the Notice does not apply where, in a relevant market, competition is restricted by the cumulative effects of parallel networks of similar agreements established by several manufacturers or dealers.

The European Commission indicates that agreements covered by the Notice need not generally be notified to the European Commission for negative clearance or individual exemption.

Date of implementation

The Notice declares administrative practice and is not, therefore, "in force" in the sense of legislation such as Regulations or Directives. Although technically not binding on the European Commission or the national courts, the European Commission has indicated that agreements covered by this Notice will not generally be subject to an infringement proceeding and that it will generally not open proceedings for the agreements covered. If, exceptionally, the European Commission was to do so, then the European Commission has stated that it will consider not imposing fines.

This Notice was issued in September 1986. It replaced similar previous Notices of 27 May 1970 and 19 December 1977 (see Future developments at para **3.12** for discussion concerning a further revision).

COMPETITION LAW 3.40

TELECOMMUNICATIONS GUIDELINES

Official title

Guidelines on the application of EEC competition rules in the telecommunications sector.

Reference

Commission Notice; OJ C233, 6.9.91.

Amendments

None.

Impact

Indicate European Commission policy on the application of Articles 85, 86 and 90 of the EC Treaty to the activities of public and private telecommunications operators, including satellites.

Details

The Guidelines do not create enforceable rights. Nevertheless, they provide a useful description of the European Commission's policy in this sector with regard to the activities of both public and private telecommunications operators.

An important issue dealt with by the Guidelines is the definition of the "relevant market". This definition is necessary in order to examine the effects of an agreement on competition and/or the existence of a dominant position on the market. The Guidelines include several examples of distinct service markets (*i.e.* terrestrial network provision, voice communication, data communication and satellites), as well as distinct product markets (*i.e.* public switches, private switches, transmission systems, telephone sets, modems, telex terminals, data transmission terminals and mobile telephones). These indications do not preclude the definition of further, narrower distinct markets.

As regards the definition of distinct geographic markets, the European Commission believes that these more or less coincide with the national territories within the Community, but are expected to extend progressively at the pace of the realisation of the single market.

The Guidelines instance a number of potentially anti-competitive agreements and types of abusive conduct. The European Commission distinguishes between three main types of agreements that may fall foul of EC competition rules:

- horizontal agreements concerning the provision of terrestrial facilities (*e.g.* public switched network or leased circuits) and reserved services (*e.g.* voice telephony for the general public);
- agreements concerning the provision of non-reserved services and terminal equipment; and
- agreements on research and development.

Within each of these broad categories, the European Commission lists specific types of agreements that may fall foul of EC competition rules, subject to confirmation on a case-by-case basis.

The European Commission has also listed a number of practices that may constitute an abuse of dominant position and thus infringe Article 86 of the EC Treaty. At present, public telecommunications operators (PTTs) are far more likely to infringe this provision, but the situation may change in the future, with the gradual increase of the market power of private operators or strong users.

Examples of infringement of Article 86 by public or private telecommunications operators (TOs) include: prohibitions imposed by the TOs on third parties to use private leased circuits for providing non-reserved services; refusal to provide reserved services to third parties or imposition of extra charges or other special conditions for certain usages of reserved services; discriminatory pricing; tying the provision of the reserved service to the supply of terminal equipment by the TOs or to the entry into co-operation with the TO as to the provision of a non-reserved service; cross-subsidisation; etc.

The Guidelines dedicate a special chapter to the field of satellites. Among other things, the European Commission points out that agreements by which PTTs pool together their supplies of space segment capacity may restrict competition between themselves and, even more so, *vis-à-vis* third parties. Restructuring moves, such as mergers and joint ventures in the telecommunications sector, can also infringe EC competition rules. Nevertheless, potentially anti-competitive joint ventures may find favour with the European Commission if they enable European companies to produce a high-technology product, promote technical progress and facilitate technology transfer.

Finally, the Guidelines mention instances where the EC Member States' obligations arising from International Conventions, such as the International Telecommunications Union, may be in conflict with EC competition rules. The European Commission will be monitoring these cases carefully.

Date of implementation

The Guidelines declare administrative practice and are not, therefore, "in force" in the sense of legislation such as Regulations or Directives. Although technically not binding on the European Commission or the national courts, the Guidelines do offer useful guidance. The Guidelines were issued in September 1991.

MOTOR VEHICLE INTERMEDIARIES – CLARIFICATION

Official title

3.41 Clarification of the activity of motor vehicle intermediaries.

Reference

Commission Clarification; OJ C329, 18.12.91.

Amendments

None.

Impact

Amplifies rules for the supply of motor vehicles to intermediaries, consistent with Regulation (EEC) 123/85.

Details

The Clarification appears to have been prompted by a combination of factors, notably (i) litigation between Peugeot and a French agency company called Eco-system which imported Peugeot cars into France, and (ii) the European Commission's desire to maintain the selective distribution system established for the sale of market vehicles (at least until 1995).

The Clarification indicates that it is intended to supplement the European Commission's existing notice on Regulation (EEC) 123/85 (see para **3.38** above), focusing on two principles: first, that a motor vehicle intermediary is a provider of services acting for the account of a purchaser and final user; and secondly, that the intermediary's authorisation should be transparent, and all the benefits obtained in negotiations should be on the purchaser's behalf. Central to the Clarification is the desire to allow parallel trading between EC Member States through agents to a limited extent, while preventing an agent from being confused with an authorised distributor.

The Clarification then sets out certain guidelines and criteria which, if met, justify the presumption that the intermediary is acting within the scope of Regulation (EEC) 123/85.

These guidelines relate to the intermediary's authorisation from his principal, and the type of service offered; advertising by the intermediary; and supplies to the intermediary from dealers.

The authorised intermediary must not assume the risks "normally associated with ownership". He can assume the transport and storage risks associated with the vehicle he obtains, and the credit risks relating to the final purchaser for the financing of the purchase in a foreign country. On the other hand, he cannot operate through a network of independent undertakings using a common name or distinctive signs, nor through an outlet in a supermarket since this might give the misleading impression that he was an authorised distributor, and a reseller rather than an agent.

The intermediary must be able to advertise, provided that it is clear to potential purchasers that he is not a reseller. In particular, he must be able to focus in his activities on a particular brand or model, provided he displays a disclaimer showing that he is an agent.

He must also be able to provide information on the estimated price of cars he can obtain, to display cars he obtained for his customers, and use logos and brand names. In all cases he must ensure that it is clear that he is acting as an agent only, and is not in a distributor network.

The intermediary must not maintain preferential relationships with dealers contrary to Regulation (EEC) 123/85, involving purchasing commitments and discounts different from those customary on the market in which the car is purchased. If an authorised dealer provides to an intermediary more than 10% of the annual sales of the dealer concerned, this raises a presumption that there is such a preferential relationship.

Date of implementation

The Clarification declares administrative practice and is not, therefore, "in force" in the sense of legislation such as Regulations or Directives. Although technically not binding on the European Commission or the national courts, the Clarification offers useful guidance.

The Clarification was issued in December 1991.

NOTICE ON CO-OPERATION BETWEEN NATIONAL COURTS AND THE COMMISSION

Official title

3.42 Notice on co-operation between national courts and the Commission in applying Articles 85 and 86 of the EC Treaty.

Reference

Commission Notice; OJ C39, 13.2.93.

Amendments

None.

Impact

Indicates that, in general, the Commission will not pursue complaints unless they have "particular political, economic or legal significance", or if the complainant can secure adequate protection of his rights before national courts. The Notice also outlines the extent to which national courts can rule on Articles 85 and 86 of the EC Treaty, and suggests a co-operation procedure, whereby the national courts can seek guidance from the Commission in appropriate cases.

Details

For some years the Commission has been conscious of its limited resources for enforcing EC competition law and the way that many decisions are delayed, because only the Commission can take them and, in particular, because only the Commission can grant exemption pursuant to Article

85(3) of the EC Treaty. The Commission has, therefore, persistently advocated the use of remedies in national courts wherever possible. However, litigants remain reluctant for a variety of reasons, including the cost of economic litigation, the lack of familiarity of national judges with competition issues, and the fact that cases started in national courts may still have to be suspended if there are parallel Commission proceedings running.

This Notice aims to overcome some of this reluctance by explaining the extent to which competition issues can be dealt with in national courts, and how the Commission may help the national court as a sort of "*amicus curiae*" in appropriate cases.

The Notice emphasises which competition issues clearly can be tried by national judges on the existing case law. These are:

- whether there is an infringement of Article 85(1);
- whether there is an infringement of Article 86;
- what the effect of an infringement of Article 85(1) is, in national civil law, pursuant to Article 85(2). (In other words, are only the restrictions void and unenforceable, or does the whole agreement fall?);
- whether a block exemption Regulation applies to an agreement.

In the Commission's view, a national court could also determine whether an individual Commission exemption applies.

The Commission then sets out the main advantages of seeking relief in national courts. In the Commission's view these are:

- that individuals and companies would have access to all the procedural remedies provided by national law if a comparable breach of national law was involved. This would include provisional measures, injunctions and damages in appropriate cases;
- the Commission may decide not to pursue a case if a plaintiff can secure adequate protection of his rights before national courts;
- only the national courts can order compensation for loss (damages, interest and, in some Member States, costs);
- national courts can order interim measures more quickly than the Commission; and
- in national court proceedings, claims based on EC law can be combined with claims based on national law.

The Commission then suggests a framework of questions which a national court should ask in Article 85 and Article 86 cases, to avoid the risk of making a ruling in conflict with a Commission decision. The questions first examine whether there is an infringement, and then whether Commission exemption would be likely.

Is there an infringement?
- Does the agreement, decision or concerted practice ("the Agreement") infringe Article 85(1) or 86?
    - Is there an existing ruling on the issue by an administrative authority, including the Commission, or an informal comfort letter on the issue?

Even if not formally bound by such rulings/letters, these should at least be relevant factors for the national court's assessment.
- What is the view taken in the case law of the European Court, and the decisions of the Commission?
- Has the Commission initiated a procedure in a case relating to the same conduct, so that a stay of proceedings would be appropriate, while the national court seeks the Commission's views?
- If there are "persistent doubts" as to whether Article 85(1) or 86 applies, the national court may make a reference to the European Court under Article 177.
- If a national court decides that Article 85(1) or 86 is not infringed, it should proceed with the case, even if the agreement in question has been notified to the Commission.

Is exemption possible?

- If a national court concludes that an agreement infringes Article 85(1), it must check whether it is or would be the subject of an exemption by the Commission. Here, the Commission considers that national courts must respect:
  - Commission exemption decisions and "take account" of comfort letters as factual elements;
  - cases covered by block exemption Regulations.
- If an individual exemption by the Commission may be possible, the Commission suggests:
  - that the national court must first check if a notification has been made;
  - if not, unless the agreement does not have to be notified because of Article 4(2) of Regulation (EEC) 17/62 (see para **3.43** below), exemption under Article 85(3) is ruled out;
  - if notification has been made, the Commission considers that the national court should assess whether the agreement cannot be the subject of an individual exemption based on case law, Regulations and Decisions of the Commission. Either the national court should rule on the point, or suspend the procedure with such interim measures as may be appropriate.
  - However, if an agreement is an "old" agreement, entered into before Regulation (EEC) 17/62 came into force, or the accession of the Member State in question, then the national court is not to rule. In such cases, the agreement has provisional validity until a contrary ruling by the Commission.
- In appropriate cases, the court may also refer cases to the European Court, or contact the Commission for assistance.

The Commission has a duty to co-operate with judicial authorities applying Community law. The Commission states, therefore, that it is prepared to provide the following assistance to national courts, if they seek it or order the parties to seek it.

- The Commission will indicate whether a case is pending before the Commission (*e.g.* whether it is being investigated, or has been notified).
- The Commission will indicate how long it may take to grant or refuse

exemption (and states that it gives priority to cases suspended before the national courts).
- The Commission will indicate its customary practice on a point of law in the application of Articles 85 and 86 (*e.g.* on whether there is an effect on trade between Member States, and whether a restriction of competition is appreciable).
- The Commission will give an interim opinion on whether an agreement is likely to obtain individual exemption.
- The Commission will also provide information regarding factual data: statistics, market studies and economic analysis (or indicate the source where they can be obtained), provided that the information is not confidential, and is given either directly to the national court or to all parties.

Finally, the Commission indicates (i) that it proposes to publish a booklet on the application of the competition rules at national level, (ii) that it is studying whether the Brussels Judgments Convention can be extended to judgments in competition cases before administrative courts, and (iii) that its answers to national courts will be published in its annual competition report.

It remains to be seen how the national courts will react to the Commission's approach (which is not binding), and whether the indications given may encourage national court competition cases as the Commission hopes.

Two examples of the approach of national courts are worth mentioning. First, in September 1992 the European Commission assisted the Commercial Court of Brussels on how the EC competition rules should be applied to an exclusive distribution agreement for services. Secondly, in an English case, *Inntrepreneur Estates* v *Mason* (1993) CMLR 293, an English judge, Barnes J, was not prepared to rely on a letter written by the European Commission before an "Article 19(3)" Notice (requesting comments from third parties) as showing a "real prospect" of a forthcoming exemption or comfort letter, because he did not know what observations those third parties might have.

In an important judgment concerning a beer supply agreement, the European Court considered the position of the national judge called upon to apply Articles 85 and 86 of the EC Treaty. The Court emphasised that block exemptions are to be construed strictly as defined "packages" or "stencils", which only justify exemption if closely complied with, and confirmed that a national court cannot extend the field of application of a block exemption to an agreement which did not specifically satisfy the conditions of exemption of the block exemption Regulation. These principles were enunciated in Case C-234/89 *Delimitis* v *Henninger Brau* [1991] ECR I–935), concerning Regulation (EEC) 1984/83.

Date of implementation
The Notice describes administrative practice and is not, therefore, "in force" in the sense of legislation such as Regulations or Directives. Although

technically not binding on the European Commission or the national courts, the Notice does offer useful guidance. The Notice was issued in February 1993.

Procedural legislation

ADMINISTRATION AND ENFORCEMENT OF EC COMPETITION RULES

Official title

3.43 Council Regulation (EEC) 17/62 of 6 February 1962 (first Regulation implementing Articles 85 and 86 of the EC Treaty).

Reference
Council Regulation 17/62; OJ 13, 21.2.62.

Amendments
Regulation (EEC) 59/62; OJ 58, 10.7.62.
Regulation (EEC) 118/63; OJ 162, 7.11.63.
Regulation (EEC) 2822/71; OJ L285, 29.12.71.
Accession of United Kingdom, Denmark and Ireland (1973).
Accession of Greece (1981).
Accession of Spain and Portugal (1986).

Impact
Establishes general rules of procedure to be followed by the European Commission in applying the Community's competition rules, in particular when authorising agreements which may fall foul of the prohibitions of Article 85(1) or 86 of the EC Treaty, and defines the European Commission's powers of investigation, and to impose sanctions for infringements of the EC competition rules.

Details
This Regulation establishes a procedure whereby companies may notify the European Commission of their arrangements and request the European Commission to give a ruling either (i) that the prohibitions contained in Article 85(1) or 86 of the EC Treaty do not apply to a particular situation (negative clearance) or (ii) if an agreement is prohibited by Article 85(1), that it qualifies for an exemption pursuant to Article 85(3).

The European Commission may deal with a notification by formal decision or by an informal response, generally known as a "comfort letter". Such a letter would indicate that, on the basis of the information available, the European Commission does not intend to intervene further. The European Commission may publish its intent to issue such a letter, inviting comments in some cases.

The European Commission will grant exemptions from Article 85(1), in accordance with the provisions of Article 85(3), to agreements or practices which improve the production or distribution of goods or promote technical or economic progress, while allowing consumers a fair share of the benefit, provided that any restrictions on competition are not indispensable and there is no possibility of competition being eliminated.

Procedurally, such a decision to exempt is taken by the European Commission after consultation of an advisory committee of representatives of the Member States and publication of the intention to give exemption in the *Official Journal*, inviting comments from interested parties. Final exemption decisions are published in the *Official Journal*. Only the European Commission may grant exemption under Article 85(3).

Often, parties to an agreement apply for negative clearance and at the same time, and without prejudice to such an application, request an exemption under Article 85(3). The same administrative form (Form A/B) is used for both applications. Details of Regulation A/B are set out in Regulation (EEC) 27/62 (see below).

Notification requesting Article 85(3) exemption gives protection from European Commission fines. The Regulation also indicates certain cases where agreements do not have to be notified, for example where agreements are purely national, where the sole restriction in an agreement between two parties is on the freedom of one of them to determine resale prices and conditions of business, certain restrictions on intellectual property rights and certain agreements on the development of standards, joint R&D and specialisation in manufacture. These exceptions are of very limited application and, in some cases, are superseded by subsequent legislation (*e.g.* the block exemptions on R&D and specialisation – see paras **3.26** and **3.27** above).

This Regulation also establishes the powers which the European Commission has to investigate whether or not an infringement of Article 85(1) or Article 86 has occurred. The main powers are: (i) a power to request or order the production of information (an "Article 11 letter"); and (ii) a power to carry out an investigation at company premises, either announced or unannounced (a "dawn raid").

In Joined Cases 46/87 and 227/88 *Hoechst* [1989] ECR 2859, the European Court of Justice confirmed that the European Commission has the power to carry out on-the-spot investigations at company premises. If the company concerned refuses to allow the European Commission to do so, Member States are required to ensure that the European Commission can proceed, subject to respect for procedural guarantees designed to protect the rights of companies which may be set out in national law.

This Regulation gives the European Commission power to impose fines on those companies which (i) infringe Article 85(1) or 86 and (ii) fail or refuse to produce information when requested to do so by the European Commission. Fines may be up to a maximum of 10% of the turnover of the infringing company in the preceding business year for full infringements of Article 85(1) or 86 (see above, para **3.5**). The European Commission also has the power to impose daily penalties on companies, payable until they put an end to infringement. The European Commission is required to give the companies concerned an opportunity to be heard on the matters to which the European Commission has taken objection, before taking a decision that an infringement of Articles 85(1) or 86 has been committed or granting an exemption from Article 85(1), and before imposing fines (see further, para **3.45** below).

Date of implementation

This Regulation entered into force on 13 March 1962.

APPLICATIONS AND NOTIFICATIONS

Official title

3.44 Commission Regulation (EEC) 27/62 of 6 February 1962, first Regulation implementing Council Regulation 17/62 (form, content and other details concerning applications and notifications).

Reference

Commission Regulation 27/62; OJ 35, 10.5.62.

Amendments

Regulation (EEC) 153/62; OJ 139, 24.12.62.
Regulation (EEC) 67/67; OJ 57, 25.3.67.
Regulation (EEC) 1133/68; OJ L189, 1.8.68.
Regulation (EEC) 1699/75; OJ L172, 3.7.75.
Accession of United Kingdom, Denmark and Ireland (1979).
Accession of Greece (1981).
Regulation (EEC) 2526/85; OJ L240, 7.9.85.
Accession of Spain and Portugal (1986).
Regulation (EEC) 3666/93; OJ L336, 31.12.93.

Impact

Defines the form, content and other details required for applications and notifications to the European Commission (*e.g.* applications for negative clearance and individual exemption in relation to agreements or trade practices).

Details

This Regulation, as amended, sets out the basic procedure to be followed when notifying the European Commission of an agreement in order to obtain a ruling either that Article 85(1) does not apply (negative clearance), or a decision that, even though Article 85(1) applies, the agreement is exempted under Article 85(3). It is also possible to apply to the European Commission for a ruling that Article 86 does not apply.

Regulation (EEC) 3666/93 adapts Regulation (EEC) 27/62 to require information on the EEA as a whole (*i.e.* including material on Austria, Finland, Iceland, Norway and Sweden).

The Regulation specifies that the notification must be submitted on a prescribed form (Form A/B) and in a defined manner. Thus, on notification, a company must:

- give a brief description of the arrangements or behaviour in question;
- describe the market(s) concerned;
- give details of the party or parties concerned;
- provide a full description of the arrangements;
- state the reasons why the company (or companies) thinks the arrangements should be granted negative clearance;
- state the reasons why the company (or companies) thinks an Article 85(3) exemption should be granted; and
- supply any other relevant information.

It should be stressed that the structure defined in the Regulation must be used for the notification to be valid.

It is necessary to provide 15 copies of each application/notification. Supporting documents must either be originals or certified copies. Applications/notifications must be in an official language of the Community. The 1993 amending Regulation provides that where applications are made pursuant to Articles 53 and 54 of the EEA, they can be in one of the official languages of the participating EFTA countries or the working language (English) of the EFTA surveillance authority (ESA) (see further on the EEA at para **3.64** below).

Where the application or notification is submitted by some, but not all, of the firms concerned, they have to give notice to the others of their application/notification. Where applications or notifications are signed by representatives of companies, written proof of authority to act must also be produced. The effective date of the application/notification is the day on which it is received by the European Commission or, if sent by registered post, the date shown on the postmark at the place of posting. It should be noted that it is from this date that the immunity for fines, as set out in Regulation (EEC) 17/62, operates.

The European Commission has also produced a form for making a complaint (Form C, set out in Regulation (EEC) 3666/93), the use of which is not obligatory. However, in practice it is advisable to follow its structure and provide the information requested, in order to facilitate the European Commission's task of reviewing the complaint.

Date of implementation

The Regulation entered into force on 3 May 1962. The 1993 amending Regulation entered into force on 1 January 1994.

HEARINGS

Official title

3.45 Commission Regulation (EEC) 99/63 of 25 July 1963, on the hearings provided for in Article 19(1) and 19(2) of Council Regulation 17/62.

Reference

Commission Regulation 99/63; OJ 127, 20.8.63.

Amendments

None.

Impact

Establishes rules for the conduct of hearings in proceedings to enforce Articles 85 and 86 of the EC Treaty.

Details

This Regulation lays down the procedure for such hearings. The European Commission must issue a written Statement of Objections to the accused party. The latter must be allowed to submit a written defence within a reasonable period. The European Commission must allow third parties who show an interest to make their views known in writing as well. Any person entitled to make his views known in writing is also entitled to be heard orally.

At the end of the procedure, the European Commission must limit its decision to matters raised in the Statement of Objections. Before taking its decision it must consult the Advisory Committee on Restrictive Practices and Dominant Positions, which is made up of representatives from the Member States.

A hearing officer presides over the oral hearing. He is appointed from among European Commission officials in DG IV who are not involved in investigating the case, and reports directly to the European Commissioner.

In cases where the European Commission intends to refuse to take action on a complaint by a third party, it must inform the complainant and give him the opportunity to submit further comments in writing.

Date of implementation

The Regulation entered into force on 9 September 1963.

LIMITATION PERIODS

Official title

3.46 Council Regulation (EEC) 2988/74 of 26 November 1974 concerning limitation periods in proceedings and the enforcement of sanctions under the rules of the European Economic Community relating to transport and competition.

COMPETITION LAW 3.46

Reference
Council Regulation 2988/74; OJ L319, 29.11.74.

Amendments
None.

Impact
Defines the time periods during which the European Commission can impose fines or penalties for infringement of Articles 85 and 86 of the EC Treaty.

Details
This Regulation provides that in cases of infringement of the substantive competition rules the European Commission can impose fines on companies within five years from the date on which the infringement ceases.

In cases of procedural infringement (*e.g.* failure to comply with requests for information, etc) the period is only three years.

In practice, the limitation period can be lengthened in several ways, for example:

- in the case of continuing or repeated infringements time begins to run on the day that the infringement ceases; and
- formal acts for the purpose of the preliminary investigation or proceedings in respect of an infringement interrupt the running of time (provided that they are notified to at least one of the companies or associations involved); such interruption applies to all the companies which have participated in the infringement and it has the effect of starting the limitation period running afresh.

However, these extensions cannot lengthen the limitation period indefinitely. The European Commission cannot impose a fine or penalty after a period equal to twice the limitation period (*e.g.* 10 years from the day when the infringement ceased).

The running of time, for purposes of the limitation, is also suspended where the European Commission's decision is the subject of proceedings pending before the European Court of Justice.

The European Commission has a further five years in which to enforce a decision imposing a fine or penalty. In practice, interest is charged on fines which are not paid by the date specified in the decision.

Date of implementation
The Regulation entered into force on 1 January 1975.

NOTE – INTERIM MEASURES

Official title

3.47 Commission note on interim measures.

Reference

Commission Note; 2 *Common Market Law Reports* (1980).

Amendments

None.

Impact

Indicates the principles which the European Commission applies on interim measures in competition cases.

Details

This statement was given to Camera Care Ltd and Hasselblad in February 1980 before a hearing in the case in which they were involved, after the European Court of Justice had ruled that the European Commission had the power to order interim measures, pending a final decision (Case 792/79R *Camera Care* v *Commission* [1980] ECR 119).

If a company is considering applying to the European Commission for interim measures the basic principles are as follows:
- the parties should first consider whether a similar remedy may not be available from a national court;
- the applicant must accompany or precede such application by a formal complaint (unless the European Commission has already opened formal proceedings);
- the applicant must show:
  - that there is a reasonably strong prima facie case that there has been a violation of the EC competition rules;
  - that interim relief is urgently needed (unreasonable delay on the part of the applicant may, therefore, be grounds for rejecting the application); and
  - that there is a serious risk of irreparable harm to the applicant, or to the public interest;
- the applicant is expected to indicate as precisely as possible the nature of the measures which it requests the European Commission to order;
- in appropriate cases, the applicant may be required to offer a suitable bond or guarantee to indemnify the party against which interim measures are ordered, against any loss resulting, if that party is finally found not to have infringed the EC competition rules;
- interim measures must be of a temporary or conservative nature (measures will not, therefore, be ordered which prejudice the outcome of the European Commission's main procedure against a company suspected of having violated the EC competition rules, for example if such measures irrevocably alter the position of that company);
- the party against which interim measures are to be ordered will have the

- right to be heard through written reply to the Statement of Objections, and an oral hearing if requested; and
- orders for interim measures may be reviewed by the European Commission upon application by either of the parties involved, or on the European Commission's own initiative.

Applications for interim measures to the European Commission and their equivalent applications to national courts are becoming increasingly frequent. There is also a growing practice whereby companies offer undertakings as to future conduct to the European Commission instead of contesting the interim measures through formal procedure.

It should also be noted that the European Commission can start proceedings for interim measures of its own initiative in cases likely to damage the interests of Member States, to injure other companies or to jeopardise the Community's competition policy.

Date of implementation

The Note is a statement of administrative practice which has not been published in the *Official Journal*. It is not, therefore, "in force" in the sense of Regulations or Directives, but it is a useful set of guidelines.

EC merger control system

GENERAL SYSTEM FOR CONTROL OF CONCENTRATIONS OF A COMMUNITY DIMENSION

Official title
Council Regulation (EEC) 4064/89 of 21 December 1989 on the control of concentrations between undertakings.

Reference
Council Regulation 4064/89; OJ L257, 21.9.90.

Amendments
This text replaced an earlier version published in OJ L395, 30.12.89.

Impact
Establishes a system of prior clearance by the European Commission of all mergers and acquisitions of a "Community dimension", in order to examine whether they create or strengthen a dominant position in the European Community which significantly impedes effective competition. Since January 1994, this system also applies to such mergers and acquisitions in the EEA (see para **3.64** below)

Details
On 21 December 1989, the EC Council of Ministers adopted this Regulation

on the control of concentrations between undertakings, giving the European Commission prior control of mergers, acquisitions, and certain types of joint ventures which have a Community dimension.

Application The Regulation is known generally as the "EC Merger Control Regulation" (MCR). However, its application is far broader than this, and not limited to mergers between companies. As the correct title indicates, this Regulation can, in fact, apply to any permanent business "concentration" which has a Community dimension, including, in some circumstances, some purchases of minority shareholdings, and some joint ventures (JVs).

A concentration is deemed to exist where:
  (i) two or more previously independent undertakings merge; or
  (ii) one or more persons already controlling at least one undertaking or one or more undertakings acquire, whether by purchase of securities or assets, by contract or by any other means, direct or indirect control of the whole or parts of one or more undertakings.

The concept of control over the acquired company is a question of fact. Under the MCR, control over an undertaking is established when, regardless of the means, the possibility of exercising "decisive influence" over that undertaking has been conferred.

As far as JVs are concerned, the key criterion is whether the undertakings co-ordinate their competitive behaviour while remaining independent, or in fact "merge" their respective interests in a given sector into a new economic entity. JVs do not constitute a concentration where the parties concerned remain independent and active in the market concerned, or related markets, and co-ordinate their competitive behaviour. Such cases may, however, come within the scope of Articles 85 and 86 of the EC Treaty. If, on the other hand, the parties establish an autonomous JV entity, and withdraw from the market concerned in favour thereof, making a lasting change to the structure of the undertakings concerned, the JV may amount to a concentration.

Where two or more undertakings agree to acquire joint control of one or more other undertakings with the object or effect of sharing amongst themselves such undertakings or their assets, a concentration exists within the meaning of the MCR.

Community dimension In principle, only those concentrations which have a Community dimension are caught by the MCR. A concentration is considered to have a Community dimension when:
  – the total combined world-wide turnover of the companies concerned (and the groups to which they belong) is ECU 5 billion;
  – the total Community-wide turnover of each of at least two of the companies concerned (and the groups to which they belong) is ECU 250 million; and
  – the companies concerned do not achieve more than two-thirds of their

respective Community turnovers in one and the same Member State. (If they do, it is, in principle, a matter for the Member State law concerned.)

This Community dimension test is satisfied if the above thresholds are met, whether or not the companies concerned are from a non-Member State.

The MCR sets out precise rules on how to calculate the companies' turnover. There are also specific provisions for credit institutions and insurance undertakings (where turnover is replaced by assets value and premium revenue respectively).

Notification and suspension Companies planning a concentration with a Community dimension must notify their intention to the European Commission not more than one week after the conclusion of the agreement, or the announcement of the public bid, or the acquisition of a controlling interest, whichever is earliest.

Where joint control of an undertaking is taken, the notification of the concentration has to be carried out by the parties to the merger, or the parties acquiring joint control. In all other cases, the notification must be made by the person or undertaking acquiring control of the undertaking.

A concentration caught by the MCR, which has not been notified, cannot legally be put into effect. If a concentration has been notified to the European Commission, it also cannot legally be put into effect for three weeks (while the European Commission reviews the case). The European Commission has the power to extend or waive such a suspension in appropriate cases (*e.g.* for a public bid). If the parties put into effect a concentration which has not been notified, they can be fined up to 10% of their aggregate turnover, and ordered to divest the interests concerned.

Substantive review The European Commission reviews those concentrations which have a Community dimension in order to establish whether they are compatible with the Common Market.

Concentrations which create or strengthen a dominant position as a result of which effective competition would be significantly impeded in the Common Market or in a substantial part of it are incompatible with the Common Market.

In reaching its decision the European Commission is to consider all of the markets concerned. For each market concerned the Commission looks at a number of criteria including:

- actual and potential competition;
- barriers to entry;
- market position and financial power of the undertakings concerned;
- the interests of intermediaries and consumers; and
- the development of technical and economic progress.

The preamble of the MCR states that there is a presumption that a concentration does not create or strengthen a dominant position, where the market share of the undertakings concerned does not exceed 25%, either in the Common Market or in a substantial part of it.

Procedural phases The European Commission has an initial period of one month to examine a notification. This period starts on the day following receipt of the notification. At the end of this period, the European Commission must decide: (i) that the concentration does not have a Community dimension; or (ii) that the concentration does have a Community dimension, but is compatible with the Common Market; or (iii) that the concentration does have a Community dimension, but there are serious doubts as to its compatibility with the Common Market.

In most cases, the procedure ends either with option (i) or option (ii), although, as discussed below, several cases have now gone on to the full investigation described in option (iii).

If, after the one-month examination period, the European Commission still has doubts about the compatibility of the concentration with the Common Market and decides to open proceedings, it has a further four months to review the concentration.

At the end of the full four-month investigation, the European Commission must decide:
  (i) that the concentration is compatible with the Common Market; or
  (ii) that the concentration is incompatible with the Common Market (prohibiting its completion or requiring divestiture); or
  (iii) that the concentration, as a result of certain modifications made by the undertakings concerned (negotiated with the European Commission), is compatible with the Common Market. In its decision declaring the modified concentration compatible with the Common Market, the European Commission may impose conditions and obligations on the companies involved. The European Commission can also revoke a decision declaring the compatibility of a concentration at any time, should the undertakings concerned commit a breach of an obligation attached to the decision.

Option (iii) has been a frequent conclusion of the cases which have been fully considered by the European Commission thus far. Option (ii) has also been used (see *Aerospatiale/Alenia/De Havilland* (OJ 1991 L334/42).

A concentration is deemed to have been declared compatible with the Common Market if, having been fully and correctly notified, the European Commission does not take a decision:
  (i) within one month of notification, declaring the concentration compatible with the Common Market, or initiating proceedings in the case of serious doubts about its compatibility; or
  (ii) within four months of the opening of proceedings, requiring amendment of the proposed concentration, or declaring it incompatible with the Common Market.

MCR as "one-stop-shop" – principles and exceptions

In principle, the EC merger control system is a "one-stop-shop". If a concentration falls within its scope, no parallel filings to Member State competition authorities are required. Similarly, if the MCR does not apply, the European Commission is not, generally, competent to intervene, and national laws may apply. However, there are three notable exceptions to this scheme.

First, under the MCR, the European Commission can intervene below the MCR thresholds if the concentration affects trade between Member States, and the European Commission is specifically requested to do so by a Member State (see, *e.g.* the Belgian request that the European Commission review the BA/Dan Air concentration (1992)).

Secondly, the European Commission may refer to national authorities a concentration falling within the scope of the MCR, if it has particular consequences for a "distinct market" in a Member State, and that Member State requests the case. This is a procedure which has already been invoked several times (see, *e.g. Varta/Bosch* (OJ 1991 L329/26), and *Steetley/Tarmac* (OJ 1992 C50/25), both below). In practice, this works as follows:

- once the European Commission has received a notification of a concentration, it is obliged to send copies to the Member States within three working days;
- within three weeks of the date of receipt of the copy of the notification, a Member State may inform the European Commission that, in its opinion, the concentration will create or strengthen a dominant position on a market within that Member State which is a "distinct market", and request jurisdiction over the case;
- the European Commission is then free to decide whether or not to refer the case to the competent authorities of the Member State or to review the case itself. The European Commission must adopt a decision on the issue (which decision Member States can challenge before the European Court of Justice). Exceptionally, in such cases, the one-month first examination period for a case is extended to six weeks.

A "distinct market" for these purposes is defined as a market where the products or services are homogeneous and distinguishable from neighbouring markets because the conditions of competition are appreciably different in that market. While certain very local markets may fall within this definition, it is a difficult test to meet, particularly if a concentration also has effects in other Member States, or if the barriers to entry of the market concerned are low.

Thirdly, Member States retain the right to take measures to protect legitimate interests such as public security, plurality of the media, and prudential rules (*e.g.* for financial and insurance institutions), provided that two conditions are met. The interests concerned must not relate to competition considerations (such a review is covered by the MCR), and they must be compatible with other provisions of Community law.

Fact finding powers of the European Commission The MCR gives the European Commission the right to request information and the right to carry out investigations on company premises.

The European Commission can send a request for information to the governments or competent authorities of the Member States concerned, individuals, undertakings and associations of undertakings. If a person or undertaking does not provide the information requested, the European Commission can issue a decision requesting the information. The penalty for the supply of incorrect information is a fine of between ECU 1,000 and 50,000. A refusal to supply information can result in a fine with a periodic penalty of up to ECU 25,000 for each day of delay in supplying the information.

Investigations can be carried out either by the competent national authorities at the request of the European Commission, and/or by the officials of the European Commission. The investigative powers cover the following areas:

- examination of the company's books and other business records;
- seizure or demand for copies or extracts from these books and business records;
- request for oral explanations; and
- entry of premises, land and vehicles.

A refusal to submit to an investigation can result in fines of between ECU 1,000 and 50,000. Furthermore, each day of delay in allowing the investigation to proceed, from the date set in the decision ordering the investigation, can result in fines with a periodic penalty payment of up to ECU 25,000.

Procedural rights The MCR provides for the respect of the rights of the defence during the procedure. Undertakings directly concerned must be given the opportunity to make known their views on the objections against them.

The European Commission must hear those natural or legal persons showing a legitimate interest who apply for a hearing and any other interested party. (This may include representatives of employees concerned.) Parties directly concerned have a right of access to the file. However, other parties may be granted access to the file in some circumstances. In both cases, business secrets must be protected.

European Commission practice In 1990 the European Commission established a special "Merger Task Force" within the European Commission's Competition Directorate, which is currently staffed by some 25 officials and which is specifically designed to deal with notifications under the new Regulations.

Cases in the first three-and-a-half years of practice with the MCR have emphasised and explored many aspects of the MCR, illustrating its wide jurisdiction, both in terms of business sector and geographically.

Thus, cases have ranged from chemicals to air transport, and from cars to banks and insurance companies. There have been cases involving purely non-EC deals, such as Matsushita's acquisition of MCA (1990), and cases of Community companies investing abroad together, such as BNP and Dresdner Bank's joint ventures in Hungary and (the then) Czechoslovakia. Companies involved have been based, for example, in France, Sweden, the United States, Italy, Japan, Switzerland and Hungary.

Most of the notifications have concerned share acquisitions (either private deals or public bids), but the cases so far have also included cross-shareholding agreements, mergers involving the use of newly established holding companies under joint control, joint ventures created through the sale of shares in a subsidiary to a third party, and the taking of stakes by financial investors. Again, the first cases have also shown that the MCR applies fully to both the private and the public sectors. There have also been conglomerate acquisitions.

Some general points on practice to date can be made as follows:

- Companies generally are availing themselves of the possibility to have a pre-notification meeting with the Merger Task Force in order to clarify issues and, in appropriate cases, to obtain waivers from providing some of the information referred to in Form CO, or comfort letters on the non-application of the MCR.
- Most cases do not proceed beyond the first month (*i.e.* the preliminary investigation).
- One variation in the original scheme of the MCR has been the practice whereby companies offer undertakings in the first one-month review period, accepted by the Commission as sufficient to alleviate doubts as to compatibility of the concentration with the Common Market and thereby prevent second phase review.
- The European Commission is taking a very careful look at the issue of what is the relevant geographical market, considering whether this should be local, national, regional or wider.
- The European Commission has been careful to consider potential competition and has, therefore, been looking closely at barriers to market entry.
- The European Commission has not been afraid to force considerable restructuring of deals before giving clearance. For example in *Alcatel-Telettra* (OJ 1991 L122/48) and *Varta-Bosch* the European Commission has insisted on shareholdings in related companies being sold, and in *Accor/Wagon-Lits* (OJ 1992 L204/1) forced Accor to sell off Wagon-Lits' motorway restaurant business in France.
- Although reluctant initially, the European Commission now appears to be fully prepared to refer cases to national authorities in appropriate circumstances. Thus, for example, the German *Bundeskartellamt* applied for jurisdiction over a case in the batteries sector which was notified to the European Commission by Varta and Bosch. The *Bundeskartellamt* argued that the deal concerned had a particular effect on a distinct market (*i.e.* Germany). The European Commission, decided to keep jurisdiction of the case and on 31 July 1991 approved the merger in the light of significant

changes of market conditions in Germany, and Varta's acceptance that it must change licensing arrangements and overlapping board memberships between Varta and Delta/Mareg, the second-largest competitor in the German market for starter batteries. This was an important case, because it is thought generally that if the case had been dealt with in Germany by the *Bundeskartellamt*, the merger would have been blocked. On the other hand, in 1992 the European Commission partially acceded to the request of the UK authorities for jurisdiction over Steetley's proposed joint venture with Tarmac, in relation to its impact in the bricks and tiles sector in certain parts of the United Kingdom.
- The Commission has now established an "oligopolistic dominance" doctrine, whereby, if an oligopoly is narrowed through a concentration, it may be prohibited (*Nestlé-Perrier* (OJ 1992 L356/1)). This is highly controversial because it is not clear that such a doctrine is within the scope of the MCR.

Since the inception of the new EC merger control system, there has still been much uncertainty with regard to major cases which only just escape the MCR. Companies involved in such agreements, which may still be very large, are left uncertain as to whether the general EC competition rules (as opposed to the MCR) may still be applied by the European Commission, national competition authorities, or through the courts. This is, at present, a somewhat uncharted and complex area of law.

In principle, such rules may still apply provided that there is adequate effect on trade between Member States. However, the willingness of the European Commission to pursue such cases, and depart from the "one-stop-shop" system described above, is not so clear.

Such mergers are also subject to what some have called a "pot-pourri" of national merger control legislations; in other words, they may still have to be cleared with several national authorities depending on which markets are affected. At present, there are developed merger control procedures in Germany, France, the United Kingdom, Spain, Ireland and Portugal. Since the EC merger control system started, Italy and Belgium have also introduced new national merger control rules. In addition, general competition laws may also be invoked against mergers and acquisitions in Greece and The Netherlands. New Belgian rules also came into force in April 1993. There are also merger control provisions in Finland, Norway and Sweden.

In practice, therefore, large mergers just escaping the EC system, may be in a worse position than those which are caught by it – an argument which is leading both the European Commission and industry to argue for a lowering of the Community dimension thresholds. The European Commission would like thresholds with a world-wide turnover of ECU 2 billion, and Community-wide turnovers of ECU 100 million; the matter will now come up for review in 1996) (see, for expected future developments, para **3.13** above).

Date of implementation
This Regulation came into force on 21 September 1990.

CASE LAW APPLYING ARTICLES 85 AND 86 OF THE EC TREATY TO CONCENTRATIONS AND MINORITY SHARE ACQUISITIONS

In 1973, the European Court of Justice held that Article 86 of the EC Treaty may be infringed if a company in a dominant position strengthens its position to such an extent that competition is substantially fettered (Case 6/72 *Continental Can* [1973] ECR 215).

In 1987, in Joined Cases 142-156/84 *BAT and Reynolds* v *Commission* [1987] ECR 4487, the Court held that, in certain circumstances, the acquisition of a minority shareholding in a competitor may infringe Articles 85 and 86. This might be the case, for example, if, through the acquisition, the investing company attained legal or *de facto* control of the commercial conduct of the other company; or the agreement provided for commercial co-operation between the companies; or where the agreement gives the investing company the possibility of reinforcing its position at a later stage and taking effective control of the other company.

In 1992, applying Articles 85 and 86, the European Commission ordered Gillette to divest its interests in *Wilkinson Sword*, the first EC ruling of its type (*Continental Can* having been annulled by the European Court).

PROCEDURAL RULES FOR NOTIFICATIONS, TIME-LIMITS AND HEARINGS IN THE EC MERGER CONTROL SYSTEM

Official title
Commission Regulation (EEC) 2367/90 of 25 July 1990 on the notifications, time-limits and hearings provided for in Council Regulation (EEC) 4064/89 on the control of concentrations between undertakings.

Reference
Council Regulation (EEC) 2367/90; OJ L219, 14.8.90.

Amendments
Commission Regulation (EEC) 3666/93; OJ L336, 31.12.93.

Impact
Sets out the procedural rules applicable to the EC merger control system, including the form and content of the special "Form CO", which must be completed on notification. Since 1 January 1994 these rules have been adapted to cover filings concerning the EEA also.

Details
This Regulation sets out the procedural rules for the EC merger control

system, notably with regards to the information which must be supplied to the European Commission on notification. Since 1 January 1994 required information must be supplied for the whole EEA, to the extent that it is relevant.

The requirements for such a filing are strict and demanding. However, it is possible (and now a frequent practice) to contact the European Commission in confidence prior to notification to seek waivers for information which does not appear relevant in a given case.

The main requirements on notification are as follows:

- the information must be submitted in a defined format (Form CO);
- the notifying parties must submit 21 copies of Form CO and 16 copies of supporting documents;
- the supporting documents must be originals, or copies certified true and complete. The documents involved are usually the acquisition agreements, the offer document in cases of a public bid, recent annual reports and accounts of the parties to the concentration, and business or economic reports prepared for the purpose of the concentration (*e.g.* assessing impact on the parties and the market, etc);
- Form CO must be completed in an official language of the Community; supporting documents may be in their original language;
- all financial data requested (*i.e.* on turnover) must be in ECU, using average conversion rates for the periods in question. In practice, these are available through an organisation called EUROSTAT;
- if notifying parties are including confidential business secrets, these are to be submitted separately (usually in a special "Business Secrets Annex") with reasons why the information should not be divulged to third parties.

The main requirements of Form CO are as follows:

- details on the notifying parties;
- details on the concentration, such as type (*e.g.* merger, acquisition, financial details, proposed or expected date of completion, and proposed structure of ownership and control after completion);
- world-wide and Community-wide turnover, profits before tax, and number of employees world-wide of the notifying parties in the last three financial years (in ECU);
- details of the group structure of the undertakings involved in the concentration (*i.e.* which companies they control, and which companies control them);
- details of financial links of the undertakings involved in the concentration in other firms operating on affected markets; and personal links through members of the boards of the undertakings concerned, to other undertakings active on the affected markets;
- information on affected markets (descriptions of relevant markets, market data on affected markets for the last three financial years, and market data and conglomerate aspects if appropriate);
- information on the general conditions in affected markets over the last five years (*e.g.* record of market entry, and factors influencing such entry, degree of vertical integration of the parties, importance of R&D in the

sectors concerned, distribution channels and service networks on the affected markets, details of suppliers, customers and competitors in affected markets, extent of co-operative agreements in the affected markets);
- the parties' views on how the proposed concentration is likely to affect the interests of intermediate and ultimate consumers, and technical progress.

The Regulation also includes guidance notes for (i) the calculation of turnover for credit and other financial institutions, (ii) the calculation of turnover for insurance undertakings, (iii) the calculation of turnover for joint undertakings, and (iv) application of the "two-thirds rule" (*i.e.* that if the undertakings concerned both achieve more than two-thirds of their turnover in one and the same Member State the MCR does not apply).

The Regulation explains in detail how the time-limits set out in the MCR apply, taking into account weekends, public holidays, and any eventual suspensions as a result of requests for information.

The Regulation sets out the procedure for any hearings of the parties and of third parties, which may occur.

Provision is also made for the transfer of cases from the MCR procedure to the ordinary review procedure for agreements under Regulation (EEC) 17/62 (see para **3.43** above), if the European Commission concludes that a notification does not involve a concentration.

Date of implementation

The Regulation entered into force on 21 September 1990. The 1993 amendments entered into force on 1 January 1994 (see, for future developments, para **3.13** above).

NOTICE – CONCENTRATIVE AND CO-OPERATIVE OPERATIONS IN THE EC MERGER CONTROL SYSTEM

Official title

Commission Notice regarding the concentrative and co-operative operations under Council Regulation (EEC) 4064/89 on the control of concentrations between undertakings.

Reference

Commission Notice; OJ C203, 14.8.90.

Amendments

None.

Impact

Explains in detail the considerations which the European Commission takes into account when deciding whether a joint venture is concentrative, such that it may come within the EC merger control system, and European

Commission policy on other links between undertakings (*e.g.* minority shareholdings, cross-shareholdings).

Details

This Notice sets out the main considerations which the European Commission will take into account when deciding whether the following operations are or are not caught by the MCR:

- joint ventures;
- unilateral or reciprocal shareholdings;
- common directorships;
- unilateral or reciprocal transfer of undertakings or parts thereof; and
- joint acquisitions of an undertaking with a view to its division.

The guiding principle for the European Commission is whether the operation concerned involves a structural change to the undertakings involved, rather than a mere co-ordination of competitive behaviour. Such structural changes may come within the scope of the MCR. Co-ordination of competitive behaviour, generally, comes within the scope of Regulation (EEC) 17/62 (see para **3.43** above).

The Notice explains, in great detail, the definition of a concentrative joint venture (JV) set out in the MCR. In other words, it is emphasised that, under the MCR, a concentrative JV:

- must be an undertaking intended to pursue a defined economic purpose on a long-term basis;
- must be controlled by other undertakings, in the sense of being subject to the decisive influence of those undertakings;
- must be jointly controlled;
- is subject to joint control by undertakings. Joint control exists where the parent companies must agree on decisions concerning the JV's activities, either because of rights acquired in the JV or because of contracts or other means of establishing control. There is no joint control where one of the parent companies can decide alone on the JV's commercial activities (in practice, this can lead to complex questions, especially in the context of diverse shareholdings and supermajority voting provisions);
- must perform, on a lasting basis, all the functions of an autonomous economic entity (*e.g.* buying and selling in the market and exercising its own commercial policy); and
- there must be no co-ordination of the competitive behaviour of independent undertakings through the JV (or appreciable risk thereof), whether between parent companies, or as between the parent companies and the JV itself.

The Notice emphasises that if the taking of a minority shareholding in fact gives the acquirer decisive influence over an undertaking's activity, that will also amount to a concentration. If the acquirer does not gain decisive influence, Articles 85 and 86 of the EC Treaty may still apply.

The European Commission indicates that similar considerations apply to cross-shareholdings between companies: if they lead to the creation of a single economic unit, characterised internally by profit and loss compensation between the companies, and externally by joint liability, a concentration may exist. Lesser degrees of co-ordination through cross-shareholdings may still fall within Articles 85 and 86 of the EC Treaty.

The European Commission indicates that it also views common membership of managing or supervisory boards of various undertakings in a similar way. Common board memberships may be a vehicle for co-operation between firms, or a full concentration.

Date of implementation

This Notice declares administrative practice and is not, therefore, "in force" in the sense of legislation such as Regulations or Directives. Although not technically binding on the European Commission or the national courts, the Notice does offer useful guidance. The Notice was published on 14 August 1990 (see, for expected future developments, para **3.13** above).

NOTICE – RESTRICTIONS ANCILLARY TO CONCENTRATIONS

Official title

Commission Notice regarding restrictions ancillary to concentrations.

3.52

Reference

Commission Notice; OJ C203, 14.8.90.

Amendments

None.

Impact

Explains European Commission policy on restrictions ancillary to concentrations, such as non-competition clauses, intellectual property licences, and purchase/supply agreements.

Details

Under the MCR, restrictions which are "directly related and necessary to the implementation of a concentration" are assessed together with the concentration itself. This Notice indicates the European Commission's approach to such ancillary restrictions.

For the restrictions to be considered ancillary to a concentration they must:

– limit the freedom of action of the parties to the concentration only, not third parties;
– be subordinate in importance to the main object of the concentration, but not an integral part of the concentration itself; and
– be necessary, in the sense that, without them, the concentration could not be implemented, or could be implemented only in more difficult conditions.

Restrictions ancillary to a concentration do not, therefore, include:

- provisions whose restrictive effect on third parties may be separated from the concentration;
- restrictions entered into when a concentration is entered into in stages before a "taking of control" has occurred; or
- restrictions entered into at the time of a concentration which have no direct link thereto.

These restrictions may, however, fall under Articles 85 and 86 of the EC Treaty.

The European Commission indicates its policy with regards to several types of restraint. Thus, for example, the European Commission states that non-competition clauses imposed on the vendor of a business are usually accepted, if they are designed to guarantee the transfer to the acquirer of the full value of the assets transferred. Such clauses may not be considered necessary if the transfer is limited to physical assets, or exclusive industrial or commercial property rights. However, if the transfer involves goodwill and know-how, protection for a period of five years is generally accepted. If the transfer involves only know-how, this period is reduced to two years. The European Commission emphasises that these are not absolute rules, and a prohibition for a longer period may be possible in particular circumstances. The geographic scope of the non-competition clauses must be limited to the area where the vendor has established the products or services before the transfer.

The European Commission also sets out detailed considerations related to its assessment of: (i) transfers and licences of industrial and commercial property rights and know-how; (ii) the conclusion of purchase and supply agreements in the context of a concentration; (iii) the evaluation of ancillary restrictions in the context of a joint acquisition; and (iv) the evaluation of ancillary restrictions in the context of concentrative joint ventures.

Date of implementation

This Notice declares administrative practice and is not therefore, "in force" in the sense of legislation such as Regulations or Directives. Although not technically binding on the European Commission or the national courts, the Notice does offer useful guidance. The Notice was published on 14 August 1990 (see, for expected future developments, para **3.13** above).

State aids legislation and informal policy statements

RESEARCH AND DEVELOPMENT

Official title

3.53 Community framework on state aid for research and development.

Reference

Commission Communication; OJ C83, 11.4.86.

Impact

These Guidelines set out the European Commission's policy on grants of aid for research and development and emphasise the need for transparency in the grant of such aids.

Details

The European Commission states that aid for "fundamental research" (*i.e.* research designed to increase general scientific and technical knowledge and not directed to specific commercial objectives) will generally not be considered incompatible with the Common Market.

If aid for R&D is considered incompatible with the Common Market, it may qualify for exemption if it is shown to be an important "project of common European interest". The European Commission indicates that, in general, state aid for "basic industrial research" should not exceed 50% of the gross cost of the project or programme.

After development of the framework, the European Commission wrote to all Member States requesting them formally to notify a list of aid schemes operating within their boundaries, and significant industrial awards under such schemes. Significant awards are defined as multinational R&D projects where the total project cost exceeds ECU 20 million. It should be noted that this framework applies to the Community's EUREKA programme.

SMALL AND MEDIUM-SIZED ENTERPRISES

Official title

Community Guidelines on state aid for small and medium-sized enterprises (SMEs).

Reference

Commission Communication; OJ C213, 19.8.92.

Impact

The Guidelines are intended to set out the Commission's policy toward state aids to SMEs. The Guidelines apply to SMEs in all sectors, except those subject to special Community rules on state aids.

Details

The Guidelines define an SME as an undertaking which:
- has no more than 250 employees; and has either
- an annual turnover not exceeding ECU 20 million; or
- a balance sheet total not exceeding ECU 10 million; and
- is no more than 25% owned by one or more companies not falling within this definition.

Where the distinction is necessary, a "small" undertaking is defined as one which:

- has no more than 50 employees; and has either
- an annual turnover not exceeding ECU 5 million; or
- a balance sheet total not exceeding ECU 2 million; and
- is not more than 25% owned by one or more companies not falling within this definition.

For each definition the criteria are cumulative. All of them must be fulfilled in order for the definition to apply.

The Guidelines set the amount of ECU 50,000 as a threshold figure below which the provisions of Article 92(1) of the EC Treaty may be said not to apply. This limit applies to what is termed "broad" expenditure (*e.g.* investment or training) which may be awarded over a period of up to three years. It must, however, be an express condition of the award or scheme that any further aid from other sources or under other schemes to the same firm in respect of the same type of expenditure must not take the amount above the specified limit.

As regards aid likely to affect intra-Community trade, the Guidelines distinguish those types of aid which are relatively distant from the market place, such as consultancy, as less likely to have an impact on intra-Community trade than those close to the market place, such as investment. Furthermore, the smaller the enterprise, the less likely will be the effect on intra-Community trade. The Guidelines define certain types of aid, such as general investment, aid for environmental protection, aid for consultancy help and aid for research and development. They also indicate the intensity to which such types of aid may be permitted without notification to the Commission being required. A general indication of the type of aid scheme to which the Commission will not object is also included.

AID SCHEMES OF MINOR IMPORTANCE

Official title

3.55 Notification of an aid scheme of minor importance.

Reference

Commission Communication; OJ C40, 20.2.90.

Impact

Identifies the types of scheme to which the Commission will not, in principle, object.

Details

Where a new state aid is not covered by a specific Community policy, the Commission will not object to schemes where:

- the beneficiary enterprise does not employ more than 150 people and has an annual turnover of not more than ECU 15 million; and
- where aid intensity does not exceed 7.5%; or
- when the aid is designed to lead to job creation, it does not exceed ECU 3,000 per job; or
- when, in the absence of specific investment or job creation objectives, the total aid received is not more than ECU 200,000.

The first criterion must be satisfied in all cases. In addition, at least one of the other criteria must be satisfied.

As regards existing aid schemes, where a prolongation of the scheme is proposed which does not involve an increase in available finance, the Commission will not normally oppose the award. Furthermore, where an increase in the available budget of up to 20% is proposed without a prolongation, or the prolongation is over time, or the relevant Member State proposes to tighten the criteria for application, the Commission will generally approve the scheme.

REGIONAL AID SCHEMES

Official title

Communication of the European Commission on regional aid systems.   **3.56**

Reference

Commission Communication; OJ C31, 3.2.79 and OJ C212, 12.8.88.

Impact

Since 1971, the European Commission has published the principles which it takes into account when assessing whether or not regional aid systems are compatible with the Common Market. These are commonly known as "co-ordination principles". The present position is based on principles published in 1979 and updated in August 1988.

Details

In general, the European Commission's approach is to look at five aspects of regional aid:

- ceilings of aid intensity differentiated according to the nature and gravity of the regional problems;
- transparency;
- regional speciality;
- the sectoral repercussions of regional aids; and
- supervision.

The differentiated ceilings are fixed in net grant equivalents expressed either as a percentage of initial investment or in European Units of Account (now ECUs) per job created by the initial investment. The ceilings vary (*e.g.* 75% net grant equivalent of the original investment or ECU 13,000 per job created in Ireland, the Mezzogiorno, Northern Ireland, West Berlin or the French Overseas Departments). Lesser percentages are allowed in other areas of France, Italy, the United Kingdom, and certain areas of the Federal Republic of Germany. Other regions are only allowed aid up to 20% net grant equivalent or ECU 3,500 per job created.

Where an establishment is transferred to an aided region, the ceilings are 100% of the cost of transfer of capital equipment, or the appropriate general ceiling applied to the value of the capital equipment, or to the number of workers transferred.

The European Commission's Communication of August 1988 sets out further details on how the European Commission will view aid to regions suffering from abnormally low living standards or serious underemployment (*e.g.* Art 93(2)(a) of the EC Treaty). In these regions operating aid may be allowed in certain circumstances. The Communication also indicates that aid to other disfavoured regions may be allowed if the aid does not adversely affect trading conditions to an extent contrary to the common interest (*e.g.* Art 93(2)(c) of the EC Treaty). In principle, however, operating aid is not allowed and aid must be linked to initial investment and/or job creation.

AIDS TO PUBLIC UNDERTAKINGS IN THE MANUFACTURING SECTOR

Official title

3.57 Communication on aids to public undertakings in the manufacturing sector.

Reference

Commission Communication; OJ C273, 18.10.91.

Impact

This communication is one result of a study ordered by the European Commission in 1990. The study demonstrated that a large number of state aids granted by national authorities to public undertakings, although above the thresholds at which aids must be notified, were never communicated to the European Commission.

Details

The Communication is geared particularly towards the manufacturing sector because it is in this sector that failure to notify has occurred most. Nevertheless, it is emphasised that the Communication is not limited to the manufacturing sector. In certain circumstances it will also be applied outside this sector to individual cases.

The Communication indicates that all forms of aid to public undertakings in the manufacturing sector which have a turnover exceeding ECU 250 million will require notification to the European Commission. This confirms that the application of the EC state aid rules extends to any advantages received by public undertakings, whether tangible or intangible, which may constitute aid.

The test which the European Commission intends to use to determine the legality of aid is the "market economy investor principle". Under this test, aid must be assessed as the difference between the terms on which funds are made available by the state to a public enterprise and the terms which a private investor, providing similar funding to a private undertaking, would find acceptable under normal market economy conditions.

Although the test is undoubtedly strict, it is only where there are no objective grounds reasonably to expect an adequate rate of return on an investment, which would be acceptable to a private investor in a private undertaking under normal circumstances, that state aid will be considered illegal. This is so even where investment is provided wholly or partially from public funds. If aid granted to a public undertaking has no impact on trade between EC Member States and competition the aid will not be considered illegal under EC law.

The Communication includes a guide to the factors which the European Commission will take into account when reviewing a potential state aid in the form of capital injection, guarantees, loans or returns on investment.

The EC Member States are required by the Communication to provide the European Commission with an annual report on state intervention in public undertakings in the manufacturing sector within their territory. In these reports, the EC Member States will be required to set out in detail the annual financial statement of each public undertaking assisted, plus the amount of capital/equity, non-refundable grants, loan guarantees or dividends provided.

The policy outlined in the Communication will be operational for five years, following which it will be reviewed.

The European Commission has also indicated detailed positions on aids to certain sectors with specific structural or related problems.

MOTOR VEHICLES

Official title
Community framework on state aid to the motor vehicle industry.

3.58

Reference
Commission Communication; OJ C123, 18.5.89.

Impact
Requires Member States to notify all aid plans to motor vehicle and motor vehicle engine manufacturers when the project to be aided is superior to

ECU 12 million, and to prepare an annual report on all aid payments to the sector.

Details

The framework requires notification to the European Commission of all aid granted within the scope of an approved scheme to undertakings in the motor vehicle sector where the cost of the project to be aided exceeds ECU 12 million. Outside an approved aid scheme, aid to any project, irrespective of its costs, must be notified in accordance with the provisions of Article 93(3) of the EC Treaty.

AID TO SHIPBUILDING

Official title

3.59 Council Directive of 21 December 1990 on aid to shipbuilding.

Reference

Council Directive 90/684/EEC; OJ L380, 31.12.90.

Impact

The Directive provides that all production aid, including that granted to third parties, for the construction of ships, is subject to a "common aid ceiling". This is set as a percentage of the contract value before aid, in the case of contract-related aid, and of turnover in merchant shipbuilding, in the case of other operating aid.

Details

"Shipbuilding" is defined to mean building in the Community of metal-hulled sea-going vessels, such as merchant ships for the carriage of passengers and/or cargo, of not less than 100 gross registered tonnage (GRT); fishing vessels of not less than 100 GRT; dredgers or ships for other work at sea of not less than 100 GRT excluding drilling platforms and tugs of not less than 365 kw. Aid covers state aid within the meaning of the EC Treaty.

No aid granted may be conditional upon discriminatory practices as to products originating in other Member States. All forms of aid to shipowners or to third parties which are available as aid for the building or conversion of ships would be subject to the notification rules laid down in the proposal.

Such aid granted by a Member State to its shipowners or to third parties in that State for the conversion of ships may not lead to distortions of competition between national shipyards and shipyards in other Member States in the placing of orders.

Production aid in favour of shipbuilding and ship conversion may be considered compatible with the Common Market provided that the amount of aid granted in support of any individual contract does not exceed, in grant equivalent, a common maximum ceiling expressed as a percentage of the contract value before aid.

Aid to facilitate the continued operation of shipbuilding and ship-conversion companies not directly supporting particular restructuring measures may be deemed compatible with the Common Market provided that such aid, together with the production aid, does not exceed the ceiling expressed as a percentage of the aid recipient's annual turnover in shipbuilding and ship conversion.

Member States are required to furnish evidence of the extent to which turnover and losses of the recipient of the aid result from shipbuilding and conversion or from its other activities. It should also be specified whether the aid is intended to offset losses or expenditure arising from the restructuring measures.

The Directive also lays down Guidelines with regard to investment aid, aid for closures and aid for research and development. Special notification procedures are enumerated. Member States are required to notify the European Commission of any aid scheme, new or existing, covered by the Directive, any decision to apply any general or regional aid scheme to the undertakings covered by this Directive, as well as any decision to apply any general or regional aid scheme to the undertakings and any individual application of aid schemes.

A derogation has been granted to Germany in respect of the territory of the former German Democratic Republic. Operating aid for shipbuilding and ship conversion in the former German Democratic Republic will be considered compatible with the Common Market under certain conditions. These conditions are that the shipbuilding industry has undertaken a systematic and specific restructuring programme, including capacity reductions, which can be considered capable of allowing it to operate competitively, provided such aid is progressively reduced.

Date of implementation

This Directive entered into force on 1 January 1991.

SYNTHETIC FIBRES

Official title

Aid to the EC synthetic fibres industries.

3.60

Reference

Commission Communication; OJ C173, 8.7.89.

Impact

Limits aid which may be lawfully granted to the synthetic fibres industry.

Details

The Community's policy towards the synthetic fibres industry is based on the combined facts that, within the Community the industry suffers from over-capacity, and it is currently in an extremely vulnerable condition.

Consequently, the Commission normally will express an unfavourable *a priori* opinion regarding proposed state aids to this sector which have the effect of increasing the net production capacity of companies. The types of fabric covered by this approach include acrylic, polyester, polypropylene and polyamide fibre.

Sympathetic consideration will be given only to proposals to grant aid, the purpose of which is to solve serious social or regional problems by speeding or assisting the process of conversion away from synthetic fibres into other activities, or restructuring which will lead to reduction in capacity.

AID FOR ENVIRONMENTAL PROTECTION

Official title

3.61 Community Guidelines on state aid for environmental protection

Reference
OJ C72, 10.3.94.

Impact

These Guidelines aim to strike a balance between the requirements of competition and environment policy, given the widespread use of state aid in the latter. The Guidelines apply to aid in all the sectors governed by the EC Treaty, including those subject to specific Community rules on state aid (steel processing, shipbuilding etc).

Details

The Guidelines apply to aid in all forms and set out the approach followed by the Commission in the assessment pursuant to Article 92 of the EC Treaty of state aid in the environmental field for the following purposes:
- investment;
- information activities, training and advisory services;
- temporary subsidies towards operating costs in certain cases; and
- purchase or use of environmentally friendly products.

The most detailed provisions concern aid for investment, where the rules are as follows.
- For investment undertaken to adapt existing plant to new environmental standards or other new mandatory requirements imposed to protect the environment, firms can receive aid equal to 15% gross of the cost of the investment strictly required for this purpose.

- For investment in new or existing plant which allows higher levels of pollution control to be achieved than are required by standards or other legal obligations, firms can receive up to 30% gross of the investment cost.
- Small and medium-sized enterprises may receive an extra 10% of aid on top of the two limits mentioned above.

Date of implementation

The Commission will follow these Guidelines in its assessment of aid for environment purposes until the end of 1999. The operation of the Guidelines will be reviewed by the Commission before the end of 1996.

AID TO FISHERIES AND AQUACULTURE

Official title

Guidelines for the examination of state aid to fisheries and aquaculture

Reference

OJ C260, 17.9.94.

Impact

The Guidelines are intended to set out the Commission's policy towards state aid to fisheries and aquaculture. The Guidelines apply to the entire fisheries sector, including fishery undertakings which are entirely or partly publicly owned, but excluding non-commercial recreation and sports.

Details

The Guidelines relate to all measures entailing a financial advantage in any form whatsoever funded directly or indirectly from the budgets of public authorities. However, the Guidelines do not concern subsidies which are partly funded by the Community.

As a principle, state aid may be granted only if it is consistent with the objectives of the common fisheries policy. It must serve to promote the rationalisation and efficiency of the production and marketing of fishery products. The aid must also provide incentives for development and adaptation which cannot be undertaken under normal market circumstances because of insufficient flexibility in the sector.

In examining the aid schemes, the Commission takes account of all factors necessary to assess the real advantage to the recipient, and focuses more particularly on the cumulative effect of all measures involving an element of subsidy. The various categories of aid are listed in the communication, and divided into:

- aid of a general nature;
- aid to sea-fishing;
- aid to processing and marketing in the fisheries sector;
- aid for port facilities;

- aid for the development of coastal waters;
- aid relating to product quality;
- aid to producer associations;
- fresh-water fishing and agriculture; and
- aid in veterinary and health fields

Date of implementation

Member States must ensure that their existing aid schemes for fisheries comply with these Guidelines and advise the Commission accordingly by 31 December 1994

EC competition law in EC external relations

There are four main developments in this area which deserve special mention: a US-EC Competition Co-operation Pact; entry into force of the agreement for the European Economic Area; new initiatives to increase competition in non-EU markets; and the competition aspects of new association agreements with Central and Eastern European countries.

US-EC COMPETITION CO-OPERATION PACT

3.63 On 23 September 1991, the European Commission and the US Federal Trade Commission signed a "Competition Pact", which amounts to an administrative agreement for the allocation of jurisdiction and the exchange of information between the EC and US competition authorities. To this effect, it puts in place a system for the broad exchange of information on competition cases which should prevent legal overlap and pre-empt potential disputes over legal competence. This co-operation is enhanced by the setting-up of a formal mechanism involving twice-yearly meetings between EC and US competition authorities.

The Competition Pact also gives each side the right to ask for its own interests to be taken into account in competition cases being investigated in the other jurisdiction. In theory, this should allow the European Commission to request the opening of a competition investigation by the US authorities if suspected anti-competitive behaviour by a US firm may prejudice EC firms in the US market. Thus, for example, the EC could request the US authorities to start an investigation if EC suppliers are being denied market share due to the suspected abuse of a monopolistic position by a US firm.

Concentrations and agreements between firms, rather than cases of state aid, will be covered. In relation to concentrations, it will be interesting to see what effect a decision giving clearance or refusing to approve a transaction in one jurisdiction will have in a subsequent notification of the same merger in the other jurisdiction. In practice, several cases have already been filed simultaneously in the United States and with the European Commission. Clearly, different considerations may apply, but there may be greater scope for exchange of ideas on analytical approach between the competition authorities, and also for verifying information submitted.

The Competition Pact concentrates exclusively on procedural aspects. It does not establish a dispute-settlement procedure, and it does not have a direct bearing on the substance of the respective competition laws in the United States or the EC.

It should be noted that France has now successfully challenged the Pact before the European Court on the basis that the European Commission had no power to enter into such a Pact (Case C-327/91 *France* v *Commission* judgment of 9 August 1994). It is thought, however, that the Commission will now seek to have a substantially similar Pact adopted as between the European Union and the United States, through a proposal to the Council of Ministers.

AGREEMENT ON THE EUROPEAN ECONOMIC AREA

In February 1992, the European Community and the European Free Trade Area (EFTA) entered into an agreement to form a single "European Economic Area" (EEA). The EFTA countries concerned were Austria, Finland, Iceland, Norway, Liechtenstein, Sweden and Switzerland.

3.64

The EEA Agreement was intended to come into force on 1 January 1993. However, this schedule was disrupted by a Swiss referendum against entry into the EEA, which has also delayed Liechtenstein entry. The result was that the EEA Agreement entered into force on 1 January 1994 and concerns only the EU and Austria, Finland, Norway and Sweden.

From a competition viewpoint, the major effect of the EEA Agreement was to introduce competition rules comparable to Articles 85, 86, 90, 92-94 of the EC Treaty and EC merger control, applicable to the whole EEA. Thus, agreements affecting trade between, for example, Sweden and Finland, or Norway and Germany, are now subject to such competition review. It is important to note that the EEA rules apply only to industrial goods (Chapters 25-97 of the Harmonised Customs Code; Article 8(3) of the EEA Agreement).

The EEA competition rules are set out in Articles 53-64 of the EEA Agreement, together with the appendices and protocols thereto which define the "*acquis communautaire*" of Regulations and other rules which the EFTA countries concerned accept.

In addition to these provisions, the EFTA Surveillance Authority (ESA), the Brussels-based authority responsible for enforcement of these rules together with the Commission, has now issued two batches of informal notices.

First, on 12 January 1994, notices and Guidelines on:

- concentrations (ancillary restrictions/co-operative and concentrative JVs);
- block exemptions for exclusive distribution; exclusive purchasing; car distribution; agents; co-operation between enterprises; imports from third countries; subcontracting; agreements of minor importance; and telecoms.

Then, in April 1994, further notices on:

- co-operative JVs;
- motor vehicle intermediaries; and
- breweries.

These extend the existing EC rules to the EEA.

Enforcement of the competition rules (other than merger control) is divided between the European Commission and the ESA. If trade is affected between EU Member States, the Commission is responsible; if trade is affected only between the EFTA countries concerned or those countries and one EU Member State, the ESA is responsible. In the case of merger control, the Commission is responsible for the whole EEA. There are provisions on co-ordination between the two enforcement authorities as appropriate.

Austria, Finland, Norway and Sweden have now concluded an agreement with the EU to join the European Union (see, future developments, consequences of enlargement at para **3.8** above). Austria has already ratified that agreement. If the other countries also do so, as is expected for Finland and Sweden, but not Norway, the ordinary EC rules will apply to trade with those countries and it must be expected that the EEA Agreement will be considerably reshaped.

RECENT EC INITIATIVES TO INCREASE COMPETITION IN NON-EC MARKETS

3.65 There have been two kinds of such initiatives: first, in 1992 the European Commissioner for Competition suggested that competition should be covered by the General Agreement on Tariffs and Trade (GATT), with an obligation on the contracting parties to act against cartels in their territories. This has now been largely agreed, and the resulting World Trade Organisation should be established in 1995.

Secondly, the European Commission Director-General for Competition has reinforced calls made by the United States for increased competition law enforcement in Japan. He has suggested that the EC and Japan should be able to ask for investigation of anti-competitive practices in each other's jurisdictions which prevent market access to foreign companies, pursuant to the so-called principle of "positive comity".

COMPETITION AND THE EUROPE AGREEMENTS

3.66 Developed Association Agreements, called "Europe Agreements", have now been signed with Hungary, Poland, the Czech and Slovak Republic, Bulgaria and Rumania. The Hungarian and Polish agreements entered into force in February 1994. Relations with the other countries are currently governed by "interim agreements".

Each (Europe or interim) Agreement sets out provisions on competition

COMPETITION LAW   3.66

which go far beyond the rules in any of the previous EC Association Agreements. There are six main points to note:

(1) the Agreements apply to services as well as goods;
(2) in each agreement there are basic prohibitions of restrictive practices, abuses of dominant position and State aids affecting trade between the EU and the countries concerned, together with explicit references to the administrative practice arising from the application of Articles 85, 86, and 92 of the EC Treaty;
(3) the agreements set out a three-year deadline for the adoption of rules implementing these principles, a five-year deadline for the adjustment of State monopolies of a commercial nature and a three-year deadline for the compliance by public enterprises, or enterprises granted special or exclusive rights, with the principles of the EC Treaty.
(4) the countries in question are considered Community areas in the sense of Article 92(3)(a) for the purpose of State aid;
(5) each country agrees to harmonise its competition laws in line with the EC rules (for which the Community is offering aid under the Phare programme);
(6) it is not expected that the new competition rules will be superimposed on the parties' existing legislation. Rather, the aim is to provide for the co-ordination of the different authorities which may be competent and the competition rules which may apply.

CONTENTS OF CHAPTER 4

Consumer protection

Para

1. General consumer legislation

Introduction   4.1.1

Function of the legislation   4.1.2
Future developments   4.1.3
Responsibility within the European Commission   4.1.4

Case law   4.1.5

Legislation

Commercial transactions and liability legislation

Misleading advertising   4.1.6
Product liability   4.1.7
Doorstep sales   4.1.8
Consumer credit   4.1.9
Price indication of non-food products   4.1.10
Price indication of foodstuffs and non-food products   4.1.11
Product labelling   4.1.12
Labelling of footwear   4.1.13
Consumer contracts – unfair terms   4.1.14

Proposed commercial transactions and liability legislation

Liability for supply of services   4.1.15
Comparative advertising   4.1.16
Distance selling   4.1.17
Time-share contracts   4.1.18

Health and safety legislation

Marketing and use of detergents   4.1.19
Biodegradability of anionic surfactants – testing methods   4.1.20
Detergent labelling   4.1.21
Composition of cosmetics   4.1.22
Analysis of cosmetic products   4.1.23
Composition of cosmetics – formaldehyde   4.1.24
Dangerous imitations   4.1.25
Toy safety   4.1.26

CONTENTS OF CHAPTER 4

Banning of smoking in public places	**4.1.27**
Labelling of tobacco products	**4.1.28**
Maximum tar yield of cigarettes	**4.1.29**
Product safety	**4.1.30**

Proposed health and safety legislation

Prevention and treatment of acute human poisoning	**4.1.31**
Home/leisure accidents	**4.1.32**
Composition of cosmetics – Framework Directive	**4.1.33**
Composition of cosmetics – ingredients/animal testing	**4.1.34**
Advertising of tobacco products	**4.1.35**
Marketing of biocidal products	**4.1.36**

Tourism legislation

Standarised information in hotels	**4.1.37**
Fire safety in hotels	**4.1.38**
Package tours	**4.1.39**
Action plan to assist tourism	**4.1.40**

2. Foodstuffs

Introduction   **4.2.1**

Scope and purpose of the legislation	**4.2.2**
Future developments	**4.2.3**
Responsibility within the European Commission	**4.2.4**

Case law   **4.2.5**

Legislation

Labelling, presentation and advertising of foodstuffs

Basic food-labelling requirements	**4.2.6**
Designation of flavouring in ingredients lists	**4.2.7**
Price indications on foodstuffs	**4.2.8**
Council Resolution on price indication	**4.2.9**
Lot identification of foodstuffs	**4.2.10**
Nutrition labelling	**4.2.11**
Geographical indication	**4.2.12**
Geographical origin – application	**4.2.13**
Certificates of specific character	**4.2.14**
Certificates of specific character – application	**4.2.15**
Scientific committee	**4.2.16**

CONTENTS OF CHAPTER 4

Proposed labelling, presentation and advertising of foodstuffs

Quantitative ingredients declarations	4.2.17

Packaging of, and materials in contact with, foodstuffs

Pre-packaged liquids	4.2.18
Pre-packaged products	4.2.19
Community symbol for materials in contact with foodstuffs	4.2.20
Vinyl chloride monomer levels	4.2.21
Release of vinyl chloride monomers	4.2.22
Ceramic articles	4.2.23
Harmonisation of national laws on materials in contact with foodstuffs	4.2.24
Plastic materials and articles coming into contact with foodstuffs	4.2.25
Regenerated cellulose film	4.2.26

Additives legislation

General provisions governing additives	4.2.27
Food colorants	4.2.28
Preservatives	4.2.29
Purity criteria for preservatives	4.2.30
Antioxidants	4.2.31
Emulsifiers, stabilisers, thickeners and gelling agents	4.2.32
Testing of additives	4.2.33
Extraction solvents	4.2.34
Flavourings	4.2.35
Inventory of flavourings	4.2.36
Approximation of national flavouring laws	4.2.37

Proposed additives legislation

General provisions governing additives	4.2.38
Miscellaneous additives	4.2.39
Sweeteners	4.2.40
Extraction solvents	4.2.41
Colouring matters	4.2.42
Flavouring substances	4.2.43

Methods of food preservation legislation

Quick-freezing of foodstuffs	4.2.44
Transport, warehousing and storage of quick-frozen foodstuffs	4.2.45
Temperature analysis of quick-frozen foodstuffs	4.2.46

CONTENTS OF CHAPTER 4

Proposed methods of food preservation legislation

General provisions on irradiated foods and food ingredients	**4.2.47**

Inspection of foodstuffs and hygiene legislation

Official control of foodstuffs (1)	**4.2.48**
Official control of foodstuffs (2)	**4.2.49**
Official control of foodstuffs – inspection	**4.2.50**
Sampling and analysis of foodstuffs	**4.2.51**
Maximum permitted levels of pesticide residues	**4.2.52**
Scientific examination of foodstuffs	**4.2.53**
Scientific examination of foodstuffs – administrative management	**4.2.54**
General provisions governing hygiene of foodstuffs	**4.2.55**
Contaminants in food	**4.2.56**

Proposed legislation concerning inspection and hygiene of foodstuffs

Official control of foodstuffs (3)	**4.2.57**

Food for particular nutritional uses legislation

General provisions governing food for particular nutritional uses	**4.2.58**
Infant formulae and follow-up milk	**4.2.59**

Proposed legislation relating to food for particular nutritional uses

General provisions governing food for particular nutritional uses	**4.2.60**

Legislation concerning specific products.

Cocoa and chocolate products	**4.2.61**
Fruit juices and similar products	**4.2.62**
Preserved milk	**4.2.63**
Erucic acid – maximum levels	**4.2.64**
Erucic acid – analysis	**4.2.65**
Fruit jams, jellies, marmalades and chestnut puree	**4.2.66**
Marketing of natural mineral waters	**4.2.67**
Lactoproteins	**4.2.68**
Labelling of alcoholic beverages	**4.2.69**
Hygiene and health of egg products	**4.2.70**
Basic obligations relating to organic production	**4.2.71**

Proposed specific product legislation

Novel foods and novel food ingredients	**4.2.72**

CONTENTS OF CHAPTER 4

3. Pharmaceutical products

Introduction 4.3.1

Scope and purpose of the legislation 4.3.2
Future developments 4.3.3
Responsibility within the European Commission 4.3.4

Case law 4.3.5

Legislation

Legislation covering pharmaceutical products for human use

Marketing and licensing of proprietary medicinal
   products (PMPs) 4.3.6
Testing of proprietary medicinal products 4.3.7
Proprietary medicinal products – marketing tests 4.3.8
Colorants in proprietary medicinal products 4.3.9
Principles of good laboratory practice 4.3.10
Inspection and verification of good laboratory practice 4.3.11
OECD Decision/Recommendation on good laboratory practice 4.3.12
Marketing of high-technology medicinal products 4.3.13
Transparency of national price control measures 4.3.14
Active implantable medical devices 4.3.15
Medical devices 4.3.16
Wholesale distribution of medicinal products for human use 4.3.17
Guidelines on good distribution pratice 4.3.18
Legal status for supply of medicinal products for human use 4.3.19
Labelling of medicinal products for human use 4.3.20
Advertising medicinal products 4.3.21
Supplementary protection certificates 4.3.22
Homeopathic medicinal products 4.3.23
Authorisation of medicinal products 4.3.24
Implementation of authorisation procedure 4.3.25

Proposed legislation regarding pharmaceutical products for human use

Control of substances used in production of illicit drugs 4.3.26

Legislation concerning pharmaceutical products for veterinary use

Veterinary medicinal products – marketing and licensing (1) 4.3.27
Veterinary medicinal products – marketing and licensing (2) 4.3.28
Immunological veterinary medicinal products 4.3.29

CONTENTS OF CHAPTER 4

Testing of veterinary medicinal products **4.3.30**
Maximum residue levels for veterinary medicinal products **4.3.31**
Homeopathic veterinary medicinal products **4.3.32**

Chapter 4
Consumer Protection

This chapter covers a wide variety of Community legislation with the common aim of protecting consumers. The chapter is divided into three sections:

- general consumer legislation;
- foodstuffs; and
- pharmaceutical products.

The general consumer legislation section deals with Community legislation adopted or proposed with the intention of protecting consumers' economic interests, health and safety, and right to information. For the purposes of clarity this section is divided into three headings: "Commercial transactions and liability"; "Public health and safety"; and "Tourism".

The foodstuffs section details the major legislative provisions which govern the placing on the Community market of foodstuffs. These include legislation relating to ingredients, packaging, labelling, additives and legislation governing certain types of food.

The pharmaceutical products section gathers together items of Community legislation governing the authorisation and marketing of pharmaceutical products. The section is divided into two headings: "Pharmaceutical products for human use"; and "Pharmaceutical products for veterinary use".

1. *General consumer legislation*

Introduction

This section, covering consumer protection, is divided into three further sections. The first section includes legislation relating to issues such as product safety and product liability, doorstep sales and consumer credit, as well as proposed legislation, such as that related to comparative advertising. The second section deals with public health and safety covering issues, such as the composition of cosmetics and toy safety. The third section covers tourism-related issues, including fire safety in hotels and package tours.

Function of the legislation

4.1.2 Community action on behalf of consumers has existed for many years. Although the European Treaties make no explicit mention of consumer policy, they give the Community the task of ensuring "the constant improvement of working and living conditions" of the peoples of the Member States, as well as promoting "a harmonious development of economic activities". The need to give the Community a "human face" was recognised by the Community authorities in 1961. The following year saw the creation of a contact committee comprised of representatives of trade unions and consumer organisations. The real beginning, however, was 10 years later. At a meeting in Paris in 1972, the European Council gave the go-ahead for a consumer policy, proclaiming that economic development must be translated into improvement in the quality of life. This policy was developed through:

- the setting-up of a consumer policy service in the European Commission;
- the constitution of a Consumers' Consultative Committee (CCC), comprised of experts and of members of four European organisations representing consumers' interests: the European Bureau of Consumers' Unions (BEUC); the Committee of Family Organisations in the European Communities (Coface); the European Community of Consumer Co-operatives (Euroco-op); and the European Trade Union Confederation (ETUC). To make it more representative and more effective, the CCC was transformed in December 1989 into a "Consumers' Consultative Council", with 39 members, including representatives of national consumer organisations;
- the adoption in April 1975 of the first programme for consumer protection and information. On that occasion the EU Council emphasised five fundamental rights: the right to safety and health; the right to redress; the right to protection of economic interests; the right to representation; and the right to information and education;
- the adoption in May 1981 of a second programme, which reaffirmed the five rights and underlined the need to take account of consumer interests in the various policies of the Community; and
- the organisation, from 1983, of the first meetings of the EU Council devoted exclusively to consumer problems.

The results of the action programmes fell short of the declared aims, so the European Commission decided, in 1985, to give consumer policy a new impetus. In the following year, the adoption of the Single Act revising the European Treaties opened the way for the completion of the internal market. The Single Act provides for the elimination of the last obstacles to trade in goods and services between the countries of the Community. This means a further increase in the range of choices available to consumers, as well as substantial savings due to lower production costs and wider competition. The Act also provides, where necessary, for protective measures to be taken based on a high level of consumer protection.

In preparation for the internal market, the European Parliament and the

CONSUMER PROTECTION 4.1.2-4.1.4

EU Council in 1989 pronounced themselves in favour of fresh progress in consumer policy, in resolutions which inspired the new three-year plan for 1990-92. This action plan focused on four aspects: consumer representation; information; security; and transactions.

Step by step, with progress in the elimination of barriers to free circulation of persons, goods, services and capital, the emergence of a market without frontiers is stimulating the drafting and adoption of Community measures on certain aspects of consumer protection which respond to problems arising at Community level. The European Commission deliberately limited its three-year plan to situations in which intervention at Community level is essential, providing a more effective and more rational response than could be achieved by the necessarily fragmented efforts of national or local administrations.

Future developments

In the light of the establishment of the internal market on 1 January 1993, which now allows for the free movement of consumer goods within the Community, consumer protection takes on special importance. The European Commission has now presented its proposal for a Decision introducing a Community information system on domestic and leisure accidents which will extend the European Home and Leisure Accident Monitoring Surveillance System (EHLASS). If adopted in its present state, the Decision would present an opportunity for the establishment of a Community system identifying products involved in accidents, as well as the combination of circumstances which may lead to accidents.

4.1.3

In November the European Commission also issued a Green Paper on access by consumers to justice and the settlement of consumer disputes in the Single Market. The Paper is intended to stimulate debate as regards the most appropriate legal instruments to ensure the free movement of actions for injunction. It also recommends that financial assistance should be made available to help such transfrontier proceedings. The Paper also aims to define means to promote codes of conduct, to improve the function and transparency of the ombudsman, and to consolidate existing transfrontier co-operation initiatives, while launching other pilot projects in a similar vein.

Responsibility within the European Commission

Directorate-General XI (Environment, Consumer Protection and Nuclear Safety), Directorate A5, is responsible for the protection and promotion of consumer interests.

4.1.4

The Consumer Policy Service is responsible for the implementation and supervision of consumer policy affairs.

Case law

4.1.5 The protection of consumers has been raised as an important issue in many cases before the European Court of Justice. One of the earliest cases in this area, Case C-82/77 *Openbaar Ministerie of the Netherlands* v *Van Tiggele* [1978] ECR 25, dealt with minimum permitted prices for products. Mr Van Tiggele was accused of selling alcoholic beverages at prices below the minimum price fixed by Dutch law. The Court concluded that a national provision which applies indiscriminately to both national and imported products and prohibits the retail of products below the purchase price paid by the retailer cannot produce effects detrimental to imports alone and cannot, consequently, be contrary to EC Treaty provisions. Similarly, fixing a minimum profit margin at a specific amount rather than as a percentage of the cost price is also incapable of producing an adverse effect on imported goods, provided it is applied without distinction to national and imported products. However, where a minimum price is fixed at a specific amount which, although applicable without distinction to both national and imported products is, nevertheless, capable of having an adverse effect on the marketing of the latter in so far as it prevents their lower cost price from being reflected in the retail selling price. This is contrary to the Treaty provisions governing the free movement of goods.

A recent case, Case C-91/92 *Dori* v *Recreb Srl* (14 July 1994, not yet reported) relates to sales contracts concluded with consumers away from business premises. Miss Dori concluded a contract for a language course with Recreb at Milan Central Station. Recreb did not have an office at the station. Several days later Miss Dori cancelled the contract but Recreb claimed payment. At the material time Italy had not yet implemented the provisions of the 1987 Directive on contracts concluded away from business premises (which includes the right to a cooling-off period, see para **4.1.8** below) into its national legislation, although the final date for implementation had passed. The Court concluded that, in the absence of implementing provisions, an individual could not rely on the right of cancellation provisions of the 1987 Directive. However, when applying provisions of national law, whether adopted before or after the Directive, the national court must interpret them as far as possible in the light of the wording and purpose of the Directive.

Legislation

Commercial transactions and liability legislation

MISLEADING ADVERTISING

Official title
Council Directive of 10 September 1984 relating to the approximation of the laws, regulations and administrative provisions of the Member States concerning misleading advertising.

Reference
Council Directive 84/450/EEC; OJ L250, 19.9.84.

Amendments
None.

Impact
This Directive obliges Member States to establish means to control misleading advertising in the interests of consumers and competitors.

Details
The Directive seeks to introduce greater protection for both consumers and firms against misleading advertising, which is roughly defined as advertising which in any way, including its presentation, deceives or is likely to deceive the persons whom it reaches and which is likely to affect their economic behaviour, or which injures or is likely to injure a competitor.

The Directive allows persons or organisations regarded under national law as having a legitimate interest in prohibiting misleading advertising, to take legal action against such advertising or to bring such advertising before an administrative authority which can itself decide on complaints or initiate proceedings. Remedies include ordering the cessation of publication of the advertisement and compulsory corrective statements. The Directive was intended originally to cover unfair advertising as well, but agreement could not be reached on the definition of "unfair".

Date of implementation
Member States were required to implement the provisions of Council Directive 84/450/EEC into their national legislation by 1 October 1986.

PRODUCT LIABILITY

Official title
Council Directive of 25 July 1985 relating to the approximation of the laws,

regulations and administrative provisions of the Member States concerning liability for defective products.

Reference

Council Directive 85/374/EEC; OJ L210, 7.8.85.

Amendments

None.

Impact

According to the Directive, manufacturers will be liable for injuries arising from defective products regardless of fault.

Details

Irrespective of any negligence on their part, manufacturers will be liable for bodily injury, or damage to goods for private use or consumption, suffered as a result of defective products. Member States have the option to limit the total liability of producers to ECU 70 million for personal damage caused by identical items with the same defect.

To avoid an excessive number of claims, producers will be exempt from liability for the first ECU 500 of any claim in respect of damage to goods. Member States may provide that a producer will not be liable if he can prove that the state of scientific and technological knowledge, at the time when the product was placed in circulation, was not such as to enable a defect to be discovered.

Date of implementation

Member States were required to implement the provisions of this Directive into their national legislation by 30 July 1988. The EU Council will have to decide in 1995 whether to permit Member States to continue to place financial ceilings on liability for personal damage and to exempt development risks liability.

DOORSTEP SALES

Official title

4.1.8 Council Directive of 20 December 1985 to protect the consumer in respect of contracts negotiated away from business premises.

Reference

Council Directive 85/577/EEC; OJ L372, 31.12.85.

Amendments

None.

Impact

This Directive establishes Community rules to govern so-called "doorstep sales".

Details

The Directive requires a trader to give consumers written notice of their right to cancel any contract negotiated away from the trader's business. The consumer has the right to cancel within not less than seven days of his receipt of such notice.

The Directive applies to contracts whereby a trader supplies goods or services to a consumer either (i) during an excursion organised by the trader away from his business premises or (ii) during a visit to the consumer's home or workplace or to another consumer's home when the visit has not been expressly requested by the consumer.

Member States may exclude contracts for which the payment to be made is less than ECU 60 from application of the Directive. Moreover, the Directive does not apply to insurance contracts, contracts for securities, contracts for the construction, sale or rental of immoveable property, and contracts for the supply of foodstuffs, beverages or other goods by regular roundsmen. Catalogue-based contracts are also excluded where the consumer can cancel the contract or return any goods supplied within not less than seven days and the salesman is expected to remain in contact with the consumer.

Date of implementation

The Member States were required to implement the provisions of this Directive into their national legislation by 23 December 1987.

CONSUMER CREDIT

Official title

Council Directive of 22 December 1986 on the approximation of the laws, regulations and administrative provisions of the Member States concerning consumer credit.

Reference

Council Directive 87/102/EEC; OJ L42, 12.2.87.

Amendments

Directive 90/88/EEC; OJ L61, 10.3.90.

Impact

The Directive requires credit institutions to inform consumers of the conditions and cost of credit and the consumer's obligations.

Details

The Directive applies to credit agreements involving amounts of between ECU 200 and 20,000 entered into by consumers with all persons or companies who grant credit in the course of their trade or business.

The Directive will not apply to loans for the purpose of acquiring or retaining property rights in land or for improving or renovating the structure of a building, or to any loan which the consumer must repay within three months.

The following are some of the main provisions:

- credit agreements must be in writing and must specify certain terms including "the annual percentage rate of charge", to be calculated on the basis of a further Commission Directive (see the amending Directive);
- the consumer must always be entitled to discharge his obligations under an agreement before the time fixed by the agreement and must, in such circumstances, be entitled to an appropriate reduction in the total amount payable;
- the Member States must establish a licensing/official authorisation procedure for persons or companies wishing to conclude or arrange credit agreements;
- where the consumer has bought goods or services on credit, and where the creditor is not the supplier but has an exclusive arrangement with the supplier, the creditor may, in certain circumstances, be liable to the consumer for any breach of the supply contract;
- Member States are to ensure that creditors neither contract out of the consumer credit provisions nor succeed in circumventing them, in particular by distributing the amount of credit over several agreements; and
- Member States may enact more stringent measures to protect consumers in the field of credit provided the measures are consistent with the obligations of Member States under the EC Treaty.

Council Directive 87/102/EEC was amended by Directive 90/88/EEC, which establishes a single method of calculating the annual percentage rate (APR) of charge for credit throughout the EC. The rate of the APR, which equalises the present values of the prospective or actual commitments of the lender and borrower, is to be calculated in accordance with the method in Annex II of the Directive.

Date of implementation

The Member States had until 1 January 1990 to implement the Directive. The amending Directive was required to be implemented into the national legislation of Member States by 1 January 1993.

PRICE INDICATION OF NON-FOOD PRODUCTS

Official title

4.1.10 Council Directive of 7 June 1988 on consumer protection in the indication of the prices for non-food products.

Reference
Council Directive 88/314/EEC; OJ L142, 9.6.88.

Amendments
None.

Impact
The Directive obliges retailers to indicate clearly the selling and unit price of non-food household products on sale to the final consumer.

Details
The Directive makes it compulsory to indicate the selling price and the unit price at the place of sale and to indicate the unit price in written or printed advertisements and catalogues which quote selling prices. The Directive applies to all non-food household products made available for sale to final consumers which are sold in variable or pre-established quantities.

The Directive does not apply to products bought for the purpose of a trade or commercial activity, or supplied in the course of the provision of a service, private sales, auction sales and sales of works of art and antiques. There are certain exemptions, including products sold in standardised quantities.

Date of implementation
Member States had until 7 June 1990 to comply with the provisions of this Directive.

PRICE INDICATION OF FOODSTUFFS AND NON-FOOD PRODUCTS

Official title
Council Resolution of 7 June 1988 on consumer protection in the indication of the prices of foodstuffs and non-food products.

Reference
Council Resolution 88/C153/1; OJ C153, 11.6.88.

Amendments
None.

Impact
The Resolution requests the European Commission to extend the scope of current Directives on this subject to include a wide range of new products.

Details
The importance of this Resolution is that, in principle, it serves as an

indication of the direction future European Commission proposals may take. In the Resolution the EU Council requested the European Commission to extend the Directives on the indication of prices of foodstuffs and non-food products (see paras **4.1.10** above and **4.2.8** below) to include glues and adhesives in liquid or paste form, unblocking and stopping products, chocolate and cocoa-based spreads, concentrated milk and milk powder, processed cheese, hard cheese and sliced cheese, fermented milk, yoghurt and kefir, cream, condensed cream, cereals, jams and jellies, etc, soups and broths (other than dehydrated and soluble), mayonnaise, condiment sauces, mustards and ketchups, asparagus, preserved meat and other meat-based products, fruit, vegetables and potatoes, frozen whole fish, frozen shellfish, frozen meat, tea, confectionery, snack products, fine baker's wares and powdered drinks.

The European Commission has not, to date, issued any new proposals.

Date of implementation

This Resolution is a political statement only. It is neither binding nor enforceable.

PRODUCT LABELLING

Official title

4.1.12 Council Resolution of 5 April 1993 on future action on the labelling of products in the interest of the consumer.

Reference

Council Resolution 93/C110/1; OJ C110, 20.4.93.

Amendments

None.

Impact

This Resolution calls for harmonisation of labelling for specific products in all Member States.

Details

In this Resolution, the Ministers invite the Commission to address the following issues listed in the Annex to the Resolution:

- labelling should be comprehensible, transparent, verifiable and practicable, not misleading;
- examination of labelling requirements for all consumer products, as well as an examination of standardisation at Community level; and
- should Community labelling requirements aim at minimum provisions or only foresee full harmonisation? Would it be more appropriate and efficient as an obligatory or as a voluntary scheme?

CONSUMER PROTECTION

Date of implementation
This Resolution is a political statement only. It is neither binding nor enforceable.

LABELLING OF FOOTWEAR

Official title
Directive 94/11/EC of the European Parliament and Council of 23 March 1994 on the approximation of the laws, regulations, and administrative provisions of the Member States relating to labelling of the materials used in the main components of footwear for sale to the consumer.

Reference
European Parliament and Council Directive 94/11/EC; OJ L100, 19.4.94.

Amendments
None.

Impact
Establishes a labelling system for footwear.

Details
The provisions of this Directive apply to "footwear" which is defined as all articles with applied soles designed to protect or cover the foot. Annex II to the Directive includes a non-exhaustive list of the products covered.

Footwear labelling must convey information relating to the upper, the lining and sock, and the outersole. The composition of the material in the footwear (leather, treated leather, textile, or other materials) must also be indicated. The manufacturer, or his authorised agent established in the Community, may choose either pictograms or written indications in at least the language or languages defined by the Member State in which the product is sold. Permitted pictograms are laid down in Annex I to the Directive. The manufacturer or his agent is responsible for the accuracy of the information provided.

Date of implementation
Member States must implement the provisions of this Directive into their national legislation by 23 September 1995. The measures shall apply from 23 March 1996. However, stock held by or delivered to the retailer before that date shall not be subject to the measures until 23 September 1997.

CONSUMER CONTRACTS – UNFAIR TERMS

Official title
Council Directive of 5 April 1993 on unfair terms in consumer contracts.

Reference
Council Directive 93/13/EEC; OJ L95, 21.4.93.

Amendments
None.

Impact
The Directive aims generally to restore consumer confidence and to abolish all legal insecurity by guaranteeing minimum protection against unfair terms in consumer contracts.

Details
The Directive applies to standard, non-negotiated clauses in consumer contracts. Individually negotiated clauses are not covered. A non-negotiated clause is held to be unfair when it creates, despite the requirements of good faith, a significant imbalance between the rights and obligations of the parties, to the detriment of the consumer.

The Annex to the Directive contains a non-exhaustive list of terms which shall always be considered as unfair if they have not been individually negotiated. In the case of written contracts, all terms must be drafted in plain, intelligible language. Where there is a doubt about the meaning of a term, the interpretation most favourable to the consumer will prevail. Terms which have not been individually negotiated will be regarded as having been accepted by the consumer only when the latter has had a proper opportunity to examine the terms before the contract was concluded.

One provision of the Directive which might prove to be a breakthrough for consumers is the principle of collective action, which would give consumer associations a Community right to bring court actions to defend individual consumers against abusive clauses.

Date of implementation
Member States were required to implement the provisions of this Directive into their national legislation before 31 December 1994.

Proposed commercial transactions and liability legislation

LIABILITY FOR SUPPLY OF SERVICES

Official title

4.1.15 Proposal for a Council Directive on the liability of suppliers of services.

Reference
Original proposal; OJ C12, 18.1.91.

Amendments

None.

Impact

This proposal seeks to harmonise the national provisions concerning the liability of suppliers of services. It is mainly concerned with the health and safety of consumers and their property.

Details

A "service" is defined as any transaction carried out on a commercial basis, or by way of a public service and in an independent manner. It does not matter whether a payment is made for this service. All services provided by the public or private sectors would be covered except those involved with manufacturing, transfer of rights in movable property or intellectual property rights, public safety services and those services which are covered by existing Community legislation.

Financial services do fall theoretically within the scope of the proposal. However, according to the proposal as it stands, liability for defective services would only arise from damage to the physical integrity of persons or property. So far, it seems that the European Commission has no intention to cover economic losses other than those which damage the health and physical integrity of persons and their material goods. Bad financial advice, investment advice or insurance advice have been listed as examples of services which would not be covered by the Directive. The proposed Directive is expected to exclude professions such as lawyers and financial counsellors, as well as medical and veterinary services, construction and public services, from the scope of the proposal. Provisions are also made for joint and several liability for damage. A limitation period of three years after the date of provision of the service would be stipulated. Rights would be extinguished after a five-year period, but exceptions are made in both instances in the case of damage to immovable property.

Proposed date of implementation

The original intention was that this proposed Directive would be implemented by 31 December 1992. However, the Commission has faced difficulty in navigating the proposal through the adoption process. It is still not clear when, if ever, the Directive will be adopted.

COMPARATIVE ADVERTISING

Official title

Amended proposal for a Council Directive concerning comparative advertising and amending Directive 84/450/EEC concerning misleading advertising.

Reference

Original proposal; OJ C180, 11.7.91.

Amendments

Amended proposal; OJ C136, 19.5.94

Impact

The aim of this proposal is to improve information for consumers, to stimulate competition and harmonise Community Regulations on comparative advertising. The proposal stipulates that advertising should focus only on the essential, relevant, always verifiable and fairly chosen features of a product.

Details

The proposal seeks to establish objective criteria in order to determine which practices relating to comparative advertising are unfair. Under this proposed Directive, comparative advertising would be allowed only provided it compares the material objectively to relevant, always verifiable and fairly chosen, and representative features of competing goods, in so far as:

- it does not mislead;
- it does not create the risk of confusion;
- it does not discredit, denigrate or bring contempt on a competitor, or his trade marks, trade name, goods, services or activities, and does not principally capitalise on the reputation of a trade mark, or trade name of a competitor; and
- it does not refer to the personality or personal situation of a competitor.

Member States would ensure that adequate and effective means exist for the control of comparative advertising. These must include legal provisions providing legal redress to persons or organisations regarded, under national law, as having a legitimate interest in prohibiting misleading or comparative advertising. Member States would be able to confer upon the courts or administrative authorities powers enabling them to order the cessation or prohibition of misleading advertising.

The proposed Directive allows, in addition to the recourse to law, self-regulatory measures to be taken by the administrative bodies acting in the interests of the consumer and the general public.

The proposed Directive would not prevent Member States from either adopting or retaining more extensive protection.

Proposed date of implementation

The proposed Directive is scheduled to enter into force by 31 December 1995.

CONSUMER PROTECTION

DISTANCE SELLING

Official title

Amended proposal for a Council Directive on the protection of consumers in respect of contracts negotiated at a distance (distance selling).

Reference

Original proposal; OJ C156, 23.6.92.

Amendments

Amended proposal; OJ C308, 15.11.93.

Impact

The proposal would lay down the laws and administrative provisions of the Member States concerning contracts negotiated at a distance between consumers and suppliers. It is aimed principally at protecting consumers during the negotiation of correspondence sales contracts.

Details

The proposed Directive would apply to all consumer contracts except those expressly exempted, such as transactions involving securities, automatic vending machines, automated commercial premises, made-to-measure products and contracts for foodstuffs, beverages and other goods for current consumption in the household. A "contract negotiated at a distance" is defined as any contract concerning a product or service concluded after solicitation of custom by the supplier as part of a sales or service scheme, without the supplier and the consumer being present simultaneously and using a means of communication at a distance to convey the contract solicitation and the order. "Contract solicitation" is defined as any communication at a distance, whether public or personalised, including all the necessary elements to enable the recipient to enter directly into a contractual commitment.

Under the proposed Directive, all contract solicitations must observe the following:

- they must be designed and presented in such a way as to comply with the principles of good faith in commercial transactions and the principles governing the protection of minors and those unable to give their consent under the law of a Member State;
- they must state concisely their commercial purpose, the identity of the supplier and the main characteristics of the product or service;
- they must indicate the total price of the product or service and transport charges, including VAT charges and any special fee imposed for using a particular mode of communication;
- they must state the period for which they remain valid and the payment, delivery and performance arrangements; and
- they must inform the consumer of his right to rescind the contract within seven days from the receipt of the product or service.

Under the proposed Directive, Member States are obliged to ensure that consumers are not supplied with products or services which they did not request. In particular, their legislation should not hold the consumer liable if he disposes of the product or service, unless there was an obvious mistake. Where the time-limit for performance is omitted in a contract solicitation, the supplier would be obliged to perform within 30 days of receiving the order. Between the time of receiving the order and delivery of the service or product, the supplier must send to the consumer a document in the language of the solicitation setting out the supplier's business details, the terms of the contract and any relevant information as outlined above. Payment may not be requested until after the delivery of the product or performance of the service. Where the product or service was purchased on credit granted by the supplier or his nominee, the consumer would be entitled to rescind the credit agreement if he chose to exercise his right of withdrawal from the contract. Where a consumer properly challenges a transaction in which his card number was quoted without presentation, that transaction must be cancelled.

Member States are charged with the responsibility of ensuring that the provisions of this proposed Directive are well publicised and complied with by parties to such a contract. To that end, they are authorised to allow trade and consumer organisations to bring actions on behalf of aggrieved persons. They are also urged to empower the courts or administrative authorities, in the event of litigation, to require the seller to prove that the disputed contract complied with the provisions of this Directive. The courts should also be able to order discontinuation of the solicitation and disregard choice of law clauses agreed to by the parties so as to circumvent the provisions of this Directive. Consumers cannot waive the rights conferred on them by this Directive under national law. The proposed Directive would not affect legislation dealing with specific products or services; neither would it prevent Member States from enacting stricter rules, provided they are in conformity with Community law.

Date of implementation

The proposal is scheduled to enter into force not later than 31 December 1994. However, as it has still not completed its voyage through the adoption process, this date will not be honoured.

TIME-SHARE CONTRACTS

Official title

4.1.18 Amended proposal for a Council Directive concerning the protection of purchasers in contracts relating to the utilisation of immovable property on a time-share basis.

CONSUMER PROTECTION

Reference

Original proposal; OJ C222, 29.8.92.

Amendments

Amended proposal; OJ C299, 5.11.93.
Common Position (EC) No 10/94; OJ C137, 19.5.94.

Impact

The proposal seeks to lay down uniform minimum common rules to regulate time-share contracts in the Community and protect the consumer. It is aimed principally at discouraging the aggressive marketing tactics employed by some operators active in the time-share business.

Details

The proposed Directive would apply only to contracts involving an "immovable property", which is defined as any building or part of a building already built or to be built, and which is intended for dwelling only. Moreover, it would apply only to the constituent parts of a contract and arrangements for communication of that information, and the procedures and arrangements for cancellation and withdrawal.

Contracts covered by the proposed Directive must be concluded for a minimum of three years and concern periods which may not be less than one week in length. It would oblige vendors to provide prospective purchasers with an information document, which generally should enable them to make an informed decision whether to proceed with the purchase or not. Any advertisement by the vendor should make reference to this document and indicate from where it can be obtained. Should the purchaser agree to go on with the purchase, the document would become an integral part of the time-share contract to be concluded. Any permissible changes to the document agreed to by the parties should be expressly mentioned in the contract.

Under the proposed Directive, a time-share contract would not take effect the moment it is concluded. It would take effect only if the purchaser has not rescinded it within either 10 calendar days, or three months from the date of signature of the contract, depending on the information available at the date of signature of the contract. Where the purchase price was entirely or partly covered by a loan granted by the vendor or its nominee, the purchaser would also be entitled to rescind the loan agreement.

Member States are required to take measures to ensure that irrespective of applicable national law, the purchaser is not deprived of the protection provided for in the proposed Directive. They are also required to make provisions for the consequence of non-compliance with the provisions of the proposed Directive. Member States are given the option to enact stricter laws to govern time-share contracts and the responsibility of imposing sanctions when the provisions of this Directive are infringed.

Date of implementation

Member States are expected to implement this Directive within three years of its publication in the *Official Journal.*

Health and safety legislation

MARKETING AND USE OF DETERGENTS

Official title

4.1.19 Council Directive of 22 November 1973 on the approximation of the laws of the Member States relating to detergents.

Reference

Council Directive 73/404/EEC; OJ L347, 17.12.73.

Amendments

Directive 82/242/EEC; OJ L109, 22.4.82.
Directive 86/94/EEC; OJ L80, 25.3.86.

Impact

The Directive requires Member States to prohibit the marketing and use of detergents where the average level of biodegradability of the surfactants is less than 90%.

Details

The following categories of surfactants are covered by this Directive: anionic, cationic, non-ionic and ampholydic. Those surfactants in permitted use must not be harmful to human or animal health.

Compliance with the provisions of this Directive is to be established by test methods provided for in other Council Directives, taking into account the reliability of such test methods. Where a Member State establishes by test procedure that the detergent does not comply with the requirements of Article 2, it may prohibit the marketing and use of that detergent in its territory. On so doing, it must inform the Member State of origin and the European Commission to that effect. Where objections are raised to the prohibition, the European Commission must consult both Member States concerned and, if appropriate, any other Member States.

Where agreement is not reached the European Commission must, within three months of the date of receiving the information, obtain an independent opinion from an authorised laboratory. The opinion is transmitted to the Member States concerned who may, within one month, forward comments to the European Commission. The European Commission may, at the same time, hear any comments from interested parties on that opinion. After taking note of these comments, the European Commission is to make any necessary recommendations.

The Directive provides that labelling information must be legible, visible and marked indelibly on the detergent packaging. The information must include the name of the product, the name or trade name and the address or trade mark of the party responsible for placing the product on the market. The same information must appear on all documents accompanying detergents transported in bulk.

Member States may, where appropriate, require the use of their national languages for the information specified above.

The amending Directive 82/242/EEC establishes a committee to review adaptations to technical progress, in the hope of removing technical barriers to trade in the detergent sector. The committee is free to establish its rules of procedure. The European Commission is required to submit a draft of any measures to be taken to the committee. The committee is to deliver its opinion on the draft within a period to be fixed by the chairman according to the urgency of the matter. The committee requires a qualified majority before delivering an opinion. Where proposed measures are in accordance with the opinion of the committee, the European Commission shall adopt those measures. If they are not in accordance, or no opinion is delivered, the European Commission must submit proposed measures for adoption to the EU Council without delay. The EU Council decides by qualified majority upon those measures. If the EU Council has not acted within three months of the date of submission, the proposed measures may be adopted by the European Commission.

The Directive provides that any adaptation to technical progress shall not have the effect of modifying in a negative way the biodegradability requirements of surfactants which have already been established. This Directive should be read in conjunction with the Directive on testing for biodegradability (Directive 73/405/EEC; see para **4.1.20** below).

Date of implementation
Member States were required to implement the provisions of this Directive by 17 June 1975. The 1982 amendment had to be implemented by 22 October 1983.

BIODEGRADABILITY OF ANIONIC SURFACTANTS – TESTING METHODS

Official title
Council Directive of 22 November 1973 on the approximation of the laws of the Member States relating to methods of testing the biodegradability of anionic surfactants.

Reference
Council Directive 73/405/EEC; OJ L347, 17.12.73.

Amendments

Directive 82/243/EEC; OJ L109, 22.4.82.

Impact

The Directive requires Member States to prohibit the marketing and use of a detergent where the biodegradability of the anionic surfactants is less than 80%.

Details

This Directive establishes acceptable biodegradability levels for anionic surfactants. The amending Directive takes into account subsequent technical reports and establishes four testing methods: the OECD method, published in the OECD technical report of 11 June 1976; together with the methods currently in use in Germany, France and the United Kingdom.

The Annex to the amending Directive lays down test procedures for anionic surfactants and biodegradability. The Annex to the 1982 Directive defines anionic surface active agents as those surface agents which, after passage through cationic and anionic ion exchanges, are separated by fractional dilution and determined as methylene blue active substance (MBAS) according to the analytical procedures of Chapter 3 of the Annex to the Directive.

Date of implementation

Member States were required to implement the provisions of this Directive by 17 June 1975. The 1982 amendment had to be implemented by 22 October 1983.

DETERGENT LABELLING

Official title

4.1.21 Commission Recommendation of 13 September 1989 for the labelling of detergents and cleaning products.

Reference

Commission Recommendation 89/542/EEC; OJ L291, 10.10.89.

Amendments

None.

Impact

This Recommendation provides certain recommendations concerning the obligations of manufacturers to provide information to be printed on the packaging of, or on sheets accompanying, detergents and cleaning products.

Details

The Recommendation contains a list of constituents (*e.g.* phosphates, zeolites, soap, etc) which, when added to cleaning products or detergents at a concentration above 0.2%, should be listed according to their percentage rate of the content. The following percentage rates are to be used for this purpose:

- less than 5%;
- 5% but less than 15%;
- 15% but less than 30%; and
- 30% or more.

This requirement does not apply to products used only in the industrial sector, where it is sufficient that equivalent information is provided in technical data sheets or any other means.

The Recommendation also states that detergents sold to the general public for use in washing machines should have quantity or dosage instructions. The European Commission obtained the assistance of two European industry associations to aid in the implementation of the Recommendation.

Date of implementation

The Recommendation came into effect on 15 October 1989. A Recommendation, however, is a political statement only and, as such, is neither binding nor enforceable. Member States were asked to inform the European Commission of their implementing measures.

COMPOSITION OF COSMETICS

Official title

Council Directive of 27 July 1976 on the approximation of the laws of Member States relating to cosmetic products.

Reference

Council Directive 76/768/EEC; OJ L262, 27.9.76.

Amendments

Last amended by Council Directive 94/32/EC; OJ L181, 15.7.94.

Impact

This Directive lists prohibited and permitted chemicals for use in preparing cosmetics.

Details

This is the framework Directive applicable to cosmetics. Under this Directive, the European Commission is required to draft proposals aimed at harmonising laws regarding the composition, labelling and packaging of those cosmetic products marketed within the Community. The Directive establishes a committee to monitor progress in implementation of Directives adopted pursuant to its terms. In addition, the Directive establishes certain guidelines to be applied to the contents of cosmetic products. For example, the use of certain specified substances is prohibited. This Directive provides specifically for the regular updating by the European Commission of lists of prohibited products.

Containers and packaging must bear the following information: the name and address of the manufacturer or person responsible for marketing; the nominal content at the time of packaging; the date of minimum durability; any precautions to be observed in use; and the batch number of manufacture or other suitable reference. Special provisions are applied to the professional use of cosmetic products, particularly in hairdressing.

Member States are required to ensure that misleading labelling or advertising is avoided, and to implement the above labelling requirements for items packaged at the point of sale, pre-packaged for immediate sale or not pre-packaged. The Directive includes technical amendments relating to the use and marketing of specified substances in Annex II, Part 2 – colouring agents, preservatives and ultraviolet filters. Member States are free to take such measures as necessary in respect of the excluded items listed at Annex V. They were required, however, to ensure that such products were not sold or disposed of to the final consumer after 31 December 1993.

Member States are also required to ensure that from 1 January 1992 neither manufacturers nor importers established within the Community market any products not in compliance with the labelling requirements of this Directive. Directive 89/174/EEC takes account of new developments in scientific and technical research. Detailed provisions relating to the use of colouring agents, substances, preservatives and ultraviolet filters are set out in the body of the Directive. Annex VII, Point 2 provides a list of filters for provisional use in cosmetics.

The Directive is regularly updated to take account of technical progress. Among recent updates have been the prohibition of the use of the colouring agents: 11-a-hydroxypregn-4-ene-3, 20-dione and its esters, hormones, zirconium with the exception of certain complexes, hydrothricine, antiandrogens of steroid structure, acetonitrile and tethydrozoline. The use of lead acetate as a hair dye has been permitted subject to certain limitations and requirements, provided that certain warnings are given on the labelling, for the purpose of protecting public health. The use of lidocaine and thiomersal in cosmetics has been prohibited and the use of magnesium fluoride permitted, subject to certain restrictions and the obligatory inclusion of health warnings on the product packaging.

Date of implementation
Member States had until 31 December 1980 to comply with the Directive.

The amendments to Directive 76/768/EEC have been implemented to varying degrees.
  Member States are required to take all necessary measures to comply with the most recent Directive no later than 1 July 1995.

ANALYSIS OF COSMETIC PRODUCTS

Official title
Council Directive of 22 December 1980 on the approximation of the laws of the Member States relating to methods of analysis necessary for checking the composition of cosmetic products.

Reference
Council Directive 80/1335/EEC; OJ L383, 31.12.80.

Amendments
Last amended by Directive 87/143/EEC; OJ L57, 27.2.87.

Date of implementation
Member States had until 31 December 1982 to implement the Directive. The provisions of Directives amending this Directive have been implemented to varying degrees by the Member States.

COMPOSITION OF COSMETICS – FORMALDEHYDE

Official title
Commission Directive of 4 April 1990 amending the Second Directive 82/434/EEC on the approximation of the laws of the Member States relating to methods of analysis necessary for checking the composition of cosmetic products.

Reference
Commission Directive 90/207/EEC; OJ L108, 28.4.90.

Amendments
None.

Impact
This Directive deals in detail with the identification and determination of free formaldehyde.

Date of implementation
Member States were required to implement the provisions of the Directive into their national legislation by 31 December 1990.

DANGEROUS IMITATIONS

Official title

4.1.25 Council Directive of 25 June 1987 on the approximation of the laws of the Member States concerning products which, appearing to be other than they are, endanger the health and safety of consumers.

Reference

Council Directive 87/357/EEC; OJ L192, 11.7.87.

Amendments

None.

Impact

This Directive seeks to harmonise national laws regulating those products which, appearing to be other than they are, are a danger to humans.

Details

The Directive aims to harmonise the differing legal provisions and regulations in force in the Member States concerning certain products which endanger the health or safety of consumers.

The Directive covers non-foodstuffs that, owing to their packaging, form, odour, colour, appearance, labelling, volume or size, may cause consumers, particularly children, to believe them to be foodstuffs, and, as a consequence, to lick or swallow them, with potentially dangerous consequences.

Member States are required to take all necessary steps to prohibit the import, export, manufacture and marketing of these products. The Member States are also required to monitor products currently on the market and to withdraw those that do not comply with this Directive.

Where a Member State prohibits or removes a product from the market, the European Commission must be informed of its description and the reasons for its prohibition in order to inform other Member States. Examination and discussion of the measures taken by the Member States can be conducted within the Advisory Committee as set up under Decision 84/133/EEC (legislative resolution; OJ C235, 12.8.88). Where details of the product are already required under Decision 84/133/EEC, no further notification is required under Directive 87/357/EEC.

Date of implementation

The Member States were obliged to implement the Directive by 26 June 1989.

CONSUMER PROTECTION 4.1.26

TOY SAFETY

Official title

Council Directive of 3 May 1988 on the approximation of the laws of the Member States concerning the safety of toys.

Reference

Council Directive 88/378/EEC; OJ L187, 16.7.88.

Amendments

None.

Impact

The Directive establishes the essential safety requirements as regards the design and composition of toys.

Details

A "toy" is defined as any product or material designed or clearly intended for use in play by children under 14 years of age. Certain products are not to be regarded as toys for the purposes of the Directive. These include equipment intended to be used collectively in playgrounds, sports equipment, air guns and air pistols, slings and catapults, and sets of darts with metallic points.

Toys may be placed on the market only if:

- they do not jeopardise the safety and/or health of users or third parties when they are used as intended or in a foreseeable way, bearing in mind the normal behaviour of children; and
- their condition when placed on the market, taking into account the period of foreseeable and normal use, is such as to meet the safety and health conditions laid down in the Directive, in particular the essential safety requirements set out in Annex II.

Where toys satisfy the provisions of the Directive they may be marketed freely throughout the EU.

The "EC mark", which consists of the symbol "CE", denotes conformity with the relevant national standards which transpose harmonised standards. The reference numbers of the harmonised standards must be published in the *Official Journal* of the European Communities. Where a toy bears the symbol "CE", Member States must presume compliance with the essential safety requirements.

Where a manufacturer has not applied the harmonised standards, or has applied them only in part, or where no such standards exist, another certification procedure applies, the manufacturer must obtain a Community type-examination certificate in respect of the toys. The conformity of the toys with the approved model must then be certified by affixing the CE mark. Where this procedure has been followed,

Member States must presume that the toys satisfy the essential safety requirements.

The CE mark and the name and/or trade name and/or mark and address of the manufacturer or his agent or the importer into the Community shall, as a rule, be affixed either to the toy or on the packaging in a visible, easily legible and indelible form. In the case of small toys and toys consisting of small parts, these particulars may be affixed in the same way to the packaging, to a label or to a leaflet. Where the particulars are not affixed to the toy, the consumer must be advised to keep them.

The warnings and indications of precautions to be taken during use of certain toys are set out in Annex IV. Member States may require these warnings and precautions to be given in their own national language or languages when the toys are placed on the market.

Member States must ensure that sample checks are carried out on toys which are marketed within their territory in order to verify conformity with the Directive. Where a Member State discovers toys bearing the CE mark which are likely to jeopardise the safety and/or health of consumers and/or third parties, it shall take all appropriate measures to withdraw the products from the market or prohibit or restrict their placing on the market.

Member States must inform the European Commission immediately of this measure and indicate the reasons for their decision, stating, in particular, whether the non-compliance results from:

- failure to meet the harmonised standards;
- incorrect application of the standards; or
- shortcomings in the standards.

Directive 88/378/EEC has been amplified by the publication of references for harmonised standards for items set out in Article 5(1) (mechanical and physical properties, inflammability, migration of certain elements and particular requirements of electrical toys). The information is given in a communication in OJ C155, 23.6.89.

Date of implementation

Member States were required to adopt and publish the provisions necessary to comply with the Directive by 30 June 1989. The provisions had to come into force on 1 January 1990.

BANNING OF SMOKING IN PUBLIC PLACES

Official title

4.1.27 Resolution of the Council and the ministers for health of the Member States meeting within the Council of 18 July 1989 on banning smoking in places open to the public.

Reference
Council Resolution 89/C189/1; OJ C189, 26.7.89.

Amendments
None.

Impact
This Resolution seeks to ban smoking in public places.

Details
The Resolution was originally proposed as a Recommendation but, due to a lack of agreement as to the Community's competence to enact such a Recommendation, it was decided that the appropriate instrument would be a joint Resolution of the Council and the representatives of the Member States.

The European Commission feels that action against smoking in public places is necessary in the interests of public health and accident prevention. The proposed ban would extend to places where public services are provided, the elderly or sick live or are cared for, preventative or curative treatment is given, infants or school-age children are accommodated, lodged or looked after, teaching or vocational training is carried out, entertainment takes place, or exhibitions are organised. In addition, the ban would cover railway, bus and underground stations, ports and airports and establishments where sports are practised. Member States would be free to add to the above list at their discretion (*e.g.* to cover bars and restaurants).

However, to take account of the extent of tobacco addiction, clearly defined areas must be reserved for smokers in all the above establishments.

Where any conflict arises between the right of non-smokers to health and the right of smokers to smoke, the right of the non-smoker prevails at these establishments and at all workplaces. Smoking is to be banned on all public transport.

Date of implementation
Resolutions differ from Recommendations in that they have no basis in the EC Treaty, and are similar in that, like Recommendations, they have no binding force and must be adopted by unanimity. As a statement of political intent on behalf of the Member States, a Resolution can often carry more weight than a Recommendation, although neither is legally binding on Member States.

LABELLING OF TOBACCO PRODUCTS

Official title
Council Directive of 13 November 1989 on the approximation of the laws,

regulations and administrative provisions of the Member States concerning the labelling of tobacco products.

Reference
Council Directive 89/622/EEC; OJ L359, 8.12.89.

Amendments
Directive 92/41/EEC; OJ L158, 11.6.92.

Impact
This Directive seeks to enable the free movement of tobacco products by laying down uniform rules on labelling whilst ensuring such rules take account of public health protection.

Details
All units of packaging of tobacco products should carry a specified warning, in the official language or languages of the consumer's country, on one of the two largest surfaces. As regards cigarette packets, the other large surface should carry a separate warning. The warnings would have to follow prescribed requirements in terms of size and clarity.

The amending Directive 92/41/EEC seeks to establish additional specific warnings to be carried on the unit packaging of tobacco products other than cigarettes.

The placing on the market of certain types of tobacco for oral use will be prohibited.

Date of implementation
Member States had to comply with the provisions of this Directive by 1 July 1990. These provisions should have been brought into force before 31 December 1991. Member States had until 1 July 1992 to comply with the amended provisions.

MAXIMUM TAR YIELD OF CIGARETTES

Official title

4.1.29 Council Directive of 17 May 1990 on the approximation of the laws, regulations and administrative provisions of the Member States concerning the maximum tar yield of cigarettes.

Reference
Council Directive 90/239/EEC; OJ L137, 30.5.90.

Amendments
None.

Impact

This Directive seeks to facilitate the free movement of cigarettes by laying down uniform rules concerning maximum tar content. Tar yields are to be reduced.

Date of implementation

Member States were required to implement the provisions of this Directive by 7 June 1990.

PRODUCT SAFETY

Official title

Council Directive of 27 January 1992 on general product safety.

Reference

Council Directive 92/59/EEC; OJ L228, 11.8.92.

Amendments

None.

Impact

The Directive establishes general safety requirements for any products placed on the market, so as to ensure that such products do not present any unacceptable risks and that potential users are warned of any remaining risks.

Details

The Directive requires Member States to take all necessary measures in order to ensure that only safe products are placed on the market. These measures would cover any activity which could affect product safety, such as treatment, processing, packaging, storage, transport, installation and, when necessary, disposal.

Producers are obliged to provide the potential user or consumer with relevant information to enable him to assess the risks presented by a product and to take precautions against such risks. They are also required to adopt appropriate measures to ensure suitable monitoring of the safety of the products including, if necessary, recalling or withdrawing the product from the market. Distributors and other professionals who are not suppliers are required to act with due care in order to contribute to ensuring compliance with the general safety requirements.

As part of the above measures, Member States shall ensure that suppliers undertake to implement permanent monitoring of product safety. This includes regular or random testing, item or lot identification, maintenance of adequate records and the nomination of a person or service to organise and supervise such arrangements.

Member States themselves are obliged to establish and/or nominate appropriate authorities to monitor compliance, whilst ensuring the technical competence and impartiality of such organisations, particular reference being made to the relevant harmonised European standards. These authorities are to have vested in them all necessary powers to implement the Directive.

With regard to notification procedures, Member States are obliged to establish rapid information exchange systems for product safety emergencies at national level, implementing a Community-wide system for more serious cases. Emergency situations necessitating Community action are defined as those affecting more than one Member State, where there is no other means (either legal or practical) of tackling the problem. Where the Community level procedure is activated the European Commission may either initiate a consultation and investigation procedure or move straight to a decision involving interim measures. Details of both procedures are outlined in Articles 7-12.

Where action is taken in relation to a product, a statement as to the reasons for such action must be given to the party concerned as soon as possible. Member States must ensure the rights of economic operators to redress, for abusive public safety claims or irregular measures involving restriction on product marketing. Any person, legal or natural, who publicly puts into question the safety properties of a product or category of products, for the sole purpose of promoting public awareness of health and safety issues, shall not be held responsible for the economic consequences which such public debate might entail, provided such statements are substantially relevant, made in good faith and without discrimination, represented in an objective way, and supported by serious argument.

Date of implementation

Member States had until 29 June 1994 to comply with the provisions of this Directive.

Proposed health and safety legislation

PREVENTION AND TREATMENT OF ACUTE HUMAN POISONING

Official title

4.1.31 Proposal for a Council Resolution on improving the prevention and treatment of acute human poisoning.

Reference

Original proposal; OJ C294, 22.11.89.

Amendments

None.

Impact

This Resolution is designed to help develop the use of chemical toxicological data in the overall assessments of the impact of chemical products and preparations on the health of the public in general and, more particularly, of workers exposed to dangerous substances liable to cause acute poisoning.

Proposed date of implementation

This Resolution entered into force on 22 November 1989. However, it is a political statement only. It is neither binding nor enforceable in Member States.

HOME/LEISURE ACCIDENTS

Official title

Amended proposal for European Parliament and Council Decision introducing a Community system of information on home and leisure accidents.

Reference

Original proposal; OJ C104, 12.4.94.

Amendments

Amended proposal; OJ C157, 8.6.94.

Impact

This proposal aims to establish a Community system of information on home and leisure accidents with a view to promoting accident prevention, improving the safety of consumer products, and informing and educating consumers.

Details

It is up to Member States to implement the system provided for in the Decision. They are required to collect information, generally from hospitals, relating to home or leisure accidents which are followed by medical treatment. The system is limited to accidents which occur in the home or its immediate surroundings, or during sports or school activities. The proposed Directive includes a list of the minimum information which should be included in a report. Member States are required to submit the information to the Commission annually.

Community financing of up to ECU 28,000 per hospital shall be available for the four years to 1997 to help with reporting.

Proposed date of implementation

The proposal provides for implementation for 1 January 1994. This date had passed before the proposal was published.

COMPOSITION OF COSMETICS – FRAMEWORK DIRECTIVE

Official title

4.1.33 Proposal for a Council Directive on the approximation of the laws of the Member States relating to cosmetic products.

Reference

Original proposal; OJ C322, 21.12.90.

Amendments

None.

Impact

This proposal repeals and consolidates Directive 76/768/EEC and its successive amendments.

Details

This proposed Directive includes a definition of a "cosmetic product". Member States should prohibit the marketing of cosmetic products containing certain substances, colouring agents and preservatives listed in the Annexes. There is also a list of substances which would be allowed in cosmetic products which are put on the market.

Proposed date of implementation

The text does not include a proposed implementation date, since it concerns a Directive which was already in force since 1978. The proposed implementation date, therefore, corresponds with the date listed for the 1976 Directive and its successive amendments separately in Annex VIII of the proposal. These dates have not changed.

COMPOSITION OF COSMETICS – INGREDIENTS/ANIMAL TESTING

Official title

4.1.34 Proposal for a Council Directive amending, for the sixth time, Directive 76/768/EEC on the approximation of the laws of the Member States relating to cosmetic products.

Reference
Original proposal; OJ C52, 28.2.91.

Amendments
Amended proposal; OJ C249, 26.9.92.

Impact
The proposal would seek to ensure that there is a clearer indication of the ingredients of a cosmetic product and the precautions attaching to use of the product. It would also regulate the testing of cosmetics on animals.

Details
The amended proposal highlights the issue of animal testing much more than the original text did. EU Member States would be asked to prohibit the testing of either ingredients or combinations of ingredients on animals after 1 January 1997 where such testing is intended to establish the safety or efficacy of the ingredients when they are used in cosmetic products. This prohibition may be postponed depending on how much progress has been made in developing satisfactory methods to replace animal testing.

Labelling, presentation for sale and advertising of cosmetic products, the wording, use of names, trade marks, images or other signs suggesting a characteristic which the products do not possess, shall be prohibited.

Proposed date of implementation
Member States would be required to implement the provisions of the proposed Directive into their national legislation not later than two years after its adoption.

ADVERTISING OF TOBACCO PRODUCTS

Official title
Proposal for a Council Directive on advertising of tobacco products.

Reference
Original proposal; OJ C167, 27.6.91.

Amendments
Amended proposal; OJ C129, 21.5.92.

Impact
The proposal seeks to ban all forms of tobacco advertising in the Community.

Details
The advertising ban would cover any form of communication, printed,

written, oral, by radio or television broadcast and cinema with the aim of directly or indirectly promoting a tobacco product. Free distribution of tobacco products would also be banned. Tobacco products would include products intended to be smoked, sniffed, sucked or chewed in as much as they are, even partly, made from tobacco. Member States would allow advertising of tobacco products within a tobacco sales outlet, provided that it is not visible from outside the premises.

The proposal also provides a ban on indirect advertising, where the use of a trade mark whose reputation is mainly associated with a tobacco product is used to advertise other products.

The latest amendment of 21 May 1992 seeks to introduce a derogation from the ban on indirect advertising. This would apply to a company whose brand or trade mark has been registered for products other than tobacco products, but which has also marketed tobacco products, the annual turnover from which does not exceed one half of the turnover from non-tobacco products of the same brand. The two cumulative conditions for the derogation from the ban on indirect advertising are designed to enable this derogation to be applied solely to companies whose non-tobacco products generate a turnover which is higher than for tobacco products of the same brand.

Proposed date of implementation

The proposal and its subsequent amendment had set a date of 31 July 1992 for Member States to comply with the provisions of this proposed Directive. However, owing to the highly political nature of this proposal, it is unlikely that this proposal will be adopted within the foreseeable future.

MARKETING OF BIOCIDAL PRODUCTS

Official title

4.1.36 Proposal for a Council Directive concerning the placing of biocidal products on the market.

Reference

Original proposal; OJ C239, 3.9.93.

Amendments

None.

Impact

Regulates the placing on the market of several non-agricultural pesticides, including some household products.

Details

Aims to limit the placing on the market of biocidal products, including rodenticides, insecticides, disinfectants and preservatives for technical and household materials, and others. The proposed Directive would harmonise the conditions for authorisation of biocides and includes detailed obligations regarding the contents of the dossiers which must be submitted for each type of biocide when application for authorisation is made.

Proposed date of implementation
The proposal provides simply that the Directive shall be implemented not later than 18 months after its adoption. The current projected time of adoption is late 1995.

Tourism legislation

STANDARDISED INFORMATION IN HOTELS

Official title
Council Recommendation of 22 December 1986 on standardised information in existing hotels.

Reference
Council Recommendation 86/665/EEC; OJ L384, 31.12.86.

Amendments
None.

Impact
The Recommendation asks tourist bodies and hoteliers to work together towards the implementation of a standardised information system for hotels.

Details
This Recommendation is aimed at securing adequate information for tourists on hotel prices, grades, accessibility, opening periods and facilities.
The suggested contents of official hotel guides are listed in Annex I, whilst Annex II reproduces standardised symbols for hotel facilities.

Date of implementation
The Recommendation was published on 22 December 1986 and requests Member States to bring into force appropriate measures to implement these provisions within two years of the date of its adoption. A Recommendation is a political statement only. It is not, therefore, either binding or enforceable.

FIRE SAFETY IN HOTELS

Official title

Council Recommendation of 22 December 1986 on fire safety in existing hotels.

Reference

Council Recommendation 86/666/EEC; OJ L384, 31.12.86.

Amendments

Corrigendum; OJ L25, 28.1.89.

Impact

This Recommendation seeks to establish overall minimum fire safety standards.

Details

The Recommendation acknowledges a variety of factors affecting implementation of safety measures, but presses for the adoption of minimum standards pending the adoption of harmonised standards for the use and application of materials for fire protection.

The main objectives are as follows:

- to prevent the outbreak of fire;
- to minimise the spread of flames and smoke;
- to ensure safe evacuation; and
- to enable the emergency services to take action.

The Recommendation lists precautionary measures relating to safe, accessible and easily identifiable escape routes, structural stability and maximum use of fire-proof materials in construction, staff training, adequate warning systems and fire-fighting equipment and safety instructions.

Further technical guidelines are given in the Annex.

Member States may use different and more stringent measures provided that an equivalent result is achieved, to ensure the overall minimum safety standard.

For premises accommodating more than 20 paying guests, Member States should adopt the most appropriate measures to guarantee conformity with the principles outlined above.

The Recommendation calls for periodic inspections. Member States are asked to inform the European Commission of all national measures taken to implement safety precautions, together with those proposed over the next five years.

Date of implementation

This Recommendation, which was notified on 31 December 1986, is a political statement only. It is neither binding nor enforceable.

CONSUMER PROTECTION

PACKAGE TOURS

Official title

Council Directive of 13 June 1990 on package travel, including package holidays and package tours.

Reference

Council Directive 90/314/EEC; OJ L158, 23.6.90.

Amendments

None.

Impact

Aims to encourage cross-border sales of package holidays and wider protection for the consumer against unfair travel industry practices.

Details

The Directive has a twofold objective: (i) to harmonise national travel industry rules to permit cross-border sales of package holidays; and (ii) to establish Community-wide consumer protection laws which are better able to combat unfair travel industry practices.

Specifically, the Directive recommends the use of standard contractual terms, rules protecting the consumer against unjustified price increases and the obligatory purchase of insurance by tour operators.

The Directive includes an Annex setting out some of the terms which, it is suggested, should become standard in all travel contracts.

Member States are required to adapt their provisions in this field in order to protect the consumer. All descriptive matter must be taken to form part of the contract and brochures must contain adequate information which must be displayed prominently. A specimen of the main terms of the contract is to be included in the brochure. The contract should contain all essential terms as detailed in the Annex, unless the travel organiser or retailer has notified the consumer that they do not apply.

Where a consumer is prevented, by serious reasons, from proceeding with the package and transfers his booking to another person, that other person, together with the original consumer, shall be liable for payment, by the consumer, of the additional costs incurred as a result of the participation of this third person. The price shall not be varied after the consumer has paid in full, nor otherwise unless the contract expressly provides for it. Where a contract provides for price variations and the varying factors result in a benefit to the organiser or retailer in excess of 4% of the agreed price, the consumer shall be entitled to a refund calculated in the same manner. Packages requiring a specific number of persons shall be clearly identified as such in the brochure.

Where, after departure, a significant part of the services are not provided, the organiser shall compensate the consumer for costs incurred or significant distress or inconvenience. If a failure to provide services constitutes non-fulfilment of the contract, compensation must be paid.

Any contractual clause purporting to limit or exclude the liability of the organiser or retailer or any third party who provides goods and services to or for the consumer in connection with the package shall be void and of no effect. Any complaints procedures should be independent.

Date of implementation
Member States were required to comply with the provisions of this Directive before 31 December 1992.

ACTION PLAN TO ASSIST TOURISM

Official title

4.1.40 Council Decision of 13 July 1992 on a Community action plan to assist tourism.

Reference
Council Decision 92/41/EEC; OJ L231, 13.8.92.

Amendments
None.

Date of implementation
The provisions of this Decision came into effect on 1 January 1993.

2. Foodstuffs

Introduction

4.2.1 This section relating to foodstuffs is divided into seven further sections. The first section deals with labelling obligations relating to foodstuffs, including obligations to include lot numbers and on the presentation of ingredients. The second section relates to packaging obligations and the materials which are permitted to come in contact with foodstuffs. The third section covers issue relating to additives, including the proposals on colours, sweeteners and miscellaneous additives, which are expected to be adopted in the near future. The fourth section deals with methods of food preservation, including the controversial proposal on irradiated foodstuffs. The fifth section covers inspection of foodstuffs and related hygiene issues. The sixth section deals with legislation relating to foods for particular nutritional uses, such as infant formulae. The seventh section covers various specific foodstuffs, including chocolate and cocoa products, jams, juices and organic products.

Scope and purpose of the legislation

The extensive and detailed legislation which has been adopted in the food sector has two particular aims. The first, and, perhaps most important, is the protection of the consumer by prohibition of those products which have been proved to be dangerous to health and the strict regulation of those products which are permitted either as ingredients in food, or else in contact with foodstuffs. The second aim of the legislation is to assist the free movement of foodstuffs throughout the Community by harmonisation of national legislation. As a result of the adoption of legislation at Community level, manufacturers are able increasingly to produce their goods according to a single Community standard, thus reducing the costs associated with production according to differing standards throughout the Member States.

This section covers Community legislation regulating the market of foodstuffs within the Community. This concerns not only the ingredients permitted in foodstuffs, but also the manner in which they must be presented to the consumer, the information which must be present in labelling or advertising, the types of materials which are permitted to come into contact with foodstuffs, and testing requirements. The section is divided into major headings such as "Labelling, presentation and advertising", "Packaging", and "Additives".

Not all the specific agricultural products and foodstuffs that are the subject of legislation at Community level are covered in this section. Such is the volume of legislation governing this sector that we have selected only those products which, experience suggests, are the most important to manufacturers and traders. The products which have been selected all fall within one heading of the section entitled "Specific products". The Common Agricultural Policy is not covered in this book.

With increasing environmental awareness in the Community the packaging of foodstuffs and its disposal has become the subject of both proposed and adopted legislation at Community level. Issues relating to materials which are permitted to come in contact with foodstuffs are covered in this section. However, the disposal of waste paper and related environmental matters are covered in Chapter 6. Modified organisms and water quality are also covered in that chapter.

Future developments

Much of the legislation which now governs the manufacture and marketing of foodstuffs is a result of the White Paper on the completion of the internal market. Most of the proposals in the White Paper regarding foodstuffs have already been adopted. However, some of those still outstanding have created a great deal of controversy and appear likely to continue to do so. The controversial proposals regarding various additives are nearing the end of the adoption process and should be adopted in the coming months. However, those relating to irradiated foodstuffs and novel foods continue to create problems. It appears increasingly unlikely that the proposal related to irradiated foods will be adopted without at least extensive modifications.

The Commission draft text on the regulation of claims in relation to foodstuffs has still not become an official proposal. Debate continues within the European Commission services as regards exactly what form the proposal should take. There appears to be a growing body of opinion of the view that the proposal should, once again, be postponed. As with other sectors which have become increasingly regulated at Community level as a result of the White Paper on the completion of the internal market, there are unlikely to be many further proposals for legislation in the near future.

Responsibility within the European Commission

4.2.4 Directorate E of Directorate-General III (Industrial Affairs) and Directorates D and E of Directorate-General VI (Agriculture) are responsible for the areas outlined below.

Case law

4.2.5 Probably one of the most famous decisions of the European Court of Justice in relation to foodstuffs was that which has become commonly known as the "*Cassis de Dijon*" case (Case C-120/78 *Rewe-Zentral AG v Bundesmonopolverwaltung für Branntwein* [1979] ECR 649). This case arose from the refusal of the German authorities to permit the marketing of Cassis de Dijon which had been legally produced and marketed in France, on the grounds that it had insufficient alcoholic strength to be qualified as a liqueur. The Court concluded that disparities between the national laws of Member States must be accepted in so far as such rules, applicable to both domestic and imported products without distinction, may be recognised as being necessary in order to satisfy mandatory requirements relating, *inter alia*, to consumer protection. Nevertheless, it is also necessary for such rules to be proportionate to the aim in view. If a Member State has a choice between various measures to attain the same objective, it should choose the means which least restricts the free movement of goods.

Member States have since attempted to base national restrictions on claims of a lack of scientific information on which to prove that products were safe. However, the European Court has also laid down limitations on the exercise of such restrictions. In its decision in Case C-247/84 *Motte*

[1985] ECR 3887, the Court acknowledged that, where there were uncertainties in the present state of scientific research and no harmonisation of national provisions at Community level, it was for the Member States to decide the degree of protection which must apply. However, in so doing, Member States were obliged to take account of international scientific research.

Despite increasing harmonisation at Community level, and a continual erosion of the power of Member States to restrict imports onto their territory, the European Court has confirmed that the Member States still retain some powers of limitation. This opinion was confirmed when the Court refused to sanction the view of the Commission that, by prohibiting the import of cheeses containing nitrate onto their territory, Member States were in breach of the EC Treaty provisions governing the free movement of goods (Case C-95/89 *Commission* v *Italy* [1992] ECR 4545; C-293/89 Case C-293/89 *Commission* v *Greece* [1992] ECR 4577; Case C-344/90 *Commission* v *France* [1992] ECR 4719).

Legislation

Labelling, presentation and advertising of foodstuffs legislation

BASIC FOOD-LABELLING REQUIREMENTS

Official title
Council Directive of 18 December 1978 on the approximation of the laws of the Member States relating to the labelling, presentation and advertising of foodstuffs for sale to the ultimate consumer.

Reference
Council Directive 79/112/EEC; OJ L33, 8.2.79.

Amendments
Accession of Greece (1981).
Directive 85/7/EEC; OJ L2, 3.1.85.
Directive 86/197/EEC; OJ L144, 29.5.86.
Accession of Spain and Portugal (1986).
Directive 89/395/EEC; OJ L186, 30.6.89.
Directive 91/72/EEC; OJ L42, 15.2.91.
Directive 93/102/EC; OJ L291, 25.11.93.

Impact
Sets detailed obligations to be followed by manufacturers in the packaging and description of foods.

Details

The Directive, as amended, defines the substances which are, or are not, to be considered as ingredients and lays down detailed labelling obligations with which foodstuff manufacturers must comply. Food product labels must include: a list of all ingredients in descending order of weight (including all additives used); the net quantity in the case of pre-packaged foods; any special storage conditions or conditions of use; the name and business address either of the manufacturer or distributor; and the date of minimum durability. This information must be intelligible, legible and indelible. Those products on which ingredients listing is not required are also identified.

The second amendment to the Directive provides special rules for the labelling of alcoholic beverages.

The 1989 amendment to the Directive extended the application of the 1979 Directive to restaurants, hospitals, canteens and other similar mass caterers. It also introduced the requirement that details of any ionizing radiation applied to foodstuffs must be included on food labelling. Certain products, such as wine, sugar and vinegar, were excluded from the requirement of indicating minimum durability date.

The 1993 amendment replaces Annexes I and II of Directive 79/112/EEC with new Annexes. The new Annex I lists ingredients which may be designated by the name of the category rather than the specific name. The new Annex II, on the other hand, lists the ingredients which must be designated by the name of their category, followed by their specific name or Community name.

Date of implementation

Member States were required to implement the Directive by 22 December 1984.

Member States were required to implement the latest amendment to the Directive, Directive 93/102/EC, by 31 December 1994.

DESIGNATION OF FLAVOURINGS IN INGREDIENTS LISTS

Official title

4.2.7 Commission Directive of 16 January 1991 amending Council Directive 79/112/EEC in respect of the designation of flavourings in the list of ingredients on the label of foodstuffs.

Reference

Commission Directive 91/72/EEC; OJ L42, 15.2.91.

Amendments

None.

Impact

Amends Directive 79/112/EEC as regards the use of the word "natural", or any other word of a similar meaning, for flavourings.

Details

The Directive restricts the use of the word "natural" or any other word having substantially the same meaning to flavourings in which the flavouring component contains exclusively flavouring substances and/or flavouring preparations as defined in the Directive.

Date of implementation

Member States were required to prohibit trade in products not complying with this Directive with effect from 1 January 1994.

PRICE INDICATIONS ON FOODSTUFFS

Official title

Council Directive of 19 June 1979 on consumer protection in the indication of the prices of foodstuffs.

Reference

Council Directive 79/581/EEC; OJ L158, 26.6.79.

Amendments

Directive 88/315/EEC; OJ L142, 9.6.88.

Impact

Obliges retailers to indicate clearly the selling price and the unit price (*e.g.* price per kilogram) of foodstuffs on sale to the final consumer or, where they are advertised, with their prices stated.

Details

Foodstuffs which are pre-packaged in pre-established quantities are subject to a general obligation to indicate the unit price. These products are listed in the Annex to the Directive, and include alcoholic beverages such as wines, vermouths and beers, non-alcoholic beverages such as milk, fruit juices and coffee, dairy products, preserved foods, pasta products, rice and pet food.

The Directive does not apply to foodstuffs sold in hotels, restaurants, cafés, public houses, hospitals, canteens and similar establishments where food is eaten on the premises, nor to foodstuffs which the consumer buys for professional or commercial use.

Furthermore, some foodstuffs are exempt from the obligation to indicate the unit price (*e.g.* food sold by the piece, food from vending machines, etc).

Date of implementation

Member States were required to implement the provisions of Directive 79/581/EEC into their national legislation by 26 June 1981. Member States were required to implement the provisions of amending Directive 88/315/EEC into their national legislation by 7 June 1990.

COUNCIL RESOLUTION ON PRICE INDICATION

4.2.9 Council Resolution of 7 June 1988 on consumer protection in the indication of the prices of foodstuffs and non-food products.

Reference

Council Resolution 388 Y 0611(01); OJ C153, 11.6.88.

Amendments

None.

Impact

Requests the European Commission to extend the scope of current Directives on this subject to include a wide range of new products.

Date of implementation

The Member States are not required to take any measures to implement the provisions of the Resolution into their national legislation. The European Commission has not, to date, issued any new proposals.

LOT IDENTIFICATION OF FOODSTUFFS

Official title

4.2.10 Council Directive of 14 June 1989 on indications or marks identifying the lot to which a foodstuff belongs.

Reference

Council Directive 89/396/EEC; OJ L186, 30.6.89.

Amendments

Directive 91/238/EEC; OJ L107, 27.4.91.
Directive 92/11/EEC; OJ L65, 11.3.92.

Impact

Establishes a common Community procedure for use in identifying the lot to which a particular foodstuff belongs.

Details

By facilitating identification of the "lot" to which a foodstuff belongs, a useful source of information is available when disputes arise or when foodstuffs constitute a health hazard for consumers. "Lot" is defined as a "batch of units of a foodstuff produced, manufactured or packaged essentially under the same conditions. Foodstuffs may not generally be marketed without identification of the lot to which they belong. There are, however, three exceptions: agricultural products sold or delivered by the producer to storage, preparation or packing stations, or transported to producers; products packaged at the request of the final purchaser or pre-packaged for immediate sale; and foodstuffs that have a minimum durability or "use by" date on the label.

Date of implementation
Member States were required to authorise trade in products complying with the Directive by 20 June 1990 and to prohibit trade in products not complying with the Directive by 20 June 1991. However, trade in products placed on the market or labelled before 20 June 1991 and not conforming with the Directive was permitted to continue until stocks ran out.

NUTRITION LABELLING

Official title
Council Directive of 24 September 1990 on nutrition labelling for foodstuffs.

Reference
Council Directive 90/496/EEC; OJ L276, 6.10.90.

Amendments
None.

Impact
Establishes the circumstances in which food manufacturers are required to place nutrition information on labelling of foodstuffs.

Details
The Directive governs nutrition labelling of foodstuffs for sale either to the ultimate consumer or to "mass caterers". Nutrition labelling is defined as information on labelling relating to energy value or nutrients specified in Article 1 to the Directive. Where a manufacturer makes a nutrition claim either on the label of a product, in its presentation or in its advertising (excluding generic advertising), he is obliged to include nutrition labelling. Nutrition labelling can be presented in one of two ways. The energy factor must be calculated using defined conversion factors and the declared energy value and nutrient presented in the prescribed manner. Information must be presented together in one place and in tabular form.

Date of implementation

Member States were required to implement legislation permitting the trade in products complying with the Directive by 1 April 1992. National legislation prohibiting trade in products which do not comply was required to be applicable by 1 October 1993.

An additional proposal for a Directive covering compulsory nutrition labelling was presented by the Commission at the same time. However, this proposal was withdrawn by the Commission during the Edinburgh summit in December 1992.

GEOGRAPHICAL INDICATION

Official title

4.2.12 Council Regulation (EEC) 2081/92 on the protection of geographical indications and designations of origin for agricultural products and foodstuffs.

Reference

Council Regulation 2081/92; OJ L208, 24.7.92.

Amendments

None.

Impact

The Regulation establishes a procedure for registration of "protected geographical indications" and "protected designation of origin".

Details

This Regulation is influenced by existing Community legislation on definitions of wines and spirits and is likely to have similar effects. The Regulation permits application to the Commission for registration of "protected geographical indications" and "protected designations of origin". The designation "protected geographical indication" (PGI) is reserved for an agricultural product or foodstuff originating in a region, specific place or, in exceptional cases, a country and possessing a quality or reputation which may be attributed to the geographical environment with its inherent natural components. A "protected designation of origin" (PDO) is reserved to products originating from a region, specific place or, in exceptional cases, a country based on the particular geographical environment with its inherent natural and human components. Provisions regarding the registration of PGIs and PDOs, which are detailed in the Regulation, are similar to those laid down for certificates of specific character of foodstuffs (see para **4.2.14** below).

In 1993 the Commission issued a Communication (Reference:

Commission Communication 93/C273/5; OJ C273, 9.10.93) explaining the steps to be followed by producers who are interested in using the "simplified procedure" to register at Community level names which already exist in the Member States.

Date of implementation
The unexpected adoption of this Regulation in July 1992 caused dismay both to food manufacturers and consumers. The Regulation came into force in Member States on 27 July 1993.

GEOGRAPHICAL ORIGIN – APPLICATION

Official title
Commission Regulation of 27 July 1993 laying down detailed rules of application of Council Regulation (EEC) 2081/92 on the protection of geographical origin for agricultural products and foodstuffs.

Reference
Commission Regulation 2037/93; OJ L185, 28.7.93.

Amendments
None.

Impact
Lays down the circumstances under which an individual may apply for registration of the geographical origin of a product.

Details
Regulation (EEC) 2081/92 provides that, in normal circumstances, registration of the geographical origin of a product should be open solely to groups of producers. However, where an individual is the sole producer of a product in a defined geographical area, that person may be permitted to make an application in certain circumstances. Proof that the single person engages in authentic and unvarying local methods, and that the geographical area concerned possesses characteristics differing appreciably from those of neighbouring areas and/or that the characteristics of the product are different must, however, be provided.

Date of implementation
The Regulation entered into force in the Member States on 26 July 1993.

CERTIFICATES OF SPECIFIC CHARACTER

Official title

4.2.14 Council Regulation (EEC) 2082/92 on certificates of specific character for agricultural products and foodstuffs.

Reference

Council Regulation 2082/92; OJ L208, 24.7.92.

Amendments

None.

Impact

The Regulation lays down rules according to which foodstuffs may qualify for a "Community certificate of specific character".

Details

The Regulation lays down the rules under which a foodstuff may qualify for a "Community certificate of specific character". To qualify, foodstuffs must be demonstrated to possess a number of specific characteristics which distinguish them from similar products in the same category. Grant of such a certificate is restricted to any foodstuff which possesses specific characteristics due to its raw materials and/or to the methods of its production, which differentiate it from similar foods.

Initial application for a certificate would be made to the national authorities of the Member State in which the applicant is established and would then be passed to the European Commission for its consideration if accepted by the Member State concerned. The Regulation also lays down rules governing the grant of certificates to products from third countries based on similar treatment being granted to Community products in that country.

Date of implementation

The Regulation came into force in Member States on 27 July 1993.

CERTIFICATES OF SPECIFIC CHARACTER – APPLICATION

Official title

4.2.15 Commission Regulation (EEC) 1848/93 laying down detailed rules for the application of Council Regulation (EEC) No 2082/92 on certificates of specific character for agricultural products and foodstuffs.

Reference

Council Regulation 1848/93; OJ L168, 10.7.93.

Amendments

None.

Impact

Lays down the time-limits relating to applications for registration of certificates of specific character.

Details

The six-month period provided for in Regulation (EEC) 2082/92 during which objections to an application for a certificate of specific character may be registered is divided by the Regulation into two parts. The first is a five-month period during which natural or legal persons legitimately concerned by the registration may object to their national authorities. The second is a one-month period during which the competent authorities transmit any objections to the Commission.

Date of implementation

The Regulation entered into force in the Member States on 26 July 1993.

SCIENTIFIC COMMITTEE

Official title

Commission Decision of 21 December 1992 setting up a scientific committee for designations of origin, geographical indications and certificates of a specific character.

Reference

Commission Decision 93/53/EEC; OJ L13, 21.1.93.

Amendments

Commission Decision 94/437/EC; OJ L180, 14.7.94.

Date of implementation

No implementation measures were required to be taken by Member States.

Proposed labelling, presentation and advertising of foodstuffs legislation

QUANTITATIVE INGREDIENTS DECLARATIONS

Official title

Proposal for a Council Directive amending Directive 79/112/EEC on the approximation of the laws of the Member States relating to the labelling, presentation and advertising of foodstuffs.

Reference
Original proposal; OJ C122, 14.5.92.

Amendments
Amended proposal; OJ C118, 29.4.94.

Impact
The proposal would introduce obligatory mention of certain ingredients and their quantities on product labelling.

Details
The proposed Directive would amend the basic 1979 Directive on labelling (see para **4.2.6** above) to include the obligatory mention of certain ingredients, in either words or pictures, and the quantities in which they appear in the product. Indication would be compulsory where reference to an ingredient appears in the name of the foodstuff as sold or is derived implicitly therefrom, is emphasised on the label, or is essential to characterise a foodstuff to distinguish it from products with which it might be confused.

An important addition in the amended text is the requirement that Member States ensure prohibition of sale of foodstuffs where the particulars provided for in the proposed Directive do not appear in a language easily understood by purchasers unless other measures have been taken to ensure that the purchaser is informed.

Proposed date of implementation
Proposed dates of implementation of its provisions are 30 June 1995 for foodstuffs complying with the provisions of the proposed Directive and 30 July 1996 for those foodstuffs which do not comply with its provisions.

Packaging of, and materials in contact with, foodstuffs

PRE-PACKAGED LIQUIDS

Official title

4.2.18 Council Directive of 19 December 1974 on the approximation of the laws of the Member States relating to the making up by volume of certain pre-packaged liquids.

Reference
Council Directive 75/106/EEC; OJ L42, 15.2.75.

Amendments
Directive 78/891/EEC; OJ L311, 4.11.78.

Directive 79/1005/EEC; OJ L308, 4.12.79.
Directive 85/10/EEC; OJ L4, 5.1.85.
Directive 88/316/EEC; OJ L143, 10.6.88.
Directive 89/676/EEC; OJ L398, 30.12.89.

Impact

This Directive sets out the conditions under which pre-packaged liquids are guaranteed free movement within the Community.

Details

This Directive applies to all pre-packaged liquids between 0.05 and 10 litres. Pre-packaged liquids may be packed only in one of the volumes prescribed in the Directive and must be labelled accordingly. The margin of error concerning volumes must be, on average, within the prescribed tolerance levels. The prescribed volumes are set out in two columns as (i) permitted volumes, and (ii) provisionally permitted volumes.

Date of implementation

Member States were required to implement the provisions of the Directive into their national legislation by 30 August 1976. All Member States have adopted national measures in compliance with the Directive. Member States were required to implement the provisions of the most recent amending Directive (Dir 89/676/EEC), by 1 July 1990.

PRE-PACKAGED PRODUCTS

Official title

Council Directive of 20 January 1976, on the approximation of the laws of the Member States relating to the making up by weight or by volume of certain pre-packaged products.

Reference

Council Directive 76/211/EEC; OJ L46, 21.2.76.

Amendments

Directive 78/891/EEC; OJ L311, 4.11.78.
Directive 86/96/EEC; OJ L80, 25.3.86.

Impact

This Directive sets out the conditions for pre-packaged products to be guaranteed free movement within the Community.

Details

The provisions of this Directive duplicate those of Directive 75/106/EEC (see para **4.2.18** above) on pre-packaged liquids. Like Directive

75/106/EEC, this Directive is one of the implementing Directives provided for by Council Directive 71/316/EEC. Pre-packaged products within the meaning of the Directive are those which are (i) placed in a package without the purchaser being present, and (ii) have a predetermined quantity which cannot be altered without the package being opened or substantially modified. The Directive applies to pre-packaged products intended for sale in constant unit nominal quantities expressed in units of weight or volume of not less than 5 grams or 5 millilitres and not more than 10 kilograms or 10 litres.

Only pre-packages which comply with this Directive may bear the EC sign set out in Annex I. The nominal weight and volume must be indicated on the package. Tolerable levels of negative error for pre-packaged products are established by a table in Annex I. The procedure for carrying out checks on products covered by the Directive is set out in Annex I. Procedures for the statistical checking of batches of pre-packaged goods are set out in Annex II.

Date of implementation

Member States were required to implement the provisions of Directive 76/211/EEC into their national legislation by 30 August 1977. The last amendment to this Directive (Dir 86/96/EEC), required implementation into national legislation by 18 September 1992.

COMMUNITY SYMBOL FOR MATERIALS IN CONTACT WITH FOODSTUFFS

Official title

4.2.20 Commission Directive of 9 June 1980, determining the symbol that may accompany materials and articles intended to come into contact with foodstuffs.

Reference

Commission Directive 80/590/EEC; OJ L151, 19.6.80.

Amendments

None.

Impact

Establishes a basic symbol to accompany materials and articles complying with Community legislation regarding materials and articles permitted to come in contact with foodstuffs (see paras **4.2.23** to **4.2.26** and **4.2.28** below).

Details

This Directive introduces a particular symbol which manufacturers are permitted to place on materials and articles which comply with existing Community legislation and come into contact with foodstuffs.

The symbol to be used is reproduced in the Annex to the Directive. It is hoped that the symbol will be recognisable instantly to consumers and easily reproduced on the materials and articles to which it relates.

Date of implementation

Member States were required to take the necessary measures to authorise the use of the symbol by 1 January 1981.

VINYL CHLORIDE MONOMER LEVELS

Official title

Commission Directive of 8 July 1980 laying down the Community method of analysis for the control of vinyl chloride monomer levels in materials which are intended to come into contact with foodstuffs.

Reference

Commission Directive 80/766/EEC; OJ L213, 16.8.80.

Amendments

None.

Date of implementation

Member States were required to implement the provisions of this Directive into their national legislation before 11 January 1982.

RELEASE OF VINYL CHLORIDE MONOMERS

Official title

Commission Directive of 29 April 1981 laying down the Community method of analysis for the official control of vinyl chloride released by materials and articles into foodstuffs.

Reference

Commission Directive 81/432/EEC; OJ L167, 24.6.81.

Amendments

None.

Date of implementation

Member States were required to implement the provisions of this Directive into their national legislation by 1 October 1982.

CERAMIC ARTICLES

Official title

4.2.23 Council Directive of 15 October 1984 on the approximation of the laws of the Member States relating to ceramic articles intended to come into contact with foodstuffs.

Reference

Council Directive 84/500/EEC; OJ L277, 20.10.84.

Amendments

None.

Impact

The Directive lays down maximum quantity limits and testing methods for cadmium and lead transferred from ceramic articles on to foodstuffs.

Date of implementation

Member States were required to authorise trade in products complying with the Directive by 17 October 1987 and to prohibit trade in products not complying with the Directive by 17 October 1989.

HARMONISATION OF NATIONAL LAWS ON MATERIALS IN CONTACT WITH FOODSTUFFS

Official title

4.2.24 Council Directive of 21 December 1988 on the approximation of the laws of the Member States relating to materials and articles intended to come into contact with foodstuffs.

Reference

Council Directive 89/109/EEC; OJ L40, 11.2.89.

Impact

Establishes guidelines to ensure the stability of substances coming into contact with foodstuffs.

Details

This is a "framework" Directive which anticipates future, more detailed legislation regarding the precise types of plastic, wood (including cork), ceramics, elastomers and rubber, glass, metals and alloys, textile products, paraffin and micro-crystalline waxes, paper and card, and regenerated cellulose which may come into contact with food.

The Directive does not extend to substances such as cheese rinds or any other coating which may be consumed with the product in question.

However, it does cover materials in contact with water intended for human consumption, although it will not apply to fixed public or private water supply equipment.

The Directive provides that a substance may be temporarily restricted if a Member State has reason to believe it endangers human health. The Member State must inform both the European Commission and the other Member States of its decision and the reasons for taking it.

Date of implementation

Member States were required to authorise trade in products complying with the Directive by 10 January 1989 and to prohibit trade in products not complying with the Directive by 10 July 1991. Member States were required to implement the provisions of amending Directive 92/39/EEC into their national legislation by 31 December 1992. This legislation must have authorised trade in products complying with the Directive by 31 March 1994 and prohibit trade in products not complying with the Directive by 1 April 1995.

PLASTIC MATERIALS AND ARTICLES COMING INTO CONTACT WITH FOODSTUFFS

Official title

Commission Directive of 23 February 1990 relating to plastic materials and articles intended to come into contact with foodstuffs.

Reference

Commission Directive 90/128/EEC; OJ L75, 21.3.90.

Amendments

Corrigendum; OJ L349, 13.12.90.
Directive 92/39 EEC; OJ L168, 23/6/92.
Directive 93/9/EEC; OJ L90, 14.4.93.

Impact

Establishes a list of approved plastic substances permitted in contact with foodstuffs and overall migratory limits.

Details

This Directive applies both to materials consisting exclusively of plastics and those composed of two or more layers of materials, each consisting exclusively of plastics which are bound together either by adhesives or other means and which, in their finished state, are intended to come into contact with foodstuffs. The Directive provides that the constituents of plastic materials should not be transferred to foodstuffs in quantities exceeding 10 milligrams per square decimeter of surface area of material.

Only those monomers or other starting substances listed in the Annex to the Directive may be used for manufacture of plastic materials and articles subject to the restrictions specified.

The 1993 Directive amends the list of permitted substances provided for in Directive 90/198 EEC.

A Commission Decision (Dec 89/610/EEC) laying down the reference methods and the list of national reference laboratories for detecting residues (pursuant to Directives 81/602/EEC and 85/358/EEC) has been published in OJ L351, 2.12.89.

Date of implementation

Member States were required to take steps to implement the provisions of this Directive into their national legislation not later than 31 December 1990. The 1993 amendment should have been implemented by April 1994.

REGENERATED CELLULOSE FILM

Official title

Commission Directive of 15 March 1993 relating to materials and articles made of regenerated cellulose film intended to come into contact with foodstuffs.

Reference

Commission Directive 93/10/EEC; OJ L93, 17.4.93.

Amendments

Last amended by Commission Directive 93/111/EC; OJ L310, 14.12.93.

Impact

Regulates the circumstances in which regenerated cellulose film may come into contact with foodstuffs.

Details

This Directive replaces Directive 83/229/EEC dealing with the same subject.

The amending Directive provides that, apart from film which Directive 92/15/EEC prohibits from 1 July 1994, the trade in and use of regenerated cellulose film which is intended to come into contact with foodstuffs and which does not comply with either this Directive or Directive 92/15/EEC shall be prohibited from 1 January 1994.

Date of implementation

Member States were required to implement the provisions of the Directive into their national legislation by 1 July 1994. The amending Directive entered into force on 17 December 1993.

Additives legislation

GENERAL PROVISIONS GOVERNING ADDITIVES

Official title
Council Directive of 21 December 1988 on the approximation of the laws of the Member States concerning food additives authorised for use in foodstuffs intended for human consumption.

Reference
Council Directive 89/107/EEC; OJ L40, 11.2.89.

Amendments
None.

Impact
Seeks to establish common Community rules to regulate the use of additives in food.

Details
The Directive establishes a procedure whereby the European Commission can adopt technical Directives regarding permitted additives on the basis of agreed technological and scientific criteria without the approval of the EU Council being necessary for each individual Directive.

The Directive also sets out rules for the packaging and marketing of food additives. Flavourings are outside the scope of the Directive but all other food additives are covered, except those used solely as processing aids or for plant health purposes.

Date of implementation
Member States were required to implement the provisions of this Directive into their national legislation by 28 June 1990.

FOOD COLORANTS

Official title
Council Directive of 23 October 1962 on the approximation of the rules of the Member States concerning colouring matters authorised for use in foodstuffs intended for human consumption.

Reference
Council Directive 62/279/EEC; OJ L115, 11.11.62.

Amendments
Directive 65/469/EEC; OJ L178, 26.10.65.

Directive 67/653/EEC; OJ L263, 30.10.67.
Directive 68/419/EEC; OJ L309, 24.12.68.
Directive 70/358/EEC; OJ L157, 18.7.70.
Directive 76/399/EEC; OJ L108, 26.4.76.
Directive 78/144/EEC; OJ L44, 15.2.78.
Directive 81/20/EEC; OJ L43, 14.2.81.
Directive 85/7/EEC; OJ L2, 3.1.85.

Impact

Establishes an exhaustive list of colorants which may be used in food products.

Details

Annex I of the Directive includes a list of those colorants which may be used in foodstuffs. Annex II provides a limited list of colours which Member States may permit if they so choose. Member States must ensure that colouring matters listed in Annex I, where these are used to colour foodstuffs, satisfy the general and specific criteria laid down in Annex III. Member States retain power under the provisions of the Directive to determine which colours may be permitted in foodstuffs and the conditions governing such use.

Date of implementation

Member States were required to implement the provisions of the original Directive into their national legislation by 31 December 1966. An amended proposal is currently under discussion (see para **4.2.42** below).

PRESERVATIVES

Official title

4.2.29 Council Directive of 5 November 1963 on the approximation of the laws of Member States concerning the preservatives authorised for use in foodstuffs intended for human consumption.

Reference

Council Directive 64/54/EEC; OJ L12, 27.1.64.

Amendments

Last adapted to technical progress by Directive 85/585/EEC; OJ L372, 31.12.85.

Impact

Lists those preservatives which may be used safely in food.

Details

The Directive applies to preservatives intended for use both in foodstuffs manufactured in the Community, and in foodstuffs imported into the Community. It does not apply to preservatives and foodstuffs intended for export.

Member States may authorise use only of those preservatives listed in the Annex to the Directive. Where conditions of use are stipulated, Member States must ensure that these are respected.

National laws, specifying foodstuffs to which the preservatives listed in the Annex may be added, are unaffected by this Directive.

Member States may themselves prohibit the addition of permitted preservatives in specific foodstuffs. However, they may not totally exclude their use, except where there is no technological requirement for their use in production and conservation of foodstuffs within the Member States' own territory.

Date of implementation

To date, this Directive has been amended 23 times. Member States were required to implement the provisions of the original Directive by 5 November 1964. Member States were required to implement the last amendment by 31 December 1986.

PURITY CRITERIA FOR PRESERVATIVES

Official title

Council Directive of 26 January 1965 laying down the specific criteria of purity for preservatives authorised for use in foodstuffs intended for human consumption.

Reference

Council Directive 65/66/EEC; OJ L22, 9.2.65.

Amendments

Last amended by Directive 86/604/EEC; OJ L352, 13.12.86.

Date of implementation

Member States were required to implement the provisions of the Directive into their national legislation by 1 June 1966. Member States were required to implement the provisions of the most recent amending Directive by 1 January 1988.

ANTIOXIDANTS

Official title

4.2.31 Council Directive of 13 July 1970 on the approximation of the laws of Member States concerning the antioxidants authorised for use in foodstuffs intended for human consumption.

Reference

Council Directive 70/357/EEC; OJ L157, 18.7.70.

Amendments

Last adapted to technical progress by Directive 87/55/EEC; OJ L24, 27.1.87.

Impact

Only substances listed in the Directive may be authorised by Member States for use in the protection of foodstuffs against deterioration by oxidation.

Details

The Directive sets criteria of purity regarding lead, arsenic and heavy metal content.

Member States must ensure that the listed substances satisfy general criteria of purity. Where the level of certain elements might endanger human health, a Member State may reduce the level for a maximum period of one year.

Date of implementation

Member States were required to implement the provisions of this Directive by 13 July 1971.

EMULSIFIERS, STABILISERS, THICKENERS AND GELLING AGENTS

Official title

4.2.32 Council Directive of 18 June 1974 on the approximation of the laws of the Member States relating to emulsifiers, stabilisers, thickeners and gelling agents for use in foodstuffs.

Reference

Council Directive 74/329/EEC; OJ L189, 12.7.74.

Amendments

Directive 78/612/EEC; OJ L197, 22.7.78.
Directive 80/597/EEC; OJ L155, 23.6.80.
Directive 85/6/EEC; OJ L2, 3.1.85.
Directive 85/7/EEC; OJ L2, 3.1.85.

Directive 86/102/EEC; OJ L88, 3.4.86.
Corrigendum; OJ L128, 14.5.86.
Directive 89/393/EEC; OJ L186, 30.6.89.

Impact

Establishes a single list of emulsifiers, stabilisers, thickeners and gelling agents which may be used by the Member States for the treatment of foodstuffs.

Details

In addition to providing a list of permitted substances, this Directive also lays down the general criteria of purity which these agents must satisfy.

The Directive provides for re-examination of the list of authorised substances, in the event of advances in research. Close co-operation between the Member States and the Standing Committee on Foodstuffs (set up by Council Decision 69/414/EEC; OJ L291, 19.11.69) is advised.

Date of implementation

Member States were required to implement the provisions of the Directive into their national legislation by 31 July 1975.

TESTING OF ADDITIVES

Official title

Commission Directive of 28 July 1981 laying down Community methods of analysis for verifying that certain additives used in foodstuffs satisfy criteria of purity.

Reference

Commission Directive 81/712/EEC; OJ L257, 10.9.81.

Amendments

None.

Date of implementation

Member States were required to implement the provisions of the Directive into their national legislation by 20 February 1983.

EXTRACTION SOLVENTS

Official title

Council Directive of 13 June 1988 on the approximation of the laws of the Member States on extraction solvents used in the production of foodstuffs and food ingredients.

Reference
Council Directive 88/344/EEC; OJ L157, 24.6.88.

Amendments
Last amended by Council Directive 92/115/EC; OJ L409, 31.12.92.

Impact
Establishes a single list of extraction solvents for the preparation of foodstuffs and specifies general purity criteria to be applied to them.

Details
Member States may restrict the use of substances listed in the Directive temporarily, if research has led them to believe it may have harmful effects.

Date of implementation
Member States were required to implement the provisions of the Directive into their national legislation by 13 June 1991.

FLAVOURINGS

Official title

4.2.35 Council Directive of 22 June 1988 on the approximation of the laws of the Member States relating to flavourings for use in foodstuffs and to source materials for their production.

Reference
Council Directive 88/388/EEC; OJ L184, 15.7.88.

Amendments
None.

Impact
Provides a framework for provisions on general purity, definitions, labelling and the principles for the use of flavourings on which legal differences may be eliminated.

Details
The Directive defines what is meant by flavouring, flavouring substance, flavouring preparation, process flavouring and smoke flavouring.

The Directive applies to flavourings used or intended for use in or on foodstuffs to impart odour and/or taste, and to source materials used for the production of flavourings. It applies only to flavourings intended for use in and imported into the Community.

It does not apply to edible substances and products intended to be consumed as such, with or without reconstitution or substances which have exclusively a sweet, sour or salt taste. Materials of vegetable or animal origin, having inherent flavouring properties, not used as flavouring sources, are excluded, as are flavourings or foodstuffs intended for export.

Article 5 provides for further Directives relating to flavourings to be proposed, for example:

- flavouring sources composed of foodstuffs, and of herbs and spices normally considered as foods; and
- source materials used for the production of smoke flavourings or process flavourings, and the reaction conditions under which they are prepared.

Special provisions may be adopted at national level for the protection of public health or trade, concerning the use and methods of production of flavourings.

Member States may not prohibit, restrict, or hamper the marketing or use of flavourings complying with this or associated Directives by virtue of their composition, labelling or behaviour in foodstuffs. Labelling requirements are set out, which include sales description, gross weight and the use of the word "natural".

Date of implementation

Member States were required to implement the provisions of the Directive into their national legislation to authorise trade in products complying with the Directive by June 1990 and to prohibit trade in products not complying with the Directive by June 1991.

INVENTORY OF FLAVOURINGS

Official title

Council Decision of 22 June 1988 on the establishment, by the Commission, of an inventory of the source materials and substances used in the preparation of flavourings.

Reference

Council Decision 88/389/EEC; OJ L184, 15.7.88.

Amendments

None.

Date of implementation

The European Commission was required to establish an inventory by 22 June 1990.

APPROXIMATION OF NATIONAL FLAVOURING LAWS

Official title

Commission Directive of 16 January 1991 completing Council Directive 88/388/EEC on the approximation of the laws of the Member States relating to flavourings for use in foodstuffs and to source materials for their production.

Reference

Commission Directive 91/71/EEC; OJ L42, 15.2.91.

Amendments

None.

Impact

The Directive amends Directive 88/388/EEC by prohibiting the marketing of flavourings intended for sale to the ultimate consumer unless certain obligatory information appears on their labelling.

Details

The amendments to the original Directive are aimed at tightening the rules governing the labelling of foodstuffs in respect of flavourings. The information provided in respect of flavourings must be easily visible, clearly legible and indelible and should include, among other things, the date of minimum durability, any special conditions for storage and use, net quantity, and the name and address of the manufacturer. There are special rules governing the use of the word "natural".

Date of implementation

Member States were required to prohibit trade in products not complying with this Directive with effect from 1 January 1994.

Proposed additives legislation

GENERAL PROVISIONS GOVERNING ADDITIVES

Official title

Proposal for a Council Directive amending Directive 89/107/EEC on the approximation of the laws of Member States concerning food additives intended for human consumption.

Reference

Original proposal; OJ C206, 13.8.92.

Amendments

Amended proposal; OJ C191, 15.7.93.

Impact

The proposed Directive would permit Member States to restrict the use of additives in "traditional products" manufactured in their territory.

Details

The proposed amendment to the 1989 "framework" Directive on additives resulted from the European Parliament's rejection of the Council's common position on a proposed Directive regarding sweeteners (see para **4.2.40** below). The proposed amendment would permit Member States to prohibit the use of additives as regards any "traditional products" produced on their territory. There is no definition of the phrase "traditional products" in the proposal.

The amended proposal provides that Member States may prohibit the use of additives in what they consider "traditional" foods if this prohibition existed at 1 January 1992. As a proviso, however, Member States must permit all other legally manufactured foods onto their territory. Member States were required to submit to the Commission lists of what they consider to be traditional foodstuffs before 1 July 1994. On the basis of this list the Commission is required, before 1 April 1995, to submit a proposal to the Council on the criteria to be applied when defining a product as traditional.

Date of implementation

The proposal provided for implementation by 1 January 1994. This date has now passed without adoption of the Directive.

MISCELLANEOUS ADDITIVES

Official title

Proposal for a Council Directive on food additives other than colours and sweeteners.

Reference

Original proposal; OJ C206, 18.8.92.

Amendments

Amended proposal; OJ C189, 13.7.93.
Common position; OJ C172, 24.6.94.

Impact

This proposal represents the last implementing Directive under the 1989 "framework" Directive on additives. The proposal covers those additives not governed by the proposed Directive on colours and sweeteners.

Details

The proposed Directive included a definition of each of the "miscellaneous" additives to which it applies. The Annexes to the proposed Directive include an exhaustive list of permitted additives, the levels to which these additives are to be permitted in foodstuffs, the foodstuffs in which additives are permitted and the maximum levels in which they may be present. A list of foodstuffs in which additives are prohibited is also included in the Annexes.

Additives covered by the proposed Directive are prohibited for use in defined products, including honey, certain foods for infants and young children, and "unprocessed" foodstuffs. In the Annexes to the proposed Directive, *quantum satis* means that no maximum level is specified. However, additives must be used in accordance with good manufacturing practice, at a level which is no higher than is necessary to achieve the intended purpose and does not mislead the consumer.

Proposed date of implementation

The previous dates for implementing the proposed Directive have been omitted from the Common Position. No dates for implementation are currently provided for.

SWEETENERS

Official title

Proposal for a Council Directive on sweeteners for use in foodstuffs.

Reference

Original proposal; OJ C242, 27.9.90.

Amendments

Amended proposal; OJ C175, 6.7.91.
New proposal; OJ C206, 13.8.92.

Impact

The proposal lays down exhaustive lists of sweeteners permitted in foodstuffs, the levels to which they are to be permitted and the foodstuffs in which the use of sweeteners is to be permitted.

Details

The proposed Directive would apply to additives "which are used to impart a sweet taste to foodstuffs", but not to foodstuffs with sweetening properties (*e.g.* monosaccharides, disaccharides or honey). The proposal lists the sweeteners which would be permitted for use in foodstuffs as well as the foodstuffs in which each sweetener may be used and to what maximum permitted level. The use of sweeteners in foods intended for particular nutritional use by infants and children, except where specifically provided for, would be prohibited by the proposed Directive. An amendment to the original proposal included table-top sweeteners within its application. The new proposal resulting from the European Parliament's rejection of the Council's common position and the European Commission's subsequent withdrawal of the original proposal, would allow Member States to prohibit the use of permitted sweeteners in "traditional products".

Proposed date of implementation

The proposed dates of implementation of the Directive's provisions have now passed. However, the Directive is expected to be adopted in the near future.

EXTRACTION SOLVENTS

Official title

Proposal for a Council Directive amending for the second time Council Directive 88/344/EEC of 13 June 1988 on the approximation of the laws of the Member States relating to extraction solvents used in the production of foodstuffs and food ingredients.

Reference

Original proposal; OJ C15, 18.1.94.

Amendments

Last amended by Council common position 16/94; C172, 24.6.94.

Impact

The proposal updates certain provisions in the light of technical progress.

Proposed date of implementation

The proposed date of implementation is 30 June 1995.

COLOURING MATTERS

Official title

Proposal for a Council Directive on colours for use in foodstuffs.

Reference

Original proposal; OJ C12, 18.1.92.

Amendments

Amended proposal; OJ C134, 13.5.93.

Impact

The proposal defines what "colours" are and lays down an exhaustive list of permitted colours.

Details

The proposed Directive contains a list of the colouring agents permitted in foodstuffs. Those substances which are not considered colours within the meaning of the proposed Directive are defined. The types of colouring agents which may be permitted in foodstuffs and the foodstuffs in which their use will be permitted or restricted are identified in several Annexes to the proposed Directive.

The amended proposal submitted in April 1993 extends the list of foodstuffs in which only certain colours are permitted.

Proposed date of implementation

The proposal provided for implementation by 1 November 1994. This date has now passed without the proposal being accepted. However, adoption of the proposal is expected in the near future.

FLAVOURING SUBSTANCES

Official title

4.2.43 Proposal for a European Parliament and Council Regulation (EC) laying down a Community procedure for flavouring substances used in foodstuffs.

Reference

Original proposal; OJ C1, 4.1.94.

Amendments

Amended proposal; OJ C118, 29.4.94.
Amended proposal; OJ C171, 24.6.94.

Impact

Aims to approximate the laws of Member States relating to flavouring substances.

Details

Only flavourings which comply with the general criteria laid down in the Annex to the proposed Regulation would be permitted for use in foodstuffs. The criteria include the requirements that, on the basis of existing scientific knowledge, the flavourings present no risk to the health of the consumer, and their use does not mislead the consumer, for example by disguising the effects of the use of faulty raw materials.

An exhaustive list of permitted flavourings would be laid down following adoption of the Regulation. Member States would be unable to prohibit, restrict, or obstruct the marketing or use in foodstuffs, of flavourings substances which comply with the proposed Regulation.

Proposed date of implementation

The proposed date of entry into force of the proposed Regulation is given as 31 December 1993, which has already passed. The proposal is, however, moving through the adoption process at remarkable speed and may be adopted relatively quickly.

Methods of food preservation legislation

QUICK-FREEZING OF FOODSTUFFS

Official title

Council Directive of 21 December 1988 on the approximation of the laws of the Member States relating to quick-frozen foodstuffs for human consumption.

Reference

Council Directive 89/108/EEC; OJ L40, 11.2.89.

Amendments

None.

Impact

Seeks to establish common Community rules for the use of quick-freeze processes.

Details

The Directive regulates temperatures at which products may be stored and transported, and also provides special rules for packaging and labelling of quick-frozen products.

The Directive specifies that the sole cryogenic media authorised for quick-freezing are air, nitrogen and carbon dioxide. The packaging of quick-frozen products must protect them from outside influences, and remain intact. Temperatures of retail display cabinets for quick-frozen products are specified, as are details of obligatory labelling.

Date of implementation

Member States were required to implement the provisions of the Directive into their national legislation by 10 January 1991.

TRANSPORT, WAREHOUSING AND STORAGE OF QUICK-FROZEN FOODSTUFFS

Official title

Commission Directive of 13 January 1992 on the monitoring of temperature in the means of transport, warehousing and storage of quick-frozen foodstuffs intended for human consumption.

Reference

Commission Directive 92/1/EEC; OJ L34, 11.2.92.

Amendments

None.

Impact

The Directive covers the monitoring of temperatures in transportation, warehousing and storage of quick-frozen food.

Details

The Directive lays down requirements regarding the monitoring of temperatures in the transportation, warehousing and storage of quick-frozen food so as to ensure that the temperature requirements laid down in Council Directive 89/108/EEC (see para **4.2.44** above) are fully maintained. Suitable recording instruments to monitor air temperature to which quick-frozen foods intended for human consumption are subjected are mandatory, and temperature recordings obtained must be dated and stored for a minimum of one year or longer depending on the nature of the food.

Date of implementation

Member States were required to implement the provisions of this Directive into their national legislation by 31 July 1993.

TEMPERATURE ANALYSIS FOR QUICK-FROZEN FOODSTUFFS

Official title

4.2.46 Commission Directive of 13 January 1992 laying down the sampling procedure and the Community method of analysis for the official control of the temperature of quick-frozen foods intended for human consumption.

Reference

Commission Directive 92/2/EEC; OJ L34, 11.2.92.

Amendments

None.

Impact

Governs sampling procedure and methods of temperature measurement for quick-frozen food.

Details

Details of the sampling procedure and methods of temperature measurement are laid down in the Annexes to this Directive. Other scientifically valid sampling methods may also be used by Member States, provided that the free movement of quick-frozen foods is not hindered and that competition rules are not altered.

Date of implementation

Member States were required to implement the provisions of the Directive into their national legislation by 31 July 1993.

Proposed methods of food preservation legislation

GENERAL PROVISIONS ON IRRADIATED FOODS AND FOOD INGREDIENTS

Official title

Proposal for a Council Directive on the approximation of the laws of Member States concerning food and food ingredients treated with ionizing radiation.

Reference

Original proposal; OJ C336, 31.12.88.

Amendments

Amended proposal; OJ C303, 2.12.89.

Impact

The proposal is aimed at ensuring a high degree of protection for consumers, whilst facilitating the free movement of irradiated products.

Details

The proposal restricts the use of irradiation to a limited list of foodstuffs, where its use is justified to decrease the use of chemicals or reduce the risk of disease. These products include dried fruits, pulses, dehydrated vegetables, dried aromatic herbs, spices and vegetable seasonings, prepared shrimps and prawns, deboned poultrymeat and arabic gum. Maximum doses and appropriate radiation sources are specified in the proposal, which also makes provision for the labelling of irradiated foods at the wholesale stage. Irradiation facilities must be registered. Third countries exporting irradiated foods to the Community must ensure that their facilities comply with similar provisions. The proposal makes provision for simplified procedures for adaptation to technical progress.

Proposed date of implementation

Such is the opposition to this proposal by some Member States, particularly Germany and Luxembourg, that products for which ionization is permitted have been reduced to an absolute minimum. There are still a large number of difficulties facing the proposal and it is expected to be some time before a compromise is reached.

Inspection of foodstuffs and hygiene legislation

OFFICIAL CONTROL OF FOODSTUFFS (1)

Official title

Council Directive of 14 June 1989 on the official control of foodstuffs.

Reference

Council Directive 89/397/EEC; OJ L186, 30.6.89.

Amendments

None.

Impact

The Directive harmonises the inspection procedures to be used for goods at all stages of manufacture and distribution.

Details

Member States must ensure that products intended for consignment to another Member State are regularly inspected in the same way as those intended for marketing on their own territory.

Inspection covers all stages of production and manufacture and also covers products imported into the Community. The Directive covers the following five operations:

- inspection;
- sampling and analysis;
- examination of staff;
- examination of written and documentary material; and
- examination of any verification systems set up by the undertaking.

Member States are required to provide a means of appeal against decisions on inspection in order to cancel or modify measures taken by the competent authority.

Unlike other Directives in this field, the Directive also applies to products intended for export to a third country. It further adds that inspection may be carried out without prior warning. In addition, the European Commission must report, within one year of adoption of the Directive, on the current standard of training for food inspectors in the Member States, future provision for basic and further training, the feasibility of establishing Community quality standards for all laboratories involved in inspection and sampling under this Directive, and the possibility of establishing a Community inspection service.

Date of implementation

Member States were required to adopt and publish national implementation measures by 20 June 1990. These measures were to take effect, at the latest, by 20 June 1991.

OFFICIAL CONTROL OF FOODSTUFFS (2)

Official title

Commission Recommendation of 11 March 1994 concerning a co-ordinated programme for the official control of foodstuffs for 1994.

Reference

Commission Recommendation 94/175/EC; OJ L80, 24.3.94.

Amendments

None.

Impact

Recommends Member States to take samples of specific foodstuffs to ensure compliance with public health regulations, to guarantee fair trade, and to protect consumer interests.

Details

The Recommendation suggests that Member States test Aflatoxine B1 to determine the extent to which it contains the toxin Aflatoxin B1. The incidence of Listeria monocytogenes in meat-based patés sold in the retail sector, as well as the extent to which frozen fish-based products, and goat's and sheep's cheese risk being adulterated should also be examined. The types of tests which should be undertaken for each food category are identified in the Annex to the Recommendation.

Date of implementation

Recommendations have no binding effect under Community law since Member States are not obliged to incorporate them into national law in the same way as they must incorporate Directives. The value of a Recommendation lies, therefore, in its exhortative effect.

OFFICIAL CONTROL OF FOODSTUFFS – INSPECTION

Official title

4.2.50 Council Directive of 29 October 1993 on the subject of additional measures concerning the official control of foodstuffs.

Reference

Council Directive 93/99/EEC; OJ L290, 24.11.93.

Amendments

None.

Impact

The Directive, which supplements Directive 89/397/EEC, is aimed at improving inspection procedures used for foodstuffs at all stages of manufacture and distribution in the Community.

Details

The Directive imposes a number of obligations on Member States so as to guarantee the efficiency of inspection procedures currently being used in the Community. It urges Member States to ensure that their competent authorities are assisted in their duties by qualified people and that they take measures to ensure that their laboratories for testing meet the appropriate standards established by the Community. They are further obliged to ensure that their validation methods of analysis comply with the established rules.

The Commission is required to appoint food control officials, whose duty would be to co-operate with the officials of the Member States and evaluate the effectiveness of the procedures employed in each Member State. The Commission would be assisted in its task by the Standing Committee for Foodstuffs. Member States are directed to keep each other informed on certain issues and to co-operate generally among themselves.

Date of implementation

With the exception of the provision regarding the equipment of laboratories (Art 3), Member States are expected to implement all the other provisions of this Directive by 1 May 1995. Article 3 is expected to be complied with by 1 November 1998.

SAMPLING AND ANALYSIS OF FOODSTUFFS

Official title
Council Directive of 20 December 1985 concerning the introduction of Community methods of sampling and analysis for the monitoring of foodstuffs intended for human consumption.

Reference
Council Directive 85/591/EEC; OJ L372, 31.12.85.

Amendments
None.

Impact
Lays down the criteria which the methods of sampling or analysis for the determination of the composition, conditions of manufacture, packaging or labelling of a foodstuff must meet.

Details
The Annex to the Directive provides that methods of analysis which are to be considered for adoption under the provisions of the Directive shall be examined with respect to criteria including specificity, accuracy, precision limit of detection, sensitivity, practicability and other criteria which may be selected as required.

Date of implementation
Member States were required to implement the provisions of the Directive into their national legislation before 23 December 1987.

MAXIMUM PERMITTED LEVELS OF PESTICIDE RESIDUES

Official title
Council Directive of 27 November 1990 on the fixing of maximum levels for pesticide residues in and on certain products of plant origin, including fruit and vegetables, and amending Directive 76/895/EEC as regards procedural rules.

Reference
Council Directive 90/642/EEC; OJ L350, 14.12.90.

Amendments
Council Directive 94/30/EC; OJ L189, 23.7.94.

Impact
The Directive seeks to regulate pesticide residue levels in the interests of public or animal health and the environment.

Details

The Directive establishes new mandatory maximum levels for pesticide residues. It does not apply to products for export to third countries, nor to products intended for the manufacture of non-foodstuffs or for sewing or planting.

Products affected by residues from post-harvest treatment should be identified (*e.g.* citrus fruits and bananas).

Annex I sets out the products to which the Directive applies. It recommends drawing up a list of pesticide residues and maximum levels to be determined under a co-operation procedure between Member States and the European Commission in the Standing Committee on Plant Health. This list should not include pesticide residues already subject to the provisions of Directive 76/895/EEC.

The Directive sets out details of safeguard provisions and procedures and allows Member States to reduce levels temporarily within their own territory in case of danger to human or animal health.

Date of implementation

Member States were required to implement the provisions of this Directive into their national legislation before 31 December 1992.

SCIENTIFIC EXAMINATION OF FOODSTUFFS

Official title

4.2.53 Council Directive 93/5/EEC of 25 February 1993 on the assistance to the Commission and co-operation by the Member States in the scientific examination of questions relating to food.

Reference

Council Directive 93/5/EEC; OJ L52, 4.03.93.

Amendments

None.

Impact

The Directive creates a framework for co-operation between the Member States and the European Commission in the scientific examination of foodstuffs.

Details

Member States are required to take any necessary measures to enable their relevant national bodies to assist the European Commission in the scientific examination of questions of public interest relating to food, particularly in the field of public health. The principal tasks to be carried out by participating bodies are outlined in the Annex. These include the assessment of the nutritional adequacy of diet, investigating diet components, and carrying out food intake surveys.

Date of implementation

Member States were required to implement the provisions of the Directive into their national legislation by 1 June 1993.

SCIENTIFIC EXAMINATION OF FOODSTUFFS – ADMINISTRATIVE MANAGEMENT

Official title

Commission Decision of 29 June 1994 on the administrative management of co-operation in the field of scientific examination of questions related to food.

Reference

Commission Decision 94/458/EC; OJ L189, 23.7.94.

Impact

The Decision lays down rules for the administrative management of co-operation between Member States and the Commission in the scientific examination of question relating to food in accordance with Directive 93/5/EEC.

Date of implementation

This is an administrative decision which does not require implementation at national level.

GENERAL PROVISIONS GOVERNING HYGIENE OF FOODSTUFFS

Official title

Council Directive of 14 June 1993 on the hygiene of foodstuffs.

Reference

Council Directive 93/43/EEC; OJ L175, 19.7.93.

Amendments

None.

Impact

Lays down general rules governing the hygiene of foodstuffs and verification of compliance with these rules.

Details

The Directive is intended to define the hygiene controls which must be exercised during all stages of production, processing, manufacturing, packaging, storing, transportation, distribution, handling, and sale to the final consumer of foodstuffs. Detailed rules regarding hygiene are laid down in the Annex to the Directive. However, Member States may maintain or introduce more specific national hygiene provisions than those provided for in the Directive. This power is granted, however, on condition that these provisions are not less stringent than the requirements in the Directive and do not constitute a restriction, hindrance or barrier to trade in foodstuffs produced in accordance with the Directive.

Date of implementation

Member States are required to implement the provisions of the Directive into their national legislation by 14 December 1995.

CONTAMINANTS IN FOOD

Official title

4.2.56 Council Regulation of 8 February 1993 laying down Community procedures for contaminants in food.

Reference

Council Regulation (EEC) 315/93; OJ L37, 13.2.93.

Amendments

None.

Impact

Introduces Community controls on contaminant levels.

Details

Contaminants are described in the Regulation as any substance not intentionally added to food which are present in such food as a result of the production, manufacture, processing, preparation, treatment, packing, packaging, transport, or holding of such food, or as a result of environmental contamination.

Food containing a contaminant in an amount which is unacceptable from the public health viewpoint, and, in particular, at a toxicological level, will not be permitted to be placed on the market. A procedure for fixing maximum tolerance levels is also provided for in the Regulation.

Date of implementation

The provisions of the Regulation became applicable in the national law of Member States from 1 March 1993.

Proposed legislation concerning inspection and hygiene of foodstuffs

OFFICIAL CONTROL OF FOODSTUFFS (3)

Official title
Proposal for a Council Directive on the subject of additional measures concerning the official control of foodstuffs.

Reference
Original proposal; OJ C51, 25.2.92.

Amendments
Amended proposal; OJ C1, 5.1.93.

Impact
The proposed Directive would introduce additional control procedures for foodstuffs to supplement those laid down in Directive 89/397/EEC (see para **4.2.48** above).

Details
This proposal aims to improve the food control procedures in force in the Community. It would establish minimum administrative and technical training for food control officials and standards for data. It lays down a framework for co-operation between Member States and the European Commission in these areas.

The amended proposal includes provisions dealing with circumstances in which non-compliance with Community rules is detected and how this should be dealt with.

Proposed date of implementation
The proposal was presented by the European Commission on 10 February 1992. No proposed date for implementation was included in the text.

Food for particular nutritional uses legislation

GENERAL PROVISIONS GOVERNING FOOD FOR PARTICULAR NUTRITIONAL USES

Official title
Council Directive of 3 May 1989 on the approximation of the laws of the Member States relating to foodstuffs intended for particular nutritional uses.

Reference

Council Directive 89/398/EEC; OJ L186, 30.6.89.

Amendments

None.

Impact

The Directive lays down the basis for the introduction of legislation at Community level governing foodstuffs for persons with digestive or metabolic problems, foodstuffs for persons with special physiological conditions, and foodstuffs for infants or young children in good health which may be characterised as "dietetic" or "dietary".

Details

The Directive repeals Directive 77/94/EEC and establishes in its place a similar regulatory framework; the important difference is that under the new Directive the European Commission has the right to enact technical Directives relating to specific nutritional products, without having to seek the approval of the EU Council every time.

The Directive sets out general rules for special foods, as well as specific rules for the following: infant preparations; milk and other preparations for older infants; baby foods; low calorie foods or products aimed at weight reduction; dietary foods for specific medical conditions; low sodium foods, including dietary, hyposodic or asodic products; gluten-free products; products designed for muscle-building, particularly in sport; and diabetic products. Foods not included on the list are subject to free circulation rules, but a preliminary information system is to be established. The European Commission was expected to report on its effectiveness within four years.

Date of implementation

Member States were required to implement national provisions to permit trade in products complying with the Directive not later than 16 May 1990. For products not complying with the Directive, trade was prohibited with effect from 16 May 1991.

INFANT FORMULAE AND FOLLOW-UP MILK

Official title

4.2.59 Council Directive of 14 May 1991 on the approximation of the laws of the Member States relating to infant formulae and follow-up milks.

Reference

Council Directive 91/321/EEC; OJ L175, 4.7.91.

Amendments

None.

Impact

Seeks to establish Community-wide rules regarding the ingredients and labelling of certain baby food products.

Details

The Directive sets out compositional criteria for "infant formulae" and "follow-up milks" manufactured from cows' milk protein and soya protein. The Directive specifically applies to products manufactured outside, but imported into, the Community.

Date of implementation

Member States were required to implement the provisions of the Directive so as to permit trade in complying products by 1 December 1992 and prohibit trade in non-complying products by 1 June 1994.

Proposed legislation relating to food for particular nutritional uses

GENERAL PROVISIONS GOVERNING FOOD FOR PARTICULAR NUTRITIONAL USES

Official title

Proposal for a European Parliament and Council Directive amending Council Directive 89/398/EEC on the approximation of the laws of the Member States relating to foodstuffs intended for particular nutritional uses.

Reference

Original proposal; OJ C108, 16.4.94.

Amendments

None.

Impact

Amends Annex I to Directive 89/398/EEC removing low-sodium foods from the list of products for which specific legislative provisions are necessary.

Date of implementation

The proposal does not lay down implementation dates.

Legislation concerning specific products

COCOA AND CHOCOLATE PRODUCTS

Official title

4.2.61 Council Directive of 24 July 1973 on the approximation of the laws of the Member States relating to cocoa and chocolate products intended for human consumption.

Reference

Council Directive 73/241/EEC; OJ L228, 16.3.73.

Amendments

Last amended by Directive 89/344/EEC; OJ L142, 25.5.89.

Impact

Provides compositional and marketing rules for cocoa and chocolate products.

Details

The Directive lays down definitions and common rules with respect to the composition, manufacturing specifications, packaging and labelling of cocoa and chocolate products in order to ensure their free movement. The amendments introduced by Directive 76/628/EEC set a scale of individual weights to ensure the transparency of the market and, as far as possible, reduce the risk that consumers may be misled by weights which are too close to one another.

Date of implementation

Member States were required to implement the provisions of the 1973 Directive so as to permit trade in complying products by 20 July 1978 and prohibit trade in non-complying products by 20 July 1983.

FRUIT JUICES AND SIMILAR PRODUCTS

Official title

4.2.62 Council Directive of 21 September 1993 relating to fruit juices and certain similar products.

Reference

Council Directive 93/77/EEC; OJ L244, 30.9.93.

Amendments

None.

Impact

The Directive co-ordinates the provisions of previous Directives on the manufacture and labelling of fruit juices.

Details

The Directive provides detailed definitions of what is to be considered as fruit, fruit juice, fruit nectar, and concentrated fruit juice, and limits certain definitions to specific products. The means by which fruit juices may be mixed and the treatments which are permitted are also provided for. The circumstances in which sugars and other ingredients may be added to fruit juices, fruit nectars, and concentrated fruit juices and in what amounts are also provided for. The extent to which labelling of fruit juices may vary from the provisions of Community legislation relating to the labelling of foodstuffs is defined in the Directive. The provisions of the Directive shall not apply to products intended for export from the Community or food for particular nutritional uses.

Date of implementation

This Directive co-ordinates the provisions of previous Directives. The Member States must observe the implementation dates of these Directives.

PRESERVED MILK

Official title

Council Directive of 18 December 1975 on the approximation of the laws of the Member States relating to certain wholly or partly dehydrated preserved milk for human consumption.

Reference

Council Directive 76/118/EEC; OJ L24, 30.1.76.

Amendments

Directive 78/630/EEC; OJ L206, 29.7.78.
Directive 83/635/EEC; OJ L357, 21.12.83.

Impact

The Directive governs methods of preserving partly or wholly dehydrated preserved milk either by sterilization through heat treatment, by addition of sucrose, or by dehydration.

Details

Rules concerning the composition, use of reserved descriptions, manufacturing specifications and labelling of certain wholly or partly dehydrated preserved milk for human consumption are laid down in the Directive. Methods of analysis for checking the purity criteria of the additives and processing aids used in the manufacture of preserved milk and methods of analysis to check the composition of this milk are also included.

Date of implementation

Member States were required to implement the provisions of Directive 76/118/EEC into their national legislation by 22 December 1979. Member States were required to implement the provisions of the latest amending Directive (83/635/EEC), into their national legislation to permit trade in products complying with the provisions of the Directive not later than 1 January 1986, and to prohibit trade in non-complying products with effect from 1 January 1987, informing the European Commission of the measures taken.

ERUCIC ACID – MAXIMUM LEVELS

Official title

4.2.64 Council Directive of 20 July 1976 relating to the fixing of the maximum levels of erucic acid in oils and fats intended for human consumption and in foodstuffs containing added oils and fats.

Reference

Council Directive 76/621/EEC; OJ L202, 28.7.76.

Amendments

None.

Impact

The Directive fixes maximum permitted levels of erucic acid in oils and fats intended for human consumption.

Details

The Directive results from the discovery that when high doses of colza oil were administered to experimental animals, undesirable effects were shown. Such effects have not, however, yet been observed in humans. The Directive fixes the maximum level of erucic acid which may be permitted in oils and fats intended for human consumption and for foodstuffs containing added oils and fats.

Date of implementation

Member States were required to implement the provisions of the Directive into their national legislation before 1 July 1979.

ERUCIC ACID – ANALYSIS

Official title

Commission Directive of 25 July 1980 relating to the Community method of analysis for determining the erucic acid content in oils and fats intended for human consumption and foodstuffs containing added oils or fats.

Reference

Commission Directive 80/891/EEC; OJ L254, 27.9.80.

Amendments

None.

Date of implementation

Member States were required to implement the provisions of the Directive into their national legislation by 1 February 1982.

FRUIT JAMS, JELLIES, MARMALADES AND CHESTNUT PURÉE

Official title

Council Directive of 24 July 1979 on the approximation of the laws of the Member States relating to fruit jams, jellies, marmalades and chestnut purée.

Reference

Council Directive 79/693/EEC; OJ L205, 13.8.79.

Amendments

Directive 80/1276/EEC; OJ L375, 31.12.80.
Directive 88/593/EEC; OJ L318, 25.11.88.

Impact

The Directive defines the composition and characteristics of fruit jams and jellies, marmalades and chestnut purée.

Details

The Directive includes details of the rules on labelling and presentation of the products governed by its provisions. The amendment provided for by Directive 88/593/EEC covers the notification of sulphur dioxide residues, the use of red fruit juices for colouring, sugar content, sampling and analysis, quality control and authorised treatment of raw materials.

Date of implementation

Member States were required to implement the provisions of the 1979 Directive so as to permit trade in complying products by 24 July 1981 and prohibit trade in non-complying products from 24 July 1982. Member States were required to implement legislation to permit trade in products complying with the provisions of the 1988 Directive not later than 31 December 1989, and to prohibit trade in non-complying products with effect from 1 January 1991, informing the European Commission of the measures taken.

MARKETING OF NATURAL MINERAL WATERS

Official title

4.2.67 Council Directive of 15 July 1980 on the approximation of the laws of the Member States relating to the exploitation and marketing of natural mineral waters.

Reference

Council Directive 80/777/EEC; OJ L229, 30.8.80.

Amendments

None.

Impact

The Directive sets criteria which "natural mineral water" must satisfy in order to be marketed under this name.

Details

The Directive includes rules concerning labelling and packaging of mineral waters. The procedure for taking samples and the methods of analysis necessary to check the composition of natural mineral water are also defined.

Date of implementation

Member States were required to implement the provisions of the Directive into their national legislation by 17 July 1984.

LACTOPROTEINS

Official title

4.2.68 Council Directive of 25 July 1983 on the approximation of the laws of the Member States relating to certain lactoproteins (caseins and caseinates) intended for human consumption.

Reference

Council Directive 83/417/EEC; OJ L237, 26.8.83.

Amendments

None.

Impact

The Directive defines lactoproteins, and sets out detailed criteria for their labelling, marketing, preparation and analysis.

Details

The Directive is supplemented by Council Directive 85/503/EEC on methods of analysis for edible caseins and caseinates (OJ L308, 20.11.85) and Council Directive 86/424/EEC on methods of sampling for chemical analysis for caseins and caseinates (OJ L243, 28.8.86).

Date of implementation

Member States were to enact legislation to permit trade in products complying with the Directive by 31 August 1985. They were to prohibit trade in products not complying with the Directive by 31 August 1986.

LABELLING OF ALCOHOLIC BEVERAGES

Official title

Commission Directive of 15 April 1987 on the indication of alcoholic strength by volume in the labelling of alcoholic beverages for sale to the ultimate consumer.

Reference

Commission Directive 87/250/EEC; OJ L113, 30.4.87.

Amendments

None.

Impact

Establishes guidelines for indications of alcoholic strength by volume to be put on bottles and other containers.

Details

The Directive concerns the indication of the actual alcoholic strength by volume in the labelling of beverages containing more than 1.2% by volume of alcohol, other than those classified under headings No 22.04 and 22.05 of the Common Customs Tariff. Alcoholic strength shall be determined at 20°C.

Date of implementation

Member States were to permit trade in products which comply with the Directive by 1 May 1988, and prohibit trade in products not complying with the Directive by 1 May 1989.

HYGIENE AND HEALTH OF EGG PRODUCTS

Official title

4.2.70 Council Directive of 20 June 1989 on hygiene and health problems affecting the production and the placing on the market of egg products.

Reference
Council Directive 89/437/EEC; OJ L212, 22.7.89.

Amendments
None.

Impact

Sets out health requirements for the production, storage and transport of egg products. Provisions in the Directive relate to indications on packaging, hygiene conditions, treatment and preparation, health checks, storage and transport.

Date of implementation

Member States were required to implement the provisions of this Directive into their national legislation by 31 December 1991.

BASIC OBLIGATIONS RELATING TO ORGANIC PRODUCTION

Official title

4.2.71 Council Regulation (EEC) 2092/91 of 24 June 1991 on organic production of agricultural products and foodstuffs.

Reference
Council Regulation 2092/91; OJ L198, 22.7.91.

Amendments
Regulation (EEC) 2083/92; OJ L208, 24.7.92.
Regulation (EEC) 2608/93; OJ L239, 24.9.93.
Regulation (EEC) 207/93; OJ L25, 2.2.93.

Impact

Lays down the basic obligations with which organically produced agricultural products must comply before they may be placed on the market.

Details

This Regulation lays down rules on production, labelling and inspection of organically produced agricultural products, which will enable organic farmers to be protected from unfair competition. Conditions of fair competition between the producers of products bearing such indications will exist and the market for organic products will be given a more distinctive profile by ensuring transparency at all stages of production and processing, thereby improving the credibility of such products in the eyes of the consumer.

Regulation (EEC) 2083/92 extended the application of the provisions of Regulation (EEC) 2092/91 to products imported into the Community from third countries.

Regulation (EEC) 2608/93 amends Annexes I, II, and III to the original Regulation. The collection of edible plants growing naturally in natural areas, forests and agricultural areas is added as an organic production method to Annex I. Calcium chloride is added to the products permitted by Annex II for use in fertilisation and soil-conditioning under certain conditions of use. The minimum inspection requirements in Annex III are substantially amended.

Regulation (EEC) 207/93 defines the products falling within Annex VI to the Regulation. Only the products listed in this Annex, which are largely additives of non-agricultural origin, may be included in products referred to as organic.

Date of implementation

The provisions of Regulation (EEC) 2092/91 became applicable in the Member States from 22 July 1991. Those of Regulation (EEC) 2083/92 became applicable from 24 July 1992.

Most provisions of Regulation (EEC) 2608/93 entered into force on 1 October 1993. Point 6 to Part C of the Annex, regarding imports from third countries, entered into force on 24 March 1993.

The provisions of Regulation (EEC) 207/93 came into force on 17 February 1993.

Proposed specific product legislation

NOVEL FOODS AND NOVEL FOOD INGREDIENTS

Official title

Amended proposal for a Council Regulation (EEC) on novel foods and novel food ingredients.

Reference

Original proposal; OJ C190, 29.7.92.

Amendments

Amended proposal; OJ C16, 19.1.94.

Impact

The proposed Regulation lays down provisions for the placing on the market of novel foods or novel food ingredients.

Details

The proposed Regulation would apply to the placing on the market of "novel foods". These are foods and food ingredients which have not been used for human consumption to a significant degree or which have been produced by processes which result in a significant change in their composition, nutritional value or intended use and which fall within defined categories.

Novel foods would be permitted on the Community market only if they are safe for the consumer at the intended level of use. They must not mislead the consumer, nor must they differ from similar foods or food ingredients that they may replace in the diet in such a way that their normal consumption would be nutritionally disadvantageous for the consumer.

The proposed Regulation includes detailed provisions governing applications for the authorisation of novel foods.

Proposed date of implementation

The proposed Regulation does not include a specific date for implementation. It provides simply that the proposed Regulation will enter into force 20 days after its publication in the *Official Journal* of the European Communities.

3. *Pharmaceutical products*

Introduction

4.3.1 This section, relating to pharmaceutical products, is divided into two further sections. The first relates to Community legislation governing pharmaceutical products for human use. Issues covered include the new European Agency for the Evaluation of Medicinal Products and new procedures for the authorisation of pharmaceutical products. The second section deals with Community legislation relating to veterinary medicinal products, including marketing and licensing procedures, testing of veterinary medicinal products, and the establishment of permitted maximum residue levels in foodstuffs of animal origin.

Scope and purpose of the legislation

4.3.2 The pharmaceutical sector is considered by several Member States to be one of the last industrial sectors over which they retain control.

Authorisation of new pharmaceutical products and reimbursement of pharmaceutical costs under national social security schemes are areas of great importance, which, in the past, have been administered by Member States in such a way as to discourage non-national manufacturers seeking to market their products in the territory. The wish to increase transparency of national authority behaviour, combined with the need to protect and inform the consumer about the effects and dangers of pharmaceutical products, have influenced Community legislation in this sector. The creation of a more effective multi-state authorisation procedure has also been an important aim.

Future developments

Most of the priorities in the pharmaceutical sector which appear in the Commission's White Paper on completion of the internal market are now the subject of legislation at Community level. Interest will focus on how successful this legislation will prove to be in practice. This applies particularly to the new authorisation procedure for pharmaceutical products and the readiness of Member States to accept products authorised by other Member States. The achievements of the European Agency for the Evaluation of Medicinal Products will also be noted carefully.

One area in particular where progress is still required is the need to increase price transparency at national level. The European Commission has not yet complied with the provisions of Directive 89/105/EEC requiring further proposals to be made in order that transparency may be increased. The approach of the European Commission to date suggests that medicinal products which are not entitled to reimbursement should not be subject to price control. Furthermore, the Commission believes that Member States should leave to the insured person the cost of medicinal products in the categories of self-medication and comfort medicines for minor illnesses.

Responsibility within the European Commission

Directorate E(3) of Directorate-General III (Industrial Affairs) is responsible for the areas outlined below.

Case law

Many of the cases in which the European Court of Justice has been asked to rule on issues related to the pharmaceutical industry have dealt fundamentally with issues of intellectual property. Others have dealt with issues such as the validity of restrictions on the free movement of pharmaceutical products and the rights of pharmacists.

Case C-215/87 *Heinz Schumacher* v *Hauptzollamt Frankfurt am Main-ost*

[1989] ECR 617 dealt with the refusal by German customs authorities to permit the import of pharmaceutical products bought by a German national for his own use in a French pharmacy. The pharmaceuticals in question were authorised for sale in Germany without prescription but were more expensive. German legislation restricted the import of such products to pharmaceutical undertakings, wholesalers, veterinary surgeons or pharmacists. The Court concluded that exclusion of individuals from the right to import non-prescription pharmaceutical products for their own use was incompatible with EC Treaty provisions governing the free movement of goods.

The right of individuals to import pharmaceuticals into Germany for their own use was extended to prescription drugs in a subsequent case taken by the Commission against Germany (Case C-62/90 *Commission* v *Germany* [1992] ECR 2575). An important element of both cases was the fact that the pharmaceuticals in question were purchased from a pharmacist. In the action by the Commission against Germany, the Court concluded that the strict regulation of the profession of pharmacist, both at national and Community levels provided protection for the consumer. As a result, the Court concluded that German legislation which prohibited import by an individual of pharmaceutical products which were prescribed by a French doctor and purchased from a French pharmacist, was also incompatible with EC Treaty provisions governing the free movement of goods.

The above decisions of the Court have not, however, released pharmacists from restrictions imposed on them by their professional bodies. In its decision in Case C-292/92 *Ruth Huenermund* v *Landesapothekerkammer Baden-Wuertemberg* [1993] ECR 6787, the Court concluded that the professional rules applicable to pharmacists in Baden-Wuertemberg, which prohibited them from advertising the para-pharmaceutical products which they were permitted to sell, did not restrict the free movement of goods. Although the professional rules in question were based in law, they did not prevent people other than pharmacists from advertising the para-pharmaceutical products in question. Moreover, the restriction applied equally to national and imported products.

CONSUMER PROTECTION 4.3.6

Legislation

Legislation covering pharmaceutical products for human use

MARKETING AND LICENSING OF PROPRIETARY MEDICINAL PRODUCTS (PMPs)

Official title
Council Directive of 26 January 1965 on the approximation of provisions laid down by law, regulation or administrative action relating to proprietary medicinal products.

Reference
Council Directive 65/65/EEC; OJ L22, 9.2.65.

Amendments
Directive 66/454/EEC; OJ L144, 5.8.66.
Directive 75/319/EEC; OJ L147, 9.6.75.
Directive 83/570/EEC; OJ L332, 28.11.83.
Directive 87/21/EEC; OJ L15, 17.1.87.
Directive 89/341/EEC; OJ L142, 25.5.89.
Directive 89/342/EEC; OJ L142, 25.5.89.
Directive 89/343/EEC; OJ L142, 25.5.89.
Corrigendum; OJ L176, 23.6.89.
Directive 89/381/EEC; OJ L181, 28.6.89.
Directive 92/27/EEC; OJ L113, 30.4.92.
Directive 93/39/EEC; OJ L214, 24.8.93.

Impact
Sets out the information to be required in all Member States where manufacturers apply for a national licence to market a medicinal product.

Details
The Directive defines proprietary medicinal products (PMPs) in detail and sets out the conditions for the marketing of those PMPs intended for human use in the Member States. The aim of the Directive is to ensure that public health in the Community is safeguarded and that barriers to trade in PMPs between Member States are reduced to a minimum. It is stipulated that no PMPs may be placed on the market in any Member State unless that Member State has issued an authorisation to that effect.

In order to obtain such an authorisation (or licence) to market products, companies must provide the authorities with the following information, so that the authorities can make an informed decision:

– name of manufacturer and of company placing the product on the market;

339

- name of brand, trade mark, usual product name (as in the World Health Organisation (WHO) usage) and scientific name;
- details of constituent parts and method of preparation;
- therapeutic indications, side-effects, posology, expected shelf-life etc;
- full description of analyses and tests carried out on the product;
- a summary of the salient product characteristics and a copy of the leaflet to be enclosed with the product when sold to consumers – such a summary would include special precautions for use of the product during pregnancy, for diabetics etc;
- documents showing that the manufacturer is authorised to do business in its home country; and
- any authorisations to place the product on the market in other countries.

Licences can only be refused by Member States for specific (medical) reasons set out in the Directive. The decision whether or not to approve the placing on the market of a product must be made within 210 days.

Once authorisations have been given they will be valid for five years and renewable upon application. Authorisations can be withdrawn only during the five years in special circumstances specified in the Directive.

Authorisations cannot affect the civil or criminal liability of the manufacturer.

Detailed rules on the labelling of PMPs for sale to the consumer are also set out in the Directive. The rules include the obligation to specify on the label the active ingredients, the presence of any narcotics, the brand name, storage precautions, shelf-life etc.

Amendments introduced by Directive 75/319/EEC set minimum requirements for manufacture and rules for imports of third country products. This Directive sets up a committee to supervise decisions made by Member States concerning national licences for PMPs (the Committee for Proprietary Medicinal Products). Member States refusing to issue a licence to manufacturers already licensed by other Member States must justify their refusal to the Committee. The Committee consists of representatives of both the Member States and the European Commission and issues its own opinions on the justifiability of any refusals by Member States to allow the marketing of specific PMPs.

The 1975 Directive also sets out detailed procedures for the national authorisation of businesses involved in the manufacture or importation of pharmaceutical products.

Member States must investigate all premises before authorising pharmaceutical manufacturing. All companies must employ properly trained personnel. Decisions on whether to permit a company to manufacture pharmaceuticals must be made within 90 days of the notification of the planned activity.

Neither Directive 65/65/EEC, nor Directive 75/319/EEC apply to vaccines, toxins, serums, PMPs based on human blood or its constituents or homeopathic PMPs.

Amending Directive 83/570/EEC sets out more stringent requirements for labelling, patient information and pharmacological testing. The Directive lists clinical and pharmaceutical particulars which must be supplied when applying for an authorisation to market a medication in the Community. Tests are required for carcinogenic potential. All Member States have introduced national implementation measures.

Amending Directive 87/21/EEC introduces an important change to Directive 65/65/EEC regarding the proof of tests carried out prior to marketing a PMP in another Member State. Following the adoption of this Directive, a company applying to a Member State for permission to market a PMP in that country need no longer provide detailed evidence of all the toxicological tests and clinical trials carried out on the product, as long as it can demonstrate:

- that a medicinally similar product has already been authorised in the country where it is applying for a licence;
- that the constituent parts of the PMP have a well-established medicinal use, recognised efficacy and an acceptable level of safety; or
- that the PMP in question has been authorised in another Community country for at least six years (or 10 years for high-technology medicinal products).

Where the PMP in question contains recognised constituent parts, but in a new combination, evidence of tests carried out on the combination must be provided, but no evidence will be needed of tests carried out on constituent parts.

Directive 89/341/EEC amends Directives 65/65/EEC, 75/318/EEC (see para **4.3.7** below) and 75/319/EEC. It covers industrially manufactured medicinal products intended for human use, as well as products prepared in a pharmacy and intended to be supplied directly to patients. It also includes measures on disposal, testing and authorisation procedures. An additional measure requires the European Commission to publish an annual list of medicinal products prohibited in the Community or subject to special restrictions in more than three Member States.

Three subsequent Directives further extend the scope of both Directive 65/65/EEC and Directive 75/319/EEC.

The first (Dir 89/342/EEC) contains provisions covering definition and product characteristics for immunological medicinal products. It specifies that, before such products can be issued with an authorisation to market, it is essential to be able to demonstrate batch-to-batch consistency. The Directive deals with qualitative and quantitative particulars of constituents of immunological products, as well as control and authorisation procedures.

The second (Dir 89/343/EEC) defines radiopharmaceuticals and sets out requirements for marketing, labelling and information leaflets regarding radiopharmaceuticals. Specific authorisation is not required for radiopharmaceuticals prepared at the time of use by a person or establishment authorised, according to national legislation, to use such products.

The third (Dir 89/381/EEC) covers products derived from human blood or human plasma as well as blood, and applies to blood imported from countries outside the Community. Further additional provisions cover the identification of active constituents, measures necessary to prevent the transmission of infectious diseases, the encouragement of voluntary blood donations within the Community to promote self-sufficiency in these products, and testing, validation and marketing procedures. Marketing authorisation for these products shall be that laid down in Directive 87/22/EEC (see para **4.3.13** below). In order to qualify for authorisation, the manufacturers must demonstrate their ability to achieve batch-to-batch consistency. The following must be tested by national authorities before marketing: live vaccines; products for primary immunisation of infants or other risk groups; products for public health immunisation programmes; new immunological products or those manufactured using new or altered kinds of technology normally specified in the authorisation.

Amending Directive 93/39/EEC is intended to take account of the establishment of the European Agency for Evaluation of Medicinal Products. It provides that no product may be placed on the market in a Member State unless a marketing authorisation has been issued either by the relevant national authorities or by the Agency. Member States are required to take all appropriate measures regarding authorisation of medicinal products within 210 days of submission of a valid application. From 1 January 1998, where another Member State has already authorised a product, a second Member State must take its decision as regards authorisation of the product within 90 days of receipt of the assessment report from the first Member State.

The 1993 Directive does not affect the power of Member States with regards to the setting of prices for medicinal products or their inclusion in national health insurance schemes. The Directive does require that the person placing the product on the market must be established within the Community.

Amending Directive 93/39/EEC also provides for the establishment of the Committee for Proprietary Medicinal Products, which is provided for following the establishment of the European Agency for the Evaluation of Medicinal Products. The Directive also lays down the procedure which must be followed when the Committee is to be consulted.

Date of implementation

Directive 65/65/EEC was to be implemented by 30 August 1966. It has been implemented by all the Member States except Italy, which has implemented it only partially.

Member States were required to comply with Directive 89/341/EEC before 1 January 1992. The provisions of this amendment were to be progressively extended to existing medicinal products before 31 December 1992. Compliance with the provisions of Directives 89/342/EEC, 89/343/EEC and 89/381/EEC was reliant on the adoption of amendments to Directive 75/318/EEC on testing standards. The required amendment was incorporated into Directive 91/507/EEC (OJ L270, 26.9.91). Member States were required to implement the provisions of all four Directives into their national legislation by 1 January 1992. There is an exception to this date for Part 2 A.3.3 of the Annex to Directive 91/507/EEC governing active ingredients which have been the subject of an application for marketing authorisation for the first time. National legislation governing these ingredients was required to be in place by 1 January 1995. Member States were required to implement the provisions of the 1993 Directive into their national legislation by 1 January 1995.

TESTING OF PROPRIETARY MEDICINAL PRODUCTS

Official title
Council Directive of 20 May 1975 on the approximation of the laws of Member States relating to analytical, pharmaco-toxicological and clinical standards and protocols in respect of the testing of proprietary medicinal products (PMPs).

Reference
Council Directive 75/318/EEC; OJ L147, 9.6.75.

Amendments
Directive 83/570/EEC; OJ L332, 28.11.83.
Directive 87/19/EEC; OJ L15, 17.1.87.
Directive 89/341/EEC; OJ L142, 25.5.89.
Directive 91/507/EEC; OJ L270, 26.9.91.

Impact
This Directive aims to promote free trade in PMPs whilst at the same time ensuring that safety standards are maintained.

Details
The Directive seeks to harmonise the rules of the Member States on clinical standards and analytical methods so that all tests on PMPs can be carried out in the same way according to uniform rules.

There is an extensive technical Annex to the Directive, which sets out the details of analysing and testing techniques to be used by the Member States in assessing licensing and marketability issues.

Amending Directive 87/19/EEC provides a special simplified procedure for the introduction of further amendments to the Annex as required.

Date of implementation
Member States were required to implement the provisions of the Directive into their national legislation by 31 December 1977.

PROPRIETARY MEDICINAL PRODUCTS – MARKETING TESTS

Official title

4.3.8 Council Recommendation of 26 October 1983 concerning tests relating to the placing on the market of proprietary medicinal products (PMPs).

Reference

Council Recommendation 83/571/EEC; OJ L332, 28.11.83.

Amendments

None.

Impact

Defines the precise conduct and content of the tests and analyses provided for in Directive 75/318/EEC.

Details

The Recommendation was introduced because the standards and protocols to be used in the analytical tests described in Directive 75/318/EEC (see para **4.3.7** above) were being interpreted in different ways by different national authorities. It provides notes for guidance on testing methods, content and checking standards to facilitate harmonisation at Community level.

Definitions and methods are dealt with in five Annexes as follows:

- repeated dose toxicity, including method of administration, tissues to be studied, inhalation toxicity studies;
- reproduction studies;
- carcinogenic potential;
- pharmaco-kinetics and metabolic studies in the safety evaluation of new drugs in animals; and
- fixed combination products.

Date of implementation

A Recommendation has no binding effect under Community law since Member States are not obliged to incorporate Recommendations into national law in the same way as they must incorporate Directives. The value of a Recommendation, therefore, lies mostly in its exhortative effect.

COLORANTS IN PROPRIETARY MEDICINAL PRODUCTS

Official title

4.3.9 Council Directive of 12 December 1977 on the approximation of the laws of the Member States relating to the colouring matters which may be added to medicinal products.

Reference
Council Directive 78/25/EEC; OJ L11, 14.1.78.

Amendments
Directive 81/464/EEC; OJ L183, 4.7.81.

Impact
Removes disparities between Member States relating to colorants in proprietary medicinal products (PMPs).

Date of implementation
Member States were required to implement the provisions of the Directive into their national legislation by 31 July 1979.

PRINCIPLES OF GOOD LABORATORY PRACTICE

Official title
Council Directive of 18 December 1986 on the harmonisation of laws, regulations and administrative provisions relating to the application of the principles of good laboratory practice (GLP) and the verification of their applications for tests on chemical substances.

Reference
Council Directive 87/18/EEC; OJ L15, 17.1.87.

Amendments
None.

Impact
Aims to ensure that testing of chemical products in compliance with Directive 67/548/EEC conforms to the principles of GLP.

Details
Requires Member States to act in accordance with recommended procedures in order to facilitate mutual acceptance of data for the evaluation of chemical products and mutual recognition of compliance with good laboratory practice.

By so doing, it is hoped that the number of experiments conducted on animals can be reduced.

Provision is made for adaptation to technical progress, as necessary.

Member States may not prohibit the marketing or use of chemical products where the laboratories concerned have complied with the principles of GLP. They may, however, prohibit or restrict marketing of a substance where it is suspected that there is a danger to man and the environment.

Having been notified by the Member State concerned, the European

Commission has six weeks within which to consult the relevant parties, give an opinion and take suitable measures.

Where an adaptation to technical progress is found to be necessary as a result of these investigations, Member States may maintain safeguard measures until the entry into force of the adaptation.

Date of implementation

Member States were required to implement the provisions of the Directive into their national legislation by 30 June 1988.

INSPECTION AND VERIFICATION OF GOOD LABORATORY PRACTICE

Official title

4.3.11 Council Directive of 9 June 1988 on the inspection and verification of good laboratory practice (GLP).

Reference

Council Directive 88/320/EEC; OJ L145, 11.6.88.

Amendments

Directive 90/18/EEC; OJ L11, 13.1.90.

Impact

The Directive seeks to establish a system of mutual recognition of the results of GLP obtained using standardised and recognised methods.

Details

The Directive applies to the inspection and verification of the organisational processes and the conditions under which laboratory studies are carried out for the non-clinical testing of all chemicals (*e.g.* cosmetics, industrial chemicals, medicinal products, food additives, animal feed additives and pesticides). The Directive is not concerned with the interpretation and evaluation of test results.

The Directive lays down the procedure to be used by Member States for verifying the compliance with GLP of any testing laboratory within their territory claiming to use GLP in the conduct of tests on chemicals. Where the results of inspection and verification are satisfactory, the Member State in question may certify a claim by a laboratory that it, and the tests which it carries out, comply with GLP.

Date of implementation

Member States were required to implement the provisions of this Directive into their national legislation by 1 January 1989.

OECD DECISION/RECOMMENDATION ON GOOD LABORATORY PRACTICE

Official title

Council Decision of 28 July 1989 on the acceptance by the European Economic Community of an OECD decision/recommendation on compliance with principles of good laboratory practice (GLP).

4.3.12

Reference

Council Decision 89/569/EEC; OJ L315, 28.10.89.

Amendments

None.

Date of implementation

The Decision does not include a date for implementation.

MARKETING OF HIGH-TECHNOLOGY MEDICINAL PRODUCTS

Official title

Council Directive of 22 December 1986 on the approximation of national measures relating to the placing on the market of high-technology medicinal products, particularly those derived from biotechnology.

4.3.13

Reference

Council Directive 87/22/EEC; OJ L15, 17.1.87.

Amendments

Council Directive 93/41/EEC; OJ L214, 24.8.93.

Impact

Establishes a regulatory framework for the continued development of high-technology medicinal products.

Details

The purpose of this Directive is to provide for an intra-Community consultation procedure on authorisations of high-technology medicinal products, in particular those requiring lengthy periods of costly research, leading to the establishment of a mechanism for the mutual recognition and acceptance of authorisations obtained in other Member States.

The Directive sets up two committees: one for veterinary medicines and one for proprietary medicines. Any applications for authorisation of products, described in an Annex to the Directive, must be referred to the committee by the relevant national authorities.

When the relevant committee is of the opinion that a product should be allowed onto the market in the Community, no Member State can contradict this finding and refuse the product access without first referring the matter to the committee once more. Following the issuing of the committee's opinion on any issue, a Member State must decide within 30 days whether to follow the committee's opinion or to refer the issue again.

Once a product has been authorised by the committee, national authorities cannot either withdraw or suspend the authorisation without first consulting with the committee.

It is important to note that Directive 93/41/EEC provides that, from 1 January 1995, with the entry into force of the new authorisation procedure, Directive 87/22/EEC will be repealed.

Date of implementation

Member States were required to implement the provisions of this Directive into their national legislation by 1 July 1987.

Member States were required to implement the provisions of Directive 93/41/EEC, repealing the 1987 Directive, into their national legislation by 1 January 1995.

TRANSPARENCY OF NATIONAL PRICE CONTROL MEASURES

Official title

4.3.14 Council Directive of 21 December 1988 relating to the transparency of measures regulating the pricing of medicinal products for human use and their inclusion in the scope of national health insurance systems.

Reference

Council Directive 89/105/EEC; OJ L40, 11.2.89.

Amendments

None.

Impact

Obliges Member States to publish their price control measures and to reveal the criteria upon which decisions have been made.

Details

The Directive is a recognition by the European Commission that the different national systems of price controls and limitations on the ranges of products covered by national health insurance schemes could hinder or distort intra-Community trade in medicinal products.

The Directive obliges Member States to review annually their fixed prices and to decide, within 90 days, whether to accept proposed prices for pharmaceutical products offered by the manufacturers.

Under the Directive, where any system of direct or indirect controls on the profitability of manufacturers or importers of medicinal products exists, the Member State is obliged to publish the following details:

- the methods it uses to calculate profitability;
- the criteria according to which target rates of profitability are drawn up;
- the maximum profits that have been allowed to any manufacturer; and
- whether any company failed to meet its targeted profitability.

Any decision by a Member State to exclude a category of products from the coverage of a national health system should be supported by published reasons. Any decision to exclude an individual product should be communicated to the applicant, who would be informed of his remedies under the law and the time-limits for applying for such remedies.

The Directive provides for further recommendations within two years of its implementation.

Date of implementation

Member States were required to implement the provisions of this Directive into their national legislation by 31 December 1989.

ACTIVE IMPLANTABLE MEDICAL DEVICES

Official title
Council Directive of 20 June 1990 on the approximation of the laws of the Member States relating to active implantable medical devices.

Reference
Council Directive 90/385/EEC; OJ L189, 20.7.90.

Amendments
Corrigendum; OJ L7, 11.1.94.

Impact
Harmonises the laws of the Member States regarding standards and technical requirements for active implantable medical devices.

Details
The Directive applies to any "medical device", the function of which is:

- diagnosis, prevention, monitoring treatment or abbreviation of disease or injury;
- investigation, replacement or modification of the anatomy or of a physiological process;
- control of conception; and which does not achieve its principal intended action by pharmacological, chemical, immunological or metabolic means, but which may be assisted in its function by such means.

Member States are required to ensure that active implantable medical devices covered by the Directive do not compromise the safety or health of patients or other users. Detailed provisions as regards essential requirements, declarations of conformity, EC verification, EC type-examination, and clinical evaluation are laid down in Annexes to the Directive. However, it also provides a procedure whereby a Member State which considers that the harmonised standards developed at Community level are insufficient may bring the matter before the standing committee. A procedure whereby devices may be withdrawn from a national market in defined circumstances is also laid down.

Date of implementation

Member States were required to implement the provisions of the Directive into their national legislation by 1 July 1992. These provisions were required to be applied from 1 January 1993.

MEDICAL DEVICES

Official title

4.3.16 Council Directive of 14 June 1993 concerning medical devices.

Reference

Council Directive 93/42/EEC; OJ L169, 12.7.93.

Amendments

None.

Impact

Introduces harmonised requirements relating to design and manufacture with which medical devices must comply.

Details

The Directive applies to instruments, apparatus, appliances, materials or other articles used in human beings for the diagnosis, prevention, monitoring, treatment or alleviation of disease, injury or handicap, for investigation, replacement, or modification of the anatomy or of a physiological process, or for control of conception. Devices falling within the Directive must not achieve their principal intended action in or on the human body by pharmacological, immunological, or metabolic means, although these means may assist the function of the device. Certain products, including *in vitro* diagnostic devices, active implantable medical devices, cosmetics, transplants and tissue cells of human or animal origin are excluded for the application of the Directive being covered by Directive 90/385/EEC governing active implantable medicinal devices (see para **4.3.15** above). Annexes to the Directive include detailed requirements as to design and construction with which medical devices must comply, plus means of application for type approval.

Date of implementation

Member States were required to implement the provisions of the Directive into their national legislation by 1 July 1994.

WHOLESALE DISTRIBUTION OF MEDICINAL PRODUCTS FOR HUMAN USE

Official title

Council Directive of 31 March 1992 on the wholesale distribution of medicinal products for human use.

Reference

Council Directive 92/25/EEC; OJ L113, 30.4.92.

Amendments

None.

Impact

Lays down the obligations, including administrative obligations, with which wholesalers of medicinal products for human use must comply.

Details

The Directive adopts the definition of "medicinal product" used in Council Directive 65/65/EEC (see para **4.3.6** above). Wholesale distribution means all activities consisting of procuring, holding, supplying, importing or exporting medicinal products. Pharmacists and persons expressly authorised to supply medicinal products to the public are exempt from obtaining this authorisation. Member States are required to draw up lists of persons authorised to engage in wholesale distribution of such products. This list should be sent to the European Commission and to other Member States.

All candidates seeking authorisation are required to have suitable premises and qualified personnel. Premises must be made available for inspection by the competent authority. Medicinal products may be obtained and supplied only to those persons who have been granted a similar authorisation. Detailed records must be kept relating to all products dealt with, and wholesalers are also required to have contingency plans which would enable them to assist in the withdrawal of any product from the market. Similar records should be kept by pharmacists, and both groups are required to keep records for a period of three years, for inspection by the competent authorities.

Date of implementation

Member States were required to implement the provisions of this Directive into their national legislation by 1 January 1993.

GUIDELINES ON GOOD DISTRIBUTION PRACTICE

Official title

4.3.18 Guidelines on good distribution practice of medicinal products for human use.

Reference
94/C63/3; OJ C63, 1.3.94.

Amendments
None.

Impact

Lay down detailed obligations with which wholesalers must comply throughout the distribution process related to medicinal products for human use.

Details

The Guidelines have been prepared in accordance with Article 10 of Directive 92/25/EEC (see para **4.3.17** above). They include detailed obligations with which wholesalers should comply to ensure that the medical products which they distribute are authorised in accordance with Community legislation. Wholesalers are required to ensure that storage conditions are observed at all times, that an adequate turnover in stored products takes place and that products are stored in appropriate safe and secure areas. In addition to this, the quality system should ensure that the right products are delivered to the right addressee within a satisfactory period of time. A tracing system should enable any faulty product to be found and there should be an effective recall procedure.

Date of implementation

The Guidelines have no legal force. Member States are not, therefore, required to implement them into their national legislation. However, wholesalers should adhere closely to the instructions in the Guidelines.

LEGAL STATUS FOR SUPPLY OF MEDICINAL PRODUCTS FOR HUMAN USE

Official title

4.3.19 Council Directive of 31 March 1992 concerning the legal status for the supply of medicinal products for human use.

Reference
Council Directive 92/26/EEC; OJ L113, 30.4.92.

Amendments

None.

Impact

Lays down rules according to which Member States must categorise and classify products subject to prescription.

Details

The definition of a medicinal product contained in Directive 65/65/EEC (see para **4.3.6** above) as used for the purposes of this Directive. When authorisation for marketing has been granted, products which may only be available on prescription should be classified into one of the following categories:

- medicinal products on prescription which may be renewed during a period of six months from the date of prescription, unless otherwise specified;
- medicinal products on prescription which may not be renewed without the prescriber's consent;
- products on special prescription, containing a substance classified as a psychotropic or a narcotic substance within the meaning of the relevant United Nations Conventions; and
- products on restricted prescription which are reserved for use in hospitals and to certain specialists.

The competent authority shall publish a list of products subject to prescription and the category of classification. Products which contain substances likely to present a direct or indirect danger to health shall not be supplied to the public without a prescription. The potential risks and side-effects, as well as the possibility of abuse, addiction or misuse for criminal purposes, should be taken into account when determining whether the product should be available only under prescription.

Within five years of adoption, Member States are to communicate to the European Commission and to other Member States the lists of products which are available only on prescription.

Date of implementation

Member States were required to implement the provisions of this Directive into their national legislation by 1 January 1993.

LABELLING OF MEDICINAL PRODUCTS FOR HUMAN USE

Official title

Council Directive of 31 March 1992 on the labelling of medicinal products for human use and on package leaflets.

Reference

Council Directive 92/27/EEC; OJ L113, 30.4.92.

Amendments

None.

Impact

Provides detailed rules regarding information to be placed on packaging of pharmaceutical products.

Details

The Directive provides that the outer packaging of medicinal products should bear the following particulars: the name of the product; a statement of ingredients; weight; dosage; method of ingestion; expiry date; special storage instructions; and special precautions for disposal, as well as the name and address of the manufacturer. Some of this information must also appear on the immediate packaging of the product. These particulars shall be clearly visible, comprehensible and indelible and shall be printed in the official language of the Member State where the product is marketed.

The information leaflet which should be included in each package must contain information for identification of the product, therapeutic indications, any information which would be useful before ingestion of the product and the effects on certain types of patients (children, pregnant women), as well as instructions for proper use and a list of side-effects.

Specimens of outer and immediate packaging of medicinal products must be submitted to the competent authorities of the Member State concerned for approval.

The Directive repeals Articles 13 to 20 of Directive 65/65/EEC (see para **4.3.6** above) and Articles 6 and 7 of Directive 75/318/EEC (see para **4.3.7** above).

Date of implementation

Member States were required to implement the provisions of the Directive into their national legislation by 1 January 1993 for products complying with the Directive. They were required to adopt legislation relating to products which do not comply with the Directive before 1 January 1994.

ADVERTISING MEDICINAL PRODUCTS

Official title

4.3.21 Council Directive of 31 March 1992 on advertising of medicinal products for human use.

Reference

Council Directive 92/28/EEC; OJ L113, 30.4.92.

Amendments

None.

Impact

Lays down the conditions under which pharmaceutical products may be advertised to consumers and health care professionals.

Details

The provisions of the Directive cover all information of a commercial nature provided to health care professionals which may promote the prescription or supply of medicinal products. This includes visits by medical representatives to persons allowed to prescribe or supply medicinal products and any method which would encourage the prescription or supply of medicinal products (*e.g.* gifts, offers, or promises of any benefit or bonus whether in money or kind, including invitations to travel or to attend conferences).

All advertising of medicinal products must be objective and in keeping with the particulars listed in the summary of product characteristics. The advertising of medicinal products which contain psychotropic or narcotic substances is prohibited. In particular, advertising to the general public in areas where self-diagnosis and treatment are not suitable is prohibited (*e.g.* tuberculosis, sexually transmitted diseases, other serious infectious diseases, cancer, chronic insomnia, diabetes and other metabolic illnesses). Similarly, the free distribution of medicinal products to the public for promotional purposes is forbidden. When a product is advertised to the general public it should be set out in a manner which makes it clear that it is an advertisement. The advertisement should not contain, among other things, material which implies that a medical consultation is unnecessary, or is aimed solely or mainly at children. Information on each advertisement must invite the consumer to read the label and the package leaflet carefully.

With regard to advertising to the medical profession and to those involved in the supply of medicinal products, the Directive specifies what information should be included in such an advertisement. All information should, in any event, be accurate, up to date, verifiable and sufficiently complete to enable the recipient to form his own opinion of the therapeutic value of the medicinal product concerned. In the course of promoting medicinal products to persons qualified to prescribe them, any indirect offer or promise of gifts, pecuniary advantages or benefits in kind is prohibited, unless they are objects of a low intrinsic value.

Free samples may be given to professionals only in response to a written request. Furthermore, only two samples may be provided each year.

Member States should ensure that there are adequate and effective methods to monitor advertising of medicinal products, including legal provision for persons who have a legitimate interest to initiate legal proceedings if any advertisement is considered inconsistent with the Directive.

The person responsible for marketing in a company is required to have a scientific service within his organisation in charge of the information about products which are placed on the market. Specimen copies of proposed advertisements should be sent to the body responsible for monitoring medicinal products, with information concerning the method of dissemination, the date of first dissemination and the intended audience.

Date of implementation

Member States were required to implement the provisions of the Directive into their national legislation by 1 January 1993.

SUPPLEMENTARY PROTECTION CERTIFICATES

Official title

4.3.22 Council Regulation (EEC) 1768/92 of 18 June 1992 concerning the creation of a supplementary protection certificate for medicinal products.

Reference

Council Regulation 1768/92; OJ L182, 2.7.92.

Amendments

None.

Impact

Introduces a certificate extending the term of validity of patents for medicinal products.

Details

The Directive provides that any medicinal product protected by a patent in a Member State has the right to a supplementary protection certificate. The certificate covers only products which have been the subject of a marketing authorisation and may be issued only once for each product. Award of a certificate confers the same rights as the initial basic patent.

The Regulation includes detailed provisions as to how and when application for a certificate must be made.

The certificate takes effect at the end of the lawful term of the basic patent for a period equal to the period which has elapsed between the date on which the application for a basic patent was lodged and the date of first authorisation to place the product on the Community market. However, the duration of the certificate may not exceed five years.

Provisions governing expiry or withdrawal of the certificate are laid down, as are those governing an appeal against a refusal to grant a certificate.

Date of implementation

The Regulation entered into force on 2 January 1993. It applies normally only to products awarded a marketing authorisation as of 1 January 1985. However, in Denmark and Germany the applicable time period runs from

1 January 1988 and in Belgium from 1 January 1982. In those Member States where the patentability of pharmaceutical products was not provided for in national legislation the Regulation shall apply after 2 January 1998. The effect of the Regulation has been placed in doubt following commencement by Spain of an action before the European Court of Justice challenging its legality and, hence, its validity.

HOMEOPATHIC MEDICINAL PRODUCTS

Official title

Council Directive widening the scope of Directives 65/65/EEC and 75/319/EEC on the approximation of the laws of the Member States on medicinal products and laying down additional provisions on homeopathic medicinal products.

Reference

Council Directive 92/73/EEC; OJ L297, 13.10.92.

Amendments

None.

Impact

The Directive brings homeopathic medicines within the application of existing Community legislation on manufacture, control and intra-Community trade of medicinal products.

Details

Homeopathic medicinal products are those prepared in accordance with a homeopathic manufacturing procedure described by the European Pharmacopoeia or by the official pharmacopoeia of a Member State.

Homeopathic preparations are produced from products, substances or compositions called homeopathic stocks by successive dilutions.

The Directive applies to industrially prepared homeopathic medicinal products for human use, not including products prepared in accordance with a magistral or an official formula as defined in Article 1 of Directive 65/65/EEC (see para **4.3.6** above). Products falling within the application of the new Directive should be clearly labelled "homeopathic medicinal product".

The provisions of Directive 75/319/EEC apply to the manufacture, control, import and export of homeopathic medicinal products. Similarly, the measures of supervision and sanctions provided for in that Directive are also applicable to these products. However, the proof of therapeutic effect is not required for products registered in accordance with the provisions of the Directive.

Member States should communicate to each other all the information necessary to guarantee the quality and safety of homeopathic medicinal products manufactured and marketed within the Community. They are also required to register or authorise products placed on the market. Each Member State should take into account any registrations and authorisations granted by other Member States. While a Member State may refrain from establishing a system of registration of homeopathic products, it is required to allow products registered by other Member States to be used in its territory.

Homeopathic products are to be registered under a simplified procedure if they satisfy the following conditions:

- they are administered orally or externally;
- they are marketed without any specific therapeutic indication, whether on the labelling of the medicinal product or in any accompanying product information; and
- there is a sufficient degree of dilution to guarantee the safety of the preparation; in particular the preparation should contain less than one part per million of any active principle which is subject to the requirements of a medical prescription.

The labelling and packaging of homeopathic products should normally contain the following information only:

- the scientific name of the stock, followed by the degree of dilution, using the symbols used in the official pharmacopoeia of the Community;
- the name and address of the person responsible for marketing, and of the manufacturer;
- the method of administration;
- the expiry date, in plain language;
- the pharmaceutical form;
- the contents of the sales presentation;
- special storage precautions, if any;
- a special warning if necessary;
- the manufacturer's batch number;
- the registration number;
- "homeopathic medicinal product without approved therapeutic indications"; and
- a warning advising the user to consult a doctor if the symptoms persist during the use of the medical product.

However, Member States may require inclusion of price of a medicinal product and conditions for social security refund on labelling.

Member States may prohibit the advertising of homeopathic medicinal products covered by the Directive on their territory.

Apart from the requirement for proof of therapeutic effect, the criteria and rules of procedure provided for in Directive 65/65/EEC apply to the registration procedure for homeopathic medicinal products.

Guidelines are also specified for an application for a simplified registration.

Homeopathic medicinal products other than those subject to simplified registration procedure are authorised and labelled in accordance with the provisions of Directive 65/65/EEC and Directive 75/319/EEC.

Date of implementation

Member States were required to implement the provisions of the Directive into their national legislation by 31 December 1993.

AUTHORISATION OF MEDICINAL PRODUCTS

Official title

Council Regulation of 22 July 1993 laying down Community procedures for the authorisation and supervision of medicinal products for human and veterinary use and establishing a European Agency for the Evaluation of Medicinal Products.

Reference

Council Regulation (EEC) 2309/93; OJ L214, 24.8.93.

Amendments

None.

Impact

The Regulation provides for the establishment of a European Agency for the Evaluation of Medicinal Products. The Agency will have the sole power to authorise certain types of medicinal products.

Details

The primary task of the European Agency for the Evaluation of Medicinal Products is to provide scientific advice of the highest possible quality to the Community institutions and the Member States in relation to the authorisation and supervision of medicinal products. The Regulation provides for three procedures, depending on the type of product for which authorisation is sought. Where the authorisation is for products derived from biotechnology and animal growth promoters, authorisation may be granted solely from the Agency. Where authorisation is sought for other products which are to be placed on the market of several Member States, producers currently may choose to apply either to the Agency or to relevant national authorities. From 1998, application to the Agency will be compulsory. Where companies seek to market their product in only one or two Member States, they may continue to apply to the national authorities for authorisation.

Date of implementation

The Regulation entered into force on 25 August 1993.

IMPLEMENTATION OF AUTHORISATION PROCEDURE

Official title

4.3.25 Commission Communication on the implementation of the new marketing authorisation procedures for medicinal products for human and veterinary use in accordance with Council Regulation (EEC) 2309/93 of 22 July 1993 and Council Directives 93/39/EEC, 93/40/EEC and 93/41/EEC, adopted on 14 June 1993.

Reference
94/C82/4; OJ C82, 19.3.94

Amendments
None.

Impact
Explains the practical scope of the new marketing authorisation procedure for human and veterinary medicinal products.

Details

The new system emanating from the establishment of the European Agency for the Evaluation of Medicinal Products, and the establishment of new procedures for authorisation of human and veterinary medicinal products differs extensively from that which has previously existed. The Commission Communication attempts to clarify the aims of each new procedure.

The steps according to which authorisation of a product will be considered are laid down, as well as the transitional measures for implementation of the new authorisation procedure.

Date of implementation

The Communication has no legal impact. Member States are not, therefore, required to implement its provisions into national law.

Proposed legislation regarding pharmaceutical products for human use

CONTROL OF SUBSTANCES USED IN PRODUCTION OF ILLICIT DRUGS

Official title

4.3.26 Proposal for a Council Directive on the manufacture and the placing on the market of certain substances used in the illicit manufacture of narcotic drugs and psychotropic substances.

Reference
Original proposal; OJ C21, 29.1.91.

Amendments
None.

Impact
The proposed Directive would create a Community-wide system of control of ingredients used in the manufacture of illicit drugs.

Details
Member States would be required to ensure that all transactions involved in the marketing of certain substances (listed in the Annex) were properly documented. The documentation would have to contain a declaration from the customer which showed the specific uses to which the substances would be put.

A competent authority should be designated by each Member State, which would be responsible for monitoring orders and transactions.

Proposed date of implementation
The proposed date for application of this Regulation is three days after its adoption.

Legislation concerning pharmaceutical products for veterinary use

VETERINARY MEDICINAL PRODUCTS – MARKETING AND LICENSING (1)

Official title
Council Directive of 28 September 1981 on the approximation of the laws of the Member States relating to veterinary medicinal products.

Reference
Council Directive 81/851/EEC; OJ L317, 6.11.81.

Amendments
Directive 90/676/EEC; OJ L373, 31.12.90.
Directive 93/40/EEC; OJ L214, 24.8.93.

Impact
This Directive aims to remove barriers to trade in veterinary medicinal products, whilst ensuring that safety standards are maintained and that public health is protected.

Details

This Directive does not apply to products used to confer active or passive immunity, or to diagnose immunity, or apply to medicinal products based on radioactive isotopes.

Medicated feeding-stuffs are not expressly covered by the Directive but rules are presented to prohibit the use of unauthorised medicinal products in their manufacture.

The Directive sets up a committee similar to the one set up by Directive 75/318/EEC (the Committee for Veterinary Medicinal Products) (see para **4.3.7** above) for the manufacture of veterinary medicinal products, their importation from third countries and the granting of authorisations for carrying out such activities.

Amending Directive 93/40/EEC is intended to take account of the establishment of the European Agency for Evaluation of Medicinal Products. It provides that no veterinary medicinal product may be placed on the market in a Member State unless a marketing authorisation has been issued either by the relevant national authorities or by the Agency. Furthermore, Member States may not permit foodstuffs for human consumption to be tested on animals unless Community maximum residue levels have been established and related obligations are complied with.

The 1993 Directive also provides that the person placing a product on the market must be established in the Community. Member States are required to take all appropriate measures regarding authorisation of medicinal products within 210 days of submission of a valid application. From 1 January 1998, where another Member State has already authorised a product, a second Member State must take its decision as regards authorisation of the product within 90 days of receipt of the assessment report from the first Member State. The 1993 Directive also provides for the establishment of a Committee for Veterinary Medicinal Products as part of the Agency, and defines its role within the Community.

Date of implementation

Member States were required to implement the provisions of this Directive into their national legislation by 31 December 1983.

Member States were required to implement most of the provisions of the 1993 Directive into their national legislation by 1 January 1995 and the remaining provisions by 1 January 1998.

VETERINARY MEDICINAL PRODUCTS – MARKETING AND LICENSING (2)

Official title

4.3.28 Council Directive of 13 December 1990 amending Directive 81/851/EEC on the approximation of the laws of the Member States relating to veterinary medicinal products.

Reference
Council Directive 90/676/EEC; OJ L373, 31.12.90.

Amendments
None.

Impact
Introduces more stringent controls on the manufacture, authorisation and use of veterinary medicinal products.

Date of implementation
Member States were required to comply with the provisions of this Directive not later than 1 January 1992 and inform the European Commission accordingly.

IMMUNOLOGICAL VETERINARY MEDICINAL PRODUCTS

Official title
Council Directive of 13 December 1990 extending the scope of Directive 81/851/EEC on the approximation of the laws of the Member States relating to veterinary medicinal products and laying down additional provisions for immunological veterinary medicinal products.

4.3.29

Reference
Council Directive 90/677/EEC; OJ L373, 31.12.90.

Amendments
None.

Impact
Extends the scope of the original 1981 Directive to incorporate immunological veterinary medicinal products.

Date of implementation
Member States were required to comply with the provisions of this Directive not later than 1 January 1992. Within five years of this date the Directive shall apply to existing immunological veterinary medicinal products.

TESTING OF VETERINARY MEDICINAL PRODUCTS

Official title
Council Directive of 28 September 1981 on the approximation of the laws of the Member States relating to analytical, pharmaco-toxicological and clinical standards and protocols in respect of the testing of veterinary medicinal products.

4.3.30

Reference

Council Directive 81/852/EEC; OJ L317, 6.11.81.

Amendments

Directive 87/20/EEC; OJ L15, 17.1.87.
Directive 92/18/EEC; OJ L97, 10.4.92.
Directive 93/40/EEC; OJ L214, 24.8.93.

Impact

Seeks to establish common Community testing procedures for authorisation of new veterinary medicinal products.

Details

This Directive mirrors Directive 75/318/EEC (see para **4.3.7** above) concerning the testing of proprietary medicinal products. It seeks to harmonise the rules of Member States on clinical standards and analytical methods so that all tests on veterinary medicinal products can be carried out in the same way, according to uniform rules.

Directive 87/20/EEC amends this Directive in an effort to make the testing procedures established in the Annex to the Directive more flexible and, more importantly, easier to adapt when scientific advancements in testing technology dictate. The amendment streamlines the amending procedure and establishes a committee with responsibility for all proposals for change.

Date of implementation

Member States were required to implement the provisions of this Directive into their national legislation by 31 December 1983.

Member States were required to implement most of the provisions of the 1993 Directive into their national legislation by 1 January 1995 and the remaining provisions by 1 January 1998.

MAXIMUM RESIDUE LEVELS FOR VETERINARY MEDICINAL PRODUCTS

Official title

4.3.31 Council Regulation (EEC) 2377/90 of 26 June 1990 laying down a Community procedure for the establishment of maximum residue limits of veterinary medicinal products in foodstuffs of animal origin.

Reference

Regulation 2377/90; OJ L224, 18.8.90.

Amendments

Regulation (EEC) 675/92; OJ L73, 19.3.92.

Regulation (EEC) 762/92; OJ L83, 28.3.92.
Regulation (EEC) 3093/92; OJ L311, 28.10.92.
Regulation (EEC) 895/93; OJ L93, 17.4.93.
Regulation (EC) 2901/93; OJ L264, 23.10.93.
Regulation (EC) 3425/93; OJ L312, 15.12.93.
Regulation (EC) 3426/93; OJ L312, 15.12.93.
Regulation (EC) 955/94; OJ L108, 29.4.94.

Impact

Provides for a system to establish maximum residue levels for specific pharmacologically active substances used in veterinary medicines in foodstuffs.

Details

The Regulation lays down a system according to which maximum residue levels may be established for specific pharmacologically active substances used in veterinary medicines. The steps which a producer must take to apply of establishment of a maximum residue level, as well as the steps to be taken at Community level, are provided for.

The Regulation includes four Annexes. Annex I includes a list of pharmacologically active substances for which a maximum residue level has been fixed. Annex II includes a list of substances not subject to maximum residue levels. Annex III lists pharmacologically active substances used in veterinary medicinal products for which maximum residue levels have been provisionally fixed. Annex IV includes a list of pharmacologically active substances for which no maximum residue level can be fixed. Sale of those products which are included in Annex IV is prohibited within the Community.

The Regulation has been amended on several occasions as tests on substances are completed and residue levels established.

Date of implementation

The Regulation entered into force on 1 January 1992.

HOMEOPATHIC VETERINARY MEDICINAL PRODUCTS

Official title

Council Directive widening the scope of Directive 81/851/EEC on the approximation of the laws of the Member States on veterinary medicinal products and laying down additional provisions on homeopathic veterinary medicinal products.

Reference

Council Directive 92/74/EEC; OJ L291, 13.10.92.

Amendments

None.

Impact

Lays down provisions at Community level regarding the manufacture and marketing of homeopathic veterinary medicinal products.

Date of implementation

Member States were required to implement the provisions of the Directive into their national legislation by 31 December 1993.

CONTENTS OF CHAPTER 5

Employment

	Para
Introduction	**5.1**
Scope and purpose of the legislation	5.2
Future developments	5.3
Responsibility within the European Commission	5.4
Case law	**5.5**

Legislation

Industrial relations legislation

Collective redundancies	5.6
Safeguards in the event of transfer	5.7
Insolvency	5.8
Proof of an employment relationship – contract	5.9
Employee participation in profits and enterprise results	5.10
Deteriorating situation concerning unemployment in the Community	5.11
Equitable wage	5.12
European Works Committee	5.13

Proposed industrial relations legislation

Employee participation in a European company	5.14
Provision of services	5.15
Safeguards in the event of transfer – workers' rights	5.16

Health and safety at work legislation

Ionizing radiation	5.17
Vinyl chloride monomer	5.18
Protection from exposure to risks (1)	5.19
Protection from exposure to risks (2) – indicative exposure limits	5.20
Metallic lead	5.21
Asbestos	5.22
Noise	5.23
Banning of certain agents or activities	5.24
Protection against indoor exposure to radon	5.25
Carcinogens	5.26
Biological agents	5.27
Health and safety on board vessels	5.28

CONTENTS OF CHAPTER 5

Health and safety – temporary and mobile work sites	**5.29**
Health and safety signs at work	**5.30**
Workers in extractive industries	**5.31**
Workers in the mining industry	**5.32**
Machinery	**5.33**
Machines, equipment and installations	**5.34**
Display screen equipment	**5.35**
Personal protective equipment	**5.36**
Heavy loads	**5.37**
Safety, hygiene and health protection advisory committees	**5.38**
First action programme	**5.39**
Second action programme	**5.40**
Safety, hygiene and health at work	**5.41**
Improvement of information on safety, hygiene and health at work	**5.42**
Improvements in the safety and health of workers at work	**5.43**
Minimum safety and health requirements in the workplace	**5.44**
Health and safety – part-time workers	**5.45**
European Agency – health and safety	**5.46**
Young people at work	**5.47**

Proposed health and safety at work legislation

Ionizing radiation (2)	**5.48**
Exposure of workers to risks of physical agents	**5.49**
Exposure of workers to risks of chemical agents	**5.50**
Transport activities and workplaces on board means of transport	**5.51**

Equal treatment legislation

Pay	**5.52**
Access to training and working conditions	**5.53**
Statutory social security	**5.54**
Occupational social security schemes	**5.55**
Advisory Committee – equal opportunities	**5.56**
First action programme – equal opportunities for women	**5.57**
Equal opportunities for women	**5.58**
Equal treatment for the self-employed	**5.59**
Council Conclusions – protective legislation for women	**5.60**
Dignity of men and women at work	**5.61**
Child care	**5.62**
Protection at work of pregnant women	**5.63**
Equal opportunities – European Structural Funds	**5.64**

Proposed equal treatment legislation

Parental leave	**5.65**

CONTENTS OF CHAPTER 5

Statutory and occupational social security — **5.66**
Equal pay and equal treatment – burden of proof — **5.67**

Legislation on the organisation of working time

Forty-hour week — **5.68**
Adoption of working time — **5.69**
Organisation of working time — **5.70**
Retirement age — **5.71**
Retirement arrangements — **5.72**

Proposed legislation on the organisation of working time

Temporary work — **5.73**

Vocational training legislation

Common vocational training policy — **5.74**
European Centre for the Development of Vocational Training — **5.75**
Vocational training in new information technologies — **5.76**
Comparability of vocational training qualifications — **5.77**
Continuing vocational training for adult employees — **5.78**
COMETT II — **5.79**
Continuing vocational training — **5.80**
Vocational education and training in the 1990s — **5.81**
Access to continuing vocational training — **5.82**
Council Conclusions – vocational training for women — **5.83**
Vocational training for women — **5.84**
Linked work and training for young persons — **5.85**
Vocational qualification of young people — **5.86**

Proposed vocational training legislation

EUROTECNET II — **5.87**

Mutual recognition of diplomas legislation

Mutual recognition of diplomas — **5.88**
Miscellaneous Directives in the field of mutual recognition — **5.89**
Mutual recognition of higher education diplomas — **5.90**

Chapter 5
Employment

Introduction

This chapter deals with employment and related social affairs, with an emphasis on measures aimed at the protection of workers. It has been divided into the following sections:

- industrial relations;
- health and safety at work;
- equal treatment;
- organisation of working time;
- vocational training; and
- mutual recognition of diplomas.

Scope and purpose of the legislation

Community legislation in this field covers a wider range of issues than the above list, which is restricted to subjects of specific interest to business. Provisions dealing with the free movement of workers, social security (in particular as applied to migrant workers), and the work of the European Social Fund have been omitted. The aim of this chapter is to inform the reader of existing and proposed legislation which has a practical impact on the day-to-day management of industrial and business concerns. The Community's continuing work in the areas of unemployment, labour force surveys and social provisions for pensioners, among others, is excluded from detailed analysis, although its place in the Social Charter is noted below.

Among the original objectives of the Member States, as they were stated in the preamble to the EC Treaty, is the constant improvement of the living and working conditions of their peoples. To achieve this, an effective Community social policy is generally regarded as indispensable. Article 118 of the EC Treaty requires the European Commission to promote "close co-operation between Member States" in matters relating to employment, working conditions, basic and advanced vocational training, social security, occupational accidents and diseases, occupational hygiene and collective bargaining between employers and workers.

The Commission has, since the very beginning of the Community, used its power to propose Community legislation in these areas. Significant progress has been made, particularly in the field of health and safety. The interests of women workers have been especially emphasised.

In December 1989 all the Member States of the Community except the United Kingdom, adopted the Community Charter of Fundamental Social Rights for Workers (the Social Charter). It stresses the importance of the social dimension for increasing the economic and social cohesion of the enlarged European market after 1992. The Charter is not a legally binding instrument, since all measures taken in the field will still be based on the EC Treaty, but it is intended to constitute the framework on which the social infrastructure of the Community is to be built up. It provides the general ideas and principles upon which the European Commission is empowered to propose legislation. The 12 principles of the Charter may be summarised as follows:

- freedom of movement;
- employment and remuneration;
- improvement of living and working conditions;
- social protection;
- freedom of association and collective bargaining (including the right to strike in certain circumstances);
- vocational training throughout working life;
- equality of treatment for men and women;
- information, consultation and participation of workers;
- health protection and safety at the workplace;
- protection of children and adolescents;
- protection of elderly persons; and
- protection of disabled persons.

After its adoption, the European Commission drew up an action programme for those parts of the Social Charter which could be implemented at Community level. The volume of Community-related employment measures and proposals, thus offered, demonstrated the Commission's intention to intervene in the social systems of Member States. Intervention was seen as justified both from the standpoint of the internal market (*i.e.* to create a "level playing field") and from a general desire to increase levels of worker protection and "social justice". The measures concerned fall roughly into three categories:

- *regulatory legislation:* this includes the proposed restrictions on working hours, and the establishment of works councils for employee representation;
- *health and safety legislation:* such measures seek to protect groups like young workers, pregnant women, and workers sent on contract to work in other Member States; and
- *general matters of principle and ethics:* here, the European Commission attempts to influence the policies of Member States normally through Recommendations or Resolutions based on best practice, for example in the areas of profit-sharing schemes or the provision of child care facilities.

Despite these initiatives, from which the United Kingdom stood apart, the social dimension was thought to be neglected. At the Intergovernmental Conference on Political Union held at Maastricht in The Netherlands on 10 and 11 December 1991, the objections of the United Kingdom to Community legislation in this field were recognised. All Member States agreed that the social policy provisions of the EC Treaty needed to be amended in such a way that the 11 other Member States could continue along the path laid down in the Social Charter. The adopted solution, the Social Protocol, allows the other Member States to proceed with a common social policy within the framework of Community Institutions by proceeding without the United Kingdom. The United Kingdom does not vote on such matters and laws passed in this way do not apply to the United Kingdom.

With the absence of a British vote, many proposals based on the principles of the Social Charter are likely to be adopted by the other Member States. Meanwhile, a future British Government which wished to come into line with the other Member States could find itself in difficulties. It would be obliged to accept all the legislation already passed under the Protocol without amendment, on the principle of "*acquis communautaire*".

The objectives of the Social Protocol, as adopted by the 11 Member States, are the improvement of employment, living and working conditions, proper social protection, and the promotion of social dialogue between employees and employers. In a number of areas the European Council can issue Directives by a qualified majority. Such areas relate to the improvement of the working environment, health and safety protection, working conditions, information for and consultation with workers, equality of rights between men and women on the labour market and in treatment at work, and occupational integration.

In other areas the Council is required to act unanimously. These areas include social security, social protection, protection when a contract of employment is terminated, and representation and collective defence of the interests of workers and employers, including co-determination.

In various provisions of the Protocol the role of representatives of management and labour is underlined. The Commission is expected to consult both sides of industry before making new recommendations.

The proposed Directive on European Works Committees (see para **5.13** below) was the first measure to be adopted under the Maastricht Treaty's Social Protocol procedures. Consequently, this measure does not apply to the United Kingdom. The object of the measure is to improve the provision of information to, and consultation with, employees in Community-scale undertakings, particularly when it concerns information related to national questions which significantly affect workers' interests.

Future developments

The Commission's White Paper on "European Social Policy – a way forward for the Union", was adopted on 27 July 1994. This document is intended to be the basis for the social action plan which the Commission plans to adopt in early 1995. It is based on an analysis of around 500 responses to the Commission's Green Paper tabled in November 1993. The White Paper lays the foundations for what the Commission considers will be a European social model suited to the new challenges of the global economy.

The White Paper subscribes to the subsidiarity principle, although significant initiatives remain. It reaffirms the validity of the concept of the Welfare State, but takes into account new circumstances and Europe's current top priority (*i.e.* the conquest of unemployment).

The White Paper reflects the concern of many that Europe's internal market may have neglected the interests of workers and employment. The White Paper opens up a debate which addresses much of the philosophical basis of working practices in the Community. The forthcoming accession of the Nordic countries, with their traditionally high levels of social protection, may also influence the general debate on employment, social protection, wages and productivity with their implications for profitability, industrial relations and decisions on corporate location.

Responsibility within the European Commission

5.4 Directorate-General V (Employment, Social Affairs and Education) has overall responsibility for Community action in this area.

Case law

5.5 The European Court of Justice has given a number of landmark rulings in the area of Community employment law.

In Joined Cases C6/90 and C9/90 *Francovich and Others* v *Italian Republic* [1991] ECR I-5357, the applicants were employees of two Italian firms which became insolvent, leaving substantial arrears of salary unpaid to them. Consequently, they sought payment of compensation as provided for in Council Directive 80/987/EEC of 20 November 1980, or, in the alternative, damages. The 1980 Directive seeks to ensure that workers throughout the Community have a minimum level of protection against the loss of unpaid wages in the event of companies going out of business. However, Italy had failed to implement this Directive.

In this particular case, the European Court of Justice ruled that Member States are obliged to compensate individuals who suffer harm due to that Member State's failure properly to implement and respect Community legislation.

The judgment has, in effect, extended the legal impact of Community law. In the absence of an agreement between Member States to introduce a system of sanctions to encourage the implementation of Directives, the Court has provided a sanction of its own, based on respect for the rights of individuals, which national courts are bound to safeguard.

In the case of Case C-262/88 *Barber* v *Guardian Royal Exchange* [1990] ECR 1889, the Court ruled that employers may not discriminate between men and women with regard to salary, and that pensions constitute part of a worker's salary. This meant that pension funds could no longer discriminate between men and women as regards levels of payments or retirement ages.

Some doubt was left by the Court, however, regarding the applicability of the judgment to pension contributions made before the ruling. As part of the political agreement at the Maastricht Summit, the European Council approved a protocol stating that the *Barber* judgment would not have retroactive effect. Companies would, therefore, not be required to provide equal pension benefits for men and women for any period of service before 17 May 1990.

On 28 September 1994 (Case C-200/91 *Coloroll*, Case C-408/92 *Smith*, Case C-7/93 *ABP*, Case C-28/93 *Van den Akker*, Case C-547/93 *Vroeg* and Case C-128/93 *Fisscher*), the European Court of Justice ruled on six cases dealing with issues arising from the 1990 *Barber* case judgment. The most important judgment was that part-time workers must be allowed to join a company's pension plan if their exclusion amounts to sex discrimination. Due to a previous judgment from 1976, which also established this right, part-time workers have the right to claim benefits dating back nearly 20 years. The Court ruled, however, that any worker wanting to join a scheme requiring employee contributions will have to pay all past contributions in order to receive benefits. The Court also ruled that employers may raise the retirement age of women to that of men, worsening their pension provisions.

Other important cases concern the developments on the scope of the 1977 Directive on transfer of undertakings (see para **5.7** below). The 1977 Directive protects the rights of employees in the event of a transfer of an undertaking, business or part of a business to another employer. It aims to ensure that on transfer of an undertaking or business, the rights and obligations of the original employer ("transferor"), arising from contracts of employment with his employees, are assigned to the transferee.

In the United Kingdom the question arose whether local authorities can subcontract services to outside contractors. Such contracts have always been considered by the United Kingdom as outside the scope of the Directive for two reasons – first, that public authorities do not come within the meaning of the term "undertaking", and, secondly, that subcontracting is not a "transfer" of an undertaking or business. Case law of the European Court of Justice, however, indicates that the fact that local authorities are selling off some of their services to private companies supports the view that these are economic activities which should come within the scope of the Directive. Further case law, dating back to 1992, indicates that the 1977 Directive does apply to a situation where a company confers on an outside contractor the responsibility for carrying out certain services which previously it carried out itself.

At first the Commission was contemplating taking legal action against the United Kingdom for failure properly to implement the 1977 Directive. However, the Commission has now proposed an amendment to replace the 1977 Directive (see para **5.16** below). The new proposal is designed to clarify the type of operation that will be covered by the rules. The rules on insolvent companies will also be changed.

Legislation

Industrial relations legislation

COLLECTIVE REDUNDANCIES

Official title

5.6 Council Directive of 17 February 1975 on the approximation of the laws of Member States relating to collective redundancies.

Reference
Council Directive 75/129/EEC; OJ L48, 22.2.75.

Amendments
Directive 92/56/EEC; OJ L245, 26.8.92.

Impact
Aims to approximate collective redundancy procedures.

Details
A collective redundancy can exist either over a 30-day or 90-day period. There is a collective redundancy if either 20 workers are dismissed over a 90-day period, whatever the number employed by the enterprise, or if 10% of the workers are dismissed over a 30-day period (10 workers for workforce between 20 to 100, 30 workers for workforce over 300, etc).

An employer contemplating a collective redundancy is obliged to notify the workers' representatives and the competent national authority, and to enter into consultations with the workers' representatives.

Dismissal cannot take effect until at least 30 days after service of the said notice; the competent public authority can be given power to extend this period to 60 days.

In June 1992, the Council adopted an amending Directive (Dir 92/56/EEC), which extends the rules contained in the 1975 Directive to include lay-offs in multinational companies. Until then, the rules had been applicable only where employees and company were based in the same

Member State. The "consultation" procedure provided in the 1975 Directive will now apply independently of whether the decision for lay-offs comes from the employer himself or from the entity on which the company depends economically. It would not make any difference whether this entity is located in the country of establishment, in another Member State, or in a third country.

Employees affected by redundancies when companies undertake cross-border restructuring would be informed in time. Any collective redundancy decision would be declared null and void if it had not previously been the subject of mandatory consultations and negotiations with the workers. Employers would no longer be able to claim that headquarters in another country did not pass the information on.

The employer will have to provide the written information in good time to workers' representative organisations. This information will have to include:

- the reasons for the projected redundancies;
- the number and categories of workers to be made redundant;
- the criteria proposed for the selection of the workers to be made redundant;
- the period over which the projected redundancies are to be effected;
- the method of calculating any redundancy payments; and
- any accompanying measures geared to assisting the rehabilitation, redeployment and social and vocational reintegration of the workers to be made redundant. This is an example of the European Commission's intention to work more closely with the social partners in developing social policy, in order to create a permanent social consensus on all future steps towards European Union.

Date of implementation

Member States were required to implement the provisions of this Directive by 17 February 1977. The amending Directive was required to have entered into force at the latest by 24 June 1994 and may have been put into practice by that date either by law or by way of collective labour agreements.

SAFEGUARDS IN THE EVENT OF TRANSFER

Official title

Council Directive of 14 February 1977 on the approximation of the laws of the Member States relating to the safeguarding of employees' rights in the event of transfers of undertakings, businesses, or parts of businesses.

Reference

Council Directive 77/187/EEC; OJ L61, 5.3.77.

Amendments

None.

Impact

This Directive provides for the automatic transfer of labour contracts in the event of transfer or merger of a company.

Details

This Directive does not prevent dismissal for economic, technical or organisational reasons occurring after transfer.

If a worker is dismissed after a transfer or merger, he is entitled to the same benefits he would have received if the transfer had not occurred.

The company considering a merger or transfer must notify union representatives in sufficient time to discuss how to mitigate the effects on workers. The workers may also seek arbitration. If there are no union representatives in the firm, the workers themselves must be told of the plans.

Any collective agreement for employees which exists at the time of the transfer must be honoured until its expiration date. Responsibility for payment of statutory social security benefits is transferred to the new owners. However, payment of voluntary benefits need not be continued by the new owners.

Date of implementation

Member States were required to implement the provisions of this Directive by 16 February 1979.

INSOLVENCY

Official title

5.8 Council Directive of 20 October 1980 on the approximation of the laws of the Member States relating to the protection of employees in the event of the insolvency of their employer.

Reference

Council Directive 80/987/EEC; OJ L283, 28.10.80.

Amendments

Directive 87/164/EEC; OJ L66, 11.3.87.

Impact

This Directive provides that in the case of an employer's insolvency, Member States shall take necessary measures to ensure the payment of employees' claims resulting from contracts of employment, employment relationships or pay.

Details

This Directive defines insolvency to include a request for the opening of proceedings to satisfy the claims of creditors under national law and a decision made by the authority that the business has been definitely closed down with inadequate assets. Member States are required to ensure that an institution will guarantee the claims arising from employment contracts, although the liability of these institutions may be limited. Special measures must be taken to ensure that workers' social security benefits are not affected by the employer's failure to pay due to insolvency.

Date of implementation

The necessary national laws to give effect to this Directive had to be enacted by the end of October 1983.

PROOF OF AN EMPLOYMENT RELATIONSHIP – CONTRACT

Official title

Council Directive of 14 October 1991 on an employer's obligation to inform employees of the conditions applicable to the contract or employment relationship.

Reference

Council Directive 91/533/EEC; OJ L288, 18.10.91.

Amendments

None.

Impact

This Directive requires a written statement to be given to an employee for all new employment relationships.

Details

Under this Directive an employer is required to provide the worker with a written signed declaration in accordance with the Directive no later than one month after becoming employed. The declaration must contain the identity of the parties, the place of work, job description, indication of the duration of the employment relationship, remuneration and method of payment.

An employee is entitled to receive written notification of any substantive change in any of the information listed in the declaration, particularly if required to work in another country or if the difficulty of the work, the safety of the work and health protection, or access to personal safety equipment are affected. If the work is considered dangerous, training is now compulsory. Member States are required to submit reports on the development of this Directive. This Directive does not apply to employment relationships involving no more than eight hours of work.

Date of implementation

Member States were required to adopt the necessary legislation in order to comply with the provisions of this Directive before 30 June 1993.

EMPLOYEE PARTICIPATION IN PROFITS AND ENTERPRISE RESULTS

Official title

5.10 Council Recommendation concerning the promotion of employee participation in profits and enterprise results (including equity participation).

Reference

Council Recommendation 92/443/EEC; OJ L245, 26.8.92.

Amendments

None.

Impact

This Recommendation is aimed at the promotion of employee participation in profits and enterprise results (including equity participation) at Community level.

Details

At the basis of this Recommendation is the principle known as "Pepper" (promotion of employee participation in profits and enterprise results), which refers back to a report describing the results of a European Commission study on the subject. The move towards employee participation in profits is seen as a means of achieving a better distribution of wealth generated by enterprises. Under this Recommendation, Member States are invited to ensure that legal structures are set in place to allow the introduction of the forms of financial participation. They are invited to facilitate the supply of information and to take account of experiences acquired elsewhere in the Community when considering preferential treatment to certain types of financial participation.

Member States are invited to consider the possibility of according fiscal or financial incentives to encourage the introduction of certain schemes. They are also invited to allow the social partners a sufficiently wide range of options from which to choose at a level close to the employee and to the enterprise. Member States would have to communicate the available data on the development of financial participation to the European Commission. A working party would be set up by the European Commission to examine the possibility of creating formulae of financial participation schemes by employees, including the following three types: profit sharing; employee share ownership schemes; and stock option schemes.

Date of implementation

This Recommendation is a political statement only. It is neither binding nor enforceable.

DETERIORATING SITUATION CONCERNING UNEMPLOYMENT IN THE COMMUNITY

Official title

Council Resolution of 21 December 1993 on the need to tackle the serious and deteriorating situation concerning unemployment in the Community.

5.11

Reference

Council Resolution 93/C49/2; OJ C49, 19.2.93.

Amendments

None.

Impact

The Resolution calls for the promotion of dissemination and discussion of the problem of unemployment within each Member State, notably by both sides of industry.

Date of implementation

This Resolution is a political statement only. It is neither binding nor enforceable.

EQUITABLE WAGE

Official title

Commission Opinion of 1 September 1993 on an equitable wage.

5.12

Reference

Commission Opinion; OJ C248, 11.9.93.

Amendments

None.

Impact

The Commission reaffirms in its Opinion, the right of all workers to an equitable wage.

Details

The Commission emphasises that Member States need to improve transparency of the labour market by a better collection and dissemination of statistical information about wage structures at Community, national and local levels. Furthermore, Member States should disseminate widely existing information about equitable reference wages.

Member States should ensure that the right to an equitable wage is respected. They should consider:

- further legislation, including legislation on discrimination (on grounds of gender, race, ethnic origin or religion);
- means of ensuring fair treatment of workers in all age groups and for homeworkers; and
- mechanisms for the establishment of negotiated minima and the strengthening of collective bargaining arrangements.

The Commission proposes in its Opinion to undertake a new, revised Survey on the Structure of Earnings in order to provide more rapid information and to adapt existing statistical tools.

The Commission will submit a report to the Council, the Economic and Social Committee and the European Parliament, after consultations with the social partners, before 1 September 1996.

Date of implementation

This Commission Opinion is a political statement only. It is neither binding nor enforceable. However, it is indicative of the Commission's interest in this issue and might form the basis of more constructive measures to be taken at a later stage.

EUROPEAN WORKS COMMITTEE

Official title

5.13 Council Directive on the establishment of a European Works Committee or alternative procedure in Community-scale undertakings or groups of undertakings for the purposes of informing and consulting employees.

Reference
Not yet published.

Amendments
None.

Impact

The Directive applies to undertakings and groups of undertakings with over 1,000 employees and a minimum of at least 150 in at least two Member States. It aims to set up works councils to improve information and consultation procedures for employees in respect of decisions made by the management.

Details

This is the first measure to be adopted under the Maastricht Treaty's Social Protocol procedures. This means that the Directive was adopted without the United Kingdom's participation, which had opted out of the Social Chapter. The central management of a company is obliged to set up either a European Works Committee, or an alternative information and consultation procedure. The employees can also vote for keeping the pre-Directive structures. If, within three years, no agreement has been reached or if the central management refuses to negotiate, the minimum standards set out in the Annex to the Directive apply.

The Directive makes provision for situations in which undertakings have their central management outside the 11 Member States. In such cases, the central management's representative agent in a Member State will have the responsibility to take all the necessary measures. This will apply where a Community-scale company has its central management in the United Kingdom. This will mean, for example, that a UK company with 800 employees in the United Kingdom and 200 employees in France will, nonetheless, have to set up the necessary consultation procedures for the French employees. However, the UK employees will not benefit from the Directive's requirements on consultation.

The Directive obliges Member States to implement these measures by 22 September 1996. At that stage, Community-scale undertakings which do not have an appropriate information and consultation procedure already in place, will have to start negotiations with employees. Once the Directive is implemented, information and consultation procedures, even if already in place, will have to be approved by two-thirds of the employees. By 1999, the Commission will review the operation of the Directive and, in particular, examine whether the workforce-size thresholds are appropriate.

Date of implementation
Member States have to implement this measure by 22 September 1996.

Proposed industrial relations legislation

EMPLOYEE PARTICIPATION IN A EUROPEAN COMPANY

Official title
Proposal for a Council Directive complementing the Statute for a European Company with regard to the involvement of employees in the European company.

Reference
Original proposal; OJ C263, 16.10.89.

Amendments

Amended proposal; OJ C138, 29.5.91.

Impact

The proposal sets out methods by which employees may participate in the supervision and strategic development of a European company.

Details

The proposal complements the new European company proposal (discussed in Chapter 2). As part of the company law harmonisation programme, it would extend existing disclosure requirements to employees, and also impose specific obligations on companies to consult with employee representatives before major policy decisions are taken.

Three alternative models are proposed for the organisation of worker participation: first, the "German" model, where all employees may vote for representatives on a joint surveillance body, or board of administration; secondly, a "French" model, where representatives would be elected to a forum independent of surveillance or administration issues, but with the same rights of consultation and information as in the "German" model; and thirdly (the most likely option for the United Kingdom), a model whereby the participation body is defined by collective agreement, but again with similar safeguards on information and consultation.

A European company may not be formed unless one of the three models, referred to in Articles 4, 5 and 6, has been chosen. Employee participation in the capital or in the profits or losses of a European company may be organised by collective agreement.

An amended proposal was put forward in May 1991. Prior to the formation of a European company, the parties negotiating must agree on the model of participation. To aid these negotiations the proposal outlines certain procedures for choosing an appropriate model. Once the model of participation has been agreed, a managerial board may be set in place. The employees will have their own representative body, which will monitor all aspects of conditions of employment. Management would be required to provide the necessary information on the company's progress, and on any information being submitted to a general meeting. A committee set up by the European Commission will facilitate the application of this Directive through regular consultation dealing with particular problems arising from its implementation.

Proposed date of implementation

The progress on this proposal is currently stalled since its adoption depends on the adoption of the proposal on a European Company Statute (see Chapter 2, para **2.23**).

EMPLOYMENT

PROVISION OF SERVICES

Official title
Proposal for a Council Directive concerning the posting of workers in the framework of the provision of services.

5.15

Reference
Original proposal; OJ C225, 30.8.91.

Amendments
None.

Impact
The proposed Directive would co-ordinate national legislation so as to provide rules on minimum protection to be observed on the working conditions of workers engaged in the provision of services from one Member State (or third country) to another.

Details
The proposal seeks to determine which hard rules in the host country must be respected. Workers from one Member State engaged in the provision of services in another would be entitled to the same working conditions as workers in that host State, undertaking the same task, in the same industrial sector. Companies would, therefore, have to conform to a series of minimum rules relating to the working conditions for its personnel. These rules relate to maximum and minimum daily and weekly hours of work, rest periods, work on Sundays, night work, minimum length of paid holidays, minimum salary levels, health and safety at work, protective measures with regard to the working conditions of pregnant women, children and young people, and equal treatment between men and women. The proposed Directive would apply to work relations where the length of the assignment is more than three months.

Proposed date of implementation
The proposal is still being examined by the Council, where discussions have progressed slowly but gradually. Once adopted, Member States are expected to have approximately two years to implement the various provisions.

SAFEGUARDS IN THE EVENT OF TRANSFER – WORKERS' RIGHTS

Official title
Proposal for a Council Directive on the approximation of the laws of Member States relating to the safeguarding of employees' rights in the event of transfers of undertakings, businesses or parts of businesses.

5.16

Reference
Original proposal; OJ C274, 1.10.94.

Amendments
None.

Impact
This proposal would replace the 1977 Directive on the protection of employees' rights in the event that the business for which they work is transferred to another employer, or parts of it are contracted out. The 1977 Directive aims to ensure that, on transfer of an undertaking or business, the rights and obligations of the original employer, under employment contracts with his employees, are assigned to the new employer. The proposed new Directive will attempt to clarify the notion of company transfers.

Details
The changes in the 1977 Directive are necessary because of developments in European Court of Justice case law on the scope of the Directive, and because of the economic difficulties that companies are facing in complying with the rules.

The Directive will apply to both public and private enterprises, a principle which the United Kingdom only recently accepted. However, it will apply only to the transfer of an economic entity which retains its identity. This proposed change is already giving rise to much debate since it is expected to exclude certain cases where companies contract out services and which were covered by the 1977 Directive. Among the changes proposed are the following:

- clarification of the applicability of obligations under the Directive to cases of international transfers of groups of undertakings;
- a greater flexibility in situations where the transfers are taking place as part of insolvency procedures;
- the introduction of a joint limited liability of the transferor and the transferee, for breach of the Directive's provisions;
- new definitions and clarifications of the applicability of the 1977 Directive, including cases of transfer of merely one activity of a business.

Proposed date of implementation
The Commission wishes to see the Directive adopted by March 1995. Once adopted, the Directive would enter into force 20 days following the date of publication in the *Official Journal of the European Communities*.

Health and safety at work legislation

IONIZING RADIATION

Official title
Council Directive 59/22/Euratom laying down basic standards for the protection of the health of workers and the general public against the dangers arising from ionizing radiation.

Reference
Council Directive 59/22/Euratom; OJ L11, 20.2.59.

Amendments
Last amended by Directive 84/467/EEC; OJ L265, 5.10.84.

Impact
Establishes basic safety standards applicable to the nuclear power generation industry and to its related disposal industries.

Date of implementation
The original Directive does not specify any implementation date. The latest amendment to the Directive required Member States' compliance before 5 April 1986.

VINYL CHLORIDE MONOMER

Official title
Council Directive of 29 June 1978 on the approximation of the laws, regulations and administrative provisions of the Member States on the protection of the health of workers exposed to vinyl chloride monomer.

Reference
Council Directive 78/610/EEC; OJ L197, 22.7.78.

Amendments
None.

Impact
The Directive establishes limit values for the atmospheric concentration of vinyl chloride monomer in the working area.

Date of implementation
Member States were required to implement the provisions of this Directive within 18 months of the date of notification (*i.e.* by 22 January 1980).

PROTECTION FROM EXPOSURE TO RISKS (1)

Official title

5.19 Council Directive of 27 November 1980 on the protection of workers from the risks related to exposure to chemical, physical and biological agents at work.

Reference

Council Directive 80/1107/EEC; OJ L327, 3.12.80.

Amendments

Accession of Spain and Portugal (1986).
Directive 88/642/EEC; OJ L356, 24.12.88.

Impact

This Directive provides general guidance as to the measures which Member States must take to protect workers from the risks of exposure to chemical, physical and biological agents at work.

Details

The general measures to be taken for all substances include:

- limitation of use and of the number of workers coming into contact;
- establishment of limit values and sampling procedures;
- application of suitable working procedures and protective measures;
- installation of suitable facilities for washing and for changing clothes;
- provision of information on potential risks, technical measures and precautions to be observed; and
- surveillance of workers' health and maintenance of records of exposure and laboratory data.

In the case of the sub-group of asbestos, lead, arsenic, cadmium and mercury, workers must also be given:

- periodic medical checks;
- information on results of exposure tests;
- their own biological tests; and
- information as to where the limits are exceeded, why, and what will be or has been done to remedy the problem.

Workers or their representatives must be consulted before the measures are put into effect and may check that the necessary measures have been applied.

The new amending Directive adds two further Annexes to the original; Annex IV lists occupational exposure limit values, and Annex V details the reference method for measurement of workers' exposure. Improved protection against exposure to the Annex IV agents is specifically provided for. Limit values and other special considerations relating to certain agents are to be laid down in individual Directives. The Advisory Committee on

Safety, Hygiene and Health at Work shall be consulted by the European Commission with a view to drawing up proposals in this field. Member States retain the right to continue or introduce more stringent measures than those laid down, provided they are compatible with the EC Treaty.

The amendment stresses that these provisions do not impose administrative, financial and legal constraints incompatible with the creation and development of small and medium-sized undertakings.

The Directive provides for a management committee of representatives from each Member State, headed by a European Commission official, to oversee the adaptation to technical progress of these provisions.

Date of implementation

The Member States had to implement the Directive by November 1983. The most recent amendment had to be implemented by 31 December 1992.

PROTECTION FROM EXPOSURE TO RISKS (2) – INDICATIVE EXPOSURE LIMITS

Official title

Commission Directive of 29 May 1991 on establishing indicative values by implementing Council Directive 80/1107/EEC on the protection of workers from risks related to exposure from chemical, physical and biological agents at work.

Reference

Commission Directive 91/322/EEC; OJ L177, 5.7.91.

Amendments

None.

Impact

This Directive lays down indicative exposure limit values.

Details

The Directive establishes indicative limit values for occupational exposure to protect workers from risks related to exposure to chemical, physical and biological agents at work. The Annex to the Directive contains the list of limit values for these agents and reflects the latest scientific data.

Date of implementation

The Directive entered into force on 1 January 1994.

METALLIC LEAD

Official title

5.21 Council Directive of 28 July 1982 on the protection of workers from the risks related to exposure to metallic lead and its ionic compounds at work (first individual Directive within the meaning of Article 8 of Directive 80/1107/EEC).

Reference
Council Directive 82/605/EEC; OJ L247, 23.8.82.

Amendments
None.

Impact
This Directive provides specific measures to be taken by employers to prevent exposure of employees to lead concentrations greater than 40 micrograms per m^3 per time-weighted average.

Date of implementation
Member States were required to implement this Directive by 1 January 1986.

ASBESTOS

Official title

5.22 Council Directive of 19 September 1983 on the protection of workers from the risks related to exposure to asbestos at work (second individual Directive within the meaning of Article 8 of Directive 80/1107/EEC).

Reference
Council Directive 83/477/EEC; OJ L263, 24.9.83.

Amendments
Directive 91/382/EEC; OJ L206, 29.7.91.

Impact
This Directive sets strict limits on workers' exposure to asbestos particles in the air and gives a detailed method for measurement of asbestos in the air.

Details
The Directive applies to several fibrous silicates: actinolite; asbestos gronerite; anthophyllite; chrysolite; crocidolite; and tremolite.
  Employers must notify their national authorities of:

- types and quantities of asbestos used;

- activities and processes involved; and
- products manufactured.

The limits of asbestos fibres in the air are as follows:

- asbestos other than crocidolite: 1.00 fibres/cm^3 in an eight-hour reference period; and
- crocidolite: 0.50 fibres/cm^3 in an eight-hour reference period.

Sampling must be done at least every three months, unless the results for six months are below one half of the limit value set out.

Workers and their representatives must have access to the documents which are notified to national authorities and to their own medical surveillance records, and must be given information about potential health risks, hygiene requirements, and precautions regarding use of protective clothing and equipment. Member States must keep a register of cases of asbestosis and mesothelioma occurring in workers exposed to asbestos.

In July 1991, an amendment was published. The aim of this amending Directive (Dir 91/382/EEC) is to improve the protection available to workers by reducing the limits and action levels when using asbestos. The application of asbestos by spraying is prohibited. The Directive provides that its operation will be reviewed by the end of 1995. National measures adopted by the Member States are to be communicated to the Commission.

Date of implementation

Member States were required to implement the provisions of Directive 83/477/EEC by 1 January 1987 (for asbestos mining – 1 January 1990). Directive 91/382/EEC had to be to be implemented by 1 January 1993.

NOISE

Official title

Council Directive of 12 May 1986 on the protection of workers from the risks related to exposure to noise at work.

Reference

Council Directive 86/188/EEC; OJ L137, 24.5.86.

Amendments

None.

Impact

This Directive is designed to improve the protection of workers against noise levels which might be damaging to health.

Details

The Directive requires that where noise levels exceed 90 decibels, employers will be obliged to ensure that workers wear protective ear-muffs and to take measures to reduce noise wherever possible. Where noise levels exceed 85 decibels, protective ear-muffs must be made available to workers. With a view to establishing more effective protection in the future, employers will also have to conduct checks on the hearing capacity of workers who are subjected to high noise levels. Plans for new buildings will have to allow for noise level considerations and must aim to reduce noise to a minimum.

Date of implementation

Member States, with the exception of Greece and Portugal, had until 1 January 1990 to implement the Directive. Greece and Portugal were given until 1 January 1991.

BANNING OF CERTAIN AGENTS OR ACTIVITIES

Official title

5.24 Council Directive of 9 June 1988 on the protection of workers by the banning of certain specified agents and/or certain work activities (fourth individual Directive within the meaning of Article 8 of Directive 80/1107/EEC).

Reference

Council Directive 88/364/EEC; OJ L179, 9.7.88.

Amendments

None.

Impact

This Directive is designed to protect workers against risks to their health by means of a ban on certain specific agents and/or certain work activities as defined in the Directive.

Details

Member States may introduce a ban based on the following factors – provided the ban does not lead to the use of substitute products which may involve equal or greater health and safety risks for workers:

- serious health and safety risks;
- precautions are insufficient to ensure a satisfactory level of health and safety protection for workers.

The Annex lists three agents, the use of which is generally proscribed:

- 2-naphthylamine and its salts;
- 4-aminodiphenyl and its salts; and
- 4-nitrodiphenyl.

However, where the concentration of these agents is less than 0.1% w/w in a substance, the proscription shall not apply.

Member States may grant exemptions for:

- production and use for the sole purpose of research and testing, including analysis;
- work activities using a closed system where concentrations are less than 0.1% w/w by the end of the reaction; and
- work activities intended to eliminate agents in the form of waste products.

Applications for exemption shall be submitted to the relevant national authority by the employer, and should include information as to the quantities used, activities and/or processes involved, and the products manufactured.

Exemptions shall be granted only where the authority is satisfied that adequate precautions to protect workers have been taken. Workers and/or their representatives shall have access to documents which are the subject of notification and shall be given adequate information concerning the risks involved and protection measures to be applied.

The Directive provides for the additional proscription of any work activity or agent listed in adopted amendments to the Annex.

Early development of alternative non-dangerous agents and/or work activities is recommended.

Member States are not prevented from maintaining or introducing more stringent measures for worker protection in addition to the provisions of this Directive.

The Directive stresses that these provisions do not impose administrative, financial and legal constraints incompatible with the creation and development of small and medium-sized undertakings.

It should be noted that the Directive does not apply to the areas of sea and air transport.

Date of implementation

Member States were required to implement these provisions by 1 January 1990.

PROTECTION AGAINST INDOOR EXPOSURE TO RADON

Official title

Commission Recommendation of 21 February 1990 on the protection of the public against indoor exposure to radon.

Reference

Commission Recommendation 90/143/Euratom; OJ L80, 27.3.90.

Amendments

None.

Impact

The Recommendation draws attention to the need for adequate public information and response to public concern over this issue.

Details

The European Commission is seeking to harmonise Member States' provisions relating to health protection, and, in response to a report produced at its request, has drawn up this Recommendation. As a naturally occurring radioactive gas, the dangers of exposure to radon are low in comparison to those related to its short-lived daughters, which are isotopes of polonium, lead and bismuth. These are deposited, on inhalation, on surfaces of the human respiratory tract, the most significant doses arising from alpha irradiation of the bronchial epithelium.

Indoor radon is controllable in the physical or engineering sense. Established criteria of radiological safety would allow the development of practical guidelines for remedial action in existing buildings. Future buildings could be protected by measures based on appropriate design and construction specifications.

These guidelines should take into account the basic Community safety standards set out in Directives 80/836/Euratom and 84/467/Euratom on the protection of the general public and workers against the dangers of ionizing radiation. In drawing up criteria for protective measures, decisions should be based on the annually averaged measurements of radon gas or daughters, which average out diurnal and seasonal variations of indoor radon levels. The competent authorities should ensure that the quality and reliability of these measurements are accurate.

The Recommendation also calls for the development of criteria for identifying regions, sites and building characteristics likely to be associated with high indoor radon levels.

Date of implementation

The Recommendation was notified on 27 March 1990. It is a political statement only. It is neither binding nor enforceable.

CARCINOGENS

Official title

5.26 Council Directive of 28 June 1990 on the protection of workers from the risks related to exposure to carcinogens at work (sixth individual Directive within the meaning of Article 16(1) of Directive 89/391/EEC).

Reference

Council Directive 90/394/EEC; OJ L196, 26.7.90.

Amendments

None.

Impact

This Directive aims to ensure that the risk of exposure to carcinogens is as low as possible.

Details

The Directive requires employers to take necessary measures to prevent exposure to carcinogens. These measures include:

- limitation of the use of carcinogens at the place of work, in particular by replacement with another agent or process less dangerous to workers' health;
- limitation of the number of workers exposed or likely to be exposed – pregnant women, breast-feeding mothers and young persons under 18 may not, in principle, be employed in areas where they will come into contact with carcinogens;
- design of work processes and engineering control measures so as to avoid or to minimise the release of carcinogens into the place of work, concentrating, where possible, on the development of a closed system of production and use;
- use of adequate measurement procedures for carcinogenic agents, in particular for the early detection of abnormal exposure due to an unforeseeable event or an accident;
- information for workers, together with training on risks, hygiene requirements, safety procedures, labelling requirements and warning signs;
- surveillance procedures to monitor the health of workers in accordance with the minimum rules recommended at Annex III;
- emergency measures for abnormal exposures, etc; and
- the keeping of records identifying workers in danger of exposure, with the type and extent if possible, and individual health records, both to be maintained for at least 40 years following the end of exposure.

The Directive lists substances, preparations and processes likely to result in exposure to carcinogens at Annex I. In addition, Annex II provides for practical recommendations for the health surveillance of workers.

Date of implementation

The Directive was to be implemented into Member States' national legislation by 31 December 1992.

BIOLOGICAL AGENTS

Official title

Council Directive of 26 November 1990 on the protection of workers from the risks related to exposure to biological agents at work (seventh individual Directive within the meaning of Article 16(1) of Directive 89/391/EEC).

Reference

Council Directive 90/679/EEC; OJ L374, 31.12.90.

Amendments

None.

Impact

Offers comprehensive guidelines for risk prevention in the use of biological agents in work activities.

Details

The Directive is aimed at the protection of workers from risks to health and safety arising or likely to arise from exposure to biological agents at work, as well as at the prevention of such risks.

Article 2 seeks to define biological agents, clarifying them according to their likely potential to cause human disease. The Article classifies "biological agents" into four risk groups, according to their level of risk or infection.

Where workers are potentially exposed to such agents Member States are directed to arrive at a system of risk assessment within the guidelines set out in Article 3.

The more detailed provisions contained in Articles 4 to 17 will not apply where the potential exposure is to a group 1 low-risk biological agent or one which causes disease only in plants or animals, with no identifiable risk to workers.

Articles 4 to 17 give detailed guidance on protective measures to be taken in order to minimise risk and exposure levels.

Articles 5 to 14 are directed at the employer's obligations, such as reduction of risks, the information to be submitted to the competent authorities, hygiene and individual protection, information and training of workers. Employers will also have to keep a list of workers exposed to dangerous biological agents.

Articles 15 and 16 set out specialised measures for use in health care facilities, diagnostic laboratories, industrial processes, laboratories and animal rooms.

Member States are required to ensure that workers and/or workers' representatives are consulted on the provisions of the Directive and are involved in their application. Member States shall also maintain national statistics of recognised cases of serious illness or death due to exposure to biological agents at work, and shall publish up-to-date and appropriate information on occupational diseases caused by biological agents. Records of exposure and potential exposure are to be maintained for a minimum of 40 years after the end of such exposure.

The Directive, in general, places considerable emphasis on the employer's duty to provide adequate information and safety measures in relation to these risks.

Date of implementation

Member States had to implement the provisions laid down in this Directive by 29 November 1993.

HEALTH AND SAFETY ON BOARD VESSELS

Official title

Council Directive of 31 March 1992 on the minimum safety and health requirements for improved medical treatment on board vessels.

Reference

Council Directive 92/29/EEC; OJ L113, 30.4.92.

Amendments

None.

Impact

This Directive envisages measures to ensure medical treatment at sea.

Details

The Directive will apply to all vessels flying the flag of a Member State operating at sea or in adjacent waters, whether publicly or privately owned, but excluding warships and pleasure boats used for non-commercial purposes.

Member States will be required to ensure that vessels under their jurisdiction have medical supplies to deal with cardiovascular and gastro-intestinal illnesses, as well as anti-infection treatments and medicines for external use. Vessels which carry dangerous substances (*e.g.* inflammable liquids and solids, gases and toxic substances) will be required to carry antidotes. These are listed in the Annexes to the proposal. The owner of the vessel is required to provide and replenish all medical supplies without any expense to the workers. In addition, Member States are required to ensure that adequate instructions as to the use of all supplies on board ship are provided and personnel are given training in their use. Annual checks have to be made by the competent authority of the Member States to ensure that these provisions are obeyed.

A committee will be appointed to assist the European Commission in adapting the Annexes of the proposal in the light of technical progress.

Date of implementation

The Directive will enter into force on 1 January 1995.

HEALTH AND SAFETY – TEMPORARY AND MOBILE WORK SITES

Official title

5.29 Council Directive of 27 January 1992 on the implementation of minimum safety and health requirements at temporary or mobile construction sites (eighth individual Directive within the meaning of Article 16(1) of Directive 89/391/EEC).

Reference

Council Directive 92/57/EEC; OJ L245, 26.8.92.

Amendments

None.

Impact

This Directive seeks to tighten-up all areas of potential danger to building and construction workers.

Details

The Directive applies to temporary or mobile work sites except drilling and extraction in the extractive industries. Such work sites would include any site at which building and civil engineering works are carried out: excavation; earthworks; construction; renovation; repairs; and demolition. Member States are required to take the necessary steps to ensure that, before the commencement of works, clients forward to the authorities responsible for safety and health at work a notice containing information about the project (location, safety and health co-ordinators, supervisors, etc). Under the terms of the Directive, most building and civil engineering sites would have to appoint two officers to deal with safety, the first to introduce the safety features at the start of the building project and the second, who could be an individual or a company, to enforce the safety rules during the building phase. The safety officer will also have to enforce minimal general safety requirements provided for in the Directive's Annexes, relating to safety standards for general work installations, energy distribution systems, emergency routes, fire-fighting, ventilation, temperature, lighting, windows, work rooms, doors, traffic routes, escalators and travolators, loading areas, first-aid rooms, sanitary equipment, rest rooms, etc.

A safety plan is required whenever the work on the site falls under the category of dangerous work, as described in the list annexed to the Directive (work involving burying, sinking, falling, exposure to biological agents or radiation, work in caissons, tunnels, etc). Safety officers will have to enforce the safety rules, amend the safety plan if necessary and, for example, ensure that access to the site is reserved to the workers. Their responsibility is considerable, but the contracting authority and site foreman will be legally liable for any accidents or breach of safety rules. The notice is optional in the case of works not expected to last longer than 30 days, unless they are works which are very dangerous (enumerated in the Annex).

Date of implementation
Member States were required to implement this Directive by 31 December 1993.

HEALTH AND SAFETY SIGNS AT WORK

Official title
Council Directive of 27 January 1992 on the minimum requirements for the provision of safety and/or health signs at work (ninth individual Directive within the meaning of Article 16(1) of Directive 89/391/EEC).

Reference
Council Directive 92/58/EEC; OJ L245, 26.8.92.

Amendments
None.

Impact
This Directive lays down minimum requirements for the provision of safety and health signs at work. It focuses particularly on eliminating risks related to linguistic and cultural differences which could emerge from the free movement of workers.

Details
The Directive will revise and extend the previous 1977 and 1979 Directives updating their content and adding a number of measures which reflect technical progress. Existing Community provisions relate mainly to safety signs and the marking of obstacles and dangerous locations. This Directive will make the use of safety signs obligatory in certain circumstances. It also introduces new, as well as harmonised, forms of safety signs. According to the Directive, signboards, for example, should be used for permanent signs relating to prohibitions, warnings, mandatory requirements and the location and identification of emergency escape routes and first-aid facilities. Containers and pipes should be permanently labelled and/or painted in a particular colour and traffic routes should be marked permanently with a safety colour.

   Workers would have to be informed by their employers of all the measures to be taken and they must be given suitable instructions on the meaning of the signs and the behaviour to be adopted.

Date of implementation

The Directive had to be implemented by the Member States by 24 June 1994.

WORKERS IN EXTRACTIVE INDUSTRIES

Official title

5.31 Council Directive of 19 November 1992 concerning minimum requirements for improving the safety and health protection of workers in the extractive industries (eleventh individual Directive within the meaning of Article 16(1) of Directive 89/391/EEC).

Reference

Council Directive 92/91/EEC; OJ L348, 28.11.92.

Amendments

None.

Impact

This Directive will tighten-up standards of health and safety for workers in the coal, gas, oil and other extractive industries. These sectors had previously been excluded from Community social initiatives.

Details

This Directive contains several provisions on the obligations of employers. Prior to beginning the work, the employer will have to forward to the responsible authorities relevant information on the person or the body responsible for the health and safety of all operations and personnel (direct employees as well as employees of contractors). Furthermore, the employer will have to carry out a risk assessment of an installation or site for the prospection and/or extraction of minerals. Health checks will have to be carried out before the beginning of the work, to be financed by the employer.

The Directive lays down minimum standards in relation to: the construction and organisation of work sites; safety and maintenance of equipment and lifting gear; blowout control; protection against explosions; ventilation; lighting; access routes; and indication of dangerous areas. There are special provisions for pregnant women and handicapped workers. In addition, special requirements will apply to each of the onshore and offshore sectors.

Date of implementation
This Directive applies from 3 November 1994.

WORKERS IN THE MINING INDUSTRY

Official title
Council Directive on the minimum requirements for improving the safety and health protection of workers in surface and underground mineral-extracting industries (twelfth individual Directive within the meaning of Article 16(1) of Directive 89/391/EEC).

Reference
Council Directive 92/104/EEC; OJ L404, 31.12.92.

Amendments
None.

Impact
This Directive lays down the employer's general obligations to safeguard the safety and health of workers in the mining sector.

Details
The Directive lays down minimum standards with regard to the organisation and construction of workplaces, the safety and maintenance of electrical equipment, protection against risks of explosion, fire, noxious atmospheres, etc. The employer will have to make sure that a so-called "safety and health" document is drawn up and kept up to date. Workers must receive appropriate training prior to commencement of the work. Workplaces will have to comply with the list of minimum safety and health requirements as laid down in the Annex to the Directive. These requirements relate to mechanical and electrical equipment, maintenance, protection from explosion risks, harmful atmospheres and fire hazards, traffic routes, outdoor workplaces, sanitary installations, etc.

Date of implementation
This Directive entered into force on 3 December 1994.

MACHINERY

Official title
Council Directive of 14 June 1989 on the approximation of the laws of the Member States relating to machinery.

Reference
Council Directive 89/392/EEC; OJ L183, 29.6.89.

Amendments
Directive 91/368/EEC; OJ L198, 22.7.91.

Impact
The Directive applies to machinery which shall satisfy the essential health and safety requirements set out in Annex I to the Directive.

Details
Annex I provides for safety principles and mandatory guidelines for the following machinery: control systems and devices; protection against mechanical hazards; required characteristics of guards and protection devices; protection against other hazards; maintenance; warning devices; and other indicators. In addition, it also provides for other requirements for certain categories of machinery, such as agri-foodstuffs, portable hand-held and/or hand-guided machinery, and wood machinery.

Article 1 defines the types of machinery that have been excluded from the scope of the Directive, such as: lifting equipment; mobile equipment, steam boilers, tanks and pressure vessels; firearms; radioactive sources forming part of a machine, etc. Machinery bearing the EC mark and accompanied by the EC declaration of conformity referred to in Annex II will have to be regarded as conforming to the essential health and safety requirements referred to in Article 3. In July 1991, a Directive amending the 1989 Directive was published, in order to include within the scope of the 1989 Directive specific health and safety requirements relating to risks due to either machinery mobility or its ability to lift loads.

Date of implementation
The Member States had to apply these provisions with effect from 31 December 1992.

MACHINES, EQUIPMENT AND INSTALLATIONS

Official title

5.34 Council Directive of 30 November 1989 concerning the minimum safety and health requirements for the use of work equipment by workers at work (second individual Directive within the meaning of Article 16(1) of Directive 89/391/EEC).

Reference
Council Directive 89/655/EEC; OJ L393, 30.12.89.

Amendments
None.

Impact

This Directive lays down minimum safety and health requirements for the use of work equipment, meaning any machine, apparatus, tool or installation used by workers at work.

Details

Employers shall take measures necessary to ensure that work equipment made available to workers in the undertaking and/or establishment is suitable for the work to be carried out or properly adapted for that purpose and may be used by workers without impairment to their safety or health. When the use of work equipment is likely to involve a specific risk to the safety or health of workers, the employer shall take measures necessary to ensure that:

- the use of work equipment is restricted to those persons given the task of using it; and
- in the case of repairs, modifications, maintenance or servicing, the workers concerned are specifically designated to carry out such work.

The employer, furthermore, has to make sure that workers have at their disposal adequate information and, when appropriate, written instructions on the work equipment used at work. The information and the written instructions must contain at least adequate safety and health information concerning:

- the conditions of use of work equipment;
- foreseeable abnormal situations; and
- the conclusions to be drawn from experience, where appropriate, in using work equipment.

Date of implementation

The Member States had to comply with the provisions of this Directive by 31 December 1992.

DISPLAY SCREEN EQUIPMENT

Official title

Council Directive of 29 May 1990 on the minimum safety and health requirements for work with display screen equipment (fifth individual Directive within the meaning of Article 16(1) of Directive 89/391/EEC).

Reference

Council Directive 90/270/EEC; OJ L156, 21.6.90.

Amendments

None.

Impact

This Directive lays down minimum requirements for work with display screen equipment.

Details

Originally published as part of a package of proposals extending the scope of Directive 80/1107/EEC (see para **5.19** above), this Directive now goes forward as an individual Directive under Directive 89/391/EEC (fifth individual Directive on measures to improve health and safety at work).

Employers are obliged to perform an analysis of work stations in order to evaluate the safety and health risks to workers. Advance information as to possible ill-effects of use will be obligatory.

Workers shall be entitled to an appropriate eye and eyesight test carried out by a person with the necessary capabilities:

- before commencing display screen work;
- at regular intervals thereafter; and
- if they experience visual difficulties which may be due to display screen work.

The worker shall be provided with special glasses tested for the work concerned if an ophthalmological examination shows that they are required, and glasses intended for normal purposes cannot be used.

The range of equipment excluded from the provisions of this Directive includes: "drivers'" cabs or control cabs for vehicles or machinery; computer systems on board a means of transport; "portable" systems not in prolonged use at a work station; computer systems mainly for public use; calculators; cash registers; and typewriters.

Work stations put into service at any time after the entry into force of this Directive shall take into account the minimum requirements laid down in the Annex. Existing work stations were to be adapted to comply with those minimum requirements by 31 December 1992. Workers using display screen equipment shall receive training both before starting work of this type, and whenever the organisation of the work station is modified. Daily working time of display screen equipment shall be divided-up appropriately by the employer. The Directive requires Member States to report on implementation of these provisions every four years.

Date of implementation

This Directive was to be implemented by 1 January 1993.

PERSONAL PROTECTIVE EQUIPMENT

Official title

5.36 Council Directive of 30 November 1989 on the minimum safety and health requirements for the use by workers of personal protective equipment at

EMPLOYMENT 5.36

the workplace (third individual Directive within the meaning of Article 16(1) of Directive 89/391/EEC).

Reference
Council Directive 89/656/EEC; OJ L393, 30.12.89.

Amendments
Corrigendum; OJ L59, 6.3.91.
Council Directive 93/95/EEC; OJ L276, 9.11.93.

Impact
The Directive lays down the minimum health and safety requirements for the use by workers of personal protective equipment at the workplace. These relate to the employer's obligations, the informing of and consultation with workers, and the assessment of equipment.

Details
Personal protective equipment is defined as all equipment designed to be worn or held by workers to protect them against one or more hazards likely to endanger their safety and health at work, and any addition or accessory designed to meet this objective. A list of excluded items is given in Section I, Article 2. Personal protective equipment is to be used when the risks cannot be avoided or sufficiently limited by technical means of collective protection or by measures, methods or procedures of work organisation. Employers' obligations are set out in Section II. Equipment must comply with Community provisions on design and manufacture with respect to safety and health. It should be appropriate for the risks involved, without increasing them, to ensure that it corresponds to existing conditions at the workplace, takes into account economic requirements and the worker's state of health, and fits correctly after any necessary adjustment.

Further provisions cover multiple use of protective equipment, criteria for determining conditions of use, maintenance, repair, replacement and hygiene, information and education. The employer is required to assess whether the equipment satisfies the above requirements.

Member States must ensure that general rules for the use of equipment and/or rules covering cases or situations where the employer must provide such equipment are established, and that employers' and workers' organisations are consulted. Annex I sets out a specimen risk survey table; Annex II gives a non-exhaustive list of items of personal protective equipment; and Annex III gives a non-exhaustive list of circumstances requiring the use of such equipment. A corrigendum was published in OJ L59, 6.3.91, which makes linguistic change to the text.

Date of implementation
Member States were required to implement these provisions by 31 December 1992. The 1993 amendment changes the implementation date

of Directive 89/656/EEC. It obliges Member States to allow, until 30 June 1995, the placing on the market and putting into service of personal protective equipment in conformity with the national regulations in force on their territory on 30 June 1992.

HEAVY LOADS

Official title

5.37 Council Directive of 29 May 1990 on the minimum health and safety requirements for the manual handling of loads where there is a risk particularly of back injury to workers (fourth individual Directive within the meaning of Article 16(1) of Directive 89/391/EEC).

Reference

Council Directive 90/269/EEC; OJ L156, 21.6.90.

Amendments

None.

Impact

This Directive lays down the minimum health and safety requirements for the manual handling of loads where there is a risk particularly of back injury to workers.

Details

Where the manual handling of a heavy load cannot be avoided, the employer must provide workers with such means as to reduce the risk involved in the manual handling of such loads, having regard to Annex I, which lays down the reference factors.

Workers must be given proper training and information on the risks which they incur when carrying out activities which may cause back injury if they are not done correctly.

Date of implementation

Member States will have to comply with this Directive by 31 December 1992.

SAFETY, HYGIENE AND HEALTH PROTECTION ADVISORY COMMITTEE

Official title

5.38 Council Decision of 27 June 1974 on the setting up of an Advisory Committee on Safety, Hygiene and Health Protection at Work.

Reference
Council Decision 74/325/EEC; OJ L185, 9.7.74.

Amendments
Decision 74/326/EEC; OJ L185, 9.7.74.

Impact
The Committee is given the task of assisting the European Commission in the preparation and implementation of legislation covering all aspects of this field, with the exception of mines and nuclear energy.

Date of implementation
This Decision came into force on 14 July 1974.

FIRST ACTION PROGRAMME

Official title
Council Resolution of 29 June 1978 on an action programme of the European Communities on safety and health at work.

Reference
Council Resolution 378 Y 0711(01); OJ C165, 11.7.78.

Amendments
None.

Impact
This Resolution outlines the need for specific programmes to protect workers against dangerous substances and accidents, to monitor workers at high risk and to establish safety training and information schemes.

Date of implementation
This Resolution is a political statement only. It is neither binding nor enforceable.

SECOND ACTION PROGRAMME

Official title
Council Resolution of 27 February 1984 on a second programme of action of the European Communities on health and safety at work.

Reference
Council Resolution 384 Y 0308(02); OJ C67, 8.3.84.

Amendments

None.

Impact

This Resolution outlines the need to continue the specific programmes set out in the first action programme (see para **5.39** above) and adds the need for the development of data on mortality and accidents at work, research into health and safety at work and collaboration with other international organisations in this area.

Date of implementation

This Resolution is a political statement only. It is neither binding nor enforceable.

SAFETY, HYGIENE AND HEALTH AT WORK

Official title

5.41 Council Resolution of 21 December 1987 on safety, hygiene and health at work.

Reference

Council Resolution 388 Y 2801; OJ C28, 3.2.88.

Amendments

None.

Impact

Sets an agenda for the European Commission to draw up proposals aimed at better protecting the health of workers in the workplace.

Date of implementation

This Resolution is a political statement only. It is neither binding nor enforceable.

IMPROVEMENT OF INFORMATION ON SAFETY, HYGIENE AND HEALTH AT WORK

Official title

5.42 Commission Decision of 24 February 1988 providing for the improvement of information on safety, hygiene and health at work.

Reference

Commission Decision 88/383/EEC; OJ L183, 14.7.88.

Amendments
None.

Impact
Member States must notify the European Commission of any legislation they have in relation to health and safety at work. This Decision also provides for the setting up of an Advisory Committee.

Date of implementation
This Decision came into force on 24 February 1988.

IMPROVEMENTS IN THE SAFETY AND HEALTH OF WORKERS AT WORK

Official title
Council Directive of 12 June 1989 on the introduction of measures to encourage improvements in the safety and health of workers at work.

Reference
Council Directive 89/391/EEC; OJ L183, 29.6.89.

Amendments
None.

Impact
This framework Directive aims to improve the safety and health of workers in the workplace by laying down minimum requirements to harmonise conditions throughout the Community.

Details
Article 16 designates this as the framework Directive for a package of further proposals to be adopted. These proposals cover protection from exposure to biological agents, carcinogens, personal protective equipment, risks of back injury, machines, equipment and installations, visual display units, and minimum health and safety requirements in the workplace (see proposed health and safety legislation below at para **5.44**). Further proposals in the fields of temporary or mobile work sites, and fisheries and agriculture, are expected.

The Directive concerns the prevention of occupational risks, the protection of safety and health and the informing, consultation and training of workers. The employer is required to ensure adequate protection from risk and provide information, training and resources to this end. Workers will be consulted, in advance, on all measures taken. Workers will also be obliged to ensure reasonable care for their own safety and that of their fellow workers.

The original proposal was amended twice, and the additional provisions have been incorporated into this Directive to take into account the need for improved prevention measures, extending, in certain cases, to persons residing with workers. Balanced participation between employers, workers and workers' representatives is stressed, together with the need for development of information, dialogue and negotiations on health and safety issues.

The aim of improved health and safety should not be subordinated to purely economic considerations; nor should these provisions be used to justify reductions in existing levels of protection.

Employers and workers' representatives exercising participation rights under this Directive would be obliged to keep themselves informed of the latest advances in workplace design. Adequate consideration must be given by the employer to design, choice of work equipment and working and production methods.

Employers will not be held liable for events due to unfamiliar, abnormal or unforeseeable circumstances. Emphasis is laid on the fact that every worker has a duty, in accordance with the instructions given by the employer, to take care of his own safety and health, as well as that of all other persons affected by his acts or omissions at work. However, particularly high-risk groups, such as pregnant women and nursing mothers, must be protected against dangers affecting them specifically. The disabled must be able to perform their work without additional strain or risk.

It is stressed that workers and their representatives have a right to act on their own initiative and may, for example, call in the appropriate authority to make inspections or lend support if measures appear to be inadequate. In such cases, workers or their representatives should attend all visits and inspections.

Employers are now required to draw up reports on occupational illnesses suffered by workers, as well as on occupational accidents. Workers with specific functions for the protection of safety and health of workers at work, and workers' representatives, may call upon the employer to take appropriate measures and submit relevant proposals by means of which all risks to workers may be reduced and/or sources of danger eliminated.

Date of implementation

Member States are required to implement the provisions of this Directive by 31 December 1992.

MINIMUM SAFETY AND HEALTH REQUIREMENTS IN THE WORKPLACE

Official title

5.44 Council Directive of 30 November 1989 concerning the minimum safety

EMPLOYMENT 5.44

and health requirements for the workplace (first individual Directive within the meaning of Article 16(1) of Directive 89/391/EEC).

Reference

Council Directive 89/654/EEC; OJ L393, 30.12.89.

Amendments

None.

Impact

This Directive requires that all workplaces must be free from health and safety risks to the workers.

Details

This is the first individual Directive provided for in Article 16(1) of Directive 89/391/EEC (see para **5.43** above). Employers are required to ensure:

- that traffic routes to emergency exits and the exits themselves are kept clear for immediate use;
- that the necessary technical maintenance of the workplace is carried out and that any faults found are rectified as quickly as possible. If the faults entail a serious and immediate risk and cannot be rectified immediately, work must be stopped;
- that the workplace is cleaned to an adequate level of hygiene; and
- that the safety equipment intended to prevent or eliminate hazards is maintained and checked regularly.

The minimum requirements have also been defined in the Annex to the proposal. The Directive would not apply to means of transport, temporary or mobile work sites, extractive industries, fishing boats, and fields, woods and other land forming part of an agricultural or forestry undertaking.

Additional measures introduced provide for checks by public authorities on compliance with the minimum requirements for design, construction and organisation of the workplace. The provisions complement the technical harmonisation programme.

Workers or their representatives shall be able to request their employers to take appropriate measures to guarantee health and safety protection at the workplace, and to eliminate potential hazards. Annex I to the Directive provides a list of minimum safety and health requirements for workplaces used for the first time. Annex II provides a list of minimum safety and health requirements for workplaces already in use. They relate generally to emergency exits, fire detection and fire-fighting, ventilation of enclosed workplaces, room temperatures, natural and artificial room lighting, floors, ceilings, roofs and walls, windows and skylights, doors, gates and automatic doors, traffic routes, escalators, loading ramps, room dimensions, rest rooms, sanitary equipment, first-aid installations, handicapped persons and outdoor workplaces.

Date of implementation

All Member States, except Greece, had to comply with the provisions of this Directive by 31 December 1992. The date applicable to Greece was 31 December 1994.

HEALTH AND SAFETY – PART-TIME WORKERS

Official title

5.45 Council Directive of 25 June 1991 supplementing the measures to encourage improvements in the safety and health at work of workers with a fixed-duration employment relationship or a temporary employment relationship.

Reference

Council Directive 91/383/EEC; OJ L206, 29.7.91.

Amendments

None.

Impact

The purpose of the Directive is to ensure that workers with a fixed-duration or temporary employment relationship are afforded, as regards safety and health at work, the same level of protection as that of other workers in the same undertaking and/or establishment.

Details

The Directive covers employment relationships governed by a fixed-duration contract of employment concluded directly between the employer and the worker, where the end of the contract is established by objective conditions, such as reaching a specific date, completing a specific task or the occurrence of a specific event. The Directive also covers temporary employment relationships between a temporary employment business which is the employer and the worker, where the latter is assigned to work for and under the control of an undertaking and/or establishment making use of his services.

Member States are required to ensure that the assignment contract of the temporary worker specifies the occupational qualification required, or special medical surveillance required, as defined in national legislation. Furthermore, the worker needs to be informed of any increased specific risks that the job may entail.

Before a worker with a "fixed-duration" or "temporary employment" contract takes up any activity requiring special occupational qualifications, skills or special medical supervision, he or she should be informed by the prospective employer of the risks he or she faces and should receive appropriate training where necessary.

Date of implementation

Member States were required to implement these provisions by 31 December 1992 at the latest.

EUROPEAN AGENCY – HEALTH AND SAFETY

Official title

Council Regulation of 18 July 1994 establishing a European Agency for Safety and Health at Work.

Reference

Council Regulation 2063/94; OJ L216, 20.8.94.

Amendments

None.

Impact

The European Agency for Safety and Health at Work aims to provide the Community bodies, the Member States and those involved in the field, with the technical, scientific and economic information of use in the field of safety and health at work. It will be located in Bilbao, Spain.

Details

The Agency's role will be:
- to provide technical and scientific assistance for the formulation of measures in this field;
- to set up a network to exchange information and experiences and co-ordinate the activities of the organisations involved at Community level;
- to organize training courses for experts and instructors, and co-ordinate exchanges between experts;
- to ensure that national data on health and safety is comparable and to identify data that needs to be harmonised;
- to promote co-operation in monitoring the application of measures in the field of safety and health; and
- to co-operate with research and Community bodies in this field and with the World Health Organisation and International Labour Office.

The Agency would set up a network system in each Member State and it would be responsible for co-ordinating the various organisations and institutions in the dissemination of information in the field of safety at work.

Date of implementation

This Regulation entered into force on 9 September 1994.

YOUNG PEOPLE AT WORK

Official title

5.47 Council Directive of 22 June 1994 on the protection of young people at work.

Reference
Council Directive 94/33/EC; OJ L216, 20.8.94.

Amendments
None.

Impact
The Directive introduces minimum safeguards for the employment of young people, while maintaining employment flexibility.

Details
The Directive sets out to ensure a minimum level of protection of young workers under 18 years of age. The Directive seeks to find the correct balance between the definition of basic minimum provisions, which will prevent abuse, and the preservation of the flexibility of employment conditions. Employers would have to monitor young workers concerning exposure to certain professional risks – physical, chemical or biological agents, certain kinds of work and night work. The Directive does not target service activities, baby-sitting or work that is restricted to the family context.

Date of implementation
Member States will have to comply with the provisions laid down in this Directive no later than 22 June 1996. Alternatively, they must ensure that by that date, at the latest, the two sides of industry introduce the required provisions by means of collective agreements.

Proposed health and safety at work legislation

IONIZING RADIATION (2)

Official title

5.48 Amended Proposal for a Council Directive laying down the basic safety standards for the protection of the health of workers and the general public against the dangers arising from ionizing radiation.

Reference
Original proposal; OJ C245, 9.09.93.

Amendments

Amended proposal; OJ C224, 12.8.94.

Impact

The proposed Directive is aimed at ensuring the health and safety of the general public and, more specifically, workers who may, by virtue of their work, be exposed to ionizing radiation.

Details

The Directive would apply to any practice or intervention which involves a hazard from ionizing radiation. The Directive specifically targets certain activities, including the production, processing, handling, use, holding, storage, transport, placing on the market, export and disposal of radioactive substances. Also targeted are the operation of any electrical equipment emitting ionizing radiation and occupations which, by their very nature, expose people to natural radiation.

Unless a particular activity is exempted by the Directive expressly, all persons engaged in any of the activities mentioned above must notify the competent authority of the Member State in which it resides or has its seat. Prior authorisation is required for certain activities, such as the construction, operation and decommissioning of any undertaking of the nuclear fuel cycle and the use of accelerators, X-ray sets or radioactive sources for the exposure of persons for medical treatment or research. The deliberate addition of radioactive substances in the production of foodstuffs, toys, cosmetics and personal ornaments is outlawed. There are special rules governing the shipment of radioactive substances and the exposure to radioactive substances of persons under 18 years of age, pregnant women and nursing mothers. It establishes dose limits for exposure of workers, apprentices, students and the general population to radiation, and calls for the monitoring of workplaces that may be susceptible to radiation.

The proposed Directive provides for a system of classification of exposed workers based on certain criteria and the medical surveillance of exposed workers. There are special rules to deal with potential, accidental and emergency exposures. It obliges Member States to take every step to ensure that the health and safety of people are not compromised through the lack of enforcement of the provisions of this Directive.

The amended proposal lays down more specific rules regarding the specially authorised exposures. Subsequent exposure conditions for a worker who has exceeded dose limits as a result of a specially authorised exposure must be submitted to the approved medical practitioner or approved occupational health services for their agreement. The text now states that Member States must prohibit the dismissal of workers who have been subject to specially authorised exposures, except for reasons unrelated to the specially authorised exposure. Furthermore, controlled areas must be delineated. Access to those areas shall be limited; the placing of signs indicating the type of area and inherent hazards are obligatory; and the working conditions must be appropriate to the radiation hazard associated with the sources and the operations involved.

Proposed date of implementation

The proposed Directive, if adopted, would supersede Directives 76/579/Euratom and 80/836/Euratom and Regulation 93/1493/Euratom. The implementation date for the proposed Directive is set for 31 December 1994, but is likely to be postponed.

EXPOSURE OF WORKERS TO RISKS OF PHYSICAL AGENTS

Official title

5.49 Amended proposal for a Council Directive on the minimum health and safety requirements regarding the exposure of workers to the risks arising from physical agents.

Reference

Original proposal; OJ C77, 18.3.93.

Amendments

Amended proposal; OJ C230, 19.8.94.

Impact

The proposal sets out to reduce the level of exposure to physical agents, such as noise, vibrations and radiation, by incorporating preventive measures into design of workstations and places of work and by selecting equipment, procedures and methods so as to give priority to reducing the risks at source.

Details

The proposed Directive applies clearly to activities in which workers are likely to be exposed to physical agents as a result of their work. It does not apply to the health protection of workers against dangers arising from radiation covered by the Treaty establishing the European Atomic Energy Community. According to the Directive, physical agents are defined as audible acoustic fields, vibrations and electric or magnetic radiation. Employers would have to carry out regular assessments and measurements of physical agents present at the workplace. They would also have to take measures aimed at: reducing, or avoiding exposure to physical agents; informing their workers about health and safety risks relating to exposure to physical agents, especially once exposure exceeds the threshold level; and providing training, consultation and participation.

The Annexes to the Directive contain specific information as to the technical details to be complied with, with respect to noise, mechanical vibration, optical radiation, and fields and waves.

The amended proposal introduces a few minor textual changes to the original proposal. Furthermore, it obliges Member States to submit to the Commission, every two years, a survey of the derogations it has granted under this Directive, with the precise circumstances and reasons which have led to their being granted.

Proposed date of implementation
The Directive has a proposed implementation date of 1 January 1996.

EXPOSURE OF WORKERS TO RISKS OF CHEMICAL AGENTS

Official title
Amended proposal for a Council Directive on the protection of the health and safety of workers from risks related to chemical agents at work.

Reference
Original proposal; OJ C165, 16.6.93.

Amendments
Amended proposal; OJ C191, 14.7.94.

Impact
The proposal lays down minimum requirements for the protection of workers against risks to their health and safety arising, or likely to arise, from the effects of chemical agents that are present at the workplace or as a result of any work activity involving chemical agents.

Details
According to the proposal, employers must appoint a competent person, whose task is generally to ensure the health and safety of workers involved in activities with chemical agents. Employers must also be in possession of a so-called "safety and health document". This document shall identify any risks at work incurred by workers in activities involving chemical agents; avoid, detect and combat the starting and spread of fires and explosions; and prevent the occurrence of explosive and hazardous atmospheres.

This proposal, if adopted, will repeal, on the date it enters into force, the 1980 Directive on the protection of workers from the risks related to exposure to chemical, physical and biological agents at work, the 1982 Directive on exposure to metallic lead and its ionic compounds and the 1988 Directive on the banning of certain specified agents and/or certain work activities.

The Annex to the Directive lays down the minimum safety and health requirements for activities involving chemical agents. These relate to supervisory obligations, protective measures, safety equipment maintenance, health surveillance maintenance, etc.

All new activities involving chemical agents after the date on which the Directive enters into force will have to comply with the requirements laid down in this Annex. Activities existing on the date on which the Directive enters into force involving chemical agents must satisfy the conditions laid down in the Annex as soon as possible and, at the latest, five years after that date.

The amended proposal, apart from a few minor changes, relates mainly to Article 8 on occupational exposure limits and biological limit values.

Occupational exposure limits will be established after consultation of the Advisory Committee on Safety, Hygiene and Health Protection at Work, and are referred to in the Directive as occupational guidance values. Member States must inform workers' and employers' organisations of occupational guidance values. Member States must, in co-operation with these organisations, establish the time-scale required to bring national occupational exposure limits in line with the "European" occupational guidance values. For any chemical agent for which a limit value is established, Member States shall set up a corresponding national occupational exposure limit based on, but not exceeding, the Community minimum requirement.

Biological limit values will also be established after consulting the Advisory Committee on Safety, Hygiene and Health Protection at Work. For any chemical agent, Member States shall set up a corresponding national biological limit value based on, but not exceeding, the Community requirement.

Proposed date of implementation

Member States will have to comply with the provisions laid down in this Directive by 1 July 1996.

TRANSPORT ACTIVITIES AND WORKPLACES ON BOARD MEANS OF TRANSPORT

Official title

5.51 Proposal for a Council Directive concerning the minimum safety and health requirements for transport activities and workplaces on board means of transport. Individual Directive within the meaning of Article 16 of Directive 89/391/EEC.

Reference

Original proposal; OJ C25, 28.01.93.

Amendments

None.

Impact

This proposal lays down minimum health and safety requirements for transport activities and workplaces on board means of transport and transport activities.

Details

This proposal deals specifically with means of transport used outside the undertaking and/or the establishment and workplaces inside means of transport not included in the 1989 Directive on minimum safety and health requirements for the workplace.

Under the terms of the proposed Directive, employers would have to make sure that they comply with the safety standards as set out in the Annex to the proposal. These safety standards relate to: emergency routes; fire detection and fire-fighting; ventilation and enclosed workplaces; room temperature; workstations; handicapped workers; outdoor workplaces; danger areas; traffic routes; etc. Furthermore, the employer is obliged to take certain organisational measures applicable to the transport sector covering air transport, rail transport, water transport and road transport.

Proposed date of implementation

If adopted, the Directive would enter into force on 1 January 1995.

Equal treatment legislation

PAY

Official title

Council Directive of 10 February 1975 on the approximation of the laws of Member States relating to the application of the principle of equal pay for men and women.

Reference

Council Directive 75/117/EEC; OJ L45, 19.2.75.

Amendments

None.

Impact

The Directive was intended to speed up full implementation of the principle of equal pay for men and women doing equal work found in Article 119 of the EC Treaty.

Details

Member States shall abolish all discrimination between men and women arising from laws, regulations or administrative provisions which is contrary to the principle of equal pay, and introduce legal procedures to protect employees in accordance with this principle.

Date of implementation

Because Member States were slow to implement the principle of equal pay stated in the EC Treaty, the Council adopted this Directive, requiring implementation by 18 February 1976.

ACCESS TO TRAINING AND WORKING CONDITIONS

Official title

5.53 Council Directive of 9 February 1976 on the implementation of the principle of equal treatment for men and women as regards access to employment, vocational training, promotion and working conditions.

Reference

Council Directive 76/207/EEC; OJ L39, 14.2.76.

Amendments

None.

Impact

This Directive prohibits discrimination with regard to employment, vocational training, promotion and working conditions.

Details

Member States are required to abolish all laws which allow discrimination on the basis of sex, and marital and family status. They must provide for legal action in cases alleging discrimination.

Date of implementation

5.54 Member States were required to implement the provisions of this Directive within 30 months of the date of notification (*i.e.* by 13 August 1978). The equal opportunity Directives applied to Spain and Portugal immediately upon their accession.

STATUTORY SOCIAL SECURITY

Official title

Council Directive of 19 December 1978 on the progress of implementation of the principle of equal treatment for men and women in matters of social security.

Reference

Council Directive 79/7/EEC; OJ L6, 10.1.79.

Amendments
None.

Impact
This Directive ensures that no one is discriminated against on the ground of sex, and particularly by reference to marital or family status, as regards the coverage of and conditions of affiliation to social security schemes, the obligation to pay contributions and the way they are calculated, and the calculation of benefits and allowances, including extra amounts payable for the spouse and dependants.

Details
Member States are requested to take all measures necessary to ensure that collective agreements, staff rules of companies and all other arrangements related to occupational schemes meet the requirement of equal treatment. The programmes included are those established in collective agreements between employers or workers in an undertaking or trade union by company plans especially set up to benefit all or some workers and by associations of self-employed persons (*e.g.* doctors and lawyers).

The principle of equal treatment applies to those provisions in occupational schemes which determine the persons who may participate in such a scheme, lay down rules as regards age of entry, fix different retirement ages and set different levels of benefit and/or worker contribution.

Member States are to ensure that provisions contrary to the principle of equal treatment in legally compulsory collective agreements, staff rules of undertakings or any other arrangements relating to occupational schemes are null and void, or may be declared null and void or amended.

Rights and obligations deriving from an occupational scheme prior to revision remain valid. Member States may defer compulsory application of the principle of equal treatment with regard to the determination of pensionable age either until the date equality is achieved in statutory schemes or until such equality is required by a Directive. Application of the Directive to survivors' pensions may also be deferred until a Directive requires the principle of equal treatment in statutory social security schemes in that regard.

Member States are to introduce into their national legal systems a judicial remedy to enable all persons who consider themselves affected by failure to apply the principle of equal treatment to pursue their claims. Member States must protect the worker against dismissal where this results from a complaint concerning equal treatment as regards occupational schemes.

Date of implementation
Member States were to comply with the Directive by 30 January 1985. Provisions of existing schemes which are contrary to the principle of equal treatment were to be revised by 1 January 1993.

OCCUPATIONAL SOCIAL SECURITY SCHEMES

Official title

Council Directive of 24 July 1986 on the implementation of the principle of equal treatment for men and women in occupational social security schemes.

Reference

Council Directive 86/378/EEC; OJ L225, 12.8.86.

Amendments

None.

Impact

This Directive ensures the implementation of the principle of equal treatment for men and women in occupational social security schemes.

Details

This Directive extends the scope of Directive 79/7/EEC to occupational schemes aimed at providing workers in the following sectors with benefits intended to supplement or replace the benefits provided by statutory social security schemes:

- whether the workers are employees or the self-employed;
- in an undertaking or group of undertakings, an area of economic activity or occupational sector or group of such sectors.

Application is restricted to occupational schemes providing protection against sickness, invalidity, old age including early retirement, industrial accidents and occupational diseases and unemployment, as well as other social benefits if accorded to employed persons as a consideration by reason of employment. This Directive will apply whether membership of such schemes is compulsory or optional.

Discrimination on the basis of sex is prohibited, especially as regards:

- the scope of the schemes and conditions of access to them;
- the obligation to contribute and the calculation of contributions; and
- the calculation of benefits, including supplementary benefits due in respect of a spouse or dependants, and the conditions governing the duration and retention of entitlement to benefits.

Details of prohibited discriminatory measures are set out in Article 6 of the Directive, and include:

- different rules as regards participation and age of entry into an occupational scheme;
- fixing different retirement ages, or levels of benefits;
- suspending the acquisition or retention of rights during maternity leave.

Member States are required to take all necessary measures to eliminate discriminatory provisions from collective agreements. Member States were further required to take all necessary steps to ensure that occupational schemes contrary to the principle of equal treatment were revised by 1 January 1993, with a limited derogation in respect of some pension provisions "either until the date on which such equality is achieved in statutory schemes, or, at the latest, until such equality is required by a Directive".

Date of implementation
Member States were required to implement the provisions of this Directive by 29 July 1989.

ADVISORY COMMITTEE – EQUAL OPPORTUNITIES

Official title
Commission Decision of 9 December 1982 relating to the setting up of an Advisory Committee on Equal Opportunities for Women and Men.

Reference
Commission Decision 82/43/EEC; OJ L20, 28.1.82.

Amendments
None.

Date of implementation
The Decision entered into force on 1 January 1982.

FIRST ACTION PROGRAMME – EQUAL OPPORTUNITIES FOR WOMEN

Official title
Council Resolution of 12 July 1982 on the promotion of equal opportunities for women.

Reference
Council Resolution 382 Y 0271 (02); OJ C186, 21.7.82.

Amendments
None.

Impact
This action programme ensures observance of the principle of equal treatment for men and women and the promotion of equal opportunities in practice by positive measures.

Date of implementation

This Resolution is a political statement only. It is neither binding nor enforceable.

EQUAL OPPORTUNITIES FOR WOMEN

Official title

5.58 Second Council Resolution of 24 June 1986 on the promotion of equal opportunities for women.

Reference

Council Resolution 386 Y 0812(02); OJ C203, 12.8.86.

Amendments

None.

Impact

The Resolution calls for the intensification of efforts towards achieving genuine equality for women as set out in the Community programme on equal opportunities for women (1986–90).

Details

The above programme was published on 19 December 1985 (COM(85) 801 final and Corrigendum COM(85) 801/2 final 8.1.86). The programme was established to ensure that the work of the previous programme 1982–85 was continued. The amount of work remaining to be done in the field led to the European Commission submitting a second action programme to pursue current initiatives and respond to new economic and social challenges.

The second programme deals with a number of actions concerning the employment of women, particularly those directed towards equal opportunities in the new technologies. The European Commission also proposed actions in favour of a more equal sharing of family responsibilities. Campaigns for information and increasing awareness should be given particular notice.

The programme identifies the responsibilities of the different parties involved (the Community, national and regional authorities) and underlines the need for intensive co-operation.

The Resolution calls for the intensification of efforts in support of this programme.

Date of implementation

This Resolution is a political statement only. It is neither binding nor enforceable.

EMPLOYMENT

EQUAL TREATMENT FOR THE SELF-EMPLOYED

Official title
Council Directive of 11 December 1986 on the application of the principle of equal treatment as between men and women engaged in an activity, including agriculture, in a self-employed capacity, and on the protection of self-employed women during pregnancy and motherhood.

Reference
Council Directive 86/613/EEC; OJ L359, 19.12.86.

Amendments
None.

Impact
This Directive requires the Member States to apply the principle of equal treatment in the self-employed sector.

Details
The Directive extends the principle of equal treatment contained in Directives 76/207/EEC and 79/7/EEC (see paras **5.53** and **5.54** above) to men and women engaged in or contributing to the pursuit of an activity in a self-employed capacity.

Self-employed persons are to benefit from equal treatment especially in relation to establishing, equipping or extending any form of self-employed activity, including financial facilities.

Article 5 of the Directive provides that restrictions on spouses forming companies should be removed so that they do not find it more difficult than others to form a company.

Under specified conditions, spouses of self-employed workers should be entitled to join a contributory social security system voluntarily.

As regards payment for work done by spouses and the protection of self-employed women during pregnancy and motherhood, Member States undertake to examine under what conditions measures may be feasible.

An important aspect of the Directive is that Member States are to introduce into their national legal systems measures enabling the self-employed to seek judicial redress for failure to apply the principle of equal treatment.

Date of implementation
This Directive entered into force on 30 June 1989.

COUNCIL CONCLUSIONS – PROTECTIVE LEGISLATION FOR WOMEN

Official title

5.60 Council conclusions of 26 May 1987 on protective legislation for women in the Member States of the European Community.

Reference

Council conclusions 87/C 178/04; OJ C178, 7.7.87.

Amendments

None.

Impact

These conclusions request that Member States, and both sides of industry, undertake a review of all current protective legislation for women.

Date of implementation

These conclusions are a political statement only. They are neither binding nor enforceable.

DIGNITY OF MEN AND WOMEN AT WORK

Official title

5.61 Commission Recommendation of 27 November 1991 on the protection of the dignity of men and women at work.

Reference

Commission Recommendation 92/131/EEC; OJ L49, 24.2.92.

Amendments

None.

Impact

This Recommendation calls upon the Member States to promote the awareness that sexual harassment is unacceptable and may, in certain circumstances, be contrary to the principle of equal treatment.

Details

The Recommendation provides the basis for a definition of such unwanted conduct and should help to ensure that the problem is dealt with effectively at national level and under existing law. Conduct of a sexual nature, or other conduct which is based on sex affecting the dignity of men and women at work, including conduct of superiors and colleagues, is unacceptable, if:

- such conduct is unwanted, unreasonable and offensive to the recipient;
- such conduct is used explicitly or implicitly as a basis for a decision which affects that person's access to vocational training, access to employment, promotion, salary or any other employment decision;
- such conduct creates an intimidating, hostile or humiliating work environment for the recipient.

A Code of Practice, annexed to the Recommendation, contains guidelines for employers, trades unions and workers on the ways of preventing sexual harassment at work. According to the Code, employers have a responsibility to seek to ensure that the work environment is free from such conduct. Sexual harassment is considered to be a form of employee misconduct and a risk to health and safety. Employers, therefore, have a responsibility to take steps to minimise the risks, as they do with other hazards. The Code of Practice sets out clear recommendations to employers on how to prevent sexual harassment.

Date of implementation
This Recommendation is a political statement only. It is neither binding nor enforceable.

CHILD CARE

Official title
Council Recommendation of 31 March 1992 on child care.

Reference
Council Recommendation 92/241/EEC; OJ L123, 8.5.92.

Amendments
None.

Impact
This Recommendation sets out a series of initiatives aimed at enabling parents to reconcile more readily their professional, family and educational responsibilities.

Details
The Recommendation concerns not only the provision of good quality services providing care for children, but also measures to enable parents to take up those services, such as flexible working hours and the sharing of family responsibilities more equally between men and women. The services to be provided should be flexible, local and multi-functional. It is recommended that Member States take measures in four areas:
- the provision of care for children while parents are employed in education or in training;

- leave arrangements for employed parents;
- the environment, structure and organisation of the workplace; and
- the sharing of family responsibilities arising from the care and upbringing of children between men and women.

Child care facilities may be created as a result of private and public, individual or collective initiatives. Measures aimed at helping parents to devote more time to their children may arise from laws, collective agreements or businesses.

Date of implementation

This Recommendation is a political statement only. It is neither binding nor enforceable.

PROTECTION AT WORK OF PREGNANT WOMEN

Official title

5.63 Council Directive of 19 October 1992 concerning the protection at work of pregnant women or women who have recently given birth and women who are breast-feeding (tenth individual Directive within the meaning of Article 16(1) of Directive 89/391/EEC).

Reference

Council Directive 92/85/EEC; OJ L348, 28.11.92.

Amendments

None.

Impact

This Directive sets out to ensure better working conditions for pregnant women, women who have recently given birth and women who are breast-feeding.

Details

Member States are required to ensure that pregnant workers are protected against risks arising at work. Where necessary working conditions and/or working hours shall be adapted to safeguard the health and safety of pregnant and breast-feeding women. For instance, an alternative to night work should be found for women workers before and after childbirth for a period of at least 16 weeks.

Similarly, Member States shall ensure that pregnant women are not engaged in activities which would expose them to certain agents or processes which are listed in the Annexes. Pregnant women will also be allowed an uninterrupted period of at least 14 weeks' leave (commencing before and ending after delivery) from work on 80% pay and/or a corresponding allowance. There will be no diminution of employment rights because of this.

Date of implementation
This Directive comes into force on 19 October 1994.

EQUAL OPPORTUNITIES – EUROPEAN STRUCTURAL FUNDS

Official title
Council Resolution of 22 June 1994 on the promotion of equal opportunities for men and women through action by the European Structural Funds.

Reference
Council Resolution; 94/C231/01 OJ C231, 20.8.94.

Amendments
None

Impact
This Resolution by the Council aims at ensuring that proper account is taken of promoting the principle of equal opportunities for men and women on the labour market in measures (co-)financed by the European Structural Funds, in particular the European Social Fund.

Details
By way of this Resolution, the Council invites Member States to help ensure that specific measures targeted at women are laid down with appropriate financial appropriations, with the aim of improving the position of women. It also aims at improving the position of women, and to promote at local, regional, national and transnational level, equal opportunities for men and women in every sector of economic activity and in all areas linked directly or indirectly to the labour market.

The Commission is invited by the Council to continue its efforts to put into effect the policy of promoting equal opportunities for men and women through action by the European Structural Funds, in particular by the European Social Fund and Community initiatives.

Date of implementation
This Resolution is a political statement only. It is neither binding nor enforceable.

Proposed equal treatment legislation

PARENTAL LEAVE

Official title

5.65 Proposal for a Council Directive on parental leave for family reasons.

Reference
Original proposal; OJ C333, 9.12.83.

Amendments
Amended proposal; OJ C316, 27.11.84.

Impact
Aims to establish formal entitlement to leave for pressing family reasons such as the birth or adoption of a child.

Details
The amended proposal extends the provisions to cover step-parents and persons acting in the place of parents. The amended proposal stipulates that both parents may not take parental leave at the same time.

The proposal is currently not receiving any attention from Community Institutions, a situation that is likely to continue as long as the United Kingdom remains totally opposed to its adoption.

Proposed date of implementation
The proposal states that Member States will have to implement the provisions of this Directive within two years from the date of notification.

STATUTORY AND OCCUPATIONAL SOCIAL SECURITY

Official title

5.66 Proposal for a Council Directive completing the implementation of the principle of equal treatment for men and women in statutory and occupational social security schemes.

Reference
Original proposal; OJ C309, 19.11.87.

Amendments
None.

Impact
This proposed Directive seeks to complete the implementation of the principle of equal treatment for men and women in matters of social

security not covered by Directives 79/7/EEC and 86/378/EEC (see paras **5.54** and **5.55** above).

Details

The Directive would extend the principle of equal treatment to:
- the provisions of statutory schemes concerning survivors' benefits and family benefits;
- the corresponding provisions of occupational schemes (including those concerning the family benefits of occupational schemes for self-employed workers); and
- the areas being excluded or deferred by Directives 79/7/EEC and 86/378/EEC.

Proposed date of implementation

The proposal states that Member States will have to implement the provisions of this Directive within four years from the date of notification. No progress is expected to be made on this proposal in the near future.

EQUAL PAY AND EQUAL TREATMENT – BURDEN OF PROOF

Official title

Proposal for a Council Directive on the burden of proof in the area of equal pay and equal treatment for women and men.

Reference

Original proposal; OJ C176, 5.7.88.

Amendments

None.

Impact

This proposal places the burden of proof on the party against whom discrimination is alleged.

Details

When any person, at any stage of the judicial proceedings, establishes a presumption of discrimination, it shall be for the respondent to prove that there has been no contravention of the principle of equality. Member States are required to take necessary measures to ensure its application. It is not likely that much progress will be made in the near future on this proposal.

Proposed date of implementation

The proposal states that Member States will have to implement the provisions of this Directive within three years from the date of its notification.

Legislation on the organisation of working time

FORTY-HOUR WEEK

Official title

5.68 Council Recommendation of 22 July 1975 on the principle of the 40-hour week and the principle of four weeks' annual paid holiday.

Reference
Council Recommendation 75/457/EEC; OJ L199, 30.7.75.

Amendments
None.

Impact
Recommends that Member States adopt legislation regarding working hours and paid holiday allowances.

Details
This Recommendation requests Member States to implement legislation which establishes:

- a maximum 40-hour working week; and
- a minimum standard of four weeks' paid holiday.

These provisions, according to the Recommendation, should apply to all workers, with the exception of excluded sectors and those subject to public law.

Date of implementation
This Recommendation is a political statement only. It is neither binding nor enforceable.

ADOPTION OF WORKING TIME

Official title

5.69 Council Resolution of 18 December 1979 on the adoption of working time.

Reference
Council Resolution 380 Y 0104(01); OJ C2, 4.1.80.

Amendments
None.

Impact
This Resolution lays down guidelines for actions in various areas concerning adoption of working time.

Details

The Resolution provides guidelines in the following fields:

- linked work and training;
- overtime;
- flexible retirement;
- part-time work;
- temporary work;
- shift work; and
- annual working time.

The Council also requested that the European Commission and representatives of employers and workers take further specific action in this field to lead to the formulation of a Community approach.

Pursuant to this Resolution, in July 1980 the European Commission forwarded to the Council, for the attention of the Standing Committee on Employment, three communications dealing respectively with part-time work, temporary work and flexible retirement. In 1981 and 1982, these were followed by proposals for Directives on voluntary part-time work and temporary work, together with a draft Recommendation concerning flexible retirement (see paras **5.71** and **5.73** below).

Date of implementation

This Recommendation is a political statement only. It is neither binding nor enforceable.

ORGANISATION OF WORKING TIME

Official title

Council Directive of 23 November 1993 concerning certain aspects of the organisation of working time.

Reference

Council Directive 93/104/EC; OJ L307, 13.12.93.

Amendments

None.

Impact

The Directive guarantees minimum periods of daily, weekly and annual rest periods for all workers including night and shift workers in the Community, so as to protect the health and safety of workers.

Details

Apart from the named exceptions, the Directive is intended to apply to all workers engaged in every activity, whether in the public or private sector. The Directive would also not apply where there is specific Community legislation governing certain occupations or occupational activities. "Working time" is defined as any period during which the worker is working, at the employer's disposal and carrying out his activity or duties, in accordance with national laws and/or practice. "Rest period" is defined as any period which is not working time. "Night time" is defined as any period of not less than seven hours, as defined by national law, and which must include, in any case, the period between midnight and 5 am. "Shift work" is defined as any method of organising work in shifts whereby workers succeed each other at the same workstations according to a certain pattern, including a rotating pattern, and which may be continuous or discontinuous, entailing the need for workers to work at different times over a given period of days or weeks.

Under the terms of the Directive, Member States are to ensure that every worker does not work more than 48 hours per week. Workers must be allowed a minimum daily rest of 11 consecutive hours per every 24-hour period and, in addition, an uninterrupted rest period of 24 hours for each working week. The preferred rest day of the Directive is Sunday. Where the working day is longer than six hours, every worker should be given a rest break. Employees who work for one full year are entitled to paid annual leave of at least four weeks. The period of paid annual leave may not be replaced by an allowance in lieu, except where the employment relationship is terminated. Whereas reference periods are allowed, they must not be arbitrary – that is, they must not exceed the periods stated in the Directive.

Under the Directive, employers are obliged to ensure the health and safety of all night and shift workers at all times. No night worker should be made to work more than eight hours in any 24-hour period, especially if the work involves special hazards or is strenuous either physically or mentally. Night workers must be given free health assessment before their assignment and thereafter at regular intervals. Member States may require an employer to give guarantees before recruiting people for certain night work where there is a potential risk to their health and safety. Where night work is not conducive for an employee, efforts should be made by the employer to give him day work.

Certain provisions of the Directive may be overridden by means of collective agreements or agreements concluded between the two sides of industry at national or regional level. This is without prejudice to the right of Member States to enact more favourable laws to protect the health and safety of workers.

Date of implementation

Member States are given the option not to implement certain provisions of this Directive, provided they adopt certain measures the results of which would not depart from the objectives of the Directive. Other than that, Member States are expected to implement this Directive by 23 November 1996.

RETIREMENT AGE

Official title
Council Recommendation of 10 December 1982 on the principles of Community policy with regard to retirement age.   5.71

Reference
Council Recommendation 82/857/EEC; OJ L357, 18.12.82.

Amendments
None.

Impact
Recommends that Member States adopt legislation ensuring flexible retirement rules.

Details
This Recommendation requests Member States to embrace the principle of flexible retirement. Specifically, the Council recommends that Member States should consider adopting the following provisions:

- all citizens within certain age limits should be free to retire and take their pension benefits; or
- that time of retirement be calculated not on age but on number of years of service.

The Council also recommends that Member States establish retirement preparation programmes.

Date of implementation
This Recommendation is a political statement only. It is neither binding nor enforceable.

RETIREMENT ARRANGEMENTS

Official title
Council Resolution of 30 June 1993 on flexible retirement arrangements.   5.72

Reference
Council Resolution 93/C188/1; OJ C188, 10.7.93.

Amendments
None.

Impact
In this Resolution, the Council notes the changed employment situation in recent years and the changes in age and composition of the workforce.

Furthermore, it emphasises the positive socio-economic contribution made by older employees and wishes to encourage a smooth transition from work to retirement (*e.g.* through appropriate adjustment of working conditions).

Details

Although the framing and implementation of a policy on flexible retirement arrangements is a matter for each Member State, the Council calls upon the Commission to:

- promote exchanges of information on pension and retirement schemes for older employees in the Community;
- inform the European Parliament and the Economic and Social Committee of the measures taken by the Member States in the implementation of this Resolution; and
- examine, following the communication of this information to the institutions concerned and in consultation with the Member States, whether other measures are needed.

Date of implementation

This Resolution is a political statement only. It is neither binding nor enforceable.

Proposed legislation on the organisation of working time

TEMPORARY WORK

Official title

5.73 Amended proposal for a Council Directive concerning temporary work.

Reference

Original proposal; OJ C128, 19.5.82.

Amendments

Amended proposal; OJ C133, 21.5.84.

Impact

This proposed Directive would increase the rights of temporary workers supplied by employment agencies and workers on fixed-duration contracts.

Details

The three principal aims of the proposed Directive are to protect temporary and fixed-contract workers by ensuring, as far as possible, that they enjoy the same rights as permanent employees, to protect the permanent workforce by preventing the misuse of temporary labour and to ensure that only reputable agencies can engage in the supply of temporary workers.

This Directive would impose the following restrictions:
- temporary workers from an employment agency could be used only in connection with a temporary reduction in the workforce or a temporary or exceptional increase of activity;
- temporary workers could not be recruited or used to perform the duties of employees on strike; and
- before having recourse to temporary workers, companies would have to communicate, in writing, relevant information to employee representatives.

If any progress is to be made in the adoption of this Directive a compromise will have to be found to satisfy those Member States, such as the United Kingdom, which deal with these questions through collective bargaining rather than through the introduction of national legislation.

Proposed date of implementation

The proposal states that Member States will have to implement the provisions of this Directive within two years following adoption.

Vocational training legislation

COMMON VOCATIONAL TRAINING POLICY

Official title
Council Decision of 2 April 1963 laying down general principles for implementing a common vocational training policy.

Reference
Council Decision 63/266/EEC; OJ 63, 20.4.63.

Amendments
None.

Impact
This Decision established a framework for a Community-wide approach to vocational training programmes.

Details
The Decision laid down 10 general principles for implementing a common vocational training policy, covering the fundamental objectives of the policy, the means of achieving these, the co-operation and exchange of experience between the Member States, progressive harmonisation of levels of training, and attention to the special problems concerning specified sectors of activity by specific categories of persons, etc.

Date of implementation
This Decision was notified on 20 April 1963.

EUROPEAN CENTRE FOR THE DEVELOPMENT OF VOCATIONAL TRAINING

Official title

5.75 Council Regulation (EEC) 337/75 of 10 February 1975 establishing a European Centre for the Development of Vocational Training.

Reference
Council Regulation 337/75; OJ L39, 13.2.75.

Amendments
None.

Impact
The Regulation lays down provisions regarding the organisation of the Centre, its objectives and means for the attainment of its objectives.

Date of implementation
This Regulation came into force on 16 February 1975.

VOCATIONAL TRAINING IN NEW INFORMATION TECHNOLOGIES

Official title

5.76 Council Resolution of 2 June 1983 concerning vocational training measures relating to new information technologies.

Reference
Council Resolution 383 Y 0625(01); OJ C166, 25.6.83.

Amendments
None.

Impact
This Resolution lays down guidelines for Member States and the Community with regard to vocational training in new information technologies.

Details
This Resolution has been adopted in accordance with the provisions of the EC Treaty (Arts 128 and 235).

Action in the vocational training field will be undertaken to promote the development of a common approach to the introduction of new information technologies which is responsive simultaneously to economic and technical needs and to the social effects which such technologies generate. Member States are urged to take measures necessary to fulfil these objectives and the European Commission is requested to take measures to support Member States' actions.

Date of implementation

This Resolution, adopted on 25 June 1983, is a political statement only. It is neither binding nor enforceable.

COMPARABILITY OF VOCATIONAL TRAINING QUALIFICATIONS

Official title

Council Decision of 16 July 1985 on the comparability of vocational training qualifications between the Member States of the European Community.

Reference

Council Decision 85/368/EEC; OJ L199, 31.7.85.

Amendments

None.

Impact

The Decision was designed to harmonise vocational training qualifications within the Community.

Details

The aim of enabling workers to make better use of their qualifications, in particular for the purpose of obtaining suitable employment in another Member State, shall require expedited common action by the Member States and the European Commission to establish the comparability of vocational training qualifications in the Community and improve information on the subject.

The Decision was adopted with the aim of implementing the eighth principle laid down by Council Decision 63/266/EEC (see para **5.74** above).

The European Commission has published two communications on the comparability of vocational training qualifications: (i) for the hotel and catering industry (OJ C166, 3.7.89); and (ii) for the motor vehicle repair sector (OJ C168, 3.7.89). In addition, an information sheet on the comparability of vocational training qualifications, established pursuant to this Decision, was published as OJ C209, 14.8.89.

The European Commission has published a further Communication on the comparability of vocational training qualifications for the print/media sector (OJ C295, 30.10.93). Among the occupations specifically covered are the following: graphic image reproducer; compositor; platemaker; printer; bookbinder/print finisher; hand bookbinder; packaging producer; photographer; photographic laboratory assistant; and film laboratory assistant.

A Communication in respect of the clerical administration, banking and insurance sectors has been updated (OJ C295, 30.10.93).

Date of implementation

This Decision does not specify any implementation date.

CONTINUING VOCATIONAL TRAINING FOR ADULT EMPLOYEES

Official title

5.78 Council conclusions of 15 June 1987 on the development of continuing vocational training for adult employees in undertakings.

Reference

Council conclusions 87/C 178/05; OJ C178, 7.7.87.

Amendments

None.

Impact

Calls for more efficient management of human resources through improved training programmes.

Details

The Council notes the European Commission's intention to propose a Community action programme for the development of continuing vocational training for adult employees. In order to achieve the maximum benefit from the investment in this project, the Community should continue its efforts to overcome a variety of obstacles and restraints, such as in the adjustment of working hours, which prejudice the successful implementation of this scheme.

Date of implementation

These conclusions, notified on 7 July 1987, are a political statement only. They are neither binding nor enforceable.

COMETT II

Official title

5.79 Council Decision of 16 December 1988 adopting the second phase of the programme on co-operation between universities and industries regarding training in the field of technology.

Reference
Council Decision 89/27/EEC; OJ L13, 17.1.89.

Amendments
None.

Impact
Launches a second-phase funding programme for technology training schemes.

Date of implementation
This Decision took effect on 1 January 1990 and runs until 1 January 1995.

CONTINUING VOCATIONAL TRAINING

Official title
Council Resolution of 5 June 1989 on continuing vocational training.

Reference
Council Resolution 89/C148/1; OJ C148, 15.6.89.

Amendments
None.

Impact
Calls upon Member States to promote and intensify measures in this sector.

Details
Continuing vocational training is seen as of significant strategic importance for the completion of the internal market.

The social and economic benefits of continuing access to such training, both for the employed and for business and industry, are such that the Council is promoting an extensive package of new measures to stimulate and improve efforts in this field.

As well as addressing Member States, the Council requests the European Commission to put forward an action programme, taking into account the opportunities afforded by the Structural Funds, in particular COMETT and the European Social Fund.

The European Commission is also required to submit a report on implementation of this Resolution not less than three years after the date of adoption of this Resolution.

Date of implementation

This Resolution, which was notified on 15 June 1989, is a political statement only. It is neither binding nor enforceable.

VOCATIONAL EDUCATION AND TRAINING IN THE 1990s

Official title

5.81 Council Resolution of 11 June 1993 on vocational education and training in the 1990s.

Reference

Council Resolution of 11 June 1993; OJ C186, 8.7.93.

Amendments

None.

Impact

In this Resolution, the Council considers that the quality of vocational education and training in the Member States should be strengthened in order to encourage continuing opportunities for individuals to develop their knowledge and skills and thus contribute to increased economic and social cohesion as well as to competitiveness of the European Communities.

Details

The Council stresses that with the establishment of the Internal Market on 1 January 1993, labour markets will, in years to come, be subject to constant changes and be more closely linked. This will intensify demands on educational and training policy. In its Resolution, the Council emphasises that Member States' policies on vocational education and training should:

- promote investment in vocational education and training;
- develop close links between school-based and enterprise-based vocational training;
- provide better opportunities for disadvantaged young people and adults to take advantage of recognised up-to-date practical vocational training;
- develop co-operation between national and local authorities, employers and unions, enterprises and others, on the updating of qualifications; and
- improve the quality of vocational education and training.

The Council invites the Commission to support the initiatives taken at national level by the Member States and the two sides of industry. The Commission should, among other things:

- strengthen transnational co-operation by reviewing the possibilities for students and trainees to undertake recognised training courses; and
- intensify transnational initiatives designed to promote information exchanges.

Date of implementation

This Resolution is a political statement only. It is neither binding nor enforceable.

ACCESS TO CONTINUING VOCATIONAL TRAINING

Official title

Council Recommendation of 30 June 1993 on access to continuing vocational training.

5.82

Reference

Council Recommendation 93/404/EEC; OJ L181, 23.7.93.

Amendments

None.

Impact

According to the Recommendation, every worker in the Community must be able to have access to continuing vocational training without any form of discrimination and to benefit therefrom throughout his or her working life.

Details

In its Recommendation, the Council recommends Member States to encourage undertakings to give priority to improving the quality and skills of their employees and to establish training plans and programmes. They should promote strategic planning and design and contribute to the greater effectiveness of training mechanisms and their capacity to respond to changes within the Community. The Council, furthermore, invites the Commission to:

- reinforce co-operation with the Member States;
- facilitate suitable exchanges of experience in and methods for significant innovations in continuing training; and
- support transfers of know-how between Member States.

The Council invites the Member States to provide the Commission with a report, by 30 June 1996, setting out the measures taken by Member States. The Commission will then submit an assessment report of these national reports to the European Parliament, the Council and the Economic and Social Committee.

Date of implementation

This Recommendation is a political statement only. It is neither binding nor enforceable. The Recommendation does not specify any implementation date.

COUNCIL CONCLUSIONS – VOCATIONAL TRAINING FOR WOMEN

Official title

5.83 Council conclusions of 26 May 1987 on vocational training for women.

Reference

Council conclusions 87/C 178/03; OJ C178, 7.7.87.

Amendments

None.

Impact

These conclusions have been adopted to ensure that specific efforts and measures already undertaken in the Member States are in keeping with the scale of the vocational training of women.

Date of implementation

These conclusions are a political statement only. They are neither binding nor enforceable.

VOCATIONAL TRAINING FOR WOMEN

Official title

5.84 Commission Recommendation of 24 November 1987 on vocational training for women.

Reference

Commission Recommendation 87/567/EEC; OJ L342, 4.12.87.

Amendments

None.

Impact

Seeks to extend existing provision for women by setting out guidelines for specific actions.

Details

Member States are recommended to adopt a policy designed to encourage the participation of young and adult women in training schemes, particularly for occupations where women are under-represented.

A number of measures are suggested, including: specialised guidance, training and placement services; the reorganisation of school, university and vocational guidance services so as to target women actively; more decentralised and widely distributed training and education facilities; the encouragement of girls to participate in higher education, particularly in technical and technological fields; the encouragement of girls and women to set up their own businesses or co-operatives by introducing special training schemes in financial management and facilities; the provision of adequate child-care facilities and financial incentives; the provision of specific courses for certain categories of women; etc.

Member States were required to inform the European Commission by 4 December 1990 of the Recommendation, of the measures taken to give effect to it.

Date of implementation

This Recommendation, notified on 4 December 1987, is a political statement only. It is neither binding nor enforceable.

LINKED WORK AND TRAINING FOR YOUNG PERSONS

Official title

Council Resolution of 18 December 1979 on linked work and training for young persons.

Reference

Council Resolution 380 Y 0103(01); OJ C1, 3.1.80.

Amendments

None.

Impact

This Resolution lays down guidelines both for the Community and Member States for measures to be carried out in the area of linked work and training for young persons.

Details

This Resolution has been adopted in accordance with the provisions of the EC Treaty (Arts 128 and 235).

The guidelines for the Member States set out the content and concept of linked work and training, supervision and recognition of training, remuneration and financial support, and working conditions and social protection. The guidelines for the Community request the European Commission to take various measures, including affording Member States all possible technical support and promoting the exchange of experience gained in this field.

Date of implementation

This Resolution, adopted on 3 January 1980, is a political statement only. It is neither binding nor enforceable.

VOCATIONAL QUALIFICATION OF YOUNG PEOPLE

Official title

5.86 Council Decision of 22 July 1991, amending Decision 87/569/EEC concerning an action programme for the vocational training of young people and their preparation for adult and working life (PETRA).

Reference

Council Decision 91/387/EEC; OJ L214, 2.8.91.

Amendments

None.

Impact

This programme was to be implemented by 1 January 1992 to support and supplement all measures at Community level for young people who wish to receive two or more years' vocational training.

Details

The programme is to last for a period of three years. ECU 177 million has been set aside to implement this programme. The European Commission now promotes vocational training or work experience placements abroad for young people, joint training of trainers and joint development of European training modules, as well as training of guidance counsellors. Member States are now required to submit reports to the European Commission on the implementation of the framework of guidelines listed in the Annex. The European Commission was to present an interim report by 31 December 1993 at the latest and a final report by 31 December 1995.

Date of implementation

This Decision took effect on 1 January 1992.

Proposed vocational training legislation

EUROTECNET II

Official title

5.87 Proposal for a Council Decision relating to the adoption of a Community action programme in the field of vocational training and technological change (EUROTECNET II).

Reference

Original proposal; OJ C242, 22.9.89.

Amendments

Amended proposal; OJ C32, 10.2.90.

Impact

The programme is designed to continue the work of the first EUROTECNET programme, which ran from 1985 to 1988. The programme calls for increased co-operation between Member States on vocational training issues, innovative approaches, improved infrastructures and continuing research and analytical work in the field of new skills and qualifications.

Proposed date of implementation

This proposal does not specify any implementation date.

Mutual recognition of diplomas legislation

MUTUAL RECOGNITION OF DIPLOMAS

Official title

Council Resolution of 6 June 1974 on the mutual recognition of diplomas, certificates and other evidence of formal qualifications.

Reference

Council Resolution 374 Y 0820(01); OJ C98, 20.8.74.

Amendments

None.

Impact

The Resolution was the first step taken towards encouraging Member States to recognise diplomas awarded by educational establishments located elsewhere in the Community.

Details

This Resolution laid down certain guidelines relating to the mutual recognition of diplomas, certificates and other evidence of formal qualifications. Specifically, this Resolution called for:

- the compilation of lists of diplomas, certificates and other evidence of formal qualifications recognised as being equivalent; and
- the setting up of advisory committees.

This was the first step taken by the Community in this sector. It instructed the permanent representatives and the European Commission to start work in this field immediately.

Date of implementation

This Resolution is a political statement only. It is neither binding nor enforceable.

MISCELLANEOUS DIRECTIVES IN THE FIELD OF MUTUAL RECOGNITION

Official title/references

5.89 *Doctors:* Council Directive of 16 June 1975 concerning the mutual recognition of diplomas, certificates and other evidence of formal qualifications in medicine, including measures to facilitate the effective exercise of the right of establishment and freedom to provide services (Council Directive 75/362/EEC; OJ L167, 30.6.75).

Nurses: Council Directive of 27 June 1977 concerning the mutual recognition of diplomas, certificates and other evidence of the formal qualifications of nurses responsible for general care, including measures to facilitate the effective exercise of this right of establishment and freedom to provide services (Council Directive 77/452/EEC; OJ L176, 15.7.77).

Lorry drivers: Council Directive of 12 December 1977 aiming at the mutual recognition of diplomas, certificates and other evidence of formal qualifications for goods haulage operators and road passenger transport operators, including measures intended to encourage these operators effectively to exercise their right to freedom of establishment (Council Directive 77/796/EEC; OJ L334, 24.12.77).

Dentists: Council Directive of 25 July 1978 concerning the mutual recognition of diplomas, certificates and other evidence of the formal qualifications of practitioners of dentistry, including measures to facilitate the effective exercise of the right of establishment and freedom to provide services (Council Directive 78/686/EEC; OJ L233, 24.8.78).

Vets: Council Directive of 18 December 1978 concerning the mutual recognition of diplomas, certificates and other evidence of formal qualifications in veterinary medicine, including measures to facilitate the effective exercise of the right of establishment and freedom to provide services (Council Directive 78/1026/EEC; OJ L362, 23.12.78).

Midwives: Council Directive of 21 January 1980 concerning the mutual recognition of diplomas, certificates and other evidence of formal qualifications in midwifery and including measures to facilitate the effective exercise of the right of establishment and freedom to provide services (Council Directive 80/154/EEC; OJ L33, 11.2.80).

Architects: Council Directive of 10 June 1985 on the mutual recognition of diplomas, certificates and other evidence of formal qualifications in architecture, including measures to facilitate the effective exercise of the right of establishment and freedom to provide services (Council Directive 85/384/EEC; OJ L223, 21.8.85).

Pharmacists: Council Directive of 16 September 1985 concerning the mutual recognition of diplomas, certificates and other evidence of formal qualifications in pharmacy, including measures to facilitate the effective exercise of the right of establishment relating to certain activities in the field of pharmacy (Council Directive 85/433/EEC; OJ L253, 24.9.85).

Inland waterway vessel operators: Council Directive of 9 November 1987 on access to the occupation of carrier of goods by waterway in national and international transport and on the mutual recognition of diplomas, certificates and other evidence of formal qualifications for this occupation (Council Directive 87/540/EEC; OJ L322, 12.11.87).

All of the Directives listed above (many of which have been amended) lay down the guidelines for recognition of diplomas for certain professions, as specified, throughout the Community.

A fuller discussion of the provisions of the lorry drivers' and inland waterway vessel operators' Directives is contained in Chapter 14.

MUTUAL RECOGNITION OF HIGHER EDUCATION DIPLOMAS

Official title
Council Directive of 21 December 1988 on a general system for the recognition of higher education diplomas awarded on completion of professional education and training of at least three years' duration.

Reference
Council Directive 89/48/EEC; OJ L19, 24.1.89.

Amendments
None.

Impact
This Directive is aimed at facilitating the free movement of workers throughout the Community.

Details
The Directive applies only to diplomas, certificates or other evidence which:

- have been issued by a competent authority;
- show that the holder has successfully completed a post-secondary course of at least three years' duration at a higher education establishment; and
- show that the holder has the professional qualifications required for the taking up or pursuit of a regulated profession in that Member State.

The Directive goes on to define what is meant by "other evidence", "host Member State", "regulated profession", etc.

Professionals seeking to practise in a Member State in which they are not qualified can, in certain circumstances, be required either to complete an adaptation period or take an aptitude test.

Member States are permitted to enforce this requirement only in circumstances where substantial differences exist between their own professional qualifications and those held by the non-national applicant. Where this occurs, applicants are given the right to choose between the two options. The Directive also requires that Member States accept, as equivalent, documents such as:

- certificates of good moral character issued by appropriate authorities; and
- certificates of physical or mental health.

Once non-national citizens have satisfied all the conditions of the proposal, Member States cannot prevent those persons from using the appropriate professional title of the host Member State.

Prior to adoption, a re-examined proposal was issued, requiring "regulated professional activity" to be defined so as to take account of differing national sociological situations. It should cover both professional activities, access to which is subject to the possession of a diploma, and also those activities to which access is unrestricted when practised under a professional title reserved for the holders of certain qualifications. Professional associations and organisations recognised by the public authorities and conferring such titles on their members may not use their private status to avoid application of the system.

Competent authorities of Member States may not refuse to authorise a national of another Member State in the taking up or pursuit of a regulated profession on the ground of inadequate qualifications where:

- the applicant holds the appropriate diploma for practise of the profession from another Member State, or has pursued the profession in question full-time for two years during the previous 10 in a Member State which does not regulate the profession;
- the applicant possesses one or more formal qualifications awarded by a competent authority in a Member State, which show that the holder has successfully completed a post-secondary course of at least three years' duration, or its equivalent part-time, at a university or similar establishment, which has prepared the holder for the pursuit of the profession; and
- the applicant has completed professional training in addition to the above.

The Directive provides for the setting up of a co-ordinating committee under the aegis of the European Commission. The committee's tasks shall be:

- to facilitate the implementation of this Directive; and
- to collect all useful information for its application in the Member State.

Date of implementation

Member States had to comply with the provisions of the Directive by 4 January 1989.

CONTENTS OF CHAPTER 6

Environment

	Para
Introduction	6.1
Scope and purpose of the legislation	6.2
Future developments	6.3
Responsibility within the European Commission	6.4
Case law	6.5

Legislation

General environment protection legislation

Prevention of major accidents ("SEVESO")	6.6
Environmental impact assessments	6.7
European Environment Agency	6.8
Access to information – environment	6.9
Harmonising reports on the environment	6.10
Community award scheme for an eco-label	6.11
Financial instrument for the environment (LIFE)	6.12
Industrial competitiveness and environmental protection	6.13
Fifth action programme on the environment 1993-2000	6.14
State aid for environmental protection	6.15
Eco-audit	6.16
Environmental statistics	6.17
A consultative forum on the environment	6.18
Genetically modified organisms – deliberate release	6.19
Genetically modified organisms – simplified procedure	6.20
Genetically modified micro-organisms – contained use	6.21

Proposed general environment protection legislation

Environmental education	6.22
Integrated pollution prevention and control	6.23
Major-accident hazards	6.24
Environmental impact assessment	6.25
Environment-related research and development	6.26
Environmental liability	6.27

Flora and fauna legislation

Conservation of wild birds	6.28

451

CONTENTS OF CHAPTER 6

Imports of whale products	6.29
Imports of seal products	6.30
African ivory	6.31
Leghold traps and import of furs	6.32
Imports of furs	6.33
Conservation of natural habitats	6.34
Quality of fresh waters for the support of fish life	6.35
Shellfish waters	6.36
Agricultural production methods	6.37
Acid rain	6.38
Application of acid rain rules	6.39
Forest damage inventory	6.40
Community forests – aid for protection against atmospheric pollution	6.41
Forest fires	6.42
Application of forest fire rules	6.43
Standing Forestry Committee	6.44

Proposed flora and fauna legislation

Conservation of wild birds	6.45

Water protection legislation

Surface water quality	6.46
Bathing water quality	6.47
Quality of surface fresh water	6.48
Sampling and analysis of surface water	6.49
Drinking water quality	6.50
Discharge of dangerous substances (1)	6.51
Protection of groundwater	6.52
Mercury discharges (1)	6.53
Mercury discharges (2)	6.54
Cadmium discharges	6.55
Hexachlorocyclohexane discharges	6.56
Control of specified dangerous substances	6.57
Municipal waste water treatment	6.58
Protection of fresh, coastal and marine waters against nitrate pollution	6.59
Prevention of oil pollution at sea	6.60
Hydrocarbon spillage – information system	6.61

Proposed water protection legislation

Chromium discharges	6.62
Water Directives – adaptation to scientific and technical progress	6.63

CONTENTS OF CHAPTER 6

Discharge of dangerous substances (2)	**6.64**
Accidental spills at sea – oil and other harmful substances	**6.65**
Dumping of waste at sea	**6.66**
Bathing water quality	**6.67**
Maritime safety	**6.68**
Ecological quality of water	**6.69**

Atmospheric pollution legislation

Air quality limit values for sulphur dioxide	**6.70**
Chlorofluoro-carbon precautionary measures	**6.71**
Air quality limit values for lead	**6.72**
Lead in petrol	**6.73**
Air quality limit values for nitrogen dioxide	**6.74**
Sulphur content of gas oil	**6.75**
Air pollution from industrial plants	**6.76**
Prevention of pollution by new incinerators	**6.77**
Reduction of pollution from existing incineration plants	**6.78**
Prevention of asbestos pollution	**6.79**
Large combustion plants	**6.80**
Ozone layer	**6.81**
Chlorofluoro-carbons and halons	**6.82**
Reduction of Chlorofluoro-carbons	**6.83**
Greenhouse effect	**6.84**
Depletion of the ozone layer (1)	**6.85**
Depletion of the ozone layer (2)	**6.86**
Ground level ozone	**6.87**
Gas emissions	**6.88**
Limiting carbon dioxide emissions	**6.89**
Promotion of renewable energy sources	**6.90**

Proposed atmospheric pollution legislation

Control of volatile organic compound emissions	**6.91**
Large combustion plants	**6.92**
Depletion of the ozone layer (3)	**6.93**
Tax on carbon dioxide emissions and energy	**6.94**
Air quality	**6.95**

Waste management and clean technology legislation

Disposal of waste oils	**6.96**
Waste management	**6.97**
Waste catalogue	**6.98**
Disposal of PCBs and PCTs	**6.99**
Waste management committee	**6.100**

CONTENTS OF CHAPTER 6

Titanium dioxide waste	**6.101**
Monitoring – titanium dioxide industry	**6.102**
Titanium dioxide waste management – harmonisation procedures	**6.103**
Hazardous waste	**6.104**
Pollution cost evaluation	**6.105**
Waste paper	**6.106**
Liquid containers	**6.107**
Sewage sludge	**6.108**
Export of toxic waste	**6.109**
Transfrontier movements of hazardous waste	**6.110**
Transfrontier shipment of hazardous waste	**6.111**
Transfrontier shipment of hazardous waste (2)	**6.112**
Batteries and accumulators	**6.113**

Proposed waste management and clean technology legislation

Chromium content of sewage sludge	**6.114**
Disposal of PCBs and PCTs	**6.115**
Civil liability for damage caused by waste	**6.116**
Landfills	**6.117**
Hazardous waste incinerators	**6.118**
Packaging	**6.119**
Hazardous waste	**6.120**

Dangerous chemicals, substances and preparations legislation

Classification of dangerous substances	**6.121**
Risk assessment of dangerous substances	**6.122**
Risk assessment of dangerous substances (2)	**6.123**
Risk assessment of dangerous substances (3)	**6.124**
Marketing and use of dangerous substances	**6.125**
Classification, packaging and labelling of pesticides	**6.126**
Prohibitions on the marketing and use of pesticides	**6.127**
Marketing and use of plant protection products	**6.128**
Advisory committee on chemicals	**6.129**
Export and import of dangerous chemicals	**6.130**
Export of certain chemicals	**6.131**
Dangerous preparations	**6.132**
Child-resistant fastenings and tactile warnings	**6.133**
Child-resistant fastenings	**6.134**
Safety data sheets for dangerous preparations	**6.135**
Confidentiality of chemical names	**6.136**

Proposed dangerous chemicals, substances and preparations

Control of environmental risks of existing substances	**6.137**

CONTENTS OF CHAPTER 6

Twelfth amendment to the 1976 Use and Marketing of Dangerous Substances Directive	**6.138**
Thirteenth amendment to the 1976 Use and Marketing of Dangerous Substances Directive	**6.139**
Fifteenth amendment to the 1976 Use and Marketing of Dangerous Substances Directive	**6.140**
Export and import of certain dangerous chemicals	**6.141**
International co-operation	**6.142**

Chapter 6
Environment

Introduction

The aim of this chapter is to provide the reader with information concerning existing and proposed Community environmental legislation. This information is divided under the following headings: 6.1

- general environment protection legislation;
- flora and fauna;
- water protection;
- atmospheric pollution;
- noise pollution;
- waste management and clean technology;
- dangerous chemicals, substances and preparations; and
- international co-operation.

Some items of legislation which, arguably, have protection of the environment as an objective are covered elsewhere in this publication. For example, atmospheric pollution caused by mobile sources, such as cars, is dealt with in Chapter 11. The bulk of existing legislation on the prevention of noise pollution is also dealt with in Chapter 11. Legislation relating to discharges to water of detergents and to their bio-degradability is dealt with in Chapter 4. Finally, all worker health and safety issues are dealt with in Chapter 5.

Legislation aimed for the most part at the nuclear energy industry and the disposal of radioactive materials is not covered.

Scope and purpose of the legislation

Community legislation in this area has, historically, been justified on three grounds: (i) the state of the environment should be improved for the well-being of the citizens of Europe; (ii) this should be done at Community level since pollution of air and water knows no frontiers; and (iii) existing anomalies in national environmental policies impede the creation of a Common Market in goods and services. 6.2

In the specific field of the classification, packaging and labelling of dangerous substances, measures were driven mainly by the need to avoid distortions of trade. By the late 1970s, however, and particularly by the time of the sixth amendment of the seminal 1967 Directive in 1979, the primary motivation had become concern for the environment. Generally speaking, since then Community policy on dangerous substances has concentrated on the preventive approach (*i.e.* on measures which aim to ensure, as far as possible, that hazardous and toxic chemicals do not reach the environment).

For these reasons, and as a result of the efforts of environmental pressure groups and political parties, a large body of legislation has been built up, and more can be expected to follow over the years. A formal and specific legal basis for Community environmental legislation was established through the Single European Act 1986, which introduced three Articles, dealing specifically with the environment, into the EC Treaty. The Act provides for Title VII to be added to Part 3 of the EC Treaty, comprising three Articles (Arts 130r, 130s and 130t). These Articles set out the principal objectives and the sphere of competence of Community policy on environment matters. They establish certain objectives: to preserve, protect and improve the quality of the environment; to contribute towards protecting human health; and to ensure a prudent and rational utilisation of natural resources. Community action relating to the environment is to be based, according to the three environment Articles, on the following principles: that preventive action should be taken; that environmental damage should, as a priority, be rectified at source; and that the polluter should pay.

The EC Treaty specifically requires that environmental protection considerations must be incorporated into the Community's other policies. In preparing a legislative programme, the Community must take account of available scientific and technical data, environmental conditions in the various regions of the Community, potential benefits and costs of action or of lack of action, and the economic and social development of the Community in general, including the balanced development of its regions. The Community may step in to take action regarding the environment to ensure that the overall objectives (as described above) can be achieved. Member States may themselves, without prejudice to existing Community measures, finance and implement additional measures.

Article 130s requires the Council, acting unanimously on a Commission proposal and after consultation with the European Parliament and the Economic and Social Committee, to decide what action is to be taken by the Community. The Council may, under these conditions, define those matters on which decisions are to be taken by qualified majority vote. Article 130t provides that protective measures adopted pursuant to the above shall not prevent any Member State from maintaining or introducing more stringent protective measures compatible with the EC Treaty.

It should be noted that Article 100a of the EC Treaty, which focuses primarily on the adoption of harmonisation measures necessary for the creation of the single market, also provides scope for the adoption of environment measures. In the now celebrated, *Titanium Dioxide* case (Case 300/89 *Commission* v *Council* [1991] ECR I-2687), the European Court of

ENVIRONMENT 6.2

Justice confirmed this right and, moreover, ruled that where a measure has, in effect, a dual environment/harmonisation purpose, Article 100a is the only correct legal basis.

The environment is given greater prominence under the Treaty on European Union.

The Treaty on European Union amends Article 3 of the EC Treaty to include specific mention of a Community policy in the sphere of the environment (Art 3(k)). Title XVI (environment) to the amended EC Treaty retains Articles 130r–130t which have, however, been modified to reflect, *inter alia*, a new procedure for the adoption of legislation by qualified majority vote (see Chapter 1 to this book). Article 130r, as amended, states that environmental protection requirements "must be integrated into the definition and implementation of other Community policies", rather than being merely a "component" of such policies.

One issue which will continue to create a considerable amount of controversy as regards environment policy is the concept of "subsidiarity". This concept, which under the Single European Act 1986, was inserted into the EC Treaty as Article 130r(4), is given more emphasis in the Maastricht Treaty, where it appears under the general provisions applying to all areas of Community policy, and forms Article 3b of the EC Treaty. According to the principle of subsidiarity, action should only be taken at Community level where the results to be achieved would be attained better by the Community than by Member States acting individually.

At the international level there is a mixed competence for environmental matters between the Community and the Member States. Within their respective spheres of competence, the Community and the Member States are required to co-operate with third countries and with the relevant international organisations on environmental matters (see Art 130r(5) of the EC Treaty). The Community's competence in the international arena has been strengthened by the Maastricht Treaty.

Under a doctrine developed in Case C-26/62 *Van Gend en Loos* v *Commission* [1963] ECR 1, certain provisions on treaties concluded by the Community have direct legal effect in Member States without the enactment of any implementing measures by the Community or the Member States. International agreements concluded by the Council are a class of formal "acts" of the Community to which the doctrine of direct effect may apply, but it must be clear from the context of the agreement that direct legal effect for the relevant provisions was intended and is required for the satisfactory operation of the Treaty in question. However, it will be a very rare circumstance in which an individual can invoke directly a Treaty provision as law in the courts of Member States. Implementation of Treaty obligations will, in the majority of cases, take the form of Community legislation by Regulation or Directive. An example is Regulation (EEC) 3322/88 on certain chlorofluoro-carbons and halons which deplete the ozone layer (see paras **6.81** and **6.82** below). This Regulation implements the obligations entered into by the Community and the Member States under the Vienna Convention for the protection of the ozone layer and the Montreal Protocol thereto.

For the sake of completeness, a list of the international co-operation agreements relating to the environment and entered into by the Community is set out in the last section of this chapter under "International co-operation" (see para **6.142**). It is not so much these agreements, as the implementing legislation adopted pursuant to them, which will affect businesses.

Future developments

6.3 In addition to the adopted and proposed legislation described in this chapter, the European Commission is known to be working on some additional environment-related legislation. Among the most significant of these policy initiatives are the following.

New air emissions initiatives: in order to complete the package on volatile organic compound (VOC) emissions, the Commission is working on a proposal for a Directive on the control of VOC emissions from refuelling operations at service stations and on a proposal for a Directive on the control of VOC emissions from certain processes and industrial installations. Both these initiatives are expected to be presented by 1995.

Waste: the Commission is expected to present a Communication setting out the Community waste management strategy. The new initiative would look in greater depth at how to tackle prevention, shared responsibility, integration of waste policies into other areas of Community policy, transparency and subsidiarity.

Access to environmental information: this Directive would extend the rules on access to environmental information, currently applicable to national administrations through Directive 90/313/EEC, to the Community Institutions.

Emissions: a Polluting Emissions Register (PER) would aim to improve the quality and comparability of data on which Community legislation should be based. A secondary aim would be to improve environmental performance of industry before other measures, like IPPC and eco-audits, are implemented.

Responsibility within the European Commission

6.4 Environmental matters are dealt with, in the main, by Directorate-General XI (Environment, Consumer Protection and Nuclear Safety), which is currently divided into three Directorates.

Directorate A: deals with nuclear safety; waste management; product safety and safety of industrial installations and biotechnologies; the prevention and control of industrial pollution; and civil protection.

Directorate B: covers protection of water and air; conservation matters; integration of agriculture and environment and of energy and environment; urban environment; the control of noise; and global environment problems, such as climate change and tropical forest depletion.

Directorate C: is responsible for international affairs; financial instruments; economic aspects; and communication and information matters.

The DG is expected to be reshuffled and divided into four Directorates in 1995. The new divisions will be as follows:
- *A:* General and international affairs
- *B:* Environmental instruments
- *C:* Nuclear safety, civil protection and safety of industrial installations
- *D:* Quality of the environment and natural resources.

Responsibility for the issues relating to dangerous substances is shared by Directorate-General III (Internal Market and Industrial Affairs), Directorate C; and Directorate-General XI (Environment, Nuclear Safety and Civil Protection), Directorate A.

Case law

Among the cases which illustrate the approach of the European Court of Justice to this legislation are the following.

Case C-302/86 *Commission* v *Denmark* (*Danish bottle* case) [1988] ECR 4607, 20 September 1988.

In this landmark decision, the issue before the Court was whether a Danish measure, banning the use of metal cans and requiring the use and approval of a system of returnable bottles, was in violation of Article 30 of the EC Treaty (free movement of goods). The Court held that the protection of the environment was a "mandatory requirement" which may limit the effect of Article 30. However, national measures must also be necessary and proportionate to the environmental objective pursued.

The Court found that the ban on cans was both necessary and proportionate but it found that the provision requiring the manufacturer to seek approval for its system of returnable bottles and the provision restricting the importation of "non-approved" bottles to 3,000 hectolitres, were far too restrictive, and, consequently, in violation of Article 30.

The decision in this case did not offer a general rule to reconcile the national interest in environmental protection with the Community interest in the free movement of goods. The Court may fashion rules on a case-by-case basis. It is clear, however, that the Court has provided national authorities with some leeway to enact measures which place a higher priority on environmental concerns than does the Community.

Case-300/89 *Commission (supported by the European Parliament)* v *Council* [1991] ECR I-2867, 11 June 1989

In this case, the Commission brought an action to challenge the use of Article 130s as the legal basis for Council Directive 89/428/EEC (OJ L201, see para **6.103** below), which provides for a harmonisation programme for the reduction of waste in the titanium dioxide industry.

The Court held that since the Directive had, as its dual purpose, both the harmonisation of the titanium industry and the elimination of pollution, only one Article should provide the legal basis for the Directive. The Court concluded that Article 100(a) was the proper legal basis because it provided for a high regard for the environment and was particularly appropriate where the Community legislation concerned was intended to harmonise the laws of the Member States so as not to distort competition between them.

This case is important because it introduced the more general "distortion of competition" language in support of the proper legal basis. The Court appears to be laying the groundwork for the Community to act to prohibit not only measures that act as barriers to trade but also measures which generally distort competition among the Member States. In addition, the decision finally laid to rest the issue concerning which Article and, more importantly, which adoption procedure, would control where more than one Article could provide the legal basis for Community legislation. Not surprisingly, the Court chose the legal basis which provided for legislative co-operation (a more democratic adoption procedure), rather than mere consultation with the Parliament.

Case C-2/90 *Commission* v *Belgium (Wallonian Waste)*, [1992] ECR I-4431, 9 July 1992

In response to a Wallonian Regional Decree banning the importation of waste into the region, the Commission brought an action against Belgium under Article 169 of the EC Treaty alleging infringement of Directives 75/442/EEC and 84/631/EEC concerning waste and movements of hazardous waste within the Community and infringement of Articles 30 and 36 of the Treaty. In its defence, Belgium argued, *inter alia*, that since waste has no commercial value it should not be considered a "good" within the meaning of Article 30 on the free movement of goods. Furthermore, it was argued that its ban was justified as a "mandatory requirement" relating to the protection of the environment.

The Court found that:

- the Wallonian Decree did not violate Directive 75/442/EEC which sets out only general principles for the disposal of waste and is not concerned with movements of waste;
- the Wallonian Decree was inconsistent with the procedures laid down by Directive 84/631/EEC, which establishes a comprehensive system of waste control and that the Directive does not provide Member States with the power to prohibit waste shipments generally;

- waste should be regarded as a product subject to the Article 30 free movement of goods, but that the Belgian measure was permissible because it is consistent with the principle that environmental damage should be rectified at the source.

The holding of the Court is consistent with its earlier rulings whereby Member States are permitted to adopt stricter measures in the environmental area than that provided for in the Directive itself, albeit on different grounds.

Case C-187/93 *European Parliament* v *Council* (not yet reported)

In this case the European Court of Justice considered the validity of the Regulation on the supervision and control of waste shipments within the Community. The Parliament had challenged the Council's decision to change the legal basis of the Regulation from Articles 100a and 113 to Article 130s of the Treaty. The Court rejected the Parliament's arguments and held that Article 130s was the proper legal basis of the Regulation.

The Court held that, taking into account the principles of proximity and self-sufficiency which are embedded in the Community Environmental Policy, the Regulation was adopted for the purpose of protecting the environment, and should, therefore, be considered as an environmental policy measure falling within the scope of Article 130s.

The judgment follows a trend in which the Council prefers Article 130s over Article 100a for the adoption of environmental measures. This is important for three reasons. First, Article 130s, before the entry into force of the Treaty of the European Union, requires unanimity, which allows any one Member State to veto proposed measures. Secondly, the procedure gives fewer possibilities for the insertion of amendments by the European Parliament. Thirdly, Article 130t explicitly condones the adoption of stricter measures by Member States, which is not provided automatically for measures adopted under Article 100a. The result of this judgment, therefore, seems to be that the concept of waste as a "commodity" is losing support. With its change of the legal basis, the Council follows a trend where environmental considerations outweigh the principle of free movement.

Case C-41/93 *France* v *Commission* [1994] ECR I-1829, 17 May 1994

The subject of the case is the application of Article 100a(4) of the EC Treaty. Article 100a(4) allows Member States, to seek to apply stricter national standards than those agreed at Community level on grounds of "major needs" (identified in Art 36 of the EC Treaty as public health, public safety, etc) or the protection of the natural or the working environment.

The Article was invoked for the first time in 1992 when the Commission approved a German regulation of December 1989 banning the sale and use of PCP in Germany contrary to a 1991 Directive which limited, but did not ban, the use of PCP. The Commission recognised that the German regulation was much stricter than the European rules and that it constituted a barrier to trade. However, it found that the national provisions applied without discrimination to both national and imported products.

In response, France brought an action before the Court to nullify the Commission's Decision. Although the Court annulled the Decision, it did not address the issue of Member States' use of Article 100a(4) to derogate from Community law.

Legislation

General environment protection legislation

PREVENTION OF MAJOR ACCIDENTS ("SEVESO")

Official title

Council Directive of 24 June 1982 on the major-accident hazards of certain industrial activities.

Reference

Council Directive 82/501/EEC; OJ L230, 5.8.82.

Amendments

Accession of Spain and Portugal (1986).
Directive 87/216/EEC; OJ L85, 28.3.87.
Directive 88/610/EEC; OJ L336, 7.12.88.

Impact

This Directive is concerned with the prevention of major accidents which might result from certain industrial activities, and with the limitation of their consequences for man and for the environment.

Details

This Directive is based on the premise that the best environmental policy consists of preventing pollution or nuisances at source. The Directive defines industrial activities involving dangerous substances and requires Member States to ensure that manufacturers engaged in such activities take all the measures necessary to prevent major accidents and to limit their consequences for man and the environment. Member States are required to designate competent authorities to supervise the prevention measures adopted by manufacturers. For this purpose the supervisory authority is to ensure that manufacturers have:

- identified existing major accident hazards;
- adopted the appropriate safety measures; and

– provided persons working on the sites with the information, training and equipment necessary to ensure their safety.

In addition, manufacturers are required to comply with certain requirements in respect of the information to be supplied to the designated competent authorities, including:

- information relating to dangerous substances stored, used or produced in an industrial activity;
- information relating to the installations concerned, including the arrangements made to ensure that the technical means necessary for the safe operation of plants, and for dealing with any malfunctions, are available at all times; and
- information relating to possible major accident situations (*i.e.* emergency plans for use inside the establishment, the names of the person and his deputies responsible for safety and authorised to set the emergency plans in motion, and any information necessary to enable the competent authorities to prepare emergency plans for use outside the establishment).

The Directive applies to both new and existing industrial activities. New industrial activities include modifications to an existing industrial activity which is likely to have important implications for major accident hazards. The Directive does not apply to:

- nuclear installations and plants for the processing of radioactive substances and material;
- military installations;
- manufacture and separate storage of explosives, gunpowder and munitions;
- extraction and other mining operations; and
- installations for the disposal of toxic and dangerous waste which are covered by Community acts in so far as the purpose of those acts is the prevention of major accidents.

The third amendment (Dir 88/610/EEC) extended the scope of the Seveso Directive with respect to the storage of dangerous chemicals and strengthened its provisions for providing information to the public.

In a Resolution dated 16 October 1989 (see OJ C273, 26.10.89), the Council requested the Commission to consider ways of strengthening this Directive still further, particularly as regards control of land use planning, authorisation of new installations and urban development near existing installations. In March 1994, the European Commission presented a proposal to amend the Directive (see para **6.24** below).

Date of implementation

Member States had until 8 January 1984 (1 January 1986 for Spain and Portugal) to take the measures necessary to comply with Directive 82/501/EEC. Article 18 of the original Directive required the Commission to submit a report on its application within five years to the Council and the European Parliament. That report (COM(88) 261) was presented by the Commission on 18 May 1988.

Member States were given until 1 June 1990 to comply with the provisions of the third amendment (Dir 88/610/EEC).

ENVIRONMENTAL IMPACT ASSESSMENTS

Official title

6.7 Council Directive of 27 June 1985 on the assessment of the effects of certain public and private projects on the environment.

Reference

Council Directive 85/336/EEC; OJ L175, 5.7.85.

Amendments

None.

Impact

Supplements and co-ordinates Member States' planning consent procedures by providing general principles for the assessment of the environmental effects of public and private construction projects which are likely to have significant effects on the environment.

Details

Where construction works or other projects, including extraction of mineral resources, are likely to have significant effects on the environment by virtue of their nature, size or location, they are to be made subject to an environmental impact assessment. Projects serving national defence purposes and those adopted by a specific act of national legislation are excluded from the scope of the Directive. The environmental impact assessment is to identify and assess the direct and indirect effects of a project on:

- human beings, fauna and flora;
- soil, water, air, climate and the landscape;
- the interaction between the above; and
- material assets and the cultural heritage.

Projects are classified in the Directive in two Annexes. Annex 1 contains a list of those projects which must be made subject to an assessment. Annex 2 contains a list of those projects which may be made subject to an assessment where the relevant Member State considers that its characteristics so require. Projects which must be the subject of an assessment include: crude oil refineries; thermal power stations; installations for the permanent storage or final disposal of radioactive waste; integrated works for the initial melting of cast iron and steel; installations for the extraction of asbestos; integrated chemical installations; construction of motorways, airports and trading ports; and waste disposal installations for the incineration, chemical treatment or landfill of toxic and dangerous wastes. Planning permission is made contingent upon there being a prior assessment of the likely significant environmental effects of the project concerned. The onus is on the developer to provide the information necessary to enable the relevant Member State authority to make its assessment. The information to be provided should include at least:

- a description of the project, comprising information on the site, design and size of the project;
- a description of the measures envisaged in order to avoid, reduce and, if possible, remedy significant adverse effects;
- the data required to identify and assess the main effects which the project is likely to have on the environment; and
- a non-technical summary of the information mentioned above.

The provisions of the Directive do not affect the right of Member States to lay down stricter rules regarding the assessment of environmental effects in planning consents.

The European Commission has presented a proposal aimed at the harmonisation of Member State interpretations of Annex 2 to the Directive (see para **6.25** below).

Date of implementation

The Directive was notified to the Member States on 3 July 1985. Member States had until 3 July 1988 to implement its provisions.

EUROPEAN ENVIRONMENT AGENCY

Official title

Council Regulation (EEC) 1210/90 of 7 May 1990 on the establishment of the European Environment Agency and the European Environment Information and Observation Network.

Reference

Council Regulation 1210/90; OJ L120, 11.5.90.

Amendments

None.

Impact

Establishes a supranational body charged with monitoring the state of the Community's environment.

Details

This Regulation establishes a European Environment Agency ("the Agency") and a European Environment Monitoring Information Network ("the Network") (hereinafter collectively referred to as "the System"). The objective of the System is "to furnish the Community and the Member States with the technical and scientific support to allow them to achieve the goals of environmental protection and improvement".

To achieve this objective, the System will:

- provide the Community and Member States with information;
- monitor the results of Community action regarding the environment;
- develop techniques of environmental modelling and forecasting; and
- ensure the comparability of information provided by Member States and the Community regarding the environment.

Priority will be given to:

- air quality and atmospheric emissions;
- water quality, pollutants and water resources;
- the state of the soil and of vegetation; and
- land use and resource aspects.

The Agency has legal personality and has, for example, the right to sue. It is headed by an executive director accountable to a management board consisting of one representative from each Member State and two representatives from the European Commission. Both the executive director and the management board are assisted by a scientific committee.

As regards the Network, three months after the creation of the Agency, each Member State was to inform the Agency of those elements of their national environmental monitoring networks which they determined should become part of the Network. The Agency is responsible for determining the operating conditions of the Network and co-ordinating its work.

The Regulation expressly envisages the participation of non-Community countries.

The Agency bases itself on, and continues further, the work on European environmental databases carried out under the CORINE programme.

Date of implementation

On 29 October 1993, a European summit decided to locate the Agency in Copenhagen. It had its first meeting in January 1994.

ACCESS TO INFORMATION – ENVIRONMENT

Official title

6.9 Council Directive of 7 June 1990 on the freedom of access to information on the environment.

Reference

Council Directive 90/313/EEC; OJ L158, 23.6.90.

Amendments

None.

Impact

Allows the public greater access to information on the environment held by public authorities.

Details

Under the terms of the Directive, any natural or legal person may apply for access to information held by public authorities regarding:

- the state of water, air, soil, fauna, flora and national sites and any changes therein;
- public or private projects and activities likely to damage the environment or endanger human health or plant or animal species; and
- measures to preserve, protect and improve the purity of water, air, soil, fauna, flora and natural sites, plus measures designed to prevent damage.

The right of access to the above information is not unlimited. Public authorities may refuse to supply the above information or restrict the right of access where the request is manifestly unreasonable or in order to protect superior public interest (as defined). Notwithstanding those limitations, a right of access will be guaranteed to any natural or legal person without those persons having to show an interest of any sort. The European Commission is working currently on a Directive aimed to extend the rules on access to environmental information to the Community Institutions. The proposal is expected to be presented by the Commission by the end of 1994.

Date of implementation

Member States were required to implement this Directive by 31 December 1992.

HARMONISING REPORTS ON THE ENVIRONMENT

Official title

Council Directive of 23 December 1991 standardising and rationalising reports on the implementation of certain Directives relating to the environment.

Reference

Council Directive 91/629/EEC; OJ L377, 31.12.91.

Amendments

None.

Impact

Rationalises the manner and timing of the provision by Member States of reports which the European Commission needs in order to analyse the implementation of environmental Directives.

Date of implementation

Member States were required to implement this Directive progressively from 1 January 1993 until 1 January 1995.

COMMUNITY AWARD SCHEME FOR AN ECO-LABEL

Official title

6.11 Council Regulation (EEC) 880/92 of 23 March 1992 on a Community eco-label award scheme.

Reference

Council Regulation 880/92; OJ L99, 11.4.92.

Amendments

None.

Impact

Provides manufacturers with an officially endorsed way of highlighting the environmental benefits of their products.

Details

The Regulation establishes a Community award scheme for an eco-label with a view to promoting products which are environmentally less harmful than other products. It encourages manufacturers to design products which have a reduced environmental impact during manufacturing, distribution, consumption and use, as well as during disposal after use, and to provide consumers with better information on the environmental performance of products. The Regulation does not apply to food, drink or pharmaceutical products.

Specific environmental criteria for each product group are to be established using a "cradle-to-grave" approach (*i.e.* taking into account the life cycle of a product from manufacturing to disposal). The criteria will be based on reductions in the use of natural and energy resources, emissions into air, water and soil, and the generation of waste and noise, as well as on an increase in product life and, where applicable, on the use of clean technologies to ensure a high level of environmental protection.

Member States are required to ensure that consumers and companies are informed about the objectives of the scheme, the product groups which have been selected (including general and specific criteria for product groups), the products which have been awarded an eco-label and the procedures for applying for a label.

The scheme became operational on 28 June 1993 with Commission Decision 93/430/EEC (OJ L198, 7.8.93) establishing the ecological criteria for the award of the Community eco-label to washing machines and the Commission Decision 93/431/EEC (OJ L198, 7.8.93) establishing the ecological criteria for the award of the Community eco-label to dishwashers. In December 1993 the first eco-label was awarded to a UK manufacturer of washing machines.

These Decisions fix the environmental criteria with which products will have to comply in order to qualify for an EC eco-label. The criteria will be valid until 30 June 1996, when they are expected to be tightened.

In addition to criteria agreed for washing machine and dishwasher manufacturers, criteria for fridges and freezers have been published, while criteria for tissue products have been approved and criteria for soil improvers, paints and varnishes and laundry detergents are in the process of being approved.

Date of implementation
This Regulation entered into force on 1 May 1992.

FINANCIAL INSTRUMENT FOR THE ENVIRONMENT (LIFE)

Official title
Council Regulation (EEC) 1973/92 of 21 May 1992 establishing a financial instrument for the environment (LIFE).

Reference
Council Regulation 1973/92; OJ L206, 22.7.92.

Amendments
Commission Communication 94/C/139; OJ C139, 21.5.94.

Impact
The general objective of LIFE is to contribute to the development and implementation of Community environmental policy and legislation by financing specific priority measures.

Details
On 21 May 1992, the European Commission published a Communication in accordance with Council Regulation (EEC) 1973/92 of 21 May 1992 establishing a financial instrument for the environment (LIFE), relating to priority actions to be implemented in 1995. These items are as follows:

- new techniques for monitoring and measuring methods;
- clean technologies;
- development of technologies for storage, recycling and disposal of waste;
- development of models for integration of environmental concerns in land use planning and management in urban areas;
- the protection of habitats and nature (except conservation of marine life and fresh ground and surface water which were priorities in the last programme);
- co-operation between Member State authorities;

- environmental training; and
- technical assistance to third countries.

Date of implementation

The Regulation entered into force on 23 July 1992.

INDUSTRIAL COMPETITIVENESS AND ENVIRONMENTAL PROTECTION

Official title

6.13 Council Resolution of 3 December 1992 concerning the relationship between industrial competitiveness and environmental protection.

Reference

Council Resolution; OJ C331, 16.12.92.

Amendments

None.

Impact

The Council calls upon the Commission to promote an effective dialogue with industry and to ensure that general procedures concerning consultation with interested parties, particularly small and medium-sized enterprises, are followed in relation to its new proposals for legislation or other instruments to implement environmental policy.

Date of implementation

This Resolution, which was notified on 3 December 1992, is a political statement only. It is neither binding nor enforceable.

FIFTH ACTION PROGRAMME ON THE ENVIRONMENT 1993–2000

Official title

6.14 Resolution of the Council and Representatives of Governments of the Member States, meeting within the Council on 1 February 1993 on a Community programme of policy and action in relation to the environment and sustainable development.

Reference

Original proposal; OJ C138, 17.5.93.

Amendments

None.

Impact

Sets the agenda for Community action in the sphere of environmental legislation from the beginning of 1993 until the end of the decade.

Details

This Resolution is the basis for the adoption of the Fifth Environment Action Programme which is attached to the Resolution. This Programme, entitled "Towards Sustainability", contains two central themes. The first involves the concept of "sustainable development" which is set up as the challenge of the 1990s. In practical terms it involves the integration of environmental concerns into all areas of Community and government policy. The second theme centres on the realisation that "present instruments are not satisfactorily coping with current levels of environmental degradation" and that, consequently, Community environment policy efforts need to be stepped up. Emphasis is, therefore, placed on moving away from traditional regulatory instruments towards greater dialogue between interested parties and the use of market mechanisms. The use of environmental auditing, the provision of information to the public, economic and fiscal measures, and environmental liability are all endorsed. Five sectors are also targeted for particular attention: transport; agriculture; tourism; manufacturing industry; and energy.

Date of implementation

The Council adopted this programme on 16 September 1992.

STATE AID FOR ENVIRONMENTAL PROTECTION

Official title

Community guidelines on state aid for environmental protection.

Reference

Commission Communication 94/C/72; OJ C072, 10.3.94.

Amendments

None.

Impact

Sets levels for state aids for environmental investments.

Details

Replaces the code which expired in June 1993. It sets the permitted levels of government help for companies investing in cleaner production methods and new technologies at 15% of the total investment. Subsidies may be raised up to a maximum of 30% with regard to helping new plants to surpass mandatory environmental standards. However, the percentage should be "in proportion with the level of improvement".

Date of implementation

The Communication entered into force on 10 March 1994.

ECO-AUDIT

Official title

6.16 Council Regulation (EEC) 93/1836/EEC of 29 June 1993 allowing voluntary participation by companies in the industrial sector in a Community eco-management and audit scheme.

Reference

Council Regulation 1836/93; OJ L168, 10.7.93.

Amendments

None.

Impact

Provides manufacturers with an officially endorsed way of demonstrating that their facilities meet acceptable environmental performance criteria.

Details

The Community's eco-audit scheme has the following objectives:

- the establishment and implementation of environmental protection systems by companies;
- their systematic, objective and periodic evaluation; and
- the provision of information to the public.

The eco-audit system is voluntary. Companies will be allowed to choose which of their sites to present for review. For each they will be committed to:

- establishing and implementing an environmental protection system applicable to all activities at the site;
- carrying out environmental audits of the sites concerned;
- examining, at the highest management level, all the audit's findings and setting objectives and measures to be taken in consequence;
- preparing an environmental statement for each site audited;
- having the environmental statement validated by accredited environmental auditors; and
- submitting these validated statements to the competent body and making them available to the public.

The above-mentioned environmental statement, which shall be written in a concise and non-technical form, must include the following information:

ENVIRONMENT 6.16

- a description of the company's activities at the site considered;
- a detailed assessment of all the significant environmental issues of relevance to the activities concerned;
- a summary of the figures on pollutant emissions, waste generation, raw materials, energy and water consumption and other significant environmental aspects, as appropriate;
- a presentation of the company's environmental policy, programme and the specific objectives of the site considered;
- an evaluation of the environmental performance of the protection system implemented at the site considered; and
- the deadline for the submission of the next statement which must take place within the following one to three years.

The environmental audit is to be conducted by an accredited environmental auditor, whether internal or external, who will validate the environmental statements. Member States are responsible for the setting-up of national verification bodies, the competent authorities, and a system for accreditation of environmental verifiers. The competent body should be designated within 12 months of the entry into force of the Regulation (*i.e.* by July 1994) and the accreditation body should be in place within 21 months after entry into force of the Regulation (*i.e.* April 1995), after which companies will be able to participate in the scheme. Trade associations, environmental NGOs, consumer organisations and trade unions will be entitled to participate in the setting-up and management of these accreditation systems.

Companies participating in the eco-audit scheme may, in relation to the relevant sites, use an eco-audit logo:

- on their environmental statements;
- on their brochures, reports and informative documentation;
- on their headed paper; and
- for their advertisements (on the condition that such advertisements contain no reference to specific products or services).

The logo must always specify which sites are participating in the scheme. It shall not be used on products, product packages or for product advertisement.

The Member States are asked to adopt measures to promote this scheme, in particular:

- in the case of SMEs, establishing assistance measures and structures aimed at providing such firms with the necessary support to join the scheme;
- simplifying and/or reducing the verification and inspection formalities, in particular for SMEs; and
- advertising and making information available to the public of the eco-audit scheme.

Date of implementation

The Regulation entered into force on 10 July 1993.

ENVIRONMENTAL STATISTICS

Official title

6.17 A Council Decision 93/464/EEC of 22 July 1993 on the framework programme for priority actions in the field of statistical information 1993–97.

Reference

Council Decision 93/464/EEC; OJ L219, 28.8.93.

Amendments

None.

Impact

The programme mentions environmental statistics as one of the priority areas in the field of statistical information. The purpose of actions in this field would be to continue and extend the work already initiated in the period 1989–92, notably under the CORINE programme. The work will be continued mainly in the European Environment Agency.

Date of implementation

The Decision came into effect on 28 August 1993.

A CONSULTATIVE FORUM ON THE ENVIRONMENT

Official title

6.18 Commission Decision 93/701/EC of 27 December 1993 on the setting-up of a general consultative forum on the environment.

Reference

Commission Decision 93/701/EC; OJ L328, 29.12.93.

Amendments

None.

Impact

The Decision establishes a forum consisting of representatives from all relevant parties (business, local and regional authorities, unions and consumer organisations), which may be consulted by the Commission regarding any problem relating to the Community's environmental policy.

Details

With Commission Decision 94/C/30 of 1 February 1994, the Commission appointed the 31 Members of the Committee for the first period of three years.

Date of implementation

The Decision came into effect on 7th December 1993.

GENETICALLY MODIFIED ORGANISMS – DELIBERATE RELEASE

Official title

Council Directive of 23 April 1990 on the deliberate release into the environment of genetically modified organisms.

Reference

Council Directive 90/220/EEC; OJ L117, 8.5.90.

Amendments

Decision 91/274/EEC; OJ L135, 30.5.91.
Decision 91/596/EEC; OJ L322, 23.11.91.
Directive 94/15/EC; OJ L103, 22.4.94.
Decision 94/211/EC; OJ L105, 26.4.94.

Impact

Establishes harmonised safety rules for the release of certain types of biotechnological products into the environment.

Details

Lays down common rules concerning:

- the deliberate release of genetically modified organisms (GMOs) to the environment; and
- the placing on the market of products containing or consisting of genetically modified organisms intended for subsequent deliberate release to the environment. "Deliberate release" is defined as "any intentional introduction into the environment of a GMO or a combination of GMOs without provisions for containment".

Any person, before undertaking a deliberate release, is required to submit a notification to the relevant competent authority as nominated by each Member State. The proposal sets out the type of information to be included in all notifications. The national authorities have the task of evaluating the risk and informing the notifier of their conclusions. Notifiers will only be allowed to proceed with the release if they have received the endorsement of the competent authority. Once the release is complete, the notifier is required to send the relevant authority an assessment of the results of the release.

A similar notification procedure is set out for GMOs being placed on the market. In those cases, it is either the manufacturer or the importer who is required to liaise with the national authorities. Once the notified authority is satisfied that the placing on the market of the GMO conforms with the provisions of this Directive, it is then required to send the European Commission a dossier of information concerning the GMO in question and its use. That dossier is then circulated to all Member States after which a consultation procedure will begin, with all disputes being resolved either by mutual agreement or, failing that, by the European Commission. Having satisfied all the conditions set out in this proposed Directive, GMOs are entitled to free circulation throughout the Community. This right of free circulation is subject to the right of Member States to prohibit marketing temporarily should it become apparent that the GMO is a danger to people or the environment. Such decisions are subject to review by the European Commission.

The information provided to national and Community authorities is subject to certain rules concerning confidentiality.

Decision 91/274/EEC recognises that there is no Community legislation in force which provides for a specific environmental risk assessment of products, but the European Commission is to re-examine the legislation provided within Directive 90/220/EEC periodically.

Decision 91/596/EEC annexes the summary notification form.

Directive 94/15/EC adapts the Directive to technical progress by extending the information required in the notification procedure.

Decision 94/211/EC changes the format of the notification form for releases into the environment of genetically modified higher plants.

Date of implementation

This Directive required Member States to implement its provisions by 23 October 1991.

GENETICALLY MODIFIED ORGANISMS – SIMPLIFIED PROCEDURE

Official title

6.20 Commission Decision of 22 October 1993 establishing the criteria for simplified procedures concerning the deliberate release into the environment of genetically modified plants pursuant to Article 6(5) of Council Directive 90/220/EEC.

Reference

Commission Decision 93/584/EEC; OJ L279, 12.11.93.

Amendments

None.

Impact

The Decision paves the way for the adoption of simplified procedures for the deliberate release of genetically modified plants.

Date of implementation

The Decision came into effect on 12 November 1993.

GENETICALLY MODIFIED MICRO-ORGANISMS – CONTAINED USE

Official title

Council Directive of 23 April 1990 on the contained use of genetically modified micro-organisms.

Reference

Council Directive 90/219/EEC; OJ L117, 8.5.90.

Amendments

None.

Impact

Establishes harmonised safety rules for the contained use of certain biotechnological innovations.

Details

"Contained use" is defined by the Directive as "any operation in which micro-organisms are genetically modified, cultured, stored, transported, destroyed or disposed of and for which physical, chemical or biological barriers are used to limit their contact with people and the environment". The Directive aims to ensure that the safety hazards associated with such "contained use" are catered for adequately.

Under the provisions of this Directive, all users are required to carry out an assessment of the hazards involved in the contained use in question and to provide a copy of that assessment to the relevant national authority. The amended proposal suggests that such assessments be made available to the public. Points to consider in making such a safety assessment are set out in an Annex to the proposal.

The Directive distinguishes between industrial and non-industrial scale operations. For each type of operation, the proposal sets out in detail the sort of information that users are required to provide to designated national authorities before they can proceed with the contained use. Those designated national authorities have to ensure that the information they receive is accurate and adequate. They are also required to draw up emergency plans of measures to be taken in the event of an accident. The information provided to the authorities is subject to certain rules concerning confidentiality.

Date of implementation

Member States were required to implement the Directive by 23 October 1991.

Proposed general environment protection legislation

ENVIRONMENTAL EDUCATION

Official title

6.22 Proposal for a Council Decision on preventing environmental damage by the implementation of education and training measures.

Reference
Council Decision; OJ C197, 27.7.88.

Amendments
None.

Impact
The proposed Decision aims to make citizens more aware of the problems existing in the area of protection of the environment and of possible solutions.

Details
In order to reach the objective, Member States shall take the necessary measures and shall notify the Commission thereof. The Commission would present a report on the implementation of the Decision to the Council and European Parliament.

Proposed date of implementation
The proposal has not yet been discussed by the Council. Environmental education does, however, form part of other Community programmes, such as LIFE.

INTEGRATED POLLUTION PREVENTION AND CONTROL

Official title

6.23 Proposal for a Council Directive on integrated pollution prevention and control.

Reference
Original Proposal COM(93) 423 Final; OJ C311, 17.11.93.

Amendments
None.

Impact
The proposed Directive seeks to reduce or prevent emissions into air, water or land so as to achieve a high level of protection for the environment.

ENVIRONMENT 6.23

Details

"Pollution" is defined by the proposed Directive as "the introduction by human activity, directly or indirectly, of substances, preparations, heat or noise into the environmental media of air, water or land which may contribute to or cause hazards to human health, harm to living resources or ecosystems or material property or the impairment of, or interference with, amenities and other legitimate uses of the environment". The Directive institutes a permit system for existing and new installations which may emit injurious substances or cause harm to the environment. Under the proposed system, an installation would not be allowed to operate unless it had been issued a permit in accordance with the Directive. Member States would generally be expected to shut down any installation which does not comply with the provisions of this Directive (and which has not been exempted by specific Community legislation) by 30 June 2005.

The application for a permit must include all the relevant information pertaining to the installation and its activities, including the raw and auxiliary materials, substances, preparations and energy used in or generated by the installation and the sources of emissions from the installation. Proposed or adopted measures to prevent or minimise the risk of accidents must also be disclosed. The competent authority may either grant the permit with or without conditions, or amend or refuse a permit. Generally, a decision must be taken within six months of the date of the application.

To ensure an integrated approach, Member States are urged to appoint, where there is no single competent authority, a supreme competent authority to co-ordinate the licensing procedure. Any permit granted or amended must describe how the integrated environmental protection considerations of air, water and land have been taken into account. A permit would generally be amended where there have been changes to the manner of operation of an installation, or where the emissions of an installation can be felt in another Member State.

In setting any emission limit values as part of the conditions of grant of a permit, the competent authority must have the aim of ensuring that environmental quality standards are not breached. Member States may impose stricter conditions, where the standard sought to be achieved cannot be achieved by the use of the best available techniques. Member States are encouraged to keep abreast with developments in the best available techniques for either preventing or minimising emissions into the environment and to ensure the compliance by operators of any conditions attached to the grant of a permit. There are provisions dealing with access to information by the public and the exchange of information between the Member States and the Commission. The Directive sets up a Committee of Advisors to assist the Commission in its work under the provisions of this Directive. Member States may enact stricter laws, provided they are in conformity with Community laws.

Proposed date of implementation

A common position in the European Council is not expected before the end of 1994. It is unlikely that the proposal will be adopted before mid 1995.

MAJOR-ACCIDENT HAZARDS

Official title

6.24 Commission proposal for a Council Directive on the control of major-accident hazards involving dangerous substances (Comah).

Reference

Commission proposal 94/C106; OJ C106, 14.4.94

Amendments

None.

Impact

The proposal would amend Directive 82/501/EEC on major accident hazards of certain industrial activities.

Details

The proposal aims at the prevention of major accidents inherent in certain industrial activities involving dangerous substances. It would require Member States to establish procedures for supplying information on people working on-site and information on the authority responsible for dealing with the risks of accidents. It would take steps to prevent or limit any after effects. The use of long-term land use plans would be introduced to isolate population centres and fragile environments from potential sources of accidents. It would also simplify the system of risk prevention through clarification of the distinction made between production and storage facilities.

Proposed date of implementation

The Directive would enter into force on the twentieth day after publication in the *Official Journal.*

ENVIRONMENTAL IMPACT ASSESSMENT

Official title

6.25 A Commission proposal for a Council Directive amending Directive 337/85/EEC on the assessment of the effects of certain public and private projects on the environment.

Reference
COM (93) 575 (final).

Amendments
None.

Impact
The proposal is aimed at the harmonisation of Member State interpretations of Annex 2 to Directive 337/85/EEC.

Details
Proposed changes would include: the inclusion of the location of a proposed project as one of the selection criteria used to determine whether a project requires an environmental impact study; the requirement for public consultation to take place before authorisation is given, instead of before the actual work starts; making compulsory impact studies for nuclear reprocessing facilities and for the temporary storage of radioactive waste; and clarifying specifications on information to be included in impact assessment studies.

Proposed date of implementation
The European Commission proposes that the amendments take effect from 1 July 1996

ENVIRONMENT-RELATED RESEARCH AND DEVELOPMENT

Official title
A proposal for a Council Decision adopting a specific programme for research and technological development in the fields of environment and climate for the period 1994–98.

Reference
Council Decision 94/C/228, 17.8.1994.

Amendments
None.

Impact
Provides for Community support for programmes in the fields of environment and climate.

Details
The Programme, presented by the European Commission on 30 March 1994, would support projects in the following areas:

- research into the natural environment, environment quality and global change;
- environmental technologies; and
- space technologies applied to environmental monitoring and research.

The proposal would follow up the existing programme on research and technological development running from 1990–94 (91/354/EEC; OJ L192, 16.7.91).

Proposed date of implementation

The programme would replace the existing programme on 1 January 1995.

ENVIRONMENTAL LIABILITY

Official title

6.27 A Communication from the Commission to the Council and Parliament and the Economic and Social Committee: Green Paper on Remedying Environmental Damage.

Reference

Commission Communication COM (93) 47.

Amendments

None.

Impact

The Green Paper is to explore ways of remedying environmental damage caused by industrial activity.

Details

The Green Paper recommends the establishment of a strict liability regime for damage caused by pollution, supplemented by compensation funds to pay for clean-up in cases where no responsible party can be identified. In November 1993 the Commission organised a hearing, with industry and environmental groups, which revealed widely divergent positions on key issues such as actionability of damage to the unowned environment, compulsory insurance and lender liability.

Proposed date of implementation

A recent EP report calls for legislative action instead of a White Paper as was originally planned.

Flora and fauna legislation

CONSERVATION OF WILD BIRDS

Official title
Council Directive of 2 April 1979 on the conservation of wild birds.

Reference
Council Directive 79/409/EEC; OJ L103, 25.4.79.

Amendments
Accession of Greece (1981).
Directive 81/854/EEC; OJ L319, 7.11.81.
Directive 85/411/EEC; OJ L233, 30.8.85.
Accession of Spain and Portugal (1986).
Directive 86/122/EEC; OJ L100, 16.4.86.
Directive 91/244/EEC; OJ L115, 8.5.91.
Directive 94/24/EC; OJ L164, 30.6.94.

Impact
Establishes rules for the protection, management and control of certain species of European birds.

Details
This Directive covers "all species of naturally occurring birds in the wild state in the European territory of the Member States". Provision is made for certain special measures to be taken to protect a number of endangered species, listed in full in Annex 1. This Annex and the other Annexes to the Directive are amended and supplemented intermittently by the Community.

The Directive requires Member States to take measures to preserve, maintain or re-establish a sufficient diversity and area of habitat for birds. The measures are to include:

- creation of protected areas;
- upkeep and management in accordance with the ecological needs of habitats inside and outside the protected zones;
- re-establishment of destroyed biotopes; and
- creation of biotopes.

Provisions regarding hunting, capture and killing are included. Such activities are restricted to a specified number of species and to certain geographical areas. The latest amendment, of June 1994, also limits hunting activities in time, by giving maximum durations of the hunting season. The Directive includes a number of derogations from these restrictions in situations where, for example, the Member State has to take action in the interests of air safety, to prevent serious damage to crops, or to protect flora and fauna.

Member States are permitted to introduce stricter provisions than those provided for under this Directive. Member States must forward to the European Commission, once every three years, a report on the measures they have taken in accordance with this Directive.

Date of implementation

This Directive had to be implemented by 25 April 1981. The implementation deadline established under the last amendment, adopted in 1994, was 31 July 1992.

IMPORTS OF WHALE PRODUCTS

Official title

6.29 Council Regulation (EEC) 348/81 of 20 January 1981 on common rules for imports of whale or other cetacean products.

Reference

Council Regulation 348/81; OJ L39, 12.2.81.

Amendments

Accession of Spain and Portugal (1986).

Impact

Subjects imports of whale products to a permit system.

Details

Imposes a ban on commercial imports of whale or other cetacean products. Importers of such products must first obtain a permit, which may be withheld if the products in question are to be used for commercial purposes. A committee on cetacean products is set up by the Regulation, with a representative of the European Commission as chairman. The committee is to examine any question relating to the application of the Regulation.

Date of implementation

Member States were required to notify the European Commission before 1 July 1981 of the names and addresses of the authorities competent to issue residual non-commercial import licences. Imports for commercial purposes were prohibited from 1 January 1982.

IMPORTS OF SEAL PRODUCTS

Official title

6.30 Council Directive of 28 March 1983 concerning the importation into Member States of skins of certain seal pups and products derived therefrom.

Reference
Council Directive 83/129/EEC; OJ L91, 9.4.83.

Amendments
Directive 85/444/EEC; OJ L259, 1.10.85.
Directive 89/370/EEC; OJ L163, 14.6.89.

Impact
Bans the commercial importation of certain seal skins and related products.

Details
As amended, the Directive provides that Member States are to take or maintain the necessary measures to ensure that skins of white-coat pups of harp seals and of pups of hooded seals (blue-backs) and articles made from those skins, are not commercially imported into the Community. This Directive does not apply to products resulting from traditional hunting by the Inuit people.

Date of implementation
The Directive was to apply from 10 October 1983 to 1 October 1985. The first amendment extended this period to 1 October 1989. The second amendment made it of indefinite duration.

AFRICAN IVORY

Official title
Commission Regulation (EEC) 2496/89 of 2 August 1989 on a prohibition on importing raw and worked ivory, derived from the African elephant, into the Community.

Reference
Commission Regulation 2496/89; OJ L240, 17.8.89.

Amendments
None.

Impact
Prohibits the issuing of African ivory permits.

Details
This Regulation represents the Community's response to the continued poaching of the African elephant and the unlawful selling of tusks. It prohibits the issue of import permits for raw and worked ivory derived from the African elephant, except in certain narrowly prescribed circumstances (*i.e.* for musical instruments, antiques, personal belongings,

etc). All permits issued under the derogations must be notified to the European Commission.

Date of implementation

This Regulation came into force on 17 August 1989.

LEGHOLD TRAPS AND IMPORT OF FURS

Official title

6.32 Council Regulation (EEC) 3254/91 of 4 November 1991 prohibiting the use of leghold traps in the Community and the introduction into the Community of pelts and manufactured goods of certain wild animal species originating in countries which catch them by means of leghold traps or trapping methods which do not meet international humane trapping standards.

Reference

Council Regulation 3254/91; OJ L308, 9.11.91.

Amendments

None.

Impact

Bans the use of leghold traps and the import into the Community of the pelts of animals caught by leghold traps.

Details

This Regulation bans the use of leghold traps and the import into the Community of the pelts of animals caught by leghold traps. The animals and goods specifically covered are listed in Annexes to the Regulation.

Date of implementation

The Regulation will apply, for the most part, as from 1 January 1995.

IMPORTS OF FURS

Official title

6.33 Council Regulation (EEC) 1771/94 of 19 July 1994 laying down provisions on the introduction into the Community of pelts and manufactured goods of certain wild animal species.

Reference

Council Regulation (EEC) 1771/94; OJ L184, 20.7.94.

Amendments
None.

Impact
Prohibits, from 1 January 1996, the imports into the Community of pelts and products of animal species listed in Council Regulation (EEC) 3259/91.

Date of implementation
The Regulation will enter into force on 1 January 1996

CONSERVATION OF NATURAL HABITATS

Official title
Council Directive of 21 May 1992 on the conservation of natural habitats and of wild fauna and flora.

Reference
Council Directive 92/43/EEC; OJ L206, 22.7.92.

Amendments
None.

Impact
Aims to contribute towards ensuring biodiversity through the conservation of natural habitats and of wild fauna and flora in the territory of the Community.

Details
This Directive requires Member States to designate as "special conservation areas" those areas meeting the criteria set out in Annex III (*e.g.* areas where endangered species are present). The title of the Directive was changed during the adoption procedure to stress "conservation" rather than "protection" of species. All national, regional and local planning policies should incorporate safeguards to ensure that damage to special conservation areas is avoided and to encourage the management of features of the landscape which are of major importance for wild fauna and flora.

Member States are required to take steps to establish the necessary conservation measures (including management plans and/or statutory, administrative or contractual measures) for the maintenance or re-establishment of priority habitat types and species, and to undertake monitoring of their conservation status.

Member States may apply to the European Commission for Community co-financing in order to allow them to meet their obligations under this Directive (see para **6.12** above).

A coherent European ecological network of special conservation areas, composed of habitats and their species listed in Annexes I and II, is to be set up under the title "Natura 2000", enabling these areas to be maintained or restored as appropriate.

In addition, this Directive aims to protect certain species by prohibiting:

- all forms of deliberate capture or killing of specimens of these species in the wild;
- deliberate disturbance of these species, particularly during the period of breeding, rearing, hibernation and migration;
- the deliberate destruction or taking of eggs from the wild;
- the deterioration or destruction of breeding sites or resting places; and
- the keeping, transport and sale or exchange of specimens taken from the wild.

Similar conservation measures are envisaged for plant life. Provision is also made under the Directive for the re-introduction of species featured in Annex IV that are native to their territory, under certain conditions, and for the regulation of the deliberate introduction into the wild of non-native species.

Member States are required to promote education and general information on the need to protect species of wild fauna and flora and to conserve their habitats.

Every six years, Member States will be required to submit a report to the European Commission on the measures they have taken to implement the provisions of this Directive.

Date of implementation

The provisions of this Directive were to be implemented by Member States by July 1994.

QUALITY OF FRESH WATERS FOR THE SUPPORT OF FISH LIFE

Official title

6.35 Council Directive of 18 July 1978 on the quality of fresh waters needing protection or improvement in order to support fish life.

Reference

Council Directive 78/659/EEC; OJ L222, 14.8.78.

Amendments

Accession of Greece (1981).
Accession of Spain and Portugal (1986).

Impact

Aims to protect and improve the quality of running or standing fresh waters within the Community supporting, or capable of supporting, fish.

Details

The Directive lists the physical and chemical parameters applicable to these waters in Annex I. For the purposes of applying those parameters, waters are divided into salmonoid and cyprinid water. Salmonoid waters are those capable of supporting fish belonging to species such as salmon, trout, grayling and whitefish. Cyprinid waters are those capable of supporting the cyprinids or other species such as pike, perch and eel. Member States are required to set values for the parameters listed in Annex I for designated waters. They are further required, within a two-year period following notification of this Directive, to designate salmonoid and cyprinid waters. They may make subsequent, additional designations and may revise designations as necessary.

Member States are required to establish programmes to reduce pollution and ensure that designated waters conform within five years following designation. For the purposes of implementing these programmes, designated waters shall be deemed to conform to the provisions of this Directive if samples of such waters taken at the minimum frequency specified in Annex I, at the same sampling point over a period of 12 months, show that they conform to both the values set by the Member States in accordance with Article 3 and to the comments contained in columns G and I of Annex I. Member States shall designate competent authorities to carry out sampling operations. The competent authority may decide that sampling can be reduced or is no longer necessary, based on the results of such testing.

Implementation of the measures taken pursuant to this Directive may, on no account, lead either directly or indirectly to increased pollution of fresh water. Member States may, at any time, set more stringent values for designated waters than those laid down in this Directive. They may also lay down additional provisions relating to parameters other than those provided for in this Directive.

Where fresh waters cross or form national frontiers between Member States and when one Member State considers designating these waters, the Member States concerned shall consult each other in order to determine the stretches of such waters to which the Directive might apply and the consequences to be drawn from the common quality objectives. The European Commission may participate in these deliberations.

Limited derogations are available to Member States where (in the case of certain parameters marked 0 in Annex I), there are exceptional weather or special geographical conditions, and when designated waters undergo natural enrichment in certain substances so that the values set out in Annex I are not respected. Natural enrichment is defined as the process whereby, without human intervention, a given body of water receives from the soil certain substances contained therein. Provision is made for adaptations to technical and scientific progress based on the guidance values for the parameters and the methods of analysis contained in Annex I.

The Directive provides for the establishment of a committee to consider such adaptations. Member States are required to provide the European Commission with information concerning designated waters, revision of designation, provisions of new parameters and the application of any derogations. Member States are required to submit detailed reports to the European Commission on designated waters five years after the initial designation and at regular intervals thereafter.

Date of implementation

Member States were required to implement the provisions of this Directive by 20 July 1980.

SHELLFISH WATERS

Official title

6.36 Council Directive of 30 October 1979 on the quality required of shellfish waters.

Reference

Council Directive 79/923/EEC; OJ L281, 10.11.79.

Amendments

Directive 91/692/EEC; OJ L377, 31.12.91.

Impact

Aims to preserve high-quality shellfish products for human consumption by anti-pollution monitoring of shellfish waters.

Details

The Directive is concerned with the quality of shellfish waters and applies to those coast and brackish waters designated by Member States as in need of protection or improvement in order to support shellfish life. Member States are required to designate such waters within a two-year period following the notification of this Directive. They may make additional designations subsequently and may revise existing designations where appropriate. The parameters applicable to the waters so designated are listed in the Annexes to this Directive.

Member States are required to set values for the parameters listed in the Annex in so far as values are given in column G or in column I. They are required to comply with the comments contained in both columns. With regard to discharges of effluent falling within these parameters, emissions' standards for organohalogenated substances and metholes as laid down in Directive 76/464/EEC on the discharge of dangerous substances into the aquatic environment (see para **6.51** below), shall be applied in conjunction with the objectives of this Directive. The Directive provides that Member

States shall establish programmes to reduce pollution and ensure conformity within six years of designation. Conformity provisions are detailed in Article 6.

Member States are required to designate competent authorities to carry out sampling operations. A competent authority may modify or discontinue sampling according to water quality. Where water quality is below that required, the competent authority shall establish whether this is the result of change, natural phenomena or pollution and shall adopt appropriate remediary measures. Reference methods of analysis for use in calculating the value of the parameters concerned are set out in the Annex.

Implementation of the measures taken pursuant to this Directive may not lead to increased pollution of coastal and/or brackish waters. Member States may, at any time, set more stringent values for designated waters than those laid down in this Directive and may make additional provisions relating to parameters other than those provided.

Where shellfish waters lie in the immediate vicinity of the frontier with another Member State, the Member States concerned shall consult each other in order to determine the stretches of waters to which this Directive may apply and the consequences to be drawn from the common quality objectives. These consequences shall be determined by each Member State. The European Commission may participate in these deliberations. Limited derogation from these provisions is available to Member States in the event of exceptional weather or geographical conditions.

The Directive lays down procedures for adaptation to technical progress. Member States are required to provide the European Commission with information concerning designated waters, any revision of those designations, and the provisions laid down to establish new parameters. Member States are further required to submit detailed reports to the European Commission on designated waters six years following the initial designation and at regular intervals thereafter. The Directive requires the European Commission to publish this information with the prior consent of the Member States.

Date of implementation

Member States were required to implement the provisions of this Directive by 30 October 1981.

AGRICULTURAL PRODUCTION METHODS

Official title

Council Regulation (EEC) 2078/92 of 30 June 1992 on agricultural production methods compatible with the requirements of the protection of the environment and the maintenance of the countryside.

Reference
Council Regulation 2078/92; OJ L215, 30.7.92.

Amendments
None.

Impact
Provides financial aid for farmers who adapt their farming practices to those compatible with the requirements of protection of the environment and natural resources as well as maintenance of the countryside and landscape.

Date of implementation
This Regulation entered into force on 30 July 1992. Detailed rules for its application are to be adopted by the European Commission in accordance with the procedure laid down in Article 29 of Regulation (EEC) 4253/88.

ACID RAIN

Official title

6.38 Council Regulation (EEC) 3528/86 of 17 November 1986 on protection of the Community's forests against atmospheric pollution.

Reference
Council Regulation 3528/86; OJ L326, 21.11.86.

Amendments
Regulation (EEC) 2157/92; OJ L217, 31.7.92.

Impact
Establishes a Community scheme to protect forests against atmospheric pollution.

Details
The chief objective of the Community scheme is to establish, on the basis of an appropriate observation network, a uniform periodic inventory of damage caused to forests and, in particular, damage caused by atmospheric pollution. Using a uniform scientific method, Member States are to draw up a periodic forest health report with reference to atmospheric pollution.

Date of implementation
The Regulation entered into force on 24 November 1986. Amending Regulation (EEC) 2157/92 entered into force on 3 August 1992, but applied with effect from 1 January 1992.

APPLICATION OF ACID RAIN RULES

Official title

Commission Regulation (EEC) 526/87 of 20 February 1987 laying down certain detailed rules for the application of Council Regulation (EEC) 3528/86 on the protection of the Community's forests against atmospheric pollution.

Reference

Commission Regulation 526/87; OJ L53, 21.2.87.

Amendments

None.

Impact

Sets out a standard application form for Community aid for field experiments and pilot and demonstration projects relating to atmospheric pollution in forests.

Date of implementation

The Regulation entered into force on 24 February 1987.

FOREST DAMAGE INVENTORY

Official title

Commission Regulation (EEC) 1696/87 of 10 June 1987 laying down certain detailed rules for the implementation of Council Regulation (EEC) 3528/86 on the protection of the Community's forests against atmospheric pollution (inventories, network, reports).

Reference

Commission Regulation 1696/87; OJ L161, 22.6.87.

Amendments

Last amended by Regulation EEC/836/94; OJ L97, 15.4.94.

Impact

Lays down detailed rules for the establishment of a Community network of observation points for the purpose of assessing forest health.

Details

Regulation (EEC) 836/94 introduces the analysis of the chemical content of needles and leaves as part of the observation as established by Regulation (EEC) 1696/87.

Date of implementation

The Regulation entered into force on 25 June 1987.

COMMUNITY FORESTS – AID FOR PROTECTION AGAINST ATMOSPHERIC POLLUTION

Official title

6.41 Commission Regulation (EEC) 1697/87 of 10 June 1987 laying down certain detailed rules for the implementation of Council Regulation (EEC) 3528/86 on the protection of the Community's forests against atmospheric pollution (payment of aid).

Reference

Commission Regulation 1697/87; OJ L161, 22.6.87.

Amendments

Last amended by Regulation (EEC) 1091/94; OJ L125, 18.5.94.

Impact

Establishes rules for the reimbursement (up to the maximum specified amount) of expenditure incurred by Member States in implementing the requirements of the acid rain Regulation.

Date of implementation

The Regulation entered into force on 25 June 1987.

FOREST FIRES

Official title

6.42 Council Regulation (EEC) 3529/86 of 17 November 1986 on protection of the Community's forests against fire.

Reference

Council Regulation 3529/86; OJ L326, 21.11.86.

Amendments

Last amended by Regulation (EEC) 2158/92; OJ L217, 31.7.92.

Impact

Establishes a Community scheme to provide increased protection against fire for forests in the Community, with the aim of reducing the number of forest fire outbreaks and reducing the extent of areas burnt.

Date of implementation

The Regulation entered into force on 24 November 1986 and remains applicable to projects or programmes submitted before 1 January 1992. Amending Regulation (EEC) 2158/92 entered into force on 4 August 1992 but has applied as from 1 January 1992.

APPLICATION OF FOREST FIRE RULES

Official title

Commission Regulation (EEC) 525/87 of 20 February 1987 laying down certain detailed rules for the application of Council Regulation (EEC) 3529/86 on the protection of the Community's forests against fire.

Reference

Commission Regulation 525/87; OJ L53, 21.2.87.

Amendments

None.

Impact

Sets out a standard document on which applications for Community aid for the carrying out of programmes or projects under the Community's forest fire Regulation are to be made.

Date of implementation

The Regulation entered into force on 21 February 1987.

STANDING FORESTRY COMMITTEE

Official title

Council Decision of 29 May 1989 setting up a Standing Forestry Committee.

Reference

Council Decision 89/367/EEC; OJ L165, 15.6.89.

Amendments

None.

Impact

The Committee is to oversee the concerns arising from the social, economic and environmental functions of Community woodlands.

Date of implementation

The Decision was notified on 15 June 1989.

Proposed flora and fauna legislation

CONSERVATION OF WILD BIRDS

Official title

6.45 Commission proposal for a Council Directive amending Directive 79/409/EEC on the conservation of wild birds.

Reference

Commission proposal 94/C100/7; OJ C100, 9.4.94.

Amendments

None.

Impact

Establishes criteria for the determination of the hunting season for migratory species.

Details

The proposal would amend Directive 79/409/EEC, prohibiting hunting during the reproduction period and during the return of the animals to their rearing grounds. It also gives criteria for the determination of the length of the hunting season.

Proposed date of implementation

The date proposed in the Directive of 29 April 1994 has now passed. No further date has yet been proposed.

Water protection legislation

SURFACE WATER QUALITY

Official title

6.46 Council Directive of 16 June 1975 concerning the quality required of surface water intended for the abstraction of drinking water in the Member States.

Reference

Council Directive 75/440/EEC; OJ L194, 25.7.75.

Amendments

Directive 79/869/EEC; OJ L271, 29.10.79.
Accession of Spain and Portugal (1986).

Impact

Sets out the quality requirements which surface fresh water must achieve if used or intended for use as drinking water.

Details

The Directive applies to all surface fresh water intended for use in providing water for human consumption and supplied by distribution networks for public use. It classifies surface fresh water according to the method of purification which may be applied to it (*i.e.* physical treatment, chemical treatment or disinfection) and provides both guidance and mandatory minimum quality values which that water must meet at the point of abstraction for purification. The Directive may be waived in certain circumstances, including floods and natural disasters. Where a Member State waives the provisions of the Directive it is required to notify the European Commission, stating the reasons for the waiver and its estimated duration.

In January 1989, the European Commission tabled a proposal to amend this Directive (see para **6.63** below).

Date of implementation

Member States had to implement the Directive by 18 June 1977.

BATHING WATER QUALITY

Official title

Council Directive of 8 December 1975 concerning the quality of bathing water.

Reference

Council Directive 76/160/EEC; OJ L31, 5.2.76.

Amendments

Accession of Greece (1981).
Accession of Spain and Portugal (1986).

Impact

Concerns the quality of bathing water with the exception of water intended for therapeutic purposes and water used in swimming pools.

Details

For the purposes of the Directive "bathing water" means all running or still fresh waters and sea water in which bathing is either traditionally practised or in which bathing is explicitly authorised by Member State authorities. The Annex to the Directive sets out both guidance and mandatory limit values for the quality of bathing water. The Annex also indicates the methods of testing for conformity with the relevant limit values.

In March 1994, the Commission presented a proposal for a Directive on the protection of bathing waters amending Directive 79/160/EEC (see para **6.67** below)

Date of implementation

Member States had to comply with the provisions of the Directive by 10 December 1977. They had until 5 February 1986 to ensure conformity of bathing water with the standards set out in the Directive.

QUALITY OF SURFACE FRESH WATER

Official title

6.48 Council Decision of 12 December 1977 establishing a common procedure for the exchange of information on the quality of surface fresh water in the Community.

Reference

Council Decision 77/795/EEC; OJ L334, 24.12.77.

Amendments

Last amended by Decision 90/2/EEC; OJ L1, 4.1.90.

Impact

Establishes a common procedure to determine the pollution level of rivers in the Community.

Details

Establishes Community-wide exchange of data on surface and water quality for the assessment of long-term impact of national and EC rules. The Commission draws up triennial reports on the basis of data provided by the Member States.

SAMPLING AND ANALYSIS OF SURFACE WATER

Official title

6.49 Council Directive of 9 October 1979 concerning the methods of measurement and frequency of sampling and analysis of surface water intended for the abstraction of drinking water in the Member States.

Reference

Council Directive 79/869/EEC; OJ L271, 29.10.79.

Amendments

Last amended by Accession of Spain and Portugal (1986).

Impact

The Directive concerns the reference methods of measurement and frequencies of sampling and analysis for the parameters listed in Annex II to Directive 75/440/EEC.

Details

Member States shall provide the Commission at its request with all relevant information on the method and frequency of analysis.

Date of implementation

Member States were required to implement the provisions by 9 October 1981.

6.50

DRINKING WATER QUALITY

Official title

Council Directive of 15 July 1980 relating to the quality of water intended for human consumption.

Reference

Council Directive 80/778/EEC; OJ L229, 30.8.80.

Amendments

Accession of Greece (1981).
Accession of Spain and Portugal (1986).

Impact

Lays down quality standards and requires Member States to ensure that water for human consumption complies with those standards.

Details

Member States are required to set drinking water quality standards by reference to the parameters listed in Annex I to the Directive. In the case of the parameters concerning the organoleptic, physico-chemical and micro-biological quality of the water and parameters concerning concentrations of undesirable and toxic substances, maximum values are fixed. Member States are required to fix values which are equivalent to, or less than, those listed. Table F of Annex I, on the other hand, provides minimum values for parameters in respect of softened water.

Certain derogations are permitted to take into account such factors as the nature or structure of the ground in the area from which the supply emanates, exceptional meteorological conditions and emergencies. Member States are required to monitor the quality of water for human consumption on a regular basis, in accordance with the procedures and reference methods of analysis set out in Annexes II and III to the Directive. A committee procedure is set up for the purpose of adapting the Directive to scientific and technical progress.

The Directive does not apply to "natural mineral waters" or "medicinal waters" recognised or defined as such by the competent Member State authorities.

In January 1989, the European Commission tabled a proposal to amend this Directive (see para **6.63** below). That proposal is now awaiting adoption by the EU Council.

Date of implementation

Member States had to comply with the requirements of the Directive by 30 August 1985.

6.51 DISCHARGE OF DANGEROUS SUBSTANCES (1)

Official title

Council Directive of 4 May 1976 on pollution caused by certain dangerous substances discharged into the aquatic environment of the Community.

Reference

Council Directive 76/464/EEC; OJ L129, 18.5.76.

Amendments

Corrigendum; OJ L24, 28.1.77.

Impact

Lists in the Annex certain substances and families of substances, the discharge of which is subject to prior authorisation by the competent authority of the Member State concerned.

Details

This is a framework Directive which is implemented by further legislation (see below). It applies to inland surface waters, territorial waters and internal coastal waters. The Directive defines pollution as "the discharge by man, directly or indirectly, of substances or energy into the aquatic environment, the results of which are such as to cause hazards to human health, harm to living resources and to the aquatic ecosystems, damage to amenities or interference with other legitimate uses of water".

The Annex to the Directive establishes two lists of families and groups of substances. List I, known as the blacklist, contains certain dangerous substances selected mainly on the basis of their high toxicity, persistence and bio-accumulation. List II, known as the grey list, contains certain substances which have a harmful effect on the aquatic environment but which can be confined to a given area and which depend on the characteristics and location of the water into which they are discharged. Member States are to take appropriate steps to eliminate pollution by the dangerous substances in List I of the Annex. They are to reduce pollution by the dangerous substances in List II of the Annex. The Directive does not apply to discharges into groundwater. Several implementing Directives have been adopted in accordance with the provisions of this Directive. These Directives cover discharges of the following substances, among others:

- titanium dioxide waste;
- mercury from the chloralkali electrolysis industry;
- mercury from sectors other than the chloralkali electrolysis industry;
- cadmium;
- hexachlorocyclohexane;
- carbon tetrachloride;
- DDT; and
- pentachlorophenol.

Two further Directives have been proposed, one concerning chromium, and the other relating to trifluralin, endosulfan, simazine, atrazine, triorganotin compounds and organophosphorus substances (see paras **6.62** and **6.64** below).

Date of implementation

Because this Directive is an "umbrella" provision, to be given effect by a series of "daughter" Directives, no implementation date is specified.

PROTECTION OF GROUNDWATER

Official title

Council Directive of 17 December 1979 on the protection of groundwater against pollution caused by certain dangerous substances.

Reference

Council Directive 80/68/EEC; OJ L20, 26.1.80.

Amendments

None.

Impact

The purpose of this Directive is to prevent the pollution of groundwater.

Details

Directive 76/464/EEC (see para **6.51** above) originally contained provisions relating to pollution of groundwater, but these were superseded by a Directive relating specifically to groundwater. The groundwater Directive lists families and groups of substances whose discharge to groundwater is to be controlled and licensed by the competent authorities of the Member States. There are two lists, as in Directive 76/464/EEC, known as the black list and the grey list. List I, the black list, contains those substances whose direct discharge to groundwater should be prohibited. List II, the longer of the two lists, contains those substances whose direct or indirect discharge to groundwater should be limited so as to avoid pollution. "Groundwater" is defined as all water which is below the surface of the ground in the saturation zone and in direct contact with the ground or subsoil.

The Commission is currently preparing a Communication on the protection and management of groundwater. This would provide for an action plan aimed at ensuring the sustainable management of water resources. One of the key issues to be addressed is the contamination of groundwater by pesticides. A proposal is expected to be presented by the beginning of 1995.

Date of implementation

Member States had to comply with the provisions of the Directive by 19 December 1981. They had until 19 December 1985 to ensure that discharges of substances in Lists I or II already occurring at the time of notification of the Directive complied with the provisions of the Directive.

MERCURY DISCHARGES (1)

Official title

6.53 Council Directive of 22 March 1982 on limit values and quality objectives for mercury discharges by the chlor-alkali electrolysis industry.

Reference

Council Directive 82/176/EEC; OJ L81, 27.3.82.

Amendments

None.

Impact

Establishes emission standards and quality objectives for the aquatic environment affected by discharges of mercury and its compounds by the chlor-alkali electrolysis industry.

Details

Discharges arising from the electrolysis of alkali chlorides are a major source of the pollution caused by discharges of mercury into water. Discharges of mercury and of mercury compounds to the aquatic environment may be regulated on the basis of limit values applied to the effluent discharges from chlor-alkali industrial plants or, at Member States' discretion, on the basis of overall quality objectives for the waters affected by the discharge. Annex 1 to this Directive provides monthly average limit values for mercury discharges, time-limits by which those limit values must be complied with, and monitoring procedures for discharges. The initial limit values were applicable from 1 July 1983 to 1 July 1986, when stricter standards became applicable in accordance with Annex 1. For those Member States which apply quality objectives for the area affected by discharges of mercury, a table of quality objectives is provided at Annex 2. Where several quality objectives are applied to waters in the area, the quality of the waters must be such as to comply with each of those objectives.

The European Commission is required to make a comparative assessment of the implementation of the Directive every five years and to forward that assessment to the Council.

Date of implementation

Member States had to implement to provisions of this Directive by 1 July 1983.

MERCURY DISCHARGES (2)

Official title

Council Directive of 8 March 1984 on limit values and quality objectives for mercury discharges by sectors other than the chlor-alkali electrolysis industry.

Reference

Council Directive 84/156/EEC; OJ L74, 17.3.84.

Amendments

None.

Impact

Supplements Directive 82/176/EEC (see para **6.53** above) establishing limit values for mercury discharges applicable to the chlor-alkali industry. This Directive applies similar mercury limit values to all other industries with mercury by-products or disposal problems.

Details

The overall purpose of this Directive is to eliminate altogether pollution by mercury of certain bodies of the Community's aquatic environment. To achieve this objective, the Directive follows the formula outlined in the framework Directive 76/464/EEC (see para **6.51** above).

The applicable mercury limit values, the time-limits by which they must be complied with and the monitoring procedure for discharges, are laid down in Annex 1. All limit values apply at the point where waste waters containing mercury leave the industrial plant (except in situations where the mercury is taken elsewhere for recycling purposes). Annex 2 to this Directive establishes certain quality objectives. All bodies of water receiving mercury discharges must achieve the quality objectives set out in Annex 2. Member States are obliged to report on the implementation of this Directive to the European Commission every four years. On each occasion, the Member States shall give the following information:

- details of authorisations laying down emission standards for discharges of mercury;

- results of their inventory of mercury discharged into certain bodies of water (as specified); and
- results of measurements made by the national network set up to determine concentrations of mercury.

Date of implementation

Member States had to implement the provisions of this Directive by 17 March 1986.

CADMIUM DISCHARGES

Official title

6.55 Council Directive of 26 September 1983 on limit values and quality objectives for cadmium discharges.

Reference

Council Directive 83/513/EEC; OJ L291, 24.10.83.

Amendments

None.

Impact

Lays down the limit values which discharges containing cadmium from industrial plants may not exceed.

Details

Cadmium discharges to the aquatic environment may be regulated on the basis of limit values, normally applied at the point where waste waters containing cadmium leave industrial plants or, at Member States' discretion, on the basis of overall quality objectives for the water affected by the discharge. Annex I to this Directive provides Community limit values expressed as milligrams of cadmium per litre of discharge and/or grams of cadmium discharged per kilogram of cadmium handled. For those Member States which apply quality objectives for the area affected by discharges of cadmium, a table of "auto-quality" objectives is provided at Annex II. In general, the quality objectives relate to the arithmetic mean of concentrations obtained over a period of one year. Where several quality objectives are applied to waters in an area, the quality of the waters must be sufficient to comply with each of those objectives.

Date of implementation

Member States had to comply with the provisions of this Directive by 28 September 1985. The initial limit values set were to be complied with as from 1 January 1986. Stricter limit values were to apply from 1 January 1989.

ENVIRONMENT 6.56-6.57

HEXACHLOROCYCLOHEXANE DISCHARGES

Official title
Council Directive of 9 October 1984 on limit values and quality objectives for discharges of hexachlorocyclohexane.

6.56

Reference
Council Directive 84/491/EEC; OJ L274, 17.10.84.

Amendments
None.

Impact
Lays down, among other things, limit values for emission standards for hexachlorocyclohexane (HCH) in discharges from industrial plants and lays down quality objectives for HCH in the aquatic environment.

Details
Member States may regulate discharges of HCH to the aquatic environment by monitoring discharges of waste water leaving industrial plants and comparing those discharges with emission standards based on limit values for HCH per unit of waste water discharged. Alternatively, they may apply an appropriate water quality objective to the waters affected by HCH discharges. Annex I to this Directive sets out limit values expressed as grams of HCH per tonne of HCH produced or treated and as milligrams of HCH per litre of discharge. Annex II sets out quality objectives for water affected by HCH discharges. The quality objectives relate generally to the arithmetic mean of concentrations obtained over a period of one year. Where several quality objectives are applied to waters in an area, the quality of the waters must be sufficient to comply with each of those objectives.

Date of implementation
Member States had to comply with the provisions of this Directive by 1 April 1986. The limit values to be complied with from 1 April 1986 were replaced with stricter limit values from 1 October 1988.

CONTROL OF SPECIFIED DANGEROUS SUBSTANCES

Official title
Council Directive of 12 June 1986 on limit values and quality objectives for discharges of certain dangerous substances included in List 1 of the Annex to Directive 76/464/EEC.

6.57

Reference
Council Directive 86/280/EEC; OJ L181, 4.7.86.

Amendments

Directive 88/347/EEC; OJ L158, 25.6.88.
Directive 90/415/EEC; OJ L219, 14.8.90.

Impact

Lays down limit values and quality objectives for the discharges of carbon tetrachloride, DDT, pentachlorophenol, certain "drin" and "hex" substances and chloroform to the aquatic environment.

Details

Directive 76/464/EEC (see para **6.51** above) introduces a system of prior authorisation and emission standards intended to eliminate pollution of the various parts of the aquatic environment by the dangerous substances set out in List 1 of the Annex thereto. Pollution caused by the discharge of these substances into the aquatic environment emanates from a large number of industries. It is, therefore, necessary to provide specific limit values for discharges according to the type of industry concerned. Equally, it is necessary to lay down quality objectives for the aquatic environment into which the substances are discharged. With these objectives in mind, Annex I lays down a set of general provisions relating to limit values, quality objectives and, for the purposes of effective implementation, reference methods of measurement for determining the concentration of the substances in question. Annex II contains a set of specific provisions which amplify and supplement those headings in respect of the following individual substances: carbon tetrachloride, DDT and pentachlorophenol.

Amending Directive 88/347/EEC added certain "drin" substances to Annex II (*i.e.* aldrin, dieldrin, endrin and isodrin), plus hexachlorobenzene, hexachlorbutadiene and chloroform.

Amending Directive 90/415/EEC added the substances 1-2 dichloroethane, trichloroethylene, perchloroethylene and trichlorobenzene to Annex II.

Date of implementation

Member States had to comply with the provisions of this Directive by 1 January 1988. They had until the same date to comply with the limit values and quality objectives for the named substances. In the case of DDT, stricter limit values are included in Annex II to the Directive which are to be complied with as from 1 January 1991.

Member States were given until 1 January 1989 to implement the provisions of amending Directive 88/347/EEC relating to the "drin" substances and until 1 January 1990 as regards the other substances listed in that amending Directive.

Amending Directive 90/415/EEC was to be implemented by Member States by 31 January 1992.

ENVIRONMENT

MUNICIPAL WASTE WATER TREATMENT

Official title
Council Directive of 21 May 1991 concerning urban waste water treatment.

Reference
Council Directive 91/271/EEC; OJ L135, 30.5.91.

Amendments
None.

Impact
This Directive, which aims to protect the environment from the adverse effects of discharges of waste water from urban agglomerations and from certain industrial sectors, will require substantial investment by Member States, over a number of years, in urban waste water treatment facilities.

Details
By 31 December 2000, Member States must provide collection systems for all discharges of urban waste water from agglomerations with a population equivalent (p.e.) of more than 15,000, and by 31 December 2005 for those with a p.e. of between 2,000 and 15,000.

Member States must ensure, by the same dates, that urban waste water entering such collection systems is subject to secondary treatment (or equivalent) before discharge, in accordance with Annex I.B. Where urban waste water is being discharged into "sensitive areas", Member States must ensure that urban waste water entering collection systems is subject to more stringent treatment by 31 December 1998 for agglomerations of more than 10,000 p.e. Sensitive areas were to be identified by Member States by 31 December 1993 according to the criteria laid down in Annex II.

Annex I sets out definitions of technical terms and design criteria for collecting systems, together with discharge requirements for secondary treatment waste and waste discharged into sensitive areas (Tables 1 and 2). Competent authorities had to ensure that the disposal of waste water and sludge from treatment plants was subject to prior authorisation in accordance with these conditions before 31 December 1993.

Industrial waste water entering collecting systems and municipal waste water treatment plants had to be subject to prior authorisation by the competent authorities by 31 December 1993 in accordance with the requirements set out in Annex I.C.

Sludge arising from waste water treatment, as well as the treated water itself, must now be reused wherever appropriate. Member States must also cease the dumping of sludge into the sea by ships, pipelines or other means before 31 December 1998. In the intervening period, Member States are to ensure that the total amount of toxic, persistent or bio-accumulable materials in sludge disposed of to surface waters is licensed for disposal and progressively reduced.

Date of implementation

Member States were required to implement the provisions of this Directive by 30 June 1993, to establish implementation programmes for these measures before 31 December 1993 and to inform the European Commission, accordingly, by 31 June 1994. The large majority of Member States had, in September 1994, not yet established programmes.

PROTECTION OF FRESH, COASTAL AND MARINE WATERS AGAINST NITRATE POLLUTION

Official title

6.59 Council Directive of 12 December 1991 concerning the protection of waters against pollution caused by nitrates from agricultural sources.

Reference

Council Directive 91/676/EEC; OJ L375, 31.12.91.

Amendments

None.

Impact

Aims to conserve the quality of fresh, coastal and marine waters by reducing water pollution caused or induced by nitrates from agricultural sources and prevent further pollution of this sort.

Details

The Directive acknowledges the need to control and reduce water pollution caused by the spreading or discharge of livestock effluents and the excessive use of fertilisers.

Within two years of notification of this Directive, Member States were to establish a code or codes of good agricultural practice, as set out in Annex II, to be implemented by farmers on a voluntary basis and, where necessary, to set up training and information programmes for farmers.

Zones vulnerable to water pollution, especially those affecting more than one Member State, are to be afforded special protection. Having identified these vulnerable zones in accordance with the criteria set out in Annex I, Member States had to designate all such zones by 31 December 1993 and, by 31 December 1995, establish action programmes in respect of the designated vulnerable zones as set out in Annex III.

Such action programmes, which are to be implemented by 31 December 1995, are to include measures to limit the land application of all nitrogen-containing fertilisers and, in particular, to set specific limits for the

application of livestock manure. These measures shall include rules relating to:
- periods when land application of certain types of fertiliser is prohibited;
- limitation of the land application of fertilisers, consistent with good agricultural practice and taking into account the characteristics of the vulnerable zone concerned (*e.g.* soil conditions, soil type and slope, climatic conditions, rainfall and irrigation);
- the minimum distance to be left between water courses and the area on to which fertilizer is applied; and
- the capacity and construction of storage tanks for livestock manure, including measures to prevent seepage or run-off.

Member States are required to establish maximum land application rates based on:
- the rate of uptake of nitrogen by cultivated crops; and
- the amount of nitrogen in the soil, including that resulting from the land application of manure and other fertilisers.

Suitable monitoring programmes are to be drawn up to assess the effectiveness of the action programmes.

Member States are required, by 31 December 1995, and every four years thereafter, to submit a report to the European Commission giving the information specified in Annex V (location of vulnerable zones, sampling points, summary of the action programmes established and monitoring results, etc).

Date of implementation

Member States are required to comply with the provisions of this proposal by 31 December 1993 and inform the European Commission accordingly.

PREVENTION OF OIL POLLUTION AT SEA

Official title

Commission Decision of 25 June 1980 setting up an advisory committee on the control and reduction of pollution caused by oil and other harmful substances discharged at sea.

Reference

Commission Decision 80/686/EEC; OJ L188, 22.7.80.

Amendments

Last amended by Decision 87/144/EEC; OJ L57, 27.2.87.

Date of implementation

The Decision entered into force on 22 July 1980.

HYDROCARBON SPILLAGE – INFORMATION SYSTEM

6.61 Council Decision of 6 March 1986 establishing a Community information system for the control and reduction of pollution caused by the spillage of hydrocarbons and other harmful substances at sea.

Reference

Council Decision 86/85/EEC; OJ L77, 22.3.86.

Amendments

Last amended by Decision 88/346/EEC; OJ L158, 25.6.88.

Impact

Lists Member States' resources available for the control of a spillage of hydrocarbons or other harmful substances at sea.

Date of implementation

Member States were to provide the information necessary to bring the system into existence by 22 March 1987. They are required to update the information in January of each year.

Proposed water protection legislation

CHROMIUM DISCHARGES

Official title

6.62 Proposal for a Council Directive on water quality objectives for chromium.

Reference

Original proposal; OJ C351, 31.12.85.

Amendments

Amended proposal; OJ C43, 16.2.88.

Impact

Seeks to establish water quality objectives for chromium and limits for chromium in water.

Details

This proposed Directive, when adopted, will be another in a series of Directives adopted in accordance with the provisions of framework Directive 76/464/EEC (see para **6.51** above).

The overall aim of the Directive is to reduce current levels of chromium found in the Community's aquatic environment. To achieve this goal, the Directive proposes that certain quality objectives and emission levels (as defined in Annex 1 to the proposal) be set by Member States. The method of measurement is given in Annex 2 to the proposal.

Proposed date of implementation

The amended proposal suggests an implementation date of 15 September 1988. As a result of resistance exerted by some Member States, this proposal is still awaiting adoption by the EU Council.

WATER DIRECTIVES – ADAPTATION TO SCIENTIFIC AND TECHNICAL PROGRESS

Official title

Amended proposal for a Council Directive amending Directives 80/778/EEC on drinking water, 76/160/EEC on bathing water, 75/440/EEC on surface water and 79/869/EEC on methods of measurement and frequencies of analysis of surface water.

Reference

Original proposal; OJ C13, 17.1.89.

Amendments

Amended proposal; OJ C300, 29.11.89.

Impact

Seeks to establish a uniform procedure for the adaptation to scientific and technical progress of the technical content of the Annexes to the Directives listed in the title.

Details

The proposal would set up a regulatory committee composed of representatives from the Member States and chaired by a European Commission representative for the purpose of adapting the content of the named Directives to scientific and technical progress and to assist the European Commission in an advisory capacity.

Proposed date of implementation

This proposal was submitted by the European Commission to the EU Council on 22 December 1988. If adopted in its current form this Directive would come into effect on the date it is notified to the Member States (*i.e.* generally within a month of its adoption).

DISCHARGE OF DANGEROUS SUBSTANCES (2)

Official title

Proposal for a Council Directive amending Directive 76/464/EEC on pollution caused by certain dangerous substances discharged into the aquatic environment of the Community.

Reference

Original proposal; OJ C55, 7.3.90.

Amendments

None.

Impact

Seeks to speed up the adoption of the "daughter" Directives relating to Directive 76/464/EEC (see para **6.51** above) by requiring adoption by way of qualified majority.

Details

This Directive seeks to satisfy a twofold purpose: (i) to accelerate the adoption of Directives intended to control the discharging of dangerous substances to the aquatic environment by moving to qualified majority voting in the EU Council for adoption; and (ii) to add certain substances to the priority list of substances to be controlled. As regards (ii), the substances to be included are: trifluralin; endosulfan; simazine; triorganotin compounds; atrazine; and organophosphorus substances.

The Commission is working currently on a revised proposal which is expected to be presented by mid-1995.

Proposed date of implementation

The proposal calls for implementation by 31 December 1991. For the time being there is considerable opposition to this proposal on the part of some Member States.

ACCIDENTAL SPILLS AT SEA – OIL AND OTHER HARMFUL SUBSTANCES

Official title

Amended proposal for a Council Directive of 20 July 1984 on the drawing up of contingency plans to combat accidental spills of oil and other harmful substances at sea.

Reference

Original proposal; OJ C273, 12.10.83.

Amendments

Amended proposal; OJ C215, 16.8.84.

Impact

Seeks to ensure co-ordination of national contingency plans in the event of a spill of oil or another harmful substance at sea.

ENVIRONMENT 6.65-6.66

Details

Member States would be required, by the terms of this Directive, to draw up contingency plans necessary to combat serious oil spills or spills of other dangerous substances. Annex 1 to the proposal outlines a basic structure for such contingency plans. For those areas of the sea where more than one Member State has a vested interest, the proposal recommends the drawing-up of joint plans. These joint plans would, in particular, specify:

- the areas to which they apply;
- the authority designated in each Member State to co-ordinate joint action; and
- the principles, procedures and methods of co-operation to be employed to combat pollution.

Member States would be required to notify the presence of slicks or spills to all other Member States which might be affected. All contingency plans to be drawn up in accordance with this Directive would have to be notified to the committee established in accordance with Decision 80/686/EEC (see para **6.60** above).

Proposed date of implementation

This proposal has been on the Council's table for some time. In the meantime, the Commission has been pursuing solutions by way of an international convention. There is a strong possibility, therefore, that this proposal will be officially withdrawn at some stage in the future.

DUMPING OF WASTE AT SEA

Official title

Amended proposal for a Council Directive on the dumping of waste at sea. **6.66**

Reference

Original proposal; OJ C245, 26.9.85.

Amendments

Amended proposal; OJ C72, 18.3.88.

Impact

The main objective of this proposal is to provide for measures to prevent and reduce marine pollution caused by the deliberate dumping of waste from ships and aircraft.

Details

The aim of this proposal is to define the scope of common rules to prevent and reduce marine pollution caused by dumping at sea by ships and aircraft and other facilities, including platforms.

The term "dumping at sea" covers any deliberate discharge at sea, including the storage of waste or other materials on and under the seabed. This definition also includes incineration of waste or substances at sea. The amended proposal would exclude from the definition of dumping the disposal at sea of wastes or other matter incidental to or derived from the normal operations of vessels, aircraft, platforms or other man-made structures.

The proposal does not cover the dumping of radioactive substances or the burial of such waste in the seabed. The dumping of substances, waste or other materials listed in Annex I (black list) to the Directive would be prohibited. The dumping of substances listed in Annex II (grey list) would be strictly controlled and subject to a special licensing procedure. A general licence would be required for the dumping of any other kind of waste. Prior conditions would need to be taken into account when deciding whether or not to issue a licence.

Incineration of substances or material would be authorised only if there was no practical alternative method of land-based treatment and disposal. The Member States' authorities would be required to issue special licences on a case-by-case basis. The incineration at sea of substances and materials other than those listed in Annex IV.B would be prohibited. Member States would be required to send to the European Commission by 1 January 1990 the information required to fix a date for ending incineration at sea.

Proposed date of implementation

The original proposal called for adoption of the Directive by 1 July 1986.

This proposal has been on the Council's table for some time. In the meantime, the European Commission has been pursuing solutions by way of an international convention. There is a strong possibility, therefore, that this proposal will be officially withdrawn at some stage in the future.

BATHING WATER QUALITY

Official title

6.67 Commission proposal for a Council Directive concerning the quality of bathing water.

Reference

Proposal for a Council Directive 94/C/112; OJ C112, 22.4.94.

Amendments

None.

Impact

The Directive would take into account scientific knowledge of the protection of bathing waters and simplify the operation of the Directive by deleting redundant parameters. The parameters deleted by the proposal would include: ammonia; nitrogen Kjeldahl; pesticides (parathion, HCH, Dieldrin); heavy metals (arsenic, cadmium, chrome VI, lead, mercury); nitrates; and phosphates. The proposal would also require that details on the water condition be posted at bathing areas.

Proposed date of implementation
The provisions of this Directive would have to be implemented by 31 December 1995.

MARITIME SAFETY

Official title
Commission proposal for a Directive on maritime safety.

Reference
Proposed on 16 March 1994, not yet published.

Amendments
None.

Impact
The proposal would enforce international standards for ship safety, pollution control and the living and working conditions of seamen on vessels using EU ports or waters.

Details
The proposal features the setting of common criteria for the inspection of ships and the setting up of properly qualified national inspectorates, the harmonisation of rules for holding vessels in state ports and the publication of results of inspections.

Proposed date of implementation
The proposal is expected to be adopted in 1995. Implementation will not be required before 1996.

ECOLOGICAL QUALITY OF WATER

Official title
Proposal for a Council Directive on the ecological quality of water.

Reference
Original proposal; OJ C222, 10.8.94.

Amendments

None.

Details

The aim of the Directive would be the adoption of measures by the Member States for the control of pollution of Community surface waters. It would require Member States to adopt and implement integrated programmes for the improvement of surface water quality. Member States would be required to define the state of their surface waters, on the basis of criteria given in the proposal, as "good" or "high" by 31 December 1998. For waters of "good" quality, Member States should initiate programmes to maintain this level of water quality. For waters of "high" quality Member States should determine whether they are situated in areas of high ecological interest. If so, they should implement measures to maintain this high quality; if not Member States would be allowed merely to maintain the level of water quality at a "good" level.

Proposed date of implementation

The provisions of this Directive would have to be implemented by 31 December 1997.

Atmospheric pollution legislation

AIR QUALITY LIMIT VALUES FOR SULPHUR DIOXIDE

Official title

6.70 Council Directive of 15 July 1980 on air quality limit values and guide values for sulphur dioxide and suspended particulates.

Reference

Council Directive 80/779/EEC; OJ L229, 30.8.80.

Amendments

Accession of Spain and Portugal (1986).
Directive 81/857/EEC; OJ L319, 7.11.81.
Directive 89/427/EEC; OJ L201, 14.7.89.
Directive 90/660/EEC; OJ L353, 17.12.90.

Impact

In order to improve the protection of human health and of the environment, this Directive fixes limit values and guide values for sulphur dioxide and suspended particulates in the atmosphere.

Details

Member States were to take appropriate measures to ensure that as from 1 April 1983 the concentrations of sulphur dioxide and suspended particulates in the atmosphere are not greater than the limit values given in Annex 1 or Annex 4 to the Directive. There is an exception for zones notified to the Commission before 1 October 1982 where a Member State considered there to be a likelihood that concentrations of sulphur dioxide and suspended particulates might exceed the limit values after 1 April 1983. In those circumstances Member States were required to draw up an improvement plan and to ensure that the limit values were respected as soon as possible and, in any event, by 1 April 1993. The European Commission is required to publish an annual summary report on the application of this Directive annually. There is a general duty to endeavour to move towards the guidance values set out in Annex 2 to the Directive wherever measured concentrations are higher than these values. Sampling methods and methods of analysis are set out so that comparisons may be made between the results from different Member States.

In the course of implementing the Directive, it became clear that the limit values set in Annex 4 for sulphur dioxide were more stringent than the values in Annex 1. Amending Directive 89/427/EEC makes the limit values for sulphur dioxide comparable irrespective of the method with which a Member State chooses to measure particulates, so as to avoid discrimination between Member States.

The 1990 amendment concerned transitional measures for the former East Germany.

Date of implementation

Member States had until 18 July 1982 to implement the provisions of this Directive. Amending Directive 89/427/EEC required compliance by 11 January 1991.

CHLOROFLUORO-CARBON PRECAUTIONARY MEASURES

Official title

Council Decision of 15 November 1982 on the consolidation of precautionary measures concerning chlorofluorocarbons (CFCs) in the environment.

Reference

Council Decision 82/795/EEC; OJ L329, 25.11.82.

Amendments

None.

Impact

Provides a definition of Community production capacity of the CFCs F-11 and F-12 for 1980.

Details

The Annex to the Decision defines the total Community production capacity, including all 10 Community producers, of the CFCs F-11 and F-12 as 480,000 tonnes per year. The reference figure was to be used as the basis for ensuring that the Community production capacity was not increased. In addition, the Decision called on Member States to co-operate with the European Commission in facilitating the collection of statistical information on the production and use of the CFCs F-11 and F-12. Member States were enjoined to co-operate with the European Commission in action aimed at reducing CFC losses and developing the best practicable technologies in order to limit emissions in the synthetic foam, refrigeration, and solvents sectors.

Date of implementation

The Decision came into force on 25 November 1982.

AIR QUALITY LIMIT VALUES FOR LEAD

Official title

6.72 Council Directive of 3 December 1982 on a limit value for lead in the air.

Reference

Council Directive 82/884/EEC; OJ L378, 31.12.82.

Amendments

Accession of Spain and Portugal (1986).
Directive 90/656/EEC; OJ L353, 17.12.90.

Impact

This Directive fixes a limit value for lead in the air specifically to help protect human beings against the effect of lead in the environment.

Details

The Community's first and second environmental action programmes stated that pollution by lead should receive priority consideration. Inhaled lead contributes significantly to the total body burden of lead. A limit value for the protection of human health also contributes to the general protection of the environment. The "limit value" (*i.e.* the concentration of lead in the air which should not be exceeded) for the purpose of this Directive is 2 micrograms Pb/m^3. This is expressed as an annual mean concentration. Member States had to ensure that the concentration of lead in the air was not greater than the limit value by 31 December 1987. Where a Member State considered that the limit value could not be met at a particular location by 31 December 1986 it was to inform the European Commission. By 31 December 1984, the Member State concerned was to forward to the European Commission plans for the progressive improvement of the quality of the air in such places. The objective was to ensure that the limit value was respected, at the latest, by 31 December 1989. The European Commission has a duty to publish a summary report on the application of the Directive each year. The Annex to the Directive sets out characteristics to be complied with for choosing the sampling method and a reference method for analysing the concentration of lead in the air.

The 1990 amendment concerned transitional measures for the former East Germany.

On 4 July 1994, the Commission presented a proposal for a framework Directive on the assessment and management of ambient air quality (94/C/216; 6.8.94), which would provide for the adoption of new, stricter, ambient air quality objectives for lead before 31 December 1996 (see para **6.95** below).

Date of implementation
Member States were required to implement the provisions of the Directive by 10 December 1984.

LEAD IN PETROL

Official title
Council Directive of 20 March 1985 on the approximation of the laws of the Member States concerning the lead content of petrol.

Reference
Council Directive 85/210/EEC; OJ L96, 3.4.85.

Amendments
Directive 85/581/EEC; OJ L372, 31.12.85.
Directive 87/416/EEC; OJ L225, 13.8.87.

Impact
Sets the maximum permissible level of lead in petrol.

Details
This Directive supersedes an earlier Directive (Directive 78/611/EEC; OJ L197, 22.7.78). It requires Member States to reduce the maximum lead content of petrol sold on their markets to 0.15 grams per litre by 1 January

1986. It also requires the Member States to ensure the availability and balanced distribution within their territories of unleaded petrol from 1 October 1989. Such unleaded petrol is to be of the "premium" grade and is to have a minimum motor octane number (MON) of 85.0 and a minimum research octane number (RON) of 95.0 at the pump. This does not preclude the introduction on to the market of a Member State of "regular" unleaded petrol with lower octane numbers. From 1 October 1989, the benzene content of leaded and unleaded petrol is not to exceed 5.0% by volume. The Annex to the Directive provides reference methods for measuring the lead content and the benzene content and for the determination of the octane ratings of petrol.

As amended in 1987 the Directive permits Member States to ban the sale of "regular" grade leaded petrol from national markets. It is thought that by adopting such a ban Member States could encourage the use of unleaded petrol without excessive costs for the consumer, as vehicles currently running on regular leaded petrol are considered technically capable of running either on premium leaded petrol or on unleaded petrol. This Directive does not apply to the French overseas departments.

Date of implementation

Replaced Directive 78/611/EEC from 1 January 1986.

AIR QUALITY LIMIT VALUES FOR NITROGEN DIOXIDE

Official title

6.74 Council Directive of 7 March 1985 on air quality standards for nitrogen dioxide.

Reference

Council Directive 85/203/EEC; OJ L87, 27.3.85.

Amendments

Directive 85/580/EEC; OJ L372, 31.12.85.
Directive 90/656/EEC; OJ L353, 17.12.90.

Impact

Fixes a limit value for nitrogen dioxide in the atmosphere and lays down guidance values for nitrogen dioxide in the atmosphere in order to improve the protection of human health and contribute to the long-term protection of the environment.

Details

This Directive establishes a limit value for nitrogen dioxide which must not be exceeded throughout a reference period of a year in the territory of the Member State. It also establishes guidance values for nitrogen dioxide, over a reference period of a year, which are intended to serve as reference points for the establishment of specific zonal schemes determined by the Member States. Member States had until 1 July 1987 to ensure that concentrations of nitrogen dioxide in the atmosphere did not exceed the limit values. However, in certain zones, on notification to the Commission before 1 July 1987, Member States could postpone, until 1 January 1994 at the latest, the implementation of the limit value.

To prevent a foreseeable increase in pollution by nitrogen dioxide in the wake of urban or industrial development, a Member State may fix values lower than the limit value in specified zones. In zones which a Member State considers should have environmental protection it may fix values generally lower than the guidance values specified. The European Commission is required to publish periodically a summary report on the application of the Directive. The Directive does not apply to exposure to nitrogen dioxide in the atmosphere at work or inside buildings.

The 1990 amendment concerned transitional measures for the former East Germany.

On 4 July 1994, the Commission presented a proposal for a framework Directive on the assessment and management of ambient air quality (94/C/216; 6.8.94), which would provide for the adoption of new, stricter, ambient air quality objectives for nitrogen dioxide before 31 December 1996 (see para **6.95** below).

Date of implementation
Member States had until 1 January 1987 to introduce the provisions necessary to comply with this Directive.

SULPHUR CONTENT OF GAS OIL

Official title
Council Directive of 23 March 1993 relating to the sulphur content of certain liquid fuels.

Reference
Council Directive 93/12/EEC; OJ L74, 27.3.93.

Amendments
None.

Impact
This Directive replaces Directive 75/116/EEC and fixes maximum concentrations of sulphur in gas oils and diesel fuels. Member States are required to prohibit the marketing of products which exceed these levels.

Details

In an effort to reduce sulphur-based atmospheric pollution, the European Commission has adopted a Directive setting lower sulphur content limits for all gas oils used for automotive, heating, industrial and storage purposes.

The Directive requires that the sulphur content for automotive gas oils does not exceed:

- 0.2% by weight as from 1 October 1994; and
- 0.05% by weight as from 1 October 1996.

For heating, industrial and bunker gas oils the limit is 0.2% by weight as from 1 October 1994. A decision on the second stage, proposed by the European Commission, to cut the sulphur content to 0.1% from 1 October 1999 has been postponed.

The Commission is currently working on a Directive on the sulphur content of gas oil which is to complement Directive 93/12/EEC and aims to reduce further the sulphur content of petroleum derived fuels. It is expected to be proposed by the end of 1994.

Date of implementation

The Directive requires Member States to have implemented the provisions laid down by 1 October 1994.

AIR POLLUTION FROM INDUSTRIAL PLANTS

Official title

Council Directive of 28 June 1984 on the combating of air pollution from industrial plants.

Reference

Council Directive 84/360/EEC; OJ L188, 16.7.84.

Amendments

None.

Impact

Introduces a system of prior authorisation for the operation and substantial alteration of stationary industrial plants which can cause air pollution.

Details

This Directive requires a Member State to operate a system of prior authorisations for certain industrial plants in the following industry sectors: energy; production and processing of metals; manufacture of non-metallic mineral products; chemicals; waste disposal; and the manufacture of paper by chemical methods. The industrial plants affected are defined in Annex 1 to the Directive according to the process which they carry out, and to production capacities. The authorisation, which must be published, may only be issued when the competent Member State authority is satisfied that:

- all appropriate preventive measures against air pollution have been taken;
- the use of the plant will not cause significant air pollution;
- none of the applicable emission limit values will be exceeded; and
- all the air quality limit values applicable will be taken into account.

For the present, the relevant emission limit values and air quality limit values are a matter to be determined by the Member States individually. However, the Recitals to the Directive indicate that it is seen as a general framework which will facilitate the introduction of a series of measures and procedures designed to prevent and reduce air pollution from industrial plants within the Community. The Directive expressly provides that the EU Council may, if necessary, fix emission limit values based on the best available technology not entailing excessive costs (BATNEEC), taking into account the nature, quantities and harmfulness of the emissions concerned.

Date of implementation
Member States were required to comply with this Directive by 30 June 1987.

PREVENTION OF POLLUTION BY NEW INCINERATORS

Official title
Council Directive of 8 June 1989 on the prevention of air pollution from new municipal waste incineration plants.

Reference
Council Directive 89/369/EEC; OJ L163, 14.6.89.

Amendments
None.

Impact
Sets out emission limit values for dust, heavy metals, hydrochloric acid, hydrofluoric acid and sulphur dioxide.

Details
Directive 84/360/EEC (see para **6.76** above) on the combating of air pollution from industrial plants requires that prior authorisation be given to operate new waste incineration plants and provides that such authorisation may be given only when all appropriate preventive measures against air pollution have been taken. This Directive requires all new municipal waste incineration plants to be designed, equipped and operated to meet a minimum temperature of combustion of at least 850°C for at

least two seconds in the presence of at least 6% oxygen. Limits are also set on concentrations of carbon monoxide and of organic compounds which may be present in the combustion gases.

Date of implementation

Member States were required to comply with this Directive by 1 December 1990.

REDUCTION OF POLLUTION FROM EXISTING INCINERATION PLANTS

Official title

6.78 Council Directive of 21 June 1989 on the reduction of air pollution from existing municipal waste incineration plants.

Reference

Council Directive 89/429/EEC; OJ L203, 15.7.89.

Amendments

None.

Impact

Requires Member States to impose the same conditions of operation on existing incineration plants as for new incineration plants within 10 years from the date of adoption.

Details

This Directive is a stage in the implementation of Directive 84/360/EEC (see para **6.72** above) on the combating of air pollution from industrial plants. It sets time-limits for adapting existing incineration plants to the best available technology in two stages. Articles 3 to 8 of this Directive set out emission limit values and other standards which existing plants would have to meet within an initial five-year period. After that period, there will be a further five years after which they will be required to meet the same levels as new municipal incineration plants.

The European Commission is working currently on a proposal for a Directive on incineration of waste which would replace existing Directives 89/369/EEC and 89/429/EEC on municipal waste incineration. The Directive would adapt the 1989 Directives to technological progress and bring them more in line with already existing national legislation, by setting stricter emission limit values based on best available techniques (BAT). The proposal is currently in the preparatory phase and is expected to be presented early in 1995.

Date of implementation

Member States were required to comply with the Directive by 1 December 1990.

PREVENTION OF ASBESTOS POLLUTION

Official title

Council Directive of 19 March 1987 on the prevention and reduction of environmental pollution by asbestos.

Reference

Council Directive 87/217/EEC; OJ L85, 28.3.87.

Amendments

None.

Impact

Requires Member States to take the measures necessary to ensure that asbestos emissions into the air, asbestos discharges into the aquatic environment, and solid asbestos waste are, as far as is reasonably practicable, reduced at source and/or prevented.

Details

In the context of this Directive, asbestos means the following: fibrous silicates; crocodilite (blue asbestos); actinolite; anthophyllite; chrysotile (white asbestos); amosite (brown asbestos); and tremolite. The Directive applies without prejudice to the provisions laid down by Directive 83/477/EEC on the protection of workers from the risks related to exposure to asbestos at work (see Chapter 5 at para **5.22**).

Limit values are set for the concentration of asbestos emitted through discharge ducts into the air during the "use of asbestos" as defined in the Directive. There is a requirement that aqueous effluent arising in the manufacture of asbestos cement, asbestos paper or asbestos board should be recycled. Where the recycling of aqueous effluent arising from the manufacture of asbestos cement is not economically feasible, a limit value of 30 grams of total suspended matter per m^3 aqueous effluent discharged is imposed. Member States are required to ensure that activities involving the "working of products containing asbestos" as defined in the Directive does not cause significant environmental pollution by asbestos fibres or dust. Member States are also required to ensure, without prejudice to Directive 78/319/EEC on toxic and dangerous waste, that:

- in the course of the transport and positioning of waste containing asbestos fibres or dust, no such fibres or dust are released into the air and no liquids which may contain asbestos fibres are spilled;

- where waste containing asbestos fibres or dust is landfilled at sites licensed for the purpose, such waste is so treated, packaged or covered, account being taken of local conditions, that the release of asbestos particles into the environment is prevented.

Date of implementation

Member States had until 31 December 1988 to adopt the necessary provisions to comply with this Directive. For plants built or authorised before 31 December 1988, Member States had until 30 June 1991 to adopt the provisions necessary to comply with the requirements concerning limit values for emissions for discharge ducts into the air and recycling of aqueous effluent arising from the manufacture of asbestos cement, asbestos paper or asbestos board.

LARGE COMBUSTION PLANTS (1)

Official title

6.80 Council Directive of 24 November 1988 on the limitation of emission of certain pollutants into the air from large combustion plants.

Reference

Council Directive 88/609/EEC; OJ L336, 7.12.88.

Amendments

Directive 90/656/EEC; OJ L353, 17.12.90.

Impact

Sets Community emission standards for combustion plants, the rated thermal input of which is equal to or greater than 50 MW irrespective of the type of fuel used (solid, liquid or gaseous).

Details

Required the Member States to draw up programmes for the progressive reduction of total annual emissions from existing plants before 1 July 1990. These programmes are to be implemented so as to comply with the emission ceilings laid down for sulphur dioxide in Annex 1 to the Directive and for oxides of nitrogen in Annex 2 to the Directive. The dates for compliance with the relevant emission ceilings are specified in the Annexes.

Member States are also required to ensure that licences for the construction or operation of new plants require compliance with emission limit values fixed in Annexes 3 to 7 of the Directive in respect of sulphur dioxide, oxides of nitrogen and dust.

The European Commission is charged with the task of ensuring that the implementation of the Member States' programmes produces an overall reduction in emissions.

The Commission has presented a proposal to amend the Directive (see para **6.92** below).

Date of implementation

Member States were required to bring into force the provisions necessary to comply with this Directive no later than 30 June 1990.

OZONE LAYER

Official title

Council Decision of 14 October 1988 concerning the conclusion of the Vienna Convention for the protection of the ozone layer and the Montreal Protocol on substances that deplete the ozone layer.

6.81

Reference

Council Decision 88/540/EEC; OJ L297, 31.10.88.

Amendments

None.

Impact

The Decision approves, on behalf of the Community, the Vienna Convention for the protection of the ozone layer and the Montreal Protocol thereto on substances that deplete the ozone layer.

Details

This Decision requires the President of the Council to deposit the act of approval of the Vienna Convention and the Montreal Protocol with the Secretary-General of the United Nations on behalf of the Community. It also requires that the Member States which have not already done so take the steps necessary to deposit instruments of ratification, acceptance, approval or accession to the Vienna Convention and the Montreal Protocol by 31 October 1988. The Montreal Protocol sets out a programme for reductions in the consumption of chlorofluorocarbons and halons which the parties to the Protocol are to implement. In addition, it sets out rules concerning the production, importation and exportation of these products. It requires a standstill of production of chlorofluoro-carbons and halons at 1986 levels.

Date of implementation

Member States were required to take the necessary steps to deposit their instruments of ratification, as far as possible simultaneously, before 1 January 1989. Regulation (EEC) 3322/88 (now largely replaced by Regulation (EEC) 594/91, which itself is due to be replaced by a new proposal), implements the Community's obligations under the Montreal Protocol (see para **6.85** below).

CHLOROFLUOROCARBONS AND HALONS

Official title

6.82 Council Resolution of 14 October 1988 for the limitation of use of chlorofluorocarbons and halons.

Reference

Council Resolution 88/1109(01)/EEC; OJ C285, 9.11.88.

Amendments

None.

Impact

Stresses the need to take urgent action in order to limit the use of chlorofluorocarbons (CFCs) and halons in products and equipment or in industrial processes.

Details

This Resolution invited the European Commission, in co-operation with the Member States, to initiate discussions on voluntary agreements with the industries concerned, to substitute CFCs and halons wherever feasible. It also invites the European Commission to initiate discussions with a view to concluding a voluntary agreement on a common Community label for CFC-free products. The EU Council requests the European Commission to evaluate annually the impact of reductions in the use of CFCs and halons in products, equipment and processes.

Date of implementation

Resolutions, although an authoritative statement of Community intent, are neither binding nor enforceable.

REDUCTION OF CHLOROFLUOROCARBONS

Official title

6.83 Commission Recommendation of 13 April 1989 on the reduction of chlorofluorocarbons by the aerosol industry.

Reference

Commission Recommendation 89/349/EEC; OJ L144, 27.5.89.

Amendments

None.

Impact

Sets out the details of a programmed reduction in the use of chlorofluorocarbons (CFCs) by the aerosol industry.

Details

Aerosol manufacturers are asked to limit the use of designated CFCs to essential applications and, from 26 May 1989, to identify their use to the consumer by means of clear labelling (*e.g.* "Contains CFC, which damages ozone"). They are further required to reduce, by 90%, the use of fully halogenated CFCs, as compared with 1976 levels. Although the Recommendation is not binding, it is anticipated that, given the current political climate, companies will comply.

Date of implementation

The Recommendation was notified on 27 May 1989.

GREENHOUSE EFFECT

Official title

Council Resolution of 21 June 1989 on the greenhouse effect and the Community.

Reference

Council Resolution 89/C183(03)/EEC; OJ C183, 20.7.89.

Amendments

None.

Impact

This Resolution constitutes a statement of interest on the part of the Council as regards action concerning the "greenhouse" effect.

Details

This Resolution draws heavily upon the European Commission's Communication on the "greenhouse effect", published in 1988 (see document COM(88) 656 final). The Council made a number of commitments, including the following:

- the Community and Member States would play an active part in attempting to resolve "greenhouse" gas problems;
- international agreement on the issue would be welcomed;
- the Community would support revision of the Montreal Protocol on substances that deplete the ozone layer, with the aim of eliminating production and consumption of chlorofluorocarbons by the end of the century;
- the Community would encourage reforestation within the Community and discourage deforestation elsewhere; and

- the Commission would be asked to review all current and future Community legislation to ensure that such legislation is compatible with the objective of reducing the impact of the "greenhouse effect".

Date of implementation

Resolutions, although an authoritative statement of Community intent, are neither binding nor enforceable.

DEPLETION OF THE OZONE LAYER (1)

Official title

Council Regulation (EEC) 594/91 of 4 March 1991 on substances that deplete the ozone layer.

Reference

Council Regulation 594/91; OJ L67, 14.3.91.

Amendments

Council Regulation (EEC) 3952/92; OJ L405, 31.12.92.

Impact

The Regulation is aimed at controlling production and consumption within the Community of certain chlorofluorocarbons (CFCs) and other ozone-depleting substances.

Details

This Regulation establishes an accelerated programme for ending the importation, marketing and manufacture of CFCs and similar ozone-depleting substances (*i.e.* halons, carbon tetrachloride, methyl chloroform and hydrochlorofluorocarbons). The timetable differentiates between imports from parties to the Montreal Protocol and non-parties, and also between "standard CFCs" and "other CFCs" (*e.g.* halons). These distinctions make the rules particularly complex and difficult to summarise. Notwithstanding this complexity, the main provisions of the Regulation are as follows:

- imports of "standard CFCs" from non-parties to the Montreal Convention were, in effect, banned as from March 1991, with a derogation for "other CFCs" until 1 January 1993;
- imports from all other sources are to be subject to quotas until a final cessation in the year 2005 (*N.B.* the first notice concerning the opening of quotas was published in February 1991; OJ C36, 12.2.91);
- imports of products containing "standard CFCs" (to be identified in a list to be agreed) were prohibited, in effect, as from 1 January 1992 and those containing "other CFCs" as from 1 January 1991;
- production of CFCs and carbon tetrachloride is to be reduced in phases

until 30 June 1997, when it will cease, subject, possibly, to some minor derogations until 31 December 1999;
- production of halons is to be reduced until 30 December 1999, when it will cease subject, possibly, to some minor derogations after 1 January 2000;
- production of 1,1,1-trichloroethane is to be reduced until 31 December 2004 when it will cease; and
- likewise, consumption is due to follow similar reduction programmes for each product category leading to the same cessation deadlines.

A similar phased reduction in production is provided for fully halogenated CFCs, with no further production of these substances proposed after 30 June 1997 or until 31 December 1999, unless there are no adequate alternatives or recycled products are not available. Phased reduction in the production of halons is proposed, with no production permitted after 31 December 1999, unless there are no adequate alternatives or recycled products are not available.

A producer may be authorised to exceed stated production levels for the purpose of industrial rationalisation between parties to the Montreal Protocol, or to satisfy domestic consumption, provided that the production of these substances does not exceed the levels permitted by Article 2 of the Protocol. A producer may exceed those production levels for the purpose of industrial rationalisation in the Member State, provided that the obligations of that Member State under the Protocol are not thereby infringed. In the case of industrial rationalisation, the agreement of the competent authority is also required where it is intended to reduce production. The competent authority in the Member State, as well as the European Commission, would have to be notified in such circumstances.

The Regulation also envisages a control on consumption of CFCs by imposing restrictions on producers, both as to the quantities placed on the market and those used on their own account. For the period 1 July 1991 to 31 December 1992, this quantity should not exceed 1986 levels. In 1993 and successive years, the level should not exceed 50% of the 1986 figure. By 30 June 1997 there should be no production of CFCs. A similar phased reduction is planned for other fully halogenated CFCs, halons and tetrachloride.

The European Commission is to be assisted by a committee composed of representatives of Member States and chaired by a representative of the European Commission.

From 1992, each producer, importer and exporter of these substances has been required to communicate to the European Commission, not later than 31 March of each year, the following data for these substances, as listed in Annex I: production; quantities recycled; imports into the Community and exports from the Community, separately listed for countries which are parties to the Montreal Protocol and those which are not; stocks; and quantities destroyed (in accordance with technologies approved by the parties to the Protocol). Confidentiality is to be respected.

The European Commission will obtain all necessary information from the governments and competent authorities of Member States and from undertakings.

Where the European Commission requests information from an undertaking, a copy of the request should be forwarded to the competent authority of the relevant Member State, together with a statement of why the information is required. The competent authorities will undertake any investigations which the European Commission considers necessary. Officials of the European Commission may assist the officials of the competent authority if the two parties so agree.

Council Regulation (EEC) 3952/92 amends Regulation (EEC) 594/91 in order to speed up the phasing out of substances that deplete the ozone layer. The Regulation is aimed at controlling production and consumption within the Community of certain CFCs and other ozone-depleting substances and establishes an accelerated programme for ending the importation, marketing and manufacture of CFCs and similar ozone-depleting substances (*i.e.* halons, carbon tetrachloride, methyl chloroform and hydrochlorofluorocarbons). The timetable differentiates between imports from parties to the Montreal Protocol and non-parties, and also between "standard CFCs" and "other CFCs" (*e.g.* halons).

These distinctions make the rules particularly complex and difficult to summarise. Notwithstanding this complexity, the main provisions of the Regulation are as follows:

- imports of "standard CFCs" from non-parties to the Montreal Convention were, in effect, banned as from March 1991 with a derogation for "other CFCs" until 1 January 1993;
- imports from all other sources are to be subject to quotas until a final cessation in the year 2005 (*N.B.* the first notice concerning the opening of quotas was published in February 1991; OJ C36, 12.2.91);
- imports of products containing "standard CFCs" (to be identified in a list to be agreed) are to be prohibited, in effect, as from 1 January 1992 and those containing "other CFCs" as from 1 January 1991;
- production of CFCs and carbon tetrachloride is to be reduced in phases until 30 June 1997, when it will cease, subject, possibly, to some minor derogations until 31 December 1999;
- production of halons is to be reduced until 30 December 1999, when it will cease, subject, possibly, to some minor derogations after 1 January 1991;
- production of 1,1,1-trichloroethane is to be reduced until 31 December 2004 when it will cease; and
- likewise, consumption is due to follow similar reduction programmes for each product category leading to the same cessation deadlines.

A similar phased reduction in production is provided for fully halogenated CFCs, with no further production of these substances proposed after 30 June 1997 or until 31 December 1999, unless there are no adequate alternatives or recycled products are not available. Phased reduction in the production of halons is proposed, with no production permitted after 31 December 1999, unless there are no adequate alternatives or recycled products are not available.

ENVIRONMENT

Date of implementation

The Regulation entered into force on 14 March 1991. It repeals Regulation (EEC) 3322/88 (OJ L297, 31.10.88) except for Article 11 dealing with CFCs. A proposal which seeks to amend this Regulation and speed up the various timetables has been agreed (see para **6.93** below).

The amending Regulation entered into force on 1 January 1993.

DEPLETION OF THE OZONE LAYER (2)

Official title

Commission Decision of 27 July 1994 on the quantities of controlled substances allowed for essential uses in the Community pursuant to Council Regulation (EEC) 549/91 on substances that deplete the ozone layer.

6.86

Reference

Commission Decision 94/563; OJ L215, 20.8.94.

Amendments

None.

Impact

Lists essential uses and gives total quantities of chlorofluorocarbons, halons and carbon tetrachloride to be placed on the market or used on their own account by producers in 1995.

Date of implementation

The Decision applies from 1 January 1995 to 31 December 1995.

GROUND LEVEL OZONE

Official title

Council Directive of 21 September 1992 on air pollution by ozone.

6.87

Reference

Council Directive 92/72/EEC; OJ L297, 13.10.92.

Amendments

None.

Impact

Establishes a ground level ozone monitoring and warning system.

Date of implementation

Member States were required to enact measures to implement the Directive by 21 March 1994.

GAS EMISSIONS

Official title

6.88 Council Decision 93/389/EEC for a monitoring mechanism of Community CO_2 and other greenhouse gas emissions.

Reference

Council Decision 93/389; OJ L167, 9.7.93.

Amendments

None.

Impact

The Decision requires Member States to devise, publish and implement national programmes for limiting CO_2 emissions, and to update these programmes "periodically". National programmes will be evaluated by the Commission. Member States will also be required to submit to the Commission annual reports of national CO_2 emissions.

Date of implementation

The Decision came into force on 9 July 1993.

LIMITING CARBON DIOXIDE EMISSIONS

Official title

6.89 Council Directive 93/76/EEC of 13 September 1993 to limit carbon dioxide emissions by improving energy efficiency (SAVE).

Reference

Council Directive 93/79/EEC; OJ L237, 22.9.93.

Amendments

None.

Impact

Seeks to reduce emissions of carbon dioxide and thereby tackle the greenhouse effect by improving energy efficiency.

Details

This Directive seeks to ensure that Member States attain the Community objective of limiting carbon dioxide emissions by improving energy efficiency, *inter alia*, by:

- the energy certification of buildings, thereby providing information on energy consumption for prospective buyers and/or tenants;
- billing the costs of heating, hot water, air-conditioning, etc in buildings

supplied by a collective installation on the basis of actual consumption by individual occupiers;
- thermal insulation of new buildings;
- regular inspection of boilers, and of vehicles;
- energy audits of businesses; and
- the promotion of third-party financing for energy efficiency investments in the public sector.

Date of implementation
Member States were to implement the provisions of the Directive before 31 December 1994.

PROMOTION OF RENEWABLE ENERGY SOURCES

Official title
A Council Decision concerning the promotion of renewable energy sources in the Community (Altener).

Reference
Council Decision 93/500/EEC of 13 September 1993; OJ C235, 19.5.92.

Amendments
None.

Impact
The Decision aims to support the use of renewable energy sources in the Community.

Details
The Decision forms part of the Community's strategy to limit emissions of greenhouse gases, in particular carbon dioxide, and to develop and promote renewable energy sources.

Date of implementation
The Altener programme lasts from 1 January 1993 to 31 December 1997.

Proposed atmospheric pollution legislation

CONTROL OF VOLATILE ORGANIC COMPOUND EMISSIONS

Official title
Amended proposal for a Council Directive on the control of volatile organic compound (VOC) emissions resulting from the storage of petrol and its distribution from terminals to service stations (the so-called "Stage I" Directive).

Reference

Original proposal; OJ C227, 3.9.92.

Amendments

Amended proposal; OJ C270/93, 6.10.93

Impact

Seeks to require that those entities involved in the petroleum products distribution industry ensure that emissions of volatile organic compounds are minimised.

Details

This proposal forms part of a strategy for improving air quality in the Community by bringing about an overall reduction in man-made VOC emissions. The proposal relates to evaporative emissions of VOCs from the storage of petrol and its distribution from terminals to service stations. It is hoped that the proposed measures will lead to a 90% reduction in these emissions.

The target values to be achieved, and technical solutions to be used to attain these values, are set out in the Annexes. Member States could adopt other technical solutions when it could be demonstrated that they had the same efficiency, in order not to impede technological innovation.

Member States would be able to adopt more stringent measures in special geographical areas where local or regional conditions make such measures necessary for the protection of human health and the environment.

The timetables for the implementation of the proposed Directive first target the largest installations, together with new installations, giving priority to controls over the biggest emitters of VOCs and ensuring the most cost-efficient implementation of the provisions. However, priority is also given to controls over service stations located in permanent living quarters or working areas in urban environments, due to the relatively greater impact which these installations have on public health.

The timetables are divided into four phases, ranging from one to 10 years after the date of adoption of the proposed Directive. Ten years following adoption, all terminals, road tankers, rail tankers, ships, barges and service stations would be subject to its provisions.

There is a procedure for amending the Annexes in order to adapt to technological progress, in which the Commission would be assisted by an advisory committee composed of representatives of the Member States. Member States would be required to monitor the implementation of the proposed Directive and to report to the European Commission on progress once every three years. The European Commission would publish a report on implementation at the same intervals.

The European Commission is working currently on a proposal for a Directive on the control of VOC emissions resulting from refuelling operations at service stations (Stage II Directive). This Directive would aim to reduce VOC emissions from large filling stations.

In addition, the European Commission is working on a proposal for a Directive regulating emissions of organic solvents from certain processes and industrial installations. It would set emission limit values and would include provisions for "solvent management plans". Both proposals are expected to be presented in early 1995.

Proposed date of implementation

It is thought unlikely that the Member States will have to implement the provisions of the Directive before 31 December 1994. The proposal is one of the first initiatives in the field of environment which entered a conciliation procedure between Council and Parliament on 20 September 1994, and adoption will almost certainly be delayed.

LARGE COMBUSTION PLANTS (2)

Official title

Proposal for a Council Directive amending Directive 88/609/EEC on the limitation of emissions of certain pollutants into the air from large combustion plants.

Reference

Original proposal; OJ C17, 22.1.93.

Amendments

None.

Impact

This proposal, if adopted, would fill a gap in the original Directive which did not set limit values for SO_2 for new plants of between 50 and 100 Mwth. The proposed limit value is 2000 mg SO_2/m^3.

Details

The European Community Environmental Action Programmes stress the importance of the reduction and prevention of atmospheric pollution. Appropriate standards should apply in order to ensure a high level of public health and environmental protection. The 1988 Directive on the limitation of emissions of certain pollutants into the air from large combustion plants, to which this proposal forms an amendment, did not set limit values for SO_2 for new plants of between 50 and 100 Mwth which use solid fuel.

The difficult situation regarding the availability of low-sulphur fuel had delayed the setting of these limit values. However, this situation has changed due to the availability on the world market of sufficient quantities of coal with a low sulphur content. This means that emissions from combustion plants of this type of coal can now be limited to 2000 mg/m^3 for combustion plants between 50 and 100 Mwth.

Date of implementation

According to the proposal, Member States were required to take the necessary steps to comply with the Directive by 30 June 1993. The Council only reached a common position on the proposal in June 1994 and adoption is, therefore, not expected before the end of 1994.

DEPLETION OF THE OZONE LAYER (3)

Official title

Amended proposal for a Council Regulation on substances that deplete the ozone layer.

Reference

Original proposal; OJ C232, 28.8.93.

Amendments

Amended proposal; OJ C109, 19.4.94.

Impact

This Regulation would replace Regulation (EEC) 594/91, as amended by Regulation (EEC) 3952/92, on substances that deplete the ozone layer. It is intended to recast Regulation (EEC) 594/91 to take account of agreements reached by parties to the Montreal Protocol to speed up the phasing out of certain substances.

Details

The Regulation would seek to limit the production, importation, exportation, supply, use and/or recovery of chlorofluorocarbons (CFCs), other fully halogenated CFCs, halons, carbon tetrachloride, 1,1,1-trichloroethane, methyl bromide, hydrobromofluorocarbons, and hydrochlorofluorocarbons (HCFCs). The Regulation sets out a comprehensive phase-out schedule for all such substances and would severely restrict the use of HCFCs six months after the Regulation enters into force.

The proposed Regulation sets out licensing and other procedures governing the importation and trade to and from countries which are signatories of the Montreal Protocol on substances that deplete the ozone layer, as well as third countries. Producers, importers and exporters would have to provide certain information to Community and national authorities including, for example, levels of production and quantities recycled. Standards for data reporting to the Commission are set out. Inspections may be carried out by the Commission, if necessary, with the assistance of the Member States. In case of failure to comply with the Regulation, penalties will be imposed by the Member States.

The revised proposal aims to cut HCFCs in the Community to 7,300 tonnes per year by 1 January 1995 and progressively eliminate them by 2015. The use of HBFCs would be limited progressively until 1 January 1996, after which they would be banned. Use and production of methyl bromide would be frozen on 1 January 1995 at 1991 levels and cut by 25% by 1 January 1998.

Proposed date of implementation

The proposal would enter into force the day after publication in the *Official Journal*.

TAX ON CARBON DIOXIDE EMISSIONS AND ENERGY

Official title

Proposal for a Council Directive introducing a tax on carbon dioxide emissions and energy.

Reference

Original proposal; OJ C196, 3.8.92.

Amendments

None.

Impact

This proposed Directive is calculated to produce a reduction of carbon dioxide emissions by raising energy prices by the equivalent of $10 on the price of a barrel of oil.

Details

The introduction of a carbon dioxide/energy tax is part of an overall strategy aimed at limiting emissions of greenhouse gases and improving the efficient use of energy, including bringing about changes in the use of various forms of energy in favour of less polluting sources.

The objective of this proposal is to provide for the harmonised introduction in the Member States of a specific tax on certain products, as listed in Article 3, to be levied on carbon dioxide emissions and energy content. This tax would be levied at a rate over and above any rate already applied by Member States to the products concerned.

A uniform energy tax would be applied to all sources of energy, except the renewables. The tax on carbon dioxide would be graduated according to the carbon content of individual fuels. The net effect would be a tax equivalent to $10 per barrel of oil by the year 2000, to be introduced at a level of $3 per barrel in 1993, with $1 per barrel increments per annum thereafter.

Application of this tax would be conditional on the introduction of a similar tax or equivalent measures by other member countries of the OECD.

This proposal is intended to form a key element in the Community's strategy to bring its carbon dioxide emissions back to 1990 levels by the year 2000.

The European Union Finance Ministers have reached consensus (instead of creating a new tax) on continuing work on the proposal on the basis of the existing system of excise duties on oil products.

Proposed date of implementation

Had this proposal been adopted in its original form, Member States would have been required to implement its provisions before 1 January 1993. It is, however, clear that a lot of work still needs to be done and that no adoption is to be expected in the near future, especially because the Directive would need unanimous approval in the Council, and the United Kingdom is set against it on grounds of subsidiarity.

AIR QUALITY

Official title

6.95 Proposal for a Council Directive on ambient air quality assessment and management.

Reference

Commission proposal 94/C/216; OJ C216, 6.8.94.

Amendments

None.

Impact

The proposal is aimed at ensuring an equal degree of protection in all Member States through the harmonisation and updating of existing legislation in this area.

Details

The main objectives of the Directive are as follows:
- establishing harmonised criteria for the assessment of air quality throughout the Community;
- maintaining and improving air quality by requiring that set limit values are reached by the established deadlines, obliging Member States to take measures when limit values are exceeded;

- providing information to the public through reports published by the Commission on the basis of information to be provided by the Member States;
- providing a basis for the adoption of substance-specific Directives setting air quality limit values for an initial 14 priority substances. Six of these (sulphur dioxide, nitrogen oxides, black smoke, suspended particulates, lead and ozone), have already been regulated in existing Directives, which would be updated before the end of 1996. Eight substances (carbon monoxide, cadmium, acid deposits, benzene, aromatic polycyclic hydrocarbons, arsenic, fluoride and nickel), would be regulated in new Directives by the end of 1999.

The framework Directive would set major objectives for air quality in the Community, while leaving it to the Member States to adopt the specific measures needed to reach these objectives. It will become operational only after the substance-specific Directives have been adopted.

The Commission is to submit proposals to the Council on each of the above-mentioned substances, setting limit values and alert thresholds (levels above which an immediate risk to human health exists and which require immediate action). It will be assisted by an Advisory Committee consisting of representatives of the Member States and chaired by a representative of the Commission. After the setting of the specific objectives, the time-limits for Member State compliance will be fixed and criteria will be established for the measurement (location, number of samples and measuring techniques) of air quality and the use of other techniques for the assessment of ambient air quality for each individual substance. Measurements would be carried out by designated local or regional authorities and co-ordinated by a national authority.

Proposed date of implementation

Member States would have to implement the provisions of the Directive before 31 July 1996. The Directive would enter into force on the twentieth day after publication in the *Official Journal*.

Waste management and clean technology legislation

DISPOSAL OF WASTE OILS

Official title
Council Directive of 16 June 1975 on the disposal of waste oils.

Reference
Council Directive 75/439/EEC; OJ L194, 25.7.75.

Amendments
Accession of Spain and Portugal (1986).
Directive 87/101/EEC; OJ L42, 12.2.87.

Impact

This Directive provides for the approximation of Member States' laws relating to the disposal of waste oils, and seeks to create an efficient and coherent Community system of treatment for waste oils by regulating their treatment, discharge, deposit and collection.

Details

Waste oils are defined in Article 1 of the Directive. In practice, it is concerned particularly with used combustion engine oils, gearbox oils, etc. Member States are required to ensure the safe collection and disposal of waste oils. In so far as possible, the disposal of waste oils is to be carried out by regeneration or the use of the waste oils as fuel. Undertakings which dispose of waste oils are to be licensed by the competent Member State authorities. Establishments which produce, collect and/or dispose of 500 litres (or less if so specified by the Member State) of waste oils per year must keep a record of the quantity, quality, origin and location of such oils and of their dispatch and receipt. Member States are permitted to grant subsidies to undertakings which collect or dispose of waste oils. Indemnities may be financed, in accordance with the "polluter pays" principle, by a charge imposed on the products which are transformed, after use, into waste oils.

Amending Directive 87/101/EEC made some substantial changes to the original Directive. These changes were predicated upon the following policy considerations:

- regeneration, rather than combustion, is the preferred method of disposal; and
- combustion should be strictly controlled because dangerous emissions often result.

The amended Directive contains, therefore, clearer provisions regarding: (i) allowable disposal methods; (ii) mixing waste oils with polychlorinated biphenyls and polychlorinated terphenyls; and (iii) conditions under which Member States can grant permits to would-be disposers of waste oils.

Date of implementation

Member States had until 1 January 1990 to adopt the measures necessary to comply with the amendments set out in Directive 87/101/EEC.

WASTE MANAGEMENT

Official title

6.97 Council Directive of 15 July 1975 on waste.

Reference

Council Directive 75/442/EEC; OJ L194, 25.7.75.

Amendments

Directive 91/156/EEC; OJ L78, 26.3.91.

Impact

This is a framework Directive concerning the collection, sorting, transport and treatment of waste, as well as its storage and tipping, above or underground, and the transformation operations necessary for its re-use, recovery or recycling.

Details

A general duty is set out requiring Member States to take appropriate action to encourage the prevention, recycling and processing of waste and to ensure that waste is disposed of without endangering human health and without harming the environment. To this end Member States are to establish competent authorities to be responsible for the planning, organisation, authorisation and supervision of waste disposal operations. The designated competent authorities are to be responsible for drawing up waste disposal plans. Undertakings which treat, store or tip waste on behalf of third parties must obtain a licence from the relevant competent authority. Equally, undertakings which transport, collect, store, tip or treat their own waste are subject to supervision by the relevant competent authority.

Certain categories of waste are excluded from the scope of the Directive, namely radioactive waste, waste from mining and quarrying, animal carcasses and certain agricultural waste, waste waters, gaseous effluents, and waste covered by other specific Community rules.

The Directive expressly incorporates the "polluter pays" principle, the cost of disposal falling upon the holder of the waste or upon the undertaking disposing of it.

The 1975 framework Directive is supplemented by other legislation regulating, in detail, the disposal of particular kinds of waste.

Amending Directive 91/156/EEC incorporates measures to encourage responsible waste processing and promote the development of clean technologies and recycling. Member States are required to take additional measures to restrict the production of waste. The uncontrolled open air incineration of waste is to be prohibited. In addition, the amendments provide for periodic inspection of waste disposal installations and undertakings to ensure compliance with the terms of the operating permit. Undertakings transporting, collecting, storing, tipping or treating their own waste, and those which collect or transport waste on behalf of third parties, shall be subject to supervision by the competent authority referred to in Article 5. The most important change, however, is the attempt to provide a comprehensive definition of the term "waste". In that regard, the European Commission was required to produce a catalogue of waste types by 1 April 1993. This, so-called, European Waste Catalogue was adopted on 20 December 1993 (Commission Decision 94/3/EC; OJ L5, 7.1.94) (see para **6.98** below).

Date of implementation

Member States were required to implement the provisions of Directive 75/442/EEC by 25 July 1977.

Amending Directive 91/156/EEC had to be implemented by Member States by 1 April 1993.

WASTE CATALOGUE

Official title

6.98 Commission Decision of 20 December 1993 establishing a list of wastes pursuant to Article 1 (a) of Council Directive 75/442/EEC on waste.

Reference

Commission Decision 94/3/EC; OJ L5, 7.1.94.

Amendments

None.

Impact

The Decision establishes a harmonised non-exclusive list of wastes which will be periodically reviewed.

Details

The list is to be used as a reference nomenclature providing a common terminology throughout the Community.

Date of implementation

The Decision entered into force on 7 January 1994.

DISPOSAL OF PCBs AND PCTs

Official title

6.99 Council Directive of 6 April 1976 on the disposal of polychlorinated biphenyls (PCBs) and polychlorinated terphenyls (PCTs).

Reference

Council Directive 76/403/EEC; OJ L108, 26.4.76.

Amendments

The European Commission proposed a new Directive concerning the disposal of PCBs and PCTs in December 1988; this proposal is discussed in greater detail in para **6.115** below.

Impact

Makes provision for the mandatory disposal of PCBs and PCTs in installations, establishments or undertakings authorised by the competent authorities of the Member States for that purpose.

Details

The Directive defines "PCB" to mean, for the purposes of that Directive, polychlorinated biphenyls, polychlorinated terphenyls or mixtures containing one or both of such substances.

Disposal means, the collection and/or destruction of PCBs, or the transformation operations necessary for regenerating PCBs. Member States are to take measures to prohibit the uncontrolled discharge, dumping and tipping of PCBs and objects and equipment containing such substances. They are required to make compulsory the disposal of waste PCBs and PCBs contained in objects and equipment no longer capable of being used. As far as possible, Member States are to promote the regeneration of waste PCBs.

Member States are required to set up or designate the installations, establishments or undertakings which are authorised for the purpose of disposing of PCBs on their own account and/or on behalf of third parties. A holder of PCBs who is not authorised to dispose of them must make them available for disposal by the designated establishments.

There is a requirement on each Member State to draw up a report on the disposal of PCBs within their territory once every three years, as required by Article 12 of Directive 75/442/EEC on waste (see para **6.97** above). The European Commission is required to report every three years to the Council and to the European Parliament on the application of this Directive.

Date of implementation

Member States had until 9 April 1978 to comply with the provisions of the Directive.

WASTE MANAGEMENT COMMITTEE

Official title

Commission Decision of 21 April 1976 setting up a committee on waste management.

Reference

Commission Decision 76/431/EEC; OJ L115, 1.5.76.

Amendments

Last amended by Accession of Spain and Portugal (1986).

Impact

Sets up an expert committee on waste management to advise the European Commission.

Date of implementation

The Decision entered into force on 1 May 1976.

TITANIUM DIOXIDE WASTE

Official title

6.101 Council Directive of 20 February 1978 on waste from the titanium dioxide industry.

Reference

Council Directive 78/176/EEC; OJ L54, 25.2.78.

Amendments

Directive 82/883/EEC; OJ L378, 31.12.82.
Directive 83/29/EEC; OJ L32, 3.2.83.

Impact

The aim of this Directive is the prevention and progressive reduction, with a view to its elimination, of pollution caused by waste from the titanium dioxide industry.

Details

The Directive prohibits the discharge, dumping, storage, tipping and injection of titanium dioxide waste unless prior authorisation has been issued by the competent authority of the Member State in whose territory the waste is produced. Member States are required to take measures to encourage the recycling and re-use of such waste. Irrespective of the method and extent to which waste is treated, any discharge, dumping, storage, tipping or injection of titanium dioxide waste is to be accompanied by monitoring of both the waste itself and of the environment concerned.

Member States are required to draw up programmes for the progressive reduction and eventual elimination of pollution caused by waste from existing titanium dioxide industrial establishments. Member States were to establish programmes covering all existing industrial establishments by 1 January 1982. New industrial establishments are subject to prior authorisation which will only be granted to firms giving an undertaking to use materials, processes and techniques which will cause the least damage to the environment. The European Commission is required to report every three years to the Council and the European Parliament on the application of this Directive.

Date of implementation

Member States had to introduce the measures to comply with the Directive's requirements by 25 February 1979. They were required to set general targets for the reduction of pollution from liquid, solid and gaseous waste, to be achieved by 1 July 1987.

MONITORING – TITANIUM DIOXIDE INDUSTRY

Official title

Council Directive of 3 December 1982 on procedures for the surveillance and monitoring of environments concerned by waste from the titanium dioxide industry.

6.102

Reference

Council Directive 82/883/EEC; OJ L378, 31.12.82.

Amendments

None.

Impact

This Directive lays down, pursuant to Directive 78/176/EEC (see para **6.101** above), the procedures for the surveillance and monitoring of the effects on the environment of the discharge, dumping, storage on, tipping on, or injection into the ground of waste from the titanium dioxide industry.

Date of implementation

Member States had to implement the provisions of the Directive by 10 December 1984.

TITANIUM DIOXIDE WASTE MANAGEMENT – HARMONISATION PROCEDURES

Official title

Council Directive of 15 December 1992 on procedures for harmonising the programmes for the reduction and eventual elimination of pollution caused by waste from the titanium dioxide industry.

6.103

Reference

Council Directive 92/112/EEC; OJ L409, 31.12.92.

Amendments

None.

Impact

Replaces the 1989 Directive on titanium dioxide waste management, which was annulled by the European Court in 1991. Its provisions differ little from the original Directive.

Details

The European Commission proposed this Directive after the European Court annulled Directive 89/428/EEC. Most of the previous derogations enabling Member States to postpone the application of certain provisions have been withdrawn, as they are no longer justified.

The revised Directive has a new legal base (Art 100a instead of Art 130s) and amended implementation deadlines. Dumping of any waste and discharges of solid and strong acid wastes are prohibited from 15 June 1993. Discharges of less polluting wastes are to be reduced to meet specified limits by either 15 June 1993 or 31 December 1993, depending on whether the manufacturing route concerned is the chloride or sulphate process, respectively. The deadline for sulphate plants is extended to the end of 1994.

Date of implementation

Member States were required to implement the provisions of this Directive by 15 June 1993.

HAZARDOUS WASTE

Official title

6.104 Council Directive of 12 December 1991 on hazardous waste.

Reference

Council Directive 91/689/EEC; OJ L377, 31.12.91.

Amendments

None.

Impact

This new Directive replaced the 1978 Directive on toxic and dangerous waste (Dir 78/319/EEC) from 12 December 1993.

It introduced a tighter definition of hazardous waste.

Details

Directive 91/689/EEC defines "hazardous waste" as:
- waste featuring in a list to be drawn up in accordance with a prescribed formula; and
- any other waste considered by Member States to have particularly hazardous properties, provided that it is notified to the Commission.

The list was to be drawn up and adopted no later than 12 June 1993. It would take into account the origin and composition of waste and, where necessary, would limit values of concentration. It is subject to periodic review. This list has not, however, been finalised yet by the Commission. It is now expected to be presented to the Council before December 1994.

Under the new Directive, all discharges of hazardous waste will have to be recorded and identified on every discharge site. Establishments which dispose of, recover, collect or transport hazardous waste will be required not to mix different categories of hazardous waste nor to mix hazardous waste with non-hazardous waste, subject to certain exceptions (*e.g.* for the purpose of improving safety during disposal or recovery). Moreover, where waste is already mixed, separation may be required in certain cases.

Requirements relating to permits are, in general, governed by Directive 75/442/EEC on waste (as amended by Dir 91/156/EEC, see para **6.97** above), with one important exception: undertakings which dispose of their own hazardous waste will not be exempted from such requirements.

The provisions of the 1975 Directive on waste will continue to apply to inspections, record-keeping, packaging and labelling of hazardous waste. Records must be kept for at least three years, except in the case of establishments and undertakings transporting hazardous waste, which must keep such records for at least 12 months.

In addition, Member States shall take the necessary measures to ensure that, in the course of collection, transport and temporary storage, waste is properly packaged and labelled in accordance with the international and Community standards in force.

Competent authorities are required to draw up plans for the management of hazardous waste and to forward information on those plans, and other information concerning disposal facilities, to the European Commission.

Significantly, the Directive permits Member States to suspend the operation of its terms in cases of emergency or danger.

The European Commission will report to the European Parliament and the EU Council every three years on the implementation of this Directive.

Date of implementation

Member States were required to implement the provisions of this Directive by 12 December 1993. However, due to the continuing problems with the presentation of the list of hazardous wastes, implementation of the Directive has been delayed considerably and will not take place before early 1995.

POLLUTION COST EVALUATION

Official title

Council Recommendation of 19 December 1978 to the Member States regarding methods of evaluating the cost of pollution control to industry.

Reference

Council Recommendation 79/3/EEC; OJ L5, 9.1.79.

Amendments

None.

Impact

Recommends principles, definitions and methods for the evaluation of the cost of pollution control for industry in the Member States.

Date of implementation

Recommendations do not have binding force under Community law.

WASTE PAPER

Official title

6.106 Council Recommendation of 3 December 1981 concerning the re-use of waste paper and the use of recycled paper.

Reference

Council Recommendation 81/972/EEC; OJ L355, 10.12.81.

Amendments

None.

Impact

Recommends that Member States and Community Institutions should define and implement policies to promote the use of recycled paper and board.

Details

This non-binding Recommendation is intended to promote the recovery and re-use of waste paper as a secondary raw material for the manufacture of paper and board products. Apart from the environmental benefits, it aims to reduce the Community's deficit of raw materials for paper and board manufacture.

Date of implementation

Recommendations do not have binding force under Community law.

LIQUID CONTAINERS

Official title

6.107 Council Directive of 27 June 1985 on containers of liquids for human consumption.

ENVIRONMENT

6.107

Reference
Council Directive 85/339/EEC; OJ L176, 6.7.85.

Amendments
None.

Impact
The purpose of this Directive is to provide for a series of measures relating to the production, marketing, use, recycling, refilling and disposal of containers and of used containers of liquids for human consumption.

Details
Containers for the following products are covered by this Directive: milk and liquid milk products, with the exception of yoghurt and kefir; edible oils, fruit or vegetable juices and fruit nectar; natural spa waters, spring water, aerated water and table water; non-alcoholic refreshing drinks; beer, including non-alcoholic beer; wine made from fresh grapes; vermouths and other wines made from fresh grapes flavoured with aromatic plants or extracts; cider, perry, mead and other fermented beverages; ethyl alcohol, non-denatured, with an alcoholic strength of less than 80% by volume; spirits, liqueurs and other spirituous beverages; compound alcoholic preparations for the manufacture of beverages; and fermentation vinegar and diluted synthetic acetic acid.

The Directive requires Member States to draw up programmes for reducing the tonnage and/or volume of containers of liquids for human consumption in household waste to be finally disposed of. The programmes were to be drawn up and to commence for the first time on 1 January 1987. They are to be revised and updated at least every four years. Within the framework of the programmes Member States are to take measures designed among other things to:

- educate consumers on the advantages of using refillable containers, recycling containers and eliminating used containers from household waste;
- facilitate the refilling and/or recycling of containers of liquids for human consumption;
- provide specific measures for non-refillable containers;
- encourage the development and marketing of new types of containers; and
- maintain and increase the proportion of refilled and/or recycled containers.

Date of implementation
Member States had to implement the provisions of the Directive by 3 July 1987.

SEWAGE SLUDGE

Official title

6.108 Council Directive of 12 June 1986 on the protection of the environment, and in particular of the soil, when sewage sludge is used in agriculture.

Reference

Council Directive 86/278/EEC; OJ L181, 4.7.86.

Amendments

None.

Impact

The aim of this Directive is to regulate the use of sewage sludge in agriculture so as to encourage its correct use whilst preventing harmful effects on soil, vegetation, animals and man. It aims at establishing certain initial Community measures in connection with soil protection.

Details

The Directive defines sludge and provides, among other things, that residual sludge from sewage farms treating domestic or urban waste waters may only be used in agriculture in accordance with this Directive. Certain prohibitions on the use of sludge are introduced. For example, the use of sludge or the supply of sludge for use on soil in which fruit and vegetable crops (with the exception of fruit trees) are grown, is prohibited. Annexes Ia, Ib and Ic to the Directive provide, respectively, limit values for concentrations of heavy metals in soil, limit values for heavy metal concentrations in sludge for use in agriculture, and limit values for amounts of heavy metals which may be added annually to agricultural land, based on a 10-year average. Sludge, and the soil on which it is to be used, are to be analysed in accordance with Annexes IIa and IIb to the Directive. Reference methods for sampling and analysis are indicated in Annex IIc.

Subject to Member States' authorising, under certain conditions, the use of untreated sludge which is injected or worked into the soil, the Directive provides that sludge is to be treated before it can be used in agriculture. For the purpose of the Directive "treated sludge" is defined as sludge which has undergone biological, chemical or heat treatment, long-term storage or any other appropriate process so as significantly to reduce its fermentability and the health hazards resulting from its use.

In November 1988, the European Commission submitted a proposal (see para **6.114** below) which seeks, on the basis of newly discovered scientific evidence, to amend this Directive to include chromium as one of the heavy metals covered. This proposal is now awaiting adoption by the Council.

Date of implementation

Member States had to implement the provisions of the Directive by 4 July 1989.

EXPORT OF TOXIC WASTE

Official title

Communication from the Commission concerning the export of toxic waste.

Reference

Commission Communication; COM(88) 365 final; 13.7.88.

Amendments

None.

Impact

Sets out the steps which the European Commission intends to pursue with a view to tackling abuses in connection with the export from the Community of hazardous waste.

Details

The European Commission issued this Communication in response to events which gave sharp prominence to problems connected with the export of toxic waste from the Community to certain developing countries. It became clear that a proportion of such exports takes place in breach of elementary concerns for human health and protection of the environment as well as of Community legal requirements. Exports of toxic waste from the Community are, in principle, governed by Directive 84/631/EEC, as amended by Directive 86/279/EEC and replaced by Regulation (EEC) 259/93 (see para **6.111** below). Under these Directives the holder of the waste must notify the competent authority of the planned export and must provide the necessary information to justify authorisation of the shipment. This should include proof that the consignee possesses "adequate technical capacity" for the disposal of the waste in question under conditions presenting no danger to human health or the environment.

In its Communication the European Commission undertakes to pursue the following steps to prevent massive exportation of hazardous waste to developing countries:

- to strengthen Directive 84/631/EEC by establishing a more precise and uniform definition of hazardous waste, as well as more precise rules for the transport and elimination of waste;
- to ensure rapid incorporation and full implementation of Directives 84/631/EEC and 86/279/EEC into Member States' law;

- to examine whether further Community legislation is needed on prior assessment of environmental hazards and on the continuing management of sites for the dumping of hazardous waste;
- to propose a draft mandate for Community participation in the negotiation of the United Nations Environment Programme (UNEP) Convention on the movement of waste; and
- to examine the possibilities of drawing on Community and Member State resources and expertise to establish a system to provide developing countries with technical and other assistance to tackle problems posed by hazardous waste where it is requested.

Date of implementation

Communications are not legally binding. This Communication was notified on 13 July 1988. The European Commission has acted on most of the requests contained in this Communication.

TRANSFRONTIER MOVEMENTS OF HAZARDOUS WASTE

Official title

6.110 Council Decision of 2 April 1990 on the acceptance by the European Economic Community of an OECD decision/recommendation on the control of transfrontier movements of hazardous wastes.

Reference

Council Decision 90/170/EEC; OJ L92, 7.4.90.

Amendments

None.

Impact

Calls for the rapid implementation of the Basel Convention on transfrontier shipments of hazardous waste.

Date of implementation

This Decision was notified to Member States on 7 April 1990.

TRANSFRONTIER SHIPMENT OF HAZARDOUS WASTE

Official title

6.111 Council Regulation (EEC) 259/93 of 1 February 1993 on the supervision and control of shipments of waste within, into and out of the European Community.

Reference

Council Regulation (EEC) 259/93; OJ L30, 6.2.93.

ENVIRONMENT 6.111

Amendments

None.

Impact

Replaces the 1984 Directive on Transfrontier Shipment of Hazardous Waste. Places extensive controls on the transnational movement of virtually all waste within, into and out of the Community, whether hazardous or not.

Details

Different control regimes will govern shipments between Member States, transit shipments and imports and exports from the Community. Less onerous procedures will apply to regular shipments and waste intended for recovery, as opposed to waste for final disposal. All shipments will be subject to payment of a surety recoverable on disposal. Those which cannot be completed should be returned.

Waste for disposal within the EU will require prior authorisation. Member States will have a broad right to object to shipment on the basis of the self-sufficiency and proximity principles. The former policy aims to ensure that the EU and, ultimately, each Member State, is able to dispose of its own waste, while the latter is designed to encourage local waste disposal.

The treatment of shipments of waste for recovery within the EU will depend on the classification of the waste according to lists prepared through a technical committee procedure. These wastes for recovery would be:

- green list waste, largely excluded from the Regulation;
- amber list waste, subject to a prior notification regime; and
- red list waste, subject to a prior authorisation regime.

Wastes not listed would be subject to the red list prior authorisation regime.

The competent authorities will have broad powers to object to shipments of waste for recovery, although these powers will be more limited than those relating to shipments for disposal.

Member States will not be required to apply the same control regime to shipments within their frontiers as to those between Member States, although they may do so.

Imports into the Community of waste for disposal will be banned, except from EFTA countries which are parties to the Basel Convention or with which the Community or the Member States, under certain conditions, have concluded bilateral or multilateral agreements or arrangements. Exports of waste for disposal will also be banned, with the same exception for EFTA Countries which are parties to the Basel Convention. However, no bilateral agreement or arrangement is allowed.

Imports into the Community of waste for recovery are banned, except from OECD countries or other countries with which bilateral agreements or arrangements are concluded. Exports of waste for recovery are also banned, except to OECD countries, to countries belonging to the Basel

Convention and/or with which the EU or the Member States are due to apply bilateral, multilateral or regional agreements or arrangements.

Waste in transit through the Community for disposal outside the Community will be subject to a system of advance authorization from the transit authorities. The provisions governing waste in transit through the Community for recovery are similar, but more flexible for OECD countries.

Date of implementation
The Regulation entered into force on 6 May 1994.

TRANSFRONTIER SHIPMENT OF HAZARDOUS WASTE (2)

Official title
6.112 Commission Decision of 20 July 1994 determining the control procedure under Council Regulation 259/93 as regards certain shipments of waste to certain non-OECD countries.

Reference
Commission Decision 94/575/EC; OJ L220, 25.8.94.

Amendments
None.

Impact
The Decision establishes specific control procedures for a number of specific countries, listed in its annexes.

Date of implementation
Upon publication on 25 August 1994.

BATTERIES AND ACCUMULATORS

Official title
6.113 Council Directive of 18 March 1991 on batteries and accumulators containing certain dangerous substances.

Reference
Council Directive 91/157/EEC; OJ L78, 26.3.91.

Amendments
None.

Impact
The objective of this Directive is to approximate the laws of the Member

States on the controlled disposal of batteries and accumulators containing lead and cadmium.

Details

This Directive forms part of the Community waste management programme designed to protect the environment and help complete the internal market. It seeks, among other things, to ensure that spent batteries and accumulators are disposed of without causing pollution, that the raw materials they contain are re-used as far as possible, and to encourage the production of batteries and accumulators which contain low quantities of dangerous substances. The Directive prohibited the marketing of alkaline manganese batteries containing more than 0.1% of mercury by weight from 1 January 1993. Alkaline manganese button cells and batteries composed of button cells are exempted from the prohibition. The definitions of mercury content for alkaline manganese batteries subject to these provisions are set out in the Annex. A scaled decrease in percentage content is introduced in three phases.

Member States are required to draw up a disposal and recycling programme to protect the environment against the hazards posed by batteries and accumulators. The first such programme is to cover a four-year period starting on 18 March 1993. The details of these programmes were to be communicated to the European Commission by 18 September 1992.

Member States are required to introduce measures for the marking of batteries and accumulators to indicate whether they must be disposed of separately, can be recycled, or may be disposed of with household refuse.

Member States are also required to take measures to ensure that batteries and accumulators may not be built into appliances in such a way that they cannot be readily removed by a consumer without the aid of a special tool. The efficient organisation of disposal of these products, including the setting up of a deposit system if appropriate, is left to the Member States.

Date of implementation

Member States were required to implement the provisions of this Directive by 18 September 1992.

Proposed waste management and clean technology legislation

CHROMIUM CONTENT OF SEWAGE SLUDGE

Official title

Amended proposal for a Council Directive amending in respect of chromium Directive 86/278/EEC on the protection of the environment, and in particular of the soil, when sewage sludge is used in agriculture.

Reference

Original proposal; OJ C307, 2.12.88.

Amendments

Amended proposal; OJ C114, 8.5.90.

Impact

Would subject fertiliser derived from sewage sludge to certain maximum chromium content limit values.

Details

Directive 86/278/EEC (see para **6.108** above) includes a number of annexes which set out certain quality criteria for fertiliser products derived from sewage sludge.

Criteria concerning maximum chromium limit values would be included should this Directive be adopted.

Proposed date of implementation

This proposal suggests 1 January 1990 as the implementation deadline. It is likely that this proposal eventually will be subsumed within a broader proposal concerning the proper disposal of sewage sludge.

DISPOSAL OF PCBs AND PCTs

Official title

6.115 Amended proposal for a Council Directive on the disposal of polychlorinated biphenyls (PCBs) and polychlorinated terphenyls (PCTs).

Reference

Original proposal; OJ C319, 12.12.88.

Amendments

Amended proposal; OJ C299, 20.11.91.

Impact

Seeks to prevent the release of PCBs and PCTs into the environment by ensuring the existence of adequate disposal facilities.

Details

This proposal seeks to expand upon an earlier Directive (Dir 76/403/EEC) which also sought to administer the proper disposal of PCBs and PCTs (see para **6.99** above).

If adopted, this proposal will oblige Member States to prohibit:

- the uncontrolled disposal of PCBs, used PCBs or PCTs or equipment containing PCBs or PCTs;

- the mixing of waste containing PCBs or PCTs with other waste or substances prior to transfer to a disposal undertaking; and
- the incineration of PCBs or PCTs on incinerator ships from 1995.

Establishments seeking to dispose of PCBs or PCTs will have to satisfy the conditions set out in Annex 1 to this proposal. All such establishments will be required to obtain a licence. Member States will also be required to:

- ensure that all equipment containing PCBs or PCTs is properly labelled in accordance with the design set out in an Annex to this proposal; and
- instigate information campaigns for the users of equipment containing PCBs and PCTs, for related emergency services, and for the general public.

The amended proposal would add to the prohibitions already established in the original proposal, the marketing by waste management undertakings of mixtures with a PCB content greater than 1 part per million, except where such mixtures are intended for another waste management undertaking. The amendment would also impose a prohibition on exports from third countries without adequate installations for disposal of PCBs, used PCBs and equipment containing PCBs. Holders of PCBs would be subject to more stringent conditions than in the original proposal. PCBs would have to be stored in specially fire-proofed locations.

Proposed date of implementation

The proposal provided for the implementation of the provisions of this Directive before 1 January 1992. However, Member States did not accept the proposal because of the assumed lack of necessary high-temperature incineration capacity. There is currently no lack of capacity and the proposal is expected to be adopted before the end of 1994.

CIVIL LIABILITY FOR DAMAGE CAUSED BY WASTE

Official title

Amended proposal for a Council Directive on civil liability for damage caused by waste.

Reference

Original proposal; OJ C251, 4.10.89.

Amendments

Amended proposal; OJ C192, 23.7.91.

Impact

Seeks to establish a uniform system of liability for damage caused by waste.

Details

The proposal covers all types of waste generated by an economic activity, with the exception of nuclear waste and pollution caused by oil, both of which are covered by specific international conventions.

The waste producer would be held liable for the damage or injury caused to individuals, property and the environment, irrespective of fault on his part, where such damage or injury was due to incidents that occurred after the implementation of the Directive. Joint and several liability would apply in situations where two or more producers were involved in a particular incident.

Producers' liability would be limited to a period of three years, beginning with the day on which the plaintiff became aware, or should have become aware, of the damage or injury and of the identity of the producer.

The right to compensation would expire 30 years after the event which caused the damage or the injury to the environment took place.

The producer would be exonerated from liability where he could prove that the damage or injury to the environment was due to *force majeure*. The waste producer's liability might also be excluded or reduced in the case where the damage was caused partly by the waste and partly by fault on the part of the victim. The producer would not be relieved from liability by the sole fact that he held a permit issued by the public authorities.

In its amended proposal, the European Commission has made several important changes based, for the most part, on recommendations made by the European Parliament. The most significant of these changes are described below.

The two most significant changes of definition concern "eliminators" and "impairment of the environment". The scope of the Directive concerning "eliminators" or licensed disposers is clarified. Such entities would now be covered specifically by the same liability regime as the original waste "producers". The definition regarding "impairment of the environment" has now been broadened so that it encompasses gradual long-term damage.

The European Commission has opted to leave a greater range of issues to be determined in accordance with national law. Under the terms of the revised draft, the law applicable in each Member State would determine:

- who has the right to bring an action;
- the remedies that plaintiffs will be able to seek (*N.B.* the new draft makes some injunctive remedies mandatory); and
- the burden of proof that must be met by plaintiffs in establishing the chain of causation between the "producer's" waste and the damage caused.

The situation concerning the standing of environmental pressure groups has been clarified. The amendment now states specifically that such groups must be given the right to sue but may still make such an action subject to such conditions as the Member States see fit to impose.

Under the amended proposal waste "producers" would be able to avoid liability if they could show, in the absence of any fault on their part, that the damage was caused by the intentional act of a third party.

The amended proposal also states specifically that both "producers" and "eliminators" must be covered by liability insurance or other financial guarantee. In addition, the amended draft requires "producers" to list their insurers in their "annual reports". The amended proposal does not, however, provide any further details, nor does it contain any provisions which cap liability.

The amended proposal states specifically that the European Commission will be asked to investigate the feasibility of establishing a "European Fund for Compensation for Damage and Impairment of the Environment caused by Waste" to cover situations where the "producer" is either insolvent or cannot be found.

Proposed date of implementation
This proposal gives 1 January 1991 as the implementation deadline.

However, the presentation of the Green Paper on remedying environmental damage is deemed to have made the proposal for a specific liability regime superfluous and it may well be dropped completely.

LANDFILLS

Official title
Amended proposal for a Council Directive on the landfill of waste.

Reference
Original proposal; OJ C190, 22.7.91.

Amendments
Amended proposal; OJ C212/93, 5.8.93.
Common position; agreed in June 1994 (not yet published).

Impact
Would establish detailed and strict rules to apply to the operating and closure of landfills.

Details
The proposal contains a broad range of detailed provisions covering every aspect of landfill operations, from classification to closure procedures. The common position, adopted on 9 June 1994, seeks to separate landfills into three categories:

- landfills for hazardous waste;
- landfills for non-hazardous waste;
- landfills for inert waste.

Every landfill will be classified accordingly, although multiple classification is possible as long as "the disposal operations are carried out in separate areas of the site and that each of these areas complies with the specific requirements set for that class of landfill". The proposal also contains rules concerning the following:

- waste not acceptable for landfill disposal, which currently includes, for example, infectious hospital waste;
- location, fencing, landscaping, etc, and other general requirements;
- permit requirements;
- waste acceptance and aftercare, which include pre-acceptance testing obligations; and
- closure procedures.

The new rules would not apply automatically to landfills which already have a permit at the time the Directive enters into force. Existing landfill operators will have to apply either for a confirmation of their permits or for an amendment. They may, in some circumstances, be asked to complete and present a "conditioning plan". Resulting improvement programmes will have to be completed within five years from the date the Directive enters into force.

In addition to the above, the proposal also includes provisions which will require:

- landfill operators to provide financial guarantees to cover the estimated costs of closure;
- the establishment, by each Member State, of a "Landfill Aftercare Fund", to provide for the aftercare of closed facilities and to cover uninsured liabilities from landfill operations; and
- Member States to provide the European Commission with detailed information on all landfill operations taking place within their territories.

The proposal also contains a provision which states that the "operator of a landfill shall be liable under civil law for the damage and impairment of the environment caused by the landfilled waste irrespective of fault on his part".

The original text of the proposal prohibited co-disposal. The common position, however, does not ban co-disposal where it is currently lawful (*i.e.* in the UK), with the requirement that the environment should not be harmed.

The proposed Directive does recommend a prohibition of the mixing of waste before or during the landfilling operation. It sets out requirements and procedures to be fulfilled on application for a landfill permit. These include providing information on the kind of waste to be deposited, the environmental impact assessment etc. It requires site inspection prior to any operation, as well as post-closure controls for 30 years or "as long as needed if the site poses an active risk". It also sets out deadlines for the upgrading of existing sites. Applications for a permit must be determined within 12 months.

Other amendments to the original draft cover waste acceptance procedures, leachate and gas management, and Member States' obligations to report to the Commission on the characteristics of each landfill site. These amendments are included in the four Annexes to the new proposal.

The common position was a compromise deal which watered down the original proposal considerably. It establishes a general regulatory framework, leaving most of the measures to the Member States. It is expected only to affect landfill standards in Spain, Portugal, Greece and Ireland.

Proposed date of implementation

The proposal is unlikely to be adopted before the beginning of 1995 and will enter into force two years after adoption. New landfills would have to conform with the requirements of the Directive immediately but in most cases existing sites would have 10 years to comply with the Directive's provisions.

HAZARDOUS WASTE INCINERATORS

Official title

Proposal for a Council Directive on the incineration of hazardous waste.

Reference

Original proposal; OJ C130, 21.5.92.

Amendments

Amended proposal; OJ C190, 14.7.93.
Common position; OJ C232, 20.8.94.

Impact

Would place strict controls on the operations of hazardous waste incinerators.

Details

The scope of this long-awaited proposal is determined with reference to the definition of "hazardous waste" given in the 1991 hazardous waste Directive (see para **6.104** above). The list of hazardous wastes to be drawn up under that Directive is due to be completed by the end of 1994.

The proposal on hazardous waste incineration expressly excludes: municipal waste (already regulated by two 1989 Directives); combustible liquid waste (including waste oils) under certain conditions; and crematoria.

Incineration plants (*i.e.* hazardous waste incinerators (HWIs)) affected by this proposal are any technical equipment used for the incineration by oxidation of hazardous wastes involving pre-treatment, as well as pyrolysis or other thermal treatment processes (*e.g.* plasma process), in so far as their products are subsequently incinerated. Plants burning such wastes as a regular or additional fuel for industrial purposes are also included.

These HWIs will be required to obtain permits which will be given only if they comply with all appropriate measures to prevent or minimise emissions. Permits must list the categories and/or generic types of hazardous waste which may be treated in the plants, as well as the total capacity of the incinerator. Special rules apply to certain plants not intended primarily to incinerate hazardous waste.

Operators of HWIs must also minimise the effects on the environment of the delivery and reception of hazardous waste. A detailed description of the waste, its composition and its hazard characteristics, must be received by such operators before the waste is accepted. In addition, several other procedural requirements, relating to documentation, sampling etc, have to be complied with. Equipment used for the intermediate storage and pre-treatment of hazardous waste will also be subject to strict standards for the minimisation of environmental risks.

This draft proposal imposes on Member States the obligation to prevent or at least minimise risks generally. Member States have to determine most of the specific measures and standards to be applied, and must ensure that HWIs are designed, equipped and operated to comply with this general obligation. To this end, the proposal lists currently available technology in an Annex, for information purposes.

HWIs must be operated in order to achieve complete incineration, even where this requires pretreatment processes. All HWIs must be equipped with auxiliary burners. They must also have an automatic system to prevent hazardous waste feed in certain situations. Moreover, gas resulting from the combustion of hazardous waste must be released, after the last injection of combustion air, in a controlled and homogeneous fashion and in compliance with strict technical standards. Special conditions may also be authorised in specific cases.

Limit values for carbon monoxide concentrations during the operation of the HWI are set out in the proposed draft. Moreover, daily and half-hourly average limit emission values in the exhaust gas are fixed for dust, gaseous and vaporous organic substances, hydrogen chloride, hydrogen fluoride, and sulphur dioxide. Average values over the sample period of a minimum of 0.5 and a maximum of four hours are also established for cadmium, thallium, mercury, antimony, arsenic, lead, chromium, cobalt, copper, manganese, nickel, vanadium, tin and their compounds. There is no binding limit for dioxins and furans, however. A non-binding guidance value of 0.1 ng/m^3 for total dioxins and furans has been included, expressed in terms of a 6–16 hour sampling period. This is due to the fact that there is currently no continuous measurement technique available for dioxins and furans.

The proposed daily average emission limits for particulates, total organic carbon, hydrogen chloride and sulphur oxides are all either identical to, or 37–50% lower than, the tightest national emission limits set currently within the Community (in Germany and the Netherlands). The half-hour average limits are tighter than any national rules.

Licences will be required for any waste water discharged from an HWI, provided that this water is previously treated and that compliance with any other relevant legislation is ensured.

Waste resulting from incineration must be recovered or disposed of in accordance with the general Community waste Directives. Transport and intermediate storage of dry residues must take place in closed containers. Heat recovered should be re-used as far as possible. Furthermore, HWIs must have the appropriate monitoring and measurement equipment, which will be subject to a permit in order to meet certain requirements relating to continuous and periodical measurements. These measurements shall be recorded and processed in order to enable the competent authorities to verify compliance with the relevant conditions.

If limit values provided in this Directive are exceeded, the competent authorities would have to be informed immediately and the HWI concerned would not be allowed to continue to operate. Moreover, maximum permissible periods of any technically unavoidable stoppages or disturbances, or failures of the purification devices, will be laid down by the competent authorities in each Member State.

Permits would be reviewed at least once every five years. For new HWIs, the date for the first review would be within five years of the first operation of the plant at the latest, and, for existing plants, the first review would have to take place by 30 June 2002.

The amended proposal included provisions relating to standards for sampling and analysis, and conditions governing grant of a permit. The proposal would also require samples to be kept for a month and documents to be kept for three years after incineration has taken place.

A number of new articles were incorporated concerning the protection of public health. It was also stated that the aim of the proposal was not to promote the incineration of waste but the prevention of waste.

Proposed date of implementation

The proposal suggests that this Directive would have to be implemented in the Member States by 30 June 1994. The provisions of this Directive would then apply to existing HWIs within three years of 30 June 1994, unless the operator intended to run an existing plant for no more than 20,000 hours until 31 December 1999 at the latest, before shutting it down. HWIs for which the permit to operate is granted after 30 June 1994 will be considered as "new incineration plants" and will have to comply with the provisions of this Directive from the beginning of their operation. However, the EU Council only adopted a common position (OJ C232, 20.8.94) on 11 July 1994 and adoption of the Directive is not expected before mid-1995.

PACKAGING

Official title

Amended Proposal for a Council Directive on packaging and packaging waste.

Reference

Original proposal; OJ C263, 12.10.92.

Amendments

Amended proposal; OJ C285, 21.10.93.
Common position; OJ C137, 19.5.94.

Impact

As part of the Community waste management policy, this proposal is designed to apply a global approach to the harmonisation of national provisions in order to ensure the free movement of packaged products complying with the essential requirements of the proposed Directive and to reduce the harmful effects of packaging waste on the environment.

Details

The European Commission proposes the introduction of harmonised measures and the setting of essential requirements and harmonised standards, whilst encouraging the re-use (in particular, recycling or upgrading) of packaging waste. Within this global framework, and in line with Community objectives, Member States would be free to choose their own legal instruments and systems for collecting used packaging, to formulate their management plans and define the intermediate stages for attaining, within 10 years, the dual targets proposed by the European Commission:

- the upgrading (recycling, composting, regeneration, energy recovery, etc) of 90% of all packaging waste; and
- the recycling (including composting and regeneration) of 60% of all raw materials entering into the composition of this waste.

The proposal also provides for information measures, for both consumers and collectors of packaging waste, in order to facilitate collecting, sorting and recycling. Finally, the proposed Directive sets out the essential requirements for the composition and nature of reusable and upgradable packaging with which national provisions on the production and marketing of packaging, and on the management of packaging waste, must comply.

The amendment sets new targets to be achieved by the Member States. It provides that not later than five years after the transposition of this Directive into national law, 60% by weight of the packaging waste output should be removed from the waste stream for the purpose of recovery. It also expects 40% by weight of each material of the packaging waste output to be recycled after its removal from the waste stream. The targets sought to be achieved are increased to 90% and 60% respectively after 10 years of the transposition of this Directive into national law.

The amendment obliges Member States to ensure that the marking on packaging is clearly visible, legible and durable and must be maintained after the opening of the package. The amendment authorises the Council to adopt economic instruments needed to attain the objectives of this Directive. Where there are no Community instruments, Member States may adopt such instruments. Member States are obliged not to impede the placing on the market on their territory of packaging which satisfies the provisions of this Directive, nor the use of the recovery procedures for such packaging laid down in the Directive. Member States would be required to implement this Directive within 18 months of its adoption by the Council.

In March 1994 the EU Council agreed a common position on the proposal with revised goals for recuperation and recycling. The common position sets minimum targets (to be reached within five years of the Directive's adoption) at between 50% and 65% for recovery, and between 25% and 45% for recycling, with a minimum of 15% for each packaging type.

Proposed date of implementation
The Directive would enter into force on the day of publication.

The Council meeting in June 1994, however, failed to reach agreement and the proposal went into conciliation procedure between the European Parliament and the EU Council on 20 September 1994. Adoption is not expected before the end of 1994.

HAZARDOUS WASTE

Official title
Amended proposal for a Council Directive amending Directive 91/689/EEC on hazardous waste.

Reference
Original proposal; OJ C271, 7.10.93.

Amendments
Amended proposal; OJ C51, 19.2.94.

Details
The proposed Council Directive defines "hazardous waste" as any substance or object belonging to the categories or generic types of waste as set out in the Annexes of the Directive. It obliges the Community to draw up a list of hazardous waste in accordance with Community legislation, and review it from time to time. Once the Community list is drawn up, Member States would be obliged to bring their lists in line with that of the Community.

Date of implementation
The original proposal suggests 31 December 1994 as the implementation deadline. The 1994 amended proposal would delay the implementation date of the Directive to 31 March 1995.

Dangerous chemicals, substances and preparations legislation

CLASSIFICATION OF DANGEROUS SUBSTANCES

Official title

6.121 Council Directive of 27 June 1967 on the approximation of the laws, regulations and administrative provisions relating to the classification, packaging and labelling of dangerous substances.

Reference
Council Directive 67/548/EEC; OJ L196, 16.8.67.

Amendments
Directive 69/81/EEC; OJ L68, 19.3.69.
Directive 70/189/EEC; OJ L59, 14.3.70.
Directive 71/144/EEC; OJ L74, 29.3.71.
Directive 73/146/EEC; OJ L167, 25.6.73.
Directive 75/409/EEC; OJ L183, 14.7.75.
Directive 76/907/EEC; OJ L360, 30.12.76.
Directive 79/370/EEC; OJ L88, 7.4.79.
Directive 79/831/EEC; OJ L259, 15.10.79.
Directive 80/1189/EEC; OJ L366, 31.12.80.
Decision 81/437/EEC; OJ L167, 24.6.81.
Directive 81/957/EEC; OJ L351, 7.12.81.
Directive 82/232/EEC; OJ L106, 21.4.82.
Directive 83/467/EEC; OJ L257, 16.9.83.
Directive 84/449/EEC; OJ L251, 19.9.84.
Decision 85/71/EEC; OJ L30, 2.2.85.
Directive 86/431/EEC; OJ L247, 1.9.86.
Corrigendum; OJ L50, 19.2.87.
Directive 87/432/EEC; OJ L239, 21.8.87.
Directive 88/302/EEC; OJ L133, 30.5.87.
Directive 88/490/EEC; OJ L259, 19.9.88.
Directive 90/517/EEC; OJ L287, 19.10.90.
Directive 91/325/EEC; OJ L180, 8.7.91.
Directive 91/326/EEC; OJ L180, 8.7.91.
Directive 91/410/EEC; OJ L228, 17.8.91.
Directive 91/632/EEC; OJ L338, 10.12.91.
Decision 92/3/EEC; OJ L3, 8.1.92.
Directive 92/32/EEC; OJ L154, 5.6.92.
Directive 92/37/EEC; OJ L154, 5.6.92.
Directive 92/69/EEC; OJ L383, 29.12.92.
Directive 93/21/EEC; OJ L110, 4.5.93.
Directive 93/72/EEC; OJ L258, 16.10.93.
Directive 93/101/EEC; OJ L13, 15.1.94.
Directive 93/105/EEC; OJ L294, 30.11.93.

ENVIRONMENT 6.121

Impact

This Directive sets out the rules that apply to the notification, classification, packaging and labelling of substances placed on the Community market which are deemed to be dangerous to man and the environment.

Details

Substances are classified as dangerous if they are explosive, oxidising, extremely inflammable, highly inflammable, inflammable, very toxic, toxic, harmful, corrosive, irritant, dangerous to the environment, carcinogenic, teratogenic or mutagenic. These terms are defined in the Directive. Annex I lists dangerous substances according to degree of hazard and risk, with the relevant emblems and signals.

The procedure for notifying the placing of a substance on the Community market, which is done via the European Commission, is laid down. As a part of this procedure, the Directive calls for the establishment of a number of chemical substance inventories. These have now been established and consist of: (i) an inventory of all chemical substances in existence on the Community market prior to 18 September 1981 – European Inventory of Existing Commercial Chemical Substances (EINECS) (see Dec 81/437/EEC; OJ L167, 24.6.81); and (ii) an inventory of all chemical substances notified in accordance with the provisions of this Directive – ELINCS (see Dec 85/71/EEC; OJ L30, 2.2.85). The former is complete and has been published (see OJ C146A, 15.6.91). The latter is updated annually (see, *e.g.* OJ C91, 10.4.92). Substances not included on either EINECS or ELINCS must be notified in accordance with the procedures laid down by this Directive. The inventory rules governing the former East Germany are set out in a separate Decision (see Dec 92/3/EEC; OJ L3, 8.1.92).

Packaging conditions are laid down and include requirements that packaging be leak-proof and spillage-proof, that packaging materials do not react adversely with the contents and that closures be sufficiently strong. The Directive contains detailed labelling requirements, including provisions concerning the positioning of labels, their dimensions and the languages to be used. Packages containing dangerous substances must show:

- the recognised name of the substance;
- the origin of the substance, including the name and address of the manufacturer, distributor or importer;
- the appropriate danger symbols (Annex II);
- an indication of the dangers involved in using the substance;
- standard phrases indicating the special risks arising from such dangers (Annex III); and
- standard phrases indicating the safety advice relating to the use of the substance (Annex IV).

The Directive has been amended to take account of technical progress on

19 different occasions. Generally, these amendments take the form of minor adjustments to the Directive's Annexes. The most important amendment has been Directive 92/32/EEC. Whilst maintaining the overall thrust of the original Directive, this amending Directive simplifies the notification procedures in an important number of respects. In addition, the amendment introduces a new symbol which includes the graphic illustration of a dead fish and a dead tree, which must be used for those substances classified as "dangerous for the environment".

Amending Directive 92/69/EEC was adopted at the end of 1992. This Directive replaces the Annex to Directive 84/449/EEC with the Annex of this Directive. The changes concern technical developments relating to test methods for the algal inhibition test.

The European Commission has published the Annex to Directive 92/69/EEC adapting to technical progress, for the seventeenth time, Council Directive 67/548/EEC on the approximation of the laws, regulations and provisions relating to the classification, packaging and labelling of dangerous substances (OJ L383A, 29.12.92). The Annex lists the methods for the determination of physico-chemical properties, as well as the methods for determining toxicity and ecotoxicity.

The European Commission has published Commission Directive 93/21/EEC of 29 April 1993 and Commission Directive 93/72/EEC of 1 September 1993 adapting to technical progress for the eighteenth and nineteenth time respectively, Council Directive 67/548/EEC on the approximation of the laws, regulations and administrative provisions relating to the classification, packaging and labelling of dangerous substances. The former replaces Annexes II, III, IV, part of Annex V and Parts I and II of Annex VI of Directive 67/548/EEC, whereas the latter replaces Annex I of Directive 67/548/EEC.

The European Commission has published Commission Directive 93/105/EEC of 25 November 1993 laying down Annex VII D, containing information required for the technical dossier referred to in Article 12 of the seventh amendment of Council Directive 67/548/EEC. The provisions of this Directive will supplement the provisions of Annex VII.

Date of implementation

Directive 67/548/EEC was to be implemented in all Member States by 1 January 1972. This Directive has been implemented by all Member States. Directive 92/32/EEC was to be implemented by 31 October 1992. Directive 92/69/EEC is to enter force no later than 31 October 1993.

Member States were expected to comply with the provisions of Directives 92/69/EEC and 93/21/EEC by 1 July 1994.

Member States were expected to comply with the provisions of Directive 93/105/EEC by 31 December 1993.

RISK ASSESSMENT OF DANGEROUS SUBSTANCES

Official title

Council Regulation (EEC) 793/93 of 23 March 1993 on the evaluation and control of risks of existing substances.

Reference

Council Regulation 793/93; OJ L84, 5.4.93.

Impact

The Regulation deals with the collection, circulation and accessibility of information on existing substances and with the evaluation of the risks of such substances to man and the environment.

Details

The Regulation consists of three parts:
- Part 1, dealing with the systematic reporting of data and the establishment of a list of priority substances;
- Part 2, dealing with risk evaluation; and
- Part 3, dealing with the management aspects.

The Regulation includes three Annexes. The first gives a listing of existing substances which are produced or imported within the Community in a quantity exceeding 1,000 tonnes per year. The second Annex gives the list of substances exempt from the notification requirements and the third Annex gives the procedures and information which is required from the producer/importer.

The producer/importer is obliged to provide the Commission with the information as required in Annex III when he has imported/produced more than 1,000 tonnes of a particular substance, at least once in the three years preceding the adoption of the Regulation and/or the year following adoption. This has to take place within 12 months after entry into force of the Regulation in case of a substance appearing in Annex I of the Regulation and within 24 months in case of a substance appearing in EINECS but not in Annex I.

Date of implementation

The Regulation entered into force on 4 June 1993.

RISK ASSESSMENT OF DANGEROUS SUBSTANCES (2)

Official title

Commission Directive of 20 July 1993 laying down the principles for assessment of risks to man and the environment of substances notified in accordance with Council Directive 67/548/EEC.

Reference

Commission Directive 93/67/EEC; OJ L227, 8.9.93.

Amendments

None.

Impact

This Directive lays down general principles for the assessment of the risks posed by substances to man and the environment as required by Article 3 of Directive 67/548/EEC.

Details

Directive 67/548/EEC lays down the notification procedures to be carried out when new substances are placed on the market. It, furthermore, requires the competent authorities which receive notification of a new substance to carry out a risk assessment of its risks to man and the environment in accordance with general principles.

The new Commission Directive 93/67/EEC lays down general principles to avoid disparities between Member States. It provides that risk assessment should take into account the physico-chemical and toxicological properties of a substance, as well as the environmental effects of a new substance.

The Annexes to the Directive contain detailed information concerning these different types of risk assessment and the procedures to be followed for each type.

After having carried out these risk assessments, the competent authorities will send a report of the outcome to the Commission.

Date of implementation

Member States had to implement the provisions of this Directive by 31 October 1993.

RISK ASSESSMENT OF DANGEROUS SUBSTANCES (3)

Official title

Commission Regulation (EC) 1488/94 of 28 June 1994 laying down the principles for the assessment of risks to man and the environment of existing substances in accordance with Council Regulation (EEC) 793/93.

Reference

Commission Regulation 1488/94; OJ L161, 29.6.94.

Amendments

None.

Impact

The Regulation aims to lay down general principles of risk assessment of existing substances as required by Article 10 of Council Regulation (EEC) 793/93.

Details

The Regulation gives principles which the *rapporteur* must address in the assessment of risk to human health – toxicity (Annex I), human health – psycho-chemical properties (Annex II) and environment (Annex III). It also includes requirements as to the integration of the information and on the information to be included in the final report.

Date of implementation

The Regulation entered into force on 28 August 1994.

MARKETING AND USE OF DANGEROUS SUBSTANCES

Official title

Council Directive of 27 July 1976 on the approximation of the laws, regulations and administrative provisions of the Member States relating to restrictions on the marketing and use of certain dangerous substances and preparations.

Reference

Council Directive 76/769/EEC; OJ L262, 27.9.76.

Amendments

Directive 79/663/EEC; OJ L197, 3.8.79.
Directive 82/806/EEC; OJ L339, 1.12.82.
Directive 82/828/EEC; OJ L350, 10.12.82.
Directive 83/264/EEC; OJ L147, 6.6.83.
Directive 83/478/EEC; OJ L263, 24.9.83.
Directive 85/467/EEC; OJ L269, 11.10.85.
Directive 85/610/EEC; OJ L375, 31.12.85.
Directive 89/677/EEC; OJ L398, 30.12.89.
Directive 89/678/EEC; OJ L398, 30.12.89.
Directive 91/157/EEC; OJ L78, 26.3.91.
Directive 91/173/EEC; OJ L85, 5.4.91.
Directive 91/338/EEC; OJ L186, 12.7.91.
Directive 91/339/EEC; OJ L186, 12.7.91.
Directive 91/659/EEC; OJ L363, 31.12.91.
Directive 94/27/EC; OJ L188, 22.7.94.

Impact

This Directive seeks the gradual discontinuance of, or restrictions on, the use of certain specified dangerous substances within the Community.

Details

The Directive is concerned with limiting the marketing and use of the dangerous substances and preparations listed in the Annex. In addition to listing the substances, the Annex also sets out the terms and conditions of the restrictions. The original Directive included substances such as polychlorinated biphenyls (PCBs) and polychlorinated terphenyls (PCTs). Since then the Directive has been amended 12 times. Among the types of substances that have been added are:

- benzene (second amendment – OJ L339, 1.12.82; and eighth amendment – OJ L398, 30.12.89);
- polybrominated biphenyls (fourth amendment – OJ L147, 6.6.83);
- asbestos (fifth amendment – OJ L263, 24.9.83; seventh amendment – OJ L375, 31.12.85; and an amendment to take account of technical progress – OJ L363, 31.12.91);
- alkaline manganese batteries (OJ L78, 26.3.91);
- lead, mercury and arsenic compounds (eighth amendment – OJ L398, 30.12.89);
- pentachlorophenol (ninth amendment – OJ L85, 5.4.91);
- cadmium (tenth amendment – OJ L186, 12.7.91); and
- ugilec compounds (eleventh amendment – OJ L186, 12.7.91);
- nickel (fourteenth amendment – OJ L188, 22.7.94).

Further proposed amendments covering certain flame retardants and solvents have been published (see paras **6.138** and **6.139** below).

The latest amendment provides that nickel may not be used in pierced ears and other pierced parts of the human body unless certain conditions are met. It further provides that nickel may not be used in things like earrings, necklaces, bracelets, wrist-watch cases, watch straps, buttons, zippers and spectacle frames, unless the amount of nickel in them is such as not to pose any threat to the human body.

The Directive obliges Member States to prevent any manufacturer or importer from placing any non-conforming goods on the market after six months of its coming into force. They are further obliged to ensure that non-conforming goods are not sold to any final consumer after two years of the coming into force of this Directive.

Date of implementation

This Directive was to be implemented by 31 March 1978. All Member States have introduced implementing legislation.

As regards the most recent amendments, the following deadlines for implementation apply:

- ninth amendment (OJ L85, 5.4.91) covering pentachlorophenol (PCP): 1 July 1992;

- tenth amendment (OJ L186, 12.7.91) covering cadmium pigments: 31 December 1992;
- eleventh amendment (OJ L186, 12.7.1) covering certain PCB substitutes: 18 June 1992;
- fourteenth amendment (OJ L188, 22.7.94) covering nickel in jewellery: six months after the publication of CEN standards on measurement methods or 22 January 1995.

CLASSIFICATION, PACKAGING AND LABELLING OF PESTICIDES

Official title
Council Directive of 26 June 1978 on the approximation of the laws of the Member States relating to the classification, packaging and labelling of dangerous preparations (pesticides).

Reference
Council Directive 78/631/EEC; OJ L206, 29.7.78.

Amendments
Directive 79/831/EEC; OJ L259, 15.10.79.
Directive 81/187/EEC; OJ L88, 2.4.81.
Directive 84/291/EEC; OJ L144, 30.5.84.
Directive 92/32/EEC; OJ L154, 5.6.92.

Impact
Harmonises the classification, packaging and labelling of preparations used for plant protection and pesticides control.

Details
Pesticide preparations are divided into three classes: very toxic, toxic and harmful. The classification can be determined either by way of animal experimentation or, in certain defined circumstances, by way of a calculation contained in Annexes I and III. The administrative provisions and packaging requirements are broadly the same as those contained in Directive 67/548/EEC (see para **6.121** above). Packaging must show the following information clearly and indelibly:

- the trade name or designation of the preparation;
- the name and address of the manufacturer or person placing the preparation on the market or, where pesticides are subject to authorisation, that of the holder of the authorisation, plus the registered number of the preparation;
- the name and amount of each active substance and the name of each very toxic, toxic, harmful or corrosive substance contained in the preparation;
- the net quantity of the preparation;
- the batch number;
- the symbols and danger indications specified in the 1967 dangerous

substances Directive;
- an indication of the special risks deriving from these dangers; and
- for very toxic, toxic or harmful pesticides, an indication that the packaging must not be re-used unless specifically so designed.

Safety advice concerning the use of the pesticide must appear on the label or the packaging or, when this is not physically possible, on another label affixed firmly to the packaging itself. A Scientific Committee for Pesticides was established by Commission Decision 78/436/EEC.

Date of implementation

Member States had to implement this Directive by 18 September 1981. It has been implemented by all the Member States.

PROHIBITIONS ON THE MARKETING AND USE OF PESTICIDES

Official title

6.127 Council Directive of 21 December 1978 prohibiting the placing on the market and use of plant protection products containing certain active substances.

Reference

Council Directive 79/117/EEC; OJ L33, 8.2.79.

Amendments

Accession of Greece (1981).
Directive 83/131/EEC; OJ L91, 9.4.83.
Directive 85/298/EEC; OJ L154, 13.6.85.
Regulation 3768/85/EEC; OJ L362, 31.12.85.
Directive 86/214/EEC; OJ L152, 6.6.86.
Directive 86/355/EEC; OJ L212, 2.8.86.
Directive 87/181/EEC; OJ L71, 14.3.87.
Directive 87/477/EEC; OJ L273, 26.9.87.
Directive 89/365/EEC; OJ L159, 10.6.89.
Directive 90/335/EEC; OJ L162, 28.6.90.
Directive 90/533/EEC; OJ L296, 27.10.90.
Directive 91/188/EEC; OJ L92, 13.4.91.

Impact

Bans the sale and use within the Community of certain "plant protection products" (*e.g.* pesticides).

Details

"Plant protection products" are broadly defined to include pesticides, herbicides, fertilisers, etc. The Directive bans the sale and use of such products if they contain any of the active substances listed in the Annex to the Directive. The original list includes, for example, DDT-based products. The Annex has been amended on five separate occasions. The Directive contains a number of derogations which include, for instance, allowing Member States to authorise the use of banned products in emergency situations.

Date of implementation

Member States were required to implement this Directive no later than 1 January 1981. The fifth and last amendment to the Directive's Annex required implementation by 31 March 1992.

MARKETING AND USE OF PLANT PROTECTION PRODUCTS

Official title

Council Directive of 15 July 1991 concerning the placing of plant protection products on the market.

Reference

Council Directive 91/414/EEC; OJ L230, 19.8.91.

Amendments

None.

Impact

Sets out detailed rules to control the marketing and use of plant protection products such as pesticides, herbicides, etc.

Details

This Directive builds on the measures already adopted as regards "plant protection products": packaging and labelling (Directive 78/631/EEC – see para **6.126** above); and marketing prohibitions (Directive 79/117/EEC – see para **6.127** above)."Plant protection products" are broadly defined to include pesticides, herbicides, fungicides, etc. The Directive sets out an authorisation system applicable to all such products. The sale and use of any product not authorised in accordance with the terms of the Directive is expressly prohibited. Member States must accept as adequate any authorisations granted in accordance with the terms of this Directive by another Member State.

In addition to the provisions concerning authorisation, the Directive also includes measures concerning packaging and labelling. For the most part, these are incorporations by reference to Directive 78/631/EEC (see para **6.126** above). The Directive also contains provisions concerning the testing of new plant protection products.

Date of implementation

Member States were required to implement the Directive no later than 19 August 1993.

ADVISORY COMMITTEE ON CHEMICALS

Official title

6.129 Commission Decision of 28 June 1978 setting up a Scientific Advisory Committee to examine the toxicity and ecotoxicity of chemical compounds.

Reference

Commission Decision 78/618/EEC; OJ L198, 22.7.78.

Amendments

Last amended by Decision 88/241/EEC; OJ L105, 26.4.88.

Impact

Sets up a committee of experts to assist the European Commission to develop new, and update old, dangerous chemicals legislation.

Details

The Advisory Committee was set up to assist the European Commission on all matters relating to the toxicity and ecotoxicity of those chemical compounds liable to have a detrimental effect on human health or the environment. The Decision and its amendments set out in detail the operating procedures for the Committee.

Date of implementation

The Decision came into force on 28 June 1978.

EXPORT AND IMPORT OF DANGEROUS CHEMICALS

Official title

6.130 Council Regulation (EEC) 2455/92 of 23 July 1992 concerning the export and import of certain dangerous chemicals.

Reference

Council Regulation 2455/92; OJ L251, 29.8.92.

Amendments

None.

Impact

This Regulation repeals Regulation (EEC) 1734/88 on the export from and

ENVIRONMENT 6.130

import into the Community of certain dangerous substances. The purpose of this Regulation is to establish a common system of notification and information for imports from and exports to third countries of certain chemicals which are banned or severely restricted because of their effects on human health and the environment.

Details

Annex I to this Regulation sets out a list of 24 chemicals which are banned or severely restricted to certain uses owing to their effects on human health and the environment.

Annex II to the Regulation introduces the prior informed consent (PIC) scheme and an internationally approved list of banned and severely restricted chemicals, established by UNEP and FAO which are subject to this scheme.

Each Member State is required to designate an authority to carry out the procedures laid down by the Regulation. When a chemical subject to notification is exported to a third country for the first time, the designated authority of the Member State from which it is exported is to notify the appropriate authorities of the country of destination. The details which are to be given are set out in Annex III to the Regulation. They include the identity of the substance or preparation to be exported, information on precautions to be taken, a summary of regulatory restrictions and the reasons for them, the expected date of export, the country of export and the name, address, telephone and telex numbers of the designated authority from whom further information may be obtained. There is a requirement that notification must be given afresh whenever major changes are made to the rules concerning the substance in question. Details of the export will be given to the European Commission, which will assign a reference number to each notification received and communicate the notification to the designated authorities in the other Member States. It will publish a list of these reference numbers in the *Official Journal*, stating the chemical concerned and the country of destination.

Similarly, where the designated authority of a Member State receives notification of a proposed import to the Community of a chemical, the manufacture, use, handling, consumption, transport and/or sale of which is subject to prohibition or substantial restriction under that country's legislation, it will send a copy of the notification to the European Commission. The European Commission will forward that information to the other Member States.

Member States which apply a national system of notification for substances other than those in Annex I are required to inform the European Commission, specifying the substances concerned. The European Commission will forward this information to the other Member States. The list of chemicals in Annex I will be reviewed by the European Commission at intervals and amended, as necessary, by decisions taken by the Council on a qualified majority acting on a proposal from the European Commission.

Date of implementation
This Regulation entered into force on 29 November 1992.

EXPORT OF CERTAIN CHEMICALS

Official title

6.131 Council Regulation (EEC) 428/89 of 20 February 1989 concerning the export of certain chemical products.

Reference
Council Regulation 428/89; OJ L50, 22.2.89.

Amendments
None.

Impact
Bans the export of certain chemicals that could be used to manufacture chemical weapons.

Details
This Regulation is intended to stop the export from the Community of certain chemical products that could be used in the manufacture of chemical weapons. The products involved are listed in an Annex to the Regulation. Member States are required to refuse to grant an export permit for any shipment of the listed products where they have reason to believe that it will be used to manufacture chemical weapons and that it will be sent either to a belligerent country or to an area of international tension.

Date of implementation
This Regulation came into force on 22 February 1989.

DANGEROUS PREPARATIONS

Official title

6.132 Council Directive of 7 June 1988 on the approximation of the laws, regulations and administrative provisions relating to the classification, packaging and labelling of dangerous preparations.

Reference
Council Directive 88/379/EEC; OJ L187, 16.7.88.

Amendments
Directive 89/178/EEC; OJ L64, 8.3.89.
Directive 90/492/EEC; OJ L275, 5.10.90.

ENVIRONMENT 6.132

Impact

The Directive establishes common standards on the classifying, packaging and labelling of dangerous preparations marketed in the Member States.

Details

With certain exceptions, the Directive applies to "preparations" which are defined as containing one or more of the dangerous substances covered by Directive 67/548/EEC (see para **6.121** above) or are themselves deemed to be dangerous as a result of their own inherent qualities. The Directive sets out a system of classification for all such dangerous preparations (*i.e.* "toxic", "corrosive", "harmful", etc). For the most part this is done by reference to the provisions set out in Directive 67/548/EEC.

The Directive replaces Directives 73/177/EEC and 77/728/EEC which covered, respectively, solvents and paints, varnishes, etc.

The Directive does not apply to:

- medicinal or veterinary products, as defined by Directive 65/65/EEC; OJ L22, 9.2.65;
- cosmetic products, as defined by Directive 76/768/EEC; OJ L262, 27.9.76;
- pesticides covered by Directive 78/631/EEC; OJ L206, 29.7.78;
- mixtures of substances in the form of waste;
- munitions and explosives placed on the market with a view to obtaining a practical effect by explosion or a pyrotechnic effect;
- human foodstuffs and animal feeding-stuffs in a finished state intended for the final consumer; and
- the carriage of dangerous substances.

The packaging of all covered preparations must conform to the requirements set out in Directive 67/548/EEC as regards strength, leak-tightness and fastening systems. In addition, the Directive requires Member States to ensure that packaging of all dangerous preparations is fitted with child-resistant fastenings and carries a tactile warning of danger. Directives supplementing the provisions of this Directive have been adopted (Dir 90/35/EEC and Dir 91/442/EEC; see paras **6.133** and **6.134** below). Packaging must also carry the following information:

- the trade name or designation of the preparation;
- the name and address of the person who placed the preparation on the Community market;
- the chemical names of the substances present in the preparation;
- the symbols and standard phrases concerning special risks and safety advice; and
- the nominal quantity.

Other requirements concerning labelling are also included. This Directive has been supplemented by a Commission Directive concerning material data safety sheets (Dir 91/155/EEC; see para. **6.135** below) and a Commission Recommendation concerning commercial confidentiality (Rec 92/214/EEC; see para **6.136** below).

Date of implementation

Member States had until 7 June 1991 to implement the provisions of this Directive.

CHILD-RESISTANT FASTENINGS AND TACTILE WARNINGS

Official title

6.133 Commission Directive of 19 December 1989 defining, in accordance with Article 6 of Directive 88/379/EEC, the categories of preparations the packaging of which must be fitted with child-resistant fastenings and/or carry a tactile warning of danger.

Reference

Commission Directive 90/35/EEC; OJ L19, 24.1.90.

Amendments

None.

Impact

Identifies those products which must have child-proof fastenings and which must carry tactile warnings.

Details

This Directive supplements Directive 88/379/EEC (see para **6.132** above). It identifies the categories of dangerous preparations which must have child-proof fastenings and/or carry tactile warnings.

All preparations classified as very toxic, toxic, or corrosive must have child-proof fastenings. All preparations classified as harmful, extremely flammable, or highly flammable must carry tactile warnings.

Date of implementation

Member States were given until 10 June 1991 to implement the terms of this Directive.

CHILD-RESISTANT FASTENINGS

Official title

6.134 Commission Directive of 23 July 1991 on dangerous preparations the packaging of which must be fitted with child-resistant fastenings.

Reference

Commission Directive 91/442/EEC; OJ L238, 27.8.91.

Amendments

None.

Impact

Adds to the number of products that must have child-resistant fastenings.

Details

This Directive supplements the provisions of Directives 88/379/EEC and 90/35/EEC (see paras **6.132** and **6.133** above). It adds certain liquid preparations containing methanol and dichloromethane to the categories of substances which must have child-proof fastenings.

Date of implementation

Member States were given until 1 August 1992 to implement the provisions of this Directive.

SAFETY DATA SHEETS FOR DANGEROUS PREPARATIONS

Official title

Commission Directive of 5 March 1991 defining and laying down the detailed arrangements for the system of specific information relating to dangerous preparations in implementation of Article 10 of Directive 88/379/EEC.

Reference

Commission Directive 91/155/EEC; OJ L76, 22.3.91.

Amendments

None.

Impact

Requires companies that place dangerous preparations on the Community market to provide certain information concerning the safety of those preparations in the form of material data safety sheets.

Details

This Directive builds on the provisions set out in Directive 88/379/EEC (see para **6.132** above). It requires those persons responsible for placing a dangerous preparation on the Community market (*e.g.* the manufacturer, importer, distributor, etc) to provide industrial users with material safety data sheets (MSDSs). The Directive sets out the categories of information, 16 in all, that should be covered in each MSDS (*e.g.* first-aid measures, handling and storage, disposal considerations, etc). Additional information concerning each category is set out in an Annex attached to the Directive.

MSDSs must be provided free of charge and when the material is first supplied at the latest. Any revisions to the information contained in an MSDS must be communicated to all previous users. The Directive states specifically that a similar regime applicable to dangerous substances will be finalised in the future.

Date of implementation

Member States were given until 30 May 1991 to implement this Directive. National systems in existence prior to the adoption of this Directive had to end before 30 June 1993.

CONFIDENTIALITY OF CHEMICAL NAMES

Official title

6.136 Commission Recommendation of 3 March 1992 concerning the information to be provided by the person responsible for placing a dangerous preparation on the Community market when making use of the provisions relating to the confidentiality of the chemical name of a substance.

Reference

Commission Recommendation 92/214/EEC; OJ L102, 16.4.92.

Amendments

None.

Impact

Provides guidelines on how to comply with the labelling and information requirements of the 1988 dangerous preparations Directive, while protecting know-how.

Details

This Recommendation supplements the provisions of Directive 88/379/EEC (see para **6.132** above). That Directive allows entities placing a dangerous preparation on the Community market to withhold confidential information in certain circumstances. Those circumstances and the procedure that applies are set out in this Recommendation. Although not legally binding, this Recommendation has strong persuasive effect. Some Member States, most notably Germany, dispute the European Commission's right to proceed in this way. They contend that a Directive would have been more appropriate.

Date of implementation

Technically, Member States are under no obligation to implement this Recommendation. Nevertheless, the Recommendation states that Member States "shall" implement this Recommendation by 15 April 1992.

ENVIRONMENT 6.137

Proposed dangerous chemicals, substances and preparations legislation

CONTROL OF ENVIRONMENTAL RISKS OF EXISTING SUBSTANCES

Official title
Proposal for a Council Regulation (EEC) on the evaluation and control of the environmental risks of existing substances.

Reference
Original proposal; OJ C276, 5.11.90.

Amendments
Amended proposal; OJ C334, 28.12.91.

Impact
Seeks to evaluate the risks inherent in substances which were on the market before 18 September 1981.

Details
This proposal seeks to build upon the system set up by Directive 67/548/EEC (see para **6.121** above). This Directive, once adopted, would allow the European Commission to complete an evaluation of the inherent risks of all chemical substances on the market prior to 18 September 1981 and now listed in the European Inventory of Existing Commercial Chemical Substances (EINECS). The date, 18 September 1981, is chosen because new substances placed on the Community market after that date were required to undergo a comprehensive Community evaluation and authorisation procedure.

Any manufacturer or importer of a substance listed in the Annex in quantities exceeding 1,000 tonnes a year for at least three years preceding and/or one year following the adoption of this Regulation would be required to submit certain information to the European Commission. Such information would include the following:

- the name of the substance and the number on the EINECS inventory;
- the quantity of the substance produced or imported;
- the classification of the substance according to previous European Commission Directives on the subject; and
- data on the physico-chemical properties, the ecotoxicity and the acute and sub-acute toxicity of the substance.

Any manufacturer or importer of a substance included in the EINECS inventory but not listed in Annex I, in quantities exceeding 1,000 tonnes a year, would be required to submit the same information to the European Commission within 18 months of the Regulation coming into force. Special rules are also laid down for manufacturers or importers dealing with substances in quantities of over 10 tonnes but less than 1,000 tonnes. The proposed Regulation also provides a procedure for the systematic reporting of data to the European Commission which would then pass the information on to the appropriate Member State. On the basis of such information the European Commission, in consultation with the Member States, would draw up lists of priority substances or groups of substances requiring special attention because of their possible effects on man and on the environment. Special attention would be paid to substances known or suspected to be carcinogenic, teratogenic and/or mutagenic. Member States would nominate a *rapporteur*, whose task would be to evaluate the information submitted with regard to substances on the priority list in order to determine whether additional information should be obtained from the manufacturers or importers, or whether further testing should be conducted. A proposal for appropriate measures of control (*e.g.* monitoring or surveillance programmes at Community level) would then be made.

A Management Committee on the Systematic Evaluation of Existing Chemicals, composed of representatives of the Member States and chaired by a representative of the European Commission, would be established to assist the European Commission with its tasks under the proposed Regulation. A manufacturer or importer would be able to indicate whether any information which he transmits to the European Commission is considered to be commercially sensitive and which, consequently, should be kept secret. A full justification for this would have to be given. The competent authority of the Member State would decide for itself which information is covered by industrial and commercial secrecy. The Member States reached a common position on this proposal in December 1991. Final adoption is expected before the end of 1992.

Proposed date of implementation

The proposal states that the Regulation will come into force 30 days after the adopted text is published in the *Official Journal*.

TWELFTH AMENDMENT TO THE 1976 USE AND MARKETING OF DANGEROUS SUBSTANCES DIRECTIVE

Official title

6.138 Proposal for a Council Directive amending Directive 76/769/EEC on the approximation of the laws, regulations and administrative provisions of the Member States relating to restrictions on the marketing and use of certain dangerous substances and preparations.

Reference
Original proposal; OJ C46, 22.2.91.

Amendments
None.

Impact

Seeks to add certain polybromobiphenyl ethers to the list of controlled substances.

Details

This proposal would constitute the twelfth amendment of this type to Directive 76/769/EEC (see para **6.125** above). The proposal seeks to add certain specified types of polybromobiphenyl ethers, present in substances in concentrations in excess of 0.1%, to the list of controlled substances contained in Annex I of the 1976 Directive.

Proposed date of implementation

The proposal suggests that Member States be required to implement this amendment within 18 months of its adoption.

THIRTEENTH AMENDMENT TO THE 1976 USE AND MARKETING OF DANGEROUS SUBSTANCES DIRECTIVE

Official title

Proposal for a Council Directive amending, for the thirteenth time Directive 76/769/EEC on the approximation of the laws, regulations and administrative provisions of the Member States relating to restrictions on the marketing and use of certain dangerous substances and preparations.

Reference

Original proposal; OJ C157, 24.6.92.

Amendments

None.

Impact

Seeks to add certain types of solvents and creosotes to the list of controlled substances.

Details

This proposal would represent the thirteenth amendment of this type to Directive 76/769/EEC (see para **6.125** above). The proposal seeks to add certain wood treatment products, principally creosote and chlorinated solvents, to the list of controlled substances as contained in Annex I of the 1976 Directive. In addition, it would require substances that fall within certain categories of classification (*e.g.* carcinogenic, mutagenic and teratogenic), to carry additional "risk phrases" (*e.g.* for carcinogenic substances, a risk phrase stating "may cause cancer" must be added).

Proposed date of implementation

The proposal suggests that Member States be required to implement the Directive within one year of its adoption.

FIFTEENTH AMENDMENT TO THE 1976 USE AND MARKETING OF DANGEROUS SUBSTANCES DIRECTIVE

Official title

6.140 Proposal for a Council Directive amending for the fifteenth time Directive 76/769/EEC on the approximation of the laws, regulations and administrative provisions of the Member States relating to restrictions on the marketing and use of certain dangerous substances and preparations.

Reference

Original proposal; OJ C306, 12.11.93.

Amendments

None.

Impact

Seeks to prevent the use of substances and preparations classified as flammable, highly flammable or extremely flammable in aerosol generators.

Details

This proposal would represent the fifteenth amendment to Directive 76/769/EEC. The proposal seeks to prevent the contact of all flammable products, including those listed in Annex I and Annex VI to Directive 67/548/EEC, with aerosol generators marketed and intended for entertainment and decorative purposes in household situations.

The prohibition would not apply where it can be demonstrated that the flammable substance or preparation in the aerosol generator is incapable of posing a threat when used for the purpose for which it was intended. Manufacturers are obliged, in such situations, to indicate clearly the quantity of flammable substance in the aerosol generator. For example, it would be sufficient if it is marked on the label that Product Y "contains x% by mass of flammable substance".

Proposed date of implementation

The proposal suggests that Member States be required to implement the Directive within one year of its adoption.

ENVIRONMENT

EXPORT AND IMPORT OF CERTAIN DANGEROUS CHEMICALS

Official title

Proposal for a Council Regulation amending, for the first time, Annex 1 to Council Regulation (EEC) 2455/92 on export and import of certain dangerous chemicals.

Reference

Proposal for a Council Regulation 93/C/112; OJ C112, 22.4.93.

Amendments

None.

Impact

The amendment would add 15 groups of pesticides and other dangerous chemicals to the Regulation's list of restricted or prohibited substances according to which a Member State has to notify a country, in advance, when it wants to export such substance to this country.

Proposed date of implementation

Upon publication in the *Official Journal*.

International co-operation

Competence of the Community to conclude agreements with "third countries", and with international organisations in the field of environment is provided for in Article 130s EC Treaty which gives the EU Council the right to decide what action should be taken to obtain the objectives in Article 130r. This Article states that Community environment policy should aim at:

> "promoting measures at international level to deal with regional or worldwide environmental problems."

Community action relating to the environment is directed at the "global environment" and not solely at the environment of the Community. To cover this larger domain, the Community has competence to co-operate with "third countries" or international organisations.

It should be noted that the Community's competence in the field of environment is a shared competence (Article 130r(4)). Member States continue to have the competence to negotiate international agreements in fields where the Community has not acted and even where the Community has already acted. In this latter case, however, Member State actions would be restricted to the conclusion of international agreements only to introduce more stringent measures at a national level (Article 130r(4)).

Below follows a listing of international agreements concluded by the Community:

- Convention on the prevention of marine pollution from land-based sources (Paris Convention). Council Decision 75/437/EEC; OJ L194, 25.7.75. Agreement 87/127(01)/EEC; OJ L24, 27.1.87.
- Convention on the protection of the Mediterranean Sea against pollution (Barcelona Convention). Council Decision 77/585/EEC; OJ L240, 19.9.77.
- Convention concerning the International Commission for the Rhine (Berne Convention). Convention 63/429(01); OJ L240, 19.9.77.
- Convention on the protection of the Rhine against chemical pollution. Council Decision 77/586/EEC; OJ L240, 19.9.77. Council Decision 85/336/EEC; OJ L175, 5.7.85.
- Council Decision of 9 June 1980 approving the conclusion by the Commission of the International Convention on the physical protection of nuclear material. Council Decision 80/565/Euratom; OJ L149, 17.6.80.
- Protocol concerning co-operation in combating pollution of the Mediterranean Sea by oil and other harmful substances in cases of emergency. Council Decision 81/420/EEC; OJ L162, 19.6.81.
- Convention on long-range transboundary air pollution. Council Decision 81/462/EEC; OJ L171, 27.6.81. Council Decision 86/277/EEC; OJ L181, 4.7.86.
- Convention on the conservation of European wildlife and natural habitats. Council Decision 82/72/EEC; OJ L38, 10.2.82.
- Council Decision of 24 June 1982 on a supplement to Annex IV to the Convention on the protection of the Rhine against chemical pollution. Council Decision 82/460/EEC; OJ L210, 19.7.82.
- Convention on the conservation of migratory species of wild animals. Council Decision 82/461/EEC; OJ L210, 19.7.82.
- Convention on international trade in endangered species of wild fauna and flora. Council Regulation (EEC) 3626/82; OJ L384, 31.12.82. Regulation (EEC) 3675/91; OJ L349, 18.12.91. Regulation (EEC) 1970/92; OJ L201, 20.7.92.
- Protocol for the protection of the Mediterranean Sea against pollution from land-based sources. Council Decision 83/101/EEC; OJ L67, 12.3.83. Council Decision 87/57/EEC; OJ L24, 27.1.87.
- Agreement for co-operation in dealing with pollution of the North Sea by oil and other harmful substances (Bonn Agreement). Council Decision 84/358/EEC; OJ L188, 16.7.84.
- Council Decision of 20 December 1985 concerning the adoption, on behalf of the Community, of programmes and measures relating to mercury and cadmium discharges under the Convention for the prevention of marine pollution from land-based sources. Council Decision 85/613/EEC; OJ L375, 31.12.85.
- Council Decision of 12 June 1986 on the conclusion of the Protocol to the 1979 Convention on long-range transboundary air pollution on long-term financing of the co-operative programme for monitoring and evaluation of the long-range transmission of air pollutants in Europe (EMEP). Council Decision 86/277/EEC; OJ L181, 4.7.86.
- Council Decision of 24 June 1988 concerning a supplement, in respect of carbon tetrachloride, to Annex IV to the Convention for the protection of the Rhine against chemical pollution. Council Decision 88/381/EEC; OJ L183, 14.7.88.

ENVIRONMENT 6.142

- Council Decision of 14 October 1988 concerning the conclusion of the Vienna Convention for the protection of the ozone layer and the Montreal Protocol on substances that deplete the ozone layer. Council Decision 88/540/EEC; OJ L297, 31.10.88.
- Council Decision of 22 March 1990 concerning the conclusion of the Agreement between the Federal Republic of Germany and the European Economic Community, on the one hand, and the Republic of Austria, on the other, on co-operation on management of water resources in the Danube Basin. Council Decision 90/160/EEC; OJ L90, 5.4.90.
- Council Regulation (EEC) 3943/90 of 19 December 1990 on the application of the system of observation and inspection established under Article XXIV of the Convention on the conservation of antarctic marine living resources. Council Regulation 3943/90; OJ L379, 31.12.90.
- Council Decision of 1 February 1993 on the conclusion of the Basel Convention on the control of transboundary movements of hazardous waste and their disposal. Council Decision 93/98/EEC; OJ L39, 16.2.93.
- Council Decision of 17 May 1993 concerning the accession of the Community to the Protocol to the 1979 Geneva Convention on long-range transboundary air pollution concerning the control of emissions of nitrogen oxides or their transboundary fluxes. Council Decision 93/361/EEC; OJ L149, 21.6.93.
- Convention on the transboundary movements of hazardous waste and their disposal (Basel Convention). Council Decision 93/98/EEC; OJ L39, 16.2.93.
- Commission Regulation of 27 July 1993 authorising the trade of ozone-depleting substances and products containing such substances with non-parties to the Montreal Protocol on substances that deplete the ozone layer. Commission Regulation (EEC) 2047/93; OJ L185, 28.7.93.
- Council Decision of 25 October 1993 concerning the conclusion of the Convention on Biological Diversity. Council Decision 93/626/EEC; OJ L309, 13.12.93.
- Council Decision of 20 October 1993 concerning the conclusion of the co-operation agreement for the protection of the coasts and waters of the North-East Atlantic against pollution. Council Decision 93/550/EEC; OJ L267, 28.10.93.
- Council Decision of 21 February 1994 on the accession of the European Community to the Convention on the Protection of the Marine Environment of the Baltic Sea (Helsinki Convention, 1974). Council Decision 94/156/EC; OJ L73, 16.3.94.
- Council Decision 94/157/EC; OJ L73, 16.3.94 (Revised Helsinki Convention). Council Decision 94/68/EC.
- Council Decision 94/69/EC of 15 December 1993 concerning the conclusion of the United Nations Framework Convention on Climate Change. Council Decision 94/69/EC; OJ L33, 7.2.94.

CONTENTS OF CHAPTER 7

Financial Services

Para

1. Banking and capital movements

Introduction — 7.1.1

Scope and purpose of the legislation — 7.1.2
Future developments — 7.1.3
Responsibility within the European Commission — 7.1.4

Case law — 7.1.5

Legislation

Banking legislation

First banking co-ordination Directive — 7.1.6
Second banking co-ordination Directive (home state control and the single licence) — 7.1.7
Annual and consolidated accounts of credit and other financial institutions — 7.1.8
Annual accounts of foreign branches of credit and other financial institutions — 7.1.9
Consolidated supervision — 7.1.10
Own funds — 7.1.11
Solvency ratio — 7.1.12
Capital adequacy — 7.1.13
Large exposures — 7.1.14
Deposit-guarantee schemes — 7.1.15
Prevention of money laundering — 7.1.16

Proposed banking legislation

Reinforcement of prudential supervision — 7.1.17
Investor compensation schemes — 7.1.18

Banking Recommendations

European "code of conduct" for electronic payments — 7.1.19
Payment cards — 7.1.20
Transparency conditions and charges for cross-border financial transactions — 7.1.21

595

CONTENTS OF CHAPTER 7

Free movement of capital legislation

Liberalisation of capital movements and regulation of exceptionally large international capital flows	**7.1.22**

2. Insurance

Introduction — **7.2.1**

Scope and purpose of the legislation	**7.2.2**
Future developments	**7.2.3**
Responsibility within the European Commission	**7.2.4**

Case law — **7.2.5**

Legislation

Non-life insurance

Re-insurance and retrocession	**7.2.6**
First non-life insurance Directives	**7.2.7**
Co-insurance	**7.2.8**
Legal expenses insurance	**7.2.9**
Second non-life insurance Directive	**7.2.10**
Agreement between the European Community and Switzerland	**7.2.11**
Third non-life insurance Directive	**7.2.12**

Proposed non-life insurance legislation

Compulsory winding-up of direct insurance undertakings	**7.2.13**

Life assurance

First life assurance Directive	**7.2.14**
Second life assurance co-ordination Directive	**7.2.15**
Third life assurance Directive	**7.2.16**

Motor vehicle insurance

First motor vehicle insurance Directive	**7.2.17**
Second motor vehicle insurance Directive	**7.2.18**
Third motor vehicle insurance Directive	**7.2.19**
Freedom to supply cross-frontier motor insurance	**7.2.20**

CONTENTS OF CHAPTER 7

Regulatory legislation

Insurance agents and brokers	**7.2.21**
Annual accounts of insurance companies	**7.2.22**
Insurance Committee	**7.2.23**
Recommendation on insurance intermediaries	**7.2.24**
Block exemption enabling regulation – insurance sector	**7.2.25**
Block exemption for insurance agreements	**7.2.26**

Proposed regulatory legislation

Insurance contracts	**7.2.27**
Re-insurance pool for export credits	**7.2.28**
Pension funds Directive	**7.2.29**
Reinforcement of prudential supervision	**7.2.30**

3. Securities

Introduction — **7.3.1**

Scope and purpose of the legislation	**7.3.2**
Future developments	**7.3.3**
Responsibility within the European Commission	**7.3.4**

Case law — **7.3.5**

Legislation

Securities legislation

European code of conduct for transactions in transferable securities	**7.3.6**
Admission of securities to official stock exchange listing	**7.3.7**
Listing particulars for officially quoted shares and securities	**7.3.8**
Half-yearly information to be published by officially listed companies	**7.3.9**
UCITS	**7.3.10**
Notification of acquisitions/disposals of major holdings	**7.3.11**
Public offer prospectuses	**7.3.12**
Prevention of insider dealing	**7.3.13**
Investment services	**7.3.14**
Capital adequacy for market position risk	**7.3.15**

CONTENTS OF CHAPTER 7

Proposed securities legislation

UCITS	**7.3.16**
Investor compensation schemes	**7.3.17**

Chapter 7
Financial Services

There is no generally accepted definition of a financial service. For the purposes of this book, a financial service is understood to mean a service whereby persons are able either to invest their funds or, alternatively, to obtain funds temporarily for a particular or general use. Thus, in this chapter we examine the Community regulation of the following institutions or companies.

- Credit institutions (*i.e.* institutions which take deposits from the public and re-invest the funds thus collected for their own account). Investment may take the form of granting loans to other institutions or companies, or dealing in securities. The essential feature of a credit institution's activities is that the funds it collects are not earmarked as belonging to the investor; they are the assets of the bank to deal with as it wishes. The regulation of credit institutions is primarily directed to ensuring that an institution will always have the liquidity to meet requests by investors for the withdrawal of funds, and will also have adequate "own" funds to protect it against the possible loss of asset value due to the default of its borrowers or to the fall in the market value of investments in securities (see "Banking and capital movements", below at para **7.1.1**).
- Financial institutions (*i.e.* institutions which make loans and provide guarantees without taking deposits from the public). A typical example would be an institution which borrows money on the interbank market in order to lend such funds to companies. Such institutions make their profit on the margin between the borrowing rate and the lending rate. Since these institutions do not deal with ordinary members of the public, questions of depositor-protection do not arise as they do for credit institutions. However, when a financial institution is a subsidiary of a credit institution it will fall within the scope of the consolidated prudential supervision of credit institutions. Financial institutions are also regulated in areas which affect the financial system generally (*e.g.* protection against money laundering and avoidance of systemic collapse – (see "Banking and capital movements", below at para **7.1.1**).
- Investment firms, which provide a variety of services as intermediaries in the securities field, namely the execution of investment orders on behalf of members of the public, the management of portfolios and underwriting of issues, as well as ancillary services such as safe-custody and the provision of investment advice. Investment firms differ from credit institutions in that they do not receive funds from the public or grant loans except for the execution of a specific mandate (*e.g.* to invest in certain securities). As long as funds and securities of the investment firm are kept separate from funds

and securities of clients, the solvency risks which a bank has to provide for do not arise. However, investment firms also invest in securities on their own account, and this exposes them to market position risk. It is, therefore, necessary to ensure that investment firms, and also credit institutions which carry on investment business, have adequate capital to provide a buffer against sudden swings in market values of securities (see "Banking and capital movements", below at para **7.1.1**).

- UCITS (undertakings for collective investment in transferable securities) are undertakings which raise funds from the public and invest them in a fund which operates on the principle of risk-spreading. The members of the public who provide the funds receive units which represent a share in the fund and which can be redeemed at any time. The operation is attractive to members of the public who do not have sufficient funds to benefit from economies of scale. The undertaking provides the economies of scale and takes a fee for its services. Serious questions of investor protection arise both as to the risk-spreading policy adopted by the fund and the fees which it charges (see "Securities", below at para **7.3.2**).
- Direct life assurance companies are institutions which, in return for the payment of a premium, cover risks linked to survival or death of the person paying the premium or a third party. A life insurance policy is a sort of investment, so questions of investor protection arise. This, in turn, requires that the solvency margins of life assurance companies be regulated to ensure that a company is able to meet its commitments (see "Insurance", below at para **7.3.2**).
- Direct non-life insurance companies are institutions which, in return for the payment of a premium, cover risks other than those linked to survival or death. Non-life policies are not investments in the ordinary sense because they are a means of making financial provision against loss caused by the possible realisation of a risk. Since individuals and businesses organise their financial affairs, in part, on the basis of non-life insurance cover, it is in the public interest that non-life insurance companies are managed in a prudent manner so as to be able to meet their commitments. This raises questions of solvency margins, although the considerations are not as complex as for life assurance (see "Insurance", below at para **7.3.2**).
- Companies which seek public subscription for securities which they issue thereby make calls on public investors in the same way as credit institutions, investment firms, UCITS and insurance companies. It is, therefore, necessary to regulate the manner in which they do this (see "Securities", below at para **7.3.2**).

Community regulation of financial services is not concerned with regulating every detail of financial activity – this is a matter for the Member States. Community regulation is concerned to ensure that essential minimum standards of protection are respected in all Member States so that financial services can be provided throughout the Community on the basis of a "single licence" (*i.e.* home state prudential supervision). However, this does not prevent the host state, namely the state where the service is received, from regulating the relevant activity on a non-discriminatory basis to the extent necessary for the protection of the general good.

1. Banking and capital movements

Introduction

This section covers Community legislation relating to banking and capital movements. It does not deal with the securities business of credit institutions (which is dealt with in "Securities", below at para **7.3.1**), except that matters of capital adequacy arising out of market position risk are discussed here because they are closely related to the Solvency Ratio Directive and the Own Funds Directive, both of which concern credit institutions. Formal and binding legislation is dealt with separately from Recommendations in this section.

In the area of capital movements, Community legislation has lost much of its complexity. Whereas, prior to 1 July 1990, it was necessary to deal with four different lists of transactions, each comprising a different degree of liberalisation, or lack of it, the general rule is now one of almost total liberalisation. Clearly, the liberalisation of capital movements was a necessary pre-condition for the liberalisation of financial services.

Scope and purpose of the legislation

One of the principles of the Community is that there should be freedom of establishment and freedom to provide services throughout the Community. Since the credit sector is highly regulated in all the Member States, the effective realisation of these freedoms is, to a large extent, dependent on the co-ordination of the national banking laws of the Member States.

The European Commission has been working on such co-ordination since 1966. More recently, it has been assisted in this task by the Advisory Committee of the banking authorities of the Member States, which was set up by the First Banking Co-ordination Directive (Dir 77/780/EEC).

The European Commission's co-ordination programme in the banking field has been based on three main principles:

- the introduction of uniform procedures to govern the authorisation of credit institutions throughout the Community – the First Banking Co-ordination Directive (Dir 77/780/EEC), adopted in 1977, marked the first, but most significant, step in this direction;
- freedom of establishment for branches of credit institutions throughout the Community – the First Banking Co-ordination Directive facilitated access to a certain degree and the Second Banking Co-ordination Directive (Dir 89/646/EEC) now extends these preliminary measures (see para **7.1.7** below); and
- allowing the authorities of the Member State in which a credit institution has its head office to retain overall prudential supervision of that credit institution throughout the Community, including its branches in other Member States. The Second Banking Co-ordination Directive introduced

this principle which has since been extended to subsidiaries by the Directive concerning the supervision of credit institutions on a consolidated basis (Dir 92/30/EEC; see para **7.1.10** below).

The European Commission is now concentrating its efforts on the standards of financial stability which credit institutions must maintain and the management principles which it is obliged to apply.

Capital movements legislation is aimed at giving effect to Articles 67 and 106 of the EC Treaty. Article 67 requires that "Member States shall progressively abolish between themselves all restrictions on the movement of capital to persons resident in Member States". Article 106, on the other hand, obliges each Member State "to authorise, in the currency of the Member State in which the creditor or the beneficiary resides, any payments connected with the movement of goods, services or capital, and any transfers of capital and earnings, to the extent that the movement of goods, services, capital and persons between Member States has been liberalised pursuant to this Treaty".

Future developments

7.1.3 All the "structural" legislation is now in place in the banking sector. Future developments will be limited initially to fine-tuning of the regulatory legislation. An obvious gap lies in the area of winding-up and re-organisation of credit institutions, but there are no signs that the Commission is prepared to push hard in this area, given Member States' concern to retain control of all insolvency matters arising within their jurisdictions.

More generally, future developments in the financial sector will be focused on the question of economic and monetary union. The final objective is to arrive at a stage where exchange rates are locked irrevocably and European Central Bank and the European System of Central Banks take up their monetary functions as provided by Title VI to the EC Treaty (as inserted by the Maastricht Treaty). However, before moving to this final stage, Member States must achieve the degree of convergence of economic criteria laid down in the EC Treaty. In the present economic climate, this is proving difficult. In October 1994 all the Member States, except Luxembourg and Ireland, had excessive government deficits, contrary to the injunction contained in Article 104C of the EC Treaty.

Economic and monetary union will be illusory if it does not entail the removal of obstacles and costs involved in cross-border payments. In addition to its Recommendation published in 1990 (see para **7.1.21** below), the Commission published a Green Paper on the subject in the same year, a Users' Charter in 1992, a Study in June 1993 and a further Communication in December 1993. The European Consumers Union has complained that the various communications and charters have not resulted in any improvement in the making of cross-border payments and has called upon the Commission to propose a directive on the subject.

Responsibility within the European Commission

Directorate-General XV (Internal Market and Financial Institutions), Directorate A, is responsible for the harmonisation of banking law.

Directorate-General II (Economic and Financial Affairs), Directorate E, is responsible for policy in the area of capital movements.

Case law

Since the decision, in 1981, of the European Court of Justice in Case 172/83 *Züchner* v *Bayerische Vereinsbank* [1981] ECR 2021, it is clear that the Community rules on competition apply to the banking sector.

In the wake of the *Züchner* case, the Commission's competition directorate carried out a Community-wide investigation into commissions charged by credit institutions in each of the Member States for the various banking services they provided. The findings published in June 1986 showed that in eight of the, then, 10 Member States, agreements or restrictive practices existed which could be capable of infringing the competition rules. Shortly after, the Commission published Decisions granting negative clearances or exemptions in respect of four particular associations of banks, namely the Irish Banks' Standing Committee (OJ L295, 18.10.86), the Association of Belgian Banks (OJ L7, 9.1.87), the Italian Banking Association (OJ L43, 13.2.87), and the Association of Dutch Banks (OJ L253, 30.8.89).

Member States are prohibited from adopting measures which reinforce any interbank agreement which restricts competition (*cf.* Case 267/86 *Van Eycke* v *ASPA* [1988] ECR 4769).

The best-known Commission Decision on competition in the banking sector is Uniform Eurocheques (OJ L35, 7.2.85). The Commission found that the Uniform Eurocheques Agreement of 31 October 1980 restricted competition between banks in the provision of Community-wide cheque clearing services because, among other things, it fixed a standard commission for the paying bank of 1.25% and so was prohibited by Article 85(1) of the EC Treaty. However, the Commission decided to exempt the agreement from the prohibition of Article 85(1) because the four conditions of Article 85(3) were satisfied, namely:

- the agreement improved the payment system by facilitating the encashment of cheques at banks outside the country of the institution which issued them, by making the cheques more acceptable to trading establishments (because no commission was payable), and by providing a centralised clearing system;
- users of Eurocheques obtained a fair share of the resulting benefit because they could use them to draw cash or make payments throughout the Community, they benefited from a period of interest-free credit before the cheque drawn abroad was cleared, and traders benefited from the fact that

the cheque was guaranteed;
- the restrictions on competition, notably the fixed commission for the paying bank, were necessary to enable the system for payment and clearing of Eurocheques to function efficiently; and
- there was still scope for competition among banks in the amount that they charged to the drawer of the cheque by way of service fee, and also generally in the provision of other means of payment, such as cash, travellers' cheques, postal payment orders, credit cards and cards for automatic teller machines.

Notwithstanding the conditions of the above exemption, an agreement was made entitled "Agreement between the French financial institutions and the Eurocheque Assembly on the acceptance by traders in France of Eurocheques drawn on foreign financial institutions". This agreement was drawn up in Helsinki on 19 and 20 May 1983 and provided that traders in France who accepted foreign Eurocheques would be charged a commission which would not be greater than that applicable to payments by Eurocard and *Carte Bleue*. Thus, the Helsinki Agreement nullified the benefits of the Uniform Eurocheques Agreement as far as traders in France were concerned. When, as a result of a complaint, the Commission discovered this, it fined the Eurocheque organisation ECU 1 million and the Groupement des Cartes Bancaires (the French financial institutions) ECU 5 million (OJ L95, 9.4.92). The Groupement des Cartes Bancaires and Europay International SA challenged the fine before the Court of First Instance. The Court annulled Europay's fine on procedural grounds and reduced to ECU 2 million the fine on the Groupement des Cartes Bancaires (Joined Cases T-39 and T-40/92 *Groupement des Cartes Bancaires* [1994] ECR II-49).

With regard to capital movements case law, in Cases 286/82 and 26/83 *Luisi* and *Carbone*, [1984] ECR 377, it was explained that the current payments covered by the old Article 106 are transfers of foreign exchange which constitute the consideration within the context of an underlying transaction, whilst the movements of capital covered by Article 67 are financial operations essentially concerned with the investment of the funds in question rather than remuneration for a service. Thus, in broad terms Article 67 deals with capital movements and the old Article 106 dealt with current payments. The liberalisation required by Article 106 was unconditional in the sense that, if the underlying transaction was liberalised, the corresponding current payment was also liberalised. Thus, with the end of the transitional period on 1 January 1970, all current payments in relation to the movement of goods, services and persons between Member States were liberalised. On the other hand, Article 67 is conditional on the adoption by the Council of the necessary implementing Directives.

As far as the right of establishment is concerned, a bank is deemed to have established itself in another Member State as soon as it has a permanent presence there, even if such presence does not take the form of a branch or an agency. As such, the bank is entitled to carry on the business of banking on the same conditions as nationals and subject to all the regulations of the host state provided such rules do not discriminate on the grounds of nationality (Case 205/84 *Commission* v *Germany* [1986] ECR 3755).

As far as the right to provide cross-border services without the establishment of a permanent presence is concerned, the host state is entitled to regulate the activities of the bank to the extent necessitated by the general good (Case 33/74 *Van Binsbergen* [1974] ECR 1299). In so doing the host state must take into account the temporary nature of the bank's activities (Case 279/80 *Webb* [1981] ECR 3305). It must also take into account any regulations to which the bank is subject in its home state and may not duplicate such regulations unnecessarily (Joined Cases 110 and 111/78 *Van Wesemael* [1979] ECR 35).

Legislation

Banking legislation

FIRST BANKING CO-ORDINATION DIRECTIVE

Official title
First Directive of 12 December 1977 co-ordinating the laws, regulations and administrative provisions relating to the taking-up and pursuit of the business of credit institutions.

Reference
Council Directive 77/780/EEC; OJ L322, 17.12.77.

Amendments
Accession of Greece (1981).
Accession of Spain and Portugal (1986).
Directive 85/345/EEC; OJ L183, 16.7.85.
Directive 86/137/EEC; OJ L106, 23.4.86.
Directive 86/524/EEC; OJ L309, 4.11.86.
Directive 89/646/EEC; OJ L386, 30.12.89.
Commission Notice; OJ C313, 8.12.86.
Commission Notice; OJ C50, 27.2.89.
Commission Notice; OJ C244, 25.9.89.
EEA Agreement; OJ L1, 3.1.94

Impact
This Directive co-ordinates the laws of the Member States on the

authorisation of credit institutions with a view, in particular, to facilitating the establishment of branches in other Member States.

Details

The First Banking Co-ordination Directive applies to credit institutions, namely to undertakings whose business is to receive deposits or other repayable funds from the public and to grant credits for their own account. Certain types of credit institution are either excluded from the scope of the Directive or exempted from certain of its provisions.

The First Co-ordination Directive established the right for a credit institution constituted as a company in one Member State to open a branch in another Member State on the basis of host state control. This meant that a credit institution was obliged to satisfy the licensing (and supervisory) requirements in the host state. The Directive laid down the things which the host state could and could not do in considering the application for a licence; in particular, it prohibited – and still prohibits – the refusal to grant a licence on the grounds of absence of economic need (but an amending Directive 85/345/EEC allowed Greece to apply the economic need test until 15 December 1992). Although the First Directive harmonised and liberalised the banking sector significantly, a credit institution still had to complete the administrative procedures for obtaining licences in each of the states in which it had branches and submit itself to the control of different supervisory authorities, a situation which has changed under the Second Banking Co-ordination Directive (see para **7.1.7** below).

The First Directive did not enable a credit institution established in one Member State to provide cross-border banking services into another Member State; such a facility was introduced by the Second Directive (see para **7.1.7** below).

The First Directive prohibits a Member State from giving a branch of a third country credit institution more favourable treatment than it gives to branches of credit institutions from other Member States. This prohibition is unchanged by the Second Directive.

Date of implementation

The Member States were required to implement the provisions of this Directive by 15 December 1979. Several Member States received time derogations but these have now been exhausted.

SECOND BANKING CO-ORDINATION DIRECTIVE (HOME STATE CONTROL AND THE SINGLE LICENCE)

Official title

7.1.7 Second Council Directive of 15 December 1989 on the co-ordination of laws, regulations and administrative provisions relating to the taking-up and pursuit of the business of credit institutions and amending Directive 77/780/EEC.

FINANCIAL SERVICES — 7.1.7

Reference
Council Directive 89/646/EEC; OJ L386, 30.12.89.

Amendments
None.

Impact
Establishes the principle of home state control and the single licence, whereby a credit institution of one Member State may open branches in, or provide cross-border services into, other Member States.

Details
The Second Banking Co-ordination Directive replaced the principle of host state control by that of home state control, with effect from 31 December 1992. In short, this means that once a credit institution has obtained its licence in the home Member State, it is able to open a branch in each Member State on the basis of the home state licence. This is the so-called "single licence", which will extend to a variety of credit and other financial services listed in the Directive, provided the credit institution is authorised to provide such services in the home state. These services are:

- acceptance of deposits and other repayable funds from the public;
- lending (including, *inter alia*: consumer credit, mortgage credit, factoring, with or without recourse, financing of commercial transactions (including forfeiting));
- financial leasing;
- money transmission services;
- issuing and administering means of payment (*e.g.* credit cards, travellers' cheques and bankers' drafts);
- guarantees and commitments;
- trading for own account or for account of customers in:
    - money market instruments (cheques, bills, CDs, etc),
    - foreign exchange,
    - financial futures and options,
    - exchange and interest rate instruments,
    - transferable securities;
- participation in securities issues and the provision of services related to such issues;
- advice to undertakings on capital structure, industrial strategy and related questions, and advice and services relating to mergers and the purchase of undertakings;
- money broking;
- portfolio management and advice;
- safekeeping and administration of securities;
- credit reference services;
- safe custody services.

Where one or more credit institutions set up a financial institution in their home state as a subsidiary or joint subsidiary, the latter will also obtain the single licence for the authorised activities which it carries out in the home state, provided it is at least 90% owned by the parent or parents and is included in the parent's consolidated supervision.

In order to open a branch in another Member State on the basis of its home state licence, a credit institution must furnish its home state supervisory authority with the following information:

- the Member State in which it is intended to open the branch;
- a programme of operations setting out, *inter alia*, the types of business envisaged and the structural organisation of the branch;
- the address in the host Member State from which documents may be obtained; and
- the names of the branch managers.

The proposed branch may not commence operations until all the following steps have been completed:

- the home state supervisory authority has considered whether the administrative structure and financial situation of the credit institution are adequate, taking into account the activities envisaged;
- the home state supervisory authority has communicated the file, including a statement of the credit institution's own funds, to the supervisory authority of the host state;
- the host state supervisory authority has prepared for supervision of the branch and has indicated the conditions under which, in the interest of the general good, those activities may be carried on in the host state.

The credit institution has some important procedural rights in the case of delay or refusal. First, the home state must inform the credit institution within three months that it has communicated the file to the host state supervisory authority, or, alternatively, it must notify the credit institution of its refusal to do so, together with reasons. The credit institution is entitled to appeal to the national courts against any such refusal or failure to reply. Secondly, upon receipt of the file, the host state is given two months in which to make the necessary preparations. Upon expiry of the two months, the credit institution may open the branch even if the host state has not responded.

The Second Directive also allows the provision of cross-border services under the principle of home state control. In other words, as from 1 January 1993 a credit institution does not need to obtain the authorisation of the host Member State in order to provide cross-border banking services there. It needs simply to notify its home state, which then notifies the host state that the credit institution intends to provide cross-border services.

The Second Directive requires that the initial capital of a credit institution be ECU 5 million, although, in certain cases, Member States may reduce this to ECU 1 million.

The supervisory authority of a Member State is not allowed to grant a licence to a credit institution before it has been informed of the identities of the shareholders or members, direct or indirect, having qualifying shareholdings (basically, holdings of 10% or more), and the amounts of those holdings. Moreover, it is obliged to refuse to grant the licence if it is not satisfied as to the suitability of the shareholders, taking into account the need to ensure the sound and prudent management of the bank.

The acquisition or disposal of a qualifying participation in a credit institution's capital (basically, holdings of shares or voting rights of at least 10%), must be notified three months in advance by the acquirer/disposer to the credit institution's supervisory authority.

Prior notification must also be made of acquisitions/disposals which cause a shareholding to exceed or fall below the thresholds of 20%, 33% and 50% of the credit institution's capital. The credit institution itself is also obliged to disclose such changes in its shareholders to its supervisory authority after the event and to provide an annual listing of all shareholders having qualifying participations.

Member States' supervisory authorities must be able to take measures to prevent shareholders exercising their influence in a manner to the detriment of the prudent and sound management of the bank. Such measures could include sanctions, injunctions or suspension of voting rights.

The supervisory authority of the relevant Member States is required to consult on questions of licensing where the credit institution involved is a subsidiary of a credit institution already licensed in another state, or has a common parent or controlling person with a credit institution already licensed in another state.

The general principle of Community prudential supervision is that the home state has primary supervisory responsibility over a credit institution incorporated in, and having its centre of administration in, that country. The supervisory responsibility of the home state extends to:

- the credit institution itself;
- the foreign subsidiaries of the credit institution which have to be consolidated for supervisory purposes (see para **7.1.10** below); and
- the foreign branches of the bank.

The host state retains the right to regulate a foreign credit institution's activities in the host state only to the extent that such regulation is necessary for the protection of the general good. Thus, the manner in which a credit institution markets its services and deals with customers can be regulated by the host state. The host state may also intervene in those matters which have been expressly reserved to it pending further Directives, notably matters of liquidity, market risk and monetary policy.

The total of a credit institution's qualifying participation in undertakings which are not credit or financial institutions and are not undertakings engaged in ancillary activities, such as leasing, factoring, management of unit trusts or data processing services, may not exceed 60% of the credit institution's own funds. Moreover, no single qualifying participation may exceed 15% of the credit institution's own funds.

Recognising that agreement on control of liquidity may take some time – the Second Directive provides that the host state should retain primary responsibility for the supervision of a credit institution branch's liquidity until further co-ordination. Market position risks are regulated by the home state in accordance with the Capital Adequacy Directive (see para **7.1.13** below).

The Second Directive does not interfere with Member States' complete responsibility for measures resulting from the implementation of their monetary policies. Nevertheless, the Member States are still bound by the general prohibition against discriminatory or restrictive treatment based on the fact that a credit institution is licensed in another Member State. Thus, monetary measures must be framed so that they do not discriminate on the grounds of nationality.

The Second Directive requires the supervisory authority of the home state to ensure that a credit institution has:

- sound administration and accounting procedures; and
- adequate internal control mechanisms.

The host state is obliged to co-operate closely with the home state by providing all information likely to facilitate the monitoring of these procedures and mechanisms. The Directive does not define sound administrative and accounting procedures or adequate internal control mechanisms. For this, one has to refer to the Directive on accounts of credit institution (see para **7.1.8** below) and generally accepted good practices in the Member States.

In carrying out its supervisory role, the supervisory authority of the home state may require that a credit institution report all relevant information on:

- own funds/solvency ratio;
- qualifying shareholdings held by the credit institution;
- liquidity;
- large exposures;
- market position risk;
- accounting and administrative procedures;
- adequate internal control mechanisms; and
- changes in the relative composition of the credit institution's shareholders.

Subsidiaries are separate legal entities with their own licences and can, therefore, be required to report the above information in their own home countries. However, for the purpose of consolidated supervision (see para **7.1.10** above), the supervisory authority of a subsidiary will be required to transmit relevant information to the supervisory authority of the parent.

Foreign branches are not separate legal entities and are, therefore, included in the reporting made by the head office in the home state.

Notwithstanding the above, the host state has a limited supervisory role and, for this purpose, may require reporting of the necessary information, such as:

- reports for statistical purposes concerning the credit institution's activities in the host state;
- information on liquidity and market position risk, provided such information is no more extensive than that required for local institutions;
- any other information relating to activities in the host state which the supervisory authority of the latter require for the purpose of supervising the implementation of rules necessary in the interests of the general good.

A credit institution is obliged to report to both the home state and the host state any change in the information filed for the purposes of using its single licence to open a branch (see above).

A non-Community credit institution cannot, itself, invoke the provisions of the EC Treaty on the freedom of establishment. It must, therefore apply for a separate licence in each Member State in which it sets up a branch or subsidiary. However, once it has set up a subsidiary in a Member State, that subsidiary can open branches in other Member States on the basis of its own single licence.

The Second Directive contains a reciprocity clause, the first limb of which empowers the European Commission to submit proposals to the Council for the negotiation of arrangements whereby a third country would allow Community credit institutions to enjoy effective market access comparable to that accorded by the Community to credit institutions of the third country ("Community treatment"). If, in the process of negotiating such arrangements, the European Commission discovers that effective market access is not available because the third country does not allow Community credit institutions to enjoy national treatment offering the same competitive opportunities as are available to domestic credit institutions, the European Commission may order the Member States to suspend all applications made by the third country's credit institutions for licences to set up or acquire subsidiary credit institutions in the Community. The European Commission's decision on the matter cannot be taken without following a committee procedure which ensures that a simple majority of the Member States can block any action. The duration of any measures adopted by the European Commission cannot exceed one year, although the European Commission may propose their renewal by the Council.

It is important to note that the reciprocity clause does not apply to the opening, by a non-Community credit institution, of a branch rather than a subsidiary in a Member State. The opening of a branch does not confer a single licence and is, therefore, a purely bilateral matter between the Member State and the third country concerned.

Date of implementation

Member States were required to implement the provisions of the Second Banking Directive by 1 January 1993.

ANNUAL AND CONSOLIDATED ACCOUNTS OF CREDIT AND OTHER FINANCIAL INSTITUTIONS

Official title

7.1.8 Council Directive of 8 December 1986 on the annual accounts and consolidated accounts of banks and other financial institutions.

Reference

Council Directive 86/635/EEC; OJ L372, 31.12.86.

Amendments

None.

Impact

This Directive applies the principles of the Fourth Company Law Directive and the Seventh Company Law Directive with suitable adaptations to banks and other financial institutions.

Details

The principal provisions, which came into effect for 1993 accounting periods and thereafter, are discussed below:

Value adjustments and fund for general banking risks: Member States may, pending subsequent co-ordination, permit credit institutions to apply an additional value adjustment to historical cost, or market value if lower, of amounts receivable from credit institutions, customers, debentures and shares not forming part of the financial fixed assets or the trading portfolio, where that is required by prudence, dictated by the particular risks associated with banking. The total amount of this additional value adjustment must not exceed 4% of the total amount of these items before correction. Member States which permit this additional value adjustment must also permit credit institutions to introduce a "fund for general banking risks" as a liabilities item; other Member States may permit such an item. This fund has to be shown in the balance sheet and movements have to be reported separately in the profit and loss account.

Provisions: provisions have to be shown in the balance sheet; it is no longer possible to include them in creditors with separate disclosure in the notes. It will no longer be possible to include deferred taxation in creditors rather than making separate disclosure. This item must be included as a provision.

Interest and commissions: the Directive requires separate disclosure of interest income and interest charges, as well as commissions receivable and payable. Within interest income, interest arising from fixed-income securities has to be shown separately. Charges paid in the financial year in respect of subordinated liabilities have to be shown separately in the notes.

Income from securities: income from shares and other variable yield securities form a separate item in the profit and loss account, together with income from participating interests and income from shares in affiliated undertakings.

Maturity: the Directive assumes that the remaining terms of loans and advances and liabilities involving payments by instalments are disclosed in the notes. However, the Member States have the right to allow classification by original term for a period of five years after the first application of the Directive from financial year 1993.

Forward transactions: a statement has to be given of unmatured forward transactions at the balance sheet date, analysed by type. For each type of transaction, an indication must be given as to whether they are made to a material extent as a hedge for interest rates, exchange rates or market prices and whether they are made to a material extent for dealing purposes.

Loans to managers: the Directive requires disclosure of advances, loans and guarantees granted to or on behalf of members of administrative, managerial and supervisory bodies. This information must be given in the form of a total for each category.

Valuation rules: the Directive prescribes valuation rules for various classes of assets. Intangible and tangible fixed assets must be carried at or below purchase price, unless Member States permit a revaluation reserve to be created. These rules also apply to other assets intended for use on a continuing basis in the normal course of activities, including shares in associated and trade investments. Debt securities held for the long term (*i.e.* investment securities) must be stated at purchase price, but Member States may permit or require the amount repayable at maturity to be shown on the balance sheet, with the difference charged to profit or released to income in instalments up to maturity. The difference is to be shown separately in the balance sheet or notes. Loans and advances, debt securities and shares and other variable yield securities not held for the long term must be stated in accordance with the principle of lower of cost or market value.

Foreign currency translation: assets and liabilities in foreign currencies are to be translated at rates of exchange ruling on the balance sheet date. Member States may, however, require or permit non-monetary assets to be translated at the rates ruling on the dates of acquisition.

Spot exchange transactions must be translated at spot rates of exchange on the balance sheet date. Uncompleted forward exchange transactions are also to be translated at spot rates of exchange unless Member States provide that they are to be translated at forward rates ruling on the balance sheet date. Differences on translation must be included in the profit and loss account. However, Member States may permit or require the difference relating to non-monetary assets, together with transactions undertaken to cover those assets, to be included, in whole or in part, in reserves not available for distribution. Member States may also provide that profits arising from the translation of uncovered forward transactions, assets or liabilities are not to be included in the profit and loss account. The Directive permits Member States to require translation differences arising from the translation of overseas operations into the reporting currency to be taken directly to reserves. The use of average rates to translate income or expenditure of affiliates may also be required or permitted.

Date of implementation

Member States were required to implement the provisions of this Directive in respect of financial years 1993 and thereafter.

ANNUAL ACCOUNTS OF FOREIGN BRANCHES OF CREDIT AND OTHER FINANCIAL INSTITUTIONS

Official title

7.1.9 Council Directive of 13 February 1989 on the obligations of branches established in a Member State of credit institutions and financial institutions having their head offices outside the Member State regarding the publication of annual accounting documents.

Reference

Council Directive 89/117/EEC; OJ L44, 16.2.89.

Amendments

None.

Impact

Branches of financial institutions having their head offices in other Member States cannot be required by the host state to publish branch accounts; they can only be required to publish the accounts of the head office, accompanied by certain ancillary information. The Directive aims to put branches of foreign financial institutions on the same footing as branches located in the same Member State as their head office.

Details

Directive 89/117/EEC prohibits Member States from requiring the publication of separate branch accounts for branches of credit institutions of other Member States with effect from 1 January 1993. Instead, Member States are obliged to require that the branch publish the accounts of the head office prepared in accordance with Directive 86/635/EEC. In addition, Member States may require that the accounts be translated into the national language. They may also require publication in the local language of the following information relating to the branch:

- the income and costs of the branch deriving from interest receivable and similar income, income from securities, commissions receivable, net profit/loss on financial operations, other operating income, general administrative expenses, and tax on profit or loss on ordinary activities;
- the average number of staff employed by the branch;
- the total claims and liabilities of the branch broken down into those in respect of credit institutions and those in respect of customers, together with the overall amount of such claims and liabilities in the currency of the host state;
- the total assets and the amounts corresponding to treasury and other bills eligible for refinancing with central banks, loans and advances to credit institutions, loans and advances to customers, debt securities, including fixed-income securities, shares and other variable yield securities, amounts owed to credit institutions, amounts owed to customers, debts evidenced by certificates, contingent liabilities and commitments.

A branch of a credit institution from a non-EU country will be able to benefit from the same facilities, provided the accounts of its head office are equivalent to accounts drawn up in accordance with the Bank Accounts Directive. If there is no such equivalence, the Member State may require the publication of accounts relating to the branch's own activities. In no circumstances may the Member State give the branch of a non-EU credit institution more favourable treatment than a branch of an EU bank.

Date of implementation

The deadline for implementation was the same as for Directive 86/635/EEC (*i.e.* financial years 1993 and thereafter).

CONSOLIDATED SUPERVISION

Official title

Council Directive of 6 April 1992 on the supervision of credit institutions on a consolidated basis.

Reference

Council Directive 92/30/EEC; OJ L110, 28.4.92.

Amendments

None.

Impact

Council Directive 83/350/EEC of 13 June 1983, which provides for the supervision of a credit institution on a consolidated basis, is replaced by a Directive of broader scope which provides for supervision of groups of credit institutions where the parent company is either a credit institution or a financial holding company.

Details

As from 1 January 1993:

- any credit institution which has at least a 20% direct or indirect shareholding in at least one other credit institution or financial institution shall be supervised on the basis of its consolidated financial situation;
- any credit institution which is a direct or indirect subsidiary of a financial holding company shall be supervised on the basis of the consolidated financial situation of that holding company. Member States are not required to play a supervisory role in respect of the financial holding company alone, but only in respect of its subsidiaries which are credit institutions.

The supervisory authority responsible for exercising consolidated supervision is determined as follows:

- where the parent is a credit institution, consolidated supervision will be carried out in the Member State which authorised the parent;
- where the parent of a credit institution is a financial holding company, consolidated supervision will be carried out in the Member State which authorised the credit institution subsidiary unless otherwise agreed;
- where a group headed by a financial holding company in State A has banks in both State A and other states, consolidated supervision is carried out by State A, unless otherwise agreed;
- where a group headed by a financial holding company in State A has banks in other states, but not in State A, responsibility for consolidated supervision shall be determined by agreement or, failing agreement, by reference to the bank with the largest balance sheet size, or to the bank which has the longest-standing authorisation.

The Member States may decide to exclude credit institutions, financial institutions or auxiliary banking services undertakings from consolidated supervision in the following cases:

- where the undertaking which should be included is situated in a third country and legal obstacles impede the transfer of the information needed for consolidated supervision;
- if the undertaking which should be included is considered to be of negligible interest with respect to the supervision being undertaken, or if the balance sheet total of the undertaking is less than ECU 10 million or 1% of the balance sheet total of the parent or participating undertaking, whichever is less. This does not always apply where there are several such undertakings which, collectively, are of non-negligible interest;
- where the inclusion of an undertaking is considered as inappropriate or misleading as far as the objectives of consolidated supervision are concerned.

The general rule is that a credit institution must be supervised on a consolidated, sub-consolidated and individual basis with respect to the application of the Solvency Ratio Directive, the Capital Adequacy Directive, the Large Exposures Directive, and the provisions of the Second Banking Directive on qualifying shareholdings in non-financial undertakings.

Thus, where a credit institution of State A has a subsidiary credit institution in State B, the supervisory authority of State A shall supervise solvency and capital adequacy etc. of the parent credit institution on an individual and consolidated basis, while the supervisory authority of State B shall supervise the solvency and capital adequacy etc. of the subsidiary on an individual and also, if it has its own subsidiaries, on a sub-consolidated basis. However, the supervisory authority of State B may agree to delegate their supervisory responsibilities to the supervisory authority of State A, provided the existence and content of such agreement is communicated to the European Commission.

A Member State may waive supervision of the solvency and capital adequacy etc. of a subsidiary on an individual or sub-consolidated basis provided the parent credit institution or parent financial holding company is supervised by that Member State on a consolidated basis, the financial holding company being subject to the same supervision as that exercised over credit institutions. In the case of such waiver, the supervisory authority must take steps to ensure that capital is distributed adequately within the banking group.

The general rule is full consolidation of all the credit institutions and financial institutions which are direct or indirect subsidiaries of the parent. However, proportional consolidation is permitted in some cases, notably where the parent's liability is limited by formal agreement with the other shareholders to its share of the capital and each provides satisfactory guarantees for their respective shares.

In cases of capital ties not specified in the Directive, or where a credit institution exercises a significant influence over one or more credit institutions or financial institutions but has no participation or capital ties in them, the supervisory authority shall determine whether and how consolidation is to be carried out. The supervisory authority is required to ensure that, in all the undertakings included in the scope of consolidated supervision of a credit institution, there are adequate internal control mechanisms for the production of relevant data and information.

Member States are required to remove all legal impediments to the exchange of relevant information among undertakings in the group, whether or not included in the scope of consolidated supervision, and to give the supervisory authority power to request and obtain such information.

Where a parent undertaking and any of its credit institution subsidiaries are situated in different Member States, the supervisory authorities of the Member States are required to communicate to each other all relevant information which may allow or aid the exercise of supervision on a consolidated basis. The exchange of such information must not imply that supervisory authorities are to play a supervisory role in relation to any undertaking standing alone which is not a credit institution.

Where there are insurance companies or investment firms in the banking group, the supervisory authorities of credit institutions, insurance companies and investment firms are all required to co-operate and provide one another with information likely to allow supervision of the undertakings which they supervise, without prejudice to their respective responsibilities.

In applying the Directive the supervisory authority of one Member State may wish to verify information concerning a credit institution, a financial holding company, an ancillary banking services undertaking, a mixed-activity holding company (or one of its subsidiaries), or a subsidiary of a credit institution or financial holding company. If such an undertaking is situated in another Member State, the supervisory authority of the first state may request the supervisory authority of the other state to carry out the verification. The latter may carry out the verification themselves, allow the supervisory authority of the first state to carry it out, or allow an auditor or expert to do so.

In order to allow the exchange of information between Member States' supervisory authorities, parties handling such information are subject to the obligation of professional secrecy as defined in the First Banking Directive.

The Directive provides for the negotiation of agreements by the European Commission with third countries with regard to consolidated supervision. Such agreements could apply to:

- credit institutions having a parent company, the head office of which is situated in a third country;
- credit institutions situated in a third country which have a parent undertaking with a head office in the EU. This applies equally to parent undertakings in the form of either credit institutions or financial holding companies.

The aim of such agreements would be to ensure that the information necessary for consolidation can be obtained both by EU and by third country regulators.

Date of implementation

Member States were required to implement the provisions of this Directive by 1 January 1993.

OWN FUNDS

Official title

7.1.11 Council Directive of 17 April 1989 on the own funds of credit institutions.

Reference

Council Directive 89/299/EEC; OJ L124, 5.5.89.

FINANCIAL SERVICES

Amendments

Directive 91/633/EEC; OJ L339, 11.12.91.
Directive 92/16/EEC; OJ L75, 21.3.92.

Impact

Seeks to harmonise the concept of own funds of credit institutions in order to provide a standard yardstick for prudential supervision of credit institutions.

Details

The elements of own funds are:
(1) share capital;
(2) reserves;
(3) revaluation reserves;
(4) funds for general banking risks;
(5) value adjustments;
(6) certain fully paid up securities of indeterminate duration, the claims on which are fully subordinated (as defined);
(7) commitments of members (co-operative societies only); and
(8) fixed-term cumulative preferential shares and subordinated loan capital (as defined);

Less

(9) own shares held;
(10) intangible assets;
(11) material losses of the current year;
(12) holdings in credit and financial institutions of 10% or more and subordinated claims on such institutions; and
(13) holdings in other credit and financial institutions of up to 10% and certain subordinated claims on such institutions.

Items (1), (2) and (4), minus (9), (10) and (11) are generally referred to as "original own funds", while items (3) and (5) to (8) are referred to as "additional own funds". The inclusion of item (4), funds for general banking risks, in original own funds, was achieved by an amendment made by Council Directive 91/633/EEC of 3 December 1991.

The total of additional own funds may not exceed 100% of original own funds.

The total of items (7) and (8) may not exceed a maximum of 50% of original own funds.

Council Directive 92/16/EEC makes two amendments to Directive 89/299/EEC. The first amendment arose from the Danish Government's wish to convert its mortgage credit institutions from co-operative societies or funds into public limited companies. In order to facilitate the conversion, the special provisions in the original Directive on the unconsolidated own funds of co-operatives or funds will be extended to apply to the public limited companies into which such funds or co-operatives are converted.

Under the new amendment, Denmark will be able to extend certain provisions of the original Directive to mortgage credit institutions which were organised as co-operative societies or funds before 1 January 1990 and, subsequently, become public limited companies. This will permit:

- the commitments of members of co-operatives to be comprised in the uncalled capital of the former co-operative;
- the commitments of members of co-operatives to make additional non-refundable payments in the event of losses to be included;
- the joint and several commitments of borrowers also to be included.

The amendment specifies certain limitations on the basis for calculating the commitments to be included, and phases out the inclusion of joint commitments of borrowers after 1 January 2001.

The second amendment made by Directive 92/16/EEC concerns the setting-up of a committee procedure for making technical amendments to the original Directive. This will allow the European Commission to adopt technical amendments to the original Directive on specified matters without reference to the Council, once it has received a favourable opinion from the EU's Banking Advisory Committee (set up under the Second Banking Co-ordination Directive).

Date of implementation

The Directive, including the amendments, had to be brought into effect by the Member States by 1 January 1993.

SOLVENCY RATIO

Official title

Council Directive of 18 December 1989 on a solvency ratio for credit institutions.

Reference

Council Directive 89/647/EEC; OJ L386, 30.12.89.

Amendments

Directive 91/31/EEC; OJ L17, 23.1.91.
Directive 94/7/EC; OJ L89, 6.4.94

Impact

The Directive seeks to develop common standards of capital adequacy in relation to assets and off-balance sheet items.

Details

Directive 89/647/EEC establishes a Community-wide rule that a credit institution's own funds must be at least 8% of its risk adjusted assets and off-balance sheet transactions. In adopting the 8% test the European Commission has followed the Committee on Banking Regulations and Supervisory Practices (or Cooke Committee) set up by the G-10 and Switzerland.

The value of balance sheet assets is multiplied by risk weightings of zero (*e.g.* cash, Zone A central banks), 20% (*e.g.* claims on development banks), 50% (*e.g.* loans secured on residential property) and 100% (*e.g.* Zone B central banks).

In the case of off-balance sheet items, a two-stage calculation is carried out. First, the value of the item is multiplied by a risk factor of 100%, 50%, 20% or zero, depending on the nature of the item. Secondly, the resulting figure is multiplied by the risk weightings attributable to the counterparty (see previous paragraph).

In the case of off-balance sheet items concerning interest and foreign exchange rates, special rules set out in Annex II to the Directive apply. The Commission has made a proposal to amend Annex II so as to regulate the supervisory recognition of contracts for novation and netting (OJ C142, 25.5.94).

Date of implementation

The deadline for implementation was 1 January 1993.

CAPITAL ADEQUACY

Official title

Council Directive 93/6/EEC of 15 March 1993 on capital adequacy of investment firms and credit institutions.

Reference

Council Directive 93/6/EEC; OJ L141, 11.6.93.

Amendments

None.

Impact

The Directive will establish a common framework for the monitoring of market risks of investment firms (and also of credit institutions in so far as they carry out investment business).

Details

The Directive establishes a common framework for the monitoring of market risks of investment firms (and also of credit institutions in so far as they carry out investment business). The market risks envisaged are position risks, counterparty/settlement risks, foreign exchange risks and overhead risks.

The Capital Adequacy Directive requires an investment firm to have initial capital (share capital and reserves) of ECU 730,000. However, this figure is reduced to:

- ECU 125,000 for investment firms which do not deal for their own account or underwrite on a firm commitment basis, but which hold clients' money and securities and engage in the reception and transmission of investors' orders and/or the execution of such orders and/or the management of individual portfolios. Member States are allowed to decide that dealing for one's own account does not include the incidental and temporary holding of positions as a result of failure to match investors' orders precisely, provided that the total of such positions does not exceed 15% of the firm's initial capital and is, in any event, subject to the capital adequacy rules in respect of market risk and large exposures;
- ECU 50,000 in the previous case but where the firm is not authorised to hold clients' monies or securities, to deal on its own account, or to underwrite issues on a firm commitment basis.

The holding of non-trading-book positions in financial instruments is not considered as dealing for the above purposes.

For investment firms already licensed at the date of implementation of the Directive, there are grandfather provisions which allow them to operate on the basis of the existing level of own funds, provided this is not allowed to fall below a six-month average to be calculated every six months.

Subject to the above minimum, an investment firm and a credit institution are required to maintain own funds which are at least equal to:

- the capital requirements set out in Annex I of the Directive for position risk in respect of their trading book;
- the capital requirements set out in Annex II of the Directive for settlement and counterparty risk in respect of their trading book;
- the capital requirements set out in Annex III of the Directive for foreign exchange risk in respect of all business;
- the capital requirements set out in the Solvency Ratio Directive on all business excluding trading book business (and also excluding illiquid assets if these have been deducted from own funds);
- the capital requirements imposed by Member States in respect of similar risks that are outside the scope of both the Capital Adequacy Directive and the Solvency Ratio Directive; and
- provided the total of the above five elements is subject to the minimum own funds level laid down in Annex IV (basically, one-quarter of the previous year's fixed overheads).

By way of derogation, Member States may allow investment firms and credit institutions to determine the capital requirements for their trading book business in accordance with the Solvency Ratio Directive, rather than according to Annexes I and II of the Capital Adequacy Directive, provided their trading book business does not normally exceed 5% of their total business, their total trading book positions do not normally exceed ECU 15 million and their total trading book business never exceeds 6% of their total business, and their total trading book positions never exceed ECU 20 million.

In applying the 5% and the 6% tests, the ratio of trading book business to total business may be determined by reference to:

- the combined on and off-balance sheet business;
- the profit and loss account;
- own funds;
- a combination of the above.

In calculating the size of the on and off-balance sheet business, debt instruments are valued at market price or principal value, equities are valued at market price and derivatives are valued according to the nominal or market value of the underlying instrument. Long and short positions are summed irrespective of whether they are positive or negative.

The different rules which apply to the market position risk can be summarised schematically as the sum of the following.

Calculation of market position risk (Annex I)

Traded debt instruments:
- Specific risk
  - multiply net positions by risk weightings of 0% (central government), 0.25%, 1.0% or 1.60% (qualifying items) or 8% (other items)
- General risk
  - maturity based (in accordance with a formula) or
  - duration based (in accordance with a formula)

Equities:
- Specific risk
  - overall position multiplied by 4% (2% for certain small positions in highly liquid equities)
- General risk
  - overall position multiplied by 8%

Stock-index futures, delta weighted equivalents of options in stock index futures and stock indices:

- may be broken into underlying positions in their constituent equities;
- if netted against constituent equities, the supervisory authority shall require capital to cover risk of the future's value not moving in line with the value of the constituent equity;
- if exchange traded and represent broadly diversified indices, then a capital requirement of 8% against general risk but no requirement against specific risk;
- if not broken into underlying positions, treat as an individual equity.

Underwriting:
- apply reduction factors to the underwriting position depending on

number of days from issue (100% on day of commitment declining to 0% on the fifth day);
- apply the capital rules for debt or equities to the reduced underwriting position.

Calculation of settlement/delivery risk excluding repurchase and reverse purchase agreements and securities lending and securities borrowing (Annex II)

In the case of transactions of debt instruments or equity which are unsettled after the due delivery dates, the difference must be calculated between the agreed settlement price and the current market price. If this difference involves a loss the capital requirement is obtained by multiplying such difference by 8% (if five to 15 days after settlement date), 50% (if 16 to 30 days after settlement date), 75% (if 31 to 45 days after settlement date) or 100% (if more than 45 days after settlement date).

The supervisory authority may allow an alternative method where the capital requirement is determined by multiplying the settlement price by 0.5% (if five to 15 days after settlement date), 4% (if 16 to 30 days after settlement date), 9% (if 31 to 45 days after settlement date) and multiplying the price shortfall by 100% (if more than 45 days after settlement date).

Calculation of counterparty risk (Annex II)

The rules on counterparty risk can be summarised schematically as follows.

Free deliveries:

- If securities have been delivered before receiving payment or payment has been made before receiving the securities (one-day's grace period is allowed in cross-border transactions) the capital requirement is 8% of the value of the securities or cash, multiplied by the counterparty risk weighting under the Solvency Ratio Directive (investment firms, recognised third-country investment firms and recognised clearing houses and exchanges being classified as credit institutions for this purpose).

Repurchase and reverse purchase agreements and securities lending and borrowing:

- The capital requirements in respect of excess collateral given or insufficient collateral received is 8% of such amount, multiplied by the counterparty risk weighting under the Solvency Ratio Directive (investment firms, recognised third country investment firms and recognised clearing houses and exchanges being classified as credit institutions for this purpose).

Derivative instruments:

- The capital requirements for over-the-counter (OTC) derivative instruments are determined in accordance with Annex II of the Solvency Ratio Directive.

- The capital requirements for bought OTC equity options and covered warrants are determined in the same way as for exchange-rate contracts in Annex II of the Solvency Ratio Directive.
- In both cases the risk weightings are determined by treating investment firms, recognised third-country investment firms and recognised clearing houses and exchanges as credit institutions.

Other:
- The Solvency Ratio Directive applies to exposures in the form of fees, commissions, interest, dividends and margin in exchange traded futures or options contracts which are related to trading book items but are not covered elsewhere and are not deducted from own funds. In determining the risk weightings, investment firms, recognised third-country investment firms and recognised clearing houses and exchanges are classified as credit institutions.

Calculation of foreign exchange risk (Annex III)

If the overall net foreign exchange position (as defined) exceeds total own funds, the capital requirement for foreign exchange risk shall be 8% of the excess.

Member States are permitted four derogations:

- lower capital requirements for closely related currencies;
- alternative "rolling ten-working-day period" method;
- remove positions in currencies which are subject to legally binding intergovernmental agreements to limit currency variations;
- capital requirement on matched positions in currencies of the Member States participating in the second stage of European Monetary Union to be 1.6% multiplied by the value of such unmatched portions.

Overhead risks (Annex IV)

Own funds for overhead risk must be held equivalent to one-quarter of the preceding year's fixed overheads. The supervisory authority may adjust this requirement in the event of a material change in the business since the preceding year. Where an investment firm or credit institution has not completed a year's business, the own funds requirement shall be one-quarter of the fixed overheads projected in its business plan, unless an adjustment to that plan is required by the supervisory authority.

Own funds (Annex V)

Own Funds for the purposes of the Capital Adequacy Directive are defined in Annex V to the Directive. This adopts the definition of the Own Funds Directive as a starting point. However, Member States may allow own funds used to match Annex I and Annex II requirements to be defined as follows:

- own funds as defined under the Own Funds Directive, excluding items 11 and 12;

- the investment firm/credit institution's net trading book profits, net of any foreseeable charges or dividends, less net losses on their other business, provided none of these amounts has already been included in the first definition above;
- subordinated loan capital subject to certain conditions which are more flexible than under the Solvency Ratio Directive;
- less illiquid assets as defined (for investment firms only).

In applying this alternative definition, no part of own funds may be used simultaneously to meet other own funds requirements.

Large exposures (Annex VI)

Investment firms (and credit institutions) whose trading books do not exceed certain thresholds and which, therefore, calculate the capital requirements on their trading book in accordance with the Solvency Ratio Directive, are obliged to monitor and control their large exposures in accordance with the Large Exposures Directive (see para **7.1.14** below). However, where they calculate their capital requirements on their trading book in accordance with Annexes I and II of the Capital Adequacy Directive, they must monitor and control their large exposures according to the Large Exposures Directive subject to the modifications laid down in Annex VI of the Capital Adequacy Directive as follows.

- Investment firms and credit institutions shall report overall exposures to individual clients and groups of connected clients as under the Large Exposures Directive (notification of all large exposures equal to or greater than 10% of own funds either four times a year, or once a year backed-up by notifications of modifications to the annual communication).
- The sum of exposures to a client or group of clients is limited to 25% of own funds (reduced to 20% where the client is a parent or subsidiary).
- Total large exposures may not exceed 800% of own funds.
- Own funds in respect of exposures which arise on trading book business may be determined under the alternative definition of Annex V of the Capital Adequacy Directive, where Member States allow this.

The requirements of the Capital Adequacy Directive on position risk and large exposures are to be applied on a solo basis to investment firms and credit institutions which are neither parents nor subsidiaries of investment firms or credit institutions.

The same requirements are to be applied on a consolidated basis in accordance with Directive 92/30/EEC on the consolidated supervision of credit institutions to (i) investment firms or credit institutions which hold a participation in another investment firm, financial institution or credit institution, or (ii) investment firms or credit institutions of which the parent company is a financial holding company.

Member States will be allowed to waive application of the position risk and large exposure rules on an individual or sub-consolidated basis to an investment firm or credit institution that is already included in the consolidated supervision of a parent in the same state. The right of waiver is subject to the satisfactory allocation of own funds within the group. However, where a subsidiary has been authorised in another Member State, the supervisory authority of that state must apply the market position and large exposure rules on a sub-consolidated or solo basis.

Date of implementation

Member States are required to adopt national provisions implementing the Directive by 1 July 1995, although such provisions need not enter into force until 31 December 1995.

LARGE EXPOSURES

Official title

Council Directive of 21 December 1992 on the monitoring and control of large exposures of credit institutions.

Reference

Council Directive 92/121/EEC; OJ L29, 5.2.93

Amendments

None.

Impact

The Directive supersedes Recommendation 87/62/EEC by imposing binding and stricter rules on large exposures.

Details

Under the Directive, a credit institution's exposure to a single client or group of clients is limited to 25% of own funds instead of 40% as under Recommendation 87/62/EEC. The 25% figure is reduced to 20% where the client is a parent company and/or one or more subsidiaries of the parent. However, Member States may exempt a credit institution from this 20% limit if the parent or subsidiary is included in the supervision of the credit institution on a consolidated basis. Member States are also allowed to exempt, fully or partially, claims on certain low-risk claims (*e.g.* claims on Zone A Central Governments and credit institutions, claims on the European Communities, etc). Total large exposures of a credit institution may not exceed 800% of own funds. For this purpose, a large exposure is defined as any exposure to a client or group of clients which amounts to 10% of own funds or more.

Date of implementation

Member States were required to implement the provisions of this Directive by 1 January 1994.

DEPOSIT-GUARANTEE SCHEMES

Official title

7.1.15 Directive of the European Parliament and the Council on deposit-guarantee schemes.

Reference

European Parliament and Council Directive 94/19/EC; OJ L135, 31.5.94.

Impact

Sets down a minimum level of compensation and requires all Member States to introduce deposit-guarantee schemes. It also shifts the burden of responsibility in the case of branches from the Member State where the branch is located to the Member State of the head office.

Details

The Directive follows on from a European Commission non-binding Recommendation 87/63/EEC of 22 December 1986 and an earlier proposal for a Directive on the reorganisation and winding-up of credit institutions.

The Directive applies to credit balances which result from funds left in accounts or from temporary situations deriving from normal banking transactions. Claims for which negotiable certificates have been issued by a credit institution are also covered. Inter-credit institution obligations are specifically excluded from the coverage of the Directive as are subordinated loans. The latter comprise loans which are not repayable until all debts have been settled in the case of a bankruptcy or liquidation of a bank.

All credit institutions having their head office in a Member State and which are licensed there are required to be covered by a deposit-guarantee scheme in that Member State. The coverage of the applicable scheme must extend to the depositors of the branches of the credit institutions in other Member States. Until 31 December 1999, Member States which, on 30 May 1994, did not cover deposits up to a limit of ECU 20,000, may apply a transitional limit of ECU 15,000. Voluntary membership by a credit institution's branch of its local Member State scheme is allowed as a means of supplementing the mandatory protection afforded by the "home" country's scheme provided that the rules of membership are determined by objective non-discriminatory criteria.

The Directive reflects the existing aim of the Community that compensation be paid per depositor and not per deposit. Each depositor will, in future, be entitled to a minimum of ECU 20,000 with respect to the aggregate amount of his or her deposits. Certain depositors can be excluded from the scheme altogether or be afforded a lower level of compensation (*e.g.* insurance companies, government and central administrative authorities, UCITS and pension or retirement funds). The compensation payable is calculated by reference to the deposits placed with the same credit institution. Each depositor will, therefore, be entitled to receive the minimum level of compensation of ECU 20,000 for the aggregate of his or her deposits at each bank. Until 31 December 1999, the coverage provided to the branch by the home scheme may not exceed the maximum level of coverage offered by the scheme in the host state.

The management of a credit institution will be under a duty to ensure that depositors are provided with information as to the deposit-guarantee scheme applicable to their deposits. The applicable levels of compensation must also be explained.

Irrespective of the currency in which a deposit is denominated, compensation will be payable only in the currency of the Member State in which the deposit is located, or in ECUs.

If Member States allow branches of credit institutions of other Member States to join their deposit-guarantee schemes, they may extend the same facility to branches of credit institutions from outside the Community provided they do not give the third country institutions any better treatment than that offered to institutions from other Member States.

Date of implementation

Member States are required to implement the provisions of this Directive by 1 July 1995. However, certain Spanish and Greek institutions are exempt from the requirement to belong to a deposit-guarantee scheme until 31 December 1999.

PREVENTION OF MONEY LAUNDERING

Official title

Council Directive of 10 June 1991 on prevention of the use of the financial system for the purpose of money laundering.

Reference

Council Directive 91/308/EEC; OJ L166, 28.6.91.

Amendments

None.

Impact

Imposes on credit, financial and similar institutions certain procedures and obligations designed to prevent money laundering.

Details

Council Directive 91/308/EEC requires Member States to impose on credit and financial institutions certain obligations designed to prevent money laundering. Money laundering means the intentional handling of property knowing it to come from the commission of serious crime (principally drug-related offences, organised crime and terrorism). The offence also extends to the concealment or aiding and abetting of money laundering.

Credit and financial institutions are obliged to obtain proper customer identification when entering into customer relationships, or when carrying out any transaction of ECU 15,000 or more. They are also obliged to keep proper records of transactions, maintain adequate control procedures and train their staff in procedures to avoid becoming involved in money laundering.

In particular, credit and financial institutions will be required to refrain from carrying out a transaction which is suspected to involve money laundering, or, alternatively, to report the transaction to the competent authorities (without disclosing this fact to the person involved). Such disclosure will not be treated as a breach of professional secrecy.

Member States are required to extend their provisions on money laundering to organisations other than credit and financial institutions which engage in activities likely to be used for money laundering purposes.

Date of implementation

The deadline for implementation was 1 January 1993.

Proposed banking legislation

REINFORCEMENT OF PRUDENTIAL SUPERVISION

Official title

7.1.17 Proposal for a Council Directive amending Directives 77/780/EEC and 89/646/EEC in the field of credit institutions, 73/239/EEC in the field of non-life insurance, 79/267/EEC and 92/96/EEC in the field of life assurance, and 93/22/EEC in the field of investment firms, in order to reinforce prudential supervision.

Reference

Original proposal: OJ C229; 25.08.93.

Amendments

Amended proposal: COM(94) 170.

Impact

The proposal, if adopted, would amend the First and Second Banking

Directives, Non-Life and Life Insurance Directives and Investment Services Directive. The result would be to strengthen the powers of supervisors and, thus, better equip them to prevent cases of fraud and other irregularities in the financial services sector.

Details

The Commission proposal concludes that while the basic approach to financial supervision – home state control – is satisfactory, it is, nevertheless, necessary to strengthen the arrangements for financial supervision.

The proposal would amend existing legislation in four ways. First, transparency will be required where financial undertakings are part of a group, in order to enable the financial undertaking to be supervised effectively. To this end, the proposal requires that sufficient information must be provided to the supervisory authority of the Member State at the moment of authorisation, and also when subsequent changes are made in the group structure.

Secondly, the head office of financial undertakings will be required to be located in the same Member State as the registered office. This would allow the supervisory authority to maintain close contact with the financial undertaking's decision-making body. It should be noted that this section of the proposal applies only to the Banking and Insurance Directives as it is already included in the Investments Services Directive.

Thirdly, the proposal would widen the list of supervisory authorities eligible to receive confidential information for supervisory purposes.

Finally, the proposal would require auditors engaged in the preparation of statutory accounts of undertakings to communicate to supervisory authorities irregular circumstances which they notice when they carry out this activity.

The Council adopted its common position on 6 June 1994. The common position has been submitted to the Parliament as part of the co-decision procedure in accordance with Article 189B of the EEC Treaty.

Proposed date of implementation

The proposed date of implementation is 31 December 1995.

INVESTOR COMPENSATION SCHEMES

Official Title

Proposal for a Council Directive on investor compensation schemes

Reference

Proposal for a Council Directive; OJ C321, 27.11.93.

Amendments

None.

Impact

Would create an investor compensation scheme for investment business along much the same line as the deposit-guarantee scheme for banking business.

Details

The proposed Directive mirrors the basic structure of the Directive on deposit guarantee schemes for credit institutions (see para **7.1.15** above). The level of compensation is ECU 20,000 as for deposit-guarantee schemes. However, the transitional provisions which were negotiated by certain Member States for deposit-guarantee schemes do not yet figure in the text of the proposal.

The Economic and Social Committee approved the proposal, subject to certain comments, on 26 January 1994 and the Parliament endorsed the proposal on a first reading, subject to drafting amendments, on 19 April 1994. Both bodies emphasised the need for consistency between this proposal and the Directive on deposit-guarantee schemes.

Proposed date of implementation

The proposed date of implementation is 31 December 1995.

Banking Recommendations

EUROPEAN "CODE OF CONDUCT" FOR ELECTRONIC PAYMENTS

Official title

7.1.19 Commission Recommendation of 8 December 1987 on a European code of conduct relating to electronic payments (relations between financial institutions, traders and service establishments and consumers).

Reference

Commission Recommendation 87/598/EEC; OJ L365, 24.12.87.

Amendments

None.

Impact

This Recommendation seeks to establish a Community "code of conduct" for electronic payments, and provides an indication as to future regulations which the European Commission may introduce.

Details

Electronic payment is defined as "any payment transaction by means of a card containing a magnetic strip or micro-circuit, used at an electronic payment terminal (EPT) or point-of-sale (POS) terminal". Certain types of cards are excluded, principally "company specific" cards outside the above definition and cards used to guarantee cheque payment.

Contracts between issuer and cardholder are to be in writing, freely negotiable and their conditions clearly stipulated in the contract. Conditions as to termination of a contract must be stated and brought to the parties' notice prior to the contract being concluded.

The deadline for inter-operability of contracts, cards and terminals, thereby allowing consumers to contract in any Member State with the network of their choice, was 31 December 1992.

Traders must be free to choose the point-of-sale terminals they require, or even a single multi-card terminal, as long as it satisfies the requirements of the whole system, and can be used on an inter-operable basis.

Electronic payments are irreversible, and such information transmitted at time of payment is subject to the same standards of confidentiality applied to cheques and transfers.

Competition amongst traders must not be restricted, and service establishments, of whatever economic size, must be given fair access, except where refusal is for a legitimate reason.

There must be no unwarranted difference in the remuneration for services concerning transactions within one Member State and the remuneration for the same services concerning transactions with other Community countries, especially in border regions.

Exclusive trading clauses are to be strictly prohibited, and any compulsory provisions between traders and users must be restricted to technical issues which are designed to ensure that the system functions properly. Finally, traders are required to display the names of the cards which they accept, and they are obliged to accept such cards.

Date of implementation

The date of implementation is recommended as 8 December 1987, but this has no legally binding effect.

PAYMENT CARDS

Official title

Commission Recommendation of 17 November 1988 concerning payment systems and, in particular, the relationship between cardholder and card issuer.

Reference

Commission Recommendation 88/590/EEC; OJ L317, 24.11.88.

Amendments

None.

Impact

Seeks to set out a detailed code for the conduct of business by card issuers with a view to providing a minimum level of consumer protection with regard to electronic payment systems.

Details

To its policy document entitled "A New Impetus for Consumer Protection Policy" communicated to the Council in July 1985 the European Commission annexed a draft Directive in the field of electronic payment systems in 1988. The proposal laid down minimum Community standards of consumer protection in the largely unregulated sphere of electronic payment systems.

The Banking Federation, the Savings Bank group and the Group of Co-operative Banks of the Community criticised the draft Directive strongly, pointing out that the rapid evolution to which this type of technology is subject is incompatible with fixed rules. This would not be in the interest of consumers, as they would be denied access to progress in technology.

At the time, only Denmark had adopted detailed legislation on payment cards, while the other 11 countries applied their general law on contract and civil liability. The Commission feared that the disparities in national legislation might hinder future developments to the same extent as the system of fixed rules criticised by the banking industry.

The European Commission ultimately adopted a Recommendation which applies to relations between the issuer of a payment device and the holder of such a device. A payment device means an electronic or non-electronic payment card, a card for withdrawals/deposits at automatic teller machines, or a home banking device.

The principal rules contained in the Recommendation are that relations between the issuer and the cardholder should be set down clearly in writing in the local language. In particular, the contract should specify:

- the basis of calculation of charges;
- the time at which operations will be debited or invoiced to the customer;
- the customer's obligations to take reasonable steps to keep the payment device safe, and to keep any record of the personal identification number separate from the device; to notify any loss, theft or copying of the device, or any irregularity in the maintaining of the customer's account; and not to countermand an order which has been given by means of the payment device;
- that notification, in accordance with the above obligations, shall release the customer from further liability for use of the device, except in cases of extreme negligence or fraud.

In addition the Recommendation also provides:

- that no payment device shall be dispatched to a member of the public except in response to an application from such person;
- that in any dispute, the burden of proof shall lie with the issuer to show

- that the operation was recorded and entered into accounts accurately and was not affected by technical breakdown or other deficiency;
- that in the case of non-execution or defective execution of the customer's operations, the issuer shall be liable to the customer up to an amount equal to the value of the unexecuted or defectively executed operation;
- that in the case of unauthorised operations, the issuer shall be liable to the customer for the sum required to put the customer back in the position he was in before the unauthorised operation took place;
- that the liability of the customer in the case of loss or theft up to the time of notification shall be ECU 150, except where he acted with extreme negligence or fraud.

The European Commission has reserved the right to propose a binding measure if the Recommendation does not prove effective.

Date of implementation

The date of implementation is recommended as 17 November 1989, but this has no legally binding effect.

TRANSPARENCY OF CONDITIONS AND CHARGES FOR CROSS-BORDER FINANCIAL TRANSACTIONS

Official title

Commission Recommendation of 14 February 1990 on the transparency of banking conditions relating to cross-border financial transactions.

Reference

Commission Recommendation 90/109/EEC; OJ L67, 15.3.90.

Amendments

None.

Impact

Recommends the establishment of national bodies to handle complaints about institutions which do not respect the six principles set out in the Recommendation.

Details

Several Member States already have binding legislation on the transparency of conditions in domestic banking transactions, or in the entire services sector. In these circumstances, the European Commission did not consider it appropriate to ask those Member States to amend their legislation by inserting rules relating solely to cross-border transactions, so it issued the Recommendation which allows the supervisory authorities of the Member States to secure voluntary implementation of the six principles set out therein.

The principles, which apply to credit institutions, postal services, etc, are as follows:

- each institution should bring to the attention of its customers easily understandable and readily available information concerning cross-border financial transactions;
- in the statement relating to cross-border financial transactions, the institution should inform its customer in detail of the commission fees and charges it is invoicing and of the exchange rate it has applied;
- without prejudice to the possibility for the transferor to choose other ways of apportioning commission fees and charges, the transferor's institution should inform its customer when the latter gives his order that the commission fees and charges imposed by the transferor's or the transferee's institution may be made payable by either the transferor or the transferee. Where the transferor has specifically instructed his institution to ensure that the transferee is credited with the exact amount shown on the transfer order, it is recommended that the institution should apply a method of transfer which will achieve this result and that, before undertaking the transfer operation, it should inform the transferor of the estimated additional amount which will be invoiced to him;
- in the absence of instructions to the contrary, and subject to *force majeure*, each intermediary institution should deal with the transfer order within two working days of receipt of the funds, or should give notice of its refusal or of any significant delay. The transferor should be able to obtain a refund of part of the costs of the transfer in the event of any delay in executing his order;
- the transferee's institution should fulfil its obligations not later than the working day following receipt of the funds, unless the order stipulates a later date of execution. If it is unable to respect this deadline, it should inform the transferor's institution of the reasons;
- an institution should have a system for dealing with complaints. If no action is taken on a complaint within three months, the complainant should be able to refer the matter to a state body.

Date of implementation

Member States were requested to inform the European Commission by 30 September 1990 of the state bodies competent to deal with complaints pursuant to the sixth principle set out above.

Free movement of capital legislation

LIBERALISATION OF CAPITAL MOVEMENTS AND REGULATION OF EXCEPTIONALLY LARGE INTERNATIONAL CAPITAL FLOWS

Official title

7.1.22 Council Directive of 24 June 1988 for the implementation of Article 67 of the EC Treaty.

FINANCIAL SERVICES — 7.1.22

Reference
Council Directive 88/361/EEC; OJ L178, 8.7.88.

Amendments
None.

Impact
Liberalises all capital movements between residents of Member States with the exception of existing exchange control regulations on the purchase of a second residence.

Details
All capital movements between residents of Member States are liberalised by Council Directive 88/361/EEC of 24 June 1988 (although Member States which had restrictions on the acquisition of secondary residences as at 1 July 1990 may retain such restrictions until further co-ordination measures are adopted by the Council).

The Directive exhorts Member States to seek to attain the same degree of liberalisation for capital movements to or from third countries as applies to operations with residents of other Member States.

Directive 88/361/EEC allows the Member States to subject capital movements to administrative procedures designed to enforce taxation, ensure the prudential supervision of financial institutions or obtain statistical information. However, such procedures must not have the effect of impeding capital movements.

Where short-term capital movements of exceptional magnitude impose severe strains on foreign exchange markets and lead to serious disturbances in a Member State's monetary and exchange policies, the European Commission may authorise that Member State to adopt safeguard measures in respect of the capital movements set out in Annex II to the Directive (this relates basically to money market and personal transactions).

Member States are obliged to notify the European Commission, the Committee of Governors of the Central Banks and the Monetary Committee, of measures designed to regulate bank liquidity which may have an impact on capital transactions with non-residents. Such measures must be confined to the minimum necessary for the purposes of domestic monetary regulation.

The First Directive on capital movements of 11 May 1960, as last amended by Directive 86/566/EEC and Directive 72/156/EEC on international capital flows, are superseded by Directive 88/361/EEC and are, therefore, repealed.

Date of implementation
The deadline for implementation by the Member States which did not benefit from a derogation was 1 July 1990. Certain derogations were granted to Greece, Ireland, Portugal and Spain, but these have all expired.

2. Insurance

Introduction

7.2.1 This section covers Community legislation applying to the insurance and pensions sector. Work completed by the Community on insurance can be analysed under four main categories:

- non-life insurance (including credit insurance and tourist assistance);
- life assurance;
- motor vehicle insurance; and
- general regulatory legislation.

This section looks at the existing and proposed legislation in each of these categories, as well as the future development in the regulation of the insurance market. It also considers the proposed regulation of pensions and the extension of case law which now applies that subject.

Scope and purpose of the legislation

7.2.2 The legislation in this area provides for the effective exercise by Community insurers of the fundamental freedoms guaranteed by the EC Treaty, namely, the freedom of establishment, services and movement of capital. The legislation harmonises the existing national supervisory regulations to the extent necessary to allow insurance undertakings established in one Member State ("the home Member State") to establish a branch or provide services across borders in other Member States ("the host Member States").

At the same time, it seeks to protect the consumer from abuses, and, in particular, to ensure that those offering insurance services have sufficient financial reserves to meet claims.

There are still some barriers to conducting cross-border insurance business. One of the main barriers is taxation and the refusal by some Member States to allow tax deductions for premiums paid to insurance companies in other Member States. This restriction was tested in Case 204/90 *Bachmann* [1992] ECR I-249 but was upheld by the European Court of Justice as necessary, in the absence of Community tax harmonisation, to ensure the coherence of the national tax system. Insurance legislation will not be able to solve such problems, which provide major disincentives to policyholders engaging in cross-border shopping.

The whole area of Community regulation of pension funds has come to the fore in the last few years, first with the *Barber* judgment (Case 262/88 *Barber* v *Guardian Royal Exchange Assurance Group* [1990] ECR 889), which held that the EC Treaty sex equality principle applied to pension benefits paid in connection with a statutory redundancy scheme and, secondly, with the proposed Directive on the freedom of management and investment of pension funds. The latter proposal is to be withdrawn. The Commission has promised, instead, to rely on EC Treaty Articles to ensure that pension funds can select investment managers from other Member States and that they can freely invest their assets in other Member States. It will be interesting to see whether, in the absence of a Directive, these rights will, in any event, be exercised.

As regards *Barber*, prior to the Court's decision, employers and trustees of pension schemes did not consider an employer's contributions to pensions as remuneration falling under the equal payment principles of Article 119. Consequently, many of the schemes employed discriminatory practices which would have cost employers billions if it were necessary to revise pension schemes retrospectively. However, *Barber* was unclear on this point, creating apprehension and uncertainty among European employers until the Court addressed the issue in the *Ten Oever* case in the following year.

In Case C-109/91 T*en Oever* [1993] ECR I-4879, the Court held that *Barber* would apply only to contributions made after May 1990, the date of the *Barber* judgment, and that payments made to beneficiaries after that date need not be revised. This is a very important limitation on *Barber*, since employers are not now obliged to provide additional funding for periods prior to *Barber*.

Following this decision, the Court addressed several more pension issues raised by *Barber* and held, among the more important aspects, that female part-time workers are entitled to benefits from discriminatory pension schemes dating back to 1976, that trustees of pension schemes are subject to the *Barber* judgment, that women's benefits may be reduced to equalise pensions with men, and that sex-based actuarial rates may continue to be used for defined-benefit plans (*i.e.* under which the employer guarantees a certain future benefit rather than a fixed, periodic contribution).

Future developments

The third generation Directives (the Third Non-Life and the Third Life Assurance Directives) effectively complete the single market in insurance services. Any future insurance legislation is likely to be directed at specific areas or problems (*e.g.* property insurance), while developments in other sectors (*e.g.* consumer protection and liability for environment) will affect the direction of insurance activity in the Community.

The EEA Agreement, which entered into force on 1 January 1994 between the Community and five countries of the European Free Trade Association (EFTA), allows the EFTA countries to participate in the European Community's single market and allows Community operators greater access to the EFTA market.

The EEA Agreement provides specifically for the freedom of establishment and freedom to provide services for EFTA individuals and companies in the European Community, and vice versa. Annex IX lists those European Community legislative provisions in the insurance sector which will apply to the European Economic Area.

The following categories of insurance are covered:

- re-insurance;
- co-insurance;
- non-life insurance;
- motor insurance;
- life assurance; and
- insurance agents and brokers.

In particular, Community and EFTA insurers will be able to rely on the Second Non-Life Insurance Directive and the Second Life Insurance Directive in establishing branches and providing services throughout the European Economic Area. Also, the EEA Agreement has been updated to incorporate the Third Non-Life Assurance Directive and the Third Life Assurance Directive under the Joint Committee procedure set up by the Agreement which is now in force.

Following the accession of Sweden, Austria and Finland to the EU, the countries will apply fully EC insurance legislation, subject to some limited derogations. The EEA Agreement will continue to apply to Norway, Iceland and Liechtenstein.

The International European Construction Federation (FIEC) has been commissioned by the Commission to prepare a report on property insurance in the Member States. The report is to serve as the basis for a proposed Directive dealing with such issues as insurance against damage to property resulting from the fault of the builder and the minimum legal guarantees to be given to house purchasers. FIEC submitted its report to the Commission in October 1992 which should form the basis of a draft proposal from the Commission.

Responsibility within the European Commission

7.2.4 Directorate-General XV (Financial Institutions and Taxation), Directorate A, Division 2, is primarily responsible for insurance.

Case law

7.2.5 Among the decisions of the European Court of Justice which illustrate its approach to this legislation are the following cases.

In Case 205/84 *Commission* v *Germany* [1986] ECR 3755. The Commission initiated proceedings against France (Case 220/83, [1986] ECR 3663), Denmark (Case 2552/83, [1986] ECR 3713), Germany (Case 205/84) and Ireland (Case 206/84, [1986] ECR 3817) for failing to fulfil their obligations under the EEC Treaty in relation to insurance, in particular by requiring that for co-insurance, the leading insurer had to be established in their countries. In the German case there was an additional requirement that for a European Community undertaking wishing to provide insurance services in Germany through sales people, agents, representatives or other intermediaries, such persons should be established and authorised in Germany.

By a decision of 4 December 1986, the European Court of Justice accepted that, given the particular nature of insurance, Member States were entitled to impose specific requirements on the providers of cross-border services, where the policyholder needed special protection. Such restrictions should, however, comply with three conditions:

- they should be applied without discrimination to all persons or undertakings operating in the state;
- they should be justified by the public interest, and that interest is not already safeguarded by the rules of the home Member State; and
- such requirements should be justified objectively (*i.e.* the public interest cannot be protected by less restrictive means).

To ensure the proper supervision of insurance services, the host state could require an insurance undertaking established in another state to obtain authorisation to provide services. However, the fulfilment of conditions for authorisation could not duplicate equivalent statutory conditions to which the undertaking was already subject in the home Member State, and the host state must take account of the verifications and supervision already carried out in the home state.

Most importantly, the Court held that requiring a person or undertaking to be established in the Member State where the service was provided amounted to a denial of the freedom to provide services. By maintaining this requirement of establishment, Germany had failed to fulfil its obligations under Article 59 of the EEC Treaty.

In Case 45/85 *Verband der Sachversicherer eV* v *Commission* [1987] ECR 405. The European Court of Justice ruled that the fixing of premium recommendations by the German fire insurers association is contrary to the competition rules. The Court agreed with the Commission that a flat 10%, 20% or 30% premium increase on current fire policies, and the screening by the association of new business above a certain size, was more than was required for the purposes of safeguarding insurance company solvency. Consequently, the Court ruled that the practices of the German fire insurers association ought not to be exempted from European Community competition rules.

Case 262/88 *Barber* v *Guardian Royal Exchange Assurance Group* [1990] ECR 889 and progeny. In *Barber*, the European Court of Justice held that Mr Barber and other male employees of the Guardian Royal Exchange were entitled to equal treatment with respect to pension benefits paid in connection with a statutory redundancy scheme. It was held that contributory pensions were part of a worker's salary or remuneration within the meaning of Article 119 of the EC Treaty, and that Article 119 prohibited any discrimination as to the age of entitlement on grounds of sex.

In Case C-109/91 *Ten Oever* [1993] ECR I-4879, the Court followed the Advocate General's Opinion limiting the effect of the *Barber* decision on equal pension rights for men and women. The Court held that an individual could not rely on the EEC Treaty provision on equal pay to claim pension rights for periods of employment before the date of the *Barber* judgment (17 May 1990). However, workers who had made a claim under the provision, instituted legal proceedings, or introduced an equivalent claim under national law before the cut-off date, would be able to make claims.

Following *Ten Oever*, the Court, in Case C-152/91 *Neath* [1993] ECR I-6935, addressed the issue of whether employers may use gender-based actuarial rates in calculating pension benefits. The Court held that Article 119 did not prohibit the use of gender-based actuarial rates as long as men and women received the same future benefit. This decision permitted employers to continue to fund defined-benefit plans on the assumption that, on average, women live longer than men, thereby allowing employers to continue to contribute less money for men than women.

Actuarial rates are used in defined-benefit plans only where the employer promises to pay the employee a certain benefit in the future. This is in contrast to the defined-contribution plans addressed in *Barber*, where the employer promises to make a fixed, periodic payment on behalf of the employee, but does not accept the risk in providing a certain benefit. In the latter case, the employer must make equal contributions for men and women to comply with *Barber*.

On September 28, 1994, the Court delivered six more judgments concerning sex equality in pension benefits (Case C-200/91 *Coloroll;* Case C-408/92 *Smith*, Case C-7/93 *ABP;* Case C-28/93 *van den Akker*; Case C-547/93 *Vroege*; Case C-128/93 *Fisscher*, not yet reported). The more important aspects of the decisions are as follows:

- Female part-time workers, single or married, are entitled to benefits from discriminatory pension schemes dating back to 1976 when the Court first addressed the issue. However, for contributory schemes, women must pay contributions retroactively in order to claim benefits.
- Trustees of pension schemes must also apply equal treatment principles and grant men and women equal benefits.
- In men-only pension schemes, men may not claim improved benefits under *Barber*. No equality issue arises since there are no women in the scheme.
- For periods prior to the *Barber* judgment, employers and trustees are not required retrospectively to ensure equal treatment; therefore, contributions paid during this period for men and women are not affected.
- For periods between the *Barber* judgment and the date of implementation of equal pension rights, advantages enjoyed by women as a result of a lower retirement age may not be reduced. However, the pension rights of men must be calculated on the basis that their retirement age is the same as that of women.
- For periods after the date of implementation of equal pension rights, employers and trustees may reduce pension benefits payable to women in order to equalise them with pensions paid to men.

Case 204/90 *Bachmann* v *Belgium* [1992] ECR I-249 and *Commission* v *Belgium* Case 300/90 [1992] ECR I-305 involved a challenge to Belgian tax provisions which did not permit taxpayers in Belgium to deduct the premiums paid on sickness, retirement and life insurance policies to insurance undertakings which were not established in Belgium. The European Court of Justice agreed that the Belgian tax provision constituted an impediment to the free movement of workers and the freedom to provide cross-border services. However, the Court, in the absence of European Community harmonisation of taxation systems, upheld the Belgian state's right to implement a tax regime which prevented deduction of premiums paid outside Belgium. The Court found there was no less-restrictive way for Belgium to ensure the coherence of its taxation system, and consequently the provision was not in breach of the EC Treaty.

Legislation

Non-life insurance

RE-INSURANCE AND RETROCESSION

Official title
Council Directive of 25 February 1964 on the abolition of restrictions on freedom of establishment and freedom to provide services in respect of re-insurance and retrocession.

Reference
Council Directive 64/225/EEC; OJ L56, 4.4.64.

Amendments
None.

Impact
Provides for freedom of establishment and provision of services by insurance companies offering re-insurance and retrocession.

Details
Where the companies selling re-insurance and retrocession are also engaged in writing direct insurance, the Directive applies only to that part of their activities involving re-insurance and retrocession.
   Particular restrictions imposed by Germany, Belgium, France, Luxembourg and Italy are prohibited.

Date of implementation
The area of re-insurance and retrocession was one in which it was possible

to reach agreement on harmonisation at an early stage. The deadline for implementation of the Directive was October 1964.

FIRST NON-LIFE INSURANCE DIRECTIVES

Official title

First Council Directive of 24 July 1973 on the co-ordination of laws, regulations and administrative provisions relating to the taking-up and pursuit of the business of direct insurance other than life insurance (First Non-Life Insurance Directive).

Council Directive of 24 July 1973 abolishing restrictions on freedom of establishment in the business of direct insurance other than life assurance.

Reference
Council Directive 73/239/EEC; OJ L228, 16.8.73.
Council Directive 73/240/EEC; OJ L228, 16.8.73.

Amendments
Directive 76/580/EEC; OJ L189, 13.7.76.
Corrigendum; OJ L5, 7.1.78.
Accession of Greece (1981).
Directive 84/641/EEC; OJ L339, 27.12.84.
Directive 87/343/EEC; OJ L185, 4.7.87.
Directive 87/344/EEC; OJ L185, 4.7.87.
Directive 88/357/EEC; OJ L172, 4.7.88.
Directive 90/618/EEC; OJ L330, 29.11.90.
Directive 92/49/EEC; OJ L228, 11.8.92.

Impact
The directive standardised national laws on the provision of non-life insurance and removed restrictions on the freedom of establishment of companies offering such insurance. The taking-up and pursuit of the business of direct non-life insurance is covered by these two complementary Directives.

Details
Council Directive 73/240/EEC sets out the general requirement that Member States must abolish restrictions which prevent Community insurers from establishing in other Member States and administrative practices which result in discriminatory treatment of Community insurers by comparison with the treatment applied to nationals. It also lists examples of the restrictions to be abolished.

The First Non-Life Insurance Directive sets out specific measures which Member States must apply in order to give effect to the right of establishment. Member States are required to introduce common authorisation procedures for insurers seeking to establish a head office, branch or agency in their territories for the purpose of conducting non-life business in all or any of the 17 classes of insurance covered by the Directive. In order to obtain authorisation for a head office, an insurance undertaking must adopt one of the legal forms specified in the Directive and satisfy a number of conditions, including financial conditions requiring the undertaking to have sufficient technical reserves and to establish a solvency margin which includes a special guarantee fund. The insurance undertaking must submit a scheme of operations to the relevant Member State authorising authority and it must limit its business to insurance and operations directly arising from it. Similar conditions apply with respect to the establishment of a branch or agency in a Member State, except that a branch or agency is not required to maintain a separate solvency margin. In addition, the insurance undertaking must designate an authorised representative resident in the Member State where the branch or agency will be set up. Member States are free to impose additional requirements such as notification of general and special policy conditions, tariffs and other details relevant to supervision. If a Member State rejects an application for authorisation, it must give precise grounds for its rejection.

Insurance companies from third countries must treat their agents or branches as if they were sole offices in the Community; separate accounts, technical reserves, solvency margins, etc must be kept in the Community and be related to their Community operations. The Community can also conclude reciprocal agreements on direct insurance with non-Community countries (see the European Community/Switzerland Agreement para **7.2.11** below).

Directive 84/641/EEC amends the First Non-Life Insurance Directive. Tourist assistance is defined as assistance provided for persons who get into difficulties while travelling, while away from home or while away from their permanent residence. The assistance may be by way of provision of benefits in costs or in kind (*e.g.* breakdown services). The aid which is given is provided against payment of a premium in advance. The Directive harmonises Member States' rules as regards the provision of benefits in kind so that the right of establishment provided for by the First Directives can be extended to companies providing benefits in kind in conjunction with assistance insurance.

Directive 87/343/EEC abolishes impediments to the free provision of credit insurance and suretyship insurance in Germany.

The amendment eliminates the prohibition in Germany of the simultaneous undertaking of:

- credit insurance and other classes of insurance; and
- suretyship insurance and other classes of insurance.

The following additional changes have been made to credit insurance:

- an equalisation reserve, not forming part of the solvency margin, must be set up where the credit insurance business of an undertaking exceeds 4%

and ECU 2,500,000 of the total premiums or contributions receivable by it (referred to hereafter as "the levels");
- where the levels are not exceeded, a Member State may exempt an undertaking from the requirement to set up an equalisation reserve;
- the insured is further protected in so far as, where the levels are exceeded, a higher guarantee fund is provided for;
- the methods for calculating the equalisation reserve fund are laid down in the Directive; and
- the calculation of the average burden of claims is put on the same basis as insurance again storm, hail and frost risks.

The First Non-Life Insurance Directive 73/239/EEC has been extensively amended by the Second Non-Life Insurance Directive 88/357/EEC and the Third Non-Life Insurance Directive 92/49/EEC (see paras **7.2.10** and **7.2.12** below).

Directive 90/618/EEC on the freedom to supply motor insurance brings the provision of insurance services for motor vehicle cover within the scope of the First Non-Life Insurance Directive and amends the Directive to provide a procedure for assessing reciprocity with third countries (see para **7.2.20** below).

Date of implementation

Member States had until 31 January 1975 to comply with Directives 73/239/EEC and 73/240/EEC. The time-limit for implementation of Directive 84/641/EEC into the national laws of the Member States expired on 1 January 1988.

Member States had until 1 July 1990 to implement the provisions of Directive 87/343/EEC. Directive 90/618/EEC had to be implemented by 20 May 1992 to take effect from 20 November 1992; Directive 88/357/EEC had to be implemented by 1 January 1990; and Directive 92/49/EEC had to be implemented by 1 July 1994.

CO-INSURANCE

Official title

7.2.8 Council Directive of 30 May 1978 on the co-ordination of laws, regulations and administrative provisions relating to Community co-insurance.

Reference

Council Directive 78/473/EEC; OJ L151, 7.6.78.

Amendments

None.

Impact

Provides for freedom of establishment of co-insurance companies.

Details

Co-insurance operations occur where, amongst other things, a risk situated within the Community is covered by a single contract at an overall premium for the same period by two or more insurance undertakings, one of which is nominated as the leading insurer.

The Directive removes restrictions on the participation of companies from different Member States in all types of contracts except automobile insurance. Agencies and branches of third-country insurers situated in the Community are also included. The Directive also lays down rules relating to the place of establishment of the leading insurer, the part of a risk that must be underwritten by the leading insurer, the law applicable to the co-insurance contract, the required technical reserves and co-operation among the Member States' supervisory authorities.

Date of implementation

The Member States had until 2 December 1979 to comply with the Directive. Only Belgium, the United Kingdom, Greece and Luxembourg implemented it properly. The European Commission started infringement proceedings against Italy and The Netherlands in 1986.

In December 1986, the European Court of Justice condemned France, Germany, Denmark and Ireland for failure to fulfil their obligations under the EC Treaty and for failing to implement the Directive adequately (see para **7.2.5** above).

LEGAL EXPENSES INSURANCE

Official title

Council Directive of 22 June 1987 on the co-ordination of laws, regulations and administrative provisions relating to legal expenses insurance.

7.2.9

Reference

Council Directive 87/344/EEC; OJ L185, 4.7.87.

Amendments

None.

Impact

Removes obstacles preventing European Community insurance companies from entering the German market in this field.

Details

The Directive applies to arrangements whereby, on payment of a premium, an insurance company undertakes to bear the costs of legal proceedings and provide other services directly linked to insurance, in particular with a view to:

- securing compensation for loss, damage or injury suffered by the insured; and
- defending or representing the insured in civil, criminal or other proceedings or in respect of any claim made against him.

The Directive does not apply to:

- marine insurance; and
- civil proceedings in the interests of both insurer and insured.

The Directive provides for safeguards to protect an insured party from conflicts of interest arising out of the fact that the insurer is covering another person or is covering a person in respect of both legal expenses and another class of insurance.

An insured person is to have the right to choose his own lawyer, subject to a possible exemption in the case of road accidents if certain conditions are met.

In the event of a dispute between insurer and insured, the insured is to have, in addition to any existing national remedies, the right of recourse to an arbitration procedure.

Date of implementation

Member States had until 1 July 1990 to apply the necessary measures.

SECOND NON-LIFE INSURANCE DIRECTIVE

Official title

7.2.10 Second Council Directive of 22 June 1988 on the co-ordination of laws, regulations and administrative provisions relating to direct insurance other than life insurance and laying down provisions to facilitate the effective exercise of freedom to provide services and amending Directive 73/239/EEC (Second Non-Life Insurance Directive).

Reference

Council Directive 88/357/EEC; OJ L172, 4.7.88.

Amendments

Directive 90/618/EEC; OJ L330, 29.11.90.
Directive 92/49/EEC; OJ L228, 11.8.92.

Impact

Liberalises and regulates the provision of non-life insurance services across frontiers between Member States and further facilitates the exercise of the right of establishment by non-life insurance undertakings setting up in other Member States.

Details

The Directive enables insurance undertakings established in the Community to provide cross-border services. It establishes uniform rules determining the national law applicable to insurance policies for customers in other Member States and covering risks situated in those other states.

The Directive also supplements the First Non-Life Insurance Directive with respect to establishment, in particular it deals with the calculation of technical reserves, the proper law of the insurance contract, the influence of national law in determining where the risk is sited, conditions of operation and the supervision of companies providing insurance in another Member State.

The Directive makes a distinction between "large" risks and other risks, referred to as "mass" risks. Genuine simplifications of the supervisory regulations are only envisaged for "large" risks in this Directive. The insurer can provide cover for large risks to policyholders in other Member States largely on the basis of control by the Member State where the insurer's head office is located ("the home Member State") and without obtaining express authorisation in the country where the service is being provided. However, insurance for mass risks remains, for the most part, subject also to control by the Member State where the insurance is being provided ("the host Member State").

"Large" risks are:

- transport risks, aircraft liability and shipping liability risks;
- risks under credit and guarantee insurance "where the policyholder is engaged professionally in an industrial or commercial activity or in one of the liberal professions, and the risks relate to such activity";
- risks in connection with damage caused by fire and natural forces, other damage to property in general liability insurance, and miscellaneous financial losses, where the policyholder exceeds at least two out of the following three criteria of size:
- first stage (until 31 December 1992):
  - balance sheet total: ECU 12.4 million;
  - net sales: ECU 24 million; and
  - average number of employees: 500;
- second stage (from 1 January 1993):
  - balance sheet total: ECU 6.2 million;
  - net sales: ECU 12.8 million; and
  - average number of employees: 250.

If the policyholder belongs to a group of undertakings, the above criteria are applied on the basis of the consolidated accounts.

Member States are also allowed to treat as large risks those risks which are insured by professional associations, joint ventures or temporary groupings.

Special transitional periods apply in the case of Greece, Ireland, Spain and Portugal. The thresholds for the second stage apply in Spain only from 1 January 1997 and in the other three countries from 1 January 1999.

The Second Non-Life Directive also contains the provision that an undertaking engaged in the provision of services must observe the laws, regulations and administrative provisions in force in the country where services are provided and that the law of that country relating to contracts of insurance must be observed. It must be made clear to the policyholder in the insurance policy or in the pre-contractual documentation that his contractual partner is an undertaking without a local establishment.

Directive 90/618/EEC extends the freedom to provide cross-border services to motor vehicle insurance and regulates contributions to the motor insurers bureau and the appointment of settlement representatives by insurance undertakings providing this service (see para **7.2.20** below).

Directive 92/49/EEC (Third Non-Life Insurance Directive) adopted in June 1992 substantially amends the regulation of insurance services and the freedom of establishment and freedom to provide cross-border services as provided for in the Second Non-Life Insurance Directive (see para **7.2.12** below).

Date of implementation

Member States had until 1 January 1990 to implement the Directive. Spain, Greece, Ireland and Portugal are given longer periods for the implementation of certain provisions. With regard to Spain, the deadline for full implementation is 1 January 1997. For Greece, Ireland and Portugal, the deadline for implementation is 1 October 1999.

The provisions of Directive 90/618/EEC were to be implemented by 20 May 1992 to take effect from 20 November 1992. The amendments provided by Directive 92/49/EEC (Third Non-Life Insurance Directive) were to be implemented by 1 July 1994, with some derogations.

AGREEMENT BETWEEN THE EUROPEAN COMMUNITY AND SWITZERLAND

Official title

7.2.11 Council Regulation (EEC) 2155/91 of 20 June 1991 laying down particular provisions for the application of Articles 37, 39 and 40 of the Agreement between the European Economic Community and the Swiss Confederation on direct insurance other than life insurance.

Reference

Regulation 2155/91/EEC; OJ L205, 27.7.91.

Amendments

Official Agreement; OJ L205, 27.7.91.
Decision 91/370/EEC; OJ L205, 27.7.91.
Directive 91/371/EEC; OJ L205, 27.7.91.

Impact

The Agreement, the first of its kind in Europe, will permit European Community and Swiss insurance companies to establish themselves in the territory of the other.

Details

The Agreement covers the following general areas of the insurance market: accident, health, motor, marine, transport, aviation, fire and other damage to property, liability, credit and suretyship, miscellaneous financial loss and legal expenses insurance.

Life insurance, annuities, social security insurance and insurance supplementary to life insurance are specifically excluded, as are some institutions (*e.g.* Crown Agents in the UK). The majority of the Agreement is related directly to the First Non-Life Insurance Co-ordination Directive, and the Agreement incorporates a comparative table of its articles with those of that Directive.

Additional rules are provided concerning the authorisation of insurance companies, their establishment and the calculation and constitution of their solvency margin. An arbitration procedure for the settlement of disputes is provided.

Date of implementation

The Agreement was signed in Luxembourg on 10 October 1989. The measures necessary for the adoption and implementation of the agreement were approved on 22 June 1991. The Agreement entered into force on 1 January 1993.

THIRD NON-LIFE INSURANCE DIRECTIVE

Official title

Third Council Directive of 18 June 1992 on the co-ordination of laws, regulations and administrative provisions relating to direct insurance other than life assurance and amending Directives 73/239/EEC (Second Non-Life Insurance Directive) and 88/357/EEC (Third Non-Life Insurance Directive).

Reference

Council Directive 92/49/EEC; OJ L228, 11.8.92.

Amendments

None.

Impact

Introduces a single authorisation system for insurance undertakings providing direct insurance other than life assurance in the European Community.

Details

The Directive applies to all classes of insurance and undertakings that are within the scope of the First and Second Non-Life Insurance Directives.

Member States were required to ensure that monopolies in respect of certain classes of insurance which were granted to entities established in their territory and which were, up to now, excluded from the application of Directive 73/239/EEC, were abolished by 1 July 1994.

Several amendments are made to the First Non-Life Insurance Directive. The taking-up of the business of direct insurance will be subject to the prior authorisation of the home Member State. The home Member State is that in which the undertaking has its head office. The authorisation from the home state will be valid for the whole Community and will permit the undertaking to carry on business in the classes of insurance authorised either by means of the establishment of branches or the provision of cross-border services.

In deciding whether to grant an authorisation, Member States shall now also take into consideration the qualifications and repute of the managers of the insurance undertaking, and the identity and qualifications of its shareholders and members. Furthermore, Member States are able to require any natural or legal person who proposes to acquire, directly or indirectly, a qualifying holding in an insurance undertaking, to inform the competent authorities of the home Member State indicating the size of the intended holding. Such a person must also inform the home Member State if he plans to increase his holding above the level specified in the Directive. If the Member State is of the opinion that the acquisition of the holding is likely to operate against the interests of the prudent and sound management of the insurance undertaking, the Member State must take all measures to prevent the situation, including, if necessary, injunctions, sanctions against the directors and suspending the voting rights of the shares. Similarly, if a person proposes to divest himself of his holding he is required to inform the competent authorities.

The financial supervision of an insurance undertaking, including that of the activities it carries on through its branches or by way of freedom to provide services, is the sole responsibility of the home Member State. Such states shall require full returns relating to the Community-wide operations of all undertakings with their head office in that state, and must be able to conduct on-the-spot verification of branches established in another Member State.

The home Member State must require every insurance undertaking to establish sufficient technical provisions in respect of its entire business. The amount of such technical provisions are determined in accordance with the provisions of the Directive relating to annual and consolidated accounts of insurance companies. As previously, the home Member State must require every insurance company to establish an adequate solvency margin in respect of its entire business. The factors which may be taken into account in calculating the margin are listed in the Directive.

FINANCIAL SERVICES 7.2.12

An insurance company wishing to establish a branch in another Member State is required to notify the competent authorities of its home Member State. The following information should be provided to the home Member State: the name of the Member State in whose territory it plans to establish a branch; a scheme of operations setting out, *inter alia*, the types of business envisaged and the structural organisation of the branch; and the address in the Member State of the branch from which documents may be obtained and the name of the person responsible for the management of the branch. If there are no objections to the proposed course of action, the home Member State shall inform the competent authorities of the relevant host Member State within three months of receipt of this information. Companies have recourse to national courts should the home state refuse to communicate the relevant information to the competent authorities of the other state. The host Member State shall inform the insurance company within two months of receipt of the information of any particular conditions attaching to the carrying on of activities through the branch in question.

The regulation of the provision of services is similarly liberalised. The provision is subject to notification to the home state, which shall then relay and certify certain information to the host state.

The host Member State may require, on a non-systematic basis only, notification of the general and special policy conditions which an insurance company proposes to use. This requirement may not constitute a prior condition for an undertaking to carry on its activities.

Any undertaking carrying on business in the host Member State, either by way of establishment or by provision of services, is required to submit to the competent authorities all documents required by that host state and to comply with the legal provisions in force in that Member State in so far as an undertaking whose head office was in that state would be under a similar obligation.

Date of implementation

The Member States had to implement the Directive by 31 December 1993, to enter into force by 1 July 1994 at the latest. There are extensions of time for the application of certain provisions in Germany (January 1996) and Denmark (January 1999), and general extensions for Spain (31 December 1996) and Greece and Portugal (31 December 1998). There is also an optional extension for all Member States relating to the limit of 10% on investment in any one property asset to 31 December 1998.

Proposed non-life insurance legislation

COMPULSORY WINDING-UP OF DIRECT INSURANCE UNDERTAKINGS

Official title

7.2.13 Proposal for a Council Directive on the co-ordination of laws, regulations and administrative provisions relating to the compulsory winding-up of direct insurance undertakings.

Reference
Original proposal; OJ C71, 19.3.87.

Amendments
Amended proposal; OJ C253, 6.10.89.

Impact
Establishes harmonised procedures for insurance company liquidations, particularly as regards the role of the supervisory authorities and the treatment of insurance contracts.

Details

The proposed Directive concerns the winding-up of direct insurance undertakings which also complements the First Non-Life Insurance Directive on direct insurance. In so far as any aspect of winding-up is not regulated by this proposed Directive, those aspects remain subject to regulation by the Member State in which the insurance company's head office is located.

The proposal, if adopted, would have the following effects. It would:

- distinguish between two procedures, depending on whether the winding-up is imposed because of the insolvency of the undertakings (special compulsory winding-up) or not (normal compulsory winding-up);
- regulate the role to be played by the various supervisory authorities which monitor the activity of the undertaking;
- govern the treatment of contracts in relation to non-life and life insurance;
- in the case of special compulsory winding-up, regulate the distribution of assets based on the constitution of separate asset funds reserved as a matter of priority for life and non-life insurance creditors and composed of the assets representing the technical reserves relating to the contract in question;
- require an up-to-date register of those assets to be kept under the supervision of the authorities; and
- attempt to reconcile the need to guarantee the rights of the policyholders with the interests of other creditors, in particular the employees.

The amended proposal does not change any of the substantive provisions above. It provides only for the proper notification effectively to withdraw authorisation from an insurance undertaking and it also requires Member States to adopt the necessary legislation to ensure that the winding-up procedure is effective. Other changes are only minor.

It is important to note that this amendment is already five years' old and does not take into account the adoption of the Third Life and Non-Life Insurance Directives. As the EU Council working group does not have a proper formal text, it is likely that the proposal will be returned to the Commission and that the Parliament will have to be consulted yet again.

Proposed date of implementation

The Economic and Social Committee has given its opinion on the proposal (see OJ C319, 30.11.87). The European Parliament gave the proposal its first reading in March 1989 (OJ C96, 17.4.89). It is unlikely that the EU Council will reach agreement on the proposal in the near future.

Life assurance

FIRST LIFE ASSURANCE DIRECTIVE

Official title

First Council Directive of 5 March 1979 on the co-ordination of laws, regulations and administrative provisions relating to the taking-up and pursuit of the business of direct life assurance (First Life Assurance Directive).

Reference

Council Directive 79/267/EEC; OJ L63, 13.3.79.

Amendments

Accession of Greece (1981).
Accession of Spain and Portugal (1986).
Directive 90/619/EEC; OJ L330, 29.11.90.
Directive 92/96/EEC; OJ L360, 9.12.92.

Impact

Standardises national laws on the provision of life assurance to facilitate companies offering such insurance in establishing in other Member States.

Details

The First Life Assurance Directive requires Member States to introduce common authorisation procedures for insurers seeking to establish a head office, branch or agency in their territories for the purpose of conducting life assurance business. The Directive is modelled on the First Non-Life Directive and contains similar provisions with regard to the financial and other conditions which an insurance undertaking must fulfil in order to obtain authorisation (see para **7.2.7** above). Established companies, which write both life assurance and non-life direct insurance (so-called "composites"), are allowed to continue to do so, provided that each class of business is controlled by a separate management and separate accounts are kept. New companies have to specialise in one or the other type of business, effectively banning the creation of new composites.

Date of implementation
Member States had until 15 September 1980 to comply with the Directive.

SECOND LIFE ASSURANCE CO-ORDINATION DIRECTIVE

Official title
7.2.15 Council Directive of 8 November 1990 on the co-ordination of laws, regulations and administrative provisions relating to direct life assurance, laying down provisions to facilitate the effective exercise of freedom to provide services and amending Directive 79/267/EEC (Second Life Assurance Directive).

Reference
Council Directive 90/619/EEC; OJ L330, 29.11.90.

Amendments
None.

Impact
Allows assurance undertakings having their head office in the Community to provide services across frontiers into other Member States and further facilitates the exercise of the right of establishment by life assurance undertakings setting up in other Member States.

Details
The Directive sets out the conditions under which a life assurance company may provide cross-border services. It distinguishes between cases where policyholders act on their own initiative in seeking assurance in another Member State and those where assurers approach policyholders. In the former cases, assurers are subject to the control of the Member State where their head office is located ("the home Member State") and they do not require further authorisation from the Member State where the service is being provided ("the host Member State"). In the latter cases, host Member States may make the provision of services subject to their authorisation and the undertakings' technical reserves will be subject to their supervision.

Where assurance contracts are concluded by way of cross-border provision of services, they are subject to cancellation at the option of the policyholder for a period of between 14 and 30 days from the time the policyholder was informed of the conclusion of the contract. Member States may provide that this requirement will not apply to contracts of six months' duration or less.

The distinction between life and non-life business is maintained, with a requirement that they be pursued by separate undertakings. The Directive contains specific provisions governing the transfer to another assurance undertaking of contracts concluded by way of cross-border assurance services.

The Directive also supplements the provisions of the First Life Assurance Directive on freedom of establishment, in particular with regard to Member States' powers of supervision, the law applicable to contracts and the transfer of portfolios.

The Directive contains new provisions relating to the operations of assurance undertakings in the Community which are subsidiaries of non-Community undertakings. Member States are required to inform the European Commission of difficulties encountered by their assurance undertakings in establishing themselves or carrying on their activities in a third country, on the basis of which the European Commission will compile a report on treatment accorded to assurance undertakings in third countries. If it appears that a third country is not granting Community undertakings effective market access comparable to that granted by the Community, the EU Council may give the European Commission a mandate to conduct negotiations to remedy the situation. Furthermore, Member States will be able to limit or suspend their decisions regarding authorisations or acquisitions of holdings by third-country undertakings for a period of six months. The European Commission will be assisted in this task by a committee composed of representatives of Member States and chaired by a representative of the European Commission.

Date of implementation
Member States were required to amend their existing national provisions in order to comply with this Directive by 20 November 1992 at the latest, informing the European Commission accordingly. The amended provisions had to be applied from 20 May 1993.

THIRD LIFE ASSURANCE DIRECTIVE

Official title
Council Directive of 10 November 1992 on the co-ordination of laws, regulations and administrative provisions relating to direct life assurance and amending Directive 79/267/EEC (Second Life Assurance Directive and Directive 90/619/EEC (Third Life Assurance Directive).

Reference
Council Directive 92/96/EEC; OJ L360 9.12.92.

Amendments

None.

Impact

Introduces a single authorisation system for assurance undertakings providing direct life assurance in the European Community.

Details

This Directive mirrors the provisions of the Third Non-Life Insurance Directive.

The taking-up of the business of direct assurance is subject to the prior authorisation of the home Member State only. The home Member State is that in which the undertaking has its head office. The authorisation from the home state is valid for the whole Community and permits the undertaking to carry on business by means of the establishment of branches or the provision of cross-border services.

The financial supervision of the assurance company is the sole responsibility of the home Member State. The home Member State is obliged to require every assurance undertaking to establish sufficient technical provisions and solvency margins in respect of its entire business, determined in accordance with the provisions of the Directive relating to annual accounts and consolidated accounts of insurance companies. The home Member State may require the systematic notification of technical bases used for calculating scales of premiums and technical provisions.

The host state is not able to require the systematic notification or prior approval of policy conditions. Systematic prior notification may be required, by way of derogation, by Spain and Portugal to December 1995 and by Greece to December 1998, although they may not require the conditions to be amended. The host state's regulation of advertising and marketing of life assurance products has to be respected by all assurance undertakings.

Minimum rules are laid down with respect to the disclosure of policy conditions and information relating to the insurer and the policy, both at the time of making a contract and throughout its term.

The regulation of existing composite companies, that is undertakings providing both life and non-life insurance, is relaxed somewhat, although the prohibition on the creation of new composites remains.

Date of implementation

Member States were required to amend their existing national provisions in order to comply with the proposed Directive by 31 December 1993. The amended provisions were to be in force by 1 July 1994.

Motor vehicle insurance

FIRST MOTOR VEHICLE INSURANCE DIRECTIVE

Official title

Council Directive of 24 April 1972 on the approximation of the laws of the Member States relating to insurance against civil liability in respect of the use of motor vehicles and to the enforcement of the obligation to insure against such liability.

Reference

Council Directive 72/166/EEC; OJ L103, 2.5.72.

Amendments

Directive 72/430/EEC; OJ L291, 28.12.72.
Corrigendum; OJ L75, 23.3.73.
Directive 84/5/EEC; OJ L8, 11.1.84.
Decision 86/218/EEC; OJ L153, 7.6.86.
Decision 86/219/EEC; OJ L153, 7.6.86.
Decision 86/220/EEC; OJ L153, 7.6.86.
Decision 88/367/EEC; OJ L181, 12.7.88.
Decision 88/368/EEC; OJ L181, 12.7.88.
Decision 88/369/EEC; OJ L181, 12.7.88.
Directive 90/232/EEC; OJ L129, 19.5.90.
Decision 91/323/EEC; OJ L177, 5.7.91.
Decision 93/43/EEC; OJ L16, 25.1.93.

Impact

Abolishes green card controls concerning third-party motor insurance.

Details

This Directive requires the abolition of the green card controls on compulsory insurance cover for the use of motor vehicles at intra-Community frontiers. It also safeguards the payment of compensation to injured third parties in accordance with the compulsory insurance laws of Member States. All policies are required to cover insurance requirements throughout the Community. In addition, the national insurance bureau of each Member State has undertaken, with regard to vehicles based in its territory, to pay compensation for mandatory liabilities incurred by them in other Member States, even when the vehicles are uninsured.

Travellers still require a green card if they want to cover themselves for more than the basic third-party insurance demanded by the Member State in which they are travelling.

The European Commission issued a Recommendation (81/76/EEC; OJ L57, 4.3.81) to speed up the settlement of motor claims in Belgium, Luxembourg and Italy.

The European Commission Decisions of June 1986 and July 1988, by application of the Supplementary Agreement on Insurance of 1973, extended the scope of Directive 72/166/EEC to the territories of Spain, Portugal and Greece. Ireland was added to this list by Decision 93/43/EEC, which implemented the multi-lateral agreement signed by Ireland on 3 December 1992.

The requirement of compulsory insurance of vehicles against civil liability is valid throughout the Community.

Individual guarantee agreements between the national insurers bureaux of the Member States and third countries have been replaced with a single agreement – the "multilateral guarantee agreement", concluded on 15 March 1991. The European Commission Decisions relating to the individual agreements were, therefore, annulled and replaced by one single Decision relating to the single "multilateral guarantee agreement". Under this single Decision (Dec 91/323/EEC), Member States must now refrain from making checks of insurance against civil liability for vehicles based in the territory of another Member State or in the territories of Hungary, The Czech Republic, The Slovak Republic, Sweden, Finland, Norway, Austria, Switzerland, and Iceland.

Date of implementation

Directive 72/166/EEC entered into force on 27 April 1972.
Decisions 91/323/EEC and 93/43/EEC entered into force on 1 June 1991 and 1 January 1993 respectively.

SECOND MOTOR VEHICLE INSURANCE DIRECTIVE

Official title

7.2.18 Second Council Directive of 30 December 1983 on the approximation of the laws of the Member States relating to insurance against civil liability in respect of the use of motor vehicles.

Reference

Council Directive 84/5/EEC; OJ L8, 11.1.84.

Amendments

Directive 90/232/EEC; OJ L129, 19.5.90.

Impact

Extends compulsory insurance to property damage.

Details

Guarantees of compensation are harmonised to the following minimum levels: ECU 350,000 per victim for personal injury; and ECU 100,000 per claim for damage to property.

Alternatively, Member States may provide a minimum of ECU 500,000 for personal injury where more than one person is involved in a single claim or, in the case of personal injury and damage to property, a minimum overall amount of ECU 600,000 per claim whatever the number of victims.

This Directive requires Member States to set up regulatory bodies to administer the payment of compensation to victims of accidents caused by uninsured or unidentified vehicles. Certain clauses excluding certain situations from insurance cover are to be made void and insurance is not to be rendered invalid where the victim is a member of the insured's family.

Date of implementation

The time-limit for implementation of this Directive into national law expired on 31 October 1988.

THIRD MOTOR VEHICLE INSURANCE DIRECTIVE

Official title

Third Council Directive of 14 May 1990 on the approximation of the laws of the Member States relating to insurance against civil liability in respect of the use of motor vehicles.

Reference

Council Directive 90/232/EEC; OJ L129, 19.5.90.

Amendments

None.

Impact

Reduces disparities in existing insurance cover.

Details

The Directive sets out to fill certain gaps in compulsory cover for vehicle passengers, and to ensure comparable treatment for all motor vehicle accident victims throughout the Community, and to reduce the delays in compensating road traffic accident victims.

Member States were required by virtue of Article 1(4) of the Second Motor Vehicle Insurance Directive to set up an authorised body to compensate victims of accidents caused by uninsured or unidentified vehicles. By this Directive, the burden of proof of establishing that the party responsible is unable or unwilling to pay is transferred from the victim to the compensating body, which is in a better position to take action against the party responsible. In addition, the compensating body shall pay compensation to the victim in the first instance without invoking its subsidiary. Where a dispute arises between the above compensating body and a civil liability insurer as to which should compensate an accident victim, Member States shall designate one or other to pay compensation, pending resolution of the dispute.

The Directive extends cover liability for personal injury to all passengers, other than the driver.

Member States are required to take the necessary measures to ensure that all compulsory policies covering civil liability in respect of use of vehicles cover the entire territory of the Community on a single premium. They shall also ensure that this single premium guarantees cover under the policy in that Member State or in the Member State where the vehicle is normally based, when that cover is higher.

The Third Motor Vehicle Directive complements Directive 90/618/EEC on freedom to supply cross-frontier motor insurance, which was adopted in November 1990 (see para **7.2.20** below). The Third Directive is aimed at completing cover for vehicle passengers, whereas the cross-frontier proposal is directed at Community-wide liberalisation of the insurance market.

Date of implementation

The deadline for Member States to comply with the Directive was 31 December 1992. There are extensions of time with respect to certain obligations for Ireland, Spain, Portugal and Greece to 31 December 1995, and a further extension for Ireland to 31 December 1998 for the obligation with respect to pillion passengers on motorcycles.

FREEDOM TO SUPPLY CROSS-FRONTIER MOTOR INSURANCE

Official title

7.2.20 Council Directive of 8 November 1990 amending, particularly as regards motor vehicle liability insurance, Directive 73/239/EEC and Directive 88/357/EEC which concern the co-ordination of laws, regulations and administrative provisions relating to direct insurance other than life assurance.

Reference

Council Directive 90/618/EEC; OJ L330, 29.11.90.

Amendments

None.

Impact

Opens up the Community to insurers wishing to cover civil liability risks in respect of the use of motor vehicles (excluding carrier's liability).

Details

The Second Non-Life Insurance Directive was aimed at the liberalisation of the provision of insurance services between Member States. One of the excluded sectors was that of freedom to provide motor insurance.

This Directive brings motor vehicle and land vehicle liability insurance (with the exception of carrier's liability insurance) within the scope of the Second Non-Life Insurance Directive. Those undertakings wishing to provide services direct, rather than by setting up a branch or subsidiary in another Member State, are required to participate in the financing of the national motor insurers' bureau, and the guarantee fund of the Member State where the services are being provided. Such undertakings are required to report to the authorities their overall premium income figures for motor insurance but excluding carrier's liability.

Companies providing services are also required to nominate a claims settlement representative, responsible for the processing and settlement of third-party claims, so as to ensure the minimum inconvenience to claimants claiming on policies issued from outside the Member State in question. The representative must have authority to settle claims and power to represent the insurance undertaking in court, and before national authorities on insurance policy and cover matters.

Member States could also now require companies to provide information relating to the claims representative and to their membership of the bureau and guarantee fund of the Member State of provision of services.

The Directive also amends the First Non-Life Insurance Directive to provide a procedure for assessing reciprocity of treatment accorded by third countries to Community non-life insurance undertakings. The competent authorities of the Member States are required to inform the European Commission of any authorisation of a direct or indirect subsidiary, one or more parent undertakings of which are governed by the laws of a third country, and whenever such a parent undertaking acquires a holding in a Community insurance firm such that the latter would become its subsidiary. Member States are also required to inform the European Commission of any difficulties encountered by their insurance firms in establishing themselves or carrying on activities in a third country (as with the banking Directives).

The European Commission will draw up a report, periodically, examining the treatment accorded to Community insurance undertakings in third countries and submit the report with any appropriate proposals to the EU Council. If it appears that a third country is not granting Community companies effective market access comparable to that granted by the Community, the EU Council may give the European Commission a mandate to conduct negotiations to remedy the situation. If it appears that the third country concerned is not according national treatment to Community undertakings, the Member States can be required to limit or suspend their decisions regarding authorisation or acquisitions of holdings by third country undertakings for a renewable period of six months.

Date of implementation

Member States were required to amend their national provisions to comply with Directive 90/618/EEC by 20 May 1992 so that the Directive could take effect from 20 November 1992.

Regulatory legislation

INSURANCE AGENTS AND BROKERS

Official title

7.2.21 Council Directive of 13 December 1976 on measures to facilitate the effective exercise of freedom of establishment and freedom to provide services in respect of the activities of insurance agents and brokers (ex ISIC group 630) and, in particular, transitional measures in respect of those activities.

Reference

Council Directive 77/92/EEC; OJ L26, 31.1.77.

Amendments

Communication; OJ C136, 5.6.81.
Corrigendum; OJ C238, 17.9.81.
Recommendation 92/48/EEC; OJ L19, 28.1.92.
Decision 94/1/ECSC, EC; OJ L1, 3.1.94.
Council Directive 90/619/EEC; OJ L330, 29.11.90.
Council Directive 92/96/EEC; OJ L360, 9.12.92.

Impact

Removes various barriers to the free movement of and provision of services by insurance agents and brokers.

Details

"Agent" is defined as all persons acting under contract or special arrangement for the name or account of one or more insurance companies. "Broker" is any person who brings together an insurer and an insured with a view to concluding a contract of insurance, as well as one who shares in the management of the insurance company but without being in a subordinate position.

Insurance agents and brokers are permitted to practise throughout the Community, although certain transitional measures, allowing those with some experience to establish themselves before national restrictions are lifted, are included. Further information on proofs, declarations and certificates discussed in the Directive has been provided by the European Commission in its Communication and the Corrigendum.

Council Directive 90/619/EEC does not change or add to the substance of Directive 77/92/EEC. It merely subjects the professional activities (*e.g.* agent, broker, etc) listed in Directive 77/92/EEC to the provisions under Directive 90/619/EEC. Council Directive 92/96/EEC has no substantive impact on Directive 77/92/EEC.

Date of implementation

The time-limit for implementation of this Directive into national law expired on 1 July 1978.

ANNUAL ACCOUNTS OF INSURANCE COMPANIES

Official title

Council Directive of 19 December 1991 on the annual accounts and consolidated accounts of insurance undertakings.

Reference

Council Directive 91/674/EEC; OJ L374, 31.12.91.

Amendments

None.

Impact

Establishes a uniform Community accounting procedure for insurance companies.

Details

The adoption of this Directive is important in the context of the Third Non-Life and proposed Third Life Assurance Directives. The introduction of harmonised insurance company accounts allows for better comparability and plays an important part in prudential supervision.

The Directive adapts the provisions of the Fourth Company Law Directive on annual accounts and the Seventh Company Law Directive on consolidated accounts to the specific features of insurance undertakings. The provisions of these Directives will continue to apply unless otherwise stated.

Forms of lay-out are prescribed for the balance sheet and the profit and loss account. The liabilities in the balance sheet consist mainly of technical provisions. These are defined and rules are laid down on their valuation. Technical provisions represent the calculation of amounts set aside to satisfy present and future claims. The assets in the balance sheet are composed mainly of investments.

The profit and loss account will disclose two different kinds of income, premiums on the one hand and return on investments on the other.

Rules on disclosure of financial information in annual accounts will be tighter.

The rules on standard contents and presentation will not apply to life insurance because of the highly divergent national practices and legislation in this sector.

The Directive allows undertakings to employ either the historical or current value methods of valuation in the main presentation of their accounts and provides that the other method is to appear in the notes. After a three-year transition period (five years for valuation of land and buildings), the current value of assets must appear in the accounts. Rules are laid down for the determination of current value.

Date of implementation

The Member States were required to adopt implementing provisions by 1 January 1994, to apply to the annual accounts of undertakings from 1 January 1995.

INSURANCE COMMITTEE

Official title

7.2.23 Council Directive of 19 December 1991 setting up an Insurance Committee.

Reference

Council Directive 91/675/EEC; OJ L374, 31.12.91.

Amendments

None.

Impact

Establishes an Insurance Committee which will allow those directly involved with the insurance industry at national level to have a greater input into Community proposals and will help the European Commission in assessing the effectiveness of adopted legislation.

Details

The Directive establishes an Insurance Committee, comprised of representatives from supervisory authorities of the Member States and chaired by a European Commission representative.

The Committee, which commenced activities on 1 January 1992, has three specific functions:
- it must be consulted by the European Commission where the latter has powers under Community legislation to implement legislative rules;
- it must examine questions relating to the application of Community provisions in the insurance sector (particularly as regards direct insurance);
- it may be consulted by the European Commission when the latter intends to submit new proposals for legislation relating to further co-ordination of direct life and non-life insurance.

The Committee, in assisting the European Commission with drafting and assessing the effectiveness of proposed legislation, should aid the development of the Community insurance market and will be in a position to influence the direction taken by future European Community legislation.

The Committee does not, however, consider specific problems relating to individual insurance undertakings and, therefore, does not act as a European Community regulatory or complaints body.

Date of implementation

The Directive entered into force on 1 January 1992.

RECOMMENDATION ON INSURANCE INTERMEDIARIES

Official title

European Commission Recommendation of 18 December 1991 on insurance intermediaries.

Reference

Recommendation 92/48/EEC; OJ L19, 28.1.92.

Amendments

None.

Impact

The Recommendation provides guidelines on the minimum professional standards for insurance intermediaries and their registration.

Details

The Recommendation applies to insurance intermediaries who are either employees or are self-employed and who act as brokers, agents or sub-agents, as defined in Directive 77/92/EEC. It need not be applied, in certain circumstances, to those who supply insurance which relates to the loss or damage to goods supplied by the seller of the insurance.

Only registered intermediaries should be allowed to operate in the Member States. To register, the insurance intermediary must be professionally competent, which means he must:

- have general, commercial and professional knowledge and ability;
- hold professional indemnity insurance;
- be of good repute (*i.e.* fit to act and not a bankrupt); and
- have adequate financial capacity to act as an intermediary.

It is also recommended that intermediaries make disclosure relating to their business – first, to clients of any economic ties which could affect their complete freedom of choice of insurance undertaking, and, secondly, to the supervisory bodies of the spread of their business with insurers over the year.

Date of implementation

The Member States were invited to adopt such legislative or regulatory provisions in line with the Recommendation by the end of 1994 and to notify the European Commission of these measures. A Recommendation is an indication of policy and has no binding force.

BLOCK EXEMPTION ENABLING REGULATION – INSURANCE SECTOR

Official title

7.2.25 Council Regulation (EEC) 1534/91 of 31 May 1991 on the application of Article 85(3) of the EC Treaty to certain categories of agreements, decisions and concerted practices in the insurance sector.

Reference

Council Regulation 1534/91; OJ L143, 7.6.91.

Amendments

None.

Impact

Enables the European Commission to make Regulations exempting by category certain agreements between insurance companies from the application of the prohibition on anti-competitive agreements contained in Article 85(1) of the EC Treaty.

Details

The European Commission may adopt exemptions for agreements relating to the establishment of standard policy conditions, common coverage of certain types of risks, the settlement of claims, the testing and acceptance of security devices, and registers of, and information on, aggravated risks.

The Regulation specifies a series of conditions by which the European Commission may grant these exemptions from the application of the prohibition on anti-competitive agreements in Article 85(1) of the EC Treaty. The European Commission shall define the restrictions and clauses which may or may not appear in any agreements, decisions and concerted practices to which the exemptions apply. The European Commission is also required to place a time-limit for the duration of any exemption. The European Commission can decide, when adopting a Regulation, whether to make it retroactive to agreements, decisions and concerted practices in force prior to the adoption of such a Regulation.

Should the European Commission, of its own initiative or at the request of any Member State or person claiming a legitimate interest, find that certain effects arising from the agreements or practices exempted are, nevertheless, incompatible with conditions laid down in Article 85(3) of the EC Treaty, the European Commission may withdraw the exemption without any notification being required.

Date of implementation

This Regulation entered into force on 31 May 1991.

In December 1992 the European Commission, exercising its powers under this Council Regulation, adopted a Regulation exempting four categories of agreement between insurance companies from the prohibition contained in Article 85(1) of the EC Treaty (see para **7.2.26** below).

BLOCK EXEMPTION FOR INSURANCE AGREEMENTS

Official title

Commission Regulation (EEC) 3932/92 of 21 December 1992 on the application of Article 85(3) of the EC Treaty to certain categories of agreements, decisions and concerted practices in the insurance sector.

Reference

Commission Regulation 3932/92; OJ L398, 31.12.92.

Amendments

None.

Impact

Agreements between insurance companies with certain specified aims may, if they follow the rules laid down in the Regulation, be exempted from the prohibition on anti-competitive agreements contained in Article 85(1) of the EC Treaty without the necessity of notifying the agreement to the European Commission for individual exemption.

Details

The categories of agreement to which the Regulation applies are agreements between insurance companies and/or re-insurance companies which have, as their aim, any of the following:

- the establishment of common risk-premium tariffs based on collectively ascertained statistics or on the number of claims;
- the establishment of standard policy conditions;
- the common coverage of certain types of risks; and
- the establishment of common rules on the testing and acceptance of security devices.

The Regulation specifies with respect to each category of agreement the circumstances in which the block exemption will apply, which restrictive clauses may be included and which clauses or circumstances will exclude the application of the block exemption. For example, with regard to the calculation of the premium, only agreements relating to pure premiums, as opposed to the commercial premium actually charged to the policyholder, are exempted. Even then, the pure premiums can serve only for reference purposes and there can be no undertakings among the insurers involved or obligations on other insurers to use only the calculations, or other information which has been the subject of the co-operation.

Similarly, standard policy conditions established through co-operation between insurers cannot be binding but can serve only as models. Other restrictions on this category of exempted agreement include the requirement that standard policy conditions must mention expressly the possibility that different conditions may be agreed and that they must be accessible to any interested person.

With regard to the establishment of co-insurance or co-reinsurance groups, these agreements are only exempted subject to the condition that the participants do not hold in excess of 15% of the relevant market in the case of co-reinsurance and 10% in the case of co-insurance.

Co-operation in the testing and acceptance of security devices must not prevent participating undertakings from accepting devices and installation and maintenance companies not approved jointly.

There is also a general power of the European Commission to withdraw the benefit of the exemption if it finds that an agreement exempted by the Regulation has certain effects which are incompatible with the conditions laid down in Article 85(3) of the EC Treaty.

Date of implementation

The Regulation entered into force on 1 April 1993 and will apply until 31 March 2003.

Proposed regulatory legislation

INSURANCE CONTRACTS

Official title

7.2.27 Proposal for a Council Directive on the co-ordination of laws, regulations and administrative provisions relating to insurance contracts.

Reference
Original proposal; OJ C190, 28.7.79.

Amendments
Amended proposal; OJ C355, 31.12.80.

Impact
Would regulate the form and content of insurance policies.

Details

The obligatory contents of the policy and the language in which it is to be written are specified in detail. It creates an obligation on the policyholder to disclose circumstances which could affect the risk either before or after the entry into force of the contract (a well-established concept in English insurance law).

The principle of proportionality also applies. This means that even if the policyholder fails to inform the insurer of all circumstances affecting the risk, the insurance company will still, in certain circumstances, be obliged to pay a proportion of the compensation based on the ratio between the premium paid and the premium that would have been paid if all the facts had been known. The policyholder will be obliged to mitigate the loss, with the insurance company ultimately bearing all the costs involved (*e.g.* salvage costs).

The scope of the amended proposal is limited to insurance contracts covering risks situated in Member States. In accordance with the amended proposal, the policyholder will be able to require that the contract be drawn up in (and not translated into) the language of the country where he resides normally. The amendment retains the rule regarding the insurance company's obligation to pay the costs of the policyholder's effort to mitigate, but adds a proviso that the cost incurred, when combined with the amount of damage suffered, cannot exceed the sum incurred. Sickness insurance has been excluded and, with regard to the policyholder's obligations, proof of failure rests with the insurer. Finally, a proviso has been added that if circumstances influencing the risk arise subsequent to the contract being agreed to, then either party may propose an amendment or termination of the contract.

Proposed date of implementation

The European Commission took into account recommendations contained in the reports of the Economic and Social Committee (see OJ C146, 16.6.80), the European Parliament (see OJ C265, 13.10.80), and the House of Lords and House of Commons Select Committees on the European Communities.

There has been no work on this proposal for the last few years and agreement of the Member States on the need for harmonisation of insurance contracts has not been reached. Certain of the provisions in the proposal have been incorporated into the Second and Third Non-Life Insurance Directives. EU Council progress on the proposal is not foreseen in the near future.

RE-INSURANCE POOL FOR EXPORT CREDITS

Official title

7.2.28 Proposal for a Council Regulation (EEC) concerning the establishment of a re-insurance pool for export credits to Central and Eastern European countries.

Reference

Original proposal; OJ C302, 3.12.90.

Amendments

None.

Impact

The proposal would provide for the establishment of a re-insurance pool for export credit.

Details

Where an export credit insurance agency in a Member State grants insurance or re-insurance on behalf of a Member State or with its support, 40% of all risks resulting from such operations for the agency shall be redistributed proportionally to such agencies in all Member States according to a formula to be established in accordance with detailed provisions provided in the proposal and shall be re-insured jointly by all these agencies (European Pool for Export Credit Insurance).

Agencies would be required to apply for approval of re-insurance as soon as any of these transactions is envisaged. The application should be addressed to the European Commission and to other relevant agencies in all other Member States. The proposal details the manner in which such applications should be processed by the European Commission, which would be assisted in its task by a committee.

Proposed date of implementation

Discussions on this proposal have not been productive. A substantially amended or new proposal would be required to obtain political approval of all Member States.

PENSION FUNDS DIRECTIVE

Official title

7.2.29 Amended proposal for a Council Directive relating to the freedom of management and investment of funds held by institutions for retirement provision.

Reference
Original proposal; OJ C312, 3.12.91.

Amendments
Amended proposal: OJ C171, 22.6.93.

Impact
Will facilitate the freedom of cross-border management and investment of funds held by institutions for retirement provision.

Details
The proposed Directive is designed to achieve two main objectives:

- to allow a pension fund situated in one Member State to have the freedom to select a suitably licensed investment manager or custodian from another Member State; and
- to allow the pension funds to invest their assets freely across borders, while respecting certain prudential principles.

This Directive, however, has faced serious difficulties in debates between the European Commission and the EU Council. Given the impasse, in June 1994 the Financial Services Commissioner, Mr Vanni d'Archirafi, proposed guidelines under which the proposed Directive would be withdrawn but with the guarantee that the freedom of management and investment for pension funds will continue in the context of the free movement of capital and services.

Proposed date of implementation
This proposal will probably be withdrawn by October or November 1994.

REINFORCEMENT OF PRUDENTIAL SUPERVISION

Proposal for a Council Directive amending Directives 77/780/EEC and 89/646/EEC in the field of credit institutions, 73/239/EEC and 92/49/EEC in the field of non-insurance, 79/267/EEC and 92/96/EEC in the field of assurances, and 93/22/EEC in the field of investment firms in order to reinforce prudential supervision.

Reference
Original proposal; OJ C229, 25.8.93.

Impact
The proposed Directive, if adopted, would amend the Non-Life Insurance and Life Assurance Directives. The aim is to strengthen the powers of supervisors and, thus, better equip them to prevent cases of fraud and other irregularities in the financial services sector.

Details

The Details are the same as that provided for credit institutions under the same Directive outlined in para **7.1.17** above)

Proposed date of implementation

As stated in a Common Position (C213/35, 3.8.94), implementation is not expected before 31 December 1995.

3. Securities

Introduction

7.3.1 This section covers Community legislation relating to transferable securities. The Community element arises out of various considerations: the need to ensure free circulation of securities issued in a Member State; the need to remove barriers to access to capital markets in all Member States; and the need to lay down minimum standards of protection for persons who invest in transferable securities. Until recently, Community legislation has tended to concentrate on the securities themselves, rather than on the persons or firms dealing in them. The section of this chapter dealing with banking and capital movements (see above at para **7.1.2**), should be consulted for details on Community regulation of banks, one of the principal categories of institution which deal in securities. Non-bank investment firms are examined in this section, although in matters of their capital adequacy, reference should again be made to the section of this chapter referred to above.

Scope and purpose of the legislation

7.3.2 The role of Community legislation in the securities markets is twofold: to ensure the proper working and inter-penetration of securities markets in order to create a "common market" for capital; and to provide adequate supervision of the operations of the markets and, thereby, provide a minimum Community-wide standard of protection for investors.

Future developments

7.3.3 The Commission's legislative programme for 1994 (Bull. Supp. 1/94) states that legislation will be proposed dealing with the complex question of the prudential supervision of credit institutions, insurance companies and investment firms forming part of financial conglomerates. The Commission will also be concerned to supervise the implementation of the Investment Services Directive by the Member States.

Responsibility within the European Commission

Directorate-General XV (Internal Market and Financial Institutions), Directorate A3, is responsible for the regulation of stock exchanges and securities.

Case law

The case law relevant to this subject is basically the same as that concerning the freedom of establishment, the freedom to provide services and the free movement of capital (discussed in "Banking and capital movements", above at para **7.1.2**).

Legislation

Securities legislation

EUROPEAN CODE OF CONDUCT FOR TRANSACTIONS IN TRANSFERABLE SECURITIES

Official title
Council Recommendation concerning a European code of conduct relating to transactions in transferable securities.

Reference
Commission Recommendation; 77/534/EEC; OJ L212, 20.8.77.

Amendments
Corrigendum; OJ L294, 18.11.77.

Impact
Lays down a series of ethical and practical guidelines designed to improve and harmonise operations and the disclosure of information relating to transactions on the securities markets.

Details
The key provisions of this Recommendation concerning a European code of conduct relating to transactions in transferable securities are that:

- securities transactions should obey not only the letter, but also the spirit of the laws and regulations in force in the Member States and also the principles of good conduct;

- information provided to investors must be complete and accurate and given in good time;
- shareholders should be treated equally;
- company supervisory boards, directors and managers have a particular duty to refrain from any action liable to hamper the proper working of the market in the securities of the company or harm the other shareholders;
- persons dealing regularly on the securities markets should avoid jeopardising the credibility and effectiveness of the market which it is in their own interest to foster, by seeking immediate and unfair profit; and
- financial intermediaries should avoid all conflicts of interest. If a conflict does arise, financial intermediaries should not seek to gain a direct or indirect personal advantage from the situation. They should avoid any prejudice to their clients or other persons with whom they have a fiduciary relationship.

Date of implementation

The Recommendation was notified on 20 August 1977. A Recommendation is not binding and does not have the force of law. Nevertheless, the Recommendation has been taken seriously and professional bodies have adopted its rules into their self-regulatory codes of conduct.

ADMISSION OF SECURITIES TO OFFICIAL STOCK EXCHANGE LISTING

Official title

7.3.7 Council Directive of 5 March 1979 co-ordinating the conditions for the admission of securities to official stock exchange listing.

Reference

Council Directive 79/279/EEC; OJ L66, 16.3.79.

Amendments

Directive 82/148/EEC; OJ L62, 5.3.82.

Impact

Harmonises the conditions for the admission of securities to official stock exchange listing.

Details

Member States must apply the Directive to all securities, with the exception of: (i) units issued by unit trusts other than the "closed-end" type; and (ii) securities issued by a Member State or its regional or local authorities.

The conditions for admission of equity securities to official stock exchange listing are set out in Schedule A to the Directive and cover the legal position of the company, the minimum size of the company (generally a market capitalisation or capital and reserves of at least ECU 1 million on a first issue), the company's period of existence, the legal position of the shares, the free negotiability of the shares, the closure of any previous issues, adequate distribution of the shares, listing of all shares of the same class, and the physical form of the shares.

If the shares are issued by a company which is a national of a third country and the shares are not listed in that country or in any country where a large proportion of the shares are held, the application for listing may be refused unless the competent authority is satisfied that the absence of a prior listing is not due to decisions or measures taken out of consideration for the protection of investors.

The conditions for admission of debt securities to official stock exchange listing are set out in Schedule B to the Directive and cover the free negotiability of the debt securities, the closure of any previous issues, listing of all debt securities ranking *pari passu*, and the physical form of the debt securities. In the case of applications by undertakings other than state, regional or international bodies, conditions are also imposed in respect of the legal position of the undertaking, the legal position of the debt securities, the minimum amount of the loan (usually ECU 200,000), and the treatment of convertible debentures or debentures with warrants.

Member States may impose stricter or further conditions as long as they apply them on objective criteria to all issuers or to all members of objectively defined classes of issuers.

Member States may require issuers of securities admitted to official listing to inform the public on a regular basis of their financial position and general course of business.

Member States may not make admission to official stock exchange listing for companies from other Member States conditional on prior admission to official stock exchange listing in the home country.

The competent authority may reject an application for admission to official listing:

- where the issuer's situation is such that admission would be detrimental to investors' interests;
- where the issuer is admitted to official listing in another state but fails to comply with the obligations resulting from admission in that state.

The obligations in relation to listed shares are set out in Schedule C to the Directive and, in relation to listed securities, in Schedule D to the Directive. These cover the obligation to apply for listing of any new issues of the same shares (but not debt securities), equal treatment of holders, communication to the competent authority of any proposed modification of the instrument of incorporation of the issuer, and publication of annual accounts and reports, as well as any other price-sensitive information.

The obligations to publish information must be discharged at least by publication in one newspaper widely distributed in the Member State in question in one of the official languages or in one of the languages customary in the sphere of finance and accepted by the competent authority.

Where a company is listed on stock exchanges in more than one Member State or in third countries, the information provided to each exchange must be equivalent. In no case may a third country exchange be given information which is more informative than the information provided in the Community for the purposes of valuing the shares or debt securities.

In the case of debt securities issued by the state, regions or international bodies, the obligations are limited to equal treatment of holders and the equivalence of information provided to stock exchanges.

Member States may relax certain requirements of Schedules B and D for certain debt securities where the interest payments are guaranteed by a Member State.

The Directive provides that the competent authority may decide to suspend the listing of a security in the interests of the smooth operation of the market or where the protection of investors so requires. Moreover, the competent authority may decide to terminate the listing of a security where, due to special circumstances, normal regular dealings in the security are no longer possible.

Member States are obliged to provide applicants with a right to seek judicial review of any decision of the competent authority refusing an application for listing or terminating a listing. For this purpose, the decision on an application for admission to listing must be made within six months of last communication by the applicant of relevant information in support of the application. If this six-month period expires without a decision, the applicant may treat this as a rejection of the application, and seek judicial review.

The Directive requires the Member States to co-operate, where necessary, for the execution of their duties and to exchange any information necessary for this purpose. To this end, all Member States are obliged to impose obligations of professional secrecy on employees and former employees of the competent authority.

In particular, where a listing is applied for in several Member States at the same time, the authorities of those states must liaise to ensure that the necessary conditions and formalities are complied with and to simplify and expedite the process.

A "contact committee" has been set up within the European Commission which is responsible for dealing with practical problems arising out of implementation of the Directive and for advising the European Commission.

Date of implementation

Member States were required to implement the provisions of this Directive by 30 June 1983.

LISTING PARTICULARS FOR OFFICIALLY QUOTED SHARES AND SECURITIES

Official title

Council Directive of 17 March 1980 co-ordinating the requirements for the drawing-up, scrutiny and distribution of the listing particulars to be published for the admission of securities to official stock exchange listing.

Reference

Council Directive 80/390/EEC; OJ L100, 17.4.80.

Amendments

Directive 82/148/EEC; OJ L62, 5.3.82.
Directive 87/345/EEC; OJ L185, 4.7.87.
Directive 90/211/EEC; OJ L112, 3.5.90.
Directive 94/18/EC; OJ L135, 31.5.94.

Impact

Standardises the legal rules concerning the obligation to publish listing particulars prior to admission of securities to official listing, and provides for mutual recognition of listing particulars by the different Member States.

Details

The Directive does not apply (i) to units issued by collective investment undertakings other than the closed-end type, or (ii) to securities issued by a Member State or its regional or local authorities.

The Member States are obliged to require publication of listing particulars before securities can be admitted to stock exchange listing. The guiding principle is that the listing particulars must contain the information which is necessary to enable investors and their investment advisers to make an informed assessment of the assets and liabilities, financial position, profits and losses, and prospects of the issuer and of the rights attaching to such securities.

The Member States are allowed to grant partial or full exemption from the obligation to publish listing particulars in the following cases:

- securities which have been the subject of a public issue;
- securities issued in connection with a takeover bid;
- securities issued in connection with a merger, acquisition or similar reconstruction;
- shares allotted free of charge to holders of shares already listed on the same stock exchange;
- shares resulting from the conversion of convertible debt securities if the shares offered by way of conversion are already listed;
- shares resulting from the exercise of the rights conferred by warrants if the shares offered to the holders of the warrants are already listed on the same stock exchange;

- shares issued in substitution for shares already listed on the same stock exchange if the issue of such shares does not involve any increase in the company's issued share capital;
- small issues amounting to less than 10% by number or value of the shares of the same class already listed on the same stock exchange;
- debt securities issued by state monopolies or other state bodies or whose borrowings are guaranteed by the state;
- shares allotted to employees if shares of the same class have already been admitted to official listing;
- securities already admitted to official listing on another stock exchange in the same Member State;
- shares issued in consideration for the partial or total renunciation of rights to profits by the management of a limited partnership having a share capital; and
- supplementary certificates representing shares issued in exchange for the original securities where the issue of the new certificates has not brought about any increase in the company's issued capital and provided that certificates representing such shares are already listed on the same stock exchange.

Member States may authorise the omission of information from listing particulars if it is of minor importance or if disclosure would be contrary to the public interest or seriously detrimental to the issuer, provided that such omission would not be likely to mislead the public.

The particulars to be listed are contained in Schedule A for the admission of shares (87 headings), Schedule B for the admission of debt securities (73 headings), and Schedule C for the admission of certificates representing shares (17 headings). In certain cases information under some headings does not have to be provided and, in other cases, the information has to be given in respect of more than one body (*e.g.* where debt securities are guaranteed by a legal person). Where certain headings of the Schedules appear inappropriate to the issuer's sphere of activity or legal form, the headings may be adapted to cover equivalent information.

Member States are obliged to appoint a competent authority responsible for scrutiny of the listing particulars to ensure that they satisfy all the requirements of the Directive.

Once they have been approved by the competent authority as complying with the requirements of the Directive, the listing particulars must be published either by insertion in one or more newspapers circulating throughout the Member State in which admission to official listing is sought, or in the form of a brochure to be made available free of charge to the public at the offices of the stock exchange, at the registered office of the issuer and at the offices of the latter's paying agent.

All notices, bills and other documents announcing the operation must first be submitted to the competent authority for scrutiny. Such documents must state that listing particulars exist and indicate where they are being or will be published. All supplemental information which arises after approval of the listing particulars and before the commencement of stock exchange dealings must also be published after scrutiny by the competent authority.

The second amendment, made by Directive 87/345/EEC, provides for mutual recognition in other Member States of listing particulars prepared by a company and scrutinised and approved by the authorities in one Member State.

Where applications are made simultaneously or within a short interval in two or more Member States, including the state in which the issuer has its registered office, the competent authority of the latter state shall have jurisdiction over the scrutiny of the listing particulars. If the issuer's registered office is not in any of the relevant states, the issuer must choose which state shall have jurisdiction.

Once scrutinised by the competent authority having jurisdiction, the listing particulars must be accepted as such by the other Member States, subject to translation into national languages and the provision of certain information specific to the national market concerned, notably information about the income tax system, about the paying agents and about the publication of notices to investors.

The third amendment, made by Directive 90/211/EEC, provides for the mutual recognition by the Member States of a public offer prospectus as listing particulars. The public offer prospectus must be so recognised if, within the three months preceding the application for admission to listing in the Member States concerned, it has been drawn up and approved in another Member State in accordance with the provisions of Directive 80/390/EEC as applied by Directive 89/298/EEC on public offer prospectuses. For this purpose, the state in which the public offer prospectus is drawn up may, or, in certain circumstances, must allow the offeror to draw up the public offer document in accordance with Directive 80/390/EEC, subject to adaptations appropriate to the circumstances of a public offer.

Nevertheless, the other Member States are free to require translation into their national languages, and the provision of certain information specific to the national market concerned, notably information about the income tax system, about the paying agents and about the publication of notices to investors.

Member States are not obliged to apply the mutual recognition rules introduced by Directives 87/345/EEC and 90/211/EEC to securities issued by a company having its registered office outside the Community.

The competent authorities of the Member States are required to co-operate, wherever necessary, for the purpose of carrying out their duties and shall exchange any information required for that purpose. To this end, Member States must ensure that all employees and former employees of the competent authority are bound by the obligation of professional secrecy.

Where an application is made for listing in Member State A less than six months after the securities were admitted to listing in State B (but not in such a short interval that the mutual recognition principle applies), the competent authority of State A must contact their counterparts in State B and shall, as far as possible, exempt the issuer from the preparation of new listing particulars, subject to any need for updating, translation or the issue of supplements.

The fourth amendment, made by Directive 94/18/EC, allows (but does not oblige) Member States to dispense with the obligation to require listing particulars in two cases.

The first case concerns securities which have been admitted to official listing in another Member State, the first state, for at least three years, during which period the issuer has complied with all obligations to publish information, etc. Before being admitted to official listing in the second state, certain information must be made available to the public and to the competent authority, namely information about the number and class of the securities and the rights attaching thereto, information about the income tax system, the paying agents, the latest annual report and audited accounts of the issuer and any listing particulars, prospectus or other documents published by the issuer in the 12 months prior to application for admission to official listing.

The second case concerns securities which have already been traded for at least two years on a second-tier market which is regulated and supervised by the authorities of a Member State. In such a case, the same Member State may dispense with listing particulars when the issuer seeks to have the securities admitted to official listing, provided that the competent authority is satisfied that information equivalent to that required by Directive 80/390/EEC was available to investors before the date of admission to official listing.

Date of implementation

The first amendment, 82/148/EEC, set the deadline for implementation of the Directive, as originally adopted, at 30 June 1983. The second amendment, Directive 87/345/EEC, had to be implemented by 1 January 1990 (1 January 1991 for Spain and 1 January 1992 for Portugal). The third amendment, Directive 90/211/EEC, had to be implemented by 17 April 1991. The fourth amendment, Directive 94/18/EC is optional and so has to be implemented only by those Member States which intend to make use of the option.

HALF-YEARLY INFORMATION TO BE PUBLISHED BY OFFICIALLY LISTED COMPANIES

Official title

7.3.9 Council Directive of 15 February 1982 on information to be published on a regular basis by companies whose shares have been admitted to official stock exchange listing.

Reference

Council Directive 82/121/EEC; OJ L48, 20.2.82.

Amendments

Directive 82/148/EEC; OJ L62, 5.3.82.

Impact

Standardises the requirements for the regular publication of information and interim reports by a quoted company.

Details

The rules contained in this Directive are minimum requirements. They require the publication of reports relating to the business of an officially listed company during the first six months of each financial year covering:

- net turnover;
- profit or loss before tax;
- the amount of any interim dividend paid or proposed, in which case the profit or loss after tax must be stated;
- the corresponding figures for the corresponding period in the previous year;
- an explanatory statement, including any significant information, enabling investors to make an informal assessment of the trend of the company's activities and profits or losses, together with an indication of any special factor which has influenced activities, profits or losses during the period in question, and enabling a comparison to be made with the corresponding period of the preceding financial year;
- where the accounting information has been audited by the official auditor of the company's accounts, the auditor's report and any qualifications which he may have must be reproduced in full.

Date of implementation

Member States were required to implement the provisions of this Directive by 30 June 1983 (1 January 1991 for Spain and 1 January 1992 for Portugal).

UCITS

Official title

Council Directive of 20 December 1985 for the co-ordination of laws, regulations and administrative provisions regarding undertakings for collective investment in transferable securities (UCITS).

Reference

Council Directive 85/611/EEC; OJ L375, 31.12.85.

Amendments

Directive 88/220/EEC; OJ L100, 19.4.88.

Impact

Liberalises the market for securities issued by UCITS by providing for home country control of authorisation and prudential supervision, while leaving the marketing and advertising of such securities subject to host country control.

Details

Council Directive 85/611/EEC creates the institution of an authorised "undertaking for the collective investment in transferable securities" or UCITS, which can be set up as a common fund managed by management companies or as a unit trust or investment company. In short, a UCITS is an open-ended collective investment fund which conforms to the conditions laid down by the Directive. As such, a UCITS is entitled to market its units throughout the Community, while remaining subject to the sole control of its home Member State in matters of authorisation to do business, structure and investment policies.

The marketing and advertising of units in other Member States must comply with the regulations of those states.

The investment portfolio of a UCITS must consist solely of:

- transferable securities admitted to official listing on a stock exchange in a Member State; and/or
- transferable securities dealt in on another regulated market in a Member State which operates regularly and is recognised and open to the public; and/or
- transferable securities admitted to official listing on a stock exchange in a non-Member State or dealt in on another regulated market in a third country which operates regularly and is recognised and open to the public, provided that the choice of stock exchange or market has been approved by the competent authority or is provided for in law or by the fund rules or by the investment company's instruments of incorporation; and/or
- recently issued securities provided that the terms of issue include an undertaking that application will be made for admission to official listing on a stock exchange or to another regulated market which operates regularly and is recognised and open to the public, provided that the choice of stock exchange or market has been approved by the competent authority or is provided for in law or the fund rules or by the investment company's instruments of incorporation, and provided also that admission to official listing is secured within one year of issue.

By way of exception to the foregoing:

- not more than 10% of a UCITS's assets may be invested in securities not quoted officially in a Member State;
- Member States may allow up to 10% of a UCITS's assets to be invested in debt instruments (*e.g.* bonds);
- the total of debt instruments and securities not quoted officially in a Member State may not exceed 10% of the UCITS's assets.

Investments in precious metals or certificates representing them are not permitted in any circumstances. As a general rule a UCITS may not invest more than 5% of its assets in securities issued by the same body, although the Member States are allowed to derogate from this rule within limits.

An amendment to this Directive was introduced by Directive 88/220/EEC as a result of pressure from Denmark concerning the status of mortgage bonds under Danish law. The general effect of the amendment is to increase the maximum amount of the UCITS's portfolio which can be invested in one company from 5% to 35%, in certain cases. The cases provided for are those where the securities in question are bonds which offer investors such special guarantees that they can be considered equivalent to securities issued or guaranteed by a Member State or a public authority.

A further proposed amendment is currently before the Council (see para **7.3.16** below).

Date of implementation

Member States were required to implement the provisions of this Directive by 1 October 1989. Greece and Portugal were allowed to postpone implementation until 1 April 1992.

NOTIFICATION OF ACQUISITIONS/DISPOSALS OF MAJOR HOLDINGS

Official title

Council Directive of 12 December 1988 on the information to be published when a major holding in a listed company is acquired or disposed of.

Reference

Council Directive 88/627/EEC; OJ L348, 17.12.88.

Amendments

None.

Impact

The increase and decrease of shareholdings in listed (*i.e.* officially quoted) companies over specified thresholds must be notified by the shareholder to the company.

Details

Council Directive 88/627/EEC obliges both the disposer and the acquirer of a major holding in any company quoted officially on the stock exchange of a Member State to notify the acquisition or disposal to that company within seven days. The company is then obliged to make the notification public within seven days. At the same time the company must publish any differences between the percentage of subscribed capital and the percentage of voting rights held by the acquirer or the disposer.

The shareholder concerned is obliged to notify the acquisition or disposal to the target company within seven days of the transaction. In turn, the target company has seven days in which to make the information public in accordance with stock exchange procedures.

Account must be taken not only of shares held by a person in his or its own name, but also of shares held by nominees of that person, or, in the case of a company, of shares held by, or on behalf of subsidiaries of that company or by nominees of such subsidiaries. Equally, where persons have an agreement to act in concert in respect of their shareholdings in a given company, such persons are treated as one for the purposes of deciding whether or not the thresholds have been passed.

An acquisition or disposal of a major holding is defined as taking place when a person's or a company's shareholding passes certain thresholds in either direction. These thresholds are 10%, 20%, 33.3%, 50%, 66.7% and 90%. Member States have the option of replacing the thresholds of 20% and 33.3% with a single threshold of 25% and of replacing the threshold of 66.7% with 75%.

Member States need not apply the Directive to transactions by authorised professional dealers in the course of their normal activity, provided they do not intervene in the management of the company concerned.

Date of implementation
Member States were required to implement the provisions of this Directive by 1 January 1991.

PUBLIC OFFER PROSPECTUSES

Official title

7.3.12 Council Directive of 17 April 1989 co-ordinating the requirements for the drawing-up, scrutiny and distribution of the prospectus to be published when securities are offered for subscription or sale to the public.

Reference
Council Directive 89/298/EEC; OJ L124, 5.5.89.

Amendments
None.

Impact
The Directive requires the issue of a prospectus where "transferable securities" are issued to the public for the first time where they are not already listed on a stock exchange and provides for mutual recognition of listing particulars, thereby facilitating simultaneous listings in several Member States.

FINANCIAL SERVICES — 7.3.12

Details

Council Directive 89/298/EEC requires the distribution of a prospectus where "transferable securities" are issued to the public for the first time where they are not already listed on a stock exchange.

The Directive does not apply to:

- offers made to persons in the context of their trades, professions or occupations;
- offers made to a restricted circle of persons;
- offers made for a total selling price not exceeding ECU 40,000;
- offers which must be accepted for a minimum amount of ECU 40,000 per investor;
- offers made in individual denominations of at least ECU 40,000;
- offers of units issued by collective investment undertakings other than the closed-end type;
- offers made by a Member State or its regional or local authorities, or by international bodies of which at least one Member State is a member;
- offers made in connection with a takeover bid;
- offers made in connection with a merger;
- an allotment of shares free of charge to holders of existing shares;
- offers of securities in exchange for existing securities if the offer does not involve an overall increase in share capital of the company;
- offers made in the context of an employee benefit plan;
- issues of securities resulting from the conversion or exchange of securities or the exercise of rights under warrants, provided that a public offer prospectus or listing particulars were published in the same Member State in relation to the convertible securities or the warrants;
- offers made by certain state-recognised non-profit-making bodies;
- offers of securities which give the holder rights to use the services of building societies, *crédits populaires*, *Gennossenschaftsbanken*, or Industrial and Provident Societies; and
- offers of Eurosecurities (*e.g.* Eurobonds) which are not the subject of a generalised campaign of advertising or borrowing. The Eurosecurities must be underwritten and distributed by a syndicate whose members come from at least two different Member States. They must be offered on a significant scale in one or more states other than the issuer's state, and must be subscribed for or initially acquired only through a credit or financial institution.

Where official listing of the securities which are the subject of the public offer is not sought, the prospectus must contain the information prescribed by the Directive which is necessary to enable investors to make an informed assessment of the assets and liabilities, financial position, profits and losses and prospects of the issuer and of the rights attaching to the securities. In particular, the prospectus must contain at least the following:

- those responsible for the prospectus;
- the nature of the offer;
- details of the issuer's status;
- details of the issuer's activities;

- details of the issuer's assets, liabilities and financial position;
- details of the issuer's administration, management and supervision; and
- recent developments and business prospects.

The above information is less detailed than that required for official stock exchange listing under Directive 80/390/EEC, the objective being not to burden small and medium-sized issuers unduly.

Member States may authorise the omission of information from listing particulars if it is of minor importance or if disclosure would be contrary to the public interest or seriously detrimental to the issuer, provided that such omission would not be likely to mislead the public.

Notwithstanding the foregoing, Member States may allow the issuer to draw up the prospectus in accordance with Directive 80/390/EEC, with appropriate adaptations to take account of the circumstances of a public offer. In such cases the issuer must submit the prospectus for prior scrutiny even if no request has been made for admission to official stock exchange listing. In this way the issuer has a prospectus which could later be used as listing particulars under Directive 80/390/EEC, as amended by Directive 90/211/EEC.

Where public offers are made simultaneously or within a short interval in two or more Member States, the authority competent to approve the public offer prospectus shall be that of the state in which the issuer has its registered office, if that is the state in which the public offer is made. However, if the state in which the registered office is located, does not require prior scrutiny of a public offer prospectus, or if the public offer is not made there, the issuer must choose to have the prospectus scrutinised in one of the states in which the public offer is made and which does require prior scrutiny of public offer prospectuses. Once approved in accordance with the foregoing, the public offer prospectus must be accepted as a duly approved public offer prospectus in the other states in which the public offers are made, subject to translation into national languages and the provision of certain information specific to the national market concerned (notably information about the income tax system, the paying agents and the publication of notices to investors).

Member States are not obliged to apply these mutual recognition rules to securities issued by a company having its registered office outside the Community.

The public offer prospectus must be published or made available in advance, in the state where the offer is made and in accordance with that state's procedures.

Before publication, the public offer prospectus must be communicated to designated authorities in all the Member States in which the offer is made, whether or not prior scrutiny is required.

In states which require prior scrutiny of a public offer prospectus, all advertisements, notices, posters, etc must also be communicated in advance to the designated competent authority for checking and must state that a prospectus exists and where it is published or can be obtained. The Member States are not obliged to allow distribution of such advertisements, etc before publication of the offer prospectus, but, where they do, the advertisements, etc must state from where the public offer prospectus will be obtainable.

Where official listing is sought at the same time as the public offer and in the same state, the public offer document must be drawn up and scrutinised in accordance with Directive 80/390/EEC, subject to adaptations to deal with the circumstances of a public offer.

If, in a state which requires prior scrutiny of public offer prospectuses, a public offer is made at the same time as an application for official stock exchange listing in another state, the issuer must be allowed to choose to draw up the prospectus and submit it for scrutiny in accordance with Directive 80/390/EEC, subject to appropriate adaptations to deal with the circumstances of a public offer. The purpose is to give the issuer the choice of using the public offer document as listing particulars in the other Member State under Directive 80/390/EEC, as amended by Directive 90/211/EEC.

The competent authority in such a case is the authority of the state in which the issuer has its registered office, if a public offer or application for admission to listing is made in that state. However, if the state in which the registered office is located does not require prior scrutiny of a public offer prospectus, or if a public offer or application for a listing is not made there, the issuer must choose to have the prospectus scrutinised in one of the states in which a public offer is made and which does require prior scrutiny of public offer prospectuses.

Where admission to official listing is sought in the same or another Member State, the public offer prospectus must be published or made available in advance, either by insertion in one or more newspapers circulating throughout the Member State in which admission to official listing is sought, or in the form of a brochure to be made available free of charge to the public at the registered office of the issuer and at the offices of the latter's paying agent. In addition, either the complete prospectus or a notice stating where it may be obtained must be inserted in a publication designated by the Member State in which the offer is made.

All advertisements, notices, posters, etc must be communicated in advance to the competent authority and must state that a prospectus exists and where it is published or can be obtained. The Member States are not obliged to allow distribution of such advertisements, etc before publication of the offer prospectus, but if they do, the advertisements, etc must state where the public offer prospectus will be obtainable.

Material new factors or inaccuracies arising prior to the definitive closure of the offer must also be published in accordance, at least, with the procedures applied to the original public offer prospectus.

The competent authorities of the Member States are required to co-operate whenever necessary for the purpose of carrying out their duties and shall exchange any information required for that purpose. To this end, Member States must ensure that all employees and former employees of the competent authorities are bound by the obligation of professional secrecy.

Where a public offer prospectus is scrutinised in relation to the issue of securities giving rights to acquire shares, and the shares have been admitted to official listing in the state in which the issuer has its registered office, the competent authority of the state making the offer is obliged to consult with the competent authority of the state of listing.

Date of implementation

Member States were required to implement the provisions of this Directive by 17 April 1991.

PREVENTION OF INSIDER DEALING

Official title

7.3.13 Council Directive of 13 November 1989 co-ordinating regulations on insider dealing.

Reference

Council Directive 89/592/EEC; OJ L334, 18.11.89.

Amendments

None.

Impact

The Directive seeks to harmonise national rules and to ensure that insider trading is forbidden throughout the Community.

Details

Member States are obliged to make it an offence to divulge inside information to third parties otherwise than in the normal course of business or to recommend, on the basis of inside information, that a third party acquire or dispose of transferable securities, or to procure the acquisition or disposal of securities by a third party.

The Directive applies, *inter alia*, to any person acquiring inside information in the course of employment, as well as in the exercise of a profession or duties.

Where the person referred to is a company or any other type of legal person, the prohibition shall apply to the natural persons involved in taking decisions with regard to transactions on its behalf.

Inside information is defined as information which has not been made public, of a precise nature relating to one or more issuers of transferable securities, which, if it were published, would have a material effect on the price of the transferable security or securities in question.

The following cases do not, in themselves, constitute taking advantage of inside information:

- the normal business of buying and selling securities by market makers or persons authorised to act as counterparties;
- the carrying out of orders by stockbrokers; and
- transactions undertaken with the aim of stabilising the price of new issues or secondary offers of transferable securities.

Member States may provide that the prohibition laid down shall not apply to transferable securities bought or sold outside a regulated market without the involvement of a professional intermediary.

The Directive would not apply to certain transactions carried out by a state, its central bank or, if the state so decides, its regional or local authorities.

The competent authority shall be given all supervisory and investigative powers which are necessary for the exercise of its duties. Penalties for infringement must be sufficient to promote compliance with the measures taken under the Directive.

Member States would have jurisdiction (at least) over all transactions taking place on markets within their territories, but are free to extend the scope of their jurisdiction.

Date of implementation

Member States were required to implement the provisions of this Directive by 1 June 1992.

INVESTMENT SERVICES

Official title

Council Directive of 10 May 1993 on investment services in the securities field.

Reference

Council Directive 93/22/EEC; OJ L141, 11.06.93.

Amendments

None.

Impact

The Directive seeks to secure mutual recognition by the Member States of each other's authorisation and supervisory systems. This will allow investment firms to open branches and provide cross-border services throughout the Community in the same way that credit institutions can under the Second Banking Directive.

Details

The objective of the proposal is to allow investment firms to operate in all Member States on the basis of a single licence issued in the home Member State, in much the same way as for credit institutions under the Second Banking Co-ordination Directive (see para **7.1.7** above). An investment firm is defined as a legal person which provides the following services on a professional basis in relation to the instruments in the second list below:

- reception and transmission of orders on behalf of investors;
- execution of orders otherwise than for the firm's own account;
- dealing for the investment firm's own account;
- managing portfolios of investments on a discretionary client-by-client basis in accordance with investors' mandates; and
- underwriting and/or placing of issues.

The instruments covered by all five categories of service are:

- transferable securities;
- units issued by collective investment undertakings;
- money-market instruments;
- financial-futures contracts;
- forward interest-rate agreements (FRAs);
- interest-rate, currency and equity swaps; and
- options on any of the previous categories, including equivalent cash-settled instruments. This category includes options on currency and on interest rates.

Member States may also apply the Directive to investment firms which are not legal persons, for example an individual or an unincorporated partnership, provided that adequate measures are adopted to protect funds or securities of third parties, to supervise the solvency of the firm and to ensure the preparation and audit of annual accounts.

The Directive does not apply to direct life or non-life insurance undertakings, to an investment firm which provides services only to a company in the same corporate group, to persons who provide investment services incidental to the exercise of another regulated profession (*e.g.* lawyers), to persons who provide services in relation to employee share schemes, or to central banks and similar bodies.

A Member State may not authorise an investment firm to conduct investment business unless: it has sufficient initial capital within the meaning of the Capital Adequacy Directive (see para **7.1.13** above); the persons who effectively run the business are of sufficiently good repute and have sufficient experience; and the shareholders owning 10% or more of the firm are suitable, taking into account the need to ensure sound and prudent management of the firm.

Under the Directive, the supervisory authority of a Member State is not allowed to grant a licence to an investment firm before it has been informed of the identities of the shareholders or members, whether direct or indirect, natural or legal persons, who have qualifying shareholdings (basically,

FINANCIAL SERVICES 7.3.14

holdings of 10% or more), and the amounts of those holdings. Moreover, it is obliged to refuse to grant the licence if it is not satisfied as to the suitability of the shareholders, taking into account the need to ensure the sound and prudent management of the firm.

The supervisory authorities of the relevant Member States are required to consult on questions of licensing where the investment firm involved was a subsidiary of a firm or credit institution already licensed in another state, or had a common parent or controlling person with an investment firm or credit institution already licensed in another state.

On the basis of its home state licence, an investment firm is now entitled to provide services in another Member State (the host state), either by opening a branch in the host state or by providing the services from its establishment in the home state. No further authorisation requirements can be imposed. The services comprised in this facility are those listed above and also the following ancillary services:

- safekeeping and administration of the listed instruments;
- safe custody services;
- granting credits or loans to enable an investor to carry out a transaction in any of the listed instruments, where the investment firm is involved in the transaction;
- advice to undertakings on capital structure, industrial strategy, mergers and acquisitions, etc;
- services related to underwriting;
- investment advice to a client or clients on any of the listed instruments; and
- foreign exchange services, where these are connected with the provision of investment services.

The procedures for exercising these two facilities are as follows.

In order to provide cross-border services from an establishment in the home state, the investment firm must communicate its programme of activities to the supervisory authority of its home state. The latter must transmit the programme of activities to the supervisory authority of the host state, and, within one month, the investment firm may commence its activities in that state.

In order to open a branch in the host state, an investment firm must furnish its home state supervisory authority with the following information:

- the Member State in which it is intended to open the branch;
- a programme of operations setting out, *inter alia*, the types of business envisaged and the structural organisation of the branch;
- the address in the host Member State from which documents could be obtained; and
- the names of the branch managers.

At this point the home state must consider whether the administrative structure and financial situation of the firm are adequate, taking into account the activities envisaged. If its view on these matters is affirmative, the home state authorities must communicate the investment firm's file, including a statement of the investment firm's own funds, and details of any applicable compensation scheme, to the supervisory authority of the host state. The home state must inform the investment firm, within three months, that it has communicated the file to the host state authorities or, alternatively, it must notify the investment firm of its refusal to do so, together with reasons. The investment firm will be entitled to appeal to the national courts against any such refusal or failure to reply. Upon receipt of the file, the host state has two months in which to make the necessary preparations. Upon expiry of the two months, the investment firm may open the branch, whether or not the host state is ready.

Investment firms authorised by their home state to provide broking, dealing or market making services will be entitled to have access, under the host state's rules, to membership of the host state's stock exchanges, organised securities markets and clearing and settlement systems. The investment firm must be given the choice of becoming a member either directly, by setting up a branch in the host state, or indirectly, by establishing or acquiring a local investment firm in the host state. However, if the host state does not require that national investment firms have a physical presence, investment firms from other Member States must be allowed access to membership without having to set up a branch or subsidiary in the host state. In such cases, the home state must allow the host state to provide appropriate facilities, such as electronic data interchange services, to the investment firm in the host state.

Where, as at 10 May 1993, a Member State did not allow credit institutions to become members of regulated markets except via a specialised subsidiary, they may impose such obligation on investment firms from other Member States until 31 December 1996, provided they do so on a non-discriminatory basis. Greece, Portugal and Spain may extend this deadline to 31 December 1999.

A Member State may prohibit off-market trading where the client is habitually resident or established in that state and the transaction involves an instrument dealt in on a regulated market in that state. However, where such a prohibition is imposed, the Member State must allow the client to authorise the investment firm to deal off-market on his behalf. The procedures for the giving of such authorisation must strike a balance between the need to protect investors and the need not to jeopardise the prompt execution of clients' orders.

The general principle of Community prudential supervision is that the home state has primary supervisory responsibility over an investment firm incorporated in, and having its centre of administration in that country. In particular, the home state is required to draw up prudential rules which require an investment firm:

- to have sound administrative and accounting procedures, control and safeguard arrangements for electronic data processing, and adequate

internal control mechanisms, including arrangements for personal transactions made by employees of the firm;
- to make adequate arrangements for securities belonging to investors so that their ownership rights are protected, and to prevent use of investors' securities by the investment firm for its own account;
- to make adequate arrangements for money belonging to investors so that their rights are protected, and to prevent use of an investor's money for the firm's own account (unless the firm is also a credit institution, in which case it is entitled to accept deposits from its customers and use such deposits for its own purposes);
- to arrange for sufficient records to be kept of executed transactions, so that the home state's supervisory authorities can monitor the application of the prudential rules for which they are responsible (*e.g.* under the Capital Adequacy Directive and the Large Exposures Directive (see paras **7.1.13** and **7.1.14** above)); and
- to be structured and organised in such a way as to minimise the risk of clients' interests being prejudiced by conflicts of interest between the firm and its clients or between one of its clients and another.

The host state retains the right to regulate a foreign investment firm's activities in the host state to the extent that such regulation is necessary for the protection of the general good. Thus, for example, the host state may lay down rules governing the form and content of advertising. Moreover, where a foreign investment firm has set up a branch, the host state's rules on steps to be taken to avoid conflicts of interests are to take precedence over any such rules of the home state.

Member States are obliged to draw up rules of conduct which require that an investment firm:

- acts honestly and fairly in conducting its business activities in the best interests of its clients and the integrity of the market;
- acts with due skill, care and diligence, in the best interests of its clients and the integrity of the market;
- has and employs effectively the resources and procedures which are necessary for the proper performance of its business activities;
- seeks from its clients information regarding their financial situation, investment experience and objectives as regards the services requested;
- makes adequate disclosure of relevant material information in its dealings with its clients;
- tries to avoid conflicts of interests and, when conflicts cannot be avoided, ensures that its clients are fairly treated; and
- complies with all regulatory requirements applicable to the conduct of its business activities so as to promote the best interests of its clients and the integrity of the market.

In order to ensure market transparency, regulated markets must publish price information throughout the day's trading. For its own regulated markets, a Member State may adopt more stringent reporting rules than those required by the Directive, provided it does not discriminate against securities issued in other Member States. As far as the traders themselves are concerned, they are obliged to keep records for five years of all transactions carried out and, at the earliest opportunity, to provide the supervisory authority with reports of transactions in shares and instruments giving access to capital, bonds, standardised contracts relating to shares, and standardised options on shares. Again, a Member State may, without discrimination, maintain more stringent disclosure rules relating to transactions carried out by investment firms (of which it is the home state) on a regulated market in its jurisdiction.

In the light of the closing down of the BCCI and other events, a proposal is being considered currently which would reinforce the powers of the authorities responsible for supervising investment firms (see para **7.1.17** above).

A non-Community investment firm cannot, itself, invoke the provisions of the Treaty of Rome on the freedom of establishment. Therefore, it has to apply for a separate licence in each Member State in which it sets up a branch or subsidiary. However, once it has set up a subsidiary in a Member State, that subsidiary can open branches in other Member States on the basis of its own single licence. Nevertheless, the establishment or acquisition of a subsidiary investment firm would be subject to a reciprocity clause structured in exactly the same way as under the Second Banking Co-ordination Directive (see para **7.1.7** above).

Date of implementation

Member States are required to adopt national provisions implementing the Directive by 1 July 1995, although such provisions need not enter into force until 31 December 1995.

CAPITAL ADEQUACY FOR MARKET POSITION RISK

Official title

7.3.15 Council Directive of 15 March 1993 on capital adequacy of investment firms and credit institutions.

Reference

Council Directive 93/6/EEC; OJ L141, 11.6.93.

Amendments

None.

Impact

The Directive establishes a common framework for the monitoring of market risks of investment firms (and of credit institutions in so far as they carry out investment business).

Details

For a full discussion of this proposal see the same proposal discussed in para **7.1.13** above.

Proposed date of implementation

Member States are required to adopt national provisions implementing the Directive by 1 July 1995, although such provisions need not enter into force until 31 December 1995.

Proposed securities legislation

UCITS

Official title

Proposal for a European Parliament and Council Directive amending Directive 85/611/EEC on the co-ordination of laws, regulations and administrative provisions relating to undertakings for collective investment in transferable securities (UCITS).

Reference

Proposal for a European Parliament and Council Directive; OJ C59, 2.3.93.

Amendments

Amended proposal; OJ C242, 31.8.94.

Impact

Would bring money market funds, umbrella funds and funds having a master fund/feeder fund structure within the scope of Directive 85/611/EEC.

Details

The proposed amendment would permit UCITS to invest in money market instruments or units issued by other UCITS. It would also bring master fund/feeder fund structures within the scope of Directive 85/611/EEC.

An enlarged definition of "transferable securities" would be adopted, namely:

- shares in companies and other securities equivalent to shares in companies;
- bonds and other forms of securitised debt, both of which are negotiable on the capital market; and
- any other securities normally dealt in which carry the right to acquire any such transferable securities by subscription or exchange,

but excluding payment instruments and financial derivative instruments.

Money market instruments would qualify as transferable securities if they were dealt in normally on a liquid money market and had a value which could be determined accurately and with the necessary frequency. In order to be permitted investments, money market instruments would have to be admitted to official stock exchange listing or issued by an undertaking whose securities were admitted to official listing. Alternatively, they would have to be issued or guaranteed by a public body or an establishment subject to prudential supervision in accordance with Community criteria, or their equivalent.

Money market instruments would not qualify as debt instruments for the purposes of the rule that a UCITS may not invest more than 10% of its assets in debt instruments. The rule that a unit trust or an investment company may hold ancillary liquid assets will be replaced by the rule that a UCITS may deposit up to 25% of its assets in deposits with credit institutions. This limit does not apply to UCITS set up as "cash funds", provided not more than 25% of its deposits are with the same credit institution or group of credit institutions. Equally, the limit would not apply to ancillary liquid assets held incidentally by a UCITS of any kind.

UCITS would be permitted to carry out transactions in financial derivative instruments provided that the exposures relating to such instruments were covered adequately.

UCITS, other than umbrella funds, would be permitted to invest in other UCITS up to a limit of 10% of assets, instead of the current limit of 5%. However, umbrella funds would be allowed to exceed this limit provided they did not place more than 20% of their assets in any one UCITS. An umbrella fund would be allowed to hold banking deposits and ancillary liquid assets, but would not be allowed to hold transferable securities or units issued by other umbrella funds.

Feeder fund/master fund structures would be permitted subject to certain conditions as to publication and transparency of the contractual relationships between the different funds and the charges involved. The feeder fund would be permitted to invest in bank deposits and ancillary liquid assets, in addition to units issued by the master fund, but would not be permitted to invest in any other assets.

The rule which requires cross-border advertising, issued by a UCITS, to be drawn up in the official language of the Member State to which the advertising is directed, would be amended to require that such advertising be in a language which is easily understood by the investors concerned.

As far as the location of depositaries is concerned, the present rule is that a depositary must have either its registered office or an establishment in the same Member State as the management company. The proposed new rule is that the depositary must have an establishment in the same Member State as the management company, thereby avoiding the use of "post-box" registered offices. However, a derogation from the proposed new rule would be allowed where the depositary was a credit institution or an investment firm duly authorised to provide safekeeping and administration services under the Second Banking Directive (see para **7.1.7** above) or the Investment Services Directive (see para **7.3.14** above). In such a case, the depositary would be permitted to provide cross-border depositary services without having an establishment in the same Member State as the management company, provided it complied with certain conditions, notably by notifying the supervisory authority responsible for supervision of the unit trust (or investment company) with all information it required. Member States may not give more favourable treatment to depositaries having their head office outside the Community than they give to depositaries having their head office inside the Community.

Proposed date of implementation

The proposed date for implementation of the amended Directive is 1 July 1996.

INVESTOR COMPENSATION SCHEMES

Official Title

Proposal for a Council Directive on investor compensation schemes.

Reference

Proposal for a Council Directive; OJ C321, 27.11.93.

Amendments

None.

Impact

Would create an investor compensation scheme for investment business along much the same line as the deposit-guarantee scheme for banking business.

Details

This proposed Directive is described in para **7.1.18** above.

Proposed date of implementation

The proposed date of implementation is 31 December 1995.

CONTENTS OF CHAPTER 8

Intellectual Property

	Para
Introduction	**8.1**
Scope and purpose of the legislation	8.2
Future developments	8.3
Responsibility within the European Commission	8.4
Case law	**8.5**
Legislation	
Intellectual property legislation	
Counterfeit goods	8.6
Protection of topographies of semiconductor products	8.7
Protection of topographies of semiconductor products Decision (1)	8.8
Protection of topographies of semiconductor products Decision (2)	8.9
Trade marks – harmonisation	8.10
Computer programs	8.11
Copyright (Berne and Rome Conventions)	8.12
Rental and lending rights	8.13
Satellite broadcasting and cable retransmission	8.14
Duration of copyright and related rights	8.15
Community trade mark	8.16
Plant variety rights	8.17
Proposed intellectual property legislation	
Community patent convention	8.18
Community trade mark – implementation	8.19
Community trade mark – board of appeal	8.20
Community trade mark – fees	8.21
Biotechnological inventions	8.22
Databases	8.23
Designs – harmonisation	8.24
Community design	8.25
Counterfeit and pirated goods	8.26

Chapter 8
Intellectual Property

Introduction

The term "intellectual property" includes a variety of legally protected products of the intellect, such as patents, copyright, trade marks, industrial designs, biotechnological inventions, etc. The economic importance of the right to protect such forms of intangible property is rapidly growing worldwide. Patents and know-how are critical factors in the advancement of new technology. Trade marks and industrial designs offer powerful marketing tools to enterprises in every sector of the economy. Copyright is an indispensable requirement for the viability of the press and audiovisual industry in a free market economy.

This chapter covers Community law and policy, both adopted and proposed, in so far as they have an impact on the existence, protection, transfer or exploitation of intellectual property rights.

The supplementary protection certificate, a related issue, is discussed in full in Chapter 4.

Scope and purpose of the legislation

Intellectual property rights are protected by national systems of law and are, therefore, limited within national boundaries. There are various Community initiatives aiming at the creation of a unified European system of intellectual property, but it is unlikely that this trend will lead to the total abolition of national systems. It is more likely that the new, centralised systems of intellectual property protection, once operative, will co-exist with the traditional ones at the national level. This situation creates a potential conflict with fundamental principles of Community law; national legislation could be used to prevent trade across national boundaries, thus re-establishing the barriers which the EC Treaty was intended to remove, whilst preventing, restricting or distorting competition within the Common Market itself.

The EC Treaty only mentions "the protection of industrial and commercial property", under Article 36, as one of a number of justifiable exceptions to the free movement of goods. According to Article 36, the EC

Treaty's provisions ensuring the free movement of goods between Member States do not preclude "prohibitions or restrictions on imports, exports or goods in transit justified on grounds of", among other things, the protection of industrial and commercial property.

However, such prohibitions or restrictions must not "constitute a means of arbitrary discrimination or a disguised restriction on trade between Member States". Since Article 36 lays down exceptions to the general principle of free movement of goods, it is subject to strict interpretation. The scope of derogations from the fundamental principle of free movement of goods cannot be determined unilaterally by each Member State without reference to Community law.

Accordingly, where Community legislation provides for the harmonisation of measures necessary to secure free movement of goods, recourse to Article 36 is not justified. In the field of intellectual property, harmonisation on a Community level is however, still at an early stage and recourse to Article 36 is still possible.

The exercise of intellectual property rights may also lead to conflicts with Community competition rules. The exclusive powers derived from intellectual property rights may be relied upon as a means of restricting or distorting competition in the Common Market. For instance, an unjustified refusal to grant a licence may constitute an abuse of dominant position contrary to Article 86 of the EC Treaty; a licence ensuring absolute territorial protection of a licensee against parallel imports may help maintain an illegal cartel prohibiting cross-border competition contrary to Article 85(1) of the EC Treaty, etc. Community legislation and case law aim at ensuring that the rights of intellectual property owners are properly balanced with the need to protect free competition in the Community.

Article 222 of the EC Treaty states that "this Treaty shall in no way prejudice the rules in Member States governing the system of property ownership". The interpretation given to this Article is that Member States may still organise national systems of property protection, but Community Institutions are not excluded from intervening in the way property rights are exercised.

Future developments

8.3 The European Commission's legislative initiatives in the near future are likely to focus on proposals for the harmonisation of the following copyright-related issues:

- author's "moral rights", presently protected in Continental Europe, and less so in common law countries;
- reprography and home copying, including the question of a levy on blank cassettes and recording equipment;
- the so-called "*droit de suite*" or resale right (*i.e.* the right of artists to demand a percentage of the resale price of their creations); and
- the intellectual property rights of employees.

Responsibility within the European Commission

Directorate E of Directorate-General XV (Internal Market and Financial Affairs) is responsible for the harmonisation of intellectual property rules.

Directorate A-4 of Directorate-General IV (Competition) is responsible for the co-ordination of competition decisions on industrial and intellectual property rights.

Case law

There is a considerable body of Community case law dealing with intellectual property. The cases on which the European Court of Justice has pronounced a judgment have covered a variety of intellectual property rights (*e.g.* patents, trade marks, copyright, etc) and different legal questions. Most of these cases arise out of the conflict between the exercise of intellectual property rights and (i) Community competition rules and (ii) free movement of goods and/or services.

The main cases setting out the rules by which the conflict between Community competition rules and intellectual property may be resolved can be summarised as follows.

In Cases 56 and 58/64 *Consten & Grundig* v *Commission* [1966] ECR 299 (judgment given 13 July 1966), a case concerning trade marks, the European Court of Justice set out the general principle that the Community competition rules do not allow the improper use of intellectual property rights in order to frustrate the Community's law on cartels.

The limits between proper and improper use were examined in more detail in a number of subsequent cases. In Case 258/78 *Nungesser* v *Commission* [1982] ECR 2015 (judgment given 8 June 1982), the European Court of Justice held that the existence, as such, of an intellectual property right did not infringe Article 85(1) of the EC Treaty. Nevertheless, the exercise of such a right might well fall within the ambit of the prohibitions of Community competition rules, if it were to manifest itself as the subject, the means or the consequence of an agreement.

In the same judgment, the European Court of Justice made a distinction between "absolute territorial protection" and "open licences" in licensing agreements. An "absolute territorial protection" is an arrangement whereby licensor and licensee aim at excluding any possibility of parallel imports of the protected goods into the licensee's territory, thus "sealing it off" from the rest of the Common Market. "Open licences", on the other hand, do allow parallel imports; the licensor undertakes merely not to grant other licences in respect of the licensee's territory and not to compete himself with the licensee on that territory. A system of absolute territorial protection was found to infringe Community competition rules and normally to be incapable of individual exemption, whilst an open licence may be allowed, under certain circumstances.

Case 193/83 *Windsurfing* v *Commission* [1986] ECR 611 (judgment given 25 February 1986) gave the European Court of Justice the opportunity to examine in more detail certain typical restrictive clauses in a patent licence. Most of these were held to be contrary to Community competition rules.

In two cases concerning spare parts, Case 238/87 *Volvo* v *Veng* [1988] 6211 and Case 53/87 *Maxicar* v *Renault* [1988] ECR 6039, both judgments of 5 October 1988, the European Court of Justice considered the protection of designs and models in the light of Article 86 of the EC Treaty. The Court held that the refusal by the proprietor of a registered design, to grant licences to third parties, even in return for reasonable royalties, did not, in itself, constitute an abuse of a dominant position. The legal position might be different, however, if certain specified conditions were fulfilled.

Thus, in *Volvo* v *Veng* and *Maxicar* v *Renault* the balance turned in favour of the intellectual property rights rather than Article 86 of the EC Treaty. However, this was not the case in Case T-76/89 *Magill TV Guide* [1991] ECR II-575 (judgment given 10 July 1991: an appeal against this judgment is currently pending before the European Court of Justice). Here, the Commission had found that the refusal by a number of TV broadcasters to allow third parties to publish the weekly listings for their programmes constituted an abuse of dominant position. The Court of First Instance accepted that under the specific circumstances of the case this refusal did not fall under the specific subject-matter of the copyright, if any, which the broadcasters might have on their programme listings. Therefore, their alleged copyright could not prevail over the application of Community competition rules.

The European Court of Justice has also examined the conflict of intellectual property rights with regard to the rules on free movement of goods and services in the Common Market.

The general rule laid down in Case 119/75 *Terrapin* v *Terranova* [1976] ECR 1039 (judgment given on 22 June 1976) is similar to the one applying to the conflict between intellectual property and Community competition rules. The EC Treaty does not affect the existence of intellectual property rights recognised by the national legislation of a Member State and not yet harmonised on a Community level. Nevertheless, the exercise of these rights may, depending on the circumstances, be restricted by the prohibitions of the EC Treaty.

An important restriction of intellectual property rights consists of the so-called "exhaustion of rights" principle, summarised by the European Court of Justice in the *Terrapin* v *Terranova* case. Under this principle, at least some of the exclusive rights guaranteed by national rules on intellectual property are "exhausted", throughout the whole Community, when a product has been lawfully put on the market in one Member State by the actual proprietor of this right or with his consent. The fact that the national law of this Member State may not protect the intellectual property right in question is irrelevant, as was clarified later, in Case 187/80 *Merck* v *Stephar* [1981] ECR 2063 (judgment given 14 July 1981), as long as the right owner had given his consent to put the product on the market of that Member State.

In Case 192/73 *Van Zuylen* v *Hag* [1974] ECR 731 (judgment given 3 July 1974), the European Court of Justice went a step further. It held that the original owner's rights in a trade mark had been exhausted, although the products protected by this trade mark had been put on the market by a third party, without the original owner's consent, following a post-war sequestration of this trade mark in certain Member States. The Court based its judgment on the "common origin" of the conflicting trade marks, whose separate ownership could be traced back to one and the same owner, regardless of the fact that this owner had not given his consent to the trade mark's partial sequestration and division.

Subsequent case law suggested that the "common origin principle" applied only to trade marks; the situation would be different with regard to other intellectual property rights such as patents. Thus, in Case 19/84 *Pharmon* v *Hoechst* [1985] ECR 2281 (judgment given 9 July 1985) the European Court of Justice held that a compulsory licence on a patent had not led to the exhaustion of the rights on this patent throughout the Community. This was a consequence of the lack of any consent by the original patent owner for the placing of the patented goods on the market. The fact that the conflicting patents had a "common origin" was irrelevant.

The controversial "common origin principle" was abandoned by the European Court of Justice in the *Hag II* case (Case 10/89, [1990] ECR I-3711, judgment given 17 October 1990). *Hag II* involved the same parties as *Van Zuylen* v *Hag*, but in inverted roles. Reversing its previous judgment, the European Court of Justice gave precedence to trade mark protection over the free movement of goods. It held that trade mark owners in the Community can exclude from their territory goods on which an identical trade mark has been placed by another, unrelated person, who is the owner of the trade mark in another Member State, if the two trade marks could be traced back to one and the same trade mark, but this original trade mark had been "split" without the original owner's consent.

The position regarding trade marks was further clarified in the recent judgment concerning the "Ideal Standard" trademark (Case C-9/93, not yet reported, judgment of 22 June 1994). Here, the European Court of Justice held that the "exhaustion of rights principle" does not apply if a trademark is assigned (rather than licensed), and there is no economic link between assignor and assignee. The Court accepted that if these two conditions are met, assignors may prohibit the export of the assignee's products into their territory, if these products bear the assigned trademark.

The application of the "exhaustion of rights" principle on copyright licences provides another example of how different intellectual property rights may have to be treated differently. Thus, in Case 62/79 *Coditel* v *Ciné Vog Films* [1980] ECR 881 (judgment given 18 March 1980) the European Court of Justice held that, owing to their special nature, performing rights on a film could not be held to be "exhausted" throughout the Community by the public performance of this film in one Member State. The Court took into account a distinction between tangible forms of exploitation of copyright (such as video-cassettes and sound recordings) and intangible ones (such as the public performance of a film). The judgment in *Coditel* v *Ciné Vog Films* suggests that the "exhaustion of rights" principle applies to tangible forms of copyright exploitation but not to intangible ones.

In addition to competition and the "exhaustion of rights principle", the European Court of Justice has had various opportunities to deal with other issues relating to intellectual property.

In Case C-76/90 *Säger* v *Dennemeyer* [1991] ECR I-4221 (judgment given 25 July 1991), the European Court of Justice found that German legislation infringed Community provisions on the free movement of services by reserving certain patent-related activities for German patent attorneys. The activities in question related to the supervision and payment of renewal fees for patents in Germany. The European Court of Justice held that these services consisted of relatively simple and routine tasks and did not require the specific expertise and qualifications of a German patent attorney. Therefore, the German patent attorneys' monopoly on the provision of these services could not be justified, and companies from other Member States should not be prohibited from offering these services in Germany on grounds relating to their nationality.

Recent case law has also reminded Member States that their legislation on compulsory licensing may not be relied upon to restrict free movement of goods in the Community. In Cases 235/89 ([1992] ECR I-777, judgment given 18 February 1992) and C-30/90 ([1992] ECR I-829, judgment given 18 February 1992) concerning actions of the Commission against Italy and the United Kingdom respectively, the European Court of Justice found that these Member States were infringing their obligations under the EC Treaty rules on the free movement of goods. The infringement consisted in allowing the grant of compulsory patent licences in cases where the holder of the patent in question did not exploit the patent in the respective national market sufficiently, even if the demand for the protected product was met to a large extent by imports from other Member States.

Similarly, the intellectual property laws of Member States may not include provisions which discriminate between their own nationals and those of other Member States. Historically, such discrimination has been mitigated through inter-governmental or bilateral agreements imposing, amongst others, principles of non-discrimination. However, this is less the case in areas such as neighbouring rights (*i.e.* the rights of performers, broadcasters and producers of audiovisual works) where the geographical scope of the existing international agreements has remained limited. The Court's judgment in the *Phil Collins* case (Joined Cases C-92 and C-326/92, [1993] ECR I-5145, judgment given 20 October 1993) closed this gap by confirming that the general principle of the prohibition of discrimination laid down by Article 7 of the EC Treaty is also applicable to copyright and neighbouring rights. Therefore, a Member State may not deny authors and interpreting or performing artists from other Member States a right given to its own nationals.

INTELLECTUAL PROPERTY 8.5

A recurring problem in intellectual property disputes with a cross-border dimension is that, notwithstanding the harmonisation of national statutory provisions achieved so far, private parties are still confronted with different national interpretations on questions such as the confusing similarity of trade marks, their scope of protection, the criteria as to what may constitute a deceptive trade mark or advertisement, etc. The degree to which such national discrepancies can be reconciled with Community rules on free movement of goods and services is not yet fully clarified.

The issue has arisen in a number of cases before the European Court of Justice. However, the Court's views as to whether the issue in question fell under its competence or was outside the scope of the EC Treaty and should be left to national courts have not been entirely consistent. It would appear that much depends on the particular circumstances of each case, the exact wording of the questions referred to the European Court of Justice, and the extent to which a specific national deviation is proportionate to its purported aims.

The judgment of the European Court of Justice in Case C-238/89 *Pall* v *Dahlhausen* [1990] ECR I-4827 (judgment given 13 December 1990) dealt with a conflict between German rules on unfair competition and Community rules on the free movement of goods. German provisions of unfair competition prohibited the putting into the German market of goods from Italy having the letter "R" beside the trade mark, because the trade mark in question had not been registered in Germany. The European Court of Justice held that the Community rules on the free movement of goods should prevail over these provisions of German law and that these could not be used to stop imports and the placing onto the German market of the Italian product.

The European Court of Justice was less willing to examine issues of fact in the *Quattro* case (Case C-317/91, [1993] ECR I-6227, judgment given 30 November 1993) relating to a trade mark dispute between Renault and Audi about the alleged confusing similarity between the trade marks Quadra and Quattro. Here, the Court held that the determination of rules regarding the risk of confusion between trade marks falls under the domain of national law, subject only to the restrictions imposed by Article 36 of the EC Treaty. Without attempting any detailed examination of the relevant facts, the Court held that there appeared to be no reason to think that Article 36 EC had been infringed.

This is difficult to reconcile with the approach followed by the European Court of Justice in the subsequent *Clinique* case (Case C-315/92, [1994] ECR I-317, judgment given 2 February 1994). German law prevented the use of the word "Clinique" for cosmetics, on the grounds that it would mislead consumers into believing that the products had medicinal properties. The Court examined the surrounding facts in detail and reached the conclusion that German consumers would not be misled by the use of the "Clinique" name.

Legislation

Intellectual property legislation

COUNTERFEIT GOODS

Official title

Council Regulation (EEC) 3842/86 of 1 December 1986 laying down measures to prohibit the release for free circulation of counterfeit goods.

Reference

Council Regulation 3842/86; OJ L357, 18.12.86.

Amendments

None.

Impact

The Regulation is aimed at protecting the Community against the introduction of counterfeit goods from third countries.

Details

The expression "counterfeit goods" refers to any goods bearing, without authorisation, a trade mark identical to a trade mark validly registered in respect of such goods in or for the Member States in which the goods are entered for free circulation, or which cannot be distinguished in its essential aspects from such a trade mark, thereby infringing the rights of the owner of the trade mark in question under the law of that Member State. This Regulation does not apply to unregistered trade marks, patents, designs, or copyright. It also does not apply to so-called "grey marketed" goods (*i.e.* goods which bear a trade mark with the permission of its owner, but are imported into the Community without the trade mark owner's consent).

The trade mark owner who has valid reason to suspect the importation into a Member State of counterfeit goods, may lodge an application with the competent authorities for suspension of the release of those goods for free circulation.

In order to make sure that this procedure is not used to cause undue damage to legitimate competitors, the applicant may be asked to provide a guarantee to cover any liability on his part in relation to the importer, and to bear the costs incurred in keeping the goods under customs control.

The Regulation lays down the conditions governing the action by the customs authority competent to decide on the case.

If the goods are found to be counterfeit, the competent authorities may either proceed to the destruction of the goods or to any other measure which deprives the importer of the economic benefits of the transaction.

Date of implementation

The Regulation was adopted on 1 December 1986 and entered into force on 1 January 1988.

PROTECTION OF TOPOGRAPHIES OF SEMICONDUCTOR PRODUCTS

Official title

Council Directive of 16 December 1986 on the legal protection of topographies of semiconductor products.

Reference

Council Directive 87/54/EEC; OJ L24, 27.1.87.

Amendments

Council Decision 90/510/EEC; OJ L285, 17.10.90.
Council Decision 93/16/EEC; OJ L11, 19.1.93.

Impact

The Directive introduces a new, special type of intellectual property protection for topographies of semiconductor products in the Community.

Details

The topography of a semiconductor product can be protected in so far as it satisfies the conditions that it is the result of its creator's own intellectual effort and is not commonplace in the semiconductor industry.

As a general rule, the right to protection applies in favour of the creators of topographies of semiconductor products. Where the topography is created in the course of the creator's employment, Member States may provide that the right to protection shall apply in favour of the creator's employer, unless the terms of employment prove to the contrary.

The right to protection applies in favour of citizens or residents of a Member State, and companies or other legal persons with a real and effective establishment on the territory of a Member State. However, the Directive provides for the possibility of an extension of the protection to citizens and legal persons from third countries. This extension has been the subject of a number of subsequent, partly overlapping Council and Commission Decisions (see paras **8.8** and **8.9** below as to the Decisions presently in force).

The exclusive rights conferred by this Directive include the rights to authorise or prohibit either of the following acts:

- reproduction;
- commercial exploitation or the importation for that purpose of a topography of a semiconductor product manufactured by using the topography.

Various exceptions to these exclusive rights are set out in the Directive. Member States may permit the reproduction of a topography privately for non-commercial aims. The Directive allows reproduction of the topography for the purposes of analysing, evaluating or teaching the concepts, processes, systems or techniques embodied in the topography or the topography itself. Parties acting in good faith are not prevented from exploiting the topography commercially. Furthermore, where a topography of a semiconductor product is put on the market in a Member State by the person entitled to authorise the marketing or with his consent, the exclusive rights on this topography are automatically exhausted.

Member States may require registration as a condition for protection. The exclusive rights conferred by the Directive last for 10 years from the end of the calendar year in which the topography is first commercially exploited anywhere in the world. If registration is required, then the 10-year term of protection starts running from the filing of the application for registration or the commercial exploitation – whichever is earlier.

Date of implementation

Member States were required to implement this Directive by 7 November 1987. Several Member States failed to do this. Infringement proceedings were begun by the European Commission and the Directive now appears to have been implemented by all Member States.

PROTECTION OF TOPOGRAPHIES OF SEMICONDUCTOR PRODUCTS – DECISION (1)

Official title

8.8 First Council Decision of 9 October 1990 on the extension of the legal protection of topographies of semiconductor products to persons from certain countries and territories.

Reference

Council Decision 90/510/EEC; OJ L285, 17.10.90.

Amendments

Council Decision 93/17/EEC; OJ L11, 19.1.93.

Impact

This Decision extends, on a permanent basis, the protection of topographies of semiconductor products under Directive 87/54/EEC to persons and companies or other legal persons from certain countries.

Details

The following countries benefit from the extension of the protection: Australia;

INTELLECTUAL PROPERTY 8.8-8.9

Austria;
Collectivité territoriale de Mayotte;
Collectivité territoriale de Saint-Pierre et Miquelon;
Finland;
French Polynesia;
French Southern and Antarctic Territories;
Iceland;
Japan;
Liechtenstein;
New Caledonia and dependencies;
Norway;
Sweden;
Switzerland;
Wallis and Futuna Islands.

Date of implementation
The Decision in its amended form took effect from 1 January 1993.

PROTECTION OF TOPOGRAPHIES OF SEMICONDUCTOR PRODUCTS – DECISION (2)

Official title
Council Decision of 21 December 1992 on the extension of the legal protection of topographies of semiconductor products to persons from the United States and certain territories.

8.9

Reference
Council Decision 93/16/EEC; OJ L11, 19.1.93.

Amendments
Council Decision 93/520/EEC; OJ L246, 2.10.93.
Council Decision 94/4/EC; OJ L6, 8.1.94.
Council Decision 94/373/EC; OJ L170, 5.7.94.

Impact
This Decision extends, on an interim basis, the protection of topographies of semiconductor products under Directive 87/54/EEC to persons and companies or other legal persons from certain countries.

Details
Protection is extended until 31 December 1994 to persons and companies or other legal persons from the following territories:
Anguilla;
Bermuda;
British Indian Ocean Territory;

British Virgin Islands;
Cayman Islands;
Channel Islands;
Falkland Islands;
Hong Kong;
Isle of Man;
Montserrat;
Pitcairn;
St Helena;
St Helena Dependencies (Ascension, Tristan da Cunha);
South Georgia and the South Sandwich Islands;
Turks and Caicos Islands.

Protection of companies or other legal persons is subject to the condition of reciprocity.

As regards the United States, protection was extended until 31 December 1993 and then (following the subsequent adoption of various extensions, the most recent of which was through Council Decision 94/373/EC; OJ L170, 5.7.94) until 1 July 1995. Again, protection of US companies or other legal persons remains subject to reciprocity.

Date of implementation
This Decision took effect from 1 January 1993. The last amendment (Council Decision 94/373/EC) took effect from 2 July 1994.

TRADE MARKS – HARMONISATION

Official title
First Council Directive of 21 December 1988 to approximate the laws of the Member States relating to trade marks.

Reference
Council Directive 89/104/EEC; OJ L40, 11.2.89.

Amendments
Decision 92/10/EEC; OJ L6, 11.1.92.

Impact
The Directive aims to harmonise those national provisions of trade mark protection which most directly affect the functioning of the internal market.

Details
The Directive applies to trade marks for goods or services. Trade marks may be registered as an individual, collective, guarantee or certification

mark. Trade marks acquired through use alone – without registration – are not covered by the Directive.

A trade mark may consist of any sign that can be represented graphically, provided that it is capable of distinguishing the goods or services of one undertaking from those of others. Trade marks cannot be registered or, if registered, are liable to be declared invalid if they are devoid of any distinctive character, or if they are generic, contrary to public policy or morality, deceptive, identical or confusingly similar to an earlier trade mark, etc. The term "earlier trade marks" is given a broad meaning by the Directive. Moreover, Member States may further extend the scope of possible conflicts with earlier specified industrial property rights or related rights which may prevent the registration of a trade mark.

The registered trade mark confers on the proprietor the exclusive right to prevent all third parties not having his consent from using an identical or confusingly similar trade mark. However, the trade mark does not entitle the proprietor to prohibit its use in relation to goods which have been put on the market in the Community under that trade mark by the proprietor or with his consent, unless certain specified conditions are fulfilled (*e.g.* the condition of the goods is changed or impaired after they have been put on the market).

This Directive also deals with licensing, acquisition, use and sanctions for non-use of a trade mark in legal or administrative proceedings, as well as re-creation or availability of a trade mark. Special provisions are set out relating to collective, guarantee and certification marks.

Date of implementation
The original date of implementation of this Directive was 28 December 1991. However, this date was deferred until 31 December 1992, pursuant to Council Decision 92/10/EEC (OJ L6, 11.1.92).

COMPUTER PROGRAMS

Official title
Council Directive of 14 May 1991 on the legal protection of computer programs.

Reference
Council Directive 91/250/EEC; OJ L122, 17.5.91.

Amendments
Council Directive 93/98/EEC; OJ L290, 24.11.93.

Impact
The Directive introduces a harmonised copyright protection for computer programs.

Details

The Directive protects computer programs by copyright, as literary works within the meaning of the Berne Convention. This protection applies to the expression, in any form, of a computer program. Ideas and principles which underlie any element of a computer program, including those which underlie its interfaces, are not protected by copyright under the Directive.

The author of a computer program is the natural person or group of persons who has created it, or, where the legislation of a Member State permits, the legal person designated as the rightholder by the legislation. Where a computer program is created by an employee, unless otherwise agreed, the economic rights in the program are conferred on his employer.

The exclusive rights granted to the rightholder by the Directive include:

- the reproduction right;
- the right to translate, adapt and/or arrange the program; and
- the right to distribute the program to the public, subject to the limitations imposed by the so-called "exhaustion of rights" principle (see para **8.5** above).

The following acts do not require the author's authorisation:

- unless otherwise agreed, reproductions, translations, adaptations and arrangements by the lawful acquirer in accordance with the intended purpose of the computer program, including for error correction;
- the making of a back-up copy by a lawful user;
- within certain specified limits, the observation, study or testing of the program by a lawful user; and
- the decompilation of the program, albeit subject to the detailed conditions specified in the Directive. In principle, decompilation is allowed only for the purposes of achieving interoperability. Contractual provisions by which a rightowner aims at imposing stricter restrictions on decompilation than those allowed under the Directive are null and void.

Infringements of the exclusive rights may lead to seizures of any infringing copies and other appropriate remedies as defined by the Member States.

Date of implementation

This Directive required implementation by Member States before 1 January 1993.

COPYRIGHT (BERNE AND ROME CONVENTIONS)

Official title

8.12 Council Resolution of 14 May 1992 on increased protection for copyright and neighbouring rights.

Reference

Council Resolution of 14 May 1992; OJ C138, 28.5.92.

Amendments

None.

Impact

This Resolution is a political statement by which Member States undertake to ratify the Berne and Rome Conventions.

Details

The Resolution follows an unsuccessful attempt by the European Commission to introduce a legal obligation for Member States to ratify the Berne and Rome Conventions on copyright and neighbouring rights respectively. The original proposal was in the form of a Council Decision (see OJ C24, 31.1.91). The present Resolution is a less binding solution which the Member States found easier to accept.

In the Resolution, the Council notes that the Member States, in so far as they have not already done so, undertake to become, by 1 January 1995, parties to the Paris Act of the Berne Convention and the Rome Convention and to harmonise their national legislation accordingly. The Council also invites the Commission to refer to the provisions of these conventions in its negotiations with third countries.

Date of implementation

Resolutions do not require formal implementation by Member States.

RENTAL AND LENDING RIGHTS

Official title

Council Directive of 19 November 1992 on rental right and lending right and on certain rights related to copyright in the field of intellectual property.

Reference

Council Directive 92/100/EEC; OJ L346, 27.11.92.

Amendments

Council Directive 93/98/EEC; OJ L290, 24.11.93.

Impact

The Directive provides a right to authorise or prohibit the rental and lending of originals and copies of copyright works, and of subject-matter, such as the fixation of artists' performances, phonograms and the fixation of a film.

Details

The rights introduced by the Directive belong to:

- the author, in respect of the original and copies of his work. For the purposes of the Directive, the principal director of a cinematographic or audiovisual work will be considered as its author or one of its authors;
- the performing artist in respect of fixations of his performance;
- the phonogram producer in respect of his phonograms; and
- the producer of the first fixation of a cinematographic or audiovisual work in respect of the original and its copies.

These categories of rightowners have a transferable right to authorise or prohibit rental and lending of the respective originals or copies. They also retain a right to obtain an equitable remuneration for the rental. This right cannot be waived, but its administration may be entrusted to collecting societies.

The Directive also provides for a number of further rights for performers, phonogram and film producers, as well as broadcasters (*i.e.* fixation, reproduction, broadcasting and distribution rights). The Directive includes an exhaustive list of cases where limitations to these rights are allowed.

Date of implementation

This Directive required implementation by Member States before 1 July 1994. However, it gives Member States the option to implement certain provisions as late as 1 July 1997.

SATELLITE BROADCASTING AND CABLE RETRANSMISSION

Official title

8.14 Council Directive of 27 September 1993 on the co-ordination of certain rules concerning copyright and rights related to copyright applicable to satellite broadcasting and cable retransmission.

Reference

Council Directive 93/83/EEC; OJ L248, 6.10.93.

Impact

The Directive lays down minimum rules for satellite broadcasting and cable retransmission in the Community. It is hoped that with their harmonisation, the obstacles to free movement of copyright works would be reduced.

Details

The Directive defines "communication to the public by satellite" as the act of introducing, under the control and responsibility of the broadcasting organisation, the programme-carrying signals intended for reception by the public into an uninterrupted chain of communication leading to the satellite and down towards the earth. "Cable retransmission" is defined as the simultaneous, unaltered and unabridged retransmission by a cable or microwave system for reception by the public of an initial transmission from another Member State, by wire or over the air, including that by satellite, of television or radio programmes intended for reception by the public.

Under the terms of the Directive, satellite broadcasters transmitting programmes that can be received in more than one Community Member State need to comply only with the copyright rules of the country of original transmission. It is only the holder of the broadcasting right, usually the author, who can authorise, for a fee, the communication to the public by satellite of copyright works. In arriving at the fee for the rights acquired, the parties may take into account all aspects of the broadcast such as the actual audience, the potential audience and the language version.

With regard to cable retransmission from other Member States, the Directive provides that retransmission can take place on the basis of individual or collective agreements between copyright owners or holders of related rights on the one hand and cable operators on the other. It requires copyright owners and holders of related rights to act through collecting societies only when considering granting or refusing authorisation to a cable operator for retransmission of a copyright work. The Directive calls for the appointment of mediators whenever there is a deadlock in the negotiations for a cable retransmission right. It enjoins the parties to conduct negotiations in good faith

The Directive provides for some derogations for inconsistent agreements in force before the implementation date of this Directive.

Date of implementation
Member States are expected to implement the provisions of this Directive by 1 January 1995.

DURATION OF COPYRIGHT AND RELATED RIGHTS

Official title
Council Directive of 29 October 1993 harmonising the term of protection of copyright and certain related rights.

Reference
Council Directive 93/98/EEC; OJ L290, 24.11.93.

Amendments
None.

Impact
The Directive harmonises the term of protection of copyright and certain related rights.

Details
Under the terms of the Directive, the rights of an author of a protected literary or artistic work shall run for the life of the author and for 70 years after his death. Where there are two or more authors, time begins to run

after the death of the last surviving author. Where the identity of the author is unknown, time begins to run after the date when the work was made legally available to the public.

Rights of performers, film and phonogram producers and broadcasters would generally be protected for 50 years under the Directive. The provisions of this Directive do not, in any way, affect Member States' law regulating moral rights; neither do they affect the operation of a Member State's law guaranteeing a longer term of protection, provided that that law is in force before the Directive itself comes into force.

Date of implementation

Member States are expected to comply with the provisions of this Directive by 1 July 1995.

COMMUNITY TRADE MARK

Official title

8.16 Council Regulation (EC) 40/94 of 20 December 1993 on the Community trade mark.

Reference

Council Regulation (EC) 40/94; OJ L11, 14.1.94.

Amendments

None.

Impact

The Regulation introduces the procedure and substantive rules governing Community trade marks.

Details

At present, each Member State has its own rules governing the procedure for the registration of trade marks and their protection. These rules have been harmonised to some extent recently through Council Directive 89/104/EEC (see above, para **8.10**). Furthermore, simultaneous registration of trade marks in a number of Member States is facilitated through the Madrid Agreement (an international agreement, not related to the Community's Institutions). Trade mark laws in the Community continue essentially to be independent of each other. Accordingly, a trade mark may be protected in one Member State, but not in another.

The Regulation introduces the possibility of registering a trade mark that will be valid automatically throughout the Community and will be governed by a single set of rules. Registration of this so-called Community trade mark will be made in a central office, the Office for Harmonisation in the Internal Market, situated in Alicante, Spain ("the Office").

The Office will examine on its own motion any "absolute" grounds for refusing registration of the trade mark (*i.e.* grounds relating to the nature of the trade mark itself and not its relation with other trade marks or rightowners). Absolute grounds for refusal include, for instance, the misleading or generic character of a trade mark, its conflict with public policy or accepted principles of morality, etc.

The Community Trade Marks Office will also examine the "relative" grounds for refusal (*i.e.* similarity with an earlier trade mark or conflict with an earlier right), but only where the proprietor of this allegedly infringed, earlier trade mark or right opposes registration of the Community trade mark. The period for giving notice of opposition will be three months following the publication of a Community trade mark application.

The Community trade mark confers on its proprietor the exclusive right to prohibit any third party from using the trade mark in the course of trade, except with his consent. It does not entitle the proprietor to prohibit the trade mark's use in relation to goods which have been put on the market in the Community under that trade mark by the proprietor or with his consent, unless the condition of the goods is changed or impaired after they had been put on the market.

Community trade marks are registered for a period of 10 years from the date of filing of the application. Registration is renewable for consecutive periods of 10 years.

The introduction of the Community trade mark does not abolish the existing national trade mark systems. However, a trade mark cannot be registered simultaneously as a national trade mark and a Community trade mark for identical or similar goods or services.

Date of implementation
The Regulation entered into force on 15 March 1994.

PLANT VARIETY RIGHTS

Official title
Council Regulation (EC) 2100/94 of 27 July 1994 on Community plant variety rights.

Reference
Council Regulation (EC) 2100/94; OJ L227, 1.9.94.

Amendments
None.

Impact
The Regulation establishes a system of Community plant variety rights as

the sole and exclusive form of Community industrial property rights for plant varieties.

Details

The Regulation sets out the provisions governing the uniform protection of plant variety rights on a Community level. In principle, this protection will be without prejudice to the right of the Member States to grant national property rights for plant varieties. However, varieties which are the subject-matter of Community plant variety rights cannot be the subject-matter of any other form of national plant variety rights or patents.

Community plant variety rights can be granted in respect of varieties which are:

- distinct;
- uniform;
- stable;
- new; and
- for which a variety denomination exists which is suitable pursuant to the provisions of the Regulation.

Generally, the persons entitled to Community plant variety rights are the original breeder or discoverer of the variety or his successor in title. The holder of the Community plant variety right has the exclusive right, in respect of variety constituents, or harvested material of the protected variety, to authorise:

- production or reproduction (multiplication);
- conditioning for the purpose of propagation;
- offering for sale;
- selling or other marketing;
- exporting from the Community;
- importing to the Community;
- stocking for any of the previously mentioned purposes.

These rights are subject to certain derogations and exceptions. Among others, there is a narrowly defined exception in favour of farmers: they are free to use protected propagating material of a variety (other than a hybrid or synthetic variety) which is covered by a Community plant variety right, provided that:

- the use is for propagating purposes in the field, on their own holding;
- the use is limited to the product of the harvest which they have obtained by planting, on their own holding, propagating material of that variety; and
- the variety relates to one of the agricultural plant species listed in the Regulation.

The term of the Community plant variety right is 25 years, or, in the case of varieties of vine and tree species, 30 years, following the year of grant. The Council may provide for an extension of these terms up to a further five years.

The implementation of the Community plant variety rights system is entrusted to a central office, the Community Plant Variety Office. Applicants will have the choice of submitting their application for grant of a Community plant variety right:

- either at this office directly; or
- at one of the national agencies or sub-offices entrusted or set up pursuant to the provisions of this Regulation.

Date of implementation

The Regulation entered into force on 1 September 1994, but some of its Articles will apply from 27 April 1995.

Proposed intellectual property legislation

COMMUNITY PATENT CONVENTION

Official title

Convention for the European patent for the Common Market.

Reference

Community patent Convention; OJ L17, 26.1.76.

Amendments

Agreement relating to Community patents; OJ L401, 30.12.89.

Impact

This Convention sets out a system for the grant of a single patent which would be valid throughout the whole Community.

Details

The Convention is aimed at establishing a single patent for the whole Common Market. This so-called Community patent should not be confused with the European patent already in force, although the two respective systems of patent protection are interrelated.

The European patent is granted pursuant to the European Patent Convention (EPC), signed in Munich on 5 October 1973. The EPC is not a Community-related Convention, but it now applies to all EU Member States, plus Austria, Liechtenstein, Switzerland, Sweden and Monaco. A European patent confers on its proprietor, in each contracting state for which it is granted, the same rights as would be conferred by a national patent granted in that state. Strictly speaking, however, the European patent is not a single patent, but a bundle of national patents granted through a largely unified and centralised procedure. Applicants may apply for their European patent to be granted in respect of some or all of the contracting states of the EPC. Once the European patent is granted by the European patent Office in Munich, it is converted into a number of national patents which are independent of each other and subject to largely different national patent laws and renewal fees.

The Community patent, on the other hand, will be a truly single patent, covering the whole Community, subject to one set of patent rules. Thus, contrary to the European patent, the Community patent normally may be granted, revoked or allowed to lapse only for the whole of the Community. However, the extent and effects of any compulsory licences granted in respect of Community patents will be restricted to the territory of the Member States concerned.

A Community patent shall confer on its proprietor the right to prevent all third parties not having his consent from making direct or indirect use of the invention. The rights conferred by a Community patent will be exhausted with regard to a patented product once this product is put on the market in the Community by the patent owner or with his consent. Renewal fees in respect of Community patents will be payable to the European Patent Office.

The Convention was amended by an Agreement of 15 December 1989. This Agreement set up a Common Appeal Court which would ensure the uniform application of the law on infringement and validity of Community patents.

Proposed date of implementation

Although the Convention was signed in 1975, it has not, as yet, entered into effect.

On 4 and 5 May 1992, the Portuguese Presidency convened a conference in Lisbon, aiming at reaching a consensus between Member States which would allow the Convention to enter into effect on 1 January 1993. The conference was unsuccessful. The date on which the Convention may enter into force remains uncertain.

COMMUNITY TRADE MARK – IMPLEMENTATION

Official title

8.19 Proposal for a Council Regulation implementing Regulation 40/94 of 20 December 1993 on the Community trade mark. (Details were not available at the time of submission of this proposal.)

Reference

Original proposal; COM(85) 844, 23.1.86 (not published in the *Official Journal*).

Amendments

None.

Impact

The proposal sets out, in detail, the administrative procedure for the registration of the Community trade mark.

Details

The rules set out in the proposal concern the formalities for applying for a Community trade mark, the calculation and laying down of the time-limits to be observed in dealings with the Community Trade Marks Office, the items to be published in the *Community Trade Marks Bulletin* and the rules governing the opposition, appeals, revocation and invalidity procedure.

Proposed date of implementation

The date of implementation is still uncertain and remains subject to progress on the implementation of Regulation (EEC) 40/94 on the Community trade mark.

COMMUNITY TRADE MARK – BOARD OF APPEAL

Official title

Proposal for a Council Regulation on the rules of procedure of the board of appeal instituted by Regulation (EEC) [40/94 of 20 December 1993] on the Community trade mark. (Details were not available at the time of submission of this proposal.)

Reference

Original proposal; COM(86) 731 final, 23.12.86.

Amendments

None.

Impact

The proposal lays down the rules of procedure of the board of appeal to be set up within the Community Trade Marks Office.

Details

The present proposal lays down rules on the distribution of business among the boards of appeal and the organisation of procedures within the boards of appeal.

Proposed date of implementation

The date of implementation is presently unknown and remains subject to the progress of implementation of Regulation (EEC) 40/94 on the Community trade mark.

COMMUNITY TRADE MARK – FEES

Official title

8.21 Proposal for a Council Regulation on fees payable to the Community Trade Marks Office.

Reference

Original proposal; OJ C67, 14.3.87.

Amendments

None.

Impact

The proposal lays down the ways in which fees payable to the Community Trade Marks Office are to be fixed and collected.

Details

The proposal for a Regulation sets out the modalities of payment and, in particular, the date, the means and currency in which fees, costs and prices due to the Community Trade Marks Office must be paid. The main fees and costs involved relate to the filing of applications for registration of a Community trade mark, the registration or renewal of registration, oppositions and applications for revocation, or for a declaration of invalidity.

Proposed date of implementation

This measure was supposed to enter into effect 12 months after publication in the *Official Journal*. However, the date of implementation is now subject to the progress of implementation of Regulation (EEC) 40/94 on the Community trade mark.

BIOTECHNOLOGICAL INVENTIONS

Official title

8.22 Proposal for a Council Directive on the legal protection of biotechnological inventions.

Reference

Original proposal; OJ C10, 13.1.89.

Amendments

Common Position (EC) No 4/94; OJ C101, 9.4.94.

Impact

Aims at ensuring uniform patent protection throughout the Community of both the various techniques of altering living organisms and the modified organisms themselves.

Details

The proposed Directive provides the basis for a harmonised patent protection in the Community of biotechnological material, including plants and animals, as well as parts of plants and animals, except plant and animal varieties as such.

Microbiological processes will also be patentable. Legal protection will be based on the Member States' national patent laws, subject to the provisions of the proposed Directive.

Biotechnological inventions shall be considered unpatentable, if their publication or exploitation is contrary to public policy or morality. On this basis, the following, among others, will be unpatentable:

- the human body or parts of it as such;
- processes for modifying the genetic identity of the human body contrary to human dignity;
- processes for modifying the genetic identity of animals which are likely to inflict unnecessary suffering or physical handicaps without any substantial benefit to man or animal, and animals resulting from such processes.

In addition, essentially biological processes for the production of plants or animals will not be considered patentable.

The proposal includes detailed provisions on the scope of the protection conferred to biotechnological inventions. An important exception provides that farmers may use, for purposes of further reproduction or propagation on their own farms, the product of their harvest coming from propagating material which they have legally obtained from the holder of the patent.

In certain specified cases, deposit of the biological material which is the subject-matter of an invention may be an adequate substitute for its description normally required under patent law.

If the subject-matter of a patent is a process for obtaining a new product, any identical product produced by any person other than the patent holder will, in the absence of proof to the contrary, be deemed to have been obtained by means of the patented process.

Proposed date of implementation

The date of implementation has been left open.

DATABASES

Official title

Amended proposal for a Council Directive on the legal protection of databases.

Reference

Original proposal; OJ C156, 23.6.92.

Amendments

Amended proposal; OJ C308, 15.11.93.

Impact

The proposal aims to harmonise copyright protection of databases and introduce a parallel, special form of protection which would be available automatically for all databases, but would be more limited than copyright protection.

Details

Under the proposal, electronic databases must be protected by copyright as collections within the meaning of the Berne Convention on copyright. This is without prejudice to the protection, if any, of the works or materials contained therein, which remains a separate matter, not covered by the proposal.

In order to be protected by copyright, a database must be original in the sense that it is a collection of works or materials which, by reason of their selection or their arrangement, constitutes the author's own intellectual creation.

The author of a database protected under the proposal is the natural person or group of persons who created the database, or, where the legislation of the Member States permits, the legal person designated as the rightholder by that legislation. The economic rights on a database created by an employee in the course of his duties belong to his employer, unless otherwise provided by contract.

The owner of the rights in a database will have, in respect of the selection or arrangement of the contents of the database, as well as its thesaurus, index or system for obtaining or presenting information, the following exclusive rights:

- reproduction right;
- the right to translate, adapt, arrange or otherwise alter the database;
- the right to reproduce the results of any of the previous acts;
- the right of distribution to the public in any form. The first sale in the Community of a copy of a database by the rightholder or with his consent will exhaust the distribution right on that copy, with the exception of the right to control further rental of the database or a copy thereof; and
- the right to communicate, display or perform the database to the public.

Nevertheless, the lawful user of the database will have the right to perform any of the restricted acts described above in order to use the database in the manner determined by contractual arrangement with the rightholder, or in order to gain access to the contents of the database.

The duration of copyright protection of databases shall be the same as that provided for literary works. Insubstantial changes to the selection or arrangement of the contents of the database shall not extend its original period of protection.

In addition to the copyright protection granted to those databases which fulfil the condition of originality, the proposal also introduces a *sui generis* right for the maker of a database to prevent the unauthorised extraction or re-utilisation of the contents of a database, in whole or in substantial parts, for commercial purposes. This right shall apply irrespective of the eligibility of a database for copyright protection. It shall run from the date of creation of the database and shall expire at the end of a period of 15 years from the date when the database was first made lawfully available to the public.

In principle, beneficiaries of this Directive must be citizens or companies of a Member State. The EU Council, acting on a proposal from the European Commission, may extend this right to citizens and companies of non-EU countries.

Proposed date of implementation

The amendment changes the date of implementation from 1 January 1993 to 1 January 1995.

DESIGNS – HARMONISATION

Official title

Proposal for a European Parliament and Council Directive on the legal protection of designs.

Reference

Original proposal; OJ C345, 23.12.93.

Amendments

None.

Impact

The proposal seeks to lay down minimum rules for the protection of designs in the Community. At present, the scope of protection afforded in the Member States varies widely, thus impeding the proper functioning of the internal market.

Details

Under the terms of the proposed Directive, a registered design shall be protected by a design right to the extent that it is new and has an individual character, whether or not it constitutes part of a complex item.

A design would be considered "new" if no identical design has been made available to the public before the date of filing the application for registration. For a design to be considered as having an individual character, the overall impression it produces on the informed user must differ significantly from the overall impression produced on such a user by other designs. Under the proposed Directive, a design right would be denied in certain situations, such as where the realisation of a technical function leaves no freedom as regards arbitrary features of appearance. Similarly, a design right would be denied where the exploitation or publication of the design would infringe accepted principles of morality or public policy.

Upon registration, a design right would confer on its holder the exclusive right to use the design for any lawful purpose, including licensing it to third parties and to prevent third parties from using the design without the holder's consent. The proposed Directive lists a number of situations where the holder of the right cannot stop third parties from using the design without the holder's consent. An example includes the "repair clause": after three years from first putting on the market a product incorporating the design or to which the design is applied, the holder cannot prevent third parties from using the design if (i) the product incorporating the design or to which the design is applied is part of a complex product upon whose appearance the protected design is dependent; (ii) the purpose of such a use is to permit the repair of the complex product so as to restore its original appearance; and (iii) the public is not misled as to the origin of the product used for the repair. The proposed Directive also gives effect to the doctrine of exhaustion of rights.

The Directive leaves open the possibility of a design being registered under the laws of a Member State and, at the same time, being protected under that state's copyright laws.

Date of implementation

Member States would be expected to implement this Directive by 31 October 1996.

COMMUNITY DESIGN

Official title

8.25 Proposal for a European Parliament and Council Regulation on Community design.

Reference

COM(93) 342 final; OJ C29, 31.1.94.

Amendments

None.

Impact

The proposal aims to introduce a system for the protection of so-called Community designs, with equal effect throughout the Community.

Details

Under the proposal, both registered and unregistered designs can be protected by a Community design to the extent that they are new and have an individual character.

The scope of the protection conferred by a Community design will include any design which produces on the informed user a significantly similar overall impression. Unregistered designs will be protected for three years as from the date on which they were first made available to the public. Registered designs will be protected for a period of five years as from the date of the filing of the application, renewable for periods of five years each, up to a total term of 25 years, as from the date of filing of the application.

The proposal contains a "repair clause" and a provision on the exhaustion of rights similar to those of the proposed Directive (see para **8.24** above).

Applications for a registered Community design can be filed at the Community Design Office ("the Office") in Alicante, at an authorised central industrial property office of a Member State, or at the Benelux Design Office.

Upon submission of the application for registration of a design, the Office will limit its examination to obvious deficiencies and formal requirements, and will then register and publish the Community design.

A Community design may only be declared invalid by a Community Design Court. Member States must designate, in their territories, as limited a number as possible of national courts and tribunals of first and second instance performing the functions of a Community Design Court. A registered Community design may also be declared invalid by the Office, on application by the Commission, Member States, or any natural or legal person.

Date of implementation

The date of entry into force of this proposed Regulation has been left open.

COUNTERFEIT AND PIRATED GOODS

Official title

Proposal for a Council Regulation (EEC) laying down measures to prohibit the release for free circulation, export or transit of counterfeit and pirated goods.

Reference

Original proposal; OJ C238, 2.9.93.

Amendments

None.

Impact

The proposed Regulation aims at expanding the scope of Council Regulation (EEC) 3842/86 (see para **8.6** above) and improving the mechanisms for its effective implementation.

Details

Regulation (EEC) 3842/86 applies only to infringements of trade mark rights through counterfeit goods. The proposed Regulation would replace Regulation (EEC) 3842/86 and extend the scope of its application to infringements of copyright, neighbouring rights and design rights through the circulation, export or transit of pirated goods.

Under Article 3 of the proposed Regulation, the owner or holder of a trade mark or similar right may apply in writing to the competent authority of a Member State requesting that the customs authorities:

- refuse release of counterfeit or pirated goods for free circulation;
- refuse the export of counterfeit or pirated goods; or
- seize counterfeit or pirated goods in transit.

The applicant may be required to put up a reasonable security to cover his liability if the goods turn out not to be pirated or counterfeit.

If the competent authority grants the application, it must forward a copy of its decision to the customs offices of the Member States which are liable to be concerned with the import, export or transit operations, and these customs offices must act in accordance with the decision. The law in force in the Member State where the goods are seized or otherwise blocked regulates the customs procedure for determining, under national rules, whether the goods are, in fact, counterfeit or pirated. An important difference to Regulation (EEC) 3842/86 would be that Member States would be obliged, rather than allowed, to designate a customs department competent to decide on applications for action by the owner or holder of the infringed right. Thus, customs authorities are given more decisive powers (albeit of interim nature) under the proposed Regulation.

Pending a decision on the substance, and provided the competent authority does not adopt interim measures requiring that the goods be retained, the owner of the goods may have them released, subject to putting up security to protect the interests of the owner of the trade mark.

If the competent authority decides on the substance that a trade mark or similar right has been infringed it must order the destruction or alteration of the goods.

Date of implementation

The date for entry into force was planned to be 1 July 1994. However, in its meeting of 16 June 1994, the European Council proposed 1 January 1995 as the date of implementation.

CONTENTS OF CHAPTER 9

Public Procurement

Para

Introduction — 9.1

Scope and purpose of the legislation — 9.2
Future developments — 9.3
Responsibility within the European Commission — 9.4

Case law — 9.5

Legislation

Public service contracts legislation

Public service contracts — 9.6

Public supply contracts legislation

Public supply contracts — 9.7

Public works contracts legislation

Freedom to provide services (contractors) — 9.8
Public works concessions — 9.9
Advisory Committee for public works — 9.10
Public works contracts — 9.11
Permitted dialogue – works contracts — 9.12

Remedies

Remedies regarding supplies, services and works — 9.13

Utilities legislation

Utilities — 9.14
Remedies in the utilities sector — 9.15
Permitted dialogue – utilities — 9.16

General public procurement legislation

The GATT Agreement on government procurement — 9.17
European Community/United States relations — 9.18

CONTENTS OF CHAPTER 9

Advisory Committee on the opening up of public procurement	**9.19**
Compliance with public procurement rules (monitoring of EU-funded projects)	**9.20**
Regional and social aspects	**9.21**
Value of thresholds	**9.22**

Chapter 9
Public Procurement

Introduction

A basic requirement of Community legislation, expressed in Articles 30 *et seq* and Articles 59 *et seq* of the EC Treaty, that goods should move, and services be provided freely in the Common Market, applies equally to the supply of goods and services to public purchasing bodies. However, until the spate of legislation creating the single market in 1992, relatively little progress had been made in this field. Most recently, available figures suggested that the total value of government procurement in all the Member States was estimated to be worth about ECU 400 billion per year in the European Union as a whole. Only an estimated 2–4% of public procurement contracts in the European Union have been awarded to firms from outside the Member States concerned, and it is believed that some 75% of the contracts have been awarded to national "champions" for whom the tenders are tailor-made. Recent legislation in this field is, therefore, designed to force the opening-up of public procurement contracts to effective competition.

Scope and purpose of the legislation

The first Directives in this field were adopted in the 1970s. These were intended to harmonise tendering and award procedures, and to provide common rules on technical specifications and the advertising of contracts. Despite some progress, they did not match up to expectations because of improper transposition into national law in some cases and widespread abuse of exception clauses.

In the light of this experience, co-ordinated texts of all the existing legislation have been adopted. The most recent of these came into force in most Member States on 1 July 1994. The implementation date for the works and "utilities" co-ordinating Directive have been extended for Greece, Spain, and Portugal. It is hoped that the amendments adopted by the EU Council in recent years, which are currently being implemented into the national laws of the Member States, will help to ensure that government purchasing, and the placing of government construction contracts, is more open and affords equal opportunities to firms from other Member States.

The legislation on public procurement is complex. The European

Commission published a "Guide to the Community rules on open government procurement" in 1987 (OJ C358, 31.12.87). The Commission planned to update the text regularly, but it is only now beginning to organise updates.

Future developments

9.3 With the adoption of the Services Directive, all aspects of public procurement are now covered by legislation at Community level and it is unlikely that any further important provisions will be adopted in the near future.

It will now be at the level of the European Court of Justice that most further clarifications will probably emerge. In its recent decision in Case 389/92 *Ballast Nedam Groep NV* v *Belgische Staat* (not yet reported) the Court gave a sufficiently broad interpretation of the provisions of the Works Directive to conclude that a holding company was entitled to apply to be placed on a list of preferred contractors.

There are, however, indications that the Council and the European Commission are still unhappy with the manner in which public authorities continue to apply public procurement provisions. In two recent communications, the two Institutions exhaustively defined the circumstances in which discussions may be permitted between public authorities and tenderers.

Responsibility within the European Commission

9.4 Directorate-General XV (Internal Market and Industrial Affairs), Directorate F, has responsibility for public procurement.

Case law

9.5 The determination of the European Court of Justice to ensure that Member States comply with the provisions of Community public procurement legislation has been demonstrated by a number of judgments covering certain aspects of this subject, of which the most important are summarised below. Although they do not cover the whole field of public procurement legislation the judgments illustrate the approach which is likely to be adopted by the court in other cases.

In Case 76/81 *Transporoute* v *Minister of Public Works* [1982] ECR 417 the Comité du Contentieux du Conseil d'Etat (Judicial Committee of the State Council) of the Grand Duchy of Luxembourg referred to the Court under Article 177 of the EC Treaty two questions concerning the interpretation of Council Directives 71/304/EEC and 71/305/EEC. The questions arose in the course of a dispute, the origin of which lay in a notice of invitation to tender issued by the Administration Des Ponts et Chaussées (Bridges and Highways Authority) of the Grand Duchy of Luxembourg, in response to which Transporoute had submitted the lowest tender. The tender was rejected by the Minister of Public Works because Transporoute was not in possession of the government establishment permit and because the prices in Transporoute's tender were considered to be abnormally low.

The first question asked whether it is contrary to the provisions of Council Directives 71/304/EEC and 71/305/EEC, in particular those of Article 24 of Directive 71/305/EEC, for the authority awarding the contract to require of a tenderer established in another Member State that he should be in possession of an establishment permit issued by the government of the Member State in which the contract is awarded.

The Court answered that Council Directive 71/305/EEC should be interpreted as precluding a Member State from requiring a tenderer to furnish any document (*e.g.* an establishment permit), other than that prescribed in Articles 23 to 26 of the Directive, namely, that he satisfies the criteria laid down in those provisions; and as to his good standing and qualifications.

The second question asked whether the provisions of Article 29(5) of Directive 71/305/EEC require the authority awarding the contract to request a tenderer whose tenders, in the authority's opinion, are obviously abnormally low, to furnish explanations for those prices before investigating their composition and deciding to whom it will award the contract, or whether, in such circumstances, the authority awarding the contract could decide for itself whether to request such explanations.

The Court replied that in such circumstances Article 29(5) of Directive 71/305/EEC requires the authority to seek from the tenderer an explanation of his prices or to inform him which of his tenders appear to be abnormal, and to allow him a reasonable time within which to submit further details.

In Joined Cases 27/86, 28/86 and 29/86 *Constructions et Entreprises Industrielles SA (CEI) and Bellini* v *Association Intercommunale pour les Autoroutes des Ardennes, Bellini* v *Régie des Bâtiments, Bellini* v *Belgian State* [1987] ECR 3347 the Conseil d'Etat (State Council) of Belgium referred a number of questions to the Court for a preliminary ruling on the interpretation of Council Directive 71/305/EEC. Those questions arose in proceedings which sought the annulment of the award of various public contracts. In support of their actions for annulment of the award of the contracts the plaintiffs claimed that the award had been made in breach of the provisions of Directive 71/305/EEC.

The Conseil d'Etat referred the following questions to the Court in Case 27/86:

(i) Are the references enabling a contractor's financial and economic standing enumerated in Article 25 of Directive 71/305/EEC to be determined exhaustively?

(ii) If not, can the value of the works which may be carried out at one time be regarded as a reference enabling a contractor's financial and economic standing to be determined within the meaning of Article 25 of the Directive?

In Cases 28/86 and 29/86 the following question was referred:

(iii) Does Directive 71/305/EEC and, in particular, Articles 25 and 26(d) thereof permit a Belgian awarding authority to reject a tender submitted by an Italian contractor on the grounds that the undertaking has not shown that it possesses the minimum amount of equity capital required by Belgian legislation and that it does not have in its employ on average the minimum number of workers and managerial staff required by that legislation, when the contractor is recognised in Italy in a class equivalent to that required in Belgium by the value of the contract awarded?

The Court held:

(i) The references enabling a contractor's financial and economic standing to be determined are not exhaustively enumerated in Article 25 of Directive 71/305/EEC of 26 July 1971 concerning the co-ordination of procedures for the award of public works contracts.

(ii) A statement of the total value of works awarded to a contractor may be required from tenderers as a reference within the meaning of Article 25 of Directive 71/305/EEC and neither that Article nor any other provision of the Directive precludes a Member State from laying down the total value of the works which may be carried out at one time.

(iii) Articles 25, 26(d) and 28 of the Directive must be interpreted as meaning that they do not preclude an awarding authority from requiring a contractor recognised in another Member State to furnish proof that his undertaking has the minimum equity capital, manpower and number of managerial staff required by national law even when the contractor is recognised in the Member State in which he is established in a class equivalent to that required by the national law for a contract of the value in question.

In Case 31/87 *Gebroeders Beentjes BV* v *The Netherlands* [1988] ECR 4635 the district court of The Hague referred a number of questions to the Court of Justice for a preliminary ruling on the interpretation of Council Directive 71/305/EEC. In the main proceedings, Beentjes, the plaintiff, maintained that the decision of the awarding authority (Netherlands Ministry of Agriculture and Fisheries) not to award the contract to Beentjes, even though it had submitted the lowest tender, and to award it to the next-lowest bidder, had been made contrary to the provisions of the aforesaid Directive.

In its first question, the national court sought primarily to ascertain whether Directive 71/305/EEC applied to a body such as the Local Committee for Land Consolidation. The Court considered that the concept of Article 1(b) of the Directive had to be interpreted in a manner so as not to jeopardise the aim of the Directive. Accordingly, a body whose composition and functions, as in this case, were provided for by law and which depended on the public authorities for the appointment of its members, for guaranteeing the obligations arising from its measures and for financing the public contracts which it was responsible for awarding, had to be regarded as covered by the state, within the meaning of the provision, even if it was not formally part of the state.

In its second question, the national court sought to ascertain whether Directive 71/305/EEC precluded the exclusion of a tenderer on the following grounds:

(i) lack of specific experience for the works to be carried out;
(ii) submission of a tender which, in the opinion of the awarding authority, was not the most acceptable; or
(iii) an undertaking's inability to employ persons who had been out of work for a long time.

As regards the specific experience required for the works to be carried out (i), the Court observed that this requirement was based on the technical capability of tenderers and was, therefore, a legitimate criterion for ascertaining the suitability of undertakings in the light of Articles 20 and 26 of the Directive.

As for the exclusion of a bidder on the ground that his tender seemed to be less acceptable to the awarding authority (ii), it was apparent from the documents before the Court that this criterion was laid down by Article 21 of The Netherlands' uniform Regulation concerning the award of contracts. Such a provision was not incompatible with the Directive if it was to be interpreted as conferring on the awarding authorities a discretion to compare the various tenders and to accept the most favourable one, on the basis of objective criteria such as those listed by way of illustration in Article 29(2) of the Directive.

With regard to the exclusion of a bidder on the ground that he was unable to employ persons who had been out of work for a long time (iii), the Court held that such a condition had to comply with all the relevant provisions of Community law and, in particular, with the provisions relating to the right of establishment and freedom to provide services. It was for the national court to ascertain whether or not the imposition of such a condition had a directly or indirectly discriminatory effect.

As part of its second question, the national court also sought to define the requirements of prior publication imposed by the Directive.

It was apparent from the documents before the Court that (i) the criterion of specific experience for the works to be carried out and (ii) the criterion of the most acceptable tender were not referred to in this case either in the general terms and conditions or in the invitation to tender, but that those criteria followed from Article 21 of The Netherlands' uniform Regulation on the award of contracts, to which the contract notice contained a general reference. However, the condition (iii) that persons out of work for a long time, had to be employed was the subject of specific provisions in the general terms and conditions and was expressly mentioned in the contract notice published in the *Official Journal* of the European Communities.

As to (i), the criterion of specific experience for the works to be carried out, the Court observed that, although the final paragraph of Article 26 of the Directive required the awarding authorities to specify in the notice which references of a contractor's technical capability were to be produced, it did not require them to include the criteria on which they intended to rely in order to ascertain whether an undertaking was suitable. However, a reference in the notice published in the *Official Journal*, to the specific conditions to be met in order to be regarded as suitable to tender, could not be required where, as in this case, it was not a specific condition of suitability but a criterion which it was not possible to dissociate from the very idea of determining whether an undertaking was suitable.

As to (ii), the criterion of "the most acceptable tender", the Court observed that it followed from the actual wording of Article 29(1) and (2) of the Directive that, where the awarding authorities relied on a number of criteria in order to award the contract to the most economically advantageous tender, they were required to state those criteria either in the contract notice or in the general terms and conditions. Accordingly, a general reference to a provision of national legislation was incapable of satisfying the requirement of publication.

As to (iii), the condition requiring the employment of persons who had been out of work for a long time, the Court observed that, as it was a supplementary specific condition, it should be mentioned in the notice so as to enable undertakings to take cognisance of its existence.

In its third question, the national court sought to ascertain whether the provisions of Articles 20, 26 and 29 of Directive 71/305/EEC could be relied upon by individuals before the national courts in the absence of national legislation.

The Court ruled that Articles 20, 26 and 29 of Directive 71/305/EEC must be applied by national courts even in those cases where no national implementing legislation has been adopted.

Case 45/87 *Commission* v *Ireland* [1988] ECR 4929 and Case 45/87R, [1987] ECR 783 concerned a public works contract to provide water supplies to the Dundalk area. The contract to be awarded contained a clause specifying that asbestos cement pressure pipes were to be certified as complying with an Irish standard specification. In fact, only one Irish manufacturer had obtained approval to affix the Irish standard mark to pipes of the type required. A tender by another Irish firm, using pipes supplied by a Spanish company and manufactured according to the ISO standard, was refused.

On receipt of a complaint, the Commission took the following action:

- it commenced infringement proceedings against Ireland; and
- it applied to the European Court of Justice for an interim order to suspend the award of the contract pending judgment in the infringement action or settlement of the dispute.

The Court of Justice refused to grant the interim order on the basis that the balance of interests was in Ireland's favour on the question of urgency. Delay in the award of the contract would aggravate the existing health and safety hazards in an area which was in need of additional water supply.

In its final judgment, delivered on 22 September 1988, the European Court of Justice decided that, according to Article 5(3) of Directive 71/305/EEC on public works contracts, this Directive was not applicable to public contracts concerning the distribution and transportation of water. However, the Court stated that Article 30 of the EC Treaty was applicable to such contracts. Accordingly, the Court decided that the clause contained in the contract documents, according to which only asbestos cement pressure pipes certified according to Irish standards could be used, had a restrictive effect on trade between Member States. Therefore, Ireland was condemned for failure to fulfil its obligations under the EC Treaty.

On 18 July 1988 the Commission commenced infringement proceedings against Italy regarding a contract for works required by the consortium for the construction and management of an incinerator and processing plant for solid urban refuse. The Commission alleged that the Italian authorities were not justified in having recourse to the exceptional procedure of "single tendering" on the grounds of extreme urgency.

The Commission applied to the European Court of Justice for an interim order to suspend the award of the contract. On 20 July 1988, an order from the President of the Court ordered Italy to suspend the award of the contract until 15 September 1988 or further order. On 27 September 1988, an order from the President of the Court ordered the Republic of Italy to suspend the awarding of the contract until the Court delivered its judgment concerning the main action. The case was finally withdrawn on 15 November 1989. (Cases 194/88 and 194/88R *Commission* v *Italy* [1988] ECR 4547.

Legislation

Public service contracts legislation

PUBLIC SERVICE CONTRACTS

Official title
Council Directive of 18 June 1992 relating to the co-ordination of procedures for the award of public service contracts.

Reference
Council Directive 92/50/EEC; OJ L209, 24.7.92.

Amendments

None.

Impact

The Directive extends Community public procurement rules to the award of public service contracts.

Details

Services are defined by the Directive as anything other than supply or work contracts. It includes the same provisions as previous Directives in the field of public procurement but distinguishes rules to be applied to priority services (listed in Annex 1A to the Directive) and remaining services (listed in Annex 1B). Among the services included in list 1A are accounting, auditing and book-keeping, management consulting and related services, technical testing, and analysis services. The publicity obligations and harmonising award procedures laid down in the Directive apply fully to these services.

Services listed in Annex 1B include hotel and restaurant services, rail transport and water, legal services, education and vocational education services. Only the Directive's provisions relating to technical specifications and advertising apply to these services.

The threshold above which the Directive applies to public service contracts is ECU 200,000 net of VAT. In calculating the estimated contract value of certain services, account may be taken, where appropriate:

- as regards insurance services, of the premium payable;
- as regards banking and financial services, of fees, commissions and interest as well as other types of remuneration; and
- as regards contracts which involve design, of the fee or commission payable.

The Directive provides for award of service contracts according to three different procedures. These are open, restricted and negotiated procedures. An open procedure allows for all interested service providers to present an offer. The open procedure should, as a rule, be the procedure most commonly used. In restricted procedures only those service providers invited by the contracting authorities may submit tenders. The negotiated procedure, which was created to limit the use of single tendering procedures, describes the procedure whereby contracting authorities consult service providers of their choice and negotiate the terms of the contract with one or several of them. The negotiated procedure is regarded as exceptional and may only be used in strictly defined circumstances.

Contracting authorities must, in principle, define technical specifications by reference to national standards implementing European standards or by reference to common technical specifications. European standards are the standards approved by the European Committee for Standardisation (CEN) or for Electrotechnical Standardisation (CENELEC). Common technical specifications are those drawn up with a view to uniform application in all Member States.

In the absence of European Standards or common technical specifications, reference may be made in order of preference to:

- national standards implementing international standards accepted in the country of the contracting authorities;
- other national standards of the country of the contracting authority; or
- any other standard.

Publicity requirements and time-limits are provided for. Notices of proposed procurement must be sent for publication to the Office for Official Publications of the European Communities. The Office for Official Publications must publish the notices not later than 12 days after their dispatch.

The conditions for participation, the means by which a service provider may prove his financial and economic standing, and the criteria for award are also set out in the Directive.

The Directive extends the provisions of Directive 89/665/EEC (see para **9.13** below) regarding remedies available to dissatisfied tenderers to services contracts falling within its application.

Date of implementation
Member States were required to implement the provisions of the Directive into their national legislation by 1 July 1993.

Public supply contracts legislation

PUBLIC SUPPLY CONTRACTS

Official title
Council Directive of 14 June 1993 co-ordinating procedures for the award of public supply contracts.

Reference
Council Directive 93/36/EEC; OJ L199, 9.8.93.

Amendments
None.

Impact
Co-ordinates existing Community provisions relating to procurement of supplies by public authorities.

Details
Community provisions in relation to the conduct of calls for tender for

supplies by public authorities have been the subject of revision on several occasions since the adoption of the basic Directive governing this area in 1976. This Directive, which repeals the 1976 Directive, is intended to co-ordinate all the obligations with which public authorities are required to comply when issuing a call for tender in supplies. The Directive includes aspects which have not previously been covered by Community legislation such as detailed means by which estimated contract value should be established. The thresholds above which Community provisions apply remain at ECU 200,000.

The Directive applies to contracts for pecuniary consideration concluded in writing between a supplier and a contracting authority for the supply of products. The contract may, in addition, cover siting and installation work, as well as the purchase, lease, rental, or hire-purchase, with or without option to buy, of products.

The Directive does not apply to the transport, water, energy and telecommunications sectors (now known as the "utilities"). These are covered by Directive 93/38/EEC (see para **9.14** below).

In general, all procurement contracts with an estimated value, excluding VAT of ECU 200,000 or above, are subject to the provisions of the Directive.

Three tendering procedures are open to purchasing authorities. These are open, restricted and negotiated procedures. An open procedure allows for all interested suppliers to present an offer. The open procedure should, as a rule, be the procedure most commonly used. In restricted procedures only those suppliers invited by the contracting authorities may submit tenders. The negotiated procedure, which was created to limit the use of single tendering procedures, describes the procedure whereby contracting authorities consult suppliers of their choice and negotiate the terms of the contract with one or several of them. The negotiated procedure is regarded as exceptional and may only be used in strictly defined circumstances.

Contracting authorities must, in principle, define technical specifications by reference to national standards implementing European standards or by reference to common technical specifications. European standards are the standards approved by the European Committee for Standardisation (CEN) or for Electrotechnical Standardisation (CENELEC). Common technical specifications are those drawn up with a view to uniform application in all Member States.

In the absence of European Standards or common technical specifications, reference may be made in order of preference to:

- national standards implementing international standards accepted in the country of the contracting authorities;
- other national standards of the country of the contracting authority; or
- any other standard.

The provision must be read in the light of the case law of the European Court of Justice on measures having an equivalent effect to quantitative restrictions.

Publicity requirements and time-limits are provided for. Notices of proposed procurement must be sent for publication to the Office for Official Publications of the European Communities. The Office for Official Publications must publish the notices not later than 12 days after their dispatch.

The conditions for participation, the means by which a supplier may prove his financial and economic standing, and the criteria for award are also set out in the Directive.

Directive 89/665/EEC (see para **9.13** below) lays down the remedies available to unsuccessful tenderers.

Date of implementation

Member States were required to implement the provisions of the Directive into their national legislation by 14 June 1994.

Public works contracts legislation

FREEDOM TO PROVIDE SERVICES (CONTRACTORS)

Official title

Council Directive of 26 July 1971 concerning the abolition of restrictions on freedom to provide services in respect of public works contracts and on the award of public works contracts to contractors acting through agencies or branches.

Reference

Council Directive 71/304/EEC; OJ L185, 16.8.71.

Amendments

None.

Impact

The Directive applies the provisions of the EC Treaty on freedom of establishment and freedom to provide services to public works contracts.

Details

The Directive lists, in its Annex, the professional trade activities to which it applies. The activities correspond to those which fall within Major Group 40 of the "Nomenclature of Industries in the European Communities" (NICE) and include construction and civil engineering works.

The Directive does not apply to:

- industrial installations of the mechanical, electrical or energy-producing variety, with the exception of any part of such installations which comes within the province of building or civil engineering;

- the construction of nuclear installations of a scientific or industrial nature; and
- excavation, shaft-sinking, dredging and waste disposal works carried out in connection with the extraction of minerals (mining and quarrying industries).

Member States are required to abolish provisions laid down by law, regulation or administrative practice which result in discriminatory treatment being applied to networks of other Member States. These include provisions or practices which, although applicable irrespective of nationality, nonetheless hinder exclusively or principally the professional or trade activities of nationals from other Member States.

Discriminatory technical specifications in particular must be abolished, unless justified by the subject of the contract.

Member States must ensure that nationals of other Member States are treated in the same way as their own nationals when it comes to obtaining various forms for carrying out works for contracting entities. There must also be equal access to supply facilities which the state is in a position to control and which tenderers need for the performance of their contract.

Date of implementation

Member States were required to implement the provisions of this Directive into their national legislation by 26 July 1972. All Member States have communicated their implementing measures to the European Commission.

PUBLIC WORKS CONCESSIONS

Official title

9.9 Declaration by representatives of the governments of the Member States, meeting in the Council, concerning procedures to be followed in the field of public works concessions.

Reference

Declaration; OJ C82, 16.8.71.

Amendments

None.

Impact

The Member States agreed to abide voluntarily by certain tendering procedures for concession contracts and related subcontracts.

Details

The declaration provides that authorities wishing to award a contract for works exceeding ECU 1 million in return for a franchise to operate the works afterwards must advertise the contract in the *Official Journal*.

The tender notice must:
- describe the subject of the contract in sufficient detail to enable potentially interested contractors to make a valid assessment;
- list the personal, technical and financial conditions to be fulfilled by applicants;
- state the main criteria on which the contract is to be awarded; and
- give the closing date for submission of tenders.

The closing date for submission of tenders may not be less than 35 days from the date of dispatch of the notice for publication in the *Official Journal*. The notice must be published not later than 10 days after the date of dispatch.

The declaration further provides that it should be stipulated in the principal contract that the contractor (or concessionaire) must subcontract out a certain percentage of the work to third parties and must advertise such subcontracts.

Concessionaire(s) should be required to subcontract to third parties at least 30% of the total value of the work provided for by the principal contract. Concessionaires may be allowed to subcontract a higher percentage if they wish.

Alternatively, bidders may be asked in their tenders for the percentage they propose to subcontract out.

Whichever method is used, the percentage of subcontracting must be taken as a positive factor in the choice of concessionaire.

Date of implementation

This declaration represents a voluntary code of practice on the part of the Member States.

ADVISORY COMMITTEE FOR PUBLIC WORKS

Official title

Council Decision of 26 July 1971 setting up an Advisory Committee for public works contracts.

Reference

Council Decision 71/306/EEC; OJ L185, 16.8.71.

Amendments

Decision 77/63/EEC; OJ L13, 15.1.77.

Impact

The Decision creates a type of arbitration body composed of representatives of Member States drawn from the principal contracting authorities of each Member State.

Details

In particular, the Committee may investigate why undertakings which conform to Community criteria fail to win contracts in circumstances where those undertakings have submitted the best tender.

Date of implementation

No implementing measures were required to be taken by Member States.

PUBLIC WORKS CONTRACTS

Official title

9.11 Council Directive of 14 June 1993 concerning the co-ordination of procedures for the award of public works contracts.

Reference

Council Directive 93/37/EEC; OJ L199, 9.8.93.

Amendments

None.

Impact

Co-ordinates existing Community provisions relating to procurement of works by public authorities.

Details

Community provisions in relation to the conduct of calls for tender for works contracts by public authorities have been the subject of revision on several occasions since the adoption of the basic Directive governing this area in 1971. The 1993 Directive is intended to co-ordinate all the obligations with which public authorities are required to comply when issuing a call for tender for works. The Directive differs only slightly from the combined provisions of existing Directives. The thresholds above which Community provisions apply remain at ECU 5 million net of VAT.

"Public works contracts" are defined as contracts for pecuniary consideration concluded in writing between a contractor and an awarding authority and concerning one of the activities in the construction sector listed in Major Group 40 of the "Nomenclature of Industries in the European Communities".

The Directive applies to the contracts awarded by the state, regional or local authorities, and legal persons governed by public law (or in Member States where this concept is unknown, equivalent bodies) specified in Annex 1 to the Directive.

The Directive does not apply to certain excluded sectors (now known as "utilities"), namely water, energy and transport. These are covered by Directive 93/38/EEC (see para **9.14** below). These exceptions must be construed strictly. It is the specific function of the service or organisation that must be considered in determining whether the rules of the Directive apply.

The Directive states special provisions for those contracts which have all the features of a public works contract but under which the consideration for the work consists either of a franchise (or concession) to operate the completed work or of a franchise plus payment. A distinction between franchisees or concessionaires which, in turn, are awarding authorities within the terms of the Directive and those franchisees or concessionaires which are not awarding authorities, needs to be made. If the concessionaire is itself an awarding authority covered by the Directive, the work it contracts out to third parties in connection with the project is subject to the full provisions of the Directive. If the concessionaire is not an awarding authority, it must not discriminate on grounds of nationality when awarding contracts to third parties.

As regards tendering procedures, purchasing authorities have a choice between open, restricted and negotiated procedures. An open procedure allows for all interested tenderers to present an offer. The open procedure should, as a rule, be the procedure most commonly used. In restricted procedures only those tenderers invited by the contracting authorities may submit tenders. The negotiated procedure, which was created to limit the use of single tendering procedures, describes the procedure whereby contracting authorities consult tenderers of their choice and negotiate the terms of the contract with one or several of them. The negotiated procedure is regarded as exceptional and may only be used in strictly defined circumstances.

Contracting authorities must, in principle, define technical specifications by reference to national standards implementing European standards or by reference to common technical specifications. European standards are the standards approved by the European Committee for Standardisation (CEN) or for Electrotechnical Standardisation (CENELEC). Common technical specifications are those drawn up with a view to uniform application in all Member States.

In the absence of European Standards or common technical specifications, reference may be made in order of preference to:

- national standards implementing international standards accepted in the country of the contracting authorities;
- other national standards of the country of the contracting authority; or
- any other standard.

The provision must be read in the light of the case law of the European Court of Justice on measures having an equivalent effect to quantitative restrictions.

Publicity requirements and time-limits are provided for. Notices of proposed procurement must be sent for publication to the Office for Official Publications of the European Communities. The Office for Official

Publications must publish the notices not later than 12 days after their dispatch.

The conditions for participation, the means by which a tenderer may prove his financial and economic standing, and the criteria for award are also set out in the Directive.

Directive 89/665/EEC (see para **9.13** below) lays down the remedies available to unsuccessful tenderers.

The Directive repeals Directive 71/305/EEC.

Date of implementation

This Directive co-ordinates the provisions of previous Directives. It is the implementation dates of these that must be observed by the Member States. However, most Member States were required to submit statistical reports on contracts awarded by contacting authorities by 31 October 1993 at the latest and thereafter every second year. This initial date is replaced by 31 October 1995 for Greece, Spain and Portugal.

PERMITTED DIALOGUE – WORKS CONTRACTS

Official title

9.12 Statement concerning Article 7(4) of Council Directive 93/37/EEC of 14 June 1993 concerning the co-ordination of procedures for the award of public works contracts.

Reference
OJ L111, 30.4.94.

Amendments
None.

Impact

The Statement by the Council and the Commission lays down strict limits on permitted dialogue between public authorities and potential tenderers. The Statement prohibits all negotiations regarding fundamental aspects of contracts, variations which are likely to distort competition, and particularly as regards price. Discussions with candidates are permitted solely for the purpose of clarifying or supplementing the content of their tenders as regards the requirements of the contracting authority, providing this does not involve discrimination.

Date of implementation

The Statement has no legal force. Member States are not required to implement it into their national legislation.

PUBLIC PROCUREMENT 9.13

Remedies

REMEDIES REGARDING SUPPLIES, SERVICES AND WORKS

Official title
Council Directive of 21 December 1989 co-ordinating the laws, regulations and administrative provisions relating to the application of review procedures to the award of public supply and public works contracts.

Reference
Council Directive 89/665/EEC; OJ L395, 30.12.89.

Amendments
None.

Impact
Seeks to provide equitable remedies at both national and Community level which would be capable of suspending a contract award procedure for sufficient time to prevent any irreparable damage that might result if the contract were awarded unlawfully. It also provides that all Member States will have a system by which injured parties can ask for damages and interest from the parties at fault.

Details
Member States are required to take the measures necessary to ensure effective and rapid administrative and/or judicial remedies at all stages of the contract award procedure for:

- setting aside decisions taken by contracting authorities which infringe the Community and/or national rules on public procurement with respect to any contractor or supplier taking part in a procedure for the award of a public supply or public works contract; and
- indemnifying the injured contractor or supplier.

Review procedures need not, of themselves, have suspensory effect.

The competent administrative body or Court would be empowered, among other things, to:

- decide at the earliest opportunity whether to suspend the procedure for the award of the public contract concerned, or the implementation of the decision taken by the contracting authorities;
- order the removal, subject to the imposition of penalty payments, of discriminatory technical, economic or financial specifications in the invitation to tender, the contract documents, or in any other such document; and
- set aside decisions taken unlawfully and award damages to the injured undertaking for the cost of unnecessary studies, forgone profits or lost opportunities.

However, the Directive gives Member States the authority to limit the power of the competent body to provide remedies after the conclusion of a contract following its award. In these circumstances, a Member State may limit the body's power to award damages to persons harmed by the infringement.

Where the European Commission considers that a clear and manifest infringement of Community public procurement rules has been committed during a contract award procedure, the Directive provides that it shall notify the relevant Member State and contracting authority of the reasons on which its opinion is based. Within 21 days of receipt of this notification, the Member State is required to communicate to the European Commission that the infringement has been corrected, or else provide a reasoned opinion as to why no correction has been made or a notice to the effect that the contract award procedure has been suspended.

Date of implementation

Member States were required to implement the provisions of the Directive into their national legislation by 1 December 1991.

Utilities legislation

UTILITIES

Official title

Council Directive of 14 June 1993 co-ordinating the procurement procedures of entities operating in the water, energy, transport and telecommunications sectors.

Reference

Council Directive 93/38/EEC; OJ L199, 9.8.93.

Amendments

None.

Impact

Co-ordinates existing Community provisions relating to procurement of works and supplies by public utilities and extends Community procurement obligations to contracts concluded by utilities in the service sector.

Details

The 1990 Directive, which brought contracts concluded by the "utilities" in previously excluded sectors (water, energy, transport and telecommunications) in relation to works and supplies within the application of the Community, did not include service contracts within its application. The purpose of the 1993 Directive is to co-ordinate the provisions of the 1990 Directive and the 1992 Directive governing remedies available against utilities, into one piece of legislation, extending its application at the same time to contracts concluded for the provision of services.

The thresholds above which Community provisions apply are ECU 400,000 for most supply or service contracts (with certain exceptions where the threshold is ECU 600,000), and ECU 5 million for works contracts.

The definition of sectors to which the text's provisions apply appears as follows:

- the provision or management of networks providing a service to the public in connection with the production, transport or distribution of drinking water, electricity, gas or heat;
- the exploitation of a geographical area for the purpose of exploring for or extracting oil, gas, coal or other solid fuels, the provision of airport, maritime or inland port or other terminal facilities to carriers by air, sea, land or inland waterway;
- the management of networks providing a service to the public in the field of transport by railway, tramway, trolley bus or bus (as regards transport services, a network shall be considered to exist where the service is provided under operating conditions laid down by a competent authority of a Member State, including conditions on the routes to be served, the capacity to be made available and the frequency of the service); and
- the operation of public telecommunications networks or the provision of one or more telecommunications services to the public.

The provisions of the Directive also apply to non-public awarding entities which have special or exclusive rights granted by public authorities and which operate in excluded sectors.

Special rules regarding local content and reciprocity are provided for the award of supply contracts falling within the application of the Directive. A tender may be rejected where the proportion of the products originating in third countries exceeds 50% of the total value of the products constituting the tender. Software used in telecommunications networks equipment shall be considered as products. Moreover, when faced with equivalent offers of Community and non-Community origin, an awarding authority is required to choose the Community offer. A Community offer is considered to be equivalent to a non-Community offer provided it does not exceed the price of the latter by more than 3%. The exception to this rule is when this acceptance would oblige awarding authorities to acquire material having different technical characteristics from existing material, which would result in incompatibility or disproportionate technical difficulties in operation and maintenance.

However, the Directive also provides a firm basis for negotiations with third countries. The Council, on the basis of a Commission proposal, may extend the benefit of the provisions of this Directive to offers of non-Member country origin. This mechanism makes it clear that the Community is not only seeking to protect its own market, but is in a position to implement agreements with third countries on equal market access, whether reached through multilateral (*e.g.* GATT) or bilateral agreements. In other words, the Community wants to make sure not to open its markets unilaterally. Even if the word "reciprocity" is carefully avoided, the meaning of the above rules contained in the Directive seem to express exactly the same concept.

Article 3 of the Directive provides a means whereby Member States may apply for the exclusion from tendering obligations of private undertakings operating under special or exclusive rights. The first award of such an exclusion, to French private undertakings, was granted by the Commission on 23 December 1992.

Articles 6 to 13 define the contracts to which the Directive does not apply. These include service contracts which a contracting entity awards to an affiliated undertaking, and service contracts awarded by a joint venture formed by a number of contracting entities awarded either to one of those entities or to an affiliate of one of those entities where at least 80% of the average turnover of that undertaking in the preceding three years is derived from provision of services to undertakings to which it is affiliated.

The Directive repeals Directive 90/531/EEC.

Date of implementation

Most Member States were required to implement the provisions of this Directive into their national legislation by 1 July 1994. However, in the case of Spain this date is replaced by 1 January 1997, and in the case of Greece and Portugal by 1 January 1998.

REMEDIES IN THE UTILITIES SECTOR

Official title

9.15 Council Directive of 25 February 1992 co-ordinating the laws, regulations and administrative provisions relating to the application of Community rules on the procurement procedures of entities operating in the water, energy, transport and telecommunications sectors.

Reference

Council Directive 92/13/EEC; OJ L76, 23.3.92.

Amendments

None.

Impact

The Directive aims to introduce tangible and effective remedies to ensure transparency and non-discrimination.

Details

This Directive provides for:

- remedies available to contractors;
- a corrective mechanism to be exercised by the European Commission; and
- a non-litigious conciliation procedure.

It also provides that contracting authorities may have their contract award procedures subjected to an attestation procedure. The attestation consists of a report drawn up by independent persons concerning the compliance with Community procurement rules by the contracting authorities. Contracting authorities which have obtained an attestation are permitted to publish a note in the *Official Journal*.

As regards the remedies available to contractors, Member States must ensure that a review procedure is available to any person having an interest in obtaining a contract and who risks being harmed by an alleged infringement.

The Member States must ensure that at least one of the following three measures is available to interested parties under the review procedure:

- the adoption of interim measures with the aim of correcting the alleged infringement or preventing further damage, including the power to suspend the award procedure;
- setting aside decisions or discriminatory clauses in tender documents or publications;
- the adoption of any other measure aimed at correcting the infringement or preventing injury, including the power to order the payment of a sum of money for cases where the infringement has not been corrected or prevented.

The award of damages to persons harmed must always be possible.

Where the body responsible for review procedures is not judicial in character, it is provided that the decisions of this body must be subject to review by a court or tribunal. In this way it is guaranteed that, via a preliminary ruling, the European Court of Justice will always have the last say.

As regards the corrective mechanism, it is provided that the European Commission, when it considers that a clear and manifest infringement has been committed during a contract award procedure, is entitled to bring the matter to the attention of the Member State and the contracting entity. Within 30 days, the Member State must:

- confirm that the infringement has been corrected; or
- submit a reasoned opinion stating why no correction has been made; or
- suspend the contract award procedure.

The Directive also provides for the possibility of a non-litigious conciliation procedure at Community level to enable disputes to be settled amicably.

Date of implementation

Most Member States were obliged to bring into force the measures referred to in this Directive by 1 January 1993. However, Spain has until 1 January 1996, and Portugal and Greece until 1 January 1998.

PERMITTED DIALOGUE – UTILITIES

Official title

9.16 Statement re Article 20 of Council Directive 93/38/EEC of 14 June 1993 co-ordinating the procurement procedures of entities operating in the water, energy, transport and telecommunication sectors.

Reference

Statement by the Council and the Commission, OJ L111, 30.4.94.

Amendments

None.

Impact

The Statement by the Council and the Commission lays down strict limits on permitted dialogue between public authorities and potential tenderers. The Statement prohibits all negotiations regarding fundamental aspects of contracts, variations which are likely to distort competition, and particularly as regards price. Discussions with candidates are permitted solely for the purpose of clarifying or supplementing the content of their tenders as regards the requirements of the contracting authority, providing this does not involve discrimination.

Date of implementation

The Statement has no legal force. Member States are not required to implement it into their national legislation.

General public procurement legislation

THE GATT AGREEMENT ON GOVERNMENT PROCUREMENT

Official title

9.17 Council Decision of 10 December 1979 concerning the conclusion of multilateral agreements resulting from the 1973 to 1979 trade negotiations.

Reference

Council Decision 80/271/EEC; OJ L71, 17.3.80.

Amendments

Decision 87/565/EEC; OJ L345, 9.12.87.

Impact

The conclusion of the GATT (General Agreement on Tariffs and Trade) Agreement on government procurement secures a degree of reciprocity between the EU and the other signatories to this Agreement as regards the opening of access to public supply contracts.

Details

The GATT Agreement on government procurement (hereinafter referred to as "the Agreement"), as amended, seeks to establish an international framework of rights and obligations regarding government procurement with a view to achieving greater liberalisation and expansion of world trade. In particular, the Agreement seeks to secure greater international competition and, thus, more effective use of tax revenues and other public funds through the application of commercial considerations when governments purchase for their own use.

The Agreement lays down the principle of non-discrimination and national treatment. Each signatory, immediately and unconditionally, must treat the products and suppliers of the other signatories no less favourably than its own products or suppliers from most favoured nations.

The principle of non-discrimination extends to the specification of technical requirements, in so far as there must be no requirement or reference to a particular trade mark or name, patent, design or type, specific origin or producer, unless there is no sufficiently precise or intelligible alternative to describe the procurement requirements, and provided that words such as "or equivalent" are included in the tender.

The Agreement applies to the award of public supply contracts. Service contracts are not generally covered. The Agreement covers services only if they are incidental to the supply of products and do not exceed the value of the products themselves. Services are covered by the recently adopted Directive 92/50/EEC (see para **9.6** above).

The entities to which the Agreement applies are listed in an Annex. These lists are agreed between the signatories and apply subject to review.

There is no obligation on the signatories to apply the Agreement to regional and local authorities. Signatories are requested solely to inform their regional and local authorities of the rules and principles of the Agreement.

The Agreement applies to any procurement contract of a value of SDR 150,000 or more.

Public policy exemptions are provided for. Special and differential treatment is permitted for developing countries.

The Agreement provides for the use of open, restricted and negotiated tendering, and regulates the use of pre-qualification procedures. The procedural provisions of the Agreement are designed to ensure transparency of procurement operations.

Requirements are imposed regarding the publication of pre-award and post-award information. Statistical returns have to be made to the Committee on Government Procurement.

Date of implementation

The signatories to the Agreement are Austria, Canada, the EU, Finland, Hong Kong, Israel, Japan, Norway, Singapore, Sweden, Switzerland and the United States.

The Agreement is under review in the current GATT negotiations. The Agreement is incorporated into Community legislation on public supply contracts by virtue of Directive 80/767/EEC as amended (see para **9.7** above).

EUROPEAN COMMUNITY/UNITED STATES RELATIONS

Official title

9.18 Council Regulation of 8 June 1993 concerning access to public contracts for tenderers from the United States of America.

Reference

Council Regulation (EEC) 1461/93; OJ L146, 17.6.93.

Amendments

None.

Impact

Excludes tenders from the United States from participation in certain public contracts.

Details

The Regulation is a response to the sanctions imposed by the United States preventing Community contractors from competing for certain US Federal Procurement contracts. It requires Member States to reject tenders from the United States where these are for supply contracts with a value of less than ECU 125,576, service contracts with a value of less than ECU 200,000, or works contracts with a value of less than ECU 5,000,000. Furthermore, US tenderers must always be excluded from tendering for those service contracts falling within Annex II to the Regulation. These include transport services, legal services, voice telephony, health and social services, and research and development.

A Member State may, however, permit its national authorities to accept US tenders when it concludes that this is necessary in order to either avoid limiting competition, ensure continuity of service or supply provisions, obtain goods or services with special characteristics, avoid disproportionate costs, or protect the security of that Member State.

Date of implementation

The Regulation became effective in the Member States on 18 June 1993.

ADVISORY COMMITTEE ON THE OPENING UP OF PUBLIC PROCUREMENT

Official title

Commission Decision of 26 May 1987 setting up an Advisory Committee on the opening up of public procurement.

Reference

Commission Decision 87/305/EEC; OJ L152, 12.6.87.

Amendments

Decision 87/560/EEC; OJ L338, 28.11.87.

Impact

The role of the advisory body is to assist the European Commission in assessing the economic, technical, legal and social realities of public procurement.

Date of implementation

The Decision took effect on 26 May 1987.

COMPLIANCE WITH PUBLIC PROCUREMENT RULES (MONITORING OF EU-FUNDED PROJECTS)

Official title

Notice C(88) 2510 to the Member States on monitoring compliance with public procurement rules in the case of projects and programmes financed by the Structural Funds and financial instruments.

Reference

Commission Notice C(88) 2510; OJ C22, 28.1.89.

Amendments

None.

Impact

The Notice outlines the European Commission's commitment to opening up national public procurement markets. The establishment of a system for maintaining compliance with EU rules where projects and programmes are executed with EU funding was considered by the European Commission to be an appropriate means of achieving this.

Details

The failure to comply with public procurement rules in cases where contracts benefit from Community financing considerably weakens the European Commission's policy of opening up national public procurement markets, which is, itself, one of the priority measures in completing the internal market.

The Notice contains a questionnaire on public procurement which will be addressed to applicants for Community assistance. It is designed to guide applicants for Community financing towards compliance with the rules on public procurement. The answers to this questionnaire will also provide the European Commission with an effective means of monitoring compliance with Community public procurement rules.

The establishment of infringements may result not only in the initiation of proceedings under Article 169 of the EC Treaty, but also in rejection of requests for assistance, suspension of and even the recovery of assistance already paid.

Date of implementation

The monitoring compliance system came into force on 28 March 1989.

REGIONAL AND SOCIAL ASPECTS

Official title

9.21 Communication on public procurement regional and social aspects.

Reference

Commission communication; COM(89) 400 final, 24.7.89.

Amendments

None.

Impact

In this Communication, the European Commission outlines its main concerns and states plans for future action.

Details

The Communication addresses four main topics: (i) preference schemes in public procurement; (ii) non-discriminatory contract provisions; (iii) promoting the participation of small and medium-sized enterprises (SMEs) in public procurement; and (iv) greater regional participation in Community public procurement. The European Commission proposes that preference regimes with a threshold, as defined in the Community Directives on public procurement, should be abolished.

It is further suggested that clauses favouring enlisting local unemployed workers should be included in tenders as long as these clauses cannot be used to discriminate against foreign business. In addition, participation by SMEs in public contracts should be promoted.

Date of implementation

The European Commission adopted this Communication on 24 July 1989.

VALUE OF THRESHOLDS

Official title

Values of thresholds in the field of public procurement applicable during the period 1 January 1994 to 31 December 1995.

Reference

OJ C341, 18.12.93.

Impact

The values of thresholds under the Directives on public procurement and under the GATT government procurement agreement are set out for the period beginning 1 January 1994 and ending on 31 December 1995.

CONTENTS OF CHAPTER 10

Taxation

	Para
Introduction	**10.1**
Scope and purpose of the legislation	10.2
Future developments	10.3
Responsibility within the European Commission	10.4
Case law	**10.5**

Legislation

Indirect taxation – capital duties and securities transactions

Indirect taxes on the raising of capital	10.6

Indirect taxation – value added tax (VAT)

Sixth Directive – uniform basis for assessment of VAT	10.7
Eighth Directive – VAT refunds for taxable persons in other Member States	10.8
Thirteenth Directive – VAT refunds for non-EU persons	10.9
Seventeenth Directive – exemptions for temporary imports	10.10
Abolition of fiscal frontiers – VAT	10.11

Indirect taxation – excise duty legislation

Abolition of fiscal frontiers (excise duty)	10.12
Administrative document for movement of products	10.13

Administrative co-operation

Mutual assistance between tax authorities – direct taxation	10.14
Administrative co-operation in VAT matters	10.15

Proposed indirect taxation legislation

Simplification of VAT measures	10.16
Marking of gas oils for excise purposes	10.17

Direct taxation legislation

Taxation of mergers	10.18

CONTENTS OF CHAPTER 10

Taxation of parent companies and subsidiaries	**10.19**
Arbitration convention to eliminate double taxation in transfer pricing situations	**10.20**

Proposed direct taxation legislation

Carry-over of losses	**10.21**
Interest and royalty payments	**10.22**
Set-off of losses of permanent establishments and subsidiaries	**10.23**
Taxation of mergers	**10.24**
Taxation of parent companies and subsidiaries	**10.25**

Chapter 10
Taxation

Introduction

This chapter deals with the following subjects: 10.1

- capital duties and securities transactions legislation;
- value added tax (VAT) legislation;
- excise duty legislation;
- administrative co-operation; and
- direct taxation.

Scope and purpose of the legislation

The basis of the Community tax harmonisation programme is to 10.2
complement the fundamental EC Treaty principles on the free movement of persons, goods and services, and fair competition. In addition, the exposure to increased international competition makes it essential that differences in national tax rules which may serve as a disincentive to trading or expanding groups of companies across national borders are removed.

Article 95 of the EC Treaty provides that Member States may not use internal taxes as a means of discriminating against products coming from other Member States.

Article 95 does not preclude Member States from granting fiscal advantages, such as tax exemptions or more favourable rates of tax, to certain products or certain categories of producer. However, if they do grant such advantages, those advantages must also be granted to products from other Member States which fulfil the same conditions as those laid down for domestic products.

Similarly, Article 95 does not prevent Member States from operating differential rates of taxation for certain products, provided that such a system is based on objective criteria and does not discriminate against imports from other Member States. Hence, if a Member State applies a high rate of tax to certain types of products on the basis of criteria which cannot be applied to similar or competing domestic products, the provisions of Article 95 will be infringed. For example, Denmark breached this principle by imposing higher rates of excise taxes on whisky (which is not made in Denmark), than on aquavit (which is).

Article 95 has direct effect. It creates rights for individuals which may be invoked in the national courts. Individuals can make claims for the recovery of tax illegally levied.

Article 96 of the EC Treaty provides that any refund of internal taxes when products are exported may not exceed the level of internal taxation imposed on them. This problem has been solved, to a great extent, by the Sixth VAT Directive, which introduced a harmonised system of VAT which is a neutral non-cumulative tax.

Article 99 of the EC Treaty gives the European Commission power to make proposals to the EU Council for the purposes of harmonising turnover taxes (*i.e.* excise taxes and other forms of indirect taxation). Pursuant to this, the EU Council has adopted VAT Directives, excise tax Directives, and Directives on capital duty. The Council may only adopt such legislation by unanimous agreement.

The introduction of a common system of VAT pursuant to Article 99 of the EC Treaty is intended to achieve the following objectives:

- tax neutrality in the EU with respect to competition between the large integrated enterprises, as well as between the small and medium-sized enterprises, which, as a rule, are not integrated;
- removal of the artificial obstacles to specialised production by enterprises;
- an equal spread of turnover tax;
- a practical advantage in that businesses will have to cope with only a single turnover tax system instead of several systems; and
- a step towards the realisation of an internal market.

It should be noted that parallel legislation concerning reliefs from customs duty is covered in Chapter 13.

Article 100 of the EC Treaty gives the European Commission power to make proposals to the Council for the purposes of harmonising direct taxes (*e.g.* corporate income tax). Again, such measures can only be adopted unanimously. In the early years of the Community, efforts were concentrated on the harmonisation of indirect taxes because these affected the free movement of goods. However, in the run-up to 1992, considerable progress was made in adopting Directives to remove obstacles to cross-border business arising out of Member States' rules on direct taxation, although the programme is not yet completed.

Future developments

10.3 Future developments in the fiscal area will be concentrated around three initiatives: (i) the preparation for the definitive system of VAT as from 1 January 1997; (ii) the completion of the harmonisation of excise duty rates and structures; and (iii) the removal of remaining obstacles to cross-border activities which are found in the taxation of company profits.

Future work of the European Commission in the field of direct taxation is most likely to be determined by the findings of the independent committee chaired by Onno Ruding which reported as follows in March 1992:

"Despite the observed convergence over the past decade, wide differences in tax regimes remain. Some of these differences distort the functioning of the internal market both for goods and for capital. It is unlikely that they will be reduced significantly through independent action by Member States. Accordingly, action is needed at Community level.

However, other considerations, such as the need to allow Member States as much flexibility as possible to collect revenue through direct taxes, and the principle of subsidiarity, point in favour of focusing Community harmonisation on the minimum necessary to remove discrimination and major distortions.

So at this stage in the Community's development, action should concentrate on the following priorities:
- removing those discriminatory and distortionary features of countries' tax arrangements that impede cross-border business investment and shareholding;
- setting a minimum level for statutory corporation tax rates and also common rules for a minimum tax base, so as to limit excessive tax competition between Member States intended to attract mobile investment or taxable profits of multinational firms, either of which tend to erode the tax base in the Community as a whole; and
- encouraging maximum transparency of any tax incentives granted by Member States to promote investment, with a preference for incentives, if any, of a non-fiscal character."

In June 1992 the European Commission issued a Communication in response to the Ruding Committee's findings. It announced the European Commission's intention of presenting two proposals, one for extending the scope of Directive 90/435/EEC to cover all types of parent companies subject to corporation tax, irrespective of their legal form, and the other for extending the scope of Directive 90/434/EEC to cover mergers of all types of companies, including sole proprietorships (see paras **10.24** and **10.25** below). The European Commission also plans to establish an appropriate procedure for transfer price adjustments made by national tax authorities; to propose a common approach to the definition and treatment of thin capitalisation and to the allocation of headquarters' costs; to invite Member States to complete the network of double taxation treaties; and to examine with Member States the subject of neutrality of treatment as between foreign source and domestic source dividends.

On the question of tax rates, the taxable base and the systems of corporation tax, the European Commission feels that the Ruding Committee's recommendations go beyond that which is strictly necessary at Community level, although the European Commission is examining them thoroughly.

As far as the taxation of individuals is concerned, the Commission has contented itself with making a recommendation to Member States that they amend their legislation so that persons carrying out an activity in Member State A and earning at least 75% of their income in that state, while retaining their residence in Member State B, will be taxed in Member

State A and benefit from the same tax treatment as residents of Member State A, particularly as regards consideration of their family situation (Bull. EC 12-1993, 1.2.31).

On the vexed question of the taxation of savings, the Council has called on the Commission to apply the principle that interest received by EU residents should be subject to withholding tax at a rate of at least 15%, or to notification of the tax authorities of the country of residence.

Responsibility within the European Commission

10.4 Directorate-General XXI (Customs Union and Indirect Taxation), Directorate C, has responsibility for indirect taxation including elimination of fiscal frontiers. Directorate C has four divisions:

- Division 1 deals with VAT and other turnover taxes;
- Division 2 deals with indirect taxation other than turnover taxes;
- Division 3 deals with the elimination of fiscal frontiers;
- Division 4 deals with fiscal policy questions.

Directorate-General XV (Financial Institutions and Company Law), Directorate B, has responsibility for company taxation, capital duty, taxes on transactions in securities, and other forms of direct taxation.

Case law

10.5 In Case 102/86 *Apple and Pear Development Council* v *Commissioners of Customs and Excise* [1988] ECR 1443, in answer to a question put to it by the House of Lords, the European Court of Justice replied that the exercise by the Apple and Pear Development Council of its statutory functions and the imposition on growers of an annual charge for the purpose of enabling the Development Council to meet administrative and other expenses incurred in the exercise of such functions did not constitute "the supply of services effected for consideration" within the meaning of Article 2 of the Sixth Directive.

In Case 415/85 *Commission* v *Ireland* [1988] ECR 3097 the Commission brought a case against Ireland in relation to a variety of products, seeking a declaration on the following: (i) that no Member State can introduce a permanent zero rate as a simplification measure to a transitional tax structure; and (ii) that Article 17 of the Second VAT Directive permits zero rating only for the benefit of the final consumer and not for industry, therefore the zero rating of preceding stages is in contravention of Directive 77/388/EEC. In its judgment of 21 June 1988, the Court held that zero rating of supplies of electricity, other than those to final consumers, was in contravention of Directive 77/388/EEC, but that a number of other applications of zero rate did comply (*e.g.* those on animal feeding-stuffs other than pet food, seeds, bulbs, etc used for the production of food, and certain fertilisers). Accordingly, the rest of the application was dismissed.

In the direct tax field, there have been several cases in which the Court of Justice has ruled that national provisions which discriminate against nationals of other Member States are illegal because they create obstacles to the exercise of the freedom of establishment and the freedom to provide services. See: Case 270/83 *Commission* v *France* [1986] ECR 273 involving the tax credit for investment income of insurance companies; Case C-330/91 *Commerzbank* 13 July 1993 involving interest on tax refunds; and Case C-1/93 *Halliburton Services* [1994] ECR I-1137 involving tax exemption of transfers of assets between companies of the same group. On the other hand, the Court will not declare a national taxing provision void where to do so would destroy the internal cohesion of the tax system, Case C-204/90 *Bachmann* v *Belgian State* [1992] ECR I-249.

Legislation

Indirect taxation – capital duties and securities transactions legislation

INDIRECT TAXES ON THE RAISING OF CAPITAL

Official title
Council Directive of 17 July 1969 concerning indirect taxes on the raising of capital.

Reference
Council Directive 69/335/EEC; OJ L249, 3.10.69.

Amendments
Accession of United Kingdom, Denmark and Ireland (1973).
Directive 73/779/EEC; OJ L103, 18.4.73.
Directive 73/780/EEC; OJ L103, 18.4.73.
Directive 74/553/EEC; OJ L303, 13.11.74.
Accession of Greece (1981).
Directive 85/303/EEC; OJ L156, 15.6.85.
Accession of Spain and Portugal (1986).

Impact
Abolishes stamp duties on securities and establishes a harmonised capital duty.

Details

This Directive abolishes stamp duties on securities and provides for a harmonised capital duty to be levied on:

- the formation of a capital company;
- the conversion of a business into a capital company;
- an increase in capital of a capital company by a contribution of assets;
- the issue of voting rights or rights to profits or a share in the liquidation in return for a contribution of assets;
- the transfer of the registered office or centre of management of a capital company from outside the Community into a Member State; and
- the transfer of the registered office or centre of management and control from a Member State where a company is not considered as a capital company, to a Member State where it is so considered.

Directive 73/780/EEC introduced a uniform 1% rate of capital duty to be levied on Community contributions of capital to companies and set a reduced rate for company reconstruction operations at between 0% and 0.5%. This Directive has now been repealed and the First Directive has been amended so that as from 1986, Member States must exempt transactions which were taxed at 0.5% or less as at 1 July 1984. Member States may exempt all other transactions covered by the Directive from capital duty or charge duty on them at a single rate not exceeding 1%.

Date of implementation

The original six Member States had to implement the provisions of this Directive by 1 January 1972. Ireland and the United Kingdom had to implement the Directive upon accession in January 1973, and Denmark was given until July 1973. Greece had to implement the Directive upon accession in 1981, and Spain and Portugal on accession in 1986. Since Greece did not have a capital duty upon accession, it was required to decide which transactions it would exempt from duty.

Indirect taxation – value added tax (VAT)

SIXTH DIRECTIVE – UNIFORM BASIS FOR ASSESSMENT OF VAT

Official title

Sixth Council Directive of 23 May 1977 on the harmonisation of the laws of the Member States relating to turnover taxes – common system of value added tax: uniform basis of assessment.

Reference

Council Directive 77/388/EEC; OJ L145, 13.6.77.

TAXATION 10.7

Amendments

Principally:
Tenth Directive 84/386/EEC; OJ L208, 3.8.84;
Directive 91/680/EEC; OJ L376, 31.12.91;
Directive 92/77/EEC; OJ L316, 31.10.92;
Directive 92/111/EEC; OJ L384, 30.12.92;
Directive 94/5/EC; OJ L60, 3.3.94.

Impact

Lays down a uniform system for the assessment of VAT.

Details

This is the most important of the various VAT Directives and is discussed under its constituent sections below.

Territorial application (Art 3) The Sixth Directive applies in the EU except the Island of Heligoland and the territory of Büsingen in Germany, Ceuta and Melilla in Spain, Livigno, Campione d'Italia and the Italian waters of Lake Lugano in Italy, the Canary Islands of Spain, the overseas departments of France and Mount Athos in Greece. For VAT purposes the Principality of Monaco is treated as part of France and the Isle of Man as part of the United Kingdom.

Taxable persons (Art 4) A taxable person is anyone who, whatever the reason, carries out any of the economic activities of producers, traders and persons supplying services, including mining and agricultural activities and activities of the professions. The exploitation of tangible or intangible property for the purposes of obtaining income therefrom on a continuing basis is also considered as an economic activity. Under certain conditions, Member States may treat, as taxable persons, those who supply new buildings on an occasional basis.

As a general rule, the state, regional and other public bodies are not taxable persons.

Taxable transactions (Arts 5–7) The general rule is that supplies of goods or services within the EU are taxable transactions, as are the import of goods into the EU.

However, under transitional arrangements (see below), "intra-Community" acquisitions are also treated as taxable transactions.

Place of taxable transactions (Arts 8 and 9) Supplies of goods are taxable in the place of supply. Goods are deemed to be supplied at the place in the EU where the goods are, at the time when dispatch or transport to the person to whom they are supplied, begins. Where the dispatch or transport begins in a third country, the place of supply by the importer shall be deemed to be the Member State of importation.

Where goods are to be supplied assembled, the place of taxation is the place where the assembly takes place.

If goods are not dispatched or transported, the place of taxation is the place where the goods are when the supply takes place.

If goods are supplied on board ships, aircraft or trains while travelling within the EU, the place of supply shall be the place where the goods are at the time of departure of the transport.

Services, as a general rule, are deemed to be supplied where the supplier is established. However, certain services are deemed to be supplied where they are physically carried out, notably, services connected with immoveable property, transport services, cultural, sporting, educational etc services, loading, unloading, valuations etc. Certain other services are deemed to be supplied in the place where the acquirer of the services is established, provided the acquirer is acting in a professional capacity. Such services include transfers of intellectual property, advertising, consultants, financial services, the supply of staff, and the hiring-out of moveable tangible property, with the exception of all forms of transport.

Where application of the above rules in relation to transactions with third countries would lead to double taxation or the avoidance of tax, Member States may derogate from such rules.

Taxable amount (Art 11)   As a general rule, the taxable amount is the total consideration paid to the supplier of the goods or services. In the case of importation of goods, the taxable amount is the customs value.

Council Decision 89/534/EEC (OJ L280, 29.9.89) allows the United Kingdom to derogate from Article 11A(1)(a) of the Sixth Directive – the taxable amount is the total consideration given. By way of derogation from this, in cases where a marketing structure based on the supply of goods through non-taxable persons results in non-taxation at the stage of final consumption, the United Kingdom may determine the taxable amount of supplies to such persons as the open market value of the goods as determined at that stage.

Rates (Art 12)   The standard rate of VAT may not be less than 15%. Member States may have one or two reduced rates of not less than 5% for certain necessaries (foodstuffs, water, medicines etc) and social services.

Exemptions (Arts 13–16)   Article 13A exempts certain activities in the public interest (*e.g.* postal services, hospitals, education etc). The provision of such exempt services does not confer the status of taxable person.

Article 13B exempts certain financial services, namely, insurance, reinsurance, letting of immoveables, certain credit services, management of investment funds, supply of postal stamps, betting and gaming, the supply of buildings (other than new buildings) and the supply of land other than building land.

Article 13C allows Member States to give taxpayers the right to opt for taxation in the case of the letting of immoveables, credit transactions, and the supply of buildings (other than new buildings) or the supply of land other than building land.

By Council Decision 92/543/EEC (OJ L351, 2.12.92), until 31 December 1995 Germany is authorised to exempt from VAT the supply of services in respect of the management of credit and credit guarantees by a person or a body other than the one which granted the credits. This is a derogation from Article 2(1) read in conjunction with Article 13B(d)(1) and (2), of the Sixth Directive 77/388/EEC.

Article 14 exempts certain imports from charge to VAT, notably imports which would be exempt if supplied within the EU and imports under diplomatic and consular arrangements. Article 14(1)(d) exempts the final import of goods which are exempt from customs duties other than under the Common Customs Tariff. Council Directive 83/181/EEC (OJ L105, 23.4.83), amended by Directive 85/346/EEC, defines the latter. The Commission has made a proposal for a detailed schedule of all the cases falling under Article 14(1)(d) (see OJ C282, 8.10.94).

Articles 15 and 16 exempt certain exports from the EU, international transport, and like transactions.

Deductions (Arts 17–20) Article 17 establishes the basic general principle that a taxable supplier is liable to account to the state for the tax on outputs after having deducted tax on his inputs. If the balance is negative, the taxable person is entitled to a refund. Article 18 lays down the formal requirements to be satisfied in order to exercise the right to deduct, and Article 19 provides rules for determining the deductible portion where the taxable person makes both taxable and exempt supplies.

Council Decision 89/487/EEC (OJ L239, 16.8.89) authorises France not to allow VAT deductions in respect of expenditure on accommodation, food, hospitality and entertainment. However, this authorisation does not extend to: (i) expenditure incurred by a taxable person in respect of supplies by him of accommodation, meals, food or drink for payment; (ii) expenditure on caretaking or supervisory staff on works, sites or premises; or (iii) expenditure incurred by a taxable person in carrying out his contractual or legal responsibility towards customers. This Decision is granted on a temporary basis until such time as Community rules determining expenditure not eligible for deduction of VAT, pursuant to the first paragraph of Article 17(6) of the Sixth Directive, come into force.

Persons liable for payment of tax (Arts 22–23) The persons liable for payment of tax are the taxable person involved, the persons to whom services are provided from outside his state in circumstances in which the services are deemed to be supplied in his state, and any person who mentions the VAT on any invoice or document serving as an invoice.

Where a non-resident carries out taxable transactions within a Member

State, he may be required to appoint a fiscal representative for the purposes of accounting for the tax.

All taxable persons are obliged to register with the Member State's VAT authorities and to provide periodic returns as to taxable transactions.

Special schemes (Arts 24–26)   Member States are authorised to apply simplified schemes for collecting VAT on small undertakings, for applying a common flat rate scheme for farmers. There is also a simplified scheme for determining the place where services are provided by travel agents.

Simplification procedures (Art 27)   Article 27 enables the Council to authorise any Member State to introduce simplified measures for charging tax or to prevent certain types of tax evasion or tax avoidance.

Transitional provisions (Art 28)   Article 28 contains a miscellany of transitional derogations for different Member States which are reviewed from time to time by the Council on a report from the Commission.

Transitional arrangements for the taxation of trade between Member States   These transitional arrangements were introduced by Directive 91/680/EEC discussed in para **10.11** below.

Miscellaneous   In relation to second-hand goods, works of art, collectors' items and antiques, Article 32 provides that until a Community system becomes applicable, Member States may retain their own systems for dealing with the VAT on such goods. A common system of dealing with second-hand goods was introduced by Directive 94/5/EC (OJ L60, 3.3.94). Directive 94/5/EC provides, basically, for a reduced rate of VAT on such goods and for taxation of dealers on their profit margin between the purchase price and the selling price.

Under Council Decision 92/544/EEC (OJ L351, 2.12.92), from 1 January 1992 until 31 December 1996, France is authorised to introduce arrangements for withholding VAT at source on royalties paid to authors by publishers, royalty collection and distribution companies or producers. France may also calculate authors' deductible input tax by applying a flat rate of 0.8% to the royalties. This amount is exclusive of any other deduction available.

Council Decision 93/555/EEC (OJ L273, 5.11.93) authorises a Member State to exempt taxable persons not established in their territory from tax on certain services rendered to them, where those persons would be legally entitled to a refund in another Member State. Any supplier of services who wishes to apply the exemption must be in the possession of some documents, including a certificate establishing the identity of the taxable person. The Decision, which was adopted on 25 October 1993, is a temporary measure and would cease to exist if the Council should adopt the modification to Directive 77/388/EEC, proposed in OJ C107, 15.4.97

TAXATION 10.7-10.8

(see para **10.16** below). A decision is expected before 31 December 1994.

Council Decision 92/546/EEC (OJ L351, 2.12.92) replaces the transaction value with the open market value for certain intra-Community acquisitions between related parties. Until 31 December 1996, the United Kingdom is authorised to calculate the taxable value in certain intra-Community acquisitions as the open market value rather than the transaction value. The cases in which it can do this are where the person acquiring the goods is not a fully taxable person, and where there exist certain family, legal or business ties between the supplier and the acquirer.

Date of implementation
The Sixth VAT Directive has been implemented by all the Member States. The deadline for implementation of the penultimate amendment made by Directive 92/111/EEC was 1 January 1993, subject to certain minor derogations. The deadline for implementation of the last amendment, made by Directive 94/5/EC, is 1 January 1995.

EIGHTH DIRECTIVE – VAT REFUNDS FOR TAXABLE PERSONS IN OTHER MEMBER STATES

Official title
Eighth Council Directive of 6 December 1979 on the harmonisation of the laws of the Member States relating to turnover taxes – arrangements for the refund of value added tax to taxable persons not established in the territory of the country.

10.8

Reference
Council Directive 79/1072/EEC; OJ L331, 27.12.79.

Amendments
None.

Impact
Aims to eliminate double taxation and distortion of competition and trade, by ensuring that a taxable person established in one Member State may claim for tax paid on goods or services in another Member State.

Details
This Directive establishes uniform procedures to ensure that VAT is refunded to persons established in one Member State when those persons incur expenditure involving the payment of VAT in another Member State, or on imports into that other Member State.

Article 7 provides that an application for refund shall relate to invoiced purchases of goods or services or to imports made during a period of not less than three months or not more than one calendar year. Applications may relate to a period of less than three months where that represents the remainder of a calendar year. Applications may also relate to invoices or import documents not previously covered by applications and concerning transactions completed during the year in question. Applications shall be submitted to the appropriate authority within six months of the end of the calendar year in which the tax became chargeable.

Where taxable persons are not established in EU territory, Member States may refuse or impose special conditions on refunds. Refunds may not be granted on terms more favourable than those applied in respect of taxable persons established in the EU.

Date of implementation

Member States were required to implement these provisions by 1 January 1981.

THIRTEENTH DIRECTIVE – VAT REFUNDS FOR NON-EU PERSONS

Official title

Thirteenth Council Directive of 17 November 1986 on the harmonisation of the laws of the Member States relating to turnover taxes – arrangements for the refund of value added tax to taxable persons not established in EU territory.

Reference

Council Directive 86/560/EEC; OJ L326, 21.11.86.

Amendments

None.

Impact

Aims at fostering trade relations between the EU and third countries by implementing arrangements for the refund of VAT to taxable persons not established in EU territory.

Details

This Directive concerns the refund of VAT to taxable persons not established within the EU (non-EU persons), namely to persons who do not have a place of business or residence in the EU, but who otherwise fit the definition of a taxable person.

Member States may refund VAT to a non-EU person where the VAT was incurred in respect of supplies of goods or services made to him, provided three conditions are satisfied: (i) the goods or supplies must be made to him or deemed to be made to him in the Member State by a taxable person; (ii) the non-EU person must use the goods or services for purposes which would carry the right of deduction if purchased by taxable persons established in the country; alternatively, he must use them for the purposes of providing services where the recipient is responsible for payment of the VAT; and (iii) during the relevant accounting period the non-EU person must not, himself, supply any goods or services into the Member State other than certain exempt transport services or services in respect of which tax is payable solely by the recipient.

Member States may make the granting of refunds conditional upon reciprocal advantages being granted by the non-EU person's country. Member States may require the appointment of a tax representative, they may exclude certain items of expenditure from the right to a refund, and they may impose additional conditions. Member States may not make the conditions of refund more favourable than those applied to EU taxable persons.

Date of implementation

Member States were required to implement the provisions of this Directive by 1 January 1988.

SEVENTEENTH DIRECTIVE – EXEMPTIONS FOR TEMPORARY IMPORTS

Official title

Seventeenth Council Directive of 16 July 1985 on the harmonisation of the laws of the Member States relating to turnover taxes – exemption from value added tax on the temporary importation of goods other than means of transport.

Reference

Council Directive 85/362/EEC; OJ L192, 24.7.85.

Amendments

Directive 90/237/EEC; OJ L133, 24.5.90.

Impact

The Directive sets out detailed provisions for temporary importation exemptions, in accordance with the stated Community aim of reducing fiscal barriers on the movement of goods.

Details

The Directive lays down an exemption from VAT for certain goods imported temporarily from another Member State or a third country. Three regimes are instituted: one for imports from other Member States, one for imports from third countries and one for goods imported on approval prior to sale.

The classification of goods in the Directive was based originally on the nomenclature of the Customs Co-operation Council. The amendment made in 1990 facilitates the technical adaptation to the combined nomenclature, but does not alter the scope of the exemptions laid down in the Directive.

Date of implementation

Member States were required to comply with these provisions by 1 January 1986. However, limited derogations were permitted, in so far as the Federal Republic of Germany was given until 1 January 1987 to implement Article 7, and Greece was given until 1 January 1989 to implement Article 9.

Member States were expected to implement the 1990 amendment by 1 July 1990.

ABOLITION OF FISCAL FRONTIERS – VAT

Official title

10.11 Council Directive of 16 December 1991 supplementing the common system of value added tax and amending Directive 77/388/EEC with a view to the abolition of fiscal frontiers.

Reference

Council Directive 91/680/EEC; OJ L376, 31.12.91.

Amendments

Directive 92/77/EEC; OJ L316, 31.10.92.
Directive 92/111/EEC; OJ L384, 30.12.92.

Impact

The objective of this Directive is to abolish fiscal frontiers between Member States, the imposition of tax on imports and the remission of tax on exports in trade between Member States.

Details

The imposition of tax on imports and the remission of tax on exports will continue for territories outside the scope of EU VAT legislation (*i.e.* third countries as well as the French overseas departments; the Island of Heligoland and the territory of Büsingen in Germany; Ceuta, Melilla and the Canary Islands in Spain; Livigno, Campione d'Italia and the Italian waters of Lake Lugano in Italy; and Mount Athos in Greece). Transactions originating in the Principality of Monaco and the Isle of Man will be treated as transactions originating in France and the United Kingdom respectively.

The basic objective is to reconcile two principles: (i) VAT is to be charged in the country of origin of the goods or services; and (ii) the revenue from the imposition of tax at the final stage should accrue to the Member State in which final consumption takes place. A transitional period is required to achieve this, running from 1 January 1993 to 31 December 1996.

Under the transitional rules, the following Member States would levy VAT on the following categories of transactions:

- the supply of goods within the Member State's territory;
- import of goods from outside the Community;
- the intra-Community acquisition of goods;
- the intra-Community transport of goods;
- the supply of services ancillary to the intra-Community transport of goods;
- the supply of services rendered by intermediaries; and
- the supply of all other services.

The supply of goods within the Member State's territory will continue to be subject to VAT in accordance with the pre-1993 rules.

The import of goods from outside the Community will continue to be subject to VAT in accordance with the pre-1993 rules, and exports to places outside the Community will continue to be zero rated.

For the intra-Community acquisition of goods made by non-taxable or exempt persons, the general rule is that the country of the supplier shall have the sole right to tax the goods.

However, (i) the intra-Community acquisition of goods above a certain value made by exempt persons or by non-taxable legal persons, and (ii) intra-Community distance selling and supplies of new means of transport to individuals, exempt persons, or non-taxable persons, will be taxable in the country of destination. With respect to rule (i), the annual threshold is ECU 100,000, although Member States may reduce this to ECU 35,000 where a higher threshold would lead to distortions in competition. With respect to rule (ii), "means of transport" includes certain vessels exceeding 7.5 metres in length, certain aircraft with a take-off weight exceeding 1,550 kilograms, and passenger or goods vehicles the engine capacity of which exceeds 48 cc or the power of which exceeds 7.2 kilowatts. The supplier of a new means of transport under these rules will be treated as a taxable person for the purposes of the supply and will be able to deduct input tax included in the acquisition price of the means of transport.

For the intra-Community acquisition of goods made by taxable persons the transaction will be taxable only in the country where the goods are at the time that dispatch or transport to the purchaser ends. Thus, if goods are dispatched to country A for the account of a taxable enterprise in country B, country A shall have the right to tax the goods. As an exception to this rule, if the purchaser in country B acquired the goods under the VAT registration number of country B, country B shall be entitled to tax the transaction.

Services supplied in the intra-Community transport of goods shall be taxable in the country of departure. However, where the purchaser of the services is registered for VAT in another country and the services are billed to him under that number, the services shall be taxable in that other country. VAT need not be levied on that part of the transport corresponding to journeys made over waters which are outside the Community. Where such services are rendered by an intermediary acting in the name of and on behalf of another, the same rules apply.

Ancillary services supplied in relation to the intra-Community transport of goods shall be taxable in the country where the services are physically performed. However, where the purchaser of the services is registered for VAT in another country and the services are billed to him under that number, the services shall be taxable in that other country. Where such ancillary services are rendered by an intermediary acting in the name of and on behalf of another, the same rules apply.

Services provided by an intermediary, other than services connected with the transport of goods (and other than services connected with certain intellectual and other services which are deemed to be provided in the country of the purchaser), shall be taxable in the country where the services are actually carried out (as opposed to the old rule whereby they were taxable in the country of the intermediary's principal office). However, where the purchaser of the services is registered for VAT in another country and the services are billed to him under that number, the services shall be taxable in that other country.

Special rules will apply to small businesses (*i.e.* persons eligible for the flat-rate scheme of taxation, persons who carry out supplies of goods or services which are non-deductible, or a non-taxable legal person (other than an individual)). In respect of goods other than new means of transport and goods subject to excise duty, intra-Community acquisitions made by such persons would be taxable in the country of dispatch, provided that total purchases in the year and the preceding year did not exceed a threshold of ECU 10,000, or such higher figure as the Member States determine. Small businesses must, nevertheless, be given the right to opt for the general scheme.

The new arrangements normally would entail the end of the special regime for duty-free shops. However, in order to give the duty-free sector time to adjust, duty-free shops will be able to continue to operate under the old rules until 30 June 1999.

Frontier controls on the import of goods from other Member States would be abolished. The acquirer would be responsible for payment of the tax. If he was a taxable person, his tax liability would be dealt with as an entry in his periodic VAT return.

The European Commission was obliged to report to the Council before 31 December 1994 on the operation of the transitional arrangements and make proposals for the details of the definitive system to be applied after expiry of the transitional period. Upon receiving the European Commission's report, the Council will be obliged to decide on the definitive arrangements by 31 December 1995. The transitional arrangements would continue in force automatically until the Council had reached its decision.

Date of implementation

Member States were required to implement the provisions of this Directive by 1 January 1993.

Indirect taxation – excise duty legislation

ABOLITION OF FISCAL FRONTIERS (EXCISE DUTY)

Official title

Council Directive of 25 February 1992 on the general arrangements for products subject to excise duty and on the holding and movement of such products.

Reference

Council Directive 92/12/EEC; OJ L76, 23.3.92.

Amendments

Council Directive 92/108/EEC; OJ L390, 31.12.92.

Impact

Creates the necessary procedures which enable fiscal frontiers to be abolished as far as excise duties are concerned.

Details

The Directive applies in all the Community except: the French overseas departments; the Island of Heligoland and the territory of Büsingen in Germany; Ceuta, Melilla and the Canary Islands in Spain; Livigno, Campione d'Italia and the Italian waters of Lake Lugano in Italy; and Mount Athos in Greece. Transactions originating in (i) the Principality of Monaco, (ii) Jungholz and Mittelberg (Kleines Walsertal), (iii) the Isle of Man and (iv) San Marino, will be treated as transactions originating in France, Germany, the United Kingdom and Italy respectively.

The Directive applies to excise duties and other consumption taxes except VAT levied on cigarettes, manufactured tobacco other than cigarettes, mineral oils and alcohol (including alcoholic beverages). The Directives which harmonise the structure and rates of such excise duties are listed below:

- First Directive on tobacco duties (first and second stages)
  Council Directive 72/464/EEC; OJ L303, 31.12.72.
  Last amended: Directive 92/78/EEC; OJ L316, 31.10.92.
- Second Directive on tobacco duties (definition of products)
  Council Directive 79/32/EEC; OJ L10, 16.1.79.
  Last amended: Directive 92/78/EEC; OJ L316, 31.10.92.
- Cigarette duties – rates
  Council Directive 92/79/EEC; OJ L316, 31.10.92.

- Manufactured tobacco other than cigarettes – rates
  Council Directive 92/80/EEC; OJ L316, 31.10.92.
- Mineral oil duties – structure
  Council Directive 92/81/EEC; OJ L316, 31.10.92.
- Mineral oil duties – rates
  Council Directive 92/82/EEC; OJ L316, 31.10.92.
- Mineral oil duties – exemptions/reductions in rates
  Council Decision 92/510/EEC; OJ L316, 31.10.92.
- Alcohol duties – structure
  Council Directive 92/83/EEC; OJ L316, 31.10.92.
- Alcohol duties – rates
  Council Directive 92/84/EEC; OJ L316, 31.10.92.
  (There is also a proposal for reducing excise rates on motor fuels obtained from agricultural sources, OJ C73, 24.3.92, but this has not yet been adopted.)

The above products are subject to excise duty by virtue of their production or importation into the Community. However, where the product is imported under a customs procedure, importation is deemed to take place when the product ceases to be covered by the customs procedure.

Directive 92/12/EEC introduces the notion of a "suspension arrangement", namely an arrangement whereby the charging of excise duty is suspended.

The chargeable event is defined as "release for consumption", namely:

- any departure, including irregular departure, from a suspension arrangement;
- any manufacture, including irregular manufacture, of those products outside a suspension arrangement;
- any importation, including irregular importation, where those products have not been placed under a suspension arrangement.

Where individuals acquire goods for their private use, the principle is that excise duty shall be chargeable in the Member State where the goods are acquired.

Where goods are released for consumption in one Member State and then delivered to and held by a person in another Member State for commercial purposes, excise duty shall become chargeable in the second state. In determining whether goods are held for commercial purposes, Member States must take account of:

- the commercial status of the holder of the products and his reasons for holding them;
- the place where the products are located or, if appropriate, the mode of transport used;
- any document relating to the products;
- the nature of the products;
- the quantity of the products – minimum guidelines as to quantities are set out in the Directive.

In the above hypothesis, reimbursement may be requested from the first Member State subject to fulfilling certain administrative requirements.

However, the better procedure would be to avoid releasing the goods for consumption in the first state and transfer them to the second state under suspension arrangements.

Member States shall require that production, processing and holding of products subject to excise duty shall take place in a tax warehouse where duty has not already been paid. The authorised warehousekeeper shall be obliged to provide a guarantee, to keep records and to submit to monitoring and stock checks.

The movement of products subject to excise duty under suspension arrangements must take place between tax warehouses. The risk inherent in an intra-Community movement shall be covered by the guarantee provided by the authorised warehouse of dispatch. The consignee may be another authorised warehouse, a tax representative of the dispatching warehouse, a registered trader or an unregistered trader.

If the consignee is another authorised warehouse, or a tax representative of the dispatching warehouse, the goods remain covered by the guarantees given by such persons. If the consignee is a registered trader, the goods will be covered by the guarantee given by such trader at the time of registration. If the consignee is a non-registered trader, an *ad hoc* guarantee will have to be provided prior to dispatch of the goods. Unlike an authorised warehouse, a registered or unregistered trader can only receive the goods in the course of his business and may not hold or dispatch the goods under suspension arrangements.

Exemptions from excise duties are obligatory:

- for delivery in the context of diplomatic or consular relations;
- for international organisations recognised as such by the public authorities of the host Member State, and by members of such organisations, within the limits and under the conditions laid down by the international conventions establishing such organisations, or by headquarters agreements;
- for the armed forces of any state party to NATO, other than the Member State within which the excise duty is chargeable, as well as for certain armed forces;
- for consumption under an agreement concluded with non-member countries or international organisations, provided that such an agreement is allowed or authorised with regard to exemption from VAT.

Until the Council has adopted Community rules on stores for boats and aircraft, Member States may maintain their national provisions on the subject.

The new arrangements normally would entail the end of the special regime for duty-free shops. However, in order to give the duty-free sector time to adjust, duty-free shops will be able to continue to operate under the old rules until 30 June 1999.

Date of implementation

Member States had to implement the provisions of this Directive by 31 December 1992.

ADMINISTRATIVE DOCUMENT FOR MOVEMENT OF PRODUCTS

Official title

10.13 Council Regulation of 11 September 1992 on the accompanying administrative document for the movement under duty-suspension arrangements of products subject to excise duty.

Reference

Council Regulation (EEC) 2719/92; OJ L276, 19.9.92.

Amendments

Regulation 2225/93; OJ L198, 7.8.93.

Impact

Makes administrative provisions for the removal of fiscal frontiers in excise tax matters.

Details

This Regulation lays down the form and content of the administrative document which must accompany goods when moved under duty-suspension arrangements laid down by Directive 92/12/EEC (see para **10.12** above). A commercial document may replace the administrative document provided it contains the same information either in the same lay-out, or in a different lay-out but with the same identification numbers as the document prescribed by the Regulation.

Where products subject to excise duty are moved by pipeline, Member States may agree bilaterally to replace the administrative document with computerised procedures.

Regulation (EEC) 2225/93 contains three amendments to Regulation (EEC) 2719/92, which:

- dispense with the requirement for signature of documents where the documents have been drawn up on an automatic or electronic data-processing system;
- dispense with the need to indicate VAT identification numbers either for the consignor or the consignee in the accompanying documents; and
- provide for taking into account changes in the place of delivery in the forms of the accompanying documents and its explanatory notes.

Date of implementation

The Regulation entered into force on 1 January 1993. The 1993 amendment entered into force on 14 August 1993.

TAXATION

Administrative co-operation

MUTUAL ASSISTANCE BETWEEN TAX AUTHORITIES – DIRECT TAXATION

Official title

Council Directive of 19 December 1977 concerning mutual assistance by the competent authorities of the Member States in the field of direct taxation.

Reference

Council Directive 77/799/EEC; OJ L336, 27.12.77.

Amendments

Directive 79/1070/EEC; OJ L331, 27.12.79.
Accession of Greece (1981).
Accession of Spain and Portugal (1986).

Impact

Improves the channels of communication and the conditions under which information can be exchanged between the tax authorities of different Member States.

Details

The Directive lays down the procedures for co-operation between the national tax authorities. This enables each Member State to determine taxes on income and wealth accurately, and to fight against tax frauds. The taxes covered by the Directive are those levied on total income, on total capital or on elements of income or capital, including gains from the sale of moveable or immoveable property, taxes on salaries, as well as taxes on capital appreciation.

The Directive provides for research and exchange of information between Member States upon request or automatically pursuant to prior agreement. It also provides for the spontaneous communication of information in cases where a reduction of tax in one Member State would give rise normally to an increase in tax in another Member State.

The Member States' tax authorities are obliged to respect professional secrecy. Furthermore, they do not have to research or supply information falling outside the scope of the investigatory powers of the tax authority in the requesting Member State.

An amending Directive 79/1070/EEC imposes various obligations on the tax authorities of the Member States to disclose to each other information in respect of VAT so as to enable each Member State to determine liability for VAT accurately and to counteract fraud.

The original Directive covered co-operation on matters concerning direct taxation only. This Directive extends this co-operation to include VAT.

Date of implementation

The first nine Member States were required to implement the provisions of this Directive by 1979. Greece had to implement it upon accession in 1981, and Spain and Portugal upon accession in 1986.

ADMINISTRATIVE CO-OPERATION IN VAT MATTERS

Official title

10.15 Council Regulation of 27 January 1992 on administrative co-operation in the field of indirect taxation (VAT).

Reference

Council Regulation (EEC) 218/92; OJ L24, 1.2.92.

Amendments

None.

Impact

The Regulation establishes a common system for the exchange of information on intra-Community transactions.

Details

In order to permit the abolition of fiscal frontiers in accordance with the transitional system introduced by Council Directive 91/680/EEC, it is necessary to prevent fraud which would cause distortions in competition. Regulation (EEC) 218/92 establishes a common system for the exchange of information on intra-Community transactions, supplementing Directive 77/799/EEC (see para **10.14** above).

Member States are required to provide the European Commission with any VAT information which may be of interest at Community level. To this end, the European Commission and the Member States are required to establish an effective system for the electronic storage and transmission of data for VAT purposes.

Rules of confidentiality are laid down to ensure that information exchanged is treated at least with the same degree of confidentiality as it enjoyed in the Member State which provided it.

Date of implementation

The Regulation entered into force on 6 February 1992, although no exchange of information could take place under the Regulation until 1 January 1993.

TAXATION

Proposed indirect taxation legislation

SIMPLIFICATION OF VAT MEASURES

Official title

Proposal for a Council Directive amending Directive 77/388/EEC and introducing new simplification measures with regard to value added tax – scope of certain exemptions and practical arrangements for implementing them.

Reference

Commission proposal; OJ C107, 15.4.94.

Amendments

None.

Impact

This proposal would simplify the burden of VAT procedures, notably in international movements of goods.

Details

If adopted, this proposed Directive would simplify VAT measures in the following principal ways:

- the taxable amount of goods upon importation will include all ancillary costs arising from the transport of goods to any destination within the EU and, as a result, the supplies of services in question will be exempt under Article 14(1)(i) of the Sixth VAT Directive;
- the exemption for goods exported in the personal luggage of travellers by virtue of Article 15(2) of the Sixth VAT Directive will be available as soon as the value of the supply exceeds ECU 175, on condition that the goods were exported within three months of purchase and the person concerned proves his residence outside the EU by means of a recognised passport or identity card and proof of exportation is furnished by means of an invoice duly endorsed by the customs office at the point of export;
- the exemption under Article 15(10) of the Sixth VAT Directive for supplies under diplomatic, consular arrangements, to international organisations or to NATO staff, will be conditional on the issue of an exemption certificate;
- for the purposes of certain exemptions linked to international goods traffic (other than goods for retail sale) and conditional on the use of customs warehouses, Member States will be able to define other forms of warehousing;
- transport operations within a Member State will be treated as an intra-Community goods-transport operation where it is directly linked to a transport operation between Member States, in order to simplify the rules and arrangements for taxing those domestic services.

Proposed date of implementation

The original date of implementation was proposed as 1 October 1994, but this is now more likely to be 31 December 1994.

MARKING OF GAS OILS FOR EXCISE PURPOSES

Official title

10.17 Proposal for a Council Directive on fiscal marking of gas oils.

Reference

Commission proposal; OJ C15, 18.1.94.

Amendments

None.

Impact

This proposal would oblige Member States to introduce a system of marking gas oil that was not intended to be used as a propellant for a motor vehicle.

Details

The proposal would set up a committee procedure for determining the chemical additives to be used by Member States as a marker for gas oil that was not intended for use as a propellant in motor vehicles. The marker would be added under fiscal supervision at the point of release for consumption and its purpose would be to identify gas oil which had not borne the full rate of excise duty applicable to gas oil used as a propellant. Member States would be required to institute deterrent penalties for the use of marked gas oil in a motor vehicle and for the keeping of such fuel in the tank of such vehicle.

Proposed date of implementation

The date of implementation, as originally proposed, was 30 June 1994. The Economic and Social Committee endorsed the proposal on 22 February 1994, subject to comments on the advisability of harmonising marking systems, and the Parliament approved the proposal on a first reading on 20 April 1994, subject to a technical amendment. A more reasonable date for adoption now seems to be the end of 1994, with implementation taking place in the latter half of 1995.

TAXATION

Direct taxation legislation

TAXATION OF MERGERS

Official title
Council Directive of 23 July 1990 on a common system of taxation applicable to mergers, divisions, transfers of assets and exchanges of shares concerning companies of different Member States.

Reference
Council Directive 90/434/EEC; OJ L225, 20.8.90.

Amendments
None.

Impact
This Directive allows certain cross-border reorganisations to be carried out without the current taxation of gains in the values of assets and shares transferred.

Details
Such taxation is deferred until the assets and shares exchanged in the reorganisation are actually disposed of at a later date. The six types of cross-border reorganisations which benefit from this regime, as from 1 January 1992, are:

- a merger with an existing company, whereby one company goes into voluntary liquidation, transfers all its assets to the existing company in return for shares (or shares plus a cash payment not exceeding 10% of the par or book value of the shares), and transfers the shares (and cash) to its shareholders;
- a joint venture by merger into a new company, whereby two companies go into voluntary liquidation, transfer all their assets to a newly created company in exchange for shares in the new company (or shares plus a cash payment not exceeding 10% of the par or book value of the shares), and transfer the shares (and cash) to the shareholders of the old companies;
- a merger by voluntary liquidation, whereby a wholly owned subsidiary transfers all of its assets to its parent company;
- an exchange of shares, whereby a company acquires a majority of the voting rights in another company by obtaining a holding in the capital of that other company in exchange for shares in the acquiring company (or shares plus a cash payment not exceeding 10% of the par or book value of the shares);
- a scission, whereby one company goes into voluntary liquidation, transfers all its assets to two or more existing or new companies in exchange for shares in such companies (or shares plus a cash payment not exceeding 10% of the par or book value of the shares), and transfers the shares (and cash) to the shareholders of the company in liquidation;

- an operation, whereby a company does not go into voluntary liquidation but transfers an autonomous division to one or more new or existing companies in return for shares in such companies.

The tax neutrality organised by the Directive consists of the following rules:

- the Member State of the transferor company may not tax gains inherent in the assets transferred, provided the transferee company continues the valuation and depreciation practices followed by the transferor company in respect of the assets transferred, as though the reorganisation had not taken place;
- any relevant tax exempt provisions or reserves of the transferor company which are not derived from foreign permanent establishments shall be transferred to the foreign permanent establishments which the transferee company has in the transferor company's state;
- where the Member State of the transferor company allows tax losses to be transferred in a purely national merger or reorganisation, it must allow such losses to be transferred in a cross-border merger or reorganisation, the beneficiary being a permanent establishment of the transferee company in the transferor company's state;
- where the transferee company has a shareholding of at least 25% in the transferor company, any gains accruing to the transferee company shall not be liable to taxation;
- where the assets transferred are part of a permanent establishment of the transferor company in a third Member State, the transferor company's state may tax any losses of the permanent establishment which have been previously deducted for tax purposes in the transferor company's state. The third state where the permanent establishment is situated then applies the Directive to the transfer of the permanent establishment as though it were the transferor company's state;
- the allotment of securities by the transferee company to shareholders of the transferor company in exchange for shares in the latter shall not give rise to taxation, except to the extent that cash payments are made at the same time.

There are two important exceptions.

First, the Directive does not apply when, as a result of the corporate reorganisation, any company ceases to fulfil national conditions requiring employee representation on the company's board. This exception was enacted at the request of Germany, which was concerned that cross-border reorganisations would be used by management as a means of escaping from the German laws on worker representation. The exception will cease to apply once the EU has adopted provisions containing equivalent rules on worker representation (*e.g.* the proposed Fifth Company Law Directive and the proposed statute for a European company, see Chapter 2, paras **2.20** and **2.23**).

Secondly, the Directive will not apply to transactions which have, as one of their principal objectives, the evasion or avoidance of tax. The fact that a transaction is not carried out for valid commercial reasons, such as the restructuring or rationalisation of the activities of the companies involved, may constitute a presumption that the transaction has tax evasion or tax avoidance as one of its principal objectives.

A proposal to amend this Directive is discussed in para **10.24** below.

Date of implementation

Member States had to implement the provisions of this Directive by 1 January 1992.

TAXATION OF PARENT COMPANIES AND SUBSIDIARIES

Official title

Council Directive of 23 July 1990 on the common tax system applicable in the case of parent companies and subsidiaries of different Member States.

Reference

Council Directive 90/435/EEC; OJ L225, 20.8.90.

Amendments

None.

Impact

This Directive abolishes withholding tax on dividend payments by 25% subsidiaries to their parent companies in other Member States and provides for the avoidance of double taxation of such dividends in the hands of the parent company.

Details

The Directive obliges Member States to abolish withholding tax on profit distributions by a company of one Member State to its parent company in another Member State. A parent company is defined widely to mean a company with a shareholding of at least 25% in the distributing company. Member States may agree, by tax Treaty, to replace the 25% shareholding requirements with a requirement that the parent company hold 25% of the voting rights in the subsidiary. A Member State may also require unilaterally that the holding be maintained for an uninterrupted period of two years. In addition, the Directive obliges the Member State of the parent company either to exclude the subsidiary's dividend from the parent company's taxable base, or to include the dividend in the taxable base, but grant a tax credit for the proportion of the subsidiary's corporation tax attributable to the dividend (and also for any withholding tax levied by virtue of the three exceptions described below). The amount of such tax credit can be limited to the amount of the corresponding domestic tax. Equally, the Member State of the parent company may not charge withholding tax on the incoming dividend. The case of liquidation does not fall within these provisions: it is dealt with by Directive 90/434/EEC (see para **10.18** above).

Three countries benefit from exceptions from the obligation not to withhold tax on subsidiary to parent dividends:
- Germany may withhold tax at the rate of 5% until mid-1996, but only so long as it continues to charge corporation tax on distributed profits at a rate which is at least 11 percentage points lower than the rate it charges on undistributed profits;
- Greece may levy withholding tax on dividends up to the rate provided in its double tax conventions for so long as it does not impose any corporation tax on distributed profits; and
- Portugal may levy withholding tax at the rate of 15% until 31 December 1996 and at the rate of 10% until 31 December 1999 (subject to existing double tax agreements).

A proposal to amend this directive is discussed in para **10.25** below.

Date of implementation

Member States had to implement the provisions of this Directive by 1 January 1992.

ARBITRATION CONVENTION TO ELIMINATE DOUBLE TAXATION IN TRANSFER PRICING SITUATIONS

Official title

10.20 Convention of 23 July 1990 on the elimination of double taxation in connection with the adjustment of profits of associated companies.

Reference

Convention 90/463/EEC; OJ L225, 20.8.90.

Amendments

None.

Impact

Provides an arbitration procedure to resolve, definitively, cases where Member States' tax authorities fail to agree on the tax treatment of transfer pricing transactions between related companies.

Details

The Convention applies in cases where the taxable income of an enterprise in one Member State is increased by adjustment of the transfer price paid to a related enterprise in another Member State, but the taxable income of the latter enterprise is not reduced by a corresponding amount. The Convention applies, for example, to transactions between company A in state X, and a permanent establishment of company A in state Y. It also applies to transactions between company A in state X and a branch of a related company B in state Y, even if company B has its head office in state

X. For these purposes, enterprises A and B are considered to be related if A participates directly or indirectly in the management, control or capital of B, or where the same persons participate directly or indirectly in the management, control or capital of both A and B.

The procedure for resolution of disputes is as follows:

- the taxpayer must file an administrative appeal within three years of notification of the adjustment of profits;
- the tax authority making the adjustment must notify the counterpart tax authority in the other Member State without delay;
- the two tax authorities must seek to reach a solution by mutual agreement;
- if the two tax authorities cannot agree, they must submit the case for definitive and final arbitration within two years of notification of the administrative appeal;
- the arbitration committee is appointed, consisting of two representatives from the two tax authorities concerned and an even number of independent persons of standing not engaged in the performance of tasks or duties on behalf of the tax authorities;
- the arbitration committee must adopt its opinion by simple majority within six months of being assigned the case;
- the two Member States concerned must give effect to the arbitration committee's opinion within six months of delivery.

The Convention does not prevent the enterprises concerned from pursuing the matter in the national courts, in which case the two year delay for recourse to the arbitration procedure is suspended. The period is also suspended for so long as the enterprises concerned have a right to seek judicial review of their respective tax authority's decision.

The Convention does not prevent a Member State from taking court proceedings for judicial or administrative penalties, in which case the arbitration proceedings can be suspended by the Member State concerned.

Once a "serious penalty" has been levied in respect of the transfer pricing situation, for example in the case of fraud, the Member State concerned is not obliged to apply the arbitration procedure to the case in question.

Date of implementation

The Convention came into force on 1 January 1995.

Proposed direct taxation legislation

CARRY-OVER OF LOSSES

Official title

Proposal for a Council Directive on the harmonisation of the laws of the Member States relating to tax arrangements for the carry-over of losses of undertakings.

Reference

Original proposal; OJ C253, 20.9.84.

Amendments

Amended proposal; OJ C170, 9.7.85.

Impact

This proposal would harmonise the rules on carry-over of tax losses of companies.

Details

The European Commission's first proposal for the harmonisation of the tax rules on loss carry-overs would oblige Member States to incorporate loss carry-over provisions into their national law. However, for this purpose, profits and losses were defined as the positive or negative results of the company, determined in accordance with national tax rules, but excluding any results of permanent establishments or subsidiaries abroad. The proposal was amended in 1985 so that profits and losses would have to be determined in accordance with national rules, including any rules which bring into account the results of foreign permanent establishments or subsidiaries.

The loss carry-over rules under the amended proposal would be as follows:

- losses of a particular financial year may be set off against profits (or the undistributed portion thereof) of the three preceding financial years in chronological order, and any unused loss carry-backs can be carried forward and set off against the profits of the following financial years in chronological order;
- the company may opt simply to carry losses forward and set them off against profits of the following financial years in chronological order;
- the company may opt not to set off losses against profits which have not been subject to tax or which have been taxed at a reduced rate;
- where losses are set off against distributed profits, the resulting tax repayment should be reduced by the amount of any tax credit granted to shareholders, unless such credit has been recuperated by a compensatory tax;
- where different rates of taxation apply to different categories of profit, Member States may limit set-offs to the relevant category of profit, provided that losses dating from more than five years ago may be set off against other categories of profit.

The Economic and Social Committee has given its opinion (OJ C120, 6.5.91), and the European Parliament endorsed the proposal on 11 March 1992, subject to amendments designed to prevent Member States from introducing methods of taking losses into account other than those proposed by the European Commission (OJ C94, 13.4.92).

Proposed date of implementation

The deadline for implementation was planned originally for 1 January 1986. Adoption of this proposal is linked with the proposal on set-off of losses, a proposal which is beset with political difficulties (see para **10.23** below).

INTEREST AND ROYALTY PAYMENTS

Official title

Proposal for a Council Directive on a common system of taxation applicable to interest and royalty payments made between parent companies and subsidiaries in different Member States.

Reference

Original proposal; OJ C53, 28.2.91.

Amendments

None.

Impact

Once adopted, the proposed Directive would abolish withholding tax on interest and royalty payments made between parent companies and their 25% subsidiaries.

Details

For the purposes of the proposed Directive:

- "interest" means income from debt claims of every kind, whether or not carrying a right to participate in the debtor's profits, including premiums and prizes attaching to bonds or debentures;
- "royalties" means payments of any kind received as a consideration for the use of, or the right to use, any copyright of literary, artistic or scientific work, including cinematograph films, any patent, trade mark, design or model, plan, secret formula or process, or for the use of, or the right to use, industrial, commercial, or scientific equipment, or for information concerning industrial, commercial or scientific experience.

The proposed Directive would oblige Member States to abolish withholding tax on payments of royalties and interest from a company of one Member State to its parent company in another Member State or vice versa. A parent company is defined to mean a company with a shareholding of at least 25% in the distributing company. Member States may agree by tax Treaty to replace the 25% shareholding requirements with a requirement that the parent company holds 25% of the voting rights in the subsidiary. A Member State may also require unilaterally that the holding be maintained for an uninterrupted period of two years.

Where a company X of state A has a parent or subsidiary company Y in state B, and company X makes a royalty or interest payment to a permanent establishment of company Y in state A, state A will be obliged not to impose withholding tax on such payment if, under its national rules, state A does not impose withholding tax on interest or royalty payments between resident parents and (25%) subsidiary companies.

Greece and Portugal would be allowed a seven-year derogation from the provisions of the proposed Directive. Subject to existing bilateral tax Treaties, these two countries would be allowed to impose withholding tax on interest and royalties at the rate of 10% during the first five years, and at the rate of 5% during the next two years.

Proposed date of implementation

This proposal had a projected implementation date of 1 January 1993. However, the proposal was withdrawn by the Commission in late 1994.

SET-OFF OF LOSSES OF PERMANENT ESTABLISHMENTS AND SUBSIDIARIES

Official title

10.23 Proposal for a Council Directive concerning arrangements for the taking into account by enterprises of the losses of their permanent establishments and subsidiaries situated in other Member States.

Reference

Original proposal; OJ C53, 28.2.91.

Amendments

None.

Impact

This proposal would enable a company resident in one Member State to set off losses incurred by its permanent establishments and subsidiaries in other Member States.

Details

Member States would be required to adopt legislation enabling enterprises to take account of the losses incurred by permanent establishments or subsidiaries situated in other Member States. For this purpose, a subsidiary is defined as a company in which the parent holds at least 75% of the share capital and a majority of the voting rights. The proposed Directive lays down two methods for setting off losses: the credit method and the deduction method. Member States will be obliged to adopt the deduction method for subsidiaries, but may choose between the credit method and the deduction method for permanent establishments.

Permanent establishments   Under the deduction method, losses in a given financial year of the company's permanent establishments in another Member State are deducted from the company's taxable profits for the corresponding period in the home state. Any subsequent profits of such establishments must be reincorporated in the taxable profits in the home state up to the amount of the losses previously deducted. Under the credit method, the profits and losses for a given financial year of all the company's permanent establishments in another Member State are incorporated into the taxable profits of the company in the home state for the corresponding period. Any corporate income tax paid by the permanent establishments in the other Member State must be credited in reduction of the corporate income tax payable by the company in the home state.

Where the credit method is used, the profits and losses of all permanent establishments in the other Member State must be brought into account, but without taking into account any loss carry-overs from other years. If, as a result, there is a net loss in the home state, this can be taken into account without limit and carried over to other years. Where the company and its foreign permanent establishment are both in profit, economic double taxation is avoided by means of the tax credit.

Subsidiaries   In the case of subsidiaries, the deduction method must be used. This works in the same way as described above for permanent establishments except that:

- the proportion of a subsidiary's losses and profits to be taken into account is the lowest percentage shareholding held by the parent company in the subsidiary during the relevant financial year; and
- Member States may require that previously deducted losses be reincorporated no later than the end of the fifth year following that in which the loss became deductible. The same rule applies where, at any time, the subsidiary is sold, wound up or transformed into a permanent establishment, or if the company's shareholding in the subsidiary falls below the minimum qualification level. This level is 75% or such lower level as the Member State determines.

Proposed date of implementation

The date of implementation originally proposed was 1 January 1993. This deadline cannot now be met because of lack of progress at a political level.

TAXATION OF MERGERS

Official title

Proposal for a Council Directive amending Directive 90/434/EEC of 23 July 1990 on the common system of taxation applicable to mergers and divisions; transfer of assets and exchange of shares concerning companies of different Member States.

Reference

Original proposal; OJ C225, 20.8.93.

Amendments

None.

Impact

The proposed Directive aims at making the concept of holding in the Directive consistent with that of minimum holding in Council Directive 90/435/EEC.

Details

The proposed Directive would enlarge the scope of Directive 90/434/EEC so that it applied to all enterprises subject to corporation tax and capable of carrying out a cross-border merger, instead of just the companies listed in the Annex to Directive 90/434/EEC.

In a tax-neutral cross-border merger, Article 7 of Directive 90/434/EEC provides that gains accruing from the cancellation of a shareholding shall be exempt from tax, but it allows Member States to tax such cancellations where the shareholding is 25% or less. The proposed amendment would align this exception with Directive 90/435/EEC by providing that Member States could tax such cancellations where the shareholdings do not confer the status of parent company for the purposes of Directive 90/435/EEC (see para **10.19** above).

Date of implementation

The date of implementation initially proposed was 1 January 1994. The Economic and Social Committee gave its opinion on 24 November 1993 and the Parliament endorsed the proposal on 19 April 1994, subject to a technical amendment concerning the proposal on parent companies and subsidiaries (see para **10.25** below).

TAXATION OF PARENT COMPANIES AND SUBSIDIARIES

Official title

10.25 Proposal for a Council Directive amending Directive 90/435/EEC of 23 July 1990 on the common system of taxation applicable in the case of parent subsidiaries of different Member States.

Reference

Original proposal; OJ C225, 20.8.93.

Amendments

None.

Impact

The proposed Directive aims at ensuring that double taxation is completely eliminated where a subsidiary redistributes to its parent company profits derived from its own subsidiary, by making the scope of Council Directive 90/435/EEC more uniform.

Details

The proposed Directive would enlarge the scope of Directive 90/435/EEC so that it applied to all enterprises subject to corporation tax and capable of carrying out a cross-border merger, instead of just the companies listed in the Annex to Directive 90/435/EEC.

Moreover, the proposed Directive would provide that where, under Directive 90/435/EEC, Member State A gives credit for tax which is borne by a subsidiary in Member State B, it shall also give credit for any tax borne by subsidiaries of such a subsidiary. In this way economic double taxation would be completely eliminated.

Date of implementation

The date of implementation as proposed was initially 1 January 1994. Progress on this proposal is linked to that made with the proposal on mergers (see para **10.24** above).

CONTENTS OF CHAPTER 11

Technical Standards

	Para
Introduction	11.1
Scope and purpose of the legislation	11.2
Future developments	11.3
Responsibility within the European Commission	11.4
Case law	11.5

Legislation

General legislation

Provision of information on technical standards and regulations	11.6
Conformity assessment procedures and CE marking	11.7

Motor vehicles – cars, utility vehicles and HGVs

Type-approval of motor vehicles and their trailers	11.8
Adopted Directives setting the technical specifications to be met for the type-approval of motor vehicles and their trailers	11.9
Roadworthiness tests	11.10
Weights, dimensions and other characteristics of certain road vehicles – goods vehicles	11.11
Speed limitation devices – installation and use	11.12

Cars, utility vehicles and HGVs – proposed legislation

Mechanical coupling devices	11.13
Burning behaviour of materials used in motor vehicles	11.14
Maximum weights for large vehicles	11.15

Motor vehicles – Two and three-wheel vehicles

Type-approval of two- and three-wheel vehicles	11.16
Adopted Directives setting the technical specifications to be met for the type-approval of two- or three-wheel motor vehicles	11.17
Directives setting certain other technical specifications for two-wheel motor vehicles	11.18

CONTENTS OF CHAPTER 11

Two- and three-wheel vehicles – proposed legislation

Maximum design speed, maximum torque and maximum net engine power	11.19
Completion of type-approval regime	11.20

Agricultural and forestry tractors

Type-approval	11.21
Adopted Directives setting the technical specifications to be met for the type-approval of agricultural or forestry tractors	11.22

Agricultural and forestry tractors – proposed legislation

Consolidation of type-approval Directives	11.23

Fertilisers

Fertilisers	11.24
Sampling and analysis methods	11.25
Ammonium nitrate fertilisers of high nitrogen content	11.26
Procedures for the control of characteristics, limits and resistance to detonation of straight ammonium nitrate fertilisers of high nitrogen content	11.27

Metrology legislation

Measuring instruments and metrological control methods	11.28
5 to 50 kilogram medium accuracy rectangular bar weights and 1 to 10 kilogram medium accuracy cylindrical weights	11.29
Weights of from 1 milligram to 50 kilograms of above-medium accuracy	11.30
Gas volume meters	11.31
Meters for liquids other than water	11.32
Ancillary equipment for liquid meters other than water	11.33
Measuring systems for liquids meters other than water	11.34
Cold water meters	11.35
Hot water meters	11.36
Electrical energy meters	11.37
Taximeters	11.38
Calibration of tanks and vessels	11.39
Material measures of length	11.40
Use of bottles as measuring containers	11.41
Continuous totalising weighing machines	11.42
Automatic checkweighing and weight grading machines	11.43
Non-automatic weighing instruments	11.44

CONTENTS OF CHAPTER 11

Clinical mercury-in-glass maximum reading thermometers	**11.45**
Alcoholometers and alcohol hydrometers	**11.46**
Alcohol tables	**11.47**
Tyre pressure gauges for motor vehicles	**11.48**
Units of measurement	**11.49**

Proposed metrology legislation

Units of measurement	**11.50**

Electrical materials and equipment

Electrical equipment for use within certain voltage limits	**11.51**
Electrical equipment for use in potentially explosive atmospheres	**11.52**
Electrical equipment for use in potentially explosive atmospheres employing certain types of protection	**11.53**
Electrical equipment for use in potentially explosive atmospheres in mines susceptible to fire damp	**11.54**
Radio interference	**11.55**
Electro-medical equipment for use in human or veterinary medicine	**11.56**
Airborne noise emitted by household appliances	**11.57**
Active implantable electro-medical equipment	**11.58**
Energy labelling for household appliances	**11.59**

Noise limitation legislation

Aircraft	**11.60**
Limitation of operation of Chapter 2 aircraft	**11.61**
Construction plant and equipment	**11.62**
Compressors	**11.63**
Tower cranes	**11.64**
Welding generators	**11.65**
Power generators	**11.66**
Powered hand-held concrete-breakers and picks	**11.67**
Lawnmowers	**11.68**
Hydraulic excavators, rope-operated excavators, dosers, loaders and excavator-loaders	**11.69**

Legislation in other sectors

Classification of wood in the rough	**11.70**
Crystal glass	**11.71**
Certification and marking of wire-ropes, chains and hooks	**11.72**
Aerosol dispensers	**11.73**

CONTENTS OF CHAPTER 11

Pressure vessels and methods of inspection	**11.74**
Pressure vessels	**11.75**
Seamless steel gas cylinders	**11.76**
Seamless unalloyed aluminium and aluminium alloy gas cylinders	**11.77**
Welded unalloyed steel gas cylinders	**11.78**
Lifting and mechanical handling appliances	**11.79**
Electrically operated lifts	**11.80**
Roll-over protection structures for certain construction plant	**11.81**
Protection against falling objects	**11.82**
Self-propelled industrial trucks	**11.83**
Construction products	**11.84**
Electromagnetic compatibility	**11.85**
Machinery	**11.86**
Appliances burning gaseous fuels	**11.87**
Efficiency requirements for hot-water boilers	**11.88**
Interim measures – German unification	**11.89**
Civil aircraft	**11.90**
Explosives for civil use	**11.91**

Proposed legislation in other sectors

Mobile machinery	**11.92**
Lifts	**11.93**
Pressure equipment	**11.94**

Chapter 11
Technical Standards

Introduction

The removal of technical barriers to trade and, where appropriate, the harmonisation of technical standards across the Community are essential parts of the Community's efforts to ensure effective freedom of movement of goods. This aspect of Community policy came to prominence particularly strongly in the 1985 legislative programme, which was aimed at completing the internal market. This chapter provides an overview of existing and proposed legislation in the following areas: **11.1**

- general legislation;
- motor vehicles (subdivided into cars, utility vehicles and HGVs on the one hand, and two- and three-wheel vehicles on the other);
- tractors;
- fertilisers;
- metrology;
- electrical materials and equipment;
- noise limitation;
- other sectors.

The chapter does not cover legislation dealing with foodstuffs or pharmaceuticals. These are dealt with separately in Chapter 4.

Scope and purpose of the legislation

The general principle of Community law relating to the free-movement of goods is that a particular product, when lawfully placed on the market of a Member State, should be considered to be in "free circulation" in the Community. Member States' authorities should not, therefore, prevent goods brought onto the markets of other Member States from freely penetrating their own national markets. Article 30 of the EC Treaty sets out this principle in terms of a prohibition on quantitative restrictions on intra-Community trade and of measures having equivalent effect. **11.2**

It is apparent that differing national technical standards and requirements (often termed technical barriers to trade) are directly targeted by this principle. A Commission Directive of 1969 (Dir 70/50/EEC; OJ L13, 19.1.70) sought to oblige Member States to comply with the prohibition on measures having equivalent effect.

Technical barriers to trade divide the Community into separate national markets. The result may be a limitation of choice for the consumer and increased costs for manufacturers. In consequence, the ability of Community industry to benefit from economies of scale, and to compete on world markets is impaired. Under the EC Treaty Member States may still prohibit or restrict imports on specific grounds of "national interest". These grounds include: public morality, public policy or public security; the protection of health and life of humans, animals or plants; the protection of national treasures; and the protection of industrial or commercial property. However, such prohibitions or restrictions must not constitute a means of arbitrary discrimination or a disguised restriction on trade between Member States. Within these parameters, Community legislation has sought, where possible, to eliminate technical barriers to trade and to give full application to the principle of free movement.

Technical barriers to trade come in various forms. They may be caused by genuine differences in national technology, such as occurs in the markets for gas appliances or telecommunications terminal equipment. However, they may also be thinly disguised protectionist measures (*e.g.* via burdensome inspection procedures or design specifications).

The initial course which the Community sought to take was that of compete harmonisation of standards, following a "General Programme" adopted in 1969 (Council Resolution of 28 May 1969; OJ C76, 17.6.69). The adoption of common standards would create a seamless market free of technical barriers to free movement. However, as the Community became involved in more and more areas of business, and with the accession of more Member States the pace slackened. A "new approach" was devised, to prevent the harmonisation process from coming to a standstill.

The "new approach" to technical standards is based on the principle of minimum harmonisation. Many Community Directives contain only mandatory health and safety requirements, known as "essential requirements", to which all relevant products are required to conform in order to enjoy freedom of movement throughout the Community. Products conforming to these standards enjoy free movement, even if they differ in other "non-essential" ways. In this way, the programme of harmonisation became based on the mutual recognition of Member States' standards, as long as such standards did not run contrary to essential requirements.

The new approach also entails the drawing up of "technical specifications", to cover essential requirements set by industrial standardisation organisations. National administrations are obliged to presume that goods manufactured in conformity with such technical specifications conform to the "essential requirements" laid down in the Directives. A manufacturer may choose not to manufacture products conforming to the technical specifications, but the onus is then on him to show that his goods conform to the essential requirements contained in the relevant Directive.

Future developments

The European Commission receives many complaints relating to cases where individual Member States block imports from elsewhere in the Community, ostensibly for technical reasons. In areas where the mutual recognition approach has not yet produced a remedy, some smaller Member States are calling for more, not less, harmonisation legislation.

This is unlikely to become Community policy overnight. However, the Commission has announced proposals which could enable it to exercise greater control over the behaviour of the Member States, without being dependent on sporadic complaints from traders. Member States which refuse imports of a product would be obliged to notify their decision to the Commission, which would then be able to plan legislation in areas where particular problems arise, or take action against unlawful practices. Member States are divided over the merits of the plan, some being concerned that it will cause excessive bureaucracy, a problem which the Community's internal market programme has been attempting to reduce.

In parallel, the Council and representatives of Central and Eastern European countries have commenced a series of meetings in preparation for the future accession of these countries to the European Union. The problem areas discussed include the harmonisation of standards. The European Commission has announced its intention to publish a White Paper cataloguing the national laws of the prospective Member States which will require harmonisation with the Community "*acquis*".

Responsibility within the European Commission

Since the reorganisation of certain of the European Commission services in 1992, several of the principal internal market portfolios have moved from Directorate-General III (Industry) to Directorate-General XV (Internal Market and Financial Services). Policies regarding the free movement of goods and elimination of trade barriers now fall under the aegis of DG XV/B, while the harmonisation of technical standards, as such, remains the responsibility of DG III/B.

Case law

Among the cases illustrating the approach of the European Court of Justice are the following.

Case 120/78 *Rewe-Zentral AG* v *Bundesmonopolverwaltung für Branntwein* ("*Cassis de Dijon*") [1979] ECR 649 confirmed the principle that a measure applied indiscriminately to domestic and imported products may be considered as having effects equivalent to a quantitative restriction. The case involved a German rule which prohibited marketing of liqueurs having an alcoholic content of less than 25%. As a result liqueurs marketed legally in other Member States (such as the French liqueur "Cassis de Dijon", which was the subject of the case) could not be marketed in Germany.

The European Court of Justice accepted that the principle of the free movement of goods could be limited in certain cases where Member States imposed mandatory national provisions relating, in particular, to fiscal supervision, public health, the fairness of commercial transactions and consumer protection. However, it did not accept that any of the above exceptions could apply to the case in point and held that the German rule represented an obstacle to trade which was incompatible with Article 30 of the EC Treaty.

The ruling in *Cassis* has been widely followed. It is echoed in many ways by the formulation of the "new approach" Directives. See also *Dassonville* (Case 8/74, [1974] ECR 837), and, more recently, *Keck & Mithouard* (Case C-267 and 268/91, unreported), which, although not directly addressing technical specifications, deal with the effects of other marketing restrictions on trade between Member States.

The judgment in Case C-41/93 *France* v *Commission* [1994] ECR I-1829 overruled a European Commission Decision of 1993 authorising Germany, in derogation from a Community harmonising measure, to maintain in force national legislation imposing a complete ban on the sale or use of pentachlorophenol (PCP), its ingredients and preparations.

The Commission's Decision was based on Article 100a(4) of the EC Treaty. This provision permits Member States to maintain or establish national measures which derogate from a Community harmonising measure on the grounds of the "major needs" referred to in Article 36 of the EC Treaty (*i.e.* public safety, health etc), the protection of the environment, or the protection of the working environment. The Member State must notify the Commission of such national measures. The Commission may then confirm the provisions, having verified that they do not form a means of arbitrary discrimination or disguised restriction to trade.

The matter was brought before the European Court of Justice by France, which argued that the German measure constituted an unlawful restriction on the free movement of goods. The Court ruled that the European Commission had not supported its Decision with sufficient arguments, but did not make any judgment on the substance of the matter. In September 1994, the Commission issued a second Decision upholding Germany's ban on PCP, which, this time, was backed up by scientific findings.

Although connected with the ongoing debate over the potential conflict in Community law between the principle of free trade and the protection of the environment (see Chapter 6), the PCP debate may have wider ramifications for the free movement of goods as a whole, and the extent to which Member States are entitled to impose national standards, in derogation from Community norms.

TECHNICAL STANDARDS 11.6

Legislation

General legislation

PROVISION OF INFORMATION ON TECHNICAL STANDARDS AND REGULATIONS

Official title
Council Directive of 28 March 1983 laying down a procedure for the provision of information in the field of technical standards and regulations.

Reference
Council Directive 83/189/EEC; OJ L109, 26.4.83.

Amendments
Accession of Spain and Portugal (1986).
Directive 88/182/EEC; OJ L81, 26.3.88.
EEA Agreement (1994); OJ L1, 3.1.94.
Directive 94/10/EC; OJ L100, 19.4.94.

Impact
Provides for an exchange of information on technical regulations and national standards and extends the time-limits for consideration of legislative proposals, "standstill" arrangements, where Member States agree not to take national measures while an area is under examination by the Community, and notification procedures for national standardisation programmes.

Details
The Directive lists the standards institutions of the Member States. They are to inform the European Commission and Community Institutions of their national work programmes by 31 January every year.

The Directive provides for the formation of a Standing Committee, to meet at least twice a year with representatives of the European standards institutions. The European Commission shall submit to the Committee a report on implementation and application of those procedures and proposals aimed at eliminating existing or foreseeable barriers to trade. The European Commission must consult the Committee before amending the lists or reviewing, planning or deciding upon the actual information exchange system. Any questions arising from draft technical regulations or implementation of this Directive may be submitted to the Committee at the request of its chairman or a Member State. The Committee and national authorities may, in certain circumstances, seek expert opinions from the private sector.

National standards institutions should not draw up or introduce standards whilst the European standard is being drawn up. However, they may proceed if the European standard has not been introduced within six months after the expiry of any time-limit set by the European Commission in its request for the formulation of the standard. This does not apply to work done at the request of the public authorities. Such requests shall be communicated to the European Commission as draft technical regulations.

Draft national standards must be communicated to the European Commission, unless they are merely transpositions of European standards. Member States and the European Commission may comment upon such drafts. If Member States or the European Commission wish to amend such a draft, they must deliver an opinion within three months of the date of original notification. The proposal may not then be adopted for a period of six months after that date. The postponement may be extended to 12 months if the European Commission gives notice of intention of proposing or adopting a Directive on the subject within three months of the original date of notification. Where, however, urgent reasons relating to the protection of public health or safety require the preparation of regulations without consultation, Member States may state the grounds for the urgent adoption in the notification.

The latest amending Directive (Dir 94/10/EC) updated the list of Member States' notified standardisation bodies, and reduced the requirements for national bodies to notify, systematically, their work programmes, where no new subjects or subjects which would affect the functioning of the market are contemplated.

Date of implementation

Member States were required to implement these provisions by 26 April 1984. The latest amendment contained in the 1994 Directive is to be implemented by 1 July 1995.

CONFORMITY ASSESSMENT PROCEDURES AND CE MARKING

Official title

11.7 Council Decision of 22 July 1993 concerning the modules for the various phases of the conformity assessment procedures and the rules for the affixing and use of the CE conformity marking, which are intended to be used in the technical harmonisation Directives.

Reference

Decision 93/465/EC; OJ L220, 30.8.93.

Amendments

None.

TECHNICAL STANDARDS 11.7

Impact

Establishes various procedures for assessing the conformity of products with technical harmonisation Directives, and how and when the CE marking of conformity may be used.

Details

The Decision establishes a range of "modules" for the assessment of conformity of products with the provisions of technical Directives. Within the scope of the Decision and the specific rules contained in the more specific Directives, manufacturers may select the procedures most appropriate for the design phase and production phase of the product in question. Technical harmonisation Directives must give the range of possible choices available. In general, a product must have obtained a positive result in both phases before being placed on the market.

The Annex sets out the relevant modules for the conformity assessment procedures. The modules, which may be used in a variety of combinations, are to be applied by national standards bodies designated by the Member States and notified to the Commission. These bodies must be accredited under the EN 45 000 series of European standards or produce other evidence supporting their notification.

The modules contained in the decision are as follows:

- Module A: internal production control;
- Module B: type examination;
- Module C: conformity to type;
- Module D: production quality assurance;
- Module E: product quality assurance;
- Module F: product verification;
- Module G: unit verification; and
- Module H: full quality assurance.

The CE marking of conformity is the only mark which may be used on a product to symbolise conformity with all relevant obligations under Community Directives. This extends beyond the essential requirements of safety, public health, consumer protection etc, to include specific obligations under the individual Directives. The Annex to the Decision sets out the form of the CE marking, a minimum size of 5mm in height. The marking normally must be affixed to the product or its data plate, but, if necessary, may be affixed to the packaging and any accompanying documents. It must be affixed at the end of the production control phase, by the manufacturer or his agent in the Community. Other marks (*e.g.* those indicating conformity to national or European standards or optional standards under Community Directives) may also be affixed.

Date of implementation

The Decision entered into force on 30 August 1993.

Motor vehicles – cars, utility vehicles and HGVs

TYPE-APPROVAL OF MOTOR VEHICLES AND THEIR TRAILERS

Official title

11.8 Council Directive of 6 February 1970 on the approximation of the laws of the Member States relating to the type-approval of motor vehicles and their trailers.

Reference

Council Directive 70/156/EEC; OJ L42, 23.2.70.

Amendments

Accession of United Kingdom, Denmark and Ireland (1973).
Decision 73/101/EEC; OJ L2, 1.1.73.
Directive 78/315/EEC; OJ L81, 28.3.78.
Directive 78/547/EEC; OJ L168, 26.6.78.
Directive 80/1267/EEC; OJ L375, 31.12.80.
Accession of Greece (1981).
Accession of Spain and Portugal (1986).
Directive 87/358/EEC; OJ L192, 11.7.87.
Directive 87/403/EEC; OJ L220, 8.8.87.
Directive 92/53/EEC; OJ L225, 10.8.92.
Directive 93/81/EEC; OJ L264, 23.10.93.
EEA Agreement (1994); OJ L1, 3.1.94.

Impact

Provides the framework for the type-approval regime for motor vehicles, to be based on a series of subsequent Directives, harmonising standards for individual components or characteristics.

Details

This Directive relates to the laying down of a Community-wide type-approval procedure. This procedure became applicable when all the separate Directives listed in Annex II were adopted (see para **11.9** below).

Manufacturers or their agents may apply to a Member State for type-approval under the procedures laid down in this Directive. Approval can also be extended to types of systems or parts of vehicles which form a separate technical unit (*e.g.* exhausts). Directive 87/358/EEC provided for additional type-approval procedures and a third category for inclusion – "components".

Directive 87/403/EEC defined off-road vehicles for the motor vehicle sector.

Directive 92/53/EEC leaves manufacturers the option between the application of the procedure of the present Directive and that provided in

Article 10 of Directive 70/156/EEC for a period of three years; whereas procedures granted under the old procedure would have remained valid until 31 December 1997.

The following is an extract from Annex I to Council Directive 70/156/EEC, as updated by Directive 92/53/EEC, listing the international categories for motor vehicles:

- Category M: motor vehicles with at least four wheels used for the carriage of passengers:
  Category M1: for the carriage of passengers, with no more than eight seats in addition to the driver's seat;
  Category M2: for the carriage of passengers, with more than eight seats in addition to the driver and a maximum mass not exceeding 5 tonnes;
  Category M3: for the carriage of passengers, with more than eight seats in addition to the driver and a maximum mass exceeding 5 tonnes;
- Category N: motor vehicles having at least four wheels used for the carriage of goods:
  Category N1: for the carriage of goods, with a maximum mass not exceeding 3.5 tonnes;
  Category N2: for the carriage of goods, with a maximum mass greater than 3.5 but not greater than 12 tonnes;
  Category N3: for carriage of goods, with a maximum mass exceeding 12 tonnes;
- Category O: trailers (including semi-trailers):
  Category O1: with a maximum mass not exceeding 0.75 tonnes;
  Category O2: with a maximum mass not less than 0.75 but not greater than 3.5 tonnes;
  Category O3: with a maximum mass not less than 3.5 but not greater than 10 tonnes;
  Category O4: with a maximum mass exceeding 10 tonnes.

Date of implementation

Member States were required to implement the provisions of this Directive by 23 August 1971. The 1993 amending Directive had to be implemented by 1 October 1993.

ADOPTED DIRECTIVES SETTING THE TECHNICAL SPECIFICATIONS TO BE MET FOR THE TYPE-APPROVAL OF MOTOR VEHICLES AND THEIR TRAILERS

Sound levels and exhaust systems
Council Directive 70/157/EEC; OJ L42, 23.2.70.
Last amended: Directive 92/97/EEC; OJ L371, 19.12.92.

Anti-pollution measures for positive-ignition vehicles
Council Directive 70/220/EEC; OJ L76, 6.4.70.
Last amended: Directive 94/12/EC; OJ L100, 19.4.94.

Anti-pollution measures for diesel engines
Council Directive 72/306/EEC; OJ L190, 20.8.72.
Last amended: EEA Agreement (1994); OJ L1, 3.1.94.

Diesel engines – gaseous emission control
Council Directive 88/77/EEC; OJ L36, 9.2.88.
Last amended: EEA Agreement (1994); OJ L1, 3.1.94.

Fuel tanks and rear protective devices
Council Directive 70/221/EEC; OJ L76, 6.4.70.
Last amended: EEA Agreement (1994); OJ L1, 3.1.94.

Mounting and fixing of rear registration plates
Council Directive 70/222/EEC; OJ L76, 6.4.70.
Last amended: EEA Agreement (1994); OJ L1, 3.1.94.

Statutory plates and inscriptions – location and fitting
Council Directive 76/114/EEC; OJ L24, 30.1.76.
Last amended: EEA Agreement (1994); OJ L1, 3.1.94.

Steering equipment
Council Directive 70/311/EEC; OJ L133, 18.6.70.
Last amended: EEA Agreement (1994); OJ L1, 3.1.94.

Steering mechanism – behaviour on impact
Council Directive 74/297/EEC; OJ L165, 20.6.74.
Last amended: EEA Agreement (1994); OJ L1, 3.1.94.

Motor vehicle doors
Council Directive 70/387/EEC; OJ L176, 10.8.70.
Last amended: EEA Agreement (1994); OJ L1, 3.1.94.

Audible warning devices
Council Directive 70/388/EEC; OJ L176, 10.8.70.
Last amended: EEA Agreement (1994); OJ L1, 3.1.94.

Rear-view mirrors
Council Directive 71/127/EEC; OJ L68, 22.3.71.
Last amended: EEA Agreement (1994); OJ L1, 3.1.94.

TECHNICAL STANDARDS

Braking devices
Council Directive 71/320/EEC; OJ L202, 6.9.71.
Last amended: EEA Agreement (1994); OJ L1, 3.1.94.

Radio interference from spark-ignition engines
Council Directive 72/245/EEC; OJ L152, 6.7.72.
Last amended: EEA Agreement (1994); OJ L1, 3.1.94.

Interior fittings – partial provisions
Council Directive 74/60/EEC; OJ L38, 11.2.74.
Last amended: EEA Agreement (1994); OJ L1, 3.1.94.

Interior fittings – seats and anchorages
Council Directive 74/408/EEC; OJ L221, 12.8.74.
Last amended: EEA Agreement (1994); OJ L1, 3.1.94.

Interior fittings – identification of controls, telltales and indicators
Council Directive 78/316/EEC; OJ L81, 28.3.78.
Last amended: EEA Agreement (1994); OJ L1, 3.1.94.

Devices to prevent unauthorised use of motor vehicles (anti-theft devices)
Council Directive 74/61/EEC; OJ L38, 11.2.74.
Last amended: EEA Agreement (1994); OJ L1, 3.1.94.

External projections
Council Directive 74/483/EEC; OJ L266, 2.10.74.
Last amended: EEA Agreement (1994); OJ L1, 3.1.94.

Reverse and speedometer equipment
Council Directive 75/443/EEC; OJ L196, 26.7.75.
Last amended: EEA Agreement (1994); OJ L1, 3.1.94.

Safety belts – anchorages
Council Directive 76/115/EEC; OJ L24, 30.1.76.
Last amended: EEA Agreement (1994); OJ L1, 3.1.94.

Safety belts and restraint systems
Council Directive 77/541/EEC; OJ L220, 29.8.77.
Last amended: EEA Agreement (1994); OJ L1, 3.1.94.

Lighting and light-signalling devices
Council Directive 76/756/EEC; OJ L262, 27.9.76.
Last amended: EEA Agreement (1994); OJ L1, 3.1.94.

Reflex reflectors
Council Directive 76/757/EEC; OJ L262, 27.9.76.
Last amended: EEA Agreement (1994); OJ L1, 3.1.94.

Lamps – outline, front, rear and stop
Council Directive 76/758/EEC; OJ L262, 27.9.76.
Last amended: EEA Agreement (1994); OJ L1, 3.1.94.

Lamps – direction indicators
Council Directive 76/759/EEC; OJ L262, 27.9.76.
Last amended: EEA Agreement (1994); OJ L1, 3.1.94.

Lamps – rear registration plate
Council Directive 76/760/EEC; OJ L262, 27.9.76.
Last amended: EEA Agreement (1994); OJ L1, 3.1.94.

Lamps – reversing
Council Directive 77/539/EEC; OJ L220, 29.8.77.
Last amended: EEA Agreement (1994); OJ L1, 3.1.94.

Lamps – parking
Council Directive 77/540/EEC; OJ L220, 29.8.77.
Last amended: EEA Agreement (1994); OJ L1, 3.1.94.

Lamps – main or dipped-beam headlamps
Council Directive 76/761/EEC; OJ L262, 27.9.76.
Last amended: EEA Agreement (1994); OJ L1, 3.1.94.

Lamps – front fog lamps
Council Directive 76/762/EEC; OJ L262, 27.9.76.
Last amended: EEA Agreement (1994); OJ L1, 3.1.94.

Lamps – rear fog lamps
Council Directive 77/538/EEC; OJ L220, 29.8.77.
Last amended: EEA Agreement (1994); OJ L1, 3.1.94.

Towing devices
Council Directive 77/389/EEC; OJ L145, 13.6.77.
Last amended: EEA Agreement (1994); OJ L1, 3.1.94.

Fields of vision
Council Directive 77/649/EEC; OJ L267, 19.10.77.
Last amended: EEA Agreement (1994); OJ L1, 3.1.94.

TECHNICAL STANDARDS 11.9

Defrosting and demisting systems
Council Directive 78/317/EEC; OJ L81, 28.3.78.
Last amended: EEA Agreement (1994); OJ L1, 3.1.94.

Wiper and washer systems
Council Directive 78/318/EEC; OJ L81, 28.3.78.
Last amended: EEA Agreement (1994); OJ L1, 3.1.94.

Passenger compartment heating systems
Council Directive 78/548/EEC; OJ L168, 26.6.78.
Last amended: EEA Agreement (1994); OJ L1, 3.1.94.

Wheel guards
Council Directive 78/549/EEC; OJ L168, 26.6.78.
Last amended: EEA Agreement (1994); OJ L1, 3.1.94.

Head restraints
Council Directive 78/932/EEC; OJ L325, 20.11.78.
Last amended: EEA Agreement (1994); OJ L1, 3.1.94.

Fuel consumption
Council Directive 80/1268/EEC; OJ L375, 31.12.80.
Last amended: Directive 93/116/EEC; OJ L329, 30.12.93.

Engine power
Council Directive 80/1269/EEC; OJ L375, 31.12.80.
Last amended: EEA Agreement (1994); OJ L1, 3.1.94.

Lateral protection devices
Council Directive 89/297/EEC; OJ L124, 5.5.89.
Last amended: EEA Agreement (1994); OJ L1, 3.1.94.

Spray suppression devices
Council Directive 91/226/EEC; OJ L103, 23.4.91.
No amendments.

Masses and dimensions – category M1 vehicles
Council Directive 92/21/EEC; OJ L129, 14.5.92. (Corrigendum; OJ L14, 22.1.93.)
No amendments.

Safety glazing and glazing materials
Council Directive 92/22/EEC; OJ L129, 14.5.92.
No amendments.

Pneumatic tyres
Council Directive 92/23/EEC; OJ L129, 14.5.92.
No amendments.

Tyres – tread depth
Council Directive 89/459/EEC; OJ L226, 3.8.89.
Last amended: EEA Agreement (1994); OJ L1, 3.1.94.

Speed limitation devices
Council Directive 92/24/EEC; OJ L129, 14.5.92.
No amendments.

External projections of cab
Council Directive 92/114/EEC; OJ L409, 31.12.92.
No amendments.

ROADWORTHINESS TESTS

Official title

11.10 Council Directive of 29 December 1976 on the approximation of the laws of the Member States relating to roadworthiness tests for motor vehicles and their trailers.

Reference
Council Directive 77/143/EEC; OJ L47, 18.2.77.

Amendments
Directive 88/449/EEC; OJ L222, 12.8.88.
Directive 91/225/EEC; OJ L103, 25.4.91.
Directive 91/328/EEC; OJ L178, 6.7.91.
Directive 92/54/EEC; OJ L225, 10.8.92.
Directive 92/55/EEC; OJ L225, 10.8.92.
EEA Agreement (1994); OJ L1, 3.1.94.
Directive 94/23/EC; OJ L147, 14.6.94.

Impact
Provides for regular testing of specific categories of passenger and goods vehicles (excluding cars) in accordance with the aims of the Community's common transport and road safety policies.

Details
Tests should be conducted one year after the date of first use and thereafter annually, for the following vehicles:

- passenger vehicles with more than eight seats excluding the driver;
- goods vehicles over 3,500 kg;

- trailers and semi-trailers over 3,500 kg; and
- taxis and ambulances.

Article 3 gives Member States flexibility to increase the testing requirements as desired.

Annex II sets out in full the minimum testing procedures and standards to be applied to vehicles and components.

Directive 88/449/EEC brought cars and light goods vehicles within the roadworthiness testing programme implemented by Directive 77/143/EEC. Directive 91/225/EEC incorporated new Articles into Directive 77/143/EEC. These allowed for the adoption of separate Directives necessary to define the minimum standards and methods for testing the items listed in Annex II. Directive 91/328/EEC set down a system for the harmonisation of rules governing roadworthiness testing. Where, in certain countries, there are no such rules, this Council Directive applies a sliding time-scale for the introduction of roadworthiness tests to private cars.

Motor vehicles are required to have a roadworthiness test carried out four years after the vehicle was first registered and every two years thereafter. Where no system of regular testing exists, Member States have until 1 December 1998 to comply with this Directive. Otherwise, where a regular system of testing is already in existence, Member States have until 1 January 1994. Directive 92/54/EEC replaces Annex II of Directive 77/143/EEC with a new and comprehensive list of items to be included in the roadworthiness test of vehicle braking systems, while Directive 92/55/EEC substitutes a similar list on exhaust emission standards.

The minimum standards for braking systems were amended by Directive 94/23/EC, in order to keep pace with technical progress.

Date of implementation

Member States were required to comply with the latest amendments by 4 July 1994.

WEIGHTS, DIMENSIONS AND OTHER CHARACTERISTICS OF CERTAIN ROAD VEHICLES – GOODS VEHICLES

Official title

Council Directive of 19 December 1984 on the weights, dimensions and certain other technical characteristics of certain road vehicles.

Reference

Council Directive 85/3/EEC; OJ L2, 3.1.85.

Amendments

Directive 86/360/EEC; OJ L217, 5.8.86.
Directive 86/364/EEC; OJ L221, 7.8.86.

Directive 88/218/EEC; OJ L98, 15.4.88.
Directive 89/338/EEC; OJ L142, 25.5.89.
Directive 89/460/EEC; OJ L226, 3.8.89.
Directive 89/461/EEC; OJ L226, 3.8.89.
Directive 91/60/EEC; OJ L37, 9.2.91.
Directive 92/7/EEC; OJ L57, 2.3.92.
EEA Agreement (1994); OJ L1, 3.1.94.

Impact

Establishes harmonised standards for goods vehicles.

Details

The Directive details the standardisation of weights, dimensions and related characteristics outlined in Annex I. It applies to vehicles intended to be used on the road for carriage of goods, having at least four wheels, a maximum laden weight exceeding 3.5 tonnes and a maximum speed exceeding 25 kilometres per hour, or passenger transport which has more than nine seats, including the driver's.

In addition to the specifications of Annex I, vehicles forming part of a five- or six-axle combination first put into circulation as from 1 January 1990 must conform to the technical specifications laid down in Annex II (*e.g.* permissible sound levels and exhaust systems, steering equipment, rear-view mirrors, braking devices of vehicles and trailers, anti-emission safeguards and engine power).

Directive 89/338/EEC extended these provisions to vehicles used for passenger transport (*i.e.* motor vehicles with two, three and four axles, including articulated buses and combined vehicles with four axles). In addition, it takes into account twin tyres and air suspension or suspension recognised as being equivalent within the Community in order to establish maximum authorised weights for motor vehicles with three and four axles and for the tandem axles of motor vehicles.

Due to the state of roads and bridges in the United Kingdom and Ireland, application of certain of the provisions of Directive 85/3/EEC was deferred, with a derogation extending to 31 December 1996. Directive 89/460/EEC extended this time-limit to 31 December 1998 for certain standards.

Directive 89/461/EEC achieved a balance between manufacturers' wishes to maximise productivity by using the greatest available space in combined vehicles, while at the same time minimising the resulting deterioration in comfort and safety of the driver's working area, owing to the reduction of space both in the cab and accommodation and in the area between the motor vehicle and semi-trailer.

Directive 91/60/EEC contains minimum dimensions for drivers' cabins. Sleeping places are preserved by removing incentives to increase load space using short cabins with top-mounted sleepers. The new dimensions give drivers a sleeping area behind the driver's seat, with an effective width of about 80 centimetres.

Directive 92/7/EEC provides for an objective technical definition to the equivalence between certain non-air suspension systems and air suspension taking into account the effect of driving axle weights on road surfaces. The amendment creates a new Annex which becomes Annex III to Directive 85/3/EEC.

Date of implementation

Member States had until 1 January 1991 to comply with the provisions of Directive 89/461/EEC. Directive 92/7/EEC had to be complied with before 1 October 1993.

SPEED LIMITATION DEVICES – INSTALLATION AND USE

Official title

Council Directive of 10 February 1992 on the installation and use of speed limitation devices for certain categories of motor vehicles in the Community.

Reference

Council Directive 92/6/EEC; OJ L57, 2.3.92.

Amendments

None.

Impact

Authorises Member States, as a first step, to install speed limitation devices in the case of the heaviest categories of motor vehicles.

Details

The Directive covers motor vehicles falling within one of the following categories as defined in Annex I of Directive 70/156/EEC, as amended (see para **11.8** above):

- Category M3: for the carriage of passengers, with more than eight seats in addition to the driver and a maximum mass exceeding 5 tonnes;
- Category N3: for carriage of goods, with a maximum mass exceeding 12 tonnes.

Member States must ensure that vehicles of the category M3 shall be used on the road only if speed limitation devices are installed and set at a maximum speed of 100 kilometres per hour (km/h). N3 category vehicles must have a speed limitation device where the maximum design speed exceeds 90 km/h. Bearing in mind the technical tolerance which is allowed between the regulating value and the actual speed of traffic, the maximum speed of this device shall be set at 86 km/h.

Speed limitation devices may only be installed by workshops approved by the Member States. The requirements do not apply to vehicles used by armed forces, civil defence, fire and other emergency services.

Date of implementation

By 1 October 1993, Member States had to implement rules to enforce the requirements to vehicles registered as from 1 January 1994. For vehicles registered between 1 January 1988 and 1 January 1994, the requirements must be applied from 1 January 1995. However, where vehicles are used exclusively for national transport operations, the requirements may be applied from 1 January 1996.

Cars, utility vehicles and HGVs – proposed legislation

MECHANICAL COUPLING DEVICES

Official title

11.13 Proposal for a Council Directive relating to the mechanical coupling devices of motor vehicles and their trailers and their attachment to these vehicles.

Reference

Original proposal; OJ C134, 25.5.92.

Amendments

None.

Impact

Seeks to harmonise Member States' standards for coupling devices along the lines of technical requirements laid down by the United Nations Economic Commission for Europe and the International Standards Organisation, in order to permit Community-wide type approval.

Proposed date of implementation

It was originally proposed that the Directive should be implemented by 30 June 1993. No new proposed date has been put forward officially.

BURNING BEHAVIOUR OF MATERIALS USED IN MOTOR VEHICLES

Official title

11.14 Proposal for a Council Directive on the approximation of the laws of the Member States relating to the burning behaviour of materials used in interior construction of certain categories of motor vehicle.

Reference

Original proposal; OJ C154, 19.6.92.

Amendments

None.

Impact

Seeks to improve occupant and road safety through setting minimum safety standards for the interior of vehicles.

Proposed date of implementation

The proposal had a projected implementation date of 1 October 1992. No new proposed date has been put forward officially.

MAXIMUM WEIGHTS FOR LARGE VEHICLES

Official title

Proposal for a Council Directive laying down maximum authorised weights for road vehicles over 3.5 tonnes circulating within the Community.

Reference

Original proposal; OJ C38, 8.2.94.

Impact

Seeks to harmonise the maximum authorised weights and dimensions for road vehicles and vehicle combinations throughout the Community.

Details

The existing rules laid down in Directives 85/3/EEC and 86/364/EEC (see para **11.11** above) would be extended to vehicles used exclusively for national transport, which are currently excluded from the scope of Community measures. The proposal would consolidate the text of these earlier Directives in one document, with the result that they could be repealed.

Proposed date of implementation

It is proposed that the Member States should comply with the Directive, if adopted, by 1 January 1995.

Motor vehicles – two- and three-wheel vehicles

TYPE-APPROVAL OF TWO- AND THREE-WHEEL VEHICLES

Official title

Council Directive of 30 June 1992 relating to the type-approval of two- or three-wheel motor vehicles.

Reference
Directive 92/61/EEC; OJ L225, 10.8.92.

Amendments
None.

Impact
Defines the procedure for the type-approval of two- or three-wheel motor vehicles.

Details
The Directive sets out to harmonise the existing technical rules governing two- and three-wheel motor vehicles with a methodology similar to that used for cars, buses, lorries and tractors. The main difficulty with this Directive has been the problem of defining mopeds, given the wide variety of definitions in force in Member States. The Annexes contain exhaustive lists relating to the vehicles' components and characteristics and information relating jointly to mopeds, motorcycles, motor tricycles and quadri-cycles. Annex 3 provides the procedure to be followed for the purpose of type-approval.

Date of implementation
Member States had to comply with the provisions of this Directive by 1 January 1994.

ADOPTED DIRECTIVES SETTING THE TECHNICAL SPECIFICATIONS TO BE MET FOR THE TYPE-APPROVAL OF TWO- OR THREE-WHEEL MOTOR VEHICLES

Brakes

11.17 Council Directive 93/14/EEC; OJ L121, 15.5.93.
No amendments.

Identification of controls, telltales and indicators
Directive 93/29/EEC; OJ L188, 29.7.93.
No amendments.

Audible warning devices
Directive 93/30/EEC; OJ L188, 29.7.93.
No amendments.

Stands
Directive 93/31/EEC; OJ L188, 29.7.93.
No amendments.

Passenger hand-holds
Directive 93/32/EEC; OJ L188, 29.7.93.
No amendments.

Devices to prevent unauthorised use (anti-theft devices)
Directive 93/33/EEC; OJ L188, 29.7.93.
No amendments.

Statutory markings
Directive 93/34/EEC; OJ L188, 29.7.93.
No amendments.

Light and light-signalling devices
Council Directive 93/92 EEC; OJ L311, 14.12.93.
No amendments.

Masses and dimensions
Council Directive 93/93/EEC; OJ L311, 14.12.93.
No amendments.

Rear registration plate
Council Directive 93/94/EEC; OJ L311, 14.12.93.
No amendments.

DIRECTIVES SETTING CERTAIN OTHER TECHNICAL
SPECIFICATIONS FOR TWO-WHEEL MOTOR VEHICLES

Permissible sound levels and exhaust systems
Council Directive 78/1015/EEC; OJ L349, 13.12.78.
Last amended: EEA Agreement (1994); OJ L1, 3.1.94.

Rear-view mirrors
Council Directive 80/780/EEC; OJ L229, 30.8.80.
Last amended: EEA Agreement (1994); OJ L1, 3.1.94.

Two- and three-wheel vehicles – proposed legislation

MAXIMUM DESIGN SPEED, MAXIMUM TORQUE AND MAXIMUM
NET ENGINE POWER

Official title
Proposal for a Council Regulation (EEC) on the maximum design speed, maximum torque and maximum net engine power of two- or three-wheel motor vehicles.

Reference
Original proposal; OJ C93, 13.4.92.

Amendments
None.

Impact
Seeks to regulate methods of measuring the maximum design speed, maximum engine torque and the net maximum engine power of two- and three-wheel motor vehicles, and to place a limit on their engine power, at 74 Kw.

Proposed date of implementation
It was originally proposed that the Regulation should enter into force on 1 January 1993. No new date has officially been proposed.

COMPLETION OF TYPE-APPROVAL REGIME

Official title

11.20 Proposal for a European Parliament and Council Directive on certain components or characteristics of two- or three-wheel motor vehicles.

Reference
Original proposal; OJ C177, 29.6.94.

Impact
The proposal seeks to complete the type-approval regime for two- and three-wheel vehicles instituted by Directive 92/61/EEC (see para **11.16** above), and to improve the environmental performance of such vehicles. It would lay down harmonised requirements throughout the Community for the following components or rules:

- tyres;
- lighting and light-signalling devices;
- external projections;
- rear-view mirrors;
- measures to counter atmospheric pollution;
- fuel tanks;
- measures to counter tampering;
- electromagnetic compatibility;
- permissible sound level and exhaust system;
- trailer couplings and side-car attachments;
- safety-belts and safety-belt anchorages;
- glazing, windscreen wipers and washers and de-icing and de-misting devices.

The technical specifications proposed are based, where possible, on the requirements of the United National Economic Commission for Europe or existing Member States' regulations. It would repeal Directives 78/1015/EEC and 80/780/EEC (see para **11.18** above).

Proposed date of implementation

The Member States would have to implement the Directive by 1 June 1996, although, for certain of the provisions, this date would be extended to 1 January 1997.

Agricultural and forestry tractors

TYPE-APPROVAL

Official title

Council Directive of 4 March 1974 on the approximation of the laws of the Member States relating to the type-approval of wheeled agricultural or forestry tractors.

Reference

Council Directive 74/150/EEC; OJ L84, 28.3.74.

Amendments

Directive 79/694/EEC; OJ L205, 13.8.79.
Accession of Greece (1981).
Directive 82/890/EEC; OJ L378, 31.12.82.
Accession of Spain and Portugal (1986).
Directive 88/297/EEC; OJ L126, 20.5.88.
EEA Agreement (1994); OJ L1, 3.1.94.

Impact

Brings this class of vehicle within the ambit of the Community type-approval regime.

Details

The Directive establishes type-approval procedures and transitional measures for tractors having pneumatic tyres, at least two axles and a maximum design speed of between 6 and 30 kilometres per hour.

Directive 88/297/EEC amends Annex II of the Directive, in order to indicate that it is no longer considered necessary to adopt Community Directives with respect to certain parts or characteristics no longer commonly used in tractor manufacturing.

Date of implementation

Member States were required to implement the original provisions by 4 December 1975. The last amendment was to be implemented by 31 December 1988.

ADOPTED DIRECTIVES SETTING THE TECHNICAL SPECIFICATIONS TO BE MET FOR THE TYPE-APPROVAL OF AGRICULTURAL OR FORESTRY TRACTORS

Maximum laden weight, rear registration plates, fuel tanks, ballast weights, audible warning devices, sound levels and exhaust system and testing procedures

11.22 Council Directive 74/151/EEC; OJ L84, 28.3.74.
Last amended: EEA Agreement (1994); OJ L1, 3.1.94.

Dimensions and masses, speed governors, protection of drive components, projections and wheels, trailer-brake control, windscreens and other glazing, mechanical linkages between tractor and trailer and statutory plates and inscriptions

Council Directive 89/173/EEC; OJ L67, 10.3.89.
Last amended: EEA Agreement (1994); OJ L1, 3.1.94.

Suppression of radio interference – spark-ignition engines
Council Directive 75/322/EEC; OJ L147, 9.6.75.
Last amended: EEA Agreement (1994); OJ L1, 3.1.94.

Maximum design speed and load platforms
Council Directive 74/152/EEC; OJ L84, 28.3.74.
Last amended: EEA Agreement (1994); OJ L1, 3.1.94.

Diesel engines – emission control
Council Directive 77/537/EEC; OJ L220, 29.8.77.
Last amended: EEA Agreement (1994); OJ L1, 3.1.94.

Power take-offs and protection measures
Council Directive 86/297/EEC; OJ L186, 8.7.86.
Last amended: EEA Agreement (1994); OJ L1, 3.1.94.

Steering equipment
Council Directive 75/321/EEC; OJ L147, 9.6.75.
Last amended: EEA Agreement (1994); OJ L1, 3.1.94.

Braking devices
Council Directive 76/432/EEC; OJ L122, 8.5.76.
Last amended: EEA Agreement (1994); OJ L1, 3.1.94.

Field of vision and windscreen wipers
Council Directive 74/347/EEC; OJ L191, 15.7.74.
Last amended: EEA Agreement (1994); OJ L1, 3.1.94.

TECHNICAL STANDARDS 11.22

Rear-view mirrors
Council Directive 74/346/EEC; OJ L191, 15.7.74.
Last amended: EEA Agreement (1994); OJ L1, 3.1.94.

Roll-over protection structures (dynamic testing)
Council Directive 77/536/EEC; OJ L220, 29.8.77.
Last amended: EEA Agreement (1994); OJ L1, 3.1.94.

Roll-over protection structures (static testing)
Council Directive 79/622/EEC; OJ L179, 17.7.79.
Last amended: EEA Agreement (1994); OJ L1, 3.1.94.

Roll-over protection structures – rear-mounted
Council Directive 86/298/EEC; OJ L186, 8.7.86.
Last amended: EEA Agreement (1994); OJ L1, 3.1.94.

Roll-over protection structures – front-mounted
Council Directive 87/402/EEC; OJ L220, 8.8.87.
Last amended: EEA Agreement (1994); OJ L1, 3.1.94.

Operating space, access to driving position, doors and windows
Council Directive 80/720/EEC; OJ L194, 28.7.80.
Last amended: EEA Agreement (1994); OJ L1, 3.1.94.

Driver's seat
Council Directive 78/764/EEC; OJ L255, 18.9.78.
Last amended: EEA Agreement (1994); OJ L1, 3.1.94.

Passenger seats
Council Directive 76/763/EEC; OJ L262, 27.9.76.
Last amended: EEA Agreement (1994); OJ L1, 3.1.94.

Driver-perceived noise levels
Council Directive 77/311/EEC; OJ L105, 28.4.77.
Last amended: EEA Agreement (1994); OJ L1, 3.1.94.

Light and light-signalling devices – installation
Council Directive 78/933/EEC; OJ L325, 20.11.78.
Last amended: EEA Agreement (1994); OJ L1, 3.1.94.

Lighting and light-signalling devices – component type-approval
Council Directive 79/532/EEC; OJ L145, 13.6.79.
Last amended: EEA Agreement (1994); OJ L1, 3.1.94.

Coupling devices and reverse
Council Directive 79/533/EEC; OJ L145, 13.6.79.
Last amended: EEA Agreement (1994); OJ L1, 3.1.94.

Power connection for lighting and light-signalling devices – on tools, machinery or trailers
Council Directive 75/323/EEC; OJ L147, 9.6.75.
No amendments.

Installation, location, operation and identification of controls
Council Directive 86/415/EEC; OJ L240, 26.8.86.
Last amended: EEA Agreement (1994); OJ L1, 3.1.94.

Agricultural and forestry tractors – proposed legislation

CONSOLIDATION OF TYPE-APPROVAL DIRECTIVES

Official title

11.23 Proposal for a Council Directive on the approximation of the laws of the Member States relating to wheeled agricultural and forestry tractors.

Reference
Original proposal; SEC(91)466 final.

Impact
Seeks to codify and provide for the repeal of the 24 Directives adopted in the area to ensure type-approval throughout the Community of agricultural and forestry tractors.

Proposed date of implementation
The consolidated text would contain only provisions already in force in the Member States and would not require separate implementation.

Fertilisers

FERTILISERS

Official title

11.24 Council Directive of 18 December 1975 on the approximation of the laws of the Member States relating to fertilisers.

Reference
Council Directive 76/116/EEC; OJ L24, 30.1.76.

Amendments

Accession of Greece (1981).
Accession of Spain and Portugal (1986).
Directive 88/183/EEC; OJ L83, 29.3.88.
Directive 89/284/EEC; OJ L111, 22.4.89.
Directive 89/530/EEC; OJ L281, 30.9.89.
EEA Agreement (1994); OJ L1, 3.1.94.

Impact

Applies to straight and compound fertilisers, and by virtue of Directive 88/183/EEC, to fluid fertilisers (see Dir 77/535/EEC, at para **11.25** below).

Details

The Directive specifies designation, composition, labelling and packaging requirements.

Annex I deals with straight fertilisers, in nitrogenous, phosphatic or potassic forms, and compound fertilisers in NPK, NP and NK forms. Annex II gives provisions concerning identification and labelling. Annex III sets out required tolerances for permitted deviations of the measured value of a nutrient from its declared value.

Directive 89/284/EEC extended the ambit of Directive 76/116/EEC to include calcium, magnesium, sodium and sulphur, both in accordance with existing ISO classifications and in order to harmonise the Community form of declaration for nutrient content of fertilisers. The Directive also gave marking and content requirements and specified tolerances for the declared contents. Annex I lists fertilisers having calcium, magnesium, sodium and sulphur as their principal nutrients, and Annex II provides an addition to Annex I of the original Directive 76/116/EEC.

Directive 89/530/EEC further extends those provisions to soluble fertilisers or fluids containing one or more trace elements marketed individually, mixtures thereof and certain related trace elements.

Date of implementation

Member States had to comply with the provisions of Directive 89/284/EEC by 21 April 1990. Directive 89/530/EEC had to be complied with by 29 March 1991.

SAMPLING AND ANALYSIS METHODS

Official title

Commission Directive of 22 June 1977 on the approximation of the laws of the Member States relating to methods of sampling and analysis for fertilisers.

Reference

Commission Directive 77/535/EEC; OJ L213, 22.8.77.

Amendments

Last amended by EEA Agreement (1994); OJ L1, 3.1.94.

Impact

This Directive provides a comprehensive guide to sampling and analysis for official controls of fertilisers in the Community.

Date of implementation

Directive 77/535/EEC had to be complied with before 19 December 1977.

AMMONIUM NITRATE FERTILISERS OF HIGH NITROGEN CONTENT

Official title

11.26 Council Directive of 15 July 1980 on the approximation of the laws of the Member States relating to straight ammonium nitrate fertilisers of high nitrogen content.

Reference

Council Directive 80/876/EEC; OJ L250, 23.9.80.

Amendments

Last amended by EEA Agreement (1994); OJ L1, 3.1.94.

Impact

Lays down additional Community rules for ammonium nitrate-based fertilisers to promote trade and implement tighter controls of characteristics and use.

Date of implementation

Member States were required to implement these provisions from 1 January 1984.

PROCEDURES FOR THE CONTROL OF CHARACTERISTICS, LIMITS AND RESISTANCE TO DETONATION OF STRAIGHT AMMONIUM NITRATE FERTILISERS OF HIGH NITROGEN CONTENT

Official title

11.27 Commission Directive of 8 December 1986 on the approximation of the laws of the Member States relating to procedures for the control of, characteristics of, limits for and resistance to detonation of straight ammonium nitrate fertilisers of high nitrogen content.

Reference

Commission Directive 87/94/EEC; OJ L38, 7.2.87.

Amendments

Last amended by EEA Agreement (1994); OJ L1, 3.1.94.

Impact

Brings into line the testing procedures to simulate all conditions arising during bulk transport by water, in accordance with Community health and safety policy.

Date of implementation

The date for compliance by Member States was 30 November 1988.

Metrology legislation

MEASURING INSTRUMENTS AND METROLOGICAL CONTROL METHODS

Official title

Council Directive of 26 July 1971 on the approximation of the laws of the Member States relating to common provisions for both measuring instruments and methods of metrological control.

Reference

Council Directive 71/316/EEC; OJ L202, 6.9.71.

Amendments

Directive 72/427/EEC; OJ L291, 28.12.72.
Accession of United Kingdom, Denmark and Ireland (1973).
Decision 73/101/EEC; OJ L2, 1.1.73.
Accession of Greece (1981).
Directive 83/575/EEC; OJ L332, 28.11.83.
Accession of Spain and Portugal (1986).
Directive 87/355/EEC; OJ L192, 11.7.87.
Directive 88/665/EEC; OJ L382, 31.12.88.
EEA Agreement (1994); OJ L1, 3.1.94.

Impact

Introduces Community pattern-approval procedures for measuring instruments, and harmonises methods and units of measurement.

Details

The Directive lays down standards and means of assessment of initial verification and pattern-approval. Such approval will be granted for an initial period of 10 years, which may be extended for further 10-year periods. Instruments exempt from pattern-approval requirements may be admitted to initial verification. Those instruments meeting the verification requirements are to be admitted freely onto the markets of all Member States. Community pattern-approval marks are specified and must be used.

Directive 87/354/EEC altered the two-letter designator for Greece from GR to EL. Directive 87/355/EEC supplements the designator codes of Spain, Portugal and Greece by including the drawing of distinguishing letters.

Directive 88/665/EEC curbed publication requirements, which were deemed to be non-essential for the purposes of ensuring transparency.

Date of implementation

Member States were required to implement these provisions by 6 March 1973.

5 TO 50 KILOGRAM MEDIUM ACCURACY RECTANGULAR BAR WEIGHTS AND 1 TO 10 KILOGRAM MEDIUM ACCURACY CYLINDRICAL WEIGHTS

Official title

11.29 Council Directive of 26 July 1971 on the approximation of the laws of the Member States relating to 5 to 50 kilogram medium accuracy rectangular bar weights and 1 to 10 kilogram medium accuracy cylindrical weights.

Reference

Council Directive 71/317/EEC; OJ L202, 6.9.71.

Amendments

Last amended by EEA Agreement (1994); OJ L1, 3.1.94.

Details

Annexes 1 to 4 set out the requirements for bar and cylindrical weights. They are not subject to pattern-approval, but must comply with those requirements in order to qualify for initial verification. Such weights must bear the Community verification marks described and are then freely marketable in Member States.

Date of implementation

Member States were required to implement these provisions by 6 March 1973.

WEIGHTS OF FROM 1 MILLIGRAM TO 50 KILOGRAMS OF ABOVE-MEDIUM ACCURACY

Official title

Council Directive of 4 March 1974 on the approximation of the laws of the Member States relating to weights of from 1 milligram to 50 kilograms of above-medium accuracy.

Reference

Council Directive 74/148/EEC; OJ L84, 28.3.74.

Amendments

Last amended by EEA Agreement (1994); OJ L1, 3.1.94.

Details

This Directive is made pursuant to the requirements for pattern-approval of certain categories of measuring equipment specified in Directive 71/316/EEC. The Annex sets out the requirements for admission to initial verification.

Date of implementation

Member States were required to implement these provisions by 18 September 1975.

GAS VOLUME METERS

Official title

Council Directive of 26 July 1971 on the approximation of the laws of the Member States relating to gas volume meters.

Reference

Council Directive 71/318/EEC; OJ L202, 6.9.71.

Amendments

Last amended by EEA Agreement (1994); OJ L1, 3.1.94.

Details

The Directive provides construction and test details for gas volume meters with deformable walls, and those with rotary pistons or turbines.

Date of implementation

Member States were required to implement the provisions of the original Directive by 6 March 1973.

METERS FOR LIQUIDS OTHER THAN WATER

Official title

11.32 Council Directive of 26 July 1971 on the approximation of the laws of the Member States relating to meters for liquids other than water.

Reference

Council Directive 71/319/EEC; OJ L202, 6.9.71.

Amendments

Last amended by EEA Agreement (1994); OJ L1, 3.1.94.

Details

The Directive provides detailed guidelines on the construction and use of indicating mechanisms and calibrating devices. The Annex lists in Chapter 1 those meters which may bear Community marks and symbols. They shall be subject to pattern-approval and submitted to initial verification procedures.

Date of implementation

Member States were required to implement these provisions by 6 March 1973.

ANCILLARY EQUIPMENT FOR LIQUID METERS OTHER THAN WATER

Official title

11.33 Council Directive of 12 October 1971 on the approximation of the laws of the Member States relating to ancillary equipment for meters for liquids other than water.

Reference

Council Directive 71/348/EEC; OJ L239, 25.10.71.

Amendments

Last amended by EEA Agreement (1994); OJ L1, 3.1.94.

Details

The Directive sets down methods of use for the following:

- zeroing mechanism for volume indicators;
- totalising volume counters;
- multiple volume indicating mechanisms;
- price computing mechanisms;
- printing mechanisms;
- pre-setting mechanisms; and
- sealing.

TECHNICAL STANDARDS

Date of implementation

Member States were required to implement these provisions by 25 April 1973.

MEASURING SYSTEMS FOR LIQUIDS OTHER THAN WATER

Official title

Council Directive of 5 April 1977 on the approximation of the laws of the Member States relating to measuring systems for liquids other than water.

11.34

Reference

Council Directive 77/313/EEC; OJ L105, 28.4.77.

Amendments

Last amended by EEA Agreement (1994); OJ L1, 3.1.94.

Details

This Directive extends the scope of Directives 71/319/EEC and 71/348/EEC (see paras **11.32** and **11.33** above) to include measuring systems incorporating volumetric meters. It also encompasses measuring system components and sub-assemblies.

Date of implementation

Member States were to comply with the provisions of the original Directive by 28 October 1976.

COLD WATER METERS

Official title

Council Directive of 17 December 1974 on the approximation of the laws of the Member States relating to cold water meters.

11.35

Reference

Council Directive 75/33/EEC; OJ L14, 20.1.75.

Amendments

Last amended by EEA Agreement (1994); OJ L1, 3.1.94.

Details

Among the subjects dealt with in the Annex are metrological characteristics, indicating mechanisms, marks and inscriptions, pattern-approval and initial verification procedures, and test equipment and procedures.

Date of implementation

Member States were required to implement these provisions by 20 July 1976.

HOT WATER METERS

Official title

11.36 Council Directive of 11 September 1979 on the approximation of the laws of the Member States relating to hot water meters.

Reference

Council Directive 79/830/EEC; OJ L259, 15.10.79.

Amendments

Last amended by EEA Agreement (1994); OJ L1, 3.1.94.

Details

The Directive applies to meters designed for continuous determination of the volume of hot water passing through them, and lays down technical requirements for design and functioning in accordance with Community pattern-approval and initial verification procedures.

Date of implementation

Member States were to comply with these provisions by 1 January 1982.

ELECTRICAL ENERGY METERS

Official title

11.37 Council Directive of 4 November 1976 on the approximation of the laws of the Member States relating to electrical energy meters.

Reference

Council Directive 76/891/EEC; OJ L336, 4.12.76.

Amendments

Last amended by EEA Agreement (1994); OJ L1, 3.1.94.

Details

Subjects covered in the Annex include:

- definitions;
- mechanical and electrical specifications;
- metrological requirements; and
- EC type-approval and initial verification.

TECHNICAL STANDARDS   11.37-11.39

Date of implementation

Member States were required to comply with the Directive by 4 June 1978.

TAXIMETERS

Official title

Council Directive of 21 December 1976 on the approximation of the laws of the Member States relating to taximeters. **11.38**

Reference

Council Directive 77/95/EEC; OJ L26, 31.1.77.

Amendments

Last amended by EEA Agreement (1994); OJ L1, 3.1.94.

Details

Subjects covered in the Annex include:

- terminology;
- units of measurement;
- technical characteristics;
- markings;
- range of permissible errors;
- sealing; and
- EC initial verification.

Date of implementation

Member States were to comply with these provisions by 31 July 1978.

CALIBRATION OF TANKS OF VESSELS

Official title

Council Directive of 12 October 1971 on the approximation of the laws of the Member States relating to the calibration of the tanks of vessels. **11.39**

Reference

Council Directive 71/349/EEC; OJ L239, 25.10.71.

Amendments

Last amended by EEA Agreement (1994); OJ L1, 3.1.94.

Impact

Regulates calibration of the tanks of inland waterway vessels and of coasters, according to common standards.

Date of implementation

Member States were required to implement these provisions by 25 May 1973.

MATERIAL MEASURES OF LENGTH

Official title

11.40 Council Directive of 19 November 1973 on the approximation of the laws of the Member States relating to material measures of length.

Reference

Council Directive 73/362/EEC; OJ L335, 5.12.73.

Amendments

Last amended by EEA Agreement (1994); OJ L1, 3.1.94.

Details

The Annex lists those instruments for measuring length which are subject to pattern-approval and initial verification, and which may bear Community marks and symbols as described. It also provides technical specifications, and sampling plans for initial verification checks.

Date of implementation

Member States were required to implement the provisions of the original Directive by 5 June 1975.

USE OF BOTTLES AS MEASURING CONTAINERS

Official title

11.41 Council Directive of 19 December 1974 on the approximation of the laws of the Member States relating to bottles used as measuring containers.

Reference

Council Directive 75/107/EEC; OJ L42, 15.2.75.

Amendments

Last amended by EEA Agreement (1994); OJ L1, 3.1.94.

Details

The Directive defines the metrological characteristics and maximum permissible errors in nominal capacity, together with a reference method for checking such errors. It also specifies that bottles should bear both an indication of nominal capacity and the information required for filling them.

Date of implementation

Member States were required to implement these provisions by 15 August 1976.

CONTINUOUS TOTALISING WEIGHING MACHINES

Official title

Council Directive of 24 June 1975 on the approximation of the laws of the Member States relating to continuous totalising weighing machines.

Reference

Council Directive 75/410/EEC; OJ L183, 14.7.75.

Amendments

Last amended by EEA Agreement (1994); OJ L1, 3.1.94.

Details

The Directive applies to weighing machines attached to conveyor belts, and lays down the technical requirements for manufacture and operation in accordance with Community pattern-approval and initial verification procedures and Community trade policy.

Date of implementation

Member States were required to implement these provisions by 14 January 1977.

AUTOMATIC CHECKWEIGHING AND WEIGHT GRADING MACHINES

Official title

Council Directive of 5 December 1978 on the approximation of the laws of the Member States relating to automatic checkweighing and weight grading machines.

Reference

Council Directive 78/1031/EEC; OJ L364, 27.12.78.

Amendments

Last amended by EEA Agreement (1994); OJ L1, 3.1.94.

Impact

Provides for and regulates the use of these machines in accordance with Community pattern-approval and initial verification procedures, and Community trade policy.

Date of implementation

Member States were required to comply with these provisions by 27 June 1980.

NON-AUTOMATIC WEIGHING INSTRUMENTS

Official title

11.44 Council Directive of 20 March 1990 on the harmonisation of the laws of the Member States relating to non-automatic weighing instruments.

Reference

Council Directive 90/384/EEC; OJ L189, 20.7.90.

Amendments

Last amended by EEA Agreement (1994); OJ L1, 3.1.94.

Impact

Provides for and regulates the design and use of operator-controlled weighing machines in accordance with Community trade policy and existing approval and verification procedures.

Details

Annex I deals with metrological requirements, design and construction, while Annex II covers common type-examination and conformity procedures. Annex III sets out design documentation, Annex IV sets out information and identification symbols, and Annex V sets out the minimum criteria to be applied when designating testing authorities for non-standard instruments.

Date of implementation

Member States were required to implement measures to comply with the provisions of this Directive by 1 July 1992 and to apply them from 1 January 1993.

CLINICAL MERCURY-IN-GLASS MAXIMUM READING THERMOMETERS

Official title

11.45 Council Directive of 27 July 1976 on the approximation of the laws of the Member States on clinical mercury-in-glass maximum reading thermometers.

Reference

Council Directive 76/764/EEC; OJ L262, 27.9.76.

Amendments

Last amended by EEA Agreement (1994); OJ L1, 3.1.94.

Details

Subjects covered in the Annexes include:

- types, materials, design, graduation and numbering;
- pattern-approval and initial verification procedures;
- approved marks and inscriptions and their positioning; and
- conditions to be satisfied by the glass used in the manufacture of the bulbs.

Date of implementation

Member States were required to comply with the original Directive by 27 September 1980. The amendment had to be complied with before 1 January 1986.

ALCOHOLOMETERS AND ALCOHOL HYDROMETERS

Official title

Council Directive of 27 July 1976 on the approximation of the laws of the Member States relating to alcoholometers and alcohol hydrometers.

Reference

Council Directive 76/765/EEC; OJ L262, 27.9.76.

Amendments

Last amended by EEA Agreement (1994); OJ L1, 3.1.94.

Details

Subjects covered in the Annex include:

- definition and description of instruments;
- principles of construction;
- scale, graduation and numbering;
- inscriptions and markings; and
- maximum permissible errors and verification.

Date of implementation

Member States were required to apply these measures from 1 January 1980. The latest amendment had to be complied with before 1 May 1983.

ALCOHOL TABLES

Official title

Council Directive of 27 July 1976 on the approximation of the laws of the Member States relating to alcohol tables.

Reference

Council Directive 76/766/EEC; OJ L262, 27.9.76.

Amendments

Last amended by EEA Agreement (1994); OJ L1, 3.1.94.

Details

This Directive complements Directive 76/765/EEC (see para **11.46** above) by defining the method of expressing alcoholic strength, by volume or mass, and providing a formula for calculation based on those measurements.

Date of implementation

Member States were to apply these measures from 1 January 1980 at the latest.

TYRE PRESSURE GAUGES FOR MOTOR VEHICLES

Official title

11.48 Council Directive of 26 May 1986 on the approximation of the laws of the Member States relating to tyre pressure gauges for motor vehicles.

Reference

Council Directive 86/217/EEC; OJ L152, 6.6.86.

Amendments

Last amended by EEA Agreement (1994); OJ L1, 3.1.94.

Details

The Directive lays down technical specifications for manufacture and operation in accordance with Community pattern-approval and initial verification procedures, and Community trade policy.

Date of implementation

Member States were required to comply with the provisions of this Directive by 6 December 1987.

UNITS OF MEASUREMENT

Official title

11.49 Council Directive of 20 December 1979 on the approximation of the laws of the Member States relating to units of measurement and on the repeal of Directive 71/354/EEC.

Reference

Council Directive 80/181/EEC; OJ L39, 15.2.80.

Amendments

Directive 85/1/EEC; OJ L2, 3.1.85.
Directive 89/617/EEC; OJ L357, 7.12.89.
EEA Agreement (1994); OJ L1, 3.1.94.

Impact

The Directive seeks to implement the International System of Units Community-wide by 31 December 1989.

Details

The units are defined in the various Chapters in the Annex and apply to measuring instruments, measurements made and quantity units in use for economic, public health, public safety or administrative purposes. Apart from those provisions, the Directive does not apply to air and sea transport or rail traffic.

This Directive repealed Directive 71/354/EEC as from 1 October 1981, but permitted limited derogation for certain units. Further exceptions were laid down, continuing the use of units specified in Chapter II to a date not later than 31 December 1985, and those in Chapter III to a date not later than 31 December 1989. The use of supplementary indications (those accompanying an indication of quantity expressed in a unit listed at Chapter I) is permitted to 31 December 1989 and may be extended after that date.

Directive 89/617/EEC amends the implementation programme of the International System of Units and extends the periods of legal use of imperial units of measurement, and supplementary indications.

Date of implementation

Member States were required to apply the provisions of the original Directive by 1 October 1981.

Proposed metrology legislation

UNITS OF MEASUREMENT

Official title

Proposal for a Council Directive on the approximation of the laws of the Member States relating to units of measurement.

Reference

Original proposal; OJ C185, 17.7.91.

Amendments

None.

Impact

The proposal would complete the harmonisation of the units of measurement which may be used in the Community.

Details

The European Commission proposes to harmonise laws, regulations and administrative provisions in order to ensure the greatest possible clarity in the use of units of measurement. The list and meaning of the applicable units of measurement are contained in the Annex. Member States would be permitted to continue to apply their traditional units of measurement (*e.g.* the imperial system in the UK) for specific purposes. The proposed Directive would repeal existing Community legislation relating to units of measurement (see para **11.49** above).

Proposed date of implementation

It was proposed that the Directive should be implemented by those Member States not currently applying the relevant units by 31 December 1994, 31 December 1999 or a date which they could themselves define, depending on the importance of the units in each Member State. Because of the controversial nature and cost of such an undertaking, the proposal is not expected to be adopted in the near future and no new dates for implementation have been officially proposed.

Electrical materials and equipment

ELECTRICAL EQUIPMENT FOR USE WITHIN CERTAIN VOLTAGE LIMITS

Official title

11.51 Council Directive of 19 February 1973 on the harmonisation of the laws of the Member States relating to electrical equipment designed for use within certain voltage limits.

Reference

Council Directive 73/23/EEC; OJ L77, 26.3.73.

Amendments

Directive 93/68/EEC; OJ L220, 30.8.93.
EEA Agreement (1994); OJ L1, 3.1.94.

Impact

The Directive introduces safety objectives for electrical goods with ratings of between 50 and 1,000 volts ac and 75 and 15,000 volts dc (subject to certain exceptions listed at Annex II).

Details

Member States are to agree a harmonised system, to be adapted to technical progress as required. Where such standards do not already exist, products shall conform to international safety standards as laid down in Article 6. Where these are not applicable, goods should comply with the safety standards of the country of production. The Directive further provides for approved markings (*e.g.* the CE marking of conformity, as specifically dealt with in amending Directive 93/68/EEC), to facilitate free movement of goods.

A Commission Communication within the framework of Council Directive 73/23/EEC relating to electrical equipment designed for use within certain voltage limits was published in OJ C18, 23.1.93. The Communication lists a series of standards drawn up by common agreement between the bodies notified by the Member States. The European Commission intends to continue updating this list.

Date of implementation

Member States were to implement these provisions by 26 September 1974, and the provisions of amending Directive 93/68/EEC by 1 January 1995.

ELECTRICAL EQUIPMENT FOR USE IN POTENTIALLY EXPLOSIVE ATMOSPHERES

Official title

Council Directive of 18 December 1975 on the approximation of the laws of the Member States concerning electrical equipment for use in potentially explosive atmospheres.

Reference

Council Directive 76/117/EEC; OJ L24, 30.1.76.

Amendments

Last amended by Directive 94/9/EC; OJ L100, 19.4.94.

Details

The Directive provides for the harmonisation of technical standards and their adaptation to technical progress, as well as approved inspection and certification procedures to facilitate free movement of the relevant goods.

Date of implementation

Member States were required to implement these measures by 30 July 1977. The latest amendment will repeal and replace this Directive as from 1 July 2003.

ELECTRICAL EQUIPMENT FOR USE IN POTENTIALLY EXPLOSIVE ATMOSPHERES EMPLOYING CERTAIN TYPES OF PROTECTION

Official title

11.53 Council Directive of 6 February 1979 on the approximation of the laws of the Member States concerning electrical equipment for use in potentially explosive atmospheres employing certain types of protection.

Reference

Council Directive 79/196/EEC; OJ L43, 20.2.79.

Amendments

Last amended by Directive 94/26/EC; OJ L157, 24.6.94.

Details

This Directive amplifies the provisions of Directive 76/117/EEC in relation to electrical equipment using specified forms of protection. The latest amendment incorporates five new European standards into the relevant Annex of the Directive.

Date of implementation

Member States were required to comply with the provisions of this Directive by 20 August 1980, and with the latest amendments by 14 July 1994. Directive 94/9/EC will repeal and replace this Directive as from 1 July 2003.

ELECTRICAL EQUIPMENT FOR USE IN POTENTIALLY EXPLOSIVE ATMOSPHERES IN MINES SUSCEPTIBLE TO FIRE DAMP

Official title

11.54 Council Directive of 15 February 1982 on the approximation of the laws of the Member States concerning electrical equipment for use in potentially explosive atmospheres in mines susceptible to fire damp.

Reference

Council Directive 82/130/EEC; OJ L59, 2.3.82.

Amendments

Last amended by Directive 94/9/EC; OJ L100, 19.4.94.

Impact

Provides for and regulates the use of electrical equipment, including, by way of derogation from Directives 76/117/EEC and 79/196/EEC, surface installations of mines susceptible to fire damp.

Date of implementation

Member States had until 30 June 1992 to comply with this Directive. However, until 31 December 2009, Member States will continue to apply the measures and equipment attested by the certificate of conformity, provided that this certificate was issued before 1 January 1993. Directive 94/9/EC will repeal and replace this Directive as from 1 July 2003.

RADIO INTERFERENCE

Official title

Commission Directive of 18 August 1983 adopting the measures provided for in Article 3(3) of Directive 76/889/EEC on the approximation of the laws of the Member States relating to radio interference caused by electrical household appliances, portable tools and similar equipment and of Directive 76/890/EEC on the approximation of the laws of the Member States relating to the suppression of radio interference with regard to fluorescent lighting luminaires fitted with starters.

11.55

Reference

Commission Directive 83/447/EEC; OJ L247, 7.9.83.

Amendments

None.

Impact

Provides for repeal of measures adopted pursuant to Article 3(3) of Directive 76/889/EEC (now also repealed by Dir 89/336/EEC, see para **11.85** below).

Details

The Article referred to provides that Member States may, for a period of five-and-a-half years from the date of notification of the Directives, require that conformity be attested by marks or certificates issued on the basis of prior testing. This option was an alternative to the provisions of Article 3(1) and (2). The European Commission has now taken the view that those provisions are an adequate system of control, and that no additional measures are required.

Date of implementation

Member States were required to comply with the Directive by repealing measures taken pursuant to Article 3(3) of Directive 76/889/EEC by 7 November 1983.

ELECTRO-MEDICAL EQUIPMENT FOR USE IN HUMAN OR VETERINARY MEDICINE

Official title

11.56 Council Directive of 17 September 1984 on the approximation of the laws of the Member States relating to electro-medical equipment used in human or veterinary medicine.

Reference

Council Directive 84/539/EEC; OJ L300, 19.11.84.

Amendments

Accession of Spain and Portugal (1986).
Directive 93/42/EEC; OJ L169, 12.7.93.
EEA Agreement (1994); OJ L1, 3.1.94.

Impact

Provides for and regulates the use of electro-medical equipment in accordance with Community health and safety policies and product conformity procedures.

Details

The Directive aims to harmonise one section of the equipment, as specified in Annex II, by reference to the standards already drawn up by CENELEC, and to confirm compliance by the use of approved marks or certification. Provision is also made for adaptation to technical progress.

Date of implementation

Member States were required to implement these provisions by 26 September 1986.

AIRBORNE NOISE EMITTED BY HOUSEHOLD APPLIANCES

Official title

11.57 Council Directive of 1 December 1986 on airborne noise emitted by household appliances.

Reference

Council Directive 86/594/EEC; OJ L344, 6.12.86.

Amendments

EEA Agreement (1994); OJ L1, 3.1.94.

TECHNICAL STANDARDS 11.57-11.58

Impact

Provides for and regulates airborne noise emissions in the light of Community harmonisation policy, as laid down in Directive 83/189/EEC (see para **11.6** above).

Details

The Directive provides for publication of information on airborne noise emitted by household appliances, testing and monitoring methods. It acknowledges CEN and CENELEC as competent bodies for the drawing-up of the new European harmonised standards.

Article 2 gives definitions of "household appliance", "airborne noise emitted" and particular generic terms – "family", "series" and "batch", as applied to quantities of appliances.

Manufacturers or importers may be required to publish certain information, as detailed in Article 3, on the request of any Member state.

Where such information is given in accordance with the provisions of this Directive, Member States may not prohibit the marketing of household appliances.

Testing methods must comply with the specifications outlined in Article 6. Where defects are found in a batch of goods, the manufacturer who does not withdraw such goods from the market must, however, amend the information given as necessary to reflect that non-compliance.

Member States shall presume that indications of airborne noise are correct, and checks have been adequately performed, where they have been carried out in accordance with the appropriate standards outlined in Article 8. Provision is made in Article 9 for review procedures where such standards do not satisfy the requirements of Article 6 of this Directive, on testing and sampling methods. It also lays down procedures for ratification of existing standards.

Date of implementation

Member States were required to implement these provisions by 6 December 1989.

ACTIVE IMPLANTABLE ELECTRO-MEDICAL EQUIPMENT

Official title

Council Directive of 20 June 1990 on the approximation of the laws of the Member States relating to active implantable electro-medical equipment.

Reference

Council Directive 90/385/EEC; OJ L189, 20.7.90.

Amendments

Directive 93/42/EEC; OJ L169, 12.7.93.

Directive 93/68/EEC; OJ L220, 30.8.93.
EEA Agreement (1994); OJ L1, 3.1.94.

Impact

Regulates the use of the above equipment in accordance with the new approach to technical harmonisation.

Details

This Directive is based on the twin aspects of minimum essential safety requirements and European technical standards, embodied in the newly evolved approach to harmonisation. It applies to medical devices for use in humans to supplement pharmacological treatments, using either internal battery or external power, for other than short-term purposes.

The Directive achieves a high and clearly defined level of safety for both user and patient, as well as harmonisation of technical standards in accordance with those safety requirements. The European Committee for Electrotechnical Standardisation (CENELEC) by adopting, in March 1988, common European standards for pacemakers, has helped to speed up the rationalisation for implants in general.

Procedures for establishing type-approval and conformity are set out in the Directive and Annexes 2 to 4. Devices awarded the CE mark (as dealt with specifically in amending Directive 93/68/EEC) in compliance with these procedures shall be accorded free movement, use and marketing throughout the Community. However, devices not bearing the mark may be marketed and used throughout the Community where they are intended for clinical evaluation or are prototypes intended for research and safety and effectiveness testing.

The evaluation procedure is set out separately in Annex 5 to the Directive, and forms part of the conformity assessment. The Directive provided for a transitional procedure whereby devices could be placed on the Community market subject to existing national provisions until 20 July 1993. As with other new approach Directives, it makes provision for a national standard notification procedure, a Standing Committee for review of compliance with harmonised standards and safeguard clauses permitting Member States to withdraw, prohibit or restrict the use of items which fail to meet the essential safety requirements.

Any decisions taken resulting in restrictions on the marketing or use of a device must state the exact grounds on which they are based and shall be notified to the party concerned without delay. The party must also be informed at that time of remedies available to it under the laws in force in the Member State concerned and the time-limits to which such remedies are subject.

Date of implementation

Member States had until 1 July 1992 to comply with the provisions of this

Directive. Amending Directive 93/68/EEC had to be implemented by 1 January 1995.

ENERGY LABELLING FOR HOUSEHOLD APPLIANCES

Official title
Council Directive of 22 October 1992 on the indication of labelling and standard product information of the consumption of energy and other resources of household appliances.

Reference
Council Directive 92/75/EEC; OJ L297, 13.10.92.

Amendments
Commission Directive 94/2/EC; OJ L45, 17.2.94.

Impact
This Directive seeks to harmonise national regulations on the publication – particularly by means of labelling and of product information – of information on energy consumption and information accompanying household appliances.

Details
The Directive covers appliances using any form of energy. However, only those types of appliances whose aggregate energy use is significant, and where there is significant scope for increased efficiency, are included.
   The household appliances that are affected include refrigerators, freezers or their combinations, washing machines, driers and their combinations, dishwashers, ovens, water heaters and lighting appliances. Further household appliances may be added to the list in the future. The implementation of this Directive requires the adoption of separate Directives relating to each type of appliance. So far, the only specific implementing Directive is Directive 94/2/EC relating to electric refrigerators, freezers and their combinations.

Date of implementation
The Member States had to adopt the necessary provisions by 1 July 1993 with a view to bringing them into force on 1 January 1994. The implementing Directive relating to fridges was to be implemented by 1 January 1995.

Noise limitation legislation

AIRCRAFT

Official title

11.60 Council Directive of 20 December 1979 on the limitation of noise emissions from subsonic aircraft.

Reference

Council Directive 80/51/EEC; OJ L18, 24.1.80.

Amendments

Last amended by Directive 89/629/EEC; OJ L363, 13.12.89.

Impact

Introduces noise certification requirements for civil aircraft registered in the Member States.

Date of implementation

The measures required to implement this Directive had to be in force by 24 July 1980. Member States were required to implement the provisions of amending Directive 89/629/EEC by 30 September 1990.

LIMITATION OF OPERATION OF CHAPTER 2 AIRCRAFT

Official title

11.61 Council Directive of 2 March 1990 on the limitation of the operation of aeroplanes covered by Part II, Chapter 2, Volume 1 of Annex 16 to the Convention on International Civil Aviation, second edition (1988).

Reference

Council Directive 92/14/EEC; OJ L76, 23.3.92.

Amendments

None.

Impact

Imposes noise controls on certain categories of older model passenger jet aeroplanes.

Date of implementation

Member States were required to implement the provisions of this Directive by 1 July 1992.

CONSTRUCTION PLANT AND EQUIPMENT

Official title

Council Directive of 17 September 1984 on the approximation of the laws of the Member States relating to common provisions for construction plant and equipment.

Reference

Council Directive 84/532/EEC; OJ L300, 19.11.84.

Amendments

Last amended by EEA Agreement (1994); OJ L1, 3.1.94.

Details

The Directive is aimed at ensuring protection of the environment from airborne noise and safety at work, except where associated with lifting equipment; lifting appliances on work sites will form the subject of special requirements, if necessary.

Date of implementation

Member States were required to implement the provisions of the framework Directive by 26 March 1986.

COMPRESSORS

Official title

Council Directive of 17 September 1984 on the approximation of the laws of the Member States relating to the permissible sound power level of compressors.

Reference

Council Directive 84/533/EEC; OJ L300, 19.11.84.

Amendments

Last amended by EEA Agreement (1994); OJ L1, 3.1.94.

Impact

Aims to bring about a reduction in permissible sound power levels in line with Community environment and health policies and, more particularly, to limit the nuisance caused by airborne noise pollution.

Details

This Directive applies to compressors used to perform work on civil engineering and building sites.

Date of implementation

Member States were required to comply with the provisions of the original Directive by 26 March 1986.

TOWER CRANES

Official title

11.64 Council Directive of 17 September 1984 on the approximation of the laws of the Member States relating to the permissible sound power level of tower cranes.

Reference

Council Directive 84/534/EEC; OJ L300, 19.11.84.

Amendments

Last amended by EEA Agreement (1994); OJ L1, 3.1.94.

Details

This Directive applies to tower cranes used to perform work on civil engineering and building sites.

Date of implementation

Member States were required to implement these provisions by 26 March 1986.

WELDING GENERATORS

Official title

11.65 Council Directive of 17 September 1984 on the approximation of the laws of the Member States relating to the permissible sound power level of welding generators.

Reference

Council Directive 84/535/EEC; OJ L300, 19.11.84.

Amendments

Last amended by Directive 85/407/EEC; OJ L233, 30.8.85.

Details

This Directive applies to welding generators used to perform work on civil engineering and building sites.

Date of implementation

Member States were required to comply with these provisions by 26 March 1986.

TECHNICAL STANDARDS

POWER GENERATORS

Official title

Council Directive of 17 September 1984 on the approximation of the laws of the Member States relating to the permissible sound power level of power generators.

Reference

Council Directive 84/536/EEC; OJ L300, 19.11.84.

Amendments

Last amended by EEA Agreement (1994); OJ L1, 3.1.94.

Details

This Directive applies to power generators used to perform work on civil engineering and building sites.

Date of implementation

Member States were required to comply with the provisions of the Directive by 26 March 1986.

POWERED HAND-HELD CONCRETE-BREAKERS AND PICKS

Official title

Council Directive of 17 September 1984 on the approximation of the laws of the Member States relating to the permissible sound power level of powered hand-held concrete-breakers and picks.

Reference

Council Directive 84/537/EEC; OJ L300, 19.11.84.

Amendments

Last amended by EEA Agreement (1994); OJ L1, 3.1.94.

Details

This Directive applies to powered hand-held concrete-breakers and picks used to perform work on industrial and building sites.

Date of implementation

Member States were required to implement the original provisions by 26 March 1986.

LAWNMOWERS

Official title

11.68 Council Directive of 17 September 1984 on the approximation of the laws of the Member States relating to the permissible sound power level of lawnmowers.

Reference

Council Directive 84/538/EEC; OJ L300, 19.11.84.

Amendments

Last amended by EEA Agreement (1994); OJ L1, 3.1.94.

Impact

Aims to restrict the permissible sound power level of airborne noise pollution in line with Community environment and health policies, as well as the permissible sound pressure level of noise at the operator's position by lawnmowers with a cutting width exceeding 120 centimetres.

Details

This Directive applies to all motorised equipment appropriate for the upkeep by cutting, by whatever method, of areas under grass used for recreational, decorative or similar purposes, with the exception of agricultural and forestry equipment, non-independent devices with cutting devices actuated by the wheels or an integrated drawing or carrier component, and multi-purpose devices with main motorised components with an installed power of over 20 kilowatts.

Date of implementation

Member States were required to implement the original provisions by 1 July 1987.

HYDRAULIC EXCAVATORS, ROPE-OPERATED EXCAVATORS, DOZERS, LOADERS AND EXCAVATOR-LOADERS

Official title

11.69 Council Directive of 22 December 1986 on the limitation of noise emitted by hydraulic excavators, rope-operated excavators, dozers, loaders and excavator-loaders.

Reference

Council Directive 86/662/EEC; OJ L384, 31.12.86.

Amendments

Last amended by EEA Agreement (1994); OJ L1, 3.1.94.

Details

The Directive applies to airborne noise emissions and sound pressure levels at the operator's position of earth-moving machines as listed above.

Date of implementation

Member States were required to implement these provisions by 31 December 1988.

Legislation in other sectors

CLASSIFICATION OF WOOD IN THE ROUGH

Official title

Council Directive of 23 January 1968 on the approximation of the laws of the Member States concerning the classification of wood in the rough.

Reference

Council Directive 68/89/EEC; OJ L32, 6.2.68.

Amendments

Last amended by Accession of United Kingdom, Denmark and Ireland (1973).

Impact

Provides for a harmonised system of classification to facilitate Community trade and the compilation of statistics for the forestry industry, and directs all Member States to repeal provisions requiring reclassification of wood from another Member State.

Date of implementation

Member States were required to implement these provisions by 6 August 1969.

CRYSTAL GLASS

Official title

Council Directive of 15 December 1969 on the approximation of the laws of the Member States relating to crystal glass.

Reference

Council Directive 69/493/EEC; OJ L326, 29.12.69.

Amendments

Last amended by Accession of Spain and Portugal (1986).

Impact

Provides for and regulates the chemical and physical properties of crystal glass to facilitate Community trade and reduce the possibility of fraud.

Date of implementation

Member States were required to implement these provisions by 29 June 1971.

CERTIFICATION AND MARKING OF WIRE-ROPES, CHAINS AND HOOKS

Official title

11.72 Council Directive of 19 November 1973 on the approximation of the laws, regulations and administrative provisions of the Member States relating to the certification and marking of wire-ropes, chains and hooks.

Reference

Council Directive 73/361/EEC; OJ L335, 5.12.73.

Amendments

Last amended by EEA Agreement (1994); OJ L1, 3.1.94.

Impact

Provides for and regulates the certification and marking of wire-ropes, chains and hooks used for lifting and handling, and implements procedures for adaptation to technical progress.

Date of implementation

Member States were required to implement the provisions of the original Directive by 5 June 1975.

AEROSOL DISPENSERS

Official title

11.73 Council Directive of 20 May 1975 on the approximation of the laws of the Member States relating to aerosol dispensers.

Reference

Council Directive 75/324/EEC; OJ L147, 9.6.75.

Amendments

Last amended by Directive 94/1/EC; OJ L23, 28.1.94.

Impact

Provides for and regulates the manufacture, filling and nominal capacities of aerosols, and limits the application to dispensers made of metal, glass or plastic. The 1994 amendment introduces provisions and labelling requirements relating to flammable content.

Date of implementation

Member States were required to apply the provisions of the original Directive by 9 December 1976, and those of the 1994 amendment by 1 April 1995.

PRESSURE VESSELS AND METHODS OF INSPECTION

Official title

Council Directive of 27 July 1976 on the approximation of the laws of the Member States relating to common provisions for pressure vessels and methods for inspecting them.

Reference

Council Directive 76/767/EEC; OJ L262, 27.9.76.

Amendments

Last amended by EEA Agreement (1994); OJ L1, 3.1.94.

Impact

Provides for and regulates the use of simple pressure vessels in accordance with Community pattern-approval and verification procedures, and Community trade policies.

Details

The Directive gives general guidelines on approval and verification, but provides for separate Directives to be implemented for each category.

Date of implementation

Member States were required to implement these provisions by 27 March 1978.

PRESSURE VESSELS

Official title

Council Directive of 25 June 1987 on the harmonisation of the laws of the Member States relating to simple pressure vessels.

Reference

Council Directive 87/404/EEC; OJ L220, 8.8.87.

Amendments

Last amended by EEA Agreement (1994); OJ L1, 3.1.94.

Details

Vessels may only be placed on the market if they do not compromise the safety of persons, domestic animals or property when properly installed and maintained and when used for the purposes for which they are intended.

Date of implementation

The Member States had to implement the provisions of the Directive by 1 July 1990.

SEAMLESS STEEL GAS CYLINDERS

Official title

11.76 Council Directive of 17 September 1984 on the approximation of the laws of the Member States relating to seamless steel gas cylinders.

Reference

Council Directive 84/525/EEC; OJ L300, 19.11.84.

Amendments

Last amended by EEA Agreement (1994); OJ L1, 3.1.94.

Details

This Directive lays down the technical requirements for compliance with Community pattern-approval and verification procedures, pursuant to the provisions of Directive 76/767/EEC (see para **11.74** above).

Date of implementation

Member States were required to implement these provisions by 26 March 1986.

SEAMLESS UNALLOYED ALUMINIUM AND ALUMINIUM ALLOY GAS CYLINDERS

Official title

11.77 Council Directive of 17 September 1984 on the approximation of the laws of the Member States relating to seamless unalloyed aluminium and aluminium alloy gas cylinders.

Reference

Council Directive 84/526/EEC; OJ L300, 19.11.84.

Amendments

Last amended by EEA Agreement (1994); OJ L1, 3.1.94.

Details

The Directive lays down the technical requirements for compliance with Community pattern-approval and verification procedures pursuant to Directive 76/767/EEC (see para **11.74** above).

Date of implementation

Member States were required to implement these provisions by 26 March 1986.

WELDED UNALLOYED STEEL GAS CYLINDERS

Official title

Council Directive of 17 September 1984 on the approximation of the laws of the Member States relating to welded unalloyed steel gas cylinders.

Reference

Council Directive 84/527/EEC; OJ L300, 19.11.84.

Amendments

Last amended by EEA Agreement (1994); OJ L1, 3.1.94.

Details

The Directive lays down technical requirements for compliance with Community pattern-approval and verification procedures pursuant to Directive 76/767/EEC (see para **11.74** above)

Date of implementation

Member States were required to implement these provisions by 26 March 1986.

LIFTING AND MECHANICAL HANDLING APPLIANCES

Official title

Council Directive of 17 September 1984 on the approximation of the laws of the Member States relating to common provisions for lifting and mechanical handling appliances.

Reference

Council Directive 84/528/EEC; OJ L300, 19.11.84.

Amendments

Accession of Spain and Portugal (1986).
Directive 87/354/EEC; OJ L192, 11.7.87.
Directive 88/665/EEC; OJ L382, 31.12.88.
EEA Agreement (1994); OJ L1, 3.1.94.

Impact

The Directive aims to facilitate intra-Community trade by rationalising inspection, recognition and administrative procedures for the relevant equipment.

Details

This Directive lays down general guidelines for the following procedures: type-approval, component type-approval, type-examination, verification, inspection and self-certification.

It provides for separate Directives for each category of lifting and mechanical handling appliance, dealing with technical design requirements, inspection procedures for appliances and components, and implementation.

It does not cover appliances designed for military or research purposes or those used on ships, offshore prospecting and drilling rigs, mines, or for handling radioactive materials.

Article 23 deals with the issue of derogation, which may arise when alternative provisions ensure an equivalent or higher level of protection, and sets out the procedures to be adopted.

Date of implementation

Member States were required to implement these provisions by 26 September 1986.

ELECTRICALLY OPERATED LIFTS

Official title

11.80 Council Directive of 17 September 1984 on the approximation of the laws of the Member States relating to electrically operated lifts.

Reference

Council Directive 84/529/EEC; OJ L300, 19.11.84.

Amendments

Last amended by EEA Agreement (1994); OJ L1, 3.1.94.

Details

The Directive lays down technical requirements governing lifts and their essential components, in accordance with Community type-examination and inspection procedures, and Community trade policy.

Date of implementation

Member States had to comply with the provisions of this Directive before 26 September 1986.

ROLL-OVER PROTECTION STRUCTURES FOR CERTAIN CONSTRUCTION PLANT

Official title

Council Directive of 26 May 1986 on the approximation of the laws of the Member States relating to roll-over protection structures (ROPS) for certain construction plant.

11.81

Reference

Council Directive 86/295/EEC; OJ L186, 8.7.86.

Amendments

Directive 91/368/EEC; OJ L198, 22.7.91.
EEA Agreement (1994); OJ L1, 3.1.94.

Impact

This Directive extends the provisions of Directive 84/532/EEC to roll-over protection structures, bringing them within the procedures for Community type-examination and the technical requirements of ISO international standards.

Details

The Directive deals with Community type-examination procedures and certifications, product conformity, specimen documentation, spot checks, derogations and adaptations to technical progress.

Date of implementation

Member States were required to implement these provisions by 8 July 1990. The 1991 amendment had to be implemented by 1 January 1993.

PROTECTION AGAINST FALLING OBJECTS

Official title

Council Directive of 26 May 1986 on the approximation of the laws relating to falling-object protective structures (FOPS) for certain construction plant.

11.82

Reference

Council Directive 86/296/EEC; OJ L186, 8.7.86.

Amendments

Last amended by EEA Agreement (1994); OJ L1, 3.1.94.

Impact

This Directive extends the provisions of Directive 84/532/EEC (see para **11.62** above) to cover falling-object protective structures, bringing them within the procedures of Community type-examination and the technical requirements of ISO international standards. For such structures, the Directive establishes procedures for type-examination and product conformity procedures, specimen documentation, spot checks and adaptation to technical progress.

Date of implementation

Member States were required to implement these provisions by 8 July 1990.

SELF-PROPELLED INDUSTRIAL TRUCKS

Official title

11.83 Council Directive of 22 December 1986 on the approximation of the laws of the Member States relating to self-propelled industrial trucks.

Reference

Council Directive 86/663/EEC; OJ L384, 31.12.86.

Amendments

Last amended by Directive 91/368/EEC; OJ L198, 22.7.91.

Impact

This Directive extends the provisions of Directive 84/528/EEC (see para **11.79** above) to include self-propelled industrial trucks. It lays down common procedures for type-examination, and adaptation to technical progress.

Details

Annex 1 gives a fully comprehensive guide to technical provisions relating to the construction and use of these trucks, including classification criteria as laid down in ISO Standard 5053/I (15 September 1980).

Date of implementation

Member States were required to implement these provisions by 28 December 1988.

CONSTRUCTION PRODUCTS

Official title

Council Directive of 21 December 1988 on the approximation of the laws, regulations and administrative provisions of the Member States relating to construction products.

Reference

Council Directive 89/106/EEC; OJ L40, 11.2.89.

Amendments

Directive 93/68/EEC; OJ L220, 30.8.93.
EEA Agreement (1994); OJ L1, 3.1.94.

Impact

Establishes procedures for the determination of conformity with essential requirements, in order to facilitate intra-Community trade and the adoption of European standards.

Details

The Directive applies to construction products (*i.e.* those which are produced with a view to their incorporation in construction works, including buildings and civil engineering works). Article 1 defines these in more detail.

The products must meet the essential requirements listed in Article 2, and expanded upon in Annex I. These include stability, fire safety, hygiene and health, environment, safety in use, durability, protection against noise and energy economy.

European standards shall be established by the appropriate bodies in accordance with Directive 83/189/EEC. All Member States are required to communicate to the European Commission and other Member States the texts of national standards transposing those standards within six months of the adoption of the corresponding European standards.

Where the product is not, or cannot be, covered by a European or national standard, European technical approval must be applied. This is a favourable technical assessment of fitness for use, based on fulfilment of essential requirements by the inherent characteristics and defined conditions of application and use. They shall be issued, on request, by approval bodies listed in the C series of the *Official Journal.* Articles 8 to 10 set out the procedure to be applied.

Procedures for attestation of conformity can be found in Articles 13 and 14, and in Annexes III and IV. Products not covered by the above provisions shall, if they satisfy tests and inspections carried out in the producing Member State in accordance with methods in force in the importing Member State, be presumed to conform.

Each Member State shall forward to the European Commission a list of names and addresses of approved bodies for technical approvals, conformity certifications, inspections and tests, complying with the criteria laid down in Annex V.

The Directive provides for the setting-up of a Standing Committee for construction, made up of two representatives from each Member State and chaired by a representative from the European Commission. The Committee is to draw up its own rules of procedure and is expected to give opinions as requested by the European Commission.

The 1993 amending Directive introduces specific provisions relating to the CE mark of conformity.

Date of implementation

Member States were required to implement these provisions by 31 December 1993 at the latest. The 1993 amendment must be implemented by 1 January 1995.

ELECTROMAGNETIC COMPATIBILITY

Official title

11.85 Council Directive of 3 May 1989 on the approximation of the laws of the Member States relating to electromagnetic compatibility.

Reference

Council Directive 89/336/EEC; OJ L139, 23.5.89.

Amendments

Directive 91/263/EEC; OJ L128, 23.5.91.
Directive 92/31/EEC; OJ L126, 12.5.92.
Directive 93/68/EEC; OJ L220, 30.8.93.
Directive 93/97/EEC; OJ L290, 24.11.93.
EEA Agreement (1994); OJ L1, 3.1.94.

Impact

Defines protection objectives and inspection procedures relating to electromagnetic compatibility.

Details

The Directive is concerned with the protection of radio and telecommunications equipment against electromagnetic disturbance. It also aims to rationalise existing national provisions in order to facilitate internal trade within the Community.

It lays down a procedure for realisation of harmonised European standards through CEN, CENELEC and the European Commission, pursuant to Directive 83/139/EEC and general co-operation guidelines.

It recommends the adoption of Community inspection and conformity procedures as a transitional measure to ensure that existing national standards satisfy the protection objectives of this Directive.

The manufacturer, or his authorised representative established within the Community, is required to hold a technical construction file at the disposal of the competent national authority. That authority is to be informed as soon as the apparatus is placed on the market.

Conformity of telecommunications terminals subject to type-approval shall be certified on the obtaining by the manufacturer of a Community type-examination certificate.

Directive 93/68/EEC dealt with specific provisions relating to the affixing of the CE mark of conformity. Directive 93/97/EEC extends the electromagnetic compatibility provisions to satellite earth station equipment (see Chapter 12, para **12.29**).

Date of implementation
Member States were required to implement these provisions by 1 January 1992. The 1993 amendment was to be implemented by 1 January 1995.

MACHINERY

Official title
Council Directive of 29 June 1989 on the approximation of the laws of the Member States relating to machinery.

Reference
Council Directive 89/392/EEC; OJ L183, 29.6.89.

Amendments
Corrigendum; OJ L296, 14.10.89.
Directive 91/368/EEC; OJ L198, 20.7.91.
Directive 93/44/EEC; OJ L175, 19.7.93.
Directive 93/68/EEC; OJ L220, 30.8.93.
EEA Agreement (1994); OJ L1, 3.1.94.

Impact
The Directive calls for the harmonisation of national provisions in order to limit hazards arising from machinery design and construction, and also to ensure free movement of machinery without lowering standards of worker protection.

Details
This Directive is regarded as one of the most ambitious and important drafts in the field of technical harmonisation and the completion of the internal market. It applies not only to individual machines but also to more complex assemblies, such as manufacturing cells and flexible workshops.

Provision is made for a series of further Directives, the first laying down the conditions applying to manufacturers, the second to cover users.

In order to facilitate the stated aim of completion of the internal market, transitional measures are introduced. Products conforming to national standards which have been verified by Community inspection procedures shall be presumed to conform to this Directive, where the national standards are in compliance with the essential requirements herein.

CEN and CENELEC are acknowledged as competent bodies for the adoption of technical specifications in accordance with the procedures of Directive 83/189/EEC.

Member States shall take all appropriate measures to ensure that machinery does not compromise the safety of persons or, where necessary, domestic animals or property, when properly installed and maintained and when used for the purpose for which it is intended.

Member States are still at liberty to introduce additional measures for the protection of workers, provided they do not lead to a modification not already specified in this Directive.

Member States may not prohibit the showing of demonstration machinery at trade fairs, exhibitions etc, where a sign states clearly that the machinery does not conform and that it is not for sale until it has been brought into conformity by the manufacturer.

Directive 93/68/EEC amended the Directive to introduce new provisions relating to the CE mark of conformity. All machinery must carry the mark, with the exception of machinery intended for incorporation into machinery or to be assembled with other machinery, provided that the final product is so certified. The CE mark entitles Member States to assume compliance with the essential safety requirements.

Member States are to take all appropriate measures to withdraw from the market any machinery bearing the mark which is liable, whilst in use, to endanger the safety of persons, domestic animals or property. Article 7 gives details of the procedure to be followed when informing the European Commission of such measures. Where machinery which bears the mark does not comply, the competent Member State shall take appropriate action against whoever affixed the mark, and inform the European Commission and the other Member States.

Article 8 lays down certification procedures for manufacturers, to ensure conformity prior to placing machinery on the market.

Any measure taken pursuant to this Directive which results in market restrictions must state the exact grounds on which it is based. It shall be notified to the party concerned without delay, together with the judicial remedies available.

The Annexes deal with the following:
- essential safety requirements relating to design and construction, including materials and products, lighting, controls, protection against mechanical hazards, guards and protective devices, other hazards, maintenance and access;

- additional requirements for certain categories of machinery (*i.e.* agri-foodstuffs, mobile, hand-held and hand-guided machinery); and
- specimen conformity declaration and model CE marking of conformity.

Directive 91/368/EEC corrected certain imperfections in the health and safety requirements applied to machinery and covers all equipment in Directive 89/392/EEC.

Amending Directive 93/44/EEC brought machinery for lifting persons within the scope of the Directive. Although different conformity assessment modules were not added, additional health and safety requirements necessitated by such machinery were introduced into the Directive.

Two Commission Communications (OJ C22, 26.1.93 and OJ C300, 6.11.93) list the bodies that can carry out the examinations required by Directive 89/392.

Date of implementation

Member States were required to adopt measures complying with the provisions of this Directive by 1 January 1992, and apply it with effect from 31 December 1992. The amendments contained in Directive 93/68/EEC had to be complied with by 1 January 1995.

APPLIANCES BURNING GASEOUS FUELS

Official title

Council Directive of 26 June 1990 on the approximation of the laws of the Member States relating to appliances burning gaseous fuels.

Reference

Council Directive 90/396/EEC; OJ L196, 26.7.90.

Amendments

Directive 93/68/EEC; OJ L220, 30.8.93.
EEA Agreement (1994); OJ L1, 3.1.94.

Impact

Repeals Directive 84/530/EEC and Directive 84/531/EEC. It also provides for and regulates the manufacture, marketing and use of such appliances in the light of Community policies on public safety and energy conservation.

Details

This Directive forms part of the package of recently issued "new approach" texts aimed at eliminating technical barriers to trade.

This Directive takes account of safety and energy conservation requirements and repeals the framework Directive on gas appliances and the Directive on gas water heaters. Detailed provisions cover definitions, marketing and free movement, conformity procedures and the CE marking of conformity (including specific amendments introduced by Dir 93/68/EEC). Safeguard measures allow for consultation and withdrawal from the market.

Annex I sets out essential safety requirements, Annex II sets out conformity procedures, Annex III sets out marks of conformity and inscriptions, Annex IV sets out design documentation, and Annex V sets out the minimum criteria for evaluation of notified bodies.

Date of implementation

Member States were required to implement the Directive from 31 December 1992. However, during the period up to 31 December 1995 Member States may permit the placing on the market of appliances and fittings which comply with the regulations in force in the Member States before 1 January 1992. The latest amendment had to be implemented by 1 January 1995.

EFFICIENCY REQUIREMENTS FOR HOT-WATER BOILERS

Official title

11.88 Council Directive of 21 May 1992 on efficiency requirements for new hot-water boilers fired with liquid or gaseous fuels.

Reference

Council Directive 92/42/EEC; OJ L167, 22.6.92.

Amendments

Directive 93/68/EEC; OJ L220, 30.8.93.

Impact

The Directive, which comes under the SAVE programme on the promotion of energy efficiency, determines efficiency requirements applicable to hot-water boilers fired by liquid or gaseous fuels.

Details

The Directive applies to new hot-water boilers fired by liquid or gaseous fuels with a nominal output equal to or greater than 10 kilowatts. It does not include hot-water boilers fired with solid fuels, steam boilers, electric boilers, condensation boilers, hot-air generators and equipment for the instantaneous preparation of sanitary hot water. Member States are required to ensure that appliances are not put on the market unless they comply with the minimum performance standards in the Directive. Before launching boilers on to the market, the manufacturers, agents or importers must obtain certificates showing that the system conforms to the specifications. Amending Directive 93/68/EEC relates specifically to the affixing of the CE mark of conformity.

Date of implementation

The provisions of this Directive had to be complied with by 1 January 1993. The provisions of the amending Directive had to be implemented by 1 January 1995.

INTERIM MEASURES – GERMAN UNIFICATION

Official title

Council Directive of 17 December 1990 on transitional measures applicable in Germany in the context of the harmonisation of technical rules.

11.89

Reference

Council Directive 90/657/EEC; L353, 17.12.90.

Amendments

None.

Impact

This Directive authorised the Federal Republic of Germany to maintain provisionally in force legislation in the former East Germany which did not comply with Community law. A derogation until 31 December 1992 was granted. For proprietary medicinal products and veterinary medicinal products, Community rules are being applied progressively to products placed on the market according to the previous rules. It is intended that all products should have been reviewed by 31 December 1995.

Date of implementation

The authorisation was applicable until 31 December 1992, except in the case of proprietary medicinal products and veterinary medicinal products where the final scheduled date is 31 December 1995.

CIVIL AIRCRAFT

Official title

Council Regulation (EEC) 3392/91 of 16 December 1992 on the harmonisation of technical requirements and procedures applicable to civil aircraft.

11.90

Reference

Council Regulation 3922/91; OJ L373, 31.12.91.

Amendments

None.

Impact

The Directive lays down common technical procedures and requirements applicable to civil aircraft.

Details

Member States are required to adopt, as their sole national codes, the codes relating to the common requirements and procedures specified in the Annex to this Directive. Member States must ensure that their civil aviation authorities meet the conditions necessary for membership of the Joint Aviation Authorities (JAA). They must also accept products designed, manufactured, operated and maintained in compliance with the common requirements and procedures, without further technical requirements or evaluation when the products have been certified or approved by another Member State. If the product has not been so certified, a technical assessment must be made by the JAA to determine whether the product's level of safety is broadly equivalent to that required by the common requirements and procedures. Member States have to accept the certification granted by another Member State which is in accordance with common requirements and procedures, without further technical requirements or evaluation.

If a Member State ascertains that a product designed, manufactured, operated and maintained in accordance with this Directive is likely to jeopardise aviation safety, it should inform the European Commission immediately. Any necessary amendments would be made to the safety code. The European Commission is empowered to make necessary changes to the Annexes. In its work it may be assisted by an Advisory Committee comprised of representatives of the Member States and chaired by a representative of the European Commission.

Date of implementation

The implementation date was 1 January 1992.

EXPLOSIVES FOR CIVIL USE

Official title

11.91 Council Directive 93/15/EEC of 5 April 1993 on the harmonisation of the provisions relating to the placing on the market and supervision of explosives for civil uses.

Reference

Council Directive 93/15/EEC; OJ L121, 15.5.93.

Amendments

None.

Impact

The Directive lays down provisions for the harmonisation of standards and the free movement in the Community of explosives for civil use.

Details

Explosives are defined according to guidelines drawn up by the United Nations Committee of Experts on the transport of dangerous goods.

Member States must ensure that the placing of explosives on the market is subject to approval. Such approval shall be granted after tests carried out in a laboratory approved by the competent authority, according to essential safety standards and conformity assessment modules contained in Annexes to the Directive. Approvals of explosives granted by Member States pursuant to this Directive shall be accepted in other Member States, on the basis of the CE marking of conformity.

If a Member State is not satisfied with the compliance of a particular product, the matter can be brought before a committee of the Member States' representatives, chaired by the Commission.

Checks on transfers of explosives shall no longer take the form of controls at frontiers, but shall be conducted solely within the context of routine checks performed in a non-discriminatory manner throughout the territory of a Member State. Special safety measures and information requirements are established for supervision and security of certain transfers of dangerous explosives.

Date of implementation

Member States were required to comply with the provisions of the Directive on transfers of explosives by 30 September 1993, and with the other provisions by 1 January 1995. Explosives complying with national regulations and placed on the market before 31 December 1994 may continue to be marketed until 31 December 2002.

Proposed legislation in other sectors

MOBILE MACHINERY

Official title

Proposal for a Council Directive on the approximation of the laws of the Member States on mobile machinery.

Reference

Original proposal; OJ C70, 20.3.89.

Amendments

None.

Impact

Aims to facilitate free movement of mobile machinery through the application of certain harmonised standards, without lowering existing levels of protection.

Details

The proposal acknowledges the importance of the mobile machinery sector of the engineering industry.

As part of the package of "new approach" Directives, the proposal emphasises the essential health and safety requirements and certification procedures, as well as the special risks attached to the use of mobile machinery.

Manufacturers can achieve such design and construction by reference to harmonised European standards and conformity certification. Proper installation and maintenance is also emphasised.

The proposal is extended to cover mobile machinery used in mines. Demonstration machinery for trade fairs, exhibitions, etc. need not conform for the purposes of the demonstration only, provided that persons concerned are properly informed of the non-conformity, and that such machinery cannot be purchased in that condition.

The proposal deals with definitions, marketing and freedom of movement, certification procedures and conformity marks.

Annex I sets out the essential health and safety requirements. Annexes II, III and IV give details of Community declarations of conformity and markings. Annexes V and VI cover type-examination procedures. Annex VII deals with minimum criteria to be taken into account when appointing inspection bodies.

Proposed date of implementation

Member States would have been required to implement measures to apply these provisions by 1 January 1992. No new date has been officially proposed.

LIFTS

Official title

11.93 Proposal for a European Parliament and Council Directive on the approximation of laws of the Member States relating to lifts.

Reference

Original proposal; OJ C62, 11.3.92.

Amendments

Amended proposal; OJ C180, 2.7.93.

Impact

The proposed Directive is intended to cover all types of lifts permanently installed in buildings and constructions, irrespective of the use to which the building is put. The Directive would repeal Council Directives 84/528/EEC and 84/529/EEC (see paras **11.79** and **11.80** above, respectively).

Details

This is a "new approach" Directive, intended to ensure freedom of movement throughout the Community of all types of lift (*e.g.* electrically, hydraulically or oil-electrically operated lifts). The appropriate uniform conformity assessment modules are contained in an annex to the Directive. Member States must only permit the placing on the market of lifts or safety components complying with the standards contained in the Directive. They may not prevent the marketing on their territory of lifts or components complying with the Directive. Equipment conforming to the relevant standards is to be marked with the CE marking of conformity.

Directives 84/528/EEC and 84/529/EEC are to be repealed 24 months after the adoption of the proposed Directive.

Proposed date of implementation

The main provisions of the proposed Directive are to be implemented by the Member States 18 months after its adoption.

PRESSURE EQUIPMENT

Official title

Amended proposal for a European Parliament and Council Directive on the approximation of laws of the Member States concerning pressure equipment.

Reference

Original proposal; OJ C246, 9.9.93.

Amendments

Amended proposal; OJ C207, 27.7.94.

Impact

The proposal would harmonise the national technical regulations of pressure equipment.

Details

The proposal covers pressure equipment which is subject to pressure greater than 0.5 bar or, when intended to contain dangerous fluids, less than –0.5 bar. It does not cover pressure equipment for the transportation of dangerous goods. The proposal's intervention is limited to what is essential for the achievement of harmonisation and leaves the development of technical specifications to the European standardisation bodies. The proposal follows the modular approach to conformity assessment and allows Member States to authorise user inspectorates to carry out certain defined tasks of conformity assessment.

Proposed date of implementation

The European Commission proposed 1 July 1996 as the date for implementation of the proposed Directive.

Telecommunications and Information Technology

	Para
Introduction	12.1
Scope and purpose of the legislation	12.2
Future developments	12.3
Responsibility within the European Commission	12.4
Case law	12.5
Legislation	
Telecommunications and information technology legislation	
Integrated services digital network (ISDN)	12.6
ISDN – Resolution	12.7
Standardisation in information technology and telecommunications	12.8
Mobile communications – introduction into the Community	12.9
Mobile communications – frequency bands	12.10
Mobile communications – GSM	12.11
High-definition television (HDTV) (1) – promotion	12.12
High-definition television (HDTV) (2) – Eureka 95	12.13
High-definition television (HDTV) (3) – standards	12.14
High-definition television (HDTV) (4) – action plan	12.15
High-definition television (HDTV) (5) – digital video broadcasting	12.16
Radio frequencies	12.17
European Radiocommunications Committee Decisions	12.18
Open network provision (ONP) – harmonised conditions	12.19
Open network provision – leased lines	12.20
Open network provision – PSDS	12.21
Open network provision – ISDN	12.22
Joint Committee on Telecommunications Services	12.23
European paging services – introduction into the Community	12.24
European paging services – frequency bands	12.25
Digital European cordless telecommunications (DECT) – introduction into the Community	12.26
Digital European cordless telecommunications (DECT) – frequency band	12.27
Telecommunications terminals – technical standards	12.28
Satellite earth station equipment – technical standards	12.29

CONTENTS OF CHAPTER 12

Satellite communications services and equipment (1)	**12.30**
Satellite communications services and equipment (2)	**12.31**
Europe-wide emergency call number	**12.32**
International access code	**12.33**
Numbering of telecommunications services	**12.34**
Review of the situation in the telecommunications sector	**12.35**
Universal service provision	**12.36**
Telecommunications terminal equipment – competition	**12.37**
Telecommunications services – competition	**12.38**

Proposed telecommunications and information technology

Trans-European telecommunications networks	**12.39**
Telecommunications services – mutual recognition	**12.40**
Satellite services – mutual recognition	**12.41**

Data privacy and protection legislation

Protection of individuals	**12.42**

Proposed data privacy and protection legislation

Data protection – personal data	**12.43**
Data protection – digital telecommunications networks	**12.44**

Chapter 12
Telecommunications and Information Technology

Introduction

This chapter deals with Community legislation, both adopted and proposed, in so far as it regulates telecommunications, information technology, and data protection.

Other high-technology issues are discussed in the following chapters:

- Chapter 3 (*e.g.* application of competition rules in the telecommunications field);
- Chapter 4 (*e.g.* legislation regarding proprietary medicines);
- Chapter 6 (*e.g.* protection against releases of biotechnological agents);
- Chapter 8 (*e.g.* protection of semiconductor topographies, biotechnological inventions);
- Chapter 9 (*e.g.* procurement by entities in the telecommunications sector); and
- Chapter 11 (*e.g.* standards established for electromedical products).

Scope and purpose of the legislation

The "technology gap" which is perceived to exist between Western Europe on the one hand, and Japan and the United States on the other, is viewed with increasing concern by Europeans. The Community has recognised that a key factor in the technological and market race against its competitors will be the degree to which harmonisation and liberalisation of the Community's fragmented and often outdated telecommunications and information technology market can be achieved at a rapid pace.

The first wave of significant legislative reforms in this area was adopted by the Community as a follow-up to the European Commission's landmark Green Paper on telecommunications, published in June 1987 (COM(87) 290 final, 30.6.87). The Green Paper laid down a legislative agenda based on a two-pronged approach: harmonisation of differing national standards on the one hand and liberalisation (*i.e.* removal of state telecommunications monopolies), on the other.

In addition, the European Commission has attempted to stimulate new ideas and new breakthroughs by making funds available through shared-cost research programmes. It has also remained sensitive to the needs of the public by making sure that technological advancement is not allowed to develop without safeguards and controls. This sensitivity is best exemplified by the European Commission's proposal for a Directive in the field of data protection.

Following the completion of this first phase of liberalisation, the Community's telecommunications agenda has now been recast along more radical lines set out in the European Council's Resolution of 22 July 1993 (OJ C213, 6.8.93) (see Future developments, below).

Future developments

12.3   On 22 July 1993, the EU Council adopted a Resolution "on the review of the situation in the telecommunications sector and the need for further development in the market". This important document laid down 1 January 1998 as the deadline for full liberalisation of telecommunications services (with extensions for some Member States). The Commission was required to prepare, before 1 January 1996, the necessary legislative proposals.

The Resolution also included a list of other goals requiring legislative follow-up, such as future measures in the field of ONP and satellites, the definition of a policy on telecommunications infrastructure and cable TV networks on the basis of a Green Paper to be published before 1 January 1995, funding for peripheral regions etc.

As requested by the Resolution, the Commission has meanwhile published a Green Paper on mobile/personal communications. The legislative follow-up has not yet been defined clearly, but it is expected that, once adopted, it will constitute another important step towards the future telecommunications regime in Europe.

Responsibility within the European Commission

12.4   Responsibility is shared between the following Directorates-General (DGs):

DG III (Industry)
- Directorate B (Regulatory Policy and Standardisation – Telematics)
- Directorate F (RDT – Information Technology)

DG IV (Competition)
- Directorate B (agreements, abuse of dominant position and other distortions to competition I)

DG X (Audiovisual, Information, Communication, Culture)
- Directorate C (culture and audiovisual policy)

DG XII (Science, Research and Development)
- Directorate A: R&TD action: Strategy and accompanying measures
- Directorate B: R&TD action: Co-operation with third countries and international organisations
- Directorate C: R&TD action: Industrial technologies and materials

- Directorate D: R&TD action: Environment
- Directorate E: R&TD action: Science and technology of living organisms
- Directorate F: R&TD action: Energy
- Directorate G: R&TD action: Human capital and mobility

DG XIII (Telecommunications, Information Industries and Innovation)
- Directorate A: Telecommunications and postal services
- Directorate B: Advanced communications technologies and services
- Directorate C: Technological developments relating to telematics applications (markets and services)
- Directorate D: Dissemination and exploitation of R&TD results, technology transfer and innovation
- Directorate E: Information industry and market and language processing

DG XV (Internal Market and Financial Services)
- Directorate B (Free movement of goods and public procurement)

Case law

Case law in the area of telecommunications is focused mainly on the application of Community competition rules, and the free movement of goods and services.

In Case 41/83 *Italy* v *Commission* [1985] ECR 873 (also referred to as the *British Telecom* case), the European Court of Justice confirmed that the field of telecommunications is subject to the application of Community competition rules. The Court has also confirmed the same principle with regard to the rules on free movement of goods and/or services (Case 18/88 *Régie des Télégraphes et des Téléphones/SA GB-Inno-BM* [1991] ECR I-5941).

Perhaps the most controversial issue in the area of telecommunications has been the extent to which the Commission may rely on Article 90 of the EC Treaty to adopt measures of general scope rather than individual decisions (Art 90 confirms that Member States may neither enact nor maintain in force any measure contrary to Community rules, including, in particular, competition rules. The Commission must ensure the application of this provision and address appropriate Directives or Decisions to Member States, where necessary). On two occasions, the Commission used Article 90 of the EC Treaty as the legal basis for the adoption of Commission Directives, thus circumventing formal approval by the Council. The two Directives in question were Commission Directive 88/301/EEC (on competition in the markets in telecommunications terminal equipment) and Directive 90/388/EEC (on competition in the markets for telecommunications services). In both cases, a number of Member States challenged the Commission's initiative before the European Court of Justice.

In the case of Directive 88/301/EEC, France brought an action against the Commission arguing that this Directive was unenforceable, because the

Commission's adoption procedure had no foundation in law. However, in its judgment of 19 March 1991 (Case C-202/88, [1991] ECR I-1223), the Court of Justice upheld the principle of direct legislation by the Commission through recourse to Article 90 of the EC Treaty. Nevertheless, the Court also held that certain provisions of the Directive were void, notably those requiring Member States to abolish special rights over terminal equipment. This was on the ground that the Commission had failed to identify, with sufficient precision, the special rights caught by the Directive.

This result may be ambivalent in immediate terms, but, seen from a broader perspective, it has opened the way for the use of Article 90 of the EC Treaty by the European Commission for the direct adoption of liberalising measures in the telecommunications sector.

Similarly, although Member States agreed with the contents of the legislation introduced through the subsequent Directive 90/388/EEC, liberalising telecommunications services, a number of them disagreed with the use of Article 90 to circumvent the Council. As a matter of principle, this Directive was challenged by a number of Member States before the European Court of Justice (Cases C-271/90, C-281/90 and C-289/90, [1992] ECR I-5833). The judgment of the Court in the three joined cases was similar to that given in Case C-202/88; the Court upheld the principle that the Commission legislation could be based on Article 90 EC. However, the Court declared certain provisions of Directive 90/388/EEC void, notably those dealing with "special rights", as these had not been properly defined.

Despite the progress made in liberalising the European terminal equipment market, manufacturers wishing to market new equipment are still faced with expensive and lengthy certification procedures in different EU countries. Pending a full harmonisation of the relevant rules, existing Community rules can at least limit the margin for disproportionately burdensome certification provisions by some Member States. Thus, in Case C-80/92 (*Commission* v *Belgium* [1994] ECR I-1019), the European Court of Justice held that Belgium was infringing its obligations under Article 30 of the EC Treaty (which prohibits quantitative restrictions on imports between Member States and all measures having equivalent effect), because it maintained in force a certification procedure which applied to receive-only radiocommunications equipment (albeit not to equipment used in the reception of radio and TV broadcasts). Such a certification system was held to be an unjustified obstacle to the free movement of goods in the Community.

Legislation

Telecommunications and information technology legislation

INTEGRATED SERVICES DIGITAL NETWORK (ISDN)

Official title
Council Recommendation of 22 December 1986 on the co-ordinated introduction of the integrated services digital network (ISDN) in the European Community.

Reference
Council Recommendation 86/659/EEC; OJ L382, 31.12.86.

Amendments
None.

Impact
The Recommendation sets out a timetable for the achievement of technical objectives for ISDN.

Details
"Integrated services digital network" (ISDN) is the state-of-the-art concept for the provision of a wide range of telecommunications services, all running through a single, "neutral" network, largely based on existing telephony infrastructure. ISDN is expected to become the predominant network infrastructure in Europe during the 1990s.

The Recommendation aims at establishing a standard physical interface between ISDN terminals and the public network. This should be at the International Telephone and Telegraph Consultative Committee (CCITT) S or T reference point and should be in accordance with CCITT and Council of European Post and Telecommunications Administrations (CEPT) recommendations.

A detailed timetable is set for services (*i.e.* bearer services, teleservices, certain supplementary services and adaptors) to be defined and specified in detail so that such services can be provided in all Member States.

Telecommunications administrations are urged to adopt full CEPT specifications on numbering, addressing and signalling at the earliest opportunity in order to ensure common standards throughout the Community.

With regard to tariff levels the Recommendation suggests that over the longer term, following a period of inevitably high investment costs, the level of investment per basic access to the ISDN should be comparable with that of the current telephone network. The telecommunications administrations are invited to study, within the framework of CEPT, the proposal that tariffs for all services, including telephoning, should be less dependent on distance than at present (bearing in mind the problems of transit costs through other countries).

Finally, the Recommendation proposes that by 1993 the penetration at national level of ISDN accesses should be equivalent to 5% of 1983 subscriber main lines. The geographic coverage should be sufficient to permit 80% of customers to have the option of ISDN access.

Member States are requested to inform the European Commission at the end of each year of the state of progress in implementation. The European Commission and the Senior Officials Group on Telecommunications (SOGT) will examine the progress of work to see whether the objectives of the Recommendation are being achieved satisfactorily. The European Commission must make an annual progress report to the European Parliament.

The Recommendation has been largely superseded by more recent legislation on ISDN (see paras **12.7** and **12.22** below).

Date of implementation

Recommendations do not include a date for implementation by the Member States.

ISDN – RESOLUTION

Official title

12.7 Council Resolution of 5 June 1992 on the development of the integrated services digital network (ISDN) in the Community as a European-wide telecommunications infrastructure for 1993 and beyond.

Reference

Council Resolution of 5 June 1992; OJ C158, 25.6.92.

Amendments

None.

Impact

Aims at the promotion of ISDN in the Community.

Details

The Resolution urges the European Telecommunications Standards Institute (ETSI), the Community's public telecommunications network operators, the European Commission and the Member States to take various measures which would promote Euro-ISDN standards.

Date of implementation

This document is a policy statement only and does not require implementation.

STANDARDISATION IN INFORMATION TECHNOLOGY AND TELECOMMUNICATIONS

Official title
Council Decision of 22 December 1986 on standardisation in the field of information technology and telecommunications.

Reference
Council Decision 87/95/EEC; OJ L36, 7.2.87.

Amendments
None.

Impact
This Decision requires close co-operation between standards bodies on the drawing-up of standards in the information technology and telecommunications sector.

Details
Work programmes must be prepared and priorities defined taking account of Community requirements and the economic impact of these activities from the standpoint of users, producers and telecommunications administrations. The execution of the work programmes will necessitate the implementation of a series of activities, responsibility for which is generally entrusted to CEN/CENELEC and to the CEPT. The standardisation activities affecting the telecommunications sector involve:

- the drafting of functional specifications, based on international or European standards/specifications, where they exist, for the means of access to public telecommunication networks for those services specifically intended for exchange of information and data between information technology systems. This technical work comes under the harmonisation activities carried out in the telecommunications sector and is entrusted to CEPT following the procedures described in the Annex to Directive 86/361/EEC (which has been replaced, as of 6 November 1992, by Dir 91/263/EEC; see para **12.28** below); and
- work to be carried out in the field common to information technology and telecommunications requiring increased co-operation between the competent technical bodies (*i.e.* CEN, CENELEC, CEPT etc). Effective co-operation should lead to the wider application of harmonised standards pursuant to the provisions of Directive 83/189/EEC (see Chapter 11).

Date of implementation
Member States had until 6 February 1988 to implement this Decision.

MOBILE COMMUNICATIONS – INTRODUCTION INTO THE COMMUNITY

Official title

Council Recommendation of 25 June 1987 on the co-ordinated introduction of public pan-European cellular digital land-based mobile communications in the Community.

Reference

Council Recommendation 87/371/EEC; OJ L196, 17.7.87.

Amendments

None.

Impact

The Recommendation provides a technical framework within which the telecommunications administrations may work towards the co-ordinated introduction of public pan-European cellular digital land-based mobile communications in the Community.

Details

The Council recommends that such a system be introduced into the Community by 1991 at the latest. Major urban areas should be covered by 1993 and the main links between these areas by 1995.

The mobile communications system should:

- be suitable for use in the 890-915 and 935-960 MHz frequency bands;
- permit a traffic flow (measured in E/KM2/MHz) greater than or equal to that of the existing systems;
- allow for efficient use of hand-held terminals by encouraging competition amongst manufacturers; and
- be sufficiently flexible to facilitate the introduction of new services related to the integrated services digital network (ISDN).

The Council recommends that the Community's financial instruments be used to promote the development of the Community's infrastructure for mobile communications.

Date of implementation

Member States are urged to inform the European Commission at the end of each year of the measures taken and problems encountered in the course of implementing this Recommendation. The progress of work will be examined by the European Commission with the Senior Officials Group on Telecommunications (SOGT).

MOBILE COMMUNICATIONS – FREQUENCY BANDS

Official title
Council Directive of 25 June 1987 on the frequency bands to be reserved for the co-ordinated introduction of public pan-European cellular digital land-based mobile communications in the Community.

Reference
Council Directive 87/372/EEC; OJ L196, 17.7.87.

Amendments
None.

Impact
Establishes the frequency bands to be used by the new pan-European cellular telephone system.

Details
A public pan-European cellular digital land-based mobile communications service is defined as: "a public cellular radio service provided in each of the Member States to a common specification, which includes the feature that all voice signals are encoded into binary digits prior to radio transmission, and where users provided with a service in one Member State can also gain access to the service in any other Member State".

The 905-914 and 950-959 MHz frequency bands or equivalent parts of the 890-915 and 935-960 MHz bands must be reserved exclusively for a pan-European cellular digital mobile communications service to be established by 1 January 1991. Plans for allocating the whole of the 890-915 and 935-960 MHz bands to the service should be made as soon as possible thereafter.

Implementation of this Directive has led to the successful introduction of GSM services in the European Union.

Date of implementation
Member States had until 26 December 1988 to implement this Directive.

MOBILE COMMUNICATIONS – GSM

Official title
Council Resolution of 14 December 1990 on the final stage of the co-ordinated introduction of pan-European land-based public digital mobile cellular communications in the Community (GSM).

Reference
Council Resolution of 14 December 1990; OJ C329, 31.12.90.

Amendments

None.

Impact

Expresses the Council's political support to the GSM system.

Details

Recommendation 87/371/EEC and Directive 87/372/EEC (see paras **12.9** and **12.10** above) have opened the way for the implementation of GSM as the pan-European digital mobile cellular communications system. The Resolution lists a number of areas requiring further Community action. These areas include the establishment of an interim scheme for the mutual recognition of approval of GSM terminals, the mutual recognition of licences of the operation of GSM terminals, the examination of future introduction of DCS 1800 services etc.

Date of implementation

This document is a policy statement only and does not require implementation.

HIGH-DEFINITION TELEVISION (HDTV) (1) – PROMOTION

Official title

12.12 Council Decision of 27 April 1989 on high-definition television.

Reference

Council Decision 89/337/EEC; OJ L142, 25.5.89.

Amendments

None.

Impact

The Decision's principal aim is to ensure world-wide use of the European HDTV system and a similarly wide favourable environment for the sale of European HDTV equipment and programmes.

Details

The Decision set out strategic priorities for the introduction and promotion of a European HDTV system as the single world standard. It has been superseded by more recent and specific Community legislation on HDTV.

Date of implementation

This Decision had immediate effect.

HIGH-DEFINITION TELEVISION (HDTV) (2) – EUREKA 95

Official title

Council Decision of 7 December 1989 on the common action to be taken by the Member States with respect to the adoption of a single world-wide high-definition television production standard by the Plenary Assembly of the International Radio Consultative Committee (CCIR) in 1990.

Reference

Council Decision 89/630/EEC; OJ L363, 13.12.89.

Amendments

None.

Impact

Concerns future action on HDTV.

Details

The Decision refers to the Eureka 95 project as the basis for the Community's action with respect to high-definition television.

Date of implementation

This Decision entered into effect immediately.

HIGH-DEFINITION TELEVISION (HDTV) (3) – STANDARDS

Official title

Council Directive of 11 May 1992 on the adoption of standards for satellite broadcasting of television signals.

Reference

Council Directive 92/38/EEC; OJ L137, 20.5.92.

Amendments

None.

Impact

Introduces measures for the Community-wide promotion of the HD-MAC and D2-MAC standards for HDTV.

Details

The Directive aims at promoting the introduction of the HD-MAC standard for HDTV and the D2-MAC standard for HDTV transmissions in the 16:9 aspect ratio format, without impeding in any way the future introduction of more advanced, completely digital HDTV systems in the Community. The only condition such systems will be subjected to will be their compliance with a system standardised by the European Telecommunications Standards Institute (ETSI).

New satellite television services starting after 1 January 1995 must use the D2-MAC system. These services may also be transmitted simultaneously in PAL, SECAM or D-MAC. However, this provision will only take effect three months after adoption, by the EU Council, of a European Commission proposal relating to financing.

As from 1 January 1994, all new TV sets, satellite receivers and video-recorders in the Community must:

- possess a D2-MAC decoder (if they are TV sets in the 16:9 format);
- possess at least a standardised socket, by means of which a D2-MAC decoder may be connected to the equipment. This provision will not apply to miniature TV sets.

These rules are expected to be accompanied by commercial measures, including, in particular, a Memorandum of Understanding to be signed by the parties concerned.

Date of implementation

The Directive had to be implemented within six months after notification to the Member States (*i.e.* before the end of November 1992). It will apply until 31 December 1998.

HIGH-DEFINITION TELEVISION (HDTV) (4) – ACTION PLAN

Official title

12.15 Council Decision of 22 July 1993 on an action plan for the introduction of advanced television services in Europe.

Reference

Council Decision 93/424/EEC; OJ L196, 5.8.93.

Amendments

None.

Impact

The Decision introduces a Community action plan, solely directed at promoting the 16:9 format (625 or 1250 scanning lines), irrespective of the European TV standard used and irrespective of the broadcasting mode.

Details

The action plan consists of a funding scheme amounting to ECU 405 million. This sum will be made up of Community funds (ECU 228 million) and of funds from other sources (company's own funds, national funds, equipment makers, satellite operators and others). The Commission will be responsible for implementing the action plan.

Funding will go to broadcasters providing wide-screen TV services and to programme producers who make programmes for such services, provided they meet certain specified criteria.

Date of implementation

The action plan will run from 22 July 1993 to 30 June 1997.

HIGH-DEFINITION TELEVISION (HDTV) (5) – DIGITAL VIDEO BROADCASTING

Official title

Council Resolution of 27 June 1994 on a framework for Community policy on digital video broadcasting.

Reference

Council Resolution of 27 June 1994; OJ C181, 2.7.94.

Amendments

None.

Impact

Sets out the policy agenda for digital video broadcasting in the Community.

Details

The European Council recognises the potentially significant benefits of digital technology for the future of television, but emphasises the need for early consensus among all relevant players, including broadcasters. Depending on the future consolidation of such a consensus, the EU Council may well introduce regulatory measures. The Council welcomes certain support measures contemplated by the Commission, and invites it to report on pertinent developments before 1 July 1995.

Date of implementation

The Council Resolution is a political statement and does not require implementation.

RADIO FREQUENCIES

Official title

Council Resolution of 28 June 1990 on the strengthening of the Europe-wide co-operation on radio frequencies, in particular with regard to services with a pan-European dimension.

Reference

Council Resolution of 28 June 1990; OJ C166, 7.7.90.

Amendments
None.

Impact
Concerns general policy on co-ordination of radio frequencies in Europe.

Details
The Council considers that European co-operation in the field of radio frequency co-ordination should be increased in order to provide a sufficient spectrum for new services. It also suggests that sufficient frequency resources should be allocated to mobile and satellite applications. Account should be taken of service and user requirements and common European positions should be developed in relation to the use of the frequency spectrum concerning international frequency harmonisation.

The Council recommends development of the existing co-ordination mechanisms set up by the European Conference of Postal and Telecommunications Administrations (CEPT) in order to facilitate the achievement of the stated objectives and encourage co-operation between frequency experts from national authorities.

The Council also invites the Commission, the Member States and the CEPT to support the further development of the new framework set up by the CEPT. This included the establishment of the European Radio-communications Office (now set up in Copenhagen) and making available all the resources necessary to ensure the efficiency of its operations and the rapidity of its response to demands.

Date of implementation
This document is a policy statement only and does not require implementation.

EUROPEAN RADIOCOMMUNICATIONS COMMITTEE DECISIONS

Official title

12.18 Council Resolution of 19 November 1992 on the implementation in the Community of the European Radiocommunications Committee Decisions.

Reference
Council Resolution of 19 November 1992; OJ C318, 4.12.92.

Amendments
None.

Impact
The task of deciding on the reservation of frequencies for Europe-wide

radio services is shifted to the European Radiocommunications Committee (ERC) of CEPT.

Details

This Resolution marks a shift of the initiative on frequencies from the European Commission and the Member States to the ERC. It is an expression of the revived awareness of the principle of "subsidiarity" in the Community. As a consequence of this change in policy, the European Commission abandoned its proposals on the reservation of frequencies for Terrestrial Flight Telecommunications Systems (TFTS) and Road Transport Telematics (RTT). Member States will follow the ERC's decisions on this matter.

Date of implementation

This document is a policy statement only and does not require implementation.

OPEN NETWORK PROVISION (ONP) – HARMONISED CONDITIONS

Official title

Council Directive of 28 June 1990 on the establishment of the internal market for telecommunications services through the implementation of open network provision.

Reference

Council Directive 90/387/EEC; OJ L192, 24.7.90.

Amendments

None.

Impact

The Directive establishes harmonised conditions for open access to, and use of, public and private telecommunications network infrastructures and telecommunications services (open network provision – ONP).

Details

In its Green Paper on telecommunications published in June 1987 (COM(87) 290 final, 30.6.87), the European Commission noted that if a series of contentious cases and lengthy conflict were to be avoided, the Community would have to develop common principles regarding the general conditions for the provision of the network infrastructure by the telecommunications administrations to users and competitive service providers, in particular for transfrontier services.

These considerations lie behind the concept of open network provision (ONP). ONP is the guiding principle governing the conditions of access to and use of public telecommunications networks by users and service providers. The framework for the harmonisation of these conditions is set out by this Directive. Subsequent legislative Community measures based on this Directive will establish more detailed ONP conditions applying to a number of specified areas, namely: leased lines, packet- and circuit-switched data services, ISDN, voice telephony, telex, and mobile services, as applicable. Subject to further study, there may also be similar measures for new types of access to the network and for access to the broadband network.

The Directive stipulates that ONP conditions must:

- be based on objective criteria;
- be transparent and published in an appropriate manner; and
- must guarantee equality of access and must be non-discriminatory, in accordance with Community law.

ONP conditions must not restrict access to public telecommunications networks or services, except for reasons based on so-called "essential requirements", namely:

- security of network operations;
- maintenance of network integrity;
- interoperability of services, in justified cases; and
- data protection, as appropriate.

As a general rule, no further restrictions are allowed.

The Commission will be assisted in its ONP-related work by an advisory committee composed of representatives of the Member States and chaired by a representative of the Commission.

Date of implementation

Member States had until 1 January 1991 to implement this Directive.

OPEN NETWORK PROVISION – LEASED LINES

Official title

12.20 Council Directive of 5 June 1992 on the application of open network provision (ONP) to leased lines.

Reference

Council Directive 92/44/EEC; OJ L165, 19.6.92.

Amendments

Corrigendum; L96, 22.4.93.
Commission Decision 94/439/EC; OJ L181, 15.7.94.

Impact

Aims at ensuring the application of ONP principles on leased lines.

Details

Leased lines are dedicated telecommunications circuits connecting two or more fixed termination points. Typically, leased lines are provided by the operators of public telecommunications networks and are used for the provision of value-added services only (*e.g.* financial transactions). The leased lines dealt with in this Directive do not include on-demand switching; thus, the communication links they provide are permanently installed, limited in number, and cannot be shared by many different users from a large number of different termination points.

The Directive aims to ensure that leased lines are made available in the Community pursuant to the general principles enunciated in the framework ONP Directive (Dir 90/387/EEC; see para **12.19** above). In particular, the Directive concerns the harmonisation of conditions for open and efficient access to and use of the leased lines provided to users on public telecommunications networks, and the availability throughout the Community, of a set of leased lines with harmonised technical characteristics.

Under the Directive, leased lines should be offered and provided on request without discrimination to all users. The conditions governing access to and use of the network must be objective and non-discriminatory and would have to be published. When access to and usage of leased lines are restricted, these restrictions should be aimed only at ensuring compliance with the "essential requirements" described in Directive 90/387/EEC. No technical restrictions should be introduced or maintained for the intercommunication of leased lines and public telecommunications networks.

Member States must publish information in respect of leased lines, supply and usage conditions, licensing and declaration requirements, and the conditions for the attachment of terminal equipment in accordance with the presentation specified in Annex I of the Directive.

Date of implementation

Member States were required to implement the Directive before 5 June 1993.

OPEN NETWORK PROVISION – PSDS

Official title

Council Recommendation of 5 June 1992 on the harmonised provision of a minimum set of packet-switched data services (PSDSs) in accordance with open network provision (ONP) principles.

Reference

Council Recommendation 92/382/EEC; OJ L200, 18.7.92.

Amendments

None.

Impact

Aims at ensuring the provision of a minimum set of packet-switched data services (PSDSs) with harmonised technical characteristics throughout the Community.

Details

Packet-switched data services consist of the commercial provision for the public of direct transport of data in "packets". This transmission technique allows many users to share the same communications channel at the same time. The Recommendation aims at ensuring that the supply of technical interfaces, conditions of usage and tariff principles applying to the provision of PSDSs comply with the general ONP principles. The Recommendation defines, in detail, a Community-wide minimum set of PSDSs with harmonised characteristics and a timetable for their availability. These services relate to CCITT recommendations X.25, X.28 dial-in only, and X.32. The Recommendation also describes the required presentation of information to be provided by the Member States in respect of technical characteristics, supply and usage conditions, tariffs, licensing and/or declaration conditions and the conditions for the attachment of terminal equipment.

Member States should prepare annual summary reports with regard to the availability of PSDSs provided in accordance with the Recommendation. The European Commission will review these reports in consultation with the ONP committee set up under Directive 90/387/EEC (see para **12.19** above).

Date of implementation

The first set of minimum offerings had to be provided by the Member States by 31 December 1992 at the latest; the second by 30 June 1993; and the third by 31 December 1993.

OPEN NETWORK PROVISION – ISDN

Official title

12.22 Council Recommendation of 5 June 1992 on the provision of harmonised integrated services digital network (ISDN) access arrangements and a minimum set of ISDN offerings in accordance with open network provision (ONP) principles.

Reference

Council Recommendation 92/383/EEC; OJ L200, 18.7.92.

Amendments

None.

Impact

Aims at ensuring that Member States apply ONP principles with regard to ISDN.

Details

"Integrated services digital network" (ISDN) is the state-of-the-art concept for the provision of a wide range of telecommunications services, all running through a single, "neutral" network, largely based on existing telephony infrastructure. ISDN is expected to become a predominant network infrastructure in Europe during the 1990s.

The ONP Directive (Dir 90/387/EEC; see para **12.19** above) set the general legal framework for the application of ONP principles to ISDN. This Council Recommendation includes more specific provisions.

The Recommendation defines harmonised ISDN access arrangements and a minimum set of ISDN functionalities to be made available throughout the Community. It encourages the harmonised provision of a set of additional functionalities, such as advice of charge, number identification, etc.

Member States are required to publish information on technical characteristics, general supply conditions, usage conditions, tariffs etc, relating to ISDN offerings, in accordance with the manner of presentation specified in the proposal.

Other provisions aim at ensuring a transparent and harmonised approach throughout the Community as regards, among other things, the supply conditions for ISDN service, contracts with users, the quality of service, common ordering, billing and maintenance procedures, numbering, usage conditions and tariff principles.

Date of implementation

The first set of required offerings had to be made available in all Member States by 1 January 1994. Dates for the implementation of more advanced offerings will depend on market demand in each Member State.

JOINT COMMITTEE ON TELECOMMUNICATIONS SERVICES

Official title

Commission Decision of 30 July 1990 setting up a Joint Committee on Telecommunications Services.

Reference

Commission Decision 90/450/EEC; OJ L230, 24.8.90.

Amendments
None.

Impact
Establishes a Joint Committee on Telecommunications Services.

Details
The Committee will assist the European Commission in the formulation and implementation of Community policy in the telecommunications sector, particularly as regards economic and employment issues.

Date of implementation
The Decision took effect on 1 August 1990.

EUROPEAN PAGING SERVICES – INTRODUCTION INTO THE COMMUNITY

Official title
Council Recommendation of 9 October 1990 on the co-ordinated introduction of pan-European land-based radio paging in the Community.

Reference
Council Recommendation 90/543/EEC; OJ L310, 9.11.90.

Amendments
None.

Impact
Sets out a timetable for the introduction of the European Radio Messaging Service (ERMES) system.

Details
The proposal lays down general requirements which the future pan-European public radio paging system should fulfil. These include:
- the suitability for operation in the frequency band 169-170 MHz with 25 KHz radio channels;
- the possibility of an increase in the number of paging users which can be supported per paging area per unit of spectrum;
- easy access via PSTN (*i.e.* the public switched telephone network), PSS (*i.e.* the "packet switch stream" network, a packet-switched data network), videotex terminals, telex and other forms of direct access such as ISDN; and
- the possibility of the simultaneous operation of two or more independent systems in the same geographic area and several independent systems in areas where several national boundaries meet.

The harmonised service should begin in January 1992. By January 1993, the service would cover at least 30% of the total active population, with 60% being covered by January 1994 and 80% by January 1995.

Date of implementation

The Recommendation does not lay down a date of implementation.

EUROPEAN PAGING SERVICES – FREQUENCY BANDS

Official title

Council Directive of 9 October 1990 on the frequency bands designated for the co-ordinated introduction of pan-European land-based public radio paging in the Community.

Reference

Council Directive 90/544/EEC; OJ L310, 9.11.90.

Amendments

None.

Impact

Sets out the frequency bands which would be reserved for the public radio paging system, the European Radio Messaging System (ERMES).

Details

Member States will designate, in the 169.4-169.8 MHz waveband, four channels which shall have priority and be protected for the pan-European land-based public radio paging service (ERMES), by 31 December 1992 at the latest.

These four channels will preferably be:

- 169.6 MHz;
- 169.65 MHz;
- 169.7 MHz; and
- 169.75 MHz.

Date of implementation

Member States had until 18 October 1991 to implement this Directive.

DIGITAL EUROPEAN CORDLESS TELECOMMUNICATIONS (DECT) – INTRODUCTION INTO THE COMMUNITY

Official title

Council Recommendation of 3 June 1991 on the co-ordinated introduction of digital European cordless telecommunications (DECT) into the Community.

Reference
Council Recommendation 91/288/EEC; OJ L144, 8.6.91.

Amendments
None.

Impact
Recommends the co-ordinated introduction of DECT into the Community.

Details
The European Commission is asked to prepare a long-term strategy for the evolution of pan-European digital cellular and paging systems, taking account of the development towards a future universal personal communications system. Other recommended measures include: co-operation of PTTs (*i.e.* the post, telephone and telegraph administrations) with CEPT and/or ETSI; encouragement of infrastructure for DECT; and consideration of this Recommendation by the Community's allocated financial instruments, particularly as regards the capital investments required for the implementation of DECT infrastructure.

The European Commission should inform Member States of the progress and problems faced with the implementation of these recommendations.

Date of implementation
This Recommendation is not legally binding and does not require a date of implementation. However, Member States are asked to provide information to the European Commission from the end of 1992 onwards.

DIGITAL EUROPEAN CORDLESS TELECOMMUNICATIONS (DECT) – FREQUENCY BAND

Official title
12.27 Council Directive of 3 June 1991 on the frequency band to be designated for the co-ordinated introduction of digital European cordless telecommunications (DECT) into the Community.

Reference
Council Directive 91/287/EEC; OJ L144, 8.6.91.

Amendments
None.

Impact
Reserves certain frequency bands for DECT.

Details

Member States are required to designate frequency band 1880–1900 MHz for digital European cordless telecommunications (DECT). DECT now has priority over other services in the same band and is protected in the designated band. Member States are required to communicate to the European Commission the text of any national law once adopted in the field covered by this Directive. The European Commission must report to the EU Council on the implementation of this Directive not later than December 1995.

Date of implementation

Member States had until 31 December 1991 to implement this Directive.

TELECOMMUNICATIONS TERMINALS – TECHNICAL STANDARDS

Official title

Council Directive of 29 April 1991 on the approximation of the laws of the Member States concerning telecommunications terminal equipment, including the mutual recognition of their conformity.

Reference

Council Directive 91/263/EEC; OJ L128, 23.5.91.

Amendments

Council Directive 93/97/EEC; OJ L290, 24.11.93.

Impact

The Directive harmonises, at Community level, the standards which telecommunications terminals must reach in order to be marketed within the EU. This permits telecommunications terminals to be sold throughout the EU once they have been cleared for conformity to European technical standards. The Directive repeals Council Directive 86/361/EEC.

Details

Mutual recognition pursuant to Directive 86/361/EEC covered testing only, and not the rest of the (largely administrative) procedures required for type-approval. Directive 91/263/EEC contains a more extensive list of "essential requirements" which would need to be satisfied, but its scope is extended to include the full mutual recognition of conformity, and not just the mutual recognition of tests of conformity.

The Directive provides for a procedure for the preparation of harmonised standards by the relevant standardisation bodies and their subsequent adoption as "common technical regulations" (CTRs), compliance with which shall be mandatory. The first CTRs were adopted at the end of 1993 (see Dec 94/11/EC of 21 December 1993; OJ L8, 12.1.94).

The Directive also provides for two alternative types of conformity assessment:

- an "EC type-examination", in which a notified national body will ascertain that the relevant equipment meets those of the provisions of Directive 91/263/EEC which apply to it; or
- an "EC declaration of conformity", in which a manufacturer operating an approved quality system ensures and declares that the products concerned satisfy the relevant provisions of Directive 91/263/EEC.

Date of implementation

Member States had until 6 November 1992 to comply with this Directive.

SATELLITE EARTH STATION EQUIPMENT – TECHNICAL STANDARDS

Official title

12.29 Council Directive of 29 October 1993 supplementing Directive 91/263/EEC in respect of satellite earth station equipment.

Reference

Council Directive 93/97/EEC; OJ L290, 24.11.93.

Amendments

None.

Impact

The Directive aims to harmonise Member States' laws regulating the conditions for the placing on the market, and free circulation, of satellite earth station equipment.

Details

The Directive extends the scope of Council Directive 91/263/EEC (see para **12.28** above) on telecommunication terminals to satellite earth station equipment. The definition of such equipment includes equipment which is capable of being used either for transmission and reception ("transmit-receive"), or for reception only ("receive-only"), of radio-communication signals by means of satellites or other space-based systems. The definition excludes purpose-built satellite earth station equipment used within the context of the Member States' public telecommunications network (PTN) infrastructure.

Member States are obliged, under the Directive, to ensure that receive-only satellite earth station equipment not intended for terrestrial connection to the public telecommunications network and other satellite earth station equipment may be placed on the market. They must, however, ensure that they comply with the provisions of this Directive. Generally, equipment would be deemed to have complied with the provisions of this

Directive if it satisfied the requirements specified in Directive 91/263/EEC – especially Article 4 thereof.

The Commission is charged with the responsibility of adopting harmonised standards for satellite earth station equipment in the form of "common technical regulations". Compliance with these standards in one Member State will be recognised automatically by the other Member States, except where there are grounds for refusal, such as non-compliance with the provisions of Article 4 of Directive 91/263/EEC. The Directive lays down a procedure for dealing with such situations.

The Directive provides that all earth station equipment will be subject either to: (i) an "EC type-examination", together with "EC declaration of conformity to type" (as described in Dir 91/263/EEC); or (ii) an "EC type-examination", together with "EC production quality assurance" (as described in Dir 91/263/EEC). It further provides that receive-only satellite earth station equipment intended for terrestrial connection to the public telecommunications network shall, as far as its terrestrial interface is concerned, be subject to the above procedures. When it is not intended for terrestrial connection to the public telecommunications network, it shall either be subject to the above procedures or the special "EC internal production control procedures", as set out in the Annex to this Directive.

The Directive includes provisions on the marking of satellite earth station equipment with the mark of conformity ("CE", followed by the symbol of the competent authority and, where relevant, a symbol on the suitability of interconnection with the PTN).

Date of implementation

Member States are expected to implement the provisions of this Directive by 1 May 1995.

SATELLITE COMMUNICATIONS SERVICES AND EQUIPMENT (1)

Official title

Council Resolution of 19 December 1991 on the development of the Common Market for satellite communications services and equipment.

Reference

Council Resolution of 19 December 1991; OJ C8, 14.1.92.

Amendments

None.

Impact

Expresses the Council's position regarding the European Commission's initiatives towards the liberalisation of the markets for satellite communications services and equipment.

Details

On 14 November 1990, the European Commission approved a Green Paper on satellite communications (COM(90) 490). In this Paper, the European Commission proposed a number of measures for the liberalisation of satellite communications in the Community. The European Commission was in favour of total liberalisation of the "land segment" (*i.e.* transmitters and receivers), and suggested that rules be adopted on fair access to the "space segment" (*i.e.* the satellites), accompanied by a clear separation of the related regulatory and operational functions.

In the Resolution, the Council gives its cautious support to the European Commission's Green Paper. Nevertheless, there are still a number of controversial issues which will have to be resolved, once the European Commission presents its specific proposals, in line with the goals set by its Green Paper.

Date of implementation

This document is a policy statement only and does not require implementation.

SATELLITE COMMUNICATIONS SERVICES AND EQUIPMENT (2)

Official title

12.31　Council Resolution of 7 December 1993 on the introduction of satellite personal communication services in the Community.

Reference

Council Resolution of 7 December 1993; OJ C339, 16.12.93.

Impact

The Decision reaffirms the support of the Council to the efforts of the Commission in developing a coherent policy to regulate satellite personal communication services in the Community.

Details

The Resolution calls upon Member States to make immediate efforts towards developing a Community policy on personal communication by satellite, and to adopt a co-ordinated position in international fora and towards third countries. It urges the Commission, amongst other things, to investigate the significance of personal communication by satellite and to formulate Community policies for telecommunications, space, trade, industry and regional development. It also calls upon the Commission and the Member States to consult with European-based bodies to develop strategies which would ensure that the Community does not lag behind its competitors in this field.

Date of implementation

This document is a policy statement only and does not require implementation.

EUROPE-WIDE EMERGENCY CALL NUMBER

Official title

Council Decision of 29 June 1991 on the introduction of a single European emergency call number.

12.32

Reference

Council Decision 91/396/EEC; OJ L217, 6.8.91.

Amendments

None.

Impact

Introduces the number 112 as the standard European emergency number.

Details

Member States are required to ensure that the number 112 is introduced in public telephone networks as well as in future integrated services, digital networks and public mobile services as the standard European emergency number. This number will be introduced with other national emergency call numbers, where appropriate.

Date of implementation

This number was to be introduced by 31 December 1992 at the latest. However, where technical, financial or organisational difficulties arise, which make the introduction of the number impossible, Member States concerned shall introduce the emergency call number no later than 31 December 1996.

INTERNATIONAL ACCESS CODE

Official title

Council Decision of 11 May 1992 on the introduction of a standard international telephone access code in the Community.

12.33

Reference

Council Decision 92/264/EEC; OJ L137, 20.5.92.

Amendments

None.

Impact

Introduces the number 00 as the standard international telephone access code.

Details

Member States must ensure that the number 00 is introduced in public telephone networks as the international access code before 31 December 1992 at the latest. However, where a Member State has particular technical, financial or organisational difficulties in implementing this measure, it can inform the European Commission in writing and receive an extension up to 31 December 1998.

Date of implementation

The date of implementation is 31 December 1992, subject to the possible exceptions described above.

NUMBERING OF TELECOMMUNICATIONS SERVICES

Official title

12.34 Council Resolution of 19 November 1992 on the promotion of Europe-wide co-operation on numbering of telecommunications services.

Reference

Council Resolution of 19 November 1992; OJ C318, 4.12.92.

Amendments

None.

Impact

Sets out the Community's agenda for future measures relating to numbering.

Details

The Resolution sets out a list of policy goals and action points which would aim at improving co-operation on a Community and international level as regards numbering developments. It also invites the European Commission to investigate the possibility of the introduction of, amongst other things, a co-ordinated "European area code" in the Community.

Date of implementation

This document is a policy statement only and does not require implementation.

REVIEW OF THE SITUATION IN THE TELECOMMUNICATIONS SECTOR

Official title

Council Resolution of 22 July 1993 on the review of the situation in the telecommunications sector and the need for further development in that market.

Reference

Council Resolution; OJ C213, 6.8.93.

Amendments

None.

Impact

Sets out the Community's agenda on future policy in the telecommunications sector.

Details

This landmark Resolution includes a review of the progress made so far in liberalising telecommunications in the Community. It emphasises, amongst other things, the need for adoption in the short term of proposals relating to ONP and satellites, the development of a future Community policy in the field of mobile and personal communications, and the need to take into account the specific situation of small or less-developed networks.

The Resolution supports the Commission in its intention to publish Green Papers on mobile/personal communications (published on 27 April 1994, COM(94) 145) and on telecommunications infrastructure and cable TV networks (before 1 January 1995).

Most importantly, the Resolution supports the Commission's intention to prepare, before 1 January 1996, legislative proposals for full liberalisation of voice telephony by 1 January 1998. Spain, Ireland, Greece and Portugal are granted an additional transition period of up to five years. Belgium and Luxembourg may also receive an extension of up to two years.

Date of implementation

The Resolution is a policy statement and does not require implementation.

UNIVERSAL SERVICE PROVISION

Official title

Council Resolution of 7 February 1994 on universal service principles in the telecommunications sector.

Reference

Council Resolution of 7 February 1994; OJ C48, 16.2.94.

Amendments

None.

Impact

Lays down a general framework for the Community's future policy on universal service principles in the light of the expected liberalisation of telecommunications.

Details

Universal service obligations aim generally at guaranteeing the provision of minimum basic voice telephony services to all consumers. However, in some cases the provision of such a minimum service cannot be made at commercially interesting terms. Thus, in a fully liberalised environment, universal service provision may be conditional upon the introduction of special safeguard measures.

In this Resolution, the Council recognises the importance of the maintenance and development of universal telecommunications service, ensured through adequate financing, as a key factor for the future development of telecommunications in the Community. It confirms that the Community's future ONP policy should take full account of universal service requirements. The Council invites the Commission to study the issues raised by the definition of universal service and, in particular, the means and principles of its financing. The Commission must then submit a report to the European Parliament and the Council by 1 January 1996.

Date of implementation

This document is a policy statement only and does not require implementation.

TELECOMMUNICATIONS TERMINAL EQUIPMENT – COMPETITION

Official title

12.37 Commission Directive of 16 May 1988 on competition in the markets for telecommunications terminal equipment.

Reference

Commission Directive 88/301/EEC; OJ L131, 27.5.88.

Amendments

None.

Impact

The Directive requires Member States to abolish special or exclusive rights granted to public or private undertakings for the importation, marketing, connection or bringing into service of telecommunications terminal equipment and for the provision of maintenance services on such equipment.

Details

This Directive was adopted by the European Commission without obtaining prior approval from the EU Council. In doing so, the European Commission relied upon the special, but rarely used, powers vested in the European Commission by Article 90 of the EC Treaty, which allows it to take measures to prevent Member States from encouraging breaches of Community law by granting special or exclusive rights to certain undertakings.

Under the Directive, Member States will no longer be entitled to deny companies the right to import, market, connect, install and maintain terminal equipment. Member States will, however, be allowed to insist that companies have adequate technical expertise for carrying out such tasks and that all equipment conforms to the essential requirements laid down in Directive 86/361/EEC (which was replaced, as of 6 November 1992, by Dir 91/263/EEC; see para **12.28** above).

Under the Directive, Member States had to ensure from 1 July 1989 that bodies which draw up technical specifications, monitor that their application and grant type-approval are legally and economically independent from public or private undertakings which offer goods or services in the telecommunications sector.

Member States must report to the European Commission annually on the measures which they have taken to comply with this Directive.

Date of implementation

This Directive provides for a phased implementation of its provisions, which should have started after 1 January 1989.

TELECOMMUNICATIONS SERVICES – COMPETITION

Official title

Commission Directive of 28 June 1990 on competition in the markets for telecommunications services.

Reference

Commission Directive 90/388/EEC; OJ L192, 24.7.90.

Amendments

Corrigendum; OJ L85, 6.4.93.

Impact

The Directive aims at liberalising the telecommunications services sector.

Details

Member States must withdraw all special or exclusive rights for the supply of telecommunications services other than voice telephony. They must also take measures to ensure that any operator is entitled to supply such telecommunications services. The Directive does not apply to telex, mobile radiotelephony, paging and satellite services. However, these services remain subject to the general Community competition rules.

The Directive provides that, where licences are required before an operator may supply services, the conditions of grant of such licences must be objective, non-discriminatory and transparent, that reasons are given for any refusal, and that there is a procedure for appealing against any such refusal. Similarly, Member States which maintain special or exclusive rights for the provision and operation of public telecommunications networks must take the necessary measures to make the conditions governing access to the networks objective and non-discriminatory.

In addition, Member States are required to ensure that the grant of operating licences, the control of type-approval and mandatory specifications, the allocation of frequencies and surveillance of usage conditions are carried out by a body independent of the telecommunications organisations.

The European Commission will prepare a report on the application of the Directive based on information supplied by the Member States. The European Commission will carry out an overall assessment of the situation in the telecommunications sector in relation to the aims of the Directive. By 1994 the European Commission will assess the provisions of this Directive in the light of technological advances.

Date of implementation

Member States had until 31 December 1990 to inform the European Commission on measures taken to implement this Directive. As regards packet- or circuit-switched data services, prohibitions, if any, on simple resale of leased line capacity had to be lifted by 31 December 1992.

Proposed telecommunications and information technology legislation

TRANS-EUROPEAN TELECOMMUNICATIONS NETWORKS

Official title

12.39 Amended proposal for a Council Regulation introducing a declaration of European interest to facilitate the establishment of trans-European networks in the telecommunications domain.

Reference

Original proposal; OJ C71, 20.3.92.

Amendments

Amended proposal; OJ C124, 6.5.93.

Impact

Aims at encouraging the development of trans-European telecommunications networks.

Details

The proposal provides that telecommunications projects satisfying certain specified conditions may be eligible for a "declaration of European interest". Such a declaration would not create any right to financing, but would be likely to facilitate private financing of the relevant project.

The conditions required include: direct economic benefits in the Community; thorough description, definition, feasibility studies, etc; and consistency with Community policies and legislation, particularly in the fields of competition, public procurement and environment.

Interested parties should submit their projects to the European Commission. The European Commission would carry out the assessment of conformity with the conditions specified in the proposal, and would consult the Member States before granting the declaration of European interest.

The amendments to the original proposal relate to procedural matters.

Proposed date of implementation

The date of implementation is now open.

TELECOMMUNICATIONS SERVICES – MUTUAL RECOGNITION

Official title

Amended proposal for a European Parliament and Council Directive on the mutual recognition of licences and other national authorisations for telecommunications services.

Reference

Original proposal; OJ C248, 25.9.92.

Amendments

Amended proposal; OJ C108, 16.4.94.

Impact

The proposal aims at establishing a procedure for the mutual recognition of licences or other authorisations for the provision of telecommunication services issued by Member States.

Details

At present, the providers of telecommunications services are generally obliged to apply for licences in each individual Member State in which they wish to operate.

The proposed Directive aims at simplifying this procedure for telecommunications services, other than those relating to voice telephony, telex, satellite and mobile communications, which are outside the scope of the proposed Directive.

Essentially, the proposal provides for three different procedures of mutual recognition.

During a first transitional phase there would be a one-stop shop procedure. Applicants would be able to submit their applications to one single body. The authorities empowered to receive such applications are not defined in the current version of the proposal. The Commission is authorised to undertake the necessary steps to establish the necessary arrangements. Clearly, this leaves room for political bargaining.

Under the proposal, once the applications have been submitted to the entity or one of the entities to be defined, the application will be forwarded to the national regulatory authorities specified by the applicant. These will have to communicate their response within strict specified deadlines. National regulatory authorities may refuse the grant of the licence if, for instance, they already submit the provision of the relevant service to a more sophisticated licensing procedure. All they need to do is to make that clear, within the specified time-limits.

The one-stop shop procedure may not be very helpful in cases of telecommunications services with established and sophisticated licensing procedures in Member States. It is envisaged, therefore, that it should be replaced gradually by a more effective system of full mutual recognition by categories of services to be defined in the future.

There would be two types of such a full mutual recognition. The first type would include services where full harmonisation does not seem to be required. It would be up to the Commission to define these services, following consultations with the Community Telecommunications Committee (CTC), a body which will be composed of representatives of the national regulatory authorities.

The second type of full mutual recognition will concern service categories for which harmonised national conditions will have been adopted. The initiative for identifying these categories would lie with the Commission. As a next step, the Commission would ask the European Committee of Telecommunications Regulatory Affairs (ECTRA), recently set up in the CEPT framework, to elaborate the conditions to be harmonised for the service category in question. In some cases, the Commission could undertake this task itself, in consultation with CTC. As a final step, the harmonised conditions would have to be adopted by the Commission and published in the *Official Journal*. Although the details of the procedure are not, yet, altogether clear, it would appear that for this group of service categories a licence by one Member State would be valid throughout the European Union, more or less automatically.

The proposal also provides for an appeal and a conciliation procedure.

Proposed date of implementation

The proposed date of implementation by the Member States is 1 October 1995.

SATELLITE SERVICES – MUTUAL RECOGNITION

Official title

Proposal for a European Parliament and Council Directive on a policy for the mutual recognition of licences and other national authorisations for the provision of satellite network services and/or satellite communications services.

Reference

COM(93) 652 final; 4.1.94.

Amendments

None.

Impact

The proposal aims to introduce a phased system of mutual recognition of satellite services.

Details

In principle, the proposed model is similar to the one envisaged in the general proposal for the mutual recognition of telecommunications services (see para **12.40** above). However, there are some notable differences including:

- a number of provisions dealing with the specific issue of frequency co-ordination and site clearance, factors which cannot be covered easily by automatic mutual recognition of licensing;
- additional requirements concerning numbering and access to space segment capacity;
- details on the information requirements in relation to applications, as well as a list of satellite services, the conditions of which should be harmonised with priority;
- an exclusion from the scope of the Directive for undertakings whose seat is not located in a Member State or which are owned (25% control or more) by third countries and/or nationals of third countries. The obvious purpose of this provision is to force third countries to open their markets to European carriers through bilateral agreements with the Community.

Date of implementation

Member States should implement the proposed Directive not later than one year after its adoption. No date is proposed in the proposal.

Data privacy and protection legislation

PROTECTION OF INDIVIDUALS

Official title

12.42 Commission Recommendation of 29 July 1981 relating to the Council of Europe Convention for the protection of individuals with regard to automatic processing of personal data.

Reference

Commission Recommendation 81/679/EEC; OJ L246, 29.8.81.

Amendments

None.

Impact

The Recommendation urges all Member States to sign and ratify the Convention on data protection.

Details

The purpose of this Recommendation was to encourage Member States to sign the data protection Convention, dated 17 September 1980 (see Council of Europe Treaty series, No 108).

The Convention is the most complete code on the subject, but does not provide legally binding protection for EU citizens until it has been incorporated into the laws of each country.

The Convention requires that personal data files subject to automatic processing in the public or private sectors:

- should be obtained and processed fairly;
- should be stored for specified and legitimate purposes and not used in a way incompatible with these purposes;
- should be adequate, relevant and not excessive in relation to the purposes for which they are stored;
- should be accurate and, where necessary, kept up to date;
- should be preserved in a form which permits identification of the data subject for no longer than is required for the purposes for which this data is stored;
- should not include data revealing racial origins, political opinions, religious or other beliefs, health, sexual life and criminal convictions, unless domestic law provides "appropriate" safeguards;
- should include "appropriate" security measures to protect the data from

accidental or unauthorised destruction, loss, access, alteration or dissemination;
- should allow individuals to establish the existence of a file, its main purpose and the identity and habitual residence or habitual place of business of the controller of the file;
- should allow individuals to obtain, at reasonable intervals and without excessive delay or expense, confirmation of whether personal data is stored and its content;
- should allow individuals to obtain erasure or rectification of information illegally processed;
- can be excluded from the Convention if a contracting party declares that the Convention is not to apply to certain categories of files, unless those files are already subject to protection under their domestic laws; and
- should not be prohibited or subject to special authorisation when being transferred to the territory of another contracting state, except in so far as the state's legislation includes specific regulations for certain categories of files because of their nature, or where the regulations of the other state provide an equivalent protection and when the transfer is to the territory of a non-contracting state through the intermediary of the territory of another state in order to avoid such transfers resulting in circumvention of national legislation.

Date of implementation
The Recommendation called on Member States to sign the Convention before the end of 1981 and to have ratified it before the end of 1982.

Proposed data privacy and protection legislation

DATA PROTECTION – PERSONAL DATA

Official title
Proposal for a Council Directive concerning the protection of individuals in relation to the processing of personal data.

Reference
Original proposal; OJ C277, 5.11.90.

Amendments
Amended proposal; OJ C311, 27.11.92.

Impact
The proposal aims to introduce uniform rules for the protection of individuals whose personal data is processed in a database.

Details
The proposal sets out the rules which would govern the collection, storage,

processing and dissemination of personal data by public and private entities in Member States. The proposal does not apply to:

- the processing of data in the course of an activity which falls outside the scope of Community law (*e.g.* military security); and
- the processing of personal data by a natural person in the course of a purely private or personal activity.

In principle, the collection, storage, processing and dissemination of personal data is subject to the consent of the person to whom the personal data relates ("the data subject"). Processing of personal data is subject to the data subject's consent. This general rule is subject to certain specified exceptions. Subject, again, to certain exceptions, the processing of data concerning racial or ethnic origin, political opinions, religious beliefs, philosophical or ethical persuasion, trade union membership, health or sexual life will be prohibited.

Processing of personal data solely for journalistic purposes will be subject to weaker rules, to be prescribed by the Member States.

The proposal sets out, in detail, the type of information which must be given to the data subject, as regards both an existing data processing operation and the collection of personal data to be incorporated into a database. Data subjects will have a right of access to the data which concern them. Furthermore, data subjects may, at any time and on legitimate grounds, object to the processing of data relating to them.

Member States will designate special supervisory authorities in charge of the implementation of these rules in their territory. They shall also restrict the flow of personal data to third countries which do not apply an adequate level of protection of personal data.

Proposed date of implementation

The proposed date of implementation by the Member States was 1 July 1994. This deadline has been superseded by the continuing legislative process for the adoption of the Directive.

DATA PROTECTION – DIGITAL TELECOMMUNICATIONS NETWORKS

Official title

12.44 Amended proposal for a European Parliament and Council Directive concerning the protection of personal data and privacy in the context of digital telecommunications networks, in particular the integrated services digital network (ISDN) and digital mobile networks.

Reference

Original proposal; OJ C277, 5.11.90.

Amendments

Amended proposal; OJ C200, 22.7.94.

Impact

The proposal aims to protect the rights of subscribers against the unlawful use of their personal data by telecommunications organisations.

Details

Personal data about subscribers may be collected and stored to the extent necessary to conclude, perform, amend or terminate the contract with the telecommunications organisations (*i.e.* in order to establish connections, produce bills, compile directories and for other legitimate operational purposes). Subscribers would be entitled to obtain confirmation of whether personal data is stored about them and they may seek rectification or erasure if it has been processed in breach of national legislation.

Access to the storage of billing data must be restricted to the persons in charge of billing. Storage of billing data is permissible only up to the end of the statutory period during which the bill may be challenged.

Traffic data must be erased as soon as it is no longer necessary to provide the service required. Where calling-line identification is offered, the calling subscriber must have the possibility to eliminate, via simple means, the transmission of his/her subscriber number for the purpose of calling-line-identification on a per-call basis. Calls may be forwarded from the called subscriber to a third party only if that party has agreed. Personal data contained in a directory should be limited to what is strictly limited to identify a particular subscriber, unless the subscriber has given his consent to the publication of additional personal data. Member States must take all appropriate measures to prevent unsolicited calls, and also as regards telefax messages.

Member States must ensure that the provisions of the proposed Directive will, where technically possible, also be applied to the processing of personal data in connection with services provided via analogue networks.

Proposed date of implementation

The proposed date of implementation by the Member States is one year following the adoption of the proposed Directive. No proposed date is included in the proposal.

CONTENTS OF CHAPTER 13

Trade

Para

1. Common commercial policy

Introduction 13.1.1

Scope and purpose of the legislation | 13.1.2
Future developments | 13.1.3
Responsibility within the European Commission | 13.1.4

Case law 13.1.5

Legislation

Trade defence mechanisms

Protection against illicit commercial practices	13.1.6
Protection against dumped and subsidised imports	13.1.7
Protection against dumped and subsidised imports – acceleration of procedure	13.1.8
Dumped and subsidised imports – ECSC Decision	13.1.9
Protection against unfair pricing practices in maritime transport	13.1.10
Information gathering as regards maritime transport (1)	13.1.11
Consultations over counter-measures in maritime transport	13.1.12
Free access to maritime transport cargo	13.1.13

Common rules for imports

Common rules for imports	13.1.14
Common rules on imports from current and former state-trading countries	13.1.15
Administration of import quotas	13.1.16
Administration of import quotas – implementation	13.1.17
Administration of import quotas – China	13.1.18
Implementation of Article 115 of the EC Treaty	13.1.19
Trade in textile products	13.1.20
Common rules for imports of textile products from certain third countries	13.1.21
Agreements on international trade in textiles	13.1.22
Agreements on international trade in textiles – provisional measures	13.1.23

CONTENTS OF CHAPTER 13

International trade agreements

Generalised system of preferences (GSP)	**13.1.24**
Fourth Lomé Convention	**13.1.25**
Trade sanctions and embargoes	**13.1.26**

Proposed international trade agreements

Generalised system of preferences (GSP) – extension	**13.1.27**

Export credit legislation

Miscellaneous legislation – credit insurance and export credit insurance	**13.1.28**
Adopted legislation in the field of credit insurance not yet implemented	**13.1.29**
Export credit subcontracts	**13.1.30**
Reciprocal obligations of export credit insurance companies	**13.1.31**

Proposed export credit legislation

European export credit insurance facility (EECIF)	**13.1.32**

2. Customs

Introduction — **13.2.1**

Scope and purpose of the legislation	**13.2.2**
Future developments	**13.2.3**
Responsibility within the European Commission	**13.2.4**

Case law — **13.2.5**

Legislation

The Customs Code

Reference	**13.2.6**
Date of implementation	**13.2.7**
Summary	**13.2.8**
Definition of the Community customs territory	**13.2.9**
Customs bindings legislation	**13.2.10**
Favourable tariff treatment for certain goods	**13.2.11**
Value of goods for customs purposes	**13.2.12**
Origin of goods	**13.2.13**

CONTENTS OF CHAPTER 13

Introduction of goods into the customs territory	**13.2.14**
Customs declaration normal procedure	**13.2.15**
Examination of the goods and various measures taken by the customs office	**13.2.16**
Simplified procedure	**13.2.17**
Release for free circulation	**13.2.18**
Customs procedures with economic impact	**13.2.19**
Transit	**13.2.20**
Other customs-approved treatments or use	**13.2.21**
Returned goods	**13.2.22**
Customs debt	**13.2.23**

Export legislation

Customs Code	**13.2.24**
Customs Code – implementing Regulation	**13.2.25**

Other customs legislation

Customs fraud – containers	**13.2.26**
Sealed containers	**13.2.27**
Counterfeit goods	**13.2.28**
Counterfeit goods – implementation	**13.2.29**
Community system of reliefs from customs duty	**13.2.30**
Convention on Temporary Admission	**13.2.31**

Chapter 13
Trade

This chapter is divided into two broad sections covering common commercial policy and customs law. These two broad areas of law provide rules for the entry of goods into the Community and their exit therefrom. This chapter deals exclusively with trade in goods. In general, the common commercial policy section deals with the external trading relations of the Community and provides for trade protection and trade promotion, international trade relations and trading arrangements for specific types of goods.

The section on customs law deals with the specific rules for the entry and exit of goods into and from the Community. It also deals with the origin of the goods to determine under what external arrangement they should enter the Community and the valuation of the goods for duty purposes. Separate introductions will be provided for each section to give more detailed background information on the section.

1. *Common commercial policy*

Introduction

This section deals with the external trade policy of the Community in the field of goods. It is, therefore, confined to matters coming within Article 113 of the EC Treaty. The chapter does not address agricultural trade; trade in services; external aspects of the Coal and Steel Community or Euratom (which are excluded as they are specific and contain relatively few provisions relating to external trade).

There is, as yet, no framework for an external trade policy in services. Specific trade provisions are provided for in existing Community legislation on transport (particularly civil aviation), financial services and audio-visual and telecommunication services. The external aspects of these internal rules are dealt with in the chapters on the specific topics. At the time of writing there is a continuing dispute between the Community and the Member States as to the competence of the Community in the external aspects of services. The Commission argues that the Community should be as competent in services as it is for goods under Article 113 of the EC Treaty, while some Member States continue to assert individual competence. An opinion on this issue, under Article 228(6) of the Treaty, is expected from the Court of Justice in late 1994 (Opinion 1/94).

This book does not cover agricultural legislation – the external trade policy of the Community in relation to agricultural products has been omitted. Each common organisation of the market for particular agricultural commodities or products has its own external trade provisions. However, the administration of agricultural quotas follows closely the general provisions on the administration of quotas set out below.

At the time of writing, the European Commission has not submitted a proposal to the Council on the implementation of the Uruguay Round negotiations. It has not been possible, therefore, to include the Commission's proposals in this chapter. However, there is nothing in the results of the Uruguay Round which could alter the basic framework of the Community's existing common commercial policy.

Scope and purpose of the legislation

13.1.2 The common commercial policy refers to the external trade relations of the Community. This policy is constrained by two important factors: The General Agreement on Tariffs and Trade (GATT); and the internal powers of the Community.

For the purposes of GATT (and also its eventual successor, the World Trade Organisation), the Community is a customs union under Article XXIV of GATT. This Article provides that GATT contracting parties can combine together to eliminate trade restrictions as between them and create a common market trade policy in relation to third countries not part of the customs union. To be recognised as a customs union under GATT there must be an agreement to reduce trade barriers on substantially all trade between members, and the external policy should not increase protection as against third countries which are not part of the customs union. It is generally accepted that the Community has met these criteria.

Neither the EC Treaty nor the Community's internal rules provide a clear definition of the scope of the Community's powers in the field of common commercial policy. Article 113 of the EC Treaty states that the common commercial policy is based on uniform principles governing, in particular, tariff rates, the conclusion of trade agreements, export policy and trade protection measures. Article 113 was, like GATT, drafted at a time when border measures on goods were the principal barriers to a single global market. The drafters of the EC Treaty did not consider the services sector, nor did they address barriers to trade otherwise than at the borders. For this reason there is a continuing conflict within the European Union as to external competence in this area.

In the *International Rubber Agreement* Opinion (Opinion 1/78 of 4 October 1979, [1979] ECR 2871), the European Court of Justice held that the

Community may develop a common commercial policy aimed at regulating trade in the world market. Therefore, regulating the supply of raw materials to the Community at certain prices was within the scope of Article 113 of the EC Treaty. The Court developed an objective test to determine Community competence.

Community competence in respect of the common commercial policy is exclusive. Thus, Member States may no longer take any measures or enter into international agreements in this field (see Opinion 1/75, [1975] ECR 1355 on the Understanding on Local Cost Standards).

The common commercial policy was not completed by the end of the transition period in 1969. Consequently, a policy was evolved whereby Member States were authorised to maintain national trade measures with regard to third countries. Council Regulation (EEC) 288/82 (now repealed) listed these measures for good order. However, a third country exporter to the Community could be confused as to whether the Community was a customs union. Under this policy, national markets were protected by means of internal frontier trade controls authorised under Article 115 of the EC Treaty.

The creation of the internal market and the removal of internal frontier controls was the aim of the Community legislation completing the common commercial policy. This was largely achieved by March 1994, with the adoption of many of the measures described in this chapter. There is still some delay in the adoption of the measures for a common export policy, but this is expected to occur in the near future.

In some sectors, the completion of the common commercial policy has been achieved in the teeth of great difficulties. The most notable of these have been textiles, Japanese car imports and bananas. A detailed review of the textiles sector is given below.

The Community has entered into a series of bilateral and multilateral trade agreements with a range of third countries.

The most significant of these, the European Economic Area Agreement (which embraces countries in EFTA), may well lose its significance on 1 January 1995, should Austria Finland and Sweden become members of the Community. Essentially, this agreement was a half-way house to membership. It created a Common Market in which the "four freedoms" applied and in which Community competition rules, technical standards, consumer protection and labour laws were accepted.

Goods and services from the EEA countries can, in general, enter the Community market freely.

The second group of significant trade agreements is known as the Europe Agreements between the Community and the middle European states. These agreements provide for improved market access for products originating in Poland, the Czech Republic, the Slovak Republic, Hungary, Rumania and Bulgaria. However, the goods remain subject to the common commercial policy, and, unlike the EEA agreement, can be subjected to Community trade protection measures.

The Lomé Convention links the Community with a group of ex-colonies of Member States in Africa, the Caribbean and the Pacific, which are known as the ACP group of countries. The Convention guarantees privileged access for the products of these countries up to a certain limit, in addition to providing general aid and a fund to stabilise the prices paid for certain basic commodities. The Lomé Convention is currently under review, but will remain in force until the year 2000. In a recent GATT panel report, not yet adopted by the GATT council, the Lomé Convention was found to be incompatible with GATT, as it discriminates between different developing countries.

GATT, itself, allows trade discrimination in favour of developing economies. This privileged market access regime is known as the Generalised System of Preferences (GSP). Under the GSP developing countries are allowed to export to the Community goods at reduced tariffs and generally up to a fixed quota amount.

Finally, in connection with trade agreements, the Community has entered into a series of bilateral trade agreements with countries such as Israel and Turkey, which allow access for certain goods from these markets to enter the Community.

The common commercial policy of the Community is clear in its broad outlines but complex in its details. The range of measures affecting different third countries or groups of countries is vast. To determine the import regime for a particular product one must identify both the country of origin and the common nomenclature of the product. These subjects have been dealt with in Chapter 13.

Future developments

13.1.3 As a consequence of the completion of the internal market and the removal of internal frontiers from 31 December 1992 the common commercial policy of the Community has, to a large degree, been completed. The final provisions of a common export policy have yet to be put into place in relation to export credits and related subjects, but this can be expected in the course of 1995.

The future of the common commercial policy is most likely to be determined by the fate of the new World Trade Organisation (WTO). New dispute mechanisms will require the Community to change its trade policy in relation to practices which have been found incompatible with GATT. Previously, GATT panel rulings were not binding on the Community. The Lomé Convention is clearly incompatible with GATT. The Community must either seek a waiver for the Convention or amend it radically. A challenge to the Lomé system is expected as soon as the WTO comes into effect.

There is also the question of GATT compatibility of many of the Community's bilateral and multilateral agreements, especially the Europe Agreements with the former communist Middle-European countries.

The Community has yet to develop a common commercial policy in the services sector. Once the competence issue has been resolved (either by agreement between the Member States and the Community or by an Opinion of the European Court of Justice under Article 228 of the EC Treaty), measures will be needed to bring services into line.

The debate has already commenced in relation to reciprocity in financial services, and in relation to bilateral agreements of Member States in the civil aviation sector. In broadcasting, the Community has introduced a European works quota which seeks to protect the European cultural heritage by obliging broadcasters to transmit a certain quota of European-produced programmes.

The debate on the common commercial policy for services will take place within the framework of the continuing WTO negotiations. Distinct rules are likely to be introduced on a sector-by-sector basis within that framework.

Responsibility within the European Commission

Directorate-General I (DG I, External Relations), Directorate C, is responsible for general questions and instruments of external economic policy.

Directorate G of DG I is responsible for issues relating to GATT and the Organisation for Economic Co-operation and Development (OECD). The other Directorates of DG I are responsible for trade relations with certain third countries and product sectors.

Case law

The European Court of Justice, in its ruling of 22 June 1989 (Case 70/87 *FEDIOL* v *Commission* [1989] ECR 1781), confirmed that individual parties have the right to bring an action before the European Court of Justice under Article 173(2) of the EC Treaty against decisions, taken by the Commission or by the Council, based on the grounds of lack of competence, infringement of an essential procedural requirement, infringement of the EC Treaty or of any rule of law relating to its application, or misuse of powers. The European Court of Justice accepted that GATT rules may be invoked as criteria for determining whether an unfair trade practice exists or not. In the case in question, however, it held that no such unfair trade practice existed and upheld the decision of the European Commission in its rejection of Fediol's complaint under Regulation (EEC) 2641/84.

In *Donckerwolcke* (Case 41/76, [1976] ECR 1921) the Court recognised that the provisions of Article 30, prohibiting quantitative restrictions or measures having an equivalent effect between Member States, also applies to goods put into free circulation in any one of the Member States, irrespective of the actual origin of the products. However, the requirement by the importing Member States of the indication of the country of origin on the customs declaration for products in free circulation does not, in itself, constitute a measure of equivalent effect if the goods in question are covered by measures of commercial policy adopted by that state in conformity with the Treaty.

In *Tezi* (Case 59/84, [1986] ECR 887) the Court held that this principle of non-discrimination on the application of the Treaty rules of free movement also applies to products from non-member countries which are in free circulation in the Community, even where the import arrangements applying to them involve the division of a Community quota into national sub-quotas. However, the full application of the above-mentioned principle is conditional upon the establishment of a common commercial policy in accordance with Article 113.

Legislation

Trade defence mechanisms

PROTECTION AGAINST ILLICIT COMMERCIAL PRACTICES

Official title

13.1.6 Council Regulation (EEC) 2641/84 of 17 September 1984 on the strengthening of the common commercial policy with regard in particular to protection against illicit commercial practices.

Reference
Council Regulation 2641/84; OJ L252, 20.9.84.

Amendments
Regulation 522/94; OJ L66, 10.3.94.

Impact
Provides Community industry with complaint procedures to be used against those unfair trade practices of third countries which injure Community industry.

Details
According to this Regulation, if there is an illicit commercial practice, and injury resulting therefrom, and the interest of Community makes it necessary to respond, or if it is necessary in the interest of the Community to ensure full exercise of the Community's rights with regard to the

commercial practices of third countries, the Community can take any commercial policy measures it sees fit, provided that such measures are compatible with existing international obligations and procedures.

The Regulation defines an illicit commercial practice as any international trade practice attributable to a third country which is incompatible with international law or with generally accepted rules. The "Community's rights" are those international trade rights which are protected either under international law or under generally accepted rules. "Injury" means any material injury caused or threatened to a Community industry (see discussion of Reg 2423/88 at para **13.1.7** below).

Regulation (EEC) 2641/84 establishes detailed procedural rules which are very similar to those provided for in the anti-dumping and anti-subsidy Regulation (see discussion of Reg 2423/88 at para **13.1.7** below). These rules are structured to take full account of the Community's international obligations. Where such obligations require the prior discharge of an international procedure for consultation or for the settlement of disputes (see, *e.g.*, GATT, Art XXIII), measures under this Regulation must take account of the results of such procedures and may only be adopted after these have been terminated.

This Regulation does not apply in cases covered by other existing rules under the common commercial policy and operates as a complement to the rules establishing the common organisation of agricultural markets and the special rules applicable to goods processed from agricultural products.

Amending Regulation (EEC) 522/94 is discussed at paragraph **13.1.8** below.

Several complaints have been lodged with the European Commission under this Regulation.

In one significant case, the European Commission found that the application of section 337 of the US Tariff Act, which resulted in banning imports into the United States of aramid fibres manufactured by a Dutch company, constituted an illicit commercial practice under the Regulation. The European Commission also found that there was a "threat of injury". The matter was referred to a consultation and dispute settlement procedure pursuant to GATT, Article XXIII. These proceedings were concluded in favour of the Community (87/251/EEC; OJ L117, 5.5.87).

Another complaint was lodged by the Association of European Members of the International Federation of Phonogram and Videogram Producers concerning the unauthorised reproduction of sound recordings in Indonesia. The Commission decided to terminate the examination procedure following Indonesia's undertaking to give sound recordings by Community nationals the same protection as sound recordings by Indonesian nationals (88/287/EEC; OJ L123, 17.5.88).

In 1988, the European Commission rejected a complaint under Regulation (EEC) 2641/84 relating to an alleged infringement, by the Jordanian Government, of international intellectual property rules. The basic argument of the European Commission was that the practice in question was not attributable to the Kingdom of Jordan (89/74/EEC; OJ L30, 1.2.89).

Finally, on 9 March 1992, the European Commission decided to suspend an examination procedure concerning illicit commercial practices consisting of the imposition in Japan of a port charge or fee used for the creation of a harbour management fund (92/169/EEC; OJ L74, 20.3.92). Japan offered an undertaking and agreed to efficient ongoing monitoring by the European Commission. Accordingly, the discriminatory effect of port charges would be eliminated. This satisfied the European Commission and no further measures were taken.

Date of implementation

The Regulation entered into force on 23 September 1984.

PROTECTION AGAINST DUMPED AND SUBSIDISED IMPORTS

Official title

13.1.7 Council Regulation (EEC) 2423/88 of 11 July 1988 on protection against dumped or subsidised imports from countries which are not members of the European Economic Community.

Reference

Council Regulation 2423/88; OJ L209, 2.8.88.

Amendments

Regulation (EEC) 521/94; OJ L66, 10.3.94
Regulation (EEC) 522/94; OJ L66, 10.3.94.

Impact

The Regulation establishes procedural rules and definitions to be followed in anti-dumping and anti-subsidy proceedings.

Details

In order for the EU to adopt anti-dumping or countervailing measures it must be found that:

- there is dumping or subsidisation;
- injury is caused thereby; and
- the interest of the Community calls for such measures.

According to this Regulation a product is dumped if its export price to the European Community is less than the normal value of the like product. Normal value is generally the price of a product when sold domestically (*i.e.* in the exporting country's market). The Regulation clarifies and lays down rules with regard to the calculation of normal value and export prices, as well as the comparison thereof, in order to establish the existence and margin of dumping.

The term "subsidy" is not defined by the Regulation. Article 3(1) thereof provides simply that:

> "(A) countervailing duty may be imposed for the purpose of offsetting any subsidy bestowed, directly or indirectly, in the country of origin or export, upon the manufacture, production, export or transport of any product whose release for free circulation in the European Community causes injury."

The following separate factors would, therefore, need to be shown in order to make a positive finding as to the existence of a subsidy:

- a charge on the public account;
- a benefit to the recipient; and
- in the case of subsidies other than export subsidies, sector specificity.

An illustrative list of export subsidies is annexed to the Regulation. This list covers a wide range of state intervention aimed at the promotion of exports.

The Regulation defines what is meant by "injury" incurred by a Community industry, due to dumping or subsidisation, and establishes criteria for its determination. According to Article 4 of the Regulation, "injury" means material injury to an existing Community industry or material delay to the establishment of such an industry. In examining the existence of a material injury, the European Commission looks at the volume of the dumped or subsidised products, their prices and their impact on Community industry, particularly in the areas of production, utilisation of capacity, stocks, sales, market shares, prices, profits, return on investment, cash flow and employment.

The Regulation sets out procedural rules governing investigations of dumping or subsidy claims by the European Commission. These include the right of parties to launch a complaint, to submit comments, to be heard orally, to request confidential treatment of documents, etc. The average time taken to complete a normal investigation is approximately 9.2 months. (However, time-limits have now been introduced and are discussed at para **13.1.8** below.)

In addition, the Regulation contains rules on the treatment by the European Commission of false or misleading information supplied by an interested party or third country participating in the proceedings. These rules provide that the European Commission may disregard such information and disallow any claim to which the information refers.

The power to take definitive anti-dumping or countervailing measures lies with the EU Council. Once the EU Council has decided to take such measures, the Member States must see to their implementation. Provisional anti-dumping or countervailing measures may be adopted by the European Commission at the conclusion of their investigation while a formal decision is awaited from the EU Council. The definitive collection of provisional anti-dumping or countervailing duties depends on the final imposition of anti-dumping or countervailing duties. However, importers are obliged to pay the provisional duty. Once the decision of the Council is known, the provisional duty is either kept or paid back to the importer.

Community Institutions are not obliged to impose anti-dumping or anti-subsidy duties where the existence of dumping or subsidy and resulting injury has been shown. They also have to consider whether it is in the interests of the Community to do so. European Community interest is reflected, amongst other things, in the interests of consumers, the external trade and political relations of the EU etc.

Parties subject to Community anti-dumping or anti-subsidy proceedings may avoid the imposition of duties by offering undertakings (*i.e.* as to price or quantity) designed to alleviate the "injury" caused to the Community industry. The European Commission may accept such undertakings but is not obliged to do so.

The Regulation provides for the possibility of imposing "additional duties". Additional duties may be imposed if it can be shown that exporters are, in fact, absorbing the cost of anti-dumping duties rather than passing these duties on to Community importers or the individual purchaser in the form of higher prices.

Article 13(10) of the Regulation provides for the possibility of extending existing anti-dumping duties to similar products assembled in the Community. The object of this rule is to prevent third country exporters from avoiding anti-dumping duties by importing the components of the product which is subject to anti-dumping duties, and assembling them in so-called Community "screw-driver" plants. Article 13(10) permits the EU Council to impose circumvention duties if all of the following circumstances are present:

- assembly or production is carried out by a party which is related or associated to one of the manufacturers, whose exports of the like product are subject to a definitive anti-dumping duty;
- the assembly or production operation was started or substantially increased after the opening of the anti-dumping investigation; and
- the value of parts and materials used in the assembly or production operation and originating in the country of exportation of the product subject to the anti-dumping duty exceeds the value of all other parts or materials used by at least 50%.

In applying these provisions, the European Commission also takes into account costs incurred in the assembly or production operation, as well as research and development carried out and technology applied within the Community.

Amending Regulation (EEC) 522/94 is discussed at paragraph **13.1.8** below.

Regulation (EEC) 2423/88 incorporates rules on the administrative review of measures adopted in accordance with its provision. Such a review can take place one year after definitive anti-dumping or anti-subsidy duties have been imposed. Duties cease to apply after five years of their definitive imposition unless an extension thereof has been decided as a result of a new procedure.

The Regulation is silent as to the judicial review of measures taken in accordance with its provisions. Consequently, the general judicial remedies provided for in the EC Treaty are available to individual parties affected by the imposition of anti-dumping or countervailing measures.

This Regulation was adopted pursuant to the Community's international obligations arising from GATT (GATT, Arts VI and XVI) and the 1979 GATT codes on (i) dumping and (ii) subsidies and countervailing duties. Comparable implementing legislation has also been adopted by the major trading partners of the EU (the US, Japan, Canada, Australia etc).

Anti-dumping investigations, in recent years, have been principally concerned with imports of chemicals, textiles, wood and paper products, high-technology electronic products, iron and steel and various other metals. Community anti-subsidy proceedings covered, for example, various iron and steel products from Spain and Brazil, women's shoes from Brazil and soya products from Argentina and Brazil.

Circumvention duties have been imposed, pursuant to Article 13(10) of the Regulation on, for instance, certain electronic scales, electronic typewriters, plain paper photocopiers and serial-impact-dot-matrix printers assembled in the Community. In some of these cases, however, the circumvention duties were suspended or repealed because of certain undertakings offered by the parties concerned relating to the increase of the value of Community parts used for the assembly of the products.

The procedures of the Regulation, as well as those of the repealed Regulations (EEC) 3017/79 and (EEC) 2176/84, have not been used very often against subsidised imports. This is due mainly to difficulties encountered in defining "subsidies" and the political furore which usually surrounds the opening of such an action.

Individual parties involved in anti-dumping or subsidy investigations may contest the imposition of anti-dumping or countervailing duties or the refusal of the reimbursement of an anti-dumping or countervailing duty before the competent courts of the Member State which collects their debts, pursuant to Article 177 of the EC Treaty, on the grounds that the collection of duties concerned is null and void because it constitutes a breach of Community law. The national court may refer the issue to the European Court of Justice for a preliminary ruling. The length of this procedure is considered to be its greatest disadvantage.

The most appropriate means of challenge to anti-dumping and anti-subsidy decisions by either the Commission or the Council is the annulment procedure pursuant to Articles 173(2) and 174 of the EC Treaty.

The right of challenge has developed as a result of a series of cases in the European Court of Justice the most important of which are the *Ballbearing* cases (Case C-113/77, [1979] ECR 1185), *Alusuisse* (C-307/81, [1982] ECR 3463) and *FEDIOL* (Case C-191/82, [1983] ECR 2913).

According to this case law, the parties concerned have, apart from the right to contest the imposition of anti-dumping or countervailing duties, the right to force the Commission to review its findings, where either it has refused to start an anti-dumping or countervailing duty procedure or in a situation where the amount of anti-dumping or countervailing duties is not regarded as satisfactory because of the Commission's failure to examine the facts properly.

The European Court of Justice has held consistently that complainants, producers and exporters participating in the anti-dumping or countervailing proceedings have the right to bring an action against anti-dumping or countervailing measures before the European Court of Justice pursuant to Article 173(2) of the EC Treaty. The European Court of Justice (Case C-156/87 *Gestetner Holdings Plc* v *Council and Commission* [1990] ECR 781) acknowledged the *locus standi* of European OEM (Original Equipment Manufactures) producers which import from third country manufacturers. At the same time, the European Court of Justice found that anti-dumping or countervailing measures are not of direct and individual concern to Community importers, even though such importers have participated in the anti-dumping or countervailing investigations.

The procedure of Article 173(2) is, therefore, not accessible to independent Community importers. In this context, the decisions of the European Court of Justice in the *Ballbearing* cases remain the law. According to these decisions, the existence of the specific criterion of a close business connection between the Community importers and the exporters or producers of the third country is necessary to make possible an action pursuant to Article 173(2). Such importers are reminded of the procedure for a preliminary ruling under Article 177 of the EC Treaty, but the long duration of this procedure is a disadvantage which is difficult to overcome, especially when it is essential that a decision is reached quickly.

Date of implementation
This Regulation entered into force on 5 August 1988.

PROTECTION AGAINST DUMPED AND SUBSIDISED IMPORTS – ACCELERATION OF PROCEDURE

Official title

13.1.8 Council Regulation (EC) 522/94 of 7 March 1994 on the streamlining of decision-making procedures for certain Community instruments of commercial defence and amending Regulations (EEC) 2641/84 and (EEC) 2423/88.

Reference
Council Regulation 522/94; OJ L66, 10.3.94.

Amendments

None.

Impact

Improves the functioning of the existing commercial policy defence instruments (dumping, subsidies and new commercial policy instrument) by introducing time-limits.

Details

Decisions on definitive anti-dumping or anti-subsidy measures are to be taken in the EU Council on the basis of simple majority rather than qualified majority. In relation to illicit commercial practices the Council is to act within 30 days after receiving a proposal from the Commission. Proposals in the draft prepared by the Commission to introduce greater transparency into the procedures were not adopted by the EU Council.

Date of implementation

The Regulation entered into force on 13 March 1994.

DUMPED AND SUBSIDISED IMPORTS – ECSC DECISION

Official title

Commission Decision of 29 July 1988 on protection against dumped or subsidised imports from countries not members of the European Coal and Steel Community.

Reference

Commission Decision 2424/88/ECSC; OJ L209, 2.8.88.

Amendments

None.

Impact

Establishes substantive and procedural rules to be followed in anti-dumping and anti-subsidy proceedings concerning imports of coal and steel products covered by the ECSC Treaty.

Details

The provisions contained in this Decision are substantially similar to those contained in the corresponding (EEC) Regulation 2423/88/EEC (see para **13.1.7** above).

Anti-dumping and anti-subsidy procedures, pursuant to ECSC Commission Recommendation 3618/79 and ECSC Commission Decision 2177/84 (the predecessors of ECSC Commission Decision 2424/88), were initiated, for example, against imports of sheets and plates of iron and steel originating in Brazil. It should be noted that a wide range of processed steel products is covered by the EC Treaty; several anti-dumping and anti-subsidy proceedings relating to such products have been conducted in the past under the Community rules in this area (see discussion on Reg 2423/88 at para **13.1.7** above).

Date of implementation

This Decision entered into force on 2 August 1988.

PROTECTION AGAINST UNFAIR PRICING PRACTICES IN MARITIME TRANSPORT

Official title

13.1.10 Council Regulation (EEC) 4057/86 of 22 December 1986 on unfair pricing practices in maritime transport.

Reference

Council Regulation 4057/86; OJ L378, 31.12.86.

Amendments

None.

Impact

This Regulation sets out rules and procedures under which the Community may take regressive action against unfair pricing practices by third country shipowners.

Details

According to the Regulation, when there is an unfair pricing practice and major injury caused thereby, and the Community's interest calls for intervention, a regressive duty may be imposed.

The Regulation defines "unfair pricing practices", "third country shipowner" and "major injury".

"Unfair pricing practices" is defined as the continuous charging on a particular shipping route to, from or within the Community of freight rates which are lower than the normal freight rates charged during a period of at least six months, due to the "third country shipowner" enjoying non-commercial advantages granted by a state which is not a member of the Community. A "third country shipowner" is a cargo liner shipping company not designated as a "European Community shipowner". A "European Community shipowner" is a cargo shipping company which is established under the EC Treaty in a Member State or one established outside the Community and controlled by nationals of a Member State, if their ships are registered in a Member State.

The normal freight rate is determined either by: (i) the comparable rate actually charged in the ordinary course of shipping business for the like service on the same or comparable route by established and representative companies not enjoying the non-commercial advantages granted to the third country shipowner; or (ii) the constructed rate determined by taking the costs of comparable companies not enjoying those non-commercial advantages, and including a reasonable margin of profit.

The Community shipping industry must be found to suffer "major injury" before regressive duties may be imposed. "Major injury" is understood to mean "serious disruption of the freight pattern" on the particular route.

The procedural rules of this Regulation are almost identical to those applicable to anti-dumping proceedings (see discussion of Reg 2423/88 at para **13.1.7** above).

Community shippers lodged the first and, so far, only complaint under Regulation (EEC) 4057/86 in 1987. They alleged that their freight rates to Australia were being unfairly undercut by the major South Korean shipping giant Hyundai Merchant Marine. The Commission launched its investigation into Hyundai in November 1987. On 4 January 1989 the Council imposed a regressive duty on containers transported in liner service between the Community and Australia (OJ L4, 6.1.89).

Date of implementation
This Regulation came into force on 1 July 1987.

INFORMATION GATHERING AS REGARDS MARITIME TRANSPORT (1)

Official title
Council Decision of 19 September 1978 concerning the activities of certain third countries in the field of cargo shipping.

Reference
Council Decision 78/774/EEC; OJ L258, 21.9.78.

Amendments
Last amended by Decision 89/242/EEC; OJ L97, 11.4.89.

Impact
Establishes a system for keeping track of the fleets of certain third countries whose commercial practices are deemed harmful to the shipping interests of the Community.

Date of implementation
Member States were given until 31 December 1978 to establish the systems recommended by this Decision.

CONSULTATIONS OVER COUNTER-MEASURES IN MARITIME TRANSPORT

Official title

13.1.12 Council Decision of 26 October 1983 concerning counter-measures in the field of international merchant shipping.

Reference

Council Decision 83/573/EEC; OJ L332, 28.11.83.

Amendments

None.

Details

Member States which have adopted or intend to adopt counter-measures in the field of international merchant shipping in relation to third countries are required to consult the other Member States and the European Commission.

Date of implementation

This Decision came into effect on 26 October 1983.

FREE ACCESS TO MARITIME TRANSPORT CARGO

Official title

13.1.13 Council Regulation (EEC) 4058/86 of 22 December 1986 concerning co-ordinated action to safeguard free access to cargoes in ocean trades.

Reference

Council Regulation 4058/86; OJ L378, 31.12.86.

Amendments

None.

Impact

Allows the Community to impose licensing obligations, quotas or taxes/duties on non-Community shipping companies where third countries restrict or threaten free access by Community shippers carrying cargoes in ocean trades.

Details

The Community feels that certain non-Community countries are misinterpreting the provisions of the UN Convention on a code of conduct for liner conferences to the disadvantage of Community and OECD countries. The Community is aware that there is an increasing tendency on the part of third countries to restrict access to bulk cargoes. The Regulation provides the Community response to this problem.

This Regulation establishes a procedure which applies when action by a non-Community country or its agents restricts, or threatens to restrict, free access by shipping companies of the Member States (or by ships registered in a Member State) to the transport of:

- liner cargoes in code trades, except where such action is taken in accordance with the UN Convention on a code of conduct for liner conference;
- liner cargoes in non-code trades;
- bulk cargoes and any other cargo on tramp services;
- passengers; and
- persons or goods to or between offshore installations.

Under the procedure, a ship owner experiencing difficulty may approach a Member State which, in turn, may make a request for co-ordinated action to the European Commission. The European Commission will then make the appropriate recommendations or proposals to the EU Council within four weeks.

In deciding on co-ordinated action the EU Council must take due account of external trade policy considerations.

Co-ordinated action may consist of:

- diplomatic representation to the third countries concerned; and
- the imposition of counter-measures.

Counter-measures may consist of:

- an obligation on ship owners from the country concerned to obtain loading/discharge permits;
- the imposition of a quota on the country concerned; and
- the imposition of taxes or duties on ships from the countries concerned.

Counter-measures may be imposed only after diplomatic representations have been made.

Where the EU Council has not adopted any proposal within two months or, in cases of urgency, the Member States may take unilateral national measures.

On 22 December 1986 the Council also adopted a Regulation on unfair pricing practices in maritime transport (Reg 4057/86; OJ L378, 31.12.86), which permits the European Commission to impose duties on third country ship owners engaging in unfair pricing (see para **13.1.10** above).

Date of implementation

This Regulation entered into force on 1 July 1987.

Common rules for imports

COMMON RULES FOR IMPORTS

Official title

Council Regulation (EC) 518/94 of 7 March 1994 on common rules for imports and repealing Regulation (EEC) 288/82.

Reference

Regulation 518/94; OJ L67, 10.3.94.

Amendments

None.

Impact

Lays down common rules for imports from third countries other than state-trading countries and sets out, and, in particular, eliminates, the exceptions to and derogations from the common commercial policy set out in Regulation (EEC) 288/82.

Details

This Regulation lays down the basic rules covering the import of goods into the Community and removes the national quantitative restrictions which were in place and authorised at the Community level by Regulation (EEC) 288/82. The new rules are introduced to complete the internal market by completing the common commercial policy so as to avoid any differences in imports or competition as between Member States. These rules do not apply to textiles or imports from state-trading countries, both of which are discussed below, as well as products such as cars, and footwear, for which specific regimes apply, and for agricultural products.

The essential rule is provided in Article 1, which states that all products should enter the Community freely and not subject to quantitative restrictions. However, safeguard measures may be applied in line with the Regulation.

The European Commission is to be informed by the Member States where trends in exports are sufficiently alarming to call for surveillance or safeguard measures. Consultations will be initiated within eight days of the initial information being received with all the Member States under the safeguard "committee" procedure. The consultations include an examination of the import trends, together with the measures proposed to be taken.

Where the situation so warrants, the Commission shall start an investigation within one month of the complaint and publish a notice in the *Official Journal* to that effect. Information may be gathered from all appropriate sources including traders, producers and consumers, who have the right to be consulted on the development of the investigation. The Commission must conclude the investigation within nine months and determine either to close the investigation with no measures or to give notice of what steps it intends to take. Any information submitted to the Commission will be subject to the confidentiality rules.

After the investigation the Commission may decide to subject the imports in question to surveillance in accordance with the rules laid down in the Regulation. Where prior Community surveillance applies, products under surveillance shall be put into free circulation in the Community only on the production of an import document. The form of the import document is set out in the Annex to the Regulation and must be issued free of charge by the national customs authorities within five days of receipt of the application. The release for free circulation of the goods in question is allowed only if the value or the quantity of the goods does not exceed 5% of the price and value given on the import document. Import may also be subject to the submission of a certificate of origin.

Where a product is imported into the Community in such greatly increased quantities or under such terms and conditions as to cause or threaten to cause serious injury to Community producers of like or directly competing products, the Community may, in order to safeguard the interests of the Community, limit the validity of the import document or provide that the goods can be imported only subject to an import authorisation. All measures may take effect immediately.

If the safeguard measure results in the imposition of a quota, then account must be taken of the need to respect traditional trade flows, contracts, and the need not to subject goods already "on the sea" to import restrictions.

The general safeguard measures may also apply to import trends in the regions of the Community. Surveillance or safeguard measures may be authorised for such regions if it is considered that Community-wide measures are not appropriate. These measures should disrupt the internal market as little as possible. For "regions" one can read "Member State", although this is not provided for in the Regulation.

Date of implementation
The Regulation applied from 15 March 1994.

COMMON RULES ON IMPORTS FROM CURRENT AND FORMER STATE-TRADING COUNTRIES

Official title
Council Regulation (EC) 519/94 of 7 March 1994 on common rules for imports from certain third countries and repealing Regulations (EEC) 1765/82, (EEC) 1766/82 and (EEC) 3420/83.

Reference

Regulation 519/94; OJ L67, 10.3.94.

Amendments

None.

Impact

Lays down detailed rules regulating the import of products from Vietnam, China, Albania, Mongolia, North Korea and the countries of the former Soviet Union.

Details

This Regulation provides specific rules to complement those provided for in the general import rules under Regulation (EC) 518/94 and removes the national commercial policy measures and, in particular, the national quantitative restrictions under Regulation (EEC) 3420/83 which is repealed.

The Regulation sets out the list of products originating in the People's Republic of China which are subject to Community surveillance *ab initio*. These include a list of up to 29 products which have been subject, in the past, to national restrictions and/or anti-dumping duties and include everything from playing cards and paint brushes, to Polyvinyl alcohols.

The procedures for the information and consultation, investigation, surveillance and safeguard measures are similar to those set out in relation to Regulation (EC) 518/94.

Date of implementation

The Regulation entered into force on 15 March 1994.

ADMINISTRATION OF IMPORT QUOTAS

Official Title

13.1.16 Council Regulation (EC) 520/94 of 7 March 1994 establishing a Community procedure for administering quantitative quotas.

Reference

Regulation 520/94; OJ L66, 10.3.94.

Amendments

None.

Impact

Sets out the specific Community rules for the administration of different administrative methods for Community import quotas.

Details

Previous Community legislation on the administration of quotas provided that they be allocated among the different Member States. This led to the compartmentalisation of the Common Market and was condemned by the European Court of Justice in Case 59/84 *Tezi Textiles* (see para **13.1.5** above). A new administrative system was required in line with the common commercial policy and the concept of the single market.

The Regulation sets up a Community system whereby the licences to import under the quota are issued by the Member States according to criteria established at the Community level. Once licences are issued they are usable in all ports of entry to the Community. Member States must designate a competent authority to which applications for licences are sent and which issues the licences. Applicants may apply to only one competent authority in any Member State of their choice.

The provisions of this Regulation do not apply to the administration of quotas for agricultural products in Annex II of the EC Treaty, together with textiles and any product for which a specific regime is established.

Quotas may be administered using any one (or a combination of any) of the following methods:

- a method based on traditional trade flows;
- a method based on the order in which applications for licences are submitted; or
- a method allocating quotas in proportion to the quantities requested when the applications are submitted.

Where there has been an over-application for licences the Commission must reduce the quantities to be allocated to each applicant on a pro-rata basis. The issue of the licences may be made subject to the lodging of a security. In general the licences should have a validity of four months. Applicants may also apply for and obtain "extracts" of licences, being a part of the total licence available to them.

These rules on import quotas may also be applied to export quotas.

Date of implementation

The Regulation entered into force on 13 March 1994.

ADMINISTRATION OF IMPORT QUOTAS – IMPLEMENTATION

Official title

Commission Regulation (EC) 738/94 of 30 March 1994, laying certain rules for the implementation of Council Regulation (EC) 520/94 establishing a Community procedure for administering quantitative quotas.

Reference

Commission Regulation 738/94; OJ L87, 31.3.94.

Impact

Lays down detailed rules for the division of responsibilities between the competent authorities of the Member States and the Commission in the administration of quotas.

Details

The Regulation specifies the competent administrative authorities in all the Member States for the purposes of the basic Regulation. Applicants for licences should apply to these authorities in writing or by fax, telex or computerised data transfer. The Regulation sets out the details of the information to be contained in the application, including: name and address; VAT registration number; the period to which the quota relates; a description of the goods; the combined nomenclature code; the origin and place of consignment; the quantity applied for; any other information stipulated in the notice announcing the opening of the quota; and a statement that the information contained in the application is correct in a specific form.

The Annex to the Regulation sets out common forms for import and export licences and specifies the number of copies which must be submitted. All values must be expressed in ECUs. Where licences or extracts thereof are lost they may be replaced according to certain criteria.

Date of implementation

The Regulation came into force on 31 March 1994.

ADMINISTRATION OF IMPORT QUOTAS – CHINA

Official title

13.1.18 Commission Regulation (EC) 747/94 of 30 March 1994 establishing administration procedures for quantitative quotas on certain products originating in the People's Republic of China.

Reference

Commission Regulation 747/94; OJ L87, 31.3.94.

Impact

Establishes that for the administration of quantitative quotas for products originating in China, the traditional trade flows method should be adopted.

Details

The Regulation provides that the reference years for allocation of licences for quotas on goods originating in China shall be 1991 and 1992. The predetermined quantities of goods imported, which a trader has to show as part of his application, are set out in the Annex. A portion of the quotas are set aside for newcomers. The Regulation then sets out the dates by which applications have to be made to the competent authorities in the Member States.

Date of implementation
The Regulation entered into force on 31 March 1994.

IMPLEMENTATION OF ARTICLE 115 OF THE EC TREATY

Official title
Commission Decision of 22 July 1987 on surveillance and protective measures which Member States may be authorised to take pursuant to Article 115 of the EEC Treaty.

Reference
Commission Decision 87/433/EEC; OJ L238, 21.8.87.

Amendments
None.

Impact
Permits Member States to control and/or to restrict goods imported from third countries into the Community via another Member State.

Details
Article 115(1) of the EC Treaty, as amended by the Maastricht Treaty, provides that:

> "In order to ensure that the execution of measures of commercial policy taken in accordance with this Treaty by any Member State is not obstructed by deflection of trade, or where differences between such measures lead to economic difficulties in one or more of the Member States, the European Commission is required to recommend the methods for the requisite co-operation between Member States. Failing this, the Commission must authorise Member States to take the necessary protective measures, the conditions and details of which it must determine."

Article 115(1) of the EC Treaty allows a Member State to protect its national market against products originating in third countries, although these products are in free circulation in another Member State of the Community.

Protective measures under Article 115 are subject to prior authorisation of the European Commission. Two situations are envisaged by Article 115:

- "deflection of trade", namely the situation in which a national import arrangement is infringed by indirect imports of the products subject to quantitative restrictions from another Member State; and
- economic difficulties of a Member State caused by the differences between national import arrangement regimes.

The scope of application of Article 115 has been radically reduced by reason of the completion of the common commercial policy and the introduction of the common rules on imports (set out in para **13.1.14** above). The amendments to the Article inserted by the Maastricht Treaty appear to give the Commission more discretion as to how and when to authorise national measures which would restrict trade within the Community. No Member State has yet challenged the Commission's discretion.

It remains to be seen how the European Commission will implement Article 115 having regard to the absence of internal frontier controls. It is clear, however, that any restrictions on the free movement of goods within the single market will have to be restrictively applied along the line of measures adopted under Article 36 of the EC Treaty. The European Court of Justice is likely to apply the principle of proportionality to the evaluation of Article 115 measures.

The European Court of Justice has had the opportunity to make rulings on actions brought by Community importers, pursuant to Article 173 of the EC Treaty, against Article 115 decisions of the Commission. In these cases, the importers were directly concerned because the local authorities had made it clear that they would apply the protective measures in question as soon as they obtained the Commission's authorisation. Individual interest was also found to exist because the Commission had taken its decision while fully aware of the identity of the importers concerned and, in some cases, referring to them explicitly (see, *e.g.*, Case 62/70 *Bock* v *Commission* [1971] ECR 897; Case 29/75 *Kaufhof* v *Commission* [1976] ECR 431; Case 59/84 *Tezi* v *Commission* [1986] ECR 887; Case 212/88 *Levy* v *Ministère Public* [1989] ECR 3511). The European Court of Justice's review of the substance, however, has always been very limited in this area, given the politically controversial character of the issues concerned.

TRADE IN TEXTILE PRODUCTS

Official title

13.1.20 Council Decision of 16 May 1994 concerning the conclusion of the Protocol maintaining in force the Arrangement regarding international trade in textiles (MFA)

Reference
Council Decision 94/228/EC; OJ L124, 15.5.94.

Impact
This Decision maintains existing arrangements in place until such time as the post-Uruguay Round arrangements are finalised.

Details
This Decision approves, on behalf of the Community, the agreement

maintaining in force the MultiFibre Arrangement as agreed in the Textiles Committee meeting on 9 December 1993. The prolongation applies until 31 December 1994.

Date of implementation

This Decision applies as of and from 1 January 1994.

COMMON RULES FOR IMPORTS OF TEXTILE PRODUCTS FROM CERTAIN THIRD COUNTRIES

Official title

Council Regulation (EC) 517/94 of 7 March 1994 on common rules for imports of textile products from certain third countries not covered by bilateral arrangements, protocols or other arrangements, or by other specific Community import rules.

Reference

Council Regulation 517/94; OJ L67, 10.3.94.

Amendments

None.

Impact

The Regulation applies to the import of textiles falling within Section XI of the Combined Nomenclature and other textile products listed in Annex 1 to the Regulation originating in third countries and not covered by specific arrangement.

Details

The general rule is that imports of textiles originating in countries other than those listed in Annex II to the Regulation (the ex-Soviet Union countries and the state-trading countries) are not subject to quantitative restrictions, except for those provided in Annex III (which gives detailed and lengthy listing of existing restrictions), and those introduced under the general rules provided for in this Regulation. Annex IV of the Regulation sets out certain other quantitative restrictions on certain textile products.

The Regulation sets out a detailed procedure for the introduction of new quantitative restrictions which is similar to the procedure set out in relation to Regulation (EC) 518/94 (see para **13.1.14** above). There is, first, an information and investigation procedure, followed by the introduction of surveillance measures and, finally, if necessary, safeguard measures which may include quantitative restrictions.

Title IV of the Regulation sets out detailed rules for the management of Community import restrictions. These new rules became necessary as a result of the ruling in Case 51/87 *Commission* v *Council* [1988] ECR 5459, which held that the allocation of quantitative restrictions (in this case GSP) to Member States was not compatible with Articles 9 and 113 of the EC Treaty. Importers must register with the competent authority of a Member State of their choice, which has power to issue the importation licences.

Access to licences to import within the quantitative restriction may be limited to those with a past import performance. Any application for licences must be accompanied by evidence of previous imports both for the category of product in question and for the specific country of origin. Import authorisations may be subject to the lodging of a security.

Date of implementation
The Regulation applies from 13 March 1994.

AGREEMENTS ON INTERNATIONAL TRADE IN TEXTILES

Official title
Council Decision of 2 December 1993 on the conclusion of agreements between the European Community and certain third countries on international trade in textiles.

Reference
Council Decision 94/216/EC; OJ L110, 30.4.94.

Amendments
None.

Impact
Restricts the import of textiles into the Community from certain third countries in line with the Multifibre Arrangement.

Details
This Decision incorporates into Community law detailed restrictions for the year 1994 on the imports of textile products from: Hong Kong; Republic of Singapore; Macao; Republic of Indonesia; Republic of the Philippines; Republic of Colombia; Republic of Peru; People's Republic of China; Republic of Argentina; People's Republic of Bangladesh; Federative Republic of Brazil; Republic of Korea; Republic of Guatemala; Republic of India; Malaysia; United Mexican States; Islamic Republic of Pakistan; Democratic Socialist Republic of Sri Lanka; Kingdom of Thailand; and Eastern Republic of Uruguay.

The Decision is based on a series of letters exchanged between these third countries and the Community which are set out in the Decision.

It is envisaged that similar agreements will be made for each subsequent calendar year.

Date of implementation

The Decision entered into force on 1 January 1994, although it was not published until April.

AGREEMENTS ON INTERNATIONAL TRADE IN TEXTILES – PROVISIONAL MEASURES

Official title

Council Decision of 20 December 1993 of the provisional application of certain Agreements and Protocols between the European Economic Community and certain third countries on trade in textile products.

Reference

Council Decision 94/277/EC; OJ L123, 17.5.94.

Impact

Sets out the details of the agreements concluded between the Community and the countries of the former Soviet Union and the former state-trading countries on trade in textiles.

Details

The agreements covered by this Decision include those concluded between the Community and Albania; Armenia; Azerbaijan; Belarus; Bulgaria; Czech Republic; Georgia; Kazakhstan; Kyrgyz Republic (Kyrgyzstan); Latvia; Lithuania; Moldova; Mongolia; Rumania; Russian Federation; Slovak Republic; Slovenia; Tajikistan; Turkmenistan; Ukraine; Uzbekistan.

Date of implementation

The agreements came into force on 1 January 1994.

International trade agreements

Article 210 of the EC Treaty provides explicitly that the Community has legal personality. The Community therefore, has, the capacity of being subject to the rights and obligations deriving, among others, from international bilateral or multilateral agreements to which it is a contracting party. Such agreements may be concluded only in those areas where the Community has the necessary powers to do so. Such powers derive from the Treaties which established the original European Communities (including the Treaties of Accession).

Article 113(1) of the EC Treaty provides that the common commercial policy of the Community shall be based upon uniform principles, particularly with regard to the conclusion of tariff and trade agreements. Articles 113(3) and 228 lay down the procedure to be followed for the conclusion of such agreements. The European Commission makes recommendations to the EU Council which eventually, by deciding on qualified majority, authorises the European Commission to open the necessary negotiations.

The European Commission conducts these negotiations in consultation with a special committee appointed by the EU Council to assist the European Commission in this task (the so-called 113 Committee) and within the framework of guidelines adopted by the EU Council. The negotiated agreements are concluded by the EU Council acting by qualified majority on behalf of the Community. Under Article 228 the European Parliament must also be consulted on the negotiations, except in certain circumstances, including agreements adopted under Article 113.

One of the consequences of the exclusive nature of the powers of the Community in the area of the common commercial policy is that the Community alone, since the expiry of the transitional period in 1968, is responsible for the conclusion of bilateral or multilateral agreements with third countries in this area (see Art 113(1) of the EC Treaty).

The exclusive powers of the Community in the common commercial policy cannot, on the other hand, suspend the implementation of bilateral or multilateral agreements concluded in this area by individual Member States with third countries prior to the entry into effect of the EC Treaties or during the transitional period (namely, until 1968; see Arts 111, 112 and 234 of the EC Treaty).

The Community has concluded a large number of bilateral agreements with third countries. These agreements cover: trade in goods and economic co-operation issues (see, *e.g.*, the agreements concluded with the EFTA countries and with Hungary and the Czech and Slovak Federal Republics); trade in certain products (*e.g.*, textiles, meat); environment protection; international transport; and protection of endangered species. The EU is also a contracting party to certain multilateral agreements to regulate world trade in certain sensitive products (*e.g.*, the International Coffee Agreement and the International Sugar Agreement). In addition, the Community has concluded various multilateral agreements within the framework of GATT on subsidies, dumping, customs duties and trade in civil aircraft.

GENERALISED SYSTEM OF PREFERENCES (GSP)

Official title

13.1.24 The detailed scheme of the Community's system of generalised tariff preferences (GSPs) for 1991 and 1992 is set out in the following legislation:

- Council Regulation (EEC) 3831/90 of 20 December 1990 applying generalised tariff preferences for 1991 in respect of certain industrial products originating in developing countries;
- Council Regulation (EEC) 3832/90 of 20 December 1990 applying generalised tariff preferences for 1991 to textile products originating in developing countries;

- Council Regulation (EEC) 3833/90 of 20 December 1990 applying generalised tariff preferences for 1991 in respect of certain agricultural products originating in developing countries;
- Decision of the representatives of the governments of the Member States of the European Coal and Steel Community meeting within the Council of 20 December 1990 applying the generalised tariff preferences for 1991 in respect of certain steel products originating in developing countries.

Reference
Council Regulations 3831/90, 3832/90 and 3833/90; OJ L370, 31.12.90.

Amendments
Regulation (EEC) 3835/90; OJ L370, 31.12.90.
Regulation (EEC) 3587/91; OJ L341, 12.12.91.
Regulation (EEC) 3862/91; OJ L362, 23.12.91.
Regulation (EEC) 282/92; OJ L31, 7.2.92.
Regulation (EEC) 3917/92; OJ L396, 31.12.92.
Regulation (EEC) 1028/93; OJ L108, 1.5.93.
Regulation (EEC) 3667/93; OJ L338, 31.12.93.
Regulation (EEC) 3668/93; OJ L338, 31.12.93.

Impact
These Regulations lay down the detailed schemes for the provisioning and administration of the Community's scheme of generalised tariff preferences for developing countries and territories.

The Council has extended the 1991 GSP system into 1992, 1993 and 1994 on almost exactly the same terms (except certain changes on the ECU amounts, the list of beneficiary countries etc). Some changes to Combined Nomenclature Codes are also incorporated into the legislation.

It should be noted that South Korea, Mongolia, Namibia and Bulgaria are now included in the GSP for a period of five years.

Details
The following is a list of developing countries and territories which enjoy generalised trade preferences.

Independent countries Afghanistan, Algeria, Angola, Antigua and Barbuda, Argentina, Bahamas, Bahrain, Bangladesh, Barbados, Belize, Benin, Bhutan, Bolivia, Botswana, Brazil, Brunei Darussalam, Bulgaria, Burkina Faso, Burma, Burundi, Cameroon, Central African Republic, Chad, Chile, China, Colombia, Comoros, Congo, Costa Rica, Cuba, Cyprus, Djibouti, Dominican Republic, Ecuador, Egypt, El Salvador, Equatorial Guinea, Ethiopia, Fiji, Gabon, Gambia, Ghana, Grenada, Guatemala, Guinea Bissau, Guinea, Guyana, Haiti, Honduras, India, Indonesia, Iran, Iraq, Ivory Coast, Jamaica, Jordan, Kampuchea (Cambodia), Kenya, Kiribati, Kuwait, Laos, Lebanon, Lesotho, Liberia, Libya, Madagascar, Malawi, Malaysia, Maldives,

Mali, Mauritania, Mauritius, Mexico, Mongolia, Morocco, Mozambique, Nauru, Nepal, Nicaragua, Niger, Nigeria, North Yemen, Oman, Pakistan, Panama, Papua New Guinea, Paraguay, Peru, Philippines, Qatar, Republic of Cape Verde, Rumania, Rwanda, Sao Tomé and Principe, Saudi Arabia, Senegal, Seychelles, Sierra Leone, Singapore, Solomon Islands, Somalia, South Africa,* South Yemen, South Korea, Sri Lanka, St Vincent, St Lucia, St Christopher and Nevis, Sudan, Surinam, Swaziland, Syria, Tanzania, Thailand, Togo, Tonga, Trinidad and Tobago, Tunisia, Tuvalu, Uganda, United Arab Emirates, Uruguay, Vanuatu, Venezuela, Vietnam,** Western Samoa, Yugoslavia, Zaire, Zambia, Zimbabwe.

[*Regulation (EEC) 2129/94, 19.8.94, includes South Africa in the GSP scheme with regard to certain industrial products.]
[**Regulation (EEC) 1028/93; OJ L108/1, 26.4.93, includes Vietnam in the Community GSP scheme with regard to textile products (see Regs 3832/90 and 3917/92).]

Countries and territories dependent or administered by Member States, or for whose external relations Member States of the Community or third countries are wholly or partly responsible   American Oceania including Guam, American Samoa (including Swain's Island), Anguilla, Antarctic Territories, Aruba, Australian Oceania (Christmas Island, Bermuda, British Virgin Islands and Montserrat, British Indian Ocean Territory, Cayman Islands, Cocos (Keeling) Islands, Cook Islands), Falkland Islands and Falkland Dependencies, French Polynesia and the Polar regions (French Southern and Antarctic Territories, Australian Gibraltar, Heard Island and McDonald Islands, Hong Kong, Johnston and Sand Islands, Macao, Marianas and Marshall Islands), Mayotte, Midway Islands, Netherlands Antilles, New Caledonia and dependencies, New Zealand Oceania (Tokelau and Niue Islands, Norfolk Island), Pitcairn, St Helena and St Helena dependencies, St Pierre and Miquelon, Turks and Caicos Islands, Virgin Islands of the United States, Wake Island and the Trust Territory of the Pacific Islands (the Caroline and Wallis and Futuna Islands).

The above list may be amended subsequently to take account of changes in the international status of countries or territories.

The schemes consist, in essence, of a suspension of duties within a framework of tariff quotas, fixed duty-free amounts and tariff ceilings. Each Regulation has a number of Annexes listing the products, preferences and the countries and territories which benefit from them. The least-developed countries are granted the most extensive preferential treatment.

Each year a proposal is made, setting out the proposed GSP treatment for the following year. Generally, the terms of the proposal are accepted in December of the year preceding entry into force of the Regulation.

The GSP scheme is applied autonomously and is not, therefore, subject to negotiation. The Community extended the scheme, which commenced in

1971 for a second 10-year period (1981–90) and is continuing to extend it from year to year until after completion of the Uruguay Round of multilateral trade negotiations. The detailed arrangements are published annually.

By Regulation (EEC) 3912/87 the Community withdrew tariff preferences for products originating in South Korea in 1988 because of a dispute concerning alleged discrimination by South Korea against the Community regarding the protection of intellectual property rights. In 1992, however, the Community again included South Korea in the GSP scheme, following satisfactory resolution of the intellectual property rights dispute.

Date of implementation

This Regulation entered into force on 1 January 1992. The GSP was extended to 31 December 1994 by Regulation (EEC) 3668/93. The proposal to extend the GSP to 1997 is discussed at paragraph **13.1.27** below.

FOURTH LOMÉ CONVENTION

Official title

Decision of the Council and the Commission of 25 February 1991 on the conclusion of the Fourth ACP–EEC Convention.

Reference

Council and Commission Decision 91/400/ECSC, EEC; OJ L229, 17.8.91.

Amendments

Council Decision 93/587; OJ L280, 13.11.93.

Impact

In the field of trade co-operation the object of this Convention is to promote trade between 69 African, Caribbean and Pacific (ACP) States and the Community (many of the ACP states were formerly colonies of the Member States). In general, products originating in the ACP States may be imported into the Community free of customs duties and charges having equivalent effect.

Details

Council and Commission Decision 91/400/ECSC, EEC formally approves the fourth Lomé Convention signed on 15 December 1989. Changes which came into force earlier (on 1 March 1990) include:

- new provisions on bananas and rum;
- new provisions on beef and veal;
- special rules on steel products; and
- the accession of Namibia to the Convention.

Most of the technical, trade and financial co-operation provisions of the previous Lomé Convention remain substantially the same, including SYSMIN (a financing facility designed to help ACP countries with serious temporary and unforeseeable disruptions affecting mining sectors) and emergency aid for refugees. Haiti is now a signatory to the Lomé Convention.

Detailed provision is made for co-operation in the fields of trade, commodities, financial and technical matters, investment, capital movements, establishment and services.

The first Lomé Convention introduced a scheme for the stabilisation of the earnings of ACP countries in respect of commodity exports to the Community. Forty-eight product categories on which certain ACP countries are dependent for export earnings and which are affected by fluctuations in price and/or demand are covered by the scheme which is known as STABEX.

Agricultural products subject to a Community Common Market organisation do not benefit generally from the rule permitting duty-free imports from the ACP countries. However, the Community guarantees to purchase and import specified quantities of ACP sugar. Trade arrangements for certain other important products (*e.g.* rum and bananas) are dealt with in individual protocols to the agreement.

The mid-term review of the Lomé Convention will decide on the Second Financial Protocol for Lomé IV, covering the period 1995–2000. The first Financial Protocol (1990–95) made available ECU 12 billion for development co-operation. Negotiations started in September 1994 in order that the Convention should enter into effect on 1 March 1995. However, no figure has yet been set for the Second Financial Protocol.

The ACP countries are: Angola, Antigua and Barbuda, Bahamas, Barbados, Belize, Benin, Botswana, Burkina Faso, Burundi, Cameroon, Cape Verde, Central African Republic, Chad, Comoros, Congo, Djibouti, Eritrea,* Ghana, Grenada, Guinea Bissau, Guyana, Haiti, Ivory Coast, Jamaica, Kenya, Kiribati, Lesotho, Liberia, Madagascar, Malawi, Mali, Mauritania, Mauritius, St Christopher and Nevis, St Lucia, St Vincent and Grenadines, Sao Tomé and Principe, Senegal, Seychelles, Sierra Leone, Solomon Islands, Somalia, Sudan, Surinam, Swaziland, Tanzania, Togo, Tonga, Trinidad and Tobago, Tuvalu, Dominica, Equatorial Guinea, Ethiopia, Fiji, Gabon, Gambia, Mozambique, Niger, Nigeria, Papua New Guinea, Rwanda, Uganda, Western Samoa, Vanuatu, Zaire, Zambia and Zimbabwe.

[*Decision 93/587/EC extends the application of the Lomé IV Convention to Eritrea. The Decision entered into force on 22 October 1993, but its provisions applied from 24 May 1993.]

Date of implementation

The fourth Lomé Convention entered into force on 22 May 1992 and applied as from 1 March 1990.

TRADE SANCTIONS AND EMBARGOES

At any one time the Community has a number of specific trade measures in force which restrict trade with certain third countries in line with Resolutions of the Security Council of the United Nations.

Currently sanctions are imposed on trade with:

- Iraq: Council Regulation (EEC) 1194/91; OJ L115, 8.5.91.
- Libya: Council Regulation (EEC) 3274/93; OJ L295, 30.11.93.
  Council Regulation (EEC) 3275/93; OJ L275, 30.11.93.
- Yugoslavia: Council Regulation (EEC) 990/93; OJ L102, 28.4.93.
- Haiti: Council Regulation (EEC) 3028/93; OJ L270, 30.10.93.
- Unita: Council Regulation (EEC) 2967/93; OJ L268, 29.10.93.

Proposed international trade agreements

GENERALISED SYSTEM OF PREFERENCES (GSP) – EXTENSION

Official title

Proposal for a Council Regulation (EC) applying a three-year scheme of Generalised Tariff Preferences (1995–1997) in respect of certain industrial products originating in developing countries.

Reference

COM (94) 337 final.

Impact

The Proposal will constitute a radical change in the GSP system in line with the Uruguay Round conclusions. It will be a more development-orientated instrument than the previous regimes.

Details

In the beginning of 1994 the European Commission started a policy debate on the review of the Generalised System of Preferences (GSP) for Third World countries, which had been postponed until the end of the Uruguay Round. In June it published its guidelines on the main features of the new GSP system for the next 10-year period (1995–2005).

In September the Commission approved the proposal which it will submit to the Council on the new GSP for the period 1995–97.

The main elements of the new regime are: a three-year regulation, instead of the usual annual regulation, ensuring greater trade stability; for agricultural products the Commission proposes to renew the old regime for another year and apply the new one in 1996; the regime applicable to industrial products will be based on the abolition of quantitative restrictions and the application of duty reductions depending on the sensitivity of the product (20% reduction for sensitive products, 60% for semi-sensitive and zero for the others); least-developed countries will benefit from zero duties on all their products; an "exclusion clause" will allow the Commission to exclude from the GSP benefits competitive sectors of some of these countries, like Korea, China, Hong Kong, Brazil and Russia; "encouragement clauses" will allow the granting of additional benefits to those countries that respect certain social and environmental conditions.

Proposed date of implementation

The Regulation would apply from 1 January 1995 until the end of 1997.

Export credit legislation

MISCELLANEOUS LEGISLATION – CREDIT INSURANCE AND EXPORT CREDIT INSURANCE

Official titles and references

13.1.28 Council Decision of 27 September 1960 on the establishment of a Policy Co-ordination Group for credit insurance, credit guarantees and financial credits, consisting of delegates from the Member States and the European Commission. Council Decision 1339/60/EEC; OJ L66, 27.10.60.

Council Directive of 1 February 1971 on harmonisation of the basic provisions in respect of guarantees for short-term transactions (political risks) with public buyers or with private buyers. Council Directive 71/86/EEC; OJ L36, 13.2.71.

Council Decision of 3 December 1973 on consultation and information procedures in matters of credit insurance, credit guarantees and financial credits. Council Decision 73/391/EEC; OJ L346, 17.12.73. Corrigendum; OJ L74, 19.3.74. Amended by Decision 76/641/EEC; OJ L223, 16.8.76.

Details

The legislative items listed above have limited significance and, therefore, do not warrant separate entries.

In addition to the above, the Council adopted a Decision on 4 April 1978 (see *EC Bulletin* 4–1978, point no 2.2.46) confirming that the Community will apply guidelines negotiated internationally on export credits. There is an Arrangement on officially supported export credits which: (i) sets a minimum percentage for down-payments, maximum repayment periods, and minimum interest rates; (ii) suggests guidelines for local costs; and (iii) lays down procedures for operation of the Arrangement. It replaced the informal agreement in effect between March 1977 and June 1978.

ADOPTED LEGISLATION IN THE FIELD OF CREDIT INSURANCE NOT YET IMPLEMENTED

Official titles and references

13.1.29 Council Directive of 27 October 1970 on the adoption of a common credit insurance policy for medium-term and long-term transactions with public buyers. Council Directive 70/509/EEC; OJ L254, 23.11.70. Council Directive of 27 October 1970 on adoption of a common credit insurance policy for medium-term and long-term transactions with private buyers. Council Directive 70/510/EEC; OJ L254, 23.11.70.

Amendments

Council Directive 73/101/EEC; OJ L2, 1.1.73.

Details

These two Directives have not yet been implemented because their implementation was made conditional upon the adoption of other Directives on the establishment of a common system of premium payments (*i.e.* rates, method of calculation and classification). These Directives seek to enforce the use of common policies for medium-term and long-term transactions with public and private buyers. The suggested policy form is annexed to these Directives.

EXPORT CREDIT SUBCONTRACTS

Official title

Council Decision of 10 December 1982 on the rules applicable, in the fields of export guarantees and finance for exports, to certain subcontracts with parties in other Member States of the European Community or in non-Member countries.

Reference

Council Decision 82/854/EEC; OJ L357, 18.12.82.

Amendments

None.

Impact

Prevents discrimination by reason of nationality in the granting of finance for export subcontracts.

Details

This Decision establishes rules under which subcontractors located in other Member States, or non-Community countries, can be automatically included within the coverage provided by, or on behalf of, the state to the principal contractor.

These subcontracts are included within the insurance coverage granted to the principal contractor where the amount of such subcontracts is equal to or less than:

– 40% for contracts of a value less than ECU 7.5 million;

- ECU 3,000,000 for contracts of a value between ECU 7.5 million and 10 million; and
- 30% for contracts of a value over ECU 10 million.

The financing of these subcontracts must be given treatment equal to that applicable to export contracts comprising exclusively national supplies, without prejudice to the application of the customary criteria used in banking matters.

Date of implementation

The Decision repeals an earlier Decision (Dec 70/552/EEC) and entered into force on 1 January 1983.

RECIPROCAL OBLIGATIONS OF EXPORT CREDIT INSURANCE COMPANIES

Official title

13.1.31 Council Directive of 27 November 1984 concerning the reciprocal obligations of export credit insurance organisations of the Member States acting on behalf of the state or with its support, or of public departments acting in place of such organisations, in the case of joint guarantees for a contract involving one or more subcontracts in one or more Member States of the European Communities.

Reference

Council Directive 84/568/EEC; OJ L314, 4.12.84.

Amendments

None.

Impact

Facilitates the operation of joint insurance between credit insurers of different Member States.

Details

The Directive requires Member States to ensure that their export credit organisations and their public departments comply with the terms of the specimen agreement attached to the Directive. This covers their reciprocal obligations when they grant guarantees relating to a contract involving one or more subcontracts in one or more Member States. The specimen agreement includes provisions governing the obligations of the principal insurer and those of each joint insurer.

Date of implementation

Member States were required to comply with this directive by 3 June 1985.

TRADE

Proposed export credit legislation

EUROPEAN EXPORT CREDIT INSURANCE FACILITY (EECIF)

Official title
Proposal for a Council Regulation (EEC) concerning the establishment of a European Export Credit Insurance Facility to provide export credit insurance for export contracts to third countries sourced in more than one Member State.

Reference
Original proposal; OJ C230, 28.8.87.

Amendments
None.

Impact
Would provide for the issue of a common export credit insurance policy by a European Export Credit Insurance Facility (EECIF).

Details
Export credit insurance would be provided by the export credit organisation acting on behalf of or with the support of the state, or by the public departments acting in place of such an organisation ("export credit agencies").

Each Member State's export credit organisation would act as co-insurer proportionately to the value of the export contract supplied by the undertaking or undertakings established in that Member State.

The arrangement would apply in the following circumstances:

- where not less than 85% of the value of the contract for exports of goods or services to outside the Community (the export contract) is supplied by undertakings from more than one Member State; and
- the export contract is of a minimum value yet to be determined.

The export credit insurance cover would be offered in a single common policy, known as the EECIF policy.

A common agent, the EECIF, would be created thereby. EECIF would issue the EECIF policy on behalf and in the name of the export credit agencies of the Member States. EECIF would be an entity with legal personality. It would, therefore, have a working capital and a board of directors consisting of representatives from the Member States and a representative of the European Commission.

The board of directors would decide whether each request for insurance cover fulfilled the conditions for the grant of a policy.

An EECIF Committee would be set up, consisting of Member States' representatives and a representative of the European Commission as chairman. The Committee would decide, in particular, the minimum value which an export contract should have before the Regulation could apply.

The Regulation would not prejudice the automatic inclusion of certain subcontracts in export credit insurance cover by the export credit agencies of the Member States pursuant to Council Decision 82/854/EEC.

Proposed date of implementation

The Regulation would come into force one month after its publication in the *Official Journal*.

2. Customs

Introduction

13.2.1 This section deals with Community customs law. It has been further divided into three sections, each of which deals with specific areas of the law.

The section entitled "The Customs Code" covers most of the sectors governed by customs law. Legislation outside the Code (dealing with customs fraud, containers, sealed containers, counterfeit legislation, the Community system of reliefs from customs duty, and the Convention on temporary admission) is dealt with in the section entitled "Other customs legislation". "Export legislation" is dealt with in a third, separate section.

The Customs Code has been broken up into 18 entries. The first three (reference, date of implementation and summary) deal with the legal basis and history of the Code. The next 15 entries each deal with a particular area of customs law regulated by the Code. Export is dealt with separately in paragraphs **13.2.24** and **13.2.25** below.

This section aims to provide a clear overview of customs legislation for the business user. It does not cover existing legislation applicable specifically to agricultural products, nor does it cover veterinary and phytosanitary controls.

There are still some special provisions applicable to Spain and Portugal. The last of these is scheduled to elapse on 31 December 1995, when these two Member States will be, from the purposes of customs law, identical to all the others (for a combined nomenclature setting out the tariff reductions on goods from Spain and Portugal see Reg 4161/87 of 22 December 1987).

Scope and purpose of the legislation

Article 9 of the EC Treaty provides that:

> "The Community shall be based upon a customs union which shall cover all trade in goods and which shall involve the prohibition between Member States of customs duties on imports and exports and of all charges having equivalent effect, and the adoption of a common customs tariff in their relations with third countries."

The customs union is a cornerstone of the European Union. The autonomous external tariffs of the various Member States have been replaced by a common external tariff (Arts 18–29 of the EC Treaty). Internal barriers to trade have been removed almost entirely. Certain quantitative restrictions and differences in tariff treatment remain, because of the transitional arrangements applicable to Spain and Portugal. Most such transitional provisions expired on 31 December 1992, but some remain in force until 1995.

By establishing a customs union between themselves, Member States have contributed towards the abolition of restrictions on international trade and the lowering of customs barriers. Goods complying with the relevant import formalities on entry into one Member State may, in general, circulate throughout the Community without attracting further duties or being hindered by quantitative restrictions. Restrictions on trade between Member States remain in some areas. These are set out in Council Regulation (EEC) 518/94.

Future developments

It is expected that the current customs valuation provisions will be reformed. Article 147 of the implementing Regulation provides that "the fact the goods which are subject of a sale are declared for free circulation shall be considered as adequate indication that they were sold for export to the customs territory of the Community". This principle will also apply if successive sales have been made before valuation. If that is the case, the price resulting from any previous transaction may be used as a basis for customs valuation purposes. However, this possibility does not apply if the goods in question are used in a third country between the time of sale and the time of entry into free circulation in the Community.

The Commission believes that, in practice, Article 147 of the Regulation allows the use of any transaction price and not just the transaction value of the sale for export to the Community. The Commission, therefore, believes that the Community has not properly implemented Article I of the GATT Code on Customs Value.

At present the Commission is working on proposals to amend the implementing Regulation of the Community Customs Code and to introduce a new system. According to the Commission, the new system will consider the transaction value of the last sale as the price for export to the customs territory of the Community. However, if the parties involved can prove that previous sales were made for export to the Community, the prices of these sales can be used as transaction value for customs purposes. In this way the Community may limit the discretion of operators to choose the price of previous sales for customs purposes.

The amendments are intended to bring Community customs legislation into line with GATT and, thus, in line with the legislation of other GATT members.

The initial idea was that the Commission would present its proposal to the Customs Code Committee by January 1995. At the present stage of development this date does not seem realistic.

On the other hand, the Commission does not expect to encounter opposition from Member States in the Customs Code Committee.

Responsibility within the European Commission

13.2.4 The administration of the customs union is the responsibility of Directorate-General XXI (Customs Union and Indirect Taxation). Directorate-General XXI is subdivided into three Directorates. Directorate A deals with external tariff questions, including customs valuation. Directorate B deals with movement of goods procedures, origin of goods and customs procedures with economic impact. Directorate C deals with indirect taxation and the elimination of fiscal frontiers (these areas are dealt with in Chapter 10).

Case law

13.2.5 Customs law is a sector which is covered by the Community Customs Code. The Code was adopted at the end of 1992 and entered into force in January 1994. So far, there has been no case law concerning its application by national authorities or Community Institutions.

Legislation

The Customs Code

REFERENCE

Official title

13.2.6 Council Regulation (EEC) 2913/92 of 12 October 1992 establishing the Community Customs Code (OJ L302, 19.10.92).

Implementing legislation

Commission Regulation (EEC) 3269/92 of 10 November 1992 laying down certain implementing provisions of Articles 161, 182 and 183 of Council Regulation (EEC) 2913/92 establishing the Community Customs Code (OJ L326, 12.11.92).

Commission Regulation (EEC) 2454/93 of 2 July 1993 laying down provisions for the implementation of Council Regulation (EEC) 2913/92 establishing the Community Customs Code (OJ L253, 11.10.93).

Amendments

Commission Regulation (EEC) 3665/93 of 21 December 1993 amending Commission Regulation (EEC) 2454/93 laying down provisions for the implementation of Council Regulation (EEC) 2913/92 establishing the Community Customs Code (OJ L335, 31/12/93).

Commission Regulation (EEC) 655/94 of 24 March 1994 amending Regulation 2454/93 laying down provisions for the implementation of the Community Customs Code in respect of the Single Administrative Document and the codes to be used (OJ L82, of 25/3/94).

Date of implementation

13.2.7 The Community Customs Code and its implementing legislation entered into force on 1 January 1994. However, the United Kingdom has a derogation until 1995 for the provisions concerning the right to appeal against the decisions of the customs authorities.

Summary

13.2.8 The Community adopted its Customs Code in October 1992 (Council Reg 2913/92). This Code was implemented by Commission Regulation (EEC) 2454/93 of July 1993. Whilst there have been some amendments to this legislation since, it remains the key source of community law in the field.

The Community Customs Code is the most far-reaching project of legislative consolidation ever undertaken in a field of Community law. The Community Customs Code constitutes the customs union legislation applicable to trade between the Community and third countries. However, tariff policies, determined product by product, are collected in the Integrated Tariff of the European Communities (TARIC). Intra-Community customs controls have been removed with the completion of the internal market.

The Community Customs Code was conceived as a task of fundamental importance from the standpoint of the internal market. To assemble in a code all the provisions concerning customs law was in the interest of both Community traders and the customs authorities. However, the Code does not merely incorporate all current legislation, it also amends and modifies rules in order to make them more consistent, simplify them, or to fill gaps and omissions.

DEFINITION OF THE COMMUNITY CUSTOMS TERRITORY

Reference

Customs Code: Article 3.

Impact

13.2.9 Except where there are specific provisions to the contrary, resulting either from international conventions or from autonomous Community measures, the customs rules of the Community are to be applied uniformly throughout the whole of the customs territory of the Community.

Details

The customs territory of the Community is:
- the territory of the Kingdom of Belgium;
- the territory of the Kingdom of Denmark, except for the Faroe Islands and Greenland;
- the German territories to which the Treaty establishing the European Economic Community applies, except for the Island of Heligoland and the territory of Büsingen (Treaty of 23 November 1964 between the Federal Republic of Germany and the Swiss Confederation);
- the territory of the Kingdom of Spain except for the Canary Islands (but see OJ L171, 29.6.91), Ceuta and Melilla;
- the territory of the Hellenic Republic;
- the territory of the French Republic, except for the overseas territories;
- the territory of Ireland;
- the territory of the Italian Republic, except for the communes of Livigno and Campione d'Italia and the national waters of Lake Lugano, which are between the bank and the political frontier of the area between Ponte Tresa and Porto Ceresio;
- the territory of the Grand Duchy of Luxembourg;
- the territory of the Kingdom of The Netherlands in Europe;
- the territory of the Portuguese Republic; and
- the territory of the United Kingdom of Great Britain and Northern Ireland and of the Channel Islands and the Isle of Man.

The customs territory includes the territorial sea of the coastal Member States and their internal waters, and the air space of each Member State. It also extends to certain territories situated outside the territory of the Member States: for Germany, the Austrian territories of Jongholz and Mittelberg; for France, the territory of the Principality of Monaco; and for Italy, the territory of the Republic of San Marino.

The customs territory of the Community, after the accession of the new Member States, will include the territory of the 12 as defined above and:
- the territory of the Republic of Austria;
- the territory of the Republic of Finland, including the Aland Islands, provided a declaration is made in accordance with Article 227(5) of the EC Treaty;
- the territory of the Kingdom of Sweden.

CUSTOMS BINDINGS LEGISLATION

Reference

Code: Articles 11 and 12.
Implementing Regulation: Articles 5 to 15.

Impact

Defines a special procedure enabling importers to achieve a substantial degree of certainty as to the classification of the goods which they intend to import.

Details

Any person may request, in writing, information concerning the application of customs legislation from the national customs authorities. Such a request must relate to an actually envisaged transaction. It will usually be free of charge.

When requested, the customs authorities will issue a binding tariff information. Such an information will normally be valid for six years following the day on which it is issued. The customs authorities will be bound only to the person on whose behalf the information was requested. There are various provisions destined to ensure uniformity amongst the Member States.

The above period can be brought to a premature end where the combined nomenclature is amended, or as a result of a decision of the European Court of Justice. This can also result from a decision in the appropriate international forum. In such an event there will normally be a six-months' grace period within which the importer can continue to rely on the binding information, provided any transactions are covered by a binding contract concluded before the publication of the relevant change.

A request for a binding tariff information must contain the following information:

- the holder's name and address;
- the name and address of the applicant where that person is not the holder;
- the customs nomenclature in which the goods are to be classified;
- a detailed description of the goods etc;
- the composition of the goods where this may be relevant to their classification;
- any samples, photographs etc, that may assist the customs authorities;
- the classification envisaged;
- any particulars to be treated as confidential;
- agreement to supply a translation into (one of) the official language(s) of the Member State concerned of any attached document;
- an indication whether, to the applicant's knowledge, any binding tariff information, for these goods or for any similar goods, has been applied for, or issued, in the Community; and
- acceptance that the information supplied may be stored on a Community database.

FAVOURABLE TARIFF TREATMENT FOR CERTAIN GOODS

Reference

13.2.11 Implementing Regulation: Articles 16 to 34.

Impact

Defines a series of goods which, by virtue of their nature, enjoy a preferential tariff rate.

Details

Certain goods, by reason of their nature, are entitled to a preferential rate of duty.

The principal categories of such goods are:

- denatured products;
- seeds that are destined for sowing;
- bolting cloth as piece goods; and
- certain goods for which special certificates are required.

Denatured products are certain limited types of foodstuffs that have been rendered unfit for ordinary consumption. This is achieved by treating such goods with substances that are to be found on a list set out in the implementing Regulation. The Regulation also provides that Member States can seek to develop other ways of denaturing foodstuffs, subject to an *a posteriori* approval of the process involved in such alternative forms of denaturation.

Bolting cloth can also benefit from a similar preferential tariff. Such cloth has to carry certain indelible markings, which must conform to a specified pattern.

There are provisions which enable certain goods accompanied by the requisite certificates to benefit from preferential tariffs. Amongst these goods are certain fruits, alcohols, tobaccos, and fertilisers, stemming from certain specified countries.

VALUE OF GOODS FOR CUSTOMS PURPOSES

Reference

13.2.12 Customs Code: Articles 28 to 36.
Implementing Regulation: Articles 141 to 181.

Impact

Defines how the customs value for customs purposes of imported goods should be calculated, ensuring that importers throughout the Community are treated alike.

Details

For customs purposes the customs value of imported goods is the transaction value. The transaction value is the price actually paid or payable for the goods, when sold for export to the customs territory of the Community.

"The price actually paid or payable" is the total payment made or to be made by the buyer to or for the benefit of the seller for the imported goods, and includes all payments made or to be made as a condition of sale of the goods in question by the buyer to the seller or to a third party to satisfy an obligation to the seller. The modalities of payment are not relevant. Any activity other than those which can be subject to adjustment (Art 32) should not be considered to be a payment to the seller.

However, the "transaction value" principle is only applied in the following cases:

- if there are no restrictions as to the disposal or use of the goods by the buyer other that those imposed by law or by a public authority in the Community, or restrictions which limit the geographical area in which the goods may be resold, or restrictions which do not affect the value of the goods;
- if the sale or price is not subject to some condition or consideration for which a value cannot be determined with respect to the goods being valued;
- when no part of the proceeds of any subsequent resale, disposal or use of the goods by the buyer will accrue directly or indirectly to the seller, unless it can be properly adjusted for; and
- when the buyer and the seller are not related, or, if they are related but the relationship does not influence the price, or if they demonstrate that the value closely approximates to that of unrelated traders or to the customs value of identical or similar goods, as determined under the computed value method or under the provisions of Article 30(2)c.

When the customs value cannot be determined under the "transaction value" principle, it should be determined by proceeding sequentially to any of the following methods in such a way that only if the first method is not adequate would the following one be used. The methods are:

- the transaction value of identical goods sold for export to the Community and then exported at or about the same time as the goods being valued;
- the transaction value of similar goods sold for export to the Community and exported at or about the same time as the goods being valued;
- the value based on the unit price at which the imported goods for identical or similar imported goods are sold within the Community in the greatest aggregate quantity to persons not related to the seller (Art 30(b)2);
- the computed value, which is the sum of the cost or value of materials and fabrication or other processing used in producing the imported goods, plus an amount for profit and general expenses, and the cost of transport, insurance, loading and handling.

If the customs value cannot be determined under any of these methods, it shall be determined on the basis of the data available in the Community, using reasonable means consistent with Article VII of GATT, the agreement on implementation of Article VII of GATT and the provisions of Chapter 3 of the Community Customs Code.

However, customs value should never be determined using: the selling price in the Community of goods produced in the Community; a system that provides for the acceptance for customs purposes of the higher of two alternative values; the price of goods on the domestic market of the country of exportation; the cost of production other than the computed value as explained above; prices for export to a country not forming part of the customs territory of the Community; minimum customs values; or arbitrary or fictitious values.

The transaction value should be adjusted in accordance with the provisions of Chapter 3. The customs value should include other expenses incurred by the buyer, but which are not included in the price paid or payable for the goods, such as:

- commissions and brokerage fees, costs of packing and costs of containers which are treated as being part of the goods in question;
- the value of certain goods and services supplied directly or indirectly by the buyer free of charge or at a reduced cost for use in connection with the production and sale for export of those goods, but only to the extent that such value has not been included in the price actually paid or payable;
- royalties and licence fees not included in the price. However, charges for the right to reproduce the imported goods and payments made by the buyer for the right to distribute or resell the imported goods should not be added if they are not a condition for the sale for export to the Community of those goods; and
- costs of transport, insurance, loading and handling.

Other charges should not be included in the customs value if they are shown separately from the price actually paid or payable. These are:

- charges for the transport of goods after their arrival at the place of introduction into the customs territory;
- charges for construction, erection, assembly, maintenance or technical assistance undertaken after importation, such as for industrial plant, machinery or equipment;
- charges of interest under a financing arrangement entered into by the buyer and relating to the purchase of those goods, irrespective of whether the finance is provided by the seller or another person;
- charges for the right to reproduce the imported goods in the Community;
- buying commissions; or
- import duties or other charges payable in the Community by reason of the import or sale of the goods.

These rules will not be applied when there is any specific provision on the determination of the value for customs purposes of goods released for free circulation after being assigned a different customs-approved treatment or use.

Reform of the customs valuation provisions Article 147 of the implementing Regulation states that "the fact the goods which are subject of a sale are declared for free circulation shall be considered as adequate indication that they were sold for export to the customs territory of the Community". This principle will also apply if successive sales have been made before valuation. If that is the case, the price resulting from any previous transaction may be used as a basis for customs valuation purposes. This possibility is not applied, however, if the goods in question are used in a third country between the time of sale and the time of entry into free circulation in the Community.

The Commission considers that, in practice, Article 147 allows the use of any transaction price and not the transaction value of the sale for export to the Community. This agreement has persuaded the Commission that the Community has not properly implemented Article I of the GATT Code on Customs Value.

At present, the Commission is working on a proposal to amend the implementing Regulation of the Community Customs Code and to introduce a new system. According to the Commission, the new system will consider the transaction value of the last sale as the price for export to the customs territory of the Community. However, if the parties involved can prove that previous sales were made for export to the Community, then the prices of these sales can be used as transaction value for customs purposes. In this way, the Community is limiting the discretion of operators to choose the price of previous sales for customs purposes.

The amendments are intended to bring Community customs legislation into line with GATT and, thus, in line with the legislation of other GATT members.

Initially, the Commission planned to present its proposal to the Customs Code Committee by January 1995. At the present stage of developments, this date does not seem feasible. On the other hand, the Commission does not expect to encounter opposition of the Member States in the above-mentioned Committee.

ORIGIN OF GOODS

Reference

Customs Code: Articles 22 to 27.
Implementing Regulation: Articles 35 to 65.

Impact

This section makes certain provisions as to how the origin of products is to be determined. It also sets out the required characteristics of certain certificates of origin that are to be issued.

Details

Different rules apply depending on whether the goods stem from a territory that is entitled to preferential treatment within the meaning of GATT, or not. This section deals only with the rules governing goods stemming from territories not entitled to such preferential treatment. The issue of the rules governing the origin of goods stemming from territories benefiting from a preferential treatment is addressed in section 1 of this chapter, under Common Commercial Policy.

Goods originate in a country where they are wholly obtained in that country. Article 23(2) of the Customs Code defines this as:

(a) mineral products extracted within that country;
(b) vegetable products harvested therein;
(c) live animals born and raised therein;
(d) products derived from animals raised therein;
(e) products of hunting and fishing carried on therein;
(f) products of sea-fishing and other products of the sea outside a country's territorial sea by vessels registered or recorded in the country concerned and flying the flag of that country;
(g) goods obtained or produced on board factory ships from the products referred to in subparagraph (f) originating in that country, provided that such factory ships are registered or recorded in that country and fly its flag;
(h) products taken from the seabed or subsoil beneath the seabed outside the territorial sea, provided that that country has exclusive rights to exploit that seabed or subsoil;
(i) waste and scrap products derived from manufacturing operations and used articles, if they were collected therein and are fit only for the recovery of raw materials; and
(j) goods which are produced therein exclusively from goods referred to in subparagraphs (a) to (i) or from their derivatives, at any stage of production.

Goods whose production involved more than one country are deemed to originate in the country where they underwent their last, substantial, economically justified processing or working in an undertaking equipped for that purpose and resulting in the manufacturing of a new product or representing an important stage of manufacture. In practice, it is this provision which is most likely to give rise to conflicts. Notions such as "economically justified processing" are, by their very nature, subjective and, thus, open to different interpretations.

Special provisions apply to certain products, such as textiles. Certain imports must be accompanied by certificates of origin. There are also specific rules governing spare parts for vehicles and machinery previously imported into the Community.

There are detailed prescriptions regulating the certificates of origin that are required for certain goods coming into the Community and laying out the specifications of any certificates of origin which may be issued by the relevant authorities of the Member States.

Finally, it may be relevant to note that there are a substantial number of third countries that have "special" rules of origin. This legislation changes frequently. The latest available references are given for a number of countries and territories as follows: Ceuta, Melilla and the Canary Islands (Reg 1135/88); Switzerland (Exchange of letters; OJ L204 of 1994); Egypt (Reg 3171/90 (expired)), Faroe Islands (Regs 2051/74 and 3184/74); Israel (Protocol of 28.5.75, as last amended by Reg 4163/87); Malta (Reg 4164/87); Morocco (Reg 3072/90); Tunisia (Protocol of 27.9.78, as last amended by Reg 3900/89); Turkey (various); Poland (Interim Agreement 12.12.90); Hungary (Interim Agreement 12.12.90); Czech Republic (Interim Agreement 12.12.90); Slovak Republic (Interim Agreement 12.12.90); Bulgaria (Interim Agreement 12.12.90); and Rumania (Interim Agreement 12.12.90).

INTRODUCTION OF GOODS INTO THE CUSTOMS TERRITORY

Reference
Customs Code: Articles 37 to 57.
Implementing Regulation: Articles 182 to 197.

13.2.14

Impact
Lays down the rules governing the presentation of goods to the customs authorities, the taking of samples thereof, and similar matters.

Details
There are detailed provisions that enable persons concerned to obtain samples for analysis. There are also provisions pertaining to the temporary storage of goods, and to a summary declaration. A summary declaration is a formality designed to cover goods that are not unloaded from the means of transport on which they have arrived.
  Finally, there are certain provisions relating to the treatment of baggage carried by passengers pursuant to air or sea journeys.

CUSTOMS DECLARATION NORMAL PROCEDURE

Reference
Customs Code: Articles: 58 to 75.
Implementing Regulation: Articles 198 to 238.

13.2.15

Impact
These provisions govern the normal formalities to be accomplished when goods are presented to customs with a view to their being subjected to a customs procedure.

Details

The basic rule is that it is for the person desiring to subject certain goods to a particular customs procedure to make the appropriate declaration.

A declaration can be made by any person in a position to deal with the various formalities required by such an act, unless a declaration imposes particular obligations on a specific person, in which case the declaration must be made by that person, or on his behalf.

Normally, the declaration must be made after the goods have been presented to customs. The customs authorities may authorise the declarant to make a declaration prior to the goods being presented to customs. Such procedure is conditional on the goods arriving at the designated customs installation within a time-limit to be fixed by the customs authorities.

A declaration must normally be in writing. It must be on a specific form, known as the Single Administrative Document, which must be signed. There are some minor exceptions to this rule. For instance, a declaration relating to items in the luggage of travellers can be made by travellers orally. The rules also allow national authorities to set up an electronic alternative to the written form. Where a declaration relates to one or more classes of goods it shall be treated as being as many declarations as there are classes of goods.

The declarant can make amendments to his declaration, or seek to have it invalidated at any point, even after it has been received by customs. He cannot, however, do so after the customs authorities inform him of their decision to inspect the goods.

A customs declaration will have to be accompanied normally by the following documents:

- the invoice on the basis of which the customs value of the goods is declared;
- where required, the declaration of particulars for the assessment of the customs value of the goods declared;
- the documents required for the application of preferential tariff arrangements or other measures derogating from the legal rules applicable to the goods declared; and
- all other documents required for the application of the provisions governing the release for free circulation of the goods declared.

Furthermore, the customs authorities may require that the transport documents, or the documents relating to the previous customs procedure, be produced to them at the same time.

There are a number of different, additional or alternative requirements for certain specific customs procedures.

EXAMINATION OF THE GOODS AND VARIOUS MEASURES TAKEN BY THE CUSTOMS OFFICE

Reference

Customs Code: Articles 68 to 75.
Implementing Regulation: Articles 239 to 252.

Impact

Defines extensively the procedure whereby the customs authorities may, if they so wish, examine goods in respect of which a declaration has been made. This section also apportions the various costs which may arise from such an examination.

Details

The customs authorities have the power to inspect the goods. They also have the power to take samples for analysis or for detailed examination.

Transport to the place where the goods are to be examined, or where the samples are to be taken, must be arranged by the declarant, who will support the costs thereof and the risks entailed therein. The declarant is entitled to be present at the examination or during the taking of the samples.

The customs authorities may require that the declarant be present or represented, in order to give them assistance in the course of the examination or the taking of samples. If the declarant fails to abide by such a request, the customs authorities can appoint an appropriate expert to furnish them with the required assistance. The costs of any such expert would be borne by the declarant.

The declarant is liable for the costs arising from the taking of samples. The costs entailed by the analysis of the samples are to be borne by the customs authorities. No compensation is payable by the customs authorities for the goods taken as samples. However, the declarant is entitled to require that the samples be returned to him after analysis. Conversely, the customs authorities may require of the declarant that he take the analysed samples.

Normally, the goods should be released in accordance with the appropriate customs procedure as soon as the examination has occurred, or as soon as the samples have been taken. Where there exists a doubt as to whether, once the samples have been examined or analysed, it will become apparent that the appropriate classification of the goods is a different one, which might result in additional duties being due, the customs authorities will release the goods only upon the posting by the declarant of an acceptable security for the balance. The declarant may, instead, pay the difference.

Finally, these Articles also set up a special invalidation procedure. This procedure enables declarants to seek to have their declarations invalidated *a posteriori*, where they have been declared by error under a wrong customs procedure. This possibility exists for both imports and exports and is subject to strict conditions. In the case of imports, it is not normally possible to apply for such an invalidation after more than three months have elapsed from the date on which the original declaration was accepted by the customs authorities. In the case of exports they should not yet have left the customs territory.

SIMPLIFIED PROCEDURE

Reference

13.2.17 Customs Code: Article 76.
Implementing Regulation: Articles 253 to 278.

Impact

Article 76 sets up a system for a simpler, more convenient administrative system, enabling traders to dispense with the Single Administrative Document in certain circumstances

Details

The details of each individual scheme vary. In essence, they all revolve around the submission of an initial declaration at the time the goods are subjected to a customs proceeding, which, at some time in the future, is completed by a more detailed declaration. The initial declaration need not contain anything beyond that which is necessary to identify the goods in question. It can be supplied on a partially filled Single Administrative Document, or on another document.

The further particulars normally have to be supplied inside a month. In the case of goods that are not subject to any duty, a further period of up to four months may be allowed. This procedure is intended to be available to people who declare goods for free circulation on a regular basis and who have not committed any serious infringement, or repetitive infringements, of customs law.

RELEASE FOR FREE CIRCULATION

Reference

13.2.18 Customs Code: Articles 79 to 83.
Implementing Regulation: Articles 290 to 308.

Impact

This section defines goods released into free circulation. This is an essential concept, because such goods are free for trade inside the Community, without any further duty being payable.

Details

Release into free circulation confers on non-Community goods the customs status of Community goods. It entails application of the measures mandated by the common commercial policy and the charging of any duties legally due.

Under certain circumstances, where one rate of duty prevailed at the date when the declaration in respect of certain goods was made, but another, lower, rate has become applicable before those goods are released into free circulation, the declarant may request that the new, lower rate of duty be applicable to the goods.

Where a consignment of goods contains a substantial number of different goods, and the burden of work and expense of dealing with each individual good is prohibitive, a declarant may request that the highest duty applicable to one of the goods in the consignment be applied to all.

Where goods are being given a preferential rate of duty by reason of their end-use, the customs authorities retain a supervisory role to ensure that they are, in fact, put to the approved use.

CUSTOMS PROCEDURES WITH ECONOMIC IMPACT

Reference
Customs Code: Articles 84 to 160.
Implementing Regulation: Articles 496 to 787.

Impact
Regulates most of the "effective" customs operations.

Details
The term "customs procedures with economic impact" encompasses the following procedures:

- customs warehousing;
- inward processing;
- processing under customs control;
- temporary importation; and
- outward processing.

Each of these procedures will be examined separately below. It should be noted that the use of customs procedures with economic impact is conditional on permission being granted by the customs authorities. Such permission will be given only to persons who offer the required guarantees as to proper conduct and only if the customs authorities are in a position to provide adequate supervision, monitoring and administrative services, without incurring disproportionate costs. The customs authorities may require the posting of appropriate securities.

There are a number of provisions pertaining to goods in transit, and to other administrative matters of a general nature. The most important are those which provide that a suspensive customs procedure comes to an end when the goods are assigned to a new customs-approved treatment, and that the rights and obligations of the holder of a customs procedure with economic impact can, under the right circumstances, be transferred.

Customs warehouses   A customs warehouse can be either a public or a private warehouse. A private warehouse is one where only goods belonging to the warehouse keeper can be stored. A public warehouse is one where goods belonging to persons other than the warehouse keeper can be stored. The warehouse keeper is the person authorised to operate a customs warehouse.

A customs warehouse must have been approved by the customs authorities. The application for such a warehouse must contain the required information and demonstrate the economic need for such a warehouse. An authorisation will be granted only to a person established in the Community. It shall specify the specific conditions under which the customs warehouse is to operate. The warehouse keeper is responsible for ensuring that while the goods are in the customs warehouse they are not removed from customs supervision, that the obligations arising from the storage of the goods under the customs warehousing procedure are covered, and that any particular conditions for the operation of the customs warehouse are complied with. These obligations can be reduced in the case of public warehouses.

Storage in a customs warehouse has the following effects:

- non-Community goods placed in such a warehouse are not subject to import duties or commercial policy measures; and
- Community goods, in certain circumstances, are deemed to have been exported, and will attract the application of the measures normally attaching to such goods being exported.

Subject to the permission of the customs authorities, goods in customs warehouses can be removed temporarily for handling. In addition, such goods can be handled in the customs warehouse, for instance to improve their appearance or marketable quality. These possibilities are generally excluded in the case of agricultural products.

Inward processing   Inward processing consists of either of two procedures designed to enable the processing of goods. The suspension system applies to non-Community goods intended for re-export from the customs territory of the Community in the form of compensating products, without such goods being subject to import duties or commercial policy measures. The drawback system applies to goods released for free circulation with repayment or remission of the import duties chargeable on such goods if they are exported from the customs territory of the Community in the form of compensating products.

The processing of goods is defined as:

- the working of goods, including erecting or assembling them and putting them in order;
- the processing of goods;

- the repair of goods, including restoring them and putting them in order; or
- the use of certain goods defined in accordance with the committee procedure which are not to be found in the compensating products, but which allow or facilitate the production of those products, even if they are entirely or partially used up in the process.

Under certain circumstances compensating products (*i.e.* the products resulting from processing operations) can be replaced by equivalent goods, that is Community goods which are used instead of the import goods for the manufacture of compensating products.

The authorisation to use either of the two inward processing systems will be granted only to persons established in the Community. It is subject to complex technical requirements; in particular, the drawback procedure is inapplicable to a substantial number of goods, including most agricultural products and products benefiting within the limits of a quota from a preferential tariff measure.

Processing under customs control   This is a procedure whereby imports to be processed are allowed to enter the Community without paying any duty, subject to a duty being levelled at the appropriate rate on the processed products obtained upon their release into free circulation.

There is a list of cases where such a procedure can be authorised. Authorisation is granted pursuant to a request by a person established in the Community. Authorisation is also conditional on the goods being identifiable within the processed products and on it being difficult to restore them in an economic fashion to their original state. This procedure cannot be used to circumvent rules pertaining to quantitative restrictions.

Temporary importation   This procedure enables goods to be imported on a temporary basis where they are not intended to be processed. Such temporary importation will normally last for up to 24 months, at which point the goods will have to be re-exported.

Goods imported on a temporary basis will pay a duty calculated as being 3% of the duty payable had they been released for free circulation, for every month or fraction of a month during which the goods have been placed under the temporary importation procedure.

Outward processing   This is a procedure enabling Community goods to be exported to third countries for processing and giving relief for (some of) the duties which would otherwise arise upon those goods, now in a processed state, being imported.

In order to avail oneself of this procedure it is essential to obtain the prior authorisation of the customs authorities. They shall set a yield for the operation and stipulate a number of other conditions, such as the time within which the re-importation must occur.

There are detailed provisions destined for dealing with the issues which arise where the goods being re-imported might benefit from a special preference, whether by reason of their end-use or otherwise, or where they might come within a tariff quota.

Goods which are exported temporarily for the purpose of their being repaired free of charge, pursuant to a contractual or a statutory obligation, or as a result of a manufacturing defect, shall be released into free circulation without any payment of duty.

There are also provisions which enable a "standard exchange" to occur. This, effectively, allows a replacement product to be imported in lieu of the repaired temporary export being re-imported.

TRANSIT

Reference

13.2.20 Customs Code: Articles 91 to 97 and 163 to 165.
Implementing Regulation: Articles 309 to 495.

Impact

Community transit procedures are designed to avoid goods transported within the Community having to undergo full customs procedures every time they pass through the territory of a Member State.

Details

There are two procedures, one applying to goods subject to external transit and another to goods subject to internal transit. The use of one or the other depends on whether the goods are or are not in free circulation within the Community.

External transit procedure The external transit procedure allows the movement from one point to another within the customs territory of the Community of non-Community goods and of Community goods which are the subject of Community measures involving their export to third countries and in respect of which the corresponding customs formalities for export have been carried out.

The movement of the above-mentioned type of goods can be carried out through any of the following procedures:

- under the external Community transit procedure;
- under cover of a TIR carnet if the movement began or is to end outside the Community or is effected between two points of the Community through the territory of a third country (Customs Convention on the International Transport of Goods under cover of TIR carnets, Geneva 14 November 1975);
- under cover of an ATA carnet (Customs Convention on the ATA carnets, for the temporary admission of goods, Brussels 6 December 1961);
- under cover of the Rhine Manifest (Art 9 of the revised Convention for the Navigation of the Rhine);

- under cover of the Convention of the Parties to the North Atlantic Treaty regarding the status of their forces; or
- by post.

External Community transit procedure The external community transit procedure will apply only to goods passing through the territory of a third country if there is an international agreement providing for that possibility, or if the carriage of the goods is effected under the cover of a single transport document drawn up in the customs territory of the Community.

All goods moving under the external Community transit procedure must be subject to a T1 declaration. A guarantee must be provided in order to ensure the payment of any customs debt or other charge which may be incurred in respect of the goods. The implementing Regulation provides for the modalities of guarantees and for the different formalities to be complied with.

Internal transit procedure The internal transit procedure allows the movement of Community goods from one point to another within the customs territory of the Community passing through the territory of a third country without any change in their customs status.

The movement of Community goods can be realised through any of the following procedures:

- under the internal Community transit procedure;
- under cover of a TIR carnet;
- under cover of an ATA carnet used as a transit document;
- under cover of the Rhine Manifest;
- under cover of the Convention of the Parties to the North Atlantic Treaty regarding the status of their forces; or
- by post.

Internal Community transit The internal Community transit procedure allows the movement of Community goods from one point to another within the customs territory of the Community passing through the territory of one or more EFTA countries or, during the transitional period applicable to Spain and Portugal, in accordance with the methods of administrative co-operation for those goods which do not yet benefit fully from the total abolition of customs duties.

Identical provisions concerning guarantees and formalities which apply to the external Community transit procedure also apply to internal transit. They are subject to the production of a T2 document.

Community status of goods In order to decide what procedure should be applied it is important to distinguish whether goods are Community goods. In the Regulation there is a presumption that goods transported between two points within the customs territory of the Community are Community goods. Proof of this condition should be furnished by the production of a

T2L document. However, in the implementing Regulation there are certain exceptions to this presumption.

Goods transported under cover of TIR or ATA carnets within the customs territory of the Community are presumed to be non-Community goods, unless their Community status can be duly established.

Simplifications The implementing Regulation provides for: simplifications on the procedures for the issuing of the documents used to establish the Community status of goods; simplifications of transit formalities to be carried out at offices of departure and destination; and simplifications of formalities for goods transported by rail.

Other provisions There are specific provisions adapting transit procedures to transport by air, by sea and by pipeline.

There are also specific provisions concerning the conditions applicable to certain goods moving within the customs territory of the Community under a Community transit procedure, where export of those goods from the Community is prohibited or subject to restrictions, duties or charges. In these cases a control copy T5 should be provided. Control copy T5 should also be used in the application of Community measures involving controls in the use and/or destination of goods imported into, exported from, or moving within, the customs territory of the Community.

OTHER CUSTOMS-APPROVED TREATMENTS OR USE

References

13.2.21 Customs Code: Articles 166 to 182.
Implementing Regulation: Articles 799 to 843.

Impact

The principal treatment is the consignment of goods to a free zone, or to a free warehouse. The other procedure concerns the destruction or abandonment of goods.

Details

A free zone or port can be set up anywhere inside the customs territory of the Community. Any person can request of the customs authorities that he be allowed to set one up. Such a port or zone must be enclosed. The Member State shall fix the entry and exit points.

Goods placed in a free port or zone shall be considered for the purpose of import duties and commercial policy import measures as not being in the Community's customs territory. Certain goods attract the same measures as if they had been exported where they are placed in such a Free Zone or Port.

There are detailed provisions governing the setting up of such areas. Similarly, there are detailed provisions governing the flow of goods in and out of such facilities and the supervisory powers and duties of the customs authorities.

These Articles provide that re-exportation normally will give rise to all the commercial policy measures usually associated with exports. There are provisions for this to be excluded in the case of goods imported under a suspension regime.

Finally, these Articles lay down provisions enabling an importer to destroy goods, or to abandon them to the national exchequer, subject to this being compatible with national law, and free of cost for the national exchequer.

RETURNED GOODS

References
Customs Code: Articles 185 to 188.
Implementing Regulation: Articles 844 to 856.

13.2.22

Impact
As a general rule goods that have been exported from the customs territory of the Community and that are returned are not dutiable.

Details
Goods which, having been exported from the customs territory of the Community, are returned to that territory and released for free circulation within a period of three years shall, at the request of the person concerned, be granted relief from import duties.

There are a variety of detailed provisions destined to ensure that this provision has a neutral effect on the goods' dutiable status. For instance, goods which had not been subjected to the payment of a duty by reason of their end-use must either be returned to that end-use or subjected to the relevant duty. There are similar rules for the return of goods originally imported under the inward processing rules.

CUSTOMS DEBT

References
Customs Code: Articles 189 to 242.
Implementing Regulation: Articles 857 to 912.

13.2.23

Impact
These Articles contain detailed rules as to the incurrence, payment, repayment and securing of customs debts.

Details
A custom debt arises where:
- goods that are liable to import duties are released into free circulation;
- goods that are liable to import duties are introduced unlawfully into the Community's customs territory;

- goods that are liable to import duties are removed unlawfully from customs supervision;
- obligations relating to goods that are liable to import duties are not fulfilled etc;
- goods that are liable to import duties are consumed in a free zone or port otherwise than as authorised;
- goods that are liable to export duties are exported from the Community's customs territory;
- the removal, without customs declaration, from the Community territory of goods that are liable to export duties; or
- obligations relating to goods that are liable to export duties are not fulfilled.

Such a duty becomes due as soon as the declaration relating to the transaction is made. Where there is no declaration it becomes due as soon as the "wrongful" act is performed.

The debtor is normally the declarant. In the case of a declaration made on behalf of a third party, both the principal and the agent may become liable. Where the customs debt arises as a result of a "wrongful" act, the debtor is the person who commits the said act as well as those persons who knew of the act, or ought to have known, and who, nonetheless, dealt with the goods.

A customs debt is normally payable when it arises. The customs authorities can allow payment to be deferred by up to a month. Such a deferral will require that an acceptable security be lodged with the customs authorities. The customs authorities may waive the requirement for a security where the custom debt is for less than ECU 500.

Where there is a doubt as to the duty due in respect of goods being released into free circulation, the customs authorities should request that appropriate security be lodged for the maximum amount which might be recoverable.

Export legislation

CUSTOMS CODE

Official title

13.2.24 Council Regulation (EEC) 2913 of 12 October 1992 establishing the Community Customs Code.

Reference

Council Regulation 2913/92; OJ L302, 19.10.92.

Impact

The Regulation sets the framework for the extent of the customs territory of the Community and the customs code applicable to both imports and exports from the customs territory.

Details

Articles 161, 162, 182 and 183 set out the general framework for Community export legislation. Export documents must be lodged with the appropriate customs authorities before goods can be exported. The exports must respect commercial policy measures which may be applicable. Goods leaving the Community shall be subject to inspection and shall leave the customs territory following the route determined, where appropriate, by the customs authorities and in accordance with provisions to be laid down.

Date of implementation

The Regulation applies from 1 January 1994; however, in relation to exports it is to apply from 1 January 1993.

CUSTOMS CODE – IMPLEMENTING REGULATION

Official title

Commission Regulation (EEC) 3269/92 of 10 November 1992 laying down certain implementing provisions of Articles 161, 182 and 183 of Council Regulation (EEC) 2913/92 establishing the Community Customs Code, as regards the export procedure and re-export and goods leaving the customs territory of the Community.

Reference

Commission Regulation 3269/92; OJ L326, 12.11.92.

Impact

Sets out detailed rules for the implementation of the new export rules in the Community Customs Code

Details

The Regulation sets out who is the exporter of goods and what documents (copy 3 of the Single Administrative Document) must be presented to the customs authorities in the case of export. Customs officials may ask for proof that the goods have in fact left the customs territory of the Community and the value of the goods for which export documentation is required (ECU 3,000). A simplified export procedure is also provided for. In addition, the Regulation provides for a local clearance procedure, which allows administrative process to take place at the workplace of the exporter or any other place approved by the customs authorities.

Date of implementation

The Regulation entered into effect on 1 January 1993.

Other customs legislation

CUSTOMS FRAUD – CONTAINERS

Official title

13.2.26 Council Decision of 7 March 1985 accepting, on behalf of the Community, the Recommendation of the Customs Co-operation Council of 15 June 1983 concerning action against customs fraud relating to containers.

Reference

Council Decision 85/187/EEC; OJ L73, 14.3.85.

Amendments

None.

Impact

By this Decision the Community agreed to apply the Customs Co-operation Council Recommendation on container customs fraud at the external frontiers of the Community.

Details

The text of the Customs Co-operation Council Recommendation is annexed to this Decision. It is concerned with balancing the need to facilitate the rapid passage of goods against control of illicit traffic in high duty goods, prohibited or restricted goods (such as arms and ammunition) and narcotics.

Among the nine specific courses of action suggested in the Recommendation the most important is that methods for the selection of containers for examination should be employed, which take into account physical, documentary and intelligence factors and (both) random and systematic selection procedures. The basis for selection should be flexible enough to adapt to changes in fraud patterns and the flow of goods.

Date of implementation

The Council Decision applied with immediate effect from 7 March 1985.

SEALED CONTAINERS

Official title

13.2.27 Council Decision of 13 April 1989 accepting Resolution No 46 concerning the compliance of containers with the standards for transport of goods under customs seals.

Reference
Council Decision 89/285/EEC; OJ L111, 22.4.89.

Amendments
None.

Impact
Gives effect in Community law to a Resolution of 20 November 1987 of an expert group appointed under the TIR Convention (1975) regarding the continued compliance of containers with the standards for transport of goods under customs seals.

Details
Articles 12 and 14 and Annex 7 of the Customs Convention on the International Transport of Goods under cover of TIR carnets (TIR Convention 1975) concern transport of goods under customs seal.

When a container has serious defects and, consequently, no longer complies with the standards under which it was approved for transport under customs seal, the Resolution recommends that customs afford the responsible party an opportunity to repair the container. If the container is not properly repaired or if the party concerned prefers to have it repaired elsewhere, customs should:

- refuse approval if sealing is necessary; or
- remove the container from circulation; or
- allow it to proceed where there is no risk of smuggling.

The approval authority should be notified as necessary. "Serious defect" is defined as a condition where goods can be removed from, or introduced into, the container; customs seals cannot effectively be affixed; there are concealed spaces where goods may be hidden; or spaces capable of holding goods are not readily accessible for inspection.

Date of implementation
The Decision was effective as from 22 April 1989.

COUNTERFEIT GOODS

Official title
Council Regulation (EEC) 3842/86 of 1 December 1986 laying down measures to prohibit the release for free circulation of counterfeit goods.

Reference
Council Regulation 3842/86; OJ L357, 18.12.86.

Amendments

Regulation (EEC) 3077/87; OJ L291, 15.10.87.

Impact

Prohibits the release for free circulation of counterfeit goods and authorises the competent national authorities of the Member States to destroy such goods.

Details

Where goods are suspected of being counterfeit (*i.e.* any goods bearing a trade mark without authorisation) the trade mark owner may apply in writing to the competent Member State authority to prevent release of such goods for free circulation. Where the competent authority grants such an application, a customs office at which goods suspected of being counterfeit are presented will suspend release of those goods. If goods are found to be counterfeit, they may be destroyed or disposed of outside the channels of commerce so as to minimise harm to the trade mark owner but without compensation of any sort. The Regulation does not apply to goods contained in travellers' personal luggage or sent in small consignments of a non-commercial nature.

Date of implementation

This Regulation has applied since 1 January 1988.

COUNTERFEIT GOODS – IMPLEMENTATION

Official title

13.2.29 Commission Regulation (EEC) 3077/87 of 14 October 1987 laying down provisions for the implementation of Council Regulation 3842/86 laying down measures to prohibit the release for free circulation of counterfeit goods.

Reference

Commission Regulation 3077/87; OJ L291, 15.10.87.

Amendments

None.

Impact

Lays down requirements as to the communication of information relating to customs procedures against circulation and illegal marketing of counterfeit goods.

Details

This Regulation requires each Member State to transmit to the European

Commission details concerning the laws, regulations or administrative provisions which it adopts in implementation of the basic counterfeit goods Regulation. It also lays down the procedure for exchange of information with the European Commission and the other Member States concerning applications to prohibit the release, for free circulation, of alleged counterfeit goods, including details of cases where the release, for free circulation, remains suspended for longer than 10 working days, and those cases where the goods for which release for free circulation is suspended are found to be counterfeit goods.

Date of implementation
This Regulation has applied since 1 January 1988.

COMMUNITY SYSTEM OF RELIEFS FROM CUSTOMS DUTY

Official title
Council Regulation (EEC) 918/83 of 28 March 1983 setting up a Community system of relief from customs duty.

Reference
Council Regulation 918/83; OJ L105, 23.4.83.

Amendments
Regulation 3822/85; OJ L370, 31.12.85.
Accession of Spain and Portugal (1986).
Regulation 3691/87; OJ L347, 11.12.87.
Regulation 1315/88; OJ L123, 17.5.88.
Regulation 3915/88; OJ L347, 16.12.88.
Regulation 4235/88; OJ L373, 31.12.88.
Regulation 3357/91; OJ L318, 20.11.91.

Impact
This Regulation allows relief from the application of import or export duties to certain categories of goods in certain defined circumstances.

Details
This Regulation determines the circumstances in which, due to the particular nature of the transaction, relief from import or export duties is granted when goods are put into free circulation or are exported from the Community.
Relief from import duty is provided for the following categories of goods:

- personal property belonging to natural persons transferring their normal place of residence from a third country to the Community;
- goods imported on the occasion of a marriage;
- personal property acquired by inheritance;

- school outfits, scholastic materials and other scholastic household effects;
- consignments of negligible value;
- small consignments of a non-commercial value;
- capital goods and other equipment imported on the transfer of activities from a third country into the Community;
- (in border areas) seeds, fertilisers and products for the treatment of soil and crops imported by agricultural producers in third countries for use in properties adjoining those countries;
- educational, scientific and cultural materials, scientific instruments and apparatus;
- laboratory animals and biological or chemical substances intended for research;
- therapeutic substances of human origin and blood-grouping and tissue-typing agents;
- pharmaceutical products used at international sports events;
- honorary decorations or awards;
- presents received in the context of international relations;
- goods to be used by monarchs or heads of state;
- goods imported for trade promotion purposes;
- goods imported for examination, analysis or test purposes;
- consignments sent to organisations protecting copyright or industrial and commercial patent rights;
- tourist information literature;
- miscellaneous documents and articles;
- ancillary materials for the stowage and protection of goods during their transport;
- litter, fodder and foodstuffs for animals during their transport;
- fuel and lubricants present in land motor vehicles;
- materials for the construction, upkeep or ornamentation of memorials to, or cemeteries for, war victims; and
- coffins, funerary urns and ornamental funerary articles.

Relief from export duties may cover the following categories of products:

- consignments of negligible value;
- domesticated animals exported at the time of transfer of agricultural activities from the Community to a third country;
- (in border areas) products obtained on properties located in the Community but adjacent to third countries, where the owner or lessee of the property has his principal undertaking in the adjoining third country;
- (in border areas) seeds exported by agricultural producers for use on properties located in third countries; and
- fodder and foodstuffs accompanying animals during their exportation.

Regulation (EEC) 918/83 was implemented by the following Regulations:

- Regulation (EEC) 2288/83; OJ L220, 11.8.83, last amended by Regulation (EEC) 213/89; OJ L25, 28.1.89;
- Regulation (EEC) 2289/83; OJ L220, 11.8.83, last amended by Regulation (EEC) 735/92; OJ L81, 26.3.92;
- Regulation (EEC) 2290/83; OJ L220, 11.8.83, last amended by Regulation (EEC) 734/92; OJ L81, 26.3.92.

Date of implementation

The Regulation has applied since 1 July 1984.

CONVENTION ON TEMPORARY ADMISSION

Official title

Council Decision of 15 March 1993 concerning the conclusion of the Convention on Temporary Admission and accepting its annexes.

Reference

Council Decision 93/329/EEC; OJ L130, 27.5.93.

Amendments

None.

Impact

Simplifies and harmonises procedures by adopting standardised model temporary admission papers as international customs documents with international security.

Details

This Convention establishes the customs procedure under which certain goods (including means of transport) can be brought into a customs territory conditionally relieved from payment of import duties and taxes and without application of import prohibitions or restrictions of economic character. Such goods must be imported for a specific purpose and must be intended for re-exportation within a specified period and without having undergone any change, except normal depreciation due to the use made of them.

Each contracting party shall accept temporary admissions papers, which shall incorporate an internationally valid guarantee to cover import duties and taxes, in lieu of its national customs documents. The security shall not exceed the amount of the import duties and taxes from which the goods are conditionally relieved, and persons who use the temporary admission procedure regularly may be authorised to provide general security.

Date of implementation

The instrument of ratification of the Convention shall be deposited and the Annexes accepted at the same time as the depositing of instruments of ratification of the Member States.

The Convention shall enter into force three months after five of the members or customs or economic unions of the Convention have signed the Convention without reservation of ratification or have deposited their instruments of ratification or accession.

Any Annex to this Convention shall enter into force three months after five members or customs or economic unions have accepted that Annex.

CONTENTS OF CHAPTER 14

Transport

	Para
Introduction	**14.1**
Scope and purpose of the legislation	14.2
Future developments	14.3
Responsibility within the European Commission	14.4
Case law	**14.5**
Legislation	
Air transport	
Licensing of air carriers	14.6
Market access for air carriers	14.7
Fares and rates for air services	14.8
Computer reservation systems – code of conduct	14.9
Block exemption – computerised reservation systems	14.10
Compensation scheme for airline passengers	14.11
Mutual acceptance of personnel licences in civil aviation	14.12
EC–US aircraft trade agreement	14.13
Slot allocation	14.14
Air traffic management equipment standards	14.15
Application of Community competition rules to air transport	14.16
Simplification of complaints procedure in air transport competition matters	14.17
Block exemption – certain categories of air transport agreements	14.18
Block exemption – various air transport agreements	14.19
Proposed air transport legislation	
Air traffic services and flow management	14.20
Consultation between airport users	14.21
Application of competition rules – international agreements	14.22
Commercial aviation agreements with third countries	14.23
Investigation of air accidents and incidents	14.24
Inland waterways	
Mutual recognition of navigability licences	14.25
Inland waterway vessels – technical characteristics	14.26
Rhine Convention	14.27

CONTENTS OF CHAPTER 14

Inland waterway transport committee	**14.28**
Access to inland waterway professions	**14.29**
Reciprocal recognition of boatmaster's certificates	**14.30**
Inland waterway scrapping fund	**14.31**
Inland waterway cabotage	**14.32**
European inland waterway network	**14.33**

Maritime transport

Tanker safety	**14.34**
United Nations liner conference Convention	**14.35**
Freedom to provide maritime transport services	**14.36**
Maritime cabotage	**14.37**
Maritime transport committee	**14.38**
Transfer of ships between registers	**14.39**
Common policy on safe seas	**14.40**
Vessels entering/leaving Community ports carrying dangerous or polluting goods	**14.41**
Application of competition rules to maritime transport	**14.42**
Maritime transport – competition law complaints procedure	**14.43**
Block exemption – shipping consortia	**14.44**

Proposed maritime transport legislation

Community shipping register	**14.45**
Training for maritime occupations	**14.46**
Statistical returns on carriage of goods and passengers by sea	**14.47**
Block exemption – shipping consortia	**14.48**

Rail transport

Normalisation of accounts – railways	**14.49**
Development of Community railways	**14.50**
Rail transport rates	**14.51**
Rail passenger and luggage traffic	**14.52**
Comparability of railway accounts	**14.53**
Uniform costing principles for rail transport	**14.54**
Rail transport committee	**14.55**
High-speed train network	**14.56**

Proposed rail transport legislation

High-speed train network	**14.57**
Licensing of railway undertakings	**14.58**
Access to rail infrastructure	**14.59**

CONTENTS OF CHAPTER 14

Road transport

Common rules for the carriage of goods by road	**14.60**
Harmonisation of social legislation – road transport	**14.61**
Tachograph equipment	**14.62**
Road transport social legislation – compliance	**14.63**
Admission to the road haulage profession	**14.64**
Admission to the road passenger transport profession	**14.65**
Driver training standards	**14.66**
Mutual recognition of driver qualifications	**14.67**
Vocational training – drivers of dangerous goods vehicles	**14.68**
Community driving licence (1)	**14.69**
Community driving licence (2)	**14.70**
Hiring of goods vehicles	**14.71**
Road transport committee	**14.72**
Road haulage cabotage	**14.73**
Fixing of rates	**14.74**
Crisis management – road haulage	**14.75**
Protection of animals during transport	**14.76**
Speed limitation devices (1)	**14.77**
Speed limitation devices (2)	**14.78**
Common rules covering international bus and coach services	**14.79**
Road passenger cabotage	**14.80**
Road haulage – free market access	**14.81**
Road tax	**14.82**
Trans-European road network	**14.83**
Community data-base on road accidents	**14.84**

Proposed road transport legislation

Driver blood-alcohol level	**14.85**
Speed limits	**14.86**
Admission to occupation of road haulage operator	**14.87**
Transport of dangerous goods – appointment of officer	**14.88**
Transport of dangerous goods – checks	**14.89**
Transport of dangerous goods – harmonisation of restrictions	**14.90**
Recording equipment in road transport	**14.91**

Combined transport

Liberalisation of combined transport	**14.92**
EC–Swiss Agreement on goods transported by road and rail	**14.93**
Financial support for combined transport	**14.94**
Integrated transport infrastructure action programme	**14.95**
Trans-European combined transport network	**14.96**

CONTENTS OF CHAPTER 14

Proposed combined transport legislation

Combined transport agreement **14.97**

General transport legislation

General transport tariffs **14.98**
Accounting system for infrastructure expenditure **14.99**
Rail, road and inland waterway transport – public service
 obligations **14.100**
Rail, road and inland waterway transport – state aids **14.101**
Rail, road and inland waterway transport – application
 of competition rules **14.102**

Proposed general transport legislation

Inland transport markets **14.103**

Chapter 14
Transport

Introduction

This chapter deals with Community legislation, adopted and proposed, which concerns the transport industry. It is subdivided into sections covering the major transport modes as follows: **14.1**

- air;
- inland waterway;
- maritime;
- rail;
- road;
- combined transport; and
- general legislation.

The "general legislation" section covers measures which apply to more than one mode of transport, while not being combined transport measures.

Some items of legislation which relate to transport have been dealt with in other chapters of this publication. Those items include:

- vehicle noise controls (see Chapters 6 and 11);
- vehicle weights and measures (see Chapter 11);
- fiscal treatment of fuel contained in the tanks of lorries (see Chapter 10);
- trade policy regarding shipping (see Chapter 13); and
- Community transit rules, including the single administrative document (see Chapter 13).

Scope and purpose of the legislation

Regulation of the Community's transportation services has gradually ceased to be an area exclusive to national governments. As in other areas, the balance of power has shifted to give increased competence to the Institutions of the Community. **14.2**

The philosophy underlying the Community's assumption of power in this area is simple: the Community does not wish to be in a position where, on the one hand it is bound to ensure the free movement of goods and of persons and, on the other hand, it permits Member States to restrict the means of their transportation.

The European Commission has consistently emphasised the vital role which a liberalised transport industry could play in the achievement of Community policies, and gave the area particular prominence in the 1985 Internal Market White Paper. As a result of this emphasis and of the European Court of Justice's landmark decision of 1985 obliging the Council to act (see below), a considerable amount of far-reaching legislation has been adopted.

With some differences of emphasis, depending on the particular mode, as a general rule Community transport measures may be said to fall into one of the following categories:

- liberalisation: removal of restrictions preventing the provision of transport services across Community borders (and in some cases of provision of services within a Member State by a non-resident operator, or "cabotage");
- harmonisation: standardisation of national transport regulations (*e.g.* qualifications, tariffs, fiscal measures, employment law provisions) in an attempt to ensure that Community transport operators compete on "a level playing field";
- rights of establishment: ensuring that all Community transport undertakings can establish a presence wherever they choose within the Community;
- fair competition: application of the competition rules of the EC Treaty to transport operations to prevent unfair trading practices (*e.g.* price fixing, market sharing); and
- safety: measures aimed at safeguarding and promoting the safety of the traveller and the general public.

The Community's policy is, therefore, broad in scope and, considering the previously highly regulated nature of the transport industries in some Member States, the progress made towards these objectives is remarkable. One of the remaining areas still regulated at national level is the conclusion of agreements with third countries. It remains to be seen how far the Member States are willing to give the Community full jurisdiction in these areas.

Future developments

14.3 The Community's programme for creation of an internal transport market through the abolition of restrictions on the freedom to provide services (*e.g.* cabotage) is complete in most sectors. However, the liberalisation process itself has raised several issues which must now also be resolved.

In air transport, the main issues which remain outstanding relate to air traffic control and the negotiation by Member States of varying bilateral agreements with third countries, which may cause distortions in the internal market. The European Commission has put forward proposals in these areas, but Member States have been reluctant to follow them up with legislation. The European Commission is also pursuing a more rigorous application of the competition rules, taking exclusive rights and abusive pricing practices for ground handling services as a priority. A consultation paper was published in 1994 (OJ C41, 11.2.94), outlining options for future Community legislation to liberalise the provision of ground-handling services, and seeking comments from interested parties. The Commission services are drafting legislation under Article 90 of the EC Treaty, which would open this market to competition. The Commission is known to be studying a possible amendment to the Regulation on slot allocation at Community airports, and what attitude it should take towards the (ever more common) practice of code-sharing.

For the other modes, the main focus of the European Commission is on measures which permit the smooth functioning of the liberalisation measures already adopted. Examples of this are the proposed Directive setting harmonised conditions for infrastructure access and tariffs in the rail sector, and the proposed Regulation instituting a new, high-tech "driver card", which would monitor the compliance of road transport companies with employment legislation. The Commission has also finalised a report reviewing the application of the competition rules to maritime transport. Among other proposals, action is likely to be taken on the complaints by exporters that the fixing of prices by shippers for road or rail legs connecting with maritime services should no longer be regarded as falling within the block exemption for shipping conference agreements.

With the entry into force of the Maastricht Treaty and, in particular, its provisions on "trans-European networks", infrastructure is the focus of several proposals (*e.g.* for a high-speed train network and a combined transport network). In accordance with the EC Treaty, the Commission is to publish proposals for guidelines and funding for major "Community interest" infrastructure projects for all transport modes.

Responsibility within the European Commission

Directorate-General VII (Transport) is responsible for this sector. In 1992, a significant restructuring of DG VII took place, with policies applying to each of the main modes of transport being grouped together in a dedicated Directorate. The new structure is as follows:

- Directorate A: international relations, transport economics, networks and infrastructures, and research and development;
- Directorate B: inland transport;
- Directorate C: air transport;
- Directorate D: maritime transport.

Case law

The following list of cases is not exhaustive of those decided in relation to the common transport policy. Rather, it illustrates cases of importance in the development of that policy, and cases which show the central position of transport in the whole field of Community law.

In Case 13/83 *European Parliament* v *Council* [1985] ECR 1513 the European Parliament claimed that, by failing to adopt a common transport policy and, in particular, sixteen proposals made to it by the Commission, the Council had failed to fulfil its obligations under the EC Treaty. The Court found that the European Parliament had competence to bring the action and that, by failing to adopt the requisite measures, the Council had failed in its duties under the EC Treaty.

In Case 246/81 *Lord Bethell* v *Commission* [1982] ECR 2277 Lord Bethell, a Member of the European Parliament, claimed that the Commission had unfairly refused to act against restrictive practices on the part of air carriers. Although his case was not upheld, the Court stated that "[t]he absence of a procedural regulation in the air transport sector cannot deprive individuals of any right which may be reviewed by the Court to complain to the Commission on the subject of competition". The applicability of the competition rules to air transport services was thus confirmed.

Cases 209/84 to 213/84 *Ministère Publique* v *Asjes et al.* [1986] ECR 1425 (*"Nouvelles Frontières"*) involved alleged anti-competitive practices in the fixing of air fares in France (and also for certain international services). The Court confirmed that the competition rules were to be applied to air transport, even though at the time a specific implementing regulation did not exist. National courts could only act, however, if an infringement of the competition rules had previously been established by the competent national competition authority, or by the Commission.

Case 22/70 *Commission* v *Council* [1971] ECR 263 involved the European Agreement concerning the work of the crews of vehicles engaged in international road transport ("ERTA"), an international agreement negotiated by the Member States. The Commission sought annulment on the grounds that the conclusion of the agreement encroached on its areas of responsibility. The Court held that the Agreement had been lawfully concluded. However, it also stated that when the Community adopts internal rules it also acquires exclusive competence over agreements with third countries which might affect those rules. This is known as the "ERTA doctrine", which supports the extension of the Community's external competence in the transport sector.

The application of the ERTA doctrine was extended in Opinion 1/76 *Draft Agreement establishing a European laying-up fund for inland waterway vessels* [1977] ECR 741, delivered by the Court in 1977. The Commission had negotiated an agreement with Switzerland, aimed at the reduction of surplus inland waterway carrying capacity in Europe, with the participation of six interested Member States. The Court ruled that the terms of Agreement were incompatible with the EC Treaty. However, it also stated that, where the Community wished to achieve an internal objective, it must have the necessary exclusive external competence to achieve that objective, whether or not internal rules have been adopted by the Community.

In Case 167/73 *Commission* v *France* [1974] ECR 359, further to a provision of the French Code du Travail Maritime stating that a certain proportion of the positions on a French vessel could be reserved for French nationals, a Ministerial Order was made limiting non-French employment and reserving positions of responsibility for French nationals. The Commission claimed that such a practice was contrary to Community law. The Community had not yet adopted provisions applying the provisions of the chapter of the EC Treaty on the common transport policy to the maritime sector. However, the Court ruled that, as the provisions of the EC Treaty relating to freedom of movement of workers did not contain an express exclusion for transport, their application by Member States to maritime transport was obligatory.

In Case 66/86 *Ahmed Saeed Flugreizen and Silverline Reizebüro GmbH* v *Zentrale zur Bekämfung unlauteren Wettbewerbs eV* [1989] ECR 803 the plaintiffs were travel companies prevented from undercutting official German prices for international tickets. The Court held that a bilateral or multilateral system of setting prices could represent an illegal anti-competitive agreement or an abuse of a dominant position, and that Member States' authorities should generally be prohibited from approving tariffs resulting from such agreements. This clearly confirmed the applicability of the competition rules to international air transport services with third countries. However, as no procedural rules have been adopted by the Council for the application of Article 85 of the EC Treaty in this area, the Commission is prevented from giving guidance on the application of the competition rules, and from adopting block exemptions for agreements deemed to be beneficial. International air transport services with third countries are, therefore, still subject to the application of Article 86 of the EC Treaty by national courts, on the basis of the finding of an infringement by the competent national authority or by the Commission.

Legislation

Air transport

LICENSING OF AIR CARRIERS

Official title
Council Regulation (EEC) 2407/92 of 23 July 1992 on licensing of air carriers.

Reference
Council Regulation 2407/92; OJ L240, 24.8.92.

Amendments

None.

Impact

Establishes common Community rules for air transport licences giving access rights to Community air transport routes.

Details

This Regulation (together with Regs 2408/92 and 2409/92 – see paras **14.7** and **14.8** below) is part of the so-called "third air transport liberalisation package", building on the liberalisation process begun with the first and second packages of 1987 and 1990, and constituting the foundation of the current Community regulatory framework for the sector. The Regulation introduces common Community-wide principles for the granting of air transport licences. Such a Community licence allows market access as provided for under Regulation (EEC) 2408/92 (see para **14.7** below). The right to such a licence depends on:

- compliance with criteria of ownership and effective control by Community nationals. Any mergers or acquisitions in which Community air carriers are involved, or changes in ownership of stakes worth 10% or more of the total shareholding, will have to be notified, in advance, to the European Commission;
- possession of an "air operator's certificate", as proof of the applicants' technical capabilities. The certificate will relate to common Community technical standards, or national standards if Community standards do not currently exist;
- proof of an air carrier's financial standing. An Annex to the Regulation lists the documents, accounts, and financing details that will be required of existing or newly created airlines;
- access to at least one aircraft, whether through ownership or any form of leasing arrangement. Such aircraft must be registered in the relevant Member State register or at least within the Community, at the option of the Member State granting the licence. Leases of aircraft registered in non-Member States may be permitted only in exceptional circumstances and for short periods.

Date of implementation

The Regulation entered into force on 1 January 1993.

MARKET ACCESS FOR AIR CARRIERS

Official title

14.7 Council Regulation (EEC) 2408/92 of 23 July 1992 on access for air carriers to intra-Community air routes.

Reference
Council Regulation 2408/92; OJ L240, 24.8.92.

Amendments
None.

Impact
Gives Community air carriers the freedom to fly all Community routes and provides for the phasing in of cabotage rights.

Details
This Regulation establishes the general principle that Community air carriers are to be permitted to exercise scheduled and non-scheduled traffic rights among all civil airports within the Community.

However, a transition period will apply to cabotage services. Until 1 April 1997, air carriers may carry out only consecutive cabotage operations (*e.g.* British Airways could fly London–Paris–Nice, but not Paris–Nice), allocating no more than 50% of aircraft capacity to the cabotage segment.

Member States may protect companies that establish a service between regional airports used by fewer than 30,000 passengers per year. During the first two years that the service is run, other companies would be prohibited from operating the same route, unless they use small aircraft (*i.e.* those with a capacity of less than 80 seats).

The Member States will also retain the right to distribute traffic within the same airport system (*e.g.* away from a congested airport such as Heathrow to a less busy airport such as Gatwick or Stansted). Finally, and subject to Community control, the Member States will maintain, for a limited period, a right to refuse traffic rights where safety, environmental or traffic congestion problems exist.

The Regulation will not apply immediately to the Greek Islands, or to the Atlantic Islands comprising the autonomous region of the Azores, nor to Gibraltar until such time as the United Kingdom and Spain have resolved a dispute concerning sovereignty over the territory in which Gibraltar airport is situated.

Date of implementation
The main parts of the Regulation entered into force, along with the rest of the third air transport liberalisation package, on 1 January 1993. However, cabotage services will be subject to restrictions until full liberalisation on 1 April 1997.

FARES AND RATES FOR AIR SERVICES

Official title

14.8 Council Regulation (EEC) 2409/92 of 23 July 1992 on fares and rates for air services.

Reference

Council Regulation 2409/92; OJ L240, 24.8.92.

Amendments

None.

Impact

Gives almost complete freedom to Community air carriers to set prices, subject to consumer protection and competition safeguards.

Details

This Regulation abolishes most price setting restrictions for Community air carriers. Fares will be considered to be approved if none of the Member States concerned raises any objections. Generally, fares need not be notified to the Member States' authorities more than 24 hours before coming into effect. During a transition period, however (*i.e.* until 1 April 1997), notification of fares on domestic routes operated by only one or two carriers may be required up to a month before they come into effect.

A Member State involved on a route may at any time decide to object to a fare which it considers excessively high, or excessively low. If neither the other Member State(s) involved, nor the European Commission, reacts within 14 days of notification of such an objection, the Member State contesting the fare may go ahead and withdraw the fare or prevent the alleged excessive price cut.

Any Member State or party with a legitimate interest (*e.g.* an air carrier, consumer groups) will be entitled to appeal to the European Commission to decide whether or not a fare should be maintained. Rates on charter and freight flights may be freely set by the parties involved and are not covered by the notification and control mechanisms set out in this Regulation.

Date of implementation

This Regulation entered into force on 1 January 1993.

COMPUTER RESERVATION SYSTEMS – CODE OF CONDUCT

Official title

14.9 Council Regulation (EEC) 2299/89 of 24 July 1989 on a code of conduct for computerised reservation systems.

Reference
Council Regulation 2299/89; OJ L220, 29.7.89.

Amendments
Regulation (EEC) 3089/93; OJ L278, 11.11.93.
EEA Agreement (1994); OJ L1, 3.1.94.

Impact
Attempts to reduce and eliminate discrimination in the provision and use of computer reservation systems (CRSs).

Details
The code of conduct prohibits the following types of conduct:

- discrimination on the basis of fees charged;
- penalty clauses for termination; and
- conditions which prevent a participating carrier from being a participant in another system.

The Regulation applies irrespective of: (i) the status or nationality of the system vendor; (ii) the source of the information used or the location of the relevant central data processing unit; and (iii) the geographic location of the air transport product concerned. Providers of information (*i.e.* air carriers) have to ensure that the data submitted is comprehensive, accurate, non-misleading and transparent. System vendors are under a variety of obligations, including the obligation not to manipulate the material in a manner that would lead to inaccurate, misleading or discriminatory information being provided.

The Regulation establishes a complaints procedure. The European Commission is given powers to investigate complaints and impose fines for infringements. Fines can range from between ECU 1,000 and 5,000 for procedural offences (*e.g.* failing to provide information to the European Commission when asked) and up to 10% of world-wide turnover for substantive infringements.

The 1993 amending Regulation introduced new provisions on non-discrimination towards air carriers wishing to participate in a system and prohibited restrictions on their participating in other systems. It also placed stricter requirements on air carriers which own or control a system vendor as regards provision of information to competing CRSs. System vendors must have a separate legal personality, and their information systems must be kept separate from those of any parent air carrier.

The ranking criteria contained in the Annex to the Regulation were also amended in order to restrict multiple displays of any particular flight or combination of flights. A double display is only permissible in the case of certain joint venture arrangements where each operating carrier is separately responsible for marketing the services.

Date of implementation

The Regulation came into force on 1 August 1989, with a derogation until 1 January 1990 for CRSs which had established their central administration and their principal place of business in the Community before 1 August 1989. The main provisions of the 1993 Regulation entered into force on 11 December 1993, although a six-month delay (with the possibility of extension for individual CRSs) was granted for certain provisions. Certain details on the display rankings apply only as from 1 January 1995.

BLOCK EXEMPTION – COMPUTERISED RESERVATION SYSTEMS

Official title

14.10 Commission Regulation (EC) 3652/93 of 22 December 1993 on the application of Article 85(3) of the EC Treaty to certain categories of agreements between undertakings relating to computerised reservation systems for air transport services.

Reference

Council Regulation 3652/93; OJ L333, 31.12.93.

Amendments

None.

Impact

This Regulation sets out the application of Community competition rules on the setting up of and access to computerised reservation systems (CRSs).

Details

The Regulation aims to make the computerised systems as transparent as possible. It recognises that few individual companies could afford to make the investments necessary to establish their own systems, thus making co-operation necessary. However, this co-operation should not result in discrimination against non-participants. Operators should be able to switch from one CRS to another without incurring time delays or penalties. The Regulation applies retroactively to agreements in force when the Regulation was adopted. This Regulation complements the code of conduct on CRSs.

Date of implementation

The Regulation entered into force on 1 January 1994 and expires on 30 June 1998.

COMPENSATION SCHEME FOR AIRLINE PASSENGERS

Official title

Council Regulation (EEC) 295/91 of 4 February 1991 establishing common rules for a denied boarding compensation system in scheduled air transport.

Reference

Council Regulation 295/91; OJ L36, 8.2.91.

Amendments

EEA Agreement (1994); OJ L1, 3.1.94.

Impact

Establishes minimum rules and sums of compensation to be paid to travellers with a reservation but who are denied boarding on a scheduled flight.

Details

The Regulation establishes common rules to be applied where passengers are denied access to a scheduled flight for which they have a valid ticket and a confirmed reservation. The rules apply to any flight departing from an airport located in the territory of a Member State, irrespective of the state where the air carrier is established, the nationality of the passenger and the point of destination.

To benefit from the proposed scheme, passengers denied a seat must have a valid ticket, a confirmed reservation on the flight and have presented themselves within the required time for check-in.

The amount of compensation depends on whether and how soon another flight to the passenger's final destination is available. Air carriers are also expected to meet certain incidental costs (*e.g.* fax or telephone, meals, accommodation).

Date of implementation

This Regulation entered into force on 8 April 1991.

MUTUAL ACCEPTANCE OF PERSONNEL LICENCES IN CIVIL AVIATION

Official title

Council Directive of 16 December 1991 on mutual acceptance of personnel licences for the exercise of functions in civil aviation.

Reference

Council Directive 91/670/EEC; OJ L373, 31.12.91.

Amendments

None.

Impact

Permits cockpit personnel who are Community nationals to have their qualifications recognised throughout the Community.

Date of implementation

The Directive was to be implemented by the Member States by 1 June 1992.

EC–US AIRCRAFT TRADE AGREEMENT

Official title

14.13 Council Decision of 13 July 1992 on the conclusion of an Agreement between the European Economic Community and the Government of the United States of America concerning the application of the GATT Agreement on Trade in Civil Aircraft on trade in large civil aircraft.

Reference

Council Decision 92/496/EEC; OJ L301, 17.10.92.

Amendments

None.

Impact

The Agreement proscribes discriminatory procurement practices and excessive state aids in the civil aircraft industry.

Details

The Decision approves the aircraft agreement with the United States on behalf of the Community. The principal provisions of the Agreement relate to:

- public procurement: the parties agree not to put pressure on entities purchasing civil aircraft to favour any particular source, to use criteria other than price, quality and delivery terms, to make mandatory subcontracts, or to give unfair economic or political inducements;
- government support: the parties will cease to grant direct government support to large civil aircraft production, except where funds have been firmly committed;
- development support: the parties will grant development support only where there is expectation of recouping all costs within 17 years of the first grant of support. Such support may not exceed a total of 33% of total estimated development costs, with royalty payments to be reimbursed to the government;
- indirect government support: the parties will refrain from granting indirect

government support which might give a particular firm an unfair competitive advantage. In any case the total of such support may not exceed 3% of the turnover of the domestic civil aircraft industry or 4% of the turnover of any individual firm. Benefits deriving from R&D may be excluded from this calculation if made available on a non-discriminatory basis to manufacturers of both parties;
- direct loans: no direct loans or loan guarantees may be given, except through official export credit guarantees;
- equity injections: these are excluded from the scope of the Agreement.

The parties will exchange information and consult with one another on the application of the Agreement. Exceptional circumstances which threaten the survival of a significant proportion of the civil aircraft industry in one of the parties may lead to temporary derogations from the Agreement. Non-compliance with the Agreement may lead to its abrogation by the other party.

Date of implementation
The Agreement was to enter into force on the date of its acceptance by both parties.

SLOT ALLOCATION

Official title
Council Regulation (EEC) 95/93 on common rules for the allocation of slots at Community airports.

Reference
Council Regulation 95/93; OJ L14, 22.1.93.

Amendments
None.

Impact
Establishes a system for distribution of a proportion of slots at very congested airports, with priority given to new entrant carriers.

Details
Airports which are so congested that for significant periods operational delays of over one hour occur on 75% of flights are to be designated for co-ordination. After consultation and a capacity analysis, Member States have to designate airport co-ordinators to share out slots at such airports. In addition, a scheduling committee, consisting of representatives of air carriers, airport authorities and air traffic controllers, may also be set up to assist the co-ordinator.

With regard to the allocation of slots, a pooling system of newly created, unused slots or those given up by carriers will operate, with at least 50% of available slots being allocated to air carriers not holding more than four slots per day at a co-ordinated airport, or not holding more than 30% of slots at a co-ordinated airport in the same system ("new entrants").

The rules in the original proposal which would have led to the confiscation of slots from incumbent air carriers simply to satisfy the demands of new entrants were scrapped. In their place, the Regulation has an extended "use it or lose it" rule, by which air carriers not using at least 80% of a regular series of slots during the allocation period will lose the entire series to the pool. The IATA rule, whereby any unused slot on a particular day may be reallocated, will continue to apply. In general slots may be freely traded, but new entrants having received slots for intra-Community services may not transfer them for two seasons.

Member States have to inform the European Commission of any specific difficulties encountered by Community air carriers in obtaining slots at congested airports in third countries. The European Commission may initiate negotiations with third countries when it appears that Community air carriers are not being accorded treatment comparable to that accorded to that country's carriers in the Community.

Date of implementation

The Regulation came into force on 21 February 1993.

AIR TRAFFIC MANAGEMENT EQUIPMENT STANDARDS

Official title

14.15 Council Directive 93/65/EEC of 19 July 1993 on the definition and use of compatible technical specifications for the procurement of air-traffic-management equipment and systems.

Reference

Directive 93/65/EEC; OJ L187, 29.7.93.

Amendments

None.

Impact

The Directive is designed to lead to gradual harmonisation of air traffic control systems in the Community by ensuring that only compatible equipment is purchased. It lists the principal Eurocontrol technical specifications to be considered and the bodies which are subject to the procurement rules.

Proposed date of implementation

The Member States had to implement the Directive by 29 July 1994.

TRANSPORT

APPLICATION OF COMMUNITY COMPETITION RULES TO AIR TRANSPORT

Official title
Council Regulation (EEC) 3975/87 of 14 December 1987 laying down the procedure for the application of the rules on competition to undertakings in the air transport sector.

Reference
Council Regulation 3975/87; OJ L374, 31.12.87.

Amendments
Corrigendum; OJ L30, 2.2.88.
Regulation (EEC) 4261/88; OJ L376, 31.12.88.
Corrigendum; OJ L43, 15.2.89.
Regulation (EEC) 1284/91; OJ L122, 17.5.91.
Regulation (EEC) 2410/92; OJ L240, 24.8.92.
EEA Agreement (1994); OJ L1, 3.1.94.

Impact
Applies the competition rules contained in the EC Treaty to air transport operations.

Details
This Regulation lays down detailed rules for the application of Articles 85 and 86 of the EC Treaty to air transport. The Regulation:

- exempts certain technical agreements from the prohibition laid down in Article 85(1) (*e.g.* mandatory technical requirements for aircraft, training of personnel for technical purposes etc);
- establishes procedures for complaints and objections (these procedures were supplemented by Reg 4261/88 – see para **14.17** below);
- empowers the European Commission to obtain information by way of investigations to be conducted either by itself or Member States; and
- allows for the imposition of fines when the parties concerned either supply it with incorrect information or breach their obligations.

Companies found to be infringing Articles 85 and 86 of the EC Treaty can be fined, in accordance with the terms of this Regulation, an amount equivalent to 10% of their world-wide turnover.

The 1991 amendment to this Regulation allows the European Commission to suspend prices based on what it considers to be "predatory practices" (understood to include frequent flyer systems, discriminatory use of computerised reservation systems, excessive royalties paid to travel agents etc). If the European Commission has reason to believe that such practices are contrary to Article 85 or 86 of the EC Treaty and may threaten the viability of an air service or air carrier it may, within 48 hours of a complaint, take interim measures to prevent the implementation of such prices until a decision can be taken under the usual procedures. Such interim measures would be valid for a six-month period.

The original Regulation applied to "international" air transport between Community airports, leaving the European Commission no means to investigate suspected breaches of the competition rules, to impose sanctions or to authorise agreements relating to transport within a Member State. As Regulation (EEC) 2408/92 (see para **14.7** above) extends Community liberalisation measures to cabotage services (*i.e.* services within a single Member State carried out by a carrier registered in another), the scope of application of the Regulation was amended in 1992 to cover Member States' internal services. However, it should be recalled that the European Commission may exercise its powers under the competition rules only in cases where there are effects on trade between Member States.

Date of implementation

This Regulation entered into force on 1 January 1988. The latest amendment entered into force on 25 August 1992.

SIMPLIFICATION OF COMPLAINTS PROCEDURE IN AIR TRANSPORT COMPETITION MATTERS

Official title

14.17 Commission Regulation (EEC) 4261/88 of 16 December 1988 on complaints, applications and hearings provided for in Council Regulation (EEC) 3975/87 laying down the procedure for the application of the rules on competition to undertakings in the air transport sector.

Reference

Commission Regulation 4261/88; OJ L376, 31.12.88.

Amendments

Regulation (EEC) 3666/93; OJ L336, 31.12.93.
EEA Agreement (1994); OJ L1, 3.1.94.

Impact

Makes the procedure for filing air transport competition complaints more transparent and provides detailed rules to govern the complaints procedure.

Details

The provisions of this Regulation are aimed principally at making it easier for parties to notify agreements to the European Commission in order to qualify for an exemption from any infringement proceedings. The form recommended for use in such circumstances is annexed to the Regulation.

In addition, the Regulation gives parties involved in an investigative proceeding the right to an oral hearing. The procedure to be followed is set out in detail therein.

Date of implementation
The Regulation entered into force on 31 December 1988.

BLOCK EXEMPTION – CERTAIN CATEGORIES OF AIR TRANSPORT AGREEMENTS

Official title
Council Regulation (EEC) 3976/87 of 14 December 1987 on the application of Article 85(3) of the Treaty to certain categories of agreements and concerted practices in the air transport sector.

Reference
Council Regulation 3976/87; OJ L374, 31.12.87.

Amendments
Regulation (EEC) 2411/92; OJ L240, 24.8.92.

Impact
Designates certain categories of air transport related agreements as being eligible for exemption from the application of the EC Treaty's competition rules.

Details
This Regulation identifies certain categories of agreements and concerted practices as appropriate for exemption from the application of Article 85(1) of the EC Treaty. It acknowledges that the air transport industry has been governed by a network of bilateral and multilateral agreements and provides for exemptions to be granted to certain of such agreements for a limited period.

The European Commission is empowered to adopt Regulations granting exemptions for agreements, decisions or concerted practices concerning the following:

- joint planning and co-ordination of airline schedules;
- consultations on tariffs for the carriage of passengers and baggage and of freight on scheduled air services;
- joint operations on new, less busy scheduled air services;
- slot allocation at airports and airport scheduling; and
- common purchase, development and operation of computer reservation systems relating to timetabling, reservations and ticketing by air transport undertakings.

The 1992 amendment deleted ground handling and in-flight catering services from the scope of the Regulation, adding the new category of joint operations on new, less busy routes. In addition, the scope of application was, similarly to Regulation (EEC) 3975/87 (see para **14.16** above), extended to cover agreements relating to services within a single Member State, but which have an effect on intra-Community trade.

Date of implementation

This Regulation entered into force on 1 January 1988. The 1992 amendment entered into force on 27 August 1992.

BLOCK EXEMPTION – VARIOUS AIR TRANSPORT AGREEMENTS

Official title

14.19 Commission Regulation (EEC) 1617/93 of 25 June 1993 on the application of Article 85(3) of the EC Treaty to certain categories of agreements and concerted practices concerning joint planning and co-ordination of schedules, joint operations, consultations on passenger and cargo tariffs on scheduled air services and slot allocation at airports.

Reference

Commission Regulation 1617/93; OJ L155, 26.6.93.

Amendments

None.

Impact

Exempts certain types of air transport related agreements from application of the competition rules of the EC Treaty.

Details

The Regulation replaces Regulation (EEC) 2671/88 and amends the categories of agreement to which Article 85(1) of the EC Treaty does not apply, with the new list reading as follows:

- joint planning and co-ordination of the schedules of air services between Community airports;
- joint operation of a scheduled air service on a new or low density route between Community airports;
- the holding of consultations on tariffs for the carriage of passengers, with their baggage, and of freight on scheduled international air services between Community airports; and
- slot allocation and airport scheduling in so far as they concern scheduled international air services between Community airports.

Each of these categories of agreements was identified as being appropriate for exemption by Regulation (EEC) 3976/87, as amended (see para **14.18** above), which sets the general parameters for the application of Article

85(3) of the EC Treaty to air transport related agreements. This Regulation goes on to specify the particular provisions with which each type of agreement must comply in order to be exempted. The Regulation applies retroactively to all agreements, decisions or concerted practices in existence at the date of its entry into force.

The European Commission has published a notice concerning procedures for communications to the Commission regarding consultations under Regulation (EEC) 1617/93 (OJ C177, 29.6.93). Air carriers interested in holding consultations on tariffs, slot allocation or airport scheduling should notify the European Commission by fax of the date, venue and subject-matter of such consultations. Reports on tariff consultations should be sent to the European Commission by ordinary mail.

Proposed date of implementation

The Regulation entered into force on 1 July 1993 and expires on 30 June 1998.

Proposed air transport legislation

AIR TRAFFIC SERVICES AND FLOW MANAGEMENT

Official title

Proposal for a Council Decision on consultation and co-ordination between Member States in the field of air traffic services and air traffic flow management.

Reference

Original proposal; OJ C34, 10.2.89.

Amendments

None.

Impact

Seeks to relieve air traffic congestion by establishing a common flow management system, administered by a central unit and serviced by the Eurocontrol central data bank.

Proposed date of implementation

It was proposed that the Decision should come into effect immediately after adoption.

CONSULTATION BETWEEN AIRPORT USERS

Official title

14.21 Proposal for a Council Regulation (EEC) on consultation between airport users and on airport charging principles.

Reference

Original proposal; OJ C147, 16.6.90.

Amendments

None.

Impact

Would set up consultation procedures between airports and air carriers, passengers, freight operators etc before significant changes in services or conditions.

Proposed date of implementation

It was originally proposed that the Regulation should come into force on 1 July 1990. No new date had been officially proposed.

APPLICATION OF COMPETITION RULES – INTERNATIONAL AGREEMENTS

Official title

14.22 Proposal for a Council Regulation (EEC) amending Regulation (EEC) 3975/87 laying down procedures for the application of the rules on competition to undertakings in the air transport sector.

Reference

Original proposal; OJ C248, 29.9.89.

Amendments

None.

Impact

Would extend the European Commission's power to grant block exemptions to agreements covering air routes to non-Community countries.

Details

This Regulation would permit the European Commission to apply Article 85(3) of the EC Treaty (a provision which offers certain types of agreement exemption from the competition law prohibition contained in Art 85(1) of the EC Treaty) to certain categories of agreements between undertakings

"on international air routes between the Community and one or more third countries". The proposal lists the following types of agreement as being candidates for exemption:
- joint planning and co-ordination of the capacity on scheduled air services;
- sharing of revenue from scheduled air services;
- joint preparation of proposals on tariffs, fares, rates and conditions for the carriage of passengers, baggage and cargo on scheduled services; and
- slot allocation and airport scheduling.

Block exemptions adopted under this Regulation will specify:
- the restrictions or clauses which may or may not appear in the agreements, decisions and concerted practices;
- the clauses which must be contained in the agreements, decisions and concerted practices or any other conditions which must be satisfied; and
- the routes to which they apply.

All exemptions will be of limited duration.

Proposed date of implementation
If adopted, the proposed Regulation would enter into force on the day following its publication in the *Official Journal*. However, as in the case of the proposal on air services agreements with third countries (see para **14.23** below), the Member States do not appear willing to extend the Commission's competence in the ways suggested. Adoption of the proposal is not expected in the near future.

COMMERCIAL AVIATION AGREEMENTS WITH THIRD COUNTRIES

Official title
Proposal for a Council Decision on a consultation and authorisation procedure for agreements concerning commercial aviation relations between Member States and third countries.

Reference
Original proposal; OJ C216, 11.08.93.

Amendments
None.

Impact
The proposed Decision would acknowledge that air service agreements with third countries fall within the scope of the common commercial policy of the EC Treaty, and would transfer authority for the conclusion of such agreements progressively from the Member States to the Community.

Proposed date of implementation

No precise date was proposed for the entry into force of the Decision. However, a transitional period would last at least until 1 January 1998, during which Member States' agreements could remain in force, unless contrary to Community policy, and during which Member States could still be authorised to conduct bilateral negotiations. Little progress has been made due to Member States' fundamental objections to the extension of Commission aviation competencies in the external field.

INVESTIGATION OF AIR ACCIDENTS AND INCIDENTS

Official title

14.24 Amended proposal for a Council Directive establishing the fundamental principles governing the investigation of air accidents and incidents.

Reference

Original proposal; OJ C257, 22.9.93.

Amendments

Common position; OJ C172, 24.6.94.

Impact

The proposed Directive would ensure common standards for the technical investigation of air accidents in the Community.

Details

The proposed Directive foresees the co-ordinated introduction in the Community of the changes in accident investigation procedures already agreed by the Member States within the International Civil Aviation Organisation (ICAO). The proposal seeks to make an investigation mandatory for every accident or serious incident, to enhance the status of the technical (rather than judicial) investigation, to create permanent bodies for such investigations and to establish rules for the use of the resulting report.

Proposed date of implementation

The proposed Directive would have to be implemented by the Member States within 24 months of its adoption.

Inland waterways

MUTUAL RECOGNITION OF NAVIGABILITY LICENCES

Official title

14.25 Council Directive of 20 January 1976 on reciprocal recognition of navigability licences for inland waterway vessels.

Reference

Council Directive 76/135/EEC; OJ L21, 29.1.76.

Amendments

Decision 77/527/EEC; OJ L209, 17.8.77.
Directive 78/1016/EEC; OJ L349, 13.12.78.
EEA Agreement (1994); OJ L1, 3.1.94.

Impact

Member States are obliged to recognise navigability licences issued in other Member States as being equivalent to those granted in their own.

Details

This Directive applies to:

- goods vessels weighing 20 tonnes or more (including tugs); and
- passenger vessels capable of carrying 12 persons or more.

All navigability licences granted by Member States for navigation on national waterways are, in accordance with the terms of this Directive, to be recognised throughout the Community.

Member States are still permitted to interrupt the passage of a vessel where the vessel is found, upon inspection, to be in a condition which clearly constitutes a danger. They may also do so where the vessel or its equipment is found, on inspection, not to satisfy the requirements set out in the navigability licence. In the event that any vessel is stopped, the Member State stopping the vessel must inform the Member State in which the vessel is registered of its action and must provide a reasoned account of its stoppage to the owner of the vessel. Directive 77/527/EEC lays down the list of waterways, the certificates for the navigation of which are covered by the provisions of this Directive.

Date of implementation

Member States were given until 20 January 1977 to implement the provisions of this Directive. The Directive was originally intended to expire on 31 December 1978, but was extended by Directive 78/1016/EEC to remain in force indefinitely.

INLAND WATERWAY VESSELS – TECHNICAL CHARACTERISTICS

Official title

Council Directive of 4 October 1982 laying down technical requirements for inland waterway vessels.

Reference

Council Directive 82/714/EEC; OJ L301, 28.10.82.

Amendments

EEA Agreement (1994); OJ L1, 3.1.94.

Impact

Establishes rules to cover the criteria for the granting of navigability certificates.

Details

This Directive should be read in conjunction with Directive 76/135/EEC (see para **14.25** above) which covers the mutual recognition of navigability certificates.

This Directive applies to:

- vessels having a total deadweight of 15 tonnes or more, or vessels not intended for the carriage of goods having a displacement of 15 cubic metres or more; and
- tugs and pusher craft, including those with a displacement of less than 15 cubic metres, provided that they have been built to tow or push or to move vessels alongside.

Vessels operating on Community waterways are required to carry a Community navigation certificate and, where appropriate, a certificate issued pursuant to the revised Convention for the navigation of the Rhine. Community certificates are issued by the competent national authorities. All such certificates must resemble the form recommended by this Directive. Member States are permitted to exempt vessels which work exclusively on national waterways.

The conditions and rules for issuing Community certificates are set out in detail in this Directive. Certificates normally will be valid for 10 years. Rules concerning certificate renewals and amendments are also detailed.

Date of implementation

Member States were given until 1 January 1985 to implement the provisions of this Directive.

RHINE CONVENTION

Official title

14.27 Council Regulation (EEC) 2919/85 of 17 October 1985 laying down the conditions for access to the arrangements under the revised Convention for the navigation of the Rhine relating to vessels belonging to the Rhine Navigation.

Reference

Council Regulation 2919/85; OJ L280, 22.10.85.

Amendments

EEA Agreement (1994); OJ L1, 3.1.94.

Impact

Incorporates provisions of the revised Rhine Convention into Community law.

Details

Of the six signatories to the revised Convention for the navigation of the Rhine, five are Member States (Belgium, Germany, France, the Netherlands and the United Kingdom; the sixth country is Switzerland). Provisions contained in the Rhine Convention make it clear that, to a certain extent, privileges extended to vessels from signatory countries also extend to vessels from other Member States. This Regulation ensures the proper application of those rules to all Member States, in particular as regards the control document required by the Rhine Convention.

In addition, this Regulation requires those Member States providing information to the Central Commission for the Navigation of the Rhine to provide the same information to the European Commission.

Date of implementation

This Regulation, with the exception of the requirement that the control document be carried on each vessel, came into force on 22 October 1985. The control document requirement came into force on 1 February 1987.

INLAND WATERWAY TRANSPORT COMMITTEE

Official title

Commission Decision of 9 October 1980 setting up a joint committee on inland navigation.

Reference

Commission Decision 80/991/EEC; OJ L297, 6.11.80.

Amendments

None.

Impact

The committee is created to assist the European Commission in the formulation and implementation of Community policy aimed at improving and harmonising the living and working conditions in inland navigation.

Date of implementation

This Decision entered into force on 6 November 1980.

ACCESS TO INLAND WATERWAY PROFESSIONS

Official title

14.29 Council Directive of 9 November 1987 on access to the occupation of carrier of goods by waterway in national and international transport and on the mutual recognition of diplomas, certificates and other evidence of formal qualifications for this occupation.

Reference

Council Directive 87/540/EEC; OJ L322, 12.11.87.

Amendments

Last amended by EEA Agreement (1994); OJ L1, 3.1.94.

Impact

Establishes common Community rules governing access to the inland waterway profession to make it easier for Community vessel operators to establish themselves wherever they may choose within the Community.

Date of implementation

Member States were given until 30 June 1988 to comply with the terms of this Directive.

RECIPROCAL RECOGNITION OF BOATMASTER'S CERTIFICATES

Official title

14.30 Council Directive of 16 December 1991 on the reciprocal recognition of national boatmaster's certificates for the carriage of goods and passengers by inland navigation.

Reference

Council Directive 91/672/EEC; OJ L373, 31.12.91.

Amendments

None.

Impact

Obliges Member States to recognise boatmaster's certificates obtained in other Member States.

Date of implementation

The Directive had to be implemented by the Member States by 1 January 1993.

INLAND WATERWAY SCRAPPING FUND

Official title
Council Regulation (EEC) 1101/89 of 27 April 1989 on structural improvements in inland waterway transport.

Reference
Council Regulation 1101/89; OJ L116, 28.4.89.

Amendments
Last amended by Regulation 844/94; OJ L98, 16.4.94.

Impact
With this Regulation, the Community hopes to reduce substantially the over-capacity currently present in the Community fleet. The Regulation aims to achieve this by:

- reducing structural over-capacity by means of scrapping schemes co-ordinated at Community level; and
- identifying supporting measures to avoid aggravation of existing over-capacity or the emergence of further over-capacity.

Owners will be allowed to bring new vessels into operation only if they scrap tonnage equivalent to the tonnage of the new vessel or pay a special contribution into the fund, or a combination of the two in the event that those owners decide to scrap something less than that equivalent tonnage. Details for the application of the system were set out in Commission Regulation (EEC) 1102/89 (OJ L116, 28.4.89). The scheme originally had a planned duration of five years. The 1994 amendment extended this to 10 years.

Date of implementation
This Regulation applied as from 1 May 1989.

INLAND WATERWAY CABOTAGE

Official title
Council Regulation (EEC) 3921/91 of 16 December 1991 laying down the conditions under which non-resident carriers may transport goods or passengers by inland waterway within a Member State.

Reference
Council Regulation 3921/91; OJ L373, 31.12.91.

Amendments
None.

Impact

Establishes cabotage rights for Community operators of inland waterway vessels.

Details

The Regulation covers all carriers of goods or passengers by inland waterway for hire or reward who:

- are established in a Member State in conformity with the legislation of that country; and, where appropriate
- are authorised in that country to carry out the international transport of goods or persons by inland waterway.

Those who qualify will be allowed to carry out national transport operations in a Member State other than the one in which they are resident, without immediately being obliged to set up a registered office or other establishment in the host Member State.

This freedom may only be exercised with vessels owned by Member State nationals or by undertakings managed and owned by Member State nationals. Cabotage operations will be subject to the laws of the Member State in which the transport operations are carried out. Such laws must be applied on a non-discriminatory basis.

Date of implementation

The Regulation took effect on 1 January 1993 for most cabotage operations. However, full unlimited cabotage will not take effect in France and Germany until 1 January 1995. The Regulation will not apply on waterways in the former East German Länder.

EUROPEAN INLAND WATERWAY NETWORK

Official title

14.33 Council Decision of 29 October 1993 on the creation of a trans-European inland waterway network.

Reference

Council Decision 93/630/EEC; OJ L305, 10.12.93.

Amendments

None.

Impact

The Decision sets out specific sections of the Community inland waterway network which need to be upgraded so as to remove bottlenecks. The plan is indicative in nature and implies no financial commitment.

Details

The Decision gives maps of the proposed coverage of the inland waterway network. The Decision does not commit Member State or Community funds, but indicates a plan for completing the European network links between rivers and canals of Class IV quality. Over a period of at least 10 years, the following priorities are given:

- improvement of the Mittellandkanal and construction of the aqueduct over the Elbe at Magdeburg;
- improvement of the navigability of the Elbe between Magdeburg and the Czech frontier;
- improvement of the links between the Elbe and Oder;
- linking the Twentekanaal and the Mittellandkanal;
- linking the Rhine and the Rhône;
- linking the Seine and Scheldt in France and the Scheldt in Belgium;
- North-South axis, link between the Scheldt and the Rhine: (i) improvement of the Antwerp-Brussels-Charleroi axis; (ii) improvement of the Eastern section towards the Rhine via the Central Canal, the Meuse, the Lanaye Canal in Belgium and the Juliana Canal in the Netherlands;
- linking the Main and the Danube and improving the Main and the Danube between Straubing and Vilshofen;
- improvement of the navigability of the Danube between Vienna and the Black Sea.

Date of implementation

The Decision applies until 30 June 1995, after which the Council plans to adopt new rules for the encouragement of trans-European transport infrastructure networks along multi-modal lines.

Maritime transport

TANKER SAFETY

Official title

Council Directive of 21 December 1978 concerning minimum requirements for certain tankers entering or leaving Community ports.

Reference

Council Directive 79/116/EEC; OJ L33, 8.2.79.

Amendments

Directive 93/75/EEC; OJ L247, 5.10.93.
EEA Agreement (1994); OJ L1, 3.1.94.

Impact

Establishes a minimum safety checklist to be completed by tankers entering Community ports.

Details

This Directive requires all tankers of 1,600 gross registered tonnes or more to provide competent Member State authorities with certain information (i) while traversing the territorial waters adjacent to a port of entry or departure and (ii) before entering a port. This information is intended to give authorities adequate warning to enable them to ensure the safety of persons and property.

Member States' authorities must inform one another if they become aware of any risks which might endanger persons and property in another Member State.

The 1993 amendment concerns the minimum requirements for vessels bound for or leaving Community ports and carrying dangerous or polluting goods. It will replace and repeal the original Directive on 13 September 1995.

Date of implementation

Member States were given until 1 January 1980 to implement this Directive. The 1993 amending Directive will replace and repeal it from 13 September 1995.

UNITED NATIONS LINER CONFERENCE CONVENTION

Official title

14.35 Council Regulation (EEC) 954/79 of 15 May 1979 concerning the ratification by Member States of, or their accession to, the United Nations Convention on a code of conduct for liner conferences.

Reference

Council Regulation 954/79; OJ L121, 17.5.79.

Amendments

EEA Agreement (1994); OJ L1, 3.1.94.

Impact

Seeks to establish a common Community position on the implementation of the United Nations liner conference Convention.

Details

All Member States which ratify or accede to the United Nations Convention on a code of conduct for liner conferences must do so in accordance with the terms of this Regulation. The Regulation seeks to ensure that by agreeing to abide by the terms of this Convention, Member States do nothing to infringe their EC Treaty commitments.

Date of implementation
This Regulation came into force on 15 May 1979.

FREEDOM TO PROVIDE MARITIME TRANSPORT SERVICES

Official title
Council Regulation (EEC) 4055/86 of 22 December 1986 applying the principle of freedom to provide services to maritime transport between Member States and between Member States and third countries.

Reference
Council Regulation 4055/86; OJ L378, 31.12.86.

Amendments
Regulation (EEC) 3573/90; OJ L353, 17.12.90.
EEA Agreement (1994); OJ L1, 3.1.94.

Impact
Removes many of the remaining quantitative restrictions on Community shippers providing services from Member States to other Member States and to third countries.

Details
This Regulation applies the principle of freedom to provide services to maritime transport between Member States and between Member States and third countries. This Regulation applies to Community nationals established in a Member State other than the Member State of the person for whom the services are intended, and to nationals established outside the Community who own vessels registered within the Community. Existing national restrictions and non-code cargo-sharing agreements are to be phased out. No new restrictions are to be imposed, although, in certain circumstances, the Council has the authority to permit certain cargo-sharing agreements.

By way of derogation from the central principle, unilateral national restrictions in existence before 1 July 1986 were permitted to continue. These restrictions are due to be phased out according to the following timetable:

- 31 December 1989: carriage between Member States by vessels flying the flag of a Member State;
- 31 December 1991: carriage between Member States and third countries by vessels flying the flag of a Member State; and
- 1 January 1993: carriage between Member States and between Member States and third countries in vessels not flying the flag of a Member State.

In addition, cargo-sharing arrangements between Member States and third countries, not covered by the UN code for liner conferences, which were in force before 1 July 1986, must be phased out by 1 January 1993.

In 1990, a new subparagraph was added to the effect that agreements concluded by the former German Democratic Republic would be adjusted as soon as possible and, in any event, not later than 1 January 1995.

Date of implementation

This Regulation came into force on 31 December 1986.

MARITIME CABOTAGE

Official title

Council Regulation (EEC) 3577/92 of 7 December 1992 applying the principle of freedom to provide services to maritime transport within Member States.

Reference

Council Regulation 3577/92; OJ L364, 12.12.92.

Amendments

Decision 93/396/EEC; OJ L173, 16.7.93.

Impact

Establishes a timetable for the phasing-in of certain cabotage rights for vessels registered in the Community.

Details

The Regulation establishes the principle that maritime cabotage is to be introduced in the Community from 1 January 1993. Shipping operators registered in a Member State and operating vessels flying its flag are to be granted access to the domestic routes of other Member States, as long as they meet the conditions laid down by that Member State for the admission of its own vessels to cabotage. Maritime cabotage will be phased in in the Community according to the following timetable.

For routes in the Mediterranean (except Greece) and on the coasts of Spain, Portugal and France cabotage will be introduced for the following services:

- cruisers: by 1 January 1995;
- strategic goods services (oil, petrol products, drinking water): by 1 January 1997;
- services carried out by ships of less than 650 gross registered tonnage: by 1 January 1998;
- regular passenger and ferry services: by 1 January 1999.

For routes serving the Mediterranean Islands, the Canaries, the Azores,

Madeira, Ceuta and Melilla, French Atlantic coast Islands, and the French overseas territories, maritime cabotage will be phased in as follows:

- regular passenger and ferry services: by 1 January 2004;
- other services: by 1 January 1999.

For routes in Greece – regular passenger and ferry services and services carried out by ships of less than 650 gross registered tonnage – maritime cabotage will be phased in by 1 January 2004.

For cabotage routes in the rest of Europe, all services were to be liberalised by 1 January 1993.

Questions relating to crewing and conditions of employment will be regulated by the laws of the host Member State for ships of over 650 gross registered tonnage and those engaged in island cabotage. Ships engaged in consecutive cabotage or ships of less than 650 gross registered tonnage engaged in continental cabotage and cruising will be subject to the employment laws of the Member State of registration.

Date of implementation

The Regulation entered into force on 1 January 1993, with services being gradually liberalised according to the above timetable. Under Decision 93/396/EEC, Spain was granted a transitional period for certain services until 17 February 1994.

MARITIME TRANSPORT COMMITTEE

Official title

Commission Decision of 31 July 1987 setting up a joint committee on maritime transport.

Reference

Commission Decision 87/467/EEC; OJ L253, 4.9.87.

Amendments

None.

Impact

Creates a Community forum within which employers and employees of the shipping industry can discuss proposals aimed at improving working conditions.

Date of implementation

This Decision entered into force on 31 July 1987.

TRANSFER OF SHIPS BETWEEN REGISTERS

Official title

14.39 Council Regulation (EEC) 613/91 of 4 March 1991 on the transfer of ships from one register to another within the Community.

Reference
Council Regulation 613/91; OJ L68, 15.3.91.

Amendments
EEA Agreement (1994); OJ L1, 3.1.94.

Impact
Prevents Member States from refusing registration in their shipping registers of certain ships from other Member States' registers which comply with international standards.

Details
The Regulation applies to ships of 500 gross tonnes or above, built after 25 May 1980, or built before that date but certified under international conventions. In order to benefit from the Regulation, such ships must have been registered for at least six months in a shipping register of an EC Member State, and have valid certificates. Entry of ships fulfilling all these conditions into a shipping register of a Member State may not be refused for technical reasons arising from international conventions. However, Member States have the right to inspect such ships to ensure that they comply with these standards.

If serious safety doubts are raised, registration may be suspended for three months pending examination of the case by the European Commission and a committee set up to deal with such questions.

Date of implementation
The Regulation entered into force on 1 January 1992.

COMMON POLICY ON SAFE SEAS

Official title

14.40 Council Resolution of 8 June 1993 on a common policy on safe seas.

Reference
Council Resolution 93/C271/1; OJ C 271, 7.10.93.

Amendments
None.

Impact

The Resolution sets out a series of priorities to ensure the effective implementation of international rules; enhancement of training and education; improvement of maritime infrastructures and of traffic procedures; implementation of the 1969 International Convention on liability of oil pollution damage and the 1971 International Convention on the establishment of an international fund for compensation for oil pollution damage; safety of passenger vessels; and risk assessment. The Resolution calls upon the Commission to come forward with corresponding proposals.

Date of implementation

The Resolution is not binding and requires no implementation by the Member States.

VESSELS ENTERING/LEAVING COMMUNITY PORTS CARRYING DANGEROUS OR POLLUTING GOODS

Official title

Council Directive of 13 September 1993 concerning minimum requirements for vessels bound for or leaving Community ports and carrying dangerous or polluting goods.

Reference

Council Directive 93/75/EEC; OJ L247, 5.10.93.

Amendments

None.

Impact

The Directive lays down minimum requirements to be observed by vessel operators, masters and shippers so as to reduce or prevent, if practicable, the occurrence of accidents.

Details

The Directive applies to all vessels with the exception of warships, official ships used for non-commercial purposes, bunkers, stores and equipment for use on board ships.

The Directive imposes obligations on shippers of dangerous or polluting goods. It requires them, among other things, to disclose fully in a declaration to be delivered to the master or operator, the correct technical names and United Nations numbers, if they exist, of the goods. Operators of vessels must provide the competent authorities of a Member State with detailed information before leaving a port in a Member State. The same information may be requested by another Member State which perceives its coastline or related interest to be under threat as a result of an incident at sea. Masters of vessels are also expected, under the Directive, to provide information to pilots and, on demand, to the competent authorities of a concerned Member State. The information provided may be made public or passed on to other Member States to enable them to take precautionary measures.

A Committee of Member State representatives is established to assist the Commission in the discharge of its duties under this Directive.

Date of implementation

The Member States must apply the provisions of this Directive from 13 September 1995.

APPLICATION OF COMPETITION RULES TO MARITIME TRANSPORT

Official title

14.42 Council Regulation (EEC) 4056/86 of 22 December 1986 laying down detailed rules for the application of Articles 85 and 86 of the EC Treaty to maritime transport.

Reference

Council Regulation 4056/86; OJ L378, 31.12.86.

Amendments

Regulation (EEC) 4260/88; OJ L376, 31.12.88.
EEA Agreement (1994); OJ L1, 3.1.94.

Impact

Exposes the maritime transport industry to the full impact of the Community's competition rules.

Details

This Regulation provides a procedure for the application of the competition rules to the maritime transport sector. As a result, companies in this sector may now be investigated by European Commission officials and, if found to be in breach of the competition rules, may be fined up to 10% of their turnover in the preceding business year.

Subject to certain conditions and obligations, the Regulation provides a block exemption for agreements between carriers concerning the operation of scheduled maritime services. The exemption will operate when the agreements fix rates and conditions of carriage and may have one or more of the following objectives:

- the co-ordination of shipping timetables, sailing dates or dates of calls;
- the determination of the frequency of sailings or calls;

- the co-ordination or allocation of sailings or calls among members of the conference;
- the regulation of the carrying capacity offered by each member; and
- the allocation of cargo or revenue among members.

In order to fall within the exemption, conferences should not engage in practices which are harmful to certain ports, transport users or carriers and which are peripheral to the objectives of the block exemption.

The exemption also includes obligations regarding loyalty arrangements and services not covered by freight charges which are designed to ensure that transport users retain their freedom of choice. Tariffs and related conditions must be available to transport users and arbitration awards and recommendations made by conciliators must be notified to the European Commission so that it may verify that they do not excuse the parties from the conditions.

Agreements between transport users and conferences concerning the use of scheduled maritime transport services are also exempted as they are likely to contribute to a more efficient operation of maritime transport services. The Regulation grants an exemption to technical agreements whose sole object and effect is to achieve technical improvements or co-operation by means of:

- the introduction or uniform application of standards or types in respect of vessels and other means of transport, equipment, supplies or fixed installation;
- the exchange or pooling for the purpose of operating transport services, of vessels, space on vessels or slots and other means of transport, staff, equipment or fixed installation;
- the organisation and execution of successive or supplementary maritime transport operations and the establishment or application of inclusive rates and conditions for such operations;
- the co-ordination of transport timetables for connecting routes;
- the consolidation of individual consignments; and
- the establishment or application of uniform rules concerning the structure and conditions governing the application of transport tariffs.

In 1988, the European Commission adopted a Regulation aimed at making the complaints procedure, in regard to this Regulation, as simple and as transparent as possible (see para **14.43** below).

Date of implementation
This Regulation came into force on 31 December 1986.

MARITIME TRANSPORT – COMPETITION LAW COMPLAINTS PROCEDURE

Official title
Commission Regulation (EEC) 4260/88 of 16 December 1988 on the communications, complaints and applications and the hearings provided

for in Council Regulation (EEC) 4056/86, laying down detailed rules for the application of Articles 85 and 86 of the EC Treaty to maritime transport.

Reference

Commission Regulation 4260/88; OJ L376, 31.12.88.

Amendments

Commission Regulation (EEC) 3666/93; OJ L336, 31.12.93.
EEA Agreement (1994); OJ L1, 3.1.94.

Impact

Simplifies the competition law complaints procedure applicable to maritime transport.

Details

This Regulation should be read in conjunction with Regulation (EEC) 4056/86 (see para **14.42** above). That Regulation contains its own complaints procedure. However, the European Commission decided that, in certain important respects, that procedure needed to be simplified and made more transparent.

This Regulation contains new provisions as regards, among other things, the following:

- notification to the European Commission of competition disputes being resolved by way of arbitration;
- the procedure for applying for a European Commission exemption for agreements which ostensibly infringe the competition rules (*i.e.* clearance under Art 85(3) of the EC Treaty); and
- a new hearings procedure for those who wish to present oral arguments as regards an outstanding complaint.

Date of implementation

This Regulation came into force on 31 December 1988.

BLOCK EXEMPTION – SHIPPING CONSORTIA

Official title

14.44 Council Regulation (EEC) 479/92 of 25 February 1992 on the application of Article 85(3) of the EC Treaty to certain categories of agreements, decisions and concerted practices between liner shipping companies (consortia).

Reference

Council Regulation 479/92; OJ L55, 29.2.92.

Amendments

None.

Impact

Enables the European Commission to adopt Regulations establishing conditions for the exemption of shipping consortia agreements from the competition rules of the EC Treaty.

Details

The European Commission may adopt a Regulation declaring certain categories of agreements, decisions of associations and concerted practices exempt from the provisions of Article 85(3). The Regulation will define precisely the types of agreements which are exempt and under what conditions such an exemption would be granted. The European Commission will consult the appropriate advisory committees (*e.g.* the Committee on Agreements and Dominant Positions in Maritime Transport) before the adoption of the draft Regulation.

The European Commission will be able to take action against any company which is in breach of the conditions or obligations imposed for the grant of an exemption. This may lead to the withdrawal of the exemption.

Date of implementation

The Regulation entered into force on 1 March 1992.

Proposed maritime transport legislation

COMMUNITY SHIPPING REGISTER

Official title

Proposal for a Council Regulation (EEC) establishing a Community ship register and providing for the flying of the Community flag by sea-going vessels.

Reference

Original proposal; OJ C263, 16.10.89.

Amendments

Amended proposal; OJ C73, 19.3.91.
Amended proposal; OJ C19, 25.1.92.

Impact

Seeks to establish a Community shipping register ("Euros").

Details

The European Commission has, for some considerable time, been considering a number of different propositions aimed at improving the declining fortunes of the Community's merchant fleet. In October 1989, the European Commission finally published a set of four proposals. This proposal is one of that package.

The European Commission argues that the establishment of a Community shipping register in parallel to the national registers will assist in arresting decline because it will create: (i) a channel through which national efforts can be converged; (ii) a pool of Community seafarers; and (iii) a trade mark guaranteeing shippers a high quality of service.

This proposal provides for the following:

- establishment of a Community ship register for sea-going merchant vessels;
- conditions for registration;
- certain facilities accruing from such registration; and
- the right to fly the European flag on these vessels in addition to the national flag.

The Euros register is restricted to Community shipping companies (as defined) and vessels of at least 500 gross registered tonnage which are already registered in a Member State. The proposal also states that: (i) at least 50% of all officers and crew on Euros-registered ships must be Community nationals; (ii) Euros-registered vessels will be allowed to transfer to the register of another Member State without those vessels having to comply with additional technical requirements; and (iii) Member States will be obliged to recognise the validity of seafarer qualifications from other Member States for crews manning Euros vessels.

Proposed date of implementation

The latest proposal puts forward an implementation date of 1 January 1993. However, adoption of the proposal does not look likely in the near future, and no new date has been officially proposed.

TRAINING FOR MARITIME OCCUPATIONS

Official title

14.46 Amended proposal for a Council Directive on the minimum level of training for maritime occupations.

Reference

Original proposal; OJ C212, 5.8.93.

Amendments

Amended proposal; C144, 27.5.94.

Impact

The Directive would define minimum levels of training for seafarers in the Community.

Details

The proposed Directive would apply to seafarers on all ships entered on a register of a Member State or on a future European shipping register. Warships and diplomatic services, fishing vessels and pleasure yachts not involved in trade are excluded.

Masters, officers, ratings and lifeboatmen would have to hold a recognised vocational competence certificate. This would be based on a theoretical and practical course and an examination in accordance with the minimum standards of the IMO 1978 International Convention for Standards of Training, Certification and Watchkeeping of Seafarers (STCW), as contained in Annexes to the proposed Directive.

On oil, LPG and chemical tankers, the crew would be obliged to be able to communicate with each other in a common language. In addition, crews of passenger ships would be obliged to be able to communicate in the language of the majority of the passengers on the route.

Non-EU nationals may be employed on vessels registered in the Community, as long as an agreement between the relevant third country and the Community exists ensuring compliance with the STCW. Vessels on registers of other third countries could be detained in Community ports if it was determined that the training standards of the crew did not correspond to STCW.

Proposed date of implementation

The proposed Directive would have to be implemented by 1 January 1995.

STATISTICAL RETURNS ON CARRIAGE OF GOODS AND PASSENGERS BY SEA

Official title

Proposal for a Council Directive on statistical returns in respect of carriage of goods and passengers by sea.

Reference

Original proposal; OJ C214, 4.8.94.

Amendments

None.

Impact

The Commission wishes to collect comprehensive and comparable statistics, as broken down in an Annex to the proposal, on the carriage of goods and passengers by sea-going vessels calling at Member States' ports and territories. Each Member State should ensure that its returns cover at least 90% of the annual gross tonnage using its ports. Vessels of less than 100 gross tonnes may be excluded.

Proposed date of implementation

Member States would have to comply with the Directive by 1 January 1995.

BLOCK EXEMPTION – SHIPPING CONSORTIA

Official title

14.48 Draft of a Council Regulation (EC) on the application of Article 85(3) of the EC Treaty to certain categories of agreements, decisions and concerted practices between liner shipping companies (consortia).

Reference

Original proposal; OJ C63, 1.3.94.

Amendments

None.

Impact

Establishes the types and scope of shipping consortia agreements which may benefit from automatic exemption without the need of notification of the European Commission.

Details

The draft Regulation declares certain categories of agreements, decisions of associations and concerted practices exempt from the provisions of Article 85(3). The Regulation identifies agreements covering the following areas as being exempt:

- joint operation of different types of liner shipping transport services;
- joint operation or use of port terminals and related contracts;
- participation in a tonnage and/or revenue pool or in a net revenue pool;
- the joint exercise of voting rights held by the consortium in the conference within which the members operate;
- the joint marketing structure and/or the issue of a joint bill of lading.

The exemption of a consortium agreement will be dependent on the fulfilment of certain other conditions, for example:

- that there is price and service competition between the members and from outside the consortium;
- that the consortium has a market share of less than 30% (or 50% if no more than six shipping lines participate, under a notification and non-opposition procedure).

The consortium must also give its members certain rights of freedom of operation, withdrawal and marketing. Neither the consortium nor its members may apply discriminatory rates or conditions. Further conditions will also be imposed relating to consultations between users, disclosure of conditions of transport, notification of arbitration awards to the Commission and on the provision of supporting information.

The European Commission will be able to take action against any company which is in breach of the conditions or obligations imposed for the application of a block exemption. This may lead to the withdrawal of the exemption.

Proposed date of implementation
The draft Regulation will enter into force on the day following its publication in final form.

Rail transport

NORMALISATION OF ACCOUNTS – RAILWAYS

Official title
Council Regulation (EEC) 1192/69 of 26 June 1969 on common rules for the normalisation of the accounts of railway undertakings.

Reference
Council Regulation 1192/69; OJ L156, 28.6.69.

Amendments
Last amended by EEA Agreement (1994); OJ L1, 3.1.94.

Impact
Provides a mechanism for railways to be compensated for extraordinary costs incurred by them.

Details
The Regulation defines normalisation of accounts as being:
- the determination of financial burdens borne or benefits enjoyed by railway undertakings, by reason of any provision laid down by law, regulation or administrative action, in comparison with their position if they operated under the same conditions as other transport undertakings; and
- payment of compensation in respect of the burdens or benefits disclosed by the determination described above.

It should be noted that this Regulation does not apply to public service obligations, which are covered by Regulation (EEC) 1191/69 (see para **14.99** below).

Date of implementation

The Regulation required payment of financial compensation, resulting from the normalisation of accounts, to start as from 1 January 1971.

DEVELOPMENT OF COMMUNITY RAILWAYS

Official title

14.50 Council Directive of 29 July 1991 on the development of the Community's railways.

Reference

Council Directive 91/440/EEC; OJ L237, 24.8.91.

Amendments

Corrigendum; OJ L305, 6.11.91.

Impact

Seeks to improve the financial and management situation of the Community's railways and their contribution to the internal market.

Details

The Directive applies to all railway undertakings established in the Community which provide a general service, except for urban, suburban and regional services which Member States may exclude. Member States must:

- ensure the management independence of railway companies;
- separate the management of railway infrastructure from the provision of services, with rail transport companies making a financial contribution to the costs of the railway infrastructure they use;
- put public railway companies on a sound financial basis; and
- permit access to the railway networks of other Member States to a grouping of two or more national railway companies or, in the case of combined freight transport operations, to any individual railway company.

Date of implementation

Member States had to comply with the provisions of this Directive by 1 January 1993.

RAIL TRANSPORT RATES

Official title

14.51 Council Decision of 19 July 1982 on the fixing of rates for the international carriage of goods by rail.

Reference
Council Decision 82/529/EEC; OJ L234, 9.8.82.

Amendments
Accession of Spain and Portugal (1986).
Regulation (EEC) 3572/90; OJ L353, 17.12.90.
EEA Agreement (1994); OJ L1, 3.1.94.

Impact
Gives railway undertakings the freedom to fix the rates applicable to international carriage of goods.

Details
The Decision states that railway undertakings must, in accordance with their commercial interests and taking account of costs and market situation, fix the rates and conditions for the international carriage of goods between Member States. These rates can be drawn up in the form of company tariffs or special agreements. Company tariffs, which have to be published in the railways' tariff notices, must be set up to ensure best overall remuneration for the railway undertakings. Special agreements cover clients which have needs of a peculiar technical or commercial nature. Member States are called upon to ensure that railway undertakings have the commercial independence necessary to allow them to co-operate fully with one another.

Date of implementation
Member States were given until 1 January 1983 to implement the provisions of this Decision.

RAIL PASSENGER AND LUGGAGE TRAFFIC

Official title
Council Decision of 25 July 1983 on the commercial independence of the railways in the management of their international passenger and luggage traffic.

Reference
Council Decision 83/418/EEC; OJ L237, 26.8.83.

Amendments
Accession of Spain and Portugal (1986).
Regulation (EEC) 3572/90; OJ L353, 17.12.90.
EEA Agreement (1994); OJ L1, 3.1.94.

Impact
Gives railway undertakings greater independence in the management of passenger and luggage traffic.

Details

In an effort to increase the levels of co-operation between Community railway undertakings, this Decision accords railway undertakings commercial independence in the management of international luggage and passenger traffic.

The railway undertakings are free:

- to establish common tariff scales offering rates for the whole journey;
- to offer all-in package services, on their own or in co-operation with other transport undertakings or the tourist industry;
- to create revenue pools within the framework of communities of interest; and
- to delegate powers among themselves to make joint offers to customers.

Date of implementation

Member States were given until 1 January 1983 to implement the provisions of this Decision.

COMPARABILITY OF RAILWAY ACCOUNTS

Official title

14.53 Council Regulation (EEC) 2830/77 of 1 December 1977 on the measures necessary to achieve comparability between the accounting systems and annual accounts of railway undertakings.

Reference

Council Regulation 2830/77; OJ L334, 24.12.77.

Amendments

Last amended by EEA Agreement (1994); OJ L1, 3.1.94.

Impact

This Regulation seeks to make the annual accounts of railway undertakings comparable. The form which accounts must take is set out in Annexes attached to the Regulation. Annual accounts are defined to mean (i) a balance sheet and (ii) a profit and loss account. Railway companies are obliged, within 12 months of the end of the accounting year in question, to transmit their accounts to the European Commission.

Date of implementation

The first accounts to be completed in accordance with the terms of this Regulation were to cover 1977.

UNIFORM COSTING PRINCIPLES FOR RAIL TRANSPORT

Official title
Council Regulation (EEC) 2183/78 of 19 September 1978 laying down uniform costing principles for railway undertakings.

Reference
Council Regulation 2183/78; OJ L258, 21.9.78.

Amendments
Last amended by EEA Agreement (1994); OJ L1, 3.1.94.

Impact
Establishes uniform costing principles to be applied to Community railway undertakings.

Details
The uniform costing principles for railway undertakings, established by this Regulation, apply only to international freight transport carried in full train loads. This Regulation establishes the basis for calculating costs for freight transport of that type.

Date of implementation
This Regulation came into force on 1 January 1979.

RAIL TRANSPORT COMMITTEE

Official title
Commission Decision of 19 December 1984 relating to the setting up of a joint committee on railways.

Reference
Commission Decision 85/13/EEC; OJ L8, 10.1.85.

Amendments
Last amended by Decision 91/407/EEC; OJ L226, 14.8.91.

Impact
Establishes a joint committee to allow representatives of railway employers' and employees' associations to have a say in the development of Community railway policy.

Date of implementation
This Decision took effect on 19 December 1984, with the 1991 amendment taking effect from 12 July 1991.

HIGH-SPEED TRAIN NETWORK

Official title

14.56 Council Resolution of 17 December 1990 on the development of a European high-speed rail network.

Reference

Council Resolution 91/C33/1; OJ C33, 8.2.91

Amendments

None.

Impact

The Resolution sets out the following key links identified for the creation of the European high-speed rail network:

- Hamburg–Copenhagen;
- Belfast–Dublin–Holyhead–Crewe;
- Utrecht–Arnhem–Emmerich–Duisburg;
- connections in the area of Strasbourg and Saarbrücken;
- London–Tunnel;
- Brussels–Luxembourg;
- Rhine–Rhône;
- Lyon–Turin;
- Madrid–Barcelona–Perpignan
- (a) Portugal–Spain; (b) Vitoria–Dax;
- Milan–Basel;
- Brenner route;
- Tarvisio–Vienna;and
- routes to and within Greece.

Date of implementation

The Resolution is not binding, but calls on the Commission and the Member States to continue work in the area. Extension of the rail network has also been proposed in the context of combined transport infrastructure (see para **14.95** below).

Proposed rail transport legislation

HIGH-SPEED TRAIN NETWORK

Official title

14.57 Proposal for a Council Decision concerning the establishment of a network of high-speed trains.

Reference

Original proposal; OJ C34, 14.2.90.

Amendments

None.

Impact

Would establish the priorities for future Community high-speed train policy.

Details

The European Commission would establish a committee consisting of two representatives from each Member State and other qualified persons to undertake the work necessary for a high-speed rail network. Before the final adoption of various projects, Member States should inform the European Commission of the nature of such projects, which would then be jointly appraised by the European Commission and the committee.

Member States and the EU Council should establish the form of the future network and the timetable for the next 15 years for the axes to be given priority for completion.

Proposed date of implementation

The Decision would take effect immediately upon adoption. However, the adoption of the 1990 Resolution on the high-speed train network (see para **14.56** above) makes it clear that the Council does not intend to move forward on this proposal in the near future.

LICENSING OF RAILWAY UNDERTAKINGS

Official title

Amended proposal for a Council Directive on the licensing of railway undertakings.

Reference

Original proposal; OJ C24, 28.1.94.

Amendments

Amended proposal; OJ C225, 13.8.94.

Impact

Would establish common Community rules for the granting of rail transport licences, in order to facilitate cross-border activities permitted under Directive 91/440/EEC on the development of the Community's railways (see para **14.50** above).

Details

The proposed Directive would allow any undertaking established in the Community, and whose main business is to provide rail transport services, to apply for an operating licence. The proposal sets out the information relating to good repute, financial fitness and professional competence which applicants would be required to present. The granting of specific route rights would be dependent on the issuing of a safety certificate and upon separate path allocation procedures. Only those undertakings with a licence would be able to carry out rail services.

Proposed date of implementation

The Directive would have to be implemented by the Member States by 1 January 1995

ACCESS TO RAIL INFRASTRUCTURE

Official title

14.59 Amended proposal for a Council Directive on the allocation of railway infrastructure capacity and the charging of infrastructure fees.

Reference

Original proposal; OJ C24, 28.1.94.

Amendments

Amended proposal; OJ C225, 13.8.94.

Impact

The proposed Directive provides for procedures and charging principles for access to infrastructure. As with the proposed Directive on licensing (see para **14.58** above), the aim is to avoid discrimination or market distortions arising when undertakings seek to take advantage of rights of access to the networks of other Member States.

Details

The proposed Directive establishes common Community procedures and charging principles for access to railway infrastructure. No discrimination would be permitted between different railway undertakings and between national and international services. Member States would continue to lay down the rules for determining infrastructure fees. According to the proposed Directive, such fees may not be "abusively high" and must be related to the nature and time of the service, the market situation and the quality of the infrastructure used. Member States would have to ensure that legal recourse was available in cases of discrimination or abuse.

Proposed date of implementation

The original proposed date of implementation was 1 July 1994. No new date has been set officially.

Road transport

COMMON RULES FOR THE CARRIAGE OF GOODS BY ROAD

Official title
First Council Directive of 23 July 1962 on the establishment of common rules for certain types of carriage of goods by road.

Reference
Council Directive 62/2005/EEC; OJ L70, 6.8.62.

Amendments
Directive 72/426/EEC; OJ L291, 28.12.72.
Accession of United Kingdom, Denmark and Ireland (1973).
Directive 74/149/EEC; OJ L84, 29.3.74.
Directive 77/158/EEC; OJ L48, 19.2.77.
Directive 78/175/EEC; OJ L54, 25.2.78.
Directive 80/49/EEC; OJ L18, 24.1.80.
Directive 82/50/EEC; OJ L27, 4.2.82.
Directive 83/572/EEC; OJ L332, 28.11.83.
Directive 84/647/EEC; OJ L335, 22.12.84.
Regulation (EEC) 81/92; OJ L95, 9.4.92.
EEA Agreement (1994); OJ L1, 3.1.94.

Impact
Exempts certain types of road transport operations from quantitative restrictions.

Details
The principal purpose of this Directive is the liberalisation of the Community's road haulage industry. This Directive has no general effect, unlike some of its successors (see discussion of Reg 4058/89 at para **14.74** below) but removes restrictions for specified categories of road haulage operations only.

This Directive applies to both carriage of goods for hire and reward as well as own-account operations. In the original Directive, road haulage operations affected were divided into two categories: (i) operations fully exempted from all forms of restriction (*i.e.* quantitative restrictions and systems of authorisation); and (ii) operations exempted from quantitative restrictions but subject to a system of authorisation. Amending Regulation (EEC) 881/92 abolished the second category and established a new list of all operations to be exempted from all forms of restriction, as follows:

- carriage of mail as a public service;
- carriage of vehicles which have suffered damage or breakdown;
- carriage of goods in motor vehicles, the permissible laden weight of which,

including that of trailers, does not exceed 6 tonnes or the permissible payload of which, including that of trailers, does not exceed 3.5 tonnes;
- carriage of goods in motor vehicles provided the following conditions are fulfilled:
    - the goods carried must be the property of the undertaking or must have been sold, bought, let out on hire or hired, produced, extracted, processed or repaired by the undertaking;
    - the purpose of the journey must be to carry the goods to or from the undertaking or to move them, either inside the undertaking or outside for its own requirements;
    - motor vehicles used for such carriage must be driven by employees of the undertaking;
    - the vehicles carrying the goods must be owned by the undertaking or have been bought by it on deferred terms or hired, provided that in the latter case they meet the conditions of Council Directive 84/647/EEC of 19 December 1984 on the use of vehicles hired without drivers for the carriage of goods by road (this provision does not apply to the use of a replacement vehicle during a short breakdown of the vehicle normally used);
    - carriage must be no more than ancillary to the overall activities of the undertaking;
- carriage of medicinal products, appliances, equipment and other articles required for medical care in emergency relief, in particular for natural disasters.

Date of implementation

Member States were given until the end of 1962 to implement the provisions of the original Directive. The major amendments included in Regulation (EEC) 881/92 came into force on 1 January 1993.

HARMONISATION OF SOCIAL LEGISLATION – ROAD TRANSPORT

Official title

14.61 Council Regulation (EEC) 3820/85 of 20 December 1985 on the harmonisation of certain social legislation relating to road transport.

Reference

Council Regulation 3820/85; OJ L370, 31.12.85.

Amendments

EEA Agreement (1994); OJ L1, 3.1.94.

Impact

Harmonises national laws concerning drivers' hours, breaks and rest periods.

Details

This Regulation covers drivers of both goods vehicles having an authorised maximum weight of over 7.5 tonnes and passenger vehicles.

The Regulation repealed and replaced previous Community legislation in this area. It was intended to make the rules more flexible whilst, at the same time, maintaining the objectives of road safety and the harmonisation of conditions of competition between methods of inland transport.

In particular, the Regulation establishes common rules for the following:

- crew (*e.g.* minimum permissible ages for drivers);
- driving periods;
- breaks and rest periods; and
- control procedures and penalties.

This Regulation should be read in conjunction with Regulation (EEC) 3821/85 (see para **14.62** below) which requires the use of recording equipment in lorries (used for the transport of goods) and buses and coaches to ensure that drivers comply with the social legislation (*e.g.* drivers' hours etc) detailed in this Regulation. It should be noted that the Community's rules are superseded by the provisions of the European agreement concerning the work of crews of vehicles engaged in international road transport (AETR) of 1 July 1970, for all international operations (i) to and from third countries which are parties to AETR (including transit) and (ii) to and from non-signatory third countries, in the case of journeys made within the Community, where such operations are carried out by vehicles registered in one of those non-signatory countries.

Date of implementation

The Regulation entered into force on 29 September 1986.

TACHOGRAPH EQUIPMENT

Official title

Council Regulation (EEC) 3821/85 of 20 December 1985 on recording equipment in road transport.

Reference

Council Regulation 3821/85; OJ L370, 31.12.85.

Amendments

Regulation (EEC) 3314/90; OJ L318, 17.11.90.
Regulation (EEC) 3572/90; OJ L353, 17.12.90.
Regulation (EEC) 3688/92; OJ L374, 25.12.92.
EEA Agreement (1994); OJ L1, 3.1.94.

Impact

Requires the use of recording equipment in lorries, buses and coaches to ensure that drivers comply with rules regarding rest periods, driving hours and breaks.

Details

This Regulation should be read in conjunction with Regulation (EEC) 3820/85 (see para **14.61** above) which establishes common rules for permissible numbers of crew, driving periods, breaks, rest periods, etc.

This Regulation constituted a thorough revision of existing Community legislation in this area, with the objectives of improving the effectiveness of checking, ensuring that obligatory equipment is easy to use, and minimising the possibilities for fraud.

The Regulation requires the use of recording devices to ensure compliance with Regulation (EEC) 543/69. The technical specifications for the approved type of recording device and the approved type of record sheet are set out in Annexes to the Regulation. All recording devices are fitted with seals which must remain unbroken. Employers are obliged to retain all record sheets of their employees for a period of at least one year after the operation.

Date of implementation

Regulation (EEC) 3821/85 applied from 1 January 1991 to vehicles registered before that date, or from 1 January 1993 if such vehicles were involved only on domestic transport operations (except for the carriage of dangerous substances) within the territory of Germany.

ROAD TRANSPORT SOCIAL LEGISLATION – COMPLIANCE

Official title

14.63 Council Directive of 23 November 1988 on standard checking procedures for the implementation of Regulation (EEC) 3820/85 on the harmonisation of certain social legislation relating to road transport and Regulation (EEC) 3821/85 on recording equipment in road transport.

Reference

Directive 88/599/EEC; OJ L325, 29.11.88.

Amendments

EEA Agreement (1994); OJ L1, 3.1.94.

Impact

A standard Community checking procedure is instituted in all Member States to ensure that lorry, bus and coach drivers are complying with Community social legislation (*i.e.* drivers' hours, rests and breaks etc).

Details

Work breaks and rest hours for drivers are controlled strictly by Community legislation (Reg 3820/85, see para **14.61** above). This legislation, however, has not been uniformly applied by all Member States. To ensure proper enforcement, the Directive establishes a common inspection regime, including the following elements:

- a minimum number of compulsory checks to be taken at regular intervals;
- a target figure for the number of vehicles to be checked; and
- periodic co-ordinated spot checks.

These inspections will be made during at least 1% of working days (*i.e.* two out of every 200 working days) with at least 15% taking place on the road and 25% at the place of business.

Date of implementation

The Member States had to implement the provisions of the Directive by 1 January 1989. Portugal was given one extra year to comply.

ADMISSION TO THE ROAD HAULAGE PROFESSION

Official title

Council Directive of 12 November 1974 on admission to the occupation of road haulage operators in national and international transport operations.

Reference

Council Directive 74/561/EEC; OJ L308, 19.11.74.

Amendments

Last amended by EEA Agreement (1994); OJ L1, 3.1.94.

Impact

Lays down common rules under which Community citizens can be admitted to the road haulage profession.

Date of implementation

Member States (with the exceptions of Greece, Spain and Portugal) were given until 1 January 1977 to implement the general provisions of this Directive and until 1 January 1978 to establish verification procedures. Greece was given until 1 January 1984 and 1 January 1986 respectively. Spain and Portugal were given until 1 January 1986 and 1 January 1988 respectively.

ADMISSION TO THE ROAD PASSENGER TRANSPORT PROFESSION

Official title

14.65 Council Directive of 12 November 1974 on admission to the occupation of road passenger transport operator in national and international transport operations.

Reference

Council Directive 74/562/EEC; OJ L308, 19.11.74.

Amendments

Last amended by EEA Agreement (1994); OJ L1, 3.1.94.

Impact

Lays down common rules under which Community citizens can be admitted to the passenger transport profession.

Date of implementation

Member States (with the exceptions of Greece, Spain and Portugal) were given until 1 January 1977 to implement the general provisions of this Directive and until 1 January 1978 to establish verification procedures. Greece was given until 1 January 1984 and 1 January 1986 respectively. Spain and Portugal were given until 1 January 1986 and 1 January 1988 respectively.

DRIVER TRAINING STANDARDS

Official title

14.66 Council Directive of 16 December 1976 on the minimum level of training for some road transport drivers.

Reference

Council Directive 76/914/EEC; OJ L357, 29.12.76.

Amendments

Last amended by EEA Agreement (1994); OJ L1, 3.1.94.

Impact

Establishes minimum driving qualification requirements for drivers of heavy goods vehicles, buses and coaches.

Date of implementation

Member States were given until 29 December 1978 to implement the provisions of this Directive.

MUTUAL RECOGNITION OF DRIVER QUALIFICATIONS

Official title

Council Directive of 12 December 1977 aiming at the mutual recognition of diplomas, certificates and other evidence of formal qualifications for goods haulage operators and road passenger transport operators, including measures intended to encourage the operators effectively to exercise the right to freedom of establishment.

Reference

Council Directive 77/796/EEC; OJ L334, 24.12.77.

Amendments

Last amended by EEA Agreement (1994); OJ L1, 3.1.94.

Impact

Permits properly qualified lorry and bus drivers to establish themselves wherever they choose within the Community without having to obtain additional and duplicate qualifications.

Date of implementation

Member States were given until 1 January 1979 to comply with the terms of this Directive. The provisions contained in the 1989 amendment were due to be implemented by the Member States by 1 January 1990.

VOCATIONAL TRAINING – DRIVERS OF DANGEROUS GOODS VEHICLES

Official title

Council Directive of 21 December 1989 on vocational training for certain drivers of vehicles carrying dangerous goods by road.

Reference

Council Directive 89/684/EEC; OJ L398, 30.12.89.

Amendments

Last amended by EEA Agreement (1994); OJ L1, 3.1.94.

Impact

All those driving vehicles carrying dangerous goods will have to attend vocational training courses and pass a standard Community examination.

Date of implementation

The Directive had to be implemented by the Member States by 1 July 1992 for certain services (*i.e.* carriage of goods in tanks, using tank vehicles or transport units comprising tanks or tank containers with a capacity exceeding 3,000 litres, and the carriage of explosive substances) and by 1 January 1995 for others. In the case of Portugal, this second date is extended by one year.

COMMUNITY DRIVING LICENCE (1)

Official title

14.69 First Council Directive of 4 December 1980 on the introduction of a Community driving licence.

Reference

Council Directive 80/1263/EEC; OJ L375, 31.12.80.

Amendments

Accession of Spain and Portugal (1986).
Regulation (EEC) 3572/90; OJ L353, 17.12.90.

Impact

Creates a Community driving licence and establishes rules for the mutual recognition of national and Community licences.

Details

The national driving licence of a Member State citizen moving from one Member State to another remains valid for one year from the time that person officially becomes resident in his adoptive state. Before expiry of that one-year period, the Community immigrant must exchange his national driving licence for a Community licence to be issued by the adoptive Member State. The issuing Member State retains the right to determine the period of validity for the new Community licence.

The format for the Community licence is prescribed by the Directive in an Annex attached thereto. Once issued, the Community licence entitles the holder to drive, both on national and international journeys, vehicles of the categories for which it has been granted. Applicants must have passed a test, the minimum requirements of which must not be less stringent than those set out in Annexes attached to this Directive, in order to be eligible. If the applicant has passed such a test, the Member State exchanging a national licence for a Community licence cannot require the applicant to take another test.

This Directive also envisages the eventual replacement of all national licences with Community licences. Regulation (EEC) 3572/90 applied the provisions of the Directive to the former East Germany.

Date of implementation

Member States were given until 1 January 1983 to implement the provisions of this Directive covering licence exchanges for immigrants. Member States were given until 1 January 1986 to begin to issue Community licences instead of national licences. From 1 July 1996, this Directive will be replaced and repealed by Directive 91/439/EEC (see para **14.70** below).

COMMUNITY DRIVING LICENCE (2)

Official title
Council Directive of 29 July 1991 on driving licences.

14.70

Reference
Council Directive 91/439/EEC; OJ L237, 24.8.91.

Amendments
Corrigendum; OJ L310, 12.11.91.

Impact
Repeals the existing provisions governing the issue of Community licences and sets out comprehensive rules covering qualification, physical and mental fitness and exchange of licences.

Details
The provisions of this proposal require Member States to issue a national driving licence based on the Community model described in an Annex to the proposal. Both that and driving licences issued by Member States prior to the coming into force of this proposal are to be mutually recognised. Conditions of validity are to be determined by the Member State of issue, rather than the Member State of residence of the licence-holder. "Normal residence" is defined as the place where a person usually lives for a period of at least 185 days in each calendar year. Where occupational ties result in a split between residences, the normal place of residence is that where the personal ties exist, although this does not apply where a person is living in a Member State in order to carry out a task of definite duration.

The proposal gives detailed definitions of vehicle categories and subgroups, together with conditions relating to issue. Annex I shows a specimen Community licence with comments on completion. Annex II sets out, in full, the requirements for issue of a licence, covering knowledge, skills and behaviour, and minimum requirements for driving tests. Annex III gives details of minimum standards of physical and mental fitness for driving a motor vehicle. Driving licences with restrictive conditions may be issued or renewed for physically handicapped drivers as long as the vehicles which they drive are adapted to their needs and the adaptations are noted on the licence. Tests must be in the appropriate kind of vehicle for the disability concerned.

Member States may, with the consent of the European Commission, apply national rules relating to conditions other than outlined in this proposal, provided that they are objectively justified. They may also provide that a driver who obtained a driving licence before 1 July 1990 under less stringent conditions than those provided for in Annex III, may have that licence regularly renewed under the conditions applicable when he obtained it. Member States may also derogate from the provisions of Annex III where compatible with the development of medical science and the principles as laid down therein.

The provisions also cover procedures for exchange of national Member State licences on transfer of normal residence, as well as exchange of third country licences for Community model licences. Member States remain free to fix the period of validity of licences issued by them, subject to future provisions by the Council in this area.

Date of implementation

This Directive was to be implemented by the Member States by 1 July 1994, but not brought into force until 1 July 1996, when it will repeal the existing legislation on licences, Directive 80/1263/EEC (see para **14.69** above).

HIRING OF GOODS VEHICLES

Official title

14.71 Council Directive of 19 December 1984 on the use of vehicles hired without drivers for the carriage of goods by road.

Reference

Council Directive 84/647/EEC; OJ L335, 22.12.84.

Amendments

Directive 90/398/EEC; OJ L202, 31.7.90.
EEA Agreement (1994); OJ L1, 3.1.94.

Impact

Permits the free use by undertakings of goods vehicles hired without a driver throughout the Community, no matter where the vehicle was hired.

Details

This Directive obliges a Member State to allow undertakings to use, within its territories, vehicles hired without a driver in another Member State, provided:

- it is used for the purposes of traffic between Member States;
- the vehicle complies with the law of the Member State within which it is being used;
- there is no accompanying service contract covering provision of a driver or other personnel;

- the vehicle is driven by personnel of the undertaking using it; and
- proof of compliance (*i.e.* the contract of hire) is carried at all times.

This Directive does not affect rules concerning, for example, "own-account" operations or the import of vehicles. It does, however, amend the terms of the First Council Directive on common rules for the carriage of goods (see para **14.60** above), to take account of the provisions of this Directive. Those Member States already enforcing conditions which are less restrictive than the provisions of this Directive are under no obligation to amend them. Moreover, minimum hire periods for the use of hired vehicles as enforced by certain Member States are not affected by this Directive.

The 1990 amendment to this Directive removed Member States' rights to exclude own-account carriage over 6 tonnes from the scope of application of the Directive and laid down a minimum hire period.

Date of implementation
Member States were given until 30 June 1986 to comply with the terms of this Directive. The amendment was to be implemented by 31 December 1990.

ROAD TRANSPORT COMMITTEE

Official title
Commission Decision of 18 November 1985 setting up a joint committee on road transport.

Reference
Commission Decision 85/516/EEC; OJ L317, 28.11.85.

Amendments
Last amended by Decision 87/447/EEC; OJ L240, 22.8.87.

Impact
Establishes a committee to oversee and propose legislation aimed at improving the working conditions of those involved in the Community's road transport industry.

Date of implementation
The Decision came into force on 18 November 1985.

ROAD HAULAGE CABOTAGE

Official title
Council Regulation (EEC) 3118/93 of 25 October 1993 laying down the conditions under which non-resident carriers may operate national road haulage services within a Member State.

Reference

Council Regulation 3118/93; OJ L279, 12.11.93.

Amendments

Commission Regulation (EEC) 792/94; OJ L92, 9.4.94.

Impact

Introduces a transitional licensing system for the provisions of cabotage services across internal frontiers by means of quotas.

Details

Any road haulage contractor for hire or reward who is a holder of a Community authorisation provided for in Regulation (EEC) No 881/92 (see para **14.81** below) is entitled to operate, on a temporary basis, national road haulage services for hire and reward in another Member State without having a registered office in that Member State.

For the period 1 January 1994 to 30 June 1998 a quota system is introduced progressively to increase the number of cabotage licences available to each Member State. The quota allocations are set out for each Member State in Article 2. These cabotage authorisations or licences will be distributed by the Commission to the Member States of establishment and be issued to carriers applying for them by the competent authority or body of the Member State of establishment of the road haulage operator. National authorities must keep a record of all licences used and communicate such records to the Commission on a periodic basis.

The rules in force in the Member State where the cabotage is conducted in relation to rates and conditions, weights and dimensions, requirements for certain categories of goods, driving and rest time and VAT, will be applicable.

Safeguard measures may be introduced in the case of serious disturbance to the market. Member States must inform the Commission of the disturbance which, after consultation with the Advisory Committee, will take the necessary measures.

Regulation (EEC) 792/94 brought own account road haulage operations into the system, putting them on the same footing as operations for hire or reward. A notice has been published on the details of the application of the Regulation in the European Economic Area (OJ C178, 30.6.94).

The Regulation will cease to apply from July 1998. From that date any non-resident carrier having a Community authorisation will be entitled to operate, on a temporary basis and without any quantitative restrictions, road haulage services in other Member States where he is not registered. If further harmonisation measures are necessary at that time the Commission will come forward with proposals.

Date of implementation
The Regulation entered into force on 1 January 1994.

FIXING OF RATES

Official title
Council Regulation (EEC) 4058/89 of 21 December 1989 on the fixing of rates for the carriage of goods by road between Member States.

14.74

Reference
Council Regulation 4058/89; OJ L390, 30.12.89.

Amendments
EEA Agreement (1994); OJ L1, 3.1.94.

Impact
Provides for the setting of rates by free agreement between the parties to the haulage contract.

Details
This Regulation replaces Regulation (EEC) 3568/83, which expired on 31 December 1989. The new Regulation abolishes restrictions on price setting and provides that rates must be set by free agreement between the parties to the haulage contract.

The Regulation applies to the carriage of goods by road between Member States for hire and reward even if, at the time of such carriage operations, part of the journey is performed either in transit through a third country or by a road vehicle which is carried by another means of transport, without intermediate re-loading of the goods.

In order to facilitate the monitoring of haulage trends, agents are required to communicate, at the request of their Member State's competent authority, information on the rates charged for the international carriage of goods by road. This information will, however, be covered by the obligation of professional secrecy.

Date of implementation
The Regulation came into force on 1 January 1990.

CRISIS MANAGEMENT – ROAD HAULAGE

Official title
Council Regulation (EEC) 3916/90 of 21 December 1990 on measures to be taken in the event of a crisis in the market in the carriage of goods by road.

14.75

Reference

Council Regulation 3916/90; OJ L375, 31.12.90.

Amendments

None.

Impact

Permits the European Commission to take measures to counteract market situations which endanger the existence of transportation undertakings. A crisis in the market is taken to mean a serious and potentially enduring imbalance between supply and demand which causes a clear excess of transport capacity and undermines the financial stability of a significant number of undertakings. The crisis may affect the entire market or a section of it.

Date of implementation

The Regulation entered into force on 1 January 1991.

PROTECTION OF ANIMALS DURING TRANSPORT

Official title

14.76 Council Directive of 19 November 1991 on the protection of animals during transport and amending Directives 90/425/EEC and 91/496/EEC.

Reference

Council Directive 91/628/EEC; OJ L340, 11.12.91.

Amendments

Decision 92/438; OJ L243, 25.8.92.
Decision 94/96; OJ L50, 22.2.94.

Impact

Establishes controls to help protect animals during transport.

Details

This Regulation aims to ensure a satisfactory level of protection for animals, while simultaneously eliminating technical barriers to trade in live animals. The Regulation also establishes basic rules on such trade to take account of moves towards the creation of a single market by 1992.

All checks will take place randomly inside the territories of Member States. Previously, checks on animals were conducted only at borders. This conforms with the 1992 programme which seeks to abolish border controls at intra-Community frontier crossings.

Other important provisions include the following:

- medical care for animals: ill animals are to be regarded as unfit for transport and those that become ill during transit must receive veterinary treatment as soon as possible and be slaughtered if necessary. The agency transporting unaccompanied animals will be responsible for their welfare during transit. European Commission veterinary experts will be empowered to carry out random spot checks;
- documentation: all animals must be accompanied by full documentation identifying their origin, ownership, point of departure, destination, date and time of commencement of the journey and any transfer points intended to be used during the journey. These documents must always be presented to the competent authorities on demand; and
- powers of inspection: national authorities are given wide powers to stop vehicles and search them at any time and in any place without warning. There is a blanket provision allowing inspectors to enforce whatever measures they think necessary and recover all costs. Similarly, where, for any reason, the authorities deem it necessary to take special measures – such as arranging for animals to be slaughtered – all expenditure incurred is to be chargeable to the transport company concerned. Compensation, in any form, will not be obtainable.

The 1994 amendment laid down special rules for certain areas of Greece.

Date of implementation
The Directive had to be implemented by the Member States by 1 January 1993.

SPEED LIMITATION DEVICES (1)

Official title
Council Directive of 10 February 1992 on the installation and use of speed limitation devices for certain categories of motor vehicles in the Community.

Reference
Council Directive 92/6/EEC; OJ L57, 2.3.92.

Amendments
None.

Impact
Speed limitation devices will be made compulsory on vehicles in categories M3 and N3, as defined in Annex 1 of Council Directive 70/156/EEC (as detailed in Chapter 11 at para **11.8**). Category M3 vehicles would have a maximum speed of 100 kilometres per hour. Category N3 vehicles would have a maximum speed of 80 kilometres per hour.

Date of implementation

Member States had until 1 October 1992 to bring into force the provisions necessary to comply with this Directive. These limits will apply to vehicles which are registered in a Member State from 1 January 1995.

SPEED LIMITATION DEVICES (2)

Official title

14.78 Council Directive of 31 March 1992 relating to speed limitation devices or similar speed limitation on-board systems of certain categories of motor vehicles.

Reference

Council Directive 92/24/EEC; OJ L129, 14.5.92.

Amendments

None.

Impact

The Directive provides that any motor vehicle of category M3, N3 and N2 exceeding a maximum authorised mass of 10 tonnes, as defined in Annex 1 of Directive 70/156/EEC (see Chapter 11 para **11.8**), having a maximum design speed exceeding 25 kilometres per hour, requires a speed limitation device. The Directive goes on to establish technical requirements for such devices.

Date of implementation

Member States had until 1 October 1992 to bring into force the laws necessary to comply with the provisions of this Directive.

COMMON RULES COVERING INTERNATIONAL BUS AND COACH SERVICES

Official title

14.79 Council Regulation (EEC) 684/92 of 16 March 1992 on common rules for the international carriage of passengers by coach and bus.

Reference

Council Regulation 684/92; OJ L74, 20.3.92.

Amendments

Regulation (EEC) 1839/92; OJ L187, 7.7.92.

Impact

Removes many obstacles which make it difficult for coach and bus operators to provide services from their home country to destinations elsewhere in the Community.

Details

The Regulation applies to international transport of passengers in the Community by coach or bus (*i.e.* vehicles having more than nine seats). Any carrier established in a Member State using vehicles registered in that Member State and who meets the legal and technical requirements for admission to the profession may, depending on certain common rules for authorisation, carry out the following passenger transport services anywhere in the Community:

- regular services: services open to all, which pick up and set down passengers at predetermined stopping points, plus "special regular services" (*i.e.* the carriage of workers between home and work, school pupils and students to and from educational institutions, soldiers and their families between their state of origin and their barracks, and urban carriage in frontier areas);
- shuttle services: repeated outward and inward journeys between a single area of departure and a single area of destination, with or without accommodation. Groups of passengers must be assembled in advance and return to the place of departure on a subsequent journey;
- occasional services: tours, services for groups of passengers not returning to their point of departure, services which include tourism services, services for seminars, conferences, cultural or sporting events etc, closed-door tours, services involving an empty journey, and other "residual" services;
- own-account transport operations carried out by an undertaking for its employees or by a non-profit organisation for its members, provided that that the transport activity is not the main business of the organisation, and that the vehicles either belong to them or are under hire-purchase or long-term leasing arrangements, and are driven by a member of the organisation.

No authorisations will be required for shuttle services with accommodation, occasional services, or special regular services (as long as they are covered by a contract between the organisation and the carrier), or for empty journeys connected with such services. A control document will, however, be required. Own-account services will be subject to a system of certification.

However, shuttle services without accommodation, residual occasional services and special regular services which are not subject to a contract, require authorisation. Authorisations are non-transferable (except to approved subcontractors) and valid for up to five years for regular services, or up to two years for shuttle services without accommodation. Authorisations must specify the type of service, the route, the period of validity, and, for regular services, the stops and the timetable. Authorisations are issued in agreement with the competent authorities in the Member States crossed by the service, within two months of application.

Grounds for refusing the granting of an authorisation include technical incapacity and previous breaches of road transport rules. An authorisation may also be refused if the service would compromise existing road or rail services, or appears to be aimed solely at the most profitable portion of a link. Member States may refer individual cases for a decision by the European Commission.

The same procedures apply to applications for renewal of authorisations. An authorisation obliges the operator to take all measures to guarantee a transport service which complies with the stated conditions of continuity, regularity and capacity.

Operators must present the relevant documents to authorised inspecting officers, and submit to inspections of vehicles, premises and procedures. Previous Regulations on the freedom to provide road passenger services are repealed.

The documents ("waybills") for use in international road passenger services were laid down by Commission Regulation (EEC) 1839/92 (OJ L187, 7.7.92).

Date of implementation

The Regulation entered into force on 1 June 1992.

ROAD PASSENGER CABOTAGE

Official title

14.80 Council Regulation (EEC) 2454/92 of 23 July 1992 laying down the conditions under which non-resident carriers may operate national road passenger transport services in a Member State.

Reference

Council Regulation 2454/92; OJ L251, 29.8.92.

Amendments

None.

Impact

Permits bus and coach operators to provide non-regular domestic services in Member States other than the one in which they are resident.

Details

Any Community operator who is established in a Member State, and is authorised as an international road passenger transport operator by that Member State, is to be permitted to carry out non-regular domestic road passenger transport services in a Member State other than the one in which he is resident.

Until 31 December 1995, only closed-door tours and special regular services for the carriage across frontiers of workers or students may be the subject of cabotage operations. After that date, all non-regular services will be permitted. Also after that date, the Council will examine the extension of the freedom to provide cabotage services to regular services.

Operators will be bound by the rules of the Member State wherein the operation is to be conducted concerning rates and conditions, weights and dimensions of vehicles, special requirements for certain groups of passengers, driving and rest times, and VAT. Member States must issue an authorisation to eligible operators which apply. A control document must be kept for each journey. Cabotage authorisations may be withdrawn for persistent breaches of the Regulation or of national or Community transport rules.

If a serious disturbance threatens the viability of road passenger carriers on a national or international market, Member States may request that the European Commission permit the taking of safeguard measures.

Date of implementation

For closed-door tours, the freedom to provide services applied from 1 January 1993. For all other non-regular services, the Regulation comes into force from 31 December 1995. Safeguard measures in the case of a serious market disturbance may be applied only from 1 January 1996.

ROAD HAULAGE – FREE MARKET ACCESS

Official title
Council Regulation (EEC) 881/92 of 26 March 1992 on access to the market for the carriage of goods by road in the European Community to or from the territory of a Member State or passing across the territory of one or more Member States.

Reference
Council Regulation 881/92; OJ L95, 9.4.92.

Amendments
Corrigendum; OJ L213, 29.7.92.

Impact
Abolishes road haulage restrictions between Member States and sets up a Community international carriage licence.

Details
This Regulation abolishes bilateral restrictions between Member States and

national authorisation procedures for the provision of road haulage services by Community-based hauliers. A Community authorisation for international carriage will be established, which will replace current national authorisations and permit hauliers to offer their services throughout the Community. The Community authorisation will be issued by a Member State, as long as the applicant is established in a Member State and complies with all Community and local regulations. The Regulation establishes rules for the format of the authorisation, which will be valid for five years, with checks on compliance with the award criteria at least every five years thereafter. Abuses of the authorisation may lead to its temporary or permanent withdrawal.

Date of implementation

This Regulation entered into effect on 1 January 1993.

ROAD TAX

Official title

14.82 Council Directive 93/89/EEC of 25 October 1993 on the application by Member States of taxes on certain vehicles used for the carriage of goods by road and tolls and charges for the use of certain infrastructures.

Reference

Council Directive 93/89/EEC; OJ L279, 12.11.93.

Amendments

None.

Impact

In an effort to ensure that all Community road hauliers compete on an equal basis in the liberalised road transport market, this Directive harmonises the minimum vehicle taxes to be applied by the Member States.

Details

The Directive sets out, in the Annex, minimum vehicle excise duties which the Member States must apply depending on the number of axles and maximum gross laden weight of a vehicle. Until 31 December 1997, France, Greece, Italy, Spain and Portugal will be authorised to apply taxes at 50% of the minima set down. Exemptions may be granted for military vehicles or vehicles which travel only occasionally on the public highway.

Member States are authorised to introduce tolls and user charges for certain motorway-type roads, bridges, tunnels and mountain passes. There may not be any discrimination on the grounds of nationality.

Member States may also provide that user charges be imposed for use of the whole road network. The annual user charge may not exceed ECU

1,250, including administrative costs. User charges must be in proportion to the use made of the road infrastructure.

The Directive does not prevent the Member States from maintaining specific taxes or charges on the registration of vehicles or for loads of abnormal weight, parking fees or urban traffic charges or charges to combat congestion.

Date of implementation

The Member States must bring into force the measures necessary to implement this Directive by 1 January 1995.

TRANS-EUROPEAN ROAD NETWORK

Official title

Council Decision of 29 October 1993 on the creation of a trans-European road network.

Reference

Council Decision 93/629/EEC; OJ L305, 10.12.93.

Amendments

None.

Impact

The Decision sets out a trans-European road network, the construction of which should commence within 10 years.

Details

The Decision does not commit Member State or Community funds, but indicates a plan for completing the European network of motorways and high-quality roads through the improvement of linkages and the implementation of advanced information systems and traffic management techniques.

The priority measures include:

- providing missing links, especially on cross-border axes or to isolated regions;
- if necessary, upgrading existing links;
- links with third countries (*e.g.* with Scandinavia, Eastern and Central Europe and North Africa);
- inter-modal connections;
- bypasses of the main urban centres; and
- traffic management projects.

The network would also require Community-wide harmonisation of environmental impact assessments, road classification and signs, compatibility of information and management systems and a traffic policy for the trans-European axes.

Date of implementation

The Decision applies until 30 June 1995, after which the Council plans to adopt new rules for the encouragement of trans-European transport infrastructure networks along multi-modal lines.

COMMUNITY DATA-BASE ON ROAD ACCIDENTS

Official title

14.84 Council Decision of 30 November 1993 on the creation of a Community data-base on road accidents.

Reference

Council Decision 93/704/EC; OJ L329, 30.12.93.

Amendments

None.

Impact

The Member States must collect statistics on road accidents which result in death or injury on their territories. This information is to be transmitted to the Commission, who will create and manage the data-base. The Commission will use the information to identify problems and areas where Community action is appropriate.

Date of implementation

The Decision required Member States to provide the first data by 31 March 1994.

Proposed road transport legislation

DRIVER BLOOD-ALCOHOL LEVEL

Official title

14.85 Proposal for a Council Directive relating to the maximum permitted blood-alcohol concentration for vehicle drivers.

Reference

Original proposal; OJ C25, 31.1.89.

Amendments

Amended proposal; OJ C11, 17.1.90.

Impact

Seeks to establish a more stringent standard for permitted blood-alcohol level which, for many Member States, will be lower than the level currently applied.

Details
This proposal aims to set the maximum permitted blood alcohol concentration for drivers of vehicles at no more than 0.5 milligrams of alcohol per millilitre of blood. This will mean a substantial tightening of the law for all Member States, with the exception of Portugal and The Netherlands.

Proposed date of implementation
The amended proposal proposes the introduction of the maximum levels by January 1991. No new date for implementation had been officially proposed.

SPEED LIMITS

Official title
Proposal for a Council Directive on speed limits for certain categories of motor vehicles in the Community.

Reference
Original proposal; OJ C33, 9.2.89.

Amendments
Amended proposal; OJ C96, 25.3.91.

Impact
Seeks to introduce limits for certain vehicles in the interests of road safety, fuel economy and the environment.

Details
This proposal applies to motor vehicles in categories M2, M3, N1, N2 and N3, as classified in Directive 70/156/EEC (see Chapter 11 at para **11.8**). The principal speed limits are as follows:

Motorways
100 km/h coaches, buses and light lorries;
80 km/h heavy lorries and vehicles towing a trailer/caravan.

Expressways
80 km/h all specified vehicles.

Other roads outside built-up areas
80 km/h coaches, buses and light lorries;
70 km/h heavy lorries and vehicles towing a trailer/caravan.

Roads within specified built-up areas
50 km/h all vehicles.

Member States are free to introduce lower limits for roads of all categories or residential areas.

Proposed date of implementation

The proposed Directive had an implementation date of 30 June 1992. However, due to Member States' resistance, and the subsequent adoption of two Directives on speed-limiting devices for trucks and buses, this proposal may be withdrawn.

ADMISSION TO OCCUPATION OF ROAD HAULAGE OPERATOR

Official title

14.87 Proposal for a Council Directive on admission to the occupation of road haulage and road passenger transport operator in national transport operations.

Reference

Original proposal; OJ C286, 14.11.90.

Amendments

None.

Impact

The proposed Directive introduces no new provisions, but merely consolidates the much-amended texts of Directives 74/561/EEC and 74/562/EEC on the same topic.

Proposed date of implementation

The provisions of the original Directives should already be implemented in the laws of the Member States.

TRANSPORT OF DANGEROUS GOODS – APPOINTMENT OF OFFICER

Official title

14.88 Proposal for a Council Directive on the appointment of an officer for the prevention of the risks inherent in the carriage of dangerous goods, and on the vocational qualifications of such officers.

Reference

Original proposal; OJ C185, 17.7.91.

Amendments

Amended proposal; OJ C233, 9.11.92.

Impact

Would oblige transporters of dangerous goods to appoint a risk prevention officer.

Details

The main task of this officer would be to seek all appropriate means and promote all appropriate action to ensure that dangerous goods are transported in the safest possible way.

The risk prevention officer must hold a vocational training certificate issued by the body designated by the Member State. Candidates would have to pass an examination approved by that competent authority. The vocational training certificate would be valid for five years, which may be extended for further periods of five years where the holder passes a refresher test in the year before the certificate expires.

Whenever an accident occurs which affects public safety or the environment, the risk prevention officer would be required to draft an accident report to be sent to the competent authority.

The proposed Directive would be open to amendment so that it could be adapted to changes in scientific and technical fields, or take account of United Nations recommendations on the transport of dangerous goods (the "*Orange Book*").

The European Commission would be assisted by an Advisory Committee composed of representatives from the Member States, which would draft measures to be taken with regard to transport of dangerous goods. This proposed Directive would not apply to the safety and health of workers at work.

Proposed date of implementation

The amended proposal had a projected implementation date of 1 January 1992. No new date has been officially proposed.

TRANSPORT OF DANGEROUS GOODS – CHECKS

Official title

Proposal for a Council Directive on uniform procedures for checks on the transport of dangerous goods by road.

Reference

Original proposal; OJ C26, 29.1.94.

Amendments

None.

Impact

The proposed Directive would permit Member States to carry out checks on consignments of dangerous goods transported by road, as long as they are not carried out at the frontier.

Details

The proposed Directive lays down the elements which must be included in Member States' checks on consignments of dangerous goods transported by road, and provides a checklist for this purpose. A list of possible infringements is also provided. Infringements must be reported to Member States' competent authorities.

The checks must be made at different places and cover a significant portion of the road network. Checks should not exceed half an hour in length. Checks may also be carried out at the premises of the relevant undertakings.

Proposed date of implementation

Member States would have to comply with the proposed Directive by 1 January 1995.

TRANSPORT OF DANGEROUS GOODS – HARMONISATION OF RESTRICTIONS

Official title

Amended proposal for a Council Directive on the approximation of the laws of the Member States with regard to the transport of dangerous goods by road.

Reference

Original proposal; OJ C17, 20.1.94.

Amendments

Amended proposal; OJ C192, 15.7.94.

Impact

The proposed Directive would prohibit the transport by road of certain dangerous substances, and provide for transport by road of other substances only in accordance with the European Agreement concerning the International Carriage of Dangerous Goods by Road (ADR).

Details

The proposed Directive would enforce certain provisions of the European Agreement concerning the International Carriage of Dangerous Goods by Road (ADR). Substances which are prohibited from transport under certain provisions of the ADR will be prohibited from transport by road in the Community.

The proposed Directive would impose the relevant conditions of the ADR relating to packaging, labelling and standards of vehicles for the transport of certain other goods by road.

Member States may adopt stricter provisions relating to the transport of dangerous substances by road in their territories. Less stringent conditions may be applied to small consignments of certain dangerous goods, excluding medium and highly radioactive goods.

Proposed date of implementation

The Member States would have to comply with the provisions of the Directive by 1 January 1995.

RECORDING EQUIPMENT IN ROAD TRANSPORT

Official title

Proposal for a Council Regulation (EC) amending Council Regulation (EEC) 3821/85 and Council Directive 88/599/EEC on recording equipment in road transport.

Reference

Original proposal; OJ C243, 31.8.94.

Amendments

None.

Impact

The proposed Regulation seeks to tighten up enforcement of existing Community rules on drivers' hours and speed restrictions through improved recording and reporting procedures.

Details

The proposed Regulation would institute a new "driver card" which would be the principal method of recording the conditions of travel of goods vehicles. The card would be personalised to a driver and contain a chip capable, when placed in appropriate recording equipment, of storing the relevant data.

The proposed Regulation would lay down requirements for the exact details to be recorded on the card, and technical requirements for construction, testing, installation and inspection of cards and recording equipment.

Further provisions would be inserted into the existing legislation relating to keeping and inspection of the relevant data. An Advisory Committee would be set up to assist the Commission in applying the rules, and particularly to advise on technological developments which could require changes to the system.

Proposed date of implementation

The proposed Regulation would enter into force on 1 January 1996. From 1 January 1997, Member States would be obliged only to approve recording equipment which complies with the new standards. Recording equipment in new vehicles entering into service as from 1 January 1998 will have to comply with the provisions of the proposed Regulation.

Combined transport

LIBERALISATION OF COMBINED TRANSPORT

Official title

14.92 Council Directive of 7 December 1992 on the establishment of common rules for certain types of combined transport of goods between Member States.

Reference

Council Directive 92/106/EEC; OJ L368, 17.12.92.

Amendments

None.

Impact

Abolishes all quota systems and systems of authorisations applicable to combined road/rail and road/waterway transport of goods.

Details

This Directive applies to combined road/rail, road/inland waterway and road/maritime transport, defined as follows:

- transport of goods between Member States where the lorry, trailer, semi-trailer with or without tractor, swap body and container of 20 feet or more uses the road on the initial or final leg of the journey, and on the other leg, rail or inland waterway or maritime services where this section exceeds 100 km as the crow flies and makes the initial or final road transport leg of the journey:
    - between the point where the goods are loaded and the nearest suitable rail loading station for the initial leg and between the nearest suitable rail unloading station and the point where the goods are unloaded for the final leg; or
    - within a radius not exceeding 150 km as the crow flies from the inland waterway port or seaport of loading or unloading.

Member States may still request production of travel documents in accordance with Regulation 11/60 (see para **14.97** below) on rates and conditions.

The Directive includes provisions which require Member States to reduce or reimburse vehicle excise duties on all vehicles involved in combined road/rail transport operations either by a standard rate or in proportion to the journeys which such vehicles undertake by rail. Further provisions of the Directive relate to special conditions for own-account transport where the road legs are carried out using vehicles or tractors belonging to the dispatcher or recipient of the goods.

Date of implementation
The Directive enters into effect on 1 July 1993, repealing the previous Community legislation in this field.

EC–SWISS AGREEMENT ON GOODS TRANSPORTED BY ROAD AND RAIL

Official title
Council Decision of 30 November 1992 concerning the conclusion of the Agreement between the European Economic Community and the Swiss Confederation on the carriage of goods by road and rail.

Reference
Council Decision 92/578/EEC; OJ L373, 21.12.92.

Amendments
None.

Impact
The Agreement is designed to facilitate co-operation between the Community and Switzerland in promoting rail and combined transport and market access on Alpine routes.

Details
The parties agree to co-operate and work in parallel in providing rail infrastructure on the Swiss Alpine routes, building on a 1991 Agreement between Switzerland, Germany and Italy.

By 1995 at the latest, Switzerland will increase the combined transport capacity of the Gotthard and Lütschberg routes from 330,000 consignments in 1991 to 710,000 consignments; and improve the Lütschberg-Simplon route to accommodate trains of lorries of a corner height of 4 metres. In the long term, Switzerland will make further improvements, including an Arth-Goldau to Lugano rail link with a 50 km Gotthard base tunnel, and a rail link between the Frutigen region and the Rhône valley with a 30 km Lütschberg base tunnel.

New terminals will be created in Germany, Italy and Rotterdam, and railway lines will be upgraded. The parties will promote combined transport through harmonisation of technical and legal rules and requiring railways to facilitate combined transport services.

The parties will ensure that rail tariffs are competitive with road transport, and will ensure that the aid given by one party does not affect the other party's market position.

The parties will also facilitate road transit, with the Swiss undertaking to complete the road network, raising national technical standards, and granting access to lorries conforming to other Community standards. Both parties will introduce more stringent emissions standards, co-ordinate road taxes, and facilitate the crossing of borders. Parties will not discriminate against operators from the other party and will co-operate in the event of a traffic disturbance (*e.g.* a natural disaster). A bilateral Agreement will grant both parties equal market access if the EEA Agreement cannot come into force between them.

Date of implementation

The agreement entered into force on 22 January 1993.

FINANCIAL SUPPORT FOR COMBINED TRANSPORT

Official title

14.94 Commission Decision concerning the granting of financial support for pilot schemes to promote combined transport.

Reference

Commission Decision 93/45/EEC; OJ L16, 25.1.93.

Amendments

None.

Impact

The Decision provides for Community financial support to be granted to projects relating to the improvement of the organisation of combined transport services, integrate operators in the logistic chain, or evaluate the feasibility of measures of this kind.

Details

Eligible projects will operate on new or existing routes, using at least two different modes from among road, rail and inland waterway transport, without unloading. Sea routes may also be covered if this is the only possible means of access to Community territory.

Funding may be provided for preliminary studies (100% Community contribution), feasibility studies on specific pilot routes (50%), and innovative schemes aimed at increasing quality of service (30%).

Date of implementation

The Decision entered into force for a five-year period from January 1993.

INTEGRATED TRANSPORT INFRASTRUCTURE ACTION PROGRAMME

Official title

Council Regulation (EEC) 1738/93 on an action programme in the field of transport infrastructure with a view to the completion of an integrated transport market.

Reference

Regulation 1738/93; OJ L161, 2.7.93.

Amendments

None.

Impact

The Regulation establishes a system of Community funding for a list of transport infrastructure projects related to the creation of an integrated transport market.

Details

The Regulation makes Community financial support of a total of ECU 325 million available to infrastructure projects which meet the following objectives:

- the elimination of bottlenecks;
- the construction of missing sections;
- the integration of areas which, geographically, are either landlocked or situated on the periphery of the Community;
- the reduction of costs associated with transit traffic in co-operation with any third countries concerned;
- the improvement of links on land/sea routes and on combined transport routes;
- the provision of high-quality links between the major urban centres, including high-speed rail links; and
- ensuring a high level of safety for the modes of transport covered by the Regulation.

The aim is to provide support (in the form of funding or a declaration of Community interest) to projects whose early realisation would facilitate the movement of Community goods and passengers. The Regulation identifies seven project areas which fit this general purpose:

- contribution to the high-speed rail network:
    links: Paris–London–Brussels–Amsterdam–Cologne, and connecting lines to other Member States;

links: (i):Lisbon–Seville–Madrid–Barcelona–Lyon–Turin/Milan–Venice and from there to Tarvisio and Trieste; and (ii) Porto–Lisbon–Madrid;
- the alpine transit route (Brenner route);
- contribution to the combined transport network of Community interest;
- trans-Pyrenean road links;
- the "Scanlink"; and
- strengthening of land communications within and in Greece, Ireland and Portugal.

The Regulation goes on to describe: (i) the criteria to be met by projects for which funding is sought; (ii) the limits controlling the amount of available Community funding; (iii) the procedure applicable to requests for funding; and (iv) the sanctions available for penalising those who fail to apply aid properly.

Date of implementation

The Regulation entered into force on 2 July 1993 and will expire on 31 December 1994, or on the date of the entry into force of Community rules on the funding of trans-European networks, whichever is the earlier.

TRANS-EUROPEAN COMBINED TRANSPORT NETWORK

Official title

14.96 Council Decision of 29 October 1993 on the creation of a trans-European transport network.

Reference

Council Decision 93/628/EEC; OJ L305, 10.12.93.

Amendments

None.

Impact

The Decision seeks to promote the creation of a network of rail and inland waterway routes in the Community by the year 2005.

Details

The Decision gives maps of the proposed coverage of the network. The Decision does not commit Member State or Community funds, but indicates a plan for completing the European long-distance freight network through the improvement of linkages of rail, inland waterway, maritime and road routes.

The priority links included in the decision are as follows:

- 37 rail links designed to provide sufficient clearance for Community-approved swap bodies;
- a further 20 rail links, mostly in outlying regions.

Date of implementation
The Decision applies until 30 June 1995, after which the Council plans to adopt new rules for the encouragement of trans-European transport infrastructure networks along multi-modal lines.

Proposed combined transport legislation

COMBINED TRANSPORT AGREEMENT

Official title
Proposal for a Council Decision on the conclusion of the agreement between the European Economic Community, Finland, Norway, Switzerland, Sweden and Yugoslavia on the international combined road/rail carriage of goods.

Reference
Original proposal; OJ C30, 6.2.89.

Amendments
None.

Impact
Seeks to extend the Community's authorisation-free combined transport regime to operations to and from certain non-Member States.

Details
The Agreement, once ratified, will extend the Community's liberalised combined transport regime to combined transport operations between the Community, Finland, Norway, Switzerland, Sweden and Yugoslavia and in transit through these countries or one or more non-contracting states.

In Yugoslavia the liberalisation of road transport operations related to carriage by rail of road vehicles, as well as trailers, semi-trailers and swap bodies, will be restricted to a zone around Ljubljana.

The Agreement also seeks to harmonise, at European level, the control procedures and documentary requirements related to international combined road/rail transport.

The essential components of the Agreement are:
- definition of its scope;
- definition of the terminology used in the Agreement;
- liberalisation measures affecting combined road/rail carriage;
- a documentation and control provision; and
- a procedure for solving disputes.

The proposed Agreement has been superseded largely by the entry into force of the EEA Agreement between the Community and Austria, Finland, Norway and Sweden. An extended version of the Agreement was concluded between the Community and Switzerland (see para **14.92** above).

Proposed date of implementation

The Agreement was to come into effect upon ratification by the contracting parties.

General transport legislation

GENERAL TRANSPORT TARIFFS

Official title

14.98 Council Regulation (EEC) 11/60 of 27 June 1960 concerning the abolition of discrimination in transport rates and conditions, in implementation of Article 79(3) of the EC Treaty establishing the European Economic Community.

Reference

Council Regulation 11/60; OJ L52, 16.8.60.

Amendments

Accession of United Kingdom, Denmark and Ireland (1973).
Council Regulation 3626/84; OJ L335, 22.12.84.
EEA Agreement (1994); OJ L1, 3.1.94.

Impact

Aims to abolish all forms of discrimination caused by the fixing of transport rates and conditions.

Details

This Regulation applies to the carriage of all goods by rail, road and inland waterway within the Community. The principal objective of the Regulation is to prohibit all discrimination by carriers who charge different rates and impose different conditions for carrying similar goods over the same transport links.

To achieve that end, this Regulation requires Member States and all transport undertakings to provide the European Commission with information regarding tariffs and formal or other agreements on transport rates and conditions. The date set for the provision of this information was 1 July 1961. In addition, the Regulation requires that from 1 July 1961 onwards each consignment of goods within the Community must be accompanied by a document containing specified information (*e.g.* name and address of consigner, nature and weight of the goods etc). This latter provision does not apply to:

- loads not exceeding 5 tonnes;
- journeys within one Member State of less than 100 kilometres; and
- journeys between Member States of less than 30 kilometres.

Own-account carriage of goods, in accordance with certain conditions, is also excluded. Any carrier charging different rates or applying different conditions is obliged to show that its action does not breach the provisions of this Regulation. European Commission officials are given powers to visit the carriers' premises and inspect all relevant material.

Member States retain the power to decide what penalties to impose on those who infringe the rules on provision of information and documents of this Regulation. It is the European Commission, however, which retains the power to penalise those who charge discriminatory rates. The European Commission can fine infringing parties up to, but not exceeding, 20 times the carriage charge obtained or demanded. Any party which continues to infringe, once fined, is liable to be fined a maximum of ECU 10,000. Before any fines are imposed, however, the European Commission is obliged to notify and confer with the party alleged to have committed the infringement.

Date of implementation

This Regulation came into force, except as stated above, on 27 June 1960.

ACCOUNTING SYSTEM FOR INFRASTRUCTURE EXPENDITURE

Official title

Council Regulation (EEC) 1108/70 of 4 June 1970 introducing an accounting system for expenditure on infrastructure in respect of transport by rail, road and inland waterway.

Reference

Council Regulation 1108/70; OJ L130, 15.6.70.

Amendments

Last amended by EEA Agreement (1993); OJ L1, 3.1.94.

Impact

Allows the European Commission to keep track of the amounts being spent by Member States on maintenance and construction of transport infrastructure.

Date of implementation

The Regulation was intended to be fully operational by the end of 1975.

RAIL, ROAD AND INLAND WATERWAY TRANSPORT – PUBLIC SERVICE OBLIGATIONS

Official title

Council Regulation (EEC) 1191/69 of 26 June 1969 on action by Member States concerning the obligations inherent in the concept of a public service in transport by rail, road and inland waterway.

Reference

Council Regulation 1191/69; OJ L156, 28.6.69.

Amendments

Accession of United Kingdom, Denmark and Ireland (1973).
Decision 73/101/EEC; OJ L2, 1.1.73.
Accession of Greece (1981).
Accession of Spain and Portugal (1986).
Regulation (EEC) 3572/90; OJ L353, 17.12.90.
Regulation (EEC) 1893/91; OJ L169, 26.6.91.
EEA Agreement (1994); OJ L1, 3.1.94.

Impact

Relieves transport operators of many public service obligations.

Details

This Regulation requires Member States to terminate all obligations inherent in the concept of a public service imposed on transport by rail, road and inland waterway. Public service obligations are defined as obligations which the transport undertaking in question, if it were considering its own commercial interests, would not assume or would not assume to the same extent or under the same conditions. Such obligations can be maintained in so far as they are deemed to be essential to ensure the provision of adequate transport services (*e.g.* urban, suburban or regional services). This Regulation does not apply in regard to transport rates and conditions imposed by any Member State in the interests of one or more particular categories of person, so long as the transport industry concerned is properly compensated.

The onus is on the transport undertakings themselves to seek discharge from any public service obligation. Application must be made to the appropriate authority in the Member State in which the undertaking is resident. This Regulation lays down the criteria and procedure for discharge. All decisions taken by Member States to terminate public service obligations must be notified to the European Commission.

This Regulation also establishes the procedures to be used in compensating a transport undertaking for maintaining certain public obligations. All such compensation is expressly exempted from the anti-subsidy provisions of the EC Treaty. No new public service obligations can be established by Member States unless such obligations are shown to be essential to ensure the provision of adequate transport services.

Amending Regulation (EEC) 3572/90 extended the list of railway undertakings covered by the Regulation to include those operating in the former East Germany. Amending Regulation (EEC) 1893/91 defined the concepts of urban, suburban and regional services and laid down additional conditions applying to the granting of public service contracts.

Date of implementation
This Regulation entered into force on 1 July 1969.

RAIL, ROAD AND INLAND WATERWAY TRANSPORT – STATE AIDS

Official title
Council Regulation (EEC) 1107/70 of 4 June 1970 on the granting of aids for transport by rail, road and inland waterway.

Reference
Council Regulation 1107/70; OJ L130, 15.6.70.

Amendments
Accession of United Kingdom, Denmark and Ireland (1973).
Regulation (EEC) 1473/75; OJ L152, 12.6.75.
Regulation (EEC) 1658/82; OJ L184, 29.6.82.
Regulation (EEC) 1100/89; OJ L116, 28.4.89.
Regulation 3578/92; OJ L364, 12.12.92
EEA Agreement (1994); OJ L1, 3.1.94.

Impact
Prohibits the granting of state aids to transport operations in all situations, with the exception of those listed within this Regulation.

Details
This Regulation applies to all aids granted for transport by rail, road and inland waterway, in so far as such aids relate specifically to activities within those sectors. The Regulation goes on to prohibit the granting of any transport aid except for the purposes listed therein. These purposes include compensation to railways for having to carry the burden of maintaining their own infrastructure, support for research into transport technologies and aid to cut back on serious excess capacity.

It is expressly provided that this Regulation is not intended to supersede related legislation adopted to cover rail transport (*e.g.* Reg 1191/69 – see para **14.99** above). Member States are required to provide the European Commission with all information necessary to permit it to determine whether or not any aid granted meets the conditions set out in this Regulation.

An Advisory Committee is set up to assist the European Commission in its examinations of aids granted to transport.

The last amendment extended the scope of Regulation (EEC) 1107/70 to permit state aids to:

- infrastructure;
- investment in transhipment terminals;
- investment in combined transport equipment; and
- operating (*i.e.* non-investment) costs incurred in running combined transport services across Austria, Switzerland, Slovenia and the states of the former Yugoslavia.

Date of implementation

This Regulation came into force on 1 January 1971. The 1992 amendment entered into force on 1 January 1993.

RAIL, ROAD AND INLAND WATERWAY TRANSPORT – APPLICATION OF COMPETITION RULES

Official title

14.102 Council Regulation (EEC) 1017/68 of 19 July 1968 applying rules of competition to transport by rail, road and inland waterway.

Reference

Council Regulation 1017/68; OJ L175, 23.7.68.

Amendments

Regulation (EEC) 1629/69; OJ L209, 21.8.69.
Regulation (EEC) 1630/69; OJ L209, 21.8.69.
Accession of United Kingdom, Denmark and Ireland (1973).
Regulation (EEC) 2988/74; OJ L319, 29.11.74.
Accession of Greece (1981).
EEA Agreement (1994); OJ L1, 3.1.94.

Impact

Creates special rules for the application of Community competition law to the transport sector.

Details

As a consequence of certain inherent characteristics (*e.g.* traditionally heavy state intervention), transport has always been seen as a business sector for which the application of the EC Treaty's general competition rules would be inappropriate. In 1962, therefore, the Community adopted a Regulation (Reg 141/62; OJ 124, 28.11.62) which, to a large extent, exempted transport from the ambit of the general competition rules of the Community. The Community intended, at that time, to institute a separate competition regime for certain modes of transport (road, rail and inland waterway). That regime has been embodied in this Decision. The application of competition law to air and maritime transport was undertaken in separate Regulations.

For the most part, this Regulation mirrors the role given to Regulation (EEC) 17/62 as regards general Community competition law (*i.e.* establishing the rules of procedure to be used in applying the competition rules themselves). In addition, however, unlike Regulation (EEC) 17/62, this Regulation also includes definitions of the kinds of commercial activity which are prohibited (*e.g.* concerted practices, abuses of dominant positions etc). It is unlikely, however, that these definitions can or will be interpreted as providing wider controls than the controls provided by Articles 85 and 86 of the EC Treaty. The basic provision of this Regulation states that:

> "The provisions of this Regulation apply to agreements, decisions and concerted practices in the field of transport by rail, road and inland waterway. The practices targeted are the fixing of transport rates and conditions, the limitation or control of the supply of transport, the sharing of transport markets, the applications of technical improvements or technical co-operations, or the joint financing or acquisition of transport equipment or supplies where such operations are directly related to the provision of transport services and are necessary for the joint operations of services by a grouping of road or inland waterway transport undertakings, and to the abuse of a dominant position on the transport market. These provisions will also apply to operations of providers of services ancillary to transport which have any of the objects or effects listed above."

The Regulation goes on to:

- define the prohibitions on restrictive practices and abuses of dominant positions;
- grant exemptions for certain types of agreements (*e.g.* between groups of small and medium-sized enterprises and technical agreements);
- set out procedural rules to govern complaints;
- express the limits of the European Commission's investigative powers; and
- establish guidelines covering penalties and fines.

Provisions contained in this Regulation regarding the form and content of the complaints and hearings are supplemented by Regulations (EEC) 1629/69 and (EEC) 1630/69, respectively. As regards those issues, this Regulation should be read in conjunction with those Regulations.

Regulation (EEC) 2988/74, which supplements the provisions of this Regulation, applies limitation periods to the European Commission's powers to penalise and fine. The principal time-limits set for European Commission action are (i) three years in the case of infringements of provisions concerning applications or notifications of undertakings, requests for information and the carrying-out of investigations and (ii) five years in the case of all other infringements.

Date of implementation

This Regulation entered into force on 1 July 1968. The supplementing Regulation (EEC) 2988/74 came into force on 1 January 1975.

Proposed general transport legislation

INLAND TRANSPORT MARKETS

Official title

Proposal for a Council Decision on the European system for observing the inland goods transport markets.

Reference

Original proposal; OJ C29, 5.2.91.

Amendments

None.

Impact

Would set up a statistical and forecasting system concerning goods transport.

Proposed date of implementation

The Decision will come into effect as soon as it is adopted by the Council.

Index

ACCOUNTS
   combined transport, 14.98, 14.99
   companies, 2.9, 2.11-2.13
   financial institutions, 7.1.7-7.1.9, 7.1.17
   insurance undertakings, 7.2.22
   rail transport, 14.49, 14.53, 14.54
ADVERTISING, 4.1.6, 4.1.16, 4.1.35, 4.3.21.
   See also CONSUMER PROTECTION
ADVISORY COMMITTEE
   banking, 7.1.7, 7.1.11
   dangerous substances, 6.129
   equal opportunities in employment, 5.56
   health and safety at work, 5.38
   insurance, 7.2.23
   public procurement, 9.10, 9.19
   public works, 9.10
AGENCY FOR HEALTH AND SAFETY AT WORK, 1.2.13, 5.46
AGENCY FOR THE EVALUATION OF MEDICINAL PRODUCTS, 1.2.12
AIR POLLUTION. *See* ATMOSPHERIC POLLUTION
AIR TRANSPORT
   access to routes, 14.7
   accidents, 14.24
   block exemption, 14.10, 14.18, 14.19, 14.22
   cabotage, 14.7
   certificate,
      air operator's, 14.6
   code of conduct,
      computer reservation systems, 14.9
   code sharing, 14.3
   compensation scheme, 14.11
   competition, 14.5, 14.10, 14.13, 14.16, 14.17,
      block exemption, 14.18, 14.19, 14.22
   computer reservation system (CRSs),
      block exemption, 14.10
      code of conduct, 14.9
   fares, 14.8, 14.16, 14.21
   GATT, 14.13
   licensing,
      air carriers, of, 14.6, 14.7
      personnel, of, 14.12
   mergers, 14.6
   procurement rules, 14.13
   rates, 14.8, 14.16, 14.21
   slot allocation, 14.3, 14.14
   state aids, 14.13
   third air transport liberalization package, 14.6-14.8
   traffic management, 14.15, 14.20
   US,
      trade agreement, 14.13
AIRPORTS. *See* AIR TRANSPORT
ANIMALS
   protection of. *See* FAUNA
ANTI-DUMPING. *See* COMMON COMMERCIAL POLICY
ANTI-TRUST. *See* COMPETITION
ARTICLE
   9 EC, 13.2.2
   18-29 EC, 13.2.2
   30 EC, 9.1, 11.2, 12.5
   36 EC, 8.2, 11.5
   59 EC, 7.2.5, 9.1
   67 EC, 7.1.2, 7.1.22
   85-86. *See* COMPETITION
   90 EC, 12.5, 14.3
      See also COMPETITION
   106 EC, 7.1.2
   113 EC, 13.1.1, 13.1.2
   119 EC, 7.2.5
   177 EC, 2.5
   222 EC, 8.2
ASSOCIATION AGREEMENTS, 1.4.5
ASSURANCE. *See* INSURANCE
ATMOSPHERIC POLLUTION
   asbestos, 6.79
   carbon dioxide, 6.89, 6.90, 6.94
   chlorofluoro-carbons, 6.71, 6.81-6.88, 6.90, 6.93
   combustion plants, 6.80, 6.92
   greenhouse effect, 6.84.
      See also ozone layer
   incinerators, 6.77, 6.78
   industrial plants, 6.76
   lead, 6.72, 6.73
   nitrogen dioxide, 6.74
   ozone layer, 6.81-6.88, 6.90, 6.93
   quality, 6.95
   renewable energy sources, 6.90
   sulphur dioxide, 6.70
   sulphur from gas oils, 6.75
   Volatile Organic Compound (VOC) Emissions, 6.91
AUDITORS
   Court of, 1.2.6
   qualification of, 2.12

BALANCE OF POWERS, 1.2.7
BANGEMANN PROPOSALS, 2.7
BANKING
   accounts

INDEX

financial institutions, of, 7.1.7, 7.1.8, 7.1.17
foreign branches of financial institutions, of, 7.1.9
Advisory Committee, 7.1.7, 7.1.11
branches of financial institutions,
  accounts of foreign branches, 7.1.9
  establishment of, 7.1.6
capital,
  adequacy, 7.1.10, 7.1.13
  movements, liberalisation of, 7.1.22
case law, 7.1.5
compensation,
  investor compensation scheme, 7.1.18.
  See also Deposit-guarantee scheme
Cooke Committee on Banking Regulations and Supervisory Practices, 7.1.12
credit institution,
  definition, 7.6
cross-border,
  banking services, 7.1.7
  financial transactions,
    transparency of conditions and charges, 7.1.21
deposit-guarantee scheme, 7.1.15
electronic payments system,
  european code of conduct, 7.1.19
  payment cards, 7.1.20
exchange control, 7.1.18
First Banking Co-ordination Directive, 7.1.6, 7.1.17
home country control, 7.1.7
host country control, 7.1.6, 7.1.7, 7.1.9
large exposures,
  monitoring of, 7.1.13, 7.1.14
money laundering,
  prevention of, 7.1.16
own funds, 7.1.7, 7.1.11-7.1.14
payment systems. *See* electronic payments system
risk,
  calculation of, 7.1.13
Second banking co-ordination Directive, 7.1.7, 7.1.10, 7.1.17
single licence, 7.1.7
solvency ratio, 7.1.10, 7.1.12, 7.1.13
supervision, 7.1.7, 7.1.10, 7.1.17
BANKRUPTCY CONVENTION, 2.3, 2.28
BLOCK EXEMPTION. *See* COMPETITION
BRUSSELS CONVENTION, 1.4.4

CABOTAGE
  air transport, 14.7
  maritime transport, 14.37
  road transport, 14.73, 14.80
  waterways, 14.32.
  See also TRANSPORT
CANALS. *See* WATERWAYS
CE MARK. *See* TECHNICAL STANDARDS
CELLULAR COMMUNICATIONS. *See* TELECOMMUNICATIONS

CITIZENSHIP
  Maastricht Treaty, 1.1.6
CO-DECISION PROCEDURE, 1.3.1
COHESION FUND, 1.2.27
COMBINED TRANSPORT
  action programme, 14.95
  agreement, 14.97
  financial support, 14.93
  liberalisation, 14.91
  network, 14.96
  Switzerland, 14.92, 14.97
COMITOLOGY, 1.3.2
COMMISSION, 1.1.2, 1.2.3
  balance of powers, 1.2.7
  composition, Appendix 2
  information offices, Appendix 6
  legislation, 1.3.2
  lobbying, 1.5.2
  membership, Appendix 1
COMMITTEE OF THE REGIONS, 1.2.9, 1.5.5
COMMON COMMERCIAL POLICY (CCP)
  agreements, 1.4.5
    Generalised System of Preferences (GSP), 13.1.24, 13.1.27
    Lomé Convention, 13.1.25
  Article 113 EC, 13.1.1, 13.1.2
  case law, 13.1.5
  dumping, protection against, 13.1.7-13.1.9
  duty, imposition of, 13.1.7-13.1.9
  EEA Agreement, 13.1.2, 13.1.3
  embargoes, 13.1.26
  Europe Agreements, 13.1.2, 13.1.3
  export credits, 13.1.28-13.1.32
  GATT, 13.1.1-13.1.3
  illicit trade practices,
    protection against, 13.1.6
  imports,
    common rules, 13.1.14, 13.1.15, 13.1.21
    quotas, 13.1.16-13.1.18
    subsidised. *See* dumping
    surveillance measures (Article 115), 13.1.19
  Lomé Convention, 13.1.2, 13.1.3
  maritime transport,
    unfair practices, 13.1.10, 13.1.11, 13.1.13
  measures,
    adoption of, 1.3.2
  sanctions, 13.1.26
  services, 13.1.1, 13.1.3
  textile products, 13.1.20-13.1.23
  unfair trade practices,
    protection against, 13.1.6
  World Trade Organisation (WTO), 13.1.3
COMMON FOREIGN AND SECURITY POLICY (CFSP), 1.1.6
COMPANY LAW
  accounts, 2.9, 2.11-2.13
  Bangemann proposals, 2.7
  bankruptcy convention, 2.3, 2.28
  Business Register, 2.19
  case law, 2.5

INDEX

disclosure of information, 2.6, 2.7
division of companies, 2.10
EEIG, 2.15
Eighth Company Law Directive, 2.12
Eleventh Company Law Directive, 2.13
European Association (EA), 2.3, 2.24
European Company. *See* Societas Europaea (SE)
European Co-operative Society (SCE), 2.3, 2.25
European Economic Interest Grouping (EEIG), 2.15
European Mutual Society (ME), 2.3, 2.26
Fifth Company Law Directive, 2.2, 2.20
First Company Law Directive, 2.5, 2.6
formation of public companies, 2.2, 2.7
Fourth Company Law Directive, 2.9, 7.1.8
harmonisation, 2.20
mergers
    cross-border, 2.21
    of public companies, 2.8.
    See also, MERGER CONTROL
mutual recognition of companies, 2.27
nullity, 2.6
Second Company Law Directive, 2.2, 2.5, 2.7
Seventh Company Law Directive, 2.11, 7.1.8
Sixth Company Law Directive, 2.10
SME. *See* ENTERPRISE POLICY
Societas Europaea (SE), 2.2, 2.3, 2.23
sole traders, 2.14
stationery, 2.6
takeover bids, 2.2, 2.3, 2.22.
    See also mergers
Tenth Company Law Directive, 2.21
Third Company Law Directive, 2.8
Thirteenth Company Law Directive, 2.2, 2.3, 2.22
Twelfth Company Law Directive, 2.14
validity of acts, 2.6
winding-up convention, 2.3, 2.28
Works Council Directive 2.2.
    See also ENTERPRISE POLICY and EMPLOYMENT
COMPETITION
    agents, 3.9
    air transport, 3.31, 14.5, 14.10, 14.13, 14.16, 14.17
    Article 85, 3.2,
        implementation, 3.5
        mergers, 3.49
        regulation 17/62, 3.15, 3.43, 3.44
    Article 86, 3.2
        implementation, 3.5
        mergers, 3.49
        Regulation 17/62, 3.15, 3.43, 3.44
    Article 90, 3.3
    basic notions, 3.1
    block exemption, 3.18, 3.19,
        air transport, 14.10, 14.18, 14.19, 14.22
        exclusive distribution, 3.20
        exclusive purchasing, 3.21
        franchising, 3.28, 3.29
        insurance, 7.2.25, 7.2.26
        intellectual property rights, 3.16, 3.22, 3.23
        know-how licensing, 3.30
        maritime transport, 14.3, 14.44, 14.48
        motor vehicle distribution, 3.14, 3.24
        patent licensing, 3.16, 3.22
        research and development, 3.27
        specialisation agreements, 3.26
        technology transfer, 3.16
    dominant position, abuse of. *See* Article 86
    European Economic Area (EEA), 3.64
    effect on trade, 3.6
    enlargement, 3.8
    Europe Agreements, 3.66
    film and media, 3.11
    form A/B, 3.10, 3.44
    hearings, 3.45
    intellectual property, 8.2, 8.5
    interim measures, 3.47
    limitation periods, 3.46
    maritime transport, 14.42, 14.43
    Mergers. *See* MERGER CONTROL
    Non-EC markets, 3.65
    Notice,
        accelerated clearance, 3.34
        agents, 3.31
        agreements of minor importance, 3.12, 3.39
        co-operation agreements, 3.32
        co-operation with national courts, 3.42
        co-operative joint ventures, 3.33
        exclusive distribution and exclusive purchasing, 3.37
        imports of japanese products, 3.35
        motor vehicle,
            distribution of, 3.38
            intermediaries, 3.41
        subcontracting agreements, 3.36
        telecommunications, 3.40
    State aids. *See* STATE AIDS
    State companies. *See* Article 90
    telecommunications, 12.5, 12.37, 12.38
    transport, 14.101, 14.102
    US co-operation pact, 3.63
CONCENTRATIONS. *See* MERGER CONTROL
CONCILIATION COMMITTEE, 1.3.1
CONSULTATION PROCEDURE, 1.3.1
CONSUMER PROTECTION
    advertising,
        comparative, 4.1.16
        misleading, 4.1.6
        tobacco, 4.1.35
    case law, 4.1.5
    Consumer Policy Service (CPS), 4.1.2
    Consumers' Consultative Committee (CCC), 4.1.2
    contracts,
        time-share, 4.1.18
        unfair terms, 4.1.14

INDEX

credit, 4.1.9
data protection. *See* TELECOMMUNICATIONS
doorstep sales, 4.1.8
European Home and Leisure Accident Monitoring Surveillance System (EHLASS), 4.1.3
foodstuffs. *See* FOODSTUFFS
health and safety. *See* HEALTH AND SAFETY
hotels, 4.1.37, 4.1.38
labelling of products, 4.1.12, 4.1.13
liability
  products, for 4.1.7
  services, for 4.1.15
package tours, 4.1.39
pharmaceutical. *See* PHARMACEUTICAL PRODUCTS
price indication, 4.1.10, 4.1.11
sales,
  doorstep sales, 4.1.8
  distance, 4.1.17
CONVENTIONS, 1.4.4
COOKE COMMITTEE, on Banking Regulations and Supervisory Practices, 7.1.12
COPYRIGHT. *See* INTELLECTUAL PROPERTY
COREPER, 1.2.2
COUNCIL
  balance of powers, 1.2.7
  EU, 1.2.2
  European, 1.2.1
  legislative process, 1.3.1
  lobbying, 1.5.6
  Presidency, 1.1.7, 1.2.2
  terminology, 1.1.2, 1.2.1
COUNCIL OF EUROPE, 1.2.21
COUNTERFEIT GOODS. *See* INTELLECTUAL PROPERTY and CUSTOMS
COURT OF AUDITORS, 1.2.6
COURT OF JUSTICE (ECJ), 1.2.5, 1.4.3
  composition, Appendices 4 and 5, *pages 72-73*
  lobbying, 1.5.8
CREDIT INSTITUTION
  definition, 7.1.6.
  See also BANKING
CUSTOMS
  Articles,
    9 EC, 13.2.2
    18-29 EC, 13.2.2
  case law, 13.2.5
  code,
    bindings, 13.2.10
    debt, customs, 13.2.23
    export, 13.2.24, 13.2.25
    origin of goods, 13.2.13
    procedures, 13.2.14-13.2.17, 13.2.19
    reference, 13.2.6
    release for free circulation, 13.2.18
    returned goods, 13.2.22
    tariffs, favourable, 13.2.11
    territory, 13.2.9
    transit, 13.2.20
    treatment of goods, 13.2.21
    value of goods, 13.2.12
  containers,
    fraud, 13.2.26
    sealed, 13.2.26
  counterfeit goods, 13.2.28, 13.2.29
  GATT, 13.2.3
  relief from duty, 13.2.30
  temporary admission, 13.2.31

DANGEROUS SUBSTANCES
  accident, prevention of, 6.24
  Advisory Committee, 6.129
  chemical names, confidentiality, 6.136
  classification, 6.121
  export, 6.130, 6.131, 6.141
  import, 6.130, 6.141
  information, safety data sheets, 6.135
  packaging, 6.133, 6.134
  pesticides, 6.126-6.128
  preparations, 6.132
  risk assessment, 6.122-6.124, 6.137
  use, 6.125, 6.138, 6.139, 6.140
DATA PROTECTION. *See* TELECOMMUNICATIONS
DECISIONS, 1.4.2
DEPOSIT-GUARANTEE SCHEME, 7.1.15
DIPLOMAS
  mutual recognition, of, 5.88, 5.89, 5.90
DIRECTIVES, 1.4.2
DOORSTEP SALES, 4.1.8.
  See also CONSUMER PROTECTION
DUMPING. *See* COMMON COMMERCIAL POLICY

EA, European Association, 2.3, 2.24
EC COMMISSION. *See* COMMISSION
EC COUNCIL. *See* COUNCIL
ECONOMIC AND MONETARY UNION (EMU)
  institutions, 1.2.11
  Maastricht Treaty, 1.1.6
ECONOMIC AND SOCIAL COMMITTEE (ESC), 1.2.8, 1.5.4
EEIG, European Economic Interest Grouping, 2.15
EMPLOYMENT
  Advisory Committee, equal opportunities, 5.56
  child care, 5.62
  conditions in road transport, 5.51, 14.3, 14.61-14.63, 14.84, 14.87
  contract of employment, 5.9
  dignity of workers, 5.61
  diplomas. *See* DIPLOMAS
  equal,
    opportunities, 5.56-5.59, 5.64, 5.65, 5.67

INDEX

pay, 5.52
health and safety. *See* HEALTH AND SAFETY AT WORK
hours, 5.69, 5.70,
   forty hour week, 5.68
insolvency, 5.8
management of companies, employee participation, 5.14
mergers, employees' rights, 5.7, 5.16
parental leave, 5.65
pregnancy, 5.63
profits, employee participation in, 5.10
redundancies, collective, 5.6
retirement, 5.71, 5.72
self-employed, 5.59
services abroad, provision of, 5.15
social security, 5.54-5.66
temporary work, 5.73
training, 5.53
transfers of undertakings, employees rights, 5.7, 5.16
unemployment, 5.11
vocational training. *See* VOCATIONAL TRAINING
wages, 5.12, 5.52, 5.67
Works Council, 2.2, 5.13
EMU. *See* ECONOMIC AND MONETARY UNION
ENLARGEMENT, 1.1.3, 1.1.4
ENTERPRISE POLICY
  Business Register, 2.19
  Small and medium-sized enterprises (SMEs)
    administrative simplification, 2.17
    competitiveness, 2.18
    programme, 2.16.
See also COMPANY LAW
ENVIRONMENT
  accidents, prevention of, 6.6, 6.24
  acid rain, 6.38, 6.39,
  Action Programme, 6.14
  Agency, European Environment (EEA), 6.8
  agricultural methods, 6.37, 6.59
  air pollution. *See* ATMOSPHERIC POLLUTION
  dangerous chemicals. *See* DANGEROUS CHEMICALS
  ECO-audit, 6.16
  ECO-label, 6.11
  education, 6.22
  Financial Instrument for, (LIFE), 6.12
  flora and fauna. *See* FAUNA
  forests, 6.38-6.44
  forum, 6.18
  genetically modified organisms, 6.19, 6.20, 6.21
  impact assessments, 6.7, 6.25
  industrial competitiveness, 6.13
  information, access to, 6.9
  international co-operation, 6.142
  liability, 6.27
  noise. *See* NOISE LIMITATION
  oil pollution, 6.60, 6.61
  pollution control, 6.23
  research and development, 6.26
  SEVESO, 6.6
  State aid, 3.61, 6.15
  statistics, 6.17
  waste. *See* WASTE MANAGEMENT
  water pollution. *See* WATER
ERMES, 12.23, 12.24
EUREKA 95, 12.13
EU COUNCIL. *See* COUNCIL
EUROPE AGREEMENTS, 13.1.2, 13.1.3,
  competition, 3.66
EUROPEAN ASSOCIATION (EA), 2.3, 2.24
EUROPEAN ATOMIC ENERGY COMMUNITY (EURATOM), 1.1.1, 1.4.1
EUROPEAN BANK FOR RECONSTRUCTION AND DEVELOPMENT (EBRD), 1.2.20
EUROPEAN CENTRAL BANK (ECB), 1.2.11
EUROPEAN COAL AND STEEL COMMUNITY (ECSC), 1.1.1
EUROPEAN COMMISSION. *See* COMMISSION
EUROPEAN CO-OPERATIVE (SCE), 2.3, 2.25
EUROPEAN COURT OF JUSTICE (ECJ). *See* COURT OF JUSTICE
EUROPEAN DRUGS AND DRUG ADDICTION CENTRE, 1.2.17
EUROPEAN ECONOMIC AREA (EEA)
  agreement, 1.1.5
  common Commercial Policy, 13.1.2, 13.1.3
  competition, 3.64
  insurance, 7.2.3
EUROPEAN ECONOMIC COMMUNITY, 1.1.1, 1.4.1
EUROPEAN ECONOMIC INTEREST GROUPING (EEIG), 2.15
EUROPEAN ENVIRONMENT AGENCY (EEA), 1.2.18, 6.8
EUROPEAN FOUNDATION FOR THE IMPROVEMENT OF LIVING AND WORKING CONDITIONS, 1.2.16
EUROPEAN FREE TRADE ASSOCIATION (EFTA), 1.2.22
EUROPEAN INVESTMENT BANK (EIB), 1.2.10
EUROPEAN MONETARY INSTITUTE (EMI), 1.2.11
EUROPEAN MUTUAL SOCIETY (ME), 2.3, 2.26
EUROPEAN PARLIAMENT. *See* PARLIAMENT
EUROPEAN SYSTEM OF CENTRAL BANKS, 1.2.11
EUROPEAN TRAINING FOUNDATION, 1.2.19
EXCHANGE CONTROLS, see FREE MOVEMENT OF CAPITAL
EXPORTS. *See* COMMON COMMERCIAL POLICY and CUSTOMS

INDEX

FAUNA,
  protection of,
    birds, 6.28, 6.45
    fish, 6.35
    furs, 6.32, 6.33
    habitats, 6.34
    ivory, 6.31
    seal products, 6.30
    shellfish, 6.36
    whale products, 6.29
FIEC, 7.23
FOODSTUFFS
  additives, 4.2.27-4.2.43
  advertising, 4.2.8, 4.2.9
  alcoholic beverages, 4.2.69
  case law, 4.2.5
  certificates of special character, 4.2.14-4.2.16
  cocoa, 4.2.61
  colorants, 4.2.28, 4.2.42
  contaminants, 4.2.56
  erucic acid, 4.2.64, 4.2.65
  flavourings, 4.2.35-4.2.37, 4.2.43
  fruit juices, 4.2.62
  hygiene, 4.2.48-4.2.57
  jams, 4.2.66
  labelling, 4.2.6-4.2.17, 4.2.61-4.2.72
  lactoproteins, 4.2.68
  lot identification, 4.2.10
  milk, preserved, 4.2.63
  nutritional, 4.2.58-4.2.60
  origin, indication of, 4.2.12, 4.2.13, 4.2.16
  packaging, 4.2.18-4.2.26, 4.2.61-4.2.72
  preservation methods,
    freezing, 4.2.44-4.2.46
    irradiation, 4.2.47
  preservatives, 4.2.29-4.2.32
  price indication, 4.2.8, 4.2.9
  sweeteners, 4.2.40
  water, mineral, 4.2.67
Form A/B, 3.10, 3.44.
  See also COMPETITION
Form CO, 3.13.
  See also MERGER CONTROL
Free movement of capital
  Article 67, 7.1.2, 7.1.22
  liberalisation of capital movements, 7.1.22
FREQUENCY BANDS. See
  TELECOMMUNICATIONS

GATT
  air transport, 14.13
  Common Commercial Policy, 13.1.1-13.1.3, 13.2.3
  Customs Code, 13.2.3
  public procurement, 9.17
GENERALISED SYSTEM OF PREFERENCES (GSP), 13.1.24, 13.1.27
GOVERNMENT PROCUREMENT. See
  PUBLIC PROCUREMENT
GSM, 12.10, 12.11.
  See also TELECOMMUNICATIONS

HARMONISATION OF TECHNICAL STANDARDS. See TECHNICAL STANDARDS
HDTV, 12.12-12.16.
  See also TELECOMMUNICATIONS
HEALTH AND SAFETY
  accidents, home and leisure, 4.1.32
  biocidal products, 4.1.36
  cosmetics, 4.1.22-4.1.24, 4.1.33, 4.1.34
  detergents, 4.1.19-4.1.21
  hotels, 4.1.38
  imitations, dangerous, 4.1.25
  poisoning, 4.1.31
  product safety, 4.1.30
  smoking, 4.1.27-4.1.29, 4.1.35
  tobacco, 4.1.29, 4.1.35
  toy safety, 4.1.26
  See also HEALTH AND SAFETY AT WORK
HEALTH AND SAFETY AT WORK
  action programme, 5.39, 5.40
  activities, banned, 5.24
  Advisory Committee, 5.38
  agency, 1.2.13, 5.46
  asbestos, 5.22
  biological agents, 5.27
  carcinogens, 5.26
  display screen, 5.35
  exposure to risks, 5.19, 5.20, 5.49, 5.50
  extractive industries, 5.31
  heavy loads, 5.37
  information, 5.42
  ionizing radiation, 5.17, 5.48
  lead, 5.21
  machinery, 5.33, 5.34
  minimum requirements, 5.42-5.44
  mining industry, 5.32
  mobile work sites, 5.29
  noise, 5.23
  part-time workers, 5.45
  protective equipment, 5.36
  radon, 5.25
  signs, 5.30
  transport activities, 5.51
  vessels, 5.28
  vinyl chloride monomer, 5.18
  young people, 5.47
HIGH AUTHORITY, 1.1.1
HOME COUNTRY CONTROL
  banking, 7.1.7
  insurance, 7.2.12, 7.2.15, 7.2.16
  securities, 7.3.10, 7.3.14
HOST COUNTRY CONTROL
  banking, 7.1.7
  insurance, 7.2.12, 7.2.15, 7.2.16
  securities, 7.3.10, 7.3.14

IMPORTS. See COMMON COMMERCIAL POLICY and CUSTOMS
INFORMATION ON THE COMMUNITY, 1.5.1

1092

INDEX

INFORMATION TECHNOLOGY
   standardization, 12.8
   See also TELECOMMUNICATIONS
INSIDER DEALING
   prevention of, 7.3.13
INSTITUTIONS, 1.2.1-1.2.27
INSURANCE
   accounts, 7.2.22
   agents, 7.2.21, 7.2.24
   block exemption, 7.2.26
      enabling regulation, 7.2.25
   brokers, 7.2.21, 7.2.24
   car insurance. *See* motor vehicle
   case law, 7.2.5
   co-insurance, 7.2.8
   committee, 7.2.23
   contracts, 7.2.27
   EEA Agreement, 7.2.3
   export credits, re-insurance pool for, 7.2.28
   FIEC, 7.2.3
   First life assurance Directive, 7.2.14
   First non-life insurance Directive, 7.2.7
   freedom of establishment, 7.2.7, 7.2.8, 7.2.12, 7.2.14-7.2.16
   home country control, 7.2.12, 7.2.15, 7.2.16
   host country control, 7.2.12, 7.2.15
   intermediaries, 7.2.21, 7.2.24
   legal expenses insurance, 7.2.9
   Life assurance Directive, 7.1.17
   motor vehicle, 7.2.17-7.2.20
   non-life insurance Directive, 7.1.17
   pension funds, 7.2.29
   policies, 7.2.27
   re-insurance, 7.2.6, 7.2.28
   retrocession, 7.2.6
   Second life assurance Directive, 7.2.3, 7.2.15
   Second non-life insurance Directive, 7.2.3, 7.2.10
   supervision, 7.2.12, 7.2.15, 7.2.22, 7.2.30
   Switzerland, agreement with, 7.2.11
   Third life assurance Directive, 7.2.3, 7.2.16
   Third non-life insurance Directive, 7.2.3, 7.2.12
   winding-up, 7.2.13
INTELLECTUAL PROPERTY
   Article 36 EC, 8.2
   Article 222 EC, 8.2
   biotechnological inventions, 8.22
   case law, 8.5
   competition, 8.2, 8.5
   computer programs, 8.11
   copyright,
      Berne and Rome Conventions, 8.12
      cable retransmissions, 8.14
      counterfeit goods, 8.26
      duration of, 8.15
      rental and lending rights, 8.13
      satellite broadcasting, 8.14
   counterfeit goods, 8.6, 8.26.
      See also CUSTOMS
   databases, 8.23
   designs, 8.24, 8.25, 8.26
   employee rights, 8.3
   moral rights, 8.3
   patent,
      Common Appeal Court for Community, 1.2.14
      convention, 8.18
   plant variety rights, 8.17
   resale rights, 8.3
   software, 8.11
   supplementary protection certificate. *See* CONSUMER PROTECTION
   topographies, 8.7, 8.8, 8.9
   trade mark,
      Community Trade Mark, 8.16, 8.19, 8.20, 8.21
      counterfeit goods 8.6
      harmonisation, 8.10
      office, 8.16
INTER-GOVERNMENTAL CONFERENCE, 1996, 1.1.8
INTERNATIONAL AGREEMENTS, 1.4.5
INVESTOR COMPENSATION SCHEME, 7.1.18, 7.3.17
INVESTMENT SERVICES
   Directive, 7.1.17, 7.3.3, 7.3.14.
   See also SECURITIES

KNOW-HOW. *See* INTELLECTUAL PROPERTY

LEGISLATION
   Commission, 1.3.2
   Community, 1.4.2
   Council, 1.3.1
LIFE, Financial Instrument for the Environment, 6.12
LOBBYING, 1.5.1-1.5.11
LOMÉ CONVENTION, 13.1.25

MAASTRICHT TREATY, 1.1.1, 1.4.1, 1.1.6
   citizenship, 1.1.6
   Economic and Monetary Union (EMU), 1.1.6
   Inter-governmental conference, 1996, 1.1.8
   structural funds, 1.1.6
   terminology, 1.1.2
MARITIME TRANSPORT
   block exemption, 14.3, 14.44, 14.48
   cabotage, 14.37
   Committee, 14.39
   Competition, 14.42, 14.43,
      block exemption, 14.44, 14.48
   freedom to provide services, 14.36
   register, 14.39, 14.45
   safety, 14.34, 14.40, 14.41
   statistics, 14.47
   training, 14.46
   United Nations liner conference, 14.35
ME, European Mutual Society, 2.3, 2.26
MEDICINAL PRODUCTS. *See* PHARMACEUTICAL PRODUCTS

1093

INDEX

MEMBERSHIP OF THE EUROPEAN UNION, 1.1.3, 1.1.4
MERGER CONTROL, 3.13, 3.48
  Articles 85 and 86, 3.49
  air transport, 14.6
  company law, 2.8, 2.21
  Form CO, 3.13
  hearings, 3.50
  Implementing Regulation, 3.13
  notice,
    ancillary restrictions, 3.52
    concentrative and co-operative distinction, 3.13, 3.51
    thresholds, 3.13
    time limits, 3.50
MERGER TREATY, 1.1.1, 1.4.1
MOBILE COMMUNICATIONS. *See* TELECOMMUNICATIONS
MONEY LAUNDERING
  prevention of, 7.1.16
MOTOR VEHICLES
  insurance, 7.2.17-7.2.20
  technical standards. *See* TECHNICAL STANDARDS

NOISE LIMITATION
  aircraft, 11.60, 11.61
  compressors, 11.63
  construction plant and equipment, 11.62
  cranes, 11.64
  electrical appliances, 11.57
  excavators, 11.69
  generators, 11.65, 11.66
  lawnmowers, 11.68
  picks, 11.67

OFFICIAL JOURNAL, 1.5.1
OPINIONS, 1.4.2
ORGANIZATION FOR ECONOMIC CO-OPERATION AND DEVELOPMENT (OECD), 1.2.23
OWN FUNDS
  banking, 7.1.11-7.1.14

PATENT. *See* INTELLECTUAL PROPERTY
Parliament, 1.2.4
  composition, Appendix 3, *pages* 70-71
  lobbying, 1.5.3
  Maastricht Treaty, 1.1.6
PENSIONS. *See* INSURANCE
PHARMACEUTICAL PRODUCTS
  advertising, 4.3.21
  authorization, 4.3.24, 4.3.25
  case law, 4.3.5
  devices, 4.3.16,
    active implantable, 4.3.15
  distribution,
    wholesale, 4.3.17-4.3.19
  good laboratory practice (GLP), 4.3.10-4.3.12
  high technology medicinal products, 4.3.13
  homeopathic products, 4.3.23
  labelling, 4.3.20
  narcotics, control of, 4.3.26
  price control measures, 4.3.14
  proprietary medicines (PMPs),
    colorants, 4.3.9
    licensing, 4.3.6
    marketing, 4.3.6
    testing, 4.3.7, 4.3.8
  protection certificate, supplementary, 4.3.22
  veterinary medicinal products,
    homeopathic, 4.3.32
    marketing and licensing, 4.3.27-4.3.29
    residue levels, 4.3.31
    testing, 4.3.30
PRESIDENCY, 1.1.7
PUBLIC PROCUREMENT
  advisory committee,
    for public works, 9.10
    on the opening up of public procurement, 9.19
  air transport, 14.13
  case law, 9.5
  compliance with rules, 9.20
  GATT, 9.17
  Guide to Community rules, 9.2
  regional and social aspects, 9.21
  remedies,
    supplies services and works sectors, 9.13
    utilities sector, 9.15
  service contracts, 9.3, 9.6, 9.13
  social and regional aspects, 9.21
  supply contracts, 9.7, 9.13
  thresholds, 9.22
  US, 9.18
  utilities, 9.14, 9.15, 9.16
  works,
    advisory committee, 9.10
    concessions, 9.9
    contracts, 9.8, 9.11-9.13
PROCUREMENT. *See* PUBLIC PROCUREMENT

RADIO FREQUENCIES. *See* TELECOMMUNICATIONS
RAIL TRANSPORT
  accounts, 14.49, 14.53, 14.54
  committee, 14.55
  development of, 14.50, 14.52
  high speed train network, 14.56
  infrastructure access, 14.3, 14.59
  licensing, 14.58
  rates, 14.51
  tariffs, 14.3
RECOMMENDATIONS, 1.4.2
REGULATIONS, 1.4.2
RESOLUTIONS, 1.4.2
RHINE CONVENTION, 14.27
ROAD TRANSPORT
  accidents, 14.84
  animals, 14.76

INDEX

cabotage, 14.73, 14.80
committee, 14.72
crisis management, 14.75
dangerous goods, 14.87-14.89
driving licence, 14.69, 14.70
ERTA doctrine, 14.5
hire of vehicles, 14.71
network, 14.83
profession, 14.64, 14.65, 14.67, 14.79, 14.81, 14.86
rates, 14.74
restrictions,
    abolishment of, 14.60, 14.79
speed limitation devices, 14.77, 14.78
speed limits, 14.85
tachograph equipment, 14.3, 14.62, 14.90
taxation, 14.82
training, 14.66, 14.68-14.70
working conditions, 14.3, 14.61-14.63, 14.84, 14.87

SCE, European Co-operative Society, 2.3, 2.25
SE, Societas Europaea, 2.2, 2.3, 2.23
SEA TRANSPORT. *See* MARITIME TRANSPORT
SECURITIES
    capital adequacy for market position risk, 7.3.15
    case law, 7.3.5
    code of conduct, 7.3.6
    disclosure of information, 7.3.9
    insider dealing, prevention of, 7.3.13
    Investment Services Directive, 7.1.17, 7.3.3, 7.3.14
    Investor Compensation Scheme, 7.3.17
    listing,
        admission to stock exchange, 7.3.7, 7.3.8, 7.3.14
        particulars, 7.3.8
        prospectuses, 7.3.12
    notification of transfers, 7.3.11
    prospectuses, 7.3.12
    publication of information, 7.3.9
    supervision, 7.3.3, 7.3.10, 7.3.12-7.3.14
    transactions, Code of Conduct, 7.3.6
    UCITS, 7.3.10, 7.3.16
SEVESO DIRECTIVE, 6.6
SHARES. *See* SECURITIES
SHIPPING. *See* MARITIME TRANSPORT and WATERWAYS
SINGLE EUROPEAN ACT (SEA), 1.1.1, 1.4.1
SINGLE LICENCE
    banking, 7.1.7
    investment services, 7.3.14
SME. *See* Enterprise policy
SOCIAL SECURITY, 5.54-5.66
STANDARDS. *See* TECHNICAL STANDARDS
STATE AIDS
    air transport, 14.13
    Articles 92-94, 3.4
    combined transport, 14.101
    environmental protection, 3.61, 6.15
    fisheries and Aquaculture, 3.62
    manufacturing sector, 3.57
    minor importance, 3.55
    motor vehicles, 3.58
    regional aid, 3.56
    research and development, 3.53
    shipbuilding, 3.59
    synthetic fibres, 3.60
    small and medium-sized enterprises, 3.54
STOCK EXCHANGE. *See* SECURITIES
STRUCTURAL FUNDS, 1.2.26
    Maastricht Treaty, 1.1.6
SUBSIDIES. *See* STATE AIDS

TAXATION
    administrative co-operation,
        direct taxation, 10.14
        value added tax, 10.15
    carry-over of losses, 10.21
    double taxation, 10.19, 10.20
    excise duty, 10.12, 10.13, 10.17
    mergers, 10.18, 10.24
    parent companies, 10.19, 10.22, 10.23, 10.25
    road transport, 14.82
    securities, 10.6
    stamp duty, 10.6
    subsidiaries, 10.19, 10.22, 10.23, 10.25
    transfer of assets, 10.18, 10.24
    Value Added Tax (VAT),
        administrative co-operation, 10.15
        basis of assessment, 10.7, 10.11
        refunds, 10.8, 10.9
        simplification of measures, 10.16
        temporary imports, 10.10
TECHNICAL STANDARDS
    aerosols, 11.73
    aircraft, 11.90
    Article 30, 11.2
    Article 36, 11.5
    boilers, 11.87, 11.88
    case law, 11.5
    chains and hooks, 11.72
    CE mark, 11.7
    conformity, 11.7
    construction plant, 11.81, 11.84
    crystal, 11.71
    cylinders, 11.76-11.78
    electrical materials and equipment, 11.51-11.59
    electromagnetic compatibility, 11.85
    explosives, 11.91
    fertilisers, 11.24-11.27
    foodstuffs. *See* FOODSTUFFS
    gas appliances, 11.87, 11.88
    General Programme, 11.2
    German unification, 11.89
    information exchange, 11.6
    lifting appliances, 11.79
    lifts, 11.80, 11.93
    machinery, 11.86, 11.92

INDEX

metrology, 11.28-11.50
motor vehicles,
   cars, utilities and HGVs, 11.8-11.15
   two and three-wheel, 11.16-11.20
new approach, 11.2
noise. *See* NOISE LIMITATION
pharmaceutical. *See* PHARMACEUTICAL PRODUCTS
pressure vessels, 11.74, 11.75, 11.94
technical specifications, 11.2
telecommunication terminals, 12.28
tractors, 11.21-11.23
trailer devices. *See* MOTOR VEHICLES
wood, 11.70
TELECOMMUNICATIONS
   Article 90 EC, 12.5
   competition, 12.5, 12.37, 12.38
   data protection, 12.42-12.44,
   Digital European Cordless Telecommunications (DECT), 12.26, 12.27
   EUREKA 95, 12.13
   European Radio Messaging Service (ERMES), 12.24
   frequency bands,
      Digital European Cordless Telecommunications (DECT), 12.27
      european co-ordination, 12.17
      European Radiocommunications Committee (ERC), 12.18
      mobile communications, 12.10
      paging services, 12.24, 12.25
   GSM, 12.10, 12.11
   Green Paper,
      on telecommunications (1987), 12.2, 12.19
      on telecommunications infrastructure and cable TV networks, 12.3
      on mobile/personal communications, 12.3
      on satellite communications, 12.30
   High-Definition Television (HDTV), 12.12-12.16
   Integrated Services Digital Network (ISDN), introduction of, 12.6
   open network provision, 12.22
   promotion, 12.7
   Joint Committee on Telecommunication Services, 12.23
   licences, mutual recognition, 12.40, 12.41
   mobile communications, 12.9, 12.10, 12.11
   networks, trans-European, 12.39
   numbering, 12.34,
      international access code, 12.33
   Open Network Provision (ONP),
      harmonised conditions, 12.19
      integrated services digital network (ISDN), 12.22
      leased lines, 12.20
      packet-switched data services (PSDSs), 12.21

paging services, 12.24, 12.25
satellite, 12.29-12.31, 12.41
Senior Officials Group on Telecommunications (SOGT), 12.6
standardisation, 12.8
terminals, 12.28
universal service provision, 12.36
TENDER. *See* PUBLIC PROCUREMENT
TERMINOLOGY, 1.1.2
TRADE. *See* COMMON COMMERCIAL POLICY and CUSTOMS
TRADE MARK. *See* INTELLECTUAL PROPERTY
TRANSPORT
   accounts, 14.98, 14.99
   air. *See* AIR TRANSPORT
   case law, 14.5
   combined. *See* COMBINED TRANSPORT
   competition rules, 14.5, 14.101, 14.102
   EC Treaty obligation, 14.5
   infrastructure, funding, 14.3
   inland waterways. *See* WATERWAYS
   maritime. *See* MARITIME TRANSPORT
   public service obligation, 14.100
   rail. *See* RAIL TRANSPORT
   road. *See* ROAD TRANSPORT
   state aids, 14.101
   statistics, 14.103
   tariffs, 14.98
   trans-European network 14.3
TREATY OF PARIS, 1.1.1, 1.4.1
TREATY OF ROME, 1.1.1, 1.4.1
TREATY ON EUROPEAN UNION. *See* MAASTRICHT TREATY

UCITS, 7.3.10, 7.3.16
UNITED NATIONS ECONOMIC COMMISSION FOR EUROPE (ECE), 1.2.24

VALUE ADDED TAX (VAT). *See* TAXATION
VOCATIONAL TRAINING
   Centre for the Development of Vocational Training (CEDEFOP), 1.2.15, 5.75
   Comett II, 5.79
   continuing, 5.78, 5.80, 5.82
   EUROTECNET II, 5.87
   information technologies, 5.76
   policy, 5.74, 5.81
   qualifications, 5.77
   women, 5.83, 5.84
   young persons, 5.85, 5.86
VOTING
   Commission, 1.2.3
   EU Council, 1.2.2

WASTE MANAGEMENT
   batteries and accumulators, 6.113
   catalogue, 6.98
   chromium, 6.114
   committee, 6.100

INDEX

containers, liquid, 6.107
cost evaluation, 6.105
Directive, 6.97
export of toxic waste, 6.109
hazardous waste, 6.104, 6.118, 6.120
landfills, 6.117
liability, 6.116
movement of hazardous waste, 6.110-6.112
oils, 6.96
packaging, 6.119
paper, 6.106
PCBs and PCTs, 6.99, 6.115
sewage, 6.108, 6.114
titanium dioxide, 6.101-6.103
WATER
   discharges of dangerous substances, 6.51, 6.57, 6.64,
      cadmium, 6.55, 6.62
      hexachlorocyclohexane, 6.56
      mercury, 6.53, 6.54
      nitrates, 6.59
   groundwater, 6.52
   maritime safety, 6.68
   oil pollution at sea, 6.60, 6.61, 6.65
   scientific and technical progress, adaptation to, 6.63
   quality,
      bathing, 6.47, 6.67
      drinking, 6.50
      ecological, 6.69
      fauna, 6.35, 6.36
      surface, 6.46, 6.48, 6.49
   waste, dumping of, 6.66
   waste water treatment, 6.58
WATERWAYS TRANSPORT
   cabotage, 14.32
   committee, 14.28
   licences, navigability, 14.25, 14.26
   network, 14.33
   profession, 14.29, 14.30
   Rhine convention, 14.27
   scrapping fund, 14.31
WESTERN EUROPEAN UNION (WEU), 1.2.25
WORLD TRADE ORGANISATION (WTO), 13.1.3
WORKS COUNCIL, 2.2, 5.13